Blank / Börstinghaus
Miete

Miete

Kommentar

Begründet und bearbeitet von

Hubert Blank
Richter am Landgericht a. D. †

und

Prof. Dr. Ulf P. Börstinghaus
Richter am Amtsgericht

6., aktualisierte Auflage 2020

C.H.BECK

Es haben bearbeitet:
Blank/Börstinghaus .... §§ 535–553; 555 – 556b; 560; 562–580a BGB
Börstinghaus .... § 535 Rdn 725–763 (COVID-19-Pandemie);
§§ 554, 556c–559d; 561 BGB

www.beck.de

ISBN 978 3 406 74869 1

© 2020 Verlag C.H. Beck oHG
Wilhelmstraße 9, 80801 München

Umschlaggestaltung und Druck:
Druckerei C.H. Beck Nördlingen
(Adresse wie Verlag)

Satz: Jung Crossmedia Publishing GmbH, Lahnau

chbeck.de/nachhaltig

Gedruckt auf säurefreiem, alterungsbeständigem Papier
(hergestellt aus chlorfrei gebleichtem Zellstoff)

Vorwort zur 6. Auflage

Während der Arbeiten an der vorliegenden 6. Auflage dieses Kommentars ist Hubert Blank nach längerer Krankheit verstorben. Hubert Blank war unbestritten einer der fundiertesten Kenner des Deutschen Mietrechts. Er hat mit seinen Kommentierungen in diesem Werk aber natürlich auch im Schmidt-Futterer Zeichen gesetzt und Rechtsprechung und Wissenschaft geprägt. Sein Verlust ist auch für mich persönlich unersetzlich. Seine Sicht auf die Probleme war einzigartig. Ich habe ihm viel zu verdanken. Ich habe die von Herrn Blank begonnenen Kommentierungen in diesem Werk fortgeführt und aktualisiert.

So konnte die vorliegende Auflage in diesen schwierigen Zeiten fertiggestellt werden. Die COVID-19 Pandemie hat uns neue bisher nicht dagewesene juristische Probleme geliefert, die uns wahrscheinlich noch lange Zeit beschäftigen werden. Kommentiert wird die Änderung des Art. 240 EGBGB durch das „Gesetz zur Abmilderung der Folgen der COVID-19-Pandemie im Zivil-, Insolvenz- und Strafverfahrensrecht" vom 27.3.2020 (BGBl I S. 569), der in § 2 einen befristeten Kündigungsausschluss enthält, der schon kurz nach seinem Bekanntwerden für viele Missverständnisse und Ankündigungen gesorgt hat. Aber darauf beschränken sich die wirtschaftlichen Folgen der Pandemie natürlich nicht. Für die weiter bestehende Mietzahlungspflicht wird es darauf ankommen, wie die Rechtsprechung die Folgen der Pandemie im Rahmen des Gewährleistungsrechts und vor allem im Rahmen eines eventuellen Wegfalls der Geschäftsgrundlage bewerten wird. Ich habe mich entschlossen die für die Praxis zurzeit erkennbaren Auswirkungen auf das Mietrecht in einem zusammenhängenden Teil am Ende der Kommentierung zu § 535 BGB vorzunehmen, auch wenn die Probleme natürlich bei vielen Paragrafen eine Rolle spielen. Ich habe mich dabei von dem Wunsch der Nutzer leiten lassen, die Fragestellungen zusammenhängend darzustellen.

Auch wenn die Rechtsfolgen der COVID-19 Pandemie natürlich im Augenblick im Vordergrund stehen, so darf nicht übersehen werden, dass seit der im Jahre 2017 erschienenen 5. Auflage vom Gesetzgeber wieder mehrere Änderungen des Mietrechts vorgenommen wurden. Am 1.1.2019 ist das „Gesetz zur Ergänzung der Regelungen über die zulässige Miethöhe bei Mietbeginn und zur Anpassung der Regelungen über die Modernisierung der Mietsache (Mietrechtsanpassungsgesetz – MietAnpG)" vom 18.12.2018 (BGBl. I S. 2648) in Kraft getreten. Hierdurch wurde die sog. „Mietpreisbremse zum ersten Mal „nachgeschärft". Außerdem wurden die Vorschriften über Mieterhöhungen im Zusammenhang von Modernisierungsmaßnahmen geändert und ergänzt. Durch das „Gesetz zur Verlängerung des Betrachtungszeitraums für die ortsübliche Vergleichsmiete" vom 21. Dezember 2019 (BGBl. I S. 2911) wurde der sog. Betrachtungszeitraum bei der ortsüblichen Vergleichsmiete verlängert. Das Gesetz enthält komplizierte Übergangsregelungen. Schon zu „Corona-Zeiten" erfolgte dann die Verkündung des „Gesetzes zur Verlängerung und Verbesserung der Regelungen über die zulässige Miethöhe bei Mietbeginn" vom 19.3.2020 (BGBl. I S. 540). In Berlin ist das „Gesetz zur Mietenbegrenzung im Wohnungswesen in Berlin (MietenWoG Bln)", der sog. Mietendeckel, am 23.02.2020 in Kraft getreten. Auch diese Vorschriften werden im Anhang zu § 561 BGB kommentiert. Es geht bei diesem Gesetz jetzt zunächst um die verfassungsrechtliche Frage, ob das Land Berlin für eine solche

Regelung überhaupt zuständig war. Ich persönlich bin der Auffassung, dass dies nicht der Fall ist.

Da der Bundestag auch nach Ausbruch der Pandemie angekündigt hat, am 19.6.2020 und der Bundesrat am 3.7.2020 das „Gesetz zur Förderung der Elektromobilität und zur Modernisierung des Wohnungseigentumsgesetzes (Wohnungseigentumsmodernisierungsgesetz) – WEMoG" zu verabschieden, wurden die in diesem Gesetz vorgesehenen Änderungen des Mietrechts (§§ 554, 556a BGB) bereits mitkommentiert. Diese Teile stehen natürlich unter dem Vorbehalt, dass die Änderungen so wie von der Bundesregierung vorgeschlagen auch verabschiedet werden.

Natürlich wurde auch die weiterhin umfangreiche Rechtsprechung des BGH aber auch der Instanzgerichte eingearbeitet. Dies geschah ebenso wie die Auswertung der Literatur für Veröffentlichungen bis Februar/März 2020 ganz vereinzelt auch noch bis Anfang Juni 2020.

Ohne die massive Unterstützung meiner Tochter Cathrin wäre die Herausgabe des Werkes nicht denkbar gewesen. Auch meine Frau hat mich wieder unterstützt und bestärkt, das Projekt zu schultern. Dafür ganz herzlichen Dank. Mein Dank gilt schließlich den Mitarbeiterinnen und Mitarbeitern des Lehrstuhls von Prof. Dr. Artz, Krischan Brock, Mia Labasch, Catharina Jakubka, Justus Höfermann und Julia Pielsticker, die ohne Rücksicht auf Feierabend und Wochenende die Aktualisierung der Literaturverweise vorgenommen haben.

Gelsenkirchen im Juni 2020

Prof. Dr. Ulf P. Börstinghaus

Inhaltsverzeichnis

Vorwort zur 6. Auflage V
Literatur- und Abkürzungsverzeichnis XI

Bürgerliches Gesetzbuch (BGB)

Buch 2. Recht der Schuldverhältnisse

Abschnitt 8. Einzelne Schuldverhältnisse

Titel 5. Mietvertrag, Pachtvertrag

Untertitel 1. Allgemeine Vorschriften für Mietverhältnisse

§ 535	Inhalt und Hauptpflichten des Mietvertrags	1
§ 536	Mietminderung bei Sach- und Rechtsmängeln	282
§ 536a	Schadens- und Aufwendungsersatzanspruch des Mieters wegen eines Mangels	372
§ 536b	Kenntnis des Mieters vom Mangel bei Vertragsschluss oder Annahme	392
§ 536c	Während der Mietzeit auftretende Mängel, Mängelanzeige durch den Mieter	403
§ 536d	Vertraglicher Ausschluss von Rechten des Mieters wegen eines Mangels	412
§ 537	Entrichtung der Miete bei persönlicher Verhinderung des Mieters	412
§ 538	Abnutzung der Mietsache durch vertragsgemäßen Gebrauch	422
§ 539	Ersatz sonstiger Aufwendungen und Wegnahmerecht des Mieters	445
§ 540	Gebrauchsüberlassung an Dritte	455
§ 541	Unterlassungsklage bei vertragswidrigem Gebrauch	479
§ 542	Ende des Mietverhältnisses	488
§ 543	Außerordentliche fristlose Kündigung aus wichtigem Grund	566
§ 544	Vertrag über mehr als dreißig Jahre	637
§ 545	Stillschweigende Verlängerung des Mietverhältnisses	642
§ 546	Rückgabepflicht des Mieters	652
§ 546a	Entschädigung des Vermieters bei verspäteter Rückgabe	699
§ 547	Erstattung von im Voraus entrichteter Miete	719
§ 548	Verjährung der Ersatzansprüche und des Wegnahmerechts	724

Untertitel 2. Mietverhältnisse über Wohnraum

Kapitel 1. Allgemeine Vorschriften

§ 549	Auf Wohnraummietverhältnisse anwendbare Vorschriften	754
§ 550	Form des Mietvertrags	765
§ 551	Begrenzung und Anlage von Mietsicherheiten	801
§ 552	Abwendung des Wegnahmerechts des Mieters	846
§ 553	Gestattung der Gebrauchsüberlassung an Dritte	849
§ 554	Barrierereduzierung, E-Mobilität und Einbruchsschutz	861
§ 554a	*Barrierefreiheit*	*871*
§ 555	Unwirksamkeit einer Vertragsstrafe	878
§ 555a	Erhaltungsmaßnahmen	884
§ 555b	Modernisierungsmaßnahmen	897

§ 555c	Ankündigung von Modernisierungsmaßnahmen	915
§ 555d	Duldung von Modernisierungsmaßnahmen, Ausschlussfrist	929
§ 555e	Sonderkündigungsrecht des Mieters bei Modernisierungsmaßnahmen	944
§ 555f	Vereinbarungen über Erhaltungs- oder Modernisierungsmaßnahmen	947

Kapitel 2. Die Miete

Unterkapitel 1. Vereinbarungen über die Miete

§ 556	Vereinbarungen über Betriebskosten	955
§ 556a	Abrechnungsmaßstab für Betriebskosten	1086
§ 556b	Fälligkeit der Miete, Aufrechnungs- und Zurückbehaltungsrecht	1109
§ 556c	Kosten der Wärmelieferung als Betriebskosten, Verordnungsermächtigung	1132

Unterkapitel 1a. Vereinbarungen über die Miethöhe bei Mietbeginn in Gebieten mit angespannten Wohnungsmärkten

§ 556d	Zulässige Miethöhe bei Mietbeginn; Verordnungsermächtigung	1141
§ 556e	Berücksichtigung der Vormiete oder einer durchgeführten Modernisierung	1153
§ 556f	Ausnahmen	1164
§ 556g	Rechtsfolgen; Auskunft über die Miete	1169

Unterkapitel 2. Regelungen über die Miethöhe

Vorbemerkung zu §§ 557–561		1189
§ 557	Mieterhöhungen nach Vereinbarung oder Gesetz	1197
§ 557a	Staffelmiete	1207
§ 557b	Indexmiete	1216
§ 558	Mieterhöhung bis zur ortsüblichen Vergleichsmiete	1223
§ 558a	Form und Begründung der Mieterhöhung	1256
§ 558b	Zustimmung zur Mieterhöhung	1283
§ 558c	Mietspiegel	1303
§ 558d	Qualifizierter Mietspiegel	1309
§ 558e	Mietdatenbank	1318
§ 559	Mieterhöhung nach Modernisierungsmaßnahmen	1321
§ 559a	Anrechnung von Drittmitteln	1342
§ 559b	Geltendmachung der Erhöhung, Wirkung der Erhöhungserklärung	1346
§ 559c	Vereinfachtes Verfahren	1358
§ 559d	Pflichtverletzungen bei Ankündigung oder Durchführung einer baulichen Veränderung	1366
§ 560	Veränderungen von Betriebskosten	1383
§ 561	Sonderkündigungsrecht des Mieters nach Mieterhöhung	1399

Kapitel 3. Pfandrecht des Mieters

§ 562	Umfang des Vermieterpfandrechts	1406
§ 562a	Erlöschen des Vermieterpfandrechts	1419
§ 562b	Selbsthilferecht, Herausgabeanspruch	1425
§ 562c	Abwendung des Pfandrechts durch Sicherheitsleistung	1433
§ 562d	Pfändung durch Dritte	1435

Kapitel 4. Wechsel der Vertragsparteien

§ 563	Eintrittsrecht bei Tod des Mieters	1437
§ 563a	Fortsetzung mit überlebenden Mietern	1453
§ 563b	Haftung bei Eintritt oder Fortsetzung	1456
§ 564	Fortsetzung des Mietverhältnisses mit dem Erben, außerordentliche Kündigung	1462
§ 565	Gewerbliche Weitervermietung	1472
§ 566	Kauf bricht nicht Miete	1489
§ 566a	Mietsicherheit	1520
§ 566b	Vorausverfügung über die Miete	1527
§ 566c	Vereinbarung zwischen Mieter und Vermieter über die Miete	1530
§ 566d	Aufrechnung durch den Mieter	1533
§ 566e	Mitteilung des Eigentumsübergangs durch den Vermieter	1535
§ 567	Belastung des Wohnraums durch den Vermieter	1537
§ 567a	Veräußerung oder Belastung vor der Überlassung des Wohnraums	1540
§ 567b	Weiterveräußerung oder Belastung durch Erwerber	1542

Kapitel 5. Beendigung des Mietverhältnisses
Unterkapitel 1. Allgemeine Vorschriften

§ 568	Form und Inhalt der Kündigung	1544
§ 569	BGB Außerordentliche fristlose Kündigung aus wichtigem Grund	1551
§ 570	Ausschluss des Zurückbehaltungsrechts	1590
§ 571	Weiterer Schadensersatz bei verspäteter Rückgabe von Wohnraum	1591
§ 572	Vereinbartes Rücktrittsrecht; Mietverhältnis unter auflösender Bedingung	1594

Unterkapitel 2. Mietverhältnisse auf unbestimmte Zeit

§ 573	Ordentliche Kündigung des Vermieters	1600
§ 573a	Erleichterte Kündigung des Vermieters	1682
§ 573b	Teilkündigung des Vermieters	1694
§ 573c	Fristen der ordentlichen Kündigung	1700
§ 573d	Außerordentliche Kündigung mit gesetzlicher Frist	1708
§ 574	Widerspruch des Mieters gegen die Kündigung	1711
§ 574a	Fortsetzung des Mietverhältnisses nach Widerspruch	1731
§ 574b	Form und Frist des Widerspruchs	1738
§ 574c	Weitere Fortsetzung des Mietverhältnisses bei unvorhergesehenen Umständen	1742

Unterkapitel 3. Mietverhältnisse auf bestimmte Zeit

§ 575	Zeitmietvertrag	1749
§ 575a	Außerordentliche Kündigung mit gesetzlicher Frist	1773

Unterkapitel 4. Werkwohnungen

§ 576	Fristen der ordentlichen Kündigung bei Werkmietwohnungen	1776
§ 576a	Besonderheiten des Widerspruchsrechts bei Werkmietwohnungen	1780
§ 576b	Entsprechende Geltung des Mietrechts bei Werkdienstwohnungen	1783

Kapitel 6. Besonderheiten bei der Bildung von Wohnungseigentum an vermieteten Wohnungen

§ 577	Vorkaufsrecht des Mieters	1789
§ 577a	Kündigungsbeschränkung bei Wohnungsumwandlung	1812

Untertitel 3. Mietverhältnisse über andere Sachen

§ 578	Mietverhältnisse über Grundstücke und Räume	1823
§ 578a	Mietverhältnisse über eingetragene Schiffe	1827
§ 579	Fälligkeit der Miete	1831
§ 580	Außerordentliche Kündigung bei Tod des Mieters	1833
§ 580a	Kündigungsfristen	1840

Register ... 1845

Literatur- und Abkürzungsverzeichnis

a E	am Ende
a. a. O.	am angegebenen Ort
a. F.	alte Fassung
a. A.	anderer Ansicht
Abs.	Absatz
AG	Amtsgericht
AGBG	Gesetz zur Regelung des Rechts der Allgemeinen Geschäftsbedingungen
Anm.	Anmerkung
AnwBl	Anwaltsblatt
AnwZertMietR	AnwaltZertifikatOnline Miet- und Wohnungseigentumsrecht
ArbG	Arbeitsgericht
ArbGG	Arbeitsgerichtsgesetz
Art.	Artikel
Artz/Börstinghaus	AGB in der Wohnraummiete, München 2019
Az	Aktenzeichen
BAG	Bundesarbeitsgericht
BAGE	Amtliche Sammlung von Entscheidungen des Bundesarbeitsgerichtes
BAnz	Bundesanzeiger
Bamberger/Roth	(Bearbeiter) Kommentar zum Bürgerlichen Gesetzbuch 4. Aufl. München 2019
Barthelmess	Wohnraumkündigungsschutzgesetz, Miethöhegesetz, 5. Aufl. 1995
BauGB	Baugesetzbuch
Baumgärtel/Laumen/Prütting	Handbuch der Beweislast, 4. Aufl., Band 2, 2019
BauZuschG	Gesetz zur Änderung des 2. Wohnungsbaugesetzes, anderer wohnungsbaurechtlicher Vorschriften und über die Erstattung von Baukostenzuschüssen v. 25.7.1961, BGBl I, 1041
BayObLG	Bayerisches Oberstes Landesgericht
BayOblGZ	Entscheidungen des Bayerischen Oberlandesgerichts in Zivilsachen
BB	Betriebsberater (Zeitschrift)
BBU	Verband Berlin-Brandenburgischer-Wohnungsunternehmen e.V.
Bechinger	Wohnraummietrecht und Gewerberaummietrecht, München 2016
Beierlein/Kinne/Koch/Stackmann/Zimmermann	Der Mietprozess, München 2006
Betr.	Der Betrieb (Zeitschrift)
BetrKostUV	Betriebskosten-Umlageverordnung v. 17.6.1991 (BGBl I, 1270)
BetrKostÄndV	Betriebskosten
Beuermann/Blümmel	Das neue Mietrecht, Berlin, 2001
BezG	Bezirksgericht
BFH	Bundesfinanzhof
BFHE	Bundesfinanzhof, Entscheidungssammlung
BGB	Bürgerliches Gesetzbuch

Literatur- und Abkürzungsverzeichnis

BGB-InfoV	BGB-InformationspflichtenVO (BGBl I 2002, 2958)
BGBl	Bundesgesetzblatt
BGH	Bundesgerichtshof
BGHZ	Bundesgerichtshof, Entscheidungen in Zivilsachen (amtliche Sammlung)
Blank	Mietrecht von A–Z, 19. Aufl. 2015
Börstinghaus, Cathrin	Mietminderungstabelle, 4. Aufl., 2017
Börstinghaus	Miethöhe-Handbuch, 2. Aufl. München 2016
Börstinghaus	Flächenabweichungen in der Wohnraummiete, 2012
Börstinghaus/Clar	Mietspiegel. Erstellung und Anwendung, 2. Aufl. München 2013
Börstinghaus/ Eisenschmid	Arbeitskommentar Mietrechtsänderungsgesetz, München 2016
Börstinghaus/ Eisenschmid	Modernisierungs-Handbuch, München 2014
BMJV	Bundesminister(ium) der Justiz und für Verbraucherschutz
BMWi	Bundesminister(ium) für Wirtschaft
BMWo	Bundesminister(ium) für Raumordnung, Bauwesen und Städtebau
BR	Bundesrat
BR-Drucks	Drucksache des Bundesrates
BRAGO	Bundesrechtsanwaltsgebührenordnung (bis 30.6.2004)
BRAO	Bundesrechtsanwaltsordnung
BT	Bundestag
BT-Drucks	Drucksache des Deutschen Bundestages
II. BV	Verordnung über wohnungswirtschaftliche Berechnungen (Zweite Berechnungsverordnung)
Bub/Treier	Handbuch der Geschäfts- und Wohnraummiete, 54. Aufl. München 2019
Bund-Länder-Arbeitsgruppe „Mietrechtsvereinfachung"	Bericht zur Neugliederung und Vereinfachung des Mietrechts – mit Textvorschlägen, Köln 1997
BVerfG	Bundesverfassungsgericht
BVerfGE	Entscheidungen des Bundesverfassungsgerichts (amtliche Sammlung)
bzw.	beziehungsweise
COVID-19	COVID-19: Rechtsfragen zur Corona-Krise (Zeitschrift); hrsg. v. Hubert Schmidt; München 2020
Cramer	Mietrecht – Eine systematische Einführung, München, 2019
Dauner-Lieb/Heidel/ Ring	Bürgerliches Gesetzbuch, 6 Bde., 2010–2012
d. h.	das heißt
DB	Der Betrieb
DGVZ	Deutsche Gerichtsvollzieherzeitung
DNotZ	Deutsche Notarzeitung
DRiZ	Deutsche Richterzeitung
Dröge	Handbuch der Mietpreisbewertung für Wohn- und Gewerberaum, 3. Aufl. 2004
DWW	Deutsche Wohnungswirtschaft (Zeitschrift)

Literatur- und Abkürzungsverzeichnis

Dyong/Heix/ Fischer-Dieskau/ Bearbeiter	Wohnungsbaurecht, Kommentar, Loseblattwerk, EL 221, Stand: 2019
EGBGB	Einführungsgesetz zum Bürgerlichen Gesetzbuch
EGZPO	Einführungsgesetz zur Zivilprozessordnung
Emmerich/ Sonnenschein	Miete, 11. Aufl. Oldenburg 2014
Erman/Bearbeiter	BGB-Kommentar, 15. Aufl. Köln 2017
EuGH	Europäischer Gerichtshof
EwiR	Entscheidungen zum Wirtschaftsrecht, Bank- und Kreditsicherungsrecht, Handels- und Gesellschaftsrecht, AGB- und Vertragsrecht, Insolvenz- und Sanierungsrecht (Zeitschrift)
f.	folgende
F.	Fach
F + B	Forschung und Beratung für Wohnen, Immobilien und Umwelt GmbH: Mieten in Deutschland 2019
FamG	Familiengericht
FamRZ	Zeitschrift für das gesamte Familienrecht
ff.	fortfolgende
FGG	Gesetz über die Angelegenheiten der freiwilligen Gerichtsbarkeit
Fn.	Fußnote
Fritz	Gewerberaummietrecht, 4. Aufl. München 2005
FS	Festschrift
GdW	Gesamtverband der Wohnungswirtschaft e.V.
GE	Berliner Grundeigentum (Zeitschrift)
GemWW	Gemeinnütziges Wohnungswesen (Zeitschrift)
GenG	Genossenschaftsgesetz
GEWOS	Gesellschaft für Wohnungs- und Siedlungswirtschaft
GG	Grundgesetz
ggf.	gegebenenfalls
GKG	Gerichtskostengesetz
Gottschalk	Immobilienwertermittlung, 2. Aufl., 2003
Graf von Westphalen/ Thüsing	Vertragsrecht und AGB-Klauselwerke, 44. Auflage 2020
Gramlich	Mietrecht, 12. Aufl. München 2013
Guhling/Günter,	Gewerberaummiete, 2. Aufl., 2019
GVG	Gerichtsverfassungsgesetz
Haas	Das neue Mietrecht – Mietrechtsreformgesetz, Köln 2001
Hambg GE	Hamburger Grundeigentum (Zeitschrift)
Hannemann/Horst	Das neue Mietrecht, München 2013
Hannemann/ Wiek (Hrsg)	(Bearbeiter), Handbuch des Mietrechts, 7. Aufl. Köln 2019
Hannemann/ Wiegner (Hrsg)	(Bearbeiter), Mietrecht, 5. Aufl. München 2019
Harsch	Schönheits- und Kleinreparaturen im Mietverhältnis, 1998

Literatur- und Abkürzungsverzeichnis

Harz/Riecke/Schmid	Handbuch des Fachanwalts Miet- und Wohnungseigentumsrecht, 6. Aufl. Köln 2018
HaustürWG	Gesetz über den Widerruf von Haustürgeschäften und ähnlichen Geschäften
Heix	Wohnflächenberechnung, 1999
Herrlein/Kandelhard	Mietrecht – Kommentar, 4. Aufl. 2010
Hinkelmann	Die ortsübliche Miete, 1999
Hinz/Ormanschick/ Riecke/Scheff	Das neue Mietrecht, Bonn 2001
hM	herrschende Meinung
Horst	Wohnungsmodernisierung, 8. Aufl., 2019
idF	in der Fassung
InsO	Insolvenzordnung
InvZulG	Investitionszulagengesetz 1999
iü	im Übrigen
iSd	im Sinne des/r
iVm	in Verbindung mit
IfS	Institut für Stadtforschung und Strukturpolitik GmbH, Auswirkungen des Mietenüberleitungsgesetzes auf die Mietenentwicklung in den neuen Ländern, Berlin 1996
JA	Juristische Arbeitsblätter
JMBl	Justizministerialblatt
JR	Juristische Rundschau
JurBüro	Das juristische Büro
jurisPR-BGHZivilR	Jurispraxisreport BGH Zivilsachen
jurisPR-MietR	Jurispraxisreport Mietrecht
JuS	Juristische Schulung
Justiz	Die Justiz
JW	Juristische Wochenschrift
JZ	Juristen-Zeitung
Kap.	Kapitel
Keller	Zivilrechtliche Mietpreiskontrolle: Der Schutz vor überhöhten Mieten bei freifinanziertem Wohnraum, Bremen 1996
KfH	Kammer für Handelssachen
KG	Kammergericht
Kinne/Schach/Bieber	Miet- und Mietprozessrecht, 7. Aufl. 2013
Klein-Blenkers/ Heinemann/Ring	Miete/WEG/Nachbarschaft. Kommentar, Baden-Baden, 2. Aufl., 2019
KO	Konkursordnung
Kossmann/ Meyer-Abich	Handbuch der Wohnraummiete, 7. Aufl. München 2014
ders.	Der Wohnraummietvertrag, 2. Aufl. 1998
KrsG	Kreisgericht
LAG	Landesarbeitsgericht
Lammel	Wohnraummietrecht, 3. Aufl. Bonn 2007

Literatur- und Abkürzungsverzeichnis

Langenberg/Zehelein	Betriebskosten- und Heizkostenrecht, 9. Aufl. München 2019
dies.	Schönheitsreparaturen, Instandsetzung und Rückgabe, 5. Aufl. München 2015
LG	Landgericht
Lindner	Wohnraummietrecht, 3. Aufl., 2019
Lindner-Figura/Oprée/Stellmann	Geschäftsraummiete, 3. Aufl. München 2016
Lindner-Figura/Stellmann	Geschäftsraummiete, Die AGB-Ampel, München 2015
LMK	beck-fachdienst. Zivilrecht – LMK
Lützenkirchen	Mietrecht, 3. Aufl. Köln 2020
ders.	Wohnraummiete 2002
ders.	Anwaltshandbuch Mietrecht, 6. Aufl. Köln 2019
MDR	Monatsschrift für Deutsches Recht
MHG	Gesetz zur Regelung der Miethöhe
MietNovG 2015	Gesetz zur Dämpfung des Mietanstiegs auf angespannten Wohnungsmärkten und zur Stärkung des Bestellerprinzips bei der Wohnungsvermittlung (Mietrechtsnovellierungsgesetz) vom 21. April 2015 (BGBl. I S. 610)
MietPrax-AK	MietPrax-Arbeitskommentar (Börstinghaus/Eisenschmid)
MietPrax/Bearbeiter	MietPrax Arbeitshandbuch, Hrsg. U. Börstinghaus
MietRÄndG 2013	Gesetz über die energetische Modernisierung von vermietetem Wohnraum und über die vereinfachte Durchsetzung von Räumungstiteln (Mietrechtsänderungsgesetz) vom 11. März 2013 (BGBl. I S. 434)
MM	Mietrechtliche Mitteilungen (im Mietermagazin Berlin)
Mock	Mietwucher, Hamburg 1994
MünchKommBGB/Bearbeiter	Münchener Kommentar zum BGB, 8. Aufl. 2020
mwN	mit weiteren Nachweisen
n. F.	neue Fassung
NdsRpfl	Niedersächsische Rechtspflege (Zeitschrift)
Niederberger/Wulkopf	Die ortsübliche Vergleichsmiete und ihre Ermittlung durch Mietspiegel, 1979
Niederberger	Mietspiegel als Instrument zur Ermittlung der ortsüblichen Vergleichsmiete, Köln 1980
NJW	Neue Juristische Wochenschrift (Zeitschrift)
NJW-RR	NJW-Rechtsprechungsreport Zivilrecht (Zeitschrift)
NJWE-MietR	NJW-Entscheidungsdienst Miet- und Wohnrecht (Zeitschrift)
NMV	Neubaumietenverordnung
Nr.	Nummer
Nrn.	Nummern
NWB	Neue Wirtschaftsbriefe (Zeitung)
NZM	Neue Zeitschrift für Miet- und Wohnungsrecht
OLG	Oberlandesgericht
OLG-NL	OLG-Report Neue Länder (Zeitschrift)

Literatur- und Abkürzungsverzeichnis

OLG-Rp	OLG-Report (mit Angabe des jeweiligen Gerichtsortes)
OLGZ	Entscheidungen der Oberlandesgerichte in Zivilsachen
OVG	Oberverwaltungsgericht
Palandt/Bearbeiter	BGB Kommentar, 79. Aufl. München 2020
Pfeifer	Das neue Mietrecht, 3. Auflage 2004
PiG	Partner im Gespräch
PKH	Prozesskostenhilfe
RdE	Recht der Energiewirtschaft (Zeitschrift)
RDG	Rechtsdienstleistungsgesetz (BGBl. I S. 2840)
RDM-IfS	RDM-Informationsdienst für Sachverständige (Zeitschrift)
Rdn.	Randnummer
RG	Reichsgericht
Rips	Barrierefreiheit gemäß § 544a BGB, Berlin 2003
Rips/Eisenschmid	Neues Mietrecht, Köln 2001
Rpfleger	Der deutsche Rechtspfleger (Zeitschrift)
RVG	Gesetz über die Vergütung der Rechtsanwältinnen und Rechtsanwälte
s. u.	siehe unten
S.	Seite
Scheidacker/Martini/Schubert/Beck	Handbuch zum Berliner Mietendeckel und zum Mietspiegel 2019
Schilling/Heerde	Mietrecht in den neuen Bundesländern von A–Z, Reihe Leipziger Ratgeber Recht, 2. Aufl. Herne/Berlin 1994, mit Einleger „Mietenüberleitungsgesetz und andere Sonderregelungen in den neuen Bundesländern" Juni 1995
Schmid	Handbuch der Mietnebenkosten, 16. Aufl. 2019
ders.	(Hrsg), Miete und Mietprozess, 2. Aufl. 2002
Schmidt-Futterer/Bearbeiter	Mietrecht, Kommentar, 14. Aufl. München 2019
Seldeneck	Betriebskosten im Mietrecht, 1999
Slomian	Mietrecht 2001
Soergel/Bearbeiter	BGB-Kommentar, 12. Aufl. Band 4/1, 1997
Söfker	Mietenüberleitungsgesetz für die neuen Bundesländer, Köln 1995
Spielbauer/Schneider (Hrsg)	Mietrecht. Kommentar, Berlin 2013
st. Rspr.	ständige Rechtsprechung
Staudinger/Bearbeiter	BGB-Kommentar, Mietrecht, Neubearbeitung 2018
Sternel	Mietrecht 3. Aufl. Köln 1988
ders.	Mietrecht aktuell, 4. Aufl. Köln 2009
StGB	Strafgesetzbuch
uU	unter Umständen
ua	unter anderem
usw.	und so weiter
VB	Verfassungsbeschwerde
VerbrKrG	Verbraucherkreditgesetz
vgl.	vergleiche

Miete

Kommentar

Begründet und bearbeitet von

Hubert Blank
Richter am Landgericht a. D. †

und

Prof. Dr. Ulf P. Börstinghaus
Richter am Amtsgericht

6., aktualisierte Auflage 2020

Es haben bearbeitet:
Blank/Börstinghaus .... §§ 535–553; 555 – 556b; 560; 562–580a BGB
Börstinghaus .... § 535 Rdn 725–763 (COVID-19-Pandemie);
§§ 554, 556c–559d; 561 BGB

www.beck.de

ISBN 978 3 406 74869 1

© 2020 Verlag C.H. Beck oHG
Wilhelmstraße 9, 80801 München

Umschlaggestaltung und Druck:
Druckerei C.H. Beck Nördlingen
(Adresse wie Verlag)

Satz: Jung Crossmedia Publishing GmbH, Lahnau

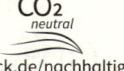

chbeck.de/nachhaltig

Gedruckt auf säurefreiem, alterungsbeständigem Papier
(hergestellt aus chlorfrei gebleichtem Zellstoff)

Vorwort zur 6. Auflage

Während der Arbeiten an der vorliegenden 6. Auflage dieses Kommentars ist Hubert Blank nach längerer Krankheit verstorben. Hubert Blank war unbestritten einer der fundiertesten Kenner des Deutschen Mietrechts. Er hat mit seinen Kommentierungen in diesem Werk aber natürlich auch im Schmidt-Futterer Zeichen gesetzt und Rechtsprechung und Wissenschaft geprägt. Sein Verlust ist auch für mich persönlich unersetzlich. Seine Sicht auf die Probleme war einzigartig. Ich habe ihm viel zu verdanken. Ich habe die von Herrn Blank begonnenen Kommentierungen in diesem Werk fortgeführt und aktualisiert.

So konnte die vorliegende Auflage in diesen schwierigen Zeiten fertiggestellt werden. Die COVID-19 Pandemie hat uns neue bisher nicht dagewesene juristische Probleme geliefert, die uns wahrscheinlich noch lange Zeit beschäftigen werden. Kommentiert wird die Änderung des Art. 240 EGBGB durch das „Gesetz zur Abmilderung der Folgen der COVID-19-Pandemie im Zivil-, Insolvenz- und Strafverfahrensrecht" vom 27.3.2020 (BGBl I S. 569), der in § 2 einen befristeten Kündigungsausschluss enthält, der schon kurz nach seinem Bekanntwerden für viele Missverständnisse und Ankündigungen gesorgt hat. Aber darauf beschränken sich die wirtschaftlichen Folgen der Pandemie natürlich nicht. Für die weiter bestehende Mietzahlungspflicht wird es darauf ankommen, wie die Rechtsprechung die Folgen der Pandemie im Rahmen des Gewährleistungsrechts und vor allem im Rahmen eines eventuellen Wegfalls der Geschäftsgrundlage bewerten wird. Ich habe mich entschlossen die für die Praxis zurzeit erkennbaren Auswirkungen auf das Mietrecht in einem zusammenhängenden Teil am Ende der Kommentierung zu § 535 BGB vorzunehmen, auch wenn die Probleme natürlich bei vielen Paragrafen eine Rolle spielen. Ich habe mich dabei von dem Wunsch der Nutzer leiten lassen, die Fragestellungen zusammenhängend darzustellen.

Auch wenn die Rechtsfolgen der COVID-19 Pandemie natürlich im Augenblick im Vordergrund stehen, so darf nicht übersehen werden, dass seit der im Jahre 2017 erschienenen 5. Auflage vom Gesetzgeber wieder mehrere Änderungen des Mietrechts vorgenommen wurden. Am 1.1.2019 ist das „Gesetz zur Ergänzung der Regelungen über die zulässige Miethöhe bei Mietbeginn und zur Anpassung der Regelungen über die Modernisierung der Mietsache (Mietrechtsanpassungsgesetz – MietAnpG)" vom 18.12.2018 (BGBl. I S. 2648) in Kraft getreten. Hierdurch wurde die sog. „Mietpreisbremse zum ersten Mal „nachgeschärft". Außerdem wurden die Vorschriften über Mieterhöhungen im Zusammenhang von Modernisierungsmaßnahmen geändert und ergänzt. Durch das „Gesetz zur Verlängerung des Betrachtungszeitraums für die ortsübliche Vergleichsmiete" vom 21. Dezember 2019 (BGBl. I S. 2911) wurde der sog. Betrachtungszeitraum bei der ortsüblichen Vergleichsmiete verlängert. Das Gesetz enthält komplizierte Übergangsregelungen. Schon zu „Corona-Zeiten" erfolgte dann die Verkündung des „Gesetzes zur Verlängerung und Verbesserung der Regelungen über die zulässige Miethöhe bei Mietbeginn" vom 19.3.2020 (BGBl. I S. 540). In Berlin ist das „Gesetz zur Mietenbegrenzung im Wohnungswesen in Berlin (MietenWoG Bln)", der sog. Mietendeckel, am 23.02.2020 in Kraft getreten. Auch diese Vorschriften werden im Anhang zu § 561 BGB kommentiert. Es geht bei diesem Gesetz jetzt zunächst um die verfassungsrechtliche Frage, ob das Land Berlin für eine solche

Regelung überhaupt zuständig war. Ich persönlich bin der Auffassung, dass dies nicht der Fall ist.

Da der Bundestag auch nach Ausbruch der Pandemie angekündigt hat, am 19.6.2020 und der Bundesrat am 3.7.2020 das „Gesetz zur Förderung der Elektromobilität und zur Modernisierung des Wohnungseigentumsgesetzes (Wohnungseigentumsmodernisierungsgesetz) – WEMoG" zu verabschieden, wurden die in diesem Gesetz vorgesehenen Änderungen des Mietrechts (§§ 554, 556a BGB) bereits mitkommentiert. Diese Teile stehen natürlich unter dem Vorbehalt, dass die Änderungen so wie von der Bundesregierung vorgeschlagen auch verabschiedet werden.

Natürlich wurde auch die weiterhin umfangreiche Rechtsprechung des BGH aber auch der Instanzgerichte eingearbeitet. Dies geschah ebenso wie die Auswertung der Literatur für Veröffentlichungen bis Februar/März 2020 ganz vereinzelt auch noch bis Anfang Juni 2020.

Ohne die massive Unterstützung meiner Tochter Cathrin wäre die Herausgabe des Werkes nicht denkbar gewesen. Auch meine Frau hat mich wieder unterstützt und bestärkt, das Projekt zu schultern. Dafür ganz herzlichen Dank. Mein Dank gilt schließlich den Mitarbeiterinnen und Mitarbeitern des Lehrstuhls von Prof. Dr. Artz, Krischan Brock, Mia Labasch, Catharina Jakubka, Justus Höfermann und Julia Pielsticker, die ohne Rücksicht auf Feierabend und Wochenende die Aktualisierung der Literaturverweise vorgenommen haben.

Gelsenkirchen im Juni 2020

Prof. Dr. Ulf P. Börstinghaus

Inhaltsverzeichnis

Vorwort zur 6. Auflage V
Literatur- und Abkürzungsverzeichnis XI

Bürgerliches Gesetzbuch (BGB)

Buch 2. Recht der Schuldverhältnisse

Abschnitt 8. Einzelne Schuldverhältnisse

Titel 5. Mietvertrag, Pachtvertrag

Untertitel 1. Allgemeine Vorschriften für Mietverhältnisse

§ 535	Inhalt und Hauptpflichten des Mietvertrags	1
§ 536	Mietminderung bei Sach- und Rechtsmängeln	282
§ 536a	Schadens- und Aufwendungsersatzanspruch des Mieters wegen eines Mangels	372
§ 536b	Kenntnis des Mieters vom Mangel bei Vertragsschluss oder Annahme	392
§ 536c	Während der Mietzeit auftretende Mängel, Mängelanzeige durch den Mieter .	403
§ 536d	Vertraglicher Ausschluss von Rechten des Mieters wegen eines Mangels	412
§ 537	Entrichtung der Miete bei persönlicher Verhinderung des Mieters	412
§ 538	Abnutzung der Mietsache durch vertragsgemäßen Gebrauch	422
§ 539	Ersatz sonstiger Aufwendungen und Wegnahmerecht des Mieters	445
§ 540	Gebrauchsüberlassung an Dritte	455
§ 541	Unterlassungsklage bei vertragswidrigem Gebrauch	479
§ 542	Ende des Mietverhältnisses	488
§ 543	Außerordentliche fristlose Kündigung aus wichtigem Grund	566
§ 544	Vertrag über mehr als dreißig Jahre	637
§ 545	Stillschweigende Verlängerung des Mietverhältnisses	642
§ 546	Rückgabepflicht des Mieters	652
§ 546a	Entschädigung des Vermieters bei verspäteter Rückgabe	699
§ 547	Erstattung von im Voraus entrichteter Miete	719
§ 548	Verjährung der Ersatzansprüche und des Wegnahmerechts	724

Untertitel 2. Mietverhältnisse über Wohnraum

Kapitel 1. Allgemeine Vorschriften

§ 549	Auf Wohnraummietverhältnisse anwendbare Vorschriften	754
§ 550	Form des Mietvertrags	765
§ 551	Begrenzung und Anlage von Mietsicherheiten	801
§ 552	Abwendung des Wegnahmerechts des Mieters	846
§ 553	Gestattung der Gebrauchsüberlassung an Dritte	849
§ 554	Barrierereduzierung, E-Mobilität und Einbruchsschutz	861
§ 554a	*Barrierefreiheit*	*871*
§ 555	Unwirksamkeit einer Vertragsstrafe	878
§ 555a	Erhaltungsmaßnahmen	884
§ 555b	Modernisierungsmaßnahmen	897

§ 555c	Ankündigung von Modernisierungsmaßnahmen	915
§ 555d	Duldung von Modernisierungsmaßnahmen, Ausschlussfrist	929
§ 555e	Sonderkündigungsrecht des Mieters bei Modernisierungsmaßnahmen	944
§ 555f	Vereinbarungen über Erhaltungs- oder Modernisierungsmaßnahmen	947

Kapitel 2. Die Miete

Unterkapitel 1. Vereinbarungen über die Miete

§ 556	Vereinbarungen über Betriebskosten	955
§ 556a	Abrechnungsmaßstab für Betriebskosten	1086
§ 556b	Fälligkeit der Miete, Aufrechnungs- und Zurückbehaltungsrecht	1109
§ 556c	Kosten der Wärmelieferung als Betriebskosten, Verordnungsermächtigung	1132

Unterkapitel 1a. Vereinbarungen über die Miethöhe bei Mietbeginn in Gebieten mit angespannten Wohnungsmärkten

§ 556d	Zulässige Miethöhe bei Mietbeginn; Verordnungsermächtigung	1141
§ 556e	Berücksichtigung der Vormiete oder einer durchgeführten Modernisierung	1153
§ 556f	Ausnahmen	1164
§ 556g	Rechtsfolgen; Auskunft über die Miete	1169

Unterkapitel 2. Regelungen über die Miethöhe

Vorbemerkung zu §§ 557–561		1189
§ 557	Mieterhöhungen nach Vereinbarung oder Gesetz	1197
§ 557a	Staffelmiete	1207
§ 557b	Indexmiete	1216
§ 558	Mieterhöhung bis zur ortsüblichen Vergleichsmiete	1223
§ 558a	Form und Begründung der Mieterhöhung	1256
§ 558b	Zustimmung zur Mieterhöhung	1283
§ 558c	Mietspiegel	1303
§ 558d	Qualifizierter Mietspiegel	1309
§ 558e	Mietdatenbank	1318
§ 559	Mieterhöhung nach Modernisierungsmaßnahmen	1321
§ 559a	Anrechnung von Drittmitteln	1342
§ 559b	Geltendmachung der Erhöhung, Wirkung der Erhöhungserklärung	1346
§ 559c	Vereinfachtes Verfahren	1358
§ 559d	Pflichtverletzungen bei Ankündigung oder Durchführung einer baulichen Veränderung	1366
§ 560	Veränderungen von Betriebskosten	1383
§ 561	Sonderkündigungsrecht des Mieters nach Mieterhöhung	1399

Kapitel 3. Pfandrecht des Mieters

§ 562	Umfang des Vermieterpfandrechts	1406
§ 562a	Erlöschen des Vermieterpfandrechts	1419
§ 562b	Selbsthilferecht, Herausgabeanspruch	1425
§ 562c	Abwendung des Pfandrechts durch Sicherheitsleistung	1433
§ 562d	Pfändung durch Dritte	1435

Kapitel 4. Wechsel der Vertragsparteien

§ 563	Eintrittsrecht bei Tod des Mieters	1437
§ 563a	Fortsetzung mit überlebenden Mietern	1453
§ 563b	Haftung bei Eintritt oder Fortsetzung	1456
§ 564	Fortsetzung des Mietverhältnisses mit dem Erben, außerordentliche Kündigung	1462
§ 565	Gewerbliche Weitervermietung	1472
§ 566	Kauf bricht nicht Miete	1489
§ 566a	Mietsicherheit	1520
§ 566b	Vorausverfügung über die Miete	1527
§ 566c	Vereinbarung zwischen Mieter und Vermieter über die Miete	1530
§ 566d	Aufrechnung durch den Mieter	1533
§ 566e	Mitteilung des Eigentumsübergangs durch den Vermieter	1535
§ 567	Belastung des Wohnraums durch den Vermieter	1537
§ 567a	Veräußerung oder Belastung vor der Überlassung des Wohnraums	1540
§ 567b	Weiterveräußerung oder Belastung durch Erwerber	1542

Kapitel 5. Beendigung des Mietverhältnisses

Unterkapitel 1. Allgemeine Vorschriften

§ 568	Form und Inhalt der Kündigung	1544
§ 569	BGB Außerordentliche fristlose Kündigung aus wichtigem Grund	1551
§ 570	Ausschluss des Zurückbehaltungsrechts	1590
§ 571	Weiterer Schadensersatz bei verspäteter Rückgabe von Wohnraum	1591
§ 572	Vereinbartes Rücktrittsrecht; Mietverhältnis unter auflösender Bedingung	1594

Unterkapitel 2. Mietverhältnisse auf unbestimmte Zeit

§ 573	Ordentliche Kündigung des Vermieters	1600
§ 573a	Erleichterte Kündigung des Vermieters	1682
§ 573b	Teilkündigung des Vermieters	1694
§ 573c	Fristen der ordentlichen Kündigung	1700
§ 573d	Außerordentliche Kündigung mit gesetzlicher Frist	1708
§ 574	Widerspruch des Mieters gegen die Kündigung	1711
§ 574a	Fortsetzung des Mietverhältnisses nach Widerspruch	1731
§ 574b	Form und Frist des Widerspruchs	1738
§ 574c	Weitere Fortsetzung des Mietverhältnisses bei unvorhergesehenen Umständen	1742

Unterkapitel 3. Mietverhältnisse auf bestimmte Zeit

§ 575	Zeitmietvertrag	1749
§ 575a	Außerordentliche Kündigung mit gesetzlicher Frist	1773

Unterkapitel 4. Werkwohnungen

§ 576	Fristen der ordentlichen Kündigung bei Werkmietwohnungen	1776
§ 576a	Besonderheiten des Widerspruchsrechts bei Werkmietwohnungen	1780
§ 576b	Entsprechende Geltung des Mietrechts bei Werkdienstwohnungen	1783

Kapitel 6. Besonderheiten bei der Bildung von Wohnungseigentum an vermieteten Wohnungen

§ 577	Vorkaufsrecht des Mieters	1789
§ 577a	Kündigungsbeschränkung bei Wohnungsumwandlung	1812

Untertitel 3. Mietverhältnisse über andere Sachen

§ 578	Mietverhältnisse über Grundstücke und Räume	1823
§ 578a	Mietverhältnisse über eingetragene Schiffe	1827
§ 579	Fälligkeit der Miete	1831
§ 580	Außerordentliche Kündigung bei Tod des Mieters	1833
§ 580a	Kündigungsfristen	1840

Register 1845

Literatur- und Abkürzungsverzeichnis

a E	am Ende
a. a. O.	am angegebenen Ort
a. F.	alte Fassung
a. A.	anderer Ansicht
Abs.	Absatz
AG	Amtsgericht
AGBG	Gesetz zur Regelung des Rechts der Allgemeinen Geschäftsbedingungen
Anm.	Anmerkung
AnwBl	Anwaltsblatt
AnwZertMietR	AnwaltZertifikatOnline Miet- und Wohnungseigentumsrecht
ArbG	Arbeitsgericht
ArbGG	Arbeitsgerichtsgesetz
Art.	Artikel
Artz/Börstinghaus	AGB in der Wohnraummiete, München 2019
Az	Aktenzeichen
BAG	Bundesarbeitsgericht
BAGE	Amtliche Sammlung von Entscheidungen des Bundesarbeitsgerichtes
BAnz	Bundesanzeiger
Bamberger/Roth	(Bearbeiter) Kommentar zum Bürgerlichen Gesetzbuch 4. Aufl. München 2019
Barthelmess	Wohnraumkündigungsschutzgesetz, Miethöhegesetz, 5. Aufl. 1995
BauGB	Baugesetzbuch
Baumgärtel/Laumen/ Prütting	Handbuch der Beweislast, 4. Aufl., Band 2, 2019
BauZuschG	Gesetz zur Änderung des 2. Wohnungsbaugesetzes, anderer wohnungsbaurechtlicher Vorschriften und über die Erstattung von Baukostenzuschüssen v. 25.7.1961, BGBl I, 1041
BayObLG	Bayerisches Oberstes Landesgericht
BayOblGZ	Entscheidungen des Bayerischen Oberlandesgerichts in Zivilsachen
BB	Betriebsberater (Zeitschrift)
BBU	Verband Berlin-Brandenburgischer-Wohnungsunternehmen e.V.
Bechinger	Wohnraummietrecht und Gewerberaummietrecht, München 2016
Beierlein/Kinne/ Koch/Stackmann/ Zimmermann	Der Mietprozess, München 2006
Betr.	Der Betrieb (Zeitschrift)
BetrKostUV	Betriebskosten-Umlageverordnung v. 17.6.1991 (BGBl I, 1270)
BetrKostÄndV	Betriebskosten
Beuermann/Blümmel	Das neue Mietrecht, Berlin, 2001
BezG	Bezirksgericht
BFH	Bundesfinanzhof
BFHE	Bundesfinanzhof, Entscheidungssammlung
BGB	Bürgerliches Gesetzbuch

Literatur- und Abkürzungsverzeichnis

BGB-InfoV	BGB-InformationspflichtenVO (BGBl I 2002, 2958)
BGBl	Bundesgesetzblatt
BGH	Bundesgerichtshof
BGHZ	Bundesgerichtshof, Entscheidungen in Zivilsachen (amtliche Sammlung)
Blank	Mietrecht von A–Z, 19. Aufl. 2015
Börstinghaus, Cathrin	Mietminderungstabelle, 4. Aufl., 2017
Börstinghaus	Miethöhe-Handbuch, 2. Aufl. München 2016
Börstinghaus	Flächenabweichungen in der Wohnraummiete, 2012
Börstinghaus/Clar	Mietspiegel. Erstellung und Anwendung, 2. Aufl. München 2013
Börstinghaus/ Eisenschmid	Arbeitskommentar Mietrechtsänderungsgesetz, München 2016
Börstinghaus/ Eisenschmid	Modernisierungs-Handbuch, München 2014
BMJV	Bundesminister(ium) der Justiz und für Verbraucherschutz
BMWi	Bundesminister(ium) für Wirtschaft
BMWo	Bundesminister(ium) für Raumordnung, Bauwesen und Städtebau
BR	Bundesrat
BR-Drucks	Drucksache des Bundesrates
BRAGO	Bundesrechtsanwaltsgebührenordnung (bis 30.6.2004)
BRAO	Bundesrechtsanwaltsordnung
BT	Bundestag
BT-Drucks	Drucksache des Deutschen Bundestages
II. BV	Verordnung über wohnungswirtschaftliche Berechnungen (Zweite Berechnungsverordnung)
Bub/Treier	Handbuch der Geschäfts- und Wohnraummiete, 54. Aufl. München 2019
Bund-Länder-Arbeitsgruppe „Mietrechtsvereinfachung"	Bericht zur Neugliederung und Vereinfachung des Mietrechts – mit Textvorschlägen, Köln 1997
BVerfG	Bundesverfassungsgericht
BVerfGE	Entscheidungen des Bundesverfassungsgerichts (amtliche Sammlung)
bzw.	beziehungsweise
COVID-19	COVID-19: Rechtsfragen zur Corona-Krise (Zeitschrift); hrsg. v. Hubert Schmidt; München 2020
Cramer	Mietrecht – Eine systematische Einführung, München, 2019
Dauner-Lieb/Heidel/ Ring	Bürgerliches Gesetzbuch, 6 Bde., 2010–2012
d.h.	das heißt
DB	Der Betrieb
DGVZ	Deutsche Gerichtsvollzieherzeitung
DNotZ	Deutsche Notarzeitung
DRiZ	Deutsche Richterzeitung
Dröge	Handbuch der Mietpreisbewertung für Wohn- und Gewerberaum, 3. Aufl. 2004
DWW	Deutsche Wohnungswirtschaft (Zeitschrift)

Literatur- und Abkürzungsverzeichnis

Dyong/Heix/Fischer-Dieskau/Bearbeiter	Wohnungsbaurecht, Kommentar, Loseblattwerk, EL 221, Stand: 2019
EGBGB	Einführungsgesetz zum Bürgerlichen Gesetzbuch
EGZPO	Einführungsgesetz zur Zivilprozessordnung
Emmerich/Sonnenschein	Miete, 11. Aufl. Oldenburg 2014
Erman/Bearbeiter	BGB-Kommentar, 15. Aufl. Köln 2017
EuGH	Europäischer Gerichtshof
EwiR	Entscheidungen zum Wirtschaftsrecht, Bank- und Kreditsicherungsrecht, Handels- und Gesellschaftsrecht, AGB- und Vertragsrecht, Insolvenz- und Sanierungsrecht (Zeitschrift)
f.	folgende
F.	Fach
F + B	Forschung und Beratung für Wohnen, Immobilien und Umwelt GmbH: Mieten in Deutschland 2019
FamG	Familiengericht
FamRZ	Zeitschrift für das gesamte Familienrecht
ff.	fortfolgende
FGG	Gesetz über die Angelegenheiten der freiwilligen Gerichtsbarkeit
Fn.	Fußnote
Fritz	Gewerberaummietrecht, 4. Aufl. München 2005
FS	Festschrift
GdW	Gesamtverband der Wohnungswirtschaft e. V.
GE	Berliner Grundeigentum (Zeitschrift)
GemWW	Gemeinnütziges Wohnungswesen (Zeitschrift)
GenG	Genossenschaftsgesetz
GEWOS	Gesellschaft für Wohnungs- und Siedlungswirtschaft
GG	Grundgesetz
ggf.	gegebenenfalls
GKG	Gerichtskostengesetz
Gottschalk	Immobilienwertermittlung, 2. Aufl., 2003
Graf von Westphalen/Thüsing	Vertragsrecht und AGB-Klauselwerke, 44. Auflage 2020
Gramlich	Mietrecht, 12. Aufl. München 2013
Guhling/Günter,	Gewerberaummiete, 2. Aufl., 2019
GVG	Gerichtsverfassungsgesetz
Haas	Das neue Mietrecht – Mietrechtsreformgesetz, Köln 2001
Hambg GE	Hamburger Grundeigentum (Zeitschrift)
Hannemann/Horst	Das neue Mietrecht, München 2013
Hannemann/Wiek (Hrsg)	(Bearbeiter), Handbuch des Mietrechts, 7. Aufl. Köln 2019
Hannemann/Wiegner (Hrsg)	(Bearbeiter), Mietrecht, 5. Aufl. München 2019
Harsch	Schönheits- und Kleinreparaturen im Mietverhältnis, 1998

Literatur- und Abkürzungsverzeichnis

Harz/Riecke/Schmid	Handbuch des Fachanwalts Miet- und Wohnungseigentumsrecht, 6. Aufl. Köln 2018
HaustürWG	Gesetz über den Widerruf von Haustürgeschäften und ähnlichen Geschäften
Heix	Wohnflächenberechnung, 1999
Herrlein/Kandelhard	Mietrecht – Kommentar, 4. Aufl. 2010
Hinkelmann	Die ortsübliche Miete, 1999
Hinz/Ormanschick/ Riecke/Scheff	Das neue Mietrecht, Bonn 2001
hM	herrschende Meinung
Horst	Wohnungsmodernisierung, 8. Aufl., 2019
idF	in der Fassung
InsO	Insolvenzordnung
InvZulG	Investitionszulagengesetz 1999
iü	im Übrigen
iSd	im Sinne des/r
iVm	in Verbindung mit
IfS	Institut für Stadtforschung und Strukturpolitik GmbH, Auswirkungen des Mietenüberleitungsgesetzes auf die Mietenentwicklung in den neuen Ländern, Berlin 1996
JA	Juristische Arbeitsblätter
JMBl	Justizministerialblatt
JR	Juristische Rundschau
JurBüro	Das juristische Büro
jurisPR-BGHZivilR	Jurispraxisreport BGH Zivilsachen
jurisPR-MietR	Jurispraxisreport Mietrecht
JuS	Juristische Schulung
Justiz	Die Justiz
JW	Juristische Wochenschrift
JZ	Juristen-Zeitung
Kap.	Kapitel
Keller	Zivilrechtliche Mietpreiskontrolle: Der Schutz vor überhöhten Mieten bei freifinanziertem Wohnraum, Bremen 1996
KfH	Kammer für Handelssachen
KG	Kammergericht
Kinne/Schach/Bieber	Miet- und Mietprozessrecht, 7. Aufl. 2013
Klein-Blenkers/ Heinemann/Ring	Miete/WEG/Nachbarschaft. Kommentar, Baden-Baden, 2. Aufl., 2019
KO	Konkursordnung
Kossmann/ Meyer-Abich	Handbuch der Wohnraummiete, 7. Aufl. München 2014
ders.	Der Wohnraummietvertrag, 2. Aufl. 1998
KrsG	Kreisgericht
LAG	Landesarbeitsgericht
Lammel	Wohnraummietrecht, 3. Aufl. Bonn 2007

Literatur- und Abkürzungsverzeichnis

Langenberg/Zehelein	Betriebskosten- und Heizkostenrecht, 9. Aufl. München 2019
dies.	Schönheitsreparaturen, Instandsetzung und Rückgabe, 5. Aufl. München 2015
LG	Landgericht
Lindner	Wohnraummietrecht, 3. Aufl., 2019
Lindner-Figura/Oprée/Stellmann	Geschäftsraummiete, 3. Aufl. München 2016
Lindner-Figura/Stellmann	Geschäftsraummiete, Die AGB-Ampel, München 2015
LMK	beck-fachdienst. Zivilrecht – LMK
Lützenkirchen	Mietrecht, 3. Aufl. Köln 2020
ders.	Wohnraummiete 2002
ders.	Anwaltshandbuch Mietrecht, 6. Aufl. Köln 2019
MDR	Monatsschrift für Deutsches Recht
MHG	Gesetz zur Regelung der Miethöhe
MietNovG 2015	Gesetz zur Dämpfung des Mietanstiegs auf angespannten Wohnungsmärkten und zur Stärkung des Bestellerprinzips bei der Wohnungsvermittlung (Mietrechtsnovellierungsgesetz) vom 21. April 2015 (BGBl. I S. 610)
MietPrax-AK	MietPrax-Arbeitskommentar (Börstinghaus/Eisenschmid)
MietPrax/Bearbeiter	MietPrax Arbeitshandbuch, Hrsg. U. Börstinghaus
MietRÄndG 2013	Gesetz über die energetische Modernisierung von vermietetem Wohnraum und über die vereinfachte Durchsetzung von Räumungstiteln (Mietrechtsänderungsgesetz) vom 11. März 2013 (BGBl. I S. 434)
MM	Mietrechtliche Mitteilungen (im Mietermagazin Berlin)
Mock	Mietwucher, Hamburg 1994
MünchKommBGB/Bearbeiter	Münchener Kommentar zum BGB, 8. Aufl. 2020
mwN	mit weiteren Nachweisen
n. F.	neue Fassung
NdsRpfl	Niedersächsische Rechtspflege (Zeitschrift)
Niederberger/Wulkopf	Die ortsübliche Vergleichsmiete und ihre Ermittlung durch Mietspiegel, 1979
Niederberger	Mietspiegel als Instrument zur Ermittlung der ortsüblichen Vergleichsmiete, Köln 1980
NJW	Neue Juristische Wochenschrift (Zeitschrift)
NJW-RR	NJW-Rechtsprechungsreport Zivilrecht (Zeitschrift)
NJWE-MietR	NJW-Entscheidungsdienst Miet- und Wohnrecht (Zeitschrift)
NMV	Neubaumietenverordnung
Nr.	Nummer
Nrn.	Nummern
NWB	Neue Wirtschaftsbriefe (Zeitung)
NZM	Neue Zeitschrift für Miet- und Wohnungsrecht
OLG	Oberlandesgericht
OLG-NL	OLG-Report Neue Länder (Zeitschrift)

Literatur- und Abkürzungsverzeichnis

OLG-Rp	OLG-Report (mit Angabe des jeweiligen Gerichtsortes)
OLGZ	Entscheidungen der Oberlandesgerichte in Zivilsachen
OVG	Oberverwaltungsgericht
Palandt/Bearbeiter	BGB Kommentar, 79. Aufl. München 2020
Pfeifer	Das neue Mietrecht, 3. Auflage 2004
PiG	Partner im Gespräch
PKH	Prozesskostenhilfe
RdE	Recht der Energiewirtschaft (Zeitschrift)
RDG	Rechtsdienstleistungsgesetz (BGBl. I S. 2840)
RDM-IfS	RDM-Informationsdienst für Sachverständige (Zeitschrift)
Rdn.	Randnummer
RG	Reichsgericht
Rips	Barrierefreiheit gemäß § 544a BGB, Berlin 2003
Rips/Eisenschmid	Neues Mietrecht, Köln 2001
Rpfleger	Der deutsche Rechtspfleger (Zeitschrift)
RVG	Gesetz über die Vergütung der Rechtsanwältinnen und Rechtsanwälte
s. u.	siehe unten
S.	Seite
Scheidacker/Martini/ Schubert/Beck	Handbuch zum Berliner Mietendeckel und zum Mietspiegel 2019
Schilling/Heerde	Mietrecht in den neuen Bundesländern von A–Z, Reihe Leipziger Ratgeber Recht, 2. Aufl. Herne/Berlin 1994, mit Einleger „Mietenüberleitungsgesetz und andere Sonderregelungen in den neuen Bundesländern" Juni 1995
Schmid	Handbuch der Mietnebenkosten, 16. Aufl. 2019
ders.	(Hrsg), Miete und Mietprozess, 2. Aufl. 2002
Schmidt-Futterer/ Bearbeiter	Mietrecht, Kommentar, 14. Aufl. München 2019
Seldeneck	Betriebskosten im Mietrecht, 1999
Slomian	Mietrecht 2001
Soergel/Bearbeiter	BGB-Kommentar, 12. Aufl. Band 4/1, 1997
Söfker	Mietenüberleitungsgesetz für die neuen Bundesländer, Köln 1995
Spielbauer/ Schneider (Hrsg)	Mietrecht. Kommentar, Berlin 2013
st. Rspr.	ständige Rechtsprechung
Staudinger/Bearbeiter	BGB-Kommentar, Mietrecht, Neubearbeitung 2018
Sternel	Mietrecht 3. Aufl. Köln 1988
ders.	Mietrecht aktuell, 4. Aufl. Köln 2009
StGB	Strafgesetzbuch
uU	unter Umständen
ua	unter anderem
usw.	und so weiter
VB	Verfassungsbeschwerde
VerbrKrG	Verbraucherkreditgesetz
vgl.	vergleiche

Literatur- und Abkürzungsverzeichnis

VO	Verordnung
VOPR	Verordnung über Maßnahmen des Mietpreisrechts (BGBl. 1951, S. 920)
VuR	Verbraucher und Recht (Zeitschrift)
Wall	Betriebskostenkommentar, 5. Aufl. 2020
Weber/Marx	Mietrechtsreform 2001, Freiburg 2001
WEG	Gesetz über das Wohnungseigentum und das Dauerwohnrecht
Wetekamp	Mietsachen, 4. Aufl. 2007
WFB	Wohnungsförderungsbestimmungen
WGG	Gesetz über die Gemeinnützigkeit im Wohnungswesen
wi	Wohnungswirtschaftliche Informationen (Zeitschrift) Hrsg. GdW
WImmoT	Weimarer Immobilienrechtstage – Dokumentation, DMB-Verlag
WiStG	Gesetz zur weiteren Vereinfachung des Wirtschaftsstrafrechts (Wirtschaftsstrafgesetz)
WM	Wertpapiermitteilungen
Wolf/Eckert/Ball	Handbuch des gewerblichen Miet- und Pachtrechts, 10. Aufl. Köln 2009
WuM	Wohnungswirtschaft und Mietrecht (Zeitschrift)
z. B.	zum Beispiel
ZAP	Zeitschrift für die Anwaltspraxis
ZAP-Ost	ZAP-Ausgabe Ost – Das Recht der neuen Bundesländer
	ZfPW Zeitschrift für die gesamte Privatrechtswissenschaft
ZMR	Zeitschrift für Miet- und Raumrecht
ZPO	Zivilprozessordnung
ZRP	Zeitschrift für Rechtspolitik
z. T.	zum Teil
ZVG	Zwangsversteigerungsgesetz
ZWE	Zeitschrift für Wohnungseigentum
z. Z.	zurzeit
zzgl.	Zuzüglich
ZZP	Zeitschrift für Zivilprozess

Bürgerliches Gesetzbuch (BGB)

Vom 18. August 1896 (RGBl. I S. 195)
in der Fassung der Bekanntmachung vom 2. Januar 2002
(BGBl. I S. 42, ber. S. 2909; erneut ber. BGBl. I 2003 S. 738)
Zuletzt geändert durch Gesetz vom 19.3.2020 (BGBl. I S. 541)

BGBl III/FNA 400-2

Buch 2. Recht der Schuldverhältnisse

Abschnitt 8. Einzelne Schuldverhältnisse

Titel 5. Mietvertrag, Pachtvertrag

Untertitel 1. Allgemeine Vorschriften für Mietverhältnisse

§ 535 Inhalt und Hauptpflichten des Mietvertrags

(1) ¹Durch den Mietvertrag wird der Vermieter verpflichtet, dem Mieter den Gebrauch der Mietsache während der Mietzeit zu gewähren. ²Der Vermieter hat die Mietsache dem Mieter in einem zum vertragsgemäßen Gebrauch geeigneten Zustand zu überlassen und sie während der Mietzeit in diesem Zustand zu erhalten. ³Er hat die auf der Mietsache ruhenden Lasten zu tragen.

(2) Der Mieter ist verpflichtet, dem Vermieter die vereinbarte Miete zu entrichten.

Übersicht

	Rdn.
I. Bedeutung der Vorschrift	1
II. Grundbegriffe der Miete	2
1. Begriff des Mietvertrags	2
2. Miete von Räumen	12
3. Mietverhältnis über Wohnraum	13
4. Geschäftsraummiete	19
5. Mischraummiete	23
6. Grundstücksmiete	30
7. Beschränkte persönliche Dienstbarkeit (§ 1090 BGB)	30a
8. Immobilienleasing	30b
9. Mieterdienstbarkeit	30c
III. Vertragsschluss	31
1. Einigung über wesentlichen Vertragsinhalt	31

	Rdn.
2. Vermietung „vom Reißbrett"	36
3. Schriftform	38
4. Notarielle Form bei Vorkaufsrecht	41
4a. Vormietrecht	41b
5. Abbruch der Vertragsverhandlungen	42
6. Energieausweis	45
7. Behördliche Genehmigung nach § 144 Abs. 1 Nr. 2 BauGB	47
8. Vertragsänderung/Novation	48
IV. Allgemeines Gleichbehandlungsgesetz (AGG)	49
1. Zielsetzung und Anwendungsbereich	49
a) sachlicher Anwendungsbereich	50
b) persönlicher Anwendungsbereich	51
c) zeitlicher Anwendungsbereich	52
2. Massengeschäfte, massenähnliche Geschäfte, Sonstige Mietverhältnisse, Näheverhältnisse	53
3. Benachteiligung	63
a) Begriff der „Benachteiligung"	64
b) Unmittelbare Benachteiligung	65
c) Mittelbare Benachteiligung	75
d) Anweisung zur Benachteiligung	77
e) Kausalität	78
f) Gerechtfertigte Benachteiligung nach § 5 AGG	79
g) Gerechtfertigte Benachteiligung nach § 19 Abs. 3 AGG	80
h) Gerechtfertigte Benachteiligung nach § 20 AGG	81
4. Rechtsfolgen der Benachteiligung	82
V. Formularmietverträge	94
1. Geltungsbereich der §§ 305–310 BGB	95
2. Anwendungsgrundsätze	111
a) Einbeziehung in den Vertrag/Transparenzgebot	111
b) überraschende Klausel	113
c) Auslegungsgrundsätze/Unklarheitenregel	114
d) Kundenfeindliche Auslegung	115
e) Verbot der geltungserhaltenden Reduktion	116
f) Unbillige Klauseln (§ 307 BGB)	118
g) Rechtsfolgen unwirksamer Klauseln (§ 306 BGB)	119
h) Änderung der Rechtsprechung/Vertrauensgrundsatz	122
3. Verbraucherverträge (§ 310 Abs. 3 BGB)	124
a) Unternehmer/Verbraucher	125
b) Rechtsfolgen des § 310 Abs. 3 BGB	127
VI. Widerrufsrecht des Mieters bei außerhalb von Geschäftsräumen des Wohnungsunternehmens geschlossenen Verträgen (§§ 312 ff BGB)	131
1. Überblick	131
2. Voraussetzungen des Widerrufsrechts bei „Haustürgeschäften"	131a
a) Verbrauchervertrag i. S. von § 310 Abs. 3 BGB	131a
b) Entgeltliche Leistung des Wohnungsunternehmens	131b
c) Vertragsschluss außerhalb von Geschäftsräumen des Wohnungsunternehmens (§ 312b BGB)	132
3. Informationspflichten des Wohnungsunternehmens (§ 312d BGB i. V. m. Art. 246a EGBGB)	136
4. Widerrufsrecht des Mieters (§ 312g Abs. 1 i. V. m. § 355 BGB)	138
5. Beweislastfragen	140
6. Fernabsatzverträge (§ 312c BGB)	141

		Rdn.

		Rdn.
7. Verbraucherstreitbeilegungsgesetz (VSBG)		144a
a) Zweck des VSBG		144b
b) Verfahren		144c
c) Informationspflichten des Unternehmers		144d
VII. Der Vermieter		145
1. Eigentümer		145
a) Natürliche Personen		145
b) Personengesellschaften (OHG, KG)		147
c) juristische Personen (GmbH, AG)		148
d) BGB-Gesellschaft (GbR)		149
e) Gesamthandsgemeinschaft ohne eigene Rechtspersönlichkeit (Erbengemeinschaft; Gütergemeinschaft)		163
f) Bruchteilsgemeinschaft		171
g) Eigentümergemeinschaft		173
2. Erbbauberechtigter		176
3. Nießbraucher		177
4. Dinglich Wohnberechtigter		179
5. Betreuer		181
6. Hausverwalter		186
7. Zwangsverwalter		198
8. Insolvenzverwalter		216
9. Nachlass- und Abwesenheitspfleger		223
10. Nachlassverwalter		226
11. Testamentsvollstrecker		227
VIII. Der Mieter		228
1. Eheleute		229
2. Nichteheliche Gemeinschaften		242
3. Wohngemeinschaften		253
4. Inhaberfirma/BGB-Gesellschaft		254
5. Juristische Person		260
6. Betreuer		262
7. Insolvenzverwalter		267
8. Mietvertrag zugunsten Dritter		277
9. Anmietvereinbarung		279a
IX. Wechsel der Vertragsparteien		280
1. Mieterwechsel		280
2. Vermieterwechsel		285
X. Die Überlassung und Gebrauchsgewährung (Abs. 1 Satz 1 und 2)		287
1. Begriff der Überlassung (dazu Kinne GE 2017, 1447)		287
2. Zeitpunkt der Übergabe		288
3. Der vertragsgemäße Zustand		290
a) Allgemeines zur Wohnungsmiete		291
b) Allgemeines zur Gewerberaummiete		296
c) Beschaffenheit und öffentlich-rechtliche Vorschriften		298
d) Beschaffenheit und technische Normen		302
e) Vermietung nach Besichtigung – Stillschweigende Beschaffenheitsvereinbarung		305
f) Vermietung ohne Besichtigung – Vermietung vom Reißbrett		307
g) Gesetzlicher Konkurrenzschutz		308
h) Vertraglicher Konkurrenzschutz		315
i) Überlassung im vertragswidrigen Zustand		320
j) Nichterfüllung		324

§ 535 BGB Untertitel 1. Allgemeine Vorschriften für Mietverhältnisse

	Rdn.
4. Die Gebrauchsgewährung	325
a) Besitzgewährung	325
b) Versorgungsleistungen und Versorgungssperre	327
5. Das Besichtigungsrecht des Vermieters	339
XI. Pflicht des Vermieters zur Erhaltung des vertragsgemäßen Zustands	345
1. Die Instandhaltungspflicht	348
a) Verkehrswege	348
b) Maschinen und Anlagen	353
c) Schutzmaßnahmen im Winter	356
d) Darlegungs- und Beweislast	366
2. Die Instandsetzungspflicht	369
a) Reparaturen	369
b) Gesundheitsgefährdende Zustände	371
c) Mängel im Gemeinschaftseigentum bei Eigentumswohnungen	372
d) Verwirkung des Instandsetzungsanspruchs	373
e) Instandsetzungspflicht und Opfergrenze	374
f) Kosten	377
g) Erfüllungsanspruch des Mieters bei Sachversicherung	377a
3. Anpassung der Mietsache an veränderte Umstände	378
a) Umweltveränderungen	
b) Änderungen gesetzlicher Vorschriften	379
c) Änderung wissenschaftlicher Erkenntnisse über den Einfluss von Schadstoffen etc	380
d) Änderung technischer Normen	381
e) Änderung der allgemeinen Anschauung in Bezug auf übliche Wohnstandards	382
f) Modernisierung	382a
4. Die Fürsorgepflicht	383
XII. Vertragliche Regelungen zur Übertragung der Instandhaltungs- und Instandsetzungspflicht auf den Mieter	385
1. Verkehrssicherungspflicht insgesamt	385
2. Winterdienst	387
3. Reinigungspflicht	406
4. Instandhaltungspflicht insgesamt	408
5. Teilweise Übertragung der Instandhaltungspflicht	410
a) Kleinreparaturen	410
b) Unwirksame Klauseln bei der Wohnraummiete	413
c) Gartenpflege	414
d) Geschäftsraummiete	415
6. Schönheitsreparaturen	416
a) Beschaffenheitsvereinbarung	430a
b) Die Freizeichnungsklausel	431
c) Die Renovierungsklausel	432
c1) Die Rückgabeklausel (Endrenovierungsklausel)	489
d) Die Tapetenklausel (Makulaturklausel)	494
e) Abgeltungsklausel („pro rata temporis – Regelung" „Quotenhaftungsklausel")	497
f) Wahlklausel	498
g) Geschäftsraummiete	506
XIII. Vertragsgemäßer und vertragswidriger Gebrauch	509
1. Änderung des Vertragszwecks	510
2. Gestaltung der Mieträume	514

	Rdn.
a) Renovierung	514
b) Einrichtungen	515
c) insbesondere Teppichböden	518
d) Bauliche Änderungen/Mietermodernisierung	519
3. Antennen	522
a) Rundfunk und Fernsehantennen	522
b) Funkantennen	539
4. Haushaltsgeräte	540
5. Wohn-/Nutzerverhalten	546
a) Reinigungspflichten	546
b) Sonstiger Inhalt der Obhutspflicht	547
c) Wahrung des Hausfriedens	551
6. Tierhaltung	564
a) Gesetzliche Regelung	564
b) Vertragliches Tierhaltungsverbot	572
c) Formularvertragliches Tierhaltungsverbot mit Erlaubnisvorbehalt	573
d) Vertragliche Tierhaltungserlaubnis	581
e) Vermietete Eigentumswohnung	582
f) Beschwerdewert	582a
7. Berufliche und gewerbliche Mitbenutzung	583
8. Nutzung und Mitbenutzung nicht vermieteter Hausteile	588
a) Grundsatz	588
b) Mitbenutzungsrechte	589
c) Vertragsregelungen/Gestattung	596
9. Nutzung einer Eigentumswohnung bei Verstößen gegen das WEG	597
XIV. Verpflichtung des Vermieters zur Lastentragung (Abs. 1 Satz 3)	601
1. Bedeutung der Regelung	601
2. Abweichende Vereinbarungen betr. der „Lasten"	602
XV. Verpflichtung des Mieters zur Mietzahlung (Abs. 2)	604
1. Begriff der Miete	604
2. Die höchstzulässige Miete bei Wohnraummietverhältnissen (§ 5 WiStG, 138 Abs. 1, 2 BGB)	653
a) Anwendungsbereich des § 5 WiStG	653
b) Tatbestandsvoraussetzungen	656
c) Berechnung der höchstzulässigen Miete nach § 5 Abs. 2 Satz 1 WiStG	658
d) Berechnung der höchstzulässigen Miete nach § 5 Abs 2 Satz 2 WiStG	668
e) Ausnutzung eines geringen Angebots	683
f) Zivilrechtliche Folgen der Mietpreisüberhöhung	689
g) Ausschluss des Rückforderungsanspruchs	694
g1) Verjährung	697
h) Darlegungs- und Beweislast	698
j) Mietwucher bei der Wohnraummiete (§ 138 Abs. 1, 2 BGB	702a
3. Die höchstzulässige Miete bei Geschäftsraummietverhältnissen (§§ 4 WiStG; 138 Abs. 1 und 2 BGB; § 134 BGB i. V. m. § 291 StGB)	703
a) § 4 WiStG: Preisüberhöhung in einem Beruf oder Gewerbe	703
b) § 138 Abs. 1 BGB. Sittenwidriges Rechtsgeschäft	710
c) Knebelungsverträge	714
d) § 138 Abs. 2 BGB. Wucher	715

	Rdn.
4. Abtretung der Miete	719
5. Quittung	720
6. Mietzahlungspflicht und Unmöglichkeit der Gebrauchsgewährung	721
7. Anweisungsfälle	722
XVI. COVID-19-Pandemie-Gesetz	725
1. Regelungsanlass und -gegenstand	725
2. Fortbestehen der Hauptleistungspflichten	727
3. Zahlungsverzug des Mieters	728
4. Kündigungsschutz durch Art. 240 § 2 EGBGB	730
a) Nichtleistung trotz Fälligkeit im bezeichneten Zeitraum	731
b) Verordnungsermächtigungen	734
c) Sonstige Kündigungsgründe	735
5. Halbzwingende Wirkung	736
6. Zahlungsausfall als Auswirkung der COVID-19 Pandemie	737
7. Glaubhaftmachung des Zusammenhangs mit der Pandemie	738
8. Auswirkung von Zahlungen des Mieters	741
a) Befriedigung der Vermieters vor Ausspruch der Kündigung, § 543 Abs. 2 S. 2 BGB	742
b) Befriedigung des Vermieters nach Ausspruch der Kündigung	743
XVII. Weitere mietrechtliche Fragen betreffend COVID-19	747
1. Gewährleistungsrecht	747
2. Wegfall der Geschäftsgrundlage	754

I. Bedeutung der Vorschrift

1 § 535 BGB regelt die Grundpflichten der Vertragsparteien, nämlich die Gebrauchsgewährungspflicht des Vermieters und die Pflicht des Mieters zur Entrichtung des Mietzinses. Hieraus ergibt sich zugleich die Definition des Mietvertrags und dessen Abgrenzung zu anderen, ähnlichen Verträgen. Insoweit kommen in Betracht: eine unentgeltliche Gestattung des Gebrauchs und damit eine Leihe gemäß § 598 BGB, eine sonstige schuldrechtliche Nutzungsvereinbarung (§ 241 BGB), sowie ein bloßes Gefälligkeitsverhältnis ohne Rechtsbindungswillen. Zur Abgrenzung der verschiedenen rechtlichen Möglichkeiten ist nach Anlass und Zweck der Gebrauchsüberlassung und gegebenenfalls sonstigen erkennbar zutage getretenen Interessen der Parteien zu unterscheiden (BGH NZM 2017, 729).

II. Grundbegriffe der Miete

1. Begriff des Mietvertrags

2 Der Mietvertrag ist ein Vertrag über die Überlassung einer beweglichen oder unbeweglichen Sache gegen Zahlung eines Entgelts (BGHZ 82, 354, 357 = NJW 1982, 820; BGHZ 123, 166, 169 = NJW 1993, 3131). Die Eigentumsverhältnisse sind gleichgültig. Der Vermieter muss nicht Eigentümer sein. Der Eigentümer kann umgekehrt seine eigene Sache mieten. Vereinbaren die **Miteigentümer eines Grundstücks,** dass dieses einem der Miteigentümer zur alleinigen Nutzung gegen Zahlung eines Entgelts überlassen werden soll, so ist das Vertragsverhältnis nach ständiger Rechtsprechung des BGH als Mietverhältnis zu bewerten (BGH WPM 1969, 298; NJW 1974, 364; NJW 1998, 372; NZM 2001, 45; NZM 2018, 558

= NJW 2018, 2472 Rdn. 26; OLG München, Urteil vom 14. Juni 2018 – 32 U 2516/16, juris Rdn. 247). Zwar hat die Entscheidung der Gemeinschaft einen gemeinschaftlichen Gegenstand einem Mitglied der Gemeinschaft gegen Entgelt zu überlassen, ihre Grundlage im Gemeinschaftsrecht. Daraus folgt allerdings nicht, dass das Rechtsverhältnis zwischen dem Begünstigten und den restlichen Mitgliedern der Gemeinschaft (ausschließlich) nach Gemeinschaftsrecht zu beurteilen ist. Allgemein gilt, dass die Überlassung von Räumen gegen Entgelt als Miete zu bewerten ist. Nichts anderes gilt, wenn der Mieter kein außenstehender Dritter, sondern ein Mitglied der Gemeinschaft ist. Dies gilt für alle Eigentümergemeinschaften, wie die Erbengemeinschaft, oder die Wohnungseigentümergemeinschaft. Grundsätzlich gelten für das Verhältnis zwischen den Vertragsparteien also die Regelungen des Mietrechts. Die Mietzinsansprüche unterliegen (als unteilbare Forderung) der gemeinschaftlichen Einziehung. Jedoch kann jedes Mitglied der Gemeinschaft allein Leistung an alle verlangen (BGH NZM 2001, 45). Im Falle eines Mangels kann der Mieter die aus dem Mietrecht folgenden Gewährleistungsansprüche geltend machen. Vom Primat des Mietrechts gilt eine wichtige Ausnahme, wenn der Schwerpunkt der Rechtsbeziehungen zwischen dem Nutzer und den übrigen Mitgliedern der Gemeinschaft nicht im Mietrecht, sondern im Gemeinschaftsrecht liegt (BGH NJW 1974, 364; NJW 1998, 372). Hiervon kann etwa ausgegangen werden, wenn lediglich vereinbart ist, dass der Nutzer ein Entgelt an die Gemeinschaft zahlen soll, die Höhe des Entgelts aber offen ist. Dann stellt sich die Frage, ob der Vertrag nach mietrechtlichen (§ 316 BGB) oder nach gesellschaftsrechtlichen (§ 745 Abs. 2 BGB) Grundsätzen zu ergänzen ist. In der Regel ist der letztgenannten Möglichkeit der Vorzug zu geben (BGH NJW 1974, 364; NJW 1998, 372).

Zwischen dem Gläubiger und dem Schuldner darf allerdings keine Identität bestehen. Ein Alleineigentümer kann deshalb nicht zugleich Mieter sein. Erwirbt ein Mieter den Mietgegenstand so erlischt das Mietverhältnis durch Konfusion (BGH WuM 2016, 341 Rz. 18). **2a**

Die Miete ist ein **zivilrechtlicher Vertrag.** Werden Wohnräume oder sonstige Räume auf Grund öffentlich-rechtlicher Vorschriften zugewiesen, so liegt keine Miete, sondern ein öffentlich-rechtliches Nutzungsverhältnis vor (AG Bad Bramstedt WuM 1998, 415 betr. Dienstwohnung eines Pastors). **3**

Davon abgesehen kommt es nicht darauf an, wie die Parteien das Vertragsverhältnis bezeichnen. Maßgeblich ist nur, dass die Sache gegen ein Entgelt überlassen wird. Der „**Dauernutzungsvertrag**" zwischen einer Wohnungsgenossenschaft und ihrem Mitglied ist nach allgemeiner Ansicht als Mietvertrag zu bewerten (BGH WuM 2003, 691; Urteil vom 26.4.2018 – IX ZR 56/17 Rdn. 20; s. auch § 542 Rdn. 170 ff). Ebenso liegt Miete vor, wenn einem Kaufinteressenten die Sache vor Abschluss des Kaufvertrags überlassen wird und vereinbart ist, dass der Nutzer hierfür ein Entgelt zu bezahlen hat. Dies gilt auch dann, wenn das Entgelt vereinbarungsgemäß auf den Kaufpreis anzurechnen ist (ähnlich: OLG Köln NZM 1999, 710: danach sind in einem solchen Fall die Vorschriften des Mietrechts entsprechend anzuwenden). Gleichfalls ist es als Miete zu bewerten, wenn dem Vertragspartner ein **schuldrechtliches Wohnrecht** eingeräumt wird (BGH NZM 1998, 105; KG Urteil vom 11.12.2017 – 8 U 120/17). Das Entgelt kann hier in der Übernahme der Betriebskosten (bei einer Eigentumswohnung in der Übernahme des Wohngeldes) aber auch in der Zahlung eines einmaligen Betrages bestehen. Werden dagegen alle Kosten vom Wohnungsgeber übernommen, so liegt eine **Leihe** vor (zur Abgrenzung Leihe/Schenkung s. unten Rdn. 11a, b). Gleiches **4** kann gelten, wenn das Entgelt lediglich symbolische Bedeutung hat und keine adäquate Bewertung des Nutzungsinteresses darstellt. Diese Grundsätze gelten auch für „Nutzungsverträge" über Grundstücke, die nach dem Recht der DDR abgeschlossen worden sind (BGH NZM 2005, 66).

5   **Gestattungs- oder Nutzungsverträge** über die Nutzung von Grundstücksteilen sind Mietverträge, wenn hierfür ein Entgelt bezahlt wird (BGHZ 117, 236, 238 betr. Rechte für eine Stromleitung; BGHZ 123, 166 betr. Rechte für eine Öl- und Salzwasserleitung).

6   Es ist nicht erforderlich, dass die Sache einem Mieter zum Alleingebrauch überlassen wird. Die Einräumung eines **Mitbenutzungsrechts** genügt.

7   Die Überlassung der Sache muss eine Hauptpflicht des Vertragsverhältnisses sein. Bei Verträgen über die Nutzung von Grundstücks- oder Gebäudeteilen zum Zwecke der Werbung ist zu unterscheiden: Rechtspacht ist anzunehmen, wenn der Betreiber eines Sportstadions einem Dritten gestattet, an den Banden **Werbetafeln** anzubringen (BGH NZM 1999, 461). Anders sind jene Fälle zu beurteilen, in denen die Eigentümer von Gebäuden einem Dritten erlauben, an den Wandflächen Werbetafeln anzubringen oder die Wandflächen werblich zu nutzen; hier ist der betreffende Gebäudeteil als Mietgegenstand anzusehen (vgl. auch BGH ZMR 2019, 335; WuM 2019, 74, Urteil vom 28.3.2018 – XII ZR 18/17: danach sind auf einen Vertrag über die Anbringung von Werbung auf einem Kfz die Vorschriften über die Miete anzuwenden).

7a   Enthält ein Vertrag teils werkvertragliche, teils mietvertragliche Elemente (**„Typenverschmelzungsvertrag"**) so kommt es für die rechtliche Einordnung darauf an, wo der wirtschaftliche Schwerpunkt des Vertrages liegt. Maßgeblich sind hierfür zunächst die getroffenen Vereinbarungen. Bei Fehlen ausdrücklich getroffener Abreden ist der mutmaßliche Parteiwille ausschlaggebend. Dieser bestimmt sich nach dem Vertragszweck, der Interessenlage der Beteiligten und nach der Verkehrssitte (KG MDR 2015, 1357). Ein Vertrag über die entgeltliche Überlassung von innerhalb einer Veranstaltungshalle gelegenen abgetrennten Räumlichkeiten ist i. d. R. als Mietvertrag zu bewerten. Dies hat zur Folge, dass eventuelle Mängel bei der Durchführung einer Veranstaltung grundsätzlich keinen Einfluss auf die Verpflichtung des Mieters zur Zahlung des Entgelts haben (KG a. a. O.). Nur im Ausnahmefall kann hier auf werkvertragliche Regelungen zurückgegriffen werden. Entsprechendes gilt für Mietverträge mit dienstvertraglichen Elementen.

8   Das Mietverhältnis beginnt mit dem Abschluss des Mietvertrags (nicht mit der Überlassung des Mietgegenstands an den Mieter) und endet mit dem Ablauf der Zeit für die es eingegangen ist oder – im Falle der Kündigung – mit dem Ablauf der Kündigungsfrist (§ 542 BGB). Bei der Beendigung durch fristlose Kündigung kommt es auf den Zugang der Kündigungserklärung beim Kündigungsempfänger an. Wegen der Anfechtung s. § 542 BGB Rdn. 251 ff.

9   **Entgelt** ist jede Gegenleistung, die der Mieter zu erbringen hat (Miete, § 535 Abs 2 BGB). Üblicherweise wird ein Entgelt in Form regelmäßig wiederkehrender Zahlungen vereinbart. Als Entgelt kommen aber auch beliebige andere Leistungen oder Gebrauchsgewährungen in Betracht (BGH NJW-RR 1994, 971 = WuM 1994, 460; GuT 2003, 15, 17; Emmerich in: Staudinger § 535 BGB Rdn. 86). Miete i. S. von § 535 BGB liegt auch dann vor, wenn vereinbart ist, dass das Entgelt in Form einer einmaligen Zahlung oder Leistung zu erbringen ist (**Einmalmiete**; BGH NJW-RR 1989, 589; BGHZ 117, 236, 238 = NJW-RR 1992, 780; BGHZ 123, 166, 170 = NJW 1993, 3131; BGHZ 137, 106 = NJW 1998, 595 = WuM 1998, 104 = NZM 1998, 105). Miete ist deshalb auch dann anzunehmen,

wenn die Parteien eines Grundstückskaufvertrags vereinbaren, dass der Verkäufer gegen eine Ermäßigung des Kaufpreises wohnen bleibt (RG WarnRspr. 1927 Nr. 52, S. 77). Hat der Nutzer eines Grundstücks nach dem Überlassungsvertrag bestimmte Erhaltungs-, Umgestaltungs- oder Modernisierungsmaßnahmen durchzuführen, so führt dieser Umstand für sich allein noch nicht zur Annahme der Entgeltlichkeit. Anders kann es sein, wenn diese Verpflichtungen nach dem übereinstimmenden Willen der Parteien gerade als Gegenleistung für die Gebrauchsüberlassung anzusehen sind (OLG Frankfurt NZM 2019, 411). Hiervon ist in der Regel auszugehen, wenn die Maßnahmen auch im Interesse des Eigentümers liegen und die für die Durchführung der Maßnahmen erforderlichen Aufwendungen erheblich sind.

Auf die Höhe des Entgelts kommt es nicht an. Ein Mietverhältnis ist deshalb auch dann anzunehmen, wenn nur eine **Gefälligkeitsmiete** vereinbart ist. Hiervon ist das **Gefälligkeitsverhältnis** zu unterscheiden. Für die Abgrenzung des Mietvertrags vom bloßen Gefälligkeitsverhältnis kommt es zunächst darauf an, ob sich die Parteien rechtlich binden wollten. Wird eine Immobilie an eine Familie zu Wohnzwecken überlassen, so ist auf Grund der wirtschaftlichen Bedeutung dieses Vorgangs grundsätzlich von einem Rechtsbindungswillen der Parteien auszugehen (BGH NZM 2017, 729). Hat der Mieter lediglich die Betriebskosten oder sonstige Lasten zu tragen, so können diese Leistungen u. U. als Entgelt für die Gebrauchsüberlassung i. S. von § 535 Abs. 2 BGB angesehen werden (BGH NJW 2016, 1242). Allerdings ist auch der Entleiher zur Erhaltung der Sache und damit zur Übernahme gewisser Reparaturkosten verpflichtet (§§ 598, 601 Abs. 1 BGB). Gewisse Betriebskosten sind auch vom Inhaber eines unentgeltlichen Wohnungsrechts zu entrichten (BGHZ 191, 213 Rz. 5, 7 ff). Die Übernahme der betreffenden Kosten spricht also nicht zwingend für die Miete. Vielmehr müssen besondere Umstände vorliegen, die jedenfalls dann nicht gegeben sind, wenn die vom Bewohner übernommenen Kosten allenfalls einen geringen Bruchteil des üblicherweise für die mietweise Überlassung eines Hauses zu zahlenden Entgelts darstellen (BGH NZM 2017, 729). 10

In der Regel wird die Miete in Geld entrichtet; Miete liegt allerdings auch dann vor, wenn der Mieter das Entgelt für die Überlassung der Sache in Form von Dienstleistungen, Werkleistungen oder Warenlieferungen zu erbringen hat (OLG Köln DWW 1996, 189 betr. Übereignung von Stahlbehältern und Beleuchtungsanlagen gegen Überlassung mehrerer Hallen). Die Leistungen müssen allerdings einen nicht unerheblichen wirtschaftliche Wert aufweisen. Gegenleistung kann auch die Überlassung des Gebrauchs eines Grundstücks sein (BGH MDR 1994, 796). Nach der Auffassung des OLG Hamm (MDR 1992, 673) liegt Miete vor, wenn ein Grundstückseigentümer seiner langjährigen Hausangestellten durch Testament ein lebenslanges freies Wohnen im Hause einräumt; das Entgelt ist hier in den in früherer Zeit erbrachten Diensten zu sehen. 10a

Die **Darlegungs- und Beweislast** für die Entgeltlichkeit der Gebrauchsüberlassung trägt grundsätzlich der Vermieter. Anders ist es bei Verträgen unter Kaufleuten. Hier gilt § 354 HGB, so dass der Mieter die Unentgeltlichkeit darlegen und beweisen muss (OLG Rostock NZM 1999, 967). 11

Abgrenzung Leihe/Schenkung. Wird eine Immobilie unentgeltlich einem Dritten zur Nutzung überlassen, so liegt eine Leihe vor. Stehen dem Entleiher auch die Mieteinnahmen oder sonstige Nutzungen zu, stellt sich die Frage, ob hierauf die Vorschriften über die Schenkung anzuwenden sind. Die Frage ist deshalb von Bedeutung weil zur Gültigkeit eines Vertrags, durch den eine Leistung schenk- 11a

§ 535 BGB Untertitel 1. Allgemeine Vorschriften für Mietverhältnisse

weise versprochen wird, die notarielle Beurkundung des Versprechens erforderlich ist (§ 518 Abs. 1 Satz 1 BGB). Nach der Rechtsprechung des BGH (WuM 2016, 227) ist § 518 BGB unanwendbar weil das Eigentum an den Räumen nicht auf den Nutzungsberechtigten übergeht, sondern beim Eigentümer verbleibt. Eine lange Laufzeit des Vertrags, das Recht zur Vermietung oder die Verpflichtung des Eigentümers zur Instandhaltung ändert an dieser Bewertung nichts (BGH a. a. O.). Anders kann es allenfalls sein, wenn die leihweise überlassene Sache nach Ablauf der Leihzeit wirtschaftlich wertlos ist.

11b Nach der gesetzlichen Regelung in § 605 Nr. 1 BGB kann der Verleiher die Leihe kündigen, wenn er infolge eines nicht vorhergesehenen Umstandes der verliehenen Sache bedarf. Ist diese Vorschrift abbedungen, so wird vereinzelt die analoge Anwendung des § 518 Abs. 1 BGB in Erwägung gezogen (Häublein: in MünchKomm § 598 Rdn. 14). Der BGH (a. a. O.) folgt dieser Ansicht nicht: Hierfür bestehe kein Bedürfnis, weil dem Eigentümer das (nicht abdingbare) Kündigungsrecht aus wichtigem Grund gem. 314 BGB verbleibt.

11c **Abgrenzung: Mietvorvertrag/Aufschiebend bedingter Mietvertrag/Begründungsoption/Mietvortrag.** Hier verpflichten sich die Parteien einen Hauptvertrag (Mietvertrag) abzuschließen. Mit Abschluss des Vorvertrages entsteht die Verpflichtung, alsbald nach Fortfall der noch bestehenden Hindernisse den darin weitgehend festgelegten Hauptvertrag abzuschließen; der Vorvertrag begründet einen Abschlusszwang auf vertraglicher Grundlage für beide Seiten. Vom Mietvorvertrag ist der **aufschiebend bedingter Mietvertrag zu unterscheiden.** Gegenstand der Bedingung kann ein zukünftiges Ereignis jeder Art sein, auch die Handlung eines Dritten, ebenso das freie Belieben einer Partei, sog. Potestativbedingung. Das bedingte Rechtsgeschäft ist tatbestandlich vollendet und voll gültig; eine Partei bindet sich endgültig, die andere Partei legt sich bereits auf den Inhalt des möglichen Vertrages fest – das unterscheidet den aufschiebend bedingten Mietvertrag von der Option–, nur seine Rechtswirkungen sind bis zum Eintritt der Bedingung in der Schwebe. Eine **Begründungsoption** liegt vor, wenn der Mieter berechtigt sein soll, durch einseitige Erklärung einen inhaltlich feststehenden oder zumindest nach vereinbarten Bedingungen inhaltlich festzulegenden Mietvertrag zu begründen oder um eine ausbedungene Frist oder auf unbestimmte Zeit zu verlängern. Die ausgeübte Begründungsoption lässt ein verabredetes Mietverhältnis erstmalig entstehen und setzt dieses in Kraft. Die ausgeübte Verlängerungsoption erweitert ein bestehendes Mietverhältnis über den zeitlichen Ablauf hinaus, um die in der Optionsklausel vereinbarte Frist oder auf unbestimmte Zeit. Beide Optionen haben gemeinsam, dass die Ausübung des Rechtes in der freien Entschließung des Optionsberechtigten liegt. Die (Begründungs-)Option zeichnet sich zudem dadurch aus, dass sie keine gegenseitigen, ggf. auch einklagbaren Ansprüche auf Abschluss eines Mietvertrages einräumt, weil der Optionsbegünstigte in seiner endgültigen Entschließung frei bleiben will, auch wenn sich die andere Partei in Bezug auf eine Vermietung bereits jetzt vertraglich bindet. Der Mietvertrag kommt erst durch die im Belieben der begünstigten Partei auszuübende Option zustande (OLG Saarbrücken ZMR 2016, 371).

2. Miete von Räumen

12 Für die Miete von Räumen, die keine Wohnräume sind, gilt § 578 Abs. 2 BGB. Unter einem Raum ist ein allseits mit Wänden, Fußboden und Decke abgeschlossener Gebäudeteil zu verstehen. Es ist allerdings weder erforderlich, dass der Gebäudeteil vollständig abgeschlossen ist (auch eine nach zwei Seiten offene Halle ist ein Raum) noch wird vorausgesetzt, dass der Mieter den gesamten Raum nutzen darf. Raummiete liegt auch dann vor, wenn lediglich Teile des Raumes vermietet werden, etwa ein Stellplatz in einer Sammelgarage. Die Innenbereiche beweglicher Sachen (Wohnwagen, Container) gehören nicht zu den Räumen, wohl aber eine auf Dauer erstellte Baracke, auch wenn sie im Unterschied zu einem herkömmlichen Gebäude relativ einfach demontiert oder abgerissen werden kann.

3. Mietverhältnis über Wohnraum

Nach der Terminologie des BGB fallen hierunter Mietverhältnisse über Räume, die zu Wohnzwecken vermietet werden. Maßgeblich sind hierbei die zwischen den Parteien getroffenen Vereinbarungen. Wohnraummiete liegt vor, wenn die Räume dem Mieter vertragsgemäß zur Befriedigung seiner eigenen Wohnbedürfnisse und/oder der Wohnbedürfnisse seiner Familie dienen sollen. In Anwendung dieses Grundsatzes hat der BGH entschieden, dass ein Mietvertrag zwischen dem Eigentümer eines Wohnhauses und einem Werkunternehmen, wonach der Eigentümer verpflichtet sein soll, die Wohnungen an Angestellte des Werkunternehmens zu vermieten nicht als Wohnraum- sondern als Gewerberaummietvertrag zu bewerten ist (BGH NJW 1981, 1377; KG GE 2017, 1093). Ebenso kann eine juristische Person keinen Wohnbedarf haben (BGH NZM 2020, 54). Deshalb liegt kein Wohnraummietverhältnis vor, wenn eine juristische Person Räumlichkeiten anmietet um sie einem Gesellschafter, einem Geschäftsführer oder einem sonstigen Mitarbeiter als Wohnung zu überlassen (AG Lörrach WuM 2020, 27; **A. A.** Gregor WuM 2008, 435, 438: Danach liegt eine Wohnraummiete immer dann vor, wenn die Mietsache durch eine beliebige Person zum Wohnen genutzt werden soll. 13

Zum Wohnen gehört auch die Ausübung **beruflicher Tätigkeiten** die üblicherweise in der Wohnung ausgeübt werden, wie etwa die Tätigkeit eines Schriftstellers, eines Geisteswissenschaftlers, oder die den Unterricht vor- und nachbereitende Tätigkeit eines Lehrers und ähnliches (zur Abgrenzung der beruflichen von der gewerblichen Tätigkeit s. Rdn. 583 ff). 13a

Es ist nicht erforderlich, dass sich der Mieter selbst in den Räumlichkeiten aufhält. Wer für den getrenntlebenden oder geschiedenen Ehegatten eine separate Wohnung anmietet, handelt zur Befriedigung familiärer Wohnbedürfnisse. Gleiches gilt, wenn Eltern für ein auswärts berufstätiges oder studierendes Kind eine Wohnung oder ein Zimmer anmieten (ebenso Sternel Rdn. I 145). 14

Die **Bewertung eines Mietverhältnisses** als Wohnraummietverhältnis hängt auch nicht davon ab, dass der jeweilige Bewohner, – sei es der Mieter, sei es einer seiner Familienangehörigen-, von der Mietsache einen umfassenden Wohngebrauch machen kann. Wohnraummiete liegt auch dann vor, wenn vereinbart ist, dass die Sache nur in eingeschränktem Umfang benutzt oder mitbenutzt werden darf. Unerheblich ist es, ob die Räumlichkeiten als Wohnung geeignet sind. Ein zu Wohnzwecken vermieteter aber hierzu nicht geeigneter Raum entspricht zwar nicht den vertraglichen Vereinbarungen; gleichwohl liegt ein Wohnraummietverhältnis vor. 15

Der Umstand, dass der Mieter die Räume lediglich als **Zweitwohnung** oder Ferienwohnung nutzt, spielt für die Einordnung des Vertragsverhältnisses als Wohnraummietverhältnis keine Rolle. 16

§ 535 BGB Untertitel 1. Allgemeine Vorschriften für Mietverhältnisse

17 Nutzt der Mieter die Wohnräume zu anderen als Wohnzwecken, ohne hierzu berechtigt zu sein, so liegt ein vertragswidriger Gebrauch vor (s. dazu Rdn. 509 ff). Der Charakter des Mietverhältnisses ändert sich dadurch nicht, weil es für die Einordnung des Mietverhältnisses nur auf den Inhalt der vertraglichen Regelungen und nicht auf den tatsächlichen Gebrauch ankommt. Im Einzelfall ist zu prüfen, ob die Parteien den ursprünglich vereinbarten Mietgebrauch nach Vertragsschluss ausdrücklich oder konkludent geändert haben (s. Rdn. 510 ff).

18 Vom Begriff des „Wohnraums" ist der **Begriff der „Wohnung"** zu unterscheiden. Der Begriff der Wohnung wird verwendet in §§ 549 Abs. 2, 559, 573, 573a, 575, 1093 BGB. Wohnraum ist jeder Raum, der zu Wohnzwecken vermietet ist. Unter einer Wohnung versteht man dagegen in Anlehnung an DIN 283 Blatt 1 Ziff. 1.1. die Summe der Räume, „welche die Führung eines Haushalts ermöglichen, darunter stets eine Küche oder einen Raum mit Kochgelegenheit. Zu einer Wohnung gehören außerdem Wasserversorgung, Ausguss und Abort". Die Toilette kann auch außerhalb des Abschlusses liegen (LG Köln ZMR 1999, 560; Sonnenschein NZM 2000, 1, 2). Es spielt keine Rolle, ob diese von mehreren Wohnparteien benutzt wird. Anders ist es, wenn der Mieter Räume und Einrichtungen einer anderen Wohnung in Anspruch nehmen muss (LG Köln WuM 1985, 63). Ein Bad ist nicht wesentlicher Bestandteil einer Wohnung (Sonnenschein NZM 2000, 1, 2; **a. A.** LG Berlin GE 1999, 507).

18a **Gerichtliche Zuständigkeit.** Für Streitigkeiten aus einem Wohnraummietverhältnis ist in erster Instanz stets das Amtsgericht zuständig. Behauptet der Vermieter, dass das Mietverhältnis als Geschäftsraummiete zu beurteilen sei und verteidigt sich der Mieter mit Gegenrechten die nur bei Annahme eines Wohnungsmietvertrags bestehen, so ist streitig, ob sich die Zuständigkeit nach dem Vortrag des Vermieters (KG NJW-RR 2008, 1465; OLG Köln ZMR 2010, 36; ZMR 2011, 226; ZMR 2016, 250) oder nach den Einwendungen des Mieters richtet (OLG Düsseldorf NZM 2008, 479). Dieselbe Streitfrage stellt sich, wenn zwischen den Parteien streitig ist, ob überhaupt ein Mietverhältnis besteht. Die erstgenannte Ansicht trifft zu. Maßgeblich ist die Erwägung, dass der Streitgegenstand von der klagenden Partei bestimmt wird mit der weiteren Folge, dass sich die Zuständigkeit ausschließlich nach dem Vortrag des Klägers richtet.

4. Geschäftsraummiete

19 Geschäftsräume sind alle Räume, die zu anderen als Wohnzwecken vermietet worden sind (Ladenräume, Lagerräume, Büros, Arztpraxen, Kanzleien, Fabrikationsräume Garagen, usw.). Maßgeblich ist auch hier nicht die tatsächliche Nutzung, sondern der vereinbarte Zweck. Werden Räumlichkeiten zu gewerblichen Zwecken vermietet und ist über die Art der Gewerbenutzung nichts vereinbart, so darf der Mieter in den Räumen grundsätzlich jedes legale Gewerbe ausüben. Eine ergänzende Auslegung des Mietvertrags wird allerdings regelmäßig ergeben, dass von dem Begriff der „gewerblichen Zwecke" nur solche Tätigkeiten erfasst werden, die üblicherweise in vergleichbaren Räumen ausgeübt werden. Die Ausübung der Prostitution in einem Mehrfamilienhaus gilt allgemein als anstößig; deshalb ist diese Form der Gewerbetätigkeit auch dann vertragswidrig, wenn damit keine konkrete Belästigung der Mitbewohner verbunden ist. Der Erlass des Prostitutionsgesetzes hat hieran nichts geändert (**a. A.** AG Aachen ZMR 2007, 41 m.abl. Anm. Sauren). Gleiches gilt für Tätigkeiten durch die unüblicher Lärm oder Schmutz verursacht wird. Die vertragliche bestimmte Nutzungsart bleibt für das

Mietverhältnis und seine Abwicklung bestimmend, auch wenn der Mieter die Nutzungsart ändert (OLG Celle ZMR 1999, 470). Dies gilt auch dann, wenn der Vermieter von der Änderung der Nutzungsart Kenntnis hat (OLG Düsseldorf WuM 2004, 193 = DWW 2004, 125). Anders ist es allerdings, wenn der Vertragszweck durch Vereinbarung geändert wird. Für den Vertragszweck kommt es nicht darauf an, ob die Räume zu Gewerbezwecken benutzt werden dürfen oder ob dem das Verbot der Zweckentfremdung entgegensteht. Ein Verstoß gegen ein öffentlich-rechtliches Zweckentfremdungsverbot führt nicht zur Unwirksamkeit des Mietvertrags (BGH NJW 1994, 320), sondern ist gegebenenfalls als Mangel zu bewerten, wenn die weiteren Voraussetzungen des § 536 BGB gegeben sind. Gleiches gilt, wenn die Räume auf Grund ihrer Beschaffenheit nicht zu dem vereinbarten Zweck benutzt werden können. Der Zweck ergibt sich in vielen Fällen bereits aus der Art des Raumes (z. B. bei der Anmietung einer Garage) Sind Räume sowohl als Geschäftsräume als auch als Wohnräume nutzbar, so kommt es für die Bestimmung des Vertragszwecks auf die übereinstimmenden Vorstellungen der Parteien über die Art der Raumnutzung an. Eine fehlerhafte oder zur Umgehung von Schutzbestimmungen gewählte Bezeichnung in der Mietvertragsurkunde ist unbeachtlich (BGH WuM 1986, 274 = ZMR 1986, 278 m. w. Nachw.; LG Hamburg WuM 1988, 406; LG Frankfurt WuM 1992, 112). Ist der Inhalt der tatsächlich getroffenen Vereinbarungen aber nicht zu ermitteln, so kann die Bezeichnung in der Vertragsurkunde durchaus als Indiz für das wirklich gewollte gewertet werden.

Die **Anmietung von Räumen durch eine juristische Person, eine Personengesellschaft, einen Verein oder eine öffentlich-rechtliche Körperschaft** ist als Geschäftsraummietverhältnis zu bewerten, weil die betreffenden Mieter die Räume nicht zu Wohnzwecken nutzen können (BGH NZM 2020, 54; KG WuM 2015, 666; LG Berlin ZMR 2016, 29). Dies gilt auch dann, wenn die Räume einem Gesellschafter, einem Geschäftsführer oder einem sonstigen Mitarbeiter als Wohnung dienen soll (vgl. BGH NJW 2008, 3361 = NZM 2008, 804; LG Berlin ZMR 2016, 29; **a. A.** Gregor WuM 2008, 435, 438). Für die Kündigungsfrist gilt § 580a Abs. 2 BGB. Die speziellen Schutzvorschriften zugunsten des Wohnungsmieters (Kündigungsschutz, Schutz vor Mieterhöhungen, Beschränkung der Höhe der Kaution usw.) gelten nicht. Soll dieser Schutz dem Nutzer der Mietsache zugutekommen, so muss er vertraglich vereinbart werden. Dies ist möglich, weil bei der Geschäftsraummiete weitgehende Vertragsfreiheit herrscht. Hierzu genügt es i. d. R. nicht, wenn der Mietvertrag als „Wohnraummietvertrag" bezeichnet wird (BGH NZM 2020, 54). Durch eine solche Bezeichnung kommt nur zum Ausdruck, dass die Mietsache nur zu Wohnzwecken benutzt werden darf (OLG Frankfurt/M ZMR 2011, 120; KG WuM 2015, 666; OLG Brandenburg Urteil vom 9.3.2016 – 4 U 88/15). Anders ist es, wenn die Parteien zur Regelung ihrer Vertragsbeziehungen ein für die Wohnraummiete gedachtes Formular verwenden, in dem die hierfür maßgebenden Schutzvorschriften wiedergegeben sind (OLG Naumburg WuM 1995, 142 betr. Mietvertrag zwischen dem Eigentümer und einer Kirchengemeinde über eine Wohnung, die einem kirchlichen Mitarbeiter überlassen werden soll, wenn das Vertragsverhältnis unter Verwendung eines Formularmietvertrags für Wohnräume abgeschlossen worden ist und der Vermieter in der Folgezeit mehrmals den Mietzins unter Beachtung des (früheren) MHG erhöht hat; OLG Hamburg DWW 1998, 50 betr. Mietvertrag mit einem Unternehmen, das in den Räumen Betriebsangehörige unterbringen will; KG Urteil vom 27.8.2015 – 8 U 192/14 betr. Mietvertrag über Wohnräume mit einer GmbH als

Mieterin, welche die Räume Dritten zu Wohnzwecken überlassen will; LG Berlin GE 2011, 1484 betr. Mietverhältnis mit einem Verein, der die Wohnungen seinen Vereinsmitgliedern überlässt.). Die Bewertung des Vertragsverhältnisses als Wohnraum- oder Geschäftsraummiete richtet sich – wie allgemein im Vertragsrecht – nach den übereinstimmenden Vorstellungen der Parteien und nicht nach der Art des gewählten Formulars. Jedoch kann der Inhalt der Vertragsregelungen als Indiz für den Parteiwillen gewertet werden. Empfehlenswert ist eine Vereinbarung des Inhalts, dass auf das Mietverhältnis die Regelungen des Wohnraummietrechts gem. § 549ff BGB Anwendung finden (so der Vorschlag von Schüller GE 2016, 247, 249). Aus rechtlicher Sicht genügt es aber auch, wenn das Formular, die für das Wohnraummietverhältnis geltenden Schutzvorschriften wiedergibt (LG Berlin ZMR 2016, 31 betr. Vereinbarung der für Wohnraum maßgeblichen Mieterhöhungsvorschriften in einem mit „Wohnraum-Mietvertrag" überschriebenen Formular). Bei einem auf längere Dauer befristeten Hauptmietvertrag muss sich dies aus der Vertragsurkunde ergeben. Anderenfalls kann ein solches Mietverhältnis nach § 550 BGB gekündigt werden (KG GE 2016, 257). Behauptet der Vermieter, dass das Mietverhältnis als Geschäftsraummiete zu beurteilen sei und verteidigt sich der Mieter mit Gegenrechten die nur bei Annahme eines Wohnungsmietvertrags bestehen, so ist die Beweislast dem Vermieter zuzuweisen, wenn der Wortlaut des schriftlichen Vertrags die Annahme nahelegt, dass von den Parteien die Geltung von Wohnraummietrecht gewollt ist.

21 Der BGH hat bereits im Jahre 1982 entschieden, dass ein Mietvertrag über Wohnraum nicht vorliegt, „wenn die vermieteten Räume zwar zum Wohnen geeignet sind, der vertragsgemäße Gebrauch der Räume durch den Mieter für die Vertragspartner aber gerade nicht im Wohnen, sondern im **Weitervermieten** liegt. Dann ist der Vertragszweck nämlich nicht die Überlassung von Wohnraum, sondern das Ermöglichen der Weitervermietung. Das aber ist ein wirtschaftlicher und kein Wohnzweck." (BGH ZMR 1983, 211 unter Ziff. II 3a). An dieser Rechtsprechung hält der BGH bis zum heutigen Tag fest (vgl. zuletzt BGH NJW 2016, 1086; s. auch OLG Brandenburg MietRB 2016, 126; OLG des Landes Sachsen-Anhalt, NJW-RR 2018, 142). Es kommt nicht darauf an, ob der Mieter aus der Weitervermietung einen Gewinn erzielt (z. B. bei der gewerblichen Zwischenvermietung) oder die Überlassung an den Dritten aus altruistischen oder sonstigen Gründen kostengünstig oder unentgeltlich erfolgt. Maßgeblich ist allein, dass statt des Mieters oder seiner Familie ein Dritter Räumlichkeiten als Wohnung nutzen soll (BGH NZM 2020, 54). Dies gilt auch dann, wenn der Wohnungsnutzer namentlich benannt wird (**a. A.** LG Frankfurt ZMR 1991, 348). Gleiches gilt für folgende Fallgestaltungen: Anmietung von Wohnungen durch ein Wirtschaftsunternehmen zum Zwecke der Unterbringung von Betriebsangehörigen (BGH NJW 1981, 1377; s. auch OLG Karlsruhe DWW 1994, 80); Anmietung mehrerer Wohnungen durch ein Studentenwerk zum Betrieb eines Studentenwohnheims (BGH WPM 1982, 1390); Anmietung von Wohnungen durch die Bundesrepublik zur Unterbringung von Angehörigen der Stationierungsstreitkräfte (BGH NJW 1985, 1772); Vermietung einer Eigentumswohnung an ein Vermietungsunternehmen zum Zwecke der Weitervermietung an Dritte (BGH RE 21.4.1982 NJW 1982, 1696); Anmietung eines Hauses durch einen gemeinnützigen Verein zur Förderung der Rehabilitation psychisch Kranker, falls einzelne Zimmer an die Kranken weitervermietet werden sollen (OLG Karlsruhe RE 24.10.1983 NJW 1984, 373); Anmietung durch einen gemeinnützigen Verein zur Weitervermietung an von ihm betreute Jugendliche (BGH NJW 1996, 2862); Anmietung einer

Wohnung durch einen gemeinnützigen Verein zum Zwecke der Weitervermietung an Studenten zum Selbstkostenpreis (OLG Braunschweig RE 27.6.1984 WuM 1984, 237); Anmietung einer Wohnung durch eine GmbH wenn die Räume entsprechend dem Vertragszweck aus sozialen Gründen an Dritte weitervermietet werden. Der Umstand, dass die jeweiligen Endmieter besonders schutzbedürftig sind, spielt keine Rolle (KG GE 2016, 257); OLG Brandenburg Urteil vom 9.3.2016 – 4 U 88/15: Anmietung von Eigentumswohnungen zur Weitervermietung an Wohngemeinschaft von Senioren; Anmietung eines Hauses durch einen Verein, zum Zwecke der Weitervermietung einzelner Zimmer an Vereinsmitglieder (OLG Frankfurt RE 14.7.1986 NJW-RR 1986, 1211; OLG Hamburg NZM 1998, 758; LG Berlin GE 2011, 1484); Anmietung einer Eigentumswohnung durch die Wohnungseigentümergemeinschaft zum Zwecke der Unterbringung eines Hausmeisters (BayObLG WuM 1985, 51); Vereinbarung zwischen dem Inhaber eines Hotels und der Stadtverwaltung über die Aufnahme von Obdachlosen (OLG Köln NJW-RR 1991, 1292) oder Asylbewerbern gegen Entgelt; Anmietung eines Gebäudes zum Zweck der Unterbringung von Asylbewerbern und Flüchtlingen (BGH NZM 2020, 54 = NJW 2020, 33). Auch hier kann allerdings Wohnraummietrecht anwendbar sein, wenn die Parteien dies vereinbart haben (s. Rdn. 20).

Hat der Mieter Räumlichkeiten angemietet, von denen er **einen Teil selbst be-** 22
wohnt und einen anderen Teil an Dritte untervermietet, so liegt ein Mischraummietverhältnis vor (s. Rdn. 23).

5. Mischraummiete

Darf der Mieter die Räumlichkeiten vereinbarungsgemäß sowohl zu Wohn- als 23
auch zu Gewerbezwecken nutzen, so liegt ein Mischraummietverhältnis vor. Es kommt dabei nicht darauf an, ob der Mieter einen bestimmten Teil der Räumlichkeiten ausschließlich gewerblich nutzt und in dem anderen ausschließlich wohnt (z.B. Gaststätte mit Wirtewohnung) oder ob er die Räume in Ihrer Gesamtheit sowohl zum Wohnen als auch zu Gewerbezwecken nutzt. Ein Mischraummietverhältnis kann auch dann vorliegen, wenn eine Wohnung zusammen mit einer Garage vermietet wird (OLG Düsseldorf WuM 2007, 65, 66) oder wenn ein Mieter einen Teil der Räume vereinbarungsgemäß selbst bewohnt und einen anderen Teil untervermietet (OLG Stuttgart RE 7.11.1985 NJW 1986, 322). Ebenso liegt ein Mischraummietverhältnis vor, wenn der Mieter die gesamte Mietsache ohne räumliche Abgrenzung einzelner Teile des Mietgegenstands sowohl zu Wohnzwecken als auch zu Gewerbezwecken nutzen darf („Wohnbüro" **a.A.** BayObLG RE 25.3.1986 ZMR 1986, 193 = WuM 1986, 205).

Die Parteien haben i.d.R. die Wahl, ob sie ihre Rechtsbeziehungen in einem 24
einzigen Vertrag regeln oder ob sie mehrere Mietverträge abschließen (z.B. bei einem Mietverhältnis über eine Wohnung und eine Garage oder bei einem Mietverhältnis über Gaststättenräume und einer Wirtewohnung). Bilden mehrere Mietgegenstände eine wirtschaftliche Einheit, so ist im Zweifel davon auszugehen, dass die Parteien ein einheitliches Mietverhältnis gewollt haben (OLG Düsseldorf WuM 2007, 65, 66 = DWW 2007, 66). Dies gilt auch dann, wenn der Mieter einer Wohnung nach einigen Jahren eine Garage hinzumietet; in einem solchen Fall wird angenommen, dass der ursprüngliche Wohnungsmietvertrag um die Garage erweitert wird (OLG Karlsruhe RE 30.3.1983 NJW 1983, 1499; LG Wuppertal NJWE-MietR 1996, 122; AG Gelsenkirchen WuM 2012, 196). Bei der Verwendung

§ 535 BGB   Untertitel 1. Allgemeine Vorschriften für Mietverhältnisse

mehrerer Mietvertragsurkunden spricht eine tatsächliche Vermutung für die rechtliche Selbständigkeit der jeweiligen Mietverhältnisse (BGH NJW 2012, 224 = WuM 2012, 14 = ZMR 2012, 176; WuM 2013, 421; GE 2013, 1650 für ein Mietverhältnis über eine Wohnung und eine Garage; anders bei der Vermietung einer Gaststätte mit Wirtewohnung: Lehmann-Richter WImmoT 2010, 159, 161). Dies gilt insbesondere, wenn die Verträge unterschiedliche Kündigungsfristen ausweisen (BGH MietPrax-AK § 535 BGB Nr. 61). Zwar kann die Vermutung widerlegt werden, wenn besondere Umstände für die Zusammengehörigkeit der Mietgegenstände vorliegen. Hierfür reicht es aber nicht aus, dass die Wohnung und die Garage auf demselben Grundstück gelegen sind. (BGH GE 2013, 1650). Haben die Parteien nur ein **einziges Formular** verwendet, so spricht die Vermutung umgekehrt für die rechtliche Einheit des Mietverhältnisses (OLG Düsseldorf WuM 2007, 65, 66 = DWW 2007, 66). Auch diese Vermutung kann allerdings widerlegt werden. Hiervon ist auszugehen, wenn die jeweiligen Grundstücke rechtlich selbständig sind, oder wenn die Parteien unterschiedliche Vertragslaufzeiten oder Kündigungsbedingungen (BGH WuM 2013, 421; WuM 2013, 536) vereinbart haben. Die Ausweisung unterschiedlicher Mietpreise reicht hierfür allerdings nicht aus (LG Mannheim WuM 1980, 134; LG Baden-Baden WuM 1991, 34). Haben die Parteien das Mietverhältnis in der Vergangenheit – etwa bei früheren Mieterhöhungen – als rechtliche Einheit behandelt, so kann hierin ebenfalls ein Indiz gegen die rechtliche Selbständigkeit liegen. Streitig ist, ob eine Formularklausel in einem Mietvertrag über eine Wohnung mit Garage, wonach bezüglich der Garage ein „selbständiges und unabhängiges Mietverhältnis" begründet werden soll, wirksam ist (so AG Frankfurt WuM 1986, 254) oder gegen § 307 Abs. 1 BGB verstößt (so LG Baden-Baden WuM 1991, 34). Nach der hier vertretenen Ansicht ist die Klausel wirksam, wenn sichergestellt ist, dass das Mietverhältnis über die Garage im Falle der Beendigung des Wohnraummietvertrags vom Mieter beendet werden kann. Außerdem muss sich die Klausel an der systematisch richtigen Stelle des Mietvertrags befinden (§ 305 c BGB; Lehmann-Richter WImmoT 2010, 159, 162). Ein Mischmietverhältnis kann auch während der Mietzeit begründet werden. Wird einem Mieter beispielsweise auf Grund einer nachträglichen Vereinbarung gestattet, einen Teil seiner Wohnung als Pension zu nutzen und hierfür ein Gewerbezuschlag von 10% der Wohnungsmiete vereinbart, so entsteht ein Mischmietverhältnis, dessen Schwerpunkt die Wohnungsnutzung bildet (LG Berlin ZMR 2010, 962).

25 Für das Mischraummietverhältnis gelten entweder die Vorschriften über die Wohnraummiete oder die Vorschriften über die Geschäftsraummiete. Es findet immer nur das eine oder das andere Recht Anwendung; eine Aufspaltung des Mischraummietverhältnisses dergestalt, dass bezüglich der zu Wohnzwecken genutzten Räumlichkeiten Wohnraummietrecht und bezüglich der übrigen Räumlichkeiten Geschäftsraummietrecht anzuwenden wäre, ist nicht möglich (BGH WuM 1986, 274 = ZMR 1986, 278; NJW 2014, 2864).

26 Für die Zuordnung kommt es darauf an, in welchem Bereich das Mietverhältnis seinen **Schwerpunkt** hat. Maßgeblich hierfür ist in erster Linie der Parteiwille, also die gemeinsamen und übereinstimmenden Vorstellungen der Parteien darüber, wie der Mieter das Objekt nutzen soll und welche Art der Nutzung im Vordergrund steht (BGH WuM 1986, 274; BGH Urteil vom 9.7.2014 – VIII ZR 376/13; OLG Düsseldorf WuM 2007, 65, 66). Nach dem **Grundsatzurteil des BGH vom 9.7.2014** (NJW 2014, 2864) gilt folgendes: Für die Bestimmung des Nutzungsschwerpunkts sind die vertraglichen Abreden maßgebend, wobei es – wie all-

gemein – auf den wirklichen Willen der Parteien ankommt. Ein im Vertrag nur vorgetäuschter Wille ist unbeachtlich. Fehlt eine ausdrückliche Abrede, so muss der Nutzungsschwerpunkt auf Grund von Indizien ermittelt werden. Solche **Indizien** sind: **(1)** Die Art des verwendeten Vertragsformulars. Trägt das Formular die Überschrift „Wohnraummietvertrag" oder enthält es die für die Wohnraummiete maßgeblichen Vorschriften, so spricht dies für einen in der Wohnungsnutzung liegenden Schwerpunkt. Umgekehrt gilt dasselbe. **(2)** Die Verwendung und der Inhalt von Fragebögen betreffend die Selbstauskunft des Mieters über seine persönlichen und wirtschaftlichen Verhältnisse. **(3)** Die Gestaltung des Mietvertrags; so kann eine Rolle spielen, ob die gewerbliche Nutzung in der Vertragsurkunde als Vertragszweck besonders hervorgehoben wird oder ob sie lediglich „gestattet" ist. **(4)** Das Verhältnis der für die jeweilige Nutzung vorgesehenen Flächen. **(5)** Die Verteilung der Gesamtmiete auf die jeweiligen Nutzungsbereiche. **(6)** Regelungen betreffend die Umsatzsteuer. **(7)** Regelungen betreffend die Höhe der Kaution. **(7)** Die baulichen Gegebenheiten. **(8)** Das Verhalten der Parteien vor und nach dem Vertragsschluss. **(9)** Die Vertragslaufzeit, wobei für die Geschäftsraummiete eine Befristung üblich ist und dergleichen. Die früher vertretene Ansicht (BGH WuM 1986, 274), wonach der Schwerpunkt auf der Gewerbemiete liegt, wenn der Mieter die Mietsache benötigt, um seinen Lebensunterhalt zu bestreiten, hat der BGH in dem Urteil vom 9.7.2014 aufgegeben: dieser Umstand lässt „keine tragfähigen Rückschlüsse auf einen im Bereich der Geschäftsraummiete liegenden Vertragsschwerpunkt zu." Bei der Gleichwertigkeit von Wohn- und Gewerbezwecken ist Wohnraummiete anzunehmen (BGH NJW 2014, 2864). Für die Kündigung von Mischraummietverhältnissen s. § 573 Rdn. 71.

Sind gewerbliche Räume und Wohnräume auf Grund eines einheitlichen Vertrags vermietet und steht es dem Mieter frei, ob und in welchem Umfang er die Räume zu Wohnzwecken nutzt, so setzt die Anwendung von Wohnraummietrecht voraus, dass die Räume tatsächlich ganz oder überwiegend zu Wohnzwecken genutzt werden (OLG Köln WuM 1996, 266). 27

Die für die Einordnung des Vertrags maßgeblichen Tatsachen muss diejenige Partei beweisen, die hieraus Rechte für sich herleiten will. 28

Die **gerichtliche Zuständigkeit** folgt dem materiellen Recht: Liegt der Schwerpunkt des Vertrags in der Wohnraumnutzung oder sind Wohnraumnutzung und Gewerbenutzung gleichrangig, so ist nach **§ 23 Nr. 2a GVG** das Amtsgericht zuständig. Hat das Mietverhältnis seinen Schwerpunkt in der Gewerbenutzung, so gelten die Allgemeinen Zuständigkeitsbestimmungen (BGH NJW 2014, 2864; **a. A.** Bühler ZMR 2010, 897, 920, danach gilt § 23 Nr. 2a GVG, wenn Wohnraum in irgendeiner Form mitbetroffen ist; ähnlich: Wietz NZM 2015, 145, 151: Danach ist die sachliche Zuständigkeit des Amtsgerichts immer dann gegeben, wenn die Anwendung des Wohnraummietrechts nach dem Tatsachenvortrag einer Partei ernsthaft in Betracht kommt. Dies gilt auch, wenn sich lediglich der Mieter hierauf beruft). **Bei § 794 Abs. 1 Nr. 5 ZPO** ist fraglich, ob die **Titulierung des Räumungsanspruchs durch eine notarielle Urkunde** bereits dann ausscheidet, wenn hiervon auch Wohnraum betroffen ist oder ob sich die Behandlung eines Mischmietverhältnisses auch hier nach der Schwerpunkttheorie richtet. Das OLG Oldenburg (NJW 2015, 709) folgt der erstgenannten Ansicht. Maßgeblich ist der Gesichtspunkt des Mieterschutzes: durch die Beschränkung des § 794 Abs. 1 Nr. 5 ZPO soll verhindert werden, dass der Wohnungsmieter kurzfristig seine Wohnung verliert und auf diese Weise obdachlos wird. Darüber hinaus zieht das Gericht in Erwägung, dass die Einordnung des Mietverhältnisses im Einzelfall schwierig sein 29

kann; deshalb soll hierüber nicht der Gerichtsvollzieher, sondern das Gericht entscheiden.
Zur **Umsatzsteueroption** bei Mischraummiete s. Rdn. 632a.

6. Grundstücksmiete

30   Für die Vermietung eines Grundstücks gilt § 578 Abs. 1 BGB (s. dort). Grundstücksmiete ist der Sammelbegriff für die Miete von unbebauten und bebauten Grundstücken sowie von Grundstücksteilen, z. B. der Miete einer Hauswand zu Reklamezwecken oder die Miete einer Dachfläche. Auch die Raummiete ist Grundstücksmiete.

7. Beschränkte persönliche Dienstbarkeit (§ 1090 BGB)

30a   **(1) Selbständige Dienstbarkeit ohne Mietvertrag.** Nach § 1090 Abs. 1 BGB kann ein Grundstück in der Weise dinglich belastet werden, dass derjenige, zu dessen Gunsten die Belastung erfolgt, berechtigt ist, das Grundstück in einzelnen Beziehungen zu benutzen, oder dass ihm eine sonstige Befugnis zusteht, die den Inhalt einer Grunddienstbarkeit bilden kann (beschränkte persönliche Dienstbarkeit). Schließen die Parteien einen Vertrag durch den sich der Grundstückseigentümer zur Bestellung der Dienstbarkeit verpflichtet (Dienstbarkeitsvereinbarung), so ist dieses Rechtsverhältnis i. d. R. auch dann nicht als Mietvertrag zu bewerten, wenn darin Vereinbarungen zur Ausgestaltung der Dienstbarkeit enthalten sind. Üblich ist insbesondere, dass in der Dienstbarkeitsvereinbarung ein Nutzungsentgelt bestimmt wird. Die Dienstbarkeit als solche ist kein Dauerschuldverhältnis, sie kann deshalb nicht durch Kündigung beendet werden. Jedoch kann vereinbart werden, dass der Grundstückseigentümer das Recht haben soll, den Vertrag über die Bestellung der Dienstbarkeit einseitig zu beenden und dass der Berechtigte in einem solchen Fall verpflichtet ist, die Zustimmung zur Aufhebung der Dienstbarkeit zu erteilen (BGH NZM 2014, 790). Ebenso kann die Beendigungserklärung (Kündigung) als auflösende Bedingung der Dienstbarkeit ausgestaltet werden. **(2) Dienstbarkeit als Sicherung des Mietvertrags.** Die Parteien können allerdings auch vereinbaren, dass ein (schuldrechtlicher) Miet- oder Pachtvertrag durch die Bestellung einer beschränkten persönlichen Dienstbarkeit dinglich gesichert werden soll. Die Rechtsbeziehungen zwischen den Parteien richten sich in diesem Fall allein nach dem Mietvertrag. In der Sicherungsabrede ist zu regeln unter welchen Voraussetzungen der Berechtigte auf die Dienstbarkeit zurückgreifen darf. **(3) Mietvertrag und Dienstbarkeit.** Schließlich können die Parteien sowohl einen Mietvertrag abschließen als auch eine davon unabhängige Dienstbarkeit vereinbaren. **(4)** Welche der hier genannten Gestaltungen vorliegt ist im Zweifel durch Auslegung zu ermitteln. I.d.R. dürfte die unter (1) genannte Variante gewollt sein. Die unter (2) genannte Variante dürfte vorliegen, wenn es dem Mieter in erster Linie darauf ankommt, sich gegen den Verlust des Mietbesitzes im Fall der Zwangsversteigerung des Grundstücks oder bei der Insolvenz des Eigentümers zu sichern. In diesen Fällen kann sich der Mieter auf das dingliche Nutzungsrecht aus der Dienstbarkeit berufen, wenn der Erwerber von seinem Sonderkündigungsrecht aus § 57a ZVG Gebrauch macht. Die unter (3) beschriebene Möglichkeit ist lediglich ausnahmsweise anzunehmen, wenn die Parteien eine zweifelsfreie, i. d. R. ausdrückliche Abrede getroffen haben (BGH a. a. O.). **(5) Mietvertrag und Nießbrauch.** Die Bestellung eines Nießbrauchs und die Vereinbarung eines Miet- oder Pachtverhältnisses schließen sich nicht aus. Vielmehr können beide Rechtsinstitute nebeneinander bestehen. Hiervon ist insbesondere dann auszugehen, wenn der Nießbrauch gewährt wird, um einem Mieter oder Pächter gegen eine Insolvenz des Vermieters oder Verpächters zu sichern. Wird ein Nießbrauch bestellt, obwohl über das Grundstück bereits ein Miet- oder Pachtverhältnis besteht, so hat dies nicht zur Folge, dass das Miet- oder Pachtverhältnis erlischt (OLG Schleswig Urteil vom 8.12.2016 – 7 U 47/15).

8. Immobilienleasing

Bei einem gewöhnlichen Gewerbemietvertrag kann eine verschuldens- und verursachungsunabhängige Reparatur und Instandhaltungspflicht zwar individualvertraglich, nicht aber durch Formularklausel vereinbart werden. Anders ist es beim Immobilienleasing (BGH NZM 2015, 251). Bei diesem Vertragstyp beschafft und finanziert der Leasinggeber eine Immobilie, die dem Leasingnehmer sodann auf (gewöhnlich lange) Zeit gegen Entgelt überlassen wird. Für das Immobilienleasing ist typisch, dass der Leasingnehmer die Instandhaltungslast trägt und dass mit dem Entgelt die Herstellungs- und Finanzierungskosten abgedeckt werden. Die Bezeichnung des Vertragswerks als „Leasingvertrag" kann als Indiz für diesen Vertragstyp gewertet werden. Maßgeblich für die Einordnung ist aber nicht die von den Parteien gewählte Bezeichnung sondern der Inhalt des Vertrags. Konstituierendes Merkmal des Mietvertrags ist die Überlassung des Mietgegenstandes auf Zeit. Immobilienleasing liegt vor, wenn neben diesem Merkmal weitere Faktoren vorliegen: Diese sind: **(1)** Der **Vertragszweck:** Er besteht regelmäßig darin, einem Unternehmen die zur Geschäftstätigkeit erforderlichen Räumlichkeiten zur Verfügung zu stellen. **(2)** Der **Mietgegenstand:** Er ist regelmäßig noch nicht vorhanden, sondern wird vom Leasinggeber beschafft und finanziert. **(3)** Das **Entgelt:** Es wird regelmäßig so bemessen, dass die Herstellungs- und Finanzierungskosten gedeckt sind. **(4)** Die **Sachgefahr:** Das Risiko der Abnutzung und Beschädigung der Immobilie liegt beim Leasingnehmer. Dieser ist zur Unterhaltung der Immobilie verpflichtet, als wäre er Eigentümer. Gleiches gilt für eine eventuell erforderliche Reparatur. **(5) Ankaufsrecht:** Häufig steht dem Leasingnehmer ein Ankaufsrecht zu; allerdings ist dies nicht zwingend. Nach der Grundsatzentscheidung des BGH vom 25.1.1989 (BGHZ 106, 304 = NJW 1989, 1279) ist auf das (im Gesetz nicht geregelte) Immobilienleasing in erster Linie Mietrecht anzuwenden. Deshalb wird überwiegend vertreten, dass langfristige Verträge der gesetzlichen Schriftform bedürfen (Leonhard in: Guhling/Günter Vor § 535 BGB Rdn. 53; Palandt/Weidenkaff vor § 535 Rdn. 48; Engel NZM 1998, 785, 786). Abweichend hiervon hat das KG entschieden, dass die Regelungen der §§ 550, 578 BGB auf Immobilien-Leasingverträge nicht entsprechend anwendbar sind. Insbesondere sei das Kündigungsrecht wegen eines Formmangels mit der rechtlichen und wirtschaftlichen Natur des Leasingvertrags nicht vereinbar (KG WM 2017, 2075).

30b

9. Mieterdienstbarkeit

Durch die Mieterdienstbarkeit wird das Grundstück mit einem dinglichen Recht zugunsten des Mieters belastet. Mieterdienstbarkeiten gibt es nur bei der Gewerbemiete (dazu Horst NZM 2018, 889). Eine Dienstbarkeit wird vereinbart, wenn das Recht des Mieters ein gemietetes Objekt als Betriebstätte, Lager, Ver-

30c

kaufsstätte für bestimmte Waren etc. nicht nur schuldrechtlich, sondern dinglich gesichert werden soll. Die Dienstbarkeit kann an Auflagen gebunden werden. So ist es zulässig zu vereinbaren, dass der Berechtigte die Dienstbarkeit erst dann ausüben darf, wenn das Nutzungsrecht aus dem Mietvertrag durch Kündigung des Eigentümers oder eines Dritten endet, und die Kündigung auf von der Mieterin nicht zu vertretenden Gründen beruht. Ebenso kann die Dienstbarkeit an die auflösenden Bedingung geknüpft werden, dass das Recht erlischt, wenn das Mietverhältnis durch Zeitablauf endet oder vom Mieter selbst oder vom Vermieter aus vom Mieter zu vertretenden Gründen gekündigt wird (vgl. OLG München Beschluss vom 14.2.2019 – 34 Wx 431/18 Kost, auch zum Geschäftswert für die Eintragungsgebühr). Die Dienstbarkeit muss notariell beurkundet werden (§ 311b BGB, § 29 GBO). Grundsätzlich ist der gesamte Mietvertrag beurkundungspflichtig. Wird das Mietobjekt veräußert tritt der Erwerber in das Mietverhältnis ein; er wird deshalb auch aus der Dienstbarkeit verpflichtet. Wird das Mietobjekt in der Insolvenz des Vermieters vom Insolvenzverwalter veräußert, steht dem Erwerber ein Sonderkündigungsrecht zu § 111 InsO). Das Mietverhältnis endet, die Dienstbarkeit bleibt gleichwohl bestehen. Für das Recht zur Ausübung der Dienstbarkeit hat der Mieter ein sog. „Ausübungsentgelt" zu bezahlen, das i. d. R. der bisher zu zahlenden Miete entspricht. Dasselbe gilt für den Vermieterwechsel nach Zwangsversteigerung (§ 57a ZVG). Wird der Mieter insolvent und kann er aus diesem Grunde von der Mietsache keinen Gebrauch mehr machen, so erlischt die Dienstbarkeit.

III. Vertragsschluss

1. Einigung über wesentlichen Vertragsinhalt

31 Der Mietvertrag kommt zustande, wenn sich die Parteien über alle wesentlichen Punkte geeinigt haben, über die sie eine Einigung erzielen wollen (§ 154 Abs. 1 S. 1 BGB). Haben sich die Parteien über einen Punkt, über den eine Vereinbarung getroffen werden sollte, in Wirklichkeit nicht geeinigt, so gilt das Vereinbarte, sofern anzunehmen ist, dass der Vertrag auch ohne eine Einigung zu diesem Punkt geschlossen worden wäre (§ 155 BGB). Mindestens muss eine Einigung über den wesentlichen Vertragsinhalt vorliegen (**essentialia negoti**). Hierzu gehört die Einigung über den Mietgegenstand. Dieser muss im Mietvertrag individuell bestimmt werden; zumindest muss er bestimmbar sein (BGH GuT 2003, 15, 16; BGH NZM 2007, 445). Weiter gehört hierzu die Einigung über die Entgeltlichkeit der Gebrauchsüberlassung. Ein konkreter Mietpreis muss nicht vereinbart werden; es genügt, wenn sich die Parteien auf eine bestimmbare Miethöhe einigen. Fehlt jeder Hinweis auf die Miethöhe, so gilt analog §§ 612 Abs. 2, 632 Abs. 2 BGB die ortsübliche Miete als vereinbart (BGH NJW-RR 1992, 517; NJW 1997, 2671 = ZMR 1997, 501). Ortsüblich ist – bei freifinanziertem Wohnraum – die ortsübliche Vergleichsmiete i. S. von § 558 Abs. 2 BGB, – bei öffentlich gefördertem Wohnraum – die preisrechtlich zulässige Kostenmiete und – bei Gewerberaum – die Marktmiete. Im Streitfall ist die Miethöhe vom Vermieter unter Beachtung der hier dargelegten Grundsätze nach billigem Ermessen zu bestimmen (§§ 315, 316 BGB). Entspricht die Festsetzung nicht der Billigkeit, so wird die Bestimmung durch Urteil getroffen.

Inhalt und Hauptpflichten des Mietvertrags **BGB § 535**

Der Vertrag kommt durch **Abgabe eines Angebots** und dessen **Annahme** zustande. Nach § 147 Abs. 2 BGB kann der einem Abwesenden gemachte Antrag nur bis zu dem Zeitpunkt angenommen werden, in welchem der Antragende den Eingang der Antwort unter regelmäßigen Umständen erwarten darf. Die nach **§ 147 Abs. 2 BGB** maßgebende **Frist** ist nach objektiven Maßstäben zu bestimmen. Zu berücksichtigen ist **(1)** die Zeit für die Übermittlung des Antrages an den Empfänger, **(2)** dessen Bearbeitungs- und Überlegungszeit sowie **(3)** die Zeit der Übermittlung der Antwort an den Antragenden. Die Frist beginnt mit der Abgabe der Erklärung und nicht erst mit deren Zugang bei dem Empfänger. Die Überlegungsfrist bestimmt sich vor allem nach der Art des Angebots. Bei eilbedürftigen Verträgen ist die Frist kürzer, bei umfangreichen, komplexen Verträgen von großer wirtschaftlicher Bedeutung kann sie länger sein. Die Organisationsstruktur großer Unternehmen, die Erfordernisse der internen Willensbildung bei Gesellschaften oder juristischen Personen oder auch absehbare Urlaubszeiten spielen bei der Fristbemessung ebenfalls eine Rolle. Als **Richtlinie** gilt insoweit, „dass die Annahmefrist des § 147 Abs. 2 BGB bei Mietverträgen – selbst solchen über Gewerberaum mit hohen Mieten und Unternehmen mit komplexer Struktur als Annehmenden – in der Regel zwei bis drei Wochen nicht übersteigt" (BGH NJW 2016, 1441). **31a**

Die **Darlegungs- und Beweislast** für das Zustandekommen des Vertrags hat derjenige zu tragen, der aus dem Vertragsschluss Rechte für sich herleiten will. Diese Beweislastverteilung gilt auch für die tatsächlichen Umstände, aus denen sich die Rechtzeitigkeit der Annahme ergibt. Dem anderen Vertragspartner obliegt allenfalls eine sekundäre Darlegungslast. Im Streitfall hat der Tatrichter über die Rechtzeitigkeit der Annahme zu entscheiden; dessen Entscheidung kann vom Revisionsgericht nur daraufhin überprüft werden, ob das Ermessen ausgeübt worden ist, dabei alle wesentlichen Umstände rechtsfehlerfrei ermittelt und berücksichtigt sowie die Grenzen des tatrichterlichen Ermessens richtig bestimmt und eingehalten worden sind (BGH a. a. O.). **31b**

Wird ein Angebot nach Ablauf der Frist des § 147 Abs. 2 BGB angenommen, so liegt in der Annahmeerklärung ein neues Angebot **(§ 150 Abs. 1 BGB),** das der Empfänger der Erklärung – auch konkludent – annehmen kann. **31c**

Die **tatsächliche Nutzung** der Mietsache begründet für sich allein kein Mietverhältnis (LG Duisburg ZMR 1997, 81). Ebenso kann ein gescheiterter Mietvertrag nicht in ein vertragliches entgeltliches Nutzungsverhältnis besonderer Art umgedeutet werden (BGH NZM 2000, 183). Wird die Mietsache jedoch vor dem Vertragsschluss überlassen, weil die Parteien über die endgültigen Vertragsbedingungen noch verhandeln wollen, so kann bereits ein vorläufiges Mietverhältnis anzunehmen sein, auf Grund dessen der Mieter die Miete schuldet (OLG Hamburg ZMR 2003, 179; **a. A.** OLG Hamburg ZMR 2015, 293). **32**

Ein gewerbliches Mietverhältnis kann der Vermieter ohne Angabe von Gründen **kündigen** (OLG Karlsruhe WuM 2012, 666). Gleiches gilt für ein Mietverhältnis über Wohnraum. Die speziellen Kündigungsschutzvorschriften sind unanwendbar, weil diese ein Vertragsverhältnis voraussetzen. Eine entsprechende Anwendung scheidet aus, weil der Mieter mangels einer Einigung über die Vertragsbedingungen nicht auf den Bestand des Mietverhältnisses vertrauen darf. Werden die Vertragsverhandlungen in der Folgezeit endgültig eingestellt und sind sich die Parteien in einem solchen Fall einig, dass der Vertrag zu den Konditionen durchgeführt werden soll, über die bereits eine Einigung erzielt wurde, so kommt hierdurch ein Mietverhältnis zustande (OLG Düsseldorf MDR 2012, 759). Ebenso genügt es für die Annahme eines Mietvertrags, wenn der Mieter die Mietsache über viele Jahre hinweg **33** nutzt und dafür ein Entgelt bezahlt. Es ist nicht erforderlich, dass der Vertrag ausdrücklich schriftlich oder mündlich geschlossen wurde (BGH WuM 2012, 323 unter Rz 17).

34 Ist ein **schriftlicher Mietvertrag** vereinbart, so ist im Zweifel der Vertrag nicht geschlossen, bis die Beurkundung erfolgt (§ 154 Abs. 2 BGB). Dies gilt auch dann, wenn die Parteien einzelne Punkte schriftlich festgehalten haben (sog. „Punktation", § 154 Abs. 1 Satz 2 BGB; OLG Brandenburg ZMR 2010, 23). Der Zweifelssatz greift allerdings nicht, wenn sich die Parteien auf die Essentialia geeinigt und sich über Monate hin entsprechend dieser Einigung verhalten haben (BGH NZM 2005, 704 unter Ziff. II 2 b; KG WuM 2005, 336).

35 Hängt die Wirksamkeit eines Mietvertrags von der **Genehmigung einer Behörde** ab, so ist er bis zur Erteilung der Genehmigung schwebend unwirksam. Die Erteilung der Genehmigung wirkt in der Regel zurück, so dass der Vertrag in diesem Fall als von Anfang an wirksam anzusehen ist. Über die Frage, ob ein Mietvertrag zu seiner Wirksamkeit der Genehmigung der Behörde bedarf, haben die Zivilgerichte allein zu entscheiden. An einen Verwaltungsakt, durch den eine von der Behörde für erforderlich gehaltene Genehmigung versagt wird, sind die Gerichte nicht gebunden. Ein Mietvertrag ist nämlich nicht deshalb genehmigungsbedürftig, weil ihn eine Behörde irrtümlich für genehmigungsbedürftig hält (BGH WuM 2004, 299 = NZM 2004, 340).

35a Nach der Rechtsprechung des BGH darf ein Eigentümer von Gewerberäumen, die auf dem Mietmarkt nur in begrenzter Zahl zur Verfügung stehen (**„marktbeherrschender Vermieter"**) die betreffenden (Gewerbe-)Räume nur in einer Weise vermieten, die den Marktzutritt für aktuelle und potenzielle Wettbewerber des Mieters nicht für einen längeren Zeitraum als fünf Jahre blockiert. Das setzt regelmäßig eine Feststellung des Bedarfs durch Ausschreibung bei der erstmaligen Vermietung sowie die Wiederholung dieses Vorgehens in entsprechenden zeitlichen Abständen voraus. Anderenfalls liegt ein Verstoß gegen das Verbot unbilliger Behinderung nach **§ 20 Abs. 1 GWB** vor (BGH, Kartellsenat, NJW 2003, 2684 betr. einen Mietvertrag mit einem sog. „Schilderpräger", wenn die Mieträume in der Nähe der Kfz-Zulassungsstelle gelegen sind).

2. Vermietung „vom Reißbrett"

36 Mietverträge (insbesondere über Gewerberäume) werden gelegentlich zu einem Zeitpunkt abgeschlossen, zu dem sich das Mietobjekt noch im Planungsstadium befindet. In solchen Verträgen wird häufig vereinbart, dass das Mietverhältnis zu einem bestimmten Zeitpunkt oder mit dem Eintritt eines bestimmten Ereignisses (z. B. der Bezugsfertigkeit) beginnen soll. Eine solche Vereinbarung ist regelmäßig nicht als aufschiebende Bedingung, sondern als **Fälligkeitsregelung** zu bewerten. Unklare Verträge müssen nach der Interessenlage ausgelegt werden (dazu BGH NZM 1998, 157).

37 Eine nach Vertragsschluss erfolgte **Planungsänderung** führt zur Unmöglichkeit der Vertragserfüllung, wenn aufgrund der Abweichung ein völlig anderes Mietobjekt („Aliud") entsteht. Geringfügige Grundrissänderungen und Flächenabweichungen reichen für diese Annahme nicht aus (OLG Celle ZMR 1996, 209 betr. Vergrößerung der Nutzfläche von 66 m^2 auf 84 m^2), können aber als Mangel der Mietsache zu bewerten sein (OLG Düsseldorf ZMR 2001, 346 betreffend Verbundpflaster aus Betonsteinen statt Böden aus Beton). Eine Vertragsanpassung wegen einer Veränderung der Geschäftsgrundlage kommt nur in Betracht, wenn der

die Veränderung bewirkende Umstand zum Risikobereich beider Parteien gehört. Dies ist im Regelfall zu verneinen, weil die Planung und Ausführung des Bauvorhabens allein Sache des Vermieters ist (OLG Celle a. a. O.) Die Vereinbarung eines formularmäßigen **Änderungsvorbehalts** ist möglich, wenn sich der Vermieter unwesentliche oder zweckmäßige Änderungen sowie Änderungen aufgrund behördlicher Auflagen vorbehält. In diesem Fall setzt die Vertragsanpassung voraus, dass die Änderung sachlich geboten war. Hierfür ist der Vermieter darlegungs- und beweispflichtig (OLG Celle a. a. O.) Eine durch Individualvertrag vereinbarte Vertragsanpassung ist an § 315 BGB zu messen. Danach muss der Vermieter eine einseitige Leistungsbestimmung nach billigem Ermessen treffen.

Bei der **Vermarktung von noch zu errichtenden Gewerbeobjekten** (s. dazu Dastis ZfIR 2012, 169) verpflichten die Projektentwickler oder zukünftigen Vermieter die jeweiligen Mietinteressenten zur Abgabe eines Angebots zum Abschluss eines Mietvertrags. In diesen Fällen ist die Übergabe des Mietobjekts an den Mieter als Annahme des Angebots des Mieters zu bewerten. Dies führt zu der Frage, ob das Angebot nach Ablauf einer längeren Zeit überhaupt noch angenommen werden kann. Nach § 147 Abs. 2 BGB kommt es darauf an, wann der Antragende (also der Mieter) die Annahme „unter regelmäßigen Umständen" erwarten darf. Nach der hier vertretenen Ansicht kommt es insoweit auf den Zeitpunkt der Fertigstellung des Projekts an. Bei einer verspäteten Übergabe erlischt das Angebot. Klauseln in Allgemeinen Geschäftsbedingungen, nach denen das Angebot des anderen Teils unbefristet fortbesteht und von dem Verwender jederzeit angenommen werden kann, verstoßen gegen das Verbot, dass sich der Verwender unangemessen lange oder nicht hinreichend bestimmte Fristen für die Annahme eines Angebots vorbehält (§ 308 Nr. 1 Halbsatz 1 BGB, BGH Teilurteil vom 25.10.2013 – V ZR 12/12, juris). **37a**

3. Schriftform

Der Mietvertrag kann mündlich oder schriftlich abgeschlossen werden. Lediglich bei Mietverträgen über eine längere Laufzeit als einem Jahr ist Schriftform erforderlich (§ 550 BGB). Haben die Parteien vereinbart, dass der Vertragsinhalt schriftlich niedergelegt werden soll, so kann diese Vereinbarung in unterschiedlicher Weise ausgelegt werden. Denkbar ist zum einen, dass die **Schriftform als Wirksamkeitsvereinbarung** („konstitutiv") vereinbart worden ist. In diesem Fall ist der Mietvertrag nicht geschlossen, bis die Beurkundung erfolgt ist (§ 154 Abs. 2 BGB; Einzelheiten s. § 550 BGB). Denkbar ist aber auch, dass die **Schriftform lediglich zu Beweiszwecken** („deklaratorisch") dienen soll. In diesem Fall kommt der Mietvertrag durch mündliche Vereinbarung zustande. Jede Partei hat auf Grund der Beurkundungsvereinbarung einen Anspruch darauf, dass die Gegenpartei bei der Erstellung der Vertragsurkunde mitwirkt. Bei Widersprüchen zwischen dem mündlich vereinbarten und der Vertragsurkunde gilt die mündliche Regelung. **38**

Anders ist es, wenn die Vertragsurkunde von beiden Seiten gewollt vom Inhalt der mündlichen Vereinbarungen abweicht. Wird das Entgelt (z. B. zum Zweck der Steuerhinterziehung) in einem schriftlichen Vertrag nur zum Schein vereinbart oder stimmt das wirkliche Entgelt mit dem in einem schriftlichen Vertrag vereinbarten Entgelt nicht überein, so ist zu unterscheiden: Bildet die Steuerhinterziehung den Hauptzweck des Vertrags, so ist dieser nichtig (BGH ZMR 2003, 731 = NJW 2003, 2742). Wäre der Vertrag dagegen auch ohne die Steuerhinterziehung zu den **39** wirklichen Bedingungen geschlossen worden, so ist der Vertrag wirksam. Es gelten die wirklichen (mündlich vereinbarten) Bedingungen (BGH a. a. O.).

40 Im Zweifel spricht eine Vermutung dafür, dass die Schriftform als Wirksamkeitsvoraussetzung vereinbart worden ist (**a. A.** OLG München ZMR 1997, 293). Dies gilt insbesondere dann, wenn der Mietvertrag aus zahlreichen Einzelregelungen besteht, die wegen ihrer Fülle gar nicht Gegenstand einer möglichen mündlichen Einigung sein können. Beweispflichtig dafür, dass die Schriftform lediglich deklaratorischen Charakter haben soll, ist der Vermieter (LG Berlin GE 1996, 925).

4. Notarielle Form bei Vorkaufsrecht

41 Im Mietvertrag kann vereinbart werden, dass dem Mieter ein Vorkaufsrecht zustehen soll. Im Unterschied zum dinglichen Vorkaufsrecht bedarf das schuldrechtliche Vorkaufsrecht zu seiner Wirksamkeit nicht der Eintragung ins Grundbuch. Ein im Mietvertrag vereinbartes schuldrechtliches Vorkaufsrecht verpflichtet den Vermieter dem Mieter im Falle der Veräußerung der Mietsache das Recht zum Vorkauf zu gewähren. Ein solches Vorkaufsrecht kann zwar neben dem dinglichen Vorkaufsrecht vereinbart werden; jedoch beinhaltet das dingliche Vorkaufsrecht nicht zugleich eine entsprechende schuldrechtliche Verpflichtung (BGH NJW 2014, 622 Rz 10, 11 m. w. N.). Ob neben einem dinglichen Vorkaufsrecht auch eine schuldrechtliche Verpflichtung gewollt ist, muss sich aus dem Mietvertrag ergeben. Nach der Rechtsprechung des BGH ist dies anzunehmen, „wenn die Vorkaufsberechtigung bereits vom Vertragsschluss an und unabhängig von der Eintragung des Vorkaufsrechts im Grundbuch bestehen soll. Ob den Vertragsparteien dabei bewusst gewesen ist, dass sie neben dem dinglichen auch ein schuldrechtliches Vorkaufsrecht vereinbaren, ist … grundsätzlich ohne Belang" (BGH NJW 2014, 622 Rz 17 betr. einen Fall in dem die Eintragung des dinglichen Rechts ins Grundbuch versehentlich unterblieben ist).

41a Wird in einem Mietvertrag ein schuldrechtliches Vorkaufsrecht vereinbart, so muss das gesamte Vertragswerk notariell beurkundet werden (BGH DWW 1994, 283; OLG Düsseldorf ZMR 2001, 101). Wird die notarielle Form nicht beachtet, so gilt nach § 139 BGB, dass im Zweifel das gesamte Rechtsgeschäft nichtig ist. Der Verstoß gegen die Formvorschrift hat also nicht nur zur Folge, dass das Vorkaufsrecht nicht besteht; vielmehr ist auch der Mietvertrag unwirksam. Eine Ausnahme gilt allerdings dann, wenn die Parteien den Mietvertrag auch ohne das Vorkaufsrecht abgeschlossen hätten. In diesem Fall kann der Mieter zwar kein Vorkaufsrecht ausüben; der Mietvertrag als solcher ist aber wirksam. Ob ein solcher Ausnahmefall vorliegt muss anhand des mutmaßlichen Parteiwillens ermittelt werden, wobei diejenige Partei die für die Annahme eines solchen Willens maßgeblichen Tatsachen vortragen und beweisen muss, die aus dem Mietvertrag Rechte für sich herleiten will. Dabei genügt es nicht, wenn die darlegungspflichtige Partei lediglich behauptet, dass ein Ausnahmefall vorliegt; vielmehr müssen konkrete Umstände und Tatsachen genannt werden, die für den Willen zum Abschluss eines Mietvertrags unter Verzicht auf das Vorkaufsrecht sprechen (BGH a. a. O.). Enthält der Vertrag eine **salvatorische Klausel**, so führt dies zu einer Umkehr der Beweislast: die für die Nichtigkeit des Vertrags maßgeblichen Tatsachen muss derjenige darlegen und beweisen, der den Vertrag entgegen der Erhaltungsklausel für unwirksam hält (BGH NJW 2003, 347; OLG Düsseldorf WuM 2005, 195; OLG Koblenz DWW 2007, 417). Ist der Vertrag nichtig, so richten sich die Rechte und Pflichten der Parteien nach den §§ 985 ff BGB. Der Eigentümer hat Anspruch auf eine Nutzungsentschädigung; dieser schuldet dem Besitzer seinerseits Ersatz der Verwendungen. Die wechselseitigen Leistungen sind zu saldieren. Verbleibt ein Saldo zu Gunsten des Besitzers, so steht diesem gegenüber dem Herausgabeanspruch des Eigentümers ein Zurückbehaltungsrecht zu (OLG Düsseldorf WuM 2005, 194, 196).

4a. Vormietrecht

Die Vereinbarung eines Vormietrechts ist formlos möglich (s. § 550 Rdn. 12. Bei **41b** Formularklauseln ist das in § 307 Abs. 1 Satz 2 BGB geregelte Transparenzgebot zu beachten. Dieses ist nicht gewahrt wenn dem Mieter ein Vormietrecht eingeräumt wird, ohne dass der Inhalt dieses Rechts näher ausgestaltet wird (BGH NZM 2018, 126). Das aus dem Transparenzgebot abgeleitete Bestimmtheitsgebot setzt voraus, dass die Klausel die wirtschaftlichen Nachteile und Belastungen so weit erkennen lässt, wie dies nach den Umständen gefordert werden kann. Der Verwender der Klausel (im Regelfall der Vermieter) muss die tatbestandlichen Voraussetzungen und Rechtsfolgen so genau beschreiben, dass keine ungerechtfertigten Beurteilungsspielräume entstehen. Aus der Klausel muss sich ergeben, für wie viele Fälle das Vormietrecht gelten soll und auf welchen Zeitraum es sich erstreckt. Soll dem Mieter ein Vormietrecht im Anschluss an einen bestehenden befristeten Mietvertrag zustehen, so muss sich aus der Klausel ergeben ob das Vormietrecht nur solche Verträge erfasst, deren Laufzeit unmittelbar im Anschluss an den ursprünglichen Mietvertrag beginnt oder ob das Vormietrecht noch ausgeübt werden kann, wenn sich an den Mietvertrag zunächst ein Zeitraum der Eigennutzung anschließt und erst später wieder ein Mietvertrag mit einem Dritten abgeschlossen wird. Ebenso MUSS SICH AUS DER Klausel ergeben, ob das Vormietrecht fortbesteht, wenn der Vermieter nach dem Ende der ursprünglichen Mietzeit über eine Längere Zeit keinen Anschlussmietvertrag abschließt. Für das Vorkaufsrecht (s. oben Rdn. 41) gelten andere Grundsätze: Ein schuldrechtliches Vorkaufsrecht besteht grundsätzlich nur für den ersten Verkaufsfall. Deshalb muss sich aus der Vereinbarung nicht ergeben, für wie viele Fälle das Vorkaufsrecht gelten soll und auf welchen Zeitraum es sich erstreckt.

5. Abbruch der Vertragsverhandlungen

Jede Partei ist berechtigt, bis zur endgültigen Einigung von dem in Aussicht ge- **42** stellten Vertragsschluss Abstand zu nehmen. Ein Abbruch der Vertragsverhandlungen kann allerdings Schadensersatzansprüche zur Folge haben. Es gelten folgende Grundsätze (BGH WuM 1996, 324):

a) Bei Verträgen, zu deren Wirksamkeit die **notarielle Beurkundung nicht** **43** **erforderlich** ist, kann der Verhandlungspartner dem anderen Teil zum Schadensersatz verpflichtet sein, wenn **(1)** der Vertragsschluss nach dem Verhandlungsstand als sicher anzusehen war; **(2)** der andere Teil im Vertrauen auf das Zustandekommen des Vertrags Aufwendungen gemacht hat und **(3)** der Verhandlungspartner den Vertragsschluss ohne triftigen Grund ablehnt (BGHZ 76, 343; WPM 1969, 595, 597; WPM 1975, 923, 925; OLG Düsseldorf ZMR 2000, 23). An die Annahme eines hinreichend sicheren Vertragsschlusses sind strenge Anforderungen zu stellen. Die Übersendung eines (nicht unterzeichneten) Mietvertragsformulars reicht ebenso wenig aus, wie die Anforderung eines Gehaltsnachweises oder einer SchuFA-Auskunft (AG München ZMR 2014, 296). Erforderlich sind konkrete Umstände, die

§ 535 BGB Untertitel 1. Allgemeine Vorschriften für Mietverhältnisse

den Vertragsschluss als sicher erscheinen lassen. Diese Umstände muss der Gläubiger substantiiert vortragen.

44   b) Bei Verträgen, die der **notariellen Form bedürfen,** hängt der Schadensersatzanspruch von weitergehenden Voraussetzungen ab. Er setzt neben den oben Ziff. **(1)** bis **(3)** genannten Kriterien weiter voraus, **(4)** dass der Ausschluss der Ersatzpflicht nach den gesamten Umständen mit Treu und Glauben schlechthin nicht zu vereinbaren ist (z. B. weil hierdurch die Existenz des anderen Teils gefährdet würde, BGHZ 12, 286; 23, 249), oder **(5)** dass die Weigerung zum Vertragsschluss eine besonders schwerwiegende Treupflichtverletzung darstellt (z. B., weil der Verhandlungspartner eine in Wirklichkeit nicht vorhandene Abschlussbereitschaft vorgespiegelt hat, BGH NJW 1975, 43).

6. Energieausweis

45   Liegt dem Vermieter ein Energieausweis vor, und wird das Mietobjekt in kommerziellen Medien zur Vermietung angeboten, so muss die **Immobilienanzeige** gem. **§ 16a EnEV 2009** (Eingef. durch Art. 1 Nr. 14 V v. 18.11.2013 BGBl. I 3951 mWv 1.5.2014) folgende **Pflichtangaben** enthalten: **(1)** die Art des Energieausweises; **(2)** den im Energieausweis genannten Wert des Endenergiebedarfs oder Endenergieverbrauchs für das Gebäude; **(3)** die im Energieausweis genannten wesentlichen Energieträger für die Heizung des Gebäudes; **(4)** bei Wohngebäuden das im Energieausweis genannte Baujahr und **(5)** bei Wohngebäuden die im Energieausweis genannte Energieeffizienzklasse. Bei Nichtwohngebäuden ist bei Energiebedarfs- und bei Energieverbrauchsausweisen als Pflichtangabe der Endenergiebedarf oder Endenergieverbrauch sowohl für Wärme als auch für Strom jeweils getrennt aufzuführen. Bei Verletzung der hier genannten Pflichten kann die Behörde ein Bußgeld verhängen (s. dazu Frenz ZMR 2017, 217, 221).

45a   Gem. **§ 16 Abs. 2 EnEV 2009** muss der Vermieter dem Mietinteressenten bei der **Besichtigung der Immobilie** den Energieausweis oder eine Kopie hiervon vorlegen; die Vorlagepflicht wird auch durch einen deutlich sichtbaren Aushang oder ein deutlich sichtbares Auslegen während der Besichtigung erfüllt. Findet keine Besichtigung statt, hat der Vermieter den Energieausweis oder eine Kopie hiervon dem Mietinteressenten unverzüglich vorzulegen, spätesten dann, wenn der Interessent ihn hierzu auffordert. Unverzüglich nach Abschluss des Mietvertrags hat der Vermieter dem Mieter den Energieausweis oder eine Kopie hiervon zu übergeben. Fraglich ist, ob der Mieter Gewährleistungsansprüche geltend machen kann, wenn der in dem Energiepass dokumentierte Zustand in Wirklichkeit nicht besteht. Für die Anwendung der §§ 536 ff BGB kommt es darauf an, ob der vertraglich geschuldete Zustand der Wohnung durch den Energiepass konkretisiert wird. Dies ist im Allgemeinen zu verneinen (AG Köln/LG Köln GE 2015, 256; Horst NZM 2006, 1, 3). Etwas anderes kann gelten, wenn der Vermieter zusichert, dass er für die dokumentierte Beschaffenheit einstehen will. Eine Haftung des Vermieters aus § 241 Abs. 2 BGB kann in Betracht kommen, wenn der Vermieter schuldhaft von einem inhaltlich unzutreffenden Energiepass Gebrauch macht und dem Mieter hieraus ein Schaden entsteht. Beweispflichtig hierfür ist der Mieter. Irrt sich der Mieter aufgrund des Energiepasses über die energetische Beschaffenheit der Mietsache, so kann außerdem ein Anfechtungsgrund vorliegen.

Teilweise wird vertreten, dass die Kosten der Erstellung eines Energieausweises **46**
als sonstige Kosten i. S. von § 2 Nr. 17 BetrKV auf den Mieter umgelegt werden
können. Es handele sich um Kosten, die durch den bestimmungsmäßigen Gebrauch des Gebäudes entstehen. Das Merkmal der laufenden Entstehung liege
ebenfalls vor, weil der Ausweis alle 10 Jahre erneuert werden muss (Brückner GE
2008, 836, 839ff; **a. A.** Stangl ZMR 2008, 14, 24; Pfeifer MietRB 2007, 239,
243). Nach der hier vertretenen Ansicht handelt sich weder um Betriebs- noch um
Verwaltungskosten, sondern z. T. um Baunebenkosten (in den Fällen des § 16 Abs. 1
EnEV) oder um Nebenkosten der Vermietung (in den Fällen des § 16 Abs. 2
EnEV), die nicht umlagefähig sind.

7. Behördliche Genehmigung nach § 144 Abs. 1 Nr. 2 BauGB

Liegt das Mietobjekt in einem Sanierungsgebiet, so bedarf ein Mietvertrag gem. **47**
§ 144 Abs. 1 Nr. 2 BauGB der behördlichen Genehmigung, wenn er auf längere
Zeit als ein Jahr abgeschlossen oder verlängert wird. Das Antragsrecht steht beiden
Vertragsparteien zu; es genügt allerdings, wenn eine Partei den Antrag stellt (Kreikenbohm/Niederstetter ZMR 2010, 5). Bis zur Erteilung der Genehmigung ist der
Mietvertrag schwebend unwirksam (BGH NJW-RR 1993, 13, 14; Kreikenbohm/
Niederstetter a. a. O.). Bis zur Erteilung der Genehmigung besteht keine Leistungspflicht. Die Parteien sind gleichwohl an den Vertrag gebunden. Sie sind darüber
hinaus verpflichtet, auf die Erteilung der Genehmigung hinzuwirken und alles zu
unterlassen, was der Erteilung im Wege stehen könnte (Kreikenbohm/Niederstetter a. a. O.). Wird die Mietsache vor Erteilung der Genehmigung übergeben, so
erwirbt der Mieter ein Recht zum Besitz. Der Vermieter hat in diesem Fall einen
Anspruch auf Nutzungsentschädigung. Mit der Erteilung der Genehmigung wird
der Vertrag rückwirkend wirksam. Wird die Genehmigung versagt, wird der Vertrag endgültig unwirksam. Entfällt die Genehmigungspflicht nach dem Vertragsschluss, so ist der Vertrag als von Anfang an wirksam anzusehen (KG NZM 2008,
129, 131; Kreikenbohm/Niederstetter a. a. O.).

8. Vertragsänderung/Novation

Soll der Mietgegenstand während der Vertragszeit ausgetauscht werden, so stehen im Grundsatz zwei Gestaltungsmodelle zur Verfügung. Die Parteien können **48**
zum einen den bestehenden Mietvertrag dahingehend abändern, dass der Vermieter
an Stelle des ursprünglichen Mietobjekts (vorübergehend oder auf Dauer) ein anderes Mietobjekt zur Verfügung stellen soll **(Vertragsänderung).** In diesem Fall
bleiben alle sonstigen Regelungen des Ursprungsvertrags erhalten. Zum anderen
können die Parteien aber auch den Ursprungsvertrag aufheben und einen neuen
Mietvertrag über die Ersatzwohnung abschließen (sog. **„Novation"**). Sind die Vereinbarungen nicht eindeutig, so ist durch Auslegung zu ermitteln, was die Parteien
gewollt haben. Die Vertragsänderung ist dabei die Regel und die Novation die Ausnahme. Für die Annahme einer Novation ist ein dahingehender eindeutiger Vertragswille erforderlich; er darf nicht unterstellt werden (BGH WuM 2010, 565; GE
2013, 113).

IV. Allgemeines Gleichbehandlungsgesetz (AGG)

1. Zielsetzung und Anwendungsbereich

49 Beim Abschluss, der Durchführung und der Beendigung von Mietverhältnissen ist das Allgemeine Gleichbehandlungsgesetz vom 14.8.2006 (BGBl. I S. 1897 – AGG) zu beachten. Ziel des Gesetzes ist es, „Benachteiligungen aus Gründen der Rasse oder wegen der ethnischen Herkunft, des Geschlechts, der Religion oder Weltanschauung, einer Behinderung, des Alters oder der sexuellen Identität zu verhindern oder zu beseitigen (§ 1 AGG). Eine Benachteiligung aus den genannten Gründen ist gem. § 2 Abs. 1 Nr. 8 AGG auch insoweit unzulässig, als sie „den Zugang zu und die Versorgung mit Gütern und Dienstleistungen, die der Öffentlichkeit zur Verfügung stehen" betrifft. Dies gilt nach dem ausdrücklichen Wortlaut der Vorschrift auch für den Zugang zu und die Versorgung mit Wohnraum. Die besondere Hervorhebung des Wohnraums hat nur klarstellende Bedeutung. Die Regelung des § 2 Abs. 1 Nr. 8 AGG gilt auch für die Vermietung von Geschäftsräumen und beweglichen Sachen.

50 **a) sachlicher Anwendungsbereich.** Die Regelung in § 2 Abs. 1 Nr. 8 AGG setzt voraus, dass die zur Vermietung angebotenen Objekte „der Öffentlichkeit zur Verfügung stehen." Diese Formulierung entspricht Art 3 Abs. 1 Buchstabe h der Richtlinie 2000/43/EG vom 29.6.2000 (sog. „Antirassismusrichtlinie"). In der Literatur wird z. T. die Ansicht vertreten, dass Wohnraum nur dann der Öffentlichkeit zur Verfügung steht, wenn er einer unbestimmten Vielzahl von Personen angeboten wird (Meier-Reimer, NJW 2006, 2577, 2580, 2581; Thüsing NJW 2003, 3441, 3442; Palandt/Heinrichs § 2 AGG Rdn. 9). In diesem Sinne stehen etwa die öffentlichen Verkehrsmittel, Parkhäuser, Theater, Schwimmbäder oder die Bildungseinrichtungen der Öffentlichkeit zur Verfügung (Thüsing in: MüKomm § 2 AGG Rdn. 36). Diese Ansicht trifft nicht zu (Hinz DWW 2007, 181, 182). Wohn- oder Geschäftsraum steht der Öffentlichkeit zur Verfügung, wenn er durch Anzeigen in Tageszeitungen, durch Makler oder auf andere Weise angeboten wird (Schmidt-Räntsch NZM 2007, 6, 10; Hinz ZMR 2006, 742, 743; Eisenschmid WuM 2006, 475, 477). Auch die invitatio ad offerendum ist ein Angebot in diesem Sinn (Horst MDR 2006, 1266, 1267 **a. A.** Warnecke DWW 2006, 268, 272). Nicht öffentliches Anbieten liegt vor, wenn der Vermieter bestimmte Personen anspricht. Öffentliches Anbieten, wenn ein unbestimmter Personenkreis angesprochen wird. Es genügt, wenn die Räume einer begrenzten Öffentlichkeit angeboten werden, z. B. nur den Mitarbeitern eines Unternehmens oder nur den Mitgliedern einer Genossenschaft (Lützenkirchen in Lützenkirchen, AHB-Mietrecht, 3. Aufl. B Rdn. 180). Dagegen ist das AGG unanwendbar, wenn der Mietinteressent von leerstehendem Wohnraum erfährt und sich um die Wohnung bewirbt. Anders ist es, wenn ein Wohnungsunternehmen Bewerberlisten führt und die freiwerdenden Wohnungen jeweils einem bestimmten Bewerber angeboten werden (**a. A.** Horst MDR 2006, 1266, 1267). Hier kann eine Benachteiligung im Sinne von §§ 2, 3 AGG vorliegen, wenn der Eigentümer bestimmte von § 1 AGG geschützte Personengruppen nicht in die Bewerberliste aufnimmt. In diesem Fall erfährt der Angehörige der geschützten Gruppe eine weniger günstige Behandlung als eine andere Person (§ 3 Abs. 1 AGG). Gleiches gilt, wenn der Eigentümer bei der Auswahl des konkreten Bewerbers gegen das Diskriminierungsverbot verstößt. In diesen Fällen der Nichtbegründung zivilrechtlicher Schuldverhältnisse ist das AGG anwendbar (Schwab DNotZ 2006, 649, 659).

b) persönlicher Anwendungsbereich. Das AGG gilt für denjenigen, dem die 51 Entscheidung über den Vertragsschluss oder einer Maßnahme bei der Durchführung oder Beendigung des Vertrags obliegt. Das ist in der Regel der Vermieter. Wird der Mieter von einem Verwalter ausgewählt, so muss sich der Vermieter dessen Verhalten zurechnen lassen (LG Ansbach WuM 2009, 341, § 278 BGB). Gleiches gilt, wenn die Auswahl des Mieters durch eine Tochtergesellschaft des vermietenden Wohnungsunternehmens erfolgt (AG Hamburg-Barmbek WuM 2017, 393) oder wenn der Vermieter einen Makler mit der Vermittlung eines Mietvertrags beauftragt und dem Makler die Vorauswahl der Mietinteressenten überlassen wird. Überlässt der Wohnungsverwalter oder der Makler die Besichtigung der Wohnung einem Mitarbeiter oder einem Angestellten des Hauseigentümers und kommt es im Vorfeld der Besichtigung oder während der Besichtigung zu diskriminierenden Handlungen, so muss der Wohnungsverwalter oder Makler hierfür einstehen (OLG Köln NJW 2010, 1676 = NZM 2010, 294 = WuM 2010, 81 = ZMR 2010, 444). Bei der echten Nachmieterklausel obliegt die Auswahl des Ersatzmieters dem Mieter. Deshalb muss der Mieter das AGG beachten (Zorn WuM 2006, 591, 593). Nichts anderes gilt, wenn der Vermieter ohne vertragliche Verpflichtung dem Mieter die Auswahl eines Nachmieters überlässt oder wenn der Mieter auf Grund seiner Marktmacht über das Zustandekommen des Vertrags entscheiden kann (Schmidt-Räntsch NZM 2007, 6, 11). Für die Ablehnung eines Untermieters durch den (Haupt-)Vermieter s. § 553 Rdn. 13.

c) zeitlicher Anwendungsbereich. Soweit Benachteiligungen wegen der 52 Rasse oder der ethnischen Herkunft in Frage stehen, gilt das Gesetz für Mietverhältnisse, die nach dem 17.8.2006 zustande gekommen sind. Geht es um Benachteiligungen auf Grund des Geschlechts ist das Gesetz anwendbar, wenn das Mietverhältnis am 1.12.2006 oder später begründet wurde. Bei Verträgen, die zu einem früheren Zeitpunkt abgeschlossen worden sind, muss das Gesetz ab den genannten Zeitpunkten bei der Durchführung und Beendigung beachtet werden (§ 33 Abs. 2 und 3 AGG).

2. Massengeschäfte, massenähnliche Geschäfte, Sonstige Mietverhältnisse, Näheverhältnisse

Hinsichtlich der Schutzwirkung unterscheidet das AGG vier Gruppen von 53 Mietverhältnissen, nämlich Massengeschäfte (§ 19 Abs. 1 Nr. 1 AGG), massenähnliche Geschäfte (§ 19 Abs 1 Nr. 1 Alt 2 AGG, sonstige Mietverhältnisse (§ 19 Abs. 2 AGG) und Näheverhältnisse (§ 19 Abs. 5 AGG).

a) Bei den **Massengeschäften** gilt das Diskriminierungsverbot in vollem Um- 54 fang. Benachteiligungen aus Gründen der Rasse oder wegen der ethnischen Herkunft, des Geschlechts, der Religion, einer Behinderung, des Alters oder der sexuellen Identität sind untersagt. Zu den Massengeschäften zählen zum einen Mietverhältnisse die „typischerweise **ohne Ansehen der Person** zu vergleichbaren Bedingungen in einer Vielzahl von Fällen zustande kommen" (**§ 19 Abs. 1 Nr. 1 Alt 1 AGG,** z. B. Vermietung von Ferienwohnungen oder Hotelzimmern). Dies ist aus der Sicht des Anbieters zu beurteilen. Es muss sich um Schuldverhältnisse handeln, die typischerweise ohne Ansehen der Person begründet, durchgeführt oder beendet werden. Dies ist der Fall, wenn die in § 1 AGG genannten

§ 535 BGB Untertitel 1. Allgemeine Vorschriften für Mietverhältnisse

Merkmale üblicherweise keine Rolle spielen (BT-Drucks. 16/1780 S. 42). Bei der Überlassung von Räumen wird es sich meist nicht um Massengeschäfte handeln, weil die jeweiligen Anbieter ihren Vertragspartner regelmäßig individuell nach vielfältigen Kriterien aus dem Kreis der Bewerber auswählen (BT-Drucks. 16/1780 S. 42).

55 **b)** Zum anderen gilt das AGG für solche Mietverhältnisse „bei denen das **Ansehen der Person** nach der Art des Schuldverhältnisses **eine nachrangige Bedeutung** hat und die zu vergleichbaren Bedingungen in einer Vielzahl von Fällen zustande kommen" **(§ 19 Abs. 1 Nr. 1 Alt 2 AGG).** Das letztgenannte Merkmal soll nach der Begründung des Gesetzesentwurfs auch dann vorliegen, „wenn ein großer Wohnungsanbieter eine Vielzahl von Wohnungen anbietet." (BT-Drucks. 16/1780 S. 42). Hierbei kommt es nicht auf den vermietbaren Bestand, sondern auf den vorhandenen Bestand an (Schmidt-Räntsch NZM 2007, 6, 12; Rolfs NJW 2007, 1489, 1490). In diesem Zusammenhang ist die Regelung des § 19 Abs. 5 AGG von Bedeutung. Danach ist § 19 Abs. 1 Nr. 1 in der Regel nicht anzuwenden, wenn der Vermieter nicht mehr als 50 Wohnungen vermietet. Daraus folgt nicht, dass das umfassende Benachteiligungsverbot immer dann gilt, wenn der Vermieter mehr als 50 Wohnungen vermietet. Hat der Vermieter mehr als 50 Wohnungen zu vermieten, so gilt nach dem Gesetz keine Vermutung (**a. A.** Hinz DWW 2007, 181, 182). Auch aus der Gesetzesbegründung ist nicht abzuleiten, dass der Gesetzgeber von einer solchen Vermutung ausgeht. Dort ist lediglich ausgeführt, dass die Regelung bei großen Wohnungsanbietern „vielfach" angewendet werden kann, nicht dass sie stets angewendet werden muss (BT-Drucks 16/1780 S. 42). Im Streitfall muss das Gericht feststellen, dass die Tatbestandsvoraussetzungen des § 19 Abs. 1 Nr. 1 Alt 2 vorliegen, dass also bei der Begründung von Mietverhältnissen durch die Eigentümer von Wohnungsbeständen der fraglichen Größenordnung das Ansehen der Person üblicherweise eine nachrangige Bedeutung hat. Die übliche Vermietungspraxis des konkreten Vermieters spielt dabei keine Rolle. Maßgeblich ist vielmehr, wie sich die Eigentümergruppe typischerweise verhält. Im Allgemeinen wird bei der Auswahl potentieller Mieter neben der finanziellen Solidität auch die generelle Vertrauenswürdigkeit und die persönliche Eignung für die Nutzung der Wohnung von Bedeutung sein. Deshalb wird von einem Teil der Literatur zu Recht die Ansicht vertreten, dass die Vermietung von Wohnraum i. d. R. nicht als massenähnliches Geschäft bewertet werden kann (Schwab DNotZ 2006, 649, 660; Horst MDR 2006, 1266; Warnecke DWW 2006, 268, 271; Zorn WuM 2006, 591, 592; Wackerbarth ZIP 2007, 453, 454).

56 Im Einzelfall kann dies anders sein. Je kleiner die Einheit, desto wichtiger ist eine homogene Sozialstruktur für eine harmonische oder jedenfalls konfliktarme Durchführung des Vertragsverhältnisses (Thüsing in: MüKomm § 19 AGG Rdn. 47). Bei großen Einheiten spielt das „Ansehen der Person" eine geringere Rolle. Es kann aber auch dort nicht ohne weiteres als nachrangig bezeichnet werden.

57 Zum anderen kommt es auf die Art und wirtschaftlichen Ausrichtung des Wohnungsunternehmens an. Ein ausschließlich gewinnorientiertes Unternehmen wird bei einer Vermietungsentscheidung vorrangig Renditegesichtspunkte berücksichtigen. Für ein kirchliches oder kommunales Wohnungsunternehmen gelten andere Grundsätze. Zwar muss auch ein solches Unternehmen wirtschaftlich erfolgreich sein. In diesem Rahmen wird sich ein solches Unternehmen aber auch an anderen Zielen, etwa karitativen oder siedlungspolitischen Erwägungen orientieren. Das Verhalten von Wohnungsgesellschaften bei der Begründung, Durchführung und Beendigung von Mietverhältnissen kann sich also je nach Ausrichtung des Unter-

nehmens unterscheiden. Dem muss bei der Beurteilung der Frage, ob die fraglichen Geschäfte als massenähnliche Geschäfte zu bewerten sind, Rechnung getragen werden.

Demnach erscheint die Ansicht des Gesetzgebers vertretbar, dass bei einem gro- **58** ßen, ausschließlich gewinnorientierten Wohnungsanbieter das Ansehen der Person nachrangig sein *kann* (**a. A.** wohl: Schwab DNotZ 2006, 649, 660: danach ist die Annahme der Gesetzesbegründung generell unzutreffend). Unbeschadet hiervon gilt jedoch, dass die Bewertung eines Vermietungsvorgangs als massenähnliches Geschäft stets eine auf den Einzelfall bezogene Tatsachenbewertung voraussetzt. Kein massenähnliches Geschäft liegt vor, wenn aufgrund der Mieterauswahl deutlich wird, dass das Wohnungsunternehmen eine bewusste Mieterauswahl trifft (ebenso: Lützenkirchen in: Lützenkirchen, AHB-Mietrecht B Rdn. 234). Hiervon ist i. d. R. auszugehen, wenn **(1)** die Vergabe der Wohnungen nach einer vorgegebenen Struktur erfolgt; **(2)** bindende Entscheidungsvorgaben für die Sachbearbeiter bestehen; **(3)** Mieterfragebögen verwendet werden; **(4)** die Vorlage von Einkommensnachweisen Voraussetzung für den Abschluss des Mietvertrags ist; **(5)** vor dem Abschluss des Mietvertrags ein persönlicher Kontakt zwischen dem Wohnungsinteressenten und dem für die Entscheidung über die Wohnungsvergabe zuständigen Sachbearbeiter erfolgt; **(6)** der Vermietungsvorgang schriftlich dokumentiert wird.

Die **Begriffe „Rasse" und „ethnische Herkunft"** sind im Sinne der Antiras- **59** sismus-Richtlinie 2000/43/EG in einem umfassenden Sinne zu verstehen. Unzulässig ist jede Benachteiligung auf Grund der Rasse, der Hautfarbe, der Abstammung, des nationalen Ursprungs oder des Volkstums. Eine Unterschiedliche Behandlung wegen der Staatsangehörigkeit fällt nicht unter § 19 AGG. Das **Merkmal „Geschlecht"** will in erster Linie einer Diskriminierung der Frauen entgegenwirken; unzulässig ist aber auch die Diskriminierung von Männern, von Hermaphroditen und Transsexuellen. Der **Begriff der Religion** ist in einem umfassenden Sinne zu verstehen. Darunter fallen nicht nur die großen Weltreligionen, sondern alle Formen des Theismus und der Spiritualität, der Glaube an Schöpfungsmythen sowie der Atheismus. Politische Ideologien (Faschismus, Kommunismus) und Überzeugungen werden nicht erfasst; dies folgt aus dem Umstand, dass der Begriff der Weltanschauung zwar in § 1 AGG, nicht aber in § 19 Abs. 1 AGG verwendet wird. Der **Begriff der „Behinderung"** ist im Sinne der Vorschriften des Sozialrechts zu verstehen (§ 2 Abs. 1 S. 1 SGB IX, § 3 BGG). Nach diesen Vorschriften gelten Menschen als behindert, „wenn der Körper- und Gesundheitszustand von dem für das Lebensalter typischen Zustand abweicht" und diese sie „an der gleichberechtigten Teilhabe an der Gesellschaft mit hoher Wahrscheinlichkeit länger als sechs Monate hindern können". Der **Begriff der „sexuellen Identität"** entspricht der Regelung in § 75 BetrVG. Erfasst werden homosexuelle Männer (s. LG Köln NZM 2016, 165 betr. Vermietung einer Villa für „Hochzeitsfeier") und Frauen, Bisexuelle, Transsexuelle und zwischengeschlechtliche Menschen. Unter dem **Begriff „Alter"** fällt jedes Lebensalter. Andere als die in § 1 AGG genannte Personengruppen, z. B. kinderreiche Familien, werden vom AGG nicht erfasst. Eine entsprechende Anwendung der Vorschriften des AGG auf andere als die in § 1 AGG genannten Gruppen ist nicht möglich.

c) Bei den **sonstigen Mietverhältnissen** im Sinne von **§ 19 Abs. 2 AGG** be- **60** steht ein eingeschränktes Diskriminierungsverbot. Zu den sonstigen Mietverhältnissen zählen alle Mietverhältnisse außer den Massengeschäften und den Näheverhältnissen. Nach § 19 Abs. 5 Satz 3 AGG gilt kraft Gesetzes die Vermutung, dass kein Massengeschäft vorliegt, wenn der Vermieter insgesamt nicht mehr als 50 Wohnungen vermietet (Kleinvermieter). Hinsichtlich des Kleinvermieterstatus kommt es nicht auf die tatsächlich vermieteten Wohnungen, sondern darauf an, welche Wohnungen zur Vermietung bestimmt sind (Hinz ZMR 2006, 826, 827; ähnlich Lützenkirchen MietRB 2006, 249). Hat ein Kleinvermieter seine Wohnungen einem Verwaltungsunternehmen zur Vermietung in seinem – des Eigentümers Namen – überlassen und hat dieses Unternehmen das Verfügungsrecht über mehr als 50 Wohnungen, so ist streitig, ob auf den Bestand des Eigentümers (Börstinghaus MietPrax-Aktuell D II; Hinz ZMR 2006, 826, 827; Rolfs NJW 2007, 1489, 1490) oder auf den Gesamtbestand des Verwaltungsunternehmens (Lützenkirchen MietRB 2006, 249, 250 und AHB-Mietrecht B Rdn. 292) abzustellen ist. Der Wortlaut des § 19 Abs. 5 Satz 3 spricht auf den ersten Blick für die erstgenannte Ansicht, weil dort der Begriff „Vermieter" verwendet wird. Allerdings ist anzumerken, dass der Begriff „Vermieter" nicht im Sinne des BGB gebraucht wird. Danach ist Vermieter, wer aufgrund eines Vertrages verpflichtet ist, dem Mieter eine bestimmte Sache zum Gebrauch zu überlassen. Nach dem AGG kann unter dem Begriff des Vermieters auch derjenige zu verstehen sein, der Wohnungen zu vergeben hat. Da die Diskriminierung regelmäßig bei der Auswahl der Wohnungsinteressenten erfolgt, ist es sachgerecht auf die Person des Auswahlberechtigten abzustellen. Dieselbe Problematik ergibt sich bei Wohnungen, hinsichtlich derer einem Dritten ein Mieterbenennungsrecht zusteht (z. B. Werkwohnungen). Hier muss der „Vermieter" an denjenigen vermieten, den der Rechtsinhaber vorschlägt. Deshalb muss auch hier auf den Auswahlberechtigten abgestellt werden. Die Regelung des § 19 Abs. 5 Satz 3 AGG begründet nur eine Vermutung zugunsten des Kleinvermieters. Der Mietinteressent kann die Vermutung widerlegen (Eisenschmid WuM 2006, 475).

61 Untersagt ist gem § 1 AGG eine „Benachteiligung aus Gründen der Rasse oder wegen der ethnischen Herkunft … bei der Begründung, Durchführung und Beendigung" von Mietverhältnissen. Die bei den Massengeschäften zu beachtenden Diskriminierungsverbote wegen des Geschlechts, der Religion oder Weltanschauung, einer Behinderung, des Alters oder der sexuellen Identität gelten bei den sonstigen Mietverhältnissen nicht.

62 d) Wird durch das Mietverhältnis ein besonderes **Nähe- oder Vertrauensverhältnis** zwischen den Parteien oder zwischen einer Partei und Angehörigen der Gegenpartei begründet, so gilt kein Diskriminierungsverbot **(§ 19 Abs. 5 AGG)**. Ein Näheverhältnis kann nach § 19 Abs. 5 Satz 2 AGG angenommen werden, „wenn die Parteien oder ihre Angehörigen Wohnraum auf demselben Grundstück nutzen." Der Begriff des Grundstücks ist nicht im Sinne des Katasterrechts, sondern im Sinne des allgemeinen Sprachgebrauchs zu verstehen. Maßgeblich ist, ob das Grundstück als Einheit wahrgenommen wird (Rolfs NJW 2007, 1489, 1490). Deshalb kann ein Näheverhältnis vorliegen, wenn eine Wohnanlage auf mehreren rechtlich selbständigen Grundstücken errichtet ist. Nach dem Sinn des Gesetzes fallen nur kleinere Wohnanlagen unter § 19 Abs. 5 AGG). Als „Daumenregel" gilt, dass ein Näheverhältnis vorliegt, wenn der Vermieter nicht mehr als 4 Wohnungen vermietet. Bei größeren Anlagen muss das Näheverhältnis begründet werden (Schmidt-Räntsch NZM 2007, 6, 11). Zu den Angehörigen in diesem Sinne zählen die engen Familienangehörigen, also insbesondere Eltern, Kinder, Geschwister, sowie Ehe- und Lebenspartner sowie solche Verwandten und Verschwägerten, die zum Vermieter ein besonderes persönliches Verhältnis haben. Auf die Rechtsprechung zu § 573 Abs. 2 Nr. 2 BGB betreffend die Abgrenzung der en-

gen von den sonstigen Familienangehörigen bei der Eigenbedarfskündigung (s. § 573 BGB) kann zurückgegriffen werden (BT-Drucks 16/1780 S. 43; (Eisenschmid WuM 2006, 475; Hinz ZMR 2006, 826, 828)).

3. Benachteiligung

Das Gesetz unterscheidet zwischen einer unmittelbaren und einer mittelbaren Benachteiligung. 63

a) Begriff der „Benachteiligung": Der im AGG verwendete Begriff der „Benachteiligung" bedeutet etwas anderes als „Diskriminierung". Unter „Diskriminierung" versteht man im allgemeinen Sprachgebrauch „die rechtswidrige, sozial verwerfliche Ungleichbehandlung" (BT-Drucks. 16/1780 S. 30). Der Begriff Benachteiligung ist dagegen wertneutral. So gesehen gibt es gerechtfertigte und ungerechtfertigte Benachteiligung. Allgemein gilt: Eine Benachteiligung liegt vor, wenn die Ungleichbehandlung aus den in § 19 Abs. 1 oder Abs. 2 AGG genannten Gründen erfolgt. Diese Gründe sind abschließend und einer Erweiterung nicht zugänglich. Ungerechtfertigt ist die Benachteiligung, wenn keiner der in den §§ 5, 8-10 und 20 AGG genannten Rechtfertigungsgründe vorliegt. Für die Miete von Bedeutung: die positiven Maßnahmen (§ 5 AGG), die integrationspolitischen Maßnahmen (§ 19 Abs. 3 AGG) und die sachlich gerechtfertigte Benachteiligung (§ 20 AGG). 64

b) Unmittelbare Benachteiligung. Eine unmittelbare Benachteiligung liegt vor, wenn eine Person aus den in § 1 AGG genannten Gründen „eine weniger günstige Behandlung erfährt, als eine andere Person in einer vergleichbaren Situation erfährt, erfahren hat oder erfahren würde" (§ 3 Abs. 1 AGG). Eine objektive Ungleichbehandlung reicht aus; ein Verschulden ist nicht erforderlich (Rolfs NJW 2007, 1489, 1491). 65

Das AGG gilt bereits im **Vorfeld der Vermietung.** Deshalb liegt ein Verstoß gegen das Benachteiligungsverbot vor, wenn ein Wohnungsunternehmen Besichtigungstermine anbietet und dabei nur Bewerber mit deutsch klingenden Namen berücksichtigt (AG Charlottenburg GE 2020, 336; AG Hamburg-Barmbek WuM 2017, 393) oder wenn der Vermieter Wartelisten führt und einen Bewerber unter Verstoß gegen Gleichbehandlungsgrundsätze nicht in die Liste aufnimmt. Gleiches wird gelten, wenn ein in die Liste aufgenommener Bewerber bei der Wohnungsvergabe unter Verstoß gegen Gleichbehandlungsgrundsätze übergangen wird. In Fällen dieser Art kann der übergangene verlangen, dass er in die Bewerberliste aufgenommen und bei der Wohnungsvergabe berücksichtigt wird. 66

Weiter gilt das AGG bei der **Auswahl des Mieters.** Aus dem AGG folgt allerdings nicht, dass die vom Gesetz geschützten Personen (also die aufgrund ihrer Rasse oder wegen der ethnischen Herkunft usw. möglicherweise Benachteiligten) gegenüber den sonstigen Personengruppen zu bevorzugen sind. Gibt es mehrere Wohnungsinteressenten, so gilt der Grundsatz der Vertragsfreiheit. Der Vermieter kann nach freiem Ermessen entscheiden, mit wem er den Mietvertrag abschließt. Er ist nicht gehalten, seine Entscheidung zu begründen; deshalb besteht kein Anlass, Vermietungsgespräche zu dokumentieren und unter Zeugen zu führen (Schmidt-Räntsch NZM 2007, 6, 12; **a. A.** Horst MDR 2006, 1266, 1269; Warnecke DWW 2006, 269, 275). Das Gericht hat lediglich zu prüfen, ob eine unzulässige Benachteiligung vorliegt. Dies muss der Benachteiligte darlegen und beweisen. 67

§ 535 BGB Untertitel 1. Allgemeine Vorschriften für Mietverhältnisse

67a **Asylbewerber, Flüchtlinge oder subsidiär Schutzberechtigte** haben Anspruch auf eine Unterkunft als Sachleistung, die häufig in der Form der Unterbringung in einer von der Gemeinde angemieteten Wohnung erbracht wird. Die jeweiligen Asylbewerber zählen i. d. R. aufgrund ihrer ethnischen Herkunft zu den vom AGG geschützten Personen. Dies führt zu der Frage, ob der Vermieter gegen das AGG verstößt, wenn er den Abschluss eines Mietvertrags mit der Gemeinde im Hinblick auf die unterzubringenden Personen ablehnt. Die Frage stellt sich deshalb, weil nach § 2 Abs. 1 Nr. 8 AGG eine Benachteiligung im Sinne des Gesetzes vorliegt, wenn einer nach § 1 AGG geschützten Person der „Zugang ... zur Versorgung ... von Wohnraum" verwehrt wird. Die Weigerung des Vermieters zum Abschluss eines solchen Mietvertrags könnte deshalb als unmittelbare Benachteiligung i. S. von § 3 Abs. 1 AGG bewertet werden. Allerdings wird dabei verkannt, dass die Vermietung von Räumen an eine Gemeinde zur vorübergehenden Unterbringung von Personen als Gewerbenutzung gilt, zu der der Eigentümer eines Wohnhauses nicht verpflichtet ist. Hat der Vermieter allerdings einen Mietvertrag mit der Gemeinde zu dem vorbezeichneten Zweck abgeschlossen, so muss er die von der Mieterin ausgewählten Personen ohne Rücksicht auf deren Herkunft akzeptieren.

67b **Insbesondere Asylberechtigte.** Es gilt der Grundsatz, dass der Vermieter mit einer durch § 1 geschützten Person keinen Mietvertrag abschließen muss, wenn er auch an einen Interessenten deutscher Herkunft mit gleichen individuellen Eigenschaften nicht vermieten würde. Deshalb ist der Vermieter nicht gehindert einen Asylbewerber, Asylberechtigten, Flüchtling oder subsidiär Schutzberechtigten als Mieter aus sachlich gerechtfertigten Gründen abzulehnen. Solche Gründe liegen beispielsweise vor, wenn der Mietinteressent über kein ausreichendes Einkommen verfügt oder wenn seine Aufenthaltsberechtigung und -dauer ungeklärt ist.

67c Bei der **Vermietung einer Eigentumswohnung** sind weitere Besonderheiten zu beachten (dazu Ehmann ZWE 2016, 342). Ist die Vermietung des Sondereigentums zu gewerblichen Zwecken nach der Teilungserklärung ausgeschlossen, so scheidet eine Vermietung an eine Gemeinde zum Zweck der Unterbringung von Asylberechtigten, Flüchtling oder subsidiär Schutzberechtigten aus (s. Rdn. 67a). Bei der Vermietung durch den Eigentümer gilt zwar das Verbot der Benachteiligung gem. § 3 AGG. Die Ablehnung einer durch § 1 AGG geschützten Person aus Sachgründen (Rdn. 67b) ist aber auch hier möglich. Bei der Bewertung der Sachgründe sind auch die Interessen der anderen Wohnungseigentümer zu berücksichtigen.

68 Dem Vermieter steht es frei, bestimmte Wohnungen für einen bestimmten Mieterkreis zu reservieren. Die Auswahlkriterien müssen jedoch AGG-neutral sein. So kann ein kommunales Wohnungsunternehmen Wohnungen mit mehr als 3 Zimmern für kinderreiche Familien vorhalten. Wird ein kinderloser Ausländer abgelehnt, so liegt keine Benachteiligung vor. Anders ist es, wenn die Wohnungen nur an inländische Familien mit Kindern vergeben werden; in diesem Fall verstößt die Ablehnung eines kinderreichen Ausländers gegen das AGG.

69 Teilweise wird vertreten, dass ein ausländischer Wohnungsbewerber ohne Verstoß gegen das AGG abgewiesen werden kann, wenn die übrigen Mieter den Bewerber wegen seiner Herkunft oder Rasse ablehnen und für den Fall seines Einzugs mit der Kündigung drohen (Horst MDR 2006, 1266, 1268, Derleder/Sabetta WuM 2005, 10; Hinz DWW 2007, 181, 186). Diese Ansicht trifft nicht zu (wie hier: Börstinghaus ZAP (2006) Fach 4 S. 1042; Schiess/Rütimann WuM 2006, 12, 14; Rolfs NJW 2007, 1489, 1493). Die Ablehnung des Ausländers ist als Benachteiligung im Sinne von § 19 Abs. 1 oder Abs. 2 zu bewerten, weil sie im Hinblick auf

Inhalt und Hauptpflichten des Mietvertrags **BGB § 535**

dessen ethnische Herkunft erfolgt. Die Regelung des § 20 AGG ist auf Benachteiligungen aufgrund der ethnischen Herkunft nicht anwendbar. Sonstige Rechtfertigungsgründe sind nicht ersichtlich. Auf wirtschaftliche Nachteile kann sich der Vermieter nicht berufen, weil das angedrohte Verhalten der Hausbewohner sozialethisch verwerflich ist.

Vergleichbare Grundsätze gelten, wenn der Vermieter einen ausländischen Mietbewerber allein deshalb ablehnt, weil er mit anderen Ausländern schlechte Erfahrungen gemacht hat (Derleder/Sabetta WuM 2005, 3, 6; Hinz DWW 2007, 181, 186). Es liegt eine Benachteiligung vor; ein Rechtfertigungsgrund besteht nicht, weil negative Erfahrungen mit einer konkreten Person nicht auf andere Angehörige derselben ethnischen Gruppe übertragen werden dürfen (Hinz ZMR 2006, 742, 746). Jedoch kann der Vermieter einen konkreten Mietinteressenten auf Grund früherer schlechter Erfahrungen ablehnen (Rolfs NJW 2007, 1489, 1491). **70**

Jedoch kann der Rechtfertigungsgrund des § 19 Abs. 3 vorliegen, wenn der Vermieter die zwischen bestimmten Volksgruppen bestehenden Spannungen berücksichtigt, wie sie beispielsweise zwischen Türken und Kurden, Serben und Kroaten, oder zwischen Palästinensern und Israelis bestehen. **71**

Teilweise wird die Ansicht vertreten, dass eine unmittelbare Diskriminierung vorliegt, wenn der Vermieter einen Ausländer deshalb ablehnt, weil dieser keine Aufenthaltserlaubnis hat; anders soll es sein, wenn der Vermieter den Ausländer ablehnt, weil er eine längere Vertragsbindung anstrebt (Hinz DWW 2007, 181, 185). Nach der hier vertretenen Ansicht liegt in beiden Fällen keine Diskriminierung vor. Der Ablehnungsgrund betrifft nicht alle Personen einer bestimmten ethnischen Herkunft, sondern nur solche ohne Aufenthaltserlaubnis. Darüber hinaus knüpft dieses Auswahlkriterium nicht an die ethnische Herkunft, sondern an die Staatsangehörigkeit an. Eine darin liegende mittelbare Benachteiligung dürfte jedenfalls durch § 3 Abs. 2 AGG gerechtfertigt sein (Rolfs NJW 2007, 1489, 1491). **72**

Mangelnde Deutschkenntnisse eines Bewerbers rechtfertigen die Ablehnung nicht, weil Sprachkenntnisse mit der Durchführung eines Mietverhältnisses nichts zu tun haben (**a. A.** Hinz DWW 2007, 181, 185). **73**

Das AGG gilt auch für **Maßnahmen betreffend die Beendigung des Mietverhältnisses.** Kommt es zwischen einem inländischen und einem ausländischen Mieter zu wechselseitigen Vertragsverletzungen und kann durch die Kündigung eines der beiden Mieter der Hausfrieden wiederhergestellt werden, so kann der Vermieter nach seiner Wahl beiden Mietern oder einem der Mieter kündigen. Aus dem AGG folgt nicht, dass die vom Gesetz geschützten Personen (also die auf Grund ihrer Rasse oder wegen der ethnischen Herkunft usw. möglicherweise Benachteiligten) gegenüber den sonstigen Personengruppen zu bevorzugen sind. Das Auswahlermessen des Vermieters wird durch das AGG nur insoweit beschränkt, als sich die Entscheidung nicht an den Kriterien des § 19 Abs. 1 oder Abs. 2 orientieren darf. Dieser Grundsatz gilt auch bei der Eigenbedarfskündigung, Der Vermieter kann demjenigen Mieter kündigen, dessen Wohnung er am Geeignetsten erachtet. **74**

Schließlich zählen hierzu Maßnahmen, durch die **bestimmte Mietergruppen ohne hinreichenden Grund** gegenüber anderen Mietergruppen **benachteiligt** werden. Zwar ist der Vermieter nicht verpflichtet alle Mieter gleich zu behandeln. Eine Benachteiligung auf Grund der ethnischen Herkunft kann aber vorliegen, wenn der Erwerber eines Miethauses nach dem Eigentümerwechsel gegenüber Mietern türkischer und arabischer Herkunft die Miete drastisch erhöht, während er gegenüber deutschen Mietern und Mietern europäischer Herkunft keine Miet- **74a**

§ 535 BGB   Untertitel 1. Allgemeine Vorschriften für Mietverhältnisse

erhöhung geltend macht. Die ethnischen Herkunft muss nicht das Hauptmotiv der Benachteiligung sein; eine Mitursächlichkeit genügt (AG Tempelhof-Kreuzberg WuM 2015, 73).

75 **c) Mittelbare Benachteiligung.** Eine mittelbare Benachteiligung ist gegeben, „wenn dem Anschein nach neutrale Vorschriften, Kriterien oder Verfahren" Personen benachteiligen können, es sei denn, dass die betreffenden Vorschriften, Kriterien oder Verfahren durch ein rechtmäßiges Ziel sachlich gerechtfertigt sind (§ 3 Abs. 2 AGG). Ein ausländischer Mietinteressent wird mittelbar benachteiligt, wenn seine Ablehnung auf Umstände gestützt wird, die nur oder jedenfalls überproportional bei Ausländern vorliegen (Rolfs NJW 2007, 1489, 1491), z. B. ungesicherte Aufenthaltserlaubnis, Kinderreichtum, Häufige Besuche durch Angehörige der Großfamilie, Feiern religiöser Feste in der Wohnung, Sonderwünsche (Parabolantenne). Hier ist zu fragen, ob die Ablehnung des Ausländers „durch ein rechtmäßiges Ziel sachlich gerechtfertigt" ist und dies „zur Erreichung des Ziels angemessen und erforderlich" ist. Anzuerkennen sind insbesondere wirtschaftliche Gesichtspunkte (Hinz ZMR 2006, 742, 745; Schiess/Rütimann WuM 2006, 12, 14). Außerdem kann berücksichtigt werden, ob der Mietinteressent in der Lage ist, sich in die Hausgemeinschaft einzufügen. Die Sprachkenntnisse eines Mieters spielen im Allgemeinen keine Rolle (**a. A.** Hinz ZMR 2006, 742, 745). Zulässige Auswahlkriterien sind: Wartelisten, Einkommen, gesicherter Arbeitsplatz, Verhältnis der Größe der Familie zur Größe der Wohnung (Rolfs NJW 2007, 1489, 1491 f).

76 Die Grenze zwischen den zulässigen und den unzulässigen Benachteiligungen ist fließend. Wird ein Interessent für einen Pachtvertrag über eine Metzgerei deshalb abgelehnt, weil er Türke ist, so liegt eine unmittelbare Benachteiligung vor. Eine mittelbare Benachteiligung kann gegeben sein, wenn die Ablehnung darauf gestützt wird, dass der Interessent schächtet. Hier kommt es allerdings auf das Motiv der Ablehnung an. Steht die ethnische Herkunft des Interessenten im Vordergrund, so ist eine mittelbare Benachteiligung gegeben. Erfolgt die Ablehnung aus anderen, z. B. aus tierschützerischen Motiven, so fehlt es an der Kausalität zwischen der Benachteiligung und der ethnischen Herkunft (Schmidt-Räntsch NZM 2007, 6, 12).

77 **d) Anweisung zur Benachteiligung.** Die Anweisung einer Person zur Benachteiligung gilt nach **§ 3 Abs. 5 AGG** ebenfalls als Benachteiligung. Die „Anweisung" muss vorsätzlich geschehen. Die Tatsache der Anweisung genügt; es ist nicht erforderlich, dass die Anweisung ausgeführt wird. (Lützenkirchen in Lützenkirchen, AHB-Mietrecht, 3. Aufl. B Rdn. 199).

78 **e) Kausalität.** Zwischen der Benachteiligung des Mietinteressenten und der Weigerung des Vermieters zum Vertragsschluss muss ein Zusammenhang bestehen (§ 19 Abs. 1 AGG). Lehnt der Vermieter einen Interessenten mit diskriminierender Begründung ab, so bleibt dieses Verhalten ohne Sanktion, wenn der Benachteiligte die Wohnung ohnehin nicht gemietet hätte, etwa weil sie für ihn zu groß, zu klein, zu teuer oder ungeeignet ist.

79 **f) Gerechtfertigte Benachteiligung nach § 5 AGG.** Eine unterschiedliche Behandlung ist gem. § 5 AGG zulässig, wenn durch geeignete und angemessene Maßnahmen bestehende Nachteile wegen eines in § 1 genannten Grundes verhindert oder ausgeglichen werden sollen.

g) Gerechtfertigte Benachteiligung nach § 19 Abs. 3 AGG. Bei der Ver- 80
mietung von Wohnraum ist eine unterschiedliche Behandlung zulässig, wenn sie
im Hinblick auf die Schaffung und Erhaltung sozial stabiler Bewohnerstrukturen
und ausgewogener Siedlungsstrukturen sowie ausgeglichener wirtschaftlicher, sozialer und kultureller Verhältnisse erfolgt. Diese Regelung steht mit § 6 Satz 1 Nr. 3
und 4 WoFG im Einklang und ist in diesem Sinne auszulegen (Eisenschmid WuM
2006, 475). Ziel ist u. a. die Integration von Immigranten. Die Anwendung dieser
Vorschrift setzt grundsätzlich voraus, dass der Vermieter ein konkretes Vermietungskonzept hat (Roth ZdW Bay 2007, 4, 10; Hinz ZMR 2006, 826, 828; Rolfs NJW
2007, 1489, 1490) und dass er danach handelt. Im Streitfall hat das Gericht nur zu
prüfen, ob das Vermietungskonzept des Vermieters von 19 Abs. 3 AGG gedeckt ist
und ob die konkrete Entscheidung über den Vertragsschluss damit im Einklang
steht. Das Gericht kann nicht prüfen, ob ein anderes Konzept oder eine andere Entscheidung zweckmäßiger wären (Lützenkirchen in Lützenkirchen, AHB-Mietrecht, 3. Aufl. B Rdn. 269). Es ist allerdings zweifelhaft, ob die Regelung mit der
Richtlinie 2000/43/EG (Antirassismusrichtlinie) übereinstimmt. Die Richtlinie
sieht Ausnahmen nur für positive Maßnahmen vor (AG Hamburg-Barmbek WuM
2017, 393; Metzger WuM 2007, 47, 49; Hinz ZMR 2006, 826 und DWW 2007,
181, 187).

h) Gerechtfertigte Benachteiligung nach § 20 AGG. Eine unterschiedliche 81
Behandlung wegen der Religion oder Weltanschauung, einer Behinderung, des
Alters, der sexuellen Identität oder des Geschlechts ist zulässig, wenn hierfür ein
sachlicher Grund vorliegt. Für eine Benachteiligung aus Gründen der Rasse oder
der ethnischen Herkunft gilt § 20 AGG nicht. Die sachlichen Gründe sind in § 20
Abs. 1 Satz 2 Nr. 1 bis 4 AGG beispielhaft aufgezählt. Für die Miete sind von Bedeutung: Maßnahmen zur Gefahrvermeidung, zur Verhütung von Schäden, zum
Schutz der Intimsphäre, zum Schutz der persönlichen Sicherheit, zur Erlangung
besonderer Vorteile, zur Verwirklichung der Religionsfreiheit und ähnliche Maßnahmen.

4. Rechtsfolgen der Benachteiligung

a) Ein Vertrag, der unter Verletzung des AGG mit einem Dritten geschlossen 82
wird, ist wirksam (Schmidt-Räntsch NZM 2007, 6, 14). Eine Ausnahme kann gelten, wenn der Dritte und der Vermieter zum Nachteil des Diskriminierten in sittenwidriger Weise zusammenwirken.

b) Der Benachteiligte hat nach **§ 21 AGG** folgende Rechte: 83
aa) Beseitigungs-/Unterlassungsanspruch: Besteht der Verstoß gegen das
AGG in einem bestimmten Verhalten des Vermieters, so kann der Benachteiligte
Beseitigung der Beeinträchtigung verlangen. Sind weitere Beeinträchtigungen zu
besorgen, so kann der Benachteiligte auf Unterlassung klagen (§ 22 Abs. 1 AGG).

bb) Anspruch auf Vertragsschluss: Weigert sich der Vermieter mit dem Be- 84
nachteiligten einen Vertrag abzuschließen, so kann dieser den Abschluss eines Vertrages verlangen, wenn dieser ohne Verstoß gegen das Benachteiligungsverbot erfolgt wäre, sich um Schadensersatzanspruch im Sinne von § 21 Abs. 2
Satz 1 AGG) in Form der Schadensbeseitigung (Schmidt-Räntsch NZM 2007, 6,
15; Hinz ZMR 2006, 826, 831; Maier-Reimer NJW 2006, 2577, 2582; Eisenschmid WuM 2006, 475; Rolfs NJW 2007, 1489, 1494; **a. A.** Börstinghaus MietPrax aktuell G II 1; Armbrüster NJW 2007, 1494; M. Sandidge/Wichert GE 2018,

§ 535 BGB Untertitel 1. Allgemeine Vorschriften für Mietverhältnisse

372, 373). Ist die Gegenleistung (z. B. die Miethöhe) nicht bestimmt, so ist zu prüfen, ob diese nach §§ 315, 316 BGB bestimmt werden kann, beispielsweise weil der Vermieter üblicherweise zu bestimmten Bedingungen vermietet. Sind die Vertragsbedingungen völlig offen, scheidet ein Anspruch auf Vertragsschluss aus. Ist die Mietsache einem Dritten überlassen worden, so kann der Vermieter nicht mehr leisten; ein Anspruch auf Abschluss eines Vertrags kommt dann nicht mehr in Betracht (§ 275 BGB). Auch ist der Vermieter nicht verpflichtet, dem Interessenten eine andere Wohnung anzubieten (Rolfs NJW 2007, 1489, 1494).

85   cc) **Schadensersatzanspruch, Schmerzensgeld:** Erleidet der Benachteiligte einen Schaden, so ist der Vermieter zum Schadensersatz verpflichtet. Die Regelung des § 284 BGB (Ersatz frustrierter Aufwendungen anstelle des Schadensersatzanspruchs statt der Leistung) ist auf den Anspruch aus § 21 Abs. 2 Satz 1 AGG entsprechend anwendbar. Zwar ersetzt § 21 Abs. 2 AGG in erster Linie die Haftung aus § 280 Abs. 1 BGB i. V. mit § 241 Abs. 2 BGB. § 21 Abs. 2 AGG gibt aber auch einen Folgenbeseitigungsanspruch, der mit dem Leistungsanspruch vergleichbar ist. Dies rechtfertigt die analoge Anwendung des § 284 BGB (Schmidt-Räntsch NZM 2007, 6, 14).

86   Wegen eines Schadens, der nicht Vermögensschaden ist, kann eine angemessene Entschädigung in Geld verlangt werden (§ 21 Abs 2 AGG). Der Entschädigungsanspruch dient in erster Linie der Kompensation von Nachteilen, die der Mieter infolge der Benachteiligung erlitten hat; nach anderer Ansicht ist die Höhe des Anspruchs so zu bemessen, dass der Vermieter von künftigen Diskriminierungen abgehalten wird (AG Tempelhof-Kreuzberg WuM 2015, 73). Dieser Anspruch besteht nur, wenn der Vermieter schuldhaft handelt. Das Verschulden wird allerdings vermutet. Der Vermieter muss beweisen, dass ihn kein Verschulden trifft. Teilweise wird vertreten, dass eine Entschädigung nach § 21 Abs. 2 Satz 3 AGG nur bei einer vorsätzlichen Diskriminierung verlangt werden kann (Hinz ZMR 2006, 826, 830; **a. A.** AG Hamburg-Barmbek WuM 2017, 393). Dem ist zuzustimmen, weil Verstöße gegen das Diskriminierungsverbot ähnlich zu bewerten sind, wie Verstöße gegen das allgemeine Persönlichkeitsrecht. In diesen Fällen besteht der Entschädigungsanspruch nur bei schwerwiegenden Persönlichkeitsverletzungen. Allerdings ist anzumerken, dass § 21 Abs. 2 AGG keine derartige Einschränkung enthält. Richtlinie für die Höhe der Entschädigung ist eine dreifache Monatsmiete (AG Hamburg-Barmbek WuM 2017, 393; Hinz ZMR 2006, 826, 830; Börstinghaus MietPrax aktuell G II 43; vergl. für das Arbeitsrecht § 611a Abs. 3 Satz 1 BGB). In der Rechtsprechung werden aber auch erheblich höhere Beträge zuerkannt (AG Charlottenburg GE 2020, 336: 3000,– € AG Tempelhof-Kreuzberg WuM 2015, 73: 15.000.– € für Benachteiligung von Mietern türkischer und arabischer Herkunft, s. Rdn. 74a).

87   Daneben kommt eine Haftung aus §§ 823 Abs. 1 i. V. m. § 831 Abs. 1 Satz 1 BGB in Betracht. Nach § 823 Abs. 1 BGB haftet unter anderem derjenige auf Schadensersatz, der ein „sonstiges Recht eines anderen widerrechtlich verletzt". Zu den sonstigen Rechten in diesem Sinne zählt auch das allgemeine Persönlichkeitsrecht, das u. a. Schutz vor Diskriminierung bietet (OLG Köln NJW 2010, 294 = NZM 2010, 294 = WuM 2010, 81 = ZMR 2010, 444).

88   dd) Teilweise wird vertreten, dass **einseitige Willenserklärungen** gem. § 134 BGB nichtig sind, wenn sie gegen das Benachteiligungsverbot verstoßen (Hinz ZMR 2006, 826, 829; Rolfs NJW 2007, 1489, 1492). Allerdings sprechen zwei Gründe gegen die Anwendung des § 134 BGB. Zum einen ist im AGG die Rechtsfolge der Nichtigkeit nicht erwähnt; vielmehr ist in § 19 Abs. 1 und 2 AGG be-

stimmt, dass bestimmte Benachteiligungen „unzulässig" sind. Bei solchen Formulierungen kann man davon ausgehen, dass das Gesetz nicht als Verbotsgesetz gelten soll. Zum anderen sind die Rechtsfolgen bei Verstößen gegen das AGG in § 21 ausdrücklich geregelt. Danach kann „der Benachteiligte ... bei einem Verstoß gegen das Benachteiligungsverbot ... die Beseitigung der Beeinträchtigung verlangen". Dies bedeutet, dass der Benachteiligte bei einem Verstoß gegen das AGG die Initiative ergreifen muss. Eine solche Vorschrift hat auch gegenüber einer Kündigung Bedeutung, wenn bei der Wahl des Kündigungsempfängers Verstöße gegen das Auswahlermessen eine Rolle spielen. Der Benachteiligte kann in einem solchen Fall verlangen, dass die Beeinträchtigung unterbleibt oder anders gewendet, dass der Vermieter aus der Kündigung keine Rechte herleitet.

c) Darlegungs- und Beweislastregeln. Der Kläger muss zunächst vortragen, **89** dass er zu dem Personenkreis gehört, der durch das AGG geschützt ist. Wenn dieser Vortrag bestritten wird, ist darüber Beweis zu erheben. Beweispflichtig ist der Kläger. Es gelten die Allgemeinen Grundsätze.

Der Kläger muss weiter vortragen, dass er unmittelbar oder mittelbar benachtei- **90** ligt worden ist. Bei der unmittelbaren Benachteiligung im Sinne von § 3 Abs. 1 AGG müssen die Tatsachen vorgetragen werden aus denen sich ergibt, dass der Kläger eine weniger günstige Behandlung erfahren hat, als eine andere Person in einer vergleichbaren Situation, erfahren hat oder erfahren würde". Bei der mittelbaren Benachteiligung im Sinne von § 3 Abs. 2 AGG muss vorgetragen werden, dass der Kläger auf Grund anscheinend neutraler Vorschriften, Kriterien oder Verfahren benachteiligt worden ist. Ist die Benachteiligung durch einen Dritten erfolgt, so muss der Kläger vortragen, dass der Beklagte den Dritten entsprechend angewiesen hat. Im Streitfall ist Vollbeweis erforderlich, Glaubhaftmachung genügt nicht.

Schließlich muss der Kläger Vermutungstatsachen vortragen, die den Schluss **91** rechtfertigen, dass die Benachteiligung auf einem unzulässigen Grund beruht. Hierfür genügt es nicht, dass in der Person des Klägers die Merkmale des § 19 Abs. 1 Nr. 1 AGG (Rasse, ethnische Herkunft, Geschlecht, Religion, Behinderung, Alter, sexuelle Identität) oder des § 19 Abs. 2 (Rasse, ethnische Herkunft) vorliegen. Vielmehr muss der Kläger Tatsachen vortragen und beweisen, die es wahrscheinlich machen, dass die Merkmale des § 19 Abs. 1 Nr. 1 oder Abs. 2 AGG der Grund für die Benachteiligung ist. Behauptungen „ins Blaue hinein" sind – wie Allgemein – unzulässig (BT-Drucks. 16/1780 S. 48). Zulässig ist es dagegen, wenn das übliche Verhalten des Beklagten als Indiz für eine konkrete Benachteiligung bewertet wird. Verfügt ein Vermieter etwa über zahlreiche Wohnungen und hat er in der Vergangenheit stets Ausländer als Mieter abgelehnt, so rechtfertigt dies den Schluss, dass die Ablehnung des ausländischen Klägers auf Grund seiner Herkunft erfolgt ist. Erklärt ein Vermieter gegenüber einem ausländischen Mietinteressenten wahrheitswidrig, die Wohnung sei bereits vergeben, so kann die spätere Vermietung an einen Inländer als Diskriminierungsindiz gewertet werden. Bei der Wohnungs- und Gewerbemiete sind auch sog. „Testing-Verfahren" zulässig, bei denen Vergleichspersonen eingesetzt werden, um das Verhalten eines bestimmten Vermieters zu überprüfen (AG Charlottenburg GE 2020, 336; AG Hamburg-Barmbek WuM 2017, 393).

Spricht der Anschein für eine Benachteiligung, so muss der Beklagte darlegen **92** und beweisen, welche Gründe für die konkrete Entscheidung maßgeblich waren (§ 22 AGG). Dabei muss es sich nicht um Sachgründe handeln. Waren mehrere gleichwertige Mietinteressenten vorhanden, so kann sich der Vermieter willkürlich für einen von ihnen entscheiden.

§ 535 BGB Untertitel 1. Allgemeine Vorschriften für Mietverhältnisse

93 **d) Fristen.** Die Ansprüche nach § 21 Abs. 1 und 2 AGG müssen innerhalb von zwei Monaten geltend gemacht werden (§ 21 Abs. 5 AGG). Es handelt sich nicht um eine Verjährungs- sondern um eine Ausschlussfrist. Die Frist des § 21 Abs. 5 AGG ist keine Klagefrist. Vielmehr muss der Anspruch innerhalb der Frist gegenüber dem Vermieter geltend gemacht werden. Nach Fristablauf kann der Anspruch nur geltend gemacht werden, wenn der Benachteiligte ohne Verschulden an der Einhaltung der Frist verhindert war (§ 21 Abs. 5 S. 2 AGG).

V. Formularmietverträge

94 Wird ein Mietverhältnis unter Verwendung eines Formularvertrags ausgestaltet, so sind die Regelungen der §§ 305 bis 310 BGB zu beachten. Diese Vorschriften gelten seit dem 1.1.2002. In der Zeit vom 1.4.1977 bis zum 31.12.2001 galt das Gesetz zur Regelung Allgemeiner Geschäftsbedingungen (AGBG), dessen §§ 9 Abs. 1 und 5 im Wesentlichen den §§ 307, 305c Abs. 2 BGB entsprechen. Altmietverträge, die vor dem 1.4.1977 abgeschlossen wurden, sind nach den §§ 305c Abs. 2, 307 BGB zu beurteilen (BGH NJW 2010, 2877 = WuM 2010, 476 = ZMR 2011, 190). Es gelten folgende Grundsätze:

1. Geltungsbereich der §§ 305–310 BGB

95 Die Regelungen der §§ 305 bis 310 BGB gelten für die Gestaltung rechtsgeschäftlicher Schuldverhältnisse durch Allgemeine Geschäftsbedingungen. Hierunter sind alle für eine Vielzahl von Verträgen vorformulierten Vertragsbedingungen zu verstehen, die eine Vertragspartei (Verwender) der anderen Vertragspartei bei Abschluss eines Vertrages stellt (§ 305 Abs. 1 S. 1 BGB). Dies ist der Fall, wenn eine Partei der anderen einen konkreten (einseitigen) Gestaltungsvorschlag unterbreitet (Stoffels WuM 2011, 268, 270). Hinsichtlich des Stellens muss jede einzelne Klausel gesondert betrachtet werden. Verwenden die Parteien ein von einem Dritten entworfenes Vertragsmuster, so sind die dort enthaltenden Klauseln als „Allgemeine Geschäftsbedingungen" anzusehen (BGH NJW 2010, 1131).

96 **a) Verwender** ist derjenige, der die Vertragsbedingungen (das Vertragsformular) auswählt oder auf dessen Betreiben eine bestimmte Klausel zurückgeht. Es kommt nicht darauf an, wer die Vertragsbedingungen entworfen oder das Formular entwickelt hat. Deshalb ist auch Verwender, wer im Internet ein Vertragsformular auswählt, dieses ausdruckt und ausfüllt (LG Aschaffenburg WuM 2018, 83; Artz in Artz/Börstinghaus, AGB in der Wohnraummiete, Teil 1 Rdn. 46 ff). Der Vermieter ist auch dann Verwender, wenn er den Mieter bittet ein bestimmtes Formular zu besorgen und zum Vertragsabschluss mitzubringen (BGH NZM 2018, 556 Rz. 11). Verwender kann grundsätzlich nur eine Vertragspartei sein. Insolvenz-, Zwangs-, Nachlassverwalter und Testamentsvollstrecker handeln beim Vertragsschluss für einen Dritten. Deshalb ist derjenige Verwender, der aufgrund des Handelns der genannten Personen Vertragspartei geworden ist. Bei einer Vermietung durch eine Erbengemeinschaft können nur die einzelnen Mitglieder Verwender sein. Maßgeblich ist, auf wessen Initiative der Formularvertrag in die Verhandlungen eingeführt wurde und wer seine Verwendung verlangt hat (BGHZ 184, 259 = NJW 2010, 1131). Bei der Wohnungsmiete ist dies i. d. R. der Vermieter. Jedoch kann auch der Mieter „Verwender" von Allgemeinen Geschäftsbedingungen sein (LG Berlin ZMR 2012, 441 betr. eine Modernisierungsvereinbarung unter Verwendung eines

von einer professionellen Mieterberatung entwickelten Formulars). Bei einem Vertrag zwischen einem Unternehmer (z. B. einem Wohnungsunternehmen) und einem Verbraucher (einem Wohnungsmieter) gilt gem. § 310 Abs. 3 Nr. 1 BGB die gesetzliche Vermutung, dass der Unternehmer die Allgemeinen Geschäftsbedingungen gestellt hat. Diese Vermutung gilt nicht, wenn die Verwendung des Formularvertrags durch den Verbraucher verlangt worden ist. Hierfür ist der Unternehmer darlegungs- und beweispflichtig. Für Verträge zwischen Verbrauchern (Privatleuten) gilt keine gesetzliche Vermutung. Bei der Geschäftsraummiete werden die Vertragsbedingungen gelegentlich von den Mietern ausgewählt, insbesondere bei der Anmietung von Ladenräumen durch große Einzelhandelsunternehmen. In diesen Fällen ist der Mieter als Verwender anzusehen. Die dem Mieter ungünstigen Klauseln sind dann nicht unter AGB-Gesichtspunkten zu prüfen (OLG Oldenburg NZM 2003, 439). Für die Anwendung der §§ 305 ff BGB spielt es keine Rolle, ob die eine Partei der anderen wirtschaftlich oder intellektuell überlegen ist. Maßgeblich ist allein, dass der Vertragspartner des Verwenders auf die Ausgestaltung der Geschäftsbedingungen keinen Einfluss nehmen kann (BGHZ 184, 259 = NJW 2010, 1131). **Einigen sich die Vertragsparteien auf ein bestimmtes Vertragsformular,** so ist streitig, ob keine der Parteien Verwender ist (Palandt/Grüneberg § 305 BGB Rdn. 13) oder ob beide Parteien als Verwender anzusehen sind (Märsch in Staudinger § 305 BGB Rdn. 44). Für die Anwendung der §§ 305 ff BGB spielt die Streitfrage keine Rolle, weil diese Vorschriften nur die Rechtsbeziehungen zwischen einem Verwender und einer anderen Vertragspartei, nicht aber zwischen zwei Verwendern regeln (BGHZ 184, 259 = NJW 2010, 1131). Das **Merkmal des Stellens** ist erfüllt, wenn die Formularbestimmungen auf Initiative einer Partei oder ihres Abschlussgehilfen in die Verhandlungen eingebracht und ihre Verwendung zum Vertragsschluss verlangt werden (BGH NJW 2010, 1131; NJW 2016, 1230). Der (einseitige) Wunsch einer Partei, bestimmte von ihr bezeichnete vorformulierte Vertragsbedingungen zu verwenden, ist grundsätzlich ausreichend (BGH NJW 2016, 1230 Rdn. 12). Unerheblich ist, wer die Geschäftsbedingungen entworfen hat. Am Merkmal des „Stellens" fehlt es dagegen, wenn die Einbeziehung von vorformulierten Geschäftsbedingungen sich als Ergebnis einer freien Entscheidung desjenigen darstellt, der mit dem Verwendungsvorschlag konfrontiert wird (BGH NJW 2010, 1131; NJW 2016, 1230 Rdn. 18). Ein Aushandeln i. S. d. § 305 Abs. 1 Satz 3 BGB liegt nur dann vor, wenn der Verwender den in seinen Allgemeinen Geschäftsbedingungen enthaltenen gesetzesfremden Kerngehalt zur Disposition stellt und dem Verhandlungspartner Gestaltungsfreiheit zur Wahrung eigener Interessen einräumt. Er muss sich zur gewünschten Änderung einzelner Klauseln bereit erklären. Derartige Umstände hat der Verwender darzulegen. Regelmäßig sind beim Aushandeln Änderungen des vorformulierten Textes zu erwarten (BGH NJW 2019, 2080). Eine Klausel ist nicht schon dann ausgehandelt worden, wenn nach Verhandlungen über verschiedene andere Teilaspekte eines Vertrages dort Vertragsbedingungen geändert worden sind. Das Aushandeln muss sich jeweils auf bestimmte Vertragsbedingungen beziehen. Nach der Ansicht des OLG Rostock (MDR 2015, 861) gilt dasselbe, wenn die Aufnahme der Vertragsbedingung auf einem Vorschlag eines Dritten (im Entscheidungsfall des Kaufinteressenten) erfolgt und die vertragsschließenden Parteien diesen Vorschlag gemeinsam akzeptieren und in den Vertrag aufnehmen. Voraussetzung ist stets, dass der Vertragspartei in der Auswahl der in Betracht kommenden Vertragstexte frei ist und insbesondere Gelegenheit erhält, alternativ eigene Textvorschläge mit der effektiven Möglichkeit ihrer Durchsetzung in die Verhandlungen einzubringen (BGH a. a. O.). Hierzu genügt es nicht, wenn der Verwender

§ 535 BGB   Untertitel 1. Allgemeine Vorschriften für Mietverhältnisse

der Geschäftsbedingungen den Vertragspartner auffordert „Anmerkungen oder Änderungswünsche" mitzuteilen. Hierdurch wird zwar eine gewisse Verhandlungsbereitschaft signalisiert (BGH NJW 2016, 1230); für die Annahme einer effektiven Möglichkeit zur Durchsetzung eigener Vertragstexte müssen weitere Umstände vorliegen. Für die Annahme einer Einigung i. d. S. genügt es nicht, wenn der Vermieter mehrere Vertragsmuster anbietet und dem Mieter die Auswahl überlässt (BGH NJW-RR 2018, 814; Lehmann-Richter PiG 109, 1, 3). Vielmehr muss der Vermieter den Mieter ernsthaft fragen, ob er ein von ihm gewünschtes Formular vorschlagen möchte. Ob der Mieter in diesem Fall von der ihm eingeräumten Wahlmöglichkeit Gebrauch macht, spielt keine Rolle (Pfeiffer LMK 2010, 304510). Zur Kritik dieser Rechtsprechung s. J. Schmidt NZM 2016, 377: danach entsprechen die strengen Anforderungen des BGH zum „Stellen" und „Aushandeln" von AGB nicht den Gepflogenheiten der Praxis. Der Verfasser empfiehlt, dass eine Partei einen schriftlichen Vertragsentwurf verfasst und dass sodann alle Änderungen und Ergänzungen im Änderungsmodus verfasst werden, so dass der Gang der Verhandlungen dokumentiert ist. Auf diese Weise könne die beweisbelastete Partei beweisen, dass über den Vertragsinhalt verhandelt wurde.

96a   Hat der **Mieter das Formular** auf Weisung des Vermieters bei der Organisation „Haus & Grund" **erworben,** so ist nicht der Mieter sondern der Vermieter als „Verwender" im Sinne des § 305 Abs. 1 Satz 1 BGB anzusehen (BGH NZM 2018, 556 Rdn. 10, 11). Ist das **Formular von einem Makler ausgewählt** worden, so kommt es darauf an, auf wessen Initiative es zurückgeht, dass der Makler das Formular ausgewählt hat (BGH NJW 1995, 2034). Wird das Vertragsformular von einem vom Vermieter beauftragten Makler ausgewählt, so gilt das Formular als vom Vermieter „gestellt". Der Makler ist nicht „Dritter", sondern Abschlussgehilfe des Vermieters (BGH WuM 2011, 96 = ZMR 2011, 370 unter Rz 7; AG Hannover WuM 2009, 728, 729; Stoffels WuM 2011, 268, 269). Der **Inhalt einer Klausel** ist grundsätzlich kein Kriterium für die Anwendung der §§ 305 ff BGB. Im Einzelfall kann allerdings aus dem Inhalt der Klausel auf eine bestimmte Marktstärke einer Partei geschlossen werden. Dies kann in Verbindung mit anderen Anhaltspunkten den Schluss auf die Inanspruchnahme einseitiger Gestaltungsmacht rechtfertigen (BGH NJW 2010, 1131).

97   **b) Vorformulierte Vertragsbedingungen.** Dazu zählen zunächst gedruckte **Formulare,** die in größerer Zahl hergestellt und zur Verwendung in einer unbestimmten Vielzahl von Fällen gedacht sind (BGH NJW 1991, 843). Gleiches gilt für Vertragstexte, die mit einem **Textverarbeitungsgerät** hergestellt und zur mehrmaligen Verwendung gedacht sind. Auch **maschinengeschriebene** und selbst **handgeschriebene Verträge** oder Vertragsteile fallen unter § 305 BGB, wenn der Vertrag oder Vertragsteil mehrmals verwendet werden soll. Streitig ist, ob eine **mündliche Zusatzabrede,** die vom Vermieter immer wieder verwendet wird, unter § 305 BGB fällt. Die Frage ist zu bejahen, weil die Vorschrift nicht voraussetzt, dass die Klausel schriftlich formuliert worden ist (BGHZ 115, 391, 394; NJW 1988, 410; LG Frankfurt WuM 1984, 125, betr. eine mündliche Zusatzabrede über Renovierungspflichten; AG Münster NZM 2016, 163 betr. Gebühren für den Abschluss des Mietvertrags; Palandt-Grüneberg § 305 BGB, Rdn. 8; **a. A.** Schultz ZMR 1987, 42). Nach der Rechtsprechung genügt es, wenn der Verwender die Absicht hat, den Vertragstext oder Teile hiervon **3 bis 5 mal zu verwenden** (BGH NJW 1985, 852; NJW 1981, 2344; NJW 1998, 2286; ebenso: Sonnenschein, NJW 1980, 1489; Willemsen NJW 1982, 1122; Palandt/Grüneberg § 305 BGB Rdn. 9). Es ist nicht erforderlich, dass die Vertragstexte bereits mehrmals verwendet worden sind; die Absicht zur mehrmaligen Verwendung genügt (OLG Stuttgart NJW 1979, 223). Deshalb sind die §§ 310ff BGB bereits bei der ersten Verwendung anzuwenden.

Allgemeine Geschäftsbedingungen liegen auch dann vor, wenn die Vertragsbedingungen in mehreren Verträgen sprachlich unterschiedlich gefasst, in ihrem Kerngehalt aber identisch sind. Wird eine vorgedruckte Klausel hand- oder maschinenschriftlich **ergänzt,** so bleibt sie eine Formularklausel, wenn der Gehalt der Klausel durch die Ergänzung nicht verändert wird (unselbständige Ergänzungen, Einfügung einer Zahl, eines Betrags, eines Datums, Beschreibung des Mietobjekts: BGH NZM 2017, 71; BGHZ 99, 205; 102, 158; NJW 1992, 504). Gleiches gilt, wenn die Klausel durch **Ankreuzen** kenntlich gemacht wird oder wenn der Verwender zwischen mehreren vorgedruckten Klauseln eine oder mehrere auswählt (BGH NJW-RR 1986, 54; NJW 1992, 504; NJW 1996, 1208; OLG Hamburg VersR 1995, 325, 326; VersR 1995, 403). Wird eine Klausel dagegen so **verändert,** dass sich ein anderer Sinn ergibt, so ist zu unterscheiden. Eine Formularklausel liegt vor, wenn bereits der Vertragstext die zu beanstandende Regelung enthält. Ergibt sich die Unangemessenheit der Regelung aus der Ergänzung, so ist im Einzelfall zu prüfen, ob eine Individualerklärung oder eine Formularklausel gegeben ist. Der letztgenannte Fall ist anzunehmen, wenn der Verwender den Formularvertrag regelmäßig in der gleichen Weise abändert (BGH NJW 1992, 503; NJW 1996, 1208).

Beweispflichtig für die tatsächlichen Voraussetzungen des § 305 Abs. 1 S. 1 BGB ist derjenige, der den Schutz dieser Vorschriften in Anspruch nehmen will (BGH NJW 1992, 2162). Das ist i. d. R. der Mieter. Bei Mietverträgen, die bereits nach dem äußeren Anschein als Formularvertrag zu erkennen sind (gedruckte Verträge), genügt es, wenn der Vertrag vorgelegt wird. Ist der Formularcharakter zweifelhaft (maschinengeschriebene oder handgeschriebene Verträge oder Vertragsteile), so muss der Mieter vortragen, dass der Vermieter den Vertrag oder eine bestimmte Klausel häufiger verwendet hat oder dass er dies beabsichtigt. Es ist nicht erforderlich, dass genau die gleiche Klausel mehrmals verwendet wird. Vielmehr genügt es, wenn der Regelungsgehalt der Klausel identisch ist.

Zu der Behauptung der mehrmaligen Verwendung muss der Vermieter im Prozess wahrheitsgemäß Stellung nehmen (§ 138 Abs. 1 ZPO). Eine Erklärung mit Nichtwissen (§ 138 Abs. 4 ZPO) ist nicht zulässig, weil es sich insoweit um Tatsachen handelt, die der Wahrnehmung des Vermieters unterliegen. Ungenügend ist es auch, wenn sich der Vermieter lediglich darauf beruft, dass eine bestimmte Klausel handschriftlich in das Vertragsformular eingefügt worden ist (§ 305 Abs. 1 S. 2 BGB, ähnlich Willemsen NJW 1982, 1122).

Der Grundsatz, wonach handschriftliche oder maschinenschriftliche Abänderungen von Formularverträgen oder Zusätze zu solchen Verträgen ein **Indiz gegen den Formularcharakter** darstellen, gilt bei der Miete grundsätzlich nur dann, wenn die Abänderungen oder Zusätze im Hinblick auf Besonderheiten des Einzelfalls insbesondere mit Rücksicht auf die Person des Mieters verfasst sind. Bei Zusätzen oder Abänderungen, die auf eine bestimmte gleichförmige Vermietungspraxis hindeuten (Tierhaltungsverbote, Vereinbarungen über die Durchführung von Schönheits- oder Kleinreparaturen, Vertragsabschlussgebühren, Bearbeitungsgebühren, Einzugs- und oder Auszugskostenpauschalen, Mahngebühren, Aufrechnungsverbote, Besichtigungsklauseln, Beweislastregeln, Haftungsausschlüsse, Schriftformklauseln und ähnliches) gilt die Indizwirkung nicht (LG Saarbrücken NZM 2000, 1179).

§ 535 BGB Untertitel 1. Allgemeine Vorschriften für Mietverhältnisse

102 c) **Ausgehandelte Klauseln.** Eine Vertragsbedingung, die vom Vermieter regelmäßig verwendet wird, stellt keine allgemeine Geschäftsbedingung dar, wenn sie zwischen den Parteien **ausgehandelt** worden ist (**§ 305 Abs. 1 S. 3 BGB**). Für die Annahme des Aushandelns genügt es allerdings nicht, dass die betreffende Klausel auf einem gesonderten Formular niedergelegt oder zusätzlich in ein gedrucktes Vertragsformular eingefügt worden ist. Einem solchen Umstand kommt für sich allein auch keine Indizwirkung zu. Unerheblich ist auch, ob die Parteien die Klausel „erörtert", „besprochen" oder „erläutert" haben (OLG Düsseldorf WuM 1994, 459; OLG Saarbrücken NZM 2016, 50). Ebenso liegt kein Aushandeln vor, wenn sich der Mieter durch Ankreuzen mehrerer Alternativen für die eine oder andere Vertragsregelung entscheiden muss (z. B. zwischen der Übernahme von Schönheitsreparaturen verbunden mit einem Mietnachlass und der gesetzlichen Regelung verbunden mit einer höheren Miete (Kraemer PiG 75 (2006) S. 37, 40). Maßgeblich ist vielmehr, ob die Klausel vom Verwender ernsthaft zur Disposition gestellt worden ist, so dass die Gegenpartei die Möglichkeit hatte, auf die Vertragsbedingungen Einfluss zu nehmen (BGH NJW 1988, 410; NJW 1988, 2465; NJW 1992, 1107; NJW 1992, 2759, 2760; BGH Beschlüsse vom 20.11.2012 und vom 5.3.2013 VIII ZR 137/12; OLG Düsseldorf, a. a. O.; OLG Saarbrücken a. a. O.). Spricht die Erscheinungsform des Textbildes und der Inhalt einer Klausel dafür, dass diese zur mehrmaligen Verwendung bestimmt ist, so muss der Verwender diesen Anschein widerlegen. Den Verwender trifft in diesem Fall die **Darlegungs- und Beweislast**, dass die Klausel entgegen dem Anschein ausgehandelt wurde (BGHZ 157, 102 = NJW 2004, 502 betr. Bauvertrag; BGH NJW 2013, 1668; WuM 2013, 293 betr. Mietvertrag). Ein wichtiges Indiz für das Aushandeln liegt vor, wenn der vorgedruckte Text erkennbare Änderungen aufweist. Unter besonderen Umständen kann allerdings auch bei unverändertem Text ein Aushandeln angenommen werden, wenn es nach gründlicher Erörterung bei dem vorformulierten Text verbleibt (BGH NJW 2013, 856). In der Regel ist hierzu erforderlich, dass der Verwender hinsichtlich der in Frage stehenden Klausel um Alternativvorschläge bittet oder solche von sich aus zur Diskussion stellt (OLG Saarbrücken NZM 2016, 50). Deshalb muss der Vermieter die näheren Umstände des Aushandelns vortragen und insbesondere darlegen, welche Alternativen zur Wahl gestanden haben. Haben die Parteien in einem gedruckten Formularvertrag zahlreiche Klauseln abgeändert oder gestrichen oder wurde das Formular durch Zusätze ergänzt, so kann hierin ein Indiz für das Aushandeln liegen (LG Berlin GE 2015, 657). Die in vielen Mietvertragsformularen verwendete Klausel, nach der der Mieter bestätigt, dass er den Vertrag gelesen, dass ihm Gelegenheit zu Verhandlungen über die einzelnen Klauseln gegeben worden sei und dass der Vermieter Verhandlungsbereitschaft gezeigt habe, ändert an der Rechtslage nichts (BGH NJW 1977, 432, 624; OLG Saarbrücken a. a. O.). Ein Formular wird nicht deshalb zum ausgehandelten Vertrag, weil die für die Annahme eines Aushandelns erforderlichen Tatsachen formularmäßig bestätigt werden: „Könnte der Verwender allein durch eine solche Klausel die Darlegung eines Aushandelns stützen, bestünde die Gefahr der Manipulation und der Umgehung des Schutzes der §§ 305 ff BGB." (BGH NJW 2014, 1725). Ebenso wenig können sich die Parteien individualvertraglich darauf einigen, dass es sich bei dem Regelungswerk um einen Individualvertrag handelt. Dies folgt aus der Erwägung, dass „die §§ 305 ff BGB selbst im unternehmerischen Rechtsverkehr nicht der Disposition der Vertragsparteien unterliegen, sondern zwingendes Recht sind" (BGH Urt. v. 20.3.2014 – VII ZR 248/13). Sind einzelne Klauseln ausgehandelt, so hat dies keine „Ausstrahlungswirkung" auf andere Klauseln (OLG Saarbrücken

a. a. O.; Miethaner NJW 2010, 3121, 3126). Sind jedoch zusammengehörende Regelung teils durch Formularvertrag, teils individualvertraglich (hier: starre Fristen) geregelt, so ist der gesamte Regelungskomplex nach den Grundsätzen des AGB-Rechts zu beurteilen (LG Berlin GE 2017, 477 betr. eine individualvertraglich getroffene Vereinbarung über „starre" Renovierungsfristen in einer Formularklausel über die Übertragung der Schönheitsreparaturen auf den Mieter; s. Rdn. 448). Für den unternehmerischen Geschäftsverkehr gelten keine Besonderheiten.

d) Individualvereinbarungen haben stets Vorrang vor Allgemeinen Geschäftsbedingungen (§ 305b BGB). Es spielt keine Rolle, ob die Vereinbarung schriftlich oder lediglich mündlich getroffen worden ist. Ist zwischen den Parteien streitig, ob neben den schriftlichen auch mündliche Vereinbarungen bestehen, so ist diejenige Partei beweispflichtig, die aus der mündlichen Zusatzabrede Rechte für sich herleiten will. An den Beweis sind hohe Anforderungen zu stellen. Es gilt die Vermutung, dass der Inhalt des Vertrags durch die Vertragsurkunde vollständig und richtig wiedergegeben wird. **103**

Enthält der Vertrag eine **Schriftformklausel,** so ist zu unterscheiden: **104**

Eine Formularklausel, wonach Änderungen und Ergänzungen zum schriftlichen Vertrag nicht getroffen worden sind (sog. **„Bestätigungsklausel"**), gibt nur die Gesetzeslage wieder, wonach die schriftliche Vertragsurkunde die Vermutung der Vollständigkeit und Richtigkeit hat (BGH NJW 1985, 2329; MDR 2000, 19; OLG Düsseldorf DWW 1990, 363; Bub in: Bub/Treier Kap II Rdn. 1795). Jeder Partei steht der Gegenbeweis offen.

Eine Klausel, wonach **Änderungen und Ergänzungen schriftlich getroffen werden müssen,** hat nach ihrem Wortlaut nicht zur Folge, dass mündliche Vereinbarungen unwirksam wären. Vielmehr begründet eine solche Klausel lediglich eine Verpflichtung beider Parteien zur Beachtung der Schriftform. Gleichwohl verstößt die Klausel gegen § 307 Abs. 1 BGB, weil beim Mieter der Eindruck erweckt wird, dass mündliche Abreden generell unwirksam seien; auf diese Weise könnte der Mieter von der Durchsetzung der ihm zustehenden Rechte abgehalten werden (vgl. BGH NJW 1991, 1750 = WuM 1991, 381). Eine solche Klausel ist unwirksam (OLG Frankfurt WuM 1992, 57; Sternel Rdn. I 210). Nach anderer Ansicht sind solche Klauseln wirksam. Auch nach dieser Meinung können die Parteien aber trotz der Schriftformklausel mündliche Vereinbarungen treffen (OLG Düsseldorf DWW 2001, 248). Dabei ist nicht erforderlich, dass die Parteien ausdrücklich vereinbaren, dass die Schriftformklausel auf die mündliche Regelung nicht angewendet werden soll. Es genügt vielmehr, wenn sich aus den Gesamtumständen ergibt, dass die mündliche Regelung ernsthaft gewollt ist. **105**

zurzeit unbesetzt **106**

Die **salvatorische Erhaltungsklausel** („Sollten einzelne Bestimmungen dieses Vertrags ganz oder teilweise gegen zwingendes Recht verstoßen oder aus anderen Gründen nichtig oder unwirksam sein, so bleibt die Gültigkeit der übrigen Bestimmungen unberührt") ist wirksam. **107**

Die **salvatorische Ergänzungsklausel** („Die nichtige oder unwirksame Bestimmung ist durch eine solche zu ersetzen, die dem wirtschaftlich Gewollten in zulässiger Weise am nächsten kommt") ist dagegen unwirksam. **108**

Enthält der Vertrag sowohl eine wirksame Erhaltungs- als auch eine unwirksame Ergänzungsklausel, so bleibt jedenfalls die Erhaltungsklausel wirksam. Dies gilt auch dann, wenn die betreffenden Regelungen in einer Klausel enthalten sind (BGH NZM 2005, 502). **109**

§ 535 BGB Untertitel 1. Allgemeine Vorschriften für Mietverhältnisse

109a In einem Mietvertrag der vor dem 1.10.2016 abgeschlossen wurde ist eine formularvertragliche Klausel wirksam, wonach **Anzeigen und Erklärungen schriftlich** erfolgen müssen (§ 309 Nr. 13 BGB a. F. i. V. m. Art. 229 § 37 EGBGB). Für Mietverträge die nach dem 30.9.2016 vereinbart wurden, ist **§ 309 Nr. 13 BGB** in der Fassung des Gesetzes zur Verbesserung der zivilrechtlichen Durchsetzung von verbraucherschützenden Vorschriften des Datenschutzrechts vom 17.2.2016 (BGBl. I S. 233) zu beachten. Danach sind Klauseln unwirksam, die für Anzeigen und Erklärungen eine strengere Form als die Textform vorsehen. Dies betrifft beispielsweise die Anzeige eines Mangels gem. § 536c BGB, die Abmahnung bei Vertragsverstößen gem. § 543 Abs. 3 BGB, den Widerspruch gegen die Vertragsverlängerung gem. § 545 BGB, die Einwendung gegen eine Betriebskostenabrechnung gem. § 556 Abs. 3 Satz 5 BGB oder die Aufrechnungserklärung gem. § 556b BGB). Ebenso sind Klauseln unwirksam, nach denen die Wirksamkeit dieser Erklärungen an ein besonderes Zugangserfordernis (z. B. durch Einschreiben) geknüpft wird. Die gesetzlich vorgeschriebene Schriftform bleibt hiervon unberührt. Deshalb bedarf beispielsweise die Kündigungserklärung (§ 568 BGB), der Widerspruch des Mieters gegen die Kündigung nach § 574b BGB) oder die Ausübung des Vorkaufsrechts (§ 577 BGB) nach wie vor zwingend der Schriftform.

110 Wird ein **befristeter Formularmietvertrag durch eine individualvertragliche Vereinbarung verlängert,** so sind auch auf den verlängerten Vertrag die AGB-Regeln anzuwenden (BGH NZM 2005, 502). Etwas anderes gilt, wenn die Parteien in der Verlängerungsvereinbarung einzelne Klauseln des Ursprungsvertrags durch individualvertragliche Regelungen ersetzen oder abändern. Dann müssen die ersetzten oder abgeänderten Klauseln als Individualvereinbarungen behandelt werden.

2. Anwendungsgrundsätze

111 a) **Einbeziehung in den Vertrag/Transparenzgebot.** Nach § 305 Abs. 2 BGB wird eine Formularklausel nur dann Vertragsbestandteil, wenn der Verwender dem anderen Teil die Möglichkeit verschafft, in zumutbarer Weise von ihrem Inhalt Kenntnis zu nehmen. Nach § 305 Abs. 2 Nr. 2 BGB muss der Verwender dabei auch eine für ihn erkennbare **körperliche Behinderung** der anderen Vertragspartei berücksichtigen. Die Behinderung muss für den Vermieter erkennbar sein. Bei Zweifeln trägt der Vermieter die Beweislast (Heinrichs WuM 2002, 643, 644). Ein Fall des § 305 Abs. 2 BGB liegt insbesondere dann vor, wenn der andere Teil sehbehindert ist. Es ist ausreichend, wenn der Vermieter einem sehbehinderten Mieter die Möglichkeit verschafft, sich den Text des Vertrags von einer Person seines Vertrauens vorlesen zu lassen (Heinrichs WuM 2002, 643, 644). Sonstige Behinderungen, wie Analphabetismus oder Verständnisschwierigkeiten eines der deutschen Sprache nicht mächtigen Ausländers werden von der Bestimmung nicht erfasst.

112 Weiterhin muss ein Formularvertrag ein Mindestmaß an Übersichtlichkeit aufweisen (§ 307 Abs. 1 S. 2 BGB). Dies gilt nicht nur für die Gestaltung der einzelnen Klauseln, sondern auch für den Umfang des Vertragswerks, der in einer vertretbaren Relation zur Bedeutung des Rechtsgeschäfts stehen muss (OLG Schleswig NJW 1995, 2859). Klauseln, die unmittelbar den Preis für die vertragliche Hauptleistung bestimmen **(Preishauptabreden),** sind der Inhaltskontrolle entzogen (BGH NJW 2016, 560 Rdn. 16; BGH Beschluss vom 30.5.2017 – VIII ZR 31/17 betr. eine Klausel wonach der Mieter neben der Grundmiete und den Betriebskostenvoraus-

zahlungen einen „Zuschlag Schönheitsreparaturen" in Höhe von ... €/mtl. zu zahlen hat). Das **Transparenzgebot** (dazu Häublein WuM 2016, 468) gilt jedoch gem. § 307 Abs. 3 Satz 2 BGB auch für preisbestimmende oder leistungsbeschreibende Klauseln (Beispiel: Betriebskostenumlagevereinbarung). Grundsätzlich müssen in einem Formularvertrag die dort geregelten Rechte und Pflichten eines Vertragspartners möglichst klar, durchschaubar und vollständig dargestellt werden (stRspr: BGH 106, 42, 49 = NJW 1989, 222; BGHZ 112, 115, 117 = NJW 1990, 2383; BGHZ 115, 177, 185 = NJW 1991, 3025; BGH NJW-RR 1996, 783). Das Transparenzgebot verlangt, dass die tatbestandlichen Voraussetzungen und die Rechtsfolgen einer anspruchsbegründenden Klausel so genau beschrieben werden, dass für den Verwender keine ungerechtfertigten Beurteilungsspielräume entstehen (BGH NZM 2004, 93, 95). Dazu gehört auch, dass Allgemeine Geschäftsbedingungen wirtschaftliche Nachteile und Belastungen soweit erkennen lassen, wie dies nach den Umständen gefordert werden kann (BGH NJW 2014, 3722). Die einzelnen Klauseln müssen – im Rahmen des Möglichen (BGHZ 112, 115, 119 = NJW 1990, 2383; NZM 1998, 710, 71; NZM 2004, 93, 95; NZM 2008, 278; NZM 2008, 363) – so abgefasst sein, dass sie für einen rechtlich nicht vorgebildeten Durchschnittsbürger verständlich sind. Hieran kann es beispielsweise fehlen, wenn die Klausel lediglich eine Verweisung auf eine nicht abgedruckte gesetzliche Bestimmung enthält (OLG Schleswig RE 27.3.1995 NJW 1995, 2858 betr. § 568 BGB a. F. = 545 BGB nF; Heinrichs NJW 1996, 1381, 1383). Wird eine gesetzliche Regelung durch eine Formularklausel variiert, so sind die Anforderungen an Klarheit und Verständlichkeit durch einen Vergleich der Klausel mit der Gesetzesbestimmung zu prüfen (BGH NZM 2004, 93, 95). Infolgedessen verletzt eine Klausel das Transparenzgebot, wenn sie vermeidbare Unklarheiten und Spielräume enthält, und sie genügt dem Verbot, wenn sie im Rahmen des rechtlich und tatsächlich Zumutbaren die Rechte und Pflichten des Vertragspartners des Klauselverwenders so klar und präzise wie möglich umschreibt" (BGH a. a. O.). Unklare oder unverständliche Klauseln sind unwirksam (§ 307 Abs. 1 BGB). Schließlich enthält das Transparenzgebot auch ein **Täuschungsverbot.** Der Verbraucher soll hinsichtlich seiner gesetzlichen Rechte nicht in die Irre geführt werden.

b) überraschende Klausel. Eine Formularklausel, die nach den Umständen, **113** insbesondere nach dem äußeren Erscheinungsbild des Vertrags so ungewöhnlich ist, dass der Vertragspartner des Verwenders mit ihr nicht zu rechnen braucht, wird nicht Vertragsbestandteil (§ 305c Abs. 1 BGB). Die Regelung in § 305c Abs. 1 BGB setzt zweierlei voraus: zum einen muss die Klausel (objektiv) ungewöhnlich sein. Zum anderen ist erforderlich, dass der Kunde (subjektiv) von der Klausel überrascht (überrumpelt) worden ist (OLG Hamm Urteil vom 8.6.2017 – 18 U 9/17). Maßgebliches Kriterium ist nicht die Unbilligkeit, sondern die Ungewöhnlichkeit und das darauf beruhende Überraschungsmoment, der „Überrumpelungseffekt". Wird der Mieter von Gewerberaum durch einen Formularvertrag verpflichtet, die Verwaltungskosten zu tragen, so fehlt der Überrumpelungseffekt, wenn sich die Kosten im Rahmen des ortsüblichen halten; dann kann der Gewerbemieter die Kostenbelastung „wenigstens im Groben abschätzen. Auf die konkrete Höhe dieser Kosten im Einzelfall kommt es dagegen nicht an, insoweit wird der Mieter nur durch den Wirtschaftlichkeitsgrundsatz geschützt (BGH NJW 2014, 3722). Bei der Beurteilung des Überrumpelungseffekts kommt es nicht auf die individuellen Fähigkeiten des konkreten Vertragspartners, sondern auf den Erfahrungshorizont eines durchschnittlichen Mieters (Vermieters) an (BGH NJW 1995, 2637, 2638). Ein Überraschungseffekt im Sinne dieser Vorschrift kann sich insbesondere aus der Stellung der Klausel im Gesamtwerk der allgemeinen Geschäftsbedingungen ergeben. Das ist etwa der Fall, wenn sie in einem systematischen Zusammenhang steht, in dem der Vertragspartner sie nicht zu erwarten braucht (BGH NJW 2010, 671; NJW 2010, 3152). Das Überraschungsmoment entfällt, wenn die Klausel durch **Fettdruck** oder auffällige Schrift deutlich hervorgehoben ist oder wenn der Verwender vor Vertragsschluss auf die Klausel **besonders hingewiesen** hat (BGH NJW 1996, 191). Steht fest, dass eine Klausel nach dem äußeren Erscheinungsbild des Vertrags ungewöhnlich ist, so muss der Verwender **beweisen**, dass er auf die Klausel besonders hingewiesen hat oder dass der Vertragspartner aus anderen Gründen mit der Klausel rechnen musste. Eine vorgedruckte Erklärung, wonach der Vertragspartner bestätigt, dass er den Vertragstext gelesen hat und dass ihm alle Klauseln erläutert worden sind, reicht hierfür nicht aus.

114 c) **Auslegungsgrundsätze/Unklarheitenregel.** Allgemeine Geschäftsbedingungen sind bei der Auslegung wie revisible Rechtsnormen zu behandeln (st. Rspr.; zuletzt BGH NJW 2014, 2269; NZM 2015, 79 Rz. 16). Dabei ist in erster Linie vom Wortlaut der Klausel auszugehen. Lässt der Wortlaut mehrere Auslegungsmöglichkeiten zu, so ist zunächst zu fragen, ob die Parteien die Klausel übereinstimmend in demselben Sinn verstehen (BGH NJW 2009, 3422 Rdn. 16; NZM 2016, 307). In diesem Fall ist für die Anwendung des § 305 c BGB kein Raum. Bei einem unterschiedlichen Verständnis ist derjenigen Auslegung der Vorzug zu geben, die zu einem vernünftigen, widerspruchsfreien und den Interessen beider Vertragsparteien gerecht werdenden Ergebnis führt. Es ist zu fragen, „wie der Vertragstext aus der Sicht der typischerweise an Geschäften dieser Art beteiligten Verkehrskreise zu verstehen ist." Insoweit kommt es auf die Vorstellung „verständiger und redlicher Vertragspartner" an (BGH NJW 1993, 1381 unter Ziff. I 2; NJW-RR 2007, 1697 unter Ziff. II 1b; NJW 2007, 3776 = NZM 2007, 921 unter Ziff. II 1; BGH NJW 2013, 291 Rz. 16; NZM 2016, 307; NZM 2016, 572). Verbleiben nicht behebbare Zweifel, so geht dies nach der Unklarheitenregel (§ 305 c Abs. 2 BGB) zu Lasten des Verwenders (BGH NJW 2006, 137; BGH NZM 2015, 79 Rz. 16 betr. Schönheitsreparaturen; BGH NZM 2016, 572 betr. den Begriff „Grundsteuererhöhung" OLG Saarbrücken NZM 2016, 50 betr. Verlängerungsklausel). In diesem Fall richtet sich die Festlegung ihres Inhalts nach derjenigen Auslegung, die sich bei der dem Vertragspartner vorteilhafteren Lesart ergibt. Weiterhin ist die Unklarheitenregel auf solche Klauseln anwendbar, die nach Ausschöpfung der in Betracht kommenden Auslegungsregeln unklar bleiben; solche Klauseln sind unwirksam (BGH NJW 1984, 1818). Ergibt sich die Unklarheit aus dem Umstand, dass **derselbe Sachverhalt in mehreren Klauseln unterschiedlich behandelt** wird, so gilt diejenige Klausel, die den Vertragspartner am wenigsten belastet (OLG Düsseldorf Beschluss vom 16.8.2016 – 24 U 25/16 betr. Neufestsetzung der Betriebskostenvorauszahlung bei einer Veränderung der Höhe der Betriebskosten). Lässt sich dies nicht feststellen, weil der Vertragspartner durch jede Klausel im selben Maße belastet wird, so sind alle Klauseln unwirksam.

115 d) **Kundenfeindliche Auslegung.** Für die Auslegung von Formularklauseln gelten nicht die Vorschriften der §§ 133, 157 BGB. Es kommt also weder auf die Vorstellungen der Parteien, noch auf die Umstände des Einzelfalls an. Vielmehr sind Formularklauseln generell-abstrakt entsprechend ihrem Wortlaut auszulegen. Maßgeblich ist dabei, wie die Klausel üblicherweise von Vermietern und Mietern verstanden wird (BGH NJW 1982, 2776; NJW 1982, 2628; **a. A.** Schmidt-Salzer

JZ 1995, 223). Eine Ausnahme gilt, wenn die konkreten Vertragsparteien eine Klausel übereinstimmend in einem bestimmten Sinne verstehen: dann ist diese übereinstimmende Bedeutung maßgeblich (BGH NJW 1995, 1494). Davon abgesehen ist für die Wirksamkeitskontrolle derjenige Klauselinhalt maßgeblich, der sich bei der dem Vertragspartner (dem „Kunden") nachteiligsten Lesart ergibt (Prinzip der kundenfeindlichen Auslegung (BGH NJW 1992, 1099).

e) Verbot der geltungserhaltenden Reduktion. Klauseln, die den Vertragspartner unbillig belasten, werden nicht mit einem gerade noch zulässigen Inhalt aufrechterhalten; vielmehr sind solche Klauseln unwirksam (BGH NJW 1982, 2309; NJW 1983, 1322; NJW 1989, 2404). An dieser Rechtsfolge ändert sich nichts, wenn das Vertragswerk oder Teile hiervon mit der salvatorischen Klausel versehen werden, dass die Klauseln nur „soweit gesetzlich zulässig" gelten sollen. Ein solcher Zusatz ist unwirksam, weil er gegen das Verständlichkeitsgebot verstößt (BGH NJW 1993, 1061; NJW 1996, 1407; BGH NJW 2013, 1668; Heinrichs, NJW 1997, 1407, 1411). In der Literatur wird allerdings vereinzelt die Ansicht vertreten, dass ein absolutes Reduktionsverbot nicht zwingend erforderlich ist; vielmehr sei in den Fällen eines „punktuellen Formulierungsmissgriffs" eine Relativierung angezeigt mit der weiteren Folge, dass die Klausel entsprechend dem Parteiwillen in ihrem wirksamen Teil aufrecht erhalten bleibt (Kappus NZM 2011, 674 betr. die sog. „Farbwahlklausel" in einer Renovierungsvereinbarung). 116

Hiervon sind jene Klauseln zu unterscheiden, die aus einer zulässigen und einem unzulässigen Teil bestehen. In Fällen dieser Art gilt der Grundsatz, dass die Klausel mit dem zulässigen Inhalt aufrechterhalten bleibt, wenn der zulässige und der unzulässige Klauselteil **inhaltlich und sprachlich voneinander getrennt werden** können (BGH NJW 1983, 1320; NJW 1987, 1073; NJW 1997, 3437). Allerdings führt die formale Trennbarkeit einer Klausel nicht immer zur Rechtsfolge der Teilunwirksamkeit. Gesamtunwirksamkeit kann eintreten, wenn eine Klausel aus einem wirksamen und einem unwirksamen Teil besteht und die beiden Teile einen Summierungseffekt aufweisen, so dass der Mieter durch das Zusammenspiel der beiden Klauselteile unbillig belastet wird (BGH NJW 2003, 2234). Gleiches gilt, wenn wirksame und unwirksame Klauselteile dazu führen, dass die Gesamtregelung intransparent wird oder wenn der Verbraucher durch die Gestaltung der Klausel getäuscht wird. In Fällen dieser Art spielt es keine Rolle, ob die zur Prüfung stehenden Regelungen in einer einzigen Klausel enthalten sind oder ob der Vertrag mehrere Klauseln enthält, von denen ein Teil wirksam, ein anderer Teil unwirksam ist. Wenn die mehreren Klauseln denselben Regelungsgegenstand betreffen, sind sie (einschließlich ihrer individualvertraglichen Zusätze) insgesamt unwirksam, wenn ein Summierungseffekt zu Lasten des Verbrauchers eintritt oder wenn das Transparenzgebot/Täuschungsverbot verletzt ist (s. dazu auch Heinrichs WuM 2005, 155, 158). Nach der Rechtsprechung des BGH wird durch eine Regelung über die Überwälzung der Schönheitsreparaturen auf den Mieter „eine einheitliche, nicht in Einzelmaßnahmen aufspaltbare Rechtspflicht" begründet mit der weiteren Folge, dass die Unwirksamkeit einer Teilregelung zur Unwirksamkeit der Gesamtregelung führt. Danach hat die Unwirksamkeit einer starren Fristenregelung die Unwirksamkeit einer bei isolierter Betrachtung wirksamen Klausel über das Lackieren von Fensterrahmen und Türen zur Folge (BGH NJW 2015, 1874). Gleiches gilt wenn eine bei isolierter Betrachtung wirksame Renovierungsklausel mit einer unwirksamen sog. „Fachhandwerkerklausel" verbunden wird. Anders ist es, wenn die in Frage stehenden Klauseln einen jeweils 117

§ 535 BGB   Untertitel 1. Allgemeine Vorschriften für Mietverhältnisse

eigenen Regelungsinhalt aufweisen. Dann ist zu prüfen, ob die einzelnen Klauseln für sich betrachtet der Inhaltskontrolle standhalten (OLG Köln Urteil vom 29.1.2019 – 22 U 30/17).

118 **f) Unbillige Klauseln (§ 307 BGB).** Nach § 307 Abs. 1 BGB ist eine Klausel unwirksam, wenn sie den Vertragspartner entgegen den Geboten von Treu und Glauben unangemessen benachteiligt. Eine Formularklausel benachteiligt den Vertragspartner des Verwenders entgegen den Geboten von Treu und Glauben unangemessen, wenn der Verwender missbräuchlich eigene Interessen auf Kosten des Vertragspartners durchzusetzen versucht, ohne von vornherein die Interessen seines Partners hinreichend zu berücksichtigen und ihm einen angemessenen Ausgleich zuzugestehen (st. Rspr. zuletzt BGH NJW 2015, 1871 betr. Quotenabgeltungsklausel). Dabei ist ein generalisierender, überindividueller Prüfungsmaßstab und eine von den Besonderheiten des Einzelfalls losgelöste typisierende Betrachtungsweise zugrunde zu legen (BGH NJW 2012, 2107 Rdn. 10). Maßgeblich sind die Verhältnisse bei Vertragsschluss (Heinrichs NJW 1996, 1381, 1385; Medicus NJW 1995, 2577, 2579). Eine nachträgliche Veränderung der tatsächlichen Verhältnisse bleibt ebenso unberücksichtigt, wie ein Wandel der Anschauungen und Beurteilungsmaßstäbe (Heinrichs a. a. O.). Für die tatsächlichen Voraussetzungen des § 307 Abs. 1 BGB ist derjenige darlegungs- und beweispflichtig, der aus einem Verstoß gegen diese Vorschrift Rechte für sich herleiten will (BGH NJW 1996, 388, 389).

119 **g) Rechtsfolgen unwirksamer Klauseln (§ 306 BGB).** Soweit einzelne Klauseln unwirksam sind, gelten die gesetzlichen Vorschriften (§ 306 Abs. 2 BGB). Die Wirksamkeit des Mietvertrags im Übrigen bleibt von der Unwirksamkeit einzelner Klauseln unberührt (§ 306 Abs. 1 BGB). Die Ausnahmevorschrift des § 306 Abs. 3 BGB, wonach Gesamtunwirksamkeit eintritt, wenn das Festhalten am Vertrag eine unzumutbare Härte für eine Vertragspartei darstellen würde, hat bei der Miete keine praktische Bedeutung. Entsteht durch die Unwirksamkeit der Klausel eine Lücke, weil das Gesetz für den durch die unwirksame Klausel geregelten Sachverhalt keine Regelung vorsieht und bietet die ersatzlose Streichung der Klausel keine angemessene, den typischen Interessen des Klauselverwenders und Vertragspartners Rechnung tragende Lösung, so ist der Vertrag im Wege der ergänzenden Auslegung zu vervollständigen (BGHZ 143, 103, 120; BGH WuM 2006, 677 = NZM 2006, 924 unter II 2 d). Es gilt dann diejenige Regelung, die der unwirksamen Klausel am nächsten kommt.

120 Der Verwender eines Formularvertrags kann sich nicht auf die Unwirksamkeit einzelner Klauseln berufen, wenn sein Vertragspartner an der Klausel festhalten will (BGH NJW-RR 1998, 594; NJW-RR 2005, 34; NZM 2006, 622 = WuM 2006, 310; BGH Beschluss vom 8.5.2018 – VIII ZR 200/17). Er muss sich außerdem an solchen Regelungen festhalten lassen, die dem Kunden im Einzelfall günstig sind (BGHZ 94, 55 = NJW 1985, 1535; NJW 1987, 2506; NZM 1998, 718, 719; OLG Koblenz WuM 1999, 694). Dies folgt aus dem Umstand, dass niemand Vorteile aus einer rechtswidrigen Vertragsgestaltung ziehen darf.

121 Enthält der Mietvertrag neben der Formularklausel eine Individualvereinbarung mit konkretisierenden, ergänzenden oder abweichenden Regelungen, so gilt folgendes: **(1)** Ist der Regelungsgegenstand identisch, so geht die Individualvereinbarung vor (§ 305b BGB); es ist lediglich die Individualvereinbarung zu prüfen. **(2)** Ergänzen sich die beiden Vereinbarungen so richtet sich die Prüfung der Formularklausel nach § 307 BGB. Gegenstand der Prüfung ist die Formularklausel einschließlich der individualvertraglichen Ergänzungen. Führt die Gesamtheit der Regelungen zu einer unbilligen Belastung des Kunden so hat dieser Summierungseffekt die Unwirksamkeit der Formularklausel zur Folge. **(3)** Die Individualvereinbarung ist nicht an § 307 BGB zu messen. Hier sind folgende Kriterien maßgeblich **(3.1.)** Ist die Individualvereinbarung von der Wirksamkeit der Formularklausel abhängig, so hat die Unwirksamkeit der Formularklausel zwangsläufig die Unwirksamkeit der Individualvereinbarung zur Folge. **(3.2.)** Bilden die beiden Vereinbarungen wegen ihres sachlichen Zusammenhangs ein einheitliches Rechtsgeschäft im Sinne des § 139 BGB, so ist im Falle der Nichtigkeit der Formularklausel das gesamte Rechtsgeschäft nichtig.

h) Änderung der Rechtsprechung/Vertrauensgrundsatz. Eine Änderung 122 der obergerichtlichen Rechtsprechung ist auch für solche Mietverhältnisse zu beachten, die vor der Änderung abgeschlossen wurden aber noch nicht abgeschlossen sind. Es handelt sich um einen Fall der rechtlich unbedenklichen sog. „unechten Rückwirkung" (BVerfGE 74, 129, 155; BGH NJW 1996, 1467; BGH NZM 2007, 363 unter Rz 28 ff; NJW 2008, 1438). Etwas anderes gilt, wenn die Rückwirkung in rechtlich geschützte Positionen eingreift. Hiervon ist auszugehen, wenn die von der Rückwirkung betroffene Partei mit der Fortgeltung der bisherigen Rechtslage rechnen durfte und dieses Vertrauen bei der Abwägung mit den Belangen des Vertragspartners und dem Anliegen der Allgemeinheit den Vorrang genießt (BVerfGE 72, 175, 196; BGH NJW 1996, 1467; BGH NZM 2007, 363 unter Rz 29). Ein solcher Fall liegt insbesondere dann vor, wenn die Rückwirkung für die betroffene Partei zu einer unbilligen und unzumutbaren Härte führen würde. Hier ist die Rechtsprechungsänderung nach dem Grundsatz des Vertrauensschutzes auf zukünftige Rechtsbeziehungen zu beschränken (BGH NZM 2007, 363 unter Rz 30; s. dazu auch Horst NZM 2007, 185).

Die Änderung einer gefestigten Rechtsprechung unterliegt der **verfassungs-** 123 **rechtlichen Kontrolle.** Prüfungsmaßstab ist Art 3 Abs. 1 i. V. m. Art 20 Abs. 3 GG. Danach ist die Aufgabe einer gefestigten Rechtsprechung als „judikatives Unrecht" zu bewerten, wenn sie willkürlich erfolgt. Dies ist der Fall, wenn ein schützenswertes Vertrauen in den Fortbestand der Rechtsprechung anzuerkennen ist und die Änderung der Rechtsprechung auf sachfremden Erwägungen beruht. An der erstgenannten Voraussetzung fehlt es, wenn die Änderung der Rechtsprechung einer vorhersehbaren Entwicklung folgt oder wenn in der juristischen Diskussion Vorbehalte gegen die Rechtsprechung geäußert werden. Die letztgenannte Voraussetzung liegt vor, wenn für die Aufgabe der bisherigen Rechtsprechung keine stichhaltigen Gründe vorliegen (vgl. Broker NJW 2012, 2996).

3. Verbraucherverträge (§ 310 Abs. 3 BGB)

Ein „Verbrauchervertrag" liegt vor, wenn der Mietvertrag zwischen einem Un- 124 ternehmer als Vermieter und einer natürlichen Person als Mieter abgeschlossen wird. In diesem Fall soll der Verbraucher (hier: der Mieter) in seiner rollenspezifischen Unterlegenheit geschützt werden.

a) Unternehmer/Verbraucher. Teilweise wird vertreten, dass ein Vermieter 125 immer Unternehmer sei, auch wenn er nur eine einzige Wohnung vermietet (Pfeilschifter WuM 2003, 543, 545). Dem ist nicht zu folgen: Als **„Unternehmer"** gilt, wer in Ausübung seiner gewerblichen oder selbständigen beruflichen Tätigkeit handelt (§ 14 Abs. 1 BGB). Hierunter ist eine planmäßige und auf Dauer

§ 535 BGB Untertitel 1. Allgemeine Vorschriften für Mietverhältnisse

angelegte wirtschaftlich selbständige Tätigkeit unter Teilnahme am Wettbewerb zu verstehen (BGHZ 149, 80 = NJW 2002, 368 zu dem rechtsähnlichen § 1 Abs. 1 des Verbraucherkreditgesetzes). Die Verwaltung eigenen Vermögens zählt danach grundsätzlich nicht zu den gewerblichen Tätigkeiten (Palandt/Ellenberger § 14 Rdn. 2). Maßgeblich für die Abgrenzung der privaten zu der gewerbsmäßigen betriebenen Vermögensverwaltung ist der Umfang der mit ihr verbundenen Geschäfte. Erfordern diese einen planmäßigen Geschäftsbetrieb, wie etwa die Unterhaltung eines Büros oder einer Organisation, so liegt eine gewerbliche Tätigkeit vor. Andernfalls ist die Vermögensverwaltung dem privaten Bereich zuzuordnen (BGH a. a. O.; ähnlich Mediger NZM 2015, 186: danach für die Unternehmereigenschaft die „Anzahl und Komplexität der Geschäftsvorfälle und der daraus folgenden Professionalität des Vermieters" maßgeblich). Für die Zuordnung kommt es nicht auf den Wert der Immobilien, sondern auf den Umfang der vom Vermieter betriebenen Geschäfte an. Wer ein großes oder wertvolles Objekt an einen oder mehrere Mieter vermietet, handelt im Rahmen privater Vermögensverwaltung und nicht als Unternehmer. Die Vermietung zahlreicher Wohnungen an wechselnde Mieter spricht dagegen für eine professionelle Tätigkeit, insbesondere, wenn der Vermieter ein Büro und einen organisierten Geschäftsbetrieb unterhält. Maßgeblich sind die Umstände des Einzelfalls (BGHZ 149, 80, 87; OLG Düsseldorf MDR 2010, 858). Der Vermieter wird nicht deshalb zum Unternehmer, weil der die Verwaltungstätigkeit einem professionellen Verwalter übertragen hat (Horst DWW 2015, 2, 4; **a. A.** Lehmann-Richter NZM 201157, 61). Im Gegenteil liegt hierin ein Indiz dafür, dass die Vermietung der privaten Vermögensverwaltung zuzuordnen ist. Das KG (GE 2015, 57) hat private Vermögensverwaltung angenommen und die Unternehmereigenschaft verneint für einen Eigentümer, der als niedergelassener Arzt tätig ist und über fünf Häuser mit jeweils 20 Mietwohnungen bzw. Gewerbeeinheiten besitzt, die er mit Hilfe einer Hausverwaltung verwaltet.

126 **Verbraucher** ist jede natürliche Person, die ein Rechtsgeschäft zu Zwecken abschließt, die überwiegend weder ihrer gewerblichen noch ihrer selbständigen beruflichen Tätigkeit zugerechnet werden können (§ 13 BGB). An diesem Tatbestandsmerkmal fehlt es, wenn der Mieter den Vertrag im Rahmen oder zum Zwecke einer selbständigen Geschäftstätigkeit abgeschlossen hat (BGH MDR 1994, 1083). Somit sind Mietverhältnisse über Geschäftsräume vom Anwendungsbereich der Vorschrift ausgenommen. Die Abgrenzung ist auch hier nach generellen Kriterien zu treffen. Maßgeblich ist nur, ob der Vertrag zum Zwecke oder im Rahmen einer selbständigen Gewerbetätigkeit geschlossen worden ist. Die Umstände des Einzelfalls sind unbeachtlich. Unerheblich ist, ob der Verbraucher durch einen geschäftserfahrenen Berater vertreten wird. Ebenso kommt es nicht darauf an, ob der Gewerbetreibende in dem konkreten Fall wenig Geschäftserfahrung hatte. Deshalb liegt Unternehmerhandeln vor, wenn ein sog. „Existenzgründer" einen Mietvertrag über Geschäftsräume abschließt (BGH NZM 2005, 342). Bei Mischmietverträgen kommt es darauf an, welche Art der Nutzung überwiegt, was auf Grund einer Beurteilung ex ante festzustellen ist (Heinrichs NJW 1996, 2190, 2191). Beweispflichtig für die tatsächlichen Voraussetzungen des § 310 Abs. 3 BGB ist der Mieter. Im Zweifel ist allerdings zugunsten des Mieters zu entscheiden (BGH NJW 2009, 3780 unter Rdn. 10.). Eine **Wohnungseigentümergemeinschaft** ist weder eine natürliche noch eine juristische Person, sondern ein rechtsfähiger Verband sui generis. Hierauf ist § 13 BGB entsprechend anzuwenden, wenn der Gemeinschaft wenigstens ein Verbraucher angehört und sie ein Rechtsgeschäft zu

dem Zweck abschließt, der weder einer gewerblichen noch einer selbständigen beruflichen Tätigkeit dient. Es spielt keine Rolle ob die Gemeinschaft durch einen gewerblichen Verwalter vertreten wird. Die Anwendung verbraucherschützender Normen ist nur dann ausgeschlossen, wenn die Wohnungseigentümergemeinschaft ausschließlich aus Unternehmern besteht (BGHZ 204, 325 = NJW 2015, 3228 Rz. 28, 30 betr. Abschluss eines Energielieferungsvertrag durch eine aus 241 Wohneinheiten bestehende Wohnungseigentümergemeinschaft. Eine gewerbliche Tätigkeit im Sinne der §§ 13, 14 BGB ist eine planmäßige und auf Dauer angelegte wirtschaftlich selbständige Tätigkeit unter Teilnahme am Wettbewerb. Hierzu zählt nicht die Verwaltung eigenen Vermögens. Der Abschluss von Verträgen durch die Wohnungseigentümergemeinschaft zum Zwecke der Verwaltung oder Versorgung der Wohnungseigentumsanlage ist in der Regel nicht als gewerbliche Tätigkeit anzusehen (BGH a. a. O. Rz. 50). Dieselben Grundsätze gelten für die **BGB-Gesellschaft** (BGHZ 149, 80).

b) Rechtsfolgen des § 310 Abs. 3 BGB. Die Vorschriften der §§ 305 bis 309 BGB sind beim Vorliegen eines Verbrauchervertrags mit folgenden Maßgaben anzuwenden: **127**

(1) Es gilt die **Vermutung,** dass der Verwender die Allgemeinen Geschäftsbedingungen gestellt hat. Diese Vorschrift ist insbesondere dann von Bedeutung, wenn das Vertragsformular von einem Dritten – z. B. einem Makler – ausgewählt wird. Solche Verträge unterliegen der Inhaltskontrolle (Heinrichs NJW 1996, 2190, 2192). Die Vorschrift gilt aber nicht nur für Drittbedingungen, sondern für alle vorformulierten Bedingungen (BGH MDR 1999, 666; Wille VersR 1995, 1404, 1416). Wird ein vom Mieter vorgeschlagenes Formular verwendet, – was vom Vermieter zu beweisen ist – scheidet eine Inhaltskontrolle aus. **128**

(2) Die §§ 305c Abs. 2, 306, 307 bis 309 BGB sind auf vorformulierte Vertragsbedingungen auch dann anzuwenden, wenn diese nur **zur einmaligen Verwendung bestimmt** sind und soweit der Verbraucher auf Grund der Vorformulierung auf ihren Inhalt keinen Einfluss nehmen konnte. Die für § 305 Abs 1 BGB geltenden Grundsätze (s. Rdn. 97) können auch hier angewandt werden. Unterschiede bestehen jedoch hinsichtlich der **Beweislastverteilung:** Bei § 305 Abs. 1 BGB trägt der Verwender die Beweislast (s. Rdn. 102) für den Ausnahmefall des Aushandelns. Bei § 310 Abs. 3 BGB muss der Mieter beweisen, dass er nicht die Möglichkeit der Einflussnahme hatte (Heinrichs NJW 1996, 2190, 2193). In vielen Fällen wird der Beweis des ersten Anscheins gegen die Möglichkeit einer Einflussnahme des Verbrauchers auf den Text der Vertragsbedingungen sprechen. Dies gilt insbesondere bei umfangreichen Mietverträgen mit komplizierten Klauseln. **129**

(3) Bei der Beurteilung der unangemessenen Benachteiligung nach § 307 BGB sind auch die den **Vertragsschluss begleitenden Umstände** zu berücksichtigen. Der abstrakt-generelle Kontrollansatz des § 307 BGB wird bei den Verbraucherverträgen um eine konkret-individuelle Kontrolle ergänzt. Hierbei können die Geschäftserfahrung des Vermieters, die Unerfahrenheit des Mieters, (aber auch die umgekehrte Konstellation!) sowie eine Überrumplungssituation berücksichtigt werden. Auf Grund des Ergebnisses der konkret-individuellen Kontrolle können die gegen die Klausel bestehenden Bedenken verstärkt aber auch entkräftet werden (Heinrichs NJW 1996, 2190, 2194). **130**

VI. Widerrufsrecht des Mieters bei außerhalb von Geschäftsräumen des Wohnungsunternehmens geschlossenen Verträgen (§§ 312 ff BGB)

1. Überblick

131 Bei Verträgen über die Vermietung von Wohnraum zwischen einem Unternehmen (Wohnungsunternehmen) und einem Verbraucher (Mieter) sind die **§§ 312 ff BGB** in der Fassung des Gesetzes zur Umsetzung der Verbraucherrichtlinie vom 20.9.2013 (BGBl. S. 3642) zu beachten. Für die Wohnungsmiete sind insbesondere die §§ 312b, 312d Abs. 1 und 312g von Bedeutung: diese Vorschriften übernehmen im Kern die Regelungen des § 312 BGB a. F. über die sog. **„Haustürgeschäfte"**. Danach steht dem Mieter ein Widerrufsrecht gem. § 355 BGB zu, wenn der Vertrag außerhalb von Geschäftsräumen des Vermieters geschlossen wurde. Gleiches gilt für Mietänderungsverträge. Die übrigen Vorschriften der §§ 312 ff BGB dürften bei der Wohnungsmiete keine Rolle spielen. Dies gilt insbesondere für § 312c (s. dazu Rdn. 141–144). Für den Begriff des Wohnraummietverhältnisses a. Rdn. 13 ff). Bei Mischmietverträgen kommt es darauf an, ob diese als Wohnraummietverträge zu bewerten sind. Dies richtet sich nach der „Schwerpunkttheorie" (s. Rdn. 23 ff).

2. Voraussetzungen des Widerrufsrechts bei „Haustürgeschäften"

131a **a) Verbrauchervertrag i. S. von § 310 Abs. 3 BGB.** Nach der Legaldefinition in § 310 Abs. 3 BGB ist unter einem Verbrauchervertrag ein Vertrag zwischen einem Unternehmer und einem Verbraucher zu verstehen (zu den Begriffen s. Rdn. 68, 69). Zu den Verträgen zählen auch Vereinbarungen, die im Wege eines gerichtlichen oder außergerichtlichen Vergleichs geschlossen werden (Mediger NZM 2015, 185). Es spielt nach dem Wortlaut und dem Sinn des § 310 Abs. 3 BGB keine Rolle, ob der Vertrag durch ausdrückliche wechselseitige Willenserklärungen zustande gekommen ist oder ob der Wille des Mieters zum Vertragsschluss aus einem bestimmten tatsächlichen Verhalten abgeleitet wird. Deshalb gilt das Widerrufsrecht auch für Verträge, die auf konkludenten Handlungen beruhen (Einzelheiten § 557 Rdn. 18 ff). Für die in der Praxis häufige Mietänderung durch Briefwechsel s. unten Rdn. 141 ff.

131b **b) Entgeltliche Leistung des Wohnungsunternehmens.** Die Regelung des § 312 BGB n. F. setzt voraus, dass die jeweilige Verträge „eine entgeltliche Leistung des Unternehmers" (§ 312 Abs. 1 BGB), also des Vermieters, zum Gegenstand haben. Zu diesen Verträgen zählen auch Mietverträge über Wohnraum (BGH Urt. v. 17.5.2017 – VIII ZR 29/16). § 312 BGB ist auf alle Mietänderungsverträge anzuwenden, die außerhalb der Geschäftsräume des Vermieters abgeschlossen werden, falls der Mieter durch den Vertrag zur Zahlung eines Entgelts oder zum Verzicht auf ein vermögenswertes Recht verpflichtet wird. In der Sache hat sich also gegenüber § 312 BGB a. F. nichts geändert. Deshalb gilt § 312 nach wie vor für die Verträge durch die die wechselseitigen Vertragsbeziehungen modifiziert werden, also nicht nur bei Erhöhung oder Herabsetzung der Miete oder der Betriebskosten, sondern auch bei Mietaufhebungsverträgen (Mediger NZM 2015, 185). Eine (einseitige) Räumungsverpflichtung des Mieters steht dem Mietaufhebungsvertrag gleich

(AG Hanau WuM 2015, 543). Es spielt keine Rolle, ob der Vertrag für den Mieter nachteilig ist oder ihm lediglich Vorteile bringt. Es ist allein Sache des Mieters sich für oder gegen den Vertrag zu entscheiden. Nach **§ 312 Abs. 2 Nr. 3 BGB** besteht bei Verträgen „über den Bau von neuen Gebäuden oder **erhebliche Umbaumaßnahmen** an bestehenden Gebäuden" kein Widerrufsrecht. Damit sind Werkverträge zwischen dem Bauherrn und dem Bauunternehmer gemeint. Bei einem Vertrag über die Duldung von Erhaltungs- oder Modernisierungsmaßnahmen zwischen den Mietvertragsparteien besteht ein Widerrufsrecht wenn der Mieter für die modernisierte Wohnung ein erhöhtes Entgelt zu bezahlen hat (BGH Urt. v. 17.5.2017 – VIII ZR 29/16 dazu Lindner ZMR 2018, 190). Dies gilt auch dann, wenn der Vertrag auf Initiative des Mieters geschlossen wird. Nach seinem Wortlaut gilt **§ 312g Abs. 1 BGB** nur für Verträge, nicht für einseitige Rechtsgeschäfte; jedoch wird man hierauf § 312g analog anwenden müssen.

c) Vertragsschluss außerhalb von Geschäftsräumen des Wohnungsunternehmens (§ 312b BGB). (1) Anwendungsbereich (§ 312b Abs. 1). 132
Nach der Legaldefinition in § 312b Abs. 1 BGB sind unter dem Begriff der „Außerhalb von Geschäftsräumen geschlossene(n) Verträge" solche Verträge zu verstehen, die bei gleichzeitiger körperlicher Anwesenheit des Verbrauchers und des Unternehmers an einem Ort geschlossen werden, der kein Geschäftsraum des Unternehmers ist. Dem Unternehmer stehen Personen gleich, die in seinem Namen oder Auftrag handeln, also Wohnungsverwalter, Makler und dergleichen.

Für die **Begründung eines Mietverhältnisses** sind diese Vorschriften nicht an- 133
zuwenden, wenn der Mieter die Wohnung zuvor besichtigt hat **(§ 312 Abs. 4 Satz 2 BGB).** Deshalb besteht kein Widerrufsrecht, wenn der **Mietvertrag im Anschluss an eine Wohnungsbesichtigung** in der besichtigten Wohnung oder an einem beliebigen anderen Ort abgeschlossen wird. Es muss sich aber um eine Besichtigung vor Vertragsschluss handeln. Eine Sammelbesichtigung mit anderen Mietinteressenten genügt. Ob die Wohnung zum Zeitpunkt der Besichtigung bereits leer steht oder noch von einem anderen Nutzer bewohnt wird, spielt keine Rolle. Jedoch muss der Mietinteressent Gelegenheit zu einer umfassenden Besichtigung aller Räume erhalten. Teilweise wird vertreten, dass es genügt, wenn der Mieter die wesentlichen Teile der Wohnung besichtigt hat (Mediger NZM 2015, 185). Nach der hier vertretenen Ansicht ist zu unterscheiden: Das Widerrufsrecht ist ausgeschlossen, wenn der Mieter aus freien Stücken auf die Besichtigung der Gesamtwohnung verzichtet. Anders ist es, wenn ihm die Besichtigung von Teilen der Wohnung verwehrt wird. Deshalb gilt das Besichtigungsprivileg nicht, wenn der derzeitige Nutzer den Zutritt zu einzelnen Räumen verweigert oder den Mietinteressenten nach unangemessen kurzer Zeit aus der Wohnung weist. Diesem Verlangen müssen der Mietinteressent und der Vermieter Folge leisten Ein Anspruch auf Besichtigung gegenüber dem Nutzer steht dem Mietinteressenten nicht zu. Der Vermieter kann das ihm zustehende Besichtigungsrecht nicht eigenmächtig erzwingen sondern benötigt – bei Weigerung des Mieters – zu seiner Ausübung einen entsprechenden Titel. Fraglich ist, ob ein Widerrufsrecht besteht, wenn der Mieter zwar die Wohnung aber nicht die zur Wohnung gehörenden Zubehörräume, wie Keller- oder Speicherräume, oder einen zur Wohnung gehörenden Stellplatz oder eine mitvermietete Garage besichtigt hat. Dies dürfte in der Praxis beispielsweise von Bedeutung sein, wenn der Mieter nach Vertragsschluss feststellt, dass der Stellplatz zum Abstellen seines Fahrzeugs ungeeignet ist. Auch hier kommt es darauf an, ob der Mieter freiwillig auf die Besichtigung verzichtet hat. Sind **mehrere Mieter**

Vertragspartner, so ist erforderlich, dass alle Mieter die Wohnung besichtigen (Mediger NZM 2015, 185). Jedoch ist zu beachten, dass sich die Mieter – wie beim Vertragsschluss – auch bei der Besichtigung wechselseitig vertreten können (Artz/Brinkmann/Pielsticker ZAP 2015, 189; Hau NZM 2015, 435, 439; Lindner ZMR 2016, 356). Hiervon ist regelmäßig auszugehen, wenn die Mieter die Räume als gemeinsame Wohnung anmieten und nur einer der Mieter die Mietsache vor Vertragsschluss besichtigt hat. Liegt keine Vertretungssituation vor, so besteht das Widerrufsrecht, das allerdings nur von demjenigen Mieter ausgeübt werden kann, der den Vertrag ohne Besichtigung abgeschlossen hat (**a. A.** Lindner ZMR 2016, 356, 357: danach muss das Widerrufsrecht von allen Mietern ausgeübt werden). Der Widerspruch führt zur Rückabwicklung des Gesamtvertrags, wenn der Vermieter – wie üblich – nur an alle Mieter vermieten wollte. Ein **zeitlicher Zusammenhang** zwischen der Besichtigung und dem Vertragsschluss ist dem Gesetz nicht zu entnehmen. Jedoch muss das Objekt der Besichtigung mit dem späteren Vertragsgegenstand identisch sein. Die **Besichtigung einer baugleichen „Musterwohnung"** ist unzureichend. Erst recht genügt es nicht, wenn dem Mieter lediglich ein Prospekt über die Wohnung ausgehändigt wird. Eine virtuelle Besichtigung, z. B. im Internet, ersetzt die reale Besichtigung nicht.

133a Unter dem **Begriff der „Begründung" im Sinne von § 312 Abs. 4** ist ausschließlich der Abschluss eines bisher nicht bestehenden Mietvertrags zu verstehen. Bei der Wohnungsmiete kommt es gelegentlich vor, dass der Erwerber eines Wohnhauses die Mieter in ihren Wohnungen aufsucht, um mit ihnen neue Mietverträge auszuhandeln und abzuschließen. Kommt ein solcher Vertrag zustande, so wird der bisher bestehende Mietvertrag durch einen anderen Mietvertrag ersetzt, es wird aber kein Mietverhältnis begründet. Für solche Verträge gilt § 312b BGB.

134 Ebenso gilt die Vorschrift bei allen Mietänderungsverträgen, die außerhalb der Geschäftsräume des Wohnungsunternehmens abgeschlossen werden, also für die typischen **„Haustürgeschäfte"**. Wie bereits unter der Geltung des § 312 BGB a. F. zählen hierzu insbesondere die freiwilligen Mieterhöhungsvereinbarungen nach § 557 BGB), Vereinbarungen über die Übernahme von Betriebskosten (AG Frankfurt WuM 1998, 418), oder eine Erhöhung der Betriebskostenvorauszahlungen. Nach § 312 Abs. 3 Nr. 1 BGB a. F. bestand kein Recht zum Widerruf, wenn die Verhandlungen über den Vertragsschluss oder die Vertragsänderung „auf vorhergehende Bestellung" des Mieters in dessen Wohnung geführt worden sind (§ 312 Abs. 3 Nr. 1 BGB). Diese Ausnahme besteht nicht mehr.

135 **(2) Begriff der Geschäftsräume (§ 312b Abs. 2 BGB).** Geschäftsräume sind die Gewerberäume, in denen der Unternehmer seine Tätigkeit dauerhaft ausübt, i. d. R. also die Büroräume des Wohnungsunternehmens. Den Geschäftsräumen des Wohnungsunternehmens sind die Geschäftsräume des für den Vermieter tätigen Hausverwalters oder Maklers gleichzustellen. Nicht zu den Geschäftsräumen zählen insbesondere: die Privatwohnung des Mieters oder des Vermieters, Versammlungsräume innerhalb einer Wohnanlage, oder Räume in Hotels oder Gaststätten in welchen das Wohnungsunternehmen eine Mieterversammlung abhält. Eine leerstehende, dem Vermieter gehörende oder zur Vermietung bestimmte Wohnung zählt ebenfalls nicht zu den Geschäftsräumen des Vermieters, auch wenn dieser die Wohnung zu Vertragsverhandlungen und Abschluss von Mietverträgen nutzt. Wird im Vertrag im Wege eines **gerichtlichen Vergleichs** geschlossen, so zählt der Gerichtsaal nicht zu den Geschäftsräumen. Deshalb ist auch hier erforderlich, dass der Vermieter über das Widerrufsrecht informiert; anderenfalls kann der Mieter den Vertrag widerrufen, auch wenn der Vergleich selbst unwiderruflich geschlossen

Inhalt und Hauptpflichten des Mietvertrags **BGB § 535**

wurde. Allerdings dürfte hier § 312 Abs. 2 Nr. 1 lit. b einschlägig sein. Danach ist eine Widerrufsbelehrung bei notariell beurkundeten Verträgen entbehrlich, wenn der Notar darüber belehrt, dass die Informationspflichten und das Widerrufsrecht nach entfallen. Dasselbe muss gelten, wenn der Richter eine entsprechende Belehrung erteilt (Hau NZM 2015, 435, 440). Nach anderer Ansicht ist das Widerrufsrecht gem. § 312g Abs. 2 Nr. 13 generell ausgeschlossen. Danach besteht bei notariell beurkundeten Verträgen kein Widerrufsrecht; der notariellen Beurkundung sei die richterliche Protokollierung gleichzustellen (AG Hanau WuM 2015, 543, 544).

3. Informationspflichten des Wohnungsunternehmens (§ 312 d BGB i. V. m. Art. 246a EGBGB)

Bei außerhalb von Geschäftsräumen geschlossenen Verträgen ist das Wohnungsunternehmen verpflichtet, den Mieter nach Maßgabe des Artikels 246a EGBGB zu informieren. **136**

Bei Miet- und Mietänderungsverträgen muss der abzuschließende Vertrag oder die den Vertrag ergänzende Information Angaben enthalten über:
(1) den Vertragsgegenstand
(2) den Namen, die Anschrift und die Telefonnummer des Wohnungsunternehmens
(3) das vom Mieter zu bezahlende Entgelt
(4) gegebenenfalls die Laufzeit des Vertrags und die Modalitäten seiner Beendigung
(5) Die Identität der Person, die für den Vermieter (das Wohnungsunternehmen) handelt
(6) Falls dem Mieter ein Widerrufsrecht zusteht muss er über die Bedingungen, die Fristen und das Verfahren für die Ausübung des Widerrufsrechts informiert werden. Der Vermieter kann diesen Teil der Informationspflicht dadurch erfüllen, dass er das in der Anlage 1 zu Art. 246a § 1 Abs. 2 Satz 2 EGBGB vorgesehene Muster für die Widerrufsbelehrung zutreffend ausgefüllt in Textform übermittelt. Wird die Musterwiderrufsbelehrung unverändert benutzt, so spricht die Gesetzlichkeitsvermutung des § 14 Abs. 1, 3 BGB-InfoV (BGH NJW 2020, 1062, 1063 mAnm. Kobabe/Holan) bzw. Art. 246a § 1 Abs. 2 S. 2 EGBGB dafür, dass der Vermieter den Mieter ordnungsgemäß belehrt hat.
(7) Ein Muster-Widerrufsformular ist beizufügen.

Die Erfüllung der Informationspflicht kann erst erfolgen, wenn der Vertrag zustande gekommen ist. Geht das Angebot – wie i. d. R. – vom Vermieter aus, so kommt der Vertrag durch die ausdrücklich erklärte oder durch konkludente Handlung zum Ausdruck gebrachte Annahme durch den Mieter zustande. In einem solchen Fall muss der Vermieter die Informationspflichten nach Zustandekommen des Vertrags erfüllen. **137**

4. Widerrufsrecht des Mieters (§ 312 g Abs. 1 i. V. m. § 355 BGB)

Dem Mieter steht bei außerhalb von Geschäftsräumen geschlossenen Verträgen ein Widerrufsrecht gemäß § 355 BGB zu. Wird dieses Recht ausgeübt, so sind der Mieter und das Wohnungsunternehmen an ihre auf den Abschluss des Vertrags gerichteten Willenserklärungen nicht mehr gebunden. Bis zur Erklärung des Widerrufs ist die Willenserklärung des Mieters schwebend wirksam; mit dem Widerruf wird sie unwirksam (Modell der schwebenden Wirksamkeit). Ist der Anspruch des Vermieters bereits tituliert, so kann der Mieter seine Rechte wahren, indem er ein **138**

Rechtsmittel einlegt. Nach Eintritt der Rechtskraft kann der Mieter Vollstreckungsgegenklage (§ 767 ZPO) erheben.

139 Der Widerruf erfolgt durch Erklärung gegenüber dem Vermieter (Wohnungsunternehmen). Der Widerruf kann auch mündlich erklärt werden (Artz/Brinkmann/Pielsticker ZAP 2015, 189). Nach der Rechtsprechung des BGH zu § 355 Abs. 1 BGB a. F. braucht der Verbraucher das Wort „widerrufen" nicht zu verwenden. Es genügt, wenn der Erklärende deutlich zum Ausdruck bringt, er wolle den Vertrag von Anfang an nicht gelten lassen (BGH NJW 1996, 1964; NJW 1996, 2156). Deshalb können die Umstände des Einzelfalls ergeben, dass die Erklärung eines „Rücktritts" (BGH NJW 1996, 2156) oder die „Anfechtung" (BGH MDR 2017, 753) als Widerruf auszulegen ist. In der seit dem 13.6.2014 geltenden Fassung des § 355 Abs. 1 ist in Satz 3 BGB ausdrücklich geregelt, dass *„aus der Erklärung ... der Entschluss des Verbrauchers zum Widerruf des Vertrags eindeutig hervorgehen"* muss. In der bis zum 12.6.2014 maßgebenden Fassung des § 355 Abs. 1 BGB fehlt dieser Zusatz. Es reicht deshalb, wenn der Erklärende deutlich zum Ausdruck bringt, er wolle den Vertrag von Anfang an nicht gelten lassen (BGH NJW 2017, 2337 = NZM 2017, 641). Das Wort „Widerruf" muss nicht benutzt werden. Die Anzeige der Verteidigungsbereitschaft im Prozess reicht aber nicht. Der Widerruf muss keine Begründung enthalten. Zur Fristwahrung genügt die rechtzeitige Absendung des Widerrufs. Die **Widerrufsfrist** beträgt 14 Tage. Sie beginnt mit Vertragsschluss, soweit nichts anderes bestimmt ist. Die Widerrufsfrist beginnt nicht, bevor der Vermieter den Mieter entsprechend den Anforderungen des Art. 246a § 1 Absatz 2 Satz 1 Nummer 1 EGBGB unterrichtet hat. Wird die Informationspflicht nach Vertragsschluss erfüllt, beginnt die Frist mit dem Zugang der Information, sie endet 14 Tage später. In § 356 Abs. 2 Satz 2 BGB ist geregelt, dass das Widerrufsrecht auch bei unterbliebener Widerspruchsbelehrung spätestens nach zwölf Monaten und 14 Tagen seit dem Vertragsschluss erlischt. In § 355 Abs. 4 Satz 3 BGB a. F. war dies anders geregelt; dort galt das Widerrufsrecht bei unterbliebener Belehrung unbeschränkt.

139a Im Falle eines Vertrags über eine Mieterhöhung hat der Mieter einen Rückforderungsanspruch gegen den Vermieter, wenn er bei unterlassener Widerspruchsbelehrung die erhöhte Miete zunächst gezahlt hat. Dies gilt auch dann, wenn die Mieterhöhung als Gegenleistung für die Modernisierung einer Wohnung vereinbart wurde. Dies folgt aus der Erwägung, dass der Mieter durch das Widerrufsrecht vor der mit einem „Haustürgeschäft" verbundenen Belastungen geschützt werden soll. Damit stünde es nicht im Einklang wenn er die mit der Modernisierung verbundene Mieterhöhung als Wertersatz zahlen müsste (vgl. zum alten Recht: BGH Urteil vom 17.5.2017 – VIII ZR 29/16). Hat der Mieter einen Mietvertrag widerrufen so wandelt der Widerspruch den Vertrag ex nunc in ein Rückgewährschuldverhältnis um (§ 355 Abs. 3 BGB). Der ehemalige Mieter hat die Wohnung unverzüglich zurückzugeben. Im Falle der Vorenthaltung hat der Vermieter Anspruch auf Wertersatz (§ 357 Abs. 8 BGB) in Höhe des Gebrauchswerts der Mietsache (Lindner ZMR 2016, 356, 357). Dieser ist mit der ortsüblichen Miete i. S.d § 546a BGB identisch. Auch hier ergibt sich ein spezielles Problem, wenn der Vermieter den Mieter nicht oder fehlerhaft über das Widerrufsrecht informiert hat. In diesem Fall beginnt die Widerrufsfrist nicht zu laufen; dem Mieter steht dann bis zu dem in § 356 Abs. 3 Satz 2 bestimmten Zeitpunkt (12 Monate und 14 Tage) ein Widerrufsrecht zu. Wird es zu einem späten Zeitpunkt ausgeübt, so muss der Vermieter die bis dahin erfolgten Mietzahlungen an den Mieter herausgeben; ein Anspruch auf Nutzungsentschädigung steht dem Vermieter nicht zu. Dies folgt aus § 357 Abs. 8 BGB, weil das dort maßgebliche Tatbestandsmerkmal der „Erbringung von Dienstleistungen" auch Mietverträge umfasst (Lindner ZMR 2016, 356, 357). Für diese Verträge schuldet der Mieter nur dann Wertersatz wenn er vom Vermieter ausdrücklich verlangt hat, dass dieser mit der Leistung vor Ablauf der Widerrufsfrist beginnt. Der Mieter wohnt deshalb in der Zeit bis zum Widerruf umsonst. Für Mieterhöhungen im Verfahren nach § 558a, § 558b s. Rdn. 144

Teilweise wird vertreten, dass sich das Mietverhältnis gem. **§ 545 BGB** auf unbestimmte Zeit verlängert, wenn der Mieter nach erfolgtem Widerruf den Mietgebrauch fortsetzt und weder der Vermieter noch der Mieter der Gebrauchsfortsetzung widerspricht (Lindner ZMR 2016, 356, 360). Dieser Ansicht ist nicht zu folgen, weil in dem Widerruf nach § 312g BGB zugleich ein Widerspruch gegen die Gebrauchsfortsetzung zu sehen ist. **139b**

5. Beweislastfragen

Im Streitfall muss der Vermieter beweisen, dass der Mieter die Wohnung besichtigt hat. Der Mieter muss beweisen, dass der Vertrag außerhalb von Geschäftsräumen des Vermieters geschlossen wurde. Der Vermieter muss beweisen, dass er nicht als Unternehmer i. S. des § 14 BGB gilt (s. Rdn. 68). Ebenso muss der Vermieter beweisen, dass der Mieter den Vertrag in Ausübung einer selbstständigen Erwerbstätigkeit abgeschlossen hat. Ist der Beginn der Widerrufsfrist streitig, so trifft die Beweislast den Vermieter (§ 361 Abs. 3 BGB). Der Mieter muss die Erklärung des Widerspruchs und dessen Zugang beim Vermieter beweisen. **140**

6. Fernabsatzverträge (§ 312 c BGB)

In der Praxis der Wohnungsunternehmen ist es allgemein üblich, dass **Mieterhöhungen im Wege wechselseitiger schriftlicher Erklärungen** vereinbart werden: Das Wohnungsunternehmen übermittelt dem Mieter per Brief ein Mieterhöhungsverlangen (§ 558a Abs. 1 BGB) und der Mieter stimmt dem Mieterhöhungsverlangen durch schriftliche Erklärung zu. Auf diese Weise wird der Mietvertrag hinsichtlich der Preisvereinbarung abgeändert (§ 558b Abs. 1 BGB). Dieses Verfahren erfüllt die tatsächlichen Voraussetzungen des § 312c BGB. Nach der Legaldefinition in § 312c Abs. 1 fallen unter den Begriff der „Fernabsatzverträge" solche „Verträge, bei denen der Unternehmer oder eine in seinem Namen oder Auftrag handelnde Person und der Verbraucher für die Vertragsverhandlungen und den Vertragsschluss ausschließlich Fernkommunikationsmittel verwenden, es sei denn, dass der Vertragsschluss nicht im Rahmen eines für den Fernabsatz organisierten Vertriebs- oder Dienstleistungssystems erfolgt." Zu den Fernkommunikationsmitteln in diesem Sinne zählen nach der ausdrücklichen Regelung in § 312c Abs. 2 auch Briefe, Telefonanrufe, Telefaxe, E-Mails und sogar SMS-Nachrichten. Teilweise wird vertreten, dass die Regelungen über den Fernabsatzvertrag nur anzuwenden sind, wenn der Fernabsatz „Hauptgegenstand des Vertriebs" ist (Mediger NZM 2015, 185, 190) Dabei wird verkannt, dass § 312c dem Verbraucherschutz dient; für Schutz des Verbrauchers kann es aber keine Rolle spielen, ob der Unternehmer seine Waren ausschließlich oder nur zum Teil nach einem Fernabsatzsystem vertreibt. Deshalb genügt es hinsichtlich des in § 312c Abs. 1 geforderten Merkmals „Vertriebs- oder Dienstleistungssystems", wenn ein Teil der Geschäfte des Unternehmens durch Fernabsatzverträge getätigt wird. Dies ist bei Wohnungsunternehmen der Fall, weil nahezu alle Mieterhöhungen auf diesem Wege durchgesetzt werden. **141**

§ 535 BGB Untertitel 1. Allgemeine Vorschriften für Mietverhältnisse

142 Bei dieser am **Wortlaut des § 312c orientierten Auslegung** der Vorschrift hätte der Mieter auch dann ein Widerrufsrecht, wenn er das Mieterhöhungsverlangen durch Telefonanruf akzeptiert oder wenn er keine ausdrückliche Erklärung abgibt aber durch die Zahlung der erhöhten Miete stillschweigend zum Ausdruck bringt, dass er mit der Mieterhöhung einverstanden ist (Einzelheiten § 557 Rdn. 18ff). Dies folgt aus der Erwägung, dass auch ein tatsächliches Verhalten als Fernkommunikationsmittel i. S. des § 312c bewertet werden muss, wenn damit ein bestimmter Wille des Mieters für den Vermieter erkennbar zum Ausdruck kommt. Diese Grundsätze gelten nicht nur für die Mieterhöhung, sondern für alle Mietänderungsverträge die durch Vertrag zustande kommen. Dagegen ist § 312c unanwendbar, wenn der Mietvertrag durch einseitige Erklärung des Wohnungsunternehmens abgeändert wird. Dies gilt etwa für die Mieterhöhung nach einer Modernisierung gem. § 559 BGB oder für die Anpassung der Betriebskostenvorauszahlung gem. § 560 Abs. 4 BGB. Erklärungen über Tatsachen sowie Mitteilungen werden von § 312c ebenfalls nicht erfasst. Hierzu zählt die Betriebskostenabrechnung, die nach der Rechtsprechung des BGH eine reine Wissenserklärung darstellt, die Ankündigung einer Modernisierung und dergleichen.

143 Folgt man dieser Auslegung, so obliegen dem Wohnungsunternehmen zum einen die unter Rdn. 83 dargestellten Informationspflichten (§ 312d BGB). Zum anderen steht dem Mieter das Widerrufsrecht des § 312g Abs. 1 BGB zu (s. Rdn. 87). Natürlich ergibt es keinen Sinn, wenn der Vermieter bereits mit der Übermittlung des Angebots die nach § 312c geschuldeten Informationen übermittelt, weil im Zeitpunkt des Zugangs beim Mieter noch kein Vertrag besteht. Vielmehr muss der Vermieter die Informationspflichten nach Zustandekommen des Vertrags übermitteln. Die Widerspruchsfrist beginnt dann mit dem Zugang der Information; sie endet 14 Tage später.

144 In der instanzgerichtlichen Rechtsprechung und in der Literatur ist streitig, ob das Widerrufsrecht auch für die **Zustimmung zur Mieterhöhung im Verfahren nach den §§ 558a, 558b** gilt (bejahend: Artz/Brinkmann/Pielsticker ZAP 2015, 189, 196; Hau NZM 2015, 435, 439; Pitz-Paal GE 2015, 556, 559; Lindner ZMR 2015, 261, 264; verneinend: LG Berlin GE 2016, 1391; AG Spandau GE 2015, 1463; AG Gelsenkirchen GE 2016, 1221; Mediger NZM 2015, 185; Beuermann GE 2015, 561, 562; Lützenkirchen Mietrecht § 535 Rdn. 71h; Horst DWW 2015, 2, 5; Hinz WuM 2016, 76, 83). Nach der **Rechtsprechung des BGH** ist § 312c auf Mietänderungsvereinbarungen der hier angesprochenen Art nicht anzuwenden (BGH Urteil vom 17.10.2018 – VIII ZR 94/17). Zwar besteht nach dem Wortlaut der genannten Vorschriften auch bei Mietverträgen über Wohnraum und bei Mietänderungsverträgen ein Widerrufsrecht bei außerhalb von Geschäftsräumen (§ 312b BGB) und im Fernabsatz (§ 312c BGB) geschlossenen Verträgen, wenn diese eine entgeltliche Leistung zum Gegenstand haben. Hierzu zählen auch Mieterhöhungsvereinbarungen. Gleichwohl kann die Zustimmungserklärung des Mieters zu einer einvernehmlichen Mieterhöhung nach § 558a Abs. 1, § 558b Abs. 1 BGB nicht widerrufen werden. Dies folgt aus einer teleologischen Reduktion des § 312 Abs. 4 Satz 1 BGB. Maßgeblich hierfür ist insbesondere der besondere Schutz den der Mieter im Vergleichsmietenverfahren genießt, so dass ein zusätzliches Widerrufsrecht entbehrlich ist. Dies gilt allerdings nur wenn der Vermieter das Mieterhöhungsverlangen nach §§ 558ff in der gesetzlichen vorgesehenen Textform (§ 558a Abs. 1, § 126b BGB) erklärt. Dies ergibt sich aus dem amtlichen Leitsatz und den Entscheidungsgründen (Rdn. 50, 51). Auf freiwillige Mieterhöhungsvereinbarungen nach § 557 BGB sind dagegen die Regelungen über im Fernabsatz geschlossene Verbraucherverträge anzuwenden. Dies folgt aus der Erwägung, dass diese Vereinbarungen nicht an die Zulässigkeitsvoraussetzungen und Beschränkungen von Mieterhöhungen im Vergleichsmietenverfahren gebunden sind.

7. Verbraucherstreitbeilegungsgesetz (VSBG)

Das Gesetz über die alternative Streitbeilegung in Verbrauchersachen (Verbraucherstreitbeilegungsgesetz – VSBG) vom 19.2.2016 (BGBl. I S. 254) regelt die Voraussetzung und das Verfahren für die Beilegung von Streitigkeiten zwischen einem Unternehmen und dem Verbraucher durch private oder behördliche Verbraucherschlichtungsstellen. Es gilt mithin in erster Linie für den Verkauf von Waren und die Breitstellung von Dienstleistungen. Jedoch umfasst das Gesetz auch Streitigkeiten aus Mietverträgen, wenn das Mietverhältnis zwischen einem Unternehmer als Vermieter und einer Privatperson (Verbraucher) als Mieter besteht (s. Rdn. 124 ff) Mithin gilt das Gesetz für Wohnungsunternehmen, nicht aber für den privaten Vermieter. **144a**

a) Zweck des VSBG. Das VSBG dient dem Verbraucherschutz. Können sich die Vertragsparteien über ihre wechselseitigen Rechte und Pflichten nicht einigen, so soll der Verbraucher (Mieter) die Möglichkeit haben die Verbraucherschlichtungsstelle anzurufen. Die Verbraucherschlichtungsstelle führt auf Antrag eines Verbrauchers (Mieters) das Verfahren zur außergerichtlichen Beilegung von Streitigkeiten durch (§ 4 Abs. 1 VSBG). Dieses Verfahren ist für den Verbraucher kostengünstiger als das Verfahren vor den ordentlichen Gerichten. Eine Gebühr wird grundsätzlich nur vom Unternehmer (Vermieter) erhoben (zwischen 190.– € und 380.– € je nach Streitwert). Von dem Verbraucher wird nur dann eine Gebühr (in Höhe von 30.– €) erhoben, wenn der Antrag als missbräuchlich anzusehen ist (§ 31 VSBG). Das Streitbeilegungsverfahren tritt nicht an die Stelle des gerichtlichen Verfahrens. Der Rechtsweg steht dem Verbraucher also anstelle oder neben dem Streitbeilegungsverfahren offen. **144b**

b) Verfahren. Träger der Verbraucherschlichtungsstelle kann ein eingetragener Verein (§ 3 VSBG) oder eine von der Behörde eingerichtete Schlichtungsstelle (§ 28 VSBG) sein. Die Entscheidungen werden durch einen sog. „Streitmittler" getroffen. Dieser muss die Befähigung zum Richteramt besitzen oder zertifizierter Mediator sein (§ 6 VSBG). Als Streitmittler kann auch ein Gremium bestellt werden, dem sowohl Vertreter von Verbraucherinteressen als auch von Unternehmerinteressen angehören. In diesem Fall müssen beide Seiten in gleicher Anzahl vertreten sein (§ 7 Abs. 5 VSBG). Die Teilnahme am Schlichtungsverfahren ist freiwillig. Voraussetzung ist demnach, **(1)** dass sich das Wohnungsunternehmen generell bereit erklärt hat am Streitbeilegungsverfahren teilzunehmen und **(2)** dass der Mieter anlässlich eines konkreten Streitfalls die Durchführung eines Streitbeilegungsverfahrens beantragt. Die Parteien können sich im Streitbeilegungsverfahren durch einen Rechtsanwalt oder durch eine andere Person, soweit diese zur Erbringung außergerichtlicher Rechtsdienstleistungen befugt ist, vertreten lassen (§ 13 VSBG), erforderlich ist dies allerdings nicht. Die Entscheidung im Streitbeilegungsverfahren ergeht in Form eines Schlichtungsvorschlags. Der Schlichtungsvorschlag soll am geltenden Recht ausgerichtet sein und soll insbesondere die zwingenden Verbraucherschutzgesetze beachten. Der Schlichtungsvorschlag ist mit einer Begründung zu versehen, aus der sich der zugrunde gelegte Sachverhalt und die rechtliche Bewertung des Streitmittlers ergeben (§ 19 VSBG). Den Parteien steht es frei ob sie den Vorschlag annehmen oder ablehnen. **144c**

§ 535 BGB Untertitel 1. Allgemeine Vorschriften für Mietverhältnisse

144d **c) Informationspflichten des Unternehmers.** Dem Wohnungsunternehmen obliegt die in § 36 VSBG geregelte Informationspflicht. Die Regelung in § 36 VSBG gilt, wenn das Unternehmen eine Webseite unterhält oder Allgemeine Geschäftsbedingungen verwendet. In diesem Fall ist das Wohnungsunternehmen verpflichtet, den Mieter leicht zugänglich, klar und verständlich **(1)** in Kenntnis zu setzen davon, inwieweit es bereit oder verpflichtet ist, an Streitbeilegungsverfahren vor einer Verbraucherschlichtungsstelle teilzunehmen, und **(2)** auf die zuständige Verbraucherschlichtungsstelle hinzuweisen, wenn sich der Unternehmer zur Teilnahme an einem Streitbeilegungsverfahren vor einer Verbraucherschlichtungsstelle verpflichtet hat oder wenn er auf Grund von Rechtsvorschriften zur Teilnahme verpflichtet ist; der Hinweis muss Angaben zu Anschrift und Webseite der Verbraucherschlichtungsstelle sowie eine Erklärung des Unternehmers, an einem Streitbeilegungsverfahren vor dieser Verbraucherschlichtungsstelle teilzunehmen, enthalten. **(3)** Diese Informationen müssen auf der Webseite des Unternehmens erscheinen, wenn das Unternehmen eine Webseite unterhält, und/oder zusammen mit seinen Allgemeinen Geschäftsbedingungen gegeben werden, wenn das Unternehmen Allgemeine Geschäftsbedingungen verwendet.

VII. Der Vermieter

1. Eigentümer

145 **a) Natürliche Personen.** Ist der Eigentümer geschäftsunfähig (§ 104 BGB), so muss der Mietvertrag durch den gesetzlichen Vertreter abgeschlossen werden. Wird ein Mietvertrag mit dem Geschäftsunfähigen geschlossen, so wird der Vertrag mit Wirkung ex nunc wirksam, wenn der Vertreter den Vertrag genehmigt (§ 141 BGB; LG Berlin GE 1994, 1317). Ist der Eigentümer in der Geschäftsfähigkeit beschränkt, so ist der Mietvertrag nur wirksam, wenn der Vertrag entweder durch den gesetzlichen Vertreter abgeschlossen wird oder wenn der gesetzliche Vertreter einwilligt (§ 107, 108 ff BGB).

146 Ein Miet- oder Pachtvertrag, der länger als ein Jahr nach dem Eintritt der Volljährigkeit eines Minderjährigen fortdauern soll, bedarf stets der **Genehmigung des Familiengerichts,** gleichgültig, ob der Vertrag nach §§ 106, 112 BGB durch den Minderjährigen oder ob er durch den Vormund (§ 1822 Nr. 5 BGB) oder die Eltern (§ 1643 Abs. 1 BGB) geschlossen worden ist. Genehmigungsbedürftig sind befristete Mietverträge auch denen die Kündigungsbefugnis für die genannte Zeit ausgeschlossen ist. Hierzu gehören auch Mietverträge auf Lebenszeit des Vermieters oder Mieters. Den befristeten Mietverträgen stehen jene Mietverträge gleich, in denen der Vermieter für die in § 1822 Nr. 5 BGB genannte Zeit auf das Recht zur ordentlichen Kündigung verzichtet hat. Die kraft Gesetzes – insbesondere nach § 573 BGB – bestehenden Kündigungsbeschränkungen genügen zur Anwendung des § 1822 Nr. 5 BGB nicht.

147 **b) Personengesellschaften (OHG, KG).** Eigentümer der Sache kann auch eine OHG oder KG sein. Eine Kommanditgesellschaft wird gem. §§ 161 Abs. 2, 164, 170, 125 bis 127 HGB von dem Kommanditisten persönlich haftenden Gesellschafter (Komplementär) vertreten. Die Vertretungsmacht kann im Gesellschaftsvertrag beschränkt werden. Ein Vertrag, den der Komplementär unter Missachtung der internen Beschränkung der Vertretungsbefugnis mit einem Dritten abschließt, ist auch dann wirksam, wenn der Dritte die Beschränkung der Vertretungsbefugnis kennt.

Eine Ausnahme gilt im Falle der Kollusion, wenn der Komplementär und der Dritte bewusst zum Nachteil der Gesellschaft zusammenwirken (OLG Saarbrücken Urteil vom 22.4.2015 – 2 U 22/14, juris). Der Mietvertrag kommt nicht mit den Gesellschaftern, sondern mit der rechtlich selbständigen Gesellschaft zustande (§ 124 HGB). Zur Wahrung der Schriftform reicht es aus, wenn eine als Vermieterin auftretende Gesellschaft so klar bezeichnet ist, dass sie unzweifelhaft identifiziert werden kann. Dazu bedarf es weder einer genauen Bezeichnung der Gesellschaftsform noch der Nennung der einzelnen Gesellschafter (OLG Hamm NZM 1998, 720). Jeder vertretungsberechtigte Gesellschafter kann Erklärungen für die Gesellschaft abgeben und entgegennehmen. Wegen der Selbständigkeit der Gesellschaft kann ein Mieter nicht mit Ansprüchen, die ihm gegen einen Gesellschafter zustehen, gegen Gesellschaftsforderungen aufrechnen. Ein Wechsel der Gesellschafter hat auf den Mietvertrag keinen Einfluss. Wandelt sich die Rechtsform der Gesellschaft (z. B. von einer KG in eine Gesellschaft bürgerlichen Rechts) unter Beibehaltung der Identität der Gesellschaft, so ändert sich an den Vertragsverhältnissen nichts. Insbesondere ist hierzu die Mitwirkung des Mieters entbehrlich (OLG Hamm NZM 1998, 720). Wird der Mieter Mitglied der Gesellschaft, so bleiben die Vertragsbeziehungen hiervon ebenfalls unberührt. Für Verbindlichkeiten der Gesellschaft haften die Gesellschafter der OHG als Gesamtschuldner (§ 128 HGB). Bei der KG haften lediglich die persönlich haftenden Gesellschafter unbeschränkt, die Kommanditisten haften nur mit der Höhe ihrer Einlage (§ 161 HGB). Scheidet ein Gesellschafter (bei der KG: ein persönlich haftender Gesellschafter) aus, so haftet er weiterhin für diejenigen Verbindlichkeiten, die während der Zeit seiner Mitgliedschaft zur Gesellschaft entstanden sind. Gleiches gilt, wenn ein OHG-Gesellschafter in eine Stellung als Kommanditist zurück tritt. Bezüglich der später entstehenden Verbindlichkeiten gilt eine Nachhaftung. Diese Nachhaftung ist auf die Zeit von 5 Jahren – gerechnet vom Zeitpunkt der Eintragung ins Handelsregister – beschränkt (§ 160 HGB). Rechtsgrundlage für die einzelnen Schuldverpflichtungen ist der Mietvertrag mit der Folge, dass die Verpflichtungen mit dem Vertragsschluss als entstanden gelten, auch wenn sie erst später fällig werden (BGH NJW 2000, 208, 206; KG NZM 2006, 19). Die der Nachhaftung unterliegenden Ansprüche müssen innerhalb des Nachhaftungszeitraums geltend gemacht werden. Eventuell bestehende Gewährleistungsansprüche wegen eines Mangels der Mietsache können auch während der Nachhaftungszeit geltend gemacht werden.

c) juristische Personen (GmbH, AG). Juristische Personen sind rechtlich selbständig (§ 13 GmbHG; § 1 AktG). Die GmbH wird durch die Geschäftsführer (§ 35 GmbHG), die AG durch den Vorstand vertreten (§ 78 AktG). Die Gesellschaft wird Partei des Mietvertrags. Für die aus dem Mietverhältnis entstehenden Verbindlichkeiten haftet nur das Gesellschaftsvermögen (§ 13 Abs. 2 GmbHG; § 1 Abs. 1 S. 2 AktG). Alle rechtsgeschäftlichen Erklärungen müssen von und gegenüber den vertretungsberechtigten Organen der Gesellschaft abgegeben werden. **148**

d) BGB-Gesellschaft (GbR). Eine GbR liegt vor, wenn sich mehrere Personen durch Vertrag zur Verfolgung gemeinsamer Zwecke zusammenschließen (§ 705 BGB). Dieser Zweck kann auch die Vermietung einer Sache sein, die mehreren Personen gehört. Der Gesellschaftsvertrag kann dabei auch mündlich geschlossen werden. Ein konkludenter Vertragsschluss ist ebenfalls möglich. Für die Annahme eines konkludenten Vertragsschlusses kann bereits die Tatsache der gemeinsamen Vermietung ausreichen. **149**

§ 535 BGB Untertitel 1. Allgemeine Vorschriften für Mietverhältnisse

150 Hinsichtlich der Teilnahme am Rechtsverkehr ist zwischen der AußenGbR und der InnenGbR zu unterscheiden. Eine **AußenGbR** liegt vor, wenn die Gesellschaft nach außen in Erscheinung tritt und als Rechtsträgerin Rechte und Pflichten begründen will. Von einer **InnenGbR** spricht man, wenn im Außenverhältnis alle Gesellschafter im eigenen Namen auftreten. Dem ist die **stille Gesellschaft** gleichzustellen bei der im Außenverhältnis nur ein Gesellschafter auftritt (Kraemer NZM 2002, 465, 466 f).

151 Die AußenGbR ist rechts- und parteifähig, soweit sie durch Teilnahme am Rechtsverkehr eigene Rechte und Pflichten begründet. (BGH NJW 2001, 1056; MDR 2003, 639; OLG Rostock DWW 2002, 331). Eine Begrenzung auf bestimmte Gesellschaftstypen besteht nicht. Auch eine **Ehegatten-Grundstücksgesellschaft** oder eine **Sozietät aus Freiberuflern** kann eine AußenGbR bilden. Ein Gesamthandsvermögen ist nicht erforderlich (BGH NZM 2001, 299; Kraemer NZM 2002, 465, 467).

152 Nach der Rechtsprechung des BGH ist die GbR auch grundbuchfähig (BGH NJW 2009, 594 = NZM 2009, 94). Steht ein Grundstück im Eigentum einer GbR, so ist sie unter Nennung sämtlicher Gesellschafter in das Grundbuch einzutragen (§§ 47 Abs. 2, 82 Satz 3 GBO). Eigentümer bleibt die GbR als Verband. Deshalb begründet § 899a BGB öffentlichen Glauben nicht für das Eigentum der Gesellschafter am Gesellschaftsvermögen, sondern nur dafür, dass diese Gesellschafter der GbR sind (BGH NJW 2011, 615). Für die Eintragung ist erforderlich, dass die Gesellschaft von anderen Gesellschaften bürgerlichen Rechts unterschieden werden kann. Dabei ist in der instanzgerichtlichen Rechtsprechung und in der Literatur umstritten, welche Anforderungen an den Identitätsnachweis zu stellen sind. Nach der Rechtsprechung des BGH erfolgt die Identifizierung der Gesellschaft ausschließlich über die Benennung der Gesellschafter (§ 47 Abs. 2 S. 1 GBO). Deshalb genügt es, wenn die Gesellschafter gegenüber dem Grundbuchamt erklären, dass sie als alleinige Gesellschafter einer aus ihnen bestehenden Gesellschaft bürgerlichen Rechts handeln. Eines weiteren Identitätsnachweises bedarf es nicht (BGH NJW 2011, 1958).

153 Tritt eine **Wohngemeinschaft** unter einem bestimmten Namen nach außen in Erscheinung, so ist die Gemeinschaft (als Gruppe ihrer jeweiligen Mitglieder) als AußenGbR Trägerin von Rechten und Pflichten (Kraemer NZM 2002, 465, 467). Aus dem Schutzzweck des § 573 BGB folgt, dass der mit der GbR geschlossene Vertrag als Wohnraummietvertrag zu bewerten ist (Kraemer NZM 2002, 465, 468), obwohl eine Gesellschaft an sich nicht zu „Wohnzwecken" mieten kann.

154 Die **Rechts- und Parteifähigkeit der AußenGbR** hat folgende **Konsequenzen:**
(1) Die GbR kann unter ihrem Namen **Verträge** abschließen. Eine AußenGbR hat die Wahl, ob sie den Mietvertrag als Gesellschaft abschließt oder ob die einzelnen Gesellschafter Vertragspartner werden. Auch im letztgenannten Fall sind die jeweiligen Gesellschafter nutzungsberechtigt, wenn die Mietsache für Zwecke der Gesellschaft angemietet worden ist (Kraemer NZM 2002, 465, 470). Eine unerlaubte Überlassung an einen „Dritten" ist in diesem Fall nicht gegeben.

155 Der Vertrag kommt mit der Gesellschaft zustande, wenn eine Firmenbezeichnung mit dem Zusatz „GbR" oder ein sonstiger von der Gesellschaft geführter Name gebraucht wird (Kraemer NZM 2002, 465, 470; Wertenbruch NJW 2002, 324, 326, 328). Ist Schriftform vorgeschrieben, so muss sich aus der Vertragsurkunde ergeben, wer Vertragspartner sein soll. Die Schriftform ist nur gewahrt, wenn alle Gesellschafter unterschreiben. Wird der Vertrag durch einen Vertreter unterzeichnet, so muss sich aus einem Zusatz zur Unterschrift das Vertretungsverhältnis ergeben (BGH GE 2003, 523). Die Zahlung oder Entgegennahme der Miete durch einen der Gesellschafter kann nur dann als Genehmigung bewertet werden, wenn alle Gesellschafter mit der betreffenden Handlung einverstanden sind (LG Krefeld GE 2015, 919).

(2) Einseitige Rechtsgeschäfte müssen entweder vom Alleinvertretungsberechtigten oder von sämtlichen Gesamtvertretungsberechtigten oder von einem Bevollmächtigten vorgenommen werden. Handelt die GbR nicht durch alle Gesellschafter, so kann der Erklärungsempfänger wegen der fehlenden Registerpublizität die Erklärung gem. § 174 BGB zurückweisen (Kraemer NZM 2002, 465, 471). **156**

(3) Ein **Wechsel im Mitgliederbestand** hat keinen Einfluss auf den Fortbestand der mit der Gesellschaft bestehenden Rechtsverhältnisse, weil es sich beim Gesellschafterwechsel nicht um einen Eigentümerwechsel, sondern um einen internen Vorgang innerhalb der GbR handelt (Emmerich in Staudinger § 540 Rdn. 51a). Ist der Mietvertrag mit einer GbR als Vermieterin abgeschlossen, so werden die Rechtsbeziehungen zwischen den Mietvertragsparteien durch den Gesellschafterwechsel nicht berührt (Sick ZMR 2011, 438, 439). **157**

(4) Die GbR kann unter ihrem Namen klagen **(Aktivprozess).** Sind entsprechend der gesetzlichen Regelung alle Gesellschafter vertretungsbefugt, so müssen alle Gesellschafter an der Klageerhebung mitwirken. Anderenfalls ist die klagende Partei nicht in der gesetzlich vorgeschriebenen Form vertreten. Weigert sich ein Gesellschafter aus gesellschaftswidrigen Gründen an der Geltendmachung einer Gesellschaftsforderung mitzuwirken, so muss er in einem besonderen Verfahren auf Zustimmung zur Prozessführung in Anspruch genommen werden (OLG Stuttgart NZM 2010, 876). Nach anderer Ansicht kann die Gesellschaft in einem solchen Fall wirksam durch die restlichen Gesellschafter vertreten werden. Diese sind dann zur Erhebung einer Klage befugt (OLG Düsseldorf DWW 2003, 124 = ZMR 2003, 424). Die Gesellschaft muss in der Klagschrift identifizierbar und unverwechselbar bezeichnet werden. Dies kann geschehen durch die exakte Angabe der Gesellschafter, des gesetzlichen Vertreters der Gesellschaft und der Bezeichnung unter der die Gesellschaft im Verkehr auftritt. Wird eine Klage unter dem Namen einer GbR erhoben, obwohl diese Gesellschaft überhaupt nicht oder nicht als Außengesellschaft existiert, so wird die Klage abgewiesen. Die Verfahrenskosten hat derjenige zu tragen, der den Prozess in Gang gesetzt hat (BGH a. a. O.) Wird eine Mietforderung durch einzelne Gesellschafter geltend gemacht, obwohl die Gesellschaft Partei des Mietverhältnisses ist, so muss im Wege der Rubrumsberichtigung klargestellt werden, dass der Anspruch der Gesellschaft zusteht und dass diese aus diesem Grund Prozesspartei ist (BGH NZM 2005, 942 = WuM 2005, 791). **158**

(5) Die GbR kann unter ihrem Namen verklagt werden **(Passivprozess).** Ergeht ein Urteil zu Lasten der GbR, so kann der Gläubiger hieraus in das Gesellschaftsvermögen vollstrecken. Ein gegen die Gesellschaft ergangenes Urteil wirkt gem. § 129 Abs. 1 HGB auch gegen die Gesellschafter, indem es ihnen die Einwendungen nimmt, die schon der Gesellschaft abgesprochen wurden (BGH NJW 2011, 2048, 2049). Umgekehrt gilt dies nicht: ein gegen alle Gesellschafter ergangenes Urteil wirkt nur für und gegen die Parteien des Rechtsstreits in dem das Urteil ergangen ist (§ 325 ZPO). Mangels einer gesetzlichen Regelung wirkt ein solches Urteil nicht für und gegen die Gesellschaft BGH a. a. O.). **159**

(6) Haftung. Die einzelnen Mitglieder haften persönlich für die Erfüllung der mietvertraglichen Verpflichtungen als Gesamtschuldner (BGH MDR 2003, 639). **160**

§ 535 BGB Untertitel 1. Allgemeine Vorschriften für Mietverhältnisse

Dies gilt auch dann, wenn die Mitglieder der GbR durch einen oder mehrere Geschäftsführer vertreten werden. Die Geschäftsführer einer GbR begründen beim Handeln namens der Gesellschaft nicht nur eine Haftung der Gesamthand (mit dem Gesellschaftsvermögen), sondern daneben grundsätzlich auch eine Haftung der Gesellschafter persönlich (mit dem Privatvermögen, BGH ZMR 1990, 212 = MDR 1990, 815; st. Rspr.). Die Mitglieder der GbR können ihre Haftung auf das Gesellschaftsvermögen begrenzen, wenn sie im Gesellschaftsvertrag die Vollmacht der vertretungsberechtigten Gesellschafter entsprechend begrenzen. Gegenüber dem Vertragspartner der Gesellschaft wirkt die **Haftungsbegrenzung** nur, wenn es dem Geschäftsführer gelingt „die Beschränkung in den individuell ausgehandelten Vertrag aufzunehmen" (BGH WuM 1999, 703). Die hiervon abweichende frühere Rechtsprechung (BGHZ 61, 59, 67, wonach es genügt, wenn die eingeschränkte Vertretungsbefugnis für den Vertragspartner erkennbar gewesen ist) hat der BGH aufgegeben. Eine Haftungsbeschränkung kann auch mündlich vereinbart werden. Besteht ein schriftlicher Mietvertrag, so besteht allerdings die Vermutung, dass hierdurch der Vertragsinhalt vollständig und richtig wiedergegeben wird. Wer sich auf eine mündliche Vereinbarung beruft, muss beweisen, dass die Urkunde unrichtig oder unvollständig ist und dass das mündlich Besprochene Gültigkeit haben soll (BGH NJW-RR 1989, 1323, 1324; NZM 2005, 218).

161 Darüber hinaus haften die Gesellschafter für die gesetzlichen Verbindlichkeiten ihrer geschäftsführenden Gesellschafter (z. B. aus Delikt) analog § 31 BGB mit ihrem Privatvermögen (BGH MDR 2003, 639).

Eine Haftungsbeschränkung wirkt auch gegenüber dem Zwangsverwalter (BGH ZMR 2003, 827 = WuM 2003, 510).

162 (7) Ergeht ein Urteil zu Lasten der Gesellschaft und der Gesellschafter, so kann der Kläger nicht nur in das Gesellschaftsvermögen, sondern auch in das Privatvermögen der Gesellschafter vollstrecken. Die Zwangsvollstreckung in das Gesellschaftsvermögen setzt voraus, dass in dem Titel die Gesellschafter aufgeführt sind. Dies gilt auch für die Anordnung der Zwangsverwaltung und der Zwangsversteigerung. Die in dem Titel aufgeführten Gesellschafter müssen mit den im Grundbuch eingetragenen übereinstimmen. Hat sich der Gesellschafterbestand geändert, so muss die Änderung sowohl im Grundbuch als auch im Titel nachvollzogen werden. Der Nachweis im Titel ist in entsprechender Anwendung des § 727 ZPO durch Erteilung einer Rechtsnachfolgeklausel zu erbringen (s. auch unten Rdn. 162a). Die Zustellung des Titels an eine GbR kann entweder durch Zustellung an alle Gesellschafter oder durch Zustellung an einen zur Geschäftsführung befugten Gesellschafter erfolgen (BGH NJW 2011, 615).

162a (8) Wird im Falle des Gesellschafterwechsel oder des Ausscheiden eines Gesellschafters das Grundbuch nicht berichtigt, so ist die Vollstreckung gegen die noch im Grundbuch eingetragen ehemaligen Gesellschafter möglich. Nach der Rechtsprechung des BGH gelten bei der Vollstreckung in das Grundstück einer GbR nämlich die im Grundbuch eingetragenen Gesellschafter solange als Schuldner bis das Grundbuch berichtigt wird (zuletzt: BGH NJW 2011, 1449 Rdn. 14 ff). Dies gilt nicht nur beim Gesellschafterwechsel, sondern auch beim Tod eines Gesellschafters (BGH NZM 2016, 286) Einer Rechtsnachfolgeklausel bedarf es in diesem Fall nicht. Wird die Gesellschaft nach dem Ausscheiden eines oder mehrerer Gesellschafter aufgelöst, so besteht die Rechtsfähigkeit der (Außen-)Gesellschaft bis zum Abschluss der Liquidation fort.

e) **Gesamthandsgemeinschaft ohne eigene Rechtspersönlichkeit (Erbengemeinschaft; Gütergemeinschaft).** Das Eigentum an der Sache kann mehreren Personen zustehen, die in einer Gesamthandsgemeinschaft ohne eigene Rechtspersönlichkeit verbunden sind. **163**

Eine **Erbengemeinschaft** kommt kraft Gesetzes zustande, wenn der Erblasser mehrere Erben hinterlässt; in diesem Fall wird der Nachlass gemeinschaftliches Vermögen der Erben (§ 2032 Abs. 1 BGB). Die Erbengemeinschaft ist weder rechtsfähig noch parteifähig. Die Grundsätze zur Rechtsfähigkeit der Gesellschaft bürgerlichen Rechts (BGHZ 146, 341) und zur Rechtsfähigkeit der Gemeinschaft der Wohnungseigentümer (BGHZ 163, 154) sind nicht auf die Erbengemeinschaft zu übertragen (BGH NJW 2006, 3715 = WuM 2006, 695). Maßgeblich hierfür sind zwei Gesichtspunkte. Zum einen ist die Erbengemeinschaft nicht dazu bestimmt, dauerhaft am Rechtsverkehr teilzunehmen. Zum anderen verfügt die Erbengemeinschaft nicht über gesetzliche Organe, durch die sie im Rechtsverkehr handeln könnte. **164**

Die **Verwaltung des Nachlasses** steht den Erben gemeinschaftlich zu. Jeder Erbe ist den anderen gegenüber verpflichtet, an Maßregeln mitzuwirken, die zur ordnungsgemäßen Verwaltung erforderlich sind (§ 2038 Abs. 1 BGB). Können sich die Erben nicht einigen, so ist die Entscheidung durch Stimmenmehrheit zu treffen. Besteht die Gemeinschaft nur aus 2 Personen und sind die Erbteile verschieden groß, so kann der Mehrheitserbe allein entscheiden (BGH NJW 2013, 166). Gleiches gilt bei einer Vielzahl von Erben, wenn der Anteil eines Erben mehr als 50% beträgt. Über den Nachlassgegenstand als solchen können die Erben nur gemeinschaftlich verfügen (§ 2040 Abs. 1 BGB). Die Entscheidung über die **Vermietung eines Grundstücks** ist als Verwaltungsmaßnahme i. S. v. § 2038 BGB zu bewerten; hierüber kann die Erbengemeinschaft durch Mehrheitsbeschluss entscheiden (BGH NJW 1971, 1265, 1266). Gleiches gilt für die Einziehung der Miete. Die Art und Weise der Vermietung muss allerdings den Grundsätzen ordnungsgemäßer Verwaltung entsprechen. Maßgeblich ist der „Standpunkt eines vernünftig und wirtschaftlich denkenden Beurteilers" (BGH NJW 2013, 166). Die **Kündigung eines Mietverhältnisses** stellt nach der Rechtsprechung eine Verfügung über die Rechte aus dem Mietvertrag und die aus diesem Vertrag folgende Mietzinsforderung dar (BGH FamRZ 2006, 1026). Gleichwohl ist § 2038 BGB vorrangig, mit der Folge, dass die Kündigung mehrheitlich beschlossen werden kann, wenn diese Maßnahme einer ordnungsgemäßen Verwaltung entspricht (BGH NZM 2010, 161). Die überstimmten Erben haben ein aus § 2040 Abs. 1 BGB hergeleitetes „Vetorecht": Auf deren Antrag hat das Gericht zu prüfen, ob der Mehrheitsbeschluss den Anforderungen einer ordnungsgemäßen Verwaltung genügt. Daran fehlt es wenn die Wohnung von einem Mitglied der Erbengemeinschaft gemietet ist und eine Weitervermietung auf Grund besonderer Umstände unwahrscheinlich ist (LG Berlin GE 2016, 1386). **165**

Eine **Gütergemeinschaft** entsteht, wenn dies durch Ehevertrag vereinbart wird. In diesem Fall werden das Vermögen des Mannes und das Vermögen der Frau gemeinschaftliches Vermögen. Zu dem Gesamtgut gehört auch das Vermögen, das der Mann oder die Frau während der Gütergemeinschaft erwerben (§§ 1415, 1416 BGB). **166**

Für diese Gesamthandsgemeinschaften ohne eigene Rechtspersönlichkeit gelten folgende **Grundsätze:** **167**

Die Gemeinschaft besitzt – anders als die Außen-GBR – keine eigene Rechtspersönlichkeit. Der Mietvertrag kommt deshalb nicht mit der Gemeinschaft als sol-

§ 535 BGB Untertitel 1. Allgemeine Vorschriften für Mietverhältnisse

cher, sondern mit den einzelnen Mitgliedern der Gemeinschaft zustande (BGH MDR 2003, 639). Kraft Gesetzes gilt, dass alle Mitglieder der Gemeinschaft beim Abschluss des Mietvertrags mitwirken müssen (Gesamtvertretung, §§ 709, 1421, 2038 Abs. 1 BGB). Soll ein einzelnes Mitglied der Gemeinschaft zur Vertretung der übrigen befugt sein, so muss dies vereinbart werden. Bei Mietverhältnissen mit einer längeren Laufzeit als einem Jahr ist die Schriftform zu beachten. Die gesetzliche Schriftform ist grundsätzlich nur gewahrt, wenn alle Mitglieder der Gemeinschaft im Mietvertrag namentlich aufgeführt sind. Ausnahmsweise genügt es, wenn ein potentieller Erwerber des Mietobjekts in der Lage ist, anhand der Vertragsurkunde die Mitglieder der Gemeinschaft zu ermitteln (BGH WuM 2002, 601 = ZMR 2002, 907 für Erbengemeinschaft). Darüber hinaus ist für die Einhaltung der Schriftform weiter erforderlich, dass sämtliche Vertragspartner die Vertragsurkunde unterzeichnen. Wird die Urkunde durch einen Vertreter unterzeichnet, so muss das Vertretungsverhältnis in der Urkunde durch einen das Vertretungsverhältnis anzeigenden Zusatz hinreichend deutlich zum Ausdruck kommen (BGH a. a. O.).

168 Hinsichtlich der Pflichten aus dem Mietvertrag sind die Mitglieder der Gemeinschaft Gesamtschuldner (§ 427 BGB). Hinsichtlich der Rechte sind sie Gesamthandsgläubiger (keine Gesamtgläubiger i. S. von § 428 BGB). Rechtsgeschäftliche Erklärungen (Mieterhöhungserklärung, Abmahnung, Kündigung etc.) müssen von allen Mitgliedern abgegeben werden und allen Mitgliedern zugehen (OLG Düsseldorf NJWE-MietR 1996, 172 für Kündigung). Ist der Erklärungsgegner zugleich Mitglied der Gemeinschaft, so ist er von der Mitwirkung wegen des sonst bestehenden Interessenkonflikts ausgeschlossen (BGHZ 56, 47; OLG Düsseldorf ZMR 1998, 25, 27; LG Mannheim DWW 1997, 151 betr. Kündigung einer Erbengemeinschaft gegenüber einem Mieter, der seinerseits Mitglied der Erbengemeinschaft ist). Der Mieter kann nur gegen Forderungen der Gemeinschaft aufrechnen. Eine Aufrechnung mit Forderungen, die nur einzelne Mitglieder der Gemeinschaft zustehen, ist ausgeschlossen (§§ 719 Abs. 2, 2040 Abs. 2 BGB).

169 Hinsichtlich der Mietforderung besteht zwischen den mehreren Vermietern eine Forderungsgemeinschaft i. S. v. § 432 Abs. 1 BGB. Dies hat zur Folge, dass der Mieter nur an alle Vermieter gemeinsam zahlen kann. Eine Ausnahme gilt, wenn einer der Vermieter aufgrund einer Empfangsvollmacht zur Entgegennahme der Leistung berechtigt ist. Liegt ein solcher Ausnahmefall nicht vor, so kommt der Mieter in Zahlungsverzug, wenn er die Miete nicht zu Händen beider Vermieter zahlt (OLG München NZM 1998, 474). Jeder Vermieter ist befugt, vom Mieter Leistung an sich selbst und die übrigen Vermieter zu verlangen (§§ 432 Abs. 1, 2039 BGB, OLG Oldenburg ZMR 1994, 508; OLG Düsseldorf ZMR 1998, 25). Eine Ausnahme gilt, wenn das begehrte Urteil nur mit Wirkung für und gegen alle Vermieter ergehen kann (z. B. bei einer Klage auf Feststellung der Nichtigkeit des Mietvertrags, OLG Celle DWW 1994, 118 = ZMR 1994, 514). In diesem Fall muss die Klage von allen Vermietern erhoben werden. Leistung an sich allein kann ein Gesamthandsgläubiger nur fordern, wenn er die Mitberechtigung der übrigen Mitgläubiger durch Abtretung oder auf andere Weise erworben hat (LG Aachen WuM 1994, 461).

170 Die einzelnen Mitglieder haften persönlich für die Erfüllung der mietvertraglichen Verpflichtungen. Die **Verwaltung des gemeinschaftlichen Gegenstands** steht den Teilhabern gemeinschaftlich zu. Die insoweit erforderlichen Maßnahmen können gem. § 745 Abs. 1 BGB durch Stimmenmehrheit beschlossen werden. Zur Verwaltung eines Grundstücks gehören auch der Abschluss und die Kündigung eines Mietvertrags. Auf Antrag der überstimmten Teilhaber hat das Gericht zu prüfen, ob der Mehrheitsbeschluss den Anforderungen einer ordnungsgemäßen Verwaltung genügt. Dies ist aus objektiver Sicht zu beurteilen. Maßstab ist der Standpunkt eines vernünftig und wirtschaftlich denkenden Beurteilers.

f) Bruchteilsgemeinschaft. Das Eigentum an der Sache kann mehreren Personen gemeinsam nach Bruchteilen zustehen. In diesem Fall spricht man von einer Bruchteilsgemeinschaft (§ 741 BGB). Die Bruchteilsgemeinschaft unterscheidet sich von der BGB-Gesellschaft dadurch, dass die mehreren Eigentümer keinen gemeinsamen Zweck verfolgen. Die Bruchteilsgemeinschaft ist demnach eine „Interessengemeinschaft ohne Zweckgemeinschaft" (Palandt-Sprau § 741 BGB Rdn. 1). Eine Bruchteilsgemeinschaft liegt i. d. R. vor, wenn Eheleute gemeinsam ein Haus oder eine Eigentumswohnung erwerben. Weiterhin entsteht eine Bruchteilsgemeinschaft, wenn eine Wohnung und eine Garage auf Grund eines einheitlichen Mietvertrags vermietet worden ist und die Wohnung einerseits, die Garage andererseits an verschiedene Personen veräußert wird. In diesem Falle erhält der Mieter zwei Vertragspartner, nämlich den Eigentümer der Wohnung und den Eigentümer des Stellplatzes (BGH NZM 2005, 941 = WuM 2005, 790). Die Bruchteilsgemeinschaft hat keine eigene Rechtspersönlichkeit. Für die Vermietung gelten dieselben Grundsätze wie für die Gesamthandsgemeinschaft. Die Verwaltung der Mietsache steht den Teilhabern gemeinsam zu (§ 744 Abs. 1 BGB). In § 745 Abs. 2 BGB ist bestimmt, dass jeder Teilhaber eine dem Interesse aller Teilhaber entsprechende Verwaltung verlangen kann. Hierzu gehört auch die Durchsetzung einer wirtschaftlich angemessenen Mieterhöhung (OLG Düsseldorf ZMR 1999, 21). Verweigert ein Teilhaber seine Mitwirkung an einer solchen Verwaltung, so kann dies Schadensersatzansprüche zur Folge haben (OLG Düsseldorf a. a. O.). 171

Wird der gemeinschaftliche Gegenstand von einem der Teilhaber vermietet, so wirkt der Mietvertrag nur dann gegen den anderen Teilhaber, wenn dieser dem Vertrag zustimmt. Wird die Zustimmung nicht erteilt, so ist der Mietvertrag mit dem vermietenden Teilhaber zwar wirksam; dieser ist aber gegen den Willen des anderen Teilhabers nicht berechtigt, die Mietsache dem Mieter zu überlassen. Hat der vermietende Teilhaber die Sache dem Mieter überlassen, so steht dem anderen Teilhaber gegenüber dem Mieter der Herausgabeanspruch aus §§ 985, 1011 BGB zu. 172

g) Eigentümergemeinschaft. Die Wohnungseigentümergemeinschaft als Verband ist nicht ohne weiteres zur Vermietung von Gemeinschaftseigentum berechtigt. Zwar besitzt die Wohnungseigentümergemeinschaft Teilrechtsfähigkeit. Dies gilt aber nur für Rechtsgeschäfte aus dem Verwaltungsbereich im Außenverhältnis. Bei der Vermietung von Gemeinschaftseigentum handelt es sich dagegen um eine besondere Form der Ausübung des Gebrauchs des gemeinschaftlichen Eigentums (§ 15 Abs 2 WEG). Dieses Recht steht den Wohnungseigentümern zu (Drasdo in: FS Blank, S. 617, 621). Über den ordnungsgemäßen Gebrauch des gemeinschaftlichen Eigentums können die Wohnungseigentümer mit Stimmenmehrheit entscheiden. Was ordnungsgemäß ist, muss nach der Verkehrsauffassung bestimmt werden; dabei steht den Eigentümern ein gewisser Ermessensspielraum zu. Maßgeblich sind die Umstände des Einzelfalls (Kreuzer in FS Blank S. 651, 655). In der Regel entspricht die Entscheidung zur Vermietung von Gemeinschaftseigentum einer ordnungsgemäßen Verwaltung. Ausnahmen sind denkbar; allerdings müssen für den Ausnahmefall besondere Umstände vorliegen (BGH NZM 2000, 1010). 173

§ 535 BGB Untertitel 1. Allgemeine Vorschriften für Mietverhältnisse

174 Das Recht zur Vermietung von Gemeinschaftseigentum kann durch Beschluss auf den Verband übertragen werden (§ 15 Abs. 2 WEG). In diesem Fall muss der Mietvertrag vom Verwalter abgeschlossen werden (Kreuzer in FS Blank S. 651, 657). Vermieter wird der Verband. Ein Wechsel in der personellen Zusammensetzung der Wohnungseigentümer ist unbeachtlich. Ein mit der Wohnungseigentümergemeinschaft abgeschlossener Mietvertrag ist in der Regel mit dem rechtsfähigen Verband, nicht mit den einzelnen Eigentümern geschlossen; dies gilt auch dann, wenn die Gemeinschaft nicht ausdrücklich als Vertragspartner genannt wird (BGH NJW 2005, 2061, 2068). Eine Ausnahme wird nur bei sehr kleinen Gemeinschaften in Betracht kommen. Für den Mieter ist diese Vertragsgestaltung nachteilig, weil ihm als Haftungsvermögen nur das Verwaltungsvermögen zur Verfügung steht (Drasdo in: FS Blank S. 617, 623).

175 Wird ein Beschluss der Wohnungseigentümer über die Vermietung von Gemeinschaftseigentum für unwirksam erklärt, so bleibt die Wirksamkeit eines bereits abgeschlossenen Mietvertrags hiervon unberührt. Ist der Mietvertrag vom Verwalter als Vertreter der Wohnungseigentümer abgeschlossen worden, so können auch die überstimmten Eigentümer keine Herausgabeansprüche gegen den Mieter geltend machen.

2. Erbbauberechtigter

176 Der Erbbauberechtigte ist anstelle des Grundstückseigentümers zur Vermietung berechtigt. Erlischt das Erbbaurecht, so tritt der Grundstückseigentümer gem. § 566 BGB in das Mietverhältnis ein (§ 30 Abs. 1 ErbBauRVO). Erlischt das Erbbaurecht durch Zeitablauf, so kann der Eigentümer das Mietverhältnis mit dreimonatiger Frist kündigen. Bei der Wohnraummiete muss Schriftform eingehalten werden. Die Kündigung kann nur für einen der beiden ersten Termine erfolgen, für die sie zulässig ist. Für die Kündigung von Wohnraum müssen außerdem berechtigte Interessen im Sinne von § 573 BGB vorliegen. Der Mieter kann den Grundstückseigentümer unter Bestimmung einer angemessenen Frist zur Erklärung darüber auffordern, ob er von dem Kündigungsrecht Gebrauch machen will. In diesem Fall kann die Kündigung nur bis zum Fristablauf erfolgen. Erlischt das Erbbaurecht vorzeitig, so entsteht das Sonderkündigungsrecht nicht.

3. Nießbraucher

177 Der Nießbraucher (§ 1030 ff BGB) ist ebenfalls anstelle des Eigentümers zur Vermietung berechtigt. Hat der Nießbraucher ein Grundstück über die Dauer des Nießbrauchs hinaus vermietet, so wird das Mietverhältnis nach Beendigung des Nießbrauchs mit dem Eigentümer fortgesetzt (§ 1056 Abs. 1 BGB). Der Eigentümer hat ein Sonderkündigungsrecht nach § 1056 Abs. 2 BGB. Die Kündigung muss bei der Wohnraummiete schriftlich erklärt werden; sie ist grundsätzlich an keine Frist gebunden. Es müssen Kündigungsgründe i. S. v. § 573 BGB vorliegen und im Kündigungsschreiben mitgeteilt werden. Der Mieter hat allerdings die Möglichkeit, den Eigentümer unter Bestimmung einer angemessenen Frist zur Erklärung darüber aufzufordern, ob er von dem Kündigungsrecht Gebrauch mache. In diesem Fall kann die Kündigung nur bis zum Ablauf der Frist erfolgen (1056 Abs. 3 BGB).

178 Überträgt ein Eigentümer ein von ihm vermietetes Grundstück an einen Dritten, und lässt er sich zugleich einen Nießbrauch an diesem Grundstück einräumen, so bleibt er Vermieter (§ 567 BGB s. dort Rdn. 8). Der Nießbraucher kann die

Mietsache an den Eigentümer vermieten. In diesem Fall geltend hinsichtlich des Rechtsverhältnisses zwischen dem Nießbraucher und dem Eigentümer in Ansehung der Mietsache die allgemeinen Vorschriften des Mietrechts. Eine Besonderheit gilt hinsichtlich der Instandhaltung der Mietsache. Beim gewöhnlichen Mietverhältnis ist der Vermieter gegenüber dem Mieter zur Instandhaltung und Instandsetzung verpflichtet (§ 535 Abs. 1 BGB). Im Verhältnis des Nießbrauchers zum Eigentümer gilt, dass der Nießbraucher lediglich für die Erhaltung der Sache in ihrem wirtschaftlichen Bestand zu sorgen hat (§ 1041 Satz 1 BGB). Ausbesserungen obliegen ihm nur insoweit, als sie zu der gewöhnlichen Unterhaltung der Sache gehören (§ 1041 Satz 2 BGB). Hierzu zählen solche Maßnahmen, die bei ordnungsgemäßer Bewirtschaftung regelmäßig, und zwar wiederkehrend innerhalb kürzerer Zeitabstände zu erwarten sind, insbesondere Schönheitsreparaturen und normale Verschleißreparaturen (BGH NJW-RR 2003, 1290 unter Ziff. II 3b; BGH NJW-RR 2005, 1321). Alle sonstigen Instandhaltungsmaßnahmen sind Sache des Eigentümers. Daraus folgt, dass dem Eigentümer grundsätzlich keine mietvertraglichen Instandhaltungs- und Gewährleistungsansprüche zustehen, wenn es um andere als die gewöhnlichen Unterhaltungsmaßnahmen geht (BGH NJW-RR 2005, 1321 betreffend Erneuerung einer Elektroinstallation einer Wohnung wegen Sicherheitsmängeln). Etwas anderes gilt nur dann, wenn sich aus dem Mietvertrag ergibt, dass die Instandhaltungs- und Instandsetzungspflicht abweichend von § 1041 BGB geregelt werden soll (BGH a. a. O.).

4. Dinglich Wohnberechtigter

Auf Grund eines dinglichen Wohnungsrechts nach § 1093 BGB ist der Berechtigte befugt „ein Gebäude oder einen Teil eines Gebäudes unter Ausschluss des Eigentümers als Wohnung zu benutzen". Nach h. M. kann ein dingliches Wohnrecht auch zugunsten des Eigentümers bestellt werden (KG Beschluss vom 8.1.2019 – 1 W 344/18; OLG München, DNotZ 2012, 778; Palandt/Herrler § 1093 Rdn. 7; Reymann in: Staudinger § 1093 Rdn. 19). Eine solche Maßnahme ist insbesondere dann sinnvoll, wenn ein Eigentümerwechsel bevorsteht. Dann kann der Eigentümer (Veräußerer) sicherstellen, dass er weiterhin in der bisherigen Wohnung verbleiben kann. Bestehen an einer Wohnung mehrere Wohnrechte so stellt sich die Frage, welches Wohnrecht vorrangig ist. Diese Frage ist nach § 1024 BGB zu lösen. Danach kann jeder Berechtigte „eine den Interessen aller Berechtigten nach billigem Ermessen entsprechende Regelung der Ausübung verlangen." (KG a. a. O.) **179**

Der Inhaber eines dinglichen Wohnrechts (§ 1093 BGB) ist nur dann zur Vermietung berechtigt, wenn der Eigentümer dies gestattet. Die Gestattung kann auch schlüssig erklärt werden. Sie schließt ohne weiteres auch das Recht des Wohnungsberechtigten ein, die Miete vom Mieter zu verlangen (BGH WPM 1972, 886). Die Gestattung muss vom jeweiligen Eigentümer erteilt werden und ist gegenüber dem Rechtsnachfolger nur wirksam, wenn sie im Grundbuch eingetragen worden ist. Eine Ausnahme gilt dann, wenn das Eigentum im Wege der Gesamtrechtsnachfolge (Erbfolge) übergegangen ist, weil der Erbe kraft Gesetzes für alle Verbindlichkeiten des Erblassers haftet. Eine einmal erteilte Gestattung kann nur beim Vorliegen wichtiger Gründe widerrufen werden. Ist die Vermietung ohne Gestattung erfolgt, oder ist diese wirksam widerrufen, so kann der Eigentümer verlangen, dass der Wohnungsnutzer die Sache an den Wohnberechtigten zurückgibt. (§ 1004 BGB). Der Mietzins und die Nutzungsentschädigung stehen auch im Fall der unberechtigten Vermietung dem Wohnberechtigten zu; der Eigentümer hat auch gegenüber dem **179a**

§ 535 BGB Untertitel 1. Allgemeine Vorschriften für Mietverhältnisse

Wohnberechtigten keinen Anspruch auf Herausgabe des Mietzinses (BGHZ 59, 51; OLG Oldenburg ZMR 1994, 507; Joost in: MüKo § 1092 BGB Rdn. 4 und § 1093 BGB Rdn. 16; Ring in: Staudinger § 1092 BGB Rdn. 6; Palandt/Bassenge § 1093 BGB Rdn. 12).

180 Im Ausnahmefall kann der Eigentümer nach § 242 BGB verpflichtet sein, eine Vermietung an einen Dritten zu gestatten. Der Anspruch des Berechtigten auf Erteilung der Erlaubnis hängt dabei von zwei Voraussetzungen ab: Zum einen kommt es darauf an, ob nach Lage und Art der Räume eine Nutzung durch andere Personen ohne Beeinträchtigung des Eigentümers durchgeführt werden kann. Zum anderen ist maßgeblich, ob der Berechtigte auf die Vermietung dringend angewiesen ist, was insbesondere dann naheliegt, wenn er sich in einer existenzbedrohenden Notlage befindet (OLG Köln ZMR 1995, 256). Die Zumutbarkeit der Fremdnutzung ist regelmäßig zu verneinen, wenn sich die Wohnung des Berechtigten in einem Ein- oder Zweifamilienhaus befindet. Bei größeren Wohneinheiten mit mehreren Mietparteien ist die Zumutbarkeit dagegen zu bejahen. Eine Existenzgefährdung ist beispielsweise anzunehmen, wenn der Berechtigte in ein Pflegeheim wechseln muss und den Erlös aus der Vermietung zur Bezahlung der Pflegekosten benötigt. Der Umstand, dass ein Teil der Pflegekosten mit Leistungen der Sozialhilfe oder der Pflegeversicherung bestritten werden können, spielt hierbei keine Rolle (OLG Köln a. a. O.).

180a Hat der Berechtigte gegenüber dem Eigentümer eine **schwere Straftat** begangen, so kann der Eigentümer verlangen, dass der Wohnungsberechtigte „von der persönlichen Benutzung seines Rechtes Abstand nimmt und die Ausübung des Wohnungsrechts nach Maßgabe von § 1092 Abs. 1 Satz 2 BGB einem Dritten überlässt" (BGH NJW-RR 2017, 140). Ein Anspruch auf Aufgabe des Wohnrechts steht dem Eigentümer weder aus § 313 BGB (Wegfall der Geschäftsgrundlage) noch aus § 242 BGB zu. Ist dem Eigentümer das weitere Zusammenleben mit dem Berechtigten auf Grund der Verfehlung nicht zuzumuten, so muss er der Überlassung an den Dritten zustimmen (BGH NJW-RR 2017, 140 Rz. 27).

180b **Wohnrecht und Miete.** Bestellen die Parteien eines Mietvertrags eine beschränkte persönliche Dienstbarkeit so ist zu unterscheiden: **(1)** Die Parteien können vereinbaren, dass die beiden Nutzungsrechte, also der schuldrechtliche Mietvertrag und das dingliche Wohnrecht nebeneinander bestehen sollen (BGH NJW-RR 1999, 376; OLG Koblenz GE 2018, 1278). In diesem Fall ist der Vermieter aus Grund des dinglichen Rechts gehindert, vom Mieter die Herausgabe der Immobilie zu verlangen. Wird das Mietverhältnis vom Vermieter gekündigt, so hat dies nicht ohne weiteres zur Folge, dass auch das Wohnrecht entfällt. Anders ist es, wenn das dingliche Wohnrecht und der Mietvertrag miteinander verknüpft sind. In diesem Fall gilt, dass mit dem Ende des Mietvertrags auch der Rechtsgrund für die Einräumung des dinglichen Wohnrechts entfällt. Der Eigentümer kann dann vom Inhaber des Wohnrechts gem. § 812 BGB die Bewilligung der Löschung verlangen. Von einem Gleichlauf von dinglichem Wohnrecht und mietrechtlichem Nutzungsrecht ist auszugehen, wenn aus den Vereinbarungen der Parteien unmissverständlich hervorgeht, dass der Bestand der Verpflichtung zur Gewähr des Wohnrechts mit der Entgeltzahlung verknüpft sein sollte (OLG Koblenz GE 2018, 1278). **(2)** Denkbar ist aber auch, dass die Bestellung der Dienstbarkeit lediglich als dingliche Sicherheit für das durch den Mietvertrag begründete schuldrechtliche Nutzungsrecht dienen soll. Wann und in welchem Umfang der Nutzungsberechtigte auf das ihm eingeräumte dingliche Nutzungsrecht zurückgreifen kann, ergibt sich in diesem Fall aus der Sicherungsabrede. In der Regel kann sich der Berechtigte nur gegenüber einem Dritten, der das Grundstück im Wege eines Zwangsversteigerungs- oder Insolvenzverfahrens erwirbt, auf die Dienstbarkeit berufen, während im Verhältnis der Parteien zueinander allein das Mietverhältnis maßgeblich ist. Deshalb kann das Mietverhältnis vom Vermieter gekündigt werden, wenn Kündigungsgründe vorliegen. Ist die Kündigung wirksam, so ist der Mieter gegenüber dem Vermieter zur Räumung- und Herausgabe verpflichtet. Die unter der Ziff. (1) dargestellte Alternative ist die Ausnahme. Sie bedarf einer zweifelsfreien, in der Regel ausdrücklichen Abrede (BGH Beschluss vom 8.3.2018 – V ZR 200/17 m.w.N.).

5. Betreuer

Die Bestellung eines Betreuers für einen körperlich oder geistig behinderten Eigentümer berührt die Geschäftsfähigkeit des Eigentümers nicht (BayObLG NJW 1990, 775; Palandt/Diederichsen § 1896 BGB Rdn. 2). Hier kommt es im Einzelfall darauf an, ob der Betreute voll geschäftsfähig ist (z. B. bei körperlicher Behinderung) oder ob Geschäftsunfähigkeit (§ 104 Nr. 2 BGB) vorliegt. Für den geschäftsunfähigen Eigentümer muss der Betreuer als gesetzlicher Vertreter tätig werden. Hierzu ist er in der Lage, wenn er für den Aufgabenbereich der Vermögenssorge bestellt worden ist. Willenserklärungen des Betreuten sind nichtig. Eine ähnliche Rechtsfolge gilt, wenn das Betreuungsgericht einen Einwilligungsvorbehalt nach § 1903 BGB angeordnet hat. In diesem Fall ist der Betreute einem beschränkt Geschäftsfähigen gleichgestellt, mit der Folge, dass die §§ 108 ff BGB gelten. Der geschäftsfähige Eigentümer kann für sich selbst handeln. Daneben hat der Betreuer – soweit sein Aufgabenbereich reicht – die Stellung eines gesetzlichen Vertreters. Durch die vom Betreuer geschlossenen Verträge wird der Betreute berechtigt und verpflichtet. Unter Umständen kann der Betreuer selbst für die vertraglichen Verbindlichkeiten haften; dies gilt insbesondere dann, wenn der Betreuer dem Vertragspartner eine besondere persönliche Gewähr für die ordnungsgemäße Erfüllung des Vertrags gegeben hat (BGH NJW 1995, 1213). Wird ein und dieselbe Sache sowohl durch den geschäftsfähigen Eigentümer als auch durch den Betreuer vermietet, so liegt eine Doppelvermietung vor (s. § 536 BGB). **181**

Ein Miet- oder Pachtvertrag über Geschäftsraum oder bewegliche Sachen, der für längere Zeit als vier Jahre geschlossen wird, bedarf der Genehmigung des Betreuungsgerichts. Wird Wohnraum vermietet, so besteht das Genehmigungserfordernis bei allen – auch bei unbefristeten – Mietverträgen (§ 1907 Abs. 3 BGB). **182**

Die Kündigung eines Mietverhältnisses über eine dem Betreuten gehörende vermietete Wohnung bedarf der Einwilligung, (also der vorherigen Zustimmung (§ 183 BGB) des Betreuungsgerichts (§ 1908i i. V. m. § 1831 BGB). **183**

Für die Erteilung und Wirkung der Einwilligung des Betreuungsgerichts gelten die §§ 1828–1831 BGB. Unter einer Einwilligung ist die vorherige Zustimmung i. S. von § 183 BGB zu verstehen. Dies folgt aus §§ 1831 Satz 1, 1908 BGB. Eine ohne vorherige Zustimmung erklärte Kündigung wird durch eine nachträglich erteilte Genehmigung nicht geheilt. Vielmehr muss der Kündigungsberechtigte eine neue Kündigung aussprechen (Rolfs in: Staudinger § 542 BGB Rdn. 65). **184**

Ist die Einwilligung erteilt, so hängt die Wirksamkeit einer Kündigung nicht von der Vorlage der Einwilligung ab. Bei Nichtvorlage kann der Kündigungsempfänger die Kündigung aber nach § 174 BGB zurückweisen. Es gelten dieselben Grundsätze wie bei der Zurückweisung einer Kündigung wegen unterlassener Vorlage der Vollmachtsurkunde (Rolfs in: Staudinger § 542 BGB Rdn. 65; s. § 542 BGB Rdn. 54 ff). **185**

§ 535 BGB Untertitel 1. Allgemeine Vorschriften für Mietverhältnisse

6. Hausverwalter

186 Für die Tätigkeit des Hausverwalters stehen zwei Rechtsinstitute zur Verfügung, nämlich die **Stellvertretung** nach § 164 BGB und die **Ermächtigung** nach § 185 Abs. 1 BGB. Die Stellvertretung unterscheidet sich von der Ermächtigung dadurch, dass der Stellvertreter die Erklärung im fremden Namen abgibt, während der Ermächtigte im eigenen Namen handelt.

187 Für ein wirksames Handeln als Stellvertreter benötigt der Verwalter eine **Vollmacht.** Die Vollmacht bedarf auch dann keiner bestimmten **Form,** wenn der Mietvertrag als solcher formbedürftig ist. Der **Umfang der Vollmacht** richtet sich ausschließlich nach dem Willen des Vollmachtgebers.

188 **Vertragsschluss.** Bei der Stellvertretung gilt der **Offenheitsgrundsatz.** Er besagt, dass der Hausverwalter die Fremdbezogenheit seiner Erklärungen offenlegen muss. Gibt der Verwalter nicht zu erkennen, dass er im Namen des Eigentümers handelt, so kommt das Mietverhältnis mit ihm und nicht mit dem Eigentümer zustande (§ 164 Abs. 2 BGB). Insbesondere kann aus der Verwendung des Begriffs „Hausverwalter" oder „Hausverwaltung" im Text der Mietvertragsurkunde nicht geschlossen werden, dass der Verwalter für den Eigentümer handeln wollte (LG Berlin ZMR 1987, 96; AG Berlin-Wedding GE 1991, 885). Wird der Verwalter als Vertragspartei in Anspruch genommen, so muss er beweisen, dass er nur als Vertreter gehandelt hat (Sternel, Mietrecht Rdn I 7).

188a **Einseitige Willenserklärungen** – etwa eine Kündigung – muss der Verwalter im Namen des Eigentümers abgeben. Wird der Offenheitsgrundsatz verletzt, so ist die Kündigung unwirksam. Eine **verdeckte Stellvertretung** ist bei der Kündigung nicht zulässig (LG Köln WuM 1997, 219 für Kündigung durch einen Betreuer; LG München I WuM 1989, 282 für Mieterhöhungserklärung; AG Augsburg MittBayNot 1992, 329; AG Waiblingen WuM 1991, 20). Für die Mieterhöhungserklärung nach § 558 BGB gilt dasselbe: Der Verwalter kann keine Mieterhöhungserklärung aus eigenem Recht abgeben (LG Berlin GE 1990, 497 selbst dann nicht, wenn – wie beim „Mietgaranten" – der Erfolg der Mieterhöhungserklärung dem Verwalter und nicht dem Eigentümer zugutekommt. Allerdings ist zu beachten, dass es genügt, wenn sich die Fremdbezogenheit aus den Umständen ergibt. Insoweit kann regelmäßig davon ausgegangen werden, dass ein Hausverwalter für den Eigentümer und Vermieter handelt, wenn er das Mietverhältnis kündigt. Gleiches gilt für eine Mieterhöhungserklärung. Hier ist es unschädlich, wenn der Verwalter nicht ausdrücklich erklärt, dass er im Namen des Vermieters handle (BGH NJW 2014, 1803 für Mieterhöhung nach § 558 BGB; LG Berlin GE 1994, 1447 für Mieterhöhung; LG Bremen WuM 1993, 505 für Kündigung).

189 Bei der **Ermächtigung** gelten ähnliche Grundsätze. Von einem Teil der Literatur wird die Ansicht vertreten, dass die von einem Ermächtigten abgegebene Erklärung nur wirksam ist, wenn der Ermächtigte offenlegt, dass er ein dem Vermieter zustehendes Recht im eigenen Namen geltend macht (Dickersbach in: Lützenkirchen, Mietrecht § 558a BGB Rdn. 18; Schultz in: Bub/Treier Kap III Rdn. 1136; Sternel Mietrecht Aktuell Rdn IV 81). Dies beruht auf der Erwägung, dass der Mieter eine Erklärung analog §§ 180 Abs. 1, 174 BGB oder analog § 182 Abs. 3, 111 BGB zurückweisen kann, wenn ihr keine Urkunde beigefügt ist, aus der sich das Recht des Ermächtigten zur Geltendmachung des Rechts ergibt. Nur auf diese Weise könne der Mieter eine doppelte Inanspruchnahme vermeiden. Der BGH teilt diese Ansicht nicht (BGH NJW 2014, 1802 betr. Mieterhöhungserklärung durch Erwerber einer Wohnung vor dessen Eintragung ins Grundbuch: „Denn der Mieter, der aus dem

Mietvertrag von einer anderen Person als seinem ursprünglichen Vermieter in Anspruch genommen wird, kann sich zunächst dessen Berechtigung nachweisen lassen, wenn er Zweifel daran hat, ob eine entsprechende Vollmacht oder Ermächtigung vorliegt oder ein Rechtsübergang nach § 566 BGB stattgefunden hat").

Wird die **Vollmacht gegenüber dem Verwalter erteilt** und macht dieser 190 hiervon Gebrauch, so ist es für die Wirksamkeit des Rechtsgeschäfts nicht erforderlich, dass die Vollmachtsurkunde vorgelegt wird. Besonderheiten gelten für einseitige empfangsbedürftige Rechtsgeschäfte (s. § 573 BGB Rdn. 50)

Für die **Vertretung des Vermieters im gerichtlichen Verfahren** ist § 79 191 **Abs. 2 ZPO** zu beachten. Danach kann sich der Vermieter nur durch einen Rechtsanwalt oder die in Abs. 2 Nr. 1–4 aufgeführten Personen (Beschäftigte, Familienangehörige, Verbraucherzentralen, registrierte Inkassodienstleister) vertreten lassen. Der Hausverwalter zählt nicht zum Kreis der vertretungsberechtigten Personen.

a. a. ODer Hausverwalter kann im Wege der **gewillkürten Prozessstand-** 192 **schaft** für den Vermieter tätig werden, wenn er hierzu im Einzelfall ermächtigt ist (eine Generalermächtigung genügt nicht) und er ein eigenes rechtlich schützenswertes Interesse an der gerichtlichen Geltendmachung hat. In der Rechtsprechung wird ein solches Interesse zum Teil bejaht (LG Darmstadt WuM 1990, 445; LG Bremen WuM 1993, 605 jeweils für den Verwalter von Eigentumswohnungen), überwiegend aber verneint (KG NZM 2007, 65; LG Görlitz WuM 1997, 682; LG Saarbrücken WuM 1998, 421; LG Kiel WuM 1998, 233; LG Berlin NJW-RR 1993, 1234; GE 1990, 497; AG Dortmund WuM 2001, 633; AG Wuppertal WuM 1993, 416). Ein eigenes rechtliches Interesse liegt vor, wenn der Verwalter in irgendeiner nicht nur unerheblichen Weise am Prozessergebnis partizipiert (Dickersbach NZM 2009, 726, 727). Dies ist nur ausnahmsweise zu bejahen, z. B. wenn der Hausverwalter für die erfolgreiche Beitreibung von Mietrückständen eine Provision erhält.

Außerdem kann der Vermieter eine Mietzinsforderungen an den Hausverwalter 193 abtreten. Bei der **Vollabtretung** ist die Prozessführungsbefugnis unproblematisch. Bei der **Abtretung zur Einziehung** kann der Hausverwalter eine Forderung im Mahnverfahren bis zur Abgabe an das Streitgericht geltend machen, allerdings nur, wenn er nach § 10 Abs. 1 S. 1 Nr. 1 des Rechtsdienstleistungsgesetzes registriert ist (§ 79 Abs. 2 S. 2 Nr. 4 ZPO).

Die allgemeine Hausverwaltervollmacht beinhaltet zugleich eine umfassende 194 **Empfangsvollmacht.** Der Mieter kann eine für den Vermieter bestimmte Erklärung entweder gegenüber dem Verwalter oder gegenüber dem Vermieter abgeben. Aus der Erklärung muss allerdings ersichtlich sein, dass sie für den Vermieter bestimmt ist. Es genügt insoweit, wenn sich die Person des Adressaten aus den Umständen ergibt.

Die Empfangsvollmacht gilt, bis sie widerrufen wird. Der Widerruf muss aus 195 Gründen der Rechtsklarheit in eindeutiger Weise erfolgen. Ist beispielsweise das Mietverhältnis durch den Vermieter persönlich gekündigt worden, so liegt darin keineswegs ein konkludent erklärter Widerruf der Verwaltungsvollmacht. Deshalb kann der Mieter einen Kündigungswiderspruch nach § 574 BGB auch gegenüber dem Verwalter abgeben.

Im gerichtlichen Verfahren muss stets der Vermieter persönlich in Anspruch ge- 196 nommen werden. Eine gewillkürte Prozessstandschaft ist nur möglich, wenn Rechte des Vermieters eingeklagt werden, nicht dagegen wenn der Vermieter verklagt werden soll **(Passivprozess).**

§ 535 BGB Untertitel 1. Allgemeine Vorschriften für Mietverhältnisse

197 Zum Anspruch des Eigentümers (Vermieters) gegenüber dem Verwalter auf Rechnungslegung s. OLG Saarbrücken NZM 1999, 1008.

7. Zwangsverwalter

198 Die Zwangsverwaltung ist neben der Zwangsversteigerung und der Zwangshypothek die dritte Art der Zwangsvollstreckung in das unbewegliche Vermögen. Die Gläubiger des Grundstückseigentümers sollen bei dieser Art der Vollstreckung nicht aus dem Objekt, sondern aus den Erträgnissen des Objekts befriedigt werden. Deshalb hat der Zwangsverwalter das Grundstück anstelle des Eigentümers nach wirtschaftlichen Gesichtspunkten zu verwalten, damit die Erträgnisse an die berechtigten Gläubiger verteilt werden können (dazu Reismann WuM 1998, 287; Drasdo NZM 2018, 6). Der Zwangsverwalter ist nicht Vertreter des Vermieters, sondern ein amtliches Organ.

199 Der Zwangsverwalter ist berechtigt, neue **Mietverträge** abzuschließen. In die bereits bestehenden Mietverhältnisse tritt der Zwangsverwalter ein (§ 152 Abs. 2 ZVG). Dies gilt allerdings nur, wenn die Mietsache dem Mieter vor der Beschlagnahme überlassen worden ist. Durch diese Rechtsfolge wird kein Rechtsübergang sondern eine Änderung der Verwaltungsbefugnis bewirkt (BGH NJW 2003, 3342; NZM 2005, 596 = WuM 2005, 460; WuM 2005, 404; Börstinghaus NZM 2004, 481, 489). Der Zwangsverwalter kann alle Rechte aus dem Mietverhältnis geltend machen. Er kann die Mieten einziehen und erhöhen, das Mietverhältnis kündigen, Schadenersatzansprüche oder Ansprüche auf Durchführung von Schönheitsreparaturen geltend machen. Der Mieter muss alle das Mietverhältnis betreffenden Erklärungen gegenüber dem Zwangsverwalter abgeben (BGH Urteil vom 21.11.2018 – XII ZR 78/17 betr. Optionserklärung).

200 Zu diesen Maßnahmen ist der **Verwalter** im Interesse einer wirtschaftlichen Verwaltung auch **verpflichtet**. Bei der Ausübung seiner Tätigkeit steht dem Zwangsverwalter ein gewisses Ermessen zu. Danach kann er zwischen mehreren wirtschaftlich sinnvollen Entscheidungen wählen; er darf aber keine Entscheidungen treffen, die wirtschaftlich unvernünftig sind (KG GE 2014, 390). Insbesondere hat er dafür zu sorgen, dass leerstehende Wohnungen vermietet werden. Insoweit genügt es allerdings, wenn der Zwangsverwalter einen Makler mit der Vermittlung von Mietverträgen beauftragt (OLG Köln NZI 2011, 959). Die Vermietung muss mindestens zu den ortsüblichen Bedingungen erfolgen. Deshalb handelt der Verwalter pflichtwidrig, wenn er gewerbliche Räume, ohne Notwendigkeit zu einem unüblich niedrigen Mietpreis vermietet (KG GE 2014, 390: Vermietung von Gewerberäumen zu einer Monatsmiete von 3.300.– € obwohl die erzielbare marktübliche Miete 6.100.– € beträgt; LG Berlin GE 2012, 63 betr. Vermietung von Räumen, deren Mietwert mit ca. 13.– €/qm anzusetzen ist, zu einer Miete von 7.– €/qm). In diesem Fall hat der Eigentümer Anspruch auf Schadensersatz; dieser ist entsprechend der Differenz zwischen der erzielten und der erzielbaren Miete zu bemessen (LG Berlin a. a. O.).

201 **Wohnt der Schuldner** zur Zeit der Beschlagnahme **auf dem Grundstück**, so sind ihm die für seinen Hausstand unentbehrlichen Räume zu belassen (§ 149 Abs. 1 ZVG). Zum Hausstand zählen grundsätzlich alle Personen, die zur Zeit der Beschlagnahme auf dem Grundstück wohnen. Dazu gehören der Ehepartner, Kinder, Eltern, Geschwister, nichteheliche Lebenspartner, Kinder des Lebenspartners oder Hauspersonal. Auch wenn die Kinder volljährig sind, können sie in den Hausstand der Eltern aufgenommen sein (BGH WuM 2016, 448). Der Schuldner hat hierfür kein Entgelt zu entrichten. Der Schuldner und die durch § 149 Abs. 1 ZVG privilegierten Personen (Familien- und Hausstandsangehörige) haben nur Anspruch auf die „unentbehrlichen Räume". Die entbehrlichen Räume sind an den Zwangsverwalter zum Zweck der Vermietung herauszugeben. Anderenfalls müssen die Nutzer dieser Räume gem. § 812 BGB eine Nutzungsentschädigung bezahlen. Allerdings sind hierbei zwei Besonderheiten zu beachten: **(1)** Zum einen besteht weder eine Herausgabe- noch eine Zahlungspflicht, wenn die an sich entbehrlichen Räume nicht vermietet werden können. Davon ist in der Regel auszugehen, wenn die unentbehrlichen und die entbehrlichen Räume Teil einer einheitlichen Wohnung sind. **(2)** Sind die Räume trennbar, so muss der Zwangsverwalter zunächst bestimmen, welche Räume weiterhin vom Schuldner oder seinen Angehörigen genutzt werden dürfen; der Anspruch auf die Nutzungsentschädigung entsteht erst, wenn der Verwalter diese Bestimmung getroffen hat (OLG Brandenburg a. a. O.).

Die Vorschrift des **§ 149 Abs. 1 ZVG** setzt zweierlei voraus: **(1)** zum einen muss der Eigentümer die Räume kraft seines Eigentums bewohnen; dies ist nicht der Fall, wenn er die Wohnung an einen Dritten (z. B. an einen Familienangehörigen) vermietet und er in der Folgezeit sein Besitz- oder Mitbesitzrecht vom Dritten ableitet (BGH NZI 2013, 766 Rz.10; Urteil vom 21.4.2016 – IX ZR 72/14 Rz. 16). **(2)** Zum anderen ist erforderlich, dass der Eigentümer in der Wohnung einen eigenen Hausstand führt. Hat der Eigentümer die Wohnung vollständig an einen Dritten (z. B. seiner Ehefrau) vermietet, so ist § 149 Abs. 1 ZVG unanwendbar (BGH NZI 2013, 766). Die zwischen dem Zwangsverwalter und dem Mieter bestehenden Rechtsbeziehungen richten sich allein nach dem Mietvertrag. Es kommt nicht darauf an, ob der Mieter auf einen Teil der Räume verzichten könnte. Die Vereinbarung einer besonders günstigen Miete gilt auch im Verhältnis zum Zwangsverwalter. Die Gläubiger des Eigentümers können den Abschluss eines für sie ungünstigen Mietvertrags nach § 3 AnfG anfechten. Anfechtbar ist eine Rechtshandlung, die der Eigentümer in den letzten zehn Jahren vor der Anfechtung mit dem Vorsatz, seine Gläubiger zu benachteiligen, vorgenommen hat, wenn der andere Teil zur Zeit der Handlung den Vorsatz des Schuldners kannte. Zur Anfechtung sind aber nur die Gläubiger berechtigt. Die Darlegungs- und Beweislast für die tatsächlichen Voraussetzungen des Anfechtungstatbestands trägt der Gläubiger. Hinsichtlich der Benachteiligung genügt bedingter Vorsatz. Hiervon ist auszugehen, wenn der Schuldner die Benachteiligung des Gläubigers erkennt und billigend in Kauf nimmt. Bei diesem Tatbestandsmerkmal handelt es sich um eine innere Tatsache, die in der Regel nur mittelbar aus objektiven Tatsachen hergeleitet werden kann. Indizien hierfür sind: Das Missverhältnis zwischen der Leistung des in beengten finanziellen Verhältnissen lebenden Schuldners und der Gegenleistung des Begünstigten; die Unmittelbarkeit des Eintritts der Nachteile beim Gläubiger; das Ausmaß der Benachteiligung sowie ein besonderes Näheverhältnis des Schuldners zum Begünstigten (BGH MDR 2015, 978). Dem Zwangsverwalter steht dieses Recht nicht zu (BGH WuM 2013, 627). **201a**

Hat ein Mieter die **Miete im Voraus** bezahlt, so ist die Zahlung auch gegenüber dem Zwangsverwalter wirksam (§§ 1192, 1124 Abs. 1 BGB), wenn die Zahlung vor der Anordnung der Zwangsverwaltung (§ 146 Abs. 1 ZVG) erfolgt. Eine Ausnahme gilt gem. § 1124 Abs. 2 BGB für Zahlungen, die „sich auf die Miete ... für eine spätere Zeit als den zur Zeit der Beschlagnahme laufenden Kalendermonat" beziehen; erfolgt die Beschlagnahme nach dem fünfzehnten Tage des Monats, so ist die Verfügung jedoch insoweit wirksam, als sie sich auf die Miete oder Pacht für den folgenden Kalendermonat bezieht. Solche Zahlungen sind den Grundpfandgläubigern gegenüber unwirksam. **202**

203 Von diesem Grundsatz besteht eine wichtige **Ausnahme:** Hat der Mieter einen **abwohnbaren Baukostenzuschuss** geleistet, so muss der Zwangsverwalter die Verrechnung dieser Leistung als Mietzahlung akzeptieren. Diese Rechtsfolge wird aus § 242 BGB abgeleitet. Sie beruht auf der Erwägung, dass der Eigentümer mit der bestimmungsgemäßen Verwendung des Baukostenzuschusses einen Sachwert schafft, der auch dem Grundpfandgläubiger in Form einer Wertsteigerung des Grundstücks zugutekommt. Nach der Rechtsprechung setzt die Berücksichtigung eines abwohnbaren Baukostenzuschusses als Mietvorauszahlung voraus, **(1)** dass der Mieter den Baukostenzuschuss oder eine entsprechende Bauleistung mit Rücksicht auf das Mietverhältnis erbringt; **(2)** dass der Baukostenzuschuss aus dem Vermögen des Mieters stammt und, **(3)** dass der Baukostenzuschuss oder eine entsprechende Bauleistung tatsächlich zum Auf- oder Ausbau des Mietgrundstücks verwendet wird (BGH WuM 2012, 210). Die unter der Ziff. (1) genannte Voraussetzung ist nicht gegeben, wenn der Mieter dem Vermieter ein vom Mietvertrag unabhängiges Darlehen gewährt, das durch Verrechnung mit der Miete getilgt werden soll. Ebenso fehlt es an dieser Voraussetzung, wenn der Mieter die Kosten für eine Baumaßnahme übernimmt, die beim Vertragsschluss bereits abgeschlossen war. Gleiches gilt, wenn der Mieter die Leistungen vor Abschluss des Mietvertrags erbringt. Ob der Mieter den Baukostenzuschuss in Geld oder in Form von Arbeitsleistungen erbringt, spielt keine Rolle. Bei einer Geldleistung werden auch solche Zahlungen dem Mieter zugerechnet, die ein Dritter für den Mieter erbringt, sei es dass der Dritte dem Mieter ein günstiges Darlehen gewährt oder gewährt oder eine bestimmte Geldsumme schenkweise zuwendet. Bei Arbeitsleistungen kommt dem Mieter auch die Mithilfe dritter Personen zugute, wenn diese für den Mieter tätig geworden sind.

204 Ist im Mietvertrag vereinbart, dass die Miete für die gesamte Laufzeit des Vertrags im Voraus zu bezahlen ist **(Einmalmiete)** und hat der Mieter seine Zahlungspflicht vor der Beschlagnahme erfüllt, so stellt sich die Frage, ob und in welchem Umfang die Zahlung gegen den Zwangsverwalter wirkt. Diese Frage ist im Gesetz nicht eindeutig geregelt, weil § 1124 Abs. 2 BGB auf die periodische Mietzahlung zugeschnitten ist. In dem Urteil vom 25.4.2007 hat der BGH entschieden, dass § 1124 Abs. 2 BGB nicht anzuwenden ist, wenn eine als „Einmalmiete" zu bewertende Zahlung als Gegenleistung für die **Einräumung eines lebenslangen Wohnrechts** vereinbart wurde (BGH NJW 2007, 2919 unter Ziff. II 1a; vgl. auch BGHZ 137, 106 = NJW 1998, 595 zu dem rechtsähnlichen Problem bei der Anwendung des § 566c BGB). Diese Entscheidung beruht auf der Erwägung, dass in einem solchen Fall unklar bleibt „welcher Anteil (der Mietzahlung) rechnerisch auf einen Monat entfällt". In einer späteren Entscheidung hat der BGH allerdings ausgeführt, es sei offen, „ob an dieser Rechtsprechung uneingeschränkt festzuhalten ist" (BGHZ 201, 91 = NJW 2014, 2720 Rz. 21). Zwingend erscheint dies nicht, weil auch solche Einmalzahlungen einen zukünftigen Nutzungszeitraum abdecken und regelmäßig auf einer Kalkulation eines realistischen Entgelts bemessen nach einem realistischen Nutzungszeitraum beruhen.

204a Die Sonderbehandlung der Einmalmiete ist allerdings nur dann angezeigt, wenn der vereinbarte Betrag „nicht auf der Grundlage periodischer Zeitabschnitte (etwa Monate oder Jahre) bemessen wird" (so bereits BGH NJW 2007, 2919 unter Ziff. II 1a). Ist die Berechnung des Monatsbetrags dagegen möglich, so gilt § 1124 Abs. 2 BGB uneingeschränkt (BGHZ 201, 91 = NJW 2014, 2720). Dies gilt nicht nur für einen **Mietvertrag mit fester Laufzeit** sondern immer dann, wenn der Mieter auf Grund einer im Mietvertrag getroffenen Vereinbarung eine **nach wiederkehrenden Zeitabschnitten kalkulierte Miete** im Voraus bezahlt hat.

Inhalt und Hauptpflichten des Mietvertrags **BGB § 535**

Abweichende Vereinbarungen. Die Vorschrift des § 1124 Abs. 2 BGB dient **204b** dem Schutz der Grundpfandgläubiger. Die Parteien des Mietvertrags können die in diesen Regelungen vorgesehene Rechtsfolge nicht abweichend regeln. Eine an den Vermieter gezahlte Miete kann der Mieter vom Empfänger der Leistung nach § 812 Abs. 1 Satz 2 Alt 2 BGB zurückfordern, weil der mit der Zahlung verfolgte Zweck (Erfüllung der aus dem Mietvertrag folgenden Zahlungspflicht) auf Grund der Rechtsfolgen des § 1124 Abs. 2 BGB nicht erreicht werden kann.

Ist der Mieter nach den Vereinbarungen des Hauptmietvertrags zur **Unterver- 205 mietung** berechtigt, so stehen ihm die Einnahmen aus dem Untermietvertrag zu. Die Anordnung der Zwangsverwaltung über das Grundstück ändert hieran grundsätzlich nichts, weil hierdurch lediglich die Forderungen aus dem Hauptmietverhältnis erfasst werden. Etwas anderes gilt jedoch auch hier, wenn der Untermietzins wirtschaftlich dem Grundstückseigentümer zugutekommt (OLG Celle Urteil vom 8.3.2012 – 2 U 102/11, juris).

Der Zwangsverwalter muss alle den Vermieter treffenden Pflichten erfüllen. Ihm **206** obliegt die Verkehrssicherungspflicht, weil dem Eigentümer infolge der Zwangsverwaltung jede Einwirkung auf das Grundstück verwehrt ist. Der Grundstückseigentümer wird frei; bei ihm verbleibt auch keine Kontroll- und Überwachungspflicht (vgl. BGH Urteil vom 13.6.2017 – VI ZR 395/16, Rdn. 10). Wird über eine **vermietete Eigentumswohnung** die Zwangsverwaltung angeordnet, so muss der Zwangsverwalter einen Teil der Mieteinnahmen zur Bezahlung des Hausgeldes verwenden. Dies gilt für das laufende Hausgeld. Die Ansprüche der Wohnungseigentümergemeinschaft auf rückständige Hausgelder und Sonderumlagen, die im Zeitpunkt der Beschlagnahme bereits fällig waren, sind nur zu berücksichtigen, wenn die Gemeinschaft wegen dieser Ansprüche die Zwangsverwaltung betreibt (BGH NJW 2012, 1293).

Wegen der Ansprüche aus dem Vertrag ist der **Zwangsverwalter aktiv und 207 passiv legitimiert.** Die Haftung des Zwangsverwalters ist auf das Verwaltungsvermögen beschränkt. Bei der Titulierung ist darauf zu achten, dass diese Beschränkung im Rubrum zum Ausdruck kommt, damit der Zwangsverwalter nicht persönlich in Anspruch genommen werden kann (LG Berlin GE 1997, 431). Ein bereits titulierter Anspruch ist auf den Zwangsverwalter umzuschreiben (LG Berlin GE 1997, 431).

Nach der Anordnung der Zwangsverwaltung ist der Zwangsverwalter für die **208 Abrechnung der Betriebskosten** zuständig (s. dazu § 556 Rdn. 253).

Für die Dauer der Zwangsverwaltung tritt der Verwalter in die Rechte und **209** Pflichten aus einer **Kautionsvereinbarung** ein. Daraus folgt: Ist die Kaution gesetzeskonform vom Vermögen des Vermieters getrennt angelegt, so kann der Zwangsverwalter an Stelle des Vermieters über die Sicherheit verfügen. Ist die Kaution nicht gesetzeskonform angelegt, aber vorhanden, so muss der Zwangsverwalter die Kaution vom Vermieter herausverlangen und für eine solche Anlage Sorge tragen. Auch der Mieter kann vom Eigentümer verlangen, dass dieser die Kaution dem Verwalter aushändigt (LG Köln WuM 1990, 427; AG Düsseldorf ZMR 1992, 549). Weitere Einzelheiten: § 551 BGB Rdn. 118 ff.

Der Eigentümer ist nicht zur Vermietung berechtigt. Vermietet er trotzdem, so **210** ist der Mietvertrag gegenüber dem Mieter wirksam (§ 311a BGB). Der Eigentümer kann aber nur erfüllen, wenn der Zwangsverwalter zustimmt. Der zwischen dem Eigentümer und dem Mieter abgeschlossene Vertrag bindet den Zwangsverwalter nicht. Hat der Eigentümer dem Mieter den Besitz ohne Zustimmung des Verwalters überlassen, so schuldet der Mieter keinen Mietzins, sondern lediglich

§ 535 BGB Untertitel 1. Allgemeine Vorschriften für Mietverhältnisse

eine Nutzungsentschädigung nach § 812 BGB und für den Fall, dass der Zwangsverwalter den Räumungsanspruch geltend macht, auch eine Nutzungsentschädigung nach § 987 Abs. 1 BGB (ab Rechtshängigkeit). Der Anspruch aus § 812 BGB fällt nicht unter § 148 Abs. 2 ZVG; er ist dem Mietzinsanspruch auch nicht gleichzustellen, mit der weiteren Folge, dass der Zwangsverwalter diesen Anspruch nicht geltend machen kann. Der Zwangsverwalter hat die Wahl zwischen der Genehmigung des Mietvertrags und dem Herausgabeanspruch (OLG Hamm ZMR 1993, 568). Die nach Rechtshängigkeit gegebene Nutzungsentschädigung nach § 987 Abs. 1 BGB kann der Zwangsverwalter geltend machen. Kann der Eigentümer nicht erfüllen, so schuldet er dem Mieter Schadensersatz (§ 311a Abs. 2 BGB).

211 In die sonstigen Verträge zwischen dem Eigentümer und Dritten, die mit der Bewirtschaftung des Grundstücks in Zusammenhang stehen (z. B. in Dienst oder Arbeitsverträge), tritt der Zwangsverwalter nicht ein. Deshalb muss ein Hauswart, der eine Wohnung auf Grund eines Mietvertrags nutzt, den Mietzins an den Zwangsverwalter bezahlen, während er sich wegen der Hauswartsvergütung nur an den Eigentümer halten kann (LG Berlin GE 1996, 1369). Etwas anderes gilt, wenn die Hauswartsleistung als solche Teil des Mietzinses ist (Ersetzungsbefugnis) oder wenn das Entgelt für die Überlassung der Wohnung vereinbarungsgemäß in Form von Hauswartsleistungen erbracht wird.

212 Die **Zwangsverwaltung endet,** wenn der **Anordnungsbeschluss aufgehoben** wird. In diesem Fall tritt der Eigentümer in die vom Zwangsverwalter begründeten Mietverträge ein. Die vom Zwangsverwalter abgegebenen Erklärungen (Mieterhöhung, Kündigung, Abmahnung, etc.) bleiben wirksam. Ein Mieterhöhungsverlangen, das der Eigentümer während der Zeit der Zwangsverwaltung ausgesprochen hat, bleibt auch dann unwirksam, wenn die Zwangsverwaltung in der Folgezeit beendet wird (AG Dortmund WuM 1994, 546). Gleiches gilt für eine Kündigungserklärung.

213 Die **Zwangsverwaltung endet** außerdem mit der **Erteilung des Zuschlags in der Zwangsversteigerung.** Zwischen dem Zwangsverwalter und dem Erwerber entsteht gem. § 154 ZVG ein gesetzliches Schuldverhältnis. Aus diesem Schuldverhältnis ist der Zwangsverwalter verpflichtet, dem Erwerber die das Objekt betreffenden Unterlagen, insbesondere die bestehenden Mietverträge zu übergeben. Die Herausgabepflicht besteht über das Ende der Zwangsverwaltung hinaus (OLG Braunschweig NZI 2018, 575). Wird die Herausgabepflicht nicht oder verspätet erfüllt, so ist der Zwangsverwalter zum Ersatz des hierdurch entstandenen Schadens verpflichtet. Der Erwerber ist beweispflichtig dafür, dass infolge der unzureichenden Information über die Person des Mieters ein Schaden entstanden ist. Besteht der Schaden in einem Mietausfall, gilt die Beweiserleichterung des § 252 BGB mit der Folge, dass die bloße Wahrscheinlichkeit der Erzielung einer höheren Miete anstelle des positiven Nachweises genügt (OLG Braunschweig a. a. O.).

213a Die Mieten stehen ab dem Zeitpunkt des Eigentumserwerbs (Erteilung des Zuschlags) dem Erwerber zu. Soweit der Zwangsverwalter nach diesem Zeitpunkt Mietzahlungen entgegennimmt, hat er sie an den Erwerber herauszugeben. Dies gilt auch für die Betriebskostenvorauszahlung (BGH NJW-RR 2008, 323 = NZM 2008, 100). Hieraus wird teilweise geschlossen, dass der Erwerber umgekehrt auch für eine Unterdeckung einzustehen hat (Engels RPfleger 2008, 91, 92). Der BGH (a. a. O.) teilt diese Ansicht nicht. Nach seiner Meinung fehlt es an einer Anspruchsgrundlage. In Betracht kommt insoweit eine analoge Anwendung von § 670 BGB. Diese Vorschrift bestimmt für das Auftragsrecht, dass der Auftraggeber zum Ersatz der Aufwendungen verpflichtet ist, die der Beauftragte zum Zwecke der Ausführung des Auftrags für erforderlich halten durfte.

Forderungen aus der Zeit vor der Wirksamkeit des Zuschlags bleiben jedoch Zwangsverwaltungsmasse. Der Zwangsverwalter ist berechtigt, diese Forderungen einzuziehen. Insoweit ist er auch trotz Beendigung der Zwangsverwaltung aktiv legitimiert (BGH ZMR 1993, 91; NZM 2009, 715; NZM 2009, 715; NZM 2010, 676). Voraussetzung ist, dass die in Frage stehenden Ansprüche während der Dauer der Zwangsverwaltung entstanden sind. Dies folgt aus der Erwägung, dass dem Erwerber die Mieten und Betriebskosten erst von der Erteilung des Zuschlags an zustehen (§ 56 Satz 2 ZVG). Für die Ansprüche auf restliche Betriebskosten kommt es nicht auf deren Fälligkeit (die mit dem Zugang der Abrechnung eintritt), sondern auf die Entstehung der Ansprüche an (OLG Brandenburg Urteil vom 29.8.2018 – 4 U 106/15). Für Passivprozesse gilt dasselbe (LG Berlin GE 1997, 427). Deshalb kann der Mieter den Zwangsverwalter auch nach Zuschlagserteilung wegen solcher Forderungen in Anspruch nehmen, die während der Zeit der Zwangsverwaltung fällig geworden sind (LG Berlin a. a. O. für einen Aufwendungserstattungsanspruch gem. § 536a Abs. 2 BGB). 214

Für die nach Erteilung des Zuschlags entstehenden Verbindlichkeiten haftet nur der Erwerber. Für Pflichtverletzungen während der Zeit der Zwangsvollstreckung haftet der Zwangsverwalter nach allgemeinen Grundsätzen. Grundsätzlich muss der Eigentümer beweisen, dass der Schaden infolge der Tätigkeit oder Untätigkeit des Zwangsverwalters eingetreten ist. Eine Beweislastumkehr in Form der Beweisvereitelung findet statt, wenn feststeht, dass der Zwangsverwalter eine zum Schutz des Geschädigten bestehende Pflicht verletzt hat. In diesem Fall muss der Zwangsverwalter beweisen, dass der Schaden auch bei pflichtgemäßem Verhalten eingetreten wäre (BGH NZM 2005, 700 = WuM 2005, 597 betreffend die Verwahrlosung einer vermieteten Eigentumswohnung während der Zeit der Zwangsvollstreckung).

Mit der Anordnung der Zwangsverwaltung verliert der Eigentümer die **Prozessführungsbefugnis.** Diese geht auf den Zwangsverwalter als gesetzlichen Prozessstandschafter über (BGH NZM 2006, 312; NZM 2010, 676). Es gelten die Regeln über den Parteiwechsel. Der Zwangsverwalter übernimmt einen zwischen dem Eigentümer und dem Mieter anhängigen Prozess in dem Stadium, in dem er sich im Zeitpunkt der Anordnung der Zwangsverwaltung befindet. Aus dem Rechtsgedanken der §§ 85, 86 InsO ist abzuleiten, dass die Übernahme nicht der Zustimmung des beklagten Mieters bedarf (LG Krefeld GE 2015, 919). 214a

Hat der Verwalter gegen einen Mieter einen **Titel auf Räumung und Herausgabe** des der Beschlagnahme unterliegenden Mietobjekts erstritten, so kann der Titel nicht auf den Erwerber umgeschrieben werden (BGH GuT 2012, 277). Eine Titelumschreibung ist aber auch entbehrlich. Durch die vom Zwangsverwalter erklärte Kündigung wird das Mietverhältnis beendet. Der Mieter hat mithin gegenüber dem Erwerber kein Recht zum Besitz. Deshalb kann der Erwerber aus dem Zuschlagsbeschluss die Zwangsvollstreckung auf Räumung und Herausgabe betreiben (§ 93 Abs. 1 ZVG). 215

Steuerliche Pflichten des Zwangsverwalters (s. dazu grundlegend: BFH NZM 2015, 677). **(1)** Der Zwangsverwalter gilt hinsichtlich der Verwaltung der Immobilie als Vermögensverwalter im Sinne von § 34 Abs. 3 AO. Als solcher hat er neben dem Grundstückseigentümer die steuerlichen Pflichten zu erfüllen. **(2)** Die steuerlichen Pflichten des Zwangsverwalters sind in gegenständlicher und zeitlicher Hinsicht beschränkt. Die Pflicht zur Abführung der Steuer beschränkt sich auf die liquiden Miet- und Pachteinnahmen aus den seiner Verwaltung unterliegenden 215a

§ 535 BGB Untertitel 1. Allgemeine Vorschriften für Mietverhältnisse

Grundstücken für die Dauer der Zwangsverwaltung. Mit seinem Privatvermögen haftet der Zwangsverwalter nur bei vorsätzlicher oder grob fahrlässiger Pflichtverletzung. **(3)** Die Eröffnung des Insolvenzverfahrens hat auf die Pflichten des Zwangsverwalters keinen Einfluss. Dessen Pflichten gehen erst dann auf den Insolvenzverwalter über, wenn das Zwangsverwaltungsverfahren aufgehoben oder einstweilen eingestellt wird. **(4)** Die Steuerpflicht des Zwangsverwalters besteht hinsichtlich der **Einkommenssteuer;** die früher vertretene gegenteilige Ansicht (BFH DB 1958, 1203) hat der BFH in dem Urteil vom 10.2.2015 (NZM 2015, 677) aufgegeben. Dies führt zu der Frage, wie der Zwangsverwalter die Höhe der geschuldeten Steuer ermitteln soll, weil dies von den persönlichen Verhältnissen des Schuldners und davon abhängt ob bei anderen Einkünften verrechenbare Verluste vorliegen (s. Drasdo NZM 2016, 518). Insoweit ist der Zwangsverwalter auf die Mitwirkung des Schuldners angewiesen. Wird diese verweigert, so muss der Zwangsverwalter davon ausgehen, dass die Einkünfte aus Vermietung zu dem höchstmöglichen Satz zu versteuern sind. Außerdem besteht die Steuerpflicht für die auf die Mieten und Pachten entfallende **Umsatzsteuer** sowie auf die **Kfz-Steuer** wenn das Fahrzeug als Zubehör des Grundstücks vorrangig der Verfügung des Zwangsverwalters unterliegt.

8. Insolvenzverwalter

216 Wird über das Vermögen des Vermieters das Insolvenzverfahren eröffnet, so bleibt der Bestand des **vollzogenen Mietvertrags** unberührt: Der Mietvertrag ist auch der Insolvenzmasse gegenüber wirksam (§ 108 Abs. 1 InsO). Der Insolvenzverwalter muss das Mietverhältnis gegenüber dem Mieter erfüllen. Er ist anstelle des Vermieters zur Mangelbeseitigung verpflichtet. Dies gilt auch dann, wenn die Mängel bereits vor der Eröffnung des Insolvenzverfahrens vorhanden gewesen sind (BGH WuM 2003, 338 = ZMR 2003, 418 = NZM 2003, 472; Wolf/Eckert/Ball Rdn. 1519). Der Mieter hat die **Miete** einschließlich aller Nebenkosten (BGH NJW 1986, 3206) an den Insolvenzverwalter zu bezahlen. Sonderkündigungsrechte bestehen nicht.

217 Hat der Mieter vor Insolvenzeröffnung eine **Mietvorauszahlung** an den Vermieter geleistet, so ist diese Zahlung gegenüber der Insolvenzmasse nur insoweit wirksam, soweit sie sich auf den Mietzins für den zur Zeit der Eröffnung des Verfahrens laufenden Kalendermonat bezieht. Ist die Eröffnung nach dem 15. Tag des Monats erfolgt, so ist die Verfügung auch für den folgenden Kalendermonat wirksam (§ 110 Abs. 1 InsO). Maßgeblich ist, wann der Mieter von der Eröffnung des Insolvenzverfahrens Kenntnis erlangt hat. Hat der Mieter nach der Eröffnung des Verfahrens an den Vermieter geleistet, so wird er frei, wenn er zur Zeit der Leistung die Eröffnung des Verfahrens nicht kannte. Hat der Mieter vor der öffentlichen Bekanntmachung der Eröffnung geleistet, so wird vermutet, dass er die Eröffnung nicht kannte (§ 82 InsO). In § 110 Abs. 2 InsO ist ausdrücklich geregelt, dass die im Wege der Zwangsvollstreckung erfolgte Verfügung einer rechtsgeschäftlichen Verfügung gleichsteht. Die darüber hinausgehende Vorauszahlung kann der Mieter vom Vermieter zurückverlangen: Allerdings handelt es sich bei dem Rückforderungsanspruch um eine einfache Insolvenzforderung.

218 Von der Mietvorauszahlung in diesem Sinne sind diejenigen Zahlungen zu unterscheiden, die vom Vermieter vereinbarungsgemäß zur Finanzierung eines Neubaus, zum Wiederaufbau, zur Wiederherstellung, zum Ausbau oder zur Erweiterung des Gebäudes verwendet worden sind mit der Maßgabe, dass der Mieter berechtigt sein soll, die Vorausleistungen abzuwohnen. Diese Leistungen sind der Insolvenzmasse gegenüber wirksam, wobei es nicht darauf ankommt, ob sie als Mieterdarlehen, Baukostenzuschuss oder Mietvorauszahlung bezeichnet worden sind (BGH NJW 1952, 867; BGHZ 15, 296). Bei Renovierungsleistungen ist insoweit allerdings Zurückhaltung angezeigt, weil bereits nach allgemeiner Lebenserfahrung nicht davon auszugehen ist, dass sich Renovierungskosten in voller Höhe im Wert der Immobilie niederschlagen, d. h., dass in entsprechender Höhe gleichzeitig eine Wertsteigerung der Immobilie stattfindet (OLG Frankfurt, Urteil vom 5.12.2018 – 4 U 17/18).

Solange das Mietverhältnis dauert, kann der Mieter mangels Fälligkeit des Rück- 219
zahlungsanspruchs weder die **Kaution** zurückfordern, noch mit dem Rückzahlungsanspruch gegen Mietzinsforderungen aufrechnen. Hinsichtlich der Rechtslage nach Beendigung des Mietverhältnisses s. § 551 BGB Rdn. 98 ff.

Nach § 165 InsO kann der Insolvenzverwalter beim zuständigen Gericht (Amts- 220
gericht § 2 InsO) die Zwangsversteigerung oder die Zwangsverwaltung betreiben. Wird die Mietsache versteigert, so hat der Ersteher ein Kündigungsrecht nach § 57a ZVG. Dieses **Sonderkündigungsrecht** bewirkt, dass ein auf bestimmte Zeit abgeschlossenes Mietverhältnis vorzeitig beendet werden kann. Bei der Wohnraummiete müssen darüber hinaus Kündigungsgründe im Sinne von § 573 BGB vorliegen (BGH RE 21.4.1982 BGHZ 84, 90 = NJW 1982, 178). Dieselben Grundsätze gelten, wenn das Grundstück von dem Insolvenzverwalter freiwillig veräußert wird (§ 111 InsO).

Gehört zur Insolvenzmasse eine vermietete **Eigentumswohnung,** so ist der 221
Insolvenzverwalter verpflichtet, für eine ordnungsgemäße Bewirtschaftung des Wohnungseigentums zu sorgen und die dazu notwendigen Kosten aus der Masse aufzubringen. Aus diesem Grunde muss er an den Verwalter der Eigentümergemeinschaft das Hausgeld bezahlen. Zahlt der Mieter im Falle der Vermieterinsolvenz die Nebenkosten direkt an den Verwalter der Wohnungseigentümergemeinschaft, so wirkt die Zahlung insoweit schuldbefreiend gegenüber dem Insolvenzverwalter, als die Insolvenzmasse dadurch von einer Masseverbindlichkeit entlastet wird. Für das Maß der Entlastung kommt es darauf an, ob sich die Zahlungen auf die jeweils laufenden oder aber auf die bei Insolvenzeröffnung rückständigen Forderungen beziehen. Die rückständigen Forderungen sind einfache Masseforderungen, so dass die Insolvenzmasse durch die hierauf entfallenden Zahlungen nicht in Höhe der gezahlten Beträge, sondern nur in Höhe der Insolvenzquote entlastet wird. Bezüglich der laufenden Forderungen wird die Insolvenzmasse in voller Höhe entlastet (BGH NJW 1986, 3206).

War die **Mietsache** zur Zeit der Eröffnung des Insolvenzverfahrens **noch nicht** 222
überlassen, so ist die Regelung des § 108 Abs. 1 Satz 1 InsO – entgegen ihrem Wortlaut – nicht anzuwenden (BGH NJW 2007, 3715). In diesen Fällen kann der Insolvenzverwalter die Mietsache überlassen (§ 103 Abs. 1 InsO); er ist hierzu aber nicht verpflichtet. Lehnt der Verwalter die Erfüllung ab, so besteht der Mietvertrag zwar fort; dem Mieter stehen aber keine Erfüllungs- sondern nur Schadensersatzansprüche zu. Diese Ansprüche kann der Mieter nicht als Massegläubiger sondern nur als (gewöhnlicher) Insolvenzgläubiger geltend machen (103 Abs. 2 Satz 1 InsO). Dieselbe Rechtsfolge gilt, wenn das Mietverhältnis zwar in Vollzug gesetzt war, der Mieter aber den Besitz an der Wohnung bei Insolvenzeröffnung freiwillig wieder aufgegeben hatte (BGHZ 204, 1 = NJW 2015, 627). Ein solcher Sachverhalt liegt nach der Ansicht des BGH auch dann vor, wenn sich der Mieter anlässlich einer Sanierungsmaßnahme zum vorübergehenden Auszug aus der Wohnung ver-

pflichtet (BGH a. a. O.). Eine Besitzaufgabe liegt nicht vor, wenn der Mieter die Wohnung anlässlich von Sanierungs- oder Modernisierungsmaßnahme zwar verlässt, dort aber weiterhin Einrichtungsgegenstände aufbewahrt. An der Freiwilligkeit der Besitzaufgabe kann es fehlen, wenn der Mieter kraft Gesetzes zur vorübergehenden Räumung der Wohnung verpflichtet ist. Eine solche Verpflichtung kann angenommen werden, wenn Erhaltungsmaßnahmen bei einem baufälligen Haus nicht anders erledigt werden können und sichergestellt ist, dass die Baumaßnahme tatsächlich durchgeführt wird und die Finanzierung geregelt ist.

222a Nach §§ 129 Abs. 1, 134 InsO ist eine **unentgeltliche Leistung des Vermieters** anfechtbar, wenn sie innerhalb von vier Jahren vor dem Antrag auf Eröffnung des Insolvenzverfahrens vorgenommen und die Insolvenzgläubiger dadurch benachteiligt wurden. Eine unentgeltliche Leistung in diesem Sinne liegt auch dann vor, wenn der Vermieter eine Wohnung unentgeltlich überlässt. Eine teilweise unentgeltliche Leistung kann angenommen werden, wenn der Vermieter eine Wohnung zu einer unüblich niedrigen Miete vermietet (OLG München NZM 2013, 855 für Nachlassinsolvenz). Nach der Ansicht des OLG München (a. a. O.) kann eine nach der Rechtslage mögliche, aber unterlassene Mieterhöhung anfechtbar sein, wenn sie Ausfluss einer bewussten Entscheidung ist; in der bloßen Untätigkeit liegt dagegen keine der Anfechtung unterliegende Willensbetätigung. Nach der hier vertretenen Ansicht führt eine Anfechtung auch dann nicht zum Ziel, wenn der Nachweis gelingt, dass der Vermieter bewusst von einer Mieterhöhung abgesehen hat, etwa um einem Verwandten oder Bekannten eine besonders preisgünstige Wohnung zur Verfügung zu stellen. Eine vereinbarte Miete ist für die Parteien solange bindend, bis sie abgeändert wird. Dies setzt eine Mieterhöhungserklärung voraus, die immer nur für die Zukunft, nicht für die Vergangenheit wirkt (§ 558b BGB). Bereicherungsansprüche kommen im Hinblick auf die eindeutige Gesetzeslage nicht in Betracht.

222b Wird eine auf den Abschluss eines Mietvertrags gerichtete Erklärung wegen Irrtums (§ 119 BGB) oder Täuschung (§ 123 BGB) angefochten, so hat dies zur Folge, dass der Vertragsschluss rückwirkend entfällt. Der Mieter ist in einem solchen Fall rechtsgrundloser Besitzer, so dass er die Mietsache an den Vermieter herausgeben muss. Bei der Insolvenzanfechtung nach **§ 129 InsO** ist dies anders. Dabei handelt es sich nicht um ein Gestaltungsrecht, sondern um einen **schuldrechtlichen Anspruch**, der außergerichtlich oder gerichtlich geltend zu machen ist. Die Insolvenzanfechtung hat also nicht die Unwirksamkeit der Rechtshandlung zur Folge. Zwar kann der anfechtende Insolvenzverwalter dem Erfüllungsanspruch des Mieters den Einwand der Anfechtbarkeit entgegensetzen. Im Verhältnis der Parteien untereinander bleibt der Mietvertrag aber bestehen. Der Vermieter muss also weiterhin leisten (BGH NJW 2015, 164).

9. Nachlass- und Abwesenheitspfleger

223 Die Nachlasspflegschaft (§ 1960 ff BGB) kann von Amts wegen oder auf Antrag angeordnet werden; zuständig ist das Nachlassgericht. Bei der Nachlasspflegschaft von Amts wegen ist ein Sicherungsbedürfnis erforderlich; bei der Nachlasspflegschaft auf Antrag ist dies nicht der Fall (OLG Zweibrücken DWW 2015, 212). Ist der Nachlass wertlos, so muss die Nachlasspflegschaft auf Kosten der Staatskasse eingerichtet werden (Wotte/Ungerer NZM 2012, 412, 413). Ein Bedürfnis für die Einrichtung einer Nachlasspflegschaft besteht insbesondere dann, wenn der Erbe unbekannt oder wenn ungewiss ist ob der Erbe die Erbschaft annimmt. Gleiches gilt gem. § 1961 BGB wenn die Bestellung eines Nachlasspflegers zum Zwecke der gerichtlichen Geltendmachung eines Anspruchs, der sich gegen den Nachlass richtet, von dem Berechtigten beantragt wird. Hierzu zählt auch der Fall, dass ein Mieter verstirbt und ein Erbe nicht vorhanden oder nicht zu ermitteln ist (OLG München NJW-RR 2012, 842; OLG Hamm NJW-RR 2010, 1594; KG Beschluss vom 2.8.2017 – 19 W 102/17). Dann bedarf es eines Nachlasspflegers, der die Kündigung des Mietverhältnisses entgegennehmen und für dessen Abwicklung, insbesondere die Rückgabe der Mietsache sorgen kann (KG a. a. O.). War der verstorbene Mieter mittellos, so kann der Nachlasspfleger einen Antrag auf Eröffnung des Nachlassinsolvenzverfahrens stellen; gegebenenfalls kann er die Einrede der Dürftigkeit des Nachlasses erheben (§§ 1990f BGB). Ist Vermögen vorhanden, sind aber die Erben (noch) unbekannt, so kann es für den Vermieter vorteilhaft sein, einen Titel gegen die unbekannten Erben, vertreten durch den Nachlasspfleger zu erwirken.

Der Nachlasspfleger ist der gesetzliche Vertreter des Erben. Er kann Mietverträge **224** im eigenen Namen abschließen, jedoch wirken diese unmittelbar für und gegen die Erben. Da die Nachlasspflegschaft eine besondere Form der allgemeinen Pflegschaft darstellt, gelten die für die Pflegschaft maßgeblichen Vorschriften, u. a. auch §§ 1915, 1822 BGB). In entsprechender Anwendung des § 1822 Nr. 5 BGB bedarf ein Mietvertrag, der für längere Zeit als ein Jahr abgeschlossen werden soll, der Genehmigung des Nachlassgerichts (§ 1962 BGB). Der Erbe ist neben dem Nachlasspfleger zum Abschluss von Mietverträgen berechtigt; deshalb kann es hier zu Kollisionen kommen, die bei der Doppelvermietung im Falle der Betreuung.

Ein abwesender Volljähriger, dessen Aufenthalt unbekannt ist, erhält für seine **225** Vermögensangelegenheiten einen Abwesenheitspfleger (§ 1911 BGB). Es gelten dieselben Grundsätze wie bei der Nachlasspflegschaft.

10. Nachlassverwalter

Die Nachlassverwaltung (§§ 1981 ff BGB) wird vom Nachlassgericht auf Antrag **226** eines Erben angeordnet. Sie hat – anders als die Nachlasspflegschaft – nicht die Sicherung des Nachlasses, sondern die Befriedigung der Nachlassgläubiger zum Ziel. Der Nachlassverwalter ist nicht Vertreter des Erben, sondern amtliches Organ (RG 135, 307) zur Verwaltung des Nachlasses. Solange die Nachlassverwaltung besteht, ist der Erbe nicht zum Abschluss von Mietverträgen berechtigt. Das Verwaltungsrecht eines Testamentsvollstreckers ruht. Mietverträge können also nur vom Nachlassverwalter abgeschlossen werden. Die Verträge wirken für und gegen den Erben. Im Übrigen gelten hier dieselben Grundsätze wie für die Zwangsverwaltung (s. Rdn. 198 ff)

11. Testamentsvollstrecker

Der Testamentsvollstrecker (§ 2197 BGB) wird vom Erblasser bestimmt. Er ist **227** Träger eines privaten Amtes (BGHZ 25, 275) und handelt als Treuhänder im eigenen Namen für den oder die Erben. Mietverträge kann er im eigenen Namen abschließen. Die Folgen seines Handelns treffen aber nicht ihn selbst, sondern den Nachlass. Allerdings gilt dies nur dann, wenn sich der Testamentsvollstrecker nach außen erkennbar als solcher ausweist. („N.N. als Testamentsvollstrecker für den Nachlass des X.Y."). Soweit die Testamentsvollstreckung reicht, können die Erben hinsichtlich des Nachlasses keine Verwaltungsmaßnahme treffen. Die Ansprüche aus dem Mietvertrag kann nur der Testamentsvollstrecker gerichtlich geltend

§ 535 BGB Untertitel 1. Allgemeine Vorschriften für Mietverhältnisse

machen (§ 2212 BGB). Der Mieter kann eine Klage wegen seiner Ansprüche aus dem Mietvertrag aber sowohl gegen den Testamentsvollstrecker als auch gegen die Erben richten (§ 2213 Abs. 1 S. 1 BGB). Werden lediglich die Erben verklagt, so kann aus dem Titel nur in das Eigenvermögen der Erben vollstreckt werden; zur Vollstreckung in den Nachlass ist stets ein (Duldungs-)Titel gegen den Testamentsvollstrecker erforderlich (§ 2213 Abs. 3 BGB, § 748 Abs. 2 ZPO). Wird nur der Testamentsvollstrecker verklagt, so ist auf Grund dieses Titels eine Vollstreckung in den Nachlass (§ 748 Abs. 1 BGB), nicht aber in das Eigenvermögen des Testamentsvollstreckers oder der Erben möglich. Nach Beendigung der Testamentsvollstreckung werden die Erben Vermieter.

VIII. Der Mieter

228 Ist aufgrund einer unklaren Bezeichnung der Vertragspartei in einem schriftlichen Mietvertrag die Person des Mieters zweifelhaft, so ist der Vertragspartner durch Auslegung zu ermitteln. Vorrangig sind dabei die Angaben im „Vertragsrubrum" (KG GE 2019, 384).

1. Eheleute

Werden Wohnräume an Eheleute überlassen, so kann der Mietvertrag entweder mit einem oder mit beiden Ehegatten geschlossen werden. Grundsätzlich kommt der Mietvertrag zwischen denjenigen Personen zustande, die am Vertragsschluss beteiligt gewesen sind. Beim mündlichen Vertrag sind dies diejenigen Personen die ein Vertragsangebot abgegeben haben und diejenigen, von denen das Angebot angenommen worden ist. Beim schriftlichen Vertrag kommt es darauf an, wer im **Kopf der Vertragsurkunde** als Mieter aufgeführt ist und wer den Vertrag unterzeichnet hat. Es ist nicht erforderlich, dass die Eheleute im Kopf des Vertrags namentlich benannt werden; es genügen Bezeichnungen wie „Eheleute", „Familie" „ Herr und Frau", „Herr. XY und seiner Ehefrau" und dergleichen. In einem solchen Fall kommt der Mietvertrag mit **beiden Ehegatten** zustande, wenn beide die Vertragsurkunde unterzeichnen. Wird der Mietvertrag nur von einem Ehegatten unterschrieben, so wird der andere Ehegatte Vertragspartei **(1)** wenn der Unterzeichnende den Mietvertrag zugleich als bevollmächtigter Vertreter des anderen Ehegatten unterzeichnet (§ 164 BGB) oder **(2)** der Unterzeichnende als vollmachtloser Vertreter gehandelt hat und der andere Ehegatte dieses Handelns in der Folgezeit genehmigt (§§ 177 Abs. 1, 182, 184 Abs. 1 BGB). Fehlt es hieran, so kommt der Vertrag entweder überhaupt nicht (falls der Vermieter nur an beide Eheleute zusammen vermieten wollte) oder nur mit einem der Ehegatten (falls dem Vermieter die Zahl seiner Vertragspartner gleichgültig ist) zustande. Die Rechtsprechung der Oberlandesgerichte neigt bei der Unterzeichnung durch nur einen Ehegatten im Falle der Wohnungsmiete allerdings zu der Annahme, dass dieser zugleich in Vertretung und mit Vollmacht des anderen Ehegatten unterschrieben habe (OLG Düsseldorf WuM 1989, 362; OLG Oldenburg ZMR 1991, 268; OLG Schleswig ZMR 1993, 69; ebenso LG Berlin GE 1995, 565); ähnlich Sternel Rdn. I 22; **a. A.** Streyl NZM 2011, 377, 378). Dies soll insbesondere dann gelten, wenn „bei den Vertragsverhandlungen deutlich wird, dass beide Ehegatten/Partner Mieter werden sollen, und wenn insbesondere auch der nicht unterzeichnende Teil an den Vertragsverhandlungen beteiligt worden ist (OLG Schleswig, a. a. O.). Nach anderer Ansicht spricht nur dann eine Vermutung für die Annahme einer Vertretungsbefugnis wenn eine typische Vertretungssituation vorliegt, etwa wenn ein Ehegatte aus rechtlichen oder tatsächlichen Gründen an der Unterschrift verhindert ist (LG Mannheim ZMR 1993, 415; AG Potsdam GE 1996, 1305). Der BGH hat diese Frage für die Wohnungsmiete noch nicht entschieden.

Die Vorschrift des § 1357 BGB ist nicht anwendbar (LG Mannheim a. a. O.; LG Berlin GE 1995, 1343; LG Hamburg GE 2011, 615). Zwar gilt die Regelung auch für Dauerschuldverhältnisse (BGH WuM 2004, 293). Jedoch fallen unter die Schlüsselgewalt nur solche Rechtsgeschäfte, über die sich Eheleute üblicherweise nicht vorher zu verständigen pflegen (Palandt/Brudermüller § 1357 BGB Rdn. 1). Die Anmietung einer Ehewohnung zählt dazu im Allgemeinen nicht. Eine Ausnahme wird gelten, wenn die Anmietung einer Ehewohnung dringend ist und einer der Eheleute daran nicht mitwirken kann, etwa weil er krank ist oder sich an einem anderen Ort aufhält. Vereinbarungen im laufenden Mietverhältnis zählen i. d. R. ebenfalls nicht zu den Geschäften zur Deckung des Lebensbedarfs, weil der Wohnbedarf bereits gedeckt ist (BGH WuM 2016, 353 Rdn. 25 betr. eine Vereinbarung, wonach die im Mietvertrag vereinbarten Vorauszahlungen künftig als Betriebskostenpauschale gelten sollen). **229**

Ist im **Kopf des Vertrags nur einer der Eheleute** aufgeführt und wird die Urkunde nur von den im Vertrag Genannten unterzeichnet, so wird nur dieser Ehegatte Partei des Mietvertrags. Wird ein solcher Vertrag von beiden Eheleuten unterzeichnet, so kommt es darauf an, ob dem Vermieter die Zahl seiner Vertragspartner gleichgültig ist oder ob er nur mit dem namentlich Aufgeführten abschließen wollte. Im erstgenannten Fall werden beide Eheleute Vertragspartner; im letztgenannten Fall geht die Unterschrift des nicht als Vertragspartner Genannten ins Leere. **230**

Die hier dargestellten Grundsätze gelten auch für **Wohnungen in den neuen Bundesländern,** wenn der Mietvertrag nach dem 2.10.1990 abgeschlossen worden ist. Ist der Mietvertrag dagegen vor dem 3.10.1990 abgeschlossen worden, so richten sich die Vertragsbeziehungen nach dem in der früheren DDR geltenden Zivilgesetzbuch (ZGB). Nach § 100 Abs. 3 ZGB wurden auch dann beide Ehegatten Mieter, wenn nur ein Ehegatte den Mietvertrag abgeschlossen hat. Eine Ausnahme galt für Werkwohnungen; hier kam der Mietvertrag mit dem Mitarbeiter des Betriebes als Mieter zustande (§ 130 Abs. 1 ZGB). An den unter der Geltung des ZGB begründeten Vertragsverhältnissen hat sich durch den Beitritt nichts geändert (LG Görlitz WuM 1995, 649). **231**

Der ursprünglich am Vertragsschluss unbeteiligte Ehegatte kann während der Mietzeit durch Vertrag mit dem Vermieter unter Zustimmung des Mieters dem Mietvertrag beitreten (§§ 145 ff, 241 BGB). Der **Vertragsbeitritt** setzt voraus, dass sich der Beitretende und der Vermieter über die Erweiterung des Mietvertrags einig sind und der Ursprungsmieter damit einverstanden ist. Ein solcher Vertrag kann ausdrücklich aber auch stillschweigend vereinbart werden. Von der letztgenannten Möglichkeit ist auszugehen, wenn sich der ursprünglich nicht am Vertragsschluss beteiligte Ehegatte während der Mietzeit wie ein Mieter verhält und die Vertragsparteien (Vermieter und Mieter) dies akzeptieren (BGH NJW 2005, 2620 = WuM 2005, 570). Hierfür genügt es, wenn der Beitretende Mieterrechte im eigenen Namen geltend macht und die übrigen am Vertrag Beteiligten dies akzeptieren. Es kommt dabei nicht darauf an, ob der Beitretende eigene Rechte und Pflichten aus dem Mietverhältnis begründen will und ob er ein entsprechendes Erklärungs- **232**

§ 535 BGB Untertitel 1. Allgemeine Vorschriften für Mietverhältnisse

bewusstsein oder einen Rechtsbindungswillen hat. Maßgeblich ist allein, dass der Vermieter die Äußerungen des Beitretenden als Willenserklärung versteht und dass der Beitretende dies erkennen kann (BGH a. a. O.).

233 Sind **beide Eheleute Mieter,** so können beide die Rechte aus dem Mietvertrag geltend machen. Jeder der Eheleute ist für sich allein befugt, Ansprüche gegen den Vermieter durchzusetzen (z. B. auf Schadenersatz, auf Aufwendungsersatz, auf Rückzahlung der Kaution, auf Herstellung eines vertragsgemäßen Zustands [LG Kassel WuM 1994, 534] usw.). Allerdings kann der einzelne Mieter nicht Leistung an sich allein, sondern nur Leistung an alle verlangen. Gestaltungsrechte, wie z. B. die Kündigung, müssen von allen Mietern gemeinsam ausgeübt werden (s. § 542 BGB Rdn. 45). Auch Vertragsänderungen können nur von beiden Mietern gemeinsam vereinbart werden. Für die Erfüllung der mietvertraglichen Verpflichtungen haften die Eheleute als Gesamtschuldner. Der Vermieter kann die Miete von jedem der Ehegatten in voller Höhe fordern, und zwar auch dann, wenn einer der Eheleute die Wohnung endgültig verlassen hat. Die Zahlung des einen Ehegatten wirkt allerdings auch für den anderen Ehegatten.

233a Für das Verhältnis der mehreren Mieter zueinander gilt § 426 Abs. 1 Satz 1 BGB. Danach sind die Gesamtschuldner im Verhältnis zueinander zu gleichen Anteilen verpflichtet, „soweit nicht ein anderes bestimmt ist." Für Eheleute gilt der Grundsatz dass jeder Mieter im **Innenverhältnis** zur Hälfte für die Miete aufzukommen hat. Anders ist es nach § 426 Abs. 1 Satz 1 BGB, wenn „ein anderes bestimmt" ist; hierfür ist derjenige Mieter darlegungs- und beweispflichtig, der sich auf die anderweitige Bestimmung beruft (OLG Bremen NJW 2016, 2125). In der Entscheidung für das **Getrenntleben** liegt im Allgemeinen keine Bestimmung über die Wohnkosten. Vielmehr ist danach zu differenzieren ob es sich um eine nach der Trennung der Eheleute gewählte oder um eine aufgedrängte Wohnsituation handelt (OLG Bremen a. a. O.). Eine gewählte Wohnsituation liegt i. d. R. vor, wenn die Ehewohnung von einem der Mieter auf Dauer weitergenutzt werden soll. In diesem Fall ist im Zweifel gewollt, dass die Miete von dem in der Wohnung verbleibenden Mieter allein zu tragen ist. Anders ist es, wenn dem in der ehemals gemeinsamen Ehewohnung zurückbleibenden Ehegatten diese Wohnsituation „aufgedrängt" wurde. Hiervon ist im Zweifel auszugehen wenn Einverständnis zwischen den Ehegatten darüber besteht, dass die Wohnung lediglich für die nach der Kündigung noch verbleibende Mietzeit von einem der Ehegatten weiter genutzt werden soll. In diesem Fall hat der in der Wohnung verbleibende Partner die Miete im Innenverhältnis alleine zu tragen, wenn die Miete für die Ehewohnung nicht höher ist, als die (fiktive) Miete für eine kleinere (für einen Alleinstehenden geeignete) Wohnung. Ist die Miete für die Ehewohnung höher als die Miete für die kleinere Wohnung, so hat der in der Wohnung verbleibende Partner die für die kleinere Wohnung zu zahlende (fiktive) Miete allein zu tragen. Die Differenz zwischen der Miete für die Ehewohnung und der Miete für die kleinere Wohnung ist von den Partnern jeweils hälftig zu tragen (OLG Köln NZM 2018, 1022). Zur Entscheidung über die Kündigung der Ehewohnung steht den Eheleuten eine Überlegungsfrist von drei Monaten, beginnend mit dem Auszug eines Ehepartners zu. Entscheiden sich die Eheleute für die gemeinsame Kündigung, so gilt für die Zeit vom Beginn der Überlegungsfrist bis zum Ablauf der Kündigungsfrist die hier dargestellte Regelung (OLG Köln a. a. O.). Hat der in der Ehewohnung verbliebene Ehegatte nach dem Ablauf der Kündigungsfrist eine billigere Wohnung bezogen, so schuldet der andere Mieter als Ausgleich die Hälfte des Differenzbetrags zwischen der Miete für die Ehewohnung und der Miete für die billigere Wohnung (OLG Bremen a. a. O.).

Ebenso kann die Ausgleichspflicht in besonders gelagerten Fällen entfallen, so z. B., wenn der in der Wohnung verbliebene Ehegatte die Räume auch zu gewerblichen Zwecken nutzt (OLG Dresden ZMR 2003, 419). Gestaltungsrechte wie etwa das Recht zur Mieterhöhung nach § 558 BGB oder das Kündigungsrecht muss der Vermieter gegenüber beiden Eheleuten ausüben. Wird der Hausfrieden nur von einem der Ehegatten gestört oder fällt nur einem der Ehegatten eine schuldhafte Vertragsverletzung zur Last, so muss der Vermieter dennoch gegenüber beiden Eheleuten kündigen. In diesem Fall wird das Mietverhältnis auch gegenüber dem nicht störenden Ehegatten beendet, weil es bei der Kündigung wegen Vertragsverletzungen ausreicht, wenn nur einer der mehreren Mieter den Kündigungstatbestand verwirklicht.

Will ein Ehegatte das Mietverhältnis insgesamt beenden, so kann er gegen den in der Wohnung verbliebenen Partner einen **Rechtsanspruch auf Mitwirkung an der Kündigung** haben, wenn weder unterhaltsrechtliche Gründe noch Gesichtspunkte der nachehelichen Solidarität entgegenstehen (OLG Köln ZMR 2006, 770, 771). Ansonsten kann er nach der hier vertretenen Auffassung nur auf Grund eines dreiseitigen Vertrags aus dem Mietverhältnis ausscheiden. An diesem Vertrag müssen der Vermieter und alle Mieter mitwirken. Der Aufhebungsvertrag kann auch durch konkludente Handlungen zustande kommen. Hierfür genügt es nicht, wenn der ausziehende Mieter gegenüber dem Vermieter kündigt und dieser auf die Kündigung nicht reagiert. Ein zwischen dem Vermieter und einem von mehreren Mietern geschlossener Aufhebungsvertrag ist nach der hier vertretenen Auffassung nur wirksam, wenn der verbleibende Mieter ausdrücklich oder stillschweigend zustimmt (ebenso: BayObLG WuM 1983, 107, 108; OLG Koblenz NJW 1984, 244; LG Heidelberg WuM 1993, 342; Rolfs in: Staudinger § 542 BGB Rdn. 157; Sternel Rdn. III 338.; s. im Übrigen auch § 542 BGB Rdn. 4). Nach anderer Auffassung ist ein solcher Vertrag im Verhältnis zwischen dem Vermieter und dem am Vertragsschluss beteiligten Mieter wirksam; dieser Mieter bleibt allerdings dem anderen Mieter im Innenverhältnis verpflichtet (Wolf/Eckert/Ball Rdn. 1048). Der BGH hat die Streitfrage bisher noch nicht entschieden (vgl. BGH WuM 2004, 280 = NZM 2004, 419). **234**

In bestimmten Fällen kann sich der in der Wohnung verbliebene Mieter allerdings nach § 242 BGB nicht darauf berufen, dass er einem zwischen dem Vermieter und dem ausgezogenen Mieter geschlossenen Aufhebungsvertrag nicht zugestimmt hat. Ein solcher Fall wird vorliegen, wenn auf Grund konkreter Anhaltspunkte ausgeschlossen werden kann, dass der ausgezogene Mieter in die Wohnung zurückgekehrt, der verbliebene Mieter die Wohnung seit längerer Zeit allein nutzt und sich sein Interesse auf eventuelle Ausgleichsansprüche im Innenverhältnis beschränkt. In einem solchen Fall muss sich der Mieter so behandeln lassen, als habe er die Zustimmung zu einer Vertragsentlassung des anderen Mieters erteilt (BGH NJW 2004, 1797 = NZM 2004, 419 = WuM 2004, 280 für Mieterhöhung; BGH WuM 2005, 341 für Kündigung). **235**

Kommt der **Mietvertrag nur mit einem der Ehegatten** zustande, so stehen die Rechte aus dem Mietverhältnis nur dem Mieter zu. Der Ehegatte des Mieters ist aber in den **Schutzbereich des Mietvertrags** miteinbezogen. Erleidet der Ehepartner infolge einer vom Vermieter verschuldeten Vertragsverletzung, z. B. einer Verletzung der Verkehrssicherungspflicht, einen Schaden, so kann er den Vermieter aus vertraglichem Recht in Anspruch nehmen. Liegt die Schadensursache in einem anfänglichen Mangel der Mietsache, so haftet der Vermieter auch gegenüber dem Ehepartner des Mieters unabhängig davon, ob er den Mangel zu vertreten hat. **236**

§ 535 BGB Untertitel 1. Allgemeine Vorschriften für Mietverhältnisse

Wird umgekehrt der Vermieter durch den Ehepartner geschädigt, so haftet dieser nur nach Deliktsrecht; unbeschadet dessen gilt für diesen Anspruch aber die kurze vertragliche Verjährungsfrist des § 548 BGB (BGH NJW 1976, 1843; BGHZ 49, 278; BGHZ 71, 175; OLG Köln NJW-RR 1991, 1292). Gegen Besitzstörungen kann sich der Ehegatte des Mieters aus eigenem Recht wehren.

237 Die **Räumungsklage** muss grundsätzlich gegenüber beiden Ehegatten erhoben werden, also auch gegenüber demjenigen, der nicht Partei des Mietvertrages ist, weil auch diesem Ehegatten ein eigenständiges Besitzrecht an der Wohnung (abgeleitet aus der Verpflichtung zur Lebensgemeinschaft; § 1353 Abs. 1 Satz 2 BGB) zugestanden werden muss (BGH BGHZ 159, 383, 384f = NJW 2004, 3041 = NZM 2004, 701 = WuM 2004, 555 = ZMR 2004, 738 = DWW 2004, 300; NJW 2008, 1959 = NZM 2008, 400 = WuM 2008, 364 = ZMR 2008, 695 = DWW 2008, 263 m. Anm. *Bruns* ZMR 2008, 697 und *Scholz* ZMR 2009, 99; NJW-RR 2008, 869 = NZM 2008, 281 = WuM 2008, 233 unter Nr. II 2a). Nur ausnahmsweise kann das Rechtsschutzbedürfnis für eine Räumungsklage gegen einen bereits ausgezogenen Mieter entfallen, wenn dieser erklärt, nicht mehr in die Wohnung einziehen zu wollen (LG Berlin GE 2003, 529). Eine solche Erklärung ist für den Mieter verbindlich; beruft sich ein Mieter gleichwohl auf sein Besitzrecht, so handelt er widersprüchlich und damit rechtsmissbräuchlich (§ 242 BGB). Zur **Räumungsvollstreckung** s. § 546 Rdn. 76 ff.

238–239 *zur Zeit nicht besetzt*

240 Die **Kinder** eines Ehepaares haben keinen eigenständigen Besitz, solange sie minderjährig sind. Deshalb müssen die Kinder mit den Eltern räumen. Ein besonderer Titel ist hierzu nicht erforderlich. Einer gleichwohl erhobenen Räumungsklage fehlt das Rechtsschutzbedürfnis (LG Lüneburg NZM 1998, 232). Weitere Einzelheiten § 546 Rdn. 78

241 Können sich die Ehegatten im Falle der **Ehescheidung** über die künftige Nutzung der bisherigen Ehewohnung nicht einigen, so gilt **§ 1568a BGB.** Das Verfahren nach § 1568a BGB ersetzt seit dem 1.9.2009 die Regelungen der Hausratsverordnung, die mit Wirkung zum 1.9.2009 ersatzlos aufgehoben wurde. Anstelle des früheren gerichtlichen Zuweisungsverfahrens tritt eine zivilrechtliche Anspruchsgrundlage für die Wohnungsüberlassung. Nach § 1568a Abs. 1 BGB kann ein Ehegatte verlangen, dass ihm der andere Ehegatte anlässlich der Scheidung die Ehewohnung überlässt, wenn er auf deren Nutzung unter Berücksichtigung des Wohls der im Haushalt lebenden Kinder und der Lebensverhältnisse der Ehegatten in stärkerem Maße angewiesen ist als der andere Ehegatte oder die Überlassung aus anderen Gründen der Billigkeit entspricht kann hierüber eine Entscheidung des Familiengerichts herbeigeführt werden (Einzelheiten Blank in: Schmidt-Futterer vor § 535 BGB Rdn. 354–372).

241a Für Streitigkeiten über Ansprüche aus einem Mietverhältnis betreffend die Ehewohnung können sowohl das Amtsgericht als Mietgericht (§ 23 Nr. 2 Buchstabe a GVG) oder das Familiengericht (§ 266 Abs. 1 Nr. 3 FamFG) zuständig sein. Maßgeblich ist, ob zwischen dem Streit über Ansprüche aus dem Mietverhältnis ein Zusammenhang mit Trennung, Scheidung oder Aufhebung der Ehe besteht. Ein inhaltlicher Zusammenhang liegt vor, wenn das Verfahren vor allem die wirtschaftliche Entflechtung der (vormaligen) Ehegatten betrifft (BGH FamRZ 2013, 281 Rdn. 26, 28; Beschluss vom 12.7.2017 – XII ZB 40/17 Rdn. 11). Hinsichtlich dieses Kriteriums kommt es nicht allein auf den Vortrag der Klägerseite, sondern ebenfalls auf das Verteidigungsvorbringen der Gegenseite an (BGH Beschluss vom 12.7.2017 – XII ZB 40/17 Rdn. 15). Ist sowohl eine Zuständigkeit nach § 23 Nr. 2 Buchstabe a

GVG und eine nach § 266 Abs. 1 Nr. 3 FamFG gegeben, so besteht kein Wahlrecht der klagenden Partei; vielmehr ist die familiengerichtliche Zuständigkeit vorrangig (BGH Beschluss vom 12.7.2017 – XII ZB 40/17 Rdn. 16).

2. Nichteheliche Gemeinschaften

242 Für den **Vertragsschluss** gelten dieselben Regeln wie für Eheleute (s. Rdn. 228 ff). Die Lebensgefährten haften für die Miete gem. § 427 BGB als **Gesamtschuldner.** Der Vermieter kann jeden Mieter oder beide in Anspruch nehmen. Bis zur vollständigen Tilgung der Miete bleiben sämtliche Mieter verpflichtet. Der Ausgleichsanspruch zwischen den Mietern richtet sich nach § 426 Abs. 1 BGB. Danach sind die Gesamtschuldner im Verhältnis zueinander zu gleichen Anteilen verpflichtet, „soweit nicht ein anderes bestimmt ist". Die anderweitige Bestimmung kann sich dabei auch aus der besonderen Gestaltung der Lebensverhältnisse der mehreren Mieter ergeben. Haben Eheleute gemeinsam eine Wohnung gemietet und verfügt nur einer der Eheleute über ein regelmäßiges Einkommen, so ist anerkannt, dass die Miete im Innenverhältnis vom allein verdienenden Ehepartner aufzubringen ist; ein Ausgleichsanspruch scheidet in diesem Fall aus (BGH FamRZ 1995, 216). Für die nicht eheliche Lebensgemeinschaft gilt nichts anderes (BGH NJW 2010, 868).

243 Für die **spätere Aufnahme** eines Partners oder einer Partnerin vertritt die h. M. die Ansicht, dass hierzu eine Erlaubnis des Vermieters erforderlich sei (§ 540 BGB Rdn. 37).

244 Dem Partner der nichtehelichen Gemeinschaft kommen ebenfalls die **Schutzwirkungen des Mietvertrages** zugute (BGH Urteil vom 21.2.2018 – VIII ZR 255/16 Rdn. 18). Im Allgemeinen setzt die Einbeziehung eines Dritten in die Schutzwirkungen des Mietvertrags voraus, dass **(1)** der Dritte mit der Leistung des Vermieters naturgemäß in Berührung kommt, **(2)** der Mieter ein Interesse an der Einbeziehung des Dritten hat, **(3)** dies für den Vermieter erkennbar ist und **(4)** der Dritte keine eigenen Ansprüche gegen den Mieter hat (BGH NZM 2013, 147). Diese Voraussetzungen sind beim Partner der nichtehelichen Gemeinschaft regelmäßig gegeben. Hiervon gilt allerdings eine wichtige Ausnahme: Hatte der Mieter kein Recht zur Aufnahme des Dritten, so ist für eine Einbeziehung kein Raum. Dies folgt aus der Erwägung, dass die Behandlung eines Dritten als Quasi-Vertragspartner nur dann möglich ist, wenn der Dritte die Mietsache rechtmäßig und bestimmungsgemäß nutzt und nutzen darf.

245 Die **Räumungsklage** muss gegenüber beiden Partnern erhoben werden, wenn Beide Partei des Mietvertrags sind. Ist nur einer der Lebensgefährten Partei des Mietvertrags, kommt es darauf an, ob der **Lebensgefährte Mitbesitzer** der Wohnung geworden ist (BGH NJW 2008, 1959 m. Anm. Bruns ZMR 2008, 697 und Scholz ZMR 2009, 99). Nur in diesem Fall ist für die Zwangsräumung ein Titel gegen den Lebensgefährten erforderlich. Wesentlich ist, dass für den Mitbesitz keine Vermutung spricht. Vielmehr muss in jedem Einzelfall geprüft werden, ob der Mieter dem Lebensgefährten ein eigenständiges Besitzrecht einräumen wollte. Anhaltspunkte hierfür sind: die Anzeige des Mieters an den Vermieter von der Aufnahme des Lebensgefährten und die Anmeldung des Lebensgefährten nach den Meldegesetzen. Ebenso kann die Anbringung eines Schildes mit dem Namen des Lebensgefährten an der Wohnungstür oder am Briefkasten als Indiz für den Mitbesitz gewertet werden (vgl. OLG Hamburg ZMR 2012, 99). Im Streitfall muss der Mieter beweisen, dass er dem Lebensgefährten Mitbesitz eingeräumt hat. Eindeutige Krite-

§ 535 BGB   Untertitel 1. Allgemeine Vorschriften für Mietverhältnisse

rien für oder gegen die Annahme von Mitbesitz gibt es allerdings nicht. Ist unklar, welche Personen sich in der Wohnung aufhalten, sollte der Vermieter vor Einleitung des Räumungsverfahrens beim Mieter eine entsprechende Auskunft einholen. Wird die Auskunft verweigert oder eine falsche oder unvollständige Auskunft erteilt, so wird sich der alleinverklagte Mieter im Vollstreckungsverfahren nach Treu und Glauben (§ 242 BGB) nicht auf das Besitzrecht seines Lebensgefährten berufen können. Ein besonderer Titel gegen den Partner ist entbehrlich, wenn dieser bereit ist, mit dem Mieter zu räumen.

246   Die minderjährigen **Kinder der Lebensgefährten** haben kein Besitzrecht (BGH a. a. O.). Daran ändert sich nichts, wenn die Kinder nach Eintritt der Volljährigkeit in der Wohnung der Eltern verbleiben. Im Einzelfall kann etwas anderes gelten. Dies setzt allerdings voraus, dass die Änderung der Besitzverhältnisse nach außen eindeutig erkennbar geworden ist.

247   Nach den Rechtsbeziehungen zwischen den Vertragspartnern richtet es sich auch, ob und unter welchen Voraussetzungen der Mieter von seinem Partner verlangen kann, dass dieser im Falle der Beendigung der Partnerschaft die Wohnung verlässt. Besteht ein Untermietverhältnis, so muss der Mieter zunächst kündigen und – falls der Untermieter sich weigert, auszuziehen – Räumungsklage erheben. Besteht kein Untermietverhältnis, so ist zwischen folgenden Fallgestaltungen zu unterscheiden:

248   **(1)** Haben beide Partner den Mietvertrag unterzeichnet, so sind sie **beide Mieter** und haben demgemäß ein Besitzrecht an der Wohnung. Keiner der Partner kann vom anderen die Räumung der Wohnung verlangen. Zieht einer der Partner freiwillig aus, so haftet er gegenüber dem Vermieter weiter für die Miete, und zwar in voller Höhe (§ 421 BGB). Für das Verhältnis der Mieter untereinander gilt die Regelung des § 426 Abs. 1 Satz 1 BGB. Danach müssen die Mieter die Miete zu gleichen Teilen tragen. Allerdings können die Mieter etwas anderes vereinbaren. Eine solche Vereinbarung kann auch stillschweigend getroffen werden. Sind sich die Mieter einig, dass einer von ihnen die Wohnung weiter nutzen und der andere ausziehen soll, so kommt damit in der Regel zum Ausdruck, dass der Zurückbleibende die Miete allein tragen muss (OLG Köln ZMR 2004, 32). Aus dem zwischen den Partnern bestehenden Innenverhältnis kann sich allerdings ergeben, dass diese verpflichtet sind, an der Auflösung des Mietverhältnisses mitzuwirken; die Mieterschutzvorschriften gelten weder unmittelbar noch analog (OLG Köln WuM 1999, 521). Wird die Wohnung von beiden Partnern gekündigt und nach dem Auszug eines Partners von dem verbleibenden Partner bis zum Ablauf der Mietzeit weiter genutzt, gelten die unter Rdn. 233a dargestellten Regeln.

249   Bei einem **befristeten Mietverhältnis** oder einem Mietverhältnis mit zeitlich befristetem **Kündigungsausschluss** besteht die Verpflichtung in der Mitwirkung bei der Abgabe eines an den Vermieter gerichteten Angebots zum Abschluss eines Mietaufhebungsvertrags (**a. A.** LG Gießen WuM 1996, 273: danach ist der Ablauf der Mietzeit abzuwarten). Diese Verpflichtung entfällt, wenn der Vermieter weder zum Abschluss eines Aufhebungsvertrags bereit noch dazu verpflichtet ist. In diesem Fall kann der ausziehende Partner von dem in der Wohnung verbleibenden verlangen, dass dieser ihn im Innenverhältnis von der Bezahlung des Mietzinses freistellt (OLG Düsseldorf NZM 1998, 72).

250   Bei einem **unbefristeten Mietverhältnis** muss der Partner bei der Kündigungserklärung – Ausspruch einer ordentlichen befristeten Kündigung – mitwirken (LG Gießen WuM 1996, 273; AG Hannover WuM 1996, 768 mit Anm. Finger, der dem Vermieter die Verpflichtung auferlegt, mit dem in der Wohnung verbliebenen

Partner einen Fortsetzungsmietvertrag abzuschließen). Die Mitwirkung an einer Kündigung mit sofortiger Wirkung kann – da eine fristlose Kündigung rechtlich ausgeschlossen ist – nicht verlangt werden (LG Gießen WuM 1996, 273). Die Mitwirkung an Vertragsverletzungen (z. B.: Zahlungseinstellung, um eine fristlose Kündigung des Vermieters zu provozieren) kann in keinem Fall verlangt werden. Der Anspruch auf Mitwirkung zum Ausspruch der gemeinsamen Kündigung im Falle der Beendigung der Lebensgemeinschaft folgt aus § 730 BGB, weil sich die Rechtsverhältnisse der bisherigen Lebensgefährten an der Wohnung nach den Grundsätzen einer GbR richten. Endet die Lebensgemeinschaft, so muss jeder Lebensgefährte an der Auflösung des Mietverhältnisses mitwirken. Dies gilt auch dann, wenn gemeinsame Kinder vorhanden sind und die Mutter mit den Kindern in der Wohnung verbleiben möchte (LG Berlin GE 2017, 476). Die für Eheleute und Lebenspartner bestehenden Möglichkeiten der Umgestaltung von Mietverhältnissen im Falle der Scheidung stehen der eheähnlichen Lebensgemeinschaft nicht zur Verfügung; die Regelungen des § 1568a BGB sind weder unmittelbar noch analog anzuwenden. Nach der hier vertretenen Ansicht liegt zwar eine Gesetzeslücke vor; diese kann aber nur vom Gesetzgeber geschlossen werden.

Gerichtliches Verfahren. Nach § 23 Nr. 2 GVG ist für Streitigkeiten über Ansprüche aus einem Mietverhältnis über Wohnraum oder über den Bestand eines solchen Mietverhältnisses das Amtsgericht zuständig. Dies gilt unabhängig vom Streitwert. Haben die Partner einer nichtehelichen Lebensgemeinschaft eine Wohnung gemietet, so stellt sich die Frage, ob Streitigkeiten zwischen den Partnern aus dem Gemeinschaftsverhältnis – z. B. wegen der Beteiligung an der Miete oder der Mitwirkung an der Kündigung – von § 23 Nr. 2 GVG erfasst werden. Die Frage spielt eine Rolle, wenn der Streitwert mehr als 5.000.– € beträgt. Das OLG München vertritt die Ansicht, dass für solche Streitigkeiten das Landgericht in erster Instanz zuständig ist. Eine Streitigkeit aus einem „Mietverhältnis" setzt voraus, dass sich die Parteien als „Vermieter" und „Mieter" gegenüberstehen. Für Streitigkeiten zwischen den Mietern gelten die Allgemeinen Zuständigkeitsregeln (OLG München NJW-RR 2014, 80). **250a**

(2) Weitgehend ungeklärt ist die Rechtslage, wenn nur einer der beiden Partner Mieter ist und zwischen den Partnern auch kein Untermietverhältnis besteht. Mangels besonderer vertraglicher Beziehungen ist der nichtmietende Partner oft rechtlos gestellt und schutzlos dem Räumungsverlangen des anderen Partners ausgeliefert. Kündigungsschutzvorschriften sind zwischen den Partnern nämlich nicht anwendbar (Singer WuM 1982, 257). Beim Vorliegen besonderer Umstände kann ein solches Räumungsverlangen allerdings rechtsmissbräuchlich (§ 242 BGB) sein (Räumung zur Unzeit; Verlangen nach sofortiger Räumung). **251**

Eine Vereinbarung, wonach der Mieter nach Beendigung der Partnerschaft die Wohnung räumt und der Nichtmieter in der Wohnung zurückbleibt, bedarf der Mitwirkung des Vermieters. Der Mieter ist ohne Erlaubnis des Vermieters nämlich nicht berechtigt, die Wohnung dem Nichtmieter zum alleinigen Gebrauch zu belassen. Auf die Erteilung der Erlaubnis hat der Mieter keinen Anspruch; § 549 Abs. 2 BGB gilt nur, wenn der Mieter in der Wohnung verbleibt. Eine unerlaubte Gebrauchsüberlassung ist vertragswidrig (§ 541 BGB) und berechtigt den Vermieter nach Abmahnung zur Kündigung gem. § 543 Abs. 2 Nr. 2 BGB (AG Neukölln GE 1996, 1433). **252**

3. Wohngemeinschaften

253 Die Mitglieder einer Wohngemeinschaft bilden regelmäßig eine BGB-Gesellschaft, deren Zweck in der Beschaffung und Unterhaltung einer Unterkunft besteht (BGH RE 10.9.1997 BGHZ 136, 314 = NJW 1997, 3437 [unter Ziff. III 2b]; OLG Saarbrücken NJW-RR 1992, 781 = ZMR 1992, 60); für diese Gestaltungsform gelten die Ausführungen zu Rdn. 254 ff. Denkbar ist allerdings auch, dass der Mietvertrag nur mit einem Mitglied der Wohngemeinschaft abgeschlossen wird mit der Maßgabe, dass der Mieter berechtigt sein soll, einer bestimmten Anzahl von Dritten den selbständigen oder unselbständigen Mietgebrauch zu überlassen. In jedem Fall gilt, dass die Räume grundsätzlich nur von denjenigen Personen genutzt werden dürfen, die entweder Mieter sind, oder denen nach den Vereinbarungen im Mietvertrag die Benutzung – etwa als Untermieter – gestattet ist. Der Vermieter ist grundsätzlich nicht verpflichtet, einem Mieterwechsel zuzustimmen. Nach anderer Ansicht haben die Mieter einen Anspruch gegen den Vermieter, dass dieser einem Mieterwechsel zustimmt. Dieser Anspruch sei bei der Vermietung an eine Wohngemeinschaft vertragsimmanent. Deshalb genügt es nach dieser Ansicht, wenn der Mieterwechsel dem Vermieter angezeigt wird. Der Vermieter könne dem Mieterwechsel nur aus wichtigem Grund widersprechen. Dies sei der Fall, wenn ein solventer Mieter aus dem Vertrag ausscheiden will und an dessen Stelle ein Mieter treten soll, dessen Bonität zweifelhaft ist (LG Berlin WuM 2016, 553). Soll die Gemeinschaft zum Auswechseln der Bewohner berechtigt sein, so kann es auch sinnvoll sein, wenn die Räume an einzelne Gründungsmitglieder vermietet werden mit der Maßgabe, dass diese zum Abschluss von einer bestimmten Zahl von Untermietverträgen berechtigt sein sollen (s. im Übrigen § 540 BGB, Rdn. 19).

253a Nach dem jeweiligen Vertragsmodell richtet sich die Haftung der Bewohner für die Miete, die sonstigen Vertragspflichten und für eventuelle Mietschäden. Grundsätzlich gilt, dass der Vermieter nur diejenigen Personen in Anspruch nehmen kann, die Partei des Mietvertrags sind. Sind die Mieter zum Parteiwechsel berechtigt, so kann dieser im Wege der schlichten Vertragsübernahme (s. Rdn. 281) aber auch im Wege des befreienden Schuldnerwechsels (s. Rdn. 283) vollzogen werden. Im erstgenannten Fall haftet der neu eintretende Mieter nicht für die vor seinem Eintritt entstandenen Verbindlichkeiten (Altschulden). Beim befreienden Schuldnerwechsel tritt der eintretende Mieter auch hinsichtlich der Altverbindlichkeiten an die Stelle des Ausscheidenden. Die schlichte Vertragsübernahme ist die Regel, der befreiende Schuldnerwechsel bedarf der ausdrücklichen Vereinbarung (AG Köln WuM 2016, 209; s. im Übrigen Rdn. 280 ff).

253b Für die **Ausübung des Hausrechts** gelten folgende **Grundsätze** (s. OLG Hamm NZM 2016, 310): **(1)** Das Hausrecht steht demjenigen zu, wer zum Besitz der Räume berechtigt ist und die tatsächliche Sachherrschaft über die Wohnung ausübt. Die Rechtsstellung des jeweiligen Bewohners als Eigentümer, Mieter, Untermieter oder sonstiger Nutzer spielt keine Rolle. **(2)** Hinsichtlich der den einzelnen Mitgliedern zugewiesenen Zimmern steht das Hausrecht dem jeweiligen Bewohner allein zu. **(3)** Hinsichtlich der Gemeinschaftsräume kann jeder Bewohner das Hausrecht ohne Mitwirkung der anderen ausüben. **(4)** Jeder Hausrechtsinhaber ist berechtigt, Dritten das Betreten der Wohnung und der Gemeinschaftsräume zu erlauben; ebenfalls ist jeder Hausrechtsinhaber befugt, Dritte aus der Wohnung zu weisen. **(5)** Treffen die Bewohner bei der Ausübung des Hausrechts widersprüchliche Entscheidungen, so ist über den Vorrang auf Grund einer Interesseabwägung zu entscheiden. Dabei ist sowohl das Recht des jeweiligen Mitbewohners, im privaten Bereich ungehindert Besucher empfangen zu können, als auch das Recht eines anderen, in seiner Privatsphäre vor unliebsamen Störern geschützt zu werden, zu berücksichtigen. **(6)** Zu einer auf längere Dauer angelegten Übertragung des Besitzes auf einen Dritten ist der einzelne Bewohner im Zweifel nicht befugt.

4. Inhaberfirma/BGB-Gesellschaft

Zusätzlich zu den Ausführungen bei Rdn. 149 ff ist folgendes zu bedenken: **254** Handelt es sich bei dem Mieter um eine Einzelfirma, so sollte außer dem Namen der Firma auch dessen Inhaber angegeben werden. Gleiches gilt für Gesellschaften ohne eigene Rechtspersönlichkeit. Vertragspartner wird in diesem Fall der Firmeninhaber. Dieser haftet auch persönlich für die Erfüllung der mietvertraglichen Verpflichtungen, insbesondere für die Zahlung der Miete. Wegen möglicher Haftungsbeschränkungen vgl. Rdn. 257. Nach allgemeinen Grundsätzen gilt, dass der Eintritt von Gesellschaftern in den Betrieb eines Einzelkaufmanns keinen Einfluss auf das Mietverhältnis ausübt. Insbesondere hat der Eintritt von Gesellschaftern nicht zur Folge, dass die neu gegründete Gesellschaft kraft Gesetzes Vertragspartei wird. Hierzu ist vielmehr die Mitwirkung des Vermieters erforderlich. In Rechtsprechung und Literatur ist umstritten, ob eine das Geschäft eines Einzelkaufmanns übernehmende – aber nicht in den Mietvertrag eintretende – Gesellschaft für die nach der Übernahme entstehenden Mietzinsschulden einzustehen hat (dafür: Beuthien NJW 1993, 1737, 1739; dagegen: Landwehr in: Bub/Treier Kap II Rdn. 2641, 2643). Der BGH hat die Streitfrage bisher noch nicht entschieden (s. BGH NZM 2001, 621 = ZMR 2001, 702).

Für die Annahme einer Haftung spricht, dass die übernehmende Gesellschaft in **255** den Genuss der Mietsache kommt; deshalb ist es sachgerecht, wenn ihr eine Haftung für die Miete auferlegt wird.

Die Regelung des § 28 HGB gilt kraft Gesetzes für Einzelhandelsgeschäfte. Ob **256** die Regelung entsprechend auf die Rechtsverhältnisse der freien Berufe angewendet werden muss, ist obergerichtlich noch nicht geklärt. Der BGH hat die Frage bislang offen gelassen (BGH NJW 2001, 2251). Das OLG Naumburg hat die Frage bejaht (OLG Naumburg ZMR 2007, 116).

Ist an eine Personenhandelsgesellschaft (OHG, KG) vermietet, so kommt das **257** Mietverhältnis mit der rechtlich selbständigen Gesellschaft zustande. Für die Verbindlichkeiten haften aber die Gesellschafter (bei der KG: die persönlich haftenden Gesellschafter) Eine solche Gesellschaft kann durch Beschluss der Gesellschafter in eine GmbH umgewandelt werden (§ 47 UmwG). Das Mietverhältnis geht im Falle der Umwandlung auf die neu gegründete GmbH über. Die Zustimmung des Vermieters ist hierzu nicht erforderlich. Maßgeblich für den Übergang der Mieterrechte und -pflichten ist derjenige Zeitpunkt, zu dem die neu gegründete GmbH ins Handelsregister eingetragen wird. Mit diesem Zeitpunkt gilt die frühere OHG als aufgelöst; deren Vermögen und Verbindlichkeiten gehen auf die GmbH über (§ 20 UmwG). Die Gesellschafter der Personenhandelsgesellschaft haften für ihre bisherigen Verbindlichkeiten, wenn sie vor Ablauf von fünf Jahren nach der Verschmelzung fällig und daraus Ansprüche gegen sie in einer in § 197 Abs. 1 Nr. 3 bis 5 BGB bezeichneten Art festgestellt sind (rechtskräftig festgestellte Ansprüche, Ansprüche aus vollstreckbaren Vergleichen oder vollstreckbaren Urkunden sowie Ansprüche, die durch die im Insolvenzverfahren erfolgte Feststellung vollstreckbar geworden sind) oder eine gerichtliche Vollstreckungshandlung vorgenommen oder beantragt wird (§ 45 Abs. 1 UmwG). Eine weitergehende Haftung kann gelten,

§ 535 BGB Untertitel 1. Allgemeine Vorschriften für Mietverhältnisse

wenn die Gesellschaft den Vermieter über die Umwandlung im Unklaren lässt und die Gesellschafter weiterhin so auftreten, als habe sich nichts geändert. In diesem Fall kann die Berufung der Gesellschafter auf die Haftungsbeschränkung rechtsmissbräuchlich sein (OLG Düsseldorf DWW 1992. 341).

258 Scheidet ein Gesellschafter aus der GbR oder einer Personenhandelsgesellschaft aus oder tritt er (bei der OHG) in eine Stellung als Kommanditist zurück, so besteht die persönliche Haftung des früheren Gesellschafters für Gesellschaftsverbindlichkeiten fort, wenn diese vor Ablauf von fünf Jahren nach dem Ausscheiden fällig werden (§§ 736 Abs. 2 BGB, 160 HGB). Die Ansprüche auf Zahlung von Miete werden durch den Abschluss des Mietvertrags begründet. Daraus folgt, dass ein zum 1.5.2010 ausgeschiedener Gesellschafter für alle Mietzinsansprüche haftet, die bis zum 30.4.2015 fällig werden. Die **Nachhaftung** besteht auch dann, wenn ein ursprünglich befristeter Mietvertrag nach dem Ausscheiden eines Gesellschafters über den vertraglich bestimmten Endpunkt hinaus auf Grund einer Verlängerungsklausel fortgesetzt (BGH NZM 2002, 604) oder wenn das Mietverhältnis kraft gesetzlicher Anordnung gem. § 545 BGB verlängert wird (KG NJOZ 2010, 24). In diesen Fällen wird kein neues Mietverhältnis begründet, sondern das ursprüngliche Mietverhältnis fortgesetzt. Anders ist es, wenn die Gesellschaft nach dem Ausscheiden eines Gesellschafters einen neuen Mietvertrag oder einen Verlängerungsvertrag abschließt. Für die Nachhaftung ist weiter erforderlich, dass die Ansprüche gegen den ausgeschiedenen Gesellschafter in einer in § 197 Abs. 1 Nr. 3–5 BGB bezeichneten Art festgestellt sind oder eine gerichtliche Vollstreckungshandlung vorgenommen oder beantragt wird. Der Vermieter muss also innerhalb der 5-Jahres-Frist Klage erheben (§§ 160 Abs. 1 HGB, 197 Abs. 1 Nr. 3, 204 Abs. 1 BGB). Die Frist beginnt mit dem Ende des Tages, an dem das Ausscheiden in das Handelsregister des für den Sitz der Gesellschaft zuständigen Gerichts eingetragen wird. Einer Feststellung oder Klagerhebung bedarf es nicht, soweit der Gesellschafter den Anspruch schriftlich anerkannt hat (§ 160 HGB).

259 Bei **unternehmensbezogenen gewerblichen Mietverträgen** gelten folgende Grundsätze: **(1)** Hatten die vertragsschließenden Parteien übereinstimmende Vorstellungen über die Person des Vertragspartners, so sind diese Vorstellungen maßgebend. Auf den Wortlaut des schriftlichen Vertragstextes kommt es dann nicht an (BGH NJW-RR 1996, 1458; OLG Köln NZM 1999, 1097). **(2)** Bei unternehmensbezogenen Geschäften gehen die Vertragsparteien regelmäßig davon aus, dass nicht die für das Unternehmen handelnde Person, sondern der Geschäftsinhaber Vertragspartner werden soll. Erforderlich ist lediglich, dass ein Unternehmensbezug aus der Erklärung oder sonstigen Umständen, wie der Art der Leistung, erkennbar wird (BGH NJW 1995, 43, 44). Ob das Unternehmen korrekt bezeichnet wird, ist unerheblich. Insbesondere spielt es für den Unternehmensbezug keine Rolle, wenn das Unternehmen nicht mit einem gesetzlich vorgeschriebenen Rechtsformzusatz bezeichnet wird (KG Urteil vom 25.1.2018 – 8 U 58/16, ZMR 2018, 306 m. Anm. Burbulla). Bei Inhaberfirmen wird der Inhaber Vertragspartei und nicht derjenige, der für den Inhaber handelt (BGH NJW-RR 1997, 527; NJW 1995, 43; NJW 1990, 2678; NJW 1986, 1675; OLG Köln NZM 1999, 1097; OLG Brandenburg NZM 1999, 1098; KG a. a. O.). Dies gilt auch dann, wenn der Inhaber falsch bezeichnet ist oder über ihn Fehlvorstellungen existieren (BGH NJW 1990, 2678; OLG Brandenburg a. a. O.). **(3)** Behauptet ein Vermieter, dass sich der Verhandlungspartner persönlich verpflichten wollte, so muss er dies darlegen und beweisen. Voraussetzung ist „ein sehr substantiierter Vortrag, der es verständlich werden lässt, warum der andere Teil gerade auf eine persönliche Haftung des Handelnden Wert gelegt hat und diese ausdrücklich vereinbart haben soll" (OLG Brandenburg a. a. O.). **(4)** Die vorgenannten Grundsätze gelten nur, wenn die Unternehmensbezogenheit des Geschäfts zweifelsfrei feststeht (OLG Düsseldorf GuT 2003, 7). Bleibt unklar, ob ein Mietvertrag mit einer natürlichen Person oder mit einer noch zu gründenden GmbH zustande gekommen ist, so ist derjenige als Vertragspartner anzusehen, der im Vertrag als solcher genannt ist und der die Vertragsurkunde unterzeichnet hat (§ 164 Abs. 2 BGB; OLG Düsseldorf a. a. O.; GE 2016, 856).

5. Juristische Person

Wird der Mietvertrag mit einer juristischen Person (AG, GmbH, Unternehmergesellschaft gem. § 5a GmbHG) abgeschlossen, so wird diese Vertragspartner. Die Gesellschafter haften nicht. Der Wechsel der Gesellschafter hat auf den Mietvertrag keinen Einfluss. Allerdings kann der Mietvertrag so abgeschlossen werden, dass sowohl die Gesellschaft als auch die Gesellschafter (oder der Geschäftsführer) Mieter sind. Sind im Kopf der Mietvertragsurkunde als Mieter sowohl eine GmbH als auch deren Geschäftsführer aufgeführt und wird der Vertrag vom Geschäftsführer ohne weiteren Zusatz unterzeichnet, so werden sowohl die GmbH als auch derer Geschäftsführer Partei des Mietvertrags. Will der Geschäftsführer eine Eigenhaftung vermeiden, so muss er entweder seinen Namen im Kopf des Mietvertrags streichen oder seine Unterschrift mit einem Zusatz versehen (z. B. „i. V.") aus dem sich ergibt, dass er die Unterschrift nur als Geschäftsführer der GmbH und nicht als Person leiste (KG NZM 2014, 912). Der Vermieter ist nicht gehalten, einen ausländischen Mieter auf die mit der persönlichen Verpflichtung verbundenen Risiken hinzuweisen. Dies gilt auch dann, wenn der Mieter der deutschen Sprache nicht hinreichend mächtig ist und er deshalb den Mietvertrag nicht versteht (KG a. a. O.). 260

Bei **unternehmensbezogenen gewerblichen Mietverträgen** gelten die unter Rdn. 259 dargestellten Grundsätze. Zu beachten ist, dass die Gesellschafter (Geschäftsführer) der GmbH einen Schaden der Mieterin auch dann nicht im eigenen Namen geltend machen können, wenn sie selbst dem Mietvertrag beigetreten sind (BGH NZM 1998, 718). Die genannten Personengruppen haben in Fällen dieser Art nur dann eigene Ansprüche, wenn sie als Gesellschafter infolge des verminderten Gewinns bei eventuellen Gewinnausschüttungen benachteiligt werden oder wenn ein Geschäftsführer wegen des Verhaltens des Vermieters seine Stellung und damit seine Geschäftsführerbezüge verliert. 260a

Befindet sich eine **juristische Person im Gründungsstadium,** so kommt es darauf an, ob die Gründer den Mietvertrag im Namen der künftigen juristischen Person abschließen oder ob sie in eigenem Namen handeln. Im erstgenannten Fall kommt der Mietvertrag zunächst mit den Gründern zustande, die i. d. R. eine GbR bilden. Mit der notariellen Beurkundung des Gesellschaftsvertrages gehen die Rechte und Pflichten aus dem Mietverhältnis auf die juristische Person über (OLG München ZMR 1997, 458; Emmerich in: Bub/Treier Kap II Rdn. 682); die Gründer scheiden aus dem Vertragsverhältnis aus. Handeln die Gründer beim Vertragsschluss im eigenen Namen, so muss nach der notariellen Beurkundung des Gesellschaftsvertrags ein Mieterwechsel vereinbart werden. Handeln die Gründer sowohl im Namen der künftigen juristischen Person als auch im eigenen Namen, so kann der Gründer seine persönliche Haftung auf die Zeit vor dem Eintrag der Gesellschaft ins Handelsregister beschränken. Hierfür genügt es, wenn der Vermieter beim Vertragsschluss ausdrücklich auf die beschränkte Dauer der Mithaftung hingewiesen wird. Im Streitfall muss dies der Gründer beweisen (OLG Brandenburg 261

NZM 2003, 154). Danach besteht keine Haftungsbeschränkung, wenn der Gründer den Mietvertrag mit seinem Namen und dem Zusatz: „Mithaftender Gesellschafter" unterschreibt). Wird keine Haftungsbeschränkung vereinbart, so endet die Haftung nicht, wenn die Gesellschaft durch Eintrag ins Handelsregister rechtsfähig wird.

6. Betreuer

262 Der geschäftsfähige Betreute kann ein Mietverhältnis selbst kündigen, Mieterhöhungsvereinbarungen abschließen oder sonstige Rechtsgeschäfte tätigen. Hat dieser einen Betreuer mit dem Aufgabenbereich der Aufenthaltsbestimmung, oder betrifft der Aufgabenbereich des Betreuers das Mietverhältnis, so muss der Betreuer die Kündigung des vom Betreuten gemieteten Wohnraums dem Familiengericht mitteilen (§ 1907 Abs. 2 S. 1 BGB). Die Kündigung eines geschäftsunfähigen Betreuten ist nichtig. Hier muss der Betreuer kündigen. Kündigungsberechtigt ist der Betreuer für die Vermögenssorge, wenn Geschäftsraum gemietet ist. Soll die Wohnung des Betreuten gekündigt werden, so muss der Betreuer für die Aufenthaltsbestimmung oder für den Aufgabenkreis der Wohnung bestimmt sein (arg.e § 1907 Abs. 2 S. 1 BGB; **a. A.** Bobenhausen RPfleger 1994, 13: Vermögenssorge). Zur Kündigung eines Wohnraummietverhältnisses bedarf der Betreuer der Genehmigung des Familiengerichts. Dies gilt über den Wortlaut des § 1907 Abs. 1 S. 1 BGB hinaus auch dann, wenn die Wohnung nicht vom Betreuten gemietet worden ist; maßgeblich ist nur, dass der Betreute in den Räumen lebt. Für Mietaufhebungsverträge zwischen dem Betreuer und dem Vermieter (§ 1907 Abs. 1 S. 2 BGB) oder für ähnliche Maßnahmen die zum Verlust der Wohnung führen gilt dasselbe (§ 1907 Abs. 2 S. 2 BGB).

263 Für die Erteilung und Wirkung der Genehmigung des Familiengerichts gelten die §§ 1828 – 1831 BGB. Unter einer Genehmigung ist die vorherige Zustimmung i. S. von § 183 BGB zu verstehen. Dies folgt aus § 1831 Satz 1 BGB. Eine ohne vorherige Zustimmung erklärte Kündigung wird durch eine nachträglich erteilte Genehmigung nicht geheilt. Vielmehr muss der Kündigungsberechtigte eine neue Kündigung aussprechen (Rolfs in: Staudinger § 542 BGB Rdn. 65).

264 Ist die Genehmigung erteilt, so hängt die Wirksamkeit einer Kündigung nicht von der Vorlage der Genehmigung ab. Bei Nichtvorlage der Genehmigung kann der Kündigungsempfänger die Kündigung aber nach § 174 BGB zurückweisen. Es gelten dieselben Grundsätze wie bei der Zurückweisung einer Kündigung wegen unterlassener Vorlage der Vollmachtsurkunde (Rolfs in: Staudinger § 542 BGB Rdn. 65; s. § 542 BGB Rdn. 54). Die in der Wohnung lebenden Familienangehörigen des Betreuten haben gegen die Genehmigung der Kündigung durch das Familiengericht kein Beschwerderecht. Dies gilt auch dann, wenn der Betreute nach Zugang der Kündigung beim Vermieter verstirbt und der oder die Familienangehörigen den Mieter beerben. Ein Eintritt in das Mietverhältnis nach § 563 BGB kommt ebenfalls nicht in Betracht, weil diese Vorschrift voraussetzt, dass das Mietverhältnis im Zeitpunkt des Todes des Mieters noch besteht (KG FamRZ 2010, 494).

265 Ist die Beendigung eines Wohnraummietverhältnisses zu befürchten (z. B. auf Grund einer Kündigung des Vermieters oder bei Mietrückständen), so hat der Betreuer dies dem Familiengericht mitzuteilen, wenn sein Aufgabenkreis das Mietverhältnis oder die Aufenthaltsbestimmung umfasst (§ 1907 Abs. 2 S. 1 BGB). Der Zugang einer Mieterhöhungserklärung oder der Abschluss einer Mieterhöhungsvereinbarung ist nach dem Sinn und Zweck des § 1907 BGB ebenfalls dem Fami-

liengericht mitzuteilen, wenn zu befürchten ist, dass der Betreute den Mietpreis nicht bezahlen kann und deshalb die Wohnung verlieren könnte.

Soll einem volljährigen geschäftsunfähigen Mieter gekündigt werden, und ist **266** weder ein gesetzlicher Vertreter vorhanden, noch ein Betreuer bestellt, so hat der Vermieter die Möglichkeit, beim zuständigen Familiengericht die Bestellung eines Betreuers anzuregen (BayObLG WuM 1996, 275).

7. Insolvenzverwalter

Die Eröffnung des Insolvenzverfahrens hat auf den Bestand des Mietverhältnisses **267** keinen Einfluss. Vielmehr besteht das Mietverhältnis mit Wirkung für die Insolvenzmasse fort (§ 108 Abs. 1 InsO). Die hieraus folgenden Verbindlichkeiten sind Masseverbindlichkeiten (§ 55 Abs. 1 Nr. 2 InsO), die der Insolvenzverwalter vorab zu erfüllen hat (§ 209 Abs. 1 InsO). Die bis zur Insolvenzeröffnung entstandenen Mietrückstände sind Insolvenzforderungen hinsichtlich derer der Vermieter lediglich anteilige Befriedigung entsprechend der Insolvenzquote verlangen kann. Rechnet der Vermieter nach Eröffnung des Insolvenzverfahrens über die Betriebskosten betreffend einen Zeitraum ab, der vor der Verfahrenseröffnung liegt, so zählt ein Abrechnungssaldo zugunsten des Vermieters zu den Insolvenzforderungen (OLG Düsseldorf ZInsO 2014, 502). Dies folgt aus dem Umstand, dass die abgerechneten Betriebskosten Teil der Miete sind, die der Mieter für den Abrechnungszeitraum schuldet.

Mietverhältnisse des Schuldners über unbewegliche Gegenstände oder Räume **267a** bestehen mit Wirkung für die Insolvenzmasse fort (§ 108 Abs. 1 InsO). Demgegenüber hat der Insolvenzverwalter bei *Mietverträgen* **über bewegliche Sachen** gem. § 103 Abs. 1 InsO ein Wahlrecht: er kann sowohl Erfüllung verlangen als auch diese ablehnen. Im Falle der Ablehnung der Erfüllung ist der Verwalter verpflichtet, die Mietsache an den Vermieter herauszugeben. Einer Kündigung bedarf es nicht. Gibt der Verwalter die Mietsache nicht zurück, so kann der Vermieter den Anspruch auf Nutzungsentschädigung nur als Insolvenzforderung geltend machen. Anders ist es, wenn der Verwalter die Mietsache nach der Eröffnung des Insolvenzverfahrens nutzt, ohne die Erfüllung des Mietvertrages zu erlangen. Dann stellt der Anspruch des Vermieters auf Nutzungsentschädigung eine Masseforderung dar (BGH Urteil vom 1.3.2007 – IX ZR 81/05, NJW 2007, 1594). In beiden Fällen setzt der Anspruch auf Nutzungsentschädigung voraus, dass die weiteren Voraussetzungen des § 546a BGB gegeben sind. Erforderlich ist insbesondere, dass der Vermieter einen Rücknahmewillen hat. Hieran kann es fehlen, wenn der Vermieter den Verwalter auf Mietzahlung in Anspruch nimmt. In diesem Fall ist davon auszugehen, dass der Vermieter mit der Weiternutzung der Mietsache durch den Verwalter einverstanden ist (OLG Celle Urteil vom 19.10.2018 – 2 U 77/18). Sind sowohl Räume als auch bewegliche Sachen vermietet, so kommt es darauf an, in welchem Bereich der Vertrag seinen Schwerpunkt hat. Liegt der Schwerpunkt auf der Raummiete, so wird § 103 InsO durch § 108 Abs. 1 InsO verdrängt. Das Mietverhältnis besteht also insgesamt fort (BGH NJW 2015, 1109 Rz. 28 ff). Dies gilt auch für einen Mietvertrag zwischen einem Gesellschafter und der Gesellschaft. Die früher bestehenden Vorschriften über das Eigenkapitalersatzrecht (§ 32a Abs. 3 GmbHG a. F.) wonach dem Insolvenzverwalter ein Recht auf unentgeltliche Nutzung der Mietsache zustand, sind nicht mehr anzuwenden (BGH NJW 2015, 1109 Rz. 33 ff).

Bei **beendetem Mietverhältnis** ist zwischen dem Herausgabeanspruch und **268** dem Räumungsanspruch zu unterscheiden (BGH NJW 2001, 2966). Aufgrund

§ 535 BGB Untertitel 1. Allgemeine Vorschriften für Mietverhältnisse

des **Herausgabeanspruchs** ist der Mieter verpflichtet, dem Vermieter unmittelbaren Besitz an der Mietsache zu verschaffen. Der Vermieter hat ein Aussonderungsrecht. Durch den Anspruch wird die Gesamtvollstreckungsmasse verpflichtet. Ist der Vermieter allerdings in der Lage, den Besitz zu ergreifen, so ist die Aussonderung vollzogen. Die mietvertragliche **Räumungspflicht** hat zum Inhalt, dass der Mieter die Mietsache in einem vertragsgemäßen Zustand zurückzugeben hat. Wurde über das Vermögen des Mieters das Insolvenzverfahren eröffnet, so stellt sich die Frage ob der Räumungsanspruch als Insolvenz- oder als Masseverbindlichkeit zu bewerten ist. Zu den Insolvenzverbindlichkeiten zählen alle Ansprüche des Vermieters, die vor der Insolvenzeröffnung entstanden sind. Grundsätzlich folgt der Räumungsanspruch aus dem Mietvertrag, er entsteht – aufschiebend bedingt durch die Vertragsbeendigung – bereits mit dem Vertragsschluss. Hieraus ist abzuleiten, dass der Räumungsanspruch im Allgemeinen als Insolvenzforderung gilt. Der Insolvenzverwalter ist demnach nicht verpflichtet, die Mietsache auf Kosten der Masse zu räumen (KG ZMR 2019, 47). Vielmehr ist der Mieter verpflichtet, diesen Zustand herzustellen. Durch diesen Anspruch wird die Gesamtvollstreckungsmasse grundsätzlich nicht verpflichtet. Vielmehr zählen die für die Herstellung des vertragsgemäßen Zustands erforderlichen Kosten zu den Gesamtvollstreckungsforderungen. Der Vermieter kann seine Forderung (Erfüllung oder Schadensersatz) nur zum Vermögensverzeichnis anmelden. Eine Ausnahme gilt für Verbindlichkeiten, die nach § 55 InsO als Masseverbindlichkeiten gelten. Hierzu zählen u. a. Verbindlichkeiten, „die durch Handlungen des Insolvenzverwalters oder in anderer Weise durch die Verwaltung, Verwertung und Verteilung der Insolvenzmasse begründet werden …" (§ 55 Abs. 1 Nr. 1 InsO). Hat der Insolvenzverwalter eine vom Mieter eingebrachte Einrichtung entfernt und verwertet, so ist er zur Herstellung des Ursprungszustands verpflichtet (Langenberg in: Schmidt-Futterer § 539 BGB, Rdn. 75; Palandt/Weidenkaff, BGB, § 539 BGB, Rdn. 10; Scheuer/J. Emmerich in: Bub/Treier Kap V Rdn. 340). Der Mieter – an seiner Stelle der Insolvenzverwalter – darf sich nicht darauf beschränken, wertvolle Bestandteile wegzunehmen und dem Vermieter den Rest zu belassen (Langenberg a. a. O. Rdn. 81). Etwaige Schäden die durch die Demontage der Einrichtung entstanden sind, oder bauliche Veränderungen müssen beseitigt werden. Hierbei handelt es sich um eine Massenverbindlichkeit (KG ZMR 2019, 479).

268a Wurde das Mietverhältnis bereits vor Eröffnung des Verfahrens beendet, so sind die im Zeitpunkt der Insolvenzeröffnung fälligen **Mietrückstände,** Schadenersatzansprüche, Erfüllungsansprüche wegen nicht durchgeführter Schönheitsreparaturen und dergleichen nur Insolvenzforderungen. Der Anspruch auf Nutzungsentschädigung (§ 546a BGB) zählt zu den Masseverbindlichkeiten, wenn der Insolvenzverwalter die Mietsache nach der Beendigung des Mietvertrags weiterhin nutzt. Hierfür genügt es, wenn der Verwalter allein über die Schlüssel verfügt und in der Mietsache Sachen einlagert (BGHZ 130, 38, 44; BGH NJW 2015, 1109 Rz. 78) oder wenn er einen Untermietvertrag fortsetzt und das Untermietzins zugunsten der Masse einzieht (BGH WPM 2007, 840 Rz. 21). Der Anspruch auf die Nutzungsentschädigung setzt allerdings eine Vorenthaltung i. S. des § 546a BGB voraus; daran fehlt es, wenn der Vermieter die Rücknahme unter Hinweis auf den nicht vertragsgemäßen Zustand der Mietsache ablehnt (s. § 546a Rdn. 18). Die Kosten für die Herstellung des vertraglich geschuldeten Zustands sind keine Masseschuld, wenn das Mietverhältnis bereits vor der Insolvenzeröffnung beendet wurde (BGH NJW 2015, 1109 Rz. 82).

268b Nach **§ 129 Abs. 1 InsO** kann der Insolvenzverwalter eine die Insolvenzgläubiger benachteiligende Rechtshandlung, die der Mieter vor der Eröffnung des Insolvenzverfahrens vorgenommen hat, anfechten. Zu den Rechtshandlungen in diesem Sinn zählen im Falle der Mieterinsolvenz auch **Zahlungen des Mieters auf rückständige Miete an den Vermieter.** Die Anfechtung bewirkt, dass der Vermieter die Zahlungen der Insolvenzmasse zurückgewähren muss (§ 143 Abs. 1 InsO). Der Vermieter kann Befriedigung entsprechend den Regelungen der InsO verlangen. Die **Anfechtungsgründe** sind in den §§ 130 ff. InsO geregelt. Nach § 133 Abs. 1 InsO liegt ein Anfechtungsgrund im Falle der vorsätzlichen Gläubigerbenachteiligung vor. Der Tatbestand setzt voraus, **(1)** dass die Zahlung in den letzten zehn Jahren vor dem Antrag auf Eröffnung des Insolvenzverfahrens geleistet wurde; **(2)** dass der Mieter hierbei mit dem Vorsatz der Gläubigerbenachteiligung gehandelt hat und, **(3)** dass der Vermieter zur Zeit der Entgegennahme der Zahlungen den Vorsatz des Mieters kannte. Im Einzelnen: **Zu (1):** Für den Begriff der Zahlungsunfähigkeit gilt die Legaldefinition in § 17 Abs. 2 InsO. Danach ist zahlungsunfähig, wer nicht in der Lage ist, seine fälligen Zahlungspflichten zu erfüllen. Zahlungsunfähigkeit ist in der Regel anzunehmen, wenn der Schuldner seine Zahlungen eingestellt hat. Die Zahlungsunfähigkeit kann aus bestimmten Beweisanzeichen abgeleitet werden. Nach der Rechtsprechung liegen solche Beweisanzeichen vor, wenn der Mieter Ratenzahlungsvereinbarungen über erhebliche Beträge geschlossen hat (BGH ZInsO 2011, 1410), wenn Lastschriften zurück gegeben werden (BGH ZInsO 2010, 1598), wenn Steuern Sozialversicherungsbeiträge oder Löhne nicht mehr bezahlt werden (BGH ZInsO 2008, 378) oder wenn der Mieter mit der Bezahlung von Mieten in einer Höhe in Verzug gerät, die den Vermieter zur fristlosen Kündigung berechtigen würden (OLG Hamburg GuT 2012, 129 m. Anm. Cymutta). Für die Vorsatzanfechtung reicht es allerdings aus, wenn Zahlungsunfähigkeit droht. Hiervon ist auszugehen, wenn der Mieter voraussichtlich nicht in der Lage sein wird, seine Zahlungspflichten im Zeitpunkt ihrer Fälligkeit zu erfüllen (§ 18 Abs. 2 InsO). Dies ist aufgrund einer Prognose festzustellen, wobei die gesamte Vermögenslage des Mieters zu berücksichtigen ist. Der vorhandenen Liquidität und den Einnahmen, die bis zu diesem Zeitpunkt zu erwarten sind, müssen die Verbindlichkeiten gegenüber gestellt werden, die bereits fällig sind oder die bis zu diesem Zeitpunkt voraussichtlich fällig werden. Das sind alle Zahlungspflichten, deren Fälligkeit im Prognosezeitraum nicht sicher, aber überwiegend wahrscheinlich sind (BGH ZInsO 2015, 841). Ergibt die Prognose, dass der Eintritt der Zahlungsunfähigkeit wahrscheinlicher ist als deren Vermeidung, droht Zahlungsunfähigkeit (BGH NJW-RR 2014, 235). **Zu (2):** Ergibt die Prognose, dass Zahlungsunfähigkeit droht, so stellt dies ein starkes Beweisanzeichen für den Benachteiligungsvorsatz des Mieters dar. In diesen Fällen handelt der Mieter dann nicht mit Benachteiligungsvorsatz, „wenn er aufgrund konkreter Umstände – etwa der sicheren Aussicht, demnächst Kredit zu erhalten oder Forderungen realisieren zu können – mit einer baldigen Überwindung der Krise rechnen kann. Droht die Zahlungsunfähigkeit, bedarf es konkreter Umstände, die nahe legen, dass die Krise noch abgewendet werden kann" (BGH NJW-RR 2014, 235). Diese Grundsätze gelten auch, wenn eine kongruente Leistung angefochten wird (BGH NJW 2013, 611). Anders kann es sein, wenn der Schuldner für die Zahlung eine adäquate Gegenleistung erhält, so dass ein Leistungsaustausch gleich einem Bargeschäft vorliegt (OLG Koblenz ZInsO 2015, 854). Mietzahlungen zur Erhaltung des Mietbesitzes zählen hierzu nicht. **Zu (3):** Die Kenntnis des Vermieters von der Benachteiligungsabsicht muss auf Grund der konkreten Umstände des Einzelfalls festgestellt werden. Die Kenntnis wird vermutet, wenn der Vermieter wusste, dass die Zahlungsunfähigkeit des Mieters drohte und dass die Handlung die übrigen Gläubiger

§ 535 BGB Untertitel 1. Allgemeine Vorschriften für Mietverhältnisse

benachteiligte (§ 133 Abs. 1 InsO). Sind die Gesellschafter der Mieterin mit den Eigentümern und Vermietern des Mietobjekts personell identisch, so liegt es auf der Hand, dass die Vermieter den Vorsatz des Mieters kennen (vgl. BGH NJW-RR 2014, 235). Der Insolvenzverwalter muss sowohl den Benachteiligungsvorsatz des Mieters als auch die Kenntnis des Vermieters beweisen. Wird der Vermieter durch einen Rechtsanwalt vertreten, so spielt es keine Rolle, wenn dieser aus seiner Tätigkeit für andere Gläubiger des Mieters wusste, dass der Mieter zahlreiche Verbindlichkeiten hatte. Der Vermieter muss sich die Kenntnis seines Anwalts nicht zurechnen lassen, weil dieser gegenüber seinen anderen Mandanten zur Verschwiegenheit verpflichtet ist (OLG Hamburg ZInsO 2011, 1066).

268c Steht ein vermietetes **Grundstück unter Zwangsverwaltung,** so kann der Insolvenzverwalter des Mieters eine von diesem an den Zwangsverwalter erbrachte Mietzahlung ebenfalls wegen Gläubigerbenachteiligung anfechten. Durch die §§ 155, 10 ZVG wird die Anfechtung nicht ausgeschlossen. Nach § 155 Abs. 2 ZVG hat der Zwangsverwalter zwar die Überschüsse aus den Erträgnissen des Grundstücks nach einer in § 10 ZVG bestimmten Rangfolge zu verteilen. Hierdurch wird allerdings kein Vorrang der in § 10 ZVG bestimmten Gläubiger gegenüber den Gläubigern des insolventen Mieters begründet. Für die Kenntnis vom Benachteiligungsvorsatz kommt es stets auf die Person des Zahlungsempfängers an. Anfechtungsgegner ist der Zwangsverwalter; dieser ist auch zur Erfüllung des Rückgewähranspruchs verpflichtet (OLG Dresden NZI 2014, 923).

268d In **§ 129 Abs. 2 InsO** ist geregelt, dass eine **Unterlassung** einer Rechtshandlung gleichsteht. Der BGH (NZM 2014, 516) führt dazu aus, dass eine Gleichstellung der Unterlassung mit einer Rechtshandlung voraussetzt **(1)** dass die Unterlassung auf einer Willensbetätigung beruht, also bewusst und gewollt erfolgt und dass **(2)** der Unterlassende die Benachteiligung der übrigen Gläubiger in Kauf genommen hat; es genügt nicht, dass die Bevorzugung eines einzelnen Gläubigers lediglich hingenommen wird. Unterlässt es der Schuldner, dessen Konten durch seine Gläubiger gepfändet sind, ein weiteres Konto zu eröffnen und Zahlungen seiner Schuldner auf dieses freie Konto zu leiten, steht diese Unterlassung einer Rechtshandlung nicht gleich (BGH a. a. O.).

269 Gegen Ansprüche des Mieters kann der Vermieter aufrechnen, wenn die Aufrechnungslage bereits bei Verfahrenseröffnung bestanden hat (§ 94 InsO). Eine **Aufrechnung** mit Ansprüchen auf Zahlung rückständiger Miete gegen ein Guthaben des Mieters aus einer Betriebskostenabrechnung ist nach der Ansicht des BGH auch dann möglich, wenn der Mietzinsanspruch bereits vor Eröffnung des Insolvenzverfahrens fällig geworden ist und die Abrechnung über die Betriebskosten erst nach Insolvenzeröffnung erfolgt (BGH NZM 2005, 342).

270 Wird das Mietverhältnis nach der Insolvenzeröffnung beendet und gibt der Insolvenzverwalter die Mietsache gleichwohl nicht zurück, so liegt eine **Vorenthaltung** i. S. von § 546a BGB vor. Der Vermieter hat in diesem Fall Anspruch auf Zahlung einer Nutzungsentschädigung nach § 546a BGB. Diese gehört zu den Masseverbindlichkeiten, so dass der Vermieter auch insoweit vorzugsweise befriedigt wird (BGH NJW 1994, 516). Eine andere Rechtsfolge tritt allerdings dann ein, wenn das Mietverhältnis bereits vor Insolvenzöffnung beendet worden ist. In diesem Fall gilt die Nutzungsentschädigung nur dann als bevorzugte Masseverbindlichkeit, wenn der Insolvenzverwalter die Mietsache für die Masse nutzt (Anspruch aus rechtloser Bereicherung der Masse, § 55 Abs. 1 Nr. 3 InsO). Unter Umständen liegt ein solcher Fall bereits dann vor, wenn sich in der Mietsache Gegenstände befinden, die der Verwaltungsbefugnis des Verwalters unterliegen. Für die Nutzung ist der Vermieter darlegungs- und beweispflichtig (OLG Düsseldorf ZMR 2012, 13). Anderenfalls kann der Vermieter nur anteilige Befriedigung aus der Masse verlangen (BGH a. a. O.).

271 Nach § 60 InsO haftet der Insolvenzverwalter auf **Schadensersatz,** wenn er eine insolvenzspezifische Pflicht verletzt. Darunter versteht man solche Pflichten, die sich aus der Insolvenzordnung ergeben. Hierzu zählt auch die Pflicht, eine vom Schuldner gemietete Sache nach Beendigung der Mietzeit an den Vermieter zurückzugeben. Unterbleibt die Rückgabe auf Grund eines schuldhaften Verhaltens des Insolvenzverwalters, so schuldet der Insolvenzverwalter zwar keine Nutzungsentschädigung. Jedoch kann dem Vermieter ein Schadensersatzanspruch gegen den Verwalter zustehen (BGH NJW 2007, 1596 betreffend Verletzung der Rückgabepflicht infolge einer unerlaubten Untervermietung).

272 Nach § 61 InsO haftet der Insolvenzverwalter auf **Schadensersatz,** wenn eine Masseverbindlichkeit, die durch eine Rechtshandlung des Insolvenzverwalters begründet worden ist, aus der Insolvenzmasse nicht voll erfüllt werden kann. Diese Regelung gilt auch, wenn der Insolvenzverwalter die rechtlich zulässige Kündigung eines Mietverhältnisses unterlässt, obwohl er erkennt, dass die Insolvenzmasse zur Erfüllung der Mietforderung nicht ausreicht (BGH NJW 2012, 1361). Hat der Insolvenzverwalter das Mietverhältnis aber unmittelbar nach Insolvenzeröffnung gekündigt, so zählen die Mieten, die während des Laufs der Kündigungsfrist fällig werden, zwar zu den Masseverbindlichkeiten. Gleichwohl hat der Vermieter keinen Schadensersatzanspruch gegen den Insolvenzverwalter. Dieser haftet nur für die Erfüllung solcher Masseverbindlichkeiten die durch eine Rechtshandlung des Insolvenzverwalters begründet worden sind. Für Verbindlichkeiten, die ohne Zutun des Insolvenzverwalters kraft Gesetzes entstehen, haftet der Insolvenzverwalter nicht (OLG Düsseldorf ZInsO 2014, 502).

273 Übt der Mieter in gemieteten Räumen eine **selbstständige Tätigkeit** aus und wird der Betrieb nach der Eröffnung des Insolvenzverfahrens weitergeführt, wobei die Verwaltungsbefugnis auf den Verwalter übergegangen ist (§ 80 Abs. 1 InsO), so haftet die Insolvenzmasse für die Miete. Will der Verwalter keine Risiken für die Insolvenzmasse eingehen, so kann er gem. **§ 35 Abs. 2 InsO** gegenüber dem Schuldner erklären, dass Ansprüche aus dieser Tätigkeit nicht im Insolvenzverfahren geltend gemacht werden können. Teilweise wird vertreten, dass Verbindlichkeiten aus Dauerschuldverhältnissen bis zur wirksamen Kündigung weiterhin die Masse treffen (z. B. Uhlenbruck/Hirte InsO § 35 Rdn. 101). Nach h. M. können diese Verbindlichkeiten nach dem Wirksamwerden der Freigabeerklärung nur noch gegen den Schuldner geltend gemacht werden (BGH NJW 2012, 1361; LG Krefeld NZI 2010, 485).

274 Kann ein Vermieter ein **Vermieterpfandrecht** geltend machen (§ 562 BGB), so hat er das Recht, sich aus den Pfandgegenständen vorzugsweise zu befriedigen (Absonderungsrecht). Hinsichtlich der Mietrückstände besteht das Absonderungsrecht allerdings nur für diejenigen Rückstände, die im letzten Mietjahr vor der Insolvenzeröffnung entstanden sind (§ 50 Abs. 2 InsO). Das Recht zur Verwertung der dem Pfandrecht unterliegenden Gegenstände steht dem Insolvenzverwalter zu (§ 166 Abs. 1 InsO). Der Insolvenzverwalter muss den Erlös an den Vermieter auskehren (§ 170 InsO). Schuldet der Mieter dem Vermieter Mietzins für mehrere Monate oder schuldet er neben der Miete Schadensersatz und reicht der aus der Verwertung der Pfandgegenstände erzielte Erlös nicht zur Tilgung sämtlicher Verbindlichkeiten aus, so wird vereinzelt die Ansicht vertreten, dass der Insolvenzverwalter gem. § 366 Abs. 1 BGB die Tilgungsreihenfolge bestimmen kann (OLG

Dresden NZM 2012, 84). Der BGH teilt diese Ansicht nicht. Danach ist § 366 Abs. 1 BGB nicht anzuwenden, wenn der Insolvenzverwalter im Rahmen der Gesamtvollstreckung einen dem Pfandrecht des Vermieters unterliegenden Gegenstand gem. § 166 Abs. 1 InsO verwertet und den Erlös an den Vermieter auskehrt. Eine gleichwohl vorgenommene Tilgungsbestimmung des Insolvenzverwalters ist unwirksam. An deren Stelle tritt die gesetzliche Tilgungsfolge nach § 366 Abs. 2 BGB. Dach wird unter mehreren fälligen Schulden diejenige getilgt, welche dem Gläubiger geringere Sicherheit bietet. Das ist bei mehreren Mietzinsforderungen die jeweils älteste Forderung, weil diese vor den jüngeren Forderungen verjähren (BGH NJW 2015, 162).

275 Aus der **Barkaution,** die der Mieter vor Insolvenzeröffnung geleistet hat, kann sich der Vermieter durch Aufrechnung befriedigen.

276 Zu Fragen der **Kündigung** des Mietverhältnisses und der **Räumungsklage** s. § 542 Rdn. 152 ff.

276a **Insolvenzverschleppung.** Der Mieter ist im Falle seiner Überschuldung verpflichtet einen Insolvenzantrag zu stellen. Bei der Vermietung an eine Gesellschaft ist diese Verpflichtung vom vertretungsberechtigten Organ zu erfüllen. Hierdurch soll zum einen das restliche noch vorhandene Gesellschaftsvermögen erhalten werden. Zum anderen sollen potenzielle Gläubiger dafür bewahrt werden, mit einer insolvenzreifen Gesellschaft in Geschäftsbeziehungen zu treten. Bei einem schuldhaften Verstoß gegen das Verbot der Insolvenzverschleppung haften die vertretungsberechtigten Personen den geschädigten Gläubigern auf Schadensersatz. Die Haftung setzt voraus, dass zwischen der unterlassenen oder verzögerten Antragstellung ein ursächlicher Zusammenhang besteht. Insoweit kann zwischen den sog. „Neugläubigern" und den sog. „Altgläubigern" unterschieden werden. Neugläubiger ist, wer einer insolvenzreifen Gesellschaft „im Vertrauen auf deren Solvenz noch Geld- oder Sachmittel zur Verfügung gestellt hat, ohne einen entsprechenden werthaltigen Gegenanspruch oder eine entsprechende Gegenleistung zu erlangen" (BGH NJW 2014, 698 = NZM 2014, 76). Für den Schaden des Neugläubigers muss der Verpflichtete im Falle der schuldhaften Insolvenzverschleppung einstehen. Altgläubiger ist demgegenüber, wer mit der Gesellschaft vor Insolvenzreife Geschäftsbeziehungen eingegangen ist. Hier fehlt es am ursächlichen Zusammenhang zwischen der Insolvenzverschleppung und dem Schaden. Da ein Vermieter nicht in der Lage ist, das Mietverhältnis im Falle der Insolvenz zu beenden (s. § 542 Rdn. 153, 168) gilt folgendes: „Ein Vermieter, der dem Mieter vor Insolvenzreife Räume überlassen hat, ist regelmäßig Altgläubiger und erleidet keinen Neugläubigerschaden infolge der Insolvenzverschleppung, weil er sich bei Insolvenzreife nicht von dem Mietvertrag hätte lösen können" (BGH a. a. O.).

8. Mietvertrag zugunsten Dritter

277 Der echte Vertrag zugunsten Dritter ist in § 328 BGB geregelt (dazu: Lehmann-Richter ZMR 2010, 813 ff). Bei diesem Vertragstyp kommt der Mietvertrag zwischen dem Vermieter und dem Mieter zustande. Jedoch soll das Recht auf die Leistung nicht dem Mieter sondern einem Dritten zustehen. Dieser erwirbt aufgrund des Vertrags zugunsten Dritter das Recht, die Leistung vom Vermieter (d. h. die Erfüllung des Mietvertrags) zu fordern. Der Dritte wird aber nicht Vertragspartei; auch seine Mitwirkung am Vertragsschluss ist entbehrlich. Jedoch kann der Dritte das erworbene Recht gegenüber dem Mieter zurückweisen; in diesem Fall gilt das Recht als nicht erworben (§ 333 BGB). Das Schicksal des Vertrags richtet sich in diesem Fall nach den Umständen des Einzelfalls, i. d. R. wird die Auslegung zur Anwendung der Vorschriften über die Unmöglichkeit (§§ 275, 326 Abs. 1 BGB) führen.

Bei der Miete ist ein Vertrag zugunsten Dritter in Erwägung zu ziehen, wenn Eltern für ihr studierendes Kind eine Wohnung anmieten oder wenn ein Unternehmen oder eine Gemeinde Mietverträge zum Zwecke der Unterbringung von Arbeitnehmern, Asylbewerbern oder Obdachlosen abschließt. Die Annahme eines Vertrags zugunsten Dritter ist in solchen Fällen allerdings nicht zwingend. Denkbar ist auch, dass dem Mieter lediglich das vertragliche Recht eingeräumt werden soll, die Wohnung einem Dritten zu überlassen oder die Räume an einen Dritten weiterzuvermieten. In diesem Fall erwirbt der Dritte kein Recht auf die Leistung; er wird lediglich in die Schutzwirkungen des Mietvertrags einbezogen. Haben die Parteien hierüber keine eindeutigen Vereinbarungen getroffen, so richtet sich die Abgrenzung nach der Interessenlage. Im Fall der Anmietung einer Wohnung durch die Eltern eines Studenten wird im Zweifel ein Mietvertrag zugunsten eines Dritten i. S. von § 328 BGB anzunehmen sein. Bei der Anmietung von Wohnungen zum Zwecke der Unterbringung beliebiger Dritter spricht die Vermutung für einen Mietvertrag mit dem Recht zur Weitervermietung oder Gebrauchsüberlassung an einen Dritten (Lehmann-Richter ZMR 2010, 813, 816). **278**

Die Mietzahlung ist Sache des Mieters. Der Anspruch auf Gebrauchsüberlassung und Gebrauchserhaltung (Mangelbeseitigung) steht sowohl dem Mieter als auch dem Dritten zu. Das Recht des Dritten folgt aus § 328 Abs. 1 BGB. Das Recht des Vermieters ergibt sich aus dem Mietvertrag, weil die Miete die Gegenleistung für die Gebrauchsüberlassung ist; folgerichtig kann dem Mieter das Recht auf die Leistung nicht verwehrt werden. Der Mieter kann allerdings nicht Gebrauchsüberlassung an sich, sondern nur an den Dritten verlangen. Im Falle des Mangels ist die Miete gemindert. Die damit in Zusammenhang stehende Mangelanzeige kann sowohl vom Mieter als auch vom Dritten erfüllt werden. Kennt der Dritte einen bei der Übergabe bestehenden Mangel, so ist diese Kenntnis dem Mieter zuzurechnen (Lehmann-Richter ZMR 2010, 813, 817). Sowohl der Mieter als auch der Dritte kann den Mangel selbst beseitigen, wenn sich der Vermieter in Verzug befindet; der Aufwendungsersatzanspruch nach § 536a Abs. 2 BGB steht demjenigen zu, der den Mangel beseitigt hat. Modernisierungen und Instandsetzungsmaßnahmen muss der Dritte dulden; ein eventueller Aufwendungsersatz nach § 554 Abs. 4 BGB steht ihm zu. Hinsichtlich der Interessenabwägung ist auf die Person des Dritten, soweit es um die Höhe der Miete geht, auf die Person des Mieters abzustellen. Eine Vermieterkündigung ist gegenüber dem Mieter zu erklären; der Dritte ist lediglich über die Vertragsbeendigung zu informieren, damit er sich auf die Räumung einstellen kann. Der Mieter kann das Mietverhältnis kündigen; einer Zustimmung des Dritten bedarf es nicht (Lehmann-Richter ZMR 2010, 813, 819). Dem Dritten steht kein Kündigungsrecht zu. Hierfür besteht kein Bedürfnis, weil der Dritte weder zum Gebrauch der Wohnung noch zur Mietzahlung verpflichtet ist. Dies gilt auch für die Kündigung wegen mangelhafter Mietsache oder Gesundheitsgefährdung. Nach Beendigung des Mietverhältnisses ist die Rückgabepflicht sowohl vom Dritten als auch vom Mieter zu erfüllen (**a. A.** Lehmann-Richter ZMR 2010, 813, 820: danach ist nur der Dritte zur Rückgabe verpflichtet). Für die Zwangsräumung genügt allerdings ein Titel gegen den Dritten, weil nur er unmittelbaren Besitz an der Wohnung hat. Wegen der Nutzungsentschädigung kann der Vermieter nur den Mieter in Anspruch nehmen, weil dieser Anspruch an die Stelle des Anspruchs auf die Miete tritt. Entsteht durch die verspätete Rückgabe ein Schaden, so haften **279** der Dritte und der Mieter als Gesamtschuldner. Gleiches gilt für die Haftung wegen der Mietschäden. Der Dritte haftet aus Delikt, der Mieter aus Vertrag (a. A. Lehmann-Richter ZMR 2010, 813, 821: danach haftet nur der Dritte).

9. Anmietvereinbarung

279a Der Eigentümer kann mit einem Dritten vereinbaren, dass dieser berechtigt sein soll, die Mietsache im Falle der Beendigung des bestehenden Mietverhältnisses selbst zu mieten (Anmietrecht) oder einen Nachmieter zu benennen (Mieterbenennungsrecht). Entscheidet sich der Dritte für das Mieterbenennungsrecht so muss der vorgeschlagene Mieter in der Lage sein, das Mietobjekt entsprechend seiner Zweckbestimmung zu nutzen und die Verpflichtungen aus dem Mietverhältnis zu erfüllen. Hierfür ist der Dritte beweispflichtig. Kann der Beweis nicht geführt werden, so steht dem Eigentümer ein Ablehnungsrecht zu (OLG ZMR 2016, 369). Ob der Dritte in diesem Fall weitere Mieter benennen oder die Sache selbst mieten kann, richtet sich nach den Vereinbarungen im Einzelfall.

IX. Wechsel der Vertragsparteien

1. Mieterwechsel

280 Der Mieterwechsel kann in unterschiedlicher Weise vollzogen werden. Zum einen können die bisherigen Parteien ihr Mietverhältnis beenden; sodann kann der Vermieter mit dem Nachfolger ein neues Mietverhältnis zu den Bedingungen des Bisherigen begründen. Zum anderen kann der Mieterwechsel durch **Vertragsübernahme** vollzogen werden. Die Vertragsübernahme ist im Gesetz nicht geregelt. Für das Zustandekommen der Vertragsübernahme genügt es, wenn sich der Mieter und sein Nachfolger über die Vertragsübernahme einig sind und der Vermieter zustimmt. Sind die Vertragsregelungen unklar, so ist das Gewollte durch Auslegung zu ermitteln. Dabei spricht eine Vermutung für die Wahl der Zustimmungslösung, wenn der Mieterwechsel im Interesse des Mieters erfolgt (BGH NJW 1998, 531, 532). Ebenso kann die Vertragsübernahme zwischen dem Vermieter und dem (bisherigen oder zukünftigen) Mieter vereinbart werden. In diesem Fall muss der nicht am Vertragsschluss Beteiligte dem Rechtsgeschäft zustimmen (BGH NZM 2005, 584 unter Ziff. II 1). Zur Frage der **Schriftform** bei langfristigen Verträgen s. § 550 Rdn. 27f.

281 Die Vertragsübernahme hat zur Folge, dass der bisherige Mieter aus dem Vertrag entlassen und das Vertragsverhältnis mit dem neuen Mieter zu den bisher bestehenden Bedingungen fortgesetzt wird. Die Vertragsübernahme führt in der Regel nicht zu einer vollständigen Schuldübernahme: Wegen aller bereits fälligen Verbindlichkeiten (z. B. rückständige Miete; Schadensersatzansprüche) kann der Vermieter nur den bisherigen Mieter in Anspruch nehmen. In die noch nicht fälligen Verbindlichkeiten (z. B. Schönheitsreparaturen vor Ablauf der Renovierungsfristen; Verpflichtung zur Beseitigung von baulichen Veränderungen bei Ende der Mietzeit) tritt der neue Mieter ein.

282 Die Zustimmungserklärung des Vermieters ist eine Willenserklärung, die angefochten werden kann, wenn ein Anfechtungsgrund gegeben ist. Die **Anfechtung** muss gegenüber beiden Mietern erklärt werden, da auch die Zustimmung zum Mieterwechsel gegenüber beiden Mietern erfolgt. Ebenso ist es erforderlich, dass gegenüber beiden Mietern ein Anfechtungsgrund vorliegt (BGH NJW 1998, 531, 532).

Eine weitergehende Haftung des neuen Mieters für die bereits fälligen Verbindlichkeiten seines Vorgängers bedarf der ausdrücklichen Vereinbarung. In diesem Fall spricht man von einem **befreiendem Schuldnerwechsel.** Dieser hat zur Folge, dass der bisherige Mieter frei wird. Der befreiende Schuldnerwechsel muss zwischen dem Vermieter und dem neuen Mieter vereinbart werden (§ 414 BGB). Der bisherige Mieter muss lediglich an seiner Entlassung aus dem Mietverhältnis mitwirken; einer Mitwirkung an der Schuldbefreiung bedarf es nicht. Daneben kann die Schuldübernahme auch zwischen den beiden Mietern vereinbart werden; in diesem Fall hängt die Wirksamkeit der Schuldübernahme von der Genehmigung des Vermieters ab (§ 415 BGB). Die Vorschrift des § 550 BGB gilt in beiden Fällen. 283

Bei der gewerblichen Miete ist **§ 25 HGB** zu beachten. Danach haftet der Erwerber eines Handelsgeschäfts, wenn er dieses unter der bisherigen Firma fortführt, für alle im Betrieb des Geschäfts begründeten Verbindlichkeiten des früheren Inhabers. Wird das Handelsgeschäft in gemieteten Räumen fortgeführt, so muss der Erwerber auch für die Verbindlichkeiten aus dem Mietverhältnis einstehen. Erforderlich ist, dass die früheren und die jetzigen Betriebsräume identisch sind (OLG Düsseldorf NZM 1998, 332 für die Weiterführung einer Gaststätte). Die Regelung des § 25 HGB gilt nur für das vollkaufmännische Gewerbe (BGH NJW 1982, 577; NJW 1992, 112, 113) und setzt eine Unternehmensübertragung voraus; hierfür genügt es, wenn das Unternehmen in seinen wesentlichen Teilen fortgeführt wird (BGH NJW 1992, 911). 284

2. Vermieterwechsel

Tritt der Vermieterwechsel infolge eines Eigentümerwechsels ein, so gilt § 566 BGB; (s. dort). Erfolgt der Vermieterwechsel im Zuge des Austausches eines gewerblichen Zwischenvermieters, so gilt § 565 Abs. 1 S. 2 BGB (s. dort). Für die in diesen Vorschriften nicht geregelten Fälle des Vermieterwechsels gelten die Ausführungen Rdn. 280–284 entsprechend. Soll im Falle einer Veräußerung der Mietsache ein Wechsel des Vermieters in Form einer Vereinbarung zwischen dem bisherigen Mieter und dem Grundstückseigentümer als neuen Vermieter vorgenommen werden, bedarf es der Mitwirkung oder Zustimmung des bisherigen Vermieters, die allerdings auch durch schlüssiges Verhalten erfolgen kann. (BGH Urteil vom 12.7.2017 – XII ZR 26/16 Rdn. 20). Die Vertragsübernahme wirkt ex nunc mit der Folge, dass bereits fällige Mietzins- und Nebenkostenansprüche beim ursprünglichen Vermieter verbleiben. Für die Rückzahlung einer Kaution haftet der neue Vermieter nur, wenn sie ihm übergeben worden ist. Verwendungsersatzansprüche, die zum Zeitpunkt der Schuldübernahme bereits fällig waren, muss der Mieter gegenüber dem früheren Vermieter geltend machen. Die Parteien können allerdings auch vereinbaren, dass mit dem Vermieterwechsel zugleich ein Übergang der bereits fälligen Ansprüche und eine Verpflichtung zur Rückzahlung der Kaution verbunden sein soll (Schuldübernahme). In diesem Fall muss der neue Vermieter auch für sämtliche Verbindlichkeiten des früheren Vermieters einstehen. Der vertraglich vereinbarte Vermieterwechsel setzt die Mitwirkung des Mieters voraus. Die Beteiligten können entweder einen dreiseitigen Vertrag über den Vermieterwechsel abschließen. Es genügt aber auch, wenn der Mieter dem Vermieterwechsel zustimmt oder diesen genehmigt (§ 182 BGB; BGH NJW 1985, 2528; BGH NJW 2003, 2158). Die Schriftform des § 550 BGB ist gewahrt, wenn der alte und der neue Ver- 285

§ 535 BGB Untertitel 1. Allgemeine Vorschriften für Mietverhältnisse

mieter ihre Vereinbarung schriftlich niederlegen. Eine Verbindung der Urkunde über den Vermieterwechsel mit der Mietvertragsurkunde ist nicht erforderlich. Das Einverständnis des Mieters ist formlos gültig (§ 182 BGB; BGH NJW 2003, 2158; vgl. auch BGH NZM 2005, 584 unter Ziff. II 2a). Wird das Einverständnis in Form der Genehmigung erteilt, so wirkt es ex tunc (§ 184 Abs. 1 BGB). Die Zustimmung wirkt ex nunc. Zweifelhaft ist, ob es für die Annahme eines konkludenten Einverständnisses ausreicht, wenn der Mieter den Erwerber wie einen Vermieter behandelt, etwa durch Zahlung der Miete, Geltendmachung von Mängeln und dergleichen. In der Regel wird der Mieter die genannten Handlungen vornehmen, weil er irrig glaubt, dass die Vertragsrechte und -pflichten auf den Erwerber übergegangen sind. In diesem Fällen kann aus den Handlungen nicht auf einen rechtsgeschäftlichen Willen geschlossen werden (ebenso: Eckert in FS Blank S. 129, 136; **a. A.** KG ZMR 2003, 835).

286 Nach der Rechtsprechung stellen **formularmäßige Vertragsübertragungsklauseln,** die dem Verwender das Recht einräumen, seine vertragliche Stellung als Vermieter von Gewerberäumen jederzeit auf eine andere Person zu übertragen, nicht generell eine unangemessene Benachteiligung dar. Vielmehr ist, wenn der Mieter Unternehmer ist, eine am Maßstab des § 307 BGB ausgerichtete Prüfung der Umstände des Einzelfalls vonnöten. Dabei ist auf der Vermieterseite ein grundsätzliches Interesse eines gewerblichen, als Gesellschaft organisierten Vermieters anzuerkennen, einen wirtschaftlich für sinnvoll erachteten künftigen Wandel der Rechtsform oder Rechtsinhaberschaft durch die Möglichkeit einer Bestandsübernahme zu erleichtern. Dem wird ein Interesse des Mieters entgegenzuhalten sein, sich über Zuverlässigkeit und Solvenz des Vermieters zu vergewissern. Dieses Mieterinteresse wird umso eher Beachtung fordern, je stärker das Vertragsverhältnis von einem besonderen Interesse des Mieters an der Person eines bestimmten Vermieters (mit)geprägt wird (BGH NJW 2010, 3708 mit Anm. Disput NZM 2010, 886 und Anm. Hübner ZMR 2011, 615). Entsprechend dieser Grundsätze hat der BGH eine Vertragsübertragungsklausel in einem Mietvertrag über Ladenräume mit einer Aktiengesellschaft als Vermieterin für wirksam angesehen (BGH a. a. O.). Diese Entscheidung beruht auf der Erwägung, dass das Interesse des „gewerblichen als Gesellschaft organisierten Vermieters" an der Übertragung der Vermieterrechte auf eine GbR vorrangig ist, weil das Mietverhältnis keinen personalen Einschlag aufweist und das Interesse des Mieters an der ordnungsmäßigen Vertragserfüllung durch den Vermieterwechsel nicht tangiert wird. Dagegen verstößt eine Klausel, wonach eine gesetzlich vorgesehene Rechtsnachfolge im Falle der Veräußerung der Mietsache (§ 566 BGB) oder im Falle einer Gesamtrechtsnachfolge (§ 1922 BGB) von der Zustimmung des Mieters abhängen soll oder die dem Mieter in einem solchen Fall ein Kündigungs- oder Lösungsrecht gibt gegen § 307 Abs. 2 Nr. 1 BGB (Windorfer NZM 2018, 14). Dies beruht auf der Erwägung, dass wesentliche Grundgedanken der gesetzlichen Regelung nicht durch Formularvertrag abweichend zu regeln sind. Eine Individualvereinbarung betreffend ein Kündigungs- oder Lösungsrecht ist aber wirksam.

X. Die Überlassung und Gebrauchsgewährung (Abs. 1 Satz 1 und 2)

1. Begriff der Überlassung (dazu Kinne GE 2017, 1447)

Überlassung i. S. des § 535 Abs. 1 BGB bedeutet die Übertragung des unmittelbaren Besitzes vom Vermieter auf den Mieter. Ist der Mieter zum Zeitpunkt des Vertragsbeginns bereits im Besitz der Sache (z. B. weil er bislang die Sache als Untermieter in Besitz gehabt hat), so ist die Besitzübergabe entbehrlich. Nach außen manifestiert sich die Besitzübergabe i. d. R. in der **Übergabe der Schlüssel.** Mangels einer anderweitigen Vereinbarung hat der Mieter Anspruch auf die von ihm benötigte Anzahl von Wohnungsschlüsseln. Maßgeblich ist hierbei die Zahl der Wohnungsnutzer. Übergibt der Vermieter nur einen Schlüssel, so führt die Weigerung zur Überlassung weiterer Schlüssel zu einem Mangel der Mietsache (LG Bonn ZMR 2012, 276). Nach h. M. darf der Vermieter ohne Einwilligung des Mieters keinen Schlüssel zur Abschlusstür behalten (OLG Celle WuM 2007, 201 für Geschäftsraummiete; LG Berlin NJW-RR 1988, 203; LG Bremen WuM 1982, 275; Eisenschmid in: Schmidt-Futterer § 535 BGB Rdn. 468; Emmerich in: Staudinger § 535 Rdn. 5; Inzinger in: MAH § 24 Rdn. 95; Sternel, Rdn II 9; Bub in: Bub/Treier Kap II Rdn. 1345; A.A: LG Baden-Baden GE 1981, 244; Lammel § 535 Rdn. 140; Rieke/Vogel ZMR 2003, 89). Abweichende Individualvereinbarungen sind möglich; Formularklauseln können – weil unüblich – gegen § 305c Abs. 1 BGB verstoßen. Ist nur ein Wohnungsschlüssel vorhanden, so ist die Übergabe dieses Schlüssels vertragsgemäß; der Mieter kann sich weitere Exemplare auf seine Kosten anfertigen lassen (Eisenschmid in: Schmidt-Futterer § 535 BGB Rdn. 438). Hierzu bedarf es keines besonderen Grundes (**a. A.** AG Bad Neuenahr-Ahrweiler WuM 1996, 331). Mit der Überlassung der Mietsache geht das **Hausrecht** auf den Mieter über. Der Vermieter darf ohne Erlaubnis des Mieters die vermieteten Räume grundsätzlich weder selbst betreten noch ist er befugt, anderen wirksam den Zutritt zu gestatten oder zu versagen. Umgekehrt steht es dem Mieter zu, einer anderen Person den Zutritt zu den gemieteten Räumen zu erlauben, und zwar auch gegen den Willen des Vermieters (KG NJW 2015, 3527). Bei größeren Miethäusern behält der Vermieter hinsichtlich der Gemeinschaftseinrichtungen (Treppenhaus, Aufzüge und Flure) in der Regel eine Mitberechtigung. Bei einer Wohngemeinschaft steht das Hausrecht allen Mitbewohnern gleichrangig zu, weshalb jeder Mitbewohner im Regelfall allein darüber entscheiden kann, wem er den Zutritt zu den Gemeinschaftsräumen gestattet; eine Zustimmung aller ist nicht erforderlich. Die anderen Berechtigten haben grundsätzlich kein Widerspruchsrecht. Eine Ausnahme gilt, wenn einem den Mitbewohner der Zutritt des Dritten nicht zugemutet werden kann (KG GE 2016, 327). Befindet sich das Mietobjekt innerhalb eines Grundstücks, das im Eigentum des Vermieters steht, aber nicht mitvermietet ist, so darf der Mieter dem Vermieter den Zutritt zu seinem Eigentum nicht verwehren. Hat der Mieter den Zugang des Grundstücks auf eigene Kosten durch ein abschließbares Tor gesichert, so ist er verpflichtet, dem Vermieter einen Schlüssel auszuhändigen (OLG Brandenburg, Urteil vom 11.7.2007 – 3 U 75/06, juris).

Anlässlich der Überlassung haben die Vertragsparteien die aus dem **Bundesmeldegesetz** vom 3.5.2013 (BGBl. I S. 1084 – BMG) zuletzt geändert durch Gesetz vom 11.10.2016 (BGBl. I S. 2218) folgenden öffentlich-rechtlichen Obliegen-

§ 535 BGB   Untertitel 1. Allgemeine Vorschriften für Mietverhältnisse

heiten zu beachten. Danach ist der Mieter verpflichtet, sich innerhalb von zwei Wochen nach dem **Einzug** bei der Meldebehörde anzumelden (§ 17 Abs. 1 BMG). Im Falle des Auszuges ist eine Abmeldung nur erforderlich, wenn der Mieter keine neue Wohnung im Inland bezieht (§ 17 Abs. 2 BMG). Der Vermieter (wozu auch der Untervermieter zählt) ist verpflichtet, bei der An- oder Abmeldung mitzuwirken, indem er den Einzug des Mieters schriftlich oder elektronisch bestätigt (§ 19 BMG). Die Bestätigung muss folgende Angaben enthalten: Name und Anschrift des Vermieters (Wohnungsgebers), Art des meldepflichtigen Vorgangs, also den Einzug oder den Auszug mit dem jeweiligen Datum, die Anschrift der Wohnung, sowie den Namen des Mieters und der mit ihm in die Wohnung einziehenden Personen. Die Bescheinigung ist innerhalb von zwei Wochen nach dem Einzug gegenüber dem Mieter abzugeben, dieser hat sie der Meldebehörde vorzulegen. Ordnungswidrig handelt, wer seine Meldepflicht nicht rechtzeitig oder überhaupt nicht erfüllt oder als Vermieter den Einzug oder Auszug eines Mieters nicht oder nicht innerhalb der gesetzlichen Frist bestätigt. Die Ordnungswidrigkeit kann mit einer Geldbuße bis zu 1.000.– € geahndet werden. Ebenso handelt ordnungswidrig, wer einem Dritten eine Wohnungsanschrift für eine Anmeldung anbietet obwohl ein Einzug nicht stattfindet; in diesem Fall kann eine Geldbuße bis zu 50.000.– € verhängt werden. Diese Vorschriften gelten ab dem 1.11.2015. Die bis zum 31.10.2016 bestehende Verpflichtung des Vermieters zur Ausstellung einer **Auszugsbestätigung** wurde mit Wirkung vom 1.11.2016 aufgehoben (G.v. 11.10.2016 BGBl I S. 2218).

2. Zeitpunkt der Übergabe

288 Die Übergabe muss zum vereinbarten Vertragsbeginn erfolgen. Ist kein Termin vereinbart, so ist die sofortige Übergabe geschuldet. Ist vertraglich bestimmt, dass die Mietzeit am 1. eines Monats beginnt und ist dieser Tag ein Sonntag, ein staatlich anerkannter allgemeiner Feiertag oder ein Sonnabend, so muss die Mietsache erst am folgenden Werktag übergeben werden (§ 193 BGB; **a. A.** LG Berlin GE 2012, 690: danach gilt die Regelung des § 193 BGB bei der Vereinbarung des Mietbeginns als abbedungen).

289 Bei **nicht fristgerechter Übergabe** liegt im Regelfall Unmöglichkeit vor, weil die vergangene Mietzeit nicht nachgeholt werden kann (BGH NJW-RR 1991, 267; NJW 1991, 3277). Es gelten folgende **Grundsätze: (1)** der Mietvertrag ist wirksam (§ 311a Abs. 1 BGB). **(2)** Der Mieter kann den Vermieter auf Erfüllung in Anspruch nehmen, wenn die Leistung möglich ist. **(3)** Besteht ein Leistungshindernis (z. B. weil der Vormieter die Sache nicht herausgibt), so ist der Vermieter nicht zur Leistung verpflichtet (§ 275 Abs. 1 BGB). Dies gilt unabhängig davon, ob der Vermieter das Leistungshindernis zu vertreten hat (Canaris JZ 2001, 500). Die Regelung des § 275 BGB gilt auch für die **zeitweilige Unmöglichkeit.** Solange der Vermieter die Wohnung nicht übergeben kann, ist eine auf Übergabe gerichtete Klage als zurzeit unbegründet abzuweisen (Ausnahme: Klage auf künftige Leistung). Der Vermieter hat keinen Anspruch auf die Miete (§ 326 Abs. 1 Satz 1 BGB). Entfällt das Leistungshindernis, so ist die Klage begründet (Begründung des Gesetzentwurfs BT-Drucks. 14/6040 S. 128) **(4)** Der Mieter kann in der Zeit des Leistungshindernisses vom Vertrag zurücktreten (§ 326 Abs. 5, 323 BGB); ist das Leistungshindernis behoben, ist auch der Rücktritt ausgeschlossen. **(5)** Ebenso kann der Mieter nach § 283 BGB Schadensersatz statt der Leistung oder Aufwendungsersatz (284 BGB) verlangen. Rücktritt und Schadensersatz schließen sich nicht aus. **(6)** Der Anspruch auf Schadens- oder Aufwendungsersatz ist ausgeschlossen, wenn der Vermieter das Leistungshindernis nicht kannte und seine Unkenntnis auch nicht zu vertreten hat. Der Vermieter hat Vorsatz und Fahrlässigkeit zu vertreten, wenn eine strengere oder mildere Haftung weder bestimmt noch aus dem sonstigen Inhalt des Schuldverhältnisses, insbesondere aus der Übernahme einer Garantie zu entnehmen ist (§ 276 BGB). Die Garantie muss übernommen, also vertraglich vereinbart werden (etwa in Form einer Eigenschaftszusicherung – Begründung des Gesetzentwurfs BT-Drucks. 14/6940 S. 132). Der zum früheren Recht vertretene Grundsatz, wonach der Vermieter für seine Leistungsfähigkeit einzustehen hat, gilt nicht mehr (Wieser MDR 2002, 858, Emmerich NZM 2002, 362, 364; Kandelhard WuM 2003, 3, 8). Der Vermieter haftet nach neuem Recht nur noch bei Verschulden (Gesetzesbegründung zu § 276 BGB, BT-Drucks. 14/6040 S. 132; abweichend: Gruber WuM 2002, 252, 254). Beweispflichtig für das fehlende Verschulden ist der Vermieter (§ 311a Abs. 2 Satz 2 BGB: „Dies gilt nicht ..."). **(7)** Ein genereller **Ausschluss der Haftung** unabhängig vom Grad des Verschuldens ist wegen § 309 Nr. 7 und Nr. 8a BGB nicht möglich (LG Hamburg WuM 1990, 115; Eisenschmid in: Schmidt-Futterer § 535 BGB Rdn. 8). Die Haftung für einfache Fahrlässigkeit kann nach diesen Bestimmungen zwar grundsätzlich ausgeschlossen werden. Nach der Auffassung des OLG Düsseldorf (DWW 1993, 197) gilt dies allerdings nicht für die sog. „Kardinalpflichten" wozu auch die Gebrauchsüberlassungspflicht gezählt wird. Nach der hier vertretenen Ansicht kann die Haftung auf grobe Fahrlässigkeit und Vorsatz beschränkt werden. Es muss allerdings sichergestellt sein, dass dem Mieter das Rücktrittsrecht (s. oben (4)) erhalten bleibt. Eine Klausel, wonach sämtliche Verzögerungsfolgen ausgeschlossen werden, ist unwirksam (LG Frankfurt WuM 1990, 271). **(8)** Wird eine noch nicht hergestellte Sache vermietet **(„Vermietung vom Reißbrett"),** so gelten im Falle eines Leistungshindernisses (die Räume werden planwidrig zu klein (OLG Hamm NZM 1998, 77), zu groß, mit anderen als den zugesagten Materialien, mit anderer Ausstattung (BGH NJW 1999, 636: ohne Aufzug) usw. hergestellt), die unter (1) bis (5) dargestellten Grundsätze. In diesen Fällen wird man allerdings davon ausgehen können, dass dem Vermieter das Beschaffungsrisiko obliegt (Kraemer/Ehlert in: Bub/Treier Kap III Rdn. 2804; Horst DWW 2002, 6, 11), mit der weiteren Folge, dass er verschuldensunabhängig haftet. **(9)** Ist der Vermieter zur Übergabe außerstande, weil er die Sache zuvor einem anderen Mieter überlassen hat (sog. **„Doppelvermietung"**), so liegt ein Rechtsmangel vor. Es gelten die speziellen mietrechtlichen Gewährleistungsvorschriften nach §§ 536 ff BGB, s. dort).

3. Der vertragsgemäße Zustand

S. dazu auch § 536 BGB Rdn. 8. bis 77. Nach § 535 Abs. 1 Satz 2 BGB ist der **290** Vermieter verpflichtet, die Mietsache „in einem zum vertragsgemäßen Gebrauch geeigneten Zustand" zu übergeben. Vertragsgemäß bedeutet: den vertraglichen Vereinbarungen entsprechend. Hieraus ergeben sich sechs **Grundsätze: (1)** Der vertragsgemäße Zustand richtet sich nicht nach objektiven Kriterien, sondern nach dem übereinstimmenden Willen der Vertragsparteien. Insoweit ist maßgeblich ob und gegebenenfalls welche Vereinbarungen die Parteien über die Beschaffenheit der Mietsache getroffen haben. Dies gilt auch für Gegebenheiten die von außen auf die Mietsache einwirken, etwa für Lärm und andere Immissionen. Eine Beschaffenheitsvereinbarung kann auch stillschweigend getroffen werden. Dies führt zu der Frage, ob die vom Vermieter geschuldete Beschaffenheit bereits durch den bei Vertragsschluss bestehenden Zustand konkretisiert wird. Dies wird vom BGH verneint: „Auch eine konkludente Vereinbarung setzt zwei übereinstimmende Willenserklärungen voraus". Deshalb genügt es nicht, wenn der Mieter hinsichtlich des geschuldeten Zustands eine bestimmte Vorstellung hat; erforderlich ist weiter, „dass der Vermieter darauf in irgendeiner Form zustimmend reagiert" (BGHZ 205, 177 = NJW 2015, 2177). Abweichend hiervon hat der BGH in dem Urteil vom 5.12.2018 – VIII ZR 17/18 entschieden, dass die vertragsgemäße Beschaffenheit der Mietsache durch den beim Vertragsschluss bestehenden Zustand konkretisiert wird (BGH Urteil vom 5.12.2018 – VIII ZR 17/18 Rdn. 16 betr. Vermietung einer Wohnung mit einem funktionierenden Telefonanschluss). Der Vermieter ist dann verpflichtet, diesen Zustand während der gesamten Mietzeit zu erhalten. **(2)** Sind die Vertragsvereinbarungen auslegungsbedürftig und auslegungsfähig, so ist der Inhalt des vertragsgemäßen Zustands nach §§ 133, 157 BGB durch die Ermittlung des wirklichen Parteiwillens unter Berücksichtigung von Treu und Glauben und der Verkehrssitte festzustellen. Die Parteien können auch einen Standard vereinbaren, der unterhalb des Mindeststandards liegt. Die Vereinbarung muss aber eindeutig sein. Eine Regelung, wonach die Räume „wie gesehen" übergeben werden können, genügt hierfür nicht (BGH WuM 2004, 527). **(3)** Sind die Parteivereinbarungen lückenhaft, so ist der vertragsgemäße Zustand im Wege der ergänzenden Vertragsauslegung nach Treu und Glauben mit Rücksicht auf die Verkehrssitte zu ermitteln; es kommt hier nicht darauf an, zu welcher Regelung die eine Partei die andere überredet hätte. **(4)** Fehlt es an einer Beschaffenheitsvereinbarung, so richtet sich der vom Vermieter geschuldete Zustand nach der Verkehrssitte. Hier ist umstritten, welche Rechtsfolge gilt, wenn sich die beim Vertragsschluss bestehenden Umwelteinflüsse während der Mietzeit nachträglich verändern. Überwiegend wird vertreten, dass nachteilige Veränderungen grundsätzlich als Mangel der Mietsache anzusehen sind, unabhängig davon ob der Vermieter die Veränderung zu vertreten hat. Anders ist es, wenn der Mieter die Veränderung aufgrund konkreter Anhaltspunkte bereits beim Vertragsschluss vorhersehen kann (BayObLG RE vom 4.2.1987 – RE-Miet 2/86, NJW 1987, 1950; Blank WuM 2012, 175; Lehmann-Richter NZM 2012, 849). Diese Ansicht beruht auf der Erwägung, dass die Parteien den Mietzins in Ansehung des beim Vertragsschluss gegebenen Zustands festlegen, und dass durch § 536 BGB sichergestellt ist, dass die Relation zwischen dem Zustand der Mietsache und dem Mietpreis bei einer späteren nachteiligen Veränderung gewahrt bleibt (Lammel Wohnraummietrecht § 536 Rdn. 2, 3). Der BGH teilt diese Ansicht nicht. Nach seiner Meinung ist bei der Auslegung des § 536 BGB die der Regelung des § 906 BGB zugrunde liegende Risikoverteilung zu berücksichtigen. Danach sind nachträglich erhöhte Geräuschimmissionen grundsätzlich nicht als Mangel zu bewerten, „wenn auch der Vermieter sie ohne eigene Abwehr- oder Entschädigungsmöglichkeit als unwesentlich oder ortsüblich hinnehmen muss" (BGHZ 205, 177 = NJW 2015, 2177). **(5)** Feststellungen in einem Übergabeprotokoll sind im Allgemeinen nicht Bestandteil des Mietvertrags; vielmehr soll damit der bei der Übergabe bestehende Zustand dokumentiert werden (Wendt WuM 2011, 622). Jedoch werden in einem Übergabeprotokoll häufig auch Regelungen getroffen, durch die der Mietvertrag ergänzt oder präzisiert wird. Wird in dem Übergabeprotokoll beispielsweise geregelt, dass der Vermieter einen Mangel bis zu einem bestimmten Zeitpunkt beseitigen wird, so liegt hierin zweifellos eine Vereinbarung, die den Vermieter entsprechend verpflichtet. Ebenso kann man den Hinweis auf eine „Kernsanierung" als Präzisierung des vertraglich geschuldeten Zustands bewerten (so AG Bochum WuM 2011, 622). **(6)** Ist zwischen den Parteien vereinbart, dass der Mietzins im Hinblick auf die „Renovierungsbedürftigkeit" der Mietsache besonders niedrig angesetzt wird, so umfasst der Begriff der „Renovierungsbedürftigkeit" nicht nur die sog. Schönheitsreparaturen sondern alle Schäden und Abnutzungen, die der Mietsache anhaften. Der beim Vertragsschluss bestehende Zustand gilt dann als der vertraglich geschuldete Zustand (OLG Koblenz MDR 2014, 1136). Im Einzelnen gilt folgendes:

a) **Allgemeines zur Wohnungsmiete.** Wird eine Wohnung vermietet, so müssen die Räume zum Wohnen geeignet sein. Davon abgesehen können die Parteien einen beliebigen Zustand als vertragsgemäß vereinbaren. Erforderlich ist lediglich, dass der nach dem Inhalt des Mietvertrags vereinbarte Zweck erreicht werden kann. Ist vereinbart, dass Räumlichkeiten in einem renovierungsbedürftigen Zustand übergeben werden können, so ist dieser Zustand vertragsgemäß. Der Mieter hat dann weder einen Anspruch auf Renovierung, noch kann er wegen des Zustands der Mietsache Gewährleistungsrechte geltend machen. Gleiches gilt, wenn vertraglich vereinbart ist, dass die Räume in dem Zustand übergeben werden können in dem sie sich befinden. In diesem Fall gilt dieser Zustand als vertragsgemäß (KG GE 2000, 1620). Der Umstand, dass der Mieter den Mietvertrag abgeschlossen hat, ohne die Mietsache zuvor zu besichtigen, spielt hierbei keine Rolle. Das Spektrum möglicher Beschaffenheitsvereinbarungen wird grundsätzlich nur durch den Vertragszweck beschränkt. Ist ein Haus auf Grund bestimmter Umstände auf Dauer zum Wohnen ungeeignet, so kann der bestehende Zustand nicht als vertragsgemäß vereinbart werden. Eine entsprechende Beschaffenheitsvereinbarung wäre mit dem Vertragszweck nicht in Einklang zu bringen (LG Mannheim ZMR 1990, 220). 291

Beim **Altbau** kann der Mieter nach der allgemeinen Verkehrsanschauung nur erwarten, dass die Wohnung einen Standard aufweist, der der üblichen Beschaffenheit vergleichbarer Wohnungen entspricht (BGH WuM 2004, 527; BGH Urteil vom 5.12.2018 – VIII ZR 271/17 betr. Wärmedämmung; OLG Dresden WuM 2009, 393 = NZM 2009, 703 betr. Schallschutz; Horst NZM 2010, 177). Dabei sind insbesondere das Alter, die Ausstattung und die Art des Gebäudes, aber auch die Höhe der Miete und eine eventuelle Ortssitte zu berücksichtigen. Auch bei einem Altbau kann der Mieter aber erwarten, dass die Wohnung mittels einer gemauerten Wand von der Nachbarwohnung abgetrennt ist. Wird eine große Altbauwohnung (Baujahr 1900) in den 50er Jahren mittels einer dünnen Spanholzplatte in zwei kleinere Wohnungen aufgeteilt, so liegt hinsichtlich beider Wohnungen ein Mangel vor (LG Berlin GE 2014, 523). Darüber hinaus hat der Mieter einer Altbauwohnung Anspruch auf eine Stromversorgung, die ein zeitgemäßes Wohnen ermöglicht und den Einsatz der für eine Haushaltsführung üblichen technischen Geräte ermöglicht (Mindeststandard). Für die Bewertung des Mindeststandards kommt es zwar grundsätzlich auf die Verhältnisse bei Vertragsschluss an. Jedoch kann auch der Mieter eines seit langer Zeit bestehenden Mietverhältnisses verlangen, dass die Wohnung einen zeitgemäßen Mindeststandard aufweist; der tragende Grund besteht in dem Charakter des Mietverhältnisses als Dauerschuldverhältnis (Gsell WuM 2011, 491, 499). 292

Zum **Mindeststandard** gehört: **(1)** die Bereitstellung einer Stromversorgung, die den gleichzeitigen Betrieb eines größeren Haushaltsgerätes (Waschmaschine, Trockner) und eines haushaltsüblichen Elektrogeräts (Staubsauger) ermöglicht. **(2)** Eine Stromversorgung in den Zimmern (Steckdose), die nicht nur eine Beleuchtung, sondern auch den Betrieb von kleineren elektrischen Geräten ermöglicht (BGH WuM 2004, 527; BGH WuM 2010, 235 = NZM 2010, 356). Zweifel- 293 haft ist, ob die Ausstattung einer Wohnung mit einem funktionierenden Telefonanschluss zum Mindeststandard zeitgemäßer Wohnnutzung zählt. Der BGH hat diese Frage in dem Urteil vom 5.12.2018 – VIII ZR 17/18 Rdn. 16 offen gelassen); sie ist im Hinblick auf die Möglichkeit der Nutzung von Mobiltelefonen zu verneinen. Bei der Vermietung einer Wohnung kann der Mieter erwarten, dass die Wände der Küche so beschaffen sind, dass er dort Hängeschränke anbringen kann (LG Berlin GE 2015, 454). Die Räume müssen nicht frisch renoviert übergeben werden; sie dürfen sich andererseits aber auch nicht in einem Zustand befinden, der die sofortige Renovierung erfordert. Auch die gemeinschaftlich benutzten Hausteile müssen in ordentlichem Zustand sein und den Sicherheitsbedürfnissen des Mieters Rechnung tragen (AG Hamburg WuM 1994, 676 betr. Anspruch des Mieters auf Einbau eines sicheren Schlosses in die Hauseingangstür). Die Räume müssen bewohnbar sein: Dies setzt voraus, dass die Wohnung über einen Wasseranschluss mit genießbarem, den Gesundheits- und Hygieneanforderungen entsprechendem Trinkwasser verfügt, dass Stromleitungen vorhanden sind, wie sie zur Führung eines Haushalts benötigt werden (BGH WuM 2004, 527) und dass die Wohnung mit einem WC ausgestattet ist. Weiter ist erforderlich, dass die Tapeten unbeschädigt sind und dass Fenster und Türen schließen. Schließlich muss die Wohnung frei von Schmutz, Unrat und Ungeziefer sein (so bereits Mittelstein, Die Miete nach dem Rechte des Deutschen Reiches, 4. Aufl. 1932 S. 244). Eine Beheizung kann bei Altbauten nicht ohne weiteres erwartet werden, weil es dort immer noch üblich ist, dass sich die Mieter ihre Öfen selbst beschaffen. Ist die Wohnung mit einer Zentralheizung ausgestattet, so darf der Mieter allerdings erwarten, dass die Heizanlage die übliche Wärmeleistung erbringt (ca. 23 Grad) In diesem Fall müssen die Heizkörper auch mit einer Einrichtung zur Verbrauchserfassung ausgerüstet sein. Der Mieter einer zentralbeheizten Wohnung darf weiter erwarten, dass die Heizkörper mit Thermostat-Ventilen ausgestattet sind. Liegt die Ausstattung der Wohnung unter dem verkehrsüblichen Standard, so muss der Vermieter darauf hinweisen. Dazu gehören jedenfalls Wohnungen mit Außentoiletten, möglicherweise aber auch Wohnungen ohne Bad.

294 Gehört zu der Wohnung eine **Terrasse** oder ein **Balkon,** so gelten diese Flächen und Raumteile als mitvermietet; soll der Mieter von der Benutzung ausgeschlossen werden, so muss dies ausdrücklich vereinbart werden. Die mitvermieteten Flächen und Raumteile müssen sich, wie die Mietsache selbst, ebenfalls in einem verkehrssicheren, vertragsgemäßen Zustand befinden. Bei der Miete eines Hauses gilt der Garten bei fehlender Ausschlussvereinbarung nach der Verkehrssitte ebenfalls als mitvermietet.

295 Generell gilt, dass der Mieter seine Erwartungen am konkreten Mietobjekt orientieren muss. Wer eine Altbauwohnung gemietet hat, kann nicht erwarten, dass die Wohnung hinsichtlich der sanitären und elektrischen Ausstattung oder hinsichtlich des Schall- und Wärmeschutzes den Standard eines Neubaus aufweist. Knarrgeräusche eines Parkettbodens sind hinzunehmen (BGH WuM 2004, 527). Ebenso ist es sachgerecht, wenn der geschuldete Zustand in **Relation zum Mietpreis** konkretisiert wird. Wer eine teure Wohnung in einer guten Lage mietet, darf erwarten, dass auch die Wohnung entsprechende Komfortmerkmale aufweist. Umgekehrt gilt dasselbe. An eine billige Wohnung in schlechter Lage dürfen auch an Komfort, Ausstattung und Zustand keine allzu hohen Anforderungen gestellt werden.

b) Allgemeines zur Gewerberaummiete. Die für die Wohnungsmiete dargestellten Grundsätze gelten auch bei der Vermietung von Geschäftsräumen. Ist in einem Mietvertrag über gewerbliche Räume ein bestimmter Vertragszweck vereinbart („zum Betrieb einer Arztpraxis, einer Gaststätte," usw.), so müssen sich die Räume in einem Zustand befinden, der die Aufnahme dieses Betriebs erlaubt. Sind in dem Vertrag mehrere alternative Zwecke vorgesehen, so muss die Eignung für alle Zwecke gegeben sein (OLG Düsseldorf ZMR 2001, 706 betr. technische Installationen bei Sonnenstudio). Anderenfalls ist die Mietsache nicht vertragsgemäß. 296

Gleiches gilt, wenn in den vermieteten Räumen das nach dem Vertrag vorausgesetzte Gewerbe nicht betrieben werden darf, weil die dazu erforderliche behördliche Genehmigung wegen des Zustands oder der Lage der Baulichkeiten, wegen fehlender Parkplätze oder aus anderen mit der Mietsache in Zusammenhang stehenden Gründen nicht erteilt wird. 297

Bei der Vermietung von Räumen in einem **Einkaufszentrum** schuldet der Vermieter nicht nur die Übergabe der Mieträume, sondern auch das dazu gehörende Umfeld. Der Mieter kann in den Räumen nämlich nur dann die zur Rentabilität seines Geschäfts erforderlichen Umsätze erzielen, wenn die für ein Einkaufszentrum typischen Kundenströme vorhanden sind. Dies setzt voraus, dass das Einkaufszentrum eröffnet wird. Bis zur Eröffnung ist die Mietsache mangelhaft mit der weiteren Folge, dass die Verpflichtung des Mieters zur Mietzahlung entfällt (KG ZMR 2017, 156). Wegen Rechtsfolgen durch Corona Pandemie siehe § 535 BGB Rdn. 725 ff. 297a

c) Beschaffenheit und öffentlich-rechtliche Vorschriften. Ein Gebäude muss hinsichtlich seiner Konstruktion, Bauweise und technischen Ausstattung bestimmten Sicherheitskriterien entsprechen, die sich aus den Vorschriften des materiellen öffentlichen Baurecht und sonstigen Sicherheitsvorschriften (z. B.: Mindesthöhe von Räumen, höchstzulässige Innentemperaturen in Arbeitsräumen, Brandschutzbestimmungen, Immissionsschutzverordnungen) ergeben. Werden Räumlichkeiten vermietet, so können die Parteien keine Beschaffenheitsvereinbarung treffen, die diesen Vorschriften zuwiderläuft. 298

Die Vorschriften der **Heizkostenverordnung** gehen rechtsgeschäftlichen Vereinbarungen vor (§ 2 HeizkostenV). Deshalb kann der Mieter auch bei einer abweichenden vertraglichen Regelung verlangen, dass die Räume mit einer Ausstattung zur Erfassung der Heizkosten ausgestattet werden (§ 4 Abs. 2, Abs. 4 HeizkostenV). Fehlen diese Einrichtungen, so befindet sich die Mietsache nicht in einem vertragsgemäßen Zustand. 299

Streitig ist, welche Rechtsfolge gilt, wenn das Gebäude hinsichtlich seiner energetischen Beschaffenheit nicht den Vorgaben der **EnEV** entspricht. Teilweise wird vertreten, dass der Vermieter eine den Vorgaben der EnEV entsprechende Heizungsanlage und Wärmedämmung schuldet, mit der weiteren Folge, dass der Mieter einen Erfüllungsanspruch aus § 535 Abs. 1 BGB auf Herstellung dieses Zustands hat (Eisenschmid in: Schmidt-Futterer § 535 BGB Rdn. 114; Artz NZM 2008, 259, 261; Häublein in MünchKomm § 536 BGB Rdn. 8; Schwintowski WuM 2006, 115). Nach anderer Meinung steht dem Mieter aus § 241 Abs. 2 BGB ein Anspruch auf energetische Nachrüstung zu, wenn der Vermieter nach der EnEV zur Nachrüstung verpflichtet ist und der Mieter zumindest ein mittelbares Eigeninteresse an der Senkung der Energiekosten hat (Derleder NZM 2012, 487, 492 ff). Nach der **Rechtsprechung des BGH** ist für die Beantwortung der Frage, ob eine **unwirtschaftlich arbeitende Heizungsanlage** Mängel aufweist, in erster Linie die von 300

§ 535 BGB Untertitel 1. Allgemeine Vorschriften für Mietverhältnisse

den Mietvertragsparteien vereinbarte Beschaffenheit der Räume, nicht die Einhaltung bestimmter technischer oder energetischer Normen maßgebend (grundlegend: BGH NJW 2014, 685). Eine Beschaffenheitsvereinbarung kann sich aus einer ausdrücklichen vertraglichen Regelung aber auch aus einer Baubeschreibung ergeben, wenn diese Vertragsinhalt geworden ist. Fehlt es jedoch an einer Beschaffenheitsvereinbarung, so ist lediglich die Einhaltung der im Zeitpunkt der Errichtung des Gebäudes maßgeblichen technischen Normen und eine fehlerfrei funktionierende Anlage geschuldet (BGH NJW 2005, 218 = WuM 2004, 715 = NZM 2005, 60; NJW 2013, 2417 = WuM 2013, 481 = NZM 2013, 575; NJW 2014, 685; ebenso Sternel PiG 85 (2009) S. 19, 26). Eine ungünstige energetische Beschaffenheit wirkt sich nicht auf den vertragsgemäßen Gebrauch, sondern lediglich auf die Kosten aus (BGH NJW 2014, 685; LG Düsseldorf GE 2011, 132; Flatow NZM 2008, 785, 791; Beyer GE 2008, 1472, 1476; Blank WuM 2008, 311, 312; Sternel PiG 73 (2006) S. 1, 8; ders. NZM 2006, 495; Horst NZM 2008, 145, 146; **a. A.** OLG Düsseldorf WuM 1984, 54; LG Berlin WuM 1996, 156 für unwirtschaftlich arbeitende Heizungsanlage). Kostengesichtspunkte spielen im Rahmen der §§ 535 Abs. 1, 536ff keine Rolle. Vielmehr ist die Verursachung hoher Betriebskosten ausschließlich im Rahmen des Wirtschaftlichkeitsgrundsatzes (§ 556 Abs. 3 Satz 1 BGB) zu berücksichtigen (ebenso Sternel NZM 2006, 495; Fritz/Schacht NZM 2008, 155, 157; s. auch § 556 BGB Rdn. 147). An der rechtsdogmatischen Behandlung einer ungünstigen energetischen Beschaffenheit der Mietsache ändert die EnEV nichts. Jedoch wird der Wirtschaftlichkeitsgrundsatz des § 556 Abs. 3 Satz 1 BGB durch die EnEV konkretisiert (s. § 556 BGB Rdn. 147).

301 Die „Verordnung über die Qualität von Wasser für den menschlichen Gebrauch (**Trinkwasserverordnung** – TrinkwV 2001)" i. d. F. der Bekanntmachung vom 28.11.2011 (BGBl. I S. 2370) soll sicherstellen, dass den Verbrauchern Trinkwasser in einwandfreier Qualität und Beschaffenheit zur Verfügung steht (§ 1 TrinkwV). Zu diesem Zweck wird in den §§ 4 ff TrinkwV geregelt, welchen allgemeinen, mikrobiologischen und chemischen Anforderungen das Trinkwasser zu entsprechen hat, welche Grenzwerte hinsichtlich der Belastung des Wassers einzuhalten sind und welche Aufbereitungsstoffe verwendet werden dürfen. Dem Betreiber einer Wasserversorgungsanlage obliegen Anzeige-, Untersuchungs- und Informationspflichten (§ 13 ff TrinkwV). Als Betreiber gilt auch der Vermieter von Wohnungen in einem Mehrfamilienhaus (§§ 3 Abs. 1 Nr. 2e, Nr. 10 TrinkwV). Der Betreiber muss das Gesundheitsamt über die Wasserversorgungsanlage informieren; in den meisten Bundesländern gibt es hierzu entsprechende Formulare. Außerdem muss er veranlassen, dass die Beschaffenheit des Wassers in regelmäßigen (i. d. R. jährlichen) Abständen mikrobiologisch und chemisch auf die Einhaltung der in der Verordnung bestimmten Grenzwerte untersucht wird (§ 14 TrinkwV). Eine Überschreitung der Grenzwerte ist dem Gesundheitsamt mitzuteilen (§ 16 TrinkwV). Der Vermieter muss die Mieter mindestens jährlich schriftlich oder durch Aushang über die Ergebnisse der Untersuchung informieren (§ 21 Abs. 1 TrinkwV). Eine Verletzung der Anzeige-, Untersuchungs- und Informationspflichten kann als Ordnungswidrigkeit geahndet werden (§ 25 TrinkwV). Die Kosten der Wasseruntersuchung zählen als „Kosten des Betriebs einer hauseigenen Wasserversorgungsanlage" zu den Betriebskosten i. S. des § 2 Nr. 2, 4 Buchst. 2 BetrKV.

302 d) Beschaffenheit und technische Normen. Technische Normen – wie etwa die DIN-Normen betreffend den Schall- oder Wärmeschutz von Gebäuden – gehören nicht zu den Rechtsnormen; vielmehr beruhen diese Normen auf rechtlich unverbindlichen Festlegungen der Normenausschüsse. Diese Normen gelten nicht kraft Gesetzes. Jedoch können diese Regelwerke die anerkannten Regeln der Technik wiedergeben, die wiederum bei der Auslegung des Mietvertrags zu berücksichtigen sind (Gsell WuM 2011, 491, 492). Allerdings können die Regelwerke infolge des technischen Fortschritts auch hinter dem aktuellen Stand der Technik zurückbleiben (Gsell a. a. O.). Außerdem gelten die DIN-Normen, wenn vereinbart ist, dass die Beschaffenheit eines Gebäudes oder Raums oder einer Ausstattung in dieser oder jener Beziehung bestimmten DIN-Vorschriften entsprechen soll (BGH WuM 2004, 527). Solche Vereinbarungen können auch konkludent getroffen werden. Ist beispielsweise eine Altbauwohnung als modernisierte oder sanierte Altbauwohnung vermietet worden, so kann sich ergeben, dass der Vermieter eine dem heutigen Stand entsprechende Elektroanlage schuldet (BGH a. a. O.). Fehlt es an einer abweichenden Beschaffenheitsvereinbarung, so ist regelmäßig die Einhaltung der maßgeblichen technischen Normen geschuldet. Dabei ist nach der Verkehrsanschauung grundsätzlich der bei Errichtung des Gebäudes geltende Maßstab anzulegen (BGH NJW 2004, 3174 = WuM 2004, 527; NJW 2005, 218 = WuM 2004, 715; NJW 2009, 2441 = WuM 2009, 457; BGH NJW 2013, 2417); allgemein übliche Modernisierungen sind dabei zu berücksichtigen (Lames NZM 2007, 465, 468). Wird ein Gebäude nachträglich verändert, so müssen bei den Veränderungen die zur Zeit der Durchführung der Maßnahmen geltenden DIN-Normen beachtet werden (BGH WuM 2004, 715, betreffend Schallschutzanforderungen beim Dachgeschossausbau; AG Köpenick WuM 2008, 25).

Nach der Ansicht des BGH gelten diese Grundsätze nur, wenn in die Gebäudesubstanz eingegriffen wird. Anders soll es sein, wenn in der Nachbarwohnung der Bodenbelag ausgetauscht wird und dies zu einer verstärkten Trittschallübertragung führt. Nach der Ansicht des BGH ist dieser Umstand nicht als Mangel zu bewerten, wenn trotz der Verschlechterung die von den maßgeblichen DIN-Vorschriften vorgegebenen Werte eingehalten werden (BGH NJW 2009, 2441 = WuM 2009, 457). Für die **Abgrenzung** gilt: Führt der Vermieter Baumaßnahmen durch, die „von der Intensität des Eingriffs in die Gebäudesubstanz her mit einem Neubau oder einer grundlegenden Veränderung des Gebäudes vergleichbar sind" so müssen – mangels abweichender vertraglicher Vereinbarungen – die zum Zeitpunkt der Baumaßnahme geltenden Normen beachtet werden. Bei Maßnahmen unterhalb dieser Schwelle verbleibt es bei dem Grundsatz, dass die Mietsache mangelfrei ist, wenn die zum Zeitpunkt der Errichtung des Gebäudes maßgeblichen Normen eingehalten werden (BGH NJW 2013, 2417). Diese Ansicht ist abzulehnen, weil der vom Vermieter geschuldete Mietgebrauch mangels besonderer Vereinbarungen durch die bei Vertragsschluss gegebene Beschaffenheit konkretisiert wird und eine negative Veränderung dieses Zustands als Mangel zu bewerten ist. **303**

Im Übrigen ist anzumerken, dass die **DIN 4109 – Schallschutz im Hochbau –** lediglich öffentlich-rechtliche Mindestanforderungen an den Schallschutz zur Vermeidung von Gesundheitsgefahren enthält. Werden die in der DIN 4109 aufgeführten Grundsätze und Ausführungsanweisungen beachtet, so bedeutet dies nicht, dass bei Einhaltung der Anforderungen keine Belästigungen mehr auftreten können. Für einen verbesserten Schallschutz ist das Beiblatt 2 zur DIN 4109 zu beachten. Dieses enthält – über den Geltungsbereich der DIN 4109 hinausgehend – Vorschläge für einen erhöhten Schallschutz gegen Schallübertragung aus einem fremden Wohn- oder Arbeitsbereich und Empfehlungen für den Schallschutz im eigenen Wohn- und Arbeitsbereich. Weiterhin findet man hier auch Vorschläge für einen erhöhten Schallschutz gegen Geräusche aus haustechnischen Anlagen. Die **304**

Anforderungen der DIN 4109 entsprechen nicht den anerkannten Regeln der Technik, weil sie lediglich vor unzumutbaren Belästigungen schützen und keinen üblichen Qualitäts- und Komfortstandard gewährleisten. Aus diesen Gründen hat der für Bausachen zuständige VII. ZS des BGH entschieden, dass der Erwerber einer Wohnung mit üblichem Komfort- und Qualitätsanspruch einen Schallschutz erwarten kann, der sich an den Werten im Beiblatt 2 zur DIN 4109 orientiert (BGH NJW 2009, 2439 = WuM 2009, 418; ebenso OLG Hamm NZM 2011, 814). Nach der hier vertretenen Auffassung kann auch der Mieter einer Wohnung mit üblichen Komfort- und Qualitätsansprüchen mangels einer gegenteiligen Vereinbarung einen Schallschutz erwarten, der dem Beiblatt 2 der DIN 4109 entspricht. Dies folgt aus der Erwägung, dass der Vermieter einen Trittschallschutz schuldet, wie er allgemein üblich ist. Wenn die DIN 4109 lediglich einen Mindestschallschutz wiedergibt und deshalb die in der Zeit der Geltung dieser Norm errichteten Gebäude aus bauvertragsrechtlichen Gründen i. d. R. einen besseren Schallschutz aufweisen, dann ist dieser Standard auch bei der Bewertung einer Mietwohnung maßgeblich (vgl. auch Gsell WuM 2011, 491, 494). Der für die Wohnraummiete zuständige VIII ZS des BGH hat dagegen in der Vergangenheit stets die Ansicht vertreten, dass der Wohnraummieter ohne eine dahingehende vertragliche Regelung regelmäßig keinen Anspruch auf einen gegenüber den Grenzwerten der zur Zeit der Errichtung des Gebäudes geltenden DIN-Norm erhöhten Schallschutz hat (BGH NJW 2004, 3174 = WuM 2004, 527; NJW 2005, 218 = WuM 2004, 715; NJW 2009, 2441 = WuM 2009, 457). An dieser Rechtsprechung hält der BGH weiterhin fest (BGH NJW 2010, 3088 = WuM 2010, 482; NJW 2013, 2417). Nach seiner Meinung sind die vom Bausenat entwickelten Grundsätze nicht auf die Miete zu übertragen, weil dem Mietvertrag „keine Parteivereinbarung über die Bauweise ..., insbesondere ... keine Baubeschreibung oder vergleichbare Beschaffenheitsvereinbarung zugrunde (liegt), aus der sich gegenüber dem Mindeststandard der DIN 4109 erhöhte Anforderungen an den Schallschutz ergeben könnten".

305   e) Vermietung nach Besichtigung – Stillschweigende Beschaffenheitsvereinbarung. In dem Abschluss eines Mietvertrags nach vorangegangener Besichtigung wird man in bestimmten Fällen eine stillschweigende Beschaffenheitsvereinbarung mit dem Inhalt sehen können, dass der beim Vertragsschluss bestehende Zustand als vertragsgemäß gilt. War die Wohnung z. B. zum Zeitpunkt der Besichtigung mit einer hochwertigen Einbauküche ausgestattet, so müssen die Räume mit dieser Küche oder (wenn die ursprüngliche Küche zwischenzeitlich nicht mehr existiert) mit einer vergleichbaren Küche übergeben werden (LG Berlin GE 2005, 739). Auch für diese Form der Beschaffenheitsvereinbarung gelten allerdings die oben c-d dargelegten Beschränkungen. Davon abgesehen, spielt der Zustand der Räume keine Rolle; sie können auch renovierungsbedürftig sein.

306   Nimmt der Mieter eine mangelhafte Mietsache in Kenntnis des Mangels vorbehaltlos entgegen, so verliert er mögliche Gewährleistungsrechte (§ 536 b Satz 3 BGB). Der **Erfüllungsanspruch** wird hierdurch nicht ohne weiteres ausgeschlossen. Jedoch kann in einem solchen Fall eine stillschweigende Beschaffenheitsvereinbarung zustande kommen. Hierfür reicht es allerdings nicht aus, dass der Mieter die Mietsache in Kenntnis des Mangels annimmt. Erforderlich ist vielmehr, dass der bestehende Zustand nach den übereinstimmenden Vorstellungen der Parteien der vertragsgemäße Zustand sein soll. Eine stillschweigende Beschaffenheitsvereinbarung setzt stets voraus, dass der Vermieter gegenüber dem Mieter zum Ausdruck bringt, dass er den gegebenen Zustand über die Dauer des Mietverhältnisses hinweg als vertragsgemäß ansieht und der Mieter dem zustimmt. Eine einseitig gebliebene Vorstellung des Vermieters genügt für die Annahme einer diesbezüglichen Willensübereinstimmung selbst dann nicht, wenn sie dem Mieter bekannt ist (vgl. BGH NJW 2013, 680 = WuM 2013, 154 = NZM 2013, 184 unter Rz. 10 sowie BGH NJW 2010, 1133 = WuM 2009, 659 = NZM 2009, 855). An das Zustandekommen einer stillschweigenden Beschaffenheitsvereinbarung sind strenge Anforderungen zu stellen. Für die tatsächlichen Voraussetzungen einer solchen Vereinbarung ist diejenige Partei darlegungs- und beweispflichtig, die hieraus Rechte herleiten will (s. im Übrigen § 536b Rdn. 18).

f) Vermietung ohne Besichtigung – Vermietung vom Reißbrett. Werden Wohnungen oder Geschäftsräume **ohne vorherige Besichtigung** angemietet, so ist die geschuldete Beschaffenheit unter Berücksichtigung der Verkehrssitte festzustellen (§ 157 BGB). Werden Räumlichkeiten im Planungsstadium gemietet (sog. „**Vermietung vom Reißbrett**"), so müssen die Räume plangemäß sein und üblichen technischen Normen entsprechen. Bei der Auslegung des Mietvertrags kann auf Angaben in einem **Prospekt** zurückgegriffen werden, wenn der Entschluss des Mieters zum Abschluss des Mietvertrags hierauf beruht (vgl. BGH NZM 2008, 136). Dies gilt allerdings nur, wenn der Prospekt eindeutige Hinweise auf bestimmte Beschaffenheitsmerkmale gibt. Aus Begriffen mit rein werblichem Charakter (z. B. exklusiv, großzügig, komfortabel, hochwertig renoviert, kinderfreundlich konzipiert, gehobene Ausstattung, stilvoll, traumhaft, repräsentativ) können grundsätzlich keine konkreten Beschaffenheitsmerkmale abgeleitet werden. Wird eine Wohnung mit der Bezeichnung „**barrierefrei**" angeboten, so muss sie so beschaffen sein, dass sie mit einem Rollstuhl oder Rollator zu befahren ist; außerdem müssen sich im Bad und in der Toilette Haltegriffe befinden. Die Bezeichnung „**seniorengerecht**" bedeutet dagegen nicht „behindertengerecht" oder „barrierefrei", weil es zahlreiche ältere Menschen gibt, die ohne Probleme in einer Wohnung von üblicher Beschaffenheit leben können (vgl. OLG Koblenz NZM 2011, 832 betr. die Auslegung eines Werkvertrags über die Errichtung einer Eigentumswohnung). Gleichwohl muss eine mit dieser Bezeichnung angebotene Wohnung gewisse Mindeststandards aufweisen. Eine Wohnung im 4. OG in einem Gebäude ohne Aufzug kann auch bei großzügiger Interpretation nicht als „seniorengerecht" bezeichnet werden. Unter dem Begriff „**Kernsanierung**" ist „die Summe aller erforderlichen technisch möglichen Maßnahmen zur vollständigen Wiederherstellung des ursprünglichen Gebrauchswertes eines Gebäudes einschließlich einer zeitgemäßen substanzerhaltenden Erneuerung zum Zwecke der Wiederherstellung eines ordnungsgemäßen Zustands in zeitgemäßer Form" zu verstehen (Klaft BauR 2006, 563, 567). Jedenfalls muss ein kernsaniertes Gebäude einen Schallschutz entsprechend der zum Zeitpunkt der Sanierung maßgeblichen DIN-Vorschrift ausweisen (LG Düsseldorf DWW 1999, 181; AG Bochum WuM 2011, 622).

g) Gesetzlicher Konkurrenzschutz. Für die Annahme eines Konkurrenzverhältnisses ist erforderlich, dass die Vertragsparteien oder mehrere Mieter in einem Wettbewerbsverhältnis stehen (s. OLG Dresden Beschluss vom 7.7.2017 – 5 U 556/17: Kein Konkurrenzschutz für den Betreiber eines Fotostudios gegenüber dem Betrieb einer Fotokabine durch eine Behörde für die Anfertigung von Passfotos mit der Besonderheit, dass die dort gefertigten Bilder nicht den jeweiligen Bürgern ausgehändigt, sondern unmittelbar dem Sachbearbeiter der Meldebehörde übermittelt werden). Sind die Beteiligten dagegen als Wettbewerber anzusehen, so besteht kraft Gesetzes ein gewisser Konkurrenzschutz. Abweichende Formularvereinbarungen sind möglich. Insbesondere kann der gesetzliche Konkurrenzschutz vertraglich ausgeschlossen werden. Der formularmäßige Ausschluss des Konkurrenzschutzes in einem Einkaufszentrum bei gleichzeitiger Festlegung einer Betriebspflicht mit Sortimentsbindung benachteiligt den Mieter unangemessen und ist unwirksam (BGH Urteil v. 26.2.2020 – XII ZR 51/19; OLG Schleswig NZM 2000, 1008 **a. A.** OLG Rostock NZM 2004, 460; OLG Hamburg ZMR 2003, 254; KG ZMR 2015, 117). Das Gleiche gilt wenn der Mieter außerdem vertraglich zu einer Preiskalkulation gezwungen ist, die den wirtschaftlichen Erfolg des Gewerbebetriebs gefährdet. In beiden Fällen verstößt der formularvertragliche Ausschluss des Konkurrenzschutzes gegen § 307 Abs. 2 Nr. 2 BGB, weil dann zweifelhaft ist, ob der mit dem Mietvertrag verfolgte Zweck erreicht werden kann (OLG Brandenburg MDR 2015, 18; vgl. dazu auch BGH NZM 2010, 361). Gleiches wird gelten, wenn der Wettbewerber ein völlig gleiches Warensortiment oder völlig gleiche Dienstleistungen anbietet (OLG Düsseldorf ZMR 1992, 445). Ein konkludent vereinbarter Ausschluss ist möglich, so z. B. wenn der Mieter in Kenntnis einer Konkurrenzsituation Gewerberäume anmietet. Haben die Parteien eine vertragliche Regelung über den Konkurrenzschutz getroffen (unten Rdn. 315), so ist ein Rückgriff auf die Grundsätze über den gesetzlichen Konkurrenzschutz nicht möglich (OLG Naumburg GE 2009, 1621; KG ZMR 2011, 30). Nach anderer Ansicht ist im Einzelfall durch Auslegung der Konkurrenzschutzvereinbarung zu ermitteln, ob hierdurch der vertragsimmanente Konkurrenzschutz verdrängt wird (OLG Koblenz NZM 2018, 564).

309 Grundsätzlich ist der Vermieter gehalten, dem Mieter keine Konkurrenz zu machen (Kinne GE 1996, 566, 570), kein Konkurrenzunternehmen in anderen Räumen zuzulassen und gegebenenfalls gegen unzulässige Konkurrenten einzuschreiten (BGH LM § 536 BGB Nr. 2, 3, 5, 6; BGHZ 70, 79; NJW 1979, 1404; KG MDR 1999, 1375). Ein vertragsimmanenter Konkurrenzschutz kann grundsätzlich auch für Mieter in einem Einkaufszentrum bestehen (BGH Urteil v. 26.2.2020 – XII ZR 51/19). Es gilt in diesen Fällen immer der Prioritätsgrundsatz. Der zuerst vorhandene Mieter geniest Konkurrenzschutz gegenüber dem hinzukommenden (OLG Brandenburg Urteil vom 26.5.2010 – 3 U 101/09). Maßgeblich sind dabei stets die Umstände des Einzelfalls: Der sog. **„vertragsimmanente Konkurrenzschutz"** hängt im Wesentlichen von zwei Voraussetzungen ab: Zum einen muss sich die Geschäftstätigkeit des Mieters aus dem Mietvertrag ergeben oder dem Vermieter in sonstiger Weise bekannt sein. Zum anderen muss im Wege einer Interessenabwägung festgestellt werden, dass der Anspruch des Mieters auf Konkurrenzschutz schwerer wiegt als die Belange des Vermieters an der beliebigen Verfügbarkeit über sein Eigentum. Im Vordergrund stehen der konkrete Mietvertrag und die damit verbundenen Vorstellungen und Erwartungen der Vertragspartner. Allgemeine wirtschafts- und marktpolitische Erwägungen tragen zur Bestimmung des vertragsimmanenten Konkurrenzschutzes wenig bei (OLG Nürnberg NZM 2008, 843).

309a Grundsätzlich ist **nur der Vermieter des jeweiligen Mietvertrags** zum Konkurrenzschutz verpflichtet. Besteht die Vermieterseite aus einer Gesellschaft (GmbH, OHG, KG, GbR, etc.) so gilt die Verpflichtung zum Schutz vor Konkurrenz auch für solche Gesellschaften, deren Gesellschafter mit denen der Vermieter-Gesellschaft identisch sind. Es gilt der Grundsatz, dass es bei der Frage der personellen Reichweite des Konkurrenzschutzes maßgeblich darauf ankommt, ob die handelnden Personen maßgeblichen Einfluss auf die Geschäfte der jeweiligen Vermietungs-Gesellschaften haben (OLG Hamm NZM 2016, 202).

310 In **sachlicher Hinsicht** setzt der Anspruch auf Konkurrenzschutz voraus, dass der Mieter in den Mieträumen ein Gewerbe betreibt, dessen Umsatz maßgeblich von der räumlichen Nähe gleichartiger oder ähnlicher Geschäfte abhängt (Einzelhandelsgeschäfte, Gaststätten, Friseure etc.). Kein Konkurrenzschutz besteht, wenn die räumliche Nähe der Konkurrenzbetriebe keinen Einfluss auf die jeweilige Geschäftstätigkeit des Mieters hat (OLG Karlsruhe NJW-RR 1987, 848 betr. Vermietung einer Lagerhalle an eine Speditionsfirma zur Einlagerung von Wohn- und Büromöbeln). Aber auch die schutzbedürftigen Mieter haben keinen Anspruch darauf, dass jeder fühlbare oder unliebsame Wettbewerb von ihnen ferngehalten wird. Ein unzulässiger Wettbewerb liegt vielmehr nur dann vor, wenn der Konkurrenzbetrieb als Hauptartikel die gleiche Ware wie der Mieter vertreibt, dagegen nicht, wenn das Angebot der Geschäfte sich nur in Nebenartikeln überschneidet. Als Hauptartikel sind dabei diejenigen Waren anzusehen, die den Stil des Geschäfts bestimmen und ihm das eigentliche Gepräge geben. Außerdem müssen die konkreten Betriebe nach der Verkehrsanschauung im Wesentlichen gleichartig sein. Hat der Vermieter beispielsweise Ladenräume zum Betrieb einer Bäckerei vermietet, so ist er aus Konkurrenzschutzgründen nicht gehindert, ein weiteres Mietverhältnis mit dem Betreiber eines Lebensmittelgeschäfts zu begründen; dies gilt auch dann, wenn in diesem Geschäft auch Brot angeboten wird (BGH LM § 536 BGB Nr. 3). Ebenso hat der Betreiber eines Milchgeschäfts keinen Anspruch auf Konkurrenzschutz gegenüber einem Feinkostgeschäft, auch wenn in beiden Betrieben Weine und Spirituosen vertrieben werden (BGH LM § 536 BGB Nr. 5). Im Bereich der Gastronomie genügt es für die Annahme einer Konkurrenzsituation, wenn durch die jeweiligen Lokale dieselbe Verbrauchergruppe angesprochen wird (OLG Brandenburg MDR 2015, 18). Ein Restaurant, das im Wesentlichen Mittags- und Abendmahlzeiten sowie Getränke umsetzt einerseits und ein Konditorei-Café andererseits sind nach der Verkehrsanschauung nicht gleichartig, so dass insoweit auch dann kein Konkurrenzschutz besteht, wenn beide Betriebe alkoholische Getränke führen (BGH LM § 536 BGB Nr. 2). Der Betreiber einer „Strumpfboutique" genießt keinen Konkurrenzschutz gegenüber einem Laden, der in einem breiten Sortiment „günstige Gelegenheiten" – darunter auch Strümpfe aus Überschuss und Fehlproduktionen anbietet (OLG Köln WuM 1998, 342). Für das Verhältnis von Fachgeschäften zu Warenhäusern oder Supermärkten gilt, dass ein wechselseitiger Konkurrenzschutz nur dann besteht, wenn das Warensegment des Supermarkts als Hauptartikel angesehen werden kann. Dies ist der Fall, wenn es entsprechend seiner Präsentation dem eines Fachgeschäfts entspricht (OLG Hamm NZM 1998, 511; OLG Köln NZM 1998, 512). Nach diesen Grundsätzen hat der Betreiber eines Baumarkts, der unter anderem auch mit Bodenbelägen handelt, keinen Anspruch auf Schutz vor Konkurrenz gegenüber einem Mieter, der Orientteppiche verkauft (OLG Nürnberg NZM 2007, 567).

In **räumlicher Hinsicht** bezieht sich der Konkurrenzschutz grundsätzlich nur **311** auf diejenigen Räume, die in demselben Gebäude wie die Mietsache gelegen sind, z. B. auch in einem Einkaufszentrum (BGH Urteil v. 26.2.2020 – XII ZR 51/19). Auf benachbarte Gebäude, die im Eigentum desselben Vermieters stehen, erstreckt sich der Anspruch auf Konkurrenzschutz nur dann, wenn der Mieter dies aufgrund der besonderen Umstände des Einzelfalls erwarten konnte (abweichend: KG MDR 1999, 1375). Für weiter entfernt liegende Gebäude besteht kein Konkurrenzschutz (BGH LM § 536 BGB Nr. 11/12).

Bei der Vermietung von Ladenräumen in einem sog. **„Einkaufszentrum"** be- **312** steht im Allgemeinen ebenfalls kein Konkurrenzschutz (BGH NJW 1979, 1404). Hier gilt die Besonderheit, dass die Attraktivität der Einkaufsstätte jedenfalls in den umsatzstarken Marktbereichen mit der Repräsentanz konkurrierender Anbieter steigt. Der vertragsgemäße Gebrauch der Mietsache wird hier nur dann beeinträchtigt, wenn das wirtschaftliche Überleben eines Anbieters durch die Konkurrenzsituation gefährdet wird. Nur in diesem Fall kann der Mieter Konkurrenzschutz verlangen (OLG Dresden MDR 1998, 211).

313 Im Grundsatz haben auch die Angehörigen der **freien Berufe** wie Ärzte, Anwälte und Steuerberater Anspruch auf Konkurrenzschutz, soweit sie zumindest auch auf sog. „Laufkundschaft" angewiesen sind und sich deshalb in einer ähnlichen Situation wie die Gewerbetreibenden befinden (BGHZ 70, 79). Dabei spricht eine Vermutung dafür, dass die Konkurrenzsituation eine umso größere Bedeutung hat, je breiter das Tätigkeitsfeld des Freiberuflers ist. So wird beispielsweise ein praktischer Arzt oder Internist verlangen können, dass der Vermieter in demselben Haus keine weiteren Räume an praktische Ärzte oder an Internisten vermietet. Für den hochspezialisierten Arzt, der ausschließlich oder fast ausschließlich Überweisungspatienten behandelt, ist demgegenüber der Gesichtspunkt der lagebedingten Konkurrenz von nachrangiger Bedeutung; deshalb wird er keine Konkurrenzschutzansprüche geltend machen können. Nach einer Entscheidung des OLG Hamm (ZMR 1991, 295) verbietet der zugunsten eines Arztes mit allgemeinchirurgischer Praxis vereinbarte Konkurrenzschutz vor Ärzten der Fachrichtung „Chirurgie/Orthopädie" auch die Vermietung an einen Arzt für Mund-, Kiefer- und Gesichtschirurgie. Dagegen hat ein Radiologe keinen Anspruch auf Konkurrenzschutz gegen einem Internisten mit fachbezogener Röntgenberechtigung (OLG Düsseldorf GuT 2006, 306 = NZM 2007, 357). S. auch § 536 Rdn. 74.

314 In einer **Wohnungseigentumsanlage** sind die Wohnungs-/Teileigentümer nur dann zu wechselseitigem Konkurrenzschutz verpflichtet, wenn dies vereinbart ist; aus § 14 Nr. 1 WEG kann kein Konkurrenzschutz abgeleitet werden (OLG Brandenburg NZM 2010, 43). Mangels einer solchen Verpflichtung hat der Mieter eines Teileigentums keinen Anspruch auf Konkurrenzschutz, wenn durch das Verhalten eines anderen Sondereigentümers eine Konkurrenzsituation entsteht.

315 **h) Vertraglicher Konkurrenzschutz.** Die Parteien können Art und Dauer des Konkurrenzschutzes vertraglich regeln. Aus einer solchen Vereinbarung sollte sich die örtliche (bezogen auf das Haus/auf mehrere Gebäude/auf alle vermietereigenen Grundstücke im Stadtgebiet), sachliche (Konkurrenzschutz nur für Hauptartikel oder auch für Nebenartikel) und zeitliche (für die gesamte Mietzeit oder nur für eine geringere Zeit) Komponente ergeben. Bei unklaren Vereinbarungen ist die Reichweite des Konkurrenzschutzes durch Auslegung zu ermitteln. Es gilt der Grundsatz, dass Konkurrenzschutzvereinbarungen eng auszulegen sind. Der Vermieter ist nicht gehalten, dem Mieter jeden fühlbaren oder unliebsamen Wettbewerb fernzuhalten. Vielmehr ist nach den Umständen des einzelnen Falles abzuwägen, inwieweit nach Treu und Glauben unter Berücksichtigung der Belange der Parteien die Fernhaltung von Konkurrenz geboten ist (BGH NJW 2013, 44; OLG Hamm NZM 2016, 202). **Beispiele:** Die Klausel: „Kein weiteres Optik- und Hörgerätegeschäft in Objekten der Vermieterin" gewährt keinen Schutz gegenüber der Tätigkeit eines HNO – Arztes im Rahmen des Vertriebs von Hörgeräten im sog. „verkürzten Versorgungsweg" (BGH NJW 2012, 844). Eine Vereinbarung wonach dem Betreiber eines „Bäckereicafés" Konkurrenzschutz zusteht umfasst nicht generell einen Schutz gegenüber allen gastronomischen Vereinbarungen (BGH NJW 2008, 3210 unter Ziff. II 2a). Die Klausel: „Der Vermieter verpflichtet sich, während der Mietdauer Verkaufsflächen nicht an ein Unternehmen zu vermieten, das den Vertrieb von Waren zum Gegenstand hat, die vom Mieter geführt werden" be-

Inhalt und Hauptpflichten des Mietvertrags **BGB § 535**

inhaltet dagegen einen umfassenden Konkurrenzschutz (BGH NJW-RR 1986, 9; OLG Celle WuM 1992, 538). Wird mit dem Betreiber eines medizinisch-therapeutisch orientierten Fitnessstudios Konkurrenzschutz vereinbart, so umfasst diese Vereinbarung auch den Schutz gegen solche Konkurrenten die keine therapeutischen Leistungen anbieten (OLG Frankfurt MDR 2012, 515). Ist in einem Mietvertrag über Räume zum Betrieb eines „Fitnessstudios" vereinbart, dass der Vermieter „keine weiteren Räumlichkeiten im Objekt zur Einrichtung und zum Betrieb eines Fitnesscenters … vermieten" darf, so ist der auch vor der Konkurrenz eines „Kickbox-Studios" und eines „Reha- und Gesundheitssport-Studios" geschützt (OLG Hamm NZM 2016, 202). Ist in einem Mietvertrag über Räume zum Betrieb einer Arztpraxis vereinbart, dass dem Mieter Schutz vor Konkurrenz durch Ärzte „gleicher Fachrichtung" gewährt wird, so hat sich die Auslegung des Begriffs der „gleichen Fachrichtung" an der im Zeitpunkt des Vertragsschlusses jeweils geltenden Weiterbildungsordnung zu orientieren. Chirurgen und Orthopäden gehören nicht zur gleichen Fachrichtung. Dies gilt sowohl nach der bis 13. April 2006 geltenden Weiterbildungsordnung 1994 als auch für die ab diesem Zeitpunkt maßgeblichen Weiterbildungsordnung 2004 (KG, Urteil vom 2.9.2013 – 12 U 101/12, juris). Es spielt hierbei keine Rolle, dass sich die Tätigkeitsbereiche der jeweiligen Ärzte überschneiden. Soll auch dieser Bereich vom Konkurrenzschutz erfasst werden, so bedarf es einer ausdrücklichen und eindeutigen Regelung (KG a. a. O.). Hiervon abweichend hat das OLG Frankfurt (NZM 2018, 977) entschieden, dass eine Konkurrenzschutzklausel zugunsten eines Zahnarztes, wonach sich der Vermieter verpflichtet "keine Praxisflächen an einen weiteren Zahnarzt oder einen Kieferchirurgen" zu vermieten, auch die Vermietung an einen Kieferorthopäden umfasst.

Vertragliche **Wettbewerbsverbote** oder -beschränkungen für eine Zeit nach Beendigung des Mietverhältnisses sind grundsätzlich zulässig. Sie dürfen allerdings örtlich, zeitlich und gegenständlich das unter Berücksichtigung der schützenswerten Interessen des Vermieters notwendige Maß nicht überschreiten (BGH NJW 1997, 3089; OLG Celle NZM 2000, 550). **316**

Verstößt der Vermieter gegen eine Konkurrenzschutzklausel, so stehen dem Mieter **Auskunfts- und Unterlassungsansprüche** zu. Hat der Vermieter bereits einen Mietvertrag mit dem Konkurrenten abgeschlossen, so ist er auf Verlangen des geschützten Mieters verpflichtet, im Rahmen der rechtlichen Möglichkeiten auf eine Auflösung des Mietvertrags mit dem Konkurrenten oder auf eine entsprechende Änderung des Vertragszwecks hinzuwirken (OLG Frankfurt MDR 2012, 515). Davon abgesehen sind beide Verträge gleichwertig; der Grundsatz der Priorität gilt nicht. Nach anderer Ansicht kann der Konkurrenz keine Erfüllung, sondern nur noch Schadensersatz verlangen (KG NZM 2003, 439). Nach der Rechtsprechung des BGH ist eine vertragswidrige Konkurrenzsituation als **Mangel der Mietsache** zu bewerten (s. § 536 BGB Rdn. 74). Die Ersatzpflicht kann entfallen, wenn dem Mieter ein gewichtiges Mitverschulden an dem Vertragsverstoß zur Last fällt. Weiß der Mieter von den Vertragsverhandlungen zwischen dem Vermieter und dem Konkurrenten, so ist der Mieter verpflichtet, den Vermieter auf den bevorstehenden Vertragsverstoß und die daraus resultierenden Schadensersatzpflichten hinzuweisen (OLG Düsseldorf DWW 2000, 158 = ZMR 2000, 451). Der Verletzte kann sich nicht auf eine vertragswidrige Konkurrenzsituation berufen, wenn er gegenüber dem Vermieter erklärt hat, dass er gegen die Vermietung von Räumen an den Konkurrenten nichts einzuwenden habe (KG GE 2008, 541). **317**

Für die **Streitwerte** gilt folgendes: **(1) Unterlassungsanspruch:** Der Streitwert richtet sich nach §§ 48 Abs. 1 GKG, 3 ZPO. Maßgeblich ist der Reingewinn **318** der dem Kläger infolge der vertragswidrigen Konkurrenzsituation entgeht. Der Ersatzanspruch ist bei unbefristeten Verträgen beschränkt auf die Zeit zu der das Mietverhältnis durch den Vermieter durch Kündigung beendet werden kann. Bei befristeten Verträgen ist die restliche Vertragszeit maßgeblich, höchstens aber der auf drei Jahre hochgerechnete Schadensbetrag (BGH NJW 2006, 3060). **(2) Auskunftsanspruch:** Der Streitwert ist nach einen Bruchteil des Wertes des entgangenen Gewinns zu bemessen; i. d. R. wird 1/5 dieses Wertes angemessen sein (BGH a. a. O. **(3) Schadensersatzanspruch:** wie Unterlassungsanspruch.

319 Der Mieter von Ladenräumen ist grundsätzlich nicht kraft Gesetzes verpflichtet, sein Geschäft zu betreiben. Eine **Betriebspflicht** bedarf der Vereinbarung (Gomille NZM 2018, 809). Die Angabe des Vertragszwecks im Mietvertrag besagt nur, dass der Mieter berechtigt ist, die Mietsache zu dem vereinbarten Zweck zu nutzen; eine Betriebspflicht kann hieraus nicht abgeleitet werden (OLG Hamm Urteil vom 14.9.2016 – 30 U 9/16, ZMR 2016, 868 m. Anm. Burbulla ZMR 2017, 42). Es ist zwar nicht erforderlich, dass die Vereinbarung ausdrücklich getroffen wird. Es genügt, wenn sich aus der Auslegung des Mietvertrags ergibt, dass beide Parteien eine Betriebspflicht wollten. Dies gilt auch für formbedürftige Verträge. Das für den Mieter erkennbare Interesse des Vermieters an einer Betriebspflicht allein reicht für das Zustandekommen einer Vereinbarung allerdings auch dann nicht aus, wenn die Ladenräume Teil eines Einkaufszentrums sind. Erforderlich ist vielmehr, dass sich der übereinstimmende Wille der Parteien an einer Betriebspflicht zumindest andeutungsweise aus der schriftlichen Vertragsurkunde, z. B. aus einer dazu gehörenden Planskizze oder Grundrisszeichnung ergibt und weitere außerhalb der Vertragsurkunde liegende Umstände, z. B. mündliche Erklärungen, die Annahme einer Betriebspflicht rechtfertigen (KG ZMR 2015, 707). Eine Betriebspflicht kann auch in einem **Formularmietvertrag** wirksam vereinbart werden (BGH NJW-RR 1992, 1032; KG GE 2011, 1484; OLG Dresden ZMR 2016, 26; OLG Hamm Urteil vom 9.8.2017 – 30 U 53/17; LG Kassel ZMR 2016, 36 m.zust.Anm. Burbulla). Nach anderer Ansicht ist zu unterscheiden: Eine formularvertragliche Vereinbarung ist möglich, wenn das Mietobjekt Teil eines umfassenden Vermarktungskonzepts ist. Dies gilt etwa für Ladenräume in einem Einkaufscenter. Bei Einzelobjekten kann die Betriebspflicht grundsätzlich wirksam nur individuell vereinbart werden (Gomille NZM 2018, 809, 813); eine Ausnahme soll bei der Vermietung voll ausgestatteter Räume (etwa einer Gaststätte) gelten, weil hier künftige Vermietungschancen vom durchgängigen Betrieb der jeweiligen Objekte abhängen (Gomille a. a. O.). Wird die Betriebspflicht mit anderen für den Mieter nachteiligen Abweichungen vom gesetzlichen Leitbild der Miete verbunden, kann ein Verstoß gegen § 307 Abs. 1 BGB vorliegen (Gomille NZM 2018, 809, 813). Der Umstand, dass dem Mieter kein Konkurrenzschutz gewährt wird, genügt hierfür nicht. In einem **Einkaufscenter** dient die Betriebspflicht dem Interesse des Vermieters an einer belebenden Wirkung des Geschäftsbetriebs für das Umfeld der Mieträume. Sind die Räume Teil eines Einkaufscenters, werden die Kundenströme maßgeblich durch die Ein- und Ausgänge der jeweiligen Geschäfte gesteuert. Für die Attraktivität des Einkaufscenters ist der Verlauf der Kundenströme von maßgeblicher Bedeutung. Deshalb kann sich aus der Auslegung des Mietvertrags ergeben, dass der Mieter nicht berechtigt ist, einen von mehreren Ein- und Ausgängen zu schließen (KG GE 2018, 1149). Umgekehrt kann vereinbart werden, dass zeitweise Schließungen des Geschäfts (Mittagspause, Betriebsferien) von der Zustimmung des Vermieters abhängen (KG GE 2013, 681). Eine solche Regelung umfasst allerdings nicht betriebsbedingte Schließungen, die auf Grund von Schönheits- oder sonstigen Reparaturen erforderlich werden (BGH NZM 2010, 361). Sind dem Mieter nach dem Wortlaut der Klausel auch „zeitweise Schließungen" untersagt, so soll sich aus der Auslegung der Regelung ergeben, dass der Mieter gleichwohl zur Durchführung von Schönheitsreparaturen und Instandhaltungen berechtigt ist (OLG Hamm Urteil vom 9.8.2017 – 30 U 53/17). Die **Betriebspflicht endet** regulär mit dem betroffenen Mietverhältnis. Nur in Ausnahmefällen ist eine isolierte vorherige Beendigung in Erwägung zu ziehen (Gomille NZM 2018, 809, 815). Die Betriebspflicht entfällt nicht, wenn deren Einhaltung unwirtschaftlich ist (KG GE 2013, 681). Zur Kündigung wegen eines Verstoßes gegen die Betriebspflicht s. § 543 Rdn. 464.

Die Betriebspflicht kann im Wege der **einstweiligen Verfügung** durchgesetzt werden (KG a. a. O.; GE 2013, 681; OLG Rostock NZM 2016, 769; OLG Hamm Urteil vom 9.8.2017 – 30 U 53/17). Die **Vollstreckung** erfolgt nach § 888 Abs. 1 ZPO, also durch Zwangsgeld oder Zwangshaft. In der obergerichtlichen Rechtsprechung wird teilweise die Ansicht vertreten, dass eine Betriebspflicht nicht vollstreckt werden kann, wenn sämtliche Arbeitsverhältnisse mit den im Betrieb beschäftigten Arbeitnehmern zwischenzeitlich aufgekündigt worden sind. Dies gelte auch dann, wenn die Lieferanten und Arbeitnehmer bereit sein sollten, entsprechende Verträge zu schließen. Auch in diesem Fall sei der Betrieb des Ladengeschäfts nicht mehr nur von Umständen abhängig, die ausschließlich im Willensbereich des Schuldners liegen (OLG Naumburg NZM 1998, 575). Nach richtiger Ansicht entfallen die Voraussetzungen des § 888 ZPO erst dann, wenn dem Vollstreckungsschuldner die Erlangung der Mitwirkungshandlung des Dritten objektiv oder subjektiv eindeutig unmöglich ist. Es muss feststehen, dass der Schuldner erfolglos alle ihm zumutbaren Maßnahmen einschließlich eines gerichtlichen Vorgehens unternommen hat, um den Dritten zu seiner Mitwirkung zu veranlassen, wofür den Vollstreckungsschuldner die Vortrags- und Beweislast trifft (OLG Hamburg NZM 2014, 273; OLG Celle NJW-RR 1996, 585; OLG Rostock NZM 2016, 769). **319a**

Dem Mieter kann untersagt werden, die Räume zu anderen als den vertraglich vereinbarten Zwecken zu nutzen **(Sortimentsbindung).** Die Vereinbarung einer Sortimentsbindung ist für sich betrachtet auch dann wirksam, wenn zugleich der Ausschluss von Konkurrenzschutz vereinbart ist (BGH NZM 2010, 361; OLG Hamm Urteil vom 9.8.2017 – 30 U 53/17). Ob sowohl eine Betriebspflicht mit Sortimentsbindung als auch der Ausschluss von Konkurrenz- und Sortimentsschutz durch Formularvertrag vereinbart werden kann ist streitig (dagegen OLG Schleswig NZM 2000, 1008; dafür OLG Hamburg ZMR 2003, 254; OLG Rostock NZM 2004, 460; KG NZM 2005, 620; KG Urteil vom 11.4.2019 8 U 147/17; OLG Naumburg NZM 2008, 772). Der BGH hat diese Frage in einem Fall bejaht, in dem die Sortimentsbezeichnung so weit gefasst wurde, dass damit keine fassbare Sortimentsbeschränkung verbunden war (BGH NZM 2010, 361). Nach der Ansicht des OLG Hamm (Urteil vom 9.8.2017 – 30 U 53/17) gilt dieser Grundsatz nur, wenn der Mietvertrag ein neu gegründetes und noch nicht in Betrieb befindliches Einkaufszentrum betrifft. Der Umstand, dass der Leerstand in einem EKZ infolge des Rückgangs der Einwohnerzahl seit Vertragsschluss gestiegen ist, gibt dem Mieter keinen Anspruch auf Freistellung von den genannten Bindungen (BGH a. a. O. bei einem Anstieg der Leerstandsquote von 20% auf 40%). Dies beruht auf der Erwägung, dass das Verwendungsrisiko vom Mieter zu tragen ist. Hierzu gehört unter anderem die Erwartung, dass mit der Nutzung des Mietobjekts ein Gewinn zu erzielen ist. Hängt dies von einer bestimmten Belegungsdichte in einem EKZ **319b** und der Bevölkerungsentwicklung im Umfeld des Mietobjekts ab, so zählen die damit verbundenen Veränderungen zum Risikobereich des Mieters. Anders ist es nur, wenn der Vermieter dieses Risiko übernommen hat. Für eine solche Annahme müssen hinreichend klare Anhaltspunkte gegeben sein (BGH a. a. O.).

320 **i) Überlassung im vertragswidrigen Zustand.** Wird die Mietsache in vertragswidrigem Zustand angeboten, so kann der Mieter die **Übernahme ablehnen** und/oder den Vermieter auf Erfüllung (Herstellung des vertragsgemäßen Zustands) in Anspruch nehmen. Etwas anderes gilt, wenn es sich um einen geringfügigen Mangel handelt. Im Falle der berechtigten Ablehnung der Übernahme liegt Unmöglichkeit vor, weil die vergangene Zeit nicht nachgeholt werden kann.

321 Die **Zahlung der Kaution** (bei der Wohnraummiete: die Zahlung der 1. Kautionsrate) darf der Mieter auch dann nicht verweigern, wenn ihm die Mietsache in einem vertragswidrigen Zustand angeboten wird; dem Mieter steht kein Zurückbehaltungsrecht zu (für die Gewerbemiete vgl. BGH NZM 2007, 401). Wegen der Kündigung wegen Nichtzahlung der Kaution s. § 543 BGB Rdn. 22 ff.

322 Hinsichtlich der **Beweislast** gilt folgendes: Im Allgemeinen ist davon auszugehen, dass die Mietsache vertragsgemäß ist, wenn der Mieter hiervon den vertraglich vereinbarten Gebrauch machen kann. Bietet der Vermieter eine zum Vertragsgebrauch geeignete Mietsache an und behauptet der Mieter, dass ein besserer als der gegebene Zustand vereinbart worden sei, so muss der Mieter die ihm günstige Vereinbarung beweisen. Weicht die Mietsache vom allgemein üblichen Standard zum Nachteil des Mieters ab, so muss der Vermieter beweisen, dass der gegebene Zustand den vertraglichen Vereinbarungen entspricht. Hat der Mieter die Mietsache in dem gegebenen Zustand rügelos übernommen, so gelten die Beweisregeln des § 536b BGB (s. dort Rdn. 34 ff).

323 Hat der Mieter die Wohnung in vertragswidrigem Zustand angenommen, so gelten die mietrechtlichen Erfüllungs- und Gewährleistungsvorschriften (§§ 536 ff BGB). Der **Mangelbeseitigungsanspruch** besteht auch dann, wenn eine **Eigentumswohnung** vermietet ist und die Mängel das Gemeinschaftseigentum betreffen. Hier ist der Vermieter verpflichtet, auf die Gemeinschaft einzuwirken, damit er seine mietrechtliche Pflicht erfüllen kann (KG RE 25. 6. 1990 WuM 1990, 376). Die Mängelbeseitigung muss so durchgeführt werden, dass keine optischen Nachteile entstehen.

324 **j) Nichterfüllung.** Vor der Überlassung hat der Vermieter keinen Mietzinsanspruch, da er – mangels abweichender Vereinbarung – vorleistungspflichtig ist. Wird die Überlassung verweigert, so kann der Mieter einen **Erfüllungsanspruch** geltend machen. Daneben stehen dem Mieter **Schadensersatzansprüche** zu. Diese Ansprüche ergeben sich aus dem Gesichtspunkt des Unvermögens oder der Unmöglichkeit. Außerdem hat der Mieter ein **Rücktrittsrecht.** Die Geltendmachung dieser Rechte setzt voraus, dass dem Vermieter eine Frist zur Übergabe der Mietsache gesetzt wird. Eine solche Fristsetzung ist allerdings entbehrlich, wenn der Vermieter die Erfüllung endgültig und bestimmt verweigert hat. Hiervon ist auszugehen, wenn der Vermieter den Mietvertrag kündigt (in einer unbegründeten Kündigung liegt zugleich eine positive Vertragsverletzung, BGH NJW 1984, 1028, 1029) oder seine auf den Vertragsschluss gerichtete Erklärung anficht oder wenn er vom Vertrag zurücktritt. Es genügt aber auch ein rein tatsächliches Verhalten, aus dem sich ergibt, dass der Vermieter fest entschlossen ist, den Vertrag nicht zu erfüllen (OLG München NJWE MietR 1996, 127).

4. Die Gebrauchsgewährung

a) Besitzgewährung. Der Vertragsgebrauch ist dem Mieter während der gesamten Mietzeit zu gewähren. Als Besitzer genießt der Mieter den Schutz des § 858 BGB. Der Vermieter darf den Mieter nicht im Besitz stören. Dies gilt auch, wenn das Mietverhältnis beendet ist. Ein Auswechseln des Schlosses zur Wohnungseingangstür ist als verbotene Eigenmacht zu bewerten mit der weiteren Folge, dass der Mieter den Vermieter auf Wiedereinräumung des Besitzes und auf Unterlassung weiterer Störungen in Anspruch nehmen kann. Diese Ansprüche sind im Wege der einstweiligen Verfügung durchsetzbar; ein besonderer Verfügungsgrund ist nicht erforderlich (Hinz WuM 2005, 615). 325

Eine **Besitzstörung** im Sinne des § 862 BGB liegt auch dann vor, wenn der Mietgebrauch durch gravierende **Mängel** erheblich beeinträchtigt wird. Eine Besitzstörung ist bei jeder Beeinträchtigung der Sachherrschaft unterhalb der Schwelle des Sachentzugs gegeben. Zu den möglichen Eingriffen gehören Störungen der Gebrauchs- und Nutzungsmöglichkeiten aller Art (Beispiele: Lärm-, Staub- und Geruchsimmissionen, Einschränkungen des Zugangs durch Arbeiten im Eingangsbereich oder Treppenhaus, Einschränkungen der Belichtung und Privatheit der Wohnung durch das Aufstellen eines Baugerüstes (AG Berlin-Mitte GE 1999, 984), gesundheitsgefährdende Beschaffenheit der Mietsache (Hinz a. a. O.). Die Widerrechtlichkeit ist ausgeschlossen, wenn das Gesetz die Störung gestattet (z. B. bei Gebrauchsbeeinträchtigung infolge von Erhaltungs- oder Modernisierungsmaßnahmen). Bei widerrechtlichen Besitzstörungen durch den Vermieter oder andere Mieter kann der Mieter nach § 862 Abs. 1 Satz 1, 2 BGB von dem Störer die Beseitigung der Störung verlangen; sind weitere Störungen zu erwarten, kann er auf Unterlassung klagen. Der Erlass einer einstweiligen Verfügung setzt voraus, dass die Gebrauchsbeeinträchtigung „wesentlich" also schwerwiegend und nachhaltig ist; anderenfalls fehlt es an der Dringlichkeit (BGH WuM 2015, 478; LG Berlin GE 2016, 860). 326

b) Versorgungsleistungen und Versorgungssperre. aa) Einstellung der Versorgungsleistungen durch den Vermieter während der Mietzeit. Solange das Mietverhältnis dauert, ergibt sich der Anspruch des Mieters auf Versorgung mit Wärme, Wasser und Energie aus § 535 Abs. 1 BGB. Erfüllt der Mieter seine Zahlungsverpflichtungen nicht, so ist fraglich, ob der Vermieter die Versorgung der Mietsache mit Wasser und Energie einstellen kann. Die ältere Rechtsprechung und Literatur (Nachweise bei: Derleder NZM 2000, 1098; Ulrici ZMR 2003, 895; Scheidacker NZM 2005, 281) sah in der Versorgungssperre durchweg eine unzulässige Besitzstörung. Nach heute **h. M.** ist zwischen dem Besitz an der Mietsache und der Möglichkeit, diese ungestört zu gebrauchen zu unterscheiden. Eine Versorgungssperre lässt den Besitz als solchen unberührt, weil sich der Mieter weiterhin in den Räumen aufhalten kann. Durch die Versorgungssperre wird zwar der vertragsgemäße Gebrauch beeinträchtigt; dieser ist aber nicht nach § 858 BGB geschützt (BGH NJW 2009, 1947 = WuM 2009, 469 = NZM 2009, 482 = ZMR 2010, 263 KG NZM 2005, 65 m.zust.Anm. Lützenkirchen WuM 2005, 89 für Gewerberäume nach beendetem Mietverhältnis und Zahlungsverzug des Mieters; LG Berlin GE 2009, 518; Scheidacker NZM 2005, 281 und NZM 2010, 103; Mummenhoff DWW 2005, 312; Herrlein NZM 2006, 527; Scholz NZM 2008, 387, 388; Krause GE 2009, 484; Häublein in: MünchKomm § 535 Rdn. 81). In der Unterbrechung der Versorgungsleistungen liegt keine Besitzstö- 327 rung. Dies gilt auch für das bestehende Mietverhältnis (AG Ludwigslust ZMR 2014, 375).

328 bb) Einstellung der Versorgungsleistungen durch den Vermieter nach Beendigung der Mietzeit. Ist das Mietverhältnis beendet, so ist der Vermieter nach der Ansicht des BGH grundsätzlich nicht mehr verpflichtet, die Mietsache mit Wärme, Energie oder Wasser zu versorgen (BGH a. a. O.). Nur ausnahmsweise kann eine derartige Verpflichtung aus dem Grundsatz von Treu und Glauben (§ 242 BGB) hergeleitet werden. Dies setzt voraus, dass das Interesse des Mieters an der Aufrechterhaltung der Versorgung das Interesse des Vermieters an der Versorgungseinstellung erheblich übersteigt. Bei der Wohnungsmiete kann ein besonderes Interesse des Mieters insbesondere dann angenommen werden, wenn die Einstellung der Versorgungsleistungen mit einer Gesundheitsgefährdung verbunden ist (BGH a. a. O.). Von den Instanzgerichten wird der Anwendungsbereich des § 242 BGB teilweise sehr weit gefasst (AG Wetzlar WuM 2015, 151: Danach ist der Vermieter auch nach Beendigung des Mietverhältnisses nicht berechtigt, die Warmwasserzufuhr zu sperren, wenn die Wohnung vom Mieter und zahlreichen Familienangehörigen genutzt wird, die aus hygienischen Gründen auf Warmwasser angewiesen sind). Bei der Gewerbemiete kann eine Versorgungssperre unzulässig sein, wenn dem Mieter hierdurch ein besonders hoher Schaden droht (KG WuM 2011, 519 = NZM 2011, 778 m.abl.Anm. Streyl betr. Wasserversorgung für Friseurgeschäft; KG ZMR 2015, 224 betr. Versorgung einer Kfz-Werkstatt mit Strom). Allerdings setzt die Verpflichtung zur Aufrechterhaltung der Versorgung voraus, dass dies dem Vermieter zugemutet werden kann; insbesondere darf dem Vermieter kein finanzieller Schaden entstehen. Der Mieter muss demnach zur Zahlung der Nutzungsentschädigung bereit und in der Lage sein (BGH a. a. O.; KG a. a. O.). Anderenfalls kann der Vermieter die Versorgungsleistungen einstellen. Ebenso kann ein Fall der Unzumutbarkeit vorliegen, wenn zu befürchten ist, dass die Mietsache bei Fortdauer der Wasserversorgung einen Schaden erleidet (AG Lahnstein WuM 2012, 140 betr. Gefahr des Einfrierens von Wasserleitungen bei unzuverlässigem Mieter).

328a Besteht zwischen dem Mieter und einem Energielieferanten ein Vertrag über die Versorgung mit Strom oder Gas und erfolgt die Zuleitung dieser Energieträger über eine im Eigentum des Vermieters stehende Leitung so ist der Vermieter nach einer teilweise vertretenen Meinung berechtigt, den Mieter vom Mitgebrauch dieser Leitungen auszuschließen (Lehmann-Richter ZMR 2014, 188). Dies beruht auf der Erwägung, dass der Vermieter nach Beendigung der Mietzeit ist der Vermieter nicht mehr verpflichtet ist, dem Mieter den Mitgebrauch an Strom- und Gasleitungen zu gewähren. Nach dieser Meinung stehen dem Mieter auch keine Besitzschutzansprüche zu. Zwar habe der Mieter Besitz an den in seiner Wohnung befindlichen Stromleitungen; in der Trennung dieser Leitungen vom Versorgungsnetz liege aber keine Besitzstörung (Lehmann-Richter a. a. O.).

328b Nach der hier vertretenen Ansicht folgt aus § 241 Abs. 2 BGB, dass eine Versorgungssperre immer dann ausscheidet, wenn der Vermieter hieran kein berechtigtes Interesse hat. Dies ist regelmäßig der Fall, wenn dem Vermieter durch die Aufrechterhaltung der Versorgung keine finanziellen Nachteile drohen, sei es, weil die Versorgungsleistungen – wie in den Fällen Rdn. 329a – durch einen Dritten erbracht werden, sei es, weil der Mieter seine Zahlungsverpflichtungen in vollem Umfang erfüllt hat und auch während der übrigen Zeit der Vorenthaltung erfüllen wird. Ein Interesse des Vermieters, den Mieter durch den Entzug der Versorgungsleistungen zum schnelleren Auszug zu bewegen ist nicht anzuerkennen (ebenso: KG WuM 2011, 519 = NZM 2011, 778 = ZMR 2011, 858).

Nach der hier vertretenen Ansicht ist den Interessen des Mieters an der Aufrechterhaltung der Versorgung jedenfalls dann der Vorrang einzuräumen, wenn diesem eine **Räumungsfrist** gewährt wurde und der Mieter die geschuldete Nutzungsentschädigung bezahlt. Keinesfalls darf der Vermieter die Versorgungsleistungen einstellen, um den Mieter möglichst schnell zum Auszug zu bewegen (LG Koblenz WuM 2012, 140). Hat der Mieter einen Räumungsfristantrag gestellt hat über den noch nicht entschieden ist, so sind die Versorgungsleistungen jedenfalls bis zur Entscheidung über diesen Antrag zu erbringen (AG Berlin-Schöneberg NJW-RR 2010, 1522). 329

cc) Versorgungssperre bei der vermieteten Eigentumswohnung. Nach der Rechtsprechung des BGH kann die Gemeinschaft die Versorgung einer Eigentumswohnung mit Wärme einstellen, wenn der Sondereigentümer keine Wohngeldzahlungen leistet. Das Zurückbehaltungsrecht ergibt sich in einem solchen Fall aus § 273 BGB. Eine Versorgungssperre kann nicht vom Verwalter angeordnet werden; vielmehr bedarf es eines Beschlusses der Wohnungseigentümer (Suilmann ZWE 2012, 111). Da der Gemeinschaft eine Pflicht zur Rücksichtnahme obliegt, kann das Zurückbehaltungsrecht nur bei einem erheblichen Rückstand ausgeübt werden. Erheblich ist ein Rückstand mit mehr als sechs Monatsbeträgen des Wohngelds (BGH NZM 2005, 626; krit. hierzu: Bonifacio, ZMR 2012, 330). Dem Vollzug muss eine Androhung vorausgehen. Ist zur Unterbrechung das Betreten der Wohnung erforderlich, so muss der Säumige dies dulden (BGH NZM 2005, 626; Scholz NZM 2008, 387; Riecke/Elzer in FA MietRWEG Kap. 3 Rdn. 238–242 m.zahlr.Nachw.). Liegen die wohnungseigentumsrechtlichen Voraussetzungen für eine Versorgungssperre vor, so ist ein entsprechender Beschluss auch dann wirksam, wenn die Wohnung nicht vom Eigentümer, sondern von einem Mieter bewohnt wird und dieser seinen Zahlungsverpflichtungen gegenüber dem Eigentümer nachkommt (Suilmann ZWE 2012, 111, 112). Ist der Beschluss der Wohnungseigentümer rechtswidrig, so ist zwar der Eigentümer, nicht aber der Mieter zur Anfechtung berechtigt. Dem Mieter stehen keine Besitzschutzansprüche (§§ 858 Abs. 1, 861 Abs. 1, 862 Abs. 1 BGB) zu, weil Energielieferungen nach der Rechtsprechung des BGH (NZM 2009, 482, 484) nicht Bestandteil des Besitzes sind (**a. A.** AG Bremen ZWE 2011, 187 m.abl. Anm. Henner Merle). 330

Zwischen dem Mieter und der Wohnungseigentümergemeinschaft bestehen keine vertraglichen Beziehungen. Deshalb hat der Mieter auch keine Ansprüche gegenüber der Gemeinschaft auf Versorgung mit Wasser, Wärme oder Energie (Scholz NZM 2008, 387). Nach der Rechtsprechung des BGH (BGH NZM 2005, 626) hat der Sondereigentümer die Beeinträchtigung seiner Gebrauchsbefugnisse im Falle des Zahlungsverzugs hinzunehmen. Die Vermietung der Wohnung ändert hieran nichts, weil der Eigentümer dem Mieter gegenüber der Eigentümergemeinschaft keine weitergehenden Rechte einräumen kann, als ihm selber zustehen (KG NZM 2001, 761; Riecke/Elzer in: FA MietRWEG Kap. 3 Rdn. 244); deshalb kann der Mieter die Versorgungssperren nicht mit seinem Besitzrecht abwehren (Scholz NZM 2008, 387, 389). Nach einer in der Literatur vertretenen Ansicht muss die Gemeinschaft die Versorgungssperre dem Mieter gegenüber ankündigen (Scholz a. a. O.). An sich ist dies Aufgabe des Vermieters, weil ihm nach dem Mietvertrag eine aus § 241 Abs. 2 BGB abzuleitende Informationspflicht obliegt. Man wird allerdings auch die Ansicht vertreten können, 331 dass sich aus der zwischen der Gemeinschaft und dem Sondereigentümer bestehenden Sonderverbindung gewisse Rücksichtspflichten gegenüber dem Mieter ergeben.

332 Ist zur Durchführung der Versorgungssperre ein **Betreten der Mieterwohnung** erforderlich, so benötigt die Eigentümergemeinschaft einen Duldungstitel gegen den Mieter (Scholz NZM 2008, 387, 390; Scheidacker NZM 2007, 591). In diesem Zusammenhang wird die Ansicht vertreten, dass ein solcher Titel mangels Anspruchsgrundlage nicht zu erlangen sei (KG NZM 2006, 297; Scheidacker a. a. O.; Gaier ZWE 2004, 109, 116; Suilmann ZWE 2001, 476, 477; Suilmann ZWE 2012, 111; Bonifacio, ZMR 2012, 330, 332). Nach anderer Ansicht ergibt sich die Anspruchsgrundlage aus § 1004 BGB (Streyl DWW 2009, 82, 90; Briesemeister ZMR 2007, 661, 663). Die danach gegebene Abwehransprüche des Eigentümers gegen Störungen des Eigentums gelten auch im Verhältnis der Wohnungseigentümergemeinschaft zum Mieter. So muss der Mieter beispielsweise das Betreten seiner Wohnung durch den Verwalter der Wohnungseigentümergemeinschaft dulden, wenn dies erforderlich ist, um eine vom Vermieter geschaffene Störung zu beseitigen. Der Duldungsanspruch setzt voraus, dass der Mieter die Möglichkeit zur Beseitigung der Störung hat und dass ihm die Beeinträchtigung zuzurechnen ist. Hierzu reicht aus, dass der Mieter die Beeinträchtigung willentlich aufrechterhält (BGH NZM 2007, 130, 131). Diese Voraussetzungen liegen in Fällen der vorliegenden Art regelmäßig vor.

333 Im Verhältnis zur Wohnungseigentümergemeinschaft kann der Mieter die Versorgungssperre abwenden, wenn er die dem Vermieter gegenüber der Gemeinschaft obliegenden Verbindlichkeiten übernimmt. Die Befugnis zur **Übernahme dieser Verbindlichkeiten** folgt aus § 267 BGB, weil eine geschuldete Leistung grundsätzlich von jedem Dritten bewirkt werden kann. In der Literatur wird die Ansicht vertreten, dass der Mieter nur diejenigen Leistungen übernehmen muss, die er in Anspruch nimmt; die Begleichung sonstiger Kosten (z. B. Verwaltungskosten) oder die Begleichung von Wohngeldrückständen schulde der Mieter nicht (Scholz NZM 2008, 387, 391). Diese Ansicht steht mit § 267 BGB nicht im Einklang. Danach muss die fremde Verbindlichkeit so übernommen werden, wie sie im Verhältnis zwischen der Gemeinschaft und dem Sondereigentümer besteht. Es genügt nicht, wenn sich der Mieter lediglich zur Übernahme der künftigen Verbindlichkeiten verpflichtet, weil das Zurückbehaltungsrecht der Gemeinschaft auch die Rückstände umfasst (Suilmann ZWE 2012, 111, 115).

334 Teilweise wird die Ansicht vertreten, dass eine Versorgungssperre auch dann zulässig ist, wenn die **Energielieferung auf Grund einer Vertragsbeziehung zwischen dem Mieter und dem Versorgungsunternehmen** beruht (Beispiel: Stromlieferung; LG München I ZWE 2011, 186, 187; Bärmann/Klein, WEG § 10 Rz. 273; Bonifacio ZMR 2012, 330). Hier bestehe ein Zurückbehaltungsrecht nach § 273 Abs. 1 BGB an der Duldung des Mitgebrauchs an den Leitungen. Diese Ansicht ist abzulehnen, weil die Leitungen zum Gemeinschaftseigentum zählen, das nicht dem Verband, sondern den Eigentümern zusteht (AG Bremen ZMR 2011, 726, 728; Riecke/Schmid Anhang zu § 13 Rdn. 101; Suilmann ZWE 2012, 111, 114). Ein die Versorgungssperre anordnender Beschluss ist nichtig, weil er einen vollständigen Ausschluss des Mitgebrauchs am Gemeinschaftseigentum darstellt (Suilmann ZWE 2012, 111, 114). Allerdings kann der Wohnungsmieter aus der Nichtigkeit des Beschlusses nichts herleiten. Bei der Gewerbemiete kann sich eine rechtswidrige Stromsperre allerdings als Eingriff in den eingerichteten und ausgeübten Gewerbebetrieb darstellen.

Inhalt und Hauptpflichten des Mietvertrags **BGB § 535**

Eine vom Vermieter zu vertretende Versorgungssperre ist als Mangel der Miet- 335
sache zu bewerten mit der weiteren Folge, dass dem Mieter neben den Erfüllungs-
ansprüchen die **Gewährleistungsrechte** nach den §§ 536 ff BGB zustehen.

dd) Einstellung der Versorgungsleistungen durch das Versorgungsun- 336
ternehmen. Erfüllt der Gebäudeeigentümer seine Zahlungsverpflichtungen trotz
Mahnung nicht, so sind die Versorgungsunternehmen kraft gesetzlicher Regelung
berechtigt, die Versorgung nach Androhung einzustellen (vgl. § 24 Abs. 2 der Verordnung über Allgemeine Bedingungen für den Netzanschluss und dessen Nutzung
für die Gasversorgung in Niederdruck (Niederdruckanschlussverordnung-NDAV)
vom 1.11.2006 (BGBl. I S. 2477); § 33 Abs. 2 der Verordnung über Allgemeine Bedingungen für die Versorgung mit Wasser (AVBWasserV) vom 20.6.1980 (BGBl. I
750); § 33 Abs. 2 der Verordnung über Allgemeine Bedingungen für die Versorgung
mit Fernwärme (AVBFernwärmeV) vom 20.6.1980 (BGBl I S. 742); § 24 Abs. 2
der Verordnung über Allgemeine Bedingungen für den Netzanschluss und dessen
Nutzung für die Elektrizitätsversorgung in Niederspannung (Niederspannungsver-
ordnung-NAV) vom 1.11.2006 (BGBl. I S. 2477)). Hiervon ist auch der Mieter betroffen. Aus diesem Grund ist beispielsweise in § 24 Abs. 4 NDAV vom 1.11.2006
bestimmt, dass die Unterbrechung der Gasversorgung dem Letztverbraucher – also
dem Mieter – drei Werktage im Voraus anzukündigen ist. Die Verordnungen über
die Wasser- (AVBWasserV vom 20.6.1980) und Fernwärmeversorgung (AVBFernwärmeV vom 20.6.1980) enthalten keine vergleichbare Regelung. Jedoch wird zu
Recht die Ansicht vertreten, dass auch dort eine Informationspflicht besteht, weil
der Vertrag zwischen dem Versorgungsunternehmen und dem Gebäudeeigentümer
als Vertrag mit Schutzwirkung zugunsten der Mieter zu bewerten ist (Derleder
NZM 2000, 1098). Die Regelung in § 24 Abs. 4 NDAV ist deshalb als Ausprägung
eines Allgemeinen Grundsatzes anzusehen.

Die Mieter sind nicht schutzlos. Zwar können die Mieter aus dem Vertrag zwi- 337
schen dem Versorgungsunternehmen und dem Gebäudeeigentümer keine Rechte
für sich herleiten (AG Leipzig WuM 1998, 673; Hempel a. a. O.; Derleder a. a. O.).
Ebenso kann der einzelne Mieter nicht verlangen, dass das Versorgungsunternehmen mit ihm einen Liefervertrag abschließt (AG Leipzig a. a. O.). Jedoch hat jeder
Mieter das Recht, durch Zahlung der Rückstände und der künftig entstehenden
Verbindlichkeiten die **Versorgungssperre abzuwenden.** Selbstverständlich können die Mieter die genannten Forderungen auch als gemeinschaftliche Verbindlichkeit übernehmen (Hempel a. a. O. mit Vorschlägen zur Vertragsgestaltung; Derleder
a. a. O.). Die Befugnis zur Übernahme der dem Vermieter obliegenden Verbindlichkeiten folgt aus § 267 BGB, weil eine geschuldete Leistung grundsätzlich von
jedem Dritten bewirkt werden kann. Etwas anderes gilt nur dann, wenn der
Schuldner – hier der Gebäudeeigentümer – in Person zu leisten hat. Ein solcher
Ausnahmefall liegt allerdings nicht vor. Die Verbindlichkeit muss so übernommen
werden, wie sie im Verhältnis zwischen dem Gebäudeeigentümer und dem Versorgungsunternehmen besteht. Es genügt nicht, wenn sich die Mieter lediglich zur
Übernahme der künftigen Verbindlichkeiten verpflichten (**a. A.** AG Leipzig WuM
1998, 673), weil das Zurückbehaltungsrecht des Versorgungsunternehmens auch
die Rückstände umfasst. Ebenso kann der einzelne Mieter seine Zahlungen nicht
auf die auf ihn entfallenden anteiligen Rückstände beschränken. In der Literatur
wird vereinzelt vertreten, dass der Mieter nicht zur Barzahlung verpflichtet sei; er
könne vielmehr die Miete statt an den Vermieter an das Versorgungsunternehmen
zahlen (Derleder NZM 2000, 1098). Aus den gesetzlichen Regelungen kann ein

§ 535 BGB Untertitel 1. Allgemeine Vorschriften für Mietverhältnisse

Recht zur Ratenzahlung allerdings nicht hergeleitet werden; ein solches Recht muss mit dem Versorgungsunternehmen vereinbart werden.

338   **Gegenüber dem Vermieter** hat der Mieter die Rechte aus §§ 535, 536 ff BGB. Der Mieter kann den Vermieter nach § 535 Abs. 1 BGB auf Wiederaufnahme der Versorgung mit Wasser und Energie in Anspruch nehmen. Wegen der Eilbedürftigkeit kann der Anspruch auch im Wege der einstweiligen Verfügung geltend gemacht werden. Für die Zeit nach Beendigung des Mietverhältnisses bis zur Räumung folgt dieser Anspruch aus § 242 BGB. Der Mieter kann außerdem die Gewährleistungsrechte nach §§ 536 ff BGB geltend machen. Solange die Versorgungsleistungen nicht erbracht werden, ist die Miete gemindert. Nach § 543 Abs. 2 Nr. 1 BGB kann der Mieter fristlos kündigen. Ist der Vermieter mit der Wiederherstellung der Versorgungsleistungen in Verzug, so kann der Mieter dessen Verbindlichkeiten gegenüber dem Versorgungsunternehmen erfüllen und Ersatz dieser Aufwendungen verlangen (§ 536a Abs. 2 Nr. 1 BGB). Mit diesen Aufwendungsersatzansprüchen kann er gegen die Miete der folgenden Monate aufrechnen; dies gilt bei der Wohnungsmiete auch, wenn die Aufrechnung vertraglich ausgeschlossen ist (§ 556b Abs. 2 BGB). Bei der Geschäftsraummiete ist § 309 Nr. 3 BGB zu beachten, wonach die Aufrechnung mit unbestrittenen Forderungen nicht durch Formularvertrag ausgeschlossen werden kann.

338a   **ee) Stromversorgungsverträge.** Bei einem Vertrag zwischen einem Energieversorgungsunternehmen und dem Mieter richtet sich die Zulässigkeit der Stromsperre nach § 19 der Verordnung über Allgemeine Bedingungen für die Grundversorgung von Haushaltskunden und die Ersatzversorgung mit Elektrizität aus dem Niederspannungsnetz – Stromgrundversorgungsverordnung (StromGVV). Im Einzelnen (s. BGH NJW 2014, 2024) gilt Folgendes: **(1).** Nach § 19 Abs. 2 StromGVV ist der Versorger bei der Nichterfüllung einer Zahlungsverpflichtung trotz Mahnung berechtigt, die Grundversorgung vier Wochen nach Androhung unterbrechen zu lassen. Voraussetzung ist, dass der Kunde nach Abzug etwaiger Anzahlungen mit Zahlungsverpflichtungen von mindestens 100.– Euro in Verzug ist. Der Beginn der Unterbrechung der Grundversorgung ist dem Kunden drei Werktage im Voraus anzukündigen. **(2)** § 19 Abs. 2 StromGVV setzt voraus, dass die Rechnung fällig ist. Nach § 17 StromGVV werden Rechnungen zu dem vom Versorger angegebenen Zeitpunkt, frühestens jedoch zwei Wochen nach Zugang der Zahlungsaufforderung fällig. Einwände gegen Rechnungen berechtigen den Kunden nur ausnahmsweise zum Zahlungsaufschub oder zur Zahlungsverweigerung, nämlich **(2.1)** wenn die ernsthafte Möglichkeit eines offensichtlichen Fehlers besteht oder **(2.2)** wenn die in einer Rechnung angegebene Verbrauch ohne ersichtlichen Grund mehr als doppelt so hoch wie der vergleichbare Verbrauch im vorherigen Abrechnungszeitraum ist und der Kunde eine Nachprüfung der Messeinrichtung verlangt. Im letztgenannten Fall ist der Kunde zur Zahlungseinstellung berechtigt bis durch die Nachprüfung die ordnungsgemäße Funktion des Messgeräts festgestellt ist. Der Umstand, dass die Abrechnung aus anderen als den unter Ziff. (1) und (2) genannten Gründen unrichtig ist, berechtigt nicht zur Zahlungseinstellung. **(3)** Die Regelung des § 315 BGB wird durch § 17 StromGVV nicht berührt. Danach kann der Kunde einwenden, dass eine auf Billigkeitserwägungen beruhende einseitige Preisbestimmung des Versorgers nicht der Billigkeit entspricht. Diese Vorschrift ist anwendbar, wenn der Versorger während des Abrechnungszeitraums eine Preiserhöhung vornimmt und dabei Billigkeitsgesichtspunkte eine Rolle spielen. Bei den bei Vertragsbeginn vom Versorger verlangten, allgemein bekannt gemachten Preisen

5. Das Besichtigungsrecht des Vermieters

Im Gesetz ist nicht geregelt, ob dem Vermieter kraft Gesetzes ein Recht zur Besichtigung der Mietsache zusteht. Nach der hier vertretenen Ansicht kann ein solches Recht aus § 241 Abs. 2 BGB als vertragsbegleitende Nebenpflicht abgeleitet werden (im Ergebnis ebenso: AG Hamburg NZM 2007, 211; ähnlich Willems, NZM 2015, 353: danach folgt eine solches Recht aus § 242 BGB; Brückner GE 2016, 33, 37; Oppermann/Steege WuM 2017, 361: ungeschriebene Nebenpflicht nach §§ 535, 242 BGB). Dabei ist zu beachten, dass dem Mieter ein aus Art 13 Abs. 1 GG ableitbarer Anspruch zusteht, in den Mieträumen in Ruhe gelassen zu werden (BVerfG NZM 2004, 186 = WuM 2004, 80). Deshalb setzt eine Wohnungsbesichtigung stets einen **besonderen Anlass** voraus. Ob und in welchen Grenzen der Vermieter zur Besichtigung der Wohnung berechtigt ist, muss deshalb im Wege einer Interessenabwägung festgestellt werden (BGH NJW 2014, 2526; KG WuM 2015, 666; Blank in FS für Hanns Seuß 2007, S. 277; Willems NZM 2015, 353; Oppermann/Steege a. a. O.). 339

Das Besichtigungsrecht muss an den **Werktagen** (von Montag bis Freitag) **zur Tageszeit** ausgeübt werden (LG Stuttgart ZMR 2015, 453). Der Vermieter muss seine Besichtigungsabsicht – von Eilfällen abgesehen – **rechtzeitig anzeigen** (im Regelfall ca. 14 Tage vorher; abweichend AG Stuttgart WuM 2009, 732: mindestens 4 Tage; AG Ansbach: 3 Tage) und auf die Belange des Mieters Rücksicht nehmen; dies gilt insbesondere dann, wenn der Mieter berufstätig ist. Der Besichtigungszweck ist so anzugeben, dass der Mieter über den räumlichen und zeitlichen Umfang der Besichtigung informiert wird (AG Hamburg NZM 2007, 211). Der Vermieter muss sein Informationsinteresse „bündeln", so dass der Mieter nicht mehr als nach den Umständen unvermeidlich beeinträchtigt wird. Auf mehrere aufeinander folgende Besichtigungstermine muss sich der Mieter grundsätzlich nicht einlassen (AG Hamburg NZM 2007, 211). Umgekehrt muss der Mieter an einer vom Vermieter gewünschten Terminvereinbarung mitwirken; insoweit trifft den Mieter eine aus § 241 Abs. 2 BGB ableitbare Nebenpflicht. Schlägt der Vermieter mehrere Termine vor, so ist der Mieter verpflichtet, sich dazu zu äußern (AG Ansbach ZMR 2014, 367). Der Vermieter darf eine oder mehrere Personen zur Besichtigung mitbringen. Er kann das **Besichtigungsrecht** auch **durch einen Bevollmächtigten** ausüben lassen. Jedoch kann dieses Recht nicht durch Personen ausgeübt werden, die dem Mieter – auch unter Berücksichtigung der Interessen des Vermieters – nicht zugemutet werden können (LG Frankfurt/M WuM 2013, 301 betr. Besichtigung durch geschiedenen Ehemann der Mieterin). Eine bloße Abneigung gegen die vom Vermieter ausgewählte Person genügt allerdings nicht (LG Berlin GE 2017, 1410). Der Vermieter darf sich nicht beliebig lange in den Räumen aufhalten; vielmehr wird das Besichtigungsrecht in zeitlicher Hinsicht durch den Besichtigungszweck begrenzt. Der Vermieter kann den Wohnungszustand in einem Protokoll festhalten. **Fotografien** darf der Vermieter fertigen, soweit dies durch den Besichtigungszweck geboten ist, etwa wenn ein Schaden dokumentiert werden soll. Die Fertigung von Fotografien der Inneneinrichtung zum Zwecke der Erstellung eines Verkaufs- oder Vermietungsinserats sind dagegen nur mit Erlaubnis des Mieters zulässig (AG Steinfurt GE 2014, 1145). Insgesamt gilt, dass das Besichtigungsrecht möglichst schonend auszuüben ist (Willems, NZM 340

2015, 353). Den Mieter trifft keine Mitwirkungspflicht. Er ist insbesondere nicht verpflichtet, Möbel umzustellen oder einzelne Räume leerzuräumen. Dies ist Sache des Vermieters oder seines Hilfspersonals. Für die korrekte Sicherung von Dekorations- und Wertgegenständen ist der Vermieter verantwortlich, ebenso für notwendige Ausräumarbeiten. Für diese Arbeiten kann der Vermieter keinen Aufwendungsersatz verlangen (Oppermann/Steege WuM 2017, 361, 367).

341 Ein **Recht zur regelmäßigen Wohnungsbesichtigung** kann dem Vermieter **nicht** zugebilligt werden (BGH NJW 2014, 2566: danach besteht „eine vertragliche, aus § 242 BGB herzuleitende Nebenpflicht des Mieters, dem Vermieter – nach entsprechender Vorankündigung – den Zutritt zu seiner Wohnung zu gewähren, nur dann, wenn es hierfür einen konkreten sachlichen Grund gibt, der sich zum Beispiel aus der ordnungsgemäßen Bewirtschaftung des Objektes ergeben kann" LG Berlin Urteil vom 27.1.2015 – 16 O 442/14, juris; AG Bonn NZM 2006, 698; AG Hamburg NZM 2007, 211; AG Berlin-Mitte GE 2010, 1425; AG Stuttgart-Bad Cannstadt WuM 2015, 148; AG Coesfeld WuM 2014, 165; Häublein in: MünchKomm § 535 BGB Rdn. 135; Wolf/Eckert/Ball Rdn. 734; Eisenschmid in: Schmidt-Futterer § 535 BGB Rdn. 153; Emmerich in: Staudinger § 535 BGB Rdn. 98; Kraemer/Ehlert in: Bub/Treier Kap III Rdn. 2719f; Palandt/Weidenkaff § 535 BGB Rdn. 82; Oppermann/Steege WuM 2017, 361, 364; **a. A.** LG Stuttgart ZMR 1985, 273; AG Münster NZM 2000, 1030; AG Ansbach ZMR 2014, 367; AG Köln WuM 2000, 209 – alle 2 Jahre; Sternel Rdn. II 292; Schlüter NZM 2006, 681, 682; Steinig GE 2000, 1452, 1453; Herrlein ZMR 2007, 247). Insbesondere folgt ein solches Recht nicht aus der Instandhaltungspflicht des Vermieters, weil es Sache des Mieters ist, eventuelle Mängel der Mietsache anzuzeigen (§ 545 BGB). Gegen ein Recht zur Wohnungsbesichtigung zur Überprüfung des Wohnungszustands spricht Art 13 Abs. 1 und 2 GG. Durch diese Regelungen soll die „Geheimsphäre" des Wohnungsinhabers geschützt werden; diese wird verletzt, wenn der Vermieter die Räume insgesamt untersucht, ohne dass hierzu ein konkreter Anlass besteht. Vereinzelt wird vertreten, dass ein konkreter Anlass zur Wohnungsbesichtigung nach Ablauf von jeweils 5 Jahren gegeben sei, damit der Vermieter prüfen könne, ob der Mieter die Schönheitsreparaturen ausgeführt habe (AG München ZMR 2016, 297). Diese Ansicht ist abzulehnen, weil die Mietsache auch bei längerer Fristüberschreitung nicht gefährdet wird.

342 Ein **besonderer Anlass** ist dagegen anzunehmen, wenn der Mieter einen Mangel der Mietsache angezeigt hat (LG Berlin GE 2017, 1410). Gleiches gilt wenn konkrete Anhaltspunkte gegeben sind, dass der Mieter die **Mietsache beschädigt** hat, oder dass er seine Obhutspflicht nicht erfüllt. Solche Anhaltspunkte können gegeben sein, wenn wegen eines muffigen Geruchs ein Verdacht auf Schimmelbildung entsteht (AG München ZMR 2016, 297) oder wenn Feuchtigkeitserscheinungen in der Nachbarwohnung den Schluss nahe legen, dass in der Wohnung des Mieters eine Wasserleitung undicht sein könnte. Die Ankündigung kann hier kurzfristig erfolgen. Der Mieter muss auf die Belange des Vermieters Rücksicht nehmen; insbesondere muss er dem Umstand Rechnung tragen, dass die Besichtigung eilbedürftig ist. Ebenso besteht ein Besichtigungsrecht, wenn der Vermieter **Instandsetzungs- oder Modernisierungsarbeiten** (AG Berlin-Mitte GE 2010, 1425; Brückner GE 2016, 33) plant und zu diesem Zweck die Räume betreten muss. Gleiches gilt, wenn die Räume mit veralteten und/oder schadensanfälligen Sanitär oder Elektroleitungen ausgestattet sind und der Vermieter überprüfen will, ob ein Erneuerungs- oder Reparaturbedarf besteht (Oppermann/Steege WuM 2017, 361, 364). In diesen Fällen kann der Vermieter auch fachkundige Personen (Architekten,

Handwerker) mitbringen (Schlüter NZM 2006, 681). Gleiches gilt, wenn der Vermieter aus einem bestimmten konkreten Anlass die Erforderlichkeit von Instandsetzungsmaßnahmen prüfen will (LG Berlin GE 2015, 733). Weiterhin kann ein Besichtigungsrecht unmittelbar **vor Beendigung der Mietzeit** gegeben sein. In einem solchen Fall hat der Vermieter ein Interesse an der Feststellung des Zustands der Mieträume etwa, um seinen Anspruch auf Durchführung von Schönheitsreparaturen vorzubereiten und durchzusetzen. Sollen die Räume weitervermietet werden, so darf der Vermieter diese auch **Mietinteressenten** zeigen (LG Hamburg WuM 1994, 425). Er hat allerdings kein Recht, die (noch bewohnten) Räume zu fotografieren und die Aufnahmen möglichen Mietinteressenten zu zeigen (LG Frankenthal WuM 2012, 141). Entsprechendes gilt, wenn der Vermieter die Mietsache verkaufen will; er darf in diesem Fall die Mietsache mit **Kaufinteressenten** besichtigen (LG Frankfurt NZM 2002, 696; AG Steinfurt GE 2014, 1145). Der Mieter darf die Besichtigungen auf einen Termin pro Woche und einer Dauer von 45 Minuten beschränken (AG Stuttgart WuM 2009, 732). Der Vermieter muss den Miet- oder Kaufinteressenten begleiten. Ohne Begleitung ist der Interessent grundsätzlich nicht zur Besichtigung berechtigt. Eine Ausnahme kann gelten, wenn der Vermieter den Interessenten namentlich benennt und dieser sich gegenüber dem Mieter ausweist. Der Mieter hat seinerseits aber keinen Anspruch darauf, dass der Interessent allein erscheint; dies gilt auch dann, wenn zwischen den Parteien starke Spannungen bestehen. Die Ankündigung des Besichtigungsrechts kann auch hier kurzfristig erfolgen. Schließlich besteht ein Besichtigungsrecht, wenn das Mietverhältnis beendet ist und der Vermieter von seinem **Pfandrecht** Gebrauch machen will.

Verweigert der Mieter die Besichtigung, so muss der Vermieter Klage erheben; der Erlass einer einstweiligen Verfügung ist nur in Eilfällen zulässig (LG Duisburg NZM 2006, 897 = WuM 2006, 700). Kündigt ein Vermieter mit der Begründung, dass der Mieter seine Pflicht zur Duldung der Besichtigung verletzt habe, so sind die Interessen des Vermieters an der Besichtigung und die Interessen des Mieters an einem ungestörten Mietgebrauch gegeneinander abzuwägen. Bei dieser Abwägung ist dem Besitzrecht des Mieters an der Wohnung aus Art. 14 GG und dem Recht aus Art. 13 GG ein hoher Stellenwert einzuräumen (anders wohl: LG Berlin GE 2017, 1410). Insbesondere müssen die Gerichte berücksichtigen, ob dem Mieter die Besichtigung zu den in Frage stehenden Zeitpunkten zuzumuten ist (BVerfG a. a. O.). Eine einmalige Verhinderung des Besichtigungsrechts berechtigt den Vermieter grundsätzlich nicht zur fristlosen Kündigung (anders wohl: LG Berlin GE 2017, 1410). Ein wichtiger Grund für eine außerordentliche Kündigung liegt allenfalls vor, wenn das Besichtigungs- und Betretungsrecht des Vermieters durch das Verhalten des Mieters regelrecht dauerhaft verhindert wird (OLG Dresden Urteil vom 22.2.2017 − 5 U 961/16). Will ein Vermieter ein Besichtigungsrecht gegen den Willen des Mieters eigenmächtig erzwingen, so darf sich der Mieter hiergegen wehren. Eine Kündigung ist regelmäßig auch dann nicht berechtigt, wenn der Mieter die Grenzen erlaubter Notwehr geringfügig überschreitet. Auch in diesem Fall sind die Voraussetzungen des § 543 Abs. 1 BGB nicht gegeben, weil bei der danach erforderlichen Interessenabwägung das Fehlverhalten des Vermieters zu berücksichtigen ist (BGH NJW 2014, 2566). Anders ist es zu beurteilen, wenn der Vermieter bereits einen Duldungstitel erwirkt hat und der Mieter gleichwohl eine Besichtigung verweigert. In einem solchen Fall liegt im Allgemeinen ein Kündigungsgrund nach § 543 Abs. 1 BGB vor (BGH WuM 2011, 13 = ZMR 2011, 366). Insbesondere ist der Vermieter nicht gehalten zunächst die Vollstreckung des Duldungstitels zu versuchen (BGH a. a. O.). 343

§ 535 BGB Untertitel 1. Allgemeine Vorschriften für Mietverhältnisse

344 Durch **Formularvertrag** können dem Vermieter **keine weitergehenden Befugnisse** als oben dargestellt eingeräumt werden. Eine Formularklausel, wonach dem Vermieter das Recht eingeräumt wird, die Mietsache in regelmäßigen Abständen zu betreten und zu besichtigen, verstößt gegen § 307 Abs. 2 BGB (BGH NJW 2014, 2566 unter Rz. 16; LG München II GE 2009, 1317; AG Berlin-Mitte GE 2010, 1425; AG Stuttgart-Bad Cannstadt WuM 2015, 148; Oppermann/Steege WuM 2017, 361, 363 ff; **a. A.** AG Münster GE 2009, 1323). Ebenso ist eine Klausel unwirksam, wonach eine Besichtigung ohne vorherige Ankündigung möglich ist (AG Hamburg NZM 2007, 211) oder wonach der Mieter eine Wohnungsbesichtigung nach lediglich 2-tägiger Voranmeldung zu dulden hat (AG Stuttgart WuM 2009, 732).

344a Vom Besichtigungsrecht ist das **Betretungsrecht** zu unterscheiden. Es besteht zum Zwecke der Ablesung von Messgeräten, der Überprüfung von technischen Einrichtungen oder in vergleichbaren Fällen. Der Vermieter kann hierzu Sonderfachleute beauftragen; diese dürfen die Wohnung zwar betreten aber nicht besichtigen. In Eilfällen kann das Betretungsrecht im Wege der einstweiligen Verfügung durchgesetzt werden.

XI. Pflicht des Vermieters zur Erhaltung des vertragsgemäßen Zustands

345 Die Gebrauchserhaltungspflicht umfasst die Pflicht zur Gebrauchsgewährung sowie die Pflicht zur Instandhaltung und zur Instandsetzung (dazu Kinne GE 2018, 37). Die **Gebrauchsgewährungspflicht** gibt dem Mieter einen Anspruch darauf, dass die Mietsache während der gesamten Mietzeit gefahrlos genutzt werden kann. Bei der Vermietung von Büros im 10. Stock eines Hochhauses muss der Vermieter beispielsweise dafür sorgen, dass der Aufzug während sämtlicher Tage – sowohl an Werktagen als auch Sonn- und Feiertagen „rund um die Uhr" betriebsbereit ist. Dies gilt auch dann, wenn nur noch eine einzige Einheit vermietet ist und das übrige Gebäude leer steht (OLG Frankfurt NZM 2004, 909). Weiterhin muss der Vermieter die Versorgung von Wohn- und Geschäftsräumen mit Wasser und Energie sicherstellen.

346 Zu Gebrauchsgewährungspflicht zählt weiterhin die **Fürsorgepflicht.** Danach trifft den Vermieter die vertragliche Nebenpflicht, Störungen des Mieters sowie alle Maßnahmen zu unterlassen, die zu einer Gefährdung der Einrichtungsgegenstände des Mieters führen können. Aus dieser Fürsorgepflicht folgt unter anderem, dass der Vermieter die öffentlich-rechtlichen Brandschutzbestimmungen beachten muss (BGH NZM 2013, 191). Beauftragt ein Vermieter einen Handwerker mit Reparaturen am Haus, so überträgt er zugleich die mit der Ausführung des Auftrags verbundenen Fürsorgepflichten auf den Handwerker. Dieser gilt hinsichtlich der Erfüllung dieser Pflichten als Erfüllungsgehilfe des Vermieters. Für das Verschulden des Handwerkers muss der Vermieter gegenüber dem Mieter einstehen (BGH a. a. O.).

347 Zur **Instandhaltung** gehören alle Maßnahmen zur Verhinderung eines vertragswidrigen Zustands. **Instandsetzung** ist die Beseitigung von Mängeln. Die Gebrauchserhaltungspflicht beginnt mit der Überlassung der Mietsache; sie erlischt nach der gesetzlichen Regelung mit dem Ende der Mietzeit. Während dieser Zeit muss der Vermieter die Mietsache in einem vertragsgemäßen Zustand erhalten. Es spielt keine Rolle, ob die Mangelursache vom Mieter gesetzt worden ist (BGH NJW 2008, 2432 betr. „Fogging"). Etwas anderes gilt nur dann, wenn der Mieter den Mangel zu vertreten hat. Bei dem Mangelbeseitigungsanspruch handelt es sich um eine vertragliche Dauerverpflichtung, die nicht verjährt, solange das Mietverhältnis besteht (BGH NJW 2010, 1292 = WuM 2010, 238 = NZM 2010, 235 = ZMR 2010, 520; Streyl WuM 2009, 630; Both GE 2009, 238, 239; Eisenschmid in: Schmidt-Futterer § 535 BGB Rdn. 217; Palandt/Weidenkaff § 535 Rdn. 31; Häublein in: MünchKomm § 535 Rdn. 107; Kandelhard in: Herrlein/Kandelhard § 548 BGB Rdn. 64; **a. A.** Lehmann-Richter NJW 2008, 1196, 1199; NZM 2009, 761, 765; im Ergebnis ebenso: Feuerlein WuM 2008, 385, 386; Schmid ZMR 2009, 585, 586). Nach Ablauf der Mietzeit kann der Mieter den Erfüllungsanspruch nicht mehr geltend machen; dies gilt auch dann, wenn ihm eine längere Räumungsfrist bewilligt worden ist (LG Berlin MDR 1992, 478). Es ist allerdings anerkannt, dass der Vermieter solche Maßnahmen durchführen muss, die erforderlich sind, um Gefahren für Leib und Leben des Wohnungsnutzers abzuwenden (Verkehrssicherungspflicht) und eine am allgemein üblichen Standard orientierte Nutzung zu ermöglichen.

Für das **Rechtsschutzbedürfnis** an der auf Instandsetzung gerichteten Klage genügt es, wenn die Wohnung mangelhaft ist, weil der Mieter in diesem Fall nicht erhält, was ihm nach dem Mietvertrag zusteht. Dass der Mieter in eigener Person von dem Mangel betroffen wird, ist nicht erforderlich. Deshalb kann der Mieter auch dann auf Instandsetzung klagen, wenn er die Wohnung überhaupt nicht nutzt oder wenn er diese untervermietet oder einem Dritten zur Nutzung überlassen hat (BGH Urteil vom 22. 8. 2018 – VIII ZR 99/17). 347a

1. Die Instandhaltungspflicht

a) Verkehrswege. Zur Instandhaltungspflicht gehört insbesondere die **Verkehrssicherungspflicht:** Nach der Rechtsprechung des BGH ist derjenige, der eine Gefahrenlage – gleich welcher Art – schafft, grundsätzlich verpflichtet, die notwendigen und zumutbaren Vorkehrungen zu treffen, um eine Schädigung anderer möglichst zu verhindern (BGH NJW 2007, 1683). Geht die Gefahr vom Zustand eines Gebäudes aus, so trifft die Verkehrssicherungspflicht grundsätzlich den **Gebäudeeigentümer** (BGH NJW 1990, 1236). Wird Zwangsverwaltung angeordnet, so geht die Verkehrssicherungspflicht auf den **Zwangsverwalter** über (OLG Hamm WuM 2004, 675). Wird die Pflicht zur Reinigung der Gehwege durch Gemeindesatzung den jeweiligen Hauseigentümern auferlegt, so haften diese im Falle der Verletzung der Verkehrssicherungspflicht nach den Grundsätzen des Deliktrechts (§ 823 BGB; BGH MDR 2017, 454 = GE 2017, 475). Der Verkehrssicherungspflichtige kann die Verkehrssicherungspflicht auf einen **Dritten übertragen** (s. dazu Rdn. 385). Bei ihm verbleibt allerdings eine Überwachungspflicht (OLG Hamm WuM 2004, 675). Das **Maß der Verkehrssicherung** richtet sich nach den Umständen des Einzelfalls, insbesondere nach der Erkennbarkeit der Gefahr und der Art und Wichtigkeit eines Verkehrsweges (s. dazu Hoppmann DWW 1995, 243 mit zahlreichen Beispielen aus der Rechtsprechung). Wer eine außergewöhnliche Gefahrenlage schafft muss alle ihm möglichen und zumutbaren Vorkehrungen zur Schadensverhinderung treffen. Ist zu befürchten, dass sich auf einem öffentlichen Gehweg Glatteis bildet, weil dieser infolge eines dort endenden Regenfallrohrs mit Wasser überflutet wird, so haftet der Eigentümer des Gebäudes wenn ein Passant stürzt und sich hierbei verletzt (OLG Naumburg NJW-RR 2014, 348

661). Die Verkehrssicherungspflicht darf jedoch nicht zu einer Gefährdungs- oder Zufallshaftung führen. Den Verkehrsteilnehmern obliegt eine Eigensorgfalt; wird diese verletzt so ist der dadurch entstehende Schaden dem allgemeinen Lebensrisiko zuzuweisen (AG Coesfeld DWW 2016, 64 betr. Sturz auf einer erkennbar unebenen Zufahrt zum Haus).

349 Der Verkehrssicherungspflichtige muss das Grundstück auf **Gefahrenquellen überprüfen** und diejenigen Maßnahmen zur **Gefahrenabwehr** ergreifen, die nach den Gesamtumständen objektiv erforderlich und zumutbar sind und die ein verständiger und umsichtiger, in vernünftigen Grenzen vorsichtiger Mensch für notwendig und ausreichend hält um andere vor Gefahren zu bewahren (BGH WuM 1990, 120; BGH NZM 2006, 578 betr. Sicherheitsglas an Innentüren; NJW 2013, 48 betr. Baumschäden). Die Verkehrssicherungspflicht verlangt nicht, dass für alle denkbaren auch nur entfernten Möglichkeiten eines Schadenseintritts Vorsorge getroffen wird. Es ist nur diejenige Sicherheit zu schaffen, die man üblicherweise erwarten darf (KG NZM 2007, 125). Soweit **öffentlich-rechtliche Sicherungs- und Verhaltenspflichten** (Bauvorschriften, Garagenordnung, Brandschutz- Sicherheits- und Unfallverhütungsvorschriften, Baumschutzregelungen (dazu: Otto NJW 1996, 356), kommunale Satzungen usw.) bestehen, wird die Verkehrssicherungspflicht hierdurch konkretisiert. Die genannten Vorschriften sind regelmäßig Schutzgesetze i. S. von § 823 Abs. 2 BGB (vgl. OLG Köln WuM 1996, 226). Umgekehrt entfällt die Verkehrssicherungspflicht aber nicht deshalb, weil solche Vorschriften fehlen. Im Rahmen der Verkehrssicherungspflicht muss der Pflichtige auch solche Gefahrenlagen mit berücksichtigen, die sich erst aus dem **vorsätzlichen Eingreifen Dritter** ergeben (BGH WuM 1990, 120 betr. Entfernen eines ungesicherten Abdeckrostes).

350 Der **Zugang zum Haus** und der an das Hausgrundstück angrenzende öffentliche Gehweg sowie die Wege im Haus, insbesondere das Treppenhaus, müssen zu jeder Jahreszeit gefahrlos begehbar sein. Die Verkehrswege müssen hinreichend sicher sein. Die Verkehrssicherungspflicht gilt zunächst für solche Wege, die nach dem Willen des Eigentümers für den öffentlichen Verkehr vorgesehen sind. Darüber hinaus muss der Eigentümer aber auch in einem gewissen Umfang für die Sicherheit sog. „Schleichwege" oder „ Trampelpfade" einstehen, wenn er die Benutzung dieser Wege durch den öffentlichen Verkehr zugelassen und geduldet hat (OLG Brandenburg, GE 1996, 733). Dies gilt auch dann, wenn der betreffende Weg nicht vom Eigentümer geschaffen wurde, sondern durch ständiges Begehen oder Befahren entstanden ist. Ein Zulassen oder Dulden in diesem Sinne ist dann anzunehmen, wenn die Allgemeinheit davon ausgehen darf, dass die Benutzung des Weges nicht gegen den Willen des Eigentümers verstößt. Will der Eigentümer seine Haftung für den Zustand des Weges ausschließen, so muss er dessen Benutzung verbieten. Kann der Benutzer allerdings erkennen, dass es sich um einen unbefestigten, behelfsmäßigen Weg handelt, so sind an die Verkehrssicherungspflicht keine hohen Anforderungen zu stellen. Die Verkehrsfläche muss nicht schlechthin gefahrlos und frei von Mängeln sein. Der Benutzer muss sich auf typische Gefahrenquellen einstellen. Deshalb haftet der Eigentümer nicht, wenn sie eine für den Benutzer erkennbare Gefahr realisiert (OLG Brandenburg, a. a. O.; OLG Schleswig-Holstein Urteil vom 6.4.2017 – 11 U 65/15, juris betr. Sturz eines Besuchers auf Fußabtreter-Gitterrost). In einer kleineren Straße im reinen Wohngebiet, darf der Verkehrssicherungspflichtige damit rechnen, dass die Fußgänger ihr Augenmerk auf die Straße richten. Der Verkehrssicherungspflichtige ist gehalten, die Zugangswege zum Haus in zumutbaren Intervallen von Laub zu reinigen, wenn dies erforderlich ist, um die durch das Laub bedingte Rutschgefahr zu beseitigen. Diese Verpflichtung ist von der Jahreszeit und der Witterung abhängig. Bei starkem Laubanfall im Herbst und bei Regenwetter sind die Wege mindestens einmal täglich, bei Bedarf auch öfter zu reinigen (OLG Schleswig NZM 2014, 325 betr. Zugangswege zu einem Krankenhaus). Jedoch besteht keine Pflicht, die Wege ständig laubfrei zu halten (OLG Schleswig a. a. O.). Der Verkehrssicherungspflichtige hat es deshalb nicht zu verantworten, wenn morgens um 7 Uhr ein Passant stürzt, weil auf dem Bürgersteig nasses Laub liegt (LG Frankfurt WuM 1994, 482). Ebenso ist eine stellenweise 7 mm über dem Bodenniveau hochstehende Abdeckplatte im Eingangsbereich eines Postamts (OLG Köln VersR 1992, 630), oder ein durchgebogener Gitterrost mit einem Niveauunterschied von 6 cm (LG Regensburg ZfS 1994, 4) oder eine Hauseingangstreppe mit unzulässigem Gefälle und dadurch bedingter Rutschgefahr bei Nässe (OLG Zweibrücken VersR 1994, 1487) nicht verkehrsunsicher. Auf einem baumbestandenen Parkplatz muss der Benutzer damit rechnen, dass Bodenunebenheiten und Verwerfungen vorhanden sind (OLG Düsseldorf NJW RR 1995, 1114). **Lichtschachtabdeckungen** sind durch besondere Vorkehrungen gegen ein Abheben durch Dritte zu sichern, wenn damit nach den Umständen gerechnet werden muss (BGH WuM 1990, 120). Hinsichtlich der Sicherheit der Abdeckung sind regelmäßige Kontrollen erforderlich (AG Potsdam GE 1996, 1251 betr. Abdeckung eines Schachtes für den Wasserzähler). Ein Kellerabgang ist abzusperren wenn dort erfahrungsgemäß Betrunkene vorbeikommen (OLG Stuttgart VersR 1994, 867 für Kellerabgang in der Nähe eines Festplatzes).

Zur Verkehrssicherungspflicht gehört auch, dass **Bäume** in regelmäßigen Abständen auf ihre **Standfestigkeit** untersucht werden. Der Eigentümer ist nicht verpflichtet, diese Kontrolle einem Fachmann zu übertragen, sondern kann sie selbst durchführen oder einem vertrauenswürdigem Dritten übertragen. Dies gilt auch, wenn sich auf dem Grundstück sehr alte Bäume befinden. In der Regel genügt die in angemessenen Abständen durchgeführte Sichtkontrolle (OLG Düsseldorf MDR 2014, 146; OLG Hamm GE 2015, 186). Eine Untersuchung durch einen Fachmann ist nur erforderlich, wenn konkrete Anhaltspunkte für eine Gefährdung vorliegen. Hierzu zählen: eine spärliche oder trockene Belaubung, dürre Äste, äußere Verletzungen, Wachstumsauffälligkeiten, Pilzbefall oder eine überdurchschnittliche Menge an Todholz (OLG Hamm GE 2015, 186). Liegen Anhaltspunkte vor, dass ein Baum nicht mehr standsicher ist oder dass von einem kranken Baum Äste abbrechen können, so muss der Verkehrssicherungspflichtige die zur Schadensverhütung erforderlichen Maßnahmen ergreifen. Bei sog. „Weichhölzern" (z. B. Pappeln, Weiden, Kastanien, Götterbäume) ist allerdings nicht auszuschließen, dass auch bei standfesten und gesunden Bäumen Äste und Zweige abbrechen, ohne dass hierfür ein besonderer Anlass besteht und ohne dass dies zuvor zu erkennen ist. Hier wird teilweise die Ansicht vertreten, dass diese Baumarten als „Gefahrenbäume" im Bereich von Parkplätzen zu entfernen sind; zumindest seien die in den Parkbereich hineinragenden Äste zu entfernen (OLG Saarbrücken VersR 2011, 926). Nach h. M. gelten auch für die „Gefahrenbäume" die allgemeinen Grundsätze mit der Folge, dass der Verkehrssicherungspflichtige nur tätig werden muss, wenn hierfür ein besonderer Anlass besteht (BGH JJW 2014, 1588: Ein natürlicher Astbruch gehört „grundsätzlich zu den naturgebundenen und daher naturgemäßen Lebensrisiken"). Steht ein Baum auf der Grenze zweier Grundstücke (**Grenzbaum**) so gehört jedem Grundstückseigentümer der Teil des Baumes, der sich auf seinem Grundstück befindet. Deshalb ist jeder Grundstückseigentümer für den ihm gehörenden Teil eines Grenzbaumes verkehrssicherungspflichtig (BGH DWW 2019, 140).

351 Gläserne **Hauseingangstüren** müssen so beschaffen sein, dass auch beim unsachgemäßen Öffnen keine Verletzungsgefahr besteht (OLG Koblenz ZMR 1997, 417). Stufen und Kellergänge müssen beleuchtbar sein und dürfen keine Stolperstellen aufweisen (LG Berlin GE 1990, 868; GE 2004, 626), Schächte und Gruben müssen abgedeckt werden. Das **Treppenhaus** muss ausreichend beleuchtet sein. Bei der Verwendung von Zeitschaltern muss die Beleuchtungsdauer so gewählt werden, dass ein Benutzer den Weg von den Wohnungen zur Hauseingangstür bei durchschnittlicher Gehgeschwindigkeit bewältigen kann. Die Verkehrssicherungspflicht ist verletzt, wenn der Benutzer gezwungen ist, die jeweiligen Lichtschalter von Etage zu Etage neu zu betätigen (OLG Koblenz WuM 1997, 50). Weiterhin muss das Treppenhaus einen hinreichend trittsicheren Belag haben (OLG Köln NJWE-MietR 1996, 178 betr. Treppe mit schadhaftem Teppichbodenbelag). Bei einer **Nassreinigung des Treppenhauses** wird teilweise vertreten, dass die Reinigung des Treppenhauses und der Flure mittels Wasser allgemein üblich ist. Zwar müsse der Verkehrssicherungspflichtige darauf achten, dass die feuchten und damit rutschigen Stellen alsbald abtrocknen; eine nach dem Reinigungsvorgang verbleibende Restfeuchte sei aber nicht zu vermeiden. Hierauf müsse sich ein Mieter einstellen. Eines besonderen Hinweises bedürfe es ebenso wenig wie der Aufstellung eines Warnschildes (OLG Düsseldorf ZMR 2015, 850). Nach anderer Ansicht muss der Verkehrssicherungspflichtige auf eine hierdurch bedingte Rutschgefahr durch das Aufstellen von Warnschildern hinweisen. Unterbleibt dieser Warnhinweis und stürzt ein Passant auf einer nass geputzten und deshalb rutschigen Treppe, so scheidet eine Haftung des Verkehrssicherungspflichtigen gleichwohl aus, wenn den Gestürzten ein überwiegendes Mitverschulden zur Last fällt. Hiervon ist auszugehen, wenn dieser die Reinigungsarbeiten und die dadurch bedingte Glätte optisch, akustisch oder olfaktorisch ohne weiteres wahrnehmen konnte (OLG München NZM 2013, 702). Ist auf Grund der baulichen Gegebenheiten mit Stürzen zu rechnen, so muss der Vermieter dafür sorgen, dass mit einem Sturz keine weiteren als die unvermeidbaren Risiken verbunden sind (BGH MDR 1994, 889 betreffend einen Fall, in dem sich ein Mieter infolge eines Sturzes schwere Schnittverletzungen zugezogen hat, weil die Treppenhausfenster in unmittelbarer Nähe der Treppe gelegen und mit gewöhnlichem statt mit bruchsicherem Glas verschlossen waren). Der Eigentümer einer **Tiefgarage** muss dafür sorgen, dass der Zugang zur Garage verkehrssicher ist. Hierfür reicht es aus, wenn der Zugangsbereich täglich gereinigt und kontrolliert wird. Zu mehrmaligen täglichen Kontrollen ist der Eigentümer jedenfalls dann nicht verpflichtet, wenn die Garage nur von relativ wenigen Personen genutzt wird (KG NZM 2007, 125). **Fußböden** müssen rutschfest sein, so dass sich die Bewohner des Hauses und deren Besucher bei normalem, vernünftigem Verhalten sicher bewegen können. In einem Wohn- oder Bürogebäude muss der Vermieter allerdings nicht in jedem Fall einen Belag wählen, der die bestmögliche Rutschfestigkeit aufweist. Etwas anderes gilt bei Räumen mit starkem Publikumsverkehr, insbesondere bei Kaufhäusern, Verbrauchermärkten (BGH NJW 1994, 2617) oder Gaststätten (OLG Köln VersR 1993, 371). Ist ein Gebäude von Laubbäumen umgeben, die höher sind als das Gebäude selbst, so ist der Vermieter auf Grund seiner Überwachungspflicht zur regelmäßigen Überprüfung des Daches gehalten. Der Vermieter muss dafür sorgen, dass die **Dachrinnen und Abwasserleitungen** nicht durch Laub verstopft sind, so dass das Niederschlagswasser abfließen kann (AG Dortmund WuM 2009, 36). Wird diese Überwachungspflicht verletzt und kommt es zu einem Wasserschaden, so spricht der Beweis des ersten Anscheins dafür, dass der Schaden auf die Verletzung der Überwachungspflicht zurückzuführen ist (AG Dortmund a. a. O.).

Die Verkehrssicherungspflicht besteht nicht hinsichtlich solcher Anlagen, die 352
sich **innerhalb der gemieteten Räume** befinden. Deshalb liegt kein Verstoß gegen die Verkehrssicherungspflicht vor, wenn der Vermieter die mit einem Glasausschnitt versehenen **Zimmertüren** der Wohnung nicht mit Sicherheitsglas nachrüsten lässt; dies gilt auch bei der Vermietung an eine Familie mit einem Kleinkind (BGH NZM 2006, 578). Weitere Einzelheiten: Rdn. 355.

b) Maschinen und Anlagen. Einigkeit besteht, dass der Vermieter die zum 353
Schutz der Bewohner eines Hauses bestehenden gesetzlichen Vorschriften beachten muss. Werden bestehende Sicherheitsvorschriften geändert, so trifft den Vermieter eine Nachrüstpflicht, die innerhalb einer angemessenen Zeit zu erfüllen ist (LG Kempten Beschluss vom 17.7.2017 – 51 S 644/17, juris betr. Nachrüstungspflicht bei Tiefgaragentoren, die den Sicherheitsstandards nach DIN EN 13 241-1 nicht mehr entsprechen). Schadensträchtige Maschinen oder Anlagen muss der Vermieter hinreichend überwachen. Die Anforderungen an die Überwachungspflicht sind umso höher, je größer das Risiko einer nicht kalkulierbaren und plötzlich auftretenden Drittwirkung ist (vgl. OLG Hamm ZMR 1996, 206). Ganz allgemein gilt, dass der Vermieter die Mietsache und die Mietsache umgebenden weiteren Räumlichkeiten turnusmäßig auf evtl. Schäden und Gefahrenquellen zu überprüfen hat (OLG Celle ZMR 1996, 197). **Heizöltanks** sind im Abstand von ca. fünf bis sieben Jahren regelmäßig zu reinigen und auf Undichtigkeiten zu untersuchen (OLG Celle NJW 1995, 3197). Bei **Fahrstuhlanlagen** muss der Mechanismus der Türverriegelung besonders sorgfältig überprüft werden. Auf dem Grundstück stehende **Bäume** sind auf ihre Standfestigkeit und auf die Gefahr abbrechender Äste zu überprüfen. Umsturzgefährdete Bäume muss der Grundstückseigentümer fällen (BGH ZMR 2004, 18). **Kinderspielplätze** müssen so beschaffen sein, dass sie ohne Verletzungsgefahr benutzt werden können. Dabei ist dem Umstand Rechnung zu tragen, dass die Spielgeräte von den Kindern unsachgemäß genutzt werden. Vom Verkehrssicherungspflichtigen kann allerdings nicht verlangt werden, dass er alle denkbaren Risiken bedenkt. Ein Restrisiko ist in Kauf zu nehmen (OLG Koblenz WuM 2008, 360). Unbeschadet hiervon sind Spielanlagen auch in ihrer Ausstattung auf Gefahrenquellen besonders sorgfältig zu kontrollieren (Schnitzerling DWW 1966, 85, 273; 1967, 267; 1968, 455). In der Umgebung der Spielplätze ist das Gras kurz zu halten, damit eventuell herumliegende Glasscherben bemerkt und entfernt werden können (OLG Hamm DWW 1990, 203).

Die Verkehrssicherungspflicht des Vermieters erstreckt sich nicht auf solche Einrichtungen, die dem **Einfluss des Vermieters entzogen** sind. Dazu gehören beispielsweise elektrische Anlagen und Einrichtungen, die im Eigentum des Versorgungsunternehmens stehen (BGH NZM 2006, 582). Außerdem besteht keine Kontroll- und Überwachungspflicht bezüglich solcher Anlagen und Einrichtungen, von denen üblicherweise **keine Gefahren** ausgehen. Deshalb ist der Vermieter grundsätzlich nicht verpflichtet, die **Dachrinnen und Regenabflüsse** zu reinigen und zu kontrollieren. Eine Ausnahme gilt, wenn konkrete Anhaltspunkte für eine drohende Verstopfung vorliegen oder wenn auf Grund der Nähe des Gebäudes zu Bäumen damit zu rechnen ist, dass es durch abfallendes Laub zu Verstopfungen kommen könnte. Tritt infolge einer Abflussverstopfung ein Wasserschaden ein durch den Gegenstände des Mieters beschädigt werden, so muss der Mieter auch in diesem Fall beweisen, dass der Schaden infolge einer Pflichtverletzung des Vermieters entstanden ist. Eine Umkehr der Beweislast findet nicht statt; ebenso sind die Grundsätze über den Beweis des ersten Anscheins nicht anzuwenden (OLG Düsseldorf ZMR 2012, 861). 354

355 **Anlagen innerhalb der gemieteten Räume** unterliegen ebenfalls nicht der Verkehrssicherungspflicht des Vermieters. Grundsätzlich gilt, dass dem Vermieter nur die Verkehrssicherungspflicht hinsichtlich des Außenbereichs und der Zugänge zur Mietsache obliegt. Zeigt sich ein Mangel innerhalb der Mietsache, so geht die Verantwortung erst nach der Mangelanzeige auf den Vermieter über. Ohne konkreten Anlass ist der Vermieter nicht zur Untersuchung der im ausschließlichen Besitz des Mieters befindlichen Räume und Flächen verpflichtet (OLG Düsseldorf DWW 2008, 381). Die jeweiligen Mieter haben ein Recht innerhalb ihres privaten Umfeldes in Ruhe gelassen zu werden (OLG Frankfurt ZMR 2003, 675). Der jeweilige Mieter hat das Recht „in der eigenverantwortlichen Gestaltung seines privaten Umfelds in Ruhe gelassen zu werden" (OLG Frankfurt WuM 2003, 319 betr. Überprüfung von sanitären Anlagen). Deshalb ist ein Vermieter nicht gehalten, die **sanitären Anlagen** der vermieteten Wohnungen regelmäßig auf ihre Sicherheit und Schadensfreiheit zu untersuchen (OLG Frankfurt a. a. O.). Ebenso ist der Vermieter nicht verpflichtet, die im privaten Wohnbereich befindlichen elektrischen Anlagen und Einrichtungen ohne besonderen Anlass zu überprüfen (sog. **„Elektro-Check";** BGH WuM 2008, 719 = NZM 2008, 927 = NJW 2009, 143 m. Anm. Eisenschmid LMK 2009, 273245; BGH WuM 2011, 465 betr. **Inspektion von Kohleöfen; a. A.** OLG Saarbrücken, NJW 1993, 3077 betr. Brand infolge eines defekten FI-Schutzschalters; OLG Celle NJW-RR 1996, 521 betr. Brand auf Grund von defekten Elektroeinrichtungen in benachbartem Raum). Ob für Anlagen und Einrichtungen außerhalb der vermieteten Räume etwas anderes gilt, hat der BGH offengelassen.

356 c) **Schutzmaßnahmen im Winter.** Der Eigentümer eines Hauses ist grundsätzlich nicht verpflichtet, das Gebäude mit einer **Einrichtung zum Schutz vor Dachlawinen** zu versehen (OLG Jena WuM 2007, 138; a. A OLG Celle VersR 1980, 1028; AG Spandau GE 2011, 955). Dies gilt auch dann, wenn sich vor dem Gebäude PKW-Stellplätze befinden (OLG Düsseldorf GE 2012, 546). Anders ist es, wenn in der Satzung der Gemeinde oder in einer Bauordnung Schneefanggitter vorgeschrieben werden oder wenn solche Einrichtungen ortsüblich sind (OLG Jena WuM 2007, 138; OLG Naumburg NJW-RR 2011, 1535). Gleiches gilt, wenn es wegen der starken Dachneigung und den örtlichen Wetterverhältnissen immer wieder zu Dachlawinen kommt (bejaht vom OLG Dresden WuM 1997, 377 für den Ort Freiberg [am Fuß des Erzgebirges]; verneint vom OLG Jena a. a. O. für den Wintersportort Neuhaus am Rennweg [Thüringer Wald], vom OLG Düsseldorf GE 2012, 546 für Wuppertal, vom OLG Düsseldorf NZM 2013, 701; vom OLG Karlsruhe NJW 1983, 2946 für den badischen Raum und vom OLG Oldenburg MDR 2012, 1339 für Osnabrück). Auch sind die Eigentümer von Gebäuden grundsätzlich nicht verpflichtet, die Dächer ihrer Häuser bei einsetzendem Tauwetter von Schnee und Eis zu befreien (OLG Oldenburg a. a. O.). Bei besonderen Gefahrenlagen, die für die Allgemeinheit nicht ohne weiteres erkennbar sind, kann der Verkehrssicherungspflichtige zum Aufstellen von **Warnschildern** oder zur Anbringung einer **Absperrung** verpflichtet sein (OLG Naumburg a. a. O.). Auf eine allgemein erkennbare Gefahrenlage (z. B. Dachlawinen nach vorangegangenem starkem Schneefall) muss nicht hingewiesen werden (OLG Karlsruhe a. a. O.; LG Karlsruhe a. a. O.; OLG Oldenburg a. a. O. OLG Düsseldorf Urteil vom 6.6.2013). Die Verkehrssicherungspflicht des Gebäudeeigentümers besteht nur im Rahmen des Zumutbaren und darf nicht überspannt werden (s. Strauch NZM 2012, 524). Wird durch einen von einem Gebäude herabfallenden **Eiszap-**

fen ein geparktes Fahrzeug beschädigt, so haftet der Gebäudeeigentümer nicht, wenn das Gebäude mit einem Schneefanggitter ausgerüstet ist, der Zustand des Daches durch die Feuerwehr überprüft wurde, der Versuch den Eiszapfen zu entfernen erfolglos war und am Schadenstag kein Tauwetter herrschte (KG GE 2011, 482). Ob dem Eigentümer die nach der Sachlage erforderliche Maßnahme zugemutet werden kann, ist nach den Umständen des Einzelfalls zu beurteilen. Besteht die Möglichkeit, den Passantenstrom an der Gefahrenstelle vorbeizuschleusen, so ist es dem Eigentümer zuzumuten, für eine Absperrung zu sorgen. Ist zur Beseitigung der Gefahr die Beseitigung des Schneebretts erforderlich, so kann man die Ansicht vertreten, dass diese Maßnahme in die Zuständigkeit der Behörden fällt (so OLG Brandenburg NZM 2012, 543); zwingend erscheint dies allerdings nicht.

Die **gesetzliche Streupflicht** ist auf den Bereich des Grundstücks beschränkt. **357** Für die öffentlichen Gehwege und den Straßenraum ist der jeweilige Träger der Straßenbaulast – i. d. R. die Gemeinde – verkehrssicherungspflichtig. Die dem Vermieter einer Wohnung gegenüber seinen Mietern obliegende Verkehrssicherungspflicht beschränkt sich grundsätzlich auf den Bereich des Grundstücks. Entsprechendes gilt für die allgemeine Verkehrssicherungspflicht des Eigentümers, sofern die Räum- und Streupflicht für den öffentlichen Gehweg von der Gemeinde nicht auf die Anlieger übertragen worden ist (BGH Urteil vom 21.2.2018 – VIII ZR 255/16). Eine Ausweitung der Verkehrssicherungspflicht kommt nur „bei Vorliegen ganz außergewöhnlicher ... Umstände in Betracht." Der BGH weist darauf hin, dass es regelmäßig nicht erforderlich ist, den Gehweg bis zur Grenze des sich daran anschließenden Grundstücks zu räumen. Vielmehr sei es einem Fußgänger im Einzelfall zuzumuten eine kurze Distanz auf einem nicht geräumten Teil des Gehwegs zurückzulegen.

Anders ist es, wenn die **Streupflicht** für die Gehwege durch Gemeindesatzung **357a** **den jeweiligen Anliegern übertragen** wird. I. d. R. sehen die Gemeindesatzungen vor, dass die Anlieger für die Sicherheit des im Bereich des Grundstücks liegenden öffentlichen Gehweg verantwortlich sind. In diesem Fall muss der Vermieter dafür sorgen, dass die Zugänge zum Haus gefahrlos begangen werden können. Der Verkehrssicherungspflichtige ist gehalten, bei der Erfüllung des Winterdienstes ein Streumittel mit abstumpfender Wirkung zu verwenden. Sägemehl oder Hobelspäne sind hierzu ungeeignet. Der Umstand, dass solche Streumittel gelegentlich im Internet empfohlen werden, entlastet den Verkehrssicherungspflichtigen nicht (OLG Hamm GE 2015, 321). Es genügt, wenn auf dem Bürgersteig ein für den Fußgängerverkehr **ausreichend breiter Streifen sowie die Zugänge zum Grundstück gestreut und von Schnee gesäubert** werden. In der Regel genügt hierbei eine Spur von ca. 1,20 m Breite; darüber hinausgehende Räumarbeiten können nur bei besonders stark frequentierten Fußwegen in Betracht kommen. Dies gilt auch dann, wenn die Ortssatzung eine umfangreichere Räumungspflicht vorsieht, weil diese Satzungen (die Schutzgesetze i. S. von § 823 Abs. 2 BGB darstellen, OLG Köln WuM 1996, 226) unter dem Gesichtspunkt der Zumutbarkeit und Verhältnismäßigkeit gesehen werden müssen. Ein Hauseigentümer, der überhaupt nicht gestreut hat, kann sich allerdings nicht darauf berufen, dass er nicht an der Unfallstelle sondern an einer anderen Stelle gestreut hätte (OLG Celle ZfScR 2000, 241; KG MDR 2015, 1005). Der Schneeräumung muss alsbald das Streuen folgen. Das Nachstreuen bei fortdauerndem Schneefall braucht erst nach angemessener Zeit zu erfolgen. Grundsätzlich ist der Verkehrssicherungspflichtige erst dann zum Streuen verpflichtet, wenn eine allgemeine Glättebildung vorliegt; es genügt nicht, wenn sich nur an einzelnen Stellen Glatteis gebildet hat (BGH NJW 2009, 3302;

BGH NJW 2012, 2727). Deshalb muss beim Eintritt von Glatteis nicht sofort, sondern erst nach angemessener Zeit gestreut werden. Dieser Zeitraum sowie der Umfang der Streupflicht richtet sich nach den Umständen des Einzelfalls, wobei es insbesondere auf die Wichtigkeit des Verkehrswegs ankommt (BGH a. a. O.). Aus diesem Grund ist auf einem nur wenige Male am Tag benutzten Zugangsweg zu einer Wohnung auf einem Privatgrundstück nur eine Durchgangsbreite erforderlich, die für die Begehung durch eine Person ausreicht (OLG Sachsen-Anhalt MDR 2013, 34).

358 Die **Streupflicht beginnt** im **Allgemeinen** nach den örtlichen Verhältnissen mit dem Einsetzen des Tagesverkehrs, sie endet am Abend (OLG Koblenz Beschluss vom 20.2.2008 – 5 U 101/08, juris). Wurde abends gestreut, braucht der Streupflichtige i. d. R. am nächsten Morgen erst zur üblichen Zeit zu prüfen, ob sich über Nacht neues Glatteis gebildet hat (s. BGH WuM 2009, 677; OLG Koblenz a. a. O.; LG Mainz VersR 1994, 1364: danach haftet der Verkehrssicherungspflichtige nicht, wenn ein Zeitungszusteller in den frühen Morgenstunden stürzt); eine Ausnahme kann gelten, wenn in den späten Abendstunden noch ein besonderer Publikumsverkehr besteht (BGH NJW 1985, 270; OLG Koblenz a. a. O.). Dazu reicht es nicht aus, wenn lediglich einzelne Personen in den frühen Morgenstunden unterwegs sind (BGH WuM 2009, 677). In der Rechtsprechung ist allerdings anerkannt, dass der Eigentümer bereits vor dem Eintritt der Gefährdungslage zum sog. „**vorbeugenden Streuen**" verpflichtet sein kann, wenn mit hinreichender Sicherheit feststeht, dass es in Bälde zu einer Glättebildung kommt (OLG Frankfurt NZM 2004, 144). Die in einem allgemeinen Wetterbericht enthaltenen Vorhersagen genügen nicht. Erforderlich sind konkrete Umstände, die den alsbaldigen Eintritt von Glätte nahelegen (OLG Brandenburg WuM 2007, 137). Die Anforderungen an die Erfüllung der Streupflicht dürfen nicht überspannt werden. Es gibt keinen Grundsatz, dass gegen jedwedes Fremdrisiko Vorkehrungen getroffen werden müssten (KG GE 2019, 658 betr. Umfang der Streupflicht in der Silvesternacht).

359 Bei **außergewöhnlichen Glätteverhältnissen** muss der Vermieter notfalls mehrmals streuen (KG GE 1999, 1496 bei überfrierendem Sprühregen) und damit schon morgens vor Beginn des üblichen Tagesverkehrs beginnen (BGH VersR 1965, 364; NJW 1985, 484). Umgekehrt kann die Streupflicht entfallen, wenn die Witterungsverhältnisse so ungewöhnlich sind, dass auch ein wiederholtes Streuen sinn- und zwecklos wäre (KG a. a. O.). Hiervon ist auszugehen, wenn Regen auf gefrorenen Boden fällt und anzunehmen ist, dass sich auf dem gestreuten Boden sofort wieder Glatteis bildet. Der Streupflichtige darf in einem solchen Fall das Ende des Regens abwarten. Sodann steht ihm eine angemessene Beobachtungszeit zu, die in der Regel etwa eine Stunde beträgt (OLG Celle NZM 2004, 839). Der Streupflichtige muss keine Warnschilder aufstellen, wenn die Gefahrenstelle offenkundig ist. Dies kann angenommen werden, wenn ein Passant auf Grund der Wetterlage erkennen kann, dass mit Eisesglätte gerechnet werden muss (OLG Celle a. a. O.). Wird die Streupflicht einem Hauswart übertragen, muss der Vermieter sorgfältig darüber wachen, dass dieser seine Pflichten gewissenhaft erfüllt (BGH VersR 1967, 685). Ende Dezember muss bei entsprechender Wetterlage damit gerechnet werden, dass über Nacht Witterungsverhältnisse eintreten, die ein frühzeitiges Streuen erforderlich machen (BGH DWW 1968, 472); hierauf muss sich der Vermieter einrichten.

360 Grundsätzlich sind auch die **Betreiber von öffentlichen und privaten Parkplätzen** zum Winterdienst verpflichtet. (BGH NJW-RR 1993, 27 betr. Parkplatz an Autobahnraststätte; OLG München Beschluss vom 21.8.2006 – 1 U 3569/06,

juris betr. privater Parkplatz). Jedoch steht diese Pflicht – wie Allgemein – unter dem Vorbehalt der Zumutbarkeit. Daraus kann sich ergeben, dass die Streupflicht bei einem privaten Parkplatz von geringer Größe und Verkehrsbedeutung entfällt. Hier kann der Vermieter von den Benutzern des Parkplatzes erwarten, dass diese selbst für ihre Sicherheit sorgen. Dem Benutzer des Parkplatzes ist es zuzumuten auf die Beschaffenheit der Parkfläche zu achten und einzelne, eventuell gefährliche Bereiche zu meiden. Deshalb haftet der Verkehrssicherungspflichtige nicht, wenn der Parkplatzbenutzer nur wenige Schritte auf vereistem Untergrund zurücklegen muss (OLG Koblenz ZMR 2012, 409).

Die **winterliche Räum- und Streupflicht** setzt eine konkrete Gefahrenlage, 360a d. h. eine Gefährdung durch Glättbildung bzw. Schneebelag voraus. Grundvoraussetzung für die Räum- und Streupflicht auf Straßen oder Wegen ist grundsätzlich das Vorliegen einer „allgemeinen Glätte" und nicht nur das Vorhandensein einzelner Glättestellen (BGH NJW 2012, 2727; MDR 2017, 454). Bei einzelnen Glättestellen muss der Verkehrssicherungspflichtige nur dann tätig werden, wenn erkennbare Anhaltspunkte vorliegen, dass hiervon eine ernsthaft drohende Gefahr ausgeht. Für den Umfang der **Streupflicht bei innerörtlichen öffentlichen Straßen** gelten folgende **Grundsätze** (vgl. OLG Karlsruhe Beschluss vom 13.2.2014 – 9 U 143/13): **(1)** Bei Straßen mit beiderseitigen Gehwegen müssen grundsätzlich beide Gehwege gestreut werden. **(2)** Weist die Straße nur auf einer Seite einen Gehweg auf, so genügt es, wenn dieser Weg gestreut ist. Den Passanten ist es zuzumuten diesen Weg zu benutzen. Dies gilt auch dann, wenn sie hierzu eine nicht gestreute Fahrbahn überqueren müssen. **(3)** Bei einer Fahrstraße ohne Gehweg genügt es, wenn auf einer Seite der Straße ein Streifen von einem Meter Breite gestreut ist. Auch hier ist es den Passanten zuzumuten, gegebenenfalls die Straße zu überqueren und den gestreuten Bereich zu benutzen. Die Erfüllung der Streupflicht obliegt grundsätzlich dem Eigentümer der öffentlichen Straße, in der Regel der Gemeinde. Diese kann die Streupflicht durch Satzung auf die Anlieger übertragen. Allerdings dürfen den Anliegern keine weiteren Verpflichtungen auferlegt werden, als sie der Gemeinde oblagen. Ist die Gemeindesatzung in diesem Punkt unklar, so ist davon auszugehen, dass hierdurch die Anforderungen an die Verkehrssicherungspflichten der Anlieger bei Schnee- und Eisglätte auf Grundlage der bestehenden Gesetzes- und Rechtslage lediglich konkretisiert, jedoch nicht erweitert werden (BGH MDR 2017, 454 = GE 2017, 475). Bei Straßen ohne Gehweg muss die Satzung zweifelsfrei regeln, auf welcher Seite der Straße gestreut werden muss. Ist dies nicht der Fall, so ist die betreffende Satzungsbestimmung unwirksam mit der weiteren Folge, dass die Streupflicht bei der Gemeinde verbleibt (OLG Karlsruhe Beschluss vom 13.2.2014 – 9 U 143/13, juris).

Haftung: Wird einer der im Haus wohnenden **Mieter** infolge der Schlecht- 361 erfüllung der Verkehrssicherungspflicht **verletzt**, so kann der Verletzte gegenüber dem Vermieter vertragliche Schadensersatzansprüche aus p.V.V. geltend machen, wenn die genannte Pflicht vom Vermieter zu erfüllen war. Hat der Vermieter die Erfüllung der Verkehrssicherungspflicht einem Dritten (z. B. einem Hauswart oder einem der Mieter) übertragen (dazu Rdn. 385ff), so folgt die Haftung aus §278 BGB. Bei einer Übertragung der Pflicht auf die Gesamtheit der Mieter wird der Vermieter dagegen im Innenverhältnis zu den Mietern frei. Der Vermieter wird hierdurch allerdings nicht vollständig entlastet. Vielmehr ist er verpflichtet, die mit dem Winterdienst beauftragten Personen zu überwachen und zu kontrollieren. Bei dieser Überwachung ist mit Rücksicht auf die durch Eis- und Schneeglätte drohenden Gefahren für Leben und Gesundheit Dritter an das Maß der bei der Beaufsichtigung anzuwendenden Sorgfalt ein strenger Maßstab anzulegen. Der Grundstückseigentümer muss substantiiert darlegen – und im Streitfall beweisen –, durch welche konkreten Maßnahmen er seiner Überwachungs- und Kontrollpflicht nachgekommen ist. Die einzelnen Mieter haben gegeneinander keine vertraglichen sondern nur deliktische Ansprüche (OLG Köln DWW 1995, 188).

362 Wird ein **außenstehender Dritter verletzt,** haften sowohl der Vermieter als auch der mit der Erfüllung der Verkehrssicherungspflicht beauftragte Mieter nach deliktischen Grundsätzen (OLG Schleswig ZMR 2012, 947). Die Haftung des Vermieters kann sich aus einer Verletzung von Auswahl-, Kontroll- oder Überwachungspflichten ergeben; der Mieter haftet nach § 823 BGB (i. d. R. wegen fahrlässiger Verletzung des Körpers oder der Gesundheit des Verletzten). Der Vermieter kann sich gegenüber dem Geschädigten durch den Nachweis entlasten, dass er den Mieter gewissenhaft ausgewählt, mit den erforderlichen Anweisungen versehen und fortlaufend überwacht hat (§ 831 BGB). Ein Auswahlverschulden scheidet aus, wenn der Mieter persönlich zuverlässig und für die Übernahme der Verkehrssicherungspflicht geeignet ist. Ist der Winterdienst auf die Gesamtheit der Mieter übertragen worden, so kommt es nicht darauf an ob alle Beteiligten zuverlässig sind; entscheidend ist allein, dass der am Schadenstag zuständige Mieter dieses Kriterium erfüllt (OLG Dresden WuM 1996, 553). An die Aufsichtspflicht werden strenge Anforderungen gestellt (BGH NJW 1952, 61). Im Streitfall muss der Vermieter substantiiert vortragen und beweisen, dass er die Streupflicht auf zuverlässige Dritte übertragen und seine Überwachungspflicht erfüllt hat (OLG Köln WuM 1996, 226).

363 Die hier dargelegten Grundsätze gelten auch dann, wenn der Mieter aus rechtlicher Sicht zur Durchführung der Verkehrssicherungspflicht nicht verpflichtet war, etwa weil die mietvertragliche **Vereinbarung unwirksam** ist. Am Verschulden fehlt es bereits dann, wenn die Verkehrssicherungspflicht faktisch vom Mieter ausgeführt wurde. In diesem Fall darf der Vermieter nämlich davon ausgehen, dass der Mieter die Schneebeseitigungs- und Streupflicht an seiner Stelle übernommen hat (OLG Dresden WuM 1996, 553). Bei einer wirksamen Übertragung der Schneebeseitigungs- und Streupflicht kann der Vermieter den damit beauftragten Dritten in Regress nehmen.

364 Stets setzt die Haftung voraus, dass zwischen der Pflichtverletzung und dem Schaden ein **kausaler Zusammenhang** besteht. Besteht die Pflichtverletzung in einem Unterlassen (z. B. des Aufstellens von Warnschildern) so müssen konkrete Anhaltspunkte vorliegen, aus denen sich ergibt, dass der Geschädigte sein Fahrzeug nicht an der Gefahrenstelle abgestellt hätte. Daran fehlt es regelmäßig, wenn die Gefahr einer Dachlawine offensichtlich ist, weil dann das Schild lediglich auf Gefahren hinweist, die ohnehin jedermann kennt (OLG Naumburg NJW-RR 2011, 1535).

365 Dem Geschädigten kann ein **Mitverschulden** zur Last fallen. Dieses kommt in Betracht, wenn ein sorgfältiger Mensch Anhaltspunkte für eine Verkehrssicherungspflichtverletzung hätte rechtzeitig erkennen können und er die Möglichkeit besaß, sich auf die Gefahr einzustellen (OLG Sachsen-Anhalt MDR 2013, 34). Hiervon ist beispielsweise auszugehen, wenn der Geschädigte sein Fahrzeug in der Nähe eines Gebäudes abstellt, obwohl er die Gefahrenlage erkannt hat (LG Berlin GE 2011, 1087 betr. Schneeablagerungen auf dem Dach bei fehlendem Fanggitter). Der Umstand, dass der Geschädigte die Gefahrenlage falsch eingeschätzt hat spielt keine Rolle. Einem geschädigten Fußgänger kann jedoch grundsätzlich nicht vorgeworfen werden, dass er trotz der Glätte das Haus verlassen (KG GE 1999, 1496) oder dass er einen nicht geräumten Gehweg benutzt hat. Der Fußgänger kann nicht dar-

auf verwiesen werden, auf die Straße auszuweichen, weil dort Gefahren anderer Art drohen (BGH MDR 1997, 738). Etwas anderes gilt, wenn der Geschädigte ohne Notwendigkeit einen nicht geräumten Weg benutzt, obwohl ein geräumter oder weniger gefahrträchtiger Weg zur Verfügung gestanden hätte (OLG Hamm WuM 1999, 120). Unter Umständen kann das Mitverschulden so schwer wiegen, dass die Haftung des Verkehrssicherungspflichtigen entfällt (OLG Hamm a. a. O.). Hiervon ist beispielsweise auszugehen, wenn ein Fußgänger bewusst und ohne Notwendigkeit eine vereiste Fläche betritt und dort stürzt (OLG Naumburg NZM 2016, 587).

d) Darlegungs- und Beweislast. Nach allgemeinen Grundsätzen muss der Geschädigte nicht nur beweisen, dass dem Schädiger eine Pflichtverletzung zur Last fällt; er ist auch beweispflichtig dafür, dass die Pflichtverletzung ursächlich für das Schadensereignis gewesen ist. Bei der **Verletzung der Verkehrssicherungspflicht** gilt zugunsten des Geschädigten allerdings eine wichtige **Beweiserleichterung:** Stürzt ein Passant auf einem verschneiten Zugangsweg, so ist in der Regel nach den Grundsätzen des Anscheinsbeweises davon auszugehen, dass der Sturz durch Schneeglätte oder durch unter dem Schnee befindliches Eis verursacht wurde. Im Wege des Anscheinsbeweises ist außerdem anzunehmen, dass die Unfallstelle zum Zeitpunkt des Sturzes nicht hinreichend geräumt und abgestreut war (OLG Karlsruhe DWW 2016, 181). Steht fest, dass das Schadensereignis nach allgemeiner Lebenserfahrung eine typische Folge der Pflichtverletzung darstellt, so wird nach den Grundsätzen vom Beweis des ersten Anscheins die Ursächlichkeit der Pflichtverletzung vermutet. Hiervon ist etwa dann auszugehen, wenn ein der Verkehrssicherungspflicht unterliegender räumlicher Bereich mangelhaft ist und der Geschädigte in dem mangelhaften Bereich verletzt wurde (OLG Schleswig MDR 1998, 286; KG GE 1999, 1496). Ist dieser Beweis geführt, so spricht die Vermutung dafür, dass der Schaden auf der Verletzung der Verkehrssicherungspflicht beruht. Der Vermieter kann diese Vermutung widerlegen indem er andere Möglichkeiten des Schadenseintritts vorträgt und beweist, dass eine dieser Möglichkeiten schadensursächlich gewesen ist. Misslingt dieser Beweis, so muss der Vermieter für den Schaden einstehen (BGH MDR 1994, 889).

Ist der **Hergang eines Glätteunfalls streitig,** so muss der Verletzte beweisen, dass eine allgemeine Glättebildung vorgelegen hat. Ist unklar, ob der gesamte oder nur ein Teil des Zugangsbereichs zum Haus von Schnee bedeckt war so muss der Gestürzte beweisen, dass generell kein sicherer Zugang zum Haus möglich war OLG Karlsruhe DWW 2016, 181). Die Grundsätze des Anscheinsbeweises gelten nicht; aus dem Umstand, dass der Verletzte gestürzt ist, kann deshalb nicht geschlossen werden, dass der Sturz durch eine allgemeine Glättebildung verursacht wurde (BGH NJW 2009, 3302; OLG Sachsen-Anhalt MDR 2013, 34). Anders ist es, wenn feststeht, dass der Verletzte innerhalb der zeitlichen Grenzen der Streupflicht zu Fall gekommen ist. Dann spricht der Beweis des ersten Anscheins für eine Vermutung, dass zwischen dem Sturz und der Verletzung der Streupflicht ein ursächlicher Zusammenhang besteht. Diese Vermutung muss der Verkehrssicherungspflichtige widerlegen, anderenfalls gilt der Ursachenzusammenhang als bewiesen. (BGH NJW 2009, 3302; vgl. auch OLG Celle NZM 2004, 839; OLG Koblenz MDR 2015, 1097). Hat sich der Unfall außerhalb der zeitlichen Grenzen der Streupflicht (z. B. zur Nachtzeit oder in den frühen Morgenstunden) ereignet, so muss der Verletzte beweisen, dass es nicht zum Unfall gekommen wäre, wenn der Verkehrssicherungspflichtige am Tag vor dem Unfallereignis gestreut hätte (BGH WuM 2009, 677; OLG Koblenz MDR 2015, 1097).

367a Der Geschädigte hat nicht nur Anspruch auf Ersatz seiner **materiellen Schäden,** sondern kann darüber hinaus auch ein angemessenes **Schmerzensgeld** verlangen, dessen Höhe sich in erster Linie nach Art und Umfang der Verletzungen richtet. Eine ungebührliche Verzögerung der Schadensregulierung durch den Schädiger oder dessen Versicherer kann zu einer Erhöhung des Schmerzensgeldes führen. Eine solche Erhöhung ist gerechtfertigt, wenn die verschleppte Zahlung die Interessen des Verletzten beeinträchtigt – beispielsweise dadurch, dass der Geschädigte unter der langen Dauer der Schadensregulierung leidet oder der vorenthaltenen Mittel zu einer adäquaten Lebensführung bedarf.

368 Macht der Verkehrssicherungspflichtige geltend, dass dem Verletzten ein **Mitverschulden** zur Last fällt, so muss er die hierfür maßgeblichen Umstände darlegen und beweisen (KG GE 1999, 1496). Ein Mitverschulden i. S. von § 254 Abs. 1 BGB liegt vor, wenn der Geschädigte diejenigen Sorgfaltspflichten missachtet, die ein ordentlicher und verständiger Mensch zur Vermeidung eines eigenen Schadens anzuwenden pflegt. Es handelt sich mithin um ein „Verschulden gegen sich selbst" (BGH ZMR 1998, 212). Können die für ein eventuelles Mitverschulden maßgeblichen konkreten Verhältnisse am Unfallort nicht mehr mit hinreichender Sicherheit ermittelt werden, so gehen die verbleibenden Zweifel zu Lasten des Verkehrssicherungspflichtigen (BGH MDR 1997, 738).

2. Die Instandsetzungspflicht

369 **a) Reparaturen.** Nach § 535 Abs. 1 Satz 2 BGB ist der Vermieter verpflichtet, die Mietsache während der Mietzeit in einem gebrauchsfähigen Zustand zu erhalten. Hieraus ist die Instandsetzungspflicht abzuleiten. Allgemein gilt, dass die Instandsetzungspflicht alle Maßnahmen umfasst, die zur Aufrechterhaltung des vertraglich geschuldeten Gebrauchs erforderlich sind, gleichgültig ob die Ursache der Gebrauchsbeeinträchtigung innerhalb der Mieträume oder in den nicht ausdrücklich mitvermieteten Hausteilen liegt. Für das **Rechtsschutzbedürfnis** an der auf Instandsetzung gerichteten Klage genügt es, wenn die Wohnung mangelhaft ist, weil der Mieter in diesem Fall nicht erhält, was ihm nach dem Mietvertrag zusteht. Dass der Mieter in eigener Person von dem Mangel betroffen wird, ist nicht erforderlich. Deshalb kann der Mieter auch dann auf Instandsetzung klagen, wenn er die Wohnung überhaupt nicht nutzt oder wenn er diese untervermietet oder einem Dritten zur Nutzung überlassen hat (BGH Urteil vom 22.8.2018 – VIII ZR 99/17). Unter dem **Begriff der Instandsetzung** versteht man die Beseitigung von Abnutzungen und Schäden. Der Vermieter muss immer dann tätig werden, wenn der Zustand der Mietsache, von dem vertraglich vereinbarten Zustand in negativer Weise abweicht; in diesem Fall ist die Mietsache mangelhaft. Der Vermieter muss auch solche Mängel beseitigen, die nur eine unerhebliche Gebrauchsbeeinträchtigung zur Folge haben und deshalb nicht zur Minderung berechtigen (LG Berlin WuM 2005, 49 betr. Stolpergefahr im Treppenhaus infolge eines schadhaften Bodenbelags; AG Hamburg-Altona ZMR 2015, 383 betr. geringfügige Aufwölbung eines Laminatbodens). Die Instandsetzungspflicht besteht auch bezüglich solcher Gegenstände, die vom Mieter eingebaut und sodann Eigentum des Vermieters geworden sind (AG Friedberg WuM 1987, 52 betr. Gasetagenheizung; AG Potsdam WuM 1995, 700 betr. Fenster). Die Gründe, durch welche die Mängel verursacht wurden, sind unerheblich: Der Vermieter muss für zufällige Verschlechterungen, eine vertragsgemäße Abnutzung durch den Mieter, für durch Alterung oder Witterungseinflüsse bedingte Schäden und für Beschädigungen durch Dritte gleichermaßen einstehen. Die Pflicht zur Mangelbeseitigung besteht auch hinsichtlich solcher Mängel, die bereits beim Vertragsschluss vorhanden waren. Die Kenntnis des Mieters hat zwar den Verlust der Gewährleistungsrechte zur Folge; der Erfüllungsanspruch wird hierdurch aber nicht tangiert (LG Berlin a. a. O.). Etwas anderes kann gelten, wenn sich die Parteien darauf geeinigt haben, dass der beim Vertragsschluss gegebene Zustand vertragsgemäß sein soll.

Der Mieter hat einen Anspruch auf **Herstellung des vertragsgemäßen Zu-** 370 **stands.** Grundsätzlich hat sich der Vermieter bei der Mangelbeseitigung am Ursprungszustand zu orientieren. Verfügt die Wohnung beispielsweise bei Mietbeginn über einen funktionierenden Telefonanschluss, so ist der Vermieter verpflichtet, diesen Zustand während der gesamten Mietzeit zu erhalten (BGH Urteil vom 5.12.2018 – VIII ZR 17/18 Rdn. 16 betr. Reparatur eines defekten Telefonkabels). Wird die Mietsache mangelhaft, so muss der Vermieter einen Zustand herstellen, welcher die Ausübung des vertragsgemäßen Gebrauchs gewährleistet. Der Vermieter muss den Mangel und seine unmittelbaren Folgen beseitigen. Nach der hier vertretenen Ansicht schuldet der Vermieter darüber hinaus die Beseitigung der Mangelursachen, wenn dies erforderlich ist, um den Eintritt eines künftigen Mangels zu verhindern (**a. A.** AG Bremen MietRB 2018, 6 betr. einen Riss im Mauerwerk als Ursache eines Wasserschadens). Die Pflicht zur Beseitigung der Mangelursache entfällt allerdings, wenn die hierfür erforderlichen Kosten jenseits der Opfergrenze liegen (s. Rdn. 374). Der Vermieter ist gehalten, den im Zeitpunkt der Anmietung vorhandenen Standard möglichst beizubehalten. Es kommt hierbei nicht darauf an, ob einzelne Ausstattungsmerkmale im Mietvertrag vermerkt sind. Deshalb kann ein verschlissener Teppichboden gegen den Willen des Mieters nicht durch einen Laminatboden ersetzt werden (LG Stuttgart WuM 2015, 477). Jedoch muss der Mieter geringfügige Änderungen hinnehmen (AG Stuttgart ZMR 2012, 167: grauer statt brauner Bodenbelag). Gleiches gilt für solche Änderungen, die durch den technischen Fortschritt bedingt sind. Sind Reparaturen erforderlich, so muss sich der Mieter nicht mit Flickwerk zufrieden geben; vielmehr kann er verlangen, dass die Mietsache den Regeln des Handwerks und der Technik entsprechend ausgebessert wird. Auf einen Austausch alter gegen neue Gegenstände hat der Mieter nur dann einen Anspruch, wenn eine Reparatur zur Wiederherstellung des vertragsgemäßen Zustands nicht ausreicht. Wirtschaftliche Gesichtspunkte spielen hierbei keine Rolle; es ist allein Sache des Vermieters hierüber zu entscheiden. Grundsätzlich hat der Mieter auch kein Recht, dem Vermieter vorzuschreiben, auf welche Weise der Mangel beseitigt werden soll (LG Berlin GE 1994, 1447; GE 2015, 1532).

b) Gesundheitsgefährdende Zustände. Einen gesundheitsgefährdenden Zu- 371 stand muss der Vermieter stets beseitigen; dies gilt unabhängig davon, in welchem Zustand sich die Mietsache bei Vertragsbeginn befand (LG Frankfurt ZMR 1990, 17 betr. Austausch von Trinkwasserleitungen aus Blei, wenn der Grenzwert der Trinkwasser VO von 40 Mikrogramm pro Liter bei der Wasserentnahme regelmäßig überschritten wird). Zur Frage, wann eine Gesundheitsgefährdung vorliegt s. § 569 BGB Rdn. 4 ff. Bei einer akuten Gefährdung der Gesundheit (z. B. undichte Gasleitungen; schwere Mängel der Elektroinstallation; drohende Einsturzgefahr; u. U. auch bei erheblichen Feuchtigkeitsschäden) kann der Mieter im Wege der einstweiligen Verfügung verlangen, dass die Mängel unverzüglich beseitigt werden. Die tatsächlichen Voraussetzungen aus denen sich die akute Gefährdung ergibt, muss der Mieter glaubhaft machen (LG Hamburg ZMR 2015, 28 m.abl. Anm. Waßmann ZMR 2015, 5).

§ 535 BGB Untertitel 1. Allgemeine Vorschriften für Mietverhältnisse

372 c) Mängel im Gemeinschaftseigentum bei Eigentumswohnungen. Der Mieter einer Eigentumswohnung kann seinen Vermieter auch dann auf Herstellung des vertragsgemäßen Zustands in Anspruch nehmen, wenn zur Mängelbeseitigung Eingriffe in das gemeinschaftliche Eigentum erforderlich sind und der hierfür erforderlich Beschluss der Eigentümergemeinschaft noch nicht vorliegt (BGH NZM 2005, 820 = WuM 2005, 713; m. Anm. Blank ZWE 2006, 38). Dies gilt unabhängig davon, ob der Vermieter Eigentümer der Wohnung ist (KG RE 25.6.1990 NJW-RR 1990, 1166) oder ob er die Wohnung seinerseits – etwa als gewerblicher Zwischenvermieter – vom Eigentümer gemietet hat (OLG Zweibrücken RE 14.12.1994 WuM 1995, 144). Jedoch ist eine Ausnahme in Erwägung zu ziehen, wenn die Sanierung eine Größenordnung erreicht, die nicht mehr dem Interesse der Wohnungseigentümer entspricht. Kann die Sanierung nach den Grundsätzen des Wohnungseigentumsrechts nicht durchgesetzt werden, so ist auch der Vermieter gegenüber dem Mieter nicht zur Mangelbeseitigung verpflichtet (§ 275 Abs. 1 BGB; BGH NZM 2005, 820 = WuM 2005, 713).

373 d) Verwirkung des Instandsetzungsanspruchs. Der Mieter kann den Anspruch auf Mängelbeseitigung verwirken, wenn er dem Handwerker den Zutritt zur Wohnung ohne zureichenden Grund verweigert (AG Münster WuM 2007, 569; ZMR 2008, 385). Der Umstand, dass der Mieter den mangelhaften Zustand über längere Zeit rügelos hingenommen hat, steht dem Instandsetzungsanspruch nicht entgegen. Eine Verwirkung scheitert i. d. R. daran, dass der Vermieter nicht darauf vertrauen darf, der Mieter werde für alle Zeiten auf die Instandsetzung verzichten. Eine entsprechende Anwendung des § 536b BGB kommt auch dann nicht in Betracht, wenn der Vermieter in der Vergangenheit wegen der Mängel auf eine Mieterhöhung verzichtet hat (a. A. AG Berlin-Mitte GE 1994, 815). Dies folgt aus der Erwägung, dass der Vermieter nach der Mängelbeseitigung den für mangelfreie Wohnungen üblichen Mietzins verlangen kann.

374 e) Instandsetzungspflicht und Opfergrenze. Die Instandsetzungspflicht entfällt, wenn dem Vermieter die Mangelbeseitigung bei wirtschaftlicher Betrachtungsweise nicht zugemutet werden kann. Nach der hier vertretenen Ansicht folgt dies aus § 275 Abs. 2 Satz 1 BGB (ebenso BGH NZM 2005, 820 = WuM 2005, 713; NJW 2014, 432); nach der Vorstellung des Gesetzgebers soll dieser Fall nach den Regeln über den Wegfall der Geschäftsgrundlage (§ 313 BGB) zu lösen sein (Begründung des Gesetzentwurfs BT-Drucks. 14/6040 S. 129, 130). Das Ergebnis ist gleich: Die Opfergrenze ist überschritten, wenn die Mangelbeseitigung einen Aufwand erfordert, der unter Beachtung des Vertragszwecks und der Gebote von Treu und Glauben in einem groben Missverhältnis zu dem Erfüllungsinteresse des Mieters steht. Dies ist auf Grund einer Interessenabwägung zu entscheiden. Es darf „kein krasses Missverhältnis entstehen zwischen dem Reparaturaufwand einerseits und dem Nutzen der Reparatur für den Mieter sowie dem Wert des Mietobjekts und den aus ihm zu ziehenden Einnahmen andererseits" (BGH NZM 2005, 820 = WuM 2005, 713; NJW 2014, 432). Dabei kommt es insbesondere auf die Höhe der Miete, die Kosten der Mangelbeseitigung, den Nutzen der Mangelbeseitigung für den Mieter und die Ursache des Mangels an. Ebenso ist zu berücksichtigen, ob der Vermieter den Mangel zu vertreten hat; jedoch führt selbst die vorsätzliche Mangelverursachung nicht zwangsläufig zum Ausschluss des Einwands der Unzumutbarkeit der Mangelbeseitigung (BGH NJW 2014, 432). Für die Beurteilung der Frage, wann ein Renovierungsaufwand jenseits aller Abwägungskriterien aus finanziellen Gründen unzumutbar ist, gibt es keine feste Obergrenze. Als **Richtlinie**

und Orientierungspunkt gilt, dass der Vermieter jedenfalls dann nicht mehr zur Mängelbeseitigung verpflichtet ist, wenn der hierzu erforderliche Aufwand nicht „innerhalb eines Zeitraums von ca. zehn Jahren durch eine erzielbare Rendite aus dem Mietobjekt ausgeglichen werden" kann (OLG Hamburg NZM 2002, 343; zur früheren Rechtsprechung s. BGH NJW 1957, 826; NJW 1959, 2300; WuM 1990, 546).

Beim Erreichen der Opfergrenze ist der Vermieter nicht mehr zur Mängelbeseitigung verpflichtet. Ist die **Mietsache wegen des Mangels gebrauchsuntauglich,** so ist der Mieter nach § 326 BGB von der Bezahlung des Mietzinses frei (BGH WuM 1990, 546). Nach der gesetzlichen Regelung kann der Vermieter gem. §§ 323 Abs. 1, 326 Abs. 5 BGB vom Vertrag zurücktreten. Bei der Miete wird das Rücktrittsrecht durch das Recht zur Kündigung aus wichtigem Grund verdrängt. — 375

Ist die **Gebrauchstauglichkeit dauerhaft eingeschränkt,** so hat der Mieter lediglich eine reduzierte Miete zu bezahlen (§§ 326 Abs. 1, 441 Abs. 3 BGB). Ein Kündigungsrecht des Vermieters aus wichtigem Grund besteht in diesem Fall nur dann, wenn dem Vermieter die Fortsetzung des Mietverhältnisses nicht zugemutet werden kann. Dies ist auf Grund einer Interessenabwägung zu entscheiden. Zu den Fällen der Unmöglichkeit der Wiederherstellung s. § 536a BGB Rdn. 4 ff. — 376

f) Kosten. Die zur Erfüllung der Instandhaltungs- und Instandsetzungspflicht entstehenden Kosten sind nach der gesetzlichen Regelung ausnahmslos vom Vermieter zu tragen. Eine Ausnahme gilt, wenn der Mangel durch den Mieter oder seine Erfüllungsgehilfen schuldhaft herbeigeführt worden ist. In diesem Fall kann der Vermieter den Mieter auf Schadensersatz in Anspruch nehmen. Macht der Vermieter Naturalrestitution geltend (§ 249 S. 1 BGB), so ist der Mieter zur Beseitigung des Mangels verpflichtet. Entscheidet sich der Vermieter für den Geldersatz (§ 249 S. 2 BGB), so muss er für die Herstellung des vertragsgemäßen Zustands sorgen. Ist unklar, ob der Mangel vom Vermieter oder vom Mieter zu vertreten ist, so liegt die Aufklärungspflicht beim Vermieter. Unter Umständen muss der Vermieter auf seine Kosten einen Sachverständigen beiziehen (Mittelstein S. 263). Ergibt die Untersuchung, dass der Mangel vom Mieter zu vertreten ist, so gehören die Kosten für den Sachverständigen zum ersatzpflichtigen Schaden. — 377

g) Erfüllungsanspruch des Mieters bei Sachversicherung. Ist ein vom Mieter verursachter Schaden durch eine vom Vermieter abgeschlossene Sachversicherung (**Gebäudeversicherung, Leitungswasserversicherung, Feuerversicherung** und dergleichen) gedeckt und fällt dem Mieter hinsichtlich des Verschuldens lediglich einfache Fahrlässigkeit zur Last, so gelten die Grundsätze der sog. „versicherungsrechtlichen Lösung" (s. dazu zunächst § 538 Rdn. 24). Danach ist Vermieter zur Beseitigung des Schadens verpflichtet. Wegen der insoweit entstehenden Kosten kann der Vermieter den Versicherer in Anspruch nehmen. Der Erfüllungsanspruch des Mieters bleibt also erhalten. Dies gilt auch dann, wenn der Vermieter auf die Inanspruchnahme des Versicherers verzichtet. Auch die Befugnis des Mieters zur Minderung der Miete bleibt unberührt. Der Mieter ist also auch hinsichtlich des Erfüllungsanspruchs und seiner Gewährleistungsrechte so zu stellen, als hätte er die Versicherung selbst abgeschlossen (BGHZ 203, 256 = NJW 2015, 699). — 377a

3. Anpassung der Mietsache an veränderte Umstände

378 **a) Umweltveränderungen.** Das Äquivalenzverhältnis zwischen dem vereinbarten Zustand und dem Mietpreis wird gestört, wenn die Mietsache als solche unverändert bleibt, der Gebrauchswert der Sache aber durch eine Veränderung der Umwelt beeinträchtigt wird. In Fällen dieser Art besteht eine aus § 535 Abs. 1 Satz 2 BGB abzuleitende Modernisierungsverpflichtung, wenn der vertragsgemäße Gebrauch durch Umstände beeinträchtigt wird, die nicht zum Risikobereich des Mieters, sondern zur Risikosphäre des Vermieters gehören (Beispiel: Zunahme des Straßenverkehrs infolge der Anlage neuer Straßen oder des Ausbaus vorhandener Verkehrswege). Hier kann der Vermieter verpflichtet sein, die hierdurch bedingte Minderung der Gebrauchstauglichkeit durch bauliche Maßnahmen (etwa den Einbau von Fenstern mit Isolierverglasung) auszugleichen. Anders ist es, wenn die nachteilige Entwicklung des Wohnumfelds dem allgemeinen Lebensrisiko zuzuordnen ist, etwa bei der allgemeinen Zunahme des Verkehrs in einem ansonsten unveränderten Straßenbereich oder eine erhöhte Einbruchsgefahr infolge einer Verlagerung von kriminellen Aktivitäten innerhalb der Gemeinde (OLG Düsseldorf GuT 2003, 89).

379 **b) Änderungen gesetzlicher Vorschriften.** Werden gesetzliche Vorschriften geändert, die dem Schutz der Nutzer von Wohn- oder Gewerberäumen, der Energieeinsparung oder ähnlichen Zielen dienen, so ist der Vermieter zu einer den geänderten Vorschriften entsprechenden Nachrüstung verpflichtet. Der Anspruch des Mieters folgt aus § 535 Abs. 1 Satz 2 BGB, weil eine Wohnung nur dann vertragsgemäß ist, wenn die zwingenden öffentlich rechtlichen Vorschriften über den Schutz der Bewohner vor Gesundheits- und sonstigen Gefahren beachtet werden. Obwohl die mit der konkreten Beschaffenheit der Mietsache im Zusammenhang stehenden Änderungen an sich zur Risikosphäre des Vermieters gehören, hat dieser bei der Wohnraummiete in der Regel einen Anspruch auf Mieterhöhung nach § 559 BGB (Blank PiG 67 (2003) S. 21; Börstinghaus PiG 73 (2005) S. 56; **a. A.** Flatow PiG 73 (2005) S. 37).

380 **c) Änderung wissenschaftlicher Erkenntnisse über den Einfluss von Schadstoffen etc.** Nach dem RE des BayObLG vom 4.8.1999 (NJW-RR 1999, 1534) sind für die Beurteilung des vertragsgemäßen Zustands die jeweils aktuellen Grenzwerte maßgebend. Es gelten folgende Grundsätze: **(1)** Die Mietsache gilt als mangelfrei, wenn die dort auftretende Schadstoffbelastung unterhalb des nach wissenschaftlichen Erkenntnissen maßgeblichen Grenzwertes liegt. **(2)** Werden die Grenzwerte aufgrund neuer wissenschaftlicher Erkenntnisse herabgesetzt, so ist der Vermieter zur Anpassung der Mietsache an die nunmehr gültigen Grenzwerte verpflichtet. **(3)** Erfüllt der Vermieter diese Verpflichtung nicht, so ist die Mietsache nach Bekanntwerden der neuen Erkenntnisse als mangelhaft anzusehen. Der Mieter hat gem. § 535 Abs. 1 Satz 2 BGB einen Anspruch auf Mangelbeseitigung. Der Anspruch ist ausgeschlossen, wenn die Opfergrenze überschritten wird (s. dazu Rdn. 374). Dieselben Grundsätze gelten, wenn die Grenzwerte gesetzlich geregelt sind (s. dazu BVerfG NZM 2002, 496; OLG Dresden Urteil vom 7.3.2013 – 10 U 1953/11 ZMR 2013, 673 betr. Grenzwerte für Mobilfunksendeanlagen).

381 **d) Änderung technischer Normen.** Wie oben unter Rdn. 302 ausgeführt, werden die zur Zeit der Errichtung des Gebäudes geltenden technischen Standards nicht Bestandteil der Beschaffenheitsvereinbarung. Eine spätere Änderung der betreffenden Normen hat deshalb auf die Beschaffenheitsvereinbarung keinen Einfluss. Der Vermieter ist nicht zur Nachrüstung verpflichtet. Deshalb hat der Mieter keinen Anspruch auf zeitgemäße Wärmedämmung, wenn die Wohnung den zum Zeitpunkt der Errichtung des Hauses maßgeblichen Anforderungen entsprach und keine technischen Fehler vorliegen (LG München I ZMR 1987, 468; LG Berlin ZMR 1987, 338; LG Köln WuM 1990, 424).

e) Änderung der allgemeinen Anschauung in Bezug auf übliche Wohnstandards. Der Mieter hat das Risiko der sinnvollen Verwendung der Mietsache zu tragen Ist die Ausstattung einer Wohnung auf Grund der technischen Entwicklung veraltet, so ist dies folgerichtig der Risikosphäre des Mieters zuzurechnen. Ein Anspruch auf Modernisierung besteht nicht (LG Berlin GE 2003, 1331 betr. Elektroanlage, die den zur Zeit der Errichtung des Hauses geltenden technischen Anforderungen entspricht). 382

f) Modernisierung. Wird infolge einer Modernisierung die Beschaffenheit der Mietsache geändert, so beziehen sich die Pflichten des Vermieters betreffend die Instandhaltung und Instandsetzung auf den geänderten Zustand (Sternel NZM 2015, 873, 875). Dies beruht auf der Erwägung, dass der geänderte Zustand nach Abschluss der Modernisierung der vertraglich geschuldete Zustand ist (s. § 555d Rdn. 2). Hieraus folgt auch, dass der Mieter gegen den Vermieter einen Anspruch auf Nachbesserung der Modernisierung hat, wenn die Maßnahme mangelhaft durchgeführt wurde. Werden Tauben durch eine auf dem Hausdach angebrachte Solaranlage angezogen, zählt die durch die Tauben bedingte Beeinträchtigung des Wohngebrauchs des Mieters zum Risikobereich des Vermieters, mit der Folge, dass der Vermieter im Rahmen des Zumutbaren für Abhilfe zu sorgen hat, z. B. in dem er Taubenstacheln anbringt oder eine andere gleichwertige Maßnahme zur Beseitigung der Störung vornimmt (BayObLG München NZM 1998, 713; AG Augsburg WuM 2017, 318). 382a

4. Die Fürsorgepflicht

Dem Vermieter trifft die sog. „Fürsorgepflicht". Hierbei handelt es sich um eine vertragliche Nebenpflicht, auf Grund derer der Vermieter gehalten ist „Störungen des Mieters und Beschädigungen der von diesem eingebrachten Sachen zu unterlassen" (BGH NJW 2009, 142 = NZM 2009, 29). 383

Allerdings haftet der Vermieter nur, wenn er die Pflichtverletzung zu vertreten hat (§§ 276ff BGB). Nach Allgemeinen Grundsätzen gilt, dass der Mieter die Pflichtverletzung, deren Ursächlichkeit für den Schaden sowie das Verschulden des Vermieters zu beweisen hat. Für Pflichtverletzungen im Sinne des § 280 Abs. 1 Satz 1 BGB gilt allerdings die in § 280 Abs. 1 Satz 2 BGB geregelte **Beweislastumkehr.** Nach dem Wortlaut dieser Regelung muss der Schuldner – hier der Vermieter – darlegen und beweisen, dass er „die Pflichtverletzung nicht zu vertreten hat". Nach der Rechtsprechung des BGH ergreift diese Beweislastumkehr „nicht nur das Verschulden im engeren Sinne, sondern auch die objektive Pflichtverletzung" (BGH ZMR 2005, 520). Danach gilt: Steht fest, dass die Schadensursache aus dem Obhuts- und Gefahrenbereich des Vermieters kommt und scheidet auch die Verantwortlichkeit eines Dritten aus, so muss sich der Vermieter nicht nur hinsichtlich seines Verschuldens, sondern auch hinsichtlich der objektiven Pflichtwidrigkeit entlasten (BGH NJW 2009, 142 = NZM 2009, 29). 384

XII. Vertragliche Regelungen zur Übertragung der Instandhaltungs- und Instandsetzungspflicht auf den Mieter

1. Verkehrssicherungspflicht insgesamt

385 Die Vermietung als solche lässt die Verkehrssicherungspflicht unberührt (BGH NJW 1985, 1076). Eine Ausnahme gilt hinsichtlich der Innenräume, an denen der Mieter die alleinige Sachherrschaft innehat. Hier ist der Mieter gegenüber seinen Kunden, Mitarbeitern, Gästen oder Lieferanten allein verkehrssicherungspflichtig. Im Übrigen verbleibt die Verkehrssicherungspflicht beim Vermieter.

386 Bei der Vermietung von Geschäftsräumen kann die Verkehrssicherungspflicht insgesamt auf den Mieter übertragen werden, wenn diesem die Sachherrschaft über das gesamte Gebäude zusteht. Die Übertragung setzt in der Regel eine ausdrückliche, eindeutige Vereinbarung voraus (BGH NJW-RR 1988, 471). Es genügt aber auch, wenn der Dritte faktisch die Verkehrssicherung übernommen hat und im Hinblick hierauf Schutzvorkehrungen durch den ursprünglich Verkehrssicherungspflichtigen unterbleiben, weil sich dieser auf ein Tätigwerden des Dritten verlässt und verlassen darf (BGH Urteil vom 13.6.2017 – VI ZR 395/16, Rdn. 9). In diesen Fällen ist der Dritte für die Verkehrssicherung verantwortlich. Der Grundstückseigentümer wird allerdings nicht völlig entlastet. Vielmehr obliegt ihm eine Kontroll- und Überwachungspflicht, deren Umfang sich nach den Umständen richtet (BGH ZMR 1996, 477). Die gleichen Grundsätze gelten bei der Vermietung eines Einfamilienhauses zu Wohnzwecken. In Mehrfamilienhäusern oder Geschäftshäusern mit mehreren Mietern ist die vollständige Übertragung der Verkehrssicherungspflicht auf die Gesamtheit der Mieter nicht möglich.

386a Die hier dargestellten Grundsätze gelten nur dann, wenn die Verkehrssicherungspflicht in vertraglichem oder faktischem Einvernehmen – unter gleichzeitiger freiwilliger Einräumung des unmittelbaren Besitzes – delegiert wurde. Anders ist es, wenn dem Grundstückseigentümer der unmittelbare Besitz und damit die Möglichkeit der Einwirkung auf das Grundstück gegen seinen Willen entzogen wird (BGH Urteil vom 13.6.2017 – VI ZR 395/16, Rdn. 10 betr. Besitzübertragung nach §§ 18f FStrG). Für die Zwangsverwaltung s. Rdn. 206.

2. Winterdienst

387 Der Vermieter kann die Schneebeseitigungs- und Streupflicht auf einen Dritten übertragen (BGH VersR 1996, 1151, 1152; VersR 1989, 526; VersR 1988, 516, 517; NJW 2008, 2257 = WuM 2008, 415 = NZM 2008, 569; s. dazu Harsch MDR 2014, 373 ff). Für die **Übertragung des Winterdienstes auf einen Mieter** stehen im Wesentlichen **zwei Vertragsmodelle** zur Verfügung. Um einen kann vereinbart werden, dass der **Winterdienst Teil der** vom Mieter zu erbringenden **Gegenleistung** ist. Hier schuldet der Mieter einen Teil des Mietzinses in Geld und einen anderen Teil als Dienstleistung. Im Falle des Verzugs kann der Vermieter einen Dritten beauftragen. Eine vorherige Frist zur Leistungserbringung ist gem. § 281 Abs. 2 Alt 2 BGB entbehrlich. Die Kosten der Ersatzvornahme schuldet der Mieter als Schadensersatz und aus dem Gesichtspunkt der GoA. Ratsam ist die Vereinbarung eines Änderungsvorbehalts für die Fälle der der dauernden Unmöglichkeit. Fehlt ein solcher Vorbehalt, so ist der Vertrag ergänzend dahingehend auszulegen, dass der Mieter von seiner Verpflichtung frei wird, wenn er den Winterdienst infolge einer Krankheit oder des Alters nicht mehr ausführen kann. Der Mieter schuldet dann als Mietzins wieder den vollen Geldbetrag. Umgekehrt kann der Vermieter anstelle der Dienstleistung wieder den vollen Geldbetrag verlangen, wenn sich der Mieter als unzuverlässig erweist. Im Falle der Veräußerung des Mietobjekts geht die Vereinbarung auf den Erwerber über.

Die Parteien können den Winterdienst aber auch auf Grund eines gesonderten Vertrags auf den Mieter übertragen. Dieser Vertrag ist nicht als Werkvertrag, sondern als **Geschäftsbesorgungsvertrag** mit überwiegend dienstvertraglichem Charakter zu bewerten (LG Berlin GE 2012, 754). Im Falle der Schlechterfüllung oder Unmöglichkeit kann der Vertrag gekündigt werden; eine Minderung der Vergütung scheidet aus (LG Berlin a. a. O.). **388**

(derzeit nicht besetzt) **389–398**

Voraussetzung für eine wirksame Übertragung ist, dass zwischen dem Eigentümer und dem Dritten eine hinreichend klare und eindeutige Vereinbarung besteht (vgl. OLG Hamm Urteil vom 22.12.2016 – 6 U 107/15). Durch eine Hausordnung kann der Winterdienst nicht wirksam auf die Mieter übertragen werden, da dort nur allgemeine Ordnungsbestimmungen geregelt werden können (LG Berlin GE 2016, 531; s. Rdn. 509). Das bloße Aufstellen und Einwerfen eines so genannten „Schneeräumplans" in die Briefkästen der Mieter reicht ebenfalls nicht aus (OLG Hamm NJW 2013, 1375). Entscheidend ist, „dass der in die Verkehrssicherungspflicht Eintretende faktisch die Verkehrssicherung für den Gefahrenbereich übernimmt und im Hinblick hierauf Schutzvorkehrungen durch den primär Verkehrssicherungspflichtigen unterbleiben, weil sich dieser auf das Tätigwerden des Beauftragten verlässt (BGH NJW 2008, 1440 = WuM 2008, 235 = NZM 2008, 242). Es ist nicht erforderlich, dass bei der Übertragung eventuell bestehend öffentlich-rechtliche Auflagen erfüllt werden (BGH a. a. O. betr. eine in Berlin bestehende Anzeigepflicht). Eine **formularvertragliche Vereinbarung**, wonach nur der Mieter der Erdgeschoßwohnung zur Schnee- und Eisbeseitigung verpflichtet ist, verstößt als überraschende Klausel gegen § 305c Abs. 1 BGB (LG Frankfurt NJW-RR 1988, 782; AG Köln MDR 2012, 395; **a. A.** OLG Frankfurt NJW-RR 1989, 41). Hat der Mieter allerdings die Verkehrssicherungspflicht faktisch übernommen, so spielt die Unwirksamkeit der Übernahmevereinbarung keine Rolle (OLG Schleswig ZMR 2012, 947) Fehlt das Überraschungsmoment, so ist die Klausel wirksam; insbesondere liegt kein Verstoß gegen § 307 BGB vor (AG Frankfurt WuM 1985, 19; **a. A.** AG Köln MDR 2012, 395). In der Literatur wird teilweise die Ansicht vertreten, dass eine wirksame Übertragung des Winterdienstes voraussetzt, dass in der Übertragungsvereinbarung auf das mit der Übernahme verbundene Haftungsrisiko hingewiesen wird (Lützenkirchen in: Lützenkirchen, Mietrecht § 535 Rdn. 459; Harsch MDR 2014, 373). **399**

Bei wirksamer Übertragung des Winterdienstes obliegt dem Eigentümer lediglich eine **Kontroll- und Überwachungspflicht.** Erleidet ein Mieter oder ein Passant einen Schaden, weil der vom Eigentümer Beauftragte unzureichend gestreut hat, so haftet der Eigentümer nur, wenn er die Kontroll- und Überwachungspflicht verletzt hat (OLG Schleswig ZMR 2012, 947). Anderenfalls kann der Verletzte nur den Beauftragten in Anspruch nehmen. Gegenüber dem Mieter haftet der Beauftragte nach vertraglichem Recht, weil der Mieter in den Schutzbereich des Übertragungsvertrags einbezogen ist. Sonstige Passanten können den Beauftragten nach deliktischem Recht in Anspruch nehmen. Hinsichtlich der Erfüllung der Kontroll- und Überwachungspflicht ist mit Rücksicht auf die durch Eis- und Schneeglätte drohenden Gefahren für Leben und Gesundheit Dritter an das Maß der bei der Be- **400** aufsichtigung anzuwendenden Sorgfalt ein strenger Maßstab anzulegen (KG GE 2017, 1405). Der Grundstückseigentümer muss substantiiert darlegen – und im Streitfall beweisen –, durch welche konkreten Maßnahmen er seiner Überwachungs- und Kontrollpflicht nachgekommen ist.

401 Ist der ursprünglich Verkehrssicherungspflichtige **ortsabwesend,** so besteht **keine Pflicht zur persönlichen Kontrolle,** wenn sich in der Vergangenheit keine Probleme ergeben haben. Hiervon ist u. a. dann auszugehen, wenn die Übernahme der Verkehrssicherungspflicht seit vielen Jahren beanstandungsfrei praktiziert wird (OLG Schleswig ZMR 2012, 947). Nach Meinung des OLG Oldenburg (NZM 2014, 591) ist eine besonders intensive Überwachung geboten, wenn die mit dem Winterdienst beauftragte **Person das 80. Lebensjahr überschritten** hat. In diesen Fall sei „eine kritische Überprüfung geboten, ob der mit dem Winterdienst Beauftragte trotz seines Alters noch hinreichend leistungsfähig (ist), um der von ihm übernommenen Räum- und Streupflicht sicher und zuverlässig nachzukommen."

402 Ist eine Person zum Winterdienst (Schneeräumen etc.) verurteilt, so erfolgt die **Vollstreckung** nicht im Wege des § 890 ZPO (durch Festsetzung eines Zwangsgeldes), sondern nach § 887 ZPO. Das Prozessgericht des ersten Rechtszugs kann den Gläubiger ermächtigen, den Winterdienst auf Kosten des Schuldners selbst vorzunehmen oder durch einen Dritten vornehmen zu lassen. Ebenso kann der Schuldner zur Zahlung eines Kostenvorschusses verurteilt werden. Soweit die Verurteilung nicht ohnehin zeitlich begrenzt ist, muss die Entscheidung nach § 887 ZPO auf ein bestimmtes Winterhalbjahr beschränkt werden (OLG Schleswig MDR 2011, 1204).

403 Kann der Mieter infolge von **Krankheit oder hohem Alter** die vertraglich übernommene Verpflichtung zum Schneeräumen auf Dauer nicht mehr erfüllen, so muss er dies dem Vermieter anzeigen. Die mietvertragliche Vereinbarung über die Streupflicht ist nach den Grundsätzen der ergänzenden Vertragsauslegung dahingehend auszulegen, dass der Mieter bei dauernder Unmöglichkeit von der Verpflichtung zur Leistung frei wird. Eine Erhöhung der Miete aus diesem Grund kommt nur in Betracht, wenn der Mietzins wegen des Schneeräumens ermäßigt war (im Erg ebenso: AG Hamburg WuM 1986, 84; AG Frankfurt WuM 1985, 19; LG Darmstadt WuM 1988, 300; AG Bonn ZMR 1989, 498; AG Münster WuM 1995, 36; Hitpaß WuM 2011, 662). Bei vorübergehender Verhinderung infolge Krankheit oder Ortsabwesenheit muss der Mieter allerdings für eine Vertretung sorgen (AG Frankfurt a. a. O.). Es wird allerdings auch die Ansicht vertreten, dass die Schneebeseitigungs- und Streupflicht zu den vertretbaren Handlungen gehört, mit der Folge, dass der Mieter auch bei langer Krankheit und hohem Alter für eine Vertretung sorgen muss (LG Düsseldorf WuM 1988, 400; LG Flensburg ZMR 1988, 140; AG Bochum DWW 1988, 149). Nach einer vermittelnden Meinung wird der Mieter von der Verpflichtung zur Durchführung des Winterdienstes jedenfalls dann wegen objektiver Unmöglichkeit frei (§ 275 Abs. 1 BGB), „wenn ihm persönlich aus gesundheitlichen Gründen die Durchführung des Winterdienstes nicht mehr möglich ist und weder private Dritte noch (ortsansässige) gewerbliche Firmen ... bereit sind, die Verpflichtung zur Durchführung des Winterdienstes zu übernehmen" (LG Münster WuM 2004, 193; Schmid WuM 2008, 631). Der BGH (NZM 2018, 900) hat die Auffassung vertreten, dass der Mieter sich für die Fensterreinigung professioneller Hilfe bedienen kann, wenn er sie selbst nicht selbst vornehmen kann. Das muss dann auch grundsätzlich auch für die Schnee- und Eisbeseitigung und die Treppenhausreinigung. Etwas anderes kann dann gelten, wenn die Beauftragung Dritter realistischerweise nicht organisierbar ist. Das ist z. B. der Fall, wenn die Schneebeseitigungspflicht nicht zu von vornherein genau feststehenden Zeiten geschuldet wird, sondern mittels einer sog. Schneekarte, die denjenigen verpflichtet, die Arbeiten zu leisten, der im Besitz der Karte ist und der sie nach dem Tag, an dem er tatsächlich gereinigt hat, an den nächsten Mieter weitergibt. Hier ist eine Beauftragung Dritter unmöglich.

Wird der Winterdienst auf den Mieter übertragen so sind die zur Erfüllung dieser Pflicht erforderlichen **Geräte** vom Vermieter zu stellen. Die für das **Streugut** erforderlichen Kosten zählen zu den Betriebskosten. Diese sind vom Vermieter zu tragen, der sie – bei entsprechender Vereinbarung – auf die Mieter umlegen kann (Horst NZM 2012, 513). **404**

Zur Frage, ob die Pflicht zur **Beseitigung einer Schneelast auf Flachdächern** auf den oder die Mieter des Gebäudes übertragen werden kann s. Strauch NZM 2011, 392. Die Vereinbarung einer Vornahmeverpflichtung sei fraglich. Die Vereinbarung einer Kostenumlage sei bei der Gewerbemiete aber möglich. **405**

Auf einen **Vertrag zwischen dem Hauseigentümer und einem Unternehmen,** der die Übernahme des Winterdienstes zum Gegenstand hat, ist Werkvertragsrecht anwendbar (BGH NJW 2013, 3022). Im Falle der Schlechterfüllung kann der Hauseigentümer wahlweise Nacherfüllung verlangen, den Mangel selbst beseitigen und Ersatz der erforderlichen Aufwendungen verlangen, von dem Vertrag zurücktreten oder nach § 638 BGB die Vergütung mindern. In der Regel ist der Minderungsbetrag durch Schätzung zu ermitteln, wobei der Werklohn im Verhältnis der nicht oder unvollständig gereinigten Flächen zu kürzen ist. Maßgeblicher Zeitpunkt für die Feststellung eines Mangels ist im Allgemeinen die Abnahme des Werks. Eine Abnahme scheidet allerdings bei den fraglichen Winterdienstverträgen aus. Diese Verträge werden nämlich nicht zuletzt deshalb geschlossen, um den Eigentümer von der Beobachtung der Witterung und die jeweiligen Zustands des Grundstücks zu entlasten. Grundsätzlich setzt die Minderung voraus, dass dem Unternehmer zunächst eine Nachfrist zur Nacherfüllung gesetzt wird. Nach der Auffassung des BGH (a. a. O.) ist dies einem Hauseigentümer regelmäßig nicht zuzumuten, weil die Erfüllung des Winterdienstes keinen Aufschub duldet. Insoweit sei zu bedenken, dass die Benutzung ungeräumter Wege für die Mieter und die Passanten mit einem hohen Unfallrisiko verbunden ist (BGH a. a. O.). Die Beweislast für die Mangelfreiheit der Leistungen trägt der Unternehmer. Jedoch trifft den Eigentümer eine sekundäre Darlegungslast. Insoweit muss er substantiiert darlegen zu welcher Zeit Winterdienstleistungen erforderlich gewesen wären aber nicht erbracht wurden (Brandenburgisches OLG DWW 2013, 101). **405a**

3. Reinigungspflicht

Nach heutigem Rechtsverständnis ist die Reinigung der gemeinschaftlichen Hausteile nach der **gesetzlichen Regelung Sache des Vermieters** (Sternel Rdn. II 253; Emmerich in: Staudinger § 535 BGB Rdn. 33; Eisenschmid in Schmidt-Futterer § 535 BGB Rdn. 575; Lammel, Wohnraummietrecht § 535 BGB Rdn. 157; Knops in: Herrlein/Kandelhard § 535 BGB Rdn. 77). Beweispflichtig für den Bestand einer gegenteiligen Vereinbarung oder Verkehrssitte ist der Vermieter; eine Vermutung hierfür besteht nicht. **406**

Eine **Übertragung der Reinigungspflichten** auf die Mieter durch Individualvereinbarung ist möglich. Formularklauseln können als Überraschungsklauseln gegen § 305c Abs. 1 BGB verstoßen (LG Frankfurt NJW-RR 1988, 782; s. auch LG Stuttgart WuM 1988, 401), es sei denn, dass derartige Mieterpflichten in Häusern **407** vergleichbarer Art allgemein üblich sind (so z. B. LG Aachen NJW-RR 1988, 783). Sind die Mieter nach dem Mietvertrag zur Reinigung des Treppenhauses im monatlichen Turnus verpflichtet, so ist die geschuldete Maßnahme spätestens bis zum dritten Werktag eines Monats vorzunehmen. Im Falle des Verzugs kann der Vermieter einen Dritten beauftragen. Eine vorherige Frist zur Leistungserbringung ist gem. § 281 Abs. 2 Alt 2 BGB entbehrlich. Die Kosten der Ersatzvornahme schuldet der Mieter als Schadensersatz und aus dem Gesichtspunkt der GoA (AG Bremen NZM 2013, 757). Der dauerhafte Wechsel von der Mieterverpflichtung auf die Reinigung durch ein Drittunternehmen setzt voraus, dass der Mietvertrag abgeändert wird. Der Mieter ist nach § 242 BGB verpflichtet, in eine solche Änderung einzuwilligen, wenn er die ihm obliegende Reinigungspflicht in der Vergangenheit nur unzulänglich erfüllt hat (AG Stuttgart WuM 2004, 475; Schmid WuM 2008, 631). Der bloße Wunsch einzelner Mieter zur Änderung des Mietvertrags genügt nicht. Es kann aber ausreichen, wenn der Vermieter in früherer Zeit Mietverträge mit Reinigungspflicht abgeschlossen hat und eine derartige Regelung beim Abschluss neuer Mietverträge nicht durchgesetzt werden kann (**a. A.** Schmid WuM 2008, 631). Eine Formularklausel, wonach der Vermieter berechtigt ist, von der Treppenhausreinigungspflicht auf eine Fremdleistung überzugehen ist grundsätzlich unwirksam, weil die damit verbundene Kostenbelastung nicht jedem Mieter zumutbar ist (**a. A.** Schmid WuM 2008, 631). Eine Individualvereinbarung mit diesem Inhalt ist wirksam. Eine Regelung, die sowohl eine Reinigungspflicht als auch die Umlage der Hausreinigungskosten vorsieht ist unwirksam (Schmid WuM 2008, 631; **a. A.** Wall in: Betriebskosten-Kommentar § 2 BetrKV Rdn. 3516: danach kommt es darauf an, welche Regelung praktiziert wird). Ist der Mieter auf Grund seines Alters oder einer Krankheit zur Erfüllung der Reinigungspflicht nicht mehr in der Lage, so gelten die Ausführungen unter Rdn. 403.

4. Instandhaltungspflicht insgesamt

408 Die Instandhaltungspflicht kann nur insoweit auf den Mieter übertragen werden kann, soweit sie sich auf Schäden erstreckt, die dem Mietgebrauch oder der Risikosphäre des Mieters zuzuordnen sind. Die Übertragung der Instandhaltungslast für Gemeinschaftsflächen ohne Beschränkung der Höhe verstößt gegen § 307 BGB und ist unzulässig, weil dem Mieter bei einer solchen Vertragsgestaltung ein unkalkulierbares Risiko auferlegt würde. Es ist insbesondere unbillig, wenn dem Mieter auch die Haftung für einen Schaden auferlegt wird, der bereits bei Mietbeginn vorlag oder der von einem Dritten verursacht wurde. Es kommt nicht darauf an, ob der Vermieter tatsächlich so verfährt. Maßgeblich ist nur, dass die Inanspruchnahme des Mieters nach dem Wortlaut der Klausel möglich wäre. Daraus folgt: Eine Klausel, wonach der Mieter die gesamte Instandhaltungslast zu tragen hat, verstößt gegen § 307 BGB (BGH NZM 2005, 863; NJW 2014, 3722; OLG Naumburg WuM 2000, 241; OLG Köln WuM 1994, 119; OLG Rostock NZM 2010, 42; Eisenschmid in: Schmidt-Futterer § 535 BGB Rdn. 77; Sternel Rdn. II 357; Schlemminger/Tachezy NZM 2001, 416; Drettmann in: Graf von Westphalen, Vertragsrecht und AGB-Klauselwerke, Geschäftsraummiete Rdn. 49; Fritz, Gewerberaummietrecht Rdn. 183; Wolf in: Lindner-Figura/Oprée/Stellmann, Geschäftsraummiete, Kap 13 Rdn. 187; Wodicka NZM 1999, 1081; Kraemer/Paschke in: Bub/Treier Kap III Rdn. 2621, 2625). Dies gilt auch bei der Vermietung von Einfamilienhäusern und dergleichen (LG Heidelberg NJWE-MietR 1997, 99).

Durch eine **Individualvereinbarung** kann der Mieter – bis zur Grenze des 409
§ 138 BGB – (OLG Saarbrücken NZM 2003, 438) zu weitreichenden Reparatur-
und Instandsetzungsarbeiten verpflichtet werden, auch wenn dies im Ergebnis zu
einer verschuldensunabhängigen Haftung führt (BGH NZM 2002, 655). Zulässig
ist eine Vereinbarung, wonach der Mieter die Räume bei Beendung des Mietvertrags vollständig instandzusetzen hat (BGH NJW-RR 1987, 906; Stapenhorst
NZM 2007, 17, 19). Ebenso kann vereinbart werden, dass „alle Instandsetzungen
und anfallenden Reparaturen in den Mieträumen und am Dach des Mietobjekts zu
Lasten des Mieters" gehen (BGH NZM 2002, 655; Stapenhorst NZM 2007, 17,
19). Ebenso kann der Gewerbemiete durch Individualvereinbarung weitgehend zu
Ausbau-, Reparatur- und Instandsetzungsarbeiten (hier: Herstellung der Beheizbarkeit) verpflichtet werden. Gegen eine solche Vereinbarung bestehen insbesondere keine Bedenken, wenn die Übernahme solcher Arbeiten in die Mietzinskalku-
lation eingeht (Brandenburgisches OLG Urteil vom 22.9.2015 – 6 U 99/14, juris).

5. Teilweise Übertragung der Instandhaltungspflicht

a) Kleinreparaturen. Nach der Rechtsprechung des BGH kann die aus dem 410
Recht der Kostenmiete stammende sog. „Kleinreparaturklausel" (§ 28 Abs. 3 der
II. BV) auch bei freifinanziertem **Wohnraum** vereinbart werden (BGHZ 108, 1
= WuM 1989, 324; dazu Beyer NZM 2011, 697). Diese Klausel ist wirksam, wenn
sie eine **gegenständliche Beschränkung** auf solche Teile der Mietsache enthält,
die häufig dem Zugriff des Mieters ausgesetzt sind. Hierzu gehören entsprechend
§ 28 Abs. 3 Satz 2 der II. BV Installationsgegenstände für Elektrizität, Gas und Wasser, Heiz- und Kocheinrichtungen, Fenster- und Türverschlüsse sowie Verschlussvorrichtungen von Fensterläden. Weiter gehören dazu: Rollläden, Markisen, Jalousien und eventuell mitvermietete Einrichtungsgegenstände wie etwa Kühlschränke,
Waschmaschinen und dergleichen. Die Klausel darf nicht so gefasst sein, dass hierunter auch Rohre und elektrische Leitungen oder solche Gegenstände fallen, mit
denen der Mieter so gut wie nicht in Berührung kommt (AG Charlottenburg GE
2011, 1311). Nach Ansicht des LG Hamburg (WuM 1990, 416) ist die Klausel
auch dann unwirksam, wenn hierdurch auch Glasscheiben erfasst werden, weil
diese nicht dem ständigen Zugriff des Mieters unterliegen (ebenso AG Zosen GE
2015, 922 betr. Spiegel, Verglasungen und Beleuchtungskörper). Eine Kleinreparaturklausel mit überschießendem Inhalt ist – wegen des Verbots der geltungserhaltenden Reduktion – insgesamt unwirksam. Die Klausel muss des Weiteren einen
Höchstbetrag für die Einzelreparatur enthalten: Aus der Klausel soll sich ergeben, bis zu welchem Betrag eine Reparatur als Kleinreparatur gilt. Die Obergrenze dürfte bei etwa 100 Euro brutto liegen (AG Braunschweig ZMR 2005,
717; Börstinghaus JurisPR-MietR 7/2006 Anm. 1; Beyer NZM 2011, 697, 700)
bis 110 Euro (AG Würzburg WuM 2010, 561). Streitig ist, ob auf eine Betragsfest-
setzung verzichtet werden kann, weil sich bereits aus der Verwendung von Begriffen wie „Kleinreparatur" oder „Bagatellschaden" ergibt, dass der Mieter Reparaturen bis zu einer gewissen Höhe tragen soll (bejahend: Wieck WuM 1980, 237;
verneinend: Beuermann GE 1988, 746). Der BGH hat diese Frage offen gelassen.
Es ist nicht zu verkennen, dass der Vermieter ein Interesse an der flexiblen Gestaltung der Klausel hat, weil sich die wirtschaftlichen Verhältnisse und damit die
Reparaturpreise im Verlauf der Mietzeit ändern können. Anderseits dürfte der Begriff der „Kleinreparatur" dem Transparenzgebot des § 307 Abs. 1 Satz 2 BGB nicht
genügen. Es erscheint sachgerecht, wenn das Kostenlimit prozentual zur Miethöhe

(etwa auf 10% der Nettomiete) festgelegt wird. Eine solche Klausel bewirkt zum einen, dass sich die Belastung des Mieters nach dem Wert der Mietsache richtet und zum anderen, dass eine Mieterhöhung zugleich eine Änderung des Kostenlimits zur Folge hat. Beides erscheint sach- und interessengerecht. Schließlich muss die Klausel auch eine **Jahreshöchstgrenze** für den Fall festlegen, dass zahlreiche Kleinreparaturen innerhalb eines bestimmten Zeitraums – etwa binnen eines Jahres – anfallen. Anderenfalls kann der Mieter das Kostenrisiko nicht kalkulieren. Zur Höhe des insoweit zulässigen Betrags hat der BGH ebenfalls nicht Stellung genommen. Das OLG Hamburg (WuM 1991, 385) hält einen Jahreshöchstbetrag in Höhe von einer Monatsmiete für zu hoch. Zweckmäßigerweise sollte die Höchstgrenze auf etwa 8% der Jahresmiete festgesetzt werden (AG Braunschweig a. a. O.; AG Würzburg WuM 2010, 561: 8% der Jahresgrundmiete, höchstens 500.– Euro (Beyer NZM 2011, 697, 701; abweichend AG Hannover WuM 2008, 721, 722: max. 7% der Jahresnettomiete); auf keinen Fall sollte eine Monatsmiete jährlich überschritten werden (vgl. AG Bremen NZM 2008, 247: Danach ist eine Kleinreparaturklausel unwirksam, wenn der Mieter bei einer Monatsmiete von 260.– Euro Kleinreparaturen bis zu einem Einzelbetrag von 200.– Euro und einem Gesamtbetrag von 1000.– Euro/p. a. tragen soll). Die Kosten für eine Kleinreparatur hat der Mieter nur dann zu tragen, wenn die Reparaturmaßnahme erfolgreich gewesen ist. Das Risiko fehlgeschlagener Reparaturversuche verbleibt auch bei der Kleinreparaturklausel beim Vermieter (AG Konstanz WuM 1998, 214). Nach einer in der Literatur vertretenen Ansicht genügt es nicht, wenn die Kleinreparaturklausel lediglich durch einen Höchstbetrag „gedeckelt" wird. Erforderlich sei weiter, dass die Klausel erst eingreift, wenn seit Mietbeginn 25 Monate verstrichen sind (sog. **„24 + 1 – Formel"**); weiter muss dem Mieter nach der Klausel der **Gegenbeweis** offen stehen, dass der Schaden durch einen Dritten verursacht oder mitverursacht wurde (Kappus NZM 2016, 609, 620).

411 **Wartungsklauseln,** die den Mieter zur regelmäßigen Wartung bestimmter Einrichtungen (z. B. von Warmwassergeräten, von Etagenheizungen) verpflichten, sind nach denselben Grundsätzen wie die Klauseln über die Kleinreparaturen zu beurteilen (BGH WuM 1991, 381). Deshalb ist eine Klausel, wonach der Mieter verpflichtet ist, Thermen einmal im Jahr durch einen Fachmann warten zu lassen, unwirksam, wenn sie keine Kostenbegrenzung enthält (BGH a. a. O.). Der Vermieter hat allerdings die Möglichkeit, die Wartungskosten als Betriebskosten auf den Mieter umzulegen.

Die Klausel: *„Die in diesen Mieträumen befindliche Gasheizung ist Eigentum des Vermieters. Die jährliche Wartung wird vom Vermieter durch Sammelauftrag bei der Firma ... durchgeführt. Der Mieter hat diese anteiligen Kosten nach erfolgter Arbeit und Rechnungslegung dem Vermieter zu erstatten."* hat der BGH für wirksam erachtet (BGH NJW 2013, 597 = WuM 2013, 31 = NZM 2013, 84).

412 Beträge die in Unkenntnis der Unwirksamkeit der Klausel bezahlt worden sind, kann der Mieter nach **Bereicherungsgrundsätzen** zurückfordern (Beyer NZM 2011, 697, 702). Die Verjährung richtet sich nach § 548 Abs. 2 548 BGB. Auch bei wirksamer Kleinreparaturklausel kann der Mieter mindern, wenn der Vermieter den Schaden nicht behebt (Beyer NZM 2011, 697, 703).

413 **b) Unwirksame Klauseln bei der Wohnraummiete.** Neben den Kosten für Kleinreparaturen können auf den Wohnraummieter keine weiteren Instandhaltungs- und Instandsetzungspflichten übertragen werden. Eine Klausel, wonach der Mieter für alle Reparaturen einen **anteiligen Betrag** zu zahlen hat, verstößt gegen

Inhalt und Hauptpflichten des Mietvertrags **BGB § 535**

§ 307 BGB (BGH WuM 1991, 381). Gleiches gilt für Klauseln, nach denen sich der Mieter auch an jeder **Neuanschaffung** der von der Kleinreparaturpflicht umfassten Gegenstände beteiligen muss (BGH a. a. O.). Ebenso ist eine Klausel unwirksam, wonach der Mieter verpflichtet ist, die Kleinreparaturen entweder selbst durchzuführen oder im eigenen Namen einen Handwerker zu beauftragen (sog. **„Vornahmeklausel"**; BGHZ 118, 194 = WuM 1992, 355; BayObLG WuM 1997, 362). Es kommt nicht darauf an, ob die Reparaturpflicht gegenständlich und beitragsmäßig beschränkt ist (BGH a. a. O.). Deshalb ist auch die Bagatellschadensklausel in § 8 des Mustermietvertrags, wonach der Mieter „kleine Instandhaltungen … auf eigene Kosten fachgerecht auszuführen" hat, unwirksam. Dies beruht auf der Erwägung, dass durch eine solche Klausel die Gewährleistungsrechte des Mieters nach § 536 BGB tangiert werden; § 536 BGB kann bei der Wohnraummiete aber nicht zum Nachteil des Mieters abbedungen werden.

c) Gartenpflege. Bei der Vermietung eines Einfamilienhauses kann vereinbart **414** werden, dass der Mieter den Garten zu pflegen hat. Ist vereinbart, dass der Mieter die Gartenpflege zu übernehmen hat und wird der Umfang der Verpflichtung unter Bezugnahme auf § 2 Nr. 10 BetrKV konkretisiert, so schuldet der Mieter die dort beschriebenen Arbeiten (LG Frankfurt NZM 2005, 338). Mangels einer derartigen Konkretisierung sind unter dem Begriff der Gartenpflege nur einfache Pflegearbeiten zu verstehen. Das sind solche Arbeiten, die weder besondere Fachkenntnisse noch einen besonderen Zeit- oder Kostenaufwand erfordern. Hierzu gehören beispielsweise Rasenmähen, Unkrautjäten und das Entfernen von Laub. Alle anderen Arbeiten sind Sache des Vermieters. Hinsichtlich der Gartengestaltung hat der Mieter ein weites Ermessen. Ein Direktionsrecht steht dem Vermieter mangels einer besonderen Absprache nicht zu. Der Mieter kann auch einen sog. „Naturgarten" anlegen. Die Grenze ist da zu ziehen, wo der Mieter den Garten nicht mehr wild wachsen, sondern verwildern und verkommen lässt (OLG Düsseldorf NZM 2004, 866 = WuM 2004, 603).

d) Geschäftsraummiete. Der Umfang der übertragbaren Pflichten ist bei der **415** Gewerberaummiete weiter als bei der Wohnraummiete (OLG Naumburg WuM 2000, 241; Eisenschmid in: Schmidt-Futterer § 535 BGB Rdn. 77; Joachim NZM 2003, 387; Kinne in Festschrift Blank 2006 S. 249). Es gelten folgende **Grundsätze: (1)** Bei der Vermietung von Gewerberäumen kann die **Erhaltungspflicht** durch Allgemeine Geschäftsbedingungen auf den Mieter übertragen werden, soweit sie sich auf den Mietgebrauch bzw. auf die Risikosphäre des Mieters bezieht. Deshalb ist eine Formularklausel wirksam, wonach der Mieter bei Mietende eine „sach- und fachgerechte Komplettrenovierung" vorzunehmen hat. Nach dieser Klausel schuldet der Mieter außer den Schönheitsreparaturen auch die Beseitigung von Mietschäden und von sonstigen durch Abnutzung, Alterung oder Witterungseinwirkungen entstandenen Mängeln (OLG Frankfurt/Mieter, ZMR 2013, 29). Aus der Übernahme der Instandhaltungspflicht folgt nicht, dass der Mieter auch die Instandsetzungslast zu tragen hat und Reparaturen ausführen muss (Löfflad in: Lützenkirchen, AHB-Mietrecht, H Rdn. 21; Kraemer/Paschke in: Bub/Treier Kap III Rdn. 2621 ff; **a. A.** Streyl NZM 2014, 409, 412). **(2)** Bei der Gewerbemiete sind sowohl Kostentragungsklauseln als auch Vornahmeklauseln zulässig (Streyl NZM 2014, 409, 412). Jedoch sind derartige Klauseln nur wirksam, wenn der Mieter zumindest im Groben erkennen kann, welches Kostenrisiko er zu tragen hat; bei Vornahmeklauseln ist diese Voraussetzung i. d. R. nicht gegeben (Streyl a. a. O.). Die Instandhaltungs- und Instandsetzungspflicht darf nur solche **Abnutzungen**

umfassen, die **aus dem Mietgebrauch** folgen und sich auf die **Einflusssphäre des Mieters** beschränken (BGH NJW-RR 1987, 906; NZM 2005, 863; Sternel Mietrecht Rdn. II 364; Eisenschmid in: Schmidt-Futterer § 535 BGB Rdn. 77; Drettmann in: Graf von Westphalen, Vertragsrecht und AGB-Klauselwerke, Geschäftsraummiete Rdn. 49; Fritz, Gewerberaummietrecht Rdn. 183; Löfflad in: Lützenkirchen, AHB-Mietrecht, 3. Aufl. H Rdn. 23; Kraemer/Paschke in: Bub/Treier Kap III Rdn. 2621 ff), oder der Verminderung von Betriebskosten dienen (Sternel a. a. O.). **(3)** Ebenso umfasst die Instandhaltungs- und Instandsetzungspflichten nicht die Pflicht zur **Ersatzbeschaffung** von Gegenständen, die infolge ihres Alters unbrauchbar geworden sind. **(4)** Weiterhin darf dem Mieter keine Instandhaltungs- und Instandsetzungspflicht für solche Veränderungen auferlegt werden, die durch **Maßnahmen des Vermieters oder durch Dritte** verursacht wurden (BGH NZM 2005, 863). Gleiches gilt für die Instandhaltungs- und Instandsetzungspflicht für **Gegenstände außerhalb der Miträume. (5)** Von dem letztgenannten Grundsatz macht die h. M. allerdings eine Ausnahme. Danach kann der Mieter von Gewerberaum verpflichtet werden, sich an den Kosten für die Instandhaltung und Instandsetzung **gemeinschaftlicher Hausteile** zu beteiligen, wenn die Klausel eine Kostenbegrenzung enthält (Streyl NZM 2014, 409, 412). In Rechtsprechung und Literatur wird hierzu die Begrenzung auf einen bestimmten Prozentsatz von der Jahresmiete vorgeschlagen. Als angemessen und zumutbar wird ein Betrag von 10% der Jahresmiete angesehen (KG NJW-RR 2003, 586; Bub NZM 1998, 789, 793; Wodicka NZM 1999, 1081; Eisenschmid in: Schmidt-Futterer § 535 BGB Rdn. 79; Fritz Gewerberaummietrecht Rdn. 183, 229 Wolf in: Lindner-Figura/Oprée/Stellmann, Geschäftsraummiete, Kap 13 Rdn. 185; Löfflad in: Lützenkirchen, AHB-Mietrecht, 3. Aufl. H Rdn. 27; Wodicka NZM 1999, 1081; **a. A.** Sternel, Mietrecht Rdn. II 364). **(6)** Ist **Teileigentum** vermietet, so kann der Teileigentümer die Kosten für Instandhaltung und Instandsetzung des Gemeinschaftseigentums, wie sie in der Wohngeldabrechnung enthalten sind, auf den Mieter abwälzen. Hierzu ist eine klare und eindeutige Vereinbarung erforderlich. Die Verwendung des Begriffs „Wohngeld" genügt nicht (LG Karlsruhe GuT 2002, 177; Pfeilschifter GuT 2002, 163). Eine Formularklausel muss auch hier so gefasst werden, dass die Belastung des Mieters kalkulierbar ist (OLG Dresden NJW-RR 1997, 395, 396; ähnlich Pfeilschifter GuT 2002, 163: danach muss die Belastung in einer angemessenen Relation zur Miethöhe stehen; Schmid GuT 2002, 165: Die Belastung muss auf ca. 10% der Jahresmiete beschränkt werden). Bei der Risikobeschränkung ist die Möglichkeit der Versicherbarkeit zu berücksichtigen (Schmid GuT 2002, 165). Instandsetzungskosten die außerhalb der Miträume anfallen, können nicht dem Mieter auferlegt werden. Gleiches gilt für Schäden die bei Mietbeginn vorhanden sind und solche Schäden, die infolge höherer Gewalt oder infolge Einwirkung Dritter verursacht werden, sowie für Kosten einer Ersatzbeschaffung für irreparable Anlagen (Schmid a. a. O.). Die Kosten der Instandhaltungsrücklage können nicht durch Formularvertrag auf den Mieter umgelegt werden (KG NZM 2003, 395).

6. Schönheitsreparaturen

416 Die Durchführung von Schönheitsreparaturen ist nach § 535 Abs. 1 Satz 2 BGB Sache des Vermieters. Ist vereinbart, dass der Vermieter die Schönheitsreparaturen auszuführen hat, und dass der Mieter hierfür neben der Grundmiete und den Betriebskosten einen monatlich gleichbleibenden **Zuschlag für die Schönheits-**

reparaturen schuldet, so ist eine solche Abrede nicht anders zu bewerten, als wenn sogleich eine um diesen Zuschlag höhere Grundmiete ausgewiesen wäre. In beiden Fällen hat der Mieter den Gesamtbetrag zu entrichten und zwar unabhängig davon, ob und welcher Aufwand dem Vermieter für die Durchführung von Schönheitsreparaturen tatsächlich entsteht; es handelt sich mithin um einen bloßen (aus Sicht des Mieters belanglosen) Hinweis des Vermieters auf seine interne Kalkulation. Solche **„Preishauptabreden"** unterliegen nicht der der AGB-Kontrolle (§ 307 Abs. 3 Satz 1 BGB). Bei späteren Mieterhöhungen zählt der Zuschlag zur Ausgangsmiete, ist also als Teil der Grundmiete zu behandeln (BGH Beschluss vom 30.5.2017 – VIII ZR 31/17). Anders ist es zu bewerten, wenn der Mieter nach den vertraglichen Vereinbarungen verpflichtet ist, dem Vermieter die für die Schönheitsreparaturen aufgewendeten Kosten zu erstatten. Eine solche **Kostenerstattungsklausel** ist intransparent, weil der Mieter das Entgelt für die Überlassung der Wohnung nicht kalkulieren kann (s. Rdn. 112).

Eine Verkehrssitte, wonach der Mieter auch ohne vertragliche Vereinbarung die Schönheitsreparaturen zu tragen hätte, besteht nicht (BGH WuM 1987, 306). Der Umstand, dass der Mieter jahrzehntelang Schönheitsreparaturen durchgeführt hat, ohne hierzu verpflichtet zu sein, begründet auch keine entsprechende Vertragspflicht für die Zukunft (LG Berlin MDR 1984, 316; **a. A.** Glaser ZMR 1989, 1). **416a**

Enthält der **Mietvertrag keine wirksame Renovierungsverpflichtung,** so gelten folgende **Grundsätze** (Blank PiG 75 (2006) S. 17 ff): **(1)** Der Mieter hat gegen den Vermieter einen **Anspruch auf Durchführung von Schönheitsreparaturen,** wenn dies auf Grund des Zustands der Räume erforderlich ist. Dies folgt aus § 306 Abs. 2 BGB (**a. A.** LG Berlin WuM 2018, 557: danach wird auf Grund der Lückenfüllung entsprechend der gesetzlichen Regelung das Vertragsgefüge zugunsten des Mieters verschoben, was nicht sachgerecht sei). Dies gilt auch dann, wenn der Mieter die Schönheitsreparaturen in Unkenntnis der Unwirksamkeit der Renovierungsklausel ausgeführt hat und diese Arbeiten mangelhaft sind (BGH WuM 2015, 350). Ein eventueller Schadensersatzanspruch des Vermieters wird hiervon nicht berührt (s. Rdn. 421). Übernimmt der Mieter eine renovierungsbedürftige Wohnung, so ist hierin zwar ein Verzicht auf die Anfangsrenovierung zu sehen (BGHZ 101, 253 = NJW 1987, 2575, 2577; zweifelnd Flatow NZM 2010, 641, 643). Die während des Mietverhältnisses fälligen Schönheitsreparaturen sind jedoch vom Vermieter zu tragen (Sternel NZM 2007, 545, 547 und ZMR 2008, 501; **a. A.** LG Berlin WuM 2018, 557; Horst DWW 2007, 48; Lehmann-Richter GE 2007, 1031). Diese werden fällig, wenn (vom Zeitpunkt der Übergabe gerechnet) die üblichen Renovierungsfristen abgelaufen sind. Der Umstand, dass der Mieter den Vermieter über lange Zeit nicht auf Durchführung von Schönheitsreparaturen in Anspruch genommen hat, führt zu keiner Änderung des Mietvertrags. Der Mieter kann also für die Zukunft verlangen, dass der Vermieter Schönheitsreparaturen durchführt. Der Gesichtspunkt der Verwirkung spielt hier keine Rolle (**a. A.** LG Berlin GE 1996, 473). Ebenso ist es unerheblich, dass der Mieter selbst jahrelang nicht renoviert hat (LG Limburg WuM 2010, 625). Weist die Wohnung allerdings Mängel auf, die auf einen vertragswidrigen Gebrauch der Mietsache zurückzuführen sind, so sind diese Mängel vom Mieter zu beseitigen (LG Limburg a. a. O.). Gleiches gilt, wenn infolge der unterlassenen Renovierung Schäden entstanden sind, die durch übliche Renovierungsmaßnahmen nicht beseitigt werden können. **417**

(2) Ist der Vermieter zur Durchführung der Schönheitsreparaturen verpflichtet, so steht ihm das **Bestimmungsrecht hinsichtlich der Art und Weise der Ausführung** der Schönheitsreparaturen zu (Harsch MDR 2012, 201, 202). Der Ver- **418**

§ 535 BGB Untertitel 1. Allgemeine Vorschriften für Mietverhältnisse

mieter ist nicht verpflichtet, mit dem Mieter die Art und Weise der Renovierung abzusprechen oder auf dessen Gestaltungswünsche Rücksicht zu nehmen (Harsch a. a. O.).

419 (3) Bei Nichterfüllung hat der Mieter **Gewährleistungsansprüche** nach § 536 BGB. Der Mieter kann die Schönheitsreparaturen selbst durchführen und gem. **§ 536a Abs. 2 Nr. 1 BGB** Kostenersatz verlangen, wenn sich der Vermieter mit der Durchführung der Schönheitsreparaturen in Verzug befindet. In diesem Fall steht dem Mieter das Bestimmungsrecht hinsichtlich der Art und Weise der Schönheitsreparaturen zu (Harsch MDR 2012, 201, 202). Entstehen dem Vermieter durch eine unsachgemäße Renovierung weitere Kosten (z. B. weil der Mieter an Stelle der Tapeten einen Rauputz angebracht hat), so hat er bei Vertragsende einen Beseitigungsanspruch gegenüber dem Mieter. In den Fällen des § 536a BGB hat der Mieter **Anspruch auf einen Vorschuss** in Höhe der Handwerkerpreise (Flatow NZM 2010, 641, 643). Hierüber hat er nach Durchführung der Schönheitsreparaturen abzurechnen. Für Eigenleistungen kann der Mieter nicht die Handwerkerkosten, sondern lediglich eine angemessene Vergütung in Ansatz bringen (s. unten (5)). Werden die Schönheitsreparaturen nicht binnen angemessener Zeit durchgeführt, so ist der Vorschuss zurückzuzahlen (s. § 536a BGB Rdn. 68).

420 (4) Hat der Mieter Schönheitsreparaturen durchgeführt, obwohl er hierzu nicht verpflichtet war, so hat der Mieter die **Renovierungsleistung ohne Rechtsgrund** erbracht. Deshalb schuldet der Vermieter Wertersatz nach **§ 818 Abs. 2 BGB**. Maßgeblich ist die übliche Vergütung für die vom Mieter geleistete Arbeit (**a. A.** Artz NZM 2015, 801, 804: danach ist der Wertzuwachs beim Vermieter maßgebend). Nach der Rechtsprechung des BGH ist diese wie folgt zu bemessen: Hat der Mieter einen Handwerksbetrieb beauftragt, so kann er grundsätzlich den Rechnungsbetrag ersetzt verlangen, wenn dieser den üblichen Preisen entspricht. Hat der Mieter die Renovierung in Eigenarbeit erledigt oder durch Bekannte erledigen lassen, so kann der Mieter die Materialkosten sowie eine billige Entschädigung für die eingesetzte Arbeitszeit (7,50 € bis 10.– €, Flatow NZM 2010, 641, 645) und die an die Helfer gezahlte Vergütung verlangen. Die entsprechenden Beträge sind vom Gericht nach § 287 ZPO zu schätzen. Dabei kann es eine Rolle spielen, ob der Mieter die Arbeiten „in selbständiger beruflicher Tätigkeit ausgeführt hat (BGH NJW 2009, 2590 = WuM 2009, 395 = NZM 2009, 541). Entgegen einer in der Literatur vertretenen Auffassung (Lorenz NJW 2009, 2576) ergibt die Differenzierung zwischen den Handwerkerleistungen und der Renovierung durch den Mieter durchaus einen Sinn. Leistungen von Handwerkern oder Unternehmen haben i. d. R. einen anderen Marktwert als die gleichartige Leistung einer Privatperson (Blank NZM 2010, 97). Bei Qualitätsmängeln ist dieser Betrag zu mindern. Gleiches gilt, wenn durch die Renovierung auch Schäden beseitigt wurden, die der Mieter zu vertreten hat (AG Hannover WuM 2010, 146). Diese Grundsätze gelten unabhängig davon, ob die nicht geschuldeten Schönheitsreparaturen unmittelbar vor der Rückgabe der Mietsache oder während der Mietzeit durchgeführt wurden (**a. A.** LG Berlin GE 2015, 918: danach setzt der Bereicherungsanspruch im letztgenannten Fall voraus, dass der Vermieter den Dekorationserfolg im Zuge der Weitervermietung nutzen kann). Jedoch kann dem Mieter in einem solchen Fall ein Anspruch aus § 536a BGB zustehen, allerdings nur, wenn die Schönheitsreparaturen zur Beseitigung eines Mangels erforderlich waren und sich der Vermieter mit der Beseitigung des Mangels in Verzug befunden hat.

421 (5) Wird der **Zustand der Räume** durch eine vom Mieter nicht geschuldete Renovierung **verschlechtert,** so hat der Vermieter Anspruch auf Schadensersatz.

Maßgeblich ist, ob der vom Mieter geschaffene Zustand schlechter ist als der Zustand der unrenovierten Wohnung (AG Köln WuM 2007, 125).

(6) Verwendet der Vermieter einen Mietvertrag mit unwirksamer Klausel, so stehen dem Mieter u. U. Schadensersatzansprüche aus Verschulden bei Vertragsschluss sowie aus Pflichtverletzung zu. Die **Haftung aus Verschulden bei Vertragsschluss** setzt voraus, dass bereits die Einbeziehung der unwirksamen Klausel zu einem Schaden führt, z. B., weil der Kunde auf die Wirksamkeit der Klausel vertraut (Schmidt WuM 2010, 191, 194; Flatow NZM 2010, 641, 644). Am Verschulden wird es fehlen, wenn die vom Vermieter verwendete Klausel zur Zeit des Vertragsschlusses vom BGH noch nicht beanstandet wurde. Es genügt nicht, dass die Klausel in der Kommentarliteratur als „fraglich" bezeichnet wurde (LG Kassel WuM 2010, 681 betreffend eine Klausel, wonach der Mieter „nur mit Zustimmung des Wohnungsunternehmens von der bisherigen Ausführungsart abweichen" darf). Eine **Haftung aus Pflichtverletzung** ist in Erwägung zu ziehen, wenn der Verwender der Klausel entweder Rechte aus der unwirksamen Vereinbarung herleitet oder nicht auf die Unwirksam der Klausel hinweist, obwohl es hierzu einen konkreten Anlass gibt (Schmidt WuM 2010, 191, 194; Flatow NZM 2010, 641, 644). Erkennt der Vermieter beispielsweise, dass ein von ihm verwendetes Vertragsformular unwirksame Regelungen über die Durchführung von Schönheitsreparaturen enthält und dass der Mieter irrig von der Wirksamkeit der Regelungen ausgeht, so muss er den Mieter über die Rechtslage aufklären. Unterlässt er dies und entsteht dem Mieter dadurch ein Schaden, so ist der Vermieter zum Ersatz verpflichtet (BGH NJW 2009, 2590 = WuM 2009, 395 = NZM 2009, 541; Blank WuM 2004, 243, 247 und PiG 75 (2006) S. 17, 26; Pfeilschifter WuM 2003, 543; Sternel NZM 2007, 545, 549; ZMR 2008, 501; Flatow NZM 2010, 641, 644; im Ergebnis ebenso: Artz NZM 2007, 265, 272: danach besteht jedenfalls eine Aufklärungspflicht, wenn der Vermieter erkennt, dass der Mieter auf Grund einer unwirksamen Klausel renoviert). Der Ersatzanspruch setzt ein Verschulden des Vermieters voraus. Hierbei genügt Fahrlässigkeit. Im Zweifel muss der Vermieter Rechtsrat einholen (BGH NJW 1994, 2754, 2755). Wird der Vermieter fehlerhaft beraten, so muss er sich dies zurechnen lassen. Ebenso muss der Vermieter für Pflichtverletzungen eines Hausverwalters einstehen. Ein Hausverwalter muss die obergerichtliche Rechtsprechung kennen. Deshalb fällt dem Hausverwalter zumindest Fahrlässigkeit zur Last, wenn er den Mieter trotz unwirksamer Klausel zur Durchführung von Schönheitsreparaturen auffordert (KG NJW 2009, 2688 = NZM 2009, 616). Dem Mieter kann ein Mitverschulden zur Last fallen. Ebenso wie bei der Haftungsbegründung kommt es nicht auf einen individuellen sondern auf einen objektiv abstrakten Sorgfaltsmaßstab an. Deshalb ist zu fragen, ob ein durchschnittlicher Mieter weiß, dass zahlreiche Formularverträge unwirksame Renovierungsklauseln enthalten. Da die Medien über die Rechtsprechung des BGH intensiv berichten, kann dies nicht ohne weiteres verneint werden.

(7) Von einigen Oberlandesgerichten und von Teilen der Literatur wird die Ansicht vertreten, dass dem Vermieter von **freifinanziertem Wohnraum** ein **Zuschlag zur ortsüblichen Miete** zusteht, wenn der Mietvertrag eine unwirksame Renovierungsklausel enthält (OLG Koblenz WuM 1985, 15; OLG Karlsruhe NZM 2007, 481; OLG Frankfurt WuM 2008, 82). Der BGH teilt diese Ansicht nicht (BGH NJW 2008, 2840; NJW 2009, 1410 = WuM 2009, 240 = NZM 2009, 313). Er begründet dies mit folgenden Erwägungen: **(7.1)** Die gesetzliche Regelung in § 558 Abs. 1 Satz 1 BGB sieht einen solchen Zuschlag nicht vor. **(7.2)** Er kann auch nicht aus dem Sinn und Zweck der Vorschrift abgeleitet werden, weil

§ 535 BGB Untertitel 1. Allgemeine Vorschriften für Mietverhältnisse

danach die Anpassung der Miete an die Marktverhältnisse ermöglicht werden soll; die Berücksichtigung von Kostenelementen steht damit nicht im Einklang. **(7.3)** Aus dem Umstand, dass die Schönheitsreparaturen nach der Rechtsprechung des BGH Teil der Gegenleistung sind, kann der Vermieter nichts für sich herleiten. Aus der Bewertung der Renovierungsklausel als Teil der Miete folgt nur, dass die Durchführung der Renovierungsverpflichtung ohne Verstoß gegen § 307 BGB auf den Mieter übertragen werden kann. **(7.4)** Zwar kann dem Vermieter ein Zuschlag zur ortsüblichen Miete zugebilligt werden, wenn er einen Teil der Betriebskosten trägt; eine Gleichsetzung der Schönheitsreparaturen mit den Betriebskosten verbietet sich aber deshalb, weil die Umlage der Betriebskosten in § 556 BGB gesetzlich vorgesehen ist, die Umlage der Schönheitsreparaturen aber nicht. **(7.5)** Eine ergänzende Vertragsauslegung nach § 133, 157 BGB setzt voraus, dass dispositives Gesetzesrecht zur Füllung der Lücke nicht zur Verfügung steht und die ersatzlose Streichung der unwirksamen Klausel keine angemessene, den typischen Interessen des AGB-Verwenders und seines Vertragspartners Rechnung tragende Lösung bietet. Der ersatzlose Wegfall der Renovierungsklausel hat zur Folge, dass die Schönheitsreparaturen vom Vermieter zu tragen sind (§ 535 Abs. 1 Satz 2 BGB); eine Gesetzeslücke besteht nicht. **(7.6)** Die Anwendung der Regeln über den Wegfall der Geschäftsgrundlage (§ 313 BGB) scheidet aus. Danach kommt eine Vertragsanpassung in Betracht, wenn einer Partei das Festhalten am unveränderten Vertrag nicht zugemutet werden kann. Jedoch darf die Vertragsanpassung nicht zu einer Änderung der zwischen den Parteien bestehenden Risikoverteilung führen. Das Risiko unwirksamer Klauseln ist jedoch gem. § 306 Abs. 2 BGB vom Vermieter zu tragen. **(7.7)** Eine Formularklausel, wonach der Vermieter berechtigt ist, im Falle einer Mieterhöhung einen Zuschlag für Schönheitsreparaturen zu verlangen, wenn sich die Renovierungsklausel als unwirksam erweist, weicht von der zwingenden gesetzlichen Regelung in § 558 BGB ab und ist unwirksam (LG Berlin Urteil vom 27.1.2015 – 16 O 442/14, juris). **(7.8)** Der Vermieter von freifinanziertem Wohnraum hat auch dann keinen Anspruch auf einen Zuschlag zur ortsüblichen Miete, wenn er aufgrund des Mietvertrags die Schönheitsreparaturen zu tragen hat (AG Wiesbaden NZM 2011, 312; **a. A.** LG Darmstadt WuM 2011, 286 m.abl. Anm. Blank).

424 **(8)** Die unter Ziff. (7) zitierten Entscheidungen des BGH gelten nur für den freifinanzierten Wohnraum. Bei **öffentlich gefördertem, preisgebundenem Wohnraum** gelten folgende Grundsätze: **(8.1.)** Der Vermieter ist berechtigt, die Kostenmiete einseitig um den Zuschlag nach § 28 Abs. 4 II. BV zu erhöhen, wenn die im Mietvertrag enthaltene Klausel über die Abwälzung der Schönheitsreparaturen auf den Mieter unwirksam ist (BGHZ 185, 114 = NJW 2010, 1590 = WuM 2010, 296 = NZM 2010, 369 m. Anm. Blank LMK 2010, 303620; WuM 2010, 750 = NZM 2011, 31; WuM 2011, 112 = NZM 2011, 478; WuM 2013, 174; ebenso: Bellinger WuM 2009, 158; Flatow WuM 2009, 208; Feßler/Roth WuM 2009, 560, 563; **a. A.** AG Stuttgart-Bad-Cannstadt WuM 2009, 674; Wüstefeld WuM 2009, 697). **(8.2.)** Der Umstand, dass der Mieter eine Anfangsrenovierung durchgeführt hat, spielt nach der Ansicht des BGH keine Rolle (BGH WuM 2013, 174). **(8.3.)** Der Vermieter kann die Erhöhung rückwirkend seit Beginn des der Mieterhöhungserklärung vorangehenden Kalenderjahres verlangen, wenn im Mietvertrag – wie vorliegend – vereinbart ist, dass die jeweils zulässige Miete als vertragliche Miete gilt (§ 4 Abs. 8 Sätze 1 und 2 NMV). Die fragliche Vorschrift setzt zwar eine „Mieterhöhung wegen Erhöhung der laufenden Aufwendungen" voraus. Insoweit kann fraglich sein, ob sich die Aufwendungen des Vermieters im Falle einer von Anfang an unwirksamen Klausel erhöhen. Der BGH lässt dies offen: jedenfalls sei die Vorschrift in diesen Fällen entsprechend anwendbar (BGHZ 185, 114 = NJW 2010, 1590 = WuM 2010, 296 = NZM 2010, 369). **(8.4.)** Der Kostenansatz für Schönheitsreparaturen beträgt nach § 28 Abs. 4 S. 2 der II. BV „höchstens" 8,50 Euro/qm jährlich. Es handelt sich um einen Höchstbetrag; der zulässige Kostenansatz kann demnach auch geringer sein. Nach der Ansicht des BGH darf der Vermieter stets den Höchstsatz ansetzen. Er folgert dies aus dem „Zweck der Pauschalierung"; hierdurch soll dem Vermieter eine konkrete Berechnung erspart werden. Im Hinblick auf die gesetzliche Regelung sei es auch nicht erforderlich, dass der Mieterhöhung eine Wirtschaftlichkeitsberechnung beigefügt wird (BGHZ 185, 114 = NJW 2010, 1590 = WuM 2010, 296 = NZM 2010, 369). **(8.5.)** Dem Vermieter kann es im Einzelfall nach Treu und Glauben (§ 242 BGB) verwehrt sein, sich auf die Unwirksamkeit der Klausel zu berufen (BGH WuM 2010, 750 = NZM 2011, 31 unter Rz. 5; Urteil vom 20.9.2017 – VIII ZR 250/16, Rdn. 12). Hiervon ist insbesondere in den Fällen auszugehen, in denen der Mieter an der unwirksamen Renovierungsklausel festhalten will um die höhere Miete zu vermeiden (BGH WuM 2010, 750 = NZM 2011, 31; Börstinghaus WuM 2007, 426; **a. A.** LG Frankfurt/M ZMR 2014, 210 (das sich allerdings zu Unrecht auf BGH WuM 2011, 112 stützt); Feßler/Roth WuM 2009, 560, 563). In dem Urteil vom 20.9.2017 – VIII ZR 250/16, Rdn. 19 hat der BGH klargestellt, dass der Rückgriff auf § 242 BGB nur dann in Erwägung zu ziehen ist, wenn der Mieter die konkret vereinbarte (unwirksame) Klausel gegen sich gelten lassen will; eine entsprechende Erklärung muss der Mieter „zeitnah" zum Erhöhungsverlangen des Vermieters abgeben. Der Vermieter ist nicht verpflichtet, dem Mieter vor dem Erhöhungsverlangen eine wirksame Abwälzungsklausel anzubieten oder ein entsprechendes Angebot des Mieters anzunehmen (BGH Urteil vom 20.9.2017 – VIII ZR 250/16). Ebenfalls scheidet die Berufung des Mieters auf § 242 BGB aus, wenn der Vermieter dem Mieter vor Durchführung des Mieterhöhungsverfahrens den Abschluss einer wirksamen Renovierungsklausel angeboten und der Mieter das Angebot abgelehnt hat. **(8.6.)** Die Entscheidung des BGH (BGHZ 185, 114 = NJW 2010, 1590 = WuM 2010, 296 = NZM 2010, 369) ist nur für solche öffentlich geförderten Wohnungen von Bedeutung, deren Entgelt durch die Kostenmiete bestimmt wird. Dies betrifft die Länder Bayern, Bremen und Hamburg, deren Landesgesetze an die Kostenmiete anknüpfen, sowie alle Länder, für die das WoBindG unmittelbar gilt. Im Land Baden-Württemberg richtet sich die Miete für öffentlich-geförderte, preisgebundene Wohnungen nach dem Landeswohnraumförderungsgesetz (LWoFG). Maßstab für die Mieterhöhung ist die ortsübliche Miete. Die Entscheidung des BGH ist nicht anwendbar; vielmehr gelten die unter Ziff. (7) dargelegten Grundsätze. **(8.7)** Ist die Preisbindung beendet, so gelten für die Mieterhöhung ausschließlich die für den freifinanzierten Wohnraum geltenden Grundsätze. Ein gesonderter Zuschlag für Schönheitsreparaturen kommt dann nicht mehr in Betracht (BGH NJW 2012, 145 = WuM 2012, 27 = NZM 2012, 80).

(9) Dem Vermieter steht wegen der veränderten Vertragssituation **kein Kündigungsrecht** zu.

(10) Die Parteien können vertraglich vereinbaren, dass eine unwirksame Renovierungsklausel durch eine wirksame Klausel ersetzt wird. Dies ist auch durch Formularvertrag möglich. Der Vermieter darf allerdings die Unwissenheit des Mieters nicht ausnützen; vielmehr muss er den Mieter auf die Unwirksamkeit der Regelung hinweisen. Ohne einen solchen Hinweis ist die Vereinbarung intransparent. Ob der Mieter auf Grund einer solchen **Heilungsvereinbarung** verpflichtet ist, die in der

§ 535 BGB Untertitel 1. Allgemeine Vorschriften für Mietverhältnisse

davorliegenden Zeit entstandenen Abnutzungen zu beseitigen, richtet sich nach dem Inhalt der Vereinbarung. Regelmäßig wirkt die Heilungsvereinbarung zurück (§ 141 Abs. 2 BGB (Klimke WuM 2010, 8, 9; **a. A.** LG München II NZM 2008, 608).

427 **(11)** Erklärt der Mieter in einem Protokoll über die Wohnungsrückgabe, dass er Schönheitsreparaturen ausführen wird, so liegt hierin regelmäßig kein konstitutives sondern ein **deklaratorisches Schuldanerkenntnis.** Dieses ist nichtig, wenn die Regelung im Mietvertrag betreffend die Übertragung der Schönheitsreparaturen auf den Mieter wegen Verstoßes gegen § 307 BGB unwirksam ist (AG Hildesheim NZM 2009, 738). Unbeschadet hiervon können die Parteien im Wege eines individuell vereinbarten **Vergleichs** vereinbaren, dass der Mieter Schönheitsreparaturen ausführt. Jedoch setzt das Zustandekommen einer Individualvereinbarung voraus, dass der Mieter die Unwirksamkeit der Renovierungsklausel erkennt, aber gleichwohl zur Durchführung von Schönheitsreparaturen bereit ist, etwa weil er hierfür eine Gegenleistung erhält. Diese Voraussetzungen sind vom Vermieter zu beweisen (OLG Düsseldorf WuM 2012, 214).

428 **(12)** Bestehen hinreichende Anhaltspunkte, dass eine Renovierungsklausel unwirksam ist, so kann der Mieter **Feststellungsklage** erheben. Ein Feststellungsinteresse im Sinne von § 256 ZPO liegt vor, wenn der Vermieter den Mieter zur Durchführung von Schönheitsreparaturen auffordert oder wenn der Mieter befürchten muss, dass sich der Vermieter auf die Wirksamkeit der Renovierungsklausel beruft. Hierfür reicht es jedenfalls aus, wenn der Mieter den Vermieter auffordert, sich entsprechend zu erklären und der Vermieter die Anfrage nicht beantwortet (BGH NJW 2010, 1877 = WuM 2010, 143 = NZM 2010, 237).

429 Die Regelung in § 535 Abs. 1 Satz 2 BGB gilt auch für Mietverträge über Wohnungen in den **Neuen Bundesländern,** wenn der Mietvertrag nach dem 2.10.1990 abgeschlossen worden ist. Ist der Mietvertrag dagegen vor dem 3.10.1990 abgeschlossen worden, so richten sich die jeweiligen Verpflichtungen nach der Ausgestaltung des Mietvertrags. Nach der gesetzlichen Regelung in § 104 Abs. 1 ZGB waren die Schönheitsreparaturen während der Mietzeit vom Mieter auszuführen. Diese Regelung ist mit Wirkung vom 3.10.1990 ersatzlos entfallen. Dies hat zur Folge, dass die Schönheitsreparaturen entsprechend der Regelung in § 535 BGB ab diesem Zeitpunkt dem Vermieter obliegen. Gleiches gilt, wenn im Mietvertrag vereinbart war, dass der Vermieter die Schönheitsreparaturen zu tragen hatte. Eine solche Regelung war nach § 104 Abs. 2 ZGB möglich; da sie mit § 535 BGB übereinstimmt, besteht sie weiterhin fort. Ist dagegen im Mietvertrag geregelt, dass der Mieter zur Durchführung von Schönheitsreparaturen verpflichtet ist, so gilt diese Regelung als vertragliche Verpflichtung fort. Der Mieter muss also auch nach dem 3.10.1990 Schönheitsreparaturen ausführen. Bei Vertragende muss der Mieter nicht renovieren; vielmehr ist dies Sache des Vermieters. Ein Verstoß gegen die Renovierungspflicht führt nach dem Rechtscheid des Kammergerichts nur dann zu einem Schadensersatzanspruch des Vermieters, wenn durch die unterlassenen Schönheitsreparaturen Schäden am Putz, am Mauerwerk oder am Holzwerk eingetreten sind (KG RE 16.10.2000 WuM 2000, 590 = NZM 2000, 1174). Sieht der Mietvertrag eine alternative Vertragsgestaltung vor und lässt sich der Klausel nicht entnehmen, welche Alternative gelten soll, so gilt die gesetzliche Regelung: bis zum 2.10.1990 hatte der Mieter die Schönheitsreparaturen auszuführen, nach diesem Zeitpunkt obliegt diese Verpflichtung dem Vermieter.

430 Die Vorschrift des § 535 Abs. 1 Satz 2 BGB wird im Hinblick auf die Schönheitsreparaturen regelmäßig durch Formularvertrag abgeändert. Man kann zwischen folgenden **Klauseln** unterscheiden:

a) Beschaffenheitsvereinbarung. Die Parteien können vereinbaren, dass der **430a** beim Vertragsschluss bestehende Zustand vertragsgemäß sein soll. Bei dieser Vereinbarung sind die Gewährleistungsrechte ausgeschlossen, wenn die Räume eindeutig renovierungsbedürftig sind. Sind die Räume dagegen zum Vertragsgebrauch geeignet, so stehen dem Mieter Erfüllungs- und Gewährleistungsrechte zu, wenn sich der Zustand der Wohnung im Verlauf der Mietzeit verschlechtert (Lehmann-Richter WuM 2016, 529, 530, 534). Die Beschaffenheitsvereinbarung ist von der bloßen **Objektbeschreibung** zu unterscheiden (vgl. BGH NZM 2016, 604 Rdn. 12 für Kaufvertrag). Die Beschaffenheitsvereinbarung setzt einen Rechtsbindungswillen voraus, die Objektbeschreibung nicht. Zwar kann die Beschaffenheitsvereinbarung auch konkludent vereinbart werden. Die Beschreibung von Eigenschaften der Mietsache reicht für eine konkludente Vereinbarung nicht aus, wenn die betreffenden Merkmale im Mietvertrag keinen Niederschlag finden.

b) Die Freizeichnungsklausel. („Die Durchführung von Schönheitsreparatu- **431** ren bleibt dem Mieter überlassen") Bei dieser Vertragsgestaltung wird § 535 Abs. 1 Satz 2 BGB teilweise abbedungen. Der Vermieter zeichnet sich von der Verpflichtung zur Durchführung der regelmäßig fällig werdenden Renovierungsarbeiten frei. Diese Verpflichtung wird allerdings nicht auf den Mieter übertragen; vielmehr steht es im freien Belieben des Mieters, ob er Renovierungsarbeiten durchführt oder ob er sich mit „abgewohnten" Räumen zufrieden gibt. Fehlt eine besondere Vereinbarung über die Erfüllung der Rückgabepflicht, so kann der Mieter die Mietsache mit allen Abnutzungen zurückgeben, die durch den vertragsgemäßen Gebrauch bedingt sind. Die Pflicht des Vermieters zur Übergabe einer zum vertragsgemäßen Gebrauch geeigneten Wohnung wird durch die Freizeichnungsklausel grundsätzlich nicht tangiert. Jedoch kann vertraglich vereinbart werden, dass der bei Übergabe bestehende renovierungsbedürftige Zustand der vertraglich geschuldete Zustand ist. Unter Umständen kann auch die Freizeichnungsklausel als solche in diesem Sinn ausgelegt werden. Der Umstand, dass die Räume unrenoviert übergeben werden und der Mieter dies hinnimmt genügt für eine derartige Zustandsvereinbarung für sich allein nicht. Die Freizeichnungsklausel ist wirksam (LG Karlsruhe NZM 2016, 638; Blank PiG 73 (2006) S. 163, 164; Herlitz WuM 2015, 654; Lehmann-Richter NJW 2015, 1594, 1598; WuM 2016, 529; Pitz-Paal GE 2015, 1270, 1273; **a. A.** Lützenkirchen NZM 2016, 113: Verstoß gegen § 307 Abs. 1, Abs. 2 Nr. 1 BGB weil die Gebrauchserhaltungspflicht des Vermieters zu den Hauptpflichten zählt; diese können nicht durch Formularvertrag abbedungen werden; H. Schmidt NJW 2016, 1201, 1204 weil danach der Vermieter auch dann keine Renovierung schuldet, wenn sich der dekorative Zustand der Wohnung im Verlauf der Mietzeit weiter verschlechtert, was zur Annahme eines Mangels führt. So gesehen verstoße die Freizeichnungsklausel gegen das Transparenzgebot und gegen § 536 Abs. 4 BGB). Die wechselseitige Verpflichtung der Parteien zur Beseitigung von Mietschäden, die nicht auf Grund einer vertragstypischen Abnutzung eingetreten sind, wird von der Freizeichnungsklausel nicht erfasst. Eine anders lautende Freizeichnungsklausel ist unwirksam (Lehmann-Richter WuM 2016, 529, 535). Schäden, die vom Mieter, seinen Angehörigen, Besuchern oder den von ihm beauftragten Handwerkern verursacht wurden, hat der Mieter zu beheben. Dem Mieter stehen Erfüllungs- und Gewährleistungsrechte zu, wenn sich der Zustand der Wohnung im Verlauf der Mietzeit verschlechtert (Lehmann-Richter WuM 2016, 529, 530). Die Beseitigung sonstiger Schäden obliegt deshalb dem Vermieter. Hierzu zählen insbesondere Beschädigungen durch Dritte, durch andere Mietparteien, durch vom Vermieter beauftragte Handwerker und dergleichen. Die Abgrenzung zur Renovierungsklausel kann im Einzelfall schwierig sein (dazu Schildt WuM 1994, 237, 239 f). Nach LG Hamburg (MDR 1973, 933) bewirkt die Klausel „Dekoration ist Sache des Mieters" lediglich eine Freizeichnung des Vermieters. Das OLG Karlsruhe hat die Klausel „Schönheitsreparaturen werden vom Mieter getragen" in dem RE vom 16.4.1992 WuM 1992, 349 als Renovierungsklausel ausgelegt. Generell gilt, dass die fraglichen Klauseln eng auszulegen sind. Dies folgt aus dem Interesse des Mieters an der klaren Festlegung der von ihm erwarteten Leistung.

431a Eine **Begrenzung der Renovierungsverpflichtung** ist ebenfalls möglich. Hiervon ist auszugehen, wenn die Schönheitsreparaturen nach dem Mietvertrag dem Vermieter obliegen und zusätzlich vereinbart wird, dass die Miete einen Kostenansatz von XXX € für Schönheitsreparaturen enthält. In einem solchen Fall hängt die Renovierungspflicht des Vermieters davon ab, dass der während der Mietzeit angesparte Betrag zur Durchführung der Schönheitsreparaturen ausreicht. Der Mieter hat keinen Anspruch auf Auszahlung dieses Betrags, wenn die Schönheitsreparaturen nicht durchgeführt werden (AG Wiesbaden ZMR 2015, 469).

432 **c) Die Renovierungsklausel:** („Der Mieter hat die Schönheitsreparaturen zu tragen"). Bei dieser Vertragsgestaltung ist der Mieter gegenüber dem Vermieter zur Durchführung der Schönheitsreparaturen verpflichtet. Die Klausel „Die Kosten der Schönheitsreparaturen trägt der Mieter" ist nach der Rechtsprechung des BGH in derselben Weise zu verstehen (BGH WuM 2004, 529; kritisch dazu: Langenberg NZM 2005, 55). Auch nach dieser Klausel ist der Mieter nicht nur zur Kostentragung, sondern zur Durchführung der Schönheitsreparaturen verpflichtet (und berechtigt). Im Streitfall muss der Vermieter beweisen, dass eine echte Renovierungsklausel (und keine bloße Freizeichnungsklausel) vereinbart worden ist. Renovierungsvereinbarungen können auch in Form einer Formularklausel getroffen werden. (BGH RE vom 30.10.1984 NJW 1985, 480 = WuM 1985, 46 = ZMR 1985, 84; BGH RE vom 1.7.1987 NJW 1987, 2575 = WuM 1987, 306 = ZMR 1988, 130; BGH NZM 1998, 710; BGH NJW 2003, 3192 = NZM 2003, 755 = WuM 2003, 561; BGH WuM 2004, 333 betreffend die Renovierungsklausel in § 7 des Mustermietvertrags; BGH WuM 2004, 529; BayObLG RE vom 12.5.1997 BayObLGZ 1997 Nr. 26; KG NZM 2004, 424 für Gewerbemiete; **a. A.** Hinz ZMR 2003, 77, 80: danach ist die Klausel nur wirksam, wenn Inhalt und Umfang der Arbeiten, sowie die Renovierungsintervalle aufgeführt werden). **Kritik:** Eine von der Rechtsprechung des BGH abweichende Ansicht wird vom LG Berlin (WuM 2017, 189) vertreten. Danach verstößt die Renovierungsklausel gegen § 536 Abs. 4 BGB, weil dem Mieter bei Nichterfüllung der Renovierungspflicht entgegen § 536 Abs. 1 BGB keine Gewährleistungsansprüche zustehen. Außerdem ist die Klausel aber auch nach § 307 Abs. 1, Abs. 2 Nr. 1 BGB unwirksam; die unangemessene Benachteiligung ist in dem Umstand zu sehen, dass die mit der Renovierungsverpflichtung verbundene Belastung das Mieters weder tatsächlich noch wirtschaftlich begrenzt ist und dem Mieter auch kein Ausgleichsanspruch – etwa in Form einer günstigeren Miete – zusteht.

433 **Übergabe einer renovierungsbedürftigen Wohnung. (1)** Nach der früheren Rechtsprechung des BGH war eine Renovierungsklausel auch dann wirksam, wenn die Wohnung bei Vertragsbeginn nicht frisch renoviert war. Die Klausel musste lediglich sicherstellen, dass die Renovierungsfristen erst mit dem Beginn des

Mietverhältnisses beginnen. Der Vermieter konnte dem Mieter zwar die Anfangsrenovierung überlassen, er durfte ihn hierzu allerdings nicht verpflichten (grundlegend: BGH Rechtsentscheid vom 1.7.1987 – VIII ZR 9/86, NJW 1987, 2575 und ständige Rechtsprechung, zuletzt Urteil vom 9.3.2005 – VIII ZR 17/04, NJW 2005, 1426). Diese Rechtsansicht beruht auf der Erwägung, dass eine Renovierungsklausel gegen Treu und Glauben (§ 9 AGBG a. F. = § 307 BGB n. F.) verstößt, wenn der Mieter verpflichtet wird, den von seinem Mietvorgänger verursachten Abnutzungen zu beseitigen. Diese Rechtsprechung hat der BGH mit dem Urteil vom 18.3.2015 – VIII ZR 185/14 (BGHZ 204, 302 = NJW 2015, 1593) aufgegeben. Eine Renovierungsklausel benachteiligt den Mieter gem. § 307 Abs. 1 Satz 1 BGB bereits dann unangemessen, wenn der Vermieter die Wohnung unrenoviert oder renovierungsbedürftig übergibt und dem Mieter keinen angemessenen Ausgleich gewährt. Es kommt mithin nicht mehr darauf an, dass der Mieter zu einer vorzeitigen Renovierung verpflichtet ist, es genügt, dass die Wohnung bei Vertragsbeginn nicht frisch renoviert ist. **(2)** Eine Ausnahme gilt, wenn der Vermieter dem Mieter für die Übernahme einer renovierungsbedürftigen Wohnung einen „angemessenen Ausgleich" gewährt. Hierzu hat der BGH ausgeführt, dass der Ausgleich dann angemessen ist, wenn der Mieter hierdurch „so gestellt wird, als sei ihm renovierter Wohnraum überlassen worden". Diese Ausführungen sprechen dafür, die Angemessenheit an der Höhe der Kosten zu bemessen, die aus Sicht des Mieters für die Anfangsrenovierung erforderlich sind. Hierbei kann auch der Wert der vom Mieter zu leistenden Eigenarbeit zugrunde gelegt werden, der sich aus den Materialkosten und einer angemessenen Vergütung für die vom Mieter aufgewendete Zeit (ca. 12.– €/Std.) zusammensetzt (zur Berechnung des Ausgleichs s. auch Langenberg NZM 2015, 681, 684; Pitz-Paal GE 2015, 1270, 1271). Nach anderer Ansicht ist die Ausgleichsleistung nach der Ersparnis des Vermieters im Einzelfall zu bemessen (Kappus NZM 2016, 609, 614). Danach richtet sich die Höhe des Ausgleichs nach den Kosten, die für eine durch einen Malerbetrieb auszuführende Renovierung aufgewendet werden müssen (Kinne GE 2016, 1068, 1070; Lehmann-Richter WuM 2016, 529). Die Darlegungs- und Beweislast für die Angemessenheit des Ausgleichs obliegt nach der Rechtsprechung des BGH dem Vermieter (BGH a. a. O. Rz. 36; ebenso Kappus NZM 2016, 609, 615f). Wesentlich ist, dass der Ausgleich vom Vermieter gewährt wird. Ein mit dem Vormieter vereinbarter Ausgleich genügt nicht (BGH Urteil vom 22.8.2018 – VIII ZR 277/16 NZM 2018, 863 m. kritischer Anmerkung Zehelein; Pitz-Paal GE 2015, 1270, 1272; s. weiter Rdn. 433b). Eine Formularklausel, wonach der Mieter einen Kostenbeitrag für Schönheitsreparaturen zu zahlen hat, verstößt gegen § 307 Abs. 1 Satz 1 BGB (Kinne GE 2016, 1068, 1069). Es ist abzusehen, dass die Bewertung der Angemessenheit des Ausgleichs zu zahlreichen Rechtsstreitigkeiten führen wird. Im Entscheidungsfall hat der BGH den Erlass einer halben Monatsmiete für die vom Mieter zu leistenden Streicharbeiten für unzureichend erachtet (s. dazu auch LG Berlin GE 2015, 1403, 1404 = NZM 2016, 124: danach ist der Erlass einer Monatsmiete ausreichend, wenn die Räume lediglich in einem geringen Umfang renovierungsbedürftig sind). **(3)** Fraglich ist, ob der angemessene Ausgleich auch in einer Reduzierung der Miete bestehen kann. Nach der Rechtsprechung des BGH ist dies nicht der Fall: danach darf eine den Vertragspartner unangemessen benachteiligende Klausel nicht durch einen deshalb geringer kalkulierten Preis für den Vertragsgegenstand gerechtfertigt werden (BGH Rechtsentscheid vom 1.7.1987 – VIII ARZ 9/86, NJW 1987, 2575 m. w. N.; im Ergebnis ebenso OLG Dresden Beschluss vom 6.3.2019 – 5 U 1613/18, juris Rz 38). Dies müsste auch in den hier fraglichen Fällen

§ 535 BGB Untertitel 1. Allgemeine Vorschriften für Mietverhältnisse

gelten (Artz NZM 20015, 801, 804). Aus der Entscheidung vom 18.3.2015 folgt nichts anderes. Zwar hat der BGH dort unter Rdn. 35 ausgeführt, die Parteien könnten vereinbaren, „dass der Mieter zum Ausgleich für den Renovierungsaufwand für eine bestimmte Zeit weniger oder gar keine Miete zu entrichten hat." Dieser Hinweis ist wohl dahin zu verstehen, dass der Renovierungsausgleich nicht in bar ausgezahlt werden muss, sondern durch Verrechnung mit einem Teil der Miete geleistet werden kann. Durch eine Formularklausel, wonach der abgenutzte Zustand der Wohnung bei der Bemessung der Miete berücksichtigt wurde, wird jedenfalls die Unangemessenheit der Renovierungsklausel nicht beseitigt (Langenberg NZM 2015, 681, 684). **(4)** Fraglich ist außerdem, welche Rechtsfolge gilt, wenn der Ausgleich nicht für den konkreten Renovierungsaufwand, sondern für die Bereitschaft zur Übernahme einer renovierungsbedürftigen Wohnung gewährt wird, wenn es dem Mieter also frei steht, die Räume zu renovieren oder sich mit dem unrenovierten Zustand zu begnügen. Nach der hier vertretenen Ansicht ist die Renovierungsklausel in diesem Fall unwirksam. Dies folgt aus der Erwägung, dass die mit der Übergabe der renovierungsbedürftigen Wohnung verbundene Unangemessenheit nicht durch eine günstige Miete oder sonstige Geldleistungen kompensiert werden kann (s. oben (3)). Nach der hier vertretenen Ansicht verstößt die Überlassung einer unrenovierten Wohnung gegen das Leitbild des § 535 Abs. 1 BGB und ist unwirksam (so auch H. Schmidt NJW 2016, 1201: danach wird die Unangemessenheit der Regelung durch die Zahlung einer Vergütung für die Bereitschaft des Mieters zur Übernahme der Wohnung im unrenovierten Zustand nicht kompensiert). Dies folgt aus der Erwägung, dass eine derartige Kompensation nur AGB-fest ist, wenn sich die Höhe der Vergütung hinreichend klar aus dem Vertrag ergibt. Dies könne aber nicht formularmäßig gestaltet werden. Ein Aushandeln der Vergütung im Einzelfall sei zwar bei Kleinvermietern denkbar, nicht aber bei großen Wohnungsunternehmen. **(5)** Hinsichtlich der Begriffe „unrenoviert" und „renovierungsbedürftig" kommt es nicht auf eine exakte Abgrenzung an; die Grenze ist fließend. Maßgeblich ist, ob die Räume „den Gesamteindruck einer renovierten Wohnung vermitteln", dies habe der Tatrichter festzustellen. Maßgeblich ist allein, dass die Räume Gebrauchsspuren aus einem vorvertraglichen Zeitraum aufweisen. Auf das Ausmaß dieser Spuren kommt es nicht an. Es genügt, wenn die Fenster nicht frisch gestrichen sind (LG Berlin WuM 2015, 541). Es genügt nicht, wenn die Räume ohne vorherige Renovierung nutzbar sind; sie müssen entweder tatsächlich frisch renoviert sein, oder einen Zustand aufweisen, der dem einer frisch renovierten Wohnung entspricht. Lediglich geringe Abnutzungs- und Gebrauchsspuren, „die bei lebensnaher Betrachtung" nicht ins Gewicht fallen, können vernachlässigt werden (LG Berlin GE 2016, 592 = NZM 2016, 639; zum Begriff der nicht ins Gewicht fallenden Gebrauchsspuren s. auch Langenberg NZM 2015, 681, 683). Der Renovierungszustand als solcher spielt keine Rolle. Deshalb ist die Renovierungsklausel auch dann wirksam, wenn die vom Vermieter ausgewählten Tapeten oder Farben dem Geschmack des Mieters nicht zusagen, oder wenn die Renovierung kleine Mängel ausweist, wie dies bei einer laienhaften Arbeit gelegentlich vorkommt (Pitz-Paal GE 2015, 1270, 1273). **(6)** Ist streitig, ob die Wohnung bei Vertragsbeginn frisch renoviert oder renovierungsbedürftig war, so trägt die Darlegungs- und Beweislast für den renovierungsbedürftigen Zustand nach der Rechtsprechung des BGH der Mieter (BGH a. a. O.; LG Berlin GE 2015, 1163; GE 2016, 592 = NZM 2016, 639; LG Karlsruhe NZM 2016, 638; Pitz-Paal GE 2015, 1270, 1271; Kinne GE 2016, 1068, 1070; **a. A.** Elzer/Riecke ZMR 2016, 20; Graf v. Westphalen NZM 2016, 10; Schmidt NJW 2016, 1201, 1203; Kappus NZM 2016,

609, 615f). Erforderlich sei ein substantiierter Vortrag, es reicht nicht aus, wenn der Mieter lediglich einwendet, die Wohnung sei bei Übergabe unrenoviert gewesen (LG Berlin a. a. O.; kritisch hierzu Wiek WuM 2016, 71, 73: Der Mieter müsse nur vortragen, dass die Wohnung unrenoviert gewesen sei, hierfür genügten „gewisse Anhaltspunkte"; der Vermieter müsse dann im Rahmen der ihm obliegenden sekundären Darlegungslast vortragen, wann die letzte Renovierung erfolgt sei). Dies kann insbesondere bei langer Mietzeit zu Problemen führen, weil es dann um die Feststellung von Tatsachen geht, die lange Zeit zurückliegen. Der BGH führt aus, dass der Mieter auf ein Übergabeprotokoll hinwirken, den Zustand fotografisch festhalten, Belege über eigene Renovierungsaufwendungen vorlegen oder Zeugen für den Zustand benennen könne. In der Literatur wird zutreffend darauf hingewiesen, dass ein Mieter bis zum 18.3.2015 keinen Anlass zur Sicherung von Beweisen über den Wohnungszustand hatte. Deshalb sei dem Mieter jedenfalls dann eine Beweiserleichterung zuzubilligen, wenn der Vermieter anhand seiner Mieterakte Feststellungen zum Wohnungszustand treffen kann (Kappus NZM 2016, 609, 615). Ist mietvertraglich vereinbart, dass der Mieter zu einer Anfangsrenovierung verpflichtet ist, so liegt hierin ein starkes Indiz, dass die Wohnung unrenoviert übergeben wurde (LG Berlin GE 2016, 395). **(7)** Von praktischer Bedeutung dürften Vertragsklauseln oder Formularprotokolle sein, nach denen der Mieter durch seine Unterschrift bestätigt, dass ihm die Wohnung frisch renoviert übergeben wurde. Solche Klauseln dürften gegen § 309 Nr. 12 Buchst. b BGB verstoßen, weil dem Mieter damit der Beweis für den wirklichen Zustand der Mietsache abgeschnitten wird (vgl. OLG Koblenz NJW 1995, 3392; Harsch MDR 2015, 801, 802; Pitz-Paal GE 2015, 1270, 1271; Wiek WuM 2016, 71, 73). **(8)** Wird ein Teil der Räume renoviert, ein anderer Teil aber unrenoviert übergeben, so ist die Renovierungsklausel insgesamt unwirksam. Ob die Renovierungsklausel so gestaltet werden kann, dass die Verpflichtung des Mieters zur Durchführung von Schönheitsreparaturen auf die renovierten Teile beschränkt wird, hat der BGH offen gelassen (Rz. 38). Die Frage ist zu bejahen. Eine auf einzelne Räume bezogene Renovierungspflicht kann vereinbart werden, wenn der betreffende Raum deutlich gekennzeichnet wird (Artz NZM 2015, 801, 807). **(9)** Abschließend stellt der BGH klar, dass die geänderte Rechtsprechung auch für solche Mietverträge gilt, die vor Erlass des hier besprochenen Urteils abgeschlossen wurden. Die Parteien können nicht darauf vertrauen, dass eine bestimmte Rechtslage unverändert fortbesteht (so bereits BGH NJW 2008, 1438 Rz. 20). Kritisch hierzu Lammel ZMR 2016, 341: danach ist aus Gründen des verfassungsrechtlich gebotenen Vertrauensschutzes zu differenzieren: die bislang für wirksam erachteten Klauseln, die vor der Verkündung des Urteils vom 18.3.2015 vereinbart wurden sind weiterhin als wirksam anzusehen. Die geänderte Rechtsprechung gilt nur für die nach diesem Zeitpunkt abgeschlossenen Verträge. **(10)** Die **Gegenposition zu der Auffassung des BGH, insbesondere zum Problem der Beweislast** wird von Graf v. Westphalen (NZM 2016, 10) sowie von Kappus (NZM 2016, 609, 615f) vertreten. **(10.1)** Danach ist die Renovierungsklausel im Falle der Übergabe einer renovierungsbedürftigen Wohnung nicht an § 307 Abs. 1 Satz 1, sondern an § 307 Abs. 2 Nr. 1 zu messen. Diese Vorschrift ist gegenüber der allgemeinen Regelung in § 307 Abs. 1 Satz 1 vorrangig. Nach § 307 Abs. 2 Nr. 1 ist eine unangemessene Benachteiligung „im Zweifel" anzunehmen, wenn eine Bestimmung mit wesentlichen Grundgedanken der gesetzlichen Regelung, von der abgewichen wird, nicht zu vereinbaren ist. Die tatbestandlichen Voraussetzungen der Vorschrift liegen bei der Renovierungsklausel vor, weil die Durchführung von Schönheitsreparaturen nach der gesetzlichen Regelung in § 535 Abs. 1 Sache des

§ 535 BGB   Untertitel 1. Allgemeine Vorschriften für Mietverhältnisse

Vermieters ist und diese (Haupt-)pflicht durch die Klausel ins Gegenteil verkehrt wird. Nach dem Wortlaut des § 307 Abs. 2 Nr. 1 („im Zweifel") spricht die Vermutung für die Unwirksamkeit der Renovierungsklausel. Deshalb ist es Sache des Klauselverwenders – i. d. R. also des Vermieters – die Zweifel zu widerlegen. Daraus folgt für die Praxis: Ist streitig, ob dem Mieter eine renovierte oder nur unerheblich renovierungsbedürftige Wohnung übergeben wurde, so trifft die Darlegungs- und Beweislast den Vermieter (ebenso H. Schmidt NJW 2016, 1201, 1203; Kappus NZM 2016, 609, 615f). **(10.2)** Wird dem Mieter ein angemessener Ausgleich für die Übernahme der Anfangsrenovierung zugebilligt und führt er diese Maßnahme durch, so ist der Anspruch auf den Ausgleich nach Geschäftsbesorgungsregeln, also nach den §§ 675 Abs. 1, 670 BGB zu bemessen. Nach § 670 BGB kommt es auf diejenigen Aufwendungen an, die der Mieter „den Umständen nach für erforderlich halten" durfte. Bei der Eigenleistung bestehen diese Aufwendungen in den Materialkosten; auf den Ersatz von Zeit und Arbeitskraft hat der Mieter diese keinen Anspruch (S. 14). Die Darlegungs- und Beweislast für die Erforderlichkeit der Aufwendungen trägt der Mieter. **(10.3)** Graf v. Westphalen vertritt die Ansicht, dass die Instanzgerichte – spätestens der BGH – verpflichtet sind, die Renovierungsklausel gem. Art 267 Abs. 3 AEUV dem EuGH vorzulegen. **(11)** Die hier referierten Grundsätze [Ziff. (1)-(10)] gelten nur für Formularklauseln. Eine durch **Individualvertrag** getroffene Regelung betreffend die Verpflichtung des Mieters zur Durchführung einer Anfangsrenovierung ist wirksam. Dies gilt auch für einen Mietvertrag über eine öffentlich geförderte preisgebundene Wohnung, wenn dem Mieter „bei der gebotenen wirtschaftlichen Gesamtbetrachtung mit der Übernahme der Anfangsrenovierung keine Leistungen auferlegt worden, die, verbunden mit seinen sonstigen Pflichten, den Rahmen der Kostenmiete übersteigen" (BGH Beschluss vom 22. 8. 2018 – VIII ZR 287/17).

433a **Weitere Rechtsfolgen (1) Renovierungsklausel.** Die Klauseln „Der Mieter übernimmt die Schönheitsreparaturen auf eigene Kosten" und „Die Kosten der Schönheitsreparaturen trägt der Mieter" lassen den Zeitpunkt der Fälligkeit der Renovierungsverpflichtung offen. Sie können dahin verstanden werden, dass es auch dann allein auf die Renovierungsbedürftigkeit ankommt, wenn der Renovierungsbedarf bereits bei Vertragsschluss bestand. Solche Klauseln werden teilweise für unwirksam erachtet (Harsch MDR 2015, 801). Eine Klausel, wonach der Mieter nicht zur Durchführung von Schönheitsreparaturen verpflichtet ist, wenn und soweit „einzelne Räume oder Raumteile nicht renoviert sind" ist zu unbestimmt und damit unwirksam. (Harsch MDR 2015, 801, 803). **(2) Bestätigungsklausel.** Eine Klausel, wonach der Mieter bestätigt, dass er eine renovierte Wohnung übernommen habe ist unwirksam, wenn die Räume tatsächlich nicht renoviert übergeben wurden. Fraglich ist allerdings ob die Unwirksamkeit der Bestätigungsklausel auch die Renovierungsklausel umfasst. Nach der hier vertretenen Ansicht ist dies zu bejahen (ebenso Harsch MDR 2015, 801, 802). **(3) Entschädigungsklausel.** Nach der hier vertretenen Ansicht muss sich die Höhe des Ausgleichs aus der Renovierungsklausel oder einer separaten Entschädigungsklausel ergeben; anderenfalls ist die Klausel unwirksam. Auf Grund einer nachträglichen Regelung wird eine unwirksame Renovierungsklausel nicht geheilt (Kinne GE 2016, 1068, 1070; **a. A.** wohl BGHZ 204, 302 = NJW 2015, 1593). Eine Klausel, wonach der Mieter bei Übernahme einer renovierungsbedürftigen Wohnung Anspruch auf eine „angemessene" Entschädigung hat, ist intransparent und verstößt gegen § 307 Abs. 1 Satz 2 BGB (Graf v. Westphalen NZM 2016, 10, 19; wohl auch H. Schmidt NJW 2016, 1201, 1202). Die Entschädigung muss also betragsmäßig festgelegt werden

(Harsch MDR 2015, 801, 802). Es dürfte allerdings genügen, wenn der Betrag bestimmbar ist. Ein solcher Fall wird vorliegen, wenn sich der Vermieter zur Erstattung der Material- und Arbeitskosten verpflichtet (ca. 15.– bis 20.– €/Std.). Nach der hier vertretenen Ansicht muss der Ausgleich im Mietvertrag vereinbart werden; eine nachträgliche Regelung genügt nicht (ebenso Wiek WuM 2016, 71, 74; H. Schmidt NJW 2016, 1201, 1202; **a. A.** Harsch a. a. O.). Eine gegen § 307 verstoßende Klausel kann nicht durch eine Nachtragsvereinbarung geheilt werden. **(4) Freizeichnungsklausel.** Eine Freizeichnungsklausel ist wirksam, wenn sich aus ihr eindeutig ergibt, dass weder der Mieter noch der Vermieter zur Durchführung von Schönheitsreparaturen verpflichtet ist (Artz NZM 2015, 801, 805f; s. auch Rdn. 431). Die Gewährleistungsrechte des Mieter werden hierdurch nicht berührt. Sie sind von Bedeutung, wenn auf Grund der Abnutzung eine Renovierung zum Zweck der Verhinderung des Eintritts weiterer Schäden erforderlich ist (Artz a. a. O.). **(5) Bereicherungs-/Schadensersatzansprüche bei unwirksamer Renovierungsklausel.** Wird eine Wohnung ohne Kostenausgleich unrenoviert übergeben, so ist die Renovierungsklausel unwirksam. Renoviert der Mieter gleichwohl in der irrigen Ansicht, hierzu verpflichtet zu sein, so kommt ein Bereicherungsanspruch in Betracht (s. Rdn. 420). Ein Schadensersatzanspruch wegen Verwendung einer unwirksamen AGB kommt in Altfällen erst für solche Mietverhältnisse in Betracht, die nach dem Hinweisbeschluss des BGH vom 22.1.2014 (WuM 2014, 135) abgeschlossen wurden. **(6) Renovierungspflicht des Vermieters.** Die Unwirksamkeit der Renovierungsklausel hat zur Folge, dass die Renovierungspflicht beim Vermieter verbleibt; dieser ist – bei Fälligkeit – zur Renovierung verpflichtet (Artz NZM 2015, 801, 804). **(7)** Hierbei muss er die Wünsche des Mieters beachten (Artz a. a. O.).

Vereinbarungen zwischen dem Vormieter und dem Nachmieter betreffend die Renovierung. Hat der Vormieter dem Mieter als Gegenleistung für dessen Bereitschaft zur Übernahme einer dem Vormieter obliegenden Renovierungsverpflichtung werthaltige Einrichtungen oder Möbel überlassen, so stellt sich die Frage, ob diese Leistung als ein vom Vermieter gezahlter Ausgleich anzusehen wäre (s. Rdn. 433). Dies wird vom BGH verneint (BGH Urteil vom 22.8.2018 – VIII ZR 277/16 NZM 2018, 863 m. kritischer Anmerkung Zehelein). Die in dem Vertrag zwischen dem Vormieter und dem Mieter getroffenen Vereinbarungen sind in ihren Wirkungen auf die an dem Schuldverhältnis beteiligten Parteien beschränkt. „Deshalb kann das Bestehen einer Renovierungsvereinbarung des Vormieters mit dem neuen Mieter grundsätzlich keinen Einfluss auf die Wirksamkeit der in dem Mietvertrag zwischen Vermieter und neuem Mieter enthaltenen Verpflichtungen … haben, insbesondere dergestalt, dass der Vermieter so gestellt werden sollte, als hätte er dem neuen Mieter eine renovierte Wohnung übergeben." Hieraus ist folgendes abzuleiten: **(1)** Ist der Vormieter beim Ende seines Mietverhältnisses zur Renovierung verpflichtet, so kann der Vermieter diesen auf Durchführung der Schönheitsreparaturen in Anspruch nehmen mit der Folge, dass er dem nachfolgenden Mieter eine renovierte Wohnung übergeben kann. Eine mit diesem Mieter vereinbarte Renovierungsklausel ist auch wirksam. Der Umstand, dass der nachfolgende Mieter aufgrund einer Vereinbarung mit dem Vormieter dessen Renovierungspflicht übernommen hat, ändert an der Rechtslage nichts. Der Vermieter muss seinen Anspruch auf Renovierung auch in diesem Fall gegenüber dem Vormieter geltend machen. **(2)** Ist der Vormieter nicht zur Renovierung verpflichtet, so muss der Vermieter die gleichwohl bestehenden Abnutzungen entweder selbst beseitigen oder dem nachfolgenden Mieter einen angemessenen Ausgleich für dessen Bereit- 433b

schaft zur Übernahme einer nicht renovierten Wohnung zahlen. Anderenfalls ist eine mit dem nachfolgenden Mieter vereinbarte Renovierungsklausel unwirksam.
(3) Schließlich haben die Beteiligten die Möglichkeit, ihre Interessen in einem **dreiseitigen Vertrag** zu regeln. An diesem Vertrag sind der Vormieter, der nachfolgende Mieter und der Vermieter zu beteiligen. In einem solchen Vertrag kann geregelt werden, dass der nachfolgende Mieter eine renovierungsbedürftige Wohnung übernimmt. Der Vermieter muss darauf achten, dass der Vormieter dem nachfolgenden Mieter einen Ausgleich für dessen Bereitschaft zur Übernahme einer renovierungsbedürftigen Wohnung leistet. Der Ausgleich kann in der Zahlung eines für die Renovierung erforderlichen Geldbetrags, aber auch im Wege der Übereignung von Einrichtungen und Möbeln erfolgen. Wesentlich ist, dass der Ausgleich vereinbart wird und angemessen ist. Die Angemessenheit richtet sich dabei nach den Renovierungskosten. Im Falle eines so ausgestalteten dreiseitigen Vertrags kann der Vermieter mit dem nachfolgenden Mieter eine wirksame Renovierungsklausel vereinbaren. Fehlt der Ausgleich oder ist er nicht angemessen, so verstößt eine mit dem nachfolgenden Mieter vereinbarte Renovierungsklausel gegen § 307 Abs. 1, Abs. 2 BGB. Eine solche Vereinbarung ist unwirksam.

434 **aa) Begriff der Schönheitsreparaturen:** Zu den Schönheitsreparaturen gehören grundsätzlich die in § 28 Abs. 4 Satz 5 der II. BV und – damit übereinstimmend – in § 7 des vom Bundesministerium der Justiz herausgegebenen Mustermietvertrags 1976 Fassung I angegebenen Arbeiten, nämlich das Tapezieren, Anstreichen oder Kalken der Wände und Decken, das Streichen der Fußböden und der Heizkörper einschließlich der Heizrohre, der Innentüren sowie der Fenster und der Außentüren von innen (BGH RE vom 30.10.1984 NJW 1985, 480 = WuM 1985, 46 = ZMR 1985, 84; Kraemer PiG 75 (2006) S. 37, 39; Blank PiG 73 (2006) S. 163, 166). Zu den Schönheitsreparaturen gehört nicht zwingend die **Entfernung alter Tapeten.** Ob dies erforderlich ist, hängt davon ab, wie oft die Anstreicherarbeiten durchgeführt wurden und in welchem Zustand sich die Raufasertapete danach befindet. Auch bei mehrfachem Überstreichen der Raufasertapete kann diese noch in einem erhaltenswerten Zustand sein und ein weiteres Überstreichen mit Farbe rechtfertigen (OLG Düsseldorf ZMR 2015, 495). Das **Streichen der Wohnungseingangstür und der Fenster/Balkontüren von außen** zählt ebenfalls nicht zu den Schönheitsreparaturen. Der Mieter hat auch kein Recht diese Teile der Mietsache anzustreichen, weshalb dem Vermieter ein Schadensersatzanspruch zustehen kann, wenn er durch einen ungeeigneten oder farblich unpassenden Anstrich einen Schaden erleidet (AG Münster WuM 2015, 720 betr. Anstrich der Außenseite der Wohnungseingangstür).

435 Mangels einer besonderen Vereinbarung müssen **lediglich in den Wohnräumen** Schönheitsreparaturen ausgeführt werden, nicht dagegen in Kellerräumen (AG Langen WuM 1997, 40), in Speicherräumen oder in Garagen. Dies gilt auch bei der Vermietung eines Einfamilienhauses (AG Langen a. a. O.).

436 Die sog. **Grundsanierung** ist auch dann Sache des Vermieters, wenn dem Mieter die Schönheitsreparaturen übertragen wurden. Unter Grundsanierung versteht man die Herstellung eines baulichen Zustands, der die Ausführung von Schönheitsreparaturen ermöglicht. Hierzu zählen insbesondere die Beseitigung von Mauerwerksrissen (LG Berlin GE 2017, 358 betr. Risse an der Zimmerdecke), Putzschäden, Schwarzstaubablagerungen („Fogging") oder die Erneuerung des Putzes wenn dieser auf Grund einer starken Nikotineinwirkung schadhaft ist (Gellwitzki NZM 2009, 881, 888, 889). Kann eine bei Übergabe vorhandene Raufasertapete auf-

grund ihres Zustands nicht mehr überstrichen werden oder ist es erforderlich mehrere Tapetenschichten oder alte Farbauftragungen zu entfernen, so zählt die Entfernung der alten Tapeten und Farbschichten zur Grundsanierung (Gellwitzki NZM 2009, 881, 884; **a. A.** Schach Schönheitsreparaturen 5. Aufl. S. 26 ff). Wird diese Verpflichtung nicht erfüllt, so werden die Schönheitsreparaturen nicht fällig (Gellwitzki NZM 2009, 881, 883; abweichend Emmerich in: MünchKomm § 320 BGB Rdn. 33: danach steht dem Mieter ein Zurückbehaltungsrecht nach § 320 BGB zu). Die formularvertragliche Übertragung der Grundsanierung auf den Mieter verstößt gegen § 307 BGB; die Unwirksamkeit der Regelung hat auch die Unwirksamkeit der Renovierungsklausel zur Folge (Gellwitzki NZM 2009, 881, 886).

Anstelle des Streichens der Fußböden gehört heute die **Grundreinigung des Teppichbodens** zu den Schönheitsreparaturen (BGH NJW 2009, 510; WuM 2009, 225; NZM 2009, 126). Unter einer Grundreinigung ist dabei eine fachmännische Reinigung durch ein hierauf spezialisiertes Gewerbeunternehmen zu verstehen. Der Mieter schuldet diese Leistung aber nicht ohne weiteres, sondern nur dann, „wenn der Boden bei Beendigung des Mietvertrages infolge vertragsgemäßer Nutzung und normaler Umwelteinflüsse durch Zeitablauf unansehnlich geworden war" (BGH a. a. O.). Im Streitfall muss das Gericht entscheiden, ob und in welchem Umfang eine Grundreinigung des Teppichbodens erforderlich war und welche Kosten bezogen auf den Zeitpunkt der Vertragsbeendigung gegebenenfalls angefallen wären. Will der Vermieter die Räume umbauen und den Teppichboden aus diesem Grunde nicht weiterverwenden, so soll der Mieter anstelle der Grundreinigung einen entsprechenden Geldbetrag schulden (BGH a. a. O.; s. dazu auch Rdn. 483 ff). Ungeklärt ist, ob die Renovierungspflicht auch die Pflicht zur **Erneuerung** eines unbrauchbar gewordenen Teppichbodens umfasst. Anerkannt ist, dass der Mieter aufgrund seiner Renovierungspflicht eine Raufasertapete erneuern muss, wenn diese infolge ihres Alters nicht mehr überstrichen werden kann. Nach der überwiegenden Ansicht in Rechtsprechung und Literatur gehört die Erneuerung des Teppichbodens nicht zu den Schönheitsreparaturen (OLG Braunschweig OLGR 1997, 85; OLG Celle NZM 1998, 158; OLG Stuttgart NJW-RR 1995, 1101; OLG Hamm Rechtsentscheid v. 22.3.1991, NJW-RR 1991, 844; LG Regensburg ZMR 2003, 933; LG Kiel WuM 1993, 175; AG Dortmund NJWE-MietR 1996, 76; **a. A.** OLG Düsseldorf NJW-RR 1989, 663). Der BGH hat die Frage noch nicht entschieden. Eine Klausel wonach der Mieter unabhängig vom Zustand eine Erneuerung des Teppichbodens schuldet, verstößt gegen § 307 BGB (AG Dortmund WuM 2015, 27, 29 betreffend die Klausel: „Liegen zwischen Einzug und Auszug mehr als fünf Jahre, ist der Teppichboden vom Mieter zu erneuern"). **437**

Vereinzelt wird vertreten, dass das **Streichen der Sockel- oder Fußleisten** nicht zu den Schönheitsreparaturen zählt, weil diese Gegenstände nicht Teil der Wand sind (AG Wedding GE 2011, 697). Dies trifft nicht zu, weil der Begriff der „Wände" nicht im Sinn von „Mauerwerk" zu verstehen ist. Darüber hinaus zählt zu den Schönheitsreparaturen die **Beseitigung von Dübellöchern, Schraubenlöchern, ungewöhnlichen Anstrichen oder Tapezierungen** (LG Braunschweig WuM 1986, 275). Dies gilt allerdings nur, wenn diese Veränderungen vom Mieter vorgenommen wurden oder während der Mietzeit eingetreten sind. Das **Anstreichen von Dielenböden** wird nicht geschuldet, wenn auf dem Fußboden während der gesamten Mietzeit ein Teppich oder Teppichboden verlegt war (LG Berlin GE 1996, 1183). **438**

Schließlich umfassen die Schönheitsreparaturen auch die Beseitigung solcher Mängel, die durch den vertragsgemäßen Gebrauch der Mietsache herbeigeführt **439**

§ 535 BGB Untertitel 1. Allgemeine Vorschriften für Mietverhältnisse

werden und – ohne vertragliche Übernahme – gemäß § 538 BGB von dem Mieter nicht zu vertreten sind (BGH DWW 1995, 279). Hierzu zählt auch die Erneuerung oder Reparaturbedürftigkeit von Teilen der Mietsache, wenn die **Schadensursache auf dem typischen Mietgebrauch** beruht. Solche Schäden sind im Zuge der Durchführung von Schönheitsreparaturen mit zu beseitigen. Ein vom Vermieter verursachter Mangel ist dagegen nicht im Zuge der Ausführung von Schönheitsreparaturen zu beseitigen (BGH WuM 2004, 531). Ansprüche aus positiver Vertragsverletzung kommen in Betracht, wenn der Schaden deshalb entstanden ist, weil der Mieter die Grenzen des ihm zustehenden vertragsgemäßen Gebrauchs überschritten oder seine Obhutspflicht schuldhaft verletzt hat (BGH a. a. O.).

440 Die malermäßige Behandlung von Türen von **Wand- und Einbauschränken** gehört dann zu den Schönheitsreparaturen, wenn durch diese Einrichtung im Wesentlichen Mauerwinkel, Unebenheiten und tote Ecken abgedeckt werden. In diesem Fall haben die Schränke die Funktion einer Wandverkleidung. Anders ist es dagegen, wenn die Schränke infolge ihrer Beschaffenheit und Größe als fest eingebaute Möbelstücke angesehen werden müssen (vgl. LG Berlin NZM 2016, 125: Verstoß gegen § 307 Abs. 1 BGB).

441 Der **Umfang der Schönheitsreparaturen** kann durch **Formularvertrag** zwar **eingeschränkt aber nicht erweitert** werden. Eine formularvertragliche Erweiterung des Umfangs der Schönheitsreparaturen verstößt gegen § 307 BGB. Deshalb ist eine Klausel unwirksam, wonach der Mieter auch die **Wohnungsabschlusstür** oder die **Fenster von außen** zu streichen hat (BGH WuM 2010, 231). Gleiches gilt für den Anstrich von **Balkontüren, Loggien oder Balkonen.** Ebenso ist eine Klausel unwirksam, wonach der Mieter das **Abziehen und Versiegeln eines Parkettbodens** schuldet. Die Renovierungsklausel kann in diesem Fall nicht mit ihrem zulässigen Inhalt aufrechterhalten werden. Vielmehr ist die Renovierungsregelung insgesamt unwirksam (BGH NJW 2009, 1408 = WuM 2009, 286 = NZM 2009, 353 = NJW 2010, 674 = WuM 2010, 85 = NZM 2010, 157; WuM 2010, 231). Generell gilt, dass nach § 307 BGB alle Klauseln unwirksam sind, die den Mieter zu weitergehenden Leistungen verpflichten, als sie dem Vermieter nach der gesetzlichen Regelung in § 535 Abs. 1 Satz 2 BGB obliegen (so zutreffend: BGH NJW 2010, 674 = WuM 2010, 85 = NZM 2010, 157; OLG Düsseldorf WuM 2003, 621, 623 und LG Berlin GE 2008, 735 für eine Klausel, wonach der Mieter zum Abschleifen und Versiegeln eines Paketts verpflichtet ist). Eine Vereinbarung, wonach zu den Schönheitsreparaturen auch die **Reinigung des Teppichbodens** gehört, gibt nur die gesetzliche Rechtslage wieder (s. Rdn. 437).

442 Eine **Erweiterung der Renovierungspflicht** durch **Individualvertrag** ist möglich. So kann in einem Gewerbemietvertrag vereinbart werden, dass ein gewerblicher Zwischenmieter in den Treppenhäusern und Kellern Schönheitsreparaturen auszuführen hat (KG ZMR 2009, 608).

443 **bb) Verpflichtungen des Mieters während der Mietzeit.** Ob und in welchen Fällen der Mieter während der Mietzeit Schönheitsreparaturen ausführen muss, richtet sich nach dem Wortlaut der Renovierungsklausel. Ist z. B. vereinbart:
„Hat der Mieter die Schönheitsreparaturen übernommen, so hat er spätestens bei Ende des Mietverhältnisses alle bis dahin je nach Grad der Abnutzung oder Beschädigung erforderlichen Arbeiten auszuführen, soweit nicht der neue Mieter sie auf seine Kosten – ohne Berücksichtigung im Mietpreis – übernimmt oder dem Vermieter diese Kosten erstattet. Werden Schönheitsreparaturen wegen des Zustandes der Wohnung bereits während der Mietdauer notwendig, um nachhaltige Schäden an der Substanz der Mieträume zu vermeiden oder zu

beseitigen, so sind die erforderlichen Arbeiten jeweils unverzüglich auszuführen", so ist der Mieter während der Dauer des Mietverhältnisses nur dann zur Ausführung von Schönheitsreparaturen verpflichtet, wenn diese erforderlich sind um nachhaltige Schäden an der Substanz der Miträume zu vermeiden (BGH WuM 2015, 338). Bei der gewöhnlichen Renovierungsklausel („Der Mieter hat die Schönheitsreparaturen zu tragen") muss der Mieter dagegen renovieren, wenn das Aussehen der Wände, Decken, Fußböden, Heizkörper, Fenster und Türen durch den normalen Wohnungsgebrauch erheblich beeinträchtigt worden ist. Maßgeblich ist, ob aus der Sicht eines objektiven Betrachters Renovierungsbedarf besteht; eine Gefährdung der Substanz der Mietsache ist nicht erforderlich (BGH GE 2005, 662; LG Berlin WuM 2004, 465; LG Hamburg WuM 2007, 69; **a. A.** LG Berlin GE 1997, 311: wenn die Mietsache in ihrer Substanz gefährdet wird).

Die Rechtsprechung orientiert sich häufig an **Fristenplänen** und nimmt an, **444** dass die Schönheitsreparaturen in Küchen, Bädern und Duschen alle 3 Jahre, in Wohn- und Schlafräumen, Fluren, Dielen und Toiletten alle 5 Jahre und in sonstigen Nebenräumen alle 7 Jahre durchgeführt werden müssen (BGH RE vom 30.10.1984 BGHZ 92, 363 = NJW 1985, 480; BGH WuM 2004, 333; OLG Koblenz MDR 1999, 1499: 3-jährige Frist bei Nutzung der Räume als Massagepraxis; LG Kiel WuM 1998, 215). Diese Fristen finden sich auch im Mustermietvertrag 76 (§ 7 FN 1). Sie basieren auf der Annahme einfach gestalteter Räume und führen insbesondere bei gut ausgestatteten Neubauwohnungen mit gekachelten Bädern und Küchen während der Mietzeit zu unangemessen kurzen Renovierungsabständen (LG Kiel WuM 2006, 312; Wiek WuM 2005, 283, 284; WuM 2006, 680, 681; Langenberg WuM 2006, 122; WuM 2007, 231, 233; Blank in FS Derleder 2005, S. 193; Sternel NZM 2007, 545, 547; Beyer NJW 2008, 2065, 2067; **a. A.** Schach GE 2006, 1018). Der BGH hat die Regelungen in § 7 des Mustermietvertrags bislang für wirksam angesehen (zuletzt: BGH NJW 2007, 3632 = NZM 2007, 879 = WuM 2007, 684), jedoch offen gelassen ob bei künftig (2008) abzuschließenden Mietverträgen längere Fristen zu gelten haben (BGH a. a. O. Rz 13). Vor Ablauf der vereinbarten Fristen ist der Mieter grundsätzlich nicht zur Renovierung verpflichtet. Dies gilt auch dann, wenn dem Mieter bei Vertragsbeginn eine renovierungsbedürftige Wohnung übergeben worden ist.

Die Fristen des § 7 des Mustermietvertrags 76 gelten nur für die Wohnraum- **445** miete. Sie sind auf die Miete von **Gewerberäumen** grundsätzlich nicht übertragbar (**a. A.** KG NZM 2005, 181). Eine Ausnahme kann gelten, wenn die gewerbliche Nutzung mit einer Wohnungsnutzung vergleichbar ist oder die konkrete Nutzung zu einer vergleichbaren Abnutzung der Räume führt. Ansonsten müssen die üblichen Renovierungsfristen im Blick auf den Vertragszweck im Einzelfall ermittelt werden.

Die **Fristen** werden häufig **vertraglich vereinbart.** Dies ist allerdings nicht er- **446** forderlich. Es genügt, wenn vereinbart wird, dass der Mieter die Schönheitsreparaturen zu tragen hat; bei fehlendem vertraglichen Fristenplan müssen diese Arbeiten nach Ablauf der üblichen Fristen durchgeführt werden (BayObLG RE vom 12.5.1997 BayObLGZ 1997 Nr. 26). Eine vertragliche **Verlängerung** der hier genannten Fristen ist möglich. In diesem Fall sind die längeren Fristen maßgebend. Eine vertragliche **Verkürzung** der üblichen Fristen verstößt gegen § 307 BGB (BGH NZM 2004, 653 = WuM 2004, 463; LG Köln WuM 1989, 70; WuM 1989, 506; LG Kiel WuM 1998, 215; LG Berlin GE 1998, 1149; LG Frankfurt NZM 2004, 62; AG Frankfurt WuM 1989, 233; Heinrichs WuM 2005, 155, 161). Eine solche Regelung hat nach der Rechtsprechung des BGH nicht nur die Unwirksam-

§ 535 BGB Untertitel 1. Allgemeine Vorschriften für Mietverhältnisse

keit der Fristenvereinbarung zur Folge; vielmehr ist die gesamte Renovierungsvereinbarung unwirksam (BGH NZM 2004, 653 = WuM 2004, 463; LG Berlin GE 1998, 1149; WuM 2002, 668; GE 2003, 124; GE 2003, 458; ZMR 2003, 487; LG Hamburg ZMR 2004, 37; LG Frankfurt NZM 2004, 62; Heinrichs WuM 2005, 155, 161; Harsch, Schönheits- und Kleinreparaturen im Mietverhältnis, Rdn. 331; Pfeilschifter WuM 2003, 543, 551; **a. A.** Kraemer NZM 2003, 417, 419; Häublein ZMR 2000, 143).

447 Ein Fristenplan kann **nur in Form einer Richtlinie** vereinbart werden. Dabei müssen die als Richtlinie vorgegebenen Fristen der Üblichkeit entsprechen. Die Vereinbarung einer unüblich kurzen Frist führt auch dann zur Unwirksamkeit des Fristenplans, wenn dem Mieter in bestimmten Fällen ein Anspruch auf Fristverlängerung eingeräumt ist (Heinrichs WuM 2005, 155, 161; Langenberg NZM 2005, 56).

448 Die Vereinbarung sog. **„Starrer Fristen"** verstößt ebenfalls gegen § 307 BGB (BGH NJW 2004, 2586; NJW 2004, 3775; NJW 2005, 3416; NJW 2006, 1728; NJW 2006, 2113; NJW 2006, 2115; NJW 2006, 2116; NJW 2006, 2915; OLG Düsseldorf NJW-RR 2005, 13, 15; LG Frankfurt NZM 2004, 62; LG Duisburg NZM 2004, 63; Blank LMK 2004, 177; Emmerich JuS 2004, 1008; Fischer WuM 2004, 452; Goch WuM 2004, 513; Heinrichs WuM 2005, 155; Hilgenstock WuM 2004, 464; Timme NZM 2005, 132; Ehlers in: Bamberger/Roth § 535 BGB Rdn. 195 b; Beyer NJW 2008, 2065, 2066). Dem Mieter darf der Nachweis nicht abgeschnitten werden, dass die Räume infolge längerer Abwesenheit, hochwertiger Materialien oder besonders schonender Nutzung trotz Fristablaufs noch nicht renovierungsbedürftig sind. Hiervon ist aber auszugehen, wenn die Schönheitsreparaturen nach dem Wortlaut der Klausel „mindestens" (oder „spätestens") ... „in der nachstehenden Zeitfolge" auszuführen sind, weil hierdurch eine Renovierungsverpflichtung begründet wird, die ausschließlich vom Zeitablauf abhängt. Gleiches gilt, wenn die Klausel lediglich eine Verkürzung aber keine Verlängerung der Fristen vorsieht (BGH WuM 2004, 660 = NZM 2004, 901 = ZMR 2005, 34). Nach der Rechtsprechung muss sich aus dem Wortlaut der Klausel ergeben, dass der Mieter trotz Ablauf der Fristen den Einwand der fehlenden Renovierungsbedürftigkeit erheben kann. Daran fehlt es, wenn der **Richtliniencharakter** der Fristen nicht hinreichend deutlich zum Ausdruck kommt, etwa durch die **Formulierung,** dass Schönheitsreparaturen „im Allgemeinen" oder „in der Regel" oder „regelmäßig" (BGH NJW 2007, 3632 = WuM 2007, 684 = NZM 2007, 879; WuM 2012, 312 = NZM 2012, 527) oder „grundsätzlich" (AG Titisee-Neustadt NZM 2007, 328) oder „üblicherweise" (Specht in: Lützenkirchen AHB Mietrecht Kap. H Rdn. 355) nach Ablauf der Fristen erforderlich sind (BGH NJW 2006, 1728; NJW 2006, 2113; NJW 2006, 2115; NJW 2008, 2499 unter Ziff. II 2; Wiek WuM 2005, 10). Deshalb sind auch solche Regelungen unwirksam, in denen die Fristen nach dem Wortlaut der Klausel verbindlich festgelegt werden (z. B.: „Der Mieter verpflichtet sich, die Schönheitsreparaturen innerhalb folgender Fristen auszuführen ..."; BGH NJW 2006, 2915). Nach der Ansicht des KG begründet die Klausel: *„Nach dem jeweiligen Grad der Abnutzung hat der Mieter die Schönheitsreparaturen regelmäßig nach Maßgabe folgenden Fristenplans durchzuführen ..."* eine Renovierungsverpflichtung nach einem starren Fristenplan (KG WuM 2008, 474 = ZMR 2008, 789). Eine Klausel, wonach der Mieter „alle je nach dem Grad der Abnutzung oder Beschädigung erforderlichen Arbeiten unverzüglich auszuführen" enthält nach der Ansicht des BGH keine starre Fristenregelung (BGH NJW 2005, 1426). Gleiches soll für eine Klausel gelten, wonach Schönheitsreparaturen „in der Regel ... spätestens

Inhalt und Hauptpflichten des Mietvertrags **BGB § 535**

nach ... Jahren durchzuführen sind" (BGH NJW 2005, 3416; NJW 2006, 2116). Hat der Mieter beim Vorliegen bestimmter Voraussetzungen einen Anspruch auf Verlängerung der Fristen, so ist hierin ebenfalls kein starrer Fristenplan zu sehen (LG Berlin ZMR 2006, 936, 937).

Eine **unwirksame Fristenregelung** hat die Unwirksamkeit der Renovierungsvereinbarung zur Folge (BGH NZM 2004, 653 = WuM 2004, 463; Heinrichs WuM 2005, 155, 158; Wiek a. a. O.; Emmerich NZM 2006, 761, 762; **a. A.** Häublein ZMR 2005, 94). Ebenso wird eine Abgeltungsklausel (unten Rdn. 497 ff) unwirksam (BGH NJW 2006, 1728). Dies gilt auch dann, wenn sich die Klausel im Einzelfall nicht zum Nachteil des Mieters auswirkt, etwa weil er die Wohnung besonders stark abgenutzt hat oder weil die letzten Schönheitsreparaturen sehr lange zurückliegen (Heinrichs WuM 2005, 155, 156). Maßgeblich ist – wie Allgemein – eine überindividuelle, generalisierende Betrachtungsweise. Zur Heilung einer unwirksamen Klausel durch Nachtragsvereinbarung (s. Klimke ZMR 2005, 161; Maas ZMR 2005, 177). Nach der Rechtsprechung des BGH wird durch eine Regelung über die Überwälzung der Schönheitsreparaturen auf den Mieter „eine einheitliche, nicht in Einzelmaßnahmen aufspaltbare Rechtspflicht" begründet mit der weiteren Folge, dass die Unwirksamkeit einer Teilregelung zur Unwirksamkeit der Gesamtregelung führt. Danach hat die Unwirksamkeit einer starren Fristenregelung die Unwirksamkeit einer bei isolierter Betrachtung wirksamen Klausel über das Lackieren von Fensterrahmen und Türen zur Folge (BGH NJW 2015, 1874). **449**

Eine **formularvertragliche Regelung**, wonach der Mieter bei besonders schonender Behandlung der Miträume eine **Verlängerung der Fristen** verlangen kann und wonach der Vermieter bei besonders starker Abnutzung zur **Verkürzung der Fristen** berechtigt ist, gibt nur den ohnehin bestehenden Rechtszustand wieder, weil es hinsichtlich der Fälligkeit auf den Grad der Abnutzung ankommt (BGH WuM 2005, 50 = NZM 2005, 58 betreffend die Wirksamkeit der Renovierungsklausel im Vertragsformular des Gesamtverbands Gemeinnütziger Wohnungsunternehmen e. V; Bongartz, Schönheitsreparaturen als Mieterpflicht Rdn. 83; **a. A.** Heinrichs WuM 2005, 155, 157; Klimke NZM 2005, 134). Es genügt, wenn der Fristenplan vorsieht, dass der Vermieter die Fristen „nach billigem Ermessen ... verlängern kann" (BGH WuM 2005, 241 = NZM 2005, 299). Es ist bei dieser Vertragsgestaltung nicht erforderlich, dass der Vermieter während der Mietzeit eine Fristverkürzung verfügt oder der Mieter eine Fristverkürzung verlangt hat. Befindet sich die Wohnung bei Vertragsende in einem abgenutzten Zustand, so genügt es, wenn der Vermieter den Mieter darauf hinweist, dass ein Renovierungsbedarf besteht und die Schönheitsreparaturen daher fällig sind. In diesem Fall muss der Mieter auch dann renovieren, wenn die regulären Fristen noch nicht abgelaufen sind. Umgekehrt gilt dasselbe: Ist die Wohnung bei Vertragsende nicht renovierungsbedürftig, so muss der Mieter auch dann nicht renovieren, wenn die Fristen abgelaufen sind (BGH WuM 2005, 50 = NZM 2005, 58). **450**

Die **Darlegungs-, Substantiierungs- und Beweislast** trägt diejenige Partei, die sich auf eine von den üblichen Fristen abweichende Fälligkeit beruft (Harsch, Schönheits- und Kleinreparaturen im Mietverhältnis, Rdn. 323; Schach GE 2009, 1301). Bezugspunkt ist jeweils derjenige Stand der Abnutzung, der bei üblichem Wohngebrauch nach Ablauf der regulären Fristen zu erwarten ist. Demgemäß muss der Vermieter darlegen, dass dieser Zustand bereits zu einem früheren Zeitpunkt erreicht worden ist, während der Mieter vortragen muss, dass sich die Räume in einem besseren Zustand befinden (**a. A.** Wiek WuM 2006, 680, 681: danach muss der Vermieter die Renovierungsbedürftigkeit beweisen). Insoweit ist ein Tat- **451**

§ 535 BGB Untertitel 1. Allgemeine Vorschriften für Mietverhältnisse

sachenvortrag auf hohem Niveau erforderlich. Bloße Floskeln („völlig verwohnt"), Werturteile („renovierungsbedürftig") oder die Verwendung von Begriffen ohne präzisen Inhalt reichen nicht aus.

452 Bei befristeten Mietverhältnissen wird gelegentlich vereinbart, dass der bisherige Mieter aus dem Mietvertrag ausscheiden und dass das Mietverhältnis an dessen Stelle mit einem anderen Mieter (Ersatzmieter) fortgesetzt werden soll. In diesen Fällen muss sich der Mietnachfolger die während der Wohnzeit seines Vorgängers abgelaufene Frist nur anrechnen lassen, wenn die Parteien vereinbaren, dass der Nachfolger für die Verbindlichkeiten des bisherigen Mieters einzustehen hat und/oder dass der bisherige Mieter für Verbindlichkeiten haftet, die nach seinem Ausscheiden fällig werden. Unterbleibt eine solche Vereinbarung, so tritt mit dem **Mieterwechsel** eine **Zäsur** ein; dies hat zur Folge, dass das bisherige Vertragsverhältnis endet und ein neues Vertragsverhältnis beginnt. Hier beginnt die Frist für die Durchführung von Schönheitsreparaturen neu zu laufen (OLG Düsseldorf DWW 1992, 114).

452a Solange das Mietverhältnis dauert, kann der Mieter die Räume nach seinem Geschmack gestalten (BGH NJW 2008, 2499 = WuM 2008, 472 = NZM 2008, 605; NJW 2009, 3716 = WuM 2009, 655 = NZM 2009, 903; WuM 2010, 184; WuM 2011, 618; NJW 2014, 143 = WuM 2014, 23; LG Hamburg WuM 2007, 69; Emmerich NZM 2000, 1155, 1161). Dabei ist allerdings zu beachten, dass der Mieter verpflichtet ist, die Räume in einem vertragsgemäßen Zustand zurückzugeben. Deshalb kann der Mieter gehalten sein, eine aus dem Rahmen fallende **unübliche Gestaltung** bei Vertragsende rückgängig zu machen. Dies ist zum einen dann der Fall, wenn eine Rückgabe in neutralen oder hellen Farben und Tapeten vereinbart ist (s. unten Rdn. 455). Dies beruht auf der Erwägung, dass dem Vermieter ein berechtigtes Interesse an der Rückgabe einer zur Weitervermietung geeigneten Wohnung zuzubilligen ist. Aber auch ohne entsprechende Vereinbarung kann der Mieter nach § 242 BGB gehalten sein, eine von ihm angebrachte ungewöhnliche Dekoration bei Rückgabe der Wohnung wieder zu beseitigen (BGH NJW 2010, 674 = WuM 2010, 85 = NZM 2010, 157; NJW 2014, 143 = WuM 2014, 23 betr. Anstrich in grellen Farben; LG Köln WuM 1989, 136 betr. das Bekleben von Holzwerk und der Küchenwände mit Kunststofffolie und das Anbringen von Schaumstoffplatten an der Küchendecke; ebenso: Kraemer NZM 2003, 417, 421). Gleiches gilt für eine unsachgemäße Renovierung (s. LG Essen WuM 2011, 256: wenn bei der Tapezierung ein an der Wand stehender Schrank ausgespart wird). Nach der Rechtsprechung des BGH verletzt der Mieter „seine Pflicht zur Rücksichtnahme nach § 241 Abs. 2, § 242 BGB, wenn er die in neutraler Dekoration übernommene Wohnung bei Mietende in einem Zustand zurückgibt, der von vielen Mietinteressenten nicht akzeptiert wird" (BGH NJW 2014, 143 = WuM 2014, 23). In diesem Fall steht dem Vermieter ein Schadensersatzanspruch nach den §§ 535, 280 Abs. 1, 241 Abs. 2, 242 BGB zu (BGH a. a. O.). Nach den Gründen der genannten Entscheidung kann nicht zweifelhaft sein, dass dieselben Grundsätze gelten, wenn dem Mieter die Wohnung unrenoviert überlassen wurde und er diese unter Verwendung unüblicher Farben dekoriert hat. Auch in diesem Fall muss er eine aus dem Rahmen fallende Dekoration bei Vertragsende beseitigen. Die Schadenshöhe richtet sich – wie Allgemein – nach den Umständen des Einzelfalls. Unter Umständen muss sich der Vermieter einen Abzug „neu für alt" anrechnen lassen, wenn er anstelle einer Wohnung mit vertragsüblichen Gebrauchsspuren ein frisch renoviertes Wohnung erhält. Ist der Nachmieter mit dem gegebenen Zustand einverstanden, so kann der Ersatzanspruch auch völlig entfallen; auch diese Rechtsfolge ist aus § 242 BGB abzuleiten (AG Neuruppin WuM 2009, 514).

Inhalt und Hauptpflichten des Mietvertrags **BGB § 535**

Eine **Formularklausel,** wonach der Mieter nur mit Zustimmung des Vermie- 453
ters von der bisherigen „**Ausführungsart**" abweichen darf, verstößt gegen das
Klarheitsgebot des §§ 305 c Abs. 2 BGB, weil der Begriff der „Ausführungsart"
mehrdeutig ist: er kann sich auf die Grundausstattung, auf die Ausgestaltung
im Einzelnen oder auf beides beziehen (BGH WuM 2007, 259; LG Hamburg WuM
2007, 194). Dies gilt auch dann, wenn das Zustimmungserfordernis nur für erhebliche Abweichungen gelten soll (BGH WuM 2012, 662). Nach der dem Mieter ungünstigsten Auslegung ist auch die **Wahl eines abweichenden Farbtons** oder der
Wechsel der Tapetenart (z. B. Mustertapeten statt Raufasertapeten) zustimmungsbedürftig. Eine derartige Einengung der Gestaltungsfreiheit steht mit § 307
Abs. 1 Satz 1 BGB nicht im Einklang (BGH a. a. O.). Der BGH hat dies für die
Wohnraummiete entschieden. Für die **Geschäftsraummiete** gilt nichts anderes.
Der Mieter von Geschäftsraum ist in noch stärkerem Maße als der Wohnraummieter darauf angewiesen, dass er die Räume nach seinen Bedürfnissen gestalten
kann, weil die Ausgestaltung der Geschäftsräumen oft Teil des Geschäftskonzepts
ist (KG NJW 2011, 1084 betr. einen Mietvertrag über Räume zum Betrieb eines
Seniorenheims). Ebenso ist eine Klausel unwirksam, wonach der Mieter bei der
Farbwahl an die Weisungen des Vermieters gebunden ist oder wonach der Mieter
die Farbe in einem „Malerfachgeschäft" kaufen muss (AG Köln WuM 2007, 125).
Die Vereinbarung solcher Klauseln führt zur Unwirksamkeit der Renovierungsklausel, unabhängig davon, ob die Renovierungsverpflichtung als solche und deren
inhaltliche Ausgestaltung in einer oder in verschiedenen Klauseln enthalten sind
(BGH a. a. O.).

Vergleichbare Grundsätze gelten für eine Klausel wonach die **Schönheitsrepa-** 454
raturen in „neutralen" oder „hellen" Farben auszuführen sind (BGH NJW
2008, 2499), wonach der Mieter „das **Weißen der Decken und Wände**" schuldet
(BGH NJW 2009, 3716 = WuM 2009, 655 = NZM 2009, 903; WuM 2011, 618)
oder wonach die **Holzteile (Türen, Fenster) „nur weiß zu lackieren**" sind
(BGH WuM 2010, 142 = NZM 2010, 236). Bezieht sich die **Farbwahlklausel**
auch auf die während der Mietzeit bestehende Renovierungspflicht, so wird der
Mieter hierdurch „in der Gestaltung seines persönlichen Lebensbereichs eingeschränkt, ohne dass hierfür ein anerkennenswertes Interesse des Vermieters besteht" (BGH NJW 2008, 2499; WuM 2009, 224 = NZM 2009, 313; NJW 2012,
1280 = WuM 2012, 194 = NZM 2012, 338). Die Unwirksamkeit der Farbwahlregelung führt nach dem Grundsatz des Verbots der geltungserhaltenden Reduktion zur Unwirksamkeit der gesamten Renovierungsklausel (BGH a. a. O.). Es gilt
mithin die gesetzliche Regelung, wonach die Schönheitsreparaturen vom Vermieter auszuführen sind. Hat der Mieter trotz der Unwirksamkeit der Klausel renoviert,
so kann dem Vermieter ein Schadensersatzanspruch nach § 280 Abs. 1, Abs. 3, § 281
BGB zustehen. Dies gilt aber nur, wenn die mangelhafte Durchführung der Schönheitsreparaturen zusätzliche Schäden verursacht. Erforderlich ist, dass dem Vermieter höhere Kosten entstehen, als wenn der Mieter überhaupt nichts getan hätte
(BGH WuM 2009, 224 = NZM 2009, 313).

Nach der Ansicht des BGH ist eine **Farbwahlklausel unbedenklich,** wenn sie 455
sich ausschließlich auf eine im Zeitpunkt der **Rückgabe geschuldete Renovierung** bezieht (BGH NJW 2009, 62 = WuM 2008, 722 = NZM 2008, 926 betr.
eine Klausel, wonach lackierte Holzteile in dem Farbton zurückzugeben sind, wie
er bei Vertragsbeginn vorgegeben war). Bei einer solchen Klausel kann der Mieter
während der Mietzeit nach seinem Geschmack renovieren; er ist dann allerdings gehalten bei Mietende einen Neuanstrich in neutralen Farben anzubringen. Der

§ 535 BGB Untertitel 1. Allgemeine Vorschriften für Mietverhältnisse

BGH führt hierzu aus, dass die daraus resultierende faktische Einschränkung der Gestaltungsfreiheit des Mieters hinzunehmen sei. Der Vermieter habe nämlich ein anerkennenswertes Interesse, die Wohnung in einem Zustand zurückzuerhalten, der von möglichst vielen Mietinteressenten akzeptiert wird (**a. A.** Blank NJW 2009, 27; kritisch hierzu auch Lehmann-Richter, NZM 2008, 676). Jedoch muss eine auf die Rückgabe beschränkte Farbwahlregelung so ausgestaltet werden, dass dem Mieter noch ein gewisser Spielraum verbleibt. Die Einengung auf eine einzige Farbe (z. B. „weiß") schränkt die Gestaltungsfreiheit des Mieters zu sehr ein, ohne dass dies durch ein berechtigtes Interesse des Vermieters gerechtfertigt ist. Dem Interesse des Vermieters ist nämlich auch dann Genüge getan, wenn er die Wohnung „in anderen dezenten Farbtönen" zurückerhält, weil auch in diesem Fall die Weitervermietung nicht erschwert wird (BGH NJW 2011, 514 = WuM 2011, 96 = NZM 2011, 150; WuM 2011, 212).

456 Der Mieter darf die Schönheitsreparaturen grundsätzlich in **Eigenarbeit** durchführen; mangels einer besonderen Vereinbarung schuldet er keine den Qualitätsansprüchen des Malerhandwerks entsprechende Arbeit (LG Düsseldorf WuM 1996, 90), sondern lediglich einen ordentlichen Zustand ohne auffallende Mängel (Kraemer NZM 2003, 417, 418). Eine Formularklausel, wonach der Mieter verpflichtet sein soll, die Schönheitsreparaturen „fachmännisch" durchzuführen, ist nach der hier vertretenen Ansicht unwirksam, wenn die Klausel auch die Durchführung der Schönheitsreparaturen während der Mietzeit umfasst. Solange die Mietzeit dauert, hat der Vermieter nämlich kein berechtigtes Interesse an einer bestimmten Qualität der Arbeiten. Die obergerichtliche Rechtsprechung behandelt die Klausel allerdings als wirksam (BGH RE vom 6.7.1988 NJW 1988, 2790 = WuM 1988, 294 = ZMR 1988, 455). Aber auch nach dieser Rechtsprechung wird durch die Klausel eine entsprechende Eigenleistung nicht ausgeschlossen. Der Mieter kann in Eigenarbeit renovieren; er schuldet allerdings fachgerecht durchgeführte Schönheitsreparaturen mittlerer Art und Güte (BGH a. a. O.).

457 Die sog. **„Fachhandwerkerklausel"** („Der Mieter hat die Schönheitsreparaturen durch Fachhandwerker ausführen zu lassen") verstößt bei der Wohnraummiete gegen § 307 Abs. 1 und 2 BGB und ist unwirksam (BGH NJW 2010, 2877 = WuM 2010, 476 = NZM 2010, 615; OLG Stuttgart vom 19.8.1993 – 8 REMiet 2/92, WuM 1993, 528; Sternel Mietrecht Aktuell (2009) Rdn. IX 55; Kraemer NZM 2003, 417, 419; Kinne ZMR 2003, 8; differenzierend Heinrichs WuM 2005, 155: danach ist die Fachhandwerkerklausel im Allgemeinen unwirksam; wird der Mietvertrag dagegen mit einem Mieter abgeschlossen, dem die Kompetenz zur Eigenleistung fehle, könne die Fachhandwerker wirksam sein; zur Geschäftsraummiete s. unten Rdn. 508). Maßgeblich für den Verstoß gegen § 307 Abs. 1 und 2 BGB sind im Wesentlichen zwei Erwägungen: zum einen entspricht es der Verkehrssitte, dass der Mieter Schönheitsreparaturen in kostensparender Eigenarbeit ausführen darf. Zum anderen gilt, dass auch der Vermieter nach der gesetzlichen Regelung (§ 535 Abs. 1 BGB) nicht verpflichtet ist die Arbeiten an Fachhandwerker zu vergeben, weil er lediglich „eine fachgerechte Ausführung in mittlerer Art und Güte" schuldet.

458 In Rechtsprechung und Literatur ist umstritten, wie sich die Verwendung einer **unwirksamen Fachhandwerkerklausel** auf die **Renovierungspflicht** auswirkt. Nach dem Rechtsentscheid des OLG Stuttgart vom 19.8.1993 – 8 REMiet 2/92, WuM 1993, 528 ist zwar die Fachhandwerkerklausel unwirksam; jedoch ergreife die Unwirksamkeit nicht die gesamte Klausel, sondern nur den Klauselteil „durch Fachhandwerker" (ebenso: Sternel Mietrecht Aktuell Rdn. IX 55; Kraemer NZM

2003, 417, 419). Nach der Ansicht des BGH (NJW 2010, 2877 = WuM 2010, 476 = NZM 2010, 615) ist jedenfalls dann die gesamte Klausel unwirksam, wenn sie so gefasst ist, dass eine sprachliche Trennung ausscheidet („Der Mieter hat die Schönheitsreparaturen durch Fachhandwerker ausführen zu lassen"; ebenso Heinrichs WuM 2005, 155; Kinne ZMR 2003, 8). Der BGH begründet dies mit der Erwägung, dass mit der Streichung der Worte „ausführen zu lassen" kein sprachlich sinnvoller Klauselrest verbleibt. Aus der Entscheidung des BGH folgt nicht, welche Rechtsfolge bei einer trennbaren Klausel gilt (z. B. 1. Der Mieter hat die Schönheitsreparaturen zu tragen. 2. Die Schönheitsreparaturen sind durch Fachhandwerker auszuführen). Jedoch hat der BGH in einem anderen Zusammenhang entschieden, dass durch eine Regelung über die Überwälzung der Schönheitsreparaturen auf den Mieter „eine einheitliche, nicht in Einzelmaßnahmen aufspaltbare Rechtspflicht" begründet wird, mit der weiteren Folge, dass die Unwirksamkeit einer Teilregelung zur Unwirksamkeit der Gesamtregelung führt. Danach hat die Unwirksamkeit einer starren Fristenregelung die Unwirksamkeit einer bei isolierter Betrachtung wirksamen Klausel über das Lackieren von Fensterrahmen und Türen zur Folge (BGH NJW 2015, 1874). Gleiches hat zu gelten, wenn eine bei isolierter Betrachtung wirksame Renovierungsklausel mit einer unwirksamen sog. „Fachhandwerkerklausel" verbunden wird. Dann ist die gesamte Klausel unwirksam, weil der Mieter über den Umfang seiner Verpflichtungen getäuscht wird. Solche Klauseln fallen unter § 307 Abs. 1 S. 2 BGB, weil das dort geregelte Transparenzgebot auch ein Täuschungsverbot enthält. Die Entscheidung des BGH gilt nur für die Wohnraummiete. Denkbar ist, dass für die Gewerbemiete andere Grundsätze gelten. Insbesondere dürfte es dort der Verkehrssitte entsprechen, dass die Schönheitsreparaturen durch Fachhandwerker ausgeführt werden.

459 Bei **Nichterfüllung der Schönheitsreparaturen** und fortdauerndem Mietverhältnis kann der Vermieter den Erfüllungsanspruch klageweise geltend machen. Stattdessen kann der Vermieter den Mieter in Verzug setzen und dann im Wege der Zahlungsklage den für die Durchführung der Schönheitsreparaturen erforderlichen Vorschuss geltend machen (BGH WuM 1990, 494; BGH GE 2005, 662; Schildt WuM 1994, 237, 243; **a. A.** LG Berlin NZM 2002, 1026). Der Vorschuss muss vom Vermieter zur Durchführung der Schönheitsreparaturen verwendet werden; der nicht benötigte Teil ist an den Mieter zurückzuzahlen. Nach der Auffassung des BGH hat der Vermieter keinen Schadensersatzanspruch wegen Nichterfüllung (jetzt: statt der Leistung) (BGH a. a. O.; **a. A.** Enderlein, AcP 192 (1992), 262; Herrlein NZM 2003, 941).

460 Ähnliche Grundsätze gelten, wenn der Mieter während der Mietzeit die **Schönheitsreparaturen unsachgemäß durchgeführt** hat. Auch in diesem Fall hat der Vermieter grundsätzlich keinen Schadensersatzanspruch, solange das Mietverhältnis dauert. Soweit die Gebäudesubstanz durch die Schlechterfüllung nicht gefährdet wird, kann der Vermieter auch keinen Erfüllungsanspruch auf ordnungsgemäße Durchführung der Schönheitsreparaturen geltend machen, weil die Art und Weise der Ausführung der Schönheitsreparaturen dem Mieter obliegt. Nach Meinung des LG Berlin (GE 1996, 983) hat der Vermieter aber einen Anspruch auf Vorschuss in Höhe der zu erwartenden Kosten der Beseitigung der Renovierungsschäden. Der Vorschuss ist auf der Grundlage eines Sachverständigengutachtens zu ermitteln. Bei Beendigung des Mietverhältnisses muss über den Vorschuss abgerechnet werden.

461 Sind Schönheitsreparaturen erforderlich, weil die **Mietsache ohne Verschulden des Mieters beschädigt** worden ist (z. B. durch Einwirkung von Wasser oder Feuer, durch Fogging [LG Duisburg ZMR 2003, 739 = WuM 2003, 493], durch

§ 535 BGB Untertitel 1. Allgemeine Vorschriften für Mietverhältnisse

Umbaumaßnahmen oder Reparaturarbeiten durch den Vermieter), so ist zu unterscheiden:

462 Waren die **Schönheitsreparaturen** zum Zeitpunkt des Schadenseintritts bereits **fällig,** so war der Mieter gegenüber dem Vermieter zur Durchführung dieser Maßnahmen verpflichtet. Der spätere Schadenseintritt ändert hieran nichts (Sternel WuM 2002, 585, 586). Der Vermieter muss lediglich solche Maßnahmen zur Instandsetzung erbringen, die den Umfang der reinen Schönheitsreparaturen überschreiten. Die Durchführung der Schönheitsreparaturen ist auch in diesem Fall Sache des Mieters. Dies gilt unabhängig davon, ob der Vermieter den Schaden zu vertreten hat. Ist der Schaden von einem Dritten zu vertreten, so ist dieser dem Vermieter zum Schadensersatz verpflichtet. Hinsichtlich der bereits fälligen Schönheitsreparaturen ist der Vermieter nicht geschädigt, weil diese Maßnahmen ohnehin vom Mieter zu erbringen sind. Auch der Mieter ist nicht geschädigt, weil abgenutzte Tapeten und Anstriche keinen wirtschaftlichen Wert darstellen.

463 Waren die **Schönheitsreparaturen** im Zeitpunkt des Schadenseintritts mangels Ablauf der üblichen Fristen noch **nicht fällig,** so obliegt die gesamte Instandsetzung einschließlich der erforderlichen Schönheitsreparaturen dem Vermieter § 535 Abs. 1 Satz 2 BGB; BGH NJW-RR 1987, 906; NJW-RR 1995, 123; Kraemer NZM 2003, 417, 418; Eisenschmid WuM 2002, 889, 890; Sternel WuM 2002, 585, 586; **a. A.** Horst ZAP 2002, 972). Der Vermieter schuldet nicht die Herstellung des vom Mieter geschaffenen früheren Zustands, sondern eine durchschnittliche Renovierung (Sternel WuM 2002, 585, 586). In der Regel wird der Mieter hierdurch einen Vorteil erlangen, weil er anstelle von abgenutzten Räumen eine renovierte Wohnung erlangt. Hier wird teilweise die Ansicht vertreten, dass der Mieter verpflichtet sei, dem Vermieter einen Teil der Instandsetzungskosten unter dem Gesichtspunkt der Vorteilsausgleichung zu erstatten (LG Berlin GE 1996, 1181). Maßstab für die Höhe des Ausgleichs soll das Verhältnis der Zeit zwischen den zuletzt durchgeführten Schönheitsreparaturen zu den üblichen Fristen sein, wobei die oben unter Rdn. 444 dargestellten Fristen wegen des dem Mieter zustehenden Ermessensspielraums um ein Jahr verlängert werden (LG Berlin a. a. O.). Dieser Ansicht ist nicht zuzustimmen, weil die Verpflichtung zur Durchführung von Schönheitsreparaturen erst mit der Fälligkeit entsteht. Vorher schuldet der Mieter nichts; aus diesem Grunde gibt es auch nichts auszugleichen (im Ergebnis ebenso: Eisenschmid WuM 2002, 889, 890; Sternel WuM 2002, 585, 586). Die Fälligkeit wird vermutet, wenn seit der Überlassung der Miträume ein Zeitraum verstrichen ist, der den üblichen Renovierungsfristen entspricht (Sternel WuM 2002, 585, 586). Behauptet der Mieter, dass er zwischen der Überlassung und dem Schadensereignis renoviert hat, so trifft ihn die Beweislast.

464 Ist die Durchführung von Schönheitsreparaturen wegen **bauseitiger Schäden** nicht möglich, so ist der Vermieter zur Schadensbeseitigung verpflichtet (s. oben Rdn. 436 – Grundrenovierung). Hierauf hat der Mieter einen Anspruch. Bleibt der Vermieter untätig, steht dem Mieter ein Zurückbehaltungsrecht (273 BGB) an der Renovierungsleistung zu.

465 **cc) Verpflichtung des Mieters bei Mietende.** Ist das Mietverhältnis beendet, so muss der Mieter renovieren, wenn die **Schönheitsreparaturen fällig** sind (OLG Karlsruhe RE vom 16. 4. 1992 NJW-RR 1992, 969 = WuM 1992, 349). Anders ist es, wenn die Parteien hinsichtlich der Verpflichtung des Mieters zur Rückgabe eine abweichende Regelung getroffen haben. In Betracht kommt eine Verpflichtung des Mieters zur Übergabe einer renovierten Wohnung (Endrenovierungsklausel

Rdn. 489) oder eine Verpflichtung zur Entfernung der Tapeten (Makulaturklausel Rdn. 494). Ebenso kann vereinbart werden, dass der Mieter die Räume in abgewohntem Zustand zurückgeben kann. Durch die in vielen Formularmietverträgen enthaltene Regelung, wonach die Räume besenrein zu übergeben sind, wird die Verpflichtung zur Durchführung fälliger Schönheitsreparaturen nicht aufgehoben (LG Berlin GE 2015, 1164). Die Fälligkeit ist vom Vermieter darzulegen. An die Darlegungslast sind allerdings keine hohen Anforderungen zu stellen. Es genügt, wenn der Zustand der Räume den Schluss nahelegt, dass der Mieter seit längerer Zeit nicht mehr renoviert hat. Nach dem Ablauf der Renovierungsfristen spricht eine Vermutung für die Renovierungsbedürftigkeit (LG Berlin GE 1988, 33; GE 1993, 1099; GE 1995, 1419). Der Mieter kann sich in diesem Fall entlasten, in dem er vorträgt, dass vor Fristablauf Schönheitsreparaturen durchgeführt worden sind. Beweispflichtig für die Durchführung bestimmter (turnusgemäßer) Schönheitsreparaturen vor Vertragsende ist der Mieter (§ 362 BGB; BGH NZM 1998, 710). Für die Berechnung der Fristen gelten die Ausführungen zu Rdn. 444. Außerhalb der dort genannten Zeitabstände braucht der Mieter auch im Falle der Beendigung des Mietverhältnisses nicht zu renovieren. Wegen der noch nicht fälligen Schönheitsreparaturen hat der Vermieter nur dann einen Anspruch, wenn neben der Renovierungsklausel auch eine Abgeltungsklausel (s. unten Rdn. 497) vereinbart ist. Fehlt eine Abgeltungsklausel, so muss der Vermieter die Räume in dem bestehenden Zustand entgegennehmen. Dies gilt auch dann, wenn die Mietsache Abnutzungserscheinungen aufweist, auf Grund derer sie nicht weitervermietet werden kann. Eine vor Fristablauf eintretende Fälligkeit kann nur in Ausnahmefällen angenommen werden; so, wenn die Räume extrem abgenutzt sind. Umgekehrt kann es trotz Fristablauf an der Fälligkeit fehlen, z. B. wenn der Mieter die Räume kaum genutzt hat.

Außerdem besteht eine Renovierungspflicht, wenn die **Tapeten oder Anstriche vor Ablauf der üblichen Fristen beschädigt** werden (Risse, Flecken), oder wenn die Renovierung nicht bis zum Fristablauf hält, etwa weil sich die Tapeten ablösen oder die Farbe abblättert. 466

Teilweise wird vertreten, dass die Verpflichtung des Mieters zur Durchführung der Schönheitsreparaturen entfällt, wenn das **Mietverhältnis aufgrund einer Vertragsverletzung des Vermieters beendet** worden ist. Zu denken ist dabei an eine berechtigte fristlose Kündigung durch den Mieter oder an eine unberechtigte Eigenbedarfskündigung durch den Vermieter (Pfeilschifter WuM 2003, 543, 550). Diese Ansicht trifft nicht zu, weil die Schönheitsreparaturen bei Fälligkeit auszuführen sind und diese unabhängig von der Beendigung des Mietverhältnisses eintritt. Etwas anderes kann gelten, wenn der Mieter nach den vertraglichen Vereinbarungen nur im Falle der Beendigung des Mietverhältnisses renovieren muss. 467

Die Haftung des Mieters aus dem Gesichtspunkt der **Vertragsverletzung** bleibt unberührt (BGH ZMR 1995, 577, 578). Eine solche Haftung kann gegeben sein, wenn der Mieter renoviert ohne hierzu verpflichtet zu sein, dabei aber so **unfachmännisch arbeitet,** dass dem Vermieter weitere Kosten entstehen (überlappende Tapetenbahnen, Verwendung ungeeigneter oder unüblicher Farben, laienhafter Anstrich; Überstreichen von Fliesen mit Farbe [LG Köln WuM 1997, 41], etc.). Der Schadensersatzanspruch setzt voraus, dass die Arbeit des Mieters zu einer Verschlechterung des vorher bestehenden Zustands geführt hat (LG Berlin MM 2003, 45; GE 2003, 257). In diesem Fall muss der Mieter die zur Beseitigung der unsachgemäßen Arbeit erforderlichen Kosten erstatten (LG Berlin GE 1995, 1083). Schönheitsreparaturen schuldet der Mieter nicht. Eine Fristsetzung nach § 281 BGB ist hier nicht erforderlich. 468

§ 535 BGB Untertitel 1. Allgemeine Vorschriften für Mietverhältnisse

469 Vereinzelt wird die Auffassung vertreten, dass der Vermieter keinen Anspruch auf Schadensersatz wegen einer Schlechtrenovierung geltend machen kann, wenn er wusste, dass die Renovierungsklausel unwirksam ist und er den Mieter gleichwohl zur Renovierung aufgefordert hat (AG Hannover WuM 2008, 721, 722). Diese Ansicht trifft nicht zu. Zwar ist die **Aufforderung zur Renovierung vertragswidrig;** dieser Umstand berechtigt den Mieter aber nur zur Leistungsverweigerung, nicht zur Beschädigung der Mietsache.

470 Sind die Schönheitsreparaturen zum Ende des Mietverhältnisses fällig, so muss der Mieter auf **durchschnittliche Geschmackstandards** Rücksicht nehmen (Emmerich NZM 2000, 1155, 1161). Dies schließt beispielsweise eine Verwendung allzu greller oder allzu dunkler Farben aus. Ist eine Wohnung zu tapezieren, so kann der Mieter eine Tapete mittlerer Art und Güte auswählen. Die Schönheitsreparaturen können in Eigenarbeit durchgeführt werden. Im Unterschied zur Durchführung der Arbeiten während der Mietzeit müssen die Arbeiten bei Vertragsende allerdings fachgerecht sein (LG Düsseldorf WuM 1996, 90).

471 Ist die Wohnung mit einer **streichfähigen Raufasertapete** ausgestattet, so schuldet der Mieter bei Fälligkeit der Renovierungsverpflichtung grundsätzlich nur einen Neuanstrich (Harsch WuM 2006, 651). Eine Grundrenovierung (Entfernung der alten Tapeten und Neutapezierung), schuldet der Mieter nur dann, wenn die Tapete infolge ihres Alters nicht mehr überstrichen werden kann und dem Mieter die Wohnung mit neuen Tapeten übergeben wurde. War die Wohnung nicht mit neuen Tapeten ausgestattet, so werden hinsichtlich der Renovierungspflicht unterschiedliche Ansichten vertreten. Nach einer Ansicht ist der Mieter auch in diesem Fall zu einer Grundrenovierung verpflichtet (LG Berlin GE 1994, 583). Nach anderer Meinung trifft den Mieter zwar eine Verpflichtung zur Grundrenovierung; er hat aber einen Anspruch gegen den Vermieter auf Erstattung eines Renovierungsanteils. Schließlich wird die Ansicht vertreten, dass der Vermieter zur Entfernung der alten Tapeten und zur Neutapezierung verpflichtet ist; der Mieter schuldet lediglich den Anstrich (Harsch WuM 2006, 651). Nach der hier vertretenen Auffassung ergibt die Auslegung der Renovierungsklausel, dass der Mieter auch das Kostenrisiko zu tragen hat, das mit der Überlassung einer Wohnung mit bereits mehrfach überstrichenen Raufasertapeten verbunden ist. Daraus folgt, dass der Mieter auf eigene Kosten eine Grundrenovierung vornehmen muss, wenn die Tapete auf Grund ihres Alters oder ihres Zustands nicht mehr überstrichen werden kann.

472 Ist die Durchführung von Schönheitsreparaturen wegen **bauseitiger Schäden** nicht möglich, so ist der Vermieter zur Schadensbeseitigung verpflichtet. OLG Düsseldorf Urteil vom 9.12.2010 – I-10 U 66/10, GuT 2010, 344, betr. Feuchte Wände. Gleiches gilt, wenn sich die vermieteten Räume in einem solchen schlechten baulichen Zustand befinden, dass die Ausführung der Schönheitsreparaturen wirtschaftlich sinnlos ist (KG WuM 2008, 724 = NZM 2009, 661). In diesem Fall muss der Mieter den Vermieter auffordern, die Räume in einen zur Renovierung tauglichen Zustand zu versetzen. Bei einer endgültigen Weigerung des Vermieters entfällt die Renovierungspflicht. Die Renovierungsklausel kann in einem solchen Fall auch nicht in einen Anspruch auf Zahlung eines Geldbetrags umgedeutet werden.

473 **dd) Schadensersatz statt der Leistung.** Sind die Schönheitsreparaturen zum Ende der Mietzeit fällig und lässt sie der Mieter gleichwohl nicht durchführen, oder sind die durchgeführten Schönheitsreparaturen unbrauchbar, so hat der Vermieter

nach §§ 280, 281 BGB Anspruch auf Schadenersatz. Der Schadensersatzanspruch wegen der Nichterfüllung einer vertraglichen oder gesetzlichen Leistungspflicht setzt nach **§ 281 Abs. 1 S. 1 BGB** voraus, dass der Vermieter dem Mieter „erfolglos eine angemessene **Frist zur Leistung oder Nacherfüllung** bestimmt hat" (BGHZ 200, 133 = NJW 2014, 1521 Rz. 25). Die Bestimmung eines konkreten Endtermins ist nicht erforderlich. Vielmehr genügt es, wenn der Mieter zur „unverzüglichen", „sofortigen" oder „umgehenden" Leistung aufgefordert wird (BGH NJW 2009, 3153 = WuM 2009, 580 m.zust.Anm. Staake LMK 2009, 292919; s. auch BGH NJW 2015, 2564 für Kaufvertrag). Die Fristsetzung kann dergestalt erfolgen, dass die Frist mit dem Ende der Vertragszeit abläuft (LG Berlin WuM 1996, 91; Kraemer NZM 2003, 417, 421). Anders ist es, wenn der Mieter die Schönheitsreparaturen nach der Vertragsregelung „spätestens bis Mietende" durchzuführen hat. In diesem Fall werden die Schönheitsreparaturen erst mit dem Vertragsende fällig (Langenberg NZM 2002, 972, 974). Die Frist muss so bemessen werden, dass der Mieter in dieser Zeit die Schönheitsreparaturen durchführen kann. An die Stelle einer zu kurzen Frist tritt die erforderliche oder übliche Frist (OLG Hamburg WuM 1998, 17; Kraemer NZM 2003, 417, 418). Das **Erfordernis der Fristsetzung** kann durch eine Vereinbarung in einem Formularmietvertrag **nicht abbedungen** werden (§ 309 Nr. 4 BGB; Langenberg NZM 2002, 972, 974). Eine Formularklausel, wonach der Mieter verpflichtet ist, für rückständige Schönheitsreparaturen ohne Fristsetzung einen Geldbetrag zu zahlen, ist unwirksam (OLG Karlsruhe, RE vom 24.8.1982 NJW 1982, 2829 = WuM 1982, 291).

474 Eine Fristsetzung ist auch dann erforderlich, wenn die Verpflichtung zu einer Endrenovierung in einer anlässlich der **Vertragsbeendigung** geschlossenen **Vereinbarung** (oder in einem gerichtlichen Vergleich) enthalten ist (**a. A.** Langenberg NZM 2002, 972, 976). Gleiches gilt, wenn vereinbart ist, dass der Vermieter auf die Durchführung von Schönheitsreparaturen verzichtet, wenn der Mieter die Mietsache zu einem bestimmten Termin zurückgibt und dieser Rückgabetermin nicht eingehalten wird. In diesem Fall lebt die Verpflichtung zur Durchführung vom Schönheitsreparaturen wieder auf; Schadensersatz in Geld kann der Vermieter gleichwohl nur unter den Voraussetzungen des § 281 BGB verlangen (OLG München ZMR 1996, 202 zu § 326 BGB a. F.).

475 Die Vorschrift des § 281 BGB setzt voraus, dass der Mieter zur Durchführung der Schönheitsreparaturen aufgefordert wird. Die **Aufforderung** muss **bestimmt und eindeutig** sein und dem Mieter klar zu erkennen geben, dass das Ausbleiben der geschuldeten Leistung Folgen haben wird. Die Rechtsfolge des § 281 BGB tritt deshalb nicht ein, wenn der Mieter lediglich aufgefordert wird, sich darüber zu erklären, ob er bereit sei, innerhalb einer bestimmten Frist die erforderlichen Schönheitsreparaturen durchzuführen (OLG Düsseldorf DWW 1992, 339; OLG München ZMR 1997, 178). Im Übrigen erfordert der für die Leistungsaufforderung geltende **Bestimmtheitsgrundsatz,** dass dem Mieter genau mitgeteilt wird, welche Schönheitsreparaturen im Einzelnen noch durchzuführen sind (KG GE 2003, 952; ZMR 2007, 450; WuM 2007, 71; WuM 2008, 592; LG Itzehoe WuM 1997, 175; Emmerich NZM 2000, 1155, 1159; Kraemer NZM 2003, 417, 418). Die Mitteilung einer Liste mit einer Zustandsbeschreibung verbunden mit der Aufforderung die „notwendigen" Arbeiten vorzunehmen reicht nicht aus (LG Frankfurt/M WuM 2012, 187). Eine Ausnahme gilt nur dort, wo über den Umfang der durchzuführenden Schönheitsreparaturen keine Zweifel bestehen können, etwa weil aufgrund des Zustands der Räume klar ist, dass eine komplette Renovierung

§ 535 BGB Untertitel 1. Allgemeine Vorschriften für Mietverhältnisse

durchgeführt werden muss. Fordert der Vermieter mehr als die geschuldete Leistung, so ist die Fristsetzung nur wirksam, wenn der Mieter erkennen kann, dass der Vermieter auch mit der geschuldeten Leistung zufrieden wäre; andernfalls ist die Fristsetzung unwirksam (KG GE 2003, 952).

476 Die Entstehung des Schadensersatzanspruchs setzt weiter voraus, dass sich der **Mieter zum Zeitpunkt des Ablaufs der Nachfrist noch in Verzug** befindet. Daran fehlt es, wenn der Leistungsanspruch zu diesem Zeitpunkt bereits verjährt ist. Maßgeblich für den Ablauf der Nachfrist ist grundsätzlich die vom Vermieter gesetzte Frist. Eine Ausnahme gilt nach h. M. (OLG Hamburg WuM 1998, 17), wenn diese Frist unangemessen kurz ist; in diesem Fall tritt an die Stelle der zu kurzen Frist die angemessene Frist.

477 Eine **Fristsetzung** ist ausnahmsweise **entbehrlich,** wenn aus dem Verhalten des Mieters die sichere Schlussfolgerung gezogen werden kann, dass dieser die Erfüllung seiner Verpflichtung endgültig verweigert (z. B. eindeutige Erfüllungs-Ablehnung durch mündliche oder schriftliche Erklärung). An die Annahme einer **endgültigen Erfüllungsverweigerung** sind dabei strenge Anforderungen zu stellen. Sie liegt nur vor, wenn der Mieter eindeutig zum Ausdruck bringt, dass er seinen Vertragspflichten nicht nachkommen werde (BGH WuM 1982, 296; BGHZ 200, 133 = NJW 2014, 1521 Rz. 27; OLG Hamburg WuM 1998, 17). Der Umstand, dass der Mieter ausgezogen ist, ohne Schönheitsreparaturen durchzuführen, reicht für sich allein noch nicht aus (OLG Hamburg WuM 1992, 70; KG WuM 2007, 71). Ebenso genügt es nicht, wenn sich der Mieter weigert, ein Wohnungsübergabeprotokoll zu unterschreiben (LG Wuppertal NJWE-MietR 1997, 53). Eine endgültige Erfüllungsverweigerung kann allerdings dann angenommen werden, wenn der Mieter die Mietsache unrenoviert zurückgibt, obwohl er auf die Notwendigkeit von Schönheitsreparaturen hingewiesen wurde (BGH NJW 1991, 2416 = WuM 1991, 550; KG GE 1991, 777; OLG München ZMR 1995, 591) oder wenn sich der vertragswidrige Zustand jedem hätte aufdrängen müssen (BGH ZMR 1995, 579; LG Berlin GE 1995, 1419). Jedoch gilt dieser Grundsatz nicht, wenn der Vermieter ankündigt, dass er sich wegen der Schönheitsreparaturen mit dem Mieter in Verbindung setzen will. Hier darf der Mieter darauf vertrauen, dass sich der Vermieter entsprechend seiner Ankündigung verhält (KG WuM 2008, 292). Nach der Auffassung des OLG Frankfurt (ZMR 1997, 522) liegt eine endgültige Erfüllungsverweigerung auch dann vor, wenn der Mieter zwar grundsätzlich renovierungsbereit ist, aber die Renovierung erst zu einem Zeitpunkt in Aussicht stellt, der nach dem Ablauf einer angemessenen Nachfrist liegt.

478 Der Vermieter hat auch nach der Fristsetzung die **Wahl,** ob er weiterhin den **Erfüllungsanspruch** geltend macht **oder Schadensersatz** verlangt. Umgekehrt ist der Mieter auch nach Ablauf der Frist zur Durchführung der Schönheitsreparaturen berechtigt. Nach **§ 281 Abs. 4 BGB** ist der **Leistungsanspruch** erst dann **ausgeschlossen,** wenn der Vermieter statt der Leistung Schadensersatz verlangt hat. Ein Verlangen auf Schadensersatz liegt in der Klagerhebung (Gesetzesbegründung, BT-Drucks. 14/6040 S. 141). Der Vermieter kann den Leistungsanspruch aber auch schon vorher ausschließen, wenn er gegenüber dem Mieter eine entsprechende Erklärung abgibt. Diese Erklärung kann nach der hier vertretenen Ansicht mit der Leistungsaufforderung und Fristsetzung verbunden werden. Nach anderer Ansicht folgt aus dem Sinn und Zweck des § 281 Abs. 4 BGB, dass sich Schuldner und Gläubiger über die Qualität der Erfüllung oder Nacherfüllung verständigen. Nach dieser Ansicht steht die Verbindung einer Fristsetzung mit dem Verlangen nach Schadensersatz nicht im Einklang. Etwas anderes soll gelten, wenn der Mieter wäh-

rend des Laufs der Frist keinerlei Erfüllungsanstrengungen unternimmt (Derleder/ Zänker NJW 2003, 2777).

Ebenso ist die **Fristsetzung entbehrlich,** wenn Umstände vorliegen, die unter Abwägung der beiderseitigen Interessen die sofortige Geltendmachung des Schadensersatzanspruchs rechtfertigen (§ 281 Abs. 2 BGB). Ein solcher Fall kann nach der Auffassung des BGH vorliegen, wenn sich der Mieter zu einer Renovierung bereit erklärt aber die Räume entgegen seiner Zusage unrenoviert zurückgibt (BGH WuM 1981, 260). In diesem Fall liege es nahe, „den **Wegfall des Interesses an der Renovierung durch den Mieter** zu bejahen, weil der Vermieter sie wegen der zurückgewonnenen Sachherrschaft wird leichter und schneller bewirken können" (BGH a. a. O.). 479

Zum Schaden gehören nicht nur die **Renovierungskosten,** sondern auch die Kosten einer eventuellen **Beweissicherung.** Ein Teil der Rechtsprechung und Literatur vertritt allerdings die Ansicht, dass der Vermieter gegen seine Schadensminderungspflicht verstößt, wenn er einen Sachverständigen einschaltet, obwohl er den Wohnungszustand durch kostengünstigere Beweismittel, etwa durch Zeugen oder Lichtbilder, nachweisen kann (OLG Hamburg WuM 1990, 75; OLG Köln NJW-RR 1994, 524; Sternel, Mietrecht Rdn. II 452). Nach der Ansicht des BGH ist diese Einschränkung „jedenfalls in der Regel" nicht gerechtfertigt (BGH NZM 2004, 615 = WuM 2004, 466). Außerdem kann der Vermieter den **Mietausfall** ersetzt verlangen, der deshalb entsteht, weil die Renovierung erst nach Ablauf der gesetzten Frist durchgeführt werden kann. Dieser Ersatzanspruch geht als Rechnungsposten in den Schadensersatz wegen Nichterfüllung ein (BGH NJW 1998, 1303) und verjährt zusammen mit dem Anspruch auf Ersatz der Renovierungskosten (BGH NJW 1998, 981). Dabei muss der Vermieter beweisen, dass eine Weitervermietung zum nächsten Monatsersten möglich gewesen wäre, wenn der Mieter die Räume im vertragsgemäßen Zustand zurückgegeben hätte (LG Hamburg ZMR 2004, 37; **a. A.** LG Berlin (ZK 64) NZM 2000, 1178: danach kann der Vermieter für die Zeit der Renovierung einen von der Vermietbarkeit unabhängigen Nutzungsausfall verlangen). An diesen Beweis sind allerdings keine strengen Anforderungen zu stellen (LG Frankfurt ZMR 2000, 763: danach ist im Regelfall davon auszugehen, dass renovierte Wohnungen mittlerer Preislage sofort weitervermietet werden können). Werden die Räume alsbald nach der Renovierung weitervermietet, so kann hieraus geschlossen werden, dass auch für einen früheren Zeitpunkt Mietinteressenten vorhanden gewesen wären (OLG Frankfurt DWW 1992, 336). Die Höhe des Mietausfalls ist auf die Zeit beschränkt, die für eine zügig durchgeführte Renovierung benötigt wird (vgl. LG Berlin GE 1996, 1373: grundsätzlich nicht mehr als zwei Monate). 480

Treten **Leistungshindernisse** auf, so wird der Mieter frei. Solche Leistungshindernisse sind: Vermieter erfüllt eine Mitwirkungspflicht nicht; das Gebäude ist schadhaft, so dass Schönheitsreparaturen sinnlos sind; Schönheitsreparaturen werden vor Fristablauf vom Vermieter oder dem Nachmieter durchgeführt (Langenberg NZM 2002, 972, 975); der Nachmieter verweigert den Zutritt (Kraemer NZM 2003, 417). 481

Der Schadenersatzanspruch des Vermieters entfällt nach h. M. nicht, wenn der **Nachfolgemieter die Schönheitsreparaturen auf eigene Kosten durchführt** (BGH ZMR 1968, 40 = NJW 1968, 491; OLG Hamburg ZMR 1984, 342; LG Berlin GE 1996, 1373). Dies ist zutreffend, weil der Schaden aus rechtlicher Sicht nicht in der Vermögensminderung des Vermieters besteht, sondern darin gesehen werden muss, dass dieser nicht dasjenige erhalten hat, was ihm nach dem Vertrag 482

§ 535 BGB Untertitel 1. Allgemeine Vorschriften für Mietverhältnisse

zustand. Die früher z. Teil vertretene Meinung, wonach sich der Vermieter die vom Nachfolgemieter durchgeführte Renovierung auf den Schaden anrechnen lassen muss (Vorteilsausgleichung, OLG Hamm NJW 1964, 1373), hat sich in der Rechtsprechung nicht durchsetzen können (BGHZ 49, 62). Eine Ausnahme von diesem Grundsatz gilt allerdings dann, wenn die Parteien eine abweichende Regelung getroffen haben. So ist beispielsweise in § 7 Abs. 3 des Mustermietvertrags vorgesehen, dass der Mieter bei Vertragsende nicht zur Durchführung von Schönheitsreparaturen verpflichtet ist, wenn „der neue Mieter sie auf seine Kosten – ohne Berücksichtigung im Mietpreis – übernimmt oder dem Vermieter die Kosten erstattet …".

483 Nach der hier vertretenen Ansicht entfällt die Schadensersatzpflicht, wenn der Vermieter nach dem Auszug des Mieters in der Wohnung **Umbauarbeiten** durchführen lässt (ebenso: Schildt WuM 1994, 237, 244; Emmerich NZM 2000, 1155, 1158). Nach der **Rechtsprechung des BGH** soll der Mietvertrag in einem solchen Fall allerdings ergänzend dahingehend ausgelegt werden können, dass der Vermieter anstelle des fälligen Erfüllungsanspruchs eine Geldzahlung erhalten soll. (BGH NJW 1980, 2347; RE vom 30.10.1984 NJW 1985, 480; NJW 2002, 2383; NJW 2005, 425). Die ergänzende Vertragsauslegung setzt zum einen voraus, dass die Schönheitsreparaturen wirksam auf den Mieter übertragen wurden (BGH NJW 2006, 2115 unter Ziff. II 2). Zum anderen kommt eine ergänzende Vertragsauslegung nur in Betracht, wenn der Vermieter eine behauptete Umbauabsicht auch tatsächlich verwirklicht (BGHZ 200, 133 = NJW 2014, 1521). In einem solchen Fall ist die Umdeutung einer Leistungspflicht in eine Zahlungspflicht aus zwei Gründen sachgerecht: zum einen wäre eine vom Mieter durchgeführte Renovierung für den Vermieter sinnlos; zum anderen wäre es unbillig, wenn der Mieter von einer geldwerten Vertragspflicht ersatzlos befreit würde. Wird dagegen die Umbauabsicht nicht verwirklicht, so fehlt es an der erstgenannten Voraussetzung. Eine Regelungslücke liegt nicht vor; für eine ergänzende Vertragsauslegung besteht deshalb kein Anlass. Darüber hinaus weist der BGH darauf hin, dass eine vom Umbau unabhängige ergänzende Vertragsauslegung auch aus einem weiteren Grund ausscheidet: Anderenfalls könne der Vermieter „den auf Durchführung der Schönheitsreparaturen gerichteten Erfüllungsanspruch auch bei bestehender Erfüllungsbereitschaft des Mieters in einen Geldersatzanspruch umwandeln, indem er zunächst die Absicht zum Umbau des Mietobjekts behauptet und bei der Zahlung des geforderten Ausgleichsbetrags von einem Umbau absieht" (BGHZ 200, 133 = NJW 2014, 1521 Rz. 19).

483a Der **Zahlungsanspruch** entsteht, wenn der Vermieter die Umbauabsicht verwirklicht. Der Mieter kann dem Zahlungsanspruch nicht dadurch entgehen, dass er vor der Rückgabe renoviert, oder dass er sich zur Renovierung nach dem Umbau bereit erklärt (BGH a. a. O.; OLG Oldenburg WuM 2000, 301). Zur Höhe des Zahlungsanspruchs gilt, dass die Forderung des Vermieters nicht über den Betrag hinausgeht, den der Mieter hätte aufwenden müssen, wenn er ohne den Umbau seiner Vertragspflicht nachgekommen wäre. Hätte der Mieter einen Malerbetrieb beauftragt, so schuldet er den hierfür erforderlichen Betrag. Hätte der Mieter die Schönheitsreparaturen dagegen in Eigenarbeit ausgeführt oder durch Bekannte ausführen lassen, so schuldet er nur die Materialkosten und einen Betrag, „den er für deren Arbeitsleistung hätte aufwenden müssen" (BGH WuM 2005, 50 = NZM 2005, 58). Die Zahlungspflicht des Mieters ist allerdings nur dann auf die geringeren Kosten für die Eigenleistungen begrenzt, wenn er erfüllungsbereit ist. Bestreitet der Mieter beispielsweise die Wirksamkeit der Renovierungsklausel und lehnt er die Durchführung von Schönheitsreparaturen ab, so kann der Vermieter den Betrag verlangen, den er zur Ersatzvornahme hätte aufwenden müssen. Dies sind die für die Beauftragung eines Malerbetriebs erforderlichen Kosten (BGH a. a. O.). Die **Erstattungspflicht des Mieters ist** in doppelter Hinsicht **begrenzt: (1)** Sind infolge des Umbaus höhere Renovierungskosten erforderlich, so schuldet der Mieter nur diejenigen Kosten, die er ohne den Umbau hätte aufwenden müssen. **(2)** Sind die Renovierungskosten wegen des Umbaus geringer (z. B. bei einer Verkleinerung der Wohnfläche), so schuldet der Mieter nur die geringeren Kosten (BGH WuM 2005, 50 = NZM 2005, 58). Die den Entscheidungen des BGH zu zugrunde liegende Interessenbewertung ist für die Geschäftsraummiete akzeptabel, für die Wohnraummiete aber fehlerhaft, weil viele Mieter aus Kostengründen auf die Möglichkeit zur Erbringung von Eigenleistungen angewiesen sind; diese Erwartungen werden durch die Umdeutung zunichte gemacht.

Vereinzelt wird in diesem Zusammenhang die Ansicht vertreten, dass die Grundsätze der ergänzenden Auslegung nicht anwendbar sein sollen, wenn der Vermieter einen **Abriss des Hauses** plant (LG Berlin ZMR 1998, 428 mit abl. Anm. Eckert). Dies ist im Ergebnis richtig; die Unterscheidung zwischen Umbau und Abriss ist allerdings nicht konsequent (so zutreffend: Eckert ZMR 1998, 428). **484**

Der Vermieter kann einen Handwerksbetrieb mit der Durchführung der Schönheitsreparaturen beauftragen und gem. §§ 280, 281 die hierfür entstandenen Kosten ersetzt verlangen. Fraglich ist, ob der Vermieter auch einen Zahlungsanspruch in Höhe der **fiktiven Beseitigungskosten** hat, wenn er die Räume unrenoviert weitervermietet. Für das Werkvertragsrecht hat der BGH bisher diese Möglichkeit der Schadensberechnung bejaht. Er hat diese Rechtsprechung aber in dem Urteil vom 22.2.2018 (NZM 2018, 345) aufgegeben. Danach steht dem Besteller keinen Anspruch auf Ersatz fiktiver Mangelbeseitigungskosten zu, wenn er das mangelhafte Werk behält und den Mangel nicht beseitigen lässt. Zur Begründung führt der BGH im Wesentlichen aus, dass dem Besteller kein Vermögensschaden in Form und Höhe dieser (nur fiktiven) Aufwendungen entsteht. Sein Vermögen sei im Vergleich zu einer mangelfreien Leistung des Unternehmens nur um einen Betrag in Höhe solcher (fiktiven) Aufwendungen vermindert (BGH a. a. O. Rz. 32). In der Literatur wird z. T. vertreten, dass die Argumente des BGH auch beim Schadensersatz wegen unterlassener Schönheitsreparaturen gelten. Eine fiktive Berechnung des Schadensersatzes statt der Leistung durch den Vermieter anhand des Kostenvoranschlags eines Malerfachbetriebs kommt nach dieser Ansicht nicht in Betracht. Der Vermieter muss daher den Schaden, der ihm durch die Nichterfüllung der Renovierungspflicht entstanden ist, konkret berechnen. Dies kann insbesondere anhand der tatsächlich angefallenen Renovierungskosten erfolgen (Lehmann-Richter NZM 2018, 315). Diese Ansicht überzeugt. Sie steht mit der Bewertung der Schönheitsreparaturen durch den BGH aber wohl nicht im Einklang. Denn danach gelten die Schönheitsreparaturen als Gegenleistung für den Gebrauch der Mietsache, also als Teil der Miete (BGH NJW 2014, 1521 Rz. 19). Bei dieser Sicht ist es folgerichtig, dass die nicht erbrachte Gegenleistung in Form der fiktiven Aufwendungen für Schönheitsreparaturen ausgeglichen wird. Im Fall der §§ 280, 281 BGB schuldet der ersatzpflichtige Mieter die Renovierungskosten einschließlich der **Umsatzsteuer.** Wählt der Vermieter eine abstrakte Schadensberechnung, so kann er auf den Schadensbetrag keine Umsatzsteuer verlangen (§ 249 BGB n. F.; KG WuM 2006, 436; Specht in: Lützenkirchen, AHB-Mietrecht, 3. Aufl. 2007 H Rdn. 590; Lammel Wohnraummietrecht § 535 BGB Rdn. 207; **a. A.** Winkler ZMR 2007, 337). Gleiches gilt, wenn der Geschädigte die Reparatur selbst durchführen lässt oder wenn die Sache durch einen nicht umsatzsteuerpflichtigen Dritten repariert wird (abweichend: Wüstefeld WuM 2003, 15; Pfeilschifter WuM 2003, 543, 553). **485**

§ 535 BGB Untertitel 1. Allgemeine Vorschriften für Mietverhältnisse

486 Die **Verjährung des Schadensersatzanspruchs** wegen nicht durchgeführter Schönheitsreparaturen beginnt grundsätzlich mit der Rückgabe (§ 548 Abs. 1 BGB; s. dort). Mit dem Anspruch auf Ersatz der Renovierungskosten verjährt zugleich der Anspruch auf alle weiteren aus der Nichterfüllung folgenden Schadensersatzpositionen. Hinsichtlich des Mietausfalls gilt dies auch hinsichtlich derjenigen Zeiträume, die weniger als 6 Monate zurückliegen. Dies folgt aus dem Umstand, dass durch den Verjährungsbeginn alle vorhersehbaren künftigen Mietausfälle erfasst werden, ohne dass es auf den jeweiligen monatlichen Entstehungszeitpunkt ankommt (BGHZ 50, 21, 23; NJW 1998, 981).

487 Hat der Mieter entsprechend der Aufforderung des Vermieters **Schönheitsreparaturen** durchgeführt und sind diese **mangelhaft,** so ist keine erneute Fristsetzung zur Nachbesserung erforderlich. Vielmehr kann der Vermieter die Nachbesserungskosten aus dem Gesichtspunkt der Pflichtverletzung als Schadensersatz verlangen (Sternel, Rdn. II 448); bei gänzlich untauglichen Renovierungsarbeiten schuldet der Mieter die für eine komplette Neurenovierung erforderlichen Kosten. Sind lediglich Kleinigkeiten nachzubessern, so kann der Vermieter ausnahmsweise zu einer nochmaligen Fristsetzung nach § 254 Abs. 2 BGB verpflichtet sein. Die Mangelhaftigkeit der Arbeiten muss der Vermieter darlegen und beweisen. Dabei ist erforderlich, dass die Mängel genau benannt werden.

488 Vereinzelt wird die Ansicht vertreten, dass der Mieter auch außerhalb der Voraussetzungen des §§ 280, 281 BGB zum Ersatz der Renovierungskosten verpflichtet sei. Anspruchsgrundlage sind die Vorschriften über die (unberechtigte) **Geschäftsführung ohne Auftrag (§§ 684, 818 Abs. 2 BGB).** Sind die Schönheitsreparaturen auf den Mieter übertragen worden, so sei deren Durchführung durch den Vermieter als Geschäft des Mieters zu bewerten (§ 684 BGB). Der Mieter soll in einem solchen Fall verpflichtet sein, dem Vermieter die für die Renovierung erforderlichen Aufwendungen nach den Grundsätzen des Bereicherungsausgleichs (§ 818 Abs. 2 BGB) zu erstatten. Der Umfang der bereicherungsrechtlichen Ersatzpflicht richtet sich nach der Höhe der Aufwendungen, die objektiv erforderlich waren um die Renovierungsverpflichtung des Mieters zu erfüllen (OLG Koblenz MDR 1999, 1496; Lützenkirchen MDR 2001, 9; Bergerhoff ZMR 2001, 944). Nach der hier vertretenen Ansicht scheitert die Anwendung der Grundsätze über die Geschäftsführung ohne Auftrag bereits an dem Umstand, dass hinsichtlich der Schönheitsreparaturen vertragliche Regelungen vorhanden sind, während es für die Geschäftsführung ohne Auftrag typisch ist, dass zwischen den Beteiligten keine Vertragsbeziehungen bestehen (ebenso Langenberg NZM 2002, 972, 973; Wiek WuM 2000, 11; Kraemer NZM 2003, 417, 418). Davon abgesehen setzt die Anwendung der Grundsätze der Geschäftsführung ohne Auftrag voraus, dass der Vermieter mit Rücksicht auf den mutmaßlichen Willen des Mieters handelt. Demgegenüber bringt der renovierungsunwillige Mieter durch die Rückgabe der renovierungsbedürftigen Räume gerade zum Ausdruck, dass er die Renovierung ablehne (ebenso: Paschke in: Bub/Treier Kap V Rdn. 246; **a. A.** Bergerhoff a. a. O.).

489 **c1) Die Rückgabeklausel (Endrenovierungsklausel):** („Der Mieter ist verpflichtet, die Mietsache renoviert zurückzugeben"). Im Unterschied zur Renovierungsklausel verstößt eine Vereinbarung, wonach der Mieter verpflichtet sein soll, die Mieträume bei Beendigung der Mietzeit renoviert zurückzugeben, und zwar unabhängig davon, in welchem zurückliegenden Zeitpunkt die letzte Schönheitsreparatur stattgefunden hat (Rückgabe- oder „Endrenovierungsklausel"), gegen § 307 BGB. Diese Klausel kann nicht wirksam in einem **Formularvertrag** vereinbart werden. Es spielt keine Rolle ob die Rückgabeklausel zusammen mit einer Renovierungsklausel oder als isolierte Rückgabeklausel vereinbart wird (BGH NZM 1998, 710 = WuM 1998, 592; NZM 2003, 394 = WuM 2003, 436; NZM 2003, 755 = WuM 2003, 561; NJW 2007, 3776 = WuM 2007, 682 = NZM 2007, 921; OLG Hamm RE 27.2.1981 NJW 1981, 1049 = WuM 1981, 77 = ZMR 1981,; OLG Frankfurt RE 22.9.1981 NJW 1982, 453 = WuM 1981, 272 = ZMR 1982, 15; OLG Düsseldorf GE 2007, 1119 für die Gewerbemiete; LG Hamburg WuM 1994, 675 für die Gewerbemiete; Heinrichs WuM 2005, 155, 161; Kraemer PiG 75 (2006) S. 37, 47; Blank PiG 73 (2006) S. 163, 174). Anders ist es, wenn der Mieter zur Durchführung der rückständigen, d. h. fälligen Schönheitsreparaturen verpflichtet wird (BGH a. a. O.; OLG Karlsruhe RE vom 1.7.1981 NJW 1981, 2823 = WuM 1981, 195 = ZMR 1982, 184; OLG Bremen RE vom 30.8.1982 NJW 1983, 689 = WuM 1982, 317), oder wenn der Mieter „spätestens bei Mietende alle bis dahin – je nach dem Grad der Abnutzung oder Beschädigung – erforderlichen Arbeiten auszuführen" hat (KG GE 2004, 624). Diese Einschränkung muss in dem Wortlaut der Formularklausel zum Ausdruck kommen; eine umfassende Formularklausel kann nicht im Wege der Auslegung auf ihren zulässigen Inhalt reduziert werden.

Eine Regelung, wonach der Mieter die Räume auf jeden Fall bei Vertragsende renoviert zurückzugeben hat, muss durch **Individualvertrag** getroffen werden. Eine solche Vereinbarung ist wirksam (BGH NZM 2009, 397; OLG Rostock MDR 2015, 861 jeweils zur Gewerbemiete). In diesem Fall schuldet der Mieter auch dann eine Schlussrenovierung, wenn die Schönheitsreparaturen beim Fortbestand des Mietverhältnisses noch nicht fällig gewesen wären. Die Verpflichtung aus der Rückgabeklausel wird erst bei Mietende fällig; auch der Verzug kann frühestens mit der Beendigung des Mietverhältnisses eintreten. Ein Schadensersatzanspruch wegen Nichterfüllung der Renovierungsverpflichtung setzt nach §§ 280, 281 BGB voraus, dass dem Mieter eine Frist zur Leistung gesetzt wird. Im Unterschied zu einer Formularklausel ist eine Individualvereinbarung einer einschränkenden Auslegung zugänglich. Diese ist angebracht, wenn der Mieter unmittelbar vor Mietende renoviert hat und sich die Räume in einem zur sofortigen Weitervermietung geeigneten Zustand befinden.

Eine Vereinbarung, wonach der Mieter die Räume „**in bezugsfertigem Zustand**" zurückgeben muss, begründet keine absolute Renovierungspflicht. Der Zweck einer solchen Vereinbarung ist erreicht, wenn der Vermieter in der Lage ist, dem neuen Mieter die Räume bezugsgeeignet zu übergeben (BGH NJW 1991, 2416 = WuM 1991, 550; BGH NJW 2014, 1444; OLG Koblenz MDR 2017, 997)). Aufgrund dieser Klausel ist der Mieter zunächst verpflichtet alle Veränderungen an den Mieträumen rückgängig zu machen, die ausschließlich aufgrund der speziellen Bedürfnisse des Mieters vorgenommen wurden und für eine anderweitige Nutzung hinderlich sind. Weiterhin muss der Mieter die von ihm gefertigten Dübellöcher verschließen (OLG Koblenz a. a. O.). Im Einzelfall kann eine Renovierungspflicht auch dann bestehen, wenn die üblichen Fristen noch nicht abgelaufen sind (BGH a. a. O.). Im Allgemeinen genügt es, wenn sich die Räume in einem Zustand befinden, der bei Durchführung von Schönheitsreparaturen in üblichen Zeitabständen bestehen würde. Dies ist nicht der Fall, wenn die letzte Renovierung 5 Jahre zurückliegt und die Räume aus diesem Grund entsprechende Abnutzungserscheinungen aufweisen wie unterschiedliche Farbeffekte im Bereich der Schränke und Bilder, Ränder um die Lichtschalter oder Schattierungen im Bereich der Aufhängung der Lampen (BGH NJW 2014, 1444). Hat der Mieter „im Übermaß"

§ 535 BGB Untertitel 1. Allgemeine Vorschriften für Mietverhältnisse

Dübel angebracht, so kann sich aus der hier fraglichen Klausel ergeben, dass der Mieter die hiervon betroffene Fläche renovieren muss (OLG Düsseldorf ZMR 1994, 259).

492 Enthält der Mietvertrag **sowohl** eine **Renovierungsklausel** (oben Rdn. 432 ff) **als auch** eine formularvertragliche **Rückgabeklausel**, so führt diese **Kumulation nachteiliger Klauseln** nach h. M. zur Unwirksamkeit beider Klauseln (§ 307 BGB, BGH NJW 2003, 2234; NJW 2003, 3192 = NZM 2003, 755 = WuM 2003, 561; NJW 2004, 2087; OLG Hamm ZMR 2002, 822; LG Berlin NZM 1998, 403; ZMR 1998, 351; LG Hamburg WuM 2000, 544; LG Frankfurt WuM 2000, 545; Heinrichs WuM 2005, 155, 161; Over in: Hannemann/Wiegner, MAH Mietrecht, § 27 Rdn. 52; Soergel/Heintzmann, §§ 535, 536 BGB Rdn. 314; Kossmann/Meyer-Abich, Handbuch der Wohnraummiete § 43 Rdn. 16; Knops in: Herrlein/Kandelhard, Mietrecht § 535 BGB Rdn. 56; Horst, Praxis des Mietrechts, Rdn. 720; **a. A.** LG Köln WuM 1999, 720; Bub in: Bub/Treier Kap II Rdn. 1466). Die hier dargestellten Grundsätze gelten auch für die Geschäftsraummiete (BGH GE 2005, 667). Zur Frage, ob der Mieter Schadenersatzansprüche gegen den Vermieter geltend machen kann, wenn er gleichwohl Schönheitsreparaturen ausführt, s. oben Rdn. 422)

493 Enthält der Mietvertrag neben der **individuell vereinbarten Rückgabeklausel** auch eine **formularvertraglich vereinbarte Renovierungsklausel,** so gilt folgendes: **(1)** Die Prüfung der Formularklausel richtet sich nach § 307 BGB. Gegenstand der Prüfung ist die Renovierungsklausel einschließlich der individualvertraglichen Ergänzungen. Ist der Mieter nicht nur zur Renovierung während der Mietzeit sondern auch zur Schlussrenovierung verpflichtet, so bewirken die beiden Vereinbarungen einen Summierungseffekt der die Unwirksamkeit der Formularklausel zur Folge hat. **(2)** Die individuell vereinbarte Rückgabeklausel ist nicht an § 307 BGB zu messen (BGH NJW 2009, 1075 = WuM 2009, 173 = NZM 2009, 233). Hier sind folgende Kriterien maßgeblich **(2.1)** Ist die Individualvereinbarung von der Wirksamkeit der Formularklausel abhängig, so hat die Unwirksamkeit der Formularklausel zwangsläufig die Unwirksamkeit der Individualvereinbarung zur Folge. **(2.2)** Bilden die beiden Vereinbarungen wegen ihres sachlichen Zusammenhangs ein einheitliches Rechtsgeschäft im Sinne des § 139 BGB, so ist im Falle der Nichtigkeit der Formularklausel das gesamte Rechtsgeschäft nichtig (AG Hannover NZM 2010, 278; AG Mannheim ZMR 2011, 805). **(2.3).** Sind die beiden Vereinbarungen dagegen voneinander unabhängig, so hat die Unwirksamkeit der Formularklausel auf die Wirksamkeit der Individualvereinbarung keinen Einfluss.

Von der unter Ziff. (2.2) dargestellten Variante kann ausgegangen werden, wenn „die Formularbedingung und die individuelle Abrede gleichzeitig vereinbart worden sind" (ebenso: Zschieschack ZMR 2009, 821, 823). Wird „die Endrenovierungspflicht dagegen in individueller Form nachträglich vereinbart", so liegt nach der Ansicht des BGH die unter Ziff. (2.3) dargestellten Variante vor (BGH NJW 2009, 1075 = WuM 2009, 173 = NZM 2009, 233).

494 **d) Die Tapetenklausel (Makulaturklausel).** „Bei Vertragsende sind die Tapeten zu entfernen". Bei dieser Klausel kann nicht ausgeschlossen werden, dass der Mieter mit Renovierungspflichten belastet wird, die über den tatsächlichen Renovierungsbedarf hinausgehen. Ein solcher Fall wird insbesondere dann vorliegen, wenn sich die Wohnung noch in einem vertragsgemäßen Zustand befindet, etwa weil der Mieter erst vor kurzem Schönheitsreparaturen vorgenommen hat. Aus diesem Grund ist eine **formularvertragliche Klausel** unwirksam (BGH WuM 2006,

310; Kraemer PiG 75 (2006) S. 37, 47). Nach deren Wortlaut muss der Mieter die Tapeten nämlich auch dann entfernen, wenn sich diese noch in gutem Zustand befinden. Ist neben der Tapetenklausel auch eine Renovierungsklausel (s. oben Rdn. 432) oder eine Abgeltungsklausel (s. unten Rdn. 497) vereinbart, so sind wegen des Summierungseffekts alle Klauseln unwirksam. Einen **gesetzlichen Anspruch auf Entfernung der Tapeten** hat der Vermieter auch dann nicht, wenn die Tapeten vom Mieter angebracht worden sind.

Eine **individualvertraglich vereinbarte Tapetenklausel** ist bei isolierter Betrachtungsweise wirksam. Ist ein Mieter aufgrund einer solchen Vereinbarung zur Entfernung der Tapeten verpflichtet, so setzt der Schadensanspruch nach §§ 280, 281 BGB voraus, dass dem Mieter eine Frist zur Leistung gesetzt wird. Hierbei muss die gewünschte Leistung genau bezeichnet werden. Der Vermieter kann dem Mieter eine Wahlmöglichkeit einräumen; auch hier muss für den Mieter erkennbar sein, durch welche der alternativen Leistungen (Entfernen der Tapeten oder Renovierung) er von seiner Leistungsverpflichtung frei wird (BGH NZM 2006, 623 = WuM 2006, 306). 495

Enthält der Mietvertrag **neben der individuell vereinbarten Tapetenklausel** auch eine **formularvertraglich vereinbarte Renovierungsklausel,** so gelten für die Wirksamkeitskontrolle die für die Rückgabeklausel (oben Rdn. 493) dargestellten Grundsätze (BGH NZM 2006, 623 = WuM 2006, 306). 496

e) Abgeltungsklausel („pro rata temporis – Regelung"; „Quotenhaftungsklausel"): „Endet das Mietverhältnis bevor die Schönheitsreparaturen fällig sind, so ist der Mieter verpflichtet, einen prozentualen Anteil der Renovierungskosten zu tragen, der dem Abnutzungsgrad der Räume entspricht."). Nach der bis März 2015 maßgeblichen Rechtsprechung des BGH war eine solche Klausel unter bestimmten Voraussetzungen wirksam (s. die 4. Auflage Rdn. 497 – 505). Diese Rechtsprechung hat der BGH mit Urteil vom 18.3.2015 – VIII ZR 242/13 (BGHZ 204, 316 = NJW 2015, 1871) aufgegeben. Nach dieser Entscheidung verstößt eine Quotenhaftungsklausel gegen § 307 Abs. 1 Satz 1 BGB. Eine unangemessene Benachteiligung des Mieters liege auch dann vor, wenn diesem „bei Vertragsschluss keine realistische Einschätzung der auf ihn zukommenden Kostenbelastung" möglich sei. Hiervon sei bei den Quotenhaftungsklauseln auszugehen. Zum einen könne der Mieter bei Vertragsschluss nicht abschätzen, in welchem Zustand sich die Mietsache bei Vertragsende befinde. Zum anderen sei unklar, zu welchem Zeitpunkt ein Renovierungsbedarf bestehe. Die geänderte Rechtsprechung gilt auch für solche Mietverträge, die vor Erlass des Urteils vom 18.3.2015 abgeschlossen wurden. Die Parteien konnten nämlich nicht darauf vertrauen, dass eine bestimmte Rechtslage unverändert fortbesteht (so bereits BGH NJW 2008, 1438 Rz 20, sowie BGHZ 204, 302 = NZM 2015, 374). 497

Die vom BGH entwickelten Grundsätze zur Quotenabgeltungsklausel gelten auch für eine Klausel, wonach der Mieter einen **Kostenbeitrag** zu den vom Vermieter auszuführenden Schönheitsreparaturen zu leisten hat. Hierfür sprechen drei Erwägungen: Zum einen kann der Mieter den künftig zu leistenden Beitrag nicht sicher einschätzen. Zum anderen wird dem Mieter die Möglichkeit zur kostensparenden Eigenarbeit abgeschnitten. Schließlich liegt der Renovierungsturnus im Ermessen des Vermieters, so dass der Kostenbeitrag auch dann fällig werden kann, wenn die Räume auf Grund besonderer Umstände noch nicht renovierungsbedürftig sind (LG München I NZM 2016, 383 m. Anm. Over). 497a

§ 535 BGB Untertitel 1. Allgemeine Vorschriften für Mietverhältnisse

497b Ebenso sind Klauseln unwirksam, die dem Vermieter bei Vertragsende einen **„Nachbesserungsanspruch"** geben, wenn die Schönheitsreparaturen zu diesem Zeitpunkt noch nicht fällig sind (vgl. LG Berlin Urteil vom 27.1.2015 – 16 O 442/14, juris: „Waren ... Schönheitsreparaturen noch nicht fällig ... so hat der Mieter bei Beendigung des Mietverhältnisses die Teile der Schönheitsreparaturen, die nicht vollständig nachgeholt werden müssen, fachgerecht nachzubessern").

498 f) **Wahlklausel.** „Sofern der Mieter Schönheitsreparaturen selbst ausführt oder durch entsprechende Fachfirmen ausführen lässt, werden ihm auf Antrag die anteiligen Beträge, wie sie sich nach der obigen Verordnung errechnen, ausgezahlt, sofern die Ausführung sach- und fachgerecht erfolgt ist." Nach der Rechtsprechung des BGH (NZM 2015, 79) ist diese Klausel dahingehend auszulegen, dass der Mieter frei entscheiden kann, ob er die Schönheitsreparaturen selbst ausführt oder den Vermieter in Anspruch nimmt. Der Mieter ist gehalten, den Vermieter rechtzeitig über seine Absichten zu informieren. Auf diese Weise wird gewährleistet, dass der Vermieter nicht durch eine unangekündigte, eigenmächtige Renovierung vor vollendete Tatsachen gestellt wird und hierdurch Nachteile erleidet, etwa bei der Feststellung, ob die Renovierung überhaupt notwendig war. Die Höhe des Ersatzanspruchs richtet sich nach den Kostensätzen in § 28 Abs. 4 Satz 2 der II. BV.

499 bis 505 Zurzeit nicht besetzt.

506 g) **Geschäftsraummiete.** (s. dazu Fallak ZMR 2013, 161; Müller NZM 2016, 185; Graf von Westphalen NZM 2016, 369; Zehelein NZM 2017, 137). Die Rechtsprechung zur Wohnraummiete kann auch auf gewerbliche Mietverträge übertragen werden, wenn der Mieter zum Kreis der Kleinunternehmer gehört (z. B. Änderungsschneider, Betreiber von kleinen Ladengeschäften), weil diese Mietergruppe in ähnlicher Weise schutzbedürftig und -würdig ist, wie ein privater Verbraucher. Mietverträge mit Großunternehmen (z. B. Filialisten) bedürfen dagegen einer besonderen Bewertung. Hier ist zu fragen, ob die zur Prüfung stehende Klausel den Mieter unter Berücksichtigung der verkehrsüblichen Interessen und Risikoverteilung unangemessen benachteiligt (so Müller NZM 2016, 185). Insoweit ist die Rechtslage noch nicht hinreichend geklärt.

506a Für den **Begriff der Schönheitsreparaturen** gilt auch für die gewerbliche Miete die Definition in § 28 Abs. 4 S. 4 der II. BV (OLG Düsseldorf ZMR 2008, 890). Allerdings ist streitig, ob die Verpflichtung zur Durchführung von Schönheitsreparaturen in weitergehendem Umfang als bei der Wohnraummiete auf den Mieter abgewälzt werden kann. Die Frage wird zum Teil bejaht (BGH NZM 2005, 504; OLG Hamm ZMR 2002, 822; OLG Düsseldorf NZM 2006, 462; Neuhaus, Handbuch der Geschäftsraummiete 2. Aufl. 2005 Rdn. 773; Ahlt DWW 2005, 96, 98), zum Teil verneint (Wolf in Lindner-Figura, Geschäftsraummiete § 13 Rdn. 207; Fritz, Gewerberaummietrecht Rdn. 225; Palandt-Weidenkaff § 535 BGB Rdn. 47). Nach dem Urteil des BGH vom 18.3.2015 (BGHZ 204, 302 = NZM 2015, 374; s. Rdn. 433) ist die Renovierungsklausel unwirksam, wenn dem Mieter eine **renovierungsbedürftige Wohnung** überlassen wird (s. Rdn. 433). Zweifelhaft ist, ob diese Rechtsfolge auch für die Gewerbemiete gilt. Dies wird teilweise mit der Erwägung bejaht, dass sich die Unangemessenheit aus einer „Verletzung des Äquivalenzprinzips" ergibt; ein Gesichtspunkt der auch bei der Gewerbemiete zu beachten sei (OLG Celle NJW 2016, 3732; LG Lüneburg NJW 2016, 578; A. Boerner NZM 2015, 686, 688; Lehmann-Richter NJW 2015, 1598, 1599; Drettmann NJW 2015, 3694, 3695; Lützenkirchen NZM 2016, 113, 116; Zehelein NZM 2017, 137;

Pietz/Oprée in Lindner-Figura/Oprée/Stellmann, Geschäftsraummiete Kap. 16 Rdn. 156; Schneider in Spielbauer/Schneider, Mietrecht, Anh 1 zu § 535 BGB Rdn. 138); Zehelein NZM 2017, 137; **a. A.** Müller NZM 2016, 185, 191 für Mietverträge mit Großunternehmen). Der für die Gewerbemiete zuständige XII. Zivilsenat des BGH hat diese Frage noch nicht behandelt. Nach der hier vertretenen Meinung können hinsichtlich der **Mieterpflichten** für die Geschäftsraummiete **keine allgemeinen Regeln** aufgestellt werden, weil die Verhältnisse zu unterschiedlich sind. Bei der Vermietung von Ladenräumen oder bei der Gaststättenpacht ist es üblich, dass der Mieter/Pächter die **Anfangsrenovierung** durchführt, weil er die Räumlichkeiten auf diese Weise seinen Bedürfnissen entsprechend gestalten kann. Deshalb ist gegen eine entsprechende Formularklausel nichts einzuwenden Kraemer PiG 75 (2006) S. 37, 54; Blank PiG 73 (2006) S. 163, 182). Der Mieter/Pächter kann allerdings **nicht** zu einer **Anfangs- und** einer **Endrenovierung** verpflichtet werden. In diesem Fall sind wegen des dann gegebenen Summierungseffekts beide Klauseln unwirksam (BGH NZM 2005, 504; OLG Hamm ZMR 2002, 822; **a. A.** KG GE 1995, 1011; OLG Celle ZMR 1999, 470; NZM 2003, 599; Heinrichs WuM 2005, 155, 163). Eine **Endrenovierungsklausel** ist unwirksam, wenn sie auf den konkreten Renovierungsbedarf keine Rücksicht nimmt (Kraemer PiG 75 (2006) S. 37, 55; Blank PiG 73 (2006) S. 163, 182). Hieraus ist abzuleiten, dass bei Mietverträgen auf unbestimmte Zeit keine Endrenovierungsklausel vereinbart werden kann. Bei Mietverträgen auf bestimmte Zeit ist eine Endrenovierungsklausel zulässig, wenn die vereinbarte Mietzeit dem üblichen Renovierungsturnus entspricht <u>und</u> die Klausel zusätzlich den Fall regelt, dass das Mietverhältnis vor Ablauf der Mietzeit endet. Dasselbe gilt bei befristeten Mietverträgen mit Verlängerungsklausel oder -option (Fallak ZMR 2013, 161, 166f). Eine unwirksame Endrenovierungsklausel hat die Unwirksamkeit der Renovierungsklausel zur Folge. Insoweit kann nichts anderes gelten als bei der Wohnraummiete. Eine in einem Geschäftsraummietvertrag individualvertraglich vereinbarte Endrenovierungsklausel ist wirksam (BGH NJW-RR 2009, 947, OLG Rostock MDR 2015, 861). Eine **Makulaturklausel,** die den Mieter verpflichtet, bei Vertragende die von ihm angebrachten Tapeten zu entfernen, dürfte bei der Ladenmiete zulässig sein (Müller NZM 2016, 185, 191).

Die **Fristen** des § 7 des Mustermietvertrags 76 gelten nur für die Wohnraummiete. Sie sind auf die Miete von Gewerberäumen grundsätzlich nicht übertragbar (Kraemer PiG 75 (2006) S. 37, 56; Blank PiG 73 (2006) S. 163, 182; **a. A.** KG NZM 2005, 181). Eine Ausnahme kann gelten, wenn die gewerbliche Nutzung mit einer Wohnungsnutzung vergleichbar ist oder die konkrete Nutzung zu einer vergleichbaren Abnutzung der Räume führt. Ansonsten müssen die üblichen Renovierungsfristen im Blick auf den Vertragszweck im Einzelfall ermittelt werden. So ist es in der Regel nicht zu beanstanden, wenn bei der Gaststättenpacht eine Verpflichtung zur jährlichen Renovierung vereinbart wird (vgl. BGH NJW 1983, 446 unter Ziff. IV). Allerdings dürfen die Fristen auch bei der Gewerbemiete nicht als „starre Fristen" vereinbart werden (BGH NJW 2014, 1444; OLG Düsseldorf ZMR 2016, 440 betr. Formularklausel in einem gewerblichen Mietvertrag, wonach der Mieter in einem festen Turnus von 10 Jahren zum fachgerechten Abschleifen des Parkettbodens verpflichtet ist; Fallak ZMR 2013, 161, 166). Anderenfalls ist die gesamte Renovierungsvereinbarung unwirksam (BGHZ 178, 158 = NJW 2008, 3772 m. Anm. Blank LMK 2008, 271321 für Mietvertrag über Räume zum Betrieb einer Änderungsschneiderei; OLG Düsseldorf NZM 2007, 215; OLG Düsseldorf ZMR 2016, 440; OLG München NZM 2007, 215; **a. A.**

§ 535 BGB Untertitel 1. Allgemeine Vorschriften für Mietverhältnisse

Heinrichs WuM 2005, 155, 163: danach tritt nur Teilunwirksamkeit ein). Hinsichtlich der **Farbwahl** ist der Mieter frei, so dass er die Mietsache nach Belieben dekorieren und mit beliebigen Farben anstreichen kann. Er ist nicht verpflichtet, einen auffälligen Anstrich bei Mietende durch einen weißen Anstrich zu ersetzen (OLG Koblenz MDR 2015, 330 betreffend rot gestrichene Wände bei Mietvertrag über Räume zum Betrieb einer Bar). Anders ist es, wenn der Mietvertrag eine wirksame Farbwahlklausel (s. Rdn. 453–455) enthält.

508 Bei der Gewerbemiete ist es allgemein üblich, dass die Schönheitsreparaturen durch Fachhandwerker ausgeführt werden. Die **Fachhandwerkerklausel** ist aus diesem Grunde wirksam (Heinrichs WuM 2005, 155, 163; Kraemer PiG 75 (2006) S. 37, 57; Blank PiG 73 (2006) S. 163, 183; **a. A.** OLG Düsseldorf GuT 2010, 344)

508a Die Rechtsprechung des BGH zur Unwirksamkeit der **Abgeltungsklausel** (oben Rdn. 497) ist auch bei der Geschäftsraummiete zu beachten, weil sich die Unangemessenheit der Klausel aus der Erwägung ableitet, dass dem Mieter „bei Vertragsschluss keine realistische Einschätzung der auf ihn zukommenden Kostenbelastung" möglich ist. Diese Erwägung trifft auch auf den Gewerbemieter zu. In der Literatur wird allerdings auch die Ansicht vertreten, dass der Gewerbemieter das Maß der Abnutzung regelmäßig besser einschätzen könne, wie der Wohnraummieter (A. Boerner NZM 2015, 686, 689). Teilweise wird differenziert: Wird die Abnutzung des Geschäftsraums allein durch das Verhalten des Mieters und seiner Mitarbeiter bestimmt (z. B. bei der Miete eines Büroraums), so soll der Mieter in der Lage sein, das Maß der Abnutzung zu prognostizieren; die zur Wohnraummiete entwickelten Grundsätze gelten in diesem Fall nicht. Anders soll es sein, wenn das Maß der Abnutzung von den Vorgaben oder vom Verhalten Dritter (z. B. bei Franchise-Systemen, bei Kundenverkehr) abhängt (Zehelein ZMR 2017, 137, 142). Der BGH hat sich mit diesem speziellen Problem noch nicht befasst.

XIII. Vertragsgemäßer und vertragswidriger Gebrauch

509 Der Pflicht des Vermieters zur Erhaltung des vertragsgemäßen Gebrauchs entspricht die Pflicht des Mieters, die Mietsache nur dem Vertrag gemäß zu nutzen. Der Inhalt des vertragsgemäßen Gebrauchs richtet sich in erster Linie nach den Abreden der Parteien (BGH WuM 2007, 678 = NJW 2008, 216 = NZM 2008, 37). Ebenso muss der Mieter die Bestimmungen der Hausordnung beachten. Allerdings können in einer Hausordnung nur bestehende Rechte und Pflichten der Mieter konkretisiert werden. Die Auferlegung zusätzlicher Pflichten oder die Einschränkung gesetzlicher Rechte ist nicht möglich. Deshalb ist beispielsweise eine Verpflichtung zum Schneeräumen (LG Berlin GE 2016, 531) oder ein Verbot des Aufstellens von Geschirrspülern, Waschmaschinen und dergleichen unwirksam (LG Düsseldorf WuM 2008, 548). Fehlen entsprechende Vereinbarungen, so ist der Umfang der Gebrauchsrechte des Mieters im Wege der ergänzenden Vertragsauslegung zu ermitteln. Auslegungskriterien sind der Vertragszweck (systematische Auslegung), die Verkehrssitte und die jeweiligen Interessen der Parteien. Typische Vermieterinteressen sind: das Erhaltungsinteresse (führt ein bestimmter Gebrauch zu einer verstärkten Abnutzung oder besteht ein erhöhtes Risiko der Beschädigung der Mietsache?), das Befriedungsinteresse (ist zu erwarten, dass Nachbarn den Gebrauch beanstanden?) und das Integritätsinteresse (hat ein bestimmter Gebrauch Vermögensnachteile zur Folge?). Für den Mieter ist das Interesse an der Entfaltung

1. Änderung des Vertragszwecks

Ein ausdrücklich vereinbarter oder stillschweigend zugrunde gelegter Vertragszweck darf vom Mieter grundsätzlich nicht einseitig geändert werden. Ist eine **Wohnung** vermietet, so dürfen die Räume nicht gewerblich genutzt werden. Sind umgekehrt Räume zu **gewerblichen Zwecken** gemietet, so darf der Mieter diese nicht als Wohnung nutzen. Dies gilt auch dann, wenn die Räume wegen der Geltung einer ZweckentfremdungsVO nicht zu Gewerbezwecken genutzt werden dürfen. In einem solchen Fall muss der Mieter auf eine Änderung des Vertrags hinwirken; gelingt ihm dies nicht, so ist er auf die Geltendmachung der Gewährleistungsrechte (§§ 536 ff BGB) beschränkt. Bei **Mischmietverhältnissen,** die als Wohnraummietverhältnisse zu beurteilen sind kommt es im Einzelfall darauf an, ob die gewerbliche Nutzung dem Mieter lediglich gestattet (freigestellt) ist oder ob die ursprüngliche Mischnutzung zum vereinbarten Vertragszweck gehört. Im erstgenannten Fall kann der Mieter die gewerbliche Nutzung aufgeben und die gesamten Räume zu Wohnzwecken nutzen. Im letztgenannten Fall muss die Ursprungsnutzung beibehalten werden. Eine Aufgabe des Wohnzwecks zugunsten der gewerblichen Nutzung ist in beiden Fällen ausgeschlossen. Ist das Mischmietverhältnis insgesamt als gewerbliches Mietverhältnis zu bewerten, so gelten die genannten Grundsätze entsprechend. 510

Geschäftserweiterungen, -anpassungen oder -umstellungen sind zulässig. Eine Nutzungsänderung bedarf der Genehmigung des Vermieters. Der Vermieter kann die Genehmigung nach freiem Ermessen versagen oder erteilen (KG GE 2011, 1083 = GuT 2011, 145 betr. Verkauf von Feuerwerksartikel in Spielwarengeschäft; Joachim NZM 2009, 801, 803). Eine Ausnahme gilt, wenn die geänderte Nutzung nicht mehr stört als die ursprüngliche (BGH NZM 2009, 658; Joachim NZM 2009, 801, 803). Im Übrigen kommt es darauf an, ob dem Vermieter die Duldung der Änderung unter Berücksichtigung der Umstände des Einzelfalls zumutbar ist. **Beispiele:** BGH NJW 1961, 307: Umstellung einer Maßschneiderei auf industrielle Fertigung von Kleidungsstücken; BGH NJW 1957, 1833: Erweiterung des Betriebs einer Milchbar durch das Angebot alkoholischer Getränke; BGH BB 1954, 246: Änderung des Charakters einer Gastwirtschaft; OLG Düsseldorf MDR 1996, 467: Verkauf von Sport- und sog. „Fan-Artikeln" sowie von Eintrittskarten in einem Friseurgeschäft. Über die Zumutbarkeit ist auf Basis einer **Interessenabwägung** zu entscheiden. Zugunsten des Vermieters kann berücksichtigt werden: eine verstärkte Abnutzung der Räume, eine Beeinträchtigung der Mitmieter, Konkurrenzschutzansprüche anderer Mieter, Auswirkungen auf den Wert der Immobilie oder verminderte Chancen bei der Neuvermietung. Zugunsten des Mieters sind insbesondere dessen wirtschaftliche Interessen an der Ausweitung seines Betriebes maßgeblich; diese Interessen wiegen besonders schwer, wenn die Geschäftserweiterung existenznotwendig ist (OLG Düsseldorf MDR 1996, 467). Der Wunsch des Mieters zur Gewinnmaximierung genügt nicht (KG GE 2011, 1083). 511

Eine vom vereinbarten Vertragszweck völlig **abweichende Art der Nutzung** muss der Vermieter i. d. R. nicht hinnehmen. **Beispiele:** BGH ZMR 1954, 211: Umwandlung einer Gastwirtschaft in einen Spielclub; OLG Düsseldorf DWW 1991, 80: Unterbringung von Asylbewerbern, wenn die Räume zur Nutzung als 512

§ 535 BGB Untertitel 1. Allgemeine Vorschriften für Mietverhältnisse

Büro angemietet worden sind; s. aber auch OLG München NJWE-MietR 1996, 127: danach ist es nicht zu beanstanden, wenn der Pächter eines Gasthofs oder Hotels ein Zimmerkontingent an eine Behörde zum Zwecke der Unterbringung von Asylbewerbern vermietet: KG ZMR 2015, 116: Verkauf von Getränken und Lebensmittel („Spätkauf"), wenn die Räume zum Betrieb eines „Tele-Cafés mit Internetangeboten" vermietet sind.

513 In einer längeren, von den vertraglichen Vereinbarungen **abweichenden Übung** kommt im Zweifel lediglich zum Ausdruck, dass der Vermieter in der Vergangenheit auf die Durchsetzung seiner Rechte verzichtet hat. Der Vermieter ist deshalb nicht gehindert, ein solches Verhalten für die Zukunft abzumahnen und – für den Fall der Fortsetzung des vertragswidrigen Gebrauchs – nach § 541 BGB – gegebenenfalls nach § 543 Abs. 2 BGB – vorzugehen.

2. Gestaltung der Mieträume

514 **a) Renovierung.** Wird eine nicht renovierte Wohnung vermietet, so kann der Mieter die Räume mangels einer abweichenden Vereinbarung nach seinem Belieben gestalten. Entscheidet sich der Mieter für eine Bearbeitung der Wände mittels einer „Lasurtechnik" so ist er nicht verpflichtet, bei Vertragsende die Räume in einen tapezierfähigen Zustand zu versetzen (LG Mannheim NZM 2003, 511). Gleiches gilt, wenn der Mieter an den Wänden einen Rauputz anbringt (**a. A.** AG Kerpen WuM 1990, 198). Holzverkleidungen muss der Mieter allerdings bei Vertragende entfernen, weil eine solche Verkleidung als Einrichtung i. S. von § 539 Abs. 2 BGB anzusehen ist.

515 **b) Einrichtungen.** (Zum Begriff s. § 539 BGB Rdn. 21). Die **Anbringung der Einrichtung** ist in der Regel ohne weiteres vertragsgemäß und bedarf **grundsätzlich keiner Genehmigung** durch den Vermieter. Voraussetzung ist allerdings, dass die Einrichtung fachgerecht angebracht wird und dass hiervon keine Gefahren für die Mietsache ausgehen. Sind nachteilige Folgewirkungen für das Haus zu befürchten oder sind mit der Einrichtung Störungen oder Belästigungen des Vermieters oder von Mitbewohnern verbunden, so kann der Vermieter bereits während der Mietzeit den Unterlassungsanspruch in Form eines Beseitigungsanspruchs geltend machen (LG Berlin MM 1993, 289). Gleiches gilt, wenn die Einrichtung nicht den Regeln der Technik entspricht (AG Neukölln GE 1984, 489 bei Versottungsgefahr durch Gasetagenheizung; AG Neukölln GE 1992, 271 für fachwidrig installierte Duschkabine). Der Mieter muss die Einrichtung möglichst schonend anbringen; in einem gefliesten Bad müssen Dübel nach Möglichkeit in die Fugen gesetzt werden (LG Berlin NZM 2003, 512). Bei Vertragende sind Einrichtungen grundsätzlich zu entfernen (s. § 546 BGB Rdn. 30 ff).

516 **Ausnahmsweise** sind solche Einrichtungen **genehmigungspflichtig,** die nach außen in Erscheinung treten oder durch deren Anbringung die Interessen des Vermieters tangiert werden. **Beispiele:** LG Nürnberg-Fürth WuM 1990, 422: Vordach über einem Balkon; AG Spandau GE 2013, 489: Aufstellen eines Pavillons auf der Terrasse einer im 1. OG gelegenen Wohnung; AG Köln WuM 1985, 288: Einbau eines Kamins; LG Berlin ZMR 1995, 594: Einbau eines Badezimmers; AG Hamburg NJWE-MietR 1996, 123: Einbau einer Dusche im Badezimmer; AG Wuppertal DWW 1988, 90; **a. A.** AG Lübeck DWW 1988, 143: Gasetagenheizung. In Fällen dieser Art ist die Entscheidung über die Gestattung oder Versagung der Genehmigung auf der Grundlage einer Interessenabwägung vorzunehmen. Bei

einer vermieteten Eigentumswohnung ist dabei stets zu prüfen, ob die entsprechende Einrichtung mit den Vorschriften des WEG, der Teilungserklärung und den Vereinbarungen und Beschlüssen der Wohnungseigentümer im Einklang steht. Der Vermieter kann die Erteilung der Genehmigung von der Zahlung einer **Sicherheitsleistung** abhängig machen, wenn die Herstellung des früheren Zustands zum Vertragsende mit erheblichen Kosten verbunden ist; klagt der Mieter auf Erteilung der Genehmigung, so kann der Anspruch auf Sicherheitsleistung in Form eines Zurückbehaltungsrechts geltend gemacht werden (LG Berlin GE 1994, 1121: betr. Duldung des Einbaus einer Gasetagenheizung durch den Mieter gegen Sicherheit von DM 10.000.–; ebenso AG Hamburg WuM 1996, 29 betr. Umbau des Badezimmers). Die Begrenzung des § 551 BGB gilt nicht, weil durch die zusätzliche Sicherheit ein Sonderrisiko abgedeckt werden soll (s. § 551 BGB, Rdn. 45).

Will der Mieter eine **mitvermietete Einrichtung** gegen eine eigene austauschen (Einbauküche, Sanitärgegenstände usw.), so ist auch dies genehmigungspflichtig. Die Entscheidung ist auf der Grundlage einer Interessenabwägung zu treffen. Auf jeden Fall muss der Mieter gewährleisten, dass die ursprüngliche Einrichtung bei Mietende wieder angebracht wird. **517**

c) insbesondere Teppichböden. Ist die Wohnung nicht mit Teppichböden ausgestattet, so kann der Mieter einen Boden ohne Einwilligung des Vermieters verlegen. Er muss bei der Verlegung allerdings darauf achten, dass der Boden bei Beendigung des Mietverhältnisses ohne Beschädigung des Untergrunds wieder beseitigt werden kann. Die Verklebung eines Bodens mit dem Untergrund ist nur mit Einwilligung des Vermieters zulässig. Kann ein Teppichboden nur verlegt werden, wenn zugleich die Zimmertüren verkürzt werden, so darf diese Maßnahme ebenfalls nur mit Einwilligung des Vermieters durchgeführt werden. **518**

d) Bauliche Änderungen/Mietermodernisierung. Unter einer baulichen Änderung/Veränderung ist eine Anlage oder Einrichtung zu verstehen, die für eine gewisse Dauer Bestand haben soll und die nach außen in Erscheinung tritt oder durch deren Anbringung die Interessen des Vermieters tangiert werden. Ein Eingriff in die Substanz des Gebäudes ist nicht erforderlich (AG Neukölln GE 2012, 691). Bauliche Änderungen sind nur mit Einwilligung des Vermieters zulässig. Zu Eingriffen in die Bausubstanz ist der Mieter ohne Genehmigung des Vermieters nur befugt, wenn es sich um geringfügige Einwirkungen handelt, die nach Beendigung des Mietverhältnisses ohne weiteres wieder rückgängig gemacht werden können (z. B. Dübel, nicht aber Mauerdurchbrüche; vgl. AG Köln WuM 1985, 288 betr. Einbau eines zusätzlichen Kohleofens und Schaffung eines Kaminanschlusses [unzulässig]; LG Gießen NJW-RR 1994, 1102 betr. Installation einer zusätzlichen Wasserleitung [unzulässig]; LG Berlin WuM 1996, 138 betr. Aushängen der Innentüren und Entfernen der Zargen [zulässig]). Veränderungen an mitvermieteten Gartenflächen können i. d. R. ohne weiteres rückgängig gemacht werden; deshalb ist der Mieter i. d. R. hierzu befugt (AG Dortmund DWW 1991, 219 betr. Anlegung eines mit Steinplatten befestigten Sitzplatzes; LG Lübeck WuM 1993, 669 betr. Anlage eines kleinen Teiches; AG Hamburg-Wandsbek WuM 1996, 401 betr. Aufstellung einer Hundehütte, die weder mit dem Erdreich, noch mit der Hauswand fest verbunden ist). Darüber hinaus sind auch solche Maßnahmen genehmigungspflichtig, die nach außen in Erscheinung treten und das Aussehen des Gebäudes verändern (AG Köln ZMR 2011, 886; AG München ZMR 2012, 365 betr. die Anbringung eines Sichtschutzes auf dem Balkon oder das Aufhängen von Bildern im Treppenhaus; AG Spandau GE 2013, 489 betr. das Aufstellen eines Pa- **519**

villons auf der Terrasse einer im 1. OG gelegenen Wohnung; AG Neukölln GE 2012, 691 betr. die Anbringung einer Holzkonstruktion mit einem sog. „Katzennetz" auf dem Balkon) oder mit denen eine Gefährdung der Mitbewohner oder von Passanten verbunden ist. Deshalb kann der Vermieter das Anbringen von **Blumenkästen** an der Außenseite des Balkons untersagen, weil nicht auszuschließen ist, dass die Kästen bei Sturm oder im Zuge von Pflanzarbeiten herunterfallen und hierdurch Personen oder Sachen beschädigt werden (LG Berlin GE 2011, 1230). Hiervon ist beispielsweise auszugehen, wenn der Raum vor dem Gebäude zum Abstellen von Fahrzeugen benutzt wird (LG Berlin GE 2012, 1098).

520 Nach der Rechtsprechung des BGH steht die Erteilung der **Genehmigung im freien Ermessen des Vermieters.** Die Ausübung des Ermessens unterliegt lediglich der Missbrauchskontrolle. Dies gilt auch für solche Maßnahmen, die der Modernisierung oder der Erhöhung des Wohnkomforts dienen (BGH WuM 2011, 671 = NZM 2012, 154). Ausgangspunkt der Missbrauchskontrolle ist die Erwägung, dass der Eigentümer mit der Mietsache nach Belieben verfahren kann. Insbesondere kann er den Zeitpunkt einer Investition selbst bestimmen. Ebenso ist es nicht zu beanstanden, wenn der Eigentümer seine Entscheidung über die Erteilung oder Versagung der Erlaubnis von Renditeerwägungen abhängig macht (BGH a. a. O. betr. Anspruch des Mieters auf Erteilung einer Erlaubnis zum Einbau einer Gasetagenheizung).

521 Nach der hier vertretenen Auffassung ist über die Erteilung der Genehmigung auf Basis einer **Interessenabwägung** zu entscheiden. Zugunsten des Mieters ist dabei zu berücksichtigen, ob die Änderung zu einem Standard führt, der weitgehend selbstverständlich ist. Zugunsten des Vermieters sind insbesondere die baulichen Auswirkungen zu bewerten (LG Berlin GE 1995, 429, wonach der Einbau eines Duschbades durch den Mieter verweigert werden kann, weil bei dieser Modernisierungsmaßnahme gravierende Eingriffe in die Bausubstanz erforderlich sind). Ist vereinbart, dass der Mieter berechtigt sein soll, die Mietsache nach seinen Bedürfnissen herzurichten, so liegt hierin eine generelle Zustimmung zu den baulichen Änderungen (OLG Köln OLG Rspr. 1992, 113). Zu Änderungen an den Gemeinschaftseinrichtungen ist der Mieter nicht befugt. Regelmäßig kann der Mieter auch nicht verlangen, dass der Vermieter solche Änderungen durchführt oder genehmigt. Soll die Wohnung durch die Baumaßnahme in einen behindertengerechten Zustand gesetzt werden, so gilt die Sonderregelung des § 554a BGB (s. dort).

3. Antennen

522 **a) Rundfunk und Fernsehantennen.** Nach heutiger Auffassung muss dem Mieter die Möglichkeit geboten werden, in seiner Wohnung die üblichen Rundfunk- und Fernsehprogramme zu empfangen. Der Vermieter hat die Wahl: Er kann dem Mieter eine Wohnung überlassen, die mit einer Einrichtung zum Empfang von Fernsehprogrammen ausgestattet ist (Breitbandkabel, Gemeinschaftssatellitenanlage). In diesem Fall ist er verpflichtet, den bei Vertragsbeginn bestehenden Zustand für die Dauer der Mietzeit aufrechtzuerhalten (LG Kempten WuM 2016, 345). Ein Austausch der ursprünglichen gegen eine bessere oder modernere Anlage ist nur unter den Voraussetzungen des § 555b BGB (Modernisierung) möglich. Fehlt eine Gemeinschaftsanlage, so ist der Mieter berechtigt eine eigene Antenne auf eigene Kosten auf dem Dach des Hauses anzubringen (BayObLG RE 19.1.1981 NJW 1981, 1275). Die Absicht zur Installation der Antenne muss dem

Vermieter angezeigt werden. Der Vermieter muss zustimmen. Der Vermieter kann dabei verlangen, dass die Antenne durch einen Fachmann angebracht wird. Der Vermieter kann außerdem bestimmen, an welcher geeigneten Stelle die Antenne angebracht werden soll. Die Kosten der Installation, die Kosten der Wartung sowie alle Reparaturen hat der Mieter zu tragen. Bei Beendigung des Mietverhältnisses muss der Mieter die Antenne auf eigene Kosten entfernen; der Vermieter kann allerdings von seinem Recht aus § 552 Abs. 1 BGB Gebrauch machen (s. dort).

Ist eine **Gemeinschaftsantenne vorhanden,** so bedarf die Anbringung einer Privatantenne der Einwilligung des Vermieters. Dies gilt auch für **Parabolantennen.** Die vereinzelt vertretene Meinung, wonach der Mieter auf seinem Balkon oder seiner Terrasse ohne weiteres eine Parabolantenne anbringen dürfe, weil diese Bauteile mitvermietet seien (so LG Hamburg WuM 1999, 454; AG Hamburg-Bergedorf NZM 2014, 196) trifft nicht zu. Der Mieter darf von den genannten Flächen nur den verkehrsüblichen Gebrauch machen; die Installation von Parabolantennen gehört dazu nicht. Deshalb ist die Anbringung der Antenne zustimmungsbedürftig. Etwas anderes kann gelten, wenn die Antenne nicht oder kaum sichtbar ist (BGH NZM 2007, 597; AG Lörrach WuM 2004, 658; vgl. auch AG Köln WuM 2009, 732 und AG Regensburg WuM 2011, 617: Danach kann der Vermieter das Aufstellen einer Parabolantenne in einem zur Mietsache gehörenden Garten nicht untersagen, wenn damit die Substanz der Mietsache nicht verletzt wird und keine optische Beeinträchtigung verbunden ist). 523

Verfassungsrechtliche Leitlinien: Nach ständiger Rechtsprechung des BVerfG (NJW 1994, 1147; WuM 2013, 413 = NZM 2013, 376) gelten folgende Grundsätze: **(1)** Nach Art 5 Abs. 1 Satz 1 GG hat jeder das Recht, sich aus allgemein zugänglichen Quellen zu unterrichten. Hierzu zählen auch ausländische Rundfunk- und Fernsehprogramme. Der Schutz erstreckt sich auch auf die Anschaffung und Nutzung der für den Empfang erforderlichen technischen Anlagen also auch auf die Beschaffung und Nutzung von Parabolantennen. **(2)** Die Informationsfreiheit findet ihre Grenze in den allgemeinen Gesetzen, wozu auch das dem Vermieter zustehende Eigentumsgrundrecht aus Art 14 GG zählt. Von diesem Grundrecht ist auch der Anspruch des Eigentümers auf Erhalt eines optisch ansprechenden Zustands des Gebäudes umfasst. **(3)** Bei der Entscheidung über das Recht des Mieters zur Anbringung einer Parabolantenne sind die jeweiligen Grundrechte zu berücksichtigen. Im Regelfall kann der Vermieter die Anbringung einer Parabolantenne untersagen, wenn er einen Kabelanschluss bereitstellt, der den Ansprüchen des Mieters genügt. **(4)** Sind zum Empfang ausländischer Sender besondere Zusatzeinrichtungen erforderlich, so sind die hierfür entstehenden Kosten dem Mieter zuzumuten, wenn diese nicht allzu hoch sind. 524

Einzelheiten: Der Vermieter muss die Entscheidung über die Zustimmung auf Grund einer **Interessenabwägung** treffen. Keines der beiden Grundrechte geht dem anderen generell vor. Im Streitfall müssen die Fachgerichte im Einzelfall feststellen, welches Recht vorrangig sein soll (BGH NZM 2007, 597). Jedenfalls darf der Vermieter die Zustimmung nur versagen, wenn er hierfür triftige, sachbezogene Gründe geltend machen kann (BVerfG WuM 1991, 573 = ZMR 1992, 15). Zugunsten des Vermieters ist zu bedenken, dass die Fassade durch eine Parabolantenne i. d. R. verunstaltet wird. Bei einer Genossenschaftswohnung ist zugunsten des Vermieters zu berücksichtigen, dass er wegen des genossenschaftlichen Gleichbehandlungsgebots auch anderen Mietern die Anbringung einer Parabolantenne gestatten müsste und dass sich eine Vielzahl solcher Antennen besonders nachteilig auf das Erscheinungsbild des Anwesens auswirken würde (AG Dresden ZMR 2015, 457). 524a

§ 535 BGB Untertitel 1. Allgemeine Vorschriften für Mietverhältnisse

Ungeklärt ist, welcher Stellenwert dem Interesse eines Mieters am Empfang von Sendungen mit religiösem Inhalt beizumessen ist. Nach der Rechtsprechung des BGH ist zwar das **Grundrecht der Glaubens- und Religionsfreiheit (Art 4 GG)** bei der Abwägung zu berücksichtigen. Jedoch hat der BGH offen gelassen, ob sich aus Art 4 GG auch ein Recht auf Information über Glaubensinhalte ableiten lässt (bejahend: LG Berlin GE 2011, 1556). Nach der Ansicht des BGH hat ein Mieter jedenfalls dann keinen Anspruch auf den Empfang eines bestimmten Senders, wenn dieser nicht ausschließlich über religiöse Inhalte berichtet und der Mieter die fraglichen Informationen auch auf andere Weise, etwa über Druckwerke oder das Internet erhalten kann (BGH WuM 2007, 678 = NJW 2008, 216 = NZM 2008, 37 betr. einen türkischen Staatsbürger alevitischen Glaubens).

525 **Weitere Einzelheiten** bezüglich des Rechts zur Anbringung einer Parabolantenne ergeben sich aus dem Rechtsentscheid des OLG Frankfurt vom 22.7.1992 (NJW 1992, 2490). Danach liegt kein sachbezogener Versagungsgrund vor, wenn folgende Voraussetzungen gegeben sind: **(1)** Das Haus hat weder eine Gemeinschaftsparabolantenne noch einen Breitbandkabelanschluss und es ist ungewiss, ob ein solcher Anschluss verlegt wird. **(2)** Der Mieter stellt den Vermieter von allen im Zusammenhang mit der Installation der Antenne entstehenden Kosten und Gebühren frei. Der Freistellungsanspruch muss auch die Folgekosten umfassen: der Mieter ist nämlich verpflichtet, die Antenne bei Mietende, bei späterer Einrichtung einer Gemeinschaftsparabolantenne oder bei dem Anschluss an das Breitbandkabelnetz zu entfernen; außerdem haftet der Mieter für alle Schäden, die durch die Antenne verursacht werden. **(3)** Die Antenne wird von einem Fachmann angebracht. **(4)** Der Mieter beachtet beim Anbringen etwa bestehende baurechtliche Vorschriften. **(5)** Der Vermieter ist berechtigt, den Ort zu bestimmen, an dem die Antenne installiert wird und am wenigsten stört. In bestimmten Ausnahmefällen kann sich ergeben, dass die Antenne an jedem denkbaren Ort störend wirkt (freistehender Bungalow, Jugendstilvilla); in diesem Fall besteht kein Anspruch auf Erteilung einer Genehmigung. **(6)** Bei einer vermieteten Eigentumswohnung muss der Vermieter einen Anspruch gegen die übrigen Wohnungseigentümer auf Zustimmung zum Anbringen einer Parabolantenne haben.

526 Ist das Haus an das **Breitbandnetz der Deutschen Bundespost angeschlossen,** so kommt ein Anspruch des Mieters auf Anbringung einer Parabolantenne im Allgemeinen nicht in Betracht (BGH NZM 2006, 98 = WuM 2006, 28; BGH WuM 2007, 380; BGH WuM 2010, 737 betr. Wunsch des Mieters zum Empfang von Programmen in „HD-Qualität"; LG Chemnitz NZM 2000, 960). Hiervon gelten im Wesentlichen zwei Ausnahmen: Zum einen kann ein Vermieter nach Treu und Glauben (§ 242 BGB) zur Erteilung einer Erlaubnis zum Aufstellen einer Antenne verpflichtet sein, „wenn weder eine Substanzverletzung noch eine nennenswerte ästhetische Beeinträchtigung des Eigentums der Vermieters zu besorgen ist, sondern die Antenne keine oder lediglich geringfügige optische Beeinträchtigung verursacht". Ein solcher Fall kann nach der Ansicht des BGH vorliegen, wenn die Antenne im Innern des Gebäudes am Fenster oder auf dem Fußboden im hinteren Bereich eines durch Seitenwände sichtgeschützten Balkons aufgestellt ist (BGH NZM 2007, 597). Zum anderen sind Sonderfälle denkbar, in denen der Mieter ein besonders gewichtiges Interesse an der Anbringung einer Parabolantenne hat (BVerfG WuM 1993, 229). Ein solcher Fall wird vorliegen, wenn ein Mieter aus **beruflichen Gründen** auf den Empfang ausländischer Sender angewiesen ist (AG Frankfurt DWW 1993, 334 betr. Dolmetscher) oder wenn ein **körperlich schwer behinderter Mieter** ein besonderes Interesse am Empfang möglichst

vieler Fernsehprogramme hat (AG Leipzig WuM 2012, 369; AG Hamburg-St. Georg WuM 2013, 662 betr. gehörlosen Mieter aus dem Iran der über eine Parabolantenne untertitelte Sendungen auf Farsi empfangen will); AG Stuttgart-Bad Cannstadt WuM 2015, 235 betr. Mieter mit türkischer Staatsangehörigkeit, der auf Grund einer Querschnittslähmung an seine Wohnung gebunden ist).

Eine vergleichbare Interessenlage besteht bei **ausländischen Mietern.** Für diese Sonderfälle ist der Rechtsentscheid des OLG Karlsruhe vom 24.8.1993 (WuM 1993, 525) von Bedeutung. Danach hat ein ausländischer Mieter einen Anspruch auf Duldung einer Parabolantenne, wenn folgende Voraussetzungen gegeben sind: **(1)** Der Breitbandanschluss befriedigt das Bedürfnis des Mieters auf Empfang von Fernsehprogrammen aus dessen Heimatland derzeit und in absehbarer Zukunft nicht. Eine Parabolantenne kann diesem Mangel abhelfen. **(2)** Dem Anbringen der Antennenanlage stehen Vorschriften des Baurechts und des Denkmalschutzes ebenso wenig entgegen wie vom Vermieter zu beachtende Rechte Dritter. **(3)** Der Mieter folgt bei der Wahl des Aufstellungsortes der Bestimmung des Vermieters, die er unter Beachtung der empfangstechnischen Eignung danach trifft, wo ihn die Anlage am wenigsten störend erscheint. Eine auch nach allgemeiner Verkehrsanschauung erhebliche Verunzierung durch die Antennenanlage tritt nicht ein. **(4)** Die Antenne wird zur weitgehenden Sicherung vor denkbaren Schäden durch einen Fachmann angebracht. **(5)** Erhebliche nachteilige Eingriffe in die Bausubstanz sind ausgeschlossen. **(6)** Der Mieter stellt den Vermieter von allen im Zusammenhang mit der Installation entstehenden Kosten und Gebühren frei. Gleiches gilt hinsichtlich der Haftung für durch die Antenne verursachte Schäden und den Aufwand für die Beseitigung der gesamten Antennenanlage nach Beendigung des Mietverhältnisses. **(7)** auf Verlangen des Vermieters hat der Mieter das Haftungsrisiko durch Abschluss einer Versicherung, den Beseitigungsaufwand in sonstiger Weise (z. B. Kaution) abzusichern. **(8)** Im Falle mehrerer berechtigter Einzelbegehren auf Duldung von Parabolantennen folgt die Maßnahme der Bestimmung des Vermieters, der mehrere Mieter im Rahmen der technischen Möglichkeiten auf die Nutzung einer gemeinsam anzubringenden und zu finanzierenden Parabolantenne verweisen darf.

Die nach dem Rechtsentscheid des OLG Karlsruhe vom 24.8.1993 (a. a. O.) postulierte Voraussetzung, wonach ein vorhandener Breitbandanschluss das Bedürfnis des Mieters auf Empfang von Fernsehprogrammen aus dessen Heimatland derzeit und in absehbarer Zukunft nicht befriedigt, ist in vielen Fällen durch die **technische Entwicklung** überholt. Seit dem Jahre 1998 werden türkische, polnische, englische, portugiesische, griechische, russische und chinesische Fernsehprogramme in das Breitbandnetz eingespeist. Zum Empfang dieser Programme ist zwar ein **Decoder** erforderlich, der entweder gekauft oder gemietet werden muss. Jedoch ist es einem fremdsprachigen Wohnungsnutzer im Allgemeinen zuzumuten, einen solchen Decoder zu erwerben (BGH NZM 2005, 335; BGH NZM 2013, 647; LG Lübeck NZM 1999, 1044; LG Krefeld WuM 2006, 676; Maaß/Hitpaß NZM 2000, 945, 952). Deshalb wird in der instanzgerichtlichen Rechtsprechung zu Recht die Ansicht vertreten, dass der Mieter keinen Anspruch auf Duldung einer Parabolantenne hat, wenn ihm der Vermieter die Möglichkeit einräumt, sich auf eigene Kosten einen Breitbandanschluss verlegen zu lassen (AG Münster WuM 2012, 139). Desweiteren ist die Möglichkeit zum Empfang von Programmen über **Internetportale** zu berücksichtigen. Es spielt keine Rolle, ob der Zugang zu diesen Portalen kostenpflichtig ist (BGH NZM 2013, 647). Jedoch kann ein Mieter nicht auf das Internetfernsehen verwiesen werden, wenn er keine Erfahrung im Umgang mit diesem Medium besitzt (AG Hamburg-St. Georg WuM 2013, 662).

§ 535 BGB Untertitel 1. Allgemeine Vorschriften für Mietverhältnisse

529 Bei den **dauerhaft in Deutschland lebenden Ausländern** ist zu berücksichtigen, dass diese ein gesteigertes Informationsinteresse am Empfang heimatlicher Sender haben (BGH NZM 2005, 355 = WuM 2005, 237; LG Essen WuM 1998, 344; LG Stuttgart NZM 1998, 1004). Aufgrund dieses besonderen Informationsinteresses kann sich ergeben, dass den im Haus lebenden Ausländern die Anbringung einer Parabolantenne gestattet werden muss, während dies den deutschen Bewohnern untersagt werden kann. Hierin liegt im Allgemeinen keine Ungleichbehandlung (BVerfG NJW 1994, 1147). Der Umstand, dass der ausländische Mieter über das Breitbandnetz ein Programm in seiner Heimatsprache empfangen kann, spielt bei der Interessenabwägung im Allgemeinen keine wesentliche Rolle, weil dem Grundrecht auf Informationsfreiheit nur Rechnung getragen wird, wenn der Berechtigte auf alle allgemein zugänglichen Informationsquellen zugreifen kann (BVerfG WuM 1994, 365; BVerfG GE 1994, 1248; BVerfG WuM 1995, 693). Etwas anderes wird gelten, wenn dem Mieter mehrere Programme zugänglich sind. Ob diese Programme digital verschlüsselt sind, ist dabei von untergeordneter Bedeutung. Im Allgemeinen gilt, dass dem Informationsinteresse eines ausländischen Mieters ausreichend Rechnung getragen ist, wenn er über das Breitbandnetz eine größere Anzahl von Programmen aus seinem Herkunftsland empfangen kann (BGH NZM 2005, 355 = WuM 2005, 237: 5 Programme betreffend einen russischen Mieter; BGH NZM 2006, 98 = WuM 2006, 28 betreffend einen polnischen Mieter; BGH NZM 2007, 380: 7 Programme betreffend einen spanischen Mieter). Zugunsten eines türkischen Staatsangehörigen kurdischer Volkszugehörigkeit ist das Interesse am Empfang eines Programms in kurdischer Sprache zu berücksichtigen. Der Umstand, dass der Mieter neben kurdisch auch türkisch spricht und über das Breitbandnetz neun Programme in türkischer Sprache empfangen kann, steht dem nicht entgegen. Ebenso spielt keine Rolle, dass sich der Mieter aus anderen Quellen, etwa aus Zeitungen oder dem Internet über kurdische Themen informieren kann (BGH NJW 2010, 436 = WuM 2010, 29 = NZM 2010, 119; **a. A.** AG Hamburg-Bergedorf ZMR 2010, 45). Etwas anderes ist in Erwägung zu ziehen, wenn gegenüber dem Betreiber des kurdischen Senders ein rechtskräftiges oder sofort vollziehbares Verbot einer Betätigung in Deutschland besteht (BGH a. a. O.).

530 Die hier dargelegten Grundsätze gelten auch für **deutsche Staatsangehörige ausländischer Herkunft.** Die Sprachkenntnisse des Mieters spielen dabei eine untergeordnete Rolle (vgl. BGH NJW 2010, 438 betr. eine Wohnungseigentümerin aus Oberschlesien; LG Landau NJW 1998, 2147 = NZM 1998, 474 für Deutschen polnischer Herkunft; LG Wuppertal NZM 1999, 1043 betr. Deutsche israelischer Herkunft; **a. A.** BayObLG NJW 1995, 337 betr. Wohnungseigentümer türkischer Herkunft; LG Berlin DWW 1997, 115 betr. deutschen Mieter arabischer Herkunft; AG Dortmund NZM 1999, 221 betr. polnische Spätaussiedlerin deutscher Staatsangehörigkeit. Erforderlich sind zumindest besondere Bindungen zum Herkunftsland. Gehört zum Hausstand eines deutschen Mieters ein Ausländer (Ehegatte, Lebensgefährte, gleichgeschlechtlicher Partner), so sind auch die Interessen des Ausländers zu berücksichtigen (AG München WuM 2004, 659).

531 Dem **Interesse des Vermieters** an der Wahrung eines **ästhetisch ansprechenden Gesamteindrucks** der Hausanlage ist in jedem Fall gebührend Rechnung zu tragen (BGH NZM 2005, 355 = WuM 2005, 237). Dies gilt nicht nur für die Straßenseite, sondern auch für die Hofseite (BGH a. a. O.). Deshalb muss der Mieter aus dem Angebot der technisch geeigneten Antennen diejenige auswählen, die am wenigsten stört (LG Hagen ZMR 1996, 32). Unter Umständen kann der

Vermieter die Einwilligung zum Anbringen der Antenne versagen, insbesondere wenn **Belange des Denkmalschutzes** entgegenstehen (LG Heidelberg WuM 1993, 734; LG Tübingen NJW-RR 1994, 849). Es reicht allerdings nicht aus, dass das Gebäude denkmalgeschützt ist oder in einem denkmalgeschützten Gemeindeteil liegt. Vielmehr ist konkret zu prüfen, ob und gegebenenfalls welche Vorschriften des Denkmalschutzes dem Anbringen der Antenne entgegenstehen (BVerfG GE 1994, 1248). Umgekehrt kann bei der Interessenabwägung berücksichtigt werden, ob sich an dem Gebäude weitere Parabolantennen befinden und ob und aus welchen Gründen der Vermieter die Anbringung dieser Antennen erlaubt oder geduldet hat (vgl. AG Hamburg-Altona WuM 2008, 661: danach hat der Vermieter keinen Anspruch auf Entfernung einer auf dem Balkon montierten Parabolantenne, wenn hierdurch der ästhetische Eindruck des Hauses nur unerheblich beeinträchtigt wird, weil sich auf anderen Balkonen ebenfalls Parabolantennen und Sonnenschirme befinden). Zu diesem Punkt muss der Vermieter im Prozess vortragen. Unterbleibt dieser Vortrag, so kann dies im Rahmen der Interessenabwägung zum Nachteil des Vermieters verwertet werden (BVerfG GE 2007, 902). Steht zu befürchten, dass der Vermieter im Falle der Erlaubniserteilung auch bei anderen ausländischen Mietern entsprechend verfahren muss und dass das Haus dann durch die Vielzahl der Antennen verunstaltet wird, so kann dieser Umstand erst dann eine ablehnende Entscheidung stützen, wenn zuvor überprüft worden ist, ob zur Vermeidung oder Abmilderung optischer Beeinträchtigungen die Errichtung einer Gemeinschaftsparabolantenne in Betracht kommt (BVerfG WuM 1995, 693). Unzulässig ist es, wenn der Mieter auf anderweitige Informationsquellen (Zeitungen, Hörfunk, Videobänder) oder sein auf die Wohnung beschränktes Nutzungsrecht verwiesen wird (BVerfG NJW 1994, 1147).

Besteht zwischen den Parteien Einigkeit darüber, dass der Mieter eine Antenne anbringen kann, ist aber der **Ort der Anbringung** streitig, so steht dem **Vermieter** das **Bestimmungsrecht** zu (OLG Karlsruhe a. a. O.; BVerfG NJWE-MietR 1996). Die Kostenfrage ist hierbei von untergeordneter Bedeutung (LG Wiesbaden DWW 1995, 53; **a. A.** LG Hamburg WuM 1998, 277). Eine Ausnahme kann gelten, wenn der Vermieter ohne sachlichen Grund einen besonders kostenträchtigen Montageplatz vorschlägt mit der Folge, dass der Mieter sein Recht wegen der hohen Kosten nicht verwirklichen kann. **532**

Der Mieter hat einen **Anspruch auf Zuweisung eines Platzes** an dem die Antenne angebracht werden kann (LG Aachen MDR 1992, 48; AG Frankfurt DWW 1993, 334; LG Hagen ZMR 1996, 32). Gegebenenfalls muss der Mieter diesen Anspruch gerichtlich geltend machen; zur eigenmächtigen Anbringung einer Antenne ist der Mieter auch dann nicht befugt, wenn der Vermieter die Erlaubnis generell verweigert. **533**

Hat der Mieter eine **Antenne ohne Erlaubnis des Vermieters angebracht**, so liegt ein vertragswidriges Verhalten vor. Der Anspruch auf Unterlassung (in der Form des Beseitigungsanspruchs) hängt dann davon ab, ob der Vermieter die Erlaubnis zur Installation der Antenne hätte erteilen müssen. Ist dies zu verneinen, so muss der Mieter die Antenne entfernen. Der **Beseitigungsanspruch** ist Zug um Zug gegen Zuweisung eines alternativen Montageplatzes zu erfüllen. Wird das Recht des Mieters zur Anbringung einer Parabolantenne generell und zu Unrecht bestritten, so darf der Mieter die Antenne an ihrem ursprünglichen Platz belassen. **Unfachmännisch angebrachte Antennen** müssen allerdings auf jeden Fall beseitigt werden (LG Bremen WuM 1995, 43; AG Lübeck ZMR 1995, 79; AG Köln WuM 1997, 40). **534**

§ 535 BGB Untertitel 1. Allgemeine Vorschriften für Mietverhältnisse

535 Hätte der Vermieter bei einem vertragsgemäßen Verhalten des Mieters von den **Auflagen** Gebrauch machen können, die in den Rechtsentscheiden der OLG Frankfurt (Rdn. 525) und Karlsruhe (Rdn. 527) aufgezeigt werden, so kann er verlangen, dass der Mieter die dort vorgesehenen Auflagen erfüllt. Einen durchsetzbaren Anspruch auf Erfüllung dieser Auflagen hat der Vermieter allerdings nicht; er kann lediglich die Entfernung der Antenne verlangen, wenn der Mieter die Auflage nicht erfüllt.

536 Eine Besonderheit besteht in den Fällen, in denen der Mieter die Parabolantenne zu einem Zeitpunkt angebracht hat, zu dem ein Kabelanschluss weder bestand noch geplant war. Wird die **Wohnung in der Folgezeit an das Kabelnetz angeschlossen,** so ist hinsichtlich des Beseitigungsanspruchs zu unterscheiden: Hatte der Vermieter die Erlaubnis zur Anbringung der Antenne erteilt, oder ist er zur Erlaubniserteilung oder Duldung der Antenne verurteilt worden, so wurde der vertragsgemäße Gebrauch des Mieters erweitert. Eine solche Vertragserweiterung kann nicht einseitig widerrufen werden (**a. A.** wohl AG Arnsberg DWW 1995, 317). Etwas anderes gilt, wenn die Erlaubnis unter dem Vorbehalt des Widerrufs aus wichtigem Grund erteilt worden ist; als wichtiger Grund ist auch der Anschluss der Wohnung an das Kabelnetz anzusehen. Wurde die Antenne demgegenüber ohne Erlaubnis angebracht, so liegt eine Vertragswidrigkeit vor, so dass der Vermieter die Beseitigung der Antenne verlangen kann (LG Gera WuM 1994, 523). Etwas anderes gilt auch hier, wenn der Mieter einen materiellrechtlichen Anspruch auf Erteilung der Erlaubnis hat.

537 Bei einer **vermieteten Eigentumswohnung** ist die Entscheidung über das Recht des Mieters zur Installation einer Parabolantenne vom Vermieter zu treffen. Will dieser die Anbringung der Antenne im Bereich des Gemeinschaftseigentums (z. B. vor dem Fenster oder auf dem Balkon) genehmigen, so ist er allerdings in seiner Entscheidung nicht frei. Vielmehr hat er zunächst die Zustimmung der Wohnungseigentümergemeinschaft einzuholen. Hierüber ist auf Grund einer Interessenabwägung zu entscheiden (BGH NJW 2010, 438 = WuM 2009, 760 = NZM 2010, 85). Es gelten dieselben Kriterien wie bei der Miete. Die Wohnungseigentümergemeinschaft hat auch den Ort der Aufstellung zu bestimmen (BGH a. a. O.). Verweigert der Vermieter die Erlaubnis, so muss der Mieter den Anspruch auf Erteilung der Erlaubnis gegenüber dem Vermieter klageweise geltend machen. Der Vermieter kann in diesem Verfahren grundsätzlich einwenden, dass er im Verhältnis zu den übrigen Wohnungseigentümern zu der Erteilung der Erlaubnis nicht berechtigt sei. Der Einwand setzt voraus, dass der Vermieter den ihm zustehenden Duldungsanspruch aus § 14 Nr. 3 WEG gegen die übrigen Wohnungseigentümer – gegebenenfalls gerichtlich – geltend macht. Zuständig hierfür ist das Wohnungseigentumsgericht. Bis zum Abschluss dieses Verfahrens kann das Zivilgericht den Rechtsstreit aussetzen. Hat der Mieter die Parabolantenne angebracht, ohne den Vermieter zu fragen, so kann ihn dieser auf Beseitigung der Antenne in Anspruch nehmen. Auch die Wohnungseigentümergemeinschaft kann gegen den Mieter nach § 1004 Abs. 1 BGB vorgehen und Beseitigung der Antenne verlangen. Für beide Verfahren sind die Zivilgerichte zuständig. Gegenüber dem Beseitigungsverlangen des Vermieters kann der Mieter einwenden, dass er ein Recht auf Anbringung der Antenne habe. Gegenüber dem Beseitigungsverlangen der Gemeinschaft aus § 1004 Abs. 1 BGB ist dieser Einwand nicht möglich. Weder sind die Wohnungseigentümer nach § 1004 Abs. 2 BGB gegenüber dem Mieter zur Duldung verpflichtet, noch entfaltet § 14 Nr. 3 WEG eine Schutzwirkung zugunsten des Mieters. Auch verfassungsrechtlich ist diese Rechtsfolge nicht zu beanstanden, weil dem Mieter

gegenüber dem Vermieter vertragliche Rechte zustehen (BVerfG NJW 1996, 2858, 2859).

Der **Streitwert** richtet sich bei der Klage des Mieters auf Erteilung der Erlaubnis **538** nach dem Interesse des Mieters am Empfang der zusätzlichen Fernsehprogramme; dieses Interesse wird man im Regelfall mit 2.500.– Euro ansetzen können. Für die Beseitigungsklage des Vermieters s. § 541 BGB Rdn. 25 ff.

b) Funkantennen. Die für die Einwilligung zur Anbringung einer Parabol- **539** antenne entwickelten Grundsätze gelten auch für Funkantennen (BayObLG RE 19.1.1981 WuM 1981, 80 = NJW 1981, 1275 = MDR 1981, 583 = ZMR 1982, 84; ähnl. Kleffmann ZMR 1981, 36, 326; AG Hamburg WuM 1980, 176; vgl. auch Blaser ZMR 1981, 193). Deshalb ist auch hier auf der Grundlage einer Interessenabwägung zu entscheiden. Bei der Interessenabwägung können auch die Regelungen des Amateurfunkgesetzes vom 23.6.1997 (BGBl. I. S. 1494 – AFuG 1997) und des Telekommunikationsgesetzes vom 22.6.2004 (BGBl. I 1190 – TKG) herangezogen werden. Für den **Amateurfunker** hat Siegert (NJW 1996, 2287) praktikable Genehmigungsgrundsätze entwickelt. Danach ist die Genehmigung zu erteilen, wenn folgende Voraussetzungen gegeben sind: **(1)** Der Mieter hat seine fachlichen Kenntnisse auf dem Gebiet des Amateurfunks durch Ablegung einer Prüfung nachgewiesen; er ist im Besitz einer personenbezogenen Amateurfunkgenehmigung des Bundesamts für Post- und Telekommunikation. **(2)** Die Antenne wird fachmännisch errichtet. **(3)** Die Antenne ist für den ausgewählten Standort geeignet, wobei es auf das Maß der Eingriffe in die Bausubstanz und auf optische Beeinträchtigungen ankommt. **(4)** Es sind keine Störungen anderer Funk- und Fernmeldedienste nachweisbar. **(5)** Der Mieter weist eine ausreichende Haftpflichtversicherung nach. Für **CB-Funker** entfällt das unter (1) dargelegte Kriterium, weil diese keine Fachkenntnisse nachweisen müssen. Die übrigen Kriterien sind aber auch dort zu beachten.

4. Haushaltsgeräte

Die für die Führung eines Haushalts üblichen Geräte (Waschmaschine, Trock- **540** ner, Geschirrspülmaschine, Kühlschrank, Herd) darf der Mieter ohne Erlaubnis des Vermieters in der Wohnung aufstellen (vgl. AG Bochum WuM 1980, 136 für Waschmaschine; AG Hameln WuM 1994, 426 für Waschmaschine im Badezimmer; AG Mülheim WuM 1981, 12 für Wäschetrockner; AG Hildesheim NJW 1973, 519 für Geschirrspülmaschine). Eine Vereinbarung, wonach das Aufstellen dieser Geräte in der Wohnung verboten ist, ist grundsätzlich unwirksam (AG Hameln a. a. O.; AG Hildesheim a. a. O.). Eine Ausnahme gilt, wenn der Vermieter den Mietern einen entsprechenden Gemeinschaftsraum anbietet, in dem die Waschmaschine aufgestellt werden kann.

Neubauten. Das Aufstellen und Betreiben von Waschmaschinen und Wäsche- **541** trocknern in der Wohnung zum Haushaltsgebrauch gehört in Neubauten ohne Weiteres zum vertragsgemäßen Gebrauch der Mietsache, solange nicht ausdrücklich etwas anderes vertraglich vereinbart ist (LG Freiburg ZMR 2014, 363). Deshalb muss in Neubauwohnungen oder in neu ausgebauten Räumen eine ausreichende Elektro- und Sanitärinstallation zur Verfügung stehen, damit Herd, Kühlschrank und Waschmaschine/Wäschetrockner gleichzeitig betrieben werden können. Reicht die vorhandene Elektro- oder Sanitärinstallation nicht aus, um die Geräte zu betreiben, so hat der Mieter einen Anspruch auf Verstärkung oder Neuverlegung der Leitungen.

§ 535 BGB Untertitel 1. Allgemeine Vorschriften für Mietverhältnisse

542   Bei **Altbauten** kann der Mieter dagegen nicht ohne weiteres erwarten, dass sich die Elektro- und Sanitäranlagen in einem Zustand befinden, der neuzeitlichen Anforderungen entspricht. Hier schuldet der Vermieter mangels abweichender vertraglicher Vereinbarung lediglich einen Mindeststandard, der ein zeitgemäßes Wohnen ermöglicht und den Einsatz der für die Haushaltsführung allgemein üblichen elektrischen Geräte erlaubt (BGH WuM 2004, 527 = NJW 2004, 3174 = NZM 2004, 736 = ZMR 2004, 807; WuM 2010, 235 = NZM 2010, 356). Hierzu gehört: **(1)** die Bereitstellung einer Stromversorgung, die den gleichzeitigen Betrieb eines größeren Haushaltsgerätes (Waschmaschine, Trockner) und eines haushaltsüblichen Elektrogeräts (Staubsauger) ermöglicht. **(2)** Eine Stromversorgung in den Zimmern (Steckdose), die nicht nur eine Beleuchtung, sondern auch den Betrieb von kleineren elektrischen Geräten ermöglicht. Die Parteien können auch einen Standard vereinbaren, der unterhalb des Mindeststandards liegt. Die Vereinbarung muss aber eindeutig sein. Eine Regelung, wonach die Räume **„wie gesehen"** übergeben werden können, genügt hierfür nicht (BGH WuM 2004, 527 = NJW 2004, 3174 = NZM 2004, 736 = ZMR 2004, 807). Gleiches gilt für eine Klausel, wonach der Mieter in der Wohnung Haushaltsmaschinen nur im Rahmen der Kapazität der vorhandenen Installationen aufstellen darf (BGH WuM 2010, 235 = NZM 2010, 356; LG Frankfurt NJWE-MietR 1996, 100).

543   Der Mieter muss die Geräte **fachgerecht installieren** (lassen) und bei der Auswahl der Geräte auf deren Betriebstauglichkeit Rücksicht nehmen (z. B. keinAblufttrockner, wenn die zum Abführen der Feuchtigkeit vorhandenen Einrichtungen nicht vorhanden sind oder wenn Nachbarn durch die Abluft belästigt werden (LG Köln WuM 1990, 385). Den Betrieb der Geräte muss der Mieter ordnungsgemäß überwachen; dies gilt – wegen der Gefahr von Wasserschäden – insbesondere für Spül- und Waschmaschinen. Dies gilt auch, wenn der Anschluss von einer Fachkraft ausgeführt wurde. Wird die Kontrollpflicht verletzt, handelt der Mieter vertragswidrig (AG Hamburg ZMR 2017, 746: danach liegt grobe Fahrlässigkeit vor, wenn die Kontrollpflicht verletzt wird, obwohl der Anschluss durch einen Laien ausgeführt wurde). Der Vermieter kann auch verlangen, dass der Mieter eine Haftpflichtversicherung abschließt (Gather PiG 46, 61, 65). Eine durch Formularvertrag vereinbarte Regelung ist allerdings unwirksam (Bub in: Bub/Treier Kap II Rdn. 1593).

544   **Elektrische Nachtspeichergeräte** können in ihrem Innern Temperaturen bis zu 600 Grad erreichen. Deshalb schreiben die Herstellerfirmen vor, dass die Geräte in einem Abstand von mindestens 50 cm von brennbaren Gegenständen (z. B.: Polstermöbeln, Gardinen) aufzustellen sind und dass keine brennbaren Materialien (z. B.: Kleidungsstücke) auf dem Gerät abgelegt werden dürfen. Ein Wohnungsinhaber kann sich nicht damit entlasten, dass er von der Gefährlichkeit der Geräte keine Kenntnis gehabt habe; dem Wohnungsinhaber ist in einem solchen Fall vorzuwerfen, dass er sich die zum Betrieb eines Nachtspeichergeräts erforderlichen Kenntnisse nicht verschafft hat (OLG Hamm MDR 2001, 90).

545   Auch der **Mieter von Gewerberäumen** muss dafür sorgen, dass von der Mietsache keine Gefahr für die Nachbarräume ausgeht. Schadensträchtige Maschinen oder Anlagen muss er hinreichend überwachen. Die Anforderungen an die Überwachungspflicht sind um so höher, je größer das Risiko einer nicht kalkulierbaren und plötzlich auftretenden Drittwirkung ist. Ist ein Mindeststandard an Sicherheit nicht zu erreichen, so muss er auf den Betrieb der Anlage verzichten (OLG Hamm ZMR 1996, 206 betr. Überwachungspflichten beim Betrieb einer Eismaschine).

5. Wohn-/Nutzerverhalten

a) Reinigungspflichten. Die Reinigung gemieteter Räume gehört nicht zur 546
Gebrauchsgewährungspflicht; deshalb ist es nicht Sache des Vermieters hierfür zu
sorgen. Vielmehr ist der **Mieter** auf Grund seiner **Obhutspflicht** gehalten die
Mieträume so zu reinigen und zu lüften, dass gewisse **hygienische Mindeststandards** gewahrt werden, so dass sich in der Wohnung kein Ungeziefer ausbreiten
kann und von ihr keine Geruchsbelästigungen ausgehen. Der Mieter darf die
Räume nicht derart vernachlässigen, dass eine Beschädigung der Bausubstanz zu
befürchten ist (AG Rheine WuM 1987, 153 betr. die Lagerung von Gerümpel).
Darüber hinausgehende Reinigungsarbeiten schuldet der Mieter nicht. Deshalb
hat der Vermieter keinen Anspruch aus § 541 BGB, wenn infolge einer nachlässigen
Pflege der Böden, der Sanitär- oder der sonstigen mitvermieteten Einrichtungsgegenstände eine stärkere Abnutzung eintritt, als dies bei häufigerer oder intensiverer Reinigung der Fall wäre. Die durch die unterschiedlichen Lebensgewohnheiten
der Mieter bedingten Pflegeunterschiede muss der Vermieter hinnehmen. Sind die
Mieträume mit **Teppichböden** ausgestattet, so hat der Mieter seine Obhutspflicht
erfüllt, wenn er den Boden in regelmäßigen Abständen in haushaltsüblicher Weise
reinigt (BGH NJW 2009, 510 = NZM 2009, 126 unter Ziff. II 1b). Ist der Teppichboden im Verlauf der Jahre durch vertragsgemäßen Gebrauch unansehnlich geworden, so ist der Vermieter verpflichtet, den Teppichboden einer Grundreinigung
zu unterziehen (BGH NJW 2009, 510 = NZM 2009, 126 unter Ziff. 2c-cc). Anders ist es, wenn der Mieter zur Durchführung der Schönheitsreparaturen verpflichtet ist, weil die danach geschuldete Renovierung auch die Grundreinigung des Teppichbodens umfasst (s. Rdn. 437). Die Reinigungspflicht erstreckt sich auch auf die
Außenflächen der Wohnungsfenster einschließlich der Fensterrahmen. Dies gilt
grundsätzlich auch dann, wenn die Belichtung der Mieträume über eine Glasfront
erfolgt, deren Außenflächen nicht von der Wohnung aus zu reinigen sind, mit der
Folge, dass hierzu ein professionelles Reinigungsunternehmen beauftragt werden
muss. Der Auftrag hierzu ist vom Mieter zu erteilen und zu bezahlen (BGH NZM
2018, 900). Anders ist es, wenn die Parteien im Mietvertrag eine hiervon abweichende Regelung getroffen haben (BGH a. a. O.). Ebenso ist die Reinigungspflicht
nach der hier vertretenen Ansicht dem Vermieter zuzuweisen, wenn die Glasfront
als Teil der Fassade anzusehen ist; dann ist angezeigt die Reinigung als Teil der
Gewährleistungspflicht zu bewerten.

b) Sonstiger Inhalt der Obhutspflicht. Der Mieter ist im Rahmen seiner all- 547
gemeinen Obhutspflicht gehalten, Schäden von der Mietsache fernzuhalten. Die
Befugnis zum vertragsgemäßen Gebrauch und die Obhutspflicht bestehen nebeneinander und bilden die Grenzen der jeweiligen Rechte und Pflichten („Wohnen
und Schonen"). Der Mieter einer Wohnung darf dort beliebig **schwere Möbel**
aufstellen, auch wenn dadurch Druckspuren im Bodenbelag verursacht werden.
Ein Sportschütze handelt nicht vertragswidrig, wenn er **Waffen und Munition** in
seiner Wohnung lagert. Voraussetzung ist, dass der Mieter eine entsprechende behördliche Genehmigung besitzt und die Lagerung in gesicherten Behältnissen erfolgt (LG Hannover ZMR 2011, 211). Die Aufbewahrung unerlaubter Waffen ist
dagegen vertragswidrig (LG Berlin GE 2018, 934). Gleiches gilt für die unerlaubte
Lagerung von illegalen **Betäubungsmitteln** i.S. von §§ 29, 29a BTM (BGH
NZM 2017, 144; LG Frankfurt/M Urt. v. 11.7.2019 – 2-11 S 64/19 (juris); AG
Karlsruhe Urt. v. 3.2.2017 – 6 C 2930/16 (juris); AG Hamburg-Altona ZMR
2012, 587; AG Köln WuM 2008, 595; **a. A.** noch AG Köln WuM 2006, 220: ein-

§ 535 BGB Untertitel 1. Allgemeine Vorschriften für Mietverhältnisse

oder zweimalige Anbau von Cannabis, eventuell verbunden mit Eigenkonsum). Das gilt erst Recht, wenn der Mieter oder ein Mitbewohner aus der Wohnung mit Drogen handelt (LG Frankfurt/M MietRB 2019, 258; AG Frankfurt/M MietRB 2019, 100). Die sog. **kleine Wäsche** darf der Mieter in einem gewissen Umfang in der Wohnung waschen und trocknen, auch wenn hierdurch Feuchtigkeit entsteht (AG Naumburg WuM 1992, 680). Ist dem Mieter das Trocknen der Wäsche in der Wohnung nicht gestattet, so ist der Vermieter gehalten, dem Mieter eine Möglichkeit zum Trocknen der Wäsche zur Verfügung zu stellen. Der Mieter kann nicht auf die Möglichkeit der Anschaffung eines Wäschetrockners verwiesen werden (AG Wiesbaden WuM 2012, 263). Die beim **Kochen** unvermeidlichen Gerüche sind auch dann hinzunehmen, wenn diese im Treppenhaus bemerkbar sind (AG Hamburg-Harburg WuM 1993, 39).

548 Mangels einer besonderen Vereinbarung ist das **Rauchen innerhalb der Wohnung** vertragsgemäß (BGH NZM 2006, 691; Lehmann-Richter NZM 2015, 513; Meyer-Abich NZM 2015, 520, 525). Dem Vermieter stehen weder Unterlassungsansprüche zu, noch kann er das Mietverhältnis ordentlich oder außerordentlich kündigen (BGH NJW 2015, 1239). Jedoch verletzt der Mieter seine Pflicht zur Rücksichtnahme (§ 241 Abs. 2 BGB), wenn er einfache und zumutbare Maßnahmen, wie etwa regelmäßiges Lüften, unterlässt und es auf diese Weise zu Störungen der übrigen Mieter kommt (BGH NJW 2015, 1239). Zur Kündigung s. § 543 Rdn. 62. Soweit durch das Rauchen die Wohnung in einem besonders starkem Maße abgenutzt wird, ist dies bei den Renovierungsfristen zu berücksichtigen. Jedoch wird der vertragsgemäße Gebrauch überschritten, wenn durch das Rauchen Verschlechterungen der Wohnung verursacht werden, die sich nicht mehr durch Schönheitsreparaturen im Sinne des § 28 Abs. 4 Satz 3 der II. BV beseitigen lassen, sondern darüber hinausgehende Instandsetzungsarbeiten erfordern. Das gilt unabhängig davon, ob ein Renovierungsbedarf bereits vorzeitig entsteht (BGH NJW 2008, 1439 = WuM 2008, 213 = NZM 2008, 318 mit Anm. Schläger ZMR 2008, 524). In einem solchen Fall stehen dem Vermieter Schadenersatzansprüche nach § 280 Abs. 1 BGB zu. Grundsätzlich kann der Mieter auch auf dem **Balkon** rauchen. Jedoch stehen dem Vermieter (§ 541 BGB) und den Nachbarn (§§ 862 Abs. 1, 858 Abs. 1 BGB) im Einzelfall Unterlassungsansprüche zu, wenn der Rauch in die benachbarten Wohnungen eindringen kann. Im Streitfall ist zunächst zu prüfen, ob der Tabakrauch im Wohnbereich des gestörten Mieters überhaupt wahrzunehmen ist; eine kaum wahrnehmbare Beeinträchtigung kann dabei als unerheblich vernachlässigt werden. Bei einer erheblichen Beeinträchtigung muss eine Regelung gefunden werden, die beiden Mietern die Nutzung ihrer Balkone gestattet. Dem Raucher kann das Rauchen auf seinem Balkon nicht generell verboten werden; jedoch muss er „mindestens stundenweise" auf das Rauchen verzichten (BGH NJW 2015, 2023). Möglicherweise sind hierbei jahreszeitlich unterschiedliche Regelungen zu treffen, da der gestörte Mieter seinen Balkon während der kalten Jahreszeit nicht oder kaum nutzen wird. Sind keine Geruchsstörungen festzustellen, so ist zu prüfen, ob durch den Tabakrauch eine mögliche Gefährdung der Gesundheit durch Passivrauchen verursacht wird. Auch hier sind die Nichtraucherschutzgesetze von Bedeutung, weil danach das Rauchen im Freien grundsätzlich erlaubt ist. Dies begründet ein Indiz dafür, dass beim Rauchen im Freien keine signifikante Gesundheitsbeeinträchtigung zu befürchten ist. Der gestörte Mieter kann dieses Indiz allerdings widerlegen, indem er Tatsachen geltend macht, die den „fundierten Verdacht" einer Gesundheitsgefährdung durch Feinstaubpartikel nahelegen. Sollte dies der Fall sein, muss auch hier die oben dargestellte Regelung gefunden werden

(BGH a. a. O.). Bei erheblichen Störungen durch einen rauchenden Mieter können die gestörten Mieter Gewährleistungsansprüche gegen den Vermieter geltend machen. Insbesondere können sie die Miete mindern, weil die Beeinträchtigung der Nutzung eines Balkons durch Tabakrauch als Mangel i. S. des § 536 BGB gilt. Dem Vermieter stehen dann Unterlassungsansprüche gegen den störenden Mieter zu. Bei schuldhaften Verstößen kann der störende Mieter auch auf Schadensersatz in Anspruch genommen werden. Der störende Mieter hat dem Vermieter dann den durch die Minderung bedingten Mietausfall zu erstatten. Unter Umständen ist der Vermieter auch zur Kündigung berechtigt. Es kommt im Einzelfall darauf an, ob und welche Belästigungen durch den rauchenden Mieter verursacht werden. Dieselbe Rechtslage gilt für das Rauchen im **Treppenhaus** (Stapel a. a. O.).

548a **Individualvertragliche Rauchverbote** sind wirksam (Eisenschmid in: Schmidt-Futterer § 535 BGB Rdn. 516; Lehmann-Richter NZM 2015, 513, 516; Reichhart/Dittmann ZMR 2011, 925, 926). Jedoch ist ein solches Rauchverbot dahingehend auszulegen, dass es nicht für die Besucher und Gäste des Mieters gilt. Gleiches gilt für **formularvertragliche Rauchverbote**, wenn sie ohne Ausnahme für alle Nutzer gelten (Vermietungskonzept: „Rauchfreies Wohnen"; Lehmann-Richter a. a. O.). Ansonsten verstoßen formularvertragliche Rauchverbote gegen § 307 Abs. 2 Nr. 2 BGB, wenn dem Mieter das Rauchen auch dann verboten wird, wenn hierdurch keiner der Nachbarn belästigt wird. Zu beachten ist, dass der Vermieter unberechtigte Beschwerden abwehren muss. Deshalb ist auch eine Klausel unwirksam, die dem Mieter das Rauchen gestattet, „solange sich kein anderer Mieter beschwert" (Lehmann-Richter NZM 2015, 513, 516). Nach anderer Ansicht sind formularvertragliche Rauchverbote wirksam, wenn hierfür ein berechtigtes Interesse besteht. Dies ist für Gemeinschaftsräume und Flächen zu bejahen (Reichart/Dittmann a. a. O.), für die Wohnung aber zu verneinen (Paschke NZM 2008, 265, 268; **a. A.** Reichart/Dittmann a. a. O.) Vertragliche Rauchverbote sind eng auszulegen. Sie erfassen lediglich das „Rauchen", also das Einatmen von Rauch, der beim Verbrennen von Tabak (Pyrolyse) entsteht. Daran fehlt es beim Konsum einer E-Zigarette, bei der eine Flüssigkeit verdampft wird, ohne dass ein Verbrennungsprozess stattfindet (vgl. zu diesem Gesichtspunkt OVG NRW ZMR 2016, 327 zur Reichweite behördlicher Rauchverbote).

548b **Vermietete Eigentumswohnung** (dazu Riecke ZMR 2017, 292). **(1)** Wohnungseigentümer können durch Vereinbarung regeln, dass das Rauchen sowohl im Gemeinschafts- als auch im Sondereigentum unzulässig ist. Durch einfachen Mehrheitsbeschluss kann ein Rauchverbot für das Gemeinschaftseigentum, nicht aber für das Sondereigentum begründet werden (S. 293). Diese Rauchverbote müssen bei der Vermietung einer Eigentumswohnung beachtet werden. **(2)** Bei Verstößen gegen das Rauchverbot stehen dem Verband (der Wohnungseigentümergemeinschaft) Unterlassungsansprüche gegen den vermietenden Eigentümer zu (§§ 10 Abs. 6 Satz 3, 15 Abs. 3 WEG; 1004 BGB); zuständig ist das Wohnungseigentumsgericht (§ 43 Nr. 1 WEG). Ebenso kann der Verband den Mieter gem. § 1004 BGB auf Unterlassung in Anspruch nehmen, wenn das Rauchverbot auf Grund einer im Grundbuch eingetragenen Vereinbarung gem. § 10 WEG oder einem gleichrangigen Beschluss auf Grund einer Öffnungsklausel besteht (Armbrüster/Müller PiG 77, S. 3). Zuständig ist das Mietgericht. Der Anspruch aus § 1004 BGB steht daneben auch jedem Mitglied der Eigentümergemeinschaft als Individualanspruch zu. **(3)** Der Vermieter kann den Mieter nur dann auf Unterlassung in Anspruch nehmen, wenn das für die Eigentümergemeinschaft geltende Rauchverbot mietvertraglich vereinbart wurde, anderenfalls ist dem Mieter das Rauchen vertraglich er-

§ 535 BGB Untertitel 1. Allgemeine Vorschriften für Mietverhältnisse

laubt. **(4)** Die übrigen Eigentümer und der Verband sind an den Mietvertrag allerdings nicht gebunden, deren Unterlassungsansprüche sind gegenüber dem Mietvertrag vorrangig. Werden die Unterlassungsansprüche geltend gemacht, so liegt ein Rechtsmangel vor; der Mieter kann dann gegenüber dem Vermieter die in §§ 536 ff BGB geregelten Rechte (Minderung, Schadensersatz, Kündigung) geltend machen.

549 Der Mieter muss dafür sorgen, dass die Belange des Eigentümers und der übrigen Miteigentümer im Hinblick auf die **Sicherheit des Hauses** gewahrt werden; deshalb ist er beispielsweise verpflichtet, die Hauseingangstüre abzuschließen, wenn dies zum Schutz vor Diebstahl und/oder Gewalt erforderlich ist. Dies schließt es nicht aus, Bekannten oder Freunden die Haus- und Wohnungsschlüssel zu überlassen (AG Berlin-Charlottenburg MM 1990, 350; AG Münster WuM 1991, 96). **Blumenkästen** auf dem Balkon oder der Terrasse muss er so anbringen, dass die Abflüsse nicht durch herabfallende Blätter verstopft (LG Berlin MDR 1981, 584 = ZMR 1982, 86) und dass Passanten und Mitbewohner nicht gefährdet werden. Deshalb kann der Vermieter das Anbringen von Blumenkästen an der Außenseite des Balkons untersagen, weil nicht auszuschließen ist, dass die Kästen bei Sturm oder im Zuge von Pflanzarbeiten herunterfallen und hierdurch Personen oder Sachen beschädigt werden (LG Berlin GE 2011, 1230). Hiervon ist beispielsweise auszugehen, wenn der Raum vor dem Gebäude zum Abstellen von Fahrzeugen benutzt wird (LG Berlin GE 2012, 1098). Nach der Ansicht des OLG Köln (WuM 1995, 682) darf der Mieter auf einem Fensterbrett auch dann Blumentöpfe aufstellen, wenn hierdurch Wasserschäden verursacht werden (zweifelhaft).

550 Der Mieter hat die Fenster und Türen bei **Unwetter und Frost** zu schließen, mit **Elektrizität** und **Gas** sorgfältig umzugehen, die sanitären Anlagen schonend zu benutzen und bei längerer **Abwesenheit** für die Betreuung der Wohnung zu sorgen. Die Obhutspflicht bezieht sich grundsätzlich nur auf **Schutzmaßnahmen innerhalb der Mieträume.** Deshalb umfasst eine Formularklausel, wonach der Mieter „die Räume ausreichend gegen Frost schützen" muss, nur solche Maßnahmen, die in den Innenräumen vorzunehmen sind. Gegen Schäden die durch das Einfrieren von Regenrinnen oder außenliegenden Rohren eintreten können, muss der Mieter keine Vorsorge treffen (KG GE 2013, 1274). Generell gilt, dass es in erster Linie Sache des Vermieters ist, die technischen Vorkehrungen gegen das **Einfrieren von Wasserleitungen** zu treffen; deshalb haftet der Mieter nicht, wenn in einem nicht beheizbaren Raum infolge eines starken Frostes ein Wasserleitungsschaden auftritt (OLG Frankfurt NJW-RR 1991, 974). Gleichwohl ist der Mieter aber auch in einem solchen Fall zu zumutbaren eigenen Vorkehrungen verpflichtet, wenn hierdurch ein Schaden abgewendet oder vermindert werden kann. (z. B. Umhüllung von Wasser-Versorgungs-Leitungen mit Schutzmaterial: AG Neukölln GE 1988, 203). Bei beheizbaren Räumen muss der Mieter die Wohnung ausreichend erwärmen, so dass keine Frostschäden auftreten können (AG Tempelhof-Kreuzberg GE 1987, 283). Bei einer vorübergehenden Abwesenheit im Winter muss der Mieter dafür sorgen, dass ein Dritter die Wohnung im Falle eines Kälteeinbruchs entsprechend temperiert (LG München I VersR 1966, 1064). Bei einem leerstehenden Mietobjekt ist der Mieter grundsätzlich verpflichtet, die Wasserleitungsanlagen abzusperren, zu entleeren und entleert zu halten. Hier genügt es nicht, wenn die Wasserleitung bei strengem und länger andauerndem Frost lediglich mit Zeitungspapier umhüllt wird (OLG Frankfurt WuM 1988, 175). Die Obhutspflicht kann nicht dadurch erfüllt werden, dass der Mieter dem Vermieter mitteilt, dieser möge selbst die zur Abwendung der Gefahr erforderlichen Maßnahmen treffen, weil es sich insoweit um eine dem Mieter obliegende Vertragspflicht handelt (BGH NJW 1983, 1049).

c) Wahrung des Hausfriedens. Der Mieter muss sich beim Gebrauch der 551 Mieträume so verhalten, dass keiner seiner Nachbarn, mehr als nach den Umständen unvermeidlich, gestört oder belästigt wird.

Einzelheiten: Die mit der **Reinigung** der Mietsache notwendigerweise ver- 552 bundenen Lärmbelästigungen (Geräusche infolge Staubsaugens, Teppichklopfens, usw.) müssen werktags (etwa von 6 Uhr bis 17 Uhr) hingenommen werden. Gleiches gilt für **Baulärm,** der durch notwendige Reparatur- oder Umbaumaßnahmen verursacht wird. Das Weinen und Schreien von **Kleinkindern** ist von den Mitbewohnern hinzunehmen (LG Lübeck WuM 1989, 627; AG Bergisch Gladbach WuM 1983, 236; AG Aachen ZMR 1965, 75), es sei denn, dass der Lärm durch unvernünftige „Erziehungs"maßnahmen der Eltern hervorgerufen wird. Dass **größere Kinder** gelegentlich Lärm in der Wohnung, im Treppenhaus oder im Hof verursachen, ist unvermeidlich und sowohl vom Vermieter als auch von den übrigen Mietern hinzunehmen (OLG Düsseldorf ZMR 1997, 181; LG Berlin GE 1993, 42). Gleiches gilt für das gelegentliche **Bellen eines Hundes.** Anders ist es, wenn die Hausbewohner durch das Bellen nachhaltig belästigt werden (AG Frankfurt WuM 1978, 127; LG Mainz DWW 1996, 50 betr. Hundegebell in ländlicher Gegend). Zu den üblichen – und deshalb zu tolerierenden – Verhaltensweisen zählen auch das Begehen der Wohnung mit **Straßenschuhen** oder gelegentliches **Fallenlassen von Gegenständen** (OLG Düsseldorf ZMR 1997, 181). Eine kleinliche und engherzige Betrachtungsweise ist hier unangebracht: Der Hausfrieden wird nicht durch die Unterdrückung aller Lebensäußerungen, sondern durch gegenseitige Toleranz, durch Verständnis und durch Rücksichtnahme hergestellt.

Nächtlicher Lärm kann nach den Immissionsschutzgesetzen der Länder als 553 Ordnungswidrigkeit geahndet werden (s. z. B. § 9 LImmschG Nordrhein-Westfalen: danach sind in der Zeit von 22 Uhr bis 6 Uhr Betätigungen verboten, welche die Nachtruhe zu stören geeignet sind). Ein solches Verhalten stellt zugleich eine Vertragswidrigkeit dar. Störungen durch **streitende Eheleute** oder Paare braucht der Vermieter nicht zu dulden (AG Helmstedt WuM 1987, 63; AG Friedberg WuM 1978, 30). **Radios** und **Fernsehgeräte** müssen auf **Zimmerlautstärke** eingestellt werden; hierunter versteht man eine Lautstärke, die in den anderen Wohnungen nicht oder kaum zu hören ist (LG Berlin DWW 1988, 83; AG Neuss DWW 1988, 355; AG Düsseldorf DWW 1988, 357; ähnlich: Sternel, Rdn. II 153: „Umschreibung größtmöglicher Rücksichtnahme"). Diese Verpflichtung kann durch gerichtliche Entscheidung tituliert werden; der Begriff „Zimmerlautstärke" ist hinreichend bestimmt, so dass aus einem entsprechenden Titel vollstreckt werden kann (LG Hamburg WuM 1996, 159). Weitergehende Rücksichtnahme ist erforderlich, wenn das Haus besonders hellhörig ist (ähnlich Sternel, Mietrecht aktuell, Rdn. 254).

Die Frage, wie das **Recht auf häusliches musizieren** mit dem Anspruch des 554 Nachbarn auf ungestörtes Wohnen in Einklang zu bringen sind, hat der BGH in zwei Grundsatzentscheidungen zum Nachbarrecht (BGH Urteil vom 26.10.2018 – V ZR 143/17) und zum Wohnungseigentumsrecht (BGH Urteil vom 10.9.1998 – V ZB 11/98) behandelt. Die in diesen Entscheidungen entwickelten Grundsätze sind auch für die Wohnungsmiete von Bedeutung. Danach gilt:

Das **Verhältnis von Eigentümern benachbarter Häuser** wird durch § 906 555 Abs. 1 BGB geregelt. Nach dieser Vorschrift kann der Eigentümer eines Grund-

§ 535 BGB Untertitel 1. Allgemeine Vorschriften für Mietverhältnisse

stücks von einem anderen Grundstück ausgehende Immissionen insoweit nicht verbieten, als die Einwirkung die Benutzung seines Grundstücks nur unwesentlich beeinträchtigt. Von § 906 Abs. 1 BGB werden alle Immissionen erfasst, die im Rahmen der zulässigen Nutzung eines Wohnhauses entstehen. Dies gilt auch für Geräuschimmissionen die durch das häusliche Musizieren entstehen, weil das häusliche Musizieren zu den erlaubten und sozialadäquaten Tätigkeiten zählt (BGH Urteil vom 26.10.2018 – V ZR 143/17).

556 Das Musizieren innerhalb der eigenen Wohnung ist Bestandteil eines sozial üblichen Verhaltens und Element der Zweckbestimmung der Wohnanlage. Ein völliges **Musizierverbot** oder eine dem praktisch gleichzusetzende Reglementierung ist unzulässig (BGH Urteil vom 10.9.1998 – V ZB 11/98; Urteil vom 26.10.2018 – V ZR 143/17). Für die Miete folgt hieraus, dass ein Musizierverbot weder durch Formularvertrag noch durch Individualvertrag vereinbart werden kann.

557 Jedoch sind **Vereinbarungen zur Regelung der Musikausübung** zulässig. Diese Regelungen müssen sich an den gesetzlichen Wertentscheidungen des § 906 BGB orientieren (s. Rdn. 555). Danach ist auch bei der Miete zwischen unwesentlichen und wesentlichen Immissionen zu unterscheiden. Die Abgrenzung richtet sich „nach dem Empfinden eines verständigen Durchschnittsmenschen und danach, was ihm unter Würdigung anderer öffentlicher und privater Belange zuzumuten ist" (BGH NZM 2019, 86). Auf die Besonderheit in der Person des Nachbarn (Krankheit, erhöhtes Ruhebedürfnis etc.) kommt es nicht an. Ebenso wenig sind die Besonderheiten in der Person des Musikausübenden zu berücksichtigen. „Ein Berufsmusiker, der sein Instrument im häuslichen Bereich spielt, hat insoweit nicht mehr, aber auch nicht weniger Rechte als ein Hobbymusiker und umgekehrt" (BGH NZM 2019, 86).

558 Für das Wohnungseigentum hat der BGH entschieden, dass Beschlüsse der Wohnungseigentümer zur Regelung der Musikausübung hinreichend klar und eindeutig sein müssen (BGH BGHZ 139, 288 = NJW 1998, 3713). Anderenfalls ist der Beschluss anfechtbar und auf Antrag für ungültig zu erklären. In dem zur Entscheidung stehenden Fall hat der BGH unter anderem eine Regelung beanstandet, die das Singen und Musizieren nur in „nicht belästigender Weise und Lautstärke" gestattet. Dies beruht auf der Erwägung, dass nach dieser Regelung unklar ist, unter welchen Umständen das Musizieren eine Belästigung darstellt. Gleiches gilt für eine Regelung, wonach Rundfunk- und Fernsehgeräte sowie Plattenspieler nur in einer Lautstärke betrieben werden dürfen, die Mitbewohner nicht „belästigt". Dieselben Grundsätze gelten für die Miete. AGB-Regelungen in der Hausordnung oder im Vertrag unterliegen dem **Transparenzgebot (§ 307 Abs. 1 Satz 2 BGB).** Sie sind unwirksam, wenn sie nicht klar und verständlich sind.

558a Generell gilt außerhalb der Ruhezeiten eine **Höchstdauer für das Musizieren** von rund 2–3 Stunden täglich. Entscheidend sind aber immer die konkreten Wohnverhältnisse. So kann im Einzelfall die Bewohnerstruktur der Hausanlage eine Rolle spielen oder auch die baulichen Gegebenheiten, wie der Abstand der einzelnen Wohnungen zueinander, die Hellhörigkeit, der Pegel der Umgebungsgeräusche und die Art des Musizierens. Auf die Besonderheit in der Person des Nachbarn (Krankheit, erhöhtes Ruhebedürfnis etc.) kommt es nicht an. Ebenso wenig sind die Besonderheiten in der Person des Musikausübenden zu berücksichtigen. Ein Berufsmusiker, der sein Instrument im häuslichen Bereich spielt, hat insoweit nicht mehr, aber auch nicht weniger Rechte als ein Hobbymusiker und umgekehrt.

Inhalt und Hauptpflichten des Mietvertrags **BGB § 535**

Fehlen vertragliche Regelungen, so richtet sich die Befugnis der Mieter zur 558b Musikausübung nach der Verkehrssitte, also nach den ortsüblichen Gepflogenheiten. **Während der ortsüblichen Ruhezeiten** (20.00 Uhr bis 8.00 Uhr und von 12.00 Uhr bis 14.00 Uhr) ist sowohl beim Musizieren als auch beim Einsatz von Schallwiedergabegeräten in jedem Fall Zimmerlautstärke einzuhalten. Erforderlich ist, dass Geräusche außerhalb der abgeschlossenen Wohnung nicht vernommen werden können. Die Hellhörigkeit des Hauses sowie sonstige Umstände spielen hierbei eine Rolle. **Außerhalb der ortsüblichen Ruhezeiten** ist das Gebot der Rücksichtnahme nicht aufgehoben. Dennoch kann der Vermieter außerhalb der Ruhezeiten das Musizieren grundsätzlich nicht verbieten. Ausschlaggebend für die zulässige Dauer des Spielens kann das jeweilige Musikinstrument und die mit seiner spezifischen Tonlage verbundene Beeinträchtigung sein. Generell gilt außerhalb der Ruhezeiten eine **Höchstdauer** für das Musizieren von rund 2–3 Stunden täglich. Entscheidend sind aber auch hier die konkreten Wohnverhältnisse (s. oben 6).

Gerichtliches Verfahren. Im Streitfall sind die Ruhezeiten und die Höchst- 558c dauer des Musizierens vom Gericht festzulegen. Regelmäßig muss sich das Gericht durch Augenschein von dem Maß der Beeinträchtigung überzeugen. Auf Immissionsrichtwerte, wie sie sich aus der TA-Lärm oder der VDI-Richtlinie 2058 ergeben, kommt es nicht entscheidend an. Maßgeblich ist vielmehr, ob und in welcher Lautstärke die Musik im benachbarten Haus wahrgenommen wird. Wann und wie lange musiziert werden darf, lässt sich nicht allgemein beantworten, sondern richtet sich nach den Umständen des Einzelfalls, insbesondere dem Ausmaß der Geräuscheinwirkung, der Art des Musizierens und den örtlichen Gegebenheiten. Nach Ansicht des BGH (BGHZ 139, 288 = NJW 1998, 3713) kann eine Beschränkung auf zwei bis drei Stunden an Werktagen und ein bis zwei Stunden an Sonn- und Feiertagen, jeweils unter Einhaltung üblicher Ruhezeiten, als grober Richtwert dienen. Bei der Festlegung der Ruhezeiten hat das Gericht einen gewissen Spielraum. So kann es die Mittagszeit großzügig bemessen oder festlegen, dass die Nachtzeit bereits gegen 21 Uhr beginnt und werktags erst gegen 8 oder 9 Uhr und am Wochenende entsprechend später endet. Der BGH kann die Entscheidung des Instanzgerichts nur daraufhin überprüfen, ob die Tatsachenfeststellungen verfahrensfehlerfrei getroffen und ob bei ihrer Würdigung die zutreffenden rechtlichen Gesichtspunkte zu Grunde gelegt wurden (BGH BGHZ 139, 288 = NJW 1998, 3713).

Gelegentliches **geselliges Zusammensein** mit Familienangehörigen oder 559 Freunden ist sozialüblich und deshalb hinzunehmen (AG Köln MDR 1961, 852; LG Frankfurt WuM 1989, 575). Der Bewohner muss allerdings dafür sorgen, dass sich seine Gäste möglichst ruhig verhalten, und zwar nicht erst ab 22.00 Uhr. Verursachen die Besucher dennoch Lärm, so ist dieser dem Mieter zuzurechnen, weil die Besucher seine Erfüllungsgehilfen sind (**a. A.** AG Köln WuM 1987, 21). Dem Mieter fällt darüber hinaus eigenes Verschulden zur Last, wenn er gegen störende Besucher nichts unternimmt oder solche Besucher in die Wohnung lässt, von denen er weiß, dass sie den Hausfrieden stören. Ein „Recht auf Lärm" gibt es nicht. Ebenso wenig hat ein Mieter einen klagbaren Anspruch darauf, dass er seine Wohnung von Zeit zu Zeit lärmintensiv nutzen darf (OLG Düsseldorf WuM 1990, 116; Sternel, Rdn. II 154; ausführlich zum Problem des Lärms: Barthelmess, Grenzen zulässiger Lärmerzeugung im häuslichen Wohnbereich, in: FS Blank, München 2006, S. 23; Pfeifer, Lärmstörungen – Gutachten und Lärmlexikon – 8. Aufl. 1998 (Materialien des Zentralverbands der deutschen Haus-, Wohnungs- und Grund-

§ 535 BGB   Untertitel 1. Allgemeine Vorschriften für Mietverhältnisse

eigentümer e. V. Nr. 3); ders. DWW 1985, 12 und 40 sowie ZMR 1987, 361; s. außerdem Sternel, PiG 31, 7).

560   Für das **Grillen von Nahrungsmitteln im Freien** gilt ähnliches (s. z. B. § 7 Abs. 1 Satz 1 LImmschG Nordrhein-Westfalen: danach ist das Verbrennen von Gegenständen im Freien untersagt, soweit die Nachbarschaft oder die Allgemeinheit erheblich belästigt werden). Mit der Inbetriebnahme eines Balkon- oder Gartengrills ist eine solche Belästigung verbunden, wenn die durch das Grillen verursachten Geruchsimmissionen in die Wohn- oder Schlafräume der Nachbarn eindringen. Hiermit muss jedenfalls im Sommer gerechnet werden, weil in dieser Jahreszeit üblicherweise die Fenster offen stehen (s. dazu OLG Düsseldorf ZMR 1995, 415; vgl. aber auch LG Stuttgart NJWE-MietR 1997, 37: danach stellt das Grillen „in einer multikulturellen Freizeitgesellschaft, die von einer zunehmenden Rückbesinnung auf die Natur geprägt ist, eine übliche und im Sommer gebräuchliche Art der Zubereitung von Speisen jeglicher Art … dar").

561   **Baden und Duschen** bis 22.00 Uhr ist grundsätzlich zulässig; nach 22.00 Uhr nur dann, wenn dadurch die übrigen Mitbewohner nicht übermäßig gestört werden (**a. A.** Sternel, Rdn. II 151: keine Beschränkung der Badezeit; vgl. dazu auch OLG Düsseldorf WuM 1991, 288 = ZMR 1991, 226: danach ist nächtliches Duschen bis zur Dauer von 30 Minuten erlaubt).

562   Im Streitfall muss das Gericht auf der Basis einer **Interessenabwägung** entscheiden, wobei auch die Belange der Hausbewohner mit zu berücksichtigen sind; eine solche Interessenabwägung kann nur aufgrund einer umfassenden Tatsachenkenntnis erfolgen. Pfeifer hat ein überzeugendes **Schema zur Bewertung von Hauslärm** entwickelt (Lärmstörungen – Gutachten und Lärmlexikon – 8. Aufl. 1998 (Materialien des Zentralverbands der deutschen Haus-, Wohnungs- und Grundeigentümer e. V., Seite 28). Danach kommt es auf folgende Kriterien an:

„Hörbarkeit in der eigenen Wohnung; Notwendigkeit die eigenen Fenster zu schließen; Notwendigkeit die eigene Stimme zu heben; Tages- oder Nachtzeit; Sonstige Ruhezeiten; Maskierung durch Hintergrundgeräusche; Störung des Einschlafens oder Weckreaktion; Störung konzentrierten Lesens oder Arbeitens; Störung eigenen Musikhörens; Tonhaltigkeit (schrill oder heulend); Impulshaltigkeit (Bässe); Auf- und Abschwellen; Wechsel von Sprache und Musik; Informationsgehalt; Aufforderungscharakter; Dauer; Wiederholungen; Erwartungshaltung; Mutwilligkeit; Soziale Akzeptanz".

Das Ruhebedürfnis der Bewohner hat im Zweifel Vorrang vor den Interessen einzelner an einer geräuschintensiven Nutzung; dies gilt heute mehr denn je, weil die Wohnung angesichts der allgemein starken Lärmbelastung ein besonders lärmgeschützter Ort der Erholung sein soll.

563   **Darlegungs- und beweispflichtig** für eine vertragswidrige Lärmstörung ist der Vermieter. Wegen der Anforderungen an die Substantiierung der Störungen s. § 536 Rdn. 242 ff.

6. Tierhaltung

564   **a) Gesetzliche Regelung. aa)** Das **Halten von Kleintieren** (Ziervögel, Fische im Aquarium, Hamster, Meerschweinchen, Zwergkaninchen, etc.) zählt zum vertragsgemäßen Mietgebrauch. Solche Tiere kann der Mieter **ohne Erlaubnis des Vermieters** halten (BGH NZM 2008, 78 = NJW 2008, 218 = WuM 2008, 23). Für ungewöhnliche oder exotische Tiere gilt insoweit keine Ausnahme; maßgeblich ist nicht, ob das Halten solcher Kleintiere allgemein üblich ist, sondern ob

die Interessen des Vermieters und der übrigen Hausbewohner durch die Tierhaltung tangiert werden (vgl. AG Köln WuM 1990, 343; AG Essen ZMR 1996, 37; vgl. aber auch LG Essen NJW-RR 1991, 908: das Halten einer Ratte ist genehmigungspflichtig, wenn hierdurch eine Störung des Hausfriedens zu befürchten ist). Kleine Hunde (z. B. Yorkshire-Terrier) oder Katzen gehören nicht zu den Kleintieren (AG Spandau ZMR 2011, 650).

bb) Nach h. M. ist die Haltung größerer Tiere insbesondere von **Hunden und Katzen,** von einer **Erlaubnis des Vermieters** abhängig. Hierüber ist einzelfallbezogen auf Basis einer umfassenden **Interessenabwägung** zu entscheiden (BGH NZM 2008, 78 = NJW 2008, 218 = WuM 2008, 23; BGH NJW 2013, 1526). 565

Grundsätze der Interessenabwägung. Nach der **Rechtsprechung des BGH** sind bei der Interessenabwägung insbesondere zu berücksichtigen: „Art, Größe, Verhalten und Anzahl der Tiere, Art Größe, Zustand und Lage der Wohnung, sowie des Hauses, in dem sich die Wohnung befindet, Anzahl, persönliche Verhältnisse, namentlich Alter und berechtigte Interessen der Mitbewohner und Nachbarn, Anzahl und Art anderer Tiere im Haus, bisherige Handhabung durch den Vermieter, sowie besondere Bedürfnisse des Mieters" (BGH NZM 2008, 78 = NJW 2008, 218 = WuM 2008, 23). Ob das Tier artgerecht gehalten wird, soll nach der Rechtsprechung des BGH unbeachtlich sein (BGH WuM 2013, 152 = NZM 2013, 565). Nach der hier vertretenen Auffassung ist bei der Interessenabwägung auch die Frage möglicher Tierschäden und der Haftung des Mieters hierfür zu berücksichtigen. Unter Umständen muss der Vermieter in Erwägung ziehen, dass der Mieter aufgrund seiner wirtschaftlichen Verhältnisse für die Mietschäden nicht aufkommen kann. Diese können erheblich sein (vgl. OLG Saarbrücken ZMR 2014, 357 betr. Zerstörung eines Parkettbodens samt Unterkonstruktion durch Katzenurin). Eine vom Mieter abgeschlossene Haftpflichtversicherung nützt dem Vermieter u. U. wenig, weil Haftpflichtansprüche wegen Abnutzung, Verschleiß und übermäßiger Beanspruchung nach den allgemeinen Versicherungsbedingungen ausgeschlossen sind (OLG Saarbrücken a. a. O.). 566

Beispiele aus der Rechtsprechung: Die **Erlaubnis kann versagt** werden, wenn der Mieter einen Rottweiler in einem Ein-Zimmer-Appartement unterbringen möchte (AG Bergisch Gladbach WuM 1991, 341); für die Haltung eines Schäferhundes in einer 3-Zimmerwohnung (AG Köln ZMR 1979, 246); für einen Schäferhund in einer Wohnsiedlung mit dichter Bebauung (AG Köln WuM 1997, 109); wenn von dem Tier eine potentielle Gefahr für Mitbewohner ausgeht (LG München WuM 1993, 699; LG Gießen NJW-RR 1995, 12); wenn der Mieter „Kampfhunde" [Bullterrier] in der Wohnung halten will (LG Krefeld WuM 1996, 533); wenn auf derselben Etage ein Mitmieter wohnt, der unter einer Tierhaarallergie leidet (AG Köln WuM 1988, 122). Andererseits spricht für die **Erteilung der Erlaubnis,** wenn mit der Haltung üblicher Haustiere voraussichtlich keine ins Gewicht fallenden Störungen verbunden sind (vgl. BGH NJW 2013, 1526 = NZM 2013, 378: Haltung eines kleinen Hundes [Shi Tzu-Malteser-Mischling] mit einer Schulterhöhe von 20 cm; LG Freiburg WuM 1997, 175: wenn der Mieter seit 2 ½ Jahren einen Hund der Rasse „Golden Retriever" hält, der die übrigen Hausbewohner nicht stört; AG Neuss DWW 1992, 344: wenn der Mieter eines im Grünen gelegenen und sicher umzäunten Hausgrundstücks aus Sicherheitsgründen einen (zweiten) Schäferhund halten will; LG Mannheim ZMR 1992, 545 und AG Neukölln GE 1986, 399: wenn der Mieter einen Hund zur Bewältigung seiner seelischen Probleme braucht). 567

§ 535 BGB Untertitel 1. Allgemeine Vorschriften für Mietverhältnisse

568 cc) Nach der hier vertretenen Ansicht dürfen **landwirtschaftliche Nutztiere,** wie Hühner oder Schweine, wegen der damit verbundenen Geruchs- und Verschmutzungsgefahr nicht in einer Wohnung gehalten werden (a. A. AG Köpenick NZM 2001, 892 betr. Hausschwein).

569 dd) **Gefährliche Tiere.** Die Haltung gefährlicher Tiere ist nach allgemeiner Ansicht vertragswidrig. Hierzu zählt das Halten von Haustieren, die sich im konkreten Fall als gefährlich erwiesen haben. Bestimmte Tiere wildlebender Arten gelten generell als gefährlich. Nach dem **Gesetz zur Beschränkung des Verbringens oder der Einfuhr gefährlicher Hunde** in das Inland (BGBl. I S. 530) zählen zu den **gefährlichen Hunden:** Pitbull-Terrier, American Staffordshire-Terrier, Bullterrier, die Kreuzungen dieser Rassen sowie alle Hunde, die nach Landesrecht als gefährliche Hunde bezeichnet sind. Nach diesem Gesetz ist die Einfuhr, die Zucht und der Handel mit gefährlichen Hunden verboten. Das Halten gefährlicher Hunde wird von dem Gesetz nicht erfasst, da Regelungen hierüber in die Zuständigkeit der Länder fallen. Gleichwohl ist ein Vermieter grundsätzlich berechtigt, die Erlaubnis zum Halten gefährlicher Hunde zu versagen.

570 ee) **Vorübergehende Aufnahme von Tieren.** Von der Tierhaltung ist die Frage zu unterscheiden, ob sich Tiere in der Wohnung des Mieters aufhalten dürfen, die von Besuchern mitgebracht worden sind, oder die der Mieter für eine vorübergehende Zeit versorgt. Diese Frage ist grundsätzlich zu bejahen (AG Aachen WuM 1992, 432 betr. Hunde von Besuchern). Eine Ausnahme gilt, wenn von den Tieren Störungen ausgehen, oder wenn die Tiere wegen ihrer Größe oder Eigenart von den übrigen Hausbewohnern als gefährlich angesehen werden (OLG Köln NJW-RR 1988, 12 betr. das Mitbringen von Doggen, die im Treppenhaus frei herumlaufen).

571 ff) **Füttern wildlebender oder freilaufender Tiere.** ist ebenfalls keine Tierhaltung; gleichwohl kann dem Mieter diese Tätigkeit untersagt werden, wenn damit eine Belästigung anderer Bewohner oder eine Gefährdung des Gebäudes verbunden ist. Das **Füttern von Vögeln** ist sozialadäquat. Ein Mieter handelt deshalb nicht pflichtwidrig, wenn er auf seinem Balkon Wassergefäße aufstellt und Vogelfutter ausstreut. Anders ist es, wenn hierdurch „unverhältnismäßige", also „übermäßig starke" Verschmutzungen auftreten (LG Berlin ZMR 2012, 440).

572 b) **Vertragliches Tierhaltungsverbot.** Durch die Vereinbarung: „Das Halten von Haustieren ist nicht gestattet" wird das Recht zur Tierhaltung ausgeschlossen. Gegen eine entsprechende **Individualabrede** bestehen keine Bedenken (BVerfG WuM 1981, 77; OLG Hamburg ZMR 1963, 40; LG Lüneburg WuM 1995, 704; Eisenschmid in: Schmidt-Futterer § 535 BGB Rdn. 559; Sternel, Rdn. II, 168; Kraemer/Paschke in: Bub/Treier Kap III Rdn. 3054; Emmerich in: Staudinger § 535 BGB Rdn. 56; Koch in: Hannemann/Wiegner, MAH Mietrecht, § 21 Rdn. 23; Schmid WuM 1988, 343; Steinig ZMR 1991, 285; **a. A.** Dillenburger/Pauly ZMR 1994, 249, die einen Verstoß gegen § 138 BGB annehmen). Unberührt von dem Tierhaltungsverbot bleibt das Recht des Mieters zum Halten von Kleintieren (AG Köln WuM 1984, 78) (s. Rdn. 564). Ein **formularvertragliches Tierhaltungsverbot** ist unwirksam (BGH NJW 2013, 1526). Das Recht zur Haltung von Kleintieren (Ziervögel, Zierfische, Hamster, Schildkröten) zählt zum vertragsgemäßen Mietgebrauch. Das Recht zur Haltung dieser Tiere kann vertraglich nicht abbedungen werden. Das Recht zur Haltung sonstiger Tiere, insbesondere von Hunden und Katzen, ist dagegen nach der Rechtsprechung des BGH erlaubnisbedürftig. Der Vermieter darf die Erlaubnis aber nicht nach freiem Ermessen er-

teilen oder versagen. Vielmehr hat er hierüber auf Basis einer Interessenabwägung zu entscheiden (BGH NJW 2008, 218 = WuM 2008, 23 = NZM 2008, 78; WuM 2013, 152 = NZM 2013, 565; NJW 2013, 1526). Hieraus folgt, dass formularvertragliche Verbotsregelungen nur in Form von Vorbehaltsklauseln möglich sind (Rdn. 574).

c) Formularvertragliches Tierhaltungsverbot mit Erlaubnisvorbehalt. 573
Soll die Tierhaltung von den Umständen des Einzelfalls abhängen, so müssen die Parteien vereinbaren, dass die Tierhaltung der Erlaubnis des Vermieters bedarf. Eine solche Klausel findet sich in zahlreichen Formularmietverträgen. Gegen die Wirksamkeit einer solchen Klausel bestehen keine Bedenken. Allerdings sind **zwei Besonderheiten** zu beachten: Zum einen muss sich aus der Klausel ergeben, dass das Recht des Mieters zur Haltung von **Kleintieren erlaubnisfrei** ist (BGH WuM 1993, 109; NZM 2008, 78 = NJW 2008, 218 = WuM 2008, 23; OLG Frankfurt WuM 1992, 57; LG Berlin GE 1993, 1273; LG Frankfurt WuM 1990, 271; LG Hamburg WuM 1993, 120; AG Essen NJW-RR 1996, 139; AG München NZM 2003, 23; AG Hamburg WuM 2003, 558 für Genossenschaftswohnung; Eisenschmid in: Schmidt-Futterer § 535 BGB Rdn. 561; Koch in: Hannemann/Wiegner, MAH Mietrecht, § 21 Rdn. 24). Zum anderen darf die Rechtmäßigkeit der Tierhaltung **nicht** von einer **schriftlichen Erlaubniserteilung** abhängig gemacht werden (AG Bayreuth ZMR 2000, 765; AG München NZM 2003, 23; Both in: Herrlein/Kandelhard § 535 BGB Rdn. 30; Koch in: Hannemann/Wiegner, MAH Mietrecht, § 21 Rdn. 42; vgl. für den rechtsähnlichen Fall der Untermieterlaubnis BGH NJW 1991, 1750). Ein Verstoß gegen diese Grundsätze führt zur Gesamtunwirksamkeit der Klausel.

Ist ein **wirksames Tierhaltungsverbot mit Erlaubnisvorbehalt vereinbart,** 574 so sind **zwei Fallgruppen** zu unterscheiden:

(1) Das Interesse des Mieters an der Tierhaltung entsteht nach Abschluss 575 **des Mietvertrags.** In diesem Fall ist die Erlaubnis auf Basis einer Interessenabwägung zu treffen. Diese hat nicht generell-abstrakt zu erfolgen, sondern muss sich am Einzelfall orientieren. Die Rechtsprechung des BGH folgt in ihrer Struktur der gesetzlichen Regelung zum Recht des Wohnungsmieters auf Erlaubnis der Gestattung der Gebrauchsüberlassung an einen Dritten (§ 553 BGB). Auch über dieses Recht ist auf Basis einer Interessenabwägung zu entscheiden (grundlegend: BGHZ 92, 213 = WuM 1985, 7). Die Erteilung der Erlaubnis (und nur diese) führt zu einer Erweiterung der Gebrauchsrechte. Die Aufnahme eines Tiers ohne Erlaubnis ist vertragswidrig. Der Vermieter kann Unterlassungsklage oder Beseitigungsklage erheben. Jedoch ist eine solche Klage nicht bereits wegen der fehlenden Erlaubnis erfolgreich. Vielmehr hängt die Erfolgsaussicht dieser Klagen ebenfalls von einer Interessenabwägung ab (BGH NJW 2013, 1526 Rz. 27). Bei vertragswidriger Tierhaltung ist weiterhin eine fristlose Kündigung nach § 543 Abs. 1 BGB in Erwägung zu ziehen. Der Kündigungstatbestand setzt voraus, dass die vertragswidrige Tierhaltung als besonders schwere Pflichtverletzung zu bewerten ist. Der Umstand, dass der Mieter das Tier ohne Erlaubnis des Vermieters hält, reicht hierzu allein nicht aus. Anders kann es sein, wenn durch das Tier ein erheblicher Schaden verursacht wurde oder wenn das Tier Mitbewohner belästigt oder angegriffen hat. Vergleichbares gilt für die ordentliche Kündigung nach § 573 Abs. 2 Nr. 1 BGB.

(2) Das Interesse des Mieters an der Tierhaltung besteht bereits beim 576 **Abschluss des Mietvertrags.** Da dem Mieter kein gesetzlicher Anspruch auf Haltung eines Hundes oder einer Katze zusteht, kann der Vermieter den Abschluss

§ 535 BGB   Untertitel 1. Allgemeine Vorschriften für Mietverhältnisse

eines Mietvertrags mit einem Tierhalter ablehnen. Der Vermieter muss seine Entscheidung nicht auf der Grundlage einer Interessenabwägung treffen. Folgerichtig muss er die Ablehnung des Vertragsschlusses auch nicht begründen; insoweit besteht Vertragsabschlussfreiheit. Nach der hier vertretenen Ansicht muss der Mieter eine bei Vertragsschluss bestehende Absicht zur Tierhaltung nicht ungefragt offenbaren. Jedoch darf der Vermieter in einer „Mieterselbstauskunft" nach Hunden und Katzen fragen (Wietz WuM 2014, 518, 533). Der Mieter muss eine solche Frage wahrheitsgemäß beantworten. Erklärt der Mieter wahrheitswidrig, dass er keinen Hund und keine Katze halte, so kann der Vermieter Unterlassungsklage oder Beseitigungsklage erheben. Auch in diesem Fall dürfte der Erfolg der Klage von einer Interessenabwägung abhängen. Der Umstand, dass der Mieter den Vermieter bewusst über die Tierhaltung getäuscht hat, dürfte sich dabei zum Nachteil des Mieters auswirken.

577   Bei einem **unwirksamen Tierhaltungsverbot** ist über das Recht zu Tierhaltung nach der gesetzlichen Regelung zu entscheiden (Rdn. 564–572). Die Berufung des Mieters auf die Unwirksamkeit eines formularvertraglichen Tierhaltungsverbots ist auch dann nicht treuwidrig, wenn er den Mietvertrag mit der unwirksamen Klausel unterzeichnet, ohne auf deren Streichung hinzuwirken. Beim Vorliegen „besonderer Umstände" kann dies anders sein (BGH NJW 2013, 1526 Rz. 22). Solche Umstände können vorliegen, wenn der Mieter den Vermieter bei Vertragsschluss über seine Absicht zur Tierhaltung täuscht. Die tatsächlichen Voraussetzungen für den rechtsvernichtenden Einwand eines treuwidrigen Verhaltens muss der Vermieter darlegen und beweisen (BGH a. a. O.).

578   **Erlaubte Tierhaltung.** Hat der **Vermieter die Erlaubnis erteilt,** so ist die Tierhaltung vertragsgemäß. Die Erlaubnis kann mündlich oder schriftlich erteilt werden. Beweispflichtig für die Erteilung der Erlaubnis ist der Mieter. In einem Formularmietvertrag kann nicht wirksam vereinbart werden, dass nur schriftlich erteilte Erlaubnisse wirksam sein sollen (OLG Frankfurt WuM 1992, 56). Deshalb kann sich der Mieter auch in diesem Fall auf eine mündlich erteilte Erlaubnis berufen. Es genügt allerdings nicht, wenn der Mieter lediglich pauschal behauptet, dass ihm die Erlaubnis erteilt worden sei. Im Prozess muss er vortragen, wer die Erlaubnis erteilt hat, wann und wo dies geschehen ist, und welche Erklärungen hierbei abgegeben worden sind. Eine stillschweigende Erlaubniserteilung ist möglich; allerdings ist insoweit Zurückhaltung geboten. Der Umstand, dass der Vermieter von der Existenz des Tieres Kenntnis gehabt hat, genügt in der Regel nicht, weil die rügelose Hinnahme eines vertragswidrigen Verhaltens nicht dessen Billigung bedeutet (LG Berlin GE 1982, 993 = WuM 1984, 130; AG Westerburg WuM 1992, 600 für Kenntnis des Hausmeisters und des Prokuristen).

579   Eine vom Vermieter erteilte Erlaubnis bezieht sich im Zweifelsfall immer auf ein **bestimmtes Tier.** Will der Mieter das Tier austauschen oder sich nach dem Tode eines Tiers ein anderes Tier anschaffen, so muss er hierzu erneut die Erlaubnis einholen (AG Kassel WuM 1987, 144; AG Speyer DWW 1991, 372; Franke, in: Fischer-Dieskau u. a., Wohnungsbaurecht, § 535 BGB, Anm. 49.17). Die Darlegungs- und Beweislast dafür, dass eine generelle Erlaubnis erteilt worden ist, liegt beim Mieter.

580   **Widerruf der Erlaubnis.** Für den Widerruf der Tierhaltungserlaubnis gelten die Ausführungen zum Widerruf der Untermieterlaubnis (sinngemäß s. § 549 BGB Rdn. 54). Daraus folgt, dass der Vermieter die Erlaubnis auch ohne vertraglich vereinbarten Widerrufsvorbehalt widerrufen kann, wenn hierfür ein wichtiger Grund vorliegt. Dies ist zunächst dann der Fall, wenn der Mieter einen als gefähr-

lich geltenden Hund anschafft und der Vermieter bei der Erteilung der Erlaubnis hiervon keine Kenntnis hatte (LG München WuM 1993, 669; LG Nürnberg-Fürth GE 1991, 937 betr. jeweils Bullterrier; zur Problematik der Haltung sog. „Kampfhunde" s. auch Behrendt DWW 1994, 308). Ein wichtiger Grund ist außerdem dann anzunehmen, wenn von dem Tier bereits konkrete Störungen ausgegangen sind (LG Berlin GE 1993, 97 betr. Verletzung eines Mitbewohners durch einen Hund, ohne dass der Mitbewohner hierzu Anlass gegeben hat; AG Steinfurt WuM 1991, 260 betr. Schadensverursachung durch einen Hund; AG Hamburg-Wandsbek WuM 1991, 94 betr. Ruhestörungen; AG Hamburg Altona WuM 1989, 624 betr. Verunreinigung des Treppenhauses und des Gartens), wenn sich der Tierhalter in der Vergangenheit als unerfahren oder verantwortungslos gezeigt hat oder wenn eine artgerechte Tierhaltung wegen der beengten Raumverhältnisse nicht möglich ist (AG Kassel WuM 1987, 144 betreffend Schäferhund in einer ca. 50 m^2 großen Dachwohnung).

d) Vertragliche Tierhaltungserlaubnis. Ist im Mietvertrag vereinbart, dass **581** der Mieter zur Tierhaltung berechtigt ist, so darf er in der Wohnung die üblichen Haustiere in üblicher Anzahl halten. Die Berechtigung gilt, so lange das Mietverhältnis besteht. Der Mieter ist auch berechtigt, anstelle des bisherigen Tieres ein anderes Tier in die Wohnung aufzunehmen, ohne dass hierzu eine erneute Erlaubnis erforderlich wäre. Bezieht sich die Erlaubnis auf eine bestimmte Tierart, so darf der Mieter ein Tier aus derselben Gattung auswählen. Im Zweifel wird man Vereinbarungen dieser Art dahingehend auslegen müssen, dass der Mieter auch ein Tier aus einer anderen Art halten darf, wenn hiermit keine größeren oder sogar geringere Auswirkungen verbunden sind (z. B. Katze statt Hund). Etwas anderes gilt, wenn die Erlaubnis auf ein bestimmtes Tier beschränkt ist. Die der Tierhaltung eigentümlichen Begleitumstände hat der Vermieter hinzunehmen. Kommt es dagegen zu erheblichen Belästigungen durch das Tier, so kann der Vermieter verlangen, dass der Mieter die zu der Beseitigung der Belästigung erforderlichen Maßnahmen trifft.

Will sich der Mieter als **Züchter von Tieren** betätigen, so bedarf es hierzu einer **besonderen ausdrücklichen Regelung** (AG Berlin-Tiergarten MM 1991, 304).

e) Vermietete Eigentumswohnung. Eine mietvertragliche Vereinbarung, **582** wonach der Mieter ein Tier halten kann, ist auch dann wirksam, wenn die Haltung von Tieren nach der Teilungserklärung oder den Beschlüssen der Wohnungseigentümer ausgeschlossen ist. Die Wohnungseigentümer haben jedoch nach der hier vertretenen Ansicht einen Anspruch gegen den Mieter aus **§ 1004 BGB** auf Unterlassung der Tierhaltung, weil hierin eine Eigentumsstörung zu sehen ist. Dieser Anspruch kann auch vom Verband geltend gemacht werden (AnwZert MietR 14/2010, Anm. 1, Drabek; AnwZert MietR 9/2009, Anm. 2, Dötsch). Dies gilt auch dann, wenn die Regelung nicht im Grundbuch eingetragen ist (**a. A.** Armbrüster/Müller, ZMR 2007, 321: danach wirkt ein Tierhaltungsverbot nur dann gegen den Mieter, wenn es im Grundbuch eingetragen ist oder wenn die Regelung auf Grund einer Öffnungsklausel gefasst wurde). Es spielt keine Rolle, ob von dem Tier Störungen ausgehen (**a. A.** LG Nürnberg/Fürth ZMR 2010, 70 m. ablehnender Anmerkung Riecke). Wird der Unterlassungsanspruch geltend gemacht, so ist dieser Umstand im Verhältnis zwischen den Mietvertragsparteien als Rechtsmangel zu bewerten.

§ 535 BGB Untertitel 1. Allgemeine Vorschriften für Mietverhältnisse

582a **f) Beschwerdewert.** Nach der Rechtsprechung des BGH kann der Beschwerdewert für eine Klage des Mieters auf Genehmigung der Tierhaltung nicht nach starren vorgegebenen Werten ermittelt werden. Vielmehr komme es im Einzelfall auf die Bedeutung der Tierhaltung für die Lebensführung des Mieters an. Ein Regelwert biete keine geeignete Orientierungshilfe. Ebenso könne das Interesse des Mieters an der Tierhaltung nicht ausschließlich oder in erster Linie nach objektiven Kriterien bewertet werden; maßgeblich seien vielmehr die persönlichen Vorstellungen und Bedürfnissen des Mieters. Insbesondere sei bei der Entscheidungsfindung zu berücksichtigen: **(1)** Art und Anzahl der Tiere, **(2)** das Alter des Mieters, sowie **(3)** das Gewicht seiner Bedürfnisse und Beweggründe, die etwa kommunikativer, therapeutischer oder pädagogischer Art sein können (BGH Beschluss vom 30.1.2018 – VIII ZB 57/16). Im Allgemeinen dürfte der Beschwerdewert die Berufungssumme von 600.– € überschreiten; Ausnahmen sind denkbar (BGH NJW 2008, 218).

7. Berufliche und gewerbliche Mitbenutzung

583 Die Begriffe „berufliche" und „gewerbliche" Mitbenutzung werden hier zur Unterscheidung des vertragsgemäßen vom vertragswidrigen Gebrauch verwendet. Eine **berufliche Mitbenutzung** zählt zum Wohngebrauch; sie bedarf keiner Erlaubnis des Vermieters und rechtfertigt keine höhere Miete. Dazu gehört die Ausübung beruflicher Tätigkeiten ohne Außenwirkung (BGH NJW 2009, 3157), wie etwa die Tätigkeit eines Schriftstellers, eines Journalisten, eines Geisteswissenschaftlers, die den Unterricht vor- und nachbereitende Tätigkeit eines Lehrers, die Telearbeit eines Angestellten und ähnliches. Dabei ist unerheblich, ob der Mieter seinem Beruf als Angestellter/Beamter oder als Freiberufler nachgeht.

584 **Gewerbliche Mitbenutzung** in dem hier verstandenen Sinne liegt demgegenüber vor, wenn der Mieter die gemieteten Räume in ihrer Gesamtheit sowohl zu Wohn- als auch zu Gewerbezwecken nutzt und die gewerbliche Nutzung mit einer nicht nur unerheblichen Außenwirkung verbunden ist (BGH NJW 2009, 1351; NJW 2013, 1806 betr. Erteilung von Musikunterricht in der Wohnung gegen Entgelt). Von einer Außenwirkung ist auszugehen, wenn der Mieter die Wohnung als seine Geschäftsadresse angibt (BGH NZM 2013, 786), dort Kunden empfängt oder dort Mitarbeiter beschäftigt (BGH NJW 2009, 3157) oder wenn mit der Nutzung Lärm- oder Geruchsimmissionen oder ein mit der Produktion von Waren in Zusammenhang stehender Transportaufwand verbunden ist. Die gewerbliche Mitbenutzung lässt die rechtliche Einordnung der Mietsache als Wohnraum unberührt, solange der Wohngebrauch noch überwiegt. Ein Recht zur gewerblichen Mitbenutzung hat der Mieter allerdings nur dann, wenn dies vertraglich vereinbart ist, oder wenn der Vermieter im Einzelfall seine Erlaubnis erteilt. Einen Anspruch hierauf hat der Mieter grundsätzlich nur, wenn dies vertraglich vereinbart ist. Im Einzelfall kann der Mieter nach Treu und Glauben einen **Anspruch auf Erteilung der Erlaubnis** haben, wenn von der beabsichtigten Tätigkeit „keine weitergehenden Einwirkungen auf die Mietsache oder Mitmieter ausgehen, als bei einer üblichen Wohnungsnutzung" (BGH NJW 2013, 1806). Dies setzt in der Regel voraus, dass der Mieter keine Mitarbeiter beschäftigt und der Kundenverkehr nicht ins Gewicht fällt (BGH a.a.O.). Für die tatsächlichen Voraussetzungen des Anspruchs auf Erteilung der Erlaubnis trägt der Mieter die Beweislast (BGH a.a.O.).

585 Die **Abgrenzung** von der erlaubnisfreien beruflichen Mitbenutzung zur erlaubnispflichtigen gewerblichen Mitbenutzung ist fließend. So kann die Tätig-

keit eines Rechtsanwalts als berufliche Mitbenutzung angesehen werden, wenn der Anwalt in seiner Wohnung im Wesentlichen juristische Gutachten anfertigt und keine oder nur wenige Mandanten empfängt. Wächst jedoch die Zahl seiner Besucher und weitet sich der Umfang seiner Tätigkeit nach und nach aus, so wird man ab einem bestimmten Punkt eine gewerbliche Mitbenutzung annehmen müssen.

Die **Betreuung von fremden Kindern** ist vom Wohnzweck gedeckt wenn sie unentgeltlich – etwa im Wege der Nachbarschaftshilfe – erfolgt. Anders ist es, wenn der Mieter entgeltliche Betreuungsleistungen gegenüber Dritten erbringt, bei denen der Erwerbscharakter im Vordergrund steht. Dies ist als teilgewerbliche Nutzung der Wohnung zu bewerten, die vom Wohnzweck nicht mehr getragen wird (BGH WuM 2012, 515 = NZM 2012, 687 betr. entgeltlichen Tagespflegestelle für bis zu fünf Kleinkinder). **586**

Ist streitig, ob und welche Beeinträchtigungen durch eine bestimmte Nutzungsart gegeben sind, so obliegt die **Darlegungs- und Beweislast** dem Vermieter; an die Substantiierungspflicht werden hierbei hohe Anforderungen gestellt (LG Hamburg WuM 1993, 188). **587**

8. Nutzung und Mitbenutzung nicht vermieteter Hausteile

a) Grundsatz. Es gilt der Grundsatz, dass der Mieter nicht berechtigt ist, die nicht vermieteten Hausteile für seine Zwecke zu nutzen (LG Hamburg WuM 1989, 9 betr. Aufstellen eines Wäschetrockners in der **Gemeinschaftswaschküche;** AG Bergisch Gladbach WuM 1994, 197 betr. Aufstellen eines Schranks im **Flur** vor der Mietwohnung, wobei das Beseitigungsverlangen allerdings als schikanös angesehen werden kann, wenn der Vermieter die Nutzung 13 Jahre lang hingenommen hat und ein Eigeninteresse für das Beseitigungsverlangen nicht zu erkennen ist). Auch bewegliche Gegenstände darf der Mieter nicht **vor der Wohnungsabschlusstür** abstellen; dies gilt auch für das verbreitete Abstellen von Schuhen. Kraftfahrzeuge darf der Mieter nur dann im **Hof des Mietshauses** parken, wenn dies vertraglich vereinbart ist (LG Görlitz WuM 1995, 388; LG Wuppertal WuM 1996, 267). Das Zustandekommen der Vereinbarung muss der Mieter beweisen. **588**

b) Mitbenutzungsrechte. Es ist allerdings anerkannt, dass den Mietern gewisse Mitbenutzungsrechte an den gemeinschaftlichen Hausteilen zustehen. Gemeinschaftsflächen und -einrichtungen, wie Zugangswege, das Treppenhaus, die Flure und den Aufzug kann der Mieter mitbenutzen; er hat hieran aber keinen Alleinbesitz. Deshalb stellt sich die Frage, ob das **Mitbenutzungsrecht über § 861 BGB geschützt** ist. Dies wird teilweise bejaht (Joost in MünchKomm § 866 BGB Rdn. 3, teilweise verneint (KG ZMR 2013, 181 betr. Umgestaltung des Gebäudes). **589**

Die **Zufahrt zum Haus mit Kraftfahrzeugen** kann der Vermieter seinen Mietern nicht untersagen, wenn der Weg hierzu geeignet ist und nennenswerte Störungen der übrigen Mieter oder der Nachbarn nicht zu befürchten sind (LG Lübeck WuM 1990, 336). Ist eine Halle zum Einstellen von Fahrzeugen vermietet, so kann der Mieter mangels einer abweichenden vertraglichen Regelung die vor der Halle liegende Freifläche zum Rangieren, Ein- und Ausfahren, Beladen und Entladen, sowie zum kurzfristigen Abstellen von Fahrzeugen nutzen. Dieses Recht besteht „Rund um die Uhr". Ein **länger dauerndes Abstellen** ist nicht gestattet. Dies gilt auch dann, wenn die Freifläche nur von dem Mieter der Halle genutzt **590**

§ 535 BGB Untertitel 1. Allgemeine Vorschriften für Mietverhältnisse

werden kann und Interessen des Vermieters oder Drittinteressen nicht tangiert werden. Werden Fahrzeuge über Nacht auf der Freifläche oder der Zufahrt abgestellt, so steht dem Vermieter ein **Bereicherungsanspruch** nach den §§ 812, 818 Abs. 2 BGB zu, dessen Höhe sich nach dem üblichen Mietpreis richtet (OLG Düsseldorf MDR 2009, 1157).

590a Zweifelhaft ist, ob sich der Mieter in einem Formularmietvertrag oder einer Zusatzvereinbarung zum Mietvertrag verpflichten kann, kein Kraftfahrzeug zu halten oder in unmittelbaren Besitz zu haben. Solche Vereinbarungen werden gelegentlich im Rahmen besonderer Wohnkonzepte (**„Autofreies Wohnen"**) getroffen (vgl. AG Münster ZMR 2015, 461). Die Frage ist nach der hier vertretenen Ansicht zu verneinen, weil zwischen der Entscheidung für oder gegen ein motorisiertes Privatfahrzeug und der Nutzung einer Wohnung kein sachlicher Zusammenhang besteht. Zulässig dürften aber solche Vereinbarungen sein, welche das Befahren und Abstellen von Kraftfahrzeugen auf einer im Eigentum des Vermieters stehen Fläche in angemessener Weise beschränken. Allerdings muss eine solche Klausel auf mögliche besondere Fallgestaltungen und Interessenlagen Rücksicht nehmen. Zwar kann eine Verbotsklausel der fraglichen Art nicht alle denkbaren besonderen Ausnahmetatbestände konkret erfassen. Deshalb genügt es, wenn die Erteilung der Ausnahmegenehmigung ins Ermessen des Vermieters gestellt ist; dieses muss aber an gerichtlich überprüfbare Beurteilungsvoraussetzungen gebunden sein (AG Münster a. a. O.).

591 Nach der Rechtsprechung ist auch das Abstellen eines **Kinderwagens** im Hausflur oder auf entsprechenden Gemeinschaftsflächen vom Wohngebrauch gedeckt, wenn die Fläche hierzu geeignet ist (LG Hamburg WuM 1992, 188; AG Hagen WuM 1984, 80; AG Wedding MM 1986, 30; AG Köln WuM 1995, 652; WuM 2009, 733; AG Aachen WuM 2008, 94) und die Mieter auf diese Abstellmöglichkeit angewiesen sind (BGH NZM 2007, 37 = WuM 2007, 29); entgegenstehende Klauseln in Formularmietverträgen werden als nichtig angesehen (LG Hamburg a. a. O.; LG Berlin GE 2009, 1495; AG Hagen a. a. O.). Etwas anderes kann gelten, wenn das Abstellen des Kinderwagens auf Grund von Brandschutzbestimmungen verboten ist; dies setzt allerdings einen entsprechenden Verwaltungsakt der zuständigen Behörde voraus (LG Berlin GE 2009, 1495). Der Mieter darf den Kinderwagen allerdings nicht anketten, wenn damit eine Beeinträchtigung der anderen Hausbewohner verbunden ist (LG Berlin a. a. O.). Vergleichbare Grundsätze gelten für **Rollstühle, Gehhilfen und Stützapparate** (BGH a. a. O.; AG Hannover WuM 2006, 27 = NZM 2006, 819; AG Köln WuM 2009, 733). Im Allgemeinen darf der Mieter im Haus- oder Kellerflur keine **Fahrräder** abstellen (AG Wedding GE 1986, 509; AG Charlottenburg GE 1982, 87). Etwas anderes kann gelten, wenn andere Abstellmöglichkeiten nicht zur Verfügung stehen oder nicht zumutbar sind und der Vermieter und die übrigen Hausbewohner hierdurch nicht beeinträchtigt werden (AG Münster WuM 1994, 198).

592 Der Vermieter kann grundsätzlich nicht untersagen, dass **Postsendungen,** die wegen ihrer Größe nicht in den Briefkasten passen, im Hauseingangsbereich niedergelegt werden. Etwas anderes gilt, wenn mit der Ablage eine Verunstaltung des Eingangsbereichs (Vermüllung) oder eine Gefährdung verbunden ist (BGH NZM 2007, 37 = WuM 2007, 29).

593 In den Einzelheiten umstritten ist die Frage, ob der Mieter **Plakate oder Spruchbänder** hinter dem Fenster seiner Mietwohnung oder auf dem Balkon anbringen darf. Das BVerfG hat hierzu bereits mit B. v. 15.1.1958 (BVerfGE 7, 230) entschieden, dass das Recht des Mieters auf freie Meinungsäußerung (Art 5 GG), namentlich das Recht auf das Äußern politischer Meinungen und Ansichten nicht gravierend beeinträchtigt wird, wenn der Eigentümer von seinem aus dem Eigentum (Art. 14 GG) folgenden Abwehrrecht Gebrauch macht. Auch sonstige Grundrechte (Art. 13 Abs. 1 GG, Art 2 Abs. 1 GG) werden hierdurch nicht verletzt. Das BayObLG hat einen Rechtsentscheid über die rechtsähnliche Frage, ob in Fällen dieser Art eine Kündigungsbefugnis nach § 553 BGB a. F. besteht, abgelehnt und zutreffend ausgeführt, dass es sich hierbei im Wesentlichen um eine Tatfrage handelt, die unter Berücksichtigung der Umstände des Einzelfalls zu entscheiden ist (BayObLG WuM 1984, 12). Für die Frage der Vertragsmäßigkeit des Mietgebrauchs gilt im Prinzip nichts anderes.

Ob und in welchem Umfang der Mieter von Geschäftsräumen **Hinweisschilder** oder **Reklameeinrichtungen** anbringen darf, richtet sich mangels einer vertraglichen Regelung nach der Ortssitte. Nach heutiger Verkehrsauffassung wird man im Allgemeinen davon ausgehen müssen, dass jede Nutzung der Außenfassade einer besonderen Erlaubnis des Vermieters bedarf und dass auf die Erteilung einer Erlaubnis grundsätzlich kein Anspruch besteht (OLG Düsseldorf NJW 1958, 1094; Wolf/Eckert, Rdn. 57). Dieselben Grundsätze gelten für die Anbringung von **Warenautomaten** (a. A. OLG Hamm NJW 1958, 1239, wonach der Mieter kraft Verkehrssitte berechtigt sein soll, Warenautomaten an der Außenwand anzubringen). **Praxisschilder** und dergleichen in üblicher Größe muss der Vermieter allerdings dulden. Der Mieter muss das Schild bei seinem Auszug nicht sofort entfernen, sondern darf dort einen Hinweis auf seine neue Anschrift anbringen. Dies gilt für eine Zeit von ca. 6 Monaten. 594

Die Installation einer **Videokamera** vor der Wohnungsabschlusstür sowie die Anbringung von Überwachungsgeräten vor dem Fenster (Spiegel, Leuchtstrahler) bedarf der Genehmigung des Vermieters. Auf die Erteilung einer Genehmigung hat der Mieter grundsätzlich keinen Anspruch (KG WuM 2009, 738). Wird die Genehmigung erteilt, so muss der Betreiber der Überwachungsanlage sicherstellen, dass weder der öffentliche Raum noch die Zugänge zum Haus oder zu den benachbarten Mietwohnungen von den Kameras erfasst werden. Andernfalls liegt ein unzulässiger Eingriff in das Allgemeine Persönlichkeitsrecht der Nachbarn vor. Es genügt, wenn die Nachbarn objektiv und ernsthaft befürchten müssen, dass ihr Wohnbereich in die Überwachung mit einbezogen wird. Eine bloß hypothetische Möglichkeit hierzu genügt allerdings nicht (vgl. BGH NJW 2010, 1533 = WuM 2010, 306 = NZM 2010, 373). 595

c) Vertragsregelungen/Gestattung. Darf der Mieter einen Teil der Gemeinschaftsfläche (Hof, Garten, Speicher-/Kellerräume, Raumteile vor der Abschlusstür) für eigene Zwecke nutzen, so kann das Nutzungsrecht auf einer vertraglichen Vereinbarung, einer einseitigen rechtsverbindlichen Erlaubnis oder einer unverbindlichen Gestattung beruhen. An **vertragliche Vereinbarungen** sind die Parteien gebunden. Eine **Erlaubnis** kann der Vermieter widerrufen, wenn die Parteien einen Widerrufsvorbehalt vereinbart haben oder wenn ein wichtiger Grund für den Widerruf vorliegt. Die Behandlung der **Gestattung** ist in der Rechtsprechung streitig. Teilweise wird die Gestattung als unverbindliche Gefälligkeit behandelt; diese ist grundsätzlich frei widerruflich; eine Ausnahme kann gelten, wenn der Widerruf gegen Treu und Glauben verstößt. (BGH NJW 2010, 1133 = WuM 2009, 659 = NZM 2009, 855 betr. Dachterrasse; KG WuM 2009, 654 betr. Dachterrasse; KG NZM 2007, 515 betr. Nutzung einer Hoffläche; LG Berlin GE 2011, 1087 betr. Abstellen von Fahrrädern auf einer Hoffläche; LG Berlin GE 2005, 617; 596

GE 1994, 401; LG Wuppertal WuM 1996, 267 betr. PKW-Stellplatz auf dem Hof; LG Saarbrücken WuM 1996, 468 betr. Kellerraumnutzung; LG Aachen DWW 1991, 22 betr. Gartennutzung). Nach anderer Meinung ist im Zweifel davon auszugehen, dass auf die Gestattung die Regeln über die rechtsverbindliche Erlaubnis anzuwenden sind (AG Warendorf WuM 1992, 598 betr. Benutzung eines Brunnens; AG Giesen WuM 1994, 198 betr. PKW-Stellplatz auf dem Hof; AG Tempelhof-Kreuzberg MM 1993, 256; AG Düsseldorf WuM 1994, 426 betr. Gartennutzung). Nach dieser Meinung ist ein Widerruf nur möglich, wenn ein konkreter Grund gegeben ist. Die erstgenannte Absicht trifft zu. Nach allgemeinen Grundsätzen muss der Mieter darlegen und beweisen, dass das behauptete Nutzungsrecht auf einer rechtsverbindlichen Grundlage beruht. Hiervon kann beispielsweise ausgegangen werden, wenn der Mieter für die Erweiterung des Mietgebrauchs ein Entgelt bezahlt oder wenn der Vermieter erkennt, dass der Mieter im Vertrauen auf den dauerhaften Bestand der Erlaubnis erhebliche Investitionen tätigen wird.

9. Nutzung einer Eigentumswohnung bei Verstößen gegen das WEG

597 In Rechtsprechung und Literatur ist streitig, ob die zwischen den Wohnungseigentümern geltenden Gebrauchsregelungen auch gegenüber dem Mieter gelten. Insoweit kommen folgende Regelungen in Betracht: **(1)** Zweckvereinbarungen i. S. von § 1 Abs. 1 WEG (z. B. Nutzung des Sondereigentums für Wohnzwecke oder sonstige Zwecke). **(2)** Eingetragene Vereinbarungen (§ 10 Abs. 3 WEG; z. B. Bezeichnung eines Teileigentums in der Teilungserklärung als „Ladenlokal"). **(3)** Nicht eingetragene Vereinbarungen. **(4)** Beschlüsse i. S. von § 15 Abs. 2 WEG (z. B. über das Verbot der Tierhaltung). **(5)** Beschlüsse auf Grund einer Öffnungsklausel (§ 23 Abs. 1 WEG).

598 Teilweise wird vertreten, dass diese Regelungen nur für die Wohnungseigentümer verbindlich sind und nur dann gegen den Mieter wirken, wenn deren Geltung mietvertraglich vereinbart wird (Briesemeister in DMT-Bilanz 2011 S. 98, 106). Nach anderer Ansicht sind (nur) die im Grundbuch eingetragen Vereinbarungen auch für den Mieter verbindlich (ebenso: Elzer MietRB 2007, 203), nicht aber die Beschlüsse der Wohnungseigentümer (LG Nürnberg-Fürth ZMR 2010, 69). Nach einer dritten Meinung wirkt jede zwischen den Wohnungseigentümern bindende Gebrauchsregelung auch gegen den Mieter. Dies gilt unabhängig davon, ob die Regelung bereits beim Abschluss des Mietvertrags bestanden oder ob sie während der Mietzeit gefasst werden (OLG Frankfurt NJW-RR 1993, 981; Jacoby ZWE 2012, 70; ZMR 2012, 669, 673; Schmid NJW 2013, 2145, 2149). Bei Verstößen gegen eine Gebrauchsregelung steht jedem Wohnungseigentümer ein Abwehranspruch nach § 1004 BGB zu, dessen Durchsetzung dem Verband obliegt (Abramenko IMR 2018, 225, 227).

599 Hat der Eigentümer die Wohnung entgegen den Vorschriften des WEG baulich verändert und sodann vermietet, so ist der Mieter im Verhältnis zum Vermieter berechtigt, die Wohnung in dem bestehenden Zustand zu nutzen. Die anderen Wohnungseigentümer haben gegen den Mieter einen Anspruch aus § 1004 Abs. 1 BGB auf Duldung der Beseitigung des gemeinschaftswidrigen Zustands (BGH WuM 2007, 77 betr. gemeinschaftswidrige Balkone und Wintergärten).

600 Wird der Mieter von einem der Wohnungseigentümer oder vom Verband gem. § 1004 in der Ausübung seines Gebrauchsrechts gestört oder muss er sonstige Eingriffe in den Mietbesitz hinnehmen, so ist dies als Rechtsmangel zu bewerten. Dem Mieter stehen dann gegen den Vermieter die Gewährleistungsrechte aus §§ 536, 536a, 543 Abs. 2 Nr. 1 BGB zu.

XIV. Verpflichtung des Vermieters zur Lastentragung (Abs. 1 Satz 3)

1. Bedeutung der Regelung

Mit dem Sacheigentum, insbesondere mit dem Eigentum an einer Immobilie, **601** sind in der Regel eine Reihe von finanziellen Belastungen verbunden. Diese Belastungen kann man unterteilen in (1) die auf der Sache ruhenden Lasten und (2) die den Eigentümer als Person treffenden finanziellen Verbindlichkeiten. Zu der erstgenannten Gruppe gehören solche Belastungen, die unmittelbar an das Eigentum anknüpfen, ohne dass es auf die Person des Eigentümers ankommt. Für diese Belastungen ist typisch, dass sie im Falle eines Eigentümerwechsels ohne weiteres auf den neuen Eigentümer übergehen. Die Lasten können öffentlich-rechtlicher oder privatrechtlicher Natur sein. Zu den **öffentlich-rechtlichen Lasten** gehören die Grundsteuer (OLG Hamm ZMR 1996, 198), die kommunalen Gebühren und Abgaben für Wasser, Entwässerung, Straßenreinigung, Müllabfuhr und Schornsteinreinigung aber auch Anliegerbeiträge. Zu den **privatrechtlichen Lasten** zählen die Zinsen für Grundpfandrechte, Reallasten und Ähnliches. Von den auf der Sache ruhenden Lasten sind diejenigen Belastungen zu unterscheiden, die den Eigentümer als Person treffen, sei es weil er entsprechende Verpflichtungen übernommen hat (Verträge über Gartenpflege, Beschäftigung einer Hilfskraft zur Hausreinigung, Sach- und Haftpflichtversicherungen usw.) sei es, weil er kraft Gesetzes hierfür einstehen muss (Instandhaltungsaufwendungen und dergleichen). Die Vorschrift des § 535 Abs. 1 Satz 3 BGB befasst sich nur mit der erstgenannten Gruppe: Insoweit wird **klargestellt, dass die Verpflichtung des Eigentümers zur Lastentragung durch die Vermietung nicht auf den Mieter übergeht.** Für die zweitgenannte Gruppe trifft § 535 Abs. 1 Satz 3 BGB keine Regelung; hier versteht es sich von selbst, dass die persönlichen Verpflichtungen des Eigentümers durch die Vermietung nicht berührt werden.

2. Abweichende Vereinbarungen betr. der „Lasten"

Die Regelung des § 535 Abs. 1 Satz 3 BGB ist nicht zwingend. Bei der **Wohn-** **602** **raummiete** können allerdings nur die Betriebskosten i. S. der Betriebskostenverordnung auf den Mieter umgelegt werden (§ 556 Abs. 1 BGB, s. dort). Andere Kosten sind nicht umlagefähig. Einige auf der Sache ruhenden Lasten sind zugleich Betriebskosten (Grundsteuer, Kommunale Gebühren), andere nicht (Anliegerbeiträge, Zinsen für Grundpfandrechte).

Die Rechtsprechung legt Klauseln in Miet- oder Pachtverträgen, die die gesetz- **603** liche Lastenverteilung bei der **Geschäftsraummiete** zuungunsten des Mieters abweichend regeln, gelegentlich dahingehend aus, dass der Mieter nur solche Lasten zu tragen hat, die nach den Regeln einer ordnungsgemäßen Wirtschaft aus dem Ertrag des Grundstücks und nicht aus der Substanz bestritten werden (OLG Celle MDR 1983, 402). Danach gehören beispielsweise Anlieger- und Erschließungsbeiträge nicht zu den Lasten in diesem Sinne (Zur Auslegung einer Klausel, wonach der Vermieter dem Mieter die Erhöhung öffentlich rechtlicher Belastungen in Rechnung stellen kann, vgl. OLG Hamm ZMR 1986, 198).

XV. Verpflichtung des Mieters zur Mietzahlung (Abs. 2)

1. Begriff der Miete

604 Nach § 535 Abs. 2 BGB ist der Mieter verpflichtet, dem Vermieter die vereinbarte Miete zu entrichten. Unter der Miete im Sinne von § 535 BGB ist das gesamte Entgelt zu verstehen, das der Mieter für die Überlassung der Mietsache zu entrichten hat. Das Entgelt besteht in der Regel in einer bestimmten Geldsumme. Die Miete kann aber auch ganz oder teilweise durch andere Leistungen erbracht werden (z. B. durch Dienstleistungen eines Hauswarts). Werden die Schönheitsreparaturen – nach der gesetzlichen Regelung – vom Vermieter ausgeführt, so kann im Mietvertrag vereinbart werden, dass der Mieter zusätzlich zur Grundmiete einen Betrag (von 5,10 DM/qm und Jahr) für Schönheitsreparaturen zu zahlen hat. Der „Zuschlag" ist dann Teil der Miete (LG München II ZMR 2011, 221). Bei der Vermietung von Geschäftsräumen kann eine vom Umsatz abhängige Miete vereinbart werden **(Umsatzmiete)**. Eine entsprechende Formularklausel, stellt keine überraschende Klausel i. S. von § 307 c Abs. 1 BGB dar, wenn sich die Klausel an der systematisch richtigen Stelle des Mietvertrags befindet und eine solche Vertragsgestaltung in der fraglichen Branche nicht ungewöhnlich ist (Brandenburgisches OLG GE 2011, 751 betr. Vermietung von Gewerbeflächen in Bahnhöfen). In diesem Fall muss der Mieter seine Umsätze gegenüber dem Vermieter offenlegen. Der Vermieter hat ein Recht zur Einsicht in die Unterlagen des Mieters, wenn dies vereinbart ist oder wenn er begründeten Anlass hat, an der Richtigkeit und Vollständigkeit der vom Mieter vorgelegten Umsatzzahlen zu zweifeln (Emde WuM 1996, 740). Verweigert der Mieter die Einsichtnahme, ist der Vermieter zur fristlosen Kündigung berechtigt (KG GE 2012, 265). Ist vereinbart, dass der Mieter die Umsätze an Hand betriebswirtschaftlicher Auswertungen bekanntgeben muss, so kann der Vermieter nicht auf eine bloße Umsatzmitteilung verwiesen werden (OLG Brandenburg ZMR 2007, 778). Soll die geschuldete Miete unter Einschluss des im Online-Handels erzielten Umsatzes berechnet werden, so bedarf dies regelmäßig einer besonderen Vereinbarung (s. dazu: Hubatsch, NZM 2015, 74). Für einen vereinbarten Mietverzicht trägt der Mieter die Beweislast (LG Berlin DWW 2015, 139).

605 a) der **Begriff der Grundmiete** ist gesetzlich nicht definiert. Im Allgemeinen versteht man hierunter das Entgelt ohne die Betriebskosten und die Zuschläge. Die Vereinbarung von **Mietanpassungsklauseln** ist möglich. Einzelheiten werden für die Wohnraummiete in §§ 557 bis 557b BGB **(Staffelmiete, Indexmiete)** geregelt; andere Formen der Mietanpassung können hier nicht vereinbart werden.

606 Bei der **Geschäftsraummiete** bestehen weitergehende Gestaltungsmöglichkeiten. Man kann die verschiedenen Formen der Mietanpassung unterscheiden nach dem Bezugsmaßstab in Index- und Spannungsklauseln, sowie nach der Wirkungsweise in Gleitklauseln und Leistungsvorbehalte.

607 Unter einer **Indexklausel** versteht man dabei eine Vereinbarung, wonach die Höhe des Mietzinses vom Steigen oder Fallen anderer Preise (Lebenshaltungskosten, Beamtengehalt) abhängig sein soll.

Bei der **Spannungsklausel** hängt dagegen die Höhe des Mietzinses vom Steigen oder Fallen derjenigen Mietpreise ab, die für andere vergleichbare Objekte bezahlt werden. Spannungsklauseln sind ohne behördliche Genehmigung wirksam (BGH MDR 1976, 310). 608

Das charakteristische Merkmal eines **Leistungsvorbehalts** ist darin zu sehen, dass die Entwicklung der Miethöhe nicht starr an die Veränderung der Bezugsgröße gekoppelt ist, sondern dass die Parteien einen Verhandlungs- oder Ermessensspielraum haben. Leistungsvorbehalte sind ohne behördliche Genehmigung wirksam (BGH MDR 1976, 310). 609

Bei den **Leistungsvorbehalten** sind **zwei Gruppen** zu unterscheiden: Nach der ersten Gruppe ist die Veränderung der Bezugsgröße lediglich der Anlass für eine Neufestsetzung der Miete. Bei der Festsetzung können auch Umstände berücksichtigt werden, die mit der Veränderung der Bezugsgröße an sich nichts zu tun haben (z. B. Investitionen des Mieters, zwischenzeitlich eingetretene nachhaltige Mängel, eine Verbesserung oder Verschlechterung der Lage des Mietobjekts, usw.; s. OLG Frankfurt NZM 1999, 118). Nach der zweiten Gruppe soll die Veränderung der Bezugsgröße dagegen sowohl Anlass als auch Maßstab der Veränderung sein. Es handelt sich hierbei nicht um eine Neufestsetzung, sondern nur um eine Anpassung der Miete. Regelmäßig wird ein Leistungsvorbehalt der ersten Gruppe zugehören. 610

Ein **Leistungsvorbehalt** ist auch dann wirksam, wenn die Mieterhöhungsfaktoren nicht konkretisiert sind und die Entscheidung über die **Mietänderung** vom Vermieter **nach billigem Ermessen** getroffen werden soll (vgl. OLG München BB 1995, 2236 für formularmäßigen Erhöhungsvorbehalt in einem Mietvertrag über einen Lagerplatz). Das Ermessen ist im Hinblick auf die Entwicklung der ortsüblichen Mietpreise zu konkretisieren. Eine Vereinbarung, wonach die Entscheidung über die Höhe der Mietanpassung im Falle der Nichteinigung einem Mietpreissachverständigen übertragen werden soll, ist als **Schiedsgutachtervertrag** zu bewerten; dieser Vertrag unterliegt nicht dem Formzwang des § 1027 ZPO. Der Schiedsgutachter muss nach § 317 Abs. I BGB die Neufestsetzung nach billigem Ermessen treffen und dabei den Berechnungsmaßstab für die von ihm bestimmte Erhöhung der Miete angeben (BGH NJW 1974, 1235; NJW 1975, 1556). Ist in der Wertsicherungsklausel kein bestimmter Maßstab vereinbart, so ist grundsätzlich den im Zeitpunkt der Neufestsetzung ortsübliche Mietzins maßgebend (BGH a. a. O.). Der Sachverständige muss bei der Neufestsetzung des Mietzinses grundsätzlich nachprüfbare Vergleichsobjekte heranziehen (BGH NJW 1977, 801). Eine Vereinbarung, wonach bei Veränderung der Bezugsgröße der Mietzins neu festzusetzen ist, ist dahingehend auszulegen, dass die Anpassung immer nur in der Bewegungsrichtung der Bezugsgröße erfolgen kann (OLG Frankfurt MDR 1979, 230). Das Schiedsgutachten kann von einer Partei angegriffen werden, wenn es „offenbar unrichtig" ist. Ist das Gutachten „offenbar unbillig", so muss die benachteiligte Partei Klage auf gerichtliche Leistungsbestimmung erheben (§ 319 Abs. 1 Satz 2 BGB). Es genügt nicht, wenn der Einwand der Unbilligkeit lediglich vorgerichtlich oder im Rahmen einer Zahlungs- oder Räumungsklage erhoben wird. Hat der Sachverständige den Mietpreis festgesetzt, so wirkt die Erhöhung auf den Zeitpunkt zurück, zu dem das Änderungsverlangen der Gegenseite zugegangen ist (BGH NJW 1978, 154); abweichende Vereinbarungen sind möglich. 611

Von einer **Gleitklausel** spricht man, wenn die Höhe der geschuldeten Geldleistung durch die Bezugsgröße derart bestimmt wird, dass eine Änderung der Bezugs- 612

§ 535 BGB Untertitel 1. Allgemeine Vorschriften für Mietverhältnisse

größe unmittelbar und zwangsläufig – ohne dass es für die Anpassung der Leistungen einer zusätzlichen Tätigkeit der Vertragsteile bedarf – eine Änderung der durch die Klausel gesicherten Geldschuld auslösen soll (BGH ZMR 1980, 83 für die Klausel: „Erhöht oder senkt sich der allgemeine Lebenshaltungskostenindex, bezogen auf den 1.1.1962 = 100 Punkte um mehr als 10 Punkte, so erhöhen bzw. ermäßigen sich die Pachtzinszahlungen gemäß § 3 dieses Vertrages einschließlich der vereinbarten Mindestpacht prozentual entsprechend"). Dies bedeutet, dass der Mieter beim Eintritt der Erhöhungsvoraussetzungen ohne weiteres den erhöhten Mietzins zahlen. Erlangen die Parteien erst später Kenntnis vom Eintritt der Erhöhungsvoraussetzungen, so ist die erhöhte Miete rückwirkend zu zahlen. In Ausnahmefällen kann jedoch der Anspruch auf die rückwirkende Erhöhung verwirkt sein. Die bloße Untätigkeit des Vermieters genügt für die Annahme einer Verwirkung nicht. Vielmehr müssen besondere Umstände gegeben sein aus denen sich ergibt, dass die verspätete Geltendmachung der Erhöhung gegen Treu und Glauben verstößt (OLG Hamm Urteil vom 11.2.2016 – 18 U 42/15, juris). Solche Umstände liegen vor, wenn der Mieter darauf vertrauen darf, dass der Vermieter von der Möglichkeit der Mietsteigerung keinen Gebrauch machen wird (OLG Nürnberg ZMR 2014, 630: wenn der Vermieter die nach seiner Ansicht geschuldete Miete stets nach der Ursprungsvereinbarung berechnet und die erhöhte Miete erst nach mehr als 4 Jahren nach Eintritt der Erhöhungsvoraussetzungen rückwirkend verlangt; vgl. auch OLG Hamm ZMR 1976, 142 betreffend eine 4 Jahre zurückliegende Mieterhöhung; OLG Düsseldorf ZMR 1998, 89 bei Verspätung von einem Jahr, wenn der Vermieter frühere Erhöhungen stets umgehend geltend gemacht hat; s. aber auch OLG Brandenburg Urteil vom 14.4.2015 – 6 U 77/12, juris: keine Verwirkung bei Untätigkeit über 6 ½ Jahre).

612a Die Parteien können allerdings hiervon abweichend vereinbaren, dass die erhöhte Miete erst nach einer besonderen Zahlungsaufforderung durch den Vermieter fällig werden soll (BGH ZMR 1979, 269 betr. die Klausel: „Die Änderung der Miete tritt jeweils mit dem nächsten Monat in Kraft, nach dem sich der Lebenshaltungskostenindex verändert hat. Einer besonderen Aufforderung des Vermieters oder des Mieters, eine veränderte Miete zu zahlen, ist erforderlich"). Hier entsteht der Anspruch auf die erhöhte Miete erst, sobald der von der Mietzinsänderung begünstigte Teil den anderen auffordert, die geänderte Miete zu entrichten. Die Zahlungsaufforderung ist in einem solchen Fall **Anspruchsvoraussetzung** für die Mietänderung. Auch in diesem Fall bleibt die Klausel eine echte Gleitklausel.

612b Sieht eine Wertsicherungsklausel vor, dass der Vermieter dem Mieter die Änderung/Erhöhung mitteilen muss, so kann hierin aber auch eine bloße **Fälligkeitsregelung** liegen (so OLG Hamm Urteil vom 11.2.2016 – 18 U 42/15, juris für die Klausel: "Der Vermieter wird die Änderung/Erhöhung dem Mieter mitteilen und dabei eine entsprechende Berechnung vorlegen".). Die Mitteilung betrifft hier lediglich die Frage der Fälligkeit bzw. der Erfüllbarkeit der Mieterhöhung. Daraus folgt: Die Mieterhöhung tritt mit der Änderung des Index ein; der Mieter muss die erhöhte Miete allerdings erst dann bezahlen, wenn er vom Vermieter hierzu aufgefordert wird. Vorher kommt der Mieter nicht in Zahlungsverzug. Die Zahlungsaufforderung wirkt auf den Zeitpunkt des Eintritts der Mieterhöhung. Der Mieter muss demnach auch den zwischen der Indexerhöhung und der Mitteilung entstandenen Rückstand bezahlen.

613 Solche Gleitklauseln bedurften bis zum 13.9.2007 der behördlichen Genehmigung (§ 2 PaPkG aF); zuständig war das Bundesamt für Wirtschaft und Ausfuhrkon-

trolle. Das Genehmigungsverfahren besteht nicht mehr. Seit dem 14.9.2007 gilt das **„Gesetz über das Verbot der Verwendung von Preisklauseln bei der Bestimmung von Geldschulden" (Preisklauselgesetz – PrKG) vom 7.9.2007** (BGBl I. S. 2248). Danach sind Gleitklauseln kraft Gesetzes (also ohne Genehmigung) wirksam, wenn folgende Voraussetzungen vorliegen:

(1) Der Miet- oder Pachtvertrag muss eine **Laufzeit von mindestens 10 Jahren** haben oder auf Lebenszeit des Vermieters oder Mieters abgeschlossen sein. Dem sind solche Verträge gleichgestellt, bei denen das Recht des Vermieters zur ordentlichen Kündigung auf die Dauer von mindestens 10 Jahren ausgeschlossen ist oder bei denen der Mieter auf Grund eines Optionsrecht die Möglichkeit besitzt, ein Miet- oder Pachtverhältnis auf mindestens 10 Jahre zu verlängern (§ 3 Abs. 1 Nr. 1 PrKG). **(2)** Die Parteien müssen einen **hinreichend bestimmten Maßstab** wählen (§ 2 Abs. 1 PrKG). Zulässig sind **(2.1)** Generell: Der vom Statistischen Bundesamt oder einem statistischen Landesamt ermittelten Preisindex für die Gesamtlebenshaltung (§ 3 Abs. 1 PrKG). **(2.2)** Der vom Statistischen Amt der Europäischen Gemeinschaft ermittelte Verbraucherpreisindex (§ 3 Abs. 1 PrKG). **(2.3)** Bei Verträgen auf Lebenszeit: die Einzel- oder Durchschnittsentwicklung von Löhnen, Gehältern, Ruhegehältern oder Renten (§ 3 Abs. 2 PrKG). **(3)** Die Wertsicherungsklausel darf **keine Partei unangemessen benachteiligen** (§ 2 Abs. 1 PrKG). Daraus folgt **(3.1)** Die Wertsicherungsklausel muss in beide Richtungen wirken; sie muss also auch Mietsenkungen zulassen, wenn sich der Index nach unten verändert (§ 2 Abs. 3 Nr. 1 PrKG) **(3.2)** Das Recht zur Mietanpassung muss beiden Parteien zustehen (§ 2 Abs. 3 Nr. 2 PrKG) **(3.3)** Die jeweils mögliche Mieterhöhung oder -senkung muss der prozentualen Veränderung des Index entsprechen (§ 2 Abs. 3 Nr. 3 PrKG).

Fehler bei der Gestaltung der Wertsicherungsklausel haben nicht ohne weiteres deren Unwirksamkeit zur Folge. Vielmehr ist in § 8 PrKG bestimmt, dass die Klausel bis zum rechtskräftig festgestellten Verstoß als wirksam zu behandeln ist. Die an der Unwirksamkeit interessierte Partei muss demgemäß Feststellungsklage erheben. Mit der Rechtskraft des Urteils wird die Wertsicherungsklausel mit Wirkung ex nunc unwirksam. Wegen der Kostenfolge s. Späth ZMR 2011, 932. Nach der Rechtsprechung sind die Parteien verpflichtet, die unwirksame Regelung durch eine wirksame zu ersetzen (§§ 313, 242 BGB; BGH NJW 1973, 1498). Abweichende Vereinbarungen hinsichtlich der Rechtsfolgen einer unwirksamen Klausel sind möglich (Gerber NZM 2008, 152, 154). Zu beachten ist, dass § 8 PrKG nur anwendbar ist, wenn die Klausel gegen Bestimmungen des PrKG verstößt. Bei Verstößen gegen sonstige Bestimmungen gilt die allgemeine Rechtsfolge (Gerber a. a. O.).

Eine **Wertsicherungsklausel**, die **vor dem 14.9.2007** nach altem Recht **genehmigt** worden ist, bleibt wirksam (§ 9 PrKG). Eine nach früherem Recht unwirksame Klausel ist ab dem 14.9.2007 (dem Inkrafttreten des PrKG auflösend bedingt; also bis zur Rechtskraft einer gerichtlichen Feststellung betreffend die Unwirksamkeit) wirksam (§ 8 PrKG; BGH NJW 2014, 52 Rz 26). Für die Zeit davor haben die Parteien keinen Anspruch auf Vertragsanpassung (BGH a. a. O. Rz 33).

Die früher ermittelten **Preisindizes** für die Lebenshaltung
- aller privaten Haushalte;
- von 4-Personen-Haushalten von Beamten und Angestellten mit höherem Einkommen
- von 4-Personen-Haushalten von Arbeitern und Angestellten mit mittlerem Einkommen

§ 535 BGB Untertitel 1. Allgemeine Vorschriften für Mietverhältnisse

– von 2-Personen-Rentnerhaushalten mit geringem Einkommen
werden vom Statistischen Bundesamt nicht mehr fortgeführt. Bis Ende 2002 gab es den „Preisindex für die Lebenshaltung aller privaten Haushalte in Deutschland". Dieser Index ist mit Wirkung zum 1.1.2003 ohne inhaltliche Änderung in den „Verbraucherpreisindex für Deutschland" umbenannt worden. Zusätzlich wird ermittelt
– der Index der Einzelhandelspreis und
– der Harmonisierte Verbraucherpreisindex.
In neuen Verträgen sollte nur noch der „Verbraucherpreisindex für Deutschland" verwendet werden.

618 Ist in der Wertsicherungsklausel vereinbart, dass bei fehlender Fortschreibung des gewählten Index ein anderer Index treten soll **(salvatorische Klausel)**, so hat jede Partei einen vertraglichen **Anspruch auf Abänderung der Wertsicherungsklausel.** Fehlt eine solche Klausel, so ergibt sich der Anspruch aus dem Grundsatz der ergänzenden Vertragsauslegung. So war bereits bisher anerkannt, dass die Parteien eine Vertragsänderung akzeptieren müssen, wenn sie eine genehmigungsbedürftige, aber nicht genehmigungsfähige Wertsicherungsklausel vereinbart haben. In einem solchen Fall sind die Parteien einander verpflichtet, einer Änderung der vereinbarten Klausel in eine solche mit genehmigungsfähigem oder nicht genehmigungsbedürftigem Inhalt zuzustimmen, sofern sich nach den Grundsätzen der ergänzenden Vertragsauslegung eine geeignete Ersatzklausel bestimmen lässt (BGHZ 63, 132, 135 = NJW 1975, 44; BGH NJW 1983, 1909). Nach denselben Grundsätzen ist das hier auftretende Problem zu lösen (BGH NZM 2009, 398; NZM 2013, 148 = WuM 2013, 32). Haben die Parteien den Index für die Lebenshaltung eines 4-Personen-Arbeitnehmer-Haushalts mit mittlerem Einkommen gewählt, so tritt an dessen Stelle der Verbraucherpreisindex für Deutschland (BGH a.a.O.; BGH NZM 2012, 640 = GuT 2012, 166; NZM 2013, 148 = WuM 2013, 32; OLG Schleswig ZMR 2011, 635). Ein Teil der Literatur vertritt die Ansicht, dass die Umstellung auf den Verbraucherpreisindex zu dem Zeitpunkt erfolgen soll, zu dem der vereinbarte Index ausläuft, hier also im Dezember 2002 (Reul DNotZ 2003, 92, 101). Der BGH (NZM 2009, 398; NZM 2013, 148 = WuM 2013, 32) ist demgegenüber der Meinung, dass die Umstellung auf den Zeitpunkt des neuen Basisjahres (Januar 2000) vorzuziehen sei. Die Rechtsfrage dürfte für die Praxis von geringer Bedeutung sein, weil die Ergebnisse beider Berechnungsweisen nahezu identisch sind. Der Umstieg von den alten Indizes auf einen neuen Index ist unproblematisch. Ein interaktives Rechenprogramm findet man im Internet unter www.destatis.de/wsk/; s. auch Schultz NZM 2008, 425.

619 Eine **ergänzende Vertragsauslegung** ist nur dann in Erwägung zu ziehen, wenn der mutmaßliche Parteiwille ermittelt werden kann. Daran fehlt es, wenn unklar bleibt, nach welchen Modalitäten die Miete erhöht werden kann. Hiervon ist insbesondere dann auszugehen, wenn unklar ist, an welchen Index der Mietpreis gekoppelt werden soll (OLG München GuT 2011, 46 betr. die Klausel: „Mieterhöhung alle 4 Jahre, wenn Index 4% übersteigt"). Solche Klauseln sind unwirksam, weil das Transparenzgebot nicht gewahrt ist (§ 307 Abs. 1 Satz 2 BGB). Bei einem langfristigen Geschäftsraummietvertrag ist bei **unwirksamer Wertsicherungsklausel** keine Mieterhöhung möglich. Dies muss der Vermieter hinnehmen, da er das Risiko der Unwirksamkeit seiner Geschäftsbedingungen zu tragen hat (OLG München a.a.O.).

620 Mietanpassungsklauseln können grundsätzlich durch eine **Allgemeine Geschäftsbedingung** vereinbart werden. Es gelten folgende **Grundsätze** (BGH

NJW 2012, 2178 = NZM 2012, 457): **(1)** Ist die Klausel so gefasst, dass dem Vermieter hinsichtlich der Mietänderung ein Ermessensspielraum verbleibt, so gelten die Grundsätze über den Leistungsvorbehalt. Solche Klauseln unterliegen nicht dem Preis Klauselverbot des § 1 Abs. 1 Preisklauselgesetz (PrKG), aber der Inhaltskontrolle nach § 307 BGB. **(2)** Nach § 307 Abs. 1 Satz 2 BGB muss die Klausel dem Transparenzgebot genügen. Die erfordert, dass die Klausel verständlich formuliert ist. Im Einzelnen muss sich aus der Klausel ergeben: **(2.1)** der Anlass der Mietänderung, **(2.2)** die Bezugsgröße und **(2.3)** der Umfang der Mietanpassung. **(3)** Nach § 307 Abs. 1 Satz 1 BGB darf der Mieter durch die Klausel nicht unbillig benachteiligt werden. Unbillig ist eine Klausel, wonach der Vermieter das Verhältnis von Leistung und Gegenleistung zu seinen Gunsten einseitig verändern kann, um dadurch seinen Gewinn zu maximieren. Hiervon ist nicht auszugehen, wenn **(3.1)** eine Mietanpassung für beiden Seiten möglich ist und **(3.2)** als Bezugsgröße die ortsübliche Miete für vergleichbare Mietobjekte gewählt wird. Die unter (3.1) bezeichnete Voraussetzung ist bei einem Leistungsvorbehalt regelmäßig gegeben, weil der Vermieter zur Leistungsbestimmung verpflichtet ist, wenn der Mieter hieran ein Interesse hat. Weigert sich der Vermieter, so kann der Mieter Klage auf Leistungsbestimmung durch das Gericht erheben. **(4)** Der Umstand, dass dem Mieter im Falle einer Mieterhöhung kein Recht zur vorzeitigen Kündigung eingeräumt wird, steht der Wirksamkeit der Mietanpassungsklausel nicht entgegen.

Ist **keine Mietanpassungsklausel vereinbart,** so kann der Mietzins bei der Wohnraummiete nach Maßgabe der §§ 557 ff BGB erhöht werden (s. dort). Bei der Geschäftsraummiete ist eine Mietanpassung nur im Wege der sog. Änderungskündigung möglich. **621**

Vertragsänderungen. Eine in einem Gewerbemietvertrag vereinbarte Wertsicherungsklausel wird unwirksam, wenn die Parteien einen langfristigen Mietvertrag in einem wesentlichen Punkt abändern und dabei gegen das Schriftformerfordernis verstoßen. Bei Wertsicherungsklauseln, die nach dem 13.9.2007 geschlossen wurden, gilt diese Rechtsfolge erst dann, wenn die Unwirksamkeit gerichtlich festgestellt wird. Für Wertsicherungsklauseln, die vor dem 13.9.2007 vereinbart wurden, ist die Rechtslage streitig. Teilweise wird vertreten, dass auch diese Verträge nach dem PrKG zu behandeln sind. Danach gilt die oben dargestellte Rechtsfolge (Schulz NZM 2008, 425, 427; Aufderhaar/Jaeger NZM 2009, 564; Neuhaus MDR 2010, 848, 850). Nach anderer Ansicht ist die Rechtslage bei diesen Verträgen nach dem bis zum 13.9.2007 geltenden PaPkG zu beurteilen (OLG Brandenburg ZMR 2013, 184). Danach tritt die Unwirksamkeit mit dem Verstoß gegen das Schriftformerfordernis der Änderungsvereinbarung ein (ebenso Gerber NZM 2008, 152, 155). Die Unwirksamkeit der Wertsicherungsklausel berührt die Wirksamkeit der übrigen Vertragsregelungen nicht. Der Vertrag weist allerdings ab dem Zeitpunkt der mündlichen Änderung eine Regelungslücke auf. Diese ist im Wege der ergänzenden Vertragsauslegung zu schließen. Grundsätzlich sind die Parteien verpflichtet, einer Klausel mit nicht genehmigungsbedürftigem oder genehmigungsfähigem Inhalt zuzustimmen. Unter Umständen kann der Vermieter berechtigt sein, eine Mietanpassung nach billigem Ermessen (§§ 315, 316 BGB) zu verlangen (OLG Brandenburg a. a. O.). **622**

b) Der **Begriff der Nebenkosten** wird in den gesetzlichen Regelungen nicht verwendet. Auch im allgemeinen Sprachgebrauch hat der Begriff keinen feststehenden, allgemeingültigen Inhalt. Insbesondere ist dieser Begriff nicht identisch mit dem **Begriff der Betriebskosten,** der in der Betriebskostenverordnung prä- **623**

§ 535 BGB   Untertitel 1. Allgemeine Vorschriften für Mietverhältnisse

zise aufgeschlüsselt ist. Der Begriff der Nebenkosten ist wegen seiner Unschärfe zur Kennzeichnung des Umfangs der Zusatzleistungen ungeeignet Bei der **Wohnraummiete** können nur die Betriebskosten gesondert auf den Mieter umgelegt werden (weitere Einzelheiten § 556 BGB).

624   Bei der **Geschäftsraummiete** können neben den Betriebskosten auch die sonstigen Nebenkosten auf den Mieter umgelegt werden. Die für die Wohnraummiete dargelegten Anforderungen an Klarheit und Eindeutigkeit der Umlagevereinbarung gelten auch hier.

625   c) Als **Mietzuschlag** bezeichnet man ein Entgelt, das der Mieter für bestimmte Sondernutzungen oder Sonderleistungen des Vermieters zu zahlen hat (Untermietzuschlag, Zuschlag für gewerbliche Mitbenutzung, Möblierungszuschlag). Hierfür gelten folgende Grundsätze: Der **Untermietzuschlag** ist ein zusätzliches Entgelt für die Gestattung der Untervermietung. Rechtlich handelt es sich dabei um einen Teil der Grundmiete. Die Höhe des Zuschlags kann nach dem Belieben der Parteien festgesetzt werden. Bei der Ermittlung der höchstzulässigen Miete nach § 5 WiStG ist der Untermietzuschlag als Teil der Grundmiete zu berücksichtigen. Gleiches gilt für das Mieterhöhungsverfahren. Bei der Ermittlung der ortsüblichen Miete kann auf einen Mietspiegel zurückgegriffen werden und zwar auch dann, wenn dort lediglich Mietpreise ohne Untermietzuschlag Eingang gefunden haben. Die Mietspiegelwerte sind in diesem Fall angemessen zu erhöhen. Die Kappungsgrenze berechnet sich aus der gesamten Grundmiete.

626   Unter einem **Zuschlag für gewerbliche Mitbenutzung** ist dasjenige Entgelt zu verstehen, das der Mieter von Wohnraum dafür zu entrichten hat, dass er die Räume auch zu anderen als Wohnzwecken nutzt. Nach dem **Rechtsentscheid des BayObLG** vom 25.3.1986 (BayObLG WuM 1986, 205) gelten für den Gewerbezuschlag folgende Grundsätze: **(1)** Im Wohnungsmietvertrag kann vereinbart werden, dass der Vermieter bei gewerblicher Mitbenutzung oder gewerblicher Alleinnutzung einen Zuschlag festsetzen kann. **(2)** Der Zuschlag muss nach billigem Ermessen (§ 315 BGB) festgesetzt werden. **(3)** Bei Streitigkeiten über die Höhe des Zuschlags muss dieser vom Gericht festgesetzt werden, im Wege einer Klage. **(4)** Die Regelungen über die Begrenzung der Miethöhe (§§ 557 BGB ff) sind nicht anwendbar, weil diese Vorschriften nur das Entgelt für die Wohnungsnutzung regeln.

627   Nach der hier vertretenen Meinung beruht der **Rechtsentscheid des BayObLG** auf einem **fehlerhaften Ansatz.** Werden Räumlichkeiten sowohl zu Wohnzwecken als auch zu gewerblichen Zwecken vermietet, so liegt ein gewerbliches Mietverhältnis vor, wenn die gewerbliche Nutzung im Vordergrund steht. In diesem Fall gilt das für die Gewerbemiete maßgebliche Recht. Überwiegt die Wohnraumnutzung, so gilt Wohnraummietrecht. Der „Zuschlag" für die gewerbliche Nutzung ist nach denselben Grundsätzen zu behandeln wie der Untermietzuschlag. Er ist Teil der Miete und einer gesonderten Bewertung nicht zugänglich.

628   Für den **Möblierungszuschlag** gelten die Ausführungen zu Rdn. 625, weil dieser Zuschlag ein Entgelt dafür darstellt, dass der Vermieter die Wohnung mit Einrichtungsgegenständen ausgestattet hat. Es handelt sich also – ebenso wie beim Untermietzuschlag – um einen Teil der Grundmiete, die für das Recht zum Wohnen gezahlt wird.

629   Die Vereinbarung eines sog. **„Ausländerzuschlags"** ist sittenwidrig und damit unwirksam, weil durch eine solche Vereinbarung der Mieter diskriminiert wird.

Befindet sich der Mieter in Zahlungsverzug, so kann der Vermieter die **Kosten des Mahnschreibens** als Verzugsschaden geltend machen. Die Höhe des Schadens wird überwiegend auf max. 2,50 Euro geschätzt (AG Brandenburg an der Havel WuM 2007, 65 m. w. N.). Eine formularvertragliche Regelung, wonach der Mieter höhere Mahnkosten schuldet, verstößt gegen § 307 Abs. 1 Satz 1 BGB. **630**

d) Erhebung eigener Umsatzsteuer: Die Vermietung und Verpachtung von Grundstücken ist gem. § 4 Nr. 12a UStG grundsätzlich umsatzsteuerfrei. Etwas anderes gilt für die Vermietung von Wohn- und Schlafräumen, die ein Unternehmen zur Fremdenbeherbergung bereithält, für die Vermietung von Kfz-Abstellplätzen, für die kurzfristige Vermietung von Campingplätzen und für die Vermietung und Verpachtung von Maschinen oder Betriebsvorrichtungen (Sontheimer NJW 1997, 693, 694). **631**

Der Vermieter hat die **Möglichkeit auf die Steuerbefreiung zu verzichten, (1)** wenn der Mieter Unternehmer ist und **(2)** das Grundstück ausschließlich für Umsätze verwendet, die den Vorsteuerabzug nicht ausschließen, insbesondere nicht umsatzsteuerfrei sind (§ 15 Abs. 2 Nr. 1 UStG). Eine Ausnahme von der unter Ziff. (2) genannten Voraussetzung gilt für Altgebäude i. S. von § 27 Abs. 2 UStG. Hierzu zählen Gebäude, mit deren Errichtung vor dem 11.11.1993 begonnen wurde und die vor dem 1.1.1998 fertiggestellt wurden. Als Unternehmer gilt auch der private Vermieter. **632**

Nach der Rechtsprechung des Bundesfinanzhofs umfasst die Option des Vermieters für die Umsatzsteuer bei der **Vermietung von Mischräumen** von vornherein nur die unternehmerisch genutzten Gebäudeteile, nicht die zu Wohnzwecken genutzten Räume (BFH NJWE-MietR 1996, 211 betr. Gaststätte mit Wirtewohnung; DWW 2016, 192 betr. gewerblich genutzte Einliegerwohnung jew. m. w. N.). Ist in einem Mischmietvertrag vereinbart, dass der Mieter Umsatzsteuer auf die Miete zu bezahlen hat, so ist eine Aufteilung vorzunehmen. Die Pflicht zur Zahlung von Umsatzsteuer besteht nur für die gewerblich genutzten Räume, während für die Wohnräume keine Umsatzsteuer zu zahlen ist (OLG Celle Beschluss vom 7.7.2016 – 2 U 37/16). Haben die Parteien gleichwohl vereinbart, dass auch für den auf die Wohnräume entfallenden Mietzinsanteil Umsatzsteuer zu zahlen ist, so kommen nach der Rechtsprechung des BGH (NZM 2009, 237) mehrere Auslegungsmöglichkeiten in Betracht (s. dazu Rdn. 639). **632a**

Nach der Regelung in § 9 Abs. 2 Satz 1 UStG ist der Verzicht auf die Steuerbefreiung „nur zulässig, soweit der Mieter das Grundstück ausschließlich für Umsätze verwendet oder zu verwenden beabsichtigt, die den Vorsteuerabzug nicht ausschließen." Dies führt zu der Frage, ob ein **Teilverzicht** möglich ist, wenn eine auf Grund eines einheitlichen Vertrags vermietete Immobilie vom Mieter nur teilweise für umsatzsteuerpflichtige Zwecke verwendet wird. Nach der Rechtsprechung des BFH (NZM 2014, 714) und des EuGH (DStR 1995, 1709) ist ein Teilverzicht zulässig, wenn die Teilflächen eindeutig bestimmbar sind. Dies ist der Fall, wenn einzelne Räume eines Mietobjekts von der umsatzsteuerpflichtigen Tätigkeit ausgenommen werden. Teilflächen innerhalb eines Raumes sind dagegen i. d. R. nicht abgrenzbar. Man kommt im Allgemeinen zum richtigen Ergebnis, wenn man darauf abstellt, ob der abgegrenzte Teil Gegenstand eines eigenständigen Mietvertrags sein kann (s. auch Sontheimer a. a. O.). **632b**

Der **Verzicht auf die Steuerbefreiung** des Kleinunternehmers erfolgt durch Erklärung gegenüber dem Finanzamt (§ 19 Abs. 2 UStG); im Übrigen kann der Verzicht formlos erklärt werden, etwa durch Ausweisung der Umsatzsteuer in einer Rechnung oder durch eine Umsatzsteueranmeldung (§ 19 Abs. 1 UStG). **633**

§ 535 BGB   Untertitel 1. Allgemeine Vorschriften für Mietverhältnisse

Der Verzicht hat zur Folge, dass die beim Bau oder beim Erwerb anfallenden Vorsteuern zurückerstattet werden; außerdem kann der Vermieter die während der Mietzeit bezahlten Mehrwertsteuern, z. B. für Instandhaltungen und Instandsetzungen im Wege des Vorsteuerabzugs geltend machen (Jatzek in: Bub/Treier Kap III Rdn. 707 ff). Eine Option für die Umsatzsteuer kann der Vermieter mit Wirkung für die Zukunft beenden (Sontheimer a. a. O.).

634   Eine **Verpflichtung des Mieters zur Zahlung der Umsatzsteuer** besteht nur, **(1)** wenn der Vermieter wirksam zur Umsatzsteuer optiert hat und **(2)** die Zahlungspflicht wirksam vertraglich vereinbart wurde. Die Steuerpflicht an sich steht nicht zur Disposition der Parteien. Eine Vereinbarung, wonach ein nach den Steuergesetzen steuerfreier Umsatz steuerpflichtig sein soll, ist unwirksam. Sind die hier genannten Voraussetzungen nicht gegeben, so können die Finanzbehörden den Vorsteuerabzug zu Lasten des Vermieters nachträglich für einen Zeitraum von zehn Jahren berichtigen (§ 15a Abs. 1 Satz 2 UStG).

635   Zu den **Einnahmen aus Vermietung und Verpachtung** gehören die Grundmiete, die Betriebskosten, sowie die Zuschläge. Nach der Beendigung des Mietverhältnisses unterliegt die Nutzungsentschädigung der Umsatzsteuer, gleichgültig, ob sie auf § 546a Abs. 1 BGB (BGHZ 104, 285, 291) oder auf § 987 BGB (BGH DWW 1998, 17, 19) beruht. Deshalb kann der Vermieter verlangen, dass der Mieter auf diese Beträge Mehrwertsteuer bezahlen muss. Bei dem Anspruch des Vermieters auf Ersatz des Mietausfalls handelt es sich nicht um steuerbaren Umsatz, sondern um Schadensersatz, für den keine Umsatzsteuer zu bezahlen ist (BGH ZMR 2008, 867).

636   Die Verpflichtung des Mieters zur Zahlung der Mehrwertsteuer setzt stets voraus, dass dies **im Mietvertrag vereinbart** ist. Ohne eine solche Regelung ist der im Mietvertrag ausgewiesene Preis als Endpreis zu verstehen. Ist der Wortlaut des Mietvertrags in diesem Punkt unklar, so kann dem tatsächlichen Verhalten der Parteien bei der Durchführung des Vertrags maßgebliche Bedeutung zukommen. Werden beispielsweise die Nebenkosten über mehrere Jahre unter Einschluss der hierauf entfallenden Umsatzsteuer abgerechnet und hat der Mieter die jeweiligen Abrechnungen akzeptiert, so kann der Mietvertrag dahingehend ausgelegt werden, dass der Mieter auch hinsichtlich der Grundmiete die Umsatzsteuer schuldet (OLG Düsseldorf Urteil vom 15. 3. 2011 – 24 U 95/10, juris). Sind im Mietvertrag einzelne Leistungen als mehrwertsteuerpflichtig ausgewiesen und fehlt bei anderen Leistungen ein entsprechender Zusatz, so kann eine ergänzende Vertragsauslegung zu dem Ergebnis führen, dass der Mieter auch auf die Nebenkosten Mehrwertsteuer bezahlen muss (OLG Düsseldorf ZMR 1996, 82; ZMR 2000, 603, 604; OLG Schleswig ZMR 2001, 619; Westphal ZMR 1998, 262, 265). In diesem Fall unterliegen alle Betriebskostenpositionen der Mehrwertsteuer, unabhängig davon ob die jeweils in Rechnung gestellten Beträge mit Vorsteuern belastet sind oder ob solche Steuern nicht anfallen (wie etwa bei öffentlichen Lasten, OLG Rostock Urteil vom 12. 3. 2007 – 3 U 67/06, OLGR Rostock 2007, 726; LG Hamburg DWW 1998, 119, 120; **a. A.** OLG Schleswig ZMR 2001, 619). Dies ist darauf zurückzuführen, dass im Falle der Option für die Mehrwertsteuer alle Mieteinnahmen – zu denen auch die Betriebskosten gehören – als „Entgelt" im Sinne von § 9 Abs. 1 Satz 2 UStG bewertet werden. Soll der Vermieter gegenüber dem Mieter zur Umsatzsteueroption verpflichtet sein, so muss dies ebenfalls vertraglich vereinbart werden. Eine fehlende Regelung ist allerdings ohne praktische Bedeutung, wenn der Mieter nach den Vereinbarungen des Mietvertrags Umsatzsteuer auf den Mietzins zu bezahlen hat. In diesem Fall folgt im Wege der ergänzenden Vertragsauslegung (§§ 133, 157

BGB), dass der Vermieter zur Ausübung der Option verpflichtet ist, weil die getroffene Mietzinsregelung anderenfalls keinen Sinn ergibt (OLG Hamm ZMR 1997, 457). Zum Widerruf der Option s. OLG Hamm (a. a. O.). Schadensersatzbeträge unterliegen nicht der Umsatzsteuer, weil es insoweit an einem Austauschverhältnis zur Leistung des Vermieters fehlt (BGH DWW 1998, 17, 18; NZM 2007, 621 unter Ziff. I 7).

Eine **Formularklausel**, wonach der Mieter auf Verlangen des Vermieters Umsatzsteuer zahlen muss, wenn der Vermieter für die Umsatzsteuer optiert hat, ist wirksam. Dies gilt auch dann, wenn der Mieter seinerseits nicht umsatzsteuerpflichtig ist (BGH NZM 2001, 952). Ist der Vermietungsumsatz jedoch steuerfrei, so geht die Vereinbarung ins Leere, weil dann keine Mehrwertsteuer entsteht (BGH NZM 2004, 785). Anders ist eine Klausel zu beurteilen, die den Vermieter berechtigt, nach Vertragsabschluss die zusätzliche Zahlung von Umsatzsteuer auf den Mietzins zu verlangen. Eine solche Klausel verstößt gegen § 307 Abs. 1, Abs. 2 BGB, wenn der Mieter nicht zum Abzug der Vorsteuer berechtigt ist (LG Magdeburg WuM 1996, 700 betr. ein Mietverhältnis über eine Arztpraxis). 637

Klauselempfehlung: Eine vertragliche Regelung zur Verpflichtung des Mieters zur Zahlung von Umsatzsteuer sollte folgende Punkte umfassen (Vorschlag nach Ortmanns/Neumann, ZMR 2010, 91): **(1):** Eine Erklärung des Vermieters, dass dieser zur Mehrwertsteuer optiert. **(2)** Eine Verpflichtung des Mieters, **(2.1)** zu der Grundmiete und den Nebenkosten zusätzlich die hierauf entfallende Mehrwertsteuer zu bezahlen, **(2.2)** die Mietsache ausschließlich für Umsätze zu verwenden, die den Vorsteuerabzug nicht ausschließen, insbesondere nicht umsatzsteuerfrei sind, und **(2.3)** die vertraglich vereinbarte Verwendung dem Vermieter zum Ende eines Kalenderjahres zu bestätigen, damit dieser die Voraussetzungen der Steuerpflicht gegenüber den Finanzbehörden nachweisen kann. **(3)** Eine Mietanpassungsklausel für den Fall, dass die Voraussetzungen für die Option nicht oder nicht mehr vorliegen. 638

Ist der Vermieter von der Umsatzsteuer befreit und kann er auf die Befreiung auch nicht wirksam verzichten, so stellt sich die Frage, welchen Betrag der Mieter schuldet, wenn in dem Mietvertrag gleichwohl vereinbart wurde, dass der Mieter zur Grundmiete die „jeweils gültige Mehrwertsteuer" schuldet. Nach der Ansicht des BGH (NZM 2009, 237; ebenso: KG ZMR 2012, 860) kommen bei **fehlerhaften Preisvereinbarungen** zwei Auslegungsmöglichkeiten in Betracht: **(1)** Nach dem Wortlaut der Mietpreisvereinbarung geht die Vereinbarung zur Zahlung der „jeweils gültigen" Mehrwertsteuer" ins Leere, weil es für nicht steuerpflichtige Umsätze aus Vermietung keine gültige Mehrwertsteuer gibt. Nach dieser Auslegung gilt, dass eine in Wirklichkeit nicht anfallende Mehrwertsteuer auch nicht geschuldet wird (so Hamm MDR 2004, 206). Von dieser Auslegung ist regelmäßig auszugehen, wenn die Preisvereinbarung auf einer fehlerhaften Bewertung der steuerlichen Gegebenheiten beruht und anzunehmen ist, dass dem Vermieter nur die Nettomiete zustehen soll. **(2)** Denkbar ist allerdings auch, dass sich die Parteien auf einen Endbetrag geeinigt haben und die Angabe der Nettomiete lediglich einen erläuternden Charakter hat. In diesem Fall gilt die Bruttomiete als vereinbart. Auf die umsatzsteuerrechtlichen Gegebenheiten kommt es bei dieser Sachlage nicht an. 639

Ist der ursprüngliche Vermieter nicht zur Option verpflichtet, so gilt dasselbe für den **Erwerber.** Der Umstand, dass sich der Veräußerer für die Option entschieden hat, ändert daran nichts (weitere Einzelheiten: § 566 BGB Rdn. 91). 640

§ 535 BGB Untertitel 1. Allgemeine Vorschriften für Mietverhältnisse

641 Von der Erhebung eigener Umsatzsteuer ist die Frage zu unterscheiden, ob der Vermieter die von ihm selbst gezahlte Umsatzsteuer in der **Betriebskostenabrechnung** ansetzen kann **(Weitergabe von Umsatzsteuer).** Dies ist ohne weiteres zu bejahen (Westphal ZMR 1998, 262, 263), weil bei der Betriebskostenumlage das Prinzip der Kostendeckung gilt: Der Vermieter kann die Betriebskosten in der tatsächlich entstehenden Höhe – also mit der darin enthaltenen Umsatzsteuer – auf den Mieter umlegen. Einer besonderen Vereinbarung hierzu bedarf es nicht. S. weiter § 556 Rdn. 257a.

641a Hat der Vermieter zur Umsatzsteuer optiert und ist mietvertraglich vereinbart, dass der Mieter auf die Miete und die Betriebskosten Umsatzsteuer zahlen soll, so ist der Vermieter verpflichtet, dem Mieter eine **Rechnung** zu erteilen, die es diesem ermöglicht die auf die Miete und die Betriebskosten geleistete Umsatzsteuer im Wege des Vorsteuerabzuges geltend machen **(§ 15 Abs. 1 Nr. 1 Satz 2 UStG).** Bis zur Erteilung einer solchen Rechnung steht dem Mieter ein Zurückbehaltungsrecht an der Miete zu.

641b Als Rechnung kommt jede Urkunde in Betracht, aus der der Leistende (Vermieter), der Leistungsempfänger (Mieter), die Umsatzsteuer-Identifikationsnummer des Vermieters bzw. dessen Steuernummer, die Menge und Art der Leistung, der Zeitraum der Leistung und der auf das Entgelt entfallende Umsatzsteuerbetrag erkennbar sind (OLG Rostock, Urteil vom 12. März 2007 – 3 U 67/06, juris; OLG Köln Beschluss vom 17.7.2017 – 22 U 60/16, juris). Es müssen also sowohl das Nettoentgelt als auch der Betrag der Umsatzsteuer genannt werden. Dementsprechend reicht in der Regel der **Mietvertrag** selbst **als „Dauerrechnung"** zur Vorlage bei den Finanzbehörden aus, wenn darin die erforderlichen Mindestangaben enthalten sind.

642 **e) Einmalige Mieterleistungen. aa) Mietvorauszahlung.** Die Vereinbarung einer nicht zweckgebundenen Mietvorauszahlung oder eines nicht zweckgebundenen Mieterdarlehens ist bei preisgebundenen Wohnungen dann unzulässig, wenn die Leistung mit Rücksicht auf die Überlassung der Wohnung erfolgt (§ 9 Abs. 1 S. 1 WoBindG). Bei freifinanziertem Wohnraum sind solche Vereinbarungen zulässig, soweit es sich nicht um Umgehungsgeschäfte (insbesondere im Rahmen des § 551 BGB) handelt.

643 **bb) Baukostenzuschuss.** Abwohnbare Baukostenzuschüsse in der Form von Mieterdarlehen oder Mietvorauszahlungen sind sowohl bei preisgebundenem als auch bei frei finanziertem **Wohnraum** zulässig. Bei vorzeitiger Vertragsbeendigung gilt, dass der Vermieter den noch nicht abgewohnten Teil nach Maßgabe des § 547 BGB zurückzuzahlen hat. Diese Regelung kann bei Wohnraum nicht abbedungen werden. Eine Vereinbarung, wonach der Baukostenzuschuss in Form eines selbständigen von der Beendigung des Mietverhältnisses unabhängigen Darlehens geleistet werden muss, ist als Umgehungsgeschäft unwirksam (BGH NJW 1971, 1658). Verlorene Baukostenzuschüsse können bei preisgebundenem Wohnraum nicht vereinbart werden. Bei freifinanziertem Wohnraum sind solche Vereinbarungen zulässig; im Falle der vorzeitigen Vertragsbeendigung gilt auch hier, dass der nicht abgewohnte Teil des Zuschusses nach dem Gesetz über die Rückzahlung von Baukostenzuschüssen an den Mieter herauszugeben ist. Auch diese Regelung ist nicht abdingbar; sie kann auch nicht durch die Vereinbarung eines selbständigen Darlehensvertrags umgangen werden.

644 Bei der **Geschäftsraummiete** können sowohl abwohnbare als auch verlorene Baukostenzuschüsse vereinbart werden. Unter einem verlorenen Baukostenzuschuss ist eine Geld- oder Sachleistung zu verstehen, welche der Mieter als Sonderleistung neben der Miete zugunsten des Vermieters zum Neu- oder Ausbau, zur Erweiterung, Wiederherstellung oder Instandsetzung von Räumen schuldet, ohne dass der Vermieter zur vollen oder teilweisen Rückerstattung dieser Leistung vertraglich verpflichtet ist (OLG Dresden ZfIR 2015, 199). In der Regel wird vereinbart, dass der Zuschuss vor Beginn der Bauarbeiten zu zahlen ist. Hier spielt die Mangelfreiheit des Mietobjekts für die Fälligkeit des Anspruchs naturgemäß keine Rolle. Nichts anderes gilt, wenn vertraglich geregelt ist, dass der Baukostenzuschuss nach Fertigstellung der Umbauarbeiten zu zahlen ist. In einem solchen Fall genügt es, wenn die Umbauarbeiten fertig gestellt sind. Bei eventuellen Mängeln kann der Mieter die gesetzlichen Gewährleistungsrechte geltend machen. Ein Recht zur Zurückhaltung des Baukostenzuschusses oder zur Minderung des Zuschussbetrags steht dem Mieter dagegen nicht zu (OLG Dresden a. a. O.). Werden Räume im Rohbauzustand mit der Abrede vermietet, dass der Mieter die Räume ausbauen soll, so ist die Verpflichtung des Mieters ebenfalls als verlorener Baukostenzuschuss zu bewerten (OLG Düsseldorf ZMR 2007, 446, 447). Im Fall der vorzeitigen Beendigung des Vertrags steht dem Mieter ein Bereicherungsanspruch zu. Die Höhe der Bereicherung richtet sich nicht nach den Aufwendungen des Mieters, sondern nach den Vorteilen, die dem Vermieter auf Grund der vorzeitigen Rückerlangung zufließen. Regelmäßig kommt es darauf an, ob der Vermieter durch die Weitervermietung einen höheren Mietzins erzielt oder erzielen könnte (BGH NZM 2006, 15). Kann der Mehrwert nicht realisiert werden, weil die Mietsache mangelhaft ist, so kommt es darauf an, ob die Mängel vom Vermieter zu vertreten sind; in diesem Fall ist derjenige Mietzins zugrunde zu legen, den der Vermieter bei der Vermietung einer mangelfreien Sache hätte erzielen können. Der Mieter kann den Bereicherungsausgleich nicht in einer Summe, sondern nur in Form von künftig fällig werdenden Zahlungen verlangen (BGH NJW 1968, 888). Wird das Mietobjekt veräußert, so richtet sich der Anspruch gegen den Erwerber (BGH NZM 2006, 15). Dies gilt auch dann, wenn der Veräußerer auf Grund der Verwendungen des Mieters einen höheren Preis erzielt hat. Nach der Auffassung des OLG Düsseldorf sollen diese Grundsätze für den Erwerb in der Zwangsversteigerung nicht gelten (OLG Düsseldorf ZMR 2007, 446, 447); in diesem Fall kann der Mieter nur den ursprünglichen Vermieter in Anspruch nehmen.

cc) Abstandszahlungen, die der Mieter seinem Vorgänger bezahlen muss, sind **645** nach § 4a Abs. 1 WoVermittG zu beurteilen. Nach § 4a Abs. 1 Satz 1 WoVermittG ist eine Vereinbarung unwirksam, die den Wohnungssuchenden oder für ihn einen Dritten verpflichtet, ein Entgelt dafür zu leisten, dass der bisherige Mieter die gemietete Wohnung räumt. Dabei ist gleichgültig, ob die Vereinbarung mit dem bisherigen Mieter oder mit dem Vermieter oder mit einem sonstigen Dritten getroffen wird. Es kommt auch nicht darauf an, wem das Entgelt wirtschaftlich zugutekommt; maßgeblich ist nur, dass der Wohnungssuchende für die Besitzaufgabe des Vorgängers etwas bezahlen muss. Unter den Begriff des Entgelts fallen vermögenswerte Leistungen aller Art, beispielsweise auch die Übernahme bestehender Mietschulden. Nach dem Gesetzeszweck greift die Verbotsvorschrift auch dann, wenn der bisherige Mieter zwar bereits geräumt hat, aber die Besitzaufgabe von der Zahlung eines Entgelts abhängig machen will; der Gesetzeswortlaut („räumt") ist im Hinblick auf den Gesetzeszweck weit auszulegen. Zulässig ist demgegenüber die „Erstattung von Kosten, die dem bisherigen Mieter nachweislich für den Umzug entstehen (§ 4a Abs. 1 Satz 2 WoVermittG). Auf diese Weise soll insbesondere solchen Mietern der Umzug erleichtert werden, deren bisherige Wohnung durch den

Auszug von Familienangehörigen zu groß geworden ist. Entsprechend diesem Gesetzeszweck gehören zu den Umzugskosten nicht nur die Kosten für den Transport der Möbel und Einrichtungsgegenstände sondern alle umzugsbedingten Aufwendungen. Deshalb ist es beispielsweise zulässig, wenn sich der Wohnungssuchende gegenüber dem bisherigen Mieter zur Renovierung der bisherigen oder der neuen Wohnung verpflichtet. Die Abgrenzung der zulässigen von den unzulässigen Zahlungen muss im Hinblick auf den Gesetzeszweck erfolgen: Die Vorschrift des § 4 WoVermittG will verhindern, dass der bisherige Mieter mit der Mietwohnung ein Geschäft macht; Hilfestellungen zur Erleichterung des Wohnungswechsels sollen dagegen möglich sein.

646 **dd) Ablösezahlungen** richten sich nach § 4a Abs. 2 WoVerMittG. Unter einer Ablösevereinbarung ist ein Vertrag zu verstehen, durch den der Wohnungssuchende sich im Zusammenhang mit dem Abschluss eines Mietvertrages über Wohnräume verpflichtet, von dem Vermieter oder dem bisherigen Mieter eine Einrichtung oder ein Inventarstück zu erwerben. Da solche Verträge für den Wohnungssuchenden nur dann einen wirtschaftlichen Sinn haben, wenn er die Wohnung tatsächlich erhält, bestimmt § 4a Abs. 2 Satz 1 WoVermittG, dass der Vertrag „im Zweifel unter der aufschiebenden Bedingung geschlossen (wird) dass der Mietvertrag zustande kommt". Die Vermutung für den aufschiebend bedingten Vertragsschluss kann widerlegt werden; beweispflichtig für das Gegenteil ist diejenige Partei, die aus dem Vertrag Rechte für sich herleiten will.

647 **Einrichtungen und Inventarstücke** sind solche Gegenstände, die der Mieter in die Wohnung eingebracht hat. Die Kosten für Umbau- Instandsetzungs- Modernisierungs- oder Renovierungsarbeiten zählen nicht dazu (AG Tempelhof-Kreuzberg GE 1996, 985). Allerdings ist § 4a Abs. 2 WoVermittG auf diese Leistungen entsprechend anzuwenden (BGH NJW 1997, 1845). Deshalb können auch diese Kosten Gegenstand einer Ablösevereinbarung sein. Um zu verhindern, dass die genannten Einrichtungen, Inventarstücke oder Leistungen zu einem überhöhten Preis verkauft werden, bestimmt § 4a Abs. 2 Satz 2 WoVermittG, dass die „Vereinbarung über das Entgelt ... unwirksam (ist), soweit dieses in einem auffälligen Missverhältnis zum Wert der Einrichtung oder des Inventarstücks steht".

648 Der **Wert der Einrichtung** ist nicht entsprechend dem Zeitwert, sondern nach dem Gebrauchswert zu bemessen (KG GE 1998, 40; OLG Düsseldorf NZM 1998, 805; OLG Köln DWW 2000, 310 = WuM 2000, 555 [mit abweichender Terminologie]). Unter dem Zeitwert ist dabei derjenige Preis zu verstehen, der auf dem Gebrauchtwarenmarkt zu erzielen wäre. Demgegenüber beschreibt der Gebrauchswert den speziellen Nutzen der Gegenstände für den Erwerber, wobei der Nutzen nicht nach subjektiven sondern nach objektiven Wertansätzen zu bestimmen ist. Bei Einbaumöbeln und solchen Gegenständen, die auf eine spezielle Wohnung zugeschnitten sind, ist der Gebrauchswert wegen der ersparten Einbaukosten i. d. R. höher als der Zeitwert. Bei den übrigen Gegenständen bleiben beim Gebrauchswert die Kosten des Abtransports außer Ansatz. Der Gebrauchswert bestimmt sich nach den Anschaffungs- und Herstellungskosten abzüglich einer altersbedingten Abschreibung entsprechend der mutmaßlichen Lebensdauer der Gegenstände (OLG Hamburg WuM 1997, 333; KG GE 1998, 40). Nach allgemeinen Grundsätzen, hat bei Rückforderungsansprüchen nach § 4a Abs. 2 WoVermittG derjenige die für die Begründung eines Anspruchs Maßgeblichen Tatsachen zu beweisen, der aus dem behaupteten Missverhältnis Rechte für sich herleiten will. Dies ist der Erwerber. Da der Erwerber aber in der Regel nicht weiß, zu welchem Preis der Veräußerer die Gegenstände erworben hat, besteht eine wichtige **Beweiserleichte-**

rung: Der Veräußerer muss Zeitpunkt und Preis der Anschaffung darlegen und dies – soweit möglich – durch Vorlage der Rechnungen belegen (OLG Hamburg a. a. O.; KG a. a. O.). Den Erwerber trifft die Darlegungs- und Beweislast, wenn er geltend machen will, dass die angegebenen Anschaffungs- und Herstellungskosten nicht zutreffen.

Der **Begriff des auffälligen Missverhältnisses** ist dem gleichlautenden Begriff 649 in § 138 Abs. 2 BGB §§ 5 Abs. 2 Satz 2 Nr. 1 WiStG, 291 StGB nachgebildet und in derselben Art und Weise zu verstehen. Zur Feststellung des Missverhältnisses ist der Wert des betreffenden Gegenstands zu ermitteln und zu dem vereinbarten Preis in Beziehung zu setzen. Nach der Rechtsprechung liegt ein auffälliges Missverhältnis bei einer mehr als 50%igen Überschreitung des objektiven Zeitwertes vor (BGH NJW 1997, 1845; KG GE 1998, 40; OLG Köln DWW 2000, 310, 311 = WuM 2000, 555; LG Düsseldorf NZM 1998, 805; LG Wiesbaden WuM 1997, 54; ebenso: Bub NJW 1993, 2899, 2901; Emmerich in Staudinger Vorbemerkung zu § 535 BGB, Rdn. 120). In diesem Fall bleibt die Preisvereinbarung in Höhe von 150% des Zeitwertes aufrechterhalten; im Übrigen ist sie unwirksam (BGH a. a. O.; Emmerich in Staudinger a. a. O.; **a. A.** OLG Hamburg WuM 1997, 333; Beuermann GE 1993, 1068, 1074).

Der Vertrag über die Übernahme der vom Vormieter eingebrachten Gegen- 649a stände ist als **Kaufvertrag** zu bewerten. Der Käufer erwirbt das Eigentum und das damit verbundene Recht zur Wegnahme der Einrichtungen bei Vertragsende (§ 539 Abs. 2 BGB). Kommt es nicht zum Abschluss eines Kaufvertrags und belässt der Vormieter die Einrichtungen gleichwohl in den Räumen, so ist davon auszugehen, dass die vom Vormieter zurückgelassenen Einrichtungen als Bestandteil der Mietsache mitvermietet worden sind. Dann erstreckt sich die Gebrauchsgewährungspflicht des § 535 Abs. 1 Satz 2 BGB des Vermieters auch auf diese Einrichtungen (vgl. BGH NZM 2017, 812).

ee) Vertragsabschlussgebühren werden typischerweise dort verlangt, wo ein 650 relativ häufiger Mieterwechsel stattfindet, insbesondere bei Mietverhältnissen mit Studenten oder ausländischen Arbeitnehmern. Die Wirksamkeit formularmäßig vereinbarter Gebühren ist umstritten (wirksam: LG Hamburg WuM 1990, 62; LG Lüneburg ZMR 2000, 303; Verstoß gegen § 307 BGB: LG Hamburg WuM 2009, 452; AG Hamburg-Altona WuM 2006, 607; AG Münster NZM 2016, 163; Schmid WuM 2009, 558, 560). Nach richtiger Ansicht sind Vertragsabschlussgebühren und sonstige Transaktionskosten (Kosten für Inserate, Fahrtkosten) entweder als Teil der Miete (wenn die Gebühren für die Überlassung der Mietsache verlangt werden) oder als „Motivationsgebühr" (Gebühr für die Bereitschaft des Vermieters zum Vertragsschluss) zu bewerten. Im erstgenannten Fall verstößt die Gebühr gegen § 556 Abs. 4 BGB, weil sie materiell zu den Verwaltungskosten gehört. Im zweitgenannten Fall liegt ein Verstoß gegen § 2 Abs. 2 Nr. 2 WoVermittG vor. Verlangt der Verwalter eine solche Gebühr, so ist ebenfalls § 2 Abs. 2 Nr. 2 WoVermittG verletzt. Deshalb können diese Gebühren weder individualvertraglich noch durch AGB vereinbart werden (Lehmann-Richter GE 2011, 452; ähnlich Schmid WuM 2009, 558, 560: danach ist die Vertragsabschlussgebühr pauschalierter Aufwendungsersatz). Bei preisgebundenem Wohnraum verstößt die Vertragsabschlussgebühr auch gegen § 9 Abs. 1 WoBindG.

ff) Einzugs- und Auszugspauschalen sind bei preisgebundenem Wohnraum 651 unzulässig. Auch bei freifinanziertem Wohnraum können sie nicht wirksam vereinbart werden (**a. A.** Schmid WuM 2008, 199, 200). Durch die Vereinbarung einer Ein- oder Auszugspauschale sollen kleinere Schäden im Treppenhaus oder

§ 535 BGB Untertitel 1. Allgemeine Vorschriften für Mietverhältnisse

im Bereich des Aufzugs, die bei einem Umzug häufig entstehen, pauschal abgegolten werden. Die Vereinbarung hat zur Folge, dass der Mieter einen Teil des Instandhaltungslast des Vermieters übernimmt. Die Instandhaltungskosten gehören nicht zu den Betriebskosten im Sinne des § 556 BGB; sie können deshalb nicht dem Mieter auferlegt werden. Bei Formularklauseln ist zudem § 306 Nr. 5 BGB zu beachten, weil die Einzugspauschale eine Form des pauschalierten Schadensersatzes darstellt. Für die Auszugspauschale gilt dasselbe. Eine mietvertragliche Vereinbarung, wonach der Mieter eine **„Mieterwechselpauschale"** an die Hausverwaltung zu zahlen hat, verstößt gegen § 2 Abs. 2 Nr. 2 WoVermG (AG Münster WuM 2015, 618).

652 **gg) Werkleistungen.** Eine Vereinbarung, wonach der Mieter bestimmte Werkleistungen auszuführen hat oder ausführen darf (Renovierung; Sanierung; Umbauten) ist als Teil des mietvertraglichen Entgelts für die Überlassung der Wohnung zu bewerten, wenn dem Vermieter ein Anspruch auf die Leistung zustehen soll. Denkbar ist allerdings auch, dass dem Mieter lediglich das vertragliche Recht eingeräumt wird, bestimmte Maßnahmen durchzuführen. Eine Vereinbarung, wonach sich der Mieter zur Durchführung der Leistung „verpflichtet", ist i. d. R. als Entgeltabrede zu bewerten. Ist dagegen vereinbart, dass der Mieter zu bestimmten Maßnahmen „berechtigt" ist, so kommt hierdurch nur zum Ausdruck, dass dem Mieter die Leistung freigestellt ist. Letztlich kommt es darauf an, in wessen Interesse die Vereinbarung getroffen wurde. Zweifel gehen zu Lasten des Vermieters (LG Frankfurt/M GE 2009, 1321).

2. Die höchstzulässige Miete bei Wohnraummietverhältnissen (§ 5 WiStG, 138 Abs. 1, 2 BGB)

653 **a) Anwendungsbereich des § 5 WiStG.** Bei der Vereinbarung der Miete anlässlich der Begründung eines Mietverhältnisses sowie bei Erhöhungsvereinbarungen während der Mietzeit müssen bei der Wohnraummiete die durch § 5 WiStG vorgegebenen Obergrenzen beachtet werden.

654 Nach dem zutreffenden Rechtsentscheid des OLG Karlsruhe vom 19.8.1983 (WuM 1983, 314) gilt die Regelung auch für Mieterhöhungen nach **§ 559 BGB**. Ist eine **Staffelmiete nach § 557a BGB** vereinbart, so wird die danach mögliche Mietpreisentwicklung ebenfalls durch § 5 WiStG begrenzt. Dabei kommt es darauf an, ob der aktuell geschuldete Mietzins die jeweils höchstzulässige Miete übersteigt; in diesem Umfang ist die Mietpreisvereinbarung unwirksam (LG Frankfurt WuM 1996, 425). Die Teilunwirksamkeit einer Staffel hat auf die Wirksamkeit der übrigen Staffeln keinen unmittelbaren Einfluss. Dies bedeutet, dass jede Staffel mit dem jeweils höchstzulässigen Mietzins aufrecht erhalten bleibt (OLG Hamburg RE 13.1.2000 NZM 2000, 232). Dieselben Grundsätze gelten, wenn eine **Indexmiete nach § 557b BGB** vereinbart ist. Auch hier wird die Mietentwicklung durch die jeweils höchstzulässige Miete begrenzt (Börstinghaus MDR 1995, 6). Die Erhöhung der **Nutzungsentschädigung gem. § 546a BGB** nach der Beendigung des Mietverhältnisses fällt ebenfalls unter § 5 WiStG (AG Nürtingen WuM 1982, 80).

655 Die Regelung gilt für Wohnräume aller Art, einschließlich derjenigen, die in § 549 Abs. 2 und 3 BGB genannt sind. Nach dem Wortlaut der Vorschrift werden auch solche Wohnräume erfasst, die wegen ihrer außergewöhnlichen Beschaffenheit oder Lage außerhalb des eigentlichen Wohnungsmarktes stehen (**„Luxusobjekte", Sonderobjekte"**). Durch die Mietpreise solcher Objekte wird das all-

gemeine Preisgefüge nicht beeinträchtigt. Die potentiellen Mieter sind auch nicht schutzbedürftig. Dies rechtfertigt es, die genannten Wohnungsgruppen vom Bereich des § 5 WiStG auszunehmen (LG Hamburg ZMR 2000, 676; AG Hamburg ZMR 2003, 849; Lammel NZM 1999, 989, 992; Mersson DWW 2002, 220, 222; Langenberg Gedächtnisschrift für Sonnenschein 2003).

b) Tatbestandsvoraussetzungen. aa) Der Tatbestand der Mietpreisüberhöhung ist gegeben, wenn der Vermieter für die Vermietung von **Räumen zum Wohnen** ein unangemessen hohes Entgelt fordert, sich versprechen lässt oder annimmt (§ 5 Abs. 1 WiStG). Unter dem Begriff „Räumen zum Wohnen" sind Wohnraummietverhältnisse (s. Rdn. 13 ff) zu verstehen. Auf Geschäftsraummietverhältnisse ist § 5 WiStG unanwendbar; zu dieser Gruppe gehört auch das Mietverhältnis zwischen einem Eigentümer und einem **gewerblichen Zwischenvermieter** (OLG Karlsruhe RE 24.10.1983 WuM 1984, 10 = ZMR 1984, 52; OLG Stuttgart RE 7.11.1985 WuM 1986, 10 = ZMR 1986, 52; OLG Celle WuM 1996, 562; AG Dortmund ZMR 1997, 85; **a. A.** OLG Frankfurt NJW 1993, 673; AG Frankfurt WuM 1993, 199: danach reicht es aus wenn die Räume tatsächlich zum Wohnen bestimmt sind). Auf **Mischraummietverhältnisse** (s. Rdn. 23 ff) ist § 5 WiStG nur anwendbar, wenn das Schwergewicht des Vertrags im Bereich des Wohnens liegt.

bb) Unangemessen hoch sind solche Entgelte, die infolge der Ausnutzung eines geringen Angebots an vergleichbaren Räumen die üblichen Entgelte in der Gemeinde um mehr als 20% übersteigen (§ 5 Abs. 2 Satz 1 WiStG). Nicht unangemessen hoch sind Entgelte, die zur Deckung der laufenden Aufwendungen des Vermieters erforderlich sind, sofern sie unter Zugrundelegung der üblichen Entgelte nicht in einem auffälligen Missverhältnis zu der Leistung des Vermieters stehen (§ 5 Abs. 2 Satz 2 WiStG). Die Regelung in § 5 Abs. 2 Satz 1 WiStG greift ein, wenn der vereinbarte Mietzins über der kostendeckenden Miete liegt. Die für den Vermieter günstigere Regelung des § 5 Abs. 2 Satz 2 WiStG kommt zur Anwendung, wenn der Vermieter lediglich einen kostendeckenden Mietzins verlangt.

c) Berechnung der höchstzulässigen Miete nach § 5 Abs. 2 Satz 1 WiStG. aa) Ermittlung der ortsüblichen Miete. Ausgangspunkt für die Frage der Mietpreisüberhöhung ist die ortsübliche Miete. Der Begriff der ortsüblichen Miete im Sinne von § 5 WiStG ist identisch mit dem gleichlautenden Begriff in § 558 Abs. 2 BGB. Das ergibt sich deutlich daraus, dass der Gesetzgeber durch das Gesetz zur Verlängerung des Betrachtungszeitraums für die ortsübliche Vergleichsmiete", (BGBl 2019, 2911) den sog. Betrachtungszeitraum zur Ermittlung der ortsüblichen Vergleichsmiete sowohl in § 558 Abs. 2 BGB wie auch in § 5 Abs. 1 WiStG von 4 auf 6 Jahre verlängert hat. Das ortsübliche Mietpreisniveau ist auf dieselbe Art und Weise zu ermitteln, wie im Mieterhöhungsverfahren nach 558 BGB. Hierzu kann auf einen Mietspiegel zurückgegriffen werden. Das Gericht ist nicht verpflichtet, einen Sachverständigen einzuschalten (KG WuM 1992, 140; OLG Hamm WuM 1984, 238; ZMR 1995, 212; LG Stuttgart WuM 1990, 357; LG Frankfurt WuM 1994, 605; WuM 1998, 168; LG Hamburg WuM 1994, 696 betr. eine Wohnung in einer sog." Adressenlage"; LG Hamburg WuM 1998, 490; NZM 2000, 1002; LG Berlin GE 1995, 67; GE 1996, 1486; ZMR 1998, 349; GE 1998, 859; AG Schöneberg NJWE MietR 1996, 67; **a. A.** LG Berlin, NJWE-MietR 1996, 98; Osmer ZMR 1995, 53). Falls die Richtigkeit des Mietspiegels substantiiert in Zweifel gezogen wird, muss sich das Gericht hiermit befassen (vgl. BVerwG WuM 1996,

432, 434). Ist die Art und Weise des Mietspiegels dokumentiert, etwa durch einen Methodenbericht, so muss die Partei dazu Stellung nehmen (LG Hamburg WuM 1998, 490). Bei der Verwendung eines Mietspiegels ist darauf zu achten, dass der Mietspiegel nicht schematisch angewendet wird. Das Gericht darf sich nicht darauf beschränken, die Wohnung in die vorgegebenen Kategorien des Mietspiegels einzuordnen. Vielmehr sind alle Umstände des Einzelfalls zu berücksichtigen. Hierzu gehört beispielsweise eine nach dem Abschluss der Datenerhebungen zum Mietspiegel eingetretene Erhöhung des Mietpreisniveaus oder eine besonders aufwendige Renovierung der Wohnung durch den Vermieter bei Mietbeginn (OLG Frankfurt WuM 1994, 436).

659 Bei **qualifizierten Mietspiegeln** im Sinne von § 558d BGB wird vermutet, dass die dort ausgewiesenen Entgelte die ortsübliche Vergleichsmiete wiedergeben (§ 558d Abs. 3 BGB). Es handelt sich um eine Beweisregel. Sie gilt wegen ihres systematischen Zusammenhangs mit den Vorschriften über die Mieterhöhung nur in diesen Verfahren. Im Verfahren auf Rückerstattung überzahlter Miete oder im Verfahren nach dem OWiG gilt die Vermutungswirkung nicht (Börstinghaus NZM 2000, 1087, 1091; Mersson DWW 2002, 220, 223).

660 Es ist ebenfalls nicht zu beanstanden, wenn das Gericht die ortsübliche Miete ausschließlich durch einen **Sachverständigen** ermitteln lässt (OLG Hamm a. a. O.). Das Gutachten muss dann aber auf einer hinreichend breiten Datenbasis erstattet werden. Die Rechtsmeinung, wonach die Ermittlung des ortsüblichen Preisniveaus durch einen Sachverständigen, die Besonderheiten des Einzelfalls genauer erfasse (so z. B. OLG Karlsruhe NJW 1997, 3388), verkennt allerdings die rechtlichen Gegebenheiten. Nur das ortsübliche Preisniveau als solches – das immer eine Vielzahl von Einzelpreisen umfasst – darf von einem Sachverständigen ermittelt werden, weil nur dieses empirisch zu fassen ist. Die Zuordnung einer konkreten Wohnung zu einem bestimmten Preis innerhalb des vorgegebenen Niveaus muss nach normativen Kriterien erfolgen. Hierbei handelt es sich um Rechtsanwendung für die das Gericht und nicht der Sachverständige zuständig ist.

661 Bei der **Verwendung veralteter Mietspiegel** muss für die zwischenzeitlich eingetretenen Veränderungen des Mietpreisniveaus ein Zuschlag hinzugerechnet werden Das OLG Stuttgart hat in dem zu § 2 MHG ergangenen Rechtsentscheid vom 15.12.1993 (WuM 1994, 58) die Ansicht vertreten, dass der Steigerungsbetrag in der Regel durch einen Sachverständigen zu ermitteln sei. Dieser Vorschlag ist nicht praktikabel. Da sogar qualifizierte Mietspiegel seit 2001 mittels Index fortgeschrieben werden dürfen, kann die sogenannte Stichtagsdifferenz ebenfalls mittels Indexfortschreibung ermittelt werden. Zu beachten ist aber, dass der Ausgangswert nicht einem völlig veralteten Mietspiegel entnommen werden darf (BGH NZM 2019, 852).

662 Behebbare **Mängel** beeinflussen den Mietpreis nicht (OLG Stuttgart WuM 1981, 225). Unbehebbare Mängel sind zu Lasten des Vermieters zu berücksichtigen.

663 **bb) Zuschläge für Möblierung** sind möglich und angebracht. Bezüglich der Höhe des Möblierungszuschlags gibt es keine übereinstimmenden Bewertungsgrundsätze. Man gelangt zu angemessenen Ergebnissen, wenn man eine angemessene Abschreibung (ausgehend vom Zeitwert der Gegenstände und der restlichen Lebensdauer) und eine 4%ige Verzinsung (bemessen nach dem Zeitwert) errechnet. Ein Möblierungszuschlag scheidet aus, wenn der Zeitwert der Einrichtungsgegenstände nicht ermittelt werden kann (LG Hamburg GE 2016, 917).

664 **cc) Ein Zuschlag für gewerbliche Nutzung** ist ebenfalls möglich. Der Zuschlag darf allerdings nicht für Tätigkeiten vereinbart werden, die ohnehin vom

Inhalt und Hauptpflichten des Mietvertrags **BGB § 535**

Wohngebrauch gedeckt sind. Für die Höhe des Zuschlags gibt es keine gesetzlichen Obergrenzen. Eine unmittelbare oder analoge Anwendung des § 26 Abs. 2 NMV kommt nicht in Betracht (LG Berlin GE 1995, 497). Maßgeblich ist insoweit, ob der Zuschlag im Hinblick auf die Gegebenheiten des Marktes ein realitätsgerechtes Entgelt für die vom Mieter in Anspruch genommene Gewerbenutzung darstellt.

dd) Auch **Zuschläge für besondere Belastungen** sind denkbar, wobei für das 665 Vorhandensein der Belastung konkrete Anhaltspunkte vorliegen müssen (vgl.: OLG Stuttgart RE 26.2.1982 WuM 1982, 129: ein Zuschlag zur ortsüblichen Miete, der mit der Eigenschaft der Mieter als Ausländer begründet ist, ist unzulässig; nur bei konkret feststellbaren Nachteilen oder Risiken kann ein Zuschlag gerechtfertigt sein; ebenso OLG Hamm RE 3.3.1983 WuM 1983, 108 betreffend Zuschläge für die Vermietung von Wohnraum an eine studentische Wohngemeinschaft und LG Hamburg für Vermietung an „randständige Personen"). Stets ist zu beachten, dass der sogenannte „Beschwerniszuschlag" nur für diejenigen Zeiträume zu gewähren ist, in denen die Beschwernis vorgelegen hat (OLG Hamm RE 3.3.1983 WuM 1983, 108). Auch hier gilt, dass der Zuschlag im Hinblick auf die Gegebenheiten des Marktes ein realitätsgerechtes Entgelt für die Mehrbelastung darstellen muss.

ee) Besondere Mieterleistungen, die sich aus der Sicht des Vermieters als 666 geldwerter Vorteil darstellen, sind ebenfalls (zu Lasten des Vermieters) zu berücksichtigen. Hier kommen insbesondere Baukostenzuschüsse, Zuschüsse zur Wohnungsrenovierung (AG Hamburg-Altona WuM 1996, 779) und andere Finanzierungsbeiträge in Betracht (LG Hamburg WuM 1986, 346; AG Hamburg WuM 1986, 347), aber auch sonstige Mieterleistungen, die im Allgemeinen unüblich sind, wie etwa Hausmeisterdienste oder ähnliches.

ff) Wesentlichkeitsgrenze 20%. Ein überhöhter Mietpreis im Sinne von § 5 667 Abs. 2 Satz 1 WiStG ist anzunehmen, wenn die ortsübliche Miete um mehr als 20% überschritten wird. Maßgeblich hierfür ist in erster Linie die Grundmiete. Sind in der Grundmiete auch Betriebskosten enthalten, so können diese herausgerechnet werden. Ist umgekehrt eine hohe Betriebskostenpauschale vereinbart, so ist der zur Deckung der Betriebskosten nicht benötigte Teil der Pauschale der Grundmiete zuzuschlagen (OLG Stuttgart RE 26.2.1982 WuM 1982, 129). Bei **Staffelmietvereinbarungen** kommt es darauf an, ob die aktuell geschuldete Miete über der Wesentlichkeitsgrenze liegt (Barthelmess, § 10 MHG Rdn. 67).

d) Berechnung der höchstzulässigen Miete nach § 5 Abs 2 Satz 2 WiStG. 668 Nach § 5 Abs. 2 Satz 2 WiStG gilt eine Sonderregelung, wenn die Parteien lediglich einen Mietpreis vereinbart haben, der zur Deckung der laufenden Aufwendungen des Vermieters erforderlich ist.

aa) Berechnung der laufenden Aufwendungen. Nach der Vorstellung des 669 Gesetzgebers soll die kostendeckende Miete für freifinanzierten Wohnraum in Anlehnung an § 8 I WoBindG ermittelt werden. In der Begründung des Gesetzentwurfs (Gesetz zur Erhöhung des Angebots an Mietwohnungen BT-Drucks. 9/2079) heißt es dazu: „Die Wendung,>>zur Deckung der laufenden Aufwendungen erforderlich<< ist an § 8 Abs. 1 WoBindG angelehnt. Die dort für die Ermittlung der Kostenmiete im öffentlich geförderten Wohnungsbau in Bezug genommenen §§ 8a und 8b WoBindG sollen für die Beurteilung der Frage, ob die Miete für nicht preisgebundenen Wohnraum zur Deckung der laufenden Aufwendungen erforderlich ist, als Grundlage mit herangezogen werden. Außerdem können im Einzelfall weitere Umstände berücksichtigt werden, die sich aus der besonderen Gestaltung des Mietverhältnisses oder aus der Natur der Vermietung von nicht preisgebundenen Wohnungen ergeben". Hieraus muss geschlossen werden, dass die für frei finanzierten Wohnraum höchst zulässige Miete auf der Grundlage derjenigen Kostenansätze ermittelt werden muss, die der Gesetzgeber für die Berechnung der Kostenmiete entwickelt hat (vgl. KG RE 22.1.1998 NZM 1998, 225; LG Berlin ZMR 1995, 77). Bei der **gewerblichen Zwischenvermietung** ist das vom Zwischenvermieter an den Hauptvermieter gezahlte Entgelt als „laufende Aufwendung" anzusehen. Da die Vermietung durch den Zwischenvermieter aber nicht zu einer höheren Miete führen soll, als die Miete unmittelbar vom Eigentümer, ist das vom Zwischenvermieter an den Hauptvermieter gezahlte Entgelt nur bis zur Höhe der Aufwendungen des Eigentümers zu berücksichtigen (OLG Stuttgart RE 18.1.1990 WuM 1990, 102; abweichend Schläger ZMR 1990, 241, 246). Vermietungsbedingte **Steuerersparnisse** spielen bei der Berechnung der höchstzulässigen Miete keine Rolle (LG Mannheim WuM 1996, 161; LG Ravensburg WuM 1997, 121; a. A. LG Frankfurt WuM 1995, 443; Herrlein in: Herrlein/Kandelhard, Mietrecht § 5 WiStG Rdn. 22; Lammel Wohnraummietrecht § 5 WiStG Rdn. 48: danach sind die Steuerersparnisse von den laufenden Aufwendungen abzuziehen; vgl. auch OLG Hamburg WuM 1992, 527, das den Erlass eines Rechtsentscheids über diese Frage abgelehnt hat). Vereinzelt wird vertreten, dass die Vorschrift des § 5 Abs. 2 Satz 2 WiStG nur dann anwendbar sein soll, „wenn die **Gesamteinnahmen** hinter den gesamten laufenden Kosten zurückbleiben" (LG Berlin WuM 1998, 421; a. A. Beuermann GE 1998, 711; Greiner ZMR 1998, 557). Diese Ansicht beruht auf der Erwägung, dass der Vermieter für die einzelne Wohnung keinen kostendeckenden Mietzins benötigt, wenn er aus der Vermietung des Gesamtanwesens einen zur Deckung der laufenden Aufwendungen ausreichenden Erlös erzielt. Im Wortlaut des § 5 Abs. 2 Satz 2 WiStG findet dieser Gedanke allerdings keine Stütze.

670 Die laufenden Aufwendungen sind in Anlehnung an die §§ 8 Abs. 1, 8a, 8b WoBindG, §§ 18 bis 29 der II BV zu errechnen. Danach sind folgende **Kostenpositionen ansatzfähig:**

671 **aaa) Eigenkapitalkosten (§ 20 der II BV).** Eigenkapitalkosten sind die Zinsen für die Eigenleistungen. Hat der Vermieter das Haus als **Bauherr** errichtet, so bemisst sich die Höhe der Eigenleistung nach § 15 der II. BV. Hier sind insbesondere ansatzfähig: die eigenen Geldmittel des Vermieters, der Wert des vermietereigenen Baugrundstücks, der Wert der eigenen Arbeitsleistung in Höhe der üblichen Handwerkerpreise (ohne Mehrwertsteuer) und der Wert des vom Vermieter gestellten Baumaterials. Als eigene Geldmittel zählen auch Bausparguthaben einschließlich der Zinsen und der Prämien, Mittel aus Personalkrediten und Geldleistungen Dritter, die der Vermieter schenkweise erhalten hat. Zu den vermietereigenen Arbeitsleistungen gehört auch der Wert der Arbeit von Angehörigen oder sonstiger Dritter und zwar unabhängig davon ob der Vermieter diese Arbeitskräfte bezahlt hat. Maßgeblich für den Wertansatz ist der Zeitpunkt der Errichtung des Hauses. Dies gilt auch für Altbauten (BGH RE 5.4.1995, WuM 1995, 428). Für die Höhe der Verzinsung gilt § 20 Abs. 2 Satz 1 der II BV: Ansatzfähig ist der marktübliche Zinssatz für erste Hypotheken (OLG Stuttgart RE 30.9.1988 NJW-RR 1989, 11). In der instanzgerichtlichen Rechtsprechung wird vereinzelt vertreten, dass der Zinssatz nach § 20 Abs. 2 Satz 2 der II BV zu bestimmen sei. Danach kann der Vermieter für einen Eigenkapitalteil in Höhe von 15% der Gesamtkosten eine Verzinsung von 4% und für den darüber hinaus gehenden Teil eine Verzinsung von 6,5% verlangen (LG Berlin GE 1998, 681, 683). Für die Ermittlung des Eigenkapitals grundsätzlich die Höhe der Herstellungskosten maßgeblich (BGH RE 5.4.1995 WuM 1995, 428). Diese Berechnungsweise gilt für diejenigen Vermieter, die das Haus selbst errichtet haben. Außerdem gilt diese Berechnungsweise für die Erben des Bauherrn. Der **Käufer** (und gegebenenfalls dessen Erbe) kann die Eigenkapitalkosten aus den Erwerbskosten berechnen (a. A. LG Frankfurt WuM 1998, 492; Lammel Wohnraummietrecht § 5 WiStG Rdn. 41). Gleiches gilt für den **Erwerber in der Zwangsversteigerung.** Aus der Entscheidung des BGH lässt sich nicht zweifelsfrei entnehmen, welche Berechnungsweise bei einer unentgeltlichen Übertragung unter Lebenden Maßgeblich ist. Nach richtiger Ansicht ist diese Erwerbergruppe den Erben gleichstellen. Hat der Vermieter ein sanierungsbedürftiges Gebäude erworben und sodann eine **Modernisierung** durchgeführt, so können die Fremdkapital- und Eigenkapitalkosten aus der Summe der Erwerbs- und Modernisierungskosten errechnet werden (KG RE 22.1.1998 NZM 1998, 225).

bbb) Fremdkapitalkosten (§ 21 der II. BV). Zu den Fremdkapitalkosten gehören die Zinsen für Fremdmittel, die laufenden Kosten der Bürgschaften für Fremdmittel (z. B. Landesbürgschaften für lb-Hypotheken), Erbbauzinsen und laufende Verwaltungskosten, die im Zusammenhang mit der Darlehensaufnahme entstehen. Tilgungsleistungen dürfen nicht angesetzt werden. Bei einem Tilgungsdarlehen darf der vereinbarte Zinssatz zugrunde gelegt werden und zwar auch dann, wenn bei progressiver Tilgung die Zinsen niedriger und die Tilgungsbeträge höher werden (§ 21 Abs. 2 der II. BV). Ein Disagio hat auf die Berechnung der Zinsen keinen Einfluss, obwohl in diesem Fall der effektive Zinssatz höher ist als bei Auszahlung zu 100%. Im Rahmen des § 21 der II BV kommt es nicht auf den Zinssatz, sondern auf die Zinsbelastung an. Maßgeblich ist also immer derjenige Zins, der sich aus der Vereinbarung im Darlehensvertrag ergibt. Dies gilt nach § 21 Abs. 3 Satz 2 der II BV auch dann, wenn das Darlehen planmäßig zurückgezahlt worden ist. Beim Erwerb des Hauses gelten für die Berechnung der Fremdkapitalkosten die Ausführungen unter Rdn. 671 sinngemäß. Für unverzinsliche und niedrig verzinsliche (Zinssatz unter 4%) Darlehen trifft § 22 der II BV eine Sonderregelung. Hier dürfen Tilgungsleistungen, die den Satz von 1% übersteigen als Zinsersatz angesetzt werden. Der Ansatz richtet sich nach dem Maß der Tilgung; höchstens ist derjenige Betrag ansatzfähig, der sich bei einer Verzinsung des Darlehens in Höhe von 4% ergäbe. Unberücksichtigt bleiben Mieterdarlehen und Mietvorauszahlungen. 672

ccc) Abschreibung (§ 25 der II BV). Die Abschreibung darf 1% der Baukosten nicht überschreiten. Zu den Baukosten gehören nicht die Kosten des Grundstücks und die Erschließungskosten (§ 5 Abs. 3 der II BV). Soll die Kostenmiete aus den Erwerbskosten berechnet werden, muss die Abschreibung aus einem fiktiven Betrag errechnet werden (Erwerbskosten abzüglich Grundstückswert; AG Neukölln GE 1990, 767). Ist eine Schätzung nicht möglich, muss der Gebäudewert nach der „Verordnung über die Grundsätze für die Ermittlung der Verkehrswerte von Grundstücken (Immobilienwertermittlungsverordnung – ImmoWertV)" (BGBl 2010, 639; Zimmermann, ImmoWertV – Immobilienwertermittlungsverordnung, München, 2019) ermittelt werden. Maßgeblich ist der Wert zum Zeitpunkt des Erwerbs und zwar auch dann, wenn zu diesem Zeitpunkt das Mietverhältnis bereits bestand. Für bestimmte Anlagen und Einrichtungen dürfen Sonderabschreibungen angesetzt werden. Die jeweiligen Abschreibungssätze betragen von den Kosten 673
– der Öfen und Herde 3%
  (hierzu gehören auch Nachtstromspeicherheizungen)
– der Einbaumöbel 3%
– der Anlagen u. Geräte zur Versorgung mit Warmwasser, sofern sie nicht mit einer Sammelheizung verbunden sind 4%

§ 535 BGB Untertitel 1. Allgemeine Vorschriften für Mietverhältnisse

- der Sammelheizung einschließlich einer damit verbundenen Anlage zur Versorgung mit Warmwasser 3%
  (hierzu gehören auch Etagenheizungen)
- der Hausanlage bei eigenständig gewerblicher Lieferung von Wärme 0,5%
  und einer damit verbundenen Anlage zur Versorgung mit Warmwasser (hierzu gehört insbesondere die Fernheizung) 4%
- des Aufzugs 2%
- der Gemeinschaftsantenne 9%
  (hierzu gehören auch Gemeinschaftsparabolantennen, nicht aber die Verteilanlage des Breitbandkabelanschlusses)
- der maschinellen Wascheinrichtung 9%

674 ddd) **Verwaltungskosten (§ 26 der II BV).** Die Verwaltungskosten sind nach § 26 der II BV pauschaliert. Die Pauschale beträgt für die Zeit vom 1.1.2011 bis 31.12.2013: 264,23 €; für die Zeit vom 1.1.2014 bis 31.12.2016: 279,35 €; für die Zeit vom 1.1.2017 bis 31.12.2019: 284,62 €; für die Zeit vom 1.1.2020 bis 31.12.2022: 298,42 €. Für Garagen und Einstellplätze beträgt die Pauschale für die Zeit vom 1.1.2011 bis 31.12.2013: 34,46 €; für die Zeit vom 1.1.2014 bis 31.12.2016: 36,43 €; für die Zeit vom 1.1.2017 bis 31.12.2019: 37,12 €; für die Zeit vom 1.1.2020 bis 31.12.2022: 38,92 €.

675 Diese **Beträge verändern sich wieder am 1. Januar 2023** und am 1. Januar eines jeden darauf folgenden dritten Jahres um den Prozentsatz, um den sich seit der letzten Veränderung der vom Statistischen Bundesamt festgestellte Preisindex für die Lebenshaltungskosten aller privaten Haushalte in Deutschland insgesamt verändert hat. Die Verwaltungskostenpauschale kann auch nicht ausnahmsweise überschritten werden (so aber Sternel ZMR 1983, 81), was aus dem Grundsatz folgt, dass auch der Eigentümer von nicht preisgebundenem Wohnraum als höchstzulässige Miete nur die Kostenmiete verlangen darf.

676 eee) **Betriebskosten.** Zum Begriff der Betriebskosten s. § 556 BGB. Ansatzfähig sind diejenigen Betriebskosten, die der Vermieter nicht gesondert auf den Mieter umlegen kann. Maßgeblich sind die Kosten zum Zeitpunkt des Abschluss des Mietvertrags/der Änderungsvereinbarung. Sonstige Nebenkosten sind nicht ansetzbar.

677 fff) **Instandhaltungskosten (§ 28 der II BV).** Die Instandhaltungskosten dürfen nicht in der tatsächlich anfallenden Höhe, sondern nur pauschaliert angesetzt werden.

Die Instandhaltungskostenpauschale beträgt:
- für Wohnungen, deren Bezugsfertigkeit am Ende des Kalenderjahres weniger als 22 Jahre zurückliegt, für die Zeit vom **1.1.2014 bis 31.12.2016** höchstens 8,62 €; für die Zeit vom **1.1.2017 bis 31.12.2019:** 8,78 € und für die Zeit ab 1.1.2020 bis 31.12.2022: 9,20 €.
- für Wohnungen, deren Bezugsfertigkeit am Ende des Kalenderjahres mindestens 22 Jahre zurückliegt, für die Zeit vom **1.1.2014 bis 31.12.2016** höchstens 10,93 €; für die Zeit vom **1.1.2017 bis 31.12.2019:** 11,14 € und für die Zeit ab 1.1.2020 bis 31.12.2022: 11,68 €.
- für Wohnungen, deren Bezugsfertigkeit am Ende des Kalenderjahres mindestens 32 Jahre zurückliegt, für die Zeit vom **1.1.2014 bis 31.12.2016** höchstens 13,97 €; für die Zeit vom **1.1.2017 bis 31.12.2019:** 14,23 € und für die Zeit ab 1.1.2020 bis 31.12.2022: 14,92 €.
- Diese Sätze verringern sich bei eigenständig gewerblicher Leistung von Wärme im Sinne des § 1 Abs. 2 Nr. 2 der HeizkostenVO um 0,25 €.

Inhalt und Hauptpflichten des Mietvertrags **BGB § 535**

- Diese Sätze erhöhen sich für Wohnungen, für die ein maschinell betriebener Aufzug vorhanden ist für die Zeit vom **1.1.2014 bis 31.12.2016** um 1,22 €; für die Zeit vom **1.1.2017 bis 31.12.2019**:1,24 € und für die Zeit ab 1.1.2020 bis 31.12.2022: 1,30 €.
- Trägt der Mieter die Kosten für kleine Instandhaltungen in der Wohnung, so verringern sich die Sätze nach Absatz 2 für die Zeit vom **1.1.2014 bis 31.12.2016** um 1,28 €; für die Zeit vom **1.1.2017 bis 31.12.2019**: 1,30 € und für die Zeit ab 1.1.2020 bis 31.12.2022: 1,36 €.
- Trägt der Vermieter die Kosten der Schönheitsreparaturen, so dürfen sie für die Zeit vom **1.1.2014 bis 31.12.2016** höchstens mit 10,32 €; für die Zeit vom **1.1.2017 bis 31.12.2019**: 10,51 € und für die Zeit ab 1.1.2020 bis 31.12.2022: 11,02 € je Quadratmeter Wohnfläche im Jahr angesetzt werden.
- Für Garagen oder ähnliche Einstellplätze dürfen als Instandhaltungskosten einschließlich Kosten für Schönheitsreparaturen für die Zeit vom **1.1.2014 bis 31.12.2016** höchstens 82,60 €; für die Zeit vom **1.1.2017 bis 31.12.2019**: 84,15 € und für die Zeit ab 1.1.2020 bis 31.12.2022: 88,23 € jährlich je Garagen- oder Einstellplatz angesetzt werden.

Diese **Beträge verändern sich** wieder **am 1. Januar 2023** und am 1. Januar eines jeden darauf folgenden dritten Jahres in dem unter Rdn. 675 dargestellten Umfang. 678

Für alle Instandhaltungspauschalen gilt: 679
- Die kleinen Instandhaltungen umfassen nur das Beheben kleiner Schäden an den Installationsgegenständen für Elektrizität, Wasser und Gas, den Heiz- und Kocheinrichtungen, den Fenster- und Türverschlüssen sowie den Verschlussvorrichtungen von Fensterläden.
- Schönheitsreparaturen umfassen nur das Tapezieren, Anstreichen oder Kalken der Wände und Decken, das Streichen der Fußböden, Heizkörper einschließlich Heizrohre, der Innentüren sowie der Fenster und Außentüren von innen.
- Für Kosten der Unterhaltung von Privatstraßen und Privatwegen, die dem öffentlichen Verkehr dienen, darf ein Erfahrungswert als Pauschbetrag neben den vorstehenden Sätzen angesetzt werden.
- Kosten eigener Instandhaltungswerkstätten sind mit den vorstehenden Sätzen abgegolten.

ggg) Mietausfallwagnis (§ 29 der II BV). Durch das Mietausfallwagnis soll das Risiko einer Ertragsminderung abgedeckt werden, die durch uneinbringliche Rückstände von Mieten oder durch das Leerstehen von Wohnungen entsteht. Das Mietausfallwagnis beträgt 2% der Mieteinnahmen. Es handelt sich um einen kalkulatorischen Ansatz, der nach der hier vertretenen Ansicht zu berücksichtigen ist (**a. A.** Sternel und Meyer a. a. O.). Das Ausfallwagnis darf allerdings nur aus der zulässigen Miete berechnet werden. Der Umstand, dass der Mieter eine Kaution bezahlt hat, steht der Berücksichtigung des Kostenansatzes dann nicht entgegen, wenn durch die Kaution nicht nur das Mietausfallrisiko abgedeckt werden soll. Davon ist im Regelfall auszugehen, weil die Kaution im Allgemeinen auch die Schadensersatzansprüche des Vermieters (z. B. wegen unterlassener Schönheitsreparaturen) sichern soll. 680

bb) Untermietverhältnisse. Hat der Vermieter die Wohnung selbst nur angemietet, so ist der vom Vermieter an den Eigentümer zu zahlende Mietzins als laufende Aufwendung im Sinne von § 5 WiStG anzusehen. Diese Aufwendungen können bis zur Höhe der laufenden Aufwendungen des Eigentümers als zur Kostendeckung erforderlich berücksichtigt werden (OLG Stuttgart, RE 18.1.1990 NJW-RR 1990, 402). 681

§ 535 BGB Untertitel 1. Allgemeine Vorschriften für Mietverhältnisse

682 **cc) Wesentlichkeitsgrenze 50%.** Bei der Vereinbarung eines kostendeckenden Mietzinses liegt der Tatbestand der Mietpreisüberhöhung erst dann vor, wenn der vereinbarte Mietzins in einem auffälligen Missverhältnis zu der Leistung des Vermieters steht. Damit soll klargestellt werden, dass die Wuchergrenze des § 291 StGB nicht überschritten werden darf. Ein auffälliges Missverhältnis kann angenommen werden, wenn der vereinbarte Mietpreis die ortsübliche Miete um mehr als 50% übersteigt (BayObLG NZM 1998, 999, 1000; LG Darmstadt NJW 1972, 1244).

683 **e) Ausnutzung eines geringen Angebots.** Die Mietpreisüberhöhung setzt weiter voraus, dass der überhöhte Preis infolge der Ausnutzung eines **geringen Angebots** an vergleichbaren Räumen vereinbart werden konnte. Dabei ist zu beachten, dass die **Mangelsituation getrennt nach Wohnungsgruppen** festzustellen ist. Maßgeblich sind die Verhältnisse auf den Teilmärkten (BGH NZM 2006, 291 = WuM 2006, 161; OLG Hamm RE 13.3.1986 – WuM 1986, 206; OLG Braunschweig WuM 1999, 684, 685; LG Frankfurt WuM 1996, 286; LG Hamburg WuM 2000, 94; NZM 2000, 180; WuM 2000, 426; Beuermann GE 1998, 1124; **a. A.** Hentschel MM 1998, 305). Ein ausreichendes Angebot an Luxuswohnungen und ein unzureichendes Angebot an Einfachwohnungen oder Durchschnittswohnungen kann dazu führen, dass der Vermieter der Luxuswohnung einen Mietpreis ohne Rücksicht auf § 5 WiStG vereinbaren kann, während der Vermieter der Einfach- oder Durchschnittswohnung durch die Vorschrift beschränkt wird (LG Frankfurt WuM 1996, 286; Schilling FWW 1994, 79).

684 Für die Annahme einer Mangelsituation reicht es aus, wenn für bestimmte, nach allgemeinen Merkmalen abgrenzbare Mietergruppen infolge mangelnder Vertragsbereitschaft der Vermieter in ihrer Gesamtheit der Marktzugang verengt ist (OLG Hamm RE 13.3.1986 WuM 1986, 206 betr. studentische Wohngemeinschaft). Gleiches gilt für andere Gruppen von Wohnungssuchenden, etwa für kinderreiche Familien, für den Menschen im hohen Lebensalter, für Gastarbeiter oder für Arbeitslose. Nach der instanzgerichtlichen Rechtsprechung verlangt die Annahme eines **geringen Angebots** keine Unterversorgung: ein geringes Angebot liegt bereits dann vor, wenn das Angebot die Nachfrage nicht spürbar überschreitet und der Vermieter als marktüberlegener Teil in der Lage ist, die Mietbedingungen zu bestimmen (LG Berlin ZMR 1998, 349; LG Hamburg WuM 1998, 491; AG Nürnberg, WuM 1989, 312; LG Mannheim WuM 1999, 467 = NZM 2000, 86). Der BGH neigt demgegenüber zu der Auffassung, dass das Tatbestandsmerkmal nicht vorliegt, wenn der Wohnungsmarkt ausgeglichen ist. Voraussetzung ist also, dass das Angebot hinter der Nachfrage zurückbleibt. Der BGH hat diese Frage aber nicht abschließend entschieden (BGH NZM 2005, 534 = WuM 2005, 471).

685 Nach der Rechtsprechung des BGH kommt es für die Frage, ob ein „geringes Angebot" vorliegt, nicht auf den konkreten Stadtteil an, in dem sich die Wohnung befindet. Maßgeblich ist die **Marktlage im gesamten Stadtgebiet.** In die Bewertung der Marktlage sind alle Wohngegenden einzubeziehen, „die nach ihrer Lage und Struktur dem Stadtteil ähnlich – also vergleichbar – sind, in welchem sich die gemietete Wohnung befindet".

686 Als **Indiz für ein geringes Angebot** wird in der Rechtsprechung gewertet, wenn die Nachfragen Wohnungssuchender beim Wohnungsamt stark ansteigen (AG Braunschweig/LG Braunschweig WuM 1990, 162) oder wenn die Marktmiete – also die übliche Miete bei Neuvermietungen – um ca. 15% höher ist als die ortsübliche Miete (LG Braunschweig WuM 1983, 268). Weitere Indizien für ein geringes Angebot sind: statistische Daten, registrierte Wohnungslosenfälle, be-

hördliche Bedarfsprognosen, die Bestimmung einer Gemeinde zu einem Gebiet mit gefährdeter Wohnraumversorgung durch landesrechtliche Rechtsverordnung (LG Berlin ZMR 1998, 349; GE 1998, 859; LG Hamburg WuM 1998, 491); die Geltung der Zweckentfremdungsverordnung (LG Mönchengladbach WuM 1997, 274; LG Hamburg a. a. O.; LG Berlin GE 1999, 252; MM 2000, 420; LG Mannheim WuM 1999, 467 = NZM 2000, 86); Regierungsprogramme zur Förderung des Wohnungsbaus oder zunehmende Wohnungsmodernisierungen mit der Folge, dass sich das Angebot an Billigwohnungen verringert (LG Hamburg WuM 1979, 63; WuM 1979, 199; WuM 1989, 522; WuM 1994, 696, wonach ein geringes Angebot vorliegt, wenn das örtliche Angebot die Nachfrage nicht um wenigstens 5% übersteigt). Hat sich das ortsübliche Mietpreisniveau in der Gemeinde in den letzten Jahren stärker entwickelt als die allgemeinen Lebenshaltungskosten, so spricht dies ebenfalls für ein geringes Angebot. Häufig wird ein geringes Angebot als gerichtsbekannt unterstellt (LG Stuttgart WuM 1989, 168 für preiswerte Wohnungen; LG Hamburg WuM 1978, 222 für preiswerte Einzimmerwohnungen; LG Hamburg WuM 1998, 491 für Wohnungen mit durchschnittlicher Ausstattung im Jahre 1995; LG Mannheim ZMR 1979, 62 für Gastarbeiterwohnungen; AG Köln WuM 1978, 76 für Gastarbeiterwohnungen). Für Luxuswohnungen gilt dieser Grundsatz nicht: hier muss der Mieter substantiiert darlegen, auf Grund welcher Umstände von einem geringen Angebot auszugehen ist (LG Frankfurt WuM 1996, 286, betr. eine Wohnung zum zulässigen Mietpreis von 4400.– DM; LG Berlin GE 1998, 299 und 745 betr. eine Wohnung zum Nettomietzins von 5000.– DM in einer Villenlage; LG Hamburg ZMR 2000, 676 für Wohnung in Spitzenlage zum Quadratmeterpreis von 50.– DM; NZM 2000, 30 für Altbauvilla am Elbhang; AG Tempelhof-Kreuzberg für Haus zum Mietpreis von 3500.– DM; AG Bad Homburg NZM 1998, 665 für luxuriös ausgestattete Zwei-Zimmer-Dachstudiowohnung von ca. 60 m^2 zum Preis von 1500.– DM plus Nebenkosten). Teilweise wird auch die Ansicht vertreten, dass die aufgeführten Umstände generell nicht als Indiz für eine Mangellage gewertet werden können (LG Berlin GE 1998, 551 = DWW 1998, 214; Herrlein in: Herrlein/Kandelhard (2007) § 5 WiStG Rdn. 8; Lammel Wohnraummietrecht § 5 WiStG Rdn. 27, 28). Der BGH hat entschieden, dass die Geltung der Zweckentfremdungsverordnung kein ausreichendes Indiz für einen Mangel an Wohnungen von überdurchschnittlicher Qualität darstellt (BGH NZM 2006, 291 = WuM 2006, 161).

Indizien für ein ausreichendes Angebot sind ebenfalls denkbar. Hierzu gehören: ein längerer Leerstand der Wohnung; Mietsenkungen bei der Neuvermietung und vergebliche Zeitungsinserate. Voraussetzung ist aber, dass die Wohnung zu einem ortsüblichen Preis angeboten wird. **687**

Die Auslegung des Tatbestandsmerkmals der **„Ausnutzung"** ist umstritten. Nach der hier vertretenen Ansicht liegt ein Ausnutzen vor, wenn die Wohnungsmangellage der Grund für die hohe Mietforderung ist. Ausnutzen bedeutet danach das bewusste Zunutze machen der gegebenen Lage (OLG Braunschweig WuM 1999, 684, 685). Nach der **Ansicht des BGH** (NJW 2004, 1740 = NZM 2004, 381 = WuM 2004, 294 = ZMR 2004, 411 m. zust.Anm. Breiholdt; BGH WuM 2005, 471 = NZM 2005, 534; WuM 2006, 161 = NZM 2006, 291) ist das Tatbestandsmerkmal des „Ausnutzens" nur gegeben, wenn „der Vermieter erkennt oder in Kauf nimmt, dass der Mieter sich in einer Zwangslage befindet, weil er aus nachvollziehbaren gewichtigen Gründen nicht auf eine preiswertere Wohnung ausweichen kann" (BGH WuM 2005, 471 = NZM 2005, 534). Es kommt also darauf an, ob der konkrete Mieter im Einzelfall besondere Schwierigkeiten bei der Woh- **688**

§ 535 BGB Untertitel 1. Allgemeine Vorschriften für Mietverhältnisse

nungssuche gehabt hat. Nach dieser Meinung muss der Mieter im Prozess im Einzelnen darlegen, welche Bemühungen er bei der Suche nach einer angemessenen Wohnung unternommen hat und weshalb diese Suche erfolglos geblieben ist. Nach der Ansicht des BGH liegt das Merkmal des Ausnutzens nicht vor, wenn der Mieter bereit ist, für eine bestimmte Wohnung unabhängig von der Lage auf dem Wohnungsmarkt, eine verhältnismäßig hohe Miete zu bezahlen. Der BGH führt beispielsweise an, dass eine solche Situation vorliegt, wenn der Mieter in einer von ihm bevorzugten Wohnlage nur eine bestimmte und keine andere Wohnung beziehen will, oder wenn er den Mietvertrag abschließt ohne sich zuvor über ähnliche Objekte und die Höhe der ortsüblichen Miete erkundigt zu haben. In diesen und ähnlichen Fällen sei der Mieter nicht schutzbedürftig. Aus dieser Rechtsansicht leitet das OLG Frankfurt (NJW 2014, 166 betr. eine Bußgeldsache) ab, bei öffentlich-rechtlicher **Kostenübernahme durch das Sozialamt** komme eine „Ausnutzung" des Mieters nicht in Betracht, wenn dem Mieter „in Ermangelung einer persönlichen Belastung die Höhe des vereinbarten Entgelts schlichtweg gleichgültig ist." Hiervon sei regelmäßig ausgehen. Eine Ausnahme gelte zum einen **(1)** „wenn das Amt eine – vom Tatrichter festzustellende – Höchstgrenze für die übernommenen Mietkosten vorgegeben hat und sich der Mieter in Anbetracht des geringen Wohnraumangebotes und des ihm gesetzten Kostenrahmens gezwungen sieht, auf eine nach Größe und Ausstattung minderwertige Wohnung auszuweichen." Zum anderen liege eine Ausnahme vor, **(2)** wenn das Amt dem Mieter aufgegeben hat, eine preiswerte Wohnung zu suchen, der Mieter dieser Aufforderung Folge geleistet hat und die Suche des Mieters erfolglos geblieben ist.

689 f) **Zivilrechtliche Folgen der Mietpreisüberhöhung.** Ein Verstoß gegen § 5 WiStG hat die teilweise Nichtigkeit der Mietpreisvereinbarung zur Folge. Nach h. M. verändert sich der Umfang der Teilnichtigkeit mit der **Veränderung des ortsüblichen Mietpreisniveaus** (OLG Hamm RE 3.3.1983 NJW 1983, 1622; OLG Frankfurt RE 4.4.1985 WuM 1985, 139 KG RE 20.4.1995, WuM 1995, 484; **a. A.** AG Gießen WuM 1998, 356; Buchmann WuM 1995, 86 und 427; Boecken WuM 1997, 145). Die jeweiligen Preisveränderungen sind etwa in Jahresabständen zu ermitteln (OLG Frankfurt a. a. O.; abw. KG a. a. O.: 15 Monate; LG Hamburg WuM 1997, 209: 2 Jahre). Maßgeblich ist die jeweilige um den Wesentlichkeitszuschlag erhöhte ortsübliche Miete (LG Hamburg NZM 2000, 1002).

690 Das **Absinken des ortsüblichen Preisniveaus** kann umgekehrt dazu führen, dass ein beim Vertragsschluss zulässiger Mietpreis ab einem bestimmten Zeitpunkt die Grenze des § 5 WiStG überschreitet. Auch in diesem Fall tritt Teilunwirksamkeit ein, weil es für die Tatbestandserfüllung nach § 5 WiStG ausreicht, dass der Vermieter das preiswidrige Entgelt annimmt (**a. A.** KG RE 1.2.2001 GE 2001, 343). Zu beachten ist allerdings, dass ein sinkendes Preisniveau i. d. R. anzeigt, dass die für § 5 WiStG erforderliche Wohnungsmangellage nicht mehr besteht. In diesem Fall schuldet der Mieter den Mietzins weiterhin in der bisherigen Höhe; § 5 WiStG ist unanwendbar, weil der Vermieter den Mietzins nicht unter Ausnutzung eines geringen Angebots erzielt (so zutr. Beuermann GE 1997, 582).

691 Es genügt, wenn das geringe Angebot (die Mangellage) **beim Abschluss des Mietvertrags** bestanden hat (OLG Hamburg RE 3.3.1999 NZM 1999, 363; KG RE 1.2.2001 GE 2001, 343).

692 Es reicht aus, wenn der **äußere Tatbestand** des § 5 WiStG erfüllt ist. Es kommt insoweit nicht darauf an, ob dem Vermieter ein Verschulden zur Last fällt. Die Mietpreisvereinbarung ist insoweit nichtig, als die Wesentlichkeitsgrenze überschritten

wird (BGH RE 11.1.1984 NJW 1984, 722). Diese Rechtslage führt zu folgenden Ergebnissen: **(1)** Liegt die maßgebliche Kostenmiete unterhalb der ortsüblichen Vergleichsmiete, so verstößt der Vermieter gegen § 5 WiStG, wenn die ortsübliche Miete um mehr als 20% überschritten wird. Gleiches gilt, wenn die ortsübliche Vergleichsmiete und die Kostenmiete identisch sind. Der Gesetzesverstoß hat zivilrechtlich zur Folge, dass die Mietzinsvereinbarung nichtig ist, soweit sie die Wesentlichkeitsgrenze (ortsübliche Miete + 20%) übersteigt. **(2)** Liegt die maßgebliche Kostenmiete oberhalb der ortsüblichen Vergleichsmiete, aber unterhalb der Wesentlichkeitsgrenze, so verstößt der Vermieter gleichfalls gegen § 5 WiStG, wenn die ortsübliche Vergleichsmiete um mehr als 20% überschritten wird. Der Vermieter ist nämlich nicht berechtigt, zu der Kostenmiete noch einen weiteren 20%igen Zuschlag zu verlangen. Zivilrechtlich hat der Gesetzesverstoß auch in diesem Fall zur Folge, dass die Mietzinsvereinbarung insoweit nichtig ist, als sie die Wesentlichkeitsgrenze (ortsübliche Miete + 20%) überschreitet. **(3)** Liegt die maßgebliche Kostenmiete über der Wesentlichkeitsgrenze des § 5 Abs. 2 Satz 1, aber unterhalb der Wuchergrenze, so darf der Vermieter nur die Kostenmiete verlangen. Jede Überschreitung der Kostenmiete stellt einen Verstoß gegen § 5 WiStG dar, der zivilrechtlich zur Folge hat, dass die Mietpreisvereinbarung auf die Kostenmiete zurückgeführt wird. **(4)** Wird durch die maßgebliche Kostenmiete die Wuchergrenze überschritten, so hat dieser Verstoß zivilrechtlich zur Folge, dass die Mietpreisvereinbarung insoweit unwirksam ist, als die ortsübliche Miete um mehr als 50% überschritten wird (OLG Hamburg RE 5.8.1992 WuM 1992, 527; **a. A.** AG Köln WuM 1996, 25).

Den jeweils überzahlten Betrag kann der Mieter zurückverlangen (§ 812 BGB). **693** Soweit er für das Rückforderungsverlangen auf Auskünfte durch den Vermieter angewiesen ist (z. B. über die Höhe der laufenden Aufwendungen), wird man dem Mieter einen **Auskunftsanspruch** entsprechend § 8 Abs. 4 S. 1 WoBindG zubilligen müssen (**a. A.** AG Schöneberg NJWE-MietR 1997, 28; AG Duisburg NJW-RR 1997, 12). Der Rückforderungsanspruch steht auch dann dem Mieter zu, wenn die Miete durch einen Dritten bezahlt worden ist. Dies gilt auch bei Mietzahlung durch das Job-Center oder einer anderen Sozialhilfebehörde. Die Sozialhilfebehörde hat ihrerseits einen Anspruch gegen den Mieter auf Auskehrung der überzahlten Beträge (vgl. LG Berlin GE 2015, 659).

g) Ausschluss des Rückforderungsanspruchs. aa) Die Anwendung des **694** § 814 BGB ist immer dann ausgeschlossen, wenn ein Wohnungssuchender einen überhöhten Preis akzeptiert, weil er andernfalls wegen der angespannten Wohnungsmarktsituation bei der Vergabe der Wohnung keine Chance hätte. Das ergibt sich aus dem speziellen Schutzzweck der §§ 138 BGB, 5 WiStG, der nicht erreicht werden könnte, wenn bereits die Kenntnis des Mieters von der Rechtswidrigkeit der Mietpreisvereinbarung zum Ausschluss des Rückforderungsrechts führen würde. Die Rechtsprechung wendet § 814 BGB allerdings an, wenn der Mietinteressent positive Kenntnis von der Preiswidrigkeit hatte (LG Stuttgart WuM 1989, 168; LG Braunschweig WuM 1983, 268; LG Aachen ZMR 1983, 408).

bb) Die Vorschrift des **§ 817 Satz 2 BGB** ist nicht anwendbar, weil lediglich **695** der Vermieter, nicht aber der Mieter gegen § 5 WiStG verstoßen kann (im Ergebnis ebenso: LG Berlin GE 1994, 1123 für Rückforderungsansprüche nach Verstößen gegen das Mietpreisrecht der ehemaligen DDR).

cc) Nach **§ 818 Abs. 3 BGB** entfällt der Rückforderungsanspruch, wenn der **696** Empfänger nicht mehr bereichert ist. Ein solcher Fall kann vorliegen, wenn der Eigentümer einer Wohnung den Erlös aus der Vermietung zur Finanzierung seines

§ 535 BGB Untertitel 1. Allgemeine Vorschriften für Mietverhältnisse

Aufenthalts in einem Altersheim verwendet hat. Hier ist allerdings § 819 Abs. 2 BGB zu beachten, wonach der Vermieter unter anderem aus dem Gesichtspunkt des Schadensersatzes zur Rückzahlung verpflichtet sein kann, wenn er positive Kenntnis vom Gesetzesverstoß hatte. Außerdem ist in diesem Zusammenhang darauf hinzuweisen, dass die Vorschrift des § 5 WiStG von der Rechtsprechung als Schutzgesetz im Sinne von § 823 Abs. 2 BGB bewertet worden ist (LG Köln WuM 1989, 311), mit der Folge, dass der Vermieter bei schuldhaftem Verstoß gegen § 5 WiStG stets aus Schadensersatzgesichtspunkten zur Rückzahlung verpflichtet ist, ohne dass er sich auf § 814 BGB oder § 818 Abs. 3 BGB berufen könnte.

697 **g1) Verjährung.** Nach dem Rechtsentscheid des OLG Hamburg vom 30.1.1989 (WuM 1989, 126) verjähren die Rückforderungsansprüche des Mieters ebenso wie die Mietzinsansprüche des Vermieters in 3 Jahren.

698 **h) Darlegungs- und Beweislast.** Beweispflichtig für die **Höhe des ortsüblichen Mietpreisniveaus** ist der Mieter (LG Hamburg WuM 1980, 86). Ist die Wohnung bereits weitervermietet und muss sie zum Zwecke der Bewertung in Augenschein genommen oder begutachtet werden, so muss der Vermieter den Nachmieter ersuchen, dass dieser die Besichtigung der Wohnung gestattet (LG Frankfurt WuM 1990, 487). Eine solche Besichtigung ist allerdings nicht erzwingbar. Verweigert der Nachmieter die Besichtigung, so muss u. U. zu Lasten des Vermieters eine Beweisvereitelung angenommen werden, wenn der Vermieter die Weigerung zu vertreten hat (LG Frankfurt WuM 1990, 487; Harsch WuM 2020, 1).

699 Die Tatsachen, aus denen sich das **geringe Angebot** ergibt, muss ebenfalls der Mieter vortragen und beweisen (LG Hamburg WuM 1980, 126; LG Berlin NJWE-MietR 1997, 187; LG Berlin DWW 1998, 214; LG Frankfurt MDR 1998, 397 = WuM 1998, 169; AG Hamburg WuM 1998, 167; Beuermann GE 1998, 1124). Da der Mieter in der Regel keine präzise Kenntnis von der Wohnungsmarktsituation haben wird, genügt es, wenn er sich insoweit auf ein Sachverständigengutachten beruft (LG Hamburg NZM 2000, 1002, 1004).

700 Nach der Ansicht des BGH (BGH NJW 2004, 1740 = ZMR 2004, 411 m. zust. Anm. Breiholdt; ebenso LG Köln NZM 2003, 393) muss der Mieter zusätzliche Tatsachen vortragen, aus denen sich ergibt, dass der Vermieter eine **Mangellage ausgenutzt** hat. Insbesondere muss der Mieter vortragen und beweisen, „welche Bemühungen bei der Wohnungssuche er bisher unternommen hat, weshalb diese erfolglos geblieben sind und dass er mangels einer Ausweichmöglichkeit nunmehr auf den Abschluss des für ihn ungünstigen Mietvertrags angewiesen war". Das Tatbestandsmerkmal des „Ausnutzens" soll nur gegeben sein, wenn „der Vermieter erkennt oder in Kauf nimmt, dass der Mieter sich in einer Zwangslage befindet, weil er aus nachvollziehbaren gewichtigen Gründen nicht auf eine preiswertere Wohnung ausweichen kann (BGH NJW 2005, 2156). Nach dieser Ansicht sind also die subjektiven Tatbestandsmerkmale der Ordnungswidrigkeit (Vorsatz, Fahrlässigkeit) auch im Rahmen des § 134 BGB von Bedeutung. Nach einer Entscheidung des BVerfG (WuM 2001, 540) ist diese Auffassung verfassungsrechtlich nicht zu beanstanden. Nach richtiger Ansicht gilt indessen folgendes: Nach dem Tatbestand des § 5 WiStG wird lediglich vorausgesetzt, dass der hohe Mietpreis aufgrund der Mangellage – und nicht aus anderen Gründen – vereinbart werden konnte. Diese Kausalitätsbeziehung ist ohne weiteres zu unterstellen, weil es zu den allgemein bekannten Gesetzmäßigkeiten der Marktwirtschaft gehört, dass ein geringes Angebot bei starker Nachfrage einen hohen Preis zur Folge hat (im Ergebnis ebenso, aber mit anderer Begründung: Eisenhardt WuM 1998, 259, 261).

Die **Höhe der laufenden Aufwendungen** muss der Vermieter darlegen und 701
beweisen (LG Köln WuM 1989, 311; LG Frankfurt WuM 1994, 605). Es genügt
nicht, wenn der Vermieter lediglich behauptet, dass er laufende Aufwendungen in
einer bestimmten Höhe hat und sich zum Beweis hierfür auf die in der ZPO vorgesehenen Beweismittel beruft. Vielmehr muss der Vermieter seine laufenden Aufwendungen substantiieren (LG Frankfurt a. a. O.). Die Berechnung muss sich an
den Regelungen der §§ 8, 8a, 8b WoBindG orientieren; es ist allerdings nicht erforderlich, dass der Vermieter eine „Wirtschaftlichkeitsberechnung" i. S. von §§ 2ff der
II. BV vorlegt. (**a. A.** wohl: LG Köln WuM 1988, 26).

Die Tatbestände zum **Ausschluss des Rückforderungsanspruchs** muss ebenfalls der Vermieter beweisen. 702

j) Mietwucher bei der Wohnraummiete (§ 138 Abs. 1, 2 BGB). Übersteigt 702a
die verlangte Miete die ortsübliche Vergleichsmiete um mehr als 50%, so kann der
Tatbestand des § 138 Abs. 1, 2 BGB vorliegen, wenn die weiteren Voraussetzungen
dieser Vorschrift (s. unten Rdn. 713–717) gegeben sind. Eine Mangellage an vergleichbaren Wohnungen ist hier nicht erforderlich (LG Hamburg GE 2016, 917).

3. Die höchstzulässige Miete bei Geschäftsraummietverhältnissen (§§ 4 WiStG; 138 Abs. 1 und 2 BGB; § 134 BGB i. V. m. § 291 StGB)

a) § 4 WiStG: Preisüberhöhung in einem Beruf oder Gewerbe. Nach § 4 703
Abs. 1 WiStG handelt ordnungswidrig, wer vorsätzlich oder leichtfertig in befugter
oder unbefugter Betätigung in einem Beruf oder Gewerbe für Gegenstände oder
Leistungen des lebenswichtigen Bedarfs Entgelte fordert, verspricht, vereinbart, annimmt oder gewährt, die infolge einer Beschränkung des Wettbewerbs oder infolge
der Ausnutzung einer wirtschaftlichen Machtstellung oder einer Mangellage unangemessen hoch sind. Die Ordnungswidrigkeit kann mit einer Geldbuße bis zu fünfundzwanzigtausend Euro geahndet werden (§ 4 Abs 2 WiStG).

(1) Berufsmäßiges/gewerbliches Handeln. Bei der Vermietung von Ge- 704
werberaum durch ein Wohnungsunternehmen liegt dieses Tatbestandsmerkmal
zweifelsfrei vor. Erfasst wird aber auch der private Vermieter, der in Ausübung der
Anlage und Verwaltung seines Vermögens, Gewerberäume auf dem Markt anbietet
und so am Wettbewerb teilnimmt. Anders ist es, wenn dem Vermieter nur wenige
Wohnungen gehören.

(2) Geschäftsraum als Gegenstand des lebenswichtigen Bedarfs. Der Tat- 705
bestand des § 4 WiStG setzt weiter voraus, dass die Überlassung von Geschäftsraum zur
Deckung des „lebenswichtigen Bedarfs" erforderlich ist. Dabei ist nicht auf die Bedürfnisse des Mieters, sondern auf die Bedeutung des Geschäftsraums für die Allgemeinheit
abzustellen. Erforderlich ist also, dass die Bereitstellung des Geschäftsraums unter Berücksichtigung des heutigen Lebensstandards zur unmittelbaren oder mittelbaren Befriedigung der berechtigten materiellen und kulturellen Bedürfnisse der Bevölkerung
oder eines Teils der Bevölkerung erforderlich ist (OLG Schleswig Beschluss vom
10.6.2008 – 4 U 18/08, juris; Neuhaus NZM 2009, 646). Diese Voraussetzungen
werden in größeren Gemeinden nur selten vorliegen; hier ist i. d. R. ein mehr als ausreichendes Angebot an Gütern und Dienstleistungen aller Art vorhanden. Ausnahmen
sind aber auch hier denkbar (Arztpraxen, Kindertagesstätten). In kleinen Gemeinden
mit unzureichender Versorgung wird das Tatbestandsmerkmal häufiger gegeben sein.

§ 535 BGB Untertitel 1. Allgemeine Vorschriften für Mietverhältnisse

706 **(3) Beschränkung des Wettbewerbs/Ausnutzung einer wirtschaftlichen Machtstellung oder einer Mangellage.** Eine Beschränkung des Wettbewerbs liegt vor, wenn der Anbieter ohne Wettbewerber ist oder wenn nur wenige Wettbewerber vorhanden sind, so dass der Mietinteressent nicht auf andere Objekte ausweichen kann. Das Tatbestandsmerkmal des Ausnutzens einer wirtschaftlichen Machtstellung kann angenommen werden, wenn der Anbieter eine im Verhältnis zu seinen Wettbewerbern überragende Marktstellung hat. Unter Mangellage ist eine tatsächlich feststellbare Verknappung von Waren oder Leistungen zu verstehen (OLG Schleswig a. a. O.).

707 **(4) Fordern, versprechen, vereinbaren, annehmen oder gewähren des Entgelts.** Das Tatbestandsmerkmal „fordert" liegt vor, wenn im Zusammenhang mit der Vermietung von Räumen ein unangemessenes Entgelt verlangt wird. Das Tatbestandsmerkmal „versprechen lässt" ist anzunehmen, wenn der Mieter (oder Mietinteressent) seinerseits ein unangemessenes Entgelt anbietet und sich der Vermieter daraufhin zur Überlassung der Räume bereit erklärt. Das Merkmal „vereinbaren" ist erfüllt, wenn sich die Parteien auf ein bestimmtes Entgelt geeinigt haben. Das Tatbestandsmerkmal „annimmt" ist gegeben, wenn der Vermieter ein unangemessenes Entgelt tatsächlich entgegennimmt. Im Unterschied zu § 5 WiStG handelt auch der Mieter ordnungswidrig, wenn er für den Gewerberaum ein überhöhtes Entgelt „gewährt". Voraussetzung ist jedoch, dass der Mieter in Ausübung seines Berufs oder Gewerbes handelt.

708 **(5) Unangemessen hohes Entgelt.** Zum Entgelt gehört alles, was der Mieter als Gegenleistung für die Überlassung der Räume zu erbringen hat. Hierzu zählt namentlich die Miete einschließlich der Betriebs- und sonstigen Nebenkosten aber auch Sachleistungen mit Entgeltcharakter, wie die Übernahme von Instandhaltungs- und Instandsetzungspflichten. Maßstab für das angemessene Entgelt ist die übliche Miete für Räume vergleichbarer Art. Sind die Marktverhältnisse in der Gemeinde wegen der Beschränkung des Wettbewerbs, der wirtschaftlichen Machtstellung des Vermieters oder einer Mangellage verzerrt, so ist auf die Verhältnisse einer vergleichbaren Gemeinde mit funktionierendem Markt abzustellen. Ein unangemessen hohes Entgelt ist anzunehmen, wenn das übliche Entgelt um ca. 50% überschritten wird (abweichend: LG Halle ZMR 2002, 427 = GuT 2002, 40: 40%; Neuhaus a. a. O.: 100%).

709 **(6) Zivilrechtliche Folgen.** Die Ausführungen zu Rdn. 566ff gelten sinngemäß

710 **b) § 138 Abs. 1 BGB. Sittenwidriges Rechtsgeschäft.** Ein Mietvertrag ist als wucherähnliches Rechtsgeschäft nach § 138 Abs. 1 BGB sittenwidrig, wenn zwischen Leistung und Gegenleistung ein auffälliges Missverhältnis besteht und außerdem mindestens ein weiterer Umstand hinzukommt, der den Vertrag bei Zusammenfassung der subjektiven und der objektiven Merkmale als sittenwidrig erscheinen lässt. Dies ist insbesondere der Fall, wenn eine verwerfliche Gesinnung des Vermieters hervorgetreten ist. Ist das Missverhältnis zwischen den Leistungen besonders grob, lässt dies den Schluss auf eine verwerfliche Gesinnung zu (BGH NJW 2014, 1652; BGH NJW 2015, 1093). Ein sittenwidriger Vertrag ist nichtig. Die tatsächlichen Voraussetzungen des § 138 Abs. 1 BGB hat der Mieter darzulegen und zu beweisen (BGH NJW 1995, 1425, 1429; BGH NJW 2014, 1652; BGH NJW 2015, 1093). Der Tatbestand des § 138 Abs. 1 BGB ist in drei Stufen zu ermitteln (vgl. BGH NZM 2001, 8109).

Inhalt und Hauptpflichten des Mietvertrags **BGB § 535**

(1) Verhältnis Leistung/Gegenleistung. Zunächst ist an Hand der sog. „Vergleichsmethode" festzustellen, ob zwischen dem Wert des Miet- oder Pachtobjekts und der vereinbarten Miete oder Pacht ein Missverhältnis besteht. Ausgangspunkt der Prüfung ist die Ermittlung der ortsüblichen Miete. Maßgeblich ist, welche Marktmiete zum Zeitpunkt des Vertragsschlusses üblich war. Spätere Veränderungen der Marktmiete bleiben außer Betracht (KG ZMR 2001, 614 = MDR 2001, 863). Kann die Marktmiete nicht in einem punktgenauen Betrag, sondern nur in Form einer Mietpreisspanne festgestellt werden, so ist von dem Oberwert der Spanne auszugehen (KG a. a. O.). Sind keine Vergleichsobjekte vorhanden, so sind andere Erfahrungswerte heranzuziehen. Nach der Auffassung des BGH (NZM 1999, 664; NZM 2001, 810) ist es angebracht, einen mit den konkreten Verhältnissen vertrauten Sachverständigen zu beauftragen. Abweichend hiervon wird in der Literatur z. T. die Ansicht vertreten, dass die Marktmiete an Hand der **EOP-Methode** (Ertragskraftorientierte Pachtwertfindung), festzustellen sei (insbesondere Walterspiel ZMR 1996, 468). Der BGH hält die EOP Methode allerdings für ungeeignet (NZM 1999, 664; NZM 2001, 810). 711

(2) Auffälliges Missverhältnis zwischen Leistung und Gegenleistung. Sodann ist zu ermitteln, ob zwischen dem Marktpreis und dem vereinbarten Preis ein „besonders auffälliges, grobes Missverhältnis" besteht (BGH NZM 2004, 907). Ein **Missverhältnis zwischen Leistung und Gegenleistung** wird bei einer Überschreitung von 100% (Schultz in: Bub/Treier Kap III Rdn. 955; Michalski a. a. O.; Bub ZMR 1995, 509 mit der Einschränkung, dass der Pachtzins auch die laufenden Aufwendungen des Verpächters einschließlich einer Eigenkapitalverzinsung übersteigen muss; wohl auch: OLG Stuttgart NJW-RR 1993, 654) angenommen. Nach der Rechtsprechung liegt ein besonders auffälliges, grobes Missverhältnis vor, wenn der Wert der Leistung knapp doppelt so hoch ist wie der Wert der Gegenleistung BGH MDR 1998, 336; NZM 1999, 664, 666; NZM 2001, 810; NZM 2004, 907: danach reicht eine Übertreuerung von 92% aus; ähnlich: OLG Naumburg GuT 2002, 14; OLG Dresden ZMR 2002, 261; OLG München ZMR 1999, 109; OLG Düsseldorf NZM 1999, 461; OLG Koblenz ZMR 1999, 483, 484; KG GE 1999, 570; ZMR 2001, 614 = NZM 2001, 587; OLG Düsseldorf GE 2011, 1369; vgl. auch OLG Naumburg NZM 1999, 965: jedenfalls bei 145%). Behebbare Mängel bleiben bei der Beurteilung der zulässigen Mietzinshöhe außer Betracht (OLG Koblenz a. a. O.). 712

(3) Verwerfliche Gesinnung. Schließlich ist zu prüfen, ob weitere Umstände vorhanden sind, die der Miet- oder Pachtzinsvereinbarung einen sittenwidrigen Charakter verleihen. In Betracht kommt insbesondere eine verwerfliche Gesinnung des Vermieters (BGHZ 141, 257, 263 = NJW 1999, 3187 = NZM 1999, 664; NZM 2001, 810; NZM 2001, 1077; OLG Koblenz WuM 1998, 720; OLG München ZMR 1996, 550; ZMR 1999, 109; OLG Düsseldorf NZM 1999, 462; KG MDR 2001, 24), die unter anderem dann vorliegt, wenn dieser die Verhandlungsunterlegenheit des Mieters ausnutzt (OLG Düsseldorf GE 2011, 1369). Dabei ist erforderlich, dass das Missverhältnis und die Verhandlungsunterlegenheit des Mieters für den Vermieter oder Verpächter erkennbar war (BGH NZM 2004, 907). Die insoweit maßgeblichen Tatsachen und Umstände muss diejenige Partei darlegen und beweisen, die aus der Unwirksamkeit der Preisvereinbarung Rechte für sich herleiten will (OLG Düsseldorf GE 2011, 1369). Davon abweichend wird aber auch die Ansicht vertreten, dass bei einem privaten Mieter eine verwerfliche Gesinnung des Vermieters zu vermuten ist; danach muss der Vermieter darlegen und beweisen, dass sich der Mieter nicht nur wegen seiner wirtschaftlichen schwächeren Lage auf den 713

§ 535 BGB   Untertitel 1. Allgemeine Vorschriften für Mietverhältnisse

Mietvertrag eingelassen hat (OLG Dresden ZMR 2002, 261). Bei einem geschäftserfahrenen oder rechtskundigem Mieter soll die Vermutung aber nicht gelten (KG KGR Berlin 2000, 359 für die Vermietung von Räumen an einen Rechtsanwalt; KG GE 2002, 328; OLG Naumburg GuT 2002, 14; OLG Dresden ZMR 2002, 261). Ist der Mieter geschäftserfahren oder rechtskundig, so muss er die verwerfliche Gesinnung des Vermieters beweisen. Für die Annahme einer verwerflichen Gesinnung sind konkrete Tatsachenfeststellungen erforderlich. Es genügt allerdings, wenn sich der Vermieter leichtfertig der Erkenntnis verschließt, dass er den überhöhten Miet- oder Pachtzins nur auf Grund seiner wirtschaftlichen oder intellektuellen Überlegenheit hat durchsetzen können. Insbesondere hat das Gericht festzustellen, ob das Missverhältnis zwischen dem Marktpreis und dem vereinbarten Preis für den Vermieter oder Verpächter erkennbar gewesen ist. Bei einem erfahrenen, ortskundigen, professionellen Vermieter können entsprechende Marktkenntnisse unterstellt werden. Bei einem privaten Vermieter ist in Betracht zu ziehen, dass dieser irrig von fehlerhaften Vorstellungen hinsichtlich der Marktmiete ausgegangen ist. Eine solche Annahme liegt insbesondere dann nahe, wenn die marktüblichen Preise starken Schwankungen unterliegen (BGH NZM 2001, 810; NZM 2001, 1077). In diesem Fall ist anhand weiterer Umstände oder weiterer Vertragsregelungen zu prüfen, ob eine verwerfliche Gesinnung des Vermieters vorliegt.

714   c) **Knebelungsverträge.** Ein Fall des § 138 Abs. 1 BGB wird auch dann angenommen, wenn die wirtschaftliche Situation des Mieters durch die Miet- oder Pachtbedingungen so beschnitten wird, dass der Geschäftserfolg nur noch dem Vermieter zugutekommt. Hiervon ist auszugehen, wenn der Mieter durch die Vertragsbedingungen seine Selbständigkeit und wirtschaftliche Bewegungsfreiheit einbüßt (OLG Dresden ZMR 2002, 261). Für die Annahme eines Knebelungsvertrags genügt es allerdings nicht, wenn der Mieter nur Verluste erwirtschaftet (OLG Dresden a. a. O.). Vielmehr muss zwischen den Verlusten und den Mietbedingungen ein ursächlicher Zusammenhang bestehen (OLG München ZMR 1999, 109; NZM 1999, 617; OLG Naumburg NZM 1999, 965; OLG Dresden a. a. O.). Es ist nicht unbedingt erforderlich, dass darüber hinaus zwischen Leistung und Gegenleistung ein auffälliges Missverhältnis besteht (Michalski ZMR 1996, 1, 5). Jedoch muss ein wirtschaftliches Ungleichgewicht zwischen der Ertragsmöglichkeit der Mietsache und der Miethöhe bestehen. In einem solchen Fall kann auch dann eine Sittenwidrigkeit angenommen werden, wenn der Vermieter von der Situation des Mieters keine Kenntnis hatte (BGH WPM 1976, 181, 184; Michalski a. a. O.; OLG Dresden a. a. O.).

715   d) **§ 138 Abs. 2 BGB. Wucher.** Nach § 138 Abs. 2 BGB ist ein Rechtsgeschäft nichtig, durch das jemand unter Ausbeutung der Zwangslage, der Unerfahrenheit, des Mangels an Urteilsvermögen oder der erheblichen Willensschwäche eines anderen sich oder einem Dritten für eine Leistung Vermögensvorteile versprechen oder sich gewähren lässt, die in einem auffälligen Missverhältnis zu der Leistung stehen. Der Tatbestand des § 138 Abs. 2 BGB ist neben dem Tatbestand des § 138 Abs. 1 BGB anwendbar. Ein Vorrang zugunsten der einen oder anderen Vorschrift besteht nicht.

716   (1) **Auffälliges Missverhältnis zwischen Leistung und Gegenleistung.** Auch bei § 138 Abs. 2 BGB ist zunächst zu prüfen, ob zwischen Leistung und Gegenleistung ein auffälliges Missverhältnis besteht. Es gelten die Ausführungen zu Rdn. 711, 712.

717   (2) **Weitere Tatbestandsvoraussetzungen.** Darüber hinaus müssen die weiteren Voraussetzungen des § 138 Abs. 2 BGB gegeben sein (OLG Düsseldorf NZM

1999, 461; OLG Koblenz NZM 1999, 1100). Unter einer **Zwangslage** ist eine erhebliche Bedrängnis wirtschaftlicher, gesundheitlicher, oder politischer Art zu verstehen. Sie ist anzunehmen, wenn der Mieter unter dem Druck einer anders nicht abzuwendenden Gefahr für seine Existenz handelt (BGH NJW 1957, 1274). **Unerfahrenheit** liegt vor bei fehlender allgemeiner Lebenserfahrung oder Geschäftserfahrung. Von einem **Mangel an Urteilsvermögen** spricht man, wenn der Mieter unfähig ist, die wirtschaftlichen Auswirkungen eines Geschäfts, insbesondere den wirtschaftlichen Erfolg und die mit dem Geschäft verbundenen Risiken vernünftig einzuschätzen. Von einem mangelnden Urteilsvermögen kann dagegen nicht ausgegangen werden, wenn sich der Mieter in Kenntnis des hohen Risikos gleichwohl für das Geschäft entscheidet. Allerdings kann in einem solchen Fall eine **erhebliche Willensschwäche** vorliegen. Dies ist dann der Fall, wenn der Mieter unfähig ist, seinen Erkenntnissen entsprechend zu handeln. Zum **subjektiven Tatbestand** gehört, dass der Vermieter die Situation des Mieters **ausbeutet.** Hierunter ist das bewusste Ausnutzen des Mieters zu verstehen. Dies setzt voraus, dass der Vermieter die Situation des Mieters kennt und dass das Verhalten des Vermieters in Anbetracht der Umstände als verwerflich anzusehen ist (vgl. BGH NJW 1957, 1274; NJW 1979, 758). Nach der Ansicht des OLG Naumburg NZM 1999, 965 genügt es für die Annahme der Verwerflichkeit, dass ein auffälliges Missverhältnis zwischen Leistung und Gegenleistung vorliegt.

(3) Rechtsfolgen. Anders als bei der Wohnraummiete bleibt der Geschäfts- **718** raummietvertrag im Falle eines Verstoßes gegen § 138 BGB nicht zu dem höchstzulässigen Mietzins aufrechterhalten. Vielmehr ist er insgesamt unwirksam (OLG München ZMR 1999, 109; KG GE 2002, 328; Michalski ZMR 1991, 1, 6).

4. Abtretung der Miete

Der Vermieter kann sowohl fällige Mieten als den Anspruch auf künftige Mieten **719** an einen Dritten abtreten. Ansprüche auf künftigen Mietzins sind in der Regel befristete Forderungen (§§ 163, 158 Abs. 1 BGB). Solche Forderungen entstehen erst mit der Inanspruchnahme der Gegenleistung, also der Überlassung der Mietsache im gebrauchstauglichen Zustand zu Beginn des jeweiligen Mietzeitraums (BGH NJW 2008, 1153, 1156; NJW-RR 2005, 1641, 1642). Werden künftige Mietzinsansprüche abgetreten und der Mietvertrag im Anschluss hieran durch Kündigung oder Aufhebungsvertrag beendet, so erlischt die gegenüber dem Zessionar bestehende Zahlungspflicht. Anders ist es, wenn ein befristeter Mietvertrag über bewegliche Sachen so ausgestaltet ist, dass der Vermieter die wesentlichen Gegenleistungspflichten für die monatlich fällig werdenden Mietzinsen bereits zu Beginn des Mietverhältnisses erbracht hat. Dann entsteht der Anspruch auf Zahlung sämtlicher Mietzinsen als betagte Forderung bereits zu Beginn des Mietvertrages. Die Ansprüche auf künftigen Mietzins sind in diesem besonderen Fall keine befristeten Forderungen (BGH NZM 2010, 126 betr. Mietvertrag über Kopiergeräte). Wird eine solche Forderung abgetreten, so braucht der Zessionar die zwischen Zedent und Mieter vereinbarte vorzeitige Aufhebung des Mietvertrags nicht gegen sich gelten zu lassen, wenn der Mieter bei Abschluss der Aufhebungsvereinbarung die Abtretung kennt (BGH a. a. O.).

5. Quittung

Wird die Miete in bar bezahlt, so hat der Mieter Anspruch auf Erteilung einer **720** Quittung. Gleiches gilt bei bargeldloser Zahlung, wenn der Mieter einen Zahlungsnachweis gegenüber einer Behörde oder einem sonstigen Dritten benötigt. In der instanzgerichtlichen Rechtsprechung wird vereinzelt die Ansicht vertreten, dass der Mieter bei Beendigung des Mietverhältnisses vom ehemaligen Vermieter eine sog. **„Mietschuldenfreiheitsbescheinigung"** verlangen kann, wenn der neue Vermieter den Abschluss eines Mietvertrags von der Vorlage einer solchen Bescheinigung abhängig macht (AG Hohenschönhausen GE 2006, 974). Nach der Ansicht des **BGH** setzt ein derartiger Anspruch voraus, dass die Erteilung einer „Mietschuldenfreiheitsbescheinigung" einer Verkehrssitte entspricht (BGH NJW 2010, 1135 = WuM 2009, 647 = NZM 2009, 853). Der Umstand, dass einige große Wohnungsunternehmen am Ort oder in der Region den Abschluss eines Mietvertrags von der Vorlage einer „Mietschuldenfreiheitsbescheinigung" abhängig machen, reicht für die Annahme einer Verkehrssitte allerdings nicht aus. Vielmehr wäre erforderlich, dass im örtlichen Wohnungsmarkt ganz allgemein, also auch bei Privatvermietern eine entsprechende Übung besteht. Dies muss diejenige Partei beweisen, die sich auf die Existenz einer Verkehrssitte beruft. Eine fehlerhafte Mietschuldenfreiheitsbescheinigung ist folgenlos. Insbesondere liegt hierin kein Verzicht auf restliche Miete (AG Berlin-Spandau NZM 2011, 883).

6. Mietzahlungspflicht und Unmöglichkeit der Gebrauchsgewährung

721 Im Falle der Unmöglichkeit der Gebrauchsgewährung (z. B. infolge der Zerstörung des Gebäudes) wird der Vermieter von der Verpflichtung zur Gebrauchsgewährung frei. Er verliert in diesem Fall den Anspruch auf die Miete (§ 326 Abs. 1 Satz 1 BGB); jedoch bleibt der Mieter weiterhin zur Mietzahlung verpflichtet, wenn dieser die Unmöglichkeit zu vertreten hat (§ 326 Abs. 2 Satz 1 BGB). Nach § 278 BGB hat der Mieter ein Verschulden seiner Mitarbeiter zu vertreten (§ 278 BGB). Nach der Rechtsprechung muss der Mieter im Rahmen seiner Obhuts- und Sorgfaltspflicht auch für das Verschulden von Personen haften, die auf seine Veranlassung hin mit der Mietsache in Berührung kommen, worunter seine Angehörigen, Besucher, Kunden, von ihm beauftragte Handwerker oder Transporteure fallen (BGH NJW 1991, 1750). Für sonstige Dritte hat der Mieter nicht einzustehen. Dies führt zu dem Ergebnis, dass der Mieter zur Fortzahlung des Mietzinses verpflichtet ist, wenn der Untergang der Mietsache durch einen seiner Angehörigen, Besucher, Kunden, von ihm beauftragte Handwerker oder Transporteure Mitarbeiter verursacht wurde. Dagegen wird der Mieter von der Zahlungspflicht frei, wenn das Verhalten eines beliebigen Dritter schadensursächlich war. Ist streitig, ob der Untergang der Mietsache vom Vermieter oder vom Mieter zu vertreten ist, so muss der Vermieter beweisen, dass die Unmöglichkeit aus dem Obhuts- und Gefahrenbereich des Mieters herrührt. Der Mieter kann sich nur entlasten, wenn ihm der Beweis gelingt, dass der Brand weder durch einen seiner Mitarbeiter noch durch einen Kunden oder einen Lieferanten verursacht wurde.

7. Anweisungsfälle

722 Von praktischer Bedeutung sind jene Fälle, in denen die Miete nicht vom Mieter, sondern von einem Dritten, insbesondere vom Jobcenter gezahlt wird. Nach den von der Rechtsprechung entwickelten Grundsätzen zu den sog. „Anweisungsfällen" gilt folgende Regel: Weist der Mieter das Jobcenter an, die Miete unmittelbar an den Vermieter zu zahlen so gilt die Zahlung als Leistung des Mieters. Zahlt das Jobcenter versehentlich eine nicht (mehr) geschuldete Miete, so steht der Bereicherungsanspruch nach den Grundsätzen der **Leistungskondiktion (§ 812 Abs. 1 Satz 1 Alt. 1 BGB)** nicht dem Jobcenter, sondern dem Mieter zu (BGH NJW 2018, 1079 Rdn. 17, 30).

Von diesem Grundsatz gilt eine wichtige **Ausnahme,** wenn das Jobcenter zu einem Zeitpunkt zahlt, zu dem der Mieter die Zahlungsanweisung bereits widerrufen hat. In diesem Fall erfolgt die Zahlung ohne wirksame Anweisung. Der Bereicherungsanspruch steht nicht dem Mieter, sondern dem Jobcenter nach den Grundsätzen der **Nichtleistungskondiktion (§ 812 Abs. 1 Satz 1 Alt. 2 BGB)** zu (BGH NJW 2018, 1079 Rdn. 32). **723**

Die hier referierte Rechtslage ist insbesondere dann von praktischer Bedeutung, wenn dem Vermieter eigene Ansprüche gegen den Mieter – z. B. auf Schadensersatz wegen Beschädigung der Mietsache – zustehen. Steht der Bereicherungsanspruch nach den Grundsätzen der Leistungskondiktion dem Mieter zu, so kann der Vermieter mit seinen Ansprüchen gegen den Bereicherungsanspruch aufrechnen. Wird der Bereicherungsanspruch dagegen nach den Grundsätzen der Nichtleistungskondiktion vom Jobcenter geltend gemacht, so scheidet eine Aufrechnung aus. Es besteht kein Wahlrecht: die Leistungskondiktion geht der Nichtleistungskondiktion vor. Es kommt also maßgeblich darauf an, ob die Zahlungsanweisung des Mieters im Zeitpunkt der Mietzahlung durch das Jobcenter noch besteht. **724**

XVI. COVID-19-Pandemie-Gesetz

Art. 240 EGBGB Vertragsrechtliche Regelungen aus Anlass der COVID-19-Pandemie

§ 1 Moratorium

(1) ¹Ein Verbraucher hat das Recht, Leistungen zur Erfüllung eines Anspruchs, der im Zusammenhang mit einem Verbrauchervertrag steht, der ein Dauerschuldverhältnis ist und vor dem 8. März 2020 geschlossen wurde, bis zum 30. Juni 2020 zu verweigern, wenn dem Verbraucher infolge von Umständen, die auf die Ausbreitung der Infektionen mit dem SARS-CoV-2-Virus (COVID-19-Pandemie) zurückzuführen sind, die Erbringung der Leistung ohne Gefährdung seines angemessenen Lebensunterhalts oder des angemessenen Lebensunterhalts seiner unterhaltsberechtigten Angehörigen nicht möglich wäre. ²Das Leistungsverweigerungsrecht besteht in Bezug auf alle wesentlichen Dauerschuldverhältnisse. 3Wesentliche Dauerschuldverhältnisse sind solche, die zur Eindeckung mit Leistungen der angemessenen Daseinsvorsorge erforderlich sind.

(2) ¹Ein Kleinstunternehmen im Sinne der Empfehlung 2003/361/EG der Kommission vom 6. Mai 2003 betreffend die Definition der Kleinstunternehmen sowie der kleinen und mittleren Unternehmen (ABl. L 124 vom 20.5.2003, S. 36) hat das Recht, Leistungen zur Erfüllung eines Anspruchs, der im Zusammenhang mit einem Vertrag steht, der ein Dauerschuldverhältnis ist und vor dem 8. März 2020 geschlossen wurde, bis zum 30. Juni 2020 zu verweigern, wenn infolge von Umständen, die auf die COVID-19-Pandemie zurückzuführen sind,
1. das Unternehmen die Leistung nicht erbringen kann oder
2. dem Unternehmen die Erbringung der Leistung ohne Gefährdung der wirtschaftlichen Grundlagen seines Erwerbsbetriebs nicht möglich wäre.

²Das Leistungsverweigerungsrecht besteht in Bezug auf alle wesentlichen Dauerschuldverhältnisse. 3Wesentliche Dauerschuldverhältnisse sind solche, die zur Eindeckung mit Leistungen zur angemessenen Fortsetzung seines Erwerbsbetriebs erforderlich sind.

(3) ¹Absatz 1 gilt nicht, wenn die Ausübung des Leistungsverweigerungsrechts für den Gläubiger seinerseits unzumutbar ist, da die Nichterbringung der Leistung die wirtschaftliche Grundlage seines Erwerbsbetriebs gefährden würde. ²Absatz 2 gilt nicht, wenn die Ausübung des Leistungsverweigerungsrechts für den Gläubiger unzumutbar ist, da die

§ 535 BGB Untertitel 1. Allgemeine Vorschriften für Mietverhältnisse

Nichterbringung der Leistung zu einer Gefährdung seines angemessenen Lebensunterhalts oder des angemessenen Lebensunterhalts seiner unterhaltsberechtigten Angehörigen oder der wirtschaftlichen Grundlagen seines Erwerbsbetriebs führen würde. ³Wenn das Leistungsverweigerungsrecht nach Satz 1 oder 2 ausgeschlossen ist, steht dem Schuldner das Recht zur Kündigung zu.

(4) Die Absätze 1 und 2 gelten ferner nicht im Zusammenhang
1. mit Miet- und Pachtverträgen nach § 2, mit Darlehensverträgen sowie
2. mit arbeitsrechtlichen Ansprüchen.

(5) Von den Absätzen 1 und 2 kann nicht zum Nachteil des Schuldners abgewichen werden.

§ 2 Beschränkung der Kündigung von Miet- und Pachtverhältnissen

(1) Der Vermieter kann ein Mietverhältnis über Grundstücke oder über Räume nicht allein aus dem Grund kündigen, dass der Mieter im Zeitraum vom 1. April 2020 bis 30. Juni 2020 trotz Fälligkeit die Miete nicht leistet, sofern die Nichtleistung auf den Auswirkungen der COVID-19-Pandemie beruht. Der Zusammenhang zwischen COVID-19-Pandemie und Nichtleistung ist glaubhaft zu machen. Sonstige Kündigungsrechte bleiben unberührt.

(2) Von Absatz 1 kann nicht zum Nachteil des Mieters abgewichen werden.

(3) Die Absätze 1 und 2 sind auf Pachtverhältnisse entsprechend anzuwenden.

(4) Die Absätze 1 bis 3 sind nur bis zum 30. Juni 2022 anzuwenden.

§ 4 Verordnungsermächtigung

(1) Die Bundesregierung wird ermächtigt, durch Rechtsverordnung ohne Zustimmung des Bundesrates
1. die Dauer des Leistungsverweigerungsrechts nach § 1 bis längstens zum 30. September 2020 zu verlängern,
2. die in § 2 Absatz 1 und 3 enthaltene Kündigungsbeschränkung auf Zahlungsrückstände zu erstrecken, die im Zeitraum vom 1. Juli 2020 bis längstens zum 30. September 2020 entstanden sind,
3. den in § 3 Absatz 1 genannten Zeitraum bis zum 30. September 2020 und die in § 3 Absatz 5 geregelte Verlängerung der Vertragslaufzeit auf bis zu zwölf Monate zu erstrecken, wenn zu erwarten ist, dass das soziale Leben, die wirtschaftliche Tätigkeit einer Vielzahl von Unternehmen oder die Erwerbstätigkeit einer Vielzahl von Menschen durch die COVID-19-Pandemie weiterhin in erheblichem Maße beeinträchtigt bleibt.

(2) Die Bundesregierung wird ermächtigt, durch Rechtsverordnung mit Zustimmung des Bundestages und ohne Zustimmung des Bundesrates die in Absatz 1 genannten Fristen über den 30. September 2020 hinaus zu verlängern, wenn die Beeinträchtigungen auch nach Inkrafttreten der Rechtsverordnung nach Absatz 1 fortbestehen.

1. Regelungsanlass und -gegenstand

725 Aufgrund der im I. Quartal 2020 weltweit ausgebrochenen **COVID-19-Pandemie** haben die Bundesregierung und einzelnen Bundesländer eine Vielzahl von gesetzlichen Regelungen getroffen, die zum einen dem **Gesundheitsschutz** der Bevölkerung dienen sollten (dazu Rixen NJW 2020, 1097) und eine zu schnelle Ausbreitung der Pandemie verhindern oder zumindest verzögern sollten und zum anderen die in einem bisher nicht dagewesenen Umfang eintretenden **wirtschaftlichen Folgen** abfedern sollten. Dies musste alles sehr schnell gehen. Deshalb lief das **Gesetzgebungsverfahren** auch nicht nach normalen Maßstäben ab, was ggf. bei der **Auslegung der Vorschriften** im Rahmen des **Gesetzeszweckes** berücksichtigt werden muss (Sittner NJW 2020, 1169, 1172; Börstinghaus ZAP F. 4 S. 1883; ähnlich Mahdi/Rosner NZM 2020, 416, 419). Die Bundesregierung hatte hierfür eine Formulierungshilfe für ein „Gesetz zur Abmilderung der Folgen der COVID-19 Pande-

Inhalt und Hauptpflichten des Mietvertrags **BGB § 535**

mie im Zivil-, Insolvenz- und Strafverfahrensrecht" erarbeitet, die einen Gesetzesvorschlag einschließlich Begründung enthielt. Aus dieser Formulierungshilfe wurde ohne Änderung ein Gesetzentwurf der Koalitionsfraktionen CDU/CSU und SPD (BT-Drucks. 19/18110), der innerhalb von drei Tagen weitgehend unverändert die parlamentarischen Beratungen von Bundestag und -rat passiert und bereits zwei Tage darauf, am Freitagabend im Bundesgesetzblatt verkündet wurde (BGBl I 2020, 569). Die für das Mietrecht einschlägigen Vorschriften sind Art. 240 § 1 Abs. 4, § 2 EGBGB, Art. 240 § 4 EGBGB und Art. 6 des COVID-19 Gesetzes, deren Verfassungsmäßigkeit schon angezweifelt werden (Uth/Barthea NZM 2020, 385; Selk GE 2020, 585, 587).

Während in Art. 240 § 1 EGBGB Schuldnern, die Verbraucher oder Kleinstunternehmer sind, in Dauerschuldverhältnissen **ein temporäres Leistungsverweigerungsrecht** eingeräumt wird (dazu Schmidt-Kessel/Möllnitz NJW 2020, 1103, 1104), wenn sie ihren vertraglichen Pflichten aufgrund der durch die COVID-19 Pandemie hervorgerufenen außergewöhnlichen Verhältnisse nicht erfüllen können, gilt dies nach dem eindeutigen Wortlaut des Art. 240 § 1 Abs. 4 EGBGB **für Miet- und Pachtverhältnisse gerade nicht.** Für Mietverhältnisse über Grundstücke oder über Räume wurde demgegenüber in Art. 240 § 2 EGBGB ein vorübergehender **Kündigungsschutz** eingeführt. Er gilt für sämtliche Mietverhältnisse über Grundstücke und Räume, unabhängig davon, ob es sich um **Wohnraum** oder **Geschäftsräume** handelt. Irrelevant ist ebenfalls, ob der jeweiligen Vertragsparteien des Mietverhältnisses Unternehmer oder Verbraucher sind. Das Gesetz ist am 1.4.2020 in Kraft getreten und gilt hinsichtlich der für das Mietrecht einschlägigen Vorschriften bis zum 30.9.2022 (Art. 6 Abs. 6). 726

2. Fortbestehen der Hauptleistungspflichten

Art 240 § 2 EGBGB enthält gerade **kein dauerhaftes oder temporäres (Stundung) Leistungsverweigerungsrecht hinsichtlich der Mietzahlung.** Dies ist nur für andere Dauerschuldverhältnisse in Art. 240 §§ 1 und 3 EGBGB eingeführt worden. § 1 ist gem. Abs. 4 aber auf Miet- und Pachtverträge nicht anzuwenden. Mieter erhalten kein Leistungsverweigerungsrecht nach der Grundregel des § 1. Insofern stellt **§ 2 eine spezialgesetzliche Regelung** dar. Die Gesetzesbegründung (BT-Drucks. 19/18110 S. 36) geht davon aus, dass sie „damit **nach allgemeinen Grundsätzen** zur Leistung verpflichtet bleiben und ggf. auch in **Verzug** geraten können." Dies ist deshalb bedeutsam, weil dem Vermieter anders als jedem andere Gläubiger neben der Möglichkeit der Zahlungsklage unter bestimmten in der vorliegenden Situation schnell eintretenden Voraussetzungen als einschneidendes **Druckmittel** noch die **Kündigungsmöglichkeit** zur Verfügung steht. Der **Kündigungsausschluss** betrifft nur dessen **Bestandsinteresse.** Der Ausschluss hat zur Folge, dass Mieter die strittigen Fragen, ob die Miete gemindert oder aufgrund einer Vertragsanpassung nach § 313 I BGB herabgesetzt ist mit einem geringeren Risiko klären lassen können (Schmidt-Kessel/Möllnitz NJW 2020, 1103, 1105). Da der Bestand des Mietverhältnisses im Insolvenzverfahren nach **§ 112 InsO** normalerweise zeitweise geschützt ist, durch Art 1 des Gesetz zur Abmilderung der Folgen der COVID-19 Pandemie im Zivil-, Insolvenz- und Strafverfahrensrecht aber die **Insolvenzantragspflicht** bis zum 30.9.2020 ausgesetzt ist (Römermann NJW 2020, 1108), zieht Art 240 § 2 EGBGB den **insolvenzrechtlichen Kündigungsschutz** schon in die Phase der erst **drohenden Insolvenz** vor (Schmidt-Kessel/Möllnitz NJW 2020, 1103, 1105; zu den Unterschieden zwischen beiden Regelungen: Lindner AnwZert MietR 6/2020 Anm. 2). Die Vorschrift will 727

Börstinghaus

also genauso wie § 112 InsO für das Insolvenzverfahren vermeiden, dass Wohnungs- und Gewerbemieter aufgrund von **Liquiditätsengpässen** ihre Wohnung oder Betriebsstätte/Ladenlokal verlieren (Herlitz jurisPR-MietR 8/2020 Anm. 1). Die Parteien des Mietvertrags bleiben aber nach dem Gesetz trotz der Pandemie grds. zur Erbringung ihrer Hauptleistungen verpflichtet. Die Leistungspflicht entfällt nicht gem. § 537 BGB (Zehelein NZM 2020, 390, 391; Leo/Götz NZM 2020, 402, 403). Aus § 313 BGB mag sich insbesondere für den Bereich der Geschäftsraummiete etwas anderes ergeben (unten Rdn. 754ff). Vertreten wird auch ein Erlöschen der Mietzahlungsverpflichtng nach § 275 BGB (Schall JZ 2020, 388; **aA:** Schmidt/Streyl aaO § 3 Rdn. 62; eher fernliegend Selk GE 2020, 590) oder dem Rechtsgedanken des § 134 BGB (Leo/Götz NZM 2020, 402, 404).

3. Zahlungsverzug des Mieters

728 Da die Zahlungsansprüche des Vermieters auch während der Krise fällig wurden, im Zweifel zum 3. April, 6. Mai, 4. Juni 2020, **kam der Mieter in Verzug,** wenn er die Mietzahlung nicht rechtzeitig erbrachte (dazu § 556b Rdn. 18, 74, zu den Ausnahmen der Minderung siehe Rdn. 747 und des Wegfalls der Geschäftsgrundlage siehe unten Rdn. 754). Der Zahlungsanspruch kann, wenn die übrigen Voraussetzungen vorliegen, im **Urkundsverfahren** geltend gemacht werden. Die Einwände des Mieters müssen im Nachverfahren geprüft werden, weil es darüber keine Urkunden gibt. Die Bescheinigungen pp, die zur Glaubhaftmachung vorgelegt werden müssen, sind allenfalls Indizien und keine Urkunden über den eventuellen Einwand der Mangelhaftigkeit oder des Wegfalls der Geschäftsgrundlage.

729 Verzug setzt gem. § 286 Abs. 4 BGB **Vertretenmüssen** voraus (insofern ungenau Horst MietRB 2020, 144, 145 der immer von „verschuldensgetragen" spricht). Hierzu sieht § 276 Abs. 1 S 1 BGB vor, dass der Schuldner Vorsatz und Fahrlässigkeit zu vertreten hat, wenn eine strengere oder mildere Haftung weder bestimmt noch aus dem sonstigen Inhalt des Schuldverhältnisses, insbesondere aus der **Übernahme einer Garantie** oder eines **Beschaffungsrisikos,** zu entnehmen ist. Eine solche strengere Haftung besteht nach allgemeiner Auffassung bei **Geldschulden** wie sie Mietschulden darstellen. Danach befreit eine **Leistungsunfähigkeit aufgrund wirtschaftlicher Schwierigkeiten** den Mieter auch dann nicht von den Folgen des Ausbleibens der Leistung, wenn sie auf unverschuldeter Ursache beruht (BGH NZM 2015, 196 = NJW 2015, 1296). Nach dem Prinzip der **unbeschränkten Vermögenshaftung,** das § 276 Abs. 1 Satz 1 BGB zugrunde liegt und das im Übrigen auch aus dem geltenden Zwangsvollstreckungs- und Insolvenzrecht abzuleiten ist, hat Jedermann ohne Rücksicht auf ein Verschulden für seine finanzielle Leistungsfähigkeit einzustehen (BGHZ 107, 92, 102). Die Frage wird sein, ob dieser Grundsatz **„Geld hat man zu haben"** in Zeiten der Pandemie weiterhin uneingeschränkt Geltung hat. Dagegen könnte die **Wertung des Art. 240 § 1 EGBGB** sprechen, der ja ein Leistungsverweigerungsrecht wegen der Pandemie für andere Schuldner einführt. Auch wenn dem Mieter dieses Recht nicht eingeräumt wurde, könnte man die **gesetzliche Wertung** zumindest beim Vertretenmüssen mit heranziehen. Auf der anderen Seite hat der Gesetzgeber zahlreiche Hilfen für Menschen eingeführt, die unverschuldet in Not gekommen sind (Erweiterung des Kurzarbeitergeldes, Corona-Schutzschild für Selbständige, diverse Landesprogramme). Sofern hier Fördermöglichkeiten bestehen, muss der Mieter sich um diese auf jeden Fall bemühen, um sich nicht des Vorwurfs des Vertretenmüssens auszusetzen. Unterbleibt die Mietzahlung trotzdem, so gerät der Mieter daher grundsätzlich in Verzug und es fallen Verzugszinsen an. Für die übrigen Fälle wird es auf die Umstände des Einzelfalles ankommen. Soweit der BGH (BGHZ 204, 134 = NZM 2015, 196 = NJW 2015, 1296) ein Vertretenmüssen der Nichtleistung der Miete durch den Wohnraummieter auch in den Fällen angenommen hat, in denen das **Sozialamt** die **Kosten der Unterkunft unberechtigterweise nicht bewilligt** hat, wird man dies wohl in den Fällen, in denen die Sozialbehörden aufgrund der zusätzlichen Anträge und der in den Behörden nicht vollständig anwesenden Mitarbeiter, eine **längere Bearbeitungszeit** benötigen, auch anders beurteilen können. Für die **ordentliche Kündigung** gem. § 573 Abs. 2 Ziff. 1 BGB ist **Verschulden** erforderlich. Dort wird ein eventuelles Verschulden der Behörde als Erfüllungsgehilfe dem Mieter auch bisher schon nicht zugerechnet (BGH NJW 2016, 2805 = NZM 2016, 635; NJW 2009, 3781 = NZM 2010, 37). Erforderlich ist ein eigenes Verschulden des Mieters, was bei rechtzeitiger vollständiger Antragstellung nicht vorliegt.

4. Kündigungsschutz durch Art. 240 § 2 EGBGB

Die mietrechtliche Regelung des COVID-19-Gesetzes bezweckt die Einführung eines besonderen Kündigungsschutzes für den Fall, dass der Mieter in der Phase von April bis Juni 2020 **kündigungsrelevant in Verzug** gerät. Betroffen ist hier **sowohl die ordentliche Kündigung** des Vermieters wegen einer Pflichtverletzung nach § 573 Abs. 2 Nr. 1 BGB (zu den Voraussetzungen § 573 BGB Rdn. 22 ff.), als **auch die fristlose Kündigung** aus § 543 Abs. 2 Nr. 3 BGB (dazu § 543 Rdn. 122 ff.), sowie die Kündigung wegen unpünktlicher Mietzahlung in diesem Zeitraum (Schmidt-Kessel/Möllnitz NJW 2020, 1103, 1105). **730**

Exemplarischer Verlauf: Nachdem die Aprilmiete nicht gezahlt wurde, bleibt auch die Mietzahlung zum 6. Mai 2020 aus. Für diesen Fall ordnet die Regelung an, dass der Vermieter nicht allein aus dem Grund kündigen kann, dass das Ausbleiben der Zahlung auf den Auswirkungen der COVID-19-Pandemie beruht.

a) Nichtleistung trotz Fälligkeit im bezeichneten Zeitraum. Nach Art. 240 § 2 Abs. 1 ist die Kündigung ausgeschlossen, wenn „der Mieter im Zeitraum vom 1. April 2020 bis 30. Juni 2020 trotz Fälligkeit die Miete nicht leistet". Der **Bezugspunkt** müsste hier richtigerweise der **Fälligkeit der Miete** sein und nicht die Leistung des Mieters. Hinsichtlich des Verbraucherdarlehens ist das Gesetz in Art. 240 § 3 EGBGB so geregelt: „Für Verbraucherdarlehensverträge, die vor dem 15. März 2020 abgeschlossen wurden, gilt, dass Ansprüche des Darlehensgebers auf Rückzahlung, Zins- oder Tilgungsleistungen, *die zwischen dem 1. April 2020 und dem 30. Juni 2020 fällig werden,* (…)". Ebenso ist § 2 Abs 1 aufgrund des **Gesetzeszweckes** auszulegen. Es geht darum, dass der Vermieter nicht aus dem Grund kündigen kann, *dass der Mieter im Zeitraum vom 1. April 2020 bis 30. Juni 2020 fällig werdende Miete nicht leistet.* **Die Miete wird fällig am 3. Werktag um 0:00 Uhr** (BGH NJW 2010, 2208). **731**

Nach der Vorschrift kann der Vermieter ein Mietverhältnis **nicht allein** aus dem Grund kündigen, weil der Mieter im Zeitraum vom 1.4.2020 bis 30.6.2020 die Miete nicht leistet. Dieser Wortlaut könnte dafür sprechen, dass das Kündigungsrecht nur dann ausgeschlossen, wenn nur in diesen Monaten der kündigungsrelevante Rückstand entstanden ist, dass aber eine Kündigung möglich ist, wenn der kündigungsrelevante Rückstand sich sowohl aus Mieten vor April 2020 und danach bis 30.6.2020 zusammensetzt. **Beispiele:** **(a)** Bei einer Bruttowarmmiete von 600,00 Euro hat der Mieter im März 2020 nur 300,– € und im April pandemiebedingt nur 200,– € gezahlt; **(b)** der Mieter hat von Dezember 2019 bis März 2020 **732** jeweils nur 450,– € gezahlt und im April und Mai 2020 pandemiebedingt nur 300,– €. In beiden Fällen ist nach § 543 Abs. 2 Ziff. 3 eine außerordentliche Kündigung wegen Zahlungsverzuges grds. möglich. Im Fall (a) ist der Mieter an **zwei aufeinander folgenden Zahlungsterminen** mit mehr als einer Monatsmiete in Verzug und im Fall (b) **über einen Zeitraum von mehr als 2 Monaten in Höhe von 2 Monatsmieten.** Eine ganz **streng am Wortlaut orientierte Auslegung** käme zu dem Ergebnis, dass der Kündigungsgrund nicht „allein" auf Zahlungsrückstände aus April bis Juni 2020 stammt (so Föller WuM 2020, 249, 251; Artz MDR 2020, 527, 528 aber großzügiger in Schmidt COVID-19 § 3 Rdn. 41). Das entspricht aber nicht dem Gesetzeszweck. Hier haben erst die pandemiebedingten Ausfälle in den Monaten ab April 2020 das **„Fass zum Überlaufen"** (so die Formulierung des XII. Senats des BGH NJW 2016, 311 = NZM 2016, 98) gebracht. Die Gesetzesbegründung (BT-Drucks 19/18110 S. 36) spricht davon, dass die Vorschrift „nur Zahlungsrückstände, die vom 1. April bis 30. Juni 2020 entstehen" erfasst. Das bedeutet, dass der historische Gesetzgeber nicht wollte, dass diese Zahlungsrückstände zu einer Kündigung führen können. Das ist aufgrund des äußerst eilbedürftigen Gesetzgebungsverfahrens nur unzureichend im Gesetzestext zum Ausdruck gekommen. Der Gesetzgeber hat das Risiko gesehen, dass **in den drei Monaten** nach dem Lockdown viele Mieter **wirtschaftliche Probleme** bekommen können. Dass diese **neuen wirtschaftlichen Probleme zusammen mit alten Schulden** erst einen Kündigungsgrund verursachen können, wurde schlicht nicht bedacht. Diese Mieter sind aber genauso schutzbedürftig. Ihr Schutz entspricht auch dem Schutzzweck des Gesetzes. Der Wortlaut der Norm kann auch so verstanden werden, dass die Formulierung „allein" nur andere Kündigungsgründe wie Eigenbedarf oder Pflichtverletzung oder auch wegen Zahlungsverzugs, der vollständig vor dem 1.4.2020 entstanden ist, nicht ausschließen will. Nach hier vertretener Auffassung (s. a. Börstinghaus ZAP F. 4 S. 1883; so auch Klimesch/Walther ZMR 2020, 353, 355; wohl auch Siegmund MK 2020, 112) zählen deshalb alle Rückstände in den zunächst 3 Monaten ab April 2020 und ggf. für weitere Monate bei der Rückstandsberechnung für eine Zahlungsverzugskündigung bis 30.6.2022 nicht mit. Möglich ist aber, dass ein kündigungsrelevanter Rückstand aus Mietrückständen vor April 2020 und ab Juli 2020 sich zusammensetzt.

733 Strittig ist, ob die Vorschrift das **Kündigungsrecht** des Vermieters in Folge des Verzugs gänzlich **ausschließt** (Börstinghaus ZAP F. 4 S. 1883), oder ob das Kündigungsrecht zwar besteht, aber dem Vermieter verbietet das **Kündigungsrecht auszuüben** (Schmidt-Kessel/Möllnitz NJW 2020, 1103, 1105). Der Wortlaut der Überschrift „Beschränkung des Kündigungsrechts von Miet- und Pachtverhältnissen" lässt wohl beide Auslegungen zu. Der Gesetzeswortlaut „kann nicht kündigen" spricht dafür, dass gar kein Kündigungsrecht besteht. Bedeutung hat dies für die Heilungsmöglichkeiten bei späterer Zahlung. Nach hier vertretener Auffassung **verbietet die Vorschrift die Kündigung.** Die Rechtsfolge entspricht der des § 577a BGB. Auch bei der Kündigung einer in Wohnungseigentum umgewandelten Mietwohnung ist eine vor Ablauf der Frist ausgesprochene Kündigung unwirksam (AG Bad Cannstadt WuM 2017, 475). Die Sperrwirkung gilt nach § 2 Abs. 4 bis zum 30. Juni 2022 und zwar unabhängig davon, ob die Sperrfrist ein- oder zweimal verlängert wird (s. Rdn. 734).

734 **b) Verordnungsermächtigungen.** Das Gesetz enthält **zwei Ermächtigungsgrundlagen** für die Bundesregierung die Regelungen zu verlängern. Art 240 § 4 Abs. 1 Ziff. 2 EGBGB ermächtigt die Bundesregierung durch Rechtsverordnung ohne Zustimmung des Bundesrates die Kündigungsbeschränkung des § 2 auch auf Zahlungsrückstände zu erstrecken, die im **3. Quartal 2020,** also von Juli bis September 2020 entstehen. Nach Art. 240 § 4 Abs. 2 EGBGB wird die Bundesregierung außerdem ermächtigt, durch Rechtsverordnung **mit Zustimmung des Bundestages** aber ohne Zustimmung des Bundesrates diese Fristen noch weiter zu verlängern, wenn die Beeinträchtigungen auch nach der ersten Verlängerung bis 30.9.2020 fortbestehen. Diese zweite Verlängerung setzt zwingend zunächst die Verlängerung bis 30.9.2020 voraus (Herlitz jurisPR-MietR 8/2020 Anm. 1).

c) **Sonstige Kündigungsgründe.** Entsteht im ursprünglichen Regelungszeitraum – April bis Juni 2020 – oder in einem der eventuellen Verlängerungszeiträume ein Kündigungsgrund unter einem anderen Gesichtspunkt als dem pandemiebedingten Zahlungsverzug, etwa wegen einer anderen Pflichtwidrigkeit des Mieters als Zahlungsverzug, oder wegen Eigenbedarfs auf Vermieterseite so kann der Vermieter auch in diesen Phasen kündigen. 735

5. Halbzwingende Wirkung

Nach Art 240 § 2 Abs. 2 kann von der Regelung des Abs. 1 nicht zu Lasten des Mieters abgewichen werden. Dies entspricht inhaltlich wenn auch nicht wörtlich den aus dem Wohnraummietrecht bekannten Formulierungen über halbzwingende Normen (Zu solchen Normen im Mietrecht ausf. Derleder GS Sonnenschein, 2013, 97; Lehmann-Richter WuM 2010, 3; Schmid MDR 2014, 189; Lützenkirchen/Dickersbach ZMR 2006, 821; allgemein zu „Abdingungsverboten" Hau ZfPW 2018, 385, 388). Aus der unterschiedlichen Formulierung ergibt sich aber kein abweichender Regelungsgehalt. Der Unterschied zeigt aber nochmals, dass das Gesetz ohne penible Abstimmung mit anderen Normen formuliert wurde und deshalb der Wortlaut nicht unbedingt „auf die Goldwaage" gelegt werden darf. Das Verbot betrifft sowohl individualvertragliche Regelungen wie auch entsprechende formularvertragliche Klausel. Anders als im pandemiefreien Mietrecht, wo die entsprechende Klausel nur in wohnraummietrechtlichen Vorschriften enthalten ist, gilt das **Nachteilsverbot** hier aber zwingend **auch zugunsten eines unternehmerisch tätigen Mieters,** also etwa eines Geschäftsraummieters und zwar unabhängig davon, ob der Vermieter seinerseits Unternehmer oder Verbraucher ist. 736

6. Zahlungsausfall als Auswirkung der COVID-19 Pandemie

Voraussetzung für die Kündigungssperre des Art. 240 § 2 Abs. 1 EGBGB ist, dass **die Nichtzahlung der Miete ganz oder teilweise „auf den Auswirkungen der COVID-19 Pandemie beruht".** Weitere Voraussetzungen, wie sie z. B. in Art 240 § 1 und § 3 EGBGB für andere Vertragstypen genannt werden, gibt es nicht. Eine **existenzielle Bedrohung des Mieters** oder des Unternehmens ist nicht erforderlich (Schmidt-Kessel/Möllnitz NJW 2020, 1103, 1105). Erforderlich ist **lediglich ein kausaler Zusammenhang** zwischen der COVID-19-Pandemie und der Nichtleistung. Dies gilt sowohl bei der Wohn- wie auch bei der Gewerberaummiete. **(a)** Bei der **Wohnraummiete** spielen Einnahmeausfälle durch Arbeitslosigkeit oder Kurzarbeit **bei nichtselbständig Beschäftigten** eine Rolle. Zu berücksichtigen sind aber Transferzahlungen in Form von Kurzarbeiter-, Arbeitslosen- oder Wohngeld. Unerheblich ist das **Vorhandensein von Barreserven** (aA. Schmidt-Kessel/Möllnitz NJW 2020, 1103, 1106) oder andere Vermögenswerte (Lebensversicherungen, Grundstücke etc; so aber Klimesch/Walther ZMR 2020, 353, 355). Auf die 737

§ 535 BGB Untertitel 1. Allgemeine Vorschriften für Mietverhältnisse

Kaution darf der Vermieter, wenn der Mieter die Forderung bestreitet (Sittner NJW 2020, 1169, 1173), nicht zurückgreifen und der Mieter darf auch nicht die Aufrechnung gegenüber dem – zukünftigen (ausführlich hierzu Lindner AnwZert MietR 6/2020 Anm. 2; Mahdi/Rosner NZM 2020, 416) – Kautionsrückzahlungsanspruch erklären. Bei bestehendem Mietverhältnis steht dem Mieter gar kein aufrechenbarer Rückzahlungsanspruch zu. Dieser entsteht erst nach ausdrücklicher oder konkludenter Abrechnung durch den Vermieter (BGH NZM 2019, 754 = NJW 2019, 3371). Bei Wohnraummietern, die eine **selbständige Tätigkeit** ausüben „beruht" die Nichtzahlung auf Einnahmeausfällen z. B. aufgrund behördlicher (Schließungs-)Anordnungen. Hierzu zählen auch **mittelbare Folgen,** die nicht unmittelbar die Schließung des Büros oä zur Folge haben, aber den Kunden verbieten auf die Straße zu gehen und den selbständig Tätigen aufzusuchen. **(b)** Bei der **Geschäftsraummiete** zählen dementsprechend Einnahmeausfälle hierzu, weil der **Betrieb des Unternehmens** im Rahmen der Bekämpfung der Pandemie durch Rechtsverordnung oder behördliche Verfügung **untersagt** oder erheblich eingeschränkt worden ist. Dies betrifft z. B. Gaststätten oder Hotels, deren Betrieb zumindest für touristische Zwecke in vielen Bundesländern untersagt ist. Ebenso „beruht" die Nichtleistung auf Maßnahmen, die zwar den Betrieb nicht untersagen, aber es den Kunden verbieten oder auch nur nahelegen, nicht auf die Straße zu gehen und **Abstand zu halten.** Auch hier liegt der erforderliche kausale Zusammenhang vor. Erforderlich sind **erhebliche Einnahmeausfälle** oder Kostensteigerungen (Schmidt-Kessel/Möllnitz NJW 2020, 1103, 1105). Eine **Kompensation durch staatliche Fördermittel** oder den Betrieb eines **Onlineshops** muss aber berücksichtigt werden (Schmidt-Kessel/Möllnitz a. a. O.). Demgegenüber spielt die **allgemeine Leistungsfähigkeit** des Unternehmens keine Rolle. Das gilt auch für liquide Mittel einer Muttergesellschaft (**a. A.** Schmidt-Kessel/Möllnitz a. a. O.; Klimesch/Walther ZMR 2020, 353, 356). Entscheidend ist, dass die Nichtleistung auf der Pandemie „beruht", auch wenn es aufgrund von Rücklagen in der Lage ist, die Miete zu zahlen.

7. Glaubhaftmachung des Zusammenhangs mit der Pandemie

738 Gemäß Art. 240 § 2 S. 2 EGBGB obliegt es dem Mieter, den Zusammenhang zwischen der COVID-19-Pandemie und Nichtleistung der Miete im Streitfall glaubhaft zu machen. Dies stellt **eine Privilegierung des Mieters** dar, der **ansonsten den Vollbeweis** zu erbringen hätte. Die Glaubhaftmachung führt zu einer Herabsetzung des Beweismaßes zu Gunsten des beweispflichtigen Mieters. Er hat den Zusammenhang von Nichtleistung und COVID-19-Pandemie nicht zur vollen Überzeugung des Gerichts zu beweisen, sondern **nur mit überwiegender Wahrscheinlichkeit** (BGH NJW-RR 2007, 669). Eine **vorprozessuale Verpflichtung zur Glaubhaftmachung** gegenüber dem Vermieter gibt es aber nicht, auch wenn eine solche Begründung einer Nicht- oder nicht vollständigen Zahlung gegenüber dem Vermieter vorprozessual sinnvoll ist (Herlitz jurisPR-MietR 8/2020 Anm. 1). Die Vorschrift bestimmt nur für einen eventuellen **Räumungsprozess,** dass der Mieter dort Tatsachen darlegen muss, aus denen sich eine überwiegende Wahrscheinlichkeit dafür ergibt, dass die Nichtleistung auf der COVID-19-Pandemie beruht (BT-Drucks. 19/18110 S. 36).

739 Wer eine **tatsächliche Behauptung** glaubhaft zu machen hat, kann sich gem. § 294 Abs. 1 ZPO **aller Beweismittel** bedienen. Auch die **Versicherung an Eides** statt ist zugelassen. Geeignete Mittel können insb. der Nachweis der Antragstellung bzw. die Bescheinigung über die Gewährung staatlicher Leistungen, Beschei-

Inhalt und Hauptpflichten des Mietvertrags **BGB § 535**

nigungen des Arbeitsgebers oder andere Nachweise über das Einkommen bzw. über den Verdienstausfall sein. Mieter von Gewerbeimmobilien können darüber hinaus den Zusammenhang zwischen der COVID-19-Pandemie und der Nichtleistung regelmäßig mit Hinweis darauf glaubhaft machen, dass der Betrieb ihres Unternehmens in Folge der Bekämpfung der Pandemie durch Rechtsverordnung oder behördliche Verfügung untersagt oder erheblich eingeschränkt worden ist. Dies betrifft z. B. Gaststätten oder Hotels, deren Betrieb zumindest für touristische Zwecke in vielen Bundesländern untersagt ist. Auch **betriebswirtschaftliche Auswertungen,** die die Umsatzeinbußen darlegen, reichen aus.

Die Glaubhaftmachung ist im Hauptsacheprozess ein grds. nicht vorgesehenes 740 Beweismaß. Hier helfen normalerweise die üblichen Beweiserleichterungen inkl. der Schätzung gem. § 287 ZPO. Der Unterschied zu einem normalen Beweisantritt, der dann einen Beweisbeschluss oder eine vorbereitende Ladung zur Folge hat, ist aber gem. § 294 Abs. 2 ZPO der, dass eine Beweisaufnahme, die nicht sofort erfolgen kann, **unstatthaft** ist. Das bedeutet, die **Urkunden** müssen auch bei Anordnung eines frühen ersten Termin mitgebracht werden und dem Gericht – und Gegner – vorgelegt werden. Zeugen sind als präsente **Zeugen** zum Termin zu stellen. Das kann z. B. der Steuerberater sein, der Auskünfte zu Einnahmen und Ausgaben machen kann. Es darf sich aber nicht um einen **Ausforschungsbeweis** handeln, d. h. die Tatsachen, die es zu beweisen gilt, müssen vorher auch schon substantiiert vorgetragen werden.

8. Auswirkung von Zahlungen des Mieters

Bereits nach bisherige Recht entfällt das außerordentliche fristlose Kündigungs- 741 recht in zwei Fällen.

a) Befriedigung des Vermieters vor Ausspruch der Kündigung, § 543 742 **Abs. 2 S. 2 BGB.** Voraussetzung ist hierfür, dass der Mieter den **Rückstand vollständig ausgleicht** (BGH NZM 2018, 28 = NJW 2018, 939). Der Zahlung steht eine **Aufrechnung** mit einer Gegenforderung gleich. Die Aufrechnung muss aber unverzüglich nach Zugang der Kündigungserklärung erfolgen, also ohne schuldhaftes Zögern. Die Aufrechnung muss auch ausdrücklich erklärt werden. Es findet keine automatische Verrechnung mit Überzahlungen aus früheren Monaten statt. Nach Art. 240 § 2 Abs. 4 EGBGB ist die **Kündigungssperre bis 30.6.2022** anzuwenden. Sie verlängert sich auch nicht, wenn die Bundesregierung von der Ermächtigungsgrundlage in Art 4 § 4 Abs. 1 Ziff. 2 oder Abs. 2 EGBGB Gebrauch macht. Darin wird der Bundesregierung nur erlaubt, die Normen des § 2 Abs. 1 zu erweitern während der ein pandemiebedingter Zahlungsrückstand nicht zur Kündigung berechtigt. Die Dauer der Sperrwirkung ist in Abs. 4 geregelt. Darauf bezieht sich die Ermächtigung gerade nicht. Das bedeutet, der Gesetzgeber wollte den Mietern zumindest für den zurzeit geregelten Zeitraum **ca. 2 Jahre Zeit geben,** eventuelle Rückstände aus den Monaten April bis Juni 2020 auszugleichen. Bei einer Verlängerung des Zeitraums ist die Frist kürzer. Das bedeutet nach hier vertretener Auffassung, dass das Kündigungsrecht aufgrund von Rückständen aus diesen Monaten erst im Juli 2022 entsteht. Dies gilt sowohl für den Fall, dass in diesen 3 Monaten ein zur Kündigung berechtigender Rückstand entstanden ist wie auch in dem Fall, dass ein solcher Rückstand aufgrund von geschuldeten Mieten aus der Zeit vor oder nach April bis Juni 2020 aber nur unter Berücksichtigung von weiteren Rückständen aus diesen Monaten entstanden ist. Hat der Mieter also

Börstinghaus

bis 30.6.2022 den Rückstand vollständig ausgeglichen, dann ist gar keine Kündigung gem. § 543 Abs. 2 Ziff. 3 BGB möglich. Eine Aufrechnung muss unverzüglich nach Zugang der Kündigung ab Juli 2022 erfolgen. Eine Verbrauch der Schonfristzahlungsregelung des § 569 Abs. 3 Ziff. 2 BGB tritt dabei nicht ein.

743   **b) Befriedigung des Vermieters nach Ausspruch der Kündigung. (aa)** Hat der Vermieter nach dem 30.6.2022 das Mietverhältnis wegen welchen Rückstands auch immer gekündigt, so wird die Kündigung **von Anfang an** (BGHZ 220, 1 = NJW 2018, 3517 = NZM 2018, 941 mAnm Kappus NJW 2018, 3522; Singbartl/Kraus NZM 2018, 946) unwirksam, wenn der Mieter die Miete und die bis zur Zahlung fällige Nutzungsentschädigung gem. § 546a BGB vollständig zahlt. Gleichgestellt ist die Abgabe einer entsprechenden Verpflichtungserklärung durch eine öffentliche Stelle. Die Möglichkeit besteht ab Zugang der Kündigungserklärung und endet spätestens 2 Monate nach Zustellung der Räumungsklage. **(bb)** Hat der Vermieter wegen eines bereits vor April 2020 entstandenen kündigungsrelevanten Rückstands gekündigt, so läuft die Frist zur Schonfristzahlung bzw. Abgabe der Verpflichtungserklärung ebenfalls ab Zugang der Kündigungserklärung. Eine Räumungsklage ist zulässig. Die Frist endet dann 2 Monate nach Zustellung dieser Klage. Auch zu einer solchen **Schonfristzahlung** ist der Mieter eventuell wegen der pandemiebedingten Zahlungsausfälle **nicht in der Lage**. Der **Wortlaut** des § 2 Abs. 1 ist eindeutig. Er betrifft nur die Kündigungssperre und nicht die Schonfristzahlung. Die Vorschrift kann auf diesen Fall nicht angewandt werden. Der Mieter muss trotz pandemiebedingten Liquiditätsproblemen zahlen, um die Kündigung unwirksam werden zu lassen. Es bleibt nur die Möglichkeit einer Verpflichtungserklärung durch die zuständige Stelle. **(cc)** Entsteht ein zur Kündigung berechtigender Rückstand ausschließlich nach Juni 2020 – bzw. nach Auslaufen der letzten Verlängerung gem. Art. 240 § 4 EGBGB – so gilt das Gleiche. Eine Kündigung ist zulässig. Die Schonfrist läuft ab Zugang der Kündigung bis 2 Monate nach Zustellung der Räumungsklage.

744   Der Vermieter kann einen Zahlungsrückstand auch zum Anlass für eine **ordentliche Kündigung** gem. § 573 Abs. 2 Ziff. 1 BGB nehmen. Dies kann auch „hilfsweise" geschehen. Eine solche **ordentliche Kündigung wegen Zahlungsverzugs** ist auch unterhalb der für die fristlose Kündigung geltenden Grenzen möglich. Eine nicht unerhebliche Pflichtverletzung des Mieters liegt bereits dann vor, wenn der **Mietrückstand eine Monatsmiete** beträgt und die Verzugsdauer mindestens einen Monat beträgt (BGH NZM 2013, 20 = NJW 2013, 159). Hier gilt für die Zulässigkeit der Kündigung nichts anderes als für die außerordentliche fristlose Kündigung. Nur Rückstände ausschließlich aus April bis Juni 2020 bzw. aus Zeiten vor und nach diesem Zeitraum, die nur zusammen mit Rückständen aus diesem Zeitraum die Höhe einer Monatsmiete über die Dauer von einem Monat erreichen, berechtigen nicht zu Kündigung. Wird der vom BGH entwickelte Grenzwert aber bereits aufgrund von Rückständen ohne solche aus April 2020 bis Juni 2020 erreicht, so ist die ordentliche Kündigung möglich. Der Rückstand muss zum Zeitpunkt der Kündigung noch bestehen. Deshalb haben auch hier **Zahlungen des Mieters vor Zugang** der Kündigung Bedeutung. Ist die Kündigung erfolgt, hat dies grundsätzlich keine Auswirkungen auf eine eventuell – hilfsweise – erklärte ordentliche Kündigung (BGHZ 220, 1 = NJW 2018, 3517 = NZM 2018, 941). Die Regelung über die **Schonfristzahlung** in § 569 Abs. 3 Ziff. 2 BGB **gilt für die ordentliche Kündigung nicht** (§ 573 Rdn. 29, § 569 BGB Rdn. 75). Soweit es in der **Gesetzesbegründung** (BT-Drucks. 19/18110, S. 37 zu Abs. 4) heißt, dass Mieter vom 30. Juni 2020 an über zwei Jahre Zeit hätten,

einen zur Kündigung berechtigenden Mietrückstand auszugleichen, betrifft das nur Zahlungen vor Ausspruch der Kündigung. Allerdings hat der BGH (NZM 2005, 334) im Zusammenhang mit der Bedeutung der Schonfristzahlung für eine ordentliche Kündigung ausgeführt, die innerhalb der Frist des § 569 BGB erfolgte, dass solche nachträgliche Zahlungen die **Pflichtverletzung des Mieters *in einem milderen Licht* erscheinen** lassen und unter diesem Gesichtspunkt von Bedeutung sein können. Offengelassen hat der Senat, ob dies bereits im Rahmen der Wirksamkeit der Kündigung oder **im Rahmen von § 242 BGB** zu prüfen ist, weil sich die Berufung auf eine wirksam ausgesprochene Kündigung aufgrund nachträglich eingetretener Umstände **im Einzelfall als rechtsmissbräuchlich** darstellen kann (BGH NJW 2013, 159 = NZM 2013, 20 („näherliegend"; BGH WuM 2016, 682; LG Bonn WuM 2015, 293; LG Berlin GE 2018, 763). Es spricht viel dafür hier **nachträgliche Zahlungen** wegen pandemiebedingter Liquiditätsproblemen **im Rahmen von Treu und Glauben** zugunsten des Mieters zu berücksichtigen.

Im Übrigen setzt die **ordentliche Kündigung** wegen Zahlungsverzuges gem. § 573 Abs. 2 Ziff. 1 BGB anders als die außerordentliche Kündigung **Verschulden** voraus. Hier kann sich der Mieter auf **unvorhersehbare wirtschaftliche Engpässe** berufen (BGH WuM 2016, 682). Gemäß § 280 Abs. 1 S. 2 BGB ist es dabei aber **Sache des Mieters**, im Einzelnen **darzulegen**, dass die finanzielle Notlage aufgrund einer unvorhersehbaren wirtschaftlichen Notlage eingetreten ist (BGH NZM 2013, 20 = NJW 2013, 159; BGH WuM 2016, 682). Auch hier wird man die Wertungen des Gesetzes zu seinen Gunsten zu berücksichtigen haben. **745**

Eine ordentliche Kündigung wegen erheblicher schuldhafter Pflichtverletzung kann auch auf andere Zahlungsrückstände, wie **Betriebskostennachzahlungen, Schadensersatzforderungen,** Nichtzahlung der Kaution (dazu Lindner AnwZert MietR 6/2020 Anm. 2; Mahdi/Rosner NZM 2020, 416) oder **Prozesskostenerstattungen** gestützt werden. Hierfür gilt die Kündigungssperre des Art. 240 § 2 EGBG unmittelbar nicht. Auch hier wird es aber auf das Verschulden im Einzelfall ankommen. Bei Rückgriff auf Kaution ist entweder § 569 Abs. 2a BGB auf Wiederauffüllanspruch nicht anwendbar oder Art. 290 § 2 EGBG analog anwendbar (Klimesch/Walther ZMR 2020, 353, 357). **746**

XVII. Weitere mietrechtliche Fragen betreffend COVID-19

1. Gewährleistungsrecht

Das **mietrechtliche Gewährleistungsrecht** unterscheidet zwischen Mängeln, die vor und nach Überlassung der Mietsache eingetreten sind. **747**

a) Vor Übergabe: Ist dem Vermieter eine Überlassung der Mietsache für den vertraglich vereinbarten Gebrauch objektiv unmöglich, berührt dies gem. § 311a BGB die Wirksamkeit des Mietvertrages nicht, jedoch wird der Vermieter von seiner Gebrauchsüberlassungspflicht gem. § 275 Abs. 1 BGB frei. Er verliert dann aber auch gem. § 326 Abs. 1 BGB seinen Anspruch auf Zahlung der Miete gem. § 535 Abs. 2 BGB (Schmidt-Kessel/Möllnitz NJW 2020, 1103, 1105 für „endgültige Unmöglichkeit"). Dies gilt z. B. auch in den Fällen, in denen der vertraglich festgelegte Verwendungszweck aufgrund öffentlich-rechtlicher Gebrauchshindernisse objektiv unmöglich wird (Günter in Guhling/Günter, § 536 Rdn. 176). Hierzu zählen auch die landesgesetzliche Nutzungs- und Betriebsverbote, wie sie für zahlreiche Branchen, z. B. Fitnessstudios oä erlassen wurden. **748**

§ 535 BGB Untertitel 1. Allgemeine Vorschriften für Mietverhältnisse

b) Ab Übergabe gelten die mietrechtlichen Gewährleistungsvorschriften und **verdrängen die allgemeinen Regelungen.** Im Mietrecht **mindert** sich die Miete anders als bei den anderen Vertragstypen des BGB mit Gewährleistungsrechten bei Vorliegen eines Mangels gem. § 536 Abs. 1 BGB **automatisch.** Es bedarf keiner Abgabe einer Gestaltungserklärung. Entscheidend ist das **Vorliegen eines Mangels.** Das ist die Abweichung der Ist- von der Sollbeschaffenheit. Hier müssen die verschiedenen Beeinträchtigungen unterschieden werden:

749 (aa) **Öffentlich-rechtliche Nutzungs- und Betriebsverbote** können nach der Rechtsprechung einen Sachmangel darstellen (BGHZ 68, 294, 296; WuM 1992, 313; NJW 1982, 2062, 2063, OLG Hamm Urt. v. 8. 4. 2020 – 30 U 107/19). Auf ein **Verschulden des Vermieters** am Mangel kommt es dabei ebenso wenig an, wie auf die Frage, ob der Vermieter den Mangel beseitigen kann. Deshalb ist die Miete auch dann gemindert, wenn der Mangel infolge einer **Naturkatastrophe** (z. B. Überschwemmung) eingetreten ist (KG NZM 2008, 526; OLG Hamm NJWE-MietR 1996, 80; Walburg GE 2020, 423; Eisenschmid WuM 2002, 889, 890; **aA:** Häublein in: MünchKommBGB § 536 Rdnr. 23). Voraussetzung hierfür ist aber nach bisheriger Rechtsprechung, dass sie ihre **Ursache in der Beschaffenheit oder Lage des Mietobjekts** haben (BGH NJW 1992, 3226, 3227; ZMR 1994, 253; NJW 1988, 2664; NJW 1980, 777, 778; OLG Hamm Urt. v. 8. 4. 2020 – 30 U 107/19; Paschke NZM 2008, 265, 269; Walburg GE 2020, 423; Günter in: Guhling/Günter § 536 BGB Rdnr. 177). Alle **behördlichen Beschränkungen,** die ihre **Ursprung im Risikobereich des Mieters** haben, scheiden als Mangel aus (OLG Koblenz NZM 2002, 918: Begrenzung der Musiklautstärke zum Gesundheitsschutz; OLG Düsseldorf ZMR 1994, 402: Beschränkung der Öffnungszeiten); Günter in: Guhling/Günter § 536 BGB Rdnr. 187: Änderung von Hygienevorschriften). Die Rechtsprechung schränkt die Gewährleistungspflicht des Vermieters außerhalb der Umstände, der Vermieter nicht beherrschen kann, regelmäßig stark ein (OLG Düsseldorf DWW 1998, 20: Beeinträchtigung des Zugangs zu gemieteten Ladenräumen durch Straßenbaumaßnahmen; LG Frankfurt/OLG Frankfurt WuM 1991, 88: Verstopfung einer Abwasserleitung durch das vertragswidrige Einleiten ungeeigneter Stoffe durch einen anderen Mieter; OLG Düsseldorf DWW 1991, 50: Beeinträchtigung eines Ladengeschäfts durch rechtmäßig parkende Fahrzeuge. Was zum **allgemeinen Lebensrisiko** gehört, ist **kein Mangel** (KG NZM 1998, 437 Einbruch in Ladenräume; insoweit **aA:** OLG Naumburg NZM 1998, 438). Der vorliegenden Situation am Nächsten kommt wahrscheinlich die Entscheidung des XII. Senats zu den **Auswirkungen der Nichtraucherschutzgesetzes** auf den Betrieb gastronomischer Betriebe (BGH NJW 2011, 3151). Damals wurde ohne Übergangsvorschriften das Rauchen in Gaststätten völlig verboten. Der Senat hat diesen neuen Zustand und die hierdurch eingetretenen Einnahmeausfälle als **nicht auf der Mietsache beruhend** angesehen und einen Mangel deshalb verneint. Betroffen sei allein das **Verwendungsrisiko,** also die Chance mit der Mietsache Gewinne erwirtschaften zu können. Ähnlich hat das LG Hamburg (ZMR 2016, 702) für die durch Gesetz angeordnete Reduzierung von Spielgeräten und weiteren Beschränkungen entschieden (Walburg GE 2020, 423; **aA:** wohl OLG Hamm Urt. v. 8. 4. 2020 – 30 U 107/19). Die jetzt verfügten Nutzungs- und Betriebsbeschränkungen beruhen **nicht auf dem baulichen Zustand der Mietsache.** Es wurden keinerlei Grenzwerte überschritten. Es geht unabhängig vom konkreten Betrieb darum, **Menschenansammlungen zu unterbinden,** um das Infektionsrisiko zu verringern und das Ansteigen der Infektionszahlen zu verlangsamen, um das Gesundheitssystem funktionstüchtig zu halten. Das hat alles **mit der Mietsache nichts zu tun.** Ein Mangel liegt nicht vor,

auch wenn die gesetzlichen Verbote zu einer zumindest temporären Veränderung des vom Vermieter geschuldeten Gebrauchs führen (Lützenkirchen MietRB 2020, 111, 113; Weidt/Schiewek NJOZ 2020, 481, 482; Zehelein NZM 2020, 390, 392; Walburg GE 2020, 423, 424; Schmidt/Streyl CORONA-19 § 3 Rdn. 72; Häublein/Müller NZM 2020, 481; Leo/Götz NZM 2020, 402, 403; Sittner NJW 2020, 1169, 1171 (mit wenigen Aussnahmen); **a. A.** Solf AnwZert MietR 8/2020 Anm. 1; Sentek/Ludley NZM 2020, 406; Selk GE 2020, 585, 588; Krepold WM 2020, 726). Daran ändert auch die Lage des Mietobjekts in einem bestimmten Bundesland nichts, auch wenn die Regelungen von Bundesland zu Bundesland mehr oder weniger abweichen (so auch Walburg GE 2020, 423, 424). Zwar kann auch der Mieter nichts für die Schließung seines Geschäfts, jedoch wird ihm aufgrund der gesetzlichen Wertung dies Risiko im Bereich des Gewährleistungsrecht in Deutschland grundsätzlich überbürdet. Abweichende Vereinbarungen zu „höherer Gewalt" oder Naturkatastrophen sind aber möglich und kommen vereinzelt auch vor (Weller/Lieberknecht/Habrich NJW 2020, 1017, 1021: Force-Majeure-Klauseln). Die **gesetzliche Risikoverteilung ist nicht zwingend** und selbstverständlich. **§ 1141 des österreichischen ABGB** regelt die Gefahrtragung genau andersherum. Dort heißt es: *„Wenn die in Bestand genommene Sache wegen außerordentlicher Zufälle, als Feuer, Krieg oder Seuche, großer Überschwemmungen, Wetterschläge, oder wegen gänzlichen Mißwachses gar nicht gebraucht oder benutzt werden kann, so ist der Bestandgeber zur Wiederherstellung nicht verpflichtet, doch ist auch kein Miet- oder Pachtzins zu entrichten".* Eine entsprechende Norm gibt es im deutschen BGB nicht.

bb) Das gilt auch für **Wohnraummietverhältnisse.** Soweit durch behördliche **750** Verfügungen **Kinderspielplätze**, Schwimmbäder oder Saunen von Mehrfamilienhäusern geschlossen wurden oder sog. **Betretungsverbote** verhängt wurden, liegt kein Mangel der Mietsache vor (Herlitz jurisPR-MietR 8/2020 Anm. 1; Selk GE 2020, 585, 590; **a. A.** Lützenkirchen MietRB 2020, 111, 116; Artz/Brinkmann/Pielsticker MDR 2020, 527, 530). Auch hier folgt die Gebrauchsbeeinträchtigung nicht aufgrund des Zustands der betroffenen Bauteile, sondern aus Gründen des **Schutzes der Volksgesundheit.**

cc) Einschränkung der Kundenfrequenz: Zu einem verminderten Umsatz **751** kann es auch bei Weiterbetrieb des Unternehmens/Geschäfts kommen, weil die Kunden dem Geschäft fernbleiben. Das kann selber wiederum auf behördlichen Maßnahmen (**Ausgehverbote**, Ausgangsbeschränkungen) beruhen oder nur aus allgemeiner Angst der Bevölkerung vor Infektionen oder einer allgemeinen **Kaufzurückhaltung.** All dies beruht aber nicht auf einem Mangel der Mietsache. Es handelt sich um **betriebliche Umstände des Mieters** (Günter in: Guhling/Günter § 536 BGB Rdnr. 177). Der Fall ist auch nicht vergleichbar mit dem Rückgang des Publikumsverkehrs wegen Bauarbeiten auf dem Nachbargrundstück (OLG Frankfurt/M NZM 215, 542 = NJW 2015, 2434). Dort liegt eine **unmittelbare Beeinträchtigung** der Mietsache selbst vor. Beeinträchtigungen der **Erreichbarkeit des Mietobjekts** können zwar grundsätzlich einen Sachmangel darstellen, weil der Publikumszugang für die Gebrauchstauglichkeit regelmäßig bestimmt ist (BGH NJW 1981, 2405; NZM 2000, 492 = NJW 2000, 1714, 1715). „Normale" Beeinträchtigungen durch hoheitliche (Bau-)Maßnahmen stellen **keinen Umweltmangel** dar (Günter in: Guhling/Günter § 536 BGB Rdnr. 237). Das gilt sogar bei 5-monatiger Zugangsbeeinträchtigung (OLG Naumburg GuT 2002, 14).

dd) Das Gleiche gilt auch, wenn der Mieter sein Geschäft zwar grundsätzlich **752** weiterbetreiben dürfte aber wegen der **Erkrankung von Mitarbeitern** oder deren vorsorglich angeordneter Quarantäne dies nicht mehr oder nur noch in einem sehr eingeschränkten Umfang tun kann. Auch die unterbliebene Versorgung des Geschäfts mit Ware wegen unterbrochener **Lieferketten** zählt hierzu. Auch dies ist ein allein dem Mieter zugewiesenes **Betriebsrisiko** und kein Mangel der Mietsache.

753   c) **Schadensersatzansprüche gem. § 536 a BGB** scheiden regelmäßig aus. Es liegt weder ein **anfänglicher Mangel** der Mietsache vor, für den der Vermieter verschuldensunabhängig einzustehen hätte, noch trifft ihn ein Verschulden an der Entstehung eines **später eingetretenen Mangels.** Da er die Beschränkungen auch nicht beseitigen kann, kann er mit der „Mangelbeseitigung" auch nicht in Verzug kommen.

2. Wegfall der Geschäftsgrundlage

754   Es wird schon jetzt darauf hingewiesen, dass diese bisherige Risikoverteilung nach Sphären im Fall der COVID-19 Pandemie an ihre Grenzen stößt und vielleicht auch Mängel offenbart (Walburg GE 2020, 423, 424). Es stellt sich deshalb die Frage, ob der Mieter gegen den Vermieter einen **Anspruch Vertragsanpassung** hat. Ein solcher Anspruch könnte sich aus § 313 BGB ergeben. Seit der Schuldrechtsreform ist das Rechtsinstitut der Störung der Geschäftsgrundlage in § 313 BGB kodifiziert. Danach kann eine Anpassung des Vertrages verlangt werden, wenn sich **Umstände, die zur Grundlage des Vertrages geworden sind, nach Vertragsschluss schwerwiegend verändert haben und die Parteien den Vertrag nicht oder mit anderem Inhalt geschlossen hätten, wenn sie diese Veränderung vorausgesehen hätten,** soweit einem Teil unter Berücksichtigung der Umstände des Einzelfalles, insbesondere der vertraglichen oder gesetzlichen Risikoverteilung, das Festhalten am unveränderten Vertrag nicht zugemutet werden kann (BGH NJW 2020, 331; WuM 2020, 155; BGHZ 47, 52; BGHZ 83, 224; BGHZ 89, 238; BGH, NJW 1984, 1747). Es stellt sich also die Frage, ob durch die **COVID-19 Pandemie die Geschäftsgrundlage des Vertrages betroffen** ist.

755   Die Regeln über den Wegfall der Geschäftsgrundlage nach § 313 BGB werden grundsätzlich durch die **mietrechtlichen Gewährleistungsvorschriften** verdrängt (BGH NJW 2010, 2648 = WuM 2010, 480; NZM 2008, 462; NJW-RR 1992, 267; NJW 2000, 1714, 1716; KG GuT 2010, 431; Häublein in: Münch-KommBGB, Vor § 536 Rdn. 7, 30). Dies gilt selbst dann, wenn Gewährleistungsansprüche wirksam ausgeschlossen wurden (BGH NJW 1986, 2824). Die spezielle **Risikoverteilung des Mietrechts** darf nicht über die Annahme einer Störung der Geschäftsgrundlage verändert werden. Sachverhalte, die unter die §§ 536 ff BGB zu subsumieren sind, können nicht gleichzeitig nach § 313 BGB zu behandeln sein. Da wie oben festgestellt die Gebrauchsbeeinträchtigungen durch die COVID-19 Pandemie und die in deren Folge erlassenen öffentlich-rechtlichen Gebrauchsbeschränkungen aber **keinen Mangel der Mietsache iSd § 536 BGB** darstellen, gibt es auch **keine Sperrwirkung** der mietrechtlichen Gewährleistungsregeln gegenüber dem Rechtsinstituts des Wegfalls der Geschäftsgrundlage.

756   Aus den gleichen Gründen scheidet auch eine **ergänzende Vertragsauslegung** nicht aus. Die ergänzende Vertragsauslegung setzt eine **planwidrige Unvollständigkeit** des Vertrages voraus (BGHZ 127, 138, 142; 163, 42, 47; 170, 311, 322). Eine Ergänzung des Vertrages nach dem hypothetischen Parteiwillen kommt dann nicht in Betracht, wenn bereits das dispositive Recht diese Lücke schließt (BGHZ 137, 153, 157; 146, 250, 261; BGH, NJW-RR 2008, 562; NZM 2008, 462). Das ist für Sachmängel im Mietrecht in den §§ 536 ff BGB der Fall. Wie festgestellt liegt aber kein Sachmangel vor.

Es stellt sich dann aber die Frage, ob der Gesetzgeber durch Art 240 § 2 EGBGB **757** und die sonstigen Regelungen im Zusammenhang mit der COVID-19 Pandemie nicht **eine spezialgesetzliche Regelung** geschaffen hat, die einen Rückgriff auf die allgemeinen Rechtsgrundsätze sperrt. Erkennbar wollte der Gesetzgeber für Mieter und Pächter einen Bestandsschutz. Weitergehende Regelungen hat er für Mietverhältnisse in der Eile des Gesetzgebungsverfahrens nicht treffen wollen. In der Gesetzesbegründung (BT-Drucks. 19/18110 S. 36) heißt es vielmehr, dass die Mieter „damit **nach allgemeinen Grundsätzen** zur Leistung verpflichtet bleiben und ggf. auch in **Verzug** geraten können." Zu den allgemeinen Grundsätzen gehört auch das Rechtsinstitut des Wegfalls der Geschäftsgrundlage. **Gegen die Sperrwirkung** spricht auch, dass zum Zeitpunkt der Verabschiedung dieser Sondergesetze Ende März 2020 **das genaue Ausmaß der Gebrauchsbeeinträchtigungen** sowohl was die Zeitschiene wie auch was die konkrete Betroffenheit jeder Branche angeht, gar nicht absehbar war. Ob also die Geschäftsgrundlage eines Vertrages betroffen war, konnte damals weder generell noch konkret für das einzelne Mietverhältnis beurteilt werden. **Deshalb sperren die bisherigen Neuregelungen nicht die Anwendung allgemeiner Grundsätze** (Schmidt/Streyl COVID-19 § 3 Rdn. 88; für die bisherigen Regelungen ebenso: Warmuth COVuR 2020, 16, die aber offen lässt, ob das bei weiteren speziellen Regelungen noch so gilt, **a. A.** Bacher MDR 2020, 514, 515; abwägend Sittner NJW 2020, 1169, 1172).

Entscheidend ist also, ob hier nach der allgemeinen Definition die (große) Ge- **758** schäftsgrundlage betroffen ist (grundsätzlich dazu Warmuth COVuR 2020, 16; Weidt/Schiewek NJOZ 2020, 481; Zehelein NZM 2020, 390, 397; Ekkenga/ Schirrmacher NZM 2020, 410; Schall JZ 2020, 388; Häublein/Müller NZM 2020, 481). Die **Geschäftsgrundlage eines Vertrages** wird nach der Rechtsprechung des BGH gebildet durch die bei Vertragsschluss bestehenden **gemeinsamen Vorstellungen der Parteien** oder die dem Geschäftsgegner erkennbaren und von ihm nicht beanstandeten Vorstellungen der einen Vertragspartei vom Vorhandensein oder dem künftigen Eintritt gewisser Umstände, sofern der Geschäftswille der Parteien auf dieser Vorstellung aufbaut (BGH WuM 2020, 155; NJW 2010, 1553 Rdn. 17). In vielen Fällen treffen augenblicklich die Annahmen der Mietvertragsparteien, die sie dem Vertragsschluss zugrundegelegt haben nicht mehr zu, sie „stimmen mit der Realität nicht mehr überein" (BeckOKG/Martens, 1.12.2019, § 313 BGB Rdn. 18). Die Auswirkungen der Pandemie sind so groß, dass man sie durchaus als große Geschäftsgrundlage (Weller/Lieberknecht/Habrich NJW 2020, 1017, 1021; Häublein/Müller NZM 2020, 481) bezeichnen kann (**a. A.** BeckOKG/Bruns § 542 BGB Rdnr. 58). Bundeskanzlerin Merkel hat in ihrer Fernsehansprache am 18.3.2020 davon gesprochen, dass „seit der Deutschen Einheit, nein, seit dem Zweiten Weltkrieg habe es keine Herausforderung an unser Land mehr gegeben, bei der es so sehr auf unser gemeinsames solidarisches Handeln ankommt". Die Pandemie hat im Tatsächlichen große Auswirkungen auf die Durchführung von Verträgen und war auch nicht vorhersehbar (Weller/Lieberknecht/Habrich NJW 2020, 1017, 1021).

Man wird aber trotzdem zwischen verschiedenen Fällen zu differenzieren haben **759** (ähnlich Schmidt/Streyl COVID-19 § 3 Rdn. 89 ff): **(a)** In der **Wohnraummiete** ist die Möglichkeit die Wohnung verlassen zu dürfen wohl ebenso wenig eine solche Geschäftsgrundlage wie die Frage des angstfreien Verlassens der Wohnung zum Einkaufen. Das sind **allgemeine Lebensumstände,** die nichts mit der Geschäftsgrundlage des Mietvertrages zu tun haben. Auch die Nutzung von Nebenflächen wie Kinderspielplatz oder Pool/Sauna ist nicht Geschäftsgrundlage eines Mietvertrages. **(b)** Bei einem **Gewerberaummietvertrag** muss man zwischen den verschiedenen Betriebsformen und Beschränkungen unterscheiden: **(aa)** Schließt ein **Autohersteller** sein Werk, um **Ansteckungsrisiken** zu minimieren (oder auch um auf dramatisch **sinkende Absatzzahlen** zu reagieren) so hat das **mit der Geschäftsgrundlage des Vertrages** nichts zu tun. Aber selbst, wenn man das bejahen sollte, fällt dies **einseitig in den Risikobereich des Herstellers.** Ähnlich ist der Fall zu beurteilen, in dem das Unternehmen wegen Erkrankung von Mitarbeitern oder deren vorsorglicher Quarantäne oder unterbrochener Lieferketten zeitlich sehr eingeschränkt geöffnet hat. **(bb)** Muss ein **Geschäft** aufgrund behördlicher Verfügung **ganz schließen,** ist die Geschäftsgrundlage, nämlich Betrieb eines Einzelhandelsgeschäfts/Hotels/Restaurant oä betroffen. **(cc)** Bleiben **Kunden aus Angst vor Ansteckung fern** oder dürfen sie nur noch eingeschränkt in die Öffentlichkeit oder in ein Geschäft, so ist das sicher der Grenzfall für die Anwendung des Rechtsinstituts des Wegfalls der Geschäftsgrundlage.

760 Aber selbst, wenn man neben der Fallgruppe (bb) auch bei der Gruppe (cc) **die Geschäftsgrundlage schon betroffen** sieht, bleibt als zweite Stufe der Prüfung **die Risikozuweisung.** Der Wegfall einer eventuellen Geschäftsgrundlage hat nämlich nur dann Konsequenzen, wenn der auch gemeinsame Irrtum keinen Umstand betrifft, der in die Risikosphäre einer Partei fällt (zuletzt BGH NJW 2020, 331 = NZM 2020, 54). Hier wird es ganz stark auf die **Umstände des Einzelfalles** ankommen. Kriterien hierfür sind: **(aa)** Zunächst natürlich die **Dauer der Gebrauchsbeeinträchtigung.** Dies wird wahrscheinlich das wichtigste Kriterium sein (Weidt/Schiewek NJOZ 2020, 481, 484; Ekkenga/Schirrmacher NZM 2020, 410). Es geht dabei um die Frage, wann die Beschränkungen für das konkrete Unternehmen wieder gelockert werden. Das **Risiko eines Betriebsstillstands** von einer nicht zu langen Dauer wird jedes Unternehmen tragen müssen und dafür Vorkehrungen treffen müssen. Die genaue Länge ist schwer abzuschätzen (Weidt/Schiewek a. a. O. sprechen von 3 Monaten; Ekkenga/Schirrmacher NZM 2020, 410, 415 von 2 Wochen). Solang es um **Wochen** geht wird man das **Risiko dem Mieter** aufzuerlegen haben. Bei **mehreren Monaten** ist es schon fraglich. Mit solchen Beschränkungen muss weder ein Mieter rechnen noch hat der Vermieter dies getan. **(bb)** Dann wird es auf die **Ausweichmöglichkeiten** des Unternehmens ankommen. Konnte ein Teil des Umsatzes durch **andere Vertriebsformen,** wie online-Handel, Lieferdienst, Umstellung der Produktion auf andere Produkte weiter generiert werden? **(cc)** Konnte die Zeit der Schließung für **andere Arbeiten** wie z. B. **vorgezogene Renovierungen** oder Umbauten genutzt werden, die so auch, wenn auch später, durchgeführt worden wären? **(dd)** Wie ist die **regionale Lage** zu beurteilen? Auch Geschäfte die – eingeschränkt – geöffnet haben dürfen, funktionieren regional unterschiedlich. Ein Blumenladen in der Stadt wird wahrscheinlich weiter Kunden haben, während das im **ländlichen Bereich** wahrscheinlich schwieriger ist, da dort die „Selbstversorgung" stärker erfolgt. **(ee)** Auch die **Zielgruppe** wird bedeutsam sein. Ein **Bekleidungsgeschäft für ältere Kundschaft** wird es schwerer haben, die Kunden zu erreichen und etwas zu verkaufen als ein Modeladen, der an sich schon **eine eher online affine Zielgruppe** bedient. Erforderlich ist in jedem Fall für jeden Einzelfall eine Abwägung aller Umstände. Der BGH (NZM 2020, 54 = NJW 2020, 331) hat jüngst fast vorausschauend zur **Risikoverteilung in Extremfällen** schon erste Hinweise gegeben. Danach haben vertragliche oder gesetzliche Risikozuweisungen bei der Anwendung des Grundsatzes des Wegfalls der Geschäftsgrundlage **„in extremen Ausnahmefällen, in denen eine unvorhergesehene Entwicklung mit unter Umständen existenziell bedeutsamen Folgen für eine Partei eintritt, unberücksichtigt**

zu bleiben". Solche Umstände können hier je nach Einzelfall vor allem bei längerer Dauer der Beschränkungen eintreten.

Rechtsfolge: Das Fehlen oder der Wegfall der Geschäftsgrundlage führen 761 grundsätzlich **nicht automatisch zur Auflösung des Mietvertrages,** sondern zur Anpassung seines Inhalts an die vereinbarten Verhältnisse. Seit der Kodifizierung des Rechtsinstituts in § 313 BGB **muss der Mieter eine Vertragsanpassung** verlangen. Ein solches Verlangen ist aber erforderlich, da anders als früher (BGHZ 54, 155; NJW 1972, 152; OLG Düsseldorf FamRZ 1999, 1395) die Anpassung des Vertrages nicht mehr automatisch eintritt.

a) **Kündigung:** Fraglich ist, ob dem Mieter ein Recht zur Kündigung des Miet- 762 vertrags bei Annahme der Anwendbarkeit des Rechtsinstituts des Wegfalls der Geschäftsgrundlage gemäß § 313 Abs. 3 Satz 2 BGB zusteht (siehe die Darstellung des Meinungsstandes bei Alberts in: Guhling/Günter § 543 BGB Rdn. 6 mwN). Der BGH (NZM 2020, 54 = NJW 2020, 331) hat die Frage jüngst ausdrücklich offengelassen. Er hat in dieser Entscheidung aber schon darauf hingewiesen, dass die vertragliche **Risikoverteilung** bzw. Risikoübernahme **in extremen Ausnahmefällen,** in denen eine unvorhergesehene Entwicklung mit unter Umständen existenziell bedeutsamen Folgen für eine Partei eintritt, unberücksichtigt zu bleiben hat. Solche Umstände können hier je nach Einzelfall eintreten.

Vertragsanpassung: Die Anpassung des Vertrages betrifft vor allem die Höhe 763 der Miete. Das maßgebliche **Kriterium** für die Anpassung ist die **Zumutbarkeit,** die damit sowohl auf ihrer **Tatbestands- als auch auf der Folgenseite** bedeutsam ist. Erforderlich ist eine umfassende Interessenabwägung (OLG Düsseldorf FamRZ 1999, 1395; BayObLG NJW-RR 1989, 1296). Der BGH (NJW 1979, 717; NJW 1984, 1746) hat in diesem Zusammenhang mehrfach ausgeführt, dass eine Berufung auf den Wegfall der Geschäftsgrundlage nur dann in Betracht kommen soll, wenn dies zur **Vermeidung untragbarer,** mit Recht und Gerechtigkeit schlechthin nicht vereinbarer und damit der anderen Vertragspartei **nicht zumutbarer Folgen unabweisbar** erscheint. Es hat ein „economic aprouch" stattzufinden, die wirtschaftlichen Folgen sind bei der Anwendung von Rechtsregeln – wie bisher schon im Kartellrecht – zu berücksichtigen (Weidt/Schiewek NJOZ 2020, 481, 484). Auch hier kommt es dann wiederum auf alle Umstände des Einzelfalles an. Eine **große Handelskette** wird dabei also strenger zu beurteilen sein als der sog. „kleine Einzelhändler" oder „Tante Emma-Laden". Hier kann die Liquidität des Unternehmens durchaus ein Bewertungskriterium sein. Alternative Umsatzmöglichkeiten wie Online-Handel und Lieferservice spielen ebenso eine Rolle wie auch die Frage, ob die Räumlichkeiten faktisch nicht auch genutzt wurden wenn auch nur als Lager. Wenn die Parteien keine Einigung über die zu zuzahlenden Mieten herbeiführen können, muss das Gericht überlegen, was die Parteien vereinbart hätten, wenn sie an da Problem gedacht hätten. Dabei wird auch zu berücksichtigen sein, ob ggf. Marktchance weiter gewahrt werden sollten oder Konkurrenten vom Markt ferngehalten werden sollten. Nach Leo/Götz (NZM 2020, 402, 406) ist ein fifty-fifty „keine falsche Lösung" (so auch Selk GE 2020, 585, 590; Sittner NJW 2020, 1169, 1172; Weidt/Schiewek NJOZ 2020, 481, 484; nach Ekkenga/Schirrmacher NZM 2020, 410, 415 soll das nur die ersten 14 Tage gelten, danach soll der Mietzinsanspruch ganz entfallen). Häublein/Müller (NZM 2020, 481) schlagen eine zweistufige Anpassung vor. Zunächst soll eine Stundung der Miete in Höhe von 50% (in Ausnahmefällen bis 100%) erfolgen und später, wenn die Pandemiefolgen überschaubar sind, eine Mietanpassung nach Risikogesichtspunkten.

§ 536 BGB Untertitel 1. Allgemeine Vorschriften für Mietverhältnisse

§ 536 Mietminderung bei Sach- und Rechtsmängeln

(1) ¹Hat die Mietsache zur Zeit der Überlassung an den Mieter einen Mangel, der ihre Tauglichkeit zum vertragsgemäßen Gebrauch aufhebt, oder entsteht während der Mietzeit ein solcher Mangel, so ist der Mieter für die Zeit, in der die Tauglichkeit aufgehoben ist, von der Entrichtung der Miete befreit. ²Für die Zeit, während der die Tauglichkeit gemindert ist, hat er nur eine angemessen herabgesetzte Miete zu entrichten. ³Eine unerhebliche Minderung der Tauglichkeit bleibt außer Betracht.

(1a) Für die Dauer von drei Monaten bleibt eine Minderung der Tauglichkeit außer Betracht, soweit diese auf Grund einer Maßnahme eintritt, die einer energetischen Modernisierung nach § 555b Nummer 1 dient.

(2) Absatz 1 Satz 1 und 2 gilt auch, wenn eine zugesicherte Eigenschaft fehlt oder später wegfällt.

(3) Wird dem Mieter der vertragsgemäße Gebrauch der Mietsache durch das Recht eines Dritten ganz oder zum Teil entzogen, so gelten Absatz 1 und Absatz 2 entsprechend.

(4) Bei einem Mietverhältnis über Wohnraum ist eine zum Nachteil des Mieters abweichende Vereinbarung unwirksam.

Übersicht

	Rdn.
I. Gesetzeszweck und Anwendungsbereich	1
1. Gesetzeszweck	1
2. Anwendungsbereich	2
II. Sachmangel (Abs. 1)	3
1. Begriff	3
2. Einzelfälle	14
3. Beginn und Ende der Minderungsbefugnis	158
4. Höhe der Minderung	164
5. Ausschluss der Minderung	177
6. Zurückbehaltungsrecht	187
7. Verwirkung des Anspruchs des Vermieters auf die Miete	194
III. Ausschluss der Minderung bei energetischer Modernisierung (Abs. 1a)	195
IV. Zugesicherte Eigenschaften (Abs. 2)	207
1. Eigenschaften	207
2. Zusicherung	209
V. Rechtsmangel (Abs. 3)	211
1. Anwendungsbereich	211
2. Begriff des Rechtsmangels	212
a) Doppelvermietung	213
b) Untervermietung	214
c) Miete vom Nichtberechtigten	215
d) Sonstige Rechte Dritter	216
VI. Abweichende Vereinbarungen (Abs. 4)	217
1. Wohnraummiete	217
a) Grundsätze	217
b) Unwirksame Vereinbarungen	218

	Rdn.
c) Wirksame Vereinbarungen	219
d) Sonderfall	220
2. Geschäftsraummiete	227
VII. Prozessuales/Darlegungs- und Beweislast	238
VIII. Streitwerte	247

I. Gesetzeszweck und Anwendungsbereich

1. Gesetzeszweck

Die Vorschrift regelt die Mietminderung bei Sach- und Rechtsmängeln. Die 1 Miete wird dem verminderten Wert der Mietsache angepasst, wenn der vertragsgemäße Gebrauch aufgehoben oder beeinträchtigt wird (Sachmangel). Durch die Minderung soll die Gleichwertigkeit von Leistung und Gegenleitung wieder hergestellt werden BGH NZM 2008, 609 unter RZ 20; BGH NJW 2011, 514 = NZM 2011, 153 unter RZ 12). Die Minderung ist nicht als Anspruch ausgestaltet, sondern tritt kraft Gesetzes ein (BGH NJW 1987, 432; NJW-RR 1991, 779; NJW 2011, 514 = NZM 2011, 153 unter RZ 12). Zahlt der Mieter trotz eines Mangels eine höhere Miete als von Rechts wegen geschuldet, so hat es hiermit allerdings i. d. R. sein Bewenden, wenn der Mieter keine anderslautende Erklärung abgibt (AG Lübeck ZMR 2012, 277). Wird die Miete im Voraus bezahlt und wird die Mietsache nach der Zahlung mangelhaft, so steht dem Mieter ein Rückforderungsanspruch nach § 812 Abs. 1 S. 2 Alt 1 BGB zu (s. Rdn. 160). § 814 BGB findet keine Anwendung (Lögering NZM 2010, 113).

2. Anwendungsbereich

Die Absätze 1 bis 3 gelten für alle Mietverhältnisse. Auch beim Nutzungsverhält- 2 nis zwischen einer Wohnungsgenossenschaft und dem Mitglied – gilt keine Besonderheit (LG Dresden WuM 1998, 216, 217; AG Köln WuM 1995, 312; Franke ZMR 1996, 297, 300; **a. A.** Lützenkirchen WuM 1995, 423). Absatz 4 bestimmt, dass bei der Wohnraummiete abweichende Vereinbarungen zum Nachteil des Mieters unwirksam sind.

§ 536 BGB gilt erst nach der Übergabe der Mietsache, was ohne weiteres aus dem Wortlaut dieser Vorschrift („… zur Zeit der Überlassung …") folgt. s. dazu auch § 536a BGB Rdn. 2.

II. Sachmangel (Abs. 1)

1. Begriff

Ein Mangel liegt vor, wenn die Ist-Beschaffenheit in negativer Weise von der 3 Soll-Beschaffenheit abweicht. (**subjektiver Mangelbegriff**; BGH NJW 2000, 1714, 1715; NJW 2005, 2152; NZM 2006, 582; NJW 2010, 3152 unter RZ 13; NJW 2011, 514 = NZM 2011, 153 unter RZ 12). Auch unerhebliche Gebrauchsbeeinträchtigungen stellen einen Mangel dar (Eisenschmid in: Schmidt-Futterer § 536 BGB Rdn. 53). Satz 3 schließt lediglich die Minderung aus. Die übrigen Erfüllungs- und Gewährleistungsrechte bestehen uneingeschränkt weiter (**a. A.**

§ 536 BGB Untertitel 1. Allgemeine Vorschriften für Mietverhältnisse

Kraemer/Ehlert/Schindler in: Bub/Treier Kap III Rdn. 3225). Als Fehler können sowohl tatsächliche Umstände als auch rechtliche Verhältnisse in Bezug auf die Mietsache in Betracht kommen. Maßgeblich für die Soll-Beschaffenheit sind nicht objektive Kriterien, sondern das vertraglich Vereinbarte (BGH WuM 2004, 715; NZM 2005, 500; NZM 2006, 54). Deshalb kann eine reparaturbedürftige Sache mangelfrei sein (LG Mannheim ZMR 1990, 220). Durch eine Objektbeschreibung wird der „Soll-Zustand" der Mietsache festgelegt, so dass eine Abweichung hiervon als Mangel zu bewerten ist (OLG Düsseldorf NZM 2011, 550). Ist keine ausdrückliche Beschaffenheitsvereinbarung getroffen worden, so ist die Verkehrsanschauung als Auslegungshilfe heranzuziehen. In der Regel ist auf den **Standard zum Zeitpunkt des Vertragsschlusses** abzustellen (BGH NZM 2006, 582; NJW 2005, 218 = WuM 2004, 715 = NZM 2005, 60; NJW 2013, 2417 = WuM 2013, 481 = NZM 2013, 575 betr. Schallschutz; NJW 2014, 685 = NZM 2014, 163 betr. Heizungsanlage). Der Mieter kann nur den Standard erwarten, der bei vergleichbaren Objekten üblich ist. Soweit **technische Normen** (DIN-Normen, Wärme- und Schallschutzvorschriften, etc.) vorhanden sind, wird der geschuldete Zustand mangels abweichender vertraglicher Regelung hierdurch bestimmt (BGH NJW 2010, 1133 = WuM 2009, 659 = NZM 2009, 855 betr. Geräuschimmissionen). Generell gilt, dass der Vermieter denjenigen **Mindeststandard** schuldet, der dem Mieter ein zeitgemäßes Wohnen ermöglicht (LG Berlin WuM 2016, 418). Zur Präzisierung dieses Standards kann auf die Grundsätze zurückgegriffen werden, die der BGH in dem Urteil vom 26.7.2004 entwickelt hat (s. § 535 Rdn. 293).

4   Hiervon ist die Frage zu unterscheiden, welche Rechtsfolgen sich bei einer **nachteiligen Veränderung** der Mietsache oder des Wohnumfelds **nach Vertragsschluss** ergeben. Teilweise wird vertreten, dass nachteilige Veränderungen grundsätzlich als Mangel der Mietsache anzusehen sind, unabhängig davon ob der Vermieter die Veränderung zu vertreten hat. Anders ist es, wenn der Mieter die Veränderung auf Grund konkreter Anhaltspunkte bereits beim Vertragsschluss vorhersehen kann (BayObLG RE vom 4.2.1987 – RE-Miet 2/86, NJW 1987, 1950; LG München I GE 2017, 356; Blank WuM 2012, 175; Lehmann-Richter NZM 2012, 849; Selk NZM 2015, 855; Ghassemi-Tabar NJW 2015, 2849; Gsell NZM 2016, 702, 708). Diese Ansicht beruht auf der Erwägung, dass die Parteien den Mietzins in Ansehung des beim Vertragsschluss gegebenen Zustands festlegen und dass durch § 536 BGB sichergestellt ist, dass die Relation zwischen dem Zustand der Mietsache und dem Mietpreis bei einer späteren nachteiligen Veränderung gewahrt bleibt (Lammel Wohnraummietrecht § 536 Rdn. 2, 3). Folgerichtig mindert sich die Miete, wenn ein ursprünglich vorhandenes positives Merkmal entfällt (im Ergebnis ebenso Elzer NZM 2009, 641). Wird eine vom Vermieter gestellte und bei der Bemessung der Miete berücksichtigte Einrichtung in der Folgezeit durch eine mietereigene Einrichtung ersetzt, so ist die Miete nicht kraft Gesetzes gemindert, vielmehr muss die Herabsetzung der Miete vertraglich vereinbart werden. Umgekehrt ist es bei der Mieterhöhung nach § 558 BGB zugunsten des Vermieters zu berücksichtigen, wenn die Wohnung (etwa infolge von verkehrsleitenden Maßnahmen) aufgewertet wird. Der **BGH** teilt diese Ansicht nicht. Nach seiner Meinung ist bei der Auslegung des § 536 BGB die der Regelung des § 906 BGB zu Grunde liegende Risikoverteilung zu berücksichtigen. Danach sind nachträglich erhöhte Geräuschimmissionen grundsätzlich nicht als Mangel zu bewerten, „wenn auch der Vermieter sie ohne eigene Abwehr- oder Entschädigungsmöglichkeit als unwesentlich oder ortsüblich hinnehmen muss" (BGH BGHZ 205, 177 = NJW 2015, 2177 m. abl. Anmerkung Selk NZM 2015, 855; Ghassemi-Tabar NJW 2015, 2849; Föller

WuM 2015, 485; Börstinghaus, jurisPR-BGHZivilR 12/2015 Anm. 2; s. a. Gsell NZM 2016, 702, 708). Der BGH hat dies für Kinderlärm entschieden. Die Entscheidung gilt allerdings nicht nur für Störungen durch Kinderlärm, sondern Allgemein (LG München I NZM 2016, 237 betr. Immissionen von Großbaustelle; LG Berlin GE 2016, 329 betr. Baulärm vom Nachbargrundstück; **a. A.** aber LG Berlin GE 2016, 915 betr. Immissionen auf Grund einer Bautätigkeit auf dem Nachbargrundstück: danach ist die hier referierte BGH-Rechtsprechung nur bei dauerhaften Umfeldveränderungen, nicht bei vorübergehenden Störungen zu beachten). Voraussetzung für den Ausschluss der Minderung ist allerdings, dass auch der Vermieter die Immissionen ohne eigene Abwehrmöglichkeit als unwesentlich oder ortsüblich hinnehmen muss. Ist streitig, ob die Störung unwesentlich oder ortsüblich ist, so trifft den Vermieter die Darlegungs- und Beweislast (LG München I NZM 2016, 237; GE 2017, 356)). Teilweise wird aus der Rechtsprechung des BGH abgeleitet, der Vermieter könne regelmäßig den vom Mieter geltend gemachten Minderungsbetrag gem. § 906 Abs. 2 Satz 2 BGB liquidieren (Klimesch ZMR 2016, 516). Dies ist allerdings nicht zutreffend. Vielmehr folgt aus der Rechtsprechung des BGH „dass nachträglich erhöhte Geräuschimmissionen durch Dritte jedenfalls dann grundsätzlich keinen gemäß § 536 Abs. 1 Satz 1 BGB zur Mietminderung führenden Mangel der Mietwohnung begründen, wenn auch der Vermieter sie ohne eigene Abwehr- oder Entschädigungsmöglichkeit als unwesentlich oder ortsüblich hinnehmen muss. Wann eine Geräuschimmission als unwesentlich oder ortsüblich hinzunehmen ist, richtet sich nach den Umständen des Einzelfalls, die von dem Instanzgericht zu ermitteln sind; der BGH kann insoweit lediglich überprüfen, ob das Instanzgericht von zutreffenden rechtlichen Gesichtspunkten ausgegangen ist. – **Kritik:** Die sachenrechtliche Vorschrift des § 906 BGB grenzt die Befugnisse benachbarter Grundstückseigentümer gegeneinander ab. Dagegen regeln die §§ 535, 536 BGB das Verhältnis des Eigentümers zum Mieter, das sich in erster Linie nach der Ausgestaltung des schuldrechtlichen Vertrags richtet (so zutreffend Flatow WuM 2016, 459, 467). Beim Fehlen einer ausdrücklichen Beschaffenheitsvereinbarung richtet sich das vertraglich geschuldete nach der Verkehrssitte, die durch die beim Vertragsschluss bestehenden Gegebenheiten (Art, Größe, Ausstattung, Beschaffenheit und Lage) konkretisiert werden. Wie überall in der Marktwirtschaft gilt: Wie die Leistung (des Vermieters), so der Preis den der Mieter zu zahlen bereit ist. Dies gilt auch für Veränderungen der Gegebenheiten nach Vertragsschluss. Negative Veränderungen mindern die Miete (§ 536 BGB), positive berechtigen den Vermieter unter den weiteren Voraussetzungen des § 558 BGB zur Mieterhöhung. Die Überlegung des BGH wonach der Wohnungsmieter an der jeweiligen Situationsgebundenheit des Mietgrundstücks" teilnehme (so Leitsatz 3) ist in § 536 Abs. 1 BGB anders geregelt. Abweichende Regelungen sind unwirksam (§ 536 Abs. 4 BGB); sie können auch nicht im Wege der Auslegung geschaffen werden. Das Risiko einer negativen Umfeldveränderung liegt danach beim Vermieter. Es kommt also keineswegs „darauf an, welche Regelung die Parteien bei sachgerechter Abwägung der beiderseitigen Interessen nach Treu und Glauben unter Berücksichtigung der Verkehrssitte als redliche Vertragspartner getroffen hätten, wenn ihnen bei Vertragsschluss die von ihnen nicht bedachte Entwicklung … bewusst gewesen wäre" (BGH a. a. O. Rdn. 24).

Bei **Lärmbelästigungen durch Baustellen** dürfte eine gewichtige Rolle spielen, ob der Bauunternehmer die nach § 22 Abs. 1 BImSchG vorgesehenen Schutzmaßnahmen beachtet hat. Danach sind Baumaschinen und Baustellen so zu betreiben, dass Umwelteinwirkungen verhindert werden, die nach dem Stand der **4a**

§ 536 BGB Untertitel 1. Allgemeine Vorschriften für Mietverhältnisse

Technik vermeidbar sind; unvermeidbare Einwirkungen sind auf ein Mindestmaß zu beschränken. Ggf. kann die Bauaufsichtsbehörde entsprechende Maßnahmen anordnen. Der Mieter hat dabei einen Anspruch gegen die Behörde auf Tätigwerden. Die Entscheidung hierüber liegt zwar im Allgemeinen im Ermessen der Behörde. Beruft sich jedoch ein Mieter auf eine erhebliche Verletzung von Vorschriften, die dem Schutz seiner Rechte dienen, wird das Ermessen der Behörde auf Null reduziert. Die Behörde ist dann zum Eingreifen verpflichtet (VGH Mannheim NVwZ-RR 2015, 650). Das Recht zur Minderung der Miete wird hierdurch nicht berührt, weil der Vermieter mietvertraglich verpflichtet ist, vermeidbare Störungen des Mietgebrauchs abzuwenden; wird diese Verpflichtung verletzt, stehen dem Mieter die Gewährleistungsrechte zu. Für den Ausgleichsanspruch des Eigentümers in Geld bei unzumutbar hohen Beeinträchtigungen ist aus den „Ausstrahlungswirkungen" (BGH a. a. O. Rdn. 43) des § 906 Abs. 2 Satz 2 BGB abzuleiten, dass die Miete entsprechend der Höhe des Ausgleichsbetrags gemindert ist. Es kommt nicht darauf an, ob der Vermieter den Ausgleichsanspruch geltend macht. Maßgeblich ist allein, dass ein solcher Anspruch besteht. Diese Rechtsfolge ergibt sich aus § 241 Abs. 2 BGB.

4b Ebenso sind solche Veränderungen unbeachtlich, wenn trotz der Verschlechterung die von den **maßgeblichen DIN-Vorschriften** vorgegebenen Werte eingehalten werden (BGH NJW 2009, 2441 = WuM 2009, 457 = NZM 2009, 580 betr. verstärkte Beeinträchtigung durch Trittschall aus der Nachbarwohnung mit abl. Anm. Elzer NZM 2009, 641; BGH NJW 2010, 1133 = WuM 2009, 659 = NZM 2009, 855 betr. Geräuschimmissionen). Den DIN-Normen und technischen Regelwerken wird so eine Bedeutung zugemessen, die diesen Richtwerten nicht zukommt (Elzer a. a. O.).

5 Bei einer **gewerblichen Zwischenmiete** von Wohnungen zum Zwecke der Weitervermietung sind Umstände, die die Wohnungstauglichkeit beeinträchtigen, i. d. R. auch als Mängel des Zwischenmietverhältnisses im Verhältnis Hauptvermieter zum Zwischenmieter anzusehen. Ob diese Mängel dort als erheblich bzw. unerheblich einzustufen sind, hängt insbesondere von der Größenordnung des gewerblichen Zwischenmietverhältnisses ab (BGH WuM 2004, 531 = NZM 2004, 779).

6 Zu den Mängeln gehören **(1)** Gebrauchsbeeinträchtigungen, die durch eine **fehlerhafte Beschaffenheit der Mietsache** hervorgerufen werden (z. B. undichte Fenster und Türen). Ein Mangel liegt bereits dann vor, wenn die **konkrete Gefahr** besteht, dass der Mietgebrauch durch die in Frage stehende Beschaffenheit jederzeit erheblich beeinträchtigt werden könnte (BGH ZMR 2008, 274; NJW 1992, 3226; BGH NJW 2011, 514 = NZM 2011, 153 unter RZ 13; KG GE 2012, 1636; OLG Celle MDR 2014, 1250 betr. Gefahr einer Abflussverstopfung auf Grund von Absackungen in der Abwasserleitung). Dabei genügt es, wenn die Mietsache so beschaffen ist, dass sie nur unter Inkaufnahme einer Gefahr oder eines Risikos genutzt werden kann. Maßgeblich ist die Einschätzung eines „verständigen Durchschnittsmieters". Voraussetzung ist stets, dass der Mieter die Gefahrenlage kennt. Ist die Gefahrenlage unbekannt, so kommt es für die Annahme eines Mangels auf den Zeitpunkt an, zu dem die Gefahrenlage zutage tritt (LG Heidelberg DWW 2012, 173).

7 Hiervon sind jene Fälle zu unterscheiden, in denen sich die fehlerhafte Beschaffenheit nur **periodisch in einem vorhersehbaren Zeitraum** erheblich auf die Gebrauchstauglichkeit der Mietsache auswirkt (BGH NJW 2011, 514 = NZM 2011, 153 mit zustimmender Anmerkung Börstinghaus, LMK 2011, 314419 unter RZ 13: Keine Minderung in den Monaten September bis November wegen erhöhter Innentemperaturen im Sommer; OLGR Rostock 2001, 281; Häublein in:

Mietminderung bei Sach- und Rechtsmängeln **BGB § 536**

MünchKomm § 536 BGB Rdn. 35; **a. A.** Eisenschmid in: Schmidt-Futterer § 536 BGB Rdn. 325).

(2) Beeinträchtigungen durch die **Beschaffenheit benachbarter Räume oder** 8 **Gebäudeteile** (OLG Celle ZMR 1996, 197). Es genügt, wenn der Mieter mit dem Eintritt eines Schadens rechnen muss (KG ZMR 1999, 395 betr. undichtes Dach).

(3) **Umwelteinflüsse,** die einen negativen Einfluss auf die Gebrauchstauglich- 9 keit ausüben (z. B. Baulärm aus der Nachbarschaft, Straßenbauarbeiten). Hierbei sind allerdings **zwei Schranken** zu beachten: Zum einen stellt eine erhöhte Verkehrslärmbelastung aufgrund von Straßenbauarbeiten unabhängig von ihrer zeitlichen Dauer jedenfalls dann keinen Mangel darstellt, wenn sie sich innerhalb der in Innenstadtlagen üblichen Grenzen hält (BGH NJW 2013, 680 = WuM 2013, 154 = NZM 2013, 184). Zum anderen berechtigen mittelbare Beeinträchtigungen nicht zur Minderung. Zur Gruppe der **unmittelbaren Beeinträchtigungen** zählen etwa Erschwernisse des Zugangs zu gemieteten Ladenräumen infolge von Bauarbeiten in der Nachbarschaft; solche Beeinträchtigungen werden als Mangel bewertet. Zu den **mittelbaren Beeinträchtigungen** gehören solche Umstände, die zwar für die Attraktivität der Umgebung von Bedeutung sind, aber keinen unmittelbaren Einfluss auf die Gebrauchstauglichkeit der Mietsache haben (BGH NJW 1981, 2405; NJW 2000, 1714, 1715 = NZM 2000, 492; NZM 2000, 1005; NZM 2006, 54). Der Umstand, dass in einem Einkaufszentrum nicht alle Läden vermietet sind, gilt als mittelbare Beeinträchtigung (OLG Rostock DWW 2002, 331; NZM 2003, 282). Gleiches gilt, wenn ein Einkaufszentrum vom Publikum nicht angenommen wird (BGH NJW 2000, 1714 = NZM 2000, 492; NZM 2000, 1005). Ebenso wenig ist es als Mangel zu bewerten, wenn in der Umgebung eines gemieteten Ladengeschäfts keine Parkplätze vorhanden sind (OLG Dresden ZMR 2002, 261). Der Umstand, dass eine in der Nachbarschaft einer Gaststätte gelegene Veranstaltungshalle nicht mehr betrieben wird und dass wegen der ausbleibenden Gäste die Gewinnerwartungen des Gastwirts sinken, ist ebenfalls als bloß mittelbarer Mangel zu bewerten, der weder eine Minderung der Miete noch einen Schadensersatzanspruch begründet. Dies gilt auch dann, wenn der Vermieter die Mangelursache zu vertreten hat (OLG Düsseldorf ZMR 2015, 765).

Ein nicht nur vorübergehend, sondern dauerhaft verschlechtertes Umfeld hat **Ein-** 9a **fluss auf die ortsübliche Vergleichsmiete,** weil nach § 558 Abs. 2 BGB das Kriterium der „Lage" eine wichtige Rolle spielt. Dies ist bei der Bemessung der Minderungsquote zu berücksichtigen, weil es anderenfalls zu einer doppelten Herabsetzung der Miete käme. Die Minderung muss auf der Basis einer dem tatsächlich entsprechenden Zustand gebildeten hypothetisch berechneten ortsüblichen Vergleichsmiete vorgenommen werden (Gsell NZM 2016, 702, 709). Zur Zulässigkeit negativer Beschaffenheitsvereinbarung für künftige Verschlechterungs. § 536b Rdn. 29a.

(4) **Störendes Verhalten Dritter** (Lärm durch Nachbarn). 10

Eine **subjektive Beeinträchtigung des Mieters** ist nicht erforderlich. Deshalb 11 tritt die Minderung auch dann ein, wenn der Mieter das Mietobjekt aus in seiner Person liegenden Gründen (Krankheit, Urlaubsabwesenheit, fehlende Gewerbeerlaubnis) nicht nutzen kann (BGH NJW 1987, 432; WuM 2013, 174; BGH Urteil vom 22.8.2018 – VIII ZR 99/17; OLG Düsseldorf NZM 2003, 556; Kraemer WuM 2000, 515; Eisenhardt WuM 2000, 45 **a. A.** LG Frankfurt WuM 2000, 79) oder wenn er diese untervermietet oder einem Dritten zur Nutzung überlassen hat (BGH Urteil vom 22.8.2018 – VIII ZR 99/17). Umgekehrt bleiben aber auch besondere Umstände in der Person des Mieters (z. B.: hohe Lärmempfindlichkeit) unberücksichtigt (Bausch NZM 2008, 874).

§ 536 BGB Untertitel 1. Allgemeine Vorschriften für Mietverhältnisse

12 Auf ein **Verschulden des Vermieters** am Mangel kommt es nicht an. Unerheblich ist auch, ob der Vermieter den Mangel beseitigen kann. Deshalb ist die Miete auch dann gemindert, wenn der Mangel infolge einer Naturkatastrophe (z. B. Überschwemmung) eingetreten ist (Eisenschmid WuM 2002, 889, 890). Die Rechtsprechung neigt zur **Einschränkung der Gewährleistungspflicht** bei Umständen, die der Vermieter nicht beherrschen kann (OLG Düsseldorf DWW 1998, 20: Beeinträchtigung des Zugangs zu gemieteten Ladenräumen durch Straßenbaumaßnahmen; LG Frankfurt/OLG Frankfurt WuM 1991, 88: Verstopfung einer Abwasserleitung durch das vertragswidrige Einleiten ungeeigneter Stoffe durch einen anderen Mieter; OLG Düsseldorf DWW 1991, 50: Beeinträchtigung eines Ladengeschäfts durch rechtmäßig parkende Fahrzeuge; kritisch dazu Sternel Mietrecht aktuell Rdn. 351; Emmerich PiG 31, 37; Frank WuM 1986, 75). Was zum allgemeinen Lebensrisiko gehört, ist kein Mangel (KG NZM 1998, 437 Einbruch in Ladenräume; insoweit **a. A.** OLG Naumburg NZM 1998, 438).

13 Wird dem Mieter für eine gewisse Zeit **Mietfreiheit** eingeräumt und tritt in dieser Zeit ein Mangel auf, so kann der Mieter nicht mindern. Die Minderung setzt nämlich voraus, dass der Mieter bei mangelfreier Mietsache zur Zahlung verpflichtet ist. Der Mieter hat jedoch einen Erfüllungsanspruch auf Mangelbeseitigung. Weiterhin stehen dem Mieter Gewährleistungsrechte nach § 536a, 543 Abs. 2 Nr. 1 BGB zu. Zum einen kann der Mieter Schadensersatz gem. § 536a BGB geltend machen, weil er weniger erhält, als der Vermieter schuldet. Zum anderen kann der Mieter nach § 543 Abs. 2 Nr. 1 BGB kündigen. In der Literatur wird vertreten, dass der Mieter außerdem den Anspruch auf Vertragsanpassung gem. § 313 Abs. 2 BGB geltend machen kann (Bieber GE 2012, 1078). Danach soll der Mieter die mietfreie Überlassung für die im Vertrag bestimmte Dauer in mangelfreier Zeit verlangen können.

2. Einzelfälle

14 (in alphabetischer Folge)
(Es ist stets zu beachten, dass der Fehlerbegriff maßgeblich von den vertraglichen Vereinbarungen abhängt, die von Fall zu Fall verschieden sein können. Die bei den einzelnen Stichworten zitierte Rechtsprechung beruht i. d. R. auf der Annahme, dass die Parteien hinsichtlich des jeweils streitigen Punktes nichts vereinbart haben. Soweit zu den jeweiligen Entscheidungen konkrete Minderungsquoten angegeben sind, ist zu bedenken, dass das Ausmaß der Beeinträchtigung des vertragsgemäßen Gebrauchs durch die Mängel in den Entscheidungsgründen oftmals nur kursorisch wiedergegeben wird. Die jeweilige Minderungsquote kann deshalb nur als grobe Orientierungshilfe dienen. Zur Berechnung der Höhe der Minderung s. im übrigen Rdn. 164.

15 **Altlasten.** Mit Altlasten im Sinne von § 2 Abs. 5 des Bundesbodenschutzgesetzes sind u. a. Grundstücke belastet auf denen Abfälle behandelt, gelagert oder abgelagert worden sind mit der weiteren Folge, dass von der Bodenbeschaffenheit schädliche Folgen für die Umwelt ausgehen. Wird ein solches Grundstück vermietet, so liegt ein Sachmangel vor, wenn auf Grund der Bodenbeschaffenheit eine Gesundheitsgefährdung der Grundstücksnutzer zu befürchten ist. Es ist nicht erforderlich, dass eine solche Gefahr tatsächlich besteht. Vielmehr genügt es, dass sie auf Grund der Bodenbeschaffenheit nicht ausgeschlossen werden kann (Horst MDR 2011, 1023). Es müssen allerdings konkrete Verdachtsmomente vorliegen; eine bloße Vermutung oder allgemeine, nicht näher begründete Ängste genügen nicht.

Antennen (Mobilfunk): Die Errichtung von Hochfrequenz- und Niederfre- 16
quenzanlagen, die gewerblichen Zwecken dienen oder im Rahmen wirtschaftlicher
Unternehmungen Verwendung finden, wird durch die 26. Verordnung zur Durchführung des Bundes-Immissionsschutzgesetzes (**VO über elektromagnetische Felder** – 26. ImSchV) vom 16.12.1996 (BGBl. 1996, S. 1966) geregelt. Die Verordnung enthält Vorschriften zum Schutz der Allgemeinheit und der Gesundheit des Einzelnen vor Schäden durch elektromagnetische Felder. Zu den Anlagen in diesem Sinne zählen auch GSM-Antennen (für Mobilfunk) und UMTS-Antennen (für das mobile Internet). Die **Duldungspflicht der Anwohner** richtet sich nach § 906 Abs. 1 Sätze 2 und 3 BGB. Danach sind unwesentliche Beeinträchtigungen zu dulden. Eine unwesentliche Beeinträchtigung liegt in der Regel vor, wenn die in Gesetzen oder Rechtsverordnungen festgelegten Grenz- oder Richtwerte von den nach diesen Vorschriften ermittelten und bewerteten Einwirkungen nicht überschritten werden (§ 906 Abs. 1 Satz 2 BGB). Gleiches gilt für Werte in allgemeinen Verwaltungsvorschriften, die nach § 48 des Bundesimmissionsschutzgesetzes erlassen worden sind und den Stand der Technik wiedergeben (§ 906 Abs. 1 Satz 3 BGB).

Für die **Auslegung der §§ 906 Abs. 1** Sätze 2 und 3 BGB gelten folgende 17
Grundsätze: (1) Bei einer Überschreitung der einschlägigen Richtwerte ist grundsätzlich von einer wesentlichen Beeinträchtigung auszugehen. **(2)** Im Einzelfall (auf Grund besonderer Umstände) kann die Beeinträchtigung gleichwohl als nur unwesentlich bewertet werden. **(3)** Werden die einschlägigen Richtwerte eingehalten, so ist umgekehrt grundsätzlich davon auszugehen, dass die Beeinträchtigung nur unwesentlich ist. **(4)** Auch in diesem Fall kann sich im Einzelfall (auf Grund besonderer Umstände) ergeben, dass die Beeinträchtigung trotz Einhaltung der Grenzwerte gleichwohl als wesentlich zu bewerten ist. **(5)** In einem solchen Fall muss der Anwohner die tatsächlichen Umstände darlegen aus denen sich ergibt, dass trotz Beachtung der Grenzwerte eine wesentliche Beeinträchtigung vorliegt. **(6)** Solche Umstände können gegeben sein, wenn wissenschaftlich begründete Zweifel an der Richtigkeit der Grenzwerte bestehen, oder wenn im Einzelfall ein wissenschaftlich fundierter Verdacht einer Gesundheitsgefährdung besteht.

Bislang ist es in Wissenschaft und Forschung allerdings nicht gelungen, den 18
Nachweis zu erbringen, dass durch elektromagnetische Felder bei Einhaltung der Richtwerte Gesundheitsschäden auftreten können. Der **Nachweis der gesundheitlichen Unbedenklichkeit** ist bisher zwar ebenfalls nicht erbracht. Das Risiko der Gesundheitsgefährdung hat der Gesetzgeber den Anwohnern auferlegt. Daraus folgt: Werden bei der Errichtung und dem Betrieb der Antennen die in der 26. ImSchV vorgeschriebenen Grenzwerte eingehalten, so muss der Betrieb der Anlage hingenommen werden. Eine Minderungsbefugnis besteht nicht (vgl. BVerfG ZMR 2002, 578; BGH NZM 2004, 310 = ZMR 2004, 416 mit Anm. Schläger; BGH NZM 2006, 504 = WuM 2006, 304; LG Berlin NZM 2003, 60; LG Karlsruhe DWW 2004, 57; AG Traunstein ZMR 2000, 389; AG Frankfurt NZM 2001, 1031; AG Gießen ZMR 2001, 806; Palandt/Weidenkaff § 536 BGB Rdn. 20; Gsell WuM 2011, 491, 496; **a. A.** AG München WuM 1999, 111: danach genügt es, wenn der Mieter aus Furcht vor Gesundheitsgefahren in seinem Wohlbefinden beeinträchtigt wird; s. zum ganzen auch Hitpaß ZMR 2002, 572; Kniep WuM 2002, 598; Eisenschmid WuM 1997, 21; Frenzel WuM 2002, 10; Roth NZM 2000, 521; Gsell WuM 2011, 491, 497.

Aufzug. Wird ein Aufzug stillgelegt, so liegt ein Mangel vor. Die Höhe der 18a
Minderung richtet sich nach dem Grad der Beeinträchtigung. Sie ist beim Ausfall eines Auszugs nach der Stockwerkslage zu staffeln (AG Bremen 1987, 383). Eine

§ 536 BGB Untertitel 1. Allgemeine Vorschriften für Mietverhältnisse

Stilllegung über eine kürzere Zeit (wenige Tage) ist als Bagatellmangel im Sinne von § 536 Abs. 1 Satz 3 BGB zu beurteilen, der nicht zur Minderung berechtigt. Stilllegungen für längere Zeit berechtigen aber i. d. R. zur Minderung (so AG Berlin-Charlottenburg GE 1990, 261: Minderung von 10% bei Ausfall eines Aufzugs über längere Zeit; AG Nürnberg WuM 2013, 316: Minderung 4,45% bei defektem Aufzug bei einer im 2 OG gelegenen Wohnung). Es kommt hierbei nicht darauf an, ob der Mieter den Aufzug in früherer Zeit mitbenutzt hat. Maßgeblich ist, dass der Vermieter seinen Leistungsumfang vermindert. Eine Ausnahme gilt für den Mieter einer Erdgeschosswohnung, weil deren Gebrauchstauglichkeit durch die Stilllegung des Aufzugs nicht beeinträchtigt wird.

19 **Barrierefreiheit.** In § 4 des Gesetzes zur Gleichstellung behinderter Menschen (Behindertengleichstellungsgesetz – BGG) vom 27.4.2002 (BGBl. I S. 1468) wird der **Begriff der Barrierefreiheit** wie folgt definiert: „Barrierefrei sind bauliche und sonstige Anlagen, Verkehrsmittel, technische Gebrauchsgegenstände, Systeme der Informationsverarbeitung, akustische und visuelle Informationsquellen und Kommunikationseinrichtungen sowie andere gestaltete Lebensbereiche, wenn sie für behinderte Menschen in der allgemein üblichen Weise, ohne besondere Erschwernis und grundsätzlich ohne fremde Hilfe zugänglich und nutzbar sind.

20 Die Verpflichtung des Vermieters zur Übergabe einer barrierefreien Wohnung bedarf stets einer **besonderen Vereinbarung.** Fehlt es hieran, so ist der Mieter gemäß § 554a BGB berechtigt einen solchen Zustand auf seine Kosten herzustellen (Einzelheiten s. dort). In den meisten Bundesländern bestehen Landesgesetze, nach denen Einrichtungen der ambulanten medizinischen Betreuung barrierefrei sein müssen. Die Herstellung der vertragsgemäßen Beschaffenheit ist in diesem Fall mangels einer entgegenstehenden Vereinbarung Sache des Vermieters. Entspricht die Mietsache nicht dieser Beschaffenheit, so ist der Mieter u. a. berechtigt, gem. § 323 Abs. 1 BGB vom Vertrag zurückzutreten (Brandenburgisches OLG Urteil vom 20.6.2012 – 3 U 6/10).

21 **Baumängel.** Fehler in der Beschaffenheit des Gebäudes, sind gleichzeitig Mängel i. S. von § 536 BGB, wenn sie sich in optischer, funktionaler oder finanzieller Hinsicht auf den Mietgebrauch auswirken. Beispiele: Mauerwerksrisse, blinde Fensterscheiben, undichte Fenster und Türen, Deckenhöhe unter 2,50 m in einem Kaufhaus (KG MDR 1999, 1435: Minderung 50%), etc. Das Vorhandensein eines Baumangels berechtigt für sich allein nicht zur Minderung. So sind beispielsweise die infolge fehlerhafter Bauausführung entstandenen Kältebrücken für den Mieter erst dann von Bedeutung, wenn hierdurch Feuchtigkeitsschäden entstehen. Eine mangelhafte Schalldämmung berechtigt zur Minderung, wenn hiermit eine erhöhte Lärmbelastung verbunden ist. Ebenso wenig kann ein Mangel bereits dann bejaht werden, wenn die technischen Normen (z. B. hinsichtlich des Schallschutzes oder der Wärmedämmung) nicht erfüllt sind (**a. A.** KG WuM 1980, 255 betr. Schallschutz); auch in diesem Fall ist erforderlich, dass sich die unzulängliche Bauausführung auf den Mietgebrauch auswirkt. Eine akute Beeinträchtigung des Mietgebrauchs ist allerdings nicht erforderlich. Es genügt, wenn der Mieter auf Grund des Zustands der Mietsache mit einer Beeinträchtigung rechnen muss. Deshalb liegt ein Mangel vor, wenn das Dach eines Gebäudes undicht ist und Wasserschäden drohen (KG ZMR 1999, 395)

22 Ein Mangel ist ausgeschlossen, wenn das Gebäude den zur Zeit seiner Errichtung geltenden **technischen Normen** entspricht (BGH NZM 2019, 136 = NJW 2019, 507; **a. A.** OLG Celle WuM 1985, 9).

Der Umstand, dass eine **technische Einrichtung** (Heizungs-, Lüftungs-, Kli- 23
maanlage usw.) **fehlerhaft dimensioniert** ist und deshalb zu **erhöhten Kosten**
führt, kann nicht als Mangel bewertet werden (BGH WPM 1980, 108, 112 betr.
Klimaanlage; BGH NJW 2014, 685 = NZM 2014, 163 betr. Heizungsanlage;
Börstinghaus/Lange WuM 2010, 538; a. A. OLG Hamm NJW-RR 1987, 969 für
Lüftungsanlage). Das gleiche gilt, wenn die Wärmedämmung des Hauses vom üblichen Standard abweicht und deshalb höhere Heizkosten entstehen (a. A. LG
Waldshut-Tiengen, NJW-RR 1991, 592 = WuM 1991, 479). Eine unwirtschaftlich arbeitende Anlage spielt allerdings dann eine Rolle, wenn der Mieter die Betriebskosten zu tragen hat. In diesem Fall kann dem Vermieter ein Verstoß gegen
den Wirtschaftlichkeitsgrundsatz zur Last fallen (§ 556 Abs. 3 S. 1 BGB, § 20 Abs. 1
Satz 2 NMV). Der Wirtschaftlichkeitsgrundsatz ist verletzt, wenn ein wirtschaftlich
denkender Eigentümer die Anlage austauschen, reparieren oder verbessern würde.
Der Verstoß kann zur Folge haben, dass der Vermieter einen Teil der durch die unwirtschaftliche Anlage verursachten Betriebskosten nicht auf den Mieter umlegen
kann s. auch Stichwort „Heizung".

Wesentlich ist, dass der **vertragsgemäße Zustand nicht in allen Fällen** 24
gleich ist. Der Mieter eines Altbaus kann keine Neubauqualität erwarten. Der
Mieter einer teuren Komfortwohnung darf umgekehrt höhere Ansprüche an deren
Beschaffenheit stellen, als dies bei durchschnittlichen Wohnungen üblich ist (AG
Münster WuM 1995, 704; AG Hamburg WuM 1996, 760). Deshalb können hier
schon kleinere Mängel ohne wesentliche Gebrauchsbeeinträchtigung eine Minderung rechtfertigen (AG Münster a. a. O. betr. Minderung von 2% wegen diverser
Kleinigkeiten bei einer Nettomiete von 2210.– DM/pro Monat). Bei Wohnungen
in Häusern von dürftiger Bauqualität und niedrigem Mietzins muss der Mieter dagegen gewisse bautypische Nachteile entschädigungslos hinnehmen (KreisG Erfurt,
WuM 1993, 112: Minderung von 10% bei undichten Fenstern, Feuchtigkeitsschäden und überdimensionierter Heizung). Zu den diesbezüglichen Problemen in den
neuen Ländern s. auch Schmidt/Seitz, DtZ 1995, 346).

Baumaßnahmen. Baumaßnahmen **im Haus** oder **am Haus** stellen einen 25
Mangel dar, wenn der Mieter hierdurch beeinträchtigt wird (vgl. AG Köln ZMR
1980, 87: der Anspruch auf die Miete entfällt, wenn die Wohnung völlig neu gestaltet wird und deshalb für längere Zeit unbewohnbar ist). Die Minderungsbefugnis
besteht auch dann, wenn der Mieter mit der Maßnahme einverstanden ist, oder
wenn er sie nach § 555a,d BGB dulden muss (KG GE 2002, 257; LG Mannheim
WuM 1986, 139; LG Berlin GE 1997, 619; AG Osnabrück WuM 1996, 754;
Schüller in: Bub/Treier Kap III Rdn. 2711). Die Art der Beeinträchtigung ist
gleichgültig. In Betracht kommt insbesondere eine Beeinträchtigung durch Lärm
oder Schmutz (AG Berlin-Neukölln MM 1994, 23: Minderung von 20% bei
Stemmarbeiten zur Verlegung von elektrischen Leitungen; BGH WuM 2013, 174:
Minderung von 40% bei einer Dachwohnung, wenn sämtliche Dachziegel entfernt
und über eine Bauschuttrutsche in einen Container entsorgt werden; AG Hamburg
WuM 1987, 272: Minderung von 60% beim Abriss des Dachstuhls und Ausbaus des
Dachgeschosses; AG Osnabrück WuM 1996, 754: Minderung von 30% bei Wärmedämmung, Einbau eines neuen Dachstuhls; Ausbau zweier Wohnungen u. a.).
Auch sonstige Gebrauchsbeeinträchtigungen berechtigen zur Minderung (BGH
WuM 2013, 174: Minderung von 10% wegen eines vor den Fenstern angebrachten
Baugerüsts; AG Hamburg WuM 1996, 30: Minderung von 15%, wenn das Haus
eingerüstet und mit Planen verhängt ist, weil hierdurch die Benutzung der Balkone
beeinträchtigt, die Lichtzufuhr behindert und die Einbruchsgefahr erhöht wird; KG

§ 536 BGB Untertitel 1. Allgemeine Vorschriften für Mietverhältnisse

MDR 2013, 1338: Minderung bei Geschäftsraum, wenn die Sicht auf die Schaufenster durch Planen verdeckt ist). Eine optische oder ästhetische Beeinträchtigung genügt, etwa die Nutzung des Wohnumfeldes als Lagerplatz für Baumaterialien und dergleichen (LG Osnabrück WuM 1986, 93: Lagern von Baumaterial im Garten; ähnlich AG Bad Segeberg: Minderung von 10%, wenn das Grundstück mit Baumaterial belegt ist; LG Darmstadt NJW-RR 1989, 1498: Minderung von 10% der Nettomiete, wenn die unmittelbare Umgebung des Hauses den Charakter einer Baustelle hat; AG Steinfurt WuM 1988, 109: Schuttberg vor der Haustür). Darüber hinaus haftet der Vermieter, wenn durch unsachgemäße Bauarbeiten am und im Bereich des Gebäudes in dem die Mietsache gelegen ist, ein Schaden des Mieters entsteht. Für das Verschulden von Bauarbeitern muss der Vermieter einstehen (OLG Düsseldorf NZM 2002, 21). Sind Gewerberäume in einem noch zu entwickelnden Areal vermietet, so kann der Mieter mindern, wenn sich die Entwicklung (Fertigstellung) des Areals verzögert und der Mieter wegen der Beschwerlichkeit des Zugangs, der fehlenden Infrastruktur oder des unattraktiven Erscheinungsbilds Nachteile erleidet (BGH NZM 2004, 101).

26 **Baumaßnahmen in der Nachbarschaft** (Errichtung eines Neubaus, Abrissarbeiten, Straßenbaumaßnahmen, etc.) sind ebenfalls als Mangel zu bewerten, wenn der Mietgebrauch durch Lärm, Schmutz oder in optischer Hinsicht beeinträchtigt wird (zur Minderungsquote s. Rdn. 172a). Nach der **Rechtsprechung des BGH** ist bei der Auslegung des § 536 BGB allerdings die der Regelung des **§ 906 BGB** zu Grunde liegende Risikoverteilung zu berücksichtigen (s. dazu oben Rdn. 4). Danach sind nachträglich erhöhte Geräuschimmissionen grundsätzlich nicht als Mangel zu bewerten, „wenn auch der Vermieter sie ohne eigene Abwehr- oder Entschädigungsmöglichkeit als unwesentlich oder ortsüblich hinnehmen muss" (sog. **„Bolzplatzentscheidung",** BGHZ 205, 177 = NJW 2015, 2177 m. abl. Anmerkung Selk NZM 2015, 855; krit. LG Berlin WuM 2018, 25, 26; Ghassemi-Tabar NJW 2015, 2849; Föller WuM 2015, 485; Börstinghaus, jurisPR-BGHZivilR 12/2015 Anm. 2; Gsell NZM 2016, 702, 708). Der BGH hat dies für Kinderlärm entschieden. Die Entscheidung gilt allerdings nicht nur für Störungen durch Kinderlärm, sondern Allgemein (LG München I NZM 2016, 237 betr. Immissionen von Großbaustelle). Voraussetzung für den Ausschluss der Minderung ist allerdings, dass auch der Vermieter die Immissionen ohne eigene Abwehrmöglichkeit als unwesentlich oder ortsüblich hinnehmen muss. Ist streitig, ob die Störung unwesentlich oder ortsüblich ist, so trifft den Vermieter die Darlegungs- und Beweislast (LG München I a. a. O.). Nach einer Entscheidung des LG Berlin WuM 2018, 25, 27 sind die vom BGH in der sog. „Bolzplatzentscheidung" entwickelten Grundsätze nicht anzuwenden, wenn der Vermieter die auf dem benachbarten Grundstück geplanten Baumaßnahmen beim Vertragsschluss gekannt, diese aber dem Mieter verschwiegen hat. In einem solchen Fall sei es „grob unbillig", dem Mieter das Risiko der nachteiligen Veränderung des Wohnumfelds aufzuerlegen. Nach der hier vertretenen Ansicht muss der Mieter die mit einer üblichen Bautätigkeit verbundenen Beeinträchtigungen grundsätzlich hinnehmen. Ein Mangel im Sinne der Gewährleistungsvorschriften ist erst dann anzunehmen, wenn die Beeinträchtigungen ein bestimmtes Maß überschreiten. Dies ist unter Berücksichtigung der Umstände des Einzelfalls zu entscheiden (OLG Frankfurt NJW 2015, 2434). Beispiele: OLG Dresden NZM 1999, 317: wenn der Zugang zum Geschäft durch umfangreiche Bauarbeiten im Straßenbereich erheblich beeinträchtigt wird und aus diesem Grunde ein Umsatzrückgang eintritt; KG NJW Spezial 2008, 97: Zugangsversperrung wegen Bau einer U-Bahn-Trasse; LG Berlin GE

2003, 669: Minderung von 15% wenn an dem vor einem Ladenlokal (Modegeschäft) befindlichen Gehweg unter Einsatz eines Presslufthammers und eines Baggers Reparaturarbeiten durchgeführt werden; OLG Frankfurt Urteil vom 11.2.2015 – 2 U 174/14: Minderung von 15% wenn im Zuge der Einrichtung einer Großbaustelle in unmittelbarer Nähe des Geschäfts Baucontainer sowie Stahlkonstruktionen zur Stromversorgung aufgestellt werden und der Geschäftsbetrieb durch Baustellenfahrzeuge behindert wird; LG Berlin WuM 2016, 555: 20% Minderung, wenn im Hinterhof eines geschlossenen Wohnkomplexes ein Hotel mit 60 Zimmern, Apartments und Ferienwohnungen errichtet wird und die Wohnung aus diesem Grund erheblichen Lärm- und sonstigen Immissionen ausgesetzt ist; LG Berlin WuM 2018, 25: Minderung von 15% wenn auf dem Nachbargrundstück ein Gebäudekomplex mit 217 Wohnungen und einer Tiefgarage errichtet wird; LG Berlin GE 2014, 522 Abriss und Neubautätigkeit auf dem Nachbargrundstück; AG Köln WuM 1996, 92: Minderung von 15% bei benachbarter Großbaustelle; LG Frankfurt WuM 2007, 316: Minderung von 12% der Bruttomiete bei Abriss eines Gebäudes und Errichtung eines Neubaus; AG Hamburg-Blankenese ZMR 2003, 746: Abriss eines Gebäudes und Errichtung eines Neubaus; AG Wuppertal Urteil vom 4.4.2003, Az.: 92 C 464/02 Minderung von 20% bei umfangreichen Bauarbeiten in der Nachbarschaft; AG Gelsenkirchen WuM 2006, 611: Minderung von ca. 30% wenn in der Nachbarschaft ein Gebäude entkernt und sodann erneut aufgebaut wird; auch OLG Naumburg GuT 2002, 14: danach soll noch keine erhebliche Beeinträchtigung vorliegen, wenn der Zugangsbereich einer Gaststätte durch Sperrungen und Umleitungen über eine Zeit von 5 Monaten hinweg beeinträchtigt wird; zweifelhaft). Ein Rechtssatz des Inhalts, wonach der Neu- oder Erweiterungsbau von Schulen oder anderen öffentlichen Einrichtungen stets sozialadäquat ist und zu keiner Minderung berechtigt, besteht nicht (OLG Schleswig ZMR 2011, 724). Der Mieter ist auch dann zur Minderung berechtigt, wenn der Eigentümer die Beeinträchtigung nach § 906 BGB entschädigungslos hinnehmen muss (BayObLG RE 4.2.1987 NJW-RR 1987, 971; OLG München WuM 1993, 607; LG Göttingen NJW 1986, 1112; AG Hamburg-Blankenese ZMR 2003, 746; grundlegend: Schröder, ZMR 1988, 414; **a. A.** AG Aachen WuM 1979, 122; AG Hamburg ZMR 1982, 279; AG München ZMR 1986, 58; AG Frankfurt NZM 2005, 217 betr. Baulärm in der Frankfurter Innenstadt). Unter bestimmten Voraussetzungen kann ein Mieter **behördliche Schutzmaßnahmen** gegen unzumutbaren Baulärm beantragen. Nach § 22 Abs. 1 BImSchG sind Baumaschinen und Baustellen so zu betreiben, dass Umwelteinwirkungen verhindert werden, die nach dem Stand der Technik vermeidbar sind; unvermeidbare Einwirkungen sind auf ein Mindestmaß zu beschränken. Zur Durchsetzung dieser Vorschrift kann die Behörde zweckdienliche Maßnahmen anordnen (§ 24 BImSchG). Die Entscheidung hierüber liegt im Ermessen der Behörde. Beruft sich jedoch ein Nachbar auf eine erhebliche Verletzung von Vorschriften, die dem Schutz seiner Rechte dienen, wird das Ermessen der Behörde auf Null reduziert. Die Behörde ist dann zum Eingreifen verpflichtet. Aus dem Grundsatz der Verhältnismäßigkeit folgt, dass die Behörde zunächst das jeweils mildeste Mittel auswählen muss, das sind i. d. R. Maßnahmen zur Verbesserung des Lärmschutzes. Werden diese Maßnahmen aber vom Bauunternehmen nicht oder nicht ausreichend umgesetzt, kann auch ein vorläufiger Baustopp angeordnet werden (§ 25 BImSchG). Dies gilt insbesondere dann, wenn der Betreiber der Baustelle den behördlichen Anordnungen wiederholt und hartnäckig zuwidergehandelt hat (VGH Mannheim Beschluss vom 5.2.2015 – 10 S 2471/14).

§ 536 BGB Untertitel 1. Allgemeine Vorschriften für Mietverhältnisse

26a Nach einer in der Rechtsprechung vertretenen Ansicht ist eine Minderung auf Grund von Beeinträchtigungen durch Bauarbeiten in der Nachbarschaft nicht gerechtfertigt, wenn bereits beim Abschluss des Mietvertrags mit einer künftigen Bebauung zu rechnen ist (sog. **„Baulückenrechtsprechung";** s. dazu auch § 536b Rdn. 29a sowie Selk NZM 2015, 855; Gsell NZM 2016, 702, 708). Ein solcher Fall soll vorliegen, wenn sich die Wohnung in einem ausgewiesenen Sanierungsgebiet befindet, wenn ein benachbartes Gebäude baufällig ist, wenn die Fassade eines benachbarten Gebäudes renoviert werden muss oder wenn in der Umgebung Baulücken bestehen (OLG München WuM 1993, 607; KG NZM 2003, 718; LG Berlin GE 2003, 1330; WuM 2007, 386; GE 2012, 64; WuM 2015, 486, 489; LG Gießen ZMR 2011, 384; LG Heidelberg WuM 2010, 148 betr. Errichtung eines Supermarkts, wenn die Wohnung an en Gewerbegebiet angrenzt; AG Frankfurt NZM 2005, 217). In solchen Fällen soll es genügen, wenn der Mieter die zu erwartende Gebrauchsbeeinträchtigung in den Grundzügen erkennen kann (LG Berlin WuM 2015, 486, 489). Nach einer Entscheidung des AG Lichtenberg GE 2012, 68 sollen diese Grundsätze auch dann gelten, wenn die Bebauung erst 12 Jahre nach Vertragsschluss stattfindet. Teilweise wird differenziert (AG Frankfurt/M NZM 2012, 307 betr. eine Bautätigkeit im Frankfurter Westend): Liegt die Baustelle nicht in der unmittelbaren Nachbarschaft der Wohnung, so scheidet eine Minderung aus, weil die durch die Bautätigkeit bedingten Störungen ortstypisch sind. – **Nach richtiger Ansicht ist die „Baulückenrechtsprechung" abzulehnen** (so zutreffend LG Berlin GE 2014, 522; GE 2016, 915 [ZK 67]; Gsell NZM 2016, 702, 708). Eine mietvertragliche Vereinbarung wonach künftige vom Nachbargrundstück herrührende Immissionen Teil der Beschaffenheit der Mietsache sind, verstößt gegen § 536 Abs. 4 BGB. Anders ist es nur, wenn die Baumaßnahme unmittelbar bevorsteht und der Mieter deren Dauer und Auswirkungen auf die Mietsache übersehen kann. In einem solchen Fall kann die Beschaffenheitsvereinbarung auch stillschweigend getroffen werden. Für die Annahme einer stillschweigenden Beschaffenheitsvereinbarung genügt es allerdings nicht, dass der Vermieter die Mietsache in einem immissionsbelasteten Zustand übergibt und der Mieter diesen Umstand kennt; erforderlich ist vielmehr dass der Mieter den gegebenen Zustand als vertragsgemäß akzeptiert (LG Berlin a. a. O.; GE 2016, 785; GE 2016, 915). Dies ist vom Vermieter zu beweisen. Grundsätzlich ist ein Mangel immer dann anzunehmen, wenn in unmittelbarer Nachbarschaft gebaut und der Mieter hierdurch beeinträchtigt wird. Dies gilt auch dann, wenn die einschlägigen Normen hinsichtlich des Lärmschutzes eingehalten werden. Bei der Bemessung der Minderung ist allerdings zu berücksichtigen, dass die Wohnung ohnehin einer starken Lärmbelastung ausgesetzt ist. Nach anderer Meinung richtet sich der Ausschluss der Minderung nach § 536b BGB; dies setzt positive Kenntnis des Mieters vom Mangel und seiner konkreten Auswirkungen auf den Mietgebrauch voraus (V. Emmerich in Staudinger § 536 Rdn. 49; Häublein in: MünchKomm § 536 Rdn. 19; Eisenschmid in: Schmidt-Futterer § 536 BGB Rdn. 121; Sternel Mietrecht Aktuell Rdn. VIII 387; Blank WuM 2012, 175). Nach der Auffassung des BGH ist die Frage des Minderungsausschlusses unter Berücksichtigung des jeweiligen Einzelfalls vom Instanzgericht zu entscheiden (BGH WuM 2012, 271 = NZM 2012, 456). Bei der Geschäftsraummiete kann für künftige, absehbare Gebrauchsstörungen vereinbart werden, dass die Minderung ausgeschlossen sein soll (AG Hamburg NZM 2005, 222); bei der Wohnraummiete verstößt eine solche Regelung gegen § 536 Abs. 4 BGB. Eine Ausnahme kommt in Betracht, wenn bereits beim Vertragsschluss mit hinreichender Sicherheit feststeht, dass in der Umgebung in absehbarer Zeit Bauarbeiten durchgeführt werden. Hiervon kann ausgegangen werden, wenn sich die Mieträume in einem Neubaugebiet befinden. Der Umstand, dass das Nachbargebäude einen Reparatur- oder Sanierungsbedarf aufweist, genügt allerdings nicht, weil der Mieter in diesen Fällen nicht wissen kann, ob und wann sich der Eigentümer dieses Gebäudes zu einer Reparatur entschließt (Gsell NZM 2016, 702, 707; **a. A.** KG GE 2003, 116). Aus dem Regelungszweck des § 536 BGB ergibt sich weiter, dass die Minderungsbefugnis auch dann besteht, wenn der Mieter tagsüber (AG Regensburg WuM 1992, 476) oder während der gesamten Bauzeit abwesend ist. Der Vermieter kann nämlich nicht einwenden, dass der Mieter die Mietsache ohnehin nicht genutzt hätte (BGH NJW 1987, 432). Umgekehrt kann aber auch nicht berücksichtigt werden, ob ein bestimmter Mieter unter den Beeinträchtigungen besonders zu leiden hat. Sind Räume zum Betrieb eines Ladengeschäfts vermietet und wird der ungehinderte Zutritt des Publikums zu diesem Geschäft durch bauplanerische oder bauausführende Maßnahmen in der näheren Umgebung des Ladenlokals nachhaltig beeinträchtigt, so kann dies ebenfalls einen Mangel im Sinne von § 536 Abs. 1 BGB darstellen (BGH NJW 1981, 2405; **a. A.** wohl OLG Düsseldorf DWW 1998, 20 für Straßenbaumaßnahmen). Etwas anderes gilt, wenn das kaufinteressierte Publikum ganz allgemein nicht in dem erwarteten Maße den Bereich, in dem sich das vermietete Lokal befindet, aufsucht, etwa weil der Verkehrsstrom weitgehend vorbeigeleitet wird oder die Bevölkerung aus sonstigen Gründen diesen Bereich nicht annimmt (BGH a. a. O.; OLG Celle NJW-RR 1996, 1099: betr. Umsatzrückgang einer Gaststätte als Folge der Einrichtung einer verkehrsberuhigten Zone; s. auch unter „Lärm"). Vereinzelt wird die Ansicht vertreten, dass Baulärm zum Allgemeinen Lebensrisiko zählt, wenn die Baumaßnahme dem Allgemeinwohl dient. In solchen Fällen soll die Minderung ausgeschlossen sein (AG Fürth WuM 2007, 317 betr. Brückensanierung). Diese Ansicht findet im Gesetz keine Stütze. Der Mieter ist im Streitfall für das Ausmaß der Gebrauchsbeeinträchtigung darlegungs- und beweispflichtig. Deshalb muss er die Art, Intensität und Dauer der Beeinträchtigung ... tage-, wochen- oder mindestens monatsweise darstellen (AG Berlin-Mitte GE 2008, 485).

Bauordnungsbestimmungen. Können die vermieteten Räumlichkeiten auf Grund öffentlich-rechtlicher Vorschriften aus dem vereinbarten Vertragszweck genutzt werden, so ist zu unterscheiden (zu Beschränkungen wg. **Corona-Pandemie** siehe § 535 Rdn. 725 ff): Ergibt sich das Nutzungshindernis aus einem Verstoß gegen **Vorschriften des formellen Baurechts** (z. B. unzulässige Nutzung von Räumlichkeiten als Wohnung, weil das Gebäude in einem reinen Gewerbegebiet gelegen ist; Verbot der Nutzung von Gewerberäumen zu bestimmten Zwecken aus polizeilichen oder stadtplanerischen Gründen), so liegt ein Mangel vor, wenn die Behörde die Nutzung untersagt oder eine Nutzungsuntersagung androht (BGH ZMR 1971, 220 = NJW 1971, 555 [LS]; OLG Köln MDR 1998, 709; OLG Hamm Urt. v. 8. 4. 2020 – 30 U 107/19 [Verbot des Betriebs einer Spielhalle gem. § 25 Abs. 2 GlüStV]). Liegt dagegen ein Nutzungshindernis vor, weil die Räume oder ein Teil der Räume den öffentlich-rechtlichen Anforderungen nicht genügt, die aus Gründen des **Gesundheitsschutzes** oder der **Sicherheit** an Wohn- oder Geschäftsräume zu stellen sind, so ist der Mangel in der für den Vertragszweck **unzureichenden baulichen Beschaffenheit der Mietsache** zu sehen (BGH NJW 1976, 796 betreffend: behördliche Richtlinien für die Unterbringung von Gastarbeitern in Wohnheimen; OLG Dresden NZM 2006, 867 betr. baurechtswidrige sog. „Raumspartreppe"; KG ZMR 2016, 685 betr. unzureichender Brandschutz; LG Lüneburg WuM 1989, 368 betr. Räume im Souterrain mit zu geringer

Raumhöhe und zu hoch angesetzten Fenstern; **a. A.** OLG Dresden ZMR 2019, 580: danach ist ein Verstoß gegen brandschutzrechtliche Vorschriften) nur dann als Mangel zu bewerten, wenn die zuständige Behörde die Nutzung des Mietobjektes durch ein rechtswirksames und unanfechtbares Verbot bereits untersagt hat oder ein solches Verbot droht). Bei einem Wohn- oder Bürogebäude, darf der Mieter erwarten, dass das Gebäude, den zur Zeit seiner Errichtung geltenden Schallschutz- und Wärmedämmvorschriften entspricht. Wird der Mieter in der vertragsgemäßen Nutzung beeinträchtigt, weil diese Vorschriften nicht gewahrt sind, so liegt ein Mangel vor. Ist eine vertragsmäßige Nutzung ohne Beeinträchtigung trotz des (Bau-)Mangels möglich, so kommt eine Minderung nicht in Betracht (LG Göttingen WuM 1989, 409). Maßgeblich ist das zum Zeitpunkt der Errichtung des Gebäudes maßgebliche technische Regelwerk. Eine **Änderung der maßgeblichen Bestimmungen** hat auf den vertragsgemäßen Zustand keinen Einfluss, weil ein Vermieter nicht verpflichtet ist, das Mietobjekt den jeweils geltenden Baunormen anzupassen (OLG Saarbrücken Urteil vom 8.5.2013 – 2 U 3/13: danach ist die. Ausstattung eines Ladengeschäfts in einem 1981 errichteten Gebäude nicht als Mangel anzusehen, weil eine solche Bauweise nach der damals geltenden Fassung der Wärmeschutzverordnung zulässig war). Etwas anderes gilt, wenn der Vermieter durch eine gesetzliche Vorschrift zur Nachrüstung verpflichtet wird und sich aus dem Sinn und Zweck der Vorschrift ergibt, dass diese (zumindest auch) dem Interesse des Mieters dienen soll. Ist eine vertragsgemäße Nutzung nicht möglich, so stehen dem Schadensersatzansprüche gegen den Vermieter zu (§ 536a Abs. 1 BGB). Der Vermieter hat kein Kündigungsrecht (**a. A.** AG Hamburg-Blankenese ZMR 2007, 789).

27a Nach der gesetzlichen Regelung muss der Vermieter dafür einstehen, dass das Mietobjekt zu dem vertraglich vereinbarten Zweck genutzt werden kann. Dieses Risiko kann auf den Mieter übertragen werden. Formularvertragliche Regelungen sind allerdings eng auszulegen. Aus dem Gebot der engen Auslegung folgt, dass sich die **Risikoübernahme des Mieters** nicht auf Risiken erstreckt, welche den Räumen bereits im Zeitpunkt des Vertragsabschlusses anhaften und die er nicht erkannt hat. Die **Formularklausel**: „Der Mieter hat behördliche Auflagen auf eigene Kosten zu erfüllen," bewirkt nur die Übernahme des Risikos durch den Mieter, dass die von ihm nach seinen Vorstellungen ausgebauten Räume den behördlichen Anforderungen für den vorgesehenen Betrieb entsprechen. Liegt ein öffentlich-rechtliches Nutzungshindernis vor, weil die Mietsache den Anforderungen des Baurechts nicht entspricht, so genügt es für die Annahme eines Mangels im Allgemeinen nicht, dass die Behörde tätig werden kann. Voraussetzung ist vielmehr, dass sie tatsächlich tätig wird und dass der vertragsgemäße Gebrauch hierdurch tatsächlich beeinträchtigt wird. Anders ist es, wenn es wegen einer fehlenden Genehmigungsfähigkeit der Räume zu einer Betriebsaufnahme und damit zu einer Nutzung zum vertragsgemäßen Zweck überhaupt nicht kommt (KG Urteil vom 23.5.2016 – 8 U 10/15).

28 **Behördliche Beanstandungen/Gebrauchsbeschränkungen/Konzession.** Wird Wohn- oder Geschäftsraum vermietet, so muss der Raum zu dem vereinbarten Zweck geeignet sein; dies setzt unter anderem voraus, dass der beabsichtigten Nutzung keine behördlichen Beschränkungen entgegenstehen. Kann eine **Wohnung** oder ein Teil einer Wohnung aus Gründen des **Bauordnungsrechts** nicht zu dem vertraglich vereinbarten Zweck genutzt werden, so liegt ein Mangel vor, wenn die Behörde die Nutzung untersagt oder eine solche Maßnahme konkret androht. Es gilt der Grundsatz, dass die für die Überwachung zuständige Behörde zunächst der Mieter bzw. Pächter als Handlungsstörer vor dem Eigentümer bzw. Vermieter als Zustandsstörer heranzuziehen hat. Anders ist es, wenn die Wirksamkeit der Maßnahme eine andere Reihenfolge gebietet. Aus der Unterlassungsanordnung oder Nutzungsuntersagung muss sich ergeben, in welcher Weise die Behörde ihr Ermessen ausgeübt hat (Bayerischer Verwaltungsgerichtshof Beschluss vom 28.7.2014 – 2 Cs 14.1326). Nimmt die Behörde den Mieter in Anspruch, so stehen dem Mieter die gesetzlichen Gewährleistungsrechte zu, wenn die Nutzungsuntersagung auf der baulichen Beschaffenheit der Mietsache beruht. Bleibt die Behörde dagegen untätig und wird der Mietgebrauch durch den ordnungswidrigen Zustand nicht beeinträchtigt, so ist die Mietsache nach allgemeiner Ansicht mangelfrei, mit der weiteren Folge, dass dem Mieter keine Gewährleistungsrechte zustehen (BGH NJW 2009, 3421 = WuM 2009, 661 = NZM 2009, 814; OLG Köln WuM 1998, 152; OLG Düsseldorf DWW 2005, 20; 2006, 286; 2012, 11; ZMR 2011, 795; MDR 2012, 705). Bei **Geschäftsräumen** liegt ein Sachmangel vor, wenn folgende Voraussetzungen gegeben sind: **(1)** Die behördliche Maßnahme muss ihren Grund in der konkreten Beschaffenheit der Mietsache haben; Maßnahmen die aufgrund der persönlichen Verhältnisse des Mieters ergriffen werden oder die wegen der Art und Weise des Geschäftsbetriebs ergehen, scheiden aus (BGH NJW 2011, 3151 Rdn. 8). **(2)** Der Vermieter muss auf Grund des Mietvertrags verpflichtet sein, für diejenigen Umstände einzustehen, auf deren Fehlen oder Vorliegen sich die behördliche Maßnahme bezieht. **(3)** Es genügt nicht, dass die Behörde tätig werden kann; Voraussetzung ist vielmehr, dass sie tatsächlich tätig wird und dass der vertragsgemäße Gebrauch hierdurch tatsächlich beeinträchtigt wird (BGH NJW 2009, 3421; NZM 2014, 165; OLG Hamburg Urt. v. 23.3.2016 – 4 U 140/15; OLG Dresden B. v. 1.6.2017 – 5 U 477/17). Dies ist regelmäßig erst dann der Fall, wenn die Maßnahme rechtswirksam und unanfechtbar ist; deshalb ist es dem Mieter zuzumuten die behördliche Maßnahme auf ihre Rechtmäßigkeit überprüfen zu lassen BGH NZM 2014, 165). Ausnahmsweise kann eine langwährende Unsicherheit hinsichtlich der behördlichen Entscheidung für die Annahme eines Mangels ausreichen (BGH ZMR 2008, 274). Gleiches gilt, wenn mit hinreichender Sicherheit feststeht, dass die Behörde eine Nutzung des Raumes zu dem vertraglich vereinbarten Zweck nicht genehmigen wird. In einem solchen Fall ist es dem Gewerbemieter nicht zuzumuten, erhebliche weitere Investitionen in die Räume durchzuführen, um sodann den Betrieb trotz fehlender Genehmigung aufzunehmen (KG ZMR 2016, 855). Hat die Behörde bereits eine vollziehbare Nutzungsuntersagung erlassen und kann der Mieter den Untersagungsgrund nicht beeinflussen, so ist es dem Mieter nicht zuzumuten sich auf einen Rechtsstreit mit ungewissem Ausgang einzulassen (BGH Urt. v. 2.11.2016 – XII ZR 153/15, NJW 2017, 1104 betr. Mängel des Brandschutzes wegen der Verwendung von brennbarem Material zur Fassadendämmung).

Ist für den Betrieb eines Geschäfts eine behördliche **Konzession** erforderlich, so 29 muss der Vermieter dafür einstehen, dass das Mietobjekt zu dem vertraglich vereinbarten Zweck genutzt werden kann. Wird die Konzession wegen der baulichen Beschaffenheit der Mietsache oder der speziellen Lage des Mietobjekts verweigert, so stehen dem Mieter Gewährleistungsansprüche zu. Anders ist es, wenn die Konzession verweigert wird, weil der Mieter das beabsichtigte Geschäft auf Grund mangelnder Eignung oder fehlender Zuverlässigkeit nicht betreiben darf. Die gesetzliche Risikoverteilung kann vertraglich abweichend geregelt werden. Eine Formularklausel, wonach der Mieter das Risiko der Erteilung einer behördlichen Konzession zu tragen hat, ist unwirksam, wenn sie eine Haftung des Vermieters auch für den Fall ausschließt, dass die erforderliche behördliche Genehmigung für den vom Mieter vorgesehenen Gewerbebetrieb aus Gründen versagt wird, die ausschließlich

§ 536 BGB   Untertitel 1. Allgemeine Vorschriften für Mietverhältnisse

auf der Beschaffenheit oder der Lage des Mietobjekts beruhen (KG GE 2014, 1452; anders für Mietverträge mit Großunternehmen Müller NZM 2016, 185, 191). Durch eine Individualvereinbarung kann dagegen auch dieses Risiko dem Mieter auferlegt werden (OLG Frankfurt Urteil vom 22.7.2016 – 2 U 144/15, juris betr. Konzession für Spielhalle). Im Übrigen ist zu unterscheiden: **(1)** Ist die beabsichtigte Nutzung genehmigungsfähig, so stellt das Fehlen der Konzession noch keinen Mangel dar, weil die Beschaffenheit der Mietsache nicht beeinträchtigt wird (BGH MDR 1992, 1147; OLG Düsseldorf MDR 2006, 1277). **(2)** Steht bereits bei Vertragsbeginn fest, dass eine Konzession nicht erteilt werden kann oder dass der Nutzung der Mietsache ein behördliches Verbot entgegensteht, so liegt ein ursprünglicher Mangel vor. **(3)** Hat die Behörde dagegen ein Entscheidungsermessen, so liegt ein Mangel vor, wenn die Behörde hiervon zum Nachteil des Mieters Gebrauch macht; insoweit genügt es, dass die Behörde eine Nutzungsuntersagung androht (BGH BeckRS 2007 19678) oder ein Einschreiten der Behörde auf Grund konkreter Umstände zu befürchten ist und dem Mieter das damit verbundene Risiko nicht zuzumuten ist (OLG Düsseldorf MDR 2012, 705 betr. Gaststättenkonzession; KG ZMR 2010, 31 betr. Mietvertrag über Räume zum Betrieb einer Gaststätte mit Livemusik, wenn zwar das Wirtschaftsamt eine vorläufige befristete Betriebserlaubnis erteilt hat, das Bauaufsichtsamt und das Umweltamt aber mitteilen, dass sie einer endgültigen Betriebserlaubnis nicht zustimmen; KG MDR 2014, 952 betr. Konzession für Spielhalle). In diesen Fällen ist ein nachträglicher Mangel anzunehmen (Wolf/Eckert/Ball Rdn. 248). Gleiches gilt, wenn die Parteien in Kenntnis einer fehlenden behördlichen Genehmigung einen Mietvertrag abschließen und diesen „in Gang setzen" und die Behörde in der Folgezeit die Genehmigung versagt (KG DWW 2007, 249). Aus § 536 BGB folgt, dass den Anspruch des Vermieters auf Zahlung der Miete entfällt. Dem Vermieter steht in einem solchen Fall ein Kündigungsrecht nach § 313 Abs. 3 BGB zu (KG GE 2014, 1452; s. weiter § 543 Rdn. 223. **Beispiele:** OLG Celle MDR 1999, 1434: wenn eine Behörde wegen des baulichen Zustands der Räume den Entzug der Gaststättenerlaubnis androht; OLG Düsseldorf ZMR 2005, 20; OLG Rostock GuT 2002, 109 betr. Untersagung des Betriebs einer Fleischwarenverkaufsstelle, weil die Räume nicht mit einer Überdruckanlage ausgestattet sind; OLG Naumburg NZM 2001, 100; OLG Düsseldorf GuT 2002, 74 = NZM 2003, 556: 30% Minderung wenn eine Behörde die Nutzung eines Gebäudes als Warenhaus wegen ungenügender Brandschutzbestimmungen untersagt; KG MDR 2003, 622: 100% Minderung bei Verweigerung der Gaststättenerlaubnis, weil die Räume den Anforderungen der Schallschutzbestimmungen nicht genügen; OLG Düsseldorf ZMR 1994, 403 betr. behördliche Beschränkung der Öffnungszeiten einer Gaststätte auf Grund von Beschwerden der Anwohner; KG GE 2001, 1602 betr. Minderung um 50%, wenn ein Bistro wegen ungenügender Schallschutzmaßnahmen statt um 2.00 Uhr bereits um 22.00 Uhr schließen muss; BayObLG NJW 1980, 777 betr. Verstoß gegen die bayerische Warenhausverordnung; OLG Hamburg ZMR 1995, 533 betr. Versagung der Genehmigung zur Nutzung eines Dachgeschosses; OLG Hamm NJW-RR 1995, 143 betr. Vermietung von Räumen zum Betrieb eines Reisebüros, die den Vorschriften der Arbeitsstättenverordnung nicht entsprechen; OLG Düsseldorf DWW 1991, 236 betr. Versagung einer Genehmigung wegen fehlender Stellplätze). Zu den Sachmängeln in diesem Sinne zählt auch eine fehlende Zweckentfremdungsgenehmigung (KG GE 1991, 1195; OLG Düsseldorf OLG Rp Düsseldorf 1994, 46; OLG Hamm NJWE-MietR 1997, 201; LG Berlin MM 1991, 364; LG Mannheim MDR 1978, 406). Straßenrechtliche Neuplanungen, eine verschärfte Umweltgesetzgebung (BGH ZMR 1992, 241) oder stadtplanerische Eingriffe sind ebenfalls als Mangel zu bewerten. Ein Mangel liegt deshalb auch vor, wenn Räume zum Betrieb eines Spielsalons gemietet sind und die Behörde aus stadtplanerischen Gründen keine Betriebserlaubnis erteilt. Etwas anderes gilt, wenn der Gebrauch durch betriebsbezogene öffentlich-rechtliche Beschränkungen beeinträchtigt wird (BGH a. a. O.) oder die behördliche Genehmigung aus Gründen untersagt wird, die der Mieter zu vertreten hat (z. B.: Verweigerung der Gaststättenkonzession wegen Unzuverlässigkeit des Mieters) oder die zum allgemeinen Risiko des Gewerbetreibenden gehören; aus diesem Grund kann beispielsweise der Mieter einer Gaststätte den Mietzins nicht mindern, wenn die Polizeistunde generell gekürzt wird (BGH NJW 1982, 696). Die Haftung für behördliche Gebrauchsbeschränkungen kann vertraglich abweichend geregelt werden (BGH ZMR 1994, 253). Nach der Rechtsprechung ist allerdings eine Formularklausel unwirksam, wonach der Mieter die behördliche Erlaubnis für den Betrieb einer Gaststätte auf seine Kosten und sein Risiko beibringen muss (BGH NJW 1988, 2664; ZMR 2008, 274; KG MDR 2014, 952; OLG Düsseldorf ZMR 1992, 446; ZMR 2011, 867; OLG Celle MDR 1999, 1434). Individualvereinbarungen sind aber möglich (s. dazu BGH ZMR 1994, 253, wonach der Vermieter für die Verweigerung der Konzessionserteilung nicht einzustehen hat, wenn vertraglich vereinbart ist, dass die Miet- oder Pachtzeit erst mit der Erteilung der Konzession beginnen sollen). Die Gewährleistungsrechte setzen stets voraus, dass sich der Mieter um die Erteilung der Konzession bemüht hat. Deshalb kann der Mieter aus der Nichterteilung einer Konzession keine Rechte herleiten, wenn er keinen Antrag auf deren Erteilung gestellt hat (KG GE 2003, 185). Für die **Wohnraummiete** gilt entsprechendes: Sind beispielsweise Räume in einem Gewerbegebiet zu Wohnzwecken vermietet worden, so liegt ein Sachmangel vor, wenn die Wohnungsnutzung in dem betreffenden Gebiet unzulässig ist und der Mieter von der Behörde zur Räumung aufgefordert wird. Werden Räume, die bisher zu gewerblichen Zwecken genutzt wurden als Wohnung vermietet, so setzt dies nach den Bauordnungen der Länder i. d. R. voraus, dass die Behörde die Nutzungsänderung genehmigt. Hat der Vermieter einen entsprechenden Antrag nicht gestellt und kann eine nachträgliche Nutzungsänderung nicht erteilt werden, so liegt ein Sachmangel vor, wenn die Behörde den Mieter zur Räumung auffordert. In der Regel wird dem Mieter hierbei eine Räumungsfrist eingeräumt. Nutzt der Mieter die Räume während der Frist, so schuldet er in dieser Zeit nur eine geminderte Miete; die für die Annahme eines Mangels erforderliche Gebrauchsbeeinträchtigung ist darin zu sehen, dass er das Mietverhältnis nicht wie vertraglich vorgesehen auf Dauer nutzten kann (LG Potsdam, WuM 2005, 350: Minderungsquote 30% der Bruttomiete). Zu dem Schadensersatzanspruch des Mieters in diesen Fällen s. § 536a Rdn. 34 ff.

30 In allen Fällen gilt, dass die genannten Umstände nur dann zur Minderung berechtigen, wenn hierdurch der **Mietgebrauch konkret beeinträchtigt** wird (BGH NZM 2014, 165). Solange die Behörde die unzulässige Nutzung duldet, kann der Mieter nicht mindern (OLG Köln ZMR 1998, 228). Die bloße Androhung behördlicher Zwangsmaßnahmen kann ausreichen, wenn durch eine damit verbundene Ungewissheit über den weiteren Verlauf des Mietverhältnisses die Interessen des Mieters tangiert werden (BGH NJW 1980, 777; ZMR 1971, 220; OLG Düsseldorf ZMR 1976, 218; GuT 2002, 74: Minderung von 30%, wenn die Behörde die Schließung eines Ladengeschäfts androht; LG Mönchengladbach ZMR 1992, 304: Minderung von 50%, wenn sich der Mieter auf eine Zwangsräumung einrichten muss; LG Potsdam, WuM 2005, 350: Minderungsquote 30% der

Bruttomiete). Kein Mangel ist gegeben, wenn der Mieter den vereinbarten Mietgebrauch ändert und hierfür keine behördliche Genehmigung erteilt wird (BGH NJW-RR 1991, 1102).

31 Die **Darlegungs- und Beweislast** für die konkrete Gebrauchsbeeinträchtigung trägt der Mieter. Dieser kann sich nicht auf mündliche Auskünfte von Mitarbeitern der Behörde berufen, weil solche Auskünfte lediglich unverbindlich und ohne genaue Prüfung der Rechtslage erteilt werden. Dies gilt auch für Auskünfte von Behördenleitern oder anderen leitenden Mitarbeitern (OLG Düsseldorf DWW 2012, 377).

32 **Belästigungen.** Belästigungen durch andere Hausbewohner (AG Münster WuM 1985, 260; **a. A.** AG Neustadt/Wstr., JürBüro 1986, 245), durch Immissionen aus der Nachbarschaft (LG Augsburg WuM 1986, 137 betr. Geruchsbelästigung durch Kläranlage; AG Lübeck WuM 2014, 138: Minderung von 5% der Bruttomiete bei Belästigung durch Tabakrauch aus der Nachbarwohnung) oder durch Besucher und Kunden anderer Mieter (OLG Hamburg WuM 2003, 90: Störungen durch eine im Haus befindliche Drogenberatungsstelle; LG Köln WuM 1989, 623 betr. Belästigung durch Lärm und Schmutz in sog. „sozialen Brennpunkt") stellen einen Mangel dar. Jedoch ist zu beachten, dass der Vermieter ohne besondere Absprachen nicht verpflichtet ist, auf ein bestimmtes **„Milieuniveau"** zu achten. Haben die Parteien keine konkrete Absprache über die Zusammensetzung der Mieterschaft getroffen, so ist der Vermieter in der Auswahl der Mieter frei. Ein Mangel liegt in einem solchen Fall nicht bereits dann vor, wenn die Möglichkeit einer Beeinträchtigung der anderen Mieter besteht. Erforderlich ist vielmehr, dass nicht nur vereinzelt, sondern „wiederholt konkrete Anlässe oder Gefahrensituationen auftreten, die dem Besucher- oder Kundenkreis eines anderen Mieters zuzuordnen sind" (BGH NJW 2009, 664). Vergleichbare Grundsätze gelten, wenn der Eigentümer eines Mehrfamilienhauses einzelne Wohnungen an ständig wechselnde Kurzzeitmieter, z. B. an **Feriengäste** vermietet. Eine entsprechende Vermietungspraxis begründet für sich allein keinen Mangel (BGH NJW 2012, 1647 = WuM 2012, 269 = NZM 2012, 381). Die Langzeitmieter können deshalb weder verlangen, dass der Eigentümer die Vermietung an Kurzzeitmieter unterlässt, noch stehen ihnen Gewährleistungsansprüche zu. Vielmehr müssen die Mieter eines Mehrfamilienhauses gelegentliche Beeinträchtigungen auf Grund von Streitigkeiten zwischen Mitbewohnern ebenso hinnehmen wie gelegentliches Feiern anderer Bewohner. Solche Beeinträchtigung sind sozialadäquat und können deshalb nicht als Mangel bewertet werden. Die Abgrenzung zwischen den sozialadäquaten und damit unerheblichen Beeinträchtigungen und den erheblichen Gebrauchsstörungen richtet sich nach den Umständen des Einzelfalls.

33 **Darlegungs- und beweispflichtig** für das Ausmaß der Gebrauchsstörungen ist der Mieter. Zur Darlegung wiederkehrender Beeinträchtigungen des Mietgebrauchs genügt eine Beschreibung, aus der sich ergibt, um welche Art von Beeinträchtigungen (Partygeräusche, Musik, Lärm durch Putzkolonnen auf dem Flur o. ä.) es geht, zu welchen Tageszeiten, über welche Zeitdauer und in welcher Frequenz diese ungefähr auftreten; der Vorlage eines „Protokolls" bedarf es nicht (BGH NJW 2012, 1647 = WuM 2012, 269 = NZM 2012, 381).

34 Hat der Mieter ein Ladenlokal gemietet, so liegt ein Mangel vor, wenn sich neben den Mieträumen eine Gaststätte befindet, in der übelbeleumdetes Publikum verkehrt, durch das der Mieter, sein Personal, Lieferanten oder Kunden seines Geschäfts belästigt werden (BGH NJW 1974, 2233). Die bloße Möglichkeit einer **Belästigung durch fragwürdiges Publikum** genügt allerdings nicht (OLG Hamm,

Mietminderung bei Sach- und Rechtsmängeln **BGB § 536**

Urt. v. 21.10.1980 – 4 U 108/80 betr. Spielhalle mit Glückspielautomaten im Erdgeschoß eines Bürogebäudes; LG Düsseldorf NJW-RR 1995, 330 und AG Schöneberg NJWE-MietR 1997, 75 betr. Entwicklung einer Drogenszene im Umfeld der Wohnung). Der Mieter hat keinen Anspruch auf **„Milieuschutz"** (AG Gronau WuM 1991, 161: kein Mangel, wenn das Nachbargebäude mit Asylbewerbern oder Übersiedlern belegt wird). Stets ist zu beachten, dass sich die Belästigung auf den Gebrauch der Mietsache auswirken muss. Feindseligkeiten zwischen Personen, die nur zufällig einen gemeinsamen Vermieter haben, sind nicht als Mangel zu bewerten, wenn kein spezieller Bezug zur Mietsache besteht (vgl. LG Essen WuM 1998, 278).

Beispiele für die **Höhe der Minderung:** 15% bei Belästigung eines Mieters 35 durch streunende Katzen, die vom Nachbarn angelockt und gefüttert werden (AG Bonn NJW 1986, 1114; WuM 1986, 212); 10% bei Störung des Hausfriedens durch grob unflätige Beschimpfungen und Bedrohungen der Mieter durch die Hauswartsleute (AG Neukölln WuM 1986, 438); 15% wenn der umfangreiche Besucherverkehr eines Büromieters zu langen Wartezeiten an den Aufzügen und zu einer Verschmutzung der Zugangsbereiche führt und sich unter den Besuchern ein überdurchschnittlich hoher Anteil von „sozial auffällig gewordenen Personen" befindet (OLG Stuttgart NZM 2007, 163). Für Lärmbelästigungen s. unter „Lärm".

Bordell. Ein Mangel liegt vor, wenn sich in einem Wohnhaus ein Bordell- 36 betrieb befindet und dies mit lästigen Begleiterscheinungen verbunden ist (Fritz NZM 2008, 825, 829). Der Mieter hat in der Regel zwar keinen Anspruch auf ein bestimmtes „Mieterniveau". Deshalb ist für die Annahme eines Mangels grundsätzlich erforderlich, dass der Mieter durch den Bordellbetrieb in der Nutzung seiner eigenen Räumlichkeiten mehr als nur unerheblich beeinträchtigt wird. Der insoweit beweispflichtige Mieter muss eine konkrete Beeinträchtigung darlegen; die abstrakte Möglichkeit einer Gefahr reicht nach der Rechtsprechung nicht aus (BGH WuM 2012, 671 = NZM 2013, 27). Jedoch genügt es bereits, wenn sich Hausbewohner und Freier im Hausflur begegnen können oder wenn von außen erkennbar ist, dass sich im Haus ein Bordell befindet (LG Berlin GE 2008, 671; vgl. auch AG Schöneberg GE 1987, 139; AG Regensburg WuM 1990, 386) oder wenn in unmittelbarer Nachbarschaft Kinder wohnen (AG Kassel WuM 1984, 280). In einem solchen Fall kann der Mieter kündigen (AG Kassel a. a. O.; LG Kassel WuM 1987, 122; AG Osnabrück WuM 2008, 84) oder die Miete mindern (vgl. LG Berlin NJW-RR 1996, 264: 10% bei Belästigung durch Freier; AG Berlin-Schöneberg MM 1993, 141: 15% bei Bordellbetrieb; AG Wiesbaden WuM 1998, 315: 20% bei Prostitution in der Nachbarwohnung; AG Berlin-Charlottenburg MM 1988, Nr. 12, S. 31: 30% bei Bordellbetrieb im Hause).

Brandschaden. Ist die Gebrauchstauglichkeit der Mietsache infolge eines Bran- 36a des eingeschränkt oder aufgehoben, so ist die Mietsache mangelhaft. Die Verpflichtung des Mieters zur Zahlung der Miete entfällt (§ 536 BGB), wenn der Mangel nicht vom Mieter zu vertreten ist. Hat der Mieter allerdings den Brand verursacht, so stehen ihm keine Gewährleistungsrechte zu. Der Vermieter hat also weiterhin Anspruch auf die ungekürzte Miete (§ 326 Abs. 2 Satz 1 BGB; BGH GE 2014, 661). Nach Beendigung des Mietverhältnisses schuldet der Mieter für die Zeit der Vorenthaltung eine Nutzungsentschädigung. Die Vorenthaltung dauert, bis der Mieter die ihm gehörenden Gegenstände aus der Mietsache entfernt und die Schlüssel an den Vermieter zurückgegeben hat. Der Mieter muss auch diejenigen Gegenstände entfernen, die durch den Brand zerstört worden sind (BGH NJW 1996, 321); dies gilt auch dann, wenn der Aufwand für das Aufräumen der Brandstelle mitversichert ist

§ 536 BGB Untertitel 1. Allgemeine Vorschriften für Mietverhältnisse

(BGH GE 2014, 661). Kann die Mietsache wegen der Brandfolgen nicht weitervermietet werden, so entsteht dem Vermieter ein Mietausfall. Die insoweit entstehenden Verluste zählen zum Brandschaden. Sie werden vom Regressverzicht des Versicherers (s. § 538 BGB Rdn. 24 ff) mit umfasst BGH (GE 2014, 661). Daraus folgt, dass der Vermieter wegen solcher Nachteile nur den Versicherer in Anspruch nehmen kann, wenn dem Mieter lediglich einfache Fahrlässigkeit zur Last fällt.

37 **Briefkasten.** Der Mieter hat Anspruch auf einen gebrauchsfähigen verschließbaren Briefkasten. Dies gilt auch für den Mieter einer Einliegerwohnung in einem Einfamilienhaus (**a. A.** AG München ZMR 1989, 25), weil anderenfalls das Postgeheimnis tangiert wird. Es reicht aus, wenn sich hinter der Hausabschlusstür eine Briefkastenanlage mit einem verschließbaren Briefkasten befindet, der Sendungen im DIN A 4 Format aufnehmen kann (LG Frankfurt/Oder ZMR 2011, 552). Weitergehende Einzelheiten regelt die DIN EN 13724. Diese Norm enthält allerdings nur Empfehlungen; eine Nachrüstpflicht für Briefkästen, die diese Norm nicht entsprechen, kann daraus nicht abgeleitet werden. Ist der Briefkasten nicht oder nicht mehr verschließbar, so trägt der Mieter gleichwohl das Risiko eines eventuellen Verlustes von Briefsendungen. Dieses Risiko geht auch dann nicht auf den Vermieter über, wenn sich dieser mit der Mängelbeseitigung im Verzug befindet.

37a **Corona-Pandemie:** Zu den Beeinträchtigungen hierdurch und den Rechtsfolgen siehe § 535 BGB Rdn. 725.

38 **Doppelvermietung.** Doppelvermietung liegt vor, wenn der Vermieter ein und dieselbe Mietsache an mehrere Mieter vermietet. **(1) Rechtslage vor der Überlassung der Mietsache an einen der Mieter:** Im Fall der Doppelvermietung sind beide Mietverträge wirksam (§ 311a BGB). Jeder Mieter hat gegen den Vermieter einen Anspruch auf Überlassung der Mietsache (§ 535 Abs. 1 BGB). Dem Vermieter steht es frei, welchen Vertrag er erfüllt; auf die zeitliche Abfolge der jeweiligen Vertragsabschlüsse kommt es nicht an (BGH MDR 1962, 398; Brandenburgisches OLG MDR 1998, 98; KG WuM 2007, 207). Das Prinzip der Priorität gilt nicht (OLG Koblenz DWW 2007, 417; Kluth/Grün NZM 2002, 473, 474; Eisenschmid in: Schmidt-Futterer § 536 BGB, Rdn. 286). Es spielt keine Rolle, ob der Erfüllungsanspruch eines Mieters bereits tituliert ist. Beide Mieter können den Erfüllungsanspruch klagweise geltend machen. Ein Fall des § 275 BGB liegt nicht vor, weil der Vermieter zur Erfüllung in der Lage ist. Streitig ist, ob der **Anspruch auf Besitzüberlassung** im Wege der **einstweiligen Verfügung** gesichert werden kann, etwa im Wege eines Anspruchs gegen den Vermieter auf Unterlassung eines weiteren Vertragsschlusses (so OLG Düsseldorf, NJW-RR 1991, 137; Wichert ZMR 1997, 16; Derleder/Pellegrino NZM 1998, 550, 55) oder eines Anspruchs gegen den Vermieter, es zu unterlassen, dem jeweils anderen den Besitz einzuräumen (Kluth/Grün NZM 2002, 473, 476; Kohler NZM 2008, 545) oder ob der Erlass einer einstweiligen Verfügung deshalb ausgeschlossen ist, weil das Gericht nicht in die Entscheidung des Vermieters eingreifen darf (so OLG Frankfurt ZMR 1997, 22; KG MDR 1999, 927; KG WuM 2007, 207; KG B.v. 7.9.2017 – 8 W 47/17; OLG Schleswig MDR 2000, 1428; OLG Hamm NZM 2004, 192; OLG Koblenz DWW 2007, 417; OLG Celle Beschluss vom 29.9.2008 – 2 W 199/08; Eisenschmid in: Schmidt-Futterer § 536 BGB Rdn. 274; Emmerich in: Bub/Treier Kap II Rdn. 497; Palandt/Weidenkaff § 536 BGB Rdn. 30; Schuschke/Walker, Vollstreckung und vorläufiger Rechtsschutz, Vorbem. Zu § 935 Rdn. 40; Ulrici ZMR 2002, 881; Hinz NZM 2005, 841; Streyl NZM 2008, 878). Die letztgenannte Ansicht ist zutreffend, weil die einstweilige Verfügung ihre Sicherungsfunktion bei konkurrierenden Überlassungsansprüchen nicht erfüllen kann (Ulrici a. a. O.).

(2) Rechtslage nach der Überlassung der Mietsache an einen der Mieter: 39
Wer als erster den rechtmäßigen Mietbesitz erlangt, sei es im Wege der freiwilligen Überlassung durch den Vermieter, sei es im Wege der Zwangsvollstreckung, kann den Mietgebrauch ungestört ausüben. Der Vermieter kann diesem Mieter wegen des Erfüllungsanspruchs der anderen Mieter nicht kündigen; die anderen Mieter können vom Besitzer nicht die Herausgabe der Mietsache verlangen. Im Verhältnis zum Besitzer liegt also kein Rechtsmangel vor. Alle anderen Mieter (und die in den Schutzbereich des Mietvertrags einbezogenen Personen (LG Berlin WuM 2013, 665 betr. Ehegatte des Mieters) können dagegen die Rechte aus § 536a BGB geltend machen. Da ein anfänglicher Rechtsmangel gegeben ist, haftet der Vermieter auch dann auf Schadensersatz, wenn ihn an der Doppelvermietung kein Verschulden trifft. Fraglich ist, ob die übergangenen Mieter trotz der Überlassung der Mietsache an einen anderen, den Erfüllungsanspruch geltend machen können. Dies ist zu bejahen, weil nicht ausgeschlossen werden kann, dass es dem Vermieter gelingt mit dem Besitzer einen Aufhebungsvertrag zu schließen. Dies ist erst im Vollstreckungsverfahren zu prüfen (Kluth/Grün NZM 2002, 473, 478).

(3) Anspruch des übergangenen Mieters gegen den Vermieter auf Herausgabe des Mietzinses. 40
Sind die Einnahmen des Vermieters aus der Doppelvermietung höher als die vom übergangenen Mieter geschuldete Miete, so fragt sich, ob der übergangene Mieter die Mehreinnahmen aus der Doppelvermietung gem. § 285 BGB herausverlangen kann. Dies ist zu verneinen, weil die allgemeinen Vorschriften über Leistungsstörungen von den mietrechtlichen Gewährleistungsvorschriften verdrängt werden (BGHZ 63, 132, 137; NJW 1996, 714; Hübner/Griesbach/Schreiber in: Lindner-Figura, Geschäftsraummiete Kap. 14 Rdn. 69, 213; Emmerich NZM 2002, 362, 364; **a. A.** Hilger ZMR 1988, 41). Nach der Ansicht des BGH ist der Anspruch auf Herausgabe der Miete jedenfalls dann ausgeschlossen, wenn der (nichtbesitzende) Mieter die Mietsache nicht in der Weise hätte nutzen dürfen wie der Zweitmieter. In diesen Fällen fehle es an der gemäß § 285 BGB erforderlichen Identität zwischen geschuldetem Gegenstand und dem, für den Ersatz erlangt worden ist (BGH NJW 2006, 2323).

Einkaufszentrum (EKZ). Sind Gewerberäume in einem EKZ vermietet, so 41
liegt ein Mangel nur vor, wenn sich ein konkreter für den Mieter nachteiliger Umstand unmittelbar auf die Mietsache auswirkt (Fritz NZM 2008, 825, 829). Umstände, welche die Gebrauchstauglichkeit nur mittelbar berühren, scheiden aus (BGH NJW 2000, 1714, 1715; NZM 2006, 54 unter Rdn. 19). Zu den unmittelbaren Beeinträchtigungen zählen bauliche Mängel der Mietsache oder Zugangsbehinderungen durch Baumaßnahmen. Eine mittelbare Beeinträchtigung liegt vor, wenn das EKZ vom Publikum nicht wie erwartet angenommen wird, etwa weil nicht alle Läden vermietet sind oder weil sich die Zusammensetzung der Mieter ungünstig auf den Publikumsstrom auswirkt. Die Vollvermietung eines EKZ oder seine Mieterstruktur kann auch nicht Gegenstand einer Zusicherung sein, weil diese Umstände mit der Beschaffenheit des Mietobjekts nichts zu tun haben und ihm nicht auf Dauer anhaften (BGH NZM 2006, 54 unter Rdn. 19). Ebenso kann der Mieter aus diesen Gründen keine Herabsetzung der Miete aus dem Gesichtspunkt der Störung der Geschäftsgrundlage (§ 313 BGB) verlangen, weil die Umsatzerwartungen zum Risiko des Mieters gehören; in diese Risikoverteilung darf nicht eingegriffen werden (BGH NJW-RR 2000, 1535, 1536; BGH NZM 2006, 54 unter Rdn. 30; LG Düsseldorf ZMR 2017, 807). Anders ist es, wenn die Parteien die Risikoverteilung vertraglich abweichend geregelt haben. Hiervon ist allerdings nur dann auszugehen, wenn sich aus dem Mietvertrag ausdrücklich ergibt, dass der Vermieter

das Geschäftsrisiko des Mieters ganz oder zum Teil tragen will (BGH a. a. O. Rdn. 31, 33).

42 **Elektroanlage.** S. zunächst § 535 BGB Rdn. 302, 382. Die elektrischen Anlagen müssen den geltenden Sicherheitsbestimmungen entsprechen; es ist nicht vertragsgemäß, wenn häufig Kurzschlüsse auftreten (OLG Düsseldorf ZMR 1994, 402). Eine Änderung der VDE – Bestimmungen hat auf die Vertragsmäßigkeit keinen Einfluss, wenn die Anlage den zur Zeit ihrer Errichtung geltenden Bestimmungen entspricht und in dieser Form weiterbetrieben werden darf (OLG Düsseldorf a. a. O.; AG Osnabrück ZMR 1989, 339). Für den vollständigen Ausfall der Stromversorgung hat das AG Berlin-Neukölln (MM 1988, Nr. 5 S. 31) eine Minderung von 100% zuerkannt; dies ist zutreffend, weil Räumlichkeiten ohne Stromversorgung zu Wohnzwecken ungeeignet sind.

43 **Energiepass.** Für neu zu errichtende Gebäude ist ein sog. „Energiepass" auszustellen (§ 13 Abs. 1 EnEV) und einem Mietinteressenten „auf Anforderung zur Einsichtnahme zugänglich zu machen" (§ 13 Abs. 4 EnEV). Hierdurch soll der Mieter über die energetische Qualität des Gebäudes und der Wohnung informiert werden. Der Mieter kann in der Regel keine Gewährleistungsansprüche geltend machen, wenn der in dem Energiepass dokumentierte Zustand in Wirklichkeit nicht besteht. Für die Anwendung der §§ 536 ff BGB kommt es nämlich darauf an, ob der vertraglich geschuldete Zustand der Wohnung durch den Energiepass konkretisiert wird. Dies ist im Allgemeinen zu verneinen (ebenso Horst NZM 2006, 1, 3). Etwas anderes kann gelten, wenn der Vermieter zusichert, dass er für die dokumentierte Beschaffenheit einstehen will. Eine Haftung des Vermieters aus § 241 Abs. 2 BGB kann in Betracht kommen, wenn der Vermieter schuldhaft von einem inhaltlich unzutreffenden Energiepass Gebrauch macht und dem Mieter hieraus ein Schaden entsteht. Beweispflichtig hierfür ist der Mieter. Irrt sich der Mieter auf Grund des Energiepasses über die energetische Beschaffenheit der Mietsache, so kann außerdem ein Anfechtungsgrund vorliegen.

44 **Energiesparverordnung (EnEV):** Teilweise wird vertreten, dass der Vermieter eine den Vorgaben der EnEV entsprechende Heizungsanlage und Wärmedämmung schuldet, mit der weiteren Folge, dass der Mieter einen Erfüllungsanspruch aus § 535 Abs. 1 BGB für Herstellung dieses Zustands hat (OLG Düsseldorf WuM 1984, 54; LG Berlin WuM 1996, 156 für unwirtschaftlich arbeitende Heizungsanlage; Häublein in: MünchKomm § 536 BGB Rdn. 8; Artz NZM 2008, 259, 261). Nach dieser Ansicht ist die Mietsache mangelhaft, wenn ihre Beschaffenheit von den Vorschriften der EnEV abweicht. Die ganz herrschende Meinung steht demgegenüber auf dem Standpunkt, dass der energetische Zustand des Gebäudes und die damit in Zusammenhang stehenden Energiekosten für die Gewährleistung keine Rolle spielen (BGH NJW 2014, 685; AG Köln/LG Köln GE 2015, 256; Langenberg in: Schmidt-Futterer § 560 BGB Rdn. 115; V. Emmerich in: Staudinger § 536 Rdn. 35; Lützenkirchen in: Lützenkirchen, Mietrecht § 536 Rdn. 115; Kraemer/Ehlert/Schindler in: Bub/Treier Kap III Rdn. 3169; Flatow NZM 2008, 785, 791; Beyer GE 2008, 1472, 1476; Blank WuM 2008, 311, 312; Sternel PiG 73 (2006) S. 1, 8; ders. NZM 2006, 495). Vielmehr ist die Verursachung hoher Betriebskosten ausschließlich im Rahmen des Wirtschaftlichkeitsgrundsatzes (§ 556 Abs. 3 Satz 1 BGB) zu berücksichtigen (ebenso Sternel NZM 2006, 495; Fritz/Schacht NZM 2008, 155, 157). Der Wirtschaftlichkeitsgrundsatz des § 556 Abs. 3 Satz 1 BGB wird durch die EnEV konkretisiert, mit der Folge, dass dem Mieter bei Verletzung dieses Grundsatzes ein Schadensersatzanspruch zusteht.

Mietminderung bei Sach- und Rechtsmängeln **BGB § 536**

Erneuerbare Energien. Nach dem Gesetz zur Förderung Erneuerbarer 45
Energien im Wärmebereich (Erneuerbare-Energien-Wärmegesetz – EEWärmeG;
BGBl. I 2008, 1658) sind die Eigentümer von Neubauten mit einer Nutzfläche
von mehr als 50 qm verpflichtet, den Wärmeenergiebedarf anteilig mit Erneuerbaren Energien (Geothermie, Umweltwärme, solare Strahlungsenergie, Biomasse)
zu decken (§§ 2, Abs. 1, 3 Abs. 1, 5 EEWärmeG). Ersatzmaßnahmen (Nutzung von
Abwärme, Wärme aus Anlagen der Kraft-Wärme-Kopplung, Fernwärme, Nahwärme) sind möglich (§ 7 EEWärmeG). Die Einhaltung dieser Maßnahmen wird
durch die Behörden überwacht (§§ 10 ff EEWärmeG); bei Verstößen kann die Behörde Bußgelder verhängen (§ 17 EEWärmeG). Einzelheiten: s. Oschmann, Neues
Recht für Erneuerbare Energien, NJW 2009, 263. Der Mieter hat keinen
Anspruch gegen den Vermieter auf Einhaltung der Vorschriften des EEWärmeG.
Er ist deshalb nicht zur Minderung berechtigt, wenn die Vorgaben des EEWärmeG
nicht beachtet werden.

Erschütterungen. Werden gemietete Räume durch Erschütterungen be- 46
einträchtigt, die von einem Gewerbebetrieb oder von Baumaßnahmen in der Nachbarschaft herrühren, so liegt ein Mangel vor, wenn bestimmte Grenzwerte überschritten werden. Zur Ermittlung dieser Grenze kann auf die DIN 4150 Teil 2
(„Erschütterungen im Bauwesen/Erschütterungen auf Menschen in Gebäuden")
zurückgegriffen werden. Mindert der Mieter die Miete, so kann der Vermieter den
Verursacher der Immission auf Schadensersatz in Anspruch nehmen (§§ 823 Abs. 1
und 2 BGB i. V. m. 906 Abs. 1 BGB) (OLG Düsseldorf NJWE-MietR 1997, 271
betr. Erschütterungen durch Vibramill-Anlagen (Rüttelanlagen).

Fassade. Ist die Fassade des Hauses im Bereich des Erdgeschosses durch Graffiti 46a
verunstaltet, so ist dies grundsätzlich nicht als Mangel einer im 2. G gelegenen
Wohnung zu bewerten (AG Berlin-Mitte GE 2015, 462). Etwas anderes gilt, wenn
der Mieter Räume zu Repräsentationszwecken angemietet hat oder wenn es sich
um luxuriösen Wohnraum handelt.

Feuchtigkeit. Tritt in den gemieteten Räumen oder in den Zubehörräumen 47
(z. B. Keller) ein Feuchtigkeitsschaden auf, so liegt ein Sachmangel vor. Die Ursache
der Feuchtigkeitsschäden ist unerheblich. Feuchtigkeit in einer Wohnung stellt auch
dann einen Mangel dar, wenn das Gebäude zu einer Zeit errichtet wurde, zu der
noch keine Vorschriften hinsichtlich des Wärme- und Feuchtigkeitsschutzes bestanden (AG Wedding GE 2011, 1488 betr. ein im Jahre 1938 errichtetes Gebäude). Der
Umstand, dass die Wohnung den zur Zeit ihrer Errichtung geltenden DIN-Vorschriften entspricht und dass bei der Erstellung die Regeln der Baukunst eingehalten
worden sind, steht der Annahme eines Mangels deshalb regelmäßig entgegen (BGH
NZM 2019, 136 = NJW 2019, 507). Sind die Feuchtigkeitsschäden auf einen **Baumangel** zurückzuführen, so kommt es nicht darauf an, ob der Vermieter von dem
Baumangel Kenntnis gehabt hat. Auch der auf **Zufall oder höhere Gewalt** (Überschwemmung oder Sturmschaden) zurückzuführende Feuchtigkeitsschaden gilt als
Mangel. Nichts anderes gilt für Schäden, die infolge des **Verhaltens eines Dritten**
(überlaufendes Becken in der Nachbarwohnung) eingetreten sind.

Eine andere Frage ist es, in welchen Fällen die **Gewährleistungs- und Erfül-** 48
lungsansprüche ausgeschlossen sind. Dies ist immer dann der Fall, wenn der
Schaden **vom Mieter schuldhaft verursacht** worden ist. Hiervon ist insbesondere dann auszugehen, wenn die Feuchtigkeit auf ein fehlerhaftes Heiz- und/oder
Lüftungsverhalten zurückzuführen ist (s. dazu § 538 BGB, Rdn. 43 ff). Neben den
verschuldeten Schäden ist die Minderung auch dann ausgeschlossen, wenn die
Feuchtigkeitsschäden auf Grund von **Maßnahmen** eingetreten sind, die **vom**

§ 536 BGB Untertitel 1. Allgemeine Vorschriften für Mietverhältnisse

Mieter veranlasst wurden oder die der Vermieter auf Veranlassung des Mieters vorgenommen hat (BGH LM § 537 BGB Nr. 7). Zur Frage der Aufklärung der Ursächlichkeit und der Beweislastverteilung s. § 538 BGB, Rdn. 43).

49 Die **Minderungsquote** richtet sich nach dem Ausmaß der durch die Feuchtigkeit bedingten Beeinträchtigung des Mietgebrauchs (LG Dresden ZMR 2003, 840: Minderung von 50% der Grundmiete bei Durchfeuchtung von Wänden und dem Teppichboden in einem Einzimmerapartment in einem Bereich von 2 bis 3 Meter; AG Osnabrück WuM 2014, 137: Minderung von 20% bei Feuchtigkeit mit Schimmelbildung und Putzschäden in Küche, Wohn- und Schlafzimmer). Haben sich infolge der Feuchtigkeit Schimmelpilze gebildet, so ist dies bei der Höhe der Minderung zu berücksichtigen (s. hierzu auch die Empfehlungen des BVS Bundesverbands öffentlich bestellter und vereidigter sowie qualifizierter Sachverständiger e.V. zur Erkennung, Bewertung und Abhilfe von Schimmelpilzschäden in Gebäuden, NZM 2011, 13).

50 **Fogging.** Das Fogging-Problem ist seit 1995 bekannt. Hierbei wird das optische Erscheinungsbild der Räume nachteilig verändert: Schwarze schmierige Beläge setzen sich an Wänden und an der Decke ab. Eine Gesundheitsgefahr besteht nach gegenwärtigem Erkenntnisstand nicht (Szewierski/Moriske ZMR 2003, 550, 552). Die Ursachen des Fogging sind noch nicht erforscht. Es wird vermutet, dass das Fogging mit der Verwendung bestimmter moderner Materialien im Zusammenhang steht. Zahlreiche Materialien (PVC-Bodenbeläge, Vinyltapeten, Kunststoff-Dekorplatten, Holzimitat-Paneele, Laminatböden, Kunststoffe in Bad- und Küchenmöbel) enthalten schwerflüchtige organische Verbindungen (**S**emi**v**olatile **O**rganic **C**ompounds – SVOC), die sich an vorhandene Schwebstaubpartikel anlagern und beim Hinzutreten weiterer Faktoren als schmieriger Belag in der Wohnung absetzen. Solche Faktoren können sein: Wärmebrücken, unzureichendes Lüften, Einrichtungsmaterialien, die Weichmacher abgeben, etc.). Eine eindeutige Zuordnung für das Entstehen der Beläge ist i. d. R. nicht möglich (Szewierski/Moriske ZMR 2003, 550). Tritt in einer Wohnung Fogging auf, so ist dies als Mangel zu bewerten. Die Miete ist nach § 536 BGB gemindert. Hat der Vermieter den Mangel zu vertreten, so kann der Mieter nach § 536a Abs. 1 BGB Schadensersatz verlangen.

51 Für die **Darlegungs- und Beweislast** gilt:
Beim Anspruch auf Mangelbeseitigung (§ 535 BGB) und bei der Minderung (§ 536 BGB) muss der Mieter lediglich darlegen und beweisen, dass ein Mangel vorliegt. Bleibt die Ursache unklar, so geht dies zu Lasten des Vermieters (LG Berlin GE 2003, 459 = NZM 2003, 434 = ZMR 2003, 489; LG Duisburg ZMR 2003, 739 = WuM 2003, 493; AG München NZM 2003, 975; AG Düsseldorf WuM 2009, 664: Minderung von 40% der Bruttomiete bei Verfärbungen in allen Räumen). Macht der Mieter einen Schadensersatzanspruch (§ 536a BGB) geltend, so muss der Mieter nicht nur den Mangel, sondern auch die Pflichtverletzung des Vermieters und dessen Verschulden am Mangel beweisen. Bleibt ungeklärt in wessen Verantwortungsbereich die Schadensursache gesetzt worden ist, so wird die Schadensersatzklage abgewiesen (BGH NZM 2006, 258). Siehe zum ganzen auch: Isenmann/Mersson, Mietminderung wegen Feuchtigkeitsmängeln NZM 2005, 881 mit umfangreicher Minderungstabelle.

52 **Garage.** Eine gemietete Garage ist mangelhaft, wenn die Zufahrt ständig durch abgestellte Fahrzeuge blockiert wird (LG Köln WuM 1976, 29). Geringfügige Beschränkungen bei der Benutzung der Garage berechtigen nicht zur Minderung (AG Kassel WuM 1989, 171: betr. defektes Tor einer Sammelgarage). S. im Übrigen beim Stichwort „Parkplätze/Abstellplätze Rdn. 100.

BGB § 536

Gebrauchsbeeinträchtigungen. Bei der **Wohnraummiete** kann ein Mangel 53 vorliegen, wenn die Räumlichkeiten wegen ihrer besonderen Beschaffenheit nicht in der üblichen Art und Weise benutzt werden können. **Beispiele:** Ein solcher Fall kann gegeben sein, wenn der Mieter wegen einer besonderen Anfälligkeit der Mietsache für Feuchtigkeitsschäden an der Außenwand keinen Schrank aufstellen darf, wenn im Badezimmer immer wieder ein Abflussstau auftritt und übelriechendes Abflusswasser austritt (AG Groß-Gerau WuM 1980, 128: Minderung 38%), wenn eine Wohnung, die mit der Abrede vermietet wurde, dass sie behindertengerecht sein soll, für einen Rollstuhlfahrer ungeeignet ist (AG Köln ZfSH 1979, 84: Minderung 25%), wenn das Wohnzimmer wegen eines Wasserschadens nicht mehr genutzt werden kann (AG Bochum WuM 1979, 74: Minderung 30%), wenn der Balkon nicht benutzt werden kann (LG Berlin MM 1986 Nr. 9 S. 27: Minderung 3%), wenn der Vermieter die im 2. G gelegene Wohnung um einen Balkon erweitert und diese Maßnahme zu einer Verdunklung der im 1. G gelegenen Wohnung führt (AG Charlottenburg GE 2013, 625: Minderung 10%), wenn in einen Briefkasten weder Zeitungen noch DIN A 4 Umschläge passen (LG Berlin MM 1990, 261: Minderung 0,5%). Ebenso ist es als Mangel zu bewerten, wenn eine bei Vertragsabschluss gegebene Besonderheit während der Mietzeit wieder entfällt (LG München WuM 1989, 563: Verschlechterung des Fernsehempfangs aus Gründen, die der Vermieter zu vertreten hat). Bei mitvermieteter Küche ist ein gebrauchsuntauglicher Herd als Mangel zu bewerten (AG Saarbrücken WuM 2017, 634).

Beispiele für die **Gewerbemiete.** Wenn ein Lagerraum die vereinbarte Nutz- 54 last nicht tragen kann (BGH BB 1958, 575), wenn in einem Restaurant die Lüftungsanlage ausfällt (BGH NJW-RR 1991, 779), wenn der Fußboden in einem Alten- und Pflegeheim so beschaffen ist, dass eine Stolpergefahr besteht (OLG Celle ZMR 1995, 205). Wenn der Vermieter ein Gerüst erstellt um Passanten gegen herabfallende Teile der Fassade zu schützen und hierdurch das Erscheinungsbild eines Geschäftshauses beeinträchtigt und Kunden vom Betreten des Geschäfts oder dem Betrachten der Auslagen abgehalten werden (KG GE 2014, 934). Die Beeinträchtigung der Gebrauchstauglichkeit genügt; bei der Vermietung von Geschäftsräumen ist es deshalb nicht erforderlich, dass sich der Mangel auf den Umsatz ausgewirkt hat (KG a. a. O.). Dagegen hat die Rechtsprechung **keinen Mangel** angenommen bei Störungen des Fernsehempfangs auf Grund der Lage des Hauses (AG Hamburg WuM 1990, 70), beim Austausch einer Gemeinschaftsantenne durch einen Kabelanschluss, wenn über den Kabelanschluss ein uneingeschränkter und ungestörter Fernsehempfang möglich ist (LG Berlin GE 2012, 956), wenn Überschwemmungen auftreten, weil der Vermieter keine Maßnahmen gegen eine unsachgemäße Entsorgung der Abfälle durch die Mieter getroffen hat (LG Frankfurt/OLG Frankfurt WuM 1991, 88), wenn in einem vermieteten Ladenraum ein Wasserschaden eintritt, weil das Wasser infolge eines Rückstaus im städtischen Kanalsystem über ein ungesichertes Regenwasserfallrohr in die Räume eindringt und weder Rückstauventile vorgeschrieben sind, noch mit einem Rückstau gerechnet werden musste (OLG München WuM 1991, 681; vgl. auch OLG Hamm WuM 1988, 349; OLG Düsseldorf ZMR 1988, 222). Diese Einschränkungen werden dem Zweck des § 536 BGB allerdings nicht gerecht (ebenso Sternel, Mietrecht aktuell, Rdn. 350f) s. auch „Wasserschaden", Rdn. 139.

Gemeinschaftseinrichtungen. Sind Gemeinschaftseinrichtungen funktions- 55 unfähig so liegt ein Mangel vor (LG Berlin GE 1992, 1043: Minderung von 2% beim Ausfall der Klingel und der Gegensprechanlage; AG Neukölln MM 1988, Nr. 5 S. 31: Minderung von 9% bei defekter Hauseingangstür, Klingel und Gegen-

§ 536 BGB Untertitel 1. Allgemeine Vorschriften für Mietverhältnisse

sprechanlage; AG Aachen WuM 1989, 509: Minderung von 5% bei funktionsuntüchtiger Gegensprechanlage bei Wohnung im 4. Stock; LG Dresden-Roßlau NZM 2012, 457: Minderung von 5% der Bruttokaltmiete bei Ausfall der Wechselsprech- und Klingelanlage bei einer Dachgeschosswohnung). Gleiches gilt, wenn die gemeinschaftlichen Hausteile oder die Fassade (AG Tempelhof-Kreuzberg MM 1988, Nr. 9 S. 32) dringend renovierungsbedürftig oder verschmutzt sind (AG Kiel WuM 1991, 343: Minderung von 5% bei ständiger starker Verschmutzung des Treppenhauses und des Fahrstuhls). Bei der Entscheidung über eine Renovierung hat der Vermieter allerdings einen relativ großen Entscheidungsspielraum (LG Karlsruhe WuM 1992, 367).

55a **Gemeinschaftsflächen.** Der Vermieter ist verpflichtet, die Gemeinschaftsflächen (Grünflächen, Zugangsflächen, Eingangsbereiche) instand zu halten. Zum einen hat der Vermieter im Rahmen seiner Verkehrssicherungspflicht (s. § 535 Rdn. 348 ff), dafür zu sorgen, dass vom Zustand dieser Flächen keine Gefährdung für die Mieter ausgeht (s. LG Berlin GE 2016, 259 = NZM 2016, 262 betr. Schutzzaun gegen das Eindringen von Wildschweinen in eine am Waldrand gelegene Wohnanlage). Zum anderen hat er die Gemeinschaftsflächen so zu pflegen, dass der bei Vertragsbeginn bestehende Zustand erhalten bleibt.

56 Wird eine **Gemeinschaftseinrichtung stillgelegt** (Aufzug, Müllschlucker, Waschmaschine im Gemeinschaftswaschraum usw.), so liegt ein Mangel vor. Die Höhe der Minderung richtet sich nach dem Grad der Beeinträchtigung. Sie ist beim Ausfall eines Auszugs nach der Stockwerkslage zu staffeln (AG Bremen 1987, 383). Eine Stilllegung über eine kürzere Zeit (wenige Tage) ist als Bagatellmangel im Sinne von § 536 Abs. 1 Satz 3 BGB zu beurteilen, der nicht zur Minderung berechtigt. Stilllegungen auf Dauer berechtigen aber i. d. R. zur Minderung (so AG Berlin-Charlottenburg GE 1990, 261: Minderung von 10% bei Ausfall eines Aufzugs über längere Zeit); LG Köln WuM 1993, 670: Minderung von 20%, wenn dem Mieter die Mitbenutzung von Garten, Trockenraum und Waschküche entzogen wird; AG Osnabrück WuM 1990, 147: Minderung von 10%, wenn Waschküche und Trockenraum nicht mehr zugänglich sind). Es kommt hierbei nicht darauf an, ob der Mieter die Einrichtung in früherer Zeit mitbenutzt hat; Maßgeblich ist, dass der Vermieter seinen Leistungsumfang vermindert (LG Köln WuM 1993, 670; abweichend: AG Hamburg WuM 1985, 260, wonach die Stilllegung einer Müllschluckeranlage als Bagatellmangel gilt, weil hierdurch der Gebrauchswert der Wohnungen nicht beeinträchtigt wird).

56a Der **Austausch einer Gemeinschaftseinrichtung** berechtigt nur dann zur Minderung, wenn damit eine Gebrauchsbeeinträchtigung verbunden ist. Deshalb liegt kein zur Minderung berechtigender Mangel vor, wenn dem Mieter statt der bisherigen **Gemeinschaftsantenne** ein Kabelanschluss zur Verfügung gestellt wird (LG Berlin ZMR 2013, 191).

57 **Geruchsbelästigungen.** Geruchsbelästigungen aus den **Nachbarwohnungen:** Stammt der Geruch aus der Wohnung eines Mieters, der seine Angelegenheiten infolge Alter und Krankheit nicht mehr besorgen kann, so muss der Vermieter für Abhilfe sorgen, indem er die zuständigen Stellen informiert. Unterlässt er dies, so kommt er hinsichtlich der Beseitigung des Mangels in Verzug. Hat der durch den Geruch gestörte Mieter einen Sachverständigen mit der Feststellung des Ausmaßes der Geruchsbelästigung beauftragt, so kann der die Sachverständigenkosten als Schadensersatz vom Vermieter ersetzt verlangen (AG Charlottenburg/LG Berlin a. a. O.). Die mit dem Wohnen verbundenen üblichen Gerüche sind hinzunehmen. Für **Küchengerüche** gilt dies in der Regel auch dann, wenn unübliche Gewürze verwendet werden (AG Lünen/Werne DWW 1988, 283 betr. tamilische Küche; **a. A.** AG Berlin – Tiergarten MM 1994, 68: Minderung von 7% bei Beeinträchtigung durch Essensgerüche aus anderen Wohnungen). Auch bei **sonstigen vermeidbaren Störungen** besteht ein Minderungsrecht (vgl. LG Köln WuM 1990, 385: Minderung von 10% wenn ein Mieter nahezu täglich durch die ins Freie geleitete **Abluft eines Wäschetrockners** belästigt wird; AG Köln WuM 1989, 234: Minderung von einem Drittel der Miete bei unzumutbarer Geruchsbeeinträchtigung durch **Tierhaltung** [Frettchen]); LG Berlin NZM 2013, 727: Minderung von 10% wenn der Mieter durch **Zigarettenrauch** aus der darunterliegenden Wohnung gestört wird.

Geruchsbelästigungen aus dem **Treppenhaus:** Üble Gerüche im Treppenhaus **58** sind als Mangel der Mietsache zu bewerten (LG Berlin GE 2012, 487 betr. aufdringlicher Parfümgeruch im Treppenhaus; AG Charlottenburg/LG Berlin GE 2011, 821: Minderungsquote – je nach Intensität des Geruchs – zwischen 5% und 10%).

Geruchsbelästigungen aus der **Umgebung** können ebenfalls einen Mangel der **59** Mietsache darstellen: (AG Köln WuM 1990, 338: Geruchsbelästigung durch Pizzabäckerei im Nachbarhaus; AG München WuM 2011, 465: Geruchsbelästigungen infolge der Ausgasung von Eisenbahnschwellen – Minderung im Sommerhalbjahr 25%, im Winterhalbjahr 15%). Emissionen der Heizanlagen aus benachbarten Gebäuden wie Gerüche, Qualm oder Ablagerungen von Ruß auf dem Balkon berechtigen den Mieter grundsätzlich erst dann zur Minderung, wenn die behördlich vorgegebenen Grenzwerte überschritten werden (LG Münster WuM 2008, 334).

Das **Grillen von Nahrungsmitteln im Freien** ist i. d. R. als Vertragswidrigkeit **60** zu bewerten (so z. B. § 7 Abs. 1 Satz 1 LImmschG Nordrhein-Westfalen: danach ist das Verbrennen von Gegenständen im Freien untersagt, soweit die Nachbarschaft oder die Allgemeinheit erheblich belästigt werden). Mit der Inbetriebnahme eines Balkon- oder Gartengrills ist eine solche Belästigung verbunden, wenn die durch das Grillen verursachten Geruchsimmissionen in die Wohn- oder Schlafräume der Nachbarn eindringen. Hiermit muss jedenfalls im Sommer gerechnet werden, weil in dieser Jahreszeit üblicherweise die Fenster offen stehen (s. dazu OLG Düsseldorf ZMR 1995, 415). In diesem Fall können die gestörten Mieter mindern.

Gesundheitsgefährdung. Befinden sich die Räume in einem Zustand, der die **61** Gesundheit beeinträchtigt, so kann der Mieter neben oder anstelle der nach § 569 Abs. 1 BGB möglichen Kündigung auch die allgemeinen Gewährleistungsrechte geltend machen (OLG Brandenburg Urteil vom 14.4.2015 – 6 U 77/12 Minderung von 25% bei unzureichendem Brandschutz in Altenheim). Zur Frage, wann eine Gesundheitsgefährdung vorliegt s. § 569 BGB, Rdn. 4ff). zur Gesundheitsgefährdung durch Umweltgifte s. Rdn. 130).

Heizung. Hat der Vermieter zentralbeheizte Räume vermietet, so muss er dafür **62** sorgen, dass die **Anlage funktionsfähig** ist. Der Umstand, dass nicht alle Räume einer Wohnung mit Heizkörpern ausgestattet sind, stellt für sich betrachtet keinen Mangel dar (LG Berlin WuM 1990, 16 = ZMR 1990, 58 betr. fehlende Heizmöglichkeit in der Küche). Anders ist es, wenn eine Wärmequelle vorhanden ist, diese aber nicht funktioniert.

Erforderlich ist, dass in den Räumen die sogenannte **„Behaglichkeitstempe- 63 ratur"** erreicht wird. Ist dies der Fall, so spielt es keine Rolle, wenn nicht alle Rippen eines Heizkörpers warm werden (LG Berlin MM 1992, 135). Die Behaglichkeitstemperatur beträgt in den hauptsächlich benutzten Räumen 20–22 °Celsius (Klimesch IMR 2/2013: 22 Grad) und in den Nebenräumen 18–20 °Celsius (AG

§ 536 BGB Untertitel 1. Allgemeine Vorschriften für Mietverhältnisse

Köln ZMR 2012, 632). Zur Nachtzeit (etwa zwischen 24 Uhr und 6 Uhr) kann diese Temperatur auf etwa 16–17 Grad abgesenkt werden. Es muss allerdings gewährleistet sein, dass die Tagestemperatur innerhalb angemessener Zeit (ca. 30 bis 60 Minuten) wieder erreicht ist (AG Hamburg WuM 1996, 469). **Formularklauseln,** wonach für die Zeit der Heizperiode geringere Temperaturen vertragsgemäß sein sollen, verstoßen ebenso gegen § 307 Abs. 2 BGB (LG Göttingen ZMR 1988, 179) wie Klauseln, wonach für die Sommerzeit jegliche Beheizungspflicht ausgeschlossen wird (LG Hamburg DWW 1988, 209). Eine Formularklausel, wonach „eine Temperatur von mindestens 20 °Celsius für die Zeit von 7 Uhr bis 22 Uhr in den vom Mieter hauptsächlich genutzten Räumen als vertragsgemäß" gilt, verstößt gegen § 307 AGBG, weil der Begriff der „hauptsächlich genutzten Räume" nicht hinreichend bestimmbar ist (OLG Celle WuM 1990, 103).

64 Ist eine zentralbeheizte Wohnung mit Heizkörpern ausgestattet, so muss der Mieter die Möglichkeit zur **Regulierung der Wärme** haben; eine fehlende oder unzureichende Steuerungsmöglichkeit ist deshalb als Mangel zu bewerten (**a. A.** LG Berlin GE 1983, 919; s. auch LG Berlin WuM 2016, 347: danach genügt es, wenn der Mieter die Temperatur im Schlafzimmer auf 18 Grad und in den Wohnräumen auf 23, 5 Grad einstellen kann). Die Möglichkeit zur zentralen Regulierung genügt nicht, wenn hierdurch lediglich eine in allen Räumen gleiche Temperatur hergestellt werden kann (AG Köln ZMR 2012, 632) oder wenn ein Heizkörper auch bei Nullstellung des Thermostats Wärme abgibt, so dass in dem betreffenden Raum (Schlafzimmer) stets eine Temperatur von über 18 Grad herrscht (LG Berlin GE 2016, 731). Ebenso liegt ein Mangel vor, wenn die Heizungsanlage nicht vom Mieter, sondern nur von einem hierzu ausgebildeten Techniker eingestellt und gesteuert werden kann (**a. A.** KG ZMR 2012, 858). Eine Ausnahme gilt für Heizanlagen mit ungedämmten Wärmeleitungen über die ungesteuert Wärme abgegeben wird. Hierin ist auch dann kein Mangel zu sehen, wenn in den Räumen Temperaturen über 24 Grad C erreicht werden (AG Schöneberg WuM 2016, 216).

65 Wird die **Behaglichkeitstemperatur über längere Zeit nicht erreicht,** so liegt ein Mangel vor (OLG Frankfurt WuM 1972, 42). Gleiches gilt beim **Totalausfall der Heizung** (KG ZMR 2008, 790). Für das Minderungsrecht kommt es nicht darauf an, ob der Heizungsausfall oder die mangelhafte Heizleistung **vom Vermieter verschuldet** ist. Der Vermieter muss auch für solche Mängel einstehen, die ihre Ursache außerhalb seines Einflussbereichs haben (OLG Dresden NZM 2002, 662 betr. Ausfall der Gaszentralheizung infolge einer Verschmutzung der Gaszuleitung). Ein nur **kurzfristiger Heizungsausfall** über wenige Stunden stellt einen **Bagatellmangel** dar; die Minderung ist in diesem Fall nach § 536 Abs. 1 Satz 3 BGB ausgeschlossen (BGH WuM 2004, 531 = NZM 2004, 776). Gleiches gilt bei vorübergehend geringfügiger (ca. 1 Grad) Unterschreitung der erforderlichen Heizleistung (BGH a. a. O.). Anders ist es, wenn die Heizung während der kalten Jahreszeit immer wieder für kurze Zeit ausfällt und der Vermieter nicht in der Lage oder nicht willens ist, die Ursache der Störung dauerhaft zu beseitigen (OLG Dresden NZM 2002, 662). Aus dem Umstand, dass eine **Nachbarwohnung nicht beheizt** wird, kann der Mieter nichts für sich herleiten. Etwas anderes kann in Betracht kommen, wenn die Heizkörper so knapp dimensioniert sind, dass der Mieter das Wärmedefizit nicht ausgleichen kann (LG Berlin MM 1994, 140).

66 Die **Höhe der Minderung** richtet sich nach den Umständen des Einzelfalls Nach der Ansicht des KG ist beim Totalausfall der Heizung eine Minderung von 100% in Erwägung zu ziehen. Kann dies nicht festgestellt werden und ist auch nicht zu ermitteln welche Innentemperaturen tatsächlich vorgelegen haben, so sei „bei

einer spürbaren Innentemperaturabsenkung" eine Minderung von 50% angebracht (KG ZMR 2008, 790; vgl. weiter: LG Berlin ZMR 1992, 302: Minderung der Kaltmiete um 75%, wenn die Wohnung während der gesamten Wintermonate nicht geheizt werden kann; LG Kassel WuM 1987, 271: Minderung von 50% bei Nichtbeheizbarkeit in den Monaten Dezember bis Februar; LG Düsseldorf WuM 1973, 187: Minderung 30%, wenn im Wohnzimmer nur 15 °Celsius erreicht werden; AG Hamburg MDR 1974, 404: Minderung von 25%, wenn im Oktober während der Dauer von ca. 20 Tagen die Heizung ausfällt; AG Köln WuM 1978, 189: 20%ige Minderung, wenn die Zimmertemperatur nur 16–18 °Celsius beträgt; AG Münster WuM 1987, 382: Minderung von 5–10%, wenn die Räume nicht auf 20° beheizt werden können; LG Berlin GE 2012, 1039: Werden in der Wohnung statt 20 Grad nur 19 Grad erreicht, so rechtfertigt dies eine Minderung von 5%; AG Köln ZMR 2012, 632: Minderung von 20% im Winter bei unzureichender Beheizbarkeit (max 19 Grad), fehlender Möglichkeit zur raumabhängigen Steuerung und Notwendigkeit einer mehr als 3-maligen Stoßlüftung; LG Hannover WuM 1980, 130: 20%ige Minderung bei Nichtbeheizbarkeit des Schlafzimmers und dadurch auftretender Durchfeuchtung der Wände; AG Bad Segeberg WuM 1977, 227: Minderung von 20%, wenn die Räume lediglich von 9–20 Uhr beheizbar sind und abends nur 15 bis 16 °C erreicht werden [ebenso AG Waldbröl WuM 1980, 206]; AG Hamburg WuM 1973, 210: 25%ige Minderung, wenn die Heizung für 2/3 des Monats ausfällt; LG Hamburg WuM 1976, 10: 100%ige Minderung bei totalem Heizungsausfall während der Heizperiode; AG Nürnberg WuM 2017, 398: Können wegen eines Ausfalls der Gasversorgung in einer Wohnung weder Heizung und Warmwasser noch der Gaskochherd benutzt werden, so liegt die Minderungsquote für die Zeiträume Oktober bis April bei 85%, für den Monat Mai bei 60% und für die Sommermonate bei 30% der Bruttomiete).

Eine Minderung ist nur gerechtfertigt, solange und soweit sich die verminderte Heizleistung auf den Mietgebrauch auswirkt. Deshalb besteht **während der Sommermonate** (Juni bis August) **keine Minderungsbefugnis** (LG Wiesbaden WuM 1990, 71; LG Berlin GE 1991, 351; AG Köln ZMR 2012, 632; vgl. auch LG Karlsruhe WuM 1987, 382: Minderung (5%) wegen eines gebrauchsuntauglichen offenen Kamins nur in den Monaten Oktober bis Mai; **a. A.** AG Solingen WuM 1980, 63). In der Übergangszeit (April, Mai und September, Oktober) muss die Minderungsquote geringer angesetzt werden als während der kalten Jahreszeit (November bis März). **67**

Nach allgemeinen Grundsätzen trägt der Mieter die **Beweislast** dafür, dass die Wärmeversorgung unzureichend ist und der Mietgebrauch hierdurch mehr als nur unerheblich beeinträchtigt wird. Der Beweis kann auch durch die Benennung von Zeugen geführt werden. Sicherer ist es, wenn Temperaturmessungen durchgeführt werden. Gemessen wird in Raummitte in einer Höhe von 0,75 m über dem Fußboden. Hierbei sollte ein gegen Wärmestrahlung geschütztes Thermometer mit einer Messgenauigkeit von plus/minus 0,5 Grad Celsius verwendet werden. **68**

Eine **unwirtschaftliche Heizungsanlage berechtigt grundsätzlich nicht zur Minderung** der Miete, wenn die Mietsache ausreichend beheizt werden kann. Der Kostenaspekt spielt im Rahmen der Gewährleistungsregeln keine Rolle (BGH NJW 2014, 685; Börstinghaus/Lange WuM 2010, 538; V. Emmerich in: Staudinger § 536 Rdn. 35; Lützenkirchen in: Lützenkirchen, Mietrecht § 536 Rdn. 115; Kraemer/Ehlert/Schindler in: Bub/Treier Kap III Rdn. 3169; Flatow NZM 2008, 785, 791; Beyer GE 2008, 1472, 1476; Blank WuM 2008, 311, 312; Sternel PiG 73 (2006) S. 1, 8; ders. NZM 2006, 495). Etwas anderes gilt, wenn die **69**

Heizungsanlage selbst mangelhaft ist. Dies ist zu verneinen, wenn die Heizungsanlage dem zur Zeit des Einbaus maßgeblichen Stand der Technik entspricht (BGH a. a. O.; OLG Düsseldorf GuT 2011, 273; vgl. auch LG Hamburg NJW-RR 1988, 907: keine Minderung bei hohen Heizkosten wegen unzureichender Isolierung; **a. A.** AG Emden NJW-RR 1989, 523). Der Mieter hat i. d. R. keinen Anspruch darauf, dass der Vermieter eine vorhandene Heizungsanlage gegen eine andere, vermeintlich wirtschaftlichere Heizungsart austauscht (BGH a. a. O. OLG Düsseldorf WuM 1986, 16). Der Umstand, dass eine im Jahr 2007 errichtete Wohnung in einem Plattenbau mit einer Einrohrheizung ausgestattet ist, deren Wärmeabgabe nicht reguliert werden kann, ist nicht als Mangel der Mietsache zu bewerten. Eine derartige Beschaffenheit der Mietsache entspricht nämlich der üblichen Ausstattung vergleichbarer Wohnungen (AG Lichtenberg/LG Berlin WuM 2012, 264 m. abl. Anmerkung Eisenschmid). Ist die Heizungsanlage aufgrund ihres Alters weniger wirtschaftlich als moderne Anlagen, so kann der Mieter hieraus grundsätzlich keine Rechte für sich herleiten.

70 Eine **Ausnahme** kommt in Betracht, wenn die Unwirtschaftlichkeit der Anlage ein solches Ausmaß erreicht, dass sich ein wirtschaftlich denkender Eigentümer zum Austausch der Anlage entscheiden würde, wenn er die Heizkosten selbst bezahlen müsste. Bei der Entscheidung dieser Frage sind die Investitionskosten für die neue Anlage einerseits und die mögliche Heizkostenersparnis andererseits zu bedenken. Ergibt die Abwägung, dass die vorhandene Anlage zu ersetzen ist, so muss in dem Betreiben der unwirtschaftlichen Heizungsanlage ein **Verstoß gegen den Wirtschaftlichkeitsgrundsatz** gesehen werden (siehe oben Stichw. „Baumängel"). Dies hat zur Folge, dass der Vermieter nur diejenigen Heizkosten umlegen darf, die durch eine wirtschaftlich arbeitende Anlage entstanden wären. Bei Umlage der vollen Heizkosten hat der Mieter ein Kürzungsrecht. Einen Anspruch auf Austausch der Anlage oder ein Recht zur Minderung des Mietzinses hat der Mieter auch in diesem Falle nicht (**a. A.** OLG Düsseldorf ZMR 1983, 377: Minderungsbefugnis bejaht, wenn ein Energieverlust von ca. 60% gegeben ist).

71 Das Recht zur **Kürzung der Heizkosten** steht dem Mieter auch dann zu, wenn die **Unwirtschaftlichkeit** der Anlage nicht auf das Alter, sondern auf **mangelnde Wartung oder Instandhaltung** zurückzuführen ist (LG Frankfurt DWW 1987, 18 betreffend Energieverluste infolge mangelhafter Isolierung der Heizrohre). Hier kommt es allerdings nicht auf wirtschaftliche Erwägungen an, weil die Instandhaltung der Heizungsanlage zu den Vermieterpflichten gehört. Gleiches gilt, wenn die **Heizungsanlage** unwirtschaftlich arbeitet, weil sie **überdimensioniert** ist (OLG Düsseldorf WuM 1984, 54).

72 Wirkt sich der Mangel der Heizungsanlage nicht auf die Kosten, sondern auf den Mietgebrauch aus (z. B. **störende Geräusche**), so ist der Mieter nicht zur Kürzung der Heizkosten, wohl aber zur Minderung der Miete berechtigt (vgl. dazu: LG Hannover WuM 1994, 463: 10% Minderung bei „Knack-Geräuschen" die von der Gasheizung herrühren und auch nachts störend in Erscheinung treten; LG Mannheim ZMR 1978, 84: Minderung von 75% des auf das Schlafzimmer entfallenden Mietzinsanteils, wenn die Heizung ständig wiederkehrende und deutlich hörbare Klopfgeräusche verursacht; AG Hamburg WuM 1987, 271: 10% Minderung während der Heizperiode, wenn die Heizung ständig rauscht und knackt). Außerdem hat der Mieter hier Anspruch auf Beseitigung der Geräusche (AG Hamburg WuM 1987, 382). Unter Umständen kann der Mieter auch nach § 543 Abs. 2 Nr. 1 BGB kündigen (LG Darmstadt WuM 1980, 52). Es wird allerdings auch die Ansicht vertreten, dass Geräusche aus einer Heizungsanlage nicht zur Minderung

berechtigen, wenn der nach der DIN 4109 und der TA Lärm zulässige Schalldruckpegel nicht überschritten wird (LG Berlin GE 2011, 549).

Kellerräume. Werden Kellerräume ohne Zweckbestimmung vermietet, so 73 kann der Mieter nur einen Zustand erwarten, wie er für Kellerräume üblich ist. Maßgeblich ist der Standard, wie er im Zeitpunkt der Errichtung des Gebäudes üblich war. Kellerfeuchte im Altbau ist deshalb nicht als Mangel zu bewerten (LG Dresden NZM 2015, 250). Allgemein gilt, dass Kellerräume keine Abdichtung gegen Erdfeuchte aufweisen müssen. Enthält der Mietvertrag dagegen eine Zweckbestimmung (z. B. Vermietung eines Kellerraums zum Betrieb einer Gaststätte) und ist zweifelhaft, ob die Räume zu dem Vertragszweck baulich geeignet sind, so muss der Vermieter auf eine klare und eindeutige Haftungsfreistellung achten (z. B. „Der Vermieter übernimmt keine Gewähr, dass der bauliche Zustand der Räume zu dem vom Mieter beabsichtigten Zweck geeignet ist"). Ist in einem Mietvertrag vereinbart, dass die Kellerräume „zu jedem behördlich zulässigen Zweck" genutzt werden kann, so bedeutet dies zum einen, dass der Mieter hinsichtlich der Verwendung der Räume keinen Beschränkungen unterliegt. Zum anderen folgt aus einer solchen Regelung aber auch, dass die Räume zu jeder behördlich zulässigen Nutzung geeignet sein müssen. Hierfür muss der Vermieter einstehen (KG GuT 2009, 305).

Konkurrenzschutz. Der Vermieter von Gewerberaum ist auch ohne beson- 74 dere Vereinbarungen zum Schutz vor Konkurrenz verpflichtet (Einzelheiten § 535 Rdn. 308). Deshalb handelt der Vermieter vertragswidrig, wenn er benachbarte Räume einem Konkurrenten des Mieters überlässt. Entsteht dem Mieter hierdurch ein Schaden in Form einer Umsatzeinbuße so ist der Vermieter zum Schadensersatz verpflichtet. Ein **Verstoß gegen eine Konkurrenzschutzklausel** ist nach der Rechtsprechung des BGH als **Mangel** der Mietsache zu bewerten der den Mieter zur Minderung berechtigt (BGH NJW 2013, 44 m. Anm. Ghassemi-Tabar; OLG Koblenz NZM 2018, 564). Dies gilt sowohl beim gesetzlichen (vertragsimmanenten) Konkurrenzschutz als auch beim vereinbarten Konkurrenzschutz. Für die Annahme eines Mangels genügt die Feststellung, dass der Wert des Mietgegenstands durch die Konkurrenzsituation eingeschränkt ist. Für die **Minderungsquote** kommt es nicht darauf an, ob und in welcher Höhe der Mieter eine Umsatzeinbuße erleidet. Vielmehr hängt die Minderungsquote davon ab, in welchem Umfang das Äquivalenzverhältnis zwischen Leistung und Gegenleistung durch die Konkurrenzsituation gestört wird (BGH a. a. O.; OLG Hamm NZM 2016, 202; OLG Koblenz NZM 2018, 564). Darüber hinaus kann der Mieter vom Vermieter verlangen, dass dieser den Konkurrenten zur Einstellung seiner Geschäftstätigkeit oder zur Aufgabe seiner Mieterrechte bewegt (OLG Düsseldorf NZM 2002, 38).

Lärm aus den **Nachbarwohnungen** ist hinzunehmen, soweit er auf eine üb- 75 liche Wohnnutzung zurückzuführen ist (AG München NZM 2004, 499; AG Münster WuM 2003, 355). Gelegentliche Störungen in einem Mehrfamilienhaus durch Lärm infolge eines Streits zwischen den Bewohnern, durch Türenknallen, Trampeln etc. sind als sozial adäquat hinzunehmen. Dem gestörten Mieter stehen nur dann Gewährleistungsansprüche zu, wenn die Störungen ein gewisses Maß überschreiten. Die Abgrenzung zwischen den sozialadäquaten und damit unerheblichen Beeinträchtigungen und den erheblichen Gebrauchsstörungen richtet sich nach den Umständen des Einzelfalls (BGH NJW 2012, 1647 betr. Lärmstörungen durch Vermietung an Berlin-Touristen; BGH NZM 2017, 694 = ZMR 2018, 19 m. Anm. Nierhauve ZMR 2019, 298 betr. Lärmstörungen durch Nachbarn). Maßgeblich sind insbesondere Art, Qualität, Dauer und Zeit der verursachten Geräuschemissionen. Für Kinderlärm s. unten Rdn. 76. Sozial üblich ist außerdem der mit den **üb-**

lichen Hausarbeiten verbundene Lärm (AG Mönchengladbach-Rheydt DWW 1994, 24 betr. Staubsauger, Wasch- und Spülmaschinen) aber auch gelegentliche **Hausmusik** zu bestimmten Zeiten (s. § 535 BGB Rdn. 554–558) und gelegentliche **Handwerksarbeiten** in den Nachbarwohnungen (AG Hermeskeil WuM 2005, 239). Maßstab ist weder der überempfindliche, noch der lärmunempfindliche, sondern der durchschnittliche, verständige Mieter. Vermeidbarer Lärm ist dagegen als Mangel zu bewerten, wenn der Mietgebrauch hierdurch wesentlich beeinträchtigt wird. Die Ursache des Lärms ist unerheblich. Das Minderungsrecht besteht sowohl bei einer Lärmverursachung durch rücksichtslose Nachbarn (AG Chemnitz WuM 1994, 68; AG Bremen WuM 2011, 362) als auch bei Beeinträchtigungen infolge einer ungenügenden Schallisolierung (AG Braunschweig WuM 1983, 122; AG Hamburg WuM 1996, 760) und auch bei einer Veränderung der tatsächlichen Verhältnisse nach Vertragsschluss (AG Osnabrück WuM 1986, 334 betr. Störungen durch eine verstärkte Benutzung einer Tiefgarage; AG Mainz WuM 2003, 87: Lärm von einem Garagentor (35 dB(A) und mehr). Es kommt auch nicht darauf an, ob der Vermieter die Störung abstellen kann. Zur Minderungsquote s. Rdn. 172a. Führt die **Vermietung an häufig wechselnde Benutzer** zu Störungen der Langzeitmieter so ist dies ebenfalls als Mangel der Mietsache zu bewerten. Den Langzeitmietern stehen dann Unterlassungs- und Gewährleistungsansprüche zu (LG Berlin ZMR 2017, 238 betr. Vermietung an Touristen).

76 Nach der Rechtsprechung des BGH müssen die Mieter eines Mehrfamilienhauses gelegentliche Beeinträchtigungen durch **lärmende Kinder** hinnehmen. Soweit die Beeinträchtigungen den in einem Mehrfamilienhaus üblichen Umfang nicht überschreiten sind die Störungen sozialadäquat und können deshalb nicht als Mangel bewertet werden. Erhebliche Gebrauchsstörungen müssen die Mieter dagegen nicht akzeptieren. Die Abgrenzung zwischen den sozialadäquaten und damit unerheblichen Beeinträchtigungen und den erheblichen Gebrauchsstörungen richtet sich auch hier nach den Umständen des Einzelfalls. Maßgeblich ist insbesondere Dauer und Zeit der verursachten Geräuschemissionen, das Alters und der Gesundheitszustands der Kinder sowie die Vermeidbarkeit der Emissionen etwa durch objektiv gebotene erzieherische Einwirkungen oder durch zumutbare oder sogar gebotene bauliche Maßnahmen (BGH NZM 2017, 694 = ZMR 2018, 19 m. Anm. Nierhauve ZMR 2019, 298).

76a Bei der Anwendung des § 536 BGB ist die in **§ 22 Abs. 1a BImmSchG** normierte Privilegierung von Kinderlärm zu berücksichtigen (BGH NZM 2015, 481; s. dazu Selk NZM 2015, 855). Danach sind Geräuscheinwirkungen, die von Kindertageseinrichtungen, Kinderspielplätzen und ähnlichen Einrichtungen wie beispielsweise Ballspielplätzen durch Kinder hervorgerufen werden, im Regelfall keine schädliche Umwelteinwirkung mit der Folge, dass bei der Beurteilung der Geräuscheinwirkungen Immissionsgrenz- und -richtwerte nicht herangezogen werden dürfen (dazu Rdn. 77a). Die Regelung gilt aber nur für solchen Lärm, der durch Kinder (bis 14 Jahre) verursacht wird, nicht durch die Lärmverursachung durch Jugendliche (ab 14 Jahren; BGH a. a. O.). Gelegentliches Kindergeschrei ist sozialadäquat und deshalb hinzunehmen. Eine Minderungsbefugnis besteht nicht (LG München I NZM 2005, 339 betr. Kinderlärm im Treppenhaus am frühen Morgen; LG Berlin GE 2016, 1388 betr. Kinderlärm in Nachbarwohnungen; LG Berlin GE 2011, 752: kein Mangel, wenn der Mieter durch Kinderlärm von einem Spielplatz gestört wird). Ständige Belästigungen durch Trampeln und Geschrei muss der Mieter aber auch dann nicht hinnehmen, wenn sie von Kindern herrühren. Insbesondere sind die Eltern gehalten, mäßigend auf die Kinder einzuwirken (OLG Düsseldorf

ZWE 2009, 389 m. Anm. Schmidt). Nach der Rechtsprechung des BGH sind die Wertentscheidungen des § 22 Abs. 1a BImSchG auch im Falle von Kinderlärm aus den Nachbarwohnungen zu berücksichtigen („Ausstrahlungswirkungen"; BGH NZM 2017, 694 = ZMR 2018, 19 Rdn. 13). Dies überzeugt nicht. Die genannte Vorschrift modifiziert das Nachbarrecht, dessen Besonderheit darin besteht, dass zwischen Nachbarn keine Vertragsbeziehungen bestehen. Deshalb müssen die jeweiligen Handlungsbegrenzungen und Rücksichtspflichten gesetzlich geregelt werden. Bei Schuldverhältnissen – wie der Miete – richten sich die Handlungsbegrenzungen und Rücksichtspflichten ausschließlich nach dem Vertrag. Dieser wird durch nachbarrechtliche Vorgaben nicht beeinflusst.

In der Rechtsprechung besteht Einigkeit, dass Kindern außerhalb der Wohnung 77 auch ausreichend Platz zur Verfügung stehen muss, wo sie sich ihrem Alter entsprechend gefahrlos und ungehindert im Spiel entfalten können. Deshalb ist es nicht nur zulässig, sondern sogar geboten, den Kindern gefahrlose Spielmöglichkeiten in zumutbarer Entfernung ihrer Wohnungen zu schaffen. Soweit **Kinderlärm aus einem Innenhof** in die Wohnungen dringt, ist dies regelmäßig als üblich und sozialadäquat hinzunehmen (Eisenschmid in: Schmidt-Futterer § 536 BGB Rdn. 128–133 m.w. Nachw.). Dem Ruhebedürfnis der Mieter muss allerdings ebenfalls Rechnung getragen werden. Hierbei ist von üblichen Lebensgewohnheiten und den Bedürfnissen eines durchschnittlich Lärmempfindlichen auszugehen. Wer als Mieter wegen seines Alters, seiner Gesundheit, seines Berufs oder seiner sonstigen Lebensgewohnheiten ein erhöhtes Ruhebedürfnis hat, muss dies bei der Wahl seiner Wohnung mit einem entsprechenden Umfeld berücksichtigen (Eisenschmid a. a. O. § 536 BGB Rdn. 112).

In dem seit dem 2.5.2013 geltenden **§ 22 Abs. 1a BImSchG** ist geregelt, dass 77a „**Geräuscheinwirkungen, die von Kindertageseinrichtungen, Kinderspielplätzen und ähnlichen Einrichtungen** wie beispielsweise Ballspielplätzen durch Kinder hervorgerufen werden, ... im Regelfall keine schädliche Umwelteinwirkung" sind und dass bei der Beurteilung der Geräuscheinwirkungen Immissionsgrenz- und -richtwerte nicht heranzuziehen sind. Die Vorschrift privilegiert nicht nur die von den Kindern selbst verursachten Geräusche, sondern auch das Rufen von Betreuungspersonen und den durch den Betrieb der Spielgeräte bedingten Lärm. Letzteres gilt allerdings nur für solche Spielgeräte die dem Stand der Technik zur Lärmvermeidung entsprechen (BVerwG B.v. 5.6.2013 – 7 B 1.13). Die Verpflichtung des Betreibers eines Spielplatzes zur Vermeidung von überflüssigem Lärm und zur Errichtung geeigneter Lärmschutzeinrichtungen wird durch § 22 Abs. 1a BImSchG also nicht berührt.

Die unter Rdn. 75–77a dargestellten Grundsätze gelten auch für **vermietete** 78 **Eigentumswohnungen.** Jeder Sondereigentümer kann verlangen, dass andere Sondereigentümer störende Geräusche unterlassen (§§ 14 Nr. 1, 15 Abs. 3 WEG, 1004 Abs. 1 S. 2 BGB; OLG Düsseldorf ZWE 2009, 389 m. Anm. Schmidt).

Sind die Lärmbeeinträchtigungen unzumutbar hoch, weil die **Wohnung kei-** 79 **nen ausreichenden Schallschutz** hat, so ist auch hierin ein Mangel zu sehen. In diesem Zusammenhang ist zu fragen, nach welchen **Kriterien** die Anforderungen an den Schallschutz zu bemessen sind. In erster Linie kommt es auf die vertraglichen Vereinbarungen an. Wird eine Altbauwohnung im Mietvertrag als „voll modernisiert" bezeichnet, so kann sich hieraus ergeben, dass der Schallschutz den Anforderungen der aktuellen DIN-Norm entsprechen muss (LG Wiesbaden NZM 2012, 456; vgl. auch AG Hamburg-Blankenese ZMR 2012, 651). Solche Vereinbarungen werden allerdings in den meisten Fällen nicht getroffen. In diesem Fall ist nach der

Rechtsprechung des BGH die Einhaltung der maßgeblichen technischen Normen geschuldet. Dabei ist nach der Verkehrsanschauung grundsätzlich der bei Errichtung des Gebäudes geltende Maßstab anzulegen (BGH NJW 2005, 218 = WuM 2004, 715 = NZM 2005, 60; NJW 2004, 3174 = WuM 2004, 527 = NZM 2004, 736; ebenso LG Hamburg WuM 2010, 147).

80 Wird ein **Gebäude nachträglich verändert,** so müssen bei den Veränderungen die zur Zeit der Durchführung der Maßnahmen geltenden Normen beachtet werden (BGH WuM 2004, 715, betreffend Schallschutzanforderungen beim Dachgeschossausbau; AG Köpenick WuM 2008, 25). Dies gilt allerdings nur, wenn in die Gebäudesubstanz eingegriffen wird. Anders ist es, wenn in der Nachbarwohnung der Bodenbelag ausgetauscht wird und dies zu einer verstärkten Trittschallübertragung führt. Nach der Ansicht des BGH ist dieser Umstand nicht als Mangel zu bewerten, wenn trotz der Verschlechterung die von den maßgeblichen DIN-Vorschriften vorgegebenen Werte eingehalten werden (BGH NJW 2009, 2441 = WuM 2009, 457 = NZM 2009, 580; NJW 2010, 1133 = WuM 2009, 659 = NZM 2009, 855; für Eigentumswohnungen s. BGH NJW 2012, 2725 = WuM 2012, 464 = NZM 2012, 611). – Die Ansicht des BGH ist abzulehnen, weil der vom Vermieter geschuldete Mietgebrauch mangels besonderer Vereinbarungen durch die bei Vertragsschluss gegebene Beschaffenheit konkretisiert wird und eine negative Veränderung dieses Zustands als Mangel zu bewerten ist (Elzer NZM 2009, 641, 644). Im Übrigen ist anzumerken, dass die DIN 4109 – Schallschutz im Hochbau – lediglich öffentlich-rechtliche Mindestanforderungen an den Schallschutz zur Vermeidung von Gesundheitsgefahren enthält. Werden die in der DIN 4109 aufgeführten Grundsätze und Ausführungsanweisungen beachtet, so bedeutet dies nicht, dass bei Einhaltung der Anforderungen keine Belästigungen mehr auftreten können. Für einen verbesserten Schallschutz ist das Beiblatt 2 zur DIN 4109 zu beachten. Dieses enthält – über den Geltungsbereich der DIN 4109 hinausgehend – Vorschläge für einen erhöhten Schallschutz gegen Schallübertragung aus einem fremden Wohn- oder Arbeitsbereich und Empfehlungen für den Schallschutz im eigenen Wohn- und Arbeitsbereich. Weiterhin findet man hier auch Vorschläge für einen erhöhten Schallschutz gegen Geräusche aus haustechnischen Anlagen. Mangels einer gegenteiligen Vereinbarung kann der Mieter einer Wohnung mit üblichen Komfort- und Qualitätsansprüchen einen Schallschutz erwarten, der dem Beiblatt 2 der DIN 4109 entspricht. Die Anforderungen der DIN 4109 entsprechen nicht den anerkannten Regeln der Technik, weil sie lediglich vor unzumutbaren Belästigungen schützen und keinen üblichen Qualitäts- und Komfortstandard gewährleisten (vgl. für den Erwerb einer Eigentumswohnung: BGH NJW 2009, 2439 = WuM 2009, 418 = NZM 2009, 590).

81 Schallschutznormen wurden erstmals durch die DIN 4109 Ausgabe 1962 normiert. Vor diesem Zeitpunkt gab es keine verbindlichen Schallschutznormen. Dies führt zu der Frage, nach welchen Kriterien der **Schallschutz von Altbauten** zu beurteilen ist. In der instanzgerichtlichen Rechtsprechung wird hierzu die Ansicht vertreten, dass der Vermieter einer Wohnung in einem vor 1962 errichteten Gebäude nur einen Mindeststandard an Schallschutz schulde. Dieser liege unterhalb der Werte der DIN 4109 Ausgabe 1962 (LG Frankfurt/M ZMR 2011, 468). Nach dieser Ansicht muss der Mieter hinnehmen, dass er in seiner Wohnung die üblichen Wohngeräusche aus anderen Wohnungen (Waschmaschine, Fernseher, Toilettenspülung) hört.

82 Beispiele für die **Höhe der Minderung:** AG Braunschweig WuM 1990, 147: 50% bei überlauter Musik aus den Wohnungen und auf dem Hof zur Nachtzeit;

Mietminderung bei Sach- und Rechtsmängeln **BGB § 536**

AG Düsseldorf DWW 1988, 357: 20% bei Klaviermusik außerhalb der erlaubten Zeiten; AG Bremen WuM 2011, 362: 20% bei lauter Musik, Klopfen an den Wänden, Möbelrücken, lautes Reden und Schreien in den Abendstunden und nachts; AG Neuss DWW 1988, 282: 10% wenn die Räume unter der Wohnung zweimal wöchentlich von 20 Uhr bis 23 Uhr von einer Musikgruppe zum Üben benutzt werden; AG Gelsenkirchen WuM 1978, 66: 20% bei erheblicher Lärmbelästigung; AG Lünen NJW-RR 1988, 1041: 20%, wenn der Mieter durch sehr häufiges lautstarkes Feiern anderer Mieter bis spät in die Nacht an den Wochenenden in seiner Nachtruhe gestört wird; AG Braunschweig WuM 1983, 122: 10 bis 15%, wenn die Wohnung mangelhaft isoliert ist und der Mieter deshalb durch Geräusche aus der über ihm liegenden Wohnung, insbesondere durch Trittschall, nicht unerheblich gestört wird; LG Hannover WuM 1994, 463: 5% bei Trittschallgeräuschen aus einer Dachgeschoßwohnung, deren Fußboden den baulichen Mindestanforderungen nicht entspricht; AG Hamburg WuM 1996, 760: 13% der Bruttokaltmiete bei Störungen durch Trittschall aus der darüber liegenden Wohnung und Störungen durch Sanitärgeräusche aus den darunter liegenden Räumen, wenn sich um eine relativ komfortable und teure Wohnung handelt; LG Köln WuM 1987, 272: 11% bei Klopf- und Wortgeräuschen aus einer unter der Wohnung befindlichen Gaststätte [s. auch AG Bonn WuM 1990, 497: 15% wenn durch den Gaststättenlärm die Nachtruhe an 6 Nächten des Monats beeinträchtigt wird; AG Köln WuM 1990, 291: 20% bei Belästigung durch „Live-Musik"; AG Braunschweig WuM 1990, 148: 10% bei Lärm durch Stühlerücken und -scharren]; AG Köln WuM 1994, 200: 10% bei Lärm aus einem unter der Wohnung befindlichen Phonogeschäft; AG Bremen ZMR 1957, 192: 10% bei Lärm aus der Wohnung im darüberliegenden Stockwerk; AG Neuss WuM 1988, 264: 10% bei Kinderlärm nach 20 Uhr; AG Bad Schwartau WuM 1976, 259: 10% bei Lärm durch Kinderarztpraxis; LG Berlin MM 1986, Nr. 7, S. 38: 10% bei Lärmbelästigung durch Garagentore im Hof; LG Berlin GE 2011, 752: 5% wenn der minderjährige Sohn eines benachbarten Mieters in der Wohnung tagsüber und in den Abendstunden Elektrogitarre und Schlagzeug übt.

Lärm aus der **Umgebung, z. B. Verkehrslärm, Fluglärm, Baulärm** ist 83 ebenfalls als Mangel zu bewerten. Hierbei ist allerdings zu beachten, dass eine **vorübergehend erhöhte Verkehrslärmbelastung aufgrund von Straßenbauarbeiten** unabhängig von ihrer zeitlichen Dauer jedenfalls dann keinen Mangel darstellt, wenn sie sich innerhalb der in der Innenstadtlagen üblichen Grenzen hält (BGH NJW 2013, 680 = WuM 2013, 154 = NZM 2013, 184; s. dazu auch oben Rdn. 4; LG Berlin GE 2017, 1022). Nach der Rechtsprechung muss der Mieter einer in der Nähe eines Flughafens gelegenen Wohnung sowohl mit dessen Ausbau als auch mit einer Zunahme der Flugbewegungen rechnen. **Verstärkter Fluglärm** berechtigt deshalb nicht zur Minderung (LG Berlin GE 2013, 487). Für **Lärm vom Nachbargrundstück infolge von** Bauarbeiten s. oben Rdn. 26a,). Die **instanzgerichtliche Rechtsprechung** ist stets mit Blick auf den jeweils entschiedenen Sachverhalt zu bewerten. Siehe dazu: BayObLG RE 4.2.1987 NJW-RR 87, 971); LG Kassel NJW-RR 1989, 1292: betr. Baulärm von Bundesbahnstrecke; AG Köpenick GE 2010, 1277 betr. Umwandlung einer Straße in einen Autobahnzubringer, Minderung 7,5% der Warmmiete; AG Osnabrück WuM 1986, 334 betreffend: Lärm aus einer Tiefgarage; AG Düren WuM 1990, 117 betr. Hundegebell; AG Köln WuM 1988, 56: 20% Minderung bei Lärm aus einer Tanzschule; AG Lichtenberg MM 2004, 339 Lärm aus einer Gaststätte mit Außenbewirtschaftung; LG Berlin GE 2005, 869 betr. Lärm aus Jazzkeller; AG Köln WuM 1991, 545: 20% Min-

§ 536 BGB   Untertitel 1. Allgemeine Vorschriften für Mietverhältnisse

derung bei Lärm aus einem Billardcafe; Minderung von 10% während der warmen Jahreszeit bei Lärmbelästigung durch die Gäste eines Restaurants bei Terrassenbewirtschaftung (LG Berlin GE 2016, 785; AG Hamburg-Blankenese, Urteil vom 27.4.2005, Az.: 508 C 305/04: Lärm aus einem Supermarkt; LG Berlin MM 2003, 46: 40% Minderung bei nächtlichen Lärm (22.00 Uhr bis 3.00 Uhr) aus einer im Haus befindlichen Gaststätte; AG Gelsenkirchen ZMR 1978, 238: Minderung von 20% bei starkem Lärm aus einer Schusterwerkstatt; AG Hamburg WuM 1976, 151: Minderung von 7% bei Lärm aus Waschsalon; AG Hamburg-Bermbek ZMR 2003, 582: 30% Minderung bei Lärm durch einen im Dachgeschoss hausenden Marder; LG Berlin GE 1995, 427: 10% bei Einwurf von Glasflaschen in einen Sammelbehälter an Werktagen nach 22 Uhr und an Sonn- und Feiertagen nach 20 Uhr; AG Hamburg WuM 1987, 272: Minderung von 60% bei besonders starkem Lärm beim Dachgeschossausbau; OLG Hamm ZMR 1983, 273 betreffend: Handwerkerarbeiten in einem Neubau – Minderung 50%; AG Darmstadt WuM 1984, 245 betreffend Baulärm in einem Neubauviertel – Minderung 25%). Nach richtiger Meinung kommt es auch hierbei nicht darauf an, ob der Vermieter den Lärm abwehren kann (BayObLG a. a. O.; LG Siegen WuM 1990, 17; Schröder ZMR 1988, 414; AG Frankfurt NZM 2005, 617; Minderung von 5% bei Lärm durch Fußball spielende Jugendliche; **a. A.** BGH NJW 2015, 2177: betreffend: Lärm von einem Kinderspielplatz). Der Mieter muss allerdings eine ortsübliche Lärmbeeinträchtigung i. S. von § 906 Abs. 2 Satz 1 BGB entschädigungslos hinnehmen. (LG Kleve NJW 1970, 1975 betreffend: Straßenlärm von einer Kreuzung; LG Lüneburg WuM 1991, 683 und AG Schöneberg NJWE-MietR 1997, 75 betr. Zunahme des Verkehrslärms; OLG Frankfurt ZMR 1964, 271 und LG Berlin GE 2016, 329 betreffend: Bauarbeiten in der Nachbarschaft; LG München I WuM 1987, 121 betreffend: Kinderlärm aus dem Innenhof; AG Charlottenburg GE 1988, 947 und AG Neukölln GE 1988, 259 betreffend: Kinderspielplatz; siehe auch LG Bad-Homburg WM 1987, 84 und AG Köln WuM 1983, 53, wonach dem Mieter in solchen Fällen die Hälfte des sonst üblichen Minderungssatzes zugebilligt wird). Ob eine Geräuschimmission wesentlich im Sinne des § 906 Abs. 2 BGB oder unwesentlich ist, beurteilt sich nach dem Empfinden eines verständigen Durchschnittsmenschen. Ein konkreter Grenzwert existiert nicht.

83a **Gaststättenlärm. (1)** Wer in Gaststättengewerbe betreiben will, bedarf gem. § 2 Abs. 1 Satz 1 GastG der Erlaubnis. Die Erlaubnis ist u. a. dann zu versagen, wenn der Betrieb der Gaststätte „im Hinblick auf seine örtliche Lage oder auf die Verwendung der Räume dem öffentlichen Interesse widerspricht, insbesondere schädliche Umwelteinwirkungen im Sinne des Bundes-Immissionsschutzgesetzes oder sonst erhebliche Nachteile, Gefahren oder Belästigungen für die Allgemeinheit befürchten lässt" (§ 4 Abs. 1 Nr. 3 GastG). Können die schädlichen Einwirkungen durch Schutzmaßnahmen vermieden oder gemindert werden, so kann die Behörde die Konzession unter einer geeigneten Auflage erteilen (§ 5 Abs. 1 Nr. 3 GastG). **(2)** Die genannten Vorschriften des GastG haben nachbarschützenden Charakter. Deshalb können sich auch Privatpersonen auf den durch die §§ 4, 5 GastG bezweckten Schutz berufen, wenn sie durch den Betrieb der Gaststätte beeinträchtigt werden. Diese Voraussetzungen liegen regelmäßig vor, wenn sich in der Nachbarschaft von Wohnhäusern eine Gaststätte mit Außenbewirtschaftung befindet. Zu beachten ist, dass der Schutz der Nachbarn vor unzumutbarem Lärm durch die Anordnung schematischer Grenzwerte nicht gewährleistet wird. Erforderlich sind konkrete auf den Einzelfall bezogene Feststellungen zu Art und Umfang der Störgeräusche (OVG NRW DWW 2016, 150). Es gilt derselbe Maßstab wie im Falle der Prüfung der Zulässigkeit von Bauvorhaben. Diese sind gem. § 15 Abs. 1 Satz 2 BauNV unzulässig, „wenn von ihnen Belästigungen oder Störungen ausgehen können, die nach der Eigenart des Baugebiets im Baugebiet selbst oder in dessen Umgebung unzumutbar sind ...". Insoweit ist zu bedenken, dass die Bewertung der Zumutbarkeit von Gaststättenlärm von einem Bündel von Faktoren abhängt, die nur unvollkommen in einem einheitlichen Messwert erfasst werden können. Dies gilt gerade auch für Geräusche, die von Gaststättenbesuchern verursacht werden, weil diese vom Betreiber einer Außengastronomie nicht zu steuern sind. **(3)** Grundsätzlich gilt, dass der Gastwirt ein Nutzungskonzept vorzulegen hat, aus dem sich der beabsichtige Umfang und die Art der Innen- und Außengastronomie ergibt. Bei den von der Behörde durchzuführenden Ermittlungen ist insbesondere zu berücksichtigen, welche Lärmbelastung bereits durch die Innengastronomie besteht, ob in der Nachbarschaft weitere Gaststätten betrieben werden und in welcher Entfernung sich die Wohngebäude von der Gaststätte befinden (OVG NRW a. a. O.) **(4)** Zur Vermeidung unzumutbarer Belästigungen und Störungen sind nur solche Auflagen geeignet, die überprüfbar und gegebenenfalls mittels Verwaltungszwangs durchzusetzen sind. Hierzu zählen insbesondere neben der zeitlichen Begrenzung der Bewirtung auch eine Begrenzung der Sitz- und Stehplätze (OVG NRW a. a. O.).

Wird der Lärm durch eine **Freizeitanlage** verursacht, so kann man sich an den 84 Hinweisen des Länderausschusses für Immissionsschutz zur Beurteilung der durch Freizeitanlagen verursachten Geräusche **(„LAI-Hinweise")** orientieren (vgl. BGH NZM 2003, 994). Werden die dort ausgewiesenen Grenzwerte überschritten, so ist dies ein Indiz für eine wesentliche Beeinträchtigung. Danach gelten folgende Grenzwerte: Tageszeit: 70 dB(A) mit einer Geräuschspitze von 90 dB(A); Nachtzeit: 55 dB(A). Diese Werte können über- oder unterschritten werden. Je nach Art und Charakter der Veranstaltung kann die Tageszeit verlängert oder verkürzt werden. Maßgeblich für die Bewertung sind folgende Umstände: **(1)** Dauer und Häufigkeit der Einwirkung: Bei einem einmaligen Ereignis ist eine großzügige Handhabung angezeigt. **(2)** Bedeutung der Veranstaltung: Bei Volks- und Gemeindefesten, Feiern örtlicher Vereine, Traditionsveranstaltungen und dergleichen muss das öffentliche Interesse an der Veranstaltung berücksichtigt werden; die Grenzwerte sind großzügig zu handhaben. Je gewichtiger der Anlass für die Gemeinde oder Stadt ist, desto eher ist der Nachbarschaft zuzumuten, an wenigen Tagen im Jahr Ruhestörungen hinzunehmen (BGH a. a. O.). **(3)** Schutzinteresse der Nachbarn: Bei Krankenhäuser und ähnlichen Einrichtungen spricht ein Indiz dafür, dass eine Überschreitung der Grenzwerte eine wesentliche Beeinträchtigung darstellt. Gleiches gilt, wenn die Bewohner bereits tagsüber einer erheblichen Lärmbelästigung ausgesetzt sind; die ungestörte Nachtruhe ist in diesen Fällen besonders wichtig. **(4)** Zeitpunkt der Störung: Tagsüber und in den frühen Abendstunden kann den Nachbarn eine weitergehende Beeinträchtigung zugemutet werden als zur Nachtzeit. Eine Grenze bildet in der Regel die Mitternacht. Eine über Mitternacht hinausgehende erhebliche Überschreitung der Richtwerte wird in aller Regel nicht mehr als unwesentlich zu qualifizieren sein (vgl. BGH a. a. O.).

Gelegentlich wird die Ansicht vertreten, dass der Mieter wegen Lärmstörungen 85 von außen nicht mindern kann, wenn das Gebäude hinsichtlich des Schallschutzes den maßgeblichen **DIN-Vorschriften** entspricht (LG Kassel WuM 1988, 355; LG Berlin GE 1989, 93; **a. A.** AG Wedding MM 1986, Nr. 2 S. 48). Diese Ansicht ist verfehlt, weil hierbei der Zweck des § 536 BGB (Anpassung des Mietpreises an die geänderten Verhältnisse) verkannt wird (Frank WuM 1986, 75; Emmerich PiG 31,

§ 536 BGB   Untertitel 1. Allgemeine Vorschriften für Mietverhältnisse

35). Es kommt deshalb nur darauf an, ob die fraglichen Lärmquellen bei Vertragsschluss bereits vorhanden waren (dann keine Gewährleistung) oder ob er nach Vertragsschluss aufgetreten ist oder sich nach diesem Zeitpunkt verstärkt hat (dann liegt ein Mangel vor; unzutreffend AG Schöneberg GE 1996, 1499: danach sind Veränderungen der Umwelteinflüsse unbeachtlich). Der Umstand, dass der Mieter den Lärm nur bei geöffnetem Fenster wahrnimmt, steht der Minderung nicht entgegen (AG Köln WuM 1991, 545); jedoch kann dies u. U. bei der Höhe der Minderung eine Rolle spielen.

86   **Darlegungs- und Beweislast:** Entsprechen die Wohnungstrennwände nicht den einschlägigen DIN-Vorschriften, so genügt es, wenn der Mieter hierauf verweist. Er muss in diesem Fall nicht darlegen, wie sich dieser Mangel auf den Mietgebrauch auswirkt. Eine Ausnahme gilt, wenn besondere Umstände vorliegen aus denen sich ergibt, dass der unzureichende Schallschutz keine Auswirkungen auf den Mietgebrauch hat. Hiervon kann beispielsweise ausgegangen werden, wenn die Nachbarwohnungen nicht vermietet sind.

87   In allen anderen Fällen ist der Mieter für die Art, die Dauer und das Ausmaß der Lärmstörungen darlegungs- und beweispflichtig. Nach ständiger **Rechtsprechung des BGH** genügt es bei der Geltendmachung von Sachmängeln, wenn der Mieter im Prozess konkrete Tatsachen vorträgt, aus denen sich ergibt, dass die Tauglichkeit der Mietsache zum vertragsgemäßen Gebrauch beeinträchtigt ist. Es reicht aus, wenn der mangelhafte Zustand hinreichend genau beschrieben wird. Der Mieter muss weder zur Ursache der Mängel noch zum Ausmaß der Beeinträchtigung noch zur Höhe der Minderung etwas ausführen (BGH NJW 2012, 382; NJW 2012, 1647; NJW-RR 2012, 977; NJW 2017, 1877; BGH NZM 2017, 694 = ZMR 2018, 19). Zur Darlegung wiederkehrender Lärmstörungen genügt eine Beschreibung, aus der sich ergibt, um welche Art von Lärm (Partygeräusche, Lärm von Rundfunk oder Fernsehgeräten, Kinderlärm etc.) es geht, zu welchen Tageszeiten, über welche Zeitdauer und in welcher Frequenz die Störungen ungefähr auftreten; der Vorlage eines „Protokolls" bedarf es nicht (BGH NJW 2012, 1647; BGH NZM 2017, 694 = ZMR 2018, 19).

Als Beweismittel steht dem Mieter je nach der Art des Lärms der Zeugenbeweis, ein gerichtlicher Augenschein oder eine objektive Lärmmessung zur Verfügung. Zum Baulärm s. „Baumaßnahmen in der Nachbarschaft"; zum Ganzen s. auch Horst DWW 2015, 122. Hat der Mieter die Mängel substantiiert dargelegt und werden die angebotenen Beweise gleichwohl nicht erhoben, so ist dies als Verletzung des Gebots des rechtlichen Gehörs zu bewerten. In einem solchen Fall kann das Revisionsgericht das auf der Gehörsverletzung beruhende Urteil aufheben und den Rechtsstreit zur neuen Verhandlung und Entscheidung an das Berufungsgericht zurückverweisen (§ 544 Abs. 7 ZPO; BGH NZM 2012, 109).

88   **Innentemperaturen.** Wohn- und Gewerberäume müssen so beschaffen sein, dass auch in den Sommermonaten erträgliche Innentemperaturen hergestellt werden können. Nach der **DIN 1946 Teil 2** werden folgende Raumtemperaturen empfohlen:

Außentemperatur	Innentemperatur
bis 26 °C	zwischen 22 °C und 25 °C
zwischen 26 °C und 29 °C	zwischen 23 °C und 26 °C
zwischen 29 °C und 32 °C	zwischen 24 °C und 27 °C

Nach § 6 Abs. 1 **ArbStättVO** muss in Arbeitsräumen eine gesundheitlich zuträgliche Raumtemperatur vorhanden sein. Hierzu bestimmt die **Arbeitsstättenricht-**

linie ASR 6/1.3, dass in Arbeitsräumen bei Außentemperaturen bis zu 32 Grad die Innentemperatur 26 Grad nicht übersteigen darf. Bei höheren Außentemperaturen muss die Innentemperatur mindestens 6 Grad unter der Außentemperatur liegen.

In der Rechtsprechung wird teilweise die Ansicht vertreten, dass eine übermäßige **Erhitzung von Büro- oder Ladenräumen** infolge starker **Sonneneinstrahlung** als Mangel der Mietsache zu bewerten ist (KG MDR 2012, 756; OLG Hamm NJW-RR 1995, 143; OLGR Hamm 2007, 541; OLG Köln WuM 1995, 35; OLG Rostock ZMR 2018, 749; NZM 2001, 425 = NJW-RR 2001, 802; OLG Naumburg NJW-RR 2004, 299 NZM 2011, 35; AG Hamburg WuM 2006, 609 m. Anm. Börstinghaus WuM 2007, 253; offengelassen von OLG Düsseldorf DWW 2020, 96). Maßstab für die Bestimmung der zulässigen Temperatur ist hierbei die DIN 1946 und die Arbeitsstättenverordnung. Werden die dort genannten Temperaturen nicht nur gelegentlich überschritten, weil das Gebäude keinen ausreichenden Sonnenschutz besitzt, so kann der Mieter verlangen, dass geeignete Schutzvorrichtungen angebracht werden. Dies gilt auch dann, wenn das Gebäude den anerkannten Regeln der Technik entspricht (OLG Rostock NZM 2001, 425). Nach der Rechtsprechung kann der Mieter wegen der damit verbundenen Gesundheitsgefährdung auch zur fristlosen Kündigung nach § 569 Abs. 1 BGB berechtigt sein (OLG Düsseldorf ZMR 1998, 622). Nach zutreffender Ansicht ist die Mietsache mangelfrei, wenn das Gebäude den baurechtlichen Bestimmungen entspricht (OLG Frankfurt NZM 2007, 330; KG MDR 2012, 756; Busse NJW 2004, 1982; Harms NZM 2005, 441; Gsell WuM 2011, 491, 495). Maßgeblich ist § 3 Abs. 4 EnEV: Danach sind bei Gebäuden, deren Fensterflächenanteil 30% überschreitet, die Anforderungen an die Sonneneintragskennwerte nach Anhang 1 zu § 3 EnEV, Nr. 2.9 einzuhalten. Einzelheiten hierzu regelt die DIN 4108-2. Hat der Mieter Büro- oder Ladenräume ohne Klimatisierung gemietet und genügt der sommerliche Wärmeschutz den Anforderungen dieser Norm, so ist eine gleichwohl entstehende hohe Innentemperatur nicht als Mangel zu bewerten, sondern dem allgemeinen Lebensrisiko zuzuordnen. Es ist dann Sache des Mieters, etwa durch den Einbau einer Klimaanlage, für Abhilfe zu sorgen. Aus der DIN 1946-2 oder der Arbeitsstättenverordnung ergibt sich nichts anderes. Die DIN 1946-2 richtet sich nicht an den Bauherrn oder den Vermieter, sondern an die Hersteller von Klimaanlagen und Architekten. Die Vorgaben der Arbeitsstättenverordnung sind vom Arbeitgeber zu erfüllen (OLG Frankfurt a. a. O.). Hiervon sind jene Fälle zu unterscheiden, in denen der Grenzwert auf Grund einer mangelhaften Klimaanlage überschritten wird. Hier muss der Vermieter für den Mangel der Klimaanlage einstehen (OLG Rostock ZMR 2018, 750 m. Anm. Burbulla).

Im Winter müssen **Wohnräume** so zu beheizen sein, dass eine **Mindesttemperatur** von 22 bis 23 Grad C erreicht wird (s. Rdn. 63). Entsprechendes gilt für gewerblich genutzte Räume, in denen sich Menschen nicht nur vorübergehende Zeit aufzuhalten pflegen (z. B. Büros oder Gaststätten; s. dazu KG GE 2002, 730 wonach die Bruttomiete für eine Gaststätte um 35% gemindert werden kann, wenn die Temperatur in den Wintermonaten deutlich unter 20 Grad C liegt).

Für die Über- oder Untertemperatur ist der **Mieter darlegungs- und beweispflichtig** (OLG Düsseldorf DWW 2020, 96; KG MDR 2012, 756). Die Darlegungslast ist erfüllt, wenn der Mieter genau angeben kann, welche Temperaturen in den Räumen geherrscht haben. Die Angaben müssen sich grundsätzlich auf jeden einzelnen Tag beziehen. Der Mieter muss also ein **„Temperaturprotokoll"** führen, damit er seine Darlegungslast erfüllen kann. Anzugeben ist dabei sowohl die Innen- wie die Außentemperatur (OLG Düsseldorf DWW 2020, 96) Es emp-

§ 536 BGB Untertitel 1. Allgemeine Vorschriften für Mietverhältnisse

fiehlt sich, die Messungen mit einem geeichten Thermometer in Raummitte, etwa einen Meter über dem Boden, durchzuführen. Zwingend notwendig ist das nicht. Vielmehr genügt es, wenn ungeeichte Thermometer verwendet werden und sich aus Zeugenaussagen ableiten lässt, dass die Besucher der Räume ein „subjektives Kälteempfinden" gehabt haben (KG GE 2002, 730).

92 **Instandhaltung/Instandsetzung.** Reparaturen innerhalb der Wohnung sind grundsätzlich Sache des Vermieters. Eine Ausnahme gilt, wenn die entsprechende Leistung wirksam auf den Mieter übertragen worden ist oder wenn der Mieter den Schaden verschuldet hat. Erforderlich ist der Nachweis eines konkreten Fehlverhaltens. Ein Mangel liegt vor, wenn der Vermieter seine Pflicht zur Instandhaltung oder Instandsetzung nicht erfüllt und hierdurch der Gebrauch der Mietsache beeinträchtigt wird. **Beispiele:** LG Berlin GE 1991, 573: 50% bei einer erheblichen Durchfeuchtung der Wand zwischen Badezimmer und Schlafzimmer; LG Kassel WuM 1988, 108: 20% wegen Zuglufterscheinungen infolge einer ungenügenden Abdichtung bei Fenstern und Türen; AG Bonn WuM 1986, 212: 15% bei einen unbenutzbaren Balkon; AG Kassel WuM 1993, 607: 5%, wenn eine Fensterscheibe trübe Stellen aufweist; AG Miesbach WuM 1985, 260: 1,5% wegen Trübung von Isolierglasscheiben; insoweit ist allerdings anzumerken, dass Minderungsquoten unter 5% rechtsfehlerhaft sind, weil solch geringfügige Beeinträchtigungen zu den Bagatellmängeln zählen.).

93 **Modernisierung.** Führt der Vermieter eine Modernisierungsmaßnahme durch, so sind die zur Zeit der Durchführung maßgeblichen technischen Normen einzuhalten. Schallschutzfenster müssen den aktuellen DIN-Normen entsprechen. Anderenfalls liegt ein Mangel der Mietsache vor (LG Berlin WuM 2008, 482). Die Gewährleistungsrechte des Mieters nach §§ 536ff BGB werden durch die Duldungspflicht nicht berührt (s. § 554 BGB Rdn. 30). Deshalb ist im Mieter trotz der Duldungspflicht zur Minderung berechtigt, wenn der Mietgebrauch während der Durchführung der Modernisierungsarbeiten beeinträchtigt wird (s. auch Rdn. 25 (Baumaßnahmen) und § 555 d Rdn. 30, 30a.

94 **Neubau.** Die unvermeidliche Neubaufeuchtigkeit – die durch ein in der Anfangszeit verstärktes Heizen und Lüften beseitigt werden kann – stellt keinen Mangel der Mietsache dar (AG Langen WuM 1982, 226). Ansonsten muss der Mieter keine Abstriche hinnehmen. Er kann insbesondere erwarten, dass die Wohnung ab der Übergabe gebrauchstauglich ist und dass sein Mietgebrauch nicht durch weitere Bauarbeiten beeinträchtigt wird. Wird die Wohnung übergeben, bevor sie endgültig fertig gestellt ist, so liegt ein Mangel vor, der den Mieter zur Minderung berechtigt (AG Potsdam WuM 1996, 760: Minderung von ca. 30%, wenn die Wohnung nicht abgeschlossen ist und die Terrasse nicht benutzt werden kann). Gleiches gilt, wenn das Umfeld der Wohnung noch nicht fertig gestellt ist. Allerdings können die Parteien vereinbaren, dass eine noch nicht vollständig fertig gestellte – aber bewohnbare – Wohnung bis zu einem bestimmten Zeitpunkt als vertragsgemäß gelten soll; in diesem Fall sind die Gewährleistungsrechte ausgeschlossen.

95 **Nutzfläche.** Weicht die Nutzfläche von Gewerberäumen von der vertraglich vereinbarten Fläche ab, so liegt ein Mangel vor. Der für die Wohnraummiete zuständige VIII. Zivilsenat des **BGH** hat für die Fälle der Abweichung der Wohnfläche von der geschuldeten Fläche folgende **Grundsätze** entwickelt: **(1)** Ein Mangel ist anzunehmen, wenn eine gemietete Wohnung eine Wohnfläche aufweist, die mehr als 10% unter der im Mietvertrag angegebenen Fläche liegt (BGH NJW 2004, 1947 = WuM 2004, 336 = NZM 2004, 453). **(2)** Eine die Erheblichkeitsgrenze von 10% überschreitende Maßtoleranz ist nicht anzuerkennen. Ebenso

Mietminderung bei Sach- und Rechtsmängeln **BGB § 536**

spielt der Umstand keine Rolle, dass vor der Maßangabe der Zusatz „circa" steht (BGH WuM 2004, 268). **(3)** Es kommt nicht darauf an, ob der Mietgebrauch infolge der Flächenabweichung beeinträchtigt ist (BGH NJW 2004, 1947 = WuM 2004, 336 = NZM 2004, 453). Diese Grundsätze gelten auch für die Gewerbemiete (BGH NZM 2005, 500; NJW 2012, 3173 = WuM 2012, 550 = NZM 2012, 726; OLG Düsseldorf GE 2012, 616).

Gesetzliche Regelungen zur Berechnung der Nutzfläche bestehen nicht. Die 96 Wohnflächenverordnung oder die II. BV gelten nur für die Wohnraummiete. Deshalb kann sich der Vermieter für eine beliebige rechtlich zulässige **Methode der Flächenermittlung** entscheiden. Zu diesen Methoden zählt u. A. auch die DIN 277. Danach ist eine Differenzierung nach der Raumhöhe nicht vorgesehen. Der Vermieter kann sich deshalb darauf berufen, dass bei der Nutzfläche die gesamte Grundfläche zu berücksichtigen ist (OLG Brandenburg GE 2015, 590). Dem Vermieter obliegt insoweit keine Aufklärungspflicht. Es ist vielmehr Sache des Mieters durch entsprechende Nachfragen für Klarheit zu sorgen (OLG Düsseldorf GE 2012, 616; OLG Brandenburg a. a. O.). Von praktischer Bedeutung sind insbesondere **(1)** die Berechnung der **Bruttogrundfläche** (BGF): Darunter ist die Summe der Grundflächen einschließlich der sog. Konstruktionsflächen (dazu zählen auch die in den Innenräumen befindlichen Grundflächen von Pfeilern, Stützen, Wandnischen, Innentreppen, Türen, Durchgängen etc.) zu verstehen und **(2)** die Berechnung der **Nettogrundfläche** (NGF): Dies ist die Summe der Grundflächen ohne die Konstruktionsflächen, also die Nutzfläche im engeren Sinn. Unklare Vereinbarungen sind auszulegen. Ist in einem Gewerbemietvertrag vereinbart, dass als „Mietfläche" die Fläche innerhalb der Außenhaut des vermieteten Objekts gilt, so sind bei der Flächenermittlung nach der Ansicht des OLG Hamm (NZM 2014, 585) nicht nur der nutzbare Raum, sondern auch die Konstruktionsflächen zu berücksichtigen.

Bei der **Bestimmung der Minderungsquote** ist zunächst das **prozentuale** 97 **Verhältnis der Flächenabweichung** zu ermitteln (BGH NJW 2004, 1947 = WuM 2004, 336 = NZM 2004, 453; NJW 2010, 1745 = WuM 2010, 240 = NZM 2010, 313). Bei der Wohnraummiete spielt es dabei keine Rolle, ob die Minderfläche auf den Wohnraum im engeren Sinn (Wohnzimmer, Schlafzimmer, Kinderzimmer, Küche) oder auf Nebenräume (Abstellkammer, Speisekammer, Balkon, Loggia) entfällt. Dies folgt aus der Erwägung, dass die Wohnflächenverordnung alle Flächen innerhalb der Wohnungsabschlusstür unabhängig von ihrer Nutzung gleich behandelt (vgl. § 2 Abs. 1 Satz 1 WoFlV). Kellerräume, Abstellräume außerhalb der Wohnung und dergleichen werden nach der Wohnflächenverordnung bei der Berechnung der Wohnfläche dagegen nicht berücksichtigt (§ 2 Abs. 3 WoFlV); deshalb stehen dem Mieter von Wohnraum grundsätzlich keine Gewährleistungsrechte zu, wenn die Fläche dieser Nebenräume von der Vertragsfläche abweicht. Bei der **Gewerbemiete** ist eine **differenzierte Bewertung** angezeigt, die dem **unterschiedlichen Gebrauchswert der Räume** Rechnung trägt. Bei der Vermietung von Räumen zum Betrieb einer Gaststätte kommt es z. B. darauf an, ob die Fläche der Gasträume oder die Fläche von Lagerräumen im Keller von der Vertragsfläche abweicht. Deshalb darf die Minderung nicht pauschal nach dem prozentualen Anteil der fehlenden Fläche an der vertraglich vereinbarten Gesamtfläche berechnet werden. Vielmehr muss eine angemessene Herabsetzung des Mietzinses den geringeren Gebrauchswert dieser Räume in Rechnung stellen (BGH NJW 2012, 3173). Es kommt hierbei nicht darauf an, ob in dem Mietvertrag für die jeweiligen Fläche ein unterschiedlich hoher Quadratmeterpreis vereinbart wurde.

§ 536 BGB Untertitel 1. Allgemeine Vorschriften für Mietverhältnisse

Haben die Parteien allerdings in dem Mietvertrag für die jeweiligen Flächen einen gesonderten Quadratmeterpreis vereinbart, so ist für die Berechnung der Minderung von diesem Preis auszugehen.

97a Bei der **Vereinbarung einer Quadratmetermiete,** ist für die Mietberechnung nicht die im Mietvertrag ausgewiesene Fläche, sondern die wirkliche Fläche maßgebend (OLG Dresden NZM 2019, 784). Hat der Mieter eine Miete auf der Grundlage der Vertragsfläche bezahlt, so kann er den überzahlten Teil nach Bereicherungsgrundsätzen zurückfordern. Dies gilt auch dann, wenn die Flächenabweichung weniger als 10% beträgt. Die Rechtsprechung des BGH (s. Rdn. 95) zur Minderung im Falle einer fehlerhaften Flächenangabe im Mietvertrag ist bei der Vereinbarung einer Quadratmetermiete nicht einschlägig (OLG Dresden NZM 2019, 784; NZM 2015, 697).

98 Bei der Gewerbemiete kann die Minderung wegen einer Flächenabweichung ausgeschlossen werden (Bieber NZM 2006, 681, 688). Wird die **Ausschlussregelung** durch Formularklausel getroffen, so ist § 305c Abs. 1 BGB (Verbot überraschender Klauseln) zu beachten.

99 **Optische Beeinträchtigungen** stellen ebenfalls einen Mangel dar. Allerdings wird die Minderungsquote hier in der Regel (zu Unrecht) gering veranschlagt. Teilweise werden rein optische Beeinträchtigungen auch als Bagatellmangel im Sinne des § 536 Abs. 1 Satz 3 eingestuft (s. Rdn. 177) **Beispiele:** (OLG Düsseldorf MDR 1989, 640: 10% wenn der Mieter in den Räumen eine Zahnarztpraxis betreibt und durch die Mängel – Mauerwerksrisse, abgenutzter Teppichboden-, lediglich das optische Erscheinungsbild, nicht aber der Betriebsablauf gefährdet wird; AG Bad Segeberg WuM 1992, 477: 10% wenn der Vermieter auf dem Grundstück Baumaterial lagert; LG Hamburg WuM 1991, 90: 10%, wenn in einer Entfernung von 7–9 m von den Fenstern der Wohnung eine 5,5 m hohe Gefängnismauer errichtet wird; AG Dülmen WuM 2010, 737 bei Errichtung eines Zaunes aus Drahtgeflecht vor einer Erdgeschosswohnung; LG Kleve WuM 1991, 261: 5% wenn ein Teil der Badezimmerfliesen nach einer Reparatur durch Fliesen anderer Farbe ersetzt wird; LG Darmstadt ZMR 2014, 208: 5% bei „Wellen" im Teppichboden; AG Köln ZMR 2012, 632: Minderung von 3% bei Reparatur der Verfliesung im Badezimmer unter Verwendung farblich unpassender Materialien; AG Hamburg-Altona WuM 2006, 563: wenn anlässlich der Reparatur des Küchenbodens PVC-Platten mit erheblich abweichender Farbe verwendet werden; AG Norderstedt WuM 1989, 564: Minderung von 20.– DM pro Monat, wenn der optische Eindruck eines Parkettbodens nach einer Reparatur beeinträchtigt ist. S. aber auch OLG Naumburg GuT 2002, 15, 16: 23% Minderung bei Beeinträchtigung des optischen Zustands eines Ladengeschäfts (Porzellan und Glaswaren) durch Salzausblühungen und Wandrisse. Sind die Schönheitsreparaturen vom Vermieter auszuführen, so liegt ein Mangel vor, wenn die vertraglich vereinbarten oder die üblichen Renovierungsfristen abgelaufen sind. Eine Ausnahme gilt, wenn sich die Räume infolge einer besonders schonenden Behandlung durch den Mieter trotz Fristablaufs noch in einem vertragsgemäßen Zustand befinden.

100 **Parkplätze/Abstellplätze:** S. dazu auch Garage Rdn. 52. Der Mieter **gewerblicher Räume** ist zur Minderung berechtigt, wenn die von ihm gemieteten Parkplätze ständig unbefugt von den Angestellten oder Kunden eines anderen Mieters belegt werden. Den durch die **Minderung bedingten Mietausfall** kann der Vermieter als **Schadensersatz von dem Fehlbeleger** ersetzt verlangen. Im Einzelnen gelten folgende **Grundsätze** (s. OLG Rostock GuT 2003, 212): **(1)** Die ständige Nutzung vermieteter Parkplätze durch Fehlbeleger stellt einen Sachmangel dar, wenn der Mieter auf die Parkplätze angewiesen ist. Hiervon ist auszugehen, wenn das Geschäft des Mieters regelmäßig von motorisierten Kunden aufgesucht wird. **(2)** Für den Mangel muss der Vermieter jedenfalls dann einstehen, wenn die Fehlbelegung durch einen anderen Mieter, oder dessen Untermieter verursacht wird. **(3)** Der Vermieter ist nicht verpflichtet, mit dem Mieter wegen der Höhe der Minderungsquote zu prozessieren. Bei der gegenwärtigen Marktlage darf sich ein Vermieter so verhalten, dass der Mieter nicht verärgert wird. **(4)** Der Vermieter ist allerdings gehalten, die Berechtigung der Minderung zu überprüfen. Eine übermäßige Minderung muss er abwehren. **(5)** Die Höhe der Minderung kann festgelegt werden, indem der Mietwert der fehlbelegten Fläche zu dem Gesamtmietwert in Beziehung gesetzt wird. **(6)** Den durch die berechtigte Minderung entstandenen Mietausfall kann der Vermieter von dem Fehlbeleger als Schadensersatz ersetzt verlangen.

Bei der **Wohnraummiete** ist zu unterscheiden: Hat der Vermieter dem Mieter **101** lediglich gestattet, dass dieser sein Fahrzeug auf dem Grundstück abstellen kann, so erwirbt der Mieter hierdurch keinen Rechtsanspruch auf den Abstellplatz. Ist ein bestimmter Abstellplatz mitvermietet, so gelten die für die Gewerbemiete dargestellten Grundsätze. Gleiches gilt, wenn dem Mieter das Recht eingeräumt ist, sein Fahrzeug auf einem beliebigen Platz einer zum Hausgrundstück gehörenden Fläche abzustellen. Ebenfalls liegt ein Mangel vor, wenn dem Mieter ein PKW-Stellplatz in unmittelbarer Nähe des Mietobjekts zugesagt worden ist und sich der Parkplatz in Wirklichkeit 400–500 m entfernt befindet (AG Köln WuM 1990, 146, das die Minderungsquote allerdings überhöht auf 10 % der Wohnungsmiete bemessen hat). Die hier dargelegte Rechtslage gilt auch für Fahrradabstellplätze (vgl. AG Menden (Sauerland) WuM 2007, 190 betr. Minderung von 2,5 % für Entzug eines Abstellplatzes in einem Fahrradkeller. Für die Garagenmiete s. Rdn. 47.

Ist ein **Einstellplatz in einer Sammelgarage** (Tiefgarage) vermietet, so ist der **101a** Mieter nur berechtigt, dort sein Kraftfahrzeug abzustellen. Andere Gegenstände (z. B. Reifen, Autopflegemittel, Autoersatzteile, Kraft- und Schmierstoffe, Getränkekisten) dürfen dort nicht gelagert werden (AG Stuttgart WuM 2016, 346). Ist im Falle der Zuwiderhandlung eine erhöhte Brandgefahr zu befürchten (z. B. bei Lagerung brennbarer Gegenstände) steht dem Vermieter ein Unterlassungsanspruch zu. Diesen muss er geltend machen, anderenfalls sind die übrigen Mieter der Einstellplätze zur Minderung berechtigt.

Photovoltaikanlage. Kommt es infolge einer auf dem Dach des Nachbarhauses **101b** installierten Photovoltaikanlage zu Blendwirkungen durch reflektierendes Sonnenlicht, so ist dies als Mangel der Mietsache zu bewerten mit der Folge, dass dem Mieter gegen den Vermieter Gewährleistungs- und Mangelbeseitigungsansprüche zustehen. Eine lediglich unerhebliche Minderung der Gebrauchstauglichkeit bleibt außer Betracht. Da es hinsichtlich der Bewertung einer Blendwirkung weder gesetzliche Vorschriften noch anerkannte Grenzwerte gibt, muss im Einzelfall ermittelt werden, ob die Beeinträchtigung als wesentlich oder unwesentlich einzustufen ist. Maßgeblich sind im Wesentlichen die Dauer und der Umfang der Beeinträchtigung (vgl. OLG Karlsruhe DWW 2014, 186). Der Mieter ist nicht gehalten die Blendwirkung durch eigene Maßnahmen, etwa durch die Installation von Jalousien, zu vermindern oder zu beseitigen. Eine Abwägung der jeweiligen Interessen findet nicht statt.

Planabweichungen: Wird eine in Planung befindliche Mietsache vermietet **102** (**„Vermietung vom Reißbrett"**) so werden die bei den Vertragsverhandlungen

§ 536 BGB Untertitel 1. Allgemeine Vorschriften für Mietverhältnisse

vorliegenden Bauunterlagen auch dann Vertragsbestandteil, wenn die schriftliche Vertragsurkunde hierauf nicht Bezug nimmt. Der Vermieter kann deshalb nach Vertragsunterzeichnung grundsätzlich nicht mehr von der Baubeschreibung abweichen. Anderenfalls ist das Mietobjekt mangelhaft (OLG Düsseldorf ZMR 2001, 346 betreffend Verbundpflaster aus Betonsteinen statt Fußboden aus Beton). Wer sich als Bauherr einen gewissen Spielraum bei der Ausgestaltung des Mietobjekts sichern will, muss mit dem Mieter einen **Änderungsvorbehalt** vereinbaren. Ein solcher Änderungsvorbehalt kann im Wege der Individualvereinbarung, aber auch formularvertraglich getroffen werden. Die Individualvereinbarung muss sich auf ein konkretes Ausstattungsmerkmal beziehen und die ins Auge gefassten Planabweichungen hinreichend genau beschreiben. Bei der Formularvereinbarung ist § 308 Nr. 4 BGB zu beachten. Danach ist die Klausel nur wirksam, wenn die Änderung oder Abweichung für den Mieter zumutbar ist. Der Gestaltungsspielraum ist hier relativ eng.

103 **Räumungsaufforderung.** Der Vermieter ist verpflichtet, dem Mieter die Mietsache während der Vertragszeit im vertragsgemäßen Zustand zu überlassen. Fordert der Vermieter den Mieter zu Unrecht auf, die Mietsache oder einen Teil hiervon zu räumen und leistet der Mieter dieser Aufforderung Folge, so führt dies zu einem Sachmangel mit der weiteren Folge, dass dem Mieter Gewährleistungsrechte zustehen (OLG Düsseldorf ZMR 2011, 867).

104 **Rauchverbote** (s. dazu insbes. Günter NZM 2016, 569). Ein öffentlich-rechtliches Rauchverbot kann sich auf den Umsatz einer Gaststätte auswirken. Nach der Rechtsprechung des BGH gelten öffentlich-rechtliche Gebrauchsbeschränkungen aber nur dann als Mangel, wenn sie auf der konkreten Beschaffenheit, dem Zustand oder der Lage der Miet- oder Pachträume beruhen (BGH NJW 1988, 2664; V. Emmerich in Staudinger § 536 BGB Rdn. 43, 44; Eisenschmid in: Schmidt-Futterer, § 536 BGB, Rdn. 79). Allgemein gilt der Grundsatz, dass der Mieter das Risiko der sinnvollen Verwendung der Mietsache zu tragen hat. Daraus folgt, dass das **gesetzliche Rauchverbot keinen Minderungsgrund** darstellt (BGH NJW 2011, 3151 = WuM 20111, 520 = NZM 2011, 727). Der Verpächter ist auch nicht verpflichtet, auf Verlangen des Pächters durch bauliche Maßnahmen die Voraussetzungen zu schaffen, dass dieser einen gesetzlich vorgesehenen Raucherbereich einrichten kann (BGH a. a. O.). Dies gilt auch dann, wenn Räume zum Betrieb einer Bar oder einer „Kneipe" vermietet sind (Paschke NZM 2008, 265, 270; **a. A.** Leo/Ghassemi-Tabar NZM 2008, 271). Zur Zulässigkeit des Rauchens in Wohnungen s. § 535 Rdn. 548a.

105 Eine **Anpassung der Miete nach § 313 BGB** scheidet ebenfalls **aus.** Nach dieser Vorschrift kann der Mieter eine Vertragsanpassung verlangen, wenn sich die Umstände, die zur Grundlage des Vertrags geworden sind, nach Vertragsschluss schwerwiegend geändert haben. Es muss sich um eine derart einschneidende Äquivalenzstörung handeln, „dass ein Festhalten an der ursprünglichen Regelung zu einem untragbaren, mit Recht und Gerechtigkeit schlechthin nicht mehr zu vereinbarenden Ergebnis führen würde und das Festhalten an der ursprünglichen vertraglichen Regelung für die betreffende Partei deshalb unzumutbar wäre" (BGHZ 121, 378, 393 m. w. Nachw.). Dabei gilt der Grundsatz, dass die Anwendung des § 313 BGB nicht zu einer Änderung der vertraglichen Risikoverteilung führen darf. Daraus folgt, dass das vom Mieter zu tragende Verwendungsrisiko nicht dem Vermieter zugewiesen werden darf. Eine Durchbrechung dieses Grundsatzes ist nur in eng begrenzten Ausnahmefällen möglich. Ein solcher Ausnahmefall liegt jedenfalls dann nicht vor, wenn der Umsatz sinkt, weil einige Gäste ausbleiben.

Mietminderung bei Sach- und Rechtsmängeln **BGB § 536**

Eine Ausnahme kann bei einer unvorhergesehenen Änderung der tatsächlichen **106**
Umstände in Betracht kommen. Auch daran dürfte es fehlen, weil über gesetzliche
Maßnahmen zum Schutz der Nichtraucher seit Jahren diskutiert wird. Mit einem
gesetzlichen Verbot war deshalb zu rechnen. Zu der ähnlichen Problematik bei Beschränkungen durch COVID-19 Pandemie siehe § 535 BGB Rdn. 725 ff.

Unter Umständen kann der Mieter oder Pächter aber zur **Kündigung des** **107**
Miet- oder Pachtvertrags nach § 313 Abs. 3 BGB berechtigt sein. Dieses Kündigungsrecht setzt voraus, dass die Voraussetzungen des § 313 Abs. 1 BGB vorliegen
(s. oben) und eine Vertragsanpassung nicht möglich oder nicht zumutbar ist. Hieran
könnte man denken, wenn der Mieter oder Pächter sein Lokal wegen des Rauchverbots nicht mehr wirtschaftlich betreiben kann und die Bindung an einen langfristigen Miet- oder Pachtvertrag zur Existenzvernichtung des Gaststättenbetreibers
führen würde.

Zurzeit unbesetzt **108**

Behördliche Rauchverbote sind eng auszulegen. Ist nach dem Wortlaut der be- **108a**
treffenden Regelung lediglich das „Rauchen" verboten, so wird hierdurch der Gebrauch von E-Zigaretten nicht erfasst. Dies beruht auf der Erwägung, dass unter
dem Begriff „Rauchen" ausschließlich das Einatmen von Rauch verstanden wird,
der beim Verbrennen von Tabak (Pyrolyse) entsteht. Daran fehlt es beim Konsum
einer E-Zigarette, bei der eine Flüssigkeit verdampft wird ohne, dass ein Verbrennungsprozess stattfindet (vgl. zu diesem Gesichtspunkt OVG NRW ZMR 2016,
327 zum Nichtraucherschutzgesetz NRW).

Sanitäre Einrichtungen: Eine Wohnung muss über funktionierende sanitäre **109**
Einrichtungen verfügen. Die **Sanitärräume** müssen so beschaffen sein, dass sie
nach außen entlüftet werden können (AG Schöneberg MM 1990, 231: 10% Minderung bei Toilette, die nur über die Küche zu entlüften ist) und dass bei üblicher
Benutzung keine Schäden entstehen (LG Bochum WuM 1992, 431 betr. Feuchtigkeitsschäden bei Bad ohne Außenlüftung). Der Wegfall der einzigen Waschgelegenheit, oder die Unbenutzbarkeit der einzigen Toilette für eine längere Zeit hebt den
Mietgebrauch nahezu vollständig auf. Das LG Berlin (MM 1988, 213) hat deshalb
wegen der Unbenutzbarkeit der einzigen Toilette in der Wohnung zu Recht eine
Minderungsquote von 80% zuerkannt. Je nach der Art des Vertragszwecks kann die
Unbenutzbarkeit der Toiletten auch zur vollständigen Erlöschung der Zahlungsverpflichtung führen (z. B. bei der Miete oder Pacht von Gaststättenräumen).

Gebrauchsbeschränkungen berechtigen ebenfalls zur Minderung, allerdings
nicht in dieser Höhe (AG Groß-Gerau WuM 1980, 128: 40% bei Abflussstau im
Badezimmer mit Geruchsbeeinträchtigungen durch übel riechendes Wasser; AG
Münster WuM 1993, 124: 15% bei unzureichender Toilettenspülung; AG Goslar
WuM 1974, 53: Minderung von knapp 20% bei unbenutzbarer Badewanne; AG
Köln WuM 1987, 271: Minderung zwischen 15 und 20% bei unbenutzbarer Dusche; LG Stuttgart, WuM 1988, 108: geringfügige Minderung von 25.– DM bei
aufgerauter Badewanne; LG Berlin MM 1991, 194: ca. 5% Minderung bei mangelhaft funktionierender Dusche; AG München NJW-RR 1991, 845: 15% beim Ausfall des Warmwasserboilers im Bad).

Schallschutz. Wohn- und Geschäftsräume müssen hinsichtlich des Schutzes **110**
gegen Tritt- und Luftschall den vertraglichen Vereinbarungen entsprechen. Maßgeblich ist in erster Linie die von den Mietvertragsparteien vereinbarte Beschaffenheit der Räume, nicht die Einhaltung bestimmter technischer Normen. Fehlt es jedoch – wie in der Regel – an einer Beschaffenheitsvereinbarung, so ist die
Einhaltung der maßgeblichen technischen Normen geschuldet. Dabei ist nach der

§ 536 BGB Untertitel 1. Allgemeine Vorschriften für Mietverhältnisse

Verkehrsanschauung grundsätzlich der bei Errichtung des Gebäudes geltende Maßstab anzulegen (BGH NJW 2005, 218; NJW 2009, 2441; NJW 2010, 3088; NJW 2012, 2725; NJW 2013, 2417; NJW 2015, 1442). Wird ein älteres Wohnhaus aufgestockt, so muss die Trittschalldämmung den Anforderungen der im Zeitpunkt der Umbau- oder Ausbaumaßnahme geltenden DIN-Norm entsprechen (BGH NJW 2005, 218). Allerdings gilt dies nur dann, wenn in die Gebäudesubstanz eingegriffen wird. Wird dagegen lediglich der Bodenbelag ausgetauscht so richtet sich der geschuldete Schallschutz weiterhin nach denjenigen Normen, die im Zeitpunkt der Errichtung des Gebäudes maßgeblich waren (BGH NJW 2009, 2441). Für die Abgrenzung gilt deshalb: Führt der Vermieter Baumaßnahmen durch, die „von der Intensität des Eingriffs in die Gebäudesubstanz her mit einem Neubau oder einer grundlegenden Veränderung des Gebäudes vergleichbar sind" so müssen – mangels abweichender vertraglicher Vereinbarungen – die zum Zeitpunkt der Baumaßnahme geltenden Normen beachtet werden. Bei Maßnahmen unterhalb dieser Schwelle verbleibt es bei dem Grundsatz, dass die Mietsache mangelfrei ist, wenn die zum Zeitpunkt der Errichtung des Gebäudes maßgeblichen Normen eingehalten werden (BGH NJW 2013, 2417).

Werden die maßgeblichen Schallschutzanforderungen verfehlt, so liegt ein Mangel vor. Eine geringfügige Unterschreitung ist jedoch als Bagatellmangel zu bewerten, der keine Minderung rechtfertigt (BGH NJW 2013, 2417 betr. den Fall, dass die Anforderungen an den Luftschallschutz lediglich um ein Dezibel verfehlt werden).

111 **Schimmelbildung.** S. Feuchtigkeit
112 **Schlüssel.** Mangels einer anderweitigen Vereinbarung hat der Mieter Anspruch auf die von ihm benötigte Anzahl von Wohnungsschlüsseln. Maßgeblich ist hierbei die Zahl der Wohnungsnutzer. Derselbe Grundsatz gilt, wenn der Mieter einen Stellplatz in einer Tiefgarage gemietet hat. Übergibt der Vermieter nur einen Schlüssel, so führt die Weigerung zur Überlassung weiterer Schlüssel zu einem Mangel der Mietsache (LG Bonn ZMR 2012, 276).
113 **Schmutz.** Die aus § 535 BGB folgende Pflicht des Vermieters, die vermietete Sache dem Mieter in einem zum vertragsmäßigen Gebrauch geeigneten Zustand zu überlassen und sie während der Mietzeit in diesem Zustand zu erhalten, erstreckt sich auch auf die nicht ausdrücklich mitvermieteten Hausteile wie Zugänge und Treppen (BGH LM § 538 BGB Nr. 10a). Deshalb liegt ein Mangel vor, wenn diese Hausteile übermäßig verschmutzt sind (AG Kiel WuM 1991, 343: Minderung von 5% bei ständiger starker Verschmutzung des Treppenhauses und des Fahrstuhls). Es spielt hierbei keine Rolle, ob die Verschmutzungen durch den Vermieter selbst (AG Lüdenscheid WuM 1986, 136: unterlassene Müllentsorgung), die Hausbewohner oder durch Dritte verursacht worden sind. Auch eine Verunreinigung der Balkone oder der Fenstersimse durch Tauben (AG Ratingen DWW 1989, 366; AG Hamburg WuM 1988, 121) oder das Nisten dieser Tiere am Haus oder im Haus (LG Berlin NJW-RR 1996, 264) stellt einen Mangel dar. Es kommt nicht darauf an, ob der Vermieter in der Lage ist die Tauben vom Gebäude fernzuhalten (**a. A.** LG Kleve NJW-RR 1986, 1344). Maßgeblich ist nur (§ 536b BGB), dass die Tiere beim Vertragsschluss noch nicht vorhanden gewesen sind.
114 **Sicherheit:** Wohn- und Geschäftsräume müssen so ausgestattet sein, dass sie den ortsüblichen Standard hinsichtlich der **Sicherheit vor Einbrüchen** aufweisen. Hierzu gehört, dass Räume mit stabilen Außentüren versehen sind und durch eine Schließvorrichtung gesichert werden können. Werden Fenster, Türen oder sonstige Maueröffnungen nachträglich verschlossen, so muss die Vermauerung mit dem

Restmauerwerk einbruchsicher verbunden werden. Eine nicht fachgerechte Vermauerung erhöht die Einbruchsgefahr und ist deshalb als Mangel anzusehen (BGH NJW 2006, 2918). **Besondere Sicherheitseinrichtungen** schuldet der Vermieter nur, wenn dies vereinbart ist (KG WuM 2009, 658: kein Anspruch, dass eine Balkontür mit Sicherheitsbeschlägen versehen wird). Fehlt eine solche Vereinbarung, so ist die Mietsache selbst dann nicht mangelhaft, wenn während der Mietzeit mehrere Einbrüche oder Einbruchsversuche stattgefunden haben (KG NZM 1998, 437 betr. Ladenlokal mit großen Fensterscheiben bei sechs Einbrüchen innerhalb eines Jahres; OLG Düsseldorf NZM 2002, 737 bei vier Einbrüchen innerhalb von ca. 2 Jahren). Die Gefährdung des Eigentums durch Straftaten dieser Art gehört zum allgemeinen Lebensrisiko, das jedermann selbst zu tragen hat. Der Vermieter muss hierfür nicht einstehen (**a. A.** OLG Naumburg NZM 1998, 438 betr. eine Kündigung nach § 542 BGB; OLG Dresden NZM 2002, 165 für Minderung bei drohenden Terrorakten).

Sonnenschutz: s. unter „Innentemperaturen" 115

Störungen durch Dritte. Wird der Mietgebrauch durch das Verhalten eines 115a Dritten beeinträchtigt, so ist auch dies als Mangel der Mietsache zu bewerten. Hiervon ist die Frage zu unterscheiden, ob für die erforderlichen Abwehr- und Schutzmaßnahmen der Vermieter oder der Mieter verantwortlich ist. Teilweise wird aus der Pflicht des Vermieters zur Gebrauchsgewährung (§§ 535, 536 BGB) abgeleitet, dass dieser die von einem Dritten ausgehenden Störungen abwehren muss OLG Düsseldorf GE 2016, 856 betr. rechtswidriges Ablagern von Bauschutt durch einen Dritten). Der Vermieter habe grundsätzlich die erforderlichen und zumutbaren Schutzvorkehrungen zu treffen; auf die Ausübung eigener Abwehrrechte, etwa aufgrund des Besitzrechtes, kann er den Mieter nicht verweisen. Der Mieter sei allerdings nach § 536c BGB verpflichtet, dem Vermieter die Störung anzuzeigen. Die Erfüllung der Anzeigepflicht sei vom Mieter zu beweisen. Nach der hier vertretenen Ansicht übernimmt der Mieter mit der Besitzübergabe die Obhutspflicht über die Mietsache. Aus ihr folgt, dass der Mieter die für die Gefahrenabwehr erforderlichen Maßnahmen zu treffen hat. Die Pflicht des Vermieters zur Erhaltung des vertragsmäßigen Zustands besteht weiterhin; aus ihr folgt, dass der Vermieter die Mietsache nachrüsten muss, wenn dies zur Abwehr der Störung erforderlich ist.

Straßensperre. Eine behördlich angeordnete Straßensperre kann als Mangel 115b der Mietsache zu bewerten sein (OLG Frankfurt ZMR 2017, 882). Grundsätzlich gilt zwar, dass das Verwendungs- und Ertragsrisiko in den Risikobereich des Mieters fällt. Deshalb muss der Mieter solche Gebrauchsbeeinträchtigungen hinnehmen, mit denen im Allgemeinen zu rechnen ist. Hierzu zählen z. B. Änderungen in der Verkehrsführung, die auf einer Weiterentwicklung der städtebaulichen Entwicklung oder von Verkehrskonzepten beruhen. Anders ist es, wenn durch eine Straßensperre die sinnvolle Nutzung der Mietsache aufgehoben oder wesentlich beeinträchtigt wird. Eine wesentliche Beeinträchtigung ist anzunehmen, wenn dem Mieter eine Fortsetzung des Mietverhältnisses bis zu dessen Beendigung durch ordentliche Kündigung oder Zeitablaufs nicht mehr zumutbar erscheint. Maßgeblich sind die Umstände des Einzelfalls (OLG Frankfurt a. a. O.).

Taubenplage. Wird der Wohnwert deshalb beeinträchtigt, weil sich in der Um- 116 gebung des Anwesens zahlreiche Tauben aufhalten, so ist dieser Umstand i. d. R. als großstadttypisch von den Mietern hinzunehmen. Dasselbe gilt für Beeinträchtigungen durch Schwalben in ländlicher Umgebung (AG Eisleben NZM 2006, 898). Die Mieter haben gegen den Vermieter grundsätzlich keinen **Anspruch auf Abwehr-**

maßnahmen. Etwas anderes gilt allerdings dann, wenn die Tauben durch eine konkrete Fassadengestaltung angezogen werden, die vom Vermieter zu verantworten ist. In diesem Fall gehört die durch die Tauben bedingte Beeinträchtigung des Wohngebrauchs zum Risikobereich des Vermieters, mit der weiteren Folge, dass er im Rahmen des Zumutbaren (z. B. Schutzgitter) für Abhilfe zu sorgen hat (BayObLG NZM 1998, 713).

116a **Telefonanschluss.** Zweifelhaft ist, ob die Ausstattung einer Wohnung mit einem funktionierenden Telefonanschluss zum Mindeststandard zeitgemäßer Wohnnutzung zählt. Der BGH (NZM 2019, 140) hat diese Frage offengelassen; sie ist im Hinblick auf die Möglichkeit der Nutzung von Mobiltelefonen zu verneinen. Deshalb kann das Fehlen eines Telefonanschlusses nicht als Mangel bewertet werden. Anders ist es, wenn die Wohnung bereits bei Mietbeginn über einen solchen Anschluss verfügt. Hierdurch wird der mietvertraglich geschuldete Zustand konkretisiert. Der Vermieter ist dann verpflichtet, diesen Zustand während der gesamten Mietzeit zu erhalten (BGH a. a. O.). Bei Störungen stehen dem Mieter die Gewährleistungsrechte der §§ 536 ff BGB zu (LG Essen, NJW-Spezial 2016, 707: Minderung 10%). Wird die Störung durch ein defektes Telefonkabel verursacht so wurde in der instanzgerichtlichen Rechtsprechung vertreten, dass der Mieter keinen Anspruch gegen den Vermieter auf Reparatur einer defekten Telefonleitung hat. Diese Entscheidungen sind nach dem Urteil des BGH (NZM 2019, 140) überholt.

117 Das **Füttern von Vögeln** gilt als sozialadäquat. Ein Mieter handelt deshalb nicht pflichtwidrig, wenn er auf seinem Balkon Wassergefäße aufstellt und Vogelfutter ausstreut. Die Mitmieter (Nachbarn) können die Miete grundsätzlich nicht mindern, wenn ihre Balkone durch Vogelkot verunreinigt werden (LG Berlin ZMR 2012, 440). Anders kann es sein, wenn hierdurch „unverhältnismäßige", also „übermäßig starke" Verschmutzungen auftreten (LG Berlin a. a. O.).

118 **Treppenhaus.** Grundsätzlich muss der Vermieter aufgrund seiner Instandhaltungspflicht für einen vertragsgemäßen Zustand des Treppenhauses sorgen. Weicht der tatsächliche Zustand hiervon ab, so stehen dem Mieter Erfüllungs- und Gewährleistungsansprüche zu. Allerdings werden die Anforderungen an den geschuldeten Zustand eines Treppenhauses von der Rechtsprechung sehr unterschiedlich bewertet (vgl. zur **Minderung bei verschmutztem Treppenhaus** einerseits: AG Kiel WuM 1980, 163: Minderung von 5%; AG Tiergarten MM 1987, Nr. 4 S. 30: Minderung von 10.– DM; AG München WuM 2009, 657; AG Berlin-Schöneberg GE 1991, 527: 10% Minderung bei abblätternder Farbe und Schmierereien an den Wänden; AG Münster WuM 1995, 534: Minderung von 20%, wenn das Treppenhaus häufig durch Hundeexkremente verunreinigt ist; andererseits: LG Berlin (ZK 63) GE 2010, 1541: danach sind Farbschmierereien im Treppenhaus nicht als Mangel der Mietsache zu bewerten, da die Räume zu „repräsentativen Zwecken" angemietet wurden). Ein **Renovierungsrückstand** berechtigt im Allgemeinen nicht zur Minderung, es sei denn, dass der gegebene Zustand nicht mehr zumutbar ist (LG Berlin GE 1994, 997).

119 Das Treppenhaus muss **verkehrssicher** sein (BGH, LM § 538 BGB Nr. 10a) Kommt ein Mieter auf einer zu glatt gebohnerten Treppe zu Schaden, so haftet der Vermieter aus dem Gesichtspunkt der §§ 536, 536a BGB auf Schadensersatz. Durch das Aufstellen eines Hinweises und Warnschildes wird die Haftung in der Regel nicht ausgeschlossen; allerdings kann dies für die Frage des Mitverschuldens von Bedeutung sein (BGH a. a. O.). Der Eigentümer muss i. d. R. auch damit rechnen, dass ein Mieter auf einer Treppe stürzt. Deshalb muss der Treppenbereich so beschaffen sein, dass mit einem Sturz keine weiteren als die unvermeidbaren Risiken verbunden sind (BGH MDR 1994, 889 betr. Verletzung eines Mieters, weil sich im Treppenhaus keine Fenster aus Sicherheitsglas, sondern gewöhnliche Glasfenster befunden haben).

Trinkwasser. Die **Qualität des Trinkwassers** muss der ab 1.11.2011 geltenden und im Dez. 2012 geänderten **Trinkwasserverordnung** (Neufassung BGBl. I 2011 S. 2370; BGBl. 2012, S. 2562) entsprechen (s. dazu: Pfeifer, Die neue Trinkwasserverordnung 2. Aufl. 2013; Herrlein NZM 2011, 741). Verantwortlich für die Qualität des Trinkwassers sind Gebäudeeigentümer, Wohnungseigentümergemeinschaften und Vermieter (§ 14 TrinkwVO). Diese müssen die Rohrleitungen regelmäßig überprüfen und sicherstellen, dass die Nutzer mit Wasser von mikrobiologisch und chemisch einwandfreier Qualität versorgt und dass die Schadstoffgrenzwerte nicht überschritten werden. Zuwiderhandlungen sind strafbar (§§ 24 Abs. 1 TrinkwVO, 75 Abs. 1 und 2 InfektionsschutzG; wegen der Umlage der Kosten dieser Maßnahme auf den Mieter s. § 556 BGB Rdn. 21). 120

Verschiedene in der Vergangenheit verwendete auf Epoxidharz basierende Dichtungsmittel wurden im Jahre 2010 aus der Liste des Umweltbundesamtes für zulässige Dichtungsmittel gestrichen. Deshalb wird teilweise die Ansicht vertreten, dass eine **Rohrinnensanierung mit Epoxidharzprodukten** nicht mehr zulässig sei (Herrlein NZM 2011, 741, 742) oder jedenfalls nicht den anerkannten Regeln der Technik entspreche (LG Mannheim ZMR 2015, 497; OLG Karlsruhe ZMR 2016, 499). Dies ist allerdings umstritten (vgl. AG Köln NZM 2013, 677; Laubinger ZMR 2012, 25; ZMR 2012, 413 und Kühn ZMR 2012, 27 jew. abl. Anmerkung zu AG Köln ZMR 2012, 25). 121

Eine der Trinkwasserverordnung 2011 nicht mehr entsprechende Wasserqualität ist als **Mangel** der Mietsache zu bewerten. Die **Höhe der Minderung** richtet sich nach dem Grad der Gebrauchsbeeinträchtigung. Sie ist bei der Wohnungsmiete hoch und etwa mit 50% der Bruttomiete anzusetzen. Gleiches gilt für die Gewerbemiete, wenn der Mieter wegen der Art des Betriebs für hygienisch einwandfreies Wasser angewiesen ist (LG Stuttgart ZMR 2015, 720 mit Anmerkung Hardt: Minderung von 50% bei Legionellenbefall in einer Zahnarztpraxis). Ein Mangel liegt auch dann vor, wenn der Bleigehalt auf das zulässige Maß gesenkt wird, wenn das Wasser 10–15 Minuten läuft (AG Hamburg-St. Georg ZMR 2011, 559: Minderungsquote 5%). Bei der Vermietung von Räumen zum Betrieb eines Ateliers ist die Beeinträchtigung des Vertragsgebrauchs geringer zu bewerten als bei der Wohnraummiete. Eine Minderung von 10% der Miete ist hier ausreichend (KG GuT 2010, 349). Vergleichbares gilt bei der Miete eines Büros. Bei Lagerräumen und dergleichen ist eine unzureichende Trinkwasserqualität i. d. R. als Bagatellmangel zu bewerten; eine Minderung ist hier nicht möglich. 122

Eine Minderung ist nicht deshalb ausgeschlossen, weil der Mieter von seinem an sich gegebenen **Kündigungsrecht** nach § 569 Abs. 1 BGB keinen Gebrauch gemacht hat (Herrlein NZM 2011, 741, 742; **a. A.** LG Frankfurt/M NZM 2001, 523). Die Regelung begründet keine Kündigungspflicht, sondern gibt dem Mieter lediglich ein Recht. 123

Gelegentlich kommt es in den Trinkwasserleitungen zur Bildung eines sog. **„Biofilms"**. Dieser gilt nicht als gesundheitsschädlich und kann von den Armaturen mittels einer Bürste oder durch Auskochen der Duschköpfe und Perlatoren entfernt werden. Der Biofilm wird nicht als Mangel bewertet (AG Münster WuM 2009, 586). 124

Umfeldmängel. Zu den Mängeln zählen auch Beeinträchtigungen infolge einer negativen Veränderung des Umfelds der Mietsache (sog. „Umfeldmängel"; s. 125

§ 536 BGB Untertitel 1. Allgemeine Vorschriften für Mietverhältnisse

dazu auch oben Rdn. 4). Teilweise sind die Umfeldmängel dem zur Gewährleistung verpflichteten Vermieter zuzurechnen. Teilweise gehören sie aber auch zum allgemeinen Lebens- und Geschäftsrisiko, das der Mieter zu tragen hat. Zum Zwecke der Abgrenzung wurde von der Rechtsprechung die **Theorie der unmittelbaren Gebrauchsbeeinträchtigung** entwickelt. Danach liegt nur dann ein Mangel vor, wenn sich die negative Umfeldveränderung unmittelbar auf den Mietgebrauch auswirkt. Eine bloß mittelbare Beeinträchtigung genügt nicht (BGH NJW 1981, 2405; NJW 2000, 1714 = WuM 2000, 593 = NZM 2000, 492). In der Regel werden Umfeldmängel als bloß mittelbare Beeinträchtigung bewertet. Beispiele: Wenn in einem Schuhgeschäft ein geringer Umsatz erwirtschaftet wird, weil das Einkaufszentrum vom Publikum infolge unzulänglicher Verkehrsanbindung und fehlender attraktiver Einrichtungen wie Schwimmbad oder Sauna nicht angenommen wird (BGH NJW 1981, 2405); wenn der Umsatz eines Wäschegeschäfts in einem Einkaufszentrum stagniert, weil Parkplätze fehlen und Leerstände vorhanden sind (BGH NJW 2000, 1714 = WuM 2000, 593 = NZM 2000, 492); wenn der Umsatz eines Blumengeschäfts durch die Aufhebung einer Bushaltestelle und den Wegfall von Parkplätzen infolge einer Baustelle beeinträchtigt wird (OLG Düsseldorf GuT 2008, 36). Dies alles zählt zum unternehmerischen Risiko. Bei Zugangsbehinderungen kommt es auf das Ausmaß der Beeinträchtigung an: Eine bloß mittelbare Beeinträchtigung wurde angenommen, wenn der Zugang zu einer Spielothek durch die optische Präsenz der Türsteher einer benachbarten Diskothek und die Befragung der Kunden nicht wesentlich behindert wird (OLG Rostock NZM 2009, 545). Dagegen liegt eine unmittelbare Beeinträchtigung vor, wenn der Zugang zu einem Ladengeschäft durch umfangreiche Bauarbeiten so erheblich erschwert wird, dass kein ausreichender Umsatz mehr erzielt werden kann.

126 **Umsatzzusagen.** Nach der Rechtsprechung des BGH (NJW-MietR 1997, 150) stellen im Zusammenhang mit dem Abschluss eines gewerblichen Miet- oder Pachtvertrags gemachte Angaben über Umsätze oder Erträge eines Unternehmens in der Regel weder einen Sachmangel noch eine zugesicherte Eigenschaft i. S. v. § 536 Abs 2 BGB dar, es sei denn, der Verpächter hätte dies ausdrücklich garantiert. Es kommt jedoch ein Verstoß gegen §§ 241 Abs. 2, 311 Abs 2 BGB in Betracht, der Grund für eine fristlose Kündigung nach § 543 Abs. 1 BGB sein kann. In diesem Zusammenhang ist zu unterscheiden, ob der Verpächter bei den Vertragsverhandlungen lediglich Angaben anpreisender Art gemacht hat oder ob konkrete Umsatz- und Ertragsangaben aus früheren Zeiten erörtert worden sind. Anpreisende Angaben oder die Darstellung von Gewinnerzielungschancen ohne einen konkreten, durch Zahlen belegten Hintergrund, gelten als rechtlich unverbindlich; hierauf kann eine Kündigung nicht gestützt werden (OLG München ZMR 2001, 708).

127 **Umsatzeinbußen** bei der Gewerberaummiete spielen im Rahmen des § 536 BGB nur dann eine Rolle, wenn sie sich als Folge einer Verschlechterung der Mietsache oder der Nichteinhaltung einer Zusicherung darstellen. Es ist nicht erforderlich, dass der Fehler der Mietsache selbst anhaftet. Ein Mangel liegt auch dann vor, wenn zwar die Mietsache selbst fehlerfrei ist, die benachbarten Räume aber so beschaffen sind, dass hiervon Kunden abgeschreckt werden. Weiterhin zählen hierzu solche Umstände, die sich negativ auf den Kundenstrom auswirken (z. B. eine Bautätigkeit in der Nachbarschaft). Auch das Verhalten eines Dritten kann einen Mangel darstellen (z. B. störender Mitmieter). Es kommt nach dem Gesetzeszweck nicht darauf an, ob den Vermieter an dem Mangel ein Verschulden trifft oder ob der Vermieter rechtlich oder tatsächlich zur Beseitigung der Störung in der Lage ist. In der

Rechtsprechung gibt es allerdings **Tendenzen zur Einschränkung der Gewährleistungspflicht** (s. z. B.: OLG Düsseldorf, DWW 1991, 50: kein Mangel bei Beeinträchtigung eines Ladengeschäfts durch rechtmäßig parkende Fahrzeuge). Diese Tendenzen werden dem Gesetzeszweck des § 536 BGB nicht gerecht (ebenso: Sternel, Mietrecht aktuell, Rdn. 351; Emmerich, PiG 31, 37; Frank WuM 1986, 75).

Zu beachten ist aber stets, dass es zum **Risikobereich des Mieters** gehört, **128** wenn die Ladenräume vom Publikum nicht angenommen werden (BGH NJW 1981, 2405; OLG Naumburg WuM 1997, 675; OLG Rostock DWW 2002, 331; OLG Düsseldorf NZM 2010, 820 m.zust. Anmerkung Schweitzer NZM 2010, 808). Nichts anderes gilt, wenn sich die Standortwahl des Mieters als unternehmerische Fehlleistung herausstellt (OLG München NJWE-MietR 1996, 154; OLG Düsseldorf NJWE-MietR 1996, 154; OLG Naumburg GuT 2002, 15, 17 betr. jeweils Ladenlokale in einem Einkaufszentrum).

In Fällen dieser Art kann allerdings ein **Wegfall der Geschäftsgrundlage** gegeben **129** sein, wenn Vermieter und Mieter zur Verwirklichung eines bestimmten Erfolges dergestalt zusammenwirken, dass der Mieter vertraglich in das Vermietungskonzept eingebunden wird, etwa durch den Verzicht auf den Verkauf bestimmter Waren, durch die Verpflichtung zur Einhaltung bestimmter Öffnungszeiten, die Pflichtmitgliedschaft in einer Werbegemeinschaft und dergleichen. Zu den Auswirkungen der **COVID-19 Pandemie** siehe § 535 BGB Rdn. 725 ff. In diesem Fall kann eine Anpassung des Mietzinses in Betracht kommen, wenn die gemeinsamen Vorstellungen nicht zu verwirklichen sind (OLG Koblenz NJW-RR 1989, 400). Nach einer Entscheidung des OLG München (ZMR 1999, 707) ist der Mieter eines Ladenlokals in einer stark frequentierten Schalterhalle eines Postamts zur Minderung berechtigt (50 % der „Nettokaltmiete"), wenn sich die Post zur Aufgabe des Schalterbetriebs entschließt und hierdurch ein Umsatzrückgang eintritt. Dagegen hat das LG Berlin sowohl eine Minderungsbefugnis als auch einen Anspruch auf Vertragsanpassung nach § 313 BGB verneint, wenn der Mieter eines im Berliner Bahnhof Zoo gelegenen Ladens einen Umsatzrückgang erleidet, weil über den Bahnhof nicht mehr der Fernverkehr abgewickelt wird (LG Berlin NZM 2008, 844).

Umweltgifte. Sie stellen einen Mangel dar, wenn dadurch die Gesundheit des **130** Mieters gefährdet wird. Nach dem RE des BayObLG vom 4.8.1999 (NZM 1999, 899) sind die jeweils aktuellen Grenzwerte maßgebend. Es gelten folgende Grundsätze: (1) Die Mietsache gilt als mangelfrei, wenn die dort auftretende Schadstoffbelastung unterhalb des nach wissenschaftlichen Erkenntnissen maßgeblichen Grenzwertes liegt. (2) Ist zu entscheiden, ob die Mietsache wegen der Schadstoffbelastung einen ursprünglichen Mangel aufweist, so kommt es auf die zum Zeitpunkt des Vertragsschlusses maßgeblichen wissenschaftlichen Erkenntnisse an. (3) Werden die Grenzwerte auf Grund neuer wissenschaftlicher Erkenntnisse herabgesetzt, so ist der Vermieter zur Anpassung der Mietsache an die nunmehr gültigen Grenzwerte verpflichtet. (4) Erfüllt der Vermieter diese Verpflichtung nicht, so ist die Mietsache nach Bekanntwerden der neuen Erkenntnisse als mangelhaft anzusehen.

Der RE des BayObLG ist dann zu beachten, wenn die vom Bundesgesundheits- **131** amt zulässigen Grenzwerte für die Belastung mit Giftstoffen auf Grund neuer Erkenntnisse herabgesetzt werden. In der Praxis hat ein solcher Vorgang folgende Auswirkungen: (1) Nach Bekanntwerden der Herabsetzung des Grenzwerts ist eine Überschreitung dieses neuen Wertes als Mangel zu bewerten. Der Mieter hat gem. § 535 BGB einen Anspruch auf Mangelbeseitigung. Der Anspruch ist ausgeschlossen, wenn die Opfergrenze überschritten wird. Dies ist der Fall, wenn die

§ 536 BGB Untertitel 1. Allgemeine Vorschriften für Mietverhältnisse

Herstellung eines vertragsgemäßen Zustands völlig unwirtschaftlich ist. (2) Der Mieter kann den Mietzins erst dann nach § 536 BGB mindern, wenn der Vermieter nach Bekanntwerden der neuen Grenzwerte keine Maßnahmen zur Anpassung der Wohnung an den nunmehr maßgeblichen Standard ergreift. Eine rückwirkende Minderung ist ausgeschlossen. (3) Nach § 536a Abs. 1 Alt. 1 BGB hat der Mieter Anspruch auf Schadensersatz, wenn die Mietsache von Anfang an mangelhaft ist und der Mieter deshalb einen Gesundheitsschaden erleidet. Nach der Auffassung des BayObLG liegt kein anfänglicher Mangel vor, wenn der Grenzwert erst nach Abschluss des Mietvertrags herabgesetzt wird. (4) Nach § 536a Abs. 1 Alt. 2 BGB kann der Mieter den Vermieter auch dann auf Schadensersatz in Anspruch nehmen, wenn ein Mangel nach Abschluss des Mietvertrags auftritt und der Vermieter dies zu vertreten hat. Hiervon ist auszugehen, wenn der Vermieter den neuen Grenzwert kennt und er gleichwohl nichts unternimmt um einen mangelfreien Zustand herzustellen. Gleiches gilt, wenn der Vermieter untätig bleibt, weil er von dem neuen Grenzwert fahrlässig keine Kenntnis genommen hat. Das BayObLG weist aber ausdrücklich darauf hin, dass der ursächliche Zusammenhang zwischen der Überschreitung des Grenzwertes und der Gesundheitsgefährdung besonderer Feststellungen bedarf: „Denn nicht jede Schadstoffemission führt zu einem Gesundheitsschaden oder einer manifesten Gesundheitsgefährdung; andererseits schließt die Einhaltung der einschlägigen Grenz- bzw. Vorsorgerichtwerte diese Folge auch nicht aus". (5) Nach § 543 Abs. 2 Nr. 1 BGB kann der Mieter u. a. dann kündigen, wenn die Mietsache im Verlauf der Mietzeit mangelhaft wird und der Vermieter den Mangel trotz Fristsetzung nicht beseitigt. Für die Kündigungsbefugnis ist maßgeblich, ob der im Zeitpunkt des Kündigungsausspruchs maßgebliche Grenzwert überschritten wird.

132 Es ist nicht erforderlich, dass bereits ein Gesundheitsschaden eingetreten ist; vielmehr genügt es, wenn mit einer solchen **Gefährdung ernsthaft zu rechnen** ist. Der Mieter muss beweisen, dass eine realistische Gefahr von der Mietsache ausgeht (instruktiv: AG Münsingen WuM 1996, 336). Einen naturwissenschaftlich unangreifbaren Kausalbeweis zwischen der Belastung mit Giftstoffen und einem konkreten Schaden muss der Mieter nicht führen. Steht fest, dass die Räume mit Giftstoffen belastet sind und ist ungeklärt, ob und in welcher Konzentration sich die Schadstoffe in der Raumluft befinden, so liegt ein Mangel vor, wenn eine Gesundheitsschädlichkeit nicht sicher auszuschließen ist.

133 **Einzelheiten:** Wurde bei der Erstellung des Gebäudes **asbesthaltiges Baumaterial** verwendet und kommt es infolgedessen zu einer Freisetzung von Asbestfasern, so liegt ein Mangel vor, der eine Minderung der Miete auf 0 rechtfertigt (LG Dresden ZMR 2011, 465, 466). Es spielt keine Rolle, ob die Verwendung des fraglichen Baumaterials zur Zeit der Errichtung des Gebäudes üblich war. Im Falle einer Asbestfreisetzung existieren kein Schwellenwert. Deshalb ist eine zeitliche Unterteilung in eine unbedenkliche, bedenkliche und gefährliche Phase nicht möglich (LG Dresden a. a. O.). Der Umstand, dass in einem technisch intakten Nachtspeichergerät Asbestteile enthalten sind, begründet zwar für sich allein keinen Mangel (AG Rheinberg WuM 1996, 142. Jedoch genügt es, wenn ein Nachtspeicherofen auf Grund seines Alters und seines Zustands die Besorgnis begründet, dass Asbestfasern freigesetzt werden (LG Mannheim WuM 1996, 338 betr. Belastung einer Scheune mit Asbestfasern; LG Dortmund WuM 1996, 141 betr. Asbestemissionen durch 25 Jahre alte Nachtspeicheröfen; AG Heidelberg NJWE-MietR 1996, 267: bei 17 Jahre alten Asbestspeicheröfen; AG München WuM 1996, 762 bei 20 Jahre altem Ofen). In einem solchen Fall ist eine Gefährdungsprognose erforderlich (LG

Berlin WuM 1996, 761). Die gleichen Grundsätze gelten bei der Verwendung von asbesthaltigen Bodenfliesen. Solange die Fliesen unbeschädigt sind, ist eine Freisetzung von Asbest nicht zu befürchten. Sind die Fliesen dagegen beschädigt, kann eine begründete Gefahrenbesorgung vorliegen; dies muss der Mieter darlegen und gegebenenfalls beweisen (LG Berlin GE 2015, 1166). Kann eine Gesundheitsgefährdung nicht mit hinreichender Sicherheit ausgeschlossen werden, so ist ein Mangel anzunehmen (LG Dortmund ZMR 1994, 410; WuM 1996, 141; AG Heidelberg NJWE-MietR 1996, 267). Zur Gesundheitsbeeinträchtigung durch Asbest s. weiter: Isenmann DWW 1994, 197; zur Problematik asbesthaltiger Speicherheizgeräte s. Halstenberg WuM 1993, 155; zur Frage, nach welcher Methode Mängel an Elektro-Nachstrom-Speicher-Heizgeräten festzustellen sind s. Isenmann NZM 1998, 143.

Bei **formaldehydhaltigem Baumaterial** genügt es, wenn die Belastung als solche feststeht und auf Grund der Belastungshöhe der Eintritt eines Schadens nicht außerhalb der Wahrscheinlichkeit liegt (LG Frankfurt WuM 1989, 284: betr. zu hohe Formaldehydkonzentration im Bindemittel von Spanplatten; AG Köln WuM 1987, 120 betr. Formaldehyd-Belastung; AG Bielefeld VuR 1991, 123 betr. Belastung mit Holzschutzmitteln; AG Bad Säckingen WuM 1996, 140: Minderung von 25%, wenn der vom Bundesgesundheitsamt empfohlene Grenzwert für Formaldehyd von 0,1 ppm immer wieder überschritten wird; AG Rheinbach VuR 1990, 212: Minderung von 30% bei Belastung der Wohnung mit **PCP** und **Lindan;** LG Hannover WuM 1990, 302 und AG Mettmann VuR 1990, 208: Minderung von 50% bei Belastung einer Wohnung mit **Perchlorethylen,** wenn der vom Bundesgesundheitsamt empfohlene Grenzwert von 0,1 mg/m^3 überschritten wird; AG Mainz DWW 1996, 216: Minderung von 100% bei Belastung mit PCP, Lindan und **Dichlorfluanid,** wenn zwar die Belastungswerte unter den Grenzwerten des Bundesgesundheitsamtes liegen, der Mieter aber gleichwohl Vergiftungserscheinungen erlitten hat; vgl. auch OLG Düsseldorf DWW 1992, 140: kein Mangel eines gekauften Fertighauses, wenn der Formaldehyd-Wert unter dem Grenzwert von 0,1 ppm liegt; LG Hamburg WuM 1989, 368: keine Schadenswahrscheinlichkeit bei Belastung einer Wohnung mit Perchlorethylen unterhalb des Grenzwerts von 0,1 mg/m^3). Auch in diesen Fällen genügt es nicht, dass bei der Herstellung der Mietsache umweltschädliche Stoffe verwendet worden sind; auch hier ist eine Gefährdungsprognose unverzichtbar (LG Tübingen ZMR 1997, 189 betr. Holzanstrich mit **Pentachlorphenol,** Lindan und **Euparen**). Deshalb stellt die Verwendung eines ungeeigneten Parkettklebers mit giftigen Substanzen (hier: **Naphtalin**) für sich allein keinen Mangel der Mietsache dar. Erforderlich ist vielmehr, dass durch diesen Umstand die Raumluft über das zulässige Maß hinaus mit Giftstoffen belastet wird (LG München I GE 2013, 609). Kann die Schadstoffkonzentration durch Lüften auf ein erträgliches Niveau gesenkt werden, so ist jedenfalls keine höhere Minderung als 30% angezeigt (LG München a. a. O.). Dagegen kommt eine 100%ige Minderung in Betracht, wenn der Aufenthalt in den Räumen mit einer Gesundheitsgefahr für den Mieter verbunden ist und Mieter aus diesem Grund die Wohnung verlässt. Aus dem Umstand, dass der Mieter die Räume weiterhin zur Aufbewahrung seiner Gegenstände nutzt, folgt nichts anderes. Der vertragsgemäße Gebrauch ist das Wohnen; ist dieses wegen der Gesundheitsbeeinträchtigung nicht möglich, ist eine Minderung von 100% angezeigt (**a. A.** LG München I a. a. O.).

Maßgeblich für die **Gefährdungsprognose** sind die jeweils aktuellsten Erkenntnisse der Medizin und der Naturwissenschaften. Bestehen hinsichtlich eines bestimmten Stoffes keine konkreten Grenzwerte, so ist die Mietsache mangelfrei, wenn die Konzentration des Stoffes das Maß der üblichen Hintergrundbelastung nicht übersteigt (LG Berlin GE 1995, 1343 betr. **p**olyzyklisch **a**romatische **K**ohlenwasserstoffe – **PAK**). Ist umgekehrt die Gefährlichkeit eines Stoffes erkannt worden, so spielt es keine Rolle, ob diese Erkenntnis bereits zum Zeitpunkt des Vertragsschlusses bestand oder ob die Belastung unter den damals geltenden Werten des Bundesgesundheitsamts gelegen hat (AG Münsingen WuM 1996, 336; **a. A.** LG Traunstein NJW RR 1994, 1423 betr. Lindan und PCP-Ausdünstungen). Für die Anwendung des § 536b BGB ist hier kein Raum, weil diese Vorschrift positive Kenntnis von der Gefährlichkeit des Umweltgiftes voraussetzt. Ebenso kommt es nicht darauf an, ob der Vermieter den Mangel zu vertreten hat (OLG Hamm NJW-RR 1987, 968 = WuM 1987, 248 betreffend: Chemikalien im Untergrund; AG Köln NJW-RR 1987, 972 betreffend: überhöhte Formaldehydkonzentration in der Raumluft eines Fertighauses; LG Hannover WuM 1990, 337, Minderung von 50%, wenn Perchlorethylen aus einer chemischen Reinigung in einer Konzentration von ein bis zwei Milligramm pro m^3 Raumluft in die Wohnung eindringt; AG Osnabrück NJW-RR 1987, 971).

136 Vergleichbare Grundsätze gelten für mögliche Gesundheitsstörungen durch sog. **„Elektrosmog"** (dazu auch Eisenschmid WuM 1997, 21). Erforderlich ist, dass die wissenschaftlichen Erkenntnisse hinreichend gesichert sind. Zur Berücksichtigung wissenschaftlicher Studien, deren Befunde nicht verifiziert werden können, sind die Gerichte nicht verpflichtet (vgl. BVerfG ZMR 1997, 218 betr. den Abwehranspruch eines Eigentümers nach §§ 906, 1004 BGB gegen eine behauptete Gesundheitsgefährdung durch elektromagnetische Felder). Zur Emission von chemischen Reinigungen s. Gaßner/Siederer MM 1988 Nr. 9 S. 25; zur Rechtsprechung betr. Holzschutzmittel s. Micklitz NJW 1988, 1076; allgemein zu Umweltbelastungen: Derleder PiG 31, 13; Eisenschmid PiG 31, 53; ders. WuM 1989, 357; WuM 1992, 1; WuM 1997, 21; Eisenschmid in: Schmidt-Futterer, § 536 BGB Rdn. 137–169; Mutter ZMR 1995, 189, 191; Schläger ZMR 1990, 161; ZMR 1992, 85; ZMR 1994, 189; ZMR 1996, 517; ZMR 1988, 407; ZMR 1998, 435; Kraemer WuM 2000, 515, 520ff; Beuermann GE 2005, 108; Fritz NZM 2008, 825; Horst MDR 2011, 1022, 1023).

137 **Ungeziefer** im Haus stellt grundsätzlich einen Mangel der Mietsache dar (vgl. KG GE 2001, 1671: Minderung von 20% bei Schabenbefall in einer Gaststätte; LG Berlin GE 1998, 681: Minderung von 10% bei Schabenbefall; AG Tiergarten MM 1990, 233: Minderung von 15% bei vermehrtem Auftreten von Silberfischchen; AG Lahnstein WuM 1988, 55: 20% bei ähnlicher Sachlage; AG Bremen ZMR 1998, 234 betr. Katzenflöhe). Eine Ausnahme gilt, wenn das Auftreten von Ungeziefer im Hinblick auf die Lage oder die Beschaffenheit des Mietobjekts typisch ist (Beisp. Ameisen, Spinnen, Käfer und dergleichen bei einem Haus mit Garten (AG Köln WuM 1993, 670 betr. Spinnen; **a. A.** AG Rendsburg WuM 1989, 284: betr. Mäuse bei einem Haus auf dem Land). Das Recht zur Minderung entfällt außerdem dann, wenn der Mieter den Ungezieferbefall verschuldet hat. Dies muss der Vermieter beweisen. Ist die Ursache des Ungezieferbefalls nicht aufklärbar, so geht dies zu Lasten des Vermieters. Dies gilt auch dann, wenn feststeht, dass eine von mehreren Mietparteien den Ungezieferbefall verschuldet haben muss, aber unklar ist, welcher Mieter der Verursacher ist. Steht der Verursacher fest, so ist dieser nicht zur Minderung berechtigt. Die übrigen Mieter können gleichwohl mindern. Die hierdurch bedingten Mietverluste kann der Vermieter als Schadenersatz vom Verursacher ersetzt verlangen. Wegen der Beeinträchtigung durch Tauben s. unter „Schmutz" und „Taubenplage".

Warmwasser. Eine Warmwasserversorgung rund um die Uhr gehört im Regelfall zur Gebrauchstauglichkeit einer Mietwohnung (BGH WuM 2004, 531). Hat der Vermieter eine Wohnung mit Warmwasserversorgung vermietet, so muss er die Anlage das ganze Jahr über rund um die Uhr in Betrieb halten (AG Köln WuM 1996, 701). Das warme Wasser muss nach 15 Sekunden eine **Temperatur** von 40 Grad und nach 30 Sekunden eine Temperatur von 55 Grad aufweisen (vgl. DIN 1988-200). Mangelt es hieran, so ist eine Minderung gerechtfertigt (AG Köln a. a. O.: 7,5% der Bruttomiete, wenn zwischen 22 Uhr und 7 Uhr kein warmes Wasser zur Verfügung steht; AG Berlin-Mitte GE 2018, 1065: Minderung 5%). Entgegenstehende Formularklauseln verstoßen gegen § 307 BGB. Der Umstand, dass das warme Wasser erst nach dem Ablaufen des in den Leitungen stehenden Kaltwassers zur Verfügung steht, kann grundsätzlich nicht als Mangel bewertet werden. **138**

Wasserschaden. Mieträume müssen eine dem Stand der Technik entsprechende Schutzeinrichtung aufweisen, wenn auf Grund ihrer Lage mit Wassereinbrüchen zu rechnen ist (OLG Hamm NJW-RR 1988, 529 betr. Rückstausicherung). Dies gilt auch dann, wenn solche Schäden nur bei ganz außergewöhnlichen Unwettern eintreten (OLG Hamm a. a. O. bei einer statistischen Wahrscheinlichkeit von einem Vorkommnis in 50 Jahren; ähnlich OLG Düsseldorf NJW-RR 1988, 906; LG Leipzig NZM 2003, 510: „Jahrhundertflut" vgl. auch AG Kiel WuM 1980, 235 betr. Wasserschadens infolge eines ungewöhnlichen Schneesturms). Wird der Gebrauch der Mietsache durch Hochwasser beeinträchtigt, so liegt nach der Rechtsprechung des BGH kein Mangel vor, wenn der Schadensfall auf außergewöhnliche Witterungseinflüsse zurückzuführen ist, die bei Vertragsschluss nicht vorhersehbar gewesen sind (BGH NJW 1971, 424). Etwas anderes gilt, wenn sich die Mietsache in einem hochwassergefährdeten Gebiet befindet (ebenso: LG Kassel NJW-RR 1996, 1355) oder wenn der Vermieter bauliche Veränderungen vornimmt, die dem Schadenseintritt Vorschub leisten (BGH a. a. O.). Der Vermieter kann das mit der Lage der Mieträume verbundene Risiko ausschließen, indem er den Mieter bei Vertragsbeginn umfassend über die Sachlage aufklärt (§ 536b BGB; AG Friedberg/Hessen WuM 1995, 393); s. auch Gebrauchsbeeinträchtigung. **139**

Wohnfläche (dazu: Börstinghaus, Flächenabweichungen in der Wohnraummiete, 2012). Ist in dem Mietvertrag die Größe der Wohnung angegeben, so gilt dies als **Beschaffenheitsvereinbarung;** hierfür muss der Vermieter grundsätzlich einstehen. Dies gilt nicht nur, wenn die angegebene Wohnfläche ausdrücklich als „vereinbart" bezeichnet wird, sondern auch dann, wenn der Mietvertrag in Verbindung mit einer Aufzählung der vermieteten Räume die Angabe enthält: „Wohnfläche: XXX qm" (BGH NJW 2007, 2626 = NZM 2007, 594; NJW 2009, 3421 = NZM 2009, 814). Der Umstand, dass die Angabe mit dem Zusatz „cirka" (ca.) versehen ist, spielt keine Rolle (BGH NJW 2019, 2464 = NZM 2019, 536). Für die Annahme einer Beschaffenheitsvereinbarung kann es ausreichen, dass die Räume in einer Zeitung mit einer Flächenangabe inseriert worden sind (BGH NJW 2010, 2648 = WuM 2010, 480 = NZM 2010, 614; **a. A.** AG Nienburg WuM 2009, 584). Anders ist es, wenn der Mietvertrag zwar eine Wohnflächenangabe enthält, diese Angabe jedoch mit der Einschränkung versehen ist, dass sie nicht zur Festlegung des Mietgegenstandes dient (BGH NJW 2011, 220 = WuM 20111, 11 = NZM 2011, 70). In diesem Fall sollen nach Ansicht des BGH aus einer fehlerhaften Wohnflächenangabe keine Gewährleistungsrechte hergeleitet werden. Es ist aber zweifelhaft, ob eine solche Formularklausel wirksam ist. **140**

§ 536 BGB Untertitel 1. Allgemeine Vorschriften für Mietverhältnisse

141 Ist die Wohnflächenangabe als Beschaffenheitsvereinbarung zu bewerten, so gelten nach der Rechtsprechung des **BGH** folgende **Grundsätze: (1)** Der **Begriff der Wohnfläche** ist auslegungsbedürftig. Maßgeblich ist in erster Linie, ob sich die Parteien auf eine bestimmte Berechnungsmethode geeinigt haben (z. B. auf die §§ 42 ff der II. BV, auf die Wohnflächenverordnung, auf die DIN 283, auf die DIN 277, oder auf die Ausmessung der Grundfläche; BGH NZM 2004, 454). Besteht zwischen den Parteien Einigkeit, dass sich die Wohnflächenangabe auf die Grundfläche bezieht („Länge mal Breite") so sind auch Räume mit einer Dachschräge oder Freiflächen mit der vollen Grundfläche anzusetzen (LG Saarbrücken NZM 2015, 692). Entsprechende Vertragsregelungen verstoßen nicht gegen § 307 BGB (AG Bergisch-Gladbach ZMR 2015, 381 betr. eine Vereinbarung, wonach ein Balkon mit 50% der Grundfläche berechnet wird). Ist in dem Mietvertrag geregelt, dass Berechnungsgrundlage die §§ 42 ff. II. BV sein soll, so sind die Regelungen der II. BV zu beachten (BGH NJW 2009, 2880 = NZM 2009, 659). Dies gilt auch für ältere Fachwerkhäuser. Daraus folgt beispielsweise, dass Raumteile mit einer Deckenhöhe unter 2 Metern nur zur Hälfte anzurechnen sind (§ 44 Abs. 1 Nr. 2 II. BV). Eine Vereinbarung betreffend die Methode der Wohnflächenberechnung ist auch dann anzunehmen, wenn sich die Parteien darin einig sind, dass bestimmte Räume zu Wohnzwecken dienen sollen. In einem solchen Fall sind auch solche Räume bei der Bemessung der Wohnfläche zu berücksichtigen, die aus Gründen des öffentlichen Baurechts nicht zu Wohnzwecken geeignet sind (z. B. Räume im Souterrain oder im Dachgeschoss, Fläche eines zu Wohnzwecken mitvermieteten Galeriegeschosses; BGH NZM 2019, 288; NJW 2010, 1064 = NZM 2010, 196). Unbeschadet hiervon gilt, dass ein Mangel vorliegt, wenn die Baurechtsbehörde die Nutzung untersagt (BGH NJW 2009, 3421 = NZM 2009, 814; WuM 2009, 662).

142 Für eine **formularvertragliche Flächenvereinbarung** gilt die **Auslegungsregel** des **§ 305 c Abs. 2 BGB.** Danach gehen Zweifel bei der Auslegung Allgemeiner Geschäftsbedingungen zu Lasten des Verwenders. In der Regel ist dies der Vermieter. Bei einer unklaren Regelung ist die für den Kunden (Mieter) günstigste Auslegung maßgeblich (BGH NJW 2010, 293 = WuM 2010, 27 = NZM 2010, 80: danach ist unter dem Begriff der „Wohnraumfläche", nicht die Grundfläche, sondern die Fläche i. S. der gesetzlichen Vorschriften [§ 42 ff der II. BV bzw. der Wohnflächenverordnung] zu verstehen). Die **Auslegung von Individualvereinbarungen** richtet sich dagegen nicht nach § 305 c BGB, sondern nach den **§§ 133, 157 BGB.**

143 Für die **Auslegung von Formular- und Individualverträgen** gelten folgende **Grundsätze: (1)** In erster Linie kommt es auf die **vertragliche Regelung** an. Ist diese unklar, so ist maßgeblich, wie die konkreten Parteien die Regelung verstanden haben. Dies hat das Instanzgericht festzustellen. Dessen Auslegung ist für den BGH i. d. R. bindend, falls diese nicht gegen wesentliche Grundsätze verstößt (vgl. zuletzt: BGH NJW 2009, 3421 = WuM 2009, 661 = NZM 2009, 814). Für die Abgrenzung ist wesentlich, dass die handschriftliche Eintragung einer Zahl in einen vorgedruckten Text am Formularcharakter der Regelung nichts ändert (BGH WuM 2006, 385 = NZM 2006, 579 unter RZ 18).

144 **(2)** Haben die Parteien **keine konkrete Vereinbarung** über die Methode der Flächenberechnung getroffen, so ist zu fragen, ob in dem Gebiet, in dem sich die Wohnung befindet, eine bestimmte **Methode ortsüblich** ist. Dies muss vom Gericht – u. U. durch Beiziehung eines Sachverständigen – ermittelt werden (BGH NZM 2007, 595 = WuM 2007, 441). Für das Zustandekommen einer Verkehrssitte genügt es nicht, dass ein erheblicher oder auch überwiegender Teil der Marktteilnehmer ein Regelwerk unzutreffend anwendet oder verschiedene Regelwerke miteinander vermischt. Ebenso wenig kommt es darauf an, ob sich bezüglich der Berechnung einer Teilfläche eine bestimmte Übung der Mehrheit der Marktteilnehmer herausgebildet hat. Vielmehr ist unter einer Verkehrssitte eine „die beteiligten Verkehrskreise untereinander verpflichtende Regel" zu verstehen, dergestalt „dass sie auf einer gleichmäßigen, einheitlichen und freiwilligen tatsächlichen Übung beruht, die sich innerhalb eines angemessenen Zeitraums für vergleichbare Geschäftsvorfälle gebildet hat und der eine einheitliche Auffassung sämtlicher beteiligten Kreise an dem betreffenden, gegebenenfalls räumlich beschränkten Geschäftsverkehr zu Grunde liegt." (BGH NZM 2019, 536).

(3) Fehlt es an einer ausdrücklichen Vereinbarung und kann auch **keine bestimmte Verkehrssitte (Ortssitte)** festgestellt werden, so ist davon auszugehen, dass sich die Parteien stillschweigend darauf geeinigt haben, dass die Wohnfläche nach den §§ 42 bis 44 der II BV bzw. nach der Wohnflächenverordnung berechnet werden soll. **(3.1.)** Für **Mietverträge** die **vor dem 1.1.2004** abgeschlossen wurden, sind die **§§ 42 bis 44 der II BV** maßgebend (BGH NZM 2019, 536; NJW 2007, 2624; NJW 2009, 2295 = NZM 2009, 477; BGH NJW 2010, 1745 = NZM 2010, 313). Danach können Grundflächen von Balkonen, Loggien, Dachgärten und gedeckten Freisitzen unabhängig von ihrer Lage, Ausrichtung und Nutzbarkeit bis zur Hälfte angerechnet werden. Der Begriff „gedeckt" bedeutet aber nicht „überdacht" oder „überdeckt", sondern „vor fremden Blicken geschützt" (BVerwGE 52, 178, 182; BGH NJW 2010, 292 = WuM 2009, 733 = NZM 2010, 36; NJW 2010, 1745 = WuM 2010, 240 = NZM 2010, 313). Der Vermieter muss den Mieter nicht darauf hinweisen, dass er die Außenflächen mit dem höchst zulässigen Wert berücksichtigt hat. Hiervon bestehen zwei Ausnahmen. Ist vertraglich vereinbart, dass die Außenbereiche mit einem Viertel ihrer Grundfläche berücksichtigt worden sind, so ist der Vermieter hieran gebunden. Ebenso dürfen die Außenbereiche nur mit einem Viertel ihrer Grundfläche berücksichtigt werden, wenn diese Berechnungsweise in der Gemeinde ortsüblich ist (BGH NJW 2009, 2295 = WuM 2009, 344 = NZM 2009, 477). **(3.2.)** Für **Vertragsabschlüsse nach dem 31.12.2003** gilt die am 1.1.2004 in Kraft getretene **Wohnflächenverordnung.** Danach sind die Grundflächen von Balkonen, Loggien, Dachgärten und Terrassen „in der Regel" zu einem Viertel, höchstens jedoch zur Hälfte anzurechnen. Der BGH hat noch nicht entschieden, ob der Vermieter auch nach dieser Vorschrift die Außenbereiche mit der Hälfte ihrer Grundfläche bewerten darf. Nach dem Wortlaut des § 4 Nr. 2 WoFlV ist dies zu verneinen, weil dort – anders als nach § 44 Abs. 2 der II BV – ein Regelwert bestimmt ist. Die Überschreitung des Regelwerts ist möglich; allerdings nur, wenn dies mit dem Mieter vereinbart wurde oder wenn diese Berechnungsweise ortsüblich ist (BGH NJW 2010, 292 = WuM 2009, 733 = NZM 2010, 36). Die DIN 283 ist nicht anwendbar (BGH NZM 2007, 595 = WuM 2007, 441; NJW 2009, 2295 = WuM 2009, 344 = NZM 2009, 477).

(4) Im Allgemeinen ist die **Minderungsquote** nach dem prozentualen Verhältnis der Flächenabweichung zu ermitteln (BGH NJW 2004, 1947 = WuM 2004, 336 = NZM 2004, 453; NJW 2010, 1745 = WuM 2010, 240 = NZM 2010, 313). Bei der Wohnraummiete spielt es dabei keine Rolle, ob die Minderfläche auf den Wohnraum im engeren Sinn (Wohnzimmer, Schlafzimmer, Kinderzimmer, Küche) oder auf Nebenräume (Abstellkammer, Speisekammer, Balkon, Loggia) entfällt. Dies folgt aus der Erwägung, dass die Wohnflächenverordnung alle Flächen inner-

§ 536 BGB Untertitel 1. Allgemeine Vorschriften für Mietverhältnisse

halb der Wohnungsabschlusstür unabhängig von ihrer Nutzung gleich behandelt (vgl. § 2 Abs. 1 Satz 1 WoFlV).

147 (5) **Zubehörräume** außerhalb der Wohnung (insbesondere Keller- und Speicherräume) werden bei der Ermittlung der Wohnfläche nicht berücksichtigt. Ebenso zählt die Fläche eines vor der Wohnungsabschlusstür befindlichen Treppenpodestes nicht zur Wohnfläche. Dies gilt auch dann, wenn das Podest zum Abstellen von Gegenständen benutzt werden darf (LG Frankfurt/M ZMR 2011, 382). Dagegen sind Abstellräume innerhalb der Wohnung (Besen- Speisekammern) der Wohnfläche zuzurechnen (Arg. e § 2 Abs. 3 Nr. 1 b WohnflV).

148 (6) Räume, die nach der **landesrechtlichen Bauordnung** nicht als Wohnräume benutzt werden dürfen, zählen gem. § 42 Abs. 4 Nr. 3 der II. BV, § 2 Abs. 3 Nr. 2 WohnflV nicht zur Wohnfläche. Jedoch können die Parteien etwas anderes vereinbaren. Hiervon ist auszugehen, wenn sich aus dem Mietvertrag ergibt, dass die fraglichen Räume zu Wohnzwecken bestimmt und bei der Flächenvereinbarung in vollem Umfang berücksichtigt worden sind. In diesem Fall gehen die vertraglichen Vereinbarungen den gesetzlichen Regeln vor (BGH NZM 2019, 536; NJW 2009, 3421 = WuM 2009, 661 = NZM 2009, 814 betr. Dachgeschossraum in Einfamilienhaus, der auf Grund feuerpolizeilicher Bedenken nicht zu Wohnzwecken genutzt werden darf; BGH NJW 2010, 1064 = WuM 2010, 150 = NZM 2010, 196 betr. Fläche eines zu Wohnzwecken mitvermieteten Galeriegeschosses; **a. A.** Heix WuM 2009, 706, 707); LG Berlin GE 2017, 890 betr. die Fläche von beheizten Kellerräumen eines vermieteten Einfamilienhauses. In Fällen dieser Art liegt zwar ein Mangel vor, wenn die Behörde die Nutzung untersagt oder eine solche Maßnahme androht. Bleibt die Behörde dagegen untätig und wird der Mietgebrauch durch den ordnungswidrigen Zustand nicht beeinträchtigt, so ist die Mietsache nach allgemeiner Ansicht mangelfrei, mit der weiteren Folge, dass dem Mieter keine Gewährleistungsrechte zustehen (BGH NJW 2009, 3421 = WuM 2009, 661 = NZM 2009, 814; OLG Köln WuM 1998, 152; OLG Düsseldorf DWW 2005, 20; 2006, 286; Häublein in: MünchKomm § 536 BGB Rdn. 25).

149 (7) Weist eine gemietete Wohnung eine **Wohnfläche** auf, die **mehr als 10 % unter der im Mietvertrag angegebenen Fläche** liegt, stellt dieser Umstand grundsätzlich einen **Mangel** der Mietsache im Sinne des § 536 Abs. 1 Satz 1 BGB dar, der den Mieter zur Minderung der Miete berechtigt (BGH NZM 2004, 453 = WuM 2004, 336; NZM 2005, 861 = WuM 2005, 712; abweichend Kandelhard, NZM 2008, 468).

(8) Eine die Erheblichkeitsgrenze von 10 % überschreitende **Maßtoleranz** ist nicht anzuerkennen; dies gilt auch dann, wenn vor der Flächenangabe der Begriff „ca." steht (BGH NZM 2004, 456 = WuM 2004, 268; BGH NJW 2010, 1745 = WuM 2010, 240 = NZM 2010, 313 **(9)** Einer zusätzlichen Darlegung des Mieters, dass infolge der Flächendifferenz die Tauglichkeit der Wohnung zum vertragsgemäßen Gebrauch gemindert ist, bedarf es nicht (BGH NZM 2004, 453 = WuM 2004, 336; BGH NZM 2005, 861 = WuM 2005, 712).

150 (10) Die **Minderungsquote** ist nach dem prozentualen Verhältnis der Flächenabweichung zu ermitteln (BGH NZM 2004, 453 = WuM 2004, 336; NJW 2010, 1745 = WuM 2010, 240 = NZM 2010, 313; ebenso im Sinne von (1) bis (6): OLG Karlsruhe NZM 2002, 218 mit zustimmender Anmerkung Windisch ZMR 2003, 184; OLG Köln NZM 1999, 73; KG GE 2002, 257; OLG Düsseldorf DWW 2005, 67; LG Köln WuM 2003, 265 = ZMR 2003, 429; LG Osnabrück ZMR 2003, 845; Eisenschmid in: Schmidt-Futterer § 536 BGB Rdn. 54; Palandt/Weidenkaff § 536

BGB Rdn. 22; Kraemer NZM 1999, 156, 165; ders. NZM 2000, 1121; ebenso für den rechtsähnlichen Fall der Flächenabweichung beim Werkvertrag über eine zu errichtende Eigentumswohnung BGH ZMR 1997, 633).

(11) Die unter Ziff (1) bis (9) dargelegten Grundsätze gelten „im Interesse der Praktikabilität und der Rechtssicherheit" auch bei der Vermietung eines **Einfamilienhauses** mit Garten (BGH NJW 2010, 292 = WuM 2009, 733 = NZM 2010, 36). **(12)** Ebenso gelten diese Grundsätze bei der Vermietung einer **möblierten Wohnung** (BGH NJW 2011, 1282 = WuM 2011, 213 = NZM 2011, 309). Dabei spielt es keine Rolle, ob das Entgelt für die Überlassung der Einrichtungsgegenstände in die Miete einkalkuliert oder gesondert in Form eines Untermietzuschlags ausgewiesen ist. 151

Den Entscheidungen des BGH ist nicht zu entnehmen, dass **Flächenabweichungen unterhalb der Erheblichkeitsgrenze** von 10% in jedem Fall folgenlos sind. Im Einzelfall kann auch bei geringfügigeren Abweichungen ein Mangel vorliegen, beispielsweise, wenn der Mieter wegen der Flächenabweichung seine Möbel (z. B. eine Schrankwand oder Einbauküche) nicht aufstellen kann. 152

Der BGH hat in früheren Entscheidungen mehrmals zu der Frage Stellung genommen, welche **Rechtsfolge bei Mieterhöhungen nach § 558 BGB** gilt, wenn die im Mietvertrag angegebene Fläche von der tatsächlichen Fläche abweicht. In den Urteilen vom 7.7.2004 (NJW 2004, 3115) und vom 8.7.2009 (NJW 2009, 2739) hat er einen Fall behandelt, in dem die im Vertrag ausgewiesene Fläche größer war, als die wirkliche Wohnfläche. Der BGH hat hierzu ausgeführt, dass für das Mieterhöhungsverfahren grundsätzlich die im Vertrag angegebene Fläche maßgebend ist. Eine Ausnahme gilt, wenn die Abweichung mehr als 10% beträgt. Dann sei der Vertrag nach den Grundsätzen über den Wegfall der Geschäftsgrundlage den wirklichen Gegebenheiten anzupassen. Für das Mieterhöhungsverfahren ist dann die tatsächliche Fläche maßgebend. In dem Urteil vom 23.5.2007 (NJW 2007, 2626) hat der BGH entschieden, dass dieselben Grundsätze gelten, wenn die im Vertrag angegebene Fläche kleiner ist als die wirkliche Fläche. Auch hier sei die angegebene Fläche maßgebend. Eine Anpassung des Vertrags findet auch hier nur statt, wenn die Abweichung mehr als 10% beträgt. Diese Rechtsprechung hat der **BGH** in dem **Urteil vom 18.11.2015** – VIII ZR 266/14 (NJW 2016, 239) aufgegeben. Nunmehr gilt, dass für den nach § 558 BGB vorzunehmenden Abgleich der begehrten Mieterhöhung mit der ortsüblichen Vergleichsmiete allein die tatsächliche Größe der vermieteten Wohnung maßgeblich ist. Eine Anpassung des Mietvertrags nach den Grundsätzen des Wegfalls der Geschäftsgrundlage lehnt der BGH nunmehr ab. Die für die Wohnung maßgebliche ortsübliche Vergleichsmiete ist also auf der Grundlage der tatsächlichen Wohnfläche zu berechnen. Die Geltung der **Kappungsgrenze** bleibt hiervon unberührt. 153

Ist die Vertragsfläche kleiner als die tatsächliche Fläche, so stellt sich die Frage, ob in der Flächenangabe zugleich ein vertraglich vereinbarter teilweise **Ausschluss der Mieterhöhung** zu sehen ist. Vertragliche Vereinbarungen, die zum Vorteil des Mieters von § 558 BGB abweichen sind zwar möglich; die Angabe einer unzutreffenden Wohnfläche reicht hierzu aber nicht aus. Für die Annahme eines teilweisen Verzichts auf eine Mieterhöhung müssen weitere Anhaltspunkte vorliegen (BGH NJW 2016, 239). 153a

In dem Urteil vom 30.5.2018 (NZM 2018, 671) hat der BGH klargestellt, dass für die Umlage der Betriebskosten (wozu auch die Heizkosten zählen) ebenfalls die unter Rdn. 153 dargestellten Grundsätze gelten (ebenso: BGH NZM 2019, 288). Auch hier kommt es stets auf die wirkliche Fläche an (s. § 556a Rdn. 35). 154

§ 536 BGB   Untertitel 1. Allgemeine Vorschriften für Mietverhältnisse

155   Die **Minderungsquote** ist aus der Bruttomiete (Grundmiete einschließlich der Betriebskosten) zu ermitteln (BGH WuM 2005, 573 = NZM 2005, 699 = ZMR 2005, 854).

156   Die hier dargelegten Grundsätze gelten auch dann, wenn sich die **Wohnfläche** infolge von Baumaßnahmen des Vermieters **verringert** (AG Hamburg WuM 2008, 332 betr. den Wegfall eines außerhalb der Wohnung gelegenen ca. 3 qm großen Abstellraums).

156a   **Darlegungs- und Beweislast:** Ist die Wohnfläche zwischen den Parteien streitig, gelten nach der Rechtsprechung des BGH folgende Grundsätze: **(1)** Der Vermieter hat die Darlegungslast hinsichtlich der jeweiligen Gesamt- und Einzelfläche. Insoweit genügt es, wenn der Vermieter konkrete Zahlen benennt. Ein spezifizierter Nachweis – etwa in Form einer Wohnflächenberechnung – ist nicht erforderlich. **(2)** Der Mieter muss die Angaben des Vermieters substantiiert bestreiten. Eine Erklärung mit Nichtwissen genügt nicht. Dies gilt auch dann, wenn die Ermittlung der Wohnfläche wegen vorhandener Dachschrägen oder anderer Besonderheiten schwierig ist. Vom Mieter können zwar nur solche Angaben verlangt werden, die ihm „möglich und zumutbar" sind. Es muss sich um Umstände aus dem eigenen Wahrnehmungsbereich des Mieters handeln. Im Allgemeinen sei es dem Mieter aber möglich, die Wohnung auszumessen. Die Kenntnis spezieller Berechnungsmethoden könne nicht verlangt werden. Es genügt, wenn der Mieter den Angaben des Vermieters „das Ergebnis einer laienhaften, im Rahmen seiner Möglichkeiten liegenden Vermessung entgegen hält." **(3)** Ist dies geschehen, muss der Vermieter die Richtigkeit seiner Angaben beweisen (BGH NJW 2015, 475; NZM 2017, 435).

157   **Zugluft.** Fenster und Türen müssen so schließen, dass in den Räumen keine spürbare Zugluft auftritt (vgl. LG Kassel WuM 1988, 108: Minderung von 20% bei Zugluft; AG Rüsselsheim DWW 1991, 147: Minderung von 10%; AG Dülmen WuM 2010, 537 Minderung von ca. 11%). Im Unterschied zu den Mängeln, welche die Heizungsanlage betreffen, ist hier nicht nach der Jahreszeit zu differenzieren, weil Zugluft sowohl an warmen als auch an kalten Tagen als unangenehm empfunden werden kann (AG Reutlingen WuM 1990, 146; AG Lörrach WuM 1989, 564).

3. Beginn und Ende der Minderungsbefugnis

158   Die **Minderungsbefugnis beginnt** mit dem Auftreten der Mängel. Die Minderung tritt kraft Gesetzes ein (BGH NJW 1987, 432; NJW RR 1991, 779; GE 1997, 1096; OLG Düsseldorf DWW 1990, 364). Die Miete ist auch dann gemindert, wenn der Mieter die Sache nicht nutzt (BGH NJW 2018, 1020; WuM 1987, 53; OLG Düsseldorf DWW 1990, 364; GuT 2002, 74), etwa weil er die Räume bereits vor dem Ende der Mietzeit zurückgegeben hat (OLG Düsseldorf MDR 1989, 640). Hat der Mieter die Miete wegen einer durch Bauarbeiten bedingten Gebrauchsbeeinträchtigung gemindert, und bezieht er während der Fortdauer der Bauarbeiten eine andere Wohnung im selben Gebäude, so dauert die Minderungsbefugnis fort, wenn sich die Gebrauchsbeeinträchtigung auch auf die neue Wohnung auswirkt (BGH NJW 2010, 2879 = WuM 2010, 495 = NZM 2010, 661 unter RZ 23 ff). Der Mieter muss den Mangel lediglich anzeigen (§ 536 c BGB; s. dort).

159   Die **Minderungsabsicht muss nicht mitgeteilt werden.** Eine entgegenstehende Vereinbarung ist bei der Wohnraummiete unwirksam (§ 536 Abs. 4 BGB). Dies gilt auch für die in manchen Formularmietverträgen verwendete Klausel, wo-

nach der Mieter nur mindern kann, wenn er dies dem Vermieter einen Monat vor Fälligkeit des Mietzinses anzeigt. Der Mieter ist auch nicht verpflichtet, dem Vermieter eine Frist zur Mängelbeseitigung einzuräumen (AG Köln WuM 1978, 126).

Hat der Mieter trotz des Mangels den **Mietzins in voller Höhe weiterbezahlt,** 160 so ist der Vermieter in Höhe der Minderungsquote ungerechtfertigt bereichert (§ 812 BGB). Den überzahlten Betrag kann der Mieter nach Bereicherungsgrundsätzen vom Vermieter zurückverlangen. Der Rückforderungsanspruch steht auch dann dem Mieter zu, wenn die Miete durch einen Dritten bezahlt worden ist. Dies gilt auch bei Mietzahlung durch das Job-Center oder einer anderen Sozialhilfebehörde. Die Sozialhilfebehörde hat ihrerseits einen Anspruch gegen den Mieter auf Auskehrung der überzahlten Beträge (LG Berlin GE 2015, 659). Nach anderer Ansicht ist in diesem Fall § 33 SGB II anzuwenden mit der Folge, dass der bereicherungsrechtliche Anspruch des Mieters auf Erstattung des überzahlten Mietzinses auf das Jobcenter übergeht (AG Nürnberg WuM 2017, 398). In bestimmten Fällen wird der Bereicherungsanspruch allerdings durch **§ 814 BGB** ausgeschlossen. Nach dieser Vorschrift kann das zum Zwecke der Erfüllung einer Verbindlichkeit Geleistete nicht zurückgefordert werden, wenn der Leistende gewusst hat, dass er zur Leistung nicht verpflichtet war. Die Vorschrift setzt voraus, **(1)** dass objektiv keine Leistungspflicht besteht, **(2)** dass der Mieter die Tatsachen kennt, aus denen das Nichtbestehen der Leistungspflicht folgt und **(3)** dass dem Mieter die aus der Tatsachenlage sich ergebende Rechtsfolge bewusst ist. Die unter Ziff 3 genannte Voraussetzung liegt i. d. R. vor, weil davon auszugehen ist, dass den Mietern das Minderungsrecht bekannt ist (BGH NZM 2018, 1018; NJW 2003, 2601). Die übrigen Voraussetzungen sind vom Vermieter zu beweisen; Zweifel gehen zu seinen Lasten (BGH NZM 2018, 1018; KG NZM 2014, 909). Erleichterungen für die Darlegung und den Nachweis der Tatbestandsvoraussetzungen des § 814 BGB bestehen nicht (BGH a. a. O.). Die Regelung des § 814 BGB ist unanwendbar, wenn nach dem Mietvertrag die Befugnis zur Minderung im Wege der Mietkürzung ausgeschlossen ist. In diesem Fall ist der Mieter auch im Falle eines Mangels zur Mietzahlung verpflichtet. Es fehlt dann an der unter der Ziff (1) dargestellten Voraussetzung. Eine solche Klausel ist bei der Geschäftsraummiete wirksam. Sie führt dazu, dass § 814 BGB nicht anzuwenden ist (KG ZMR 2017, 156). Ebenso ist § 814 unanwendbar, wenn der Mieter den Mietzins zu Beginn eines Monats im Voraus gezahlt hat und die Mietsache nach der Zahlung mangelhaft wird (LG Berlin WuM 2016, 348). Eine Ausnahme gilt, wenn der Mieter bereits bei Fälligkeit der Miete erkennt, dass ein unbehebbarer Mangel vorliegt (LG Berlin a. a. O.; Lögering NZM 2010, 113). Mit dem überzahlten Betrag kann der Mieter außerdem gegenüber dem Mietzins des Folgemonats aufrechnen. Die Möglichkeit dieser **Aufrechnung** kann bei der Wohnraummiete nicht formularmäßig ausgeschlossen werden, weil der Mieter sonst Rückzahlungsklage erheben müsste; diese Vertragsgestaltung verstößt gegen § 307 BGB (Beuermann GE 1994, 1206). Bei der Geschäftsraummiete ist ein formularvertraglicher Ausschluss der Aufrechnungsbefugnis mit überzahlten Mietzinsbeträgen möglich, weil der i. d. R. geschäftserfahrene Mieter mit der klagweisen Durchsetzung von Ansprüchen vertraut ist.

Gibt der Mieter eine mangelhafte Mietsache nach Beendigung der Mietzeit 161 nicht zurück, so ist auch die Höhe der **Nutzungsentschädigung** gemindert; dies gilt unabhängig davon, ob der Mieter während der Mietzeit von seiner Minderungsbefugnis Gebrauch gemacht hat. Anders ist es hingegen, wenn der Mangel erstmals nach Beendigung der Mietzeit auftritt. In diesem Fall ist der Vermieter grundsätzlich nicht mehr zur Herstellung des vertragsgemäßen Gebrauchs ver-

§ 536 BGB Untertitel 1. Allgemeine Vorschriften für Mietverhältnisse

pflichtet; aus diesem Grunde kann der Mieter auch nicht mindern; über die Ausnahmen s. § 546a BGB Rdn. 30.

162 Kann der Erfüllungsanspruch nicht durchgesetzt werden, weil die hierzu erforderlichen Aufwendungen jenseits der **Opfergrenze** liegen (s. § 535 BGB Rdn. 374), so ist auch § 536 BGB unanwendbar; allerdings wird der Mieter in diesem Fall nach § 326 Abs. 1 Satz 1 BGB von der Bezahlung der Miete frei.

163 Die **Minderungsbefugnis endet** mit der Beseitigung der Mängel. Gleiches gilt, wenn der Mieter die Mängelbeseitigung verweigert (BGH NZM 2019, 533).

4. Höhe der Minderung

164 **a) Berechnungsgrundlage: Bruttomiete:** Ist die Gebrauchstauglichkeit aufgehoben, so ist der Mieter von der Verpflichtung zur Zahlung der Miete befreit (§ 536 Abs. 1 Satz 1 BGB). Ist die Gebrauchstauglichkeit gemindert, so hat der Mieter „nur eine angemessen herabgesetzte Miete zu entrichten" (§ 536 Abs. 1 Satz 2 BGB). Die Herabsetzung der Miete muss proportional zur Einschränkung der Gebrauchstauglichkeit erfolgen (Sternel WuM 2002, 585, 586), weil § 536 Abs. 1 BGB sicherstellen will, dass das Äquivalenzverhältnis zwischen dem Wert der Vermieterleistung und dem Entgelt im Falle eines Mangels gewahrt bleibt (BGHZ 163, 1 = NJW 2005, 1713; Eisenschmid in: Schmidt-Futterer § 536 BGB Rdn. 372).

165 Bei der Vereinbarung einer **Pauschalmiete** ist die Minderung aus der monatlich zu zahlenden Miete zu berechnen. Gleiches gilt, wenn eine **Betriebskostenpauschale** vereinbart ist. In den Fällen der **Betriebskostenvollumlage** ist die Minderung aus der Bruttomiete zu berechnen. Hierunter ist die „Miete einschließlich aller Nebenkosten" zu verstehen (BGH NJW 2011, 1806 = WuM 2011, 284 = NZM 2011, 453). Deshalb gilt: Im Falle eines Mangels ist die **Gesamtmiete gemindert.** Da sich die Gesamtmiete aus der Grundmiete einschließlich aller Nebenkosten zusammensetzt, kann im Falle einer berechtigten Minderung die Höhe des vom Mieter geschuldeten Entgelts erst auf Grund der Jahresabrechnung über die Betriebskosten ermittelt werden. Ob und in welcher Höhe ein Minderungsbetrag (auch) auf die Vorauszahlungen angerechnet wird, spielt hierbei keine Rolle. Der Vermieter kann eine solche Anrechnung vornehmen, er kann aber auch die Minderungsbeträge ausschließlich auf die Grundmiete anrechnen. Eine eventuelle Nachforderung des Vermieters oder ein Guthaben des Mieters ist in beiden Fällen „am einfachsten dadurch zu berechnen dass die (vom Mieter) im Abrechnungsjahr insgesamt geleisteten Zahlungen der... geschuldeten Gesamtmiete (Jahresbetrag der Nettomiete zuzüglich der abgerechneten Betriebskosten abzüglich des in dem betreffenden Jahr insgesamt gerechtfertigten Minderungsbetrags) gegenüber gestellt werden" (BGH NJW 2011, 1806 = WuM 2011, 284 = NZM 2011, 453).

165a Ein nicht nur vorübergehend, sondern **dauerhaft verschlechtertes Umfeld** hat Einfluss auf die ortsübliche Vergleichsmiete, weil nach § 558 Abs. 2 BGB das Kriterium der „Lage" eine wichtige Rolle spielt. Dies ist bei der Bemessung der Minderungsquote zu berücksichtigen, weil es anderenfalls zu einer doppelten Herabsetzung der Miete käme. Die Minderung muss auf der Basis einer dem tatsächlich entsprechenden Zustand gebildeten hypothetisch berechneten ortsüblichen Vergleichsmiete vorgenommen werden (Gsell NZM 2016, 702, 709).

166 **b) Verhältnis der Betriebskostenabrechnung (§ 556 Abs. 3 BGB) zur Miethöhe (§ 535 Abs. 2 BGB).** Nach ständiger Rechtsprechung des BGH muss eine Betriebskostenabrechnung i. S. des § 556 Abs. 3 BGB folgende Elemente enthalten: **(1)** eine Zusammenstellung der Gesamtkosten; **(2)** die Angabe und Erläuterung des Verteilerschlüssels **(3)** die Berechnung des Anteils des Mieters und **(4)** der Abzug der Vorauszahlungen. Bei diesen Anforderungen hat es auch dann sein Bewenden, wenn sich die Minderung auf die Betriebskosten erstreckt. Für die Betriebskostenabrechnung spielt es nämlich keine Rolle, ob die Miete gemindert ist (**a. A.** Doerfer ZMR 2011, 704; Thoms ZMR 2012, 7). Diese Frage beantwortet sich allein nach § 536 BGB. Bei der Bemessung der Miethöhe kommt es allerdings auf das Ergebnis der Betriebskostenabrechnung an.

aa) Minderung in gleichbleibender Höhe. Beispiel: Im schriftlichen Mietvertrag ist die Wohnfläche mit 100 qm ausgewiesen. Als Entgelt ist eine monatliche Grundmiete von 500.– € vereinbart. Außerdem hat der Mieter monatliche Betriebskostenvorauszahlung von 100.– € zu bezahlen. Tatsächlich beträgt die wirkliche Wohnfläche nur 85 qm. Dies entspricht einer Abweichung von 15%. Nach der Rechtsprechung des BGH ist die Miete um 15% gemindert. Der Mieter schuldet deshalb eine monatliche Zahlung von 600.– € abzüglich 15% (= 90.– €), also 510.– €. Hierbei handelt es sich um eine vorläufige Minderung

Variante 1: Die Betriebskostenabrechnung schließt mit einem Nachzahlungsanspruch von 600.– €. Für die geschuldete Miete gilt folgende Rechnung:

Grundmiete:	12 × 500.– EUR	= 6 000.– EUR
Betriebskostenvorauszahlung:	12 × 100.– EUR	= 1 200.– EUR
Nachzahlung:		600.– EUR
Gesamtmiete ohne Minderung		7 800.– EUR
Minderung (7 800.– abz. 15%)		1 170.– EUR
Geschuldete Gesamtmiete:		6 630.– EUR
Gezahlte Miete: (12 × 510.– EUR)		6 120.– EUR
Rest:		510.– EUR

Variante 2: Die Betriebskostenabrechnung schließt mit einem Guthaben von 600.– €. Für die geschuldete Miete gilt folgende Rechnung:

Grundmiete:	12 × 500.– EUR	= 6 000.– EUR
Betriebskostenvorauszahlung:	12 × 100.– EUR	= 1 200.– EUR
Guthaben:		– 600.– EUR
Gesamtmiete ohne Minderung		6 600.– EUR
Minderung (6 600.– abz. 15%)		990.– EUR
Geschuldete Gesamtmiete:		5 610.– EUR
Gezahlte Miete: (12 × 510.– EUR)		6 120.– EUR
Rest:		510.– EUR

Rechtliche Bewertung:

In der Variante 1 hat der Mieter zu wenig gemindert. Aus diesem Grunde schuldet der Mieter nicht den in der Betriebskostenabrechnung ausgewiesenen Betrag von 600.– €, sondern lediglich 510.– €. Ob der Mieter eine entsprechende Einrede gegen den Zahlungsanspruch des Vermieters erhebt, bleibt ihm überlassen; im Zahlungsprozess ist dieser Umstand nicht von Amts wegen zu berücksichtigen. In der Betriebskostenabrechnung ist nicht der Betrag von 510.– €, sondern der Betrag von 600.– € auszuweisen.

In der Variante 2 hat der Mieter zu viel gemindert. Deshalb hat er keinen Anspruch auf Auszahlung des in der Betriebskostenabrechnung ausgewiesenen Guthabens von 600.– €. Er hat lediglich Anspruch auf Zahlung von 510.– €. Ob

§ 536 BGB Untertitel 1. Allgemeine Vorschriften für Mietverhältnisse

der Vermieter eine entsprechende Einrede gegen den Zahlungsanspruch des Mieters erhebt, bleibt ihm überlassen; im Zahlungsprozess ist dieser Umstand nicht von Amts wegen zu berücksichtigen. In der Betriebskostenabrechnung ist nicht der Betrag von 510.– €, sondern der Betrag von 600.– € auszuweisen.

Ob der Vermieter die Zahlungen des Mieters auf die Grundmiete oder auf die Betriebskostenvorauszahlungen verrechnet, bleibt ihm überlassen. Der BGH (NZM 2011, 453 unter Rz. 13) führt zu Recht aus, dass es sich bei dieser Frage um ein „Scheinproblem" handelt, weil das Endergebnis in beiden Fällen gleich bleibt (ebenso Günter WuM 2012, 299). Die Verrechnung einer unvollständigen Zahlung auf die Grundmiete hat lediglich zur Folge, dass in die Betriebskostenabrechnung nicht die vollen, sondern nur geminderte Vorauszahlungen einzusetzen sind. Dies sollte in der Betriebskostenabrechnung erläutert werden. Eine Abrechnung nach „Soll-Vorauszahlungen" wäre fehlerhaft.

168 **bb) Minderung in unterschiedlicher Höhe. Beispiel:** Nach dem Mietvertrag schuldet der Mieter eine monatliche Grundmiete von 500.– € und monatliche Betriebskostenvorauszahlungen von 100.– €. Die Miete ist wegen eines Mangels im Juli und August um 10% und im November und Dezember um 20% gemindert. Die Betriebskostenabrechnung schließt mit einem Nachzahlungsbetrag von 600.– €. Für die infolge des Mangels geschuldete Miete gilt folgende Rechnung:

(1) Vereinbarte Jahresgesamtmiete
- Grundmiete (12 × 500.– EUR) 6 000.– EUR
- Betriebskostenvorauszahlungen (12 ×100.– EUR) 1 200.– EUR
- Betriebskostennachzahlung nach tatsächlichem Abrechnungsergebnis 600.– EUR
Gesamtmiete ohne Minderung 7 800.– EUR

(2) Geschuldete Monatsmieten
- Jan bis Juni und Sept/Oktober 7 800.– EUR: 12 = 650.– EUR
- Juli/August: 7 800.– abz. 10% = 7 020.–: 12 = 585.– EUR
- November/Dezember 7 800.– abz. 20% = 6 240.–: 12 = 520.– EUR

(3) Geschuldete Jahresmiete: 7 410.– EUR

(4) Gezahlte Mieten unter Berücksichtigung einer vorläufigen Minderung von 10% im Juli und August und einer Minderung von 20% im November und Dezember
- Januar 600.– EUR
- Februar 600.– EUR
- März 600.– EUR
- April 600.– EUR
- Mai 600.– EUR
- Juni 600.– EUR
- Juli 540.– EUR
- August 540.– EUR
- September 600.– EUR
- Oktober 600.– EUR
- November 480.– EUR
- Dezember 480.– EUR

6 840.– EUR 6 840.– EUR

Differenz: 570.– EUR

Mietminderung bei Sach- und Rechtsmängeln **BGB § 536**

Rechtliche Bewertung
Der Mieter schuldet nicht den in der Betriebskostenabrechnung ausgewiesenen Betrag von 600.– €, sondern lediglich 570.– €. In der Betriebskostenabrechnung ist nicht der Betrag von 570.– €, sondern der Betrag von 600.– € auszuweisen. Auch hier spielt es keine Rolle, ob der Vermieter die Zahlungen des Mieters auf die Grundmiete oder auf die Betriebskostenvorauszahlungen verrechnet.

c) Rechtsfolgen für die Minderung. Aus den obigen Ausführungen folgt, dass die Parteien im Falle eines Mangels verschiedene Möglichkeiten haben. **169**

aa) Einverständliche Minderung. Sind sich die Parteien einig, dass ein Mangel vorliegt, so können sie sich auf einen bestimmten Minderungsbetrag festlegen. Eine solche Vereinbarung ist auch bei der Wohnungsmiete wirksam. Die Regelung in § 536 Abs. 4 BGB steht dem nicht entgegen. Danach sind zwar Vereinbarungen unwirksam, die zum Nachteil des Mieters von der gesetzlichen Regelung abweichen. Die Vorschrift gilt jedoch nicht für Vereinbarungen, die während der Mietzeit im Hinblick auf einen bestimmten Mangel getroffen werden. Solche Vereinbarungen werden auch häufig getroffen, insbesondere im Wege eines gerichtlichen Vergleichs. Sie sind selbstverständlich auch außerhalb eines Gerichtsverfahrens zulässig. Haben sich die Parteien dergestalt auf einen Minderungsbetrag geeinigt, so scheidet eine Nachberechnung aus.

bb) Streitige Minderung. In der Regel ist zwischen den Parteien streitig, ob ein Mangel vorliegt und ob und in welcher Höhe die Miete deshalb gemindert ist. In diesem Fall stehen dem Mieter mehrere Möglichkeiten zur Verfügung: **170**

Der Mieter kann sich für eine bestimmte Minderungsquote entscheiden, die monatlich zu zahlende Miete (Grundmiete und Betriebskostenvorauszahlung) entsprechend dieser Quote kürzen und erklären, dass er die restliche Miete bis zum Erhalt der Betriebskostenabrechnung unter Vorbehalt bezahle. In diesem Fall bringt der Mieter hinreichend klar zum Ausdruck, dass die Minderung im Falle einer Nachzahlung aus der Jahresbruttomiete (Jahresgrundmiete + Gesamtbetriebskosten) berechnet werden soll. Schließt die Abrechnung mit einem Guthaben zugunsten des Mieters, so ist auch der Vermieter zu einer Korrektur des Minderungsbetrags berechtigt.

In der Praxis erklären Mieter häufig, dass sie die Grundmiete um einen bestimmten Prozentsatz mindern. Eine solche Erklärung kann auch stillschweigend erfolgen. Schuldet der Mieter beispielsweise eine Grundmiete von 500.– Euro und eine Betriebskostenvorauszahlung von 100.– Euro und zahlt er auf Grund eines Mangels statt der vereinbarten 600.– Euro lediglich 480.– Euro, so liegt die Annahme nahe, dass die Grundmiete um 20% = 120.– Euro gemindert werden soll. Ergibt sich zugunsten des Vermieters eine Nachzahlung, so stellt sich die Frage, ob der Mieter hiergegen einwenden kann, dass die Minderung aus der Bruttojahresmiete (Jahresgrundmiete + Gesamtbetriebskosten) berechnet werden muss. In der Literatur wird teilweise vertreten, dass der Mieter an seine Erklärungen hinsichtlich der Höhe der Minderung gebunden sei (Eisenschmid in: Schmidt-Futterer § 536 BGB Rdn. 381 und WuM 2005, 491, 493; Lützenkirchen NZM 2006, 8). Geht man davon aus, dass die Minderungsquote tatsächlich 20% beträgt – was bei einer Minderung auf Grund einer Flächenabweichung ohne weiteres festgestellt werden kann –, so hat der Mieter mehr bezahlt als er schuldet. In Fällen dieser Art steht dem Mieter ein Bereicherungsanspruch nach § 812 BGB zu. Dieser entfällt nur dann, wenn der Mieter wußte, dass er zu einer weitergehenden Minderung berechtigt gewesen wäre; insoweit ist positive Kenntnis erforderlich (§ 814 BGB; Allgemeine Ansicht; s. nur: Palandt/Sprau § 814 BGB Rdn. 3 m. w. N.). Das ist keineswegs zu unterstellen; im Gegenteil ist zu vermuten, dass der Mieter seine Rechte bei entsprechender Rechtskenntnis ausgeschöpft hätte. Wegen dieser Vermutung kann der Vermieter regelmäßig auch nicht darauf vertrauen, dass es bei dem ursprünglichen Minderungsbetrag verbleiben soll. Schließt die Abrechnung mit einem Guthaben zugunsten des Vermieters, so ist auch der Vermieter zu einer Korrektur des Minderungsbetrags berechtigt.

171 d) Teilweise wird vertreten, dass bei der Festlegung der Minderungsquote auch **sonstige Umstände** (wie etwa der Grad des Verschuldens des Vermieters am Entstehen des Mangels, dessen Bemühungen um die Mängelbeseitigung etc.) berücksichtigt werden können (Rips/Eisenschmid, Neues Mietrecht S. 36). Diese Ansicht trifft nicht zu, weil die Minderung einzig und allein der Anpassung der Miete an den geminderten Wert der Mietsache dient (ebenso: Sternel WuM 2002, 244, 245).

172 e) Die Minderungsquote kann bei gleichbleibendem Mangel höher oder niedriger ausfallen, je nachdem, wie sich der Mangel auf die Tauglichkeit der Mietsache zum Vertragsgebrauch auswirkt. Durch eine mangelhafte Heizung wird der Mieter beispielsweise im Winter stärker beeinträchtigt als im Sommer; folglich sind auch für die jeweiligen **Jahreszeiten unterschiedliche Minderungsquoten** angebracht (BGH NJW 2011, 514 = NZM 2011, 153; AG Dortmund NZM 2014, 470; **a. A.** Eisenschmid in: Schmidt-Futterer § 536 BGB Rdn. 353). Ebenso ist es nicht zu beanstanden, wenn die Minderungsquote beim Ausfall der Warmwasserversorgung im Winter höher bemessen wird als im Sommer (BGH WuM 2010, 235 = NZM 2010, 356 unter Rz. 39). Bei der Vermietung von Räumen zum Betrieb einer Gaststätte mit Außenbewirtschaftung ist bei der Höhe der Minderung zu berücksichtigen ob und an welchen Tagen eine Außenbewirtschaftung möglich gewesen wäre (KG GE 2014, 934).

172a Bei bestimmten Mängeln ist typisch, dass das Maß der Beeinträchtigung im Verlauf der Zeit unterschiedlich groß ist, z. B. bei Lärm aus der Nachbarschaft oder bei Immissionen auf Grund einer Großbaustelle (vgl. LG München I NZM 2016, 237; LG Berlin Beschluss vom 15.1.2019 – 67 S 309/18 betr. Immissionen von Großbaustelle). Dies bedeutet nicht, dass der Mieter zur Berechnung der ihm zustehenden Minderung tägliche Messungen durchführen muss, um eine taggenaue Minderungsquote darlegen zu können. Dies würde die Durchsetzung eines Minderungsanspruchs gerade bei länger andauernden und damit für den Mieter besonders gravierenden Beeinträchtigungen nahezu ausschließen. Aus diesen Gründen kann der Mieter in solchen Fällen eine **einheitliche Minderungsquote** bilden LG Berlin (NZM 2020, 374).

173 f) Vornehmlich in den neuen Bundesländern stellt sich die Frage, wie beim Auftreten sog. **bauarttypischer Mängel** (etwa bei Plattenbauten) die **Minderungsquote** zu bemessen ist, wenn der Mieter lediglich einen geringen Mietpreis zu bezahlen hat. Die Rechtsprechung neigt hier zu einer deutlichen Reduzierung der Minderungsquote, wobei zur Begründung ausgeführt wird, dass vom Mieter wegen des geringen Mietpreises eine höhere Toleranz gegenüber Mängeln verlangt werden könne (KreisG Erfurt WuM 1992, 112; DtZ 1994, 80; KreisG Döbeln WuM 1992, 535). Tatsächlich zeigt sich an diesem Problem, dass der vertragsmäßige Gebrauch i. S. von § 535 Abs. 1 BGB, der hierfür zu zahlende Mietzins i. S. von § 535 Abs. 2 BGB und die Gewährleistungsrechte nach §§ 536f BGB unmittelbar von einander abhängen. Solange es Wohnungen mit marktfremden Niedrigstmieten gibt, können auch die Erfüllungs- und Gewährleistungsansprüche des Mieters nur im Rahmen einer dem Vermieter zumutbaren Opfergrenze geltend gemacht werden.

Mietminderung bei Sach- und Rechtsmängeln **BGB § 536**

g) Ist ein Teil der **Mietzinsforderung abgetreten,** so erstreckt sich eine Minde- 174
rung grundsätzlich auf jeden der durch die Abtretung entstandenen Forderungsteile
nach dem Verhältnis ihrer Höhe (BGH NJW 1983, 1902). Wird der Mietzins erhöht,
so erhöht sich der Minderungsbetrag entsprechend (AG Charlottenburg GE 1984,
539); dies gilt im Zweifel auch dann, wenn sich die Parteien auf einen bestimmten
Minderungsbetrag vertraglich geeinigt haben (AG Charlottenburg a. a. O.).

h) Die Minderungsquote richtet sich nicht nach den Vorstellungen des Mieters, 175
sondern nach dem gesetzlich bestimmten Maß. Bei **fehlerhafter Berechnung der
Minderungsquote** gilt folgendes: Hat der Mieter die Miete in einem zu hohen
Umfang gemindert, so muss er den überschießenden Betrag nachbezahlen. Ist die
Minderung zu niedrig bemessen, so ist der Vermieter um einen Teil der tatsächlich
erbrachten Mietzahlungen bereichert. Diesen Betrag kann der Mieter zurückverlangen. Die Vorschrift des 536b ist nicht anwendbar, weil der Mieter durch die
Zahlung der geminderten Miete keinen Vertrauenstatbestand schafft. Aus demselben Grunde ist ein entsprechender Rückforderungsanspruch auch nicht verwirkt.
In diesem Zusammenhang ist zu bedenken, dass ein Mieter die Minderungsquote
vorsichtig berechnet, um der Gefahr einer Kündigung wegen Zahlungsverzugs zu
begegnen. Etwas anderes kann gelten, wenn der Mieter zum Ausdruck bringt, dass
er keine weitergehende Minderung als die tatsächlich vorgenommene geltend
machen werde (zum Ganzen: OLG Köln GUT 2002, 45).

i) Minderung bei der Umsatzmiete/Umsatzpacht. Wirkt sich ein Mangel 176
der Miet- oder Pachtsache auf den Umsatz aus, so führt dies bei umsatzabhängiger
Miete oder Pacht zu einer verminderten Mietzahlung. Dies führt zu der Frage, ob
der Mieter oder Pächter darüber hinaus zur Minderung befugt ist. Die Frage ist zu
bejahen. Für die Bemessung der Minderungsquote ist zu ermitteln, welches Entgelt
für Objekte der fraglichen Art bei der Vereinbarung einer umsatzunabhängigen
Miete ortsüblich ist. Aus dieser fiktiven Miete kann dann je nach der Art des Mangels der angemessene Minderungsbetrag bestimmt werden (abweichend: Falk/
Schneider ZMR 2011, 697).

5. Ausschluss der Minderung

Die Minderungsbefugnis ist in folgenden Fällen ausgeschlossen: **(1) Bagatell-** 177
mangel. Er liegt vor, wenn die Tauglichkeit der Mietsache zum vertragsmäßigen
Gebrauch durch den Mangel nur unerheblich gemindert wird **(§ 536 Abs. 1
Satz 3 BGB).** Ausgeschlossen ist aber lediglich die Mietminderung. Auch unerhebliche Gebrauchsbeeinträchtigungen stellen einen Mangel dar (Eisenschmid
in: Schmidt-Futterer § 536 BGB Rdn. 53). Abs. 1 Satz 3 schließt lediglich die Minderung aus. Die übrigen Erfüllungs- und Gewährleistungsrechte bestehen uneingeschränkt weiter (Häublein in: MünchKomm § 536 BGB Rdn. 26; **a. A.** Kraemer/Ehlert/Schindler in: Bub/Treier Kap III Rdn. 3225). Als unerheblich ist ein
Mangel insbesondere dann anzusehen, wenn er leicht erkennbar ist und schnell
und mit geringen Kosten beseitigt werden kann, so dass die Geltendmachung einer
Minderung gegen Treu und Glauben verstieße (BGH WuM 2004, 531 = NZM
2004, 776 betr. einem sehr kurzem Heizungsausfall oder bei vorübergehend geringfügiger (1 Grad) Unterschreitung der erforderlichen Heizleistung; OLG Düsseldorf MDR 1989, 640 betr. Mängeln in zahnärztlicher Praxis ohne Auswirkungen
auf den Praxisbetrieb; OLG Düsseldorf MDR 2012, 1155; AG Kassel WuM 1989,
171: defektes Tor einer Sammelgarage; AG Dortmund WuM 1989, 172: Verkleinerung des Badewannenvolumens durch den Einbau einer neuen Wanne; AG Stein-

§ 536 BGB Untertitel 1. Allgemeine Vorschriften für Mietverhältnisse

furt WuM 1996, 268: Geringfügiger Luftdurchgang an den Fenstern eines Altbaus; AG Brandenburg NZM 2018, 464: geringfügige optische Beeinträchtigung infolge der Verlegung des Müllplatzes). Weitere Beispiele: Unbenutzbarkeit eines Balkons im Winter, Ausfall der Heizung im Sommer, abgetretene Türschwellen, defekte Steckdose, einmalige Lärmbelästigung durch einen Nachbarn, kurzzeitige Neubaufeuchtigkeit. Die Vorschrift des § 536 Abs 1 Satz 3 beruht auf der Erwägung, dass geringfügige Störungen nicht zum Gegenstand von Streitigkeiten gemacht werden sollen; die Regelung kann deshalb großzügig gehandhabt werden (ebenso: Franke ZMR 1996, 297, 300). Zu beachten ist allerdings, dass der Mieter einer teuren Komfortwohnung höhere Ansprüche an deren Beschaffenheit stellen darf, als dies bei durchschnittlichen Wohnungen üblich ist (AG Münster WuM 1995, 704). Deshalb können hier schon kleinere Mängel ohne konkrete Gebrauchsbeeinträchtigung eine Minderung rechtfertigen. Eine Minderungsquote unterhalb von 5% sollte allerdings niemals zuerkannt werden (AG Dortmund DWW 1997, 157: Minderungen unter 3%; verfehlt: AG Münster, a. a. O., betr. Minderung von 2% wegen diverser Kleinigkeiten bei einer Nettomiete von 2210.–DM/pro Monat; AG Mainz WuM 1996, 701: Minderung von 1% wegen eines mangelhaften Briefkastens).

178 **(2) Kenntnis des Mieters vom Mangel beim Abschluss des Mietvertrags.** (§ 536b BGB, s. dort) oder während der Mietzeit.

179 **(3) Verzicht auf Minderung trotz Mangelkenntnis.** Die Minderung ist ausgeschlossen, wenn im Verlauf der Mietzeit ein Mangel auftritt, der Mieter den Mietzins vorbehaltslos weiterbezahlt und weitere Umstände hinzutreten, denen der Vermieter entnehmen darf, dass der Mieter von der Minderungsbefugnis keinen Gebrauch machen will (s. Rdn. 160 und § 536b BGB Rdn. 33). In den Fällen Nr. (2) und (3) lebt die Minderungsbefugnis allerdings wieder auf, wenn der Mietzins erhöht wird (§ 536b BGB, Rdn. 20 ff).

180 **(4) Unterlassene Mängelanzeige.** (s. § 536c BGB, Rdn. 2 ff).

181 **(5) Ein vom Mieter verschuldeter Mangel** schließt die Minderungsbefugnis aus (Franke ZMR 1996, 297, 302; s. oben Rdn. 37a). Geht der Mieter irrig davon aus, dass ihn an dem Mangel kein Verschulden trifft, so liegt in der Erhebung einer Klage oder in der sonstigen Inanspruchnahme eines Rechtspflegeverfahrens keine zum Schadensersatz verpflichtende Vertragsverletzung (BGH NJW 2003, 1934; NJW 2005, 3141; NJW-RR 2005, 315). Anders kann es sein, wenn der Mieter die Miete mindert und dabei erkennt oder infolge Fahrlässigkeit nicht erkennt, dass der angebliche Mangel in seinem eigenen Verantwortungsbereich liegt (vgl. BGH NJW 2007, 1458 unter Ziff II 1 und 2; NJW 2008, 1147 = WuM 2008, 145). An das Verschulden sind allerdings strenge Anforderungen zu stellen, weil die Durchsetzung von Mangelbeseitigungsansprüchen andererseits in nicht hinnehmbarer Weise erschwert würde (BGH NJW 2011, 143 = WuM 2010, 748 = NZM 2010, 858).

181a Von diesen Grundsätzen besteht eine wichtige **Ausnahme:** Ist ein vom Mieter verursachter Schaden durch eine vom Vermieter abgeschlossene Sachversicherung (**Gebäudeversicherung, Leitungswasserversicherung, Feuerversicherung** und dergleichen) gedeckt und fällt dem Mieter hinsichtlich des Verschuldens lediglich einfache Fahrlässigkeit zur Last, so gelten die Grundsätze der sog. „versicherungsrechtlichen Lösung" (s. dazu zunächst § 538 Rdn. 24 und § 535 Rdn. 377a). Danach ist Vermieter zur Beseitigung des Schadens verpflichtet. Auch die Befugnis des Mieters zur Minderung der Miete bleibt unberührt (BGHZ 203, 256 = NJW 2015, 699).

(6) Mangel aus der Sphäre des Mieters. Die unter Ziff (5) dargestellten 182 Grundsätze gelten auch dann, wenn der Mangel „der Sphäre des Mieters zuzurechnen ist (BGH WuM 2011, 97 = NZM 2011, 198 betr. Stromsperre auf Grund Zahlungsverzugs des Mieters). Hiervon ist weiterhin dann auszugehen, wenn der Mangel aufgrund von Maßnahmen eingetreten ist, die vom Mieter veranlasst worden sind, oder die der Vermieter auf Veranlassung des Mieters vorgenommen hat (BGH LM § 537 BGB Nr. 7 betreffend: Feuchtigkeit aufgrund von baulichen Veränderungen, die der Vermieter auf Veranlassung des Mieters durchgeführt hat; OLG München ZMR 1996, 434: Einbau einer Trennwand; OLG Düsseldorf, DWW 1992, 81 = ZMR 1992, 149 = NJW RR 1993, 976; OLG Düsseldorf ZMR 2011, 629 betr. Umbauten; **a. A.** Sternel WuM 2002, 244, 248: Danach ist der vom Vermieter geschaffene Zustand der vertraglich geschuldete Zustand.)

(7) Vertragliche Verpflichtung des Mieters zur Mangelbeseitigung. Bei 183 der Wohnraummiete muss eine solche Verpflichtung individualvertraglich vereinbart werden; entsprechende Formularklauseln sind regelmäßig unwirksam. Der Umstand, dass sich der Mieter an den Kosten der Mängelbeseitigung beteiligen muss, führt allerdings nicht zum Verlust der Gewährleistungsrechte (**a. A.** wohl OLG Düsseldorf ZMR 1994, 403, 405 r.Sp: der Mieter müsse sich mit dem Vermieter abstimmen).

(8) Weigerung des Mieters zur Duldung der Mangelbeseitigung. Die 184 Minderungsbefugnis geht verloren, wenn der Mieter die Beseitigung des Mangels verweigert oder mutwillig erschwert. In einem solchen Fall kann sich der Mieter nach Treu und Glauben (§ 242 BGB) „ab dem Zeitpunkt nicht mehr auf die Minderung berufen kann, ab dem die Mangelbeseitigung ohne sein verhinderndes Verhalten nach dem gewöhnlichen Lauf der Dinge voraussichtlich abgeschlossen gewesen wäre und der Vermieter wieder die ungeminderte Miete hätte verlangen dürfen" (BGH NZM 2019, 533; BGHZ 205, 301 = NJW 2015, 2419; LG Berlin GE 2017, 717). Hiervon ist insbesondere dann auszugehen, wenn der Mieter dem Vermieter oder dem von diesem beauftragten Handwerker ohne hinreichenden Grund den Zutritt zur Wohnung verwehrt. Einer Aufforderung zur Besichtigung der Mängel muss der Mieter grundsätzlich Folge leisten. Dies gilt auch für eine wiederholte Besichtigung, wenn diese erforderlich ist, um sich vor Ort mit einem Fachmann zu beraten; unnötige Mehrfachbesichtigungen braucht der Mieter allerdings nicht zu dulden (LG Berlin WuM 1994, 464). Hat der Mieter den Mangel angezeigt und sodann die Miete gemindert und hat der Vermieter gleichwohl längere Zeit nichts zur Mangelbeseitigung unternommen, so ist es nicht zu beanstanden, wenn der Mieter ein Verfahren zur Sicherung des Beweises betreibt. Der Mieter hat in diesem Fall nämlich ein Interesse an der beweissicheren Feststellung der Mängel. Das gilt aber nur für die Dauer des selbständigen Beweisverfahrens. Der Mieter darf Mängelbeseitigung nicht in Erwartung einer Vermieterklage verweigern (BGH NZM 2019, 533).

(9) Unangemessene Ansprüche an Art und Weise der Mangelbeseiti- 185 **gung.** Hiervon ist auszugehen, wenn der Mieter die Mängelbeseitigung von Bedingungen abhängig macht, auf die er keinen Anspruch hat. So darf der Mieter die Mangelbeseitigung nicht deshalb ablehnen, weil sie der Vermieter in Eigenarbeit durchführen will. Auf den **Einsatz von Fachhandwerkern** hat der Mieter grundsätzlich **keinen Anspruch;** der Mieter kann lediglich die Herstellung eines vertragsgemäßen Zustands verlangen. Etwas anderes gilt, wenn zur Mängelbeseitigung Fachkenntnisse erforderlich sind, über die der Vermieter nicht verfügt; hiervon ist beispielsweise bei Arbeiten an elektrischen Installationen oder Anlagen auszugehen.

§ 536 BGB Untertitel 1. Allgemeine Vorschriften für Mietverhältnisse

186 **(10) Angebot einer Ersatzwohnung durch den Vermieter.** Der Mieter kann nicht mindern, wenn der Vermieter dem Mieter für die Zeit des Wegfalls der Gebrauchstauglichkeit eine gleichwertige Ersatzwohnung angeboten und der Mieter das Angebot angenommen hat. In diesem Fall ist davon auszugehen, dass der Mieter dem Vermieter das Recht eingeräumt hat, anstelle der geschuldeten Leistung eine andere zu erbringen. Die Ersetzungsbefugnis bedarf einer vertraglichen Vereinbarung, die auch stillschweigend getroffen werden kann. In dieser Vereinbarung ist insbes. auch zu regeln, welcher Mietzins für die Ersatzwohnung geschuldet wird (vgl. dazu LG Düsseldorf DWW 1996, 282).

186a **(11) Fälle des § 906 BGB.** Wenn der Vermieter die Beeinträchtigung der Gebrauchstauglichkeit durch einen Dritten (insbes. bei Baumaßnahmen) ohne Abwehrmöglichkeit und Entschädigungsanspruch hinnehmen muss (s. dazu Rdn. 4)

6. Zurückbehaltungsrecht

187 Bei mangelhafter Mietsache hat der Mieter ein Zurückbehaltungsrecht **an der Miete** (grundlegend: BGHZ 206, 1 = NJW 2015, 3087 = NZM 2015, 618 m. Anm. Hinz ZMR 2016, 253; Blank WuM 2015, 577; Börstinghaus jurisPR-MietR 17/2015 Anm. 1; Schach GE 2015, 1058; Brückner GE 2016, 436; BGH WuM 2016, 98; Allgemein zum Zurückbehaltungsrecht: Eisenschmid in: Schmidt-Futterer § 536 BGB Rdn. 409ff; Emmerich in: MünchKomm § 320 BGB Rdn. 9); an einer Kaution besteht kein Zurückbehaltungsrecht. Das Zurückbehaltungsrecht (Einrede des nichterfüllten Vertrags, § 320 BGB) ist ein Druckmittel zur Durchsetzung des Erfüllungsanspruchs; es kann neben oder anstelle der Minderung eingesetzt werden (BGHZ 84, 42 = NJW 1982, 2242; NJW 1989, 3222, 3224; BGHZ 206, 1 = NJW 2015, 3087 = NZM 2015, 618, WuM 2016, 98). Aufgrund des Zurückbehaltungsrechts kann der Mieter den Mietzins bis zur Beseitigung der Mängel ganz oder zum Teil einbehalten. Wird der Mangel beseitigt, so ist der Mieter zur Nachzahlung des einbehaltenen Betrags verpflichtet; hierin unterscheidet sich das Zurückbehaltungsrecht von der Minderung. Das Zurückbehaltungsrecht darf nur bezüglich der zukünftigen Mietzahlungen geltend gemacht werden; für zurückliegende Zahlungsabschnitte besteht dieses Recht dagegen nicht.

188 Das **Zurückbehaltungsrecht entsteht** mit dem Auftreten des Mangels. Durch das Zurückbehaltungsrecht soll der Vermieter zur Erfüllung der Instandhaltungs- und Instandsetzungspflicht angehalten werden. Deshalb **endet das Zurückbehaltungsrecht (1)** bei Beseitigung des Mangels, **(2)** bei Beendigung des Mietverhältnisses, **(3)** beim rechtsgeschäftlichen Eigentümerwechsel (dazu § 566 Rdn. 92a), **(4)** wenn der Vermieter aus tatsächlichen oder rechtlichen Gründen nicht zur Mangelbeseitigung in der Lage ist, **(5)** wenn der Mieter die Mangelbeseitigung vereitelt; dies gilt auch dann, wenn der Mieter den bestehenden Zustand bis zur Sicherung des Beweises über das Vorliegen eines Mangels aufrecht erhalten will (BGH NZM 2019, 533 Rz 46), **(6)** wenn „nicht mehr zu erwarten (ist), dass der Vermieter seiner Verpflichtung auf Beseitigung des Mangels unter dem Druck der Leistungsverweigerung nachkommen wird (BGHZ 206, 1 = NJW 2015, 3087 = NZM 2015, 618). Für die Annahme der letztgenannten Variante genügt es allerdings nicht, wenn der Vermieter den Mangel bestreitet oder wenn er behauptet, er habe den Mangel bereits beseitigt (BGH NZM 2019, 401 Rz. 24). Eine solche Behauptung ist jedenfalls für sich genommen nicht geeignet, den Zweck des ausgeübten Zurückbehaltungsrechts als verfehlt anzusehen. Ein Vermieter, der sich im Prozess auf eine Mangelbeseitigung beruft, bringe regelmäßig nicht zum Ausdruck, dass er eine Mangelbehebung auch für den Fall ablehnt, dass sich seine Behauptung im Rahmen der Beweisaufnahme nicht bestätigt (BGH a. a. O.). Mit dem Wegfall des Zurückbehaltungsrechts werden die gesamten zunächst zu Recht eingehaltenen Beträge sofort zur Zahlung fällig (BGHZ 206, 1 = NJW 2015, 3087 Rz. 61; NZM 2019, 533 RZ 18). In diesen Fällen kann der Mieter auf Mangelbeseitigung klagen (§ 535 Abs. 1 BGB), Schadensersatz verlangen, wenn sich der Vermieter mit der Mangelbeseitigung in Verzug befindet (§ 536a Abs. 1 BGB), den Mangel selbst beseitigen und Aufwendungsersatz verlangen (§ 536a Abs. 2 BGB), oder das Mietverhältnis nach § 543 Abs. 2 Nr. 1 BGB kündigen und den Kündigungsfolgeschaden geltend machen.

In der instanzgerichtlichen Rechtsprechung und Literatur ist streitig, in welcher **189 Höhe das Leistungsverweigerungsrecht besteht.** Teilweise wird vertreten, dass sich das Leistungsverweigerungsrecht nach der Höhe der Mangelbeseitigungskosten richtet (so Lützenkirchen in Lützenkirchen Mietrecht § 535 BGB Rdn. 892). Nach anderer Ansicht soll die Minderungsquote Maßstab für die Bemessung des Zurückbehaltungsrechts sein; hier wird vertreten, dass der Mieter den doppelten (Eisenschmid in: Schmidt-Futterer § 536 BGB Rdn. 425) bzw. den 3–5-fachen Betrag der Minderung zurückhalten darf (OLG Naumburg GuT 2002, 15). Der **BGH** (BGHZ 206, 1 = NJW 2015, 3087; NZM 2019, 533 RZ 43) vertritt die Ansicht, dass eine schematische Bemessung des Zurückbehaltungsrechts nicht möglich sei. Nach seiner Ansicht gelten folgende Grundsätze: **(1)** Bei mangelhafter Mietsache steht dem Mieter gem. § 320 Abs. 1 BGB ein Zurückbehaltungsrecht am Mietzins zu. Hat der Vermieter seine Leistung zum Teil erbracht so kann der Mieter i. d. R. nicht die gesamte restliche ungeminderte Miete zurückhalten. **(2)** Eine allgemein gültige Regel zur Bemessung des Zurückbehaltungsrechts existiert nicht. Vielmehr ist die Quote vom „Tatrichter im Rahmen seines Beurteilungsermessens aufgrund einer Gesamtwürdigung der Umstände des jeweiligen Einzelfalls unter Berücksichtigung des Grundsatzes von Treu und Glauben ... zu entscheiden". Dessen Entscheidung kann vom Revisionsgericht nur eingeschränkt daraufhin überprüft werden, ob die Wertungsgrenzen erkannt, die tatsächliche Wertungsgrundlage ausgeschöpft und die Denk- und Erfahrungssätze beachtet worden sind. **(3)** Die Zurückbehaltungsquote muss „in einer angemessenen Relation zu der Bedeutung des Mangels stehen". Es unterliegt einer zeitlichen und einer betragsmäßigen Beschränkung. **(4)** Das Zurückbehaltungsrecht entfällt, wenn „nicht mehr zu erwarten (ist), dass der Vermieter seiner Verpflichtung auf Beseitigung des Mangels unter dem Druck der Leistungsverweigerung nachkommen wird (BGHZ 206, 1 = NJW 2015, 3087 = WuM 2015, 568 = NZM 2015, 618). Zur **Kritik an dieser Rechtsprechung** vgl. Blank WuM 2015, 577; Börstinghaus jurisPR-MietR 17/2015 Anm. 1; Selk NZM 2016, 434. In der **Literatur** wird vertreten, dass der Mieter im Regelfall einen Betrag in Höhe von drei bis vier Gesamtmonatsmieten, bei gravierenden Mängeln auch von fünf Monatsmieten zurückhalten könne; ein Irrtum über die Quote schade nicht, wenn der zurückbehaltene Betrag im Rahmen eines dem Mieter zuzubilligenden Schätzermessens liege. Das Zurückbehaltungsrecht entfalle nicht bereits bei bloßer Leistungsunlust des Vermieters, sondern erst wenn der Mieter erkenne, dass er auch bei Fortsetzung der Zurückbehaltung keinen weiteren Druck auf den Vermieter erzeugen könne (Hinz ZMR 2016, 253, 262ff). Diese Vorschläge sind praktikabel; sie können nach der hier vertretenen Auffassung allerdings nicht aus der genannten Entscheidung des BGH abgeleitet werden.

Ein Zurückbehaltungsrecht wegen eines Mangels hindert den Eintritt des Ver- **190** zugs, ohne dass das Zurückbehaltungsrecht gegenüber dem anderen Teil ausdrück-

§ 536 BGB   Untertitel 1. Allgemeine Vorschriften für Mietverhältnisse

lich geltend gemacht werden müsste (LG Berlin GE 2012, 898). Jedoch muss der Mieter zu erkennen geben, dass er die Miete wegen der Mängel zurückbehält (BGH NJW 1999, 53; NJW 2006, 2839); es reicht aus, wenn sich der Mieter im gerichtlichen Verfahren auf das Zurückbehaltungsrecht beruft und die **Einrede des nichterfüllten Vertrags** erhebt (BGH NZM 2007, 484 unter RZ 24; NJW 2008, 2254 unter RZ 13; NJW 1999, 53 unter Ziff II 1 m.w. N.).

191 Teilt der Mieter dem Vermieter gleichwohl mit, dass er den Mietzins bis zur Beseitigung des Mangels zurückhalte, so ist er hieran gebunden; ein rückwirkender **Wechsel auf die Minderung** ist ausgeschlossen. Ein Wechsel für die Zukunft ist möglich.

192 Solange das Zurückbehaltungsrecht besteht, kommt der Mieter nicht in Zahlungsverzug. Eine **Kündigung** nach **§ 543 Abs. 2 Nr. 3 BGB** oder **§ 573 Abs. 2 Nr. 1 BGB** ist ausgeschlossen. Für den Mieter ist die Geltendmachung des Zurückbehaltungsrechts gleichwohl mit einem erheblichen **Risiko** verbunden. Übt er es zu Unrecht oder im Übermaß aus, so kommt er in Zahlungsverzug. Der Vermieter kann in einem solchen Fall nach § 543 Abs. 2 Nr. 3 BGB fristlos kündigen. Eine fehlerhafte Einschätzung der Sach- und Rechtslage entlastet den Mieter nicht, weil an die Annahme eines den Verzug ausschließenden Irrtums nach der Rechtsprechung des BGH strenge Anforderungen zu stellen sind (s. § 543 Rdn. 143). Dem Mieter steht auch keine generelle Prüffrist nach Wegfall des Zurückbehaltungsrecht zu (BGH WuM 2014, 681). Will der Mieter das Kündigungsrisiko vermeiden, sollte er im Zweifel auf das Zurückbehaltungsrecht verzichten.

193 **Ausschluss des Zurückbehaltungsrechts bei Kenntnis des Mieters vom Mangel:** Nach §§ 536b Satz 1, 543 Abs. 4 BGB kann der Mieter die Gewährleistungsrechte nicht geltend machen, wenn er den Mangel bei Abschluss des Mietvertrags kennt. Fraglich ist, ob dieser Rechtsgedanke auf das Zurückbehaltungsrecht entsprechend anzuwenden ist. Die Rechtsprechung des BGH hierzu ist nicht einheitlich. Der (für die Wohnraummiete zuständige) VIII. Zivilsenat hat hierzu entschieden, dass die Rechtsgedanken des § 539 BGB a. F. (= § 536b BGB n. F. auf den mit der Einrede aus § 320 BGB zu erzwingenden Erfüllungsanspruch herangezogen werden können (BGH NJW 1989, 3222 unter Ziff II 4). Nach Auffassung des (für die Gewerbemiete zuständigen) XII. Zivilsenats kann der Mieter den Erfüllungsanspruch aus § 535 Abs. 1 Satz 2 BGB und damit das Zurückbehaltungsrecht aus § 320 BGB auch dann noch geltend machen, wenn eine Minderung nach § 536b BGB ausgeschlossen ist (BGH NZM 2007, 484, Rdn. 28). Zum **Ausschluss des Zurückbehaltungsrechts bei unterlassener Mängelanzeige** s. § 536c BGB Rdn. 22 Zur ungeminderten Fortzahlung der Miete, wenn die **Mietsache im Verlauf der Mietzeit mangelhaft** wird s. Rdn. 160.

7. Verwirkung des Anspruchs des Vermieters auf die Miete

194 Streitig ist, welche Rechtsfolge eintritt, wenn der Vermieter eine (möglicherweise unberechtigte) Minderung über eine längere Zeit hinweg hinnimmt. Nach einer Meinung führt dies zur Verwirkung des fraglichen Mietbetrags für die Vergangenheit (OLG Hamburg ZMR 1999, 328; OLG Naumburg WuM 2004, 91; LG Berlin [67 ZK] NZM 1999, 170; LG Aachen WuM 1992, 243; LG Hamburg WuM 1990, 498; LG München I NZM 2002, 779) und für die Zukunft (LG Berlin a. a. O.). An den Zeitraum der Hinnahme der Minderzahlung werden unterschiedliche Anforderungen gestellt (OLG Naumburg a. a. O.: bei 3-jähriger Untätigkeit;

LG Hamburg a. a. O.; LG Aachen a. a. O.: ca. 2 Jahre; LG München I a. a. O.: ca. 4 bis 6 Monate). Nach anderer Ansicht kann der Vermieter die restliche Miete bis zum Eintritt der Verjährung geltend machen (LG Berlin [62 ZK] GE 2002, 1125; LG Frankfurt WuM 2003, 30; Wiek NZM 2002, 1021 mit der Erwägung, dass der Mieter nicht darauf vertrauen dürfe, dass der Vermieter eine möglicherweise unberechtigte Minderung akzeptieren werde). Schließlich wird die Auffassung vertreten, dass in einem solchen Fall eine Umkehr der Beweislast eintreten könne (LG Berlin [67 ZK] NJW-RR 1997, 842). Nach der zutreffenden Ansicht des BGH (BGH NZM 2006, 58 = ZMR 2006, 107; ebenso OLG Düsseldorf NZM 2010, 820 m.zust. Anmerkung Schweitzer NZM 2010, 808) ist in Fällen dieser Art auf den Einzelfall abzustellen. Wie immer bei der Verwirkung müssen konkrete Umstände für die Annahme des Umstandsmoments vorliegen. Dabei genügt es nicht, wenn der Vermieter auf die Minderzahlung nicht reagiert.

III. Ausschluss der Minderung bei energetischer Modernisierung (Abs. 1a)

Die Regelung wurde durch das MietRÄndG 2013 mit Wirkung vom 1.5.2013 **195** in das BGB eingefügt. Sie ist bei der Wohnraum- und der Gewerbemiete zu beachten und gilt nur für **Maßnahmen der energetischen Modernisierung i. S. v. § 555b Nr. 1 BGB** (zum Begriff s. dort), nicht für sonstige energiesparende Maßnahmen i. S. v. § 555b Nr. 2 BGB und nicht für klimaschützende oder wassersparende Maßnahmen. Es spielt keine Rolle, ob die Maßnahme auf Grund einer gesetzlichen Verpflichtung oder freiwillig durchgeführt wird. Fällt die Maßnahme sowohl unter § 555b Nr. 1 als auch unter § 555b Nr. 4 (z. B. Maßnahmen nach der EneV), so gilt der Minderungsausschluss. Durch die Bezugnahme auf § 555b Nr. 1 wird klargestellt, dass nur solche Modernisierungen unter Abs. 1a fallen, die eine Einsparung von Endenergie zur Folge haben. Führt eine solche Maßnahme nur bei einzelnen Wohnungen zu einer Einsparung von Endenergie, so gilt der Minderungsausschluss nur für diese Wohnungen. Auf das Ausmaß der Energieeinsparung kommt es allerdings nicht an.

Maßnahmen der modernisierenden Instandsetzung werden ebenfalls von **196** der Vorschrift erfasst (z. B. der Austausch reparaturbedürftiger Fenster mit Einfachverglasung gegen Fenster mit Isolierverglasung). Werden zur selben Zeit **sowohl Instandsetzungsmaßnahmen als auch Modernisierungsmaßnahmen** durchgeführt und führen beide Maßnahmen zu einer Gebrauchsbeeinträchtigung (z. B. Erstellung eines Gerüstes zwecks Balkonsanierung und Wärmedämmung der Fassade) so soll es nach der Gesetzesbegründung darauf ankommen, „welche Beeinträchtigungen auf die jeweiligen Maßnahmen entfallen". Im Streitfall soll das Gericht „die Anteile nach § 287 ZPO schätzen und so bestimmen, welche Beeinträchtigungen zu einer vorübergehenden Minderung führen und welche nicht" (DT-Drucks, 17/10485 S. 18). Dies funktioniert, wenn die Maßnahmen nacheinander durchgeführt werden. Anders ist es, wenn sie zur gleichen Zeit stattfinden. Hier dürfte ein erhebliches Streitpotential gegeben sein (Börstinghaus NZM 2012, 697; Dietrich ZMR 2012, 241; Hinz ZMR 2012, 153; Herlitz ZMR 2012, 762). Dies gilt insbesondere, wenn ein Gebäude umfassend saniert wird. Dann werden die entsprechenden Maßnahmen teils unter § 555a BGBE (Erhaltungsmaßnahmen), teils unter § 555b Nr. 1 BGBE (energetische Modernisierung im engeren

Sinn), teils unter § 555b Nr. 2 BGBE (energetische Modernisierung im weiteren Sinn), teils unter § 555b Nr. 3–7 BGBE (sonstige Modernisierung) fallen. In der Literatur wird hierzu z. T. vertreten, dass die Voraussetzungen des § 287 ZPO in Fällen dieser Art nicht gegeben sind, weil eine Schätzung nur hinsichtlich der Schadens- oder Beeinträchtigungshöhe zulässig sei (Zehelein WuM 2012, 418). Richtig ist demgegenüber, dass das Gericht in Bagatellfällen auf § 287 Abs. 2 ZPO zurückgreifen kann. In anderen Fällen dürfte ein Rückgriff auf § 287 ZPO aber ausscheiden. Die jeweilige Zuweisung der Gebrauchsbeeinträchtigung dürfte ohne Beiziehung von Sachverständigen nicht möglich sein. Die Kosten stehen dann in keinem Verhältnis zum Nutzen.

197 § 536 Abs. 1 BGB unterscheidet zwischen einem Mangel, der die Tauglichkeit der Mietsache zum vertragsgemäßen Gebrauch „aufhebt" (Satz 1) und dem Mangel, der die Tauglichkeit mindert (Satz 2). Nach dem Wortlaut des Abs. 1 a gilt der Minderungsausschluss nur für den letztgenannten Fall (Gesetzesbegründung BT-Drucks. 17/10485 S. 17; Gramlich, Mietrecht § 536 Anm. 1; Hinz NZM 2013, 209; Zehelein WuM 2013, 133). Führt die Modernisierungsmaßnahme also zum **vollständigen Ausschluss der Gebrauchstauglichkeit,** ist der Mieter von der Mietzahlung befreit. Diese Auslegung ergibt auch einen Sinn, wenn man die Vorschrift unter dem Gesichtspunkt einer ausgewogenen Lastenverteilung betrachtet: dem Mieter wird zwar zugemutet, eine Beschränkung der Gebrauchstauglichkeit entschädigungslos hinzunehmen; dagegen soll er nicht zur Mietzahlung verpflichtet sein, wenn er die Wohnung überhaupt nicht nutzen kann.

198 Unklar ist, welcher Zusammenhang zwischen § 536 Abs. 1a BGB und § 555d Abs. 5 BGB besteht. Nach der letztgenannten Vorschrift hat der Mieter Anspruch auf **Ersatz der Aufwendungen,** die er infolge der Modernisierungsmaßnahme machen musste. Hierzu können auch die Kosten für eine anderweitige Unterkunft gehören. Dies führt zu der Frage, ob sich der Mieter den modernisierungsbedingten Gebrauchsbeeinträchtigungen ohne weiteres durch die Anmietung einer Ersatzwohnung entziehen kann oder ob sich aus § 536 Abs. 1a BGB (Gesichtspunkt der ausgewogenen Lastenverteilung) ergibt, dass dem Mieter gewisse Gebrauchsbeeinträchtigungen zuzumuten sind.

199 Der **Minderungsausschluss beginnt** mit der ersten Gebrauchsbeeinträchtigung (Hinz NZM 2013, 209, 217; Zehelein WuM 2013, 133) und **endet** drei Monate später. Es kommt dabei nicht darauf an, dass der Gebrauch durchgängig über eine Zeit von drei Monaten beeinträchtigt wird. Die Feststellung des Zeitpunkts der ersten Beeinträchtigung dürfte in vielen Fällen problematisch sein. Wird beispielsweise am 1.5. das Material für die geplante Wärmedämmung angeliefert und am 1.6. die Fassade eingerüstet, so dürfte die Frist bereits am 1.5. beginnen, wenn es auf Grund der Anlieferung und Lagerung des Materials zu Behinderungen kommt.

200 **Geht der Modernisierungsmaßnahme eine Instandhaltungsmaßnahme voraus,** so sind beide Maßnahmen als zusammengehörig anzusehen. Der Minderungsausschluss beginnt dann mit der Instandhaltungsmaßnahme (Eisenschmid in: Schmidt-Futterer § 536 BGB Rdn. 66).

201 **Störungsfreie Zeiten** haben auf den Fristenlauf keinen Einfluss. In der Gesetzesbegründung ist hierzu u. a. vermerkt, dass der Vermieter durch die drei Monatsgrenze zur zügigen Durchführung der Baumaßnahme angehalten werden soll. Damit stünde es nicht im Einklang, wenn der Zeitraum des Minderungsausschlusses nach der Zeit der Gebrauchsbeeinträchtigung bemessen würde. Wird eine Modernisierungsmaßnahme beispielsweise im Mai begonnen, im Juni und Juli unterbrochen und im August fortgesetzt, so beginnt der Minderungsausschluss im Mai und endet im Juli.

Die Fälle der **Verzögerung oder der schleppenden Durchführung einer Modernisierungsmaßnahme** sind über § 241 Abs. 2 BGB zu lösen. Danach muss der Vermieter auf die Interessen des Mieters Rücksicht nehmen. Hierzu gehört, dass die modernisierungsbedingten Beeinträchtigungen auf das geringst mögliche Maß beschränkt werden. Die Neuregelung ändert daran nichts. Man wird im Wege der Auslegung zum Ergebnis kommen, dass der Minderungsausschluss nur für die unvermeidlichen Beeinträchtigungen gilt. Wird eine zusammengehörige Maßnahmen dergestalt durchgeführt, dass der Mieter über einen langen Zeitraum hinweg immer wieder Zeiten der Ruhe und Zeiten der Belästigung erfährt, so beginnt der 3-Monatszeitraum nicht etwa mit jeder Belästigung neu zu laufen. Störungsfreie Zeiten führen nicht zu einer Unterbrechung der Ausschlusszeit (Hinz NZM 2013, 209, 217). Vielmehr ist zu fragen, welche Störungen bei einer wirtschaftlich vernünftigen Planung entstanden wären. Auch dies folgt aus § 241 Abs. 2 BGB. 202

Sonstige Verstöße gegen § 241 Abs. 2 BGB liegen vor, wenn die Art und Weise der Durchführung der Modernisierung nicht mit der gebotenen Rücksichtnahme auf die Belange der Mieter erfolgt (unnötiger Lärm; ungenügende Schutzmaßnahmen gegen Verschmutzung der Wohnungen; Durchführung von lärmintensiven Arbeiten in den frühen Morgen- oder späten Abendstunden, etc.; Hinz NZM 2013, 209, 219). 203

Der Minderungsausschluss gilt auch dann, wenn der Vermieter die **Maßnahme nicht ordnungsgemäß angekündigt,** die Mieter die Maßnahme aber gleichwohl geduldet hat (Hinz NZM 2013, 209, 212). Allerdings ist der Mieter nicht verpflichtet, eine nicht angekündigte Maßnahme zu dulden. Er kann deshalb einen Unterlassungsanspruch geltend machen. Gleiches gilt, wenn der Mieter die Maßnahme aus anderen Gründen nicht hätte dulden müssen (Hinz a. a. O.; Zehelein WuM 2013, 133). 204

Soweit die Duldungspflicht besteht, wird der **Erfüllungsanspruch** des Mieters nach § 535 Abs. 1 BGB ausgeschlossen. Die **übrigen Gewährleistungsansprüche** nach § 536a, 543 Abs. 2 Nr. 1 BGB werden durch § 536 Abs. 1a nicht berührt. Deshalb kann der Mieter wegen eines modernisierungsbedingten Mangels fristlos kündigen (**a. A.** Hinz NZM 2013, 209). Dies ist von praktischer Bedeutung, wenn der Mieter von dem fristgebundenen Sonderkündigungsrecht nach § 555e BGBE keinen Gebrauch gemacht hat und während der Modernisierung feststellt, dass deren Auswirkungen auf die Gebrauchstauglichkeit weiter reichen als erwartet. 205

Beweislast: Die Minderung tritt kraft Gesetzes ein; der Ausschluss der Minderung in den Fällen des § 536 Abs. 1a gehört zu den rechtshemmenden Tatsachen, deren Voraussetzungen im Streitfall der Vermieter zu beweisen hat (ebenso Hinz ZMR 2012, 153, 158; Zehelein WuM 2013, 133; Börstinghaus NZM 2012, 697, 700). 206

Vereinzelt wird die Ansicht vertreten, dass der Mieter **trotz § 536 Abs. 1a zur Minderung berechtigt** sei, wenn der Vermieter bereits bei Vertragsschluss eine Modernisierung in Erwägung gezogen, dies aber dem Mieter verschwiegen hat (Wietz WuM 2016, 323, 332). Dieser Ansicht trifft nicht zu: Zwar obliegt dem Vermieter in einem solchen Fall eine Aufklärungspflicht; bei deren Verletzung der Mieter zur Anfechtung berechtigt sein kann (s. § 542 Rdn. 256). Verzichtet er hierauf, ist § 536 Abs. 1a anwendbar. 206a

IV. Zugesicherte Eigenschaften (Abs. 2)

1. Eigenschaften

207 Für vertraglich zugesicherte Eigenschaften hat der Vermieter in demselben Umfang einzustehen wie für die Tauglichkeit der Mietsache zum vertragsgemäßen Gebrauch. Als Eigenschaften in diesem Sinne kommen alle Umstände in Betracht, die einen Einfluss auf die allgemeine Bewertung der Mietsache haben (RGZ 61, 86; BGH LM 549 BGB, Nr. 4). Es ist nicht erforderlich, dass die Eigenschaft für die Gebrauchstauglichkeit der Sache von Bedeutung ist; die Regelung des § 536 Abs. 1 Satz 3 BGB (keine Minderung bei Bagatellmängeln) ist deshalb im Rahmen des § 536 Abs. 2 BGB unanwendbar (OLG Düsseldorf MDR 1990, 342). Zu den Eigenschaften im Rechtssinne kann auch eine bestimmte **Gestaltung des Umfelds der Mietsache** – etwa die Schaffung einer Fußgängerzone – gehören. Voraussetzung ist allerdings, dass die Umweltbeziehungen ihren Grund in der Beschaffenheit des Mietobjekts selbst haben, von ihm ausgehen, ihm für eine gewisse Dauer anhaften und nicht lediglich durch Heranziehung von Umständen in Erscheinung treten, die außerhalb der Mietsache liegen (BGH NJW 1990, 1659; NJW 2000, 1714, 1715; BGH NZM 2006, 54). Ein überdachter Zugang zu einem Einkaufszentrum, eine ausreichende Zahl von Parkplätzen sowie eine bestimmte Belegung der einzelnen Läden (Vollvermietung) kann bei der Vermietung eines zum Einkaufszentrum gehörenden Ladenraums nach der Auffassung des BGH (NJW 2000, 1715) nicht Gegenstand einer Zusicherung sein. Gleiches gilt für die **Zusage einer bestimmten Mieterstruktur** in einem Vergnügungszentrum (BGH NZM 2006, 54). Solche Umstände haften dem Mietobjekt nicht – auf Dauer – als Eigenschaft an; es fehlt der notwendige Bezug zu der Beschaffenheit des Mietobjekts.

208 In § 537 Abs. 2 Satz 2 BGB a. F. war ausdrücklich bestimmt, dass die **Zusicherung einer bestimmten Größe** der Zusicherung einer Eigenschaft gleichsteht. Diese Vorschrift ist mit Wirkung vom 1.9.2001 ersatzlos entfallen. Eine Änderung der Rechtslage ist damit nicht verbunden. Wird zugesichert, dass ein Grundstück oder ein Raum eine bestimmte Größe hat, so ist damit zugleich eine Eigenschaft zugesichert.

2. Zusicherung

209 Eine Zusicherung liegt vor, wenn sich aus den Umständen ergibt, dass der Vermieter für das Vorhandensein oder Nichtvorhandensein einer Eigenschaft unbedingt einstehen will (BGH, NJW 1991, 912; BGH NZM 2005, 500). Allgemeine Anpreisungen, die bloße Beschreibung der Mietsache um Mietvertrag, eine Objektbeschreibung in einem Prospekt (OLG Düsseldorf NZM 2011, 550) oder die Angabe des Verwendungszwecks reichen für die Annahme einer zugesicherten Eigenschaft nicht aus (BGH NJW 1980, 777). Es genügt auch nicht, wenn der Vermieter nur das Vorhandensein solcher Eigenschaften bestätigt, die für ihren normalen Gebrauch selbstverständlich sind (z.B. die Wohnung ist in gutem Zustand). Vielmehr muss sich aus der Erklärung des Vermieters ergeben, dass er für eine bestimmte Eigenschaft einstehen will (BGH NJW 1996, 1337; NJW 2000, 1714, 1716; OLG Düsseldorf a. a. O.; Kraemer/Ehlert/Schindler in: Bub/Treier Kap III Rdn. 3231; Wolf/Eckert/Ball Rdn. 221). Der Sinn und Zweck einer Zu-

sicherung besteht darin, einem Empfänger die Gewähr dafür zu geben, dass die Sache die Eigenschaften besitzt, die der Zusicherung entsprechen. Der Empfänger der Zusicherung muss sich uneingeschränkt darauf verlassen können, dass die Zusicherung richtig ist. Dies gilt auch dann, wenn die Zusicherung erkennbar ohne hinreichende Unterlagen abgegeben wird (BGH MDR 1964, 915). Das OLG Hamburg (NZM 1998, 307 hat allerdings den Umstand, dass ein Verpächter eine Aussage über künftige Umsatzerwartungen ohne Unterlagen gemacht hat, als Indiz gegen eine Zusicherung gewertet.

Bei **Verträgen mit einer längeren Laufzeit** als einem Jahr bedarf die Zusiche- **210** rung der **Schriftform** (§ 550 BGB). Wird ein schriftlicher Vertrag abgeschlossen, so ist der Umstand, dass der Vermieter bestimmte Erklärungen in Bezug auf Eigenschaften der Mietsache nur mündlich abgegeben hat i. d. R. ein gewichtiges Indiz dafür, dass sich der Vermieter hinsichtlich dieser Erklärungen nicht binden wollte (OLG Hamburg NZM 1998, 307 betr. eine Erklärung über zukünftige Umsatzerwartungen).

V. Rechtsmangel (Abs. 3)

1. Anwendungsbereich

Durch § 536 Abs. 3 BGB wird klargestellt, dass ein Mangel auch dann vorliegt, **211** wenn der vertragsgemäße Gebrauch nicht durch einen Fehler der Mietsache, sondern durch das Recht eines Dritten beeinträchtigt wird. Zur terminologischen Unterscheidung zu den in § 536 Abs. 1 BGB geregelten Sachmängeln spricht man hier vom Rechtsmangel. Die Rechtsfolgen sind dieselben wie beim Sachmangel. Der Mieter behält auch beim Rechtsmangel den Erfüllungsanspruch nach § 535 BGB. Dies gilt auch dann, wenn der Mieter lediglich an dem Schadensersatz interessiert ist (BGH NJW-RR 1995, 715, 716). Darüber hinaus ist – wie bei den Sachmängeln – § 543 Abs. 2 Nr. 1 BGB anwendbar. Der Mieter ist aber nicht zur Kündigung verpflichtet (RGZ 82, 363, 373; BGH a. a. O.). Der Anspruch aus § 536a Abs. 1 BGB und das Kündigungsrecht nach § 543 Abs 2 Nr. 1 BGB bestehen nicht alternativ, sondern nebeneinander. Deshalb führt der Anspruch auf Schadensersatz nicht zu einer Gesamtabrechnung unter Rückgabe der Mietsache (BGH NJW-RR 1995, 715, 716).

2. Begriff des Rechtsmangels

Ein Rechtsmangel liegt vor, wenn dem Mieter der vertragsmäßige Gebrauch der **212** gemieteten Sache durch das Recht eines Dritten ganz oder zum Teil entzogen wird. Dritter i. S. des § 536 Abs. 3 BGB ist derjenige, der ein schuldrechtliches oder dingliches Recht an der Mietsache hat, durch dessen Ausübung der Mietgebrauch beeinträchtigt werden kann. Die bloße Existenz des Dritten und das Bestehen des Rechts begründen allerdings noch keinen Mangel; vielmehr ist erforderlich, dass der Dritte von seinem Recht tatsächlich Gebrauch macht und dieser Umstand zu einer Gebrauchsbeeinträchtigung führt (BGHZ 63, 138; BGH NJW 1996, 46; NZM 1999, 461; NZM 2008, 644; OLG Düsseldorf ZMR 2012, 436). Der Rechtsinhaber muss seinen Anspruch allerdings nicht gerichtlich geltend machen. Es genügt, wenn die Geltendmachung des Herausgabeanspruchs gegenüber dem Mieter angedroht wird (BGH NJW-RR 1995, 715 = ZMR 1995, 480; NJW

1996, 46 = ZMR 1996, 15; NZM 1999, 461). Dies ist unter anderem bereits dann der Fall, wenn der Eigentümer erklärt, dass er nicht bereit sei, dem Mieter die Sache zu den mit dem Vermieter vereinbarten Konditionen zu belassen (BGH NZM 2008, 644). Der Mieter ist regelmäßig auch nicht verpflichtet, sich auf eine Herausgabe- oder Unterlassungsklage einzulassen. In der Praxis sind insbesondere folgende **Fälle** von Bedeutung:

213 **a) Doppelvermietung:** s. dazu oben Rdn. 38

214 **b) Untervermietung:** Ist das Hauptmietverhältnis beendet, so kann der Hauptvermieter die Mietsache nach § 546 Abs. 2 BGB auch vom Untermieter heraus verlangen. Wird dieser Anspruch geltend gemacht, so ist ein Rechtsmangel gegeben (BGH NJWE-MietR 1996, 35). Dabei kommt es nicht darauf an, ob das Hauptmietverhältnis tatsächlich beendet ist. Es genügt, wenn der Untermieter ernsthaft befürchten muss, dass es beendet sein könnte (OLG Düsseldorf ZMR 2012, 436). Gleiches gilt bei der gestaffelten Untervermietung, wenn die Androhung gegenüber dem Unter-Untermieter erfolgt (BGH NZM 2006, 699). Der Bestand des Untermietverhältnisses wird hierdurch nicht berührt. Unterliegt das Untermietverhältnis dem Kündigungsschutz, so kann der Untervermieter nicht nach § 573 Abs. 1 BGB kündigen. Nach dem Rechtentscheid des OLG Hamm vom 26.8.1987 (NJW-RR 1987, 1304) genügt es, wenn der Hauptvermieter den Untermieter nach Beendigung des Hauptmietverhältnisses zur Mietzahlung an sich selber auffordert mit der Drohung, er werde anderenfalls Räumung und Herausgabe der Wohnung verlangen (OLG Hamm NJW-RR 1987, 1304). Hat das Räumungsverlangen des Hauptvermieters Erfolg, so wird der Untermieter gegenüber dem Untervermieter von der Verpflichtung zur Zahlung des Mietzinses frei (§ 536 BGB). Zum Schadensersatz ist der Untervermieter nur verpflichtet, wenn er die Beendigung des Hauptmietverhältnisses zu vertreten hat. Für die Fälle der Beendigung eines gewerblichen Zwischenmietverhältnisses s. § 565 BGB.

215 **c) Miete vom Nichtberechtigten:** Die oben b dargelegten Grundsätze gelten entsprechend, wenn der Mieter die Mietsache von einem Nichtberechtigten gemietet hat. Der Umstand, dass der Vermieter im Verhältnis zum Eigentümer zur Vermietung der Sache nicht berechtigt war, hat auf die Wirksamkeit des Mietvertrags keinen Einfluss. Der Eigentümer kann aber den Herausgabeanspruch nach § 985 BGB geltend machen. In diesem Fall hat der Mieter gegenüber dem Vermieter die Rechte aus § 536 Abs. 3 BGB. In der Regel hat der Mieter auch Anspruch auf Schadensersatz nach § 536a Abs. 1 BGB, weil der Nichtberechtigte den Mangel der Verfügungsmacht im Allgemeinen kennt oder kennen muss; in diesem Fall hat der Vermieter den Rechtsmangel zu vertreten. Der Mieter ist mit seinen Rechten ausgeschlossen, wenn er von der fehlenden Verfügungsmacht des Vermieters positive Kenntnis hat (§ 536b Satz 1 BGB).

216 **d) Sonstige Rechte Dritter:** Ein Rechtsmangel liegt vor, wenn ein Dritter auf Grund eines dinglichen oder obligatorischen Rechts den vereinbarten Gebrauch der Mietsache verhindern kann. Wird beispielsweise eine **Eigentumswohnung** mit der mietvertraglichen Abrede vermietet, dass der Mieter zur Tierhaltung berechtigt ist, obwohl die Teilungserklärung ein Tierhaltungsverbot enthält, so können die übrigen Eigentümer den Mieter gem. § 1004 BGB unmittelbar auf Unterlassung der Tierhaltung in Anspruch nehmen, weil sie in ihrem Eigentumsrecht beeinträchtigt sind (BGH NZM 2020, 107). Das Bestehen eines solchen Unterlas-

sungsanspruchs genügt für sich allein nicht; wird er aber angedroht, so liegt ein Rechtsmangel vor. Etwas anderes gilt, wenn das Tierhaltungsverbot nicht im Grundbuch eingetragen, sondern lediglich zwischen den Wohnungseigentümern vereinbart ist, weil dann keine Eigentumsbeeinträchtigung i. S. v. § 1004 BGB vorliegt. Diese Grundsätze gelten für alle Arten von Gebrauchsregelungen, beispielsweise, wenn ein in der Teilungserklärung als „Laden" bezeichneter Raum als Gaststätte (BGH NZM 2020, 107; NJW-RR 1995, 715; NJW 1996, 714), ein als „Eisdiele und Cafe" bestimmtes Teileigentum als Pilsbar (OLG München ZMR 1992, 306) oder „Büroräume" zum Betrieb einer Arztpraxis (OLG Düsseldorf ZMR 1999, 24) vermietet werden (ebenso: OLG Stuttgart OLGZ 93, 65, 67; OLG Frankfurt/M NJW-RR 1993, 981, 982; OLG Karlsruhe NJW-RR 1994, 146, 147; Merle ZdWBay 1994, 135). Wird ein Gebäude zum Betrieb eines Spielkasinos vermietet und ist die Gemeinde auf Grund einer auf dem Grundstück lastenden Dienstbarkeit in der Lage, den Spielbetrieb zu unterbinden, so liegt ebenfalls ein Rechtsmangel vor, wenn die Gemeinde von ihrem Recht Gebrauch macht (BGH ZMR 1989, 59). Gleiches gilt, wenn Geschäftsräume vermietet sind und der Betrieb des Geschäfts eine behördliche Genehmigung (Konzession) voraussetzt (s. Rdn. 28 [behördliche Beanstandungen]). Wird bisheriger Wohnraum als Geschäftsraum vermietet, so stellt das **Fehlen der Zweckentfremdungsgenehmigung** gleichfalls einen Rechtsmangel dar, wenn die Behörde auf Grund einer entsprechenden Verordnung vom Mieter verlangt, dass die Räumlichkeiten wieder Wohnzwecken zugeführt werden (KG GE 1989, 941). Der Vermieter kann sich dadurch schützen, dass er die Räume unter der Bedingung der Genehmigung der Zweckentfremdung vermietet. Eine fehlende Genehmigungsfähigkeit, die ihre Grundlage in bauordnungsrechtlichen oder planungsrechtlichen Vorschriften hat, stellt aber keinen Rechtsmangel, sondern einen Sachmangel dar (BGH a. a. O.; s. Rdn. 27 [Bauordnungsbestimmungen]).

VI. Abweichende Vereinbarungen (Abs. 4)

1. Wohnraummiete

a) Grundsätze: Bei einem Wohnraummietverhältnis sind der Ausschluss und jede Beschränkung des Minderungsrechts unzulässig (§ 536 Abs. 4 BGB). Dies gilt auch für Vereinbarungen, die sich nur mittelbar auf das Minderungsrecht auswirken. Der formularvertragliche Ausschluss des Zurückbehaltungsrechts verstößt gegen § 309 Nr. 2 lit. a BGB. Ein individualvertraglicher Ausschluss ist möglich; kommt aber in der Praxis nicht vor. 217

b) Unwirksame Vereinbarungen: Hierzu zählt die **Übertragung der Instandhaltungs- und Instandsetzungspflicht** ohne gegenständliche oder summenmäßige Beschränkung auf den Mieter. Je mehr Pflichten auf den Mieter übertragen werden, desto stärker wird die Befugnis zur Minderung de facto beschnitten (Sternel WuM 2002, 244, 246). 218

Unzulässig ist es auch, wenn die kraft Gesetzes bestehende Verknüpfung zwischen Mangel und Minderung aufgehoben wird. Deshalb kann bei der Wohnraummiete nicht vereinbart werden, dass der Mieter erst dann mindern kann, wenn der **Mangel gerichtlich festgestellt** oder unstreitig ist. 218a

Tritt der Mangel ein, nachdem der Mieter die Miete in voller Höhe bezahlt hat, so ist der Vermieter in Höhe der auf diesen Monat entfallenden Minderungsquote 218b

§ 536 BGB Untertitel 1. Allgemeine Vorschriften für Mietverhältnisse

bereichert. Mit dem daraus resultierenden Bereicherungsanspruch kann der Mieter gegen den Mietzinsanspruch des Folgemonats aufrechnen. Eine **Vereinbarung über einen Aufrechnungsausschluss**, die nach ihrem Wortlaut zur Folge hat, dass der Mieter mit dieser Aufrechnung ausgeschlossen ist, verstößt gegen § 536 Abs. 4 BGB (vgl. BGH RE 26.10.1994 (NJW 1995, 254; BayObLG WuM 1993, 335). Eine Vereinbarung, wonach die **Aufrechnung** auf 25% der monatlich zu zahlenden Miete **beschränkt** ist, verstößt ebenfalls gegen § 536 Abs. 4 BGB (BGH NJW 2009, 1491 = WuM 2009, 228 = NZM 2009, 315).

218c Eine vertraglich vereinbarte **Verzögerung des Beginns der Minderungsbefugnis** ist ebenfalls unwirksam. Hierunter fällt beispielsweise eine Regelung, wonach der Mieter die **Minderungsabsicht** vor der Ausübung **anzeigen** muss (LG Heidelberg NJWE 1997, 99, 100; unzutreffend AG Dortmund WuM 1980, 126) oder wonach dem Vermieter eine **Frist zur Mängelbeseitigung** gesetzt werden muss.

219 c) **Wirksame Vereinbarungen:** Die Parteien können im Einzelfall vereinbaren, dass der Mieter einen **konkret gegebenen Mangel** nicht zum Anlass einer Minderung nimmt. Ebenso ist es zulässig, wenn sich die Parteien im Hinblick auf einen konkreten Mangel auf einen bestimmten Minderungsbetrag oder eine bestimmte Minderungsquote einigen (vgl. BGH NJW-RR 1990, 884). Zulässig ist es auch, wenn vereinbart wird, dass die Minderung wegen bestimmter, beim Vertragsschluss bereits vorhandener Mängel ausgeschlossen ist; eine solche Regelung steht mit § 536b Satz 1 BGB im Einklang. Eine Vereinbarung über einen Minderungsausschluss oder eine Minderungsbeschränkung ohne einen Bezug zu einem konkreten Mangel ist allerdings unwirksam (so LG Hamburg WuM 1990, 115).

220 d) **Sonderfall: Urkundenprozess (§ 592 ZPO).** Wegen des besonderen Schutzzwecks des § 536 Abs. 4 BGB war in früherer Zeit streitig, ob der Urkundenprozess als Verfahrensart ausgeschlossen ist, wenn der Wohnungsmieter gegen den Mietzinsanspruch des Vermieters einwendet, dass die Mietsache mangelhaft sei. Nach der Ansicht des BGH (NJW 2005, 2701; NZM 2007, 161; NZM 2009, 734; WuM 2010, 761; NZM 2013, 614) gilt § 592 ZPO unterschiedslos für alle Geldforderungen. Voraussetzung ist allein, dass der Kläger die zur Begründung seiner Ansprüche maßgeblichen Tatsachen durch Urkunden beweisen kann. Im Einzelnen gilt folgendes:

220a Bei der **Klage des Vermieters auf Zahlung rückständiger Miete** (dazu gehören auch die Betriebskostenvorauszahlungen) ist der **Vermieter für die Höhe des Mietzinses beweispflichtig.** Ergibt sich der Mietzins aus dem schriftlichen Mietvertrag, so genügt es, wenn die Vertragsurkunde vorgelegt wird. Haben die Parteien aber nach Vertragsschluss eine Erhöhungsvereinbarung getroffen, so muss der Vermieter die Urkunde über die Nachtragsvereinbarung vorlegen (Blank NZM 2000, 1083). Hat der Mieter einer Erhöhungserklärung nicht zustimmt, gleichwohl aber den erhöhten Mietzins bezahlt, so kann die Zahlung als konkludent erklärte Zustimmung bewertet werden. Der Vermieter kann in einem solchen Fall den Beweis für das Zustandekommen der Mieterhöhungsvereinbarung führen, wenn er seine Erhöhungserklärung vorlegt und die Zahlungen des Mieters mit Urkunden belegt. Im bargeldlosen Zahlungsverkehr kann der Urkundenbeweis beispielsweise durch Kontoauszüge der Bank geführt werden, weil der Vermieter durch diese Schriftstücke die Gutschrift des Geldes auf seinem Konto nachweisen kann. Buchhaltungsunterlagen des Vermieters sind dagegen keine Urkunden i. S. des § 592 ZPO (Blank a. a. O.).

Mietminderung bei Sach- und Rechtsmängeln **BGB § 536**

Für den **Einwand des Mieters,** dass die **Miete wegen eines Mangels gemindert** sei oder dass ihm wegen eines Mangels ein **Zurückbehaltungsrecht** (Einrede des nicht erfüllten Vertrags, § 320 BGB) zustehe, gilt hinsichtlich der **Beweislast** folgendes: **(1)** Behauptet der Mieter, dass der **Mangel nach der Überlassung aufgetreten** ist, so muss der Vermieter nur beweisen, dass ein Mietvertrag besteht, aus dem ihm eine bestimmte Miete zusteht. Dieser Beweis kann durch die Vorlage der Mietvertragsurkunde geführt werden. Der Mieter muss den Mangel beweisen. Kann dieser Beweis nicht durch Urkunden geführt werden kann, ist der Mieter auf das Nachverfahren zu verweisen (BGH NJW 2005, 2701; NZM 2007, 161). 221

(2) Kann der Mieter den Mangel mit den im Urkundenprozess zulässigen Beweismitteln – zu denen auch die Schätzung nach § 287 ZPO gehört (BGH GE 2013, 1582) – beweisen oder ist der **Mangel unstreitig,** so ist die Klage als im Urkundenprozess unstatthaft abzuweisen (KG GE 2012, 1038). 222

(3) Ist unstreitig, dass der **Mangel bereits bei der Übergabe** vorgelegen hat, so ist der Urkundenprozess grundsätzlich nur zulässig, wenn der Vermieter durch Urkunden beweisen kann, dass er den Mangel nach der Übergabe beseitigt hat; für die Beseitigung des Mangels ist der Vermieter beweispflichtig (BGH WuM 2010, 761; OLG Düsseldorf NZM 2009, 435). 223

(4) Hat der Mieter die **Mietsache** jedoch **als Erfüllung angenommen,** so muss er beweisen, dass sie bei der Übergabe mangelhaft war (§ 363 BGB, BGH NJW 2007, 2394; NJW 2009, 3099 = WuM 2009, 591 = NZM 2009, 734; WuM 2010, 761; Both NZM 2007, 156, 158; Flatow DWW 2008, 88, 91; Blank PiG 83 (2008) S. 141, 157). Nach dieser Beweislastregel ist das Urkundenverfahren statthaft, wenn unstreitig ist, dass der Mieter die Mietsache als Erfüllung angenommen hat oder der Vermieter die Annahme durch den Mieter als Erfüllung durch Urkunden beweisen kann. Als taugliches Beweismittel kommen ein Übergabeprotokoll oder Kontoauszüge in Betracht aus denen sich ergibt, dass die Miete ungemindert gezahlt worden ist. Ein allgemeiner Vorbehalt wegen möglicher Mängel schließt die Annahme als Erfüllung nicht aus, wohl aber ein Vorbehalt bezüglich konkreter Mängel (BGH NJW 2009, 360; BGH NZM 2013, 614; OLG Köln ZMR 2012, 701). 224

Die **Erklärung des Vorbehalts** kann im Einzelfall als **unzulässige Rechtsausübung** unzulässig und damit wirkungslos sein **(§ 242 BGB).** Dies gilt insbesondere dann, wenn es sich um unwesentliche Mängel (Bagatellmängel) handelt. Ob ein Mangel „wesentlich" ist und deshalb zur Verweigerung der Abnahme nach § 640 Abs. 1 Satz 2 berechtigt, bestimmt sich nach der Art des Mangels, seinem Umfang und vor allem seinen Auswirkungen, wobei dies unter Berücksichtigung der Umstände des jeweiligen Einzelfalles zu entscheiden ist (BGH NZM 2013, 614). Ebenso kann ein Fall der unzulässigen Rechtsausübung vorliegen, wenn der Mieter wegen des Mangels längere Zeit nichts unternimmt. Der Umstand, dass der Mieter die Miete über einen längeren Zeitraum in voller Höhe bezahlt, reicht hierfür aber grundsätzlich nicht aus BGH a. a. O.). 224a

(5) Privatschriftliche Urkunden, die auf einen Ersatzbeweis für ein Sachverständigengutachten hinauslaufen, scheiden im Urkundenprozess aus (BGHZ 1, 218, 220; OLG München MDR 1998, 1180; OLG Düsseldorf GuT 2006, 325, 326). Deshalb kann die Mangelhaftigkeit der Mietsache nicht durch Vorlage eines Privatgutachtens bewiesen werden. Nach der Rechtsprechung des BGH gilt dasselbe für ein schriftliches Sachverständigengutachten, dass in einem selbständigen Beweisverfahren erhoben wurde. Ebenso kann ein in einem selbständigen Beweisverfahren erstelltes gerichtliches Protokoll über einen Augenschein, oder eine Zeu- 225 genvernehmung nicht in einem Urkundenprozess verwertet werden (BGH NJW 2008, 523).

226 Stellt sich im Verlauf des erstinstanzlichen Verfahrens heraus, dass ein **Urkundenbeweis nicht möglich** ist, so kann der Kläger gem. § 596 ZPO bis zum Schluss der mündlichen Verhandlung von dieser Verfahrensart Abstand nehmen. Der Einwilligung des Beklagten bedarf es nicht. Die Erklärung der Abstandnahme hat zur Folge, dass der Rechtsstreit im ordentlichen Verfahren anhängig bleibt und ohne die Beschränkungen des § 592 ZPO fortgeführt wird. Die Erklärung ist nicht widerruflich; eine Rückkehr zum Urkundenprozess ist ausgeschlossen. Nach der Rechtsprechung des BGH ist auch in der Berufungsinstanz eine Abstandnahme möglich, wenn die Voraussetzungen einer Klagänderung (§ 263 ZPO) vorliegen (BGH NJW 2011, 2796 = NZM 2011, 482; NJW 2012, 2662 = WuM 2013, 54 = NZM 2012, 559). Die Klagänderung setzt voraus, dass der Beklagte einwilligt oder das Gericht sie für sachdienlich erachtet. Die Frage der Sachdienlichkeit ist auf der Grundlage der wechselseitigen Interessen der Parteien zu entscheiden. Die Notwendigkeit einer Beweisaufnahme ist für sich allein kein sachlicher Grund um die Sachdienlichkeit zu verneinen. Vielmehr ist wie folgt abzugrenzen: Eine Klageänderung ist sachdienlich, wenn „die Zulassung der geänderten Klage den Streit im Rahmen des anhängigen Rechtsstreits ausräumt, so dass sich ein weiterer Prozess vermeiden lässt". Demgegenüber ist eine Klagänderung nicht sachdienlich, „wenn ein völlig neuer Streitstoff zur Beurteilung und Entscheidung gestellt wird, ohne dass das Ergebnis der bisherigen Prozessführung verwertet werden kann" (BGH NJW 2012, 2662 = WuM 2013, 54 = NZM 2012, 559).

2. Geschäftsraummiete

227 Bei der Geschäftsraummiete können die Parteien – anders als bei der Wohnraummiete – das aus § 536 BGB folgende Minderungsrecht beschränken oder ausschließen. Solche Regelungen können auch in einem Formularvertrag getroffen werden. **Im Einzelnen** gilt:

227a Die Formularklausel: *„(1) Der Vermieter gewährt den Gebrauch der Mietsache in dem derzeitigen, dem Mieter aufgrund eingehender Besichtigung gut bekannten Zustand". (2) Der Mieter verzichtet auf Gewährleistungsansprüche aus Pos. (1)."*; ist wirksam und hat zur Folge, dass dem Mieter wegen solcher Mängel die bereits bei Vertragsschluss vorhanden waren, keine Gewährleistungsrechte zustehen (Brandenburgisches OLG Urteil vom 22.9.2015 – 6 U 99/14).

228 **(1)** Nach der Rechtsprechung des BGH kann vereinbart werden, dass der Mieter im Falle eines Mangels nicht zur **Kürzung der Miete** berechtigt ist; dem Mieter muss allerdings die Möglichkeit verbleiben, eine überzahlte Miete nach **§ 812 BGB** zurückzufordern (BGH NJW-RR 1993, 519; ebenso KG Urteil vom 17.9.2012 – 8 U 87/11; OLG Hamburg Urt. v. 23.3.2016 – 4 U 140/15 betr. die Klausel: „Eine Minderung der Miete ist ausgeschlossen. Ansprüche aus ungerechtfertigter Bereicherung bleiben unberührt").

228a Zur **Kritik an dieser Rechtsprechung** s. insbesondere Streyl (NZM 2015, 841): Danach verstoßen Minderungsausschlussklauseln auch dann gegen § 307 Abs. 2 Nr. 1 BGB, wenn sich aus der Klausel eindeutig ergibt, dass dem Mieter der Bereicherungsanspruch verbleibt. Tragender Grund für diese Ansicht ist die Erwägung, dass Ausschlussklauseln letztlich eine Vorleistungspflicht des Mieters begründen, was mit dem Verlust von Liquidität, sowie der Aufbürdung von Prozess-Insolvenz- und Kündigungsrisiken verbunden sei. Hierzu ist anzumerken, dass die genannten Klauseln den Vermieter gegenüber dem zu Unrecht mindernden Mieter schützen sollen: In der Regel ist nämlich auch der Vermieter auf Liquidität durch regelmäßigen Mieteingang angewiesen. Zumindest bei Mietverträgen mit Großunternehmen sind Minderungsausschlussklauseln als wirksam anzusehen (Müller NZM 2016, 185, 191).

Macht der Vermieter den Mietzinsanspruch geltend, so kann der Mieter den Bereicherungsanspruch im Wege der **Hilfswiderklage** geltend machen. Die Hilfswiderklage setzt voraus, dass der Vermieter die Mängel bestreitet; hiervon kann ohne weiteres ausgegangen werden, wenn der Vermieter trotz der Mängel Zahlungsklage erhebt. Die Beweislast für die tatsächlichen Voraussetzungen des Bereicherungsanspruchs obliegt dem Mieter. Sind die Mängel in einem Vorpressprozess festgestellt worden, so kann der Mieter beantragen, die dort protokollierten Zeugenaussagen, das Ergebnis eines gerichtlichen Augenscheins sowie die Feststellungen eines Sachverständigen im Urkundenbeweis zu verwerten. Eine erneute Vernehmung der Zeugen etc. ist dann nur erforderlich, wenn der Vermieter dies beantragt. Behauptet der Vermieter, dass er die Mängel zwischenzeitlich beseitigt habe, so sind die hierfür maßgeblichen Umstände vom Vermieter zu beweisen (OLG Düsseldorf ZMR 2015, 767) **228b**

(2) Eine Minderungsausschlussklausel ist nach der Rechtsprechung auch dann wirksam, wenn sich der Vermieter in **Vermögensverfall** befindet und der Mieter Gefahr läuft, den ihm bereicherungsrechtlich zustehenden Anspruch bei isolierter Geltendmachung der Minderung nicht durchsetzen zu können. Der Mieter ist jedoch dadurch geschützt, dass er in Höhe des maximal denkbaren Minderungsbetrags nur zur Zahlung Zug um Zug gegen Sicherheitsleistung verpflichtet ist (OLG Stuttgart NZM 2009, 32). Für die tatsächlichen Voraussetzungen des Vermögensverfalls ist der Mieter darlegungs- und beweispflichtig. Da der Mieter aber die Einzelheiten betreffend das Vermögen des Vermieters nicht kennt, reicht es aus, wenn der Mieter hinreichende Tatsachen vorträgt und beweist, die für einen Vermögensverfall sprechen. Sodann ist es Sache des Vermieters im Rahmen seiner sekundären Darlegungslast seine Vermögensverhältnisse offenzulegen, etwa durch eine aktuelle Vermögensaufstellung oder die Vorlage von Bilanzen. **229**

(3) Ebenso können die Parteien vereinbaren, dass der Mieter im Falle der Minderung einen Geldbetrag in gleicher Höhe bei der **Hinterlegungsstelle** eines Gerichts einzuzahlen hat (KG GE 2009, 1555). Durch die Möglichkeit der Hinterlegung wird der Mieter besser gestellt, als im Falle der Verweisung auf den Rückforderungsprozess. Da die letztgenannte Vertragsgestaltung möglich ist, kann für die Hinterlegungsklausel nichts anderes gelten. Nach einer Entscheidung des KG (MDR 2013, 1338) ist in einem Geschäftsraummietverhältnis folgende Klausel wirksam: „Macht ein Mieter Minderungsrechte geltend, so ist er verpflichtet, den Betrag auf ein **Notaranderkonto oder bei der Vermieterin zu hinterlegen**" Nach der hier vertretenen Auffassung verstoßen Hinterlegungsklauseln gegen § 307 BGB, wenn sich aus dem Wortlaut der Klausel nicht ergibt, dass unstreitige oder rechtskräftig festgestellte Mängel von ihrem Anwendungsbereich ausgeschlossen sind. **230**

(4) Der **vollständige Ausschluss** der Rechte aus § 536 BGB ist dagegen nicht möglich, weil das Prinzip der Gleichwertigkeit von Leistung und Gegenleistung zu den tragenden Grundgedanken des Schuldrechts zählt. Deshalb ist ein formularvertraglicher Ausschluss der Minderung unwirksam, **(1)** wenn der Mieter nur dann mindern kann, wenn „der Vermieter ... die Mängel vorsätzlich oder grob fahrlässig zu vertreten" hat und **(2)** „dem Mieter auch nicht die Möglichkeit der Rückforde- **231**

rung der Miete nach § 812 BGB verbleibt." (BGH NJW 2008, 2254; NJW 2008, 2497; NJW 2008, 2479).

231a Eine Klausel, wonach der Mieter nicht zur Minderung berechtigt ist, „es sei denn, der Vermieter hätte die Beseitigung der Mängel nicht innerhalb angemessener Frist vorgenommen, nachdem der Mieter ihn unter Setzung einer angemessenen Frist mit Einschreiben-Rückschein abgemahnt hat," verstößt gegen § 307 BGB weil danach die Minderung jedenfalls für den Zeitraum einer angemessenen Frist zur Beseitigung endgültig ausgeschlossen wird (offengelassen von BGH NZM 2015, 861 unter RZ 25)

232 (5) Ist eine **Vertragsklausel unklar**, so gilt die Auslegungsregel des **§ 305 c Abs. 2 BGB.** Danach sind mehrdeutige Klauseln nach der **kundenfeindlichsten Variante** auszulegen. Diese Regelung gilt auch im Individualprozess. Unter Anwendung dieser Grundsätze hat der BGH die Klausel: „*Der Mieter kann gegenüber den Ansprüchen der Vermieterin auf Zahlung des Mietzinses und der Nebenkosten kein Minderungsrecht wegen Mängeln der Mietsache geltend machen, es sei denn, die Vermieterin hat die Mängel vorsätzlich oder grob fahrlässig zu vertreten*" für unwirksam erachtet (BGH NJW 2008, 2254). Gleiches gilt für eine Klausel, wonach „*eine Minderung der Miete ... ausgeschlossen (ist), wenn durch Umstände, die der Vermieter nicht zu vertreten hat (z. B. Verkehrsumleitung, Straßensperrungen, Bauarbeiten in der Nachbarschaft usw.), die gewerbliche Nutzung der Räume beeinträchtigt wird* (BGH NJW 2008, 2497; ebenso KG NJW Spezial 2008, 97). Ein formularvertraglicher Minderungsausschluss ist also nur wirksam, wenn sich aus der Klausel mit hinreichender Deutlichkeit ergibt, dass das Recht des Mieters zur Rückforderung der überzahlten Miete auf Grund einer rechtskräftigen Entscheidung unberührt bleibt. Bei der Klausel: „*Der Mieter kann gegenüber dem Mietzins nicht mit einer Gegenforderung aufrechnen oder ein Minderungs- oder Zurückbehaltungsrecht geltend machen, es sei denn, dass der Anspruch unbestritten bzw. rechtskräftig festgestellt ist*", ist dies gewährleistet; deshalb ist die Klausel wirksam (OLG Düsseldorf Urteil vom 25.7.2013 – 10 U 114/12). Die Klausel, wonach der Mieter *den Mietzins nur bei Vorsatz oder grober Fahrlässigkeit des Vermieters mindern darf,* ist dahingehend auszulegen, dass die Minderung bei einfacher Fahrlässigkeit generell ausgeschlossen ist. Eine solche Klausel ist unwirksam. Der Zusatz: „Sonstige Rechte des Mieters bleiben unberührt" ändert an dieser Rechtsfolge nichts (KG GE 2012, 1636). Die Rechtsprechung einiger Oberlandesgerichte, wonach Minderungsausschlussklauseln der hier fraglichen Art als wirksam angesehen wurden (vgl. OLG Celle Urteil vom 22.3.2012 – 2 U 127/11 betreffend die Klausel: „Pachtminderungen und Aufrechnung gegenüber dem Pachtanspruch des Verpächters sind ausgeschlossen, soweit die Forderungen des Pächters nicht rechtskräftig festgestellt oder unbestritten sind"; OLG Düsseldorf NJW-RR 1995, 850; ZMR 1999, 23; OLG Koblenz, Urteil vom 8.12.2005 – 2 U 163/05) ist durch die Rechtsprechung des BGH überholt.

233 (6) Sog. **„Mietgarantieklauseln"** nach denen sowohl das Minderungsrecht als auch der Rückforderungsanspruch ausgeschlossen wird sind unwirksam (OLG Karlsruhe ZMR 2003, 183; Feldhahn ZMR 2008, 89, 93). Eine Individualvereinbarung ist allerdings denkbar (Feldhahn a. a. O.).

234 (7) Die **Einrede des nicht erfüllten Vertrags (§ 320 BGB)** wird vom Minderungsausschluss nicht berührt (BGH NJW-RR 2003, 727, 728; Feldhahn ZMR 2008, 89, 93).

235 (8) Die Minderung wegen einer **Flächenabweichung** kann ausgeschlossen werden (Bieber NZM 2006, 681, 688).

(9) Ebenso kann vereinbart werden, dass eine „**unerhebliche Minderung der** 236 **Tauglichkeit**" i. S. von § 536 Abs. 1 Satz 3 BGB vorliegt, wenn die Gebrauchstauglichkeit um weniger als 10% eingeschränkt ist (ähnlich: Bieber a. a. O.).

(10) Eine Formularklausel, die das Risiko des **Fehlens einer behördlichen** 237 **Genehmigung** auf den Mieter abwälzt, verstößt jedoch gegen § 307 BGB (BGH NJW 1988, 2664; KG GE 2014, 1452; OLG Köln NJW-RR 1995, 758). Stets ist erforderlich, dass die Klausel hinreichend klar zum Ausdruck bringt, mit welchen Befugnissen der Mieter ausgeschlossen sein soll. Wird z. B. die „Zurückbehaltung" des Mietzinses ausgeschlossen, so ist der Mieter gleichwohl zur Minderung befugt (OLG Düsseldorf ZMR 1999, 387).

(11) Eine Klausel, wonach der Mieter nur mit solchen Zahlungen aus dem 237a Mietverhältnis **aufrechnen** oder die **Zurückbehaltung** erklären kann, die entweder rechtskräftig festgestellt sind oder zu denen der Vermieter im Einzelfall seine Zustimmung erklärt, ist auch dann unwirksam, wenn der Mietvertrag mit einem Unternehmer abgeschlossen wurde (BGH NJW 2007, 3421). Wird durch den Wortlaut der Klausel auch die **Minderungsbefugnis** erfasst (s. KG NZM 2014, 909: „Aufrechnung, Mietminderung oder Geltendmachung eines Zurückbehaltungsrechts sind ausgeschlossen, es sei denn, die Forderung des Mieters ist vom Vermieter anerkannt oder rechtskräftig festgestellt") so ist nach dem Grundsatz des Verbots der geltungserhaltenden Reduktion die gesamte Klausel unwirksam; anders aber KG GE 2015, 1594: danach ist der Grundsatz des Verbots der geltungserhaltenden Reduktion unanwendbar, weil die beiden Teile der Klausel bei Anwendung der „blue-pencil-Regel sprachlich teilbar seien.

Eine Klausel in einem Gewerbemietvertrag, wonach ein Mangel schriftlich 237b durch **Einschreiben** abgemahnt werden muss, ist dahingehend auszulegen, dass die Schriftform konstitutive Bedeutung hat, während die Versendung per Einschreiben nur den Zugang der Mangelrüge sichern soll (BGH NZM 2015, 861 RZ 29).

VII. Prozessuales/Darlegungs- und Beweislast

Besteht Streit über die Berechtigung des Mieters zur Minderung, so kann dieser 238 **Feststellungsklage** erheben (BGH ZMR 1985, 403; BGH Urteil vom 22.8.2018 – VIII ZR 99/17) OLG Brandenburg NZM 2010, 43). Dies ist zur Verwirklichung des Rechts zwar nicht erforderlich. Eine Feststellungsklage kann gleichwohl sachdienlich sein, wenn der Mieter das Verzugs- und Kündigungsrisiko ausschließen will. Aus diesem Grunde liegt das für eine Feststellungsklage erforderliche Feststellungsinteresse (§ 256 Abs. 1 ZPO) regelmäßig vor (BGH Urteil vom 22.8.2018 – VIII ZR 99/17). Eine Klage auf Feststellung des Rechts zur Mietminderung ist hinreichend begründet, wenn die Mängel substantiiert dargelegt werden; einer Bezifferung des Minderungsbetrages bedarf es nicht (BGH ZMR 1985, 403; WuM 1997, 488). Zur Beweislast s. Rdn. 241.

Das **Verfahren zur Sicherung des Beweises** nach §§ 485–494 ZPO durch 239 Einholung eines Sachverständigengutachtens ist ebenfalls möglich (KG GE 1999, 643). Allerdings ist zu bedenken, dass es bei der Minderung nicht nur auf Tatsachen, sondern auch auf deren rechtliche Bewertung ankommt. Generell gilt: Bei der Beurteilung der Frage, ob die Gebrauchstauglichkeit der Mietsache durch den Mangel aufgehoben oder beeinträchtigt wird, geht es um **Tatsachenermittlung;** ist zur Feststellung oder Bewertung des Zustands der Mietsache eine besondere Sachkunde erforderlich, so kann das Gericht einen Sachverständigen beiziehen. Die Bemessung der Höhe der Minderung ist dagegen reine **Rechtsanwendung.** Diese ist dem Richter vorbehalten und muss i. d. R. durch richterliche Schätzung erfolgen. Die Beiziehung eines Sachverständigen ist unzulässig (OLG Zweibrücken Urteil vom 3.12.2015 – 6 U 40/14). Deshalb ist im Verfahren nach §§ 485 ff zu differenzieren: Der Sachverständige kann nur die Mängel feststellen und bewerten, aus denen die Minderung hergeleitet werden soll. Die konkrete Höhe der Minderung ist dann in einem anschließenden Rechtsstreit zu klären (Eisenschmid in: Schmidt-Futterer § 536 BGB Rdn. 520); dabei kann das Gutachten als Beweis für das Vorhandensein (oder Fehlen) von Mängeln verwertet werden.

240 **Beweislast für anfängliche Mängel:** Ist streitig, ob ein Mangel bereits bei der Übergabe vorhanden war, so muss der Vermieter nach den Regeln des Allgemeinen Schuldrechts die vertragsgemäße Erfüllung beweisen (LG Freiburg WuM 2008, 334; Eisenschmid in: Schmidt-Futterer § 535 BGB Rdn. 47). Anders ist es gem. § 363 BGB, wenn der Mieter eine angebotene Leistung als Erfüllung angenommen hat. Dann muss der Mieter beweisen, dass die Leistung mangelhaft war (BGH NJW 2007, 2394, 2396; Schüller in: Bub/Treier Kap III Rdn. 2862; Both NZM 2007, 156, 158; Gesell jurisPR-BGH ZivilR 36/2005 Anm. 3). Jedoch ist zu beachten, dass eine **Klausel,** wonach der Mieter die **Übergabe im mangelfreien Zustand** bestätigt, gegen § 309 Nr. 12 b BGB verstößt (LG Freiburg WuM 2008, 334; Horst DWW 2011, 129, 133 Kraemer/Schüller a. a. O.). Streitig ist, ob ein **Übergabeprotokoll** vollen Beweis für den Zustand der Mietsache bei Mietbeginn erbringt oder ob hierin lediglich ein widerlegbares Beweisanzeichen liegt (s. § 538 BGB Rdn. 5). Hat der Mieter die Mietsache angenommen, jedoch gem. § 536 b Satz 3 BGB erklärt, dass er sich seine Rechte vorbehalte, so muss der Mieter im Streitfall den anfänglichen Mangel und die Erklärung des Vorbehalts beweisen. Ist der Mangel unstreitig und behauptet der Vermieter, dass die Minderung auf Grund einer Vereinbarung mit dem Mieter ausgeschlossen sei, so ist die Ausschlussvereinbarung vom Vermieter zu beweisen.

241 **Beweislast für nachträgliche Mängel.** Zahlt der Mieter nur einen Teil der vereinbarten Miete und macht der Vermieter den Anspruch auf die restliche Miete geltend, so muss der Mieter darlegen und beweisen, dass die Voraussetzungen des § 536 Abs. 1 Satz 1 BGB vorliegen. Im Einzelnen muss sich aus dem Vortrag des Mieters ergeben, dass die Mietsache nicht oder nicht mehr dem vertragsgemäßen Zustand entspricht und dass hierdurch die Tauglichkeit der Mietsache zum vertragsgemäßen Gebrauch aufgehoben oder gemindert ist. Zur Höhe der Minderungsquote muss der Mieter nichts ausführen. Wendet der Vermieter ein, dass durch den Mangel die Tauglichkeit der Mietsache nur unerheblich beeinträchtigt ist, so muss der Vermieter die tatsächlichen Voraussetzungen des in § 536 Abs. 1 Satz 3 BGB geregelten Ausnahmetatbestands darlegen und beweisen (BGH WuM 1999, 345; **a. A.** Prechtel NZM 2017, 105). Dies ist insbesondere dann von praktischer Bedeutung, wenn der zur Mangelbeseitigung erforderliche Aufwand streitig ist. Hier muss der Vermieter beweisen, dass der Mangel ohne wesentlichen Aufwand zu beseitigen ist.

Hat der Mieter den Mangel angezeigt und die Miete unter Vorbehalt der Rückforderung gezahlt (s. § 556 b Rdn. 26), so muss der Mieter im **Rückforderungsprozess** die Voraussetzungen des § 812 BGB darlegen und beweisen. Eine (teilweise) rechtsgrundlose Zahlung setzt voraus, dass die Miete wegen eines Mangels gemindert war. Die Zahlung unter Vorbehalt führt also zu einer Umkehr der Beweislast.

Mietminderung bei Sach- und Rechtsmängeln **BGB § 536**

Zur **Erfüllung der Darlegungslast** muss der Mieter nach Allgemeinen 242
Grundsätzen konkrete Tatsachen vortragen, aus denen sich ergibt, dass die Tauglichkeit der Mietsache zum vertragsgemäßen Gebrauch beeinträchtigt ist. Hierbei ist zu beachten, dass die negative Abweichung vom „Sollzustand" i. d. R. die Gebrauchsbeeinträchtigung indiziert. Es genügt, wenn der mangelhafte Zustand hinreichend genau beschrieben wird. Die Angabe weiterer Einzelheiten ist i. d. R. entbehrlich (BGH NZM 2020, 283; NJW 2012, 382 = WuM 2011, 700 = NZM 2012, 109; WuM 2012, 508 = NZM 2012, 760). Insbesondere muss der Mieter weder zur Ursache der Mängel noch zum Ausmaß der Beeinträchtigung noch zur Höhe der Minderung etwas ausführen (BVerfG WuM 2007, 565; m. Anm. N. Fischer in WuM 2007, 553 = ZMR 2007, 761 m. Anm. Meinken ZMR 2007, 762; BGH NZM 2020, 283; NJW-RR 1991, 779 = WuM 1991, 544; WuM 1997, 488; BGH WuM 2004, 531; BGH NZM 2016, 796; BGH NZM 2017, 256 m. w. N; Bausch NZM 2008, 874; Schneider WuM 2013, 209). Unbeschadet hiervon muss der Mieter aber diejenigen Anknüpfungstatsachen darlegen, die für die Beurteilung der Gebrauchsbeeinträchtigung von Bedeutung sind (LG Berlin GE 2011, 408; GE 2011, 1555; Sternel WuM 2002, 244, 246; Streyl WuM 2008, 7, 8 und NZM 2012, 104; Wetekamp NZM 2012, 441). Deshalb muss sich aus dem Vortrag des Mieters auch ergeben, dass und in welchem Umfang der Gebrauch der Mietsache durch den Mangel „aufgehoben" (§ 536 Abs. 1 Satz 1 BGB) oder „gemindert" (§ 536 Abs. 1 Satz 2 BGB) ist. Das Gericht darf den Vortrag des Mieters zum Gewicht der Gebrauchsbeeinträchtigung nicht bagatellisieren. Dies bedingt bei der Darstellung der Mängel, dass diese grundsätzlich auch mit dem ihnen vom Mieter beigelegten Gewicht zu bewerten sind. Werden vom Mieter schwerwiegende Gebrauchsbeeinträchtigungen behauptet, so müssen sich die Gerichte ein nicht nur an der Oberfläche haftendes Bild davon verschaffen, welche Folgen im Einzelnen damit für den Mieter verbunden sind. Regelmäßig ist zu diesem Zweck ein gerichtlicher Augenschein angezeigt. Anderenfalls kann die unterlassene Beweisaufnahme als Verletzung des rechtlichen Gehörs gewertet werden (vgl. BGH NZM 2018, 442 betr. Gehörsverletzung bei unzureichender Würdigung der vom Mieter vorgetragenen Mängel; BGH NJW 2017, 1474 betr. Gehörsverletzung bei der Anwendung der Sozialklausel).

Bei **wiederkehrenden Beeinträchtigungen** des Mietgebrauchs genügt eine 243
Beschreibung, aus der sich ergibt, um welche Art von Beeinträchtigungen (Partygeräusche, Musik, Lärm durch Putzkolonnen auf dem Flur o. ä.) es geht, zu welchen Tageszeiten, über welche Zeitdauer und in welcher Frequenz diese ungefähr auftreten; der Vorlage eines „Protokolls" bedarf es nicht (BGH NJW 2012, 1647 = WuM 2012, 269 = NZM 2012, 381 m. Anm. Schröder ZMR 2012, 537; BGH WuM 2012, 508 = NZM 2012, 760). Ist über die Berechtigung des Mieters zur Minderung betreffend einen zurückliegenden Zeitraum bereits gerichtlich entschieden, so ist es ausreichend, wenn der Mieter erklärt, dass der Mangel weiterhin besteht. Der Mieter muss eine entsprechende Mitteilung nicht ständig wiederholen (BGH WuM 2012, 508 = NZM 2012, 760).

Der Vermieter muss zu dem Vortrag des Mieters Stellung nehmen. Hat der Ver- 243a
mieter die Wohnung besichtigt, kann er sich nicht mit Nichtwissen erklären. Nach der hier vertretenen Ansicht muss der Vermieter von seinem Besichtigungsrecht Gebrauch machen, um sich so die zum substantiierten Vortrag erforderlichen Kenntnisse zu verschaffen; eine Erklärung mit Nichtwissen ist nur möglich, wenn der Mieter die Besichtigung verweigert. Wird der Mangel vom Vermieter bestritten, so muss das Gericht hierüber Beweis erheben. Der Umstand, dass der gericht-

liche Sachvortrag mit den vorgerichtlichen Äußerungen des Mieters nicht im Einklang steht, macht die Beweisaufnahme nicht entbehrlich. **Widersprüche im Parteivortrag** sind zwar grundsätzlich ein (nicht unwesentlicher) Gesichtspunkt im Rahmen der Beweiswürdigung. Jedoch können sie nicht dazu führen, dass Beweise überhaupt nicht erhoben werden (BGH NZM 2016, 796).

244 Ist die **Mängelursache streitig,** so muss der Vermieter darlegen und beweisen, dass die Ursache des Mangels nicht aus seinem Pflichten- und Verantwortungsbereich stammt, sondern aus dem Herrschafts- und Obhutsbereich des Mieters. Der Mieter muss zur Mangelursache nichts vortragen (BGH WuM 2004, 531). Hat der Vermieter den Beweis geführt, dass der Mangel vom Mieter verursacht worden ist, so muss der Mieter nachweisen, dass er den Mangel nicht zu vertreten hat (BGHZ 126, 124, 128 = NJW 1994, 2019; NZM 2000, 549, 550). Steht fest, dass ein Mangel vorgelegen hat und ist streitig, ob er beseitigt worden ist, so trifft die Darlegungs- und Beweislast für die Beseitigung den Vermieter (BGH NZM 2000, 549, 550; OLG Hamm NJW-RR 1995, 525). Hierbei genügt es nicht, dass der Vermieter den Fortbestand des Mangels bestreitet; vielmehr muss er substantiiert darlegen, wann und durch wen der Mangel beseitigt worden ist (LG Berlin GE 1990, 371). Zur Beweislast bei Feuchtigkeitsschäden s. § 538 Rdn. 52.

245 Die hier dargestellte Beweislastverteilung gilt nicht nur im ordentlichen Zivilverfahren, sondern auch im **Urkundenprozess (a. A.** Greiner NJW 2000, 1314, 1315: danach muss der Vermieter im Urkundenprozess beweisen, dass er seine Pflicht zur Überlassung der Mietsache mängelfrei erfüllt hat).

245a Behauptet der Vermieter, dass er den Mangel beseitigt habe und wird diese Behauptung vom Mieter bestritten, so trifft den Vermieter die Darlegungs- und Beweislast für die behauptete Beseitigung des Mangels (BGH NJW 2000, 2344 Rdn. 12). Der Mieter kann sich auf ein Bestreiten der Mangelbeseitigung beschränken und braucht dieses nur dann substantiieren, wenn auch der Vermieter die Mangelbeseitigung und ihren Erfolg mit Substanz vorträgt (OLG Rostock Urteil vom 17.5.2018 – 3 U 78/16).

246 Sind **Ansprüche auf Beseitigung von Mängeln tituliert** und behauptet der Vermieter, dass er die Mängel nach Erlass des Titels beseitigt habe, so ist der Streit über die Erfüllung der Instandsetzungspflicht nicht im Vollstreckungsverfahren zur entscheiden. Vielmehr muss der Vermieter Vollstreckungsgegenklage erheben (KG GE 2003, 252).

VIII. Streitwerte

247 Der **Gebührenstreitwert** für die Klage des Mieters auf Durchführung von Instandsetzungsmaßnahmen (Mangelbeseitigung) richtet sich nach § 41 Abs. 5 Satz 1, Halbs. 2 GKG. Danach ist der Jahresbetrag einer angemessenen Minderung maßgebend (BGH Beschl. v. 17.3.2020 – VIII ZR 115/99). Die Vorschrift gilt auch für die Geschäftsraummiete (BGH NZM 2006, 138 unter Rdn. 13; KG NJOZ 2010, 492). Die Vorschrift ist auch dann anwendbar, wenn der Mieter im Wege der Mangelbeseitigung vom Vermieter eine ungestörte Gewährung des Mietgebrauchs verlangt BGH a. a. O. betreffend den Antrag das Mietverhältnis mit einem störenden Mieter zu beenden). Wird die Klage des Mieters abgewiesen, so richtet sich die **Beschwer** nach §§ 3, 9 ZPO. Maßgeblich ist der 3, 5-fache Jahresbetrag der Minderung (BGH Beschl. v. 17.3.2020 – VIII ZR 115/19).

Mietminderung bei Sach- und Rechtsmängeln **BGB § 536**

Der Streitwert für ein vom Mieter oder Pächter eingeleitetes **selbständiges Be-** 248
weisverfahren zur Feststellung von Mängeln richtet sich ebenfalls nicht nach den
Kosten der Mangelbeseitigung, sondern nach dem angemessenen Minderungsbetrag (höchstens für die Dauer eines Jahres, § 41 Abs. 5 Satz 1 GKG). Dies gilt
auch für die Gewerbemiete und die Pacht (BGH NZM 2005, 944; OLG Düsseldorf
DWW 2007, 208; KG NJOZ 2010, 492). Gleiches gilt, wenn der Vermieter zur
Mangelbeseitigung verurteilt wird (grundlegend: BGH NZM 2003, 152; **a. A.** LG
Berlin GE 2007, 652, 653: Kosten der Mangelbeseitigung). Bereits aufgelaufene
Mietrückstände, eine ausgeübte Minderungsbefugnis oder ein geltend gemachtes
Zurückbehaltungsrecht führen nicht zu einer Erhöhung des Streitwerts (KG
NJOZ 2010, 492).

Klagt der Mieter auf Feststellung, dass er wegen der Mängel keine weitere als 249
die bisher bezahlte Miete schulde, so richtet sich der Gebührenstreitwert nicht nach
§ 41 Abs. 1 GKG sondern nach § 48 Abs. 1 GKG und § 9 ZPO. Danach ist der Wert
des 3, 5-fachen Jahresbetrags dann maßgeblich, wenn dieser geringer ist, als der Gesamtbetrag aller noch zu zahlenden Mieten (grundlegend: BGH WuM 2016, 514;
NZM 2005, 519; Beschl. v. 17.3.2020 – VIII ZR 115/19; LG Hamburg WuM
2009, 549; **a. A.** KG NJOZ 2010, 492).

Der Streitwert für die **Klage eines Mieters auf Feststellung, dass er zur** 250
Minderung berechtigt sei, ist ebenfalls nach § 48 Abs. 1 GKG und § 9 ZPO zu
bemessen (BGH WuM 2016, 632 Rz. 9; OLG Karlsruhe MDR 2014, 247 m. zahlr.
weiteren Nachweisen; ebenso: KG WuM 2016, 510; Herget in Zöller § 3 ZPO
Rdn. 16, Stichw. „Mietstreitigkeiten"; Hüßtege in: Thomas/Putzo § 3 ZPO
Rdn. 101; **a. A.** OLG Brandenburg GuT 2009, 216; OLG Düsseldorf WuM 2009,
543; KG WuM 2009, 542; GuT 2010, 369; GE 2012, 1037; ZMR 2014, 381; LG
Berlin GE 2015, 1098: danach richtet sich der Gebührenstreitwert nach 41 Abs. 5
Satz 1, Halbs. 2 GKG), also nach dem Jahresbetrag der geltend gemachten Minderung. Für die Beschwer des Mieters oder Vermieters gelten die §§ 3, 9
ZPO. Maßgeblich ist der 3, 5-fache Jahresbetrag der Minderung (BGH Beschl. v.
17.3.2020 – VIII ZR 115/19).

Der **Streitwert für eine Zahlungsklage** des Vermieters richtet sich nach dem 251
eingeklagten Betrag. Klagt der Vermieter auf **Feststellung,** dass der Mieter nicht
zur Minderung berechtigt sei, so ist für den Gebührenstreitwert § 41 Abs. 5 Satz 1,
Halbs. 2 GKG und für die Beschwer §§ 3, 9 ZPO maßgebend. Bei einer Feststellungsklage des Mieters und einer auf Zahlung gerichteten **Widerklage** des Vermieters liegt nur dann und nur insoweit eine Identität der Streitgegenstände nach § 19
Abs. 1 GKG vor, als sich die jeweiligen Zeiträume decken. Im Übrigen sind die
Streitwerte zusammenzurechnen (BGH NZM 2006, 138; LG Hamburg WuM
1993, 477).

§ 536a Schadens- und Aufwendungsersatzanspruch des Mieters wegen eines Mangels

(1) Ist ein Mangel im Sinne des § 536 bei Vertragsschluss vorhanden oder entsteht ein solcher Mangel später wegen eines Umstandes, den der Vermieter zu vertreten hat, oder kommt der Vermieter mit der Beseitigung eines Mangels in Verzug, so kann der Mieter unbeschadet der Rechte aus § 536 Schadensersatz verlangen.

(2) Der Mieter kann den Mangel selbst beseitigen und Ersatz der erforderlichen Aufwendungen verlangen, wenn
1. der Vermieter mit der Beseitigung des Mangels in Verzug ist oder
2. die umgehende Beseitigung des Mangels zur Erhaltung oder Wiederherstellung des Bestands der Mietsache notwendig ist.

Übersicht

	Rdn.
I. Anwendungsbereich und Verhältnis zu den Allgemeinen Vorschriften	1
1. Anwendungsbereich	1
2. Verhältnis des § 536a BGB zu den Allgemeinen Vorschriften	2
a) Allgemeines	2
b) Untergang der Mietsache vor Vertragsschluss (§ 311a Abs. 1 BGB)	4
c) Untergang der Mietsache nach Vertragsschluss (§ 275 Abs. 1 BGB)	9
d) Teilzerstörung der Mietsache	10
e) Mietsache im Besitz des Vormieters	11
f) Vermietung vom Reißbrett	12
g) Erfüllungsverweigerung	13
h) Verhältnis des § 536a zu § 539 und §§ 994 ff	14
i) Verhältnis des § 536a zu § 543 Abs. 2 Nr. 1	14
II. Schadensersatzpflicht des Vermieters (Abs. 1)	15
1. Ursprünglicher Mangel	16
2. Verschuldeter Mangel	27
3. Verzug des Vermieters mit der Mangelbeseitigung	32
4. Umfang des Ersatzanspruchs	33
a) Schadensersatz	34
b) Aufwendungsersatz (§ 284 BGB)	39
5. Darlegungs- und Beweislast	42
6. Abweichende Vereinbarungen	50
7. Haftungsausschluss auf Grund rechtmäßigen Alternativverhaltens?	53a
III. Selbstbeseitigungsrecht des Mieters (Abs. 2)	54
1. Verzug des Vermieters mit der Mangelbeseitigung (§ 536a Abs. 2 Nr. 1 BGB)	57
2. Notmaßnahmen (§ 536a Abs. 2 Nr. 2 BGB)	61
3. Eilmaßnahmen	62
4. Inhalt und Umfang des Selbstbeseitigungsrechts	63
5. Aufwendungsersatz	64
6. Anspruch auf Vorschuss	68
7. Selbstbeseitigungsrecht außerhalb des § 536a Abs. 2 BGB	70
8. Besonderheiten bei der vermieteten Eigentumswohnung	71

	Rdn.
9. Sonstiges	73
10. Weitere Anspruchsgrundlagen	74

I. Anwendungsbereich und Verhältnis zu den Allgemeinen Vorschriften

1. Anwendungsbereich

Die Regelung des **§ 536a Abs. 1 BGB** bestimmt ergänzend zu §§ 535, 536 **1** BGB, dass der Mieter im Falle eines mangelhaften Zustands der Mietsache neben dem Erfüllungsanspruch (§ 535 Abs. 1 BGB) und der Mietminderung (§ 536 BGB) in bestimmten Fällen auch Schadensersatzansprüche geltend machen kann. Auch unerhebliche Gebrauchsbeeinträchtigungen gem. § 536 Abs. 1 S. 3 stellen einen Mangel dar (Eisenschmid in: Schmidt-Futterer § 536 BGB Rdn. 53). Satz 3 schließt lediglich die Minderung aus. Der Mangelbeseitigungsanspruch (Häublein in: MünchKomm § 536 BGB Rdn. 26) besteht ebenso, wie Schadensersatz- oder Aufwendungsersatzansprüche gem. § 536a (**a. A.** Kraemer/Ehlert/Schindler in: Bub/Treier Kap III Rdn. 3225). Wer in den Schutzbereich eines Mietvertrags einbezogen ist, kann Ansprüche aus § 536a BGB aus eigenem Recht geltend machen (BGH NZM 2010, 668 = NJW 2010, 3152; OLG Rostock NJW-RR 2007, 1092). Der Begriff „Schadensersatz" in § 536a Abs. 1 BGB ist als Oberbegriff zu verstehen, der auch den Schadensersatz statt der Leistung (früher: wegen Nichterfüllung) umfasst. Nach **§ 536a Abs. 2 Nr. 1 BGB** kann der Mieter im Falle des Verzugs des Vermieters den Mangel selbst beseitigen und Ersatz der erforderlichen Aufwendungen verlangen. **§ 536a Abs. 2 Nr. 2 BGB** gibt dem Mieter einen Aufwendungsersatzanspruch, wenn die umgehende Beseitigung des Mangels zur Erhaltung oder Wiederherstellung des Bestands der Mietsache erforderlich ist. Hierunter fallen alle Maßnahmen, für die der Mieter nach früherem (bis zum 1.9.2001 geltenden) Recht gem. § 547 Abs. 1 BGB a. F. Ersatz verlangen konnte („notwendige Verwendungen"). Die Vorschrift gilt für alle Mietverhältnisse.

2. Verhältnis des § 536a BGB zu den Allgemeinen Vorschriften

a) Allgemeines. Nach der obergerichtlichen Rechtsprechung gilt § 536a BGB **2** grundsätzlich erst **nach der Übergabe** der Mietsache, was ohne weiteres aus der Bezugnahme auf § 536 Abs. 1 BGB und dem Wortlaut dieser Vorschrift („... zur Zeit der Überlassung ...") folgt (BGHZ 136, 102, 107 = NJW 1997, 2813; NJW 1999, 635; NJW 2005, 2152; OLG Naumburg ZMR 2009, 382; Gruber WuM 2002, 252; kritisch hierzu Timme NJW 2000, 930). Die Anwendung der Regelungen der **c.i.c** werden durch die § 536ff BGB verdrängt (BGHZ 63, 132, 137; 136, 102, 106; NJW 1996, 714; NZM 2008, 644 unter Ziff II 2c; Graf von Westphalen NZM 2002, 368, 375; **a. A.** Emmerich NZM 2002, 362 und in: Festschrift für Honsell 1993, S. 209). Für den Kauf hat der BGH zwar einen Vorrang der speziellen Gewährleistungsregeln vor dem Allgemeinen Recht der Leistungsstörungen abgelehnt (BGH NJW 2004, 364). Er hat diese Rechtsprechung aber nicht auf die Miete übertragen (BGH NZM 2008, 644 unter Ziff II 2c).

Vor der Übergabe richtet sich die Haftung des Vermieters nach den allgemei- **3** nen Vorschriften (BGH NJW 1997, 2813). Eine **Ausnahme** gilt für die **Doppel-**

vermietung. Ist der Vermieter zur Übergabe außerstande, weil er die Sache zuvor einem anderen Mieter überlassen hat, so liegt ein Rechtsmangel vor. Es gelten die speziellen mietrechtlichen Gewährleistungsvorschriften nach §§ 536ff BGB (s. § 536 BGB Rdn. 38ff). Die allgemeinen Vorschriften über die Unmöglichkeit werden auch vor der Übergabe durch § 536 Abs. 3 BGB verdrängt (BGH NZM 2005, 584 unter Ziff II 3).

3a Nach den **allgemeinen Regeln des Leistungsstörungsrechts** ist zu unterscheiden zwischen der Haftung auf Grund des Verzugs und der Haftung bei Unmöglichkeit der Leistung. Für die Abgrenzung kommt es darauf an, ob die geschuldete Leistung noch nachholbar ist. Haben die Parteien einen Übergabetermin vereinbart und ist dieser verstrichen, so liegt wegen des nicht nachholbaren Zeitablaufs regelmäßig Unmöglichkeit vor (BGH NJW-RR 1991, 267; Brandenburgisches OLG Urteil vom 13.11.2018 – 3 U 102/17; Günter NZM 2016, 569). Danach gilt: **(1)** Kann der Vermieter seine Verpflichtung zur Übergabe der Mietsache im vertragsgemäßen Zustand wegen eines nachträglichen Leistungshindernisses nicht erfüllen, so wird er von seiner Leistungspflicht gemäß § 275 Abs. 1 BGB frei. Er verliert allerdings zugleich den Anspruch auf die Gegenleistung (die Miete), § 326 Abs. 1 BGB (Günter a. a. O.). **(2)** Ist der Mieter für das Leistungshindernis allein oder weit überwiegend verantwortlich oder befindet er sich im Annahmeverzug, so wird der Vermieter zwar von seiner Leistungspflicht frei, behält jedoch den Anspruch auf die Miete. Eine weit überwiegende Verantwortlichkeit das Mieters ist anzunehmen, wenn dessen Verantwortungsquote mindestens 80% beträgt (OLG Hamm VersR 1971, 914; Brandenburgisches OLG Urteil vom 13.11.2018 – 3 U 102/17). **(3)** Hat der Mieter die Unmöglichkeit überwiegend, aber nicht weitaus überwiegend, zu vertreten (Verantwortlichkeitsquote unter 80%), so wird der Vermieter von der Leistungspflicht frei; er verliert zugleich den Anspruch auf die Miete. Stattdessen steht ihm ein Anspruch auf Schadensersatz zu (§§ 280 Abs. 3, 283 BGB), der gem. § 254 BGB um seine Verantwortungsquote zu kürzen ist. Er hat also im Ergebnis einen Anspruch auf eine „reduzierte Miete".

4 **b) Untergang der Mietsache vor Vertragsschluss (§ 311a Abs. 1 BGB).** Ein Mietvertrag ist auch dann wirksam, wenn der Vermieter zur Übergabe der Mietsache außerstande ist, weil diese bereits vor Vertragsschluss untergegangen ist (§ 311a Abs. 1 BGB; **früher: anfängliche objektive Unmöglichkeit**). Der Vermieter ist in Fällen dieser Art nicht zur Erfüllung verpflichtet (§ 275 BGB).

5 Für die **Wohnraummiete** gilt: Der Mieter kann nach seiner Wahl Schadensersatz (§§ 311a Abs. 2, 276 BGB) oder – anders als nach dem bis 31.12.2001 geltenden Recht – Ersatz seiner vergeblichen Aufwendungen verlangen (§§ 311a Abs. 2, 284 BGB). Anders als die Garantiehaftung für anfängliche Mängel gem. § 536a Abs. 1 BGB setzen die Regelungen der §§ 311a Abs. 2 und 276 BGB voraus, dass der Vermieter die anfängliche Unmöglichkeit der Übergabe oder den anfänglichen Sachmangel vor der Übergabe zu vertreten hat. In diesen Fällen haftet der Vermieter jedoch gleichwohl verschuldensunabhängig, wenn er eine Garantie für seine Leistungsfähigkeit übernommen hat. Eine derartige Garantieübernahme kann auch durch konkludente Handlungen zustande kommen (Emmerich in: FS Blank 2006, S. 145). Der Aufwendungsersatz ist seiner Höhe nach begrenzt auf diejenigen Aufwendungen, die der Mieter im Vertrauen auf die Vertragserfüllung gemacht hat und billigerweise machen durfte (§§ 311a Abs. 2, 284 BGB). Außerdem besteht die Besonderheit, dass der Aufwendungsersatzanspruch entfällt, wenn die Aufwendungen auch bei der Vertragserfüllung ihren Zweck nicht erreicht hätten. Auf eine **Renta-**

Schadens- und Aufwendungsersatzanspruch des Mieters **BGB § 536a**

bilitätsvermutung kommt es nicht an (Gesetzesbegründung zu § 284 BGB, BT-Drucks. 14/6040 S. 142, 143; Emmerich NZM 2002, 362, 364; Eisenschmid in: Schmidt-Futterer § 536a BGB Rdn. 92, 93).

Bei der **Geschäftsraummiete** ist zu unterscheiden: Ist der **Vertrag zu erwerbswirtschaftlichen Zwecken** abgeschlossen worden (Ladenmiete, Miete von Büroräumen und dergl.), so wird zugunsten des Mieters vermutet, dass dieser die Aufwendungen bei vertragsgemäßem Einsatz des Mietobjekts wieder erwirtschaftet hätte (BGHZ 99, 182, 198; ZMR 1994, 253; OLG Düsseldorf ZMR 1992, 446). Der Vermieter kann diese Vermutung allerdings widerlegen. In diesem Fall hat der Mieter keinen Anspruch auf Ersatz der frustrierten Aufwendungen. **6**

Ist der **Vertrag zu ideellen Zwecken** abgeschlossen worden (z. B. Miete eines Saals durch einen Verein zur Durchführung einer Mitgliederversammlung), so gilt die für die Wohnraummiete maßgebliche Rechtslage (Gesetzesbegründung zu § 284 BGB, BT-Drucks. 14/6040 S. 142, 143). **7**

Für **alle Mietverhältnisse** gilt, dass der Mieter weder Schadens- noch Aufwendungsersatzansprüche geltend machen kann, wenn der Vermieter das Leistungshindernis bei Vertragsschluss nicht gekannt hat und seine Unkenntnis auch nicht von ihm zu vertreten ist (§ 311a Abs. 2 Satz 2 BGB). Beweispflichtig hierfür ist der Vermieter. **8**

c) Untergang der Mietsache nach Vertragsschluss (§ 275 Abs. 1 BGB). **9**
Wird die Mietsache nach Vertragsschluss vollkommen zerstört, so dass sie nicht wiederhergestellt werden kann **(früher: nachträgliche objektive Unmöglichkeit),** so sind ebenfalls die allgemeinen Vorschriften anwendbar. Dabei spielt es keine Rolle, ob die Mietsache vor oder nach der Übergabe untergeht. Der Vermieter ist in einem solchen Fall nicht mehr zur Erfüllung verpflichtet (§ 275 Abs. 1 BGB). Die Pflicht des Mieters zur Zahlung der Miete entfällt (§ 326 Abs. 1 Satz 1 BGB). Das Mietverhältnis erlischt kraft Gesetzes (LG Karlsruhe NZM 2005, 221; Ehlert/Kraemer in: Bub/Treier Kap III Rdn. 3432; Gather DWW 1997, 169, 170; Horst DWW 2002, 6, 12; Kandelhard in: Herrlein/Kandelhard Vorbem. zu § 536 BGB Rdn. 34). Ist der Untergang vom Vermieter zu vertreten, so kann der Mieter Schadensersatz verlangen (§§ 275 Abs. 4, 280 Abs. 1, 283 BGB). Hat der Mieter den Untergang zu vertreten, so wird der Vermieter ebenfalls von der Leistung frei (§ 275 Abs. 1 BGB). Der Vermieter behält aber den Anspruch auf die Miete, wobei er sich die Vorteile anrechnen lassen muss, die infolge der Befreiung von der Leistungspflicht eintreten (§ 326 Abs. 2 BGB). Bei beiderseitigem Verschulden am Untergang gilt § 254 BGB. Jede Partei kann gegen die Gegenpartei Ersatzansprüche geltend machen. Sie muss sich allerdings das eigene Verschulden anrechnen lassen. Ist der Untergang von keiner Partei zu vertreten, so bestehen keine Schadensersatzansprüche. Ein Fall der Unmöglichkeit wird auch dann angenommen, wenn ein vermietetes oder verpachtetes Gebäude völlig oder überwiegend zerstört wird. Dies gilt auch dann, wenn an Stelle des zerstörten Gebäudes ein gleiches oder ähnliches Gebäude errichtet werden könnte. Für die Annahme der Unmöglichkeit genügt es, dass die ursprüngliche Miet- oder Pachtsache nicht mehr vorhanden ist (OLG Stuttgart MDR 2010, 261).

d) Teilzerstörung der Mietsache. In den Fällen der Teilzerstörung ist zu unterscheiden: Ist das Ausmaß der Beschädigung der Zerstörung gleichzusetzen, so gelten die Ausführungen zu (c). Maßgeblich ist eine wirtschaftliche Betrachtungsweise. Es kommt letztlich darauf an, ob dem Vermieter die Wiederherstellung wirtschaftlich zuzumuten ist oder ob die sog. „Opfergrenze" (dazu § 535 BGB **10**

Rdn. 328 ff) überschritten wird. Ist die Wiederherstellung insgesamt zumutbar, so hat der Mieter einen Leistungsanspruch gegen den Vermieter (Anspruch auf Wiederherstellung). Es gelten die mietrechtlichen Erfüllungs- (§ 535 BGB) und Gewährleistungsvorschriften (§ 536 ff BGB). Im Falle der Teilzerstörung finden auf den zerstörten Teil die allgemeinen Vorschriften Anwendung. Hinsichtlich des erhalten gebliebenen Teils gilt allgemeines Mietrecht. Hat der Mieter an der Teilleistung kein Interesse, so kann er Schadensersatz statt der ganzen Leistung verlangen (§ 281 Abs. 1 Satz 2 BGB). Wird ein aus **mehreren Gebäuden** bestehendes Anwesen teilweise zerstört so kommt es darauf an, ob das Hauptgebäude oder die Nebengebäude zerstört wurden. Bei einer Zerstörung der Nebengebäude ist der Vermieter zur Wiederherstellung verpflichtet. Wurde dagegen das Hauptgebäude zerstört, so gilt § 275 Abs. 1 BGB mit der Folge, dass die Wiederherstellungspflicht des Vermieters entfällt (OLG Stuttgart MDR 2010, 261).

11 **e) Mietsache im Besitz des Vormieters.** Kann der Vermieter die Räume nicht übergeben, weil der Vormieter die Räume noch im Besitz hat **(früher: Unvermögen)** so gelten folgende Grundsätze: **(1)** Die jeweiligen Mietverträge sind wirksam (§ 311a Abs. 1 BGB). **(2)** Der Vermieter ist aber nicht zur Leistung verpflichtet (§ 275 Abs. 1 BGB). Dies gilt unabhängig davon, ob der Vermieter das Leistungshindernis zu vertreten hat (Canaris JZ 2001, 500). **(3)** Der Mieter hat mehrere Möglichkeiten: Er kann nach § 326 Abs. 5 BGB vom Vertrag zurücktreten oder nach § 311a Abs. 2 BGB Schadensersatz statt der Leistung oder Aufwendungsersatz verlangen. **(4)** Rücktritt und Schadensersatz schließen sich nicht aus. **(5)** Wird Schadensersatz geltend gemacht, so ist zu beachten: Es besteht grundsätzlich eine Verschuldenshaftung. Ein Verschulden liegt vor, wenn der Vermieter wegen Außerachtlassung verkehrsüblicher Sorgfalt nicht weiß, dass der Vormieter nicht räumen wird. Der Vermieter haftet nur dann verschuldensunabhängig, wenn er eine Garantie für die pünktliche Übergabe übernommen hat. Dies folgt aus § 276 Abs. 1 BGB. Für die Annahme einer Garantie müssen allerdings konkrete Anhaltspunkte vorliegen (Gesetzesbegründung zu § 276 BGB, BT-Drucks. 14/6040 S. 132).

12 **f) Vermietung vom Reißbrett.** Wird eine noch nicht hergestellte Sache vermietet, so gelten im Falle eines Leistungshindernisses (die Räume werden planwidrig zu klein (OLG Hamm NZM 1998, 77), zu groß, mit anderen als den zugesagten Materialien, mit anderer Ausstattung (BGH NJW 1999, 636: ohne Aufzug) usw hergestellt), die unter (4) dargestellten Grundsätze. In diesen Fällen wird man allerdings davon ausgehen können, dass dem Vermieter das Beschaffungsrisiko obliegt (Kraemer/Ehlert in: Bub/Treier Kap III Rdn. 2818; Horst DWW 2002, 6, 11) mit der weiteren Folge, dass er verschuldensunabhängig haftet.

13 **g) Erfüllungsverweigerung.** Verweigert der Vermieter die Erfüllung des Vertrags vor der Fälligkeit, so kommen die Grundsätze der Haftung aus positiver Vertragsverletzung zur Anwendung (BGH NJW 1986, 842). Grundsätzlich muss der Mieter eine Nachfrist setzen; dies ist entbehrlich, wenn der Vermieter die Erfüllung ernstlich und endgültig verweigert (BGH NJW 2006, 1963).

14 **h) Verhältnis des § 536a zu § 539 und §§ 994 ff.** In bestimmten Fällen kann sich ein Aufwendungsersatzanspruch aus § 539 Abs. 1 BGB ergeben (s. dort.). Die Regelungen der §§ 994 ff BGB sind nicht neben § 536a Abs. 2 Nr. 2 BGB anwendbar, weil sie nur für das Verhältnis zwischen dem Eigentümer und dem rechtsgrundlosen Besitzer gelten.

Schadens- und Aufwendungsersatzanspruch des Mieters **BGB § 536a**

i) Verhältnis des § 536a zu § 543 Abs. 2 Nr. 1. Nach § 543 Abs. 2 Nr. 1 kann der Vermieter wegen eines Mangels fristlos kündigen, wenn die weiteren Voraussetzungen dieser Vorschrift gegeben sind. Liegt kein Mangel vor, oder ist dieser vom Mieter zu vertreten, so ist die Kündigung materiellrechtlich unwirksam; auch der Tatbestand des § 536a ist in diesem Fall nicht gegeben. Ist die Kündigung dagegen lediglich formell unwirksam, so kann dem Mieter gleichwohl ein Schadensersatzanspruch nach § 536a BGB zustehen (BGH NJW 2013, 2660).

II. Schadensersatzpflicht des Vermieters (Abs. 1)

Der Schadensersatzanspruch besteht in drei Fällen, nämlich bei den ursprüng- **15** lichen Mängeln, den vom Vermieter verschuldeten Mängeln und bei denjenigen Schäden, die deshalb eingetreten sind, weil sich der Vermieter im Verzug mit der Mängelbeseitigung befunden hat.

1. Ursprünglicher Mangel

Der Mieter kann Schadenersatz verlangen, wenn der Mangel bereits bei Ver- **16** tragsschluss vorhanden war. Gleiches gilt, wenn eine zugesicherte Eigenschaft fehlt. Der Vermieter haftet in diesen Fällen ohne Rücksicht auf ein Verschulden (Garantiehaftung). Die Garantiehaftung gilt auch für Mangelfolgeschäden (BGH NJW 1971, 424). Deshalb kann dem Mieter ein Schadensersatzanspruch zustehen, wenn das in der Mietsache befindliche Eigentum des Mieters infolge eines ursprünglichen Mangels beschädigt wird (OLG München NJW 2015, 692). Die Regelung des § 275 Abs. 4 BGB wird durch § 536a Abs. 1 BGB verdrängt. Dies gilt unabhängig davon, ob die Mietsache dem Mieter bereits überlassen worden ist und ob die Mängel behoben werden können.

Für die **Garantiehaftung** kommt es maßgeblich darauf an, ob der **Mangel** **17** **zum Zeitpunkt des Vertragsschlusses** bereits vorhanden war. Der Vermieter muss dafür einstehen, dass das Mietobjekt zu diesem Zeitpunkt keine Mängel aufweist. Wird ein befristetes Mietverhältnis nach Ablauf der Vertragszeit durch Vertrag verlängert oder neu begründet, so ist der Zeitpunkt des Verlängerungsvertrags maßgebend. Anders ist es, wenn die Verlängerung nicht auf Grund eines Vertrages, sondern auf Grund einer Option oder einer Verlängerungsklausel oder nach § 545 BGB erfolgt. Wird eine noch nicht fertig gestellte Wohnung vermietet, so ist auf den Zeitpunkt der Fertigstellung oder der Übergabe der Mietsache abzustellen (BGHZ 9, 320; OLG München ZMR 1996, 322).

Es ist nicht erforderlich, dass der Mangel zum Zeitpunkt des Vertragsschlusses oder der Fertigstellung bereits zutage getreten ist; vielmehr genügt es, wenn die **Mängelursache vorhanden** war (OLG Düsseldorf DWW 1992, 81; OLG München ZMR 1996, 322). Beruht der Mangel auf einem Alters- oder Verschleißprozess, so entsteht der Mangel erst mit der verschleißbedingten Unzuverlässigkeit; der Vermieter haftet nur bei Verschulden. Ist das Versagen dagegen auf einen Konstruktions- oder Baufehler zurückzuführen, so liegt ein anfänglicher Mangel vor; der Vermieter haftet verschuldensunabhängig (BGH NJW 2010, 3152 = NZM 2010, 668). Tritt im Verlauf der Mietzeit ein Mangel infolge eines Baufehlers auf (z. B. Feuchtigkeit infolge eines undichten Mauerwerks), so liegt ein ursprünglicher Mangel vor, wenn der für die Feuchtigkeit maßgebliche Baufehler beim Vertragsschluss bereits gegeben war (BGH LM § 538 BGB Nr. 6; BGHZ 49, 350).

§ 536a BGB Untertitel 1. Allgemeine Vorschriften für Mietverhältnisse

19   Ein **anfänglicher Mangel** liegt auch dann vor, wenn Räume zum Betrieb einer Gaststätte vermietet worden sind und die hierfür erforderliche **Konzession** aus Gründen, die mit der Beschaffenheit der Mietsache zusammenhängen, **nicht erteilt** wird (OLG München ZMR 1995, 401 betr. Konzessionsversagung wegen fehlender Kfz-Stellplätze). Dies gilt auch dann, wenn in dem Mietvertrag vereinbart ist, dass der Mieter sämtliche Genehmigungen für seinen Betrieb auf eigene Kosten selbst einholen muss. Eine solche Vereinbarung ist dahingehend auszulegen, dass der Mieter lediglich das Risiko für solche Genehmigungen zu tragen hat, die in seinem eigenen Verantwortungsbereich liegen; diejenigen Risiken, die mit der Beschaffenheit und Lage der Mietsache in Zusammenhang stehen, muss der Vermieter tragen (OLG München a. a. O.).

20   Soweit **behördliche Beschränkungen** den vertragsgemäßen Gebrauch der Mietsache beeinträchtigen, setzt ein auf eine öffentlich-rechtliche Gebrauchsbeschränkung gestützter anfänglicher Mangel im Sinne von § 536a Abs. 1, 1. Alt. BGB mindestens voraus, dass schon im Zeitpunkt der Gebrauchsüberlassung mit einem späteren behördlichen Einschreiten während der vereinbarten Vertragszeit zu rechnen ist und die Behörde aufgrund der einschlägigen Vorschriften nicht nur dazu berechtigt, sondern dazu verpflichtet ist, die vertraglich vorgesehene Nutzung der Mietsache zu untersagen (BGH NZM 2017, 73 betr. Mängel des Brandschutzes wegen der Verwendung von brennbarem Material zur Fassadendämmung). Dies gilt auch dann, wenn die Behörde die gesetzeswidrige Nutzung zuvor hingenommen hat. Anders ist es, wenn die Nutzungsuntersagung vom Ermessen der Behörde abhängt und den Vertragsparteien das darin liegende Risiko bei Vertragsabschluss bewusst gewesen ist (BGHZ 68, 294 betreffend: behördliches Einschreiten gegen die Fortführung einer Diskothek, nachdem der Betrieb zunächst jahrelang geduldet worden war). Tritt der Rechtsgrund für das behördliche Einschreiten erst nach Gebrauchsüberlassung ein, so liegt immer ein nachträglicher Mangel vor. Werden Räume, die bisher zu gewerblichen Zwecken genutzt wurden ohne die hierzu erforderliche Nutzungsänderung als Wohnung vermietet und wird der Mieter von der Behörde zur Räumung aufgefordert, so liegt dagegen ein anfänglicher Mangel vor (LG Potsdam, WuM 2005, 350). Maßgeblich ist hier, dass der Grund für das behördliche Einschreiten in der bereits bei Vertragsschluss vorliegenden Gebrauchsbeschränkung zu sehen ist.

21   Ist ein Raum mit **Schadstoffen** belastet (PCP, Lindan, etc.) so kommt es darauf an, ob die maßgeblichen Grenzwerte überschritten werden. Nach dem RE des BayObLG vom 4.8.1999 (WuM 1999, 568) liegt kein anfänglicher Mangel vor, wenn der Grenzwert erst nach Abschluss des Mietvertrags herabgesetzt wird. Diese Ansicht trifft allerdings nicht zu: in Fällen dieser Art ist die Mietsache von Anfang an mangelhaft; lediglich die zur Beurteilung des schadenstächtigen Zustands erforderlichen Beurteilungsmaßstäbe haben sich geändert (so zutreffend: Kraemer WuM 2000, 515, 516; s. weiter Rdn. 31).

22   Liegt die Mietsache in einem Gebiet, in dem wegen der Nähe zu einem Gewässer mit **Überschwemmungen** zu rechnen ist, so muss sie gegen die hiermit verbundene Gefahr geschützt werden. Allerdings dürfen die Schutzpflichten des Vermieters nicht überspannt werden. Die bloße Tatsache, dass die Möglichkeit einer schädlichen Einwirkung von Naturkräften auf die Mietsache besteht, begründet jedenfalls dann keine Schutzpflicht, wenn eine solche Einwirkung zur Zeit des Abschlusses des Mietvertrages nicht voraussehbar und darüber hinaus kein Anhaltspunkt gegeben war, dass eine solche Einwirkung befürchtet werden musste (BGH NJW 1971, 424; OLG München NJW 2015, 692). Grundsätzlich muss der Ver-

mieter auch mit Überschwemmungen in großem Ausmaß rechnen; deshalb ist es unzureichend, wenn sich die Schutzmaßnahmen an den zuletzt gemessenen maximalen Pegelständen orientieren. Erforderlich ist, dass beim Hochwasserschutz ein Sicherheitszuschlag eingerechnet wird (OLG München a. a. O.). Ist die Überschwemmung Folge einer Naturkatastrophe, mit der nach Lage der Dinge nicht zu rechnen war ("Jahrhundertflut"), so ist von einem nachträglichen Mangel auszugehen (Eisenschmid NZM 2002, 889, 890), für den der Vermieter nur bei Verschulden haftet.

Auch **Rechtsmängel** fallen unter § 536a BGB, so z. B. wenn ein Vermieter sein 23 Wohnungs- oder Teileigentum zu Zwecken vermietet hat, die nach der Teilungserklärung nicht erlaubt sind und ein Miteigentümer die aus § 1004 BGB folgenden Abwehransprüche geltend macht (BGH NJW 1996, 714). Zur Haftung wegen verspäteter Überlassung wegen einer Vorenthaltung durch den bisherigen Nutzer s. oben Rdn. 11

Ein **Mitverschulden des Mieters (§ 254 BGB)** an der Entstehung des Scha- 24 dens ist auch bei der Garantiehaftung zu berücksichtigen (BGHZ 68, 281 = NJW 1977, 1236). Ein Mitverschulden i. S. von § 254 Abs. 1 BGB liegt vor, wenn der Geschädigte diejenigen Sorgfaltspflichten missachtet, die ein ordentlicher und verständiger Mensch zur Vermeidung eines eigenen Schadens anzuwenden pflegt. Es handelt sich mithin um ein „Verschulden gegen sich selbst" (BGH ZMR 1998, 212). Hieran ist insbesondere dann zu denken, wenn der Mieter jahrelang eine mangelhafte Sache benutzt hat, ohne dass ein Schaden eingetreten ist. In einem solchen Fall spricht vieles dafür, dass die Unachtsamkeit des Mieters beim Schadenseintritt eine große Rolle gespielt hat (vgl. OLG Koblenz NJWE-MietR 1996, 153 betr. Sturz auf einer normwidrigen Innentreppe).

Die Garantiehaftung besteht nicht, wenn der Mangel aus einer **vom Mieter ge-** 25 **wünschten Veränderung** der Mietsache herrührt, weil der Mieter das Risiko der Vertragsänderung zu tragen hat. Man muss allerdings differenzieren: geht es um Mängel, die mit dem vom Mieter eingebauten Gegenstand zusammenhängen, so fällt das Mangelrisiko dem Mieter zur Last. Geht es um eine mangelhafte Bauausführung, die vom Vermieter durchgeführt worden ist, damit der Mieter den Gegenstand einbauen kann, so muss der Vermieter das Mängelrisiko tragen (OLG Düsseldorf DWW 1992, 81).

Der Einfluss des **Verhaltens Dritter** auf den Schaden ist grundsätzlich un- 26 beachtlich (**a. A.** LG Frankfurt/OLG Frankfurt WuM 1991, 88, wonach der Vermieter nicht haftet, wenn zwar das Gebäude einen Fehler aufweist, der konkrete Schaden am Mietobjekt aber nur durch ein grob vertragswidriges, nicht vorhersehbares Verhalten eines anderen Mieters eingetreten ist).

2. Verschuldeter Mangel

Der Anspruch auf Schadenersatz besteht auch dann, wenn ein Mangel aufgrund 27 eines Umstands eingetreten ist, den der Vermieter zu vertreten hat. Es genügt einfache Fahrlässigkeit.

Für das Verschulden seiner gesetzlichen Vertreter und seiner **Erfüllungsgehil-** 28 **fen** muss der Vermieter einstehen (§ 278 BGB). Zu den Erfüllungsgehilfen zählen insbesondere der Hausverwalter, der Hauswart, sowie – bei Reparatur- oder Umbauarbeiten – der Architekt und die Handwerker. Ein in diesem Sinne verschuldeter Mangel liegt vor, wenn der Gebrauch der Mietsache infolge unsachgemäß geplanter oder unsachgemäß durchgeführter Bauarbeiten beeinträchtigt wird und der

§ 536a BGB Untertitel 1. Allgemeine Vorschriften für Mietverhältnisse

Mieter hierdurch einen Schaden erleidet (OLG Hamm ZMR 1996, 199 und NZM 1999, 804 für das Eindringen von Regenwasser infolge der unsachgemäßen Abdeckung eines Daches anlässlich von Dacharbeiten). Dies gilt auch dann, wenn die Arbeiten außerhalb der Mieträume durchgeführt werden.

29 Neben dem Vermieter kann der Mieter nach **§ 823 Abs. 1 BGB** auch denjenigen in Anspruch nehmen, der den Mangel zu vertreten hat, insbesondere den Architekten (bei **Planungsfehlern**) oder den Bauunternehmer (bei **Ausführungsmängeln**). Die für den Schaden Verantwortlichen haften gesamtschuldnerisch neben dem Vermieter (BGH NJW 1987, 1013). Aus der gesamtschuldnerischen Haftung folgt, dass der Vermieter bei dem Architekten oder Bauunternehmer Regress nehmen kann (§ 426 BGB). Dieser Ausgleichsanspruch setzt nicht voraus, dass der Vermieter den Schaden des Mieters bereits ausgeglichen hat (BGH NJW 1986, 3131); der Vermieter kann also einen Freistellungsanspruch geltend machen (BGH WuM 1994, 422).

30 Weiterhin liegt ein zum Schadensersatz verpflichtender Mangel vor, wenn der Vermieter schuldhaft die ihm obliegende **Verkehrssicherungspflicht** nicht erfüllt (vgl. BGH NZM 2006, 582; dazu § 535 Rdn. 348 ff). Für Schäden, die dem Mieter deshalb entstehen, weil ein anderer Mieter seine Obhutspflicht verletzt hat, muss der Vermieter grundsätzlich nicht einstehen, weil der schadensverursachende Mieter nicht Erfüllungsgehilfe (§ 278 BGB) des Vermieters ist (OLG Köln NZM 2005, 179 betr. Wasserschaden infolge einer Undichtigkeit eines Aquariums). Der Vermieter ist auch nicht verpflichtet, die jeweiligen Mieträume daraufhin zu kontrollieren, ob sich die vom Mieter eingebrachten Einrichtungen in einem verkehrssicheren Zustand befinden (OLG Köln a. a. O.).

31 Werden die vom Bundesgesundheitsamt für zulässig erachteten **Grenzwerte für die Belastung einer Wohnung mit Giftstoffen** (z. B. PCP) herabgesetzt, so ist der Vermieter grundsätzlich zur Anpassung der Mietsache an die nunmehr gültigen Grenzwerte verpflichtet (BayObLG RE 4.8.1999 WuM 1999, 568). Wird diese Pflicht verletzt, so kann ein Fall des verschuldeten Mangels vorliegen. Hiervon ist auszugehen, wenn der Vermieter den neuen Grenzwert kennt und er gleichwohl nichts unternimmt um einen mangelfreien Zustand herzustellen. Gleiches gilt, wenn der Vermieter untätig bleibt, weil er von dem neuen Grenzwert fahrlässig keine Kenntnis genommen hat.

3. Verzug des Vermieters mit der Mangelbeseitigung

32 Schließlich besteht der Schadenersatzanspruch, wenn sich der Vermieter mit der Schadensbeseitigung in Verzug befindet. Verzug setzt eine Aufforderung zur Mängelbeseitigung voraus (§ 284 BGB). Eine Fristsetzung ist nicht erforderlich; jedoch muss dem Vermieter ausreichend Zeit zur Mängelbeseitigung gelassen werden. Der Verzug tritt ein, wenn der Mangel nach Ablauf der Frist aus Gründen die der Vermieter zu vertreten hat (§ 286 Abs. 4 BGB), weiterhin besteht. Eine Ausnahme gilt, wenn der Mangel so schwerwiegend ist, dass dem Mieter ein weiteres Zuwarten nicht zugemutet werden kann: in einem solchen Fall muss der Vermieter unverzüglich tätig werden (§ 286 Abs. 2 Nr. 4 BGB; AG Hamburg WuM 1994, 609 betr. Wasseraustritt am Heizkörper; Eisenschmid WuM 2002, 889, 891 bei Schäden infolge einer Naturkatastrophe). In zahlreichen Mietverträgen über Wohnungen in der ehemaligen DDR, die vor dem 3.10.1990 begründet worden sind, findet sich eine Klausel, wonach dem Vermieter eine Frist zu setzen ist, die „nicht kürzer als 1 Monat sein soll". Diese Klausel entspricht der damaligen Gesetzeslage (§ 109 Abs. 1

ZGB); sie gilt nach der Aufhebung des ZGB nicht mehr als Vertragsregelung fort, weil sie mit § 536a BGB nicht im Einklang steht. Verzug liegt nicht vor, wenn der Vermieter ohne Verschulden an der Mängelbeseitigung gehindert ist (§ 286 Abs. 4 BGB); Geldmangel schließt den Verzug allerdings nicht aus.

4. Umfang des Ersatzanspruchs

Der Mieter hat ein Wahlrecht. Er kann Schadensersatz (§ 536a Abs. 1 BGB) oder 33
Aufwendungsersatz (§ 284 BGB) geltend machen.

a) Schadensersatz. Wählt der Mieter Schadensersatz, so hat er Anspruch auf 34
Ersatz seines Interesses an der Erfüllung des gesamten Mietvertrags. Dieses Interesse
ist nach der **Differenzmethode** durch einen rechnerischen Vergleich der durch
das schädigende Ereignis eingetretenen Vermögenslage mit derjenigen, die sich
ohne dieses Ereignis ergeben hätte, zu ermitteln. Der Mieter hat Anspruch auf
Beseitigung der Mangelursache und der Mangelfolgen. Weiter hat der Mieter
Anspruch auf Ersatz seiner Gesundheits- und Sachschäden sowie seiner Vermögens-
einbußen. Bei verschuldeten Schäden kann der Mieter Schmerzensgeld verlangen.

Bei der **Geschäftsraummiete** sind **Gewinneinbußen** zu erstatten (BGH 35
NZM 1998, 666; OLG München ZMR 1996, 322). Voraussetzung ist, dass der
Mieter infolge des Mangels einen Verlust erlitten hat. Nach der Legaldefinition in
§ 252 Satz 2 BGB gilt derjenige Gewinn als entgangen, „welcher nach dem gewöhnlichen Lauf der Dinge oder nach den besonderen Umständen, insbesondere
nach den getroffenen Anstalten und Vorkehrungen, mit Wahrscheinlichkeit erwartet werden konnte". Aus dieser Formel ergeben sich zwei Möglichkeiten der Schadensberechnung, nämlich die abstrakte und die konkrete Methode. Nach der abstrakten Methode muss der Geschädigte darlegen und beweisen, welchen Gewinn er
bei regelmäßigem Verlauf seiner Geschäfte erzielt hätte. Insoweit genügt es, wenn
der Mieter darlegt und beweist, welche Geschäftsergebnisse er in den letzten Jahren
erzielt hat. Ist dieser Beweis geführt, so wird vermutet, dass dieser Gewinn auch
künftig erzielt werden kann. Dem Ersatzpflichtigen obliegt der Beweis, dass der frühere Gewinn aufgrund konkreter Umstände nicht zu erzielen ist. Eine Schadensberechnung nach der konkreten Methode kommt in Betracht, wenn der Geschädigte an der Durchführung bestimmter Geschäfte gehindert worden ist und
dadurch einen Schaden erlitten hat. Auch hier ist der Geschädigte darlegungs- und
beweispflichtig (BGH GE 2010, 1741). Kann der Schadensnachweis nicht lückenlos geführt werden, so muss vom Gericht ein Mindestschaden ermittelt werden
(BGH a. a. O.). Erstattungsfähig ist der Mindestgewinn abzüglich der darauf entfallenden Steuern.

Besteht der Schaden des Mieters in erhöhten **Aufwendungen für eine ander-** 36
weitige Unterbringung (Hotelkosten; Ersatzwohnung), so sind auch diese Aufwendungen zu ersetzen (BGH, LM § 538 BGB Nr. 9).

Zuwendungen Dritter aus dem Gesichtspunkt der sozialen Sicherung und 37
Fürsorge (z. B. Zuschuss des Arbeitgebers für Unterkunft und Verpflegung) sind
nach dem Sinn und Zweck der Schadenersatzpflicht nicht auf den Schadenersatz
anzurechnen (BGH a. a. O.).

Der Vermieter haftet auch für die Rechtsgüter solcher Personen, die in den 38
Schutzbereich des Mietvertrags einbezogen sind. **Voraussetzung** ist, **(1)** dass
die Person mit der Mietsache in Berührung kommt, **(2)** dass der Vermieter dieser
Person Schutz und Fürsorge zu gewähren hat und **(3)** dass dies für den Vermieter er-

§ 536a BGB Untertitel 1. Allgemeine Vorschriften für Mietverhältnisse

kennbar ist. Diesen Personen ist der Vermieter zwar nicht zur Leistung verpflichtet; sie sind aber in den Schutzbereich des Mietvertrags einbezogen mit der Folge, dass der Vermieter ihnen gegenüber auf Schadensersatz haftet, wenn sie auf Grund eines Mangels der Mietsache einen Schaden erleiden (BGHZ 49, 350; NJW 2010, 3152 = NZM 2010, 668). Bei der **Wohnungsmiete** sind dies alle in der Wohnung lebenden Angehörigen des Mieters; dies gilt allerdings nur insoweit, als sich diese Personen rechtmäßig in den Räumen aufhalten. Bei der **Gewerbemiete** sind in den Schutzbereich des Mietvertrags auch die Angestellten des Mieters einbezogen (BGH NJW 1973, 20, 59; NJW 2010, 3152 = NZM 2010, 668). Die Haftung erstreckt sich insoweit auf Personenschäden, auf Sachschäden und auf Vermögensschäden. Werden durch den Mangel die Warenvorräte oder die Einrichtungsgegenstände des Mieters beschädigt, so erstreckt sich der Schutzbereich auch auf diejenigen Personen, die an der Geschäftseinrichtung und an den Waren Sicherungseigentum oder Vorbehaltseigentum haben. Etwas anderes gilt, wenn die Gegenstände dem Vermieter gegenüber unberechtigt in die Mieträume verbracht worden sind (BGHZ 49, 350). Bei der Mobiliarmiete sind die Angestellten und Arbeiter in den Schutzbereich eines Mietvertrags über eine Maschine oder ein Fahrzeug einbezogen (OLG Rostock NJW-RR 2007, 1092). Die jeweiligen **Untermieter** sind nicht in den Schutzbereich des Mietvertrags einbezogen; dies gilt sowohl bei der Geschäftsraummiete als auch bei der Wohnraummiete (BGHZ 70, 327).

38a Erleidet der Mieter einen **Schaden infolge der Mangelbeseitigung** so wird teilweise vertreten, dass der Vermieter bereits deshalb haftet, weil der die Mangelbeseitigung veranlasst hat (so z. B. Eisenschmid in: Schmidt-Futterer § 555a BGB Rdn. 69). Nach der Rechtsprechung des BGH die Haftung des Vermieters ein Verschulden im Sinne des § 276 Abs. 1 Satz 1 BGB voraus (BGH NJW 2015, 2419). Dies ist nur anzunehmen, wenn der Vermieter rechtswidrig handelt. Eine Mangelbeseitigungsmaßnahme steht jedoch mit Einklang mit der Rechtsordnung.

39 **b) Aufwendungsersatz (§ 284 BGB).** Die Regelung des § 284 BGB ist neben § 536a BGB anwendbar, weil der Begriff des „Schadensersatzes statt der Leistung" in § 284 BGB auch den „Schadensersatz" nach § 536a BGB umfasst (Eisenschmid in: Schmidt-Futterer § 536a BGB Rdn. 93, 94; V. Emmerich NZM 2002, 362, 364 und in Staudinger § 536a Rdn. 24; Palandt/Heinrichs § 284 BGB Rdn. 2; Kandelhard in: Herrlein/Kandelhard (2007) § 536a BGB Rdn. 12; wohl auch Derleder WuM 2002, 404, 411). Der Aufwendungsersatzanspruch kann anstelle (nicht neben) dem Schadensersatzanspruch geltend gemacht werden. Die durch § 284 BGB geforderte Alternativität gilt nur, wenn der Mieter für denselben Schadenskomplex gleichzeitig Schadensersatz- und Aufwendungsersatz (z. B. Maklerkosten für die alte Wohnung = Aufwendungsersatz und die neue Wohnung = Schadensersatz) geltend machen will. Anders ist es, wenn unterschiedliche Schadenskomplexe in Frage stehen. Werden beispielsweise die Einrichtungsgegenstände des Mieters infolge eines Mangels der Mietsache beschädigt und kündigt der Mieter deshalb das Mietverhältnis nach § 543 Abs. 2 Nr. 1 BGB, so kann er nach § 536a Abs. 1 BGB Schadensersatz für den Sachschaden und nach § 284 BGB die Maklerkosten für die alte Wohnung als Aufwendungsersatz verlangen (Emmerich in FS Blank S. 145, 149). Es ist nicht erforderlich, dass die Aufwendungen nach Abschluss des Mietvertrags getätigt werden. Es genügt, wenn sie mit Rücksicht auf den Abschluss des Mietvertrags getätigt worden sind.

40 Erstattungsfähig sind die **nutzlosen (frustrierten) Aufwendungen** (z. B.: nutzlos aufgewendete Maklerkosten; Investitionen zur Herrichtung der Mieträume). Auch eigene Arbeitsleistungen sind erstattungsfähig. Dies gilt auch dann, wenn die Tätigkeit nicht zum Gewerbe des Geschädigten gehört (Reim NJW 2003, 3662, 3663; str.). Es ist unerheblich, in wessen Interesse das Vermögensopfer erbracht worden ist (Reim NJW 2003, 3662, 3663).

Auf eine Rentabilitätsvermutung kommt es bei der Wohnraummiete nicht an 41 (Rdn. 5). Anders ist es bei der Geschäftsraummiete (Rdn. 6). Der Mieter kann nur für solche Aufwendungen Ersatz verlangen, die er im Vertrauen auf den Erhalt der Leistung erbracht hat. Wird das Mietverhältnis beispielsweise vom Vermieter gekündigt, obwohl keine Kündigungsgründe vorliegen, so kann der Mieter für die nach Zugang der Kündigung getätigten Aufwendungen keinen Ersatz verlangen (Emmerich in FS Blank S. 145, 150). Außerdem entfällt der Ersatzanspruch, wenn der Zweck der Aufwendungen auch ohne den Mangel nicht erreicht worden wäre. Die **Beweislast** trifft den Vermieter. Es genügt allerdings, wenn der Vermieter Umstände vorträgt und beweist, auf Grund derer die Vermutung erschüttert wird. In diesem Fall muss der Mieter den Beweis für die Zweckdienlichkeit der Aufwendungen führen (Emmerich in FS Blank S. 145, 150). Auch im Rahmen des Aufwendungsersatzanspruchs ist ein Mitverschulden des Mieters zu berücksichtigen.

5. Darlegungs- und Beweislast

Für die tatsächlichen Voraussetzungen des Schadensersatzanspruchs ist der Mieter 42 darlegungs- und beweispflichtig. Der Mieter muss den Mangel oder die Pflichtverletzung des Vermieters, deren Ursächlichkeit für den Schaden und dessen Verschulden beweisen (BGH NZM 2000, 496; NJW 2006, 1061 betreffend Schadensersatzanspruch des Mieters wegen „Fogging; OLG Hamburg WuM 1990, 71; OLG München NJWE-MietR 1996, 177; OLG Hamm ZMR 1997, 520).

Allerdings gelten folgende **Beweiserleichterungen:** (1) Steht fest, dass die Ur- 43 sache des Schadens im Bereich der vom Vermieter genutzten Räume liegt, so spricht eine Vermutung dafür, dass der Schaden vom Vermieter verursacht und verschuldet worden ist **(Verteilung der Beweislast nach Gefahrenkreisen).** Der Vermieter kann sich zwar entlasten; gelingt ihm dies nicht, so muss er für den Schaden einstehen (BGH NZM 2006, 258; OLG Celle ZMR 1996, 197 betr. einen Brandschaden in der Wohnung des Mieters, wenn der Brand in den vom Vermieter genutzten benachbarten Geschäftsräumen ausgebrochen ist; OLG Hamm NZM 1999, 805 betr. Wasserschaden durch Arbeiten am Dach). Diese Beweiserleichterung gilt nicht, wenn als Schadensursache auch die Handlung eines Dritten in Betracht kommt (BGH NJW 1978, 2197; OLG Celle ZMR 2009, 683; Gsell NZM 2010, 71, 72).

(2) Ist der Schaden im **Zusammenhang mit der Durchführung von Bau-** 44 **arbeiten** eingetreten, so wird vermutet, dass die Erfüllungsgehilfen des Vermieters (der Architekt und/oder die Bauarbeiter) den Schaden zu vertreten haben (OLG Hamm ZMR 1996, 199; NZM 1999, 804 für das Eindringen von Regenwasser infolge der unsachgemäßen Abdeckung eines Daches anlässlich von Aufstockungsarbeiten).

(3) Steht fest, dass das **Schadensereignis** nach allgemeiner Lebenserfahrung 45 eine **typische Folge der Verletzung der Verkehrssicherungspflicht** darstellt, so wird nach den Grundsätzen vom Beweis des ersten Anscheins die Ursächlichkeit der Pflichtverletzung vermutet (BGH WuM 1994, 218 betr. Sturz einer Mieterin auf einer unsachgemäß gebohnerten Treppe.)

Macht der Mieter einen Schadensersatzanspruch aus der **Garantiehaftung** gel- 46 tend (oben Rdn. 16 ff) so ist er für die Ursprünglichkeit des Mangels darlegungs-

und beweispflichtig. Der Umstand, dass ein Bauteil funktionsunfähig geworden ist, bildet dabei grundsätzlich kein Indiz dafür, dass es schon beim Vertragsschluss mangelhaft war (OLG Hamburg WuM 1990, 71). Ist ein Schaden erst längere Zeit nach Vertragsschluss eintritt, so kann dies umgekehrt ein Indiz dafür darstellen, dass die Mietsache ursprünglich mangelfrei gewesen ist (OLG München NJWE-MietR 1996, 177).

47 Die **Höhe des Schadens** muss der Mieter darlegen und beweisen. Sind Einrichtungs- oder Hausratsgegenstände beschädigt worden, so muss der Mieter substantiiert angeben, wann er die jeweiligen Gegenstände erworben hat und was sie gekostet haben. Auf Grund dieser Angaben kann das Gericht den Zeitwert – gegebenenfalls unter Mitwirkung eines Sachverständigen – ermitteln. Unter dem Zeitwert ist nicht der Marktwert (Verkaufswert) der Sache unmittelbar vor der Beschädigung zu verstehen. Maßgeblich ist derjenige Wert, den die Sache für den Mieter gehabt hat, wenn er sie hätte weiterbenutzen können. Dieser Wert ergibt sich aus dem Neuwert und der mutmaßlichen Lebensdauer der Sache. Obwohl der Marktwert einer Sache unmittelbar nach der Ingebrauchnahme stark sinkt, kann bei dem hier zu ermittelnden Zeitwert eine lineare Abschreibung vorgenommen werden (bei einer zehnjährigen Lebensdauer muss also für jedes Jahr des Gebrauchs 1/10 vom Neuwert abgezogen werden). Etwas anderes gilt dann, wenn die Sache keinem Wertverlust unterliegt (Bilder, Orientteppiche, wertvolles Porzellan, Silber, etc.). Hier ist der Marktwert maßgeblich. Das ist i. d. R. der Verkaufswert. Unerheblich ist der Anschaffungspreis oder die Einschätzung durch den Eigentümer oder Künstler (OLG Brandenburg NZM 2014, 167). Die Höhe des Ersatzanspruchs ist gemindert, wenn den Mieter ein **Mitverschulden** an der Entstehung des Schadens trifft. Dies gilt auch für die Garantiehaftung. Das Verschulden von Erfüllungsgehilfen ist dem Mieter zuzurechnen. Beweispflichtig für das Mitverschulden ist der Vermieter

48 Kann der Mieter den Neuwert der beschädigten Sachen nicht nachweisen, weil er keine Rechnungen mehr besitzt, so kann der **Zeitwert** der Gegenstände unter Hinzuziehung eines Sachverständigen auf der Grundlage der Angaben des Mieters **geschätzt** werden (OLG Celle ZMR 1996, 197). Ist streitig, ob der Mieter seine Schadensminderungspflicht erfüllt hat, so muss der Mieter zunächst darlegen, was er unternommen hat um seiner Schadensminderungspflicht zu genügen. Der Vermieter muss behaupten und beweisen, dass der Mieter entgegen seiner Darstellung seine Schadensminderungspflicht hätte erfüllen können (BGH WuM 2006, 25).

49 Ist der **Schaden unstreitig,** und behauptet der Vermieter, dass dieser Schaden durch ein anderes vorangegangenes Ereignis eingetreten ist, so muss der **Mieter** den **Kausalzusammenhang** zwischen dem Schaden und dem späteren (vom Vermieter zu vertretenden) Ereignis **beweisen.** Eine Umkehr der Beweislast zu Lasten des Vermieters findet nicht statt (BGH NZM 2006, 659).

6. Abweichende Vereinbarungen

50 Nach der Rechtsprechung des BGH kann die **verschuldensunabhängige Haftung für anfängliche Sachmängel** bei der Gewerbemiete als eine für das gesetzliche Haftungssystem untypische Regelung auch formularmäßig abbedungen werden (BGH ZMR 1992, 241; ZMR 1993, 320; OLG Hamburg ZMR 2004, 433 betr. Haftungsausschluss für vom Vermieter nicht zu vertretende Umweltfehler bei der Gewerbemiete; LG Köln WuM 1996, 334); dies gilt einschließlich der Körperschäden (Joachim WuM 2003, 183, 184). Erforderlich ist allerdings, dass sich die

Reichweite des Haftungsausschlusses mit der gebotenen Klarheit ergibt. Nach der Auffassung des BGH (ZMR 2002, 899) ist hierbei nicht allein auf den Wortlaut der Klausel abzustellen. Vielmehr kann darüber hinaus berücksichtigt werden, welche Bedeutung der Klausel im Zusammenhang mit anderen Vertragsvereinbarungen zukommt. Außerdem ist § 305c BGB zu beachten. Eine überraschende Klausel in diesem Sinn liegt vor, wenn sich der Haftungsausschluss an unerwarteter Stelle befindet (BGH NJW 2010, 3152 = NZM 2010, 668: wenn die Haftungsausschlussvereinbarung unter der Überschrift „Aufrechnung, Zurückbehaltung" als Teil einer umfangreichen Klausel platziert wird). Für die Wohnraummiete hat der BGH die Frage der Abdingbarkeit der Garantiehaftung – soweit ersichtlich – noch nicht entschieden. Allerdings dürften auch hier die für die Gewerbemiete entwickelten Grundsätze gelten.

Nach dem Rechtsentscheid des BGH vom 24.10.2001 (NZM 2002, 30) ist der 51 vertragliche Ausschluss von Schadenersatzansprüchen des Mieters gegen den Vermieter wegen Sachschäden, welche durch Mängel der Mietsache verursacht sind, für die der Vermieter auf Grund leichter Fahrlässigkeit einzustehen hat, unwirksam; betreffend die Klausel: „Führt ein Mangel des Mietobjekts zu Sach- oder Vermögensschäden, so haftet der Vermieter gegenüber dem Mieter ... für diese Schäden – auch aus unerlaubter Handlung – nur bei Vorsatz oder grober Fahrlässigkeit". Die Entscheidung ist zur Wohnraummiete ergangen. In Rechtsprechung und Literatur wird die Ansicht vertreten, dass die fragliche Klausel bei der Geschäftsraummiete wirksam ist, weil der Gewerbemieter das Risiko von Schäden an eigenen Sachen oder von Arbeitnehmern durch Abschluss eigener Versicherungsverträge abdecken kann (OLG Frankfurt/M ZMR 2008, 788; Schmitz/Reischauer NZM 2002, 1019). Der BGH hat diese Frage noch nicht entschieden. Der BGH hat sich mit Haftungsausschlussvereinbarungen der fraglichen Art bei der Gewerbemiete noch nicht befasst. Der Vermieter sollte deshalb zur Vermeidung von Risiken auch bei der Vermietung von Gewerberaum eine den Grundsätzen des Rechtsentscheids vom 24.10.2001 entsprechende Klausel wählen. (s. dazu den Vorschlag für die Gestaltung einer Haftungsbegrenzungsklausel bei Schmitz/Reischauer NZM 2002, 1019).

Der Anspruch auf **Schmerzensgeld** kann nicht eingeschränkt werden (§ 309 52 Nr. 7a BGB; Joachim WuM 2003, 183, 185).

Ein **Haftungsausschluss für** einen **durch einen Dritten verursachten Mangel** 53 (z. B.: Bauarbeiten in der Nachbarschaft) ist bei der Gewerbemiete grundsätzlich möglich. In diesem Fall kann der Mieter den (fiktiven) „Minderungsschaden" im Wege der Drittschadensliquidation gegenüber dem Dritten geltend machen (Woitkerwitsch ZMR 2004, 401).

7. Haftungsausschluss auf Grund rechtmäßigen Alternativverhaltens?

Der Umstand, dass der Vermieter ebenfalls zur Kündigung berechtigt ist, spielt 53a für den Mangelschaden keine Rolle, weil sich der Vermieter der Haftung aus § 536a Abs. 1 BGB nicht durch Kündigung entziehen kann. Zum anderen sind die Grundsätze des Haftungsausschlusses auf Grund der Möglichkeit rechtmäßigen Alternativverhaltens nur anzuwenden, wenn derselbe Erfolg effektiv herbeigeführt worden wäre, der Vermieter also tatsächlich gekündigt hat. Die bloße Möglichkeit zur Kündigung reicht nicht aus (BGH NZM 2017, 73).

III. Selbstbeseitigungsrecht des Mieters (Abs. 2)

54 Nach § 535 Abs. 1 BGB ist die Mängelbeseitigung Sache des Vermieters. Deshalb kann der Mieter grundsätzlich keinen Aufwendungsersatzanspruch geltend machen, wenn er den Mangel selbst beseitigt (grundlegend: BGH NJW 2008, 1216 = WuM 2008, 147 = NZM 2008, 279). Etwas anders gilt, **(1)** wenn sich die Parteien darauf einigen, dass der Mieter die Mängel gegen Kostenerstattung beseitigen soll, oder **(2)** wenn sich der Vermieter im Verzug mit der Mangelbeseitigung befindet (§ 536a Abs. 2 Nr. 1 BGB (unten Rdn. 57ff), oder **(3)** wenn die umgehende Beseitigung des Mangels zur Erhaltung oder Wiederherstellung des Bestands der Mietsache erforderlich ist (§ 536a Abs. 2 Nr. 2 BGB (unter Rdn. 61), oder **(4)** wenn durch die Mangelbeseitigung eine Wertsteigerung des Mietobjekts eingetreten ist (§ 812 BGB).

55 In den **Fällen (2) und (3)** besteht das Selbstbeseitigungsrecht nur für solche Reparaturmaßnahmen, die „nach vernünftiger wirtschaftlicher Betrachtungsweise nötig und zweckmäßig sind" (BGH NJW 2010, 2050 = WuM 2010, 348). Die Maßnahmen müssen also zur nachhaltigen Mangelbeseitigung geeignet sein. Ein Selbstbeseitigungsrecht scheidet außerdem in solchen Fällen aus, in denen der Vermieter nicht zur Mangelbeseitigung verpflichtet ist. Insbesondere entfällt die Pflicht zur Mangelbeseitigung nach § 275 Abs. 2 Satz 1 BGB, soweit diese einen Aufwand erfordert, der unter Beachtung des Inhalts des Schuldverhältnisses und der Gebote von Treu und Glauben in einem groben Missverhältnis zu dem Leistungsinteresse des Mieters steht.

56 Diese **Opfergrenze** ist nicht allgemein zu bestimmen, sondern muss von Fall zu Fall unter Berücksichtigung der Parteiinteressen ermittelt werden. Es darf „kein krasses Missverhältnis entstehen zwischen dem Reparaturaufwand einerseits und dem Nutzen der Reparatur für den Mieter sowie dem Wert des Mietobjekts und den aus ihm zu ziehenden Einnahmen andererseits" (BGH a. a. O.). Dabei sind neben dem Verhältnis zwischen dem Wert der Mietsache und den Kosten der Reparatur weitere Umstände zu berücksichtigen, insbesondere ein Verschulden des Vermieters am Mangel. Dieses Kriterium spielt eine Rolle, wenn die Reparaturkosten deshalb besonders hoch sind, weil der Vermieter über eine längere Zeit keine Instandhaltungs- und Instandsetzungsmaßnahmen durchgeführt hat.

1. Verzug des Vermieters mit der Mangelbeseitigung (§ 536a Abs. 2 Nr. 1 BGB)

57 Im Falle des Verzugs des Vermieters kann der Mieter den Mangel selbst beseitigen und Ersatz der erforderlichen Aufwendungen verlangen. Das Selbstbeseitigungsrecht kann allerdings nur bis zum Vertragsende geltend gemacht werden (BGH NJW 1984, 1552). Dies folgt aus dem Umstand, dass der Mieter nach diesem Zeitpunkt keine Erfüllungsansprüche geltend machen kann. Eine Pflicht zur Selbstbeseitigung eines Mangels besteht nicht (OLG Düsseldorf GE 2003, 877 = WuM 2003, 386). Macht der Mieter allerdings einen Schadensersatzanspruch geltend, weil der Vermieter in Verzug mit der Mangelbeseitigung war, so kann dem Mieter ein Mitverschulden zur Last fallen, wenn er von seinem Selbstbeseitigungsrecht keinen Gebrauch gemacht hat. Dies gilt allerdings nur dann, wenn der Mangel leicht zu beseitigen ist, dem Mieter die Mangelbeseitigung zugemutet werden kann und bei Nichtbeseitigung des Mangels ein erheblicher Schaden droht (OLG Düsseldorf a. a. O.).

Das **Selbstbeseitigungsrecht** des Mieters setzt voraus, dass sich der Vermieter mit 58 der Mängelbeseitigung in **Verzug** befindet. Für den Eintritt des Verzugs reicht die bloße Mängelanzeige nicht aus. Erforderlich ist vielmehr, dass der Mieter den Vermieter auffordert, die Mängel zu beseitigen (Mahnung; § 286 Abs 1 Satz 1 BGB). Eine Fristsetzung ist nicht erforderlich (**a. A.** AG Brandenburg GE 2012, 758). Allerdings muss der Mieter nach dem Zugang der Mahnung eine angemessene Zeit zuwarten um dem Vermieter Gelegenheit zur Mängelbeseitigung zu geben (KG MDR 2000, 1240). Der Verzug tritt ein, wenn der Mangel nach Ablauf der Frist aus Gründen die der Vermieter zu vertreten hat (§ 286 Abs. 4 BGB), weiterhin besteht.

Eine **Ausnahme** kommt in Betracht, wenn der **Vermieter** die **Mängelbeseiti-** 59 **gung endgültig und bestimmt verweigert.** Ebenso kommt eine Ausnahme in Betracht, wenn der Vermieter die Mangelbeseitigung zugesagt hat, aber gleichwohl untätig geblieben ist. Eine Mahnung ist dann nicht erforderlich (BGH NJW 2008, 1216 = WuM 2008, 147 = NZM 2008, 279; OLG Düsseldorf GE 2003, 877= WuM 2003, 386). Das Vorliegen dieser Ausnahmetatbestände muss der Mieter beweisen. In allen anderen Fällen hat die Selbstbeseitigung des Mangels außerhalb der Verzugsvoraussetzungen den Verlust des Anspruchs aus § 536a Abs. 2 Nr. 1 BGB zur Folge (KG MDR 2000, 1240). Der Mieter hat dann möglicherweise einen Aufwendungsersatzanspruch nach § 536a Abs. 2 Nr. 2 BGB (unten Rdn. 61). Ein Aufwendungsersatzanspruch nach § 539 Abs. 1 BGB scheidet regelmäßig aus, weil Aufwendungen des Mieters zur Herstellung des vertragsgemäßen Zustands der Mietsache in der Regel keine notwendigen Verwendungen sind (s. dazu § 539 BGB). Ein Bereicherungsanspruch nach § 812 BGB ist idR ebenfalls nicht gegeben: die Bereicherung des Vermieters besteht nicht in der Mängelbeseitigungskosten, sondern in dem wirtschaftlichen Wertzuwachs, den die Mietsache durch die Mängelbeseitigungsmaßnahme erhalten hat. In den meisten Fällen ist dieser Zuwachs nicht messbar. Streitig ist, ob der Mieter die externen Kosten ersetzt verlangen kann (unten [5]). Aus diesem Grunde sollte der Mieter eine Selbstbeseitigung ohne vorherige Fristsetzung nur im äußersten Notfall in Erwägung ziehen. Die Rechtsprechung hält eine kurze Fristsetzung auch dann für geboten, wenn die Warmwasserversorgung ausfällt (LG Itzehoe WuM 1988, 87; **a. A.** LG Heidelberg NJWE-MietR 1997, 99) oder wenn sich nach dem ersten im Auftrag des Vermieters durchgeführten Reparaturversuch herausstellt, dass die Reparatur erfolglos war (LG Hamburg WuM 1988, 87).

Der **Verzug endet,** wenn der Vermieter die Mängel beseitigt. Eine nur teilweise 60 oder ungenügende Mängelbeseitigung genügt nicht; der Mieter hat Anspruch auf Herstellung des vertragsgemäßen Zustands. Hierzu ist der Vermieter jederzeit – auch nach Ablauf einer eventuell vom Mieter gesetzten Frist – berechtigt. Dies gilt auch dann, wenn der Mieter die Fristsetzung mit einer „ Ablehnungsandrohung" verbunden hat. Hat der Mieter während der Dauer des Verzugs bereits Maßnahmen zur Mängelbeseitigung ergriffen, so muss der Vermieter die hierdurch entstandenen Kosten ebenfalls nach § 536a Abs. 2 Nr. 1 BGB ersetzen. Zur Abgrenzung zu den Maßnahmen nach § 536a Abs. 2 Nr. 2 und zu den Maßnahmen nach § 539 Abs. 1 BGB s. dort.

2. Notmaßnahmen (§ 536a Abs. 2 Nr. 2 BGB)

61 Der Mieter hat auch dann ein Selbstbeseitigungsrecht, wenn die umgehende Beseitigung des Mangels zur Erhaltung oder Wiederherstellung des Bestands der Mietsache erforderlich ist. Hierunter fallen alle Maßnahmen, für die der Mieter nach dem bis zum 1.9.2001 geltenden Recht gem. § 547 Abs. 1 BGB a. F. Ersatz verlangen konnte („notwendige Verwendungen"). Hierzu zählen Aufwendungen, die erforderlich sind, um die Mietsache vor der Zerstörung, dem Untergang, der Beschädigung oder dem Verlust zu bewahren oder die zur Wiederherstellung einer teilzerstörten Sache durchgeführt werden (BGH NJW-RR 1993, 522; NJW 1974, 743; NJW 1984, 1552; OLG Hamburg WuM 1986, 82). Außerdem gehören hierzu die zur Erhaltung und Bewirtschaftung erforderlichen Aufwendungen, die nicht nur Sonderzwecken des Mieters dienen (BGH MDR 1996, 1113). Die zur Schadensabwehr erforderlichen Aufwendungen muss der Vermieter immer ersetzen. Etwas anderes gilt dann, wenn der Mieter nach den vertraglichen Vereinbarungen verpflichtet ist, die entsprechende Aufwendung zu tragen, etwa weil ihm die gesamte Instandhaltungs- und Instandsetzungspflicht übertragen ist. Notwendige Verwendungen liegen nicht vor, wenn hierdurch die Mietsache grundlegend verändert wird (BGHZ 10, 171; 41, 157; WPM 1965, 1028; OLG Hamburg a. a. O.). Zur Abgrenzung zu den Maßnahmen nach § 536a Abs. 2 Nr. 1 und zu den Maßnahmen nach § 539 Abs. 1 BGB s. § 539 BGB Rdn. 14ff.

3. Eilmaßnahmen

62 Von den Notmaßnahmen sind die Eilmaßnahmen zu unterscheiden. Notmaßnahmen dienen dem Schutz der Mietsache; Eilmaßnahmen kann der Mieter durchführen, wenn die sofortige Mangelbeseitigung erforderlich ist, um erhebliche Schäden von den Rechtsgütern des Mieters abzuwenden. Eilmaßnahmen fallen rechtssystematisch unter § 536a Abs. 2 Nr. 1 BGB, wobei die Besonderheit gilt, dass die vorherige Aufforderung des Vermieters zur Mangelbeseitigung entbehrlich ist (BGH NJW 2008, 1216 = WuM 2008, 147 = NZM 2008, 279; Eisenschmid in: Schmidt-Futterer § 536a BGB Rdn. 119ff; LG Hagen WuM 1984, 215, betr.: Beseitigung eines Feuchtigkeitsschadens in einem Ladengeschäft; LG Heidelberg NJWE-MietR 1997, 99 betr. Unterbrechung der Warmwasserversorgung (zweifelhaft); AG Frankfurt WuM 1988, 157, betr.: funktionsunfähige Wohnungseingangstür; AG Hamburg WuM 1994, 609 betr. Wasseraustritt am Heizkörper wenn hierdurch erhebliche Schäden zu befürchten sind; AG Münster WuM 2014, 274: wenn eine verstopfte Rohrleitung bereits zu einer Überschwemmung geführt hat). Gleiches gilt, wenn der Mangel zu einem Zeitpunkt auftritt, zu dem der Vermieter nicht zu erreichen ist und dem Mieter ein weiteres Zuwarten nicht zugemutet werden kann (z.B.: Stromausfall am Wochenende; Heizungsausfall am Wochenende im Winter, AG Münster WuM 2009, 665). An die Zumutbarkeit sind allerdings strenge Anforderungen zu stellen (AG Brandenburg GE 2012, 758: danach fällt ein Heizungsausfall im Winter nicht unter § 536a Abs. 2 Nr. 2 BGB, wenn die Funktionsfähigkeit der Heizung durch häufiges Nachfüllen von Wasser gewährleistet wird). Nach anderer Ansicht sind in diesen Fällen die §§ 539 Abs. 1 i.V. m. §§ 683, 670 BGB anwendbar (Dötsch NZM 2007, 275, 277).

4. Inhalt und Umfang des Selbstbeseitigungsrechts

Das Selbstbeseitigungsrecht berechtigt den Mieter nicht nur zu solchen Maß- 63
nahmen, die zur Beseitigung einer unmittelbaren Gefahr dienen. Vielmehr ist er berechtigt, die zur dauerhaften Mangelbeseitigung erforderlichen Maßnahmen durchzuführen. Das Selbstbeseitigungsrecht des Mieters erstreckt sich nicht nur auf Mängel der eigentlichen Mietsache, sondern auch auf solche mangelhaften Teile der Sache, an denen er nur ein Mitbenutzungsrecht hat (Waschküche, Fahrstuhl, Treppenhaus, Zentralheizung). Entscheidet sich der Mieter für die Selbstbeseitigung, so schuldet er eine **fachgerechte Arbeit.** Stehen mehrere geeignete Maßnahmen zur Mängelbeseitigung zur Wahl (Reparatur/Neubeschaffung), so muss der Mieter dem Vermieter zunächst Gelegenheit zur **Leistungsbestimmung** einräumen. Bleibt der Vermieter untätig, so geht das Leistungsbestimmungsrecht auf den Mieter über (§ 536a Abs. 2 BGB entsprechend). Das Leistungsbestimmungsrecht muss dann unter Beachtung des Wirtschaftlichkeitsgrundsatzes und unter Berücksichtigung der Interessen des Vermieters ausgeübt werden. Der Mieter darf die Handwerker nur im eigenen Namen (nicht im Namen des Vermieters) beauftragen. Der Mieter kann vom Vermieter aber verlangen, dass dieser die Reparaturkosten übernimmt. In der Regel kann der Vermieter nicht einwenden, dass der vom Mieter beauftragte Handwerker mehr als das unbedingt erforderliche getan habe; der Mieter darf grundsätzlich darauf vertrauen, dass der Handwerker nur das zur Schadensbeseitigung erforderliche unternimmt (AG Hamburg WuM 1994, 609).

5. Aufwendungsersatz

Nach § 536a BGB hat der Mieter Anspruch auf Ersatz seiner Aufwendungen, 64
wenn er einen Mangel selbst beseitigt. Der Anspruch richtet sich auf **Ersatz der externen** (der vom Mieter aufgewendeten) **Kosten.** Eigenleistungen des Mieters sind ebenfalls zu ersetzen. Maßgeblich ist allerdings nicht der Unternehmerlohn, sondern der Lohn eines abhängig Tätigen, der auf ca. 13.– Euro/Std. geschätzt werden kann. Eine Berechnung der Kosten auf der Grundlage eines Kostenvoranschlags ist nicht möglich (AG Wetzlar GE 2012, 956). Es kommt nicht darauf an, ob die Beseitigung der Mängel dem Interesse und dem mutmaßlichen Willen des Vermieters entspricht. Der Aufwendungsersatzanspruch aus § 536a Abs. 2 BGB entsteht mit der Mangelbeseitigung. Im Falle der Veräußerung der Mietsache geht er nicht auf den Erwerber über (s. § 566 BGB Rdn. 58).

Der Aufwendungsersatzanspruch besteht auch dann, wenn die **Reparaturmaß-** 65
nahme erfolglos geblieben ist, den Mieter hieran aber kein Verschulden trifft (**a. A.** AG Osnabrück, WuM 2005, 48: Danach hat der Mieter nur dann Anspruch auf Ersatz der Kosten für eine Mangelbeseitigung, wenn diese Erfolg hatte. Die Kosten fehlgeschlagener Reparaturversuche muss der Vermieter nicht tragen). Etwas anderes gilt, wenn das Scheitern der Reparatur von vornherein absehbar war oder wenn die Erfolglosigkeit vom Mieter oder dem von ihm beauftragten Handwerker zu vertreten ist. Einen nach der Reparatur verbliebenen Mangel muss der Mieter erneut anzeigen, wenn er sich seine Gewährleistungsrechte erhalten will (OLG Düsseldorf NJW-RR 1987, 1232).

Ist der Mangel bereits bei Mietbeginn vorhanden oder ist er auf Grund eines 66
Umstands eingetreten, den der Vermieter zu vertreten hat, so steht dem Mieter nach § **536a Abs. 1 BGB** ein **Schadensersatzanspruch** zu. In einem solchen Fall wird teilweise die Ansicht vertreten, dass zu dem Schaden auch die Aufwen-

dungen gehören, die der Mieter zur Mangelbeseitigung aufgewendet hat (so V. Emmerich in: Staudinger § 536a BGB Rdn. 41). Der BGH folgt dieser Auffassung nicht. Auch hier gilt der Grundsatz, dass die Mängelbeseitigung in erster Linie Sache des Vermieters ist. Dieser Grundsatz kann nicht durch die Zubilligung eines von § 536a Abs. 2 BGB unabhängigen Selbstbeseitigungsrechts umgangen werden (BGH NJW 2008, 1216 = WuM 2008, 147 = NZM 2008, 279; ebenso: Häublein in: MünchKomm § 536a BGB Rdn. 18).

67 Fraglich ist, ob der Mieter den **Ersatz der internen** (der vom Vermieter ersparten) **Kosten** verlangen kann, wenn er den Mangel beseitigt und die Voraussetzungen des § 536a BGB nicht vorliegen (z. B.: weil die vom Mieter gesetzte Frist noch nicht abgelaufen war). Artz (FS Blank S. 5, 14) vertritt die Ansicht, dass sich ein solcher Anspruch aus Allgemeinem Schuldrecht ergibt.

6. Anspruch auf Vorschuss

68 Der Mieter hat Anspruch auf einen Vorschuss in Höhe der zu erwartenden Mangelbeseitigungskosten (BGHZ 56, 136 unter Ziff II; NJW 2008, 2432 betr. „Fogging"; KG RE vom 29.2.1988 NJW-RR 1988, 1039; OLG Düsseldorf ZMR 1999, 627, 628). Voraussetzung ist, dass die geplanten Maßnahmen zur nachhaltigen Mangelbeseitigung geeignet sind (BGH NJW 2010, 2050 = WuM 2010, 348). Im Übrigen gelten folgende **Grundsätze** (vgl. BGH NJW 2010, 1192): **(1)** Der Vorschuss ist zweckgebunden. Er muss vom Mieter zur Mangelbeseitigung verwendet werden. **(2)** Der Mieter muss hierüber abrechnen und den nicht benötigten Betrag zurückerstatten. Hierbei handelt es sich nicht um einen Bereicherungs- sondern um einen Vertragsanspruch. **(3)** Steht fest, dass die Mangelbeseitigung nicht mehr durchgeführt wird oder durchgeführt werden kann, so wird der Rückforderungsanspruch fällig. Hiervon ist auszugehen, **(3.1.)** wenn das Mietverhältnis beendet ist; **(3.2.)** wenn der Mieter seinen Willen zur Mangelbeseitigung aufgegeben hat – dies muss der Vermieter darlegen und beweisen; **(3.3.)** wenn eine angemessene Zeit verstrichen ist, ohne dass mit der Mangelbeseitigung begonnen wurde. Maßgeblich ist der Einzelfall. Eine Anknüpfung an starre Fristen scheidet aus (BGH ZMR 2012, 610). Eine längere Untätigkeit des Mieters ist jedenfalls bei einem höheren Vorschussbetrag als erhebliche Pflichtverletzung zu bewerten, die eine Kündigung nach § 543 Abs. 1 BGB rechtfertigen kann. **(3.4.)** Maßgeblich ist der Zeitpunkt der letzten mündlichen Verhandlung. Zur Verjährung des Rückforderungsanspruchs s. § 548 BGB Rdn. 63

69 Der Mieter kann mit dem Vorschussanspruch gegen jeweils fällige Mietzinsansprüche **aufrechnen** und sich auf diese Weise den für die Mängelbeseitigung erforderlichen **Betrag „ansparen"**. Diese Aufrechnungsmöglichkeit kann bei der Wohnraummiete formularvertraglich nicht ausgeschlossen werden; eine solche Vertragsgestaltung verstößt gegen § 307 BGB, weil hierdurch die rasche Wiederherstellung des vertragsgemäßen Zustands behindert wird (ebenso: Beuermann GE 1994, 1206). Bei der Geschäftsraummiete ist ein formularvertraglicher Aufrechnungsausschluss möglich, weil der Mieter hier i. d. R. über ausreichende finanzielle Mittel zur Mängelbeseitigung verfügen dürfte. Ist der Vermieter zur Zahlung des Vorschusses verurteilt worden, so kann er die Vollstreckung durch die Mängelbeseitigung abwenden (LG Berlin GE 1989, 151) und im Wege der Vollstreckungsgegenklage geltend machen, dass der Vorschussanspruch des Mieters erloschen sei. Der Vermieter kann aber gegen den Kostenvorschuss nicht mit Gegenforderungen aufrechnen, weil dies wegen des Zwecks des Vorschussanspruchs ausgeschlossen ist (LG

Kleve WuM 1989, 14; Beuermann GE 1994, 360). Wird das Haus nach dem Auftreten der Mängel veräußert, so kann der Anspruch auf Zahlung des Vorschusses dann gegen den Erwerber des Grundstücks geltend gemacht werden (§ 566 BGB), wenn erst dieser mit der Beseitigung des Mangels in Verzug gekommen ist (LG Berlin ZMR 1987, 19).

7. Selbstbeseitigungsrecht außerhalb des § 536a Abs. 2 BGB

In der Praxis kommt es gelegentlich vor, dass der Vermieter zwar auf jede Mängelanzeige reagiert, die Mängelbeseitigungsmaßnahmen aber regelmäßig so mangelhaft oder ungenügend sind, dass der angezeigte Mangel nicht beseitigt wird oder nach kurzer Zeit wieder auftritt. In einem solchen Fall wird es dem Interesse des Mieters entsprechen, die Mängelbeseitigung selbst in die Hand zu nehmen. Eine materiellrechtliche gesetzliche Grundlage hierfür besteht allerdings nicht. Eine entsprechende Anwendung des § 536a Abs. 2 BGB auf diese Fälle ist abzulehnen, da es nicht möglich ist, die Tatbestandsvoraussetzungen für das Selbstbeseitigungsrecht hinreichend klar zu bestimmen. Dem Mieter verbleibt die Möglichkeit, eine Klage auf Herstellung des vertragsgemäßen Zustands zu erheben und bei Nichterfüllung der titulierten Verpflichtung nach § 887 ZPO vorzugehen; danach kann das Amtsgericht den Mieter ermächtigen, die Mängelbeseitigung auf Kosten des Vermieters vornehmen zu lassen. Das Recht zur Ersatzvornahme entfällt allerdings, wenn der Mieter die Erfüllung der titulierten Maßnahme treuwidrig verhindert (LG Berlin GE 2016, 59). **70**

8. Besonderheiten bei der vermieteten Eigentumswohnung

Ist eine Eigentumswohnung mangelhaft und sind zur Beseitigung des Mangels Eingriffe in das Gemeinschaftseigentum erforderlich, so steht dem Mieter das Selbstbeseitigungsrecht nach § 536a Abs. 2 BGB nur dann zu, wenn die Gemeinschaft der Wohnungseigentümer damit einverstanden ist. Dies beruht auf der Erwägung, dass die Befugnis zur Instandhaltung, Instandsetzung und Veränderung des Gemeinschaftseigentums nicht dem einzelnen Vermieter, sondern der Gemeinschaft zusteht. In deren Rechte kann der Mieter nicht eingreifen; er darf hierzu auch nicht vom Gericht ermächtigt werden. **71**

Der Mieter muss in einem solchen Fall den **Mängelbeseitigungsanspruch gegen den Vermieter** geltend machen. Für den Streitfall ist das Mietgericht zuständig. Der Vermieter hat die Möglichkeit (und im Falle seiner Verurteilung zur Mängelbeseitigung auch die Pflicht) auf die Gemeinschaft einzuwirken, damit die zur Beseitigung des Mangels erforderlichen Eingriffe in das Gemeinschaftseigentum vorgenommen werden können (KG RE 25.6.1990 WuM 1990, 376). Unterlässt er dies, so kann gegen den Vermieter gem. § 888 ZPO ein Zwangsgeld festgesetzt werden; eine Vollstreckung nach § 887 ZPO kommt nicht in Betracht. Hat der Vermieter vergeblich alles ihm Zumutbare unternommen um eine Mangelbeseitigung zu erreichen, so scheiden weitere Zwangsmittel aus (OLG Düsseldorf WuM 2002, 272). **72**

Bei **eigenmächtiger Mangelbeseitigung** steht dem Vermieter (Wohnungseigentümer) gegen den Verband unter Umständen ein Anspruch aus Notgeschäftsführung (§ 21 Abs. 2 WEG) zu. Der Anspruch setzt voraus, dass sofortiges Handeln geboten ist um eine Gefahrenlage zu beseitigen. Zu erstatten sind lediglich die zur Gefahrenbeseitigung erforderlichen Kosten. Ein Anspruch aus GoA kann in Be- **72a** tracht kommen, wenn die Mangelbeseitigung dem tatsächlichen oder mutmaßlichen Willen der Wohnungseigentümer entspricht. Einen Bereicherungsanspruch kann der Vermieter nur geltend machen, wenn die Mangelbeseitigung ohnehin hätte vorgenommen werden müssen und der Verband infolge der vom Vermieter durchgeführten Maßnahme eigene Aufwendungen erspart hat (vgl. BGH ZWE 2016, 136).

9. Sonstiges

73 Zur **Fälligkeit** der Aufwendungsersatzansprüche, zur **Verjährung** und zur **Abgrenzung** zu den Ansprüchen aus § 539 Abs. 1 und § 812 BGB s. § 539 BGB Rdn. 14 ff.

10. Weitere Anspruchsgrundlagen

74 Ein **Anspruch aus Geschäftsführung ohne Auftrag (§§ 677, 683 Satz 1, 670 BGB)** kommt in Betracht, wenn die Mangelbeseitigung dem tatsächlichen oder mutmaßlichen Willen des Vermieters entspricht. Ein solcher Anspruch ist in Erwägung zu ziehen, wenn die Maßnahme dringlich und der Vermieter nicht zu erreichen ist.

75 Ein **Bereicherungsanspruch (§ 812 ff BGB)** ist denkbar, wenn die Mangelbeseitigung ohnehin hätte vorgenommen werden müssen und der Vermieter infolge der vom Mieter durchgeführten Maßnahme eigene Aufwendungen erspart hat.

§ 536b Kenntnis des Mieters vom Mangel bei Vertragsschluss oder Annahme

¹ **Kennt der Mieter bei Vertragsschluss den Mangel der Mietsache, so stehen ihm die Rechte aus den §§ 536 und 536a nicht zu.** ²**Ist ihm der Mangel infolge grober Fahrlässigkeit unbekannt geblieben, so stehen ihm diese Rechte nur zu, wenn der Vermieter den Mangel arglistig verschwiegen hat.** ³**Nimmt der Mieter eine mangelhafte Sache an, obwohl er den Mangel kennt, so kann er die Rechte aus den §§ 536 und 536a nur geltend machen, wenn er sich seine Rechte bei der Annahme vorbehält.**

Übersicht

	Rdn.
I. Anwendungsbereich und Zweck der Vorschrift	1
II. Voraussetzungen	4
1. Positive Kenntnis der Mängel (Satz 1)	4
2. Grob fahrlässige Unkenntnis (Satz 2)	8
III. Rechtsfolgen:	13
1. Positive Kenntnis	13
a) Grenzen der Ausschlusswirkung	14
b) Vorbehalt des Mieters	15
2. Grob fahrlässige Unkenntnis	16
3. Erfüllungsanspruch	18
4. Gewährleistungsrecht	19
a) Wohnraummiete	20
b) Geschäftsraummiete	25

	Rdn.
IV. Verlust der Gewährleistungsansprüche bei ungeminderter Mietzahlung trotz mangelhafter Mietsache (analoge Anwendung des § 536b BGB/Verzicht/Verwirkung)	30
V. Verlust der Gewährleistungsansprüche bei Ausübung der Option oder Abschluss einer Vereinbarung über die Erhöhung der Miete oder der Betriebskosten trotz mangelhafter Mietsache (analoge Anwendung des § 536b BGB)	33a
VI. Vertragsregelungen/Beweislast	34

I. Anwendungsbereich und Zweck der Vorschrift

Die Vorschriften der §§ 536b und 536c gelten für alle Mietverhältnisse. Sie sind **1** im Zusammenhang zu lesen und auszulegen. § 536b betrifft ursprüngliche (bei Vertragsschluss oder Übergabe der Mietsache vorhandene) Mängel und regelt die Frage, welche Rechtsfolgen sich ergeben, wenn der Mieter den Mangel kennt. § 536c regelt die Pflichten des Mieters, wenn der Mangel während der Mietzeit auftritt.

Der **Abschluss eines Mietvertrags** in **Kenntnis der Mangelhaftigkeit** der **2** Mietsache führt grundsätzlich zum Ausschluss der Gewährleistungsrechte nach §§ 536, 536a, 543 Abs. 2 Nr. 1 BGB. Gleiches gilt, wenn der Mieter eine mangelhafte Sache in Kenntnis ihres Zustands annimmt. Die Regelung will einem sorglosen Geschäftsgebaren entgegenwirken: wer wissentlich eine mangelhafte Sache anmietet oder annimmt, verdient keinen Schutz.

Bei der Vermietung an eine **juristische Person** kommt es für den Verlust der **3** Gewährleistungsrechte nach § 536b BGB darauf an, ob der Geschäftsführer den Mangel kannte. Bei einem **Wechsel des Geschäftsführers** ist maßgeblich, wer im Zeitpunkt des Vertragsschlusses oder der Übergabe des Mietobjekts Geschäftsführer war (OLG Düsseldorf ZMR 2011, 795).

II. Voraussetzungen

1. Positive Kenntnis der Mängel (Satz 1)

Die Vorschrift des § 536b Satz 1 BGB ist anwendbar, wenn der Mieter im Zeit- **4** punkt des Vertragsschlusses positive Kenntnis vom Mangel hat. Gleiches gilt, wenn der Mieter weiß, dass eine zugesicherte Eigenschaft fehlt. Es genügt nicht, wenn die äußeren Umstände die Annahme eines Mangels als naheliegend erscheinen lassen. Vielmehr muss dem Mieter auch die Tragweite des Mangels bekannt sein (Sternel WuM 2002, 244, 248; Eisenschmid in: Schmidt-Futterer § 536b BGB Rdn. 7). Die Kenntnis muss sich auf die konkreten gebrauchsbeeinträchtigenden Umstände beziehen, einschließlich ihrer Auswirkungen auf die Gebrauchstauglichkeit (KG GE 2014, 934).

Beispiele: Weiß der Mieter beispielsweise, dass in dem Wohnhaus ein **Lärm** **5** **verursachender Gewerbebetrieb** untergebracht ist, so werden die Gewährleistungsrechte hierdurch nicht ausgeschlossen. Erforderlich ist vielmehr, dass der Mieter positive Kenntnis von Art und Umfang des Lärms hat (LG Berlin MM 2003, 46 für den aus einer Gaststätte dringenden Lärm; AG Gelsenkirchen WuM 1978, 66 für den aus einer Schuhmacherwerkstatt herrührenden Lärm; AG Hamburg WuM

§ 536b BGB Untertitel 1. Allgemeine Vorschriften für Mietverhältnisse

1976, 151 für Beeinträchtigungen durch einen Waschsalon; **a. A.** LG Berlin GE 2003, 392 für Lärm aus einer Bäckerei). Weiß der Mieter, dass die Wohnung bei **Hochwasser** gefährdet ist, so ist § 536b BGB gleichwohl nicht anwendbar, wenn die Überschwemmung durch eine Abwasserhebeanlage hätte vermieden werden können und der Mieter nicht wusste, dass die Anlage fehlt (LG Köln WuM 1996, 334). Weiß der Mieter, dass das **Trinkwasser** auf Grund bestimmter Inhaltsstoffe bräunlich verfärbt ist, so ist § 536b BGB unanwendbar, wenn der Mieter von den konkreten Grenzwerten und dem Maß der Überschreitung oder den drohenden Gesundheitsgefahren keine Kenntnis hat (AG Bad Segeberg WuM 1998, 280 betr: Überschreitung des Eisengehalts um das 10-fache und des Mangangehalts um das 5-fache des jeweiligen Grenzwerts). Aus einer **Baulücke** muss der Mieter nicht schließen, dass in der Nachbarschaft alsbald gebaut wird (**a. A.** LG Berlin GE 2003, 1330; LG Berlin GE 2012, 489 betr. die Umgestaltung des Bahnhofs Ostkreuz in Berlin). Gleiches gilt, wenn sich in unmittelbarer Nachbarschaft der Mietwohnung ein **abrissreifes Gebäude** befindet oder wenn die Mietsache in einem Sanierungsgebiet liegt. Ebenso kann aus diesen Umständen keine „stillschweigende Beschaffenheitsvereinbarung" hergeleitet werden (LG Berlin GE 2014, 522 Abriss und Neubautätigkeit auf dem Nachbargrundstück; Einzelheiten s. § 536 Rdn. 26a). Weiß der Mieter beim Abschluss des Mietvertrags, dass das **Gebäude demnächst eingerüstet** wird, so ist eine Minderung wegen der mit der Einrüstung verbundenen Gebrauchsbeeinträchtigung nicht ausgeschlossen, wenn der Mieter die konkreten Auswirkungen der Einrüstung nicht kannte (BGH NJW 2010, 2879 = WuM 2010, 495 = NZM 2010, 661 unter RZ 29). Positive Kenntnis von der tatsächlichen **Wohnfläche** hat der Mieter nicht bereits dann, wenn er eine Abweichung von der im Mietvertrag angegebenen Fläche vermutet, sondern erst, wenn er sich durch Ausmessen Gewissheit verschafft hat. Dies gilt auch im Hinblick auf die Verjährung, § 199 Abs. 1 Nr. 2 BGB (LG Krefeld WuM 2012, 674 m. zust. Anm. Emmert WuM 2013, 149). Werden in der Mietwohnung oder in der Nachbarwohnung **Renovierungs- oder Sanierungsarbeiten** durchgeführt, so ist die Minderung nicht bereits deshalb ausgeschlossen, weil der Mieter die Sanierungsbedürftigkeit der Bausubstanz kennt (Bausch NZM 2008, 874, 875). Kennt der Mieter aber die konkreten Mängel, so ist es unerheblich, wenn er deren Auswirkungen auf den Mietgebrauch falsch einschätzt oder wenn er die Möglichkeiten einer Abhilfe verkennt (OLG Nürnberg ZMR 1960, 300). Bei mehreren Mietern genügt es, wenn einer von ihnen die Mängel kennt.

6   Beim **Rechtsmangel** reicht die Kenntnis der einen Rechtsmangel begründenden Umstände für den Ausschluss der Gewährleistung nicht aus. Erforderlich ist weiter, dass der Mieter erkennt, welche rechtlichen Folgen sich aus den ihm bekannten Tatsachen ergeben (Eisenschmid in: Schmidt-Futterer § 536b BGB Rdn. 10). Der Mieter muss zumindest damit rechnen, dass der Dritte sein Recht ausüben wird und das Risiko der Rechtsbeeinträchtigung bewusst in Kauf nehmen (BGH NJW 1996, 46). Deshalb ist für die Anwendung des § 536b S. 1 BGB kein Raum, wenn der **Untermieter** lediglich weiß, dass der Hauptvermieter keine Untermieterlaubnis erteilt hat (BGH a. a. O.).

7   § 536b BGB gilt auch für den **Verlängerungsvertrag.** Deshalb sind die Gewährleistungsrechte ausgeschlossen, wenn der Mieter nach fünfjähriger Mietzeit einen Verlängerungsvertrag abschließt, obwohl er den Mangel der Mietsache kennt (OLG Brandenburg NZM 2013, 151 betr. Ausschluss der Kündigung nach § 543 Abs. 2 Nr. 1 BGB). Gleiches gilt, wenn der Mieter in Kenntnis eines Mangels von einer **Optionsmöglichkeit** Gebrauch macht (Brandenburgisches OLG ZMR

2014, 719), oder wenn der **Mietzins einverständlich** trotz eines Mangels **erhöht** wird. Will sich der Mieter in einem solchen Fall die Gewährleistungsrechte erhalten, so muss er einen Vorbehalt erklären. Für Mieterhöhungen auf Grund gesetzlicher oder vertraglicher Rechte s. unten Rdn. 19 ff).

2. Grob fahrlässige Unkenntnis (Satz 2)

Beruht die Unkenntnis von Mängeln auf grober Fahrlässigkeit, so führt dies nach § 536a S. 2 BGB ebenfalls zum Verlust der Gewährleistungsrechte. Für zugesicherte Eigenschaften i. S. v. § 536 Abs. 2 BGB gilt diese Rechtsfolge nicht; hierfür muss der Vermieter auch dann einstehen, wenn der Mieter das Fehlen der Eigenschaft ohne weiteres hätte erkennen können. Im Unterschied zu dem bis 1.9.2001 geltenden Recht gilt Abs. 1 Satz 2 auch für Rechtsmängel. 8

Grobe Fahrlässigkeit i. S. von § 536b BGB ist gegeben, wenn der Mieter die verkehrsübliche Sorgfalt in besonders schwerem Maße außer Acht lässt. Den Mieter trifft **im Allgemeinen keine Erkundungs- oder Untersuchungspflicht** (BGHZ 68, 281; LG Berlin GE 2014, 523). Jedoch handelt ein Mieter grob fahrlässig, „wenn die Umstände die auf bestimmte Unzulänglichkeiten hindeuten, den Verdacht eines dadurch begründeten Mangels besonders nahelegen, der Mieter aber gleichwohl weitere zumutbare Nachforschungen unterlassen hat" (BGH NZM 2007, 484). Abweichend vom allgemeinen Begriff der Fahrlässigkeit (§ 276 Abs. 1 Satz 2 BGB) spielen hier auch subjektive Momente eine Rolle. Vom Fachmann – etwa dem Gastwirt, der Räumlichkeiten zum Betrieb einer Gaststätte anmietet – wird im Allgemeinen ein mehr an Sorgfalt erwartet, als vom Wohnungsmieter. 9

Den **Wohnungsmieter** trifft grundsätzlich **keine Obliegenheit zur Besichtigung der Wohnung.** Wer eine Wohnung ohne vorherige Besichtigung anmietet, handelt deshalb nicht grob fahrlässig (**a. A.** LG Berlin GE 1996, 471). Etwas anderes kann gelten, wenn der Mieter begründeten Anlass zu der Annahme hat, dass die Räume mangelbehaftet sind (Sternel, Rdn. II 664; Kraemer/Ehlert/Schindler in: Bub/Treier Kap III Rdn. 3385; Lützenkirchen in: Lützenkirchen, Mietrecht § 536b Rdn. 28). Hiervon kann beispielsweise bei der Miete eines alten Hauses ausgegangen werden. Gleiches gilt, wenn der Mieter eine Wohnung in einem heruntergekommenen Gebäude anmietet. Werden die Räume nach Besichtigung gemietet, so trifft den Wohnungsmieter ebenfalls keine Untersuchungspflicht. Es genügt, wenn er die Räume mit der bei solchen Besichtigungen üblichen Aufmerksamkeit betrachtet. Ist bei der Besichtigung einer Wohnung jedoch erkennbar, dass die Fenster schadhaft sind, so ist der Mieter gehalten, diese näher auf Dichtigkeit zu untersuchen. Unterlässt er eine solche Untersuchung so handelt der Mieter grob fahrlässig i. S. des § 536b BGB. Aus diesem Grunde sind die Gewährleistungsrechte des Mieters ausgeschlossen, wenn sich nach der Übergabe herausstellt, dass Zugluft und Regenwasser in die Wohnung eindringen (LG Berlin GE 2011, 887) 10

Der Mieter von **Geschäftsräumen** muss im allgemeinen prüfen, ob die Räume für seine Zwecke tauglich sind und dabei auch in Erwägung ziehen, ob die Räumlichkeiten den baurechtlichen und gewerberechtlichen Voraussetzungen genügen; dies folgt aus dem Umstand, dass der Mieter die entsprechenden Anforderungen kennen muss; andernfalls könnte er sein Gewerbe nicht betreiben (Otto DWW 1984, 16). 11

Zwischen der groben Fahrlässigkeit und der Unkenntnis des Mieters vom Mangel muss **Kausalität** bestehen. Deshalb führt eine grobe Fahrlässigkeit nicht zum 12

§ 536b BGB Untertitel 1. Allgemeine Vorschriften für Mietverhältnisse

Ausschluss der Gewährleistungsrechte, wenn der Mieter den Mangel auch bei Anwendung der erforderlichen Sorgfalt nicht hätte erkennen können (LG Essen WuM 1959, 167, betr. Mängel, die nur für einen Baufachmann erkennbar sind.).

III. Rechtsfolgen:

1. Positive Kenntnis

13   führt zum **Ausschluss der Gewährleistungsrechte.** Ausgeschlossen sind: die Befugnis zur Minderung (§ 536 BGB), der Anspruch auf Schadensersatz (§ 536a Abs. 1 BGB), der Anspruch auf Aufwendungsersatz (§ 536a Abs. 2 BGB) und das Recht zur fristlosen Kündigung nach § 543 Abs. 2 Nr. 1 BGB (§ 543 Abs. 4 BGB). Diese Rechtsfolgen treten auch dann ein, wenn der Vermieter seinerseits den Mangel arglistig verschwiegen oder versucht hat, den Mieter über den Mangel zu täuschen (BGH NJW 1972, 249). Auf den konkreten Zustand der Mietsache kommt es nicht an; deshalb gilt § 536b BGB auch dann, wenn eine Wohnung völlig heruntergewirtschaftet ist (LG Stendal WuM 1994, 525)

14   **a) Grenzen der Ausschlusswirkung.** Übernimmt der Mieter einen Neubau in Kenntnis der für solche Räumlichkeiten typischen Feuchtigkeit, so leben die Gewährleistungsrechte wieder auf, wenn die **Neubaufeuchtigkeit** nach Ablauf der üblichen Zeit (Trockenwohnen) nicht verschwindet. Die Kenntnis des Mieters von einer **gesundheitsgefährdenden Beschaffenheit** der Räume lässt die Gewährleistungsrechte unberührt, weil ein derartiger Zustand nicht vereinbart werden kann. Die Kenntnis des Mieters vom Mangel ist unschädlich, wenn der **Vermieter die Beseitigung des Mangels zugesagt** hat oder wenn der Mieter nach den Umständen davon ausgehen durfte, dass der Vermieter den Mangel alsbald beseitigt (OLG Karlsruhe GE 2001, 1131 betr. Gewerberäume mit einem ungepflegten Zugangsbereich; AG Braunschweig WuM 1996, 702; AG Villingen-Schwenningen WuM 2016, 100).

15   **b) Vorbehalt des Mieters.** Gleiches gilt nach **§ 536b S. 3 BGB,** wenn sich der Mieter die Gewährleistungsrechte beim Abschluss des Mietvertrags, bei der Übernahme der Mietsache, bei der Vereinbarung einer Mieterhöhung, beim Abschluss eines Verlängerungsvertrags oder bei der Ausübung der Option vorbehält. Der Vorbehalt ist eine **einseitige empfangsbedürftige Willenserklärung.** Er muss sich auf konkrete Mängel beziehen; ein allgemeiner Vorbehalt genügt nicht. Der Vorbehalt kann auch durch **schlüssige Handlung** zum Ausdruck gebracht werden, so z. B., wenn der Mieter dem Vermieter Gelegenheit zur Abhilfe gibt (LG Hamburg WuM 1976, 205; LG Mannheim MDR 1974, 756; **a. A.** LG Düsseldorf ZMR 1958, 117), wenn er ein **Beweissicherungsverfahren** in die Wege leitet oder zum Ausdruck bringt, dass er dies tun wolle, oder wenn er an der ersten Mietzahlung ein **Zurückbehaltungsrecht** geltend macht. Die bloße, nicht durch konkrete Tatsachen begründete Erwartung des Mieters, dass der Vermieter den Mangel beseitigen werde, genügt allerdings nicht. Eine Ausnahme gilt bei der Vermietung von Räumen in einem noch nicht fertig gestellten **Neubau.** Hier besteht mangels einer besonderen Vereinbarung eine stillschweigende Übereinstimmung dahin, dass die Unfertigkeiten alsbald beseitigt werden (OLG Hamburg ZMR 1995, 533; LG Konstanz WuM 2011, 361). Hat der Mieter den Vorbehalt beim Vertragsschluss erklärt, so ist es nicht erforderlich, dass er bei der Übergabe der Mietsache wiederholt

wird. Es muss für den Vermieter lediglich klar sein, dass der Mieter weiterhin auf einer mangelfreien Mietsache besteht. Der Mieter darf trotz eines Vorbehalts in der Folgezeit nicht untätig bleiben. Unternimmt der Mieter über einen längeren Zeitraum nichts zur Beseitigung des Mangels, so verliert der Vorbehalt seine Wirkung.

2. Grob fahrlässige Unkenntnis

schadet nicht, wenn der Vermieter den Mangel **arglistig verschwiegen** hat. **16** Dies ist der Fall, wenn der Vermieter eine konkrete Frage des Mieters bewusst wahrheitswidrig beantwortet hat. Davon abgesehen obliegt dem Vermieter keine Verpflichtung, sämtliche Mängel ungefragt zu offenbaren. Insbesondere braucht sich der Vermieter nicht zu solchen Mängeln zu äußern, von denen er annehmen kann, dass sie der Mieter bei Beachtung der verkehrsüblichen Sorgfalt ohnehin bemerken werde.

Eine **Aufklärungspflicht** besteht aber hinsichtlich solcher Umstände, die für **17** den Entschluss des Mieters zum Abschluss des Mietvertrags wesentlich sind und deren Mitteilung dieser nach der Verkehrssitte erwarten kann. Deshalb kann Arglist gegeben sein, wenn der Vermieter einen verborgenen Mangel kennt, diesen aber nicht offenbart (BGH NZM 2007, 484). Es ist nicht erforderlich, dass der Vermieter von einem Mangel dieser Art positive Kenntnis hat; es genügt, wenn er es als möglich erachtet, dass ein solcher Mangel vorliegt (bedingter Vorsatz), oder wenn er trotz erheblicher Zweifel **unrichtige Erklärungen „ins Blaue hinein"** abgibt. Für die Annahme der Arglist ist allerdings kein Raum, wenn der Vermieter den betreffenden Mangel selbst nicht kennt, mag die Unkenntnis auch auf (einfacher oder grober) Fahrlässigkeit beruhen. Gleiches gilt, wenn der Vermieter irrig davon ausgeht, dass der Mangel für den Mieter von untergeordneter Bedeutung ist, mag der Irrtum auch auf (einfacher oder grober) Fahrlässigkeit beruhen. Arglist setzt keine Täuschungsabsicht voraus. Es genügt, wenn der Vermieter einen Mangel verschweigt, weil er annimmt, dass der Mieter den Vertrag bei Kenntnis des Mangels nicht oder nicht zu den tatsächlich vereinbarten Mietbedingungen, wozu insbesondere der Mietpreis gehört, geschlossen hätte. Das Verhalten seiner **Erfüllungsgehilfen** (Hausverwalter, Makler) muss sich der Vermieter zurechnen lassen.

3. Erfüllungsanspruch

Der **Erfüllungsanspruch** des Mieters auf Herstellung des vertragsgemäßen Zu- **18** stands nach **§ 535 Abs. 1 BGB** wird durch die Kenntnis des Mieters vom Mangel grundsätzlich nicht berührt (BGH NZM 2007, 484; LG Berlin GE 2014, 523; Gsell NZM 2016, 702, 704). Dies folgt aus dem Umstand, dass durch den Mietvertrag – anders als beim Werk- und Kaufvertrag – ein Dauerschuldverhältnis mit personalem Bezug begründet wird, dessen zentrales Element die während der gesamten Mietzeit geschuldete Vertragstreue ist. Bei der Wohnraummiete kommt hinzu, dass die Wohnung durch Art 13 GG einen besonderen Schutz genießt (Schmidt NZM 2013, 705, 711; Weller JZ 2012, 881); dies begründet die Notwendigkeit eines effektiven Mieterschutzes (Häublein in: MünchKomm Vorbem. § 536 Rdn. 15).

Konsequenzen (s. Schmidt NZM 2013, 705 ff; Artz WImmoT 2013, 75): **18a** **(1)** Hat der Mieter den Mietvertrag abgeschlossen, obwohl er den Mangel kannte, kann er Übergabe im mangelfreien Zustand verlangen. Bei Nichterfüllung hat er Anspruch auf Schadensersatz wegen Verzugs (§§ 280 Abs. 1, Abs. 2, 286 BGB), auf Schadensersatz statt der Leistung (§§ 280 Abs. 1, Abs. 3, 281 BGB und bei Unmög-

§ 536b BGB Untertitel 1. Allgemeine Vorschriften für Mietverhältnisse

lichkeit die Ansprüche aus §§ 311a Abs. 2, 280 Abs. 1, Abs. 3, 283 BGB; weiter steht ihm das Recht zum Rücktritt zu. **(2)** Hat der Mieter die Mietsache trotz Mangels übernommen so kann er den Anspruch auf Mangelbeseitigung geltend machen. Außerdem kann er dem Vermieter eine Frist zur Mangelbeseitigung setzen (§§ 280 Abs. 1, Abs. 3, 281 BGB setzen und sodann den Mangel selbst beseitigen und die Mangelbeseitigungskosten als Schadensersatz geltend machen. **(3)** In beiden Fällen hat der Mieter die Einrede des Nichterfüllten Vertrags nach § 320 BGB. **(4)** Jedoch ist das Zurückbehaltungsrecht ausgeschlossen, wenn die Mangelbeseitigung unmöglich ist oder wenn deren Kosten die Opfergrenze übersteigen. Die Regelung des § 536b wird durch das allgemeine Leistungsstörungsrecht verdrängt (Artz WImmoT 2013, 75, 83). Die Miete ist dauerhaft gemindert (§§ 275, 326 Abs. 1 Satz 1 BGB).

18b Macht der Mieter den Erfüllungsanspruch geltend, so wird ein der Klage stattgebendes Urteil nach **§ 887 ZPO** vollstreckt. Der Mieter ist zur Ersatzvornahme berechtigt; der Vermieter schuldet hierfür einen Vorschuss in Höhe der Mangelbeseitigungskosten. Die Regelung in § 536b Satz 3 steht dem nicht entgegen, weil hierdurch lediglich die Rechte aus § 536a ausgeschlossen werden. Ist die Vollstreckung ausgeschlossen, weil der Mangel nicht beseitigt werden kann, so ist der Mieter lediglich zur Zahlung eines reduzierten Entgelts verpflichtet (§ 326 Abs. 1 BGB; Artz in WImmoT 2013).

18c Die Parteien können einen bestimmten bei Vertragsbeginn vorhandenen Zustand als vertragsgemäß vereinbaren (BGH NZM 2007, 484). Eine solche Vereinbarung kann auch stillschweigend getroffen werden. Hierfür reicht es allerdings nicht aus, dass der Mieter die Mietsache in Kenntnis des Mangels annimmt. Erforderlich ist vielmehr, dass der bestehende Zustand nach den übereinstimmenden Vorstellungen der Parteien der vertragsgemäße Zustand sein soll. Eine stillschweigende Beschaffenheitsvereinbarung setzt stets voraus, dass der Vermieter gegenüber dem Mieter zum Ausdruck bringt, dass er den gegebenen Zustand über die Dauer des Mietverhältnisses hinweg als vertragsgemäß ansieht und der Mieter dem zustimmt. Eine einseitig gebliebene Vorstellung des Vermieters genügt für die Annahme einer diesbezüglichen Willensübereinstimmung selbst dann nicht, wenn sie dem Mieter bekannt ist (Artz WImmoT 2013, 75, 79; vgl. BGH NJW 2013, 680 = WuM 2013, 154 = NZM 2013, 184 unter Rz. 10 sowie BGH NJW 2010, 1133 = WuM 2009, 659 = NZM 2009, 855). An das Zustandekommen einer stillschweigenden Beschaffenheitsvereinbarung sind strenge Anforderungen zu stellen. Für die tatsächlichen Voraussetzungen einer solchen Vereinbarung ist diejenige Partei darlegungs- und beweispflichtig, die hieraus Rechte herleiten will.

4. Gewährleistungsrecht

19 Die **Gewährleistungsrechte leben wieder auf,** wenn sich der Mangel im Verlauf der Zeit verschlimmert hat oder wenn ein zunächst nur vermuteter Mangel durch exakte Messergebnisse bestätigt worden ist (BGH NZM 2000, 825, 826). Gleiches gilt, wenn der Vermieter auf Grund gesetzlicher Vorschriften zur **Mieterhöhung** berechtigt ist und in diesem Fall das Gleichgewicht zwischen Leistung und Gegenleistung gestört würde (BGH LM § 539 BGB Nr. 3; OLG Hamburg WuM 1999, 281; OLG Koblenz ZMR 2014, 883). Ein solcher Fall kann vorliegen, wenn das Verhalten des Mieters bei Vertragsschluss dahingehend zu werten ist, es entspreche seinem Willen, trotz der Mängel der Wohnung eine bestimmte Miete zu zahlen, weil diese dem Wert der mangelhaften Wohnung entspreche. Wird sodann eine Mieterhöhung auf der Basis einer mangelfreien Wohnung durchgeführt, so wird das Gleichgewicht zwischen Leistung und Gegenleistung ohne den Willen des Mieters gestört. In diesem Fall kann der Mieter trotz Kenntnis der Mängel Gewährleistungsrechte geltend machen (BGH a. a. O.). Eine Minderung ist allerdings der Höhe nach auf den Betrag der Mieterhöhung begrenzt (LG Köln WuM 1990, 17; AG Köln WuM 1990, 260; LG Berlin GE 2003, 326; Sternel, Rdn. II 676; Kraemer/Ehlert/Schindler in: Bub/Treier Kap III Rdn. 3396). Aus diesen Grundsätzen ist folgendes abzuleiten:

a) **Wohnraummiete.** Bei einer **Mieterhöhung nach § 558 BGB** wird das 20 Leistungsgleichgewicht gestört, weil Mängel im Verfahren nach § 558 BGB nicht berücksichtigt werden. Entspricht die Mieterhöhung dem Wert der Sache im mangelfreien Zustand, so kann der Mieter den erhöhten Mietzins akzeptieren und den Mietpreis zugleich wegen des Mangels mindern (LG Köln WuM 1990, 17). Hiervon ist auszugehen, wenn der Mieter den bisherigen Mietzins weiterbezahlt; die Berechtigung der Minderung – und das Wiederaufleben der Minderungsbefugnis – setzt in diesem Fall weiter voraus, dass der Mieter den Mangel anzeigt (§ 536c BGB; LG Köln WuM 1994, 429). Es ist allerdings nicht erforderlich, dass der Mieter erklärt, dass er von seinem Minderungsrecht Gebrauch mache (**a. A.** LG Hamburg WuM 1990, 149); die Ankündigung der Minderungsabsicht ist auch sonst nicht erforderlich. Zahlt der Mieter aber den erhöhten Mietzins in Erwartung der Mangelbeseitigung, so muss er gegenüber dem Vermieter einen Vorbehalt erklären, dass er bei Nichtbeseitigung des Mangels den Mietzins mindern werde. Die hier dargestellte Rechtslage gilt auch dann, wenn die Minderungsbefugnis infolge lang dauernder rügeloser Fortzahlung der Miete ausgeschlossen war s. dazu Rdn. 30f; auch in diesem Fall wird nämlich durch die Mieterhöhung das Äquivalenzverhältnis gestört (**a. A.** LG München I NZM 2002, 986).

Für eine **Mieterhöhung nach § 559 BGB** gelten die für § 558 BGB maßgeb- 21 lichen Grundsätze. Die Vorschrift gewährt dem Vermieter keinen „Modernisierungszuschlag" als Gegenleistung für eine Verbesserung der Mietsache, sondern stellt eine vereinfachte Form der Erhöhung der Grundmiete dar.

Wird eine **Mietabänderungsvereinbarung gem. § 557 Abs. 1 BGB** getrof- 22 fen, so ist zu unterscheiden, ob sich der vereinbarte Preis auf die mangelhafte oder auf die mangelfreie Wohnung beziehen soll. Einigen sich die Parteien dahingehend, dass der vereinbarte Mietpreis in Ansehung des mangelhaften Zustands der Wohnung geschuldet wird, so führt dies dazu, dass die Gewährleistungsrechte hinsichtlich derjenigen Mängel ausgeschlossen werden, die im Zeitpunkt der Änderungsvereinbarung vorhanden gewesen sind. Wird dagegen ein bestimmter Preis in Ansehung der mangelfreien Wohnung vereinbart, so gelten dieselben Grundsätze wie bei einer auf § 558 BGB gestützten Mieterhöhung.

Bei einer **Mieterhöhung auf Grund einer Staffelmietvereinbarung (§ 557a** 23 **BGB)** besteht der Ausschluss der Minderungsbefugnis fort (**a. A.** Sternel, Rdn. II 675). Dies ist darauf zurückzuführen, dass die Mieterhöhung in einem solchen Fall auf einer bei Vertragsschluss getroffenen Vereinbarung beruht, die in Kenntnis des konkreten Zustands der Mietsache getroffen worden ist.

Dasselbe gilt bei einer **Mieterhöhung auf Grund einer Indexmiete (§ 557b** 24 **BGB).** Die Indexvereinbarung hat zudem mit dem konkreten Wohnungszustand nichts zu tun, sondern bezweckt lediglich eine Anpassung des Mietpreises an die allgemeine Preisentwicklung, was durch die Koppelung des Mietzinses an „den Preisindex für die Lebenshaltung" sichergestellt werden soll.

25 **b) Geschäftsraummiete.** Für **freiwillige Erhöhungsvereinbarungen** gelten die zu § 557 Abs. 1 BGB dargelegten Grundsätze.
26 Erfolgt die Erhöhung auf Grund einer **Wertsicherungsklausel** so ist zu unterscheiden:
27 **Gleitklauseln,** die unabhängig vom Zutun der Parteien eine Vertragsänderung entsprechend der Entwicklung anderer Preise bewirken, lassen den Ausschluss der Minderung unberührt. Solche Klauseln haben den alleinigen Zweck, den Mietzins der allgemeinen Preisentwicklung anzupassen. Das Verhältnis des Werts der Mietsache zum jeweiligen Mietpreis wird hierdurch nicht berührt.
28 **Leistungsvorbehalte** lassen den Parteien dagegen einen Spielraum. Erlaubt die dem Leistungsvorbehalt zugrunde liegende Bemessungsgröße eine Anpassung des Mietzinses unter Berücksichtigung der ortsüblichen Miete oder der Entwicklung dieser Miete, so kann der Vermieter einen Mietzins verlangen, der dem Zins für eine mangelfreie Sache entspricht. Der Mieter kann den erhöhten Mietzins akzeptieren und den Mietpreis zugleich wegen des Mangels mindern (OLG Düsseldorf WuM 1994, 324).
29 Dieselbe Rechtslage gilt bei der **Spannungsklausel.**
29a **Negative Beschaffenheitsvereinbarung für künftige Verschlechterung.** Zweifelhaft ist, ob die Parteien vereinbaren können, dass eine eventuell im Verlauf der Mietzeit eintretende Verschlechterung der Mietsache oder des Wohnumfelds vom Mieter als vertragsgemäß hinzunehmen ist. Nach der hier vertretenen Ansicht sind solche Vereinbarungen nur bei der Geschäftsraummiete möglich, bei der Wohnraummiete verstoßen sie gegen das in § 536 Abs. 4 BGB enthaltene Verbot des Gewährleistungsausschlusses. Anders ist es nur, wenn die Baumaßnahme unmittelbar bevorsteht und der Mieter deren Dauer und Auswirkungen auf die Mietsache übersehen kann (s. dazu auch § 536 Rdn. 26a). Nach anderer Ansicht ist das zwischen der aus dem subjektiven Mangelbegriff ableitbare Prinzip der Gestaltungsfreiheit und § 536 Abs. 4 bestehende Spannungsverhältnis zu lösen, wenn **(1)** durch den Wortlaut der Vereinbarung klar zum Ausdruck kommt, welcher eventuell zu erwartende negative Zustand als vertragsgemäß hinzunehmen ist und **(2)** dieser Zustand konkret bezeichnet wird. Dagegen verstößt eine negative Beschaffenheitsvereinbarung gegen § 536 Abs. 4 BGB, wenn durch die Regelung alle nur denkbaren Störungen erfasst werden (Gsell NZM 2016, 702, 711). Befindet sich die Wohnung in der Nachbarschaft eines unbebauten Grundstücks oder einer sanierungsbedürftigen Immobilie, so kann nach dieser Ansicht vereinbart werden, dass der Mieter die durch die Bautätigkeit verbundenen Beeinträchtigungen entschädigungslos hinzunehmen hat. Nach der hier vertretenen Ansicht verstößt eine solche Regelung gegen § 536 Abs. 4 BGB.

IV. Verlust der Gewährleistungsansprüche bei ungeminderter Mietzahlung trotz mangelhafter Mietsache (analoge Anwendung des § 536b BGB/Verzicht/Verwirkung)

30 Die (im Wesentlichen mit § 536b BGB inhaltsgleiche) Vorschrift des § 539 BGB a. F. wurde von der h.M vor der Mietrechtsreform 2001 analog angewandt, wenn im Verlauf der Mietzeit ein Mangel auftritt und der Mieter die Miete gleichwohl über längere Zeit rügelos weiterbezahlt hat (BGH NJW 1997, 2674). In einem solchen Fall gingen die Gewährleistungsrechte für die Vergangenheit und die Zukunft

Kenntnis des Mieters vom Mangel bei Vertragsschluss **BGB § 536b**

verloren. Im Zuge der Mietrechtsreform hat der Gesetzgeber das Mietrecht mit Wirkung vom 1.9.2001 neu geordnet (Gesetz vom 19.6.2001, BGBl. I S. 1149). In der Begründung des Gesetzentwurfs zu den neuen Gewährleistungsvorschriften (§§ 536 bis 536c BGB) ist unter anderem ausgeführt, dass die rügelose Fortzahlung der Miete trotz mangelhafter Mietsache nicht mehr zum Verlust der Gewährleistungsrechte führen soll; im Ausnahmefall könne die Minderungsbefugnis aber verwirkt sein.

Nach der **Rechtsprechung des BGH** (VIII ZS: NJW 2003, 2601 = WuM 2003, 440 = NZM 2003, 355; dazu Timme NZM 2003, 508; NZM 2003, 3099; Börstinghaus LMK 2003, 178; Streyl NZM 2004, 15; ablehnend: Gerber NZM 2003, 825; XII ZS. ZMR 2005, 770) gilt, dass die ungeminderte Mietzahlung trotz mangelhafter Mietsache grundsätzlich nicht den Verlust der Minderungsbefugnis zur Folge hat. Eine analoge Anwendung des § 536b BGB (entspricht § 539 BGB a. F.) ist ausgeschlossen. Hat der Mieter nach dem 1.9.2001 trotz eines Mangels die Miete in voller Höhe weiterbezahlt, so kann er in der Vergangenheit geleistete Überzahlung i. d. R. nicht zurückfordern. Dem Rückforderungsanspruch steht § 814 BGB entgegen. Nach dieser Vorschrift kann das zum Zwecke der Erfüllung einer Verbindlichkeit Geleistete nicht zurückgefordert werden, wenn der Leistende gewusst hat, dass er zur Leistung nicht verpflichtet war. Für die Kenntnis des Mieters trägt grundsätzlich der Vermieter die Beweislast. Kennt der Mieter jedoch den Mangel, so gilt im Allgemeinen der Anscheinsbeweis, dass die Zahlung in Kenntnis der Nichtschuld erfolgt ist (BGH NZM 2018, 1018; KG GE 2013, 1272). Für die Zukunft ist der Mieter aber zur Minderung berechtigt. Hat der Mieter die Miete nach dem Beginn der Störungen dagegen unter Vorbehalt bezahlt, so ist § 814 BGB unanwendbar (Bausch NZM 2008, 874, 875). Gleiches gilt, wenn der Mieter die Miete zu einem Zeitpunkt ohne Vorbehalt bezahlt, zu dem er Umfang und Ausmaß der Gebrauchsbeeinträchtigung noch nicht sicher erkennen kann (Bausch a. a. O.). 31

Unter der Geltung des § 539 BGB a. F. wurde die Ansicht vertreten, dass diese Vorschrift entsprechend anzuwenden ist, „wenn der Mieter von einem ihm eingeräumten **Optionsrecht** trotz Kenntnis der Mangelhaftigkeit der Mietsache Gebrauch macht." Die Ausübung der Option, habe den Verlust der Mängelansprüche zur Folge, „wenn der Mieter bei der Ausübung der Option sich Minderung oder Schadenersatz nicht ausdrücklich vorbehält" (BGH NJW 1970, 1740). Der XII. Zivilsenat hat zu Recht ausgeführt, dass die Rechtslage durch das Mietrechtsreformgesetz geändert worden sei (BGH NJW 2015, 402). Es gilt der Grundsatz, dass die Gewährleistungsrechte nicht verloren gehen, wenn der Mieter ein Optionsrecht in Kenntnis des Mangels ausübt (ebenso BGH NZM 2015, 861) 31a

Das **Minderungsrecht geht ausnahmsweise verloren,** wenn der Mieter hierauf ausdrücklich oder stillschweigend verzichtet hat. 32

Weiterhin ist denkbar, dass der Mieter das **Minderungsrecht verwirkt** hat. Die Fortzahlung der Miete über eine längere Zeit reicht für die Annahme einer Verwirkung nicht aus. Vielmehr müssen weitere Umstände hinzutreten, die einzelfallbezogen festzustellen sind. Ebenso kann die Person des Mieters (Mieter von Wohnraum oder geschäftserfahrener Mieter von Gewerberaum) von Bedeutung sein. Die Annahme einer Verwirkung scheidet in der Regel aus, wenn der Mietvertrag eine unwirksame Vereinbarung über den Ausschluss der Minderungsbefugnis enthält und der Mieter im Vertrauen auf die Wirksamkeit dieser Regelung auf die Minderung verzichtet hat (BGH NJW 2008, 2254 = NZM 2008, 522). 33

§ 536b BGB

V. Verlust der Gewährleistungsansprüche bei Ausübung der Option oder Abschluss einer Vereinbarung über die Erhöhung der Miete oder der Betriebskosten trotz mangelhafter Mietsache (analoge Anwendung des § 536b BGB)

33a Zu § 539 BGB a. F. hatte der BGH die Ansicht vertreten, dass diese Vorschrift entsprechend anzuwenden ist, „wenn der Mieter von einem ihm eingeräumten Optionsrecht trotz Kenntnis der Mangelhaftigkeit der Mietsache Gebrauch macht." Die Ausübung der Option, habe den Verlust der Mängelansprüche zur Folge, „wenn der Mieter bei der Ausübung der Option sich Minderung oder Schadenersatz nicht ausdrücklich vorbehält" (BGH NJW 1970, 1740 unter Ziff II 2). An dieser Rechtsprechung hält der BGH nicht mehr fest (BGH NJW 2015, 402). Bei der Neufassung der Gewährleistungsrechte durch das MietRRefG habe der Gesetzgeber „bewusst davon abgesehen, eine Regelung für den Fall zu treffen, dass der Mieter den Mangel erst nach Vertragsschluss erkennt und trotz Kenntnis des Mangels die Miete über einen längeren Zeitraum hinweg vorbehaltlos in voller Höhe weiterzahlt" (Rz. 26). Die für eine Analogie erforderliche planwidrige Gesetzeslücke sei seit dem Jahre 2001 nicht mehr gegeben. Vielmehr entspreche es „dem erklärten Willen des Gesetzgebers, dass bei nachträglich eintretenden oder bekanntwerdenden Mängeln der für die Zukunft wirkende Rechtsverlust des § 536b BGB nicht eintritt" (Rz. 27). Dies gilt nicht nur für die Ausübung der Option, sondern auch für Vereinbarungen über eine Erhöhung der Miete oder der Betriebskostenvorauszahlungen. Im Einzelfall kann sich allerdings aus § 242 BGB ergeben, dass der Mieter mit den Gewährleistungsrechten ganz oder teilweise ausgeschlossen ist. Dies ist insbesondere dann abzunehmen, wenn der Vermieter aus dem Verhalten des Mieters den Schluss ziehen darf, dass dieser von seinen Gewährleistungsrechten keinen Gebrauch machen wird. Die vorbehaltlose Ausübung einer Verlängerungsoption reicht für sich allein für die Anwendung des § 242 BGB aber ebenso wenig aus, wie eine Vereinbarung über die Erhöhung der Miete oder der Betriebskosten.

VI. Vertragsregelungen/Beweislast

34 Der Vermieter muss beweisen, dass er die Mietsache übergeben hat. Hat der Mieter die Mietsache aber als Erfüllung angenommen, so muss er beweisen, dass sie zum Zeitpunkt der Übergabe mangelhaft war (§ 363 BGB). Ebenso trifft den Mieter die Beweislast, wenn er geltend macht, dass ihm die Mietsache nicht vollständig übergeben wurde. Von einer Annahme als Erfüllung ist auszugehen, wenn der Mieter nach der Übergabe den vollen Mietzins bezahlt. Dies gilt auch dann, wenn die Bezahlung im Wege der Einzugsermächtigung erfolgt (OLG Düsseldorf DWW 2012, 297).

35 Aus einer vertraglichen Vereinbarung, wonach der Mieter das Mietobjekt besichtigt hat und es im derzeit vorhandenen Zustand akzeptiert, kann nicht hergeleitet werden, dass dem Mieter auch verborgene Mängel bekannt gewesen sind (BGH NZM 2007, 484). Der Vermieter muss beweisen, dass der Mieter einen bestimmten Mangel beim Vertragsschluss gekannt hat. Der Mieter muss beweisen, dass er die Mietsache nur unter Vorbehalt angenommen oder dass der Vermieter die Beseitigung des Mangels zugesichert hat. Steht in Frage, ob ein Mangel dem Mieter infolge grober Fahrlässigkeit unbekannt geblieben ist, so muss der Vermieter die Tatsachen beweisen, aus denen sich die grobe Fahrlässigkeit ergibt. Behauptet der Mieter, dass der Vermieter einen Mangel arglistig verschwiegen hat, so muss er die hierfür maßgeblichen Tatsachen beweisen. § 536b BGB ist nicht anwendbar, wenn der Vermieter die Beseitigung des Mangels zusagt. Die Zusage ist vom Mieter zu beweisen (OLG Düsseldorf DWW 2009, 309).

§ 536c Während der Mietzeit auftretende Mängel, Mängelanzeige durch den Mieter

(1) ¹Zeigt sich im Laufe der Mietzeit ein Mangel der Mietsache oder wird eine Maßnahme zum Schutz der Mietsache gegen eine nicht vorhergesehene Gefahr erforderlich, so hat der Mieter dies dem Vermieter unverzüglich anzuzeigen. ²Das gleiche gilt, wenn ein Dritter sich ein Recht an der Sache anmaßt.

(2) ¹Unterlässt der Mieter die Anzeige, so ist er dem Vermieter zum Ersatz des daraus entstehenden Schadens verpflichtet. ²Soweit der Vermieter infolge der Unterlassung der Anzeige nicht Abhilfe schaffen konnte, ist der Mieter nicht berechtigt,
1. die in § 536 bestimmten Rechte geltend zu machen,
2. nach § 536a Abs. 1 Schadensersatz zu verlangen oder
3. ohne Bestimmung einer angemessenen Frist zur Abhilfe nach § 543 Abs. 3 Satz 1 zu kündigen.

Übersicht

	Rdn.
I. Anwendungsbereich und Zweck	1
II. Anzeigepflicht (Abs. 1)	2
1. Mangel	2
2. Gefährdung der Mietsache	9
3. Einwirkungen Dritter	10
4. Mängelanzeige	11
III. Rechtsfolgen bei unterlassener Anzeige (Abs. 2)	15
1. Schadensersatzpflicht (Abs. 2 Satz 1):	15
2. Verlust der Minderungsbefugnis (Abs. 2 Satz 2 Nr. 1)	18
3. Verlust des Anspruchs auf Schadensersatz nach § 536a Abs. 1 BGB (Abs. 2 Satz 2 Nr. 2)	20
4. Verlust der Kündigungsbefugnis nach § 543 Abs. 3 Satz 1 BGB (Abs. 2 Satz 2 Nr. 3)	21
5. Verlust der Einrede des nichterfüllten Vertrags (§ 320 BGB)	22
6. Kündigungsrecht des Vermieters	23
IV. Beweislast	24
V. Abweichende Vereinbarungen	29
VI. Unbegründete Anzeige	30
VII. Anzeigepflicht bei sonstigen Beeinträchtigungen nach § 242 BGB	32

I. Anwendungsbereich und Zweck

Die Vorschrift gilt für alle Mietverhältnisse und regelt die Pflichten des Mieters, **1** wenn der Mangel während der Mietzeit auftritt. Nach § 536c BGB hat der Mieter

§ 536c BGB Untertitel 1. Allgemeine Vorschriften für Mietverhältnisse

in **drei Fällen** eine **Anzeigepflicht: (1)** wenn im Verlauf der Mietzeit ein Mangel auftritt **(2)** wenn eine Maßnahme zum Schutz der Mietsache erforderlich wird und **(3)** wenn sich ein Recht an der Sache anmaßt. Es handelt sich um eine Ausprägung der allgemeinen Obhutspflicht. Der Vermieter – der sich in der Regel nicht im Besitz der Mietsache befindet – soll durch die Information des Mieters in die Lage versetzt werden, seine Instandhaltungs- und Instandsetzungspflicht zu erfüllen und Gefahren von der Mietsache abzuwenden (BGH NJW 1963, 1449, 1450).

II. Anzeigepflicht (Abs. 1)

1. Mangel

2   Ein Mangel im Sinne von § 536c BGB liegt immer dann vor, wenn der tatsächliche Zustand der Mietsache nicht mehr dem vertraglich vereinbarten Zustand entspricht (s. § 536 BGB Rdn. 3). Mangel i. S. des § 536c BGB ist aber nicht nur ein Fehler im Sinne von § 536 BGB, der den Gebrauch der Sache durch den Mieter beeinträchtigt, sondern jedes Hervortreten eines schlechten Zustandes der Mietsache (BGHZ 68, 281 = NJW 1977, 1236; Mittelstein, S. 353). Dies gilt auch für solche Verschlechterungen, die durch übliche Abnutzung entstanden sind (AG Rosenheim DWW 1994, 360 betr. defekte Dichtung und einem dadurch verursachten erhöhten Wasserverbrauch). Die Anzeigepflicht besteht für Mängel in den gemieteten Räumen und für Mängel, die an den gemeinschaftlichen Hausteilen aufgetreten sind.

3   Ein Mangel „**zeigt sich**", wenn er sichtbar zutage tritt oder wenn er von einem durchschnittlichen Mieter ohne weiteres wahrgenommen werden kann. Der Mieter hat keine Nachforschungspflicht (BGH WPM 1976, 537; BGHZ 68, 281 = NJW 1977, 1236; LG Berlin WuM 1987, 387; GE 1987, 929 betr. Verstopfung des Abflusses einer Dusche). Jedoch ist der Mieter zur Anzeige verpflichtet, sobald erste Anzeichen für einen Mangel vorliegen (LG Köln ZMR 2008, 629 betr. Schimmelbildung). Die Anzeigepflicht besteht nicht nur bei positiver Kenntnis, sondern auch bei grob fahrlässiger Unkenntnis (grundlegend: BGHZ 68, 281 = NJW 1977, 1236; OLG Köln NJW-RR 1990, 224; Eisenschmid in: Schmidt-Futterer § 536c BGB Rdn. 10).

4   **Grobe Fahrlässigkeit** in diesem Sinne liegt vor, wenn ein Mangel so offensichtlich ist, dass er sich jedermann aufdrängt (BGH NJW-RR 2006, 1157; OLG Düsseldorf MDR 2008, 1205). Maßgeblich hierfür sind die Umstände des Einzelfalls, wobei auch die dem Mieter vertraglich obliegenden Kontroll- und Instandhaltungspflichten zu berücksichtigen sind (BGH a.a.O.; KG GE 2001, 1603 betr. Vermüllung eines Grundstücks). Für **einfache Fahrlässigkeit** hat der Mieter nicht einzustehen.

5   **Kenntnis des Vermieters vom Mangel.** Wegen des Zwecks der Vorschrift (s. Rdn. 1) besteht die Anzeigepflicht nicht, wenn der Vermieter den Mangel bereits kennt oder nach den Gesamtumständen kennen muss (BGH NJW 2010, 2879 = WuM 2010, 495 = NZM 2010, 661 unter Rz 30 für Bauarbeiten am Gebäude; BGH NJW 1963, 1449, 1450 betr. Mängel in einem Hotelzimmer, das der Vermieter laufend kontrolliert oder durch Hilfskräfte kontrollieren lässt; BGHZ 68, 284 betr. Mängel an einem dem Vermieter gehörenden Kran; BGH NZM 1999, 461 betr. Kenntnis von einem Rechtsmangel; OLG Karlsruhe ZMR 1988, 52 betr.

Mängel als Folge von Abbrucharbeiten, die der Vermieter durchgeführt hat; LG Berlin GE 1984, 47). Ebenso ist eine erneute Mangelanzeige entbehrlich, wenn sich ein bereits angezeigter Mangel infolge der Nichtbeseitigung voraussehbar vergrößert (BGH WuM 2014, 278 Rz. 7 betr. Ausweitung von Schimmel infolge der Nichtbeseitigung eines dem Vermieter bekannten Baumangels). Hiervon sind jene Fälle zu unterscheiden, in denen ein dem Vermieter aus früherer Zeit bekannter Mangel infolge von Umständen, die der Vermieter nicht kennt erneut oder verstärkt auftritt. Wird der Mietgebrauch beispielsweise durch Lärm aus der benachbarten Wohnung beeinträchtigt und waren aus diesem Grunde bereits Rechtsstreitigkeiten anhängig, in denen der Mangel für bestimmte Monate festgestellt wurde, so hängt die Minderung wegen weiterer Monate von einer Mängelanzeige ab, wenn der Lärm nicht auf bauliche Gegebenheiten zurückzuführen ist sondern durch das Wohnverhalten des Nachbarn verursacht wird (AG Berlin-Pankow-Weißensee ZMR 2008, 975). Die **Kenntnis eines Erfüllungsgehilfen** muss sich der Vermieter zurechnen lassen (OLG Karlsruhe a. a. O.). Etwas anderes gilt, wenn der Mieter nach der Sachlage davon ausgehen muss, dass dem Vermieter nicht bewusst ist, ob und in welchem Umfang sich eine von ihm veranlasste Maßnahme (z. B. Reparaturarbeiten) sich auf den Mietgebrauch auswirkt.

Eine Mängelanzeige ist auch dann entbehrlich, wenn dem Vermieter die **Beseitigung des Mangels unmöglich** ist. 6

Nach dem Wortlaut des Gesetzes besteht die Anzeigepflicht für Mängel, die „**im** 7 **Laufe der Mietzeit**" auftreten. Damit ist nicht die Dauer der Mietzeit gemeint; maßgeblich ist vielmehr entsprechend dem Gesetzeszweck die tatsächliche Besitzzeit des Mieters, die von der vertraglich vereinbarten Mietzeit abweichen kann (Eisenschmid in: Schmidt-Futterer § 536c BGB Rdn. 17). Demgemäß beginnt die Anzeigepflicht mit der Übergabe der Mietsache; sie endet mit der Rückgabe (BGH NJW 1967, 1803). Insbesondere wird der Mieter durch § 536c BGB nicht an einer vorzeitigen Rückgabe gehindert. Die Obhutspflicht folgt aus dem Besitz; sie begründet aber keine Besitzpflicht.

Hat der Vermieter auf eine Mängelanzeige einen **Beseitigungsversuch** unter- 8 nommen, so ist zu unterscheiden: Es ist grundsätzlich Sache des Vermieters zu prüfen, ob der Reparaturversuch erfolgreich gewesen ist. Deshalb muss der Mieter nicht anzeigen, dass die Mängelbeseitigung nicht den erwarteten Erfolg gehabt hat (OLG Düsseldorf GuT 2006, 133). Eine Ausnahme kann gem. § 242 BGB gelten, wenn der Vermieter auf Grund der von ihm veranlassten Reparaturmaßnahmen davon ausgehen durfte, dass der Mangel endgültig beseitigt ist (OLG Düsseldorf MDR 2012, 1086). Gleiches gilt, wenn die Reparatur zunächst erfolgreich war und derselbe Mangel nach Ablauf einer gewissen Zeit wiederum in Erscheinung tritt (OLG Düsseldorf ZMR 1987, 376; ZMR 1991, 24); dies gilt nicht, wenn der Vermieter weiß, dass die Mängelbeseitigung keinen Erfolg gehabt hat.

2. Gefährdung der Mietsache

Eine Anzeige ist auch dann erforderlich, wenn die Mietsache durch Sturm, 9 Hochwasser, Frost, Regen, rechtswidrige Angriffe Dritter, baufällige Gebäude, morsche Bäume oder durch ähnliche Umstände gefährdet wird. Es ist nicht erforderlich, dass der Mieter durch diese Gefahr in seinem Mietgebrauch gestört wird. Die Anzeigepflicht besteht auch dann, wenn dem Vermieter zwar die abstrakte Gefährdungssituation bekannt (z. B. Sturmgefahr), die konkrete Gefahr (z. B. sich lösende Dachziegel) aber unbekannt ist. Die Anzeigepflicht besteht nicht, wenn der Vermieter die konkrete Gefahr ebenso gut wahrnehmen kann wie der Mieter, oder wenn keine Maßnahmen zur Abwendung der Gefahr denkbar sind. Auch hier beginnt die Anzeigepflicht mit der Übergabe der Sache an den Mieter und endet erst mit der Rückgabe (BGH NJW 1967, 1803). Der Mieter muss nur von solchen Umständen Anzeige machen, die ihm bekannt sind; eine Nachforschungspflicht besteht nicht (BGH WPM 1976, 538); grobe Fahrlässigkeit muss sich der Mieter zurechnen lassen (BGH NJW 1977, 1236). Ein Mangel liegt auch dann vor, wenn die Mietsache so beschaffen ist, dass sie nur unter Inkaufnahme einer Gefahr oder eines Risikos genutzt werden kann. In Fällen dieser Art tritt die Rechtsfolge des § 536 BGB auch dann ein, wenn der Mieter das Risiko nicht erkennt (Emmerich in: Emmerich/Sonnenschein, Miete § 536 BGB Rdn. 3; **a. A.** Bieber NZM 2006, 683).

3. Einwirkungen Dritter

10   Schließlich besteht die Anzeigepflicht, wenn sich ein Dritter ein Recht an der Sache anmaßt. Es handelt sich hierbei um die Fälle des § 536 Abs. 3 BGB, also um den Eintritt eines Rechtsmangels.

4. Mängelanzeige

11   Die **Anzeige** muss **unverzüglich** (ohne schuldhaftes Zögern) erfolgen, nachdem der Mieter von den anzeigepflichtigen Umständen Kenntnis erlangt hat. Die Eilbedürftigkeit richtet sich nach der Dringlichkeit der Abhilfe. Bei bloßen Komfortmängeln kann sich der Mieter durchaus einige Tage Zeit lassen. Bei Mängeln, durch die die Sicherheit des Gebäudes, der Hausbewohner oder Dritter gefährdet wird, muss der Mieter sofort tätig werden.

12   Die Anzeige muss **gegenüber dem Vermieter** oder einem zur Entgegennahme von Mängelanzeigen Bevollmächtigten erfolgen. Es genügt nicht, wenn die Mängel einem vom Vermieter häufig beauftragten Handwerker angezeigt werden (AG Köln MDR 1974, 47). Ebenfalls reicht es nicht aus, wenn der Mieter eine bevorstehende Gefährdung lediglich bei der Polizei anzeigt (LG Berlin GE 1991, 521 betr. Gefährdung einer gepachteten Gaststätte durch eine von unbekannten Dritten angedrohte Brandstiftung).

13   Die Anzeige bedarf **keiner besonderen Form;** sie kann mündlich oder schriftlich erfolgen und auch in die Form einer Bitte um Abhilfe gekleidet sein. Eine vertraglich vereinbarte Schriftform dient nur Beweiszwecken. Für Mietverträge die nach dem 30.9.2016 vereinbart werden, ist § 309 Nr. 13 BGB in der Fassung des Gesetzes zur Verbesserung der zivilrechtlichen Durchsetzung von verbraucherschützenden Vorschriften des Datenschutzrechts vom 17.2.2016 (BGBl. I S. 233) zu beachten (s. dazu § 535 Rdn. 109a). Es ist nicht Sache des Mieters, die Mängel – gleichsam wie ein Bausachverständiger – zu beschreiben. Erforderlich ist lediglich, dass der Vermieter auf Grund der Mängelanzeige Art und Umfang des Mangels erkennen kann (LG Köln WuM 1990, 17). Konkrete Abhilfemöglichkeiten muss der Mieter nicht vorschlagen. Die Aufklärung unklarer oder umstrittener Mängelursachen ist Sache des Vermieters (AG Leverkusen WuM 1980, 137). Pauschale Unmutsäußerungen betreffend den Zustand der Mietsache genügen jedoch nicht. Der Mieter muss dem Vermieter keine Rechtsnachteile ankündigen.

14   Befinden sich auf der **Mieterseite mehrere Personen,** so ist jeder der Mieter zur Anzeige verpflichtet; hat jedoch einer der Mieter den Mangel angezeigt, so

Während der Mietzeit auftretende Mängel

müssen die übrigen Mieter nicht mehr tätig werden. Für einen Mieter, der die Wohnung bereits verlassen hat, besteht allerdings in der Regel keine Verpflichtung, sich in gewissen Abständen über den Zustand der Mietsache zu vergewissern; er darf vielmehr darauf vertrauen, dass der in der Wohnung verbliebene Mieter die Anzeigepflicht erfüllt (**a. A.** LG Lübeck WuM 1991, 482). Etwas anderes kann gelten, wenn der Mieter weiß, dass der im Besitz der Wohnung befindliche Mieter nicht mehr zur Erfüllung der Obhutspflicht in der Lage ist.

III. Rechtsfolgen bei unterlassener Anzeige (Abs. 2)

1. Schadensersatzpflicht (Abs. 2 Satz 1):

Die unterlassene Mängelanzeige ist als Vertragsverletzung zu bewerten (BGH 15 NZM 2011, 197 unter Rz 12). Wird die Anzeigepflicht verletzt, so ist der Mieter zum Ersatz desjenigen Schadens verpflichtet, der durch die unterlassene Anzeige eingetreten ist. Zwischen der Nichterfüllung der Anzeigepflicht und dem Schaden muss außerdem **Kausalität** bestehen: der Mieter haftet nicht, wenn der Schaden auch bei vertragsgemäßer Erfüllung der Anzeigepflicht eingetreten wäre. Der Mieter schuldet in der Regel nicht die vollen Mangelbeseitigungskosten, sondern nur die Mehrkosten, die durch die unterlassene oder verspätete Mängelanzeige eingetreten sind (vgl. LG Frankfurt WuM 1990, 425 betr. Schadensersatz für verlorene Wassermenge, wenn der Mieter einen Defekt an der Wasserspülung nicht angezeigt hat). Entsteht durch die verzögerte Mangelbeseitigung ein weiterer Schaden, so ist der Mieter insoweit zum Ersatz verpflichtet, als der Vermieter in der Lage gewesen wäre, den weiteren Schaden bei rechtzeitiger Anzeige zu vermeiden.

Der Mieter haftet nur bei **schuldhaftem Unterlassen** (BGH NJW 1993, 1061 16 unter Ziff II 5b) oder bei schuldhafter Verzögerung der Anzeige. Deshalb besteht keine Ersatzpflicht, wenn der Mieter den Mangel kennt, aber infolge eines unvermeidbaren Irrtums glaubt, dass keine Anzeige erforderlich sei. Zur Schadenshaftung bei Versicherungsschutz des Vermieters s. § 538 Rdn. 30a

Soweit der Mieter zum Schadensersatz verpflichtet ist, kann der Vermieter **Na-** 17 **turalherstellung oder Geldersatz** fordern (§ 249 BGB). Macht der Mieter Mängelbeseitigungsansprüche geltend, obwohl der Mangel durch eine Verletzung der Anzeigepflicht entstanden ist, so kann der Vermieter stattdessen auch einen **Freistellungsanspruch** geltend machen. Im Prozess genügt es in diesem Fall, wenn der Vermieter einen Antrag auf Klagabweisung stellt.

2. Verlust der Minderungsbefugnis (Abs. 2 Satz 2 Nr. 1)

Soweit der Vermieter infolge der Unterlassung der Anzeige Abhilfe zu schaffen 18 außerstande war, ist der Mieter nicht berechtigt, den Mietzins zu mindern (§ 536 BGB). Diese Rechtsfolge tritt – als Folge einer Obliegenheitsverletzung – auch bei schuldloser Nichterfüllung der Anzeigepflicht ein. Erforderlich ist jedoch auch hier, dass zwischen der Nichterfüllung der Anzeigepflicht und dem Fortbestand des Mangels Kausalität besteht. Deshalb treten die Rechtsfolgen des Abs. 2 Satz 2 Nr. 1 nicht ein, wenn der Vermieter den Mangel kennt oder kennen muss. Die Kenntnis eines beim Vermieter angestellten Hauswarts ist dem Vermieter zuzurechnen (Kraemer WuM 2000, 515, 518). Ebenso treten die Rechtsfolgen des Abs. 2 Satz 2 Nr. 1 nicht ein, wenn der Mangel auch bei Erfüllung der Anzeigepflicht nicht hätte besei-

§ 536c BGB Untertitel 1. Allgemeine Vorschriften für Mietverhältnisse

tigt werden können (OLG Düsseldorf GuT 2010, 355). Die Erfüllungsansprüche des Mieters aus § 535 Abs. 1 BGB bleiben unberührt. Zum Zurückbehaltungsrecht nach § 320 BGB s. unten 5.

19   Die **Befugnis zur Minderung lebt wieder auf,** wenn der Mieter in der Folgezeit den Mangel anzeigt und der Vermieter untätig bleibt. Nach der Rechtsprechung des BGH ist die Berufung des Mieters auf die Mietminderung jedoch als unzulässige Rechtsausübung (§ 242 BGB) zu bewerten, wenn und soweit dem Vermieter wegen verspäteter Mängelanzeige ein Schadensersatzanspruch gem. § 536c Abs. 2 Satz 1 BGB zusteht (BGH NJW 1987, 1072; WuM 2013, 160). Dies beruht auf der Erwägung, dass der Mieter auf Grund der Schadensersatzverpflichtung den geminderten Teil der Miete an den Vermieter herausgeben müsste.

3. Verlust des Anspruchs auf Schadensersatz nach § 536a Abs. 1 BGB (Abs. 2 Satz 2 Nr. 2)

20   Soweit der Mieter mit der Minderungsbefugnis ausgeschlossen ist, kann er auch keinen Schadensersatzanspruch nach § 536a Abs. 1 BGB geltend machen (LG Köln ZMR 2008, 629). Ein eventueller **Schadensersatzanspruch** des Mieters aus **p.V. V.** oder **Delikt** (§ 823 BGB) bleibt bestehen. Ein solcher Anspruch kann beispielsweise gegeben sein, wenn der Mangel auf eine Verletzung der dem Vermieter obliegenden Verkehrssicherungspflicht zurückzuführen ist; die unterlassene Mängelanzeige ist in einem solchen Fall nach § 254 BGB zu berücksichtigen (vgl. OLG Düsseldorf ZMR 2001, 962: Überwiegendes Mietverschulden, wenn der Mieter eine bauordnungswidrige Treppe über eine längere Zeit hinweg benutzt hat, ohne den Mangel anzuzeigen oder beim Vermieter auf Abhilfe hinzuwirken).

4. Verlust der Kündigungsbefugnis nach § 543 Abs. 3 Satz 1 BGB (Abs. 2 Satz 2 Nr. 3)

21   In Abs. 2 Satz 2 Nr. 3 ist bestimmt, dass der Mieter bei unterlassener Mängelanzeige wegen des Mangels nicht zur fristlosen Kündigung nach § 543 Abs. 3 Satz 1 berechtigt ist. Die Verweisung ist ungenau; richtig muss es heißen: „§ 543 Abs. 3 Satz 2 Nr. 1 oder 2" (ebenso: Haas, Das neue Mietrecht, § 536c Rdn. 2). Dies bedeutet: Das Kündigungsrecht des Mieters nach § 543 Abs. 2 Nr. 1 BGB bleibt bestehen (Eisenschmid in: Schmidt-Futterer § 536c BGB Rdn. 33; V. Emmerich in: Staudinger § 536c BGB Rdn. 21; Lammel Wohnraummietrecht § 536c BGB Rdn. 30; Häublein in: MünchKomm § 536c BGB Rdn. 14; **a. A.** Kandelhard in: Herrlein/Kandelhard § 536c BGB Rdn. 10). Die Kündigung ist aber erst zulässig, wenn der Mieter den Mangel angezeigt und eine Frist zur Abhilfe gesetzt hat. Das Kündigungsrecht entsteht erst mit dem Fristablauf.

5. Verlust der Einrede des nichterfüllten Vertrags (§ 320 BGB)

22   Nach der Rechtsprechung des BGH wird das Zurückbehaltungsrecht bei unterlassener Mängelanzeige nach Treu und Glauben (§ 242 BGB) ausgeschlossen (BGH NZM 2011, 197; ebenso: LG Berlin NZM 1998, 474; Gellwitzki WuM 1999, 10, 16; Sternel Mietrecht aktuell 4. Aufl. 2009 Rdn. III 127; Schach in: Kinne/Schach/Bieber, Miet- und Mietprozessrecht § 536c BGB Rdn. 8; Ehlert in Bamberger/Roth § 536 Rdn. 43; Timme/Raue NZM 2011, 846; im Ergebnis ebenso Schenkel NZM 1998, 502, 504; Kandelhard in Herrlein/Kandelhard Mietrecht § 536

Rdn. 70: danach ist die Regelung des § 536c Abs. 2 Satz 2 BGB auf das Zurückbehaltungsrecht analog anzuwenden; **a. A.** Derleder NZM 2002, 676, 680; Eisenschmid in: Schmidt-Futterer § 536c BGB Rdn. 37; Hübner/Griesbach/Schreiber in: Lindner-Figura/Oprée/Stellmann Geschäftsraummiete Kap. 14 Rdn. 291; Harting in: Harz/Kääb/Riecke/Schmid, Handbuch des Fachanwalts Miet- und Wohnungseigentumsrecht, Kap. 10 Rdn. 143; Blank LMK 2011, 313792). Der BGH begründet den Ausschluss des § 320 BGB zum einen mit der Erwägung, dass das Zurückbehaltungsrecht „die ihm zukommende Funktion, auf den Schuldner Druck auszuüben, nicht erfüllen" kann, wenn dem Vermieter der Mangel nicht bekannt ist. Zum anderen sei die unterlassene Mangelanzeige als Vertragsverletzung zu bewerten. Diese dürfe nicht zur Folge haben, dass der Mieter „eine Kündigung des Vermieters wegen ausbleibender Mietzahlungen verhindern oder zumindest hinauszögern könnte". Die Rechtsprechung des BGH hat zur Folge, dass der Mieter ein Zurückbehaltungsrecht wegen eines Mangels der Wohnung erst an den Mieten geltend machen, die fällig werden, nach dem der Mieter dem Vermieter den Mangel angezeigt hat. Hiervon weicht das LG Flensburg ab. Danach besteht ein Zurückbehaltungsrecht auch an derjenigen Miete, die zum Zeitpunkt des Mangeleintritts bereits fällig war. Dies folge aus der Doppelfunktion des Zurückbehaltungsrechts. Dieses dient nicht nur als Druckmittel zur Durchsetzung des Erfüllungsanspruchs, sondern auch der Sicherung der Vertragserfüllung. Ist der aktuelle Monat zu einem nennenswerten Teil noch nicht verstrichen, so kann ein Zurückbehaltungsrecht an der für diesen Monat geschuldeten aber noch nicht gezahlten Miete bewirken, dass der Vermieter den Mangel vor dem Ablauf des Monats beseitigt.

Kritik. Die Argumente des BGH überzeugen nicht, weil die Rechtsfolgen der unterlassenen Mängelanzeige in § 536c Abs. 2 Satz 1 BGB erschöpfend und befriedigend geregelt sind. Nach § 536c Abs. 2 Satz 1 ist der Mieter dem Vermieter zum Ersatz des Schadens verpflichtet, der diesem durch die Verletzung der Anzeigepflicht entsteht. Dazu gehört zum einen der Vermögensschaden der entstehen kann, wenn infolge der fehlenden Anzeige die Mangelbeseitigung und damit der Eingang der Miete verzögert wird (Derleder NZM 2002, 676, 680). Hat der Vermieter fristlos wegen Zahlungsverzug gekündigt und Räumungsklage erhoben, so kann er den Rechtsstreit für erledigt erklären, wenn sich ergibt, dass dem Mieter wegen eines Mangels ein Zurückbehaltungsrecht zusteht. Die Verfahrenskosten sind in diesem Fall dem Mieter aufzuerlegen, weil er den Räumungsprozess durch die unterlassene Mängelanzeige provoziert hat. 22a

6. Kündigungsrecht des Vermieters

Die Verletzung der Anzeigepflicht ist als Pflichtverletzung i. S. von § 280 BGB zu bewerten. Ein wichtiger Grund zur fristlosen Kündigung i. S. von § 543 Abs. 2 Nr. 2 BGB oder eine nicht unerhebliche Pflichtverletzung i. S. von § 573 Abs. 2 Nr. 1 BGB wird gleichwohl i. d. R. nicht vorliegen (LG Berlin MM 1991, 29). Etwas anderes kann gelten, wenn solche Vertragsverletzungen gehäuft auftreten und die Mietsache hierdurch nicht nur unerheblich gefährdet wird. 23

IV. Beweislast

24 Eine unterlassene oder unzureichende Mängelanzeige ist nicht von Amts wegen, sondern nur dann zu berücksichtigen, wenn sich der Vermieter hierauf beruft (BGH WuM 2004, 531).

25 1. Für den Schadensersatzanspruch des Vermieters wegen unterlassener Mangelanzeige ist streitig, ob der Vermieter die Untätigkeit des Mieters beweisen muss oder ob der Mieter zu beweisen hat, dass er die Anzeigepflicht erfüllt hat. In der höchstrichterlichen Rechtsprechung werden hierzu unterschiedliche Ansichten vertreten. Der für die Wohnraummiete zuständige VIII. Zivilsenat des BGH vertritt die Ansicht, dass der Vermieter darlegungs- und beweispflichtig für die Voraussetzungen des § 536c Abs. 1 BGB ist (BGH NZM 2013, 309; NJW 1987, 1072 zum Leasingvertrag). Das ergebe „sich eindeutig aus dem Gesetzeswortlaut, der ein an sich bestehendes Minderungsrecht voraussetzt und dem Vermieter einen dagegen gerichteten Einwand aufgrund nachträglich eingetretener Umstände gewährt." Demgegenüber hat der für die Gewerbemiete zuständige XII. Zivilsenat in dem Urteil vom 14.11.2001 (NJW-RR 2002, 515) dem Mieter die Beweislast für die Erfüllung der Anzeigepflicht zugewiesen. Die Oberlandesgerichte sind in der Folgezeit teils der Rechtsprechung des XII. Zivilsenats (OLG Brandenburg Urteil vom 14.11.2007 – 3 U 27/07), teils der Auffassung des VIII. Zivilsenats (OLG Düsseldorf ZMR 2003, 21) gefolgt. Ebenso werden in der Literatur zu dieser Frage unterschiedliche Ansichten vertreten (wie der XII. Senat: Eisenschmid in: Schmidt-Futterer § 536c BGB Rdn. 41; Kraemer/van der Osten/Schüller in: Bub/Treier Kap III Rdn. 2413; Lützenkirchen in: Lützenkirchen, Mietrecht § 536c Rdn. 6; Ehlert in: Bamberger/Roth § 536c BGB Rdn. 15; Lammel Wohnraummietrecht § 536c Rdn. 32; Sternel Mietrecht Aktuell Rdn. VI 255; Palandt/Weidenkaff § 536c Rdn. 9). Wie der VIII. Senat: Gsell NZM 2010, 71, 73; V. Emmerich in: Staudinger § 536c Rdn. 25; wohl auch Häublein in: MünchKomm § 536c BGB Rdn. 15). Die besseren Argumente sprechen für die Ansicht des VIII. Senats, weil die Nichterfüllung der Anzeigepflicht beim Schadensersatzanspruch des Vermieters zu den rechtsbegründenden Tatsachen zählt, die nach allgemeinen Grundsätzen der Anspruchsteller, also der Vermieter zu beweisen hat.

26 2. Für die Minderung, den Schadensersatzanspruch des Mieters und die Kündigungsbefugnis des Mieters gilt, dass diese Rechte verlorengehen, wenn die Anzeigepflicht nicht erfüllt wird. Dieser Umstand zählt mithin zu den rechtsvernichtenden Tatsachen, die nach allgemeinen Grundsätzen der Anspruchsgegner, also der Vermieter zu beweisen hat.

27 3. Diese Beweislastverteilung hat zur Folge, dass dem Vermieter die Beweislast für eine negative Tatsache, nämlich die Nichterfüllung der Anzeigepflicht auferlegt wird. Eine solche Beweislastverteilung ist nur sinnvoll, wenn der Gegenpartei, also dem Mieter eine „sekundäre Darlegungslast" obliegt (BGH NZM 2013, 309). Daraus folgt, dass der Vermieter die unterlassene Anzeige nur dann beweisen muss, wenn der Mieter eine solche Anzeige „in zeitlicher, inhaltlicher Weise und räumlicher Hinsicht spezifiziert" vorgetragen hat. Unsubstantiierte Behauptungen muss der Vermieter dagegen nicht widerlegen BGH a. a. O.). Für die Mangelanzeige genügt es keineswegs, wenn der Mieter lediglich erklärt, dass er den Mangel einmal oder mehrfach mitgeteilt habe. Erforderlich sind vielmehr nachprüfbare Angaben zum Zeitpunkt und zum Ort der angeblichen Anzeige (OLG Düsseldorf DWW 2008, 381).

Es gelten die allgemeinen **Regeln über den Zugang einer Willenserklärung** 28
(s. § 542 BGB Rdn. 95). Bei einer schriftlichen Mängelanzeige genügt es – wie allgemein – nicht, wenn der Mieter lediglich beweist, dass er ein Schreiben mit einer Mängelanzeige zur Post gebracht hat. Wird der Mangel – wie im Geschäftsleben üblich – per Telefax angezeigt, so kann der Zugang nicht durch den Sendebericht bewiesen werden. Kann der Mieter jedoch zahlreiche Sendeberichte betreffend die Übermittlung von Mängelanzeigen mit einem „OK-Vermerk" vorweisen, so kann dies als Anscheinsbeweis für den Zugang bewertet werden (OLG Naumburg WuM 2004, 91).

V. Abweichende Vereinbarungen

Die Parteien können – auch bei der Wohnraummiete – abweichende Verein- 29
barungen treffen. Formularvereinbarungen, durch die eine **verschuldensunabhängige Schadensersatzpflicht** bei Verletzung der Anzeigepflicht begründet wird, sind allerdings unwirksam. Gleiches gilt für Klauseln, nach denen der Mieter auch dann für Schäden aus unterlassener oder verspäteter Anzeige haftet, wenn er den Mangel nicht gekannt hat oder wenn ihm lediglich leichte Fahrlässigkeit zur Last fällt. Es ist allerdings nicht erforderlich, dass das Verschuldenserfordernis aus der Klausel ersichtlich ist (BGH NJW 1993, 1061; **a. A.** OLG Frankfurt WuM 1992, 57).

VI. Unbegründete Anzeige

Zeigt der Mieter einen Mangel an, der in Wirklichkeit nicht besteht, so sind die 30
Kosten der Überprüfung nach den Grundsätzen der positiven Vertragsverletzung vom Mieter zu tragen, wenn diesen ein Verschulden an der fehlerhaften Anzeige trifft. Da den Mieter aber keine Untersuchungspflicht trifft, haftet er nur für eine vorsätzliche oder grob fahrlässige Falschanzeige (ähnlich: AG Neukölln GE 1995, 1419: bei Mutwillen oder Absicht).

Beauftragt der Vermieter einen privaten Sachverständigen mit der Überprüfung 31
der Wohnung und ergibt diese Überprüfung, dass die Wohnung mangelfrei ist, so kann er die **Kosten des Gutachtens** gleichwohl nicht vom Mieter ersetzt verlangen, wenn diese Kosten im Verhältnis zur geminderten Miete außer Verhältnis stehen und der Vermieter den Beweis auch durch billigere Mittel (Zeugen, Lichtbilder) sichern kann. Jedenfalls ist der Vermieter verpflichtet, den Mieter auf die hohen Kosten des Gutachtens hinzuweisen (LG Bremen WuM 2013, 158 = NZM 2013, 187).

VII. Anzeigepflicht bei sonstigen Beeinträchtigungen nach § 242 BGB

Wird die Mietsache nicht durch einen Mangel, sondern auf andere Weise be- 32
einträchtigt, so ist der Mieter nach § 242 BGB zur Anzeige der Beeinträchtigung verpflichtet, es sei denn, dass dem Vermieter die Beeinträchtigung bekannt ist oder den Umständen nach bekannt sein muss. Unterbleibt die Anzeige so führt dies in entsprechender Anwendung des § 536c Abs. 2 BGB zum Verlust der Gewährleis-

§ 536d BGB Untertitel 1. Allgemeine Vorschriften für Mietverhältnisse

tungsansprüche einschließlich des Schadensersatzanspruchs sowie des Rechts zur außerordentlichen Kündigung ohne Abhilfefrist nach § 543 Abs. 3 Satz 2 Nr. 1 und 2 BGB (BGH NZM 2002, 217).

§ 536d Vertraglicher Ausschluss von Rechten des Mieters wegen eines Mangels

Auf eine Vereinbarung, durch die die Rechte des Mieters wegen eines Mangels der Mietsache ausgeschlossen oder beschränkt werden, kann sich der Vermieter nicht berufen, wenn er den Mangel arglistig verschwiegen hat.

1   Die Vorschrift gilt für alle Mietverhältnisse und besagt im Ergebnis, dass vertragliche Vereinbarungen über den Ausschluss oder die Beschränkung von Gewährleistungsrechten des Mieters unwirksam sind, wenn der Vermieter den Mangel arglistig verschwiegen hat. Dies gilt für Sach- und Rechtsmängel. Der Sache nach entspricht die Vorschrift dem bis zum 1. 9. 2001 geltenden § 540 BGB a. F. Nach § 540 BGB a. F. waren solche Vereinbarungen nichtig. In § 536a BGB ist demgegenüber bestimmt, dass sich der Vermieter auf solche Vereinbarungen „nicht berufen" kann. Durch diese Formulierung wird klargestellt, dass Vereinbarungen der in § 536d BGB angesprochenen Art, nicht zur Unwirksamkeit der sonstigen Vertragsregelungen führt.

2   Vereinbarungen über die gesetzliche Mängelhaftung sind zunächst an §§ 536 Abs. 3, 242 BGB sowie an den Regelungen der §§ 305 ff BGB zu messen. Darüber hinaus kann eine Vereinbarung unwirksam sein, wenn der Vermieter den Mangel arglistig verschwiegen hat. Für den Begriff des arglistigen Verschweigens s. § 536b BGB Rdn. 16f). Die Vorschrift setzt voraus, dass der Mieter über das Vorhandensein eines Mangels getäuscht worden ist. Deshalb findet die Vorschrift keine Anwendung, wenn der Mieter den Mangel kennt; dies gilt auch dann, wenn der Vermieter irrig davon ausgegangen ist, dass er den Mieter getäuscht habe. Erforderlich ist allerdings positive Kenntnis i. S. der Ausführungen zu § 536b BGB Rdn. 13); grob fahrlässige Unkenntnis des Mieters genügt nicht. Letztlich beruht diese Rechtsfolge auf der Erwägung, dass der wissende Mieter nicht schutzbedürftig ist)

3   Der **Mieter** muss die Tatsachen **beweisen,** aus denen sich ergibt, dass der Vermieter einen Mangel arglistig verschwiegen hat. Die Vorschrift ist – entsprechend ihrem Wortlaut und Regelungszweck – **unabdingbar** (Eisenschmid in: Schmidt-Futterer § 536d BGB Rdn. 1)

§ 537 Entrichtung der Miete bei persönlicher Verhinderung des Mieters

(1) ¹Der Mieter wird von der Entrichtung der Miete nicht dadurch befreit, dass er durch einen in seiner Person liegenden Grund an der Ausübung seines Gebrauchsrechts gehindert wird. ²Der Vermieter muss sich jedoch den Wert der ersparten Aufwendungen sowie derjenigen Vorteile anrechnen lassen, die er aus einer anderweitigen Verwertung des Gebrauchs erlangt.

(2) Solange der Vermieter infolge der Überlassung des Gebrauchs an einen Dritten außerstande ist, dem Mieter den Gebrauch zu gewähren, ist der Mieter zur Entrichtung der Miete nicht verpflichtet.

Übersicht

	Rdn.
I. § 537 Abs. 1 Satz 1	1
1. Zweck und Anwendungsbereich	1
2. Anwendungsgrundsätze	3
3. Abgrenzung zur Unmöglichkeit und zum Wegfall der Geschäftsgrundlage	6
II. § 537 Abs. 1 Satz 2 BGB	9
1. Zweck	9
2. Ersparte Aufwendungen	10
III. § 537 Abs. 2 BGB	15
1. Zweck und Anwendungsbereich	15
2. Verhältnis zu § 543 Abs. 2 Nr. 1 BGB	17
3. Gebrauchsüberlassung an Dritte	19
4. Modernisierung, Umbau, Sanierung, Renovierung	24
5. Sonstige Vorenthaltung	26
IV. Darlegungs- und Beweislast	27
V. Abweichende Vereinbarungen	28

I. § 537 Abs. 1 Satz 1

1. Zweck und Anwendungsbereich

Die Miete wird für die Gebrauchsgewährung, nicht für den Gebrauch geschuldet. Deshalb bestimmt § 537 Abs. 1 Satz 1 BGB, dass der Mieter nicht dadurch von der Entrichtung der Miete befreit wird, dass er durch einen in seiner Person liegenden Grund an der Ausübung des ihm zustehenden Gebrauchsrechts verhindert wird. Die Regelung gilt grundsätzlich für alle Mietverhältnisse; es ist nicht erforderlich, dass die Mietsache dem Mieter bereits überlassen worden ist (OLG Düsseldorf ZMR 1992, 536; Sternel Rdn. III 96; Lützenkirchen in: Erman § 537 Rdn. 5; Bieber in: MünchKomm § 537 BGB Rdn. 3; differenzierend: V. Emmerich in: Staudinger § 537 BGB Rdn. 3 ff. **a. A.** Roquette, § 552 BGB, Rdn. 5, 9). Bei der **Wohn- und Geschäftsraummiete** findet sie insbesondere Anwendung in den Fällen der Besitzaufgabe nach fehlgeschlagenem Mietaufhebungsvertrag oder unwirksamer Kündigung durch den Mieter. Ebenso ist die Vorschrift anwendbar, wenn der Vermieter kündigt und der Mieter vor Ablauf der Kündigungsfrist auszieht. Eine Ausnahme kann insoweit gelten, wenn der Vermieter zuvor die alsbaldige Räumung als besonders dringlich bezeichnet hat (vgl. LG Langenfeld WuM 1988, 159). Räumt der Mieter auf Grund einer unwirksamen Kündigung durch den Vermieter, so ist § 537 Abs. 1 Satz 1 BGB aber unanwendbar: es gilt der Grundsatz, dass sich niemand auf die Unwirksamkeit seiner eigenen Erklärungen berufen darf. **Wohn- und Geschäftsraummiete** findet sie insbesondere Anwendung in den Fällen der Besitzaufgabe nach fehlgeschlagenem Mietaufhebungsvertrag oder unwirksamer Kündigung durch den Mieter. Ebenso ist die Vorschrift anwendbar, wenn der Vermieter kündigt und der Mieter vor Ablauf der Kündigungsfrist auszieht. Eine Ausnahme kann insoweit gelten, wenn der Vermieter zuvor die alsbaldige Räumung als besonders dringlich bezeichnet hat (vgl. LG Langenfeld WuM 1988, 159). Räumt der Mieter auf Grund einer unwirksamen Kündigung durch den Vermieter, so ist § 537 Abs. 1 Satz 1 BGB aber unanwendbar: es gilt der Grundsatz, dass sich niemand auf die Unwirksamkeit seiner eigenen Erklärungen berufen darf.

§ 537 BGB Untertitel 1. Allgemeine Vorschriften für Mietverhältnisse

2 Für Verträge zwischen dem Inhaber eines **„Fitness-Center" oder „Sportstudios"** und den Kunden (Mitgliedsverträge) gilt eine Besonderheit. Zwar sind auch diese Verträge in ihrem Kern als Mietverträge zu bewerten, weil die Inhaber der Unternehmen ihren Kunden die Sportgeräte gegen Entgelt zur Benutzung überlassen. Gleichwohl ist der Mitgliedsvertrag hinsichtlich der Regelung des Verwendungsrisikos als eigenständiger Typus zu bewerten, auf den die gesetzliche Vorschrift des § 537 Abs. 1 S. 1 BGB nicht passt und für den auch sonst keine Regelung des dispositiven Rechts zur Verfügung steht (BGH NJW 1997, 193, 195). Die in zahlreichen Mitgliedsverträgen enthaltene typische Klausel, wonach der Kunde das Entgelt auch dann zu bezahlen hat, wenn er die Einrichtungen des Unternehmens nicht nutzt, unterliegt deshalb der Kontrolle nach den §§ 305 ff BGB. Die Klausel verstößt gegen § 307 Abs. 1 BGB, wenn dort die Interessen des Kunden, sich unter bestimmten Voraussetzungen vom Vertrag lösen zu können, nicht angemessen berücksichtigt werden (BGH a. a. O.; vgl. auch OLG Hamm NJW-RR 1992, 242; OLG Düsseldorf NJW-RR 1995, 55; OLG München NJW-RR 1995, 1467). Die hiervon abweichende instanzgerichtliche Rechtsprechung (LG Freiburg MDR 1981, 56; LG Darmstadt NJW-RR 1991, 1015; vgl. auch AG Frankfurt NJW-RR 1993, 758 wonach der Vertrag für die Dauer der Erkrankung „ausgesetzt" und später bis zum Ende der Vertragszeit fortgeführt wird) ist nicht zu billigen.

2. Anwendungsgrundsätze

3 Die Vorschrift setzt voraus, dass der Mieter den Mietgebrauch nicht ausübt, obwohl der **Vermieter erfüllungsbereit** und -fähig ist. An der Erfüllungsbereitschaft fehlt es, wenn der Vermieter zu erkennen gibt, dass er den Mietgebrauch nicht mehr gewähren will; in diesem Fall entfällt der Mietzinsanspruch (AG Köln WuM 1986, 92, betr. den Fall, dass der Vermieter die Türschlösser austauscht um dem Mieter den Zugang zu verwehren; AG Langenfeld WuM 1988, 159 wenn sich der Vermieter weigert, dem Mieter erneut die Wohnungsschlüssel auszuhändigen).

4 Nach dem Wortlaut der Vorschrift erfasst Satz 1 nur den Fall, dass der Mieter von der Mietsache keinen Gebrauch machen kann („**gehindert wird**"). Es ist aber sachgerecht – insbesondere wegen der an Satz 1 anknüpfenden Regelungen in Abs. 1 Satz 2 und Abs. 2 – die Regelung entsprechend anzuwenden, wenn der **Mieter den Gebrauch nicht ausüben will** (ebenso: BGH WuM 1981, 57; OLG Köln NJW-RR 1992, 443; Lützenkirchen in: Erman § 537 Rdn. 5; zweifelnd: OLG Oldenburg RE 10.11.1980 WuM 1981, 177)

5 Es kommen nur solche Gebrauchshindernisse in Betracht, die sich aus der **Person des Mieters** ergeben. Den Gegensatz zu den in der Person des Mieters liegenden Gebrauchshindernissen bilden die in der Person des Vermieters liegenden Gründe und die objektiven Gebrauchshindernisse. Maßgeblich ist nicht, wer das Gebrauchshindernis zu vertreten hat; vielmehr kommt es darauf an, wessen Risikobereich es zuzuordnen ist (BGHZ 38, 295; OLG Düsseldorf ZMR 1992, 536). Allgemein gilt: das Risiko der Gebrauchstauglichkeit der Mietsache trägt der Vermieter; das seiner nutzbringenden Verwendung der Mieter. Deshalb gilt § 537 Abs. 1 Satz 1 BGB auch dann, wenn der Mieter infolge einer Krankheit (OLG Düsseldorf ZMR 2001, 106), einer beruflichen Veränderung (LG Gießen NJW-RR 1995, 395), einer Einberufung zum Wehrdienst, einer Inhaftierung oder auf Grund einer personenbedingten Verweigerung der Konzession durch eine Behörde am Mietgebrauch gehindert ist. **Weitere Beispiele:** Wer einen Messestand mietet, muss den Mietzins auch dann zahlen, wenn ihm der Veranstalter der Messe nicht die be-

nötigte Ausstellungsfläche zuweist (OLG Frankfurt MDR 1981, 231); der Veranstalter eines Trödelmarktes muss den Mietzins für ein zu diesem Zweck gemietetes Grundstück auch dann zahlen, wenn die Veranstaltung mangels behördlicher Genehmigung nicht stattfinden kann (OLG Düsseldorf ZMR 1992, 536); ein Reiseveranstalter muss gemietete Hotelzimmer auch dann bezahlen, wenn die Reise mangels genügender Interessenten ausfällt (OLG Köln NJW-RR 1992, 443); wer im Hinblick auf eine Ausstellung ein Hotelzimmer bestellt, muss es auch dann bezahlen, wenn die Messe nicht stattfindet (OLG Braunschweig NJW 1976, 570); der Vermieter einer an der Nordsee gelegenen Ferienwohnung behält den Mietzinsanspruch, wenn der Mieter wegen schlechten Wetters, unsauberer Strände, verschmutzten Wassers oder dem „Robbensterben" absagt (LG Düsseldorf ZMR 1990, 379). Eine Baustelle vor dem Hotelzimmer oder ähnliche den Mietgebrauch unmittelbar störende Einflüsse sind dagegen als Mangel zu bewerten, für die der Vermieter einzustehen hat und die den Mieter möglicherweise zur Kündigung nach § 543 Abs. 2 Nr. 1 BGB berechtigen.

3. Abgrenzung zur Unmöglichkeit und zum Wegfall der Geschäftsgrundlage

Kann der Vertragszweck nicht oder nicht mehr erreicht werden, weil bestimmte 6
von beiden Parteien vorausgesetzte Umstände nicht eintreten oder weggefallen sind, so kann **Unmöglichkeit** vorliegen. In einem solchen Fall gelten die **allgemeinen Vorschriften** (dazu § 536a BGB Rdn. 2ff). Die Annahme einer Unmöglichkeit setzt voraus, dass die Parteien einen bestimmten Verwendungszweck zum Vertragsinhalt gemacht haben („**zweckbezogene Miete**") und der Vertragszweck aus Gründen entfällt, die keiner der Vertragspartner zu vertreten hat. Beim Fehlen einer **Zweckvereinbarung** ist dagegen § 537 BGB anwendbar. Solche Zweckvereinbarungen können auch stillschweigend getroffen werden, jedoch ist Zurückhaltung geboten. Der Umstand, dass der Vermieter die Absichten und Pläne des Mieters kennt, reicht hierfür ebenso wenig aus, wie die Angabe eines Verwendungszwecks im Mietvertrag. Deshalb liegt keine Unmöglichkeit vor, wenn ein Hotelzimmer für die Dauer einer Messe oder ein Saal zum Zwecke der Durchführung einer bestimmten Veranstaltung gemietet worden ist und die Messe nicht stattfindet oder die Veranstaltung nicht durchgeführt werden kann. Erforderlich ist vielmehr, dass das Risiko der nutzbringenden Verwendung der Mietsache nach dem Vertragsinhalt vom Vermieter oder zumindest von beiden Parteien gemeinsam getragen werden soll. Der Miete von Hotelzimmern liegt i. d. R. keine Zweckvereinbarung zugrunde. Bei der Miete von Geschäftsräumen liegt keine Unmöglichkeit vor, wenn der Mieter sein Geschäft aufgeben will oder muss.

Auch eine Kündigung wegen des **Wegfalls der Geschäftsgrundlage** ist hier 7
nicht möglich (OLG Braunschweig NJW 1976, 570; OLG Frankfurt MDR 1981, 231). **Beispiele:** keine Kündigung, wenn ein gemieteter Laden nicht den erhofften Gewinn abwirft (OLG München ZMR 1995, 295); keine Kündigung, wenn der Mieter seinen Betrieb veräußert und der Erwerber sich weigert, in den Mietvertrag einzutreten (OLG Düsseldorf ZMR 1987, 375); der Mieter einer Telefonanlage kann nicht kündigen, wenn sich sein Bedarf hinsichtlich der Kapazität der Anlage ändert (OLG Karlsruhe NJW-RR 1994, 953); keine Vertragsanpassung, wenn der Mieter Räume zum Betrieb eines Spielcasinos angemietet hat und die Behörde den Betrieb untersagt (OLG Hamm NJWE-MietR 1996, 79); keine Kündigung eines zum Zwecke der Werbung gemieteten Schaukastens, wenn der beworbene

Betrieb aufgegeben wird (LG Düsseldorf MDR 1986, 54); keine Kündigung, wenn der Wohnungsmieter wegen einer beruflichen Veränderung die Wohnung nicht mehr nutzen kann oder will (LG Gießen NJW-RR 1995, 395).

8 Außerdem ist Unmöglichkeit (oder ein Wegfall der Geschäftsgrundlage) anzunehmen, wenn die **Ausübung des Gebrauchsrechts an objektiven Umständen scheitert,** die jeden Mieter an der Ausübung des Gebrauchs hindern würden. Hierzu gehören diejenigen Fälle, in denen eine Behörde ein **generelles Nutzungsverbot** erlassen hat (RGZ 98, 101 betr. Verbot der Jagdausübung auf gepachtetem Gelände aus militärischen Gründen). Außerdem fällt hierunter der Fall, dass die Ausübung des Mietgebrauchs durch eine **nicht vorhersehbare völlige Veränderung der wirtschaftlichen und sozialen Verhältnisse** verhindert wird (Beispiele: Umweltkatastrophen, Epidemien, Krieg oder kriegsähnliche Zustände; zweifelhaft: BGH NZM 2000, 1226: betr. Wegfall der Geschäftsgrundlage bei Vermietung an US-Streitkräfte nach Truppenabzug aus Berlin). Zu den Auswirkungen der COVID-19 Pandemie siehe § 535 BGB Rdn. 725 ff; Schmidt/Streyl COVID-19 Rdn. 75 ff.

II. § 537 Abs. 1 Satz 2 BGB

1. Zweck

9 Wird die **Mietsache vom Mieter nicht genutzt,** so ist der Vermieter grundsätzlich nicht verpflichtet, für eine andere Verwendung Sorge zu tragen. Eine **„Schadensminderungspflicht"** nach § 254 BGB besteht nicht, weil der Vermieter keinen Schadensersatz beansprucht, sondern die Erfüllung des Mietvertrags (§ 535 Abs. 2 BGB) verlangt (BGH WuM 1981, 57; NJW 2007, 2177 betr. Rückgabe nach unwirksamer Kündigung; OLG Koblenz WuM 2002, 552, 554; LG Gießen, NJW-RR 1995, 395; **a. A.** LG Braunschweig WuM 1998, 220: Schadensminderung nach Treu und Glauben). Das gilt auch bei der Miete von Hotelzimmern (OLG Köln NJW-RR 1992, 443). Bei der Wohnraummiete hält die Rechtsprechung den Vermieter allerdings unter bestimmten Voraussetzungen für verpflichtet, eine freistehende Wohnung alsbald weiterzuvermieten (s. § 542 BGB Rdn. 225). Soweit eine solche Verpflichtung besteht, erlischt der Mietzinsanspruch insgesamt. Soweit sie nicht besteht, gilt § 537 Abs. 1 Satz 2 BGB: danach muss sich der Vermieter die durch die Nichtinanspruchnahme der Mietsache bedingten Vorteile anrechnen lassen muss: der Vermieter soll nicht auf Kosten des Mieters bereichert werden.

2. Ersparte Aufwendungen

10 Den Wert der ersparten Aufwendungen muss sich der Vermieter anrechnen lassen. Maßgeblich ist die **tatsächliche Ersparnis,** nicht dasjenige, was sich der Vermieter hätte ersparen können (LG Kassel WuM 1989, 410). Auch auf einen Gewinn muss der Vermieter nicht verzichten (OLG Frankfurt MDR 1981, 231).

11 Bei der Wohn- und Geschäftsraummiete gehören im Falle des **Leerstehens** zu den ersparten Aufwendungen insbesondere die verbrauchsabhängigen Betriebskosten (Wasserverbrauch und Heizwärme). Bei einer Pauschalmiete ist die Miete um diese Kostenanteile zu kürzen. Sind die Betriebskosten nach den vertraglichen Vereinbarungen gesondert umlegbar, so gilt dasselbe für die Vorauszahlungen (AG

Arnsberg DWW 1988, 213). Bei besonderen Vertragsgestaltungen kann auch eine ersparte Wartungs- und/oder Instandhaltungspflicht zu einem anrechenbaren Vermögensvorteil führen, der gegebenenfalls nach § 287 ZPO zu schätzen ist (OLG Düsseldorf ZMR 1985, 382). Allerdings gilt dies nur, wenn die Räume längere Zeit leer stehen. Muss der (Unter-)Vermieter die Räume seinerseits von einem Dritten (Hauptvermieter) anmieten so zählen zu den ersparten Aufwendungen auch diejenigen Beträge, die der Untervermieter an den Hauptvermieter hätte zahlen müssen, wenn der Untermieter von der Mietsache Gebrauch gemacht hätte. Es kommt dabei nicht darauf an, ob der Untermieter freiwillig oder gezwungenermaßen auf sein Gebrauchsrecht verzichtet (OLG Düsseldorf ZMR 2017, 558). Bei nicht in Anspruch genommenen **Hotelzimmern** werden Beträge zwischen 10% (Zimmer mit Frühstück), 30% (Halbpension) und 40% (Vollpension) in Abzug gebracht. Bei Luxushotels sind die Abzüge geringer.

Werden die **Räume weitervermietet,** so muss sich der Vermieter den Mietzins anrechnen lassen. **12**

Werden sie **vom Vermieter selbst genutzt,** so bestehen die ersparten Aufwendungen in dem Betrag, den er für die Anmietung vergleichbarer Räume hätte aufwenden müssen (Mittelstein S. 393). **13**

Für die **vorübergehende Unterstellung von Gegenständen,** die gelegentliche **Unterbringung von Gästen** ohne Entgelt oder die kurzfristige Inanspruchnahme zum Zwecke der Durchführung üblicher **Renovierungsarbeiten** oder **kleinerer Reparaturen** muss sich der Vermieter i. d. R. nichts anrechnen lassen (a. A. Sternel Rdn. III 99: danach ist ein Betrag anzurechnen, um den der Mieter den Mietzins hätte mindern können, wenn der Vermieter die fragliche Maßnahme während der Besitzzeit des Mieters durchgeführt hätte). **14**

III. § 537 Abs. 2 BGB

1. Zweck und Anwendungsbereich

Die Vorschrift regelt in Abgrenzung zu § 537 Abs. 1 Satz 1 BGB, dass der Mieter nicht zur Entrichtung der Miete verpflichtet ist, wenn der **Vermieter** infolge der Überlassung des Gebrauchs an einen Dritten **außerstande** ist, **dem Mieter den Gebrauch zu gewähren:** diese Rechtsfolge trägt dem Umstand Rechnung, dass der Vermieter nur bei eigener Erfüllungsbereitschaft und -fähigkeit die Miete verlangen kann. Ist diese Voraussetzung nicht gegeben, so kommt es nicht darauf an, ob der Mieter seinerseits den Gebrauch hätte ausüben können oder wollen. Die Vorschrift nennt als einziges Erfüllungshindernis die **Überlassung an einen Dritten.** Es ist jedoch anerkannt, dass bestimmte Fälle der **Eigennutzung, bestimmte Umbau- Sanierungs- oder Modernisierungsmaßnahmen,** die ein gewisses Ausmaß überschreiten, sowie die Fälle sonstiger Vorenthaltung ebenfalls von Satz 3 erfasst werden (BGHZ 38, 295, 298 f; OLG Hamm BB 1976, 1049; V. Emmerich in: Staudinger § 537 BGB Rdn. 15; Paschke in: Bub/Treier Kap III Rdn. 643). **15**

Die Befreiung von der Zahlungspflicht besteht nur solange die Vorenthaltung währt. **Endet die Vorenthaltung** der Gebrauchsgewährung (z. B. durch Beendigung des mit dem Dritten bestehenden Mietvertrags oder durch Aufgabe der Eigennutzung), so lebt die Pflicht des Mieters zur Bezahlung der Miete wieder auf (OLG Düsseldorf WuM 1998, 483). **16**

2. Verhältnis zu § 543 Abs. 2 Nr. 1 BGB

17 Nach § 543 Abs. 2 Nr. 1 BGB kann der Mieter kündigen, wenn ihm der Mietgebrauch nicht gewährt oder entzogen wird. Dieses Kündigungsrecht ist ausgeschlossen, wenn zwar der Vermieter die Mietsache anderweitig verwertet, der Mieter aber ohnehin an einer Ausübung des Mietgebrauchs verhindert wäre. Hier ist der Mieter auf die Rechte aus § 537 Abs. 2 BGB beschränkt. Anders ist die Lage, wenn der Mieter zu erkennen gibt, dass er künftig fähig und willens ist, die Mietsache zu gebrauchen (BGHZ 38, 295).

18 Das Kündigungsrecht ist ferner dann nicht ausgeschlossen, wenn der Mieter eine Vorenthaltung des Gebrauchs zur Kündigung nach § 543 Abs. 2 Nr. 1 BGB ausnützt, weil er ohnehin vom Mietvertrag loskommen will. Das Kündigungsmotiv als solches ist nämlich unerheblich (BGH NJW 1970, 1791).

3. Gebrauchsüberlassung an Dritte

19 Hierunter fällt vor allen Dingen die **Weitervermietung.** Erforderlich ist insoweit, dass es sich um eine Vermietung auf Dauer handeln muss. Solange der Vermieter in der Lage ist, dem Mieter die Sache jederzeit zur Verfügung zu stellen, liegt kein Fall des § 537 Abs. 2 BGB vor. Die Vorschrift hat insbesondere dann praktische Bedeutung, wenn der Mieter die Mietsache grundlos nicht bezogen hat (BGH NJW 2000, 1105, 1106) oder wenn er sie vor Beendigung des Mietverhältnisses zurückgibt und der Vermieter diese weitervermietet. Erzielt er hierbei den bisherigen Mietzins, so besteht Einigkeit, dass der Mieter von seiner Zahlungspflicht frei wird. Gleiches gilt, wenn der Vermieter einen höheren Mietpreis erzielt.

20 Demgegenüber ist umstritten, welche Rechtsfolge gilt, wenn der Vermieter die Mietsache zu einem **geringeren Mietpreis weitervermietet.** Hierzu werden im Wesentlichen **drei Ansichten** vertreten. Nach einer Meinung gilt § 537 Abs. 2 BGB auch in diesem Fall (OLG Düsseldorf ZMR 1986, 164 = NJW-RR 1986, 507; OLG München ZMR 1992, 51; LG Baden-Baden NJW-RR 1997, 75; Sternel, Rdn. III 101; Blank PiG 57, 221, 228). Der Vermieter kann seine Ansprüche dadurch wahren, indem er das ursprüngliche Mietverhältnis wegen Zahlungsverzugs nach § 543 Abs. 2 Nr. 3 BGB fristlos kündigt und den Mietausfall (die Differenz zwischen der bisherigen höheren und der nunmehr erzielten niedrigeren Miete) im Wege des Kündigungsfolgeschadens (dazu § 542 BGB Rdn. 112ff) geltend macht (OLG München a. a. O.; Sternel a. a. O.). Nach anderer Auffassung ist eine Kündigung des ursprünglichen Mietverhältnisses entbehrlich. Der Vermieter hat aber nur dann einen Anspruch auf die Mietdifferenz, wenn die Weitervermietung zugleich im Interesse des ursprünglichen Mieters liegt. Zu diesem Zweck soll der Vermieter verpflichtet sein, sich mit dem Mieter über die Weitervermietung zu verständigen, damit der Mieter Vorbehalte und Bedenken geltend machen kann. Eine Ausnahme soll nur dann gelten, wenn der Mieter unerreichbar ist, was allerdings entsprechende Nachforschungen voraussetzt (OLG Hamm RE 13.3.1986 WuM 1986, 201; LG Berlin ZMR 1998, 229. Nach **h. M.** ist eine Weitervermietung möglich, ohne dass die vom OLG Hamm geforderten Voraussetzungen vorliegen müssen (BGHZ 122, 163 = NJW 1993, 1645; NJW 2008, 1148 = NZM 2008, 206); OLG Düsseldorf ZMR 1991, 380; DWW 1993, 101; OLG Koblenz WuM 1995, 154; KG GE 2001, 1539; NZM 2005, 946, 947; NZM 2014, 912; OLG Karlsruhe ZMR 2005, 191; LG München WuM 1996, 766; V. Emmerich in: Staudinger § 537 BGB Rdn. 36). Diese Auffassung wird zum Teil mit dem Vorrang des § 537 Abs. 1 Satz 2

BGB, zum Teil damit begründet, dass die Berufung des vertragsuntreuen Mieters in diesem Fall gegen Treu und Glauben verstoße (§ 242 BGB). Nach h. M. begeht der Mieter eine grobe Vertragsverletzung, wenn er ohne Rücksicht auf den bestehenden Mietvertrag auszieht und die Mietzahlungen einstellt. In einem solchen Fall kann sich der Vermieter um eine Weitervermietung bemühen, ohne Rechtsnachteile befürchten zu müssen (Brandenburgisches OLG WuM 2007, 14). Hat der Vermieter das Mietobjekt weitervermietet, um den Mietausfall gering zu halten, so handelt der Mieter grundsätzlich rechtsmissbräuchlich, wenn er die Zahlung der Differenzmiete mit der Begründung verweigert, dass der Vermieter wegen der Weitervermietung zur Gebrauchsüberlassung nicht mehr in der Lage sei. Der BGH weist allerdings darauf hin, dass der Einwand aus § 537 Abs. 2 BGB nicht immer und ausschließlich als rechtsmissbräuchlich bezeichnet werden kann. **Kein Rechtsmissbrauch** ist insbesondere in folgenden Fällen gegeben: **(1)** Wenn der Mieter auf Grund der unklaren Sach- und Rechtslage begründete Zweifel am Fortbestand des Mietvertrags haben durfte: „Je weniger Anlass der Mieter zu der Annahme hatte, das Mietverhältnis sei beendet, umso eher handelt er rechtsmissbräuchlich, wenn er sich wegen der Weitervermietung auf mangelnde Erfüllungsbereitschaft des Vermieters beruft." **(2)** Wenn der Vermieter im Vertrauen darauf, dass der Mieter die Mietdifferenz zahlen müsse, die Mietsache ohne hinreichenden Grund unter dem erzielbaren Marktpreis weitervermietet hat. **(3)** Bestehen aus der Sicht des Vermieters Zweifel, ob der Mieter endgültig ausgezogen ist oder ob der Mieter mit nachvollziehbaren Gründen annehmen konnte, das Mietverhältnis sei beendet, so darf der Vermieter nicht ohne weiteres weitervermieten. In diesem Fall soll einer Mitteilung des Vermieters an den Mieter, er werde versuchen, die Mietsache im beiderseitigen Interesse weiterzuvermieten, um dann nur noch eine eventuelle Mietzinsdifferenz geltend zu machen, entscheidende Bedeutung zukommen. Schweigt der Mieter auf eine solche Erklärung, so wird er sich später nicht darauf berufen können, dass er das Mietobjekt nur vorübergehend nicht genutzt habe. Wegen dieser Einschränkungen ist die Weitervermietung unter Aufrechterhaltung des bisherigen Mietverhältnisses mit einem hohen Risiko für den Vermieter verbunden (s. Blank PiG 57, 221, 228).

Nach der Auffassung des OLG Naumburg (WuM 1998, 283) ist die Berufung des Mieters auf § 537 Abs. 2 BGB auch dann rechtsmissbräuchlich, wenn zwar die Weitervermietung gelingt, der **neue Mieter** aber die **Miete nicht bezahlt**. In diesem Fall kann der Vermieter den ursprünglichen Mieter auf Zahlung der gesamten Miete in Anspruch nehmen. Dem Mieter bleibt gem. §§ 667, 677, 681 S. 2 BGB die Möglichkeit, gegen Begleichung der offenen Mieten vom Vermieter die Abtretung der Ansprüche gegen den neuen Mieter zu verlangen. Der ursprüngliche Mieter wird nicht deshalb von der Zahlungspflicht frei, weil der Vermieter einen Zahlungstitel gegen den Nachfolgemieter hat. Anders ist es, wenn der Nachfolgemieter tatsächlich zahlt. Dies muss der Mieter beweisen. Die beiden Mieter haften nicht als Gesamtschuldner, weil sich die Ansprüche aus unterschiedlichen Verträgen ergeben (OLG Celle ZMR 2003, 343). Dieselben Grundsätze sind anzuwenden, wenn ein Untermieter die Mietzahlungen unberechtigt einstellt und die Mietsache an den Mieter zurückgibt. Einigt sich der Hauptmieter daraufhin mit dem Eigentümer über eine Aufhebung des Hauptmietverhältnisses gegen Zahlung einer Abfindung, so kann der Mieter den Abfindungsbetrag vom Untermieter ersetzt verlangen (im Ergebnis ebenso, aber mit anderer Begründung: OLG Nürnberg NZM 1999, 1099). 21

Bei einer **unentgeltlichen Überlassung** der Mietsache an einen Dritten und für den Fall der **Eigennutzung** ist § 537 Abs. 2 BGB unanwendbar, wenn der Vermieter die Sache jederzeit dem Mieter zur Verfügung stellen kann (BGH NJW 22

1963, 345). Gleiches gilt, wenn der Vermieter dem **Mietnachfolger die Schlüssel vor Vertragsbeginn überlässt,** etwa damit dieser die Räume ausmessen oder gewisse Schönheitsreparaturen durchführen kann. In diesem Fall wird die Mietsache nicht zum Gebrauch überlassen. Unschädlich ist es auch, wenn die Räume vorübergehend zum **Abstellen von Gegenständen** benutzt werden und für ähnliche Fälle.

23 Ist die Sache dagegen dem Dritten **auf Dauer überlassen** worden, so ist dies rechtlich einer Vermietung gleichzustellen (BGH NJW 2008, 1148 = NZM 2008, 206). Nichts anderes gilt für die **Eigennutzung,** wenn sich aus den Umständen ergibt, dass der Vermieter die Räume auf Dauer nutzen will. Die Berufung des Mieters auf § 537 Abs. 2 BGB ist hier auch nicht rechtsmissbräuchlich: der Vermieter darf die Räume nicht im Vertrauen darauf, dass der Mieter ohnehin die Miete zahlen muss, unentgeltlich einem Dritten überlassen oder selbst nutzen. Jedoch liegt kein Rechtsmissbrauch vor, wenn der Vermieter die Mietsache unentgeltlich einem Dritten überlässt, um auf diese Weise einen ansonsten drohenden Leerstand zu verhindern. Allerdings gilt dies nur dann, wenn sich der Vermieter zuvor um die bestmögliche anderweitige Verwertung bemüht hat (BGH a.a.O.). Ein Fall des Rechtsmissbrauchs liegt auch dann nicht vor, wenn der Dritte die Mietzahlung anbietet, der Vermieter sie aber nicht annimmt (OLG Frankfurt WuM 1995, 483).

4. Modernisierung, Umbau, Sanierung, Renovierung

24 Auch in diesen Fällen kommt es maßgeblich darauf an, ob der Vermieter dem Mieter die Mietsache kurzfristig zur Verfügung stellen kann. Bei umfangreichen, länger dauernden Umbau- Modernisierungs- oder Sanierungsarbeiten ist dies zu verneinen; aus diesem Grunde entfällt der Mietzinsanspruch (BGHZ 38, 295, 298f; LG Saarbrücken WuM 1979, 140; LG Gießen ZMR 1996, 143 = NJW-RR 1996, 264; AG Hamburg ZMR 2015, 934). Anders ist es, wenn lediglich die üblichen Schönheitsreparaturen oder kleinere Instandsetzungsarbeiten durchgeführt werden; hier bleibt der Mietzinsanspruch erhalten (LG Berlin MDR 1981, 57; AG Neuwied WuM 1992, 189; **a. A.** KG WuM 2012, 142: danach ist der Mieter für die Zeit der Renovierung gem. § 536 Abs. 1 BGB von der Entrichtung der Miete befreit, wenn die Benutzung der Räume wegen der Arbeiten ausgeschlossen ist). Gleiches gilt, wenn der Vermieter die Sache weitervermietet und es dem Mietnachfolger gestattet, bereits vor Vertragsbeginn umfangreiche Umbau- und Renovierungsarbeiten durchzuführen (OLG Düsseldorf ZMR 1985, 89; OLG Koblenz WuM 1995, 154 = DWW 1995, 81 betr. gewerbliche Mietverhältnisse).

25 Für die **Abgrenzung** zwischen den mietzinsrelevanten Maßnahmen und den unschädlichen Arbeiten kommt es entsprechend dem Zweck des § 537 Abs. 3 BGB darauf an, ob der Vermieter erfüllungsbereit bleibt. Demgemäß geht der Mietzinsanspruch verloren, wenn infolge der Umbau- oder Instandsetzungsmaßnahmen der Mietgebrauch ausgeschlossen wird (KG NZM 2011, 588 betr. Renovierungsarbeiten in Arztpraxis); sind die Arbeiten abgeschlossen, so lebt der Mietzinsanspruch wieder auf. Der Mietzinsanspruch bleibt in voller Höhe erhalten, wenn der Vermieter solche Maßnahmen durchführt, die auch bei bestehendem Mietverhältnis durchgeführt werden könnten, ohne dass die Gebrauchstauglichkeit hierdurch beeinträchtigt wird. Wird durch eine bestimmte Maßnahme der Mietgebrauch zwar beeinträchtigt, aber nicht aufgehoben, so ist zu bedenken, dass sich die Miete kraft Gesetzes mindert (§ 536 Abs. 1 BGB); der Mieter hat in diesem Fall für die Dauer der Gebrauchsbeeinträchtigung nur die geminderte Miete zu bezahlen.

5. Sonstige Vorenthaltung

Die Zahlungspflicht entfällt außerdem immer dann, wenn der Vermieter den 26
Mieter vom Mietgebrauch ausschließt ohne hierzu berechtigt zu sein. Der Umstand, dass sich der Mieter in Zahlungsverzug befindet, berechtigt den Vermieter nicht zur Zurückhaltung der Pflicht zur Gebrauchsgewährung. Deshalb ist der Vermieter in einem solchen Fall nicht zum **Austausch der Schlösser** berechtigt (OLG Düsseldorf DWW 1998, 342; OLG Karlsruhe GuT 2001, 12). Solange dem Mieter der Gebrauch der Mietsache verwehrt wird, ist er zur Bezahlung der Miete nicht verpflichtet. Dies gilt auch dann, wenn sich der Mieter über einen Nebeneingang Zugang zu den Mieträumen hätte verschaffen können (OLG Düsseldorf a. a. O.). Die oben Rdn. 20 dargestellte Rechtsprechung zur rechtsmissbräuchlichen Berufung auf § 537 Abs. 2 BGB ist unanwendbar, wenn der Mieter Wert auf die Einräumung des Mietbesitzes legt und die Gebrauchsüberlassung möglich ist (OLG Karlsruhe GuT 2001, 12).

IV. Darlegungs- und Beweislast

Der Vermieter muss im Rahmen des § 537 Abs. 1 Satz 1 BGB darlegen und be- 27
weisen, dass er zur Gebrauchsgewährung in der Lage war. Der Mieter muss alle Tatbestandsvoraussetzungen von § 537 Abs. 1 Satz 2 BGB darlegen und beweisen, nämlich: dass der Vermieter den Mietgebrauch anderweitig verwertet hat, dass ihm hieraus Vorteile entstanden sind oder dass er sich Aufwendungen erspart hat. Ist dieser Beweis geführt, so muss der Vermieter die Höhe der Vorteile und der ersparten Aufwendungen darlegen; der Mieter ist beweispflichtig, wenn er höhere Vorteile oder eine weiterreichende Ersparnis einwendet. Nach der hier vertretenen Meinung muss der Vermieter beweisen, dass er erfüllungsbereit war, weil dies die Voraussetzung für den Mietzinsanspruch ist (ebenso: V. Emmerich in: Staudinger § 537 BGB Rdn. 39; Kandelhard in: Herrlein/Kandelhard § 537 BGB Rdn. 30; Bieber in: MünchKomm § 537 BGB Rdn. 19; Lammel, Wohnraummietrecht § 537 BGB Rdn. 36; Ehlert in: Bamberger/Roth § 537 BGB Rdn. 24 Lützenkirchen in: Erman § 537 Rdn. 16; **a. A.** OLG Oldenburg RE 10.11.1980 WuM 1981, 177; KG WuM 1998, 472, 473).

V. Abweichende Vereinbarungen

Die Regelungen in **§ 537 Abs. 1 und 2 BGB** sind nicht zwingend. Sie können 28
deshalb durch **Individualvertrag** abbedungen werden (V. Emmerich in: Staudinger § 537 BGB Rdn. 38; Bieber in: MünchKomm § 537 BGB Rdn. 17).

§ 537 Abs. 1 BGB ist auch durch **Formularvertrag** abdingbar. Insbesondere 29
kann vereinbart werden, dass der Mieter im Falle der Gebrauchshinderung von seiner Zahlungspflicht frei wird. Eine entsprechende Formularklausel verstößt nicht gegen § 307 BGB. Ist jedoch der Mieter Verwender i. S. des § 305 Abs. 1 BGB, so kommt ein Verstoß gegen § 305c BGB in Betracht. Wird lediglich § 537 Abs. 1 Satz 2 BGB abbedungen, so hat dies zur Folge, dass der Vermieter die volle Miete erhält, obwohl er auf Grund der Gebrauchshinderung etwas erspart. Eine solche Klausel verstößt gegen § 307 Abs. 2 Nr. 1 BGB (Bieber a. a. O.)

§ 538 BGB Untertitel 1. Allgemeine Vorschriften für Mietverhältnisse

30 Die Regelung in **§ 537 Abs. 2 BGB** besagt, dass der Mieter das Verwendungsrisiko nicht tragen muss, wenn der Vermieter seinerseits nicht in der Lage ist, den Mietvertrag zu erfüllen. Es handelt sich um einen wesentlichen Grundgedanken der Miete; aus diesem Grunde kann diese Vorschrift nicht durch eine Formularklausel abbedungen werden (§ 307 Abs. 2 Nr. 1 BGB; BGH NJW 2008, 1148 = NZM 2008, 206 unter Ziff II 2 a; Emmerich a. a. O.). Dies gilt auch dann, wenn dem Mieter eine Betriebspflicht obliegt (BGH a. a. O.).

§ 538 Abnutzung der Mietsache durch vertragsgemäßen Gebrauch

Veränderungen oder Verschlechterungen der Mietsache, die durch den vertragsgemäßen Gebrauch herbeigeführt werden, hat der Mieter nicht zu vertreten.

Übersicht

	Rdn.
I. Anwendungsbereich und Bedeutung der Vorschrift	1
II. Schadenersatzansprüche bei Beschädigung der Mietsache	3
1. Verletzung von Leistungspflichten	3
2. Sachbeschädigung (Substanzbeschädigung)	3a
3. Verursachung des Schadens	4
4. Verschulden	17
5. Schadenshöhe	33
6. Schadenserfassung und -Darstellung	42
III. Feuchtigkeitsschäden	43
1. Zuweisung der Verantwortlichkeit	43
2. Die Aufklärung des Sachverhalts	52
IV. Vertragliche Vereinbarungen	55

I. Anwendungsbereich und Bedeutung der Vorschrift

1 Die Vorschrift gilt für alle Mietverhältnisse. Durch den Mietvertrag erwirbt der Mieter das Recht zum vertragsmäßigen Gebrauch. Die hierdurch verursachten **Veränderungen und Verschlechterungen** (Abnutzungen, Schäden) werden **durch die Miete abgegolten.** Die Auslegung des Begriffs des „vertragsgemäßen Gebrauchs" richtet sich nach dem vereinbarten Vertragszweck. Hierbei sind auch die die besonderen Verhältnisse in der Person des Mieters zu berücksichtigen. Wird eine Wohnung an eine Familie mit Kindern vermietet, so ist der Abnutzungsgrad höher als bei der Vermietung an einen Alleinstehenden (AG Ravensburg WuM 2007, 262). Hat der Vermieter die Tierhaltung gestattet, so sind die mit der Tierhaltung zwangsläufig verbundenen Abnutzungen durch den Vertragsgebrauch verursacht. Allerdings gilt dies nur für typische Tiergefahren. Für vermeidbare Schäden muss der Mieter dagegen einstehen (zweifelhaft AG Koblenz NJW 2014, 1118: keine Haftung für Kratzspuren auf dem Parkett bei erlaubter Haltung eines Hundes der Rasse Labrador). Ist eine Lagerhalle vermietet und hat das Gebäude wegen der Eigenart der dort gelagerten Waren einen auffälligen Geruch angenommen, so ist auch dies durch den vertragsgemäßen Gebrauch verursacht (OLG Düsseldorf DWW 2005, 224). Der Vermieter eines Grundstücks, der sein Grundstück dem Mieter zur Abladung von Materialien zur Verfügung stellt, übernimmt das Risiko,

dass durch den vertragsgemäßen Gebrauch auf das Grundstück und seine Substanz eingewirkt wird. Durch die Zahlung des Entgelts sind die durch die vertragsgemäße Nutzung entstehenden Beeinträchtigungen abgegolten. Nutzt der Mieter das Mietobjekt entsprechend der mit dem Vermieter getroffenen Vereinbarungen und kommt es dadurch zu einer schädlichen Bodenveränderung, scheidet auch ein Ausgleichsanspruch nach § 24 Abs. 2 BBodSchG aus, weil die Verpflichteten (Mieter und Vermieter) „etwas anderes" vereinbart haben (OLG Hamm Urteil vom 4.5.2016 – 12 U 101/15). Der Mieter schuldet für die Verschlechterung keinen Ersatz. Dies gilt auch dann, wenn das Mietobjekt wegen der Abnutzung nach Beendigung des Mietverhältnisses nicht weitervermietet werden kann (OLG Düsseldorf a. a. O.). Diese – an sich selbstverständliche – Rechtsfolge wird durch § 538 BGB klargestellt.

Darüber hinaus enthält die Vorschrift in Ergänzung zu § 535 Abs. 1 BGB eine **2** wichtige **Regelung über** die in den Fällen der Verschlechterung der Mietsache geltende **Beweislastverteilung:** Steht fest, dass eine Veränderung oder Verschlechterung durch den Mietgebrauch verursacht worden ist, so muss der Mieter beweisen, dass er von der Mietsache keinen anderen als den vertragsmäßigen Gebrauch gemacht hat (BGHZ 66, 349). Gelingt dieser Beweis nicht, so ist der Mieter ersatzpflichtig. Ist die Verschlechterung dagegen durch Umstände bewirkt worden, durch die sich kein im Gebrauch liegendes Risiko verwirklicht hat, so ist § 538 BGB unanwendbar. Hier gelten die allgemeinen Beweislastgrundsätze. Der Vermieter muss beweisen, dass der Schaden vom Mieter verursacht und verschuldet worden ist. Dieselbe Beweislastverteilung gilt, wenn nicht sicher festgestellt werden kann, ob der dem Mieter zuzurechnende Mietgebrauch oder der dem Vermieter zuzurechnende Zustand der Sache oder sonstige Umstände schadensursächlich gewesen sind (BGH NJW 1994, 2019).

II. Schadenersatzansprüche bei Beschädigung der Mietsache

1. Verletzung von Leistungspflichten

Wird eine vertragliche Leistungspflicht verletzt, so wandelt sich der dem Vermie- **3** ter zustehende Anspruch auf Erfüllung nur unter den Voraussetzungen des § 281 Abs. 1 BGB – also nach Fristsetzung – in einen Anspruch auf Schadensersatz in Geld um. Hierzu zählen im Wesentlichen drei Gruppen von Vertragsverletzungen **(1)** Ist der Mieter vertraglich zur Ausführung von **Schönheitsreparaturen** verpflichtet, so hat der Vermieter nach § 281 Abs. 1 BGB Anspruch auf Schadensersatz, wenn der Mieter trotz Fälligkeit der Renovierung eine unrenovierte oder ungereinigte (OLG Köln MDR 2016, 207) Wohnung zurück gibt Der Schadensersatzanspruch setzt nach § 281 Abs. 1 S. 1 BGB voraus, dass der Vermieter dem Mieter „erfolglos eine angemessene Frist zur Leistung oder Nacherfüllung bestimmt hat" (BGHZ 200, 133 = NJW 2014, 1521 Rz. 25). **(2)** Gibt der Mieter die Mietsache in beschädigtem oder verunreinigtem Zustand zurück, so hängt der Schadensersatzanspruch von einer vorherigen Fristsetzung ab, wenn der Vermieter zur **Schadensbeseitigung erhebliche Kosten** aufzuwenden hat (BGH NJW 2002, 3234, Rdn. 16 betr. kontaminiertes Tankstellengrundstück; WuM 1997, 217). **(3)** Gleiches gilt, wenn der Mieter vertraglich verpflichtet ist bei Mietende Einbauten zu entfernen oder Veränderungen der Mietsache rückgängig zu machen und er diese **Rückbaupflicht** nicht oder nicht ordnungsgemäß erfüllt (vgl. BGH Urteil vom

§ 538 BGB Untertitel 1. Allgemeine Vorschriften für Mietverhältnisse

12.4.1989 – VIII ZR 52/88, BGHZ 107, 179 = NJW 1989, 1854; Urteil vom 19.10.1988 – VIII ZR 22/88, NJW 1989, 451).

2. Sachbeschädigung (Substanzbeschädigung)

3a Wird die Mietsache vom Mieter schuldhaft beschädigt, so kann der Vermieter „Ersatz des hierdurch entstehenden Schadens verlangen" (§ 280 Abs. 1 BGB). Der Schadensersatz richtet sich nach Wahl des Vermieters auf Schadensbeseitigung (Naturalherstellung) oder Geldersatz (§ 249 Abs. 2 BGB). Das Wahlrecht des Vermieters besteht von Anfang an; eine Fristsetzung zur Schadensbeseitigung ist nicht erforderlich (grundlegend: BGZ 218, 22 = NZM 2018, 320 für die Wohnraummiete; BGH NZM 2018, 717 für die Gewerbemiete; Fervers WuM 2017, 429; V. Emmerich in: Staudinger § 538 Rdn. 6; Oechsler, NZM 2004, 881, 888; Streyl in: Schmidt-Futterer § 546a BGB Rdn. 83) (**a. A.** Kraemer NZM 2010, 395; ders. in: FS Blank, 2006, S. 281 (289); J. Emmerich in: Bub/Treier Kap V Rdn. 150). Dies folgt aus der Konzeption des Schadensrechts, wonach hinsichtlich der Sanktion für Pflichtverletzungen zwischen der Verletzung von vertraglichen Leistungspflichten und der Verletzung von „nicht leistungsbezogenen Nebenpflichten nach § 241 Abs. 2 BGB" zu unterscheiden ist (BGH NZM 2018, 320). Die Pflicht des Mieters zur schonenden Behandlung der Mietsache folgt aus § 241 Abs. 2 BGB und ist somit als nicht leistungsbezogene Nebenpflicht zu bewerten. Bei Beschädigungen der Mietsache kann der Vermieter deshalb nach seiner Wahl ohne vorherige Fristsetzung Schadensbeseitigung oder Geldersatz verlangen. Dies gilt unabhängig davon, ob es um einen Schadensausgleich während eines laufenden Mietverhältnisses oder nach dessen Beendigung geht (BGH a. a. O.). Im Falle einer Substanzbeschädigung muss der Vermieter nachweisen, dass eine objektive Pflichtverletzung vorliegt. Ist der Beweis geführt, so wird das subjektive Vertretenmüssen indiziert. Darüber hinaus enthält § 280 Abs. 1 BGB hinsichtlich des Verschuldens eine Beweislastumkehr: Der Schuldner (Mieter) muss nachweisen, dass ein Vertretenmüssen i. S. von § 276 BGB nicht vorliegt (Graf von Westphalen NZM 2002, 368, 369, 375). Hieraus ergeben sich folgende Grundsätze:

3. Verursachung des Schadens

4 **a)** Die Verantwortlichkeit des Mieters für einen von ihm verursachten Schaden wird durch die Kriterien der **Adäquanz des Kausalverlaufs** und des **Zurechnungszusammenhangs** begrenzt (BGHZ 211, 375 Rdn. 14; BGHZ 201, 263 Rdn. 10; NJW 2005, 1420, 1421 Rdn. 15). Adäquat ist eine Bedingung, wenn das Ereignis im Allgemeinen und nicht nur unter besonders eigenartigen, unwahrscheinlichen und nach dem gewöhnlichen Verlauf der Dinge außer Betracht zu lassenden Umständen geeignet ist, einen Erfolg der fraglichen Art herbeizuführen (vgl. BGH NJW 2018, 944). Die haftungsrechtliche Zurechnung wird nicht dadurch ausgeschlossen, dass außer der in Rede stehenden Handlung noch weitere Ursachen zu dem eingetretenen Schaden beigetragen haben. Dies gilt auch dann, wenn der Schaden erst durch das Tun oder Unterlassen des Geschädigten verursacht wird. Der Zurechnungszusammenhang fehlt in derartigen Fällen nur, wenn die zweite Ursache den Geschehensablauf so verändert hat, dass der Schaden bei wertender Betrachtung nur noch in einem „äußerlichen", gleichsam „zufälligen" Zusammenhang zu der durch die erste Ursache geschaffenen Gefahrenlage steht (BGH NLW 2018, 944 Rdn. 21).

b) Der **Vermieter** muss **darlegen und beweisen,** dass der **Schaden im Ob-** 4a
huts- und Gefahrenbereich des Mieters entstanden ist. Kann nicht ausgeschlossen werden, dass der Schaden von einem Dritten verursacht worden ist, so muss der Vermieter beweisen, dass die Schadensursache nicht aus dem Verhalten eines Dritten herrührt, für den der Mieter nicht einzustehen hat (BGH NZM 2005, 100 = WuM 2005, 57). Der Vermieter muss also sämtliche in seinen eigenen Verantwortungsbereich fallenden Schadensursachen ausräumen (BGH NZM 2005, 17 = WuM 2005, 54). Ist der Beweis gelungen, dass die Schadensursache aus dem Obhutsbereich des Mieters stammt, so muss der Mieter beweisen, dass der Schaden nicht seinem Verantwortungsbereich zuzuordnen ist (BGH NZM 2005, 17 = WuM 2005, 54). Dies hat folgende Konsequenzen

c) Der **Vermieter** muss **darlegen,** dass die Mietsache **während der Mietzeit** 5
eine **Veränderung oder Verschlechterung** erfahren hat (LG Dessau-Roßlau Urt. v. 29.9.2017 – 5 S 177/15). Deshalb ist es erforderlich, dass der Vermieter im Schadensersatzprozess den Zustand der Mietsache bei Mietbeginn und bei Mietende präzise beschreibt und darlegt, welche Veränderung oder Verschlechterung eingetreten ist (OLG Düsseldorf DWW 1988, 251; OLG Hamm ZMR 1988, 300; LG Berlin MM 1988, 28). Ist streitig, ob die Mietsache bereits bei Vertragsbeginn beschädigt war, so ist der Vermieter für den schadensfreien Zustand beweispflichtig (OLG Düsseldorf DWW 2002, 328; WuM 2003, 621, 622; AG Köln WuM 2016, 208). An die Darlegungslast werden hohe Anforderungen gestellt. Rein wertende Darlegungen („vertragswidrig", „nicht ordnungsgemäß") genügen nicht. Gleiches gilt für die Verwendung von Formeln ohne konkreten Bedeutungsgehalt („stark beschädigt", „verschmutzt" [LG Berlin GE 1994, 1119]) und erst recht für Begriffe ohne Sinn („katastrophal", „fürchterlich", „schlimm" etc.). Eine Beweisaufnahme zur Feststellung des konkreten Zustands ist als Ausforschungsbeweis anzusehen und damit unzulässig (LG Berlin GE 1994, 1119).

d) Der **Vermieter** muss **beweisen,** dass er die **Mietsache unbeschädigt** 6
übergeben hat (OLG Düsseldorf GuT 2010, 344; LG Saarbrücken ZMR 2015, 32). Die in Mietverträgen häufige Formularklausel, wonach der Mieter bestätigt, dass ihm die Sache bei Vertragsbeginn mangelfrei (vertragsgemäß, ordnungsgemäß, etc.) übergeben worden sei, verstößt gegen § 309 Nr. 12 Buchst. b BGB. Gleiches gilt, wenn eine entsprechende Erklärung gesondert unterschrieben worden ist. Eine solche Erklärung kann nicht als Empfangsbekenntnis i. S. von § 309 Nr. 12 Buchst. b BGB bewertet werden, weil hierunter nur Quittungen i. S. von § 368 BGB, also Bestätigungen über den Empfang einer bestimmten Geldsumme oder von Sachen fallen (BGHZ 48, 257, 262; LG Berlin GE 1996, 1377) fallen.

Dagegen kann der Vermieter zum Beweis für die Übergabe im schadensfreien 7
Zustand ein **Übergabeprotokoll** vorlegen. Der Sinn und Zweck eines solchen Protokolls besteht darin, dass der Zustand der Mietsache beweissicher festgehalten wird (vgl. BGH NJW 1983, 446). Bestätigt der Mieter durch seine Unterschrift, dass die tatsächlichen Feststellungen in dem Übergabeprotokoll zutreffend sind, so wird er hierdurch mit späteren Einwendungen ausgeschlossen. Insbesondere kann er bei Vertragsende nicht geltend machen, dass die Schäden bereits bei Mietbeginn vorhanden gewesen sind (**a. A.** OLG Düsseldorf GE 2003, 1080; Emmerich NZM 2000, 1155, 1162: widerlegbares Beweisanzeichen; LG Freiburg WuM 2008, 334: Umkehr der Beweislast). Eine Verpflichtung zur Unterzeichnung eines solchen Protokolls besteht nicht.

e) Der **Vermieter** muss **beweisen,** dass die **Mietsache bei Rückgabe be-** 8
schädigt war. Ist streitig, ob der Schaden bei Rückgabe bereits vorgelegen hat

§ 538 BGB Untertitel 1. Allgemeine Vorschriften für Mietverhältnisse

oder später entstanden ist, so muss der Vermieter beweisen, dass der Schaden bei Rückgabe vorhanden war (LG Detmold WuM 1090, 290).

9 Ist ein **Rückgabeprotokoll** (dazu: Lehmann-Richter ZMR 2006, 833; Hinz NZM 2016, 622) angefertigt worden, so gilt folgendes: **(1)** Ein gesetzlicher Anspruch auf eine förmliche Wohnungsabnahme besteht nicht; die Verpflichtung zur Mitwirkung an einer solchen Maßnahme kann aber vertraglich vereinbart werden. **(2)** Wird der Wohnungszustand vom Vermieter ausdrücklich gebilligt, so liegt hierin ein Angebot zum Abschluss eines negativen Schuldanerkenntnisses i. S. v. § 397 Abs. 2 BGB, das der Mieter – auch stillschweigend – annehmen kann. **(3)** Eine stillschweigende Billigung des Wohnungszustands ist möglich; die kommentarlose Entgegennahme der Schlüssel im Anschluss an eine Wohnungsbesichtigung reicht hierfür aber nicht aus. **(4)** Anders ist es, wenn der Vermieter erklärt, dass er die Kaution zurückzahlen werde (Hinz a. a. O. S. 624). **(5)** Das Schuldanerkenntnis umfasst nur solche Mängel, die bei der Besichtigung erkennbar waren. Dabei ist zu unterscheiden: beim Kleinvermieter kommt es darauf an, ob dieser den Mangel bei einer gründlichen Untersuchung bei Tageslicht hätte erkennen können. Bei einem professionellen Vermieter kann eine fachmännische Untersuchung erwartet werden. Die Beiziehung eines Sachverständigen kann bei der Wohnungsmiete – da unüblich – nicht gefordert werden. **(6)** Ein Abnahmeprotokoll ist nur dann rechtlich relevant, wenn es dem Mieter ausgehändigt wird. Soweit in dem Protokoll die Rückgabe der Wohnung bestätigt wird, hat es die Wirkung einer Quittung i. S. v. 368 BGB. Wird das Protokoll von beiden Parteien unterzeichnet, so kommt i. d. R. hierdurch ein Anerkenntnis vertrag i. S. v. § 397 Abs. 2 BGB zustande. Das Anerkenntnis umfasst nur die im Protokoll aufgeführten Tatsachen, nicht irgendwelche aus den Tatsachen ableitbare Rechtsfolgen. Gleiches gilt, wenn sich die Parteien mündlich darauf einigen, dass der Wohnungszustand im Protokoll zutreffend dokumentiert wird Ein solches Protokoll gilt als Privaturkunde i. S. v. § 416 ZPO. **(7)** Hinsichtlich der nicht erkennbaren Mängel kann das Protokoll mit einem Vorbehalt versehen werden (Hinz a. a. O. S. 625). Rechtlich erforderlich ist dies nicht, weil ein Schuldanerkenntnis nur solche Mängel umfasst, die bei der Besichtigung erkennbar waren (s. oben **(8)** Streitig ist, ob das unterzeichnete Protokoll hinsichtlich der dort verzeichneten Mängel lediglich die Bedeutung eines (widerlegbaren) Beweisanzeichen hat (so Emmerich NZM 2000, 1155, 1162) oder ob damit der Wohnungszustand endgültig (und unwiderlegbar) festgestellt werden soll (so Lehmann-Richter ZMR 2006, 833, 834; Hinz a. a. O.). Für die letztgenannte Ansicht spricht der Zweck des Anerkenntnisvertrags. Nach der Ansicht des BGH (NJW 1983, 446) besteht der Sinn und Zweck eines Rückgabeprotokolls darin, dass der Zustand der Mietsache beweissicher festgehalten wird. Bestätigt der Mieter durch seine Unterschrift, dass die tatsächlichen Feststellungen in dem Abnahmeprotokoll zutreffend sind, so wird er hierdurch mit späteren Einwendungen nicht ausgeschlossen. Insbesondere kann er geltend machen, dass die Schäden bereits bei Mietbeginn vorhanden gewesen sind oder dass er diese nicht zu vertreten hat. Der Mieter kann allerdings nicht mehr bestreiten, dass die Mietsache bei Vertragsende beschädigt gewesen ist. Umgekehrt kann der Mieter nur für solche Schäden verantwortlich gemacht werden, die in dem Protokoll vermerkt sind (ebenso: OLG Celle MDR 1998, 149 für Leasingvertrag; KG GE 2003, 524, 525; AG Pforzheim WuM 2005, 56; Sternel, Mietrecht aktuell, Rdn. 570; anders aber in: PiG 35, 111, 119: nur Beweiserleichterung). Eine Ausnahme gilt für solche Schäden, die nicht zu erkennen waren. Für die Gewerberaummiete hat der BGH (a. a. O.) entschieden, dass es für die Erkennbarkeit auf das Urteilsvermögen eines Fachmanns ankomme; gegebe-

nenfalls müsse der Vermieter einen Fachmann beiziehen. Der letztgenannte Grundsatz ist auf die Wohnraummiete nicht übertragbar, weil hier die Beiziehung eines Fachmanns unüblich ist. Eine Verpflichtung zur Unterzeichnung eines solchen Protokolls besteht nicht.

Weitergehende Bedeutung hat es, wenn der Mieter nicht nur die Richtigkeit der tatsächlichen Feststellungen bestätigt, sondern darüber hinaus erklärt, dass er die Kosten für die Renovierung und Schadensbeseitigung übernehme. Hierin liegt ein **deklaratorisches Schuldanerkenntnis** im Sinne von § 311 Abs. 1 BGB, das in der Regel zur Folge hat, dass der Mieter mit allen Einwendungen tatsächlicher oder rechtlicher Art ausgeschlossen wird, die er bei der Abgabe des Schuldanerkenntnisses kannte oder mit denen er gerechnet hat. Mit unbekannten Einwendungen wird der Mieter aber grundsätzlich nicht ausgeschlossen. In der Praxis ist dies insbesondere dann von Bedeutung, wenn sich der Mieter zur Durchführung von Schönheitsreparaturen oder zum Schadensersatz für unterlassene Schönheitsreparaturen verpflichtet, obwohl die Renovierungsklausel unwirksam ist. Die für die Beurteilung der Wirksamkeit von Allgemeinen Geschäftsbedingungen erforderlichen Rechtskenntnisse sind vom Mieter im Allgemeinen nicht zu erwarten. Die entsprechende Einwendung bleibt also erhalten. 10

Bestätigt der Vermieter, dass die Mietsache vertragsgemäß zurückgegeben worden ist, so liegt hierin umgekehrt ein **negatives Schuldanerkenntnis** im Sinne von § 397 Abs. 2 BGB, das eventuelle Ansprüche des Vermieters zum Erlöschen bringt (BGH a. a. O.). Die gleiche Bedeutung hat eine vom Vermieter ausgestellte sog. **„Generalquittung"** (BGH NZM 1999, 371). Auch der Vermieter ist zur Abgabe eines negativen Schuldanerkenntnisses nicht verpflichtet. 11

Vorbehaltlose Rücknahme. Abweichend hiervon wird vereinzelt vertreten, dass ein Vermieter auch dann keine Schadensersatzansprüche geltend machen kann, wenn er die Mietsache zurücknimmt ohne hinsichtlich der erkennbaren Mietschäden einen Vorbehalt auszusprechen (KG GE 2003, 524, 525). Mit den allgemeinen Grundsätzen des Schadensrechts steht diese Ansicht allerdings nicht im Einklang. Ebenso trifft es nicht zu, dass von dem negativen Schuldanerkenntnis auch Ansprüche aus der Abgeltungsklausel (zum Begriff s. § 535 Rdn. 497) erfasst werden (so aber AG Lörrach WuM 2003, 438 mit zust.Anm. Harsch). Das Anerkenntnis bezieht sich nur auf den Zustand der Wohnung, nicht auf eventuelle Ansprüche. 12

f) Der Vermieter trägt die **Beweislast.** Er muss darlegen und beweisen, dass der Schaden durch den Mietgebrauch verursacht worden ist, wozu er gegebenenfalls die Möglichkeit einer aus seinem Verantwortungs- und Pflichtenkreis und/oder die Verantwortlichkeit eines anderen Mieters oder eines Dritten ausschließen muss (BGHZ 126, 124 = NJW 1994, 2019; (BGH NZM 2005, 100 = WuM 2005, 57; OLG Düsseldorf ZMR 2003, 734; OLG Karlsruhe RE 9.8.1984 WuM 84, 267; OLG Karlsruhe Urteil vom 16.10.2018 – 12 U 69/18 betr. Brandschaden; OLG Naumburg ZMR 2011, 288 betr. Brandschaden); OLG Düsseldorf GE 2012, 267; LG Berlin ZMR 1992, 302). Jedoch kehrt sich die Beweislast zu Ungunsten des Mieters um, wenn feststeht, dass der Schaden durch „Mietgebrauch" und damit im Obhuts- und Gefahrenbereich des Nutzungsberechtigten entstanden ist. Außerdem muss für eine Beweislastumkehr feststehen, dass die schadenstiftende Handlung in dem durch den Mietgebrauch begrenzten Bereich stattgefunden hat. Gelingt es dem Vermieter darzulegen und zu beweisen, dass der Schaden durch den Mietgebrauch verursacht worden ist, tritt sowohl hinsichtlich der objektiven Pflichtverletzung des Mieters als auch hinsichtlich seines Verschuldens eine Umkehr der Be- 13

§ 538 BGB Untertitel 1. Allgemeine Vorschriften für Mietverhältnisse

weislast ein (BGHZ 131, 95). Ist dagegen nicht auszuschließen, dass der Schadenseintritt vom Mieter in keiner Weise veranlasst oder beeinflusst worden, bleibt es bei der Beweislast des Vermieters (BGHZ 131, 95).

13a Die Verteilung der Beweislast hat auch Folgen für die **Darlegungslast:** Im Falle der Beweislastumkehr bedarf es keines konkreten Vortrags des Vermieters zu den für einen Pflichtverstoß des Mieters sprechenden Anhaltspunkten, welche dieser nur zu widerlegen hätte. Vielmehr trifft dann den Mieter die uneingeschränkte Darlegungs- und Beweislast für das Fehlen eines von ihm zu vertretenden Pflichtenverstoßes mit der Folge der Beweisfälligkeit bei Unaufklärbarkeit der Schadensursache

13b Ein Schaden ist durch den **Mietgebrauch bedingt,** wenn dessen Ursache mit der Benutzung der Mietsache in Zusammenhang steht (ähnlich OLG Karlsruhe a. a. O.; OLG Hamm ZMR 1997, 21: wenn die Schadensursache in dem der unmittelbaren Einflussnahme, Herrschaft und Obhut des Mieters unterliegenden Bereich gesetzt worden ist). Hiervon ist auch auszugehen, wenn ein Schaden durch eine vom Mieter in die Mietsache eingebrachte Einrichtung verursacht worden ist (BGH NZM 1998, 117). Zum Verantwortungs- und Pflichtenkreis des Vermieters gehören dagegen diejenigen Schäden, die durch Alterung, Verschleiß, Baumängel, unterlassener Instandhaltung (falls diese dem Vermieter obliegt) oder das Verhalten Dritter verursacht worden sind.

14 In vielen Fällen wird sich bereits aus dem **Schadensbild** ergeben, dass die Abnutzung durch den Mietgebrauch bedingt ist (Beispiel: Flecken auf dem Teppichboden; Brandschaden, wenn der Brand durch ein dem Mieter gehörendes technisches Gerät (BGH NZM 1998, 117) oder durch eine überhitzte Herdplatte (BGH WuM 2011, 579) verursacht wurde). In manchen Fällen scheidet ein Mietgebrauch als Schadensursache von vornherein aus (Wasserrohrbruch auf Grund desolater Leitungen oder im Bereich einer dem Mieter nicht zugänglichen Stelle; vgl. auch LG Berlin GE 1992, 1045. wonach vermutet wird, dass ein Wasserschaden baubedingt ist, wenn in dem Gebäude bereits mehrmals Wasserrohrbrüche aufgetreten sind). Gelegentlich wird die Schadensursache nicht mit Sicherheit aufzuklären sein, weil zweifelhaft ist, ob der Schaden durch einen zum Risikobereich des Vermieters gehörenden Verschleiß oder durch einen zum Risikobereich des Mieters gehörenden Fehlgebrauch bedingt ist. Beispiele: Kratzer im Parkett im Eingangsbereich (OLG Düsseldorf WuM 2003, 621, 623: im Zweifel übliche Abnutzung); lockere Steckdosen; defekte Türschlösser; gerissene Rollladengurte; Defekt einer Gasetagenheizung (LG Berlin ZMR 1992, 302); Zimmerbrand (LG Frankfurt WuM 1996, 535). Wegen dieser Zuordnungsproblematik ist es erforderlich, dass der Vermieter im Prozess zu der Schadensursache etwas vorträgt.

15 Handelt es sich um einen Sachverhalt, bei dem sich **kein „im Gebrauch" liegendes Risiko** verwirklicht hat, so muss der **Vermieter** das **Risiko der Unaufklärbarkeit** tragen; gleiches gilt, wenn nicht sicher auszuschließen ist, dass ein solcher Sachverhalt schadensursächlich war (grundlegend: BGH NJW 1994, 2019 falls ungeklärt ist, ob ein Brand durch einen dem Mieter gehörenden Beleuchtungskörper oder durch ein bauseitiges Kabel verursacht worden ist; BGHZ 116, 278, 289; BGHZ 126, 124, 128; BGH NJW 1996, 321 für Brandstiftung durch unbekannten Täter). **Weitere Beispiele:** BGH NJW 1992, 683: Bei der Entwendung eines geleasten Kfz verwirklicht sich kein Gebrauchsrisiko; OLG Saarbrücken NJW-RR 1988, 652: Ist ungeklärt, ob die Verschmutzung einer gepachteten Kfz-Reparaturwerkstatt mit Schmierfetten, Ruß und Dreck und die Roststellen an Leitungen und Heizkörpern auf einen vertragswidrigen Gebrauch durch den Pächter oder auf eine

Verletzung der dem Verpächter obliegenden Instandhaltungspflicht zurückzuführen sind, so trifft den Verpächter die Beweislast, dass eine Vertragsverletzung des Pächters vorliegt; OLG Hamm WuM 1996, 470: Ist unklar, ob ein während längerer Abwesenheit des Mieters eingetretener Frostschaden auf eine Verletzung der dem Mieter obliegenden Obhutspflicht oder auf baubedingte Ursachen zurückzuführen ist, so geht dies zu Lasten des Vermieters; LG Berlin ZMR 1989, 22: Steht ein Wasserschaden in zeitlichem und örtlichem Zusammenhang mit Installations- und Renovierungsarbeiten, die der Vermieter hat durchführen lassen, und kommen als Schadensursache sowohl Manipulationen des Mieters als auch nicht mehr aufklärbare Fehlleistungen der Handwerker in Betracht, dann ist der Vermieter beweispflichtig, dass der Mieter den Schaden zu vertreten hat; LG Frankfurt WuM 1996, 535: Ist ungeklärt, ob ein Brand an einem vermietereigenen Heizkessel durch eine defekte Elektroleitung oder dadurch entstanden ist, weil der Mieter in der Nähe Papier abgelagert hat, so geht dies zu Lasten des Vermieters; LG Kiel WuM 1990, 499: Ist offen, ob eine Verstopfung des Abflussrohrs aus einem vertragswidrigen Gebrauch oder auf einem Schwachpunkt der Rohrführung liegt, so trifft den Vermieter die Beweislast.

Wenn ein **Schaden beim Mietgebrauch entstanden** ist und Ursachen, die in 16 den Obhuts- und Verantwortungsbereich des Vermieters fallen, ausgeräumt sind, trägt nach gefestigter Rechtsprechung der **Mieter** im Rahmen des § 538 BGB die **Beweislast** dafür, **dass er den Schadenseintritt nicht zu vertreten hat** (grundlegend: BGHZ 66, 349, 351 = NJW 1976, 1315; BGHZ 116, 278, 289 = NJW 1992, 683; BGHZ 126, 124, 128 = NJW 1994, 2019; BGHZ 131, 95, 103 = NJW 1996, 321; BGH NZM 1998, 117; OLG Karlsruhe a. a. O.; OLG Düsseldorf ZMR 2002, 583). Der **Entlastungsbeweis** setzt nicht den Ausschluss letzter Zweifel, sondern nur einen für das praktische Leben brauchbaren Grad von Gewissheit voraus (OLG Köln Urteil vom 6.9.2011 – 9 U 40/11). Der Entlastungsbeweis ist geführt, wenn der Mieter die Umstände widerlegt, die für ein Verschulden auf seiner Seite sprechen können (BGH NZM 1998, 117). **Beispiele:** BGH VersR 1984, 871: Tritt auf dem Grundstück ein Ölschaden auf, so muss der Mieter darlegen und beweisen, dass er während der Mietzeit alle Maßnahmen zur Verhinderung eines Ölaustritts getroffen hat; BGH NZM 2002, 913: Ist der Boden eines Tankstellengrundstücks kontaminiert, so muss der Mieter beweisen, dass die festgestellten Verunreinigungen nur durch den vertragsgemäßen Gebrauch (dazu gehören: Tropf- oder Überfüllungsverluste, nicht aber Verunreinigungen auf Grund undichter Tanks und dergleichen) entstanden sind; BGH NZM 1998, 117: wird die Mietsache durch Brand zerstört und steht fest, dass der Brand durch ein dem Mieter gehörendes technisches Gerät verursacht worden ist, so muss der Mieter die fehlerfreie Installation und den fehlerfreien Betrieb nachweisen; OLG Hamm ZMR 1988, 300: Tritt in den Pachträumen ein Brand auf und steht fest, dass die Schadensursache in einem dem Pächter allein zugänglichen Bereich gesetzt worden ist, so trägt der Pächter die Beweislast dafür, dass er den Schaden nicht zu vertreten hat (ähnlich LG Mannheim DWW 1995, 286; AG Mannheim DWW 1994, 253 betr. Ausbruch eines Brandes im Wohnzimmer, in dem sich zur Zeit der Entstehung des Brandes ein unbeaufsichtigtes Kind befand; OLG Hamm ZMR 1997, 21: Wohnungsbrand, dessen Ursprung in räumlicher Nähe eines Tischventilators liegt, dessen Flügel nicht durch ein Gitter geschützt waren); OLG Karlsruhe VersR 1992, 706: ein durch den Absturz eines gemieteten Flugzeugs entstandener Schaden ist auch dann durch den Mietgebrauch bedingt, wenn als alternative Schadensursache ungünstige Witterungsbedingungen in Betracht kommen; AG Neuköln GE 1988,

203: Ist in der Wohnung ein Frostschaden aufgetreten, so muss der Mieter beweisen, dass er die Wasserrohre innerhalb seiner Wohnung ausreichend gegen Frost geschützt hat.

4. Verschulden

17 a) **Grundsätze.** Der Mieter hat Vorsatz und Fahrlässigkeit zu vertreten (276 BGB). Fahrlässig handelt, wer die im Verkehr erforderliche Sorgfalt außer Acht lässt (§ 276 Abs. 2 BGB). Maßgeblich ist, ob der Mieter im Umgang mit der Mietsache diejenige Sorgfalt beachtet hat, die von Mietern im Allgemeinen beachtet werden muss; es kommt nicht darauf an, ob den Mieter ein persönlicher Schuldvorwurf trifft.

18 b) **Mehrere Mieter** haften für den vertragsgemäßen Gebrauch als **Gesamtschuldner**. Wird die Mietsache beschädigt, weil einer der Mieter die Grenzen des Vertragsgebrauchs überschritten hat, so wird teilweise die Ansicht vertreten, dass nach § 425 Abs. 1 BGB der Grundsatz der Einzelwirkung gilt. Hieraus wird abgeleitet, dass der andere Mieter nicht haftet, wenn ihn an der Beschädigung kein Verschulden trifft (LG Flensburg ZMR 2008, 896; ebenso Palandt/Weidenkaff § 538 BGB Rdn. 7). Etwas anderes soll gelten, wenn unklar ist, welcher Mieter den Schaden verursacht hat und die Verschlechterung aus der „Gesamtsphäre" der Mieter stammt (LG Berlin NJW-RR 2002, 1452; LG Flensburg ZMR 2008, 896). Nach der hier vertretenen Ansicht liegt in Fällen der vorliegenden Art regelmäßig die in § 425 Abs. 1 BGB bestimmte Ausnahme vor. Danach gilt der Grundsatz der Einzelwirkung nicht, wenn sich aus dem Schuldverhältnis ein anderes ergibt. Hiervon ist bei der Miete regelmäßig auszugehen, weil die mehreren Mieter zur Rückgabe einer unbeschädigten Mietsache verpflichtet sind (vgl. BGHZ 65, 226 unter Ziff A II 2b).

19 c) **Haftung für Erfüllungsgehilfen.** Ein Verschulden seines gesetzlichen Vertreters, sowie ein Verschulden seiner Erfüllungsgehilfen hat der Mieter wie eigenes Verschulden zu vertreten. Erfüllungsgehilfe ist, wer auf Veranlassung des Mieters dessen Aufgaben wahrnimmt. Weiter ist erforderlich, dass der Erfüllungsgehilfe im Rahmen der ihm übertragenen Aufgaben („bei Erfüllung") tätig wird. Es genügt nicht, wenn der Erfüllungsgehilfe den Schaden „bei Gelegenheit" verursacht. Dabei kommt es für die Abgrenzung nicht darauf an, ob der Erfüllungsgehilfe seinen Aufgabenbereich überschreitet; maßgeblich ist, ob der Erfüllungsgehilfe Pflichten verletzt, die der Mieter hätte beachten müssen (OLG Düsseldorf MDR 1997, 927 betr. Haftung des Mieters für vorsätzliche Brandstiftung durch einen Angestellten). Zu den Erfüllungsgehilfen gehören alle Personen, die auf Veranlassung des Mieters mit der Mietsache in Berührung kommen, wozu Betriebsangehörige, Hausstandsangehörige, Verwandte, Besucher, Gäste, Kunden, vom Mieter beauftragte Handwerker und Transporteure gehören (allg. Ansicht; vgl. BGH NJW 1991, 1750). Beispiele: AG Köln WuM 1987, 21, AG Hagen WuM 1979, 15: das Fehlverhalten seiner Gäste hat der Mieter zu vertreten; AG Ibbenbüren WuM 1977, 115: der Mieter haftet für einen Handwerker, der einen Teppichboden beschädigt; AG Tiergarten GE 1987, 285: der Mieter muss für das Verschulden seiner Lebensgefährtin einstehen, wenn diese durch mangelnde Beaufsichtigung der Waschmaschine einen Wasserschaden verursacht; RGZ 106, 134: für Schäden, die der Umzugsunternehmer verschuldet, muss der Mieter einstehen.

20 **Ungebetene Besucher** gehören nicht zu den Erfüllungsgehilfen (so: LG Würzburg NZM 2011, 583 betr. Schadensverursachung durch den Ehemann der Mieterin, der trotz eines polizeilichen Platzverweises gewaltsam in die Wohnung eingedrungen ist; AG Köln WuM 1992, 118 für Besucher, der die Wohnungstür gewaltsam eintritt, um sich Zutritt zur Wohnung zu verschaffen; AG Frankfurt ZMR 1987, 471, für den getrennt lebenden Ehemann einer Mieterin, der anlässlich eines unerwünschten Besuchs die Mietwohnung beschädigt. Gleiches soll für solche Besucher gelten, die sich nicht mehr mit dem Willen des Mieters in der Wohnung aufhalten (AG Düren WuM 2010, 292; zweifelhaft).

Für das Verschulden von **Lieferanten** oder **Handwerkern** haftet der Mieter, 21 wenn es sich um Erfüllungsgehilfen handelt und der Schaden in Erfüllung (und nicht nur bei Gelegenheit der Erfüllung) verursacht worden ist (BGH NJW 1991, 1750).

Für das Verhalten eines **Untermieters** hat der Mieter stets einzustehen (s. § 540 22 BGB Rdn. 80) Die Haftung für Erfüllungsgehilfen kann vertraglich nicht erweitert werden (BGH a. a. O.).

d) Für **Zufall und höhere Gewalt** haftet der Mieter nicht. Beispiele: OLG 23 Köln NJW-RR 1989, 597: Keine Haftung für einen Brandschaden, der dadurch entsteht, weil das Fernsehgerät des Mieters in Brand geraten ist; dies gilt auch dann, wenn der Mieter während der Sendung geschlafen hat; OLG Bremen WuM 1988, 161: keine Haftung, wenn das Kind eines Besuchers zur Nachtzeit einen Wasserhahn öffnet und wenn hierdurch ein Schaden in den darunter liegenden Räumen eintritt; dagegen haftet der Mieter, wenn er ein fünfjähriges Kind in einem Raum unbeaufsichtigt lässt, in dem Feuerzeuge oder Streichhölzer herumliegen und das Kind einen Wohnungsbrand verursacht (AG Mannheim DWW 1994, 253; LG Gießen MDR 1997, 452: keine Haftung, wenn infolge eines Defekts an einer Geschirrspülmaschine ein Wasserschaden eintritt und der Schadensgrund auch von einem Fachmann nicht ohne weiteres zu erkennen ist; AG Köln WuM 1989, 169: keine Haftung für einen Einbruchschaden, der deshalb entstanden ist, weil der Mieter seine Codekarte für die Tiefgarage in seinem Kraftfahrzeug und nicht in seiner Wohnung aufbewahrt hat). Keine Haftung wenn der Mieter eines Einfamilienhauses bei längerer Abwesenheit im Winter die Heizung auf eine Temperatur einstellt, die bei gewöhnlichen Verhältnissen ausreicht um ein Einfrieren der Anlage zu verhindern und er zudem mit dem Vermieter vereinbart, dass dieser das Anwesen gelegentlich kontrolliert und bei zunehmender Kälte für eine verstärkte Beheizung sorgt. War die Heizungsanlage nicht schadensanfällig, so muss der Mieter nicht mit einem Heizungsausfall rechnen (AG Hamburg – Blankenese ZMR 2012, 452). Der Umstand, dass die mangelhafte Beschaffenheit der Mietsache für den Eintritt des Schadens mitursächlich geworden ist, schließt die Haftung nicht schlechthin aus, es kommt aber je nach der Art des Mangels und dem Grad des Verschuldens des Mieters eine Haftungsminderung nach § 254 BGB in Betracht (abw. AG Ludwigshafen WuM 1981, 12, wonach in solchen Fällen die Geltendmachung des Schadens gegen § 242 BGB verstoßen soll).

e) Haftung bei Sachversicherung. Ist der vom Mieter verursachte Schaden 24 durch eine vom Vermieter abgeschlossene Sachversicherung (**Gebäudeversicherung, Leitungswasserversicherung, Feuerversicherung** und dergleichen) gedeckt und fällt dem Mieter hinsichtlich des Verschuldens lediglich einfache Fahrlässigkeit zur Last, so ist der Vermieter verpflichtet, die Versicherung in Anspruch zu nehmen oder auf Schadensersatz zu verzichten. Dieser Rechtsgrundsatz beruht auf der Erwägung, dass der Mieter in den Genuss der Versicherungsleistung kommen soll, weil er die Versicherungsprämie offen (über die Betriebskostenabrechnung) oder verdeckt (über die Miete) bezahlt. Hat der Vermieter die Versicherung in

§ 538 BGB Untertitel 1. Allgemeine Vorschriften für Mietverhältnisse

Anspruch genommen, so ist der Versicherer ist in Fällen dieser Art an einem Regress gegen den Mieter gehindert. Der Regressverzicht folgt aus einer ergänzenden Auslegung des Versicherungsvertrags (sog. **„versicherungsrechtliche Lösung"**). Im Ergebnis wird der Mieter also so gestellt, als habe er selbst die Versicherung abgeschlossen (st.Rspr BGH NJW-RR 2005, 381; NJW 2007, 292; GE 2014, 661; NJW 2015, 699; OLG Düsseldorf WuM 2016, 695). Die frühere gegenteilige Rechtsprechung (sog. **„haftungsrechtliche Lösung":** BGHZ 131, 288, 292; s. dazu auch Jendrek DWW 2003, 142) hat der BGH aufgegeben (BGH NZM 2005, 100 = WuM 2005, 57).

25   Der **Regressanspruch des Versicherers** setzt voraus, dass der **Schaden vom Mieter vorsätzlich verursacht** wird. Nach § 61 VVG a. F. wurde der Versicherer von der Verpflichtung zur Leistung auch dann frei, wenn der Versicherungsfall **grob fahrlässig** herbeigeführt wurde. Diese Regelung wurde durch das VVG-Reform-Gesetz vom 23.11.2007 mit Wirkung vom 1.1.2008 aufgehoben. Nach § 81 Abs. 2 VVG ist der Versicherer berechtigt, seine Leistung in einem der Schwere des Verschuldens des Versicherungsnehmers entsprechenden Verhältnis zu kürzen, wenn der Versicherungsnehmer den Versicherungsfall grob fahrlässig herbeiführt. Der Umfang der Kürzung richtet sich nach den Umständen des Einzelfalls. Bei großer Nähe zur einfachen Fahrlässigkeit kommt nur eine geringe Kürzung in Betracht. Bei einem besonders hohen Maß an grober Fahrlässigkeit kann der Anspruch auf Null gekürzt werden (BGH NJW 2011, 3299 betr. PKW-Kasko-Versicherung). Der Versicherer muss die Umstände beweisen, die das Maß seiner Leistungseinschränkung begründen (OLG Düsseldorf WuM 2016, 695) Die Neuregelung gilt für alle Versicherungsfälle, die ab dem 1.1.2009 eintreten; es kommt nicht darauf an, wann der Versicherungsvertrag abgeschlossen wurde (LG Krefeld GE 2015, 1288). Teilweise wird aus § 81 Abs. 2 VVG abgeleitet, dass auch der Mieter im Falle einer grob fahrlässigen Schadensverursachung nur anteilig haftet (LG Krefeld GE 2015, 1288). Der BGH teilt diese Ansicht nicht. Danach gilt der Regressverzicht zugunsten des Mieters nur bei einfacher Fahrlässigkeit; bei grober Fahrlässigkeit entfällt er vollständig (BGH GE 2017, 290). Grobe Fahrlässigkeit liegt vor, wenn der Mieter die verkehrsübliche Sorgfalt in ungewöhnlich hohem Maße verletzt. Dabei ist zwischen der objektiven und der subjektiven Fahrlässigkeit zu unterscheiden. Die Haftung wegen grober Fahrlässigkeit setzt voraus, dass der Mieter sowohl objektiv als auch subjektiv grob fahrlässig handelt. Objektiv grobe Fahrlässigkeit ist angenommen worden: wenn der Mieter eine Waschmaschine ohne „Aqua-Stopeinrichtung" an die Wasserleitung anschließt und in der Folgezeit weder den Wasserhahn während seiner Abwesenheit schließt, noch die Sicherheit der Schlauchverbindung überprüft (OLG Oldenburg, NZM 2005, 200). Bei der subjektiven Fahrlässigkeit spielt insbesondere der Begriff des „Augenblicksversagens" eine Rolle. Ein solches Augenblicksversagen ist in Erwägung zu ziehen, wenn das Fehlverhalten auf einer vorübergehenden Konzentrationsschwäche beruht (BGH NZM 2011, 894; OLG Düsseldorf NZM 2010, 879). Eine Ausnahme gilt, wenn die Vertragsparteien ausdrücklich oder sonst hinreichend deutlich etwas anderes vereinbart haben. Bei dem Ausgleichsanspruch handelt es sich nicht um einen auf den Versicherer übergegangenen mietrechtlichen Anspruch, sondern um einen Anspruch eigener Art für den die Allgemeine **Verjährungsfrist** von 3 Jahren gilt (BGH WuM 2011, 579).

26   **Einzelheiten zum Regressverzicht. (1)** Kommen **mehrere Schadensursachen** in Betracht, die alle vom Mieter zu vertreten sind, so muss der Vermieter beweisen, dass dem Mieter grobe Fahrlässigkeit oder Vorsatz zur Last fällt (OLG

Düsseldorf NZM 1998, 728). Im Zweifelsfall ist bei der Beurteilung des Verschuldens von der dem Mieter günstigsten Möglichkeit auszugehen (OLG Düsseldorf ZMR 1997, 228).

(2) Der **Regressverzicht** gilt **auch dann**, wenn der **Mieter haftpflichtversichert** ist und er deshalb seine Versicherung in Anspruch nehmen könnte (BGH NZM 2001, 108 = WuM 2001, 122; BGHZ 145, 393; NZM 2006, 945 = WuM 2006, 627; NZM 2007, 340 = WuM 2007, 144; NJW 2015, 699 Rz. 29; BGH GE 2017, 290). Der Gebäudeversicherer hat aber einen Ausgleichsanspruch gegen den Haftpflichtversicherer (BGH WuM 2008, 502; WuM 2011, 579; GE 2017, 290; Bartosch-Koch NJW 2011, 484). Dies führt zum Ergebnis, dass der Schaden von beiden Versicherern je hälftig zu tragen ist (BGH WuM 2011, 579; GE 2017, 290; OLG Dresden VersR 2017, 1460). Es kommt nicht darauf an, ob die Kosten zunächst von der Gebäudeversicherung des Mieters getragen werden (BGH NZM 2005, 100 = WuM 2005, 57; NZM 2006, 945 = WuM 2006, 627; OLG Düsseldorf WuM 2004, 461; Prölss ZMR 2004, 389). Hinsichtlich der **Beweislast** gelten für den Ausgleichsanspruch die Grundsätze die die Rechtsprechung für das Verhältnis zwischen dem Mieter und dem Vermieter entwickelt hat (s. Rdn. 13). Deshalb muss der Gebäudeversicherer darlegen und beweisen, dass die Schadensursache aus dem Obhuts- und Gefahrenbereich des Mieters stammt und beim Mietgebrauch entstanden ist. Ist dieser Beweis geführt, kehrt sich die Beweislast für die Pflichtverletzung und das Verschulden um (OLG Frankfurt/M RvS 2018, 597; OLG Karlsruhe NZV 2019, 258). 27

(3) Die Grundsätze über den Regressverzicht gelten selbst dann, wenn der Mieter nach dem Mietvertrag verpflichtet ist, „die Kosten der Versicherung des Gebäudes gegen Feuer-, Sturm-, Wasser- sowie sonstige Elementarschäden" zu tragen, der **Vermieter** aber **keine** derartige **Versicherung abgeschlossen** hat (LG Berlin GE 2011, 266; s. dazu auch Armbrüster/Hauer ZMR 2012, 544). Der Verzicht des Vermieters auf eine solche Versicherung, ist im Übrigen so ungewöhnlich, dass der Vermieter hierauf hinweisen muss (LG Berlin GE 2011, 266). Unterlässt er dies, so ist der Mieter so zustellen, wie er bei pflichtgemäßer Information stehen würde. Dabei ist zu unterstellen, dass der Mieter dann eine eigene Versicherung abgeschlossen oder auf die Anmietung verzichtet hätte. Im Ergebnis kann der Mieter also Freistellung verlangen. Der Umstand, dass zugunsten des Mieters eine Haftpflichtversicherung besteht, spielt auch hier keine Rolle (Wietz/Streyl WuM 2015, 131, 133). Deckt die Versicherung des Vermieters nicht den gesamten Schaden, (z. B. bei Unterversicherung oder Prämienrückstand), so hat der Vermieter wegen des nicht gedeckten Teils grundsätzlich keinen Ersatzanspruch gegen den Mieter (Wietz/Streyl a. a. O. S. 136; Abramenko MietRB 2016, 172) 28

Wird der Mieter vom Vermieter bei Vertragsschluss über den fehlenden oder unzureichenden Versicherungsschutz informiert und hat der Mieter diesem Umstand als vertragsgemäß akzeptiert, so haftet der Mieter für alle von ihm zu vertretenden Schäden. Eine nachträgliche Information genügt nur, wenn die Parteien im Anschluss hieran eine Vertragsänderung vereinbaren (Abramenko MietRB 2016, 172, 175, 176). Kann der Mieter eine Versicherung erwarten und besteht diese nicht, hat er einen Anspruch gegen den Vermieter, dass dieser die Versicherung abschließt; bis zu diesem Zeitpunkt steht ihm ein Zurückbehaltungsrecht zu (Abramenko MietRB 2016, 172, 176). Eine Minderungsbefugnis besteht nicht, weil eine fehlende oder ungenügende Versicherung nicht als Rechtsmangel gilt (Abramenko a. a. O.). 28a

(4) Wenn und soweit der Regressverzicht besteht, ist der **Vermieter verpflichtet, den Versicherer in Anspruch zu nehmen.** Unterlässt er dies, so hat der 29

§ 538 BGB Untertitel 1. Allgemeine Vorschriften für Mietverhältnisse

Mieter einen Schadensersatzanspruch in Form eines Freistellungsanspruchs, den er dem Anspruch des Vermieters entgegensetzen kann. Eine Ausnahme gilt, wenn der Vermieter ein besonderes Interesse daran hat, dass der Schadensausgleich durch den Mieter erfolgt. Eine zu erwartende langwierige gerichtliche Auseinandersetzung mit dem Versicherer kann ein solches Interesse begründen (BGH NZM 2005, 100 = WuM 2005, 57; NJW 2015, 699; GE 2014, 661). Unter Umständen ist dem Vermieter die Inanspruchnahme seiner Versicherung auch dann nicht zuzumuten ist, wenn dies eine erhebliche Erhöhung der Versicherungsprämie zur Folge hätte. Der BGH hat diese Frage bisher noch nicht entschieden (BGH NJW 2015, 699 Rz 33. Die hierfür maßgeblichen Tatsachen sind jedenfalls vom Vermieter darzulegen. Dieselben Grundsätze gelten, wenn die Überlassung der Wohnung auf einer Leihe oder einem anderen unentgeltlichen Nutzungsverhältnis beruht (BGH NZM 2006, 946 = WuM 2006, 624). Wegen solcher Schäden, die vom Versicherungsschutz nicht umfasst sind (z. B. Mietausfall), kann der Vermieter den Mieter in Anspruch nehmen (Abramenko MietRB 2016, 172, 174).

30 **(5)** Der Regressverzicht gilt zugunsten solcher Personen, die in einem besonderen Näheverhältnis zum Mieter stehen. Hierzu zählen die Angehörigen des Mieters die mit diesem in häuslicher Gemeinschaft leben (vgl. § 86 Abs. 3 VVG), nicht aber Handwerker oder Besucher). Bei der Gewerbemiete kommt der Regressverzicht auch den Angestellten des Mieters zugute (LG Krefeld GE 2015, 1288; Wietz/Streyl, WuM 2015, 131, 133). Der BGH hat bislang noch nicht entschieden, ob der **Regressverzicht** auch **zugunsten** eines **Untermieters** oder eines Unter-Untermieters gilt. Vom OLG Karlsruhe (NJOZ 2007, 1816) wird dies bejaht. Zur Begründung ist im Wesentlichen ausgeführt, dass die Erwägungen des BGH auch für gestaffelte Mietverhältnisse gelten, zumal diese Konstellation bei gewerblich genutzten Objekten häufig vorkommt.

30a **(6)** Der Mieter kommt auch dann in den Genuss des Haftungsprivilegs nach der versicherungsrechtlichen Lösung, wenn er sich im Zeitpunkt der Schadensverursachung in **Zahlungsverzug** befindet (Wietz/Streyl a. a. O. S. 138). Bleibt der Mieter nach Beendigung des Mietverhältnisses weiterhin im Besitz der Mietsache, so entsteht ein Abwicklungsschuldverhältnis. Für die Dauer der **Vorenthaltung** hat der Mieter eine vertragsähnliche Nutzungsentschädigung zu bezahlen. Dem entspricht es, ihm im Schadensfall das Haftungsprivileg zuzubilligen (Wietz/Streyl a. a. O. S. 138). Das Haftungsprivileg gilt auch für Schäden, die infolge **Verletzung der Anzeigepflicht** (§ 536c Abs. 2 Satz 1 BGB) entstehen. Zwar beruht die Entscheidung zur Nichtanzeige des Mangels i. d. R. auf Vorsatz; für das Haftungsprivileg dürfte es aber genügen, wenn der Mieter auf Grund der Art des Mangels mit einem weiteren Schaden nicht zu rechnen brauchte (Wietz/Streyl a. a. O. S. 136). Als Richtschnur kann gelten, dass die Nichtanzeige unschädlich ist, wenn ein verständiger Eigentümer wegen des Mangels nichts unternommen hätte.

31 **(7)** Auf die **Hausratsversicherung** können die Grundsätze über den Regressverzicht nicht übertragen werden (BGH WuM 2006, 577). Der Unterschied ist folgender: Am Gebäude hat der Mieter auf Grund des Mietvertrags ein Mitbenutzungsrecht; dagegen bestehen hinsichtlich des Hausrats des Vermieters keine Vertragsbeziehungen. Die Prämie für die Gebäudeversicherung wird i. d. R. über die Betriebskosten vom Mieter aufgebracht; die Prämie für die Hausratsversicherung hat der Mieter dagegen nicht zu tragen. Daraus folgt, dass der Mieter auch bei leichter Fahrlässigkeit haftet, wenn der Hausrat des Vermieters beschädigt wird. Ebenso kann die Hausratsversicherung in diesen Fällen beim Mieter Regress nehmen.

(8) Hat der **Mieter eine Schadensversicherung abgeschlossen,** so ist diesem 32 Vertrag kein Regressverzicht zugunsten des Vermieters zu entnehmen (BGH NJW 2013, 191), weil eine solche Versicherung keinen Bezug zum Vermieter hat, sondern allein der Absicherung des Mieters dient. Zur Frage, ob die Grundsätze der versicherungsrechtlichen Lösung sinngemäß auf den **Erfüllungsanspruch des Mieters** zu übertragen sind s. § 535 Rdn. 377a

(9) Die Grundsätze über den Regressverzicht sind auch dann anzuwenden, 32a wenn der Schaden durch den Angestellten eines Gewerbemieters bei einer betrieblich veranlassten Tätigkeit verursacht wird. Hierzu zählt auch die Vorbereitungs- und die Erholungszeit (OLG Schleswig MDR 2015, 893). Der Regressverzicht erstreckt sich nicht auf Besucher, Kunden und Vertragspartner des Mieters.

(10) Die von der Rechtsprechung entwickelten Grundsätze über den Regress- 32b verzicht gelten auch, wenn das Gebäude – wie beispielsweise ein **Ferienhaus** – zur Vermietung an ständig wechselnde Nutzer bestimmt ist. Dies könnte deshalb zweifelhaft sein, weil das Risiko einer Beschädigung der Mietsache bei der Nutzung durch häufig wechselnde Personen höher ist als bei „normalen" (langfristigen) Mietverhältnissen. Dieser Umstand ist zu vernachlässigen. Es besteht kein Unterschied der Interessenlage zwischen der Vermietung einer Wohnung und der Vermietung eines Ferienhauses. Es ist Sache des Versicherers eine dem Risiko angemessene Prämie für den Versicherungsschutz zu verlangen. Der aus dem Versicherungsvertrag folgende Regressverzicht gilt also auch für den Mieter eines Ferienhauses; er kommt auch denjenigen zu Gute, „die zwar nicht Mieter sind, diesem aber nahestehen, wobei noch nicht einmal auf die häusliche Gemeinschaft abzustellen ist" (OLG Rostock VersR 2018, 677 = MDR 2018, 741)

f) Mitverschulden. Hat bei der Entstehung des Schadens ein Verschulden des 32c Beschädigten mitgewirkt, so hängt die Verpflichtung zum Ersatz sowie der Umfang des zu leistenden Ersatzes von den Umständen, insbesondere davon ab, inwieweit der Schaden vorwiegend von dem einen oder dem anderen Teil verursacht worden ist oder ob der Beschädigte es schuldhaft unterlassen hat, den Schaden abzuwenden oder zu mindern. Unter dem Begriff des Verschuldens i. S. des § 254 BGB ist ein Verschulden gegen sich selbst, also die Verletzung einer im eigenen Interesse bestehenden Obliegenheit (vgl. BGHZ 179, 55 Rdn. 31) zu verstehen. Von der Verletzung einer Obliegenheit kann nur ausgegangen werden, wenn der Geschädigte unter Verstoß gegen Treu und Glauben diejenigen zumutbaren Maßnahmen unterlässt, die ein vernünftiger, wirtschaftlich denkender Mensch nach Lage der Dinge ergreifen würde, um Schaden von sich abzuwenden oder zu mindern.

5. Schadenshöhe

Die für die Höhe des Schadens maßgeblichen Tatsachen muss der Vermieter dar- 33 legen und beweisen (BGH NZM 2019, 816). Die Schadenshöhe wird ermittelt, in dem die konkrete Vermögenslage des Vermieters mit derjenigen verglichen wird, die ohne den Schaden gegeben wäre. Bei der Beschädigung der Mietsache kann der Vermieter verlangen, dass der Mieter den ursprünglichen Zustand wiederherstellt (**Naturalrestitution,** § 249 Satz 1 BGB). Stattdessen kann der Vermieter auch den zur Beseitigung des Schadens erforderlichen **Geldbetrag** verlangen (§ 249 Abs. 2 Satz 1 BGB). **Umsatzsteuer** kann der Vermieter nur verlangen, wenn diese tatsächlich angefallen ist (§ 249 Abs. 2 Satz 2 BGB). Hat der Vermieter den Mieter zunächst zur Schadensbeseitigung aufgefordert, so erfordert der Übergang zum Geldersatz eine Fristsetzung mit Ablehnungsandrohung (§ 250 BGB).

§ 538 BGB Untertitel 1. Allgemeine Vorschriften für Mietverhältnisse

Die Fristsetzung kann entfallen, wenn der Mieter zu erkennen gegeben hat, dass er der Aufforderung zur Wiederherstellung nicht Folge leisten kann oder will. Wählt der Vermieter von vorneherein den Geldersatz, so ist eine vorherige Aufforderung zur Schadensbeseitigung nicht erforderlich.

34 Für die **Höhe des Ersatzanspruchs** sind grundsätzlich die Reparaturkosten maßgeblich. Da der zur Wiederherstellung „erforderliche Geldbetrag" geschuldet wird, kann der Vermieter auf der Basis eines **Gutachtens oder Kostenvoranschlags** liquidieren, wobei die ortsüblichen Material- und Arbeitspreise eines Handwerkbetriebs zugrunde gelegt werden können. Es kommt in diesem Fall nicht darauf an, ob der Vermieter den Schaden durch Eigenarbeit oder überhaupt nicht beseitigt (a. A. OLG Düsseldorf NZM 1999, 970, 971) oder ob der Nachfolgemieter die Schadensbeseitigung übernimmt. Das Gutachten oder der Kostenvoranschlag müssen sich allerdings auf einen konkreten Schaden beziehen. Es genügt nicht, wenn sich der Vermieter an vergleichbaren Sachverhalten orientiert (LG Hannover WuM 1994, 676 betr. Schönheitsreparaturen für eine in Fläche und Ausstattung identische Wohnung). Bei einer Schadensberechnung auf Kostenvoranschlags- oder Gutachtenbasis kann keine Umsatzsteuer angesetzt werden (Gesetz vom 19.7.2002, (BGBl. I S. 2674).

35 Ist die Sache repariert worden, so kann der Vermieter auch die **tatsächlich entstandenen Reparaturkosten** einschließlich der Umsatzsteuer geltend machen. Maßgeblich ist grundsätzlich derjenige Betrag, dem der Vermieter selbst in Rechnung gestellt worden ist; es kommt also nicht darauf an, ob die Reparatur von einem anderen Unternehmer kostengünstiger ausgeführt worden wäre oder ob in der Rechnung Beträge für Reparaturversuche enthalten sind, die sich im Nachhinein als ungeeignet, ungenügend oder unwirtschaftlich erwiesen haben (BGHZ 66, 182). Entscheidendes Kriterium für den Umfang der Ersatzpflicht ist, ob der Vermieter die konkret in Auftrag gegebene Reparaturmaßnahme für erforderlich halten durfte (BGHZ 54, 85). Gibt der Vermieter eine Reparatur in Auftrag, obwohl zu erkennen ist, dass deren Kosten höher sind, als die Kosten der Ersatzbeschaffung, so schuldet der Mieter nur die Ersatzbeschaffungskosten (§ 254 Abs. 2 BGB).

36 Verfügt ein Wohnungsunternehmen über einen **eigenen Reparaturbetrieb**, so können nur die tatsächlichen Aufwendungen zuzüglich eines Anteils an den Gemeinkosten verlangt werden (BGHZ 54, 88). Der Arbeits- und Zeitaufwand des Geschädigten bei der Schadensermittlung und außergerichtlichen Abwicklung des Ersatzanspruchs ist nicht erstattungsfähig, selbst wenn der Geschädigte hierfür besonderes Personal einsetzt. Eine Ausnahme wird in Betracht kommen, wenn der im Einzelfall erforderliche Aufwand die von einem Geschädigten im Rahmen des üblichen typischerweise zu erbringende Mühewaltung überschreitet (vgl. BGH MDR 1996, 1113).

37 Hat der **private Vermieter** den **Schaden selbst beseitigt**, so kann er neben den Materialkosten auch eine Vergütung für den Wert seiner Arbeitsleistung verlangen, wenn sich dafür ein „Marktwert" ermitteln lässt (BGH MDR 1996, 1113). Dies ist bei den hier in Frage kommenden Tätigkeiten (Reparatur-, Renovierungs-, Reinigungsarbeiten und dergleichen) ohne weiteres zu bejahen. Die Höhe der Vergütung ist zu schätzen, wobei ein Betrag von 13.– Euro pro Stunde angemessen sein dürfte. Von der Erstattungsfähigkeit sind lediglich solche Leistungen ausgenommen, die auf Grund des Schutzzwecks der Haftungsnorm vom Geschädigten selbst zu tragen sind. Hierzu gehört insbesondere der Arbeits- und Zeitaufwand des Geschädigten bei der Schadensermittlung und außergerichtlichen Abwicklung des Ersatzanspruchs.

Verbleibt nach der Reparatur ein **Minderwert**, so ist dieser nach § 251 Abs. 1 **38** BGB auszugleichen. Wird der Wert der Sache durch die Reparatur erhöht, so muss sich der Vermieter den durch die Reparatur erlangten Vorteil anrechnen lassen (**Vorteilsausgleich;** Ausgleich „**neu für alt**"). Regelmäßig kommt ein solcher Abzug nur dann in Betracht, wenn ein Gegenstand mit begrenzter Lebensdauer durch einen neuen Gegenstand ersetzt wird. Dies ist beispielsweise der Fall, wenn eine beschädigte Tür insgesamt ersetzt wird. Wird die Tür dagegen repariert, so scheidet ein Abzug „neu für alt" aus (KG WuM 2008, 724). Hinsichtlich der Höhe des Abzugs kommt es darauf an, wie lange die beschädigte Sache ohne das Schadensereignis noch hätte benutzt werden können. Beträgt die gewöhnliche, mutmaßliche Lebensdauer eines Gegenstands ca. 10 Jahre und wird der Gegenstand nach 6-jähriger Gebrauchsdauer vernichtet, so kann der Geschädigte 40% der Ersatzbeschaffungskosten als Schadensersatz verlangen (OLG Koblenz WuM 2003, 445). 30 Jahre alte Tapeten, die nicht zum Überstreichen geeignet sind, haben keinen zu ersetzenden Wert mehr (BGH NZM 2019, 816). Durch den Abzug „Neu für Alt" sollen die Vorteile ausgeglichen werden, die der Geschädigte deshalb erlangt, weil er anstelle der alten Sache nunmehr einen neuen Gegenstand erhält. Zu diesen Vorteilen gehören nicht nur der Mehrwert der Sache, sondern auch alle Arbeiten und Zusatzleistungen, die erbracht werden müssen, damit die neue Sache ebenso verwendungsfähig ist, wie der beschädigte Gegenstand (OLG Koblenz a. a. O.). Die für die Bemessung des Ausgleichs erforderlichen Tatsachen (Alter des beschädigten Gegenstands, übliche Lebensdauer, Kosten der Neuanschaffung) muss der Vermieter vortragen und unter Beweis stellen; LG Dortmund NJWE-MietR 1997, 100: Bei durchschnittlichen Teppichböden ist von einer Lebensdauer von 10 Jahren auszugehen; deshalb ist bei der Beschädigung eines 2 Jahre alten Teppichbodens ein Abzug von 20% vorzunehmen.

Ist eine **Reparatur nicht möglich** (Beispiel: irreparabel beschädigte Türe), unwirtschaftlich oder nicht üblich (Beispiel: Ersatz von beschädigten Kleinteilen, wie Steckdosen etc.), so kann der Vermieter die Kosten für eine **Ersatzbeschaffung** des beschädigten Gegenstands verlangen. Die Höhe des Ersatzanspruchs ist um den Wert des Vorteils reduziert, der dem Vermieter dadurch zufließt, dass dieser anstelle des alten Gegenstands eine neue Sache erhält (Abzug „Neu für Alt", s. oben Rdn. 37). Unter Umständen kann der Ersatzanspruch völlig entfallen, wenn die beschädigte Sache infolge ihres Alters und der langjährigen Abnutzung ohnehin hätte ersetzt werden müssen (BGH NZM 2019, 816). Ist sowohl eine Reparatur als auch eine Neuanschaffung wegen der damit verbundenen Kosten im Hinblick auf den konkreten Schaden unverhältnismäßig (Beispiel: kleinere Schäden an Sanitärgegenständen), so muss sich der Vermieter mit einer Wertminderung begnügen (§ 251 Abs. 2 BGB). **39**

Neben dem Sachschaden kann der Vermieter alle **weiteren** durch das Schadensereignis verursachten **Vermögensnachteile** ersetzt verlangen. Beispiel: **Finanzierungskosten** für die Schadensbeseitigung; **Rechtsanwaltskosten; Beweissicherungskosten; Kosten für Fotographien** (LG Aurich DWW 1989, 223); **Prämiennachteil**, den der Vermieter deshalb erleidet, weil die Schadensversicherung den bisherigen Versicherungsvertrag kündigt und der Vermieter einen neuen Vertrag mit ungünstigeren Prämienbedingungen abschließen muss (**a. A.** LG Duisburg ZMR 1984, 58). Ein Teil der Rechtsprechung und Literatur vertritt die Ansicht, dass der Vermieter gegen seine Schadensminderungspflicht verstößt, wenn er einen **Sachverständigen** einschaltet, obwohl er den Wohnungszustand durch kostengünstigere Beweismittel, etwa durch Zeugen oder Lichtbilder, nachweisen kann **40**

(OLG Hamburg WuM 1990, 75; OLG Köln NJW-RR 1994, 524; Sternel, Mietrecht Rdn. II 452). Nach der Ansicht des BGH ist diese Einschränkung „jedenfalls in der Regel" nicht gerechtfertigt (BGH NZM 2004, 615 = WuM 2004, 466).

41 Außerdem kann der Vermieter den schadensursächlichen **Mietausfall** geltend machen. Dabei muss der Vermieter beweisen, dass eine Weitervermietung zu einem früheren Zeitpunkt möglich gewesen wäre, wenn der Mieter die Räume im vertragsgemäßen Zustand zurückgegeben hätte. An diesen Beweis sind allerdings keine strengen Anforderungen zu stellen: Werden die Räume alsbald nach der Schadensbeseitigung weitervermietet, so kann hieraus geschlossen werden, dass auch für einen früheren Zeitpunkt Mietinteressenten vorhanden gewesen wären (OLG Frankfurt DWW 1992, 336). Ein Mietausfall ist **auch dann schadensursächlich,** wenn er infolge eines vom Vermieter betriebenen **selbständigen Beweisverfahrens** entsteht. Grundsätzlich gilt, dass der Mieter denjenigen Mietausfall erstatten muss, der bis zur Besichtigung der Wohnung durch einen Sachverständigen eingetreten ist (LG Berlin GE 1994, 583). Die Schadensminderungspflicht gilt auch hier. Deshalb muss der Vermieter den Beweissicherungsantrag unverzüglich einreichen und hierbei darauf hinweisen, dass die Besichtigung kurzfristig anberaumt werden soll, weil eine Reparatur und Weitervermietung beabsichtigt ist. Wird der Besichtigungstermin vom Sachverständigen verzögert, so muss der Vermieter beim zuständigen Gericht auf eine Beschleunigung hinwirken; einen Mietausfall, der durch eine verzögerte Betreibung des Verfahrens entsteht, muss der Vermieter nach § 254 BGB selbst tragen. Ergibt sich auf Grund der rechtlichen Bewertung, dass der Mieter nur einen geringen Teil der festgestellten Schäden zu tragen hat und steht weiter fest, dass wegen dieser Schäden kein Beweissicherungsverfahren erforderlich gewesen wäre, so kann der Vermieter den hierdurch entstandenen Mietausfall nicht ersetzt verlangen.

6. Schadenserfassung und -Darstellung

42 Bei umfangreicheren Mietschäden muss der Vermieter die einzelnen Schadenspositionen getrennt darstellen und jeder Schadensposition einen bestimmten Betrag zuweisen. Es genügt nicht, wenn lediglich der Gesamtschaden mitgeteilt wird. Grundsätzlich ist es auch nicht zulässig, wenn mehrere Einzelschäden zu Schadensgruppen zusammengefasst werden. Eine Ausnahme gilt in den Fällen, in denen eine Vielzahl von kleineren Schäden geltend gemacht wird, deren Beseitigungskosten hinreichend genau geschätzt werden kann. Hier wäre eine Einzelbewertung mit einem Aufwand verbunden, der zu dem Gewinn an zusätzlicher Klarheit in keinem vernünftigen Verhältnis steht.

III. Feuchtigkeitsschäden

1. Zuweisung der Verantwortlichkeit

43 Für Feuchtigkeitsschäden infolge eines **behebbaren Gebäudemangels** (Beispiele: undichte Fenster, Mauerrisse, ungenügende (nicht den Regeln der Bautechnik entsprechende) Abdichtung gegen Bodenfeuchtigkeit, undichte Leitungen, Rohrbrüche, u. U. unzureichende Isolierung, mangelnde Beheizbarkeit) muss der Mieter nicht einstehen. Der Mieter muss dem Vermieter lediglich anzeigen, dass ein Feuchtigkeitsschaden aufgetreten ist (§ 536c BGB). Es ist dann Sache des Vermieters, die zur Beseitigung des Baumangels erforderlichen Maßnahmen zu ergrei-

fen. Der Mieter ist nicht verpflichtet, dem Baumangel durch verstärktes Heizen oder Lüften Rechnung zu tragen. Er ist nach § 554 Abs. 1 BGB lediglich gehalten, die zur Mängelbeseitigung erforderlichen Maßnahmen zu dulden. Unterlässt der Mieter die Mängelanzeige, so kann sich eine Haftung aus § 536c Abs. 2 BGB ergeben. Liegen die Voraussetzungen des § 536c Abs. 2 BGB nicht vor, so haftet der Mieter nicht.

Es kommt nicht darauf an, ob der Vermieter den mangelhaften Gebäudezustand **44** zu vertreten hat. Deshalb gelten dieselben Grundsätze, wenn der Schaden auf **Zufall oder höhere Gewalt** (Überschwemmung, Sturmschäden) oder das Verhalten eines Dritten (überlaufendes Becken in der Nachbarwohnung) zurückzuführen ist.

Zu beachten ist, dass ein Gebäudemangel nur vorliegt, wenn der Zustand der **44a** Mietsache von der vertraglich geschuldeten Beschaffenheit abweicht. Mangels entgegenstehender vertraglicher Regelungen kann der Mieter einer Wohnung nur erwarten, dass die Räume einen Wohnstandard aufweisen, der bei vergleichbaren Wohnungen üblich ist. Dabei sind insbesondere das Alter, die Ausstattung und die Art des Gebäudes, aber auch die Höhe der Miete und eine eventuelle Ortssitte zu berücksichtigen. Bei einer Altbauwohnung schuldet der Vermieter im Allgemeinen nur einen Standard, der zur Zeit der Errichtung des Gebäudes üblich war. Bestand zu dieser Zeit keine Verpflichtung, Gebäude mit einer Wärmedämmung auszustatten, so entspricht das Vorhandensein geometrischer Wärmebrücken dem bei Altbauten üblichen Bauzustand (BGH NJW 2019, 507 = NZM 2019, 136; ZMR 2019, 576).

Ist der Feuchtigkeitsschaden auf einen **schadensempfindlichen Gebäude-** **45** **zustand** oder einen **nicht behebbaren Gebäudemangel** zurückzuführen (Beispiele: Neubaufeuchtigkeit, veraltete Wärmedämmung, Wärmebrücken, nachträglicher Einbau von Isolierfenstern) so ist der Mieter zu einem Wohnverhalten verpflichtet, das dem konkret gegebenen Gebäudezustand Rechnung trägt (BGH NZM 2019, 136; ZMR 2019, 576; OLG Celle WuM 1985, 9; LG Saarbrücken WuM 1988, 352; LG Hamburg WuM 1990, 290; LG Lübeck WuM 1990, 202); zumindest muss der Mieter versuchen, durch ausreichendes Lüften (LG Hannover WuM 1988, 354) und eine schadensverhütende Möblierung (**a. A.** LG Mannheim NJW 2007, 2499) den Schaden zu begrenzen. Anderenfalls liegt eine Vertragswidrigkeit vor. Der Mieter ist auf Grund seiner Obhutspflicht nämlich gehalten, vermeidbare Schäden von der Mietsache fernzuhalten. Zu den insoweit zumutbaren Anstrengungen gehört auch ein intensiveres Heizen und Lüften, wenn hierdurch ein Schadenseintritt vermieden werden kann. Die Intensität und Dauer dieser Maßnahmen richten sich u. a. nach der Qualität der Wärmedämmung und der Art der Ausstattung und Möblierung der Räume. Einen allgemein gültigen Richtwert gibt es aus diesem Grunde nicht. Jedoch kann zur Kontrolle der Lüftungsintensität ein Hygrometer hilfreich sein, das die relative Raumluftfeuchte anzeigt. Eine Grenze bildet die Zumutbarkeit. Diese ist nicht abstrakt-generell, sondern konkret-individuell unter Berücksichtigung der Umstände des Einzelfalls zu bestimmen (BGH NZM 2019, 136; ZMR 2019, 576).

Nach **neueren bauphysikalischen Erkenntnissen** ist zwischen dem **Lüften** **46** **zum Zwecke des Luftaustausches** und dem **Lüften zum Zwecke der Raumentfeuchtung** zu **unterscheiden** (vgl. zum Folgenden Künzel, Richtige Fensterlüftung in: Der Bausachverständige 2011, 17). Für den Luftaustausch ist die sog. „Stoßlüftung" zu empfehlen, wobei die Heizung in Betrieb bleiben soll. Für die Raumentfeuchtung empfiehlt sich die Spaltlüftung. Dabei sollen die Fenster für eine begrenzte Zeit einen Spalt breit geöffnet werden. Die Spaltlüftung ist vorteil-

§ 538 BGB Untertitel 1. Allgemeine Vorschriften für Mietverhältnisse

hafter als die Kipplüftung, bei der die Fenster nur im oberen Bereich geöffnet sind. Bei der Spaltlüftung kann die kalte Luft im unteren Bereich einströmen und die verbrauchte warme Luft im oberen Bereich entweichen. Dauer und Umfang der Lüftung hängen nicht zuletzt vom Gebäudezustand ab. Insbesondere ist die Anfälligkeit für Feuchteschäden von der Wärmedämmung (R-Wert) abhängig. Ein Gebäude mit einem R-Wert [m^{2}K/W] von weniger als 0,4 ist mangelhaft. Bei einem R-Wert zwischen 0,4 bis 1,2 muss je nach Größe mehr oder weniger intensiv gelüftet werden („angepasstes Lüften"). Tritt bei einem R-Wert von mehr als 1,2 Feuchtigkeit auf, so ist dies regelmäßig auf falsches Wohnverhalten zurückzuführen.

47 Die **Rechtsprechung hierzu** ist allerdings **nicht einheitlich** (vgl. zum Ganzen Selk ZMR 2017, 16, 21 ff und im Einzelnen: LG Konstanz WuM 2013, 156: Wird ein Schlafzimmer lediglich auf 18 Grad beheizt, so ist dies nicht vertragswidrig, der Mieter ist lediglich verpflichtet maximal 3× am Tag zu lüften; AG Regensburg WuM 2010, 738: Zu überobligatorischem Heizen und Lüften ist der Mieter nicht verpflichtet; LG Berlin WuM 2016, 416: Der Mieter hat eine Schimmelbildung nicht zu vertreten, wenn diese auf eine mit dicht schließenden Fenstern ausgestattete Wohnung zurückzuführen ist und der Mieter zur Vermeidung von Feuchtigkeitsschäden täglich 6 Lüftungsvorgänge vornehmen müsste; AG Frankfurt WuM 2007, 569: Ein 5-maliges Querlüften am Tag ist dem Mieter nicht zuzumuten; AG Bochum WuM 1985, 25: Eine Wohnungslüftung im Abstand von 3–4 Stunden ist nicht zumutbar; AG Bremen WuM 2015, 547: es genügt, wenn der Mieter 1–2× am Tag eine Querlüftung veranlasst); AG Hamburg WuM 1988, 357; ebenso LG Aachen WuM 2015, 547: Dem Mieter kann ein mehr als zweimaliges Lüften am Tag nicht zugemutet werden; LG Hannover WuM 1985, 22 und LG Lübeck Urt. v. 17.11.2017 – 14 S 107/14: Ein zweimaliges Stoßlüften pro Tag von jeweils 30 Minuten Dauer bei voll aufgedrehter Heizung ist dem Mieter zumutbar; LG Berlin GE 1989, 39: Ein dreimaliger Luftaustausch täglich, und zwar erstmals am frühen Morgen, letztmals am späten Abend, ist vertragsgemäß und zumutbar; LG Frankfurt WuM 2015, 666: ein 3–4-maliges Stoßlüften am Tag ist auch einem berufstätigen Mieter zuzumuten; AG Tempelhof-Kreuzberg WuM 2016, 170: dreimaliges Lüften pro Tag). Die Zumutbarkeit einer intensiven Beheizung wird von der Rechtsprechung z. T. sehr zurückhaltend beurteilt (vgl. LG Lüneburg, WuM 2001, 465: Dem Mieter ist es nicht zumutbar, mehrmals am Tag in Abstand von wenigen Stunden zu lüften oder sämtliche Räume ständig mit einer Temperatur von mehr als 20 Grad zu beheizen; LG Nürnberg WuM 1985, 20 und LG Braunschweig WuM 1998, 250: Der Mieter einer Wohnung, die in einem älteren Haus gelegen ist, ist nicht ohne weiteres verpflichtet, Schimmelbildung durch erhöhten Heizeinsatz auszugleichen; LG Braunschweig WuM 1985, 26: Es ist einem Mieter nicht zuzumuten, die Räume auf 22 °C zu beheizen, weil die übliche Temperatur nur 18–20 °C betrage; AG Bremen WuM 2015, 547: es genügt, wenn die Wohnung auf 18 Grad beheizt wird; ebenso: LG Hamburg WuM 1988, 353; AG Neuß WuM 1987, 214; **a. A.** AG Steinfurth ZMR 1987, 179; LG Göttingen WuM 1986, 308).

48 Diese Rechtsprechung ist abzulehnen. Der Mieter darf die Wohnung nicht aus Kostengründen verkommen lassen; ein etwa **erhöhter Heizkostenaufwand** ist über **§ 539 BGB** auszugleichen, weil die Mehrkosten für die Heizung zur Erhaltung der Mietsache erforderlich sind. **Größere Möbelstücke** muss der Mieter von der Wand abrücken, wenn auf diese Weise eine bessere Belüftung erreicht wird und dies zur Schadensvermeidung beiträgt (BGH NZM 2019, 136; LG Berlin GE 1988, 37; AG Wedding GE 1988, 527; Selk ZMR 2008, 942, 943; **a. A.** LG Hamburg

WuM 1985, 21; LG Mannheim NJW 2007, 2499; LG Aachen ZMR 2016, 112). Im Allgemeinen darf der Mieter davon ausgehen, dass der durch die Scheuerleiste bedingte Abstand zwischen Schrank und Wand eine ausreichende Hinterlüftung gewährleistet. Sollte dies anders sein, muss der Vermieter den Mieter auf diesen Umstand hinweisen (LG Aachen a. a. O.). Auf **feuchtigkeitsverursachende Einrichtungsgegenstände** wie Zierbrunnen und ähnliches muss der Mieter bei einer schadensanfälligen Wohnung ebenso verzichten, wie auf allzu **umfangreichen Pflanzenschmuck** (AG Rheine WuM 1988, 302). Wird ein **Altbau** durch bauliche Maßnahmen **verändert,** so ist der Mieter verpflichtet, sein Wohn-, Heiz- und Lüftungsverhalten hierauf einzustellen (LG Saarbrücken WuM 1988, 351; LG Lüneburg WuM 1987, 214).

Bei schuldhafter Nichterfüllung dieser Verpflichtungen haftet der Mieter auf **49** Schadensersatz. Die **Annahme eines Verschuldens** ist allerdings nur gerechtfertigt, wenn der Mieter erkennen konnte, dass die Feuchtigkeitsschäden ihre Ursache in einem nicht behebbaren Gebäudemangel oder in einem besonders schadensempfindlichen Gebäudezustand haben und dass zur Vermeidung der Schäden bestimmte Änderungen der Wohngewohnheiten erforderlich sind. Die Rechtsprechung fordert in diesem Zusammenhang, dass der **Vermieter** einer schadensanfälligen Wohnung **verpflichtet** ist, dem Mieter genaue **Hinweise über die Art des Heizens und Lüftens** zu geben (LG Berlin GE 1988, 35; GE 2000, 124; ZMR 2002, 48; LG Düsseldorf WuM 1989, 13; LG Lübeck WuM 1990, 202; LG Münster WuM 2011, 359; AG Stadthagen WM 1987, 271; LG Gießen ZMR 2000, 537). Die Übergabe eines Merkblatts mit Hinweisen auf das erforderliche Lüftungsverhalten reicht allerdings nicht aus (LG Berlin WuM 2016, 416).

Maßnahmen zur energetischen Modernisierung haben häufig zur Folge, **49a** dass die Wohnung anders als bisher gelüftet werden muss. In einem solchen Fall ist der Vermieter verpflichtet, einen Fachmann mit der Erstellung eines Lüftungskonzepts zu beauftragen und dieses Konzept dem Mieter auszuhändigen (so Lammel WuM 2015, 23 in Anm. zu AG Reinbek, WuM 2014, 568; Sternel NZM 2015, 873, 877; **a. A.** Breiholdt PiG 90 (2011), 132). Das Lüftungskonzept sollte unter Beachtung der DIN 1946-6 erstellt werden, weil diese Norm die zur Vermeidung von Feuchtigkeits- und Schimmelbildung erforderlichen Handlungsanweisungen wiedergibt (Lammel a. a. O.). Ein allgemeiner Hinweis oder das Aushändigung einer Broschüre mit Hinweisen zum richtigen Heizen und Lüften genügt nicht Sternel a. a. O.) Wird kein Lüftungskonzept erstellt oder wird dem Mieter ein solches Konzept nicht ausgehändigt, so kann aus dem Auftreten von Feuchtigkeit oder Schimmel allein nicht auf ein schuldhaftes Fehlverhalten des Mieters geschlossen werden (Lammel a. a. O.; **a. A.** Breiholdt/Nierhaus NZM 2012, 329, 334).

Ist der Feuchtigkeitsschaden auf **fehlerhaftes Wohnverhalten** zurückzuführen, **50** so liegt eine Vertragswidrigkeit vor. Die für Durchschnittswohnungen von einwandfreier baulicher Beschaffenheit erforderlichen Sorgfaltspflichten bezüglich des Heizens und Lüftens sind jedem Mieter zumutbar. Ist der Mieter längere Zeit ortsabwesend, so muss er dafür sorgen, dass seine Wohnung durch einen Dritten regelmäßig gelüftet wird (LG Köln ZMR 2008, 629). Zum Schadensersatz ist der Mieter auch hier nur verpflichtet, wenn ihn an dem fehlerhaften Wohnverhalten ein Verschulden trifft. Dies ist i. d. R. zu bejahen, weil jeder Mieter über die insoweit erforderlichen Kenntnisse verfügen muss. Der Vermieter hat bei einer Wohnung von einwandfreier baulicher Beschaffenheit auch keine Hinweis- oder Aufklärungspflicht: Solche Verpflichtungen können nur bejaht werden, wenn wegen der besonderen Beschaffenheit der Wohnung besondere Sorgfaltspflichten beachtet werden müssen. Der Bezug einer Neubauwohnung genügt hierfür nicht. Ein Mieter muss hier in Erwägung ziehen, dass in einem solchen Fall während der Austrocknungsphase ein verstärktes Lüften erforderlich ist (**a. A.** LG Frankfurt/Oder GE 2011, 410). Ebenso besteht keine Hinweis- oder Aufklärungspflicht, wenn in einer Altbauwohnung die vorhandenen Fenster durch moderne Fenster ersetzt werden und deshalb eine Änderung des Lüftungsverhaltens erforderlich ist. auch in diesen Fällen ist grundsätzlich davon auszugehen, dass der durchschnittliche Mieter Grundkenntnisse über den Zusammenhang von Luftfeuchtigkeit und Temperatur besitzt (AG Nürtingen NZM 2011, 547).

51 Stattet der Mieter das Schlafzimmer der Wohnung mit einem **Einbauschrank** aus, so muss er für eine ausreichende Belüftung des dahinter liegenden Mauerwerks sorgen. Unterlässt er dies, und tritt aus diesem Grunde Schimmelbildung auf, so ist dies dem Mieter zuzurechnen. Zwar ist der Einbau des Schranks als solcher grundsätzlich vertragsgemäß. Dies gilt jedoch nur, wenn hierdurch keine Schäden an der Bausubstanz eintreten. Ebenso fällt dem Mieter ein Verschulden zu Last: Wer die Mietsache mit einer Einrichtung versieht, muss hiermit entweder einen Fachmann beauftragen oder sich die für den fachgerechten Einbau erforderlichen Kenntnisse verschaffen (im Ergebnis ebenso LG Kiel ZMR 2012, 443 betr. den Ausschluss der Minderungsbefugnis).

2. Die Aufklärung des Sachverhalts

52 Für die Aufklärung der Ursache von Feuchtigkeitsschäden gelten folgende **Grundsätze** (vgl. OLG Frankfurt NZM 2001, 39; Streyl WuM 2016, 135): **(1)** Zunächst muss der **Vermieter darlegen** und gegebenenfalls **beweisen,** dass die **Mietsache frei von Baumängeln** ist und dass der Zustand der Fenster und Türen sowie der Zustand der Heizung keinen Einfluss auf die Mängel ausübt (LG Freiburg WuM 1989, 559; LG Mannheim ZMR 1991, 481; LG Bochum DWW 1991, 188; LG Berlin GE 2003, 253; LG Köln ZMR 2008, 629; LG Konstanz WuM 2013, 156; AG Siegburg WuM 2005, 55; AG Regensburg WuM 2010, 738; AG Osnabrück WuM 2014, 137). Dieser Beweis wird in der Regel durch Sachverständigengutachten geführt. Der Sachverständige soll das Bauwerk untersuchen. Die Untersuchung muss sich auf eventuelle Gebäudeschäden und auf die Qualität der Wärmedämmung beziehen. Ein Gebäude mit einem R-Wert [m^2K/W] von weniger als 0,4 ist mangelhaft. Hier muss der Feuchtigkeitsschaden dem Verantwortungsbereich des Vermieters zugewiesen werden. Dem Mieter ist in einem solchen Fall aus § 535 Abs. 1 BGB ein Anspruch auf Verbesserung der Wärmedämmung zuzubilligen. Bei einem R-Wert zwischen 0,4 bis 1,2 muss je nach Größe mehr oder weniger intensiv gelüftet werden („angepasstes Lüften"; Künzel, Richtige Fensterlüftung in: Der Bausachverständige 2011, 17). Ein solches Lüften ist dem Mieter regelmäßig auch zuzumuten. Jedenfalls steht dem Mieter auch dann kein Modernisierungsanspruch zu, wenn durch eine Verbesserung der Wärmedämmung die Intensität der Lüftung verringert werden könnte.

53 **(2)** Hat der Vermieter bewiesen, dass die Schadensursache im Bereich des Mieters gesetzt worden ist, so muss sich der **Mieter** umfassend **entlasten.** Hierzu muss der Mieter darlegen und beweisen, wie er geheizt und gelüftet hat und dass sein Heizungs- und Lüftungsverhalten sowie die Art der Möblierung nicht schadensursächlich war (LG Konstanz WuM 2013, 156). Zur Feststellung des tatsächlichen Heizungs- und Lüftungsverhaltens des Mieters kann das Gericht die Wohnung des

Mieters mit anderen baugleichen Wohnungen im Haus vergleichen und ermitteln, ob nur in der Wohnung des Mieters oder auch in anderen Wohnungen Feuchtigkeitsschäden auftreten. Hat ein Mieterwechsel stattgefunden, so kann das Gericht prüfen, ob die Wohnung auch während der Nutzungszeit des Mietvorgängers feucht gewesen ist. Denkbar ist weiter ein Vergleich der Heizkostenabrechnungen aller Wohnungen in dem Gebäude: Hat ausgerechnet die mangelbehaftete Wohnung einen besonders niedrigen Wärmeverbrauch, so kann das ein Indiz dafür sein, dass der Mieter zu wenig heizt. Hat ein Mieterwechsel stattgefunden, so können die Verbrauchswerte des Vorgängers mit den jetzigen Verbrauchswerten verglichen werden. Beim Vergleich ist allerdings Vorsicht geboten. Solange die Wohnung noch trocken ist, kann ein geringer Wärmeverbrauch ein Indiz dafür sein, dass die später aufgetretene Feuchtigkeit durch die zu schwache Beheizung verursacht worden ist. Ist die Wohnung feucht, so lässt sich aus einem dann feststellbaren hohen Wärmeverbrauch nicht herleiten, dass die Feuchtigkeit baubedingt ist, weil feuchte Räume einen höheren Wärmeverbrauch haben.

(3) Hieraus folgt (Streyl WuM 2016, 135): Verlangt der **Vermieter** vom Mieter **54** **Schadensersatz** wegen eines Feuchtigkeitsschadens und steht fest, dass der Mangel durch unzureichendes Heizen oder Lüften entstanden ist, dann trägt der Mieter die Darlegungs- und Beweislast dafür, dass er den Mangel nicht zu vertreten hat. Ein vom Mieter nicht zu vertretender Feuchtigkeitsschaden ist beispielsweise anzunehmen, wenn zur Schadensvermeidung ein nicht zumutbares Maß an Beheizung oder Lüftung erforderlich wäre. Ist die Ursache des Feuchtigkeitsschadens streitig, so trägt der Vermieter die Darlegungs- und Beweislast dafür, dass die Ursache im Verantwortungs- bzw. Obhutsbereich des Mieters liegt. Hierzu genügt es, sämtliche Ursachen aus seinem eigenen Verantwortungs- bzw. Obhutsbereich auszuschließen; ist dies gelungen, muss der Mieter sich wiederum entlasten. Ist die Verursachung für die Feuchtigkeitsschäden trotz Ausschöpfung der Beweismittel nicht aufzuklären, so geht dies zu Lasten des Vermieters (LG Ellwangen GE 2002, 53; LG Berlin GE 2003, 459 = NZM 2003, 434 = ZMR 2003, 489 betr. Schwärzung einer Wohnung, sog „Fogging"). Macht der **Mieter** einen **Schadensersatzanspruch** gegen den Vermieter geltend, so trägt er die Darlegungs- und Beweislast für die tatsächlichen Voraussetzungen des Anspruchs. Der Mieter muss mithin beweisen, dass die Feuchtigkeit vom Vermieter zu vertreten ist. Hiervon ist i. d. R. nur auszugehen, wenn die Mietsache einen baulichen Mangel (Mauerrisse, undichte Fenster etc.) aufweist. Die Unaufklärbarkeit der Schadensursache geht hier zu Lasten des Mieters.

IV. Vertragliche Vereinbarungen

Wirksame Klauseln. Die in Formularmietmietverträgen (hierzu Artz/Börs- **55** tinghaus, AGB in der Wohnraummiete (2019)) häufige Regelung, wonach der Mieter die Mietsache so zurückgeben muss, wie er sie übernommen hat, enthält keine Abweichung von § 538 BGB. Die Klausel: „Für die Beschädigung der Mietsache und des Gebäudes – auch durch Waschmaschinen und Geschirrspülmaschinen – sowie der zu den Mieträumen und dem Gebäude gehörenden Anlagen ist der Mieter ersatzpflichtig, soweit sie von ihm oder den zu seinem Haushalt gehörenden Personen sowie Untermietern verursacht worden sind. Dies gilt auch für Schäden, die von Besuchern, Lieferanten, Handwerkern usw. verursacht worden sind, soweit sie Erfüllungsgehilfen des Mieters sind. Dem Mieter obliegt der Beweis, dass ein Verschulden nicht vorgelegen hat" gibt die gesetzliche Beweislastverteilung bei Schäden innerhalb der Mieträume wieder (OLG Frankfurt WuM 1992, 57).

56 **Unwirksame Klauseln.** Unwirksam ist demgegenüber eine Klausel, wonach der Mieter für seine **Besucher** haftet, weil nach der gesetzlichen Regelung eine bestimmte Gruppe von Besuchern weder zu den Erfüllungs- noch zu den Verrichtungsgehilfen zählt (AG Düren WuM 2010, 292; (Horst DWW 2011, 129, 132).

57 Eine **verschuldensunabhängige Haftung** für bestimmte Gegenstände kann nicht vereinbart werden (Horst DWW 2011, 129). Die Klausel: „Für Schäden, die durch Gegenstände, die der Mieter in die Wohnung eingebracht hat, verursacht werden, haftet der Mieter", ist aus diesem Grunde unwirksam (LG Frankfurt NJWE-MietR 1996, 99). Eine Regelung, wonach der Mieter auch für solche Veränderungen oder Verschlechterungen haftet, die er nicht zu vertreten hat, führt im Ergebnis zum Ausschluss der Gewährleistungsrechte und hat zur weiteren Folge, dass dem Mieter die gesamte Instandhaltungs- und Instandsetzungslast aufgebürdet wird. Solche Klauseln sind bei der Wohnraummiete auch dann unwirksam, wenn sie individualvertraglich getroffen werden (§ 536 Abs. 4 BGB). Eine verschuldensunabhängige Haftung für Abnutzungen und Verschlechterungen ist bei der Wohnraummiete nur im engen Rahmen möglich (s. § 535 BGB Rdn. 410).

58 Unwirksam ist eine Klausel, wonach der Mieter verpflichtet ist, bei Beendigung des Mietverhältnisses **Dübeleinsätze und -löcher** spurlos zu beseitigen (BGH NJW 1993, 1061; dazu Börstinghaus FS Rieck (2019), 51). Eine Formularklausel, wonach die Mieter anteilig für **Kanalverstopfungen** haften, wenn der Verursacher nicht ermittelt werden kann, ist unwirksam (OLG Hamm RE 19.5.1982 NJW 1982, 2005). Gleiches gilt für eine Klausel, wonach der Vermieter bei der unvollständigen Rückgabe von Schlüsseln berechtigt ist, das **Wohnungstürschloss** auf Kosten des Mieters auszuwechseln, wenn dieses Recht nicht auf diejenigen Fälle beschränkt wird, in denen der Mieter den Verlust verschuldet hat und die Gefahr des Missbrauchs der Schlüssel besteht. Nach der Ansicht des LG Berlin (GE 1995, 945) ist es darüber hinaus erforderlich, dass die Haftung des Mieters auf einen Höchstbetrag beschränkt wird.

59 Eine formularmäßige Vereinbarung wonach der Mieter zerbrochene **Fensterscheiben** auf eigene Kosten ersetzen muss, ist nur wirksam, wenn die für die Überwälzung von Kleinreparaturen geltenden Beschränkungen (s. § 535 BGB Rdn. 410 ff) beachtet werden; Formularklauseln, durch die sich der Vermieter mittelbar eine Vergütung für vertragsgemäße Abnutzungen versprechen lässt, sind ebenfalls unwirksam (LG Frankenthal ZMR 1985, 342 betr. **Entschädigung für Teppichbodenabnutzung;** ebenso AG Hamburg WuM 1986, 310; **a. A.** LG Köln WuM 1984, 195; AG Bad Dürkheim ZMR 1984, 408; AG Köln WuM 1984, 195). Ist vereinbart, dass die Wohnung **„besenrein"** zurückzugeben ist, so muss der Mieter lediglich die groben Verschmutzungen beseitigen. Der Mieter schuldet keine gründliche Reinigung; zum Putzen der Fenster oder dergleichen ist er nicht verpflichtet (BGH NZM 2006, 691 = WuM 2006, 513).

60 Hat der Mieter die **Schönheitsreparaturen** zu tragen, so verletzt er die ihm obliegende Pflicht zur Rückgabe der Mietsache in vertragsgemäßem Zustand, wenn er die Räume trotz Fälligkeit der Verpflichtung unrenoviert zurückgibt. Gleiches gilt, wenn er die Räume in einem farblichen Zustand zurückgibt, welcher die Grenzen des normalen Geschmacks überschreitet, so dass eine Weitervermietung praktisch unmöglich ist oder wenn die Schönheitsreparaturen in der Vergangenheit nicht fachmännisch ausgeführt wurden. Hiervon ist auszugehen, wenn bei der Tapezierung ein an der Wand stehender Schrank ausgespart wird (LG Essen WuM 2011, 256).

Der Mieter kann nicht verpflichtet werden einen **Parkettboden** bei Mietende 61
zu spänen, abzuziehen und zu versiegeln. Das Problem dieser Klausel ist darin zu
sehen, dass sie unabhängig von der Dauer des Mietverhältnisses gilt. Der Mieter ist
deshalb auch dann zur Leistung verpflichtet, wenn das Mietverhältnis nur ganz
kurze Zeit gedauert hat und die Maßnahme unnötig ist (LG Wiesbaden WuM
1991, 540; AG Köln WuM 1984, 197; AG Freiburg WuM 1989, 233; **a. A.** AG
Neuss DWW 1990, 311). Vom Begriff der Schönheitsreparaturen wird eine solche
Maßnahme ebenfalls nicht erfasst (AG Freiburg WuM 1984, 80; WuM 1989, 233;
LG Köln WuM 1989, 70; LG Berlin GE 1992, 677). Wegen einer Verpflichtung zur
Grundreinigung eines Teppichbodens s. § 535 BGB Rdn. 437.

Bei der **Geschäftsraummiete** kann individualvertraglich eine verschuldens- 62
unabhängige Haftung begründet werden. Bezüglich der Grenzen s. § 535 BGB
Rdn. 415. In Formularverträgen ist dies nicht möglich (BGH NJW 1992, 1761).
Nichts anderes gilt, wenn die Haftung auf versicherbare Schadensrisiken beschränkt
wird, weil der Gesichtspunkt, dass der Mieter das Risiko beherrschen kann, für sich
allein nicht ausreicht, um die Angemessenheit der Klausel zu begründen (BGH
a. a. O.).

§ 539 Ersatz sonstiger Aufwendungen und Wegnahmerecht des Mieters

(1) Der Mieter kann vom Vermieter Aufwendungen auf die Mietsache, die der Vermieter ihm nicht nach § 536a Abs. 2 zu ersetzen hat, nach den Vorschriften über die Geschäftsführung ohne Auftrag ersetzt verlangen.

(2) Der Mieter ist berechtigt, eine Einrichtung wegzunehmen, mit der er die Mietsache versehen hat.

Übersicht

	Rdn.
I. Aufwendungsersatzansprüche nach § 539 Abs. 1 BGB	1
1. Anwendungsbereich und Bedeutung	1
2. Der Begriff der Aufwendungen im Sinne des § 539 Abs. 1 BGB	2
3. Verweisung auf die Regelungen der GoA	4
4. Ansprüche nach § 812 BGB	9
5. Anspruch auf Ausgleich einer Wertsteigerung am Mietgrundstück gem §§ 951 Abs. 1, 812 Abs. 1 S. 1, Alt. 1, 812 Abs. 2 BGB	12a
6. Vertragliche Ansprüche	13
7. Abgrenzungen	14
8. Fälligkeit, Verjährung	17
II. Befugnis des Mieters zur Entfernung von Einrichtungen nach § 539 Abs. 2 BGB	19
1. Anwendungsbereich und Bedeutung der Vorschrift	19
2. Begriff der Einrichtung	21
3. Wegnahmerecht	23
4. Abweichende Vereinbarungen	27
5. Beweislast	28
6. Prozessuales	29
III. Sonstige Vermögenszuwendungen	30

§ 539 BGB   Untertitel 1. Allgemeine Vorschriften für Mietverhältnisse

I. Aufwendungsersatzansprüche nach § 539 Abs. 1 BGB

1. Anwendungsbereich und Bedeutung

1   § 539 Abs. 1 BGB gilt für alle Mietverhältnisse. Die Vorschrift steht im sachlichen Zusammenhang mit § 536a Abs. 2 BGB. Diese Vorschrift regelt den Aufwendungsersatzanspruch des Mieters im Falle einer Mangelbeseitigung und in den Fällen der Not- und Eilmaßnahmen. Nach dem Regelungsprogramm des § 539 Abs. 1 BGB ist zunächst festzustellen, ob dem Mieter Ansprüche nach § 536a Abs. 2 BGB zustehen. Sind die Voraussetzungen des § 536a Abs. 2 BGB nicht gegeben, so ist in einem zweiten Schritt zu prüfen, ob der Mieter einen Ersatzanspruch nach § 539 Abs. 1 BGB geltend machen kann. § 539 Abs. 1 BGB entspricht dem bis 1.9.2001 geltenden § 547 Abs. 2 BGB a. F. Deshalb sind unter dem Begriff der Aufwendungen im Sinne von § 539 Abs. 1 BGB die sog. „sonstigen Verwendungen" im Sinne des früheren § 547 Abs. 2 BGB a. F. zu verstehen. Neben den Ansprüchen aus § 536a Abs. 2 BGB und § 539 Abs. 1 BGB können Bereicherungsansprüche nach §§ 812 BGB, Ansprüche auf Ausgleich einer Wertsteigerung am Mietgrundstück gem. §§ 951 Abs. 1, 812 Abs. 1 S. 1, Alt. 1, 812 Abs. 2 BGB oder vertragliche Ansprüche bestehen.

2. Der Begriff der Aufwendungen im Sinne des § 539 Abs. 1 BGB

2   Hierzu zählen solche Aufwendungen, die zumindest auch der Mietsache zugutekommen sollen, indem sie deren Nutzungsmöglichkeit erweitern, sie aber nicht grundlegend verändern. Hierzu gehören **Maßnahmen zur Verbesserung des Vertragsgebrauchs** (Modernisierungsmaßnahmen, Umbaumaßnahmen, Anbauten, Ausbauten, etc.). **Beispiele:** BGH NZM 2009, 541; NJW-RR 1993, 522: Schönheitsreparaturen, Verlegung von Fußböden, Einbau eines Bades; OLG Hamburg WuM 1986, 82: Aufwendungen zur Befestigung der Hoffläche, zum Ausbau von gemieteten Gewerberäumen sowie Maßnahmen zur Verbesserung der Wasser- und Stromversorgung; OLG Köln WuM 1996, 269: An- und Umbau an einem Tankstellengebäude; KG GuT 2006, 315: Austausch von Fenstern und Türen, Erneuerung der Sanitär- und Elektroanlage, Installation einer Heizung.

3   Nach der Rechtsprechung des BGH ist § 539 Abs. 1 nicht anwendbar, wenn der Mieter eine **eigenmächtige Reparatur** vornimmt oder einen Mangel beseitigt, ohne dass die Voraussetzungen des § 536a Abs. 2 BGB vorliegen (BGH NJW 2008, 1216 = WuM 2008, 147 = NZM 2008, 279; ebenso: Eisenschmid in: Schmidt-Futterer § 536a BGB Rdn. 167; V. Emmerich in: Staudinger § 536a BGB Rdn. 41; Derleder NZM 2002, 676). Dieser Ansicht ist zuzustimmen, weil dem Vermieter bei der Beseitigung des Mangels der Vorrang zukommt. Diese gesetzliche Wertung darf nicht durch einen Rückgriff auf § 539 Abs. 1 BGB umgangen werden (**a. A.** Lammel Wohnraummietrecht § 539 BGB Rdn. 9; Ehlert in: Bamberger/Roth § 539 BGB Rdn. 5; Palandt/Weidenkaff § 536a BGB Rdn. 17 und § 539 Rdn. 2).

3. Verweisung auf die Regelungen der GoA

4   Die Aufwendungen des Mieters sind nach den Vorschriften über die Geschäftsführung ohne Auftrag (GoA) zu erstatten. Es handelt sich um eine **Rechtsgrundverweisung** so dass die Voraussetzungen der berechtigten (§ 683 BGB) oder unberechtigten (§ 684 BGB) GoA gegeben sein müssen.

Danach ist zunächst erforderlich, dass der Mieter den Willen hat, mit der Maß- 5
nahme ein Geschäft des Vermieters zu führen (§ 677 BGB). An diesem **Fremdgeschäftsführungswillen** fehlt es, wenn die Verwendungen nur den eigenen Zwecken und den eigenen Interessen des Mieters dienen (BGH NZM 1999, 19, 20; WuM 2007, 443). Hiervon ist bei solchen Maßnahmen auszugehen, die der Mieter vornimmt, um die Mietsache zu verschönern oder seinen Bedürfnissen gemäß auszugestalten oder herzurichten (BGH WuM 2007, 443 betreffend die Gartengestaltung bei gemietetem Einfamilienhaus). Gleiches gilt, wenn der Mieter eine Maßnahme durchführt, deren Lebensdauer wesentlich kürzer ist, als die vereinbarte Dauer des Mietverhältnisses (OLG München ZMR 1997, 235 betr. Holzzäune bei 25jährigem Mietverhältnis). An die Annahme eines Fremdgeschäftsführungswillens sind strenge Anforderungen zu stellen (BGH NJW-RR 1993, 522; NZM 1999, 19).

Die Vorschrift § 683 BGB setzt außerdem voraus, dass die Geschäftsführung dem 6
Interesse und dem wirklichen oder dem mutmaßlichen Willen des Vermieters entspricht. Eine Geschäftsführung entspricht nicht dem wirklichen Willen des Vermieters, wenn dieser erklärt, dass er mit einer vom Mieter geplanten Maßnahme nicht einverstanden ist. Der Mieter muss den Willen des Vermieters auch dann beachten, wenn dessen Weigerung vertragswidrig ist oder wenn dessen Wille auf unvernünftigen Erwägungen beruht. Der mutmaßliche Wille des Vermieters ist nach einem objektiven Maßstab aus der Sicht des Vermieters zu ermitteln. Auf die Vorstellungen des Mieters kommt es nicht an. Das Risiko der Fehleinschätzung trägt der Mieter. Der Fremdgeschäftsführungswille muss darauf gerichtet sein, dass der Mieter die Maßnahme für den Vermieter vornimmt. Es genügt also nicht, dass der Vermieter mit der Maßnahme einverstanden ist und den damit verbundenen Vorteil akzeptiert (BGH NJW 1959, 2163; NJW 1955, 747). Gegen die Annahme einer berechtigten GoA spricht i. d. R., wenn der Mieter den Umfang der Arbeiten selbst bestimmt hat und die erforderlichen Kosten nicht absehbar gewesen sind. Gleiches gilt, wenn es an einem Einverständnis über den Umfang und die Finanzierung der Kosten fehlt (BGH NZM 1999, 20) oder wenn aus den Vereinbarungen im Mietvertrag ersichtlich ist, dass der Vermieter über Veränderungen informiert werden will und der Mieter gleichwohl eine Maßnahme ohne vorherige Information durchführt. Der Umstand, dass der Vermieter einen eigenen Reparaturbetrieb unterhält oder dass er die fraglichen Maßnahmen üblicherweise an bestimmte Vertragsbetriebe vergibt, schließt eine berechtigte GoA regelmäßig aus (LG Görlitz WuM 1996, 406: wenn der Mieter von einer Gemeinde gemietet hat).

Schließlich **entfällt der Anspruch** immer dann, wenn der **Mieter nicht die** 7
Absicht hatte, von dem Vermieter **Ersatz zu verlangen** (§ 685 BGB). Hiervon kann u. a. dann ausgegangen werden, wenn die Maßnahme längere Zeit zurückliegt und der Mieter den Vermieter nach Beendigung der Maßnahme nicht auf Kostenersatz in Anspruch genommen hat. Gleiches gilt, wenn im Mietvertrag vereinbart ist, dass der Mieter die Mietsache auf eigene Kosten renovieren oder modernisieren soll (OLG München ZMR 1995, 406; OLG Düsseldorf GE 2010, 907).

Liegen die Voraussetzungen des § 683 BGB nicht vor, so ist der Geschäftsherr 8
gem. § 684 Satz 1 BGB verpflichtet, dem Geschäftsführer alles, was er durch die Geschäftsführung erlangt hat, nach den Vorschriften über die Herausgabe einer ungerechtfertigten Bereicherung **(§ 818 Abs. 2 BGB)** herauszugeben. Zu der Bereicherung kann auch die durch eine Mieterinvestition bedingte Wertsteigerung eines Grundstücks zählen. Der Anspruch setzt wie der Aufwendungsersatzanspruch aus

§ 539 BGB Untertitel 1. Allgemeine Vorschriften für Mietverhältnisse

§§ 539 Abs. 1, 677, 683 S. 1 BGB allerdings voraus, dass der Mieter die Maßnahmen mit Fremdgeschäftsführungswillen durchgeführt hat. In den Fällen des § 685 BGB sind allerdings auch die Bereicherungsansprüche ausgeschlossen, weil sich diese Vorschrift auch auf § 684 Satz 1 BGB bezieht (OLG München, a. a. O.). Die Genehmigung einer ursprünglich unberechtigten Geschäftsführung führt dazu, dass diese wie eine berechtigte GoA zu behandeln ist (§ 684 Satz 2 BGB).

4. Ansprüche nach § 812 BGB

9   Scheidet ein Ersatzanspruch nach 539 Abs. 1 BGB aus, so kann der Mieter unter Umständen einen Anspruch aus dem Gesichtspunkt der ungerechtfertigten Bereicherung geltend machen (§ 812 BGB), wenn durch die Maßnahmen der Verkehrs- oder der Mietwert des Grundstücks erhöht worden ist (BGH ZMR 2001, 881; WuM 2007, 443). Gleiches gilt, wenn ein auf längere Zeit geschlossener Mietvertrag vorzeitig endet und der Vermieter auf Grund der vom Mieter getätigten Investitionen Vorteile erlangt, die er bei einer planmäßigen Abwicklung der Vertragsbeziehungen nicht hätte erlangen können. (BGH NZM 2006, 15 Rz 24; BGH NZM 2009, 783).

10 Die **Höhe des Bereicherungsausgleichs** ist allerdings in keinem Fall identisch mit der Höhe der Aufwendungen des Mieters. Soll die Sache verkauft werden, so ist darauf abzustellen, ob der Verkehrswert des Grundstücks (der Wohnung) durch die Aufwendungen erhöht worden ist. Dies muss im Einzelfall durch einen Vergleich der jeweiligen Verkaufswerte des Mietobjekts ermittelt werden (BGH WuM 1994, 201). Kann der Vermieter durch die Verbesserungsmaßnahmen eine höhere Miete erzielen, so ist die Bereicherung hierin zu sehen (BGH NJWE-MietR 1996, 33; NZM 1999, 19, 20; NZM 2006, 15 Rz 24; NJW-RR 2006, 294; (BGH NJW 2009, 2374 = NZM 2009, 514; NJW-RR 2001, 727; ZMR 1999, 93; OLG Frankfurt ZMR 1986, 358; OLG München a. a. O.; LG Berlin GE 1997, 431). Der Bereicherungsanspruch hängt jedoch nicht von der Weitervermietung ab. Maßgeblich ist nicht die tatsächliche Vermietung, sondern die konkrete Vermietbarkeit zu einem höheren als dem bisherigen Mietzins (BGH NZM 2009, 783). Der Bereicherungsausgleich ist in den Fällen der vorzeitigen Vertragsbeendigung in monatlichen Raten entsprechend den (fiktiven) höheren Mieteinnahmen zu bezahlen. Wird die Mietsache während der Mietzeit veräußert, so ist der Bereicherungsanspruch gegenüber dem Erwerber geltend zu machen. Dies gilt auch dann, wenn die Investitionen während der Zeit des Veräußerers vorgenommen worden sind (BGH NZM 2006, 15 Rz 25) und der Eigentumsübergang auf Grund eines Zuschlagsbeschlusses in der Zwangsversteigerung erfolgt (BGH NZM 2009, 783). Der Bereicherungsanspruch entfällt, wenn der durch die Aufwendung geschaffene Mehrwert nicht realisiert werden kann, weil die Wohnung der Preisbindung unterliegt (LG Berlin GE 1997, 431).

11 In der **instanzgerichtlichen Rechtsprechung** wird allerdings häufig die Ansicht vertreten, dass der Vermieter verpflichtet sei, dem Mieter die **Reparaturkosten nach Bereicherungsgrundsätzen** zu ersetzen (so AG Stuttgart-Bad Cannstadt WuM 1990, 206 betr. Reparatur am Wasserboiler; LG Berlin GE 1991, 47 betr. Ersatzbeschaffungskosten für einen defekten Gasherd; LG Berlin WuM 1989, 15 betr. Heizungsreparatur; AG Bergisch-Gladbach WuM 1995, 479 betr. Schönheitsreparaturen).

12 Hat der Mieter während der Mietzeit eine **Einrichtung** angebracht und ist der Vermieter auf Grund gesetzlicher (§§ 258, 1004 BGB) oder vertraglicher Regelung

berechtigt, die Entfernung der Einrichtung zu verlangen, so kann dieser Anspruch dem Bereicherungsausgleich entgegengesetzt werden. Ist der Beseitigungsanspruch nicht gegeben, so kann sich der Vermieter von dem Bereicherungsanspruch dadurch befreien, dass er die Einrichtung zurückgibt (§ 1001 S. 2 BGB analog). Eine „aufgedrängte Bereicherung" muss der Vermieter nicht hinnehmen. Eine Verpflichtung zur Übernahme von Einrichtungen besteht nur dann, wenn dies vertraglich vereinbart ist (OLG München ZMR 1997, 235).

5. Anspruch auf Ausgleich einer Wertsteigerung am Mietgrundstück gem §§ 951 Abs. 1, 812 Abs. 1 S. 1, Alt. 1, 812 Abs. 2 BGB

Errichtet ein Mieter auf dem gemieteten Grundstück ein Gebäude und geht das **12a** Eigentum an dem Gebäude nach Ablauf der Mietzeit auf den Eigentümer des Grundstücks über, so kann der Mieter eine Ausgleichszahlung verlangen, wenn der Wert des Grundstücks durch das Gebäude erhöht wurde. Nach der Rechtsprechung wird mangels gegenteiliger Vereinbarungen oder besonderer Umstände, allerdings vermutet, dass der Mieter das Gebäude nur in seinem Interesse für die Dauer des Vertragsverhältnisses und damit zu einem vorübergehenden Zweck errichtet hat (BGH GE 2017, 825). In einem solchen Fall verbleibt das Eigentum am Gebäude beim Mieter. Dies gilt auch dann, wenn das Gebäude in massiver Bauart errichtet wurde, so dass es nicht entfernt werden kann ohne es zu zerstören. Der Übergang des Eigentums am Gebäude setzt also grundsätzlich eine Vereinbarung voraus.

6. Vertragliche Ansprüche

Hat der Mieter das Mietobjekt auf Grund vertraglicher Vereinbarungen repa- **13** riert, saniert, ausgebaut, umgebaut oder modernisiert, so ist zu fragen, ob in der Vertragsregelung die Kostenerstattungspflicht geregelt worden ist. Vertragliche Vereinbarungen gehen den gesetzlichen Verwendungsersatzansprüchen vor (OLG Frankfurt ZMR 1986, 358). Für die Annahme einer vertraglichen Vereinbarung genügt es nicht, wenn der Vermieter mit den Arbeiten einverstanden war (OLG München ZMR 1997, 237). Ebenso genügt es nicht, wenn sich die Parteien lediglich darüber geeinigt haben, dass die Arbeiten vergütet werden sollen. Erforderlich ist außerdem, dass eine Einigung über die Höhe der Vergütung erzielt worden ist. Notwendig aber auch ausreichend ist insoweit, wenn die Berechnungsgrundsätze feststehen, so dass die Vergütung durch das Gericht bestimmt werden kann (BGH WuM 1990, 140). Unzureichend ist es demgegenüber, wenn die Festsetzung der Vergütung dem Gericht überlassen werden soll. Haben die Parteien vereinbart, dass die Aufwendungen des Mieters mit der Miete in monatlichen Raten verrechnet werden sollen, so sind diese Leistungen wie eine Mietvorauszahlung zu behandeln. Lässt sich eine hinreichend konkrete Vereinbarung nicht feststellen, so muss auf die gesetzlichen Anspruchsgrundlagen zurückgegriffen werden.

7. Abgrenzungen

Wird ein sanierungsbedürftiges Haus vermietet und ist vereinbart, dass der Mie- **14** ter die Mietsache nach seinen Bedürfnissen herrichten soll, so gehört die **Erneuerung des undichten Dachstuhls** und der **Dacheindeckung,** die **Beseitigung**

§ 539 BGB Untertitel 1. Allgemeine Vorschriften für Mietverhältnisse

von **Feuchtigkeitsschäden** im Wand und Fußbodenbereich sowie der **Austausch einer gefahrenträchtigen Elektro- und Sanitärinstallation** (Erhaltungsmaßnahmen) zu den Maßnahmen nach § 536a Abs. 2 Nr. 2 BGB, weil die Arbeiten erforderlich sind, um die Mietsache vor weiteren Schäden zu bewahren (BGH NJW-RR 1993, 522 = WuM 1994, 201). Der Mieter hat einen Erstattungsanspruch.

15   Beseitigt der Mieter nach seinem Einzug verschiedene **Wohnungsmängel,** ohne dass die Voraussetzungen des § 536a Abs. 2 Nr. 1 BGB vorliegen, so kann er unter keinem rechtlichen Gesichtspunkt Ersatz verlangen (AG Hamburg WuM 1990, 73). Die Kosten für die Durchführung einer **Heizungsreparatur im Winter** zählen zu den erstattungspflichtigen Maßnahmen nach § 536a Abs. 2 Nr. 2 BGB, wenn hierdurch Frostschäden von der Mietsache abgewendet werden sollen; es genügt allerdings nicht, wenn lediglich der vertragsgemäße Mietgebrauch wiederhergestellt wird; in einem solchen Fall handelt es sich um eine Mängelbeseitigungsmaßnahme nach § 536a Abs. 2 Nr. 1 BGB, die nur erstattungspflichtig ist, wenn sich der Vermieter im Verzug mit der Mangelbeseitigung befindet (**a. A.** wohl LG Rottweil WuM 1989, 288). Eine Heizungsreparatur im Sommer fällt immer unter § 536a Abs. 2 Nr. 1 BGB. Die **Beseitigung einer Abflussverstopfung** ist in aller Regel eine Maßnahme zur Mangelbeseitigung nach § 536a Abs. 2 Nr. 1 BGB (Erstattungspflicht nur bei Verzug; **a. A.** AG Saarburg WuM 2008, 725: § 536a Abs. 2 Nr. 2 BGB weil die Mietsache ohne funktionierende Abwasserleitung nicht vertragsgemäß genutzt werden kann).

16   **Umbau-, Renovierungs-, Verschönerungs- und Erweiterungsmaßnahmen** in der Wohnung gehören i. d. R. zu den Maßnahmen nach § 539 Abs. 1 BGB, weil hierdurch ein besserer als der vertraglich vereinbarte Zustand geschaffen wird. Anders ist es, wenn die genannten Arbeiten an sich vom Vermieter durchgeführt werden müssten, weil der konkrete Wohnungszustand in negativer Weise vom vertraglich geschuldeten Zustand abweicht. In diesem Fall fallen lediglich die Erhaltungsmaßnahmen unter § 536a Abs. 2 Nr. 2 BGB. Die übrigen Maßnahmen sind als Mängelbeseitigungsmaßnahmen zu bewerten, die nur unter der Voraussetzung des § 536a Abs. 2 Nr. 1 BGB erstattungsfähig sind, also beim Verzug (LG Aachen DWW 1989, 136 betr. Verputzen von Wänden, Sanitärinstallationen, Deckenabhängungen und Holzverkleidungen; AG Homburg WuM 1991, 348 betr. Rasenteppich auf dem Balkon, Bodenerneuerung, Spiegelwand im Bad). Eine Erstattungspflicht nach § 539 kann insbesondere dann scheitern, wenn Art und Umfang der Arbeiten, die Auswahl der Materialien und die Gestaltung primär durch die Geschmacksvorstellungen des Mieters bestimmt worden sind (LG Aachen a. a. O.). Umgekehrt ist eine Erstattungspflicht zu bejahen, wenn der Mieter seine Wohnung mit Einwilligung des Vermieters dem Standard der übrigen Wohnungen anpasst (LG Berlin GE 1986, 501 betr. Einbau einer Nachtstromspeicherheizung).

8. Fälligkeit, Verjährung

17   **Aufwendungsersatzansprüche nach § 536a Abs. 2 Nr. 1 und 2,** sowie die **Ansprüche nach § 539 Abs. 1 BGB** werden fällig, wenn die jeweiligen Aufwendungen der Mietsache zugutegekommen sind (BGHZ 5, 197). Aus diesem Grunde gehen diese Ersatzansprüche nicht auf einen Erwerber über. Eine Ausnahme kommt in Betracht, wenn im Mietvertrag eine abweichende Fälligkeitsregelung vereinbart ist (BGH WuM 1988, 16). Ausgleichspflichtig ist immer der Vermieter,

nicht der Eigentümer. Die Ansprüche verjähren gem. § 548 Abs. 2 sechs Monate nach der Beendigung des Mietverhältnisses, wobei die Veräußerung der Mietsache ebenfalls eine Vertragsbeendigung in diesem Sinne darstellt (s. weiter § 548 Rdn. 32, 35, 38).

Bei **vertraglich vereinbarten Verwendungsersatzansprüchen** richtet sich 18 die Fälligkeit nach den Vereinbarungen. Ist geregelt, dass der Vermieter den Ersatzanspruch unmittelbar nach dem Abschluss der Maßnahmen bezahlen soll, so gelten die Ausführungen Rdn. 17. Soll der Ausgleich vereinbarungsgemäß erst bei Vertragsende erfolgen, so gehen die Ersatzansprüche auf einen Erwerber über. Dies gilt auch dann, wenn die Ersatzansprüche auf gesetzlicher Vorschrift beruhen, im Mietvertrag aber geregelt ist, dass die Ansprüche erst mit dem Ende des Mietverhältnisses geltend gemacht werden können. Die Verjährung beginnt mit dem tatsächlichen Ende des Mietverhältnisses; sie endet sechs Monate später. Die Regelung des § 548 BGB gilt nämlich auch für Verwendungsersatzansprüche, die auf vertraglicher Grundlage beruhen (OLG Düsseldorf ZMR 1988, 380). Der Anspruch muss gegen denjenigen geltend gemacht werden, der im Zeitpunkt der Beendigung des Mietverhältnisses Partei des Mietvertrags ist (BGH WuM 1988, 16). Unabhängig hiervon kann unter Umständen auch der ursprüngliche Vermieter nach § 566 Abs. 2 BGB in Anspruch genommen werden (AG Braunschweig WuM 1990, 341).

II. Befugnis des Mieters zur Entfernung von Einrichtungen nach § 539 Abs. 2 BGB

1. Anwendungsbereich und Bedeutung der Vorschrift

Die Regelung in § 539 Abs. 2 BGB gilt für alle Mietverhältnisse. Bei der Wohn- 19 raummiete ist zusätzlich § 552 Abs. 1 und 2 BGB; bei der Geschäftsraummiete § 552 Abs. 1 BGB (§ 578 Abs. 2 BGB) zu beachten. Die Regelung in § 539 Abs. 2 BGB besagt, dass der Mieter eine Einrichtung, mit der er die Sache versehen hat, jederzeit wieder wegnehmen darf. Die Vorschrift steht in einem engen Zusammenhang mit Abs. 1 und ist als Ergänzung hierzu zu verstehen. In zahlreichen Fällen wird der Mieter die Mietsache nämlich mit Gegenständen ausstatten, für die er bei Mietende nach § 539 Abs. 1 BGB keinen Ersatz verlangen kann. Diese Gegenstände sollen – unabhängig von der durch den Einbau entstandenen Eigentumslage (vgl. §§ 93, 946 ff BGB) – grundsätzlich im Vermögen des Mieters verbleiben.

In § 539 Abs. 2 BGB wird nicht geregelt, ob der Mieter berechtigt ist, eine Ein- 20 richtung anzubringen (s. dazu § 535 BGB Rdn. 515). Gleiches gilt für die Frage, ob der Mieter verpflichtet ist, eine Einrichtung bei Mietende wieder zu entfernen (s. Dazu § 546 BGB, Rdn. 30)

2. Begriff der Einrichtung

Der Begriff der Einrichtung ist gesetzlich nicht definiert. Er ist jedenfalls nicht 21 im Sinne des allgemeinen Sprachgebrauchs zu verstehen. Möbelstücke, Elektrogeräte und dergleichen kann der Mieter immer wegnehmen, ohne dass der Vermieter dies verhindern könnte (Ausnahme: Pfandrecht). Nach der Rechtsprechung des BGH sind unter Einrichtungen bewegliche Sachen zu verstehen, die mit der Mietsache zusätzlich verbunden werden, um deren wirtschaftlichem Zweck zu dienen.

§ 539 BGB Untertitel 1. Allgemeine Vorschriften für Mietverhältnisse

Voraussetzung ist, dass die Sachen nur zu einem vorübergehenden Zweck eingefügt werden und nicht in das Eigentum des Vermieters übergehen sollen (BGH NJW 1969, 40; NJW 1987, 2861; s. auch OLG Düsseldorf ZMR 1999, 386). Das OLG Naumburg (ZMR 2018, 748) vertritt die Auffassung, dass die vom Mieter eingebrachten Sachen in der Regel dann keine Einrichtungen sind, wenn sie erforderlich waren, um die Mietsache überhaupt erst in den vertragsgemäßen Zustand zu versetzen. Unerheblich ist, ob die Verbindung schwer oder leicht zu lösen ist; eine körperliche Verbindung der Einrichtung mit der Mietsache ist aber begriffsnotwendig (Heitgreß WuM 1982, 31).

22 **Beispiele:** Heizungsanlage (BGH NJW 1958, 2109; **a. A.** OLG Brandenburg Urteil vom 25.3.2009 – 3 U 172/07, ZMR 2010, 23, 24); Kücheneinrichtung (OLG Düsseldorf MDR 1972, 147); Waschbecken, Badewanne, Toilettenbecken (LG Berlin MM 1993, 215), Duschkabine, lose verlegter Teppichboden (AG Aachen WuM 1987, 123), Durchlauferhitzer, Nachtstromspeicherheizung (LG Hamburg WuM 1977, 141; AG Charlottenburg MM 1987, 32; AG Wedding MM 1988, 34), Gasetagenheizung (LG Berlin a. a. O.; AG Köln WuM 1998, 345), Rollläden, Markisen, Wandschränke; Einbauküchen (vgl. § 546 Rdn. 93; OLG München WuM 1985, 90: § 539 Abs. 2 BGB analog; **a. A.** OLG Düsseldorf ZMR 1999, 386; (zur Frage, ob eine Einbauküche als Zubehör im Sinne von §§ 97 BGB anzusehen ist vgl. § 566 BGB Rdn. 108)). Pflanzen im Garten zählen zu den Einrichtungen, wenn sie auf Grund ihrer Größe und Beschaffenheit zum Umpflanzen geeignet sind (OLG Köln ZMR 1994, 509); andernfalls ist davon auszugehen, dass die Pflanzen auf Dauer und nicht nur für eine vorübergehende Zeit in das Grundstück eingebracht worden sind (Beisp.: Rasen, Bodendecker, Hecken; OLG Düsseldorf NZM 1998, 1020 für 30-jährige Rhododendronsträucher; LG Detmold NZM 2014, 434). Es ist unerheblich, ob die Einrichtung wegen der Art ihrer Verbindung gem. § 93 BGB wesentlicher Bestandteil der Mietsache wurde; wesentlich ist aber, dass die Gegenstände auch nach der Wegnahme eine eigenständige Bedeutung für den Mieter haben. Die Abgrenzung der Einrichtungen von den Aufwendungen kann im Einzelfall problematisch sein. Dient eine vom Mieter durchgeführte Sanierungs- und Modernisierungsmaßnahme der Erhaltung, Wiederherstellung oder Verbesserung des Mietobjekts, so sind die damit verbundenen Aufwendungen nach § 539 Abs. 1 BGB in Geld auszugleichen. Eine Einrichtung ist dagegen anzunehmen, wenn bestimmte Gegenstände für vorübergehende Zeit in die Mietsache eingebracht oder eingebaut werden. Die Abgrenzung muss sich am Zweck der jeweiligen Vorschriften orientieren. Es soll verhindert werden, dass werterhöhende und sinnvolle Baumaßnahmen bei Vertragsende zerstört und die Mietsache in einen veralteten Zustand versetzt wird (KG Gut 2006, 315, 316). Deshalb gehören Tapeten, Holzdecken, Parkettfußböden, Kacheln, Fliesenwände (LG Berlin MM 1993, 215) und ähnliche Einbauten die durch die Entfernung zerstört oder wertlos würden, nicht zu den Einrichtungen im Sinne von § 539 Abs. 2 BGB. Gleiches gilt für solche Pflanzen, die auf Grund ihrer Art oder Größe nicht mehr umgesetzt werden können (OLG Düsseldorf a. a. O.). Hier handelt es sich vielmehr um Verwendungen, deren Erstattungsfähigkeit sich nach § 539 Abs. 1 BGB richtet.

22a **Bauliche Veränderungen** der Mietsache zählen ebenfalls nicht zu den Einrichtungen. Verbindet ein Mieter Sachen mit dem Grund und Boden, so spricht nach ständiger Rechtsprechung des BGH (zuletzt GE 2017, 825 m.w. N. betr. Erweiterung eines Restaurants durch Anbau eines Wintergartens) regelmäßig eine widerlegbare Vermutung dafür, dass dies mangels besonderer Vereinbarungen nur in seinem Interesse für die Dauer des Vertragsverhältnisses und damit zu einem vorübergehenden Zweck geschieht. Ausbauten der Mietsache werden dann nicht Bestandteil des Gebäudes mit der weiteren Folge, dass der Mieter Eigentümer der Ausbauten bleibt (§ 95 BGB).

3. Wegnahmerecht

a) Solange der **Mieter die Sache in Besitz hat,** kann er die Einrichtung ohne weiteres wegnehmen. Der Vermieter ist verpflichtet, die Aufhebung der Verbindung zwischen der Einrichtung und der Mietsache zu dulden. Ist der Mieter Eigentümer der Sache geblieben, – wofür eine Vermutung spricht (BGH WuM 1991, 486) – so folgt das Wegnahmerecht aus § 903 BGB; § 539 Abs. 2 BGB hat hier keine eigenständige Bedeutung, wohl aber – bei der Wohnraummiete – § 552 BGB. Ist die **Einrichtung in das Eigentum des Vermieters übergegangen** (§§ 94, 946 BGB) so hat der Mieter nach **h. M.** das Recht zur Trennung und Wiederaneignung. In der Wegnahme vollzieht sich zugleich die Wiederaneignung (BGH WuM 1991, 486). Die genannten Rechte kann der Mieter auch gegenüber dem Rechtsnachfolger des Vermieters nach § 566 BGB geltend machen. Das Aneignungsrecht gilt auch gegenüber dem Erwerber in der Zwangsversteigerung (AG Warendorf WuM 1990, 291; Heitgreß WuM 1982, 31). Beim Erwerb der Einrichtung vom Mietvorgänger, vom Vermieter oder einem Dritten gilt nichts anderes, wenn das Eigentum an der Einrichtung auf den Mieter übertragen worden ist. In den Fällen des §§ 94, 946 BGB ist davon auszugehen, dass der Mieter das Wegnahmerecht im Wege der Abtretung erwirbt (BGH NJW 1969, 40; WuM 1991, 486). Wird die Mietsache veräußert, so richtet sich auch hier das Wegnahmerecht gegen den Erwerber (BGH a. a. O.). 23

Nach einer in der **Literatur** vertretenen **abweichenden Ansicht** richtet sich das Recht und die Pflicht des Mieters zur Wegnahme solcher Einrichtungen mangels abweichender Vereinbarungen im Mietvertrag nach den **sachenrechtlichen Gegebenheiten:** Ihm gehörende Sachen muss der Mieter entfernen; die im Eigentum des Vermieters stehenden oder übergegangenen Sachen muss und kann er zurücklassen; dies soll auch für solche Einrichtungen und bauliche Veränderungen gelten, die der Mieter ohne Erlaubnis des Vermieters vorgenommen hat. Dem Mieter können u. U. Aufwendungsersatzansprüche nach den §§ 539 Abs. 1 i. V. m. 677, 683 BGB (wobei die Grundsätze der GoA zu beachten sind) oder nach § 536a Abs. 2 BGB oder nach §§ 951 Abs. 1 Satz 1 i. V. m. 812ff BGB zustehen (Lohmann/Ungerer ZMR 2013, 167). 23a

b) Mit der **Rückgabe der Mietsache** wird aus dem Wegnahmerecht des Mieters ein Anspruch auf Gestattung der Wegnahme (§ 258 BGB). Dieser Anspruch ist dinglicher Natur (BGH Z 81, 146 = NJW 1981, 2564). Er kann gegenüber dem Vermieter, dem Rechtsnachfolger des Vermieters und gegenüber dem Mietnachfolger geltend gemacht werden. Hatte der Mieter das Eigentum an den Einrichtungen verloren, so vollzieht sich in der Wegnahme die Wiederaneignung (BGH WuM 1991, 486; **a. A.** Lohmann/Ungerer ZMR 2013, 167, s. Rdn. 23a). Ist der Mieter dagegen Eigentümer geblieben, so unterliegt der Gestattungsanspruch denselben Voraussetzungen wie der Eigentumsherausgabeanspruch nach § 986 BGB. Bis zur Ausübung des Wegnahmerechts ist der Vermieter und der Nachfolgemieter dem Mieter gegenüber zum Besitz berechtigt (BGH a. a. O.). Macht der Mieter das Wegnahmerecht geltend und verweigert der Vermieter die Wegnahme, so wird er unberechtigter Besitzer mit der weiteren Folge, dass der Mieter eine Nutzungsentschädigung nach §§ 987, 990 BGB verlangen kann. Allerdings ist zu beachten, 24 dass diese Rechtsfolge nicht eintritt, wenn der Wegnahmeanspruch verjährt ist (BGHZ 101, 37 = NJW 1987, 2861); insoweit gilt die kurze Verjährungsfrist des 548 BGB. Bei unberechtigter Weigerung der Wegnahme kann sich der Vermieter außerdem schadensersatzpflichtig machen (BGH NJW 1969, 40).

25 c) Das Wegnahmerecht besteht auch dann, wenn die Einrichtung nicht ohne **Beschädigung der Mietsache** entfernt werden kann. Allerdings muss der Mieter in diesem Fall den ursprünglichen Zustand auf seine Kosten wiederherstellen, weil er die Mietsache grundsätzlich unverändert zurückzugeben hat (§ 258 Satz 1 BGB). Ist die Wiederherstellung nicht möglich, so ist eine Entschädigung in Geld zu leisten (RG 106, 149). Der Vermieter kann die Wegnahme so lange verweigern bis ihm für den mit der Wegnahme verbundenen Schaden ausreichende Sicherheit geleistet wird (§ 258 Satz 2 BGB).

26 d) Der Anspruch auf Duldung der Wegnahme **verjährt** in 6 Monaten (§ 548 Abs. 2 BGB). Die Verjährungsfrist beginnt mit dem Ende des Mietverhältnisses (§ 548 Abs. 2 BGB). Ein Vermieterwechsel ist ohne Bedeutung. Macht der Vermieter ein Pfandrecht an der Einrichtung geltend, so wird dadurch der Lauf der Verjährungsfrist nicht gehemmt. Ist der Anspruch auf Duldung der Wegnahme verjährt, so hat dies zur Folge, dass der Vermieter auf Dauer zum Besitz der Einrichtung berechtigt ist (BGH NJW 1981, 2564). Dieses Recht kann er sowohl dem Mieter als auch dem Erwerber der Einrichtungen entgegenhalten (OLG Düsseldorf ZMR 2008, 948). Im Prozess kann dieses Recht als Einrede geltend gemacht werden. Der zum Besitz der Einrichtung berechtigte Vermieter schuldet unter keinem rechtlichen Gesichtspunkt eine Entschädigung (BGH WuM 1982, 50). Dies gilt auch dann, wenn der Vermieter das Grundstück mit den wertsteigernden Einrichtungen veräußert (BGH NJW 1987, 2861; OLG Hamm Urteil vom 5.10.2017 – 18 U 23/15, juris). Auch gegenüber dem Mietnachfolger kann der Mieter keine Ansprüche geltend machen (OLG Düsseldorf ZMR 1987, 328).

4. Abweichende Vereinbarungen

27 Für die Wohnraummiete s. § 552 BGB. Bei Geschäftsraum und sonstigen Mietverhältnissen sind abweichende Vereinbarungen möglich. Insbesondere kann das Wegnahmerecht ausgeschlossen werden (OLG Naumburg ZMR 2018, 748). Eine entsprechende Formularvereinbarung verstößt auch dann nicht gegen § 307 BGB, wenn auch der Entschädigungsanspruch ausgeschlossen ist. Hat sich der Mieter von Geschäftsraum vertraglich verpflichtet, bestimmte Investitionen zu tätigen, so sind diese Leistungen im Zweifel als Teil des Überlassungsentgelts anzusehen. Ein Wegnahmeanspruch ist dann ausgeschlossen (BGH NJWE-MietR 1996, 33).

5. Beweislast

28 Der Mieter muss beweisen, dass der Gegenstand, auf den sich das Wegnahmerecht bezieht, von ihm in die Mietsache eingebracht worden ist. Ist streitig, ob der Mieter eine vom Mietvorgänger eingebrachte Einrichtung erworben hat, so muss der Mieter den Erwerbsvorgang beweisen.

6. Prozessuales

Der Mieter kann Klage auf Duldung der Wegnahme erheben. Der Streitwert 29
einer solchen Klage wird nach dem – in der Regel geringeren – Verkehrswert bestimmt, den die Sachen nach ihrer Trennung vom Gebäude oder Grundstück haben (BGH NJW 1991, 3221; KG WuM 1972, 113). Die Vollstreckung erfolgt nach § 890 ZPO. Eine Klage auf Herausgabe ist unzulässig (OLG Düsseldorf ZMR 1999, 386). Gegenüber dem Anspruch des Vermieters auf Miete kann der Mieter deshalb auch kein Zurückbehaltungsrecht wegen eines Herausgabeanspruchs geltend machen (OLG Düsseldorf a. a. O.).

III. Sonstige Vermögenszuwendungen

Bei der Miete eines Einfamilienhauses wird regelmäßig vereinbart, dass die Be- 30
heizung der Mieträume und die Beschaffung der hierfür erforderlichen Brennstoffe Sache des Mieters ist. Wird das Mietverhältnis beendet, so ist der Vermieter verpflichtet, dem Mieter den **Wert des noch vorhandenen Brennstoffs** zu ersetzen. Dies folgt aus einer (ergänzenden) Auslegung des Mietvertrags. Maßgeblich ist nicht der Zeitwert des Brennstoffs, sondern derjenige Betrag, den der Mieter für die Beschaffung des Brennstoffs aufwenden musste. Der Wirtschaftlichkeitsgrundsatz gilt auch hier: Hat der Mieter den Brennstoff zu ungünstigen Konditionen erworben, so schuldet der Vermieter nur den üblichen Preis.

§ 540 Gebrauchsüberlassung an Dritte

(1) ¹**Der Mieter ist ohne die Erlaubnis des Vermieters nicht berechtigt, den Gebrauch der Mietsache einem Dritten zu überlassen, insbesondere sie weiter zu vermieten.** ²**Verweigert der Vermieter die Erlaubnis, so kann der Mieter das Mietverhältnis außerordentlich mit der gesetzlichen Frist kündigen, sofern nicht in der Person des Dritten ein wichtiger Grund vorliegt.**

(2) **Überlässt der Mieter den Gebrauch einem Dritten, so hat er ein dem Dritten bei dem Gebrauch zur Last fallendes Verschulden zu vertreten, auch wenn der Vermieter die Erlaubnis zur Überlassung erteilt hat.**

Übersicht

	Rdn.
I. Anwendungsbereich und Bedeutung der Vorschrift	1
II. Die Fälle der Gebrauchsüberlassung	2
1. Untermiete	3
a) Rechtsnatur	3
b) Verhältnis zwischen Mieter und Untermieter	4
c) Verhältnis zwischen Hauptvermieter und Untermieter	9
d) Verhältnis zwischen Hauptvermieter und Mieter nach Beendigung des Hauptmietverhältnisses	15
e) Untervermietung ohne Erlaubnis	16
f) Besondere Formen der Untermiete	17
2. Sonstige Formen selbständiger Gebrauchsüberlassung	20
3. Einräumung von Mitbesitz	28
a) Ehegatten, Verwandte, Lebenspartner	28

§ 540 BGB Untertitel 1. Allgemeine Vorschriften für Mietverhältnisse

	Rdn.
b) Nichteheliche Lebensgemeinschaft/Partnerschaft	37
4. Besucher	38
5. Besitzdiener	45
III. Die Erlaubnis	46
1. Gesetzliche Regelung	46
a) Grundsätzliches	46
b) Kein Anspruch auf Erlaubnis	48
c) Formelle Voraussetzungen	50
d) Erteilung der Erlaubnis	51
e) Widerruf der Erlaubnis	54
f) Versagung der Erlaubnis	58
g) Überlassung der Mietsache ohne Erlaubnis	58a
2. Vertragsklauseln	59
a) generelle Erlaubnis	59
b) Verbot mit Erlaubnisvorbehalt	62
c) Erlaubnis mit Verbotsvorbehalt	64
d) Anspruch auf Erlaubnis	65
e) Ausschluss der Untervermietung	67
f) Sonstige Regelungen	68
IV. Kündigungsrecht des Mieters bei Verweigerung der Erlaubnis	69
1. Voraussetzungen des Kündigungsrechts	69
2. Ausschluss des Kündigungsrechts	78
V. Haftung des Mieters für den Untermieter (Abs. 2)	80
VI. Beweislast/Prozessuales	82
VII. „Change of control"-Klauseln	86

I. Anwendungsbereich und Bedeutung der Vorschrift

1   Die Vorschrift gilt für Mietverhältnisse aller Art sowie für die Pacht (Ausnahme: § 584a Abs. 1 BGB: kein Kündigungsrecht des Pächters nach § 540 Abs. 1 BGB). Sie stellt in Abs. 1 Satz 1 klar, dass der Mieter den Mietgebrauch grundsätzlich nur in eigener Person ausüben darf. Bei der Wohnraummiete ist neben § 540 BGB auch § 553 BGB zu beachten. Danach hat der Mieter einen Anspruch auf Erteilung der Erlaubnis zur Überlassung eines Teils der Mieträume an einen Dritten (sog. „Abvermietung").

II. Die Fälle der Gebrauchsüberlassung

2   Die Regelung des § 540 Abs. 1 Satz 1 BGB umfasst jede Überlassung des Gebrauchs, gleichgültig ob dies auf Grund eines Vertrags (Miete, Leihe, Abtretung der Mieterrechte) oder auf Grund eines rein tatsächlichen Tuns oder Duldens erfolgt. Die Dauer der Gebrauchsüberlassung spielt keine Rolle. Deshalb ist auch die kurzfristige Überlassung der Mietwohnung an Touristen oder Geschäftsleute vertragswidrig (BGH NJW 2014, 622; LG Berlin WuM 2015, 31). Nach heute h.M (BGH NZM 2004, 22 = WuM 2003, 688; OLG Hamm NJW 1982, 2876; BayObLGZ 1983, 285; GE 1997, 1465; V. Emmerich in: Staudinger § 540 BGB Rdn. 2; Ehlert in: Bamberger/Roth § 540 BGB Rdn. 4; Bieber in: MünchKomm § 540 BGB Rdn. 3) ist es gleichgültig, ob dem Dritten ein selbständiges Besitzrecht

an der Sache eingeräumt wird (Untermiete) oder ob der Dritte lediglich zur Mitbenutzung der Mietsache berechtigt sein soll (Aufnahme eines Lebensgefährten).

Eine **Ausnahme** gilt lediglich für die Aufnahme der nächsten Familienangehörigen, von zum Haushalt gehörenden Angestellten und von Personen, die der Mieter zu seiner Pflege bedarf. Diese Personen dürfen auch ohne Erlaubnis des Vermieters in die Wohnung aufgenommen werden. Gleiches gilt für die Aufnahme solcher Personen, die kein eigenständiges Besitzrecht haben, wie die Angestellten des Mieters einer gewerblichen Sache oder die Besucher eines Wohnungsmieters. Stets ist erforderlich, dass der Mieter weiterhin die Sachherrschaft über die Mietsache ausüben kann. Die Überlassung der Mietwohnung an Familienangehörige zum selbständigen Gebrauch ist als Pflichtwidrigkeit zu bewerten, die den Mieter zur Kündigung nach § 543 Abs. 2 Nr. 2 (s. dort Rdn. 118) oder nach § 573 Abs. 2 Nr. 1 (s. dort Rdn. 35) berechtigen kann (s. LG Berlin ZMR 2018, 668: wenn der Mieter seinen Wohnsitz ins Ausland verlegt und die Wohnung an die Kinder überlässt. S. auch § 553 Rdn. 12 ff) 2a

1. Untermiete

a) Rechtsnatur. Die Untermiete wird in § 540 Abs. 1 S. 1 BGB als ein in der Praxis besonders häufiger (und wichtiger) Fall der Gebrauchsüberlassung ausdrücklich erwähnt. Die Untermiete ist rechtsbegrifflich Miete; sie liegt demgemäß vor, wenn die gesamte Sache oder ein Teil der Sache gegen Entgelt einem Dritten (dem Untermieter) überlassen wird. Bei der Raummiete ist wesentlich, dass dem Dritten zumindest ein Teil der Räume zur ausschließlichen Benutzung zur Verfügung steht. Die Aufnahme eines Dritten mit der Absicht, dass dieser die Wohnung insgesamt mitbenutzt, ist auch dann keine Untermiete, wenn der Dritte hierfür ein Entgelt zahlt; in einem solchen Fall wird häufig eine BGB-Gesellschaft vorliegen. Für die Annahme einer Untermiete reicht es aber aus, wenn dem Dritten ein einziger Raum zur alleinigen Benutzung überlassen wird; der Umstand, dass ihm an den übrigen Räumen ein Mitbenutzungsrecht zusteht, schadet nicht (LG Berlin GE 1992, 153). Die Wirksamkeit des Untermietvertrags hängt nicht von der Genehmigung des Hauptvermieters ab; lediglich die Überlassung ist erlaubnispflichtig. Die Parteien des Untermietvertrags können den Vertrag allerdings unter der auflösenden Bedingung der Erlaubniserteilung schließen oder vereinbaren, dass das Zustandekommen des Vertrags von der Erteilung der Erlaubnis abhängen soll (Sonnenschein PiG 23, 167, 173). 3

b) Verhältnis zwischen Mieter und Untermieter. Für den Untermietvertrag gelten die allgemeinen Bestimmungen des Mietrechts. Wird der Untermietvertrag auf längere Zeit als 1 Jahr abgeschlossen, so bedarf er der Schriftform (BGHZ 81, 46 = NJW 1981, 2246). 4

Der **Umfang der Gebrauchsbefugnisse** des Untermieters richtet sich nach den Vereinbarungen im Untermietvertrag. Dabei ist zu beachten, dass der Hauptmieter dem Untermieter nicht mehr Rechte übertragen kann, als ihm selbst gegenüber dem Hauptvermieter zustehen (Schmid ZMR 1998, 567). Werden dem Untermieter gleichwohl weitergehende Rechte eingeräumt, so hat dies auf die Wirksamkeit des Untermietvertrags aber keinen Einfluss. Insbesondere kann der Hauptmieter nicht verlangen, dass der Untermieter auf Rechte aus dem Untermietvertrag verzichtet. Lediglich der Eigentümer kann den Untermieter aus § 1004 BGB in Anspruch nehmen. In diesem Fall kann der Untermieter gegenüber dem Hauptmieter die Rechte aus §§ 536 ff BGB, § 543 Abs. 2 Nr. 1 BGB geltend machen. 5

§ 540 BGB Untertitel 1. Allgemeine Vorschriften für Mietverhältnisse

6   Ist das **Untermietverhältnis als Wohnraummietverhältnis** zu beurteilen, so gelten für den Untermietvertrag die besonderen Schutzvorschriften zugunsten des Wohnungsmieters, und zwar auch dann, wenn das Hauptmietverhältnis ein gewerbliches Mietverhältnis darstellt (z. B. bei gewerblicher Zwischenvermietung). Die Dauer des Untermietvertrags kann bei der Wohnraummiete nicht an den Bestand des Hauptmietverhältnisses geknüpft werden. Eine Vereinbarung, wonach das Untermietverhältnis zusammen mit dem Hauptmietverhältnis enden soll ist zwar wirksam; gleichwohl führt eine solche Regelung entgegen ihrem Wortlaut wegen § 572 Abs. 2 BGB nicht zur Beendigung des Mietverhältnisses (LG Osnabrück WuM 1994, 24 zu § 565a BGB a. F.); s. § 572 BGB Rdn. 10. Zur Frage, ob das Untermietverhältnis wegen der Beendigung des Hauptmietverhältnisses gekündigt werden kann s. § 573 BGB, Rdn. 196.

7   Bei der **Gewerberaummiete** kann vereinbart werden, dass das Untermietverhältnis mit dem Hauptmietverhältnis enden soll, weil § 572 BGB dort nicht gilt.

8   Die **Art und Weise der Rückgabe der Mietsache** richtet sich ebenfalls nach den allgemeinen Vorschriften. Eine Besonderheit gilt hinsichtlich der Beseitigung von baulichen Veränderungen, wenn das Hauptmietverhältnis beendet wird. Hier entfällt die Verpflichtung zur Herstellung des ursprünglichen Zustands, wenn der Hauptvermieter hierauf verzichtet (LG Berlin ZMR 1982, 281).

9   **c) Verhältnis zwischen Hauptvermieter und Untermieter.** Zwischen dem Hauptvermieter und dem Untermieter bestehen keine vertraglichen Beziehungen. Der Untermieter ist auch nicht in den **Schutzbereich des Hauptmietverhältnisses** einbezogen (BGHZ 70, 327 = NJW 1978, 883). Etwas anderes gilt, wenn der Untermieter durch ein Ereignis geschädigt wird, das allein der Hauptvermieter zu vertreten hat (OLG Saarbrücken NJW 1993, 3077).

10 Macht der Untermieter von der Mietsache einen weitergehenden Gebrauch als er dem Hauptmieter zusteht, so hat der Hauptvermieter – falls er Eigentümer ist – **Unterlassungsansprüche nach § 1004 BGB.**

11 Wird das zwischen dem Vermieter und dem Mieter bestehende **Hauptmietverhältnis durch Kündigung oder Anfechtung beendet,** so gehen die vom Mieter (Untervermieter) begründeten Mietverhältnisse nicht auf den Hauptvermieter über. An dieser Rechtsfolge ändert sich nichts, wenn die Parteien des Hauptverhältnisses den Übergang der Untermietverhältnisse vereinbaren. Anders ist es nur, wenn alle Untermieter dem Vertragsübergang zustimmen. Eine solche Zustimmung kann auch konkludent erteilt werden (OLG Düsseldorf GE 2011, 1370).

12 Der Hauptvermieter kann die Räume auch von dem Untermieter herausverlangen (§ 546 Abs. 2 BGB; s. dort). Der Untermieter ist seinerseits verpflichtet, die Nutzung der Sache zu unterlassen, sie dem Hauptvermieter herauszugeben und ihm die Nutzungsmöglichkeit einzuräumen (BGHZ 79, 232). **Räumt der Untermieter nicht freiwillig,** so muss der Hauptvermieter den Untermieter auf Räumung verklagen. Aufgrund eines Titels gegen den Hauptmieter kann der Hauptvermieter nicht gegen den Untermieter vollstrecken (OLG Celle NJW-RR 1988, 913). Der Untermieter von Wohnraum kann sich gegenüber dem Hauptvermieter nicht auf den mietrechtlichen Bestandsschutz berufen. Eine Ausnahme gilt für die gewerbliche Zwischenvermietung (s. § 565 BGB).

13 Gerät der Mieter mit der Zahlung der Miete in Verzug, so hat der **Hauptvermieter keinen Anspruch auf den Untermietzins.** Eine Vereinbarung im Mietvertrag, wonach der Mieter im Falle der Untervermietung den Untermietzins an den Vermieter zur Sicherheit abtritt, ist unwirksam (OLG Hamburg WuM 1999, 278).

Gebrauchsüberlassung an Dritte **BGB § 540**

Nach Beendigung des Hauptmietverhältnisses schuldet der Hauptmieter für die 14
Zeit der Vorenthaltung eine **Nutzungsentschädigung nach § 546a BGB** in
Höhe der bisherigen oder der ortsüblichen Miete. Übersteigt der Untermietzins
diesen Betrag, so kann der Vermieter verlangen, dass der **Mehrerlös** an ihn ausgekehrt wird (**§§ 546 Abs. 1, 292 Abs. 2, 987 Abs. 1, 99 Abs. 3 BGB**). Daneben
kann der Vermieter auch den Untermieter in Anspruch nehmen, wenn dieser von
der Beendigung des Hauptmietverhältnisses Kenntnis hat. Er ist in diesem Fall gem.
§§ 990 Abs. 1, 987 Abs. 1 BGB zur Herausgabe der **Nutzungen** verpflichtet, die
er ab dem Zeitpunkt zieht, zu dem er erfährt, dass er nicht mehr zum Besitz der
Räume berechtigt ist (Eintritt der „Bösgläubigkeit"). Unter den Nutzungen in diesem Sinne ist nicht der vereinbarte Untermietzins, sondern der objektive Mietwert
der untervermieteten Räume zu verstehen (BGH NZM 2014, 582; Pauly ZMR
2015, 836, 837; B. Heilmann NZM 2016, 74, 81). „Bösgläubig" ist der Untermieter, wenn er weiß, dass das Hauptmietverhältnis beendet ist und er vom Eigentümer
zur Räumung aufgefordert wird. Die strikte Anwendung dieser Vorschriften hätte
allerdings zur Folge, dass der Eigentümer vom Hauptmieter eine Nutzungsentschädigung in Höhe der Miete für das gesamte Mietobjekt und vom Untermieter
(zusätzlich) den objektiven Mietwert der untervermieteten Räume verlangen
könnte. Auf diese Weise bekäme der Vermieter im Falle der Vorenthaltung mehr,
als ihm nach dem Hauptmietvertrag zusteht. Da ein solches Ergebnis grob unbillig
wäre räumt der BGH dem Eigentümer ein Wahlrecht ein: **(1)** Der Hauptvermieter
hat die Wahl, ob er den Mieter oder den Untermieter in Anspruch nimmt (BGH
WPM 1968, 1370; OLG Hamburg NJWE-MietR 1997, 228. **(2)** Stattdessen kann
der Eigentümer aber auch beide Nutzer in Anspruch nehmen. In diesem Fall wendet der BGH auf das Verhältnis der beiden Nutzer die Vorschrift des § 421 BGB
analog an (BGH NZM 2014, 582). Danach haften die beiden Nutzer – soweit ihre
Verpflichtungen sich decken – als Gesamtschuldner. Der Eigentümer kann also die
Leistung nach seinem Belieben von jedem der Nutzer ganz oder zu einem Teil fordern. Bis zur Bewirkung der ganzen Leistung bleiben sämtliche Nutzer verpflichtet.
Umgekehrt kann der **Untermieter** nach §§ 994, 996, 1000 BGB **Verwendungsersatzansprüche gegen den Eigentümer** geltend machen. Eine hiervon abweichende Ansicht wird – mit beachtlichen Gründen – von Greiner (ZMR 1998, 403)
vertreten. Danach kann der Eigentümer keinerlei Direktansprüche gegen den Untermieter geltend machen; auch dem Untermieter stehen solche Ansprüche gegen
den Eigentümer nicht zu. Vielmehr ist der Ausgleich ausschließlich in den jeweiligen Vertragsverhältnissen zu suchen.

d) Verhältnis zwischen Hauptvermieter und Mieter nach Beendigung 15
des Hauptmietverhältnisses. Ist das Mietverhältnis beendet, so hat der Mieter
die Mietsache an den Vermieter zurückzugeben (§ 546 Abs. 1 BGB). Zieht der
Mieter nach der Rechtshängigkeit des Herausgabeanspruchs weitere Nutzungen,
so hat er diese an den Vermieter herauszugeben (§§ 292 Abs. 2, 987 Abs. 1 BGB).
Zu den Nutzungen in diesem Sinn zählen auch die Erträge, die ein Mieter aufgrund
der Weiternutzung der Mietsache erzielt. Hat der Mieter die Mietsache mit Erlaubnis des Vermieters untervermietet und ist der Untermietzins höher als die vom Mieter an den Hauptvermieter zu zahlende Miete, so schuldet der Mieter für die Zeit
der Vorenthaltung die Nutzungsentschädigung in Höhe der bisherigen Miete
(§ 546a BGB) sowie nach Rechtshängigkeit des Herausgabeanspruchs die Mehreinnahmen aus der Untervermietung (§§ 292 Abs. 2, 987 Abs. 1 BGB, BGH NZM
2009, 701; Derleder WuM 2011, 551, 556). Hierzu gehören auch eventuelle Son-

Blank/Börstinghaus 459

§ 540 BGB Untertitel 1. Allgemeine Vorschriften für Mietverhältnisse

derzahlungen, die der Untermieter an den Mieter geleistet hat (BGH a. a. O. betr. Entschädigung für eine vorzeitige Vertragsentlassung). Es kommt hierbei nicht darauf an, ob der Hauptvermieter diese Nutzungen bei rechtzeitiger Rückgabe hätte ziehen können.

16   e) **Untervermietung ohne Erlaubnis.** Ein ohne Erlaubnis des Vermieters abgeschlossener Untermietvertrag ist gleichwohl wirksam. Solange der Hauptvermieter nichts gegen die Nutzung der Räume durch den Untermieter unternimmt, muss dieser auch den vollen Mietzins an den Hauptmieter bezahlen. Streitig ist, ob der Hauptvermieter den **Untermietzins** oder einen Teil hiervon **vom Mieter herausverlangen** kann (**bejahend:** V. Emmerich in: Staudinger § 540 BGB Rdn. 31: Bereicherungsausgleich [§ 816 BGB analog]; Probst JR 1997, 24: vertraglicher Anspruch; Theuffel JuS 1997, 24: Anspruch aus § 812 Abs. 1 Satz 1 Alt. 2 BGB; **verneinend:** BGH NJW 1964, 1853; ZMR 1969, 124; NJW 1996, 838; NZM 2009, 701; OLG Düsseldorf ZMR 1994, 215; OLG Celle WuM 1995, 655; Riehm JuS 1998, 672; Mutter MDR 1993, 303; Wolf/Eckert/Ball, Rdn. 1225 ff; Sternel, Rdn. II 265; Bieber in: MünchKomm § 540 BGB Rdn. 22; Palandt/Weidenkaff § 540 BGB Rdn. 14; Lammel Wohnraummietrecht § 553 BGB Rdn. 26; Ehlert in: Bamberger/Roth § 540 BGB Rdn. 21; Hannemann/Wiek Handbuch des Mietrechts § 5 Rdn. 50). Hat der Hauptvermieter die Kündigung ausgesprochen und Räumungsklage erhoben, so gelten nach Eintritt der Rechtshängigkeit die Ausführungen zu Rdn. 15. Fordert der Hauptvermieter den Untermieter mit der Drohung, er werde andernfalls Räumung und Herausgabe der Räume verlangen, zur Mietzahlung an sich selber auf, so kann der Untermieter den Mietzins an den Hauptvermieter entrichten (OLG Hamm RE 26.8.1987 NJW-RR 1987, 1304). Allerdings gilt dies nur dann, wenn das Hauptmietverhältnis beendet ist (OLG Hamburg WuM 1990, 340).

17   f) **Besondere Formen der Untermiete. aa) Zwischenvermietung.** Eine „Zwischenvermietung" liegt vor, wenn der Eigentümer von Wohn- oder Gewerberäumen nicht unmittelbar an die Endnutzer vermietet, sondern einen Dritten – den Zwischenvermieter – einschaltet. Rechtlich ist das zwischen dem Eigentümer und dem Zwischenvermieter bestehende Mietverhältnis als Hauptmietverhältnis zu bewerten, während das Mietverhältnis zwischen dem Zwischenvermieter und dem Endnutzer als Untermietverhältnis anzusehen ist. Für das Hauptmietverhältnis gelten grundsätzlich die Vorschriften über die gewerbliche Miete. Beim Untermietverhältnis kommt es darauf an, ob die Räume vom Zwischenvermieter zu Wohn- oder zu Gewerbezwecken vermietet werden; im erstgenannten Fall gilt Wohnungsmietrecht, im letztgenannten Fall Geschäftsraummietrecht. Wird das Hauptmietverhältnis beendet, so greift bei der Wohnraummiete § 565 BGB, mit der Folge, dass der Hauptvermieter in das Untermietverhältnis eintritt (s. dort). Allerdings setzt diese Vorschrift voraus, dass die Untervermietung mit Genehmigung des Hauptvermieters erfolgt ist („ Soll der Mieter ... weitervermieten"). Fehlt die Genehmigung, so liegt eine unberechtigte Untervermietung vor, so dass der Hauptvermieter den Herausgabeanspruch aus § 985 BGB geltend machen kann. Der Untermieter ist in einem solchen Fall auf Schadensersatzansprüche gegen den Zwischenvermieter beschränkt.

18   Hat der **Zwischenvermieter** die angemieteten Räume entgegen den vertraglichen Vereinbarungen mit dem Hauptvermieter **nicht zu Gewerbezwecken sondern zu Wohnzwecken vermietet,** so liegt ebenfalls eine unberechtigte Untervermietung vor. Die Regelung des § 565 BGB gilt für diese Fälle nicht. Der

Hauptvermieter kann das Hauptmietverhältnis nach § 543 Abs. 2 Nr. 2 BGB kündigen und den Untermieter nach § 546 Abs. 2 BGB auf Herausgabe in Anspruch nehmen (BVerfG GE WuM 1994, 123). Der Zwischenvermieter kann dem Untermieter nicht nach § 573 Abs. 1 BGB kündigen.

bb) Wohngemeinschaft: (umfassend: Staake/von Bressensdorf, Rechtshandbuch Wohngemeinschaften (2019)): In der Praxis sind **zwei Gestaltungsformen** von Bedeutung. **(1)** Alle Mitglieder der Wohngemeinschaft sind Partei des Mietvertrags (s. dazu § 535 BGB Rdn. 253) **(2)** Ein Mitglied der Wohngemeinschaft schließt den Mietvertrag ab. Hierbei wird vereinbart, dass der Mieter das Recht haben soll, weitere Mitglieder in die Räume aufzunehmen. Das zwischen den Bewohnern bestehende Innenverhältnis kann hier als Untermiete (falls den Mitgliedern einzelne Räume zur ausschließlichen Benutzung vermietet werden) oder als BGB-Gesellschaft (falls alle Räume gemeinsam genutzt werden) zu bewerten sein. Von der Ausgestaltung des Hauptmietvertrages hängt es ab, wie viele Untermieter (Gesellschafter) der Hauptmieter in die Wohnung aufnehmen darf. Hat der Hauptvermieter eine generelle Erlaubnis zur Untervermietung (zur Aufnahme beliebiger Gesellschafter) erteilt, so ist eine spätere Mitwirkung des Hauptvermieters beim Bewohnerwechsel weder möglich noch nötig; bei einer personengebundenen Erlaubnis kann der Mieter die bestehenden Untermietverhältnisse zwar ohne Mitwirkung des Hauptvermieters beenden. Die Aufnahme neuer Untermieter (Gesellschafter) ist dagegen von einer Erlaubnis abhängig, auf deren Erteilung der Hauptmieter allerdings regelmäßig einen Anspruch haben wird (§ 553 BGB). Bei Unklarheiten über den Umfang der Genehmigung wird im Zweifel von einer umfassenden, generellen Erlaubnis auszugehen sein. 19

2. Sonstige Formen selbständiger Gebrauchsüberlassung

Eine Überlassung im Sinne von § 540 Abs. 1 S. 1 BGB liegt immer dann vor, wenn der Dritte auf Grund der Vereinbarung mit dem Mieter ein selbständiges Besitzrecht an der Sache erwirbt, dergestalt, dass er die Sache unter Ausschluss des Mieters gebrauchen darf. 20

Hierzu gehört die unentgeltliche Überlassung einer Wohnung an einen Dritten im Wege der **Leihe** (vgl. § 535 BGB Rdn. 4). Hiervon ist die **Gefälligkeit (Gestattung)** zu unterscheiden (zur Abgrenzung eines Mietvertrages von anderen Gebrauchsüberlassungsverträgen: BGH NZM 2017, 729), die gegeben ist, wenn der Vermieter einem Dritten die Benutzung der Wohnung gestattet oder wenn sich ein Dritter im Interesse des Mieters gefälligkeitshalber bereit erklärt, die Wohnung zu benutzen, etwa um sie zu bewachen oder während der Abwesenheit des Mieters zu versorgen. Ebenso kann eine Gefälligkeit angenommen werden, wenn die Bereitstellung des Raums auf aufgrund familiärer Fürsorge (z. B. Anmietung eines Raumes zur Unterbringung der Kinder) beruht. Die Gefälligkeit ist stets rechtlich unverbindlich. Sie unterscheidet sich von der Leihe dadurch, dass der Dritte kein Besitzrecht an der Wohnung erwirbt. Deshalb kann der Mieter den Aufenthalt des Dritten in den Räumen rechtlich ohne weiteres jederzeit beenden. Eine „Überlassung" i. S. von § 540 BGB kann hier nicht angenommen werden. Wesentliches Merkmal der Gefälligkeit ist die Uneigennützigkeit. 21

Für die Annahme einer **Leihe** spricht dagegen, wenn der Besitz der Wohnung für den Dritten von maßgeblicher Bedeutung ist. Die Abgrenzung ist oft schwierig. Eine Leihe liegt vor, wenn Eltern ihren Wohnsitz verlegen, die bisherige 22

§ 540 BGB Untertitel 1. Allgemeine Vorschriften für Mietverhältnisse

Mietwohnung aber beibehalten, hierfür weiterhin die Miete bezahlen und die Wohnung durch ihre Kinder selbständig nutzen lassen (AG Schöneberg GE 1987, 289; **a. A.** AG Darmstadt WuM 1992, 244 für dauernden Umzug der Mieterin in ein Altersheim). Eine Gefälligkeit ist gegeben, wenn ein Mieter eine Reise unternimmt und einen Dritten bittet, sich während dieser Zeit in der Wohnung aufzuhalten, etwa um die Pflanzen und Tiere zu versorgen oder um das Haus zu bewachen (Sternel, Rdn. II 243). Gleiches gilt, wenn der Mieter einen Dritten aus Gründen der Gefälligkeit gestattet, sich während der Mietzeit in der Wohnung aufzuhalten.

23 Ein **Wohnungstausch** mit einem Dritten während der Ferienzeit beruht hingegen i. d. R. auf vertraglicher Grundlage und ist erlaubnispflichtig (im Erg. ebenso Sternel Rdn. II 243). Bei einer längerdauernden Überlassung ist im Einzelfall zu entscheiden, ob Leihe oder Gefälligkeit vorliegt. Bei der Überlassung an einen beliebigen Dritten ist i. d. R. anzunehmen, dass dies auf vertraglicher Grundlage beruht. Bei Überlassung an einen Familienangehörigen spricht die Vermutung dagegen für eine Gefälligkeit (im Ergebnis ebenso: LG Berlin, GE 1986, 39 betr. Überlassung der Wohnung an die Tochter der Mieterin über einen längeren Zeitraum; LG Kiel WuM 1988, 125 betr. Überlassung an die Kinder bei vorübergehendem Aufenthalt der Mieterin in einem Altersheim).

24 Ist das **Mietverhältnis beendet**, so benötigt der Vermieter im Falle der Leihe für die **Zwangsräumung** sowohl einen Titel gegen den Mieter als auch gegenüber dem besitzenden Dritten. Beruht die Überlassung auf einer Gefälligkeit so genügt zur Räumung ein Titel gegen den Mieter. Die Abgrenzung kann schwierig sein. Grundsätzlich muss in jedem Einzelfall geprüft werden, ob der Mieter dem Dritten ein eigenständiges Besitzrecht einräumen wollte. Hinsichtlich der minderjährigen Kinder des Mieters spricht eine tatsächliche Vermutung gegen einen selbständigen Besitz. Zugunsten eines erwachsenen selbständigen Nutzers ist nach der hier vertretenen Meinung dagegen zu vermuten, dass dieser auch Besitzer der Räume ist. Weitere Anhaltspunkte hierfür sind: die Anzeige des Mieters an den Vermieter von der Überlassung der Räume an den Dritten und die Anmeldung des Dritten nach den Meldegesetzen.

25 Vereinbaren zwei Mieter den **Tausch** ihrer Mietwohnungen, so liegt in dem Bezug der jeweiligen Räumlichkeiten eine vertragswidrige Überlassung an einen Dritten.

26 Wird ein **Gewerbebetrieb, eine Arztpraxis oder eine Anwaltskanzlei** in gemieteten Räumen ausgeübt, so liegt in der **Übergabe der Räume an einen Erwerber** des Unternehmens eine vertragswidrige Überlassung, wenn die Übergabe ohne Erlaubnis des Vermieters erfolgt. Dies gilt nicht nur dann, wenn zwischen dem Veräußerer und dem Erwerber des Unternehmens ein Untermietvertrag geschlossen wird, sondern auch im Falle der Abtretung der Mieterrechte (BGH NJW 1970, 556; ebenso OLG München OLGR München 1992, 178 betr. Abtretung von Mieterrechten an eine neugegründete KG, dessen gesetzlicher Vertreter nicht der Mieter ist).

27 Ebenso ist anerkannt, dass eine Gebrauchsüberlassung an einen Dritten auch dann gegeben ist, wenn der Mieter gewerblicher Räume einen **Gesellschafter aufnimmt** und den Gewerbebetrieb nunmehr als Gesellschaft bürgerlichen Rechts weiterführt (BGH ZMR 1959, 8; NZM 2001, 621; V. Emmerich in: Staudinger § 540 BGB Rdn. 50; Kraemer in: Bub/Treier Kap III Rdn. 3017; **a. A.** Sternel, Rdn. I 30 und II 244). Als vertragswidrige Gebrauchsüberlassung ist es außerdem anzusehen, wenn eine BGB-Gesellschaft oder eine Personen-Handelsgesellschaft

Gebrauchsüberlassung an Dritte **BGB § 540**

(OHG, KG) weitere Gesellschafter aufnimmt und diesen den Mietgebrauch einräumt (BGH ZMR 1959, 8). Anders ist es, wenn lediglich die Gesellschaftsform umgewandelt wird, die Gesellschafter aber gleichbleiben (BGH NJW 1955, 1066 betr. Umwandlung einer OHG oder BGB Gesellschaft in eine GmbH). Der Wechsel der Gesellschafter bei einer juristischen Person spielt keine Rolle, weil hier die juristische Person Partei des Mietvertrags ist und bleibt. Gleiches gilt für die Universalrechtsnachfolge; hier wird die Sache nicht einem Dritten überlassen, vielmehr tritt in der Person des Mieters ein Wechsel ein.

3. Einräumung von Mitbesitz

a) Ehegatten, Verwandte, Lebenspartner. Nach heute h. M. gilt § 540 28 Abs. 1 S. 1 BGB grundsätzlich auch dann, wenn der Mieter dritte Personen für längere Zeit in die Wohnung aufnehmen will und zwar dergestalt, dass der Dritte das Recht haben soll, die gesamte Wohnung neben oder zusammen mit dem Mieter zu nutzen (BGH NZM 2004, 22 = WuM 2003, 688; OLG Hamm NJW 1982, 2876; BayObLGZ 1983, 285; GE 1997, 1465; V. Emmerich in: Staudinger § 540 BGB Rdn. 2; Ehlert in: Bamberger/Roth § 540 BGB Rdn. 4; Bieber in: MünchKomm § 540 BGB Rdn. 3; B. Heilmann NZM 2016, 74, 76). Eine Ausnahme hiervon gilt für den Ehegatten des Mieters (BGH NJW 2013, 2507), dessen Kinder und die Stiefkinder (OLG Hamm WuM 1997, 364). Der Lebenspartner i. S. von **§ 1 Abs. 1 LPartG** ist dem Ehegatten gleichgestellt, weil er als Familienangehöriger gilt (§ 11 Abs. 1 LPartG; Lammel Wohnraummietrecht § 535 BGB Rdn. 86; Kinne in: Kinne/Schach/Bieber Miet- und Mietprozessrecht § 540 BGB Rdn. 4; Ehlert in: Bamberger/Roth § 540 BGB Rdn. 5; Palandt/Weidenkaff § 540 BGB Rdn. 5). Die Aufnahme dieses Personenkreises gehört nach allgemeiner Auffassung zum vertragsgemäßen Mietgebrauch; eine Genehmigung des Vermieters hierzu ist nicht erforderlich (OLG Hamm WuM 1997, 364; BayObLG GE 1997, 1463).

Auch **Hausangestellte** und **Pflegepersonen** darf der Mieter ohne Erlaubnis 29 des Vermieters aufnehmen (BayObLG GE 1997, 1463, 1464). Teilweise werden auch die **Enkelkinder** zu dem privilegierten Personenkreis gerechnet (LG Wuppertal MDR 1971, 49; AG Koblenz WuM 1989, 175 AG Wiesbaden ZMR 2012, 368). Bei den **Eltern des Mieters** kommt es nach dem Rechtsentscheid des BayObLG vom 6.10.1997 (NZM 1998, 29) auf die Umstände des Einzelfalls an. Maßgeblich sind Art und Größe der Wohnung, sowie deren Belegung und Eignung für die Aufnahme weiterer Personen. Auch die Gründe und Motive der Aufnahme sind zu berücksichtigen. In der Regel bedarf die Aufnahme der Eltern keiner Erlaubnis, weil es von weiten Teilen der Bevölkerung als angemessen und selbstverständlich angesehen wird, die Eltern in die eigene Wohnung aufzunehmen, wenn hierfür ein Bedarf besteht und der erforderliche Platz vorhanden ist.

Genehmigungspflichtig ist demgegenüber die **Aufnahme sonstiger Verwand-** 30 **ter;** dies gilt nach dem Rechtsentscheid des BayObLG v. 29.11.1983 (WuM 1984, 13) auch für die **Geschwister eines Mieters** (zweifelhaft).

Das Recht zur Aufnahme des Ehegatten und der nahen Verwandten besteht nur, 31 solange der **Mieter die Wohnung noch in eigener Person nutzt.** Die Eigenschaft der Wohnung als Ehewohnung geht erst verloren, wenn die Wohnung endgültig an den Ehegatten überlassen wird, der nicht Partei des Mietvertrags ist (B. Heilmann NZM 2016, 74, 76). Will ein Ehepaar, das die Wohnung nicht gemeinsam gemietet hat, getrennt leben, so gilt die Wohnung allerdings weiterhin als Ehewohnung bis einer der Eheleute seinen Nutzungswillen endgültig aufgibt

§ 540 BGB Untertitel 1. Allgemeine Vorschriften für Mietverhältnisse

(BGH NJW 2013, 2507; NZM 2016, 886). Nach der Regelung in **§ 1361 b Abs. 4 BGB** wird unwiderleglich vermutet, dass der weichende Ehegatte dem in der Ehewohnung verbliebenen Ehegatten das alleinige Nutzungsrecht überlassen hat, wenn er binnen sechs Monaten nach seinem Auszug eine ernstliche Rückkehrabsicht dem anderen Ehegatten gegenüber nicht bekundet. Hier wird in der Literatur die Ansicht vertreten, dass mit dem Eintritt der Vermutungswirkung die Eigenschaft als Ehewohnung verloren geht (Weber-Monecke in MünchKomm § 1361 b Rdn. 25). Der BGH (NZM 2016, 886) teilt diese Ansicht nicht. Danach steht nach sechsmonatlicher Untätigkeit des weichenden Ehegatten lediglich fest, dass dem verbleibenden Ehegatten die Ehewohnung überlassen wurde, mit der weiteren Folge, dass der andere Ehegatte alles zu unterlassen hat, was geeignet ist, die Ausübung dieses Nutzungsrechts zu erschweren oder zu vereiteln (§ 1361 b Abs. 3 BGB). Die Untätigkeit des weichenden Ehegatten bewirkt also nicht, dass die Überlassung auf Dauer fortbesteht, also endgültig ist (AG Wedding GE 2015, 456: Danach liegt keine erlaubnispflichtige Überlassung der Wohnung an einen Dritten vor, wenn die Wohnung von der Mieterin und deren Sohn genutzt wird, die Mieterin sodann die Wohnung verlässt und der Sohn in der Wohnung verbleibt).

32 **Abweichende Vereinbarungen.** Das Recht zur Aufnahme des Ehegatten und der nahen Verwandten kann vertraglich nicht ausgeschlossen werden (BayObLG WuM 1983, 309). Dies gilt auch für Individualvereinbarungen, weil die Befugnis zur Aufnahme dieses Personenkreises durch Art. 6 GG geschützt wird.

33 Allerdings darf durch die Aufnahme der genannten Personen **keine Überbelegung** eintreten. Dies gilt ausnahmslos, ohne dass es auf ein Verschulden des Mieters ankommt. Deshalb ist eine Überbelegung auch dann vertragswidrig, wenn eine ursprünglich vertragsgemäß belegte Wohnung durch die Geburt von Kindern überbelegt wird (BGH WuM 1993, 529). Für die Feststellung der Überbelegung gibt es keine allgemeingültigen Kriterien. In erster Linie ist das Verhältnis der Anzahl der Zimmer und der Größe der Räume zu der Anzahl der Bewohner maßgebend. Als Faustregel kann insoweit gelten, dass keine Überbelegung vorliegt, wenn auf jede erwachsene Person oder auf je zwei Kinder bis zum 13. Lebensjahr ein Raum von jeweils ca. 12 qm entfällt.

34 Die **Rechtsprechung** hat **Überbelegung bejaht,** wenn eine aus acht Personen bestehende Familie eine 3-Zimmer-Wohnung mit 64,30 qm nutzt AG Stuttgart WuM 2012, 150; wenn eine aus Küche, Schlafzimmer, Diele und Bad bestehende Dachwohnung mit einer Größe von 30 qm von 2 Erwachsenen und 3 Kindern im Alter zwischen 7 und 14 Jahren bewohnt wird (BGH WuM 1993, 529); bei der Nutzung einer 70 qm großen 4-Zimmer-Wohnung durch 4 Erwachsene und 3 Kinder (BVerfG GE 1993, 1205); wenn in einer 57 qm großen Wohnung 2 Erwachsene und 6 Kinder untergebracht sind (OLG Hamm NJW 1983, 48); bei der Belegung einer 54 qm großen 2-Zimmer-Wohnung durch 2 Erwachsene und 6 Kinder (OLG Karlsruhe NJW 1987, 1952); wenn der Mieter eines Apartments von 25 qm seine Ehefrau und sein Kleinkind aufnimmt (BayObLG WuM 1983, 309, sehr zweifelhaft); wenn ein Ehepaar eine 26 qm große Wohnung gemietet hat und während der Dauer des Mietverhältnisses 2 Kinder geboren werden (AG München ZMR 2016, 636); bei einer 49 qm großen Wohnung, die von 7 Personen bewohnt wird (LG Mönchengladbach NJW-RR 1991, 1113); bei einer 61 qm großen 3-Zimmer-Wohnung, in der 2 Erwachsene und 7 Kinder leben (AG Duisburg ZMR 1990, 183); bei einer 40 qm großen 1-Zimmer-Wohnung, die von einer 5-köpfigen Familie genutzt wird (AG Neukölln GE 1988, 633).

Dagegen wurde **Überbelegung verneint** bei der Nutzung einer 33 qm großen 35
1-Zimmer-Wohnung durch drei Erwachsene und 1 Kind (LG Darmstadt WuM
1987, 393); bei einer 20 qm großen 2-Zimmer-Wohnung, die von einem Ehepaar
mit einem Kleinkind bewohnt wird (LG Köln WuM 1983, 327); wenn für 7 Personen eine Wohnfläche von 63 qm zur Verfügung steht (LG Berlin WuM 1987, 221);
wenn in einer 5-Zimmer-Wohnung mit 96 qm insgesamt 7 Personen wohnen (LG
Berlin GE 1986, 659); wenn eine 78 m² große Wohnung von 7 Personen benutzt
wird (LG Kempten NJW-RR 1996, 264).

Ist das Mietverhältnis beendet, so benötigt der Vermieter für die **Zwangsräu-** 36
mung einen Räumungstitel gegen alle Personen, die Partei des Mietvertrages sind.
Zur Zwangsräumung des Ehegatten des Mieters ist auch dann ein Räumungstitel
erforderlich, wenn dieser nicht Partei des Mietvertrags ist (Einzelheiten § 535 BGB
Rdn. 237). Gleiches gilt für den Lebenspartner und den nicht-ehelichen Lebensgefährten des Mieters. Die Kinder eines Mieters haben im Allgemeinen keinen
eigenen Besitz. Sie müssen deshalb mit dem Mieter räumen; ein besonderer Räumungstitel ist nicht erforderlich. Allerdings ist stets zu bedenken, dass sich die Besitzverhältnisse nach der Verkehrsanschauung richten. Deshalb wird man beispielsweise einer erwachsenen Frau, die mit ihrer Mutter zusammenlebt, auch dann
eigenständigen Besitz an der Wohnung zusprechen, wenn lediglich die Mutter Partei des Mietvertrages ist. Ähnlich sind die Besitzverhältnisse der sonstigen Verwandten eines Mieters (Eltern, Geschwister, etc.) zu bewerten. Auf die Voll- oder Minderjährigkeit der Verwandten kommt es nicht entscheidend an; allerdings spricht
die Vermutung dafür, dass Minderjährige keinen eigenen Mietbesitz haben.

b) Nichteheliche Lebensgemeinschaft/Partnerschaft. Die Rechtspre- 37
chung und die h. M. im Schrifttum vertreten die Ansicht, dass die Aufnahme eines
Lebensgefährten nicht zum vertragsgemäßen Gebrauch der Mietsache gehöre
(BGH RE 3.10.1984 NJW 1985, 130; NJW 2004, 56 = NZM 2004, 22; OLG
Hamm RE 17.8.1982 NJW 1982, 2876; OLG Hamm RE 23.10.1991 WuM
1991, 668; Kraemer in: Bub/Treier Kap III Rdn. 3018; V. Emmerich in: Staudinger
§ 540 BGB Rdn. 5; Bieber in: MünchKomm § 540 BGB Rdn. 5; Sonnenschein
PiG 23, 167, 176; **a. A.** Sternel, Rdn. II 228; Blank LMK 2004, 1). Dies hat zur
Folge, dass die Aufnahme des Dritten nur dann möglich ist, wenn die Voraussetzungen des § 553 BGB vorliegen. Allerdings werden an das berechtigte Interesse i. S.
von § 553 BGB keine hohen Anforderungen gestellt (s. § 553 BGB).

4. Besucher

Es entspricht allgemeiner Ansicht, dass der Mieter ohne besondere Erlaubnis des 38
Vermieters Besucher empfangen darf. Dies gilt sowohl für die Geschäftsraum- als
auch für die Wohnraummiete. Auf die Anzahl der Besucher und die Häufigkeit der
Besuche kommt es grundsätzlich nicht an. Der Mieter ist auch berechtigt, seinen Besuchern einen Wohnungs- und Hausschlüssel auszuhändigen. Etwas anderes kann
gelten, wenn eine missbräuchliche Benutzung des Schlüssels befürchtet werden muss.

Besucher ist, wer den Mieter aufgrund besonderer persönlicher Beziehungen 39
aufgesucht hat und sich in dessen Wohnung für eine vorübergehende Zeit aufhält,
ohne hierfür ein Entgelt zu entrichten. Die Abgrenzung zwischen den Fällen des
kurzfristigen Besuchs zu den Fällen der längerfristigen Gebrauchsüberlassung kann
im Einzelfall schwierig sein. Eine allgemein anerkannte zeitliche Beschränkung des
Besuchsrechts existiert nicht. Überschreitet jedoch die Benutzungszeit die Dauer

§ 540 BGB Untertitel 1. Allgemeine Vorschriften für Mietverhältnisse

von etwa vier bis sechs Wochen, so wird eine Vermutung dafür sprechen, dass die Aufnahme des Dritten auf Dauer angelegt ist (ähnlich: AG Frankfurt WuM 1995, 396, wonach jedenfalls ein dreimonatiger Aufenthalt i. d. R. nicht mehr als „Besuch" bezeichnet werden kann). Diese Vermutung kann widerlegt werden. Besondere Gegebenheiten (vorübergehende Aufnahme von Verwandten oder Bekannten in einer Notsituation; Besucher mit langem Anreiseweg; Besuch eines Studenten während der Dauer der Semesterferien, etc.) können die Annahme rechtfertigen, dass auch ein mehrmonatiger Aufenthalt noch als Besuch zu bewerten ist. In diesen Fällen darf durch die Aufnahme der Besucher allerdings keine Überbelegung eintreten (s. Rdn. 33). Außerdem muss ein länger dauernder Besuch dem Vermieter angezeigt werden.

40 **Einschränkungen des Besuchsrechts** können sich aus dem Vertragszweck ergeben. Bei der Wohnraummiete ist die Ausübung der **Prostitution** und der damit verbundene Besuch der Kunden vertragswidrig. Auch sonst darf in einer Wohnung **kein Gewerbe mit Kundenbesuch** betrieben werden (LG Berlin GE 1988, 947 betr. Kosmetikbehandlungen und Verkauf von Kosmetikartikeln). Für die Geschäftsraummiete gilt vergleichbares: Ist beispielsweise vereinbart, dass Büroraume zum Betrieb einer Konzertagentur vermietet werden, so ist der mit dem üblichen Agenturbetrieb verbundene Besucherverkehr ohne weiteres gestattet. Eine Überschreitung des Gebrauchszwecks liegt aber dann vor, wenn der Mieter in den Räumen Eintrittskarten verkauft und dadurch bewirkt, dass zahllose Kaufinteressenten die Räume aufsuchen. Befindet sich das Mietobjekt in einem Heim, so können sich Beschränkungen aus dem Heimzweck ergeben.

41 Es ist allein Sache des Mieters, zu bestimmen, wer ihn in seinen Räumen aufsuchen darf. Der Vermieter darf die Besucher nicht am Betreten des Hauses hindern. Hinsichtlich der **gemeinschaftlichen Hausteile** steht dem **Vermieter** zwar das **Hausrecht** zu; in der Ausübung dieses Rechts ist er aber infolge der Vermietung beschränkt. Insoweit muss er gegenüber dem Mieter dulden, dass der Besucher die gemeinschaftlichen Hausteile betritt. Die Duldungspflicht endet, wenn der Besucher die Grenzen dieses Betretungsrechts überschreitet, etwa indem er die gemeinschaftlichen Hausteile beschädigt oder verunreinigt oder indem er in sonstiger Weise den Hausfrieden stört. Der Umstand, dass der Besucher innerhalb der Wohnung des Mieters den Hausfrieden stört, rechtfertigt die Ausübung des Hausrechts durch den Vermieter nicht. Für den **Bereich innerhalb der Wohnung** ist der **Mieter** alleiniger **Hausrechtsinhaber.** Wegen des Hausrechts bei Wohngemeinschaft s. § 535 Rdn. 287

42 Für das **Verhalten seiner Besucher** muss der **Mieter einstehen,** weil diese hinsichtlich der Wahrung des Hausfriedens als seine Erfüllungsgehilfen anzusehen sind; umgekehrt sind die Besucher in den Schutzbereich des Mietverhältnisses einbezogen. Dies gilt allerdings nur, wenn sich die Besucher mit Willen des Mieters in der Wohnung aufhalten, nicht für sonstige Besucher. Darüber hinaus kann dem Mieter ein eigenes Verschulden zur Last fallen. Dieses Verschulden kann auch darin liegen, dass der Mieter bei der Auswahl seiner Besucher die erforderliche Sorgfalt außer Acht gelassen hat: Der Mieter darf nämlich solchen Personen den Aufenthalt nicht gestatten, von denen er weiß, dass sie störenden Lärm verursachen, die Nachbarn belästigen oder vermietereigene Gegenstände beschädigen. Ein Verschulden kann außerdem darin liegen, dass es der Mieter unterlässt, gegen einen störenden Besucher einzuschreiten.

43 Der Vermieter kann nach § 541 BGB verlangen, dass der Mieter **störenden Besuchern** das Betreten der Räume in Zukunft untersagt. Verstößt der Mieter gegen

dieses Verbot und kommt es deshalb zu erneuten Störungen des Hausfriedens durch die Besucher, so kann der Kündigungstatbestand der §§ 543 Abs. 1, 569 Abs. 2 BGB gegeben sein. Darüber hinaus kann der Vermieter nach § 569 Abs. 2 BGB kündigen, wenn die Besucher den Hausfrieden stören und wenn auch die weiteren Tatbestandsmerkmale des § 569 Abs. 2 BGB erfüllt sind.

Bei der Wohnraummiete verstoßen **vertragliche Beschränkungen des Besuchsrechts** grundsätzlich gegen § 138 Abs. 1 BGB (Sternel, Rdn. II 232). Als sittenwidrig gilt auch die in manchen (älteren) Mietvertragsformularen enthaltene Klausel, wonach der Mieter/die Mieterin nicht berechtigt sein soll, Damen-/Herrenbesuche zu empfangen. Dies gilt auch dann, wenn der Mietpreis besonders niedrig festgesetzt worden ist (AG Tübingen WuM 1979, 77). Sittenwidrig ist außerdem eine Vereinbarung, wonach der Mieter auf den Besuch bestimmter Verwandter verzichten muss (LG Hagen WuM 1992, 430) oder wonach der Mieter/die Mieterin keine Ausländer empfangen darf (AG Nürnberg WuM 1984, 295). Eine Ausnahme von diesen Grundsätzen gilt bei Mietverhältnissen über Räume, die Teil eines Wohnheimes sind. Hier kann sich aus dem Heimzweck die Zulässigkeit eines Besuchsverbots oder einer Besuchsbeschränkung ergeben. Außerdem ist eine individualvertragliche Regelung zulässig, wenn dies wegen der besonderen Interessen des Vermieters angezeigt ist, was insbesondere bei Mietverhältnissen über Räume, die innerhalb der Vermieterwohnung liegen, der Fall sein kann.

44

5. Besitzdiener

Besitzdiener sind nach der Legaldefinition in § 855 BGB solche Personen, die von den Weisungen des Besitzers abhängig sind und für diesen die tatsächliche Gewalt über die Sache ausüben. Besitzdiener darf der Mieter ohne Genehmigung des Vermieters in die Wohnung aufnehmen; der Mieter muss die Aufnahme lediglich anzeigen. Zu den Besitzdienern gehören die **Angestellten** eines Geschäftsraummieters sowie das **Hauspersonal** des Wohnungsmieters. Hierzu zählt auch das **Pflegepersonal** eines pflegebedürftigen Mieters, wobei es nicht darauf ankommt, ob der Mieter zugleich Arbeitgeber der Pflegeperson ist. Maßgeblich ist nur, dass die betreffenden Personen keinen eigenen Besitz an den Räumen haben.

45

III. Die Erlaubnis

1. Gesetzliche Regelung

a) Grundsätzliches. Der in § 540 Abs. 1 S. 1 BGB ausgesprochene Grundsatz, wonach die Überlassung der Sache an einen Dritten nur mit Erlaubnis des Vermieters zulässig ist, gilt für alle Mietverhältnisse. Bei der Erlaubnis im Sinne von § 540 BGB handelt es sich nicht um eine Zustimmung zum Untermietvertrag; die §§ 182 bis 184 BGB sind deshalb nicht unmittelbar anwendbar. Die Erteilung der Erlaubnis hat zur Folge, dass das vertragliche Recht des Mieters zum Gebrauch der Mietsache erweitert wird (LG München I ZMR 2016, 451). Die Gebrauchsüberlassung ist bei erteilter Erlaubnis nicht vertragswidrig, sondern vertragsgemäß (BGHZ 59, 3 = NJW 1972, 1267). Dies hat zur Folge, dass sich auch der Dritte gegenüber dem Herausgabeanspruch des Eigentümers aus § 985 BGB auf ein Recht zum Besitz berufen kann.

46

§ 540 BGB Untertitel 1. Allgemeine Vorschriften für Mietverhältnisse

47   Die **Erlaubnis** ist eine einseitige empfangsbedürftige Willenserklärung (BGH a. a. O.). Sie kann gegenüber dem Mieter aber auch – analog § 182 BGB – gegenüber dem Dritten erklärt werden. Die Erlaubnis bedarf keiner **Form**. Auch eine stillschweigende Erteilung der Erlaubnis ist möglich, was insbesondere dann angenommen werden kann, wenn der Hauptvermieter eine Gebrauchsüberlassung längere Zeit unbeanstandet hingenommen hat (LG Frankfurt DWW 1992, 84 bei 18-monatiger Mietdauer; LG Hamburg WuM 1977, 184 bei jahrelanger Duldung. Streitig ist, ob **Schriftform** (§ 550 BGB) erforderlich ist, wenn der Hauptvertrag für eine längere Zeit als 1 Jahr abgeschlossen wurde (Bejahend: Sonnenschein PiG 23, 167, 173; verneinend: OLG Köln Urteil vom 18.9.2015 – 1 U 28/15; LG Kiel WuM 1994, 610; V. Emmerich in: Staudinger § 540 BGB Rdn. 12; Sternel Rdn. II 245; Ehlert in: Bamberger/Roth § 540 BGB Rdn. 9; Weißker in: Hannemann/ Wiegner, MAH Wohnraummietrecht § 15 Rdn. 12). Der BGH hat die Rechtsfrage in dem Urteil vom 23.1.2013 (NJW 2013, 1082) offengelassen. Nach der hier vertretenen Ansicht ist zu unterscheiden: Wird dem Mieter entgegen der gesetzlichen Regelung in § 540 BGB oder entgegen einem vertraglichen Verbot der Untervermietung eine generelle Untermieterlaubnis erteilt, so liegt hierin eine vertragsändernde Vereinbarung, die nach § 550 BGB der Schriftform bedarf. Anders ist es, wenn sich die Untermieterlaubnis nur auf einen konkreten Einzelfall bezieht. Solche Erklärungen sind formlos wirksam.

48   **b) Kein Anspruch auf Erlaubnis.** Einen gesetzlichen Anspruch auf Erteilung der Erlaubnis hat der Mieter nicht. Die für die Wohnraummiete geltende Ausnahmevorschrift in § 553 BGB betrifft nur die sog. „ Abvermietung „, also die Überlassung eines Teils der Mietsache an einen Dritten. Darüber hinaus wird die Vorschrift angewandt, wenn der Mieter dem Dritten unselbständigen Mietgebrauch an der gesamten Wohnung einräumen will. Auf die Erteilung einer Erlaubnis zur Überlassung der gesamten Mietsache an einen Dritten zum selbständigen Gebrauch hat auch der Wohnraummieter keinen Anspruch. Dies hat zur Folge, dass der Vermieter ohne weiteres berechtigt ist, einen vom Mieter benannten Untermieter, der die Sache anstelle des Mieters nutzen soll, abzulehnen. Der Mieter kann in einem solchen Fall keine Schadensersatzansprüche geltend machen (OLG Düsseldorf WuM 1993, 399); er kann lediglich kündigen, falls nicht der Ausnahmetatbestand des § 540 Abs. 1 S. 2 BGB letzter Satzteil eingreift. In eng begrenzten Ausnahmefällen ist ein allerdings ein Anspruch auf Erteilung der Erlaubnis aus § 242 BGB denkbar (vgl. OLG Hamm NJWE-MietR 1996, 107). Voraussetzung ist, dass der Mieter weiterhin die Sachherrschaft über die Mietsache behält und dem Vermieter durch die Aufnahme des Dritten keine Nachteile entstehen (B. Heilmann NZM 2016, 74, 77).

49   Hat ein Vermieter eine Untervermietung gestattet, obwohl er hierzu nach dem Mietvertrag nicht verpflichtet war, so ist er nicht gehalten, auch weitere Untervermietungen gleicher Art zu erlauben. Eine **Untermieterlaubnis** bezieht sich **nur auf das jeweils in Frage stehende Untermietverhältnis** (OLG Düsseldorf WuM 2003, 136).

50   **c) Formelle Voraussetzungen.** Der Anspruch auf Erteilung der Erlaubnis setzt zunächst voraus, dass der Mieter die **Person des Untermieters** namentlich benennt, damit der Vermieter prüfen kann, ob der Erteilung der Erlaubnis personenbezogene Gründe entgegenstehen. Weiterhin ist der Mieter verpflichtet, über die berufliche oder sonstige Tätigkeit des Dritten Auskunft zu geben (BGH RE 3.10.1984 zu § 549 Abs. 2 BGB a. F. BGHZ 92, 213 = NJW 1985, 130; WuM

1985, 7; LG Hamburg NJW-RR 1992, 13). Außerdem muss der Mieter die **Gründe der Untervermietung** darlegen. Auch die geplanten **Mietbedingungen** müssen regelmäßig offengelegt werden. Dies gilt insbesondere bei der Gewerbemiete. Der Vermieter wird nämlich in aller Regel ein Interesse daran haben, dass das Objekt wirtschaftlich betrieben wird, dass die Inhaber von Ladenräumen oder Gaststätten nicht ständig wechseln und dass die Mietsache nicht ständig leersteht (vgl. BGH NJW 2007, 288 für den Fall, dass der Hauptmieter eine Betriebspflicht übernommen hat; OLG Hamm NJWE-MietR 1996, 107).

d) Erteilung der Erlaubnis. Wird die Erlaubnis erteilt, so darf der Mieter mit der Sache entsprechend dem Inhalt der Erlaubnis verfahren. Der Untermieter erwirbt aus der Erlaubnis weder Ansprüche gegen den Hauptvermieter noch gegen den Mieter. Im Zweifel ist die Erlaubnis dahingehend auszulegen, dass ein Dritter die Sache in derselben Art und Weise wie zuvor der Mieter nutzen darf; soll zugleich der Vertragszweck geändert werden, so bedarf dies einer ausdrücklichen Regelung (ähnl. Lützenkirchen in: Lützenkirchen, Mietrecht § 540 BGB Rdn. 13). Soll die Wohnung vom Untermieter zu gewerblichen Zwecken genutzt werden, so liegt hierin eine Vertragsänderung, die einer besonderen Vereinbarung bedarf. Gleiches gilt, wenn der Mieter – wie im Entscheidungsfall – die Räume wie ein gewerblicher Zimmervermieter nutzen will (BGH NJW 2014, 622 betr. tageweise Vermietung einer 2-Zimmer-Wohnung an Berlin-Touristen). Diese Art der Nutzung ist vom Vertragszweck der Nutzung als Wohnraum nicht mehr umfasst (vgl. Art. 6 § 1 MietRVerbG 1971: Verbot der Zweckentfremdung von Wohnraum). 51

Die **Erlaubnis** ist **personen- und objektbezogen.** Sie gilt grundsätzlich nur für den Einzelfall. Will der Mieter nach Beendigung eines Untermietverhältnisses die Sache einem anderen Untermieter überlassen, so muss eine erneute Erlaubnis eingeholt werden. Gleiches gilt, wenn der Wechsel des Untermieters auf andere Art und Weise – etwa im Wege des Mieterwechsels herbeigeführt wird. Der Abschluss eines Anschlussuntermietvertrags mit demselben Untermieter ist erlaubnisfrei. 51a

Will der Mieter dem Untermieter ein Recht zur weiteren Untervermietung einräumen **(Unter-Unter-Miete),** so bedarf dies einer ausdrücklichen Vereinbarung zwischen dem Hauptvermieter und dem Mieter. Im Zweifel ist der Mieter auf Grund der Untermieterlaubnis nicht berechtigt, seinem Mieter die Weitervermietung zu gestatten (OLG Hamm NJW-RR 1992, 783). Will der Untermieter die Sache weitervermieten, so bedarf er seinerseits der Erlaubnis durch den Mieter. Nach dem Gesetzeszweck muss der Untermieter außerdem die Erlaubnis des Hauptvermieters einholen, weil nur so sichergestellt ist, dass die Mietsache nicht in falsche Hände gelangt (Sonnenschein PiG 23, 167, 187). 52

Die Erlaubnis kann auch **befristet** werden. In diesem Fall muss der Mieter durch eine entsprechende Ausgestaltung des Untermietvertrags dafür sorgen, dass er die Gebrauchsüberlassung nach Ablauf der Befristung beenden kann. Hiervon ist beispielsweise auszugehen, wenn der Mieter ein Zimmer einem Wohnungssuchenden überlassen will, bis dieser eine eigene Wohnung gefunden hat. Eine zu diesem Zweck erteilte Erlaubnis ist dahingehend auszulegen, dass sie nur für die Zeit der Wohnungssuche gilt; hierfür ist ein Zeitraum von einem Jahr ausreichend (LG Berlin DWW 2015, 217). Wird die Gebrauchsüberlassung trotz Ablauf der Befristung fortgesetzt, so liegt ein vertragswidriger Gebrauch vor, weil die durch die Erteilung der Erlaubnis vereinbarte Erweiterung des Gebrauchsrechts nicht mehr besteht (LG Berlin DWW 2015, 217; **a. A.** LG Stuttgart WuM 1992, 122). Dies hat zur Folge, 53

§ 540 BGB Untertitel 1. Allgemeine Vorschriften für Mietverhältnisse

dass der Vermieter Unterlassungsklage erheben – ggf. auch kündigen – kann, wenn die weiteren Voraussetzungen des § 541 BGB – bei Kündigung des § 543 Abs. 2 Nr. 2 BGB – vorliegen.

54   **e) Widerruf der Erlaubnis.** Nach h. M. kann die Untermieterlaubnis aus wichtigem Grund widerrufen werden (BGHZ 89, 308 = NJW 1984, 1031; LG München I ZMR 2016, 451; V. Emmerich in: Staudinger § 540 BGB Rdn. 14; Palandt/Weidenkaff § 540 BGB Rdn. 9; Ehlert in: Bamberger/Roth § 540 BGB Rdn. 12; Bieber in: MünchKomm § 540 BGB Rdn. 17; B. Heilmann NZM 2016, 74, 78; **a. A.** Lammel, Wohnraummietrecht § 540 BGB Rdn. 21). Ein **wichtiger Grund** liegt vor, wenn nach Vertragsschluss Umstände eintreten, auf Grund derer der Vermieter zur Kündigung des Hauptmietverhältnisses berechtigt wäre (BGH a. a. O.). In Betracht kommen insbesondere ein störendes Verhalten des Untermieters, aber auch sonstige Umstände, die die Fortdauer des Untermietverhältnisses als für den Hauptvermieter unzumutbar erscheinen lassen (vgl. BGH a. a. O.: wenn Räume zum Betrieb einer Damenmode-Boutique vermietet worden sind und der Untermieter dort einen „Sex-Shop" betreibt). Es kommen ähnliche Sachverhalte in Betracht, die zu einer Kündigung aus wichtigem Grund berechtigen.

55   Eine **Formularklausel,** wonach die Erlaubnis jederzeit widerrufen werden kann (**uneingeschränkter Widerrufsvorbehalt**) verstößt gegen § 307 Abs. 2 Nr. 1 BGB (BGH NJW 1987, 1692). Wirksam ist eine Formularklausel, nach der ein Widerruf der Erlaubnis aus wichtigem Grund möglich ist; eine solche Klausel steht im Einklang mit der gesetzlichen Rechtslage. Ein **individualvertraglich** vereinbarter Widerrufsvorbehalt ist möglich.

56   Der **Widerruf** ist wie die Erlaubnis selbst eine **einseitige empfangsbedürftige Willenserklärung,** die wirksam wird, wenn sie dem Mieter zugeht. Gegenüber dem Untermieter kann der Widerruf nicht erklärt werden. Wird der Widerruf auf das Verhalten des Untermieters gestützt, so muss der Erklärung eine **Abmahnung** vorausgehen, damit der Mieter Gelegenheit erhält, den Widerruf durch geeignete Maßnahmen abzuwenden (§§ 541, 543 Abs. 3 BGB analog).

57   Der **Widerruf** ist grundsätzlich **formlos** möglich. Er bedarf keiner Begründung. Auf Verlangen des Mieters muss der Vermieter jedoch die **Gründe des Widerrufs** mitteilen, damit sich der Mieter sachgerecht verteidigen kann. Eine Unterlassung der Mitteilung hat zwar auf die Wirksamkeit des Widerrufs keinen Einfluss; der Vermieter muss aber Kostennachteile in Kauf nehmen, wenn er im Prozess auf Grund von Umständen obsiegt, die er vorgerichtlich nicht offenbart hat (§ 93 ZPO). Mit dem Zugang des Widerrufs wird die Gebrauchsüberlassung nicht ohne weiteres vertragswidrig. Vielmehr muss dem Mieter eine angemessene Frist zur Beendigung der Gebrauchsüberlassung eingeräumt werden. Grundsätzlich ist dies derjenige Zeitraum, den der Mieter braucht, um ein Untermietverhältnis wirksam zu beenden.

58   **f) Versagung der Erlaubnis.** Die Erlaubnis gilt als versagt, wenn der Vermieter dies ausdrücklich erklärt oder wenn er sich auf die Anfrage des Mieters nicht äußert. **Eine Erteilung der Erlaubnis unter einer Einschränkung oder Modifikation** ist nach den Grundsätzen über das Zustandekommen von Verträgen zu beurteilen. Wird beispielsweise die Erlaubnis zur Untervermietung beantragt und erteilt der Vermieter die Erlaubnis unter der „Bedingung", dass der Mieter einen Untermietzuschlag bezahlt, so gilt die Erlaubnis als verweigert, wenn die Höhe des Zuschlags nicht festgestellt werden kann. Wird vom Vermieter dagegen ein konkreter Zuschlag genannt, so steht es dem Mieter frei, gegen Zahlung des Zuschlags

unterzuvermieten. Verfährt der Mieter entsprechend dem Inhalt der Erlaubnis, so wird der Mietvertrag abgeändert: der Mieter darf untervermieten; er ist aber auch verpflichtet, den in der Erlaubnis genannten Zuschlag zu bezahlen. Zur Wirksamkeit der Erklärung, durch die eine Untervermietung abgelehnt wird, ist die Angabe von Gründen nicht erforderlich. Da von den Gründen der Versagung aber das Kündigungsrecht des Mieters abhängt, ist der Vermieter verpflichtet, dem Mieter auf Anfrage die Gründe mitzuteilen. Eine unterlassene Mitteilung kann Kostennachteile für den Vermieter zur Folge haben.

g) Überlassung der Mietsache ohne Erlaubnis. Der Untermietvertrag ist auch dann wirksam, wenn der Vermieter hierzu keine Erlaubnis erteilt hat. Jedoch kann der Untermietvertrag unter der aufschiebenden Bedingung der Erlaubniserteilung geschlossen werden. In diesem Fall wird der Untermietvertrag erst nach Erteilung der Erlaubnis wirksam. **58a**

Die unbefugte Überlassung der Mietsache an einen Dritten ist als Vertragsverletzung nach § 543 Abs. 2 Nr. 2 BGB zu bewerten, die den Vermieter zur Kündigung berechtigt (Einzelheiten s. § 543 BGB Rdn. 117 ff). Im Falle der Beendigung des Untermietvertrags muss der Untermieter die Mietsache an den Untervermieter herausgeben. Der Hauptvermieter kann bei bestehendem Hauptmietvertrag nur Herausgabe an den Untervermieter verlangen. Ist dagegen nicht nur der Untermietvertrag, sondern auch der Hauptmietvertrag beendet, so ist der Untermieter sowohl gegenüber dem Untervermieter als auch gegenüber dem Hauptvermieter gem. § 546 Abs. 1 und 2 BGB zur Herausgabe verpflichtet. Mit der Herausgabe an den Hauptvermieter wird der Untermieter dem Untervermieter frei (OLG München ZMR 2019, 269 zur Unterpacht). **58b**

Hat der Untervermieter die Mietsache dem Untermieter übergeben, obwohl der unter der aufschiebenden Bedingung der Erlaubniserteilung geschlossene Vertrag mangels Erteilung der Erlaubnis nicht zustande gekommen ist, so kann der Untervermieter den Untermieter nach den Grundsätzen einer unberechtigten Bereicherung (§ 812 BGB) auf Herausgabe in Anspruch nehmen. Dieser Anspruch wird durch die Herausgabe an den Hauptvermieter nicht erfüllt. Jedoch erlischt der Bereicherungsanspruch des Untervermieters in diesem Fall gem. § 275 BGB wegen Unmöglichkeit. Ein Räumungsanspruch steht dem Untervermieter nicht zu (OLG München ZMR 2019, 269 zur Unterpacht). **58c**

2. Vertragsklauseln

a) generelle Erlaubnis. Ist im Mietvertrag vereinbart, dass der Mieter das Recht zur Untervermietung hat (generelle Erlaubnis), so kann der **Mieter** nach **freiem Ermessen** untervermieten. **Ermessensschranken:** Das Ermessen hinsichtlich der Auswahl des Untermieters und der Art und Weise der Untervermietung wird allerdings durch den Vertragszweck, durch gewisse vertragsimmanente Schranken und durch § 242 BGB begrenzt. Der Mieter ist insbesondere gehalten, die beim Vertragsschluss bekannten Interessen des Vermieters zu berücksichtigen (OLG Hamm NJW 1992, 916). **59**

Ist **Wohnraum** vermietet, so dürfen die Räume im Zweifel nicht als Geschäftsraum untervermietet werden. Unter Umständen kann sich ergeben, dass lediglich eine generelle Erlaubnis zur Abvermietung vereinbart worden ist; in diesem Fall ist der Mieter nicht berechtigt, die Wohnung insgesamt einem Dritten zu überlassen (LG Berlin GE 1993, 267). Bei der Auswahl des Dritten, sowie bei der Ausgestal- **60** tung des Untermietvertrags muss der Mieter diejenigen Grenzen des Vertragszwecks beachten, die ihm selbst obliegen (z. B. keine Vermietung zum Zwecke der Ausübung der Prostitution).

61 Bei der **Vermietung von Geschäftsraum** gelten vergleichbare Grundsätze (vgl. OLG Hamm a. a. O.: ist ein Hotel nebst Gaststätte verpachtet und vereinbart, dass der Pächter „uneingeschränkt" zur Unterverpachtung berechtigt sein soll, so darf das Objekt jedenfalls dann nicht zur Nutzung als Asylantenwohnheim unterverpachtet werden, wenn der Hauptverpächter selbst in dem Gebäude wohnt; BGH NZM 2019, 143: Wohnen in Anwaltskanzlei). Im Zweifel muss der Mieter bei der Auswahl des Untermieters auch auf Konkurrenzschutzvereinbarungen Rücksicht nehmen, die der Vermieter mit anderen Mietern getroffen hat (LG Oldenburg NJW-RR 1989, 81). Da das Gebot wechselseitiger Rücksichtnahme zu den mietvertraglichen Nebenpflichten gehört, ist der Mieter grundsätzlich auch verpflichtet, vor der Untervermietung mit dem Hauptvermieter Rücksprache zu nehmen (LG Oldenburg a. a. O.). Für den Widerruf der Erlaubnis gelten die unter Rdn. 54 dargelegten Grundsätze.

62 **b) Verbot mit Erlaubnisvorbehalt.** Eine Klausel, wonach die Gebrauchsüberlassung an Dritte nur mit Erlaubnis des Vermieters gestattet ist, wird unterschiedlich ausgelegt. Nach einer Meinung kann der Vermieter die Erlaubnis nach **freiem,** nur durch § 242 BGB begrenztem **Ermessen** versagen (BGH NJW 1982, 376). Nach der Gegenansicht soll der Vermieter die Entscheidung auf Grund einer **Interessenabwägung** treffen. Die Erlaubnis muss nach dieser Ansicht erteilt werden, wenn der Mieter ein berechtigtes Interesse an der Untervermietung hat und dem Vermieter hierdurch keine Nachteile entstehen (OLG Hamburg WuM 1993, 737: berechtigtes Interesse bejaht, wenn der Mieter von Räumen zum Betrieb einer psychotherapeutischen Praxis einen Dritten aufnehmen will, um hierdurch seine Raumkosten zu verringern). Nach beiden Rechtsmeinungen kann die Erlaubnis versagt werden, wenn durch die Untervermietung eine Änderung des vertraglich festgelegten Nutzungszwecks verbunden ist (LG Nürnberg WuM 1991, 344) oder wenn der Vermieter eine zugunsten eines anderen Mieters bestehende Konkurrenzschutzklausel beachten muss (BGH NJW 1982, 376). Der Vermieter ist bei der Vereinbarung eines Untermietverbots mit Erlaubnisvorbehalt auch nicht verpflichtet, den Mieter beim Vertragsschluss auf bestehende Mietverträge mit Konkurrenzschutzklauseln hinzuweisen (BGH a. a. O.).

63 Eine Interessenabwägung über die Erteilung der Erlaubnis ist nur möglich, wenn der **Mieter** die **Person des Untermieters namentlich benennt** und die zur Beurteilung der Zuverlässigkeit und Bonität erforderlichen Daten offenlegt. Die Ausführungen zu Rdn. 59 gelten hier sinngemäß.

64 **c) Erlaubnis mit Verbotsvorbehalt.** Ist vereinbart, dass der Vermieter die Untermieterlaubnis aus schwerwiegenden (oder wichtigem) Grund versagen darf, so ist der Mieter grundsätzlich zur Untervermietung berechtigt. Der Vermieter kann die Erlaubnis nur versagen, wenn er hierfür gewichtige Gründe geltend machen kann. Die Verweigerung der Zustimmung ohne wichtigen Grund ist als Pflichtverletzung zu bewerten (OLG Düsseldorf GE 2011, 336). Ob ein solcher Grund vorliegt ist unter Berücksichtigung der Umstände des Einzelfalls zu prüfen. Ein solcher Grund kann sich insbesondere aus der Person des Untermieters oder daraus ergeben, dass mit der Untervermietung eine Änderung des Vertragszwecks verbunden ist. Die Vermögenslosigkeit des Mieters rechtfertigt die Versagung der Untermieterlaubnis nicht. Diese Grundsätze gelten auch für die Erlaubnis zur Un-

ter-Unter-Vermietung (OLG Dresden ZMR 2016, 24). Der Mieter ist verpflichtet, den Vermieter über die Person des Untermieters und die Bedingungen des Untermietvertrags zu informieren, damit der Vermieter prüfen kann, ob ein wichtiger Grund zur Versagung der Untermieterlaubnis vorliegt. Die Ausführungen zu Rdn. 59, 87 gelten auch hier.

d) Anspruch auf Erlaubnis. Haben die Parteien vereinbart, dass der Vermieter 65 die Erlaubnis erteilen muss, wenn bestimmte Voraussetzungen gegeben sind, so ist der Vermieter in seinem Ermessen gebunden. Der Mieter muss gegenüber dem Vermieter darlegen, dass die vereinbarten Voraussetzungen vorliegen. Wird in einem solchen Fall die Erlaubnis an Bedingungen geknüpft, die im Mietvertrag nicht vorgesehen sind, so handelt der Vermieter vertragswidrig (BGHZ 59, 3 = NJW 1972, 1267). Der Mieter kann die Erlaubnis im Klageweg durchsetzen. Das rechtskräftige Urteil ersetzt nach § 894 ZPO die Erklärung. Stattdessen kann der Mieter auch nach § 543 Abs. 2 Nr. 1 BGB fristlos kündigen.

Ist vereinbart, dass der Mieter im Falle der Erteilung der Erlaubnis einen 66 „**Untermietzuschlag**" in einer bestimmten Höhe zu bezahlen hat, so entsteht der Anspruch des Vermieters auf den höheren Mietzins mit der Erlaubniserteilung. Etwas anderes gilt, wenn sich die Höhe des Zuschlags nicht aus dem Vertrag ergibt. In einem solchen Fall hat der Vermieter lediglich einen Anspruch auf Zustimmung zu einer angemessenen Mieterhöhung, der im Wege der Zustimmungsklage geltend gemacht werden muss. Dieselbe Rechtsfolge tritt ein, wenn die Mieterhöhung nach dem Wortlaut der Klausel von einer Vereinbarung der Parteien hierüber abhängen soll (BGH ZMR 1996, 189).

e) Ausschluss der Untervermietung. Für die Wohnraummiete gilt § 553 67 Abs. 3 BGB (s. dort). Bei der Gewerbemiete kann das Recht zur Untervermietung durch Individualvertrag ausgeschlossen werden. Ein formularvertraglicher Ausschluss ist bei Mietverhältnissen auf unbestimmte Zeit wirksam; bei befristeten Mietverhältnissen verstößt der Ausschluss gegen § 307 BGB (LG Bonn NZM 2003, 397; Kandelhard BB 1995, 2596; Frangou BB 1996, 1463; **a. A.** Seyfarth NZM 2002, 200, 202; Heintzmann NJW 1994, 1177; Palandt/Weidenkaff § 540 BGB Rdn. 2).

f) Sonstige Regelungen. In einem Formularmietvertrag kann nicht wirksam 68 vereinbart werden, dass eine Untermieterlaubnis nur wirksam ist, wenn sie **schriftlich** erteilt wird (BGH NJW 1991, 1750; OLG Hamm NJW 1993, 826; OLG Frankfurt WuM 1992, 56; **a. A.** OLG Celle WuM 1990, 103). Diese Rechtsprechung hat zur Folge, dass sich der Mieter in jedem Fall auch auf eine mündlich erteilte Erlaubnis berufen kann. Eine Klausel, wonach der Mieter dem Vermieter für den Fall der Untervermietung den Untermietzins zur **Sicherheit** abtritt, verstößt gegen § 307 BGB, weil die Dispositionsmöglichkeit des Mieters über den Untermietzins stark eingeschränkt wird, ohne dass dies durch ein Sicherungsbedürfnis des Vermieters gerechtfertigt wäre (OLG Celle WuM 1990, 103). Bei der Wohnraummiete kann eine solche Klausel außerdem gegen § 551 BGB verstoßen. Bei der Gewerbemiete kann vereinbart werden, dass der Vermieter die Erlaubnis zur Untervermietung auch dann versagen darf, wenn hierdurch seine geschäftlichen Interessen beeinträchtigt werden. Liegt ein derartiger Versagungsgrund vor, so kann der Mieter das Mietverhältnis nicht wegen der Verweigerung der Erlaubnis kündigen (OLG Düsseldorf NZM 2005, 421).

IV. Kündigungsrecht des Mieters bei Verweigerung der Erlaubnis

1. Voraussetzungen des Kündigungsrechts

69 Verweigert der Vermieter die Erlaubnis, so kann der Mieter kündigen, wenn nicht in der Person des Dritten ein wichtiger Grund vorliegt (§ 540 Abs. 1 S. 2 BGB). Das Kündigungsrecht gilt für Wohn- und Geschäftsräume, nicht aber für die Pacht (§ 584a Abs. 1 BGB). Nach einer teilweise vertretenen Ansicht ist das Sonderkündigungsrecht ausgeschlossen, wenn das Recht zur Untervermietung generell abbedungen wurde (Seyfarth NZM 2002, 200, 201). Nach der hier vertretenen Ansicht setzt die Vorschrift des § 540 Abs. 1 Satz 2 dagegen weder voraus, dass der Mieter einen vertraglichen oder gesetzlichen Anspruch auf Erteilung einer Untermieterlaubnis hat, noch wird das Sonderkündigungsrecht durch ein generelles Untermietverbot tangiert. Vielmehr hat § 540 Abs. 1 S. 2 BGB gerade dann eine eigenständige Bedeutung, wenn ein Recht zur Untervermietung nicht besteht, der Mieter aber eine langfristig gemietete Sache nicht mehr benötigt. In diesem Fall soll er berechtigt sein, das Mietverhältnis zu kündigen, wenn ihm die Erlaubnis zur Untervermietung der gesamten Sache nicht erteilt wird.

70 Dies gilt für gleichermaßen für die Geschäfts- und die Wohnraummiete. Deshalb kann auch der **Wohnraummieter** kündigen, wenn er die Absicht hat, die Mietsache als Ganzes zu vermieten und der Vermieter die dazu erforderliche Erlaubnis verweigert (BGH NZM 2010, 120 = WuM 2010, 30 = ZMR 2010, 281).

71 Das Kündigungsrecht kann **individualvertraglich ausgeschlossen** werden (Sonnenschein PiG 23, 167, 184; Blank in: Schmidt-Futterer § 540 BGB Rdn. 67; Lammel Wohnraummietrecht § 540 BGB Rdn. 25). Ein **formularvertraglicher Ausschluss** verstößt gegen § 307 BGB. Das gilt sowohl für die Wohnraummiete (LG Bonn NZM 2003, 397; LG Hamburg WuM 1992, 689; LG Ellwangen WuM 1982, 297; Kinne GE 1998, 1183) als auch für die Miete von Geschäftsraum (BGH NJW 1995, 2034; V. Emmerich in: Staudinger § 540 BGB Rdn. 20; Kraemer in: Bub/Treier Kap III Rdn. 3024; Bub in: Bub/Treier Kap II Rdn. 1576; Fleindl in: Bub/Treier Kap IV Rdn. 439; Sternel, Mietrecht Rdn. IV 487; Ehlert in: Bamberger/Roth § 540 BGB Rdn. 19; Treier DWW 1991, 254, 258; Heintzmann NJW 1994, 1177, 1181; Kinne GE 1996, 284; Heinrichs NJW 1996, 1381, 1387; **a. A.** OLG Düsseldorf WuM 1994, 467; Wolf/Eckert/Ball Rdn. 977; s. a. Eckert in EWiR 1987, 557, 558; Palandt/Weidenkaff § 540 BGB Rdn. 2.).

72 Das Kündigungsrecht setzt zunächst voraus, dass der Mieter eindeutig und unmissverständlich (OLG Koblenz WuM 2012, 613) um die Erteilung der **Erlaubnis nachgesucht** hat; hierbei muss die Person des Untermieters namentlich benannt werden (OLG Koblenz RE 30.4.2001 WuM 2001, 272; AG Neuss WuM 1989, 373; vgl. auch AG Tempelhof-Kreuzberg GE 1994, 1267: danach ist die Angabe von Namen, Alter und Beruf erforderlich; **a. A.** LG Köln WuM 1998, 154). Das Vorliegen dieser Voraussetzungen hat der Mieter zu beweisen (OLG Koblenz WuM 2012, 613). Auf Verlangen des Vermieters muss der Mieter auch diejenigen Daten mitteilen, die der Vermieter braucht, um festzustellen, ob in der Person des Dritten ein wichtiger Grund vorliegt. Im Allgemeinen (s. dazu OLG Dresden DWW 2004, 150 für die Vermietung von Räumen in einem Einkaufszentrum) müssen in Fällen der vorliegenden Art sowohl personenbezogene als auch vertragsbezogene Daten mitgeteilt werden. Zu den **personenbezo-**

genen Daten gehören (ähnlich für Nachmietergestellung: BGH WuM 2012, 371) **(1)** der Name des Untermieters **(2)** dessen Anschrift **(3)** das Geburtsdatum, **(4)** der Beruf. An **vertragsbezogenen Daten** muss mitgeteilt werden **(5)** die vom Untermieter beabsichtigte Art der Nutzung der Räume (OLG Nürnberg NZM 2007, 567) **(6)** die Höhe des Untermietzinses, **(7)** die Laufzeit des Untermietvertrags **(8)** etwaige Kündigungsmöglichkeiten ev: **(9)** die Übernahme einer Betreiberpflicht, wenn dem Mieter eine solche Pflicht obliegt. **(10)** Je nach den Umständen des Einzelfalls können aber auch weitergehende oder geringere Anforderungen an die Informationspflicht gestellt werden. Eine Verletzung der Informationspflicht führt zum Ausschluss des Kündigungsrechts. Anderes ist es, wenn nach der Sachlage davon auszugehen ist, dass der Vermieter auch bei Erfüllung der Informationspflicht keine Untermieterlaubnis erteilt hätte (OLG Nürnberg NZM 2007, 567).

Nach der Rechtsprechung des BGH besteht die **Informationspflicht auch bei genereller Verweigerung der Untermieterlaubnis** durch den Vermieter. Ein Anspruch auf Erteilung einer Untermieterlaubnis „unter Vorbehalt der Person des Untermieters" steht dem Mieter nicht zu (BGH GE 2012, 826). Dies erscheint formalistisch. Die Instanzgerichte gehen deshalb zu Recht überwiegend davon aus, dass die Informationspflicht entfällt, wenn der Vermieter eine Untervermietung generell abgelehnt hat (KG WuM 1996, 696; LG Köln WuM 1994, 468; LG Nürnberg-Fürth WuM 1995, 587; LG Hamburg WuM 1987, 152; LG Bielefeld WuM 1998, 557). Hiervon ist auszugehen, wenn die Untervermietung allgemein abgelehnt wird. Ebenso ist eine generelle Verweigerung anzunehmen, wenn die Ablehnung aus Gründen erfolgt, die mit der Person eines bestimmten Untermieters oder mit einer bestimmten vom Mieter vorgeschlagenen Untermietergruppe nichts zu tun haben. Gleiches gilt, wenn die Ablehnung mit Erwägungen begründet wird, die auf jede Form der Untermiete zutreffen. Zweifel am Inhalt der Ablehnungserklärung gehen zu Lasten des Vermieters. 73

Weiter ist erforderlich, dass der Vermieter die **Erlaubnis verweigert** hat. Hiervon ist auszugehen, wenn sich der Vermieter entsprechend erklärt. Streitig ist, ob eine Verweigerung angenommen werden kann, wenn der Vermieter eine Anfrage des Mieters nicht innerhalb einer gesetzten oder angemessenen Frist beantwortet (bejahend: LG Nürnberg-Fürth WuM 1995, 587; LG Berlin MM 1986, 453; ZMR 1998, 558; NZM 1999, 405; LG Mannheim ZMR 1998, 565; LG Gießen WuM 1999, 458; LG Berlin NZM 2001, 231; Hannemann NZM 1999, 601; Hannemann/Wiek Handbuch des Mietrechts § 5 Rdn. 36; s. auch OLG Köln WuM 2000, 597: wenn der Mieter einen konkreten Untermietinteressenten mit Namen und Anschrift benannt hat und der Vermieter in dem Schreiben darauf hingewiesen wird, dass sein Schweigen als Verweigerung der Erlaubnis gewertet werde; verneinend: OLG Koblenz RE 30.4.2001 WuM 2001, 272; LG Gießen WuM 1999, 458; LG Mönchengladbach WuM 1999, 570; LG Braunschweig WuM 1999, 216; LG Köln NZM 1999, 616; Seyfarth NZM 2002, 200, 204). Nach der hier vertretenen Ansicht ist zu differenzieren: die generelle Versagung der Untermieterlaubnis reicht aus, wenn in der Anfrage des Mieters zum Ausdruck kommt, dass dem Vermieter eine Versagung der Erlaubnis im Einzelfall (nach Prüfung der Bonität und Geeignetheit des Untermieters) vorbehalten bleibt. Enthält die Anfrage keinen Vorbehalt dieser Art, so ist der Vermieter nicht verpflichtet, sich über seine Bereitschaft zur Erteilung einer Untermieterlaubnis zu erklären. Erklärt er sich trotzdem, so können dem Vermieter hieraus keine Rechtsnachteile entstehen (ebenso: OLG Celle NZM 2003, 396). 74

75 Hat der **Mieter** einen **vertraglichen oder gesetzlichen Anspruch** auf Erteilung der Erlaubnis, so ist der Mieter auch dann zur Kündigung berechtigt, wenn der Vermieter die Erlaubnis aus Gründen verweigert, die im Gesetz oder im Vertrag keine Grundlage haben (BGHZ 59, 3 = NJW 1972, 1267). In einem solchen Fall kann der Mieter nicht nur nach § 540 Abs. 1 S. 2 BGB, sondern auch fristlos nach **§ 543 Abs. 2 Nr. 1 BGB** kündigen, weil in der unberechtigten Verweigerung der Erlaubnis zugleich eine Entziehung des vertragsgemäßen Gebrauchs zu sehen ist (BGHZ 89, 308 = NJW 1984, 1031; OLG Düsseldorf WuM 1995, 585).

76 Der Vermieter muss die Verweigerung der Erlaubnis zwar nicht von sich aus, wohl aber auf Verlangen des Mieters **begründen** (Lammel, Wohnraummietrecht § 540 BGB Rdn. 24). Hat der Vermieter die Gründe der Ablehnung mitgeteilt, – sei es freiwillig, sei es auf Verlangen des Mieters – so muss er sich hieran festhalten lassen (Emmerich a. a. O.; Lammel a. a. O.). Nach dem Zugang der Kündigung durch den Mieter darf die Ablehnung grundsätzlich weder auf andere noch auf zusätzliche Gründe gestützt werden. Eine Ausnahme gilt für Gründe, die erst nach dem Zugang der Kündigung entstanden oder bekannt geworden sind. Auf ursprünglich vorhandene Gründe darf sich der Vermieter nur berufen, wenn er sie schuldlos nicht gekannt hat (RGZ 74, 176, 178; 92, 118, 120; OLG Köln DWW 1997, 121.

77 Eine bestimmte **Frist für die Ausübung des Kündigungsrechts** sieht das Gesetz nicht vor; jedoch darf der Mieter damit nicht zulange warten, weil sonst Verwirkung eintreten kann (§ 314 Abs. 3 BGB analog). Unter Umständen kann der Ausspruch der Kündigung treuwidrig sein, wenn der Untermieter nach der Versagung der Erlaubnis den Untermietvertrag auf Grund von Umständen gekündigt hat, die mit dem Verhalten des Hauptvermieters nicht in Zusammenhang stehen. Gleiches kann gelten, wenn der Mieter Verhandlungen über seine vorzeitige Entlassung aus dem Vertrag plötzlich abbricht, die Erlaubnis zur Untervermietung verlangt und die zögernde Haltung des Vermieters zum Ausspruch der Kündigung ausnutzt. Davon abgesehen schließen sich Verhandlungen über eine Entlassung aus dem Mietvertrag und über die Möglichkeit zur Untervermietung aber nicht aus (LG Wiesbaden WuM 1988, 265). Für die **Kündigungsfrist** gilt bei Wohnraum § 573d Abs. 2 BGB, bei Geschäftsraum § 580a Abs. 4 BGB (s. dort). Im Übrigen gelten für die Kündigung die allgemeinen Vorschriften; bei der Wohnraummiete ist also **Schriftform** erforderlich (§ 568 Abs. 1 BGB). Die Angabe des Kündigungsgrundes gehört nicht zu den Wirksamkeitserfordernissen.

2. Ausschluss des Kündigungsrechts

78 Das Kündigungsrecht ist ausgeschlossen, wenn in der Person des Dritten ein wichtiger Grund vorliegt. Der **Begriff des wichtigen Grundes** ist umfassend zu verstehen. Ein wichtiger Grund liegt nicht nur dann vor, wenn konkrete Anhaltspunkte dafür bestehen, dass der Dritte den Hausfrieden stören oder die Mietsache beschädigen wird. Der Vermieter kann den Dritten auch dann ablehnen, wenn dieser in den Räumen ein Gewerbe betreiben will, das mit dem Gewerbe des Vermieters oder dem der anderen Mieter konkurriert OLG Nürnberg NZM 2007, 567 oder wenn durch die beabsichtigte Nutzung eine Überbelegung eintritt. Ebenso ist ein wichtiger Grund gegeben, wenn zwar gegen die Person des Untermieters nichts einzuwenden ist, aber die Untervermietung zu einer Änderung des vereinbarten Mietgebrauchs führen würde (OLG Köln DWW 1997, 121; OLG Düsseldorf DWW 2007, 117 = GuT 2007, 19; ZMR 2016, 440 betr. Nutzung von Büroräumen durch ambulanten Pflegedienst) oder wenn der Untermieter von der Miet-

sache einen Gebrauch machen will, der dem Mieter nicht gestattet ist (BGH NJW 1984, 1031; OLG Köln WuM 1997, 620; OLG Hamburg WuM 2003, 268, 269 betr. Untervermietung von Ladenräumen, wenn der Untermieter dort ein nach dem Mietvertrag nicht vorgesehenes Sortiment vertreiben will). Gleiches gilt, wenn das mit dem Mieter bestehende Mietverhältnis befristet ist und der Mieter mit der Erlaubnis zur Untervermietung zugleich eine Verlängerung des Hauptmietverhältnisses verlangt. Hierauf muss sich der Vermieter nicht einlassen (OLG Düsseldorf DWW 1998, 20, 21). Kein wichtiger Grund liegt vor, wenn der Mieter durch die Untervermietung Einnahmen erzielt, die den von ihm gezahlten Untermietzins übersteigen. Die voraussichtlich kurze Dauer der Untermiete ist ebenfalls kein wichtiger Grund (LG Landshut WuM 1996, 408).

Nach der Rechtsprechung des BGH ist die Kündigung des Mieters rechtsmissbräuchlich, wenn „dem kündigenden Hauptmieter bekannt ist, dass ein Mietinteresse der benannten Untermieter nicht besteht" (BGH NZM 2010, 120 = WuM 2010, 30 = ZMR 2010, 281). Damit sind diejenigen Fälle angesprochen, in denen der **Mieter** eine **Absicht zur Untervermietung lediglich vorspiegelt,** um eine Verweigerung der Erlaubnis durch den Vermieter zu provozieren. 79

V. Haftung des Mieters für den Untermieter (Abs. 2)

§ 540 Abs. 2 BGB bestimmt, dass der Mieter für den Untermieter wie für einen Erfüllungsgehilfen einzustehen hat. Die Haftung ist beschränkt auf das Verhalten des Untermieters „bei dem Gebrauch" der Mietsache. Hierunter fällt allerdings alles, was der Untermieter innerhalb der Mietsache tut; hierzu gehören fahrlässige und vorsätzliche Sachbeschädigungen (BGHZ 112, 307 = NJW 1991, 489 betr. eine vom Unterpächter einer Gaststätte vorsätzlich herbeigeführte Explosion), Störungen des Hausfriedens, unerlaubte Handlungen (OLG München NJW-RR 1987, 727 betr. Unterschlagung eines gemieteten Autos durch den Untermieter) und Vertragsverletzungen gegenüber dem Hauptvermieter jeder Art. Diese Haftung besteht unabhängig davon, ob die Gebrauchsüberlassung zu Recht oder zu Unrecht erfolgt ist. 80

In einer **unbefugten Gebrauchsüberlassung** ist darüber hinaus eine Vertragsverletzung des Mieters zu sehen, mit der Folge, dass der Mieter auch aus diesem Grunde haftet. Hierbei handelt es sich um eine Haftung für eigenes Verschulden, so dass es auf das Verschulden des Untermieters nicht ankommt. Die Haftung entfällt, wenn der Mieter nachweisen kann, dass die Überlassung an den Dritten nicht kausal für die Entstehung des Schadens gewesen ist. 81

VI. Beweislast/Prozessuales

Macht der Mieter geltend, dass er auf Grund einer vertraglichen Vereinbarung zur Untervermietung berechtigt sei, so muss er den Bestand der Vereinbarung beweisen. Ist streitig, ob der Vermieter die Erlaubnis zur Untervermietung erteilt hat, so trifft ebenfalls den Mieter die Beweislast. Hat der Mieter das Mietverhältnis nach § 540 Abs. 1 S. 2 BGB gekündigt, so muss er beweisen, dass er um die Erlaubnis nachgesucht hat. Behauptet der Vermieter, dass er vor dem Zugang der Kündigung die Erlaubnis erteilt habe, so trifft ihn die Beweislast (OLG Köln WuM 2000, 597). Ebenso muss der Vermieter gegebenenfalls diejenigen Umstände darlegen und be- 82

§ 540 BGB   Untertitel 1. Allgemeine Vorschriften für Mietverhältnisse

weisen, aus denen sich ergibt, dass ein wichtiger Grund zur Versagung der Erlaubnis vorgelegen hat.

83   Die Erlaubnis zur Untervermietung muss mit der **Leistungsklage** geltend gemacht werden („... wird verurteilt die Erlaubnis zur Aufnahme des NN zu erteilen"). Bei mehreren Mietern ist jeder einzelne klagebefugt (LG Berlin (ZK 62) NJW-RR 1992, 13; **a. A.** LG Berlin (ZK 63) GE 1991, 681); der Klagantrag muss darauf gerichtet sein, dass die Erlaubnis gegenüber allen Mietern zu erteilen ist. Der Umstand, dass das Mietverhältnis bereits gekündigt ist, steht der Klage nicht entgegen. Nach Ablauf der Kündigungsfrist besteht dagegen kein Anspruch auf die Erteilung der Erlaubnis; folgerichtig ist die Klage auf Erteilung der Untermieterlaubnis auszusetzen, wenn ein Räumungsrechtsstreit anhängig wird (**a. A.** LG Berlin NJW-RR 1992, 13). Verliert der Dritte während des Rechtsstreits sein Interesse am Bezug der Räume, so kann der Mieter den Rechtsstreit in entsprechender Anwendung des § 91 a ZPO für erledigt erklären (**a. A.** AG Tempelhof-Kreuzberg WuM 1987, 222).

84   Der Erlass einer **einstweiligen Verfügung** ist grundsätzlich unzulässig, weil hierdurch die Hauptsache vorweggenommen wird (LG Hamburg WuM 2000, 303). Ausnahmefälle sind denkbar. So kann ein Verfügungsanspruch gegeben sein, wenn der Mieter einen Teil der Räume untervermieten muss, weil er ansonsten die Miete nicht bezahlen kann und die finanzielle Engpasssituation nach Abschluss des Mietvertrags entstanden ist. Ein Verfügungsgrund liegt vor, wenn der Mieter im Falle der Verweigerung der Erlaubnis mit der fristlosen Kündigung wegen Zahlungsverzugs rechnen muss und) die hinreichende Gewissheit besteht, dass dem Vermieter durch die Überlassung der Räume kein ins Gewicht fallender Nachteil erwächst (LG Hamburg ZMR 2013, 192 m. Anm. Waßmann).

85   Der **Streitwert** für die Klage eines Mieters auf Erteilung der Erlaubnis zur Untervermietung richtet sich nach dem wirtschaftlichen Interesse des Mieters an der Möglichkeit zur Untervermietung (§ 3 ZPO). Nach dem Rechtsgedanken des § 41 GKG ist dabei i. d. R. der Jahresbetrag des Untermietzinses zugrunde zu legen (**a. A.** KG Beschluss vom 25.10.2016 – 8 W 48/16; LG Berlin GE 2015, 861: danach ist gem. § 48 Abs. 1 GKG, §§ 3, 9 ZPO der 42-fache Monatsbetrag des zu erwartenden Untermietzinses maßgeblich). Schuldet der Untermieter darüber hinaus weitere Leistungen, so sind auch diese zu berücksichtigen (Saarländisches OLG Beschluss vom 23.7.2007 – 8 W 169/07-31)

VII. „Change of control"-Klauseln

86   Ist die Mietsache an eine juristische Person oder eine Personengesellschaft vermietet, so kann sich ein Personenwechsel in der Geschäftsführung oder ein Gesellschafterwechsel auf das Mietverhältnis auswirken. Zwar werden die Rechtsbeziehungen zwischen dem Vermieter und dem Mieter als solche durch die personelle Veränderung nicht berührt. Gleichwohl kann der Vermieter Nachteile erleiden, wenn in dem Unternehmen des Mieters personelle oder organisatorische Veränderungen erfolgen und damit ein Wechsel in der Kontrolle betreffend die Mietsache verbunden ist. Der Kontroll-, Inhaber oder Gesellschafterwechsel kann ähnliche Auswirkungen wie die Überlassung an einen Dritten haben. Deshalb ist zu fragen ob in einem Gewerbemietvertrag vereinbart werden kann, dass solche Veränderungen der Zustimmung des Vermieters bedürfen („Change of control"-Klausel; dazu Disput NZM 2008, 305; Windorfer NZM 2018, 14). Die Regelungen des § 540

BGB, wonach die Überlassung an einen Dritten von der Erlaubnis des Vermieters abhängt und dem Mieter bei verweigerter Zustimmung ein Kündigungsrecht zusteht, können wegen der unterschiedlichen Interessenlage nicht auf die „change of control"-Klausel übertragen werden. Aus § 307 BGB folgt, dass die fraglichen Klauseln in Formularverträgen nur wirksam sind, wenn schützenswerte Interessen des Vermieters überwiegen (Disput NZM 2008, 305, 308). Individuell ausgehandelte „Change of Control"-Klauseln können sittenwidrig sein, wenn sie im Ergebnis zu einer Knebelung des Mieters führen (Disput a. a. O.)

§ 541 Unterlassungsklage bei vertragswidrigem Gebrauch

Setzt der Mieter einen vertragswidrigen Gebrauch der Mietsache trotz einer Abmahnung des Vermieters fort, so kann dieser auf Unterlassung klagen.

Übersicht

	Rdn.
I. Bedeutung der Vorschrift und Verhältnis zum Kündigungsrecht nach § 543 Abs. 2 Nr. 2 BGB und zum Beseitigungsanspruch nach § 1004 BGB	1
II. Vertragsmäßiger und vertragswidriger Gebrauch	3
III. Abmahnung	4
1. Zweck	4
2. Inhalt	5
3. Abmahnberechtigter	8
4. Abmahnungsempfänger	9
5. Entbehrlichkeit der Abmahnung	11
6. Abweichende Vereinbarungen	12
7. Rechtsmittel	13
IV. Unterlassungsklage	14
V. Darlegungs- und Beweislast/Prozessuales	20
VI. Streitwerte	25
VII. Besonderheiten der vermieteten Eigentumswohnung	27

I. Bedeutung der Vorschrift und Verhältnis zum Kündigungsrecht nach § 543 Abs. 2 Nr. 2 BGB und zum Beseitigungsanspruch nach § 1004 BGB

Die Vorschrift gilt für alle Mietverhältnisse. Sie stellt klar zunächst klar, dass der 1 Mieter die Mietsache nur in dem durch den Mietvertrag gewährten Umfang gebrauchen darf. Eine Gebrauchsüberschreitung gibt dem Vermieter das Recht zur Unterlassungsklage (§ 541 BGB). In bestimmten Fällen der Gebrauchsüberschreitung kann der Vermieter fristlos kündigen (§ 543 Abs. 2 Nr. 2 BGB). Die beiden Vorschriften dienen einem unterschiedlichen Zweck: Der Unterlassungsanspruch ist nach seiner Rechtsnatur ein Erfüllungsanspruch; demgemäß zielt § 541 BGB auf die Wiederherstellung des vertragsgemäßen Zustands. Die Regelung des § 543 Abs. 2 Nr. 2 BGB richtet sich demgegenüber auf die Beendigung des Mietverhältnisses. Die beiden Rechtsbehelfe haben gemein, dass der Vermieter zuvor abmahnen muss; der Mieter soll hierdurch Gelegenheit erhalten, sein vertragswidriges

Verhalten zu ändern. Ebenso ist den Regelungen gemeinsam, dass sie kein Verschulden des Mieters voraussetzen (Lammel Wohnraummietrecht § 541 BGB Rdn. 6). Die beiden Vorschriften unterscheiden sich aber in den übrigen Tatbestandsvoraussetzungen. Für die Unterlassungsklage genügt die Fortsetzung des vertragswidrigen Gebrauchs trotz Abmahnung. Das Kündigungsrecht besteht nur, wenn die Mietsache durch den vertragswidrigen Gebrauch „erheblich gefährdet" wird. Eine Gebrauchsüberschreitung ohne Gefährdung der Mietsache berechtigt also zwar zur Abmahnung, aber nicht zur fristlosen Kündigung. Wird durch die Gebrauchsüberschreitung zugleich die Mietsache gefährdet, so kann der Vermieter wahlweise auf Unterlassung klagen oder fristlos kündigen. Die Möglichkeit der Unterlassungsklage rechtfertigt es, an die Voraussetzungen einer Kündigung strenge Anforderungen zu stellen; dies gilt auch für die Kündigung nach § 573 Abs. 2 Nr. 1 BGB. Umgekehrt wird eine Vertragsverletzung in vielen Fällen ihr besonderes Gewicht dadurch erhalten, dass der Mieter sein vertragswidriges Verhalten trotz einer titulierten Unterlassungsverpflichtung fortsetzt.

2   Nach **§ 1004 Abs. 1 S. 1 BGB** kann der Vermieter-Eigentümer von dem Störer die Beseitigung der Beeinträchtigung verlangen. Eine vorherige Abmahnung ist nach dieser Vorschrift nicht erforderlich. Für die Wohnraummiete hat der BGH entschieden, dass ein Beseitigungsanspruch nicht auf § 1004 BGB, sondern allein auf § 541 BGB gestützt werden kann (BGH NZM 2007, 481 = WuM 2007, 387; WuM 2007, 678 = NJW 2008, 216 = NZM 2008, 37)). Der für die Gewerbemiete zuständige XII. Senat hat diese Rechtsprechung übernommen (BGH NZM 2019, 143). Für die Miete beweglicher Sachen gilt nichts anderes. Daraus folgt für alle Mietverhältnisse, dass § 1004 BGB von § 541 BGB verdrängt wird. Dies gilt allerdings nur bei bestehendem, nicht für das beendete Mietverhältnis (OLG München GE 2017, 1219).

II. Vertragsmäßiger und vertragswidriger Gebrauch

3   Vertragsmäßig bedeutet: den vertraglichen Vereinbarungen entsprechend. Hieraus ergeben sich drei **Grundsätze: (1)** Der vertragsmäßige Gebrauch richtet sich nicht nach objektiven Kriterien, sondern nach dem übereinstimmenden Willen der Vertragsparteien. **(2)** Sind die Vertragsvereinbarungen auslegungsbedürftig und auslegungsfähig, so ist der Inhalt des vertragsgemäßen Gebrauchs nach §§ 133, 157 BGB durch die Ermittlung des wirklichen Parteiwillens unter Berücksichtigung von Treu und Glauben und der Verkehrssitte festzustellen. **(3)** Sind die Parteivereinbarungen lückenhaft, so ist der vertragsgemäße Gebrauch im Wege der ergänzenden Vertragsauslegung nach Treu und Glauben mit Rücksicht auf die Verkehrssitte zu ermitteln. Wegen der Einzelheiten s. § 535 BGB Rdn. 509 ff (dazu auch Pauly WuM 2011, 447, 449: Danach ist der zulässige Vertragsgebrauch – in der genannten Reihenfolge – nach folgenden Kriterien zu bestimmen: Vertrag, Gesetz, Treu und Glauben, Verkehrssitte, Interessenabwägung). Zur **Verjährung von Unterlassungsansprüchen** BGH (NZM 2019, 143 und § 548 Rdn. 68a und 68b).

III. Abmahnung

1. Zweck

Der Unterlassungsklage muss eine Abmahnung vorausgehen. Dabei handelt es 4
sich um eine rechtsgeschäftsähnliche, dem Schutz des Mieters dienende, einseitige,
empfangsbedürftige Erklärung. Die Abmahnung bedarf keiner bestimmten Form.
Eine vertraglich vereinbarte Schriftform dient nur Beweiszwecken. Für Mietverträge die nach dem 30.9.2016 vereinbart werden, ist § 309 Nr. 13 BGB in der Fassung des Gesetzes zur Verbesserung der zivilrechtlichen Durchsetzung von verbraucherschützenden Vorschriften des Datenschutzrechts vom 17.2.2016 (BGBl. I
S. 233) zu beachten (s. dazu § 535 Rdn. 109a). Die Abmahnung hat Warnfunktion:
dementsprechend soll sie den Mieter darüber informieren, welches tatsächliche
Verhalten vom Vermieter missbilligt wird; außerdem soll der Mieter Gelegenheit
zur Abhilfe erhalten.

2. Inhalt

Aus der Abmahnung muss sich ergeben, welche konkreten Vertragsverletzungen 5
der Vermieter beanstandet und künftig abgestellt wissen will. Der Vermieter muss
den Mieter auffordern, ein genau bezeichnetes (LG Hamburg ZMR 1977, 157)
Fehlverhalten zu ändern bzw. aufzugeben. Deshalb genügt es nicht, wenn der Vermieter den Mieter lediglich in mehr oder weniger allgemein gehaltenen Worten auf
die Erfüllung seiner Pflichten hinweist (RGZ 77, 117). Da für die Abmahnung aber
weder eine besondere Form, noch eine schriftliche Begründung erforderlich ist, genügt es, wenn der Vermieter dem Mieter mündlich erläutert, welches Verhalten abgestellt werden soll und sodann eine Abmahnung ausspricht, die hierauf Bezug
nimmt (RGZ 77, 117). Ebenso kann eine (unwirksame) **Kündigung in eine Abmahnung umgedeutet** werden (BGH WuM 2011, 676; KG GE 2005, 236). Eine
Abmahnung liegt auch dann vor, wenn der Vermieter den Mieter auffordert, entweder den vertragswidrigen Gebrauch zu unterlassen oder hierfür ein erhöhtes Entgelt zu bezahlen (z.B. bei Untervermietung oder gewerblicher Nutzung von
Wohnräumen).

Wird eine bisher bestehende **Erlaubnis widerrufen**, so liegt hierin noch keine 6
Abmahnung (z.B. bei Untervermietung, Tierhaltung). Jedoch kann der Widerruf
mit einer Abmahnung verbunden werden. Der Gegenstand der Abmahnung und
derjenige der späteren Unterlassungsklage müssen identisch sein. Wird beispielsweise beanstandet, dass eine **Wohnung überbelegt** ist, so muss sich aus der Abmahnung ergeben, wieviel Personen die Räume nutzen dürfen. Es ist ungenügend,
wenn der Mieter in diesem Falle aufgefordert wird, „die Überbelegung zu beenden" oder „sich eine andere Wohnung zu suchen".

Es ist nicht erforderlich, dass dem Mieter in der Abmahnung eine bestimmte 7
Frist zur Abstellung des vertragswidrigen Gebrauchs gesetzt wird. Die Angabe einer
zu kurzen **Frist** schadet nicht; der Vermieter muss mit der Erhebung der Unterlassungsklage lediglich solange zuwarten bis eine angemessene Frist verstrichen ist.
Ebenso kann auf die **Androhung der Unterlassungsklage** verzichtet werden (Palandt/Weidenkaff § 541 BGB Rdn. 8; wegen des Meinungsstandes hinsichtlich der
Kündigung nach § 543 Abs. 2 Nr. 2 BGB, s. dort Rdn. 8).

§ 541 BGB Untertitel 1. Allgemeine Vorschriften für Mietverhältnisse

3. Abmahnberechtigter

8   Nur der Vermieter oder die von ihm hierzu Bevollmächtigten können eine Abmahnung aussprechen. Dem Vermieter stehen diejenigen Personen gleich, die anstelle des Vermieters oder für den Vermieter dessen Befugnisse ausüben (Zwangsverwalter, Konkursverwalter, Nachlassverwalter, Testamentsvollstrecker, Nachlass- und Abwesenheitspfleger, Betreuer). Wird die Abmahnung durch einen nicht bevollmächtigten Dritten erklärt, so ist sie unwirksam. Wird die Vollmachtsurkunde nicht vorgelegt, kann die Abmahnung in entsprechender Anwendung von **§ 174 Abs. 1 BGB** zurückgewiesen werden (OLG Celle WuM 1982, 206). Der Erwerber einer Wohnung kann erst dann aus eigenem Recht abmahnen, wenn er als Eigentümer im Grundbuch eingetragen ist. Dies gilt auch dann, wenn nach dem Kaufvertrag die Nutzungen bereits mit der Übergabe übergehen sollen und der Erwerber den Besitz an dem Hausgrundstück erlangt hat (LG Berlin GE 1985, 95).

4. Abmahnungsempfänger

9   Die Abmahnung muss stets gegenüber dem Mieter erklärt werden, auch wenn ein am Mietverhältnis nicht beteiligter Dritter, etwa ein Familienangehöriger des Mieters, die Vertragsstörung begangen hat. Der Umstand, dass der Störende in den Schutzbereich des Mietvertrags einbezogen ist, ändert daran nichts, weil der Vermieter hierdurch keine vertraglichen Unterlassungsansprüche erwirbt. Unter Umständen kann der Vermieter gegen den Dritten aber nach § 1004 BGB vorgehen.

10   Sind **mehrere Personen Mieter,** so muss die Abmahnung allen Mietern zugehen, denen gegenüber die Unterlassungsklage erhoben werden soll. Fällt nur einem von mehreren Mietern ein vertragswidriges Verhalten zur Last, so hat der Vermieter die Wahl, ob er nur gegenüber dem störenden Mieter oder gegenüber allen Mietern abmahnt. Eine umfassende Abmahnung ist sinnvoll, weil der nicht vertragswidrig handelnde Mieter auf diese Weise Gelegenheit erhält, auf den störenden Mieter einzuwirken. Die Abmahnung ist auch dann gegenüber dem Mieter zu erklären, wenn dieser den Mietgebrauch einem Dritten überlassen hatte und der Dritte von der Mietsache einen vertragswidrigen Gebrauch macht.

5. Entbehrlichkeit der Abmahnung

11   Ausnahmsweise kann die Abmahnung entfallen, wenn die Voraussetzungen des § 543 Abs. 3 Satz 2 Nr. 1 oder 2 BGB vorliegen. Dies ist der Fall, wenn mit Sicherheit feststeht, dass der Mieter das vertragswidrige Verhalten nicht abstellen will oder kann. Weigert sich ein Mieter ernsthaft und endgültig, seine Verpflichtung zu erfüllen, so wäre eine Abmahnung leere Förmelei (BGH LM Nr. 13 zu § 553 BGB). Allerdings sind hieran strenge Anforderungen zu stellen. Ebenso kann die Abmahnung entfallen, wenn die sofortige Klagerhebung aus besonderen Gründen gerechtfertigt ist. Die tatsächlichen Voraussetzungen des § 543 Abs. 3 Satz 2 Nr. 1 oder 2 BGB muss der Mieter darlegen und beweisen (vgl. BGH NZM 2007, 439; WuM 2007, 319).

6. Abweichende Vereinbarungen

12   Das Erfordernis einer Abmahnung kann sowohl bei der Geschäftsraummiete als auch bei der Wohnraummiete individualvertraglich abbedungen werden. Eine entsprechende Formularklausel verstößt jedoch gegen § 309 Nr. 4 BGB.

7. Rechtsmittel

gegen eine unberechtigte Abmahnung bestehen nur im Ausnahmefall. Ein solcher Fall kann gegeben sein, wenn der Vermieter den Mieter mit einer Vielzahl willkürlicher Abmahnungen belästigt. Davon abgesehen wird der Mieter durch die Abmahnung nicht in seinen Rechten beeinträchtigt. Einer Klage auf Unwirksamkeit der Abmahnung fehlt das Rechtsschutzbedürfnis. Ein Anspruch auf Feststellung, dass die Abmahnung zu Unrecht erfolgt ist, besteht ebenfalls nicht (BGH NJW 2008, 1303 = WuM 2008, 217 = NZM 2008, 277; LG Berlin GE 1996, 1243; LG Berlin GE 2015, 512; AG Lübeck ZMR 1994, 370; AG Luckenwalde WuM 2000, 673; AG Münster WuM 2006, 456 mit abl.Anm. Schach WuM 2006, 669). Der Mieter wird durch die Abmahnung auch dann nicht in seinen Rechten verletzt, wenn sie unberechtigt ist. Insbesondere erhält der Vermieter in einem späteren Räumungsrechtsstreit keinen Beweisvorsprung, wenn der Mieter eine zuvor erteilte Abmahnung entgegengenommen hat. Auch in diesem Fall muss der Vermieter den vollen Beweis für die vorangegangene Pflichtwidrigkeit führen. Zwar ist eine Feststellungsklage zulässig, wenn zwischen den Parteien streitig ist, ob der vom Mieter praktizierte Mietgebrauch den vertraglichen Vereinbarungen entspricht. Der Mieter kann aber nicht im Klageweg klären lassen, ob er eine ihm angelastete Pflichtverletzung begangen hat.

IV. Unterlassungsklage

Die Abmahnung soll dem Mieter Gelegenheit geben, den vertragswidrigen Gebrauch zu beenden. Geht es um eine **fortwirkende Vertragswidrigkeit** (unerlaubte Tierhaltung, -Untervermietung, Überbelegung, etc.), so muss **zwischen Abmahnung und Klageerhebung** eine gewisse **Zeitspanne** liegen. Wird die Abmahnung erst in der Klagschrift erklärt, so ist die Klage nicht schlüssig begründet, weil nicht dargelegt ist, dass der Mieter den vertragswidrigen Gebrauch „trotz einer Abmahnung" fortgesetzt hat; eine solche Klage ist als unbegründet abzuweisen. Dies gilt nach der hier vertretenen Ansicht auch dann, wenn zwischen Klageerhebung und mündlicher Verhandlung ein ausreichender Zeitraum liegt und der Mieter dennoch den beanstandeten Gebrauch fortsetzt oder während der Zeit der Rechtshängigkeit weitere Vertragsverletzungen begeht. Die Klageerhebung kann aus Gründen der Rechtsklarheit und -sicherheit grundsätzlich nicht in eine Abmahnung umgedeutet werden Ehlert in: Bamberger/Roth § 541 BGB Rdn. 14) Der zwischen Abmahnung und Klageerhebung liegende Zeitraum muss angemessen sein. Die Dauer des Zeitraums richtet sich dabei nach der Art der Vertragsverletzung. Wird der Mieter aufgefordert, eine unerlaubte Tierhaltung zu beenden, so muss dem Mieter eine Frist eingeräumt werden, die der Mieter üblicherweise zur anderweitigen Unterbringung des Tieres benötigt. Muss der Mieter im Falle unberechtigter Untervermietung seinerseits eine Kündigung aussprechen, so muss zwischen Abmahnung und Kündigung in der Regel ein Zeitraum liegen, der einer bei der Kündigung des Untermietverhältnisses zu beachtenden Kündigungsfrist entspricht (LG Mannheim WuM 1985, 262; ähnlich: LG Hamburg WuM 1994, 537; Sternel Rdn IV 255).

Ist der **Mieter** als Ausländer der **deutschen Sprache nicht hinreichend mächtig,** so muss bei der Bemessung der Frist diejenige Zeit berücksichtigt werden, die der Mieter benötigt, um eine Übersetzung zu erlangen (so für den rechts-

§ 541 BGB Untertitel 1. Allgemeine Vorschriften für Mietverhältnisse

ähnlichen Fall der arbeitsrechtlichen Abmahnung: BAG NJW 1985, 823). Andererseits muss sich der Mieter aber auch um eine solche Übersetzung bemühen. Die Berufung auf die fehlende Kenntnis vom Inhalt des Abmahnschreibens ist sonst rechtsmissbräuchlich (BAG a. a. O.).

16 Hat der Vermieter dem Mieter in der Abmahnung eine bestimmte **Frist gesetzt,** so muss er den Ablauf dieser Frist abwarten. Anderenfalls muss der Vermieter mit der Klagerhebung solange zuwarten, bis ein angemessener Abhilfezeitraum verstrichen ist (BGH GE 2016, 192). Gleiches gilt, wenn in der Abmahnung eine zu kurze Frist gesetzt worden ist. Wird der Vermieter nach dem Ablauf der gesetzten oder der angemessenen Frist nicht sofort tätig, so geht das Klagerecht nicht verloren. Im Einzelfall kann allerdings Verwirkung vorliegen, wenn zwischen dem Fristablauf und der Klagerhebung ein längerer Zeitraum liegt und der Mieter auf Grund besonderer Umstände davon ausgehen durfte, dass der Vermieter die Sache nicht weiterverfolgen werde.

17 Wird ein Verhalten beanstandet, das aus **wiederkehrenden Vertragswidrigkeiten** resultiert, (ruhestörender Lärm, Verstöße gegen die Hausordnung, etc.), so kann der Vermieter die Unterlassungsklage erheben, wenn der Mieter die beanstandete Vertragsverletzung wiederholt. Ein weiteres Zuwarten ist entbehrlich; insbesondere ist nicht erforderlich, dass eine weitere Wiederholung der beanstandeten Zuwiderhandlung droht. Andererseits schadet es aber grundsätzlich nicht, wenn der Vermieter nach der Wiederholung der Vertragsverletzung nicht sofort tätig wird. Im Einzelfall kann auch hier Verwirkung vorliegen.

18 Bei einer **Mehrheit von Mietern** hat der Vermieter die Wahl, ob er alle oder nur einzelne Mieter auf Unterlassung in Anspruch nimmt. Dies gilt nach der hier vertretenen Ansicht auch dann, wenn die Vertragsverletzung nur von einem bestimmten Mieter begangen worden ist. Die ganz h. M. folgert allerdings aus § 425 BGB, dass die Unterlassungsklage nur gegen den störenden Mieter gerichtet werden kann (Lammel Wohnraummietrecht § 541 BGB Rdn. 20; V. Emmerich in: Staudinger § 541 BGB Rdn. 10; Kraemer/van der Osten/Schüller in: Bub/Treier Kap III Rdn. 2582).

19 Findet zwischen der Abmahnung und der Klagerhebung ein Wechsel in der Person dessen statt, dem die Vermieterbefugnisse zustehen (**Eigentümerwechsel,** Beendigung der Zwangsverwaltung, etc.), so wird die Abmahnung gegenstandslos. Dies folgt aus der Erwägung, dass die Beurteilung eines bestimmten Verhaltens als Vertragswidrigkeit in vielen Fällen von den besonderen persönlichen Verhältnissen des jeweiligen Vermieters und dessen Beziehung zum Mieter abhängt.

V. Darlegungs- und Beweislast/Prozessuales

20 Der **Vermieter** muss **darlegen** und **beweisen,** dass eine Vertragswidrigkeit vorgelegen hat, und dass dem Mieter eine der Regelung des § 541 BGB entsprechende Abmahnung zugegangen ist. Außerdem muss der Vermieter beweisen, dass der Mieter den vertragswidrigen Gebrauch auch nach Ablauf der gesetzten oder der angemessenen Frist fortgesetzt oder eine erneute Vertragswidrigkeit begangen hat.

21 **Der Mieter muss beweisen,** dass er ein unstreitig vorliegendes vertragswidriges Verhalten nach Abmahnung eingestellt hat (BGH GE 2016, 192). **Beendet der Mieter den vertragswidrigen Gebrauch nach Ablauf der gesetzten Frist aber vor Klagerhebung,** so ist die Klage mangels Rechtsschutzbedürfnis unzulässig. Die zur Vorbereitung der Klage entstanden Kosten muss der Mieter ersetzen;

dabei handelt es sich um einen Schadensersatzanspruch aus positiver Vertragsverletzung, der allerdings Verschulden voraussetzt. Eine **Beendigung des vertragswidrigen Gebrauchs nach Klagerhebung** lässt den Unterlassungsanspruch unberührt; hierdurch tritt also keine Erledigung der Hauptsache ein. Wendet der Mieter ein, dass die **Frist zu kurz** bemessen war, so muss er diejenigen Umstände darlegen und beweisen, aus denen sich die Notwendigkeit einer längeren Frist ergibt.

Die Unterlassungsklage kann mit der **Androhung eines Ordnungsgeldes** nach § 890 Abs. 2 ZPO verbunden werden. Auch der Antrag auf Erlass einer einstweiligen Verfügung ist möglich, wenn die Voraussetzungen hierfür vorliegen (§ 935 ZPO). 22

Der **Mieter** kann nicht auf Feststellung klagen, dass eine Abmahnung unbegründet war (BGH NZM 2008, 277; LG Berlin NJW-RR 1997, 204; AG Lübeck ZMR 1994, 370; AG Luckenwalde WuM 2000, 673; **a. A.** Weidemann WuM 2002, 78: Anspruch aus §§ 1004, 823 auf „Entfernung" der Abmahnung oder deren Widerruf). Zulässig ist allerdings eine **Klage auf Feststellung, dass ein vertragswidriger Gebrauch nicht gegeben ist** (Mittelstein S. 374) oder dass ein bestimmtes, vom Vermieter beanstandetes Verhalten den vertraglichen Vereinbarungen entspricht. Ist das beanstandete Verhalten nur deshalb vertragswidrig, weil der Mieter eine dazu erforderliche Erlaubnis nicht eingeholt hat (Tierhaltung, Untervermietung), so kann der Mieter gegen den Unterlassungsanspruch einwenden, dass er einen materiellrechtlichen Anspruch auf Erteilung einer Erlaubnis habe; es gilt dieselbe Rechtslage wie im Falle des § 543 Abs. 2 Nr. 2 BGB (s. dort Rdn. 120f). Stattdessen kann der Mieter aber auch Widerklage auf Erteilung der Erlaubnis erheben. Das Rechtsschutzbedürfnis hierfür ergibt sich aus den jeweils unterschiedlichen Rechtskraftwirkungen. 23

Aus dem **Urteilstenor** muss sich die Reichweite eines Verbots klar und eindeutig ergeben. Die Entscheidung hierüber darf nicht der Auslegung des Vollstreckungsgerichts überlassen werden. Deshalb muss der Klagantrag so gefasst werden, dass Gegenstand und Umfang des Verbots klar erkennbar sind. Anderenfalls ist die Klage unzulässig (BGHZ 156, 1, 8); BGH NJW-RR 2010, 1343). Aus diesen Gründen ist ein Urteil, wonach dem Mieter aufgegeben wird, Musik nur in „Zimmerlautstärke" abzuspielen, nicht vollstreckbar, weil es weder eine gesetzliche Definition noch eine gefestigte Auffassung darüber gibt, was unter Zimmerlautstärke zu verstehen ist. Ein Vollstreckungstitel setzt demgemäß voraus, dass dort konkrete Grenzwerte (in Dezibel) ersichtlich sind, die nicht überschritten werden dürfen (LG Berlin GE 2012, 341). 24

VI. Streitwerte

Der **Gebührenstreitwert** für die Klage auf Unterlassung eines störenden Mietgebrauchs oder auf Beseitigung einer störenden Einrichtung richtet sich nach dem Interesse des Vermieters an der Herstellung des begehrten Zustands. Wird durch das Verhalten des Mieters der Mietgebrauch anderer Mieter beeinträchtigt, so kann das Vermieterinteresse an Hand möglicher Minderungsbeträge konkretisiert werden. Geht es um die Beseitigung störender Einrichtungen (z. B. einer Parabolantenne) so ist das Interesse des Vermieters an der Beseitigung der optischen Beeinträchtigung oder der Beeinträchtigung der Gebäudesubstanz maßgebend. Auf die Höhe der Beseitigungskosten oder auf die Höhe der Kosten, die für die Herstellung eines vertragsgemäßen Zustands aufgewendet werden müssen, kommt es nicht an. 25

26 Für die **Bemessung der Beschwer** gilt folgendes: Hat das erstinstanzliche Gericht die Klage abgewiesen und will der Vermieter Berufung einlegen, so ist allein das Interesse des Vermieters an der Beseitigung der optischen Beeinträchtigung oder der Beeinträchtigung der Gebäudesubstanz oder der sonstigen Beeinträchtigung maßgebend (BGH, Beschluss vom 15.5.2006 – VIII ZR 32/05 für Anspruch auf Beseitigung einer Parabolantenne – im Entscheidungsfall: 300.– €; LG Bonn WuM 1993, 468; LG Berlin GE 1993, 805). Wurde der Klage auf Entfernung einer Einrichtung erstinstanzlich stattgegeben und will der Mieter Berufung einlegen, so kommt es für die Beschwer auf die Kosten an, die für die Beseitigung der Einrichtung aufgewendet werden müssen (BGH a. a. O.). Darüber hinaus ist auch das Interesse des Mieters am Erhalt der Einrichtung zu berücksichtigen (LG Erfurt GE 2001, 1467) Wurde der Mieter verurteilt, ein störendes Verhalten zu unterlassen, so kann die Beschwer an Hand möglicher Schadensersatzansprüche beziffert werden, denen der Mieter bei Fortsetzung des störenden Verhaltens ausgesetzt ist (z. B. Ersatz des Mietausfalls, der dem Vermieter durch eine Minderung der Miete durch andere Mieter entsteht).

VII. Besonderheiten der vermieteten Eigentumswohnung

27 1. Beeinträchtigt der **Zustand der Eigentumswohnung** das Eigentum der übrigen Wohnungseigentümer und geht dies auf rechtswidriges Handeln des vermietenden Wohnungseigentümers zurück, so kann jeder Eigentümer den Mieter der Wohnung nach § 1004 Abs. 1 BGB auf Duldung der Störungsbeseitigung in Anspruch nehmen (BGH MDR 2020, 82 = ZWE 2020, 144 m. Anm. Lehmann-Richter/Wobst ZWE 2020, 123). Hiervon ist beispielsweise auszugehen, wenn der Vermieter die Wohnung in unzulässiger Weise baulich verändert und sie sodann vermietet. Der Mieter ist gegenüber den anderen Eigentümern verpflichtet, den Rückbau der baulichen Veränderung zu dulden (BGH NJW 2007, 432 betr. Beseitigung eines Balkons).

28 2. Wird die **bauliche Veränderung durch den Mieter** vorgenommen, so kommt es darauf an, ob der vermietende Eigentümer gegenüber den übrigen Eigentümern hierzu berechtigt gewesen wäre. Ist dies nicht der Fall, so ist der Mieter gegenüber den übrigen Eigentümern zur Duldung des Rückbaus verpflichtet. Dies gilt auch dann, wenn der Vermieter mit der Veränderung einverstanden war.

29 3. Ebenso können die Eigentümer den Mieter aus § 1004 auf Unterlassung in Anspruch nehmen, wenn von ihm konkrete und nicht zu duldende Störungen, etwa **Lärm- oder Geruchsimmissionen** ausgehen.

30 4. Verstößt der Mieter gegen wohnungseigentumsrechtliche **Gebrauchsbeschränkungen** (z. B. gegen eine Beschränkung der Tierhaltung oder der Musikausübung), so kommt es darauf an, ob die übrigen Wohnungseigentümer gegen den Eigentümer der Wohnung einen dinglichen Anspruch hätten, sofern dieser den beanstandeten Gebrauch selbst ausüben würde (Armbrüster/Müller ZMR 2007, 321). Dies ist der Fall, wenn die Gebrauchsbeschränkung aus der Teilungserklärung (BGH MDR 2020, 82 = ZWE 2020, 144 m. Anm. Lehmann-Richter/Wobst ZWE 2020, 123) oder der Gemeinschaftsordnung oder auf einer Vereinbarung beruht und diese aus dem Grundbuch ersichtlich ist (Armbrüster/Müller a. a. O. und Armbrüster in: FS Blank 2006, S. 577, 578). Auf ein Recht zur Aufrechterhaltung des störenden Zustands kann sich der Mieter gegenüber einem anderen Wohnungseigentümer auch dann nicht berufen, wenn er nach dem Mietvertrag zu der

Störung berechtigt ist. Dies folgt aus der Erwägung, dass der Vertrag nur Rechte gegenüber dem Vermieter, nicht aber gegenüber den anderen Wohnungseigentümern begründet. Soweit der Vermieter gegenüber den anderen Wohnungseigentümern zur Beseitigung der Störung verpflichtet ist, muss dies auch der Mieter dulden, weil er sein Besitzrecht vom Vermieter herleitet und keine weiteren Rechte geltend machen kann als dieser (BGH NJW 2007, 432; Bruns NJW 2011, 337). Nicht eingetragene Vereinbarungen haben nur schuldrechtlichen Charakter. Eine durch Beschluss geregelte Gebrauchsbeschränkung bindet den Mieter ebenfalls nicht. Die Wohnungseigentümer können lediglich den vermietenden Eigentümer auf Einhaltung des Beschlusses in Anspruch nehmen. Ob dieser einen Unterlassungsanspruch gegen den Mieter geltend machen kann, richtet sich nach den Vereinbarungen im Mietvertrag.

Wird der Beschluss während der Mietzeit gefasst, so kommt es insbesondere darauf an, ob im Mietvertrag ein wirksamer **Änderungsvorbehalt** vereinbart ist. Beschlüsse, die auf Grund einer **Öffnungsklausel** gefasst worden sind, haben allerdings dieselbe Wirkung wie eine im Grundbuch eingetragene Vereinbarung (Armbrüster/Müller ZMR 2007, 321, 326) mit der weiteren Folge, dass die Wohnungseigentümer aus dinglichem Recht gegen den Mieter vorgehen können. 31

Ist die vermietete Einheit in der Teilungserklärung als Wohn- oder Teileigentum ausgewiesen, so liegt auch hierin eine **Gebrauchsbeschränkung** in dem Sinne, dass der Mieter die Räume nur als Wohnung oder nur zu den bestimmten Gewerbezwecken nutzen darf. Bei **zweckwidriger Nutzung** können die übrigen Wohnungseigentümer den Mieter auf Unterlassung in Anspruch nehmen (Armbrüster/Müller ZMR 2007, 321, 324 m.w. N.). Der vermietende Eigentümer hat im Allgemeinen keinen Anspruch gegen die übrigen Eigentümer auf Zustimmung zur nachträglichen Änderung des Gebrauchszwecks (Armbrüster in FS Blank 2006, S. 577, 579). Der im Wohnungseigentum anerkannte Grundsatz, dass eine die Gebrauchsschranken überschreitende Nutzung hinzunehmen ist, wenn sie bei typisierender Betrachtungsweise nicht wesentlich stärker stört als der vorgesehene Gebrauch gilt auch zugunsten des Mieters (Armbrüster/Müller ZMR 2007, 321, 326 und in: FS Seuß 2007 S. 3. 32

5. Die **Hausordnung der Wohnungseigentümer** ist für den Mieter nur verbindlich, wenn dies vereinbart ist (Armbrüster in FS Blank 2006, S. 577, 581; a. A. Palandt/Weidenkaff § 535 BGB Rdn. 20). Die Geltung der Hausordnung kann formularvertraglich durch eine **statische Verweisung** vereinbart werden. Voraussetzung ist, dass der Mieter in zumutbarer Weise vom Inhalt der Hausordnung Kenntnis nehmen kann (Armbrüster in FS Blank 2006, S. 577, 581). Eine **dynamische Verweisung** ist an § 308 Nr. 4 BGB zu messen. Die Zumutbarkeitsprüfung muss sich auf den jeweiligen Einzelfall beziehen (Armbrüster a. a. O.). Zumutbar sind Änderungen, die allgemeine Verhaltenspflichten konkretisieren (Ruhezeiten, Haustürschließungszeiten etc.). Unzumutbar sind Regelungen die dem Mieter Handlungspflichten auferlegen (Schneeräumen). Eingriffe in die Gebrauchsbefugnisse (Tierhaltung) sind zumutbar, wenn sich der Beschluss der Wohnungseigentümer im Rahmen des ordnungsmäßigen Gebrauchs i. S. von § 15 Abs. 2 WEG hält (Armbrüster in FS Blank 2006, S. 577, 583 ff). 33

Ein wirksamer **Änderungsvorbehalt** muss sich deshalb auf Regelungen im Rahmen des ordnungsgemäßen Gebrauchs i. S. von § 15 Abs. 2 WEG beschränken; außerdem muss sich aus der Klausel ergeben, dass der mietvertraglich vereinbarte Gebrauch in diesem Rahmen auch durch Mehrheitsbeschlüsse der Wohnungseigentümer eingeschränkt werden kann (Armbrüster in FS Blank 2006, S. 577, 586). 34

§ 542 Ende des Mietverhältnisses

(1) **Ist die Mietzeit nicht bestimmt, so kann jede Vertragspartei das Mietverhältnis nach den gesetzlichen Vorschriften kündigen.**

(2) **Ein Mietverhältnis, das auf bestimmte Zeit eingegangen ist, endet mit dem Ablauf dieser Zeit, sofern es nicht**
1. in den gesetzlich zugelassenen Fällen außerordentlich gekündigt oder
2. verlängert wird.

Übersicht

	Rdn.
I. Anwendungsbereich und Bedeutung der Vorschrift	1
II. Beendigung durch Kündigung (Abs. 1)	9
1. Klarheit	11
2. Datum/Kündigungsfrist	25
3. Umdeutung von unwirksamen Kündigungserklärungen	28
4. Der/Die Kündigungsempfänger	31
5. Der/die Kündigungsberechtigte(n)	39
6. Kündigung durch Bevollmächtigte	50
7. Vollmachtsklauseln	65
8. Begründung	67
9. Sonstige Erklärungen	73
10. Schriftform	74
11. Wirksamwerden der Kündigung/Zugang	77
12. Teilkündigung	96
13. Vertrauensschutz/Widerruf/Rücknahme	98
14. Vermieter-/Eigentümerwechsel	103
15. Feststellungs- und Räumungsklage	104
16. Kosten der Kündigung	108
17. Wiederholte Kündigung wegen derselben Gründe	111
18. Kündigungsfolgeschaden	112
a) Kündigung durch den Vermieter	112
b) Kündigung durch den Mieter	126
c) Einwand des rechtmäßigen Alternativverhaltens	137
19. Vertragswidrige Kündigung	138
20. Kündigungsausschlussvereinbarung	140a
III. Beendigung durch außerordentliche Kündigung	141
1. Kündigungsrechte zugunsten des Vermieters	142
2. Kündigungsrechte zugunsten des Mieters	177
3. Vereinbarung weiterer Sonderkündigungsrechte	182
IV. Beendigung durch Zeitablauf (Abs. 2)	183
1. Mietverhältnisse auf bestimmte Zeit ohne Verlängerungsklausel	183
a) Mietverhältnis auf bestimmte Zeit	183
b) Vertragsbeendigung	189
c) Beweislast	191
2. Befristete Mietverhältnisse mit Verlängerungsklauseln	193
a) Einmalige Verlängerung auf bestimmte Zeit	193
b) Widerspruchsklauseln	195
c) Wiederkehrende Verlängerung auf bestimmte Zeit	197
d) Verlängerung auf unbestimmte Zeit	199
e) Abschlussoption	200
3. Mietverhältnisse mit Verlängerungsoption	202

	Rdn.
V. Der Mietaufhebungsvertrag	211
1. Zustandekommen des Vertrags	211
a) Vertragsparteien	211
b) Angebot/Annahme	215
2. Gesetzliche Verpflichtung des Vermieters zum Abschluss eines Mietaufhebungsvertrags	220
a) Das berechtigte Interesse	223
b) Der Nachmieter (Ersatzmieter)	226
c) Zeitpunkt der Vertragsbeendigung	233
d) Aufhebungsverlangen	234
e) Abweichende Vereinbarungen	235
f) Anspruch auf Akzeptanz des Nachfolgers	236
3. Nachmieterklauseln	237
4. Inhalt des Mietaufhebungsvertrags	240
5. Rechtsfolgen	244
a) Beim Abschluss eines Mietaufhebungsvertrags	244
b) Bei unberechtigter Weigerung zum Vertragsschluss	247
c) Bei berechtigter Weigerung zum Vertragsschluss	248
6. Beweislast	249
VI. Anfechtung	251

I. Anwendungsbereich und Bedeutung der Vorschrift

Die Vorschrift gilt für alle Mietverhältnisse. Sie regelt, auf welche Weise ein 1 Mietverhältnis endet.

§ 542 Abs. 1 BGB entspricht im Wesentlichen dem bis 31.8.2001 geltenden 2 § 564 Abs. 2 BGB. Die Vorschrift besagt, dass ein unbefristetes Mietverhältnis durch Kündigung endet. Die Vorschrift enthält keinen Kündigungstatbestand, sondern besagt nur, auf welche Weise unbefristete (auf unbestimmte Zeit abgeschlossene) Mietverhältnisse beendet werden können. Hieraus folgt, dass die ordentliche Kündigung ausgeschlossen ist, wenn die Parteien einen wirksamen Kündigungsausschluss vereinbart haben.

Die Möglichkeit der Beendigung eines Mietverhältnisses durch außerordentliche 3 Kündigung, Eintritt einer Bedingung, Aufhebungsvertrag, dauernde Unmöglichkeit, Konfusion, durch Bestellung eines dinglichen Wohnrechts, eines Erbbaurechts oder eines Dauerwohnrechts zugunsten des Mieters wird durch § 542 BGB nicht berührt.

Unter den „gesetzlichen" Vorschriften sind die Regelungen über die Kündi- 4 gungsfristen (§§ 573c–d, 576, 580a BGB), die Tatbestände der außerordentlichen Kündigung (§§ 543, 569 BGB) und die Begründungserfordernisse (§ 568 BGB) zu verstehen. Bei der Wohnraummiete ist außerdem § 573 BGB zu beachten.

§ 542 Abs. 2 BGB regelt die Beendigung von befristeten Mietverhältnissen. Bei 5 der Wohnraummiete ist zu beachten, dass eine Befristung nur unter den Voraussetzungen des § 575 BGB (Zeitmietvertrag) möglich ist. Sind diese Voraussetzungen nicht gegeben, so kommt trotz einer vereinbarten Befristung ein unbefristetes Mietverhältnis zustande (§ 575 Abs. 1 Satz 2) für dessen Beendigung Abs. 1 gilt (Einzelheiten s. § 575 BGB).

Grundsätzlich endet ein befristetes Mietverhältnis mit dem Ablauf der Miet- 6 zeit.

§ 542 BGB Untertitel 1. Allgemeine Vorschriften für Mietverhältnisse

7 In **§ 542 Abs. 2 Nr. 1 BGB** ist zur Klarstellung bestimmt, dass ein befristetes Mietverhältnis vorzeitig gekündigt werden kann, wenn einem der Vertragspartner ein Sonderkündigungsrecht (außerordentliche Kündigung mit gesetzlicher Frist) zusteht. Zu den Kündigungen im Sinne des § 542 Abs. 2 Nr. 1 BGB zählen alle kraft Gesetzes eingeräumten Möglichkeiten zur außerordentlichen befristeten oder fristlosen Kündigung. Es ist nicht erforderlich, dass der Kündigungstatbestand als „außerordentliche Kündigung" bezeichnet wird (LG Berlin GE 2010, 1421 zu § 11 WoBindG – Kündigungsrecht des Mieters nach Mieterhöhung)

8 In **§ 542 Abs. 2 Nr. 2 BGB** ist geregelt, dass ein befristetes Mietverhältnis nicht endet, wenn es verlängert wird. In Betracht kommt eine Verlängerung durch vertragliche Vereinbarung oder eine Verlängerung kraft Gesetzes in den Fällen des § 545 BGB. Ein Verlängerungsvertrag muss nach der Rechtsprechung vor dem Ablauf der Mietzeit abgeschlossen werden. Nach dem Ablauf der Mietzeit kann das Mietverhältnis lediglich neu begründet werden (s. Rdn. 100).

II. Beendigung durch Kündigung (Abs. 1)

9 **Begriff der Kündigung.** Unter einer Kündigung versteht man die Erklärung einer Vertragspartei, dass das Mietverhältnis beendet sein soll. Das Recht zur Kündigung steht i. d. R. beiden Vertragsteilen zu. Es kann bereits vor Überlassung der Mietsache an den Mieter ausgeübt werden (BGHZ 73, 350 = NJW 1979, 1288; NJW 1987, 948; KG NZM 2014, 199). Bei der befristeten Kündigung beginnt die Frist in diesem Fall mit dem Zugang der Kündigungserklärung (BGHZ 73, 350; **a. A.** Lenhard DWW 1980, 166: mit dem Vollzug des Mietverhältnisses). Die fristlose Kündigung wird sofort wirksam.

10 Die Kündigung ist eine **einseitige empfangsbedürftige Willenserklärung,** deren Wirksamkeit sich nach den allgemeinen Vorschriften der §§ 116–144 BGB richtet. Für die Kündigung von Wohn- und Geschäftsräumen gelten die nachfolgenden Grundsätze. Bei der Wohnraumkündigung sind darüber hinaus die Regelungen der §§ 568, 569, 573 – 574c BGB zu beachten (s. dort).

1. Klarheit

11 In der Kündigungserklärung muss der Wille zur einseitigen Vertragsbeendigung hinreichend klar zum Ausdruck kommen. Der Begriff „Kündigung" muss nicht verwendet werden (AG Prüm WuM 2019, 408); es genügt, wenn sich aus der Erklärung mit hinreichender Deutlichkeit ergibt, dass die einseitige Vertragsbeendigung gewünscht wird. An die **Eindeutigkeit der Erklärung** dürfen aus Gründen der Rechtssicherheit (Bestimmtheitsgrundsatz) nicht zu geringe Anforderungen gestellt werden. Keine Kündigung liegt vor, wenn die Vertragsbeendigung lediglich in Aussicht gestellt, angedroht oder vorgeschlagen wird. Gleiches gilt für Äußerungen, durch die eine bereits ausgesprochene Kündigung gestützt, erweitert oder erläutert werden soll. In der Erklärung: „Aus diesen Gründen bleibt die Kündigung aufrechterhalten" liegt deshalb keine neue Kündigung (LG Münster WuM 1992, 372, 373; WuM 1993, 541). In der Mitteilung, dass die Kündigung auch auf diese oder jene weiteren Gründe gestützt werde, kann ebenfalls keine neue Kündigung gesehen werden (Sternel Rdn. IV 8); hierin kommt lediglich zum Ausdruck, dass bei der Prüfung der Wirksamkeit einer bereits erklärten Kündigung auch die in der Mitteilung genannten weiteren Gründe berücksichtigt werden sollen (Sternel,

Mietrecht aktuell, Rdn. 893). Für die Annahme einer Kündigung kann es aber ausreichen, wenn der Vermieter erklärt, er wolle mit dem Mieter nichts mehr zu tun haben und sich im Übrigen ergibt, dass der Vermieter nicht lediglich seinen Unmut mit einem bestimmten Verhalten des Mieters zum Ausdruck bringen, sondern eine rechtsgeschäftliche Erklärung abgeben wollte (BGH ZMR 1972, 306).

Bei der **Geschäftsraummiete** kann der **Auszug eines Mieters** als **konkludent erklärte Kündigung** gewertet werden, wenn andere Motive der Besitzaufgabe ausscheiden (Fleindl in: Bub/Treier Kap IV Rdn. 16. Ebenso kann in der Erklärung des Mieters, er wolle das Mietobjekt nicht beziehen, eine Kündigung gesehen werden (BGH NZM 2001, 1077, 1078; AG Leipzig WuM 1998, 752). Bei der Wohnraummiete ist eine Kündigung durch konkludente Handlung wegen § 568 Abs. 1 BGB ausgeschlossen. Anders ist es, wenn der Mieter einer Wohnung (schriftlich, § 568 Abs. 1 BGB) erklärt, dass er ausziehe oder die Wohnung zu einem bestimmten Zeitpunkt zurückgebe. **12**

Aus der Kündigungserklärung muss sich mit hinreichender Deutlichkeit ergeben, **wer die Kündigung ausgesprochen** hat, **welcher Mietgegenstand gekündigt** wird und **gegen wen sich die Kündigung richtet.** Irrtümliche Falschbezeichnungen schaden nicht, wenn der Empfänger den Irrtum ohne weiteres erkennen kann. Anderenfalls ist die Kündigung unwirksam (LG Berlin ZMR 1992, 346: wenn der Empfänger mehrere Wohnungen gemietet hat und unklar ist, welche Wohnung gekündigt werden soll); den Empfänger trifft keine Aufklärungs- oder Nachforschungspflicht. **13**

Ein **Angebot zum Abschluss eines Mietaufhebungsvertrags** kann ebenso wenig **in eine Kündigung umgedeutet** werden wie eine **Anfechtungserklärung** oder eine **Abmahnung** (zur Umdeutung von unwirksamen Kündigungserklärungen s. Rdn. 28 ff). An der Eindeutigkeit der Erklärung fehlt es auch dann, wenn der Wille zur Vertragsbeendigung in einem Schreiben irgendwo an beliebiger oder gar an versteckter Stelle zum Ausdruck gebracht wird. Die Erklärung des **„Rücktritts"** kann dagegen in eine Kündigungserklärung umgedeutet werden, weil hierin der Wille zur Vertragsbeendigung unmissverständlich zum Ausdruck kommt (BGH ZMR 1987, 143, 144). **14**

Eine **Kündigung unter einer Bedingung** ist unwirksam. Dies gilt nach h. M. allerdings nur für die echte Bedingung, nicht für die Potestativbedingung (BGH NJW 1986, 2245, 2246; BAG NJW 1968, 2878; OLG Hamburg ZMR 2001, 26; KG GE 2003, 740; Wolf/Eckert/Ball Rdn. 866; Bieber in: MünchKomm § 542 BGB Rdn. 13; Fleindl in: Bub/Treier Kap IV Rdn. 13; Fritz, Gewerberaummietrecht Rdn. 379). Von einer **echten Bedingung** spricht man, wenn die Rechtswirkungen der Kündigung von einem künftigen, objektiv ungewissen Ereignis abhängen sollen (z. B.: eine Kündigung des Vermieters für den Fall, dass dieser seine bisherige Mietwohnung aufgeben muss). Bei der **Potestativbedingung** soll der Eintritt der Kündigungswirkung an das willkürliche Verhalten der Gegenpartei geknüpft werden, das sich nicht auf die Kündigung selbst bezieht (z. B. eine Kündigung durch den Vermieter für den Fall, dass der Mieter eine Betriebskostenabrechnung nicht innerhalb einer bestimmten Frist bezahlt oder eine Kündigung durch den Mieter, falls Mängel nicht beseitigt werden (OLG Hamburg ZMR 2001, 26). Die Rechtswirkungen der Kündigung treten ein, wenn die im Kündigungsschreiben gesetzte Frist abgelaufen ist und die Bedingung nicht erfüllt wurde. Wird über das Vermögen des Mieters vor diesem Zeitpunkt das Insolvenzverfahren eröffnet, so kann die Kündigung nicht wirksam werden (KG GE 2003, 740). Auch die in einer sog. **„Vorratskündigung"** enthaltende Bedingung ist als Potestativbedingung zu **15** bewerten. Von einer „Vorratskündigung" spricht man, wenn die Kündigung für den Fall ausgesprochen wird, dass ein vom Kündigenden unterbreitetes Angebot abgelehnt wird (Beispiele: Verkaufsangebot des Vermieters gegenüber dem Mieter verbunden mit einer Kündigung falls der Mieter das Angebot ablehnt; Angebot des Mieters an den Vermieter zur vertraglichen Aufhebung des Mietvertrags, verbunden mit der Kündigung für den Fall, dass der Mietaufhebungsvertrag nicht zustande kommt). Bei der Wohnraummiete ist eine vom Vermieter ausgesprochene Vorratskündigung unwirksam (BGH NZM 2017, 23; s. § 573 Rdn. 67, 170a), in den übrigen Fällen ist sie wirksam.

16 **Rechtsbedingungen** sind ebenfalls unschädlich. Hiervon ist beispielsweise auszugehen, wenn eine Kündigung für den Fall ausgesprochen wird, dass ein Mietverhältnis zustande gekommen ist (etwa im Fall eines zweifelhaften Vertragsschlusses, einer zweifelhaften Anfechtung, usw.).

17 Wird eine **Kündigung „hilfsweise" oder „fürsorglich"** für den Fall ausgesprochen, dass das Mietverhältnis nicht bereits beendet ist (z. B. durch eine früher erklärte Kündigung oder durch Aufhebungsvertrag, so liegt hierin **keine Bedingung.** Vielmehr ist hierin eine unbedingte Kündigung zu sehen, verbunden mit der Erklärung, dass die Wirksamkeit dieser Kündigung nachrangig geprüft werden soll. Erklärt der Vermieter eine außerordentliche fristlose Zahlungsverzugskündigung gem. § 543 Abs. 2 BGB und hilfsweise eine ordentliche Kündigung wegen Pflichtwidrigkeit gem. § 573 Abs. 2 BGB so liegt keine – unzulässige – Bedingung vor. Der Vermieter macht damit nicht nur deutlich, dass die fristlose Kündigung Vorrang haben soll, sondern erklärt zugleich, dass die ordentliche Kündigung in allen Fällen Wirkung entfalten soll, in denen die zunächst angestrebte sofortige Beendigung des Mietverhältnisses aufgrund einer – entweder bei Zugang des Kündigungsschreibens schon gegebenen oder einer nachträglich gemäß § 543 Abs. 2 Satz 3 BGB (unverzügliche Aufrechnung durch Mieter) oder § 569 Abs. 3 Nr. 2 Satz 1 BGB (Schonfristzahlung oder behördliche Verpflichtungserklärung) rückwirkend eingetretenen – Unwirksamkeit der fristlosen Kündigung fehlgeschlagen ist (BGHZ 220, 1 = NJW 2018, 3517 = NZM 2018, 941). Es liegt deshalb gar kein echtes Hilfsverhältnis vor. Beide Kündigungen werden unbedingt ausgesprochen, die fristlose beendet das Mietverhältnis nur zu einem früheren Termin. Daraus ergibt sich die Rangfolge.

18 Ebenso ist es bei der **gestaffelten Kündigung** (dazu Fleindl ZMR 2020, 1). Sie liegt vor, wenn eine Kündigung auf mehrere Beendigungstatbestände mit unterschiedlichen Rechtsfolgen gestützt wird (z. B. die Kündigung wegen Zahlungsverzugs auf § 543 Abs. 2 Nr. 3 BGB und § 573 Abs. 2 Nr. 1 BGB; die Kündigung einer Einliegerwohnung auf § 573 Abs. 1 und auf § 573a BGB). Gelegentlich wird gefordert, dass sich das Verhältnis mehrerer Kündigungen zueinander aus Gründen der Rechtsklarheit aus den jeweiligen Kündigungserklärungen ergeben muss; anderenfalls seien die gestaffelten Kündigungen unwirksam (LG Wiesbaden WuM 1998, 284). Hiergegen ist einzuwenden, dass sich das Verhältnis im Allgemeinen aus den Umständen ergeben wird. Grundsätzlich gilt, dass die Kündigung mit der kürzeren Frist prinzipaliter und diejenige mit der längeren Frist eventualiter erklärt wird.

19 Von einer **Änderungskündigung** spricht man, wenn das Mietverhältnis gekündigt und dessen Fortsetzung von der Einwilligung in die Änderung der Mietbedingungen (z. B. der Bereitschaft zur Zahlung einer höheren Miete) abhängig gemacht wird. Eine solche Kündigung ist als unbedingte Kündigung wirksam (Ausnahme: Wohnraummiete, § 573 Abs. 1 Satz 2 BGB).

Ende des Mietverhältnisses **BGB § 542**

Von einer **Kündigung unter einer echten Befristung** (befristete Kündigung) 20
spricht man, wenn der Zeitpunkt des Wirksamwerdens der Kündigung feststeht
(Beispiel: Eine Kündigung zum Ablauf des Monats). Eine solche Kündigung ist
wirksam.

Davon ist die **Kündigung mit unechter Befristung** zu unterscheiden. Sie 21
liegt vor, wenn der Eintritt eines zukünftigen Ereignisses zwar feststeht aber der
Zeitpunkt des Eintritts ungewiss ist und vom Kündigungsempfänger nicht beeinflusst werden kann (Beispiel: die Kündigung eines Mieters, die erst wirksam werden soll, wenn Ersatzräume gefunden sind). Eine solche Kündigung ist unwirksam
(BGH NJW 2004, 284 = NZM 2004, 66 = ZMR 2004, 172).

Die Kündigung kann auch in der **Klagschrift oder in einem sonstigen** 22
Schriftsatz an das Gericht erklärt werden. In der Erhebung der Klage liegt aber
für sich allein keine (konkludent erklärte) Kündigung (Ehlert in: Bamberger/Roth
§ 542 BGB Rdn. 11a; **a. A.** OLG Köln ZMR 1996, 24). Gleiches gilt für die Einlegung der Berufung. Ebenso wenig reicht es aus, wenn in Schriftsätzen an das Gericht der Räumungsanspruch begründet oder erläutert wird oder wenn dort neue
Kündigungsgründe geltend gemacht werden (**a. A.** OLG Düsseldorf WuM 1995,
434; Wolf/Eckert/Ball Rdn. 925). Vielmehr ist aus Gründen der Rechtssicherheit
zu fordern, dass in dem Schriftsatz eine Erklärung enthalten ist, die der Empfänger
unzweifelhaft als materiell-rechtliche Kündigungserklärung verstehen kann. Dies ist
der Fall, wenn die Partei deutlich zum Ausdruck bringt, die Prozesshandlung solle
nicht lediglich der Durchsetzung einer bereits außerprozessual erklärten Kündigung
dienen, sondern daneben auch eine materiell-rechtliche Willenserklärung enthalten (BGH NJW-RR 1997, 203 unter 2B; GE 2003, 1326, 1328; BayObLG RE
14.7.1981 NJW 1981, 2197 = WuM 1981, 200 = ZMR 1981, 333; LG Berlin
ZMR 1995, 353, 355; GE 1997, 429; LG Osnabrück WuM 1991, 690; Sternel
Rdn. IV 7; Rolfs in: Staudinger § 542 BGB Rdn. 72; Lammel § 542 BGB Rdn. 50;
Kandelhard in: Herrlein/Kandelhard § 542 BGB Rdn. 7; Fritz, Gewerbemietrecht
Rdn. 384; Ehlert in: Bamberger/Roth § 542 BGB Rdn. 11a; Fleindl in Bub/Treier
Kap IV Rdn. 38). Der **BGH** stellt an die Erkennbarkeit des Kündigungswillens
allerdings nur **geringe Anforderungen.** Danach soll es genügen, wenn der Vermieter (irgendwie) zum Ausdruck bringt, „dass die Klage erhoben werde mit dem
Ziel, die ... Auflösung des Mietverhältnisses zu erreichen" (BGH ZMR 1987, 280,
281). Zum Schriftformerfordernis bei der Kündigung in prozessualen Schriftsätzen
s. § 568 Rdn. 15 ff.

Hat der Kündigende **Zweifel an der Wirksamkeit** der vorgerichtlichen **Kün-** 23
digungserklärung, so kann er in der **Klagschrift** oder in einem **sonstigen**
Schriftsatz an das Gericht eine **neue Kündigung** aussprechen und die Klage
hilfsweise hierauf stützen. Hier genügt es, wenn die Klagschrift auf die vorprozessuale Kündigung Bezug nimmt und eine Kopie des Kündigungsschreibens dem
Schriftsatz als Anlage beigefügt ist (OLG München Beschluss vom 6.9.2017 – 32
U 1611/17).

Sollen **neue Kündigungsgründe** in das Verfahren eingeführt werden, so ist zu 24
unterscheiden: Handelt es sich um Gründe, die im Zeitpunkt des Kündigungsausspruchs bereits vorgelegen haben, so muss der kündigende Vermieter im Falle der
Kündigung eines Wohnraummietverhältnisses eine neue Kündigungserklärung abgeben. Dies gilt sowohl für die ordentliche (§ 573 Abs. 3 BGB), als auch für die außerordentliche Kündigung (§§ 569 Abs. 4, 573 d Abs. 1 BGB). In allen übrigen Fällen (ordentliche und außerordentliche Kündigung von Geschäftsraum; ordentliche
Kündigung von Wohnraum durch den Mieter) genügt es, wenn der Kündigende

§ 542 BGB   Untertitel 1. Allgemeine Vorschriften für Mietverhältnisse

die Gründe darlegt und erklärt, dass er den Räumungsanspruch auch hierauf stütze. Sind die Gründe dagegen erst nach dem Ausspruch der Kündigung entstanden, verhält es sich gerade umgekehrt: Hier genügt es bei der ordentlichen befristeten (§ 573 BGB) und bei der außerordentlichen befristeten Kündigung (§ 573 d BGB) eines Wohnraummietverhältnisses durch den Vermieter, dass der Kündigende die Gründe darlegt und erklärt, dass er den Räumungsanspruch auch hierauf stützt. Bei den sonstigen Kündigungen ist dagegen eine neue Kündigungserklärung erforderlich.

2. Datum/Kündigungsfrist

25   Die Angabe des Datums im Kündigungsschreiben ist nicht notwendig, aber wegen der Klarheit empfehlenswert. Die Angabe der Kündigungsfrist oder des Kündigungstermins gehört ebenfalls nicht zu den Wirksamkeitsvoraussetzungen der Kündigung (Rolfs in: Staudinger § 542 BGB Rdn. 74; Fleindl in Bub/Treier Kap IV Rdn. 18; Ehlert in: Bamberger/Roth § 542 BGB Rdn. 15; Kandelhard in: Herrlein/Kandelhard § 542 BGB Rdn. 9). Fehlt die Angabe des Kündigungstermins, so ist zunächst durch Auslegung der Kündigungserklärung zu prüfen, ob das Mietverhältnis nach Ablauf der gesetzlichen Kündigungsfrist oder fristlos beendet werden soll.

26   Ist **in der Kündigungserklärung eine Frist genannt**, so kann dies unterschiedliche Bedeutung haben. **(1)** Denkbar ist zum einen, dass die Kündigung als ordentliche befristete Kündigung gedacht ist. **(2)** Denkbar ist weiter, dass der Kündigende eine außerordentliche Kündigung unter freiwilliger Beachtung einer Kündigungsfrist erklärt, weil der Kündigungsberechtigte einen vom Gesetz abweichenden Kündigungstermin angeben kann (OLG Celle MDR 2014, 1250: „Auslauffrist"). In diesem Fall endet das Mietverhältnis nach Ablauf der Kündigungsfrist. Vor diesem Zeitpunkt kann der Vermieter nur unter der Voraussetzung des § 259 ZPO Klage erheben. Der Mieter muss seinerseits bis zum Ablauf der Frist den Mietzins bezahlen, auch wenn er früher räumt. **(3)** Kündigt der Vermieter, so ist außerdem denkbar, dass der Kündigende lediglich eine Räumungsfrist gewähren will. In diesem Fall endet das Mietverhältnis mit dem Zugang der Kündigung (BGH NZM 2006, 820). In der Gewährung der Räumungsfrist liegt eine Stundung des Herausgabeanspruchs, so dass der Vermieter vor Ablauf der Frist nur unter der Voraussetzung des § 259 ZPO Klage erheben kann. Der Mietzinsanspruch erlischt in diesem Fall mit dem Auszug des Mieters. **(4)** Im Zweifel gilt die Kündigung als **ordentliche, befristete Kündigung.** Maßgeblich sind in diesem Fall die in § 573c BGB geregelten Fristen.

27   Eine **Kündigung ohne Zeitangabe** wirkt zum nächst zulässigen Termin (LG Berlin ZMR 2011, 274). Die **Angabe einer kürzeren als der gesetzlichen Frist** ist i. d. R. folgenlos. In diesem Fall wird das Mietverhältnis zum nächstzulässigen Termin beendet (OLG Frankfurt NJW-RR 1990, 337; LG Köln ZMR 1992, 343; LG Berlin GE 1991, 575; LG Karlsruhe DWW 1990, 238; OLG Düsseldorf NZM 2010, 276; Rolfs in: Staudinger § 542 BGB Rdn. 74; Wolf/Eckert/Ball Rdn. 900; Erman/Lützenkirchen, § 542 BGB Rdn. 18; Fleindl in Bub/Treier Kap IV Rdn. 21; Sternel, Rdn. IV, 23; **a. A.** LG Göttingen WuM 1991, 266: danach ist eine solche Kündigung unwirksam). Eine Ausnahme kann gelten, wenn der angegebene und der gesetzlich mögliche Beendigungstermin sehr weit auseinander liegen. In diesem Fall kann nicht unterstellt werden, dass der Kündigende die Vertragsbeendigung auch zu diesem Termin aussprechen wollte. An die **Angabe einer längeren als der gesetzlichen Frist** ist der Kündigungsberechtigte dagegen gebunden, auch wenn er die Frist irrtümlich falsch berechnet hat.

3. Umdeutung von unwirksamen Kündigungserklärungen

Nicht immer ist die Erklärung, die eine Mietvertragspartei abgibt, ganz eindeutig. **28**
In diesem Fall muss zunächst eine Auslegung der Erklärung nach dem objektiven
Empfängerhorizont erfolgen. Die Auslegung geht der Umdeutung vor. Kommt
man durch Auslegung zu dem Ergebnis, dass keine Kündigung sondern eine andere
Erklärung abgegeben wurde oder hat die Partei tatsächlich ausdrücklich eine
solche andere Erklärung abgegeben, so stellt sich die Frage, ob diese Erklärung in eine Kündigung umgedeutet werden kann. Die Umdeutung dient dem Ziel, den von den
Parteien erstrebten wirtschaftlichen Erfolg zu verwirklichen, wenn zwar das von ihnen gewählte rechtliche Mittel unzulässig ist, aber ein anderer, rechtlich gangbarer
Weg zur Verfügung steht (BGH ZIP 2009, 264; BGHZ 19, 269, 273; 68, 204, 206).
Eine Umdeutung kommt nur dann in Betracht, wenn die Voraussetzungen einer anderen, dem gleichen Zweck dienenden Handlung erfüllt sind (BGH NJW 2013,
3361). Entscheidend ist die Frage, ob, der Empfänger den Beendigungswillen der anderen Partei hinsichtlich des Vertragsverhältnisses unzweifelhaft erkennen konnte.
Die **Umdeutung einer unwirksamen fristlosen Kündigung in eine ordentliche Kündigung** (§ 140 BGB) ist nach der Rechtsprechung zulässig und angebracht, wenn – für den Kündigungsgegner erkennbar – nach dem Willen des Kündigenden das Vertragsverhältnis in jedem Falle zum nächstmöglichen Termin
beendet werden soll (BGH NJW 2013, 3361; NZM 2018, 515) An die Erkennbarkeit dieses Willens sind aus Gründen der Rechtssicherheit hohe Anforderungen zu
stellen. Grundsätzlich muss sich dieser Wille aus der Kündigungserklärung selbst ergeben (BGH NJW 1981, 976, 977). Hiervon ist auszugehen, wenn in der Kündigungserklärung ausgeführt wird, dass die außerordentliche Kündigung hilfsweise als
ordentliche Kündigung gelten soll. Fehlt dieser (in der Rechtspraxis geläufige) Hinweis, so scheidet eine Umdeutung im Allgemeinen aus (LG Augsburg WuM 2001,
359). Ein Rückgriff auf außerhalb der Kündigungserklärung liegende Umstände
zur Ermittlung des Kündigungswillens ist zwar nicht ausgeschlossen; jedoch ist auch
hier erforderlich, dass der Wille zur ordentlichen Kündigung für den Kündigungsempfänger erkennbar ohne jeden Zweifel in Erscheinung getreten ist (OLG Düsseldorf DWW 1990, 304; OLG Hamburg NZM 1998, 333; Rolfs in: Staudinger § 542
BGB Rdn. 119; Fleindl in Bub/Treier Kap IV Rdn. 21; Lammel Wohnraummietrecht § 542 BGB Rdn. 53; Ehlert in: Bamberger/Roth § 542 BGB Rdn. 27; Erman/Lützenkirchen § 542 BGB Rdn. 21; Kandelhard in: Herrlein/Kandelhard
§ 542 BGB Rdn. 11). Hiervon ist in der Regel auszugehen, wenn der Mieter die
Mietsache nach der Kündigung an den Vermieter zurückgegeben hat (BGH NZM
2018, 515; OLG Rostock ZMR 2001, 29). Teilweise wird auch die Ansicht vertreten, dass bei der Wohnraummiete die Umdeutung generell ausgeschlossen sei, weil
sonst der Mieter in seinen Rechten aus § 574 BGB beeinträchtigt werde (so LG
Hamburg WuM 1990, 19; Sternel Rdn. IV 42). Dem ist entgegenzuhalten, dass der
Vermieter mehrere Kündigungen zugleich – auch in gestaffelter Form – aussprechen
kann. Deshalb muss auch eine Umdeutung möglich sein. Die Interessen des Mieters
sind gewahrt, wenn sichergestellt ist, dass eine Umdeutung nur dann vorgenommen
wird, wenn ein entsprechender Wille des Vermieters eindeutig zutage tritt. Die Umdeutung einer Rücktrittserklärung in eine Kündigung ist demgegenüber möglich,
da hier der Beendigungswille deutlich zum Ausdruck kommt. Wechselseitige Kündigungserklärungen können ggf. in einen Mietaufhebungsvertrag umgedeutet werden (BGH NZM 2014, 790; **a. A.** OLG Düsseldorf ZMR 2014, 116 für den Fall der
„Annahme" einer unwirksamen Kündigung durch Erklärungsgegner).

§ 542 BGB

29 Die **Umdeutung einer unwirksamen ordentlichen befristeten Kündigung in eine außerordentliche fristlose Kündigung** kommt aus Gründen der Rechtsklarheit wegen der unterschiedlichen Rechtsfolgen grundsätzlich nicht in Betracht (OLG Celle ZMR 1995, 298, 299; Rolfs in: Staudinger § 542 BGB Rdn. 121; Fleindl in: Bub/Treier Kap. IV Rdn. 21; Lammel, Wohnraummietrecht § 542 BGB Rdn. 54; Ehlert in: Bamberger/Roth § 542 BGB Rdn. 27). Während eine unwirksame Kündigung durchaus in eine Abmahnung umgedeutet werden (BGH WuM 2011, 676; KG GE 2005, 236; AG Hamburg-Wandsbek ZMR 2019, 510; AG Berlin-Mitte MM 12/2014, 28) kann, gilt das für den umgekehrten Fall nicht.

29a Haben die Parteien einen **befristeten Kündigungsverzicht** für eine bestimmte Zeit vereinbart und wird das Mietverhältnis vor Ablauf der vereinbarten Zeit mit der Drei-Monats-Frist des § 573c BGB gekündigt, so kann diese Kündigung nur dann in eine Kündigung zum vereinbarten Vertragsablauf umgedeutet werden, wenn dies dem Willen des Kündigenden „mit der erforderlichen Sicherheit" zu entnehmen ist (BGH NZM 2014, 235 Rz. 14).

30 Im Allgemeinen kann eine Kündigung nicht in ein Angebot zum Abschluss eines Aufhebungsvertrags umgedeutet werden. Anders kann es sein, wenn die Umdeutung den Interessen beider Parteien entspricht. Nach der Ansicht des BGH kommt eine Umdeutung außerdem in Betracht, „wenn der Erklärung des Kündigenden zu entnehmen ist, dass er mit einer Stellungnahme des Erklärungsgegners rechnet" (BGH NZM 2014, 790 Rz 33). Die **Umdeutung einer unwirksamen Kündigung in ein Angebot zum Abschluss eines Mietaufhebungsvertrags** ist zwar nicht grundsätzlich ausgeschlossen. Jedoch hängt eine Umdeutung von strengen Voraussetzungen ab. Es genügt keineswegs, dass der Kündigende das Mietverhältnis auf jeden Fall beenden will (**a. A.** LG Aachen ZMR 1997, 25). Nach der Rechtsprechung (grundlegend: BGH NJW 1981, 44; s. auch BGH GE 1984, 377; NJW 1984, 1028; MDR 2002, 390; OLG Köln ZMR 2001, 967; OLG Dresden NZM 2012, 84 sowie BVerfG ZMR 1997, 19) ist die Umdeutung nur dann möglich, „wenn sich der Erklärende bei Abgabe der ... Kündigung bewusst gewesen ist, dass sie als einseitige Erklärung nicht wirksam werden könnte, und es für diesen Fall zur Herbeiführung des rechtlichen und wirtschaftlichen Erfolges der Vertragsbeendigung, gewissermaßen hilfsweise, der Zustimmung des Erklärungsempfängers bedürfe" (BGH NJW 1981, 44). Eine Besonderheit kann gelten, wenn der Kündigungsempfänger ausdrücklich erklärt, dass er die Kündigung annehme (OLG Düsseldorf WuM 2003, 621, 622).

4. Der/Die Kündigungsempfänger

31 Aus der Erklärung muss sich ergeben, gegenüber wem gekündigt werden soll. Eine fehlerhafte Adressierung ist allerdings unschädlich, wenn das Kündigungsschreiben dem Mieter zugeht und sich aus den Umständen zweifelsfrei ergibt, dass sich die Kündigungserklärung auf das in dem Schreiben bezeichnete Mietobjekt bezieht (OLG Düsseldorf Urteil vom 25.7.2013 – 10 U 114/12). Sind **mehrere Personen Vertragspartner,** so muss die Kündigung gegenüber allen am Vertrag Beteiligten erklärt werden. Dies gilt auch bei einer Kündigung gegenüber den Mitgliedern einer **BGB-Gesellschaft** (vgl. BGHZ 136, 314 = NJW 1997, 3437 unter III 2b; OLG Düsseldorf ZMR 1996, 324). Eine Ausnahme gilt für die **AußenGbR.** Hier genügt es, wenn die Kündigung gegenüber der Gesellschaft erklärt wird und einem vertretungsberechtigten Gesellschafter zugeht. Das gilt auch dann, wenn den Gesellschaftern die Vertretungsbefugnis gemeinschaftlich zusteht

(BGH ZMR 2012, 261). Bei der Kündigung gegenüber einem Verein genügt die Abgabe der Erklärung gegenüber einem Mitglied des Vorstands (§ 28 Abs. 2 BGB). Eine vergleichbare Regelung besteht bei der OHG (§ 125 Abs. 2 S. 3 HGB), bei der KG (§§ 125 Abs. 2 S. 3, 161 Abs. 2, 170 HGB), bei der AG (§ 78 Abs. 2 S. 2 AktG), bei der GmbH (§ 35 Abs. 2 S. 3 GmbHG) und bei der Partnerschaftsgesellschaft (§ 7 Abs. 3 PartGG). Nach der Ansicht des BGH ist es nicht zwingend erforderlich, dass die mehreren Mieter namentlich genannt werden. Vielmehr genügt es, wenn sich aus dem Kündigungsschreiben hinreichend klar ergibt, dass sich die Erklärung an alle Mieter richtet (BGH NJW 2015, 473).

Maßgeblich für die Mieterstellung sind die Vertragsverhältnisse. Wird eine Wohnung von einem **Ehepaar** genutzt und ist nur einer der Eheleute Partei des Mietvertrags, so genügt es, wenn die Kündigung gegenüber dem Vertragspartner erklärt wird (die Räumungsklage sollte aber auch hier gegenüber beiden Eheleuten erhoben werden). Sind beide Eheleute Mieter, so muss beiden gegenüber gekündigt werden: dabei reicht es aus, wenn das Schreiben an die „Eheleute ..." oder an die „Familie ..." adressiert ist. Für weitere Fragen betreffend die Kündigung durch Eheleute s. § 535 BGB Rdn. 228. 32

Eine Ausnahme gilt für Mietverträge, die vor dem 3. 10. 1990 in der in **ehemaligen DDR** abgeschlossen worden sind. Hier sind die Vertragsverhältnisse nach wie vor nach dem ZGB zu beurteilen. In § 105 Abs. 3 ZGB war geregelt, dass der Mietvertrag über die Ehewohnung auch dann mit beiden Ehegatten zustande kommt, wenn der schriftliche Mietvertrag nur von einem der Eheleute unterzeichnet wird. Dies bedeutet, dass eine Kündigung stets gegenüber beiden Eheleuten ausgesprochen werden muss. Für Mietverhältnisse, die nach dem 2. 10. 1990 begründet worden sind, gelten die BGB-Vorschriften. 33

Wird die **Kündigung nur gegenüber einem von mehreren Vertragspartnern** erklärt, so ist sie insgesamt unwirksam. Das Mietverhältnis kann nämlich nur gegenüber allen Vertragspartnern einheitlich beendet werden. Haben die Kündigungsempfänger einen gemeinsamen Wohnsitz, so ist es üblich – aber nicht erforderlich – dass die Kündigung in einem einheitlichen an beide Vertragspartner gerichteten Schreiben erklärt wird. Der Vermieter kann stattdessen jedem der mehreren Mieter mit gesondertem Schreiben kündigen; die jeweiligen Erklärungen müssen dann aber in einem engen zeitlichen Zusammenhang stehen. Dies gebietet der Grundsatz der Rechtsklarheit: der Kündigungsempfänger muss alsbald wissen, ob die an ihn adressierte Kündigung formell wirksam ist; dies setzt in Fällen der vorliegenden Art voraus, dass auch sein Mitmieter eine Kündigung erhalten hat. Der zeitliche Zusammenhang ist nicht mehr gewahrt, wenn zwischen den Erklärungen ein längerer Zeitraum liegt. Die kritische Grenze dürfte etwa einen Monat betragen (vgl. OLG Düsseldorf DWW 1987, 293; LG München I WuM 1999, 218; Rolfs in: Staudinger § 542 BGB Rdn. 13; s. auch LG Cottbus WuM 1995, 38: danach ist der zeitliche Zusammenhang jedenfalls dann nicht mehr gewahrt, wenn zwischen den Kündigungen ein Zeitraum von 6 Monaten liegt. 34

Ist eine Wohnung an mehrere Mieter vermietet und ist einer der **Mieter bereits ausgezogen** (oder niemals eingezogen, AG Charlottenburg GE 2015, 1537), so muss dennoch gegenüber allen Mietern gekündigt werden (LG Köln WuM 1990, 298; LG Limburg WuM 1993, 47; LG Mannheim WuM 1994, 539). Der Umstand, dass der verbliebene Mieter in vorangegangenen Mieterhöhungsprozessen keine Einwendungen gegen seine Inanspruchnahme erhoben hat, ändert daran nichts (LG Frankfurt DWW 2009, 263). Eine Ausnahme gilt, wenn der Auszug des Mieters einige Zeit zurückliegt und sich aus den Umständen ergibt, dass dieser Mieter 35 mit der Wohnung nichts mehr zu tun haben will (BGH WuM 2010, 680 = NZM 2010, 815; OLG Frankfurt WuM 1991, 76; LG Stuttgart WuM 1996, 94). In der Regel ist es dem Mieter nach Treu und Glauben (§ 242 BGB) verwehrt, sich auf einen fehlenden Zugang des Kündigungsschreibens an den Mitmieter zu berufen, wenn dieser aus der Wohnung ausgezogen ist, ohne dies dem Vermieter anzuzeigen und eine neue Anschrift zu hinterlassen (BGH NZM 2010, 815; NZM 2018, 1017 Rdn. 20). Gleiches gilt, wenn der Auszug bereits vor langer Zeit erfolgt ist (BGH NZM 2010, 815). In Fällen dieser Art genügt es, wenn gegenüber dem in der Wohnung verbliebenen Mieter gekündigt wird.

36   Wird gegenüber einem **Geschäftsunfähigen** gekündigt, so muss die Kündigung an den gesetzlichen Vertreter gerichtet werden. Die bloße Kenntnisnahme des gesetzlichen Vertreters von der Kündigung genügt nicht (BAG NJW 2011, 890 unter Rz. 24; Palandt/Ellenberger § 131 BGB Rdn. 2) LG Berlin ZMR 1982, 238; LG Dresden WuM 1994, 377; **a. A.** AG Frankfurt WuM 1993, 457. Hat der Geschäftsunfähige keinen gesetzlichen Vertreter, so hat der Vermieter die Möglichkeit, beim zuständigen Familiengericht die Bestellung eines Betreuers anzuregen (BayObLG WuM 1996, 275; vgl. auch BGH NJW 1985, 433; LG Hamburg NJW-RR 1996, 139). Ist nach § 57 ZPO ein Prozesspfleger bestellt, so kann auch diesem gegenüber gekündigt werden (LG Hamburg NJW-RR 1996, 139).

37   Die hier dargelegten Grundsätze gelten auch dann, wenn ein Mieter einen **Empfangsvertreter** hat. Eine Empfangsvollmacht besagt nur, dass der Empfangsvertreter eine an den Mieter gerichtete Kündigung entgegennehmen kann (LG Berlin GE 2000, 281). Anders ist es, wenn der geschäftsunfähige Mieter vor Eintritt der Geschäftsunfähigkeit einem Dritten **Generalvollmacht** erteilt hat. In diesem Fall ist eine Kündigung wirksam, wenn sie dem Bevollmächtigten zugeht (LG Hamburg ZMR 2016, 627).

38   Ist der **Erbe eines verstorbenen Mieters unbekannt** und hat der Vermieter die Absicht, das Mietverhältnis durch Kündigung zu beenden, so hat das Nachlassgericht auf Antrag des Vermieters einen Nachlasspfleger zu bestellen (OLG Köln ZMR 2011, 634). Die Kündigung ist gegen den unbekannten Erben zu richten; sie wird wirksam, wenn die Kündigungserklärung dem Nachlasspfleger zugeht (s. auch § 564 Rdn. 39.

5. Der/die Kündigungsberechtigte(n)

39   Aus dem Kündigungsschreiben muss sich ergeben, wer die Kündigung ausgesprochen hat. Kündigungsberechtigt sind nur die Vertragspartner. Die (lediglich) dinglich Berechtigten (Eigentümer, Nießbraucher, Erbbauberechtigte) können nicht kündigen. Bei **juristischen Personen** muss die Kündigung grundsätzlich durch den gesetzlichen Vertreter ausgesprochen werden. Mitarbeiter des Unternehmens müssen zum Ausspruch der Kündigung bevollmächtigt werden. Bei einer **GbR** und anderen **Personengesellschaften** sind mangels abweichender Vereinbarungen die zur Geschäftsführung berufenen Gesellschafter vertretungsberechtigt. Bei der Gesamtgeschäftsführung besteht zugleich eine Gesamtvertretungsbefugnis. Hieraus ist abzuleiten, dass eine Kündigungserklärung grundsätzlich durch alle Gesellschafter erfolgen muss. Dies gilt im Grundsatz auch dann, wenn ein Mietvertrag zwischen einem Gesellschafter und der GbR gekündigt werden soll. Ein Ausschluss an der Mitwirkung ist im Einzelfall nur dann und insoweit geboten, wie der Schutz der GbR dieses erfordert, der Ausschluss also sachlich gerechtfertigt ist (OLG Frankfurt ZMR 2018, 665).

Ende des Mietverhältnisses **BGB § 542**

Der Vermieter kann das **Kündigungsrecht** nicht **abtreten** (LG Augsburg 40
NJW-RR 1992, 520; LG Berlin ZMR 1996, 326; LG Hamburg WuM 1993, 48;
LG Kiel WuM 1992, 128; LG Osnabrück WuM 1990, 81; LG München I WuM
1989, 282; LG Wiesbaden WuM 1987, 392; Rolfs in: Staudinger § 542 BGB
Rdn. 18; Lammel Wohnraummietrecht § 542 BGB Rdn. 29; Fleindl in: Bub/Treier
Kap IV Rdn. 4; Ehlert in: Bamberger/Roth § 542 BGB Rdn. 18; Sternel, Rdn. IV,
2; Kossmann/Meyer-Abich Handbuch der Wohnraummiete § 87 Rdn. 8; **a. A.**
Mayer ZMR 1990, 121, 123; Fricke ZMR 1979, 65). Der BGH hat die Frage der
Abtretbarkeit des Kündigungsrechts bisher offengelassen (BGHZ 95, 250, 254;
BGH NJW 1998, 896).

Sehr umstritten ist die Frage, ob der Vermieter einem Dritten eine **Ermächti-** 41
gung zur Kündigung im eigenen Namen erteilen kann. Dies wird vom BGH
(NJW 1998, 896) und einem Teil des Schrifttums (Rolfs in: Staudinger § 542 BGB
Rdn. 19; Ehlert in: Bamberger/Roth § 542 BGB Rdn. 18; Lammel Wohnraummietrecht § 542 BGB Rdn. 36; Fleindl in: Bub/Treier Kap IV Rdn. 4; s. dazu auch
Sternel EWiR 1998, 249) bejaht. Teilweise wird die Ansicht vertreten, dass gegen
diese Möglichkeit zur Übertragung des Kündigungsrechts dieselben Gründe sprechen wie gegen die Abtretung (LG Augsburg NJW-RR 1992, 520; LG Kiel WuM
1992, 128; LG Osnabrück WuM 1990, 81; LG München I WuM 1989, 282; LG
Hamburg WuM 1977, 260; Kandelhard in: Herrlein/Kandelhard, Mietrecht § 542
BGB Rdn. 20ff). Aus diesem Grunde wird eine im Kaufvertrag vereinbarte Ermächtigung zur Kündigung für unwirksam gehalten (LG Hamburg ZMR 1993,
167; Kandelhard a. a. O.).

Kündigt der Ermächtigte ohne die **Ermächtigungsurkunde im Original** 42
vorzulegen, so kann der Kündigungsempfänger die Kündigung nach **§§ 182**
Abs. 3, 111 BGB zurückweisen. Hierfür gelten die unter Rdn. 54ff dargelegten
Grundsätze.

Nach der Ansicht des BGH (NJW 1998, 896) kann eine **unwirksame Abtre-** 43
tungserklärung in eine **Ermächtigung zur Kündigung im eigenen Namen**
nach § 185 Abs. 1 BGB **umgedeutet** werden. Bei der Wohnraummiete ist allerdings
zu bedenken, dass die Ermächtigung zur Kündigung im eigenen Namen nur dann
zum Ziel führt, wenn der Ermächtigte einen Kündigungsgrund geltend macht, den
an seiner Stelle auch der Vermieter hätte geltend machen können. Dies ist insbesondere von Bedeutung, wenn der Erwerber einer vermieteten Wohnung zur Kündigung ermächtigt wird. Dieser kann aus eigenem Interesse (z. B. wegen Eigenbedarfs)
erst nach seiner Eintragung ins Grundbuch kündigen, weil der Veräußerer den Erwerber nur zur Geltendmachung eigener Rechte ermächtigen kann LG Stuttgart
WuM 2018, 99; s. § 566 Rdn. 71). Weiterhin ist zu bedenken, dass die Kündigung
eines Wohnraummietverhältnisses der Schriftform bedarf. Die gesetzliche Schriftform (§ 126 BGB) ist nur gewahrt, wenn sich aus dem Kündigungsschreiben ergibt,
dass der Unterzeichnende ein fremdes Recht im eigenen Namen geltend macht.

Eine **im Kaufvertrag getroffene Vereinbarung,** wonach die Rechte und 44
Pflichten aus dem Mietverhältnis bereits vor der Grundbucheintragung auf den Erwerber übergehen sollen, wirkt nur im Innenverhältnis zwischen den Parteien des
Kaufvertrags. Zur Erlangung der Außenwirkung ist es erforderlich, dass der Mieter
zustimmt. Stimmt der Mieter nicht zu, so ist die Übertragung der Vermieterpflichten mangels Mitwirkung des Mieters unwirksam. Nach Meinung des BGH soll dies
aber nicht die Unwirksamkeit des gesamten Rechtsgeschäfts zur Folge haben. Vielmehr sei der Vereinbarung der Wille der Parteien zu entnehmen, dass der Erwerber
jedenfalls zur Kündigung berechtigt sein soll (BGH WuM 2002, 601, 603).

45 Besteht der kündigende Vertragspartner aus **mehreren Personen,** so muss die Kündigung von allen Vermietern oder Mietern ausgesprochen werden. Dies muss sich aus dem Kündigungsschreiben oder der beigefügten Vollmacht ergeben (OLG Koblenz WuM 1999, 694; LG Wuppertal ZMR 2016, 455). Eine von einem Mieter allein erklärte Kündigung ist unwirksam. Das Mietverhältnis besteht fort. Ist der kündigende Mieter ausgezogen, so haftet er gegenüber dem Vermieter weiterhin auf die Miete. Ob der in der Wohnung verbliebene Mieter Anspruch auf Beteiligung an der Miete hat, richtet sich nach den zwischen den Mietern bestehenden Rechtsbeziehungen (vgl. AG Halle ZMR 2011, 961).

46 Wird die Kündigung nicht von allen ausgesprochen, so ist sie gleichwohl wirksam, wenn die **Kündigungserklärung mit Einwilligung** (vorherige Zustimmung, § 183 S. 1 BGB) der übrigen ausgesprochen worden ist. Auch die Einwilligung muss sich aus dem Kündigungsschreiben ergeben. Der Kündigungsempfänger kann die Kündigung aber zurückweisen, wenn der Kündigende die Einwilligung nicht in schriftlicher Form vorgelegt hat (§§ 182 Abs. 3, 111 S. 2 BGB). Die Zurückweisung muss unverzüglich erfolgen; es gelten die Darlegungen zu Rdn. 57. In der Erklärung muss außerdem der Grund der Zurückweisung angegeben werden. Eine ohne Einwilligung ausgesprochene Kündigung ist unwirksam (BGH NJW 2009, 3781 = WuM 2009, 736 = NZM 2010, 37 unter Rz 16). Eine Genehmigung (nachträgliche Zustimmung, § 184 BGB) führt nicht zur Wirksamkeit der Kündigung, weil § 185 BGB bei einseitigen Rechtsgeschäften nicht gilt (OLG Celle ZMR 1999, 237; Sternel, Rdn. IV, 3).

47 Ist **einer der Mieter oder Vermieter nicht zum Ausspruch der Kündigung bereit,** so kann er von dem Kündigungswilligen auf Mitwirkung beim Ausspruch der Kündigung in Anspruch genommen werden (OLG Hamburg NZM 2002, 521). Maßgeblich hierfür sind die zwischen den mehreren Mietern oder Vermietern bestehenden Rechtsbeziehungen. Für Eheleute und nichteheliche Gemeinschaften s. § 535 BGB Rdn. 228 ff, 242 ff. Innerhalb einer Wohnungseigentümergemeinschaft bestehen Schutz und Treuepflichten, auf Grund derer jeder Wohnungseigentümer verpflichtet ist, den anderen bei der Durchsetzung einer Kündigung zu unterstützen (OLG Hamburg ZMR 1996, 614; NZM 2002, 521).

48 Erfasst ein einheitlicher Mietvertrag **mehrere rechtlich selbständige Grundstücke** und werden diese Grundstücke sodann an mehrere Personen veräußert, so bilden die mehreren Erwerber eine Vermietergemeinschaft. Für die Kündigung des Mietverhältnisses gilt der Grundsatz der Einheitlichkeit des Mietverhältnisses. Dies hat zur Folge, dass dessen Kündigung nur wirksam ist, wenn sie durch alle Erwerber erklärt wird. Eine Ausnahme gilt beim **Erwerb in der Zwangsversteigerung.** Werden die Einzelgrundstücke jeweils verschiedenen Erwerbern zugeschlagen, so ist jeder Erwerber allein zur Teilkündigung berechtigt. Dies folgt aus der Erwägung, dass das Sonderkündigungsrecht des § 57a ZVG zu den gesetzlichen Versteigerungsbedingungen zählt, das mit dem Zuschlag erworben wird (KG NZM 2012, 304).

49 In bestimmten Fällen ist die Wirksamkeit einer Kündigung von der **Einwilligung eines Dritten** abhängig. Dies gilt für die Kündigung des Mietverhältnisses durch den Betreuer des Mieters sowie für die Kündigung von Werkwohnungen, die dem Mitbestimmungsrecht unterliegen. In beiden Fällen ist die Einwilligung (vorherige Zustimmung) eine echte Wirksamkeitsvoraussetzung. Fehlt sei, so ist die Kündigung unwirksam (Rolfs in: Staudinger § 542 BGB Rdn. 66; Fleindl in: Bub/Treier Kap IV Rdn. 5). Die nachträgliche Zustimmung (Genehmigung) heilt den Mangel nicht.

6. Kündigung durch Bevollmächtigte

Der Kündigungsberechtigte kann einen Dritten zum Ausspruch der Kündigung bevollmächtigen. In diesem Fall muss der Dritte die Kündigung im Namen des Berechtigten aussprechen. Es genügt allerdings, wenn sich die Fremdbezogenheit aus den Umständen ergibt (§ 164 Abs. 1 S. 2 BGB), was z. B. bei einer Kündigung durch einen Hausverwalter anzunehmen ist. Wird der **Offenheitsgrundsatz verletzt**, so ist die Kündigung unwirksam. Kündigt z. B. der vom Veräußerer bevollmächtigte Erwerber eines Hauses vor seiner Eintragung ins Grundbuch ohne ausdrücklichen Hinweis darauf, dass die Kündigung im Namen des Veräußerers erfolgt, so liegt eine verdeckte Stellvertretung vor. Eine **verdeckte Stellvertretung** ist bei einer Kündigung nicht zulässig (LG Köln WuM 1997, 219; LG München I WuM 1989, 282; AG Augsburg MittBayNot 1992, 329; AG Waiblingen WuM 1991, 20). 50

Der Dritte muss wirksam zum Ausspruch der Kündigung bevollmächtigt sein. Für **Eheleute** gilt nichts anderes, weil die **Schlüsselgewalt (§ 1357 BGB)** nicht die Befugnis zur Kündigung eines Mietverhältnisses umfasst (Fleindl in: Bub/Treier Kap IV Rdn. 12). Eine in einem Mietvertrag enthaltene Vollmachtsklausel gilt nach allgemeiner Ansicht nicht für den Ausspruch der Kündigung (s. Rdn. 65f); hier ist also die Erteilung einer speziellen Kündigungsvollmacht erforderlich. 51

Umstritten ist, ob durch eine **allgemeine Hausverwaltervollmacht** auch die Abgabe von Kündigungserklärungen gedeckt wird (bejahend: LG Hamburg WuM 1987, 209; LG Bremen WuM 1993, 605; verneinend: LG Berlin GE 1994, 287; AG Schöneberg WuM 1986, 437; AG Tempelhof-Kreuzberg MM 1989, Nr. 5 S. 29; AG Neuss DWW 1991, 116; Kandelhard in: Herrlein/Kandelhard, Mietrecht § 542 BGB Rdn. 15). Dies kann zu bejahen sein, wenn der Mieter erkennen kann, dass der Hausverwalter zur Kündigung berechtigt ist, z. B. weil er bereits mehrfach Kündigungen ausgesprochen hat (LG Berlin MM 1993, 184; ähnlich: LG Düsseldorf WuM 1991, 588, für die Vollmacht eines Rechtsanwalts, der den Vermieter ständig vertritt und auch als Hausverwalter tätig ist). Die Vollmacht kann auch dergestalt erteilt werden, dass die Entscheidung über die Vertragsbeendigung dem Bevollmächtigten überlassen wird. Ebenso kann ein Wohnungsunternehmen einem oder mehreren Mitarbeitern die generelle Entscheidung über die Vertragsbeendigung übertragen. 52

Die einem **Rechtsanwalt erteilte Prozessvollmacht** umfasst auch die Abgabe derjenigen materiellrechtlichen Erklärungen, die zur Erreichung des Prozessziels erforderlich sind. Deshalb ist ein mit der Durchführung eines Räumungsverfahrens beauftragter Rechtsanwalt auch zum Ausspruch einer oder mehrerer Kündigungen bevollmächtigt (OLG München ZMR 1996, 557; LG Berlin GE 1994, 1317; abweichend: LG Berlin GE 1997, 429: danach soll eine Prozessvollmacht nur zum Ausspruch einer Kündigung in einem anhängigen Rechtsstreit berechtigen; zu einer vorprozessualen Kündigung sei der Rechtsanwalt nicht befugt). Gleiches gilt, wenn der Rechtsanwalt zur Vertretung in allen Mietangelegenheiten mit einer bestimmten Partei bevollmächtigt ist (LG Berlin GE 1993, 93). 53

Kündigt ein Bevollmächtigter, so hängt die Wirksamkeit der Kündigung nicht davon ab, dass der Kündigungserklärung eine Vollmachtsurkunde beigelegt wird. **Fehlt die Vollmachtsurkunde,** so **kann der Empfänger die Kündigung** allerdings **zurückweisen (§ 174 BGB)**. Gleiches gilt, wenn die Vollmachtsurkunde lediglich in Form einer Abschrift oder in Form einer Fax Kopie oder sonstigen Kopie (OLG Hamm NJW 1991, 1185; LG Berlin MM 1992, 67; NJWE-MietR 1996, 54

§ 542 BGB Untertitel 1. Allgemeine Vorschriften für Mietverhältnisse

220; LAG Düsseldorf NZA 1995, 968 für arbeitsrechtliche Kündigung; Wolf/Eckert/Ball Rdn. 920, 921 vorgelegt wird). Die Vorlage einer beglaubigten Abschrift reicht ebenfalls nicht aus (BGH NJW 1981, 1210; LG Berlin MM 1993, 184); die Vollmacht muss stets in Urschrift (bei notarieller Beurkundung in einer Ausfertigung) vorgelegt werden. Dieser Grundsatz gilt auch für die durch den Gerichtsvollzieher zugestellte Kündigung (BGH a. a. O.; LG Berlin a. a. O.). Für die im Prozess erklärte Kündigung gilt nichts anderes; insbesondere ist es nicht erforderlich, dass der Kündigungsempfänger zugleich eine Rüge nach § 88 ZPO ausspricht (LG Berlin GE 1994, 317). Bei einer mehrstufigen Bevollmächtigung (z. B. wenn ein vom Vermieter bevollmächtigter Hausverwalter seinerseits einen Rechtsanwalt mit der Kündigung beauftragt) kann die Kündigung zurückgewiesen werden, wenn nicht alle Vollmachtsurkunden vorgelegt werden. In der Erklärung muss der **Grund der Zurückweisung** angegeben werden.

55 Wird die Kündigung durch eine aus mehreren Gesellschaftern bestehende **GbR** erklärt, so muss die Vollmachtsurkunde von allen Gesellschaftern unterzeichnet werden (OLG Brandenburg Urteil vom 23. 10. 2012 – 6 U 29/12). Ist die Kündigung nur von einem Gesellschafter unterzeichnet, so muss eine Vollmacht der übrigen Gesellschafter vorgelegt werden; anderenfalls kann sie gem. § 174 BGB zurückgewiesen werden (BAG NJW 2020, 1456).

56 Die **Gesellschafter einer GbR** können einen **Gesellschafter** zum Ausspruch der Kündigung **bevollmächtigen.** Dieser kann wiederum einen Rechtsanwalt beauftragen. Der Kündigungsempfänger kann die Kündigung nach § 174 BGB zurückweisen, wenn nicht sämtliche Vollmachten (Bevollmächtigung eines Gesellschafters zur Kündigung; Bevollmächtigung des Rechtsanwalts zur Kündigung) im Original vorgelegt werden. Die Vorlage von beglaubigten Abschriften genügt nicht (OLG Karlsruhe NZM 2003, 513).

57 Die **Zurückweisung** muss **unverzüglich,** d. h. ohne schuldhaftes Zögern (§ 121 Abs. 1 S. 1 BGB) erfolgen. Schuldhaftes Zögern setzt neben der objektiven Komponente – einem nicht mehr hinnehmbaren Zeitablauf, auch ein subjektives Element – ein vorwerfbares Verhalten – voraus (OLG München ZMR 1997, 286). Der Kündigungsempfänger hat zwar die Möglichkeit Rechtsrat einzuholen (LG Hamburg WuM 1998, 725); er muss dies aber alsbald tun. Eine **Zeitdauer** von **zwei Wochen** gilt im Allgemeinen bereits als kritischer Bereich, in dem es besonders eingehender Prüfung bedarf, ob der Widersprechende seine Erklärung ohne schuldhaftes Zögern abgegeben hat (LG Hagen WuM 1991, 79). Die **Rechtsprechung** ist allerdings **nicht einheitlich** (vgl. LG Berlin GE 1994, 1317: danach sind 3 Wochen nach Zugang der Kündigung nicht mehr „unverzüglich"; LG Berlin NJWE-MietR 1996, 221: zwei Wochen sind noch rechtzeitig; LAG Düsseldorf NZA 1995, 994 für arbeitsrechtliche Kündigung: danach sind bereits 10 Tage zu viel). Die Besonderheiten des Einzelfalls sind stets gebührend zu berücksichtigen. Ist der **Kündigungsempfänger** im Zeitpunkt des Zugangs **urlaubsabwesend,** so kann die Zurückweisung auch nach 26 Tagen seit dem Zugang der Kündigung unverzüglich sein, wenn der Kündigungsempfänger sofort nach Urlaubsrückkehr tätig wird (OLG München ZMR 1997, 286: hiervon sei selbst dann auszugehen, wenn die Vermieterin mit dem Eingang einer Kündigungserklärung habe rechnen müssen. Auch in einem solchen Fall müsse ein Vermieter grundsätzlich nicht in Erwägung ziehen, dass ein geschäftserfahrener Mieter die Kündigung in fehlerhafter, weil in zurückweisbarer Weise erklärt). Umgekehrt kann ein Zuwarten von 11 Tagen als verspätete Zurückweisung bewertet werden, wenn der Gekündigte ständigen Kontakt zu einem Rechtsanwalt unterhält (LG Berlin MM 1993, 184). Bei be-

reits anhängiger Räumungsklage kann die Zurückweisung auch in einem an das Gericht adressierten Schriftsatz erfolgen; dies ist allerdings nicht empfehlenswert, weil Verzögerungen bei der Weiterleitung des Schriftsatzes zu Lasten des Zurückweisenden gehen (LG Hagen WuM 1991, 79). Wird die Vertretungsmacht mangels Vorlage einer ausreichenden Vollmachtsurkunde zurückgewiesen, so wird die Kündigung unwirksam. Diese Rechtsfolge gilt auch dann, wenn der Rechtsanwalt seine Vertretung bereits vor Ausspruch der Kündigung angezeigt hat (OLG Brandenburg Urteil vom 23.10.2012 – 6 U 29/12). Eine nach § 174 BGB zurückgewiesene Kündigung kann jederzeit wiederholt werden. Die **Beweislast** für den rechtzeitigen Zugang der Zurückweisung trägt der Mieter (AG Reinbek ZMR 2015, 945, 946).

Zu beachten ist, dass die **Vollmachtsurkunde** grundsätzlich **bei jeder erneuten** 58 **Kündigung vorzulegen** ist. Auch ein Rechtsanwalt, der eine Partei bereits in einer vorangegangen Angelegenheit vertreten und dort gekündigt hat, kann allein deshalb noch nicht als kündigungsberechtigter Vertreter angesehen werden. Dies folgt aus der Erwägung, dass der Rechtsanwalt sein Mandat für jeden Vertretungsfall neu erhält (LG Hamburg WuM 1987, 209; LG Mannheim WuM 1978, 139). Etwas anderes gilt, wenn mehrere Kündigungen ausgesprochen worden sind und diese in einem zeitlichen oder sachlichen Zusammenhang stehen. Hier genügt es, wenn die Vollmachtsurkunde einer Kündigung beigefügt war. Hiervon abweichend wird allerdings auch die Ansicht vertreten, dass die **Zurückweisung rechtsmissbräuchlich** ist, wenn der Bevollmächtigte den Kündigenden in mehreren zurückliegenden Mietprozessen vertreten hat (OLG München ZMR 1996, 557) oder wenn die Kündigung im Anschluss an eine Korrespondenz erklärt wird und der Kündigungsempfänger den Bevollmächtigten während der Korrespondenz als Vertreter des Kündigenden akzeptiert hat (OLG München a. a. O.).

Aus dem Umstand, dass der Mieter eine Kündigung nach § 174 BGB zurück- 59 gewiesen hat, kann nicht die Besorgnis der Nichterfüllung der Räumungspflicht i. S. von **§ 259 ZPO** abgeleitet werden (LG Berlin GE 1997, 429).

Wird die **Vollmacht gegenüber dem Mieter erteilt**, so besteht **kein Zu-** 60 **rückweisungsrecht** (§ 174 Satz 2 BGB). Das OLG Frankfurt (NJW-RR 1996, 10) vertritt in diesen Zusammenhang die Ansicht, dass für die Information des Mieters keine besondere Form vorgesehen sei. Deshalb reiche es aus, wenn der Verwalter zusammen mit der in Frage stehenden Rechtshandlung eine fotokopierte Vollmacht vorlege, aus der sich seine Vertretungsbefugnis ergebe. Hierdurch werde der Mieter über Bestand, Inhalt und Umfang der Vollmachtsurkunde informiert, so dass das Zurückweisungsrecht ausgeschlossen ist.

Der **gesetzliche Vertreter** muss seine **Vertretungsmacht nicht nachweisen**. 61 Folgerichtig ist die Vorschrift des § 174 BGB auf das gesetzliche Vertretungsverhältnis unanwendbar (BGH NZM 2002, 163; OLG Düsseldorf NJW-RR 1993, 470; LG Köln WuM 1997, 219). Ebenso ist § 174 BGB unanwendbar, wenn die **Vertretungsmacht auf organschaftlicher Grundlage** beruht (BGH NJW 2002, 1194; BAGE 119, 311 = NZA 2007, 377). Deshalb ist die Beifügung einer Vollmachtsurkunde entbehrlich, wenn die Kündigung durch den Vorstand eines Vereins (§ 26 BGB), den Gesellschafter einer OHG (§ 125 HGB), den Vorstand einer AG (§ 78 AktG), durch die Geschäftsführer einer GmbH (§ 35 GmbHG) oder durch den Vorstand einer Genossenschaft (§ 24 GenG) ausgesprochen wird. Der Grund ist darin zu sehen, dass sich die Vertretungsmacht in diesen Fällen entweder unmittelbar aus dem Gesetz oder aus einem öffentlichen Register ergibt.

§ 542 BGB Untertitel 1. Allgemeine Vorschriften für Mietverhältnisse

62 Kündigt der alleinvertretungsberechtigte **Gesellschafter einer GbR,** so gelten jedoch die allgemeinen Grundsätze, weil der Kündigungsempfänger die Vertretungsverhältnisse der GbR weder aus dem Gesetz noch aus einem öffentlichen Register ersehen kann. Deshalb muss der Gesellschafter einer GbR seine Vertretungsmacht gegenüber dem Kündigungsempfänger nachweisen (BGH NZM 2002, 163; BAG NJW 2020, 1456). Dieser Nachweis ist erbracht, wenn der Kündigungserklärung eine von den anderen Gesellschaftern unterschriebene Vollmachtsurkunde beigefügt wird, wenn der Kündigende den Gesellschaftsvertrag vorlegt und sich hieraus die Vertretungsbefugnis des Kündigenden ergibt oder wenn dem Kündigungsschreiben eine Erklärung der übrigen Gesellschafter beiliegt, aus der sich ergibt, dass der Kündigende zur Alleinvertretung der Gesellschaft befugt ist.

63 Wird die **Kündigung durch einen Nicht-Bevollmächtigten** erklärt, so ist sie unwirksam (§ 180 Satz 1 BGB). Eine Genehmigung (nachträgliche Zustimmung, § 184 BGB) führt grundsätzlich nicht zur Wirksamkeit der Kündigung, weil § 185 BGB bei einseitigen Rechtsgeschäften nicht gilt (OLG Celle ZMR 1999, 237; Sternel, Rdn. IV, 3; Fleindl in: Bub/Treier Kap IV Rdn. 7). Hat jedoch der Vertreter behauptet, dass er bevollmächtigt sei und wird dies vom Kündigungsempfänger nicht beanstandet oder ist der Kündigungsempfänger mit dem Handeln ohne Vertretungsmacht einverstanden, so sind die Vorschriften über Verträge entsprechend anwendbar (§ 180 Satz 2 BGB). In diesem Fall kann der unberechtigte Vertretene die Kündigung mit Rückwirkung genehmigen (Rolfs in: Staudinger § 542 BGB Rdn. 28). Ein solcher Fall wird vorliegen, wenn die **Kündigung durch** einen hierzu **nicht berechtigten Mitarbeiter eines Wohnungsunternehmens** ausgesprochen wird und das Unternehmen im Anschluss hieran Räumungsklage erhebt. Die Unterzeichnung des Kündigungsschreibens ist dann als konkludent behauptete Vertretungsmacht und die Erhebung der Räumungsklage durch den Vertretenen als konkludente Genehmigung des Vertreterhandelns zu bewerten. Die Genehmigung hat zur Folge, dass die Kündigung rückwirkend wirksam wird. An dieser Rechtsfolge ändert sich nichts, wenn der Kündigungsempfänger die Vertretungsmacht während des Räumungsverfahrens bestreitet. Hat der Kündigungsempfänger Zweifel an der Vertretungsmacht des Unterzeichners der Kündigungserklärung, so muss er die Kündigung unverzüglich zurückweisen (OLG Düsseldorf ZMR 2006, 927).

64 Wird die **Wohnung eines Mieters durch** dessen **Betreuer gekündigt,** so bedarf die Kündigung der Einwilligung, (also der vorherigen Zustimmung, § 183 BGB) des Betreuungsgerichts (§ 1908i i. V. m. 1831 BGB). Auf diese Weise soll der Betreute vor dem Verlust seiner Wohnung geschützt werden. Eine ohne Einwilligung ausgesprochene Kündigung ist unwirksam (§ 1831 Satz 1 BGB). Eine nachträglich erteilte Zustimmung (Genehmigung, § 184) führt nicht zur Wirksamkeit der Kündigung, weil § 185 Abs. 2 BGB bei einseitigen Rechtsgeschäften nicht gilt An die Erteilung der Einwilligung sind hohe Anforderungen zu stellen, weil der Wunsch des Betreuten nach einer eigenen Wohnung grundsätzlich respektiert werden muss. Für das Verfahren ist dem Betreuten ein Verfahrenspfleger zu bestellen (OLG Oldenburg NZM 2003, 232). Die in der Wohnung lebenden Familienangehörigen des Betreuten haben gegen die Genehmigung der Kündigung durch das Betreuungsgericht kein Beschwerderecht. Dies gilt auch dann, wenn der Betreute nach Zugang der Kündigung beim Vermieter verstirbt und der oder die Familienangehörigen den Mieter beerben. Ein Eintritt in das Mietverhältnis nach § 563 BGB kommt ebenfalls nicht in Betracht, weil diese Vorschrift voraussetzt, dass das Mietverhältnis im Zeitpunkt des Todes des Mieters noch besteht (KG FamRZ 2010, 494).

7. Vollmachtsklauseln

Eine **Formularklausel, wonach sich mehrere Mieter gegenseitig zum** 65
Ausspruch einer Kündigung bevollmächtigen, verstößt gegen § 307 BGB: die Mieter werden unangemessen benachteiligt, wenn sie sich bereits bei Vertragsschluss gegenseitig zur Aufhebung des Vertrags bevollmächtigen müssen (OLG Frankfurt WuM 1992, 57, 61 [Klausel Nr. 31]; OLG Koblenz WuM 1999, 694; Rolfs in: Staudinger § 542 BGB Rdn. 23; Sternel, Rdn. I 403). Eine solche Klausel hat die „Selbstentrechtung" des Mieters zur Folge. Vollmachtsklauseln in einem Formularvertrag sind aus diesem Grunde nur wirksam, wenn die auf Beendigung des Mietverhältnisses gerichteten Erklärungen wie die Kündigung und das Angebot eines Mietaufhebungsvertrages ausdrücklich ausgenommen sind. (KG GE 2004, 754; MietRB 2018, 230; OLG Düsseldorf ZMR 2008, 44) Eine wechselseitige Vermietervollmacht ist dagegen wirksam. Sie benachteiligt zwar den einzelnen Vermieter; dieser ist aber als Verwender des Vertragsformulars nicht geschützt. Der Mieter wird durch die wechselseitige Vermietervollmacht nicht benachteiligt.

Eine **Klausel, wonach sich mehrere Mieter gegenseitig zur Abgabe von** 66
Willenserklärungen bevollmächtigen, ist ebenfalls unwirksam, weil diese Klausel auch die Kündigungserklärungen umfasst. Eine einschränkende Auslegung dahingehend, dass von den Willenserklärungen diejenigen ausgenommen sein sollen, die sich auf die Vertragsbeendigung beziehen, ist nicht möglich (Verbot der geltungserhaltenden Reduktion. Vielmehr muss eine wirksame Klausel so gefasst werden, dass hieraus die Ausnahmen ersichtlich sind (s. z. B. § 16 Abs. 2 Mustermietvertrag). Die Wirksamkeit der formularmäßigen Vollmachtsklausel: „Für die Rechtswirksamkeit einer Erklärung des Vermieters genügt es, wenn sie gegenüber einem der Mieter abgegeben wird. Willenserklärungen eines Mieters sind auch für die anderen Mieter verbindlich. Die Mieter bevollmächtigten sich hiermit gegenseitig zur Abgabe und Entgegennahme von Willenserklärungen, und zwar unter gegenseitiger Befreiung von den Beschränkungen des § 181 BGB. Dies gilt nicht für die Kündigung eines Mieters" hat der BGH offen gelassen (BGH NJW 2015, 473 Rz. 28).

8. Begründung

Für die **ordentliche Kündigung** von Geschäftsraum durch den Vermieter oder 67
den Mieter sind keine Gründe erforderlich. Gleiches gilt für die ordentliche befristete Kündigung eines Wohnraummietverhältnisses, wenn sie vom Mieter ausgesprochen wird. Die Angabe von Gründen im Kündigungsschreiben ist deshalb entbehrlich, schadet aber selbst dann nicht, wenn die angegeben Gründe nicht vorliegen. Etwas anderes kommt in Betracht, wenn im Mietvertrag vereinbart ist, dass das Mietverhältnis nur beim Vorliegen bestimmter Gründe beendet werden kann. In einem solchen Fall ist zu prüfen, ob die Angabe der Gründe im Kündigungsschreiben eine vertragliche Wirksamkeitsvoraussetzung der Kündigung darstellt (Fleindl in: Bub/Treier Kap IV Rdn. 17; Palandt/Weidenkaff § 542 BGB Rdn. 14). Dies ist im Regelfall zu bejahen.

Ausnahmsweise kann eine **ordentliche Kündigung bei der Geschäftsraum-** 68
miete rechtsmissbräuchlich sein. Dies setzt voraus, dass der Kündigende eine vertragliche Rechtsposition in einer Weise missbraucht, die mit den guten Sitten nicht zu vereinbaren ist (BGH NJW 1970, 855 betr. Kündigung eines Tankstellenvertrags, weil der Pächter sich weigert, ein ihm nachteiliges Rabattsystem einzufüh-

ren; BGH MietRB 2019, 361 rechtsmissbräuchliches Herausgabeverlangen, wenn Mieter anderweitigen Überlassungsanspruch hat). Gleiches wird gelten, wenn die Kündigung lediglich den Zweck verfolgt, dem Gekündigten zu schaden. Für die Annahme eines Rechtsmissbrauchs reicht es aber nicht aus, wenn der Mieter Gewährleistungsansprüche geltend macht und der Vermieter kündigt, um den Anspruch des Mieters abzuwehren (OLG Düsseldorf ZMR 2011, 381).

69 Für die **außerordentliche Kündigung mit gesetzlicher Frist** von Geschäftsraum durch den Vermieter oder den Mieter sind keine Gründe erforderlich. Gleiches gilt für die **außerordentliche Kündigung mit gesetzlicher Frist** eines Wohnraummietverhältnisses, wenn sie vom Mieter ausgesprochen wird (AG Tempelhof-Kreuzberg WuM 2006, 452 betr. Kündigung nach § 561 BGB).

70 Für die **außerordentliche fristlose Kündigung von Geschäftsräumen und von Wohnräumen** müssen Kündigungsgründe vorliegen. Bei der Geschäftsraummiete müssen die Kündigungsgründe im Kündigungsschreiben allerdings nicht mitgeteilt werden (BGH NJW 1980, 777, 779). Dies gilt sowohl für die Mieterkündigung als auch für die Vermieterkündigung. Lagen zum Zeitpunkt des Kündigungsausspruchs keine oder keine ausreichenden Gründe vor, so ist die Kündigung unwirksam. Das Mietverhältnis wird in diesem Fall auch dann nicht beendet, wenn nach Ausspruch der Kündigung solche Gründe entstehen; wegen dieser nachträglich entstandenen Gründe kann aber erneut gekündigt werden (OLG Zweibrücken RE 17.2.1981 WuM 1981, 178). Hat der Kündigende in dem Kündigungsschreiben die Gründe der fristlosen Kündigung mitgeteilt, so ist er nach den hier dargelegten Grundsätzen nicht gehindert, die Kündigung im Räumungsprozess auch auf solche Gründe zu stützen, die in dem Schreiben nicht genannt waren (BGH a.a.O.; OLG Karlsruhe RE 8.6.1982 NJW 1982, 2004; OLG München ZMR 1996, 557. Gleiches gilt, wenn der Kündigende Gründe angegeben hat, die in Wirklichkeit nicht vorgelegen haben; hier kann die Kündigung auf die wirklichen Gründe gestützt werden. Der Kündigende ist weder an die angegeben Gründe gebunden, noch hierauf beschränkt. Etwas anderes kann gelten, wenn sich aus den Umständen ergibt, dass der Kündigende nur wegen der mitgeteilten Gründe kündigen wollte.

71 Für die **ordentliche befristete Kündigung von Wohnraum** und für die **außerordentliche Kündigung mit gesetzlicher Frist** (§ 575a BGB) müssen Gründe vorliegen, wenn die Kündigung vom Vermieter ausgesprochen wird. Diese Gründe müssen im Kündigungsschreiben angegeben werden (s. § 575a Abs. 1 BGB).

72 Bei der **außerordentlichem fristlosen Kündigung eines Wohnraummietverhältnisses** müssen die Gründe im Kündigungsschreiben angegeben werden (§ 569 Abs. 4 BGB; s. dort). Dies gilt auch dann, wenn die Kündigung vom Mieter ausgesprochen wird.

9. Sonstige Erklärungen

73 Bei der ordentlichen Kündigung eines Mietverhältnis über Wohnraum durch den Vermieter ist ein Hinweis auf die Widerspruchsmöglichkeit nach § 574 BGB ratsam. Außerdem kann die Erklärung nach § 545 BGB mit der Kündigungserklärung verbunden werden (OLG Hamburg RE 27.7.1981 NJW 1981, 2258; OLG Schleswig RE 23.11.1981 NJW 1982, 449), was insbesondere in den Fällen der fristlosen Kündigung zu empfehlen ist. Im Falle der befristeten Kündigung gilt im Grundsatz nichts anderes (BayObLG RE 1.9.1981 NJW 1981, 2759; LG Bonn WuM 1992, 617; LG Köln WuM 1987, 225); jedoch sollte der Widerspruch in je-

dem Fall nach Ablauf der Kündigungsfrist wiederholt werden, weil zwischen der Vertragsbeendigung und der Widerspruchserklärung ein gewisser zeitlicher Zusammenhang bestehen muss (BayObLG a. a. O.), der insbesondere bei längeren Kündigungsfristen nicht mehr gewahrt ist, wenn der Widerspruch nur im Kündigungsschreiben ausgesprochen wird.

Der Vermieter kann den Mieter in dem Kündigungsschreiben zu einer **Erklä-** 73a **rung über seine Räumungsbereitschaft** und den Zeitpunkt der Rückgabe auffordern. Nach h. M. ist der Mieter nicht verpflichtet, eine solche Erklärung abzugeben (OLG Karlsruhe WuM 1983, 253; AG Hersbruck WuM 2012, 687). Schweigt der Mieter, so kann hieraus nicht die Besorgnis der nicht rechtzeitigen Erfüllung abgeleitet werden; eine Klage auf künftige Räumung (§ 259 ZPO) ist dann unzulässig. Teilweise wird allerdings vertreten, dass sich in bestimmten Fällen aus § 241 Abs. 2 BGB eine Erklärungspflicht ergibt. Dies soll insbesondere dann gelten, wenn der Vermieter zu erkennen gibt, dass er hinsichtlich des Zeitpunkts der Rückgabe auf Planungssicherheit angewiesen ist oder wenn er im Zusammenhang mit seiner Anfrage erklärt, er werde das Schweigen des Mieters dahin interpretieren, dass dieser die Kündigung für unwirksam ansehe (Lützenkirchen GE 2017, 1384, 1386).

10. Schriftform

Zur Schriftform bei der Kündigung von Wohnraum s. § 568. Die **Kündi-** 74 **gung von Geschäftsraum** kann mündlich erklärt werden, wenngleich mündliche Kündigungen aus Beweisgründen nicht zu empfehlen sind. Ebenso kann durch schlüssiges Verhalten gekündigt werden. Erforderlich ist allerdings, dass der Kündigungsgegner zweifelsfrei erkennen kann, dass das Mietverhältnis beendet werden soll (vgl. BGH NZM 2001, 1077, 1078, wonach die Erklärung des Mieters, er wolle das Mietobjekt nicht beziehen, als Kündigung ausgelegt werden kann). **Vertragliche Schriftformvereinbarungen** sind üblich. Sie können auch formularmäßig wirksam vereinbart werden. Ist vereinbart, dass eine Kündigung schriftlich erklärt werden muss, so ist unter der Schriftform regelmäßig die Form des § 127 BGB zu verstehen. Danach ist die Schriftform gewahrt, wenn die Erklärung durch Telefax übermittelt wird (BGH NJW 2004, 1320 = WuM 2004, 269; Fritz, Gewerberaummietrecht Rdn. 373). Soll die **Schriftform lediglich Beweiszwecken** dienen, so ist auch eine unter Nichtbeachtung der Form erklärte Kündigung wirksam. Anders ist es, wenn die Schriftform Wirksamkeitsvoraussetzung der Kündigung sein soll. Eine Vereinbarung, wonach eine Kündigung schriftlich zu erklären ist, dient i. d. R. zu Beweiszwecken (BGH a. a. O.; Franke in: WoBauR § 542 BGB Anm. 10). Ist dagegen vereinbart, dass die Kündigung zu ihrer Wirksamkeit der Schriftform bedarf, so wird man hierin eine echte Wirksamkeitsvereinbarung sehen müssen. Ist die Wirksamkeit einer mündlichen Kündigung streitig, so muss der Kündigende beweisen, dass die Schriftform lediglich zu Beweiszwecken vereinbart worden ist.

Die gleichen Grundsätze gelten, wenn vereinbart ist, dass die **Kündigung** 75 **durch eingeschriebenen Brief** erfolgen muss. Eine solche Vereinbarung wird im Zweifel nur getroffen, um Streitigkeiten über den Zugang der Kündigung zu vermeiden. Deshalb ist eine Kündigung auch dann wirksam, wenn sie dem Empfänger auf andere Weise (gewöhnlicher Brief, durch Boten, bei Geschäftsraum durch Fax) zugegangen ist (OLG Frankfurt NZM 1999, 419, 420).

Ist die **Schriftform lediglich vertraglich vereinbart,** so kann die Kündigung 76 auch durch Telegramm oder **Telefax** erklärt werden (§ 127 BGB; OLG Frankfurt

NZM 1999, 419). Bei der gesetzlichen Schriftform – wie sie bei der Wohnraummiete zu beachten ist – reicht eine Kündigung durch Telegramm oder Telefax nicht aus (§ 126 BGB). Einzelheiten s. § 568 BGB Rdn. 17).

11. Wirksamwerden der Kündigung/Zugang

77 Die schriftliche Kündigung wird als einseitige empfangsbedürftige Willenserklärung wirksam, wenn sie dem Empfänger zugeht (§ 130 Abs. 1 S. 1 BGB). Wird in einem prozessualen Schriftsatz gekündigt, kommt es darauf an, wann der Schriftsatz dem Gekündigten zugeht OLG Dresden ZMR 2019, 580). Soweit die Kündigung vom Vorliegen von Kündigungsgründen abhängt, ist weiter erforderlich, dass diese Gründe tatsächlich vorliegen. Der Gekündigte muss keine Erklärung abgeben. Widerspricht der Gekündigte der Kündigung, so ist dies für die Wirksamkeit der Kündigung ohne Bedeutung. Unter Umständen kann der Gekündigte durch diese Erklärung aber Anlass zur Erhebung einer Klage auf künftige Räumung wegen Besorgnis der Nichterfüllung geben (§ 259 ZPO).

78 Erklärt der Gekündigte, dass er die Kündigung annehme, so ändert dies an der Wirkung der Kündigung nichts. Insbesondere kommt durch den Zugang der Kündigung und die **Annahmeerklärung** kein Mietaufhebungsvertrag zustande. Der Gekündigte ist nicht gehindert, sich in der Folgezeit gegen die Kündigung zu verteidigen. Unter Umständen ist der Gekündigte dem Kündigenden aber zum Ersatz des Schadens verpflichtet, der deshalb entstanden ist, weil dieser auf die Ernsthaftigkeit der Annahmeerklärung vertraut hat. Hat der Mieter mit einer zu kurzen Frist gekündigt und der Vermieter erklärt, dass er die Kündigung annehme, so kann hierin nach der Ansicht des OLG Düsseldorf (WuM 2003, 612) ein Angebot zum Abschluss eines Mietaufhebungsvertrags gesehen werden. Dieses Angebot kann der Mieter auch durch konkludente Handlung annehmen, z. B. wenn der Mieter die Wohnung räumt und die Schlüssel zurückgibt. Erklärt der Vermieter entgegen der Rechtslage, dass das Mietverhältnis nicht zu dem vom Mieter angegebenen, sondern zu einem späteren Termin endet, so liegt hierin eine Vertragsverletzung. Der Vermieter muss dann denjenigen Schaden ersetzen, der dem Mieter entsteht, weil dieser auf die Richtigkeit der Erklärung vertraut hat (LG Berlin ZMR 2012, 274).

79 **Zeitpunkt des Zugangs.** Die Kündigung ist eine empfangsbedürftige Willenserklärung. Gem. § 130 BGB wird sie mit Zugang wirksam. Bei einer Mehrheit von Mietern ist die Erklärung erst mit Zugang beim letzten Mieter wirksam zugegangen. Die Kündigung ist in jedem Fall spätestens dann zugegangen, wenn der Empfänger von der Erklärung Kenntnis genommen hat. Es genügt aber auch, wenn die Erklärung so in den Machtbereich des Empfängers gelangt, dass unter gewöhnlichen Verhältnissen mit einer Kenntnisnahme zu rechnen ist (BGHZ 67, 271 (275); BGH NJW 1999, 1093; KG GE 2002, 1559; Hosenfeld NZM 2002, 93). Maßgeblich ist die Verkehrssitte, also dasjenige, was allgemein üblich ist (BGH NJW 1980, 990; NJW 2008, 843).

80 Nach der ständigen Rechtsprechung (BGH NJW 2019, 1151; NJW 2008, 843; BAG NJW 2019, 3666 mAnm Bruns NJW 2019, 3618; BAG NJW 2018, 2916; BAG NZA 2015, 1183) geht eine verkörperte Willenserklärung unter Abwesenden iSv. § 130 Abs. 1 Satz 1 BGB zu, sobald sie in verkehrsüblicher Weise in die tatsächliche Verfügungsgewalt des Empfängers gelangt ist und für diesen unter gewöhnlichen Verhältnissen die – abstrakte – Möglichkeit besteht, von ihr Kenntnis zu nehmen (BAG NJW 2002, 2391 (2393)). Zum Bereich des Empfängers gehören von ihm vorgehaltene Empfangseinrichtungen wie ein **Briefkasten.** Ob die Möglich-

keit der Kenntnisnahme bestand, ist nach den „gewöhnlichen Verhältnissen" und den „Gepflogenheiten des Verkehrs" zu beurteilen. So bewirkt der Einwurf in einen Briefkasten den Zugang, sobald nach der Verkehrsanschauung mit der nächsten Entnahme zu rechnen ist. Dabei ist nicht auf die individuellen Verhältnisse des Empfängers abzustellen. Im Interesse der Rechtssicherheit ist vielmehr eine generalisierende Betrachtung geboten (BAG NJW 2019, 3666 mAnm Bruns NJW 2019, 3618). Wenn für den Empfänger unter gewöhnlichen Verhältnissen die Möglichkeit der Kenntnisnahme bestand, ist es unerheblich, ob er daran durch Krankheit, zeitweilige Abwesenheit oder andere besondere Umstände einige Zeit gehindert war. Auch konkrete Umstände in der Sphäre des Empfängers, zB Unkenntnis der Sprache oder Analphabetentum fallen in die Risikosphäre des Empfängers und hindern den Zugang nicht (LAG Köln NJW 1988, 1870). Den Mieter Ihn trifft die Obliegenheit, die nötigen Vorkehrungen für eine tatsächliche Kenntnisnahme zu treffen. Unterlässt er dies, wird der Zugang durch solche – allein in seiner Person liegenden – Gründe nicht ausgeschlossen.

Das bedeutet, dass bei Einwurf in den Briefkasten des Mieters der Zugang der Mieterhöhung, zu dem Zeitpunkt erfolgte, zu dem nach der Verkehrsanschauung mit der nächsten Entnahme von Schreiben aus dem Briefkasten zu rechnen war (BAG NJW 2019, 366). Höchst richterlich wurde bisher die Annahme einer Verkehrsanschauung, wonach bei Hausbriefkästen im Allgemeinen mit einer Leerung unmittelbar nach Abschluss der üblichen Postzustellzeiten zu rechnen sei, die allerdings stark variieren können, nicht beanstandet (BGH NJW 2004, 1320). Die örtlichen Zeiten der Postzustellung stellen gerade keine unbeachtlichen individuelle Verhältnisse des Empfängers dar. Hierzu zählen zB eine Vereinbarung mit dem Postboten über persönliche Zustellzeiten zählen (BGH NJW 2004, 1320), konkrete eigene Leerungsgewohnheiten oder auch die krankheits- oder urlaubsbedingte Abwesenheit. Die allgemeinen örtlichen Postzustellungszeiten gehören dagegen nicht zu den individuellen Verhältnissen, sondern sind vielmehr dazu geeignet, die regionale Verkehrsauffassung über die übliche Leerung des Hausbriefkastens zu beeinflussen. Die Entscheidungen über die Frage, bis wieviel Uhr ein Mieter seinen Briefkasten kontrollieren muss, schwanken deshalb erheblich. (a) Bei einem Einwurf bis 13:45 Uhr soll der Zugang noch am gleichen Tag erfolgt sein (LG Berlin WuM 2006, 220). (b) Bei einem Einwurf bis 18:00 Uhr soll grds. noch am gleichen Tag ein Zugang erfolgt sein, nur Silvester müsse der Mieter um diese Zeit nicht mehr mit dem Zugang rechtserheblicher Erklärungen rechnen (AG Ribnitz-Damgarten WuM 2007, 18; **aA** LG Hamburg NZM 2017, 597). Entscheidend sind deshalb die **örtlichen Gegebenheiten** (BAG NJW 2019, 3666). Dort, wo üblicherweise die Post vormittags ausgetragen wird, muss ein Mieter wegen der abstrakten Möglichkeit, dass irgendwann irgendwer ihm nachmittags irgendetwas in den Briefkasten werfen könnte, nicht täglich nachmittags nochmals in den Briefkasten schauen. Sonntags muss der Mieter nicht den Briefkasten leeren (LAG Schleswig-Holstein BB 2015, 2868).

Defekte Briefkästen und dergleichen haben auf den Zugang keinen Einfluss. **81** Es spielt auch keine Rolle, ob in der Vergangenheit des Öfteren Post abhandengekommen ist. Ebenfalls ist unerheblich, ob die Mängel am Briefkasten vom Kündigenden zu vertreten sind. Solange es der Empfänger duldet, dass die für ihn bestimmte Post in einen mit seinem Namen versehenen Briefkasten eingeworfen wird, kann hierdurch der Zugang bewirkt werden. Wird unter einer **Postfach-Anschrift** gekündigt, so ist maßgeblich, wann üblicherweise mit einer Leerung zu rechnen ist.

§ 542 BGB Untertitel 1. Allgemeine Vorschriften für Mietverhältnisse

82   Wird das Kündigungsschreiben **persönlich übergeben,** so tritt der Zugang mit der Übergabe ein, es sei denn, dass eine sofortige Kenntnisnahme wegen der Umstände der Übergabe nicht zu erwarten ist. Lehnt der Empfänger die Entgegennahme ab, so gilt die Kündigung mit dem Angebot als zugegangen (OLG Düsseldorf WuM 1995, 584). Eine Ausnahme gilt, wenn der Empfänger einen hinreichenden Grund für die Annahmeverweigerung hatte. Wird eine Kündigung dem **Ehepartner des Kündigungsempfängers in der gemeinsamen Ehewohnung** übergeben, so ist der Ehepartner nach der Verkehrsanschauung als Empfangsbote des Kündigungsadressaten anzusehen (BAG NJW 2011, 2604 für die arbeitsrechtliche Kündigung). Nichts anderes gilt, wenn die Übergabe des Schreibens **außerhalb der Wohnung** erfolgt. In beiden Fällen ist nach der Verkehrsanschauung davon auszugehen, dass der Ehegatte das Schreiben dem Kündigungsadressaten aushändigt. Der Zugang erfolgt in diesem Fall nicht bereits mit der Übergabe des Schreibens an den Empfangsboten, sondern erst, wenn mit der Weitergabe der Erklärung an den Adressaten zu rechnen ist (BAG NJW 2011, 2604). In der Regel ist mit einer Aushändigung des Kündigungsschreibens am Tag der Übergabe zu rechnen. Die hier dargelegten Grundsätze gelten nicht nur für Eheleute, sondern für alle Gemeinschaften, die in einer Wohnung zusammenleben, insbesondere also für **Lebenspartner** und die **nichteheliche Lebensgemeinschaft.** Das Mitglied einer **Wohngemeinschaft** oder ein **Untermieter** kann dagegen nicht als Empfangsbote des Kündigungsadressaten angesehen werden.

83   Wird das Kündigungsschreiben irgendwo **in den Geschäftsräumen eines Mieter abgelegt,** so wird hierdurch kein Zugang bewirkt (BGH NJW 1991, 2700). Etwas anderes gilt, wenn die betreffende Stelle vom Empfänger zur Ablage der eingehenden Post bestimmt worden ist. Generell gilt, dass **ungewöhnliche Übermittlungsversuche** (z. B. Einwurf durch ein geklapptes Fenster in die Wohnung, Ausnutzen eines Türspalts zum Durchschieben eines Kündigungsschreibens) keinen Zugang bewirken.

84   Wird ein **eingeschriebener Brief** unter Hinterlassung eines Benachrichtigungszettels beim Postamt niedergelegt, so tritt der Zugang erst ein, wenn der Empfänger das Einschreiben abholt (KG GE 2011, 133; AG München ZMR 2014, 550; OLG Düsseldorf WuM 2004, 270). Hierzu ist der Empfänger grundsätzlich nicht verpflichtet (BGH NJW 1977, 194; **a. A.** LG Berlin GE 1984, 1383). Wird das Schreiben nicht abgeholt, so fehlt es am Zugang (BGH a. a. O.; BGH MDR 1998, 337; LG Berlin MM 1988, Nr. 1 S. 25; **a. A.** LG Berlin GE 1984, 1383: danach kann sich der Mieter auf den Zugangsmangel nicht berufen). Von diesem Grundsatz gibt es folgende **Ausnahmen: (1)** Der Zugang ist nach Treu und Glauben zu unterstellen, wenn der Empfänger die Kündigung nicht abholt, obwohl er mit einer derartigen Erklärung nach der Sachlage rechnen musste (BGH NJW 1977, 194; KG GE 2011, 133 LG Osnabrück WuM 2001, 196). Ein Großvermieter muss immer mit dem Eingang von Kündigungserklärungen seiner Mieter rechnen (LG Göttingen WuM 1989, 183). Gleiches gilt für einen Mieter, der sich in Zahlungsverzug befindet oder der nach einer Abmahnung mit Kündigungsandrohung weitere Vertragsverletzungen begangen hat. Der Zugang gilt an dem Tag als erfolgt, zu dem die Abholung frühestens möglich gewesen ist (LG Freiburg WuM 2004, 490). **(2)** Außerdem ist der Zugang zu unterstellen, wenn der Empfänger die Annahme ohne zureichenden Grund verweigert (BGH NJW 1983, 929 KG GE 2011, 133). Ein hinreichender Grund zur Annahmeverweigerung liegt vor bei fehlerhafter Adressierung oder falls der Empfänger zusätzliches Porto zu bezahlen hätte. Für das Vorliegen einer Zugangsvereitelung ist der Kündigende darlegungs- und beweispflichtig (AG Hamburg WuM 1989,

80). Ist zweifelhaft, ob einer der Ausnahmefälle gegeben ist, so empfiehlt sich ein weiterer Zustellungsversuch. Gleiches gilt, wenn das Einschreiben nicht abgeholt und an den Absender zurückgesandt wird. Auch in diesem Fall muss der Absender unverzüglich einen zweiten Zustellversuch machen (BGH NJW 1998, 976). Beim **Einwurfeinschreiben** begründet der Auslieferungsbeleg die Vermutung, dass der Zugang erfolgt ist. Dem Kündigungsadressaten steht die Möglichkeit offen, diese Vermutung durch Vortrag der ernsthaften Möglichkeit eines anderweitigen Geschehensablaufs zu erschüttern; es ist nicht erforderlich, dass der Kündigungsadressat das Gegenteil beweist (AG Erfurt WuM 2007, 580).

Eine **Vereinbarung,** wonach eine **Kündigung per Einschreiben** erfolgen 85 muss, kann unterschiedlich ausgelegt werden. Im Regelfall ist davon auszugehen, dass die Übermittlung einer Erklärung durch eingeschriebenen Brief lediglich der Beweissicherung dient (BGH NJW 2004, 1320 = WuM 2004, 269; BGH NJW 2013, 1082 Rz. 8; OLG Hamm NZM 2011, 584 unter Ziff. II 1 b)). Nach dieser Auslegung hat die Nichtbeachtung der Übermittlungsform keinen Einfluss auf die Wirksamkeit der Erklärung. Es muss lediglich feststehen, dass die Erklärung dem Empfänger zugegangen ist. Denkbar ist aber auch, dass die Übermittlung per Einschreiben Voraussetzung für die Wirksamkeit der Erklärung sein soll. Eine solche Auslegung ist allerdings nur möglich, wenn dieser Vertragszweck in der Klausel deutlich zum Ausdruck kommt (OLG Naumburg ZMR 1999, 708). Die genannte Klausel fällt unter **§ 309 Nr. 13 BGB.** Danach ist u. a. eine Bestimmung unwirksam, durch die Erklärungen, die dem Verwender gegenüber abzugeben sind, an besondere Zugangserfordernisse gebunden werden. Hierzu zählt auch die Vereinbarung der Übermittlung durch eingeschriebenen Brief (BGH NJW 1985, 2585, 2587; LG Hamburg NJW 1986, 262, 263). Bei **Mietverträgen mit einem Unternehmer** gilt § 309 Nr. 13 BGB nicht (§ 310 Abs. 1 BGB). Hier kann ein Verstoß gegen § 307 Abs. 1 BGB angenommen werden, wenn das Transparenzgebot nicht gewahrt ist (§ 307 Abs. 1 Satz 2 i. V. mit § 310 Abs. 1 Satz 2 BGB), z. B. weil sich die Klausel innerhalb des Vertragstextes an einer unüblichen Stelle befindet (OLG Naumburg ZMR 1999, 708)

Wird die Erklärung per **Telefax** übermittelt (wie dies bei Geschäftsraum mög- 86 lich ist), so setzt der Zugang voraus, dass der Text vom Empfangsgerät ausgedruckt wird (BGH NJW 1987, 2586; NJW 1994, 1881; NJW 1994, 2097). Wird das Telefax außerhalb der üblichen Geschäftszeit übermittelt, so gilt als Zugangszeitpunkt der Beginn der hierauf folgenden Geschäftszeit (Wolf/Eckert/Ball Rdn. 882). Für den Zugang kommt es aber nicht darauf an, ob der Empfänger von der Erklärung tatsächlich Kenntnis nimmt. Deshalb geht eine Erklärung auch dann zu, wenn der Ausdruck zu einem Zeitpunkt erfolgt, zu dem sich der Empfänger im Urlaub befindet (BGH NJW 2004, 1320 = WuM 2004, 269). Will der Empfänger den Zugang verhindern, so muss er entsprechende Vorkehrungen treffen. Wird das Original des Kündigungsschreibens später mit der Post übersandt, so kommt es für die Frage des Zugangs nicht auf den Eingang des Originals, sondern auf den Eingang des Telefax an (BGH NJW 2004, 1320 = WuM 2004, 269). Bei einer Übermittlung durch ein **elektronisches Dokument** (§ 568 BGB Rdn. 17) gelten die Ausführungen zu § 550 Rdn. 115.

Durch die **Zustellung unter Vermittlung eines Gerichtsvollziehers** wird 87 der Zugang ersetzt (§ 132 Abs. 1 BGB). Hier spielt es auch keine Rolle, ob der Empfänger ein niedergelegtes Schreiben abholt. Ist der Aufenthalt des Empfängers unbekannt, so kann die Kündigung im Wege der **öffentlichen Zustellung** erfolgen (§ 132 Abs. 2 BGB).

§ 542 BGB   Untertitel 1. Allgemeine Vorschriften für Mietverhältnisse

88   Wird gegenüber einem **Geschäftsunfähigen** gekündigt, so muss die Kündigung an den gesetzlichen Vertreter gerichtet werden und diesem zugehen. Die bloße Kenntnisnahme des gesetzlichen Vertreters von der Kündigung genügt nicht (LG Berlin MDR 1982, 321; LG Dresden WuM 1994, 377). Hat der Geschäftsunfähige keinen gesetzlichen Vertreter, so hat der Vermieter die Möglichkeit, beim zuständigen Familiengericht die Bestellung eines Betreuers anzuregen (BayObLG WuM 1996, 275; vgl. auch BGH NJW 1985, 433) (s. im übrigen § 535 BGB, Rdn. 262).

89   Nach h. M. spielt es keine Rolle, ob der Empfänger die Erklärung verstehen kann. Deshalb gelten z. B. für die **Kündigung ausländischer Mieter** keine Besonderheiten; insbesondere ist es nicht erforderlich, dass die Erklärung in die Muttersprache des Ausländers übersetzt oder dass dem Ausländer eine weitere Frist für die Beschaffung einer Übersetzung zugebilligt wird (wohl ebenso: Fleindl in: Bub/Treier Kap IV Rdn. 24).

90   Die **Ortsabwesenheit des Empfängers** hat auf den Zugang keinen Einfluss (LG Duisburg WuM 1987, 85 AG Lahr WuM 1987, 85: für urlaubsbedingte Abwesenheit; LG Saarbrücken WuM 1993, 339: wenn der Empfänger mit dem Zugang einer Kündigung rechnen musste). Jedoch ist zu bedenken, dass der Abwesende nur für allgemein übliche Zugangsformen Vorsorge treffen kann (z. B. durch die Bestellung eines Empfangsvertreters, durch einen Nachsendeantrag bei der Post, usw.). Auf ungewöhnliche Übermittlungsversuche (z. B. Einwurf durch ein geklapptes Fenster in die Wohnung, Ausnutzen eines Türspalts zum Durchschieben eines Kündigungsschreibens) muss sich der Abwesende nicht einrichten.

91   Wird eine Wohnung von **mehreren Mietern** gemeinsam genutzt (z. B. von einem **Ehepaar**), so ist die Kündigung allen Mietern zugegangen, wenn sie in den Briefkasten eingeworfen wird oder wenn sie einem der Mieter an der Haustür übergeben wird. Anders ist es, wenn die Übergabe an einen der Mieter an einem anderen Ort erfolgt. Hier kommt es darauf an, wann der andere Mieter unter normalen Verhältnissen von der Kündigung Kenntnis nehmen kann. Ist einer der Mieter bereits ausgezogen, so ist eine Kenntnisnahme am Ort der Mietsache nicht zu erwarten. Dieselben Grundsätze gelten sinngemäß, wenn die Kündigung gegenüber mehreren Vermietern erklärt werden muss.

92   Bei der Übergabe an einen **Empfangsboten** kommt es darauf an, wann mit einer Aushändigung der Kündigungserklärung an den Empfänger beim normalen Verlauf der Dinge zu rechnen ist. Empfangsboten sind diejenigen Personen, die zur Übermittlung bereit und geeignet sind. Im Privathaushalt gehören dazu i. d. R. Ehegatte und die Haushaltsangehörigen, Kinder nur, soweit sie verständig sind und von ihnen erwartet werden kann, dass sie die Erklärung weitergeben. Der Untermieter kann im Allgemeinen nicht als Empfangsbote des Mieters angesehen werden (LG Berlin GE 1994, 705). Im geschäftlichen Bereich sind die kaufmännischen Angestellten des Kündigungsempfängers als Empfangsboten anzusehen.

93   Hat der Kündigungsempfänger einen **Empfangsvertreter,** so genügt es, wenn die Erklärung dem Vertreter zugeht. Hat ein Rechtsanwalt angezeigt, dass er den Mieter vertrete, so ist die Kündigung wirksam, wenn sie dem Rechtsanwalt zugeht (OLG Düsseldorf ZMR 2002, 189, 190). Ein vom Mieter mit der Ausübung einer Verlängerungsoption beauftragter Rechtsanwalt ist auch zur Entgegennahme einer vom Vermieter erklärten Kündigung bevollmächtigt (OLG Rostock NZM 2002, 1028 im Anschluss an BGH NZM 2000, 382). Hat der Vermieter Räumungsklage erhoben, so enthält die zur Abwehr der Räumungsklage erteilte **Prozessvollmacht** nach der Ansicht des BGH (NZM 2000, 382) zugleich eine Empfangsvoll-

macht für die Kündigungserklärung (**a. A.** LG Berlin WuM 1987, 25). Der Mieter kann den Umfang der Prozessvollmacht zwar beschränken. Eine solche Beschränkung ist gegenüber dem Vermieter aber nur wirksam, wenn sie diesem gegenüber vor dem Ausspruch der zweiten Kündigung bekannt gegeben wird. Dasselbe hat nach dieser Rechtsansicht zu gelten, wenn der Mieter gekündigt hat und im Rechtsstreit eine weitere Kündigung nachschiebt. Anders ist es, wenn dem Rechtsanwalt eine Kündigung übermittelt wird und dieser von dem Adressaten lediglich beauftragt wird, den fehlenden Zugang zu rügen (BGH NJW 1980, 990).

Eine **Empfangsvollmacht** kann bereits **im Mietvertrag** wirksam **vereinbart** 94 werden. Die Bestellung eines Zugangsvertreters kann auch durch Formularvertrag erfolgen (BGH RE 10.9.1997 BGHZ 136, 314 = NJW 1997, 3437; Sternel Rdn. IV 10; **a. A.** LG Limburg WuM 1993, 47. Dies gilt auch dann, wenn die Vollmacht zur Entgegennahme von Kündigungserklärungen ermächtigt (BGH a. a. O.). Eine solche mietvertraglich erteilte Vollmacht kann widerrufen werden, wenn ein wichtiger Grund vorliegt. Dies gilt auch dann, wenn der Mieter durch den Wortlaut der Klausel nicht auf das Widerrufsrecht hingewiesen wird. Das **Widerrufsrecht** darf aber nicht ausgeschlossen werden; sonst ist die Klausel unwirksam. Ein wichtiger Grund liegt insbesondere dann vor, wenn einer von mehreren Mietern auszieht, etwa bei Eheleuten im Falle des Getrenntlebens oder nach der Scheidung oder bei der teilweisen Auflösung einer Wohngemeinschaft. Die Möglichkeit des Widerrufs aus wichtigem Grund kann auch individualvertraglich nicht ausgeschlossen werden. Die Ausübung des Widerrufs kann auch darin gesehen werden, dass der Mieter dem Vermieter seinen Auszug und seine neue Anschrift mitteilt (vgl. BGH NZM 1998, 22; BGHZ 136, 314 = NJW 1997, 3437). Die Rechtsprechung des BGH zur Wohnungsmiete betreffend die Annahme eines konkludent erklärten Widerrufs ist nicht auf die Gewerbemiete zu übertragen, weil hier aus dem Wechsel des Wohnorts eines Mieters nicht geschlossen werden kann, dass dieser Mieter auch aus dem Mietverhältnis über die Gewerberäume ausscheiden will (OLG Dresden ZMR 2017, 391).

Beweispflichtig für den Zugang der Kündigung ist der Kündigende (LG 95 Berlin GE 2010, 63; AG München ZMR 2014, 550; zum Beweis von Zugang und Inhalt vorprozessualer Schreiben: Kaiser NJW 2009, 2187). Der BGH (BGH NJW 1957, 1230; AG Schöneberg GE 2009, 271; LG Berlin WuM 1987, 25) lehnt zu Recht einen **Beweis des ersten Anscheins** dafür ab, dass tatsächlich nachgewiesene aufgegebene Briefe auch zugegangen sind. Die Vernehmung des Mieters als Partei über den behaupteten Zugang der Kündigung soll einen unzulässigen Ausforschungsbeweis darstellen (BGHZ 24, 308, 312; OLG Nürnberg AnwBl 1992, 86; LG Berlin WuM 1987, 25; AG Frankfurt DWW 1989, 87; AG Schöneberg GE 2009, 271). Eine Einschreibequittung beweist nur die Aufgabe eines Schreibens an einem bestimmten Tag, nicht aber den Zugang (AG Köln ZMR 1977, 278). Der Inhalt des Einschreibebriefes wird hierdurch ebenfalls nicht bewiesen. Es besteht zwar die Vermutung, dass ein Einschreibebrief nicht lediglich aus einem leeren Umschlag besteht (OLG Hamm NJW-RR 1987, 342), unter Umständen kann aber zweifelhaft sein, ob der Einschreibebrief die Kündigung oder ein anderes im Besitz des Empfängers befindliches Schreiben enthalten hat. Der Rückschein beweist den Zugang nur dann, wenn die Sendung dem Mieter oder einem Empfangsboten ausgehändigt worden ist. Wurde die Sendung dagegen bei der Post niedergelegt, so kann durch den Rückschein allein der Zugang nicht bewiesen werden. Hier muss der Kündigende nachweisen, dass der Empfänger die Sendung abgeholt hat. Für Unterbrechungen oder Störungen im öffentlichen Netz muss der Erklärende das Risiko tragen (BGH a. a. O.).

§ 542 BGB Untertitel 1. Allgemeine Vorschriften für Mietverhältnisse

12. Teilkündigung

96 Der Kündigende kann immer nur das gesamte Mietverhältnis kündigen. Teilkündigungen sind unwirksam (Rolfs in: Staudinger § 542 BGB Rdn. 90ff; Lammel Wohnraummietrecht § 542 BGB Rdn. 51; Fleindl in: Bub/Treier Kap IV Rdn. 12; Kandelhard in: Herrlein/Kandelhard § 5425 BGB Rdn. 25; Ehlert in: Bamberger/Roth § 542 BGB Rdn. 16; Erman/Lützenkirchen § 542 BGB Rdn. 19). Hierzu gehören: Die Kündigung einzelner Teile der Mietsache (BGH NJW 2012, 224 Rdn. 11 betr. Vermietung einer Wohnung mit Garage durch einheitlichen Mietvertrag; OLG Karlsruhe RE 30.3.1983 NJW 1983, 1499; OLG Köln-Rp Köln 1993, 272; LG Stuttgart WuM 1991, 589; betr. Kündigung einer Garage, die zusammen mit einer Wohnung vermietet worden war; AG Havelberg WuM 1993, 265 betr. Kündigung eines Badezimmers; die Kündigung einer Teilfläche (OLG Dresden NZM 2012, 84); die **Kündigung einzelner vertraglicher Absprachen** (AG Plauen WuM 1994, 18 betr. Vereinbarung über das Anbringen einer Satellitenantenne; AG Düsseldorf WuM 1994, 426: betr. Recht zur Gartennutzung; LG Aachen WuM 1989, 382 betr.: Kündigung einer Verpflichtung zur Durchführung kleinerer Reparaturen durch den Mieter) OLG Rostock MDR 2012, 1458 betr. Kündigung eines Zusatzvertrags betreffend die Überlassung weiterer Räumlichkeiten (AG Plauen WuM 1994, 18 betr. Vereinbarung über das Anbringen einer Satellitenantenne; AG Düsseldorf WuM 1994, 426: betr. Recht zur Gartennutzung; LG Aachen WuM 1989, 382 betr.: Kündigung einer Verpflichtung zur Durchführung kleinerer Reparaturen durch den Mieter und die **Kündigung eines von mehreren Vertragspartnern** (AG Birkenfeld WuM 1990, 298). Das Verbot der Teilkündigung gilt auch für die Kündigung durch den Insolvenzverwalter des Mieters (OLG Dresden a. a. O.). Das Verbot der Teilkündigung gilt auch in der Zwangsverwaltung. Werden mehrere Grundstücke durch einen einheitlichen Vertrag vermietet und werden sodann für die jeweiligen Grundstücke verschiedene Zwangsverwalter bestellt, so kann das Mietobjekt nur insgesamt gekündigt werden. Hieran müssen alle Zwangsverwalter mitwirken (OLG Hamm NZM 2011, 710).

97 Eine **gesetzliche – nicht analogiefähige – Ausnahme vom Verbot der Teilkündigung** enthält § 573b BGB (s. dort). Eine weitere Ausnahme gilt, wenn dem Ersteher in der Zwangsversteigerung lediglich ein Teil der Mietsache zugeschlagen wird. Hiervon ist etwa dann auszugehen, wenn mehrere Eigentumswohnungen auf Grund eines einheitlichen Mietvertrags überlassen werden und der Erwerber eine dieser Wohnungen durch Erteilung des Zuschlags erwirbt. Gleiches gilt, wenn eine Wohnungseigentumsanlage vom Eigentümer als Gesamtgebäude vermietet wird und sodann eine der Einheiten im Wege der Zuschlagserteilung auf einen Erwerber übergeht. Nach der Ansicht des BGH ist auch in einem solchen Fall eine Teilkündigung möglich (BGH NJW 2014, 536). Der BGH begründet dies mit der Erwägung, dass anderenfalls die dem jeweiligen Wohnungseigentümer zustehende Möglichkeit der Beleihbarkeit des Objekts spürbar beeinträchtigt wird. Das Interesse des Wohnungseigentümers gehe dem Interesse des Mieters vor. Das OLG Karlsruhe hält eine Teilkündigung nach § 564b Abs. 1 BGB a. F. (= § 573 Abs. 1 BGB n. F.) für möglich, wenn diese „einerseits den Belangen des Kündigenden entspricht, andererseits hierdurch die Interessen des Mieters nicht oder nicht unzumutbar beeinträchtigt werden" (OLG Karlsruhe RE 3.3.1997 WuM 1997, 202 betr. eine Kündigung nach § 564b Abs. 1 BGB a. F. wegen eines Eigenbedarfs an einem Teil der Wohnung; s. dazu auch LG Mainz WuM 2001, 489: danach scheidet eine Teilkündigung aus, wenn der Eigentümer lediglich Bedarf am Obergeschoss einer zweigeschossigen

Doppelhaushälfte hat. Die Frage der Zulässigkeit der Teilkündigung hat allerdings mit dem Kündigungsschutz nichts zu tun (Wiek WuM 1997, 654; s. aber auch: Häublein in: MünchKomm § 573 BGB Rdn. 29: danach soll der Vermieter einen Anspruch aus § 242 BGB auf teilweise Auflösung des Mietvertrags haben) → Der Anspruch wird aber nur noch auf § 241 Abs. 2 (Rücksichtsnahmepflicht) gestützt.

13. Vertrauensschutz/Widerruf/Rücknahme

Der Gekündigte darf auf die Rechtswirkungen der Kündigung vertrauen. Die 98 Berufung des Kündigenden auf die Unwirksamkeit der von ihm erklärten Kündigung verstößt gegen Treu und Glauben, wenn durch die Kündigung ein Vertrauenstatbestand dahingehend geschaffen wurde, dass die Gegenseite auf die Vertragsbeendigung vertraut. Gleiches gilt, wenn die Berufung des Kündigenden auf die Unwirksamkeit der Kündigung zu einem unlösbaren Selbstwiderspruch führt (OLG Düsseldorf GE 2013, 1275). Der Kündigende muss sich so behandeln lassen, als hätte die unwirksame Kündigung das Mietverhältnis beendet.

Ein **einseitiger Widerruf** ist nur möglich, wenn er vorher oder gleichzeitig mit 99 der Kündigung zugeht (§ 130 Abs. 1 Satz 2 BGB). Von diesem Ausnahmefall abgesehen ist der Widerruf oder die einseitige **Rücknahme** der Kündigung unzulässig (BGH ZMR 1998, 612, 613; OLG Hamm ZMR 1979, 249; LG Düsseldorf DWW 1993, 104 OLG Koblenz MDR 2012, 394; LG Berlin GE 2011, 1372; Harke ZMR 2015, 595).

Allerdings können sich die **Parteien** dahingehend **einigen,** dass das **Mietver-** 100 **hältnis** unverändert **fortbestehen soll.** Unter Umständen kann der Widerruf in ein Angebot zum Abschluss eines solchen Vertrags umgedeutet werden. In diesem Fall treten die Rechtswirkungen der Kündigung nicht ein, wenn der andere Teil das Angebot annimmt. Eine solche Annahme ist auch stillschweigend möglich. Bei einem wegen Zahlungsverzugs fristlos gekündigtem Mieter kann in der Bitte um Zustimmung zu einer Mieterhöhung konkludent ein Angebot auf Fortsetzung des Mietverhältnisses zu sehen sein (LG Köln Urt. v. 14.3.2019 – 6 S 159/18 mAnm. Krapf, jurisPR-MietR 22/2019 Anm. 1). In der Regel handelt es sich dabei weder um den Neuabschluss eines Mietvertrags noch um die Fortsetzung eines beendeten Mietverhältnisses, sondern um einen Vertrag über die Aufhebung der Kündigungswirkungen. Nach diesem Vertrag sind die Parteien so gestellt, als wäre die Kündigung nicht erfolgt (LG Mannheim WuM 1978, 139; Harke ZMR 2015, 595). Eine genehmigte Wertsicherungsklausel oder Mietanpassungsvereinbarung muss nicht erneut genehmigt werden. Für die Garantiehaftung des Vermieters nach § 536a Abs. 1 BGB ist der Zeitpunkt der Überlassung, nicht der Zeitpunkt des Vertrags über die Aufhebung der Kündigungswirkungen maßgeblich. Die Einhaltung der Schriftform nach § 550 BGB ist auch bei längerfristigen Verträgen entbehrlich, wenn beim Ursprungsvertrag die Schriftform gewahrt ist (OLG Hamm a. a. O.). Ein vom Kündigenden erklärter „Widerruf" oder eine „Rücknahme" ist regelmäßig in ein Angebot zum Abschluss eines solchen Vertrages umzudeuten, das der Gekündigte auch stillschweigend annehmen kann. Nach der hier vertretenen Ansicht gelten diese Grundsätze unabhängig davon, ob der Vertrag über die Aufhebung der Kündigungswirkungen vor oder nach Ablauf der Kündigungsfrist geschlossen wird (ebenso: Mittelstein, S. 461; Hattenbauer JZ 1999, 412; Gröschler NJW 2000, 247; Harke ZMR 2015, 595, 599). Macht der **Sozialhilfeträger** gegenüber dem Vermieter die Übernahme der Mietschulden von der Fortsetzung des Mietverhältnisses abhängig, so liegt hierin ein Angebot zum Abschluss eines Vertrags zugunsten des Mieters, wonach dieser be-

§ 542 BGB Untertitel 1. Allgemeine Vorschriften für Mietverhältnisse

rechtigt sein soll, eine Option auf die Vertragsfortsetzung auszusprechen. Eine Vertragsfortsetzung kommt zustande, wenn der Mieter die Option ausübt, was wiederum stillschweigend geschehen kann (Harke ZMR 2015, 595, 598).

100a Nach h. M. ist **zu differenzieren**: beim **Vertragsschluss vor Ablauf der Kündigungsfrist** besteht das bisherige Mietverhältnis fort; beim **Vertragsschluss nach diesem Zeitpunkt** wird es neu begründet (so BGHZ 139, 123 = NZM 1998, 628; BGHReport 2001, 539; OLG Hamm ZMR 1979, 249; OLG Koblenz MDR 2012, 394; Wolf/Eckert/Ball Rdn. 932; Rolfs in: Staudinger § 542 BGB Rdn. 125; Erman/Lützenkirchen, § 542 BGB, Rdn. 20; Bieber in: MünchKomm § 542 BGB Rdn. 17; Fleindl in: Bub/Treier Kap IV Rdn. 52, 53; Fritz, Gewerberaummietrecht, Rdn. 390; Lammel Wohnraummietrecht § 542 BGB Rdn. 48; Kandelhard in: Herrlein/Kandelhard § 542 BGB Rdn. 26). Einigen sich die Parteien auf eine Vertragsfortsetzung zu neuen oder geänderten Bedingungen, so ist allerdings stets der Neuabschluss eines Mietverhältnisses anzunehmen. – Die h. M. verkennt, dass die Rechtsfolgen der Fortsetzung eines beendeten Mietverhältnisses gesetzlich anders geregelt sind: Geben die Parteien nach Beendigung des Mietverhältnisses keine Erklärungen ab und wird das Mietverhältnis vom Mieter fortgesetzt ohne dass der Vermieter widerspricht, so „verlängert sich das Mietverhältnis auf unbestimmte Zeit" (§ 545 BGB). Die gesetzliche Regelung führt also nicht zu einer Neubegründung des Mietverhältnisses sondern geht davon aus, dass das fortgesetzte Mietverhältnis mit dem ursprünglichen – bis auf eventuelle Vereinbarungen über die Vertragszeit – identisch ist. Die Ansicht des BGH steht damit nicht im Einklang. Vielmehr gilt: Die „Rücknahme einer Kündigung" ist wirkungslos. Setzen die Parteien das Mietverhältnis ohne weitere Erklärung fort, so gilt die gesetzliche Rechtsfolge. Diese Rechtsfolge – nämlich die unveränderte Fortsetzung des Mietverhältnisses kann deshalb auch vereinbart werden.

101 Ist das **Mietverhältnis fristlos gekündigt** worden, so bleibt es nach h. M. beendet. Da die Fortsetzung eines bereits beendeten Mietverhältnisses nach dieser Meinung nicht möglich ist, können die Parteien lediglich ein neues Mietverhältnis vereinbaren. Soll das neue Mietverhältnis wie das vorangegangene befristet sein, so muss hierbei die gesetzliche Schriftform des § 550 BGB beachtet werden. Der BGH (a. a. O.) hat in diesem Zusammenhang in Erwägung gezogen, ob es genügt, wenn die Parteien eine bereits existierende Vertragsurkunde „unter neuem Datum erneut mit ihrer Unterschrift versehen". Der BGH hat diese Frage nicht abschließend entschieden, weil sie nicht entscheidungserheblich war.

102 Hat der Kündigende die **Kündigung irrtümlich erklärt** oder ist er durch Täuschung oder Drohung zum Ausspruch der Kündigung bestimmt worden, so kann er die Erklärung nach §§ 119, 123 BGB anfechten.

14. Vermieter-/Eigentümerwechsel

103 Der Erwerber kann grundsätzlich erst kündigen, wenn er im Grundbuch eingetragen ist; die Auflassung genügt nicht (LG Kiel WuM 1980, 18). Eine Abtretung des Kündigungsrechts an den Erwerber ist ausgeschlossen (s. Rdn. 40). Eine Ermächtigung zur Kündigung (Rdn. 41) und eine Bevollmächtigung hierzu (Rdn. 50) ist möglich. Ein vor dem Eigentumsübergang entstandenes, vom Veräußerer aber nicht ausgeübtes Kündigungsrecht erlischt mit dem Eigentumsübergang; über die Ausnahmen s. § 566 BGB Rdn. 70. Hat der Veräußerer bereits wirksam gekündigt, so tritt der Erwerber grundsätzlich in das Abwicklungsverhältnis ein, mit der Folge, dass er die Räume vom Mieter herausverlangen kann. Eine Ausnahme gilt für solche

Kündigungstatbestände, die ein über den Kündigungsausspruch hinaus fortdauerndes Erlangungsinteresse voraussetzen, insbesondere für den Kündigungsgrund des Eigenbedarfs (Einzelheiten § 566 BGB Rdn. 70)

15. Feststellungs- und Räumungsklage

Hat der **Vermieter gekündigt,** so muss er den aus der Kündigung folgenden Herausgabeanspruch im Wege der Räumungsklage geltend machen. Eine Feststellungsklage zur Klärung des Fortbestands oder die Beendigung eines Mietverhältnisses setzt ein konkretes Feststellungsinteresse voraus. Ein allgemeines Klärungsinteresse genügt nicht. Voraussetzung ist vielmehr, dass der Kündigungsgegner die Wirksamkeit der Kündigungserklärung bestreitet oder dass ein solcher Streit zu befürchten ist (BGH NZM 2010, 237 = WuM 2010, 143; abweichend: Ghassemi-Tabar/Eckner NZM 2011, 869: Danach ist eine Klage auf Feststellung der Kündbarkeit oder Nichtkündbarkeit eines Mietverhältnisses grundsätzlich unzulässig; der betreffenden Partei sei regelmäßig zuzumuten, zunächst das Gestaltungsrecht auszuüben. Ausnahmsweise ist eine Feststellungsklage zulässig, wenn wegen der Unsicherheit der Rechtslage im Falle der Ausübung des Gestaltungsrechts ein erheblicher Schaden droht). Hat der **Vermieter mehrere Kündigungen ausgesprochen,** so wird das Mietverhältnis durch die erste wirksame Kündigung beendet. Alle anderen Kündigungen gehen ins Leere. Dies muss bei der Formulierung des Feststellungsantrags berücksichtigt werden; anderenfalls ist die Feststellungsklage unschlüssig (BGHReport 2001, 539). Aus einem Feststellungstitel kann der Vermieter keine Herausgabevollstreckung betreiben. 104

Die **Rechtskraft von Räumungsurteil und Feststellungsurteil** ist verschieden. Ist eine Räumungsklage rechtskräftig abgewiesen, so steht damit nicht rechtskräftig fest, dass das Mietverhältnis fortbesteht (BGHZ 43, 144). Wird umgekehrt der Räumungsklage stattgegeben, so ist nicht rechtskräftig entschieden, dass das Mietverhältnis beendet ist (OLG Celle BB 1978, 576). Aus diesem Grund kann der Vermieter die Räumungsklage mit der Klage auf Feststellung, dass das Mietverhältnis beendet ist, verbinden (OLG Celle a. a. O.) 105

Rechtsmittel gegen die Kündigung. Der Mieter kann sich auf die Verteidigung gegen die Klage(n) beschränken. Stattdessen kann der Mieter auch Feststellungsklage erheben. Voraussetzung ist, dass der Vermieter die Wirksamkeit der Kündigungserklärung bestreitet oder dass ein solcher Streit zu befürchten ist (BGH NZM 2010, 237 = WuM 2010, 143). Am Feststellungsinteresse kann es fehlen, wenn die Kündigung längere Zeit zurückliegt (LG Berlin GE 1985, 307: wenn zwischen Kündigung und Klagerhebung fünf Monate liegen). Anders ist es, wenn sich der Vermieter auch nach Ausspruch der Kündigung der Beendigung des Mietverhältnisses berühmt (LG Berlin GE 1992, 1217). Der Klagantrag darf nicht auf Feststellung der Unwirksamkeit der Kündigung gerichtet werden, weil es sich hierbei um kein Rechtsverhältnis i. S. von § 256 ZPO handelt. Vielmehr muss der Klagantrag auf Feststellung des Fortbestands des Mietverhältnisses lauten (BGH ZMR 2000, 76, 78). Abweichende Anträge können (und müssen) umgedeutet werden (BGH a. a. O.). Besteht die Vermieterseite aus mehreren Personen, so muss der Antrag stets gegen alle Vermieter gerichtet sein, weil diese notwendige Streitgenossen sind (vgl. KG WuM 1995, 648; offengelassen in BGH NJW 1989, 2133). Der Vermieter kann gegenüber einer solchen Klage eine Widerklage auf Räumung erheben. Außerdem kann der Mieter eine auf § 574 BGB gestützte Widerklage auf Fortsetzung des Mietverhältnisses erheben. 106

§ 542 BGB Untertitel 1. Allgemeine Vorschriften für Mietverhältnisse

107 **Bestreitet der Vermieter die Wirksamkeit einer vom Mieter erklärten Kündigung,** so haben beide Parteien die Möglichkeit der Feststellungsklage. Der Vermieter kann auf Feststellung klagen, dass das Mietverhältnis fortbesteht. Der Mieter kann eine Klage auf Feststellung erheben, dass das Mietverhältnis beendet ist. Besteht die eine oder die andere Vertragspartei aus mehreren Personen, so muss die Klage gegen alle Vertragspartner gerichtet werden, weil die jeweils beantragte Feststellung nur einheitlich getroffen werden kann (KG WuM 1995, 648). Die jeweiligen Klagen können nicht im Wege von Klage und Widerklage anhängig gemacht werden, weil es sich um den jeweils gleichen Streitgegenstand mit entgegen gesetzten Anträgen handelt.

16. Kosten der Kündigung

108 Die Kosten der Kündigung fallen dem Kündigenden zur Last. Etwas anderes gilt, wenn die Kündigung wegen einer Vertragsverletzung des anderen Teils erfolgt ist. In diesem Fall gehören die Kosten der Kündigung zum Kündigungsfolgeschaden, den der Gekündigte nach §§ 280 Abs. 2, 286 Abs. 1, 2, 314 Abs. 4 BGB zu ersetzen hat. War die Kündigung unwirksam und hatte dies der Kündigende zu vertreten, so kann der Kündigungsempfänger die zur Abwehr der unberechtigten Kündigung entstanden Kosten ersetzt verlangen. Dabei ist es unerheblich, ob die Kündigung formell oder materiell unberechtigt war (**a. A.** BGH NZM 2013, 119: Angabe der Kündigungsgründe gem. § 573 Abs. 3 BGB nur eine Obliegenheit).

109 Zum Schaden gehören die **Kosten eines Rechtsanwalts.** Dies gilt sowohl für den Kündigungsausspruch als auch für die Abwehr einer unberechtigten Kündigung. Jedoch trifft – wie Allgemein – den Geschädigten die Schadensminderungspflicht (§ 254 Abs. 2 BGB). Bei Beachtung dieser Pflicht kann der Vermieter nur dann anwaltliche Hilfe in Anspruch nehmen, wenn dies erforderlich und zweckmäßig ist. Der **BGH** (NJW 2011, 296 = WuM 2010, 740 = NZM 2011, 34) führt hierzu aus, dass ein **gewerblicher Großvermieter** bei der Abfassung eines auf **Zahlungsverzugs** gestützten Kündigungsschreibens keiner anwaltlichen Hilfe bedarf. Unerheblich ist hierbei, ob das Unternehmen eine eigene Rechtsabteilung unterhält, weil ein solches Schreiben auch durch das kaufmännische Personal gefertigt werden kann. Dies gilt insbesondere, wenn der Kündigung eine einfache und klare Sachlage zugrunde liegt. Der BGH hat nicht ausdrücklich entschieden, welche Rechtsgrundsätze bei einem komplizierten Sachverhalt gelten. Jedoch wird in dem Urteil obiter dictum ausgeführt, dass die Abfassung eines Kündigungsschreibens auch in einem solchen Fall unproblematisch ist. Zur (formellen) Wirksamkeit der Kündigung genügt es auch hier, „dass der Mieter anhand der Begründung des Kündigungsschreibens erkennen kann, von welchem Mietrückstand der Vermieter ausgeht und dass er diesen Rückstand als gesetzlichen Grund für die fristlose Kündigung wegen Zahlungsverzug heranzieht." Vergleichbare Grundsätze gelten, wenn das Mietverhältnis durch einen **Zwangsverwalter** wegen Zahlungsverzugs des Mieters gekündigt wird. In einem solchen Fall sind die Kosten eines mit dem Ausspruch der Kündigung beauftragten Rechtsanwaltsbüros jedenfalls dann nicht erstattungsfähig, wenn der Zwangsverwalter selbst Rechtsanwalt ist und es sich um einen einfachen Sachverhalt handelt (OLG Düsseldorf ZMR 2012, 186). Auch **private Vermieter** dürften in der Regel in der Lage sein, ein Mietverhältnis in einfach gelagerten Fällen ohne Beiziehung eines Rechtsanwalts zu kündigen. Deshalb sind auch hier die Anwaltskosten grundsätzlich nicht erstattungsfähig (AG Darmstadt WuM 2011, 562). Eine Ausnahme gilt für Vermieter ohne hinreichende geschäftliche Erfahrung oder dann, wenn der Vermieter an der Wahrnehmung seiner Rechte verhindert ist.

Erhebt der Rechtsanwalt in einem solchen Fall im Anschluss an die Kündigung eine Räumungsklage, so ist die für die Kündigung entstandene **Geschäftsgebühr auf die Verfahrensgebühr** anzurechnen, weil die Kündigung als Maßnahme der Beendigung des Mietvertrags denselben Gegenstand betrifft wie die Räumungsklage (Vorbemerkung 3 Abs. 4 zu Nr. 3100 VV RVG; BGH NZM 2007, 397 = WuM 2007, 329; NZM 2007, 396 = WuM 2007, 330; Schneider NZM 2006, 252; Madert in: Gerold/Schmidt/von Eicken/Madert RVG VV 2400 bis 2403 Rdn. 192; **a. A.** OLG Frankfurt NZM 2005, 359; LG Mönchengladbach ZMR 2005, 957; Peter NZM 2006, 801). Die **Geschäftsgebühr** des Rechtsanwalts für die vorgerichtliche Tätigkeit im Zusammenhang mit der Kündigung ist nach dem einjährigen Bezug der Nettomiete zu berechnen (§ 23 Abs. 1 Satz 3 RVG, § 41 Abs. 2 GKG; BGH NZM 2007, 396 = WuM 2007, 330).

17. Wiederholte Kündigung wegen derselben Gründe

Hat das Gericht eine Räumungsklage abgewiesen, so kann der Vermieter eine erneute Kündigung wegen derselben Gründe aussprechen und wiederum Räumungsklage erheben. Auf die Gründe der Klagabweisung kommt es dabei nicht an. Die Rechtskraft der vorangegangenen Entscheidung steht der erneuten Klagerhebung nicht entgegen. Vielmehr erschöpft sich die Rechtskraftwirkung in der Feststellung, dass das Mietverhältnis durch die der Klage zugrunde liegende Kündigung nicht beendet worden ist (BVerfG NJW 2003, 3759; BGH NJW 1998, 347; WuM 2012, 152). Jede Kündigung stellt einen eigenen Streitgegenstand dar (BGH WuM 2016, 98). Eine **erneute Kündigung** kann allerdings **rechtsmissbräuchlich** sein, wenn sie ausschließlich auf solche Gründe gestützt wird, die bereits Gegenstand des Vorprozesses waren. Die Annahme des Rechtsmissbrauchs setzt voraus, dass die vorangegangene Kündigung im Vorprozess aus materiellrechtlichen Gründen für unwirksam erachtet wurde und dass seit dem Ausspruch dieser Kündigung keine Änderung der Sach- und Rechtslage eingetreten ist. An der letztgenannten Voraussetzung fehlt es beispielsweise dann, wenn der Mieter nach Ausspruch der Kündigung eine weitere Vertragsverletzung begangen oder die frühere Vertragsverletzung fortgesetzt hat oder wenn – im Falle einer Eigenbedarfskündigung – der Bedarf dringlicher geworden ist.

18. Kündigungsfolgeschaden

a) Kündigung durch den Vermieter. Hat der Vermieter wegen einer Vertragsverletzung des Mieters gekündigt, so hat er Anspruch auf Ersatz des durch die Kündigung kausal entstandenen Schadens (BGHZ 82, 121, 129f = NJW 1982, 870, 872; NJW 1984, 2687; NJW 1991, 221, 223; WuM 2004, 542; NZM 2005, 340; NZM 2018, 333). Der Ersatzanspruch folgt aus § 280, 314 Abs. 4 BGB. Die Schadensersatzpflicht entfällt, wenn der Gekündigte die Pflichtverletzung nicht zu vertreten hat. Der allgemein anerkannte Rechtsgrundsatz, dass unverschuldete Zahlungsunfähigkeit nicht von der Leistungspflicht befreit (RGZ 75, 337; 106, 181; BGHZ 63, 139) und dass der Schuldner das Risiko für einen unverschuldeten Geldmangel zu tragen hat, gilt auch für die Miete. Deshalb muss der Mieter eine **Zahlungsverzögerung aufgrund wirtschaftlicher Schwierigkeiten** auch dann vertreten, wenn ihn an seiner wirtschaftlichen Leistungsunfähigkeit kein Ver-

§ 542 BGB Untertitel 1. Allgemeine Vorschriften für Mietverhältnisse

schulden trifft, z. B. bei Arbeitslosigkeit (AG Düren WuM 1981, 210) oder Krankheit (LG Kiel WuM 1984, 55). Zu den Problemen im Zusammenhang mit der **COVID-19 Pandemie** siehe § 535 BGB Rdn. 729. Den Mangel der zur Erfüllung erforderlichen Geldmittel hat der Mieter zu vertreten (BGHZ 36, 345). Der Umstand, dass sich der Mieter in Untersuchungs- oder Strafhaft befindet, beseitigt das Verschulden ebenfalls nicht, weil der Mieter in Fällen dieser Art einen Dritten mit der Mietzahlung beauftragen kann (LG Aachen WuM 1990, 294). Etwas anderes gilt, wenn der Mieter objektiv und schuldlos an der Zahlung verhindert ist, etwa auf Grund einer plötzlichen Krankheit. Grundsätzlich ist der geschädigte Vermieter so zu stellen, wie er stünde, wenn die Vertragsverletzung nicht erfolgt und es somit nicht zur fristlosen Kündigung gekommen, sondern der Vertrag fortgeführt worden wäre. Nach der (zutreffenden) Ansicht des KG (GE 1999, 44) ist der Mieter auch dann zum Schadensersatz verpflichtet, wenn das Mietverhältnis nicht im Wege der Kündigung sondern durch einen Mietaufhebungsvertrag beendet wird. Voraussetzung ist nur, dass die Vertragsverletzung Anlass für die Vertragsaufhebung gewesen ist.

113 Der **Vermieter muss beweisen,** dass der Mieter eine Vertragsverletzung begangen hat. Sache des Mieter ist es, sich hinsichtlich des Verschuldens oder Vertretenmüssens zu entlasten.

114 Zu den **erstattungsfähigen Schäden** gehören insbesondere:

aa) Rechtsanwaltskosten: Liegen die Voraussetzungen einer Kündigung wegen einer Vertragsverletzung des Mieters vor, so kann der **private, nicht rechtskundige Vermieter** einen Rechtsanwalt mit dem Ausspruch der Kündigung beauftragen. Wegen der an die Kündigung zu stellenden formalen Anforderungen ist der Vermieter grundsätzlich nicht gehalten, auf die Hilfe des Rechtsanwalts zu verzichten. Die Kosten des Anwalts sind vom Mieter gem. §§ 280, 286 BGB zu erstatten. Der Ansatz einer 1,3 Geschäftsgebühr ist angemessen (LG Heidelberg NZM 2008, 839).

115 Die **Schadensminderungspflicht** (§ 254 Abs. 1 BGB) gilt aber auch hier. Nach der Rechtsprechung des BGH (NJW 2011, 296 = WuM 2010, 740 = NZM 2011, 34) kann ein **gewerblicher Großvermieter** nur dann anwaltliche Hilfe in Anspruch nehmen, wenn dies erforderlich und zweckmäßig ist (s. Rdn. 109).

116 **bb) Mietausfall.** Endet ein befristetes Mietverhältnis – wie im Entscheidungsfall – vorzeitig durch die Kündigung des Vermieters wegen Zahlungsverzugs, so hat der Mieter dem Vermieter gemäß §§ 280 Abs. 1, 314 Abs. 4, 249 Abs. 1, 252 BGB grundsätzlich den Schaden zu ersetzen, der diesem in Gestalt der bis zum Ablauf der fest vereinbarten Vertragsdauer entgehenden Miete entsteht (BGH NZM 2018, 333). Ein Mietausfall entsteht zunächst dann, wenn der Mieter auszieht und die Räume nicht sofort weitervermietet werden können. Hier kann der Vermieter grundsätzlich denjenigen Betrag ersetzt verlangen, den der gekündigte Mieter beim Fortbestand des Mietverhältnisses hätte zahlen müssen (BGH NZM 2005, 340; OLG Düsseldorf GE 2011, 1681; DWW 2013, 337; OLG Düsseldorf MietRB 2014, 6). Es kommt dabei nicht darauf an, ob der Mietausfall wegen einer erforderlichen Renovierung oder deshalb entstanden ist, weil zunächst kein Mietinteressent gefunden werden konnte. Hatte der Vermieter für die **Umsatzsteuer** optiert, so schuldet der Mieter gleichwohl nur den Nettomietzins, weil auf Schadensersatz keine Umsatzsteuer zu entrichten ist (BGH ZMR 2008, 867; BGH NZM 2018, 333 Rz 25; KG NZM 1999, 462, 463). Wird das Mietverhältnis im Falle eines unterlassenen oder verspätet erklärten Widerspruchs auf unbestimmte fortgesetzt und

in der Folgezeit durch eine Kündigung des Mieters beendet, so stellt sich die Frage, ob der durch die Vertragsverletzung des Mieters entstandene Kündigungsfolgeschaden wieder entfällt. Dies ist nicht der Fall: der Kündigungsfolgeschaden entsteht, weil die Kündigung des Vermieters zum Wegfall der Vertragsbindung und damit zum Verlust der Mieteinnahmen führt (BGH NZM 2018, 333 Rz 24).

Im Streitfall trägt der **Vermieter** die **Darlegungslast,** dass infolge der Kündigung ein Mietausfall entstanden ist. Ist der Mietausfall auf fehlende Mietinteressenten zurückzuführen, so muss der Vermieter darlegen, dass er das Mietobjekt unverzüglich nach der Rückgabe zur Weitervermietung angeboten hat und dass keine oder nur ungeeignete Interessenten auf das Angebot reagiert haben. Wurden die Räume in einer Zeitung zur Anmietung angeboten, so genügt die Vorlage der Anzeigenaufträge (KG GE 2001, 1402). Verlangt der Vermieter den Mietausfall, weil ihm die Mietsache im renovierungsbedürftigen oder beschädigtem Zustand zurückgegeben worden ist, so muss der Vermieter darlegen und beweisen, dass bei der Rückgabe im gebrauchstauglichen Zustand eine sofortige Weitervermietung möglich gewesen wäre. An den Beweis sind keine strengen Anforderungen zu stellen. Werden die Räume alsbald nach der Renovierung weitervermietet, so kann davon ausgegangen werden, dass auch für eine frühere Vermietung Interessenten vorhanden gewesen wären (OLG Frankfurt DWW 1992, 336). **117**

Ein Mietausfall entsteht weiter in denjenigen Fällen, in denen die **Wohnung** **118** nur zu einem **geringeren Preis weitervermietet** werden kann. Hier besteht der Kündigungsfolgeschaden in der Differenz zwischen dem bisherigen und dem nunmehr erzielbaren Mietpreis (KG GE 1999, 44).

Der **Anspruch auf Ersatz des Mietausfalls wird** erst zu jenen Zeitpunkten **119** **fällig,** zu denen auch die Mietzinsraten fällig geworden wären (BGH WuM 1980, 197 **a. A.** LG Krefeld NZM 2018, 750, das sich zu Unrecht auf BGHZ 82, 121 = NJW 1982, 870 stützt). In befristeten Leasing- oder Mietverträgen über bewegliche Sachen wird häufig vereinbart, dass im Falle einer vom Leasingnehmer/Mieter verursachten fristlosen Kündigung die noch ausstehenden Mieten sofort fällig werden; eine solche Vereinbarung ist wirksam (BGHZ 82, 121 = NJW 1982, 870). **Zeitlich** ist die **Zahlungspflicht des Mieters** auf denjenigen Zeitraum begrenzt, zu dem der Mieter das Mietverhältnis hätte kündigen können (BGH WuM 2004, 542). Beim unbefristeten Mietvertrag richtet sich dieser Zeitraum nach der für den Mieter geltenden Kündigungsfrist. Ist der Mietvertrag befristet, so ist die Schadenshöhe auf den Betrag des innerhalb der Vertragsdauer geschuldeten Mietzinses nach oben begrenzt (BGH NJW 1982, 870, 872; NJW 1984, 2687; OLG Frankfurt WuM 1998, 24). Ist ein befristeter Mietvertrag wegen eines Schriftformmangels vorzeitig nach § 550 BGB kündbar, so ist diese Kündigungsmöglichkeit zu berücksichtigen. Es kommt nicht darauf an, ob der Mieter kündigt. Maßgeblich ist allein, ob eine solche Kündigung möglich wäre. Dies ist vom Gericht von Amts wegen festzustellen (OLG Rostock OLGR Rostock 2009, 890). Unberührt hiervon bleiben Schadensersatzansprüche des Vermieters gegen den Mieter wegen verspäteter Rückgabe oder wegen Rückgabe in vertragswidrigem Zustand.

Die **Schadensminderungspflicht** gilt auch hier: Deshalb kann der Schaden- **120** ersatzanspruch entfallen oder in der Höhe gemindert sein, wenn sich der Vermieter nicht ausreichend um eine zügige Weitervermietung bemüht hat (BGH NZM 2018, 333 Rz 29; OLG Düsseldorf MietRB 2014, 6) oder wenn die Weitervermietung deshalb gescheitert ist, weil der Vermieter die Wohnung zu marktfremden Bedingungen angeboten hat. Ein Verstoß gegen die Schadensminderungspflicht begründet ein Mitverschulden des Vermieters im Sinne des § 254 Abs. 2 Satz 1 letzte

§ 542 BGB Untertitel 1. Allgemeine Vorschriften für Mietverhältnisse

Alternative BGB. Diese Vorschrift begründet keine Einrede, sondern einen von Amts wegen zu berücksichtigenden Einwand, sofern sich die entsprechenden Tatsachen aus dem Vortrag einer Partei ergeben. Die Frage des mitwirkenden Verschuldens ist daher von Amts wegen zu prüfen (BGH NJW 2016, 497 Rdn. 36 mwN; NZM 2018, 333 Rz 29). Grundsätzlich muss der Vermieter ein Vermietungsinserat aufgeben oder einen Makler einschalten (LG Wiesbaden ZMR 2011, 476). Dem Vermieter fällt allerdings kein Mitverschulden zur Last, wenn er mit dem Abschluss eines neuen Mietvertrags zuwartet, bis der Mieter geräumt hat (KG DWW 2009, 260; LG Wiesbaden a. a. O.). Zu beachten ist weiter, dass der Vermieter nicht gehalten ist, die Wohnung zum bisherigen Mietpreis oder sogar zu einem reduzierten Mietpreis anzubieten, nur um einen Nachfolger zu finden (OLG Frankfurt WuM 1992, 436 = ZMR 1993, 65; WuM 1998, 24). Der Vermieter ist vielmehr grundsätzlich berechtigt, denjenigen Mietpreis zu verlangen, der bei Neuvermietungen üblicherweise und legal erzielt werden kann (BGH NZM 2005, 340; KG DWW 2009, 260). Ebenso ist der Vermieter nicht gehalten, jede beliebige Person als Mieter zu akzeptieren (KG a. a. O.; zu den Informationspflichten siehe BGH NZM 2015, 890). Scheitert eine Weitervermietung zur bisherigen Miete, so kann der Vermieter allerdings verpflichtet sein, die Mietsache zu einem geringeren Mietzins anzubieten. Eine allgemeine Frist hierfür besteht nicht (OLG Düsseldorf DWW 2013, 337). Ein Verstoß gegen die Schadensminderungspflicht kommt nicht in Betracht, wenn der Mieter selbst den Nachfolger ermittelt hat (OLG Düsseldorf DWW 1991, 18).

121 Für die **Verletzung der Schadensminderungspflicht** ist der **Mieter darlegungs- und beweispflichtig** (BGH NZM 2018, 333 Rz 29; OLG Celle ZMR 2011, 948; KG GE 1999, 44). Der Vermieter muss lediglich darlegen, welche Maßnahmen zur Weitervermietung er getroffen hat. Der Mieter kann die Bemühungen des Vermieters weder pauschal, noch mit Nichtwissen bestreiten (OLG Düsseldorf DWW 2013, 337). Vielmehr muss der Mieter darlegen weshalb die Bemühungen des Vermieters zur Weitervermietung unzureichend waren. Außerdem muss der Mieter darlegen und beweisen, dass bei Erfüllung der Schadensminderungspflicht eine Weitervermietung möglich gewesen wäre. Dies setzt voraus, dass für Mietobjekte der fraglichen Art eine ausreichende Nachfrage besteht (BGH NZM 2005, 340). Erforderlich sind „Hinweise auf die allgemeine Marktsituation und auf Vergleichsfälle" (OLG Koblenz GuT 2008, 208).

122 Gesichtspunkte der **Vorteilsausgleichung** spielen regelmäßig keine Rolle. Deshalb entfällt die Verpflichtung eines vertragsbrüchigen Mieters zum Ersatz des Mietausfallschadens nicht deshalb, weil es dem Vermieter in der Folgezeit gelingt, die Räume zu einem höheren Mietzins weiterzuvermieten (OLG Düsseldorf NZM 1998, 916; KG GE 2002, 929).

123 Wird der vom Vermieter ausgewählte **Nachfolger** seinerseits **vertragsbrüchig,** so muss der ursprüngliche Mieter auch für diesen Schaden einstehen. Wird der Mietnachfolger seinerseits zahlungsunfähig, so umfasst der Kündigungsfolgeschaden auch den hierdurch bedingten Mietausfall (BGH NZM 2008, 206; OLG Düsseldorf GuT 2002, 23). Am erforderlichen Zusammenhang zwischen der Vertragsverletzung und dem Schaden fehlt es nicht, weil der Schadensverlauf durch die Vertragswidrigkeit des ursprünglichen Mieters in Gang gesetzt worden ist. Ebenso wird man den weiteren Schaden dem ursprünglichen Mieter zurechnen müssen (KG GE 1999, 44; OLG Düsseldorf DWW 2001, 301). Das KG (GE 2002, 329) hat in diesem Zusammenhang entschieden, dass der Vermieter in Fällen dieser Art

nur dann einen Mietausfallschaden geltend machen kann, wenn feststeht, dass der Mietzinsanspruch gegen den vertragsbrüchigen oder insolventen Nachfolger nicht zu realisieren ist. Nach dieser Ansicht kann der Vermieter den Mietausfallschaden erst dann geltend machen, wenn er zuvor den Mietnachfolger auf Zahlung der Miete in Anspruch genommen und die Vollstreckung versucht hat. Die gerichtliche Inanspruchnahme und die Vergeblichkeit des Vollstreckungsversuchs muss der Vermieter im Prozess darlegen. Nach anderer und richtiger Ansicht kann der Vermieter den früheren Mieter sofort in Anspruch nehmen. Dem früheren Mieter bleibt gem. §§ 667, 677, 681 S. 2 BGB die Möglichkeit, gegen Begleichung der offenen Mietzinsen vom Vermieter die Abtretung der Ansprüche gegen den jetzigen Mieter zu verlangen (OLG Naumburg WuM 1998, 283).

cc) Renovierungskosten. Hat der Mieter nach den vertraglichen Vereinbarungen die Durchführung der Schönheitsreparaturen übernommen und sind die vereinbarten oder üblichen Fristen zum Zeitpunkt der vorzeitigen Vertragsbeendigung noch nicht abgelaufen, so ist der Mieter mangels Fälligkeit der Leistung nicht zur Durchführung von Schönheitsreparaturen verpflichtet. Dennoch ist denkbar, dass die Wohnung in dem bestehenden Zustand nicht weitervermietet werden kann. In diesem Fall kann der Vermieter die Renovierungskosten als Kündigungsfolgeschaden geltend machen; es handelt sich dann um eine Schadensposition, die infolge der vorzeitigen, vom Mieter verschuldeten Vertragsbeendigung entstanden ist. **124**

dd) Insertionskosten/Maklerkosten/allgemeiner Aufwand. Entstehen im Zuge der Weitervermietung Insertions- oder Maklerkosten, so sind diese ebenfalls erstattungsfähig. Der allgemeine, mit einem Wohnungswechsel verbundene Zeit- und Materialaufwand (Wohnungsabnahme/Wahrnehmung von Besichtigungsterminen/Ausfertigung des neuen Mietvertrags usw.) ist dagegen nicht erstattungsfähig, weil die mit dem Wohnungswechsel verbundene Mühewaltung zum allgemeinen Pflichtenkreis des Vermieters gehört und weil der ohnehin bestehende personelle und organisatorische Verwaltungsaufwand durch Vertragsbeendigungen, die durch einzelne Mieter verschuldet worden sind, nicht messbar erhöht sein wird. **125**

b) Kündigung durch den Mieter. Auch der Mieter kann Anspruch auf Ersatz des Kündigungsfolgeschadens haben, wenn der Vermieter seine vertraglichen Verpflichtungen verletzt und der Mieter deshalb das Mietverhältnis kündigt (BGH GE 2000, 736; NJW 2007, 2474 = NZM 2007, 561). Der Anspruch ergibt sich entweder aus § 280 Abs. 1 BGB oder – wenn die Kündigung wegen eines Mangels erfolgt – aus § 536a Abs. 1 BGB. Der Anspruch auf Ersatz des Kündigungsfolgeschadens setzt die Wirksamkeit der außerordentlichen Kündigung voraus, weil er gerade denjenigen Schaden erfasst, welcher infolge der vorzeitigen Beendigung des Mietverhältnisses entstanden ist. Vom Kündigungsfolgeschaden ist der Mangelschaden zu unterscheiden. Auf diese Anspruchsgrundlage kann sich der Mieter berufen, wenn das Mietverhältnis nicht gekündigt wird oder wenn eine vom Mieter ausgesprochene Kündigung etwa aus formellen Gründen unwirksam ist. Grundlage des Anspruchs ist § 536a Abs. 1 BGB (s. dort). Nach dieser Vorschrift sind die mit der Anmietung von Ersatzräumen und der damit einhergehenden Freigabe der bisherigen Mieträume verbundenen Vermögensschäden erstattungsfähig, wenn der Mieter bestehende Mängel der Mietsache berechtigterweise zum Anlass nimmt, wegen einer nicht mehr vorhandenen Tauglichkeit der Mieträume zum vertragsgemäßen Ge- **126**

brauch den Umständen nach angemessene neue Räume anzumieten (BGH NJW 2013, 2660 Rdn. 9). Der Umstand, dass der Vermieter ebenfalls zur Kündigung berechtigt ist, spielt für den Kündigungsfolgeschaden keine Rolle, weil sich der Vermieter der Haftung aus § 536a Abs. 1 BGB nicht durch Kündigung entziehen kann. Zum anderen sind die Grundsätze des Haftungsausschlusses auf Grund der Möglichkeit rechtmäßigen Alternativverhaltens nur anzuwenden, wenn derselbe Erfolg effektiv herbeigeführt worden wäre, der Vermieter also tatsächlich gekündigt hat. Die bloße Möglichkeit zur Kündigung reicht nicht aus (BGH NZM 2017, 73).

126a Hat der Mieter wegen eines anfänglichen Mangels nach § 543 Abs. 2 Nr. 1 BGB gekündigt, so muss der Vermieter verschuldensunabhängig auch für den Kündigungsfolgeschaden einstehen. Gleiches gilt, wenn dem Mieter der vertragsgemäße Gebrauch der Mietsache nicht rechtzeitig gewährt wird. Dies ist auch dann der Fall, wenn der Vermieter die geschuldete Vertragserfüllung endgültig verweigert (BGH NJW-RR 2007, 884 = NZM 2007, 401). Der Mieter muss beweisen, dass der Vermieter eine Pflichtverletzung begangen hat; Sache des Vermieters ist es, sich hinsichtlich des Verschuldens oder Vertretenmüssens zu entlasten (BGH a. a. O.). Der vom Vermieter zu ersetzende **Schaden** ist an Hand einer **„Vermögensbilanz"** zu berechnen. Erstattungsfähig ist derjenige Schaden, der dem Mieter infolge der Kündigung entsteht. Die Höhe des Schadens bemisst sich nach der Differenz zwischen der vorhandenen Vermögenslage und derjenigen, die bei ordnungsgemäßer Erfüllung eingetreten wäre. Die allgemeinen Grundsätze des Schadensrechts, wie die Schadensminderungspflicht, die Vorteilsausgleichung, der Abzug „Neu für Alt" und dergleichen sind auch hier zu beachten. Im Einzelnen gilt:

127 **aa) Aufwendungen für die bisherigen Räume.** Für die **Wohnraummiete** gilt: Der Mieter kann nach seiner Wahl Schadensersatz (positives Interesse) oder Ersatz seiner vergeblichen Aufwendungen verlangen (§§ 284, 311a Abs. 2 BGB). Der Aufwendungsersatz ist seiner Höhe nach begrenzt auf diejenigen Aufwendungen, die der Mieter im Vertrauen auf die Vertragserfüllung gemacht hat und billigerweise machen durfte (§§ 311a Abs. 2, 284 BGB). Außerdem besteht die Besonderheit, dass der Aufwendungsersatzanspruch entfällt, wenn die Aufwendungen auch bei der Vertragserfüllung ihren Zweck nicht erreicht hätten. Auf eine Rentabilitätsvermutung kommt es nicht an (Gesetzesbegründung zu § 284 BGB, BT-Drucks. 14/6040 S. 142, 143).

128 Bei der **Geschäftsraummiete** kann der Mieter ebenfalls nach seiner Wahl Schadensersatz (positives Interesse) oder Ersatz seiner vergeblichen Aufwendungen verlangen. Auch hier gilt, dass es auf eine Rentabilitätsvermutung nicht ankommt (BGH NJW 2005, 2848 unter Ziff II 1c für das Kaufrecht; Palandt/Grüneberg § 284 BGB Rdn. 3).

129 **bb) Schadensersatz.** Wahlweise zum Aufwendungsersatz (oben aa) kann der Mieter Schadensersatzansprüche geltend machen. Hierzu gehören:

130 **aaa) Aufwendungen anlässlich des Wohnungswechsels** kann der Mieter ersetzt verlangen, soweit er hierfür keinen bleibenden Vermögenswert erhalten hat. Hierzu gehören die **Umzugskosten, die Kosten der Wohnungssuche** (vgl. AG Pforzheim/LG Karlsruhe DWW 1995, 144: einschließlich aufgewendeter Urlaubszeit), **Zeitungsinserate, Maklerkosten, Kosten für die Ummeldung von Telefon, Umbaukosten für eine Einbauküche** (AG Bad Oldesloe WuM 1995, 170), etc. Außerdem gehören hierzu **Finanzierungskosten** für neu angeschaffte Einrichtungsgegenstände, Gardinen, usw., die nicht angefallen wären, wenn der Mieter in seiner bisherigen Wohnung verblieben wäre (AG Saarlouis WuM 1995,

173). Hat der Mieter diese Anschaffungen aus seinen Rücklagen getätigt, so kann er stattdessen einen angemessen Zinsbetrag, berechnet nach den Zinsen mittelfristiger Kapitalanlagen in Ansatz bringen.

bbb) Mehrkosten für die neue Wohnung, insbesondere ein **höherer Mietzins.** Dabei sind – wie allgemein im Schadensrecht – die Gesichtspunkte der Vorteilsausgleichung und der Schadensminderungspflicht zu berücksichtigen. Hieraus folgt: Hatte der Mieter für die bisherige Wohnung einen Mietzins nach § 558 Abs. 2 BGB zu zahlen und muss er für die neue, gleichwertige Wohnung die Marktmiete (Mietzins, wie er für Neuvermietungen verlangt wird) entrichten, so kann der Mieter die Differenz zwischen bisheriger Miete und neuer Miete als Schadensersatz verlangen. Allerdings ist der Anspruch auf den Zeitraum bis zum Ablauf der vereinbarten Vertragsdauer oder bis zur Wirksamkeit der ersten möglichen Kündigung durch den Vermieter beschränkt. Hat der Vermieter – wie häufig bei der Wohnraummiete – keinen Kündigungsgrund, so besteht der Anspruch **zeitlich unbegrenzt** (Siegmund WuM 2017, 613 mwN; Harsch MietRB 2016, 81, 85; **a. A.** LG Berlin MM 1994, 176, LG Köln WuM 1992, 14: für 3 Jahre; LG Darmstadt WuM 1995, 165: für 4 Jahre; Beuermann GE 2018, 102: 10 Jahre, für Kleinwohnungen 3 Jahre entsprechend der durchschnittlichen Dauer der Mietverhältnisse), jedoch ist zu bedenken, dass der jetzige Vermieter die Marktmiete nicht nach § 558 BGB erhöhen kann, während der bisherige Vermieter solche Mieterhöhungen entsprechend der Entwicklung des ortsüblichen Preisniveaus durchsetzen könnte (LG Potsdam WuM 2001, 243). Deshalb wird es im Laufe der Zeit zu einer Angleichung der Mieten kommen. Diesem Umstand ist dadurch Rechnung zu tragen, dass die Höhe des Schadens in zeitlich angemessenen Abständen – etwa von 2 Jahren – festgestellt wird. Der Mieter kann diesen Schaden nicht in einer Summe, sondern nur in monatlichen Raten ersetzt verlangen. Die Höherwertigkeit der neuen Wohnung ist zugunsten des Vermieters; eine geringere Wertigkeit zugunsten des Mieters zu berücksichtigen. Zur exakten Ermittlung des Mietdifferenzschadens ist regelmäßig das Gutachten eines mit dem örtlichen Mietmarkt vertrauten Sachverständigen einzuholen, aus dem der jeweilige Wohnwert der Mieträume ersichtlich sein muss (BGH NZM 2017, 521). Die Schadensminderungspflicht ist verletzt, wenn der Mieter eine Wohnung zu einem überhöhten (Markt)preis anmietet, obwohl günstigere Angebote vorhanden waren.

ccc) Aufwendungen für die Ersatzräume, (neue Gardinen, Einbauküche, Einrichtungsgegenstände, Teppich- oder Parkettböden,) **gehören nicht zum Schaden,** wenn der Mieter hierfür einen entsprechenden, bleibenden Gegenwert erhält (**a. A.** LG Saarbrücken WuM 1995, 173; LG Hamburg NJW RR 1993, 333 = ZMR 1993, 281= WuM 1995, 175 betr. Gardinen; LG Karlsruhe DWW 1992, 22 betr. die Anschaffung einer Spüle und von Gardinen). Im Ausnahmefall kann etwas anderes gelten, wenn der Mieter vom Vormieter gebrauchtes, weitgehend wertloses Mobiliar übernehmen muss, weil er anderenfalls die Wohnung nicht erhält (AG Siegen WuM 1995, 167). Gleiches gilt, wenn der Mieter die Ersatzräume für seine speziellen Zwecke umbauen muss; ein solcher Fall wird insbesondere bei der Gewerbemiete vorliegen. Die für die Anschaffung erforderlichen Finanzierungskosten sind immer erstattungsfähig.

Eine an den neuen Vermieter zu leistende **Mietkaution** ist ebenfalls kein Schaden, weil die Kaution nach § 551 BGB im Vermögen des Mieters verbleibt (**a. A.** LG Saarbrücken a. a. O.). Soweit die Kaution durch die Aufnahme eines Kredits finanziert werden muss, gehören die Finanzierungskosten allerdings zum Schaden. Für die Schadenshöhe ist die Differenz zwischen den vom Mieter aufzubringenden Kreditzinsen und den dem Mieter zufließenden Kautionszinsen maßgeblich.

§ 542 BGB Untertitel 1. Allgemeine Vorschriften für Mietverhältnisse

134 Entschließt sich der Mieter auf Grund der Kündigung zum **Erwerb einer Eigentumswohnung,** so sind die hierfür aufgewendeten Kosten kein Schaden, weil der Mieter hierfür einen Gegenwert erhält. Dies gilt auch hinsichtlich der Finanzierungskosten und eventueller Umbau-, Sanierungs- oder Renovierungsarbeiten (LG Karlsruhe DWW 1992, 22). Eine Ausnahme kann in Betracht kommen, wenn der Mieter mit dem Erwerb der Wohnung bis zur Zuteilung eines zinsgünstigen Bauspardarlehens warten wollte und wegen der Kündigung eine teurere Zwischenfinanzierung in Kauf nehmen muss.

135 Hat der Mieter sowohl für die **Herrichtung der ursprünglichen Räume als auch für die Herrichtung der Ersatzräume Kosten aufgewandt,** so ist zweifelhaft, ob beide Ersatzpositionen erstattungsfähig sind. Die Zweifel resultieren aus der Erwägung, dass der Mieter durch die Erstattung der Kosten für die Herrichtung der Ersatzräume so gestellt wird, als hätte er die früheren Investitionen weiter nutzen können. Aus diesem Grunde ist der BGH (NJW 2000, 2342 = NZM 2000, 496 = WuM 2000, 598) der Ansicht, dass der Mieter in einem solchen Fall lediglich die für die Ersatzräume aufgewendeten Kosten ersetzt verlangen kann.

136 cc) Hat der Mieter von Gewerberäumen oder ein freiberuflich tätiger Mieter durch den Verlust der Räume einen **Verdienstausfall** erlitten, so kann er auch diese Vermögenseinbuße ersetzt verlangen.

137 c) **Einwand des rechtmäßigen Alternativverhaltens.** Der Vermieter kann sich gegenüber dem Ersatzanspruch des Mieters mit dem Einwand des rechtmäßigen Alternativverhaltens verteidigen. Hiervon ist auszugehen, wenn er seinerseits zur Kündigung des Mietvertrags berechtigt wäre, sei es wegen einer Vertragsverletzung des Mieters oder weil ihm ein Recht zur ordentlichen Kündigung zusteht. Voraussetzung ist zudem, dass derselbe Erfolg effektiv herbeigeführt worden wäre; die bloße Möglichkeit, ihn rechtmäßig herbeiführen zu können, reicht nicht aus (BGH NJW 2017, 1104). Andererseits ist es nicht erforderlich, dass der Vermieter von seinem Kündigungsrecht Gebrauch macht (KG GE 2002, 258). Es genügt, wenn der Wille des Vermieters zur Vertragsbeendigung mit hinreichender Wahrscheinlichkeit festgestellt werden kann. Kündigt der Vermieter einen langfristigen Mietvertrag wegen Verstoß gegen die Schriftform (§ 550 BGB), so wird das Mietverhältnis hierdurch nicht beendet, wenn in einem zwischen den Parteien geführten Rechtsstreit entschieden wurde, dass sich das Mietverhältnis infolge der Ausübung der Option verlängert hat (OLG München ZMR 2019, 266).

19. Vertragswidrige Kündigung

138 Kündigt der Vermieter ein Mietverhältnis, obwohl kein Kündigungsgrund vorliegt, so muss er dem Mieter den durch die Kündigung entstehenden Schaden ersetzen (BGHZ 89, 296, 302; NJW 1998, 1268; NZM 2002, 291). Zum Schaden zählen insbesondere die Anwaltskosten, die der Mieter zur Abwehr der unrechtmäßigen Kündigung aufwenden muss (AG Jülich WuM 2006, 562). Voraussetzung ist, dass der Vermieter schuldhaft gehandelt hat. Hierbei genügt einfache Fahrlässigkeit. Das Risiko einer fehlerhaften Beurteilung der Rechtslage trägt der Vermieter; deshalb ist der Vermieter auch dann zum Schadensersatz verpflichtet, wenn er sich über die Rechtslage irrt (BGH NJW 1988, 1268; NZM 2002, 291; **a. A.** LG Köln ZMR 2012, 190 betr. Kündigung des Vermieters wegen Zahlungsverzugs auf Grund einer Mietminderung, wenn sich die Berechtigung der

Minderung erst im Prozess ergibt). Der Mieter muss die Pflichtwidrigkeit beweisen. Etwas anderes soll gelten, wenn die Kündigung mit einem Prozessbetrug begründet worden ist. Hier wird die Ansicht vertreten, der Vermieter müsse nach dem Rechtsgrundsatz des § 186 StGB beweisen, dass die den Betrugsvorwurf begründende Tatsache wahr ist (LG Landau WuM 2004, 492). Bei einer materiell berechtigten aber formell fehlerhaften (Eigenbedarfs-)Kündigung lehnt der BGH (NZM 2011, 119) aber einen Schadensersatzanspruch ab, da nur eine Obliegenheitsverletzung vorliege.

Rechtsgrundloses Räumungsverlangen. Die für den Fall der unrechtmäßigen Kündigung entwickelten Grundsätze gelten auch dann, wenn der Vermieter nicht kündigt, sondern den Mieter – in dem irrigen Glauben, das Mietverhältnis sei durch Zeitablauf beendet – zur Räumung auffordert (BGH NZM 2002, 291). Der Vermieter kann sich gegenüber dem Mieter nicht darauf berufen, dass das Mietverhältnis infolge der Unwirksamkeit der Kündigung fortbesteht. Deshalb kann der Vermieter für die restliche Vertragszeit keine Miete verlangen (venire contra factum proprium; OLG Düsseldorf NZM 2004, 866, 867). Dem Mieter fällt regelmäßig auch kein Mitverschulden zur Last, wenn er freiwillig räumt. In der unrechtmäßigen Kündigung oder Räumungsaufforderung liegt eine schwere Vertragsverletzung, die den Mieter zur fristlosen Kündigung nach § 543 Abs. 1 BGB berechtigt (BGH NZM 2002, 291). 139

Kündigt der Erwerber einer Wohnung **vor seiner Eintragung ins Grundbuch,** so ist die Kündigung unwirksam. Gleichwohl hat der Mieter keinen Ersatzanspruch, weil zwischen dem Erwerber und dem Mieter vor der Grundbucheintragung kein Vertragsverhältnis besteht. Eine deliktische Haftungsgrundlage besteht nicht. Die Gefahr, von einem Dritten unberechtigt in Anspruch genommen zu werden, zählt zum allgemeinen Lebensrisiko, das der in Anspruch genommene selbst tragen muss (OLG Stuttgart WuM 2007, 64). 140

Zum Schadensersatzanspruch des Mieters bei einer Kündigung mit vorgetäuschtem Eigenbedarf s. auch § 573 BGB Rdn. 77.)

20. Kündigungsausschlussvereinbarung

Das Recht zur Kündigung kann vertraglich ausgeschlossen werden (s. dazu § 575 Rdn. 83 ff). Ein Kündigungsausschluss zugunsten des Mieters kann auch in einem **Vertrag über den Verkauf einer vermieteten Wohnung** vereinbart werden. Solche Vereinbarungen finden sich häufig in Verträgen über den Verkauf kommunaler Wohnungen. Sie können unterschiedlich ausgelegt werden. Denkbar ist zum einen, dass hierdurch nur eine Verpflichtung des Erwerbers gegenüber dem Veräußerer begründet werden soll. Denkbar ist aber auch, dass die Vereinbarung als **Vertrag zugunsten Dritter** (nämlich der Mieters) zu bewerten ist, mit der weiteren Folge, dass dieser eigene Rechte auf Beachtung der Kündigungsausschlussvereinbarung erwirbt, die er dem Erwerber direkt entgegenhalten kann (§ 328 BGB). Insbesondere beim Verkauf kommunaler Wohnungen wird regelmäßig die letztgenannte Variante vorliegen (BGH NZM 2019, 209). Dem ist zuzustimmen, weil es regelmäßig im Interesse der Gemeinde liegt, dass den jeweiligen Mietern die Wohnung erhalten bleibt. Ein Kündigungsausschluss kann auch formularvertraglich wirksam vereinbart werden (BGH a. a. O.). 140a

§ 542 BGB Untertitel 1. Allgemeine Vorschriften für Mietverhältnisse

III. Beendigung durch außerordentliche Kündigung

141 Für die außerordentliche Kündigung gelten ebenfalls die für die ordentliche Kündigung dargelegten Grundsätze. Im Unterschied zur ordentlichen Kündigung kann hierdurch auch ein befristetes Mietverhältnis vor Ablauf der Zeit beendet werden. Die Kündigungsarten unterscheiden sich zum einen hinsichtlich der zu beachtenden Kündigungsfrist. In den Fällen der §§ 543, 569 BGB ist eine Kündigung ohne Einhaltung einer Frist möglich. In den Fällen der außerordentlichen befristeten Kündigung (außerordentliche Kündigung mit gesetzlicher Frist) gilt unabhängig von den vertraglichen Vereinbarungen und der Dauer des Mietverhältnis die Kündigungsfrist der §§ 573d BGB (Wohnraum) und 580a Abs. 4 BGB (sonstige Mietverhältnisse). Die außerordentliche befristete Kündigung mit gesetzlicher Frist ist in folgenden Fällen möglich:

1. Kündigungsrechte zugunsten des Vermieters

142 (1) Kündigung des Vermieters gegenüber dem Erben des verstorbenen Mieters nach **§ 564 BGB (Wohnraum)** und nach **§ 580 BGB (sonstige Mietverhältnisse).**

143 (2) Kündigung des Vermieters gegenüber dem Sonderrechtsnachfolger des verstorbenen Mieters nach **§ 563 Abs. 4 BGB.**

144 (3) Kündigung des Vermieters bei mehr als 30-jähriger Mietdauer nach **§ 544 BGB.**

145 (4) **Kündigungsrecht des Eigentümers bei Beendigung des Nießbrauchs** nach **§ 1056 Abs. 2 BGB:** Hat der Nießbraucher ein Grundstück über die Dauer des Nießbrauchs hinaus vermietet, finden nach Beendigung des Nießbrauchs die für den Fall der Veräußerung geltenden Vorschriften (§§ 566, 566a, 566b Abs. 1, 566c bis 566e, 567b BGB) entsprechende Anwendung (§ 1056 Abs. 1 BGB). Das Mietverhältnis wird also nach Beendigung des Nießbrauchs mit dem Eigentümer fortgesetzt (§ 1056 Abs. 2 BGB), falls die Mietsache dem Nießbraucher überlassen wurde (§ 566 BGB; BGHZ 109, 111 = NJW 1990, 443 unter Ziff II 1). Dieselbe Rechtsfolge gilt, wenn der Mietvertrag durch den Eigentümer abgeschlossen wird und dieser später das Eigentum unter dem Vorbehalt des Nießbrauchs auf einen Dritten überträgt, weil der frühere Eigentümer in diesem Fall weiterhin Vermieter bleibt (BGH NJW 2006, 51, 52; NZM 2010, 474 unter Rz 9). Der Eigentümer hat ein Sonderkündigungsrecht nach § 1056 Abs. 2 BGB. Auf Grund dessen ist er berechtigt, ein befristetes Mietverhältnis unter Einhaltung der gesetzlichen Kündigungsfrist zu kündigen. Ist zugunsten des Mieters die Eigenbedarfskündigung ausgeschlossen, so ist der Eigentümer hieran nicht gebunden. Grundsätzlich gilt, dass sowohl eine Befristung als auch eine Kündigungsbeschränkung nicht gegen den Eigentümer wirken.

146 Die **Kündigung** muss bei der Wohnraummiete **schriftlich** erklärt werden; sie ist grundsätzlich an keine Frist gebunden. Allerdings müssen **Kündigungsgründe** i. S. von § 573 BGB vorliegen (§ 573d Abs. 1 BGB). Die Kündigungsgründe sind in der Kündigungserklärung anzugeben. Ein Hinweis auf die Regelungen in § 1056 Abs. 2 ist entbehrlich (BGH NJW 2015, 2650). Der Mieter hat die Möglichkeit, den Eigentümer unter Bestimmung einer angemessenen Frist zur Erklärung darüber aufzufordern, ob er von dem Kündigungsrecht Gebrauch mache. In diesem Fall kann die Kündigung nur bis zum Ablauf der Frist erfolgen (§ 1056 Abs. 3 BGB).

Das **Sonderkündigungsrecht ist ausgeschlossen,** wenn der **Eigentümer** 147
persönlich an den Mietvertrag gebunden ist (BGH WuM 2011, 690 = NZM
2012, 558). Dies ist der Fall, **(1)** wenn der Mietvertrag vor der Bestellung des Nießbrauchs vom Eigentümer selbst abgeschlossen wurde und der Nießbraucher gem.
§ 567 Satz 1, 566 Abs. 1 BGB in das Mietverhältnis eingetreten ist, oder **(2)** wenn
der Eigentümer einem vom Nießbraucher abgeschlossenen Mietvertrag persönlich
beigetreten ist oder **(3)** wenn der Eigentümer Alleinerbe des Nießbrauches wurde
(BGHZ 109, 111 = NJW 1990, 443 unter Ziff II 2c).

Wird der **Nießbrauch vorzeitig durch Verzicht beendet,** so kann das Sonderkündigungsrecht erst von der Zeit an ausgeübt werden, zu welcher der Nießbrauch ohne den Verzicht enden würde (§ 1056 Abs. 2 S. 2 BGB). 148

Der **rechtsgeschäftliche Erwerber,** der das Eigentum erst nach der Beendigung des Nießbrauchs erwirbt, tritt nicht nach § 567b, sondern unmittelbar nach
§ 566 BGB in das Mietverhältnis ein; ihm steht das Kündigungsrecht des § 1056
Abs. 2 nicht zu (BGH NZM 2010, 474). Das Kündigungsrecht nach § 1056 Abs. 2
geht in diesem Fall auch nicht gem. § 566 BGB auf den Erwerber über (BGH
a. a. O. unter Rz 24, 25). Wird der **Eigentümer als Erbe Gesamtrechtsnachfolger** des Nießbrauchers oder ist er dem zwischen dem Nießbraucher und dem Mieter bestehenden Mietvertrag persönlich beigetreten, so ist das Kündigungsrecht
ebenfalls ausgeschlossen (BGHZ 109, 111 = NJW 1990, 443 unter Ziff II 2c). 149

(5) Kündigung des Nacherben beim Eintritt der Nacherbfolge nach § 2135 BGB: 150
Der Eigentümer einer Immobilie kann testamentarisch verfügen, dass eine bestimmte Person erst dann Erbe der Immobilie werden soll, wenn zuvor ein anderer
Erbe geworden ist (§ 2100 BGB). Wird das Haus oder die Wohnung nach dem Eintritt des Erbfalls von dem Vorerben vermietet, so findet, wenn das Mietverhältnis bei
dem Eintritt der Nacherbfolge noch besteht, die Vorschrift des § 1056 BGB entsprechende Anwendung. Der Nacherbe ist berechtigt, das Mietverhältnis unter Einhaltung der gesetzlichen Kündigungsfrist zu kündigen (§ 1056 Abs. 2 BGB). Aus § 573d
BGB folgt, dass bei der Kündigung von Wohnraum die Kündigungsschutzvorschriften zu beachten sind. Die Kündigungsgründe sind in der Kündigungserklärung anzugeben. Ein Hinweis auf die Regelungen in § 1056 Abs. 2 ist entbehrlich (BGH
NJW 2015, 2650). Der Nacherbe kann ein vom Vorerben begründetes Mietverhältnis grundsätzlich auch dann kündigen, wenn im Mietvertrag ein Kündigungsausschluss vereinbart ist. Eine Ausnahme gilt (1) wenn der Nacherbe der Vermietung
durch den Vorerben zugestimmt hat oder (2) wenn die Kündigungsausschlussvereinbarung einer ordnungsgemäßen Verwaltung des Nachlasses entsprach, so dass der
Nacherbe zur Zustimmung verpflichtet gewesen wäre (BGH a. a. O.).

(6) Kündigungsrecht des Eigentümers nach Erlöschen des Erbbaurechts 151
nach **§ 30 Abs. 2 Erbbaurechtsgesetz:** Hat der Erbbauberechtigte sein Gebäude
vermietet, so tritt der Grundstückseigentümer gemäß §§ 566, 578 BGB in das
Mietverhältnis ein, wenn das Erbbaurecht erlischt (§ 30 Abs. 1 ErbbauRG). Erlischt
das Erbbaurecht durch Zeitablauf, so kann der Eigentümer das Mietverhältnis mit
dreimonatiger Frist kündigen. Bei der Wohnraummiete muss Schriftform eingehalten werden. Die Kündigung kann nur für einen der beiden ersten Termine erfolgen, für die sie zulässig ist (Beispiel: Erlöschen des Erbbaurechts am 10.5.; erster
Termin = 3. Werktag des Juni/zweiter Termin = 3. Werktag des Juli; spätestens am
3. Werktag des Juli muss das Kündigungsrecht ausgeübt werden). Für die Kündigung von Wohnraum müssen außerdem berechtigte Interessen im Sinne von § 573
BGB vorliegen (§ 573d Abs. 1 BGB). Der Mieter kann den Grundstückseigentümer unter Bestimmung einer angemessenen Frist zur Erklärung darüber auffordern,

§ 542 BGB   Untertitel 1. Allgemeine Vorschriften für Mietverhältnisse

ob er von dem Kündigungsrecht Gebrauch machen will. In diesem Fall kann die Kündigung nur bis zum Fristablauf erfolgen. Erlischt das Erbbaurecht vorzeitig, so entsteht das Sonderkündigungsrecht nicht.

152 **(7) Kündigung bei Insolvenz des Mieters. a) Fortbestand des Mietverhältnisses.** Miet- und Pachtverhältnisse über unbewegliche Gegenstände oder Räume bestehen mit Wirkung für die Insolvenzmasse fort (§ 108 Abs. 1 S. 1 InsO). Der BGH hat für den Fall der Insolvenz des Vermieters entschieden, dass diese Vorschrift nur gilt, wenn die Mietsache dem Mieter bereits vor Verfahrenseröffnung überlassen wurde (BGHZ 173, 116 = NJW 2007, 3715 = NZM 2007, 883). Auf die Mieterinsolvenz ist diese Entscheidung nicht zu übertragen (Dahl NZM 2008, 585). Der Vermieter muss die Mietsache weiterhin zur Verfügung stellen und dem (vorläufigen) Insolvenzverwalter die Fortführung des Geschäftsbetriebs ermöglichen. Der Vermieter kann dies nicht von der Begleichung der bereits bestehenden Mietschulden abhängig machen. Zahlt der Mieter (oder den Insolvenzverwalter) gleichwohl, so ist diese Rechtshandlung nach §§ 129, 131 Abs. 1 Nr. 1 InsO anfechtbar. Die erhaltenen Zahlung muss der Vermieter der Insolvenzmasse nach Bereicherungsgrundsätzen zurück gewähren (§ 143 InsO).

153 **b) Kündigungsrecht des Vermieters.** Der Vermieter hat kein Sonderkündigungsrecht. Die Kündigung wegen Zahlungsverzugs oder Zahlungsunpünktlichkeit nach den §§ 543 Abs. 2 Nr. 3, 543 Abs. 1, 573 Abs. 2 Nr. 1 BGB wird durch § 112 Inso beschränkt. Bei der Prüfung der Tatbestandsvoraussetzungen des § 543 Abs. 2 Nr. 3 BGB sind nur solche Rückstände zu berücksichtigen, die nach dem Antrag auf Eröffnung des Insolvenzverfahrens (§§ 13, 14 InsO) eingetreten sind (§ 112 InsO). Wegen dieser Rückstände kann der Vermieter kündigen. Ein vom Gericht angeordnetes Allgemeines Verfügungsverbot steht dem nicht entgegen (BGH NJW 2008, 1442 = NZM 2008, 365). Hinsichtlich der zuvor eingetretenen Rückstände geht das Kündigungsrecht verloren. Dies gilt auch dann, wenn der Tatbestand des § 543 Abs. 2 Nr. 3 BGB bereits gegeben war, der Vermieter aber von der Möglichkeit der Kündigung keinen Gebrauch gemacht hat. Hatte der Vermieter dagegen vor dem Eröffnungsantrag bereits wirksam nach § 543 Abs. 2 Nr. 3 BGB gekündigt (maßgeblich: der Zugang der Kündigungserklärung beim Mieter) so wirkt die Kündigung auch gegenüber dem Insolvenzverwalter. Dieser hat bei der Wohnraummiete die Möglichkeit, die Kündigungswirkung durch nachträgliche Zahlung (§ 569 Abs. 3 Nr. 2 BGB) zu beseitigen.

154 **c) Kündigungsrecht des Insolvenzverwalters bei der Gewerbemiete.** Der endgültige Insolvenzverwalter kann ein gewerbliches Mietverhältnis mit gesetzlicher Frist kündigen (§ 109 Abs. 1 Satz 1 InsO). Die Regelung gilt nicht für den vorläufigen Insolvenzverwalter. Die Ausübung des Kündigungsrechts ist an keine Frist gebunden.; sie ist nicht auf den ersten Termin beschränkt. Die Kündigungsfrist richtet sich nach § 109 Abs. 1 Satz 1 InsO. Sie beträgt einheitlich 3 Monate zum Monatsende. Ist im Mietvertrag eine kürzere Frist vereinbart, so ist diese maßgeblich. Längere vertragliche Fristen sind unbeachtlich. Das Kündigungsrecht besteht auch für befristete Mietverhältnisse und für Mietverhältnisse mit einem vereinbarten Kündigungsausschluss. Die Kündigung ist bei der Geschäftsraummiete formfrei; jedoch ist der Insolvenzverwalter an eine vertraglich vereinbarte Schriftform gebunden. Sind neben dem Schuldner noch weitere Personen Partei des Mietvertrags, so hat die Kündigung Gesamtwirkung (OLG Hamburg NZM 2012, 684; Dahl NZM 2008, 585, 587; **a. A.** Eckert/Hoffmann in: MünchKomm § 109 InsO Rdn. 38). Die Gesamtwirkung ist aus dem Grundsatz der Einheitlichkeit des Mietverhältnisses abzuleiten, aus dem u. a. die Unwirksamkeit von Teilkündigungen folgt. Macht der Insolvenzverwalter von dem Sonderkündigungsrecht Gebrauch, so hat der Vermieter Anspruch auf Schadensersatz (§ 109 Abs 1 S. 3 InsO). Es ist derjenige Schaden zu ersetzen, der dem Vermieter durch die vorzeitige Vertragsbeendigung entstanden ist. Der Vermieter ist insoweit aber lediglich Insolvenzgläubiger (§ 222 Abs. 1 Nr. 2 InsO) mit Anspruch auf anteilmäßige Befriedigung.

d) Wohnungsmiete. Für die Insolvenz des Wohnungsmieters gelten neben den allgemeinen Vorschriften die besonderen Bestimmungen über die Verbraucherinsolvenz (§§ 304ff Inso). **155**

aa) Rechtslage vor Eröffnung des Insolvenzverfahrens. Dem Antrag auf Eröffnung des Insolvenzverfahrens muss ein Einigungsversuch mit den Gläubigern vorangehen (§ 305 Inso). Es ist ein Schuldenbereinigungsplan zu erstellen; dieser Plan ist mit dem Antrag auf Eröffnung des Insolvenzverfahrens vorzulegen. Der Plan ist Grundlage für eine Einigung mit den Gläubigern. Der Schuldenbereinigungsplan gilt als angenommen, wenn keiner der Gläubiger widerspricht (§ 308 InsO). In diesem Fall hat der Schuldenbereinigungsplan die Wirkung eines gerichtlichen Vergleichs (§ 308 Abs. 1 Satz 2 InsO). Unter bestimmten Voraussetzungen kann das Gericht die Zustimmung eines Gläubigers ersetzen (§ 309 InsO). Bis zur Entscheidung über die Annahme des Plans ruht das Eröffnungsverfahren (§ 306 InsO). Hinsichtlich der Kündigungsbefugnisse des Vermieters gilt folgendes: Lagen die Voraussetzungen einer Kündigung wegen Zahlungsverzug zum Zeitpunkt der Antragstellung bereits vor und hatte der Vermieter deshalb gekündigt, so bleibt die Kündigung wirksam. War die Räumungsklage bereits vor der Eröffnung des Insolvenzverfahrens anhängig, so wird der Rechtsstreit nicht gem. § 240 ZPO unterbrochen, weil der Räumungsanspruch nicht zu den Insolvenzforderungen zählt (Jablonski GE 2008, 716, 717; **a. A.** AG Charlottenburg GE 2006, 920). Die Regelung des § 569 Abs. 3 Nr. 2 BGB bleibt unberührt. Die Kündigung wird unwirksam, wenn der Vermieter innerhalb der dort genannten Frist vollständig befriedigt wird. Wird der Schuldenbereinigungsplan innerhalb der Frist des § 569 Abs. 3 Nr. 2 BGB angenommen, so reduziert sich die Mietschuld auf den dort ausgewiesenen Betrag. Hat der Vermieter vor dem Eingang des Antrags auf Eröffnung des Insolvenzverfahrens nicht gekündigt, so tritt die Kündigungssperre des § 112 InsO in Kraft. Eine Kündigung wegen der bereits entstandenen Rückstände ist ausgeschlossen. Kommt der Mieter nach Antragstellung erneut in Verzug, so kann der Vermieter kündigen. Die Regelung des § 569 Abs. 3 Nr. 2 BGB gilt auch in diesem Fall. Allerdings ist zu beachten dass die Kündigung nur dann unwirksam wird, wenn der Vermieter hinsichtlich aller bestehenden Rückstände (auch derjenigen, die vor der Antragstellung entstanden sind) befriedigt wird. **156**

bb) Rechtslage nach Eröffnung des Insolvenzverfahrens. Das **Mietverhältnis besteht** mit Wirkung für die Insolvenzmasse **fort** (§ 108 Abs. 1 InsO). Die nach Verfahrenseröffnung entstehenden Verbindlichkeiten sind Masseverbindlichkeiten (Eichner WuM 1999, 260, 261; Steder ZIP 1999, 1879; Eckert NZM 2006, 803, 804). Dem Insolvenzverwalter steht das Kündigungsrecht des § 109 Abs. 1 Satz 1 InsO nicht zu. An die Stelle dieses Rechts tritt das Recht nach § 109 Abs. 1 Satz 2 InsO. Danach kann der Insolvenzverwalter gegenüber dem Vermieter erklären, dass Ansprüche, die nach Ablauf der gesetzlichen Kündigungsfrist (§ 573d Abs. 2 BGB) fällig werden, nicht im Insolvenzverfahren geltend gemacht werden können (**„Freigabeerklärung"/„Enthaftungserklärung"**). Diese Regelung dient dem Schutz des Mieters. Sie will verhindern, dass der Treuhänder das Mietverhältnis über die Wohnung des Schuldners kündigt um die Kaution zu vereinnahmen (BT-Drucks. 14/5680 S. 16, 17; BGH NJW 2017, 1747). Auch diese Erklärung ist **157**

nicht auf den ersten Termin beschränkt. Die Erklärung unterliegt der Schriftform (Dahl NZM 2008, 585, 587; Eckert/Hoffmann in: MünchKomm § 109 InsO Rdn. 21). Die Erklärung bewirkt, dass die Mietzinsansprüche des Vermieters bis zum Ablauf der Frist des § 573d Abs. 2 BGB Masseverbindlichkeiten sind. Danach entstehende Mietzinsansprüche können nicht mehr gegen die Masse geltend gemacht werden. Das Mietverhältnis wird fortgesetzt. Aus diesem Grunde hat der Verwalter keinen Anspruch auf Rückzahlung der Kaution (BGH NZM 2017, 437).

158 Die Freigabeerklärung hat zur Folge, dass die Verwaltungsbefugnis betreffend die Wohnung vom Treuhänder auf den Mieter übergeht. Dieser muss die Miete aus dem ihm verbleibenden Vermögen bezahlen. In § 112 InsO ist geregelt, dass der Vermieter ein Mietverhältnis nach dem Antrag auf Eröffnung des Insolvenzverfahrens nicht kündigen kann, wenn der Zahlungsverzug in der Zeit vor dem Antrag des Mieters auf Eröffnung des Insolvenzverfahrens eingetreten ist. Teilweise wird aus § 112 InsO abgeleitet, dass der Vermieter nur wegen solcher Rückstände nach § 543 Abs. 2 Nr. 3 BGB kündigen kann, die zeitlich nach dem Eröffnungsantrag fällig wurden (so z. B. Derleder ZAP 2005 Fach 14 S. 513). Nach der **Rechtsprechung des BGH** (NJW 2015, 3087; NJW 2017, 1747 = NZM 2017, 437; ebenso: Eckert/Hoffmann in: MünchKomm § 109 InsO Rdn. 59; Pape ZMR 2009, 885, 890) besteht die **Kündigungssperre nur bis zur Abgabe (bzw. dem Wirksamwerden) der Enthaftungserklärung.** Ab diesem Zeitpunkt steht dem Vermieter das Recht zur Kündigung wegen Zahlungsverzug zu, wobei bei der Rückstandsberechnung auch diejenigen Mietrückstände zu berücksichtigen sind, die vor dem Eröffnungsantrag fällig wurden. Er begründet dies in erster Linie mit dem Zweck der Kündigungssperre: Diese dient nicht dem Schutz des Mieters sondern dem Schutz der Insolvenzmasse. Insbesondere soll die Kündigungssperre bewirken, dass ein für die Fortführung des Schuldnerunternehmens unentbehrliches Mietverhältnis erhalten bleibt (s. dazu unten Rdn. 159a).

158a Nach dem Wortlaut des § 112 InsO wirkt die **Kündigungssperre nicht über die Dauer des Insolvenzverfahren hinaus,** mit der weiteren Folge, dass der Vermieter nach der Aufhebung des Insolvenzverfahrens wegen Zahlungsverzug kündigen kann und zwar auch wegen der vor dem Eröffnungsantrag entstandenen Rückstände (. Nach anderer Ansicht soll die Kündigungssperre – in analoger Anwendung des § 112 InsO – über das Ende des Insolvenzverfahrens hinaus für die Dauer des Restschuldbefreiungsverfahrens gelten (so LG Neubrandenburg WuM 2001, 551; Flatow NZM 2011, 607). Der **BGH** (NJW 2015, 3087) lehnt eine entsprechende Anwendung des § 112 InsO für die Zeit nach Beendigung des Insolvenzverfahrens ab. Es fehle an einer planwidrigen Gesetzeslücke. Der Schutz des Wohnungsmieters erfolge nicht über § 112 InsO, sondern über die allgemeinen Vorschriften, insbesondere über das in § 569 Abs. 2 Nr. 2 BGB geregelte Nachholrecht.

158b Vereinzelt wird vertreten, dass der Zahlungsverzug mit der Insolvenzeröffnung endet (so Jaeger/Jacoby, InsO § 109 Rdn. 65 und § 112 Rdn. 58). Der **BGH** teilt diese Ansicht nicht. Er führt aus, dass die Insolvenzeröffnung an einem eingetretenen Verzug nicht ändert (BGH NJW 2015, 3087). Der **Verzug dauert bis zur Befriedigung des Vermieters fort** mit der weiteren Folge, dass der Vermieter die Kündigung auch auf Mietrückstände stützen kann, mit denen der Mieter bereits vor Stellung des Insolvenzantrags in Verzug war.

159 Streitig ist, ob die Verwaltungsbefugnisse beim Treuhänder verbleiben (sog. „unechte Freigabe") oder ob diese ab Zugang der Freigabeerklärung beim Vermieter auf den Mieter übergehen („echte Freigabe"). Hiervon hängt die Person des Kündigungsadressaten ab: nach der **Theorie der „unechten Freigabe"** muss gegenüber dem Treuhänder gekündigt werden (so: Eckert NZM 2006, 803; Cymutta WuM 2008, 441; Flatow NZM 2011, 607, 610). Folgt man der **Theorie der „echten Freigabe"**, so ist die Kündigung gegenüber dem Mieter zu erklären (so Pape NZM 2004, 401, 410f)). Der **BGH** folgt der letztgenannten Ansicht (BGH NJW 2014, 1954; NJW 2014, 2585; NJW 2017, 1747 = NZM 2017, 437). Er begründet dies mit der Funktion des § 109 Abs. 1 Satz 2 InsO und der Gesetzesbegründung: aus der Gleichstellung der Freigabeerklärung mit der Kündigung („... tritt an die Stelle der Kündigung ...") folge, dass die Zuständigkeit für die weitere Vertragsdurchführung auf den Mieter übergeht. Nach dem Ablauf der in § 109 Abs. 1 Satz 2 InsO genannten Frist stehen alle Ansprüche aus dem Mietverhältnis dem Mieter zu. Dies hat unter anderem zur Folge, dass das Betriebskostenguthaben an den Mieter und nicht an den Treuhänder auszuzahlen ist (BGH NJW 2014, 2585; NJW 2017, 1747 = NZM 2017, 437). Andererseits muss der Mieter die Miete aus dem ihm verbleibenden Einkommen bezahlen. Nach einer **vermittelnden Lösung** steht die Verwaltungsbefugnis nach der Freigabeerklärung zwar dem Mieter zu. Dieser kann den Mietvertrag kündigen; eine Kündigung durch den Vermieter ist gegenüber dem Mieter auszusprechen. Die pfändbaren Neuforderungen aus dem Mietverhältnis (wie beispielsweise ein Guthaben aus einer Betriebskostenabrechnung) fallen jedoch in die Masse und sind deshalb an den Treuhänder auszuzahlen (Hinz NZM 2014, 137, 146; Jakoby ZMR 2016, 173, 176).

159a Die **Kündigungssperre** des § 112 Nr. 1 InsO gilt auch nach der Freigabe, so dass der Vermieter das Mietverhältnis wegen eines vor Stellung des Antrags auf Eröffnung des Insolvenzverfahrens eingetretenen Zahlungsrückstands nicht kündigen kann (Derleder ZAP 2005, Fach 14 S. 513; ders. FS Blank 2006, 673, 687; Cymutta Miete und Insolvenz – Beilage 50a zu Heft 50 von GuT (September/Oktober 2009, S. 59; Flatow Insolvenz und Zwangsverwaltung bei Mietverhältnissen, S. 33; Jakoby ZMR 2016, 173, 179; **a. A.** BGH NJW 2015, 3087; Eckert/Hoffmann in MünchKomm § 109 InsO Rdn. 59; Pape ZMR 2009, 885, 890; Hinz NJW 2014, 137, 150). Vielmehr muss er einen erneuten Zahlungsrückstand abwarten. Wird vor dem Ablauf der in § 109 Abs. 1 Satz 2 InsO genannten Frist gekündigt, so ist die Kündigung gegenüber dem Treuhänder abzugeben (BGH NJW 2012, 2270); nach Fristablauf muss gegenüber dem Mieter gekündigt werden. Die Regelung des § 569 Abs. 3 Nr. 2 BGB bleibt unberührt. Deshalb wird die Kündigung unwirksam, wenn der Vermieter innerhalb von 2 Monaten nach Rechtshängigkeit des Räumungsanspruchs befriedigt wird (§ 569 Abs. 3 Nr. 2 BGB).

160 Erleidet der Vermieter durch die Erklärung des Insolvenzverwalters nach § 109 Abs. 1 Satz 2 InsO einen Schaden, (etwa weil der Mieter die Miete nicht bezahlen kann) so steht ihm ein **Schadensersatzanspruch** zu (§ 109 Abs. 1 Satz 3 InsO). Dabei handelt es sich aber lediglich um eine Insolvenzforderung. Wegen der Schadensminderungspflicht muss sich der Vermieter um eine Weitervermietung bemühen.

161 Wird das Mietverhältnis beendet und steht dem Mieter aus der **Kaution** ein Guthaben zu, so ist dieses der Insolvenzmasse zuzuführen. Anders ist es, wenn der Rückzahlungsanspruch nach der Enthaftungserklärung fällig wird. Dann fällt die Kaution nicht in die Insolvenzmasse, sondern steht dem Mieter zur Verfügung und ist an diesen auszuzahlen (BGH NZM 2017, 437).

162 Die **Enthaftungserklärung wirkt auch gegenüber dem Erwerber der Mietsache,** wenn sie in Unkenntnis des Eigentumsübergangs dem alten Vermieter gegenüber abgegeben wurde (BGH NJW 2012, 1881 = WuM 2012, 325 = NZM 2012, 638). Den Veräußerer trifft die Pflicht, den Erwerber über die Existenz einer

§ 542 BGB Untertitel 1. Allgemeine Vorschriften für Mietverhältnisse

Enthaftungserklärung zu informieren. Wird diese aus dem Kaufvertrag ableitbare nachträgliche Informationspflicht verletzt, kann der Erwerber den Veräußerer auf Schadensersatz in Anspruch nehmen.

163 Übt der Mieter in den gemieteten Räumen **eine selbständige Tätigkeit** aus, oder beabsichtigt er demnächst eine solche Tätigkeit auszuüben, hat der Insolvenzverwalter ihm gegenüber zu erklären, ob Vermögen aus der selbständigen Tätigkeit zur Insolvenzmasse gehört und ob Ansprüche aus dieser Tätigkeit im Insolvenzverfahren geltend gemacht werden können **(§ 35 Abs. 2 S. 2 InsO)**. Entscheidet sich der Insolvenzverwalter für die „Freigabe" der selbständigen Tätigkeit, so besteht die Kündigungssperre des § 112 Nr. 1 InsO fort, so dass der Vermieter das Mietverhältnis wegen eines vor Stellung des Antrags auf Eröffnung des Insolvenzverfahrens eingetretenen Zahlungsrückstands nicht kündigen kann (Cymutta Miete und Insolvenz – Beilage 50a zu Heft 50 von GuT (September/Oktober 2009, S. 41; **a. A.** Flatow Insolvenz und Zwangsverwaltung bei Mietverhältnissen 2. Aufl. 2009 S. 28). Unbeschadet hiervon ist für die Abgabe und Entgegennahme von Erklärungen ab „Freigabe" allein der Mieter zuständig.

164 **e) Räumungsklage.** Die Räumungsklage muss gegen den Insolvenzverwalter gerichtet werden, wenn dieser die Mietsache im Verwaltungsbesitz hat oder für die Masse nutzt (Aussonderungsanspruch nach § 47 InsO, BGH NJW 1994, 3232). Hierfür reicht es aus, wenn der Insolvenzverwalter das Recht für sich in Anspruch nimmt, die Mietsache für die Masse zu gebrauchen und darüber zu entscheiden, ob, wann und in welcher Weise er die Mietsache an den Vermieter zurückgibt. Es ist nicht erforderlich, dass der Insolvenzverwalter die Sache in Besitz genommen hat, weil die Verwaltungsbefugnis kraft Gesetzes im Zeitpunkt der Insolvenzeröffnung vom Gemeinschuldner auf den Insolvenzverwalter übergeht (§ 80 InsO).

165 Diese Grundsätze gelten i. d. R. auch dann, wenn das **Mietverhältnis bereits vor Insolvenzeröffnung beendet** worden ist, der Mieter aber seine Rückgabeverpflichtung noch nicht erfüllt hat. Die Räumungskosten fallen in diesem Fall der Insolvenzmasse zur Last.

166 **Ein gegen den Insolvenzverwalter ergehendes Räumungsurteil** wirkt auch gegen den Mieter, so dass der Vermieter die Zwangsvollstreckung nach § 885 ZPO betreiben kann (Räumung durch den Gerichtsvollzieher). Der Mieter kann allerdings aus eigenem Recht Räumungsfrist- und Vollstreckungsschutzanträge stellen.

167 Übt der **Insolvenzverwalter keinen Verwaltungsbesitz** aus und nimmt er die Sache auch nicht für die Insolvenzmasse in Anspruch, so ist die Mietsache nicht massebefangen. In diesem Fall kann nur der Mieter auf Räumung und Herausgabe in Anspruch genommen werden (BGH NJW 1994, 3232; NJW 2008, 2580 = NZM 2008, 606 = WuM 2008, 507). Ein solcher Fall wird regelmäßig bei der Wohnungsmiete vorliegen. Der Herausgabeanspruch begründet ein Aussonderungsrecht (§ 47 InsO). Der Räumungsanspruch ist Insolvenzforderung (Dahl NZM 2008, 585, 590).

168 **f) Vertragliche Lösungsklauseln** für den Fall der Mieterinsolvenz sind bei der Wohnraummiete unzulässig. Für die Geschäftsraummiete wird die Zulässigkeit von Lösungsklauseln in der Literatur teils bejaht (Minuth/Wolf NZM 1999, 289, 292; Pape in: Hess/Pape InsO und EGInsO Rdn. 340), teils verneint (BGH NJW 2014, 698 = NZM 2014, 76; OLG Hamm NZM 2002, 343; Hörndler in: Lindner-Figure/Opree/Stellmann Kap 20 Rz. 10 Eckert ZIP 1996, 897, 902; Rademacher MDR 2000, 57, 59; Pape NZM 2004, 401, 402; Marotzke in: Heidelberger Kommentar zur Insolvenzordnung § 119 InsO Rdn. 4; Franken Mietverhältnisse in der Insolvenz Rdn. 172; Katzenberger in: Hannemann/Wiegner MAH Wohnraummietrecht § 57 Rdn. 20). Nach der hier vertretenen Ansicht ergibt sich die Unwirk-

Ende des Mietverhältnisses **BGB § 542**

samkeit von Lösungsklauseln aus § 119 InsO (ebenso: OLG Hamm NZM 2002, 343; OLG Düsseldorf ZMR 2006, 856, 858). Danach sind Vereinbarungen unwirksam, durch die im Voraus die Anwendung der §§ 103 bis 118 ausgeschlossen oder beschränkt wird. Die Vorschrift ist eindeutig. Die in der vor Inkrafttreten des Gesetzes geführte Diskussion über die Zulässigkeit vertraglicher Lösungsrechte hat im Gesetz keinen Niederschlag gefunden.

g) Nicht vollzogene Mietverhältnisse. Sonderregelungen gelten für noch 169 nicht vollzogene Mietverhältnisse: War dem Mieter die Mietsache zur Zeit der Eröffnung des Insolvenzverfahrens noch nicht überlassen, so können sowohl der Vermieter als auch der Verwalter vom Vertrag zurücktreten (§ 109 Abs. 2 InsO). Tritt der Verwalter zurück, so steht dem Vermieter – wie im Falle des § 109 Abs. 1 S. 2 InsO – ein Schadensersatzanspruch zu. Die Ausübung des Rücktrittsrechts kann grundsätzlich bis zur Überlassung (Übergabe) der Mietsache ausgeübt werden. Sowohl der Vermieter als auch der Verwalter können allerdings den jeweils anderen Teil auffordern sich über den Rücktritt zu erklären. Wird binnen zwei Wochen nach Zugang der Aufforderung keine Erklärung abgegeben, so geht das Rücktrittsrecht verloren.

h) Kündigung der Mitgliedschaft zu einer Wohnungsgenossenschaft. 170 Nach § 65 Abs. 1 GenG hat jedes Mitglied das Recht, seine Mitgliedschaft durch Kündigung zu beenden. In der Satzung der Genossenschaften ist i. d. R. bestimmt, dass für die Kündigung durch ein Mitglied eine Kündigungsfrist von 5 Jahren einzuhalten ist. Eine solche Regelung ist im Genossenschaftsrecht zulässig. Jedoch ist in § 65 Abs. 3 GenG geregelt, dass das Mitglied zur vorzeitigen Kündigung berechtigt ist, „wenn ihm nach seinen persönlichen oder wirtschaftlichen Verhältnissen ein Verbleib in der Genossenschaft bis zum Ablauf der Kündigungsfrist nicht zugemutet werden kann." Für diese Kündigung ist lediglich eine Frist von drei Monaten zum Schluss eines Geschäftsjahres einzuhalten. Erfolgt die Kündigung aus wirtschaftlichen Erwägungen. So kommt es darauf an, ob dem Mitglied auf Grund seiner Einkommensverhältnisse nach Abzug aller notwendigen Ausgaben ein zur Bezahlung der Genossenschaftsbeiträge ausreichender Betrag verbleibt (OLG München ZInsO 2018, 2753). Der Gläubiger eines Mitglieds kann das Kündigungsrecht an dessen Stelle ausüben, wenn er einen Pfändungs- und Überweisungsbeschluss betreffend das Geschäftsguthaben erwirkt hat und eine Zwangsvollstreckung in das Vermögen des Mitglieds innerhalb der letzten sechs Monate fruchtlos verlaufen ist (§ 66 Abs. 1 GenG). Wird über das Vermögen des Mitglieds das Insolvenzverfahren eröffnet, so steht das Kündigungsrecht dem Insolvenzverwalter zu; dies wird entweder aus § 80 Abs. 1 InsO oder aus einer analogen Anwendung des § 66 Abs. 1 GenG abgeleitet (Fandrich in: Pöhlmann/Fandrich/Bloehs, GenG § 65 Rdn. 7). Ist die Mitgliedschaft beendet, so ist das Geschäftsguthaben an den Insolvenzverwalter auszuzahlen (§ 73 GenG).

Grundsätzlich gilt, dass der Insolvenzverwalter bei der Geltendmachung der dem 170a Mieter zustehenden Ansprüche an die **Satzungsbestimmungen** gebunden ist. Eine Ausnahme gilt hinsichtlich solcher Bestimmungen, die die gesetzlich vorgesehene Verwertungsmöglichkeit des Insolvenzverwalters vereiteln, indem sie eine Auszahlung des Auseinandersetzungsguthabens tatsächlich ausschließen, ohne dass dies durch schützenswerte Interessen der Genossenschaft oder des Mieters gerechtfertigt ist (BGH NZM 2018, 785 Rz 16). Solche Bestimmungen können dem Insolvenzverwalter nicht entgegengehalten werden. Sie unterliegen insoweit einer Ausübungskontrolle gemäß § 242 BGB. Die Ausnahme rechtfertigt sich aus der Erwägung, dass Genossenschaftsmitglieder nicht Teile ihres Vermögens der Insolvenzmasse entziehen können, indem sie es als Geschäftsguthaben ansparen. Deshalb kann sich die Genossenschaft gegenüber dem Auszahlungsverlangen des Insolvenzverwalters nicht auf eine Klausel berufen, wonach die Auszahlung des Auseinandersetzungsguthabens ausgeschlossen ist, solange das Mietverhältnis fortbesteht oder der Mieter die Wohnung nicht zurückgegeben hat. Eine solche Klausel ist im Rahmen der Ausübungskontrolle insgesamt unwirksam (BGH a. a. O.).

171 Die Kündigung der **Mitgliedschaft in einer Wohnungsgenossenschaft** durch den Gläubiger oder den Insolvenzverwalter ist ausgeschlossen, wenn die Mitgliedschaft Voraussetzung für die Nutzung der Wohnung des Mitglieds ist und das Geschäftsguthaben des Mitglieds höchstens das Vierfache des auf einen Monat entfallenden Nutzungsentgelts ohne die als Pauschale oder Vorauszahlung ausgewiesenen Betriebskosten oder höchstens 2000 Euro beträgt (§ 67c GenG). Diese Vorschrift ist allerdings erst am 19.7.2013 in Kraft getreten. Für Kündigungen vor diesem Zeitpunkt hat der BGH entschieden, dass der Insolvenzverwalter die Mitgliedschaft kündigen kann. Für die **Altfälle (Zugang der Kündigung vor dem 19.7.2013)** gilt, dass die Regelung des § 109 Abs. 1 Satz 2 InsO der Kündigung nicht entgegensteht (BGH NZM 2015, 46 m.w. N.; NZM 2018, 785 Rz 16). Die Kündigung der Mitgliedschaft durch den Insolvenzverwalter führt allerdings nicht zwangsläufig zum Verlust der Wohnung. Voraussetzung ist vielmehr, dass die Genossenschaft das Mietverhältnis kündigt. Nach Ansicht des BGH kann die Bereitschaft des Mieters sich bei Beendigung des Insolvenzverfahrens erneut um eine Mitgliedschaft zu bemühen entweder nach § 573 BGB oder § 574 BGB berücksichtigt werden (BGH a. a. O.).

172 Gegen die zwangsweise Beendigung der Mitgliedschaft hat der **Mieter keinen Anspruch auf Vollstreckungsschutz;** § 765a ZPO setzt voraus, dass die Vollstreckungsmaßnahme unmittelbar in die Rechte des Mieters eingreift. In Fällen der vorliegenden Art ist dies nicht der Fall (BGH NZM 2009, 916 = WuM 2009, 752). Zur Kündigung des Mitglieds durch die Genossenschaft s. § 543 Rdn. 4.

173 i) **Kündigung bei Insolvenz des Vermieters.** Im Falle der Insolvenz des Vermieters besteht das Mietverhältnis ebenfalls fort (§ 108 S. 2 InsO). Ein Sonderkündigungsrecht besteht nicht. Dies gilt sowohl für den Mieter als auch für den Verwalter. Wird die Mietsache vom Verwalter veräußert, so steht dem Erwerber ein Sonderkündigungsrecht zu, das zum ersten Termin nach dem Eigentumsübergang ausgeübt werden muss (§ 111 InsO). Bei der Wohnraummiete sind hierzu Kündigungsgründe nach § 573 BGB erforderlich.

174 Der Umstand, dass ein **Insolvenzantrag mangels Masse abgelehnt** worden ist, reicht für eine Kündigung nicht aus, weil der Vermögensverfall einer Mietvertragspartei kein Lösungsrecht begründet. Die Parteien sind durch die Unsicherheitseinrede des § 321 BGB hinreichend geschützt. Danach kann der Vorleistungspflichtige seine Leistung beim Vermögensverfall des Vertragspartners so lange zurückhalten, bis der Vertragspartner seinerseits erfüllt hat.

175 Hat der Mieter den **Mietvertrag mit einer GmbH** abgeschlossen und wird die Eröffnung des Insolvenzverfahrens mangels Masse abgelehnt und die GmbH aufgelöst, so gilt nichts anderes. Die Auflösung der GmbH führt nicht zum endgültigen Erlöschen, sondern bewirkt, dass das Abwicklungsverfahren eingeleitet wird. Die GmbH kann weiterhin am Rechtsverkehr teilnehmen. Erfüllt sie ihre Verpflichtung gegenüber dem Mieter nicht, so kann dieser nach § 543 Abs. 2 Nr. 1 BGB n. F. fristlos kündigen (BGH NZM 2002, 524).

175a (8) **Kündigung durch den Vermieter** beim **Erwerb im Zwangsversteigerungsverfahren** nach § 57a ZVG: Wird ein vermietetes Haus oder eine vermietete Wohnung zwangsversteigert, so tritt der Erwerber nach §§ 57 ZVG, 566,

578 BGB auf der Vermieterseite in das Mietverhältnis ein (s. § 566 Rdn. 108–110). Der Erwerber hat in diesem Falle ein Sonderkündigungsrecht nach § 57a ZVG. Das Sonderkündigungsrecht geht allerdings verloren, wenn die Kündigung nicht für den ersten Termin erfolgt, für den sie zulässig ist. Erster zulässiger Termin ist derjenige, für den die Kündigung dem Ersteher ohne schuldhaftes Zögern möglich ist. Ist der Zeitraum zwischen dem Termin der Zwangsversteigerung und dem gesetzlichen Kündigungstermin besonders kurz, so billigt die Rechtsprechung dem Vermieter eine **Überlegungs- und Prüfungsfrist** von ca. 1 Woche zu. (OLG Frankfurt NZI 2017, 502; OLG Oldenburg GUT 2002, 48; OLG Düsseldorf ZMR 2003, 177). Die einzuräumende Prüfungsfrist beginnt dabei grundsätzlich mit dem Wirksamwerden des Zuschlags in der Zwangsversteigerung, mithin mit der Verkündung des Zuschlagsbeschlusses, es sei denn, der Ersteher erlangt erst später Kenntnis von dem Bestehen des Mietvertrags (OLG Frankfurt a. a. O.). Unter der Prüfungsfrist ist dabei derjenige Zeitraum zu verstehen, den der Erwerber benötigt, um sich zuverlässige Informationen über den Vermietungsstand zu beschaffen. Auf die Angaben des Mieters muss der Erwerber nicht vertrauen. Vielmehr kann er Auskünfte beim früheren Vermieter oder beim Verwalter des Mietobjekts einholen (OLG Düsseldorf a. a. O.). Organisatorische Schwierigkeiten im Unternehmen des Erwerbers sind aber unbeachtlich. Der Erwerber in der Zwangsversteigerung muss durch organisatorische Vorkehrungen sicherstellen, dass dem Mieter die Kündigung innerhalb der Frist des § 57a ZVG zugeht (OLG Oldenburg a. a. O.). Für das Sonderkündigungsrecht müssen Kündigungsgründe im Sinne von § 573 BGB vorliegen (§ 573d Abs. 1 BGB). Dieselbe Rechtslage gilt beim Erwerb eines Dauerwohnrechts im Wege der Zwangsversteigerung (§ 37 Abs. 3 S. 2 WEG). Die Regelung des § 57a Satz 2 BGB gilt auch dann, wenn das Grundstück im Zeitpunkt des Zuschlagsbeschlusses noch unter Zwangsverwaltung steht. Dies folgt bereits aus dem Wortlaut des § 57a ZVG und im Übrigen aus der Erwägung, dass die Zwangsverwaltung nicht zulasten des Erwerbers fortgeführt wird. Dieser erwirbt mit dem Zuschlag zugleich die Befugnisse des Vermieters, zu denen auch das Recht zur Kündigung zählt (OLG Frankfurt NZI 2017, 502).

176 Sind **mehrere selbständige Eigentumseinheiten auf Grund eines einheitlichen Mietvertrags** vermietet (z. B. eine Wohnung mit einer Garage, mehrere Eigentumswohnungen, mehrere rechtlich selbständige Grundstücke) und werden die jeweiligen Eigentumseinheiten in der Zwangsversteigerung verschiedenen Bietern zugeschlagen, so werden beide Erwerber gemeinschaftliche Vermieter. Gleichwohl kann jeder Erwerber in Bezug auf das von ihm erworbene Eigentum das Sonderkündigungsrecht des § 57a ZVG geltend machen. Ein Zusammenwirken der jeweiligen Eigentümer ist nicht erforderlich. Dies folgt aus dem Sinn und Zweck des Sonderkündigungsrechts. Dieses soll sicherstellen, dass die Verwertung eines Grundstücks im Wege der Zwangsversteigerung nicht durch bestehende Mietverhältnisse behindert wird (KG NZM 2012, 304).

176a Ist eine **Wohnungseigentumsanlage vom Eigentümer als Gesamtgebäude vermietet** und geht sodann eine der Einheiten im Wege der Zuschlagserteilung auf einen Erwerber über so ist eine **Teilkündigung** möglich (BGH NJW 2014, 536). Der BGH begründet dies mit der Erwägung, dass anderenfalls die dem jeweiligen Wohnungseigentümer zustehende Möglichkeit der Beleihbarkeit des Objekts spürbar beeinträchtigt wird. Das Interesse des Wohnungseigentümers gehe dem Interesse des Mieters vor.

§ 542 BGB Untertitel 1. Allgemeine Vorschriften für Mietverhältnisse

2. Kündigungsrechte zugunsten des Mieters

177 (1) Kündigung des Mieters wegen Verweigerung der Untermieterlaubnis gem. § 540 Abs. 1 Satz 2 BGB.

178 (2) Kündigung des Mieters bei mehr als 30-jähriger Mietdauer nach § 544 BGB.

179 (3) Kündigung des Erben des Mieters gegenüber dem Vermieter nach § 564 BGB (**Wohnraum**) und nach **§ 580 BGB (sonstige Mietverhältnisse)** (s. dort).

180 (4) Kündigung des Ehegatten und der Angehörigen des verstorbenen Mieters gegenüber dem Vermieter **§ 563 a BGB**.

181 Daneben bestehen noch einige **weitere Sonderkündigungsrechte** zugunsten des Mieters (§ 555 e BGB; § 561 BGB) Auch hierfür gelten die für die ordentliche Kündigung dargelegten Grundsätze. Die Kündigungsfristen sind den genannten Vorschriften zu entnehmen.

3. Vereinbarung weiterer Sonderkündigungsrechte

182 Bei der **Geschäftsraummiete** können zugunsten beider Parteien weitere Sonderkündigungsrechte vereinbart werden (vgl. dazu OLG Frankfurt Urteil vom 19.10.2016 – 2 U 89/16: Sonderkündigungsrecht bei Unterschreitung einer Mindestbezugsmenge bei Gaststättenpacht; Pützenbacher/Kubjetz NZM 2003, 140, 142: Muster einer Kündigungsklausel für den Fall, dass der Umsatz eine bestimmte Grenze unterschreitet). Bei der **Wohnraummiete** sind Vereinbarungen, nach denen dem Vermieter beim Eintritt bestimmter Umstände ein Sonderkündigungsrecht zustehen soll, unwirksam. Zugunsten des Mieters können weitere Sonderkündigungsrechte (z. B. für den Fall eines beruflich bedingten Ortswechsels) vereinbart werden. Für die Form der Kündigung gilt in diesen Fällen § 568 Abs. 1 BGB. Die Vereinbarung zusätzlicher Formalien ist möglich. Ist vereinbart, dass der Mieter die Kündigung begründen muss, so gilt § 569 Abs. 4 BGB (BGH NZM 2003, 62).

IV. Beendigung durch Zeitablauf (Abs. 2)

1. Mietverhältnisse auf bestimmte Zeit ohne Verlängerungsklausel

183 a) **Mietverhältnis auf bestimmte Zeit.** Ein Mietverhältnis auf bestimmte Zeit (befristetes Mietverhältnis) im Sinne von § 542 Abs. 2 BGB ist gegeben, wenn das Mietverhältnis nach den vertraglichen Vereinbarungen nach Ablauf einer bestimmten Zeit ohne weitere Erklärung enden soll. Bei der Wohnraummiete ist eine solche Vertragsgestaltung wirksam, wenn sie vor dem 1.9.2001 getroffen worden ist. Für die Abwicklung solcher Mietverhältnisse gelten Übergangsvorschriften. Seit dem 1.9.2001 gilt § 575 Abs. 1 Satz 2 BGB.

184 Für die **Bestimmung des Endtermins** gilt **§ 193 BGB.** Die Vertragszeit kann kalendermäßig oder durch die Angabe einer Vertragsdauer bestimmt sein. Eine Vereinbarung, wonach das Mietverhältnis nach 10 Jahren endet, „ohne dass es einer Kündigung bedarf" enthält nicht nur eine Aussage zur Vertragsbeendigung sondern statuiert zugleich die Laufzeit des Vertrags (OLG Dresden ZMR 1999, 104, 105). Es genügt, dass die Mietdauer bestimmbar ist (z. B. „Das Mietverhältnis endet zehn Jahre nach Bezugsfertigkeit des Neubaus"). Der Umstand, dass die Parteien bereits

beim Vertragsschluss einen Verlängerungsvertrag (zu denselben oder zu geänderten Bedingungen) beabsichtigen, steht einer wirksamen Befristung nicht entgegen (unzutreffend: AG Frankfurt WuM 1996, 556).

Ebenso liegt ein befristetes Mietverhältnis vor, wenn die **Mietzeit durch ein im** 185 **Voraus bestimmtes gewisses Ereignis begrenzt** wird (z. B. bei einem Mietverhältnis für die Dauer eines Semesters;). Dabei handelt es sich um eine Zeitbestimmung i. S. des § 163 BGB. Dies gilt auch dann, wenn der genaue Zeitpunkt des Eintritts des Ereignisses unsicher ist. Deshalb endet ein **Mietverhältnis „für die Dauer des Studiums"** ohne weiteres mit dem Studienabschluss. Ebenso ist ein **Mietverhältnis auf Lebenszeit** des Mieters als befristetes Mietverhältnis zu bewerten (BayObLG RE 2.7.1993 NJW-RR 1993, 1164 = WuM 1993, 523 = ZMR 1993, 462 = DWW 1993, 261; LG Frankfurt WuM 1990, 82; LG Arnsberg WuM 1989, 380; LG Mannheim WuM 1987, 353; Rolfs in: Staudinger § 542 BGB Rdn. 140, 141; Fleindl in: Bub/Treier Kap IV Rdn. 490; Kandelhard in: Herrlein/Kandelhard § 542 BGB Rdn. 28; Sonnenschein, PiG 26, 45, 64). Ein solches Mietverhältnis endet mit dem Tod des Mieters; der Erbe tritt lediglich in das Abwicklungsschuldverhältnis ein. Den Belangen derjenigen Personen, die mit dem Mieter in der Wohnung als Ehegatte, Partner einer eheähnlichen oder gleichgeschlechtlichen Gemeinschaft oder als Familienangehörige zusammengelebt haben, wird dadurch Rechnung getragen, dass ihnen in entsprechender Anwendung des § 563 BGB ein Eintrittsrecht zugebilligt werden muss.

Soll die **Beendigung des Mietverhältnisses** dagegen von einem **ungewissen** 186 **Ereignis abhängen** (z. B. der Beendigung des Arbeitsverhältnisses) so ist ein **Mietverhältnis unter einer auflösenden Bedingung** i. S. von § 572 Abs. 2 BGB gegeben. Wegen der Rechtsfolgen s. § 572 BGB Rdn. 13.

Für die **Unterscheidung zwischen der Befristung und der Bedingung** 187 kommt es auf die Vorstellungen der Parteien an. Maßgeblich ist, ob sich die Parteien den Eintritt des Ereignisses als sicher (dann Befristung) oder nur als möglich (dann Bedingung) vorstellen. Wird beispielsweise eine Wohnung „bis zur Heirat der Tochter des Vermieters" vermietet, so liegt eine Befristung vor, wenn die Tochter feste Heiratsabsichten hat, die Eheschließung konkret bevorsteht und die vermieteten Räume der Tochter als Ehewohnung überlassen werden sollen. Für ein solches Mietverhältnis gelten die §§ 542 Abs. 2, 575 BGB. Dagegen ist eine Bedingung anzunehmen, wenn die hier beschriebene Vertragsgestaltung nur deshalb gewählt worden ist, weil nicht ausgeschlossen werden kann, dass ein heranwachsendes Mädchen „irgendwann einmal heiratet" und dann möglicherweise eine Ehewohnung benötigt. Ein solches Mietverhältnis ist ein unbefristetes Mietverhältnis i. S. der §§ 542 Abs. 1, 572 Abs. 2 BGB.

Ein **zeitlich befristeter Kündigungsausschluss** hat zur Folge, dass das Miet- 188 verhältnis bis zum Ablauf der Befristung nicht gekündigt werden kann. Ein solcher Kündigungsausschluss kann nach der hier vertretenen Ansicht auch bei der Wohnraummiete wirksam vereinbart werden (S. § 575 BGB Rdn. 83, 87).

b) Vertragsbeendigung. Ein Mietverhältnis auf bestimmte Zeit kann während 189 der Laufzeit des Vertrags durch eine Mietaufhebungsvereinbarung, durch eine außerordentliche fristlose Kündigung oder durch eine außerordentliche befristete Kündigung (außerordentliche Kündigung mit gesetzlicher Frist) beendet werden. Die ordentliche befristete Kündigung während der Vertragszeit ist ausgeschlossen. Anders ist es, wenn die Parteien ein solches (Sonder-)Kündigungsrecht vereinbart haben. Eine derartige Regelung kann auch durch Formularvertrag getroffen werden (LG Berlin GE 2016, 327). Eine vorzeitige Besitzaufgabe durch den Mieter lässt den Mietzinsanspruch unberührt. Der Vermieter ist zur vorzeitigen Weitervermietung nicht verpflichtet (LG Gießen NJW-RR 1995, 395; **a. A.** LG Braunschweig WuM 1998, 220). Die Vorschrift des § 254 Abs. 2 BGB ist unanwendbar, weil dem Vermieter ein vertraglicher Erfüllungsanspruch zusteht. Wird die Mietsache zur Schadensbegrenzung gleichwohl weitervermietet, so ist § 537 BGB zu beachten

190 Ein **Mietverhältnis über Geschäftsraum** endet mit dem Ablauf der Vertragszeit ohne weiteres.

191 c) **Beweislast.** Ist bei einem **Individualvertrag** streitig, ob ein Mietverhältnis befristet ist, so trägt derjenige die Beweislast, der aus der Befristung Rechte für sich herleiten will (LG Limburg WuM 2001, 359). Wendet der Mieter gegenüber dem Rückgabeverlangen des Vermieters Vertragsverlängerung ein, so trifft ihn für sein fortbestehendes Recht die Beweislast (BGH WPM 1985, 1421; Wolf/Eckert/Ball Rdn. 891). Macht der Mieter geltend, dass eine vom Vermieter ausgesprochene Kündigung wegen der Befristung unwirksam sei, so muss der Mieter die Befristung darlegen und beweisen (**a. A.** LG Aachen NJW-RR 1990, 1163). Gleiches gilt, wenn der Mieter Mängelbeseitigungs- oder Gewährleistungsansprüche geltend macht und der Vermieter die Vertragsbeendigung einwendet (Wolf/Eckert/Ball a. a. O.). Macht dagegen der Vermieter einen Mietzinsanspruch geltend und ist streitig, ob das Mietverhältnis durch Zeitablauf oder Kündigung des Mieters beendet ist, so muss der Vermieter die Vertragsfortdauer beweisen (OLG Oldenburg ZMR 1987, 425; LG Frankfurt WuM 1999, 114; LG Dessau WuM 2001, 240).

192 Zweifel bei der **Auslegung eines Formularvertrags** gehen zu Lasten des Verwenders (BGH NJW 1986, 431; AG Bad Homburg WuM 1999, 114; AG Alsfeld WuM 1999, 116). Enthält ein Formularvertrag sowohl eine Klausel für eine Befristung als auch eine Klausel für ein unbefristetes Mietverhältnis und ist unklar, welche von beiden Möglichkeiten die Parteien ausgewählt haben, so ist gem. § 305c Abs. 2 BGB der für den Verwender ungünstigere Sinn zu wählen (LG Gießen ZMR 1996, 609; LG Berlin GE 1997, 189).

2. Befristete Mietverhältnisse mit Verlängerungsklauseln

193 a) **Einmalige Verlängerung auf bestimmte Zeit.** Ein Mietverhältnis, das sich nach den vertraglichen Vereinbarungen mangels einer Kündigung auf bestimmte Zeit verlängern soll (Beisp. *Das Mietverhältnis wird für die Dauer von fünf Jahren abgeschlossen. Es verlängert sich um weitere fünf Jahre, falls es nicht gekündigt wird*) kann für die Zeit der ursprünglichen Befristung nicht im Wege der ordentlichen Kündigung beendet werden. Beim Ablauf der ursprünglichen Befristung entsteht kein neues Mietverhältnis; vielmehr wird das ursprüngliche Mietverhältnis fortgesetzt (BGH NZM 2002, 6049). Eine Vertragsbeendigung zum Ablauf der Ursprungsbefristung ist möglich. Hierzu ist eine Erklärung erforderlich, die als echte Kündigungserklärung zu bewerten ist. Deshalb sind die Kündigungsfristen des § 580a BGB einzuhalten. Dies folgt ohne weiteres aus der Verwendung des Begriffs „Kündigung". Wird das Mietverhältnis nicht rechtzeitig zum Ablauf der Ursprungsbefristung gekündigt, so wird es um die vertraglich vereinbarte Zeit fortgesetzt (im Beispielsfall um weitere 5 Jahre). Nach Ablauf dieses Zeitraums endet es ohne weiteres.

193a Klauseln der genannten Art sind nur wirksam, wenn nach deren Wortlaut eindeutig feststeht, bis zu welchem Zeitpunkt spätestens die Kündigung auszusprechen

Ende des Mietverhältnisses **BGB § 542**

ist. Daran kann es fehlen, wenn der Beginn der Vertragslaufzeit nicht nach dem Kalender bestimmt ist, sondern sich nach anderen Kriterien oder Umständen (Übergabe, Fertigstellung) richtet. Ist der Kündigungstag nicht eindeutig zu ermitteln, so ist die Klausel wegen fehlender **Transparenz** unwirksam (§ 307 Abs. 1 S. 2 BGB; BGH WuM 2019, 74; NZM 2019, 824 jeweils zu einem Vertrag über Werbeflächen).

Bei der **Wohnraummiete** ist eine solche Vertragsgestaltung wirksam, wenn sie 194 vor dem 1.9.2001 getroffen worden ist.

b) Widerspruchsklauseln. Bei der Geschäftsraummiete können die Parteien 195 vereinbaren, dass die **Vertragsverlängerung** eintreten soll, **"wenn keine der Parteien widerspricht"** oder "keine der Parteien erklärt, den Vertrag nicht verlängern zu wollen". Durch eine derartige Formulierung kommt in aller Regel zum Ausdruck, dass die Vertragsbeendigung nach Ablauf der Ursprungsbefristung nicht durch Kündigung, sondern durch die Widerspruchserklärung eintreten soll. In der Erklärung des Widerspruchs liegt die Ablehnung der im Vertrag vorgesehenen Fortsetzung der vertraglichen Beziehungen (BGH NJW 1975, 40; OLG Düsseldorf ZMR 1993, 521; ZMR 1998, 25, 26). Der Widerspruch ist eine einseitige empfangsbedürftige Willenserklärung; es gelten die allgemeinen Vorschriften der §§ 116 ff BGB. Insoweit unterscheidet er sich nicht von der Kündigung. Deshalb ist es unschädlich, wenn der Widerspruch in Form einer Kündigung erklärt wird (OLG Düsseldorf WuM 2002, 606 = ZMR 2002, 910). Anders als die Kündigung kann die Widerspruchserklärung aber noch am letzten Tag der ursprünglichen Befristung abgegeben werden, wobei § 193 BGB Anwendung findet (BGH a. a. O.; OLG Dresden MDR 2014, 80 = GuT 2013, 211). Unterbleibt die Widerspruchserklärung, so kommt ein neuer Mietvertrag zustande, der denselben Inhalt wie der Ursprungsvertrag hat (RGZ 86, 60, 62; BGH a. a. O.; OLG Düsseldorf a. a. O.). Wird der **Widerspruch durch einen Vertreter** des Vermieters oder des Mieters erklärt, so muss der Erklärung die Vollmachtsurkunde beigefügt werden. Andernfalls kann der Widerspruchsempfänger den Widerspruch zurückweisen. Die Zurückweisung muss gem. § 174 Satz 1 BGB unverzüglich erfolgen. Die Zurückweisung eines Widerspruchs wegen des Fehlens einer Vollmachtsurkunde ist nach einer Zeitspanne von mehr als einer Woche ohne das Vorliegen besonderer Umstände des Einzelfalls nicht mehr unverzüglich im Sinne des § 174 BGB (vgl. KG GE 2017, 1468).

Bei der **Wohnraummiete ist zu unterscheiden:** Ist der Mietvertrag vor dem 196 1.9.2001 abgeschlossen, so ist die Widerspruchsklausel dahingehend umzudeuten, dass an die Stelle der vereinbarten Möglichkeit des Widerspruchs die Kündigungsbefugnis tritt (§ 565a Abs. 3 BGB a. F.). Für Mietverträge nach dem 31.8.2001 gilt § 575 BGB (s. dort).

c) Wiederkehrende Verlängerung auf bestimmte Zeit. Ist vereinbart, dass 197 sich ein auf bestimmte Zeit abgeschlossenes Mietverhältnis mangels einer Kündigung immer wieder auf bestimmte Zeit verlängert *(Das Mietverhältnis endet am ... Es verlängert sich jeweils um ein weiteres Jahr, falls es nicht gekündigt wird),* so entsteht nach dem Ablauf der ursprünglichen Befristung jeweils ein weiteres befristetes Mietverhältnis. Vor Ablauf der Ursprungsbefristung kann das Mietverhältnis nicht im Wege der ordentlichen befristeten Kündigung beendet werden. Eine Kündigung zum Ablauf der Ursprungsbefristung ist möglich. Die Kündigung muss so rechtzeitig erfolgen, dass die Kündigungsfristen des § 580a BGB gewahrt bleiben. Durch eine verspätet zugegangene Kündigungserklärung wird das Mietverhältnis nicht zum Ablauf der Ursprungsbefristung beendet. Eine Umdeutung dieser Kün-

§ 542 BGB Untertitel 1. Allgemeine Vorschriften für Mietverhältnisse

digung in eine Kündigung zum nächst zulässigen Termin kommt aus Gründen der Rechtssicherheit nicht in Betracht; etwas anderes gilt, wenn sich aus der Kündigungserklärung ergibt, dass der Kündigende das Mietverhältnis auch zum nächst zulässigen Termin beenden will. Hat sich das Mietverhältnis mangels rechtzeitiger oder wirksamer Kündigung über den Ablauf der Ursprungsbefristung hinaus verlängert, so kann es in der Folgezeit jeweils für den Ablauf der weiteren Befristung (im Beispielsfall zum 31.12. eines jeden Jahres) gekündigt werden. Das Mietverhältnis mit wiederkehrender Verlängerung auf bestimmte Zeit ist wie ein unbefristetes Mietverhältnis zu behandeln, weil die Vertragsbeendigung nicht durch Zeitablauf, sondern durch Kündigung herbeigeführt wird (so auch BGHZ 113, 290 = NJW 1991, 1348 zu einer Regelung in einem Kleingartenpachtvertrag).

198   **Wohnraummiete.** Seit dem 1.9.2001 sind solche Klauseln unwirksam (s. § 575 Rdn. 79). Auf **Altverträge** (Vertragsschluss vor 1.9.2001) auf bestimmte Zeit sind § 564c in Verbindung mit § 564b sowie die §§ 556a bis 556c, 565a Abs. 1 und § 570 BGB in der bis zu diesem Zeitpunkt geltenden Fassung anzuwenden (Art. 229 § 3 Abs. 3 EGBGB). Eine Vereinbarung in einem auf bestimmte Zeit abgeschlossenen Altmietvertrag, wonach sich dieser um jeweils 12 Monate verlängert, wenn nicht eine der Parteien spätestens drei Monate vor Ablauf der Vertragsverlängerung widerspricht, verstößt gegen die §§ 565a, 564b BGB a. F. und ist unwirksam (BGH NZM 2018, 1017 Rz 52) (s. Bei der **Geschäftsraummiete** können Mietverträge mit wiederkehrender Verlängerung auf bestimmte Zeit auch durch Formularvertrag wirksam vereinbart werden. Die Regelung des § 309 Nr. 9 BGB ist auf Mietverträge aller Art weder unmittelbar noch analog anwendbar (Reg.Entw. BT-Drucks. 7/3916 S. 37; BGH ZMR 1997, 172 für einen Vertrag über die Nutzung von Einrichtungen eines „Fitness Studios").

199   **d) Verlängerung auf unbestimmte Zeit.** Ist vereinbart, dass sich das Mietverhältnis mangels Kündigung auf unbestimmte Zeit verlängert *(Das Mietverhältnis wird auf fünf Jahre abgeschlossen. Es verlängert sich auf unbestimmte Zeit, wenn es nicht gekündigt wird),* so entsteht nach dem Ablauf der Ursprungsbefristung ein unbefristetes Mietverhältnis. Eine solche Vertragsgestaltung ist auch bei der Wohnraummiete möglich (§ 575 BGB Rdn. 84 f). Vor Ablauf der Befristung ist die ordentliche Kündigung ausgeschlossen. Fällt der Kündigungstermin in die festbestimmte Mietzeit, so ist die Kündigung unwirksam. Eine Umdeutung in eine Kündigung zum nächst zulässigen Termin kommt aus Gründen der Rechtssicherheit nicht in Betracht. Eine Kündigung zum Ablauf der Befristung ist möglich. Eine verspätet zugegangene Kündigung beendet das Mietverhältnis zwar auch nach dem Ablauf der Befristung. Jedoch kann eine solche Kündigung in eine Kündigung zum nächst zulässigen Termin umgedeutet werden. Die oben Rdn. 195 dargelegte Vertragsvariante der Verhinderung des Eintritts der Verlängerung durch Erklärung eines Widerspruchs gilt auch hier, allerdings nur bei der Geschäftsraummiete. Bei der Wohnraummiete kann die Vertragsbeendigung nur im Wege der Kündigung erfolgen. Für die Kündigung des Vermieters müssen Gründe i. S. von § 573 BGB vorliegen.

200   **e) Abschlussoption.** Ist in einem befristeten Mietvertrag vereinbart, dass der Mieter das *Recht haben soll, nach Ablauf der ursprünglichen Vertragszeit einen neuen Mietvertrag abzuschließen,* so liegt ein befristetes Mietverhältnis vor, das mit dem Ablauf der Ursprungsbefristung ohne weiteres endet. In der Vertragsvereinbarung ist zugleich eine Abschlussoption zu sehen, die den Vermieter verpflichtet, dem Mieter die Sache zu angemessenen Bedingungen, insbesondere zu einem ortsüblichen oder marktüblichen Mietzins anzubieten. Der Vermieter ist nicht berechtigt, den

Abschluss des neuen Vertrags durch unbillige oder willkürliche Mietbedingungen zu vereiteln (BGH NJW-RR 1992, 517 betr. Geschäftsräume zum Betrieb einer Apotheke).

Bei der **Wohnraummiete** ist eine solche Vertragsgestaltung wirksam, wenn sie 201 vor dem 1.9.2001 getroffen worden ist. Seit dem 1.9.2001 gilt § 575 BGB (s. dort Rdn. 78).

3. Mietverhältnisse mit Verlängerungsoption

Unter einer Verlängerungsoption ist eine Vereinbarung zu verstehen, wonach 202 einer der Vertragspartner (in der Regel der Mieter) das Recht haben soll, einen befristeten Vertrag vor Ablauf der Vertragszeit durch einseitige Erklärung auf eine weitere befristete Zeit zu verlängern (BGH NZM 2015, 861). Hiervon ist die Verlängerungsklausel zu unterscheiden, nach der sich ein befristetes Mietverhältnis verlängert, wenn der Mieter nicht widerspricht. Ein Optionsrecht kann auch formularmäßig eingeräumt werden (OLG Hamburg ZMR 1991, 476). Die Formularklausel darf allerdings nicht so formuliert werden, dass die Vertragsverlängerung faktisch im Belieben des Vermieters steht; andernfalls verstößt sie gegen § 307 BGB (OLG Hamburg NJW-RR 1990, 1488). Ein Verstoß gegen diese Vorschrift kann auch dann vorliegen, wenn eine Partei auf sehr lange Zeit an den Vertrag gebunden ist, während sich die Gegenpartei jederzeit vom Vertrag lösen kann (OLG Hamburg ZMR 1991, 476).

Die Ausübung der Option erfolgt durch **einseitige empfangsbedürftige Wil-** 203 **lenserklärung.** Die Erklärung ist gegenüber dem Vermieter abzugeben. Steht das Mietobjekt unter Zwangsverwaltung, so muss die Option gegenüber dem Zwangsverwalter erklärt werden (BGH Urteil vom 21.11.2018 – XII ZR 78/17). Es gelten die allgemeinen Vorschriften der §§ 116 ff BGB. Bei Mietverhältnissen mit mehreren Mietern muss die Optionserklärung von allen Mietern abgegeben werden; formularmäßige Bevollmächtigung genügt für die Ausübung der Option nicht (LG Berlin GE 1990, 763). Erklärungsempfänger ist der Vermieter; besteht die Vermieterseite aus mehreren Personen, so muss die Option allen Vermietern gegenüber ausgeübt werden. Hat ein Eigentümerwechsel stattgefunden, so kann der Mieter die Verlängerungsoption nach §§ 407, 412 BGB gegenüber dem früheren Vermieter geltend machen. Der neue Eigentümer muss diese Erklärung gegen sich gelten lassen (BGH NZM 2002, 291). Das Optionsrecht muss stets vor Ablauf der vereinbarten Vertragszeit ausgeübt werden, auch wenn im Vertrag vereinbart ist, dass der Mieter nach Ablauf der Vertragszeit ein Optionsrecht hat (BGH NJW 1982, 2770; OLG Köln ZMR 1996, 495; OLG Frankfurt NZM 1998, 1006; LG Berlin GE 1995, 1209) oder wenn für die Wahrung dieses Rechts keine bestimmte Frist vereinbart worden ist. Verlängert sich das Mietverhältnis gem. § 545 BGB auf unbestimmte Zeit, weil der Mieter den Mietgebrauch fortsetzt und der Vermieter der Gebrauchsfortsetzung nicht widerspricht, so lebt das Optionsrecht nicht wieder auf. Die Gebrauchsfortsetzung als solche kann im Allgemeinen nicht als Ausübung der Option durch konkludente Handlung bewertet werden (OLG Celle ZMR 2014, 782).

Eine **gesetzliche Frist für die Ausübung des Optionsrechts** besteht nicht. 204 Eine solche Frist kann allerdings vereinbart werden oder sich aus der Auslegung der übrigen Vertragsvereinbarungen ergeben. Ist beispielsweise ein hoher Mietzins vereinbart, so kann die Auslegung ergeben, dass die Option zwar nicht innerhalb der Kündigungsfrist, wohl aber unverzüglich nach Zugang der Kündigung durch

§ 542 BGB Untertitel 1. Allgemeine Vorschriften für Mietverhältnisse

den Vermieter erklärt werden muss (BGH NJW 1985, 2581 = ZMR 1985, 260 bei einer Jahresmiete von 200.000.– DM und einer Kündigungsfrist von 2 Jahren). Fehlen solche Anhaltspunkte, so kann die Option unter Umständen noch am letzten Tag der ursprünglichen Vertragslaufzeit ausgeübt werden (AG Hamburg-Blankenese ZMR 1986, 17). Hat der Vermieter vor Ablauf der Kündigungsfrist Klage auf künftige Räumung erhoben, so kann der Mieter auch nach Eintritt der materiellen Rechtskraft des Räumungsurteils das Optionsrecht ausüben (BGH NJW 1985, 2481). Hier ist allerdings erforderlich, dass der Mieter die Räume noch in Besitz hat. Gegen die Zwangsvollstreckung kann der Mieter aufgrund seiner Optionsmöglichkeit Vollstreckungsgegenklage erheben. Für den Erfolg dieser Klage ist es unerheblich, ob der Mieter das Optionsrecht auch schon im Räumungsverfahren hätte geltend machen können; maßgeblich ist allein, dass nach den vertraglichen Vereinbarungen die Optionsmöglichkeit noch besteht.

205 Die **Optionsklausel** kann **mit anderen Verlängerungsregelungen kombiniert** werden. Haben die Parteien einen befristen Mietvertrag mit Verlängerungsklausel abgeschlossen und vereinbart, dass der Vermieter das Recht haben soll, die Vertragsverlängerung durch Kündigung zu verhindern, während dem Mieter ein Optionsrecht zusteht, so ist das Verhältnis der Kündigung zum Optionsrecht im Wege der Auslegung der Laufzeitregelung zu ermitteln. In der Regel hat das Interesse des Mieters an der Verlängerung des Mietverhältnisses Vorrang gegenüber dem Beendigungsinteresse des Vermieters (OLG Dresden ZMR 2018, 997). Dies folgt aus dem Wesen des Optionsrechts. Der Berechtigte soll in der Lage sein, durch einseitige Erklärung – auch gegen den Willen des Vertragspartners – eine Verlängerung des Vertrages herbeizuführen (Derleder/Pellegrino NZM 1998, 550, 555). Deshalb gilt: Treffen in einem Gewerberaummietvertrag eine Verlängerungsklausel und eine Verlängerungsoption für den Mieter aufeinander und hat der Vermieter der Verlängerung widersprochen, kann der Mieter regelmäßig durch Erklären der Option das Auslaufen des Mietvertrages verhindern (OLG Dresden a. a. O.). Häufig wird in befristeten Mietverträgen vereinbart, dass sich das Mietverhältnis nach Ablauf der Befristung um jeweils ein Jahr verlängern soll, falls nicht eine der Parteien spätestens sechs Monate vor Ablauf der Mietzeit der Verlängerung widerspricht; zugleich wird einer oder beiden Parteien ein Optionsrecht eingeräumt. Bei dieser Vertragsgestaltung stehen die beiden Verlängerungsmöglichkeiten kumulativ nebeneinander. Hier ist zu unterscheiden: Kann der Optionsberechtigte (i. d. R. der Mieter) das Mietverhältnis durch Ausübung der Option verlängern, wenn der Vermieter der Vertragsverlängerung widersprochen hat, so ist die Vertragsgestaltung wirksam. Kann der Vermieter dagegen das Optionsrecht durch die Ausübung des Widerspruchs verhindern, so verstößt die Klausel gegen § 307 Abs. 1 Satz 1 BGB. Eine wirksame Kombination von Widerspruchsrecht und Optionsrecht setzt mithin voraus, dass die Option auch noch nach Zugang des Widerspruchs möglich ist. Dies ist der Fall, wenn für das Widerspruchsrecht und das Optionsrecht unterschiedliche Fristen gelten, etwa wenn das Widerspruchsrecht 6 Monate vor dem Ablauf der Ursprungsbefristung ausgeübt werden muss und die Option bis zum Ablauf der Ursprungsbefristung möglich ist. Ist nach dem Wortlaut der Klausel lediglich das Widerspruchsrecht fristgebunden, während für die Erklärung der Option keine Frist vereinbart ist, so gilt nach der Rechtsprechung im Wege der ergänzenden Vertragsauslegung dass die Option noch bis zum Ablauf der Vertragszeit ausgeübt werden kann (BGH NJW 1985, 2581). Dies beruht auf der Erwägung, dass die Vereinbarung eines Optionsrechts nur sinnvoll ist, wenn der Optionsberechtigte auf einen Widerspruch gegen die Vertragsfortsetzung (oder eine Kündigung) rechtzeitig reagieren kann. Diese Voraussetzung ist nicht gewahrt, wenn die Widerspruchs- oder Kündigungsfrist und die Optionsfrist gleich lang sind (**a. A.** OLG Düsseldorf Urteil vom 11.7.2013 – 24 U 136/12). Widerspricht der Vermieter der Vertragsverlängerung nämlich am letzten Tag der Frist, so wäre die Ausübung der Option nach dem Wortlaut der Optionsklausel selbst dann verspätet, wenn die Erklärung unmittelbar nach dem Zugang der Kündigung abgegeben wird. Ist – wie regelmäßig – der Vermieter Verwender der unwirksamen Klausel, so darf sich der Mieter nach der hier vertretenen Ansicht gleichwohl darauf verlassen, dass er die Vertragsbeendigung durch Ausübung der Option abwenden kann. Eine höchstrichterliche Entscheidung zu diesen Fragen liegt noch nicht vor. Bei wirksamer Klausel gilt: Widerspricht keine der Parteien, so wird das Mietverhältnis auf Grund der Verlängerungsklausel fortgesetzt. Im Falle des Widerspruchs kann der Optionsberechtigte die Vertragsbeendigung durch Ausübung der Option verhindern (BGH NJW 1992, 2281). Wird das Optionsrecht nicht oder verspätet ausgeübt, so endet der Mietvertrag mit dem Ablauf der ursprünglich vereinbarten Vertragszeit. Wird das Vertragsverhältnis dennoch fortgesetzt, so liegt die Annahme nahe, dass das Mietverhältnis auf unbestimmte Zeit verlängert werden sollte; der Vermieter ist dann zur ordentlichen Kündigung berechtigt (BGH LM § 535 BGB Nr. 57).

Soll dem Mieter nach dem Vertrag ein **mehrmaliges Optionsrecht** zustehen, so muss er von der ersten Optionsmöglichkeit Gebrauch machen, wenn er sich die zweite und die weiteren Optionsmöglichkeiten erhalten will. Bei einer stillschweigenden Vertragsfortsetzung entsteht ein unbefristetes Mietverhältnis (§ 545 BGB); die Optionsmöglichkeiten werden in diesem Fall gegenstandslos. Gleiches gilt, wenn sich die Parteien nach verspäteter Optionsausübung mündlich auf die Fortsetzung des Mietverhältnisses einigen (OLG Hamburg NZM 1998, 333). **206**

Wird dem Mieter in einem Mietvertrag das Recht zur Verlängerung der Mietzeit eingeräumt (**Verlängerungsoption**), so bedarf diese Vereinbarung der **Schriftform**, wenn das Mietverhältnis hierdurch auf längere Zeit als einem Jahr verlängert werden kann. **Gesetzliche Formvorschriften für die Ausübung der Option** bestehen nicht. Die Ausübung des aus der Optionsvereinbarung folgenden Rechts ist also formlos möglich (BGH NZM 2019, 172; OLG Dresden NZM 2017, 442; Börstinghaus DMT-Bilanz (2011) S. 377). Im Mietvertrag kann vereinbart werden, dass die Option schriftlich ausgeübt werden muss. Eine solche Vereinbarung ist wirksam und hat zur Folge, dass eine mündlich erklärte Option keine Vertragsverlängerung bewirkt (KG GE 2017, 1159). Die allgemeine Schriftformklausel („Änderungen und Ergänzungen des Vertrags bedürfen der Schriftform") genügt hierfür allerdings nicht, weil die Ausübung der Option weder zu einer Vertragsänderung noch zu einer Vertragsergänzung führt (BGH NZM 2019, 172). Soll die Schriftform auch für die Optionserklärung gelten, so muss sich dies aus der Vereinbarung zweifelsfrei ergeben. Für die Wahrung der durch Rechtsgeschäft bestimmten schriftlichen Form genügt auch, soweit nicht ein anderer Wille anzunehmen ist, die telekommunikative Übermittlung (§ 127 Abs. 2 BGB). Zur Wahrung der Form genügt daher die Übermittlung per Telefax oder per E-Mail (KG a. a. O.). Eine Vereinbarung, wonach die Option „per Einschreiben" erklärt werden muss, dient im Allgemeinen lediglich Beweiszwecken. Deshalb ist die Optionserklärung in einem solchen Fall auch dann wirksam, wenn sie dem Empfänger durch gewöhnlichen Brief zugeht (OLG Hamm ZMR 1995, 248; OLG Dresden NZM 2017, 442). Soweit der Mietvertrag keine Regelung über die Ausübung der Option enthält, kann diese auch mündlich geltend gemacht werden. Auch eine Ausübung des Rechts durch schlüssige Handlung ist möglich; jedoch ist insoweit Zurückhaltung angebracht **207**

§ 542 BGB Untertitel 1. Allgemeine Vorschriften für Mietverhältnisse

(OLG Köln ZMR 1996, 495; LG Berlin GE 1995, 1209: keine schlüssige Optionsausübung, wenn der Mieter ohne weitere Erklärung den Mietzins weiterbezahlt). Nach teilweise vertretener Ansicht soll eine Formularklausel, wonach Vertragsänderungen der Schriftform bedürfen auch für die Optionserklärung gelten (OLG Frankfurt NZM 1998, 1006). Nach Meinung des OLG Düsseldorf (a. a. O.) muss bei einer **Kombination von Verlängerungs- und Optionsklausel** die Optionserklärung schriftlich erfolgen, wenn für die Wirksamkeit des Widerspruchs gegen die Vertragsverlängerung Schriftform vereinbart ist. Sind mehrere Personen Vertragspartner, so muss die Optionserklärung von allen Optionsberechtigten gegenüber allen Optionsverpflichteten abgegeben werden.

207a In der Literatur wird teilweise vertreten, dass die Optionserklärung der Schriftform des § 550 BGB bedarf, wenn der Mietvertrag hierdurch um eine längere Zeit als einem Jahr verlängert wird (Lammel in: Schmidt-Futterer § 550 BGB Rdn. 12; Zöll in Lindner-Figura/Oprée/Stellmann Geschäftsraummiete Kap. 9 Rdn. 26; Hannemann in Hannemann/Wiegner Münchner Anwaltshandbuch Mietrecht § 47 Rdn. 5). Nach überwiegender Ansicht muss zwar die Optionsregelung als solche in Schriftform vereinbarte werden; die Ausübung der Option ist dagegen formlos möglich (Erman/Lützenkirchen BGB § 550 Rdn. 20; Ettl in Spielbauer/Schneider Mietrecht § 550 Rdn. 10; Schweitzer in: Guhling/Günter § 550 Rdn. 8 und 66; Guhling NZM 2014, 529, 533; Krenek in Spielbauer/Schneider Mietrecht § 542 BGB Rdn. 58; Häublein in: MünchKomm § 535 Rdn. 31; Palandt/Weidenkaff § 550 Rdn. 4). Der BGH (NZM 2019, 172 = NJW 2019, 990) folgt der letztgenannten Ansicht. Dies beruht auf der Erwägung, dass das Schriftformerfordernis nur für solche Erklärungen gilt, die eine Vertragsänderung zur Folge haben. Durch die Optionserklärung kommt jedoch „kein neuer Vertrag zustande. Vielmehr wirkt sie unmittelbar auf das bestehende Mietverhältnis ein, indem sie mit ihrer Gestaltungswirkung lediglich die ursprünglich vereinbarte Vertragslaufzeit ändert und ihr einen neuen Zeitabschnitt hinzufügt" (BGH NZM 2019, 172 = NJW 2019, 990).

208 Hat der Mieter die Option ausgeübt und wird das Mietverhältnis vor Ablauf der verlängerten Zeit erneut durch Vertrag zu den bisherigen Bedingungen verlängert, so besteht **für das verlängerte Mietverhältnis kein Optionsrecht,** weil dieses Recht durch die Ausübung verbraucht wird (BGH NJW RR 1995, 714). Auch ein noch nicht ausgeübtes Optionsrecht erlischt, wenn die Parteien das ursprüngliche Mietverhältnis um mehr verlängern, als es nach der Option hätte verlängert werden können (BGH NJW 1982, 2270). Soll der Mieter auch für die Verlängerungszeit ein Optionsrecht haben, so muss es neu geschaffen werden, wozu eine unmissverständliche Vereinbarung erforderlich ist.

209 Im Falle der Ausübung der Option wird das **Mietverhältnis** zu den **Bedingungen verlängert,** die für den Fall der Geltendmachung des Rechts getroffen worden sind. Fehlen solche Vereinbarungen, so wird das Mietverhältnis zu den bisherigen Bedingungen fortgesetzt. Dies gilt auch für den Mietpreis (OLG Düsseldorf MDR 1995, 794). Insbesondere bei einer sehr langen Verlängerungszeit kann die Auslegung der Optionsklausel aber ergeben, dass der Mieter das Mietobjekt nach Ablauf der Mietzeit zu einem angemessenen Mietzins wieder mieten kann. In einem solchen Fall hat der Vermieter Anspruch auf Zahlung des zum Verlängerungszeitpunkt angemessenen Mietzinses (OLG Düsseldorf WuM 2000, 77). Ist vereinbart, dass über den Mietzins oder die Mietbedingungen bei der Ausübung der Option neu verhandelt werden soll, so ist der Vermieter berechtigt, die Mietbedingungen nach billigem Ermessen (§§ 315, 316 BGB) neu festzusetzen, falls eine Einigung scheitert

Ende des Mietverhältnisses **BGB § 542**

(Sternel Rdn. I 233; **a. A.** OLG Saarbrücken NJWE-MietR 1997, 104: danach sind die ortsüblichen Bedingungen maßgeblich). Die Mietbedingungen sind in einem solchen Fall denjenigen Umständen anzupassen, die für die Preisvereinbarung maßgeblich gewesen sind und die sich seitdem verändert haben (ortsübliche Miete, Lebenshaltungskostenindex, allgemeine Einkommensverhältnisse, Umsatzerwartungen etc.). Dieselbe Rechtsfolge wird hinsichtlich des Mietzinses im Falle einer unwirksamen Wertsicherungsklausel gelten. Während des Verlängerungszeitraums ist das Kündigungsrecht des Vermieters ausgeschlossen (BGH LM § 535 BGB Nr. 57).

Nach der Ansicht des BGH soll der Vermieter ein ihm zustehendes Optionsrecht nicht mehr ausüben können, wenn der **Mieter die Mietsache nicht mehr benötigt.** In diesem Fall soll sich aus den Grundsätzen über den Wegfall der Geschäftsgrundlage eine entschädigungslose Verpflichtung zur Vertragsanpassung ergeben (BGH NZM 2000, 1226 betr. Vermietung von Räumen an US-Streitkräfte). Diese Ansicht trifft dann zu, wenn der für das Gebrauchsinteresse maßgebliche Umstand (im Entscheidungsfall: die Stationierung von alliierten Truppen in Berlin) als Geschäftsgrundlage bewertet werden kann. Bei der gewöhnlichen Geschäftsraummiete ist die Geschäftsaufgabe kein Umstand, der eine Vertragsanpassung rechtfertigt, weil die Regeln über die Vertragsanpassung beim Wegfall der Geschäftsgrundlage nicht zu einer Änderung der Risikoverteilung führen dürfen. Das Risiko für eine sinnvolle Verwendung der Mietsache trägt jedoch im Allgemeinen der Mieter. **210**

Nach § 536b Satz 1 BGB stehen dem Mieter keine Gewährleistungsansprüche zu, wenn er „bei Vertragsschluss" erkennt, dass die Mietsache mangelhaft ist. Nimmt der Mieter eine mangelhafte Sache an, obwohl er den Mangel kennt, so kann er die Gewährleistungsrechte aus §§ 536 und § 536a BGB nur geltend machen, wenn er sich seine Rechte „bei der Annahme" vorbehält (§ 536b Satz 3 BGB). Nach früher h. M. ist § 536b BGB analog anzuwenden, wenn die **Mietsache mangelhaft** ist und der Mieter eine Verlängerungsoption in Kenntnis oder fahrlässiger Unkenntnis der Mängel ausübt, ohne sich seine Rechte vorzubehalten (OLG Koblenz ZMR 2014, 883). Die Vorschriften der §§ 536, 536a, 536b BGB wurden im Jahre 2001 durch das Mietrechtsreformgesetz neu gefasst. Vor Inkrafttreten des MietRRefG war die Rechtsfolge des § 536b in § 539 BGB a. F. geregelt. Hierzu hatte der BGH die Ansicht vertreten, dass diese Vorschrift entsprechend anzuwenden ist, „wenn der Mieter von einem ihm eingeräumten Optionsrecht trotz Kenntnis der Mangelhaftigkeit der Mietsache Gebrauch macht." Die Ausübung der Option, habe den Verlust der Mängelansprüche zur Folge, „wenn der Mieter bei der Ausübung der Option sich Minderung oder Schadenersatz nicht ausdrücklich vorbehält" (BGH NJW 1970, 1740 unter Ziff. II 2). An dieser Rechtsprechung hält der BGH nicht mehr fest (BGH NJW 2015, 402). Bei der Neufassung der Gewährleistungsrechte durch das MietRRefG habe der Gesetzgeber „bewusst davon abgesehen, eine Regelung für den Fall zu treffen, dass der Mieter den Mangel erst nach Vertragsschluss erkennt und trotz Kenntnis des Mangels die Miete über einen längeren Zeitraum hinweg vorbehaltlos in voller Höhe weiterzahlt" (Rz. 26). Die für eine Analogie erforderliche planwidrige Gesetzeslücke sei seit dem Jahre 2001 nicht mehr gegeben. Vielmehr entspreche es „dem erklärten Willen des Gesetzgebers, dass bei nachträglich eintretenden oder bekanntwerdenden Mängeln der für die Zukunft wirkende Rechtsverlust des § 536b BGB nicht eintritt" (Rz. 27). Dies gilt nicht nur für die Ausübung der Option, sondern auch für **Vereinbarungen über eine Erhöhung der Miete** oder der Betriebskostenvor- **210a**

§ 542 BGB Untertitel 1. Allgemeine Vorschriften für Mietverhältnisse

auszahlungen. Im Einzelfall kann sich allerdings aus § 242 BGB ergeben, dass der Mieter mit den Gewährleistungsrechten ganz oder teilweise ausgeschlossen ist. Dies ist insbesondere dann anzunehmen, wenn der Vermieter aus dem Verhalten des Mieters den Schluss ziehen darf, dass dieser von seinen Gewährleistungsrechten keinen Gebrauch machen wird. Die vorbehaltslose Ausübung einer Verlängerungsoption reicht für sich allein für die Anwendung des § 242 BGB aber ebenso wenig aus, wie eine Vereinbarung über die Erhöhung der Miete oder der Betriebskosten.

210b **Haftung des Bürgen für Verbindlichkeiten nach Ausübung der Option.** In § 767 Abs. 1 Satz 3 BGB ist geregelt, dass die Verpflichtung des Bürgen nicht erweitert wird, wenn der Hauptschuldner – also der Mieter – nach der Übernahme der Bürgschaft ein Rechtsgeschäft vornimmt, durch das weitere Verbindlichkeiten entstehen. Zweifelsfrei endet die Bürgschaft, wenn die Parteien des Mietvertrags vor Ablauf der Vertragszeit eine Verlängerung vereinbaren oder nach Ablauf der Vertragszeit einen neuen Mietvertrag abschließen. Fraglich ist, ob dieselbe Rechtsfolge gilt, wenn der Mieter von einem vertraglich vereinbarten Optionsrecht Gebrauch macht. Nach der Rechtsprechung des BGH bezweckt § 767 Abs. 1 Satz 3 BGB nicht nur, den Bürgen vor einer späteren Erhöhung seiner Verpflichtung, der er nicht zugestimmt hat, zu schützen. Die Vorschrift soll auch verhindern, dass Gläubiger und Hauptschuldner durch eine nachträgliche Absprache das Haftungsrisiko des Bürgen in einer Weise verschärfen, die für ihn bei Abschluss des Bürgschaftsvertrages nicht erkennbar war (BGH NJW 2006, 228 unter Ziff. II 3 b-bb). Dies trifft auch auf eine Vertragsverlängerung durch die Ausübung einer Option zu, wenn der Bürge an diesem Rechtsgeschäft nicht beteiligt wird (OLG Düsseldorf ZMR 2016, 615).

V. Der Mietaufhebungsvertrag

1. Zustandekommen des Vertrags

211 a) **Vertragsparteien.** Sind auf der Mieterseite oder Vermieterseite mehrere Personen Partei des Mietvertrags, so müssen alle Vertragspartner an dem Aufhebungsvertrag mitwirken. Bevollmächtigung ist möglich, jedoch ist anerkannt, dass eine mietvertraglich vereinbarte Erklärungsvollmacht nicht zum Abschluss eines Mietaufhebungsvertrags berechtigt; insoweit gilt nichts anderes als für die Kündigung.

212 Die hier dargelegten Grundsätze gelten auch dann, wenn die Wohnung von einem Ehepaar gemietet worden ist; die Regelung des **1357 BGB** ist unanwendbar, weil der Abschluss eines **Mietaufhebungsvertrags kein Geschäft zur Deckung des Lebensbedarfs der Familie** darstellt (LG Köln WuM 1990, 142).

213 Wollen die Parteien erreichen, dass **einer von mehreren Mietern aus dem Vertrag ausscheiden** und das Mietverhältnis mit dem anderen Mieter fortgesetzt werden soll, so müssen auch hieran alle Parteien mitwirken, die den Mietvertrag abgeschlossen haben (OLG Celle WuM 1982, 102; BayObLG WuM 1983, 107; Sonnenschein PiG 26, 67). Dies gilt auch für getrenntlebende Eheleute (BayObLG a. a. O.). Wird der scheidende Mieter ohne Mitwirkung des verbleibenden Mieters aus dem Vertrag entlassen, so liegt ein Vertrag zu dessen Lasten vor, weil der verbleibende Mieter hierdurch einen zur anteiligen Mietzahlung verpflichteten Gesamtschuldner verlöre (§ 426 Abs. 1 BGB). Allerdings wird man Verträge zwischen dem

Vermieter und dem scheidenden Mieter dahin gehend umdeuten können, dass der Vermieter den scheidenden Mieter nicht mehr in Anspruch nehmen kann; im Innenverhältnis zu den anderen Mietern bleibt aber auch der scheidende Mieter zur anteiligen Mietzahlung verpflichtet; etwas anderes gilt, wenn im Innenverhältnis abweichende Regelungen bestehen. die Absprache über die Optionszeit der Schriftform.

Ein **Mietaufhebungsvertrag** kann auch **zwischen** dem noch **nicht im Grundbuch eingetragenen Erwerber** eines Hauses/einer Wohnung **und dem Mieter** geschlossen werden. Allerdings ist ein solcher Vertrag grundsätzlich nur dann wirksam, wenn der Vermieter mitwirkt (dreiseitiger Vertrag). Bis zur Eintragung im Grundbuch stehen die Rechte aus dem Vertrag dem Vermieter zu; nach seiner Eintragung kann der Erwerber diese Rechte geltend machen. Die Rechtsposition des Mieters richtet sich nach den Vereinbarungen; ist dort geregelt, dass das Mietverhältnis mit sofortiger Wirkung beendet sein soll, so kann der Mieter sofort ausziehen, ohne dass es auf die Eigentumsverhältnisse ankommt. Ein ohne Mitwirkung des Vermieters geschlossener Mietaufhebungsvertrag ist als Vertrag zu Lasten Dritter unwirksam, wenn die Wirkungen des Vertrags, insbesondere die Vertragsbeendigung, bereits vor der Eintragung des Erwerbers ins Grundbuch eintreten sollen oder wenn die Rechte des Vermieters in anderer Weise tangiert werden; anderenfalls bestehen gegen die Wirksamkeit eines solchen Vertrags keine Bedenken. **214**

b) Angebot/Annahme. Wie jeder Vertrag kommt auch der Mietaufhebungsvertrag durch Angebot und Annahme zustande. Der Mietaufhebungsvertrag ist auch dann **formlos** wirksam, wenn der Mietvertrag schriftlich abgeschlossen worden ist. Dabei spielt es keine Rolle, ob die Schriftform kraft Gesetzes zu beachten war (§§ 126, 544 BGB) oder auf vertraglicher Regelung beruht (§ 127 BGB). Dies gilt in der Regel auch dann, wenn der Mietvertrag für eine Vertragsaufhebung die Schriftform vorsieht, weil eine vereinbarte Schriftform auch mündlich wieder aufgehoben werden kann. **215**

Die Bewertung einer Erklärung als Angebot zum Abschluss eines Mietaufhebungsvertrags ist nur gerechtfertigt, wenn durch die betreffende Erklärung mit hinreichender Deutlichkeit zum Ausdruck kommt, dass sich der Erklärende hierdurch binden will. An den **Bindungswillen** dürfen **nicht zu geringe Anforderungen** gestellt werden (OLG Naumburg WuM 1998, 283; OLG Düsseldorf ZMR 1999, 243; NZM 1999, 970; LG Wuppertal ZMR 2016, 117). Die in der Praxis häufige Erklärung eines Vermieters, wonach dieser mit einer vorzeitigen **Vertragsaufhebung** einverstanden ist, „**wenn ein Ersatzmieter gefunden wird**" kann bedeuten **(1)** dass der Vermieter einen Mietaufhebungsvertrag für den Fall der Weitervermietung in Aussicht stellt; aber auch: **(2)** dass der Vermieter ein Angebot zum Abschluss eines Mietaufhebungsvertrags unterbreitet, der zustande kommen soll, wenn der Mieter einen Ersatzmieter benennt. Die Rechtsfolgen sind jeweils unterschiedlich. Im erstgenannten Fall hat der Vermieter noch kein bindendes Angebot abgegeben; er ist hier nach wie vor frei, ob und unter welchen Bedingungen er den Mieter aus dem Vertrag entlässt. Im zweitgenannten Fall ist die Erklärung des Vermieters als bindendes Angebot zum Abschluss eines bedingten Mietaufhebungsvertrages zu bewerten, das der Mieter ausdrücklich oder stillschweigend annehmen kann. Hier kommt der Mietaufhebungsvertrag zustande, wenn der Mieter einen geeigneten Nachfolger benennt, der bereit ist, in den bestehenden Mietvertrag einzutreten oder einen neuen Mietvertrag zu den bisherigen Bedingungen abzuschlie- **216**

§ 542 BGB Untertitel 1. Allgemeine Vorschriften für Mietverhältnisse

ßen. Wesentlich ist, dass dies auch dann gilt, wenn es nicht zum Vertragsschluss kommt, weil der Vermieter nur zu günstigeren Konditionen, insbesondere zu einer höheren Miete, abschließen will (OLG Düsseldorf DWW 1992, 242; OLG München ZMR 1995, 156; LG Hannover WuM 1995, 697). Die Rechtsprechung neigt dazu, Erklärungen der genannten Art im zweitgenannten Sinne auszulegen (vgl. OLG München a. a. O.; OLG Düsseldorf a. a. O.; MDR 1990, 724; OLG Koblenz ZMR 2002, 344; LG Hannover a. a. O.; LG Hamburg WuM 1986, 326; LG Saarbrücken WuM 1997, 37; AG Siegburg ZMR 2003, 202; **a. A.** OLG Hamburg WuM 1997, 214; OLG Düsseldorf ZMR 1999, 243; NZM 1999, 970; zum Ganzen s. auch BGH NJW 2003, 1246; WuM 2003, 204 = NZM 2003, 277).

217 Ungeklärt ist, unter welchen Voraussetzungen der Vermieter einen **Ersatzmieter ablehnen** darf, wenn ein bedingter Mietaufhebungsvertrag [oben: Variante (2)] zustande gekommen ist. Teilweise wird die Ansicht vertreten, dass der Vermieter durch den Abschluss des bedingten Mietaufhebungsvertrags nur insoweit in seiner Entscheidungsfreiheit eingeengt wird, als er den Ersatzmieter „nicht ohne jeden verständlichen Grund" ablehnen darf (OLG Hamburg WuM 1997, 214). Nach **h. M.** kann der Ersatzmieter nur „aus gewichtigen Gründen" abgelehnt werden (Landwehr in: Bub/Treier Kap II Rdn. 2617 m. w. Nachw.). Der BGH (NJW 2003, 1246; WuM 2003, 204 = NZM 2003, 277) vertritt die Auffassung, dass die Frage der Zumutbarkeit des Ersatzmieters auf Grund einer eingehenden „Würdigung aller Umstände des Falles" zu beantworten sei. Zugleich stellt der BGH klar, dass dem Tatrichter ein Beurteilungsspielraum verbleibt, der in der Revision nur beschränkt überprüft werden kann.

218 Der **Mietaufhebungsvertrag** kann **auch durch konkludentes Verhalten** zustande kommen; jedoch sind hieran strenge Anforderungen zu stellen. Erforderlich ist, dass sich die Parteien über die Mietaufhebung einig sind; hierüber darf kein Zweifel bestehen (Verfassungsgericht Brandenburg WuM 2015, 231 m. Anmerkung Selk). Für die Annahme eines Mietaufhebungsvertrags reicht ein im Anschluss an eine Kündigung vereinbartes Treffen der Parteien nicht aus (VfGBbg a. a. O.). Ebenso kommt durch die Wohnungsabnahme i. d. R. kein Mietaufhebungsvertrag zustande (LG Wuppertal ZMR 2016, 117). In einer unwirksamen Kündigung liegt für sich allein kein Angebot zum Abschluss eines Mietaufhebungsvertrags. Ebenso kann die Aufgabe des Geschäftsbetriebs eines gewerblichen Mieters nicht als Angebot an den Vermieter zum Abschluss eines Mietaufhebungsvertrags beurteilt werden (KG ZMR 2010, 953). In der **Entgegennahme der Schlüssel,** oder in der Verwahrung der zurückgelassenen Gegenstände des Mieters liegt für sich allein noch keine stillschweigende Annahme (OLG Köln ZMR 1998, 91; OLG Naumburg WuM 1998, 283; KG DWW 2007, 115; KG NZM 2014, 912; LG Düsseldorf DWW 1996, 280; LG Wuppertal ZMR 2016, 117) weil dem Vermieter in der Regel nichts anderes übrig bleibt, als die Schlüssel entgegenzunehmen oder die Sachen des Mieters zu verwahren. Kündigt der Mieter und erklärt der Vermieter, dass er die Kündigung annehme, so kann in dieser Annahmeerklärung aber ein Angebot zum Abschluss eines Mietaufhebungsvertrags liegen, dass der Mieter annehmen kann. Eine solche Annahme kann auch stillschweigend – etwa durch den Auszug – erfolgen. Die gleichen Grundsätze gelten, wenn ein Mieter mit einer kürzeren als der vertraglich vereinbarten Frist kündigt und der Vermieter erklärt, dass die Kündigung erst zu dem späteren Termin wirksam wird (OLG Düsseldorf ZMR 2003, 921 = WuM 2003, 621).

219 Die **Umdeutung einer unwirksamen Kündigung** in ein Angebot zum Abschluss eines Mietaufhebungsvertrags ist möglich, wenn der Kündigende mit der

Unwirksamkeit der Kündigung rechnet und zum Ausdruck bringt, dass die Kündigung für diesen Fall als Angebot zur Vertragsaufhebung gelten soll. Darüber hinaus muss die Umdeutung auch den Interessen des anderen Teils entsprechen. Hiervon ist für den Regelfall nicht auszugehen. Ein Angebot zum Abschluss eines Mietaufhebungsvertrags ist dann anzunehmen, wenn aus bestimmten Umständen der Schluss gezogen werden kann, dass der Vermieter gleichzeitig seine Ansprüche gegen den Mieter abschließend regeln will. Ein solcher Umstand liegt z. B. vor, wenn der Vermieter dem Mieter die Rückgabe seiner Kaution anbietet oder hierüber abrechnet, weil damit zum Ausdruck gebracht wird, dass die gegenseitigen Ansprüche erledigt sein sollen. Ist umgekehrt davon auszugehen, dass der Vermieter den Mieter auch für die Zeit nach der Weitervermietung aus dem fortbestehenden Mietvertrag in Anspruch nehmen will (z. B. auf Zahlung der Differenz zwischen ursprünglicher und jetziger Miete) so ist anzunehmen, dass die Weitervermietung lediglich im Rahmen der Schadensbegrenzung erfolgt ist (LG München I NJWE-MietR 1997, 25).

Schließen die Parteien einen Mietaufhebungsvertrag nach dem der Mieter für **219a** die vorzeitige Vertragsaufhebung einen Geldbetrag bezahlen soll, so darf der Vermieter nicht verschweigen, dass er die Mietsache bereits weitervermietet hat und dass deshalb kein wesentlicher Mietausfall entsteht. Bei Verletzung der Aufklärungspflicht ist der Mieter wegen arglistiger Täuschung zur **Anfechtung** berechtigt (OLG München MDR 2018, 138). Im Allgemeinen sind die tatsächlichen Voraussetzungen des § 123 BGB von derjenigen Partei zu beweisen, die sich auf die Täuschung beruft.

Mietaufhebungsvertrag bei Untermiete. Die Beendigung des Hauptmiet- **219b** vertrags hat zur Folge, dass (auch) der Untermieter gegenüber dem Hauptvermieter zur Herausgabe verpflichtet ist. Der Mietaufhebungsvertrag ist deshalb mit erheblichen Nachteilen für den Untermieter verbunden. Deshalb stellt sich die Frage, ob die Parteien das Hauptmietverhältnis auch dann aufheben können, wenn der Hauptmieter dem Untermieter vertraglich zur Gebrauchsgewährung verpflichtet ist. In einem solchen Fall ist die Regelung in § 138 Abs. 1 BGB in Erwägung zu ziehen. Danach ist ein Rechtsgeschäft, das gegen die guten Sitten verstößt, nichtig. Hiervon ist insbesondere dann auszugehen, wenn für den Vermieter und den Mieter kein vernünftiger Grund für die Beendigung des Mietverhältnisses besteht und der Zweck des Mietaufhebungsvertrags allein darin liegt, dass der Eigentümer wieder Alleinbesitz an dem Mietobjekt erlangt (BGH Urteil vom 18. 4. 2018 − XII ZR 76/17). Anders ist es, wenn die Parteien vernünftige Gründe für die Vertragsaufhebung haben (BGH a. a. O.). Diese Gründe sind von den Gerichten nicht zu bewerten. Weiter setzt die Anwendung des § 138 Abs. 1 BGB voraus, dass der Mietaufhebungsvertrag die Rechtsstellung des Untermieters tatsächlich verschlechtert. Daran fehlt es, wenn der Hauptmieter in der Lage ist, das Untermietverhältnis zeitnah beenden, z. B. durch den Ausspruch einer ordentlichen Kündigung (BGH a. a. O.)

2. Gesetzliche Verpflichtung des Vermieters zum Abschluss eines Mietaufhebungsvertrags

Der Mieter hat grundsätzlich keinen Anspruch auf vorzeitige Entlassung aus dem **220** Mietvertrag. Ausnahmsweise kann der Vermieter aber nach Treu und Glauben (§ 242 BGB) zum Abschluss eines Mietaufhebungsvertrags verpflichtet sein. Nach der Rechtsprechung des BGH (NJW 2003, 1246; WuM 2003, 204 = NZM 2003,

277) kann der Mieter seine vorzeitige Entlassung aus dem Mietverhältnis verlangen, wenn er hieran „ein berechtigtes Interesse" hat und dem Vermieter „einen geeigneten und zumutbaren Ersatzmieter (Nachmieter) stellt." Erforderlich ist außerdem, dass „das berechtigte Interesse des Mieters an der Aufhebung dasjenige des Vermieters am Bestand des Vertrags ganz erheblich überragt" (so ausdrücklich: OLG Karlsruhe NJW 1981, 1741; ähnlich OLG Hamm WuM 1995, 577; OLG Oldenburg WuM 1981, 125). Es ist also eine Interessenabwägung vorzunehmen.

221 Ein Teil der Rechtsprechung vertritt die Ansicht, dass die Grundsätze über den Anspruch des Mieters auf vorzeitige Vertragsaufhebung auch bei der **Geschäftsraummiete** anzuwenden sind (OLG München NJW-RR 1995, 93). Nach anderer Meinung ist der Geschäftsraummieter auf die Möglichkeit der Untervermietung zu verweisen (OLG Naumburg WuM 2002, 537; Schulz ZMR 1985, 8; s. auch Seyfarth NZM 2002, 200, 201).

222 Aus der Rechtsnatur des Aufhebungsanspruchs folgt auch, dass der Vermieter eine vorzeitige Vertragsaufhebung nur dann nach Treu und Glauben hinnehmen muss, wenn sich der **Mieter seinerseits vertragstreu** verhält. Hieran kann es fehlen, wenn sich der Mieter weigert die Räume vor der Rückgabe zu renovieren, obwohl er hierzu verpflichtet ist oder wenn er seine finanziellen Verpflichtungen nicht erfüllt (ähnlich: KG WuM 1992, 8: Danach soll der Vermieter gegenüber dem Anspruch des Mieters auf vorzeitige Vertragsentlassung ein Zurückbehaltungsrecht nach § 320 BGB geltend machen können, wenn der Mieter mit der Zahlung der Miete im Rückstand ist).

223 **a) Das berechtigte Interesse:** Ein berechtigtes Interesse liegt nach der obergerichtlichen Rechtsprechung nicht vor, „wenn der Mieter nur deshalb ausziehen will, weil er eine qualitativ bessere, billigere, verkehrsgünstigere, oder aus ähnlichen Gründen für ihn wirtschaftlich besser geeignete Wohnung beziehen möchte" (OLG Karlsruhe, a. a. O.: wo ein berechtigtes Interesse verneint wird, wenn der Mieter das Mietverhältnis beenden möchte, weil er in sein eigenes Haus einziehen will). Bei der Geschäftsraummiete ist ein berechtigtes Interesse verneint worden, wenn der Mieter sein Geschäft anstelle in gemieteten Räumen auf einem eigenen Grundstück fortsetzen will (OLG Düsseldorf MDR 1994, 1008). Ein berechtigtes Interesse ist nach dem Rechtsentscheid des OLG Karlsruhe erst dann anzunehmen, „wenn dem Mieter aufgrund von Ereignissen, die er nicht mit dem Ziel, seine Wohnungssituation zu verändern, bewusst herbeigeführt hat, das Festhalten an der Wohnung unzumutbar geworden ist".

224 **Beispiele für berechtigtes Interesse** sind eine schwere Krankheit, ein beruflich bedingter Ortswechsel (ebenso: LG Hamburg WuM 1988, 125) und eine wesentliche Vergrößerung der Familie des Mieters (ebenso: LG Köln WuM 1989, 283; LG Landshut WuM 1996, 542; s. auch LG Oldenburg WuM 1995, 394), wonach der Mieter in einem solchen Fall ein Kündigungsrecht haben soll. Ein berechtigtes Interesse kann auch dann bejaht werden, wenn der Mieter infolge seines Alters seinem Haushalt nicht mehr vorstehen kann und in ein Altersheim umziehen will (Kniep/Gerlach DWW 1996, 299), wenn er eine große Wohnung infolge der Verkleinerung seiner Familie oder seines Alters oder aus finanziellen Gründen aufgeben möchte, wenn er die Miete nicht mehr aufbringen kann (**a. A.** AG Halle/Westfalen WuM 1986, 314), wenn er eine kleine Wohnung aufgeben möchte, weil er heiraten und eine Familie gründen will (LG Hannover WuM 1988, 12; ebenso für den Fall dass eine Mieterin mit ihrem Lebensgefährten zusammenleben will: AG Wiesbaden WuM 1988, 400). Ebenso kann ein berechtigtes Interesse gegeben

sein, wenn eine Ehe oder eine eheähnliche Partnerschaft scheitert und die Wohnung für einen der Mieter zu groß oder zu teuer ist. Bei der Geschäftsraummiete wird ein berechtigtes Interesse vorliegen, wenn der Mieter sein Geschäft verkaufen will oder wenn die Räume infolge der Ausweitung des Geschäftsbetriebs nicht mehr ausreichen. Man muss sich stets vor Augen halten, dass sich die Verpflichtung zum Abschluss des Aufhebungsvertrags nach einer Interessenbewertung richtet, bei der auch ein überdurchschnittlich großes oder unterdurchschnittlich geringes Bestandsinteresse des Vermieters zu berücksichtigen ist. Ein großes Bestandsinteresses ist etwa anzunehmen, wenn der Vermieter konkrete Nutzungsabsichten nach Ablauf der ursprünglich vereinbarten Mietzeit hat. Gering ist das Bestandsinteresse, wenn es dem Vermieter nur um die Erzielung von Mieteinnahmen geht (Eisenschmid PiG 33, 130).

Das berechtigte Interesse des Mieters wiegt umso schwerer, je länger die restliche **225** Vertragszeit dauert. Demgegenüber muss sich der Mieter am Vertrag festhalten lassen, „wenn die **restliche Vertragsdauer verhältnismäßig kurz** ist" (OLG Oldenburg RE 23.4.1981 WuM 1982, 124 betr. eine restliche Vertragszeit von drei Monaten). Dies gilt i. d. R. unabhängig vom konkreten Aufhebungsinteresse. Allgemein gilt, dass der Mieter jedenfalls **keinen Anspruch auf Abkürzung der gesetzlichen Kündigungsfrist** von drei Monaten hat (LG Flensburg WuM 1976, 161; LG Hamburg FWW 1975, 390, LG Mannheim Justiz 1977, 421; LG Berlin WuM 1979, 77; MDR 1988, 498; GE 95, 249; WuM 2016, 227; AG Miesbach WuM 1989, 22). Die vereinzelt vertretene Rechtsansicht, wonach ein Vermieter unverzüglich weitervermieten muss, wenn er beispielsweise Wartelisten führt (so AG Gießen WuM 1993, 609; AG Berlin-Schöneberg WuM 1991, 267) steht mit dem Gesetz nicht im Einklang: die gesetzliche (dreimonatige) Kündigungsfrist des § 573c BGB dient nicht allein der Mietersuche, sondern sichert beiden Parteien einen für die Vertragsabwicklung angemessenen zeitlichen Spielraum. In Ausnahmefällen ist jedoch denkbar, dass ein Mieter mit geringem Einkommen aus dringenden wirtschaftlichen Gründen einen Anspruch auf eine sofortige Vertragsaufhebung geltend machen kann, wenn die Einhaltung der Kündigungsfrist für ihn eine unzumutbare Belastung darstellt und andererseits dem Vermieter keine Vorteile bringt. Ebenso kann z. B. bei einem alten oder kranken Mieter, der in ein Alters- oder Pflegeheim mit einem nicht länger freistehenden Heimplatz umziehen kann, durchaus schon bei einer Restzeit von 1–2 Monaten ein berechtigtes Interesse zum Abschluss eines Mietaufhebungsvertrags vorliegen, wenn er die Doppelbelastung von Miete und Heimkosten nicht tragen kann. Schließlich besteht i. d. R. ein Aufhebungsanspruch, wenn das Mietverhältnis vom Vermieter nach § 573 BGB gekündigt worden ist, der Mieter eine Ersatzwohnung gefunden hat und vor Ablauf der Kündigungsfrist ausziehen will um der doppelten Mietbelastung zu entgehen. Hier kann regelmäßig davon ausgegangen werden, dass die frühere Rückgabe nicht nur im Interesse des Mieters, sondern auch im Interesse des Vermieters liegt. Ein Ersatzmieter muss in Fällen dieser Art nur gestellt werden, wenn der Vermieter – etwa bei einer Kündigung nach § 573 Abs. 2 Nr. 1 oder nach § 573a BGB – eine Weitervermietung plant. Bei geplanter Eigennutzung ist die Stellung eines Ersatzmieters selbstverständlich entbehrlich.

b) Der Nachmieter (Ersatzmieter). Der Mieter muss den Nachmieter stel- **226** len. Diese Voraussetzung ist dann erfüllt, wenn der Mieter einen Nachfolger benennt, der bereit ist, in den bestehenden Mietvertrag einzutreten oder einen Folgevertrag abzuschließen.

§ 542 BGB Untertitel 1. Allgemeine Vorschriften für Mietverhältnisse

227 Bei **befristeten Mietverhältnissen** muss der Nachfolger an Stelle des bisherigen Mieters in den Mietvertrag eintreten. Der Vermieter ist nicht verpflichtet mit dem Nachfolger einen Vertrag mit anderem Inhalt abzuschließen. Deshalb kann der Mieter nicht verlangen, dass der Vermieter mit dem Nachfolger ein unbefristetes Mietverhältnis begründet (OLG Düsseldorf DWW 1998, 20, 22). Eine Ausnahme kann gelten, wenn der Vermieter das Interesse an der ursprünglichen Befristung verloren hat. Die Verpflichtung zum Abschluss eines Aufhebungsvertrags entfällt, sobald der Ersatzmieter Änderungswünsche anmeldet (OLG Düsseldorf NJWE-RR 1996, 176). Der Vermieter kann solche Verhandlungen ablehnen. Es steht ihm allerdings frei, eigene Interessen in die Vertragsverhandlungen einzubringen. Eine Verpflichtung zum Abschluss eines Aufhebungsvertrags wird auf diese Weise nicht begründet (OLG Düsseldorf a. a. O.).

228 Soll der Aufhebungsvertrag dagegen abgeschlossen werden, um die **Kündigungsfrist eines unbefristeten Mietvertrags abzukürzen,** so muss der Nachfolger bereit sein, mit dem Vermieter einen neuen unbefristeten Mietvertrag abzuschließen, der nahtlos an das bisherige Mietverhältnis anknüpft, so dass dem Vermieter kein Mietausfall entsteht (zur Frage, ob der Vermieter zu seinen Gunsten veränderte Mietbedingungen verlangen kann, s. unten Rdn. 247).

229 Der Mieter muss über die **Person des Nachfolgers** diejenigen **Informationen** liefern, die der Vermieter benötigt, um sich ein hinreichendes Bild über die persönliche Zuverlässigkeit und wirtschaftliche Leistungsfähigkeit des Nachfolgers zu machen. Nach der **Rechtsprechung des BGH** muss der Mieter den Vermieter über die Person des Ersatzmieters aufklären und ihm sämtliche Informationen geben, die dieser benötigt, um sich ein hinreichendes Bild über die persönliche Zuverlässigkeit und wirtschaftliche Leistungsfähigkeit des Nachmieters machen zu können (BGH NJW 2015, 3780). Dem Urteil lag ein Fall zugrunde, in dem der Vermieter eine kurze schriftliche Erklärung zu den Familienverhältnissen, eine Selbstauskunft nebst Verdienstbescheinigung, die Vorlage des bisherigen Mietvertrags, Personalausweiskopien, eine Bonitätsauskunft sowie eine Bescheinigung des Ersatzmieters, dass dieser den Mietvertrag vorbehaltlos unterschreiben werde, verlangt hat. Nach Meinung des BGH sind diese Nachweise und Erklärungen durch das Informationsinteresse des Vermieters gedeckt (BGH a. a. O.). Nach der hier vertretenen Ansicht sind die Grenzen des Informationsinteresses mit dem Verlangen nach der Vorlage des bisherigen Mietvertrags, einer Bonitätsauskunft übersetzt. Ebenso ist es nicht angezeigt, vom Ersatzmieter zu verlangen, sich bereits vor einer Besichtigung zum Abschluss eines Mietvertrags zu verpflichten (Blank NZM 2015, 887). Nach der hier vertretenen Ansicht genügt bei der Wohnungsmiete i. d. R. die Angabe des Namens, der Anschrift, der Familienverhältnisse und des Berufs des Ersatzmieters. Auf Verlangen des Vermieters muss der Mieter weitere Umstände mitteilen, soweit die Zusatzinformation für den Vermieter sachdienlich und dem Mieter zumutbar ist. Es reicht nicht aus, wenn der Mieter lediglich Namen und Anschriften von Wohnungssuchenden mitteilt und die Kontaktaufnahme dem Vermieter überlässt. Macht der Mieter schuldhaft falsche Angaben, so kann er zum Schadensersatz verpflichtet sein.

230 Der Mieter muss nur einen **einzigen Nachfolger** benennen (LG Saarbrücken WuM 1995, 313; Eisenschmid PiG 33, 133; **a. A.** AG Halle WuM 1986, 314; Röchling NJW 1981, 2783: mindestens drei); er trägt dann allerdings das Risiko, dass der Vermieter gegen dessen Person rechtserhebliche Einwände geltend machen kann. An der Benennung mehrerer Nachfolger ist der Mieter nicht gehindert; er hat allerdings keinen Einfluss darauf, welchen der mehreren Personen der Vermieter auswählt (BGH NJW 1963, 1299; LG Saarbrücken WuM 1995, 313).

Ende des Mietverhältnisses **BGB § 542**

Der **Nachfolger muss zumutbar sein.** Die Frage der Zumutbarkeit ist auf 231
Grund einer eingehenden „Würdigung aller Umstände des Falles" zu beantworten
(BGH NJW 2003, 1246; WuM 2003, 204 = NZM 2003, 277) Ein Nachmieter ist
zumutbar, wenn er hinsichtlich seiner privaten, familiären und wirtschaftlichen Lebensumstände hinreichende Gewissheit für eine ordnungsgemäße Vertragserfüllung
bietet (LG Bremen ZMR 2001, 545). Unzumutbar ist ein Nachfolger, der auf
Grund seiner finanziellen Verhältnisse keine Gewähr dafür bietet, dass er die Miete
bezahlen kann (LG Gießen WuM 1996, 23 betr. Ehepaar mit einem Einkommen
von 3400.– DM bei einer Miete von 2200.– DM). Einen Nachfolger mit Untermietabsicht oder mit der Absicht zur teilgewerblichen Nutzung muss der Vermieter
ebenfalls nicht akzeptieren (LG Gießen a. a. O.). Ebenso kann der Vermieter von
Gewerberaum einen Ersatzmieter ablehnen, wenn dieser die Räume zu Wohnzwecken nutzen will (OLG Frankfurt MDR 2000, 825). Auf die besonderen Vorstellungen des Vermieters ist Rücksicht zu nehmen. So ist es i. d. R. nicht zu beanstanden, wenn der Vermieter nur an bestimmte Bevölkerungsgruppen vermieten will,
z. B. nur an Familien mit Kindern. Jedoch darf sich der Vermieter nicht von unsachlichen Erwägungen leiten lassen oder Anforderungen stellen, die mit der geltenden
Rechtsordnung nicht im Einklang stehen. Ein Nachfolger für die Pacht einer Gaststätte darf nicht deshalb zurückgewiesen werden, weil er Kaufmann ist, wenn die
Gaststätte auf Grund ihres Zuschnitts auch von einem Kaufmann geführt werden
kann (BGH MDR 1984, 393). Die Ablehnung eines Nachfolgers darf nicht allein
mit seiner **Ausländereigenschaft** begründet werden (für die Miete von Geschäftsraum: BGH WPM 1970, 93; OLG Frankfurt ZMR 2000, 607; für die Wohnraummiete: LG Hannover WuM 1977, 223; LG Saarbrücken WuM 1995, 313). Hierin
kann eine diskriminierende Ungleichbehandlung im Sinne des ADG liegen (Derleder WuM 2005, 3, 9). Etwas anderes kann geltend, wenn mit der Ausländereigenschaft besondere Risiken verbunden sind. Die für die Ablehnung sprechenden tatsächlichen Umstände muss der Vermieter darlegen und beweisen. Ebenso ist es
einem Vermieter nicht von vornherein verwehrt, nur aus Gründen seiner religiösen
Überzeugung ein **nicht verheiratetes Paar** als Ersatzmieter abzulehnen; dies gilt
auch dann, wenn der Vermieter nicht in demselben Haus und nicht in demselben
Ort wohnt (OLG Hamm RE 6.4.1983 NJW 1983, 1564). Nach der Auffassung
des KG (WuM 1992, 8) kann die Ablehnung des Nachfolgers bei einem gewerblichen Mietverhältnis bereits auf Grund einer begründeten **Antipathie** gerechtfertigt sein. Der Vermieter kann umgekehrt aber auch eine mit ihm befreundete
Person als Nachfolger ablehnen, etwa wenn es ihm unangenehm ist, bei einem vertragswidrigen Verhalten den Mieter auf seine vertraglichen Pflichten hinzuweisen
oder weil er befürchten muss, dass sich das Mietverhältnis für den Mieter nicht so
gedeihlich entwickelt, wie dieser erwartet. Diese Auffassung ist abzulehnen, weil
die Akzeptanz des Nachfolgers nicht völlig ins Belieben des Vermieters gestellt werden darf.

Die **Verpflichtung zur Benennung eines Ersatzmieters entfällt,** wenn der 232
Vermieter erklärt, dass er hierauf verzichte (LG Landshut WuM 1996, 542) oder
wenn der Vermieter einen Aufhebungsvertrag generell ablehnt.

c) Zeitpunkt der Vertragsbeendigung. Sind die oben dargelegten Vorausset- 233
zungen gegeben, so kann der Mieter grundsätzlich verlangen, dass er ab dem Zeitpunkt der Eintrittsbereitschaft des Ersatzmieters aus dem Mietverhältnis entlassen
wird (LG Hamburg WuM 1980, 235). Ist der Vermieter lediglich mit der Entlassung
des Mieters, nicht aber mit der Stellung des Ersatzmieters einverstanden, so hat der

Vermieter Anspruch darauf, dass zwischen dem Verlangen nach Aufhebung des Mietverhältnisses und dessen Beendigung eine Frist eingehalten wird, die der gesetzlichen Kündigungsfrist nach § 575a Abs. 3 BGB entspricht (LG Düsseldorf ZMR 1979, 45; LG Landshut WuM 1996, 542). Gleiches gilt, wenn sich der Vermieter noch nicht sicher ist, ob er mit dem vom Mieter benannten Ersatzmieter einen Vertrag abschließen soll (LG Gießen ZMR 1997, 80). Dies folgt aus einer sachgemäßen Interessenbewertung: danach ist es zum einen geboten, dass das Recht zur Auswahl des Nachfolgemieters beim Vermieter verbleibt, wenn dieser dies wünscht; zum anderen ist es grundsätzlich jedem Mieter zumutbar, die gesetzliche Kündigungsfrist von maximal 3 Monaten einzuhalten.

234   **d) Aufhebungsverlangen.** Der Mieter muss seinen Anspruch auf Vertragsaufhebung gegenüber dem Vermieter geltend machen. Das Aufhebungsverlangen ist rechtlich ein Angebot zum Abschluss eines Mietaufhebungsvertrags, das dem Vermieter zugehen muss. Das Aufhebungsverlangen bedarf keiner besonderen Form. Inhaltlich muss das Aufhebungsverlangen den Wunsch des Mieters nach vorzeitiger Vertragsaufhebung zum Ausdruck bringen. Aus dem Aufhebungsverlangen muss sich außerdem ergeben, aus welchen Gründen die vorzeitige Vertragsbeendigung begehrt wird. Diese Gründe müssen hinreichend substantiiert dargelegt werden, damit der Vermieter erkennen kann, ob er verpflichtet ist, den Mieter vorzeitig aus dem Vertrag zu entlassen (LG Berlin GE 1996, 741: es gelten ähnliche Anforderungen wie für die Begründung der Vermieterkündigung nach § 573 Abs. 3 BGB). Über die Person des Ersatzmieters muss der Mieter hinreichend genaue Angaben machen (s. Rdn. 229). Wenn und soweit der Vermieter die für eine Entscheidung über den Vertragsschluss erforderlichen Tatsachen bereits kennt, sind erneute Angaben hierzu entbehrlich.

235   **e) Abweichende Vereinbarungen.** Das Recht des Mieters zur vorzeitigen Entlassung aus dem Mietverhältnis stellt eine Ausprägung von Treu und Glauben dar. Deshalb kann dieses Recht zwar modifiziert und konkretisiert, aber nicht vollständig ausgeschlossen werden (vgl. BGH ZMR 1993, 57 betr. gewerbliche Mietverhältnisse über Marktstände).

236   **f) Anspruch auf Akzeptanz des Nachfolgers.** Der Mieter hat keinen gesetzlichen Anspruch darauf, dass der Vermieter einen von ihm ausgewählten Ersatzmieter akzeptiert; aus § 242 BGB lässt sich nur ein Anspruch auf vorzeitige Vertragsentlassung herleiten (OLG München ZMR 1995, 580). Dies gilt auch dann, wenn der Mieter an den Eintritt gerade dieses Nachfolgers ein besonderes Interesse hat (OLG München a. a. O. betr. den Fall, dass der Nachfolger bereit ist, für das in den gemieteten Räumen betriebene Geschäft einen hohen Kaufpreis zu bezahlen).

3. Nachmieterklauseln

237   **a)** Der Mieter hat einen vertraglichen Anspruch auf Abschluss eines Aufhebungsvertrags, wenn im Mietvertrag eine Nachmieterklausel enthalten ist. Eine **echte Nachmieterklausel** liegt vor, wenn der Vermieter an den vom Mieter benannten Nachfolger gebunden sein soll. Von einer **unechten Nachmieterklausel** spricht man, wenn dem Mieter nur das Recht zum vorzeitigen Ausscheiden aus dem Vertrag bei Stellung eines Ersatzmieters zustehen soll, ohne dass der Vermieter verpflichtet ist, mit dem Nachfolger abzuschließen (OLG Frankfurt WuM 1991, 475). Im Zweifel liegt eine echte Nachmieterklausel vor. Die der unechten Nach-

mieterklausel eigentümlichen Beschränkungen müssen sich entweder aus der Klausel selbst oder aus den Umständen ergeben (OLG Frankfurt a. a. O.).

b) In der Regel enthalten die **echten Nachmieterklauseln** die **Beschränkung,** dass der **Nachfolger „zumutbar"** sein muss, dass der Vermieter den Nachfolger „aus wichtigem Grund" ablehnen kann oder dass der Mieter „die Bonität des Nachfolgers" nachzuweisen hat. Solche und ähnliche Regelungen werden dahingehend ausgelegt, dass der Nachfolger hinsichtlich seiner wirtschaftlichen Verhältnisse und seiner Person dem bisherigen Mieter entsprechen muss (OLG Düsseldorf MDR 1995, 570). Der Sinn einer solchen Beschränkung liegt in der Absicherung des Vermieters gegen das mit dem Mieterwechsel verbundene Mietausfallrisiko. Hat sich ein Vermieter im Einzelfall zu einer vorzeitigen Vertragsauflösung bereit erklärt, wenn ein Nachmieter gestellt wird, so ist diese Vereinbarung ebenfalls dahingehend auszulegen, dass der Nachmieter zumutbar sein muss. Deshalb darf der Vermieter den Abschluss des Mietvertrags mit dem Nachmieter auch in diesem Fall von der Erteilung einer Selbstauskunft und einem Bonitätsnachweis abhängig machen (OLG Düsseldorf ZMR 2006, 855). Ist die Bonität des Nachfolgers zweifelhaft, so müssen die Parteien mehrere Möglichkeiten zur Minderung des Mietausfallrisikos in Betracht ziehen (z. B. Übernahme einer Mithaftung des bisherigen Mieters; Beibringung einer selbstschuldnerischen Bankbürgschaft; Hinterlegung einer Kaution in Höhe einer oder mehrerer Jahresmieten). Insoweit besteht eine Verhandlungspflicht, mit der Folge, dass sich der Vermieter vertragswidrig verhält, wenn er die Akzeptanz des Nachfolgers von der Erfüllung bestimmter Vorgaben abhängig macht (BGH NJW 1995, 3052 betr. Zahlung eines Geldbetrags zur Risikoabgeltung). Gleiches gilt, wenn sich der Vermieter kategorisch weigert in Verhandlungen einzutreten oder wenn er die laufenden Verhandlungen ohne hinreichenden Grund abbricht. Die genannte Beschränkung ist im Wege der ergänzenden Vertragsauslegung auch dann zu beachten, wenn sie nicht ausdrücklich vereinbart ist. Etwas anderes kommt in Betracht, wenn die Parteien bewusst von der Vereinbarung einer solchen Beschränkung Abstand genommen haben, oder wenn nach der Klausel andere Auswahlkriterien maßgeblich sein sollen. Eine Klausel, die so gefasst ist, dass die Entscheidung über den Nachfolger im Belieben des Vermieters steht, verstößt bei der echten Nachmieterklausel gegen § 307 BGB (vgl. BGH ZMR 1993, 57 für eine Nachmieterklausel in einem Mietvertrag über einen Marktstand).

Lehnt der Vermieter den Nachfolger zu Unrecht ab, so haftet er gegenüber dem Mieter auf **Schadensersatz.** Dieser Ersatzanspruch unterliegt nicht der kurzen Verjährung des § 558 BGB (OLG Frankfurt ZMR 2000, 607). Teilweise wird vertreten, dass der Vermieter an die Nachmieterklausel nicht gebunden ist, wenn der Mieter im Zeitpunkt des Aufhebungsverlangens mit mehr als 2 Monatsmieten in Verzug gewesen sei. In einem solchen Fall sei es mit den Grundsätzen von **Treu und Glauben** nicht zu vereinbaren, den Vermieter durch Eintritt des Nachmieters in den Mietvertrag an der Fortführung des Mietvertrages festzuhalten, obwohl dieser fristlos kündbar war (KG ZMR 2016, 939).

4. Inhalt des Mietaufhebungsvertrags

Zu den wesentlichen Bestandteilen eines Mietaufhebungsvertrags gehört die **Einigung über die Beendigung des Mietverhältnisses.** Sind über den Beendigungszeitpunkt keine besonderen Regelungen getroffen, so wird der aus der Vertragsbeendigung folgende Räumungs- und Herausgabeanspruch sofort fällig. Soll die Mietsache nach den Vorstellungen der Parteien erst zu einem späteren Zeitpunkt herausgegeben werden, so müssen sich die Parteien auch über den Zeitpunkt der Fälligkeit einigen. Ist der Zeitpunkt kalendermäßig bestimmt, so kommt der Mieter zum Leistungszeitpunkt ohne weitere Mahnung in Verzug (BGH NZM 1999, 371, 373). Es ist allerdings nicht zwingend erforderlich, dass dieser Zeitpunkt kalendermäßig bestimmt wird; es genügt, wenn er durch Auslegung der Aufhebungsvereinbarung oder unter Rückgriff auf die Umstände des Vertragsschlusses bestimmt werden kann. Der Eintritt des Verzugs setzt in diesem Fall eine Mahnung voraus. Die Verwendung von Begriffen wie „alsbald", „in absehbarer Zeit" oder „schnellstmöglich" ist zwar nicht zu empfehlen; gleichwohl kann die Auslegung ergeben, dass die Parteien eine sofortige Beendigung des Mietverhältnisses unter gleichzeitiger Stundung des Herausgabeanspruchs (Räumungsfrist) vereinbart haben. In einem solchen Fall kann der Mieter sofort auszuziehen; der Vermieter kann den Räumungs- und Herausgabeanspruch geltend machen, wenn der für die Ersatzraumsuche übliche Zeitraum verstrichen ist.

241 Die Regelung der **Art und Weise der Rückgabe** steht im Belieben der Parteien. Beschränkt sich der Aufhebungsvertrag auf die Einigung über die Vertragsbeendigung, so richten sich die Modalitäten der Rückgabe nach den Vereinbarungen im ursprünglichen Mietvertrag; ist im Mietvertrag insoweit nichts geregelt, so sind die gesetzlichen Bestimmungen maßgebend. Die Modalitäten der Rückgabe können im Aufhebungsvertrag auch abweichend von den Vereinbarungen im Mietvertrag geregelt werden. Aus dem Fehlen besonderer Vereinbarungen über die Erfüllung der Renovierungspflicht, der Rückzahlung der Kaution und dergleichen kann allerdings nicht gefolgert werden, dass die betreffende Verpflichtung der einen oder der anderen Partei erlassen werden sollte.

242 Die Vereinbarung einer **Vertragsstrafe** verstößt gegen § 555 BGB. Diese Vorschrift gilt auch für Mietaufhebungsverträge. Die Vereinbarung von **Ausgleichs- Abfindungs- Abstands- oder Aufwendungersatzzahlungen** ist möglich. Werden solche Zahlungen zugunsten des Mieters vereinbart, so sollte sich aus dem Vertrag ergeben, ob die Zahlung für den pünktlichen Auszug oder für die Vertragsaufhebung als solche geschuldet wird. Dies ist von praktischer Bedeutung, wenn der Mieter die Mietsache verspätet zurückgibt. Das Zeitmoment ist von untergeordneter Bedeutung, wenn der Aufhebungsvertrag geschlossen wurde, weil der Vermieter das Mietverhältnis nicht durch Kündigung beenden konnte oder weil das Vorliegen eines Kündigungsgrundes zweifelhaft war (s. dazu auch LG Mannheim WuM 1988, 87). Für diesen Fall ist davon auszugehen, dass eine verspätete Rückgabe den Anspruch auf die Abstandszahlung nicht berührt. Liegt demgegenüber ein Kündigungsgrund vor und wird der Aufhebungsvertrag geschlossen, um eine schnellere Rückgabe zu erreichen (z. B. bei formeller Unwirksamkeit der Kündigung oder bei langer Kündigungsfrist), so steht das Zeitmoment im Vordergrund, mit der Folge, dass der Zahlungsanspruch entfällt, wenn der Mieter nicht rechtzeitig räumt (vgl. dazu LG Frankfurt WuM 1990, 196). Ist nach der Sachlage davon auszugehen, dass die Abstandszahlung sowohl für die Vertragsaufhebung an sich als auch für eine frühzeitige Rückgabe vereinbart worden ist, so kann eine ergänzende Vertragsauslegung zu dem Ergebnis führen, dass die Zahlung bei verspäteter Räumung nur in verminderter Höhe zu leisten ist (LG Nürnberg-Fürth a. a. O.).

243 Für **Entschädigungsklauseln zugunsten des Vermieters** gilt § 309 Nr. 5 Buchst. b BGB. Danach sind Schadenspauschalierungen unwirksam, wenn dem anderen Vertragsteil nicht ausdrücklich der Nachweis gestattet wird, ein Schaden oder eine Wertminderung sei überhaupt nicht entstanden oder wesentlich niedriger als die Pauschale.

5. Rechtsfolgen

a) Beim Abschluss eines Mietaufhebungsvertrags. Schließt der Vermieter 244
mit dem Ersatzmieter ab, so kommt zwischen dem Vermieter und dem Ersatzmieter
ein **neues Mietverhältnis** zustande, das denselben Inhalt wie das bisherige Mietverhältnis hat. Ein solcher Vertrag endet mit dem Ablauf der ursprünglichen Vertragszeit, wenn das ursprüngliche Mietverhältnis **befristet** war. Den Vertragsparteien steht es frei, stattdessen einen Vertrag mit anderem Inhalt abzuschließen. War
das ursprüngliche Vertragsverhältnis **unbefristet**, so kommt mit dem Nachfolger
ein neues unbefristetes Mietverhältnis zustande.

Ob in dem Abschluss eines Mietvertrags mit einem Nachfolgemieter zugleich 245
eine **konkludente Aufhebung des bisherigen Mietverhältnisses** liegt, richtet
sich nach den Umständen des Einzelfalls (BGH WuM 2012, 317 = NZM 2012,
341). In der Regel dürfte es den Interessen der Parteien entsprechen, wenn die Aufhebung des Mietverhältnisses an den Vollzug des Nachfolgevertrags geknüpft wird
(vgl. LG Gießen WuM 1997, 370; s. auch LG Saarbrücken WuM 1997, 37).

Hiervon ist die Frage zu unterscheiden, ob der **Nachfolger für die Verbind-** 246
lichkeiten des Vorgängers haftet; diese Frage ist bei fehlender vertraglicher Regelung grundsätzlich zu verneinen (OLG Düsseldorf DWW 1992, 114), weil der
Vertragseintritt ex nunc erfolgt (Eisenschmid PiG 33, 134). Der ursprüngliche Mieter haftet seinerseits nicht für die Verbindlichkeiten des Nachfolgers; das Risiko der
Solvenz des Nachfolgers liegt beim Vermieter (LG Köln WuM 1989, 18). Eine Haftung des Mieters kommt in Betracht, wenn dieser für den Ersatzmieter eine Bürgschaft übernommen oder dessen Mietschuld beigetreten ist. Einen Anspruch hierauf hat der Vermieter mangels vertraglicher Regelung nicht. Außerdem haftet der
Mieter nach § 280 Abs. 1 BGB, wenn er schuldhaft falsche Angaben über die persönlichen Verhältnisse des Nachfolgers gemacht hat.

b) Bei unberechtigter Weigerung zum Vertragsschluss. Weigert sich der 247
Vermieter, mit dem Ersatzmieter einen Mietvertrag abzuschließen, obwohl er hierzu
verpflichtet gewesen wäre, so verliert er die künftigen Erfüllungsansprüche aus dem
Mietvertrag. Der Mieter wird dann von seiner Verpflichtung zur Zahlung der Miete
frei; er haftet aber weiterhin für die Erfüllung solcher Ansprüche, die zum Zeitpunkt
seiner Vertragsentlassung bereits fällig gewesen sind (z. B.: Schönheitsreparaturen,
Schadenersatz wegen Beschädigung der Mietsache). Der unberechtigten Weigerung
steht es gleich, wenn der Vermieter den Vertragsschluss an **Bedingungen** knüpft, die
in den vertraglichen Vereinbarungen oder in dem gesetzlichen Rechtsverhältnis
keine Stütze finden: Macht der Mieter eines befristeten Mietverhältnisses einen gesetzlichen Aufhebungsanspruch nach § 242 BGB geltend, so muss der Vermieter
dem Nachfolger den Eintritt in den unveränderten Vertrag anbieten (LG Frankfurt
ZMR 1984, 309). Nichts anderes gilt bei einem unbefristeten Mietverhältnis: hier
muss der Vermieter zu denselben Bedingungen wie bisher vermieten (**a. A.** die h.M:
OLG Hamburg NJW-RR 1987, 657; LG Trier DWW 1986, 246; LG Köln WuM
1989, 374; LG Saarbrücken WuM 1995, 313). Der Vermieter wird hierdurch nicht
wesentlich benachteiligt: will er bessere Mietbedingungen erreichen, so kann und
muss er sich den Nachfolger selbst suchen. Haben sich die Parteien dahingehend geeinigt, dass der Mieter aus dem Vertrag entlassen wird, wenn ein Nachfolger gefunden ist (bedingter Mietaufhebungsvertrag) oder ist im Mietvertrag eine Nachmieterklausel enthalten, so gelten beim Fehlen gegenteiliger Vertragsvereinbarungen
dieselben Grundsätze (OLG Düsseldorf DWW 1992, 242; **a. A.** OLG München
ZMR 1995, 156: wonach „marktgerechte Bedingungen" maßgeblich sein sollen).

§ 542 BGB Untertitel 1. Allgemeine Vorschriften für Mietverhältnisse

248 **c) Bei berechtigter Weigerung zum Vertragsschluss.** Weigert sich der Vermieter zu Recht, mit dem Ersatzmieter einen Mietvertrag abzuschließen, so besteht der ursprüngliche Mietvertrag unverändert fort. Der Vermieter ist grundsätzlich nicht verpflichtet, die Räume anderweitig zu vermieten. Der Vermieter kann die Räume leerstehen lassen und den bisherigen Mieter auf Zahlung der Miete in Anspruch nehmen: Die Vorschrift des 254 BGB (Schadensminderungspflicht) gilt nicht, weil der Vermieter keinen Schadenersatzanspruch, sondern einen vertraglichen Erfüllungsanspruch geltend macht.

6. Beweislast

249 Den Abschluss eines Mietaufhebungsvertrags muss derjenige beweisen, der hieraus Rechte für sich herleiten will. Steht fest, dass ein Mietaufhebungsvertrag zustande gekommen ist und ist streitig, ob der Mieter die Mietsache sofort oder zu einem späteren Zeitpunkt herausgeben muss, so trifft die Beweislast den Mieter. Wer behauptet, dass im Aufhebungsvertrag besondere Vereinbarungen über die Art und Weise der Rückgabe getroffen worden sind, muss dies beweisen.

250 Der **Mieter muss beweisen,** dass die tatsächlichen Voraussetzungen für die Verpflichtung des Vermieters zum Abschluss eines Aufhebungsvertrags vorliegen. Außerdem muss er beweisen, dass er einen Ersatzmieter gestellt hat und dass dieser dem Vermieter zumutbar gewesen ist. Eine Ausnahme gilt, wenn der Vermieter selbst mit dem Mietinteressenten Verbindung aufgenommen hat. In einem solchen Fall kann sich der Vermieter nicht darauf beschränken, die Geeignetheit des Ersatzmieters zu bestreiten. Vielmehr muss er konkret vortragen, welche Gründe zur Ablehnung des Ersatzmieters geführt haben (BGH WuM 2003, 204).

VI. Anfechtung

251 Nach der Rechtsprechung des BGH wird das Mietverhältnis durch die Anfechtung mit Wirkung ex tunc, also rückwirkend, beendet (BGHZ 178, 16 = NZM 2008, 886; NJW 2009, 1266; NJW 2010, 3382). Der BGH hat dies für die Geschäftsraummiete für den Fall einer Anfechtung wegen arglistiger Täuschung entschieden. Die der Entscheidung zugrunde liegenden Erwägungen dürften aber auch für die Wohnraummiete und für die Irrtumsanfechtung gelten.

252 Bei der **Wohnraummiete** sind bei der Anfechtung auch **soziale Gesichtspunkte** zu berücksichtigen. Deshalb ist die Anfechtung nach Treu und Glauben ausgeschlossen, wenn sich eine fehlerhafte Angabe des Mieters betreffend seine Einkommensverhältnisse nicht auf das Mietverhältnis ausgewirkt hat (LG Wiesbaden WuM 2004, 399).

253 **Anfechtungsgründe** sind: der Inhaltsirrtum, der Erklärungsirrtum, der Übermittlungsirrtum, der Eigenschaftsirrtum und die arglistige Täuschung. In der Praxis sind insbesondere von Bedeutung (dazu: N. Fischer WuM 2006, 3)

254 **Irrtum über den Vertragsinhalt:** Die Blankounterzeichnung eines Mietvertrags berechtigt nicht zur Anfechtung. Gleiches gilt für die Unterzeichnung eines Vertrags ohne ihn gelesen zu haben. In beiden Fällen fehlt es am Irrtum (N. Fischer WuM 2006, 3, 7).

255 **Verletzung von Aufklärungspflichten durch den Mieter:** Zwar gilt im Allgemeinen der Grundsatz, dass jede Partei ihre Interessen selbst wahrzunehmen hat. Deshalb muss sich der Vermieter die für die Entscheidung über den Vertragsschluss

notwendigen Information selbst beschaffen, etwa indem er vom Mietinteressenten entsprechende Auskünfte 2013– etwa im Wege einer **Mieterselbstauskunft** – einholt. Wird der Mieter vom Vermieter aufgefordert, eine sog. „Selbstauskunft" zu erteilen, so ist zunächst zu prüfen, ob die jeweiligen Fragen zulässigerweise gestellt worden sind. Hierbei sind die Vorschriften über den Datenschutz zu beachten. Die rechtlichen Anforderungen an den Datenschutz richten sich seit dem 25.5.2018 nach der Verordnung (EU) 2016/679 (Datenschutz-Grundverordnung – DSGVO) und dem Bundesdatenschutzgesetz vom 30. Juni 2017 (BDSG-2018). Das Gesetz gilt unter anderem auch für die Verarbeitung personenbezogener Daten, die in einem Dateisystem gespeichert sind oder gespeichert werden sollen (§ 1 Abs. 1 Satz 2 BDSG-2018). Hierzu zählen auch die Daten von Mietern, die vom Vermieter im Rahmen einer Mieterselbstauskunft erhoben werden (s. dazu Horst MietRB 2018, 117; Eisenschmid WuM 2019, 353). Nach Art 5 Abs. 1 lit c DSGVO dürfen nur solche Daten erhoben werden die für die vom Vermieter verfolgten Zwecke notwendig sind (Grundsatz der („Datenminimierung"). Gem. Art. 6 DSGVO bedarf die Datenerhebung und Verarbeitung eines besonderen Grundes. Für die Mieterselbstauskunft kann dabei auf Art. 6 lit b DSGVO zurückgegriffen werden. Danach dürfen solche Daten erhoben werden, die „zur Durchführung vorvertraglicher Maßnahmen erforderlich" sind. Maßgeblich ist insoweit, welche Informationen der Vermieter zur Entscheidung über den Vertragsschluss benötigt. Fraglich ist, ob der Vermieter daneben oder stattdessen auf den Rechtsfertigungsgrund der Einwilligung des Mieters zurückgreifen kann. Nach § 51 Abs. 2 und 4 BDSG-2018 ist die Einwilligung nur wirksam, wenn das Ersuchen um Einwilligung in verständlicher und leicht zugänglicher Form in einer klaren und einfachen Sprache gestellt ist (Abs. 2) und wenn die Einwilligungserklärung auf der freien Entscheidung des Mieters beruht (Abs. 4). An die Freiwilligkeit werden hohe Anforderungen gestellt; daran kann es insbesondere dann fehlen, wenn der Mietinteressent damit rechnen muss, dass er bei Weigerung zur Erteilung der Einwilligung die Wohnung nicht erhält (vgl. Erwägungsgrund 42 und 43 zu Art. 7 DSGVO). Dies ist bei angespanntem Wohnungsmarkt nicht auszuschließen (so auch Horst MietRB 2018, 117, 120). Der Vermieter hat den Mietinteressenten darüber zu informieren, dass er die erhobenen Daten bis zur Entscheidung über den Vertragsschluss speichern wird (Art 13 DSGVO). Kommt es nicht zum Vertragsschluss, so hat der Vermieter die erhobenen Daten auf Verlangen des Mietinteressenten zu löschen (DSGVO Art. 17 Abs. 1 Buchst. a). Zur Abgrenzung der zulässigen von den unzulässigen Fragen s. Rdn. 259).

Ausnahmsweise muss ein Mieter solche Umstände von sich aus offenbaren, die **255a** für die Willensbildung des anderen Teils offensichtlich von ausschlaggebender Bedeutung sind. Hierzu zählen solche Umstände, die den Vertragsschluss vereiteln oder erheblich gefährden oder die geeignet sind dem Vertragspartner erheblichen wirtschaftlichen Schaden zuzufügen. Eine aus § 241 Abs. 2 BGB abzuleitende Aufklärungspflicht besteht für den Mieter, wenn er auf Grund der bestehenden Einkommensverhältnisse die Miete nicht bezahlen kann. Gleiches wird gelten, wenn über das Vermögen des Mietinteressenten das Insolvenzverfahren eröffnet wurde (LG Bonn WuM 2006, 24; AG Hamburg-St. Georg ZMR 2011, 303: wenn die Mietinteressentin bereits mehrfach die eidesstattliche Versicherung abgegeben hat und gleichwohl eine Wohnung zu einer Gesamtmiete von 2.800.– EUR anmieten will. Nach einer Entscheidung des AG Göttingen muss der Mieter offenbaren, dass er als aktiver Politiker gewalttätigen Aktionen von politischen Gegnern ausgesetzt ist (AG Göttingen WuM 2017, 702 betr. kriminelle Aktionen linksextremer Gruppen gegen ein aktives Mitglied der AfD; zweifelhaft).

§ 542 BGB Untertitel 1. Allgemeine Vorschriften für Mietverhältnisse

255b Schwierig ist die Frage zu beantworten, ob dem Mieter eine Aufklärungspflicht obliegt, wenn zu seinem Haushalt Personen gehören, deren Verhalten auf Grund einer Krankheit oder Behinderung objektiv den Tatbestand der **Hausfriedensstörung** erfüllen. Teilweise wird dies mit der Erwägung verneint, dass kranke oder behinderte Mieter Anspruch auf besondere Rücksichtnahme haben (LG Münster NZM 2010, 95). Nach anderer Ansicht besteht eine Aufklärungspflicht, wenn mit hoher Wahrscheinlichkeit zu erwarten ist, dass die übrigen Mieter des Hauses das Verhalten des kranken oder behinderten Angehörigen zum Anlass einer Mietminderung nehmen könnten (Wietz WuM 2016, 323, 330). Nach der hier vertretenen Ansicht ist zu berücksichtigen, dass Familien mit kranken oder behinderten Angehörigen bei Annahme einer Offenbarungspflicht auf dem Wohnungsmarkt chancenlos sind. Dies spricht gegen eine solche Pflicht.

256 **Verletzung von Aufklärungspflichten durch den Vermieter:** Grundsätzlich ist davon auszugehen, dass jede Vertragspartei eigenverantwortlich entscheiden muss, ob die Eingehung des Vertrages für sie vorteilhaft ist oder nicht. Ausgehend von diesem Grundsatz ist es Sache der jeweiligen Partei, die für oder gegen einen Vertragsschluss sprechenden Umstände selbst zu ermitteln. Deshalb ist der Vermieter i. d. R. nicht verpflichtet, den Mieter über Umstände aufzuklären, die sich möglicherweise nachteilig auf dessen Entschluss zur Anmietung auswirken können. Ausnahmsweise besteht eine vorvertragliche Aufklärungspflicht hinsichtlich derjenigen Umstände und Rechtsverhältnisse, **(1)** die von besonderer Bedeutung für den Entschluss der anderen Vertragspartei zur Eingehung des Vertrages sind und **(2)** deren Mitteilung nach Treu und Glauben erwartet werden kann (BGH NJW 1979, 2243; NJW 1996, 13139; NJW 2001, 64). Hinsichtlich des letztgenannten Merkmals setzt die Aufklärungspflicht voraus, dass die aufklärungsbedürftige Partei selbst keine aussichtsreichen Möglichkeiten hat oder aufgrund mangelnder Anhaltspunkte oder Unerfahrenheit keinen Anlass sehen muss, sich über die konkreten Umstände durch Nachfrage Klarheit zu verschaffen. Dabei ist zu berücksichtigen ob der Mieter Anlass hatte, hinsichtlich der konkreten Umstände beim Vermieter nachzufragen, wenn er nicht selbst aufgrund der örtlichen Gegebenheiten eigene Recherchen hätte anstellen können und müssen (OLG Düsseldorf Urteil vom 7.10.2016 – 7 U 143/15). Ist der Eigentümer eines Grundstücks im Besitz von Unterlagen, aus denen sich eine Belastung des Grundstücks mit Schadstoffen und die Notwendigkeit von Sanierungsmaßnahmen ergibt, so muss er diese Unterlagen einem potentiellen Mieter oder Pächter ungefragt zugänglich machen. Das Vorenthalten dieser Unterlagen ist als arglistige Täuschung zu bewerten, die zur Anfechtung berechtigt (OLG Zweibrücken Urteil vom 2.3.2017 – 4 U 154/15). Ebenso muss der Vermieter offenbaren, wenn die Wohnung verborgene Mängel aufweist, die eine dauerhafte Nutzung ausschließen oder erheblich beeinträchtigen. In der Literatur wird vertreten, dass der Vermieter den Mietinteressenten auf eine bevorstehende Modernisierungsmaßnahme hinweisen muss (Wietz WuM 2016, 323, 332). Dies trifft zu, weil die Modernisierung zu erheblichen Gebrauchsbeschränkungen und zu einer weitreichenden Mieterhöhung führen kann; auf Grund dieser Umstände muss der Vermieter in Erwägung ziehen, dass der Mieter bei entsprechender Aufklärung von einer Anmietung Abstand genommen hätte. Dagegen ist der Verpächter von Geschäftsräumen nicht verpflichtet, den Pächter über die zu erzielende Rendite aufzuklären. Ebenso ist der Verpächter nicht verpflichtet, den Pächter über die Höhe der ortsüblichen Pacht zu informieren (OLG Düsseldorf GuT 2007, 88 = DWW 2007, 147). Eine Aufklärungspflicht besteht nur dann, wenn der Pächter konkrete Fragen stellt. Diese müssen wahrheitsgemäß beantwortet werden (OLG Düsseldorf a. a. O.). Zur Hinweispflicht bei zukünftigem Eigenbedarf s. § 573 Rdn. 140; zur Hinweispflicht auf die Höhe der Betriebskosten s. § 556 Rdn. 124.

In **subjektiver Hinsicht** ist erforderlich, dass der Aufklärungspflichtige die 257 Notwendigkeit einer Aufklärung erkennt (BGH NJW 2010, 3362). Maßgeblich sind die Umstände des Einzelfalls (BGH a. a. O.)

Täuschung durch eine falsche Antwort. Dies ist anzunehmen, wenn eine 258 zulässige Frage falsch beantwortet wird. Die Beantwortung unzulässiger Fragen ist dagegen folgenlos. Die Einschränkung des Fragerechts folgt aus dem Recht des Mieters auf „informationelle Selbstbestimmung"; hierbei handelt es sich um eine Ausprägung des allgemeinen Persönlichkeitsrechts (Art 2 Abs. 1 GG). Die Abgrenzung zwischen den zulässigen und den unzulässigen Fragen ist im Wege einer Interessenabwägung zu finden.

Die **Kreis der zulässigen Fragen** ist unter Berücksichtigung der in der 259 DSGVO geregelten Prinzipien (Erforderlichkeit für die Entscheidung des Vermieters zum Vertragsschluss unter Berücksichtigung des Grundsatzes der „Datenminimierung" s. Rdn. 255) zu bestimmen. Die Einzelheiten bedürfen noch höchstrichterlicher Klärung. Nach der hier vertretenen Ansicht dürfte es der **Wohnungsmiete** zulässig sein, wenn der Vermieter folgende Daten abfragt und deren Antworten speichert: Name und Anschrift des Mietinteressenten, das Geburtsdatum, der Familienstand (a. A. Horst MietRB 2018, 117, 121), der Beruf (a. A. Horst a. a. O.), der Arbeitgeber (a. A. Horst a. a. O.), das monatliche Nettoeinkommen, die Zahl der Personen, die in die Wohnung einziehen sollen, die Absicht zur Tierhaltung, Person und Anschrift des Vorvermieters, der Dauer des vorangegangenen Mietverhältnisses und der Erfüllung der mietvertraglichen Pflichten (BGH NJW 2014, 1954; a. A. Horst a. a. O.). Unzulässig, weil für den Entschluss des Vermieters zum Vertragsschluss nicht zwingend erforderlich, dürfte die Abfrage und Speicherung folgender Daten sein: Fragen nach der Religionszugehörigkeit, nach Heiratsabsichten, Schwangerschaften, Kinderwünschen, Vereinszugehörigkeiten, Parteimitgliedschaften, Anhängigkeit gerichtliche Verfahren insbesondere Zwangsvollstreckungsmaßnahmen (a. A. Horst a. a. O.), Abgabe eidesstattlicher Versicherungen (a. A. Horst a. a. O.), Insolvenzverfahren (a. A. Horst a. a. O.), Bezug von Sozialleistungen (a. A. Horst a. a. O.), Absicht zur Musikausübung (a. A. Horst a. a. O.), Anhängigkeit von Räumungsklagen. Die Vorlage von Belegen oder Beweismitteln (Kontoauszüge, Steuererklärungen oder -bescheide, Gehaltszettel, Mietschuldenfreiheitsbescheinigung des derzeitigen Vermieters (so bereits BGH NJW 2010, 1135 Rdn. 14, 15) usw.) darf nicht verlangt und nicht gespeichert werden. Eine vom Mieter beigebrachte SCHUFA-Auskunft darf nach wie vor verwertet werden. Die vor dem Inkrafttreten der DSGVO und des BDSG-2018 (25.2.2018) ergangene Rechtsprechung und Literatur (dazu die 5. Aufl. § 542 Rdn. 255, 259) ist nur noch mit Einschränkungen zu verwerten. Bei **Gewerbemiete** darf der Vermieter nach dem Geschäftszweck, dem Sortiment (bei Ladengeschäften) und nach der Zahl der Angestellten fragen. Der Vermieter muss die Diskriminierungsverbote in § 1 AGG beachten; davon abgesehen steht es ihm frei eine Vermietung aus ethischen Gründen abzulehnen. Deshalb liegt ein Anfechtungsgrund vor, wenn der Geschäftszweck verschleiert wird. So muss der Betreiber eines Textilgeschäftes offenlegen, dass er in erster Linie Textilien einer von der rechtsradikalen Szene bevorzugten Marke („Thor Steinar") vertreiben will (BGH NJW 2010, 3362; kritisch hierzu Wietz WuM 2016, 323, 328: danach obliegt dem Mieter nur dann eine Aufklärungspflicht, wenn er nach den Umständen mit ablehnenden oder feindlichen Aktionen Dritter auf den Verkauf der fraglichen Marke rechnen musste).

259a Die **Konferenz der unabhängigen Datenschutzbehörden des Bundes und der Länder (DSK),** die aus dem Bundesdatenschutzbeauftragten, den Landesdatenschutzbeauftragten der 16 Bundesländer und dem Präsidenten des Bayerischen Landesamtes für Datenschutzaufsicht besteht, hat am 18.1.2018 eine **„Orientierungshilfe Mietauskünfte"** vorgelegt. Danach ist hinsichtlich der Zulässigkeit der Datenerhebung zwischen drei Phasen zu unterscheiden, nämlich der

Phase A: Erhebung von Daten von Mietinteressenten die sich für einen Besichtigungstermin interessieren

Phase B. Erhebung von Daten von Mietinteressenten die gegenüber dem Vermieter erklären, dass sie die Wohnung anmieten wollen

Phase C. Erhebung von Daten von Mietinteressenten die der Vermieter als Mieter in Erwägung zieht.

Phase A: Besichtigungstermin. Die Zulässigkeit der Datenerhebung richtet sich nach Art. 6 Abs. 1 lit. f DSGVO). Die Regelung setzt voraus, dass die Erhebung und Verarbeitung der Daten „zur Wahrung der berechtigten Interessen des Verantwortlichen oder eines Dritten erforderlich (ist), sofern nicht die Interessen oder Grundrechte und Grundfreiheiten der betroffenen Person, die den Schutz personenbezogener Daten erfordern, überwiegen". **Zulässig** sind: **(1)** Angaben zur Identifikation des Interessenten, also Name, Vorname und Anschrift. Der Vermieter ist berechtigt, die Identifikation durch Einsicht in den Personalausweis zu überprüfen. **(2)** Falls die Wohnung im Rahmen eines Programms zur sozialen Wohnraumförderung errichtet wurde, dürfen Daten betreffend die Wohnberechtigung des Interessenten erhoben werden **Unzulässig** sind in dieser Phase: **(3)** Erhebung von Daten betreffend die wirtschaftlichen Verhältnisse.

Phase B: Anmietinteresse des Interessenten. Die Zulässigkeit der Datenerhebung richtet sich nach Art. 6 Abs. 1 lit. b DSGVO. Die Regelung setzt voraus, dass die Erhebung und Verarbeitung der Daten „für die Erfüllung eines Vertrags, dessen Vertragspartei die betroffene Person ist, oder zur Durchführung vorvertraglicher Maßnahmen erforderlich (ist), die auf Anfrage der betroffenen Person erfolgen." **Zulässig** sind: **(4)** Frage nach der Anzahl der Personen die in die Wohnung einziehen sollen (Wieviel Erwachsene, wie viel Kinder). **(5)** die Frage nach Haustieren. **(6)** Fragen nach dem Beruf des Mietinteressenten, dem Arbeitgeber und dem Beschäftigungsverhältnis. **(7)** die Frage nach der Höhe des Nettoeinkommens. Anders ist es, wenn die Miete von einer öffentlichen Stelle übernommen und unmittelbar an den Vermieter ausbezahlt wird. **(8)** die Frage nach einem eröffneten und nicht abgeschlossenen Privatinsolvenzverfahren. (9) die Frage ob in den letzten fünf Jahren Räumungsklagen wegen Mietrückständen anhängig waren (zweifelhaft). **(9)** Bei Eheleuten, Partnern und sonstigen Lebensgemeinschaften kann gefragt werden, ob der Mietvertrag mit beiden Eheleuten (Partnern) oder nur mit einer Person abgeschlossen werden soll. Im letztgenannten Fall können die unter Ziff. (6) bis (8) aufgeführten Fragen nur in Bezug auf die Mietvertragspartei gestellt werden. **Unzulässig** sind: **(10)** Fragen nach der Religion, der ethnischen Herkunft und der Staatsangehörigkeit. – Hinsichtlich der Staatsangehörigkeit ist nach der hier vertretenen Ansicht zu differenzieren: Bei EU-Ausländern kann gefragt werden, auf Grund welcher Aufenthaltstiteln sie sich in der BRD aufhalten. **(11)** Fragen nach Vorstrafen, Heiratsabsichten, Schwangerschaften, Kinderwünschen, nach der Mitgliedschaft in politischen Parteien, Gewerkschaften oder Mietervereinen.

Ende des Mietverhältnisses **BGB § 542**

Phase C: Interesse des Vermieter am Vertragsschluss. Zulässig ist es, wenn der Vermieter den Mietinteressenten auffordert einen Einkommensnachweis vorzulegen. **Unzulässig** ist dagegen das Verlangen nach Angabe des bisherigen Vermieters oder nach Vorlage einer sog. „Mietschuldenfreiheitsbescheinigung des bisherigen Vermieters.

Der **Mieter** darf fragen nach Mängeln, nach der Höhe der Betriebskosten, ob (in 260 einem Hochhaus) einzelne Wohnungen an Prostituierte vermietet sind, nach früher erzielten Umsätzen, nach der Konkurrenzsituation (bei der Geschäftsraummiete), ob das Mietobjekt unter Zwangsverwaltung steht oder ob eine Zwangsversteigerung angeordnet ist (abweichend: N. Fischer: danach muss der Vermieter von sich aus über Zwangsverwaltung und Zwangsversteigerung informieren).

Die **Umdeutung einer unwirksamen Anfechtungserklärung** in eine au- 261 ßerordentliche Kündigung ist gem. § 140 BGB möglich, wenn die formellen und materiellen Voraussetzungen der Kündigung vorliegen und anzunehmen ist, dass das Mietverhältnis auf jeden Fall beendet werden soll (BGH NJW 2006, 2696 = NZM 2006, 653 = WuM 2006, 445).

Rechtsfolgen der Anfechtung. Die rückwirkende Vernichtung des Mietver- 262 trags hat zur Folge, dass die jeweiligen Leistungen der Parteien nach Bereicherungsgrundsätzen (§§ 812ff BGB) abgewickelt werden müssen. Hierfür gilt die „**Saldotheorie**" (BGHZ 178, 16 = NZM 2008, 886 mit Anm. Rolfs/Schlüter LMK 2008, 271832; NJW 2009, 1266. **(1)** Der Vermieter hat Anspruch auf Ersatz des Wertes seiner Leistung (§ 818 Abs. 2 BGB). Die Höhe dieses Anspruchs richtet sich nach dem Mietwert. Dies ist die ortsübliche Miete einschließlich der ortsüblichen Nebenkosten. **(2)** Hierbei handelt es sich um steuerbaren Umsatz, weil der Wertersatz an die Stelle der Miete tritt; der Vermieter hat also Anspruch auf die auf den Wertersatz entfallende Mehrwertsteuer. **(3)** Die Höhe der Nebenkosten muss der Vermieter konkret darlegen, z. B. durch eine Betriebskostenabrechnung. **(4)** Einen Anspruch auf Herausgabe des durch die Untervermietung erzielten Gewinns hat der Vermieter nicht. **(5)** Der Mieter hat Anspruch auf Rückzahlung der Kaution.

Im Falle eines **Vermieterwechsels** gilt folgendes: Wird die auf den Vertrags- 263 schluss gerichtete Willenserklärung vor dem Eigentumsübergang wirksam angefochten, so erlischt das Mietverhältnis; der Erwerber tritt lediglich in das Abwicklungsverhältnis ein. Wird ein bestehendes Anfechtungsrecht nicht ausgeübt („schwebende Anfechtungslage"), so kommt nach h. M. im Falle der Veräußerung mit dem Erwerber ein neues Mietverhältnis zustande (Novation; Einzelheiten § 566 BGB Rdn. 9ff). Dies hat u. a. zur Folge, dass das Anfechtungsrecht des Veräußerers mit dem Eigentumsübergang erlischt. Ist das mit dem Erwerber entstehende Mietverhältnis mit einem Anfechtungsrecht des Mieters behaftet, so bleibt es erhalten; es muss gegenüber dem Erwerber ausgeübt werden. Das Anfechtungsrecht des Mieters bleibt dagegen erhalten; die Anfechtungserklärung muss gegen den Erwerber gerichtet werden (Kandelhard in Herrlein/Kandelhard Mietrecht § 566 BGB Rdn. 17; **a. A.** Emmerich in: Staudinger § 566 BGB Rdn. 42: Danach ist die Anfechtungserklärung gegenüber dem Veräußerer zu erklären). In der Literatur wird die Theorie die Novation teilweise abgelehnt und vertreten, dass der Erwerber im Falle der Veräußerung in vollem Umfang in das Mietverhältnis eintritt, weil aus § 566 BGB zu einer gesetzlichen Vertragsübernahme führt (Einzelheiten § 566 BGB Rdn. 56ff.) Aus der Theorie der Vertragsübernahme folgt, dass schwebende Anfechtungslagen die Veräußerung überdauern. Bei der Anfechtung durch den Mieter ist der Erwerber Anfechtungsgegner. Aus § 242 BGB folgt indessen, dass die Ausübung der Anfechtung rechtsmissbräuchlich ist, wenn sich der Anfechtungs-

§ 543 BGB Untertitel 1. Allgemeine Vorschriften für Mietverhältnisse

grund nicht mehr auf das Mietverhältnis auswirkt (s. § 566 BGB Rdn. 125f und ausführlich Dötsch ZMR 2011, 257, 263).

264 Die **Anfechtungs- und Gewährleistungsregeln sind nebeneinander anwendbar,** weil durch die jeweiligen Rechtsinstitute unterschiedliche Sachverhalte geregelt werden. Die Anfechtungsregeln dienen dem Schutz der Entschließungsfreiheit des Mieters; das Gewährleistungsrecht regelt die Rechtsfolgen einer Leistungsstörung (Dötsch NJW 2011, 457, 458; Emmerich in: Staudinger Vorbem. § 535 Rdn. 70ff; N. Fischer WuM 2006, 3, 5; Palandt/Weidenkaff § 536 Rdn. 12). Von diesem Grundsatz gelten mehrere **Ausnahmen** (Dötsch ZMR 2011, 257, 263): **(1)** Ist der Mangel dem Mieter auf Grund grober Fahrlässigkeit unbekannt geblieben, so sind die Gewährleistungsrechte ausgeschlossen. Eine Anfechtung kommt in diesem Fall ebenfalls nicht in Betracht. Dies folgt aus einer teleologischen Reduktion des § 119 Abs. 2 BGB. **(2)** Ebenso ist die Anfechtung nach § 242 BGB ausgeschlossen, wenn der Vermieter den Mangel unverzüglich beseitigt. **(3)** Fälle des Doppelirrtums sind nicht über § 119 Abs. 2, sondern über § 313 Abs. 2 BGB (Wegfall der Geschäftsgrundlage) zu lösen.

§ 543 Außerordentliche fristlose Kündigung aus wichtigem Grund

(1) ¹Jede Vertragspartei kann das Mietverhältnis aus wichtigem Grund außerordentlich fristlos kündigen. ²Ein wichtiger Grund liegt vor, wenn dem Kündigenden unter Berücksichtigung aller Umstände des Einzelfalls, insbesondere eines Verschuldens der Vertragsparteien, und unter Abwägung der beiderseitigen Interessen die Fortsetzung des Mietverhältnisses bis zum Ablauf der Kündigungsfrist oder bis zur sonstigen Beendigung des Mietverhältnisses nicht zugemutet werden kann.

(2) ¹Ein wichtiger Grund liegt insbesondere vor, wenn
1. dem Mieter der vertragsgemäße Gebrauch der Mietsache ganz oder zum Teil nicht rechtzeitig gewährt oder wieder entzogen wird,
2. der Mieter die Rechte des Vermieters dadurch in erheblichem Maße verletzt, dass er die Mietsache durch Vernachlässigung der ihm obliegenden Sorgfalt erheblich gefährdet oder sie unbefugt einem Dritten überlässt oder
3. der Mieter
    a) für zwei aufeinander folgende Termine mit der Entrichtung der Miete oder eines nicht unerheblichen Teils der Miete in Verzug ist oder
    b) in einem Zeitraum, der sich über mehr als zwei Termine erstreckt, mit der Entrichtung der Miete in Höhe eines Betrages in Verzug ist, der die Miete für zwei Monate erreicht.

²Im Falle des Satzes 1 Nr. 3 ist die Kündigung ausgeschlossen, wenn der Vermieter vorher befriedigt wird. ³Sie wird unwirksam, wenn sich der Mieter von seiner Schuld durch Aufrechnung befreien konnte und unverzüglich nach der Kündigung die Aufrechnung erklärt.

(3) ¹Besteht der wichtige Grund in der Verletzung einer Pflicht aus dem Mietvertrag, so ist die Kündigung erst nach erfolglosem Ablauf einer zur Abhilfe bestimmten angemessenen Frist oder nach erfolgloser Abmahnung zulässig. ²Dies gilt nicht, wenn

Außerordentliche fristlose Kündigung **BGB § 543**

1. eine Frist oder Abmahnung offensichtlich keinen Erfolg verspricht,
2. die sofortige Kündigung aus besonderen Gründen unter Abwägung der beiderseitigen Interessen gerechtfertigt ist oder
3. der Mieter mit der Entrichtung der Miete im Sinne des Absatzes 2 Nr. 3 in Verzug ist.

(4) ¹Auf das dem Mieter nach Absatz 2 Nr. 1 zustehende Kündigungsrecht sind die §§ 536b, 536d entsprechend anzuwenden. ²Ist streitig, ob der Vermieter den Gebrauch der Mietsache rechtzeitig gewährt oder die Abhilfe vor Ablauf der hierzu bestimmten Frist bewirkt hat, so trifft ihn die Beweislast.

Übersicht

	Rdn.
I. Bedeutung und Anwendungsbereich der Vorschrift	1
II. Der generelle Kündigungstatbestand (Abs. 1)	5
1. Verhältnis Abs. 1 zu Abs. 2 Nr. 1–3 und zu § 569 Abs. 1–2a	5
2. Der Begriff „wichtiger Grund"	6
3. Einzelne Kündigungssachverhalte	9
a) Zerrüttung der Vertragsgrundlage	9
b) Unpünktliche Mietzahlung	11
c) Weigerung zur Erfüllung von Verbindlichkeiten	21
d) Beleidigung, üble Nachrede, Verleumdung, Nötigung, Tätlichkeiten, Hausfriedensbruch und ähnliche Fälle	28
e) Auseinandersetzungen mit dem Vermieter anlässlich von Umwandlungs-, Sanierungs-, Verkaufs- oder sonstigen Maßnahmen	40
f) Strafanzeigen gegen den Vertragspartner und ähnliche Fälle	41
g) Unseriöses Prozessverhalten	45
h) Anstößiger Lebenswandel	46
i) Diebstahl	47
j) Verletzung von Aufklärungspflichten	48
k) Unberechtigte Kündigung	50
l) Verletzung von Duldungs- und Unterlassungspflichten	51
m) sonstige Fälle	52
n) Darlegungs- und Beweislast	68
o) Vertragsverletzungen des Vermieters	71
III. Die speziellen Kündigungstatbestände (Abs. 2)	73
1. Nichtgewährung/Entzug des Mietgebrauchs (Abs. 2 Nr. 1)	73
a) Verzögerung der Übergabe	74
b) Übergabe einer mangelhaften Sache	79
c) Angebot der Mietsache im vertragswidrigen Zustand	82
d) Entzug des Mietgebrauchs	83
e) nachträglicher Mangel	91
2. Gefährdung der Mietsache (Abs. 2 Nr. 2)	100
a) Gefährdung der Mietsache durch Vernachlässigung der Sorgfaltspflicht (Abs. 2 Nr. 2 Alt. 1)	101
b) Gefährdung der Mietsache durch unerlaubte Gebrauchsüberlassung (Abs. 2 Nr. 2 Alt. 2)	117
3. Zahlungsverzug (Abs. 2 Nr. 3)	122
a) Die Kündigungstatbestände	123
b) Ausschluss der Kündigung (Abs. 2 Sätze 2 und 3)	174
c) Prozessuales/Darlegungs- und Beweislast	181

	Rdn.
IV. Die Abmahnung (Abs. 3)	185
1. Allgemeines	185
2. Besonderheiten in den Fällen des § 543 Abs. 1 BGB	186
3. Besonderheiten in den Fällen des § 543 Abs. 2 Nr. 1 BGB	188
4. Besonderheiten in den Fällen des § 543 Abs. 2 Nr. 2 BGB	202
a) Gefährdung der Mietsache	202
b) Unerlaubte Gebrauchsüberlassung	207
5. Besonderheiten in den Fällen des § 543 Abs. 2 Nr. 3 BGB	211
V. Gesetzliche Ausschlusstatbestände (§ 543 Abs. 4 Satz 1)	213
VI. Gesetzliche Beweislastregelung (§ 543 Abs. 4 Satz 2)	221
VII. Kündigung wegen Wegfalls oder Veränderung der Geschäftsgrundlage	222

I. Bedeutung und Anwendungsbereich der Vorschrift

1 In § 543 BGB werden die Tatbestände der fristlosen Kündigung aus wichtigem Grund wegen einer Vertragsverletzung des anderen Teils zusammenfassend geregelt. Die **Vorschrift gilt für alle Mietverhältnisse.** Nach § 569 Abs. 5 BGB können die Parteien bei der Wohnraummiete keine Vereinbarungen treffen, die zum Nachteil des Mieters von den gesetzlichen Kündigungstatbeständen abweichen. Auf die Gewerbemiete ist die Regelung nicht anzuwenden, weil § 578 Abs. 2 BGB nicht auf § 569 Abs. 5 BGB verweist (Einzelheiten s. § 569 Rdn. 99 ff).

2 Alle Kündigungstatbestände des § 543 BGB sind **verschuldensunabhängig.** Grundsätzlich ist aber Voraussetzung, dass vor Ausspruch der Kündigung eine Abhilfefrist gesetzt oder abgemahnt wird (§ 543 BGB Abs. 3).

3 **Verhältnis zu anderen Vorschriften.** Die Kündigungstatbestände der **§§ 569 Abs. 1 bis 2a** sind neben § 543 anwendbar. Gleiches gilt für die Kündigung wegen Wegfalls der Geschäftsgrundlage nach **§ 313 Abs. 3 Satz 2** (s. Rdn. 222; OLG Dresden ZMR 2017, 568). Die Vorschriften des **§ 314 Abs. 1 und 2** werden durch § 543 Abs. 1 bis 4 BGB verdrängt. Ungeklärt ist, ob **§ 314 Abs. 3,** wonach die Kündigung nur innerhalb einer angemessenen Frist nach Kenntnis vom Kündigungsgrund erklärt werden kann, auch bei der Kündigung nach § 543 zu beachten ist. Der **XII. Senat des BGH** hat dies im Ergebnis bejaht auch wenn die Frage nicht abschließend beantwortet hat (BGH NZM 2007, 400 betr. Kündigung wegen Nichtzahlung der Kaution, s. dazu auch Rdn. 24) Der Senat hatte in dieser Entscheidung die Voraussetzungen des § 314 Abs. 3 BGB geprüft und verneint ohne sich mit der Anwendbarkeit der Norm näher zu beschäftigen. Etwas weiter war der Senat für Landwirtschaftssachen gegangen (BGH NJW-RR 2010, 1500). Nach seiner Meinung hat die Erklärung der außerordentlichen Kündigung eines Landpachtverhältnisses innerhalb einer angemessenen Frist nach dem Eintritt des Kündigungsgrundes und dessen Kenntnis bei dem Kündigungsberechtigten dem anderen Teil zugehen. Der Senat hat aber ausdrücklich offengelassen, ob er dies aus allgemeinen Grundsätzen oder aus § 314 Abs. 3 BGB herleiten will. Auch in der Instanzrechtsprechung (OLG Hamm NZM 2011, 277; OLG Dresden NZM 2012, 727 betr. fristlose Kündigung wegen Verletzung der Aufklärungspflicht bei der Geschäftsraummiete; OLG Dresden MDR 2015, 1226 bei vertragswidriger Inanspruchnahme nicht vermieteter Freiflächen durch den Mieter; LG Itzehoe ZMR 2010, 363, 364) und Literatur wurde die Anwendung des § 314 Abs. 3 überwiegend befürwortet (Hinz NZM 2004, 681, 692; Häublein ZMR 2005, 1; Lützenkirchen in Lützenkirchen Mietrecht § 543 Rdn. 13 ff; Blank in: Schmidt-Futterer § 543 BGB Rdn. 5; Lammel Wohnraummietrecht § 543 Rdn. 175; Sternel Mietrecht Aktuell Rdn VIII 362; verneinend: Palandt/Grüneberg § 314 Rdn. 4). Der **VIII. Zivilsenat** hatte die Frage zunächst offengelassen (NZM 2015, 536 = NJW 2015, 2417; NZM 2009, 314) dann aber im Urteil vom 13.7.2016 (NZM 2016, 791 = NJW 2016, 3720) die Anwendung des § 314 Abs. 3 verneint. Er begründet dies mit dem Wortlaut der Regelungen in §§ 543, 569 BGB, die keine zeitliche Beschränkung für den Ausspruch der Kündigung vorsehen sowie mit Hinweisen auf die Gesetzesmaterialien zu diesen Vorschriften. Der VIII Senat weist darauf hin, dass ein großer zeitlicher Abstand zwischen der Entstehung des Kündigungstatbestands und dem Ausspruch der Kündigung im Ausnahmefall beim Vorliegen weiterer Umstände zur Verwirkung des Kündigungsrechts führen kann. Ebenso könne das Zeitmoment dort eine Rolle spielen, wo die Kündigungsbefugnis von der Unzumutbarkeit der Vertragsfortsetzung abhängt. Nach dem amtlichen Leitsatz gilt die Entscheidung des VIII. Senats nur für das Wohnraummietrecht. Eine Kündigung für Geschäftsraum kann aber aus Gründen der Rechtslogik nicht anders bewertet werden. Der VIII Zivilsenat vertritt hierzu die Ansicht, dass der XII. Senat nicht über die Anwendbarkeit des § 314 Abs. 3 BGB entschieden habe. Vielmehr habe der XII. Senat lediglich „eine illoyale Verspätung sowohl im Rahmen der Verwirkung als auch im Rahmen des § 314 Abs. 3 BGB verneint, ohne dass dessen Anwendbarkeit näher erörtert wurde". Nach der hier vertretenen Ansicht ist zu unterscheiden: Bei Vertragsverletzungen aller Art gilt § 314 Abs. 3 mit Ausnahme der Kündigung des Mieters wegen einer Gesundheitsgefährdung. Beim fortdauernden Zahlungsverzug hat § 314 Abs. 3 keine praktische Bedeutung, weil die Kündigungsbefugnis solange besteht, wie der Verzug dauert. Wird wegen der Nichtzahlung der Kaution gekündigt so beginnt die Frist, wenn der Mieter mit der Mietzahlung in Verzug gerät. Die Regelung des **§ 314 Abs. 4,** wonach die Geltendmachung von Schadensersatz durch die Kündigung nicht ausgeschlossen wird, gilt auch für Kündigungen nach § 543 BGB (Einzelheiten § 542 BGB Rdn. 112ff). Die Regelung des **§ 569 Abs. 4,** wonach die Kündigungserklärung zu begründen ist, gilt nur für die Wohnraummiete, nicht für gewerbliche Mietverhältnisse.

Vertragliche Sonderregelung bei Mietverträgen (Nutzungsverträgen) der Wohnungsgenossenschaften. In den Nutzungsverträgen der Wohnungsgenossenschaften findet sich regelmäßig folgende Klausel: 4

„Während des Fortbestehens der Mitgliedschaft wird die Genossenschaft von sich aus das Nutzungsverhältnis grundsätzlich nicht auflösen. Sie kann jedoch in besonderen Ausnahmefällen das Nutzungsverhältnis schriftlich unter Einhaltung der gesetzlichen Fristen kündigen, wenn wichtige berechtigte Interessen der Genossenschaft eine Beendigung des Nutzungsverhältnisses notwendig machen"

Hierzu vertritt der BGH (NJW 2012, 2270 = WuM 2012, 440 = NZM 2012, 529) die Ansicht, dass sich die Klausel nur auf die ordentliche Kündigung bezieht. Diese soll nur im Ausnahmefall möglich sein. Die gesetzlichen Vorschriften über die außerordentliche fristlose Kündigung werden durch die Vertragsregelung dagegen nicht ausgeschlossen oder beschränkt.

Ein Auflösungsgrund kann insbesondere im Falle eines der Genossenschaft schädlichen Verhaltens des Mitglieds gegeben sein. Nach § 68 Abs. 1 Satz 1 GenG müssen die Ausschlussgründe in der Satzung bestimmt sein. Außerdem ist der **Grundsatz der Verhältnismäßigkeit** zu beachten. Dabei ist zu berücksichtigen, dass die Ausschließung i. d. R. mit wesentlichen Nachteile für das Mitglied verbun- 4a den ist, wenn die Maßnahme den Verlust der Wohnung zur Folge hat. Aus diesem Grunde ist ein Ausschluss i. d. R. nur dann gerechtfertigt, wenn der Verstoß gegen die satzungsmäßigen Pflichten trotz Androhung des Ausschlusses fortgesetzt wird oder der Verstoß so schwerwiegend ist, dass das Mitglied sich im Hinblick auf die Art des Verstoßes sagen musste, dass die sofortige Ausschließung zu erwarten sei (OLG Hamburg ZMR 2018, 966).

II. Der generelle Kündigungstatbestand (Abs. 1)

1. Verhältnis Abs. 1 zu Abs. 2 Nr. 1–3 und zu § 569 Abs. 1–2a

5   In § 543 Abs. 1 BGB ist allgemein bestimmt, dass jede Partei das Mietverhältnis aus wichtigem Grund fristlos kündigen kann. Die Regelungen des § 543 Abs. 2 Nr. 1 bis 3 BGB und in § 569 Abs. 1 und 2 BGB enthalten demgegenüber spezielle Kündigungstatbestände. Diese sind vorrangig zu prüfen. Für die Wirksamkeit der Kündigung genügt es, wenn einer der dort aufgeführten Tatbestände vorliegt und wenn außerdem die Vorschriften über die Abmahnung in § 543 Abs. 3 BGB beachtet worden sind. Die in § 543 Abs. 1 BGB genannten Voraussetzungen müssen in diesem Fall nicht zusätzlich vorliegen (BGH NZM 2009, 431; Fleindl in: Bub/Treier Kap IV Rdn. 290; Kraemer DWW 2001, 110, 115; V. Emmerich in: Staudinger § 543 BGB Rdn. 2; Ehlert in: Bamberger/Roth § 543 BGB Rdn. 7; Zahn in: Hannemann/Wiek Handbuch des Mietrechts § 26 Rdn. 4; Lammel Wohnraummietrecht § 543 BGB Rdn. 2; Kandelhard in: Herrlein/Kandelhard, Mietrecht § 543 BGB Rdn. 3; Lützenkirchen, Neue Mietrechtspraxis, Rdn. 838). Die Vorschrift des **§ 543 Abs. 1** ist demgemäß als **Auffangtatbestand für die in § 543 Abs. 2, § 569 Abs. 1 bis 2a nicht ausdrücklich geregelten Fälle** anzusehen. Die Regelung ist für solche Fälle gedacht, denen ein ähnliches Gewicht beizumessen ist, wie den speziellen Kündigungstatbeständen.

2. Der Begriff „wichtiger Grund"

6   Der Begriff des wichtigen Grundes wird in § 543 Abs. 1 Satz 2 BGB definiert. Wesentlich ist zunächst, dass die Kündigung nach § 543 Abs. 1 BGB nur auf **Umstände** gestützt werden kann, die **in der Person oder im Risikobereich des Kündigungsgegners** begründet sind (Hirsch WuM 2006, 418, 424). Deshalb kann ein Vermieter nicht nach § 543 Abs. 1 BGB kündigen, wenn zur Erhaltung des Mietgebrauchs Instandsetzungs- oder Instandhaltungsarbeiten erforderlich sind, welche die Opfergrenze überschreiten (OLG Dresden MDR 2013, 85 betr. Instandhaltungskosten in Höhe einer 37-fachen Jahresmiete bei Vermietung von Gaststättenräume in historischer Burg). Unter Umständen kann in einem solchen Fall wegen Wegfalls der Geschäftsgrundlage gekündigt werden (s. Rdn. 222). Ebenso ist eine Kündigung nach § 543 Abs. 1 ausgeschlossen, wenn der Vermieter das Gebäude abreißen und das Gelände anderweitig bebauen will. Das Risiko, dass ein Gebäude so vermietet ist, dass eine Rendite erwirtschaftet werden kann, liegt beim Vermieter (OLG Dresden WuM 2003, 32 = NZM 2003, 356). Ein Mieter kann nicht nach § 543 Abs. 1 BGB kündigen, weil er seinen Wohnsitz berufsbedingt verlegen will. Das Risiko der sinnvollen Verwendung der Mietsache liegt beim Mieter. (vgl. dazu auch BGH NZM 2016, 798 betr. vorzeitige Kündigung eines Vertrags mit einem Fitness-Center beim Wohnsitzwechsel). Unter Umstän-

den hat der Mieter einen Anspruch gegen den Vermieter auf Abschluss eines Mietaufhebungsvertrags bei Stellung eines Ersatzmieters (s. § 542 BGB Rdn. 220ff). Ebenso hat der Mieter von Geschäftsraum kein Kündigungsrecht bei schlechter Wirtschaftslage (Pützenbacher/Kubjetz NZM 2003, 140, 141) oder Umsatzrückgang. In extremen Ausnahmefällen kann eine Kündigung wegen Wegfalls der Geschäftsgrundlage in Betracht kommen, z. B. bei drohender Existenzvernichtung des Mieters.

Die **Unzumutbarkeit der Vertragsfortsetzung** ist für sich allein kein Kündigungsgrund. Vielmehr setzt die Kündigung voraus, dass der Kündigungsgegner **konkrete Pflichtverletzungen** begangen hat (BGH NZM 2002, 660; OLG Frankfurt Beschluss vom 11.9.2018 – 2 U 55/18; LG München I WuM 2015, 726, 728; AG München ZMR 2015, 941). Es genügt nicht, dass die eine oder andere Partei häufig gerichtliche Hilfe in Anspruch nimmt (AG München a. a. O.). Ein **Verschulden des Kündigungsgegners** an der Pflichtverletzung ist nicht erforderlich. Ein wechselseitiges Verschulden schließt die Kündigung nicht aus, jedoch ist dieser Umstand bei der Interessenabwägung zu berücksichtigen. Die Kündigung nach § 543 Abs. 1 BGB ist ausgeschlossen, wenn der Verschuldensanteil des Kündigenden überwiegt (ebenso: Kraemer DWW 2001, 110, 112f.) Grundsätzlich ist eine Kündigung nach § 543 Abs. 1 BGB nur nach vorangegangener **Abmahnung** möglich, es sei denn, dass die Ausnahmen nach § 543 Abs. 3 Satz 2 BGB vorliegen. 7

Über die **Wirksamkeit einer fristlosen Kündigung** nach § 543 Abs. 1 BGB ist **auf Grund einer umfassenden Interessenabwägung** („unter Berücksichtigung aller Umstände des Einzelfalls") zu entscheiden. Die Interessen des Vermieters an der Vertragsbeendigung und die Interessen des Mieters an der Fortdauer des Mietverhältnisses sind also zu ermitteln und zu bewerten (OLG Frankfurt Beschluss vom 11.9.2018 – 2 U 55/18, Einzelheiten Rdn. 16–20). Dem in der Vorschrift besonders aufgezählten Kriterium des „Verschuldens der Vertragsparteien" ist dabei eine herausragende Bedeutung beizumessen (Eisenschmid WuM 2001, 215, 219). Frühere Vertragsverletzungen des Kündigungsgegners können berücksichtigt werden, selbst wenn diese für sich genommen eine Kündigung nicht rechtfertigen würden (OLG München ZMR 2019, 266). Bei drohenden schwerwiegenden Gesundheitsbeeinträchtigungen oder Lebensgefahr sind die Gerichte im Hinblick auf Art. 2 Abs. 2 Satz 1 GG gehalten, ihre Entscheidung auch verfassungsrechtlich auf eine tragfähige Grundlage zu stellen und diesen Gefahren bei der Abwägung der widerstreitenden Interessen hinreichend Rechnung zu tragen. Das kann bei der Gesamtabwägung nach § 543 Abs. 1 Satz 2 BGB zur Folge haben – was vom Gericht im Einzelfall zu prüfen ist –, dass ein wichtiger Grund für eine außerordentliche Kündigung wegen besonders schwerwiegender persönlicher Härtegründe auf Seiten des Mieters trotz seiner erheblichen Pflichtverletzung vorliegt (BGH NZM 2005, 300; 2017, 26). Deshalb hat das Gericht zu berücksichtigen, ob der Mieter aufgrund einer bestehenden Erkrankung in seiner Steuerungsfähigkeit eingeschränkt ist und die Pflichtverletzung somit unverschuldet erfolgte. Andererseits spielt es aber auch eine Rolle, welche Auswirkungen der Fortbestand des Mietverhältnisses für die anderen Bewohner des Anwesens oder Mitarbeiter des Vermieters hat. Liegt die Pflichtverletzung gerade in Beleidigungen oder sogar Tätlichkeiten gegenüber diesen, ist dies zulasten des Mieters zu bewerten. Dies verstärkt sich, wenn andere Mieter aufgrund des Verhaltens des Mieters ihre Miete gemindert oder sogar gekündigt haben. Hier drohen dem Vermieter (weitere) finanzielle Verluste, die in die Abwägung einzufließen haben, genauso wie eine 8 bereits eingetretene oder drohende Schädigung der Mietsache (Schindler WuM 2018, 255, 258).

8a Nach dem Wortlaut des § 543 Abs. 1 BGB kommt es des Weiteren darauf an, ob dem Vermieter das Festhalten am Mietvertrag „bis zum Ablauf der Kündigungsfrist" zugemutet werden kann. Der Gesetzesbegründung hierzu ist zu entnehmen, dass die Gesetzesfassung des § 543 Abs. 1 im Hinblick auf die gleichlautende Regelung des § 626 Abs. 1 BGB zum Dienstvertragsrecht gewählt wurde, um für beide Tatbestände eine einheitliche Regelung zu haben (Begründung des Kabinettsentwurfs zu § 543 BGB, abgedruckt in: Börstinghaus/Eisenschmid Arbeitskommentar Neues Mietrecht). Hieraus könnte man schließen, dass eine fristlose Kündigung ausscheidet, wenn die Vertragsbeendigung ohne wesentliche Nachteile für den Vermieter auch im Wege der ordentlichen Kündigung erreicht werden kann. Nach diesem Gesetzesverständnis dürfte eine fristlose Kündigung jedenfalls dann regelmäßig ausscheiden, wenn der Vermieter das Mietverhältnis in der 3-Monatsfrist des § 573c Abs. 1 Satz 1 BGB kündigen kann. Soweit ersichtlich, spielt dieser Gesichtspunkt in der obergerichtlichen Rechtsprechung aber (bislang) keine entscheidende Rolle.

3. Einzelne Kündigungssachverhalte

9 **a) Zerrüttung der Vertragsgrundlage.** Für dieses Kündigungsrecht gelten folgende **Grundsätze:** Ein wichtiger Grund zur fristlosen Kündigung liegt dann vor, wenn die Durchführung des Vertrags durch Zerstörung der das Schuldverhältnis tragenden Vertrauensgrundlage durch das Verhalten eines Vertragsteils derart gefährdet ist, dass sie dem Kündigenden auch bei strenger Prüfung nicht mehr zuzumuten ist (BGH LM Nr. 62 zu § 535 BGB; LM Nr. 2 zu § 242 BGB (Ba). Die Kündigung als wichtiger Grund setzt nicht voraus, dass der Vertragspartner selbst die Vertragsgrundlage zerstört oder erschüttert. Es genügt, wenn der wichtige Grund in dem Verhalten eines nahen Angehörigen des Vertragspartners liegt (z. B. der Ehefrau) und damit in dessen engsten persönlichen Bereich fällt, so dass er sich dieses Verhalten zurechnen lassen muss (BGH LM Nr. 6 zu § 553 BGB). Die Kündigung wird nicht deshalb ausgeschlossen, weil der Kündigende sich selbst nicht vertragsgemäß verhalten hat. Allerdings ist dieser Umstand bei der Abwägung der Gesamtumstände zu berücksichtigen (BGH LM Nr. 26 zu § 242 BGB (Bc). Ein Mietverhältnis kann auch dann fristlos aus wichtigem Grund gekündigt werden, wenn ein Vertragsteil gegen Pflichten verstößt, die sich zwar aus einem anderen Vertrag ergeben, aber dennoch auf das Mietverhältnis einwirken. Hier ist aber besondere Sorgfalt bei der Prüfung der Frage geboten, ob die Fortsetzung des Mietverhältnisses unzumutbar ist. Will der Kündigende den Gekündigten an dem anderen Vertrag festhalten, obwohl die Vertragsverstöße diesen Vertrag betreffen, so spricht auch dies gegen die Unzumutbarkeit der Fortsetzung des Mietvertrags (BGH LM Nr. 21 zu § 242 BGB (Bc). Die Entscheidung über die Kündigung ist unter Abwägung der beiderseitigen Interessen nach Treu und Glauben zu treffen. Die Kündigung kann nicht auf solche Gründe gestützt werden, die der Kündigende selbst herbeigeführt oder zu vertreten hat (BGH LM Nr. 2 zu § 242 BGB).

10 **Beispiele aus der Rechtsprechung:** Kündigung wegen ständig verspäteter Mietzahlungen und teilweiser Nichtzahlung des Wassergeldes (BGH LM Nr. 1 zu § 554b BGB); Kündigung eines Landpachtvertrages, wenn beide Parteien auf dem Hof wohnen und die persönlichen Beziehungen völlig zerrüttet sind (BGH LM Nr. 24 zu § 581 BGB); Kündigung eines Pachtverhältnisses wegen Strafanzeigen

des Pächters gegen den Verpächter (BGH LM Nr. 6 zu § 553 BGB); Kündigung eines Gewerbemietvertrags durch den Mieter, wenn der Vermieter gegenüber Dritten ohne berechtigtes Interesse Behauptungen aufstellt, die geeignet sind, den Gewerbetrieb nachhaltig zu beeinträchtigen (BGH NZM 2010, 901); Kündigung eines Mieters eines Hotels, weil der Vermieter des Hotels nicht auf den Vermieter des Hotelinventars eingewirkt hat, Mängel des Inventars zu beseitigen (BGH LM Nr. 62 zu § 535 BGB); Kündigung eines Mietvertrags über eine Bootslagerhalle, wenn dessen Benutzbarkeit aus Gründen, die keiner der Vertragspartner zu vertreten hat, eingeschränkt ist (BGH LM Nr. 57 zu § 242 BGB(Ba); Kündigung eines Vermieters, wenn der Mieter eine vertraglich übernommene Pflicht zum Umbau der Mietsache nicht erfüllt (BGHZ 50, 312). Beleidigung und Bedrohung des Vermieters bei Facebook (AG Düsseldorf ZMR 2019, 870). Keine Kündigung durch den Vermieter, wenn dieser sein Wohnungs- oder Teileigentum zu Zwecken vermietet, die nach den Bestimmungen der Teilungserklärung nicht erlaubt sind (BGH NJW 1996, 714); keine Kündigung durch den Mieter, wenn der Vermieter über längere Zeit nicht über die Betriebskosten abrechnet (OLG München ZMR 1997, 233).

b) Unpünktliche Mietzahlung. Seit der grundsätzlichen Entscheidung des BGH vom 26.3.1969 (WuM 1970, 77) ist anerkannt, dass der Vermieter auch dann fristlos kündigen kann, wenn der Mieter die Miete unpünktlich bezahlt. Der BGH hat auch in der Folgezeit an dieser Rechtsprechung festgehalten (BGH NJW-RR 1988, 77). Diese Rechtslage besteht fort. Der Kündigungsgrund ergibt sich nunmehr aus § 543 Abs. 1 BGB (BGH NZM 2006, 338 NJW 2011, 2201 = NZM 2011, 579; NJW 2011, 2570 = NZM 2011, 625; NZM 2012, 22). Dabei spielt es keine Rolle, ob sich die Zahlungsunpünktlichkeit auf die Grundmiete, die Betriebskosten oder auf sonstige Zahlungsverpflichtungen bezieht. Diese Grundsätze gelten für alle Mietverhältnisse. Die Grundsätze über die unpünktliche Mietzahlung sind nicht anzuwenden, wenn der Mieter pünktlich aber stets unvollständig zahlt. Bei **ständiger unvollständiger Zahlung** kann der Vermieter erst kündigen, wenn ein Rückstand im Sinne des § 543 Abs. 2 Nr. 3 erreicht ist (AG Mitte/LG Berlin GE 2015, 386). **11**

Einzelheiten: Eine **Vertragsverletzung** liegt immer dann vor, **wenn der Zahlungstermin ohne rechtfertigenden Grund überschritten wird** und dies dem Willen des Vermieters widerspricht. Hat der Vermieter die Zahlungsüberschreitung in der Vergangenheit geduldet, so folgt hieraus nur, dass er die Vertragsverletzung hingenommen hat. Eine Billigung des vertragswidrigen Zahlungsverhaltens kann aus der Duldung allein nicht hergeleitet werden. Ebenso wenig liegt hierin eine stillschweigende Vertragsänderung (**a. A.** LG Essen DWW 1990, 24 m. Anm. Franke; s. im Übrigen Rdn. 18). Eine unpünktliche Mietzahlung ist auch dann als vertragswidrig zu bewerten, wenn die Mietsache mangelhaft ist. Der Mieter kann in solchen Fällen auch kein Zurückbehaltungsrecht geltend machen (KG GE 2002, 258, 259; LG Berlin GE 2015, 1532). Hat der Mieter in der Vergangenheit die Miete unpünktlich bezahlt, so kommt es nicht darauf an, ob zum Zeitpunkt des Kündigungsausspruchs Mietrückstände bestehen; § 543 Abs. 2 Nr. 3 Satz 2 BGB ist unanwendbar (BGH NZM 2006, 338). **12**

Die unpünktliche Mietzahlung erfüllt nur dann den Tatbestand des § 543 Abs. 1 BGB, wenn sie **nachhaltig** ist. Dies folgt aus der Erwägung, dass eine lediglich gelegentliche Zahlungsunpünktlichkeit nicht zur Unzumutbarkeit der Vertragsfortsetzung führt (s. zur Bewertung nach § 554a BGB aF: BGH NJW-RR 1988, 77). Dies bedeutet, dass die **Zahlungsunpünktlichkeit einen längeren Zeitraum** **13**

§ 543 BGB Untertitel 1. Allgemeine Vorschriften für Mietverhältnisse

umfassen muss (OLG Düsseldorf ZMR 1992, 192 = DWW 1992, 113; LG Heilbronn ZMR 1991, 388 = WuM 1992, 10; LG Berlin WuM 1988, 56; LG Kiel WuM 1977, 141 = ZMR 1978, 84). Ein Grenzwert ist von der Rechtsprechung nicht entwickelt worden; jedoch dürfte es sachgerecht sein, das Merkmal der Nachhaltigkeit für gegeben zu erachten, wenn der Mieter innerhalb eines Jahres 6 Zahlungstermine oder mehr überschreitet (vgl. BGH WuM 1970, 77: 22 Zahlungstermine; OLG Hamm NJW-RR 1993, 1163: 4 Zahlungstermine, wenn der Mieter schon früher unpünktlich bezahlt hat; LG Köln WuM 1991, 485: 48 Zahlungstermine; LG Itzehoe WuM 1991, 99: 12 Zahlungstermine; LG Berlin GE 1993, 1097: 3 Zahlungstermine; LG Frankfurt/M NZM 2011, 152: sechs Zahlungstermine in 9 Monaten). AG Tempelhof-Kreuzberg GE 1981, 817: mehr als 12 Zahlungstermine; zweifelhaft: LG Lüneburg WuM 1995, 705: danach ist auch bei 8 Zahlungsüberschreitungen innerhalb eines Jahres noch keine Nachhaltigkeit gegeben). Darüber hinaus wird zum Teil die Ansicht vertreten, dass auch die Dauer der Terminsüberschreitung erheblich sein muss (LG München WuM 1991, 346: danach sind Verspätungen bis zu einer Woche unerheblich; AG Hamburg ZMR 1978, 267; **a. A.** OLG Düsseldorf ZMR 1992, 192).

13a Der Kündigung muss eine **Abmahnung** vorausgehen. Zwischen der Abmahnung und der Kündigung muss ein ausreichender Zeitraum liegen, damit dem Mieter ausreichend Zeit zur Umstellung seines Zahlungsverhaltens bleibt. Ein Zeitraum von wenigen Tagen zwischen dem Zugang der Abmahnung und dem nächsten Fälligkeitstermin ist zu knapp. Dies gilt insbesondere wenn der Vermieter die Überschreitung der Zahlungstermine zuvor jahrelang hingenommen hat (LG Berlin WuM 2016, 490).

14 Die Zahlungsunpünktlichkeit berechtigt nur dann zur Kündigung, wenn **weitere Umstände** hinzutreten, aus denen sich ergibt, dass die Rechte und Interessen des Vermieters so schwer beeinträchtigt werden, dass diesem die Fortsetzung des Mietverhältnisses nicht mehr zugemutet werden kann (BGH WuM 1970, 77; OLG Düsseldorf WuM 1996, 411, 412; OLG Karlsruhe NZM 2003, 513; LG Hamburg WuM 1991, 345; LG Itzehoe WuM 1991, 99; LG Köln WuM 1991, 98; LG Heilbronn ZMR 1991, 388). Dies ist der Fall, wenn durch das Zahlungsverhalten des Mieters das **Vertrauensverhältnis zwischen den Parteien nachhaltig zerstört** (OLG Düsseldorf a. a. O.; LG Dortmund WuM 1989, 178) **oder** zumindest **stark erschüttert** (LG Köln WuM 1991, 485) ist. Dies ist auf Grund einer Interessenabwägung festzustellen (BGH NJW 2009, 3781 = WuM 2009, 736 = NZM 2010, 37; NJW 2011, 2570 = WuM 2011, 469 = NZM 2011, 625; OLG Karlsruhe NZM 2003, 513; LG Frankfurt/M NZM 2011, 152; LG Köln WuM 1991, 98). Dabei ist auch das Zahlungsverhalten des Mieters vor der **Abmahnung** zu berücksichtigen.

15 Sind der Abmahnung wiederholt Zahlungsverzögerungen vorausgegangen, so kann es für die Kündigung ausreichen, dass der Mieter **nach Erhalt der Abmahnung** wiederum unpünktlich zahlt. Eine **einmalige Zahlungsunpünktlichkeit** kann ausreichen. (BGH NZM 2006, 338 = WuM 2006, 193 mit ablehnender Anmerkung Schläger ZMR 2006, 865; LG Berlin GE 2007, 1190 für die Gewerbemiete). Eine Ausnahme ist denkbar, etwa bei Bagatellfällen oder dann, wenn dem Mieter eine Prüfungsfrist zuzubilligen ist, wenn der Vermieter die Zahlungsüberschreitung zuvor jahrelang widerspruchslos hingenommen hat oder wenn der Mieter mit einer Kündigung nicht zu rechnen brauchte (KG GE 2013, 618). Unter Umständen kann das Festhalten des Vermieters an einer Kündigung treuwidrig sein, so, wenn der Mieter sein Zahlungsverhalten nach Zugang der Kündigung

Außerordentliche fristlose Kündigung **BGB § 543**

nachhaltig geändert hat und weitere Zahlungsverzögerungen nicht zu erwarten sind (LG Berlin GE 2016, 126).

Bei der Interessenabwägung kann zu **Gunsten des Vermieters** ein besonderes 16 Dispositionsinteresse (LG Itzehoe WuM 1991, 99) berücksichtigt werden, etwa weil der Vermieter in schlechten Einkommensverhältnissen lebt oder weil er wegen eigener laufender Zahlungsverpflichtungen auf den pünktlichen Mieteingang angewiesen ist. Ein bloßer Zinsverlust reicht insoweit nicht aus, weil dieser über § 288 BGB ausgeglichen werden kann. Anders ist es, wenn der Vermieter auf Grund der Zahlungsweise des Mieters gerichtliche Hilfe in Anspruch nehmen und Zwangsvollstreckungsverfahren durchführen musste (BGH NJW-RR 1988, 77). Jedoch kommt es bei der Interessenabwägung nicht entscheidend auf die wirtschaftlichen Nachteile an, die der Vermieter infolge der unpünktlichen Zahlung erleidet; im Vordergrund steht vielmehr sein Interesse an der Wiederherstellung des Vertrauens in die Zuverlässigkeit des Mieters. Hierzu muss der Vermieter im Allgemeinen nichts vortragen, insbesondere kommt es nicht darauf an, ob der Vermieter im Hinblick auf eigene Zahlungspflichten auf pünktlichen Mieteingang angewiesen ist. Nach der Rechtsprechung ist maßgeblich, „ob das Zahlungsverhalten des (Mieters) nach dem Zugang der Abmahnung geeignet ist, das Vertrauen des (Vermieters) in eine pünktliche Zahlungsweise wiederherzustellen" (BGH WuM 2010, 495 unter Rz. 33). Gegen den Mieter spricht, wenn dieser trotz ausreichender Geldmittel unpünktlich zahlt, weil in einem solchen Verhalten zum Ausdruck kommen kann, dass der Mieter die Belange des Vermieter bewusst missachtet.

Zugunsten des Mieters kann sprechen: wenn dieser in schlechten Einkom- 17 mensverhältnissen lebt (LG Braunschweig WuM 1987, 201; LG Lüneburg WuM 1995, 705) oder in eine Notlage geraten ist (LG Köln WuM 1990, 548); er muss in einem solchen Fall aber rechtzeitig um eine Hilfestellung nachsuchen. Auch ist vom Mieter zu verlangen, dass er beim Vermieter wegen eines Dispenses von der pünktlichen Zahlung nachsucht (LG Frankfurt/M NZM 2011, 152) wenn der Mieter bei vereinbarter Vorauszahlung deshalb regelmäßig zur Monatsmitte zahlt, weil er dort seinen Arbeitslohn erhält und es ihm nicht gelingt, damit planvoll zu wirtschaften; wenn der Mieter hohe Beträge in die Mietsache investiert hat (BGH WuM 1970, 77); wenn der Mieter teilweise vor den Fälligkeitsterminen bezahlt hat; wenn die unpünktliche Zahlung erfolgt über das Sozialamt erfolgt (BGH NJW 2009, 3781 = NZM 2010, 37; AG Neumünster WuM 1990, 549; LG Köln WuM 1990, 548; Sternel Mietrecht aktuell Rdn. 542); wenn der Vermieter das Zahlungsverhalten des Mieters jahrelang hingenommen hat und das Mietverhältnis ohnehin alsbald durch Zeitablauf endet (AG Neuss DWW 1990, 181); wenn die Miete in der Vergangenheit von Gläubigern des Vermieters gepfändet worden ist, so dass der Mieter an verschiedene Stellen zahlen musste (LG Köln WuM 1991, 98); wenn der Vermieter seine Bankverbindung verspätet mitgeteilt hat (OLG Karlsruhe NZM 2003, 513; wenn der Vermieter eine öffentliche Körperschaft ist, weil hier das Dispositionsinteresse geringer wiegt als bei einem privaten Vermieter (LG Itzehoe WuM 1991, 99; ebenso für Großvermieter mit mehr als 10000 Wohnungen: AG Charlottenburg GE 1991, 187).

Im Allgemeinen gilt der Grundsatz, dass der Mieter aus der **rügelosen Hin-** 18 **nahme einer Vertragsverletzung** durch den Vermieter keine Konsequenzen herleiten kann (BGH WuM 2011, 674 = NZM 2012, 22). Anders ist es jedoch wenn der Vermieter ein vertragswidriges Verhalten des Mieters über Jahre oder gar Jahrzehnte widerspruchslos hinnimmt. Ein solches Verhalten erweckt den Anschein, dass der Vermieter „den wiederkehrenden Vertragsverletzungen kein erhebliches

§ 543 BGB Untertitel 1. Allgemeine Vorschriften für Mietverhältnisse

Gewicht beimisst und er keine wesentliche Beeinträchtigung seiner Interessen sieht" (BGH NJW 2011, 2201 = WuM 2011, 418 = NZM 2011, 579; ebenso OLG Karlsruhe NZM 2003, 513, 515; LG Berlin MM 1994, 139; s. auch LG Berlin GE 2014, 323). Dieser Umstand ist bei der Abwägung der Interessen der Vertragsparteien zu berücksichtigen. Die Entscheidung des BGH vom 4.5.2011 darf nicht dahingehend verstanden werden, dass eine Kündigung in Fällen dieser Art schlechthin ausgeschlossen ist. Das Gericht weist im Gegenteil unter Rz 21 ausdrücklich darauf hin, dass der durch die längerdauernde Hinnahme der Vertragswidrigkeit gesetzte Anschein mit der Abmahnung beseitigt wird. Welche weiteren Schritte der Vermieter unternehmen muss, damit der Kündigungstatbestand vorliegt, kann der Entscheidung nicht entnommen werden. Nach der hier vertretenen Ansicht muss der Vermieter in einem solchen Fall die Gründe darlegen, aus denen sich die Unzumutbarkeit der Vertragsfortsetzung nunmehr ergibt. Der Vermieter ist gut beraten, wenn er vor Ausspruch der Kündigung eine Feststellungsklage erhebt; dies gilt insbesondere dann, wenn die Vertragswidrigkeit des in Frage stehenden Verhaltens nicht mit Sicherheit feststeht.

19 Die Zahlungsunpünktlichkeit muss nicht vom Mieter verschuldet sein. Das **Verschulden** ist aber ein **wesentliches Kriterium bei der Interessenabwägung.** Für den Begriff des Verschuldens gilt im Allgemeinen **§ 276 BGB,** so dass der Mieter Vorsatz und Fahrlässigkeit zu vertreten hat. Die Vorschrift des **§ 276 Abs. 1 BGB,** die eine verschuldensunabhängige Einstandspflicht begründet, wenn dem Schuldner ein Beschaffungsrisiko obliegt, gilt auch für Geldschulden. Der allgemein anerkannte Rechtsgrundsatz, dass unverschuldete Zahlungsunfähigkeit nicht von der Leistungspflicht befreit (RGZ 75, 337; 106, 181; BGHZ 204, 134; 63, 139) und wonach der Schuldner das Risiko für einen unverschuldeten Geldmangel zu tragen hat, gilt aber lediglich für die Kündigung wegen Zahlungsverzugs nach § 543 Abs. 2 Nr. 3, 573 Abs. 2 Nr. 1 BGB. Bei der Kündigung wegen Zahlungsunpünktlichkeit nach § 543 Abs. 1 kommt es dagegen nicht auf das Vertretenmüssen, sondern auf das Verschulden an. Daraus folgt, dass ein **unverschuldeter Geldmangel** bei der Interessenabwägung zugunsten des Mieters zu berücksichtigen ist (Lorenz WuM 2013, 202, 208). Dies ist von praktischer Bedeutung, wenn die unpünktliche Mietzahlung durch einen Dritten, z. B. das Job-Center erfolgt. (s. unten Rdn. 139).

19a Teilweise wird die Ansicht vertreten, dass das Sozialamt oder das **Jobcenter Erfüllungsgehilfe des Mieters** bei der Mietzahlung sei; nach dieser Ansicht muss der Mieter für ein Verschulden der Behörde wie für eigenes Verschulden einstehen (§ 278 BGB; Lorenz WuM 2013, 202, 205; Rieble NJW 2010, 816). Der BGH teilt diese Ansicht nicht: Zwar kann auch ein Amtsträger Erfüllungsgehilfe einer Privatperson sein. Dies gilt allerdings nicht, wenn der Amtsträger – wie das Jobcenter – „im Rahmen der Daseinsvorsorge staatliche Transferleistungen an einen Bürger erbringt". In diesem Fall nimmt der Amtsträger ausschließlich „hoheitliche Aufgaben wahr, um die Grundsicherung des Hilfebedürftigen zu gewährleisten." (BGH NJW 2009, 3781; 2015, 1296; 2016, 2805 m. Anm. Blank NJW 2016, 636). Das bedeutet allerdings nicht, dass eine Kündigung immer dann ausscheidet, wenn die Zahlungsunpünktlichkeit nicht vom Mieter selbst, sondern vom Jobcenter zu vertreten ist. Das Verschulden ist zwar ein wichtiges („insbesondere eines Verschuldens") aber keineswegs ein notwendiges Kriterium für die Kündigung nach § 543 Abs. 1. Anders gewendet: Eine fristlose Kündigung nach § 543 Abs. 1 BGB ist auch dann möglich, wenn den Mieter selbst kein Verschulden an der Vertragsverletzung trifft aber die Abwägung ergibt, dass dem Vermieter die weitere Fortsetzung des Mietverhältnisses nicht zugemutet werden kann.

Das **Verschulden** nach § 280 Abs. 1 BGB **wird vermutet** „Allein durch den Umstand, dass ein Mieter auf staatliche Transferleistungen angewiesen ist, wird diese Vermutung noch nicht widerlegt. Vielmehr wird der Mieter,… regelmäßig darlegen und gegebenenfalls auch beweisen müssen, dass er die Leistung rechtzeitig und unter Vorlage der erforderlichen Unterlagen beantragt und bei etwaigen Zahlungssäumnissen der Behörde bei dieser auf eine pünktliche Zahlung gedrungen und insbesondere auf eine bereits erfolgte Abmahnung des Vermieters und die deshalb drohende Kündigung hingewiesen hat." (BGH Urteil vom 29.9.2016 – VIII ZR 173/15 mAnm. Blank NZM 2016, 636; AG Hamburg-St. Georg ZMR 2016, 464). **19b**

Von einem **Eigenverschulden** kann auch dann ausgegangen werden, wenn der Mieter einen bekannt **unzuverlässigen Erfüllungsgehilfen** bestellt, ihn nicht hinreichend überwacht, ihn nicht abmahnt oder sonst nicht alles ihm Zumutbare unternimmt, um die Unpünktlichkeit der Mietzahlung abzustellen. Bei einer Zahlung durch das Sozialamt ist der Mieter auch verpflichtet, das Amt über die Abmahnung des Vermieters zu informieren. Zahlt das Sozialamt gleichwohl unpünktlich, so ist ein eventuelles Verschulden der Behörde nicht dem Mieter zuzurechnen, weil diese nach der Rechtsprechung des BGH nicht als Erfüllungsgehilfe des Mieters, sondern in Erfüllung einer hoheitlichen Aufgabe tätig wird BGH NJW 2009, 3781 = WuM 2009, 736 = NZM 2010, 37). **20**

c) Weigerung zur Erfüllung von Verbindlichkeiten. Grundsätzlich gilt, dass der Tatbestand des § 543 Abs. 1 BGB vorliegt, wenn der Mieter seine Zahlungspflichten endgültig und bestimmt verweigert. Deshalb kann der Vermieter auch außerhalb des § 543 Abs. 2 Satz 1 Nr. 3 BGB kündigen, wenn der Mieter erklärt, dass er keine Miete zahlen will (BGH NZM 2005, 538 = WuM 2005, 401 betreffend die Erklärung eines Insolvenzverwalters). Etwas anderes kann gelten, wenn sich der Mieter hinsichtlich seiner Zahlungspflicht in einem unvermeidbaren Rechtsirrtum befindet. Bei einer **Mehrheit von Mietern** berechtigt die Ankündigung der Zahlungseinstellung nur dann zur Kündigung, wenn sie von allen Mietern abgegeben wird (BGH NJW 2009, 3781 = WuM 2009, 736 = NZM 2010, 37). **21**

aa) Verzug mit Kautionszahlung. Der Vermieter von **Gewerberaum** kann nach § 543 Abs. 1 BGB kündigen, wenn der Mieter die **Kaution** nicht bezahlt und die Nichtzahlung auf Unvermögen beruht oder willkürlich erfolgt (BGH NZM 2007, 400; OLG Düsseldorf ZMR 1995, 438 = WuM 1995, 438; OLG München NJWE-MietR 1996, 127; WuM 2000, 304; NZM 2000, 908; OLG Celle ZMR 1998, 272). (OLG Düsseldorf ZMR 2011, 284; KG NJW 2013, 478). Der Vermieter kann schon vor der Übergabe der Mietsache kündigen, wenn ihm der Vollzug des Mietverhältnisses mit Rücksicht auf das Verhalten des Mieters nicht zugemutet werden kann, etwa weil das Sicherungsbedürfnis des Vermieters durch das Verhalten des Mieters tangiert wird (OLG Düsseldorf DWW 2006, 425, 427; OLG Celle NZM 2003, 64). **22**

Grundsätzlich setzt die Kündigung wegen Nichtzahlung der Kaution voraus, dass sich der **Vermieter selbst vertragstreu** verhält. Daran kann es fehlen, wenn die Mietsache im vertragswidrigen Zustand angeboten wird. Der Mieter ist nämlich nur dann zur Übernahme verpflichtet, wenn das Mietobjekt den vertraglichen Vereinbarungen entspricht. Insbesondere darf das Mietobjekt keine Mängel aufweisen; geringfügige Sach- oder Rechtsmängel können dabei vernachlässigt werden (BGH NZM 2007, 401). **23**

Die Regelung des **§ 314 Abs. 3 BGB,** wonach die Kündigung innerhalb einer angemessenen Frist erfolgen muss, gilt nach der hier vertretenen Ansicht auch, **24**

§ 543 BGB Untertitel 1. Allgemeine Vorschriften für Mietverhältnisse

wenn wegen der Nichtzahlung der Kaution gekündigt wird (a. A. BGH NZM 2016, 791 s. Rdn. 3).

25 Bei der **Wohnraummiete** kann der Vermieter gem. **569 Abs. 2a BGB** fristlos kündigen, wenn der Mieter mit einem Kautionsbetrag im Verzug ist, der der zweifachen Monatsmiete entspricht (s. § 569 Rdn. 37 ff).

26 **bb) Verzug mit Nachzahlung aus Betriebskostenabrechnung.** Weigert sich der Mieter zur Bezahlung restlicher Betriebskosten nach Erhalt einer Betriebskostenabrechnung, so kommt es für die Kündigungsberechtigung nach § 543 Abs. 1 BGB zum einen auf die Höhe der Nachforderung (LG Köln WuM 1985, 131; LG Berlin GE 2015, 452) und zum anderen auf den Grund der Nichtzahlung, die Dauer des Verzugs sowie auf die Stichhaltigkeit der Einwendungen gegen die Abrechnung (Sternel WuM 2009, 699, 705) an. Im Allgemeinen setzt die Kündigung nach § 543 Abs. 1 voraus, **(1)** dass der Rückstand mindestens eine Monatsmiete beträgt **(2)** aus mindestens zwei Abrechnungsperioden verschiedener Jahre herrührt und **(3)** weitere Umstände vorliegen, aus denen sich ergibt, dass die Fortsetzung des Mietverhältnisses dem Vermieter nicht zugemutet werden kann (Sternel PiG 90 (2011) S. 175, 178; AG Hamburg-Bergedorf ZMR 2013, 203. Ist die Nachforderung nicht höher als eine Monatsmiete, so kommt eine Kündigung grundsätzlich nicht in Betracht. Auch insoweit ist es sachgerecht, wenn auf die in § 569 Abs. 3 Nr. 1 BGB getroffene Wertentscheidung zurückgegriffen wird. Hat der Mieter sachlich begründete Einwendungen gegen die Abrechnung erhoben, so scheidet eine Kündigung grundsätzlich aus. Der Umstand, dass die Einwendung bereits durch obergerichtliche Rechtsprechung geklärt ist, steht dieser Rechtsfolge nicht zwingend entgegen (OLG München ZMR 2001, 535), weil der rechtsunkundige Mieter diese Rechtsprechung nicht kennen muss. Allerdings ist der Mieter verpflichtet, Rechtsrat einzuholen, wenn er vom Vermieter auf die Rechtslage hingewiesen wird. Ist der Nachzahlungsanspruch tituliert, spielen die Einwendungen des Mieters natürlich keine Rolle. Kann der Mieter die Nachforderung nicht in einer Summe bezahlen, weil er keine Rücklagen gebildet hat, so spricht auch dies gegen die Kündigung, wenn der Mieter mit einer Nachzahlung in dieser Höhe nicht zu rechnen brauchte. Insoweit ist zu Lasten des Vermieters auch zu bedenken, dass dieser in der Lage ist, sich durch angemessene Vorauszahlungen zu sichern (s. §§ 556 Abs. 2, 560 Abs. 4 BGB; LG Köln WuM 1994, 207). Allerdings muss der Mieter zu Ratenzahlungen bereit sein. Ist der Mieter sowohl mit periodisch wiederkehrenden Zahlungsverpflichtungen als auch mit einer Nachzahlung aus der Betriebskostenabrechnung in Verzug, so richtet sich die Kündigungsbefugnis allein nach § 543 Abs. 2 Nr. 3 BGB, weil anderenfalls die Schutzrechte des Mieters aus § 569 Abs. 3 BGB tangiert werden (Hinz NZM 2010, 57, 62).

27 **cc) Verzug mit Zahlung von Prozesskosten.** Die Weigerung (oder das Unvermögen) zur Zahlung von Prozesskosten aus einer vorangegangenen Mietstreitigkeit ist zwar als Pflichtverletzung im Sinne des § 543 Abs. 1 BGB zu bewerten. Gleichwohl kann der Vermieter in Fällen dieser Art nicht kündigen, weil die Pflichtverletzung unterhalb der „Erheblichkeitsschwelle" liegt, die unter Berücksichtigung „der in § 569 Abs. 3 Nr. 2 BGB zum Ausdruck gekommenen Wertung des Gesetzgebers" zu bestimmen ist (BGH NJW 2010, 3020 = WuM 2010, 571). Danach wird eine fristlose Kündigung unwirksam, wenn der Vermieter bis zum Ablauf von zwei Monaten nach Zustellung der Räumungsklage „hinsichtlich der fälligen Miete und der fälligen Entschädigung nach § 546a Abs. 1 befriedigt wird". Diese Rechtsfolge hängt nach der Vorstellung des Gesetzgebers nur vom Ausgleich der Mietrückstände,

Außerordentliche fristlose Kündigung **BGB § 543**

nicht aber von der Bezahlung angefallener Verzugszinsen oder Prozesskosten ab. Diese gesetzgeberische Wertung würde unterlaufen, wenn der Vermieter diese Beträge zum Gegenstand einer Kündigung machen könnte (BGH a. a. O.).

dd) Nichterfüllung titulierter Schadensersatzansprüche des Vermieters. 27a
Hierin liegt zwar eine Vertragsverletzung. Gleichwohl kommt eine Kündigung nur in Betracht, wenn dem Vermieter durch die Fortsetzung des Mietverhältnisses zusätzliche Nachteile entstehen. Dies ist nicht der Fall, wenn die laufende Miete bezahlt wird, eine Beitreibung der titulierten Ansprüche auf Grund der desolaten Vermögensverhältnisse des Mieters keinen Erfolg verspricht und keine Anhaltspunkte vorliegen, dass der Mieter auch künftig Vertragsverletzungen begeht und der Vermieter hierdurch mit weiteren Kosten belastet wird (LG Berlin GE 2015, 514).

ee) Weigerung des Mieters zur Durchführung vertraglich übernomme- 27b
ner Erhaltungs- oder Modernisierungsmaßnahmen. Ist der Mieter nach den Vereinbarungen im Mietvertrag verpflichtet, Umbau-, Sanierungs- oder Modernisierungsarbeiten durchzuführen, so kann der Vermieter zur Kündigung berechtigt sein, wenn der Mieter diese Vertragspflicht trotz Abmahnung nicht erfüllt. Steht der Pflichtverletzung des Mieters eine gleichartige Pflichtverletzung des Vermieters gegenüber, so ist dieser Umstand im Rahmen der Interessenabwägung gemäß § 543 Abs. 1 Satz 2 BGB zu berücksichtigen (KG NZM 2018, 607). In der Regel wird die Abwägung ergeben, dass eine Kündigung ausscheidet.

d) Beleidigung, üble Nachrede, Verleumdung, Nötigung, Tätlichkei- 28
ten, Hausfriedensbruch und ähnliche Fälle. Die Beleidigung, die üble Nachrede, die Verleumdung, die Nötigung und der Hausfriedensbruch sind Straftaten (§§ 123, 185–187, 240 StGB) und damit zugleich Vertragsverletzungen, wenn sie gegenüber dem Vertragspartner, dessen Stellvertreter, Beauftragten oder Mitarbeitern gegenüber dem Hausverwalter oder gegenüber einem anderen Hausbewohner verübt werden. Sind andere Personen betroffen, so liegt keine Vertragsverletzung vor (LG München I WuM 1989, 180 betr. Beleidigung eines noch nicht im Grundbuch eingetragenen Erwerbers). Für Beleidigungen durch Erfüllungsgehilfen (Angehörige, Besucher, Untermieter, Betreuer (BGH NZM 2017, 26) muss der Mieter einstehen. Die gegenläufigen Interessen des Mieters sind aber auch hier zu berücksichtigen (s. oben Rdn. 8).

Beleidigung ist der Angriff auf die Ehre eines anderen durch Kundgabe der 29
Nichtachtung oder Missachtung (BGHSt 1, 289). Bloße Unhöflichkeiten (z. B. Verweigerung einer Begrüßung, Schreiben ohne Eingangs- und Schlussformel, etc.) scheiden von vorneherein aus. Gleiches gilt für Handlungen, die dem anderen Teil zwar missliebig sind, die aber keinen ehrverletzenden Charakter haben (LG Berlin GE 1992, 723 betr. Aushang eines dem Vermieter nachteiligen Gerichtsurteils durch den Mieter). Äußerungen im Familienkreis, die in der Erwartung getan werden, dass sie innerhalb dieses Kreises bleiben, erfüllen ebenfalls nicht den Tatbestand einer Beleidigung. Im Übrigen können nur schwerwiegende Beleidigungen eine Kündigung nach § 543 Abs. 1 BGB rechtfertigen. Eine Beleidigung stellt sich als weniger verletzend dar, wenn sie aus einer Provokation heraus oder im Zusammenhang einer bereits vorgegebenen streitigen Atmosphäre erfolgt oder wenn sie als eine momentane und vereinzelt gebliebene Unbeherrschtheit zu bewerten ist (OLG Düsseldorf ZMR 2011, 282 betr. die Bezeichnung eines Verpächters als „Lügenbold"; AG Charlottenburg GE 2015, 389: Bezeichnung von Mitarbeitern des Vermieters als „faul" und als „talentfreie Abrissbirne").

§ 543 BGB   Untertitel 1. Allgemeine Vorschriften für Mietverhältnisse

29a Eine Beleidigung kann auch in Form einer sog. **„Schmähkritik"** begangen werden. Dies gilt auch für Formulierungen in einem an das Gericht adressierten Schriftsatz. Allerdings sind hier die durch § 193 StGB bestimmten Grenzen zu beachten. Danach sind „Äußerungen, welche zur Ausführung oder Verteidigung von Rechten oder zur **Wahrnehmung berechtigter Interessen** gemacht werden, nur insofern strafbar, als das Vorhandensein einer Beleidigung aus der Form der Äußerung oder aus den Umständen, unter welchen sie geschah, hervorgeht." Nach der Rechtsprechung des BVerfG nimmt eine herabsetzende Äußerung erst dann den Charakter der Schmähung an, wenn in ihr nicht mehr die Auseinandersetzung in der Sache, sondern jenseits auch polemischer und überspitzter Kritik die Diffamierung der Person im Vordergrund steht (BVerfG NJW 1991, 95). Dies ist der Fall wenn die Ausführungen einer Partei keinen Sachzusammenhang zu den rechtserheblichen Fragen erkennen lassen (s. OLG Hamm – Strafsenat-Beschluss vom 7.5.2015 – 5 RVs 55/15 betr. Bezeichnung des Vermieters als Person mit „einer verdorbenen charakterlichen Natur").

30 Eine **üble Nachrede** liegt vor, wenn gegenüber einem Dritten Tatsachen behauptet werden, die geeignet sind, den hiervon Betroffenen verächtlich zu machen. oder sonst zu schaden (vgl. LG Potsdam GE 2012, 64 = ZMR 2012, 627: wenn der Mieter an den Baufinanzier des Vermieters herantritt und erklärt, dass sich dieser möglicherweise in Vermögensverfall befindet). Die üble Nachrede ist zwar straflos, wenn der Täter nachweisen kann, dass die Tatsache der Wahrheit entspricht; gleichwohl liegt auch in einem solchen Fall eine Vertragsverletzung vor, wenn der Täter kein anerkennenswertes Interesse an der Verbreitung der Tatsache geltend machen kann. Beweispflichtig für die üble Nachrede ist der Kündigende; der Gekündigte trägt die Beweislast für die Wahrheit seiner Behauptung und für sein berechtigtes Interesse an der Verbreitung der Behauptung (Reichert-Leininger ZMR 1985, 402).

31 Die **Verleumdung** ist ein Sonderfall der üblen Nachrede. Sie liegt vor, wenn der Täter wider besseres Wissen eine unwahre Tatsache behauptet oder verbreitet. Es handelt sich um eine besonders schwere Vertragsverletzung, die im Regelfall zur Kündigung berechtigt. Allerdings ist auch hier das Verhalten der anderen Seite zu berücksichtigen (LG Mannheim WuM 1985, 264 betr. die Behauptung eines Mieters gegenüber einem Handwerker, der Vermieter sei zahlungsunfähig). Für die Beweislast gilt das zur üblen Nachrede gesagte.

32 Eine **Nötigung** kann gegeben sein, wenn ein Vertragspartner den anderen mit einem empfindlichen Übel bedroht, um auf diese Weise seine Interessen durchzusetzen. Auch ein solches Verhalten rechtfertigt in der Regel die Kündigung (LG Mannheim WuM 1985, 264: Drohung, den Vermieter in der Nachbarschaft wegen angeblicher sittlicher Verfehlungen anzuschwärzen; LG Mannheim WuM 1978, 50: Bedrohung mit einer Geiselnahme um Reparaturarbeiten zu erzwingen). AG Lichtenberg GE 2011, 1239: Drohung des Mieters das Haus anzuzünden, wenn seine Forderungen nicht erfüllt werden). Bloßes Gerede reicht für die Annahme einer Vertragsverletzung allerdings nicht aus (LG Berlin MM 1991, 128, betr. die Redensart: „Ich warne Sie").

33 Die genannten Vertragsverletzungen berechtigen nur dann zur Kündigung, wenn sie so schwer wiegen, dass dem anderen Teil die **Fortsetzung des Mietverhältnisses nicht zugemutet** werden kann. Neben den Fällen der Verleumdung und der Nötigung haben auch manche Beleidigungen ein solches Gewicht, dass die Unzumutbarkeit der Vertragsfortsetzung auf der Hand liegt.

34 **Beispiele:** Kündigung eines Gewerbemietvertrags durch den Mieter, wenn der Vermieter gegenüber Dritten ohne berechtigtes Interesse beleidigende Behauptun-

gen aufstellt, die geeignet sind, den Gewerbetrieb nachhaltig zu beeinträchtigen (BGH NZM 2010, 901); Bezeichnung eines Vermieters in einem Zeitungsartikel als „Halunken mit der höflichen Maske" (LG Köln DWW 1988, 325). Wahrheitswidriger Vorwurf, der Vermieter habe bereits einen Meineid geschworen (AG Schwelm WuM 1985, 265); Beleidigung eines Hausbewohners als „Saujude"; „Drecksack" oder „altes Schwein" (AG Dortmund DWW 1996, 282); Beschimpfung einer Nachbarin als „Hure" (LG München I ZMR 2018, 47; Pöbeleien gegenüber dem Hausverwalter auf einem Transparent (AG Gelsenkirchen-Buer ZMR 1998, 353 Bespucken und beleidigen des Hausmeisters mit den Ausdrücken „Halt's Maul" und Blödes Arschloch" (AG Frankfurt Urt. v. 30.3.2017 – 381 C 1469/16, juris); Schreiben an den Vermieter mit beleidigendem Inhalt (LG München I ZMR 2017, 812). Es ist allerdings anzumerken, dass die Rechtsprechung das Erfordernis zivilisierten Verhaltens vereinzelt zu gering bewertet. So soll zB die Äußerung, der Vermieter sei „ein Drecksack, den man erschießen müsste" keine zur Kündigung ausreichende Vertragsverletzung sein, wenn der Vermieter nicht im Haus wohnt (LG Stuttgart DWW 1988, 45); auch die Äußerung „Sie sind ein Massenmörder", soll keinen Kündigungsgrund darstellen, falls der Mieter im Zustand der Erregung gehandelt hat (LG Berlin GE 1990, 537). In den meisten Fällen muss die Unzumutbarkeit der Vertragsfortsetzung unter Würdigung der Gesamtumstände festgestellt werden. Haben die an einem Streit Beteiligten wechselseitige Beleidigungen ausgesprochen, so scheidet eine Kündigung regelmäßig aus (LG Mannheim WuM 1981, 17; AG Kassel WuM 1984, 199). Gleiches gilt, wenn der Beleidiger von der Gegenseite provoziert worden ist, sei es durch unredliches Verhalten, einen abfälligen Gesprächston oder durch andere Vertragsverletzungen oder Unhöflichkeiten.

Beweispflichtig für die Provokation ist der Beleidiger (LG Berlin GE 1991, 933). Keinesfalls darf eine schwerwiegende Vertragsverletzung angenommen werden, wenn sich ergibt, dass der Betroffene die Äußerung selbst nicht besonders ernst genommen hat. Hiervon ist insbesondere dann auszugehen, wenn zwischen dem Vorfall und der Kündigung ein längerer Zeitraum liegt (s. § 314 Abs. 3 BGB und Rdn. 3). Das Verhalten der Beteiligten nach der Vertragsverletzung, insbesondere eine nachträgliche Entschuldigung, ist angemessen zu bewerten.

Eine **Abmahnung** ist auch hier erforderlich (§ 543 Abs. 3 Satz 1 BGB). Bei schweren Beleidigungen ist regelmäßig § 543 Abs. 3 Satz 2 Nr. 2 BGB gegeben. Es gilt der Grundsatz, dass durch eine schwere Beleidigung das für die Vertragserfüllung unerlässliche Vertrauen zerstört wird; in diesem Fall ist eine Abmahnung entbehrlich, weil zerstörtes Vertrauen durch eine Abmahnung nicht wiederhergestellt werden kann (BGH NZM 2010, 901; LG München ZMR 2016, 449; AG München ZMR 2016, 466) Etwas anderes gilt, wenn die einmalige Beleidigung für sich betrachtet kein besonderes Gewicht hat und sich die Unzumutbarkeit erst aus der Wiederholung ergibt (LG Mannheim WuM 1981, 17; LG Münster WuM 1991, 688; AG Köln WuM 1987, 388).

Äußerungen mit ehrverletzendem Charakter, die im Rahmen der **Wahrnehmung berechtigter Interessen** fallen sind unter Berücksichtigung des Grundrechts der Meinungsfreiheit zu bewerten und rechtfertigen im Allgemeinen keine Kündigung. Dabei umfasst der Grundrechtsschutz nicht nur sachlich-differenzierte Äußerungen, sondern auch Kritik, die pointiert, polemisch oder überspitzt erfolgen darf. Die Grenze zulässiger Meinungsäußerungen liegt nach der Rechtsprechung des Bundesverfassungsgericht nicht schon da, wo eine polemische Spitze für die Äußerung sachlicher Kritik nicht erforderlich ist (vgl. BVerfGE 82, 272, 283f).

Eine Grenze bilden Äußerungen, die als **„Schmähkritik"** zu bewerten sind. Der Begriff der Schmähkritik ist aus verfassungsrechtlichen Gründen eng zu verstehen. Sie liegt vor, wenn die Äußerung nicht mehr der Auseinandersetzung in der Sache dient, sondern – jenseits auch polemischer und überspitzter Kritik – die Diffamierung der Person im Vordergrund steht (BVerfG a. a. O.). **Beispiele:** Behauptungen eines Rechtsanwalts in prozessualen Schriftsätzen, der Vermieter habe Zeugen zu einer falschen Aussage angestiftet, falsche Anschuldigungen bei einer Behörde erhoben, falsche eidesstattliche Versicherungen abgegeben und Zeugen bestochen, wenn in jenem Verfahren „Merkwürdigkeiten" zu Tage getreten sind, die für die Richtigkeit der Vorwürfe sprechen könnten (OLG München NJWE-MietR 1996, 270); ehrverletzende Äußerungen eines Rechtsanwalts (LG Düsseldorf ZMR 1981, 116; LG München II WuM 1989, 179; LG Osnabrück WuM 1990, 429; Vorwurf des versuchten Prozessbetrugs in der Klagschrift (AG Köln WuM 1995, 202); Behauptung, die Miete verstoße gegen § 5 WiStG im Rahmen eines Mieterhöhungsprozesses (AG Reutlingen WuM 1991, 98).

37 Die für die Beleidigung maßgeblichen Grundsätze gelten auch für **Tätlichkeiten**. Die Anwendung von Gewalt ist besonders verwerflich und rechtfertigt i. d. R. die Kündigung. **Beispiele:** wenn der Mieter die Wohnungstür eines Nachbarn eintritt (LG Berlin GE 1984, 83); wenn der Mieter mit einem Blumentopf nach spielenden Kindern wirft, weil er sich von diesen gestört fühlt (LG Berlin MM 1988 Nr. 12, S. 29). Eine Abmahnung ist in diesen Fällen regelmäßig nach § 543 Abs. 3 Satz 2 Nr. 2 BGB entbehrlich. Hat jedoch der andere Teil selbst Gewalt angewendet, so ist auch dies zu berücksichtigen (LG Mannheim ZMR 1977, 306 = WuM 1978, 68, AG Wedding MM 1992, 246). Gleiches gilt, wenn sich ein Mieter gegen Gewalttätigkeiten von anderen Hausbewohnern zur Wehr setzt (LG Bonn WuM 1994, 73 betr. Schuss aus einer Gaspistole nach einer vorangegangenen Gewalttätigkeit jugendlicher Bewohner). Wird die Pflichtverletzung nicht von der Vertragspartei, sondern von einem **Familienmitglied der Partei** begangen, so kann dies nicht ohne weiteres der Vertragspartei zugerechnet werden. Erforderlich ist, dass das Verhalten des Angehörigen der Partei zugerechnet werden kann (s. OLG Frankfurt Beschluss vom 11.9.2018 – 2 U 55/18: danach liegt ein wichtiger Grund für eine fristlose Kündigung nur dann vor, wenn die Vertragspartei es „trotz entsprechender ausdrücklicher Aufforderung und Abmahnung" unterlässt, nachhaltig auf das Familienmitglied einzuwirken, damit dieses künftig weitere Beeinträchtigungen der Gegenpartei unterlässt).

38 Auch die **Androhung von Gewalt** wird i. d. R. die Kündigung rechtfertigen (LG Hamburg ZMR 2014, 794: Bedrohung einer Hausbewohnerin mit einer Eisenstange; AG Warendorf WuM 1996, 412 betr. Bedrohung des Vertragspartners mit einer Pistole; AG München ZMR 2015, 41: angedeuteter Stockschlag in Richtung des Kopfes eines Mitmieters; AG Düsseldorf ZMR 2019, 870).

39 Generell gilt, dass **kein Kündigungsgrund** vorliegt, wenn sich der **Mieter** in einer **Notwehr- oder in einer ähnlichen Situation** befindet und zur Abwehr der Beeinträchtigung Gewalt anwendet oder Gewalt androht (AG Frankfurt/M WuM 1998, 343: wenn der Mieter dem Vermieter oder dessen Beauftragten eine Kamera aus der Hand schlägt um zu verhindern, dass in der Wohnung Aufnahmen gemacht werden).

40 **e) Auseinandersetzungen mit dem Vermieter anlässlich von Umwandlungs-, Sanierungs-, Verkaufs- oder sonstigen Maßnahmen.** Der Mieter ist grundsätzlich berechtigt, seine Interessen an der Mietsache so wahrzunehmen, wie

er dies für richtig hält. Bestehen aus der Sicht des Mieters hinreichende Anhaltspunkte dafür, dass der Vermieter eine Vertragsverletzung begangen hat, so ist es grundsätzlich nicht zu beanstanden, wenn der Mieter zur Wahrung seiner Interessen Schadensersatzansprüche ankündigt (OLG München ZMR 1997, 458, 459). Der Mieter darf sich mit anderen Mietern zusammenschließen (LG Kassel WuM 1981, 211 betr. Interessengemeinschaft zur Verhinderung der Umwandlung von Miet- in Eigentumswohnungen). Der oder die Mieter können sich dabei an die Öffentlichkeit wenden (AG Nürnberg WuM 1983, 261 betr. Interview; AG Solingen WuM 1991, 97 betr. Einschaltung der Presse durch den Mieterverein bei Verdacht auf Mietpreisüberhöhung). Die Mieter können Transparente oder Plakate in den Fenstern ihrer Wohnungen aufhängen (AG Stuttgart NJW-RR 1991, 780: „Wir bleiben hier"; LG Kassel WuM 1981, 211, betr. Symbol einer Interessengemeinschaft). Kaufinteressenten dürfen ungefragt auf Mängel des Hauses hingewiesen werden (OLG Celle NJW-RR 1991, 781; AG Nürnberg WuM 1983, 261; **a. A.** LG Hannover WuM 1995, 538). Allerdings müssen hierbei die Regeln der Höflichkeit gewahrt werden. Der Mieter muss bei der Wahrheit bleiben; er darf insbesondere das Haus nicht wahrheitswidrig „schlecht machen". Auch darf der Vermieter weder angeprangert, noch diskriminiert, noch beleidigt werden. Die Grenze wird von der Rechtsprechung teilweise sehr eng gezogen (LG München I WuM 1983, 264: Kündigung bejaht bei einem Transparent mit der (wahrheitsgemäßen) Aufschrift: „In diesem Haus stehen 4 Wohnungen leer, ca. 500 m^2"; ebenso AG München WuM 1989, 616 für Plakat mit der Aufschrift: „Unrecht Gut gedeihet nicht"). Schließlich darf der Mieter keine Straftaten begehen und die Straftaten Dritter nicht unterstützen (AG Wedding WuM 1981, 210 betr. Hausbesetzung; vgl. dazu auch AG Frankfurt WuM 1981, 211).

f) Strafanzeigen gegen den Vertragspartner und ähnliche Fälle. Die Erstattung einer Anzeige bei der Staatsanwaltschaft, der Polizei oder einer anderen Behörde kann eine erhebliche Vertragsverletzung i. S. vom § 543 Abs. 1 BGB darstellen. Für die Annahme einer Pflichtverletzung reicht es allerdings nicht aus, dass ein gegen den Angezeigten eingeleitetes Ermittlungsverfahren mangels hinreichenden Tatverdachts eingestellt wurde (so aber AG Gummersbach ZNR 2010, 864). Vielmehr ist über die Kündigung unter Berücksichtigung des Grundsatzes der Verhältnismäßigkeit der Mittel entsprechend der Umstände des Einzelfalls zu entscheiden. Dem Verhalten des Angezeigten kommt dabei eine maßgebliche Bedeutung zu. Weiterhin ist zu prüfen, ob die Anzeige im Rahmen der Wahrnehmung staatsbürgerlicher Rechte erfolgt ist oder ob der Anzeigeerstatter mit der Anzeige eine staatsbürgerliche Pflicht erfüllt hat (BVerfG GE 2001, 1536). Bei der Abwägung der Interessen ist Art 10 EMRK (Freiheit der Meinungsäußerung) zu berücksichtigen. Dies gilt insbesondere, wenn der Anzeigeerstatter mit der Anzeige auf Missstände aufmerksam machen will, deren Beseitigung im öffentlichen Interesse liegt (vgl. für das Arbeitsrecht EGMR NJW 2011, 3501).

Insoweit können folgende **Fallgruppen** unterschieden werden: **(1)** Die Anzeige beruht auf **erfundenen Tatsachen** – Hier ist i. d. R. die Kündigung berechtigt (LG Berlin GE 1990, 1079; LG Frankfurt WuM 1990, 15). Gleiches gilt, wenn die Anzeige **leichtfertig** erstattet worden ist (AG Friedberg/Hessen WuM 1986, 338). Es kommt in diesen Fällen nicht darauf an, ob der Anzeigeerstatter mit der Anzeige Ziele verfolgt, die an sich billigenswert sind: der Verstoß gegen den Grundsatz der Verhältnismäßigkeit liegt hier in der Verwendung des unlauteren und allgemein missbilligten Mittels der Verleumdung. Der Angezeigte muss beweisen, dass der

Gekündigte die Anzeige erstattet hat. Der Anzeigeerstatter muss darlegen und beweisen, dass und aus welchen Gründen er die Tatsachen für wahr erachtet hat (Reichert-Leininger ZMR 1985, 402; **a. A.** LG Osnabrück WuM 1993, 617). Im Ausnahmefall kann das Verhalten des Angezeigten mit zu berücksichtigen sein, so z. B. wenn der Angezeigte seinerseits mit ähnlich unlauteren Mitteln gegen den Anzeigeerstatter vorgegangen ist.

43 (2) Die Anzeige beruht auf **wahren Tatsachen** oder Tatsachen, die der **Anzeigeerstatter für wahr hält.** Der Anzeigeerstatter handelt aber **nicht zur Wahrung eigener Interessen,** sondern um dem Angezeigten einen Schaden zuzufügen. – Hierunter gehören diejenigen Fälle, in denen der Anzeiger eine Straftat oder Ordnungswidrigkeit seines Vertragspartners, von der er selbst nicht betroffen ist, zum Anlass einer Anzeige nimmt. Der Verstoß gegen den Grundsatz der Verhältnismäßigkeit liegt hier im denunziatorischen Charakter der Anzeige. Maßgeblich ist, ob die Anzeige nach den Gesamtumständen angemessen ist. Eine Kündigung kommt nicht in Betracht, wenn der Anzeigeerstatter aus staatsbürgerlicher Verantwortung handelt (LG Wiesbaden WuM 1995, 707 betr. Anzeige wegen des Verdachts von Kindesmissbrauch). Anders ist es, wenn die Anzeige aus Böswilligkeit oder aus nichtigem Anlass erstattet worden ist oder wenn ein Vertragspartner ohne hinreichenden Anlass gegen den anderen Vertragspartner bei den Behörden agiert (LG Berlin GE 1984, 85 betr. Anzeige wegen ruhestörendem Lärm; AG Berlin-Spandau, GE 1981, 819; LG Frankfurt NJW-RR 1994, 143 = WuM 1994, 15 betr. Anzeige wegen Zweckentfremdung von Wohnraum). Die Ausführungen zur Beweislast und zur Berücksichtigung des Verhaltens des Angezeigten gelten auch hier.

44 (3) Der Anzeigeerstatter nimmt **wahre oder aus seiner Sicht möglicherweise wahre Tatsachen** zum Anlass einer Anzeige und ist hierbei zur **Wahrung eigener Interessen.** Hierzu gehören diejenigen Fälle in denen möglicherweise eine Straftat, eine Ordnungswidrigkeit oder ein rechtswidriger Zustand vorliegen kann (z. B. Mietpreisüberhöhung; Nötigung; Beleidigung; Körperverletzung; Hausfriedensbruch; mangelhafter Bauzustand) und der Anzeigeerstatter ein eigenes Interesse an der Aufklärung der Tat, am behördlichen Eingreifen oder der Bestrafung des Täters hat. Dabei ist zu berücksichtigen, dass für Streitigkeiten über die Höhe der Miete, die Berechtigung der Umlage von Betriebskosten und ähnliche Fälle der Zivilrechtsweg zur Verfügung steht. Eine Strafanzeige ist in solchen Fällen unangemessen (BVerfG GE 2001, 1536; AG Hamburg-Altona ZMR 2016, 460 betr. unangemessene Beschwerde des Anzeigeerstatters gegen Einstellungsbescheid der Staatsanwaltschaft). Anders ist es, wenn im Einzelfall Anlass für ein Eingreifen der Behörde besteht. Der Vermieter muss beweisen, dass der Mieter schuldhaft gehandelt hat. Wird der Vermieter in einem Strafverfahren freigesprochen, weil sich der Tatvorwurf nicht mit der für eine Verurteilung erforderlichen Sicherheit feststellen lässt, so ist damit der Beweis für ein Verschulden des Mieters nicht geführt (AG Hamburg ZMR 2016, 630). Hat der Anzeigeerstatter sorgfältig geprüft, ob ein Anlass zur Anzeige besteht, so ist kein Verstoß gegen den Grundsatz der Verhältnismäßigkeit gegeben. Eine Kündigung kommt dann im allgemeinen nicht in Betracht (OLG München ZMR 1997, 458, 460: wenn sich im Mieter an das Bauamt wendet um zu erfahren, ob eine von ihm gemietete Wohnung den öffentlich-rechtlichen Sicherheitsvorschriften genügt; LG Osnabrück WuM 1990, 429: wenn ein dringender Verdacht besteht, dass ein Dritter in die Wohnung des Mieters eingedrungen ist; LG Frankfurt/Oder ZMR 2014, 206 betr. Strafanzeige des Mieters wegen eigenmächtigen Betretens der Mietsache durch den Vermieter;

AG Bergisch Gladbach WuM 1983, 236: wenn sich der Mieter an das Bauaufsichtsamt wendet, weil er glaubt, dass sich das Haus in einem baurechtswidrigen Zustand befindet).

g) Unseriöses Prozessverhalten. Der Umstand, dass die eine oder die andere Partei häufig gerichtliche Hilfe in Anspruch nehmen muss, um ihre Rechte aus dem Mietverhältnis durchzusetzen, rechtfertigt für sich allein keine Kündigung (OLG Hamm NJW-RR 1993, 16; AG Lüdinghausen WuM 1980, 137). Dies gilt im Grundsatz auch dann, wenn sich die Leistungsunlust einer Partei auf den Bagatellbereich erstreckt und zur lästigen Gewohnheit geworden ist. Meinungsäußerungen im Prozess, die einer Partei nachteilig sind, sind i. d. R. durch § 193 StGB gedeckt (Wahrnehmung berechtigter Interessen; s. Rdn. 36). Demgegenüber kann ein Grund zur fristlosen Kündigung vorliegen, wenn sich eine Partei im Prozess unredlicher oder unverhältnismäßiger Mittel bedient (BGH WuM 1986, 60: Versuch der Zeugenbeeinflussung). Allerdings ist auch hier das Verhalten der Gegenseite zu berücksichtigen. Ein wahrheitswidriger Sachvortrag berechtigt nicht zur Kündigung, wenn auch der Kündigende wahrheitswidrig vorgetragen hat. Grundsätzlich ist keine Partei gehalten, aus Rücksicht auf die andere Seite Rechtsvorteile aufzugeben. Daher können auch im scharfen Ton Verhaltensweisen der anderen Seite vorgetragen werden, soweit dies für die Verbesserung der eigenen Position im Prozess erforderlich ist. Beleidigende Äußerungen stellen jedoch dann eine Pflichtverletzung dar, wenn sie keinen Bezug zum Rechtsstreit haben, sondern lediglich der Herabsetzung des Prozessgegners dienen (OLG München Urteil vom 22.11.2018 – 32 U 1376/18).

h) Anstößiger Lebenswandel. Der Lebenswandel eines Mieters kann zum einen dann Grund für eine Kündigung sein, wenn sich dies in irgendeiner Weise nachteilig auf den Hausfrieden auswirkt. Der Umstand, dass der Mieter dem Alkohol verfallen ist und immer wieder betrunken nach Hause kommt, ist für sich betrachtet unerheblich (AG Dortmund DWW 1990, 55; AG Dresden DWW 1995, 145). Anders ist es, wenn er im betrunkenen Zustand Lärm verursacht. Zum anderen kann ein Kündigungsgrund vorliegen, wenn der Mieter auf Grund seines Lebenswandels oder Verhaltens die Mietsache in Verruf gebracht hat, oder wenn dies zu befürchten ist. Ein solcher Fall kann gegeben sein, wenn der Mieter Anlass zu Polizeieinsätzen gegeben hat (LG Mannheim DWW 1994, 50; AG Linz NJW-RR 1991, 1225), wenn er in seiner Wohnung mit Heroin handelt (AG Pinneberg NZM 2003, 553); wenn ein Gastwirt in der gemieteten Gaststätte Rauschgift aufbewahrt (AG Frankfurt NJW-RR 1990, 911) oder wenn er einen Bordellbetrieb unterhält (AG Berlin-Mitte GE 1994, 813). Lässt ein Mieter seine Wohnung verwahrlosen, so kann ein Kündigungsgrund nach § 543 Abs. 2 Nr. 2 BGB gegeben sein.

i) Diebstahl. Allgemein wird ein Kündigungsgrund bejaht, wenn ein Mieter Stromleitungen anzapft und auf diese Weise Energie verbraucht ohne dafür zu bezahlen (LG Köln NJW-RR 1994, 909; AG Potsdam WuM 1995, 40; AG Neukölln GE 1995, 501; AG Wedding GE 2015, 390). Eine Ausnahme gilt jedoch, wenn dem Vermieter hierdurch kein oder nur ein unerheblicher Nachteil erwächst (KG WuM 2004, 721, 722). Beweispflichtig für die Stromentnahme ist der Vermieter (LG Berlin GE 1987, 517).

j) Verletzung von Aufklärungspflichten. Offenbarungspflicht: s. dazu zunächst: § 542 Rdn. 255–259). Der Vermieter ist berechtigt, sich vor Vertragsschluss über die Bonität und Zuverlässigkeit des potentiellen Mieters ein gewisses Bild zu machen. Deshalb kann er den Mieter nicht nur nach den Einkommens- und Ver-

§ 543 BGB Untertitel 1. Allgemeine Vorschriften für Mietverhältnisse

mögensverhältnissen sondern auch nach der Person und Anschrift des Vorvermieters, der Dauer des vorangegangenen Mietverhältnisses und der Erfüllung der mietvertraglichen Pflichten fragen (BGH NJW 2014, 1954). Zwar hat der Mieter gegenüber dem bisherigen Vermieter keinen Anspruch auf Ausstellung einer entsprechenden Bescheinigung (BGH NJW 2010, 1135); dies bedeutet aber nicht, dass der Mieter eine gleichwohl erteilte Bescheinigung verfälschen oder eine solche Bescheinigung unter Angabe falscher Daten selbst ausstellen kann. Ein solches Verhalten ist als erhebliche Verletzung vorvertraglicher Pflichten zu bewerten, die eine Vertragsfortsetzung für den Vermieter unzumutbar machen und die fristlose Kündigung des Mietverhältnisses rechtfertigen kann (BGH a. a. O.). Dieselben Grundsätze gelten, wenn der Mieter von sich aus unzutreffende Einkommens-, Vermögens-, Familien- oder sonstige Verhältnisse vorspiegelt, um den Vermieter zum Vertragsschluss zu bewegen. Wird die Offenbarungspflicht verletzt, so kann der Vermieter nach § 543 Abs. 1 BGB kündigen (AG München ZMR 2016, 121) oder wahlweise anfechten, wenn der Anfechtungstatbestand der §§ 119 oder 123 BGB vorliegt. Der Umstand, dass das Mietverhältnis bereits in Vollzug gesetzt worden ist, steht der Kündigung nicht entgegen. Etwas anderes wird gelten, wenn das Mietverhältnis bereits relativ lange dauert und sich die Verletzung der Aufklärungspflicht nicht ausgewirkt hat. Gleiches gilt, wenn sich die tatsächlichen Umstände, die der Mieter bei Vertragsschluss verschleiert hat, zwischenzeitlich geändert haben.

49 **Täuschungshandlungen während der Mietzeit** können zur Kündigung berechtigen, wenn sie gehäuft auftreten und das Vertrauensverhältnis hierdurch zerstört wird. Fahrlässige Falschangaben können i. d. R. nicht als schwere Vertragsverletzungen bewertet werden (**a. A.** OLG Düsseldorf NZM 2001, 1033). Ist der Mieter vertraglich verpflichtet, dem Vermieter Einsicht in die Geschäftsunterlagen zu gewähren, so kann ein Kündigungsgrund vorliegen, wenn der Mieter die Einsicht verweigert (KG GE 2012, 265). Bei einer vereinzelten Vertragswidrigkeit ist zu fragen, ob die Belange einer Vertragspartei hierdurch erheblich verletzt oder gefährdet werden. Dies ist etwa dann der Fall, wenn eine Vertragspartei durch die Täuschung der Gegenpartei einen Schaden erleidet oder von der Wahrung ihrer Interessen abgehalten wird. Deshalb liegt ein Grund zur fristlosen Kündigung nach § 543 Abs. 1 BGB vor, wenn der Mieter gegenüber dem Vermieter bewusst wahrheitswidrig erklärt, dass ein Mangel der Mietsache auf einen fehlerhaften Bauzustand zurückzuführen sei, während der Mangel in Wirklichkeit auf einem Fehlverhalten des Mieters beruht (OLG Düsseldorf ZMR 2012, 183 betr. Herabfallen eines Heizkörpers). Unwesentliche Nachteile berechtigen nicht zur Kündigung (OLG Hamburg WuM 1997, 216 betr. die wahrheitswidrige Erklärung eines Mieters, er habe die Miete für einen bestimmten Monat bereits überwiesen).

50 **k) Unberechtigte Kündigung.** Eine Vertragsverletzung im Sinne von § 543 Abs. 1 BGB ist auch dann anzunehmen, wenn ein Vertragsteil eine unbegründete Kündigung ausgesprochen hat. Allerdings rechtfertigt nicht jede unbegründete Kündigung die Annahme, dass die weitere Fortsetzung des Mietverhältnisses unzumutbar sei. Vielmehr kommt es auf die Umstände des Einzelfalls an (OLG Düsseldorf DWW 1997, 435). Maßgeblich ist insbesondere, ob der Kündigende aus seiner Sicht einen hinreichend begründeten Anlass zum Ausspruch der Kündigung hatte.

51 **l) Verletzung von Duldungs- und Unterlassungspflichten.** Der Vermieter hat das Recht, die Wohnung des Mieters in bestimmten Fällen zu betreten oder durch seine Erfüllungsgehilfen (Hausverwalter, Hauswart, Handwerker, Ableser von Zwischenzählern usw.) betreten zu lassen. Der Mieter muss dies dulden, anderenfalls handelt er vertragswidrig. Eine einmalige Verhinderung des Besichtigungsrechts berechtigt den Vermieter nicht zur fristlosen Kündigung. Ein wichtiger Grund für eine außerordentliche Kündigung liegt allenfalls dann vor, wenn das Besichtigungs- und Betretungsrecht des Vermieters durch das Verhalten des Mieters regelrecht dauerhaft verhindert wird (OLG Dresden NZM 2017, 442). Nach der Rechtsprechung des BGH setzt eine **Wohnungsbesichtigung** stets einen besonderen Anlass voraus (BGH NJW 2014, 2566; s. § 535 Rdn. 341). Eine Formularklausel, die dem Vermieter ein Besichtigungsrecht auch ohne besonderen Anlass einräumt verstößt gegen § 307 Abs. 1 BGB (BGH a. a. O.). Will ein Vermieter ein Besichtigungsrecht gegen den Willen des Mieters eigenmächtig erzwingen, so darf sich der Mieter hiergegen wehren. Eine Kündigung ist regelmäßig auch dann nicht berechtigt, wenn der Mieter die Grenzen erlaubter Notwehr geringfügig überschreitet. Auch in diesem Fall sind die Voraussetzungen des § 543 Abs. 1 BGB nicht gegeben, weil bei der danach erforderlichen Interessenabwägung das Fehlverhalten des Vermieters zu berücksichtigen ist (BGH NJW 2014, 2566). Verletzt der Mieter die Pflicht zur **Duldung einer Erhaltungs- oder Modernisierungsmaßnahme,** so ist über das Recht des Vermieters zur Kündigung ebenfalls unter Berücksichtigung aller Umstände des Einzelfalls zu entscheiden (BGH NJW 2015, 2417). Für diesen Fall hat der BGH beispielhaft eine Reihe von Gesichtspunkten genannt, die bei der Entscheidung über die Kündigung zu beachten sind. Insbesondere ist in solchen Fällen von Bedeutung welche Maßnahmen der Vermieter durchführen will, wie dringend die Maßnahmen sind, in welchem Maße der Mieter hierdurch beeinträchtigt wird, welche wirtschaftliche Bedeutung die sofortige Duldung für den Vermieter hat, welche Nachteile dem Vermieter durch eine Verzögerung der Maßnahmen entstehen, ob der Mieter befürchten muss, dass der Vermieter die ihm obliegenden Wiederherstellungspflichten nur unzureichend erfüllt und ob dem Vermieter seinerseits Vertragsverstöße zur Last fallen (BGH a. a. O. Rdn. 32, 33). So scheidet eine Kündigung grundsätzlich aus, wenn die Modernisierungsankündigung nicht den gesetzlichen Vorschriften entspricht (KG WuM 2015, 666); für Erhaltungsmaßnahmen gilt entsprechendes (LG Berlin GE 2016, 527 = WuM 2016, 286). Der Vermieter ist nicht verpflichtet vor der Kündigung eine Klage auf Duldung zu erheben; dies gilt auch dann, wenn die Rechtslage zweifelhaft ist und der Mieter plausible Gründe für die Duldungsverweigerung hat. Andererseits ist aus der Entscheidung des BGH aber auch abzuleiten, dass die bloße Nichterfüllung der Duldungspflicht für sich allein i. d. R. die Kündigung nicht rechtfertigt (anders wohl: LG Berlin GE 2017, 1410). Vielmehr müssen weitere Umstände vorliegen, aus denen sich ergibt, dass dem Vermieter die weitere Fortsetzung des Mietverhältnisses nicht zugemutet werden kann. Die hierfür maßgeblichen Tatsachen muss der Vermieter substantiiert vortragen und im Streitfall beweisen. Sache des Mieters ist es die einer Kündigung entgegenstehenden Umstände geltend zu machen. In der Regel dürfte eine Kündigung wegen Verweigerung der Duldung von Instandsetzungs- oder Modernisierungsarbeiten nur in Ausnahmefällen in Betracht kommen (im Ergebnis ebenso AG Saarbrücken DWW 1991, 313; AG Erkelenz WuM 1986, 251, bei einmaliger Verweigerung des Besichtigungsrechts; LG Koblenz WuM 1980, 186, AG Tempelhof-Kreuzberg MM 1992, 357, bei Weigerung zur Duldung von Modernisierungsmaßnahmen; LG Hamburg NJW-RR 1992, 717 = WuM 1992, 245, wenn der Mieter sich weigert, Heizkostenverteiler nach dem Verdunstungsprinzip anbringen zu lassen, weil er Gesundheitsschäden befürchtet; LG Berlin GE 2016, 1385: wenn die Besichtigung nicht dringlich und das Mietverhältnis bereits lange dauert). Dagegen liegt ein Kündi-

§ 543 BGB Untertitel 1. Allgemeine Vorschriften für Mietverhältnisse

gungsgrund vor, wenn für die Besichtigung ein dringender Anlass besteht, der Mieter dies weiß und er gleichwohl die Besichtigung verweigert (LG Frankfurt/M. MietRB 2015, 323 betr. Besichtigung zur Klärung der Ursache eines Wasserschadens). Gleiches gilt, wenn der Vermieter einen Duldungstitel erwirkt hat und der Mieter sich gleichwohl weigert, den titulierten Anspruch zu erfüllen (BGH WuM 2011, 13; AG Löbau DWW 1996, 124 betr. fristlose Kündigung wegen Verweigerung der Wohnungsbesichtigung"). Der Vermieter ist in diesem Fall nicht auf die Vollstreckung nach § 890 ZPO beschränkt. (BGH a. a. O.) Dieselben Grundsätze gelten, wenn der Vermieter wegen eines pflichtwidrigen Verhaltens des Mieters (Untervermietung, Tierhaltung, Verursachung von Lärm usw.) einen Unterlassungstitel erwirkt hat und der Mieter das vertragswidrige Verhalten gleichwohl fortsetzt. Die Kündigungsbefugnis kann allerdings entfallen, wenn die titulierte Duldungspflicht von einer Gegenleistung des Vermieters abhängt und der Vermieter diese Leistung nicht oder ungenügend erfüllt. Hat sich der Mieter beispielsweise in einem Vergleich zur Duldung einer Modernisierung und der Vermieter zur Beschaffung einer Ersatzunterkunft für die Dauer der Maßnahme verpflichtet, so steht dem Mieter ein Zurückbehaltungsrecht an der Duldungsverpflichtung zu, wenn die Unterkunft nicht dem geschuldeten Standard entspricht (LG München I WuM 2015, 726, 728).

52 **m) sonstige Fälle.** (in alphabetischer Folge): „Ja" bedeutet, dass eine Kündigungsbefugnis bejaht worden ist; „Nein", dass sie verneint wurde.
53 **Anzeigepflicht:** Nein, bei einmaliger Verletzung (LG Berlin MM 1991, 29).
54 **Bauliche Veränderungen:** Ja: wenn der Mieter bauliche Veränderungen durchführt und der Vermieter von einem Dritten zu Recht auf Beseitigung in Anspruch genommen wird (LG Gießen NJW-RR 1994, 1102 betr. Installation von Wasserleitungen); Nein: wenn der Mieter ohne Genehmigung des Vermieters am Balkon einen Sicht- und Windschutz oder Insektengitter an den Fenstern anbringt und die baulichen Veränderung keine Gefährdung der Mietsache zur Folge hat. Der Vermieter ist auf die Unterlassungsklage zu verweisen (AG München ZMR 2012, 365); Ja: beim eigenmächtigen Ausbau eines Dachbodens zu Wohnzwecken (LG Hamburg WuM 1992, 190); Nein: bei der Installation einer Holzkonstruktion zur Aufnahme eines Hochbetts (AG Berlin-Schöneberg GE 1992, 1159); Nein: bei Errichtung einer Trennwand aus Holz in der Diele (LG Düsseldorf WuM 1979, 214); Nein: bei unberechtigter Entfernung einer Zwischenwand in der Wohnung (LG Berlin MM 1987, Nr. 3 S. 29); ja, beim Entfernen einer Innenwand (LG Lüneburg WuM 2013, 223; Nein: wenn der Mieter eine vermietereigene Gasheizung gegen einen Kohleofen austauscht (AG Aachen WuM 1988, 307); Nein: Wenn der Mieter einer Halle ein Fenster zumauert (OLG Düsseldorf WuM 1996, 410: hier ist maßgeblich, dass der Mieter die bauliche Änderung bei Mietende rückgängig machen muss); nein, wenn der Mieter einer Gaststätte eine Entlüftungsanlage installiert (OLG Frankfurt NZM 1999, 125). **Beschädigung der Mietsache:** Ja, wenn der Mieter innerhalb der letzten beiden Jahre 16 Wasserschäden in den darunterliegenden Wohnungen verursacht hat (AG Görlitz WuM 1994, 668; ähnlich LG Berlin GE 1988, 145); Ja: wenn der Mieter mehrere Wasserschäden mit erheblichen Auswirkungen verursacht (AG Wiesbaden NJW-RR 1992, 76 betr. vier Wasserschäden in vier Jahren); Ja, wenn der Ehemann einer Mieterin Gas ausströmen lässt, um eine Explosion zu erzeugen (AG Helmstedt ZMR 1988, 148); Nein, wenn der Mieter einen Wohnungsbrand verursacht hat (LG Wuppertal WuM 1992, 370); Nein, wenn der Wohnungsbrand durch die unbeaufsichtigten

Außerordentliche fristlose Kündigung **BGB § 543**

Kinder des Mieters verursacht worden ist (AG Siegen WuM 1990, 503); Ja, wenn der Mieter des nachts wiederholt Essen anbrennen ließ und deshalb die Gefahr eines Wohnungsbrandes zu befürchten ist (LG Duisburg DWW 1991, 342); Nein, bei Hantieren mit Benzin und anderen brennbaren Flüssigkeiten (LG Köln WuM 1977, 56); Nein, wenn der Mieter ohne Erlaubnis des Vermieters Fußbodenfliesen verlegt hat (AG Birkenfeld WuM 1993, 191); Nein, bei Beschädigung der Gegensprechanlage (AG Tempelhof-Kreuzberg MM 1993, 252); Nein, wenn der Mieter ein Schloss ausgetauscht hat (AG Köln WuM 1987, 273); nein, wenn der Mieter eine Zimmertür mit einem Loch versehen hat um seiner Katze einen Durchschlupf zu schaffen (AG Erfurt WuM 2000, 629). **Besucher:** Nein: wenn der Mieter Besucher empfängt, denen ein Hausverbot erteilt worden ist (AG Charlottenburg MM 1988, Nr. 5 S. 30). **Betriebspflicht:** ja, wenn der Mieter eines Ladenlokals gegen eine vertraglich vereinbarte Betriebspflicht verstößt (OLG Köln DWW 2000, 336; OLG Celle Beschluss vom 20. 6. 2011 – 2 U 49/11). Ja, ohne dass es darauf ankommt in welchem Maße der Vermieter beeinträchtigt wird (OLG Dresden ZMR 2016, 26). **Bordell:** Ja: wenn der Mieter in den gemieteten Räumen ein Bordell betreibt (AG Mönchengladbach-Rheydt ZMR 1993, 171; AG Berlin-Mitte GE 1994, 813 bei gleichzeitigem Verstoß gegen das AuslG).

Drohungen: nein, wenn die Drohung eines Mieters, das Haus in die Luft zu sprengen nicht ernst gemeint ist (LG Berlin GE 2000, 541; abzulehnen). 54a

Einrichtungsgegenstände: Nein, wenn der Mieter die mitvermieteten Einrichtungsgegenstände auslagert (LG Landau ZMR 1993, 569). 55

Geisteskranker/schuldunfähiger Mieter: ja, wenn ein unter Wahnvorstellungen leidender Mieter aus seinem Fenster mit Kleinpflastersteinen auf stehende und fahrende Fahrzeuge und auf Kinder anderer Mieter wirft; eine Abmahnung ist in einem solchen Fall entbehrlich (AG Bernau WuM 2009, 735); ja, wenn der Hausfrieden ständig durch Beleidigungen der Mitbewohner und Pöbeleien gestört wird (AG Wedding ZMR 2014, 378). **Gemeinschaftseinrichtungen:** Unter § 543 Abs. 1 BGB gehören auch diejenigen Fälle, in denen der Mieter vertragswidrig Gemeinschaftseinrichtungen nutzt. Allerdings werden diese Vertragsverletzungen häufig unter dem Gesichtspunkt des § 569 Abs. 2 BGB geprüft: Nein, wenn der Mieter im Dachboden Gerümpel abgelagert hat und dieses trotz Aufforderung nicht entfernt (AG Köln WuM 1986, 94); Nein, wenn der Mieter Gegenstände im Treppenhaus abgestellt hat (AG Köln WuM 1984, 2). **Geruchsbelästigung:** Ja: wenn der Mieter seine Wohnung nicht pflegt, so dass die Nachbarn durch einen unzumutbaren Geruch belästigt werden (AG Lüdinghausen WuM 1983, 327). Ja, wenn aus Gründen mangelnder Hygiene älterer Mieter ein unangenehmer Geruch in das Treppenhaus und in andere Wohnungen gelangt (AG Wetzlar NZM 2014, 238). Ja, wenn von einer Imbissgaststätte erhebliche Geruchsbelästigungen ausgehen (OLG Brandenburg NJOZ 2009, 3736). **Gewerbliche Nutzung:** Nein, wenn der Mieter die Wohnung zu Gewerbezwecken nutzt und dies keine Außenwirkung hat (AG Charlottenburg MM 1991, 69 betr. Telefonanrufe zu gewerblichen Zwecken; AG Köln WuM 1991, 577 betr. Datenverarbeitung mittels PC und Telefax; ähnlich LG Hamburg WuM 1985, 263; LG Osnabrück WuM 1986, 94; LG Frankfurt WuM 1996, 532 betr. Buchhaltungs- und Bürotätigkeiten per Computer); Ja: wenn der Mieter ein Elektrogewerbe betreibt und im Keller und in der Garage Materialien lagert (AG Lüdinghausen WuM 1983, 327); Ja, wenn ein Kfz-Stellplatz als Kfz-Werkstatt genutzt wird (LG Berlin GE 1991, 1253). 56

Hausordnung: Nein: wenn der Mieter entgegen einer Regelung der Hausordnung die Hauseingangstür nicht abschließt (LG Trier WuM 1993, 192). 57

§ 543 BGB Untertitel 1. Allgemeine Vorschriften für Mietverhältnisse

58 **Lärm:** Nein, wenn der Mieter einmal Lärm verursacht hat (LG Köln WuM 1977, 56)
59 **Mängelbeseitigung:** Ja, wenn Mieter sich unberechtigt weigert, Instandsetzungs- und Modernisierungsarbeiten zu dulden (BGH NZM 2015, 536).
60 **Obhutspflicht:** Ja, wenn der Mieter seine Obhutspflicht verletzt und hierdurch die Wohnung gefährdet (AG Düren WuM 1985, 263 betr. häufiges Verlassen der Wohnung ohne die Fenster zu schließen); Ja, wenn sich der Mieter ins Krankenhaus begibt, ohne die Wasserleitungen vor dem Einfrieren zu schützen (LG Görlitz WuM 1994, 669); der Auszug des Mieters berechtigt allerdings nicht zur Kündigung (LG Frankfurt WM 1986, 249) Ist der Mieter wegen einer Verletzung der Obhutspflicht rechtskräftig verurteilt worden, liegt in dem beharrlichen Leugnen der Pflichtverletzung jedenfalls dann ein Kündigungsgrund, wenn Umstände hinzutreten, die die Besorgnis des Vermieters begründen, der Mieter setze seine Obhutspflichtverletzung auch nach der rechtskräftigen Verurteilung fort (vgl. BGH WuM 2016, 365 betr. Feuchtigkeitsschäden infolge unzureichendem Heizen und Lüften)
61 **Parabolantenne.** Nein: wenn der Mieter vertragswidrig eine Parabolantenne anbringt, weil er sich hierzu auf Grund einer Entscheidung des BVerfG für berechtigt hält (LG Kleve ZMR 1995, 313; ähnlich AG Altötting NJW-RR 1992, 660 = DWW 1992, 28 = WuM 1992, 365 bei unklarer Rechtslage); **Plakate im Fenster:** Nein: durch den Aushang von Plakaten im Fenster mit allgemeinpolitischen Inhalt (AG Darmstadt ZMR 1982, 270; LG Darmstadt ZMR 1983, 13; LG Berlin MM 1989, Nr. 1 S. 21); Nein, falls keine weiteren Umstände hinzutreten (LG Tübingen ZMR 1985, 415 = NJW 1986, 321); **Prostitution:** Ja, wenn eine Mieterin in der Wohnung der Prostitution nachgeht (LG Lübeck NJW-RR 1993, 525). Die Ausübung der Prostitution ist auch dann vertragswidrig, wenn mietvertraglich vereinbart ist, dass Räumlichkeiten „zu Wohnzwecken und auch zu gewerblichen Zwecken" vermietet werden; das Prostitutionsgesetz hat hieran nichts geändert (**a. A.** AG Aachen, ZMR 2007, 41 m.abl.Anm. Sauren).
62 Ein akuter und nachhaltiger Ein akuter und nachhaltiger **Rattenbefall** kann die fristlose Kündigung eines Mietvertrags über gewerblich genutzte Räume rechtfertigen. Jedoch setzt die Kündigung voraus, dass dem Vermieter eine Frist zur Beseitigung des Rattenbefalls gesetzt wird (OLG Düsseldorf GE 2016, 857). **Rauchen:** grundsätzlich nein. Rauchen in der Wohnung ist im Allgemeinen mangels einer abweichenden Individualvereinbarung vertragsgemäß (s. § 535 Rdn. 548). Jedoch verletzt der Mieter seine Pflicht zur Rücksichtnahme (§ 241 Abs. 2 BGB) wenn er einfache und zumutbare Maßnahmen, wie etwa regelmäßiges Lüften, unterlässt und es auf diese Weise zu Störungen der übrigen Mieter kommt (BGH NZM 2015, 302). Eine fristlose Kündigung wegen vertragswidrigem Rauchen setzt weiter voraus, dass die hierdurch verursachte Störung nachhaltig und schwerwiegend ist. Dieses Tatbestandsmerkmal kann insbesondere dann vorliegen, wenn die Intensität der Beeinträchtigung ein unerträgliches und/oder gesundheitsgefährdendes Ausmaß erreicht. Für diese Tatbestandsmerkmale trägt der Vermieter die Darlegungs- und Beweislast (BGH NJW 2015, 1239). **Rauschgift:** Ja: wenn der Mieter in der Mieträumen mit Rauschgift handelt (LG Berlin GE 1990, 255); Ja, wenn auf dem Mietgrundstück Cannabis- und Marihuanapflanzen vorgefunden werden (AG Linz NJW-RR 1991, 1225; nach BGH NZM 2017, 144 stellt die Aufbewahrung illegaler Drogen in der Wohnung vertragswidrigen Gebrauch dar). Ja, wenn der Untermieter in der Wohnung Straftaten nach dem Betäubungsmittelgesetz (Anbau und Konsum von Cannabis) begeht; hier kann der Hauptvermieter das

Außerordentliche fristlose Kündigung **BGB § 543**

Hauptmietverhältnis ohne Abmahnung fristlos kündigen (AG Hamburg – Altona ZMR 2012, 587). **Rechtsstreitigkeiten:** nein, wenn zwischen den Parteien zahlreiche Rechtsstreitigkeiten geführt worden sind (AG Jülich WuM 2006, 562) Ja, wenn der Mieter auf Grundlage eines bewusst falschen Tatsachenvortrages im Klagewege versucht, Instandsetzungsansprüche gegen den Vermieter durchzusetzen, die ihm in dieser Form nicht zustehen (LG Berlin GE 2017, 1098).

Schönheitsreparaturen: Nein: wenn der Mieter die Schönheitsreparaturen 63 nicht fristgemäß ausführt und hiermit keine Gefährdung der Mietsache verbunden ist (KG WuM 2015, 666; LG Münster WuM 1991, 33; LG Itzehoe WuM 1989, 76; LG Berlin MM 1990, 289; AG Düsseldorf WuM 1090, 149; AG Köln WuM 1988, 110; ebenso LG Hamburg ZMR 1984, 90 = WuM 1984, 85 für den Fall, dass sich der Mieter beharrlich weigert, Schönheitsreparaturen durchzuführen; AG Hamburg-Altona WuM 2000, 418). Ja: wenn der Mieter rechtskräftig zur Durchführung von Schönheitsreparaturen verurteilt ist und er diese Verpflichtung gleichwohl nicht erfüllt (AG Münster WuM 2007, 70); **Sperrmüll:** Nein: beim Ablagern von Sperrmüll in der Wohnung, wenn die Mietsache hierdurch nicht gefährdet wird (AG Friedberg/Hessen WuM 1991, 686; ähnl. LG Berlin GE 1981, 33 für Unrat in der Küche); Ja, wenn der Mieter Abfall, Kartons, Zweiräder oder Gartengeräte so im Kellerflur lagert, dass andere Mieter ihre Kellerräume schwer erreichen können und der Brandschutz nicht mehr gewährleistet ist (AG Dortmund DWW 1990, 179). **Straftaten gegenüber Dritten** können eine Kündigung rechtfertigen, wenn sie einen engen Bezug zum Mietverhältnis haben (LG Berlin GE 2015, 733 verneint bei Sozialleistungsbetrug gegenüber Jobcenter).

Tauben: Ja: wenn der Mieter Tauben füttert und die dadurch bewirkten Immis- 64 sionen in hygienischer und akustischer Hinsicht sich als erhebliche Belästigung für andere Mieter auswirken oder eine Gefährdung des Mietobjekts zur Folge haben (AG Frankfurt WuM 1977, 66 = ZMR 1978, 50); Ja, wenn der Mieter trotz eines rechtskräftigen Unterlassungstitels mit dem Taubenfüttern fortfährt (LG Düsseldorf ZMR 1993, Nr. 3 [Grüne Seite Nr. 9). Nein, wenn der Mieter ohne Erlaubnis des Vermieters einen Taubenschlag errichtet (AG Jülich WuM 2006, 562; **Tierhaltung:** s. hierzu zunächst § 535 Rdn. 575 ff. Ja: bei vertragswidriger Tierhaltung, wenn der Mieter zwei Katzen hält (LG Berlin GE 1987, 1111; zweifelhaft); Ja: wenn die Tierhaltungserlaubnis widerrufen worden ist, weil der Hund des Mieters einen Hausbewohner gebissen hat und der Mieter den Hund gleichwohl nicht abschafft (LG Berlin GE 1993, 97); Ja: wenn die Mieterin mehrere Katzen und einen Hund hält und hierdurch erhebliche Geruchsbelästigungen verursacht werden (LG Berlin GE 1996, 1433); Nein: wenn die Rechte des Vermieters durch die Tierhaltung nicht beeinträchtigt werden (LG Berlin GE 1995, 621); Nein: wenn der Mieter nach Rücksprache mit anderen Hausbewohnern davon ausgeht, dass eine Katzenhaltung erlaubt sei (LG Frankenthal WuM 1990, 118); Nein: wenn der Vermieter die Hundehaltung bei einem Nachbarn duldet (LG Freiburg WuM 1986, 247); Nein: wenn die Wohnung durch die Tierhaltung nicht in ihrer Substanz gefährdet wird (AG Berlin-Schöneberg MM 1990, 194 betr. artgerechte Haltung von ca. 80 Ziervögeln in einer 60 m² großen Wohnung); Nein, wenn der Mieter gelegentlich für einige Stunden einen Hund mit in die Wohnung nimmt (AG Waldbröl WuM 1981, 160); Nein, wenn der Mieter in einer kleinen Wohnung zwei Hunde und zwei Katzen hält (LG Berlin GE 1981, 35; sehr zweifelhaft); Nein, wenn der Mieter ohne Erlaubnis zwei Kampfhunde hält, ohne dass konkrete Anhaltspunkte für die Gefährlichkeit der Tiere vorliegen (LG Offenburg WuM

§ 543 BGB   Untertitel 1. Allgemeine Vorschriften für Mietverhältnisse

1998, 285; zweifelhaft). Ja, wenn der Mieter entgegen der Hausordnung ungeachtet mehrerer Abmahnungen seine Hunde frei auf Gemeinschaftsflächen laufenlässt (BGH NZM 2020, 105).

65 **Überbelegung:** Ja wenn hiermit nicht nur unerhebliche Auswirkungen auf die Wohnsubstanz oder auf das Zusammenleben der Hausgemeinschaft verbunden sind (BGH RE 14.7.1993 BGHZ 123, 233 = NJW 1993, 2528; (dazu § 540 BGB Rdn. 33ff). Nein, weil dem Vermieter die Möglichkeit der ordentlichen Kündigung offensteht und ihm ein Zuwarten bis zum Ablauf der Kündigungsfrist zugemutet werden kann (AG Stuttgart WuM 2012, 150. **Überschreitung des Mietgebrauchs:** Nein: wenn in einer Halle, die zum Betrieb eines „Konzeptions- und Design-Centers" vermietet worden ist, Theateraufführungen veranstaltet werden (OLG Düsseldorf WuM 1996, 410); in diesem Zusammenhang ist zu bedenken, dass der Mieter umso freier ist, je allgemeiner der Gebrauchszweck umschrieben wird. nein: wenn der Mieter von Räumen zum Betrieb einer Praxis für Psychiatrie und Psychotherapie in erheblichem Umfang Drogenersatztherapie betreibt (OLG Köln NJW 2011, 314); Ja, wenn der Untermieter den vertraglich vereinbarten Gebrauch überschreitet und der Hauptvermieter dem Untervermieter die Kündigung androht (KG GE 2011, 481); Ja, wenn Räume zum Betrieb eines „Tele-Cafes mit Internetangeboten" vermietet sind und der Mieter dort Getränke und Lebensmittel zum Kauf („Spätkauf") anbietet (KG ZMR 2015, 119).

65a **Videoüberwachung.** Die Überwachung eines Miethauses oder einer Mietwohnung durch eine Videokamera tangiert das Allgemeine Persönlichkeitsrecht der Mieter (BGH NJW 2010, 1533; KG NZM 2009, 736). Deshalb müssen es die Mieter grundsätzlich nicht hinnehmen, dass sie auf dem Weg von und zu ihren Wohnungen mittels einer Kamera überwacht werden (KG NZM 2009, 736 betr. Videoüberwachung des Aufzugs). Hieraus folgt, dass Überwachungsmaßnahmen der fraglichen Art nur mit Zustimmung der Mieter möglich sind. Vertragliche Regelungen sind möglich, wenn der Vermieter ein berechtigtes Interesse an der Überwachung geltend machen kann (z. B. Schutz des Eigentums des Vermieters oder Schutz der Bewohner). Hierfür sind konkrete Tatsachen erforderlich; allgemeine Befürchtungen genügen nicht. An den Rechtfertigungsgrund sind hohe Anforderungen zu stellen (BGH NJW 2010, 1533 betr. Überwachung einer Doppelhaushälfte). Außerdem sind die Vorgaben des Datenschutzrechts zu beachten. Eine eigenmächtige Überwachung ist nach der Auffassung des Gerichts als Verletzung des grundrechtlich geschützten Allgemeinen Persönlichkeitsrechts nach Art. 2 Abs. 1 i. V. m. Art. 1 Abs. 1 GG sowie als Eingriff in den durch Art. 13 GG geschützten Mietbesitz zu bewerten. Eine solche Pflichtverletzung berechtigt den Mieter grundsätzlich zur fristlosen Kündigung (AG München ZMR 2019, 772). Der Vermieter darf die durch eine rechtswidrige Videoüberwachung gewonnenen Erkenntnisse im Prozess auch nicht verwerten (LG Berlin Urt. v. 13.2.2020 – 67 S 369/18 (juris). Etwas anderes ist in Erwägung zu ziehen, wenn der Vermieter vom Mieter die Zustimmung zur Einwilligung der Überwachung verlangen kann.

66 **Vorschuss für Mangelbeseitigung.** Hat der Mieter für die Beseitigung eines Mangels einen Vorschuss erhalten, so muss er binnen angemessener Zeit tätig werden. Eine längere Untätigkeit des Mieters ist jedenfalls bei einem höheren Vorschussbetrag als erhebliche Pflichtverletzung zu bewerten, die eine Kündigung nach § 541 Abs. 1 BGB rechtfertigen kann (BGH ZMR 2012, 610).

67 **Wäsche trocknen:** Nein, wenn der Mieter in der Wohnung Wäsche trocknet, ohne dass hierdurch die Mietsache gefährdet wird (AG Naumburg WuM 1992, 680). **Wohnungsnutzung:** Ja, wenn der Mieter Gewerberäume vertragswidrig zu

Wohnzwecken nutzt (OLG Düsseldorf ZMR 1987, 423 = NJW-RR 1987, 1370); Nein, wenn der Mieter Gewerberäume in einem gemischt genutzten Haus, teilweise zu Wohnzwecken nutzt (OLG Köln ZMR 1996, 24).

n) Darlegungs- und Beweislast. Die Darlegungs- und Beweislast für das Vorliegen der Kündigungsvoraussetzungen trägt grundsätzlich der Vermieter. Dieser muss vortragen und beweisen: Die Vertragsverletzung, den Zugang der Abmahnung, die Fortsetzung des vertragswidrigen Gebrauchs nach der Abmahnung und den Zugang der Kündigung. Im Rahmen seiner Darlegungslast muss der Vermieter das Verhalten des Mieters hinreichend genau beschreiben und die Zeit, den Ort und die näheren Umstände der Vertragsverletzung mitteilen („wann, wo, was"). Aus dem Klagvortrag muss sich ergeben, welche Vertragsverletzung abgemahnt worden ist. Außerdem muss der Vermieter darlegen, dass der Mieter nach dem Zugang der Abmahnung eine weitere, gleiche oder gleichartige Vertragsverletzung begangen hat. Es genügt nicht, wenn der Vermieter lediglich auf die im Abmahnschreiben aufgeführten Beanstandungen Bezug nimmt, weil der Kündigungstatbestand eine Fortsetzung des beanstandeten Verhaltens nach der Abmahnung voraussetzt. 68

Wird die Kündigung auf eine **Vielzahl einzelner Vertragsverletzungen** gestützt, so müssen die einzelnen Vertragsverletzungen substantiiert dargelegt werden. Aus dem Klagvortrag muss sich auch in diesem Fall ergeben, wann und wo der Mieter die behaupteten Vertragsverstöße begangen hat. Wird beispielsweise wegen einer häufigen Lärmbelästigung gekündigt, so genügt es nicht, wenn der Vermieter lediglich darlegt, dass der Mieter „ständig ruhestörenden Lärm" verursacht habe. Vielmehr ist in einem solchen Fall zu verlangen, dass Art, Zeitpunkt und jeweilige Dauer der einzelnen Lärmstörungen hinreichend genau beschrieben wird. Zumindest muss der Vermieter einen abgrenzbaren Zeitraum angeben und die Häufigkeit der Lärmstörungen innerhalb dieses Zeitraums darlegen (zB: „In der Zeit vom bis ca. dreimal wöchentlich"). 69

In den Fällen einer **vertragswidrigen, nicht vom Wohngebrauch gedeckten Nutzung** (Untermiete, Tierhaltung, teilgewerbliche Nutzung) gilt folgendes: Kündigt der Vermieter, so muss der Mieter beweisen, dass ein vom Vertragszweck abweichender Mietgebrauch gestattet ist. In den Fällen der teilgewerblichen Nutzung muss der Mieter entweder beweisen, dass die in Betracht stehende Tätigkeit keine Außenwirkung hat oder dass ihm ein Anspruch auf Genehmigung der Tätigkeit zusteht. Bei der Untervermietung muss der Mieter beweisen, dass ihm die Untervermietung gestattet wurde oder dass ihm ein Anspruch auf Erteilung der Untermieterlaubnis zusteht. 70

o) Vertragsverletzungen des Vermieters. Der Mieter kann nach § 543 Abs. 1 BGB zur Kündigung berechtigt sein, wenn der Vermieter **verbotene Eigenmacht** begeht, indem er die Mieträume ohne Einwilligung des Mieters betritt (OLG Celle WuM 2007, 201 für Geschäftsraummiete) oder mit einem Nachschlüssel in die Wohnung eindringt (LG Berlin GE 1999, 572; AG Heidelberg WuM 1978, 69 = ZMR 1978, 239) oder sich in den Fällen des § 555e BGB mit Gewalt Zutritt zur Wohnung zu verschaffen sucht; das Verschulden von ihm beauftragten Handwerker muss sich der Vermieter zurechnen lassen. Gleiches gilt, wenn der Mieter vom Vermieter beleidigt wird (AG Borken WuM 2000, 189: unberechtigter Vorwurf des querulantenhaften Verhaltens) oder tätlich angegriffen oder sonst in seinen Rechten verletzt wird (LG Bonn WuM 1998, 486: wenn der Vermieter den Mieter bei dessen Arbeitgeber in Misskredit bringt). 71

§ 543 BGB Untertitel 1. Allgemeine Vorschriften für Mietverhältnisse

72 **Beispiele:** Unterlassene Abrechnung von Betriebskosten und Weigerung zur Auszahlung eines Guthabens (OLG Düsseldorf DWW 1991, 78); Unredlichkeiten des Vermieters bei der Abrechnung unter Vorlage gefälschter Unterlagen (LG Gießen WuM 1996, 767); Abrechnung von Betriebskosten, die in Wirklichkeit nicht angefallen sind (LG Berlin GE 2003, 1081); mehrfache Übervorteilung des Mieters bei den Nebenabgaben (AG Kassel WuM 1968, 178); treuwidrige Verhinderung der Ausübung des Vormietrechts durch einen Mieter (BGH LM Nr. 4 zu § 554a BGB); Verletzung des Briefgeheimnisses (AG Rendsburg WuM 1989, 178); wenn der Vermieter nichts unternimmt, obwohl er weiß, dass sich in der Wohnung des für längere Zeit ortsabwesenden Mieters ein erkennbar geistesgestörter Eindringling aufhält (LG Göttingen WuM 1990, 75); wenn der Vermieter sich weigert, geeignete Baumaßnahmen zur Erfüllung behördlicher Auflagen durchzuführen (OLG Frankfurt WuM 1980, 133); bei wiederholtem Ausfall der Heizungsanlage (AG Waldbröl WuM 1986, 337; AG Dieburg WuM 1980, 131); wenn sich die Gasinstallationen bei Beginn des Mietverhältnisses nicht im gebrauchsfähigen Zustand befinden (AG Wuppertal WuM 1983, 327), bei nachhaltiger Weigerung des Vermieters zur Mängelbeseitigung (LG Heidelberg WuM 1977, 200; LG Köln WuM 1977, 200); bei Vorenthaltung der Mietsache (AG Darmstadt WuM 1978, 29); bei Störungen durch Mitmieter (LG Frankfurt ZMR 1970, 201; s. dazu auch AG Jülich WuM 1992, 370); bei Verletzung einer Konkurrenzschutzklausel in Mietvertrag über Räume zum Betrieb einer „Kampfkunstschule" (OLG Düsseldorf ZMR 2014, 202).

III. Die speziellen Kündigungstatbestände (Abs. 2)

1. Nichtgewährung/Entzug des Mietgebrauchs (Abs. 2 Nr. 1)

73 Nach § 543 Abs. 2 Nr. 1 BGB liegt für den Mieter (Abramenko ZMR 2019, 909; Lützenkirchen, Mietrecht, § 543 Rdn. 175; **a. A.** AG Hamburg-Blankenese ZMR 2019, 966 (beidseitiges Kündigungsrecht)) ein Kündigungsgrund vor, wenn dem Mieter der vertragsgemäße Gebrauch der Mietsache nicht rechtzeitig gewährt oder wieder entzogen wird. Die Regelung gehört rechtssystematisch zu den Gewährleistungsvorschriften und umfasst die folgenden **Fallgruppen: (1)** Die Mietsache kann nicht zu dem vertraglich vereinbarten Zeitpunkt übergeben werden (Rdn. 74); **(2)** Die Mietsache wird zwar zum vertraglich vereinbarten Zeitpunkt übergeben; sie ist aber mangelhaft im Sinne von § 536 BGB (Rdn. 79); **(3)** Die Mietsache wird dem Mieter angeboten. Ihr Zustand entspricht aber nicht den vertraglichen Vereinbarungen (Rdn. 82); **(4)** Dem Mieter wird die Mietsache wieder entzogen, sei es durch den Vermieter, sei es durch einen Dritten, sei es durch ein von einer Behörde ausgesprochenes Benutzungsverbot, das seinen Grund in der Beschaffenheit der Mietsache hat (Rdn. 83); **(5)** Die Mietsache wird im Verlauf der Mietzeit mangelhaft (Rdn. 91). In allen Fällen steht das Kündigungsrecht steht ausschließlich dem Mieter zu. Die Kündigung nach § 543 Abs. 2 Nr. 1 BGB setzt nicht voraus, dass die Fortsetzung des Mietverhältnisses für den Mieter unzumutbar ist (KG GE 2014, 934). Die Beeinträchtigung der Gebrauchstauglichkeit genügt; bei der Vermietung von Geschäftsräumen ist es deshalb nicht erforderlich, dass sich der Mangel auf den Umsatz ausgewirkt hat (KG a. a. O.). Eine anfängliche Kenntnis oder grob fahrlässige Unkenntnis vom Sachmangel i. S. v. § 536b BGB muss sich auf die konkreten gebrauchsbeeinträchtigenden Umstände beziehen, einschließlich ihrer Auswirkungen auf die Gebrauchstauglichkeit (KG a. a. O.).

Außerordentliche fristlose Kündigung **BGB § 543**

a) Verzögerung der Übergabe. Das Kündigungsrecht entsteht, wenn dem 74
Mieter der Mietgebrauch ganz oder zum Teil nicht rechtzeitig gewährt wird. Es
kommt hierbei nicht darauf an, ob der Vermieter die Verzögerung zu vertreten hat
(BGH NJW 1974, 2233). Für die Rechtzeitigkeit der Überlassung kommt es auf die
vertraglichen Vereinbarungen an. Ist hinsichtlich des Beginns der Mietzeit keine
ausdrückliche Regelung getroffen, und lässt sich der Mietbeginn auch nicht aus
den Umständen entnehmen, so wird der Überlassungsanspruch sofort fällig (§ 271
Abs. 1 BGB). Eine Formularklausel, die zur Folge hat, dass der Vertragsbeginn völlig
ungewiss ist („Das Mietverhältnis beginnt mit dem Auszug des bisherigen Mieters",
„... mit der Fertigstellung der Wohnung", und ähnliche Klauseln) verstößt gegen
§ 307 BGB; dies hat zur Folge, dass der Mieter die Rechte aus § 543 Abs. 2 Nr. 1
BGB alsbald nach Vertragsschluss geltend machen kann. Bei Individualvereinbarungen ist zu prüfen, von welchen zeitlichen Vorstellungen die Parteien beim Abschluss
des Mietvertrags ausgegangen sind. Demgemäß ist der Zeitpunkt zu bestimmen, zu
dem die Mietsache spätestens übergeben werden muss. Ist vereinbart, dass sich der
Einzugstermin infolge von Modernisierung- Sanierungs- oder Renovierungsarbeiten verzögern kann, so entsteht das Kündigungsrecht, wenn der ins Auge gefasste
Einzugstermin über einen längeren Zeitraum überschritten wird (LG Berlin GE
1993, 919). Gleiches gilt, wenn sich die Fertigstellung einer Wohnung in einem
Neubau verzögert.

Eine Kündigung nach § 543 Abs. 2 Nr. 1 BGB ist nur zulässig, wenn die sie tra- 75
genden Gründe bei Kündigungsausspruch entweder vorliegen oder wenn zumindest feststeht, dass sie bei Beginn des Mietverhältnisses gegeben sein werden. Die
bloße **Ungewissheit, ob der Gebrauch rechtzeitig gewährt wird,** reicht nicht
(LG Hamburg MDR 1974, 583). Ausnahmsweise kann in solchen Fällen eine Kündigung aus wichtigem Grund in Betracht zu ziehen sein, wenn dem Mieter die Ungewissheit wegen besonderer Umstände nicht zugemutet werden kann (Fleindl in:
Bub/Treier Kap IV Rdn. 319).

Nach der Ansicht des BGH entfällt das Kündigungsrecht, wenn feststeht, dass 76
der **Mieter die Räume aus Gründen, die in seiner Person liegen, ohnehin
nicht nutzen** kann; in diesem Fall werde dem Mieter der Gebrauch nicht entzogen
(BGHZ 38, 295 = NJW 1963, 341 Ebenso: OLG Hamm NZM 2011, 277). Streitig ist, ob das Kündigungsrecht auch dann besteht, wenn der Mieter eine Vorenthaltung des Gebrauchs zur Kündigung nach § 543 Abs. 2 Nr. 1 BGB ausnützt, weil er
ohnehin vom Mietvertrag loskommen will (bejahend: BGH NJW 1970, 1791 für
Kündigung wegen eines geplanten Umzugs; verneinend: OLG Celle ZMR 2002,
187, 188 für den Fall einer vertraglich vereinbarten Betriebspflicht).

Wird die Mietsache nicht pünktlich übergeben, so kann der Mieter die Rechte 77
aus **§§ 281, 283, 323, 325 BGB (Schadensersatz, Rücktritt)** geltend machen,
wenn der Vermieter die verspätete Überlassung zu vertreten hat oder wenn der Vermieter die pünktliche Übergabe in der Form eines Garantieversprechens zugesichert hat (§ 276 BGB (BGH ZMR 1993, 7). Diese Rechte bestehen neben dem
verschuldensunabhängigen Kündigungsrecht aus § 543 Abs. 2 Nr. 2 BGB (§ 314
Abs. 4 BGB). Hat der Mieter die verspätete Fertigstellung oder Überlassung durch
sein Verhalten verursacht oder mitverursacht, so entfallen sowohl das Kündigungsrecht (OLG Düsseldorf WuM 1993, 667) als auch der Anspruch auf Schadensersatz.

Ist streitig, ob der Vermieter den Gebrauch der Mietsache rechtzeitig gewährt 78
hat, so trifft ihn die **Beweislast** (§ 543 Abs. 4 Satz 2 BGB).

§ 543 BGB Untertitel 1. Allgemeine Vorschriften für Mietverhältnisse

79 **b) Übergabe einer mangelhaften Sache.** Das Kündigungsrecht besteht auch dann, wenn die Mietsache in einem vertragswidrigen (d. h. mangelhaften) Zustand übergeben wird oder wenn eine **zugesicherte Eigenschaft fehlt.** Dies gilt gleichermaßen für Sach- und für Rechtsmängel.

80 **Beispiele aus der Rechtsprechung:** Formaldehyd in der Raumluft (LG München I NJW-RR 1991, 975); bauordnungsrechtlich ungenügende Raumhöhe, wenn in den angemieteten Räumen ein Jugendfreizeitzentrum eingerichtet werden soll (LG Berlin GE 1992, 553); wenn die Lichtverhältnisse in gewerblich genutzten Räumen durch die Nachbarbebauung stärker beeinträchtigt werden, als es bei Einhaltung der öffentlich-rechtlichen Vorschriften zulässig ist (OLG Hamm ZMR 1983, 273); bei Befall einer Wohnung mit Kakerlaken (LG Freiburg WuM 1986, 246) wenn eine gemietete Ferienwohnung nicht in sich abgeschlossen ist (LG Berlin GE 1988, 629); wenn gewerbliche Räume wegen Fehlens einer behördlichen Genehmigung nicht zu den vertraglich vereinbarten Zwecken genutzt werden können (OLG Düsseldorf NJW-RR 1988, 1424; OLG Hamburg ZMR 1995, 533); wenn der Vermieter verpflichtet ist, gewerblich zu nutzende Räume nach einem vereinbarten Plan umzugestalten und der Umbau nicht plangerecht ist (BGH NZM 2005, 500); Wenn die tatsächliche Wohn- oder Nutzfläche kleiner ist als die im Vertrag angegebene Fläche und die Abweichung mehr als 10% beträgt; es kommt nicht darauf an, ob dem Mieter die Fortsetzung des Mietverhältnisses bis zum Ablauf der Kündigungsfrist zugemutet werden kann (BGH NZM 2005, 500; s. auch BGH NZM 2004, 456; NJW 2004, 1947). Wie allgemein im Gewährleistungsrecht kommt es bei einer Abweichung des tatsächlichen Zustands der Mietsache vom vertraglich vereinbarten Zustand nicht darauf an, ob der Mietgebrauch beeinträchtigt ist (BGH NZM 2005, 500).

81 Auf ein **Verschulden** des Vermieters kommt es nicht an. Umgekehrt entfällt das Kündigungsrecht, wenn der Mieter den Mangel zu vertreten hat oder wenn sein Verhalten mitursächlich für die Mangelhaftigkeit gewesen ist (OLG Düsseldorf ZMR 1993, 334: wenn ein vertraglich vereinbarter Umbau nicht durchgeführt werden kann, weil sich der Mieter entgegen seiner Zusage nicht um die Beschaffung der behördlichen Genehmigungen gekümmert hat; OLG Düsseldorf DWW 1991, 236: wenn eine behördliche Genehmigung wegen fehlender Kfz-Stellplätze nicht erteilt wird und der Mieter entgegen seiner vertraglichen Verpflichtung nicht alles getan hat, um Stellplätze zu finden; Kraemer DWW 2001, 110, 117).

82 **c) Angebot der Mietsache im vertragswidrigen Zustand.** Der Mieter kann bereits vor der Überlassung kündigen, wenn ihm die Mietsache in vertragswidrigem Zustand angeboten wird (BGH NZM 2005, 500 betreffend Übergabe von gewerblichen Räumen im planwidrigen Zustand; OLG Köln ZMR 1997, 230; Fleindl in: Bub/Treier Kap IV Rdn. 320; Palandt/Weidenkaff § 543 BGB Rdn. 11–13; LG Berlin GE 2012, 690: wenn Wände der Wohnung in unüblichen Farben gestrichen sind und dem Mieter die Mietsache in diesem Zustand angeboten wird). Geringfügige Sach- oder Rechtsmängel können dabei vernachlässigt werden (BGH NZM 2007, 401). Ist streitig, ob die Mietsache vom Vermieter in einem vertragsgemäßen Zustand angeboten worden ist, so trifft die Beweislast den Vermieter, weil dieser die Erfüllungsbereitschaft behauptet. Bestehen unterschiedliche Auffassungen über den Umfang der vom Vermieter geschuldeten Aus- oder Umbauarbeiten, so muss der Vermieter auch beweisen, dass keine weiteren als die von ihm tatsächlich durchgeführten Arbeiten vereinbart worden sind (OLG Köln ZMR 1997, 230).

d) Entzug des Mietgebrauchs. Der Mieter ist zur Kündigung berechtigt, 83 wenn ihm die Möglichkeit zum Gebrauch der Mietsache im Verlauf der Mietzeit entzogen wird. Dies ist dann der Fall, wenn der Mieter ganz oder teilweise an der vertragsgemäßen Nutzung des Mietobjekts gehindert wird. Es genügt, wenn der Mieter ernsthaft mit einer Gebrauchsentziehung rechnen muss. Hiervon kann ausgegangen werden, wenn der Vermieter dem Mieter entgegen den vertraglichen Vereinbarungen eine gewerbliche Nutzung untersagt (LG Itzehoe ZMR 2012, 555). Der Widerruf einer Gebrauchsgestattung, auf die der Mieter keinen vertraglichen Anspruch hat, rechtfertigt die Kündigung nicht OLG Düsseldorf WuM 2001, 113 betr. gefälligkeitshalber überlassene Gewerbeflächen).

Ein Kündigungsgrund liegt dagegen vor, wenn der Vermieter den Mieter durch 84 **Zwang** von der Benutzung der Sache fernhält, z. B. durch den **Austausch des Türschlosses** oder durch **Versperren der Zufahrt** zu einer gemieteten Lagerhalle durch einen geparkten LKW über einen längeren Zeitraum (OLG Düsseldorf DWW 2016, 332). Dies gilt auch dann, wenn der Vermieter an den in der Mietsache befindlichen Gegenständen ein Pfandrecht geltend machen will. Das Selbsthilferecht des § 562b BGB gibt dem Vermieter zwar die Möglichkeit zu verhindern, dass Pfandgegenstände aus der Mietsache entfernt werden; der Vermieter ist aber nicht berechtigt, die Zufahrt zu der Mietsache auf längere Zeit zu versperren (OLG Düsseldorf a. a. O.). Die Ausübung von **mittelbarem Zwang** genügt (LG Berlin MM 1986 Nr. 9 S. 28: **Abschalten des Stroms** durch den Vermieter wegen Zahlungsverzugs). Der Umstand, dass der Mieter den Vermieter auf Wiedereinräumung des Gebrauchsrechts in Anspruch nehmen könnte, steht der Kündigung nicht entgegen.

Ebenso liegt ein Kündigungsgrund vor, wenn der Vermieter die Mietsache um- 85 fänglich **sanieren und modernisieren** will und die geplanten Arbeiten zur Folge haben, dass der Mieter die Räume nicht mehr vertragsgemäß nutzen kann. Die Kündigungsrechte nach § 555e Abs. 1 und nach § 543 Abs. 2 Nr. 1 BGB schließen sich nicht aus. Der Mieter muss nicht abwarten, bis der Gebrauchsentzug tatsächlich eintritt; vielmehr darf er die Kündigung bereits vor Beginn der Arbeiten aussprechen. Eine Fristsetzung zur Beseitigung der Gebrauchsbeeinträchtigung ist entbehrlich, wenn feststeht, dass der Vermieter die geplanten Maßnahmen auf jeden Fall durchführen wird (§ 543 Abs. 3 Nr. 1 BGB; OLG Brandenburg NJWE-MietR 1997, 224).

Außerdem besteht ein Kündigungsrecht, wenn eine Behörde ein **Benutzungs-** 86 **verbot** erlässt (BGH NZM 2017, 73 = NJW 2017, 1104 betr. Mängel des Brandschutzes wegen der Verwendung von brennbarem Material zur Fassadendämmung; OLG Düsseldorf DWW 1993, 99; LG Frankfurt NJW 1977, 1885; AG Plettenberg NZM 1998, 863). Die Kündigung setzt nicht zwingend voraus, dass die zuständige Behörde die Nutzung des Mietobjekts durch ein rechtswirksames und unanfechtbares Verbot untersagt hat; vielmehr genügt es, wenn der Mieter auf Grund der Umstände davon ausgehen muss, dass die behördliche Nutzungsuntersagung droht. Dieser Umstand ist als Sachmangel zu bewerten. Eine begründete Unsicherheit hinsichtlich der Zulässigkeit der Nutzung kann ausreichen. (BGH NZM 2014, 165 = NJW 2014, 165 Rdn. 20). Andererseits besteht eine kündigungsrelevante Ungewissheit nicht bereits dann, wenn die Behörde dem Mieter Gelegenheit gibt, zu einer Beanstandung Stellung zu nehmen (OLG Düsseldorf GuT 2007, 217). Nach der Rechtsprechung führt ein behördliches Gebrauchshindernis dann zu einem Mangel der Mietsache, wenn folgende Voraussetzungen gegeben sind: **(1)** Die behördliche Maßnahme muss ihren Grund in der konkreten Beschaffenheit der Mietsache haben; Maßnahmen die aufgrund der persönlichen Verhältnisse des Mieters ergriffen werden oder die wegen der Art und Weise des Geschäftsbetriebs ergehen, scheiden aus. **(2)** Der Vermieter muss auf Grund des Mietvertrag verpflichtet sein, für diejenigen Umstände einzustehen, auf deren Fehlen oder Vorliegen sich die behördliche Maßnahme bezieht. **(3)** Es genügt nicht, dass die Behörde tätig werden kann; Voraussetzung ist vielmehr, dass sie tatsächlich tätig wird und dass der vertragsgemäße Gebrauch hierdurch tatsächlich beeinträchtigt wird (BGH NJW 2009, 3421). Dies ist regelmäßig erst dann der Fall, wenn die Maßnahme rechtswirksam und unanfechtbar ist; deshalb ist es dem Mieter i. d. R. zuzumuten die behördliche Maßnahme auf ihre Rechtmäßigkeit überprüfen zu lassen BGH NJW 2014, 165). Hat die Behörde aber bereits eine vollziehbare Nutzungsuntersagung erlassen und kann der Mieter den Untersagungsgrund nicht beeinflussen, so ist es dem Mieter nicht zuzumuten sich auf einen Rechtsstreit mit ungewissem Ausgang einzulassen (BGH NZM 2017, 73 = NJW 2017, 1104 betr. Mängel des Brandschutzes wegen der Verwendung von brennbarem Material zur Fassadendämmung).

87 Ähnliche Grundsätze gelten, wenn der **Vermieter das Mietverhältnis zu Unrecht kündigt.** Hier kann der Mieter den Vermieter zu der Erklärung auffordern, dass das Mietverhältnis mangels Wirksamkeit der Kündigung fortbestehe. Hält der Vermieter an der unwirksamen Kündigung fest, kann der Mieter seinerseits kündigen (Michalski ZMR 1996, 364) und den Kündigungsfolgeschaden geltend machen.

88 Widerspricht der Vermieter bei allgemein erteilter Erlaubnis zur **Untervermietung** dieser im Einzelfall ohne ausreichenden Grund, so ist der Mieter nicht nur zur außerordentlichen befristeten Kündigung nach § 540 Abs. 1 Satz 2 BGB sondern auch zur fristlosen Kündigung nach § 543 Abs. 2 Nr. 1 BGB berechtigt (BGHZ 89, 308 = NJW 1984, 1031). Gleichwohl kann der Mieter aus diesem Grund nicht (mehr) kündigen, wenn der Vermieter seine ablehnende Haltung in der Folgezeit aufgibt (vgl. LG Lüneburg ZMR 2012, 446). Im Verhältnis des Untermieters zum Mieter liegt eine Gebrauchsentziehung vor, wenn der Untermieter nach der Beendigung des Hauptmietverhältnisses vom Eigentümer nach § 546 Abs. 2 BGB auf Räumung in Anspruch genommen wird. Gleiches gilt, wenn dem Untermieter wahlweise angeboten wird, entweder die Miete in Zukunft an den Eigentümer zu zahlen oder zu räumen (OLG Hamm RE 26.8.1987 NJW-RR 1987, 1304). Ist das Hauptmietverhältnis noch nicht beendet, so sind die Kündigungsvoraussetzungen allerdings nicht gegeben (OLG Hamburg WuM 1990, 340). Andererseits ist es aber nicht erforderlich, dass die Beendigung des Hauptmietverhältnisses zweifelsfrei feststeht. Es genügt auch hier, dass der Mieter die Geltendmachung des Herausgabeanspruchs durch den Eigentümer ernsthaft befürchten muss.

89 Dagegen liegt keine Gebrauchsentziehung vor, wenn der Mieter die Mietsache deshalb nicht ungestört nutzen kann, weil häufig eingebrochen wird. Die **Gefährdung des Eigentums durch Straftaten** dieser Art gehört zum allgemeinen Lebensrisiko, das jedermann selbst zu tragen hat (KG NZM 1998, 437; **a. A.** OLG Naumburg NZM 1998, 438).

90 In der Praxis kommt es häufig vor, dass die zu einem **Einkaufszentrum** gehörenden **Ladenräume bereits im Planungsstadium vermietet** werden. In Fällen dieser Art hat der Mieter regelmäßig die Vorstellung, dass das Einkaufszentrum vom Publikum angenommen wird und dass sich der Kundenstrom positiv auf die eigenen Umsätze auswirkt. Wird diese Erwartung nicht erfüllt, so liegt regelmäßig kein Kündigungsgrund nach § 543 Abs. 2 Nr. 1 BGB vor. Dies gilt auch dann, wenn die mangelnde Akzeptanz auf einer ungenügenden Zahl von Parkplätzen oder einer

unzureichenden Belegung der einzelnen Läden beruht. Die hierdurch bedingten Auswirkungen auf den Kundenstrom stellen keinen Mangel im Rechtssinne dar, sondern gehören zum **allgemeinen unternehmerischen Verwendungs- und Gewinnerzielungsrisiko** (BGH NJW 2000, 1714 = NZM 2000, 492; NZM 2000, 1005; OLG Rostock DWW 2002, 331).

e) nachträglicher Mangel. Der in der Praxis bedeutsamste Anwendungsfall 91 des § 543 Abs. 2 Nr. 1 BGB ist die Kündigung wegen eines nach der Überlassung auftretenden Sach- oder Rechtsmangels. Hier wird dem Mieter ebenfalls der vertragsmäßige Gebrauch ganz oder zum Teil entzogen (BGH NZM 2007, 561 = WuM 2007, 570). OLG Düsseldorf MDR 2012, 1086; KG ZMR 2015, 538 betr. Beeinträchtigung des Zugangs zu einem Ladengeschäft durch das Aufstellen eines Schutzgerüstes). Dabei kommt es nicht darauf an, ob die Mängelursache in der Beschaffenheit der Mietsache oder in deren Umfeld oder in Rechten eines Dritten liegt. Sie muss allerdings der Sphäre des Vermieters zuzurechnen sein. Ein Verschulden des Vermieters ist – wie allgemein bei den Gewährleistungsrechten – nicht erforderlich. Deshalb kann eine Zugangsbeeinträchtigung auf Grund staatlicher **Baumaßnahmen** oder **rechtswidrig parkende Fahrzeuge** einen Mangel darstellen, der den Mieter zur Kündigung berechtigt (OLG Düsseldorf GuT 2007, 438; LG Düsseldorf NZM 2003, 899; Kluth/Böckmann NZM 2003, 882). Jedoch ist erforderlich, dass die Maßnahmen eine gravierende Gebrauchsbeeinträchtigung zur Folge haben. Dies ist nicht der Fall, wenn die Arbeiten nicht zu einem vollständigen Ausschluss des Zugangs führen, der Mieter wusste, dass in der Nachbarschaft Bauarbeiten durchgeführt werden und der Mieter nicht auf Laufkundschaft angewiesen ist (OLG Düsseldorf GE 2012, 688).

Eine **behördlich angeordnete Straßensperre** kann als Mangel der Mietsache 91a zu bewerten sein (OLG Frankfurt ZMR 2017, 882). Grundsätzlich gilt zwar, dass das Verwendungs- und Ertragsrisiko in den Risikobereich des Mieters fällt. Deshalb muss der Mieter solche Gebrauchsbeeinträchtigungen hinnehmen, mit denen im Allgemeinen zu rechnen ist. Hierzu zählen z. B. Änderungen in der Verkehrsführung, die auf einer Weiterentwicklung der städtebaulichen Entwicklung oder von Verkehrskonzepten beruhen. Anders ist es, wenn durch eine Straßensperre die sinnvolle Nutzung der Mietsache aufgehoben oder wesentlich beeinträchtigt wird. Eine wesentliche Beeinträchtigung ist anzunehmen, wenn dem Mieter eine Fortsetzung des Mietverhältnisses bis zu dessen Beendigung durch ordentliche Kündigung oder Zeitablaufs nicht mehr zumutbar erscheint. Maßgeblich sind die Umstände des Einzelfalls (OLG Frankfurt ZMR 2017, 882).

Ebenso liegt ein nachträglicher Mangel vor, wenn der Mietgebrauch auf Grund 91b eines Verstoßes des Vermieters gegen die Verpflichtung zum **Konkurrenzschutz** beeinträchtigt wird (vgl. BGH NJW 2013, 44; ähnlich OLG Koblenz NZM 2018, 564: Kündigung nach § 543 Abs. 1).

Behördliche Gebrauchsbeschränkungen stellen einen Mangel dar wenn fol- 92 gende Voraussetzungen gegeben sind: **(1)** Die behördliche Maßnahme muss ihren Grund in der konkreten Beschaffenheit der Mietsache haben; Maßnahmen die aufgrund der persönlichen Verhältnisse des Mieters ergriffen werden oder die wegen der Art und Weise des Geschäftsbetriebs ergehen, scheiden aus (BGH NJW 2011, 3151 Rdn. 8). **(2)** Der Vermieter muss auf Grund des Mietvertrag verpflichtet sein, für diejenigen Umstände einzustehen, auf deren Fehlen oder Vorliegen sich die behördliche Maßnahme bezieht. **(3)** Es genügt nicht, dass die Behörde tätig werden kann; Voraussetzung ist vielmehr, dass sie tatsächlich tätig wird und dass der vertragsgemäße Gebrauch hierdurch tatsächlich beeinträchtigt wird (BGH NJW 2009, 3421; NZM 2014, 165). Dies ist regelmäßig erst dann der Fall, wenn die Maßnahme rechtswirksam und unanfechtbar ist; deshalb ist es dem Mieter zuzumuten die behördliche Maßnahme auf ihre Rechtmäßigkeit überprüfen zu lassen BGH NZM 2014, 165). Ausnahmsweise kann eine langwährende Unsicherheit hinsichtlich der behördlichen Entscheidung für die Annahme eines Mangels ausreichen (BGH ZMR 2008, 274).

93 Ebenso kann der **Mietgebrauch durch andere Mieter gestört** werden, etwa durch Lärm, Tätlichkeiten oder Beleidigungen. Gegen solche Störungen muss der Vermieter einschreiten. Es muss sich allerdings um eine erhebliche Beeinträchtigung handeln (LG Düsseldorf NZM 2003, 899). Erforderlich ist, die Störung auf Grund ihrer Dauer und nach Art und Ausmaß ein gewisses Gewicht erreicht (OLG Düsseldorf (GuT 2007, 438). Der Mieter muss die Störungen substantiiert nach Art, Zeitpunkt und Intensität darlegen und im Streitfall beweisen (OLG Düsseldorf a. a. O.).

94 Der Umstand, dass der Mangel auf Grund von **Maßnahmen** eingetreten ist, **die der Mieter nach § 555a, 555d zu dulden hat,** schließt die Kündigung nicht aus; auch insoweit gilt für § 543 Abs. 2 Nr. 1 BGB nichts anderes als für die sonstigen Gewährleistungsrechte nach §§ 536 ff (LG Berlin GE 1997, 555, 557; **a. A.** LG Berlin GE 2001, 966; Sternel, Rdn. II 301: nur wenn ein vom Vermieter zu vertretender „Reparaturstau" vorliegt). Der Mieter muss allerdings auf die Interessen des Vermieters Rücksicht nehmen und eine den Umständen nach angemessene Abhilfefrist setzen.

95 Nach § 536 Abs. 1a bleibt im Falle einer **energetischen Modernisierung** eine Minderung der Tauglichkeit für die Dauer von drei Monaten außer Betracht. Die Vorschrift gilt nur für die Minderung der Miete. Eine Kündigung des Mietverhältnisses nach § 543 Abs. 2 Nr. 1 ist dagegen möglich, wenn die Maßnahme eine nur unerheblichen Beeinträchtigung des Mietgebrauchs zur Folge hat. Eine Abhilfefrist ist in Fällen dieser Art entbehrlich, wenn ein Verzicht des Vermieters auf die Modernisierung nach den konkreten Umständen nicht zu erwarten ist oder wenn dem Mieter ein weiteres Zuwarten nicht zugemutet werden kann.

96 Das Kündigungsrecht ist ausgeschlossen, wenn der **Mieter den Mangel zu vertreten** hat; in einem solchen Fall ist der Vermieter nämlich nicht zur Mängelbeseitigung verpflichtet (BGHZ 116, 334, 338 = NJW 1992, 1036; NZM 1998, 117; OLG Düsseldorf GE 2011, 750 betr. Ungezieferbefall nach Umbau von Ladenräumen). Bei der Frage des Verschuldens sind die besonderen **Grundsätze zur Beweislastverteilung** bei ungeklärter Schadensursache zu beachten (BGH NZM 1998, 117). Danach gilt: Ist streitig, ob vermietete Räume infolge des Mietgebrauchs beschädigt worden sind, trägt der Vermieter die Beweislast dafür, dass die Schadensursache dem Obhutsbereich des Mieters entstammt. Hierzu muss der Vermieter sämtliche in seinen eigenen Verantwortungsbereich fallenden Schadensursachen ausräumen. Ist der Beweis gelungen, dass die Schadensursache aus dem Obhutsbereich des Mieters stammt, so muss der Mieter beweisen, dass der Schaden nicht seinem Verantwortungsbereich zuzuordnen ist (BGH NZM 2005, 17 = WuM 2005, 54).

97 In den Fällen des **§ 536b BGB (Kenntnis des Mieters vom Mangel)** ist die Kündigung ausgeschlossen (§ 543 Abs. 4 BGB). Dieser Ausschlussgrund gilt nicht, wenn der Mieter eine mangelhafte Mietsache ohne Beanstandung übernommen und er erst später Kenntnis vom Mangel erlangt hat. Dabei ist unerheblich, ob der Mieter die Räume über längere Zeit ohne Beanstandung benutzt hat und ob sich

Außerordentliche fristlose Kündigung **BGB § 543**

der Fehler auf die Gebrauchstauglichkeit auswirkt (zweifelnd BGH NZM 2005, 500). Die gesetzliche Ausschlussregelung ist eindeutig; für eine entsprechende Anwendung ist mangels einer Regelungslücke kein Raum. Ebenso besteht kein Bedürfnis, das Kündigungsrecht aus Billigkeitsgründen einzuschränken (so aber Kraemer NZM 2001, 553, 559; Scheffler NZM 2003, 17, 18; Schul/Wichert ZMR 2002, 633, 638, 639 jeweils für den Fall einer Minderfläche). Insbesondere ist der Mieter nicht verpflichtet, sich auf Dauer mit einer Mietsache abzufinden, die den vertraglichen Vereinbarungen nicht entspricht.

Die **im Risikobereich des Mieters liegenden Beeinträchtigungen** berechtigen ebenfalls nicht zur Kündigung (OLG Düsseldorf DWW 1991, 50 Verschlechterung der Ertragslage bei Geschäftsraum). Störungen auf Grund des **persönlichen Verhaltens des Vermieters** (Beleidigungen, Belästigungen usw.) fallen nicht unter § 543 Abs. 2 Nr. 1 BGB, sondern unter § 543 Abs. 1 BGB. Wird ein Mieter durch das Verhalten anderer Mieter gestört, so kann der gestörte Mieter gegenüber dem Vermieter nach § 543 Abs. 2 Nr. 1 BGB kündigen; § 569 Abs. 2 BGB ist hier unanwendbar (Sternel Rdn. IV 518). 98

Beispiele aus der Rechtsprechung in denen die Kündigungsberechtigung bejaht worden ist: **Klopfgeräusche aus der Heizung** zur Nachtzeit und in den frühen Morgenstunden (LG Darmstadt WuM 1980, 52); **Umbauarbeiten von erheblichem Ausmaß,** die zur Unbewohnbarkeit führen (AG Darmstadt WuM 1980, 131); **Feuchtigkeitsschäden** nach Fenstermodernisierung im Altbau (LG Düsseldorf WuM 1992, 187); Feuchtigkeit, Nässe und Schimmel in der Wohnung (LG Kassel WuM 1988, 109; AG Gelsenkirchen-Buer WuM 1978, 27; LG Bremen WuM 2006, 621; vgl. dazu auch BGH NZM 2007, 561 = WuM 2007, 570; starke Feuchtigkeit infolge eines Baumangels (AG Osnabrück WuM 1986, 326); Feuchtigkeit und muffiges Raumklima OLG Düsseldorf GuT 2006, 133; ständige **Wasseraustritte** aus der Decke (LG Stuttgart NZM 1998, 483); wiederholter Wassereinbruch in den Verkaufsraum eines Lebensmittelmarktes (OLG Düsseldorf MDR 2012, 1086); wenn in einem 1-Zimmer-Apartment ein Wasserschaden auftritt mit der Folge, dass zum Zwecke der Schadensbehebung alle Möbel von der Wand abgerückt und für die Dauer von 1,5 Monaten Trocknungsgeräte aufgestellt werden müssen. Eine Abhilfeaufforderung ist in einem solchen Fall entbehrlich, weil dem Mieter der Aufenthalt in dem Apartment während der Dauer der Schadensbeseitigungsmaßnahmen nicht zugemutet werden kann (LG Köln ZMR 2012, 625); **Überflutung des Kellers** infolge von Rheinhochwasser (OLG Düsseldorf ZMR 2006, 923); **Mangelhafte Beheizung** (LG Landshut NJW-RR 1986, 640) **rostverfärbtes Trinkwasser** (LG Köln WuM 1987, 122); **Ausfall der Heizung** während der Heizperiode (KG ZMR 2008, 790); **Kakerlakenbefall** (LG Freiburg WuM 1986, 246); Unterhaltung eines **bordellartigen Betriebes** im Haus (AG Hamburg-Wandsbek WuM 1984, 280; AG Kassel WuM 1984, 280; LG Kassel WuM 1987, 122); Prostitution in der Nachbarwohnung (AG Köln WuM 2003, 145); **Weigerung des Vermieters zur Reparatur** einer durch einen Einbruchsversuch beschädigten Wohnungseingangstür, so dass die Räume über mehrere Tage nicht mehr verschlossen werden konnten und die Wohnung deshalb permanent offen stand (AG Saarbrücken Urt. v. 13.4.2017 – 120 C 397/15, juris). **Lärmstörungen** durch andere Mieter (LG Duisburg WuM 1988, 264); **Belästigungen durch Großbaustelle** in der Nachbarschaft (OLG Köln NJW 1972, 1814; LG Hamburg WuM 1986, 313); **Erstellung eines Gerüstes** zum Schutz von Passanten gegen herabfallende Teile der Fassade, wenn hierdurch das Erscheinungsbild eines Geschäftshauses beeinträchtigt und Kunden vom Betreten des Ge- 99 schäfts oder dem Betrachten der Auslagen abgehalten werden (KG GE 2014, 934); Umsatzrückgang durch umfangreiche **Baumaßnahmen im Straßenbereich** (OLG Dresden NZM 1999, 317; vgl. aber auch OLG Düsseldorf DWW 1998, 20); Erhebliche **Geruchsbelästigungen** durch eine städtische Kläranlage (LG Augsburg WuM 1986, 137); Beeinträchtigungen des Betriebs einer gepachteten Gaststätte die nach den vertraglichen Vereinbarungen „gutbürgerlich" geführt werden soll, durch ein **asoziales und kriminelles Umfeld**. Ausübung eines vermeintlichen **Vermieterpfandrechts ohne Rechtsgrund** (OLG Frankfurt/M ZMR 2012, 943 betr. Hinderung des Abtransports von Computern bei gewerblichem Mietverhältnis). Die Kündigung ist auch hier ausgeschlossen, wenn der Mangel **vom Mieter verschuldet** oder mitverschuldet ist.

2. Gefährdung der Mietsache (Abs. 2 Nr. 2)

100 Nach § 543 Abs. 2 Satz 1 Nr. 2 BGB hat der Vermieter ein Kündigungsrecht, wenn der Mieter die Rechte des Vermieters dadurch in erheblichem Maße verletzt, dass er die Mietsache durch Vernachlässigung der ihm obliegenden Sorgfalt erheblich gefährdet oder sie unbefugt einem Dritten überlässt. Bei einer Mehrheit von Mietern genügt es, wenn die Kündigungstatsachen in der Person eines Mieters vorliegen. Die Vorschrift gilt für alle Mietverhältnisse; Sondervorschriften für die Wohnraummiete bestehen nicht. In formeller Hinsicht sind bei der Wohnraummiete allerdings die §§ 568 Abs. 1 BGB (Schriftform) und 569 Abs. 4 BGB (Begründungszwang) zu beachten.

101 **a) Gefährdung der Mietsache durch Vernachlässigung der Sorgfaltspflicht (Abs. 2 Nr. 2 Alt. 1).** Dieser Kündigungstatbestand besteht aus zwei Tatbestandselementen, nämlich der Vernachlässigung der Sorgfaltspflicht als vertragswidrige Handlung des Mieters und der dadurch bedingten erheblichen Gefährdung der Mietsache als Handlungserfolg. Die Tatbestandselemente müssen kumulativ vorliegen.

102 aa) Den Mieter trifft eine doppelte **Sorgfaltspflicht:** Er ist nach § 536c Abs. 1 BGB zur Anzeige verpflichtet, wenn die Mietsache mangelhaft wird, gewisse Vorkehrungen zum Schutz der Sache gegen eine nicht vorhergesehene Gefahr erforderlich werden oder wenn sich ein Dritter ein Recht an der Sache anmaßt. Darüber hinaus trifft den Mieter die allgemeine **Obhutspflicht:** er hat die Mietsache pfleglich zu behandeln und Schäden von ihr abzuwenden, wenn der Vermieter nicht rechtzeitig tätig werden kann. Kostengesichtspunkte spielen insoweit keine Rolle, weil der Mieter für die insoweit geleisteten Verwendungen nach § 536a Abs. 2 Nr. 2 BGB Ersatz verlangen kann. Erfüllt der Mieter die ihm obliegenden Anzeige- und Obhutspflichten trotz Abmahnung nicht und wird die Mietsache dadurch erheblich gefährdet, so liegt der Tatbestand der fristlosen Kündigung vor. Die Obhuts- und Anzeigepflichten entstehen mit der Übergabe und enden mit der Rückgabe. Auf die rechtliche Beendigung des Mietverhältnisses kommt es nicht an (BGH NJW 1983, 1049; LG Mannheim WuM 1982, 298).

103 Der Mieter muss für das Verhalten derjenigen Personen einstehen, denen er den Gebrauch der Mietsache überlassen hat. Unerheblich ist es, ob die Gebrauchsüberlassung als solche vertragsgemäß oder vertragswidrig ist. Dies ist insbesondere bei der **Untermiete** von Bedeutung (§ 540 Abs. 2 BGB). Dabei kommt es nicht darauf an, ob der Mieter das Verhalten des Untermieters vorhersehen und beeinflussen konnte. Dem Untermieter stehen diejenigen gleich, denen der Mieter unentgelt-

Außerordentliche fristlose Kündigung **BGB § 543**

lich die gesamte Wohnung oder einen Teil der Räume überlassen hatte. Der Ausspruch einer Kündigung gegenüber dem Mieter wegen zurückliegender Sorgfaltspflichtverletzungen eines Untermieters ist allerdings ausgeschlossen, wenn das Untermietverhältnis bereits vor Zugang der Kündigung beendet worden ist und der Mieter die Sache einem anderen (zuverlässigen) Untermieter überlassen hat (OLG Koblenz NJW-MietR 1996, 247).

Auch für das Verhalten seiner **Familien- und Haushaltsangehörigen,** hat der 104 Mieter einzustehen. Gleiches gilt für das Verhalten derjenigen Personen, die der Mieter in die Wohnung aufgenommen hat, ohne ihnen selbständigen Mietgebrauch einzuräumen. Für das Verhalten seiner Besucher hat der Mieter nur dann einzustehen, wenn er damit rechnen musste, dass diese die Mietsache gefährden und er es verabsäumt hat, dagegen die erforderlichen Maßnahmen zu ergreifen.

bb) Bei dem hier in Frage stehenden Kündigungssachverhalt liegt ein Kündi- 105 gungsgrund nicht schon dann vor, wenn der Mieter seine Sorgfaltspflicht verletzt. Vielmehr muss die Sorgfaltspflichtverletzung eine **Gefährdung der Mietsache** zur Folge haben. Der Begriff der Sache ist entsprechend dem Schutzzweck des § 543 Abs. 2 Nr. 2 Alt 1 BGB weit auszulegen. Er bezeichnet nicht nur die gemieteten Räume im engeren Sinn sondern schließt auch das Gebäude mit ein. Eine Gefährdung im Sinne des Gesetzes liegt dann vor, wenn die Mietsache durch die Sorgfaltspflichtverletzung bereits geschädigt worden ist oder wenn der Eintritt eines Schadens nach der Sachlage signifikant höher ist als bei einem vertragsgerechten Verhalten.

cc) Das **Tatbestandsmerkmal „erheblich"** stellt klar, dass nur Vertragsverlet- 106 zungen von einigem Gewicht die Kündigung rechtfertigen können. Das Tatbestandsmerkmal muss auf den Einzelfall bezogen festgestellt werden (grundlegend: BGH RE 14.7.1993 BGHZ 123, 233 = NJW 1993, 2528 zur Überbelegung; s. auch OLG Köln ZMR 1996, 24). Hierbei sind die Interessen des Mieters und seiner Familie am Fortbestand des Mietverhältnisses einerseits und die Interessen des Vermieters an der Vertragsbeendigung andererseits gegeneinander abzuwägen. Die Wertentscheidungen des Grundgesetzes, insbesondere das Eigentumsrecht des Vermieters aber auch die damit verbundene Sozialbindung des Eigentums sind zu beachten (VerfGH Berlin GE 2003, 452, 453).

Entsprechend dem Schutzzweck des § 543 Abs. 2 Nr. 2 Alt 1 BGB sind zuguns- 107 ten des Vermieters insbesondere die **Auswirkungen der Vertragsverletzung** zu berücksichtigen (BGH a. a. O.). Zugunsten des Mieters ist zu beachten, dass „die Kündigung eines Mietverhältnisses ... regelmäßig einen so schweren Eingriff in den persönlichen Lebensbereich der Benutzer darstellt, dass an deren Voraussetzungen strenge Anforderungen zu stellen sind" (BGH a. a. O.; BayObLG WuM 1983, 129). Nach der Auffassung des BVerfG ist das Eigentumsgrundrecht des Mieters verletzt, wenn diese Grundsätze nicht beachtet werden (BVerfG NJW 1994, 41). Diese Grundsätze gelten auch für die gewerbliche Miete (OLG Stuttgart ZMR 1989, 377; OLG Köln ZMR 1996, 24).

Grundsätzlich ist davon auszugehen, dass **Pflichtverletzungen mit geringen** 108 **Auswirkungen** nicht zur Kündigung berechtigen. Der Vermieter wird hierdurch nicht rechtlos gestellt, weil er Unterlassungsklage nach § 541 BGB erheben kann (OLG Koblenz ZMR 1993, 72). Etwas anderes wird in Betracht kommen, wenn der Unterlassungs- oder Leistungsanspruch tituliert ist und der Mieter gleichwohl an seinem Verhalten festhält.

Auf die **frühere Rechtsprechung zu § 553 BGB a. F.** kann weiterhin zurück- 109 gegriffen werden. **Beispiele:** („Ja" bedeutet, dass eine Kündigungsbefugnis bejaht worden ist; „Nein", dass sie verneint wurde):

§ 543 BGB Untertitel 1. Allgemeine Vorschriften für Mietverhältnisse

109a **Änderung des Vertragszwecks.** Nein, eine vom vereinbarten Vertragszweck abweichende Nutzung berechtigt den Vermieter nur dann zur Kündigung nach § 543 Abs. 2 Nr. 2, wenn damit eine erhebliche Gefährdung der Mietsache verbunden ist. Dies ist mangels gegenteiliger – vom Vermieter zu beweisender – Umstände nicht der Fall, wenn in einem zur Nutzung als Kosmetikstudio vermietetem Gewerberaum künftig eine podologische Praxis betrieben wird (OLG Dresden NZM 2017, 442).

110 **Bauliche Veränderungen:** Nein, wenn der Mieter ein Schloss ausgetauscht hat (AG Köln WuM 1987, 273); Nein, wenn der Mieter ohne Erlaubnis des Vermieters einen Taubenschlag errichtet (AG Jülich WuM 2006, 562); Nein: wenn der Mieter ohne Genehmigung des Vermieters am Balkon einen Sicht- und Windschutz oder Insektengitter an den Fenstern anbringt und die baulichen Veränderung keine Gefährdung der Mietsache zur Folge hat. Der Vermieter ist auf die Unterlassungsklage zu verweisen (AG München ZMR 2012, 365)

111 **Lärm.** Ja: wenn der Mieter einer EG-Wohnung in dem zur Wohnung gehörenden Garten uriniert (AG Köln WuM 2012, 272). Ja: wenn ein Familienangehöriger des Mieters Lärm verursacht, indem er nachts zwischen 1.00 Uhr und 1.30 Uhr die Wohnungstür mit lautem Knall zuschlägt und der Mieter es zulässt, dass seine Kinder um 23.00 Uhr noch Fußball im Garten spielen (LG Frankfurt/M ZMR 2012, 352).

112 **Schönheitsreparaturen.** Nein: wenn der Mieter die Schönheitsreparaturen nicht fristgemäß ausführt und hiermit keine Gefährdung der Mietsache verbunden ist (LG Münster WuM 1991, 33; LG Itzehoe WuM 1989, 76; LG Berlin MM 1990, 289; AG Düsseldorf WuM 1990, 149; AG Köln WuM 1988, 110; ebenso LG Hamburg ZMR 1984, 90 für den Fall, dass sich der Mieter beharrlich weigert, Schönheitsreparaturen durchzuführen; ja: wenn der Mieter rechtskräftig zur Durchführung von Schönheitsreparaturen verurteilt ist und er diese Verpflichtung gleichwohl nicht erfüllt (AG Münster WuM 2007, 70).

113 **Überbelegung.** Ja wenn eine Überbelegung nicht nur unerhebliche Auswirkungen auf die Wohnsubstanz oder auf das Zusammenleben der Hausgemeinschaft hat; dabei kommt es insbesondere auf die Ausstattung und den Zuschnitt der bewohnten Räume, auf vertragliche Regelungen über die Durchführung von Schönheitsreparaturen, auf das Alter und die Lebensgewohnheiten der Wohnungsnutzer sowie auf die Zusammensetzung der übrigen Hausbewohner an (BGH RE 14.7.1993 BGHZ 123, 233 = NJW 1993, 2528); die hiervon abweichende Rechtsprechung aus früherer Zeit, wonach bereits die Überbelegung an sich zur Kündigung berechtigt (so z. B. BayObLG RE 14.9.1983 NJW 1984, 60; OLG Karlsruhe RE 16.3.1987 NJW 1987, 1952), ist gegenstandslos.

114 **Verletzung von Anzeigepflichten.** Nein, bei einmaliger Verletzung der Anzeigepflicht (LG Berlin MM 1991, 29).

115 **Verletzung von Obliegenheitspflichten/Schadensverursachung.** Nein, wenn der Mieter fahrlässig einen Wasserschaden verursacht und keine Wiederholungsgefahr besteht, dies gilt unabhängig von der Höhe des Schadens (LG Berlin MDR 2017, 512); Ja, wenn der Mieter innerhalb der letzten beiden Jahre 16 **Wasserschäden** in den darunterliegenden Wohnungen verursacht hat (AG Görlitz WuM 1994, 668; ähnlich LG Berlin GE 1988, 145); Ja: wenn der Mieter mehrere Wasserschäden mit erheblichen Auswirkungen verursacht (AG Wiesbaden NJW-RR 1992, 76 betr. vier Wasserschäden in vier Jahren); Ja, wenn der Ehemann einer Mieterin **Gas** ausströmen lässt, um eine Explosion zu erzeugen (AG Helmstedt ZMR 1988, 148); Nein, wenn der Mieter einen **Wohnungsbrand** verursacht hat

(LG Wuppertal WuM 1992, 370); Nein, wenn der Wohnungsbrand durch die unbeaufsichtigten Kinder des Mieters verursacht worden ist (AG Siegen WuM 1990, 503); Ja, wenn der Mieter des nachts wiederholt Essen anbrennen ließ und deshalb die Gefahr eines Wohnungsbrandes zu befürchten ist (LG Duisburg DWW 1991, 342; Nein, bei Hantieren mit **Benzin** und anderen brennbaren Flüssigkeiten (LG Köln WuM 1977, 56); Nein, wenn der Mieter in gewerblich genutzten Räumen Munition und brennbare Flüssigkeiten lagert und damit keine konkrete Gefahr verbunden ist (OLG Stuttgart ZMR 2005, 953, 954); Nein, bei Beschädigung der **Gegensprechanlage;** Ja, wenn der Mieter häufig seine Wohnung verlässt ohne die **Fenster** zu schließen (AG Düren WuM 1985, 263); Ja, wenn sich der Mieter ins Krankenhaus begibt, ohne die **Wasserleitungen** vor dem Einfrieren zu schützen (LG Görlitz WuM 1994, 669); der Auszug des Mieters berechtigt allerdings nicht zur Kündigung LG Frankfurt WM 1986, 249); ja, wenn der Mieter die Durchführung notwendiger Instandsetzungsarbeiten behindert und dies zu einer Gefährdung der Bausubstanz führt (LG Berlin ZMR 2011, 873). Nein: beim Ablagern von **Sperrmüll** in der Wohnung, wenn die Mietsache hierdurch nicht gefährdet wird (AG Friedberg/Hessen WuM 1991, 686; ähnl. LG Berlin GE 1981, 33 für Unrat in der Küche); ja, wenn der Mieter **Gerümpel** und **Müll** in der Mietwohnung lagert und hierdurch die Mitmieter durch Gerüche belästigt werden, die Bausubstanz konkret gefährdet wird oder Belange des Brandschutzes betroffen sind (LG Berlin ZMR 2011, 873). Ja, wenn der Mieter **Abfall,** Kartons, Zweiräder oder Gartengeräte so im Kellerflur lagert, dass andere Mieter ihre Kellerräume schwer erreichen können und der Brandschutz nicht mehr gewährleistet ist (AG Dortmund DWW 1990, 179); Nein, wenn aus der Wohnung einer unter Inkontinenz leidenden Mieterin unangenehme **Gerüche** dringen (AG München WuM 2006, 621). nein, wenn die Wohnung zwar **unordentlich und erheblich verschmutzt** ist aber weder eine Gefährdung der Bausubstanz noch eine Störung des Hausfriedens zu befürchten ist (LG Berlin GE 2015, 1599); Ja, wenn der Mieter seine Wohnung vermüllt und auf eine Abmahnung keine Abhilfe schafft (AG Hamburg-Harburg ZMR 2011, 644); Ja, wenn die Wohnung infolge der Verletzung der dem Mieter obliegenden Obhutspflicht stark verunreinigt, vermüllt sowie durch Feuchtigkeit und Schimmel beschädigt und die Nachbarn durch die von der Wohnung ausgehenden üblen Gerüche belästigt werden (AG München ZMR 2019, 40); Ja: wenn der Mieter einer EG-Wohnung in dem zur Wohnung gehörenden Garten uriniert (AG Köln WuM 2012, 272); Ja: wenn der Mieter **Tauben** füttert und die dadurch bewirkten Immissionen in hygienischer und akustischer Hinsicht sich als erhebliche Belästigung für andere Mieter auswirken oder eine Gefährdung des Mietobjekts zur Folge haben (AG Frankfurt WuM 1977, 66); Ja, wenn der Mieter trotz eines rechtskräftigen Unterlassungstitels mit dem Taubenfüttern fortfährt (LG Düsseldorf ZMR 1993, Nr. 3 [Grüne Seite Nr. 9); Ja, wenn der Mieter seine Wohnung so vermüllt, dass sich **Ungeziefer** (Kakerlaken) ausbreiten (AG Schöneberg GE 2009, 1501). Nein, wenn der Mieter in der Wohnung **Wäsche** trocknet ,ohne dass hierdurch die Mietsache gefährdet wird (AG Naumburg WuM 1992, 680); ja, bei **übermäßiger Tierhaltung,** so wenn der Mieter in der Wohnung mehrere Igel hält und die übrigen Mitbewohner durch den Tiergeruch belästigt werden AG Spandau GE 2015, 1605).

Die Abgrenzung des Kündigungstatbestands des § 543 Abs. 2 Nr. 2 Alt 1 BGB **116** zu dem Auffangtatbestand des § 543 Abs. 1 BGB ist fließend (s. deshalb auch Rdn. 52–67).

§ 543 BGB Untertitel 1. Allgemeine Vorschriften für Mietverhältnisse

117 **b) Gefährdung der Mietsache durch unerlaubte Gebrauchsüberlassung (Abs. 2 Nr. 2 Alt. 2).** Nach § 543 Abs. 2 Satz 1 Nr. 2 Alt 2 BGB kann der Vermieter kündigen, wenn der Mieter die Rechte des Vermieters dadurch in erheblichem Maße verletzt, dass er die Mietsache unbefugt einem Dritten überlässt. Die Vorschrift besteht aus zwei Tatbestandselementen, nämlich der unbefugten Gebrauchsüberlassung als vertragswidriger Handlung des Mieters und der dadurch bedingten erheblichen Rechtsverletzung als Handlungserfolg. Die Tatbestandselemente müssen kumulativ vorliegen. Die Vorschrift gilt für alle Mietverhältnisse; Sondervorschriften für die Wohnraummiete bestehen nicht. In formeller Hinsicht sind bei der Wohnraummiete allerdings die §§ 568 Abs. 1 BGB (Schriftform) und 569 Abs. 4 BGB (Begründungszwang) zu beachten.

118 **aa) Begriff der Gebrauchsüberlassung.** Die unbefugte Gebrauchsüberlassung ist ein besonders geregelter Fall des vertragswidrigen Gebrauchs. Hierzu zählen die Untervermietung der gemieteten Räume oder eines Teils der gemieteten Räume, die unentgeltliche Überlassung einzelner Räume oder der gesamten Mietsache an einen Dritten, die Aufnahme eines Dritten in die Wohnung mit dem Ziel, dort eine Wohngemeinschaft zu begründen die tageweise Vermietung einer Wohnung an Touristen z. B. über Airbnb (BGH NJW 2014, 622; LG Berlin WuM 2015, 31; AG München ZMR 2016, 467; LG Berlin WuM 2018, 562; s. § 540 Rdn. 2 und § 553 Rdn. 14a) und ähnliche Fälle. Zur Aufnahme von Besuchern für eine vorübergehende Zeit oder zur dauernden Aufnahme seines Ehegatten und seiner Kinder ist der Mieter dagegen berechtigt, soweit keine Überbelegung eintritt (s. § 540 BGB, Rdn. 33ff). Allerdings darf der Mieter die Räume seinen Angehörigen nicht zum alleinigen Gebrauch überlassen; dies kann die Kündigung rechtfertigen (LG Frankfurt WuM 1989, 237; NJW-RR 1993, 143; LG Hannover ZMR 1993, 473; LG Berlin GE 1988, 409; LG Berlin ZMR 2018, 668 für Überlassung an die Kinder des Mieters; s. auch AG Neukölln GE 1996, 1433 für Lebensgefährten). Eheleute können im Fall der Scheidung nach § 1568a BGB Regelungen über die weitere Nutzung der Wohnung treffen. Im Falle des Getrenntlebens kann der Mieter die Wohnung seinem Ehegatten auch dann zur alleinigen Benutzung belassen, wenn dieser nicht Partei des Mietvertrags ist. Dies folgt aus dem Umstand, dass die Wohnung solange als Ehewohnung gilt, bis einer der Eheleute seinen Nutzungswillen endgültig aufgibt ((BGH NJW 2013, 2507; Beschluss vom 28.9.2016 – XII ZR 487/15)). Diese Grundsätze gelten auch für die Aufnahme eines Lebensgefährten oder Partners nach dem Partnerschaftsgesetz (§ 540 BGB Rdn. 28). In Fällen dieser Art scheidet eine Kündigung aus. Hat der Vermieter die Genehmigung zur Untervermietung erteilt, so liegt ein Kündigungsgrund vor, wenn der Mieter es nicht verhindert, dass der Untermieter nochmals untervermietet (OLG Hamm NJW-RR 1992, 783).

119 Eine Gebrauchsüberlassung an einen Dritten liegt nicht vor, wenn der Vermieter die Sache an einen **Rechtsträger im Sinne des Umwandlungsgesetzes** (OHG, KG, Partnerschaftsgesellschaft, GmbH, AG, KG auf Aktien, eingetragene Genossenschaft, eingetragener Verein, genossenschaftlicher Prüfungsverband Versicherungsverein auf Gegenseitigkeit) vermietet hat und die Mieterin ihr Vermögen im Wege der Umwandlung durch Verschmelzung auf einen anderen Rechtsträger überträgt (BGH NZM 2002, 660).

120 **bb) Erheblichkeit der Rechtsverletzung.** Im Unterschied zu § 553 BGB a. F. ist es nach § 543 Abs 2 Nr. 2 BGB erforderlich, dass die unerlaubte Untervermietung als erhebliche Verletzung der Vermieterrechte bewertet werden kann

(Kraemer DWW 2001, 110, 118; Zahn in: Hannemann/Wiek Handbuch des Mietrechts § 26 Rdn. 10; Lammel Wohnraummietrecht § 543 BGB Rdn. 86). Dies setzt zunächst voraus, dass die Gebrauchsüberlassung ohne Erlaubnis des Vermieters erfolgt ist. **Hat der Mieter** gegen den Vermieter einen vertraglichen oder gesetzlichen (§ 553 Abs. 1 BGB) **Anspruch auf Erteilung der Untermieterlaubnis,** so muss er vor der Gebrauchsüberlassung die Erlaubnis des Vermieters einholen; anderenfalls ist die Gebrauchsüberlassung vertragswidrig (OLG Hamm WuM 1997, 364; OLG Dresden ZMR 2016, 24; **a. A.** Bieber in: MünchKomm § 543 BGB Rdn. 41). In aller Regel wird es aber an einer erheblichen Verletzung der Rechte des Vermieters fehlen, wenn der Mieter einen Anspruch auf Erteilung der Untermieterlaubnis hat (OLG Dresden ZMR 2016, 24; Kraemer DWW 2001, 110, 118; Lammel Wohnraummietrecht § 543 BGB Rdn. 84; Kandelhard in: Herrlein/Kandelhard, Mietrecht § 543 BGB Rdn. 51; Lützenkirchen, Neue Mietrechtspraxis, Rdn. 867; ähnlich OLG Düsseldorf WuM 2002, 673; Fleindl in: Bub/Treier Kap IV Rdn. 356.1: danach ist die Kündigung in einem solchen Fall als unzulässige Rechtsausübung zu bewerten (LG Berlin GE 2011, 1159 betr. die Überlassung der Wohnung an einen Familienangehörigen während der Sommerzeit; AG Tempelhof-Kreuzberg GE 2012, 66 betr. Überlassung einer 1-Zimmer-Wohnung für die Dauer eines Auslandsaufenthalts von 1 Jahr an einen Dritten). In den übrigen Fällen ist über die Erheblichkeit der Rechtsverletzung ist auf Grund einer Interessenabwägung zu entscheiden (BayObLG RE 26.10.1990 NJW-RR 1990, 461; vgl. auch BayObLG RE 26.4.1995 WuM 1995, 378; Pauly ZMR 1995, 574).

Nach der hier vertretenen Ansicht ist im Falle einer **formell pflichtwidrigen** **121** **Gebrauchsüberlassung** über die Wirksamkeit der Kündigung im Wege einer **Interessenabwägung** zu entscheiden. Dies gilt sowohl für die außerordentliche Kündigung nach § 543 Abs. 2 Nr. 2 als auch für die ordentliche Kündigung nach § 573 Abs. 1. Zu berücksichtige sind dabei insbesondere ein materiellrechtlicher Anspruch des Mieters auf Erteilung der Untermieterlaubnis, die langjährige beanstandungsfrei Dauer des Mietverhältnisses, die nachteiligen Auswirkungen der Gebrauchsüberlassung aber auch ein pflichtwidriges Verhalten des Vermieters, etwa der Ausspruch einer unberechtigten Kündigung, ein unredliches Prozessverhalten oder eine Nutzung der Nachbarwohnungen, die mit erheblichen Störungen des Mietgebrauchs verbunden ist (LG Berlin ZMR 2017, 238 betr. Vermietung an Touristen). Der **BGH** hat die Frage der formell unerlaubten Untervermietung bisher noch nicht entschieden. In dem Beschluss vom 25.4.2008 (GuT 2009, 110 unter Rz. 25) blieb diese Frage offen. In dem Urteil vom 2.2.2011 (BGH NJW 2011, 1065 = WuM 2011, 169 = NZM 2011, 275 m. Anm. Blank LMK 2011, 315715; s. dazu § 573 BGB Rdn. 40a) betreffend den rechtsähnlichen Fall der ordentlichen Kündigung nach § 573 BGB hat der BGH entschieden, es sei dem Vermieter „wegen des Verbots des rechtsmissbräuchlichen Verhaltens (§ 242 BGB) verwehrt, ... auf das Fehlen einer Erlaubnis zu berufen", wenn der Mieter um eine solche Erlaubnis nachsucht, der Vermieter diese aber nicht erteilt, obwohl er hierzu nach dem Mietvertrag verpflichtet ist.

cc) Unbefugte Gebrauchsbelassung. Sie liegt vor, wenn der Mieter die **121a** Mietsache weiterhin dem Untermieter belässt, obwohl der Vermieter die Untermieterlaubnis wirksam widerrufen hat. Die Gebrauchsbelassung ist als Unterfall der Gebrauchsüberlassung anzusehen Jedoch fehlt es an einer Pflichtverletzung, wenn der Mieter die ihm gegebenen legalen Möglichkeiten zur Beendigung der Untervermietung ausgeschöpft (BGH NZM 2014, 128). In der instanzgericht-

§ 543 BGB Untertitel 1. Allgemeine Vorschriften für Mietverhältnisse

lichen Rechtsprechung ist zwar umstritten, ob der Untervermieter ein Untermietverhältnis nach § 573 Abs. 1 BGB kündigen kann, wenn der Hauptvermieter eine Untermieterlaubnis widerruft (s. § 573 BGB Rdn. 205, 206 m.w. N.). Die Frage ist höchstrichterlich noch nicht geklärt. Gleichwohl ist es dem Mieter im Allgemeinen zuzumuten, den Untermieter auf Räumung in Anspruch zu nehmen. Ebenso muss er versuchen, den Untermieter durch zumutbare finanzielle Anreize zum Auszug zu bewegen.

3. Zahlungsverzug (Abs. 2 Nr. 3)

122 Nach § 543 Abs. 2 Satz 1 Nr. 3 lit a BGB kann der Vermieter kündigen, wenn der Mieter für zwei aufeinander folgende Termine mit der Entrichtung der Miete oder eines nicht unerheblichen Teils der Miete in Verzug ist. Nach § 543 Abs. 2 Satz 1 Nr. 3 lit b BGB besteht das Kündigungsrecht, wenn der Mieter in einem Zeitraum, der sich über mehr als zwei Termine erstreckt, mit der Entrichtung der Miete in Höhe eines Betrages in Verzug ist, der die Miete für zwei Monate erreicht. Diese Regelung gilt für alle Mietverhältnisse (zum vorübergehenden Kündigungsausschluss nach dem **COVID-19-Gesetz** s. § 535 BGB Rdn. 725 ff.). Für die Wohnraummiete sind zusätzlich § 568 Abs. 1 BGB (Schriftform) § 569 Abs. 3 BGB (besondere Schutzvorschriften) und § 569 Abs. 4 BGB (Begründungszwang) zu beachten (s. dort).

122a Ob ein Zahlungsverzug vorliegt ist von dem Gericht zu prüfen, das über die Wirksamkeit der Kündigung zu entscheiden hat. Die **Rechtskraft eines Zahlungsurteils** ersetzt diese Prüfung nicht. Nach ständiger Rechtsprechung des BGH beschränkt sich die Rechtskraft auf den unmittelbaren Streitgegenstand, beim Zahlungsurteil also auf die Frage, ob dem Vermieter gegenüber dem Mieter ein Zahlungsanspruch in Höhe von 2.300.– € zusteht. Die Frage, ob die Voraussetzungen für eine fristlose Kündigung gegeben sind ist damit nicht rechtskräftig geklärt (BGH NJW 2019, 1745 = NZM 2019, 401, Rz. 16 ff m. w. N.; NJW 2019, 2308 = NZM 2019, 533). Wird eine Zahlungsklage ganz oder teilweise mit der Begründung abgewiesen, dass die Miete wegen eines Mangels gemindert sei, so handelt es sich hinsichtlich der Begründung um eine Vorfrage, die nicht von der Rechtskraft der Zahlungsklage erfasst wird. Das für die Entscheidung des Räumungsrechtsstreits zuständige Gericht ist deshalb nicht an die Feststellungen gebunden, die im Rahmen einer Zahlungsklage getroffen wurden. Will der Vermieter erreichen, dass die fehlende Minderungsberechtigung rechtskräftig festgestellt wird, muss er eine Feststellungsklage erheben.

123 **a) Die Kündigungstatbestände. aa) Begriff der Miete.** Zur Miete im Sinne von § 543 Abs. 2 Satz 1 Nr. 3 BGB gehört zunächst die **Grundmiete** in der gesetzlich zulässigen und vertraglich geschuldeten Höhe. Verstößt die Mietpreisvereinbarung gegen §§ 5 WiStG, 291 StGB, 134 BGB, so bleibt der unwirksame Teil der Mietpreisvereinbarung bei der Rückstandsberechnung außer Betracht. Dieselben Grundsätze gelten für die Pauschalmiete. Wegen **verjährter oder verwirkter Forderungen** kann der Vermieter ebenfalls nicht kündigen (LG Berlin WuM 1983, 343; V. Emmerich in: Staudinger § 543 BGB Rdn. 57; Ehlert in: Bamberger/Roth § 543 BGB Rdn. 24b; Palandt/Weidenkaff § 543 BGB Rdn. 23). Teilweise wird vertreten, dass die Kündigung wegen verjährter Forderungen nur ausgeschlossen ist, wenn der Mieter die Verjährungseinrede erhebt (Sternel WuM 2009, 699, 700; Jablonski GE 2011, 526). Nach der hier vertretenen Ansicht ist die Erhebung der

Außerordentliche fristlose Kündigung **BGB § 543**

Verjährungseinrede entbehrlich, weil bereits die Existenz eines Leistungsverweigerungsrechts den Verzug hindert (**a. A.** Lammel Wohnraummietrecht § 543 BGB Rdn. 111).

Miete i. S. von § 543 Abs. 2 Satz 1 Nr. 3 BGB liegt auch dann vor, wenn die **Forderung des Vermieters aus Mietrückständen** resultiert, die auf Grund einer gerichtlichen Entscheidung, auf Grund der Festsetzung einer Mieterhöhung durch einen Sachverständigen (**a. A.** LG Hamburg NJW-RR 1992, 1429) oder auf Grund einer Vereinbarung über eine rückwirkende Mieterhöhung entstanden sind. Bei Rückständen auf Grund gerichtlicher Entscheidungen nach §§ 558–560 BGB ist allerdings **§ 569 Abs. 3 Nr. 3 BGB** zu beachten (s. dort). 124

Zur Miete gehören weiter die **Betriebskostenvorauszahlungen** im Sinne von § 556 Abs. 2 BGB (LG Köln WuM 1980, 255; LG Berlin NJW-RR 1986, 236 GE 1990, 491; ebenso für die Geschäftsraummiete OLG Naumburg WuM 1999, 160 oder eine **Betriebskostenpauschale.** Erreichen die rückständigen Vorauszahlungsbeträge den Betrag von 2 Monatsmieten, so kann die Kündigung auch ausschließlich hierauf gestützt werden; es ist also nicht erforderlich, dass der Mieter daneben auch mit der Grundmiete im Rückstand ist (BGH NZM 2007, 35; LG Berlin NJW-RR 1986, 236). 125

Bei der Vereinbarung von Betriebskostenvorauszahlungen oder einer Betriebskostenpauschale stellt sich im Falle einer **unvollständigen Zahlung** die Frage, ob der Vermieter an eine **Tilgungsbestimmung** des Mieters gebunden ist oder ob er die unvollständigen Zahlungen trotz einer Tilgungsbestimmung nach seinem Belieben verrechnen (verbuchen) kann und welche Rechtsfolge gilt, wenn der Mieter ohne Tilgungsbestimmung bezahlt (s. dazu Rdn. 154). 126

zurzeit nicht belegt 127

Nach der Rechtsprechung kann ein **Anspruch auf rückständige Vorauszahlungen nach Eintritt der Abrechnungsreife** allerdings nicht weiterverfolgt werden (BGH WuM 2010, 490 = NZM 2010, 736; WuM 2011, 424 = NZM 2011, 544 unter Rz. 17; OLG Düsseldorf GuT 2001, 7; ZMR 2008, 393; NZM 2008, 524, 525; OLG Celle ZMR 2003, 343; OLG Brandenburg WuM 2006, 579, 580; OLG Dresden NZM 2012, 84). Dies folgt aus der Erwägung, dass der Mieter vom Zeitpunkt der Abrechnungsreife an keine Vorauszahlungen sondern einen bestimmten Kostenanteil schuldet. Dies bedeutet, dass der Vermieter anstelle der Vorauszahlungen sich aus der Abrechnung ergebenden Beträge verlangen kann. Dieser Umstand ist vom Gericht von Amts wegen zu berücksichtigen (BGH WuM 2011, 424 = NZM 2011, 544 unter Rz. 17). Prozessual ist diesem Umstand gem. § 264 Nr. 3 ZPO Rechnung zu tragen (BGH WuM 2010, 490 = NZM 2o10, 736; OLG Hamburg WuM 1989, 150; OLG Düsseldorf ZMR 2001, 882, 884). Der Vermieter ist gehalten, die Klage umzustellen; hierauf muss das Instanzgericht den Vermieter hinweisen (BGH WuM 2010, 490 = NZM 2010, 736). 128

Vereinzelt wird aus diesen Grundsätzen abgeleitet, dass das Recht zur Kündigung wegen rückständiger Betriebskostenvorauszahlungen nach Abrechnungsreife ebenfalls erlischt (Sternel WuM 2009, 699, 702). Diese Ansicht trifft allerdings nicht zu: Ein einmal entstandenes Kündigungsrecht erlischt lediglich unter den Voraussetzungen des § 543 Abs. 2 Satz 2 BGB, also im Falle der Bezahlung des Rückstands vor dem Zugang der Kündigung. 129

Der **Nachzahlungsbetrag aus einer Betriebskostenabrechnung** gehört dagegen nicht zur Miete im Sinne von § 543 Abs. 2 Satz 1 Nr. 3 BGB (OLG Koblenz RE 26.7.1984 OLGZ 85, 247 = NJW 1984, 2396 = WuM 1984, 269; LG Freiburg ZMR 1981, 370; LG Hagen WuM 1980, 255; LG Berlin ZMR 1980, 338 = WuM 130

§ 543 BGB Untertitel 1. Allgemeine Vorschriften für Mietverhältnisse

1980, 255; LG Köln WuM 1994, 207; AG Köln WuM 1978, 211; AG Tiergarten MM 1993, 148; Weber ZMR 1992, 41, 42). Gleiches gilt für solche Zahlungen, die der Mieter vereinbarungsgemäß von Fall zu Fall auf Anforderung des Vermieters zu leisten hat (z. B. anteilige Zahlung bei Lieferung von Heizöl oder aufgrund eines kommunalen Gebührenbescheids; LG Augsburg WuM 1983, 151). Der **BGH** (NZM 2016, 762) hat den Anspruch des Vermieters auf Zahlung restlicher Betriebskosten aus einer Betriebskostenabrechnung allerdings in einem anderen Zusammenhang als wiederkehrende Leistung bewertet (S. § 551 Rdn. 117b). Er hat jedoch offengelassen ob diese Bewertung auch im Rahmen des § 543 angezeigt ist. Haben sich die Parteien **wegen** der Mietrückstände verglichen, handelt es sich bei der **Vergleichssumme** nicht mehr um Miete im Sinne von § 543 BGB; dies folgt zum einen aus der novierenden Wirkung des Vergleichs (Sternel WuM 2009, 699, 702; OLG München NZM 2003, 554) und zum anderen aus der Erwägung, dass von § 543 Abs. 2 Satz 1 Nr. 3 BGB nur regelmäßig wiederkehrende Zahlungen erfasst werden (OLG Koblenz a. a. O.; AG Köln WuM 1980, 278). Soweit ersichtlich wird eine abweichende Ansicht nur vom OLG Frankfurt (NJW-RR 1989, 973) vertreten, das sich zu Unrecht auf das Urteil des BGH vom 25.3.1987 (NJW 1987, 2506) stützt, weil dort diese Frage offengelassen wurde.

131 Generell gilt, dass der Kündigungstatbestand des § 543 Abs. 2 Satz 1 Nr. 3 BGB bei einem **Verzug mit einer Einmalzahlung** nicht anzuwenden ist. Eine vergleichsweise vereinbarte Zahlungsverpflichtung steht der Einmalzahlung nahe (OLG München NZM 2003, 554). Haben die Parteien beispielsweise in einem gerichtlichen Vergleich vereinbart, dass der Mieter für eine bestimmte Zeit einen bestimmten Mietbetrag nachentrichten soll, so kann der Vermieter wegen dieses Rückstands auch dann nicht nach § 543 Abs. 2 Satz 1 Nr. 3 Buchst. b BGB kündigen, wenn die Vergleichssumme zwei Monatsmieten erreicht (OLG München a. a. O.). Hiervon sind jene Fälle zu unterscheiden in denen der **Einmalbetrag (Festbetrag) in monatlichen Raten** zu leisten ist. Hier gilt § 543 Abs. 2 Nr. 3 wenn der Mieter mit der Zahlung von 2 Monatsraten in Verzug gerät (KG Urteil vom 11.12.2017 – 8 U 120/17)

132 Erfolgt die Überlassung der Wohnung und die Lieferung bestimmter Nebenleistungen aufgrund **gesonderter Verträge** (z. B. Mietvertrag und Wärmelieferungsvertrag), so gehören nur die aufgrund des Mietvertrags geschuldeten Zahlungen zur Miete. Weiterhin gehören zur Miete: alle gesetzlich zulässigen, vertraglich wirksam vereinbarten und periodisch wiederkehrenden Leistungen, die mit der Überlassung der Mietsache in Zusammenhang stehen, wie **Untermietzuschläge, Zuschläge für gewerbliche Nutzung** oder die besonders vereinbarte Vergütung für die Überlassung von Einrichtungsgegenständen **(Möblierungszuschlag).** Sonderleistungen wie **Baukostenzuschüsse, Mietvorauszahlungen oder Kautionen** (LG Hamburg WuM 1974, 54; LG Bielefeld WuM 1992, 124) gehören nicht zur Miete. Gleiches gilt für **Verzugszinsen** (LG Berlin ZMR 1989, 94), **Schadensersatzbeträge** (AG Köln WuM 1980, 255) oder Ansprüche auf Bezahlung von **Prozesskosten.** Wird eine Mietvorauszahlung oder ein Baukostenzuschuss nicht bezahlt, so kommt vor der Überlassung der Mietsache ein Rücktritt nach § 323 BGB in Betracht (BGH LM Nr. 6 zu § 326 (A) BGB); nach der Überlassung kann u. U. nach § 573 Abs. 2 Nr. 1 oder § 543 Abs. 1 BGB gekündigt werden.

133 Ist eine besondere Miete für die Überlassung einer **Garage** oder eines **Stellplatzes** vereinbart, so ist zu unterscheiden: der für die Garage ausgewiesene Betrag gehört dann zur Gesamtmiete, wenn bezüglich Wohnung und Garage ein einheitliches Mietverhältnis vorliegt. Liegen demgegenüber zwei getrennte Mietverhältnisse vor, so ist die Verzugsberechnung nach Wohnung und Garage getrennt vorzunehmen.

Für den Verzug mit der **Nutzungsentschädigung** nach § 546a BGB gilt § 543 Abs. 2 Satz 1 Nr. 3 BGB nicht. Eine Kündigung ist in solchen Fällen auch entbehrlich, weil das Mietverhältnis bereits beendet ist. Hat der Vermieter dem Mieter eine außergerichtliche Räumungsfrist gewährt und kommt der Mieter in dieser Zeit mit der Zahlung der Nutzungsentschädigung in Verzug, so kann der Vermieter die Wohnung sofort herausverlangen (vgl. BGH WPM 1974, 839). Eine gerichtliche Räumungsfrist kann in Fällen dieser Art verkürzt werden (§ 721 Abs. 3 ZPO), wenn sich die Sachlage nach der Entscheidung über die Gewährung einer Räumungsfrist geändert hat. 134

bb) Verzug. Der Mieter kommt in Verzug, wenn er die Miete nicht zu dem vereinbarten Zeitpunkt leistet (§ 286 BGB). Zu Fragen der **Rechtzeitigkeit der Zahlung** s. § 556b BGB Rdn. 11 ff). Einer besonderen **Mahnung** bedarf es im Regelfall nicht, weil der Leistungszeitpunkt sich entweder aus dem Gesetz (§ 556b Abs. 1 BGB) oder aus den vertraglichen Vereinbarungen ergibt (§ 286 Abs. 2 BGB). Eine Ausnahme kann gelten, wenn die Miethöhe erst aus einer vom Vermieter zu erstellenden Berechnung ersichtlich wird. Hier tritt der Verzug erst ein, wenn dem Mieter die Berechnung übersandt und eine angemessene Prüfungsfrist verstrichen ist (BGH WPM 1970, 1141 = ZMR 1971, 27; Sternel Rdn. IV 403). Hat der Mieter dem Vermieter eine Einzugsermächtigung erteilt, so kommt er nicht in Verzug, wenn der Vermieter hiervon grundlos keinen Gebrauch macht (AG Bonn WuM 1995, 484). Eine Klausel, wonach der Kündigung eine Zahlungsaufforderung vorausgehen muss, ist wirksam; hier muss der Mieter vor dem Ausspruch der Kündigung zur Zahlung aufgefordert werden. 135

Der Mieter kommt nicht in Verzug, solange die Zahlung infolge eines Umstands unterbleibt, den er **nicht zu vertreten hat (§ 286 Abs. 4 BGB).** Aus diesem Grund kann gegenüber einem **schuldunfähigen Mieter** nicht nach § 543 Abs. 2 Satz 1 Nr. 3 BGB gekündigt werden. Gleichwohl ist eine Vertragsbeendigung möglich, weil in Fällen dieser Art regelmäßig eine Kündigung aus wichtigem Grund nach § 543 Abs. 1 BGB in Betracht kommt (LG Hamburg WuM 1996, 271). 136

Zahlungsverzögerung aufgrund wirtschaftlicher Schwierigkeiten. Der allgemein anerkannte Rechtsgrundsatz, dass unverschuldete Zahlungsunfähigkeit nicht von der Leistungspflicht befreit (RGZ 75, 337; 106, 181; BGHZ 63, 139) und wonach der Schuldner das Risiko für einen unverschuldeten Geldmangel zu tragen hat, gilt auch für die Miete. Deshalb muss der Mieter eine Zahlungsverzögerung aufgrund wirtschaftlicher Schwierigkeiten auch dann vertreten, wenn ihn an seiner wirtschaftlichen Leistungsunfähigkeit kein Verschulden trifft, z.B. bei Arbeitslosigkeit (AG Düren WuM 1981, 210) oder Krankheit (LG Kiel WuM 1984, 55). Der Mangel der zur Erfüllung erforderlichen Geldmittel schließt den Verzug also nicht aus (BGHZ 36, 345; Kraemer DWW 2001, 110, 120). Deshalb kann auch gegenüber einem sozialhilfeberechtigten Mieter nach § 543 Abs. 2 Nr. 3 BGB gekündigt werden, wenn das Jobcenter oder die Gemeinde trotz eines sozialhilferechtlichen Anspruchs des Mieters die Miete nicht bezahlt (grundlegend: BGH NZM 2015, 196 mit zust. Anm. Flatow NZM 2015, 654). Jedoch kommt der Mieter nicht in Verzug, wenn er sich hinsichtlich seiner Zahlungspflicht in einem unverschuldeten Tatsachenirrtum befindet. Ein solcher kann vorliegen, wenn der Mieter darauf vertrauen darf, dass die Miete vom Jobcenter überwiesen wird und er vom Eintritt des Verzugs keine Kenntnis hat und deshalb nichts unternehmen 137

§ 543 BGB Untertitel 1. Allgemeine Vorschriften für Mietverhältnisse

kann, um den pünktlichen Zahlungseingang sicher zu stellen (BGH NJW 2015, 1749). Der Umstand, dass sich der Mieter in Untersuchungs- oder Strafhaft befindet, beseitigt das Verschulden ebenfalls nicht, wenn der Mieter einen Dritten mit der Mietzahlung beauftragen kann (LG Aachen WuM 1990, 294).

138 Für **Zahlungsverzögerungen, die durch Erfüllungsgehilfen verursacht werden,** muss der Mieter einstehen (BGH NJW 2007, 428 = NZM 2007, 35 = WuM 2007, 24 unter II 2b; OLG Köln ZMR 1998, 763 = WuM 1998, 23, 24; LG Berlin NZM 1998, 573 = ZMR 1998, 231; a. A. KG NJW-RR 2000, 1397). Zu den Erfüllungsgehilfen gehören die vom Mieter beauftragte Bank (LG GE 1983, 627; GE 1986, 909; LG Düsseldorf WM 1992, 369) und das Postgiroamt (AG Berlin-Tiergarten GE 1992, 679). Sucht der Mieter einen **Rechtsanwalt** oder einen **Mieterverein** auf, um sich beraten zu lassen, so ist der Berater Erfüllungsgehilfe hinsichtlich der Zahlungspflicht (BGH NZM 2007, 35 mAnm. Blank NZM 2007, 788).

139 Wird die Miete vom **Sozialamt** oder vom **Jobcenter** an den Vermieter überwiesen, so handelt die Behörde bei der Mietzahlung nach der Rechtsprechung des BGH nicht als Erfüllungsgehilfe des Mieters, sondern in Erfüllung einer hoheitlichen Aufgabe (BGH NJW 2009, 3781 = NZM 2010, 37; Harke NZM 2016, 449, 452). Für ein eventuelles Verschulden der Behörde hat der Mieter nicht einzustehen. Die Entscheidung betrifft eine Kündigung nach § 543 Abs. 1 BGB wegen ständig unpünktlicher Mietzahlung durch das Jobcenter. Für diese Fälle hat der BGH ausgeführt, es sei zugunsten eines Mieters zu berücksichtigen, dass dieser auf die Leistungen des Jobcenters oder des Sozialamts angewiesen ist und dass er auf das Zahlungsverhalten dieser Behörden keinen Einfluss hat. Aus diesem Grunde müsse er sich ein Verschulden der Behörde nicht zurechnen lassen. In dem Urteil vom 4.2.2015 (NJW 2015, 1296) hat der BGH klargestellt, dass die für die Kündigung wegen unpünktlicher Mietzahlung entwickelten Grundsätze, nicht für die Kündigung wegen Zahlungsverzug nach § 543 Abs. 2 Nr. 3 BGB gelten. Hat das Jobcenter im Falle eines **Vermieterwechsels** die Miete nicht an den Erwerber, sondern an den Veräußerer überwiesen, so liegt zwar ein Zahlungsverzug i. S. des § 543 Abs. 3 vor. Steht aber fest, dass der Empfänger der Zahlung die Mieten an den Erwerber weiterleiten wird, so können die Grundsätze über die unpünktliche Mietzahlung angewendet werden, weil die Pflichtverletzung des Mieters sich im Ergebnis nicht als drohender Zahlungsausfall darstellt (LG Berlin WuM 2017, 534).

140 **Ausschluss des Verzugs bei Zurückbehaltungsrecht.** Ein Zurückbehaltungsrecht schließt den Verzug und damit die Kündigung nach § 543 Abs. 2 Satz 1 Nr. 3 BGB aus. Ergibt sich das **Zurückbehaltungsrecht aus § 320 BGB,** so genügt es, dass das Recht besteht; der Mieter muss sich vorgerichtlich nicht darauf berufen (BGH ZMR 1993, 320; GE 1997, 1096); bei einem **Zurückbehaltungsrecht aus § 273 BGB** ist es demgegenüber erforderlich, dass vor dem Zugang der Kündigungserklärung die daraus folgende Einrede erhoben wird (BGH WPM 1971, 1020; DWW 1987, 216; OLG Düsseldorf ZMR 1988, 304; LG Gießen WM 1995, 163; Fleindl in: Bub/Treier Kap IV Rdn. 371), damit der Vermieter gegebenenfalls von seiner Abwendungsbefugnis nach § 273 Abs. 3 BGB Gebrauch machen kann.

141 **Zurückbehaltungsrecht nach § 320 BGB bei Mängeln der Mietsache.** Ist die Mietsache mangelhaft, so besteht ein Zurückbehaltungsrecht aus § 320 BGB an der Miete wegen des Anspruchs auf Herstellung des vertragsgemäßen Gebrauchs. Das Zurückbehaltungsrecht kann anstelle oder neben der Minderung geltend gemacht werden. Einzelheiten s. § 536 Rdn. 187–193. Im Räumungsprozess muss sich der Mieter auf das Zurückbehaltungsrecht berufen. Es genügt nicht, wenn er

Außerordentliche fristlose Kündigung **BGB § 543**

lediglich geltend macht, dass die Mietsache mangelhaft sei. Wird der Mangel beseitigt, so gerät der Mieter nicht ohne weiteres in Verzug. Vielmehr bedarf es einer Mahnung (LG Berlin GE 1995, 821).

Kein Zurückbehaltungsrecht bei unterlassener Mängelanzeige. Nach der 142 Rechtsprechung des BGH ist das Zurückbehaltungsrecht bei unterlassener Mängelanzeige nach Treu und Glauben (§ 242 BGB) ausgeschlossen (BGH NZM 2011, 197; ebenso: LG Berlin NZM 1998, 474; Gellwitzki WuM 1999, 10, 16; Fleindl in: Bub/Treier Kap IV Rdn. 369; Sternel Mietrecht aktuell Rdn. III 127; Schach in: Kinne/Schach/Bieber, Miet- und Mietprozessrecht § 536c BGB Rdn. 8; Ehlert in Bamberger/Roth § 536 Rdn. 43; Timme/Raue NZM 2011, 846; im Ergebnis ebenso Schenkel NZM 1998, 502, 504; Kandelhard in Herrlein/Kandelhard § 536 Rdn. 70: danach ist die Regelung des § 536c Abs. 2 Satz 2 BGB auf das Zurückbehaltungsrecht analog anzuwenden; **a. A.** Derleder NZM 2002, 676, 680; Eisenschmid § 536c Rdn. 37; V. Emmerich in: Staudinger § 536 Rdn. 103; Hübner/Griesbach/Schreiber in: Lindner-Figura/Oprée/Stellmann Geschäftsraummiete Kap. 14 Rdn. 291; Harting in: Harz/Kääb/Riecke/Schmid, Handbuch des Fachanwalts Miet- und Wohnungseigentumsrecht, Kap. 10 Rdn. 143; Blank LMK 2011, 313792). Der BGH begründet den Ausschluss des § 320 BGB zum einen mit der Erwägung, dass das Zurückbehaltungsrecht „die ihm zukommende Funktion, auf den Schuldner Druck auszuüben, nicht erfüllen" kann, wenn dem Vermieter der Mangel nicht bekannt ist. Zum anderen sei die unterlassene Mangelanzeige als Vertragsverletzung zu bewerten. Diese dürfe nicht zur Folge haben, dass der Mieter „eine Kündigung des Vermieters wegen ausbleibender Mietzahlungen verhindern oder zumindest hinauszögern könnte". – Die Argumente des BGH überzeugen nicht, weil die Rechtsfolgen der unterlassenen Mängelanzeige in § 536c Abs. 2 Satz 1 BGB erschöpfend und befriedigend geregelt sind. Nach § 536c Abs. 2 Satz 1 ist der Mieter dem Vermieter zum Ersatz des Schadens verpflichtet, der diesem durch die Verletzung der Anzeigepflicht entsteht. Dazu gehört zum einen der Vermögensschaden, der entstehen kann, wenn infolge der fehlenden Anzeige die Mangelbeseitigung und damit der Eingang der Miete verzögert wird (Derleder NZM 2002, 676, 680). Hat der Vermieter fristlos wegen Zahlungsverzug gekündigt und Räumungsklage erhoben, so kann er den Rechtsstreit für erledigt erklären, wenn sich ergibt, dass dem Mieter wegen eines Mangels ein Zurückbehaltungsrecht zusteht. Die Verfahrenskosten sind in diesem Fall dem Mieter aufzuerlegen, weil er den Räumungsprozess durch die unterlassene Mängelanzeige provoziert hat.

Endet das Zurückbehaltungsrecht (dazu § 536 Rdn. 188) so wird der zu- 142a rückbehaltene Betrag sofort zur Zahlung fällig (BGHZ 206, 1 = NJW 2015, 3087 Rz. 61; NJW 2019, 2308 = NZM 2019, 533, Rdn. 18). Der Mieter kommt in Verzug, so dass das Kündigungsrecht entsteht.

Verzug bei Irrtum über Zahlungspflicht. Es gilt der allgemein anerkannte 143 Grundsatz, dass mangels Vertretenmüssens kein Verzug vorliegt, wenn sich der Mieter in einem schuldlosen Irrtum über seine Zahlungspflicht befindet (BGH NJW 2007, 428 = NZM 2007, 35 = WuM 2007, 24 m. w. Nachw.). Nach der **Rechtsprechung des BGH** sind an das Vorliegen eines unverschuldeten Rechtsirrtums strenge Maßstäbe anzulegen. „Der Schuldner muss die Rechtslage sorgfältig prüfen, soweit erforderlich Rechtsrat einholen und die höchstrichterliche Rechtsprechung sorgfältig beachten" BGH NJW 2007, 428 = NZM 2007, 35; WuM 2012, 323; NJW 2012, 2882 = NZM 2012, 637. Danach ist ein Rechtsirrtum nur dann entschuldigt, „wenn der Irrende bei Anwendung der im Verkehr erforderlichen Sorgfalt mit einer anderen Beurteilung durch die Gerichte nicht zu rechnen brauchte ...

§ 543 BGB Untertitel 1. Allgemeine Vorschriften für Mietverhältnisse

Bei einer zweifelhaften Rechtsfrage handelt bereits fahrlässig, wer sich erkennbar in einem Grenzbereich des rechtlich Zulässigen bewegt ..." (BGH NJW 2007, 428 = WuM 2007, 24 = NZM 2007, 35 unter Ziff. II 3 b-aa; BGH NJW 2015, 2419 Rdn. 63; Caspers ZAP F. 4, 1817, 1825). Nach allgemeinen Grundsätzen muss der Mieter darlegen und beweisen, dass er ohne Verschulden an der Entrichtung der Miete gehindert war (BGH WuM 2012, 323). Nach der Rechtsprechung des BGH gelten diese Grundsätze nicht nur für die Verzugshaftung sondern auch für die Kündigung (ebenso: Harke NZM 2016, 449, 452). Will der Mieter eine Kündigung vermeiden, so muss er die Miete unter Vorbehalt zahlen. Die Zahlung auf ein Anderkonto beseitigt das Verschulden nicht (Blank NZM 2007, 788, 792). Zu einer solchen Zahlung ist ein Schuldner nur bei einer entsprechenden vertraglichen Vereinbarung berechtigt. Nach der hier vertretenen Ansicht ist zu differenzieren: Im Schadensrecht ist es sachgerecht, wenn das mit einer Fehlbeurteilung verbundene Risiko des Schadenseintritts dem Schädiger auferlegt wird. Bestehen hingegen sachlich gerechtfertigte Meinungsverschiedenheiten über den Umfang der Zahlungspflicht, so können diese im Wege der Leistungsklage ausgetragen werden; der Rückgriff auf das Kündigungsrecht ist in diesen Fällen sachfremd, weil § 543 Abs. 2 Satz 1 Nr. 3 BGB nicht als Druckmittel eingesetzt werden soll, um den Mieter zum Verzicht zur Geltendmachung seiner Rechte zu bewegen (Blank NZM 2007, 788; s. dazu auch Hubert Schmidt NZM 2013, 705, 717: danach ist für die Frage der Vermeidbarkeit des Irrtums darauf abzustellen, ob der Rechtsstandpunkt des Mieters plausibel ist).

144 Nach der hier vertretenen Ansicht steht dem Mieter bei der **Einschätzung der Minderungsquote** ein Schätzermessen zu (ebenso: Harke NZM 2016, 449, 453). Der bei einer Fehleinschätzung bestehende Entschuldigungsgrund entfällt, wenn der Mieter nachträglich erkennt, dass die Minderungsbefugnis nicht oder nur in wesentlich geringerem Umfang besteht. Hiervon ist immer dann auszugehen, wenn der Mieter vom Gericht auf diesen Umstand hingewiesen wird (LG Frankfurt NZM 2004, 297). Der Mieter darf sein Zahlungsverhalten auch dann nicht fortsetzen, wenn er die Rechtslage durch eine weitere Instanz überprüfen lassen will. Eine erneute Zahlungsaufforderung oder Mahnung durch den Vermieter ist nicht erforderlich (LG Frankfurt a. a. O.).

145 **Verzug bei fehlerhafter Rechtsberatung.** Streitig ist, welche Rechtsfolge gilt, wenn der Mieter falsch beraten wird. Nach einer Ansicht genügt es, wenn der Mieter bei der Auswahl des Beraters die ihm nach § 276 BGB obliegende Sorgfaltspflicht beachtet. Der Mieter hat lediglich für die sachgerechte Auswahl des Rechtsberaters einzustehen. Eine fehlerhafte Beratung ist dem Mieter dagegen nicht zuzurechnen, weil der Berater nicht Erfüllungsgehilfe des Mieters bei der Leistungspflicht ist (Lorenz WuM 2013, 202, 206f). Nach h. M. muss der Mieter dagegen für fehlerhafte Auskünfte von Rechtsanwälten oder anderen Auskunftspersonen nach § 278 BGB einstehen, weil die Rechtsberater eines Schuldners als dessen Erfüllungsgehilfen anzusehen sind (BGH NJW 2007, 428 = NZM 2007, 35 unter II 2b; OLG Köln WuM 1998, 23, 24; LG Berlin NZM 1998, 573; Palandt/Weidenkaff § 573 BGB Rdn. 14; Rolfs in: Staudinger § 573 BGB Rdn. 42; Reick in: Bamberger/Roth § 573 Rdn. 23; Fleindl in: Bub/Treier Kap IV Rdn. 373; Haug in: Emmerich/Sonnenschein § 573 Rdn. 22; Lammel, Wohnraummietrecht § 573 BGB Rdn. 58; Fischer ZMR 1994, 309; Wenger MDR 2000, 1239; Harke NZM 2016, 449, 452; **a. A.** Häublein in: MünchKomm § 573 Rdn. 81 (inzwischen entgegen der hM); KG NJW-RR 2000, 1397; LG Karlsruhe WuM 1990, 294). Wird die Auskunft durch eine unzutreffende Sachverhaltsschilderung des Mieters beeinflusst, so ist die fehlerhafte Auskunft ebenfalls vom Mieter zu vertreten. Hiervon ist insbesondere dann auszugehen, wenn der Mieter gegenüber der Auskunftsperson Mängel oder sonstige Gebrauchsbeeinträchtigungen behauptet, die in dieser Form nicht bestehen. Vereinzelt wird die Rechtsmeinung vertreten, dass der Mieter nur dann auf den Rat der Auskunftsperson vertrauen darf, wenn der Ratgeber sich die behaupteten Mängel selbst angesehen hat (LG Braunschweig ZMR 2000, 222). Diese Ansicht steht mit den Gepflogenheiten der Beratungspraxis nicht im Einklang.

Ausschluss des Verzugs bei Stundungsvereinbarung. Ein Verzug scheidet 146 auch dann aus, wenn zwischen den Parteien eine Stundungsvereinbarung besteht. Eine solche Vereinbarung kann unter der auflösenden Bedingung der pünktlichen und vollständigen Zahlung der laufenden Miete geschlossen werden. Regelmäßig enthält eine solche Stundungsvereinbarung den stillschweigenden Vorbehalt des Vermieters, der Mieter werde sich hinsichtlich der künftigen Mietzahlungen vertragsgemäß verhalten. Bei unpünktlicher oder ausbleibender Zahlung entfällt die Stundungsvereinbarung. Das hinsichtlich der Mietrückstände bestehende Kündigungsrecht lebt wieder auf. Der Vermieter ist zur Kündigung berechtigt, ohne dass es einer Abmahnung bedarf (OLG Düsseldorf ZMR 2011, 864).

Ausschluss des Verzugs bei Hinterlegung. Außerdem ist der Verzug aus- 147 geschlossen, wenn der Mieter die Miete berechtigterweise hinterlegt hat. Nach § 372 BGB kann der Mieter die Miete unter anderem dann hinterlegen, wenn er „infolge einer nicht auf Fahrlässigkeit beruhenden Ungewissheit über die Person des ...(Vermieters) seine Verbindlichkeit (also die Mietzahlung) nicht oder nicht mit Sicherheit erfüllen kann." Nach den landesrechtlichen Hinterlegungsordnungen muss der Mieter die Voraussetzungen des § 372 BGB schlüssig darlegen. Die Hinterlegung setzt zum einen voraus, dass die Person des Gläubigers ungewiss ist. Eine Ungewissheit in diesem Sinne ist anzunehmen, wenn eine mit verkehrsüblicher Sorgfalt vorgenommene Prüfung zu begründeten Zweifeln über die Person des Gläubigers führt, deren Behebung auf eigene Gefahr dem Schuldner nicht zugemutet werden kann" (BGH NZM 2004, 301). Zum anderen darf die Ungewissheit nicht auf Fahrlässigkeit beruhen. Nach der Ansicht des KG (WuM 2018, 195 ist es dem Mieter grundsätzlich zuzumuten, zunächst bei seinem bisherigen Vermieter Rückfrage zu halten, wenn sich ein Dritter eines Vertragseintritts berühmt. Unterlässt er dies, so beruht seine Ungewissheit über die Person des Gläubigers auf Fahrlässigkeit. Deshalb genügt es nicht, dass ein dem Mieter bis dahin unbekannter Dritter sich als neuer Vermieter bezeichnet, Nachweise dafür aber nicht vorlegt. Anders ist es, wenn dem Mieter die Anschrift des bisherigen Vermieters nicht bekannt ist und die Hausverwaltung sich weigert, den Mieter über die Eigentumsverhältnisse zu informieren (KG a. a. O.). Die Hinterlegung muss unter Rücknahmeverzicht bei Beachtung der HinterlegungsO beim Amtsgericht erfolgen. Die Hinterlegung durch einen Rechtsanwalt genügt nicht (LG Wuppertal DWW 1988, 252). Ist die Empfangsberechtigung des Vermieters nach objektiver Betrachtungsweise unklar, so tritt die Erfüllungswirkung ein. Anders ist es, wenn der Mieter irrig annimmt, dass die Berechtigung des Vermieters zweifelhaft ist und der Irrtum auf Fahrlässigkeit beruht. In diesem Fall bleibt der Mieter weiterhin gegenüber dem Vermieter zur Zahlung verpflichtet (BGH NZM 2003, 315 = NJW 2003, 1809).

Verzug bei Vermietermehrheit. Wird eine Wohnung von mehreren Perso- 148 nen gemeinsam vermietet, so besteht zwischen den mehreren Vermietern bezüglich der Mietforderungen eine Forderungsgemeinschaft i. S. v. § 432 Abs. 1 BGB. Dies hat zur Folge, dass der Mieter nur an beide Gläubiger gemeinsam zahlen kann.

§ 543 BGB Untertitel 1. Allgemeine Vorschriften für Mietverhältnisse

Eine Ausnahme gilt, wenn einer der Vermieter aufgrund einer Empfangsvollmacht zur Entgegennahme der Leistung berechtigt ist. Liegt ein solcher Ausnahmefall nicht vor, so kommt der Mieter in Zahlungsverzug, wenn er die Miete nicht zu Händen beider Vermieter zahlt. Der übergangene Vermieter kann dann den Begünstigten auf Zustimmung zur Kündigung nach § 543 Abs. 2 Satz 1 Nr. 3 BGB in Anspruch nehmen (OLG München NZM 1998, 474). Bestehen begründete Zweifel, ob das von einem der Eheleute angegebene Konto zur Verfügung beider Eheleute steht, so kann der Mieter die Miete bei der Hinterlegungsstelle des Amtsgerichts einzahlen.

149   cc) **Rückstandsberechnung.** Die Regelung des § 543 Abs. 2 Satz 1 Nr. 3 BGB enthält drei Kündigungstatbestände: **(1):** Nach **Nr. 3 lit a Alt. 1** kann der Vermieter kündigen, wenn sich der Mieter für zwei aufeinander folgende Termine mit der Entrichtung der Miete in Verzug befindet.

150   (2) Nach **Nr. 3 lit a Alt. 2** besteht ein Kündigungsrecht, wenn sich der Mieter für zwei aufeinander folgende Termine mit der Entrichtung eines nicht unerheblichen Teils der Miete in Verzug befindet. Hierzu ist für die Wohnraummiete in § 569 Abs. 3 Nr. 1 BGB ergänzend bestimmt, dass der rückständige Teil der Miete nur dann als nicht unerheblich anzusehen ist, wenn er die Miete für einen Monat übersteigt. Hier entsteht das Kündigungsrecht, wenn ein Verzug für mindestens zwei Termine vorliegt und der Gesamtrückstand den Betrag von einer Monatsmiete plus 1 Cent erreicht. Außerdem ist erforderlich, dass die beiden letzten Verzugstermine aufeinander folgen. Bei der Geschäftsraummiete fehlt eine entsprechende gesetzliche Regelung. Ein Rückstand von einer Monatsmiete plus 0,01 Euro ist aber auch dort als „nicht unerheblich" zu bewerten. (BGH NJW 2015, 2419 Rdn. 56). Der BGH führt ergänzend aus, dass im Regelfall ein Rückstand unterhalb dieser Grenze nicht zur Kündigung berechtigt. Jedoch sind Ausnahmen auf Grund „besonderer Umstände des Einzelfalls" denkbar. Beispielhaft nennt der BGH die Kreditwürdigkeit des Mieters, die finanzielle Situation des Vermieters, sowie die Auswirkungen des konkreten Zahlungsrückstands.

150a   Das **Erheblichkeitskriterium** bezieht sich dabei auf den Gesamtrückstand. Es ist also nicht erforderlich, dass der Rückstand bezogen auf jeden einzelnen Termin erheblich ist; es genügt, wenn der Gesamtrückstand für die beiden aufeinander folgenden Termine als nicht unerheblich bewertet werden kann. Geringe Rückstände in den einzelnen Terminen können sich also zu einem nicht unerheblichen Rückstand addieren (BGH NJW-RR 1987, 903; V. Emmerich in: Staudinger § 543 BGB Rdn. 52; Palandt/Weidenkaff § 543 BGB Rdn. 24; Kinne GE 1996, 820, 826; **a. A.** LG Berlin WuM 2020, 73).

151   (3) Nach **Nr. 3 lit b** liegt ein Kündigungsgrund vor, wenn der Mieter in einem Zeitraum, der sich über mehr als zwei Termine erstreckt, mit der Entrichtung der Miete in Höhe eines Betrages in Verzug ist, der die Miete für zwei Monate erreicht. Bei dieser Vorschrift entsteht das Kündigungsrecht, wenn ein Rückstand von zwei Monatsmieten erreicht ist. Maßgeblich ist allein die Höhe des Rückstands. Es ist nicht erforderlich, dass der Rückstand über zwei Monate hinweg andauert; der Vermieter kann kündigen, wenn erstmals ein Rückstand in Höhe von zwei Mieten erreicht wird (Nierwetberg NJW 1991, 1804). Es spielt keine Rolle, ob der Mieter mit zwei vollen Mieten oder mit mehreren Teilbeträgen in Verzug geraten ist. Der Mindestbetrag von zwei Monatsmieten ist auch dann maßgebend, wenn die Parteien statt monatlicher Zahlungen eine Wochenmiete vereinbart haben. Sind längere als monatliche Zahlungsabschnitte vereinbart (Vierteljahresmiete, Jahresmiete), so ist die Vorschrift entsprechend anwendbar. In diesem Fall liegt der Kündigungs-

Außerordentliche fristlose Kündigung **BGB § 543**

tatbestand vor, wenn nach dem Ablauf von zwei Zahlungsterminen (bei Vierteljahresmiete: 1/2 Jahr; bei Jahresmiete: 2 Jahre) ein Rückstand von zwei Monatsmieten besteht (V. Emmerich in: Staudinger § 543 BGB Rdn. 58; Bieber in: MünchKomm § 543 Rdn. 49; **a. A.** Palandt/Weidenkaff § 543 BGB Rdn. 25).

Die **Abgrenzung** des in Nr. 3 lit. a Alt. 2 BGB geregelten Kündigungstatbestands **von dem Tatbestand der Nr. 3 lit. b BGB ist streitig.** Nach der **Auffassung des BGH** (BGH NJW 2008, 3210 = NZM 2008, 770 = ZMR 2009, 19; ebenso Sternel PiG 90 (2011) S. 175, 176; Fleindl in: Bub/Treier Kap IV Rdn. 374 kommt es maßgeblich darauf an, ob der Rückstand (ausschließlich) aus zwei aufeinander folgenden oder aus mehr als zwei aufeinander folgenden Zahlungsterminen herrührt. In dem erstgenannten Fall könne der Vermieter kündigen, wenn der Rückstand eine Monatsmiete übersteigt (Nr. 3 lit. a Alt. 2 BGB). Im letztgenannten Fall setze das Kündigungsrecht voraus, dass ein Rückstand von zwei Monatsmieten besteht (Nr. 3 lit. b BGB). Nach der hier vertretenen Auffassung (S.a. Blank NZM 2009, 113; ebenso Roquette § 554 BGB a. F. Rdn. 6; Kandelhard in Herrlein/Kandelhard Mietrecht § 543 BGB Rdn. 53; Lammel, Wohnraummietrecht § 543 BGB Rdn. 118) hat die im Wortlaut der Nr. 3 lit. b enthaltene Zeitbestimmung („mehr als zwei Termine") keine sachliche Bedeutung. 152

Die Abgrenzung der Kündigungstatbestände hat **praktische Relevanz,** wenn der Mieter über eine längere Zeit hinweg durchgängig eine geringere als die geschuldete Miete zahlt. Beträgt die geschuldete Miete beispielsweise 1000 €/monatlich und zahlt der Mieter hiervon ab Januar und in den folgenden Monaten lediglich 750 €, so ergibt sich folgendes Bild: 153

Monat	Geschuldet	Gezahlt	Rückstand
Januar	1000	750	250
Februar	1000	750	500
März	1000	750	750
April	1000	750	1000
Mai	1000	750	**1250**
Juni	1000	750	1500
Juli	1000	750	1750
August	1000	750	**2000**

Nach der hier vertretenen Auffassung kann der Vermieter im Mai kündigen; nach Meinung des BGH ist eine Kündigung erst im August möglich. Gegen die Auffassung des BGH spricht zum einen der Wortlaut der Regelung und zum anderen die Entstehungsgeschichte der Vorschrift. Diese wurde durch das Erste Mietrechtsänderungsgesetz vom 29.7.1963 in das BGB eingefügt, um dem Vermieter eine Kündigungsmöglichkeit in den Fällen zu verschaffen, in denen der Mieter jede zweite Miete zahlt. Bei diesem mit dem Begriff „Springen" bezeichneten Zahlungsverhalten war der Kündigungstatbestand des bis zum Jahre 1963 geltenden § 554 BGB nicht erfüllt, weil die Rückstände nicht in aufeinander folgenden Terminen eingetreten sind. Es lag mithin eine Lücke im Schutz des Vermieters vor zahlungsunwilligen oder – unfähigen Mietern vor, die es zu schließen galt. Darin erschöpft sich der Zweck der Regelung. Das Tatbestandsmerkmal „mehr als zwei Termine" hat demnach keine eigenständige Bedeutung, sondern dient lediglich der Abgrenzung zum Doppel- oder Dauerverzug, der in § 543 Abs. 2 Satz 1 Nr. 3 **lit. a** geregelt ist. Ist innerhalb von zwei aufeinander folgenden Monaten ein Verzug von mehr als einer Monatsmiete eingetreten, so ist der Tatbestand des § 543 Abs. 2

§ 543 BGB Untertitel 1. Allgemeine Vorschriften für Mietverhältnisse

Satz 1 Nr. 3 **lit. a** gegeben (wie hier Roquette § 554 BGB a. F. Rdn. 6; Kandelhard in Herrlein/Kandelhard Mietrecht § 543 BGB Rdn. 53; Lammel, Wohnraummietrecht § 543 BGB Rdn. 118. Zur Rückstandsberechnung bei berechtigter Minderung s. auch Rdn. 153b

153a   (4) Ist die geschuldete Mieter wegen eines Verstoßes gegen § 556d niedriger als die vereinbarte Miete, so kann sich dies rechnerisch auf die Rückstandsberechnung nach § 543 Abs. 2 Nr. 3 BGB auswirken. Gleichwohl kann sich der Vermieter im Falle einer Kündigung wegen Zahlungsverzug nach § 242 BGB nicht darauf berufen, dass der Rückstand die objektiv maßgebende Grenze erreicht habe, weil er die Teilunwirksamkeit der Preisvereinbarung zu vertreten hat (Abramenko MDR 2015, 921, 923). Dies gilt auch dann, wenn sich der Mieter auf die Teilunwirksamkeit beruft (**a. A.** Abramenko a. a. O.).

153b   (5) **Mangelhafte Mietsache.** Hat der Mieter die Miete gemindert, so stellt sich die Frage, ob für die Höhe des Verzug die geminderte oder die vertraglich vereinbarte Miete maßgebend ist. Bei einer berechtigten Minderung wird in der Literatur vereinzelt die Ansicht vertreten, dass sich der zur Kündigung berechtigte Rückstand gleichwohl nach der vertraglich vereinbarten Miete richtet (Kinne in: Kinne/Schach/Bieber, Miet- und Mietprozessrecht § 543 BGB Rdn. 88). Nach anderer Ansicht kommt es in diesem Fall dagegen auf die geminderte Miete an (Lützenkirchen in: Lützenkirchen Mietrecht § 543 Rdn. 226; Ettl in: Spielbauer/Schneider, Mietrecht § 543 Rdn. 21; Lammel Wohnraummietrecht § 543 Rdn. 109). Dies beruht auf der Erwägung, dass es für die materielle Berechtigung zur Kündigung nur auf die Höhe der geschuldeten Miete ankommen kann; dies ist bei der berechtigten Minderung aber die nach § 536 BGB herabgesetzte Miete. Dies folgt unmittelbar aus dem Wortlaut des § 543 Abs. 2 Nr. 3 BGB, wonach erforderlich ist, dass der Mieter mit der Entrichtung der Miete „in Verzug" ist. Der Verzug setzt aber zwingend eine bestehende Zahlungsverpflichtung voraus. Daraus folgt, dass der Vermieter bereits dann zur Kündigung berechtigt ist, wenn der Rückstand der geschuldeten (also der geminderten) Miete die nach § 543 Abs. 2 Nr. 3 erforderliche Höhe erreicht. Der **BGH** vertritt allerdings für behebbare Mängel die erstgenannte Auffassung (BGH NZM 2018, 28 m.abl.Anm. Blank und zust. Anm. Flatow NZM 2018, 31; ebenso OLG Dresden ZMR 2019, 580). Der BGH verweist zur Begründung auf zwei frühere Senatsurteile (NJW 2010, 3015, Rz. 41; 2012, 2882, Rz. 16). Aus beiden Belegstellen ergibt sich für das hier maßgebliche Problem allerdings nichts. Strittig ist, ob dies auch für nicht behebbare Mängel gilt, da der BGH bei den Rechtsfolgen hier für die Mietkaution (NZM 2019, 699) und die Kappungsgrenze (NZM 2019, 536) unterscheidet (für Gleichbehandlung Schwab NTM 2019, 36; **a. A.** Börstinghaus MietRB 2019, 130).

154   **Verrechnung unvollständiger Zahlungen/Tilgungsbestimmung.** Sind über mehrere nicht zusammenhängende Monate hinweg jeweils kleinere Rückstände angefallen, so kann dennoch ein Fall des Nr. 3 lit a vorliegen, wenn der Vermieter die Mietzahlungen auf die jeweils älteste Forderung verrechnen durfte und verrechnet hat. In diesem Fall wird nämlich die jeweils älteste Forderung getilgt, so dass sich der Verzug letztlich auf die jüngsten aufeinander folgenden Termine bezieht. Allerdings wird eine derartige Verrechnung die Ausnahme sein, weil grundsätzlich der **Mieter die Befugnis zur Tilgungsbestimmung** hat (§ 366 Abs. 1 BGB) und weil eine solche Bestimmung auch stillschweigend getroffen werden kann. Von einer stillschweigenden Tilgungsbestimmung ist auszugehen, wenn der Mieter die nach seiner Ansicht geschuldete Miete zu den vereinbarten Terminen zahlt (AG Wesel WuM 1987, 222). Bei unregelmäßiger Zahlung (sog. „a conto"

Zahlungen) lässt sich dagegen kein auf eine bestimmte Tilgungsreihenfolge bestimmter Wille feststellen, mit der Folge, dass die gesetzliche Tilgungsreihenfolge des § 366 Abs. 2 BGB gilt Nach der **Rechtsprechung des BGH** ist § 366 Abs. 2 BGB direkt und nicht nur analog heranzuziehen (BGH Urteil vom 21.3.2018 – VIII ZR 68/17 Rdn. 37 m.w.N.). Hat der Vermieter den Mietrückstand mit Gutschriften zugunsten des Mieters (z. B. aus einer Betriebskostenabrechnung) verrechnet, so kommt eine entsprechende Anwendung von § 366 Abs. 2 BGB in Betracht (BGH a.a.O. Rdn. 46) Hat der Mieter neben der Nettomiete Betriebskostenvorauszahlungen zu entrichten und reichen die Zahlungen (gegebenenfalls unter Berücksichtigung von Gutschriften) zur Tilgung der Bruttomiete nicht aus, um die jeweilige monatliche Bruttomiete zu tilgen, so richtet sich die Tilgungsfolge bei fehlender Tilgungsbestimmung des Mieters ebenfalls nach § 366 Abs. 2 BGB analog (BGH a.a.O. Rdn. 38). Danach wird zunächst die fällige Schuld, unter mehreren fälligen Schulden diejenige, welche dem Vermieter geringere Sicherheit bietet, unter mehreren gleich sicheren die dem Mieter lästigere, unter mehreren gleich lästigen die ältere Schuld und bei gleichem Alter jede Schuld verhältnismäßig getilgt. In den Leitsätzen zu Ziff. 3 hat der BGH ausgeführt, wie in den jeweiligen Fällen zu verfahren ist. Hieraus sind nach der Rechtsprechung des BGH folgende **Tilgungsregeln** (BGH a.a.O. Rdn. 48ff) abzuleiten: **(1)** Aus dem Kriterium der „geringeren Sicherheit" folgt, dass für die Tilgung der jeweiligen Bruttomiete eine unzureichende Zahlung zunächst auf die darin enthaltene Betriebskostenvorauszahlung anzurechnen ist. Dies folgt aus der Erwägung, dass die Betriebskostenvorauszahlung nach Eintritt der Abrechnungsreife oder erfolgter Abrechnung grundsätzlich nicht mehr geltend gemacht werden kann und daher weniger sicher ist als die Nettomietforderung. **(2)** Werden Bruttomietrückstände aus mehreren Jahren oder mehreren Monaten geltend gemacht, sind die Kriterien des § 366 Abs. 2 BGB ein weiteres Mal heranzuziehen. Dabei ist stets eine Anrechnung auf die ältesten Rückstände vorzunehmen. Dies ergibt sich bei Mieten, die aus verschiedenen Jahreszeiträumen stammen, daraus, dass die älteren Rückstände zuerst verjähren (vgl. § 199 Abs. 1 BGB) und daher dem Vermieter die geringeren Sicherheiten bieten. Bezüglich der Mietrückstände, die im selben Jahr angefallen sind und bei denen nach § 199 Abs. 1 BGB regelmäßig zum gleichen Zeitpunkt die Verjährung eintritt, folgt dies aus der Heranziehung des Kriteriums „ältere Schuld". **(3)** Hat der Vermieter die Zahlungen (oder Gutschriften) konkreten Zeiträumen zugeordnet und übersteigt eine für eine bestimmten Zeitraum erbrachte Zahlung oder Gutschrift die für diesen Zeitraum geschuldete Bruttomiete, ist der überschießende Betrag – bis er aufgebraucht ist – gemäß § 366 Abs. 2 BGB analog – in absteigendem Alter – auf die ältesten Nebenkostenvorauszahlungsforderungen und anschließend – wiederum beginnend mit der ältesten Schuld – auf die Nettomieten anzurechnen. **(4)** Hat der Vermieter keine Zuordnung zu bestimmten Zeiträumen vorgenommen, sondern die Zahlungen des Mieters lediglich vom Gesamtsaldo abgezogen, so sind diese in Anwendung der Kriterien des § 366 Abs. 2 BGB zunächst in absteigendem Alter auf die Nebenkostenvorauszahlungsforderungen und anschließend – wiederum beginnend mit der ältesten Forderung – auf die Nettomietrückstände zu verrechnen.

Eine mietvertragliche **Formularvereinbarung,** wonach Zahlungen des Mieters unabhängig von dessen Leistungsbestimmung stets auf die jeweils älteste Forderung zu verrechnen sind, muss beim Wohnraummietvertrag als überraschende Klausel (§ 305c Abs. 1 BGB) angesehen werden; individualvertraglich ist eine solche Vereinbarung allerdings zulässig. Gleiches gilt für Klauseln nach denen Zahlun-

§ 543 BGB Untertitel 1. Allgemeine Vorschriften für Mietverhältnisse

gen zunächst mit Nebenkosten oder mit einen Verzugsschaden verrechnet werden (**a. A.** AG Mönchengladbach DWW 1988, 18). Eine Klausel, nach der die Verrechnung ohne Rücksicht auf die Leistungsbestimmung des Mieters im Belieben des Vermieters stehen soll, ist dagegen stets unwirksam (§§ 307, 242 BGB; BGH DWW 1984, 234 = ZMR 1984, 370).

156 **Zahlungstermin** im Sinne von Nr. 3 lit a ist entweder der gesetzliche Termin (§ 556b Abs. 1 BGB) oder der vertraglich vereinbarte Termin.

157 Ist bei der Vermietung von Wohnraum eine **Monatsmiete** vereinbart, so ist diese nach der gesetzlichen Regelung in § 556b Abs. 1 BGB spätestens bis zum dritten Werktag zu bezahlen. Gleiches gilt gem. § 579 Abs. 2 BGB bei der Vermietung von Geschäftsraum. Bei der Vermietung eines Grundstücks ist die Monatsmiete am Monatsende zu bezahlen (§ 579 Abs. 1 Satz 2 BGB).

158 Bei der Vereinbarung einer **Quartalsmiete** oder **Jahresmiete** wird das Entgelt gem. § 579 Abs. 1 Satz 3 BGB nach Ablauf eines Kalendervierteljahres am ersten Werktag des folgenden Monats fällig. Die Parteien können die Fälligkeit der Miete abweichend regeln, weil §§ 556b Abs. 1, 579 Abs. 1 BGB – auch formularvertraglich – abdingbar sind. Haben die Parteien beispielsweise eine im Voraus fällige Jahresmiete vereinbart, so kann der Vermieter im Falle des Zahlungsverzugs nach § 543 Abs. 2 Satz 1 Nr. 3 BGB erst nach Ablauf eines Jahres kündigen (BGH NJW-RR 2009, 21 = NZM 2009, 30). Soll diese für den Vermieter riskante Rechtsfolge vermieden werden, so muss das Recht zur fristlosen Kündigung abweichend von § 543 BGB geregelt werden. Dies ist allerdings nur bei der Geschäftsraum- und der Grundstücksmiete möglich (arg. e § 569 Abs. 5 BGB).

159 **Rückstand aus rückwirkend vereinbarter Mieterhöhung.** Teilweise wird die Ansicht vertreten, dass eine Kündigung nach § 543 Abs. 2 Satz 1 Nr. 3 BGB ausgeschlossen ist, wenn sich der Verzug aus einer rückwirkend vereinbarten Mieterhöhung ergibt (LG Köln WuM 1993, 191; Palandt/Weidenkaff § 543 BGB Rdn. 23). Diese Ansicht trifft nicht zu: bei Rückständen aus rückwirkenden Mieterhöhungen muss § 569 Abs. 3 Nr. 3 BGB beachtet werden, wenn die Erhöhung durch Urteil festgestellt wurde. Danach kann der Vermieter wegen der Rückstände kündigen; er muss hierzu lediglich den Ablauf einer Frist von 2 Monaten nach Rechtskraft des Urteils abwarten. Für freiwillige Mieterhöhungsvereinbarungen ist § 569 Abs. 3 Nr. 3 BGB weder unmittelbar noch entsprechend anwendbar (**a. A.** LG Berlin MM 1994, 20). Dies gilt auch, wenn die Erhöhung in einem gerichtlichen Vergleich vereinbart worden ist (OLG Hamm RE 27.12.1991 NJW-RR 1992, 340 = WuM 1992, 54 = ZMR 1992, 109). In solchen Fällen kann der Vermieter ohne Einhaltung einer Frist kündigen. Überraschende Kündigungen sind rechtsmissbräuchlich; deshalb ist der Vermieter grundsätzlich verpflichtet, den Mieter vor dem Ausspruch der Kündigung abzumahnen, wobei die Kündigung angedroht werden muss.

160 Ähnliche Grundsätze gelten, wenn die Mietrückstände auf einer Erhöhung nach § 559 BGB (**Modernisierung**), nach § 560 BGB (**Erhöhung der Betriebskostenvorauszahlungen**), einer **Staffelmietvereinbarung** nach § 557a BGB oder auf einer Mieterhöhungserklärung nach § 557b BGB (**Indexmiete**) beruhen. Auch wegen solcher Rückstände kann nach § 543 Abs. 2 Satz 1 Nr. 3 BGB gekündigt werden; dies ist insbesondere nicht erforderlich, dass der Mieter rechtskräftig zur Zahlung der erhöhten Miete verurteilt worden ist (so aber: AG Dortmund WuM 1980, 256). Allerdings kann es am Verschulden des Mieters – und damit an einer Kündigungsvoraussetzung – fehlen, wenn die Wirksamkeit der Mieterhöhung zweifelhaft ist.

dd) **Das Entstehen des Kündigungsrechts.** Das Kündigungsrecht entsteht, 161
wenn die Tatbestandsvoraussetzungen der Nr. 3 lit a oder lit b vorliegen. Ein einmal
entstandenes Kündigungsrecht bleibt auch dann erhalten, wenn sich der Rückstand
in der Folgezeit reduziert. Es ist also **nicht erforderlich, dass noch zum Zeitpunkt des Zugangs der Kündigung ein Rückstand** i. S. von Nr. 3 lit a oder lit b
gegeben ist (BGH BB 1987, 2123; KG GE 2016, 459; **a. A.** LG Köln NJW-RR
1991, 208 = WuM 1991, 263; AG Hamburg WuM 1985, 263). Ein einmal entstandenes Kündigungsrecht erlischt erst, wenn der Vermieter vollständig befriedigt
wird, der Rückstand also vollkommen ausgeglichen ist (s. § 543 Abs. 2 Satz 2 BGB;
BGH NZM 2016, 765 Rz. 19). Wird wegen eines restlichen Bagatellbetrags gekündigt, so kann dies allerdings rechtsmissbräuchlich sein.

Der **Vermieter kann sofort kündigen.** Er ist grundsätzlich nicht gehalten, zu- 162
nächst eine Zahlungsklage zu erheben (BVerfGE 80, 48 = NJW 1989, 1917). Dies
gilt auch dann, wenn der Mieter die Miete wegen eines Mangels gemindert hat und
die Berechtigung hierzu streitig ist. Auch in diesem Fall ist es nicht erforderlich, dass
die Berechtigung des Mieters zur Minderung zunächst in einem Zahlungsprozess
gerichtlich geklärt wird (LG Berlin GE 2010, 1623). Es kann aber am Vertretenmüssen fehlen, wenn der Mieter rechtsirrig glaubt, dass er nicht zur Zahlung verpflichtet sei. An den unverschuldeten Rechts- oder Tatsachenirrtum sind allerdings
strenge Anforderungen zu stellen (s. Rdn. 143). Ein unverschuldeter Rechtsirrtum
liegt nicht vor, wenn der Mieter irrig glaubt, er könne mit dem **Rückzahlungsanspruch aus der Kaution** gegen die Miete **aufrechnen** (LG Berlin GE 2012,
487; s. Rdn. 180).

Die **Kündigung muss nicht angedroht** werden. Der Vermieter muss den 163
Mieter weder abmahnen (§ 543 Abs. 3 Satz 2 Nr. 3 BGB) noch zur Zahlung auffordern (LG Bochum WuM 1989, 411; **a. A.** AG Berlin – Charlottenburg GE 1990,
105). Das gilt grundsätzlich auch dann, wenn der Mieter über eine längere Zeit mit
kleineren Beträgen in Verzug war und die Höhe des Rückstands plötzlich einen zur
Kündigung ausreichenden Betrag erreicht, ohne dass der Mieter dies erkennt (BGH
LM Nr. 1 zu 554 BGB). Eine Ausnahme gilt, wenn die Kündigung nach den Vereinbarungen im Mietvertrag von einer formellen Zahlungsaufforderung abhängen
soll. Der BGH hat dies für eine **Klausel** bejaht, die dem Verpächter ein Kündigungsrecht einräumt, „wenn der Pächter mit der Zahlung einer Pachtzinsrate ganz
oder teilweise länger als einen Monat nach Zahlungsaufforderung trotz schriftlicher
Mahnung im Rückstand ist". In einem solchen Fall muss der Verpächter bei fristloser Kündigung wegen Zahlungsverzuges das in der unwirksamen Klausel hierfür
vorgesehene Verfahren (Zahlungsaufforderung, schriftliche Mahnung) einhalten
(BGH NJW 1987, 2506; ebenso OLG Celle ZMR 2014, 276).

Die Regelung des **§ 314 Abs. 3 BGB**, wonach die Kündigung innerhalb einer 164
angemessenen Frist erfolgen muss, ist nach der hier vertretenen Ansicht auch bei
der Kündigung nach § 543 Abs. 2 Nr. 3 BGB zu beachten (**a. A.** BGH NZM 2016,
791). Jedoch ist die Vorschrift zurückhaltend anzuwenden. Grundsätzlich ist eine
Kündigung wegen Zahlungsrückständen solange möglich, wie der Rückstand besteht (KG GE 2005, 236; GE 2016, 459).

Der **Einwand der verspäteten Kündigung** wird lediglich im Ausnahmefall 165
greifen. Dies setzt voraus, dass zwischen dem Eintritt der Kündigungsvoraussetzungen und dem Ausspruch der Kündigung längere Zeit vergangen ist und dass der
Mieter aufgrund konkreter Umstände davon ausgehen durfte, der Vermieter werde
von seinem Kündigungsrecht keinen Gebrauch machen. Eine längere Untätigkeit
des Vermieters rechtfertigt diese Annahme für sich allein nicht. In einem solchen

§ 543 BGB Untertitel 1. Allgemeine Vorschriften für Mietverhältnisse

Fall ist das Kündigungsrecht wegen des Rückstands gleichwohl nicht verwirkt, wenn sich der Rückstand infolge des fortdauernden vertragswidrigen Verhaltens des Mieters weiter vergrößert (BGH NZM 2005, 703). Insbesondere kann Verwirkung gegeben sein, wenn der Mieter regelmäßige Zahlungen auf den Rückstand leistet, der Vermieter dies über längere Zeit hinnimmt und kündigt, kurz bevor der Rückstand endgültig ausgeglichen ist (Jablonski GE 2011, 526, 527).

166 **ee) Rechtsmissbräuchliche Kündigungen. Überraschende Kündigungen** sind rechtsmissbräuchlich. Hiervon wird auszugehen sein, wenn der Zahlungsrückstand für den Vermieter erkennbar auf einem Versehen beruht (OLG Hamm WuM 1998, 485; Sternel PiG 90 (2011) S. 175, 183), oder wenn der Vermieter wegen einer rückwirkend vereinbarten Mieterhöhung kündigt, ohne den Mieter zuvor abzumahnen. Beruht der Rückstand auf einer Mieterhöhung, über die durch Urteil entschieden worden ist, so ist § 569 Abs. 3 Nr. 3 BGB zu beachten (s. dort). Darüber hinaus ist auch in diesem Fall eine Abmahnung zu fordern. Eine Abmahnung ist auch dann unentbehrlich, wenn der Vermieter den Rückstand über längere Zeit rügelos hingenommen hat, wenn er frühere Kündigungslagen nicht zum Anlass einer Kündigung genommen hat (OLG Hamm ZMR 1994, 560; LG Hamburg NJWE-MietR 1996, 104), wenn der Mieter unbeanstandet fortgesetzt verspätet gezahlt hat und er infolge dieser Zahlungsweise erstmals für zwei aufeinander folgende Termine in Verzug gekommen ist (BGH NJW 1959, 766; LG Berlin WuM 1986, 370 = ZMR 1987, 20), wenn die Parteien über eine längere Zeit über die Berechtigung einer Mietminderung verhandelt haben (AG Hamburg-Blankenese WuM 1987, 388), wenn der Vermieter in der Vergangenheit rügelos Teilzahlungen entgegengenommen hat oder wenn der Mieter aus anderen Gründen mit einer Kündigung nicht zu rechnen brauchte (LG Frankfurt WuM 1992, 434: wenn der Mieter einen nicht unterschriebenen Scheck überreicht und der Vermieter kündigt ohne die fehlende Unterschrift zu rügen). Ebenso kann nach § 242 BGB eine Abmahnung erforderlich sein, wenn das Mietverhältnis bereits sehr lange dauert, der Mieter überwiegend pünktlich bezahlt hat und die Aussicht besteht, dass die nunmehr aufgetretenen Zahlungsprobleme alsbald behoben werden können (OLG Düsseldorf ZMR 2002, 818). Durch die **Abmahnung** soll der Mieter vor den Folgen der Zahlungsverweigerung gewarnt werden. Deshalb muss in der Abmahnung – die keiner besonderen Form bedarf – die Kündigung angedroht werden; eine bloße Zahlungsaufforderung genügt nicht (OLG Hamm a. a. O.; AG Hamburg-Altona NZM 2003, 69). Außerdem soll dem Mieter durch die Abmahnung die Möglichkeit zur Abwendung der Kündigung eingeräumt werden. Deshalb muss dort eine Zahlungsfrist bestimmt werden, die so zu bemessen ist, dass der Mieter seine Zahlungsverpflichtung erfüllen kann. Nach der hier vertretenen Auffassung muss die Abmahnung klar und eindeutig sein. Es wird aber auch die Auffassung vertreten, dass in der Klagerhebung zugleich eine Abmahnung liege (BGH WuM 1970, 77 = LM § 554a BGB Nr. 1) oder dass eine unwirksame Rücktrittserklärung in eine Abmahnung umgedeutet werden kann (BGH ZMR 1972, 306).

167 Wurden die **Mieten bisher durch Lastschriftverfahren eingezogen** und will der Vermieter hiervon abweichen, so muss er dies dem Mieter mitteilen; ohne vorherige Mitteilung ist eine auf § 543 Abs. 2 Satz 1 Nr. 3 BGB gestützte Kündigung überraschend (AG Bergheim WuM 1992, 478). Hat der Mieter um eine Stundung der Miete oder (bei erheblichem Mietrückstand) um Ratenzahlungen nachgesucht, so dürfte der Einzug der Miete im Lastschriftverfahren zwar regelmäßig scheitern. Gleichwohl ist der Vermieter gehalten den Mieter vor der Kündigung über seine

Außerordentliche fristlose Kündigung **BGB § 543**

Entscheidung betreffend das Stundungs-/Ratenzahlungsgesuch zu informieren. Eine überraschende Kündigung liegt außerdem dann vor, wenn sich der **Vermieter mit dem Ausspruch der Kündigung zu seinem eigenen Verhalten in Widerspruch** setzt. Hiervon ist insbesondere dann auszugehen, wenn der Vermieter dem Mieter eine Zahlungsfrist gesetzt hat und vor Ablauf der Frist kündigt (AG Bonn WuM 1992, 478).

Hat der **Vermieter nach dem Entstehen des Kündigungsrechts längere** 168 **Zeit zugewartet,** so kann es rechtsmissbräuchlich sein, wenn der Vermieter ohne Abmahnung kündigt (Sternel PiG 90 (2011) S. 175, 183). Unabhängig davon wird ein Rechtsmissbrauch auch dann vorliegen, wenn der Mieter den überwiegenden Rückstand bezahlt hat und zum Zeitpunkt des Kündigungsausspruchs nur noch ein **Bagatellbetrag** offen ist (Sternel Mietrecht Rdn. IV 408).

Ein Rechtsmissbrauch kann auch dann gegeben sein, wenn die **Interessen des** 169 **Vermieters durch die Zahlungsverzögerung nicht ernsthaft gefährdet** werden. Hiervon ist i. d. R. auszugehen, wenn die Miete durch das Sozialamt bezahlt wird, die Zahlungsverzögerung auf behördeninternen Schwierigkeiten beruht und der Vermieter kündigt ohne zuvor mit dem Sozialamt Verbindung aufzunehmen (LG Mönchengladbach ZMR 1993, 571; LG Berlin MM 1993, 394; LG Saarbrücken ZMR 2006, 46, 47). Jedenfalls ist der Vermieter verpflichtet, den Mieter vor dem Ausspruch der Kündigung über die ausbleibenden Zahlungen zu informieren (Sternel PiG 90 (2011) S. 175, 177).

Ebenso muss Rechtsmissbrauch angenommen werden, wenn der Rückstand 170 eingetreten ist, weil sich der **Vermieter geweigert** hat, eine **Erklärung über die Miethöhe auszufüllen,** die der Mieter zur Erlangung von Sozialhilfe benötigt hätte (**a. A.** LG Köln WuM 1995, 104; Kinne GE 1996, 820, 832). Etwas anderes gilt, wenn das Sozialamt nicht zahlt, weil der Mieter seine Mitwirkungspflichten bei der Erlangung von Sozialhilfe verletzt hat oder wenn die Zahlungsbereitschaft des Sozialamts zweifelhaft ist, etwa weil die Sozialhilfeberechtigung des Mieters nicht sicher feststeht.

Ein **Rechtsmissbrauch liegt nicht vor,** wenn der **Vermieter kündigt, ob-** 171 **wohl er einen Bürgen mit unbeschränkter Haftung in Anspruch nehmen könnte** (BGH MDR 1972, 411 = LM § 535 BGB Nr. 50). Etwas anderes kann gelten, wenn der Bürge erkennbar zahlungsbereit ist und der Vermieter gleichwohl kündigt, ohne mit dem Bürgen Kontakt aufzunehmen (ähnlich Sternel Mietrecht Rdn. IV 414: Der Bürge müsse die Möglichkeit zur Zahlung erhalten). Auf eine in der Höhe beschränkte Mietkaution muss sich der Vermieter nicht verweisen lassen (BGH a. a. O.), zumal die Kaution auch Sicherheit für eventuelle Schadenersatzansprüche aus dem beendeten Mietverhältnis bieten soll (**a. A.** Sternel a. a. O. für den Fall, dass die Bürgschaft nur der Sicherung der Mietzahlungsansprüche dient).

Ein Rechtsmissbrauch ist auch dann in Betracht zu ziehen, wenn der **Mieter** 172 **zweifelsfrei zahlungsfähig und zahlungswillig** ist und die Zahlungsverzögerung ausschließlich auf dem Verschulden eines Dritten beruht. Ein solcher Fall kann gegeben sein, wenn ein vom Mieter gegenüber der Bank erteilter Überweisungsauftrag ohne Verschulden des Mieters nicht ausgeführt oder fehlerhaft ausgeführt wird. Zwar hat der Mieter für das Verschulden der Bank einzustehen; gleichwohl wird das Kündigungsrecht zweckfremd ausgeübt, wenn zwar die formalen Kündigungsvoraussetzungen vorliegen, das Vermögen des Vermieters aber nicht gefährdet ist.

In der Rechtsprechung ist darüber hinaus im Einzelfall ein **Verstoß gegen Treu** 173 **und Glauben** angenommen worden, wenn der **Verlust der Wohnung den Mie-**

ter ganz besonders hart treffen würde, während das Interesse des Vermieters an der Vertragsbeendigung relativ gering zu bewerten ist. Dies wurde in der Rechtsprechung angenommen bei einer 74-jährigen Mieterin mit 20-jähriger Wohndauer, die sich um die Tilgung des Rückstands bemüht hat (LG Hannover WuM 1983, 263); sowie in einem Fall in dem der Mieter nahezu sein ganzes Vermögen in die Mietsache investiert hatte und die Kündigung wegen eines verhältnismäßig geringen Rückstands ausgesprochen wurde (LG Nürnberg-Fürth MDR 1959, 845). Diese Rechtsprechung ist außerordentlich problematisch, weil sie die Rechtsgestaltungsmöglichkeiten des § 574 BGB auf die fristlose Kündigung ausdehnt. Gleichwohl lehrt die Rechtspraxis, dass auf Korrekturen dieser Art nicht gänzlich verzichtet werden kann; allerdings müssen die Korrekturen im Interesse der Rechtssicherheit auf Extremfälle beschränkt bleiben.

174   **b) Ausschluss der Kündigung (Abs. 2 Sätze 2 und 3).** Nach § 543 Abs. 2 Satz 2 BGB ist die Kündigung ausgeschlossen, wenn der Vermieter vorher (= vor Zugang der Kündigung) befriedigt wird. Diese Rechtsfolge gilt für alle Mietverhältnisse. Durch die Formulierung „befriedigt wird" kommt zum Ausdruck, dass der Vermieter die Zahlungen eines Dritten – z. B. des Sozialamts – nicht ablehnen darf. Dieselbe Rechtsfolge ergibt sich aus § 267 Abs. 1 BGB. Neben der Zahlung kommen alle anderen Erfüllungssurrogate (Aufrechnung, Hinterlegung mit Rücknahmeverzicht) in Betracht.

175   **Durch die Zahlung wird die Kündigung nur dann ausgeschlossen, wenn der Vermieter hierdurch vollständig befriedigt wird** (BGH ZMR 1971, 27; BGH NZM 2016, 765 Rz. 22; LG München ZMR 1986, 125). Im Streitfall muss der Mieter beweisen, dass er nicht mehr säumig war, als ihm die Kündigung zugegangen ist. Die **Beweislast** ist nicht dergestalt aufgespalten, dass zunächst der Vermieter den Zeitpunkt des Zugangs beweisen müsste und dass es auf den Zeitpunkt der Zahlung nicht mehr ankommt, wenn der Vermieter diesen Beweis nicht zu führen vermag. Vielmehr hat der Mieter ein ihm zeitlich günstiges Verhältnis der Zahlung zur Kündigung zu beweisen. Steht freilich der Zeitpunkt der Zahlung fest, so muss der Mieter lediglich beweisen, dass später gekündigt worden ist. Steht umgekehrt der Zeitpunkt der Kündigung fest, so muss der Mieter nur noch beweisen, dass vorher gezahlt ist (BGH LM Nr. 5 zu § 554 BGB).

176   Auf **Teilleistungen** braucht sich der Vermieter nicht einzulassen. Nimmt er die teilweise Leistung dennoch entgegen, so kann die Ausübung des Kündigungsrechts verwirkt sein. Ein solcher Fall wird dann vorliegen, wenn der Mieter auf Grund der Umstände davon ausgehen durfte, dass der Vermieter im Hinblick auf die Zahlungsbereitschaft des Mieters nicht kündigen wolle und wenn der Vermieter zwischen Zahlung und Kündigung einen längeren Zeitraum verstreichen lässt. Behält sich der Vermieter das Recht zur fristlosen Kündigung bei der Entgegennahme der Teilleistung ausdrücklich vor, so wird hierdurch der Eintritt der Verwirkung regelmäßig ausgeschlossen.

177   Auch die **Aufrechnung** ist eine Form der Erfüllung. Deshalb ist die Kündigung auch dann ausgeschlossen, wenn der Mieter vor Zugang der Kündigung wirksam aufgerechnet hat (§ 543 Abs. 2 Satz 2 BGB). Eine Aufrechnung nach Zugang führt zur Unwirksamkeit der Kündigung, wenn sie unverzüglich (ohne schuldhaftes Zögern) erklärt wird (§ 543 Abs. 2 Satz 3 BGB, BGH Urt. v. 24.8.2016 – VIII ZR 261/15 Rz. 24).

178   **Ankündigungsklausel.** In manchen Mietverträgen ist vereinbart, dass die Aufrechnung einen Monat vor Fälligkeit der Miete angezeigt werden muss. Der BGH

hat eine solche Formularklausel in den Urteilen vom 4.5.2011 (BGH NJW 2011, 2201 = WuM 2011, 418 = NZM 2011, 579) und vom 14.9.2011 (BGH NJW-RR 2012, 13 = WuM 2011, 674 = NZM 2012, 22) als wirksam angesehen. Folgt man dieser Ansicht, so wäre die Möglichkeit zur Beseitigung der Kündigungswirkung nach dieser Vorschrift ausgeschlossen. Nach der hier vertretenen Auffassung ist eine entsprechende Klausel nur wirksam, wenn der Fall der nachträglichen Aufrechnungen im Falle der Kündigung wegen Zahlungsverzugs ausdrücklich ausgenommen wird (ebenso: Niebling ZMR 2011, 709).

Eine umfassend wirksame Ankündigungsklausel verstößt gegen § 569 Abs. 5 BGB). Eine einschränkende Auslegung auf ihren zulässigen Inhalt ist wegen des Verbots der geltungserhaltenden Reduktion von Allgemeinen Geschäftsbedingungen nicht möglich. Für den Fall der Aufrechnung vor Zugang der Kündigung ist zu bedenken, dass hierdurch der Zahlungsanspruch des Vermieters rückwirkend erlischt (§ 389 BGB). Deshalb kann auch eine **teilweise Aufrechnung** zur Folge haben, dass infolge der Verringerung des Rückstands die Voraussetzungen der § 543 Abs. 2 Satz 1 Nr. 3 BGB nicht mehr vorliegen. Für die Aufrechnung nach Zugang der Kündigung siehe außerdem § 569 BGB Rdn. 62ff. **179**

Der **Vermieter ist nicht verpflichtet, sich** im Falle eines Zahlungsverzugs **aus einer Mietkaution zu befriedigen,** weil die Kaution zur Sicherstellung aller Ansprüche des Vermieters, also auch zur Sicherung von Schadensersatzansprüchen dient (BGH WPM 1972, 335; LG Berlin MM 1986, 30). Andererseits ist der Vermieter aber berechtigt, wegen der Mietrückstände auf die Kaution zurückzugreifen. In diesem Fall kann er auch Wiederauffüllung der Kaution verlangen (BGH a. a. O.). Zur Aufrechnung mit dem Rückforderungsanspruch aus der Kaution ist der Mieter nicht in der Lage, weil dieser Anspruch erst nach der Beendigung des Mietverhältnisses fällig wird. Teilweise wird in diesem Zusammenhang die Ansicht vertreten, dass ein Vermieter dann auf die Kaution zurückgreifen muss, wenn diese ausschließlich der Sicherung von Mietzahlungsansprüchen dient; der Ausspruch der Kündigung trotz vorhandener Kaution ist nach dieser Ansicht rechtsmissbräuchlich (Sternel Rdn IV 274). Dabei wird verkannt, dass zwischen dem Eintritt der Zahlungsunfähigkeit und der Rückgabe der Mietsache meist ein längerer Zeitraum liegt, für den der Mieter die Miete schuldet, aber nicht bezahlen kann. Durch die Kaution soll dieses Risiko abgewendet oder vermindert werden. **180**

c) Prozessuales/Darlegungs- und Beweislast. aa) Der Vermieter muss in der Klagschrift darlegen, dass Rückstände im Sinne von § 543 Abs. 2 Satz 1 Nr. 3 BGB bestehen, dass deswegen eine schriftliche Kündigung ausgesprochen worden ist, dass die Zugangsvoraussetzungen vorliegen und dass der Mieter die Wohnung nicht geräumt hat. Hinsichtlich der Anforderungen an den **Inhalt der Klagschrift** gilt § 252 Abs. 2 Nr. 2 ZPO. Danach muss die Klageschrift unter anderem „die bestimmte Angabe des Gegenstandes" der Klage enthalten. Hieraus wird teilweise abgeleitet, dass sich aus der Klagschrift ergeben muss, welche Rückstände für welche Monate Gegenstand der Klage sind. Anderenfalls sei die Klage unzulässig oder unschlüssig, weil der Streitgegenstand nicht festgestellt werden kann. Gleiches gilt nach dieser Ansicht, wenn der Rückstand lediglich in Form eines Saldos dargestellt wird und sich der Saldo – wie vorliegend – aus Mietzinsforderungen für verschiedene Monate, Betriebskosten, Mahnkosten, Rechtsanwaltskosten und diversen Gutschriften für Zahlungen ergibt (LG Kempten WuM 2016, 444; LG Frankfurt Urt. v. 16.5.2017 – 2/11 S 220/16, juris; AG Dortmund/LG Dortmund GE 2015, 1103; AG Hanau WuM 2015, 742; AG Gie- **181**

§ 543 BGB Untertitel 1. Allgemeine Vorschriften für Mietverhältnisse

ßen WuM 2014, 216; WuM 2016, 304; ebenso: Brandenburgisches OLG Urteil vom 22.9.2015 – 6 U 99/14, juris Rz. 26: wenn der Mieter rückständige Mieten, Nutzungsentschädigung und Nebenkosten, teils in Form einer Vorauszahlung, teils als Abrechnungsergebnis schuldet; Zehelein NZM 2013, 638, 640: wenn in dem Saldo auch Betriebskostenvorauszahlungen für einen Zeitraum enthalten sind, über den der Vermieter bereits abgerechnet hat oder die einen Zeitraum nach Eintritt der Abrechnungsreife betreffen.

181a Nach der **Rechtsprechung des BGH** ist die Zuordnung von Mietrückständen zu den einzelnen Monaten „weder für den Entscheidungsumfang des Gerichts (§ 308 ZPO) noch zur Ermittlung der Rechtskraft einer späteren gerichtlichen Entscheidung oder eine Zwangsvollstreckung von Bedeutung" (BGH NJW 2013, 1367). Dies gilt auch dann, wenn außer den Mietzinsen weitere Forderungen in dem Saldo enthalten sind (**sog. „Saldoklage"** s. BGH NZM 2019, 206; 2018, 444; 2019, 171; A. Siegmund WuM 2018, 601). Ein Klageantrag ist grundsätzlich hinreichend bestimmt, wenn er den erhobenen Anspruch konkret bezeichnet, Inhalt und Umfang der materiellen Rechtskraft der begehrten Entscheidung (§ 322 ZPO) erkennen lässt, das Risiko eines Unterliegens des Klägers nicht durch vermeidbare Ungenauigkeit auf den Beklagten abwälzt und schließlich eine Zwangsvollstreckung aus dem Urteil ohne eine Fortsetzung des Streits im Vollstreckungsverfahren erwarten lässt (BGH NZM 2018, 444, Rdn. 18 ff im Anschluss an NJW 2013, 1367 Rdn. 12 und NJW 2016, 708, Rdn. 8; jeweils mwN). Reichen die Zahlungen des Mieters zur Tilgung der Forderungen des Vermieters nicht aus, so gelten die Tilgungsregelungen des § 366 BGB. Diese sind von Amts wegen zu beachten. Danach hat in erster Linie der Mieter zu bestimmten, welche Forderung durch die unvollständigen Zahlung getilgt werden soll (§ 366 Abs. 1 BGB). Bleibt dies unklar, so gilt § 366 Abs. 2 BGB. Danach wird zunächst die fällige Schuld, unter mehreren fälligen Schulden diejenige, welche dem Vermieter geringere Sicherheit bietet, unter mehreren gleich sicheren die dem Mieter lästigere, unter mehreren gleich lästigen die ältere Schuld und bei gleichem Alter jede Schuld verhältnismäßig getilgt (BGH NZM 2018, 444, Rdn. 47 ff; weitere Einzelheiten Rdn. 126, 154, 155).

182 bb) Ist die **Höhe der vertraglich vereinbarten Miete** streitig, so hat dies der Vermieter zu beweisen. Behauptet der Mieter, dass er zur **Minderung** berechtigt sei, muss er beweisen, dass die Mietsache mangelhaft ist und dass er den Mangel angezeigt hat (oder dass die Anzeige entbehrlich war, weil der Vermieter bereits anderweitig Kenntnis erlangt hatte). Der Vermieter muss vortragen, dass die **Rückstandsvoraussetzungen** gegeben sind. Der Mieter muss darlegen und beweisen, dass die Leistung infolge eines Umstands unterblieben ist, den er nicht zu vertreten hatte (§ 286 Abs. 4 BGB). Außerdem muss der Mieter darlegen und beweisen, wann und wie er erfüllt hat. Bleibt die **Zahlung streitig**, so muss der Mieter die von ihm vorzutragenden Tatsachen beweisen. Der Beweis ist geführt, wenn diejenigen Tatsachen bewiesen sind, aus denen sich die Erfüllungshandlung ergibt (**a. A.** Grams ZMR 1994, 5: der Vermieter müsse die Nicht-Zahlung beweisen; wie hier: Bender ZMR 1994, 251). Behauptet der Mieter, dass er weitergehende Zahlungen geleistet habe, trifft ihn die Beweislast. Gleiches gilt, wenn der Mieter Erfüllung durch Aufrechnung einwendet. Ist streitig, ob die Voraussetzungen des **§ 543 Abs. 2 Satz 2 BGB** gegeben sind, so muss der Mieter beweisen, dass er erfüllt hat, bevor ihm die Kündigung zugegangen ist. Er muss deshalb nicht nur den Zeitpunkt der Zahlung, sondern auch den Zeitpunkt der Kündigung beweisen (BGH MDR 1960, 1006).

Wird der Mieter zur Räumung verurteilt, so sind ihm die **Kosten** aufzuerlegen. 183
Eine Kostenteilung kommt auch dann nicht in Betracht, wenn das Gericht mehrere
Kündigungen überprüft und nur eine einzige Kündigung für wirksam, die übrigen
aber für unwirksam erachtet hat.

cc) Ist der ursprüngliche Räumungsrechtsstreit durch klagabweisendes Urteil 184
abgeschlossen worden und tritt während des Laufs der Berufungsbegründungsfrist
ein zur fristlosen Kündigung nach § 543 Abs. 2 Satz 1 Nr. 3 BGB berechtigender
Zahlungsverzug ein, so genügt es, wenn der Vermieter deshalb kündigt und die **Berufung** nur mit dem nach Erlass des erstinstanzlichen Urteils eingetretenen Verzug
begründet. In einem solchen Fall bedarf es keiner Auseinandersetzung mit den
Gründen des angefochtenen Urteils (BGH NJW-RR 2007, 934 = WuM 2007,
283).

IV. Die Abmahnung (Abs. 3)

1. Allgemeines

Besteht der wichtige Grund in der Verletzung einer Pflicht aus dem Mietvertrag, 185
so ist die Kündigung erst nach erfolglosem Ablauf einer zur Abhilfe bestimmten angemessenen Frist oder nach erfolgloser Abmahnung zulässig (§ 543 Abs. 3 Satz 1
BGB). Für eine Abmahnung genügt die bloße Rüge vertragswidrigen Verhaltens
nicht. Vielmehr muss sich aus der Abmahnung ergeben, dass dem Mieter für den
Fall eines weiteren Vertragsverstoßes Konsequenzen drohen (AG Gelsenkirchen
WuM 2017, 648). Die Regelung gilt für alle fristlosen Kündigungen, die auf Grund
einer Verletzung mietvertraglicher Pflichten erfolgen. Dazu zählen die Kündigungstatbestände nach §§ 543 Abs. 1, Abs. 2 Nr. 1 und 2, sowie 569 Abs. 1 und 2
BGB (s. dort). Bei einer Kündigung wegen Zahlungsverzugs nach § 543 Abs. 2
Nr. 3 BGB ist keine Abmahnung erforderlich (§ 543 Abs. 3 Satz 2 Nr. 3 BGB). Wegen der Einzelheiten zur Abmahnung s. § 541 BGB Rdn. 4 ff.

2. Besonderheiten in den Fällen des § 543 Abs. 1 BGB

Wird in den Fällen der **unpünktlichen Mietzahlung** der Zahlungstermin nur 186
um wenige Tage überschritten, so muss sich aus der Abmahnung ergeben, welche
Mieten mit welcher Verspätung eingegangen sind (LG Frankfurt WuM 1992, 370),
damit der Mieter durch geeignete Maßnahmen für Abhilfe sorgen kann. Bei eindeutigen Fristüberschreitungen ist eine solche Angabe aber entbehrlich. Streitig ist,
ob in der Abmahnung die fristlose Kündigung angedroht werden muss (sog. **„Qualifizierte Abmahnung"**). Nach herrschender Meinung genügt es, wenn sich aus
der Abmahnung mit hinreichender Deutlichkeit ergibt, dass der Vermieter auf
pünktliche Mietzahlung Wert legt. Hierzu reicht es aus, wenn der Vermieter den
Mieter nach Eintritt der Fälligkeit zur Zahlung der Miete aufgefordert hat (**a. A.**
LG Berlin GE 2012, 343). Die Androhung einer Kündigung ist nicht erforderlich
(KG GE 2013, 618; LG Kleve WuM 1995, 537; V. Emmerich in: Staudinger § 543
BGB Rdn. 78; Lammel § 543 BGB Rdn. 152; Kandelhard in: Herrlein/Kandelhard
§ 543 BGB Rdn. 68; Ehlert in: Bamberger/Roth § 543 BGB Rdn. 42; Bieber in:
MünchKomm § 543 BGB Rdn. 65; Lützenkirchen in: Erman § 543 Rdn. 37; Sternel Mietrecht aktuell Rdn. XII 7), schadet aber nicht und wird empfohlen.

§ 543 BGB Untertitel 1. Allgemeine Vorschriften für Mietverhältnisse

187 Der Sinn einer Abmahnung besteht nicht in der Vorbereitung der Kündigung. Vielmehr soll der Mieter vor den Folgen der unpünktlichen Mietzahlung gewarnt werden. Diese Warnfunktion wird nur erfüllt, wenn **zwischen der Abmahnung und der Kündigung ein ausreichender Zeitraum** liegt. Der Kündigungsgrund liegt in der Fortsetzung der unpünktlichen Zahlungen trotz Zugang einer Abmahnung. Deshalb ist eine Kündigung unwirksam, wenn sie unmittelbar nach der Abmahnung erfolgt (LG Berlin GE 1987, 1109 = WuM 1988, 57 für den Fall, dass zwischen der Abmahnung und dem Zugang der Kündigung nur einmal die Miete nicht bei Fälligkeit eingegangen ist; AG Neuss DWW 1990, 280 für eine am Monatsersten erfolgte Abmahnung und eine zur Monatsmitte erklärte Kündigung). Der Vermieter muss also mindestens die nächste Zahlungsüberschreitung abwarten.

3. Besonderheiten in den Fällen des § 543 Abs. 2 Nr. 1 BGB

188 Eine Kündigung nach § 543 Abs. 2 Nr. 1 BGB ist erst zulässig, wenn der Vermieter eine ihm von dem Mieter bestimmte angemessene Frist hat verstreichen lassen, ohne Abhilfe zu schaffen. Die **Dauer der Abhilfefrist** richtet sich nach den Umständen des Einzelfalls. Maßgeblich sind der Schadensumfang, der Umfang der Gebrauchsbeeinträchtigung, die Gefahr weitergehenden Schadeneintritts und die Umstände, welche die Dauer der Schadensbeseitigung beeinflussen (OLG Düsseldorf ZMR 1999, 26). Die Frist muss so bemessen werden, dass der Vermieter unter Zugrundelegung üblicher Verhältnisse in der Lage ist, Abhilfe zu schaffen. Wird wegen des Verhaltens anderer Mieter Abhilfe begehrt, so muss die Frist so bemessen werden, dass der Vermieter Unterlassungs- oder Räumungsansprüche geltend machen kann (vgl. AG Lübeck DWW 1988, 180: mehr als 6 Wochen). Der Ausgang eines Rechtsstreits zwischen dem Vermieter und dem störenden Mieter muss im Allgemeinen nicht abgewartet werden. Hat der Vermieter selbst einen bestimmten Zeitpunkt genannt, so muss er sich hieran festhalten lassen (OLG Hamburg ZMR 2001, 26). Hat der Mieter dem Vermieter eine Frist zur Beseitigung eines Mangels gesetzt und im Anschluss hieran ein Beweissicherungsverfahren in Gang gesetzt, so muss der Mieter eine erneute Frist setzen, wenn die erste Abmahnung längere Zeit zurückliegt (hier: 9 Monate; BGH NZM 2011, 32; s. auch Rdn. 195).

189 Eine **zu kurze Frist** führt nicht zum Verlust des Kündigungsrechts, sondern wirkt zum angemessenen Zeitpunkt (LG Frankfurt WuM 1987, 55). Hat der Mieter eine Frist bestimmt, so ist er hieran auch dann gebunden, wenn diese bei objektiver Betrachtung als zu lang erscheint (Sternel IV 463). Grundsätzlich kann der Vermieter eine vom Mieter gesetzte Frist nicht einseitig verlängern. Vielmehr muss er um eine **Fristverlängerung** nachsuchen, wenn er den Mangel nicht innerhalb der vom Mieter gesetzten Frist beseitigen kann. Hat er selbst einen konkreten Abhilfetermin vorgeschlagen, so kann er mangels einer Gegenäußerung i. d. R. davon ausgehen, dass der Mieter die Fristverlängerung akzeptiert. Nach der Ansicht des OLG Celle (MDR 2014, 1250) gilt dies nicht, wenn die Abhilfe ohne hinreichend konkrete Zeitangabe ("voraussichtlich") angekündigt wird. Eine **Abkürzung der Frist** durch den Mieter kommt in Betracht, wenn sich der Zustand der Sache während des Laufs der Frist unvorhersehbar erheblich verschlechtert. Die **Androhung der Kündigung** ist nicht erforderlich (BGH NJW 2007, 2474 = NZM 2007, 561; OLG Düsseldorf MDR 2012, 1086) jedoch muss sich aus der Erklärung ergeben, welche Mängel innerhalb welcher Frist beseitigt werden sollen. Für den vergleichbaren Fall der Kündigung eines Factoringvertrags hat der BGH ausgeführt, die Abmahnung müsse außerdem erkennen lassen, „dass die weitere vertragliche Zusammenarbeit auf dem Spiel steht" (BGH NJW 2012, 53).

Die Mängel müssen hinreichend genau bezeichnet werden, so dass der 190 Vermieter erkennen kann, welche Mängel er beseitigen muss (OLG Naumburg WuM 2000, 246 = ZMR 2000, 381). Zur **Mangelursache** muss der Mieter nichts ausführen, weil ihn keine Untersuchungspflicht trifft (OLG Düsseldorf MDR 2006, 1276). Auf Mängel, die in dem Abhilfeverlangen nicht aufgeführt sind, kann die Kündigung nicht gestützt werden (OLG Naumburg ZMR 2000, 382). Die Art und Weise der Mängelbeseitigung ist Sache des Vermieters.

Bindung des Mieters an Inhalt der Abmahnung. In der Praxis kommt es 191 immer wieder vor, dass der Mieter den Vermieter unter Fristsetzung zur Mangelbeseitigung auffordert und für den Fall der Nichterfüllung konkrete Schritte, z. B. die Erhebung einer Beseitigungsklage, die Minderung der Miete oder die Ausübung des Selbstbeseitigungsrechts ankündigt. In einem solchen Fall ist streitig, ob der Mieter bei erfolglosem Fristablauf ohne weiteres von der Kündigungsbefugnis Gebrauch machen darf. In Rechtsprechung und Literatur wird überwiegend die Ansicht vertreten, dass die Kündigung in einem solchen Fall nicht bereits nach Ablauf der gesetzten Abhilfefrist erklärt werden kann. Vielmehr sei eine erneute Fristsetzung erforderlich (OLG Hamm NJW-RR 1991, 1035; Fleindl in: Bub/Treier Kap IV Rdn. 331; Lammel Wohnraummietrecht § 543 BGB Rdn. 44). Teilweise wird vertreten, dass der Vermieter nach Fristablauf ohne weitere Nachfrist kündigen darf, wenn ihm ein weiteres Zuwarten nicht zugemutet werden kann (OLG Düsseldorf MDR 2012, 1086: betr. wiederholter Wassereinbruch in den Verkaufsraum eines Lebensmittelmarktes). Der BGH hat diese Frage in dem Urteil vom 13.6.2007 (NZM 2007, 561 = WuM 2007, 570) offengelassen und ausgeführt, dass eine erneute Fristsetzung jedenfalls dann entbehrlich ist, wenn der Vermieter den Mangel bestreitet und seine Pflicht zur Mangelbeseitigung in Abrede stellt. Diese Ansicht trifft zu, weil die Setzung einer Abhilfefrist entbehrlich ist, wenn dies offensichtlich keinen Erfolg verspricht (§ 543 Abs. 3 Satz 2 Nr. 1 BGB). Hiervon ist auszugehen, wenn der Vermieter endgültig und bestimmt zum Ausdruck bringt, dass er den Mangel nicht beseitigen will. Das OLG Celle vertritt die Ansicht, dass sich die Streitfrage nur stellt, wenn der Mieter in der Abmahnung eine konkrete Maßnahmen „androht" und nach erfolglosem Fristablauf eine andere Maßnahme wählt. Dagegen soll es nicht ausreichen, wenn der Mieter lediglich erklärt. Dass er sich eine bestimmte Maßnahme vorbehalte. In der Erklärung eines Vorbehalts komme nicht zum Ausdruck, dass der Mieter leidlich diese Maßnahme – und keine andere – ergreifen will (OLG Celle MDR 2014, 1250; zweifelhaft).

Die **Abhilfefrist kann mit der Kündigungserklärung verbunden werden** 192 (OLG Hamburg ZMR 2001, 26). Es handelt sich dann um eine Kündigung unter einer (unechten) Bedingung (**Potestativbedingung**; s. § 542 BGB Rdn. 15). Hat sich der Vermieter nach Mangelanzeige und Fristsetzung zur Mangelbeseitigung durch den Mieter um die Mangelbeseitigung bemüht, so kann der Mieter beim Auftreten neuer gleichartiger Mängel gehalten sein, vor der Kündigung eine weitere Frist zur Mangelbeseitigung setzen. Dies gilt dann, wenn der Vermieter objektiv der Meinung sein durfte, er habe mit den bisherigen Bemühungen zur Mangelbeseitigung bereits alles Erforderliche getan (OLG Düsseldorf NZM 2003, 553 betr. Kündigung wegen Rattenbefalls).

Ist wegen der Mängel ein **Verfahren zur Sicherung des Beweises** anhängig 193 und muss die Mietsache durch einen Sachverständigen begutachtet werden, so ist der Vermieter grundsätzlich bis zur Begutachtung durch den Sachverständigen an der Mängelbeseitigung gehindert. Dies muss der Mieter nach Treu und Glauben im Allgemeinen hinnehmen. Es besteht ein Veränderungsverbot. Die Frist zur Abhilfe kann in einem solchen Fall erst nach Beendigung des Veränderungsverbots beginnen. Vor diesem Zeitpunkt ist der Mieter auch nicht zur Kündigung berechtigt (AG Hamburg-Barmbek ZMR 2012, 359).

194 Nach § 543 Abs. 3 Satz 2 BGB ist die **Abhilfefrist entbehrlich, wenn dies offensichtlich keinen Erfolg verspricht** oder wenn die sofortige Kündigung aus besonderen Gründen unter Abwägung der beiderseitigen Interessen gerechtfertigt ist. Ein solcher Fall liegt vor, wenn innerhalb eines für den Mieter zumutbaren Zeitraums keine Abhilfe möglich ist, beispielsweise, weil es sich um ein Fixgeschäft handelt (Miete einer Ferienwohnung zu Urlaubsbeginn; Miete eines Messestandes), weil der Vermieter die Beeinträchtigung nicht beseitigen kann (LG Hamburg WuM 1986, 313 betr. Lärm von einer Großbaustelle) oder weil nicht abzusehen ist, ob und wann der Räumungsanspruch gegen den Mietvorgänger oder den störenden Mieter Erfolg hat.

195 Außerdem ist eine **Kündigung ohne Fristsetzung möglich, wenn dem Mieter aufgrund besonderer Umstände kein weiteres Zuwarten möglich oder zumutbar ist.** Hiervon kann beispielsweise ausgegangen werden, wenn der Mieter den Vermieter bereits mehrmals vergeblich zur Mängelbeseitigung aufgefordert hat (LG Landshut NJW-RR 1986, 640 betr. unzureichende Heizung; LG Stuttgart NZM 1998, 484 betr. Wassereintritt von der Decke). Ein Wegfall des Interesses an der Vertragserfüllung ist außerdem dann anzunehmen, wenn dem Mieter die Abhilfemaßnahme wegen ihrer Dauer oder wegen der Auswirkungen auf die Mietsache nicht zugemutet werden kann (OLG Düsseldorf DWW 1993, 99), etwa weil zur Beseitigung des Mangels sehr umfangreiche oder lange dauernde Sanierungsmaßnahmen erforderlich sind.

196 Schließlich ist eine **Fristsetzung entbehrlich, wenn der Vermieter die Abhilfe bereits ernsthaft und endgültig verweigert** hat. Hieran sind allerdings strenge Anforderungen zu stellen. Es genügt nicht, dass der Vermieter das Vorhandensein eines Mangels bestreitet. Die Weigerung des Vermieters zur Mängelbeseitigung muss so eindeutig und endgültig sein, dass eine Fristsetzung als bloße Förmelei erscheint.

197 Das **Kündigungsrecht** ohne Fristsetzung ist kraft Gesetzes **ausgeschlossen, wenn der Mieter die Mängelanzeige unterlassen** hat, und der Vermieter auf Grund dieser Unterlassung außerstande gewesen ist, rechtzeitig Abhilfe zu schaffen. (§ 536c Abs. 2 Satz 2 Nr. 3 BGB; s. dort). Die tatsächlichen Voraussetzungen des § 543 Abs. 3 Satz 2 BGB muss der Mieter darlegen und beweisen (BGH NZM 2007, 439 = WuM 2007, 319).

198 Unterbleibt die Abhilfe binnen der gesetzten Frist, oder ist eine Abhilfefrist entbehrlich, so kann der Mieter fristlos kündigen. Erfolgt die **Abhilfe nach Fristablauf**, so geht das Kündigungsrecht hierdurch nicht verloren (OLG Düsseldorf OLGZ 88, 485 = JZ 1988, 1087 = MDR 1988, 866; Fleindl in: Bub/Treier Kap IV Rdn. 332; Sternel, Rdn. IV 467; **a. A.** V. Emmerich in: Staudinger § 543 BGB Rdn. 76). Die Ausübung des Kündigungsrechts trotz zwischenzeitlich erfolgter Abhilfe ist grundsätzlich nicht rechtsmissbräuchlich; weil das mit dem Fristablauf entstandene Dispositionsinteresse des Mieters auch nach der Abhilfe fortbesteht (**a. A.** Emmerich a. a. O.). Das Kündigungsrecht erlischt nicht, wenn der Vermieter bis zum Fristablauf lediglich die Mängelursache beseitigt. Vielmehr müssen auch die Folgeschäden beseitigt werden. Die Mietsache muss sich im Zeitpunkt des Fristendes wieder in einem vertragsgemäßen Zustand befinden (OLG Düsseldorf WuM 1995, 393).

Außerordentliche fristlose Kündigung **BGB § 543**

Die **Kündigung muss** nach der hier vertretenen Ansicht **innerhalb einer an-** 199
gemessenen Frist ausgesprochen werden (§ 314 Abs. 3 BGB; a. A. BGH
NZM 2016, 791 s. Rdn. 3). Allerdings muss der Mieter nicht sofort kündigen;
er darf grundsätzlich zuwarten bis er Ersatzräume gefunden hat. Ebenso kann es
dem Mieter nicht zum Nachteil gereichen, wenn er dem Vermieter vor Ausspruch
der Kündigung mehrmals Gelegenheit zur Abhilfe eingeräumt hat (LG Stuttgart
NZM 1998, 483, 484). Bei allzu langem Zuwarten ist die Kündigung aber nach
§ 314 Abs. 3 BGB ausgeschlossen. Maßgeblich ist der Einzelfall. Im Regelfall wird
ein Zuwarten von ca. 3 Monaten nicht schaden.

Auf das Kündigungsrecht bleibt es ohne Einfluss, wenn der **Vermieter anstelle** 200
der mangelhaften eine mangelfreie Sache anbietet. Zu einem Austausch
des Leistungsgegenstands ist der Vermieter nämlich gegen den Willen des Mieters
nicht berechtigt (BGH MDR 1982, 483).

Nach § 542 Abs. 2 BGB a. F. war die Kündigung wegen einer **unerheblichen** 201
Hinderung oder Vorenthaltung nur zulässig, wenn sie durch ein besonderes Interesse des Mieters gerechtfertigt ist. Eine vergleichbare Vorschrift fehlt bei dem
Kündigungstatbestand des § 543 Abs. 2 Nr. 1 BGB. An der Rechtslage hat sich allerdings nichts geändert.

4. Besonderheiten in den Fällen des § 543 Abs. 2 Nr. 2 BGB

a) Gefährdung der Mietsache. Nach **§ 543 Abs. 3 Satz 1 BGB** ist die Kün- 202
digung erst nach einer Abmahnung zulässig. Für eine Abmahnung genügt die bloße
Rüge vertragswidrigen Verhaltens nicht. Vielmehr muss sich aus der Abmahnung
ergeben, dass dem Mieter für den Fall eines weiteren Vertragsverstoßes Konsequenzen drohen. Zwar ist keine ausdrückliche Kündigungsandrohung erforderlich. Jedoch muss für den Mieter deutlich werden, dass die weitere vertragliche Zusammenarbeit auf dem Spiel steht (BGH NJW 2012, 53 unter Rz. 17 zur Kündigung
eines Factoringvertrags. Hat sich der Mieter in einem Einzelfall vertragswidrig verhalten, so setzt die Kündigungsbefugnis voraus, dass der Mieter nach der Abmahnung erneut eine gleichartige Vertragsverletzung begangen hat. An das Kriterium
der Gleichartigkeit dürfen allerdings keine überhöhten Anforderungen gestellt werden. Ist wegen einer Dauervertragswidrigkeit abgemahnt worden, so muss das vertragswidrige Verhalten zum Zeitpunkt des Zugangs der Kündigung noch bestehen.
Hat der Mieter den vertragswidrigen Gebrauch zu diesem Zeitpunkt bereits beendet, so ist die Kündigung wirkungslos (LG Duisburg NJW-RR 1986, 1345
= WuM 1989, 76). Dies gilt auch dann, wenn eine vom Vermieter gesetzte Abhilfefrist abgelaufen war. Wird der vertragswidrige Gebrauch erst nach dem Zugang der
Kündigung beendet, so hat dies auf die Wirksamkeit der Kündigung keinen Einfluss
(BGH BB 1987, 2123; OLG Koblenz ZMR 1993, 72).

Auch in den Fällen des § 543 Abs. 2 Nr. 2 BGB darf der Vermieter mit dem Aus- 203
spruch der Kündigung nach der hier vertretenen Ansicht nicht zu lange zuwarten
(**§ 314 Abs. 3 BGB; a. A.** BGH Urteil vom 13.7.2016 – VIII ZR 296/15; s.
Rdn. 3).

Eine **Abmahnung ist entbehrlich,** wenn eine Frist oder Abmahnung offen- 204
sichtlich keinen Erfolg verspricht **(§ 543 Abs. 3 Satz 2 Nr. 1 BGB).** Hiervon ist
auszugehen, wenn eine Änderung des vertragswidrigen Gebrauchs unter keinen
Umständen zu erwarten ist (BGH MDR 1975, 572 = WPM 1975, 365; OLG Düsseldorf DWW 1991, 15). Bei der Würdigung dieser Voraussetzung kann auch das
Verhalten des Mieters nach Ausspruch der Kündigung berücksichtigt werden. So

kann aus einem aggressivem Verhalten des Mieters im Räumungsprozess geschlossen werden, dass der Mieter auch auf eine Abmahnung nicht reagiert hätte (LG Frankfurt/M ZMR 2012, 352). Dies folgt aus der Erwägung, dass der Vermieter nicht zur Befolgung nutzloser Förmlichkeiten angehalten werden darf.

205 Ebenso ist die Abmahnung entbehrlich, wenn die sofortige Kündigung aus besonderen Gründen unter Abwägung der beiderseitigen Interessen gerechtfertigt ist (**§ 543 Abs. 3 Satz 2 Nr. 2 BGB**). Ein solcher Fall liegt insbesondere dann vor, wenn die Vertragsverletzung besonders schwer wiegt. Die tatsächlichen Voraussetzungen des § 543 Abs. 3 Satz 2 BGB muss der Mieter darlegen und beweisen (BGH NZM 2007, 439 = WuM 2007, 319)

206 An den **Verzicht auf die Abmahnung** sind allerdings **strenge Anforderungen** zu stellen. Es genügt nicht, wenn dem Mieter ein bestimmtes Verhalten durch rechtskräftiges Urteil untersagt ist und der Mieter gegen die titulierte Verpflichtung verstößt (AG Berlin-Tiergarten MM 1990, 316). Besteht lediglich eine überwiegende Wahrscheinlichkeit aber keine Gewissheit für eine Wiederholung von Vertragsverletzungen, so ist die Abmahnung ebenfalls nicht entbehrlich.

206a **Bindung des Vermieters an Inhalt der Abmahnung.** Hat der Vermieter in der Abmahnung für den Fall der Fortsetzung des pflichtwidrigen Verhaltens eine Unterlassungsklage angedroht, so stellt sich die Frage, ob der Vermieter bei erfolglosem Fristablauf ohne weiteres von der Kündigungsbefugnis Gebrauch machen darf. In Rechtsprechung und Literatur wird überwiegend die Ansicht vertreten, dass die Kündigung in einem solchen Fall nicht bereits nach Ablauf der gesetzten Abhilfefrist erklärt werden kann. Vielmehr sei eine erneute Fristsetzung unter Kündigungsandrohung erforderlich (OLG Hamm NJW-RR 1991, 1035; Fleindl in: Bub/Treier Kap IV Rdn. 331; Lammel Wohnraummietrecht § 543 BGB Rdn. 44). Teilweise wird vertreten, dass der Vermieter nach Fristablauf ohne weitere Nachfrist kündigen darf, wenn ihm ein weiteres Zuwarten nicht zugemutet werden kann (OLG Düsseldorf MDR 2012, 1086: betr. wiederholter Wassereinbruch in den Verkaufsraum eines Lebensmittelmarktes; LG Köln ZMR 2017, 250: betr. unzulässiges Abstellen von Gegenständen im Treppenhaus). Nach der hier vertretenen Ansicht ist zu unterscheiden: Eine erneute Abmahnung mit Kündigungsandrohung ist entbehrlich, wenn die Pflichtwidrigkeit des beanstandeten Verhaltens auf der Hand liegt; anders ist es, wenn hieran Zweifel bestehen (s. dazu auch Rdn. 191).

207 **b) Unerlaubte Gebrauchsüberlassung.** Wird wegen einer nicht genehmigten Untervermietung gekündigt, so muss die in der Abmahnung gesetzte Frist grundsätzlich der für das Untermietverhältnis geltenden Kündigungsfrist entsprechen, weil anderenfalls der Mieter zur Abhilfe außerstande ist (LG Mannheim WuM 1985, 262; ähnlich: LG Hamburg WuM 1994, 537; AG Charlottenburg GE 1985, 201).

208 Eine **Abmahnung ist entbehrlich,** wenn eine Frist oder Abmahnung offensichtlich keinen Erfolg verspricht (**§ 543 Abs. 3 Satz 2 Nr. 1 BGB**). Hiervon ist nicht bereits dann auszugehen, wenn der Untermieter Kündigungsschutz genießt. Auch in einem solchen Fall ist denkbar, dass es dem Mieter gelingt, mit dem Untermieter einen Aufhebungsvertrag zu schließen. Anders ist es, wenn der Mieter endgültig und bestimmt erklärt, dass er die Gebrauchsüberlassung nicht beenden werde.

209 Ebenso ist die Abmahnung entbehrlich, wenn die sofortige Kündigung aus besonderen Gründen unter Abwägung der beiderseitigen Interessen gerechtfertigt ist (**§ 543 Abs. 3 Satz 2 Nr. 2 BGB**). Ein solcher Fall liegt insbesondere dann vor, wenn zweifelsfrei feststeht, dass der Mieter nicht zur Gebrauchsüberlassung an einen Dritten berechtigt ist und weitere Umstände hinzutreten, die den Vertragsverstoß als besonders schwerwiegend erscheinen lassen (LG Berlin WuM 2015, 31 betr. Vermietung an Berlin-Touristen während eines anhängigen Räumungsverfahrens). Fehlen solche Umstande, so muss auch bei unerlaubter Untermietung der Mieträume über airbnb.com vor der Kündigung abgemahnt werden (LG Amberg NZM 2018, 34).

Die **Kündigung setzt nach der hier vertretenen Ansicht voraus, dass das** 210 **vertragswidrige Verhalten zum Zeitpunkt des Zugangs der Kündigungserklärung noch besteht.** Die **Kündigung** ist nach § 314 Abs. 3 BGB **ausgeschlossen,** wenn der Vermieter die nicht genehmigte Gebrauchsüberlassung längere Zeit unbeanstandet hingenommen hat (OLG Düsseldorf ZMR 2003, 177: ein Jahr und 3 Monate; AG Berlin-Tiergarten MM 1989, Nr. 10, S. 30: 5 Monate; LG Berlin MM 1993, 287 und AG Berlin-Charlottenburg MM 1992, 316: 4 ½ Jahre; LG München I NJW-RR 91, 1112: 10 Jahre; AG Bonn ZMR 1979, 174: 15 Jahre; **a. A.** BGH NZM 2016, 791: danach ist § 314 Abs. 3 BGB bei der Wohnraummiete nicht anzuwenden).

5. Besonderheiten in den Fällen des § 543 Abs. 2 Nr. 3 BGB

Befindet sich der Mieter in Zahlungsverzug, so kann der Vermieter ohne vorhe- 211 rige Abmahnung kündigen (§ 543 Abs. 3 Satz 2 Nr. 2 BGB). Hiervon gelten folgende **Ausnahmen** (Alberts in Guhling/Günter, Gewerberaummiete, 2. Aufl., § 543 BGB Rdn. 71): **(1)** wenn der Zahlungsrückstand für den Vermieter erkennbar auf einem Versehen beruht (OLG Hamm WuM 1998, 485); **(2)** wenn der Vermieter wegen eines Zahlungsverzugs kündigt, der infolge einer rückwirkend vereinbarten Mieterhöhung entstanden ist; **(3)** wenn der Vermieter den Rückstand über längere Zeit rügelos hingenommen hat; **(4)** wenn der Vermieter frühere Kündigungslagen nicht zum Anlass einer Kündigung genommen hat (OLG Hamm ZMR 1994, 560; LG Hamburg NJWE-MietR 1996, 104); **(5)** wenn der Mieter unbeanstandet fortgesetzt verspätet gezahlt hat und er infolge dieser Zahlungsweise erstmals für zwei aufeinanderfolgende Termine in Verzug gekommen ist (BGH NJW 1959, 766; LG Berlin WuM 1986, 370 = ZMR 1987, 20); **(6)** wenn die Parteien über eine längere Zeit über die Berechtigung einer Mietminderung verhandelt haben (AG Hamburg-Blankenese WuM 1987, 388); **(7)** wenn der Vermieter in der Vergangenheit rügelos Teilzahlungen entgegengenommen hat; **(8)** wenn das Mietverhältnis bereits sehr lange dauert, der Mieter überwiegend pünktlich bezahlt hat und die Aussicht besteht, dass die nunmehr aufgetretenen Zahlungsprobleme alsbald behoben werden können (OLG Düsseldorf ZMR 2002, 818); wenn eine Unsicherheit bezüglich des Vertragspartners, an den die Miete zu zahlen war, bzw. bezüglich des Zahlungsweges bestand (OLG Dresden Urt. v. 18.12.2019 – 5 U 2121/19).

Hat der Vermieter den Mieter zur Begleichung der Mietrückstände aufgefordert **211a** und hierfür eine Zahlungsfrist gesetzt, so ist eine vor Fristablauf erfolgte Kündigung unwirksam. Mit dem Ausspruch einer **befristeten Abmahnung** bringt der Vermieter konkludent zum Ausdruck, dass er auf das Recht zur außerordentlichen und ordentlichen Kündigung bis zum Ablauf der Zahlungsfrist verzichte. Hieran ist der Vermieter gebunden (LG Berlin Beschluss vom 26.9.2017– 67 S 166/17, juris).

Die Regelung des **§ 314 Abs. 3 BGB,** wonach die Kündigung innerhalb einer 212 angemessenen Frist erfolgen muss, ist im Rahmen des § 543 Abs. 2 Nr. 3 BGB zurückhaltend anzuwenden. Insoweit ist zu bedenken, dass es dem Vermieter nicht zum Nachteil gereichen darf, wenn er im Falle des Zahlungsverzugs des Mieters zunächst die weitere Entwicklung abwartet; **a. A.** BGH NZM 2016, 791: danach ist § 314 Abs. 3 BGB bei der Wohnraummiete nicht anzuwenden; Rdn. 3).

V. Gesetzliche Ausschlusstatbestände (§ 543 Abs. 4 Satz 1)

213 Nach § 543 Abs. 4 Satz 1 BGB finden auf das Kündigungsrecht des § 543 Abs. 2 Nr. 1 BGB die Vorschriften der §§ 536b und 536d BGB entsprechende Anwendung.

214 Die **entsprechende Anwendung des § 536b BGB** bewirkt, dass das Kündigungsrecht ausgeschlossen ist, wenn der Mieter bei Abschluss des Vertrags vom dem Mangel positive Kenntnis hat oder wenn ihm der Mangel infolge grober Fahrlässigkeit unbekannt geblieben ist. Es genügt nicht, dass der Mieter ganz allgemein weiß oder damit rechnet, dass ein Mangel auftreten kann, etwa durch künftigen Baulärm, weil sich in der Nachbarschaft ein unbebautes Grundstück befindet, oder durch Hochwasser, weil das Mietobjekt in der Nähe eines Flusses liegt (OLG Düsseldorf ZMR 2006, 923 betr. Überflutung des Kellers infolge von Rheinhochwasser). Erforderlich ist vielmehr, dass der Mieter erkennt (oder infolge grober Fahrlässigkeit nicht erkennt) dass die Mietsache mangelhaft ist oder in absehbarer Zukunft mangelhaft wird.

215 Positive Kenntnis führt immer zum Ausschluss des Kündigungsrechts; dies gilt auch dann, wenn der **Vermieter** sich **arglistig** verhalten hat (BGH a. a. O.). Grob fahrlässige Unkenntnis schadet nicht, wenn der Vermieter den Mangel arglistig verschwiegen hat.

216 Haben **mehrere Mieter** gemeinschaftlich eine Sache gemietet und wird ihnen der vertragsgemäße Gebrauch zum Teil nicht gewährt, so steht den Mietern ein Recht zur fristlosen Kündigung nach § 542 BGB nicht zu, wenn auch nur einem der Mieter bei Vertragsschluss die Tatsachen bekannt waren, die den Gebrauch hindern (BGH NJW 1972, 249).

217 Hat sich ein **ursprünglich vorhandener Mangel während der Mietzeit nicht nur unerheblich verstärkt,** so lebt das Kündigungsrecht wieder auf (KG GE 2001, 989; LG Berlin GE 2001, 421).

218 Die Kenntnis des Mieters vom Mangel schadet nicht, wenn der **Vermieter** vor oder bei Vertragsschluss die **Beseitigung des Mangels zugesagt** hat (BGH NZM 2006, 929 = WuM 2007, 72 unter Ziff 2a).

219 Durch die **rügelose Fortzahlung der Miete** geht das Kündigungsrecht nicht verloren (BGH NZM 2003, 679 = WuM 2003, 440). Die allgemein geltenden Grundsätze der Verwirkung und des stillschweigenden Verzichts bleiben unberührt. Die bloße Untätigkeit des Mieters reicht für die Annahme eines Rechtsverlustes nicht aus. Ein Rechtsverlust ist nur dann anzunehmen, wenn weitere Umstände vorliegen aus denen sich ergibt, dass der Mieter von seinen Rechten keinen Gebrauch machen will. Zu beachten ist jedoch dass das Kündigungsrecht verloren geht, wenn der Mieter mit dem Ausspruch der Kündigung allzu lange zuwartet (Kleinrahm in: Hannemann/Wiegner MAH Wohnraummietrecht § 41 Rdn. 36.

220 Die **entsprechende Anwendung des § 536d BGB** hat zur Folge, dass der Ausschluss oder die Beschränkung des Kündigungsrechts nichtig ist, wenn der Vermieter den Mangel arglistig verschweigt.

VI. Gesetzliche Beweislastregelung (§ 543 Abs. 4 Satz 2)

Die Regelung in **§ 543 Abs. 4 Satz 2 BGB** enthält eine Beweislastregelung für 221 den Fall der Kündigung wegen einer verspäteten Gebrauchsüberlassung und für den Fall der Kündigung wegen einer unterlassenen oder verspäteten Abhilfe bei mangelhafter Mietsache. Ist streitig, ob die Mietsache rechtzeitig übergeben worden ist, so muss der Vermieter die Rechtzeitigkeit der Übergabe beweisen. Ist streitig, ob sich die Mietsache bei der Übergabe in einem vertragsgemäßen Zustand befunden hat, so muss der Vermieter die Mangelfreiheit beweisen, weil unter dem Begriff des „Gebrauchs" in Abs. 4 der „vertragsmäßige Gebrauch" i. S. des § 543 Abs. 2 Nr. 1 BGB zu verstehen ist (**a. A.** OLG Düsseldorf MDR 2012, 902: Besteht der Mangel in einer öffentlich-rechtlichen Gebrauchsbeschränkung, so muss der Mieter beweisen dass ein behördliches Einschreiten konkret zu erwarten ist). Hatte sich der Vermieter vertraglich zur Durchführung verschiedener Arbeiten verpflichtet und ist der Umfang dieser Arbeiten streitig, so muss der Vermieter auch beweisen, dass keine weiteren als die tatsächlich durchgeführten Arbeiten vereinbart worden sind (OLG Köln ZMR 1997, 230). Hat jedoch der Mieter die ihm zum Gebrauch überlassene Sache als Erfüllung angenommen, so muss er ihre Mangelhaftigkeit beweisen, wenn er deshalb den Mietvertrag kündigt (BGH NJW 1985, 192). Die Fristsetzung nach § 543 Abs. 3 muss nach allgemeinen Grundsätzen der Mieter beweisen. Der Vermieter trägt die Beweislast dafür, dass er den Mangel vor Fristablauf beseitigt hat (§ 543 Abs. 4 Satz 2 BGB). Kündigt der Mieter ohne Fristsetzung, so muss er beweisen, dass die tatsächlichen Voraussetzungen des § 543 Abs. 3 Satz 2 vorgelegen haben; hierzu gehört auch die Mängelanzeige. Der Vermieter muss beweisen, dass der Mietgebrauch durch den Mangel nur unerheblich beeinträchtigt worden ist (BGH WuM 1976, 95). Ist dieser Beweis geführt, so ist es Sache des Mieters darzulegen und zu beweisen, dass die Kündigung gleichwohl wegen eines besonderen Interesses an der Vertragsbeendigung zulässig gewesen ist. Den Zugang der Kündigung muss der Mieter beweisen. Ist streitig, ob ein dem Mieter an sich zustehendes Kündigungsrecht ausnahmsweise deshalb ausgeschlossen sein könnte, weil der Mieter den Mangel selbst verschuldet hat, so trifft den Vermieter die Beweislast (Fleindl in: Bub/Treier Kap IV Rdn. 336). Etwas anderes gilt, wenn feststeht, dass der Mangel durch den Mietgebrauch eingetreten ist; hier muss der Mieter das fehlende Verschulden beweisen (BGHZ 66, 349 = NJW 1976, 1315).

VII. Kündigung wegen Wegfalls oder Veränderung der Geschäftsgrundlage

Die Fälle des Wegfalls der Geschäftsgrundlage sind in § 313 BGB geregelt. Nach 222 **§ 313 Abs. 1 BGB** kann jede Partei eine Anpassung des Vertrags verlangen, wenn sich die Umstände, die zur Grundlage des Vertrags geworden sind, nach Vertragsschluss schwerwiegend verändert haben. Zur Anwendung in Zeiten der **COVID-19 Pandemie** siehe § 535 BGB Rdn 754 ff mwN). Ist eine Anpassung nicht möglich, so steht der benachteiligten Partei gem. § 313 Abs. 3 BGB das Recht zur (fristlosen) Kündigung zu. Die Regelung ist neben § 543 Abs. 1 BGB anwendbar (OLG Naumburg Urteil vom 18.9.2017 – 1 U 82/17 – juris; Lützenkirchen, Mietrecht, § 543 Rdn. 18; Abramenko ZMR 2019, 909). Über die Kündigung ist auf Grund einer

Interessenabwägung zu entscheiden (OLG Dresden MDR 2013, 85 betr. Kündigung von Gaststättenräume in historischer Burg wegen unzumutbar hoher Instandhaltungskosten). Bei dieser Form der Kündigung kann das Gericht nach billigem Ermessen bestimmen, dass der Kündigende eine Ausgleichs- oder Abfindungszahlung zu erbringen hat.

223 **Begriff der Geschäftsgrundlage.** Die Geschäftsgrundlage eines Vertrages wird gebildet durch die bei Vertragsschluss bestehenden gemeinsamen Vorstellungen der Parteien oder die dem Geschäftsgegner erkennbaren und von ihm nicht beanstandeten Vorstellungen der einen Vertragspartei vom Vorhandensein oder dem künftigen Eintritt gewisser Umstände, sofern der Geschäftswille der Parteien auf dieser Vorstellung aufbaut (BGH WuM 2020, 155; NJW 2010, 1553 Rdn. 17; ZMR 1996, 309, 311). Gehen die Parteien beim Abschluss eines Mietvertrag über Gewerberäume davon aus, dass dem Mieter die für den Betrieb des Geschäfts erforderliche behördliche Konzession erteilt wird, so kommt eine Kündigung in Betracht, wenn die Behörde die Konzession verweigert (KG MDR 2014, 952 betr. Konzession für Spielhalle). Umstände, die von beiden Parteien bedacht und durch Aufnahme in den beiderseitigen Geschäftswillen zum Vertragsinhalt geworden sind, können nicht Geschäftsgrundlage sein (BGH ZMR 1996, 309, 311). Ebenso scheidet eine Kündigung wegen Wegfalls der Geschäftsgrundlage aus, wenn die Kündigungsgründe zum Risikobereich des Kündigenden gehören, weil eine geänderte Geschäftsgrundlage nicht zu einer Beseitigung der vertraglichen Risikoverteilung führen darf. Bei der Miete hat der Mieter grundsätzlich das Risiko für die sinnvolle Verwendung der Mietsache zu tragen. Dies gilt auch für die mit einer günstigen Lage verbundene Gewinnerwartung. Jedoch kann eine Ausnahme gelten, wenn sich aus Mietvertrag ergibt, dass auch der Vermieter ein eigenes unternehmerisches Interesse an der mit dem Lagevorteil verbundenen Nutzung hat. Hiervon ist insbesondere dann auszugehen, wenn der Lagevorteil bei der Höhe der Miete berücksichtigt wurde (OLG Naumburg Urteil vom 18.9.2017 – 1 U 82/17 – juris betr. Gewerberäume in der Nachbarschaft einer Kfz-Zulassungsstelle für „Schilderpräger (s. Rdn. 224)). Ebenso kommt eine Ausnahme in Betracht, wenn die Parteien davon ausgehen, dass das Risiko wirksam auf den Kündigungsempfänger übertragen wurde, diese Annahme sich als falsch erweist und es unbillig wäre, wenn der Kündigende am Vertrag festhalten müsste (KG GE 2014, 1452 betr. eine unwirksame Vereinbarung, wonach der Mieter das Risiko der Erteilung einer behördlichen Konzession zu tragen hat.

224 **Beispiele:** BGH NJW 2000, 1714, 1717 keine Kündigung durch den Mieter eines Ladenlokals in einem Einkaufszentrum wenn dieses von den Kunden nicht angenommen wird; BGH LM Nr. 57 zu § 242 BGB (Ba); NJW 1996, 714: keine Kündigung durch den Vermieter wenn dieser die Mietsache unter Verstoß gegen Bestimmungen der Teilungserklärung vermietet hat; BGH GE 2003, 523: ein Rechtsanwalt kann nicht kündigen, wenn er seine Kanzleiräume infolge erloschener Zulassung bei einem bestimmten Gericht nicht mehr benötigt; BGH NZM 2010, 364: keine Kündigung, wenn der Mieter von Räumen zum Betrieb eines Cafés keine ausreichenden Umsätze erzielen kann, weil sich die Bewohnerstruktur im Umfeld des Cafés nicht wie erwartet entwickelt; LG Frankfurt DWW 1986, 45: keine Kündigung durch den Mieter, wenn dieser die Miete nicht mehr zahlen kann; OLG Düsseldorf ZMR 2001, 106: keine Kündigung durch den Mieter, wenn dieser die Mietsache infolge einer schweren Krankheit nicht mehr nutzen kann; OLG Dresden ZMR 2017, 468: Ein Mietvertrag über eine Verkaufsfläche zum Vertrieb von Backwaren in der Vorkassenzone eines Supermarkts kann vom Mieter gekündigt werden, wenn der Supermarkt nicht mehr betrieben wird und

unklar ist, ob und zu welchem Zeitpunkt der Betrieb des Supermarkts wieder aufgenommen wird. OLG Naumburg Urteil vom 18.9.2017 – 1 U 82/17: Ein Kündigungsgrund nach § 313 Abs. 3 BGB liegt vor, wenn der Mieter von in unmittelbarer Nähe einer Kfz-Zulassungsstelle gelegenen Räumen zur Fertigung von Kfz-Kennzeichen („Schilderpräger") wegen des Wegzugs der Kfz-Zulassungsstelle die Mietsache nicht mehr gewinnbringend nutzen kann. Kündigung von Räumlichkeiten im Souterrain/Keller bei behördlicher Nutzungsuntersagung durch Vermieter (Abramenko ZMR 2019, 905; a. A. AG Hamburg-Blankenese ZMR 2019, 966 (Kündigung nach § 543 Abs. 2 Ziff. 1).

§ 544 Vertrag über mehr als dreißig Jahre

¹Wird ein Mietvertrag für eine längere Zeit als dreißig Jahre geschlossen, so kann jede Vertragspartei nach Ablauf von dreißig Jahren nach Überlassung der Mietsache das Mietverhältnis außerordentlich mit der gesetzlichen Frist kündigen. ²Die Kündigung ist unzulässig, wenn der Vertrag für die Lebenszeit des Vermieters oder des Mieters geschlossen worden ist.

Übersicht

	Rdn.
I. Zweck der Vorschrift	1
II. Anwendungsbereich	2
1. Sachlich	2
2. Zeitlich	5
III. Verhältnis zu §§ 125, 305 ff, 550 BGB	16
IV. Kündigungsrecht	18
V. Mietverhältnisse auf Lebenszeit (Satz 2)	26
VI. Abweichende Vereinbarungen	27

I. Zweck der Vorschrift

Wird ein Mietvertrag für eine längere Zeit als dreißig Jahre geschlossen, so kann 1 das Mietverhältnis von jeder Partei nach dreißig Jahren gekündigt werden. Durch die Vorschrift soll verhindert werden, dass eine „Erbmiete" oder ein vergleichbares Rechtsinstitut entsteht (Mot II S. 413; RGZ 130, 143; BGH NJW 1996, 2028 = WuM 1996, 476 = ZMR 1996, 424). Die Vorschrift hat eine gewisse praktische Bedeutung bei der Miete von Hauswänden zu Reklamezwecken (vgl. OLG Hamm NJW-RR 1972, 270 = ZMR 1992, 153; LG Karlsruhe WuM 1979, 192; Finke ZMR 1994, 353), bei den Grundstücksbenutzungsverträgen, den Bodenabbauverträgen, bei der Pacht (OLG Frankfurt OLG-Rp Frankfurt 1994, 146 betr. Pacht auf 99 Jahre) oder wenn der Mieter auf einem Grundstück umfangreiche Investitionen vornehmen will (OLG Hamm NZM 2002, 219 betr. Miete eines Grundstücks zum Zwecke der Errichtung einer Tankstelle). Bei der Wohn- und Geschäftsraummiete sind Mietverträge von so langer Dauer äußerst selten.

II. Anwendungsbereich

1. Sachlich

2   Anders als § 550 BGB gilt § 544 BGB für jede Art der Miete, also sowohl für die Grundstücks- und Raummiete, als auch für die Miete beweglicher Sachen. Zur Grundstücksmiete zählen auch die sog. **"Grundstücksbenutzungsverträge"**, nach denen der Mieter das Recht haben soll, in einem fremden Grundstück eine Versorgungsleitung zu verlegen und zu unterhalten (BGHZ 117, 236 = NJW 1992, 780 = WuM 1992, 318; BGHZ 123, 166 = NJW 1993, 3131; OLG Düsseldorf NJWE-MietR 1997, 155). Dies gilt auch dann, wenn das Entgelt in einer Summe bezahlt wird (Einmalmiete; BGH a. a. O.). Voraussetzung ist immer, dass die Nutzung auf Grund privaten Rechts erfolgt und nicht auf öffentlich-rechtlicher Grundlage beruht (dazu BGH MDR 1986, 736). Außerdem gehören hierzu die **Bodenabbauverträge, Kiesausbeutungsverträge** (BGH LM § 581 BGB Nr. 2) und dergl. (OLG Celle OLG-Rp Celle 1994, 178) sowie die **Nutzungsverträge für Gebäude nach früherem DDR-Recht** (OLG Dresden ZAP-DDR EN-Nr. 395/93). **Pachtverträge** sind den Mietverträgen gleichgestellt (§ 581 Abs. 2 BGB; BGH NJW 1996, 2028 = WuM 1996, 476 = ZMR 1996, 424). Ebenso gilt § 544 BGB für **Untermiet- und Unterpachtverträge** sowie für **Miet- und Pachtvorverträge**

3   Eine **analoge Anwendung** der Vorschrift auf andere schuldrechtliche Überlassungsverträge, wie z. B. die **Leihe** (OLG Celle NJW-RR 1994, 1473) ist nach dem Gesetzeszweck nicht ausgeschlossen.

4   Auf **dingliche Nutzungsverhältnisse** (Nießbrauch, Wohnrecht) ist § 544 BGB nicht anwendbar.

2. Zeitlich

5   Die Vorschrift ist nur bei Verträgen zu beachten, die für längere Zeit als dreißig Jahre geschlossen werden. Die **Vertragszeit muss also dreißig Jahre überschreiten.** Mietverhältnisse, die genau auf die Dauer von dreißig Jahren abgeschlossen werden, fallen nicht unter § 544 BGB. Haben die Parteien im Verlauf der Zeit mehrere aneinander anknüpfende Mietverträge geschlossen **(Kettenmietverträge),** so werden die jeweiligen Laufzeiten der Verträge nicht zusammengerechnet (Lammel in: Schmidt-Futterer § 544 BGB Rdn. 12). Ebenso ist § 544 BGB unanwendbar, wenn der Mieter die Mietsache auf Grund eines Vertrages auf unbestimmte Zeit länger als dreißig Jahre in Besitz gehabt hat oder wenn das Mietverhältnis auf Grund eines Vormietrechts über die Dauer von 30 Jahren hinaus verlängert werden kann **(a. A.** Leo/Kappus NZM 2013, 665, 667)

6   Nach dem bis 1.9.2001 geltendem Recht war für den Beginn der dreißigjährigen Frist derjenige Zeitpunkt maßgeblich, zu dem das Mietverhältnis vereinbarungsgemäß überlassen werden sollte (§ 567 BGB a. F.). Nach dem Wortlaut des § 544 kommt es auf den Zeitpunkt der tatsächlichen Überlassung an. Dies hätte zur Folge, dass die Vorschrift bei wortgetreuer Auslegung **bei einem nicht in Vollzug gesetzten Mietverhältnis unanwendbar** ist. Diese Rechtsfolge ist ersichtlich nicht gewollt. Die Gesetzesbegründung geht davon aus, dass sich in der Sache nichts geändert habe (BT-Drucks. 14/4553 S. 44) Deshalb ist bei einem nicht in Vollzug gesetzten Mietverhältnis davon auszugehen, dass die Frist zum vertraglich verein-

barten Überlassungszeitpunkt beginnt. (OLG Düsseldorf ZMR 2002, 189, 190; **a. A.** zu § 567 BGB a. F.: OLG Hamm NZM 2002, 219).

Ist das **Mietverhältnis in Vollzug** gesetzt worden, so kommt es ebenfalls nicht 7 auf den tatsächlichen, sondern auf den vertraglich vereinbarten Überlassungszeitpunkt an (OLG Karlsruhe ZMR 2008, 533, 534). Wird die Mietsache veräußert, so hat dies auf den Lauf der Frist keinen Einfluss (OLG Karlsruhe a. a. O.).

§ 544 BGB gilt in folgenden Fällen: (1) wenn in dem Vertrag eine **fest-** 8 **bestimmte Vertragszeit** von mehr als dreißig Jahren vereinbart ist und der Vermieter das Mietverhältnis vor Ablauf der Vertragszeit nicht im Wege der ordentlichen Kündigung beenden kann.

(2) bei einem **vereinbarten Kündigungsausschluss:** Erforderlich ist, dass das 9 Recht des Vermieters zur ordentlichen Kündigung für längere Zeit als dreißig Jahre vertraglich ausgeschlossen ist (OLG Karlsruhe ZMR 2008, 533, 534; dazu „neigen" wohl auch beide Mietesenate des BGH NZM 2018, 556; 2020, 54). Es genügt nicht, wenn lediglich einzelne Kündigungstatbestände (z. B. die Eigenbedarfskündigung) ausgeschlossen werden. Der Umstand, dass der Mieter vor Ablauf von dreißig Jahren kündigen kann, spielt keine Rolle.

(3) bei einem **befristeten Mietverhältnis mit Verlängerungsklausel** auf be- 10 stimmte oder unbestimmte Zeit, wenn der Vermieter das Mietverhältnis auf Grund der Befristung erstmals zu einem späteren Zeitpunkt als dreißig Jahren ab Vertragsbeginn im Wege der ordentlichen Kündigung beenden kann.

(4) wenn der Mieter die Möglichkeit hat, den Vertrag aufgrund einer **Option** 11 über die Zeit von dreißig Jahren hinaus zu verlängern BGH WPM 1968, 7, 9; BGH NZM 2004, 190, 191; OLG Hamm NZM 1999, 753; OLG Düsseldorf ZMR 2002, 189, 190; Finke ZMR 1994, 353, 354; Lammel in: Schmidt-Futterer § 544 BGB Rdn. 12; V. Emmerich in: Staudinger § 544 BGB Rdn. 5).

(5) wenn der Vermieter dem Mieter verspricht, dass das Mietverhältnis von Sei- 12 ten des Vermieters unkündbar sein soll, so lange der Mieter die Mietsache benötigt und beide Parteien davon ausgehen, dass der Mieter die Sache länger als dreißig Jahre benötigen werde (OLG Hamm NZM 1999, 753).

(6) Bei einem **Mietverhältnis unter einer auflösenden Bedingung,** wenn 13 auf Grund der Art der Bedingung davon auszugehen ist, dass das Mietverhältnis länger als dreißig Jahre dauern wird (BGHZ 117, 236; NJW 1996, 2028 = WuM 1996, 476 = ZMR 1996, 424; OLG Hamburg WuM 1997, 233 = ZMR 1998, 28; Finke ZMR 1994, 353, 354; V. Emmerich in: Staudinger § 544 BGB Rdn. 5)

(7) Wenn der Mieter einen abwohnbaren **Baukostenzuschuss** geleistet hat und 14 die Dauer der Abwohnzeit dreißig Jahre übersteigt.

Mietverhältnisse auf Lebenszeit des Vermieters oder Mieters sind vom An- 15 wendungsbereich des § 544 BGB ausdrücklich ausgenommen. Der Umstand, dass der Mieter eines zeitlich unbefristeten Mietverhältnisses die Mietsache 30 Jahre in Besitz gehabt hat, begründet kein Kündigungsrecht.

III. Verhältnis zu §§ 125, 305 ff, 550 BGB

Mietverträge über eine längere Zeit als dreißig Jahre bedürfen stets der Schrift- 16 form. Diese ist bei testamentarischer Zuwendung eines Wohnrechts nicht gewahrt.

Streitig ist, ob eine derart lange Vertragszeit durch **Formularvertrag** vereinbart 17 werden kann (verneinend: OLG Celle MDR 1990, 154; LG Kassel NJW-RR 1995, 269; Lammel in: Schmidt-Futterer § 544 BGB Rdn. 11; V. Emmerich in: Staudinger

§ 544 BGB Rdn. 1; bejahend: BGH NZM 2020, 54 (Gewerbemiete); OLG Hamm NJW-RR 1992, 270; Bub in: Bub/Treier, Kap II Rdn. 1069). Nach der hier vertretenen Ansicht sind entsprechende Klauseln unter dem Gesichtspunkt des § 305c Abs. 1 BGB zu bewerten, weil sie ungewöhnlich und damit überraschend sind. Ebenso dürfte eine entsprechende Klausel gegen § 307 BGB verstoßen (OLG Düsseldorf a. a. O.; Lammel a. a. O.; Lützenkirchen PiG 109 (2019) 83, 91; **a. A.** BGH NZM 2020, 54). Voraussetzung ist aber, dass der Vermieter Verwender ist. Das hat aber nur zur Folge, dass der Mieter kündigen kann, der Vermieter als Verwender muss sich an der Laufzeit festhalten lassen (Lützenkirchen PiG 109 (2019) 83, 91. Ist vereinbart, dass die Schriftform Wirksamkeitsvoraussetzung für das Zustandekommen des Vertrags sein soll, so ist nach der Auslegungsregel des § 154 Abs. 2 BGB im Zweifel der Vertrag nicht geschlossen, bis die Beurkundung erfolgt ist. Ist Schriftform zu Beweiszecken vereinbart, so ist der Vertrag nach Ablauf des ersten Vertragsjahrs kündbar, wenn die Schriftform nicht gewahrt ist (§ 550 BGB). Ist bei einem auf mehr als dreißig Jahren geschlossenen Mietvertrag die Schriftform gewahrt, so kann das Mietverhältnis nach Ablauf von dreißig Vertragsjahren gekündigt werden.

IV. Kündigungsrecht

18 Ein auf mehr als dreißig Jahre abgeschlossener Mietvertrag kann von jeder Partei nach Ablauf von dreißig Jahren gekündigt werden. Hiervon können die Parteien auch nicht vertraglich abweichen. Eine Anfechtung ist ausgeschlossen, weil der Eintritt der Rechtsfolge des § 544 BGB auf gesetzlicher Anordnung und nicht auf dem Willen der Parteien beruht.

19 Unter dem **Begriff des Jahres** ist nicht das Kalenderjahr, sondern das Vertragsjahr zu verstehen. Das Vertragsjahr beginnt nicht mit dem Vertragsschluss sondern mit demjenigen Zeitpunkt zu dem das Mietverhältnis vereinbarungsgemäß in Vollzug gesetzt werden soll (OLG Düsseldorf ZMR 2002, 189, 190; V. Emmerich in: Staudinger § 544 BGB Rdn. 8; Fleindl in: Bub/Treier, Kap IV Rdn. 442; Lammel in: Schmidt-Futterer § 544 BGB Rdn. 15).

20 Die **Kündigung kann erst nach Ablauf von dreißig Jahren erklärt werden** (OLG Düsseldorf ZMR 2002, 189, 190). Eine Kündigung zum Ablauf der dreißig Jahre ist nicht möglich. Eine Kündigung, die dem anderen Teil vor Ablauf der dreißigjährigen Frist zugeht, ist zwar nicht unwirksam (anders die h.M: OLG Celle NJW-RR 1994, 1473; Fleindl in: Bub/Treier Kap IV Rdn. 443; Lammel in: Schmidt-Futterer § 544 BGB Rdn. 15), sie wirkt allerdings erst zum nächsten zulässigen Termin, also nach Ablauf der dreißig Jahre und der dann zu beachtenden Kündigungsfrist. Eine Ausnahme gilt, wenn die Kündigung längere Zeit vor der Entstehung des Kündigungsrechts erklärt wird und in keinem Zusammenhang mit dem Ablauf des Dreißigjahreszeitraums steht. Eine solche Kündigung ist unwirksam.

21 Schließen die Parteien im Verlauf der Mietzeit einen **Änderungs- oder Verlängerungsvertrag,** der zur Folge hat, dass das Mietverhältnis möglicherweise erst nach dem Ablauf von dreißig Jahren gegen den Willen eines Vertragspartners beendet werden kann, so wird die Laufzeit vor dem Änderungsvertrag und die Zeit nach dem Änderungsvertrag nicht zusammengerechnet (OLG Düsseldorf Urt. v. 3.11.1988 – 10 U 58/88). Die 30-Jahresfrist läuft erst vom Abschluss der Änderungs- oder Verlängerungsvereinbarung an (BGH NJW 1996, 2028 = WuM 1996, 476). Etwas anderes kann gelten, wenn Ursprungsvertrag und Verlängerungsvertrag nach den Vorstellungen der Parteien eine Einheit bilden.

Die **Kündigung** muss nicht zum ersten Termin erfolgen, sondern **kann zu je-** 22
**dem beliebigen Zeitpunkt nach dem Ablauf des dreißigsten Vertragsjahres
ausgesprochen werden** (BGHZ 117, 236 = NJW-RR 1992, 780 = WuM 1992,
318). Eine **Verwirkung** des Kündigungsrechts ist grundsätzlich ausgeschlossen
(Fleindl in: Bub/Treier Kap IV Rdn. 443). Ebenso kann sich der Gekündigte
grundsätzlich nicht darauf berufen, dass die **Kündigung rechtsmissbräuchlich**
sei (**a. A.** Sternel Rdn. IV 533). Dies folgt aus der Erwägung, dass nach der Regelung des § 544 BGB jede Partei mit einer Beendigung des Mietverhältnisses rechnen muss, wenn dreißig Mietjahre vergangen sind. Selbstverständlich können die Parteien aber auch am Vertrag festhalten und sogar ein neues langfristiges Mietverhältnis begründen.

§ 544 Satz 1 BGB gewährt ein befristetes außerordentliches Kündigungsrecht. Es 23
gilt die **gesetzliche Kündigungsfrist** des § 575a BGB (Wohnraum) oder § 580a
Abs. 4 (Geschäftsraum).

Bei der Wohnungsmiete sind für die Kündigung des Vermieters – wie allgemein 24
bei den außerordentlichen Kündigungsrechten mit gesetzlicher Frist – **Kündigungsgründe i. S. von § 573 BGB** erforderlich (§ 573d Abs. 1 BGB). Der Wohnungsmieter kann sich außerdem auf § 574 BGB berufen und – falls Härtegründe
vorliegen – Kündigungswiderspruch einlegen.

Wird das Mietverhältnis nicht durch Kündigung beendet, so läuft es bis zum **Ab-** 25
lauf der vertraglich vereinbarten Zeit. Der Wohnraummieter hat keinen
Anspruch auf Verlängerung nach § 575 Abs. 3 BGB.

V. Mietverhältnisse auf Lebenszeit (Satz 2)

Für Mietverhältnisse auf Lebenszeit des Vermieters oder des Mieters besteht kein 26
Kündigungsrecht. Satz 2 gilt nur für natürliche Personen. Eine juristische Person
hat keine „Lebenszeit" (allg. Ansicht). Ein Mietverhältnis auf Lebenszeit ist anzunehmen, wenn der Vertrag mit dem Ableben eines Vertragspartners enden soll. Solche Verträge sind auch bei Wohnraum weiterhin möglich; der Mietvertrag auf Lebenszeit fällt nämlich nicht unter § 575 Abs. 1 BGB (s. dort Rdn. 86; Lammel in:
Schmidt-Futterer § 544 BGB Rdn. 4; Lützenkirchen PiG 109 (2019) 83, 91). Gleiches gilt, wenn vereinbart ist, dass die Kündigung des Vermieters so lange ausgeschlossen ist, wie der Mieter die Mietsache nutzt (LG Stuttgart NJW-RR 1992,
908 = WuM 1992, 438). Bei mehreren Mietern oder Vermietern kommt es – mangels gegenteiliger Vereinbarung – auf die Lebenszeit des zuletzt Versterbenden an.
Eine kalendermäßige Befristung – und mag sie noch so lang sein – genügt nicht.
Deshalb ist ein Pachtvertrag über 99 Jahre auch dann nicht auf Lebenszeit geschlossen, wenn den Beteiligten klar ist, dass die Vertragspartner das Pachtende nicht erleben werden (OLG Frankfurt OLG-Rp Frankfurt 1994, 146).

VI. Abweichende Vereinbarungen

Wegen des Schutzzwecks der Vorschrift (Rdn. 1) ist § 544 Satz 1 BGB **nicht ab-** 27
dingbar (BGH § 581 BGB Nr. 2; V. Emmerich in: Staudinger § 544 BGB Rdn. 1;
Fleindl in: Bub/Treier Kap IV Rdn. 447; Lammel in: Schmidt-Futterer § 544 BGB
Rdn. 5; **a. A.** insbes. Wiese ZMR 2017, 122; Sternel Rdn. IV 535). Eine entsprechende Klausel ist unwirksam, lässt aber die Wirksamkeit des Vertrags im Übrigen

§ 545 BGB Untertitel 1. Allgemeine Vorschriften für Mietverhältnisse

unberührt. Dies hat zur weiteren Folge, dass der Vertrag nach dreißig Jahren gekündigt werden kann. Die Höchstdauer der Bindung von 30 Jahren kann durch Vertrag – von den Mietverhältnissen auf Lebenszeit abgesehen – nicht verlängert werden. Deswegen ist eine Regelung unwirksam, wonach eine Vertragspartei nach dem Ablauf von 30 Jahren eine **längere als die gesetzliche Kündigungsfrist** einhalten muss (OLG Frankfurt NZM 1999, 419). Ebenso ist eine **Vertragsstrafenregelung** unwirksam, wenn die Parteien hierdurch von der Ausübung des Kündigungsrechts abgehalten werden sollen. Gleiches gilt für sonstige Vereinbarungen, durch welche die **Kündigung wirtschaftlich übermäßig erschwert** oder unmöglich gemacht werden soll (Fleindl in: Bub/Treier Kap. IV Rdn. 442). Jedoch kann vereinbart werden, dass der Kündigende dem anderen Teil den durch die Vertragsbeendigung entstehenden Schaden zu ersetzen hat (Mittelstein s. 483). Ebenso sind **Abfindungsvereinbarungen** möglich, wenn sie einen Bezug zur Vermögenseinbuße haben und nicht lediglich als Druckmittel zur Aufrechterhaltung der Vertragsbeziehungen dienen.

§ 545 Stillschweigende Verlängerung des Mietverhältnisses

¹**Setzt der Mieter nach Ablauf der Mietzeit den Gebrauch der Mietsache fort, so verlängert sich das Mietverhältnis auf unbestimmte Zeit, sofern nicht eine Vertragspartei ihren entgegenstehenden Willen innerhalb von zwei Wochen dem anderen Teil erklärt.** ²**Die Frist beginnt**
1. **für den Mieter mit der Fortsetzung des Gebrauchs,**
2. **für den Vermieter mit dem Zeitpunkt, in dem er von der Fortsetzung Kenntnis erhält.**

Übersicht

	Rdn.
I. Bedeutung und Zweck	1
II. Anwendungsbereich	2
III. Tatbestandsvoraussetzungen	3
1. Ablauf der Mietzeit	3
2. Gebrauchsfortsetzung durch den Mieter	10
3. Widerspruchserklärung	14
a) Rechtsnatur	14
b) Erklärender/Erklärungsempfänger	15
c) Inhalt/Form	19
d) Frist	21
IV. Rechtsfolgen	27
V. Abweichende Vereinbarungen	30
VI. Prozessuales/Darlegungs- und Beweislast	36

I. Bedeutung und Zweck

1 § 545 BGB regelt die Rechtsbeziehungen der Parteien nach dem Ablauf der Mietzeit, wenn der Mieter den Mietgebrauch fortsetzt. In diesem Fall gilt das bereits beendete Mietverhältnis kraft Gesetzes als auf unbestimmte Zeit verlängert, wenn keine Partei ihren entgegenstehenden Willen erklärt. Auf diese Weise wird der Eintritt eines vertragslosen Zustands verhindert. Der Zweck der Vorschrift besteht darin, innerhalb der kurzen Zeit von zwei Wochen Rechtsklarheit zwischen den Vertragsteilen darüber zu schaffen, ob der Vertrag fortbesteht oder nicht (BGH WuM 1988, 59, 60; BayObLG RE 1.9.1981 NJW 1981, 2759 = WuM 1981, 253). Die gesetzliche Rechtsfolge der Vertragsverlängerung tritt unabhängig vom Willen der Parteien ein (s. Rdn. 28). Die Rechtsfolge des § 545 BGB kann nur durch die Widerspruchserklärung verhindert werden. Die Vorschrift wirkt sich in der Rechtspraxis regelmäßig zugunsten des Mieters aus; gleichwohl hat sie keine mieterschützende Funktion, sondern beruht ausschließlich auf praktischen Erwägungen.

II. Anwendungsbereich

Die Vorschrift gilt für die Miete beweglicher Sachen, für die Miete von Wohn- 2
und Geschäftsräumen, für Pachtverhältnisse (BGH ZMR 1986, 274; OLG München ZMR 2001, 347), für Kleingartenpachtverträge (BGHZ 113, 290 = NJW 1991, 1348), für Leasingverträge (OLG Celle OLG-Rp Celle 1994, 289; offengelassen von BGH NJW 1989, 1730, 1731; OLG Düsseldorf DWW 1990, 272) sowie für alle mietähnliche Verträge (OLG Hamm ZMR 1995, 206 betr. Vertrag über die Überlassung eines Hotelzimmers an eine Gemeinde zum Zwecke der Unterbringung von Asylbewerbern). Bei der Landpacht wird § 545 BGB durch § 594 Satz 2–4 BGB verdrängt (OLG Köln AgrarR 1990, 263; Lang/Wulff/Lüdtke-Handjery, Landpachtrecht § 594 BGB Rdn. 1; Palandt/Weidenkaff § 545 BGB Rdn. 2). Die Vorschrift gilt auch zwischen den Parteien eines Untermietvertrags (OLG Düsseldorf DWW 1992, 366). Die Vorschrift ist entsprechend anzuwenden, wenn die Parteien einen aufschiebend bedingten Mietvertrag abgeschlossen haben und der Mieter die Mietsache in Besitz nimmt oder den Mietgebrauch fortsetzt, obwohl die Bedingung nicht eingetreten ist (LG Mannheim WuM 1996, 272). Auf die Leihe kann § 545 BGB weder unmittelbar noch entsprechend angewendet werden.

III. Tatbestandsvoraussetzungen

1. Ablauf der Mietzeit

Die Vorschrift setzt zunächst voraus, dass der Mietgebrauch „nach Ablauf der 3
Mietzeit" fortgesetzt wird. Bei einem **befristeten Mietverhältnis** ist dies der Ablauf der Vertragszeit. Wird das Mietverhältnis vom Vermieter oder Mieter im Wege der **ordentlichen Kündigung** beendet, so kommt es für das Mietende auf den Ablauf der Kündigungsfrist an (Kündigungstermin). Wird mit einer kürzeren als der gesetzlichen oder vertraglich vereinbarten Frist gekündigt, so ist die gesetzliche Frist maßgeblich. Bei einer Kündigung mit längeren Fristen treten diese an die Stelle der gesetzlichen oder vertraglichen Fristen. Das Mietverhältnis endet mit dem Ablauf des letzten Tages der Kündigungsfrist. Dies gilt auch dann, wenn dieser Tag auf einen Samstag, Sonntag oder Feiertag fällt. Die Herausgabepflicht ist in einem solchen Fall allerdings erst am nächsten Werktag zu erfüllen; dies ist bei der Berechnung der Widerspruchsfrist zu beachten.

Die Regelung des § 545 BGB gilt nach h. M. auch bei der **außerordentlichen** 4
fristlosen Kündigung (BGH NJW 1980, 1577, 1578; V. Emmerich in: Staudinger § 545 BGB Rdn. 4; Fleindl in: Bub/Treier Kap IV Rdn. 57; Lammel Wohn-

§ 545 BGB   Untertitel 1. Allgemeine Vorschriften für Mietverhältnisse

raummietrecht § 545 BGB Rdn. 9; Both in: Herrlein/Kandelhard § 545 BGB Rdn. 15; Palandt/Weidenkaff § 545 BGB Rdn. 2; Sternel, Rdn IV 81). Allerdings wird vereinzelt die Ansicht vertreten, dass im Ausspruch der fristlosen Kündigung zugleich ein Widerspruch gegen die Vertragsfortsetzung zu sehen ist (Bieber in: MünchKomm § 545 Rdn. 16, 17; s. weiter unten Rdn. 20).

5   Durch eine **Anfechtung** wird der Mietvertrag zwar mit Wirkung ex tunc beseitigt. Gleichwohl kann auch in diesem Fall von einem „Ablauf der Mietzeit" gesprochen werden. Folgerichtig ist § 545 BGB (mindestens analog) anzuwenden, wenn der Mieter den Mietgebrauch nach Zugang der Anfechtungserklärung fortsetzt (Both in Herrlein/Kandelhard § 545 Rdn. 17; Lützenkirchen in: Lützenkirchen, Mietrecht § 545 Rdn. 13).

6   Die Vorschrift gilt grundsätzlich auch für **Mietaufhebungsverträge** (V. Emmerich in: Staudinger § 545 BGB Rdn. 4; Fleindl in: Bub/Treier Kap IV Rdn. 56; Sternel, Rdn. IV, 81; **a. A.** Lammel Wohnraummietrecht § 545 BGB Rdn. 10; Palandt/Weidenkaff § 545 BGB Rdn. 2).

7   **Jedoch ist hier zu unterscheiden:** Vereinbaren die Parteien, dass das Mietverhältnis zu einem bestimmten, in der Zukunft liegenden Zeitpunkt beendet werden soll, so ist § 545 BGB anwendbar, wenn der Mieter den Gebrauch nach dem vereinbarten Zeitpunkt fortsetzt (LG Mannheim WuM 1977, 229). Etwas anderes gilt, wenn die Parteien die Anwendung des § 545 BGB vertraglich ausgeschlossen haben. Ein solcher Ausschluss kann im Mietvertrag vereinbart sein (s. Rdn. 30) oder im Mietaufhebungsvertrag getroffen werden. Der Abschluss eines Mietaufhebungsvertrags beinhaltet für sich allein allerdings noch keinen konkludenten Ausschluss des § 545 BGB.

8   Ist vereinbart, dass das Mietverhältnis mit sofortiger Wirkung enden soll und wird dem Mieter lediglich eine **Räumungsfrist** gewährt, so ist § 545 BGB unanwendbar (Both in: Herrlein/Kandelhard § 545 BGB Rdn. 7). Gleiches gilt, wenn sich die Parteien im Zusammenhang mit der Vereinbarung einer Räumungsfrist darauf einigen, dass das Mietverhältnis bereits beendet ist oder wenn lediglich der Zeitpunkt der Räumung vereinbart wird und die Frage des Zeitpunkts der Vertragsbeendigung offenbleibt. Hiervon ist i. d. R. bei gerichtlichen oder außergerichtlichen **Räumungsvergleichen** auszugehen (; Sternel Rdn. IV 81; **a. A.** Haase ZMR 2002, 557, 559). Dagegen spielt es für die Anwendung des § 545 BGB keine Rolle, in wessen Interesse der Aufhebungsvertrag abgeschlossen worden ist (**a. A.** AG Borken WuM 1996, 273: danach soll § 568 BGB a. F. zur Anwendung kommen, wenn die Mietaufhebung auf Wunsch des Vermieters erfolgt).

9   Die Vorschrift des § 545 BGB ist auch anwendbar, wenn der Mieter den Mietgebrauch fortsetzt, nachdem eine vereinbarte oder vom Gericht angeordnete befristete Fortsetzung des Mietverhältnisses nach **§ 574a ff BGB (Sozialklausel)** beendet ist. Dagegen ist die **Vorschrift unanwendbar**, wenn der **Räumungsanspruch tituliert** ist. Gleiches gilt, wenn die Gebrauchsfortsetzung auf Grund einer vereinbarten oder vom Vermieter gewährten **Räumungsfrist** (OLG München ZMR 2001, 347 betreffend eine fristlose Kündigung unter gleichzeitiger Gewährung einer Räumungsfrist), auf einer Stundung des Herausgabeanspruchs, auf einer gerichtlichen Entscheidung über die Gewährung einer Räumungsfrist (§§ 721, 794a ZPO oder von Vollstreckungsschutz (§ 765a ZPO) beruht.

2. Gebrauchsfortsetzung durch den Mieter

Die Vertragsverlängerung tritt nur ein, wenn der „Gebrauch der Mietsache" von 10
dem Mieter fortgesetzt wird. Das **Merkmal „Gebrauch"** ist nicht im Sinne des bloßen Behaltens der Sache zu verstehen. Erforderlich ist, dass der Mieter die Sache weiter entsprechend dem an sich beendeten Mietvertrag nutzt (BGH ZMR 1969, 124; ZMR 1986, 274; WuM 1988, 59; OLG Düsseldorf DWW 1990, 272, 273). Dabei ist unerheblich, ob der vom Mieter ausgeübte Gebrauch den vertraglichen Vereinbarungen entspricht; maßgeblich ist nur, dass der Mieter den Mietgebrauch so ausübt, wie er ihn vor der Vertragsbeendigung ausgeübt hat (BGH WuM 1988, 59). Auf die Gebrauchstauglichkeit der Mietsache kommt es ebenfalls nicht an (Wolf/Eckert/Ball, Rdn. 880; **a. A.** OLG Koblenz NJW-RR 1989, 1526). Grundsätzlich spielt es für die Annahme der Gebrauchsfortsetzung auch keine Rolle, ob der Mieter den Mietgebrauch aktiv ausübt. Insbesondere liegt eine Gebrauchsausübung auch dann vor, wenn der Mieter ortsabwesend ist. Die Gebrauchsfortsetzung ist aber andererseits mehr als die bloße Vorenthaltung i. S. von § 546a BGB. Deshalb tritt keine Vertragsfortsetzung ein, wenn der Mieter zwar ausgezogen ist, aber noch nicht geräumt hat (Both in: Herrlein/Kandelhard § 545 BGB Rdn. 18; Bieber in: MünchKomm § 545 BGB Rdn. 6; **a. A.** Fleindl in: Bub/Treier Kap IV Rdn. 57). Gleiches gilt, wenn der Mieter nach der Vertragsbeendigung Schönheitsreparaturen oder Schadensbeseitigungsmaßnahmen durchführt (Both in: Herrlein/Kandelhard § 545 BGB Rdn. 18) und in den Fällen der Schlechterfüllung der Rückgabepflicht.

Der Eigennutzung steht es gleich, wenn der Mieter die **Sache einem Dritten** 11
überlassen hat und dieser den Gebrauch fortsetzt, weil die Untervermietung ebenfalls eine Form des Mietgebrauchs darstellt (BGH NJW-RR 1986, 1020 = WuM 1986, 281 = ZMR 1986, 274; OLG Düsseldorf DWW 1990, 272). Der letztgenannte Fall liegt auch dann vor, wenn der Mieter ausgezogen ist und die Räume von einem Nichtmieter (etwa dem Ehegatten oder dem Lebensgefährten) weiter genutzt werden. Gleiches gilt für die Weiternutzung durch den Untermieter. Es kommt dabei nicht darauf an, ob der Mieter einen entgegenstehenden Willen hatte und den Besitz nicht mehr vermitteln wollte (BGH a. a. O.; **a. A.** LG Hamburg ZMR 1979, 15).

Bei einer **Mehrheit von Mietern** genügt es, wenn der Gebrauch von einem 12
Mieter fortgesetzt wird (**a. A.** V. Emmerich in: Staudinger § 545 BGB Rdn. 8). Für die GbR gilt insoweit keine Ausnahme (**a. A.** Both in: Herrlein/Kandelhard § 545 BGB Rdn. 22). Jedoch kann jeder der Mieter der Vertragsfortsetzung widersprechen.

Maßgeblich sind die **objektiven Gegebenheiten.** Auf die Vorstellungen des 13
Mieters über den Grund der Gebrauchsfortsetzung kommt es nicht an. Deshalb tritt die Verlängerung auch dann ein, wenn das Mietverhältnis durch eine Kündigung des Vermieters beendet worden ist und der Mieter den Mietgebrauch fortsetzt, weil er die Kündigung für unwirksam erachtet. Ein Untermietverhältnis wird auch dann nach § 545 BGB verlängert, wenn der Untermieter nach Beendigung des Untermietverhältnisses einen Hauptmietvertrag mit dem Hauptvermieter abschließt. Auch in diesem Fall muss der Untermieter gegenüber dem Untervermieter erklären, dass er das Untermietverhältnis nicht fortsetzen wolle. Der innere Wille des Untermieters ist für sich allein unbeachtlich (OLG Düsseldorf DWW 1992, 366).

3. Widerspruchserklärung

14 a) **Rechtsnatur.** Die Rechtsfolge der Vertragsverlängerung tritt nicht ein, „sofern nicht eine Vertragspartei ihren entgegenstehenden Willen ... dem anderen Teil erklärt". Die Erklärung ist eine einseitige, empfangsbedürftige, bedingungsfeindliche Willenserklärung, auf die die Vorschriften der §§ 116ff BGB anwendbar sind (V. Emmerich in: Staudinger § 545 BGB Rdn. 10; Sternel, Rdn IV 83; Sander in: Hannemann/Wiegner, MAH Wohnraummietrecht § 45 Rdn. 14). Das Tatbestandsmerkmal setzt voraus, dass die Vertragsparteien **geschäftsfähig** sind.

15 b) **Erklärender/Erklärungsempfänger.** Die Widerspruchserklärung muss vom Vermieter gegenüber dem Mieter (oder umgekehrt) ausgesprochen werden. Dies gilt nach dem Wortlaut der Vorschrift („dem anderen Teil") auch dann, wenn der Mieter ausgezogen ist und die Räume von einem Nichtmieter (etwa dem Ehegatten oder dem Lebensgefährten) weiter genutzt werden. Will der Mieter die Vertragsfortsetzung verhindern, so muss er dies gegenüber dem Vermieter erklären. Eine Widerspruchserklärung des Vermieters muss gegenüber dem Mieter abgegeben werden.

16 Vermieter und Mieter können sich bei der Widerspruchserklärung durch **Bevollmächtigte** vertreten lassen. Der Erklärungsempfänger kann einen solchen Widerspruch zurückweisen, wenn keine Vollmachtsurkunde beigefügt war (§ 174 BGB).

17 Bei einer **Mehrheit von Vermietern** genügt es, wenn einer der Vermieter der Vertragsfortsetzung widerspricht (Wolf/Eckert/Ball Rdn. 887; V. Emmerich in: Staudinger § 545 BGB Rdn. 10). Will der Mieter der Vertragsfortsetzung widersprechen, so muss die Erklärung aber gegenüber allen Vermietern abgegeben werden.

18 Bei einer **Mehrheit von Mietern** gilt entsprechendes: Es genügt, wenn einer der Mieter der Vertragsfortsetzung widerspricht. Will der Vermieter der Vertragsfortsetzung widersprechen, so muss die Erklärung allen Mietern zugehen. Ist im Mietvertrag eine Empfangsvollmacht vereinbart, so genügt es, wenn die an alle Mieter gerichtete Erklärung einem der Mieter zugeht. Die für Kündigungen anerkannte Beschränkung der Vollmacht (s. § 542 BGB Rdn. 65ff) gilt nicht für die Widerspruchserklärung nach § 545 BGB (LG Aschaffenburg WuM 1994, 691; Blank in: Schmidt-Futterer § 545 BGB Rdn. 20; **a. A.** Sternel Rdn. IV 83).

19 c) **Inhalt/Form.** In der Erklärung muss zum Ausdruck kommen, dass der Erklärende mit der Verlängerung des Mietverhältnisses auf unbestimmte Zeit nicht einverstanden ist. Der Widerspruch muss eindeutig sein und er darf keine Bedingung oder Auflage enthalten (BayObLG RE 1.9.1981 NJW 1981, 2759 = WuM 1981, 253). Die Erklärung bedarf keiner besonderen Form und keiner Begründung. Eine vertraglich vereinbarte Schriftform dient nur Beweiszwecken. Für Mietverträge die nach dem 30.9.2016 vereinbart werden, ist § 309 Nr. 13 BGB in der Fassung des Gesetzes zur Verbesserung der zivilrechtlichen Durchsetzung von verbraucherschützenden Vorschriften des Datenschutzrechts vom 17.2.2016 (BGBl. I S. 233) zu beachten (s. dazu § 535 Rdn. 109a).

20 Sie kann auch durch **schlüssige Handlung** erklärt werden (BGH NZM 2018, 333; WuM 1988, 59, 60). In dem **Ausspruch einer fristlosen Kündigung** liegt nicht in jedem Fall zugleich eine Widerspruchserklärung nach § 545 BGB (BGH NZM 2018, 333; OLG Köln ZMR 1996, 24; **a. A.** LG Itzehoe WuM 1982, 298; Bieber in: MünchKomm § 545 Rdn. 17). Die Entscheidung, ob eine außerordentliche Kündigung des Vermieters bereits die Erklärung beinhaltet, die Fortsetzung des Vertrags abzulehnen, hängt vielmehr von den Umständen des Einzelfalls ab. Maßgebend sind das Gewicht der Kündigungsgründe und die Bedeutung, welche der Vermieter ihnen nach dem Inhalt der Erklärung beigemessen hat (BGH NZM 2018, 333). So kann die Kündigung zugleich als Widerspruchserklärung gelten, wenn die Kündigung wegen einer besonders schweren Vertragsverletzung erklärt wird und sich aus der Kündigungserklärung ergibt, dass der Kündigende die Fortsetzung des Mietverhältnisses als unzumutbar ansieht (BGH NZM 2010, 510; NJW-RR 1988, 76 = WuM 1988, 59, 60 = ZMR 1988, 18). Lehmann-Richter PiG 90 (2011) S. 199, 200). In dem Verlangen nach Räumung der Mietsache liegt i. d. R. ein Widerspruch gegen die Vertragsfortsetzung (BGH NZM 2018, 333). Ebenso wird es als Widerspruch zu bewerten sein, wenn der Vermieter fristlos kündigt, dem Mieter aber zugleich eine Räumungsfrist gewährt (OLG Schleswig RE 23.11.1981 NJW 1982, 449 = WuM 1982, 65); in diesem Fall beruht die Gebrauchsfortsetzung auf einer Stundung des Herausgabeanspruchs. In der **Erhebung einer Räumungsklage** kommt immer zum Ausdruck, dass der Vermieter keine Vertragsverlängerung wünscht (BGH NJW 2014, 2568 Rz. 29). Gleiches gilt für den **Klagabweisungsantrag** des Vermieters, wenn der Mieter Klage auf Feststellung des Fortbestands des Mietverhältnisses erhoben hat (BGHZ 113, 290 = NJW 1991, 1348). Erst recht ist für die Anwendung des § 545 BGB kein Raum, wenn während eines anhängigen Räumungsrechtsstreits eine Kündigung erklärt wird und das Mietverhältnis auf Grund dieser Kündigung endet. Außerdem kann im **Räumungsverlangen** (Brandenburgisches OLG MietRB 2011, 174) oder in der Bitte um Mitteilung des Räumungstermins, in einem Schreiben mit dem Verlangen um Bestätigung der Beendigung des Mietverhältnisses (OLG München OLG-Rp München 1994, 63), in der **Aufforderung zur Durchführung einer Schlussrenovierung** oder in der **Gewährung einer Räumungsfrist** eine konkludente Widerspruchserklärung liegen. Gleiches gilt, wenn der Mieter zum Ausdruck bringt, dass er auszugsbereit sei und nur noch auf die Fertigstellung der Ersatzwohnung warte (OLG Hamm OLG-Rp Hamm 1993, 221) oder wenn der Vermieter mitteilt, dass er bei unterlassener Räumung „gerichtliche Hilfe" in Anspruch nehme (LG Bonn WuM 1992, 617) oder anlässlich der Mietzahlungen erklärt, dass er die Leistungen des Mieters als Nutzungsentschädigung betrachte. Schließlich kann ein konkludent erklärter Widerspruch vorliegen, wenn der Vermieter eine höhere Miete fordert (BGH WPM 1969, 298), weil hierin zum Ausdruck kommt, dass das Mietverhältnis jedenfalls nicht zu den bisherigen Bedingungen fortgesetzt werden soll (**a. A.** OLG Hamm NJWE-MietR 1997, 268; Sternel Rdn. IV 83).

d) Frist. Die Widerspruchsfrist beträgt **2 Wochen.** Es gelten die §§ 187, 188, 21 193 BGB. Fällt der letzte Tag der Mietzeit auf einen Sonnabend, Sonntag oder Feiertag, so beginnt die Frist erst mit dem nächsten Werktag (§ 193 BGB). Wird der **Widerspruch durch Klagerhebung** erklärt, so ist der Widerspruch rechtzeitig, wenn die Klage dem Mieter innerhalb der Frist des § 545 BGB zugestellt wird. In der instanzgerichtlichen Rechtsprechung und Literatur wurde überwiegend die Ansicht vertreten, dass **§ 167 ZPO** im Rahmen des § 545 BGB keine Anwendung findet (s. die 4. Auflage Rdn. 21). Der BGH (NJW 2014, 2568 m. Anm. Blank LMK 2014, 361721) teilt diese Ansicht nicht: Er folgt einem Urteil des I. Zivilsenats, das zu der Rechtzeitigkeit eines Auskunftsanspruch nach § 26 Abs. 3 UrhG a. F. ergangen ist (BGHZ 177, 319 = NJW 2009, 765). Danach ist die Bestimmung

§ 545 BGB Untertitel 1. Allgemeine Vorschriften für Mietverhältnisse

des § 167 ZPO „grundsätzlich auch in den Fällen anwendbar, in denen durch die Zustellung eine Frist gewahrt werden soll, die auch durch außergerichtliche Geltendmachung gewahrt werden kann" (BGH NJW 2009, 765 unter Rz. 23). Dies gilt auch für die Frist nach § 545 BGB.

22 Die **Frist beginnt für den Mieter** mit der Fortsetzung des Gebrauchs. Dies ist i. d. R. die rechtliche Beendigung des Mietverhältnisses. Es ist nicht erforderlich, dass der Mieter von der Beendigung des Mietverhältnisses Kenntnis hat (BGH NJW 1980, 1577; V. Emmerich in: Staudinger § 545 BGB Rdn. 12; Sternel, Rdn. IV, 85; Lammel Wohnraummietrecht § 545 BGB Rdn. 31; Bieber in: Münch-Komm § 545 BGB Rdn. 14).

23 Für den **Vermieter** beginnt die Frist zu dem Zeitpunkt, in welchem er von der Gebrauchsfortsetzung Kenntnis erlangt. Maßgeblich ist positive Kenntnis. Fahrlässige Unkenntnis reicht nicht aus, weil § 545 BGB das Kennenmüssen nicht der Kenntnis gleichstellt (V. Emmerich in: Staudinger § 545 BGB Rdn. 12; Both in: Herrlein/Kandelhard § 545 BGB Rdn. 34; Lammel Wohnraummietrecht § 545 BGB Rdn. 32). Den Vermieter trifft auch keine Erkundungspflicht. Es genügt nicht, wenn der Vermieter lediglich weiß, dass der Mieter die Mietsache weiterhin in Besitz hat. Die Kenntnis muss sich auf die Gebrauchsfortsetzung beziehen.

24 Bei **mehreren Vermietern** müssen alle Vermieter von der Gebrauchsfortsetzung Kenntnis haben (BayObLG RE 1.9.1981 NJW 1981, 2759 = WuM 1981, 253; V. Emmerich in: Staudinger § 545 BGB Rdn. 12; Fleindl in: Bub/Treier Kap IV Rdn. 60; Sternel Rdn. IV 85; Lammel Wohnraummietrecht § 545 BGB Rdn. 32; Both in: Herrlein/Kandelhard § 545 BGB Rdn. 34). Allerdings muss sich der Vermieter die Kenntnis seines Vertreters zurechnen lassen (§ 166 Abs. 1 BGB analog). Deshalb genügt es i. d. R., wenn bei einer Mehrheit von Vermietern derjenige Kenntnis besitzt, der während der Mietzeit die Vermietungsgeschäfte getätigt hat. Ebenso muss sich der Vermieter, die **Kenntnis eines Hausverwalters** zurechnen lassen. Auf die Kenntnis eines Hauswarts kommt es nicht an, es sei denn, dass dieser auch mit der rechtlichen Abwicklung des Mietverhältnisses beauftragt ist.

25 **Der Widerspruch kann** – wie jede fristgebundene Erklärung – **bereits vor Fristbeginn** – also auch vor Vertragsbeendigung – **erklärt werden.** Dies führt zu der Frage, ob ein **im Kündigungsschreiben erklärter Widerspruch** die Rechtsfolge des § 545 BGB auslöst. In der Literatur wurde bislang überwiegend die Ansicht vertreten, dass zwischen dem Ausspruch der Kündigung und dem Ende des Mietverhältnisses ein enger zeitlicher Zusammenhang bestehen muss. Dieser ist bei der fristlosen Kündigung, gegebenenfalls auch bei einer ordentlichen Kündigung mit dreimonatiger Frist gewahrt. Beträgt die Kündigungsfrist dagegen 9 Monate so fehlt es nach dieser Ansicht am zeitlichen Zusammenhang zwischen Kündigung und Vertragsende; der Widerspruch muss dann nach Beendigung des Mietvertrags wiederholt werden (V. Emmerich in: Staudinger § 545 BGB Rdn. 14; Sternel Mietrecht aktuell Rdn. X 182; Lammel Wohnraummietrecht § 545 BGB Rdn. 33). Nach anderer Ansicht ist ein in der ordentlichen Kündigung erklärter Widerspruch wirksam ohne dass es auf die Länge der Kündigungsfrist ankommt (OLG Köln WuM 2003, 465 bei 12-monatiger Kündigungsfrist). Der **BGH** hat in dem Urteil vom 9.4.1986 BGH NJW-RR 1986, 1020 unter Ziff II 3 zu § 568 BGB a. F. (= § 545 BGB n. F.) entschieden, dass der Widerspruch zwar bereits vor Fristbeginn erklärt werden kann; dies müsse „jedoch in zeitlichem Zusammenhang mit dem Ablauftermin geschehen". Diese Ansicht hat der BGH in dem Beschluss vom 21.4.2010 (BGH NJW 2010, 2124 = NZM 2010, 510) aufgegeben. Für den Ein-

tritt der Rechtsfolge des § 545 BGB reicht es nach nunmehriger Rechtsprechung aus, wenn der Mieter auf Grund der Erklärungen des Vermieters eindeutig erkennen kann, dass dieser das Mietverhältnis nicht fortsetzen will. Dies sei regelmäßig der Fall, wenn der Vermieter der Vertragsfortsetzung im Kündigungsschreiben ausdrücklich widerspricht; auf die Dauer der Kündigungsfrist kommt es nicht an.

Nach der Rechtsprechung soll die **Wiederholung einer Widerspruchserklärung generell entbehrlich** sein, wenn sie keinen rechten Sinn mehr hat (BayObLG RE 1.9.1981 NJW 1981, 2759 = WuM 1981, 253). Hiervon soll etwa auszugehen sein, wenn der Vermieter die Räume bereits weitervermietet hat oder wenn dem Mieter bereits Ersatzraum zur Verfügung steht (sehr zweifelhaft). 26

IV. Rechtsfolgen

Unterbleibt ein wirksamer Widerspruch, so wird das Mietverhältnis durch die Gebrauchsfortsetzung auf unbestimmte Zeit verlängert. Es entsteht kein neues Mietverhältnis; vielmehr wird das bisherige Mietverhältnis fortgesetzt (BGH WuM 2016, 341 Rz. 34). Die **Vertragsbedingungen** bleiben unverändert. Für die Garantiehaftung nach § 536a BGB kommt es nach allg. Ansicht auf den Zeitpunkt des Vertragsschlusses an. Eine vereinbarte Kaution bleibt erhalten. Bei einer Bürgschaft haftet der Bürge im Zweifel aber nicht für solche Mietverpflichtungen, die nach einer Vertragsfortsetzung gem. § 545 BGB entstanden sind (LG Gießen ZMR 1995, 33; V. Emmerich in: Staudinger § 545 BGB Rdn. 16; Sternel Rdn. IV 87). Außerdem werden alle Mietbedingungen gegenstandslos, die an eine ursprünglich vereinbarte Befristung anknüpfen, z. B. Verlängerungsklauseln, Sonderkündigungsrechte, die im Hinblick auf die Befristung vereinbart worden waren (OLG Hamm NJWE-MietR 1997, 268, 269), Optionsregelungen (OLG Köln ZMR 1996, 433) und dergleichen). 27

Die gesetzliche Rechtsfolge tritt unabhängig vom Willen der Parteien ein (OLG Koblenz WuM 2002, 552, 555). Deshalb kommt es nicht darauf an, ob die Vertragsverlängerung dem Willen der Parteien entspricht oder ob die Parteien übereinstimmend keine Vertragsbeendigung wollen (Wolf/Eckert/Ball, Rdn. 881). Auch ein Irrtum der Parteien hinsichtlich der Rechtsfolgen der Gebrauchsfortsetzung ist unbeachtlich; eine Anfechtung ist aus diesem Grunde ausgeschlossen (Sternel Rdn. IV 82). 28

Das fortgesetzte Mietverhältnis kann von beiden Seiten erneut gekündigt werden. Die Kündigungsfrist für die Kündigung durch den Vermieter (§ 573c Abs. 1 Satz 2 BGB) richtet sich nach der gesamten Mietzeit (Fleindl in: Bub/Treier Kap IV Rdn. 58). Einer erneuten Kündigung aus denselben Gründen steht grundsätzlich nichts entgegen (Palandt/Weidenkaff § 545 BGB Rdn. 10). Allerdings muss der Kündigungsgrund zum Zeitpunkt der erneuten Kündigung noch vorliegen. 29

V. Abweichende Vereinbarungen

Nach allgemeiner Ansicht kann § 545 BGB vertraglich ausgeschlossen werden. Nach der obergerichtlichen Rechtsprechung kann der **Ausschluss** auch **durch Formularvereinbarung** erfolgen (BGH NJW 1991, 1750 = WuM 1991, 381 = DWW 1991, 212 = ZMR 1991, 290; OLG Hamm RE vom 9.12.1982 NJW 30

§ 545 BGB Untertitel 1. Allgemeine Vorschriften für Mietverhältnisse

1983, 826 = WuM 1983, 48 = ZMR 1983, 97 = DWW 1983, 19). Diese muss bei der **Wohnungsmiete** allerdings so formuliert sein, dass ein rechtlich nicht vorgebildeter Vertragspartner den Sinn der Regelung erkennen kann. (§ 307 Abs. 1 Satz 2 BGB, OLG Schleswig RE 27.3.1995 NJW 1995, 2858 = WuM 1996, 85 = ZMR 1996, 254; LG Berlin WuM 1996, 707). Wirksam ist die Klausel: „Setzt der Mieter den Gebrauch der Mietsache nach Ablauf der Mietzeit fort, so gilt das Mietverhältnis nicht als verlängert. § 545 BGB findet keine Anwendung", weil die Rechtsfolge des § 545 BGB erläutert wird (BGH a.a.O. zu § 568 BGB a. F.). Die Klausel: „Wird nach Ablauf der Mietzeit der Gebrauch der Sache vom Mieter fortgesetzt, so findet § 545 BGB keine Anwendung" ist dagegen unwirksam, weil die Vorschrift nur einem Juristen verständlich ist, der vom Inhalt des § 545 BGB Kenntnis hat (OLG Schleswig a.a.O. zu § 568 BGB a. F.; ebenso V. Emmerich in: Staudinger § 545 BGB Rdn. 19; Haase ZMR 2002, 557, 561; **a. A.** OLG Rostock NZM 2006, 584; Both in: Herrlein/Kandelhard § 545 BGB Rdn. 12; Lammel Wohnraummietrecht § 545 BGB Rdn. 4; danach ist die vom OLG Schleswig überprüfte Klausel wirksam (Both a.a.O.).

31 Bei **Geschäftsraummietverhältnissen** ist eine gesetzesverweisende Klausel wirksam. Es genügt, wenn vereinbart wird, dass bei „Beendigung des Mietverhältnisses § 545 BGB für beide Vertragsparteien keine Anwendung" findet. Es ist nicht erforderlich, dass die Rechtsfolge des § 545 BGB in der Klausel erläutert wird (KG GE 2014, 460; OLG Dresden Beschluss vom 13.10.2016 – 5 U 993/16). Ein Verstoß gegen die §§ 305 Abs. 2 Nr. 2, 305 c Abs. 1, 307 Abs. 1 Satz 2 BGB liegt nicht vor (Lehmann-Richter PiG Bd. 90 (2011) S. 199, 201 f).

32 Außerdem darf der Ausschluss nicht an versteckter oder unerwarteter Stelle vereinbart werden (§ 305 c Abs. 1 BGB).

33 In einem Formularmietvertrag kann nicht wirksam vereinbart werden, dass ein **Widerspruch nur wirksam ist, wenn er schriftlich ausgesprochen wird.** Eine solche Klausel verstößt gegen § 307 Abs. 1 BGB, weil hierdurch der rechtlich unzutreffende Eindruck erweckt wird, dass mündliche Erklärungen auch dann unwirksam sind, wenn die Parteien einvernehmlich von der Schriftform abweichen wollen.

34 Ein wirksamer Ausschluss des § 545 BGB hat zur Folge, dass das Mietverhältnis trotz der Gebrauchsfortsetzung durch den Mieter beendet bleibt. Macht der Vermieter nach dem Ausspruch einer Kündigung längere Zeit keinen Räumungsanspruch geltend, so kann hierin ein **Verzicht auf die aus der Kündigung folgenden Rechte** liegen (LG Berlin GE 2011, 338, 339 bei 8-monatlicher Untätigkeit). Ebenso kann in einem solchen Fall eine **Vertragsfortsetzung durch Vereinbarung** zustande kommen. BGH WuM 2012, 453 = NZM 2012, 608 unter Rz 11; Lehmann-Richter PiG Bd. 90 (2011) S. 199, 202). Denkbar ist insbesondere ein Vertragsschluss durch konkludente Handlungen (dazu: Haase ZMR 2002, 557). Voraussetzung ist, dass in dem Verhalten der Parteien der Wille zur Neubegründung des Mietverhältnisses zum Ausdruck kommt (OLG Düsseldorf GE 2003, 183; GuT 2011, 154). Allerdings ist hier Zurückhaltung geboten. In der Weiterzahlung der Miete durch den Mieter und der Entgegennahme des Geldes durch den Vermieter liegt im Allgemeinen keine konkludent vereinbarte Vertragsfortsetzung, weil dieser Vorgang auch nach Beendigung des Mietverhältnisses einen Sinn hat: Der Mieter schuldet ja die vereinbarte Miete nach der Vertragsbeendigung als Nutzungsentschädigung (§ 546a Abs. 1 BGB). Anders ist es, wenn der Vermieter eine Mieterhöhungserklärung nach § 558 BGB verlangt und der Mieter dem Verlangen zustimmt. Ein solcher Vorgang ergäbe bei Annahme der Vertragsbeendigung

nämlich keinen Sinn. Maßgeblich sind aber letztlich die Umstände des Einzelfalls.[1] Je länger das Mietverhältnis fortgesetzt wird, desto geringer sind die Anforderungen, die an eine konkludent vereinbarte Vertragsfortsetzung zu stellen sind. (s. dazu KG Urteil vom 16.10.2017 – 8 U 135/17: danach kann bei einer Gebrauchsfortsetzung über eine Zeit von kaum mehr als zwei Monaten nicht von einer konkludenten Neubegründung des Mietverhältnisses gesprochen werden).

Eine **Verwirkung des Herausgabeanspruchs** ist ebenfalls möglich. Hiervon kann ausgegangen werden, wenn der Vermieter von dem Räumungstitel längere Zeit keinen Gebrauch macht und weitere Umstände hinzutreten, aus denen sich ergibt, dass der Vermieter mit der Neubegründung des Mietverhältnisses einverstanden ist. Eine Verwirkung des Räumungsanspruchs ohne neue vertragliche Bindung ist nicht möglich (Lehmann-Richter PiG Bd. 90 (2011) S. 199, 203). Für das Zeitmoment kann auf die Zwei-Jahres-Frist des § 569 Abs. 3 Nr. 2 Satz 2 BGB zurückgegriffen werden. (a. A. Derleder WuM 2011, 551, 554: danach ist auf die Umstände des Einzelfalls abzustellen, wobei als Richtschnur eine Vertragsfortsetzung von ca. 1 Jahr ausreicht). Das Umstandsmoment liegt vor, wenn der (ehemalige) Mieter auf Grund konkreter Umstände darauf vertrauen darf, dass der Vermieter von dem Titel keinen Gebrauch machen wird (AG Hamburg WuM 2008, 609). Beruht der Titel auf einer Kündigung wegen Zahlungsverzugs, so kann hiervon ausgegangen werden, wenn der Mieter regelmäßig zahlt und der Vermieter die Zahlungen jahrelang entgegennimmt. Der Umstand, dass der Vermieter während er Fortsetzung der Nutzung mehrfach die Vollstreckung des Räumungsurteils für den Fall der Nichtzahlung des rückständigen Mietzinses angedroht hat, steht der Annahme einer Verwirkung nicht zwingend entgegen 35

Räumungsaufschub. Die Parteien können vertraglich vereinbaren, dass der Räumungsanspruch zunächst nicht geltend gemacht werden soll. Der dem Eigentümer zustehende Herausgabeanspruch aus § 985 BGB verjährt gem. § 197 Abs. 1 Nr. 2 BGB in 30 Jahren. Eine vor diesem Zeitpunkt eintretende Verwirkung ist ausgeschlossen. Für den schuldrechtlichen Herausgabeanspruch aus § 546 BGB gilt die allgemeine Verjährungsfrist von 3 Jahren. Der Vermieter kann den Verjährungseintritt verhindern, indem er mit dem ehemaligen Mieter einen befristeten Räumungsverzicht vereinbart und diesen bei Bedarf wiederum befristet verlängert. Die jeweilige Verlängerungsvereinbarung erfüllt den Tatbestand des § 212 Abs. 1 Nr. 2 BGB mit der weiteren Folge, dass die Verjährung mit jeder Verlängerungsvereinbarung neu beginnt (vgl. Meier ZMR 2015, 442). 35a

VI. Prozessuales/Darlegungs- und Beweislast

Die Beendigung des Mietverhältnisses durch Zeitablauf, Kündigung oder Aufhebungsvertrag ist die Regel, die Verlängerung des Vertrags nach § 545 BGB die Ausnahme. Deshalb muss der Vermieter im Räumungsverfahren nichts zu den Voraussetzungen des § 545 BGB vortragen (**a. A.** KrsG Meißen WuM 1992, 537; Sternel Rdn. IV 90). 36

Will der Mieter geltend machen, dass die Vertragsverlängerung eingetreten sei, muss er darlegen und beweisen, dass er den Mietgebrauch nach dem Ablauf der 37

---

[1] Vgl. dazu LG Hagen MDR 1982, 582; LG Hannover MDR 1979, 495; LG Hamburg WuM 1989, 32; LG Berlin MM 1992, 209; AG Regensburg WuM 1990, 514; AG Hamburg-Altona WuM 2006, 697.

Mietzeit fortgesetzt hat. Der Vermieter muss in diesem Fall darlegen und beweisen, dass dem Mieter eine Widerspruchserklärung zugegangen ist. Der Mieter muss gegebenenfalls eine Verfristung beweisen (BGH WuM 1998, 549, 550). Durch die nahezu jedem Räumungsrechtsstreit immanente Tatsache, dass der Mieter die Wohnung noch im Besitz hat, wird der Tatsachenvortrag nicht ersetzt. Das Gericht ist auch nicht verpflichtet, die Frage der Vertragsfortsetzung von Amts wegen aufzuklären. Das Gericht ist allerdings auch nicht gehindert, diesen Punkt mit den Parteien zu erörtern; insbesondere kann hierin kein Befangenheitsgrund gesehen werden.

38 Macht der Vermieter die Vertragsverlängerung geltend, so muss er darlegen und beweisen, dass der Mieter den Mietgebrauch nach dem Ablauf der Mietzeit fortgesetzt hat (OLG Düsseldorf DWW 1990, 272, 273). Der Mieter muss vortragen und beweisen, dass sein Widerspruch fristgemäß erfolgt ist.

§ 546 Rückgabepflicht des Mieters

(1) **Der Mieter ist verpflichtet, die Mietsache nach Beendigung des Mietverhältnisses zurückzugeben.**

(2) **Hat der Mieter den Gebrauch der Mietsache einem Dritten überlassen, so kann der Vermieter die Sache nach Beendigung des Mietverhältnisses auch von dem Dritten zurückfordern.**

Übersicht

	Rdn.
I. Der Rückforderungsanspruch gegen den Mieter (Abs. 1)	1
1. Zweck und Anwendungsbereich	1
2. Beendigung des Mietverhältnisses	5
3. Die Parteien des Rückgabeanspruchs	7
a) Gläubiger	7
b) Schuldner	8
4. Der Zeitpunkt der Rückgabe	15
a) Rückübertragung des Besitzes	15
5. Der Inhalt der Rückgabepflicht	21
a) Rückübertragung des Besitzes durch Rückgabe der Schlüssel	21
b) Räumung	30
c) Zubehör	43
d) Zustand der Mietsache	44
e) Rückgabe beweglicher Sachen	53
6. Beweislast/Prozessuales	54
7. Der Räumungs- und Herausgabeanspruch in der Insolvenz des Mieters	57
a) Herausgabeanspruch	57
b) Räumungsanspruch	58
II. Der Rückforderungsanspruch gegen den Dritten (Abs. 2)	59
1. Allgemeines	59
2. Die Parteien des Rückgabeanspruchs	60
3. Die Geltendmachung des Rückgabeanspruchs	62
a) Entstehung des Anspruchs	62
b) Die Rückforderungserklärung	67
4. Inhalt der Rückgabepflicht des Dritten	69
5. Gleichzeitige Beendigung von Haupt- und Untermietvertrag	73

	Rdn.
6. Verzug	74
7. Auskunftsansprüche	75
III. Räumungsvollstreckung	76
1. Vollstreckung nach § 885 ZPO	76
a) Gesetzliche Regelung	76
b) Räumungsschuldner	77
c) Einleitung der Vollstreckung	84
d) Durchführung der Vollstreckung	87
e) Abtransport und Verwahrung des Räumungsguts (§ 885 Abs. 3 ZPO)	99
f) Verwertung des Räumungsguts (§ 885 Abs. 4 ZPO)	100
g) Rechtsmittel	101
h) Haftungsfragen	102
i) Kosten	108a
2. Beschränkter Vollstreckungsauftrag nach § 885a ZPO	109
a) Voraussetzungen	109
b) Durchführung der Vollstreckung	112
c) Dokumentationspflichten	113
d) Verwertung des Mobiliars	114
e) Haftung des Vermieters	117
3. Weitere Vollstreckungsvarianten	118
a) Frankfurter Räumung	118
b) „Berliner Räumung"	119
c) „Hamburger Räumung"	129
4. Räumungsverfügung	130
a) Gewerberaum	130
b) Wohnraum	133
5. Eigenmächtige Räumung	134
a) Anspruchsgrundlagen	134
b) Beweislast	135
c) Schadensermittlung	136
d) Verfahren	137
6. Nachvertragliche Pflichten des Vermieters	137a
7. Einstellung der Zwangsvollstreckung	138
a) Einstellung aus Urteilen, die noch nicht rechtskräftig abgeschlossen sind	138
b) Einstellung der Zwangsvollstreckung bei rechtskräftigen Räumungstiteln	142
8. Vollstreckung gegen Hausbesetzer	146

I. Der Rückforderungsanspruch gegen den Mieter (Abs. 1)

1. Zweck und Anwendungsbereich

Mit dem Ablauf der Mietzeit erlischt das Recht des Mieters zum Gebrauch der Mietsache. Das zwischen den Parteien bestehende Vertragsverhältnis wird in ein gesetzliches Rückgewähr-Schuldverhältnis umgewandelt. Die Vorschrift des § 546 BGB gibt dem Vermieter einen (nach)vertraglichen Rückgabeanspruch. Im Falle der Schlechterfüllung haftet der Mieter nicht nach §§ 280, 281 BGB. Der Vermieter kann Räumungsklage erheben. Ein Anspruch gegen den Mieter auf Unterlassung der Ausübung des Mietgebrauchs besteht nicht. Ein solcher Anspruch kann deshalb auch nicht im Wege einer einstweiligen Verfügung durchgesetzt werden (OLG Rostock MDR 2011, 476).

2   **Ergänzende Vorschriften.** Die Pflicht aus § 546 BGB besteht bei allen Arten von Mietverhältnissen einschließlich der Nutzungsverträge der Wohnungsgenossenschaften. Bei der **Wohn-, Grundstücks- und Geschäftsraummiete** sind zusätzlich **§§ 570, 578** zu beachten. Danach steht dem Mieter kein Zurückbehaltungsrecht gegen den Rückgabeanspruch des Vermieters zu. Bei der **Wohnraummiete** gilt außerdem **§ 571**, wonach Schadensersatzansprüche des Vermieters wegen verspäteter Rückgabe unter den dort genannten Voraussetzungen ausgeschlossen sind. Für **Werkdienstwohnungen** die nicht auf Grund eines Mietvertrags, sondern auf Grund eines Dienst- bzw. Arbeitsvertrags überlassen werden, finden die für die Miete geltenden Vorschriften entsprechende Anwendung, wenn der Wohnungsinhaber den Wohnraum ganz oder überwiegend mit Einrichtungsgegenständen ausgestattet hat oder in dem Wohnraum mit seiner Familie oder Personen lebt mit denen er einen auf Dauer angelegten gemeinsamen Hausstand führt **(§ 576b).** Auch für **Pachtverhältnisse** gilt § 546 entsprechend (**§ 581 Abs. 2,** BGH MDR 1960, 482 = ZMR 1960, 243; LG Mannheim DWW 1963, 394 = WuM 1964, 11); die Vorschrift wird jedoch hier durch die §§ 589 ff BGB ergänzt.

3   § 546 **ist unanwendbar:** wenn Wohnraum auf Grund eines **dinglichen Wohnrechts (§ 1093 BGB),** auf Grund öffentlich-rechtlicher Vorschriften (z. B. **Obdachloseneinweisung**) oder auf Grund eines unwirksamen Vertrags überlassen wurde; die von der Rechtsprechung zu § 546 BGB entwickelten Grundsätze über den Inhalt der Rückgabepflicht können aber auch in diesen Fällen grundsätzlich herangezogen werden, weil für diese Gebrauchsüberlassungen keine speziellen Vorschriften bestehen.

4   **Verhältnis § 546 zu § 985.** Ist der Vermieter zugleich Eigentümer der Sache, so kann er wahlweise den Anspruch aus § 985 BGB geltend machen oder nach § 546 BGB vorgehen (Streyl in: Schmidt-Futterer § 546 BGB Rdn. 11; Rolfs in: Staudinger § 546 BGB Rdn. 61; Lützenkirchen in: Lützenkirchen, Mietrecht § 546 Rdn. 3; Emmerich in: Bub/Treier Kap V Rdn. 2). Der Rückgabeanspruch nach § 546 BGB reicht weiter als der Herausgabeanspruch des Eigentümers. Nach § 985 BGB kann der Eigentümer vom Besitzer verlangen, dass dieser ihm den unmittelbaren Besitz an der Sache verschafft. Der Besitzer hat das ihm obliegende getan, wenn er dem Eigentümer den Zugang zur Mietsache und die Wegnahme (Inbesitznahme) ermöglicht (BGH NJW 2013, 1881). Der Vermieter hat gegen den Mieter nach § 546 BGB dagegen nicht nur einen Anspruch auf Herausgabe, sondern auch einen Anspruch auf vertragsgerechte Räumung (BGH NZM 2011, 75 unter Rz. 9). Der Mieter ist ggf. zum Rückbau verpflichtet, wenn er die Mietsache während der Mietzeit verändert hat und die in der Sache befindlichen Einrichtungen zu entfernen. Eventuelle Einwendungen, Einreden und Gegenansprüche sind in ihren Auswirkungen auf jede der beiden Anspruchsgrundlagen getrennt zu prüfen (BGH WuM 1998, 549, 550).

2. Beendigung des Mietverhältnisses

5   Die Vorschrift des **§ 546 Abs. 1 setzt** – anders als der dingliche Rückgabeanspruch des § 985 BGB – **voraus, dass** zwischen den Parteien **ein Mietverhältnis bestanden hat.** Daran fehlt es, wenn der Vertrag nichtig ist, beispielsweise wegen eines Verstoßes gegen §§ 134, 138 BGB oder nach erfolgter Anfechtung (Streyl in: Schmidt-Futterer § 546 BGB Rdn. 13; Rolfs in: Staudinger § 546 Rdn. 62; Eisen-

schmid PiG 26, 75, 76; Emmerich in: Bub/Treier Kap V Rdn. 6). In diesen Fällen ergibt sich der Rückforderungsanspruch aus §§ 812, 985 BGB.

Das Mietverhältnis muss beendet sein, sei es durch Kündigung, Mietaufhebungsvertrag, Ablauf der Vertragszeit, Verwaltungsakt oder sonstige Weise. Durch eine Räumungsfrist wird der Rückgabeanspruch lediglich gestundet; auf die Beendigung des Mietverhältnisses hat dies keinen Einfluss. 6

3. Die Parteien des Rückgabeanspruchs

a) Gläubiger des vertraglichen Rückgabeanspruchs ist der Vermieter, der nicht gleichzeitig Eigentümer des Mietgegenstands zu sein braucht. Deshalb gilt § 546 Abs. 1 BGB auch im Verhältnis zwischen Hauptmieter und Untermieter (OLG München NJW-RR 1989, 524). Solange das Hauptmietverhältnis besteht muss der Untermieter die Mietsache an den Hauptmieter zurückgeben. Dies gilt auch dann, wenn es dem Untermieter gelingt mit dem Hauptvermieter einen Mietvertrag abzuschließen (OLG Hamm ZMR 2017, 560). Derjenige Eigentümer, der nicht auch Vertragspartner des Mieters war, ist – außer in den Fällen des § 546 Abs. 2 BGB – auf dem dinglichen Rückgabeanspruch des § 985 BGB beschränkt. Dies gilt auch dann, wenn der Mieter vom Nichtberechtigten gemietet hatte. Durch die Rückgabe der Mietsache an den Vermieter statt an den Eigentümer wird der Mieter auch in diesem Falle frei (LG Wiesbaden ZMR 1960, 205; Henseler ZMR 1964, 36). Ist einer von mehreren Klägern Vermieter und der andere Eigentümer, so können der obligatorische und der dingliche Herausgabeanspruch jedenfalls dann nebeneinander geltend gemacht werden, wenn sich die Parteien über die Person des Rückgabeberechtigten einig sind. Der Herausgabeanspruch aus § 546 BGB kann abgetreten werden (BGH NJW 1983, 112; Wolf/Eckert/Ball, Rdn. 1068; Emmerich in: Bub/Treier Kap V Rdn. 7, 28). Jedoch kann mit der Abtretung nicht erreicht werden, dass ein Dritter in Ansehung des Herausgabeanspruchs die Stellung eines Gesamthandsgläubigers (Mitgläubigers) erlangt (Palandt/Grüneberg § 398 BGB Rdn. 6 a.E); vielmehr ist hierzu eine vertragliche Vereinbarung erforderlich, an der der Mieter mitwirken muss (Palandt/Grüneberg § 428 BGB Rdn. 3 a.E m. w. N.). 7

b) Schuldner des Rückgabeanspruchs nach § 546 Abs. 1 BGB ist der (ehemalige) Mieter. Ist die Sache von einer Kommanditgesellschaft gemietet, so kann nicht nur die Gesellschaft, sondern auch der persönlich haftende Gesellschafter in Anspruch genommen werden. Dies gilt auch dann, wenn der Gesellschafter zwischenzeitlich aus der Gesellschaft ausgeschieden ist; maßgeblich ist allein, dass das Mietverhältnis vor oder während der Zugehörigkeit des Gesellschafters zur Gesellschaft begründet wurde (BGH NJW 1987, 2367). 8

Rückgabepflicht bei Untermiete. Es ist nicht erforderlich, dass der Mieter zum Zeitpunkt der Vertragsbeendigung unmittelbaren oder mittelbaren Besitz an der Mietsache hat (BGH NJW 1996, 515; BGHZ 56, 308 = NJW 1971, 2065; NJW 1987, 2367). Deshalb kann der Vermieter den Mieter auch dann in Anspruch nehmen, wenn dieser die Sache untervermietet hat. Der Mieter genügt seiner Rückgabepflicht nicht schon dadurch, dass er den Besitz aufgibt (BGHZ 56, 308 = NJW 1971, 2065 mit Anm. Jakobs NJW 1972, 624) oder dem Vermieter gegenüber auf den Besitz verzichtet (OLG Bremen OLGZ 72, 417). Ebenso wenig reicht es aus, dass er etwaige Rückgabeansprüche gegen den unmittelbaren Besitzer (Untermieter) an den Vermieter abtritt (BGHZ 56, 308 = NJW 1971, 2065). Vielmehr 9

§ 546 BGB   Untertitel 1. Allgemeine Vorschriften für Mietverhältnisse

muss er selbst dafür Sorge tragen, dass der unmittelbare Besitzer die Sache herausgibt. Hat der Mieter keine eigenen Herausgabeansprüche gegen den Untermieter (etwa, weil im Untermietverhältnis § 573 BGB gilt und der Mieter keinen Kündigungsgrund hat), so kann er vom Vermieter verlangen, dass dieser den Herausgabeanspruch aus § 546 Abs. 2 BGB abtritt (BGH WuM 1996, 413). Dann kann der Mieter aus abgetretenem Recht gegen den Untermieter vorgehen. Der Vermieter ist nicht verpflichtet, von seinem Recht aus § 546 Abs. 2 BGB Gebrauch zu machen. Diese Vorschrift erweitert die Rechte des Vermieters; Einschränkungen sind damit nicht verbunden (BGHZ 90, 145 = NJW 1984, 1527).

10   **Mehrere Mieter** schulden die Rückgabe als einheitliche unteilbare Leistung (OLG Düsseldorf NJW-RR 1987, 1370 = ZMR 1987, 423). Sie sind Gesamtschuldner. Der Rückgabeanspruch kann gegen jeden der Mieter gesondert oder gegen alle Mieter gemeinsam geltend gemacht werden (RG 89, 203, 207). Jeder Mitmieter schuldet die vollständige Räumung; es genügt nicht, wenn ein Mitmieter lediglich seine ihm gehörenden Sachen entfernt (LG Frankfurt ZMR 2016, 337).

11   Der **Auszug eines Mieters** ändert daran nichts, weil die Verpflichtung aus § 546 Abs. 1 BGB erst mit der Rückübertragung des Besitzes auf den Vermieter erfüllt ist; die bloße Besitzaufgabe eines von mehreren Mietern reicht hierfür nicht aus (BGH RE vom 22.11.1995 WuM 1996, 83 = NJW 1996, 515; OLG Düsseldorf NJW-RR 1987, 1370= ZMR 1987, 423; LG Mannheim DWW 1973, 19). Ein Fall der Unmöglichkeit oder des Unvermögens liegt ebenfalls nicht vor, weil der ausgezogene Mieter in der Lage ist, rechtlich und tatsächlich auf den in der Wohnung verbliebenen Mieter einzuwirken (BGH a. a. O. betr. getrennt lebende Eheleute; OLG Düsseldorf ZMR 1987, 377 = DWW 1987, 330; NJW-RR 1987, 911 betr. den Mitmieter und Konzessionsinhaber einer Gaststätte; **a. A.** LG Koblenz ZMR 1976, 48; Schläger ZMR 1976, 34). Das OLG Schleswig hat allerdings in dem Rechtsentscheid vom 25.6.1982 (NJW 1982, 2672) die Ansicht vertreten, dass einer Klage gegen den nicht besitzenden Mieter das Rechtsschutzbedürfnis fehle, wenn dieser Mieter den Besitz an der Wohnung endgültig aufgegeben und den Vermieter hiervon in Kenntnis gesetzt hat. Diese Entscheidung und die ihr folgende instanzgerichtliche Rechtsprechung sind durch den Rechtsentscheid des BGH vom 22.11.1995 (a. a. O.) gegenstandslos.

12   **Rechtsmissbräuchliches Rückgabeverlangen bei Mietermehrheit.** Wurde ein mit mehreren Mietern bestehendes Mietverhältnis vom Vermieter gekündigt, weil einer der Mieter seine vertraglichen Verpflichtungen verletzt hat, so wird vereinzelt die Ansicht vertreten, dass der Vermieter verpflichtet sei, dem vertragstreuen Mieter einen neuen Mietvertrag anzubieten; anderenfalls sei die Geltendmachung des Rückgabeanspruchs rechtsmissbräuchlich (LG Darmstadt NJW 1983, 52; LG Baden-Baden DWW 1989, 332 jeweils ein unverheiratetes Paar betreffend). Dieser Ansicht kann nur für ganz besonders gelagerte Ausnahmefälle zugestimmt werden. Im Allgemeinen besteht kein Kontrahierungszwang.

13   **Rückgabepflicht des vollmachtlosen Vertreters.** Hatte der Vermieter mit einem vollmachtlosen Vertreter einen Vertrag geschlossen und verweigert der Vertretene die Genehmigung, so kann der Vermieter nach Beendigung der Mietzeit auch den vollmachtlosen Vertreter auf Rückgabe der Mietsache in Anspruch nehmen. Dies gilt auch dann, wenn der vollmachtlose Vertreter die Mietsache nicht mehr in Besitz hat, sondern diese an den Vertretenen herausgegeben hat (OLG Düsseldorf ZMR 1984, 379).

14   **Rückgabepflicht des Insolvenzverwalters.** Ist im Falle der Mieterinsolvenz ein Insolvenzverwalter bestellt, so ist dieser zur Räumung verpflichtet. Diese Ver-

pflichtung ist nicht bereits dann erfüllt, wenn der Insolvenzverwalter das Mietobjekt oder die in dem Mietobjekt befindlichen Gegenstände freigibt. Vielmehr muss der Insolvenzverwalter für die Entfernung der Gegenstände sorgen. Solange sich die Gegenstände in der Mietsache befinden, ist eine Vorenthaltung gegeben (BGH NZM 2006, 352).

4. Der Zeitpunkt der Rückgabe

a) Rückübertragung des Besitzes. Nach § 546 Abs. 1 BGB ist die Mietsache 15 „nach" Beendigung des Mietverhältnisses zurückzugeben. Hieraus wird z. T. abgeleitet, dass die Mietsache an dem Tag zurückzugeben sei, der dem Ablauf der Mietzeit folgt (Bieber in: MünchKomm § 546 BGB Rdn. 15). Nach anderer Auffassung besagt die Regelung lediglich, dass das Besitzrecht des Mieters nach Ablauf der Mietzeit entfällt; sie gibt also lediglich wieder, was sich ohnehin aus der Natur des Mietverhältnisses ergibt (Streyl in: Schmidt-Futterer § 546 BGB Rdn. 73). Nach dieser Auffassung gilt für den Zeitpunkt der Rückgabe die Vorschrift des § 271 Abs. 1 BGB. Danach ist dieser Zeitpunkt – beim Fehlen einer Vertragsregelung – „den Umständen zu entnehmen". Bei der Miete von Hotelzimmern zum Zwecke der Übernachtung besteht eine Verkehrssitte, dass die Rückgabe im Verlauf des Vormittags zu erfolgen hat, der auf den Ablauf der Nacht folgt. Bei der **Wohnungs- und Geschäftsraummiete wird überwiegend vertreten, dass der Mieter die Rückgabe am letzten Tag der Mietzeit schuldet** (Streyl a. a. O. Rdn. 74: bis zum frühen Abend dieses Tages; Rolfs in Staudinger § 546 BGB Rdn. 31; Emmerich in: Bub/Treier Kap V Rdn. 13; Lützenkirchen in: Lützenkirchen, Mietrecht § 546 Rdn. 102; Wolf/Eckert/Ball Rdn. 1060; Kandelhard in: Herrlein/Kandelhard § 546 BGB Rdn. 6; Ehlert in: Bamberger/Roth § 546 BGB Rdn. 19; Fritz Gewerberaummietrecht Rdn. 430; Pietz/Leo in: LindnerFigura Geschäftsraummiete Kap. 16 Rdn. 7; Horst DWW 1996, 180, 182). Diese zutreffende Ansicht folgt letztlich aus der Erwägung, dass Mietobjekte üblicherweise mit dem ersten Tag eines Monats beginnen und mit dem letzten Tag eines Monats enden. Dieser Praxis entspricht eine am letzten Miettag fällige Rückgabeverpflichtung. Der BGH hat die Rechtsfrage – entgegen einer häufig vertretenen Ansicht – bislang noch nicht entschieden; aus der Entscheidung vom 19.10.1988 (NJW 1989, 451 lässt sich für den Zeitpunkt der Rückgabe nichts herleiten.

Fällt der **Rückgabetag auf einen Samstag, Sonntag oder Feiertag,** so tritt 15a an dessen Stelle nach allgemeiner Ansicht (s. die Nachweise Rdn. 15) der nächste Werktag (**§ 193 BGB;** Ausnahme: Hotelzimmer, Ferienwohnung und dergleichen). Für diese Zeit muss der Mieter keine Nutzungsentschädigung zahlen, weil die Rückgabepflicht erst nach den genannten Tagen entsteht. Nach der hier vertretenen Ansicht hat die Rückgabe entsprechend den in § 271 BGB genannten Umständen in diesen Fällen am letzten Werktag vor den in § 193 genannten Tagen zu erfolgen.

Rückgabe vor Mietende. Streitig ist, ob der Mieter die Mietsache bereits vor 16 Ablauf der Mietzeit zurückgeben kann. Dies wird teilweise im Grundsatz bejaht (LG Köln ZMR 2008, 457 betr. Mieter eines Supermarkts; Streyl in: Schmidt-Futterer § 546 BGB Rdn. 77; Rolfs in Staudinger § 546 BGB Rdn. 34; Kandelhard in Herrlein/Kandelhard § 546 Rdn. 5; Stangel in: Harz/Riecke/Schmid, Handbuch Kap. 14 Rdn. 590; Ehlert in: Bamberger/Roth § 546 BGB Rdn. 19; Sternel Rdn. IV 572; Emmerich in: Bub/Treier Kap V Rdn. 16; Eisenschmid PiG 26, 73,

§ 546 BGB Untertitel 1. Allgemeine Vorschriften für Mietverhältnisse

77;), teilweise grundsätzlich verneint (Bieber in: MünchKomm § 546 BGB Rdn. 16; Lammel Wohnraummietrecht § 546 Rdn. 11; Schach in Miet- und Mietprozessrecht § 546 Rdn. 7; Pauly NZM 2012, 553; Fritz, Gewerberaummietrecht Rdn. 430). Ausnahmen sind nach beiden Ansichten möglich, wenn besondere Sach- und Interessenlagen vorliegen. Der **BGH** hat die Streitfrage noch nicht entschieden. Er hat in dem Urteil vom 12.10.2011 allerdings ausgeführt, dass der Vermieter jedenfalls nicht verpflichtet sei, „die Mietsache jederzeit – sozusagen „auf Zuruf" – zurückzunehmen" (BGH NJW 2012, 144 = NZM 2012, 21 mAnm. Pauly NZM 2012, 553). Das OLG Dresden (NZM 2000, 827) hält den Mieter nur dann zur vorzeitigen Rückgabe berechtigt, wenn das Vertragsende unmittelbar bevorsteht, nicht jedoch, wenn der Mieter die Räume etwa fünf Monate vor dem Ablauf des Vertrags zurückgeben will.

17 Nach der hier vertretenen Ansicht ist die **Streitfrage unter Rückgriff auf § 271 BGB zu beantworten.** Danach kann der Schuldner vor Fälligkeit leisten, wenn dies den berechtigten Interessen des Vermieters nicht widerspricht. Dies ist im Einzelfall auf Grund einer Interessenabwägung zu klären. Ausgangspunkt ist der Grundsatz, dass der Mieter regelmäßig nur ein **Gebrauchsrecht**, aber **keine Gebrauchspflicht** hat (BGH NZM 2011, 151). Auch die dem Mieter obliegende Obhutspflicht begründet keine Besitzpflicht, sondern folgt – wie ein Vergleich der Vorschriften über die Miete mit denen der Verwahrung zeigt – aus dem Besitz (LG Mannheim WuM 1982, 298). Es dürfte Fälle geben, in denen das Interesse des Mieters überwiegt, z.B. wenn der Mieter aus beruflichen oder gesundheitlichen Gründen seine Wohnung aufgeben muss oder wenn der Vermieter die Rückerlangung einer Wohnung als besonders dringlich bezeichnet hat und dergleichen. Allerdings darf die Rückgabe nicht zur Unzeit erfolgen, also weder an Sonn- und Feiertagen und nicht außerhalb der üblichen Arbeitszeit. Auf hiervon abweichende Terminvorschläge braucht sich der Vermieter nicht einzulassen. Die **Pflicht zur Zahlung der Miete** wird durch die Rückgabe der Mietsache nicht berührt. Zur Miete zählen auch die Betriebskosten mit der weiteren Folge, dass der Mieter weiterhin **Betriebskostenvorauszahlungen** schuldet. Nach einer in der Rechtsprechung und Literatur vertretenen Ansicht soll hinsichtlich der verbrauchsabhängigen Kosten eine aus § 242 BGB in Verbindung mit dem Rechtsgedanken aus § 537 Abs. 1 Satz 2 BGB abzuleitende Ausnahme gelten, weil nach der Rückgabe der Mietsache kein Verbrauch anfällt (LG Gießen WuM 1997, 264; Artz in: Staudinger § 556 BGB Rdn. 77). Das Oberlandesgericht des Landes Sachsen-Anhalt, (Urteil vom 18.5.2017 – 1 U 11/17) teilt diese Ansicht nicht: Jedenfalls bei der Gewerbemiete sei es gerechtfertigt, auch im Fall eines vorzeitigen Auszuges des Mieters eventuelle Ersparnisse bei den Verbrauchskosten erst im Rahmen der Endabrechnung der Nebenkosten auszugleichen. Ebenso muss der Mieter für die Kosten aufkommen, die dem Vermieter infolge der vorzeitigen Rückgabe entstehen (z.B. für die Kosten einer Minimalbeheizung im Winter zur Verhinderung von Frostschäden).

18 Eine **vorzeitige Rückgabe** scheidet aus, wenn im Mietvertrag eine **Besitz- oder Gebrauchspflicht** vereinbart ist oder sich dies aus den Umständen ergibt. Für die Annahme einer solchen Vereinbarung genügt es allerdings nicht, wenn im Mietvertrag vereinbart ist, dass die Mietsache „zu geschäftlichen Zwecken" vermietet wird (LG Köln ZMR 2008, 457, 458). Aus der Vereinbarung einer Umsatzmiete folgt ebenfalls keine Betriebspflicht. Stellt der Mieter den Geschäftsbetrieb ein, so ist derjenige Betrag als Miete zu bezahlen, der bei Fortführung des Geschäfts hätte erzielt werden können (BGH NJW 1979, 2351 unter Ziff 2b; LG Köln ZMR

2008, 457, 458. Streitig ist, ob sich aus dem Umstand, dass die Räume Teil eines Einkaufszentrums sind, eine Betriebspflicht ergibt. Dies wird teilweise für solche Mieter bejaht, von deren Geschäftsbetrieb die Attraktivität des Einkaufszentrums abhängt (sog. „Ankermieter"; so: Eggersberger in: Lindner-Figura/Opree/Stellmann, Geschäftsraummiete Kap 23 Rdn. 27; Michalski ZMR 1996, 527, 528; Sasserath ZMR 2008, 459; **a. A.** LG Köln ZMR 2008, 457, 458; Eisenschmid in: Schmidt-Futterer § 535 BGB Rdn. 256).

Der Zeitpunkt der Rückgabe kann durch **Vereinbarung** zwischen den Par- 19 teien, durch gerichtliche Entscheidung (Räumungsfrist nach §§ 721, 794a ZPO) oder durch behördliche Verfügung (Wiedereinweisung des gekündigten Mieters durch die Obdachlosenbehörde) anderweitig geregelt sein. In allen diesen Fällen bleibt das Mietverhältnis beendet; der Mieter kommt aber mit seiner Rückgabeverpflichtung nicht in Verzug. Fehlen solche Regelungen, so muss die Mietsache bei Ablauf der Mietzeit zurückgegeben werden. Auch dem Mieter von Geschäftsraum steht keine Frist zur Abwicklung seiner Geschäfte zu (OLG München NZM 2001, 710 = ZMR 2001, 616).

Der Rückgabeanspruch muss nicht unmittelbar nach der Beendigung des 20 Mietverhältnisses geltend gemacht werden. Insbesondere kann der Vermieter mit der Erhebung der Räumungsklage auch längere Zeit zuwarten, ohne dass **Verwirkung** eintritt. Generell gilt, dass die bloße Untätigkeit für die Annahme der Verwirkung nicht ausreicht, weil der Vermieter davon ausgehen darf, dass der Mieter freiwillig erfüllt (BGH ZMR 1988, 16 = WuM 1988, 125 für Rückgabeanspruch, der neun Monate nach der Kündigung geltend gemacht wird). Aus dem Umstand, dass der Mieter die Miete weiterbezahlt und der Vermieter die Zahlungen entgegennimmt, lässt sich für eine Verwirkung nichts herleiten, weil der Vermieter auch nach der Beendigung des Mietverhältnisses Anspruch auf eine Nutzungsentschädigung hat (§ 546a BGB). Gleichgültig ist, ob der Mieter seine Zahlungen als Miete oder Mietzins bezeichnet; der Vermieter hat als Empfänger der Leistungen keinen Anlass, auf richtigen Sprachgebrauch hinzuwirken. Verwirkung kann allerdings dann angenommen werden, wenn der Vermieter den Räumungspflichtigen auch nach der Vertragsbeendigung wie einen Mieter behandelt, etwa indem er ihn auf Zustimmung zur Mieterhöhung nach §§ 557ff BGB in Anspruch nimmt oder ähnliche Handlungen vornimmt, die nur bei fortbestehendem Vertragsverhältnis einen Sinn ergeben. Zur Verwirkung von Räumungstiteln s. Rdn. 145.

5. Der Inhalt der Rückgabepflicht

a) Rückübertragung des Besitzes durch Rückgabe der Schlüssel. Der 21 Mieter hat die ihm obliegende Rückgabepflicht dadurch zu erfüllen, dass er dem Vermieter den unmittelbaren Besitz einräumt (grundlegend: BGH NJW 1971, 2065). Es kommt maßgeblich darauf an, dass dem Vermieter die Mietsache dergestalt übergeben wurde, dass dieser nunmehr über sie verfügen kann (OLG Hamburg ZMR 1995, 18). Grundsätzlich setzt die Rückgabe voraus, dass der Mieter alle Schlüssel zurückgibt. Die Rückgabe eines Schlüssels kann aber genügen, wenn sich daraus der Wille des Mieters zur endgültigen Besitzaufgabe eindeutig ergibt (KG ZMR 2012, 693).

Verlorengegangene Schlüssel. Solange der Mieter noch im Besitz der Woh- 22 nungsschlüssel ist, kann der Vermieter nicht ungestört über die Räume verfügen, selbst wenn sich ein Ersatzschlüssel in den Händen des Vermieters befindet (LG

Berlin GE 1988, 411; LG Düsseldorf WuM 1992, 191). Etwas anderes gilt, wenn der Mieter erklärt, dass er einen Teil der Schlüssel verloren habe und keine weiteren Schlüssel besitze (Eisenschmid PiG 26, 72, 77). In Fällen dieser Art kann eine Schlechterfüllung der Rückgabepflicht gegeben sein, die den Vermieter zum Auswechseln der Türschlösser auf Kosten des Mieters berechtigt.

23 Die Kosten für die **Auswechslung der gesamten Schließanlage** kann der Vermieter nur verlangen, wenn eine missbräuchliche Verwendung des Schlüssels zu befürchten ist (BGH NJW 2014, 1653; KG NZM 2009, 294; Streyl in: Schmidt-Futterer § 546 BGB Rdn. 35; Flatow NZM 2011, 660). Dies ist der Fall, wenn sich der in Verlust geratene Schlüssel in den Händen eines Unbefugten befindet und deshalb die Sicherheit des Gebäudes oder seiner Bewohner gefährdet ist. Für die Gefährdung spricht hierbei keine allgemeine Vermutung, vielmehr kommt es auf die Umstände an, die zum Verlust des Schlüssels geführt haben. Für diese Umstände ist der Mieter darlegungs- und beweispflichtig. Der Mieter muss vortragen, unter welchen konkreten Umständen er die Schlüssel verloren hat, damit der Vermieter beurteilen kann, ob eine konkrete Missbrauchsgefahr besteht (LG Berlin GE 2016, 531). Ob diese Umstände den Austausch der Schließanlage rechtfertigen, ist keine Tatsachen-, sondern eine Rechtsfrage. Hierbei ist nicht nur das Interesse des Vermieters, sondern auch das Interesse der übrigen Mieter in dem Gebäude zu berücksichtigen. Eine konkrete Missbrauchsgefahr besteht, wenn hinreichende Anhaltspunkte bestehen, dass der Mieter noch im Besitz der Schlüssel ist (LG Berlin a. a. O.) Im Zweifel darf der Vermieter die Anlage austauschen (Flatow NZM 2011, 660, 663). Desweiteren setzt der Anspruch des Vermieters auf Ersatz der Kosten für den Austausch der gesamten Schließanlage voraus, dass der Austausch tatsächlich erfolgt. Auf der Basis eines Kostenvoranschlags kann der Anspruch nicht geltend gemacht werden (BGH NJW 2014, 1653; AG Ludwigsburg WuM 2010, 355).

24 Beim Wohnungseigentum zählt die Schließanlage zum Gemeinschaftseigentum. Bei der **vermieteten Eigentumswohnung** muss deshalb die Gemeinschaft über das Auswechseln der Schließanlage entscheiden. Der Vermieter kann den Mieter in Anspruch nehmen, wenn die Gemeinschaft die Anlage austauscht und vom vermieteten Wohnungseigentümer Kostenersatz verlangt (Flatow a. a. O.). In diesem Fall steht dem Vermieter gegen den Mieter als Schadensersatz ein Freistellungsanspruch zu. Der Vermieter kann verlangen, dass der Mieter den zur Reparatur oder Ersatzbeschaffung erforderlichen Geldbetrag an die Wohnungseigentümergemeinschaft zahlt (BGH NJW 2014, 1653). Grundlage des Anspruchs der Wohnungseigentümergemeinschaft gegen den Vermieter sind die §§ 14 WEG, 241 Abs. 2 BGB. Aus diesen Vorschriften ist abzuleiten, dass der Wohnungseigentümer für das Verschulden derjenigen Personen einzustehen muss, denen er die Wohnung überlassen hat. Hierzu zählt auch der Mieter und der Untermieter (BGH a. a. O.). Die einzelnen Eigentümer haben keinen Anspruch gegen den Mieter. Auch die Gemeinschaft hat keinen Anspruch gegen den Mieter. Die Gemeinschaft ist zwar Eigentümer der Schließanlage. Diese wird aber durch den Schlüsselverlust nicht beschädigt.

25 Bei **elektronischen Schließanlagen** genügt es, die Programmierung zu ändern, wenn ein Schlüssel verloren geht. Dies führt zu der Frage, ob dem Vermieter ein Mitverschulden hinsichtlich der Schadenshöhe zur Last fällt, wenn er das Gebäude mit einer herkömmlichen Schließanlage ausstattet. Dies ist zu verneinen. Der Vermieter ist nicht verpflichtet, bei der Wahl einer Schließanlage stets die modernste Technik zu wählen (KG NZM 2009, 294). Der Mieter kann das Schadens-

risiko durch eine besonders sorgfältige Verwahrung der Schlüssel mindern und im Übrigen eine Haftpflichtversicherung abschließen.

Die **Schlüssel sind am Wohnsitz des Vermieters zu übergeben.** Werden die 26 Schlüssel per Post übersandt, so trägt der Mieter die Beweislast, dass die Postsendung angekommen ist. Bestreitet der Vermieter, dass die Postsendung einen Schlüssel enthalten hat, so ist nach freier richterlicher Beweiswürdigung gem. § 286 ZPO zu entscheiden, welcher Parteivortrag zutrifft (AG Brandenburg NZM 2015, 307). Werden die Räume durch eine **juristische Person** vermietet, so müssen die Schlüssel dem für die Rücknahme der Wohnung zuständigen Sachbearbeiter ausgehändigt werden. Gleiches gilt, wenn der Vermieter ein Unternehmen mit der Verwaltung seiner Immobilien beauftragt hat. Die **Übergabe der Schlüssel an den Hauswart** ist möglich, wenn dies durch einen entsprechenden Willen des Vermieters gedeckt ist. Dies setzt grundsätzlich voraus, dass die Rücknahme der Wohnung nach der innerbetrieblichen Organisation des Wohnungsunternehmens zu den Aufgaben des Hauswarts gehört (BGH NJW 2014, 683; KG GE 2001, 1059; **a. A.** Wildanger GE 1979, 607) oder dass der Mieter zur Rückgabe der Schlüssel an den Hauswart aufgefordert worden ist (KG GE 2003, 253). S. dazu auch § 548 Rdn. 15.

Die bloße Besitzaufgabe durch den Mieter ist grundsätzlich nicht als Rückgabe 27 i. S. des § 546 anzusehen (BGH RE vom 22.11.1995 NJW 1996, 515). Der Vermieter muss auch Besitzer geworden sein (BGH NZM 2019, 408). Durch das tatsächliche **Verlassen der Mieträume unter Zurücklassung der Schlüssel** kann deshalb die Rückgabepflicht nicht erfüllt werden. Ebenso liegt keine ordnungsgemäße Rückgabe vor, wenn der Mieter den Schlüssel in den Briefkasten des Hausmeisters einwirft (LG Hannover NZM 2005, 421). Anders ist es, wenn der Mieter den Besitz aufgibt (z. B. durch Zurücklassen der Schlüssel) und der Vermieter von der Sache Besitz ergreift (etwa indem er die Schlüssel entgegennimmt). In diesem Fall steht fest, dass der Vermieter den unmittelbaren Besitz wiedererlangt hat. Ebenso ist es ausreichend, wenn die Schlüssel dem Hauswart (LG Frankfurt WuM 1960, 185) oder einem vom Vermieter beauftragten Rechtsanwalt (LG Mannheim WuM 1982, 298) übergeben werden; allerdings muss in der Schlüsselübergabe zum Ausdruck kommen, dass der Vermieter von nun an über die Mietsache verfügen kann (OLG München ZMR 1996, 557). Die Übergabe an einen im Hause wohnenden Nachbarn reicht ebenfalls aus, wenn die Schlüssel vom Nachbar an den Vermieter weitergeleitet werden und dieser erkennen kann, dass der Mieter den Besitz aufgegeben hat (LG Berlin GE 1983, 437).

Hat der **Vermieter unberechtigterweise seine Verpflichtung zur Mitwir-** 28 **kung an der Rückübertragung des Besitzes verweigert,** so ist der Mieter zur Besitzaufgabe berechtigt. Eine solche Verweigerung kann dann angenommen werden, wenn der Vermieter zum Auszugstermin nicht in der Wohnung erscheint um diese zu übernehmen (AG Hamburg WuM 1982, 73). Da der Vermieter dadurch in Gläubigerverzug kommt, darf der Mieter nach vorheriger Androhung gem. § 303 BGB ohne weiteres den Besitz aufgeben (OLG Düsseldorf DWW 1999, 149, 150); ist der Rückgabetermin dem Vermieter bekannt gegeben worden, erübrigt sich eine weitere Androhung der Besitzaufgabe (§ 303 S 2 BGB, LG Mannheim WuM 1974, 202).

Außerdem genügt die Besitzaufgabe, wenn zwischen den Parteien **Einigkeit** 29 **besteht, dass der Mieter die Sache unmittelbar an einen Mietnachfolger übergeben soll.** Werden dem Nachfolger in einem solchen Fall die Schlüssel ausgehändigt, so wird der Mieter auch gegenüber dem Vermieter frei (LG Berlin WuM 1988, 271 = ZMR 1988, 340).

§ 546 BGB Untertitel 1. Allgemeine Vorschriften für Mietverhältnisse

30 **b) Räumung.** Die Rückgabe von Räumen erfolgt grundsätzlich in der Weise, dass diese geräumt dem Vermieter übergeben werden. **Der Mieter muss die in die Räume eingebrachten Sachen entfernen.** Dies gilt unabhängig davon, in welchem Zustand sich die Sachen befinden (BGH NZM 2019, 853; NJW 1996, 321; GE 2014, 661; OLG Düsseldorf GE 2006, 189 betr. Brandreste). Ebenso muss der Mieter bauliche Veränderungen beseitigen. Es ist nicht erforderlich, dass diese Pflichten gesondert tituliert werden. Der Mieter kann sich der Verpflichtung zur Entfernung der eingebrachten Sachen auch nicht dadurch entziehen, dass er das Eigentum an den Gegenständen aufgibt (BGHZ 127, 156, 167; OLG Celle, OLGR Celle 2007, 713). Von den genannten Pflichten bestehen allerdings einige **Ausnahmen:**

31 Folgende **Inventarstücke/Einrichtungen darf der Mieter zurücklassen:** **(1)** die vom Mietvorgänger zurückgelassenen Sachen, es sei denn, der Mieter habe die Gegenstände auf Grund einer Vereinbarung mit dem Vorgänger übernommen (OLG Köln NZM 1998, 767; Emmerich in: Bub/Treier Kap V Rdn. 38). **(2)** Sachen, die der Mieter auf Grund vertraglicher Regelung seinem Nachfolger im Mietverhältnis überlassen hat. **(3)** Einrichtungen, die der Mieter mit Zustimmung des Vermieters eingebracht hat, soweit Grund zur Annahme besteht, der Vermieter habe auf die Entfernung zum Vertragsende verzichtet. **(4)** Einrichtungen, die erforderlich waren, um die Mietsache in einen vertragsgemäßen Zustand zu versetzen. **(5)** Einrichtungen, die der Mieter auf Grund vertraglicher Vereinbarungen mit dem Vermieter zurücklassen darf. **(6)** Einrichtungen, deren Entfernung mit einem erheblichen Aufwand verbunden ist, wenn der Vermieter kein Interesse an der Beseitigung der Einrichtung hat, etwa, weil er die Räume umbauen will (Horst DWW 1996, 180, 181).

32 Folgende **Inventarstücke/Einrichtungsgegenstände muss der Mieter zurücklassen: (7)** Gegenstände, die dem Vermieter gehören. Wegen der Einrichtungen, die infolge dauerhafter und fester Verbindung in das Eigentum des Vermieters übergegangen sind s. § 536 Rdn. 23 **(8)** Einrichtungen deren Zurücklassung der Vermieter nach § 552 BGB verlangen durfte und verlangt hat. **(9)** Gegenstände, an denen der Vermieter ein Pfandrecht geltend gemacht hat. Erstreckt sich das Pfandrecht auf alle in der Mietsache befindlichen Gegenstände, so ist der Mieter nicht zur Räumung verpflichtet. In diesem Fall schuldet der Mieter auch keine Nutzungsentschädigung (KG WuM 2005, 348 = NZM 2005, 422).

33 **(10)** Hat der Mieter eine **Einrichtung an den Mietnachfolger verkauft,** so darf er diesen Gegenstand nach der hier vertretenen Ansicht (s. oben (2) in der Mietsache zurücklassen. Nach der Ansicht des OLG Düsseldorf hat der Vermieter dagegen auch in diesem Fall einen Anspruch auf Entfernung des Gegenstands. Aus diesem Grunde sei es nicht zu beanstanden, wenn der Vermieter als Gegenleistung für den Verzicht auf den Räumungsanspruch einen Geldbetrag verlangt (OLG Düsseldorf ZMR 2012, 697).

34 Der Inhalt der Rückgabepflicht wird nicht dadurch berührt, dass sich die vom Mieter eingebrachten Sachen verändert haben. Deshalb muss der Mieter die Reste seiner Sachen auch dann entfernen, wenn diese durch einen Brand zerstört worden sind (BGHZ 131, 95 = NJW 1996, 321). Auf die Brandursache und auf ein Verschulden des Mieters hieran kommt es insoweit nicht an.

35 **Bauliche Veränderungen** (z. B. Wanddurchbrüche, Zusatzwände, fest mit dem Untergrund verbundenen Bodenbeläge) sind grundsätzlich rückgängig zu machen; der Kostenaufwand ist unerheblich (OLG Karlsruhe NJW-RR 1986, 1394). Die Rückbaupflicht besteht auch dann, wenn der Vermieter dem Umbau zugestimmt hat (OLG Düsseldorf ZMR 2010, 959).

Die **Rückbaupflicht entfällt** ausnahmsweise **(1)** wenn die Parteien eine ent- 36
sprechende Vereinbarung getroffen haben; **(2)** wenn die bauliche Veränderung
nach dem gemeinsamen Parteiwillen zur Herstellung des vertragsgemäßen Gebrauchs erforderlich war (OLG Düsseldorf ZMR 2012, 438). **(3)** wenn der Mieter
eine über das Mietende hinausreichende dauerhafte Wertverbesserung geschaffen
hat, die nur mit erheblichem Aufwand beseitigt werden kann und die Beseitigung
eine Verschlechterung der Mietsache zur Folge hätte (Einbau eines Bades, Austausch der Heizung; Verlegung hochwertiger Teppichböden). Hier kann der Mieter
erwarten, dass der Vermieter bei der Erlaubniserteilung einen Vorbehalt erklärt (LG
Berlin GE 2010, 1269, 1270) **(4)** wenn der Vermieter nach Beendigung des Mietverhältnisses die Räume in einer Weise umbauen will, dass die Wiederherstellungsarbeiten des Mieters wieder beseitigt werden müssten. Dem Vermieter steht in diesem Fall auch kein Ausgleichsanspruch in Geld zu (BGHZ 96, 141 = NJW 1986,
309 = ZMR 1986, 48).

Zu den baulichen Veränderungen in diesem Sinn zählt auch die **Verkleidung** 37
von Wänden und Decken mit Holz oder mit Kunststoffmaterialien; anders
ist es, wenn diese Form der Raumgestaltung mit dem Vermieter vereinbart ist und
sich aus der Vereinbarung oder aus den Umständen ergibt, dass die Wandverkleidung über das Vertragsende hinaus in den Räumen verbleiben soll. Eine gesetzliche
Verpflichtung zur **Entfernung von Tapeten** besteht nicht, wenn der Mieter auf
Grund einer vertraglichen Verpflichtung renoviert hat (BGH ZMR 2006, 599
= WuM 2006, 310).

Eine **Vereinbarung,** wonach der Mieter bei Beendigung des Mietvertrags Ein- 38
und Ausbauten zu entfernen hat, wenn durch sie eine weitere Vermietung erschwert wird, ist dahingehend auszulegen, dass der Mieter zum Rückbau verpflichtet ist, wenn der Nachfolgemieter dies wünscht (OLG Düsseldorf Urteil vom
21.4.2009 – 24 U 56/08).

Hat der Mieter zum Zwecke der Befestigung einer Einrichtung **Dübellöcher** 39
gesetzt, so müssen diese bei Vertragsende beseitigt werden (§ 258 BGB). Dies gehört
zur Rückbaupflicht des Mieters (Börstinghaus FS Riecke (2019), 51; Horst NZM
2020, 257, 260; DWW 1996, 180). Das hat nichts mit der Frage zu tun, ob Dübellöcher zum vertragsgemäßen Gebrauch der Mietsache gehören. Während des Bestandes des Mietverhältnisses darf der Mieter Schränke uÄ mittels Dübel befestigen.
Er muss die Schränke und Einrichtungen am Ende des Mietverhältnisses nur entfernen (iE auch BGH NJW 2014, 143 = NZM 2014, 71 für besonderen Anstrich).
Dazu gehört dann auch das fachgerechte Verschließen der Dübellöcher. Es gibt
auch kein Recht auf Anbringung einer bestimmten Anzahl von Bohr- oder Dübellöchern. Das Problem verlagert sich in die Feststellung des Schadens und des Verschuldens. Dübellöcher, die der vorherige Mieter gesetzt hat, muss der Mieter nicht
beseitigen (Sternel NZM 2017, 169, 181). Dübellöcher, die eine Weitervermietung
gar nicht erschweren, weil sie üblich sind, wie z. B. im Badezimmer eine bestimmte
Anzahl an üblichen Stellen, oder Dübellöcher in „Billigwohnung mit niedrigem
Ausstattungsstandard" (Sternel a. a. O.) werden keinen Schadensersatzanspruch auslösen, da dieser Zustand kaum weitervermietungshinderlich ist. Hat der Vermieter
ein Bad zur Verfügung gestellt, das außer den reinen Sanitärgegenständen keine
sonstigen zur vertragsgemäßen Nutzung notwendigen Ausstattungsgegenstände
enthält, stellen Dübellöcher, um Halter für Spiegel, Spiegelkonsole und Spiegellampen, Handtücher, Zahnputzgläser, Seifenschale, Klopapierrolle, Klobürste sowie eine Duschstange und einen Haltegriff an der Badewanne anzubringen, keinen
Schaden darstellen (LG Hamburg WuM 2001, 359; AG Kassel WuM 1996, 757;

§ 546 BGB   Untertitel 1. Allgemeine Vorschriften für Mietverhältnisse

LG Darmstadt NJW-RR 1988, 80). Sind im Badezimmer einzelne Fliesen angebohrt worden, so besteht in der Regel auch kein Anspruch auf eine komplette Neuverfliesung, selbst wenn keine identischen Fliesen mehr vorhanden sind. In Betracht kommt ein Schadensersatzanspruch in Geld in Höhe des Minderwerts (AG Hamburg Altona WuM 2008, 27). Anders sieht es außerhalb des Nassbereichs aus. Dübel und Bohrlöcher zur Anbringung von Schränken, Regalen oder nur Bildern müssen beseitigt werden. Kaum ein Nachfolgemieter wird eine ähnliche Möblierung oder Dekoration vornehmen, so dass die Löcher stören. Nur weil der Nachmieter ggf. wegen des angespannten Wohnungsmarktes bereit ist, dies „Übel" zu ertragen, ändert dies nichts daran, dass es sich um einen Schaden handelt (Börstinghaus FS Riecke (2019), 51). So muss der Mieter auch Bohrlöcher in den Glasleisten des Fensters beseitigen und wenn er dies nicht tut, Schadensersatz leisten (AG Witten ZMR 2018, 679).

40   Die **Nichterfüllung der Rückbaupflicht** ist als Schlechterfüllung des Mietvertrages zu bewerten, die den Mieter zum Schadensersatz verpflichtet. Führt der Vermieter den Rückbau selbst aus und will die Kosten dafür beim Mieter als Schaden liquidieren, so setzt der Ersatzanspruch zweierlei voraus, nämlich **(1)** eine an den Mieter adressierte Leistungsaufforderung, aus der sich ergibt, welche konkreten Arbeiten vom Mieter verlangt werden und **(2)** eine Fristsetzung gemäß § 281 Abs. 1 BGB. Dies folgt aus der Erwägung, dass der Mieter primär zu einer Sachleistung, nämlich dem Rückbau, verpflichtet ist. Soll sich ein Sachleistungsanspruch in einen Schadensersatzanspruch verwandeln, so müssen die Voraussetzungen des § 281 BGB vorliegen (OLG Düsseldorf ZMR 2017, 639). ZMR 2009, 754; **a. A.** Kraemer NZM 2003, 417, 420: danach ergibt sich der Schadensersatzanspruch aus §§ 280 Abs. 1, 249 Abs. 2 Satz 1 BGB). Anders ist es bei Substanzschäden an der Mietsache, die durch eine Verletzung von Obhutspflichten des Mieters entstanden sind. Diese hat der Mieter auch nach Beendigung des Mietverhältnisses nach §§ 280 Abs. 1, 241 Abs. 2 BGB als Schadensersatz neben der Leistung nach Wahl des Vermieters durch Wiederherstellung, § 249 Abs. 1 oder durch Geldzahlung, § 249 Abs. 2, zu ersetzen, ohne dass es einer vorherigen Fristsetzung des Vermieters bedarf (BGH NJW 2018, 1746 = NZM 2018, 320; NZM 2018, 717). In den Fällen der endgültigen Erfüllungsverweigerung ist eine Fristsetzung entbehrlich. Hiervon ist auch dann auszugehen, wenn der Mieter nach Erhalt einer Aufforderung einen konkret beschriebenen vertragswidrigen Zustand zu beseitigen, erklärt, er habe seine Rückbauverpflichtung ordnungsgemäß erfüllt und weitere Ansprüche des Vermieters würden nicht bestehen (KG ZMR 2007, 533). Der Umstand, dass der Mieter seine Rückbaupflicht im Prozess bestreitet, macht die Fristsetzung nicht entbehrlich. Vielmehr müssen weitere Umstände hinzutreten aus denen sich ergibt, dass sich der Mieter auch durch eine weitere Aufforderung zur Leistung nicht umstimmen lässt (OLG Düsseldorf ZMR 2017, 639).

41   Nach der Verkehrssitte haben **Angehörige der freien Berufe** (Anwälte, Ärzte) das Recht, vorübergehend (ca. 6 Monate, OLG Düsseldorf NJW 1988, 2545) ein auf die neue Kanzlei oder Praxis hinweisendes **Schild** anzubringen (RG 161, 338; OLG Düsseldorf a. a. O.). Für Privatpersonen und Einzelhandelsunternehmen lässt sich eine solche Verkehrssitte nicht feststellen; **a. A.** Rolfs in: Staudinger § 546 BGB Rdn. 25).

42   **Gebäude als Scheinbestandteil:** Errichtet der Mieter auf dem gemieteten Grundstück ein Gebäude, so spricht eine Vermutung dafür, dass dies mangels besonderer Vereinbarungen nur in seinem Interesse für die Dauer des Mietverhältnisses und damit nur zu einem vorübergehenden Zweck i. S. von § 95 BGB geschehen

sollte. Dies hat zur Folge, dass das Gebäude als bloßer „Scheinbestandteil" nicht gemäß §§ 93, 94 BGB in das Eigentum des Grundstückseigentümers übergeht, sondern im Eigentum des Mieters verbleibt (BGH NJW 2017, 2099 Rz 7 f.; NJW-RR 2013, 910 Rz 13; KG Urteil vom 10.12.2018 − 8 U 55/18). Für diese Scheinbestandteile gilt folgendes: **(1)** Bei Mietende ist der Mieter − mangels einer anderweitigen vertraglichen Regelung gem. § 546 BGB verpflichtet, das Gebäude zu entfernen. **(2)** Wird das Grundstück mit dem Gebäude einem nachfolgenden Mieter überlassen, so trifft die Rückbaupflicht den Nachfolger, wenn er das Gebäude auf Grund einer Vereinbarung mit dem Vorgänger zu Eigentum übernommen hat (OLG Hamburg NJW-RR 1991, 11; OLG Köln NZM 1998, 767; KG Urteil vom 10.12.2018 − 8 U 55/18; AG Brandenburg WuM 2003, 321, 323; Streyl in: Schmidt-Futterer § 546 BGB Rdn. 39; Herrlein/Kandelhard, § 546 Rdn. 15, 17; Spielbauer/Schneider/Krenek, § 546 Rdn. 19; Rolfs in: Staudinger § 546 BGB Rdn. 27, 29; Erman/Lützenkirchen § 546 Rdn. 7; Emmerich in: Bub/Treier Kap V Rdn. 38, 39). Maßgeblich für die zum Rückbau führende Übernahme ist die Eigentumslage am Scheinbestandteil (BGH NJW-RR 2013, 910 Rz 12 ff). **(3)** Der Eigentumsübergang setzt eine Vereinbarung zwischen Vor- und Nachmieter voraus. Eine Vereinbarung zwischen dem Vermieter und dem Mietnachfolger, wonach das Gebäude *nicht zur* Mietsache gehört und nicht mitvermietet wird, bewirkt keinen Eigentumsübergang. Beweispflichtig für den Eigentumserwerb ist der Vermieter (KG WuM 2019, 78). **(4)** Eine von den gesetzlichen Regelung abweichende Formularvereinbarung stellt eine mit erheblichen Kosten verbundene Erweiterung des Pflichtenkreises des Mieters dar und entlastet den Vermieter von Kosten, die er nach dem Gesetz selber zu tragen hätte. Eine solche Regelung benachteiligt den Mieter unangemessen und verstößt damit gegen § 307 BGB (KG WuM 2019, 78; Streyl in: Schmidt-Futterer § 546 BGB Rdn. 39; Sternel, Mietrecht aktuell, Rdn XIII 43 und II 142; Lammel, Wohnraummietrecht § 546 Rdn. 20). Dies gilt in besonderem Maße, wenn dem Vermieter das Recht eingeräumt ist, das Mietverhältnis bereits nach kurzer Mietzeit zu beenden (KG WuM 2019, 78).

Ist der Mieter zum Rückbau verpflichtet, so ist zu prüfen, ob hierzu **eine behördliche Genehmigung** erforderlich ist. Das Fehlen einer erforderlichen behördlichen Abbruchgenehmigung steht der Beseitigungspflicht nicht entgegen (BGH ZMR 1966, 238 m. w. Nachw.). Die Zwangsvollstreckung aus einem Urteil auf Beseitigung eines Gebäudes kann allerdings erst dann durchgeführt werden, wenn die Genehmigung erteilt ist. Wird eine Lagerhalle durch einen Brand zerstört und das Mietverhältnis aus diesem Grunde beendet, so muss der Vermieter zunächst dafür sorgen, dass die Gebäudereste von den Resten des Lagerguts getrennt werden. Erst dann ist der Mieter verpflichtet, das Lagergut von der Brandstelle zu entfernen (KG GE 1995, 249). Hat der Mieter eines Grundstücks unberechtigt eine dem Vermieter gehörende angrenzende Grundstücksfläche für seine Zwecke in Anspruch genommen, so umfasst der Anspruch aus § 546 BGB auch die Räumung des nicht zur Mietsache gehörenden Grundstücksteils (BGH NZM 2010, 621 betr. Ablagerung von Baumaterial). 42a

Wird ein vom Mieter errichtetes **Gebäude Bestandteil des Grundstücks,** so wird der Vermieter Eigentümer des Gebäudes. Für die Frage des Wertausgleichs beim Vertragsende gelten folgende Grundsätze: **(1)** Haben die Parteien einen Wertausgleich vereinbart, so ist für die Höhe des Wertausgleichs diese Vereinbarungen maßgeblich. Voraussetzung ist, dass in der Vereinbarung die Höhe der Ausgleichszahlung konkret bestimmt oder zumindest bestimmbar (etwa durch einen Sachverständigen) ist. Es genügt nicht, wenn sich die Parteien lediglich darauf geeinigt ha- 42b ben, dass die Aufwendungen des Mieters irgendwie zu vergüten sind. Die Höhe der Vergütung kann auch nicht dem Gericht überlassen werden **(2)** Fehlt eine Vereinbarung über die Ausgleichszahlung, so ist der Mieter bei Vertragsende grundsätzlich verpflichtet, die bauliche Veränderung rückgängig zu machen. Die Rückbaupflicht besteht selbst dann, wenn der Vermieter der Baumaßnahme zugestimmt hat. **(3)** Eine Ausnahme gilt, wenn der Mieter bei der Errichtung des Gebäudes oder der Vornahme der baulichen Veränderung die Erwartung hatte, dass er später Eigentümer des Grundstücks oder des Gebäudes wird und diese Erwartung ihre Grundlage in den vertraglichen Vereinbarungen findet. Erforderlich ist insoweit, dass „die Bebauung und der spätere Eigentumserwerb auf einer tatsächlichen Willensübereinstimmung zwischen dem Bauenden und dem Grundstückseigentümer beruht" (BGH NJW 2013, 3364 betr. Errichtung eines Gebäudes in Erwartung eines abzuschließenden Erbbaurechtsvertrags). In diesem Fall steht dem Mieter ein Bereicherungsanspruch gem. § 812 Abs. 1 Satz 2 BGB zu. Die Höhe der Entschädigung richtet sich nicht nach den Aufwendungen des Mieters, sondern nach dem Wertzuwachs, den das Grundstück infolge der Bebauung oder baulichen Veränderung erfahren hat (BGH a. a. O.). Hierfür gilt die allgemeine 3-jährige Verjährungsfrist des § 195 BGB. Zu beachten ist dabei, dass die Verjährung erst beginnt, wenn feststeht, dass es zu dem Erwerb des Eigentums (des Erbbaurechts) nicht mehr kommt (BGH a. a. O.).

42c   Bei der **Miete eines Einfamilienhauses** gelten der zum Hausgrundstück gehörende Garten und die Grünflächen als mitvermietet. **Hinsichtlich der vom Mieter eingebrachten Pflanzen besteht die Vermutung, dass diese** nur zu einem vorübergehenden Zweck in das Grundstück eingebracht werden und deshalb **bloße Scheinbestandteile des Grundstücks sind** (§ 95 Abs. 1 BGB; BGH NZM 2013, 315 betr. Räumung eines Kleingartens)). Scheinbestandteile stehen im Eigentum des Mieters; dieser darf (und muss) die Pflanzen bei Vertragsende zu entfernen. Abweichende Vereinbarungen sind möglich. Sie können sich auch aus den Umständen ergeben, so wenn vereinbart ist, dass der Mieter den Garten in einem bestimmten Zustand zu erhalten hat.

43   c) **Zubehör:** Mit der Mietsache muss der Mieter das Zubehör zurückgeben. Hat der Mieter Zubehör oder Einrichtungsgegenstände (Sanitär- und Elektroinstallationen oder dergleichen) ausgetauscht, weil die ursprünglich vorhandenen Gegenstände unbrauchbar geworden sind, so muss die Mietsache nach der Verkehrssitte mit den Ersatzstücken zurückgegeben werden.

44   d) **Zustand der Mietsache:** In welchem Zustand die Sache zurückzugeben ist, wird nicht durch § 546 Abs. 1 BGB sondern durch § 538 BGB und die vertraglichen Vereinbarungen bestimmt (BGH NZM 2019, 853; Vorschläge bei Horst NZM 2020, 257). Mangels einer besonderen Vereinbarung schuldet der Mieter keine besonderen Reinigungsmaßnahmen (LG Berlin GE 2016, 531 betr. Fensterreinigung). Ist vertraglich vereinbart, dass die Mietsache **„ordnungsgemäß gereinigt"** an den Vermieter zurückzugeben ist, so schuldet der Mieter keine Grundreinigung, sondern lediglich „die übliche Reinigung von dem sich allmählich ansammelnden Schmutz" (BGH NJW 2009, 510 = WuM 2009, 225 = NZM 2009, 126). Ein Schadensersatzanspruch setzt voraus, dass dem Mieter zuvor eine Frist zur ordnungsgemäßen Reinigung gesetzt worden ist. Der Anspruch entfällt, wenn der Teppichboden ohnehin ausgetauscht wird, weil dem Vermieter in einem solchen Fall durch die unterlassene Endreinigung kein Schaden entsteht. Die gewöhnliche Endreinigungsverpflichtung kann in einem solchen Fall auch nicht im Wege der er-

gänzenden Vertragsauslegung in eine Zahlungspflicht umgedeutet werden, weil diese Pflicht keine Gegenleistung für die Gebrauchsüberlassung darstellt (BGH a. a. O.). Ist der **Mieter** bei Vertragsende **zur Durchführung von Schönheitsreparaturen verpflichtet**, so hat der Vermieter Anspruch auf eine **Grundreinigung** (s. dazu § 535 BGB Rdn. 437).

Befindet sich die Sache nicht im vertragsgemäßen Zustand, so liegt eine **45** **Schlechterfüllung** vor. Für die Rückgabe selbst ist dies ohne Bedeutung (BGHZ 86, 204 = NJW 1983, 1049 betr. verwahrloster Zustand; BGH NZM 2019, 853; OLG Düsseldorf MDR 1988, 866 betr. unrenovierter Zustand; OLG Düsseldorf DWW 2006, 333; KG WuM 2015, 524 betr. Zurücklassen von Müll und Sperrmüll). Der Vermieter darf die Rücknahme der Mietsache in den Fällen der Schlechterfüllung nicht ablehnen. Wegen des Schadensersatzanspruchs s. § 538 Rdn. 3; § 546a Rdn. 51.

Die **Abgrenzung zur Nichterfüllung** ist insbesondere in den Fällen der Teil- **46** rückgabe und der Teilräumung von Bedeutung.

Teilrückgabe und damit Nichterfüllung ist beispielsweise gegeben, wenn **47** der Mieter von Mischräumen (Beisp. **Gaststätte mit Wirtewohnung**) nur die gewerblichen Räume zurückgibt, die Wohnräume aber weiter in Besitz behält. Hier kann der Vermieter auch die Annahme der gewerblichen Räume verweigern (OLG Hamm ZMR 1995, 25). Eine Ausnahme kann nach § 242 BGB gelten, wenn der Vermieter die mehreren Räumlichkeiten ohnehin getrennt vermieten will (Sternel Rdn. IV 570). Dieselben Grundsätze gelten, wenn eine **Wohnung mit Garage** auf Grund eines einheitlichen Vertrages vermietet ist und der Mieter nur die Wohnung zurückgibt. Es kommt nicht darauf an, ob eine getrennte Vermietung möglich wäre. Maßgeblich ist, was der Vermieter will. Der Umstand, dass der Vermieter einen Teil der Räume zurückgenommen hat, lässt die Nutzungsentschädigung unberührt (OLG Hamburg WuM 1996, 543). Etwas anderes gilt, wenn der Vermieter den zurückgenommenen Teil weitervermietet oder für sich nutzt. In diesem Fall verringert sich die Nutzungsentschädigung entsprechend § 537 BGB analog.

Eine **Nichterfüllung in Form der Teilräumung** liegt vor, wenn der Mieter **48** Einrichtungen in einem erheblichen Umfang zurücklässt. Dabei kommt es nicht darauf an, ob die Einrichtungen wesentlichen Platz beanspruchen; maßgeblich ist vielmehr, welcher Aufwand zur Beseitigung der Einrichtungen erforderlich ist. Bei einem erheblichen Kostenaufwand ist Nichterfüllung gegeben (BGHZ 104, 285, 289; OLG Düsseldorf ZMR 2002, 814, 815; KG GE 2010, 1201; GE 2012, 752; GE 2019, 1238; Brandenburgisches OLG ZMR 2014, 28). In einem solchen Fall hat der Vermieter Anspruch auf Zahlung einer Nutzungsentschädigung. Von einer Schlechterfüllung der Rückgabepflicht ist demgegenüber auszugehen, wenn der Mieter vertragswidrig Teile der Einrichtung oder wertloses Gerümpel in geringem Umfang in der Wohnung oder im Keller zurücklässt, das mit relativ kleinem Aufwand entfernt werden kann. In einem solchen Fall kann der Vermieter lediglich Schadensersatz verlangen.

Beispiele für Nichterfüllung: Rückgabe eines Gebäudes unter Verletzung der **49** Pflicht zur Beseitigung von 17 großen Flüssigkeitstanks (BGHZ 104, 285, 289 = NJW 1988, 2665); Rückgabe eines Grundstücks unter Zurücklassung eines Containers, mehrerer Mülltonnen, Blumenbehälter, Einrichtungsgegenstände sowie Sperrmüll (KG GE 2010, 1201); Rückgabe eines 1000 qm großen Grundstücks, auf dem auf einer Fläche von 300 qm Bauschutt gelagert ist, der von unbekannten Dritten auf das Grundstück verbracht wurde (OLG Düsseldorf GE 2016, 856). Zur Frage der Abwehr solcher Störungen s. § 536 Rdn. 115a; Rück-

§ 546 BGB Untertitel 1. Allgemeine Vorschriften für Mietverhältnisse

gabe eines gemieteten Schlosses unter Zurücklassung einer Vielzahl von Einrichtungs- und Gebrauchsgegenständen, sowie von Gerümpel (OLG Hamm ZMR 1996, 373; OLG Düsseldorf MDR 2012, 1155); Rückgabe einer Wohnung unter Zurücklassung einer Einbauküche und eines Teppichbodens (LG Köln NJW-RR 1996, 1480); Zurücklassung einer Einbauküche (LG Hamburg ZMR 2008, 454; Rückgabe von gemieteten Hallen und eines Büros, wenn sämtliche Räume mit allen möglichen Gegenständen voll gestellt sind (OLG Düsseldorf DWW 1999, 149); Rückgabe der Schlüssel von Gaststättenräumen unter Zurücklassung sämtlicher Einrichtungsgegenstände (OLG Düsseldorf DWW 2002, 329); Zurücklassung von Deckenabhängungen, Lüfter, Abluftrohre, Einbauleuchten, Installationen zur Versorgung der Theke in einer Pizzeria (OLG Düsseldorf ZMR 2009, 843). Gleiches gilt, wenn die Entfernung der zurückgelassenen Gegenstände problematisch ist (OLG Köln DWW 1996, 189: wenn der Mieter einer Halle ca. 8 LKW Ladungen mit Kunststoffabfällen, sowie Kunststoffgranulate und Maschinenteile zurücklässt).

50 **Beispiele für Schlechterfüllung.** Von einer Schlechterfüllung ist auszugehen, wenn der Mieter vertragswidrig Teile der Einrichtung oder wertloses Gerümpel in geringem Umfang in der Wohnung oder im Keller zurücklässt, das mit relativ kleinem Aufwand entfernt werden kann (OLG Düsseldorf ZMR 1988, 175 = DWW 1988, 142; LG Braunschweig WuM 1996, 272). Beispiele: das Belassen von Sperrmüll im Keller und die Übergabe von Gaststättenräumen in vermülltem Zustand (KG WuM 2015, 524); wenn der Mieter eine Lampe, einen Stuhl, mehrere Regalbretter, Taschen mit Wäsche sowie eine Waschmaschine zurücklässt (AG Köln WuM 1995, 709); wenn der Mieter auf dem Grundstück eine Abwassersammelgrube angelegt, eine Heizungsanlage nebst Schornstein errichtet, sowie eine Garage erbaut hat und die Mietsache in diesem veränderten Zustand zurückgibt (LG Brandenburg ZMR 1997, 584); wenn der Pächter einen Büro-Container nicht entfernt (OLG Köln NZM 1998, 767); wenn der Mieter einen fest verklebten Teppichboden, einen Türöffner, eine Sprechanlage, eine Stange und Befestigungshaken im Bad sowie eine Lampe zurückgelassen hat (KG GE 2011, 690); wenn der Mieter von Gewerberäumen die Mietsache zurückgibt, ohne von ihm eingebaute Zwischenwände, Bäder und Toiletten zu entfernen (Brandenburgisches OLG ZMR 2014, 28).

51 Die Erfüllung setzt stets voraus, dass der Vermieter in der Lage ist, über die Mietsache als Ganzes zu verfügen. Der Umstand, dass der Vermieter zuvor bestimmte geringfügige Schäden beseitigen muss, steht der Annahme der Erfüllung nicht entgegen. **Wertvolles Räumungsgut muss der Vermieter für den Mieter aufbewahren** (BGH WPM 1971, 943; Wolf/Eckert/Ball Rdn. 1076; entgegenstehende Klauseln in Mietverträgen sind unwirksam (Sternel Rdn. IV 597; Horst DWW 1996, 180, 182; Keinert WuM 2016, 195). Eine **zeitliche Begrenzung dieser Aufbewahrungspflicht besteht nicht.** Jedoch wird es als Verstoß gegen Treu und Glauben anzusehen sein, wenn der Mieter einen Schadensersatzanspruch wegen Verletzung der Aufbewahrungspflicht geltend macht, obwohl er sich trotz Aufforderung nicht um die Abholung gekümmert hat.

52 **Wertloses Räumungsgut kann der Vermieter auf Kosten des Mieters entfernen,** wobei auch hier zur Vermeidung von Haftungsrisiken eine vorherige Androhung zu empfehlen ist. Vor der Vernichtung sollte der Wert der Gegenstände beweiskräftig festgestellt werden. Während der Zeit der Lagerung schuldet der Mieter ein Nutzungsentgelt entsprechend dem Mietwert der beanspruchten Fläche (OLG Düsseldorf a. a. O.).

e) **Rückgabe beweglicher Sachen.** Die **Rückgabe von beweglichen Sachen** ist – mangels einer abweichenden Vereinbarung – dort zu bewirken, wo die Überlassung stattgefunden hat (Mittelstein, S. 506 f; Wolf/Eckert/Ball, Rdn. 1070; Streyl in: Schmidt-Futterer § 546 BGB Rdn. 82). Wurde beispielsweise ein gemietetes Kraftfahrzeug am Ort der Niederlassung des Vermieters übergeben, so ist es dort zurückzugeben. War umgekehrt der Vermieter eines Baugerüstes verpflichtet, das Gerüst an der Baustelle zu übergeben, so hat auch die Rückgabe an der Baustelle zu erfolgen. Hiervon abweichend wird aber auch die Ansicht vertreten, dass die Rückgabe beweglicher Sachen grundsätzlich Bringschuld sei (Rolfs in: Staudinger § 546 BGB Rdn. 36, 73; Bieber in: MünchKomm § 546 BGB Rdn. 18; Lützenkirchen in: Lützenkirchen, Mietrecht § 546 Rdn. 101) 53

6. Beweislast/Prozessuales

Die Beweislast für die **Vertragsbeendigung** trägt der Vermieter. Der Mieter muss die **Erfüllung der Rückgabepflicht** beweisen. Hat der Mieter nicht vollständig geräumt, so muss er beweisen, dass wegen des geringen Umfangs der zurückgelassenen Gegenstände gleichwohl die Erfüllungswirkungen eingetreten sind (OLG Düsseldorf GE 2011, 1681). Erfüllung i. S. von § 546 BGB liegt nur vor, wenn die Mietsache freiwillig zurückgegeben wird. Die Rückgabe der Mietsache zur Vermeidung der Zwangsvollstreckung ist grundsätzlich keine Erfüllung (OLG Düsseldorf GE 2011, 750). Ist streitig, ob der Mieter sämtliche **Schlüssel** und sämtliches **Zubehör** zurückgegeben hat, so muss der Vermieter beweisen, dass die fraglichen Gegenstände bei Vertragsbeginn übergeben worden sind; der Mieter muss beweisen, dass er sie zurückgegeben hat. Ist der Zeitpunkt der Rückgabe streitig, so muss der Vermieter die Dauer der Vorenthaltung beweisen, wenn er hierfür eine Nutzungsentschädigung geltend macht. 54

Ist streitig, ob die **Mietsache während der Vertragszeit vom Mieter beschädigt** worden ist, so muss der Vermieter beweisen, dass die Sache bei Vertragsbeginn unbeschädigt war und dass sie beschädigt zurückgegeben worden ist. Anders ist es, wenn die Verletzung der Obhutspflicht feststeht und lediglich streitig ist, ob hierdurch ein Schaden entstanden ist. In einem solchen Fall kehrt sich die Beweislast um (LG Essen ZMR 2012, 442 betreffend einen Fall in dem der Mieter einer Gaststätte eine zum Inventar gehörende Theke ausgebaut und im Freien gelagert hat, wo sie den Witterungseinflüssen ausgesetzt war. Ist streitig ob eine **Schlechterfüllung oder** eine **Nichterfüllung** gegeben ist so muss der Vermieter die tatsächlichen Voraussetzungen der Nichterfüllung beweisen (Brandenburgisches OLG ZMR 1997, 584). 55

Nimmt der Vermieter die Mietsache nach der Beendigung des Mietverhältnisses **vorbehaltslos entgegen**, so kann dies im Einzelfall als Erlassvertrag, als Verzichtserklärung, als negatives Schuldanerkenntnis oder als deklaratorisches Schuldanerkenntnis gewertet werden. Voraussetzung ist in allen Fällen, dass der Vermieter auf Ansprüche wegen des Zustands der Mietsache verzichten will. Hiervon ist i. d. R. auszugehen, wenn der Vermieter erklärt, dass die Mietsache „in Ordnung" sei oder wenn er eine vergleichbare Erklärung abgibt. Dagegen reicht es nicht aus, wenn der Vermieter schweigt oder wenn er nichts bemängelt. Fertigt der Vermieter anlässlich der Rückgabe zum Zwecke der Beweissicherung Fotografien von der Mietsache, so spricht dies gegen eine vorbehaltslose Rücknahme (OLG Hamm ZMR 2012, 864). Zum Rückgabeprotokoll s. § 538 Rdn. 9–12. 56

§ 546 BGB Untertitel 1. Allgemeine Vorschriften für Mietverhältnisse

7. Der Räumungs- und Herausgabeanspruch in der Insolvenz des Mieters

57 **a) Herausgabeanspruch.** Auf Grund des Herausgabeanspruchs ist der Mieter verpflichtet, dem Vermieter unmittelbaren Besitz an der Mietsache zu verschaffen. Der Vermieter hat ein Aussonderungsrecht. Durch den Anspruch wird die Insolvenzmasse verpflichtet. Dies gilt allerdings nur, wenn der Insolvenzverwalter den Besitz für den Mieter innehält. Ist der Vermieter dagegen in der Lage, den Besitz zu ergreifen, so ist die Aussonderung vollzogen. Eine Klage gegen den Insolvenzverwalter muss dann abgewiesen werden (BGH NJW 2001, 2966).

58 **b) Räumungsanspruch:** Die mietvertragliche Räumungspflicht hat zum Inhalt, dass der Mieter die Mietsache in einem vertragsgemäßen Zustand zurückzugeben hat. Notfalls ist der Mieter verpflichtet, diesen Zustand herzustellen. Durch die Eröffnung des Insolvenzverfahrens wird der Inhalt der Räumungspflicht zwar nicht verändert. Gleichwohl sind die hierfür erforderlichen Kosten keine Masseverbindlichkeiten. (BGH a.a.O.; anders noch BGHZ 127, 156, 165ff = NJW 1994, 3232). Aus diesem Grunde ist der Insolvenzverwalter grundsätzlich nicht zur Herstellung eines vertragsgemäßen Zustands verpflichtet. Der Insolvenzverwalter kann das Grundstück vielmehr mit allen Veränderungen und Verschlechterungen zurückgeben. Ebenso kann der Insolvenzverwalter nicht auf Entfernung der vom Mieter eingebrachten Einrichtungen in Anspruch genommen werden. Der Vermieter hat lediglich die Möglichkeit, seine insoweit bestehenden Ansprüche zur Vermögensübersicht (§ 153 InsO) anzumelden.

II. Der Rückforderungsanspruch gegen den Dritten (Abs. 2)

1. Allgemeines

59 Durch Abs. 2 wird der Rückgabeanspruch des Vermieters kraft Gesetzes auf einen Dritten erweitert, welcher der vertraglichen Herausgabeschuld des Hauptmieters beitritt (BGH NJW 1981, 865, 866). Hauptmieter und Dritter haften als Gesamtschuldner (OLG München NJW-RR 1989, 524; Streyl in: Schmidt-Futterer § 546 BGB Rdn. 88; Emmerich in: Bub/Treier Kap V Rdn. 56; Lützenkirchen in: Lützenkirchen, Mietrecht § § 546 Rdn. 145). Der Rückgabeanspruch gegen den Hauptmieter ist auch dann nicht ausgeschlossen, wenn sich der Dritte diesem gegenüber auf Kündigungsschutz berufen kann. Rechtsgrund des § 546 Abs. 2 BGB ist nicht der Umstand, dass der Dritte die Sache in unmittelbarem Besitz hat. Vielmehr knüpft die Vorschrift daran an, dass der Dritte seinen Besitz von dem mit dem Vermieter schuldrechtlich verbundenen Mieter herleitet (BGH RE 22.11.1995 NJW 1996, 515, 516; OLG Hamm NJW-RR 1992, 783). Deshalb stehen dem Dritten auch die Einwendungen aus dem Hauptvertrag zu (Rolfs in: Staudinger § 546 BGB Rdn. 65; Streyl in: Schmidt-Futterer § 546 BGB Rdn. 87; Emmerich in: Bub/Treier Kap V Rdn. 56). Auf Kündigungsschutzvorschriften kann sich der Dritte gegenüber dem Hauptvermieter allerdings nicht berufen. Einwendungen aus dem Rechtsverhältnis zum Mieter kann der Dritte ebenfalls nicht geltend machen (Sternel Rdn. IV 582). Abs. 2 gilt für alle Mietverhältnisse. Bei gewerblicher Zwischenvermietung ist § 565 BGB zu beachten.

59a Nach Rechtshängigkeit des Rückgabeanspruchs schuldet der Mieter im Rahmen der Herausgabe von Nutzungen nach §§ 546 Abs. 1, 292 Abs. 2, 987 Abs. 1,

99 Abs. 3 BGB auch die Auskehr eines durch Untervermietung erzielten Mehrerlöses. Dazu gehört auch eine „Entschädigung", die der Mieter von dem Untermieter als Abfindung für eine vorzeitige Beendigung des Untermietverhältnisses erhalten hat (BGH NZM 2009, 701). Der Eigentümer kann, von einem − bösgläubigen bzw. auf Herausgabe verklagten − Untermieter, der lediglich einen Teil des dem Hauptmieter überlassenen Hauses in Besitz hatte, nur die auf diesen Teil entfallenden Nutzungen herausverlangen (BGH NZM 2014, 582). Nimmt der Eigentümer sowohl den mittelbaren als auch den unmittelbaren Besitzer auf Herausgabe von Nutzungen in Anspruch, finden die Vorschriften über die Gesamtschuld entsprechende Anwendung (BGH NZM 2014, 582; BGH MDR 1969, 128).

2. Die Parteien des Rückgabeanspruchs

Gläubiger des Rückgabeanspruchs ist der Vermieter, der nicht zugleich Eigentümer sein muss. Schuldner ist derjenige, dem der Mieter den Gebrauch der Sache überlassen hat (Dritter). Hat der Dritte den Gebrauch weiter übertragen (z. B.: bei Unter-Untermiete), so kann auch derjenige in Anspruch genommen werden, der die Sache in unmittelbarem Besitz hat (OLG Hamm NJW-RR 1992, 783). Auf die Zahl der Besitzmittlungsverhältnisse kommt es nicht an. Den mittelbaren Besitzer kann der Vermieter ebenfalls in Anspruch nehmen (BGH NJW 1970, 241; Emmerich in: Bub/Treier Kap V Rdn. 65). Rechtsgrund des § 556 Abs. 3 BGB ist nicht der unmittelbare Besitz, sondern die Überlassung durch den mit dem Vermieter schuldrechtlich verbundenen Mieter. Der mittelbare Besitzer kann sich dem Anspruch auch nicht durch Besitzaufgabe entziehen. 60

Generell gilt: Eine **Gebrauchsüberlassung im Sinne von § 546 Abs. 2 BGB** liegt immer dann vor, wenn der Mieter dem Dritten eigenständigen Besitz an der Sache eingeräumt hat. Hierzu gehören: der Untermieter sowie derjenige, dem der Mieter den Gebrauch unentgeltlich überlassen hat (Entleiher). Ebenso gehören dazu der Ehegatte oder Lebenspartner des Mieters, der ohne selbst Vertragspartner des Vermieters zu sein, mit dem Mieter zusammen in der Wohnung lebt (OLG Schleswig WuM 1992, 674 = NJW-RR 1993, 274 = ZMR 1993, 69). Auf ein Besitzrecht kommt es nicht an. Ebenso ist unerheblich, ob zwischen dem Mieter und dem Dritten ein Schuldverhältnis besteht oder ob der Mieter den Dritten mit oder ohne Erlaubnis des Vermieters aufgenommen hat. Maßgeblich ist allein, dass der Dritte den (selbständigen) Gebrauch der Mietsache mit Wissen und mindestens mit Duldung des Mieters ausübt (Katzenstein NZM 2008, 594, 599). Die sonstigen Familien- und Hausstandsangehörigen des Mieters, etwa die Kinder oder die Hausgehilfen, haben keinen eigenständigen Besitz. Gleiches gilt bei der Gewerbemiete für die Angestellten des Mieters, die lediglich als Besitzdiener anzusehen sind. Gegen denjenigen, der den Besitz durch verbotene Eigenmacht erworben hat, kann nicht nach § 546 Abs. 2, sondern nur nach §§ 812, 823, 985 BGB vorgegangen werden. 61

3. Die Geltendmachung des Rückgabeanspruchs

a) Entstehung des Anspruchs. Der Rückgabeanspruch gegen den Dritten entsteht, wenn das Hauptmietverhältnis beendet ist. Der rechtlichen Beendigung (Ablauf der Kündigungsfrist, Ende der Mietzeit bei befristetem Mietverhältnis, Mietaufhebungsvertrag) steht es gleich, wenn der Hauptmieter stirbt und niemand vorhanden ist, der kraft Gesetzes (§ 563 ff BGB) in das Mietverhältnis eintritt (AG Ansbach MDR 1965, 488; Streyl in: Schmidt-Futterer § 546 BGB Rdn. 91; Rolfs 62

§ 546 BGB Untertitel 1. Allgemeine Vorschriften für Mietverhältnisse

in: Staudinger § 546 BGB Rdn. 69; **a. A.** Sternel Rdn. IV 580: danach kommt es nur auf die rechtliche, nicht auf die tatsächliche Beendigung des Hauptmietverhältnisses an). Dagegen ist es unbeachtlich, ob der Hauptmieter bereits vor Ablauf der Kündigungsfrist räumt oder nach diesem Zeitpunkt etwa auf Grund einer Räumungsfrist weiterhin die Mietsache in Besitz behält (LG Mönchengladbach WuM 1964, 39; Rolfs in: Staudinger § 546 BGB Rdn. 69; **a. A.** OLG Hamm WuM 1981, 40, AG Aachen WuM 1990, 150).

63 Stets muss es sich um eine von den Parteien des Hauptmietverhältnisses ernst gemeinte Beendigung handeln. Wird das Hauptmietverhältnis nur **zum Schein aufgehoben,** um gegen den Untermieter nach § 546 Abs. 2 BGB vorgehen zu können, so ist das der Aufhebung zugrunde liegende Rechtsgeschäft (Kündigung, Mietaufhebungsvertrag) nach § 117 BGB nichtig (Streyl in: Schmidt-Futterer § 546 BGB Rdn. 93; Rolfs in: Staudinger § 546 BGB Rdn. 70). Das Hauptmietverhältnis besteht fort, so dass der Rückforderungsanspruch gegen den Untermieter nicht entsteht. Verträge über eine teilweise Aufhebung das Hauptmietverhältnisses, die den Zweck verfolgen, den Hauptmieter wieder in den Besitz der untervermieteten Räume zu bringen, sind grundsätzlich nach § 138 BGB nichtig (Emmerich in: Bub/Treier Kap V Rdn. 60). Eine Ausnahme gilt nur dann, wenn der Hauptmieter ein berechtigtes Interesse i. S. des § 573 BGB an der Rückerlangung der untervermieteten Räume hat. Da er in diesem Fall das gesamte Untermietverhältnis im Wege der Kündigung beenden könnte, muss auch ein auf teilweise Aufhebung gerichteter Vertrag mit dem Hauptmieter zulässig sein. Diese Grundsätze waren bereits unter der Geltung des Mieterschutzgesetzes allgemein anerkannt (vgl. AG Schwelm WuM 1954, 113; LG Kleve MDR 1954, 361; LG Aachen ZMR 1954, 212; LG Kassel DWW 1954, 203 = WuM 1954, 79; LG Osnabrück ZMR 1952, 11; LG Hannover NJW 1949, 825; LG Köln MDR 1954, 420 m. zust. Anm. Weimar; LG Freiburg ZMR 1956, 119; Roquette NJW 1952, 1396 m. w. Nachw.;) sie sind auch bei der heute geltenden Rechtslage zu beachten.

64 Keine Beendigung i. S. des § 546 Abs. 2 BGB liegt vor, wenn der Hauptmietvertrag durch **Anfechtung** beseitigt wird oder aus anderen Gründen von Anfang an nichtig war (Streyl in: Schmidt-Futterer § 546 BGB Rdn. 15; Rolfs in: Staudinger § 546 BGB Rdn. 66). In diesen Fällen hat nie ein Hauptmietverhältnis bestanden, auf Grund dessen der Hauptmieter dem Untermieter den Besitz vermitteln konnte. Sowohl der Hauptmieter als auch der Untermieter sind unrechtmäßige Besitzer, von denen die Mietsache nur nach den §§ 985, 812 BGB zurückverlangt werden kann.

65 Ist **streitig, ob das Hauptmietverhältnis beendet ist,** so ist hierüber im Rahmen der Rückforderungsklage nach § 546 Abs. 2 BGB zu befinden. Ist der Mieter rechtskräftig zur Räumung verurteilt worden, so stellt sich die Frage, ob sich die Rechtskraft des Räumungsurteils auf den Untermieter erstreckt. Dies wird zum Teil bejaht (AG Hamburg NJW-RR 1992, 1487; Blomeyer Zivilprozessrecht, Erkenntnisverfahren 2. Aufl. S. 520; Bettermann, Die Vollstreckung des Zivilurteils in den Grenzen seiner Rechtskraft S. 218f), überwiegend aber verneint (BGH NZM 2006, 699 = GuT 2006, 241; BGH NJW 2010, 2208 = WuM 2010, 353 = NZM 2010, 699; Emmerich in: Bub/Treier Kap V Rdn. 76; Gottwald in: MünchKomm § 325 ZPO Rdn. 74; Musielak § 325 ZPO Rdn. 18). Der herrschenden Meinung ist zuzustimmen, weil die Rechtkraft nur zwischen den Parteien des Räumungsrechtsstreits wirkt. Da zwischen dem Untermieter und dem Hauptvermieter keine vertraglichen Beziehungen bestehen und der Bestand des Untermietvertrags nicht vom Bestand des Hauptvertrags abhängt, scheidet eine Rechtskrafterstreckung auf den Untermieter aus. Aus einem gegenüber dem Mieter erwirkten Räumungstitel

kann nicht gegenüber dem Dritten vollstreckt werden (BGH NZM 2003, 802 = WuM 2003, 577 = ZMR 2003, 826; OLG Celle NJW-RR 1988, 913). Eine Ausnahme gilt, wenn der Mieter den Untermieter ohne Wissen oder gegen den Willen des Vermieters aufgenommen hat und das Untermietverhältnis über einen erheblichen Zeitraum hinweg verheimlicht worden ist. In diesem Fall handelt der Untermieter rechtsmissbräuchlich, wenn er sich auf sein Besitzrecht beruft (OLG Hamburg MDR 1993, 274; KG NZM 2003, 105). Ist die Gebrauchsüberlassung erst nach Rechtshängigkeit der Rückgabeklage gegen den Hauptmieter erfolgt, so ist § 325 ZPO zu beachten.

Der Anspruch gegen den **Dritten** besteht auch dann, wenn dieser **nicht mehr** 66 **im Besitz der Mietsache** ist, weil die Regelung an die Besitzeinräumung und die andauernde Gebrauchsüberlassung durch den Mieter, aber nicht an den aktuellen Besitz des Dritten anknüpft (BGH NJW 1996, 515 unter Ziff III 1; **a. A.** LG Hamburg WuM 1980, 199).

b) Die Rückforderungserklärung. Das Rückforderungsrecht muss vom Ver- 67 mieter durch einseitige, zugangsbedürftige Erklärung geltend gemacht werden. Die Rückforderungserklärung ist keine Kündigung, weil zwischen Vermieter und Untermieter keine mietvertraglichen Beziehungen bestehen. Sie bedarf deshalb weder der Schriftform, noch müssen Kündigungsgründe vorliegen oder Kündigungsfristen eingehalten werden. Im Übrigen ist die **Rechtsnatur der Rückforderungserklärung** streitig. Teilweise wird die Ansicht vertreten, dass die Rückforderungserklärung eine Anspruchsvoraussetzung für den Rückforderungsanspruch darstellt. Nach dieser Ansicht entsteht der Rückforderungsanspruch gegen den Dritten erst, wenn der Vermieter diesem gegenüber eine Rückforderungserklärung abgegeben hat (RGZ 156, 150; Streyl in: Schmidt-Futterer § 546 BGB Rdn. 103; Emmerich in: Bub/Treier Kap V Rdn. 66; Stellmann in: Lindner-Figura Geschäftsraummiete Kap. 18 Rdn. 69; Palandt/Weidenkaff § 546 BGB Rdn. 20). Nach anderer Meinung ist die Rückforderungserklärung nicht als Anspruchs- sondern als Fälligkeitsvoraussetzung anzusehen (Sternel Mietrecht Aktuell Rdn XIII 64). Schließlich wird die Meinung vertreten, dass die Rückforderungserklärung als verzugsbegründende Mahnung zu bewerten ist (Rolfs in: Staudinger § 546 BGB Rdn. 73; Bieber in: MünchKomm § 546 BGB Rdn. 22; Lützenkirchen in: Lützenkirchen, Mietrecht § 546 Rdn. 149; Schach in: Künne/Schach/Bieber § 546 Rdn. 11; Kandelhard in: Herrlein/Kandelhard § 546 BGB Rdn. 61; Lammel Wohnraummietrecht § 546 BGB Rdn. 34). Die erstgenannte Meinung verdient den Vorzug. Dies folgt zum einen aus dem Wortlaut des § 546 Abs. 2 BGB und zum anderen aus dem Umstand, dass der Dritte erst durch die Rückforderungserklärung erfährt, dass er die Sache herausgeben muss. Die Erklärung kann schon vor Beendigung des Hauptmietverhältnisses abgegeben werden; sie wird aber auch in diesem Fall erst mit der Beendigung wirksam. Auch in der Erhebung der Rückgabeklage gegenüber dem Dritten ist eine Rückforderungserklärung zu sehen (RG 156, 153; Hoffmann WuM 1967, 33; Emmerich in: Bub/Treier Kap V Rdn. 66). In diesem Fall kann der Dritte die sich aus § 91 ZPO ergebende Kostenfolge dadurch vermeiden, indem er den Rückgabeanspruch sofort anerkennt (OLG Schleswig WuM 1993, 540).

Innerhalb welcher **Frist** nach der Beendigung des Hauptmietverhältnisses die 68 Rückforderungserklärung zu erfolgen hat, ist vom Gesetz nicht geregelt. Wird die Erklärung innerhalb eines längeren Zeitraums nicht abgegeben, so kann die Auslegung ergeben, dass zwischen Vermieter und Untermieter konkludent ein neues Hauptmietverhältnis begründet worden ist. Dies kommt insbesondere dann in Be-

§ 546 BGB Untertitel 1. Allgemeine Vorschriften für Mietverhältnisse

tracht, wenn der Vermieter den bisherigen Untermieter in der Folgezeit als unmittelbaren Vertragspartner behandelt. Im Einzelfall können auch die Grundsätze der Verwirkung eingreifen, so, wenn der Rückforderungsanspruch über längere Zeit nicht geltend gemacht wurde und der Untermieter auf den Fortbestand seines Besitzrechts vertraut hat. Die Vorschrift des § 545 BGB ist dagegen unanwendbar, weil zwischen dem Vermieter und dem Dritten keine vertraglichen Beziehungen bestehen.

4. Inhalt der Rückgabepflicht des Dritten

69 Die Verpflichtungen aus § 546 Abs. 1 und § 546 Abs. 2 sind inhaltlich gleich (BGH RE 22.11.1996 NJW 1996, 516; Wolf/Eckert/Ball Rdn. 1332). Der Untermieter hat die Mietsache unmittelbar an den Vermieter herauszugeben. Im Falle der Weitervermietung kann der Vermieter stattdessen verlangen, dass die Sache an den neuen Mieter herauszugeben ist (a. A. LG Berlin ZMR 1992, 395, wonach in diesem Fall der Herausgabeanspruch nur dann besteht, wenn der Untermieter vor der Weitervermietung zur Rückgabe aufgefordert worden ist). Ein Zurückbehaltungsrecht ist auch im Rahmen des § 546 Abs. 2 BGB ausgeschlossen (OLG Hamm NJW-RR 1992, 783; Emmerich in: Bub/Treier Kap V Rdn. 75).

70 Für die **Art und Weise der Rückgabe** gelten grundsätzlich die Ausführungen oben Rdn. 5 ff, wobei jedoch folgende **Besonderheiten** zu beachten sind:

71 (1) Der Vermieter kann sich nicht auf die **vertraglichen Vereinbarungen** berufen, **die zwischen dem Hauptmieter und dem Untermieter getroffen wurden.** Hat sich beispielsweise der Untermieter gegenüber dem Hauptmieter zur Übernahme der Schönheitsreparaturen verpflichtet, diese aber nicht durchgeführt, so hat der Vermieter weder Leistungs- noch Schadensersatzansprüche gegen den Untermieter. Dies folgt daraus, dass der Vermieter nicht Vertragspartner des Untermieters ist und in dem Untermietvertrag auch kein Vertrag zugunsten Dritter (§ 328 BGB) gesehen werden kann. Der Vermieter kann in diesen Fällen nur dann gegen den Untermieter vorgehen, wenn dieser sich ihm gegenüber vertraglich verpflichtet hat oder wenn der Hauptmieter seine Ansprüche gegen den Untermieter an den Vermieter abgetreten hat.

72 (2) Hat der **Untermieter** mit Genehmigung des Hauptmieters **Einrichtungen angebracht** oder bauliche Veränderungen vorgenommen, so kann der Vermieter ebenfalls nicht aus eigenem Recht deren Beseitigung verlangen (a. A. OLG München Beschluss vom 6.3.2012 – 32 U 4456/11; Streyl in: Schmidt-Futterer § 546 BGB Rdn. 105; Emmerich in: Bub/Treier Kap V Rdn. 72; Katzenstein NZM 2008, 594, 599; s. auch OLG Hamburg WuM 2000, 356: danach besteht jedenfalls dann keine Beseitigungspflicht, wenn der Untermieter die Einrichtungen bei der Übernahme der Pachtsache bereits vorgefunden hat). Die diesbezüglichen Rechte wirken als vertragliche Rechte nur gegen den Hauptmieter. Daraus folgt, dass die dem Untermieter gegenüber dem Hauptmieter obliegende Rückgabeverpflichtung nach § 546 Abs. 1 BGB einen anderen Inhalt haben kann, als der dem Vermieter nach § 546 Abs. 2 BGB zustehende Anspruch. Diese sachlichen Unterschiede werden aber dadurch gerechtfertigt, dass der Rückgabeanspruch nach § 546 Abs. 2 BGB keine vertraglichen Beziehungen voraussetzt.

72a (3) Unter Umständen stehen dem Untermieter gegenüber dem Eigentümer **Verwendungsersatzansprüche nach den §§ 994, 996 BGB** zu. Diese Vorschriften gelten entsprechend, wenn das Besitzrecht nach der Vornahme der Verwendung entfällt und der Besitzer gegenüber dem Eigentümer nicht mehr zum Besitz berechtigt ist. Jedoch scheiden die gesetzlichen Ansprüche aus, wenn der Untermietvertrag hinsichtlich der Verwendungsersatzansprüche eine hiervon abweichende Regelung vorsieht (BGH NJW 2015, 229).

(4) Bereicherungsansprüche nach § 812 Abs. 1 Satz 1 Var. 2 BGB kann der Untermieter geltend machen, wenn der Eigentümer infolge einer vorzeitigen Vertragsbeendigung in den Genuss der vom Untermieter geschaffenen Gebrauchsvorteile kommt. Die Anwendung dieser Regelung dürfte i. d. R. aber daran scheitern, dass die Gebrauchsvorteile im Falle der Untervermietung nicht dem Eigentümer, sondern dem Mieter (Untervermieter) gebühren (BGH a. a. O.). 72b

5. Gleichzeitige Beendigung von Haupt- und Untermietvertrag

Hat der Vermieter dem Hauptmieter und dieser wiederum dem Untermieter gekündigt, so ist der Untermieter beiden zur Rückgabe verpflichtet. Die jeweiligen Pflichten bestehen gleichrangig nebeneinander. Die ihm gegenüber dem Hauptmieter obliegende Rückgabepflicht richtet sich dabei nach § 546 Abs. 1 BGB, während er gegenüber dem Vermieter nach § 546 Abs. 2 BGB verpflichtet ist. Durch eine Herausgabe an den Vermieter wird der Untermieter auch gegenüber dem Mieter frei. Umgekehrt gilt dasselbe. Gelingt es dem Untermieter, mit dem Vermieter einen neuen Mietvertrag abzuschließen, so erlischt seine Rückgabeverpflichtung sowohl gegenüber dem Vermieter als auch gegenüber dem Hauptmieter (OLG Celle NJW 1953, 1474; KG ZMR 2013, 26). Steht rechtskräftig fest, oder ist unstreitig, dass der Untervermieter die Mietsache an den Hauptvermieter herausgeben muss, so kann der Untervermieter nicht Herausgabe an sich, sondern nur Herausgabe an den Hauptvermieter verlangen. Gleiches gilt, wenn der Untervermieter die Mietsache an den Hauptvermieter herausgeben will. 73

6. Verzug

Kommt der Dritte mit der Herausgabe in Verzug, so kann der Vermieter die Ansprüche aus § 987 BGB (Nutzungsentschädigung entsprechend dem Mietwert) geltend machen, wenn er zugleich der Eigentümer der Sache ist. Ein Anspruch auf Zahlung einer Nutzungsentschädigung nach § 546a BGB besteht mangels nachvertraglicher Beziehungen nicht. Aus dem gleichen Grund scheiden vertragliche Schadensersatzansprüche aus. Ein Anspruch aus § 812 BGB besteht ebenfalls nicht (Sternel Rdn. IV 585). Der Mieter kann gegenüber dem Untermieter einen Anspruch auf Ersatz des Verzugsschadens geltend machen. Dieser Verzugsschaden kann darin bestehen, dass der Mieter seinerseits eine Nutzungsentschädigung nach § 546a BGB an den Vermieter zahlen muss. 74

7. Auskunftsansprüche

Die Durchsetzung des Räumungsanspruchs gegen den oder die Untermieter kann zu Problemen führen, wenn die fraglichen Personen unbekannt sind oder häufig wechseln. In diesem Fall kann der Vermieter den Hauptmieter auf Erteilung einer Auskunft über die Namen der Personen in Anspruch nehmen, die sich in den Räumen aufhalten. Außerdem kann der Vermieter vom Hauptmieter verlangen, es zu unterlassen, die Wohnungsnutzer zwischen der Auskunft und der Räumung auszuwechseln (OLG Hamburg NZM 1998, 758). 75

III. Räumungsvollstreckung

1. Vollstreckung nach § 885 ZPO

76 **a) Gesetzliche Regelung.** Die Räumung durch den Gerichtsvollzieher richtet sich nach §§ 885, 886 ZPO, §§ 180, 181 GVGA). Voraussetzung ist zunächst, dass der Gläubiger gegen jeden Besitzer der Räume einen Räumungstitel hat. Nach § 750 Abs. 1 ZPO darf die Zwangsvollstreckung nur beginnen, wenn die Personen, für und gegen die sie stattfinden soll, in dem Urteil oder in der ihm beigefügten Vollstreckungsklausel namentlich bezeichnet sind und das Urteil bereits zugestellt ist oder gleichzeitig zugestellt wird. Dies gilt nicht nur für die Vollstreckung eines Urteils, sondern auch für Vollstreckungstitel auf Grund einer einstweiligen Verfügung. Aus dem Begriff „namentlich" folgt, dass der oder die Räumungsschuldner grundsätzlich mit ihrem Namen im Rubrum des Titels aufzuführen sind. Eine Ausnahme gilt, wenn sich aus der Auslegung des Rubrums zweifelsfrei ergibt, von welchen Personen die im Titel bezeichnete Leistung geschuldet wird (BGH WuM 2018, 48). Behauptet ein Dritter, dass er Mitbesitz an den Räumen habe, so setzt die Zwangsvollstreckung gegen den Dritten einen Räumungstitel voraus, in dem der Dritte als Räumungsschuldner genannt ist. Ist eine isolierte Räumung des Räumungsschuldners wegen des Mitbesitzes des Dritten nicht möglich, so ist die Zwangsvollstreckung insgesamt einzustellen (LG Berlin GE 2011, 337). Für die Annahme von Mitbesitz reicht es allerdings nicht aus, dass der Dritte einen Schlüssel zu den Räumen besitzt oder dass er dort persönliche Gegenstände aufbewahrt (LG Berlin GE 2011, 337). Kündigt der Gerichtsvollzieher die Räumung an, so kann der Dritte Erinnerung (§ 766 ZPO) einlegen (BGH NZM 2005, 193, 194; **a. A.** LG Berlin GE 2011, 337 m. abl. Anm. Flatow WuM 2011, 415). Behauptet ein Dritter, dass er (als Untermieter oder Erwerber) alleiniger Besitzer der Mietsache sei, so hat der Gerichtsvollzieher nicht das behauptete Recht zum Besitz, sondern allein die tatsächlichen Besitzverhältnisse zu prüfen (BGH NZM 2008, 805). Bei einer behaupteten Untermiete darf der Gerichtsvollzieher die Durchführung der Zwangsvollstreckung nicht bereits dann verweigern, wenn ihm der Untermieter einen Mietvertrag vorlegt (AG Berlin-Mitte ZMR 2018, 51). Vielmehr hat er zu prüfen, ob der Vertrag in Vollzug gesetzt wurde und der Untermieter tatsächlich den Besitz ausübt. Bleibt dies unklar, so muss der Untermieter seinen Besitz im Rechtsbehelfsverfahren geltend machen (AG Berlin-Charlottenburg NZM 2015, 217).

76a Dem ehemaligen Mieter kann im Wege der **einstweiligen Verfügung** die Untervermietung und Überlassung der Räume an einen Dritten untersagt werden, wenn hinreichende Anhaltspunkte vorliegen, dass die Untervermietung zum Zwecke der Verhinderung oder Verzögerung der Räumungsvollstreckung erfolgt (§ 1004 BGB; OLG München GE 2017, 1219).

77 **b) Räumungsschuldner.** Wird eine Wohnung von einem **Ehepaar** genutzt, so wird vereinzelt vertreten, dass der Ehegatte ohne weiteres verpflichtet ist, mit dem Mieter zu räumen (LG Berlin ZMR 1992, 395; Pauly ZMR 2005, 337). Diese Ansicht beruht auf der Erwägung, dass für die Vollstreckung zwischen dem Vollbesitz und dem „akzessorischen oder abgeschwächten Besitz" zu unterscheiden sei. Der letztgenannte Besitz sei vollstreckungsrechtlich nicht geschützt. Deshalb kann der Vermieter gegen alle Wohnungsnutzer vollstrecken, wenn er einen Titel gegen den Mieter hat. Nach der **Rechtsprechung des BGH** hat dagegen auch derjenige Ehegatte ein eigenständiges Besitzrecht an der Wohnung (abgeleitet aus der Verpflichtung zur Lebensgemeinschaft; § 1353 Abs. 1 Satz 2 BGB), der nicht Partei des Mietvertrages ist (BGHZ 159, 383 = WuM 2004, 555; ebenso: OLG Frankfurt WuM 2003, 640; OLG Jena WuM 2002, 221). Dementsprechend kann der Nichtmieter-Ehegatte Erinnerung einlegen, wenn der Vermieter den Herausgabeanspruch vollstreckt, obwohl sich das Räumungsurteil nur gegen den Mieter richtet. Teilweise wird vertreten, dass die Berufung auf das Besitzrecht treuwidrig sein kann, wenn der Mieter den Ehegatten ohne Wissen des Vermieters in die Wohnung aufgenommen hat (OLG Frankfurt WuM 2003, 640). Diese Ansicht trifft allerdings nicht zu. Zwar können bei der Entscheidung über die Herausgabepflicht im Erkenntnisverfahren auch Gesichtspunkte der Billigkeit berücksichtigt werden. Allerdings handelt es sich dabei um eine materiellrechtliche Erwägung, die im formalisierten Vollstreckungsverfahren keine Rolle spielt. Hinsichtlich der Zulässigkeit der Vollstreckung kommt es nicht darauf an, ob die Ehepartner freiwillig räumen wird. Insbesondere muss der Gerichtsvollzieher keinen Vollstreckungsversuch unternehmen. Eine Vollstreckung gegen den im Titel genannten Mieter ist nur möglich, wenn dessen Ehegatte den Besitz bereits freiwillig aufgegeben hat. Im Streitfall ist die Besitzaufgabe allerdings nicht der Gerichtsvollzieher zu beurteilen, weil sich dies nach materiellem Recht richtet (BGHZ 159, 383 = WuM 2004, 555).

Die **Kinder des Mieters** müssen grundsätzlich mit dem Mieter räumen. Sie haben jedenfalls dann kein eigenständiges Besitzrecht, wenn sie minderjährig sind. Daran ändert sich nichts, wenn die Kinder nach Eintritt der Volljährigkeit in der Wohnung der Eltern verbleiben (AG Wiesbaden WuM 2005, 633; AG Kassel ZMR 2016, 77). Der Umstand, dass der Angehörige einen Beitrag zu den Wohnkosten leistet ändert daran nichts. Im Einzelfall kann etwas anderes gelten. Dies setzt allerdings voraus, dass die Änderung der Besitzverhältnisse nach außen eindeutig erkennbar ist (BGH WuM 2008, 364). Hiervon ist beispielsweise auszugehen, wenn erwachsene Kinder einen selbständigen Teil der Wohnung innehaben und einen eigenen Haushalt führen (AG Kassel a. a. O.; Lackmann in: Musielak ZPO 8. Aufl. 2011 § 885 ZPO Rdn. 9). 78

Die für Eheleute maßgeblichen Grundsätze gelten auch für die **eingetragene Lebenspartnerschaft** im Sinne des Lebenspartnerschaftsgesetzes 79

In der instanzgerichtlichen Rechtsprechung und in der Literatur ist streitig, ob für **eheähnliche Gemeinschaften** ebenfalls die für Eheleute und Lebenspartnerschaften maßgeblichen Grundsätze gelten. Hierzu werden im Wesentlichen drei Meinungen vertreten: Teilweise wird angenommen, dass ein Titel gegen den Mieter ausreicht (LG Darmstadt DGVZ 1980, 110; LG Freiburg WuM 1989, 571; LG Lübeck JurBüro 1992, 196; LG Berlin DGVZ 1993, 173; Scherer DGVZ 1993, 161, 163; H. Schneider DGVZ 1986, 4, 6; Walker in: Schuschke/Walker, Vollstreckung und vorläufiger Rechtsschutz 3. Aufl. § 885 ZPO Rdn. 14). Nach der Gegenmeinung benötigt der Vermieter grundsätzlich einen Titel gegen alle Wohnungsnutzer, unabhängig davon ob diese Mieter sind (Baumbach/Albers/Lauterbach/Hartmann § 885 ZPO Rdn. 15). Nach einer vermittelnden Ansicht ist zwar regelmäßig ein Titel gegen den Lebensgefährten erforderlich; jedoch soll eine Ausnahme gelten, wenn der Mieter den Lebensgefährten ohne Wissen des Vermieters in die Wohnung aufgenommen hat (OLG Hamburg NJW 1992, 3308; KG NZM 2003, 105; LG Mönchengladbach DGVZ 1996, 74; LG Hamburg DGVZ 2005, 164; Hüßtege in: Thomas/Putzo § 885 ZPO Rdn. 4.d). Nach der **Ansicht des BGH** kommt es entscheidend darauf an, ob der Lebensgefährte Mitbesitzer der 80

§ 546 BGB Untertitel 1. Allgemeine Vorschriften für Mietverhältnisse

Wohnung geworden ist. Nur in diesem Fall ist für die Zwangsräumung ein Titel gegen den Lebensgefährten erforderlich. Wesentlich ist, dass für den Mitbesitz keine Vermutung spricht (BGH WuM 2008, 364; ebenso: Schuschke NZM 2005, 10, 11; Becker-Eberhard FamRZ 1994, 1296, 1303). Vielmehr muss in jedem Einzelfall geprüft werden, ob der Mieter dem Lebensgefährten ein eigenständiges Besitzrecht einräumen wollte. Anhaltspunkte hierfür sind: die Anzeige des Mieters an den Vermieter von der Aufnahme des Lebensgefährten sowie die Anmeldung des Lebensgefährten nach den Meldegesetzen. Hat der Mieter den Lebensgefährten ohne Wissen des Vermieters in die Wohnung aufgenommen, so kann dies lediglich als Indiz gegen die Einräumung von Mitbesitz gewertet werden (**a. A.** OLG Hamburg WuM 1992, 548; Derleder PiG 43, 51, 65: danach kann sich weder der Mieter noch der Partner auf ein Besitzrecht berufen). Im Streitfall muss der Mieter beweisen, dass er dem Lebensgefährten Mitbesitz eingeräumt hat. Eindeutige Kriterien für oder gegen die Annahme von Mitbesitz gibt es nicht.

81 Nach Allgemeiner Ansicht kann der Vermieter aus einem gegen den Hauptmieter bestehenden Räumungstitel nicht gegen den **Untermieter** vollstrecken (BGH WuM 2008, 678). Dies gilt auch dann, wenn zweifelsfrei feststeht, dass der Hauptvermieter die Mietsache auch vom Untermieter herausverlangen kann, wie dies in § 546 Abs. 2 BGB für den Fall der Beendigung des Hauptmietverhältnisses geregelt ist. Ein Titel gegen den Untermieter ist auch dann erforderlich, wenn der Gläubiger von dessen Existenz keine Kenntnis hatte. Eine Titelumschreibung scheidet aus, wenn der Untermieter den Besitz bereits vor der Rechtshängigkeit erlangt hat. Bei späterer Besitzerlangung wird es an der weiteren Tatbestandsvoraussetzung des § 727 Abs. 1 ZPO fehlen, wonach die Rechtsnachfolge oder das Besitzverhältnis bei dem Gericht offenkundig ist oder durch öffentliche oder öffentlich beglaubigte Urkunden nachgewiesen wird. Teilweise wird vertreten, dass eine Vollstreckung auch ohne Titel gegen den (angeblichen) Untermieter möglich ist, wenn der Rechtsmissbrauch evident ist (LG Hamburg ZMR 2005, 791; AG Ludwigshafen ZMR 2002, 925; Gruber in: MünchKomm § 885 ZPO Rdn. 15). Ein solcher Fall wird in Erwägung gezogen, wenn der Besitz des Untermieters „ohne oder gegen Wissen und Willen des Vermieters ... begründet und wider Treu und Glauben über einen erheblichen Zeitraum gegenüber dem Vermieter verheimlicht" wurde (OLG Hamburg WuM 1992, 548 betr. Lebensgefährtin eines Mieters, die seit 5 Jahren mit diesem in der Wohnung zusammenlebt). Diese Erwägungen spielen im formalisierten Vollstreckungsverfahren allerdings keine Rolle, sondern sind gegebenenfalls im Erkenntnisverfahren zu prüfen (BGH WuM 2003, 577). Insofern kann dem Untermieter ein Verstoß gegen § 242 BGB zu Last fallen, wenn er seine Rechtsstellung gegenüber dem Vermieter bewusst verheimlicht, etwa indem er auf Anfrage seine Rechtsposition verschweigt. Weiß der Untermieter, dass der Vermieter von der Untervermietung keine Kenntnis hat, ist eine Aufklärungspflicht in Erwägung zu ziehen. Der Umstand, dass der Vermieter von der Untervermietung nichts weiß, genügt dagegen nicht (**a. A.** wohl KG NZM 2003, 105; OLG Hamburg a. a. O.). Zwar ist die Untervermietung grundsätzlich von einer Erlaubnis des Vermieters abhängig (§ 540 BGB). Die damit in Zusammenhang stehenden Informations- und Anzeigepflichten obliegen aber nicht dem Untermieter, sondern dem Mieter. Eventuelle Pflichtverletzungen des Mieters sind dem Untermieter nicht zuzurechnen. Vollstreckt der Gerichtsvollzieher gegen den Untermieter auf Grund eines gegen den Mieter bestehenden Titels, so handelt er pflichtwidrig. Fällt dem Gerichtsvollzieher hierbei ein Verschulden zur Last, so haftet das Land gem. Art. 34 GG, § 839 Abs. 1 BGB (OLG Celle NJW-RR 1988, 913). Ein Ersatzanspruch gegen den Mieter kommt möglicherweise in Betracht, wenn der Mieter es unterlässt, den Gerichtsvollzieher auf den Untermietvertrag hinzuweisen. Anders ist es, wenn der Gerichtsvollzieher die Existenz eines Untermietvertrags in Erwägung ziehen muss. Es genügt, wenn dieser Umstand ungeklärt bleibt (OLG Celle a. a. O.).

Die **Angestellten eines gewerblichen Mieters** oder dessen Besucher haben 82 keinen eigenständigen Besitz, sondern sind Besitzdiener. Probleme können sich ergeben, wenn Besitzdiener ein Besitzrecht vortäuschen. Der Gerichtsvollzieher hat nämlich nicht das Recht zum Besitz, sondern nur die tatsächlichen Besitzverhältnisse zu beurteilen.

Wird ein Wohnungs- oder Teileigentümer verurteilt, ein von ihm zu Unrecht **ver-** 83 **mietetes Gemeinschaftseigentum** zu räumen und an die Gemeinschaft herauszugeben, so richtet sich die Vollstreckung ebenfalls allein nach den §§ 885, 886 ZPO. Verweigert der Mieter die Rückgabe, so muss der Eigentümer auf den Mieter entsprechend einwirken. Hierzu kann der Eigentümer nicht durch die Verhängung eines Zwangsgeldes (§ 888 ZPO) angehalten werden (BGH NJW-RR 2007, 1091). Den Wohnungseigentümern stehen in einem solchen Fall zwei Möglichkeiten zur Verfügung: Die Eigentümer können sich einen Titel gegen den Mieter beschaffen und aus diesem Titel vollstrecken. Die Rechtsgrundlage hierfür findet sich in § 985 BGB, weil die Gemeinschaftsflächen im Eigentum der Wohnungseigentümergemeinschaft stehen und der Mieter als unberechtigter Besitzer anzusehen ist. Hat bereits der Teileigentümer einen Räumungstitel gegen den Mieter erwirkt, so können die Wohnungseigentümer den Herausgabeanspruch pfänden und sich zur Einziehung überweisen lassen.

c) Einleitung der Vollstreckung. Die Zwangsräumung setzt einen **Auftrag** 84 **an den Gerichtsvollzieher** voraus. Dieser bedarf keiner besonderen Form (§ 4 GVGA). Der Auftrag richtet sich i. d. R. auf die Herausgabe und die Räumung. Will der Vermieter ein Pfandrecht ausüben, so muss er den Räumungsauftrag entsprechend beschränken. Ist zwischen den Parteien streitig, ob an dem betreffenden Gegenstand ein Pfandrecht besteht, so hat hierüber das Gericht zu entscheiden. Der Gerichtsvollzieher ist an den Vollstreckungsauftrag gebunden. Dies gilt nach der Rechtsprechung des BGH selbst dann, wenn die Unpfändbarkeit offensichtlich ist (BGH NZM 2006, 848). Auf dieser Rechtsprechung basiert die sog. „Berliner Räumung" (unten Rdn. 119 ff).

Für die **Kosten der Räumung** einschließlich der Kosten der Einlagerung ist der 85 Gläubiger gem. § 4 GVKostG vorschusspflichtig (§ 180 Nr. 5 GVGA). Nach § 4 Abs. 1 Satz 2 GVKostG kann die Durchführung des Auftrags von der Zahlung des Vorschusses abhängig gemacht werden. Der Vorschuss berechnet sich nach den Kosten des Abtransports der Gegenstände und den Kosten der Einlagerung für ca. zwei Monate (Schuschke NZM 2005, 681 m.w. Nachw.). Bei Verweigerung der Vorschusszahlung kann der Gerichtsvollzieher die Räumung ablehnen.

Ist der **Vorschuss bezahlt,** so darf der Gerichtsvollzieher die Erledigung nicht 86 verzögern. Ist ein Verfahren auf Gewährung einer Räumungsfrist oder Vollstreckungsschutz anhängig, so muss der Gerichtsvollzieher gleichwohl einen **Räumungstermin** bestimmen. Anders ist es, wenn der Gläubiger erklärt, dass er den Ausgang des Verfahrens abwarten will. Ein bereits festgelegter Räumungstermin kann grundsätzlich nur auf Antrag des Gläubigers verlegt werden. Eine Ausnahme gilt in den Fällen des § 765 a Abs. 2 ZPO. Danach kann der Gerichtsvollzieher die Vollstreckung für die Dauer einer Woche aufschieben, wenn der Mieter glaubhaft macht, dass die Maßnahme gegen die guten Sitten verstößt und die rechtzeitige Anrufung des Vollstreckungsgerichts nicht möglich war.

§ 546 BGB   Untertitel 1. Allgemeine Vorschriften für Mietverhältnisse

87   **d) Durchführung der Vollstreckung.** Die Räumungsvollstreckung besteht nach gesetzlicher Regelung aus zwei Maßnahmen, nämlich aus der Erzwingung der Herausgabe und aus der Räumung. Herausgabe ist die zwangsweise Änderung der Besitzverhältnisse durch den Gerichtsvollzieher gem. § 885 Abs. 1 ZPO. Unter der Räumung versteht man die Entfernung der in der Wohnung befindlichen Gegenstände nach § 885 Abs. 2 ZPO.

88   **aa) Änderung der Besitzverhältnisse (§ 885 Abs. 1 ZPO).** Räumt der Mieter nicht freiwillig, so hat der Gerichtsvollzieher „den Schuldner aus dem Besitz zu setzen und den Gläubiger in den Besitz einzuweisen" (§ 885 Abs. 1 Satz 1 ZPO). Zum Betreten der Räume benötigt der Gerichtsvollzieher keinen besonderen Titel (§ 758a Abs. 2 ZPO). Der Besitzentzug ist beendet, wenn dem Schuldner die Sachherrschaft über die Räume entzogen ist (Schuschke NZM 2005, 681). In der Regel setzt dies voraus, dass dem Mieter sämtliche Schlüssel abgenommen werden oder der Gerichtsvollzieher – etwa durch den Austausch des Schlosses, – sichergestellt hat, dass der Mieter die Räume nicht mehr betreten kann (s. auch KG NZM 2005, 422 betr. Bewachung durch Sicherheitsdienst). Für den Besitzentzug spielt es keine Rolle, ob sich noch Gegenstände in der Wohnung des Schuldners befinden. Die Besitzeinweisung ist beendet, wenn dem Vermieter die Sachherrschaft über die Räume übertragen wird (Schuschke a. a. O.). Hiervon ist auszugehen, wenn der Vermieter wieder nach seinem Belieben über die Räume verfügen kann.

89   **bb) Räumung (§ 885 Abs. 2 ZPO).** Bewegliche Sachen, die nicht Gegenstand der Zwangsvollstreckung sind, werden vom Gerichtsvollzieher weggeschafft und dem Schuldner oder einer Ersatzperson übergeben (§ 885 Abs. 2 ZPO). Zu den beweglichen Sachen im Sinne dieser Vorschrift zählen die dem Schuldner gehörenden Einrichtungsgegenstände, z. B. das Mobiliar. **Einbauten, Anbauten, Aufbauten** und andere Veränderungen, die im Wege des Abrisses beseitigt werden müssen, werden von § 885 ZPO nicht erfasst. Insoweit benötigt der Verpächter einen gesonderten Titel. Es ist zu empfehlen, den in der Räumungsklage gestellten Antrag auf Räumung und Herausgabe mit dem Antrag auf Erfüllung der Rückbaupflicht zu verbinden. Hierbei ist zu beachten, dass Art und Umfang der Rückbaupflicht möglichst präzise umschrieben werden (s. OLG Düsseldorf MDR 2015, 979).

90   **Vermieterpfandrecht.** Will der Vermieter an bestimmten Gegenständen ein Vermieterpfandrecht geltend machen, kann er den Vollstreckungsauftrag beschränken (BGH ZMR 2004, 734). Diese Sachen muss der Gerichtsvollzieher zurücklassen; der Gerichtsvollzieher hat nicht zu prüfen, ob dem Vermieter das Pfandrecht zusteht. Nach der Rechtsprechung gilt dies auch hinsichtlich solcher Gegenstände die der Pfändung offensichtlich nicht unterliegen (BGH WuM 2006, 50).

91   **Wesentliche Bestandteile der Räume, z. B. Teppichböden, dauerhafte bauliche Veränderungen.** Nach dem Wortlaut des § 885 Abs. 2 BGB hat der Gerichtsvollzieher lediglich die „beweglichen Sachen" des Mieters wegzuschaffen. Hiervon sind solche Sachen zu unterscheiden, die zu den wesentlichen Bestandteilen des Grundstücks geworden sind. Hierzu zählen solche Gegenstände, die fest mit dem Gebäude verbunden sind, so dass sie nur unter Zerstörung der Sachsubstanz entfernt werden können (§§ 93, 94 BGB), etwa ein mit dem Untergrund verklebter Teppichboden oder ein vom Mieter eingebautes Badezimmer. Hier beschränkt sich die Herausgabevollstreckung auf die Besitzeinweisung, die in der Praxis dadurch erfolgt, dass der Gerichtsvollzieher den Gegenstand in der Wohnung belässt.

92   **Rückbauverpflichtungen.** Sind vom Mieter bestimmte Rückbauverpflichtungen zu erfüllen, so ist hierzu grundsätzlich ein besonderer Titel erforderlich.

Fehlt es hieran, so ist zu fragen, ob durch den Herausgabetitel auch die Verpflichtung des Schuldners zur Beseitigung der auf dem Grundstück befindlichen Baulichkeiten erfasst wird. Hier ist zu unterscheiden: So wird etwa eine vom Mieter geschuldete Demontage einer Einbauküche von der Räumungsvollstreckung umfasst. Eine „aufwendige und kostenintensive" Rückbauverpflichtung wird dagegen nicht nach § 885 ZPO, sondern nach § 887 ZPO vollstreckt (BGH NJW-RR 2005, 212 betr. Räumung einer Kleingartenparzelle mit einem Kostenaufwand von ca. 45.000.– €). Dementsprechend ist ein besonderer Titel erforderlich.

Zubehör, Möbel, Einrichtungsgegenstände. Grundsätzlich erstreckt sich 93 der Herausgabetitel nicht auf das Zubehör (BGH ZMR 2004, 734); dieses ist mithin in der Wohnung zu belassen (Gruber in: MünchKomm § 885 ZPO Rdn. 32). Nach der Legaldefinition in § 97 Abs. 1 Satz 1 BGB sind unter dem Begriff des Zubehörs „bewegliche Sachen (zu verstehen), die, ohne Bestandteil der Hauptsache zu sein, dem wirtschaftlichen Zweck der Hauptsache zu dienen bestimmt sind und zu ihr in einem dieser Bestimmung entsprechenden räumlichen Verhältnis stehen". In § 97 Abs. 1 Satz 2 BGB ist geregelt, dass eine Sache nicht Zubehör ist, „wenn sie im Verkehr nicht als Zubehör angesehen wird." Aus dieser Regelung folgt, dass die Zubehöreigenschaft in zwei Schritten zu prüfen ist. Zunächst ist zu fragen, ob der betreffende Gegenstand von der Verkehrsanschauung als Zubehör bewertet wird. Lässt sich keine entsprechende Verkehrssitte feststellen, so kommt es darauf an, ob der betreffende Gegenstand lediglich für eine vorübergehende Zeit in die Wohnung eingebracht wurde. Hinsichtlich einer Einbauküche hat der BGH entschieden, dass diese i. d. R. nicht zu den wesentlichen Bestandteilen eines Gebäudes zählt (BGH WuM 2009, 129). Anders kann es sein, wenn die nicht Küche aus serienmäßig gefertigten Teilen besteht, sondern speziell für einen bestimmten Küchenraum nach Maß angefertigt wurde und die Küche aufgrund der Besonderheiten des Raums nur dort sinnvoll verwendet werden kann (LG Berlin ZMR 2017, 246). Im Übrigen kann die Zuordnung einer serienmäßig gefertigten Einbauküche zum Zubehör von Region zu Region verschieden zu beurteilen sein (BGH a. a. O.). In der Rechtsprechung der Oberlandesgerichte wird die Zubehöreigenschaft regelmäßig verneint (OLG Karlsruhe NJW-RR 1986, 19, 20; NJW-RR 1988, 459, 460; OLG Frankfurt/Main ZMR 1988, 136; OLG Hamm NJW-RR 1989, 333; OLG Zweibrücken Rpfleger 1993, 169; OLG Koblenz ZMR 1993, 66; OLG Düsseldorf NJW-RR 1994, 1039; **a. A.** OLG Nürnberg NJW-RR 2002, 1485). Entsprechendes gilt für Möbel und sonstige Einrichtungsgegenstände. Soweit diese Gegenstände unstreitig zur Mietsache gehören hat der Gerichtsvollzieher die Sachen dem Mieter wegzunehmen und dem Vermieter zu übergeben.

Probleme können sich ergeben, wenn die **Eigentumsverhältnisse streitig** sind 94 oder die Rechtslage unklar ist. Zu denken ist an diejenigen Fälle, in denen der Mieter für diverse vermietereigene Gegenstände eine Ablösungssumme gezahlt hat und unklar ist, ob und gegebenenfalls welche Sachen in das Eigentum des Mieters übergegangen sind. Die Prüfung und Klärung der Eigentumsverhältnisse ist nicht Sache des Gerichtsvollziehers, sondern Sache des Gerichts. Deshalb ist es ratsam die Eigentumsfrage bereits im Räumungsprozess durch eine entsprechende Antragstellung klären zu lassen. Ergibt sich aus dem Titel, dass ein bestimmter Gegenstand, z. B. eine Einbauküche, in der Wohnung zu belassen ist, so hat es damit sein Bewenden. Anderenfalls ist zu fragen, ob der betreffende Gegenstand als Zubehör zur Wohnung i. S. von § 97 BGB anzusehen ist. Bleibt dies unklar, so ist der Titel auszulegen. Lautet der Titel lediglich auf „Räumung und Herausgabe" so wird die Auslegung ergeben, dass der Gerichtsvollzieher für den Ausbau der Küche zu sorgen hat.

§ 546 BGB Untertitel 1. Allgemeine Vorschriften für Mietverhältnisse

95 **Eigentum Dritter.** Der Gerichtsvollzieher hat grundsätzlich auch solche Gegenstände zu entfernen, die im Eigentum eines Dritten stehen (Gruber in: Münch-Komm § 885 ZPO Rdn. 33). Der Gerichtsvollzieher hat diese Sachen dem Mieter oder dem Dritten zu übergeben. Der Gerichtsvollzieher darf diese Sachen auch dann nicht in der Wohnung belassen, wenn der Vermieter dies verlangt, weil er ansonsten dem Gläubiger einen Gewahrsam an Sachen verschafft, die nicht Gegenstand der Zwangsvollstreckung sind (Gruber a. a. O.).

96 **Abfall, Müll, Unrat.** Zur Räumung gehört i. d. R. auch die Wegschaffung von Gerümpel, Unrat und Müll (Gruber in: MünchKomm § 885 ZPO Rdn. 38). Hierfür besteht weder eine Aufbewahrungs- noch eine Verwertungspflicht; vielmehr ist hier die sofortige Vernichtung möglich (Gruber a. a. O. Rdn. 48). Bei Zweifeln über die Werthaltigkeit eines Gegenstands wird sich der Gerichtsvollzieher aber für die Aufbewahrung entscheiden. Diese Maßnahme verursacht i. d. R. Kosten, die auch dann zu den notwendigen Kosten der Zwangsvollstreckung gehören, wenn sich im Nachhinein herausstellt, dass die betreffenden Gegenstände wertlos waren. Eine **aufwendige und kostenintensive Verpflichtung zur Beseitigung von Abfall** wird nicht von der Herausgabevollstreckung umfasst (BGH DGVZ 2005, 70 betr. Entsorgungskosten von ca. 400.000.– €). Dies ist deshalb von Bedeutung, weil die Vollstreckung durch den Gläubiger eine Ermächtigung des Prozessgerichts voraussetzt. Fehlt es hieran, so können die Kosten der Beseitigung nicht als notwendige Kosten der Zwangsvollstreckung festgesetzt werden (BGH a. a. O.). Der Vermieter kann diese Kosten nur auf Grund eines besonderen Titels geltend machen.

97 **gg) Tiere.** Werden auf dem Grundstück Tiere gehalten und weigert sich der Mieter diese zu entfernen, so werden hinsichtlich der Vollstreckung zwei Ansichten vertreten: Nach einer Ansicht muss die zuständige Polizeibehörde (das Ordnungsamt) die Tiere entfernen und in der Folgezeit für deren Unterbringung und Versorgung aufkommen. Dem ehemaligen Vermieter oder Verpächter entstehen keine Kosten; vielmehr sind diese von der Allgemeinheit zu tragen (so insbes. OLG Karlsruhe NJW 1997, 1789). Nach der **Ansicht des BGH** (BGH NZM 2012, 620) sind die Tiere wie bewegliche Sachen zu behandeln. Die Vollstreckung richtet sich nach den §§ 885 Abs. 2 bis Abs. 4 ZPO. Dabei gelten folgende **Besonderheiten: (1)** Der Gerichtsvollzieher hat die Tiere vom Grundstück zu entfernen. Er muss hierbei die Belange des Tierschutzes beachten. Unter Umständen muss er die Tiere in einem Tierheim unterbringen; dabei kann er staatliche Stellen zur Unterstützung heranziehen. Für die Wegschaffung und (vorläufige) Unterbringung entstehen Kosten. Hierfür hat der ehemalige Vermieter oder Verpächter einen Vorschuss zu zahlen. Dies gilt auch dann, wenn diese Kosten sehr hoch sind. Es handelt sich um Kosten der Zwangsvollstreckung, die der ehemaligen Vermieter oder Verpächter vom Räumungsschuldner ersetzt verlangen kann. **(2)** Die für eine dauerhafte Unterbringung entstehenden Kosten sind allerdings nicht vom ehemaligen Vermieter oder Verpächter, sondern von der Allgemeinheit zu tragen. Dies beruht auf der Erwägung, dass anderenfalls die Gefahr besteht, dass der Räumungstitel wegen des Kostenrisikos nicht durchgesetzt werden kann. **(3)** Eine Ausnahme von dem unter (1) dargestellten Grundsatz gilt für Nutztiere. Diese kann der Gerichtsvollzieher verkaufen. Gelingt dies nicht, so sind auch diese Tiere in einer geeigneten Einrichtung unterzubringen und zu versorgen. Die für eine dauerhafte Unterbringung entstehenden Kosten sind auch hier von der Allgemeinheit zu tragen. **(4).** Die Verhängung eines Zwangsgeldes gegen den Räumungsschuldner zur Erzwingung der Räumungspflicht ist nur möglich, wenn der Räumungsschuldner nicht nur zur

Räumung und Herausgabe des Grundstücks, sondern darüber hinaus auch zur Wegschaffung der Tiere verurteilt wird; ein entsprechender Antrag ist zulässig **(5)** Eine weitere Besonderheit gilt für Haustiere. Hier hat das Vollstreckungsgericht die Verantwortung des Menschen für das Tier zu berücksichtigen (§ 765a Abs. 1 Satz 3 ZPO). Hieraus ist u. a. abzuleiten, dass die Haustiere des ehemaligen Mieters grundsätzlich nicht verkauft werden dürfen.

Räumung bei Wiedereinweisung durch die Obdachlosenbehörde. Im 98 Falle der Wiedereinweisung des ehemaligen Mieters durch die Obdachlosenbehörde ist zu unterscheiden: Erfolgt die Wiedereinweisung vor der vollständigen Räumung, so wird der Gerichtsvollzieher die Vollstreckung abbrechen. Der Vermieter hat nach Beendigung der Wiedereinweisung zum einen einen sog. Folgenbeseitigungsanspruch gegen die Wiedereinweisungsbehörde. Zum anderen kann er aber auch aus dem Titel vollstrecken. Erfolgt die Wiedereinweisung dagegen nach Beendigung der Räumung, so ist der Titel verbraucht. Der Vermieter kann in diesem Fall nur die Behörde in Anspruch nehmen (Gruber in: MünchKomm § 885 ZPO Rdn. 25).

e) Abtransport und Verwahrung des Räumungsguts (§ 885 Abs. 3 ZPO). 99 Ist weder der Schuldner noch eine Ersatzperson anwesend, so hat der Gerichtsvollzieher die Sachen auf Kosten des Schuldners in das Pfandlokal zu schaffen oder anderweit in Verwahrung zu bringen (§ 885 Abs. 3 Satz 1 ZPO). Unpfändbare Sachen und solche Sachen, bei denen ein Verwertungserlös nicht zu erwarten ist, sind auf Verlangen des Schuldners ohne weiteres herauszugeben (§ 885 Abs. 3 Satz 2 ZPO). Aus der Wendung „in Verwahrung zu bringen" ist abzuleiten, dass der Gerichtsvollzieher grundsätzlich nicht verpflichtet ist, die Sachen in die neue Wohnung des Mieters zu schaffen (Gruber in: MünchKomm § 885 ZPO Rdn. 40. Er ist jedoch hierzu befugt, wenn der Schuldner dies beantragt und die dadurch entstehenden Kosten nicht höher als diejenigen sind, die durch den Transport des Räumungsguts in die Pfandkammer und durch dessen Lagerung entstehen würden" (§ 180 Nr. 4 GVGA).

f) Verwertung des Räumungsguts (§ 885 Abs. 4 ZPO). Werden die im 100 Pfandlokal eingelagerten oder anderweitig verwahrten Sachen innerhalb einer Frist von 2 Monaten nach der Räumung nicht abgeholt, so sind sie zu verkaufen; dies gilt auch für die unpfändbaren Gegenstände. Der Erlös ist zu hinterlegen. Der Verkauf erfolgt nach den Vorschriften des Selbsthilfeverkaufs (§§ 372 bis 380, 382, 383 und 385 BGB).

Für Unrat und Müll besteht weder eine Aufbewahrungs- noch eine Verwertungspflicht; vielmehr ist hier die sofortige Vernichtung möglich.

g) Rechtsmittel. Gegen Maßnahmen der Zwangsvollstreckung ist die Erinne- 101 rung zulässig (766 ZPO). Gegen die Entscheidung des Vollstreckungsgerichts ist die sofortige Beschwerde gegeben. Hiergegen kann Rechtsbeschwerde eingelegt werden. Hat der Gerichtsvollzieher die Schlösser ausgetauscht und die Schlüssel dem Gläubiger übergeben so kann diese Maßnahme mangels Rechtsschutzbedürfnis nicht mehr mit der Erinnerung angegriffen werden. Will der Schuldner erreichen, dass er erneut in den Besitz eingewiesen wird, so ist hierzu ein entsprechender Titel erforderlich, der nur im Erkenntnisverfahren erlangt werden kann (BGH NZM 2005, 193). Eine Feststellung der Rechtswidrigkeit einer Vollstreckungsmaßnahme sieht § 766 ZPO nicht vor. Bei einer drohenden Räumungsvollstreckung besteht das Rechtsschutzbedürfnis bereits vor der ersten Vollstreckungshandlung (BGH a. a. O.). Teilweise wird vertreten, dass eine Vollstreckungsmaßnahme „bei schwerer

§ 546 BGB Untertitel 1. Allgemeine Vorschriften für Mietverhältnisse

und offenkundiger Fehlerhaftigkeit" nicht nur anfechtbar, sondern nichtig sei mit der weiteren Folge, dass der Räumungsschuldner so stellen ist wie er ohne die Vollstreckung stehen würde. Dies führt im Ergebnis dazu, dass der Vollstreckungsgläubiger dem Schuldner den entzogenen Besitz einstweilen wieder einzuräumen hat (vgl. OLG Schleswig-Holstein NZM 2015, 624).

102 **h) Haftungsfragen. aa) Amtshaftung für Handlungen des Gerichtsvollziehers und seiner Gehilfen.** Die Zwangsvollstreckung ist eine hoheitliche Maßnahme die durch den Gerichtsvollzieher als Amtsträger durchgeführt wird. Für dessen Verschulden haftet gem. Art. 34 GG, § 839 BGB das Bundesland für das der Gerichtsvollzieher tätig wird (Grundlegend: BGHZ 142, 77 = WuM 1999, 530). Amtsträger sind auch die Gehilfen des Gerichtsvollziehers, i. d. R. der mit der Räumung beauftragte Spediteur. Dieser wird zwar auf Grund eines privatrechtlichen Vertrags mit dem Gerichtsvollzieher tätig; gleichwohl ist er Amtsträger, weil er zur Erfüllung einer hoheitlichen Aufgabe beigezogen wird (BGHZ 121, 126 = NJW 1993, 1258; Grüßenmeyer NZM 2007, 310). Die Auswahl des Spediteurs ist Sache des Gerichtsvollziehers; dieser muss weder auf die Wünsche des Gläubigers noch auf die des Schuldners Rücksicht nehmen. Der Umfang der hoheitlichen Tätigkeit des Gerichtsvollziehers ist anhand des § 885 ZPO zu bestimmen. Macht der Vermieter an allen Gegenständen des Mieters ein Vermieterpfandrecht geltend, so beschränkt sich die Tätigkeit des Gerichtsvollziehers gem. § 885 Abs. 1 ZPO auf die Besitzeinweisung; mit dieser Maßnahme ist die Tätigkeit des Gerichtsvollziehers beendet. Bei der Räumung nach § 885 Abs. 2 ZPO endet die Tätigkeit des Gerichtsvollziehers, wenn er das Mobiliar dem Mieter oder einer Ersatzperson übergeben hat.

103 **Abgrenzungsprobleme** entstehen, wenn der Gerichtsvollzieher die Verwahrung des Mobiliars anordnet, weil bei der Vollstreckung weder der Mieter noch eine Ersatzperson anwesend sind oder die Genannten die Entgegennahme der Sachen verweigern. Nach dem Wortlaut des § 885 Abs. 3 Satz 1 ZPO hat der Gerichtsvollzieher die Sachen des Schuldners „in Verwahrung zu bringen". Hieraus ist abzuleiten, dass der Transport der Sachen in den Lagerraum zur Tätigkeit des Gerichtsvollziehers gehört, während die Verwahrung als von § 885 Abs. 3 ZPO nicht mehr erfasst wird (Grüßenmeyer NZM 2007, 310, 311; OLG Köln DGVZ 1994, 171).

104 Im Hinblick hierauf ist zu fragen, ob durch die Einlagerung ein **öffentlich-rechtlicher Verwahrungsvertrag** begründet wird mit der weiteren Folge, dass der Justizfiskus für dessen Schlechterfüllung einstehen muss. Kennzeichen eines solchen Vertrags ist ein zwischen dem Bürger und der Behörde bestehendes Fürsorgeverhältnis. Hiervon kann ausgegangen werden, wenn der Bürger außerstande ist, für sein Eigentum zu sorgen. Dies wird in Rechtsprechung (OLG Köln a. a. O.) und Literatur (Grüßenmeyer NZM 2007, 310, 313) verneint, weil der Schuldner die eingelagerten Gegenstände ohne weiteres herausverlangen kann. Weiter ist in Erwägung zu ziehen, ob der **Lagerhalter als** sog. **„Verwaltungshelfer"** gilt. Auch dies ist aus den vorgenannten Gründen zu verneinen (Grüßenmeyer NZM 2007, 310, 314 ff). Daraus folgt, dass die Amtshaftung mit der Einlagerung des Räumungsguts endet. Die Amtshaftung umfasst damit Schäden an den Sachen des Mieters, die beim Zerlegen, Verpacken und beim Transport zum Lagerraum entstehen. Es gilt der allgemeine Haftungsmaßstab, Grüßenmeyer NZM 2007, 310, 3169.

105 Für die **Transportschäden** gilt allerdings eine wichtige Ausnahme: Entsteht der Schaden infolge eines Verkehrsunfalls, so richtet sich die Haftung ausschließlich nach allgemeinen Grundsätzen. Dies wird mit der Erwägung begründet, dass ein

bei Transport erlittener Verkehrsunfall keine typische Folge eines hoheitlichen Eingriffs ist, sondern dem allgemeinen Risiko zugeordnet werden muss, Grüßenmeyer NZM 2007, 310, 3169. Soweit die Amtshaftung reicht, spielt es keine Rolle, ob die Verantwortung für den Schadensfall beim Gerichtsvollzieher oder beim Spediteur liegt, weil der Spediteur – wie dargelegt – bei der Zwangsvollstreckung als Amtsträger tätig wird.

bb) Haftung des Spediteurs. Soweit die Amtshaftung ausscheidet, also für Transportschäden infolge eines Verkehrsunfalls sowie für Schäden infolge unsachgemäßer Einlagerung oder infolge einer Schlechterfüllung des Verwahrungsvertrags haftet der Spediteur allein. Da der Verwahrungsvertrag zwischen dem Spediteur und dem Gerichtsvollzieher als Vertreter des Justizfiskus abgeschlossen wird, kommt als Haftungsgrundlage gegenüber dem Mieter in erster Linie die deliktische Haftung aus § 823 BGB in Betracht. Daneben ist in Erwägung zu ziehen, ob der Vertrag zwischen dem Justizfiskus und dem Spediteur als **Vertrag mit Schutzwirkungen** zugunsten des Schuldners bewertet werden kann. Hiervon kann ausgegangen werden, wenn der Mieter als Eigentümer der Sachen wie der Justizfiskus selbst mit der Leistung des Spediteurs in Berührung kommt, also eine gewisse Leistungsnähe vorliegt. Weiter ist erforderlich, dass der Spediteur dem Mieter Schutz und Fürsorge zu gewährleisten hat, was ein Einbeziehungsinteresse des Mieters begründet und dies für den Spediteur erkennbar ist. Nach der hier vertretenen Ansicht sind diese Voraussetzungen gegeben. Deshalb entspricht es Sinn und Zweck des Verwahrungsvertrages sowie Treu und Glauben, dass dem Mieter der Schutz des Vertrages in gleicher Weise zugutekommt wie dem Justizfiskus (vgl. BGH NJW 2010, 3152).

cc) Darlegungs- und Beweislast. Die Darlegungs- und Beweislast für eine Beschädigung des Räumungsguts liegt beim Mieter. Der Mieter muss zum einen beweisen, dass die betreffende Sache vor Beginn der Zwangsvollstreckung schadensfrei war und dass sie nunmehr beschädigt ist. Bei der Amtshaftung muss der Mieter außerdem darlegen und beweisen, dass der Schaden auf eine Amtspflichtverletzung zurückzuführen ist. Der Mieter muss also Tatsachen vortragen, nach denen eine Schadensverursachung durch einen Verkehrsunfall oder eine Schlechterfüllung des Verwahrungsvertrags ausscheidet. Bei einer Inanspruchnahme des Spediteurs nach § 823 BGB muss der Mieter darlegen und beweisen, dass der Schaden entweder durch einen Verkehrsunfall oder durch eine Schlechterfüllung des Verwahrungsvertrags entstanden ist. Dies wird in vielen Fällen schwierig sein. Deshalb ist in Erwägung zu ziehen, ob eine Beweiserleichterung in Betracht kommt. Nach § 425 Abs. 1 HGB haftet der Frachtführer für den Schaden, der durch Verlust oder Beschädigung des Gutes in der Zeit von der Übernahme zur Beförderung bis zur Ablieferung entsteht. Entsprechendes gilt gem. § 475 HGB für den Lagerhalter. Es handelt sich um eine Gefährdungshaftung für vermutetes Verschulden mit Entlastungsmöglichkeit (Grüßenmeyer NZM 2007, 310, 317). Eine analoge Anwendung dieser Vorschriften auf die Amtshaftung dürfte allerdings mangels einer Regelungslücke ausscheiden. Eine Beweiserleichterung nach den Grundsätzen über den Anscheinsbeweis setzt voraus, dass der Schaden nach den äußeren Umständen auf einem typischen Geschehensablauf beruht. Diese Möglichkeit wird nur ausnahmsweise gegeben sein.

dd) Haftung des Vermieters bei Aufhebung des Räumungstitels. Vollstreckt der Vermieter auf Grund eines vorläufig vollstreckbaren Urteils, so ist der Vermieter im Falle der Aufhebung des Räumungstitels nach § 717 Abs. 2 Satz 1 ZPO „zum Ersatz des Schadens verpflichtet, der dem Beklagten durch die Vollstreckung des Urteils oder durch eine zur Abwendung der Vollstreckung gemachte Leistung entstanden ist". Der Anspruch umfasst nur solche Schäden, die in Folge der Vollstreckung entstanden sind. Bei der Vollstreckung eines Räumungsurteils zählen hierzu insbesondere eventuelle Umzugskosten, Kosten für die Anmietung von Ersatzräumen oder Hotelkosten. Schäden die infolge einer unsachgemäßen Durchführung der Vollstreckung entstanden sind (sog. „Begleitschäden") werden vom Schutzzweck der Vorschrift nicht umfasst. Hierzu gehört auch ein Schaden der infolge einer unrechtmäßigen Beschädigung oder Vernichtung des Räumungsguts entsteht (BGH NZM 2009, 275). Der Vermieter haftet in einem solchen Fall auch nicht nach § 831 BGB. Diese Vorschrift regelt u. a. die Haftung des Vermieters für solche Personen, die in seinem Auftrag tätig werden und hierbei den Mieter schädigen. Voraussetzung ist dabei, dass zwischen dem Vermieter und dem sog. „Verrichtungsgehilfen" ein privatrechtliches Verhältnis besteht. Demgegenüber wird der Gerichtsvollzieher auf Grund öffentlichen Rechts tätig. Dies hat zur Folge, dass bei Pflichtverletzungen des Gerichtsvollziehers grundsätzlich das Land haftet, bei dem der Gerichtsvollzieher angestellt ist (Art 34 GG, § 839 BGB, BGH a. a. O.).

108a   **i) Kosten.** Die Kosten der Zwangsräumung trägt der Räumungsschuldner. Soweit mehrere Personen als Gesamtschuldner zur Räumung verpflichtet sind haften sie auch für die Kosten als Gesamtschuldner. Dies gilt auch dann, wenn einer der mehreren Schuldner bereits vor Beginn der Vollstreckung freiwillig geräumt hat (LG Frankfurt/M WuM 2015, 567; **a. A.** LG Koblenz DGVZ 2006, 71).

2. Beschränkter Vollstreckungsauftrag nach § 885a ZPO

109   **a) Voraussetzungen.** Bei der regulären Vollstreckung eines Räumungstitels nach § 885 ZPO (s. oben Rdn. 76) muss der Gerichtsvollzieher zwei Vollstreckungshandlungen vornehmen. Zum einen hat der Gerichtsvollzieher den ehemaligen Mieter aus dem Besitz zu setzen und den Gläubiger in den Besitz einzuweisen (§ 885 Abs. 1). Zum anderen muss der Gerichtsvollzieher die in der Wohnung befindlichen Sachen wegschaffen (§ 885 Abs. 2). Nach dem durch das MietRÄndG 2013 neu geschaffenen § 885a ZPO kann der Vollstreckungsauftrag auf die Besitzeinweisung beschränkt werden. Dies setzt voraus, dass der Vermieter dem Gerichtsvollzieher einen beschränkten Vollstreckungsauftrag erteilt und der Gerichtsvollzieher diese Form der Vollstreckung mit den hierfür im Gesetz vorgesehenen Hinweisen ankündigt (vgl. OLG Schleswig-Holstein Beschluss vom 28.10.2014 – 5 W 42/14).

110   Der **Auftrag lautet:** „Ich übergebe in der Anlage die vollstreckbare Ausfertigung des Räumungsurteils des AG***mit dem Antrag, den Titel dem Beklagten zuzustellen und die Zwangsvollstreckung durch Herausgabe der in dem Urteil bezeichneten Wohnung durchzuführen. Der Auftrag wird auf den Herausgabeanspruch nach § 885 Abs. 1 ZPO beschränkt".

110a   Bei unklaren Vollstreckungsaufträgen muss der Gerichtsvollzieher den Gläubiger zur Klarstellung auffordern. Im Zweifel ist von einem unbeschränkten Antrag auszugehen (Lehmann-Richter WImmoT 2013, 105, 106).

111   Die Regelung tritt an die Stelle der früher praktizierten sog. „Berliner Räumung" (s. Rdn. 119). In Gegensatz hierzu ist es aber nicht erforderlich, dass der Vermieter ein Pfandrecht an den in der Wohnung befindlichen Gegenständen geltend macht.

112   **b) Durchführung der Vollstreckung.** Der Gerichtsvollzieher muss dem Vermieter den unmittelbaren Besitz an der Wohnung verschaffen. Hinsichtlich der in der Wohnung befindlichen Sachen hat der Vermieter zwei Möglichkeiten. Er kann diese Sachen zum einen in der Wohnung belassen und warten bis sie vom Mieter abgeholt werden. Der Vermieter hat in diesem Fall keinen Anspruch auf Nutzungsentschädigung, weil ihm die Mietsache nicht vorenthalten wird. Der Vermieter kann die Sachen zum anderen aus der Wohnung entfernen. Wertlose Sachen kann er vernichten; erforderlich ist insoweit, dass an der Aufbewahrung „offensichtlich" kein Interesse besteht. Maßgeblich ist das Interesse des Mieters. Die Sinnlosigkeit der Aufbewahrung muss darüber hinaus „offensichtlich" – also für jedermann zweifelsfrei erkennbar – sein. Damit ist der gewöhnliche Abfall und Unrat angesprochen. Die übrigen Gegenstände muss der Vermieter verwahren. Die Lagerkosten zählen gem. § 885a Abs. 6 zu den Vollstreckungskosten, die der Vermieter vom Mieter ersetzt verlangen kann. Diese Kosten können im Kostenfestsetzungsverfahren geltend gemacht werden.

c) Dokumentationspflichten. Im Interesse beider Parteien ist in § 885a Abs. 2 **113** geregelt, dass der Gerichtsvollzieher in dem Protokoll über die Vollstreckung des Herausgabeanspruchs die beweglichen Sachen zu dokumentieren hat, die er bei der Vornahme der Vollstreckungshandlung vorfindet. Die Dokumentationspflicht erstreckt sich auf die Erfassung der Gegenstände und deren Zustand. Dies gilt auch für solche Gegenstände, die nicht offen zugänglich sind. Deshalb muss der Gerichtsvollzieher beispielsweise auch Schubladen und Schränke öffnen und deren Inhalt feststellen (Lehmann-Richter in: Schmidt-Futterer § 885a ZPO Rdn. 15; WImmoT 2013, 105, 106; **a. A.** Lützenkirchen in: Lützenkirchen, Mietrecht § 546 Rdn. 82). In der Praxis wird diese Pflicht wohl durch Fertigung von Foto- oder Filmaufnahmen erfüllt, die in § 885a Abs. 2 Satz 2 ausdrücklich vorgesehen sind. Durch die Dokumentation soll die Beweisführung über den Bestand und den Zustand der Sachen erleichtert werden.

d) Verwertung des Mobiliars. Die Aufbewahrungspflicht des Vermieters be- **114** trägt einen Monat. Die Frist beginnt mit der Beendigung der Herausgabevollstreckung, also mit der Besitzeinweisung des Vermieters. Fordert der Mieter die Sachen innerhalb dieser Frist beim Vermieter ab, so muss sie der Vermieter herausgeben. Ausgenommen hiervon sind Gegenstände an denen dem Vermieter ein Pfandrecht zusteht. An den übrigen Sachen steht dem Vermieter kein Zurückbehaltungsrecht zu.

Werden die **Sachen nicht abgefordert**, so kann sie der Vermieter verwerten. **115** Eine Abforderung im Sinne des § 885a Abs. 4 setzt voraus, dass der Mieter zur Entgegennahme der Sachen bereit und in der Lage ist. Ob der Mieter in bestimmten Fällen eine Fristverlängerung verlangen kann, ist im Gesetz nicht geregelt. Die Frage ist insbesondere dann von Bedeutung, wenn der Mieter eine Ersatzwohnung hat, in die er zwar nicht sofort aber doch in absehbarer Zeit einziehen kann.

Die **Verwertung** erfolgt nach den §§ 372, bis 380, 382, 383 und 385 BGB. Da- **116** nach gilt: **(1)** Geld, Wertpapiere und sonstige Urkunden sowie Kostbarkeiten wie Schmuck etc. sind zu hinterlegen (§§ 372–380, 382 BGB). **(2)** Hinterlegungsunfähige Sachen kann der Vermieter versteigern lassen; der Erlös ist zu hinterlegen (§ 383 BGB). Diese Maßnahme muss nicht angedroht werden. Hat der Vermieter noch Ansprüche gegen den Mieter, so kann er sich im Wege der Aufrechnung aus dem Erlös befriedigen. Dies gilt auch hinsichtlich der Kosten der Versteigerung. Den verbleibenden Rest muss der Vermieter an den Mieter auskehren Der eigenhändige Verkauf unter Missachtung des § 383 BGB ist rechtswidrig. Die jeweiligen Erwerber werden gleichwohl Eigentümer, wenn sie gutgläubig sind. Dies ist nicht der Fall, wenn sie von der Herkunft der Gegenstände Kenntnis haben (Lehmann-

Richter WImmoT 2013, 105, 108). **(3)** Gegenstände mit einem Börsen- oder Marktpreis kann der Vermieter zu diesem Preis verkaufen (§ 385 BGB). **(4)** Gegenstände die nicht verwertet werden können, kann der Vermieter vernichten (§ 885a Abs. 4 Satz 4)

116a Im Falle des § 885a ZPO ist die Räumungsvollstreckung beendet, wenn sich der Vermieter wieder im Besitz der Wohnung befindet. Eine **Einstellung der Zwangsvollstreckung** ist dann nicht mehr möglich. Der Mieter muss andere Möglichkeiten ergreifen, wenn er die Vernichtung seines Eigentums verhindern will (OLG Rostock GE 2015, 970).

117 **e) Haftung des Vermieters.** § 885a Abs. 3 Satz 1 ZPO begründet ein gesetzliches Schuldverhältnis, das Grundlage der Haftung nach § 280 BGB sein kann. Beim Mietvertrag entsteht eine nachvertragliche Obhutspflicht (§ 241 Abs. 2 BGB). Werden die in Verwahrung genommen Sachen infolge der schuldhaften Schlechterfüllung der Verwahrpflicht beschädigt oder gehen sie verloren, so haftet der Vermieter allerdings nur bei Vorsatz und grober Fahrlässigkeit. Bei Nichtbeachtung gesetzlicher Vorschriften wird im Regelfall Vorsatz oder grobe Fahrlässigkeit vorliegen. Vorsatz ist anzunehmen, wenn der Vermieter die Vorschrift kennt, sie aber nicht beachtet. Grob fahrlässig handelt der Vermieter, wenn er die gesetzlichen Regelungen nicht zur Kenntnis nimmt, obwohl ihm dies möglich wäre. Deshalb hat es der Vermieter zu vertreten, wenn er Räumungsgut entgegen § 383 BGB freihändig verkauft oder werthaltige persönliche Gegenstände des Mieters in der Annahme entsorgt, dass diese wertlos sind (Lehmann-Richter in: Schmidt-Futterer § 885a ZPO Rdn. 48; WImmoT 2013, 105, 109).

117a Wird ein Gegenstand bei der Entfernung aus der Mietsache oder im Zuge der Einlagerung beschädigt, so kommt es auf die Umstände des Einzelfalls an. Den Mieter trifft die Beweislast dafür, dass sich ein bestimmter Gegenstand in der Mietsache befand, dass dieser unbeschädigt war, dass er nunmehr beschädigt ist und dass hierdurch ein Schaden in einer bestimmten Höhe entstanden ist. Das Protokoll des Gerichtsvollziehers kann im Wege des Urkundenbeweises verwertet werden; die vom Gerichtsvollzieher gefertigten Bildaufnahmen können Gegenstand des Augenscheinbeweises sein. Da in das Protokoll nur diejenigen Sachen aufzunehmen sind, die frei ersichtlich sind, ist die Beweiskraft des Protokolls beschränkt. Gleiches gilt für die Bildaufnahmen. Aus der Nichterwähnung eines Gegenstands im Protokoll kann deshalb nicht geschlossen werden, dass der Gegenstand nicht vorhanden war (Lehmann-Richter NZM 2013, 260, 263). Der Vermieter muss diejenigen Tatsachen beweisen, aus denen sich die Haftungsbeschränkung ergibt.

3. Weitere Vollstreckungsvarianten

118 **a) Frankfurter Räumung.** Bei der sog. „Frankfurter Räumung" werden das Personal für die Räumung der Wohnung und die Räumlichkeiten zur Einlagerung des Räumungsguts vom Vermieter gestellt. Die Anforderungen an das Verfahren sind allerdings ungeklärt. Das AG Frankfurt (NZM 2004, 359) hat diese Form der Vollstreckung in einem Fall für zulässig angesehen, in dem folgende **Voraussetzungen** gegeben waren: **(1)** Der Gläubiger stellt zuverlässiges und fachkundiges Personal, das in der Lage ist Einbaumöbel fachgerecht auszubauen. **(2)** Der Gläubiger verpflichtet sich, den Müll kostenfrei entsorgen. **(3)** Er verpflichtet sich weiter, das übrige Räumungsgut in einem separaten, abschließbaren Raum zu lagern. Rechtsgrundlage der Verwahrung ist ein zwischen dem Gläubiger und dem Gerichtsvollzieher abzuschließender Verwahrungsvertrag. **(4)** Dem Gerichtsvollzieher wird ein Schlüssel zu diesem Raum ausgehändigt. **(5)** Der Gläubiger ersetzt dem Schuldner etwaige Schäden am Räumungsgut. **(6)** Der Gläubiger stellt den Gerichtsvollzieher von einer eventuellen Haftung frei. Die „Frankfurter Räumung" hat keinen Modellcharakter, weil die Zuverlässigkeit und Fachkunde des Gläubigers stets im Einzelfall festgestellt werden muss.

b) „Berliner Räumung". Der Eigentümer kann den Räumungsauftrag auch dann auf die Wiedereinweisung in den Besitz der ungeräumten Wohnung beschränken, wenn er als Vermieter an den Sachen des Mieters ein Vermieterpfandrecht geltend macht (sog. „Berliner Räumung"). Bei dieser Form der Räumung muss der Gerichtsvollzieher die Sachen des Mieters in der Wohnung belassen. Der Eigentümer muss sie verwahren, bis sie vom Mieter abgeholt werden. Es entstehen keine Kosten für die Wegschaffung der Gegenstände; folgerichtig kann der Gerichtsvollzieher hierfür keinen Vorschuss verlangen. Der **BGH** (WuM 2006, 50 = NZM 2006, 149; NZM 2006, 817) erachtet die Berliner Räumung für zulässig. Steht dem Vermieter kein Pfandrecht zu, so ist die Berliner Räumung unzulässig (vgl. OLG Schleswig-Holstein NZM 2015, 624). 119

Dies hat folgende **Konsequenzen: (1) Verwahrungspflicht.** Der Vermieter muss die Sachen des Mieters verwahren (§§ 1215, 1257 BGB). Diese Pflicht besteht auch hinsichtlich derjenigen Sachen an denen kein Pfandrecht besteht (LG Lübeck, NJW-RR 2010, 810). Er kann sie in der Wohnung belassen oder anderweitig unterbringen. Werden die Sachen in der Wohnung belassen, so schuldet der Mieter nach der Rückgabe keine Nutzungsentschädigung, weil der Mieter die Räume nicht vorenthält. Die Geltendmachung des Pfandrechts allein hat auf die Nutzungsentschädigung keinen Einfluss (**a. A.** Flatow PiG 79 (2007) 149). Ein Anspruch auf Ersatz von Lagerkosten steht dem Vermieter hinsichtlich derjenigen Sachen zu, an denen das Pfandrecht besteht (s. § 562 BGB Rdn. 45). Es handelt sich um einen materiell-rechtlichen Anspruch, der nicht im Kostenfestsetzungsverfahren geltend gemacht werden kann (OLG Frankfurt DGVZ 1998, 188). 120

(2) Herausgabepflicht. Auf Verlangen des Mieters muss der Vermieter die unpfändbaren Sachen herausgeben; weigert er sich, so kann der Mieter Schadensersatzansprüche geltend machen (§§ 280, 823 Abs. 1 BGB). Der Vermieter kann die Herausgabe nicht von der Zahlung von Räumungskosten oder von Mietschulden abhängig machen; ein Zurückbehaltungsrecht besteht nicht. 121

(3) Nicht abgeholte Gegenstände. Ungeklärt ist, was der Vermieter tun kann, wenn der Mieter seine Gegenstände nicht abholt und eine Verwertung nicht möglich oder nicht beabsichtigt ist. Die Zwangsvollstreckung ist mit der Besitzeinweisung des Vermieters beendet, der Titel ist verbraucht mit der Folge, dass der Gerichtsvollzieher nicht mehr tätig werden kann. Der Vermieter darf die Gegenstände des Mieters keineswegs ohne weiteres vernichten. Er wird den Mieter zur Abholung innerhalb angemessener Frist auffordern und deren Vernichtung nach Fristablauf androhen müssen. Werden die Gegenstände gleichwohl nicht abgeholt, so wird ein eventueller Schadensersatzanspruch des Mieters wegen der Vernichtung seines Eigentums i. d. R. an der Verletzung der Schadensminderungspflicht scheitern. 122

(4) Zur **Vernichtung von Räumungsgut** ist der Vermieter nicht befugt; eine (eng begrenzte) Ausnahme wird für offenkundig wertlose Gegenstände gelten (Müll, Sperrmüll). 123

§ 546 BGB Untertitel 1. Allgemeine Vorschriften für Mietverhältnisse

124 **(5) Verwertungsrecht.** Pfändbare Sachen kann der Vermieter verwerten. Der Verkauf des Pfandes ist grundsätzlich im Wege öffentlicher Versteigerung zu bewirken (§ 1235 Abs. 1 BGB). Dies gilt grundsätzlich auch dann, wenn ein Versteigerungserlös nicht zu erwarten ist. (OLG Stuttgart DGVZ 2012, 164) Es gelten die Vorschriften der §§ 1233 ff BGB.

125 **(6) Mieterschutz.** Der Mieter ist gegen diese Art der Räumung nicht schutzlos. Der Mieter kann die unpfändbaren, nicht dem Vermieterpfandrecht unterliegenden Gegenstände, vor Durchführung der Vollstreckung aus der Wohnung entfernen. (BGH NZM 2006, 817). Wird ein dem Pfandrecht unterliegender Gegenstand entfernt, so hat der Vermieter die unter § 562b BGB dargestellten Rechte (s. dort). Der Umstand, dass der Mieter aus tatsächlichen Gründen an der Entfernung der pfandfreien Gegenstände gehindert ist, steht der Berliner Räumung nicht entgegen (BGH NZM 2009, 660 = WuM 2010, 98 betr. Strafhaft). Der Mieter kann in einem solchen Fall einen Dritten mit der Entfernung der unpfändbaren Gegenstände beauftragen. Gegebenenfalls muss er nach § 765a BGB einen Vollstreckungsschutzantrag stellen

126 **(7) Vollstreckungsaufschub durch Gerichtsvollzieher.** Der Gerichtsvollzieher kann die Vollstreckung nach § 885 Abs. 1 BGB für die Dauer einer Woche aufschieben, wenn der Mieter glaubhaft macht, dass die Vollstreckung gegen die guten Sitten verstößt (§ 765a ZPO) und die rechtzeitige Anrufung des Vollstreckungsgerichts nicht möglich war. Ein solcher Fall kann vorliegen, wenn der Vermieter Sachen zurückbehalten will, die offensichtlich unpfändbar sind und der Mieter nicht in der Lage war für die Entfernung und Unterbringung dieser Sachen zu sorgen (BGH a. a. O.).

127 **(8) Haftung des Vermieters.** Beim Berliner Modell scheidet eine Staatshaftung aus. Werden die gepfändeten Sachen infolge der schuldhaften Schlechterfüllung der Verwahrpflicht beschädigt oder gehen sie verloren,, so haftet der Vermieter wegen Verletzung einer nachwirkenden Pflicht aus dem Mietvertrag (§§ 241 Abs. 1, 280 BGB; ähnlich LG Lübeck, NJW-RR 2010, 810: Haftung nach § 821 Abs. 1 BGB). Hat der Vermieter unpfändbare Sachen gepfändet und werden diese beschädigt, so trifft den Vermieter regelmäßig ein Verschulden, wenn er die Unpfändbarkeit hätte erkennen können (Grüßemeyer NZM 2007, 310, 322); hiervon ist regelmäßig auszugehen.

128 **(9) Räumungstitel Zuschlagsbeschluss.** Die Berliner Räumung setzt voraus, dass dem Vermieter für seine Forderungen aus dem Mietverhältnis ein Pfandrecht an den eingebrachten Sachen des Mieters zusteht. Daran fehlt es, wenn der Vollstreckungsgläubiger das Eigentum an der Immobilie durch Zuschlagsbeschluss erworben hat und hieraus die Zwangsräumung gegen den früheren Eigentümer betreibt. Die „Berliner Räumung" ist in diesem Fall ausgeschlossen (BGH WuM 2013, 309; LG Bonn NJW-Spezial 2010, 482; **a. A.** Schuschke NZM 2011, 685).

128a **Kosten.** Bei der „Berliner Räumung" ist die Zwangsvollstreckung mit der Besitzeinweisung beendet. Soweit nach der Besitzeinweisung weitere Kosten entstehen, etwa für die Aufbewahrung des Räumungsgutes oder dessen Versteigerung, stehen dem Vermieter möglicherweise materiellrechtliche Ansprüche auf Schadensersatz gegen den Mieter zu, die im Streitfall vor dem Prozessgericht geltend zu machen sind. Das (vereinfachte und billigere) Kostenfestsetzungsverfahren scheidet aus (BGH NJW 2015, 2126).

129 **c) „Hamburger Räumung".** Nach diesem Modell (dazu Riecke DGVZ 2005, 81, 84; Schuschke NZM 2005, 684; s. auch Nies MDR 1999, 113; Flatow

PiG 79 (2007) 149) wird der Schuldner durch Wegnahme der Schlüssel aus dem Besitz gesetzt. Diese werden dem Gläubiger allerdings nicht übergeben. Vielmehr werden die Schlüssel einem Spediteur ausgehändigt, der zwei Wochen zuwartet. Meldet sich der Schuldner innerhalb dieser Zeit, so wird das Räumungsgut auf Wunsch des Schuldners in dessen Ersatzräume transportiert. Anderenfalls werden die Sachen in die Pfandkammer verbracht. Der Abtransport wird i. d. R. mit anderen Transporten verbunden umso eine Kosteneinsparung zu erreichen. Diese Form der Vollstreckung ist nach der hier vertretenen Ansicht (wohl ebenso Schuschke NZM 2005, 681, 685) unzulässig, weil der Gerichtsvollzieher wesentliche Teile der (hoheitlichen) Vollstreckungstätigkeit auf einen Privaten überträgt. Im Übrigen gilt auch hier, dass der Vermieter für die Zeit zwischen der Wegnahme der Schlüssel und dem Abtransport des Räumungsguts keine Nutzungsentschädigung verlangen kann, weil der Mieter die Mietsache nicht vorenthält. Verlangt der Mieter die Sachen heraus, so müssen sie ihm ausgehändigt werden. Der Gläubiger hat kein Zurückbehaltungsrecht. Dies folgt aus der Erwägung, dass dem Schuldner das Räumungsgut kostenfrei ausgehändigt werden müsste, wenn es – entsprechend der gesetzlichen Regelung – in die Pfandkammer gebracht worden wäre (Schuschke NZM 2005, 681, 684). Für die Haftung des Gerichtsvollziehers gelten die Allgemeinen Regeln.

4. Räumungsverfügung

a) Gewerberaum. Der Erlass einer sog. „Räumungsverfügung" setzt einen Verfügungsanspruch und einen Verfügungsgrund voraus. Eine sog. **„Sicherungsverfügung" nach § 935 ZPO** kommt in Betracht, „wenn zu besorgen ist, dass durch eine Veränderung des bestehenden Zustandes die Verwirklichung des Rechts einer Partei vereitelt oder wesentlich erschwert werden könnte". Der Erlass einer Sicherungsverfügung scheidet aus, wenn der Berechtigte seinen Anspruch ohne Rechtsnachteil auch im regulären Verfahren durchsetzen kann. Geht es um den Erlass einer Räumungsverfügung so sind nur solche Nachteile zu berücksichtigen, die einen Bezug zur Durchsetzung des Herausgabeanspruchs haben. Sonstige Vermögensnachteile wie der Verlust von Mieteinnahmen und dergleichen genügen nicht. 130

Bei der Gewerbemiete ist eine Anwendung des **§ 940 ZPO** in Erwägung zu ziehen. Danach sind einstweilige Verfügungen „auch zum Zwecke der Regelung eines einstweiligen Zustandes in Bezug auf ein streitiges Rechtsverhältnis zulässig, sofern diese Regelung, insbesondere bei dauernden Rechtsverhältnissen zur Abwendung wesentlicher Nachteile oder zur Verhinderung drohender Gewalt oder aus anderen Gründen nötig erscheint." Hier gilt der Grundsatz, dass durch den Erlass einer einstweiligen Verfügung kein endgültiger Zustand geschaffen werden darf. Deshalb scheidet eine Räumungsverfügung regelmäßig aus. Ausnahmsweise kann es aber genügen, dass der Eigentümer infolge einer besonderen wirtschaftlichen Notlage auf die sofortige Herausgabe der Räume angewiesen ist. Insoweit gelten strenge Anforderungen. Eine Räumungsverfügung kommt nur in Betracht, wenn dem Vermieter die Erwirkung eines Titels im ordentlichen Verfahren nicht möglich oder nicht zumutbar ist und der Verweis auf das ordentliche Verfahren praktisch einer Rechtsverweigerung gleichkäme (OLG Celle NJW 2015, 711; NZM 2001, 194; OLG Rostock Urteil vom 3.5.2001 – 1 U 233/00; OLG Celle NZM 2001, 194; OLG Düsseldorf NJW-RR 1996, 123; OLG Köln NJW-RR 1995, 1088; LG Karlsruhe ZMR 2005, 869; LG Wuppertal MietRB 2015, 330: wenn der Mietbesitz durch Hausfriedensbruch begründet wurde und es dem Eigentümer nicht 131

§ 546 BGB Untertitel 1. Allgemeine Vorschriften für Mietverhältnisse

zuzumuten ist, den Räumungstitel im ordentlichen Verfahren zu erlangen; Zöller/ Vollkommer § 940 Rz. 6). Befürchtete finanzielle Nachteil reichen für sich alleine grundsätzlich nicht aus. Deshalb genügt es nicht, wenn der Mieter in der Zeit der Vorenthaltung der Mietsache keine Nutzungsentschädigung zahlt. Jedoch liegt der Tatbestand des § 940 ZPO vor, wenn durch die Vorenthaltung die Mietsache in ihrer Substanz gefährdet wird. Hiervon ist beispielsweise auszugehen, wenn der Mieter in den gemieteten Räumen trotz gravierender Brandschutzmängel eine Diskothek betreibt (OLG München NZM 2015, 167).

132 Ausnahmsweise ist eine **Räumungsverfügung ohne Verfügungsgrund** zulässig, wenn der Besitzer den Besitz durch **verbotene Eigenmacht** erlangt hat (OLG Stuttgart NJW-RR 1996, 1516). Die verbotene Eigenmacht muss sich gegen den unmittelbaren Besitzer richten. Deshalb reicht es nicht aus, wenn der Mieter die Mietsache ohne Erlaubnis des Vermieters untervermietet (BGH NJW 1977, 1818). Im Verhältnis zum Mieter oder Untermieter ist der Vermieter nämlich nur mittelbarer Besitzer.

132a Die für Wohnraummietverhältnisse geltende Vorschrift des **§ 940a Abs. 2 ZPO** (s. Rdn. 133a) ist auf Mietverhältnisse über Gewerberaum weder unmittelbar noch entsprechend anwendbar. Fraglich ist, ob der durch § 940a Abs. 2 BGB zum Ausdruck kommende Rechtsgedanke auch bei der Auslegung des § 940 ZPO zu berücksichtigen ist. Dies wird teilweise verneint (OLG Celle ZfIR 2020, 155; KG JurBüro 2020, 102; OLG Celle NJW 2015, 711; KG NZM 2013, 791; OLG München NZM 2015, 167; Vollkommer in: Zöller ZPO § 940a Rdn. 4; Neuhaus, Handbuch der Geschäftsraummiete, Kap. 29 Rdn. 26). Nach zutreffender Ansicht bedarf auch der Vermieter von Gewerberäumen eines besonderen Schutzes, wenn gegen den Mieter ein vollstreckbarer Räumungstitel vorliegt, die Räume aber nicht (mehr) vom Mieter, sondern von einer dritten Person genutzt wird und der Vermieter hiervon erst nach Schluss der mündlichen Verhandlung in dem Räumungsverfahren gegen den Mieter Kenntnis erlangt hat (OLG Dresden MDR 2018, 204; OLG München ZMR 2018, 220; KG GE 2019, 797; LG Hamburg ZMR 2015, 380; NJW 2013, 3666; LG Krefeld ZMR 2016, 448; Hinz NZM 2012, 777, 794; Fleindl ZMR 2014, 938; M. Klüver ZMR 2015, 10f und ZMR 2018, 196; Börstinghaus jurisPR-MietR 7/2016 Anm. 4; Streyl in: Schmidt-Futterer § 940a ZPO Rdn. 57). Die Voraussetzungen des § 940a ZPO sind vom Vermieter glaubhaft zu machen. Zusätzliche Anforderungen an das Vorliegen eines Verfügungsgrundes, etwa eine Interessenabwägung, sind bei Vorliegen der Voraussetzungen des § 940a Abs. 2 ZPO nicht zu stellen.

133 **b) Wohnraum: aa)** Die Räumung von Wohnraum darf durch einstweilige Verfügung wegen verbotener Eigenmacht oder bei einer konkreten Gefahr für Leib oder Leben angeordnet werden **(§ 940a Abs. 1 ZPO).** Die verbotene Eigenmacht muss sich auch hier gegen den unmittelbaren Besitzer richten. Im Übrigen werden hier die Fälle erfasst, in denen der Mieter den Vermieter tätlich angegriffen hat oder wo ein solcher Angriff auf Grund konkreter Tatsachen zu befürchten ist. Bloße Belästigungen genügen nicht (anders für Stalking: Musielak § 940a ZPO Rdn. 3). Verbale Entgleisungen, wie Beleidigungen, üble Nachrede und dergleichen, können zu einer Gefährdung von Leib oder Leben führen, wenn sie geeignet sind, eine psychische Störung mit Krankheitswert zu verursachen oder zu verstärken (vgl. OLG Frankfurt FamRZ 2015, 1898). Angriffe gegen Dritte können eine Räumungsverfügung rechtfertigen, wenn ein Bezug zum Mietverhältnis besteht (AG Hamburg ZMR 2011, 291: wenn ein Mieter von einem im 3. OG gelegenen Balkon einen

Holzstuhl auf Mitarbeiter eines vom Vermieter beauftragten Sicherheitsdienstes wirft).

bb) Nach **§ 940a Abs. 2** ZPO darf die Räumung von Wohnraum durch einstweilige Verfügung auch gegen einen Dritten angeordnet werden, der im Besitz der Mietsache ist, wenn gegen den Mieter ein vollstreckbarer Räumungstitel vorliegt und der Vermieter vom Besitzerwerb des Dritten erst nach dem Schluss der mündlichen Verhandlung Kenntnis erlangt hat. Der Dritte muss die Räume tatsächlich in Besitz haben. Alleinbesitz ist nicht erforderlich, Mitbesitz oder mittelbarer Besitz genügt (LG Berlin GE 2015, 1035). Dritter im Sinne des § 940a Abs. 2 ist jede vom Mieter verschiedene Person mit selbständigem Besitzrecht (Streyl in: Schmidt-Futterer § 940a Rdn. 22), insbesondere also der Ehegatte, Lebensgefährte oder Lebenspartner (s. § 535 Rdn. 237, 245). In der Rechtsprechung wird vertreten, dass erwachsene (volljährige) Kinder eines Mieters i. d. R. jedenfalls solange keinen Eigenbesitz haben, als sie sich in der Berufsausbildung befinden; sie sind lediglich Besitzdiener. Dies ändere sich erst dann, wenn das Kind nach außen erkennbar zum Ausdruck bringt, dass es künftig selbständiger Eigenbesitzer sein will (AG Wiesbaden WuM 2015, 515, zweifelhaft, s. § 535 Rdn. 240). Die Regelung gilt nur für die Wohnraummiete; eine entsprechende Anwendung auf die Gewerbemiete kommt angesichts des eindeutigen Wortlauts der Regelung nicht in Betracht (OLG Celle NJW 2015, 711; KG NJW 2013, 3588; OLG München NZM 2015, 167; LG Köln NJW 2013, 3589; Streyl in: Schmidt-Futterer § 940a ZPO Rdn. 2, 3; Horst MDR 2013, 249; Neuhaus ZMR 2013, 686, 694; Börstinghaus jurisPR-MietR 16/2014 Anm. 6; Zöller/Vollkommer § 940a Rz. 4; **a. A.** LG Hamburg NJW 2013, 3666 m. Anm. M. Klüver ZMR 2015, 10).

133a

Grundsätzlich gilt, dass der Vermieter einen Räumungstitel gegen jeden Besitzer benötigt. Im Falle des § 940a Abs. 2 kann sich der Vermieter einen solchen Titel durch einstweilige Verfügung verschaffen. Voraussetzung für den Erlass einer einstweiligen Verfügung ist **(1),** dass gegen den Mieter ein vollstreckbarer Räumungstitel vorliegt. Besteht die Mietpartei aus mehreren Personen, so muss gegen alle Mieter ein Titel vorliegen. Ein Untermieter steht dem Mieter nicht gleich; deshalb ist es nicht erforderlich, dass der Räumungsanspruch des Vermieters gegen den Untermieter tituliert ist (N. Fischer NZM 2013, 249, 252). **(2)** Zum anderen setzt Abs. 2 voraus, dass der oder die weiteren Besitzer den Besitz ohne Kenntnis des Vermieters erlangt haben. Erforderlich ist positive Kenntnis; selbst auf grober Fahrlässigkeit beruhende Unkenntnis genügt nicht (AG Hanau NZM 2013, 728; Streyl NZM 2012, 249, 253; Zehelein WuM 2013, 133, 141). Maßgeblich für die Kenntnis des Vermieters ist der Zeitpunkt der letzten mündlichen Verhandlung des Räumungsverfahrens gegen den Mieter. Teilweise wird vertreten, dass es auf den Schluss der mündlichen Verhandlung erster Instanz ankommt (LG Frankfurt/Oder NZM 2016, 816; Streyl in: Schmidt-Futterer § 940a ZPO Rdn. 27; Fleindl ZMR 2013, 677, 682). Nach anderer Ansicht ist der Schluss der mündlichen Verhandlung im Berufungsverfahren maßgebend (LG Berlin GE 2015, 863; Wendt NZM 2016, 818). Die erstgenannte Ansicht ist vorzuziehen; sie beruht auf der zutreffenden Erwägung, dass der Dritte im Berufungsverfahren grundsätzlich nur im Falle seiner Zustimmung auf Räumung in Anspruch genommen werden kann. Der mit § 940a Abs. 2 ZPO verfolgte Zweck ist deshalb nur zu erreichen, wenn hinsichtlich der Kenntnis auf die erste Instanz abgestellt wird. Der Vermieter muss glaubhaft machen, dass er den Dritten nicht auf Räumung in Anspruch nehmen konnte; hierfür reicht es aus, wenn er den Namen des Dritten nicht gekannt hat (AG Hanau a. a. O.). Die mit der Glaubhaftmachungslast einhergehende Beweislast für den

133b

§ 546 BGB Untertitel 1. Allgemeine Vorschriften für Mietverhältnisse

Zeitpunkt der Kenntniserlangung trägt der Vermieter (LG Berlin MDR 2017, 144). Ein non-liquet geht zu Lasten des Vermieters (LG Berlin a. a. O.) **(3)** Die allgemeinen Vorschriften für den Erlass einer einstweiligen Verfügung (§§ 916ff, 935f, 940 ZPO) gelten auch im Rahmen des § 940a Abs. 2. Deshalb setzt der Erlass der einstweiligen Verfügung Eilbedürftigkeit voraus. Daran fehlt es, wenn der Vermieter nach Kenntnis vom Besitz des Dritten längere Zeit zuwartet (AG Berlin-Mitte GE 2015, 597 betr. Zuwarten von mehr als zwei Monaten).

133c Die Regelung des **§ 940 ZPO** setzt voraus, dass die einstweilige Verfügung zur „Abwendung wesentlicher Nachteile oder zur Verhinderung drohender Gewalt oder aus anderen Gründen" erforderlich ist. In den Fällen des § 940a Abs. 2 ist der Besitz des unbekannten Dritten als anderer Grund i. S. des § 940 ZPO ansehen. Eine Abwägung der wechselseitigen Interessen ist hier nicht erforderlich (LG Mönchengladbach NJW 2014, 950; LG Frankfurt/Oder NZM 2016, 816)

133d Ist dem Vermieter die Person des Besitzers unbekannt, so scheidet eine einstweilige Verfügung gegen den unbekannten Dritten aus. Dies gilt insbesondere dann, wenn sich eine Person als Nachfolgebesitzer geriert (z. B. als Untermieter), der gegenüber dem Vermieter seine Identität verschweigt. Hier muss der Vermieter den Mieter auf Erteilung einer Auskunft in Anspruch nehmen. Wegen der Eilbedürftigkeit kann der Auskunftsanspruch im einstweiligen Verfahren geltend gemacht werden.

133e **cc)** Ist Räumungsklage wegen Zahlungsverzugs erhoben, darf die Räumung von Wohnraum durch einstweilige Verfügung angeordnet werden, wenn der Beklagte einer Sicherungsanordnung (§ 283a) nicht Folge leistet **(§ 940a Abs. 3 ZPO).**

133f Diese Variante setzt voraus, **(1)** dass der Vermieter eine Räumungsklage wegen Zahlungsverzugs erhoben hat, **(2)** dass in diesem Verfahren zugleich die künftig fällig werdende Nutzungsentschädigung eingeklagt wird, **(3)** dass das Gericht eine Sicherungsanordnung nach § 283a ZPO erlassen hat, nachdem der Mieter die künftig fällig werdende Nutzungsentschädigung zu hinterlegen hat und **(4)** dass der Mieter dieser Anordnung nicht Folge leistet.

133g **Voraussetzungen der Sicherungsanordnung nach § 283a ZPO.** Die Sicherungsanordnung kann nur wegen solcher Geldforderungen angeordnet werden, die Gegenstand der Zahlungsklage sind und die nach Eintritt der Rechtshängigkeit fällig wurden. Mieten, die zwischen der Anhängigkeit und der Rechtshängigkeit der Klage fällig wurden, werden nicht erfasst (AG Langenfeld WuM 2014, 104; AG Hanau WuM 2016, 305; Streyl in: Schmidt-Futterer § 283a ZPO Rdn. 14; abweichend Zehelein WuM 2014, 133, 136: danach sind diese Mieten zu berücksichtigen, wenn der Antrag auf Erlass der Sicherungsanordnung mit der Räumungs- und Zahlungsklage eingereicht wurde). Die Zahlungsklage muss mit einer wegen Zahlungsverzug erhobenen Räumungsklage verbunden sein (LG Saarbrücken WuM 2015, 630). Zum Zahlungsverzug in diesem Sinne zählen diejenigen Fälle, in denen der Vermieter nach § 543 Abs. 2 Nr. 3 BGB zur Kündigung berechtigt ist, nicht dagegen die Fälle der unpünktlichen Mietzahlung (§ 543 Abs. 1), die Fälle der Kündigung wegen Nichtzahlung der Kaution (§ 569 Abs. 2a), sowie die Fälle, in denen dem Vermieter oder Eigentümer ein Anspruch auf Nutzungsentschädigung zusteht (OLG Sachsen-Anhalt Beschluss vom 15.9.2015 – 12 W 84/15). Hinsichtlich der Zahlungsklage muss eine hohe Erfolgsaussicht bestehen. Eine hinreichende Erfolgsaussicht im Sinne des § 114 ZPO genügt nicht. Das Gericht darf seine Prognose nur mit den Mitteln des Strengbeweises gewinnen, ohne die Beweisangebote jedoch voll ausschöpfen zu müssen (OLG Sachsen-Anhalt NJW 2016, 1250). Weiter setzt die Sicherungsanordnung voraus, dass die Hinterlegung zur Abwendung eines besonderen Nachteils erforderlich ist. Das von jedem Gläubiger zu tragende allgemeine Prozessrisiko genügt nicht. Anders ist es, wenn der Zahlungsrückstand zur Folge hat, dass der Vermieter eigene Zahlungsverpflichtungen nicht erfüllen kann (LG Saarbrücken a. a. O.)

Nach allgemeinen Grundsätzen (§§ 935, 916ff ZPO) setzt die einstweilige Ver- **133h** fügung einen Verfügungsanspruch voraus. Deshalb ist § 940a Abs. 3 ZPO unanwendbar, wenn die Räumungsklage keine Erfolgsaussicht hat, etwa weil die Kündigungserklärung formell unwirksam ist. Andererseits setzt der Erlass einer einstweiligen Verfügung nicht voraus, dass der Räumungsanspruch zweifelsfrei besteht; in einem solchen Fall kann hinsichtlich der Räumungsklage eine Endentscheidung ergehen. Es dürfte sachgerecht sein, wenn an die Erfolgsaussicht der Räumungsklage dieselben Anforderungen wie an den Erlass der Sicherungsanordnung gestellt werden. Erforderlich ist demnach, dass die Räumungsklage „hohe Aussicht auf Erfolg hat"

Für den Erlass der Räumungsverfügung ist dasjenige Gericht zuständig, das die **133i** Sicherungsanordnung erlassen hat (N. Fischer a. a. O. S. 253).

5. Eigenmächtige Räumung

a) Anspruchsgrundlagen: Eine Räumung und Inbesitznahme ohne Räu- **134** mungstitel durch den Vermieter ist als verbotene Eigenmacht (§ 858 Abs. 1 BGB) und unerlaubte Selbsthilfe (§ 229 BGB) zu bewerten. Gleiches gilt, wenn der Vermieter zwar Inhaber eines Räumungstitels ist, diesen aber ohne Zuziehung eines Gerichtsvollziehers vollstreckt (BGH GE 2017, 342). Soweit dem Mieter hierdurch ein Schaden entsteht, haftet der Vermieter verschuldensunabhängig (§ 231 BGB; BGH NJW 1977, 1818; NJW-RR 2004, 493; BGH NJW 2010, 3434 = WuM 2010, 578 = NZM 2010, 701; OLG Nürnberg ZMR 2014, 534); die irrige Annahme eines Selbsthilferechts entlastet den Vermieter aus diesem Grunde nicht. Hierbei spielt es keine Rolle ob das Mietverhältnis fortbesteht oder bereits gekündigt ist. Ist der Aufenthalt des Mieters unbekannt, muss der Vermieter gleichwohl Räumungsklage einreichen; diese wird im Wege der öffentlichen Zustellung erhoben. Eine Vertragsklausel, die den Vermieter zur Selbsthilfe ermächtigt, wenn sich der Mieter mit der Erfüllung der Räumungspflicht im Verzug befindet verstößt gegen § 307 BGB (LG Duisburg ZMR 2012, 550). Hat der Mieter die Wohnung nach Beendigung des Mietverhältnisses verlassen, diese aber noch nicht geräumt und erfüllt er diese Verpflichtung trotz Mahnung und Fristsetzung durch den Vermieter nicht, so ist der Vermieter gleichwohl nicht zur eigenmächtigen Räumung befugt. Unbeschadet hiervon steht dem Vermieter ein Schadensersatzanspruch wegen Verzugs des Mieters mit der Erfüllung der Räumungspflicht zu. Dieser Umfasst die Kosten der eigenmächtigen Räumung (Schlüsseldienst), die Kosten der Entrümpelung der Wohnung sowie den Mietausfall, der infolge der Nicht- oder Schlechterfüllung der Räumungspflicht entsteht (LG Duisburg a. a. O.).

b) Beweislast: Nach allgemeinen Grundsätzen hat der Geschädigte die Höhe **135** des Schadens zu beweisen. In den Fällen der Räumung im Wege der verbotenen Eigenmacht ist dies anders. Den Vermieter obliegt eine Inventarisierungs-, Schätzungs- und Aufbewahrungspflicht hinsichtlich der in der Wohnung befindlichen Gegenstände. Dies ergibt sich aus der dem Vermieter obliegenden Obhutspflicht (§ 241 Abs. 2 BGB). Hieraus sind folgende **Regeln** abzuleiten (vgl. BGH NJW 2010, 3434 = WuM 2010, 578 = NZM 2010, 701; OLG Sachsen-Anhalt ZMR

§ 546 BGB Untertitel 1. Allgemeine Vorschriften für Mietverhältnisse

2013, 112: **(1)** Der Vermieter muss ein Verzeichnis über die in der Wohnung befindlichen Gegenstände anfertigen. Aus dem Verzeichnis müssen sich der Zustand und die wertbildenden Merkmale der Gegenstände ergeben. **(2)** Der Wert der jeweiligen Gegenstände ist vom Vermieter schätzen zu lassen; die jeweiligen Schätzwerte müssen aus dem Verzeichnis ersichtlich sein. **(3)** Der Vermieter hat die Gegenstände sicher aufzubewahren. **(4)** Eine Ausnahme von diesen Grundsätzen gilt, soweit es sich ersichtlich um verbrauchte und damit offenkundig wertlose Gegenstände handelt, an deren Dokumentierung der Mieter „bereits auf den ersten Blick schlechthin kein Interesse haben" kann. **(5)** Hat der Vermieter kein qualifiziertes Verzeichnis angefertigt, so hat der Mieter die ihm obliegende Darlegungs- und Beweislast erfüllt, wenn er die fehlenden und/oder beschädigten Gegenstände und deren Wert benennt. Sind diese Angaben plausibel so muss der Vermieter beweisen in welchem Umfang und in welcher Höhe der tatsächliche Schaden von den Angaben des Mieters abweicht.

136 c) **Schadensermittlung:** Das Gericht muss die Höhe des Schadens nach dem jeweiligen Beweisergebnis durch Schätzung (§ 287 ZPO) ermitteln. Hierfür gelten folgende **Grundsätze** vgl. BGH NJW 2010, 3434 = WuM 2010, 578 = NZM 2010, 701) **(1)** Kann der Gesamtschaden wegen der Vielzahl der Schadenspositionen nicht ermittelt werden, so ist der Wert einzelner Positionen oder zumindest ein Mindestschaden zu ermitteln. Hierbei können auch Tatsachen berücksichtigt werden, die von den Parteien nicht vorgetragen wurden. **(2).** Mangels konkreter Anhaltspunkte kommt es nicht auf den denkbar geringsten Wert der Gegenstände, sondern auf den mittleren Wert an. **(3)** Soweit die Gegenstände keinen Marktwert besitzen, ist deren Neuwert abzüglich eines Abzugs „neu für alt" anzusetzen. **(4)** Bei der Zerstörung von Kunstwerken richtet sich die Schadenshöhe nicht nach den Herstellungskosten, sondern nach dem Marktpreis. Hierunter ist derjenige Preis zu verstehen, der beim Verkauf des Kunstwerks erzielt werden könnte. **(5)** Unter Umständen fällt dem Mieter ein Mitverschulden zur Last, wenn der Vermieter die eigenmächtige Räumung und die Entsorgung des Räumungsguts angedroht hat und der Mieter hierauf nicht reagiert. Dies gilt jedenfalls dann, wenn sich in der Mietsache Gegenstände von hohem – aber nicht ohne weiteres erkennbarem Wert (z. B. Kunstgegenstände, Teppiche) befinden (**a. A.** OLG Nürnberg ZMR 2014, 534).

137 d) **Verfahren:** Für die Entscheidung über die Ansprüche des Mieters ist unabhängig vom Streitwert das Amtsgericht zuständig. Diese gilt auch dann, wenn die Klage allein auf § 823 BGB gestützt wird. Es handelt sich um eine Mietsache; der Umstand, dass das Mietverhältnis zum Zeitpunkt des Schadenseintritts bereits beendet ist, spielt keine Rolle (OLG Köln WuM 2010, 95 = ZMR 2010, 36).

6. Nachvertragliche Pflichten des Vermieters

137a Auch nach der Rückgabe kann der Vermieter nach § 241 Abs. 2 BGB zur Rücksicht auf die Interessen des Mieters verpflichtet sein. Hinsichtlich der vom Mieter zurückgelassenen Gegenstände darf der Vermieter zwar grundsätzlich davon ausgehen, dass der Mieter den Besitz aufgegeben hat; deshalb kann er hiermit nach Belieben verfahren. Jedoch sind Ausnahmen denkbar, insbesondere wenn nach den Umständen in Erwägung zu ziehen ist, dass die Zurücklassung des Gegenstands auf einem Versehen beruht; hier ist der Vermieter verpflichtet, den ehemaligen Mieter zu informieren. Den bisher vom Mieter genutzten Briefkasten darf der Vermieter nach dessen Auszug verschließen oder einem anderen Mieter zuweisen. Wird gleichwohl an den ehemaligen Mieter adressierte Post in den Briefkasten eingeworfen, so muss der Vermieter die Postsendungen verwahren und dies dem Mieter mitteilen (LG Darmstadt NZM 2014, 243); dies gilt nicht für Werbesendungen.

7. Einstellung der Zwangsvollstreckung

a) Einstellung aus Urteilen, die noch nicht rechtskräftig abgeschlossen sind. aa) Erstinstanzliche Räumungsurteile sind gem. § 708 Nr. 7 ZPO ohne Sicherheit vorläufig vollstreckbar. Jedoch darf der Mieter die Vollstreckung durch Sicherheitsleistung oder Hinterlegung abwenden, wenn nicht der Vermieter vor der Vollstreckung Sicherheit leistet (§ 711 ZPO). Leistet der Vermieter die Sicherheit, so stehen dem Mieter die Rechte aus § 712 ZPO zu. Danach kann der Mieter die Vollstreckung durch Sicherheitsleistung oder Hinterlegung ohne Rücksicht auf eine Sicherheitsleistung des Gläubigers abzuwenden. Die Vorschrift des § 712 setzt voraus, dass die Vollstreckung für den Mieter mit einem „nicht zu ersetzenden Nachteil" verbunden ist. Die tatsächlichen Voraussetzungen des § 712 muss der Mieter darlegen. Der drohende Verlust der Wohnung dürfte für sich allein nicht ausreichen (**a. A.** Eisenhardt NZM 1998, 64). Der Antrag nach § 712 ZPO muss vor Schluss der mündlichen Verhandlung erster Instanz gestellt werden; der Antrag kann nicht nachgeholt werden (§ 714 ZPO). 138

bb) Das **Berufungsgericht** kann auf Antrag anordnen, dass die Zwangsvollstreckung gegen oder ohne Sicherheitsleistung einstweilen eingestellt werde oder nur gegen Sicherheitsleistung stattfinde und dass die Vollstreckungsmaßregeln gegen Sicherheitsleistung aufzuheben seien. Die Einstellung der Zwangsvollstreckung ohne Sicherheitsleistung ist nur zulässig, wenn glaubhaft gemacht wird, dass der Schuldner zur Sicherheitsleistung nicht in der Lage ist und die Vollstreckung einen nicht zu ersetzenden Nachteil bringen würde (§§ 707, 719 Abs. 1 Satz 1 ZPO). Hier ist streitig, ob der Schutzantrag nach den §§ 707, 719 Abs. 1 Satz 1 ZPO auch dann möglich ist, wenn der Mieter in der Instanz keinen Antrag nach § 712 ZPO gestellt hat (bejahend: Lehmann-Richter in: Schmidt-Futterer Einleitung Räumungsvollstreckung Rdn. 11 m. w. N.; verneinend: Schuschke/Walker § 719 Rdn. 2). 139

cc) In der **Revisionsinstanz** gilt § 719 Abs. 2 ZPO. Danach kann das Revisionsgericht auf Antrag anordnen, dass die Zwangsvollstreckung einstweilen eingestellt wird, wenn die Vollstreckung dem Schuldner einen nicht zu ersetzenden Nachteil bringen würde und nicht ein überwiegendes Interesse des Gläubigers entgegensteht. Die Parteien haben die tatsächlichen Voraussetzungen glaubhaft zu machen. Die Einstellung der Vollstreckung in der Revisionsinstanz ist nur möglich, wenn die Revision zulässig ist. Daneben müssen die in § 719 Abs. 2 ZPO genannten Tatbestandsvoraussetzungen gegeben sein. Nach der ständigen Rechtsprechung des BGH sind diese Voraussetzungen zu verneinen, wenn der Mieter in der Vorinstanz keinen Schutzantrag nach § 712 ZPO gestellt hat (BGH NZM 2014, 707 m. w. N.). Dies gilt auch dann, wenn durch die Vollstreckung die wirtschaftliche Existenz eines gewerblichen Mieters gefährdet wird (BGH WuM 2011, 528). 140

dd) Räumungsfrist nach § 721 ZPO. Sie kann in allen Instanzen gewährt werden. Ein solcher Antrag ist sinnvoll, wenn der Mieter das Räumungsurteil akzeptiert aber nicht zum Fälligkeitszeitpunkt räumen kann, weil ihm noch keine Ersatzwohnung zur Verfügung steht. 141

§ 546 BGB Untertitel 1. Allgemeine Vorschriften für Mietverhältnisse

142 **b) Einstellung der Zwangsvollstreckung bei rechtskräftigen Räumungstiteln. aa) Vollstreckungsabwehrklage (§§ 767 ZPO).** Sie kommt in Betracht, **(1)** wenn der Räumungsanspruch nachträglich entfällt, weil sich die Parteien auf eine Fortsetzung des Mietverhältnisses geeinigt haben. **(2)** Ebenso kann der Mieter Vollstreckungsabwehrklage erheben, wenn der Vermieter trotz einer vereinbarten Stundung des Herausgabeanspruchs (z. B. der außergerichtlichen Vereinbarung einer Räumungsfrist) vor Fälligkeit vollstreckt. Bis zur Entscheidung über die Klage kann der Mieter gem. § 769 ZPO einstweilige Einstellung der Vollstreckung erreichen. Eine solche Entscheidung ist in entsprechender Anwendung des § 707 Abs. 2 Satz 2 nicht anfechtbar (BGH NJW 2004, 2224).

143 **bb) Unterlassungsklage nach § 826 BGB.** Diese Klage ist in Erwägung zu ziehen, wenn die Vollstreckung gegen die guten Sitten verstößt. Paradigmatisch ist die Ausnutzung eines erschlichenen Räumungstitels, etwa sich die Parteien außergerichtlich auf das Ruhen des Verfahrens geeinigt haben, der Vermieter aber gleichwohl im Termin erscheint, Versäumnisurteil beantragt und aus diesem vollstreckt. Die Klagerhebung allein führt allerdings nicht zur Einstellung der Vollstreckung. Vielmehr sind hierzu besondere Anträge erforderlich. Hier ist streitig, ob der Kläger eine einstweilige Anordnung analog § 769 ZPO beantragen kann (so OLG Köln NJW 1995, 576) oder ob die Einstellung nur auf Grund einer selbständigen einstweiligen Verfügung möglich ist (so OLG Stuttgart NJW-RR 1998, 70).

144 **cc) Vollstreckungsschutz nach § 765a ZPO.** Die Vorschrift ermöglicht die Einstellung der Zwangsvollstreckung, wenn deren Durchführung für den Mieter mit einer besonderen Härte verbunden ist. In Betracht kommen ähnliche Härtefälle wie in den Fällen des § 574 BGB (s. dort Rdn. 30–58). Eine solche Maßnahme ist nur möglich, wenn keine anderen Rechtsbehelfe zur Verfügung stehen (Erinnerung § 766 ZPO, vorläufiger Rechtsschutz §§ 707, 712, 719, 769 ZPO, Räumungsfrist § 721 ZPO). Grundsätzlich kann die Vollstreckung nur für eine bestimmte Zeit eingestellt werden; in extremen Ausnahmefällen ist aber auch eine Einstellung auf Dauer möglich. Unter Umständen hat der Vermieter dann einen Anspruch aus enteignendem (rechtmäßigen) Eingriff; der Anspruch richtet sich gegen das Bundesland dessen Justizbehörden die dauerhafte Einstellung angeordnet haben.

145 **dd) Verwirkung des Räumungstitels.** Ist der Räumungsanspruch tituliert, so kann hieraus auch dann vollstreckt werden, wenn der Vermieter nach Erlangung des Titels längere Zeit untätig geblieben ist. Nach der Rechtsprechung des BGH (NJW 2011, 445) setzt die Annahme einer Verwirkung neben dem Zeitablauf voraus, dass der Mieter auf Grund besonderer, auf dem Verhalten des Vermieters beruhender, Umstände darauf vertrauen darf, der Vermieter werde aus dem Titel nicht mehr vollstrecken (sog. Umstandsmoment). Schon an das Zeitmoment sind besonders strenge Anforderungen zu stellen, wenn es um die Verwirkung von Forderungen aus rechtskräftigen Vollstreckungstiteln geht, die einer 30jährigen Verjährungsfrist unterliegen. Das Umstandsmoment kann in eng begrenzten Ausnahmefällen vorliegen, insbesondere wenn der Vermieter nicht nur untätig bleibt, sondern den Räumungsschuldner wie einen Mieter behandelt (vgl. LG Bonn ZMR 2017, 734: keine Verwirkung der Rechte aus einem 12 Jahre alten Räumungstitel, wenn die Parteien in einem Vergleich vereinbart haben, dass der Vermieter vollstrecken wird, wenn der Mieter erneut in Zahlungsverzug kommt; vgl. dazu aber auch § 572 Rdn. 10; 569 Rdn. 104).

8. Vollstreckung gegen Hausbesetzer

Das Erfordernis der eindeutigen Bezeichnung der Schuldner im Vollstreckungstitel oder in der Vollstreckungsklausel gemäß § 750 Abs. 1 ZPO (s. Rdn. 76) besteht auch dann, wenn die Räumungsvollstreckung ein rechtswidrig besetztes Grundstück oder Gebäude betrifft und es dem Gläubiger im Erkenntnisverfahren ohne polizeiliche Hilfe nicht möglich ist, die Schuldner namentlich zu bezeichnen (BGH WuM 2018, 48). Dies führt zu der Frage, auf welche Weise der Eigentümer gegen illegale Grundstücks- oder Hausbesetzer vorgehen soll. Für solche Fälle ist typisch, dass die Besetzer namentlich nicht bekannt sind und dass die Gruppe häufig auch aus ständig wechselnden Personen besteht. Eine zivilrechtliche Möglichkeit zur Ermittlung der Identität der Besetzer hat der Eigentümer i. d. R. nicht. In der Literatur wird zum Teil vertreten, dass es für die Räumung eines illegal besetzten Grundstücks oder Gebäudes genügt, wenn sich der Titel „gegen unbekannt" oder gegen „den den es angeht" oder „gegen die jeweiligen Besitzer" richtet oder wenn im Titel lediglich das zu räumende Objekt beschrieben wird (vgl. Majer NZM 2012, 67, 70 m.w. N.). Der BGH teilt diese Ansicht nicht. Danach hat die Vollstreckung nach dem Polizei- und Ordnungsrecht zu erfolgen. Das widerrechtliche Eindringen und Verweilen in Wohnungen, Geschäftsräumen oder befriedetem Besitztum ist gemäß § 123 Abs. 1 StGB strafbar; die Verletzung strafrechtlicher Normen stellt stets eine Störung der öffentlichen Sicherheit im Sinne der polizei- und ordnungsrechtlichen Eingriffsermächtigungen der Bundesländer dar. Die Beseitigung dieser Störung fällt in die polizeiliche Aufgabenzuständigkeit (BGH WuM 2018, 48 Rdn. 19). 146

§ 546a Entschädigung des Vermieters bei verspäteter Rückgabe

(1) Gibt der Mieter die Mietsache nach Beendigung des Mietverhältnisses nicht zurück, so kann der Vermieter für die Dauer der Vorenthaltung als Entschädigung die vereinbarte Miete oder die Miete verlangen, die für vergleichbare Sachen ortsüblich ist.

(2) Die Geltendmachung eines weiteren Schadens ist nicht ausgeschlossen.

Übersicht

	Rdn.
I. Der Anspruch auf Nutzungsentschädigung (Abs. 1)	1
1. Allgemeines, Zweck und Anwendungsbereich	1
2. Voraussetzungen	5
a) Mietverhältnis	5
b) Beendigung	6
c) Rückgabepflicht	7
d) Vorenthaltung	10
3. Parteien	22
4. Höhe der Entschädigung	25
a) Vereinbarte Miete	25
b) Ortsübliche Miete	33
c) Vertragsregelungen	40
5. Dauer der Entschädigungspflicht	41
II. Weiterer Schaden (Abs. 2)	43

§ 546a BGB

	Rdn.
1. Verzug mit der Rückgabe	44
2. Schlechterfüllung der Rückgabepflicht	51
3. Schadensersatz statt der Rückgabe	52
III. Darlegungs- und Beweislast	53
IV. Konkurrenzen	55
V. Sonstiger Inhalt der nachvertraglichen Beziehungen	60
1. Pflichten des Vermieters	61
2. Pflichten des Mieters	62
VI. Prozessuales	63
VII. Nutzungsentschädigung bei Mieterinsolvenz	66

I. Der Anspruch auf Nutzungsentschädigung (Abs. 1)

1. Allgemeines, Zweck und Anwendungsbereich

1 Die Vorschrift gilt für alle Mietverhältnisse und regelt, welcher Betrag dem Vermieter in jedem Fall mindestens zusteht, wenn der Mieter die Mietsache nach Beendigung des Mietverhältnisses nicht zurückgibt. Sinn der Vorschrift ist es, dem Vermieter einen Anspruch zu geben, der einfach darzulegen ist und gegen dessen Höhe kaum etwas eingewendet werden kann. Der Anspruch auf Zahlung einer Nutzungsentschädigung besteht auch dann, wenn der Vermieter nicht die Absicht hat, die Mietsache weiter zu vermieten (KG ZMR 2001, 114 = GE 2010, 225). Im Einzelfall kann die Geltendmachung des Anspruchs treuwidrig sein (BGH NJW-RR 2005, 1081, 1082 betr. Nutzungsentschädigung für einen weitgehend wertlosen Leasinggegenstand).

2 Ein Teil der (älteren) Rechtsprechung und der Literatur sieht in der Nutzungsentschädigung eine Schadensersatzregelung, die dem Vermieter im Falle der Vorenthaltung einen Anspruch auf Ersatz eines gesetzlich geregelten Mindestschadens geben soll (OLG Frankfurt ZMR 1987, 177; OLG Karlsruhe ZMR 1987, 261; Mittelstein, S. 511; Roquette § 557 BGB a. F. Rdn. 6; s. auch Greiner ZMR 1998, 403). Die neuere Rechtsprechung ist dem nicht gefolgt: Danach wird die Nutzungsentschädigung als **„vertraglicher Anspruch eigener Art"** bewertet, der an die Stelle des Mietzinsanspruchs tritt (BGHZ 68, 307, 310 = ZMR 1978, 16; BGHZ 90, 145 = NJW 1984, 1527 = ZMR 1984, 380 = WuM 1984, 131; OLG Frankfurt NZM 1999, 969, 970; OLG Bremen MDR 2009, 1268; OLG Dresden NZM 2012, 84; LG Berlin ZMR 1992, 541; LG Essen NJW-RR 1992, 205; ebenso Streyl in: Schmidt-Futterer § 546a BGB Rdn. 19; Bieber in: MünchKomm § 546a BGB Rdn. 7; Lammel Wohnraummietrecht § 546a BGB Rdn. 8; Ehlert in: Bamberger/Roth § 546a BGB Rdn. 4; Lützenkirchen in: Lützenkirchen, Mietrecht § 546a Rdn. 19; Emmerich in: Bub/Treier Kap V Rdn. 130; Palandt/Weidenkaff § 546a BGB Rdn. 7; Pietz/Leo in: Lindner-Figura Geschäftsraummiete Kap. 16 Rdn. 60). Von der rechtlichen Einordnung hängt es ab, ob § 254 BGB für die Nutzungsentschädigung gilt; diese Frage kann nur bejahen, wer den Anspruch als Schadensersatzregelung bewertet.

3 Der Anspruch **verjährt** bei der Grundstücksmiete in entsprechender Anwendung des § 195 BGB in drei Jahren Mit den Ansprüchen aus § 546a BGB verjähren auch die konkurrierenden Ansprüche aus Verzug oder ungerechtfertigter Bereicherung. Für die Verjährung der Ansprüche wegen Schlechterfüllung der Rückgabepflicht gilt dagegen § 548 BGB.

Der Vermieter kann den Anspruch auf die Nutzungsentschädigung abtreten. Ist 4 der **Mietzins abgetreten,** so ist im Wege der Vertragsauslegung zu prüfen, ob hiervon auch die Nutzungsentschädigung erfasst wird (BGH NZM 2006, 820). Maßgeblich sind der mutmaßliche Wille der Parteien, der Zweck der Abtretung und die der Abtretung zugrunde liegende Interessenlage.

2. Voraussetzungen

a) Mietverhältnis. Die Vorschrift setzt – ebenso wie § 546 BGB – voraus, dass 5 zwischen den Parteien ein Mietverhältnis bestanden hat. Daran fehlt es, wenn der Vertrag nichtig ist, beispielsweise wegen eines Verstoßes gegen §§ 134, 138 BGB oder nach erfolgter Anfechtung. In diesem Fall können Entschädigungsansprüche nur aus §§ 812, 987 ff BGB hergeleitet werden. Im Verhältnis zwischen dem Hauptvermieter und dem Untermieter ist § 546a BGB unanwendbar, da zwischen diesen Personen kein Mietverhältnis besteht (OLG Brandenburg ZMR 1999, 102; OLG Hamburg NZM 1999, 1052). Gibt der **Untermieter** die Sache nach Beendigung des Hauptmietverhältnisses nicht zurück, so hat der Eigentümer nur Ansprüche aus dem Eigentümer/Besitzer Verhältnis (§§ 987 ff BGB). Dieser Anspruch richtet sich auf Herausgabe der Gebrauchsvorteile; diese sind nach dem objektiven Mietwert zu bemessen (BGH NZM 2014, 582; OLG Hamburg a. a. O.; Einzelheiten s. § 540 Rdn. 14)

b) Beendigung. Das Mietverhältnis muss beendet sein, sei es durch Kündigung, 6 Mietaufhebungsvertrag, Ablauf der Vertragszeit, Verwaltungsakt oder sonstige Weise. Bei einer Fortsetzung des Mietverhältnisses nach § 545 BGB schuldet der Mieter Miete und zwar ohne Unterbrechung im Anschluss an die ursprüngliche Vertragszeit, weil § 545 eine rückwirkende Fortsetzung des Mietverhältnisses bewirkt.

c) Rückgabepflicht. Der Anspruch auf Nutzungsentschädigung setzt weiter 7 voraus, dass der Mieter zur Rückgabe verpflichtet ist. Hieran fehlt es, wenn eine bewegliche Sache vermietet ist und der Vermieter diese beim Mieter abholen muss, hiervon aber keinen Gebrauch macht (OLG Köln DWW 1994, 83 = ZMR 1993, 376 betr. Vermietung von Öfen). Eine Rückgabepflicht ist ferner dann nicht gegeben, wenn dem Mieter einer beweglichen Sache ein **Zurückbehaltungsrecht** zusteht. Dies folgt aus der Erwägung, dass das Zurückbehaltungsrecht wertlos wäre, wenn der Mieter hierfür ein Entgelt zu bezahlen hätte. Allerdings muss sich der Mieter auf das bloße Zurückhalten beschränken. Er darf die Sache nicht benutzen. Bei einer Überschreitung des Zurückbehaltungsrechts muss der Mieter eine Nutzungsentschädigung zahlen (BGHZ 65, 56 = NJW 1975, 1773; s. dazu Anm. Haase JR 1976, 22).

Die Herausgabepflicht kann außerdem dann entfallen, wenn der ursprünglich 8 herausgabepflichtige Mieter mit dem Mietnachfolger einen **Untermietvertrag** abschließt. In diesem Fall kann er sein Besitzrecht vom neuen Mieter ableiten (BGHZ 85, 267 = NJW 1983, 446 = ZMR 1983, 93). Es kommt hierbei nicht darauf an, ob der neue Mieter zur Untervermietung berechtigt war (Emmerich in: Bub/Treier Kap V Rdn. 108).

Der Umstand, dass dem Mieter eine **Räumungsfrist** oder **Vollstreckungs-** 9 **schutz** bewilligt worden ist, steht dem Anspruch auf die Nutzungsentschädigung nicht entgegen (BGH NZM 2006, 820). Durch die genannten Maßnahmen wird der Vermieter an der Vollstreckung gehindert. Die materiellrechtliche Rückgabepflicht wird hierdurch aber nicht berührt.

§ 546a BGB Untertitel 1. Allgemeine Vorschriften für Mietverhältnisse

10   d) **Vorenthaltung.** Schließlich setzt § 546a BGB eine Vorenthaltung voraus. Hiervon ist auszugehen, wenn der Mieter die Sache dem Vermieter gegen dessen Willen nicht herausgibt (BGH ZMR 1984, 380; NJW 1983, 112; NJW 1984, 1527; NJW 1996, 1886; WuM 2006, 102 [Rdn. 12]; NZM 2017, 630; OLG Düsseldorf NZM 2002, 742). Es ist nicht erforderlich, dass der Mieter die Sache weiter nutzt (OLG Hamm ZMR 1996, 373). Der Mieter muss sich auch nicht im Besitz der Mietsache befinden (**a. A.** Sternel Rdn. IV 648). Es genügt, dass er seine Rückgabepflicht nicht erfüllt. Die Vorenthaltung endet mit der Rückgabe der Mietsache an den Vermieter (BGH WuM 2005, 771 = ZMR 2006, 32; OLG Düsseldorf ZMR 2008, 890).

11   Die bloße **Besitzaufgabe** führt zur Vorenthaltung, die erst endet, wenn der Vermieter die Sache in Besitz nimmt. Gleiches muss gelten, wenn der Vermieter die Besitzergreifung unterlässt, obwohl es offensichtlich ist, dass der Mieter den Besitz aufgegeben hat. Der Vermieter muss in dieser Richtung allerdings keine Nachforschungen anstellen. Er hat insbesondere keine Schadensminderungspflicht, weil es sich bei § 546a um einen vertraglichen Anspruch handelt; die Regelung des § 254 BGB ist unanwendbar (BGHZ 104, 285, 290; OLG Köln DWW 1996, 189).

12   Eine Vorenthaltung ist auch dann anzunehmen, wenn der Mieter zwar räumt aber die **Schlüssel** nicht zurückgibt (LG Düsseldorf WuM 1992, 191 = DWW 1992, 154; AG Siegburg WuM 1986, 92). Anders ist es, wenn der Mieter einen Teil der Schlüssel zurückgibt und der Vermieter hierdurch in die Lage versetzt wird, über die Sache zu verfügen (OLG München DWW 1987, 124; OLG Brandenburg NZM 2000, 463). Gibt der Mieter nach Beendigung des Mietverhältnisses nur einen Teil der Schlüssel zurück, so ist der Vermieter zur Auswechslung des Schlosses zur Wohnungseingangstür berechtigt, wenn der Mieter erklärt, dass er keine weiteren Schlüssel habe. Zur Auswechslung des Schlosses ist dem Vermieter eine Zeit von ca. 2 Wochen zuzubilligen. Danach endet der Anspruch des Vermieters auf Zahlung einer Nutzungsentschädigung (OLG Hamburg WuM 2004, 471). Umgekehrt genügt die Rückgabe der Schlüssel nicht, wenn der Mieter nicht oder **nur zum Teil geräumt** hat und das Verhalten des Mieters als **Nichterfüllung** bewertet (s. § 546 BGB Rdn. 45ff), werden kann (OLG Hamm ZMR 1996, 373). Anders ist es bei der bloßen **Schlechterfüllung;** hier liegt eine Rückgabe vor, mit der Folge, dass der Anspruch aus § 546a BGB nicht gegeben ist. Aus diesem Grunde darf ein Vermieter die Rücknahme nicht ablehnen, wenn ihm die Mietsache in vertragswidrigem Zustand angeboten wird (OLG Hamburg WuM 1977, 73 = ZMR 1977, 302; OLG Düsseldorf NZM 2002, 742; ZMR 2004, 28; AG Tempelhof-Kreuzberg MM 1992, 105; **a. A.** OLG Düsseldorf DWW 1997, 12).

13   Gibt der Mieter nur einen Teil der Mietsache zurück **(Teilrückgabe/Teilräumung),** so ist zu unterscheiden: Eine teilweise Erfüllung tritt ein, wenn der Vermieter dem Mieter zu erkennen gegeben hat, dass er (auch) an einer Teilleistung interessiert ist, der Mieter aus diesem Grunde die Teilleistung anbietet und der Vermieter diese als Teilerfüllung entgegennimmt (§ 363 BGB). Hat dagegen die Teilleistung für den Vermieter kein eigenständiges über die Vorbereitung der Gesamtrückgabe hinausgehendes Interesse, so tritt keine Erfüllung ein. Es ist nicht erforderlich, dass der Vermieter die Teilleistung zurückweist; er muss aber zu erkennen geben, dass er die Teilleistung nicht als Teilerfüllung gelten lassen will. Hierfür reicht es aus, wenn der Mieter weiß, dass der Vermieter mit dem zurückgegeben Teil alleine nichts anfangen kann (OLG Hamburg WuM 1996, 543). Der Vermieter

muss beweisen, dass er die Teilleistung nicht als Teilerfüllung angenommen hat (§ 363 BGB).

Eine Vorenthaltung liegt nicht vor, wenn die **Rückgabe objektiv unmöglich** 14 ist. (BGH NJW-RR 2005, 1081, 1082; OLG Bremen MDR 2009, 1268). Bei beweglichen Sachen ist dies dann der Fall, wenn die Mietsache zerstört wurde oder unauffindbar verloren gegangen ist. Hier schuldet der Mieter lediglich Schadensersatz nach allgemeinen Vorschriften (OLG Hamm ZMR 1977, 372; OLG Schleswig-Holstein Urteil vom 30.1.2009 – 4 U 168/07). Dies gilt unabhängig davon, ob der Mieter den Verlust angezeigt hat.

Hat der Mieter die Sache **untervermietet** und verweigert der Untermieter die 15 Herausgabe, so kann ein Fall der **subjektiven Unmöglichkeit** gegeben sein, wenn der Mieter zur Durchsetzung des Herausgabeanspruchs nicht in der Lage ist. In diesem Fall ist Vorenthaltung anzunehmen: der Mieter hat die Ursache für die Unmöglichkeit der Rückgabe gesetzt und muss deshalb auch das daraus folgende Risiko tragen (BGHZ 90, 145 = NJW 1984, 1527; NZM 2017, 630). Der Umstand, dass der Vermieter den Herausgabeanspruch aus § 546 Abs. 2 BGB gegenüber dem Untermieter geltend machen könnte, steht dem Anspruch auf Nutzungsentschädigung nicht entgegen, weil die genannte Vorschrift die Rechte des Vermieters nicht beschränkt, sondern ihm einen zusätzlichen Herausgabeanspruch gibt (BGH a. a. O.). Allerdings wird der Vermieter verpflichtet sein, den Herausgabeanspruch aus § 546 Abs. 2 BGB an den Mieter abzutreten, wenn dieser es verlangt (Emmerich in: Bub/Treier Kap V Rdn. 99). Auf diese Weise kann der Mieter seine Zahlungspflicht beschränken.

Ein Fall der subjektiven Unmöglichkeit ist auch dann anzunehmen, wenn der 16 Vermieter den Mieter vom Besitz der Mietsache ausschließt, etwa indem er die **Schlösser auswechselt** (OLG Düsseldorf ZMR 2011, 867).

Kein Fall der Unmöglichkeit liegt vor, wenn der Mieter von der **Obdachlosen-** 17 **behörde** wieder eingewiesen wird. Gleichwohl ist hier keine Vorenthaltung gegeben. Die Einweisungsverfügung bewirkt eine Zäsur: der Mieter besitzt nicht mehr auf Grund eines vom Vermieter eingeräumten Besitzrechts, sondern auf Grund einer öffentlich-rechtlichen Beschlagnahme (Streyl in: Schmidt-Futterer § 546a BGB Rdn. 9; Sternel Rdn. IV 651; Emmerich in: Bub/Treier Kap V Rdn. 95). Der Fall ist nicht anders zu beurteilen, als der Zugriff der Obdachlosenbehörde auf die Wohnung eines unbeteiligten Eigentümers).

Stets setzt die Annahme der Vorenthaltung voraus, dass die Nichtrückgabe dem 18 **Rückerlangungswillen des Vermieters** widerspricht. (BGH WuM 2005, 786; WuM 2006, 102 [Rdn. 12]; NZM 2017, 630; LG München WuM 2002, 614; OLG Bamberg GuT 2002, 182). Es ist nicht erforderlich, dass der Vermieter einen Nutzungswillen hat (OLG München ZMR 1993, 466); es genügt, dass er die Sache zurückhaben will. Ein genereller Rückerlangungswille reicht aus. Deshalb besteht der Anspruch auf die Nutzungsentschädigung auch dann, wenn der Mieter die Sache auf Grund einer gerichtlichen Räumungsfrist (§§ 721, 794a ZPO; BGH NZM 2006, 820) oder auf Grund von Vollstreckungsschutzmaßnahmen (§ 765a ZPO) in Besitz hat. Dies gilt auch dann, wenn der Vermieter den Anträgen des Mieters nicht entgegengetreten ist oder wenn er dem Räumungsaufschub freiwillig gewährt hat (BGH NJW 1983, 112; NJW-RR 1987, 907; OLG Düsseldorf ZMR 2012, 15) oder wenn die Parteien hierüber oder über alternative Lösungen verhandeln (OLG Düsseldorf a. a. O.). Vereinzelt wird vertreten, dass es am Rückerlangungswillen fehlt, wenn der Vermieter von einem Räumungstitel längere Zeit keinen Gebrauch macht (OLG Düsseldorf GE 2006, 189). Dies ist zweifelhaft, weil die

§ 546a BGB Untertitel 1. Allgemeine Vorschriften für Mietverhältnisse

Räumungspflicht vom Mieter zu erfüllen ist und der Vermieter darauf vertrauen darf, dass der Mieter seine Pflichten erfüllt.

19 Dagegen **fehlt es am Rückerlangungswillen** und damit an einer Vorenthaltung, **wenn der Vermieter den Mietvertrag als fortbestehend ansieht** (RGZ 103, 289; BGH NJW 1960, 909; WuM 2005, 786; NZM 2017, 630; OLG Düsseldorf WuM 1991, 264; OLG Düsseldorf MDR 2012, 1086; OLG Düsseldorf MietRB 2016, 223; OLG München WuM 2003, 279; KG DWW 2012, 134, 136; LG Hamburg WuM 1987, 224; LG Osnabrück NZM 2000, 1001; AG Schöneberg GE 2012, 756) oder wenn der Vermieter den Mietvertrag zwar als beendet ansieht aber die Sache gleichwohl nicht zurückhaben will, weil er mit dem Mieter einen Anschlussmietvertrag abschließen möchte (KG ZMR 1971, 321). Hat der Mieter die Mietsache in dieser Zeit genutzt, so schuldet er dem Vermieter eine Nutzungsentschädigung nach § 987 BGB oder einen Bereicherungsausgleich nach § 812 Abs. 1 BGB. Diese Ansprüche setzen allerdings voraus, dass der ehemalige Mieter die Sache weiter nutzt (LG Osnabrück NZM 2000, 1001). Die bloße Nutzungsmöglichkeit genügt nicht (s. weiter Rdn. 55).

20 Ein **Vermieterpfandrecht** entpflichtet den Mieter von der Räumung, nicht aber von der Rückgabe (KG ZMR 2013, 428; 2016, 939). Deshalb ist eine Vorenthaltung gegeben, wenn der Mieter die Schlüssel nicht zurückgibt (OLG Koblenz NZM 2018, 564). Bietet der Mieter die Rückgabe der Räume an, wenn der Vermieter auf das Pfandrecht verzichtet, so hängt der Anspruch auf die Nutzungsentschädigung davon ab, ob das Pfandrecht zu Recht besteht. Wird dies verneint, so darf der Vermieter das Rückgabeangebot nicht ablehnen; ein Annahmeverzug führt zum Verlust der Nutzungsentschädigung. Gibt der Mieter die Sache mit zahlreichen Einrichtungsgegenständen zurück, weil der Vermieter hieran sein Pfandrecht geltend gemacht hat, so ist die Rückgabepflicht erfüllt; eine Vorenthaltung ist in diesem Fall auch dann nicht gegeben, wenn der Vermieter die Sache wegen der Gegenstände nicht weitervermieten kann (OLG Hamburg NJW-RR 1990, 86; KG WuM 2005, 348 = NZM 2005, 422; OLG Dresden MDR 2012, 84; AG Villingen-Schwenningen WuM 2016, 100, 102; **a. A.** Flatow PiG 79 (2007) 79). Ebenso ist keine Vorenthaltung gegeben, wenn der Vermieter die Rücknahme der Mietsache ablehnt, weil der **Mieter** eine ihm obliegende **Rückbaupflicht nicht erfüllt** hat (OLG Celle ZMR 2011, 948) oder sich die Parteien anlässlich der Rückgabeverhandlungen dahingehend einigen, dass der Mieter die Schlüssel behalten soll, um **Schönheitsreparaturen** auszuführen (OLG Hamburg WuM 1990, 75 = DWW 1990, 50 = ZMR 1990, 141; KG GE 2001, 1132; OLG Bamberg GuT 2002, 182; OLG Düsseldorf DWW 2006, 333; Streyl in: Schmidt-Futterer § 546a BGB Rdn. 51). Die Vorschrift des § 546a BGB ist für diesen Fall auch nicht analog anzuwenden (Wiek WuM 1988, 384; **a. A.** LG Wuppertal WuM 1988, 21).

21 Der Vermieter kann möglicherweise einen Mietausfallschaden geltend machen, wenn die weiteren Voraussetzungen hierfür vorliegen; ein Anspruch aus § 546a BGB besteht nicht. Gleiches gilt, wenn sich die Parteien darin einig sind, dass ein Verfahren zur Sicherung des Beweises durchgeführt werden soll (AG Neuss WuM 1994, 382). Nimmt der Vermieter einen vom Mieter vorgeschlagenen Rückgabetermin nicht wahr oder bittet er um dessen Verlegung, so entfällt damit die Vorenthaltung (OLG Köln ZMR 1993, 77 = WuM 1993, 46). Der Vermieter darf den Mieter nicht an der Räumung hindern. Ist jedoch vereinbart, dass die Räumung in einer bestimmten Art und Weise durchgeführt werden soll, so darf der Vermieter eine vertragswidrige Räumung ablehnen (OLG Köln DWW 1996, 189).

3. Parteien

Der Entschädigungsanspruch steht dem **Vermieter** zu. Wird die Mietsache während der Zeit der Vorenthaltung veräußert, so geht der Anspruch auf den **Erwerber** über (BGHZ 72, 147 = NJW 1978, 2148 = ZMR 1979, 78). Eine **Abtretung** der Ansprüche aus § 546a BGB ist ebenfalls möglich; insoweit gilt nichts anderes als für den ursprünglichen Mietzinsanspruch. Ist vereinbart, dass eine Abtretung „sämtliche gegenwärtigen und zukünftigen Rechte und Ansprüche aus den abgeschlossenen Mietverträgen, insbesondere die Ansprüche auf Miet- und Pachtzinszahlungen" umfasst, so gehört hierzu auch der Anspruch auf Nutzungsentschädigung nach beendetem Mietverhältnis, gleichgültig, ob diese Ansprüche aus § 546a BGB oder aus §§ 987, 990 BGB hergeleitet werden (BGH MDR 1999, 348). Wird der Anspruch aus § 546 BGB abgetreten, so ist zu prüfen, ob nach dem Willen der Parteien des Abtretungsvertrags lediglich der Herausgabeanspruch übergehen soll oder ob von der Abtretung der Entschädigungsanspruch mit umfasst wird. Beide Ansprüche können selbständig nebeneinander bestehen, so dass eine getrennte Abtretung ohne weiteres möglich ist (vgl. dazu BGH NJW 1983, 112 = ZMR 1983, 23). 22

Mehrere Mieter haften nicht nur gesamtschuldnerisch für die Miete, sondern auch für die Nutzungsentschädigung. Dies gilt auch dann, wenn einer der Mieter die Wohnung bereits geräumt und den Besitz hieran endgültig aufgegeben hat (LG Mannheim MDR 1973, 228; AG Schöneberg GE 1989, 731; Streyl in: Schmidt-Futterer § 546a BGB Rdn. 30; Sternel Rdn. IV 653). Sind gewerbliche Räume von einem Einzelkaufmann gemietet und wird dessen Firma von einer juristischen Person übernommen, so haftet der Übernehmer aus dem Gesichtspunkt der **Firmenfortführung** auch auf Zahlung der Nutzungsentschädigung (BGH NJW 1982, 577). 23

Einen **Untermieter** kann der Eigentümer nur nach § 812, 987ff BGB in Anspruch nehmen (OLG Brandenburg ZMR 1999, 102, 104; OLG Hamburg NZM 1999, 1052; LG Kiel WuM 1995, 540; LG Stuttgart NJW-RR 1990, 654). Der Eigentümer hat unter den Voraussetzungen der §§ 987, 991 BGB die Wahl, entweder vom Mieter die Rechtsfrüchte (in Form des Untermietzinses) oder vom Untermieter die tatsächlich gezogenen Nutzungen zu verlangen (BGH MDR 1969, 128; OLG Hamburg WuM 1997, 223). Ist dem Untermieter eine gerichtliche Räumungsfrist bewilligt worden, so ist § 546a BGB nicht analog anwendbar (LG Kiel a. a. O.). Die insoweit abweichende Ansicht des LG Stuttgart (a. a. O.) betrifft den Sonderfall der gewerblichen Zwischenvermietung nach früherem Recht. Der Anspruch gegen den Untermieter nach §§ 991 Abs. 1, 990 Satz 1, 987 BGB setzt voraus, dass der Untermieter positive Kenntnis vom Mangel des Besitzrechts hat (OLG Hamburg ZMR 1999, 481; LG Freiburg WuM 1989, 287; **a. A.** Greiner ZMR 1998, 15 und ZMR 1999, 482: danach sind die §§ 991 Abs. 1, 990 Satz 1, 987 BGB grundsätzlich unanwendbar). Ein Anspruch aus § 546a BGB scheidet aus (LG Freiburg a. a. O.; LG Düsseldorf WuM 1989, 576; LG Kiel a. a. O.; AG München WuM 1986, 316), weil diese Vorschrift nur zur Anwendung kommt, wenn zwischen den Parteien des Entschädigungsanspruchs ein Mietverhältnis bestanden hat. Ist lediglich ein Teil der Räume untervermietet, so schuldet der Untermieter gleichwohl eine Nutzungsentschädigung in Höhe des Mietwertes der Gesamträume, weil der Vermieter keine Teilleistungen annehmen muss (LG Kiel a. a. O.). 24

4. Höhe der Entschädigung

25 **a) Vereinbarte Miete.** Mit der Beendigung des Mietvertrages endet die vertraglich begründete Pflicht des Mieters zur Zahlung der Miete. Ab diesem Zeitpunkt schuldet der Mieter eine Entschädigung in Höhe der vereinbarten Miete. Hierzu gehören auch die Betriebskostenvorauszahlungen oder eine entsprechende Pauschale (BGH NJW 2015, 2795 Rdn. 32). Nach Eintritt der Abrechnungsreife kann der Vermieter allerdings nur den Saldo aus der Betriebskostenabrechnung geltend machen (OLG Brandenburg MietRB 2016, 37). War zur Miete zuzüglich Umsatzsteuer zu bezahlen, so gilt dies auch für die Nutzungsentschädigung (BGHZ 104, 285 = NJW 1988, 2665 = WuM 1988, 270; ZMR 1996, 131; DWW 1998, 17, 18; OLG Köln WuM 1999, 288).

26 Die **Fälligkeit der Entschädigung** richtet sich nach den vertraglichen Vereinbarungen (BGH NJW 1974, 556 = MDR 1974, 484; OLG Köln DWW 1996, 189). Fehlt eine solche Vereinbarung, so ist § 556b BGB maßgeblich.

27 Eine **Staffel- oder Indexmiete** gilt auch während der Zeit der Vorenthaltung (KG NZM 2013, 313). Gleiches gilt bei der Geschäftsraummiete für eine **Wertsicherungsklausel** (Streyl in: Schmidt-Futterer § 546a BGB Rdn. 55; Bieber in: MünchKomm § 546a BGB Rdn. 11; Sternel Rdn. IV 667; Emmerich in: Bub/Treier Kap V Rdn. 135). Bei **preisgebundenem Wohnraum** besteht die Möglichkeit der Mieterhöhung, wenn die Voraussetzungen der §§ 8, 10 WoBindG gegeben sind (KG a. a. O.; Rolfs in: Staudinger § 546a Rdn. 45; Bieber in MünchKomm § 546a Rdn. 11; Emmerich in: Bub/Treier Kap V Rdn. 136; **a. A.** Streyl in: Schmidt-Futterer § 546a BGB Rdn. 55; Lehmann-Richter PiG 90 (2011) 205). Die für eine Mieterhöhung maßgeblichen Formalien gelten während der Zeit der Vorenthaltung nicht.

28 Ist **keine veränderliche Miete vereinbart,** so richtet sich die Höhe der Entschädigung nach dem zum Zeitpunkt der Vertragsbeendigung geschuldeten Mietzins. War die **Miete nicht in Geld zu erbringen** (z. B. bei einer Hausmeisterwohnung), so ist die Entschädigung nach dem Mietwert zu schätzen (vgl. LG Hamburg WuM 1991, 550). Ist dem Mieter vor Beendigung des Mietverhältnisses ein **Mieterhöhungsverlangen nach §§ 558 ff BGB** zugegangen, so kommt es darauf an, ob es zum Zeitpunkt der Vertragsbeendigung bereits wirksam geworden ist. Nach der Beendigung des Mietverhältnisses kann der Mieter nicht mehr zustimmen. Hat der Mieter vor der Beendigung des Mietverhältnisses nach § 561 BGB gekündigt, so wird die Mieterhöhung nicht wirksam (§ 561 Abs. 1 Satz 2 BGB), so dass der Mieter lediglich eine Nutzungsentschädigung in Höhe der ursprünglichen Miete schuldet. Da der Vermieter aber eine Erhöhung nach § 546a BGB verlangen kann, ist dies i. d. R. nur dann von praktischer Bedeutung, wenn der Vermieter eine die ortsübliche Miete übersteigende Mieterhöhung nach § 559 BGB geltend gemacht hat.

29 War die **Miete im Zeitpunkt der Vertragsbeendigung wegen eines Mangels gemindert,** so ist auch während der Vorenthaltung lediglich eine Entschädigung in Höhe der geminderten Miete zu bezahlen (BGH NJW-RR 1990, 884 = ZMR 1990, 206 = WuM 1990, 246; OLG Düsseldorf WuM 1991, 264 = DWW 1991, 16; KG GE 2012, 752 = ZMR 2012, 693; LG Berlin ZMR 1992, 541; **a. A.** Lehmann-Richter PiG Bd. 90 (2011) S. 199, 204). Wird der Mangel während der Zeit der Vorenthaltung beseitigt, so richtet sich die Entschädigung wiederum nach der vereinbarten Miete.

30 Tritt ein **Mangel erst während der Zeit der Vorenthaltung** auf, so besteht nach h.M kein Minderungsrecht (BGH NJW 1961, 916; BGH NJW 2015, 2795;

Entschädigung des Vermieters bei verspäteter Rückgabe **BGB § 546a**

OLG Düsseldorf DWW 1992, 52; OLG München ZMR 1993, 466; (OLG Düsseldorf Urteil vom 28.10.2010 – 10 U 22/10; KG ZMR 2013, 26; Rolfs in: Staudinger § 546a Rdn. 42; Lützenkirchen in: Lützenkirchen, Mietrecht § 546a Rdn. 53; Emmerich in: Bub/Treier Kap V Rdn. 132; Lammel Wohnraummietrecht § 546a BGB Rdn. 25; Ehlert in: Bamberger/Roth § 546a BGB Rdn. 13; Pietz/Leo in: Lindner-Figura Geschäftsraummiete Kap. 16 Rdn. 63; Fritz, Gewerberaummietrecht Rdn. 434b; Palandt/Weidenkaff § 546a BGB Rdn. 11; **a. A.** Streyl in: Schmidt-Futterer § 546a BGB Rdn. 69; Bieber in: MünchKomm § 546a BGB Rdn. 10; Kandelhard in: Herrlein/Kandelhard § 546a BGB Rdn. 21). – Die h.M steht im Einklang mit dem Wortlaut der §§ 535 Abs. 1, 536 BGB. Nach der gesetzlichen Regelung in § 536 Abs. 1 BGB setzt die Minderung voraus, dass die Mietsache „während der Mietzeit" mangelhaft wird. Diese Regelung korrespondiert mit § 535 Abs. 1 BGB; danach ist der Vermieter verpflichtet, die Mietsache „während der Mietzeit" in einem gebrauchserhaltungstauglichen Zustand zu erhalten. Hieraus ist abzuleiten, dass die Gebrauchserhaltungspflicht grundsätzlich mit der Beendigung des Mietverhältnisses entfällt; deshalb schuldet der Mieter die Nutzungsentschädigung auch dann in voller Höhe, wenn die Mietsache nach Beendigung des Mietverhältnisses mangelhaft wird. Auf diese Weise soll u. a. auch der Druck zur Erfüllung der Rückgabepflicht verstärkt werden (BGH NJW 2015, 2795 Rdn. 21).

Die Nutzungsentschädigung richtet sich auch dann nach der ungeminderten **30a** Miete, wenn die Mietsache zwar während der Mietzeit mangelhaft wurde, der Mieter den **Mangel** aber **nicht angezeigt** hat (LG Krefeld NZM 2018, 787). Dies gilt jedenfalls dann, wenn der Vermieter als Nutzungsentschädigung die „vereinbarte Miete" verlangt, weil sich an der vereinbarten Miete nichts ändert, wenn der Mangel nicht angezeigt wird. Anders kann es sein, wenn der Vermieter als Nutzungsentschädigung die ortsübliche Miete geltend macht (s. Rdn. 34c). Der Mieter kann die vor Beendigung des Mietverhältnisses unterlassene Mängelanzeige nach Beendigung des Mietverhältnisses nicht wirksam nachholen (LG Krefeld a. a. O.).

In **besonderen Ausnahmefällen** ist dem Mieter nach der Rechtsprechung des **30b** BGH (NJW 2015, 2795 Rdn. 26, 27) auch während der Zeit der Vorenthaltung ein aus § 242 BGB ableitbarer Anspruch auf Instandhaltung und Instandsetzung zuzubilligen, wenn **(1)** durch das Unterlassen von Maßnahmen zur Instandhaltung oder Instandsetzung ... akute und schwerwiegende Gefahren für Leben, Gesundheit oder hohe Eigentumswerte des Mieters drohen und **(2)** die Vorenthaltung „in einem milderen Licht" erscheint, insbesondere wenn dem Mieter eine Räumungsfrist (§ 721 ZPO) oder Vollstreckungsschutz (§ 765a ZPO) gewährt wurde oder wenn der Mieter „mit nachvollziehbaren Erwägungen davon ausgehen durfte, weiterhin zum Besitz der Mietsache berechtigt zu sein."

Eine **Teilrückgabe** kann der Vermieter ablehnen (§ 266 BGB). Nimmt er sie **31** gleichwohl an, so hat dies auf die Höhe der Nutzungsentschädigung keinen Einfluss, weil die Rückgabepflicht nicht erfüllt ist (OLG Hamburg ZMR 1996, 259 = WuM 1996, 543; Streyl in: Schmidt-Futterer § 546a BGB Rdn. 64; Emmerich in: Bub/Treier Kap V Rdn. 133; **a. A.** Sternel Rdn. IV 650). Anders ist es, wenn der Vermieter die Teilrückgabe als teilweise Erfüllung (§ 363 BGB) akzeptiert. Dies kann sich auch aus den Umständen ergeben, etwa wenn der Vermieter an der Teilrückgabe ein erkennbares Interesse hat. Hiervon kann ausgegangen werden, wenn der Vermieter die zurückgegebenen Teile weitervermietet oder für sich nutzt. Ebenso kommt eine Ausnahme in Betracht, wenn die Teilrückgabe ausnahmsweise als zulässig anzusehen ist, weil ihre Ablehnung Treu und Glauben widerspricht (z. B. wenn lediglich die Wohnung, nicht aber die Garage zurückgeben wird und die

§ 546a BGB Untertitel 1. Allgemeine Vorschriften für Mietverhältnisse

Weitervermietung der Wohnung ohne Garage möglich ist). In diesen Fällen verringert sich die Nutzungsentschädigung um den Mietwert des zurück gegebenen Teils der Mietsache.

32 Die Vorschrift des § 5 WiStG ist während der Zeit der Vorenthaltung unanwendbar. Dies gilt schon deshalb, weil nach dem Wortlaut der Bestimmung eine „Vermietung" vorausgesetzt wird. Dieses Tatbestandsmerkmal ist während der Zeit der Vorenthaltung nicht mehr gegeben. Eine analoge Anwendung scheidet bei Strafbestimmungen aus. Die Frage ist gegenwärtig allerdings von geringer praktischer Bedeutung. Verstieß die Mietpreisvereinbarung gegen § 5 WiStG, so hatte dies deren Teilunwirksamkeit zur Folge; aus diesem Grunde wird auch während der Vorenthaltung nur eine Entschädigung in Höhe der höchstzulässigen Miete geschuldet (AG Nürtingen WuM 1982, 81; Sternel Rdn. IV 667). Die Frage nach der Anwendbarkeit des § 5 WiStG stellt sich nur dann, wenn der Tatbestand des § 5 WiStG nach Beendigung des Mietvertrags erstmals erfüllt wird, z. B. wegen eines Verfalls der Mietpreise oder infolge einer Veränderung der Höhe der laufenden Aufwendungen des Vermieters. In diesem Fall muss der Mieter die Entschädigung in der ursprünglichen Höhe weiterzahlen (vgl. hierzu auch Wolf/Eckert/Ball Rdn. 1131: danach kann sich der Mieter nicht darauf berufen, dass der Marktwert der Mietsache wesentlich gesunken sei). Bei einem Verstoß gegen § 556g BGB ist als Nutzungsentschädigung die nach §§ 556d ff BGB zulässige Miete zu zahlen (LG Berlin GE 2018, 459; Artz NZM 2017, 281; Fleindl NZM 2017, 282).

33 **b) Ortsübliche Miete.** Anstelle der Entschädigung in Höhe der vereinbarten Miete kann der Vermieter eine Entschädigung in Höhe derjenigen Miete verlangen, die für vergleichbare Sachen ortsüblich ist. Diese Vorschrift gilt – anders als § 557 BGB a. F. – nicht nur für die Miete von Räumen, sondern auch für die Miete beweglicher Sachen und von unbebauten Grundstücken.

34 Der in § 546a BGB verwendete **Begriff der ortsüblichen Miete** ist unscharf, weil darunter sowohl die Marktmiete (üblicher Neuvermietungspreis), als auch die Durchschnittsmiete (Durchschnitt aller in einer Gemeinde gezahlten Mietpreise) als auch die Miete im Sinne von § 558 Abs. 2 (Durchschnitt der in den letzten vier Jahren vereinbarten oder geänderten Mieten) verstanden werden kann. In Rechtsprechung und Literatur wird teilweise vertreten, dass unter dem Begriff der ortsüblichen Miete in § 546a Abs. 1 das nach § 558 Abs. 2 BGB definierte Entgelt, also der Durchschnitt der in den letzten vier Jahren vereinbarten oder geänderten Mieten zu verstehen ist (AG Köln ZMR 2013, 205; Sternel Mietrecht Aktuell Rdn XIII 111; Emmerich in: Bub/Treier Kap V Rdn. 143; Kern in: Spielbauer/Schneider Mietrecht § 546a Rdn. 35). Nach anderer Ansicht ist im Falle Vorenthaltung die Marktmiete maßgeblich. Das ist diejenige Miete, die im Falle der Neuvermietung erzielt werden kann (Streyl in: Schmidt-Futterer § 546a BGB Rdn. 59; Rolfs in: Staudinger § 546a BGB Rdn. 53; Kandelhard in: Herrlein/Kandelhard § 546a Rdn. 23; Bieber MünchKomm § 546a BGB Rdn. 13; Lützenkirchen in: Lützenkirchen, Mietrecht § 546a Rdn. 59). Der **BGH** hat sich (NZM 2017, 186 m. Anm. Blank LMK 2017, 387368; Röck NZM 2017, 188) der letztgenannten Ansicht angeschlossen (ebenso: LG Berlin GE 2018, 459; Fleindl NZM 2018, 57, 62). Die Regelung in § 558 BGB sei auf laufende Mietverhältnisse zugeschnitten und gelte nur für die Mieterhöhung. Die dort enthaltenen Beschränkungen seien in § 546a BGB nicht enthalten. Der Regelungszweck der jeweiligen Vorschriften sei auch verschieden: Die Regelungen in den §§ 558 ff seien als Schutzvorschriften zugunsten des Mieters zu verstehen. Die Regelung in § 546a BGB diene dagegen dem

Entschädigung des Vermieters bei verspäteter Rückgabe **BGB § 546a**

Interesse des Vermieters. Durch die Verpflichtung zur Zahlung der ortsüblichen Marktmiete soll auf den Mieter Druck zur pünktlichen Rückgabe ausgeübt werden. Deshalb spiele es auch keine Rolle, ob der Vermieter die Räume (etwa nach einer auf Eigenbedarf gestützten Kündigung selbst nutzen oder weitervermieten oder (in den Fällen des § 573 Abs. 2 Nr. 3 BGB) verkaufen will. Das Urteil des BGH vom 18.1.2017 ist zu einem Wohnraummietverhältnis ergangen. Aus Gründen der Rechtslogik gilt, dass die Vermieter von Gewerberaum oder von beweglichen Sachen ebenfalls Anspruch auf die Marktmiete haben.

Bei der **Wohnraummiete** ist **§ 556d Abs. 1 BGB** zu beachten (Fleindl NZM **34a** 2018, 57, 62). Danach darf die Miete zu Beginn des Mietverhältnisses die ortsübliche Vergleichsmiete in bestimmten von der Landesregierung bestimmten Gebieten mit einem angespannten Wohnungsmarkt höchstens um 10 Prozent übersteigen. Dies gilt auch für die Höhe der Nutzungsentschädigung, weil unter der nach § 546a maßgeblichen Marktmiete nur die rechtlich zulässige Miete verstehen ist. Zur Höhe der Nutzungsentschädigung nach § 569 Abs. 3 Nr. 2 s. dort Rdn. 57a.

Der Anspruch auf die Marktmiete entsteht mit dem Beginn der Vorenthaltung. **34b** Allerdings wird der Differenzbetrag zur bisher gezahlten Miete erst fällig, wenn der Mieter zur Zahlung der erhöhten Nutzungsentschädigung aufgefordert wird (LG Berlin GE 2018, 459; Streyl in: Schmidt-Futterer § 546a BGB Rdn. 71). Zweifelhaft ist, wie die Marktmiete zu ermitteln ist. In der Rechtsprechung wird hierzu vertreten, dass dies im Wege einer Schätzung auf der Grundlage eines Zuschlags zu den Werten des örtlichen Mietspiegels erfolgen kann (LG Berlin a. a. O.: Mietspiegel plus 10 %). Dies entspricht einem praktischen Bedürfnis, ist aber rechtlich fragwürdig.

Bei der Wohnungsmiete wird es zahlreiche Fälle geben, in denen der Mieter **34c** nicht räumen kann, weil ihm **keine Ersatzwohnung zur Verfügung** steht. Hier sollte der Mieter den Antrag auf befristete Fortsetzung des Mietverhältnisses nach § 574 BGB stellen. Die Vertragsverlängerung erfolgt grundsätzlich zu den bisherigen Vertragsbedingungen, also zur bisherigen Miete (zu den Ausnahmen s. § 574a Rdn. 13 ff). Ein Anspruch des Vermieters auf Nutzungsentschädigung in Höhe der Marktmiete kommt in diesem Fall nicht in Betracht. Schließen die Parteien einen Räumungsvergleich mit einer Räumungsfrist, so kann dort vereinbart werden, dass für die Dauer der Frist die bisherige Vertragsmiete zu zahlen ist; auch hierdurch wird der Anspruch des Vermieters auf die (höhere) Marktmiete ausgeschlossen. Wird die Räumungsfrist im Wege einer gerichtlichen Entscheidung nach § 721 ZPO gewährt, so liegt weiterhin eine Vorenthaltung nach § 546a BGB vor. In diesem Fall hat der Mieter Anspruch auf die Marktmiete (BGH NZM 2006, 820). Ein Ausschluss des Anspruchs auf die Marktmiete kann in einer Entscheidung nach § 721 ZPO nicht angeordnet werden. In diesem Zusammenhang ist darauf hinzuweisen, dass der (für den Mieter günstigere) materiellrechtliche Anspruch auf Vertragsverlängerung gem. § 574 BGB gegenüber der Räumungsfristverlängerung vorrangig ist. Dies gilt auch, wenn die Verlängerung nur für eine relativ kurze Zeit benötigt wird (§ 574 Rdn. 30).

War die **Miete während der Mietzeit wegen eines Mangels gemindert,** so **34d** kommt es darauf an, ob und zu welchem Mietpreis der Vermieter die Räume bei fristgemäßer Rückgabe hätte weitervermieten können. Bei einem nichtbehebbaren Mangel ist deshalb auf die ortsübliche Miete abzustellen, die für Mietsachen in dem gegebenen Zustand gezahlt wird. Ist der Mangel behebbar, so ist die ortsübliche Miete für mangelfreie Sachen maßgebend. Besteht der Mangel in dem Umstand, dass die für die Nutzung eines Gewerberaums erforderliche Konzession nicht erteilt

§ 546a BGB Untertitel 1. Allgemeine Vorschriften für Mietverhältnisse

wurde, so richtet sich die ortsübliche Miete nach dem Entgelt für vergleichbare, nicht konzessionspflichtige oder erlaubte Zwecke (KG MDR 2014, 952 betr. Versagung der Konzession für Spielhalle).

35 Bei **preisgebundenen Wohnungen** ist die ortsübliche Miete i. S. von § 546a BGB die Kostenmiete (Rolfs in: Staudinger § 546a BGB Rdn. 55; Bieber in: MünchKomm § 546a BGB Rdn. 14; Lützenkirchen in: Lützenkirchen, Mietrecht § 546a Rdn. 68). Dies gilt auch dann, wenn die Kostenmiete höher liegt als die ortsübliche Miete für freifinanzierte Wohnungen; die ortsübliche Miete für preisgebundenen Wohnraum ist auch in diesem Fall die Kostenmiete, weil diese üblicherweise verlangt wird (a. A. Sternel Rdn. IV 675).

36 Bei der **Geschäftsraummiete,** der **Grundstücksmiete** und bei der **Miete beweglicher Sachen** ist die Marktmiete maßgeblich.

37 Sind **Mängel** vorhanden, so sind auch diese wertmindernd zu berücksichtigen. Dabei kommt es – anders als im Falle des § 558 BGB – nicht darauf an, ob es sich um behebbare oder dauerhafte Mängel handelt (LG Hamburg WuM 1987, 390 = DWW 1987, 233; Sternel Mietrecht aktuell Rdn. 597; Emmerich in: Bub/Treier Kap V Rdn. 143). Treten die Mängel nach dem Zugang der Erhöhungserklärung auf, so kann der Mieter aus den oben Rdn. 30 genannten Gründen nicht mindern. Begehrt der Vermieter aber nach dem Auftreten dieser Mängel eine weitere Anpassung nach § 546a BGB, so muss der verschlechterte Zustand wiederum berücksichtigt werden. Hat der **Mieter werterhöhende Einrichtungen** geschaffen, so bleiben diese bei der Ermittlung der ortsüblichen Miete unberücksichtigt.

38 Ist vertraglich eine **Pauschalmiete oder** eine **Betriebskostenpauschale vereinbart,** so kann der Vermieter statt der Vertragsmiete die ortsübliche Pauschalmiete oder eine ortsübliche Grundmiete mit ortsüblicher Betriebskostenpauschale verlangen. Dies ist im Zweifel eine Miete mit kostendeckenden Betriebskosten. Nach anderer Ansicht hat der Vermieter in einem solchen Fall Anspruch auf eine ortsübliche Grundmiete und ortsübliche Betriebskostenvorauszahlungen (Schmid DWW 2013, 82). Dem ist nicht zuzustimmen, weil sich aus § 546a kein Recht zur Änderung der Mietstruktur ableiten lässt.

39 Nach der zu § 557 BGB a. F. vertretenen überwiegenden Ansicht enthielt diese Vorschrift eine **Ersetzungsbefugnis** zugunsten des Vermieters, die durch einseitige empfangsbedürftige Willenserklärung geltend zu machen war (Nachweise s. die 2. Auflage). Der BGH (NZM 1999, 803; 2017, 186) teilt diese Ansicht nicht. Danach muss der Anspruch auf die ortsübliche Miete nicht geltend gemacht werden; vielmehr besteht er von vorne herein. Ist die ortsübliche Miete höher als die vertraglich vereinbarte Miete, so schuldet der Mieter vom Beginn der Vorenthaltung an den höheren Betrag. Diesen Betrag kann der Vermieter zu einem beliebigen Zeitpunkt, also auch nachträglich geltend machen. Eine Grenze bildet die Verjährung; insoweit gilt eine Verjährungsfrist von drei Jahren. Im Ausnahmefall kann der Anspruch auf die höhere ortsübliche Miete verwirkt sein. Dies setzt allerdings voraus, dass der Vermieter gegenüber dem Mieter den Eindruck erweckt, dass er sich mit der vertraglich vereinbarten Miete zufriedengeben wolle.

40 **c) Vertragsregelungen.** Eine Formularklausel, wonach der Mieter bei nicht oder nicht rechtzeitiger Rückgabe des Mietgegenstands eine monatliche Nutzungsentschädigung in Höhe des 1, 5-fachen der zuletzt geschuldeten Miete zu bezahlen hat, verstößt gegen § 307 Abs. 1 BGB und ist unwirksam (OLG Frankfurt/M

Urteil vom 28.1.2011 – 2 U 135/10). Haben die Parteien vertraglich geregelt, dass der Mieter im Falle der vorzeitigen Vertragsbeendigung einen Geldbetrag an den Vermieter zu bezahlen hat, so kann hierin eine Vereinbarung über die pauschale Abgeltung des durch die Kündigung bedingten Mietausfallschadens liegen. In diesem Fall ist die Zahlung auf die Nutzungsentschädigung nach § 546a Abs. 1 BGB anzurechnen (OLG Düsseldorf ZMR 2002, 814, 816f).

5. Dauer der Entschädigungspflicht

Der Mieter schuldet die Entschädigung „für die Dauer der Vorenthaltung". Die Vorenthaltung beginnt, wenn die oben 2 erörterten Voraussetzungen vorliegen. Sie endet taggenau mit der Rückgabe und nicht erst mit Ende des Zeitabschnitts, nach dem der Mietzins bemessen war (OLG Dresden NZM 2012, 84; Streyl in: Schmidt-Futterer § 546a BGB Rdn. 73; Emmerich in: Bub/Treier Kap V Rdn. 107). Dies gilt auch bei der Zwangsräumung (LG Krefeld NZM 2018, 787). Der Tag der Rückgabe ist auch dann maßgeblich, wenn der Vermieter die Sache zu diesem Zeitpunkt nicht sofort weitervermieten kann. Die teilweise vertretene Ansicht, wonach bei einer **Rückgabe während des Monats** eine Nutzungsentschädigung bis zum Monatsende geschuldet werde (KG GE 2001, 989; OLG Düsseldorf DWW 2002, 329), findet im Gesetz keine Stütze (BGH NZM 2006, 52 = WuM 2005, 771; KG GE 2003, 253). In einem solchen Fall kann der weitere Mietausfall lediglich als Schadensersatz geltend gemacht werden (Bieber in: MünchKomm § 546a Rdn. 16). 41

Ist dem Mieter eine gerichtliche **Räumungsfrist** bewilligt worden, so ist der Mieter nicht gehindert, bereits vor Ablauf der Frist zu räumen. Durch die gerichtliche Räumungsfrist wird das Mietverhältnis nämlich nicht verlängert; sie bewirkt lediglich, dass der Vermieter für die Dauer der Frist an der Vollstreckung des Räumungsurteils gehindert ist. Gleiches gilt bei gerichtlichem Vollstreckungsschutz und regelmäßig auch im Falle einer vertraglich vereinbarten Räumungsfrist. Die Pflicht zur Zahlung der Nutzungsentschädigung endet in allen Fällen mit der Rückgabe. 42

II. Weiterer Schaden (Abs. 2)

Nach § 546a Abs. 2 BGB schließt die Nutzungsentschädigung die Geltendmachung eines weiteren Schadens nicht aus. Die Vorschrift enthält keine eigenständige Anspruchsgrundlage, sondern stellt klar, dass die allgemeinen Vorschriften des Schadensrechts neben § 546a BGB anwendbar sind (LG Mannheim WuM 1962, 120). Sie gilt für alle Mietverhältnisse. Bei der Wohnraummiete sind Einschränkungen zu beachten (§ 571 BGB; s. dort). Als Grundlage für den Schadensersatzanspruch kommt insbesondere in Betracht: 43

1. Verzug mit der Rückgabe

Anspruchsgrundlage sind die **§§ 280, 286 BGB.** Da das Mietende kalendermäßig bestimmt ist, tritt der Verzug ohne Mahnung ein (§ 286 Abs. 2 Nr. 1 BGB). Die Schadensersatzpflicht setzt voraus, dass den Mieter ein **Verschulden** an der verspäteten Rückgabe trifft (§ 280 Abs. 2 BGB). Das Verschulden kann bei der Wohnraummiete insbesondere entfallen bei schwerer Krankheit, bei fehlendem Ersatzraum trotz Erfüllung der Ersatzraumbeschaffungspflicht, usw. Es kommen ähnliche 44

§ 546a BGB Untertitel 1. Allgemeine Vorschriften für Mietverhältnisse

Sachverhalte in Betracht, wie in den Fällen des § 574 BGB. Außerdem kann ein Verschulden entfallen, wenn sich der Mieter in einem **schuldlosen Irrtum über seine Räumungspflicht** befunden hat. Ein solcher Fall kommt insbesondere dann in Betracht, wenn die Wirksamkeit der Kündigung im Streit ist und der Ausgang des Räumungsrechtstreits nicht sicher feststeht. Die obergerichtliche Rechtsprechung urteilt hier nach strengen Maßstäben: ein Verschulden entfällt nur dann, wenn der Mieter nicht damit zu rechnen brauchte, dass der Räumungsklage stattgegeben wird (BGHZ 72, 147 = NJW 1978, 2148 = ZMR 1979, 78). Ein solcher Fall wird selten vorliegen. Der strenge Maßstab rechtfertigt sich aus der Erwägung, dass das Risiko einer fehlerhaften Beurteilung der Rechtslage im Schadensrecht vom Schädiger zu tragen ist (vgl. Blank NZM 2007, 788). Die instanzgerichtliche Rechtsprechung vertritt demgegenüber vereinzelt die Auffassung, dass der Mieter grundsätzlich den Ausgang eines Rechtsstreits abwarten dürfe (AG Schwäbisch Gmünd WuM 1991, 347). Bei der Untervermietung kann ein Verschulden entfallen, wenn der Mieter weder aus eigenem noch aus abgetretenem Recht gegen den Untermieter vorgehen kann.

45   Der **Schaden** kann darin bestehen, dass der **Vermieter** infolge der Vorenthaltung **an einer Weitervermietung zu einem höheren Mietzins gehindert** war. In diesem Fall kann die Differenz zwischen der gezahlten Nutzungsentschädigung und dem bei der Weitervermietung erzielbaren Mietpreis als Schaden ersetzt verlangt werden. Es kommt nicht darauf an, ob sich der Vermieter um eine Weitervermietung bemüht hat. Solange der Mieter die Mietsache in Besitz hat, ist dem Vermieter eine Weitervermietung nicht zuzumuten (OLG Düsseldorf ZMR 2012, 861). Darlegungs- und beweispflichtig ist der Vermieter. Grundsätzlich muss der Vermieter darlegen und beweisen, dass ein Mietinteressent vorhanden war, der die Räume bei rechtzeitiger Rückgabe im ordnungsgemäßen Zustand gemietet hätte (LG Berlin GE 2016, 531). An den Beweis sind keine überhöhten Anforderungen zu stellen: Es genügt, wenn angesichts des Mietobjektes und der Marktlage üblicherweise ein neuer Mieter innerhalb einer bestimmten Frist gefunden worden wäre (BGH Urt. v. 13.10.2016 – IX ZR 149/15). Ist dem Vermieter die Weitervermietung nach der Rückgabe zu dem höheren Mietpreis gelungen, so kann davon ausgegangen werden, dass er diesen Preis auch zu einem früheren Zeitpunkt hätte erzielen können.

46   Weiterhin kann der **Schaden** in dem **Mietausfall** liegen, **den der Vermieter erleidet, weil er die Sache** infolge der verspäteten Rückgabe **nicht sofort weitervermieten konnte.** Auch hierfür ist der Vermieter darlegungs- und beweispflichtig. Wird die **Mietsache zu einer ungünstigen Zeit,** z. B. während des Laufs eines Monats, **zurückgegeben** und gelingt die Vermietung ab dem ersten des Folgemonats, so wird der bis zum Monatsende entstehende Mietausfall regelmäßig als Schaden zu ersetzen sein. Unter Umständen kann der Mieter auch deshalb zum Schadensersatz verpflichtet sein, weil er es unterlassen hat, dem Vermieter seinen Auszug rechtzeitig anzukündigen (LG Freiburg WuM 1980, 223; Sternel Mietrecht aktuell Rdn. 601).

46a   Gibt der Mieter die Mietsache in einem beschädigten oder unvollständig geräumten Zustand zurück und entsteht dem Vermieter hierdurch ein Mietausfall, so ist auch dieser Vermögensnachteil vom Mieter zu ersetzen. Anders ist es, wenn der vertragswidrige Zustand infolge eines vom Mieter aufgrund einfacher Fahrlässigkeit zu vertretenden Umstands verursacht wurde und der Vermieter gegen den Schaden versichert ist. In diesem Fall werden die fraglichen Vermögensnachteile vom **Regressverzicht des Versicherers** (s. § 538 BGB Rdn. 24 ff) mit umfasst (BGH GE

2014, 661 betr. Brandschaden). Daraus folgt, dass der Vermieter wegen solcher Nachteile nur den Versicherer in Anspruch nehmen kann.

Der Anspruch auf Ersatz des Mietausfallschadens unterliegt auch dann nicht der 47 Umsatzsteuer, wenn der Vermieter zur **Umsatzsteuer** optiert hat und auf die Miete oder die Nutzungsentschädigung Umsatzsteuer zu zahlen ist. Deshalb kann die Umsatzsteuer auch nicht als Schadensersatz verlangt werden (BGH ZMR 2008, 867 unter Rz. 28).

Schließlich kann ein Schaden eintreten, wenn der **Vermieter die Mietsache** 48 **im Vertrauen auf die pünktliche Rückgabe weitervermietet hat** und dieser Mieter den Vermieter auf Schadensersatz wegen Nichterfüllung in Anspruch nimmt. In Fällen dieser Art ist stets zu prüfen, ob dem Vermieter ein Mitverschulden zu Last fällt (vgl. OLG München ZMR 1989, 224).

Tritt der **Schaden** nicht beim Vermieter, sondern **bei einem Dritten,** insbesondere bei einem avisierten Nachfolgemieter, ein und kann dieser mangels vertraglicher Regelung, wegen eines Haftungsausschlusses oder aus sonstigen Gründen den Vermieter nicht in Anspruch nehmen, so kommt es darauf an, ob der Dritte in die Schutzwirkungen des Mietvertrags zwischen dem Vermieter und dem Mieter bestehenden Vertrags einbezogen ist. Hiervon ist auszugehen, wenn sich die Räumungsverpflichtung aus einer Kündigung wegen Eigenbedarfs zugunsten eines Angehörigen ergibt (Lehmann-Richter/Keinert ZMR 2011, 523, 524). Dies folgt aus der Erwägung, dass der Bedarf des Angehörigen in § 573 Abs. 2 Nr. 2 BGB dem Bedarf des Vermieters gleichgestellt ist. Dies rechtfertigt es, den Schaden des Angehörigen wie einen Eigenschaden des Vermieters zu behandeln. Bei sonstigen Nachnutzern fehlt es dagegen an der Leistungsnähe. Eine Drittschadensliquidation scheidet aus, weil diese eine zufällige Schadensverlagerung voraussetzt; daran fehlt es im Verhältnis zwischen dem Vermieter und dem Nachnutzer (Lehmann-Richter/Keinert a. a. O.).

Durch eine **Stundung** wird der Verzug beendet (RG 113, 56). Ein solcher Fall 50 kann insbesondere dann vorliegen, wenn zwischen den Parteien eine **vertragliche Räumungsfrist** vereinbart wird. Jedoch ist zu beachten, dass in einer vertraglich vereinbarten Räumungsfrist auch ein bloßer **Vollstreckungsverzicht** liegen kann; hierdurch wird der Verzug nicht beseitigt. Maßgeblich sind die Umstände des Einzelfalls (BGH NJW-RR 1987, 907 = WuM 1987, 261 = ZMR 1987, 287), wobei allerdings eine Vermutung für den Vollstreckungsverzicht sprechen wird (ebenso: Wolf/Eckert/Ball, Rdn. 1141). Bei einer gerichtlichen Räumungsfrist ist § 571 Abs. 2 zu beachten.

2. Schlechterfüllung der Rückgabepflicht

Hat der Mieter die Mietsache nicht in dem vertraglich vereinbarten Zustand 51 zurückgegeben, so liegt eine Schlechterfüllung der Rückgabepflicht vor. Hinsichtlich des Schadensersatzanspruchs ist zu unterscheiden, ob der Schaden infolge der Verletzung einer vertraglichen Leistungspflicht eingetreten ist oder ob er auf einer schuldhaften Beschädigung der Mietsache durch den Mieter, also einer Substanzverletzung beruht. Hiervon hängt es ab, ob sich der Anspruch nach § 280 Abs. 1 oder nach § 281 Abs. 1 BGB richtet. Wendet man die letztgenannte Vorschrift an, dann entsteht der Schadensersatzanspruch erst, wenn der Vermieter dem Mieter „erfolglos eine angemessene Frist zur Leistung oder Nacherfüllung bestimmt hat." Im Falle des § 280 Abs. 1 BGB entsteht der Anspruch dagegen bereits mit der Rückgabe der Sache; eine Nachfrist ist entbehrlich (s. dazu § 538 Rdn. 3, 3a). In den Fällen des § 281 Abs. 1 Satz 1 ist zu beachten, dass die Ansprüche des Vermieters wegen Rückgabe der Mietsache im vertragswidrigen Zustand in der kurzen Frist des § 548 BGB verjähren. Die Nachfrist muss innerhalb dieser Frist gesetzt werden; anderenfalls kann der Mieter die Einrede der Verjährung erheben. In diesem Fall kann der Schadensersatzanspruch nicht mehr entstehen (OLG Köln a. a. O.).

3. Schadensersatz statt der Rückgabe

52   Hat der Gläubiger einen Anspruch auf Herausgabe einer Sache, so kann er gem. § 281 Abs. 1 Satz 1 BGB Schadensersatz statt der Leistung verlangen, wenn er dem Schuldner erfolglos eine angemessene Frist zur Leistung bestimmt hat. Gem. § 281 Abs. 4 BGB ist der Anspruch auf die Leistung jedoch ausgeschlossen, wenn der Gläubiger statt der Leistung Schadensersatz verlangt hat. Dieser gesetzlichen Regelung ist zu entnehmen, dass der Gläubiger nicht gleichzeitig Schadensersatz verlangen und das Eigentum an der Sache behalten kann. Ist sowohl der Herausgabe- als auch der Schadensersatzanspruch tituliert, so bieten sich folgende **Lösungswege** an: **(1)** Dem Gläubiger steht weiterhin ein Anspruch auf Herausgabe der Sache zu; macht er diesen geltend, so muss er dem Schuldner die Schadensersatzleistung zurückerstatten. **(2)** Hat der Gläubiger Schadensersatz verlangt, so verliert er den Herausgabeanspruch. Der Gläubiger ist dann verpflichtet, dem Schuldner die Sache zu übereignen (Theorie des Zwangskaufs). Das OLG Brandenburg hat in dem Urteil vom 24.10.2012 (3 U 106/11) die unter Ziff (2) beschriebene Ansicht vertreten und dies mit einer entsprechenden Anwendung des § 255 BGB begründet. Eine höchstrichterliche Entscheidung steht noch aus.

III. Darlegungs- und Beweislast

53   Der Vermieter muss beweisen, dass das Mietverhältnis beendet ist. Verlangt der Vermieter als Nutzungsentschädigung die vereinbarte oder die ortsübliche Miete, so muss er deren Höhe beweisen. Soweit die Höhe der ortsüblichen Miete in Frage steht, gelten dieselben Grundsätze wie zu § 558 BGB (s. dort). Ist die Dauer der Vorenthaltung streitig, so muss der Mieter beweisen, dass und wann er erfüllt hat. Gleiches gilt, wenn der Verlust der Sache streitig ist. Ist im Falle der verspäteten Rückgabe streitig, ob der Vermieter einen Rückerlangungswillen hatte, so ist der fehlende Rückerlangungswille vom Mieter darzulegen und zu beweisen.

54   Die Höhe des weiteren Schadens i. S. von § 546a Abs. 2 BGB muss der Vermieter beweisen. Gibt der Mieter die Mietsache in einem reparaturbedürftigen Zustand zurück und macht der Vermieter für die Zeit der Reparatur einen Mietausfallschaden geltend, so gelten die Grundsätze über die Ersatzpflicht bei entgangenem Gewinn. Der Geschädigte muss die Umstände darlegen und beweisen, „aus denen sich nach dem gewöhnlichen Verlauf der Dinge oder den besonderen Umständen des Falles die Wahrscheinlichkeit des Gewinneintrittes ergibt. Liegt eine solche Wahrscheinlichkeit vor, wird widerleglich vermutet, dass der Gewinn gemacht worden wäre (BGH NZM 2017, 68). Dem Ersatzpflichtigen obliegt dann der Beweis, dass er nach dem späteren Verlauf oder aus anderen Gründen dennoch nicht erzielt worden wäre. Dabei dürfen keine zu strengen Anforderungen an die Darlegungs- und Beweislast des Geschädigten gestellt werden (BGH a. a. O.). Im Allgemeinen ge-

nügt es, wenn angesichts des Mietobjektes und der Marktlage üblicherweise ein neuer Mieter gefunden worden wäre. Im Regelfall ist zugunsten des Vermieters zu unterstellen, dass bei Rückgabe der Mietsache im vertragsgemäßen Zustand eine sofortige Weitervermietung zu den am Ort üblichen Bedingungen möglich gewesen wäre (BGH NZM 2017, 68; Streyl in: Schmidt-Futterer § 546a BGB Rdn. 99; **a. A.** LG Berlin WuM 2016, 279: danach muss der Vermieter konkrete Mietinteressenten benennen an die er die Räume hätte weitervermieten können). Anders kann es sein, wenn die Weitervermietung auch nach Abschluss der Reparaturarbeiten mangels eines konkreten Mietinteressenten nicht gelingt. Der Mieter muss die Umstände beweisen, aus denen sich ergibt, dass er die verspätete oder nicht vertragsgemäße Rückgabe nicht zu vertreten hat.

IV. Konkurrenzen

Nach der Rechtsprechung des BGH sind neben § 546a BGB auch die **§§ 812 ff** 55 **BGB** anwendbar (BGHZ 44, 241 = NJW 1966, 248; NZM 2000, 183; NJW 1968, 197; BGHZ 68, 307 = NJW 1977, 1335; Urteil vom 12.7.2017 – VIII ZR 214/16; ebenso:); OLG Düsseldorf GuT 2006, 318 = ZMR 2007, 33; Streyl in: Schmidt-Futterer § 546a BGB Rdn. 103; Rolfs in: Staudinger § 546a BGB Rdn. 65–68; Lützenkirchen in: Lützenkirchen, Mietrecht § 546a Rdn. 4; Emmerich in: Bub/Treier Kap V Rdn. 164 ff; Bieber in: MünchKomm § 546a BGB Rdn. 23; Kandelhard in: Herrlein/Kandelhard § 546a BGB Rdn. 40; Ehlert in: Bamberger/Roth § 546a BGB Rdn. 26). Nach § 812 BGB hat der Vermieter einen Anspruch auf Herausgabe der vom ehemaligen Mieter erlangten Gebrauchsvorteile, die nach dem Mietwert bemessen. Voraussetzung ist, dass der Mieter durch die Nutzung der Wohnung in seinem Vermögen bereichert ist. Dies ist etwa der Fall, wenn der Mieter die Wohnung untervermietet hat und auf diese Weise Einkünfte erzielt oder wenn er bei Überlassung an Familienangehörige eigene Aufwendungen – etwa in Gestalt von sonst zu zahlenden Unterhaltsleistungen – erspart hat (BGH NZM 2017, 630). Dieselbe Rechtslage besteht nach § 987 BGB. Nach dieser Vorschrift muss der Mieter die von ihm erlangten Gebrauchsvorteile herausgeben. Praktische Bedeutung haben die §§ 812 und 987 ff BGB wenn es an einer Vorenthaltung fehlt, weil der Vermieter den Mietvertrag als fortbestehend ansieht (BGH NZM 2017, 630; s. Rdn. 19) oder bei vertragslosen Nutzungsverhältnissen, so z. B. wenn Räumlichkeiten bereits vor Abschluss eines Mietvertrags an einen Mietinteressenten überlassen werden und der beabsichtigte Vertragsschluss scheitert, weil sich die Parteien nicht über alle Punkte einigen können. Die Nutzungsentschädigung bemisst sich in diesen Fällen nach dem objektiven Mietwert der Sache, der vom Vermieter/Überlasser zu beweisen ist (vgl. OLG Düsseldorf MietRB 2016, 223).

Hat der **Nutzer den Besitz aufgegeben aber einzelne Gegenstände zu-** 56 **rückgelassen,** so ist zu unterscheiden: Ist dem Überlasser damit die eigene Nutzungsmöglichkeit vollständig genommen, so muss der Nutzer die Entschädigung in voller Höhe zahlen. Wird dagegen die Nutzungsmöglichkeit des Überlassers nur beschränkt, so umfasst der Anspruch nur den Nutzungswert der von den zurückgebliebenen Sachen konkret belegten Fläche.

Ist der **Überlasser zugleich Eigentümer** der Sache, so hat er darüber hinaus 57 einen Entschädigungsanspruch nach den §§ 987 ff BGB. Für die Höhe dieses Anspruchs gilt dasselbe wie beim Bereicherungsanspruch.

§ 546a BGB   Untertitel 1. Allgemeine Vorschriften für Mietverhältnisse

58   Einen **Mietausfallschaden** kann der Überlasser nur geltend machen, **wenn ihm durch die Vorenthaltung ein konkreter Mietausfall entsteht.** Hierzu muss der Überlasser dartun, wann, an wen und zu welchem Mietzins er die Sache oder Teile davon hätte vermieten können.

59   Schließlich spielt die Anwendung des § 812 BGB eine Rolle, wenn **Eigentümer und Vermieter nicht identisch** sind und das Mietobjekt nach Beendigung des Mietverhältnisses, aber vor der Rückgabe der Mietsache veräußert wird. In diesem Fall tritt der Erwerber nicht in das Abwicklungsverhältnis ein (s. § 566 BGB Rdn. 8 und Rdn. 17) mit der weiteren Folge, dass ihm keine Ansprüche nach § 546a BGB zustehen. Im Falle der Vorenthaltung kann der Erwerber aber Bereicherungsansprüche geltend machen (OLG Düsseldorf ZMR 2007, 33).

V. Sonstiger Inhalt der nachvertraglichen Beziehungen

60   Gibt der Mieter die Mietsache nach Beendigung des Mietverhältnisses nicht zurück, so richten sich die Beziehungen der Parteien nicht nach einem gesetzlichen Schuldverhältnis; vielmehr entstehen „nachvertragliche Pflichten im Rahmen der Zumutbarkeit" (Derleder WuM 2011, 551), die aus § 241 Abs. 2 BGB abzuleiten sind. Bei der Frage der Zumutbarkeit sind ökonomische wie bei der Wohnraummiete auch soziale Gesichtspunkte zu berücksichtigen (Derleder a. a. O.). Aus der Beendigung des Mietverhältnisses folgt, dass der Vermieter nicht mehr zur Vertragserfüllung verpflichtet ist. Andererseits darf der Vermieter dem Mieter den Besitz nicht eigenmächtig entziehen; auch eine Besitzstörung wäre widerrechtlich (§ 858 BGB). Der Vermieter darf die Räume weder eigenmächtig betreten, noch darf er Schlösser auswechseln, noch die Einrichtungsgegenstände gegen den Willen des Mieters entfernen. Solange der Mieter die Nutzungsentschädigung bezahlt, ist der Vermieter auch verpflichtet, die Mieträume mit Wasser, Strom und Heizung zu versorgen (Streyl in: Schmidt-Futterer § 546a BGB Rdn. 12ff; Rolfs in: Staudinger § 546a BGB Rdn. 7; **a. A.** Lehmann-Richter PiG Bd. 90 (2011) S. 199, 206). Streitig ist, ob der Vermieter im Falle des Zahlungsverzugs die Versorgung einstellen kann (s. dazu § 535 BGB Rdn. 327 ff).

1. Pflichten des Vermieters

61   Nach der hier vertretenen Ansicht muss der Vermieter folgende Pflichten erfüllen: die Gewährung des freien Zugangs zu den Mieträumen, die Gewährung von Versorgungsleistungen, wie Strom, Wärme und Wasser, die Aufrechterhaltung der Entsorgung (Müllabfuhr) sowie die Erfüllung der Verkehrssicherungspflicht (LG Aachen MDR 1992, 578; Streyl in: Schmidt-Futterer § 546a BGB Rdn. 13). Nach Eintritt der Abrechnungsreife muss der Vermieter über die Betriebskosten abrechnen (**a. A.** Lehmann-Richter PiG Bd. 90 (2011) S. 199). Zur Mängelbeseitigung ist der Vermieter nur verpflichtet, wenn dies zur konkreten Nutzung unerlässlich ist (LG Berlin ZMR 1992, 541). Andererseits kommt es nicht darauf an, ob die hierfür aufzuwendenden Kosten durch die Einnahmen aus der Nutzungsentschädigung gedeckt werden (**a. A.** LG Hamburg ZMR 1986, 122 = NJW-RR 1986, 441; Emmerich in: Bub/Treier Kap V Rdn. 120). Nach anderer Ansicht hat der Mieter nach Beendigung des Vertrags keine Ansprüche gegen den Vermieter, etwa auf Mangelbeseitigung, Versorgung mit Wasser und Energie und dergleichen (Lehmann-Richter PiG Bd. 90 (2011) S. 199, 206). Anders ist es, wenn dem Mieter eine

Räumungsfrist oder Vollstreckungsschutz gewährt wird. Dann sollen sich aus dem Abwicklungsschuldverhältnis gewisse Leistungspflichten ergeben (§ 241 Abs. 1 BGB). Der Vermieter hat danach solche Pflichten zu erfüllen, die für die Nutzung der Mietsache unerlässlich sind (Lehmann-Richter a. a. O.). Soweit sich der Mieter gegen Störungen durch Mitmieter aus eigenem Recht zur Wehr setzen kann, muss der Vermieter nicht tätig werden (Emmerich in: Bub/Treier Kap V Rdn. 121). Auf eine Erweiterung des Gebrauchsrechts (Erlaubnis zur Tierhaltung, zur Aufnahme Dritter, zur Untervermietung, zum Anbringen einer Parabolantenne) hat der Mieter keinen Anspruch.

2. Pflichten des Mieters

Teilweise wird vertreten, dass der Mieter alle ihm nach dem Vertrag obliegenden 62
Pflichten erfüllen muss, weil der Vermieter in der Zeit der Vorenthaltung nicht schlechter gestellt werden darf, als bei der Fortsetzung des Vertrags (Lehmann-Richter PiG Bd. 90 (2011) S. 199, 213). Nach der hier vertretenen Auffassung ist aus § 546a BGB dagegen abzuleiten, dass der Mieter lediglich diejenigen Pflichten zu erfüllen hat, die – wie die Zahlungspflicht selbst – als Entgelt im weiteren Sinne angesehen werden können (ebenso Sternel Rdn. IV 660; Emmerich in: Bub/Treier Kap V Rdn. 127). Hierzu gehört die Erfüllung einer vertraglich übernommenen Pflicht zur Durchführung von Schönheitsreparaturen oder Kleinreparaturen (ebenso: Streyl in: Schmidt-Futterer § 546a BGB Rdn. 15; Rolfs in: Staudinger § 546a BGB Rdn. 8; **a. A.** für Schönheitsreparaturen: Sternel Rdn. IV 660), zur Hausreinigung oder zum Winterdienst. Außerdem muss der Mieter diejenigen Pflichten erfüllen, die für die Nutzung – unabhängig von der Rechtsgrundlage – unerlässlich sind. Hierzu gehört: die Erfüllung der Obhutspflicht, die Erfüllung des Gebots zur Rücksichtnahme und die Einhaltung der Hausordnung. Verbesserungsmaßnahmen i. S. von § 554 Abs. 2 BGB muss der Mieter nach h. M. dulden (Streyl in: Schmidt-Futterer § 546a BGB Rdn. 15; Emmerich in: Bub/Treier Kap V Rdn. 128). Eine Ausnahme gilt, wenn es dem Vermieter zuzumuten ist, hiermit bis zum Auszug des Mieters zuzuwarten. Der Vermieter muss insoweit aber keine Nachteile in Kauf nehmen.

VI. Prozessuales

Wird die Räumungsklage auf eine **Kündigung wegen Zahlungsverzug** ge- 63
stützt, so kann die Nutzungsentschädigung zusammen mit dem Räumungsanspruch gerichtlich geltend gemacht werden. In diesem Fall ist die Besorgnis gerechtfertigt, dass sich der Schuldner der rechtzeitigen Leistung entziehen werde (**§ 259 ZPO**). Ein „Sich-Entziehen" ist immer dann anzunehmen, wenn der Schuldner die Forderung des Gläubigers ernsthaft bestreitet (BGH NJW 1999, 954 unter II 2). Gleiches gilt, wenn zu erwarten ist, dass der Schuldner nicht zahlen werde (BGH NZM 2003, 231 = NJW 2003, 1395 = WuM 2003, 280; OLG Dresden NZM 1999, 173; **a. A.** OLG Koblenz FamRZ 1980, 583, 585). Es kommt dabei nicht darauf an, ob der Zahlungsrückstand auf Zahlungsunfähigkeit oder -unwilligkeit beruht. Bei einer Klage auf künftige Leistung (Klagantrag: Der Beklagte wird verurteilt, an den Kläger für die Zeit vom … bis zur Räumung eine monatliche Nutzungsentschädigung in Höhe von … Euro, fällig an jedem 3. Werktag eines Monats zu bezahlen) erhält der Vermieter ein vollstreckbares Urteil hinsicht-

lich der im Zeitpunkt der mündlichen Verhandlung bereits fälligen Zahlungsansprüche. Außerdem erhält er einen Zahlungstitel aus dem er hinsichtlich der zukünftig fällig werdenden Ansprüche vollstrecken kann. Eine Antragsumstellung ist nicht erforderlich. Der Gebührenstreitwert für eine solche Klage ist i. d. R. gem. § 48 Abs. 1 GKG i. V. m. § 3 ZPO auf das Zwölffache der monatlichen Entschädigung zu bemessen (OLG Hamburg WuM 2016, 447; LG Berlin GE 2009, 1317).

64 Wird die Räumungsklage auf eine **Kündigung aus einem anderen Rechtsgrund** gestützt (Kündigung wegen sonstiger Vertragsverletzungen, wegen Eigenbedarf, wegen beabsichtigter anderweitiger wirtschaftlicher Verwertung) kann sich die Zulässigkeit einer Klage auf künftige Leistung nur aus **§ 257, 258 ZPO** ergeben. Nach diesen Vorschriften ist eine Klage auf künftige, nach Erlass des Urteils fällig werdende wiederkehrende Leistung dann zulässig, wenn ihre Geltendmachung nicht von einer Gegenleistung abhängt. Diese Voraussetzungen sind bei einer Klage auf künftige Miet- oder Pachtzahlungen nicht gegeben, weil der Anspruch auf die Miete von der Gewährung des Mietgebrauchs abhängt. Gleiches muss für die Nutzungsentschädigung gelten (Musielak/Foerste § 258 ZPO Rdn. 2; **a. A.** Becker-Eberhard in: MünchKomm § 258 ZPO Rdn. 9). Aus dem Umstand, dass die Nutzungsentschädigung auf gesetzlicher Grundlage beruht, folgt nichts anderes. Die Nutzungsentschädigung nach § 546a Abs. 1 BGB ist ein vertraglicher Anspruch eigener Art. Zwar ist der Vermieter nach Beendigung des Mietverhältnisses nicht mehr zur Erbringung der vertraglich geschuldeten Leistung verpflichtet. Jedoch treffen ihn gewisse über das rechtliche Vertragsende fortdauernde Mindestpflichten. Deshalb wird die Entschädigung nicht allein für die rein tatsächliche Nutzung, sondern auch als Entgelt für die Leistungen des Vermieters während der Zeit der Vorenthaltung geschuldet. Dies rechtfertigt es, die Nutzungsentschädigung rechtlich wie den Mietzinsanspruch zu behandeln.

65 Schließlich kann der Vermieter **Klage auf Feststellung** erheben, dass der (ehemalige) Mieter verpflichtet ist, jeglichen Schaden zu ersetzen, der infolge einer verspäteten Räumung entsteht (OLG Düsseldorf ZMR 2012, 861).

VII. Nutzungsentschädigung bei Mieterinsolvenz

66 Ist das Mietverhältnis bereits vor der Eröffnung des Insolvenzverfahrens aufgelöst worden, so sind der Rückgabeanspruch nach § 546 BGB sowie alle Abwicklungsansprüche grundsätzlich Insolvenzforderungen. Dies gilt auch für den Anspruch auf die Nutzungsentschädigung; auf die Fälligkeit der Ansprüche kommt es nicht an (BGHZ 130, 38 = NJW 1995, 2783; NJW 2007, 1591 = WuM 2007, 387 = ZMR 2007, 349). Deshalb sind auch die nach der Insolvenzeröffnung fällig werdenden Ansprüche als Insolvenzforderungen zu bewerten. Eine Ausnahme gilt, wenn der Insolvenzverwalter die Mietsache nach der Verfahrenseröffnung weiter nutzt und den Vermieter dabei gezielt vom Besitz ausschließt (§ 55 Abs. 1 Nr. 2 InsO, BGH a. a. O.). Gleiches gilt, wenn der Verwalter das Mietverhältnis nicht sofort beenden kann. Die Regelung des § 55 InsO ist eng auszulegen. Erforderlich ist, dass der Insolvenzverwalter aktiv wird; es genügt nicht, wenn er auf ein Herausgabeverlangen des Vermieters nicht reagiert (BGH NJW 2007, 1591 = WuM 2007, 387 = ZMR 2007, 349).

§ 547 Erstattung von im Voraus entrichteter Miete

(1) ¹Ist die Miete für die Zeit nach Beendigung des Mietverhältnisses im Voraus entrichtet worden, so hat der Vermieter sie zurückzuerstatten und ab Empfang zu verzinsen. ²Hat der Vermieter die Beendigung des Mietverhältnisses nicht zu vertreten, so hat er das Erlangte nach den Vorschriften über die Herausgabe einer ungerechtfertigten Bereicherung zurückzuerstatten.

(2) Bei einem Mietverhältnis über Wohnraum ist eine zum Nachteil des Mieters abweichende Vereinbarung unwirksam.

Übersicht

	Rdn.
I. Zweck, Anwendungsbereich	1
II. Voraussetzungen	2
1. Beendigung des Mietverhältnisses	2
2. Mietvorauszahlung	3
III. Die Rückerstattungspflicht	11
1. Nachvertragliche Abwicklungspflicht	11
2. Schuldner des Rückzahlungsanspruchs	12
3. Gläubiger des Rückerstattungsanspruchs	15
4. Der Umfang der Rückerstattungspflicht	16
IV. Rückerstattung nach § 547 Abs. 1 Satz 1 BGB)	20
V. Rückerstattung nach Bereicherungsvorschriften (§§ 547 Abs. 1 Satz 2, 812ff BGB)	21
VI. Abweichende Vereinbarungen (Abs. 2)	22

I. Zweck, Anwendungsbereich

Die Vorschrift regelt die Rückerstattung von Mietvorauszahlungen, Baukostenzuschüssen und dergleichen im Falle einer Beendigung des Mietverhältnisses. Sie soll verhindern, dass der Mieter den noch nicht „abgewohnten" Teil seiner Leistungen verliert. Auf Grund dieses Gesetzeszwecks wird die Vorschrift nicht nur auf Mietvorauszahlungen im engeren Sinn, sondern auch auf Mieterdarlehen (BGH NJW 1971, 1658), Baukostenzuschüsse (BGHZ 54, 347), Finanzierungsbeiträge (OLG München NJW-RR 1993, 655) und dergleichen angewandt. Die Vorschrift gilt für alle Mietverhältnisse und für die Pacht (OLG Celle MDR 1978, 492). **1**

II. Voraussetzungen

1. Beendigung des Mietverhältnisses

Die Vorschrift ist anwendbar, wenn ein Mietverhältnis beendet wird. Der Grund der Beendigung ist gleichgültig. **2**

2. Mietvorauszahlung

Es ist erforderlich, dass der Mieter die Miete für eine Zeit nach der Beendigung im Voraus entrichtet hat und dass die bezahlten Beträge noch nicht verrechnet oder **3**

§ 547 BGB Untertitel 1. Allgemeine Vorschriften für Mietverhältnisse

„abgewohnt" sind. Unter der Miete ist das Entgelt für die Gebrauchsüberlassung im weitesten Sinne zu verstehen. Eine Mietvorauszahlung ist eine Vorleistung, die nach den vertraglichen Vereinbarungen vom Vermieter zurückzuzahlen ist. Die Rückzahlung kann auch in Form der Verrechnung mit der Miete erfolgen (BGH NJW 2008, 2256 = WuM 2008, 402 = NZM 2008, 519 unter Ziff II 1 a-aa (1)). Von praktischer Bedeutung sind folgende **Fallgruppen.**

4   a) **Vorfälligkeit:** Nach der gesetzlichen Regelung (§ 556b Abs. 1 BGB) ist die Miete monatlich im Voraus zu zahlen. Hat der Mieter geleistet und wird das Mietverhältnis anschließend beendet, so ist die Miete einschließlich etwaiger Betriebskostenvorauszahlungen für den Rest des Monats „im Voraus entrichtet"; dieser Teil ist nach § 547 BGB zurückzuerstatten.

5   b) **Einmalmiete:** Hierunter sind Mietverhältnisse auf bestimmte Zeit zu verstehen, für die die Miete vereinbarungsgemäß im Voraus in einer Summe zu zahlen ist. Wird ein solches Mietverhältnis nach der Zahlung vorzeitig beendet, so ist der „überzahlte" Mietzinsteil nach § 547 BGB zurückzuerstatten.

6   c) **Abwohnbarer Baukostenzuschuss** (Mietvorauszahlung). Im Regelfall ist vereinbart, dass der Mieter dem Vermieter einen bestimmten Betrag zur Finanzierung der Herstellung, Sanierung oder Modernisierung des Anwesens zur Verfügung stellt. Die Tilgung erfolgt dabei im Wege der Verrechnung mit den Mietzahlungen („abwohnen"). Wird das Mietverhältnis beendet, bevor der Baukostenzuschuss „abgewohnt" ist, so gilt § 547 BGB.

7   Gleiches gilt, wenn der Mieter die Mietsache vereinbarungsgemäß selbst repariert, saniert oder modernisiert hat und vereinbart ist, dass der betreffende Kostenaufwand mit der künftigen Miete verrechnet werden soll. Es macht keinen Unterschied, ob der Mieter dem Vermieter einen Geldbetrag für diese Zwecke zur Verfügung stellt oder ob er die betreffenden Maßnahmen selbst durchführt (BGHZ 54, 347; OLG Düsseldorf DWW 1992, 114; ZMR 1992, 110).

8   Ein „**verlorener Baukostenzuschuss**" ist demgegenüber eine Zuwendung an den Bauherrn mit der Zweckbestimmung, dass diese als Beitrag zur Finanzierung der Herstellung, Sanierung oder Modernisierung des Anwesens verwendet werden soll, ohne dass ein vertragliches Recht auf Rückerstattung begründet wird. Für die Rückerstattung verlorener Baukostenzuschüsse gilt die Sonderregelung des Art VI des Gesetzes zur Änderung des Zweiten Wohnungsbaugesetzes, anderer wohnungsbaurechtlicher Vorschriften und über die Rückerstattung von Baukostenzuschüssen vom 21.7.1961 (BGBl. I S. 1041). Nach § 2 des Gesetzes gilt ein Betrag in Höhe einer Jahresmiete durch eine Mietdauer von vier Jahren von der Leistung an als getilgt. Dabei ist die ortsübliche Miete für Wohnungen gleicher Art, Finanzierungsweise, Lage und Ausstattung zur Zeit der Leistung maßgeblich. Der nicht getilgte Teil des Zuschusses ist zurückzuerstatten. Leistungen, die den Betrag einer Vierteljahresmiete nicht erreichen, bleiben außer Betracht.

9   d) **Mieterdarlehen** (Finanzierungsdarlehen) sind als Mietvorauszahlungen zu bewerten, wenn die Tilgung durch Verrechnung mit der Miete erfolgen soll (BFH BB 1984, 836; LG Berlin GE 1991, 1035). Ist dagegen vereinbart, dass die Rückzahlung mit oder nach der Beendigung des Mietverhältnisses fällig wird, so ist § 547 BGB unanwendbar. Unter Umständen ist zu prüfen, ob das „Darlehen" in Wirklichkeit als Mietsicherheit gegeben worden ist. Bei der Wohnraummiete ist dann § 551 BGB einschlägig.

10 e) Die Vorleistung kann auch in einer **Aufwendung i. S. des § 539 BGB** bestehen. In diesem Fall werden die §§ 539, 548 Abs. 2 BGB durch § 547 BGB verdrängt. Die Rückzahlung richtet sich nach § 547 BGB; es gilt die reguläre Verjäh-

rungsfrist von 3 Jahren (BGH NJW 2008, 2256 = WuM 2008, 402 = NZM 2008, 519 unter Ziff II 1 a-aa (1) betr. Pauschale für Schönheitsreparaturen).

III. Die Rückerstattungspflicht

1. Nachvertragliche Abwicklungspflicht

Mit der Beendigung des Mietvertrags entsteht die Verpflichtung der Parteien zur 11 Abwicklung der wechselseitigen Verbindlichkeiten. Hierzu gehört auch die Pflicht des Vermieters zur Rückzahlung der für einen künftigen Zeitraum entrichteten Miete; es handelt sich insoweit um eine nachvertragliche Abwicklungspflicht (Lammel Wohnraummietrecht § 547 BGB Rdn. 5). Die Miete ist in einer Summe, nicht in Raten zurückzuzahlen (BGHZ 56, 285 = NJW 1971, 1658, 1659; OLG Frankfurt ZMR 1970, 181; Streyl in: Schmidt-Futterer § 547 BGB Rdn. 42). Der Anspruch des Mieters wird gleichzeitig mit der Beendigung des Mietverhältnisses fällig. Maßgeblich ist **nicht die rechtliche Beendigung,** sondern derjenige Zeitpunkt, zu dem der Mieter keine Nutzungsentschädigung mehr schuldet (**a. A.** Streyl in: Schmidt-Futterer § 547 BGB Rdn. 24; Rolfs in: Staudinger § 547 BGB Rdn. 23; Sternel Rdn. III 174: danach hat der Vermieter wegen der Nutzungsentschädigung ein Zurückbehaltungsrecht nach § 273 BGB). In der Regel ist dies der Zeitpunkt der Rückgabe. Dem Vermieter steht keine Abrechnungsfrist zu (Emmerich in: Bub/Treier Kap V Rdn. 434). Umgekehrt kann der Mieter vor der Fälligkeit auch dann nicht gegen den Rückzahlungsanspruch aufrechnen, wenn der Vermieter in Vermögensverfall gerät (Streyl in: Schmidt-Futterer § 547 BGB Rdn. 24; Emmerich in: Bub/Treier Kap V Rdn. 435; **a. A.** Sternel Rdn. III 158). Der Anspruch **verjährt** nach § 195 BGB in drei Jahren; § 548 BGB gilt nicht (BGHZ 54, 347; Streyl in: Schmidt-Futterer § 547 BGB Rdn. 27).

2. Schuldner des Rückzahlungsanspruchs

Zur Rückerstattung der Miete ist grundsätzlich derjenige verpflichtet, der im 12 Zeitpunkt der Beendigung des Mietverhältnisses Vermieter ist (LG Berlin GE 1991, 1035; Streyl in: Schmidt-Futterer § 547 BGB Rdn. 28; Rolfs in: Staudinger § 547 BGB Rdn. 37). Ist die Mietvorauszahlung dem Rechtsvorgänger des Vermieters zugeflossen, so ist im Falle der Sonderrechtsnachfolge nach § 566 BGB die Regelung des § 566c BGB zu beachten. Das gilt auch für den Erwerb in der Zwangsversteigerung (BGHZ 53, 35, 38). Danach muss der Erwerber die Mietvorauszahlungen nur beschränkt gegen sich gelten lassen. Maßgeblich ist derjenige Zeitpunkt, zu dem der Mieter von dem Eigentumsübergang Kenntnis erlangt hat. Hat der Mieter vor dem 15. eines Monats von dem Eigentumsübergang Kenntnis erlangt, so ist die Mietvorauszahlung nur bis zum Monat der Kenntniserlangung gegenüber dem Erwerber wirksam. Erlangt der Mieter die Kenntnis erst nach dem 15. des Monats, so ist die Mietvorauszahlung bis zum Ablauf des folgenden Monats wirksam. Erlangt der Mieter keine Kenntnis vom Eigentumsübergang, so ist die Mietvorauszahlung unbeschränkt wirksam.

Nach der Rechtsprechung ist § 566c BGB allerdings in zwei Fällen unanwend- 13 bar. Zum einen ist anerkannt, dass eine vereinbarungsgemäß geleistete Vorauszahlung auch gegenüber dem Erwerber wirkt, wenn die geleisteten Beträge zum **Auf- oder Ausbau des Mietgrundstücks** bestimmt waren und bestimmungsgemäß

§ 547 BGB Untertitel 1. Allgemeine Vorschriften für Mietverhältnisse

verwendet worden sind (BGHZ 53, 35; LG Berlin GE 1991, 1035). Eine weitere Ausnahme gilt, wenn **(1)** die Verpflichtung zur Vorauszahlung bereits im Mietvertrag vereinbart ist und **(2)** die vorausbezahlte Miete nicht nach wiederkehrenden Zeitabschnitten bemessen ist (Einmalmiete; BGH NZM 1998, 105).

14 Soweit die Mietvorauszahlung nicht gegen den Erwerber wirkt, kann der Mieter nach der hier vertretenen Ansicht den Veräußerer auf Rückzahlung in Anspruch nehmen (ebenso: Roquette, § 557 a BGB a. F. Rdn. 14).

3. Gläubiger des Rückerstattungsanspruchs

15 ist der Mieter. In manchen Fällen ist im Mietvertrag mit Rücksicht auf die Mietvorauszahlung eine echte Nachfolgerklausel zugunsten des Mieters vereinbart. Ist auf Grund einer solchen Nachfolgerklausel ein Mieterwechsel eingetreten, so ist im Hinblick auf die Mietvorauszahlung zu unterscheiden: Hat der neue Mieter den bisherigen Mieter wegen der Vorauszahlung abgefunden, so wirkt die in den Händen des Vermieters befindliche Vorauszahlung zugunsten des Nachfolgers; dieser kann den noch nicht abgewohnten Teil der Vorauszahlung bei der Beendigung des Mietverhältnisses zurückverlangen (BGH NJW 1966, 1705, 1707; Streyl in: Schmidt-Futterer § 547 BGB Rdn. 31; Rolfs in: Staudinger § 547 BGB Rdn. 41; Lützenkirchen in: Lützenkirchen, Mietrecht § 547 Rdn. 27). Ist zwischen den Mietern kein Ausgleich erfolgt, so kann der ausscheidende Mieter die Vorauszahlung vom Vermieter zurückverlangen. Nach dem Schutzzweck der Vorschrift kommt es nicht auf die schuldrechtliche Verpflichtung, sondern auf die Erfüllung an (Streyl in: Schmidt-Futterer § 547 BGB Rdn. 31; Rolfs in: Staudinger § 547 BGB Rdn. 40; Lützenkirchen in: Lützenkirchen, Mietrecht § 547 Rdn. 27; Sternel Rdn. III 178). Bei der Wohnungsmiete kann wegen § 547 Abs. 2 BGB auch nicht vereinbart werden, dass die Vorauszahlung in diesem Fall beim Vermieter bleiben soll. Bei sonstigen Mietverhältnissen ist eine solche Vereinbarung möglich.

4. Der Umfang der Rückerstattungspflicht

16 Der Vermieter hat die Mietvorauszahlung grundsätzlich einschließlich der seit Empfang der Leistung zu berechnenden gesetzlichen Zinsen (§ 246 BGB) zurückzuerstatten (§ 547 Abs. 1 Satz 1 BGB). Auf den Wegfall der Bereicherung kann sich der Vermieter nicht berufen. Ausnahmsweise richtet sich die Rückzahlung nach Bereicherungsrecht (§§ 812 ff BGB), wenn „der Vermieter die Beendigung des Mietverhältnisses nicht zu vertreten" hat. Die Einzelheiten sind streitig. Nach der hier vertretenen Ansicht kommt es nicht auf ein Verschulden an (so aber Rolfs in: Staudinger § 547 BGB Rdn. 14), sondern ausschließlich darauf an, wem die Beendigung objektiv zuzurechnen ist (Lammel Wohnraummietrecht § 547 BGB Rdn. 16 ff; Streyl in: Schmidt-Futterer § 547 BGB Rdn. 23; Sternel Rdn. III 169; Ehlert in: Bamberger/Roth § 547 BGB Rdn. 8; Kandelhard in: Herrlein/Kandelhard § 547 BGB Rdn. 9 ff). Danach ist zwischen den verschuldensunabhängigen und den verschuldensabhängigen Beendigungstatbeständen zu unterscheiden.

17 Bei den **verschuldensunabhängigen Beendigungstatbeständen** richtet sich die Rückzahlungspflicht immer nach **§ 547 Abs. 1 Satz 1 BGB.** Dies gilt für die **ordentliche Kündigung durch den Mieter** (Kandelhard in: Herrlein/Kandelhard § 547 BGB Rdn. 11), für den **Zeitablauf** beim befristeten Mietverhältnis (**a. A.** Streyl in: Schmidt-Futterer § 547 BGB Rdn. 49), für die Beendigung des Mietverhältnisses beim Eintritt einer **auflösenden Bedingung** oder wegen Nichtausübung einer **Option** (a. M. Rolfs in: Staudinger § 547 BGB Rdn. 17). **Kündigt der Vermieter** wegen Eigenbedarfs, wegen beabsichtigter anderweitiger Verwertung oder nach § 573a Abs. 1, so gilt ebenfalls § 547 Abs. 1 Satz 1 BGB (ebenso: Rolfs in: Staudinger § 547 BGB Rdn. 18; Streyl in: Schmidt-Futterer § 547 BGB Rdn. 36) Ebenso gehört hierzu die Beendigung durch **Mietaufhebungsvertrag,** ohne dass es darauf ankommt, wer den Anlass zur Vertragsaufhebung gegeben hat. Die hiervon abweichende Ansicht (Streyl in: Schmidt-Futterer § 547 BGB Rdn. 41; Emmerich in: Bub/Treier Kap V Rdn. 441; Rolfs in: Staudinger § 547 BGB Rdn. 19 verkennt, dass die Parteien bei einem vom Mieter „verschuldeten" Anlass keinen Aufhebungsvertrag schließen müssen. Schließlich zählen dazu Kündigungen durch den Mieter, die kein Verschulden voraussetzen. Dazu gehört auch die **Sonderkündigungsrechte,** z. B. die Kündigung wegen einer verweigerten Untermieterlaubnis nach § 540 Abs. 1 BGB (Emmerich in: Bub/Treier Kap V Rdn. 441; Kandelhard in: Herrlein/Kandelhard § 547 BGB Rdn. 9; **a. A.** Rolfs in: Staudinger § 547 BGB Rdn. 20) und die Kündigungen nach §§ 554 Abs. 3 Satz 3, 544 Satz 1, 557a Abs. 3 Satz 2, 561 Abs. 1, 563a Abs. 2, 564 Satz 2, 580 BGB (**a. A.** Rolfs in: Staudinger § 547 BGB Rdn. 20).

Bei den **verschuldensabhängigen Tatbeständen** kommt es darauf an, welche **18** der Parteien die Vertragsbeendigung zu vertreten hat. Die Rückzahlungspflicht richtet sich nach **§ 547 Abs. 1 Satz 1 BGB,** wenn der **Vermieter** den zur Beendigung führenden Umstand zu vertreten hat. Hierzu zählen die Kündigungen durch den Mieter nach §§ 543 Abs. 1, Abs. 2 Nr. 1, 569 Abs. 1, Abs. 2 BGB. Dies gilt auch dann, wenn den Mieter ein Mitverschulden an der Vertragsbeendigung trifft (LG Mönchengladbach WuM 1989, 78). Bei einer ordentlichen Kündigung (zu der der Mieter eines unbefristeten Mietverhältnisses immer befugt ist) reicht es aus, wenn sie durch eine nicht unerhebliche Vertragsverletzung des Vermieters verursacht worden ist. Für das Vertretenmüssen gelten die allgemeinen Vorschriften (§§ 276 ff BGB). Hat der **Mieter** die Vertragsbeendigung zu vertreten (Kündigungen durch den Vermieter nach §§ 543 Abs. 1, Abs. 2 Nr. 2 und 3, 569 Abs. 2, 573 Abs. 2 Nr. 1 BGB), so richtet sich die Rückzahlungspflicht nach §§ 812 ff BGB. Für das Vertretenmüssen gelten die allgemeinen Vorschriften (§§ 276 ff BGB).

Nach der gesetzlichen Regelung ist die Rückzahlung nach § 547 Abs. 1 Satz **19** BGB Rücktrittsvorschriften die Regel und die Rückzahlung nach Bereicherungsgrundsätzen die Ausnahme. Dies hat Bedeutung für die **Beweislast:** Macht der Mieter den Rückerstattungsanspruch nach (den für ihn günstigeren) § 547 Abs. 1 Satz 1 BGB geltend, so muss der Vermieter beweisen, dass die tatsächlichen Voraussetzungen für eine Rückzahlung nach Bereicherungsgrundsätzen gegeben sind (ebenso: Sternel, Rdn. III 169).

IV. Rückerstattung nach § 547 Abs. 1 Satz 1 BGB)

Der Vermieter muss den überzahlten Mietzins in voller Höhe zurückerstatten; **20** auf den Wegfall der Bereicherung kann er sich nicht berufen. Außerdem hat er den Mietzins vom Empfang der Leistung an zu verzinsen; insoweit gilt § 246 BGB). Die Verzinsungspflicht gilt nur für den noch nicht „abgewohnten" oder verrechneten Mietzinsteil.

V. Rückerstattung nach Bereicherungsvorschriften (§§ 547 Abs. 1 Satz 2, 812 ff BGB)

21 Da § 547 Abs. 1 Satz 2 BGB keine Rechtsgrund – sondern eine Rechtsfolgenverweisung darstellt, kommt es nur darauf an, ob und in welchem Umfang die Vorauszahlung als solche noch im Vermögen des Vermieters vorhanden ist (BGHZ 54, 347; BGHZ 56, 285; OLG Düsseldorf DWW 1992, 114). Der Vermieter muss den überzahlten Mietzins grundsätzlich in voller Höhe zurückerstatten. Er kann einwenden, dass er nicht mehr bereichert sei (§ 818 Abs. 3 BGB). Es sind allerdings kaum Fälle denkbar, in denen der Vermieter nicht mehr bereichert ist. Hat der Vermieter die Leistung des Mieters zur Errichtung oder Verbesserung des Gebäudes verwendet, so wird der Gegenwert der Mieterleistung in Form der Wertverbesserung regelmäßig noch vorhanden sein. Jedenfalls hat der Vermieter durch die Mieterleistung aber eigene Aufwendungen erspart. Der Vermieter muss den Betrag nach Verzugsgrundsätzen (also ab dem Zeitpunkt der Beendigung des Mietverhältnisses) verzinsen. In der Praxis ist dies der wesentliche Unterschied zur Haftung nach § 547 Abs. 1 Satz 1 BGB. Nach § 547 Abs. 1 Satz 1 BGB beginnt die Verzinsungspflicht mit dem Empfang der Leistung; bei § 547 Abs. 1 Satz 2 BGB mit dem Ende des Mietverhältnisses.

VI. Abweichende Vereinbarungen (Abs. 2)

22 Bei Mietverhältnissen über Wohnraum sind abweichende Vereinbarungen zum Nachteil des Mieters unwirksam. Dies gilt auch für die Modalitäten der Rückzahlung (OLG München NJW-RR 1993, 655). Bei allen anderen Mietverhältnissen ist die Vorschrift abdingbar.

§ 548 Verjährung der Ersatzansprüche und des Wegnahmerechts

(1) ¹**Die Ersatzansprüche des Vermieters wegen Veränderungen oder Verschlechterungen der Mietsache verjähren in sechs Monaten. ²Die Verjährung beginnt mit dem Zeitpunkt, in dem er die Mietsache zurückerhält. ³Mit der Verjährung des Anspruchs des Vermieters auf Rückgabe der Mietsache verjähren auch seine Ersatzansprüche.**

(2) **Ansprüche des Mieters auf Ersatz von Aufwendungen oder auf Gestattung der Wegnahme einer Einrichtung verjähren in sechs Monaten nach der Beendigung des Mietverhältnisses.**

Übersicht

	Rdn.
I. Bedeutung der Vorschrift	1
II. Ersatzansprüche des Vermieters (Abs. 1)	4
1. Begriff der Ersatzansprüche	4
2. Begriff der Veränderung/Verschlechterung	6
3. Begriff der Mietsache	12
4. Beginn der Verjährung (Abs. 1 Satz 2)	14
5. Verjährung der Ersatzansprüche (Abs. 2 Satz 3)	27

	Rdn.
III. Ansprüche des Mieters (Abs. 2)	28
1. Ersatz von Aufwendungen	28
2. Gestattung der Wegnahme einer Einrichtung	32
3. Beginn der Verjährung	35
IV. Ersatzansprüche Dritter	41
V. Verjährung mietrechtlicher Ansprüche außerhalb des § 548 BGB	44
1. Rückständige Miete und Betriebskosten	44
2. Rückforderungsansprüche des Mieters bei überzahlter Miete	51
3. Bereicherungsansprüche bei überhöhter Kaution	55
4. Rückgabe der Mietsache	56
5. Sonstige Ansprüche	58
6. Beginn der Verjährung	69
VI. Hemmung der Verjährung	70
1. Verhandlungen zwischen den Parteien über den Anspruch (§ 203 BGB)	71
2. Klageerhebung, Zustellung eines Mahnbescheids im Mahnverfahren, die Zustellung eines Antrags auf Erlass einer einstweiligen Verfügung (§ 204 Abs. 1 Nr. 1, 3, 9 BGB)	73
3. Geltendmachung eines Anspruchs durch Aufrechnung im Prozess (§ 204 Abs. 1 Nr. 5 BGB)	82
4. Zustellung eines Antrags auf Durchführung des selbstständigen Beweisverfahrens (204 Abs. 1 Nr. 7 BGB)	83
5. Stundungsvereinbarung (§ 205 BGB)	84
6. Begutachtungsverfahren	84a
VII. Neubeginn der Verjährung	85
VIII. Abweichende Vereinbarungen	86
1. Verlängerung der Verjährung	86
2. Verzicht auf Verjährungseinrede	88
IX. Verwirkung	90
X. Darlegungs- und Beweislast	91

I. Bedeutung der Vorschrift

Die Vorschrift steht in einem engen systematischen Zusammenhang mit den Regelungen über die Rückgabe der Mietsache. Sie bestimmt, dass die Ersatzansprüche des Vermieters wegen Veränderungen oder Verschlechterungen der Mietsache und die Ansprüche des Mieters auf Aufwendungsersatz oder auf Gestattung der Wegnahme einer Einrichtung alsbald nach der Rückgabe oder Beendigung des Mietverhältnisses verjähren. **1**

Teilweise wird § 548 BGB ausschließlich als Verjährungshöchstfrist verstanden. Ist ein Anspruch bereits während des Mietverhältnisses entstanden, so gilt hierfür die Regelverjährung der §§ 195, 199 BGB. Ist der Anspruch bei der Rückgabe/ dem Vertragsende bereits verjährt, so hat es damit sein Bewenden. Ist die Verjährungsfrist noch nicht abgelaufen, so wird sie durch § 548 BGB auf sechs Monate begrenzt (Eckert NZM 2008, 313, 314; Lehmann-Richter NZM 2009, 761, 762). Die Gegenauffassung sieht in **§ 548 BGB eine umfassende Sonderregelung zu § 200 BGB**, die sich auch auf den Verjährungsbeginn erstreckt (BGH NJW 2005, 739 zu § 548 Abs. 1 BGB; NJW 2006, 1588 = WuM 2006, 319 = NZM 2006, 503; V. Emmerich in: Staudinger § 548 BGB Rdn. 35; Gsell NZM 2010, 71, 77; Jakoby ZMR 2010, 335; Streyl WuM 2010, 603, 605; ders. in: Schmidt-Futterer § 548 **2**

§ 548 BGB   Untertitel 1. Allgemeine Vorschriften für Mietverhältnisse

BGB Rdn. 54). Die Verjährung der in § 548 BGB genannten Ansprüche beginnt danach erst mit der Rückgabe/dem Vertragsende. Dieser Ansicht ist zuzustimmen: Die Vorschrift des § 548 BGB verfolgt einen doppelten Zweck. Zum einen soll sie sicherstellen, dass die Parteien nach Beendigung des Mietverhältnisses möglichst schnell Klarheit über ihre Ansprüche schaffen. Zum anderen soll das Mietverhältnis vor dem Vertragsende vor unnötigen Belastungen geschützt werden.

3   Auf **Ersatzansprüche, die nicht den Zustand der Mietsache betreffen**, ist § 548 BGB unanwendbar. Hierzu gehören alle Personenschäden, selbst wenn sie durch den Zustand der Mietsache verursacht worden sind (Lammel Wohnraummietrecht § 548 BGB Rdn. 5; Sternel Rdn. IV 632; Gramlich in: Bub/Treier Kap VI Rdn. 44).

II. Ersatzansprüche des Vermieters (Abs. 1)

1. Begriff der Ersatzansprüche

4   Unter die kurze Verjährung fallen die Ersatzansprüche des Vermieters wegen Veränderungen oder Verschlechterungen der Mietsache. Der Begriff der Ersatzansprüche wird im Hinblick auf den Gesetzeszweck **weit ausgelegt** (BGH NJW 1991, 3031, 3032). Dazu gehören nicht nur Schadensersatzansprüche aus positiver Vertragsverletzung, Verzug, Nichterfüllung, Schlechterfüllung oder unerlaubter Handlung, sondern auch Vertragsansprüche, die auf die Herstellung eines bestimmten Zustands oder auf Beseitigung einer baulichen Veränderung (**Rückbaupflicht;** BGH NJW 1988, 1778) gerichtet sind (BGH NJW 1980, 389 unter Ziff II 2; BGHZ 86, 71 = NJW 1983, 679; NZM 2002, 605 unter Ziff II 2a; NJW 2014, 920 Rdn. 15). Es bedeutet hierbei keinen Unterschied ob die Veränderung vom Mieter selbst oder auf dessen Wunsch vom Vermieter vorgenommen worden ist (BGH a. a. O.). Es muss sich aber immer um Ansprüche handeln, die aus einer Veränderung der Mietsache abgeleitet werden; Weiter zählen hierzu alle weiteren Ansprüche, die im Zusammenhang mit der Erfüllung der Rückbaupflicht entstehen können, z. B. die Ansprüche auf Ersatz eines Mietausfalls oder weiterer Mietverluste. Dies gilt auch für solche Ansprüche, die zum Zeitpunkt der Rückgabe noch nicht entstanden sind. In den allgemeinen Vorschriften ist zwar geregelt, dass die Verjährungsfrist „mit der Entstehung des Anspruchs (beginnt), soweit nicht ein anderer Verjährungsbeginn bestimmt ist" (§ 200 Satz 1 BGB). Nach der obergerichtlichen Rechtsprechung wird durch § 548 Abs. 1 Satz 2 BGB ein „anderer Verjährungsbeginn", nämlich die Rückgewähr der Mietsache, bestimmt (BGH NJW 2005, 2004 = WuM 2005, 381 = NZM 2005, 535; NJW 2006, 1588 = WuM 2006, 319 = NZM 2006, 503 unter Ziff II 2; NJW 2014, 920 Rdn. 17). Deshalb läuft die Verjährungsfrist auch hinsichtlich eventueller künftiger Ansprüche (OLG Zweibrücken NZM 2009, 485).

5   Ebenso ist § 548 BGB auf solche vorvertraglichen Verhältnisse entsprechend anzuwenden, in denen es wegen des **Abbruchs der Vertragsverhandlungen** nicht zum Abschluss eines Mietvertrags gekommen ist. Deshalb verjähren auch Schadensersatzansprüche aus Verschulden bei den Vertragsverhandlungen in der kurzen Frist des § 548 BGB (BGH NZM 2006, 509 = GuT 2006, 140; s. auch Rdn. 26). § 548 BGB gilt nicht, wenn die Sache mit einem Recht belastet oder (lediglich) verspätet zurückgegeben wird (Mittelstein S. 526).

2. Begriff der Veränderung/Verschlechterung

Das Gesetz spricht alternativ von Veränderung oder Verschlechterung. Das Begriffspaar ist unscharf. Es handelt sich zum einen um einen unnötigen Pleonasmus, weil jede Verschlechterung zugleich eine Veränderung der Mietsache darstellt. Zum anderen kommt es nicht darauf an, ob sich die Mietsache während der Mietzeit verändert oder verschlechtert hat. Maßgeblich ist vielmehr, ob sie in dem vertraglich vereinbarten Zustand zurückgegeben wird. Die kurze Verjährung greift immer dann ein, wenn der Mieter die Mietsache in einem Zustand zurückgibt, der den vertraglichen Vereinbarungen nicht entspricht und dem Vermieter hieraus vertragliche oder deliktische Ansprüche erwachsen. Der Begriff der „Verschlechterung" in § 548 BGB setzt allerdings nicht voraus, dass die Mietsache in ihrer Substanz verletzt wird. Es genügt, wenn der Verkehrswert des Mietgegenstands infolge der Vertragsverletzung negativ beeinträchtigt ist (OLG Frankfurt ZMR 2015, 18).

Die kurze Verjährung gilt insbesondere: für Ansprüche auf **Durchführung von Schönheitsreparaturen** zum oder nach Vertragsende; für vertragliche Ansprüche auf Beseitigung **baulicher Veränderungen** (BGHZ 86, 71; NZM 2002, 605) oder auf **Entfernung von Einrichtungen;** für Schadensersatzansprüche wegen **Beschädigung der Mietsache;** für **Schadenersatzansprüche wegen unterlassener Schönheitsreparaturen** (s. auch Rdn. 22); für Ansprüche wegen Verletzung von vertraglich übernommenen **Instandsetzungs- und Instandhaltungspflichten** (BGH LM § 558 BGB Nr. 13; NJW 2014, 920 Rdn. 17); für Ansprüche wegen Unterlassung der vertraglich übernommenen **Wiederherstellung des früheren Zustands** der Mietsache (BGH a. a. O.; OLG Köln WuM 1993, 538 = ZMR 1993, 470; s. auch Rdn. 24); für **Ansprüche aus vertraglichen Vereinbarungen** anlässlich der Rückgabe betreffend die Verpflichtung des Mieters zur Durchführung von Schönheitsreparaturen, zur Schadensbeseitigung oder zur Abgeltung dieser Verpflichtungen durch Zahlung eines Geldbetrags (OLG Düsseldorf ZMR 1990, 340; LG Duisburg ZMR 1997, 82); für Schadensersatzansprüche des Vermieters wegen Verletzung der dem Mieter obliegenden **Betriebspflicht** (OLG Frankfurt ZMR 2015, 18); für **Ansprüche aus einem Vergleich,** wonach der Mieter einen Schadensersatzbetrag ratenweise zahlen soll (LG Nürnberg-Fürth ZMR 1993, 119) (die Verjährung beginnt hier 6 Monate nach der letzten Zahlung); für Ansprüche auf **Erstattung von Mietausfall** für die infolge der Verwahrlosung leerstehenden Räume (BGH LM § 558 BGB Nr. 7) für Ansprüche wegen der **Schlechterfüllung des Räumungsanspruchs** (a. A. OLG Schleswig WuM 1996, 220: betr. Schadensersatzansprüche des Vermieters, weil der Mieter von Räumen zum Betrieb einer Apotheke nach Mietende Gift zurückgelassen hat). Die kurze Verjährungsfrist gilt selbst dann, wenn ein gemietetes Gebäude abgebrannt ist und der Vermieter zur Begründung seines Schadenersatzanspruchs geltend macht, dass der Mieter vertragswidrig keine Feuerversicherung abgeschlossen hat (BGH LM § 558 BGB Nr. 5).

Auf den Rechtsgrund der Ansprüche kommt es nicht an (BGH NJW 1992, 1821 = WuM 1992, 127). § 548 gilt sowohl für Ansprüche wegen einer **Substanzbeschädigung (§ 280 Abs. 1 BGB),** als auch für **Ansprüche wegen Nicht- oder Schlechterfüllung vertraglicher Pflichten** auf die § 281 Abs. 1 Satz 1 BGB anzuwenden ist (Beisp. Unterlassene oder unzureichende Schönheitsreparaturen, Verletzung der Pflicht zur Reinigung der Mietsache bei Rückgabe. Die letztgenannten Ansprüche entstehen erst, wenn der Vermieter dem Mieter erfolglos eine angemessene Frist zur Leistung oder Nacherfüllung bestimmt hat. Die Nachfrist muss innerhalb dieser Frist gesetzt werden; anderenfalls kann der Mieter die

§ 548 BGB Untertitel 1. Allgemeine Vorschriften für Mietverhältnisse

Einrede der Verjährung erheben. In diesem Fall kann der Schadensersatzanspruch nicht mehr entstehen (OLG Köln MDR 2016, 207). Beruht die Veränderung oder Verschlechterung der Mietsache auf einer **unerlaubten Handlung des Mieters,** die den Tatbestand der §§ 823 ff BGB erfüllt, so richtet sich die Verjährung nicht nach § 852 Abs. 1 BGB, sondern nach § 548 BGB (BGHZ 71, 175, 179; BGHZ 98, 59, 64; BGHZ 135, 152, 156; BGH ZMR 1993, 458, 460; ZMR 2004, 813, 817; NJW 2006, 2399 Rz 14 = ZMR 2006, 754, 755; BGH NJW 10, 2652 = NZM 2010, 621; Bieber in: MünchKomm § 548 BGB Rdn. 1, 3; V. Emmerich in: Staudinger § 548 BGB Rdn. 6). Gleiches gilt für die **Haftung auf Grund von Sondertatbeständen,** z. B. nach § 22 Abs. 2 WGH (BGHZ 98, 235 = NJW 1987, 187; OLG Düsseldorf ZMR 1992, 392 oder nach § 1004 BGB (BGH a. a. O.; OLG Karlsruhe BB 1988, 2130). Auch die Schuldform ist nicht maßgeblich; § 548 BGB ist auch **bei Vorsatz** anzuwenden (BGH NJW 1993, 2797 = WuM 1993, 535 = ZMR 1993, 458; V. Emmerich in: Staudinger § 548 BGB Rdn. 6; **a. A.** Kandelhard in: Herrlein/Kandelhard § 548 BGB Rdn. 14). Eine Ausnahme ist für Schäden infolge eines **vorsätzlichen und sittenwidrigen Verhaltens** i. S. v. **§ 826 BGB** in Erwägung zu ziehen; Emmerich a. a. O.; offen gelassen von BGH a. a. O.). Hiervon kann etwa dann ausgegangen werden, wenn ein Vertragsteil dem anderen absichtlich einen Vermögensnachteil zufügen will. In einem solchen Fall besteht für eine rasche Abwicklung der wechselseitigen Ansprüche kein Bedürfnis; die besonderen Verjährungsfristen des § 852 BGB werden deshalb nicht von § 548 BGB verdrängt. Allerdings werden solche Fallgestaltungen selten vorliegen. Erforderlich ist nicht nur vorsätzliches Handeln, sondern auch das Bewusstsein der die Sittenwidrigkeit des Verhaltens begründenden tatsächlichen Umstände (OLG Koblenz DWW 2016, 344). Beweispflichtig hierfür ist derjenige, der sich auf den Tatbestand des § 826 BGB beruft.

9   Wird die **Mietsache durch einen Dritten beschädigt,** der in den Schutzbereich des Mietvertrags einbezogen ist, so haftet der Dritte nur nach Deliktsrecht; unbeschadet dessen gilt für diesen Anspruch aber die kurze vertragliche Verjährungsfrist des § 548 BGB (BGH NJW 1976, 1843; BGHZ 49, 278; BGHZ 71, 175 = NJW 1978, 1426; BGH NJW-RR 1988, 1358 = ZMR 1988, 419 = WuM 1989, 21; BGHZ 61, 227, 233; BGHZ 135, 152, 156; BGH ZMR 2006, 755; OLG Köln NJW-RR 1991, 1292 = WuM 1991, 364; Bieber in: MünchKomm § 548 BGB Rdn. 7; V. Emmerich in: Staudinger § 548 BGB Rdn. 15). Dies beruht im Wesentlichen auf der Erwägung, dass es unbillig wäre, einem Dritten, der zwar vertragslos aber bestimmungsgemäß mit der Mietsache in Berührung kommt, den vertraglichen Schutz zu versagen (BGH ZMR 1978, 180). Zu den privilegierten Dritten in diesem Sinne gehören: Der Ehegatte und die Familienangehörigen des Mieters (BGHZ 49, 278, 279; BGH ZMR 2006, 754, 755; Streyl in: Schmidt-Futterer § 548 BGB Rdn. 31; Jendrek NZM 1998, 593, 594), der Lebensgefährte, die Angestellten des Mieters, die vom Mieter beherbergten Personen, die in einem gemieteten Hotel untergebrachten Obdachlosen (OLG Köln a. a. O.) oder Asylbewerber, wohl auch der Untermieter (**a. A.** Lammel Wohnraummietrecht § 548 BGB Rdn. 11; Sternel Rdn. IV 631).

10 Die kurze Verjährung setzt voraus, dass die Mietsache zurückgegeben werden kann. Bei völliger **Zerstörung der Mietsache,** gelten wegen der Ersatzansprüche die allgemeinen Vorschriften (s. Rdn. 57). Von einer Zerstörung ist allerdings nur dann auszugehen, wenn die Mietsache als solche nicht mehr existiert, nicht aber, wenn noch verwertbare Reste der zurückzugebenden Mietsache vorhanden sind (BGH ZMR 2006, 754, 756 betr. ein durch Brand teilzerstörtes Gebäude). Es

kommt maßgeblich darauf an, ob die Herausgabepflicht trotz der Zerstörung der Mietsache fortbesteht. Ist ein auf einem gemieteten Grundstück stehendes Gebäude völlig zerstört worden, so gilt gleichwohl die kurze Verjährungsfrist, wenn der Mieter auch zur Herausgabe des Grundstücks verpflichtet ist. Dies folgt aus der Erwägung, dass in diesem Fall der Zeitpunkt der Rückerlangung bestimmt werden kann (vgl. BGH ZMR 1988, 419; ZMR 2006, 754, 756).

Bei **Vorenthaltung der Mietsache** gelten ebenfalls die allgemeinen Verjährungsvorschriften). 11

3. Begriff der Mietsache

Die Vorschrift des § 548 BGB bezieht sich nur auf Veränderungen oder Verschlechterungen der Mietsache. Bei der Grundstücksmiete gehören zur vermieteten Sache diejenigen Grundstücks- und Gebäudeteile, die dem Mieter zum vertraglichen Gebrauch überlassen sind, aber auch diejenigen an denen er nur ein Mitbenutzungsrecht hat (Hauseingang, Treppenhaus, Aufzug). Werden durch eine vertragswidrige Handlung des Mieters sowohl vermietete Sachen als auch nicht vermietete Grundstücksteile beschädigt, so gilt für sämtliche Ansprüche die einheitliche Verjährungsfrist von 6 Monaten (BGHZ 61, 227, 229; BGH ZMR 1992, 96, 98; ZMR 2000, 596, 599; ZMR 2006, 754, 756; BGH NJW 2010, 2652 = NZM 2010, 621; Bieber in: MünchKomm § 548 BGB Rdn. 9; V. Emmerich in: Staudinger § 548 BGB Rdn. 12). Es kommt nicht darauf an, ob die Schäden an den vermieteten Gegenständen überwiegen (BGHZ 61, 227 = NJWE 1973, 2059; WuM 1991, 206 = ZMR 1991, 168) oder ob die beschädigten Sachen im Eigentum eines Dritten stehen (OLG Düsseldorf, NJW-RR 1988, 912 = ZMR 1988, 256). 12

Nach der Rechtsprechung wird § 548 BGB auch auf **Ersatzansprüche** angewandt, **die zwischen dem Ende des Mietvertrags und der Rückgabe entstehen** (BGHZ 54, 34). 13

4. Beginn der Verjährung (Abs. 1 Satz 2)

Die Verjährung der in § 548 BGB genannten Ansprüche beginnt – unabhängig vom Zeitpunkt der Schadensentstehung – erst **mit der Rückgabe** (s. Rdn. 2). Dies beruht auf der gesetzgeberischen Erwägung, dass der Vermieter die Mietsache nach der Rückerlangung auf Schäden untersuchen und eventuelle Ersatzansprüche geltend machen kann (Prot. II 194). Allerdings setzt der Beginn des Laufs der Verjährungsfrist nicht voraus, dass der Vermieter einen konkreten Schaden erkennen kann. Vielmehr beginnt die Verjährung auch dann mit der Rückgabe, wenn der Schaden erst einige Zeit nach der Rückgabe zu Tage tritt (OLG Frankfurt WuM 2001, 397). Es spielt grundsätzlich keine Rolle, in welchem Zustand sich die Sache befindet. Die Verjährungsfrist beginnt auch im Falle der Schlechterfüllung der Rückgabepflicht (OLG Hamm ZMR 1996, 373). Der Beginn der Verjährung hängt nicht davon ab, dass der Vermieter den Aufenthalt des ehemaligen Mieters kennt. Der Lauf der Verjährung hängt deshalb nicht davon ab, ob der Mieter dem Vermieter seine neue Anschrift mitteilt. Eine Formularklausel, wonach die Verjährung bis zur Mitteilung der Anschrift gehemmt ist, benachteiligt den Mieter unangemessen und ist unwirksam (LG Bielefeld NZM 2015, 209). Nach LG Berlin (Urt. v. 11.3.2020 – 64 S 51/19) soll aber die Höchstfrist gem. § 199 Abs. 3 Nr. 2 BGB anwendbar sein, sodass Schäden, die 30 Tage vor Rückgabe entstanden sind, verjährt wären. 14

§ 548 BGB Untertitel 1. Allgemeine Vorschriften für Mietverhältnisse

15 Für die Frage der **Rückerlangung** kommt es deshalb grundsätzlich auf den Zeitpunkt an, in dem der Vermieter freien Zugang zur Mietsache hat. Darüber hinaus muss der Vermieter zur Ausübung der unmittelbaren Sachherrschaft in der Lage sein. Dies ist erst dann der Fall, wenn der Mieter den Besitz vollständig und unzweideutig aufgegeben und der Vermieter den Besitz wiedererlangt hat (BGH NJW 1991, 2416, NZM 2004, 98 NJW 2004, 774; ZMR 2006, 754, 756; NJW 2012, 144 = WuM 2012, 95 = NZM 2012, 21; NZM 2019, 408; OLG Düsseldorf MDR 2012, 1155). Die Rückgabe im Sinne des § 548 Abs. 1 setzt mithin zum einen voraus, dass der Mieter den Besitz an der Mietsache aufgibt und zum anderen, dass der Vermieter von der Besitzaufgabe Kenntnis erlangt (BGH NZM 2019, 408; NJW 2014, 684 m. Anm. Streyl NJW 2014, 665). Die Besitzübergabe ist vollzogen, wenn der Mieter die Mietsache ohne den Willen des Vermieters nicht mehr verändern kann (Streyl a. a. O.). Maßgeblich ist in der Regel die Rückgabe der Schlüssel (LG Dessau-Roßlau Urt. v. 29. 9. 2017 – 5 S 177/15). Durch den Einwurf der Schlüssel in den Briefkasten kommt i. d. R. zum Ausdruck, dass der Mieter den Besitz an der Wohnung endgültig aufgeben will. Die bloße Besitzaufgabe durch den Mieter setzt die Verjährungsfrist allerdings nicht in Lauf; erforderlich ist vielmehr, dass die Entgegennahme der Schlüssel durch den Vermieter als Akt der Inbesitznahme der Mietsache bewertet werden kann (BGH NJW 1996, 515; NJW 2012, 144 = NZM 2012, 21). Gibt der Mieter die Schlüssel an den Hauswart zurück, so ist hinsichtlich der Kenntnis des Vermieters von der Besitzaufgabe wie folgt zu unterscheiden: **(1)** Ist der Hauswart vom Vermieter zur Wohnungsabnahme beauftragt oder bevollmächtigt, so muss er sich die Kenntnis des Hauswarts von der Besitzaufgabe gem. § 166 Abs. 1 BGB zurechnen lassen. Erforderlich ist, dass „der Hauswart konkret damit beauftragt ist, die Wohnungsschlüssel zum Zweck der Übergabe der Wohnung entgegenzunehmen" (BGH NZM 2014, 128 Rz. 18). Maßgeblich sind die objektiven Verhältnisse; auf die Vorstellungen des Mieters kommt es nicht an. **(2)** Ist der Hauswart lediglich befugt, die Schlüssel in Empfang zu nehmen, aber zur Wohnungsabnahme nicht berechtigt, so erlangt der Vermieter erst dann Kenntnis von der Besitzaufgabe, wenn ihm die Schlüssel ausgehändigt werden oder er in anderer Weise konkrete Kenntnis von der Besitzaufgabe erhält (BGH a. a. O.). Diese Grundsätze gelten auch dann, wenn der Mietvertrag noch nicht beendet ist oder der Mieter noch nicht vollständig geräumt hat (BGH NJW 1981, 2406; BGH NZM 2006, 503 = WuM 2006, 319; OLG Düsseldorf ZMR 2006, 925; OLG Düsseldorf DWW 2007, 246; Bieber in: MünchKomm § 548 BGB Rdn. 14; V. Emmerich in: Staudinger § 548 BGB Rdn. 32; Langenberg WuM 2002, 71) oder wenn der Mieter nur einen von mehreren Schlüsseln übergibt (OLG Hamburg ZMR 1995, 18; OLG Düsseldorf WuM 2008, 554).

15a Streitig ist, ob es der Erlangung des unmittelbaren Besitzes durch den Vermieter gleichsteht, wenn dieser sich im **Annahmeverzug** befindet, etwa indem er ein Angebot des Mieters auf Übergabe der Schlüssel zurückweist oder die Rücknahme der Schlüssel grundlos verzögert. Dies wird teilweise bejaht (KG ZMR 2005, 455; Brandenburgisches OLG Brandenburg ZMR 2019, 18; Lindner-Figura/Oprée/ Stellmann/Fuerst Geschäftsraummiete Kap. 17 Rdn. 51), teilweise verneint (Streyl in: Schmidt-Futterer § 548 BGB Rdn. 42; Witt NZM 2012, 548). Der BGH hat die Frage offengelassen (NZM 2019, 408 Rz 19; NJW 2012, 144 Rz 17). Nach der hier vertretenen Ansicht reicht der Annahmeverzug für den Beginn der Verjährung aus, weil dieser nicht vom Rücknahmewillen des Vermieters abhängen kann (OLG Brandenburg a. a. O.).

Wird die **Mietsache bereits vor dem Vertragsende zurückgegeben** und will sich der Vermieter gegen die Einrede der Verjährung sichern, so stehen ihm drei Möglichkeiten zu Verfügung (1) Er kann mit dem Mieter vereinbaren, dass die Verjährung erst mit der rechtlichen Beendigung des Mietverhältnisses beginnt. Ebenso kann vereinbart werden, dass der Mieter für eine gewisse Zeit nach dem rechtlichen Vertragsende auf die Erhebung der Verjährungseinrede verzichtet. (2) Der Vermieter kann wegen der Renovierungsansprüche bereits vor Vertragsende eine Leistungsklage erheben. Die Leistungsklage kann mit dem Verlangen auf Zahlung eines Vorschusses verbunden werden. (3) Wegen der sonstigen Ansprüche auf Schadensersatz kann eine Feststellungsklage erhoben werden. Das besondere Feststellungsinteresse ergibt sich aus der drohenden Verjährung (BGH NJW 1991, 2707). **16**

Es gilt der Grundsatz, dass die Verjährung erst mit der vollständigen Rückgabe der Mietsache beginnt. Eine Ausnahme gilt bei der **Teilrückgabe.** Sie liegt vor, wenn die Mietsache aus räumlich getrennten und selbständig nutzbaren Teilen besteht und der Mieter einen Teil des Mietobjekts zurückgibt (BGHZ 98, 59, 60 betr. Rückgabe der Wohnung und Vorenthaltung der Kellerräume; BGH ZMR 2006, 754, 757 betr. Rückgabe von Abstellräumen in einer Remise). In diesem Fall beginnt die Verjährung jeweils zu dem Zeitpunkt, zu dem der betreffende Teil der Mietsache zurückgegeben wird. **17**

Hat der **Mieter die Räume verlassen ohne die Schlüssel zurückzugeben** so kommt es auf die Umstände des Einzelfalls an, ob in dem Verhalten des Mieters eine endgültige Besitzaufgabe zu sehen ist. Ist dies zu bejahen, so ist maßgeblich, wann der Vermieter zur Untersuchung der Mieträume in der Lage gewesen wäre (OLG Hamm ZMR 1996, 372). Hierzu ist eine hinreichend sichere Kenntnis von der endgültigen Besitzaufgabe erforderlich. In diesem Fall reicht es aus, wenn der Vermieter mit einem in seinem Besitz befindlichen Schlüssel die Räume betreten kann. Da sich der Vermieter den Besitz nicht gegen den mutmaßlichen Willen des Mieters verschaffen darf, geht jeder Zweifel an der endgültigen Besitzaufgabe zu Lasten des Mieters. Die kurze Verjährungsfrist gilt auch dann, wenn bei fortbestehendem Mietverhältnis das teilweise zerstörte Mietobjekt vom Mieter dem Vermieter überlassen wird, damit dieser es wiederherstelle (BGH NJW 1986, 2103). **18**

Zu beachten ist, dass die Verjährungsfrist nicht beginnt, wenn der **Vermieter vor der Rückgabe lediglich Gelegenheit zur Besichtigung der Mietsache** erhält (BGH NJW 2006, 2399 m.w.N.). Die Verjährungsfrist beginnt vielmehr erst dann zu laufen, wenn „eine Veränderung der Besitzverhältnisse zugunsten des Vermieters" stattgefunden hat; erst dann kann sich der Vermieter ein umfassendes Bild von den Mängeln, Veränderungen und Verschlechterungen der Mietsache machen (BGH NJW 1991, 2416; WuM 1992, 71; NJW 2012, 144 = NZM 2012, 21; OLG Düsseldorf NJW-RR 1994, 11). Dies gilt auch für Schäden außerhalb der Mieträume (**a.A.** AG Köln WuM 2012, 375 betreffend eine Beschädigung des Aufzugs beim Abtransport des Umzugsguts). Auch hier spielt es keine Rolle, ob sich der Vermieter bereits vor der Rückgabe der Wohnung ein Bild vom Schadensumfang machen konnte. Wird dem Vermieter ein Teil eines vermieteten Grundstücks oder das gesamte Grundstück zum Zwecke der Instandsetzung zurückgegeben, so beginnt die Verjährung wegen des dort verursachten Schadens nur dann, wenn der Vermieter das Grundstück nicht nur betreten darf, sondern es in einer Weise in Besitz nimmt, dass er dort „frei schalten und walten" kann (BGH ZMR 2000, 596; OLG Düsseldorf WuM 1993, 272). **19**

§ 548 BGB Untertitel 1. Allgemeine Vorschriften für Mietverhältnisse

20 Im Falle der **Zwangsräumung** beginnt die Verjährung, nachdem der Gerichtsvollzieher den Vermieter in den Besitz eingewiesen hat

21 Eine Besitzrückübertragung ist entbehrlich, wenn der bisherige Mieter die Mietsache im Einverständnis mit dem Vermieter dem Nachfolgemieter übergibt. Bei der **Übergabe an den Nachfolgemieter** kommt es nicht darauf an, ob der Mieterwechsel durch den Eintritt des neuen Mieters in den bestehenden Mietvertrag erfolgt (Vertragswechsel) oder ob zwischen dem Vermieter und dem Nachfolgemieter ein neues Mietverhältnis begründet wird (OLG Karlsruhe WuM 1994, 281 = ZMR 1994, 161 = DWW 1994, 82).

21a Ist die Sache untervermietet und schließt der Vermieter noch während des Bestehens des Mietverhältnisses einen **Anschlussmietvertrag mit dem Untermieter,** der sich zeitlich an den auslaufenden Vertrag anschließt und behält der Untermieter infolgedessen im Einverständnis des Vermieters den unmittelbaren Besitz an der Mietsache, kommt es für den Beginn der Verjährung auf die Beendigung des Mietverhältnisses an. Hier ist nicht maßgeblich, ob der Vermieter die Schlüssel zurückerhalten hat (BGH LM § 558 BGB Nr. 13). Wird im Falle der Untervermietung zwischen den Beteiligten vereinbart, dass an die Stelle des bisherigen Hauptmieters ein **anderer Hauptmieter** treten soll, so beginnt die Verjährung der Schadensersatzansprüche des ehemaligen Hauptmieters gegen den Untermieter mit dem Zeitpunkt der Neugestaltung der Vertragsverhältnisse (BGH NJW 1992, 687 = WuM 1992, 71). Gleiches gilt für die Ansprüche des Eigentümers und die Ansprüche des Wohnungsnutzers gegen den Hauptvermieter.

21b Die unter Rdn. 21 und 21a behandelte Rechtsprechung beruht auf der Erwägung, dass der Vermieter in den genannten Fällen freiwillig auf die (vorübergehende) Erlangung der unmittelbaren Sachherrschaft verzichtet und dass er sich aus diesem Grunde so behandeln lassen muss, wie wenn er die Sache zurückerhalten hätte (BGH a. a. O.; OLG Karlsruhe a. a. O.) Fraglich ist, ob dieser Rechtsgedanke auch auf den gesetzlichen **Mieterwechsel nach § 1568a Abs. 3 BGB** anzuwenden ist (so Streyl in: Schmidt-Futterer § 548 BGB Rdn. 58). Hierfür sprechen gute, insbesondere praktische Gründe. Jedoch ist zu bedenken, dass der Vermieter in den Fällen des § 1568a BGB keine Möglichkeit hat, sich vorübergehend in den Besitz der Mietsache zu setzen. Zwar wird man dem Vermieter ein Besichtigungsrecht zubilligen müssen. Nach der Rechtsprechung des BGH setzt die Rückgabe im Sinne des § 548 BGB aber eine Änderung der Besitzverhältnisse zugunsten des Vermieters voraus, weil dieser erst durch die unmittelbare Sachherrschaft in die Lage versetzt wird, sich ungestört ein umfassendes Bild von etwaigen Veränderungen oder Verschlechterungen der Sache zu machen. Dass der Vermieter (vorübergehend) die Möglichkeit erhält, während des (fortdauernden) Besitzes des Mieters die Mieträume zu besichtigen, genügt demgegenüber nicht (s. oben Rdn. 19). Eine höchstrichterliche Entscheidung zu dem hier aufgezeigten Problem ist noch nicht ergangen.

22 Die Verjährung des **Erfüllungsanspruchs auf Renovierung** des Mietobjekts beginnt mit der Rückgabe (BGH NZM 2004, 583 = GuT 2004, 176). Ist der Erfüllungsanspruch verjährt, so kann der Schadensersatzanspruch nicht entstehen (BGH, a. a. O.). Die Verjährung des **Schadensersatzanspruchs wegen nicht durchgeführter Schönheitsreparaturen** beginnt grundsätzlich ebenfalls mit der Rückgabe (§ 548 Abs. 1 BGB). Etwas anderes galt nach der Rechtsprechung zu § 558 BGB a. F., wenn dem Mieter eine Frist mit Ablehnungsandrohung nach § 326 BGB a. F. gesetzt worden ist. In diesen Fällen wurde angenommen, dass die Verjährung erst mit dem Ablauf der Nachfrist (oder zum Zeitpunkt der endgültigen Erfüllungsverweigerung des Mieters zu laufen beginnt, weil der Schadensersatzanspruch erst zu diesem Zeitpunkt entsteht, § 198 BGB a. F. (BGH NJW 1989, 1854, 1855; NJW 1998, 981; NZM 2000, 547). Diese Rechtsprechung ist gegenstandslos. Infolge der Neufassung des Verjährungsrechts durch das SchuldrechtsmodernisierungsG gilt für den Anspruch auf die Leistung und für den Schadensersatzanspruch eine einheitliche Verjährungsfrist. Die Regelung des § 548 BGB hat Vorrang vor den allgemeinen Verjährungsregeln. Die Verjährung des Schadensersatzanspruchs wegen unterlassener Schönheitsreparaturen beginnt deshalb auch dann mit der Rückgabe der Mietsache, wenn die Nachfrist erst danach abläuft (BGH NZM 2005, 176 = WuM 2005, 126; NZM 2005, 535 = WuM 2005, 381; NZM 2006, 503 = WuM 2006, 319; OLG Düsseldorf NZM 2006, 866; OLG Düsseldorf DWW 2007, 246). Der Zeitpunkt der Rückgabe ist auch dann maßgebend, wenn der Anspruch auf Durchführung der Schönheitsreparaturen erst zu einem späteren Zeitpunkt fällig wird. Ein solcher Fall kann eintreten, wenn der Mieter die Schönheitsreparaturen bei Vertragsende ausführen muss und er die Mietsache vorzeitig zurückgibt (OLG Düsseldorf ZMR 2006, 925). Werden die Schlüssel nach der Rückgabe dem Mieter erneut ausgehändigt, damit dieser Schönheitsreparaturen ausführen kann, so hat dies auf den Lauf der Verjährungsfrist keinen Einfluss. Weder beginnt die Verjährung neu zu laufen noch liegt hierin eine Hemmung der Verjährungsfrist (OLG Düsseldorf DWW 2007, 246). Ist der Anspruch auf Durchführung von Schönheitsreparaturen (Erfüllungsanspruch) verjährt, so kann der Schadensersatzanspruch wegen Nichterfüllung nicht mehr entstehen (KG GE 1990, 1031). Mit dem Anspruch auf Ersatz der Renovierungskosten verjährt zugleich der Anspruch auf alle weiteren aus der Nichterfüllung folgenden Schadensersatzpositionen.

Ist dem Vermieter ein **Mietausfallschaden** entstanden, weil der Mieter die 23 Räume unrenoviert oder beschädigt zurückgegeben hat (Nebenanspruch), so verjährt dieser Anspruch mit dem Anspruch auf Schadensersatz wegen der unterlassenen Renovierung oder Beschädigung (Hauptanspruch; BGH NJW 1995, 252). Hinsichtlich des Mietausfalls gilt dies auch hinsichtlich derjenigen Zeiträume, die weniger als 6 Monate zurückliegen. Dies folgt aus dem Umstand, dass durch den Verjährungsbeginn alle vorhersehbaren künftigen Mietausfälle erfasst werden, ohne dass es auf den jeweiligen monatlichen Entstehungszeitpunkt ankommt (BGHZ 50, 21, 23; NJW 1998, 981). Etwas anderes gilt, wenn der Mietausfallschaden zum Zeitpunkt des Verjährungseintritts des Hauptanspruchs bereits gerichtlich geltend gemacht worden ist. Der spätere Eintritt der Verjährung des Hauptanspruchs steht der weiteren Durchsetzbarkeit des Nebenanspruchs nicht entgegen (BGH NJW 1995, 252).

Dieselben Grundsätze gelten, wenn der Mieter eine **vertragliche vereinbarte** 24 **Rückbaupflicht** (Pflicht zur Herstellung des ursprünglichen Zustands bei Vertragsende) nicht erfüllt (BGHZ 104, 6 = NJW 1988, 1778 = WuM 1988, 272). Der Anspruch entsteht allerdings erst nach vorheriger Leistungsaufforderung oder in den Fällen der endgültigen Erfüllungsverweigerung.

Die Schadensersatzansprüche wegen **Beschädigung der Mietsache** entstehen 25 unabhängig von einer vorangegangenen Aufforderung zur Schadensbeseitigung; hier beginnt die Verjährung stets mit der Rückerlangung. Vorher kann der Anspruch nicht verjähren, selbst wenn das Schadensereignis lange zurückliegt (s. Rdn. 2). Hat der Vermieter bei Mietbeginn eine **Barkaution** erhalten, so kann er wegen der Rückzahlungsansprüche des Mieters aus der Kaution auch mit verjährten Schadensersatzansprüchen aufrechnen (BGH RE 1.7.1987 BGHZ 101, 244 = NJW 1987, 2372 = WuM 1987, 310 = ZMR 1987, 412). Für verpfändete Sparbücher gilt aber die Vorschrift des §§ 216 Abs. 3 BGB (BGH NZM 2016, 762).

§ 548 BGB Untertitel 1. Allgemeine Vorschriften für Mietverhältnisse

26   Die Regelung des § 548 BGB findet auch auf **vorvertragliche Rechtsverhältnisse** Anwendung, bei denen es weder zu einer Übergabe an den Mieter noch zu einer Rückgabe an den Vermieter gekommen ist (BGH NZM 2006, 509 = GuT 2006, 140 für Schadensersatzansprüche aus Verschulden bei den Vertragsverhandlungen). In diesem Fall beginnt die Verjährungsfrist bereits ab dem Zeitpunkt zu laufen, an dem die Vertragsverhandlungen der Parteien ihr tatsächliches Ende gefunden haben. Das gilt auch dann, wenn zu diesem Zeitpunkt der Schaden noch nicht beziffert werden kann, da die Möglichkeit einer Feststellungsklage ausreicht, um die Verjährung zu unterbrechen (BGH a. a. O.)

5. Verjährung der Ersatzansprüche (Abs. 2 Satz 3)

27   Der schuldrechtliche Anspruch des Vermieters auf Rückgabe der Mietsache verjährt in 3 Jahren (§ 195 BGB). Die Frist für die Verjährung des dinglichen Herausgabeanspruchs beträgt 30 Jahre (§ 197 Abs. 1 Nr. 1 BGB). Die Verjährung beginnt mit der Fälligkeit des Herausgabeanspruchs, also mit dem Ende des Mietverhältnisses. Ist das Mietverhältnis beendet, ohne dass der Vermieter den Herausgabeanspruch geltend gemacht hat, so sind mit dem Eintritt der Verjährung des Herausgabeanspruchs auch die Ersatzansprüche des Vermieters verjährt. Die Regelung des Abs. 2 Satz 3 hat keine praktische Bedeutung.

III. Ansprüche des Mieters (Abs. 2)

1. Ersatz von Aufwendungen

28   Unter die kurze Verjährungsfrist fallen die Ansprüche des Mieters auf Ersatz von Aufwendungen. Nach der Rechtsprechung des BGH zählen zu den Aufwendungen in diesem Sinn alle Maßnahmen, „die das Grundstück in seinem Bestand verbessern" (BGH NJW 2011, 1866 = WuM 2011, 363 = NZM 2011, 452). In Betracht kommen vertragliche Ansprüche (OLG Hamm WuM 1996, 474 = ZMR 1996, 653; OLG Stuttgart OLGR Stuttgart 2006, 455), die gegeben sein können, wenn vereinbart ist, dass der Vermieter für die vom Mieter durchgeführten Reparatur- oder Modernisierungsmaßnahmen bei Vertragsende eine Ausgleichszahlung leisten soll. Außerdem gehören dazu die **gesetzlichen Verwendungs- und Aufwendungsersatzansprüche** jeder Art, z. B. aus §§ 536a Abs. 2 (BGH NJW 1974, 743), 539 Abs. 1, aus Auftrag, Geschäftsführung ohne Auftrag, Bereicherung oder dem Eigentümer-Besitzerverhältnis. Schadensersatzansprüche nach § 536a Abs. 1 verjähren nicht innerhalb der kurzen Frist, da diesem Anspruch keine freiwillige Aufwendung, sondern ein unfreiwilliges Vermögensopfer zugrunde liegt (BGH WuM 1994, 203 zu § 558 BGB a. F.; KG ZMR 2015, 539); **a. A.** Streyl in: Schmidt-Futterer § 548 BGB Rdn. 48).

29   Der **Aufwendungsersatzanspruch nach §§ 555a Abs. 3, 555d Abs. 6** ist kein Aufwendungsersatzanspruch i. S. von § 548 Abs. 2 BGB, sondern eine Art Entschädigungsanspruch für Einbußen auf Grund von Erhaltungs- oder Modernisierungsmaßnahmen; hierfür gilt die allgemeine Verjährungsfrist von 3 Jahren (Lammel Wohnraummietrecht § 548 BGB Rdn. 27; Sternel Rdn. IV 636; Kandelhard in: Herrlein/Kandelhard § 548 BGB Rdn. 33; **a. A.** LG Köln WuM 1991, 588; Witt NZM 2012, 545; Palandt/Weidenkaff § 548 BGB Rdn. 6; Bieber in: MünchKomm § 548 BGB Rdn. 21; Streyl in: Schmidt-Futterer § 548 BGB Rdn. 48;

V. Emmerich in: Staudinger § 548 BGB Rdn. 20; Ehlert in: Bamberger/Roth § 548 BGB Rdn. 37. Der **Anspruch aus § 547 BGB** unterliegt ebenfalls nicht der kurzen Verjährung. Grundsätzlich gilt, dass nur solche Aufwendungsersatzansprüche des Mieters der kurzen Verjährungsfrist unterliegen, die sich aus dem Zustand der Mietsache ergeben (BGHZ 98, 235, 236; Kandelhard PiG 62, 263, 272).

Hat der Mieter **Schönheitsreparaturen auf Grund einer unwirksamen Renovierungsklausel** durchgeführt, so steht ihm ein Bereicherungsanspruch zu (BGH NZM 2009, 541 = WuM 2009, 395). Hier ist streitig, ob für diesen Anspruch die allgemeine Verjährungsfrist von drei Jahren (§§ 195 ff BGB) gilt (so Blank NZM 2010, 97, 102; WuM 2010, 234 f; Eisenschmid WuM 2010, 459, 469; Jakoby ZMR 2010, 335; Wiek WuM 2010, 535, 536) oder ob auf diese Ansprüche die kurze Verjährungsfrist des § 548 Abs. 2 BGB anzuwenden ist (so die **h.M:** BGH NJW 2011, 1866; Streyl in: Schmidt-Futterer § 548 BGB Rdn. 49; V. Emmerich in Staudinger § 548 Rdn. 10; Gsell NZM 2010, 71, 76; Kinne GE 2009, 358, 390; Klimke/Lehmann-Richter WuM 2006, 653, 655; WuM 2009, 1023, 1028; Paschke WuM 2010, 30, 34; Roth NZM 2011, 62, 64). Die h. M. hat zur weiteren Folge, dass die Verjährungsfrist erst mit dem rechtlichen Ende des Mietverhältnisses beginnt. Deshalb kann der Mieter auch für solche Renovierungsmaßnahmen Ersatz verlangen, die sehr weit zurückliegen. 30

Haben die Parteien anlässlich der Rückgabe der Mietsache vereinbart, dass der Mieter **anstelle der Renovierung einen Geldbetrag** an den Vermieter bezahlt, so kann er diesen Betrag zurückfordern, wenn die Renovierungsklausel unwirksam ist. Für den Rückforderungsanspruch gilt nach h. M. ebenfalls die kurze Verjährung des § 548 BGB (BGH NJW 2012, 3031 = NZM 2012, 557). 31

2. Gestattung der Wegnahme einer Einrichtung

Nach § 539 Abs. 2 BGB ist der Mieter berechtigt, eine Einrichtung mit der er die Mietsache versehen hat, wegzunehmen. Der Wegnahmeanspruch verjährt in 6 Monaten nach Beendigung des Mietverhältnisses (s. unten Rdn. 35). Dies gilt unabhängig davon, ob der Mieter Eigentümer der Einrichtung geblieben ist. Ist der Anspruch auf Duldung der Wegnahme verjährt, so hat dies zur Folge, dass der Vermieter auf Dauer zum Besitz der Einrichtung berechtigt ist (BGH NJW 1981, 2564; NJW 1987, 2861). Nach Eintritt der Verjährung kann der Mieter seinen Anspruch nicht in der Form eines Herausgabeanspruchs geltend machen. Dies folgt aus der Erwägung, dass das Wegnahmerecht gegenüber dem Herausgabeanspruch kein Minus, sondern ein eigenständiges Recht darstellt (LG München ZMR 2016, 375). Die Verjährung beginnt auch dann mit dem rechtlichen Ende des Mietverhältnisses, wenn der Mieter irrtümlich von der Fortdauer des Mietverhältnisses ausgeht und deshalb die Mietsache nicht zurückgibt. Das Risiko des Irrtums muss der Mieter tragen. Die materiellrechtlichen Wirkungen des Verjährungseintritts sind von Amts wegen zu berücksichtigen, so dass es nicht darauf ankommt, ob sich der Vermieter auf Verjährung berufen hat (KG MDR 2016, 264). 32

Macht der Mieter das Wegnahmerecht geltend und **verweigert der Vermieter die Wegnahme,** so wird dieser unberechtigte Besitzer mit der weiteren Folge, dass der Mieter eine **Nutzungsentschädigung nach §§ 987, 990 BGB** verlangen kann. Dieser Anspruch verjährt ebenfalls in der Frist des § 548 BGB. Wird das Wegnahmerecht erst in verjährter Zeit geltend gemacht, so gelangt der Anspruch auf die Nutzungsentschädigung nicht zu Entstehung (BGHZ 101, 37 = NJW 1987, 2861). 33

§ 548 BGB Untertitel 1. Allgemeine Vorschriften für Mietverhältnisse

Der zum Besitz der Einrichtung berechtigte Vermieter schuldet unter keinem rechtlichen Gesichtspunkt eine Entschädigung (BGH WuM 1982, 50). Dies gilt auch dann, wenn der Vermieter das Grundstück mit den wertsteigernden Einrichtungen veräußert (BGH NJW 1987, 2861). Auch gegenüber dem Mietnachfolger kann der Mieter keine Ansprüche geltend machen (OLG Düsseldorf ZMR 1987, 328 = DWW 1987, 258).

34 Nach § 552 BGB kann der Vermieter die Ausübung des Wegnahmerechts durch Zahlung einer angemessenen Entschädigung verhindern. Ein Anspruch des Mieters aus einer **Entschädigungsvereinbarung** verjährt ebenfalls in der Frist des § 548 BGB.

3. Beginn der Verjährung

35 a) Die Verjährung der Ersatzansprüche des Mieters beginnt mit der **Beendigung des Mietverhältnisses**. Hierunter ist derjenige Zeitpunkt zu verstehen, in dem das Mietverhältnis rechtlich endet (BGH LM § 558 BGB Nr. 1). Bei der fristlosen **Kündigung** ist dies der Zugang der Kündigungserklärung, bei der Beendigung durch befristete Kündigung der Ablauf der Kündigungsfrist. Das rechtliche Ende des Mietverhältnisses ist auch dann maßgebend, wenn über die Wirksamkeit einer Kündigung erst später entschieden wird (OLG Bamberg NZM 2004, 342). Beim **befristeten Mietverhältnis** kommt es auf den Ablauf der Vertragszeit an. Wird das Mietverhältnis durch **Anfechtung** beendet, so ist nach der hier vertretenen Meinung der Zugang der Anfechtungserklärung maßgeblich. Beim **Aufhebungsvertrag** kommt es darauf an, zu welchem Zeitpunkt das Mietverhältnis vereinbarungsgemäß enden soll. Bei einer Fortsetzung des Mietverhältnisses nach **§§ 574 ff BGB** kommt es auf den Ablauf der Fortsetzungszeit an. § 548 Abs. 2 ist eine Sonderregelung zu § 200 Satz 1 BGB (wonach die Verjährung im Allgemeinen mit der „Entstehung des Anspruchs" beginnt). Die Sonderregelung beruht auf der Erwägung, dass das Mietverhältnis während seiner Dauer nicht durch eine Auseinandersetzung über Aufwendungsersatzansprüche gestört werden soll; anderseits soll aber alsbald nach Vertragsende Klarheit über die wechselseitigen Ansprüche bestehen. Dies ist insbesondere für diejenigen **Ansprüche** von Bedeutung, die im Zeitpunkt der Vertragsbeendigung **noch nicht fällig** sind, wie z. B. der **Wegnahmeanspruch nach § 539 Abs. 2 BGB**. Auch bei diesen Ansprüchen beginnt die Verjährung mit dem rechtlichen Ende des Mietverhältnisses (s. oben Rdn. 32; Streyl in: Schmidt-Futterer § 548 BGB Rdn. 54; V. Emmerich in: Staudinger § 548 Rdn. 36; Witt NZM 2012, 545, 550). Der Mieter kann sich gegen den Verlust seiner Rechte durch rechtzeitige Geltendmachung oder durch verjährungshemmende Maßnahmen schützen.

36 Die Gewährung einer **Räumungsfrist (§§ 721, 794a ZPO)** oder von **Vollstreckungsschutz (§ 765a ZPO)** lässt die Beendigung des Mietverhältnisses unberührt. Gleiches gilt, wenn der Mieter die Sache ohne jeden Rechtsgrund vorenthält.

37 b) Die **Aufwendungsersatzansprüche** des Mieters werden mit der Vornahme der Aufwendung fällig. Deshalb muss der Mieter diese Ansprüche gegebenenfalls vor der Rückgabe geltend machen, wenn er den Eintritt der Verjährung verhindern will.

38 Bei der **Veräußerung der Mietsache** gehen die Aufwendungsersatzansprüche grundsätzlich nicht auf den Erwerber über. Sie sind gegenüber dem Veräußerer geltend zu machen und verjähren 6 Monate nach dem Eigentumsübergang. Maßgeb-

lich ist die Eintragung des Erwerbers ins Grundbuch. Nach der Rechtsprechung des BGH beginnt die Verjährung im Falle des Eigentumswechsels erst zu laufen, wenn der Mieter hiervon eine hinreichend sichere Kenntnis hat (BGH NJW 1965, 1225; NJW 2008, 2256 = WuM 2008, 402 = NZM 2008, 519; V. Emmerich in: Staudinger § 548 BGB Rdn. 12; Bieber in: MünchKomm § 548 BGB Rdn. 25; Häublein in: MünchKomm § 566 BGB Rdn. 50; Streyl in: Schmidt-Futterer § 548 BGB Rdn. 56; Palandt/Weidenkaff § 548 BGB Rdn. 12; Gramlich in: Bub/Treier Kap VI Rdn. 111; Schreiber in: Lindner-Figura/Oprée/Stellmann, Geschäftsraummiete Kap 17 Rdn. 57; Finger ZMR 1988, 1, 6; Derleder/Bartels JZ 1997, 981, 984; **a. A.** Eckert NZM 2008, 313: danach gilt die Allgemeine Verjährungsfrist des § 199 Abs. 1 BGB). Es genügt nicht, wenn der Mieter weiß, dass ein Verkauf stattgefunden hat. Maßgeblich ist die Kenntnis vom Eigentumswechsel. Die Verjährung beginnt erst zu dem Zeitpunkt, zu dem er Mieter erfährt, dass der Erwerber ins Grundbuch eingetragen wurde (BGH NJW 1965, 1225; NJW 2008, 2256 = WuM 2008, 402 = NZM 2008, 519). Eine vertragliche Vereinbarung, wonach die Ausgleichsansprüche bei Vertragsende zu zahlen sind, ist im Zweifel dahingehend auszulegen, dass unter dem Vertragende der Zeitpunkt der Beendigung des Mietverhältnisses mit dem bisherigen Vermieter zu verstehen ist. Folgerichtig gehen auch diese Ansprüche nicht auf den Erwerber über.

c) Der **Anspruch auf Gestattung der Wegnahme einer Einrichtung** entsteht erst mit der Rückgabe. Auf Ansprüche, die erst nach der rechtlichen Beendigung des Mietverhältnisses entstehen oder fällig werden, ist § 548 BGB nicht anwendbar (BGH NJW 1968, 888; NJW 1970, 1182; NJW 1991, 3031, 3032). Demgemäß beginnt die Verjährung nicht mit dem rechtlichen Ende des Mietverhältnisses, sondern mit der Rückgabe (§ 200 S. 1 BGB; **a. A.** V. Emmerich in: Staudinger § 548 BGB Rdn. 36; ähnlich OLG Koblenz WuM 2003, 445: danach beginnt die Verjährung mit der Anspruchsentstehung). Ein **Vermieterwechsel** ist hier ohne Bedeutung. 39

Macht der Vermieter ein **Pfandrecht an der Einrichtung** geltend, so wird dadurch der Lauf der Verjährungsfrist nicht gehemmt (OLG Stuttgart GuT 2008, 127). 40

IV. Ersatzansprüche Dritter

Es ist anerkannt, dass § 548 BGB **kein rechtswirksames Mietverhältnis** voraussetzt (BGHZ 47, 53 = NJW 1967, 980; Streyl in: Schmidt-Futterer § 548 BGB Rdn. 9; Bieber in: MünchKomm § 548 BGB Rdn. 5; Gramlich in: Bub/Treier Kap VI Rdn. 87). Die Vorschrift gilt auch bei unwirksamen Mietverträgen (z. B. mit Minderjährigen) und – nach der hier vertretenen Ansicht – wenn ein Mietvertrag durch Anfechtung vernichtet worden ist (ebenso Gramlich in: Bub/Treier Kap VI Rdn. 88). 41

Ist der Vermieter nicht zugleich der Eigentümer (z. B. bei der **Untermiete** oder beim gewerblichen **Zwischenmietverhältnis**) so kann der Eigentümer den Wohnungsnutzer u. U. aus deliktischem Recht (§§ 823 BGB) in Anspruch nehmen, wenn dieser die Mietsache schuldhaft beschädigt hat. Die deliktischen Ansprüche unterliegen grundsätzlich ebenfalls der kurzen Verjährungsfrist, wenn Eigentümer und Vermieter wirtschaftlich eng verbunden sind (BGH WuM 1992, 127 = NJW 1992, 1821) oder wenn der Eigentümer dem Vermieter die Vermietung an einen Dritten gestattet hat (BGH WPM 1997, 1157). 42

43 Die Regelung des § 548 Abs. 1 BGB gilt nach ihrem Wortlaut nur für die Ansprüche des „Vermieters". Dies führt zu der Frage, ob die Regelung entsprechend anzuwenden ist, wenn der Mieter einer **Eigentumswohnung** das **Gemeinschaftseigentum** beschädigt (Flur, Treppenhaus, Aufzug etc.). Die hieraus folgenden Schadensersatzansprüche stehen nicht dem Vermieter, sondern der **Wohnungseigentümergemeinschaft** zu. Teilweise wird die Frage bejaht (Streyl in: Schmidt-Futterer § 548 BGB Rdn. 30; V. Emmerich in Staudinger § 548 BGB Rdn. 14). Nach anderer Ansicht gilt für diese Ansprüche die Regelverjährung des § 195 BGB von drei Jahren (Palandt/Weidenkaff § 548 BGB Rdn. 5a; Häublein ZMR 2011, 970; Witt NZM 2012, 545). Der **BGH** (NJW 2011, 2717 = WuM 2011, 509 = NZM 2011, 639) folgt der letztgenannten Ansicht. Er begründet dies im Wesentlichen mit drei Argumenten: (1) Die Erstreckung des § 548 Abs. 1 BGB auf die Fälle einer engen wirtschaftlichen Verflechtung zwischen Eigentümer und Vermieter und auf die Fälle der Gestattung der Vermietung durch den Eigentümer beruhe auf der Erwägung, dass die Personenverschiedenheit letztlich rein zufällig sei. Eine zufällige Schadensverlagerung liege bei der Beschädigung von Gemeinschaftseigentum durch den Mieter einer Eigentumswohnung nicht vor. (2) Bei der Vermietung einer Wohnung in einem gewöhnlichen Mehrfamilienhaus sei dem Vermieter der Zeitpunkt der Rückgabe bekannt; deshalb sei er in der Lage das Gebäude zeitnah auf Schäden zu untersuchen. Demgegenüber habe die Wohnungseigentümergemeinschaft in vielen Fällen keine Kenntnis von der Beendigung eines Mietverhältnisses und der Rückgabe der Eigentumswohnung an den Sondereigentümer. (3) Die Erstreckung des § 548 Abs. 1 BGB auf die Schadensersatzansprüche der Wohnungseigentümergemeinschaft sei auch nicht im Interesse des Mieters geboten. Der verständige Mieter wisse nämlich, dass das Gemeinschaftseigentum nicht dem Vermieter, sondern der Wohnungseigentümergemeinschaft zusteht. Die Entscheidung des BGH wirkt sich auch auf den **Beginn der Verjährung** aus, weil die Regelverjährung nicht mit der Rückgabe sondern mit dem Schluss des Jahres beginnt in dem der Anspruch entstanden ist und die Gemeinschaft (der Verwalter) von den den Anspruch begründenden Umständen und der Person des Schuldners Kenntnis erlangt oder ohne grobe Fahrlässigkeit erlangen musste (§ 199 Abs. 1 BGB).

V. Verjährung mietrechtlicher Ansprüche außerhalb des § 548 BGB

1. Rückständige Miete und Betriebskosten

44 Die Ansprüche des Vermieters auf Rückstände von **Miete und Pacht** verjähren in 3 Jahren (§ 195 BGB). Für den Anspruch auf Nutzungsentschädigung nach § 546a BGB gilt dieselbe Verjährungsfrist, weil dieser Anspruch als vertragsähnlicher Anspruch dem Mietzinsanspruch gleichgestellt ist (BGH NJW-RR 1991, 1033; (OLG Frankfurt NZM 1999, 970).

45 Zur Miete gehören auch die Ansprüche des Vermieters auf Zahlung von **Betriebskosten-Vorauszahlungen** und die Ansprüche auf eine **Nachzahlung aus einer Betriebskostenabrechnung.** Die Verjährung beginnt hier mit dem Schluss des Jahres, in dem die Ansprüche entstanden sind (§ 199 Abs. 1 Nr. 1 BGB). Ein Anspruch entsteht frühestens mit dem Eintritt der Fälligkeit. Ein Nachzahlungsanspruch aus einer Betriebskostenabrechnung wird fällig, wenn dem Mieter eine nachprüfbare Abrechnung zugegangen und ihm eine angemessene Zeit zur Nach-

Verjährung der Ersatzansprüche und des Wegnahmerechts **BGB § 548**

prüfung und zur Erhebung von Einwänden eingeräumt worden ist (BGH RE 19.12.1990 NJW 1991, 836; OLG Düsseldorf WuM 2003, 151). Dies hat zur Folge, dass nicht abgerechnete Betriebskosten keiner Verjährung unterliegen. Nach anderer Ansicht ist der Vermieter im Falle der Verzögerung der Abrechnung gem. §§ 162, 242 BGB so zu behandeln, als wäre die Nachforderung zum Zeitpunkt der Abrechnungsreife fällig geworden (KG GE 2003, 117, 118). Die Verjährung beginnt nach dieser Auffassung mit der Abrechnungsreife zu laufen.

Streitig ist, wann die Verjährung im Falle einer **rückwirkenden Erhöhung der** 46 **Grundsteuer** beginnt. Teilweise wird vertreten, dass die Verjährung der Nachforderung gem. §§ 214 Abs. 1, 199 Abs. 1 BGB mit dem Ende desjenigen Jahres beginnt, auf das sich die Nachforderung bezieht. Erhält der Vermieter beispielsweise im Jahre 2011 einen auf das Jahr 2007 rückwirkenden Grundsteuerbescheid, so beginnt die Verjährung am 31.12.2007; sie endet gem. § 195 BGB am 31.12.2010. Dies wird mit der Erwägung begründet, dass der Nachforderungsbescheid lediglich den Grundsteuerbescheid für das Jahr 2007 korrigiert mit der weiteren Folge, dass durch die Nachforderung keine eigenständige Verjährungsfrist in Gang gesetzt wird (LG Düsseldorf NJW 2011, 688; LG Rostock WuM 2009, 232). Nach der Rechtsprechung des BGH beginnt die Verjährung auch in diesem Fall erst wenn über die Kosten abgerechnet wird (BGH NJW 2006, 3350 betr. Grundsteuernachforderung auf Grund rückwirkender Steuerbescheide; ebenso Both WuM 2009, 727). Der BGH wendet in diesem Fall die Vorschrift des § 556 Abs. 3 S. 3 BGB entsprechend an, wenn sich der Vermieter unnötig viel Zeit bis zur Geltendmachung der Nachforderung lässt (BGH a. a. O.). Der BGH entnimmt der rechtsähnlichen Bestimmung des § 560 Abs. 2 BGB, dass solche Nachforderungen innerhalb einer Frist von 3 Monaten ab Kenntnis geltend zu machen sind. Dieselben Grundsätze gelten für **Nachberechnungen von Betriebskosten,** wenn die der Ursprungsabrechnung aus Gründen die der Vermieter nicht zu vertreten hat auf Schätzwerten beruht (OLG Celle ZMR 2015, 541 betr. Nachberechnung von Brennstoffkosten bei der Heizkostenabrechnung).

Innerhalb der dreijährigen Frist des § 195 BGB verjähren auch die **Ansprüche** 47 **aus § 988 BGB,** die dem Eigentümer im Falle eines gescheiterten Mietvertrags anstelle der Mietzinsansprüche zustehen (KG GE 2001, 693)

Nach dem bis **31.12.2001** geltenden Recht **(§ 197 BGB a. F.)** verjährten An- 48 sprüche auf rückständige Mietzinsen in 4 Jahren. Fraglich kann sein, welches Recht anzuwenden ist, wenn der Vertrag unter der Geltung des alten Rechts geschlossen wurde, die daraus folgenden Ansprüche aber in der Zeit des neuen Rechts entstanden sind. Nach der **Überleitungsvorschrift in Art. 229 § 6 Abs. 1 EGBGB** findet das neue Recht „auf die an diesem Tag bestehenden ... Ansprüche" Anwendung. Der BGH lässt offen, ob hierdurch auch Ansprüche erfasst werden, die im Jahr 2002 oder später entstehen; er ist der Ansicht, dass § 195 BGB n. F. zumindest analog auf solche Ansprüche anzuwenden ist (BGH WuM 2008, 80).

Nach § 197 Abs. 1 Nr. 3 BGB verjähren **„rechtskräftig festgestellte Ansprü-** 49 **che"** in dreißig Jahren. Vor dem Inkrafttreten der Schuldrechtsreform war diese Rechtsfolge in § 218 Abs. 1 BGB a. F. geregelt. Hierzu hat der BGH die Ansicht vertreten, dass für ein im Vergleich vereinbartes **deklaratorisches Anerkenntnis** die lange Verjährungsfrist gilt, wenn der Vergleich dazu bestimmt ist „in seinen Rechtswirkungen ein rechtskräftiges Feststellungsurteil i. S. des § 218 Abs. 1 BGB zu ersetzen" (BGH NJW-RR 1990, 664).

Schließen die Parteien eine **Ratenzahlungsvereinbarung,** wonach ein Miet- 50 rückstand in Raten getilgt werden soll, so ist zu unterscheiden: Liegt der Vereinbarung eine streitige Forderung zugrunde, so ist anzunehmen, dass durch den Vertrag eine gerichtliche Geltendmachung erspart werden sollte; in diesem Fall gilt die dreißigjährige Verjährungsfrist. Ist die Forderung dagegen unstreitig und besteht der Zweck des Vertrags allein in der Gewährung eines Zahlungsaufschubs, so ist die dreijährige Frist maßgeblich (KG GE 2009, 1315).

2. Rückforderungsansprüche des Mieters bei überzahlter Miete

51 In drei Jahren verjähren auch die Rückforderungsansprüche des Mieters gegen den Vermieter wegen überzahlter **Heizkosten** und sonstiger **Betriebskosten** (OLG Hamburg RE 19.1.1988 NJW 1988, 1097; OLG Düsseldorf DWW 1990, 84). Der Rückerstattungsanspruch des Mieters wegen überzahlter Betriebskostenvorauszahlungen wird erst nach Zugang der Abrechnung fällig (BGHZ 113, 188 = NJW 1991, 836). Vorher beginnt die Verjährung nicht zu laufen (Wiek GuT 2003, 3; **a. A.** OLG Koblenz GuT 2002, 84: danach beginnt die Verjährung mit dem Schluss des Jahres in dem der Mieter die Zahlung erbracht hat). Etwas anderes gilt, wenn der Mieter auf eine unwirksame Umlagevereinbarung geleistet hat. In diesem Fall ergibt sich der Rückzahlungsanspruch des Mieters aus § 812 BGB. Der Bereicherungsanspruch entsteht mit der Zahlung der vermeintlich geschuldeten Betriebskostenvorauszahlung; **a. A.** LG Berlin GE 2017, 720: Danach beginnt die Verjährung mit dem Schluss des Kalenderjahrs zu dem die Abrechnung dem Mieter hätte zugehen müssen; sie endet gem. § 195 BGB drei Jahre später).

52 Der Anspruch auf Rückerstattung überzahlter Miete aufgrund von **Mietpreisüberhöhungen gemäß § 5 WiStG** verjährt ebenfalls in drei Jahren (OLG Hamburg RE 30.1.1989 NJW 1989, 458; LG Frankfurt ZMR 1997, 187). Übersteigt die in einem **Mieterhöhungsverlangen nach § 558 BGB** angegebene und der Berechnung zugrunde gelegte Wohnfläche die tatsächliche **Wohnfläche**, so kann der Mieter unter dem Gesichtspunkt der ungerechtfertigten Bereicherung die Rückzahlung der in der Folgezeit auf Grund der fehlerhaften Berechnung überzahlten Miete verlangen, wenn die Abweichung der tatsächlichen von der angegebenen Wohnfläche mehr als 10% beträgt und der Vermieter keinen durchsetzbaren Anspruch auf die verlangte Miete hat (BGH NZM 2020, 322); die Verjährungsfrist beträgt 3 Jahre (BGH WuM 2004, 485 mit Anmerkung Wiek).

53 Hat der Mieter trotz eines **Mangels** der Mietsache die Miete ungekürzt weiterbezahlt, so verjähren die Rückforderungsansprüche ebenfalls in drei Jahren (OLG Köln NZM 1999, 73; LG Dresden ZMR 2011, 465 betr. Asbestbelastung). Gleiches gilt, wenn der Mieter die **Minderungsquote zu gering** bemessen hat. Dies ist insbesondere von Bedeutung, wenn bei der Bemessung der Minderungsquote eine Betriebskostennachforderung nicht berücksichtigt wurde (s. § 536 BGB Rdn. 166ff).). Ebenso gilt die dreijährige Verjährungsfrist für Bereicherungsansprüche wegen Abweichung von einer vertraglich vereinbarten Mietfläche (OLG Köln WuM 1999, 282). Nach § 199 Abs. 1 BGB beginnt die Verjährung mit dem Schluss des Jahres in dem der Anspruch entstanden ist und der Mieter von den den Anspruch begründenden Umständen ... Kenntnis erlangt oder ohne grobe Fahrlässigkeit erlangen müsste (§ 199 Abs. 1 Nr. 1 und 2 BGB); sie endet drei Jahre später. Eine Kenntnis in diesem Sinne kann nicht bereits deshalb unterstellt werden, weil der Mieter die Räume vor Abschluss des Mietvertrags besichtigt hat (LG Krefeld WuM 2012, 674; LG München I WuM 2014, 135 = NZM 2014, 433). Den Mieter trifft auch keine Obliegenheit die Räume ohne konkreten Anlass auszumessen (LG München a. a. O.). Vielmehr darf er auf die Angaben des Vermieters vertrauen. Anders ist es,

wenn aufgrund der Beschaffenheit der Räume offenkundig ist, dass die Flächenangabe nicht zutreffen kann. Betrifft der Rückforderungszeitraum teils die Zeit vor der Reform des Verjährungsrechts (1.1.2002) teils die Zeit danach, so richtet sich die Berechnung der Verjährungsfrist für Rückforderungsansprüche des Mieters wegen überzahlter Miete nach **Art 229 § 6 EGBGB**. Dies hat zur Folge, dass die Altansprüche mittlerweile verjährt sind, weil die Verjährung nach altem Recht mit dem Schluss des Jahres beginnt, in dem der Anspruch entstanden ist. Auf die Kenntnis des Mieters kommt es nach altem Recht nicht an (BGH NJW 2011, 3573 = WuM 2011, 464 = NZM 2011, 627).

Für Rückerstattungsansprüche wegen einer überzahlten **Kostenmiete**, die auf **54** einer gesetzwidrigen Mietpreisvereinbarung beruht, gilt die Sondervorschrift des **§ 8 Abs. 2 Satz 3 WoBindG**. Danach verjährt der Anspruch auf Rückerstattung nach Ablauf von vier Jahren ab der Leistung, jedoch spätestens nach Ablauf eines Jahres von der Beendigung des Mietverhältnisses an. Bei fortdauerndem Mietverhältnis beginnt die Verjährung also nicht mit dem Jahresende, sondern mit dem Zeitpunkt der Leistungserbringung. Bei beendetem Mietverhältnis gilt eine wesentlich kürzere Frist als nach § 195 BGB. Nach der Rechtsprechung ist § 8 Abs. 2 Satz 3 WoBindG keiner analogen Anwendung zugänglich; die Vorschrift gilt also nicht, wenn die Überzahlung aus einer einseitigen Mieterhöhung herrührt (BayObLG RE 23.5.1985 WuM 1985, 217 = ZMR 1985, 272; OLG Hamm RE 28.8.1997 GE 1997, 1225; **a. A.** Sonnenschein/Weitemeyer NJW 1993, 2201; Schneider WuM 1982, 311; Schläger ZMR 1986, 221).

3. Bereicherungsansprüche bei überhöhter Kaution

Nach § 551 BGB darf die Mietkaution den Betrag von drei Monatsmieten nicht **55** übersteigen. Hat der Mieter eine höhere Kaution bezahlt, so steht ihm in Höhe des überzahlten Betrags ein Bereicherungsanspruch zu. Hierfür gilt die reguläre Verjährungsfrist von drei Jahren (§ 195 BGB). Diese Frist beginnt gem. § 199 Abs. 1 mit dem Schluss des Jahres in dem der Anspruch entstanden ist und „der Gläubiger von den den Anspruch begründenden Umständen ... Kenntnis erlangt oder ohne grobe Fahrlässigkeit erlangen müsste". Für die Kenntnis im Sinne des § 199 Abs. 1 BGB reicht es aus, wenn dem Mieter die Tatsachen bekannt sind, aus denen sich der Rückforderungsanspruch ergibt. Es ist nicht erforderlich, dass der Mieter die Rechtslage kennt und zutreffend bewertet (BGH NJW 2011, 2570 = WuM 2011, 469 = NZM 2011, 625). An einer Aufrechnung ist der Mieter auch dann nicht gehindert, wenn ein Aufrechnungsverbot vereinbart ist (LG Heidelberg NJWE-MietR 1997, 99). Zu Lasten des Vermieters besteht demgegenüber ein gesetzliches Aufrechnungsverbot, weil anderenfalls der Schutzzweck des § 551 BGB nicht erreicht werden könnte (LG Bremen NJW RR 1993, 19; LG Berlin GE 1996, 741; **a. A.** Dickersbach WuM 2006, 595, 597). Ist der Rückforderungsanspruch jedoch verjährt, so kann der Mieter diesen Teil der Kaution nach Eintritt der Verjährung nicht zurückverlangen. Unbeschadet hiervon ist der Vermieter verpflichtet, auch diesen Teil der Kaution entsprechend § 551 Abs. 2 BGB anzulegen. Bei Mietende hat der Vermieter die gesamte Kaution zurückzuzahlen, falls ihm keine Forderungen gegen den Mieter zustehen (Witt NZM 2012, 545). Anderenfalls stellt sich die Frage, ob der Vermieter bei Vertragsende mit seinen Forderungen gegen die insgesamt geleistete Kaution aufrechnen kann oder ob die Aufrechnung auf den zulässigen Teil der Kaution zu beschränken ist. In der Literatur wird teilweise die letztgenannte Ansicht vertreten, anderenfalls „hätte der Eintritt der Verjährung jenen

Effekt, den § 551 Abs. 1, Abs. 4 BGB verhindern will" (Peters NZM 2011, 803). Hieraus wird weiter abgeleitet, dass der Mieter den überschießenden Teil der Kaution jederzeit zurückverlangen kann und dass die Verjährung hierbei keine Rolle spielt. Dabei wird allerdings verkannt, dass der Schutzzweck des § 551 Abs. 1 und 2 BGB auf den Abschluss des Mietvertrags zugeschnitten ist und beim Vertragsende keine Rolle spielt. Es ist deshalb nicht angezeigt, die Befugnis des Vermieters zur Aufrechnung zu beschränken.

4. Rückgabe der Mietsache

56 Die Verjährungsfrist für den Rückgabeanspruch des Vermieters beträgt drei Jahre (§ 195 BGB, s. BGH NJW 1975, 2103); ist der Vermieter zugleich Eigentümer der Mietsache, so gilt für den Herausgabeanspruch aus dem Eigentum die dreißigjährige Verjährungsfrist des § 197 Abs. 1 Nr. 1 BGB. Gibt der Mieter nur einen Teil der Mietsache oder des Zubehörs zurück, so gilt bezüglich des Rückgabeanspruchs nach h. M. für den nicht zurückgegebenen Teil die gleiche Verjährungsfrist (BGH NJW 1975, 2103; OLG Köln NZM 1998, 767). Diese Ansicht führt nur dort zu einsichtigen Ergebnissen, wo die Mietsache aus mehreren Sachen besteht, wie z. B. bei der Miete eines PKW mit Anhänger. Wird in diesem Beispielsfall der PKW, nicht aber der Anhänger zurückgegeben, so ist es sachgerecht, hinsichtlich des Anhängers eine 30-jährige Verjährungsfrist anzunehmen. Im Regelfall kann es verjährungsrechtlich aber keine Rolle spielen ob Teile der Mietsache oder Zubehörteile in beschädigtem Zustand oder überhaupt nicht zurückgegeben werden (im Ergebnis ebenso OLG Hamm NJW-RR 1994, 1297 betr. abhanden gekommene Teile bei der Gerüstmiete; kritisch dazu auch Sternel Rdn. IV 633 FN 122).

57 Im Falle der **Zerstörung der Mietsache** kommt es auf die Möglichkeit der Wiederherstellung an. Wird ein vermietetes Gebäude durch Brand zerstört, so ist maßgeblich, ob das Gebäude wiederaufgebaut werden kann. Hiervon ist regelmäßig auszugehen, weil ein Gebäude auch dann wiedererrichtet werden kann, wenn von dem Mauerwerk nichts übriggeblieben ist. Maßgeblich ist allein die Möglichkeit der Wiederherstellung. Es kommt nicht darauf an, ob ein Totalschaden im wirtschaftlichen Sinne anzunehmen ist, etwa weil die Kosten des Wiederaufbaus höher sind, als der Zeitwert des Gebäudes vor dem Brand. Kann die zerstörte Mietsache wiederhergestellt werden, so gilt die kurze Verjährungsfrist des § 548 BGB; ist die Wiederherstellung dagegen nicht möglich, so gilt die regelmäßige Verjährungsfrist von 3 Jahren nach § 195 BGB (BGH NJW 1981, 2406; NJW 1984, 289 betr. Kfz-Miete; NJW-RR 1988, 1358; NJW 1993, 2797 = WuM 1993, 535).

5. Sonstige Ansprüche

58 a) Die kurze Verjährung gilt nur für Schadensersatzansprüche aus Pflichtverletzungen des Mieters, die eine Veränderung oder Verschlechterung der Mietsache zur Folge hatten, nicht für **sonstige Vermögensschäden.** Ist dem Vermieter ein Mietausfall entstanden, weil die Miete infolge einer Lärmbelästigung aus einer Nachbarwohnung gemindert war, so haftet der störende Mieter auf Schadensersatz. Für diesen Anspruch gilt die allgemeine Verjährungsfrist von 3 Jahren (AG Bremen NZM 2012, 383).

59 b) Ebenso gilt die Allgemeine Verjährungsfrist für solche Schäden, die zwar vom Mieter durch einen fehlerhaften Gebrauch der Mietsache verursacht, aber an dem **Eigentum eines Dritten** eingetreten sind. § 548 BGB ist nur anwendbar,

Verjährung der Ersatzansprüche und des Wegnahmerechts **BGB § 548**

wenn der Schaden einen räumlichen Bezug zur Mietsache hat (BGHZ 124, 186 = NJW 1994, 251 = WuM 1994, 20 = ZMR 1994, 63).

c) Für den **Anspruch des Vermieters auf Zahlung der Kaution** gilt die regelmäßige Verjährungsfrist von 3 Jahren, beginnend mit dem Schluss des Jahres in dem die Kautionsvereinbarung getroffen wurde (§§ 195, 199 Abs. 1 Nr. 1 BGB; KG GuT 2008, 206; LG Darmstadt NZM 2007, 801; LG Duisburg NZM 2006, 774). Der Anspruch des Mieters auf Rückzahlung der Kaution einschließlich der Zinsen verjährt ebenfalls in 3 Jahren, beginnend mit dem Schluss des Jahres in dem der Vermieter über die Kaution abrechnen konnte. 60

d) Ebenso gilt die allgemeine Verjährungsfrist von drei Jahren für den Anspruch der Parteien auf **Schadenersatz wegen einer unberechtigten Kündigung** (Kündigungsfolgeschaden; BGH WuM 1994, 203 = ZMR 1994), oder wegen einer Pflichtverletzung beim Vertragsschluss (**c. i. c.**) oder einer **sonstigen Pflichtverletzung** des Vermieters. Die Verjährung beginnt mit der Entstehung des Anspruchs (§ 199 Abs. 1 Nr. 1 BGB). Wird eine dem Mieter gehörende Sache im Zuge der Räumung durch den Vermieter schuldhaft beschädigt, so steht dem Mieter ein (nach)vertraglicher Schadensersatzanspruch aus **§ 280 Abs. 1 BGB** zu; für diesen Anspruch gilt die allgemeine Verjährungsfrist des § 195 BGB von drei Jahren. Gleiches gilt, wenn die beschädigte Sache nicht dem Mieter, sondern einem Dritten gehört (**a. A.** OLG Frankfurt ZMR 2016, 441: danach gilt für diese Ansprüche § 548 Abs. 2). 61

e) Im Falle einer **Untervermietung** haftet der Untervermieter gegenüber dem Hauptvermieter für alle Schäden, die der Untermieter verursacht. Aus diesem Grunde wird in Untermietverträgen häufig eine **Freistellungsklausel** vereinbart („Der Untermieter stellt den Untervermieter von allen Verpflichtungen des Hauptmietvertrages im Innenverhältnis frei"). Eine solche Klausel ist dem Untervermieter insbesondere dann nützlich, wenn das Untermietverhältnis beendet ist und der Untermieter den Rückzahlungsanspruch aus der Kaution geltend macht. Muss der Untervermieter in einem solchen Fall befürchten, dass er wegen der vom Untermieter verursachten Schäden vom Hauptvermieter in Anspruch genommen wird, so kann er die Rückzahlung der Kaution davon abhängig machen, dass der Untermieter seine Freistellungsverpflichtung erfüllt. Für den Freistellungsanspruch gilt nicht die kurze Verjährung des § 548 BGB. Deshalb kann das Zurückbehaltungsrecht hinsichtlich der Kaution auch nach Ablauf von sechs Monaten seit der Rückgabe ausgeübt werden. Verfahrensrechtlich führt die Geltendmachung des Zurückbehaltungsrechts dazu, dass der Untervermieter Zug um Zug gegen Freistellung von seiner gegenüber dem Hauptvermieter bestehenden mietvertraglichen Zahlungspflicht zur Rückzahlung der Kaution verurteilt wird (OLG München WuM 1995, 20 = ZMR 1995, 20). 62

f) Rückforderungsanspruch des Vermieters für Vorschusszahlungen. Nach § 536a Abs. 2 BGB kann der Mieter den Mangel selbst beseitigen und Ersatz der erforderlichen Aufwendungen verlangen, wenn sich der Vermieter im Verzug mit der Mangelbeseitigung befindet. Nach der Rechtsprechung kann der Mieter bereits vor Beginn der Mangelbeseitigung einen Vorschuss zur Deckung der voraussichtlichen Kosten verlangen. Wird die Mangelbeseitigung – wie vorliegend – nicht durchgeführt, so ist der Vorschuss zurückzuzahlen (dazu § 536a BGB Rdn. 49). Die Verjährung dieses Anspruchs richtet sich nicht nach § 548 Abs. 1 BGB, sondern nach den §§ 195, 199 BGB (OLG Celle GuT 2011, 276). 63

g) Ist das Mietverhältnis beendet, so hat der Mieter die Mietsache an den Vermieter zurückzugeben (§ 546 Abs. 1 BGB). Zieht der Mieter **nach der Rechts-** 64

§ 548 BGB Untertitel 1. Allgemeine Vorschriften für Mietverhältnisse

hängigkeit des Herausgabeanspruchs weitere Nutzungen, so hat er diese an den Vermieter herauszugeben (§§ 292 Abs. 2, 987 Abs. 1 BGB). Zu den Nutzungen in diesem Sinn zählen auch die Erträge, die ein Mieter aufgrund der Weiternutzung der Mietsache erzielt. Hat der Mieter die Mietsache mit Erlaubnis des Vermieters untervermietet und ist der Untermietzins höher als die vom Mieter an den Hauptvermieter zu zahlende Miete, so schuldet der Mieter für die Zeit der Vorenthaltung die Nutzungsentschädigung in Höhe der bisherigen Miete (§ 546a BGB) sowie nach Rechtshängigkeit des Herausgabeanspruchs die **Mehreinnahmen aus der Untervermietung** (§§ 292 Abs. 2, 987 Abs. 1 BGB, BGH NZM 2009, 701). Diese Ansprüche verjähren gem. § 195 BGB in drei Jahren (BGH a. a. O. unter Ziff II 5b).

65 **h) Bereicherungsansprüche** des Mieters nach **§§ 812, 818 Abs. 2 BGB** weil der Vermieter infolge einer Beendigung des Mietverhältnisses vor Ablauf der ursprünglich vorgesehenen Vertragszeit vorzeitig in den Genuss von wertsteigernden Investitionen gekommen ist, unterliegen nicht der kurzen Verjährung des § 548 BGB (BGH NZM 2006, 15 = GuT 2006, 32). Der Umfang der Bereicherung richtet sich weder nach den Aufwendungen des Mieters noch nach der Erhöhung des Verkehrswerts, sondern nach der Erhöhung des Ertragswerts. Maßgeblich ist, ob und in welchem Umfang der Erwerber auf Grund der Investitionen des Mieters eine höhere Miete erzielt hat oder erzielen könnte (BGH a. a. O. unter Rz. 25).

65a Steht dem Mieter ein Bereicherungsanspruch zu, weil er auf dem gemieteten Grundstück in Erwartung eines späteren Eigentumserwerbs ein Gebäude errichtet hat (s. § 546 Rdn. 42a) so gilt hierfür die allgemeine 3-jährige Verjährungsfrist des § 195 BGB (BGH NJW 2013, 3364). Zu beachten ist dabei, dass die Verjährung erst beginnt, wenn feststeht, dass es zu dem Erwerb des Eigentums nicht mehr kommt (BGH a. a. O.).

66 **i) Erfüllungsansprüche.** Der Anspruch des Mieters auf **Erteilung einer Betriebskostenabrechnung** wird nach Ablauf des 12. Monats nach Beendigung des Abrechnungszeitraums fällig. Zu diesem Zeitpunkt beginnt die Verjährung. Die Verjährungsfrist beträgt gem. § 195 BGB drei Jahre (Langenberg: in Schmidt-Futterer § 556 BGB Rdn. 516).

67 Teilweise wird die Ansicht vertreten, dass die Erfüllungsansprüche des Mieters (z. B. der **Anspruch auf Mangelbeseitigung**) und des Vermieters (z. B. auf **Durchführung von Schönheitsreparaturen** bei wirksamer Renovierungsklausel) der regelmäßigen Verjährungsfrist von 3 Jahren unterliegen (Feuerlein WuM 2008, 385; Lehmann-Richter NZM 2009, 761, 765; Schmid ZMR 2009, 585, 586). Nach dieser Ansicht beginnt die Verjährung für den Anspruch des Mieters auf Mangelbeseitigung, mit dem Ende des Jahres in dem der Mieter vom Verstoß des Vermieters gegen die Leistungspflicht Kenntnis erlangt. Die Verjährung des Anspruchs auf Durchführung von Schönheitsreparaturen beginnt mit dem Ende des Jahres, in dem ein Renovierungsbedarf entsteht; sie endet 3 Jahre später. Ein verjährter Anspruch kann sich nicht mehr in einen Schadensersatzanspruch umwandeln. Diese Ansicht verkennt, dass die Erfüllungsansprüche nach § 535 Abs. 1 BGB vom Beginn des Mietverhältnisses an bis zu dessen Ende geschuldet werden. Vor dem Ende des Mietverhältnisses kann die Verjährung nicht beginnen (BGH NJW 2010, 1292 = WuM 2010, 238 = NZM 2010, 235; Streyl WuM 2009, 630; Häublein in: MünchKomm § 535 BGB Rdn. 126; Both GE 2009, 239; Palandt/Weidenkaff § 535 Rdn. 31; Kandelhard in: Herrlein/Kandelhard § 548 Rdn. 63; **a. A.** Feuerlein WuM 2008, 385; Beuermann GE 2008, 236; Schmid ZMR 2009, 585). Nichts anderes gilt für den Anspruch des Vermieters aus der Renovierungsklausel, weil dem Mieter danach die Renovierungslast während der gesamten Mietzeit obliegt.

j) Ausgleichsansprüche nach dem Bundes-Bodenschutzgesetz. In § 24 **68**
Abs. 2 Satz 1 des Gesetzes zum Schutz vor schädlichen Bodenveränderungen und
zur Sanierung von Altlasten (Bundes-Bodenschutzgesetz – BBodSchG) vom
17.3.1998 BBodSchG ist geregelt, dass dem Grundstückseigentümer ein Ausgleichsanspruch gegen den Mieter des Grundstücks zusteht, wenn die Verunreinigung durch eine vertragswidrige Nutzung des Grundstücks verursacht worden ist.
Der Ausgleichsanspruch verjährt gem. § 24 Abs. 2 Satz 3 BBodSchG in drei Jahren.
Die kurze Verjährung des § 548 BGB gilt nicht. Allerdings ist diese Verjährungsregelung erst durch Gesetz vom 9.12.2004 (BGBl. I S. 3214) mit Wirkung vom
15.12.2004 geschaffen worden. Nach der Rechtsprechung des BGH ist § 548
BGB aber auch dann unanwendbar, wenn die Maßnahme vor dem 15.12.2004
durchgeführt wurde, weil die die kurze Verjährungsfrist des § 548 BGB nur für solche Ansprüche gilt, die den Mieter verpflichten, die am Mietobjekt verursachten
Schäden auszugleichen (BGH NJW 2009, 139 = NZM 2008, 933). Die hiervon
abweichende Ansicht einiger Instanzgerichte (z. B. LG Hamburg ZMR 2001, 196;
LG Frankenthal NJW-RR 2002, 1090) ist gegenstandslos. Wird die Sanierung
durch den Grundstückseigentümer durchgeführt, so beginnt die Verjährung „nach
der Beendigung der Maßnahmen" (§ 24 Abs. 2 Satz 4 BBodSchG). Erfolgt die Sanierung in mehreren Einzelschritten, so kommt es auf den Abschluss aller notwendigen Sanierungsmaßnahmen an (BGH NJW 2012, 3777 = NZM 2012, 862; **a. A.**
Bickel in: Bundes-Bodenschutzgesetz § 24 Rdn. 21).

k) Unterlassungsansprüche des Vermieters oder Mieters. Nach § 541 **68a**
BGB kann der Vermieter auf Unterlassung klagen, wenn der Mieter einen vertragswidrigen Gebrauch der Mietsache trotz einer Abmahnung fortsetzt. Der Anspruch
aus § 541 BGB unterliegt nach allgemeiner Ansicht der Verjährung, wobei die Verjährungsfrist drei Jahre beträgt (§ 195 BGB, vgl. Streyl in: Schmidt-Futterer § 548
BGB Rdn. 64). Die Verjährung beginnt mit dem Schluss des Jahres, in dem der vertragswidrige Gebrauch stattgefunden hat und der Vermieter von den den Anspruch
begründenden Umständen Kenntnis erlangt oder ohne grobe Fahrlässigkeit erlangen müsste (§ 199 Abs. 1 BGB). Die Kenntnis des Vermieters setzt voraus, dass dieser auf Grund der ihm bekannten Tatsachen eine Klage erheben kann.

Streitig ist, ob die Verjährung auch bei sog. **„Dauervertragswidrigkeiten"** **68b**
mit der ersten Zuwiderhandlung beginnt (so Peters/Jacoby in: Staudinger § 199
Rdn. 108; Schmidt-Räntsch in Erman § 199 Rdn. 5). Nach anderer Meinung unterliegen Dauerverpflichtungen des Vermieters oder Mieters, die sich nicht in einer
einmaligen Handlung erschöpfen, während der Mietzeit nicht der Verjährung
(BGH NZM 2019, 143; OLG Celle ZMR 2018, 499; Gramlich in: Bub/Treier
Kap VI Rdn. 170). Dies beruht auf der zutreffenden Erwägung, dass der Unterlassungsanspruch bei fortdauernden Verstößen Tag für Tag neu entsteht und dass deshalb der Anspruch schon begrifflich nicht verjähren kann.

6. Beginn der Verjährung

Die regelmäßige Verjährungsfrist beginnt, soweit nicht ein anderer Verjährungs- **69**
beginn bestimmt ist, mit dem Schluss des Jahres, in dem der Anspruch entstanden ist
und der Gläubiger von den den Anspruch begründenden Umständen und der Person des Schuldners Kenntnis erlangt oder ohne grobe Fahrlässigkeit erlangen müsste
(§ 199 Abs. 1 BGB). Die Kenntnis des Gläubigers setzt voraus, dass dieser auf Grund
der ihm bekannten Tatsachen eine Klage erheben kann. Die Möglichkeit zur Erhebung einer Feststellungsklage reicht aus. Bei Ansprüchen, die jeweils nach Ablauf

bestimmter Zeitabschnitte fällig werden, genügt es, wenn der Mieter den Eintritt künftiger Schäden absehen kann (KG ZMR 2015, 539 betreffend Ansprüche des Mieters auf Ersatz des entgangenen Gewinns bei Doppelvermietung). Die Klageerhebung muss dem Gläubiger allerdings zumutbar sein. Hierzu ist erforderlich, dass sie Aussicht auf Erfolg hat. Hieran kann es fehlen, wenn die Rechtslage in einem Maße unsicher und zweifelhaft ist, dass sie auch ein rechtskundiger Dritter nicht zuverlässig einschätzen kann. Rechtsunkenntnis oder mangelnde Rechtskenntnis steht der Zumutbarkeit dagegen nicht entgegen (BGH RdE 2013, 31 unter Rz 34). Bei einem Erfüllungsanspruch genügt es, wenn der Gläubiger Kenntnis von den anspruchsbegründenden Tatsachen hat (BGH NJW-RR 2008, 1237). Für einen Bereicherungsanspruch ist die Kenntnis von der Leistung sowie die Kenntnis der Tatsachen aus denen sich das Fehlen eines Rechtsgrundes ergibt, erforderlich (BGH RdE 2013, 31 unter Rz. 34).

VI. Hemmung der Verjährung

70   In zahlreichen Fällen ist die Verjährung gehemmt. Der Zeitraum, während dessen die Verjährung gehemmt ist, wird in die Verjährungsfrist nicht eingerechnet (§ 209 BGB). Die wichtigsten Fälle der Hemmung sind:

1. Verhandlungen zwischen den Parteien über den Anspruch (§ 203 BGB)

71   Verhandeln die Parteien nach Beendigung des Mietverhältnisses beispielsweise über einen Schadensersatzanspruch wegen Beschädigung der Mietsache oder unterlassener Schönheitsreparaturen, so verlängert sich die kurze Verjährungsfrist des § 548 BGB von 6 Monaten um die Zeit vom Beginn bis zum Ende der Verhandlungen. Die Verhandlungen müssen zwischen den Parteien des Mietvertrags geführt werden. Natürliche Personen können einen Bevollmächtigten mit den Verhandlungen beauftragen. Bei Juristischen Personen müssen die gesetzlichen Vertreter oder deren Bevollmächtigte verhandeln. Verhandelt eine natürliche Person, die zugleich vertretungsbefugtes Organ einer juristischen Person oder einer Personenvereinigung ist, nur für sich persönlich, kann eine Verjährungshemmung im Verhältnis zur juristischen Person oder Personenvereinigung nicht eintreten (OLG Koblenz DWW 2016, 344).

71a   Der **Begriff der Verhandlung** ist weit auszulegen. Hierunter fällt jeder Meinungsaustausch über den Schadensfall, wenn nicht sofort erkennbar die Verhandlungen über die Ersatzpflicht oder jeder Ersatz abgelehnt werden (BGH WuM 1987, 154; WuM 1992, 71). Der in Anspruch genommene muss keine Vergleichsbereitschaft und kein Entgegenkommen zeigen. Es genügt, wenn er zu erkennen gibt, dass er sich auf eine Erörterung des Schadensfalls einlässt (BGH NJW 2004, 1654). Die Verhandlungen beginnen in der Regel, wenn der Vermieter den Mieter zur Zahlung auffordert. Die Hemmung wirkt auf den Zeitpunkt zurück, zu dem der Gläubiger seinen Anspruch gegenüber dem Schuldner geltend gemacht hat (BGH MDR 2014, 202). Sie endet, wenn der Mieter eine Einstandspflicht endgültig und bestimmt ablehnt. Erforderlich ist, dass der in Anspruch genommene klar und eindeutig den Abbruch der Verhandlungen erklärt (BGH NJW 2004, 1654, 1655).

Fraglich kann sein, wie das Ende der Hemmungszeit zu bestimmen ist, wenn die 72
Verhandlungen „einschlafen". Zu dem bis 31.12.2001 geltenden Verjährungsrecht
(§ 852 BGB) hat der BGH entschieden, dass ein **Abbruch der Verhandlungen
durch „Einschlafenlassen"** anzunehmen ist, „wenn der Berechtigte den Zeitpunkt versäumt, zu dem eine Antwort auf die letzte Anfrage des Ersatzpflichtigen spätestens zu erwarten gewesen wäre, falls die Regulierungsverhandlungen mit verjährungshemmender Wirkung hätten fortgesetzt werden sollen" (BGH VersR 1990, 755). Diese Rechtslage besteht fort (BGH NJW 2009, 1806). Werden die Verhandlungen abgebrochen und später wieder neu begonnen, so ist die Verjährung auch während der erneuten Verhandlungen gehemmt (BGH WuM 1992, 71). Die Rechtsfolge der Hemmung während der Vertragsverhandlungen tritt auch dann ein, wenn der in Anspruch genommene für eine bestimmte Zeit auf die Verjährungseinrede verzichtet hat (BGH NJW 2004, 1654).

2. Klageerhebung, Zustellung eines Mahnbescheids im Mahnverfahren, die Zustellung eines Antrags auf Erlass einer einstweiligen Verfügung (§ 204 Abs. 1 Nr. 1, 3, 9 BGB)

Nach § 204 Abs. 1 Nr. 1 BGB wird die Verjährung u. a. „durch die Erhebung 73
der Klage auf Leistung oder auf Feststellung des Anspruchs …" gehemmt. Erforderlich ist eine Leistungsklage oder eine positive Feststellungsklage (BGH RdE 2013, 31 unter Rz. 45). Es genügt, wenn der Anspruch nur hilfsweise geltend gemacht wird (BGH NJW 1978, 261; NZM 2000, 547, 548; NJW 2014, 920 Rdn. 19). Die Klage auf Feststellung eines dem Anspruch zugrunde liegenden Rechtsverhältnisses reicht nicht aus (BGH a. a. O.). Der Vorschrift liegt „der Rechtsgedanke zugrunde, dass der Gläubiger durch aktives Betreiben seines Anspruchs seinen Rechtsverfolgungswillen so deutlich macht, dass der Schuldner gewarnt wird und sich auf eine Erfüllung auch nach Ablauf der ursprünglichen Verjährungsfrist einstellen muss." (BGH NJW 2014, 920 Rdn. 21). Deshalb genügt es für die Anwendung des § 204 Abs. 1 Nr. 1 BGB, dass der Vermieter eine den Anforderungen des § 253 Abs. 2 ZPO entsprechende Klage erhebt. Danach muss die Klageschrift die Bezeichnung der Parteien und des Gerichts sowie die bestimmte Angabe des Gegenstandes und des Grundes des erhobenen Anspruchs, sowie einen bestimmten Antrag enthalten. Ob eine solche Klage unzulässig oder unbegründet ist, spielt keine Rolle, weil auch in solchen Klagen der Rechtsverfolgungswille des Vermieters deutlich wird. Deshalb erstreckt sich die Hemmungswirkung auch auf solche Ansprüche, die im Zeitpunkt der Klagerhebung noch nicht entstanden sind (BGH a. a. O.). Die Klage muss allerdings durch den richtigen Anspruchsinhaber erhoben werden (BGH NJW-RR 1991, 1033) und sich gegen den richtigen Schuldner richten. Steht ein Anspruch mehreren Vermietern zu, so wird die Verjährung nicht gehemmt, wenn die Klage nur von einem der Vermieter erhoben wird und der Kläger Leistung an sich alleine beantragt (OLG Düsseldorf ZMR 2000, 210). Die Klage eines Nichtberechtigten hemmt die Verjährung erst dann, wenn der Kläger die Forderung vom Berechtigten (z. B. durch Abtretung) erwirbt. Wird die Forderung unter den Voraussetzungen einer gewillkürten Prozessstandschaft eingeklagt, so tritt die Hemmung erst dann ein, wenn der Kläger zum Ausdruck bringt, dass er ein fremdes Recht im eigenen Namen kraft einer ihm erteilten Berechtigung geltend macht (BGH NJW 1972, 1580; BGHZ 78, 1, 6; BGH GuT 2007, 37).

§ 548 BGB Untertitel 1. Allgemeine Vorschriften für Mietverhältnisse

74 Die gleichen Grundsätze gelten für die **Hemmung der Verjährung durch Mahnbescheid**. Beim Einwurf eines Mahnbescheids in den Briefkasten setzt eine formell wirksame Zustellung nach § 180 ZPO voraus, dass der Briefkasten zur Wohnung des Zustellungsadressaten gehört (BGH WuM 2004, 676). Daran fehlt es, wenn der Adressat die Wohnung aufgegeben hat. Nach der Ansicht des BGH (MDR 2010, 646) tritt die Hemmung der Verjährung auch im Fall einer formell unwirksamen Zustellung ein, wenn (1) der Anspruchsinhaber für die wirksame Zustellung alles aus seiner Sicht Erforderliche getan hat, (2) der Anspruchsgegner in unverjährter Zeit von dem Erlass des Mahnbescheids und seinem Inhalt Kenntnis erlangt hat und (3) die Wirksamkeit der Zustellung in unverjährter Zeit in einem Rechtsstreit geprüft wurde.

75 Die Rechtsfolge der Hemmung bei Klagerhebung oder Klagerweiterung gilt nur für diejenigen Schadenspositionen, die **Streitgegenstand** der Klagerhebung oder Klagerweiterung sind. Für den Anspruch auf Ersatz des Mietausfalls besteht keine Ausnahme. Will der Vermieter die Verjährung aller künftigen, zeitlich noch nicht überschaubaren Mietausfälle vermeiden, so muss er insoweit eine Feststellungsklage erheben (BGH NZM 1998, 147 = ZMR 1998, 208 = DWW 1998, 42). Dabei muss im Klagantrag oder in der Klagschrift deutlich werden, dass sich das Feststellungsbegehren auch auf den Mietausfallschaden bezieht (OLG Hamburg ZMR 1995, 18).

76 Es genügt, wenn der Anspruch auf Ersatz des Schadens als solcher voll eingeklagt wird. Wird später der **Kläganspruch** deshalb **erhöht**, weil die Instandsetzungskosten wegen der Erhöhung der Baupreise gestiegen sind, so betrifft die Erhöhung denselben von Anbeginn an geltend gemachten Schaden. Verjährungsgesichtspunkte kommen hier nicht zum Tragen (BGH LM § 558 BGB Nr. 24 = WuM 1980, 255 = ZMR 1980, 24).

77 Wird ein **Schadensersatzanspruch wegen unterlassener Schönheitsreparaturen oder Nichterfüllung einer Rückbaupflicht** eingeklagt, ohne dass die Voraussetzungen des **§ 281 BGB** vorgelegen haben, so bewirkt die unschlüssige Klage keine Unterbrechung der Verjährung bezüglich des Erfüllungsanspruchs (BGH NJW 1988, 1778; für das Verhältnis der Zahlungsklage zur Feststellungsklage s. a. KG GE 1990, 1031).

78 Die Wirkung der Hemmung tritt nur ein, wenn der geltend gemachte **Anspruch hinreichend genau bezeichnet** ist. Der Anspruch ist so anzugeben, dass Art und Umfang der geltend gemachten Forderung zweifelsfrei feststehen. Werden mehrere Ansprüche geltend gemacht, so muss jeder einzelne Anspruch in dieser Weise angegeben werden. Werden die Ansprüche im Mahnverfahren geltend gemacht, so muss die Aufschlüsselung nicht in dem Mahnbescheid selbst erfolgen. Der Anspruchsberechtigte kann auch auf ein vorgerichtliches Schreiben Bezug nehmen, wenn dort eine hinreichend genaue Aufschlüsselung enthalten ist (BGH NZM 2008, 202; BGH NJW 2015, 3228 Rz. 64; BGH GE 2017, 714; KG WuM 2002, 614). Ist das betreffende Schriftstück dem Antragsgegner bereits bekannt, so muss es dem Mahnbescheid nicht beigefügt werden. Maßgeblich ist zum einen, dass der Antragsgegner weiß, wegen welcher Ansprüche er in Anspruch genommen wird; zum anderen müssen die Ansprüche so genau bezeichnet werden, dass das Gericht einen Vollstreckungstitel erlassen kann (BGH WuM 2010, 583). Es ist nicht erforderlich, dass auch ein außenstehender Dritter allein aufgrund der Angaben im Mahnbescheid erkennen kann, um welche Forderungen es geht (BGH GE 2017, 714). Ist dem Schuldner weder ein vorgerichtliches Schreiben mit einer Forderungsaufstellung zugegangen und ist auch dem Mahnbescheid keine Aufstellung der Forderungen beigefügt worden, so kann es für die Individualisierung des im

Mahnbescheid bezeichneten Anspruchs genügen, wenn „die übrigen Angaben im Mahnbescheid eine Kennzeichnung des Anspruchs ermöglichen" (BGH NJW 2011, 613 = WuM 2011, 49 = NZM 2011, 198).

Die Klagschrift oder der Antrag auf Erlass eines Mahnbescheids muss vor Ablauf der Verjährungsfrist bei Gericht eingereicht werden; die Regelung des § 193 **BGB** ist auf den Ablauf von Verjährungsfristen entsprechend anzuwenden (BGH WuM 2008, 80). Nach **§ 167 ZPO** genügt es für den Eintritt der Hemmung, wenn die Klagschrift oder der Antrag auf Erlass eines Mahnbescheids rechtzeitig bei Gericht eingeht und die Zustellung „demnächst" erfolgt. Die **Auslegung des Begriffs „demnächst"** war in der Vergangenheit nicht einheitlich. Nach der Rechtsprechung des V. Zivilsenats des BGH war auf die Zeitspanne zwischen der Aufforderung zur Einzahlung des Kostenvorschusses an die klagende Partei und dem Eingang der Zahlung abzustellen. Eine Zeitspanne bis zu 14 Tagen war unschädlich; darüber hinausgehende Verzögerungen wurden nur akzeptiert, wenn besondere Umstände vorlagen (BGH ZMR 2012, 643). Demgegenüber vertrat der VII. Zivilsenat des BGH die Ansicht, dass es nicht auf die Zeitspanne zwischen der Aufforderung zur Einzahlung des Kostenvorschusses an die klagende Partei und dem Eingang der Zahlung ankomme; maßgeblich sei um welchen Zeitraum sich die Zustellung infolge der Nachlässigkeit der klagenden Partei verzögert (BGH NJW 2011, 1227). Dieser Rechtsprechung hat sich der V. Zivilsenat in dem Urteil vom 10.7.2015 angeschlossen (BGH NJW 2015, 2666). Es gelten folgende **Grundsätze: (1)** Beträgt die Verzögerung nicht mehr als 14 Tage, so ist dies unschädlich. **(2)** Gezählt wird ab dem Tag, der dem Tag des Zugangs des Anforderungsschreibens folgt. **(3)** Wochenendtage und Feiertage sowie solche Tage an denen üblicherweise nicht oder nicht voll gearbeitet wird (Heilig-Abend, Silvester) werden nicht mitgezählt. **(4)** Wird der Vorschuss nicht bei der Partei, sondern bei deren Prozessbevollmächtigten angefordert, so verlängert sich die Zeitspanne um 3 Tage. Ist die Verzögerung auf Umstände zurückzuführen, die der Antragsteller nicht beeinflussen kann, so schadet selbst Verzögerung von mehreren Monaten nicht (OLG Hamm ZMR 2002, 913, falls die Verzögerung weniger als 6 Monate beträgt).

Wird ein **Mahnantrag zurückgewiesen,** so wird die Verjährung gleichwohl im Zeitpunkt der Einreichung des Mahnantrags gehemmt, wenn der Antragsteller binnen eines Monats nach Zustellung der Antragszurückweisung Klage einreicht und diese demnächst zugestellt wird (§ 691 Abs. 2 ZPO). Wird ein **Mahnantrag moniert,** so tritt die gleiche Rechtsfolge ein, wenn der Antragsteller einen verbesserten Mahnantrag einreicht und dieser binnen eines Monats nach Zugang des Monierungsschreibens zugestellt wird (§ 691 Abs. 2 ZPO analog; BGH NJW 2002, 2794). Nach anderer Ansicht genügt es, wenn der Antragsteller binnen einer Frist von einem Monat nach Zugang des Monierungsschreibens einen verbesserten Mahnantrag einreicht (Ebert NJW 2003, 732).

Die Streitsache gilt als mit Zustellung des Mahnbescheids rechtshängig geworden, wenn sie alsbald nach der Erhebung des Widerspruchs abgegeben wird **(§ 696 Abs. 2 ZPO).** Eine verspätete (nicht „alsbald" erfolgte) Abgabe beseitigt die verjährungsunterbrechende Wirkung nicht (Ebert NJW 2003, 732, 733). Allerdings kann in diesem Fall ein Stillstand des Verfahrens eintreten (§ 204 Abs. 2 S. 2 BGB). Die Hemmung endet dann 6 Monate nach der letzten Verfahrenshandlung des Gerichts oder der Beteiligten.

3. Geltendmachung eines Anspruchs durch Aufrechnung im Prozess (§ 204 Abs. 1 Nr. 5 BGB)

82 Eine außergerichtliche Aufrechnung genügt nicht.

4. Zustellung eines Antrags auf Durchführung des selbstständigen Beweisverfahrens (204 Abs. 1 Nr. 7 BGB)

83 Ein von der Partei betriebenes selbstständiges Beweisverfahren hemmt nur die Verjährung der Ansprüche dieser Partei. Die Verjährung der Ansprüche der Gegenpartei wird hierdurch nicht gehemmt. Die Hemmung endet sechs Monate nach der Beendigung des Verfahrens. Wird ein Zeuge vernommen, so endet das Verfahren mit dem Schluss des Beweistermins. Wird ein Sachverständigengutachten eingeholt, so ist das Verfahren beendet, wenn das Gutachten den Parteien zugeht. Eine Ausnahme gilt, wenn der Sachverständige im Anschluss an ein schriftliches Gutachten vernommen wird; in diesem Fall ist der Abschluss der Vernehmung maßgeblich.

5. Stundungsvereinbarung (§ 205 BGB)

84 Die Verjährung tritt nicht ein, solange ein Anspruch gestundet ist. Unter einer Stundung in diesem Sinne ist nur die nachträgliche Stundung zu verstehen. Die ursprüngliche Stundung verschiebt den Zeitpunkt der Fälligkeit.

6. Begutachtungsverfahren

84a Nach § 204 Abs. 1 Nr. 8 BGB wird die Verjährung durch „den Beginn eines vereinbarten Begutachtungsverfahrens" gehemmt. Dies gilt allerdings nur für wirksame Vereinbarungen. Eine in einem Wohnungsmietvertrag vereinbarte Klausel, wonach bei Meinungsverschiedenheiten über die Qualität von Schönheitsreparaturen ein Schiedsgutachter entscheiden soll, verstößt gegen § 307 BGB, wenn das Gutachten auch dann maßgeblich sein soll, wenn es offenbar unbillig ist oder wenn dem Mieter kein rechtliches Gehör gewährt wird (AG Leipzig NZM 2015, 83).

VII. Neubeginn der Verjährung

85 Die Verjährung beginnt neu, wenn der Verpflichtete dem Berechtigten gegenüber dem Anspruch durch Abschlagszahlung, Zinszahlung, Sicherheitsleistung oder in anderer Weise anerkennt (§ 212 BGB). Für ein verjährungsunterbrechendes Anerkenntnis genügt ein tatsächliches Verhalten des Schuldners gegenüber dem Gläubiger, aus dem sich das Bewusstsein von dem Bestehen der Forderung unzweideutig entnehmen lässt und angesichts dessen der Gläubiger darauf vertrauen darf, dass sich der Schuldner nicht auf den Ablauf der Verjährung berufen wird (BGH NJW 2012, 1293 Rdn. 10; NJW 2012, 3633 Rdn. 29). Deshalb kann ein Anerkenntnis auch in der Aufrechnung mit einer (bestrittenen) Forderung gegen eine unbestrittene Forderung liegen (BGH NJW 2012, 3633 Rdn. 30). Der Neubeginn setzt voraus, dass die Verjährung im Zeitpunkt des Anerkenntnisses bereits in Gang gesetzt war. Erfolgt das Anerkenntnis vor dem Beginn der Verjährung, so ändert sich durch das Anerkenntnis nichts. Der Anspruch verjährt in einem solchen Fall

also nicht früher, als dies ohne Anerkenntnis der Fall gewesen wäre (BGH NJW 2013, 1430 Rdn. 6, 7).

VIII. Abweichende Vereinbarungen

1. Verlängerung der Verjährung

Die kurze Verjährungsfrist des § 548 BGB kann gem. § 202 Abs. 2 BGB verlängert werden. Streitig ist, ob die Verlängerung auch durch **Formularvertrag** erfolgen kann. Teilweise wird vertreten, dass eine formularmäßige Verlängerung der Verjährungsfrist von sechs auf zwölf Monate unbedenklich ist, wenn diese Verlängerung sowohl für Schadensersatzansprüche des Vermieters wegen Veränderungen und Verschlechterungen der Mietsache als auch für Ansprüche des Mieters auf Verwendungsersatz und Wegnahme von Einrichtungen gleichermaßen gilt (LG Frankfurt/M NZM 2011, 546; Bieber in: MünchKomm § 548 Rdn. 28; Hau NZM 2006, 561, 567; Kandelhard NZM 2002, 929, 931; Fritz NZM 2002, 713, 719). Nach anderer Ansicht ist eine vertragliche Verlängerung der Verjährungsfrist grundsätzlich unwirksam (V. Emmerich in: Staudinger § 548 BGB Rdn. 46; Streyl in: Schmidt-Futterer § 548 BGB Rdn. 62; Köhn NZM 2007, 348, 353; Gruber WuM 2002, 252, 255). Der **BGH** folgt der letztgenannten Meinung. Danach weicht eine Klausel wonach „*Ersatzansprüche des Vermieters wegen Veränderungen oder Verschlechterungen der Mietsache und Ansprüche des Mieters auf Ersatz von Aufwendungen und Gestattung der Wegnahme einer Einrichtung … in zwölf Monaten nach Beendigung des Mietverhältnisses" verjähren,* von der gesetzlichen Regelung in zweifacher Hinsicht ab. Zum einen wird die gesetzliche Verjährungsfrist von sechs Monaten auf zwölf Monate verlängert. Zum anderen beginnt die Verjährungsfrist nicht mit der Rückgabe, sondern mit dem rechtlichen Ende des Mietverhältnisses. Eine solche Klausel ist mit wesentlichen Grundgedanken des § 548 Abs. 1 Satz 1, 2 BGB unvereinbar und benachteiligt den Mieter deshalb entgegen den Geboten von Treu und Glauben unangemessen; sie ist daher nach § 307 Abs. 1 Satz 1, Abs. 2 Nr. 1 BGB unwirksam (BGHZ 217, 1 = NZM 2017, 841 m. zust.Anm. J. Hartmann WuM 2018, 65). Eine vertragliche Verlängerung der Verjährungsfrist ist zwar nicht in allen Fällen ausgeschlossen. So kann eine Verlängerung in Betracht kommen, wenn sie sachlich gerechtfertigt ist und maßvoll erfolgt, wobei es für die Ausgewogenheit einer Klausel spricht, wenn die Begünstigung des Verwenders durch Vorteile für dessen Vertragspartner kompensiert wird (BGH a. a. O.). Hiervon kann etwa ausgegangen werden, wenn die Mietsache nach Beendigung des Mietverhältnisses durch einen Sachverständigen untersucht werden soll und die Parteien für diesen Fall vereinbaren, dass eventuelle Schadensersatzansprüche erst mit Vorlage des Gutachtens fällig sind. Hier beginnt die Verjährung nicht mit der Rückerlangung, sondern mit der Fälligkeit der Ersatzansprüche.

Die Parteien können individualvertraglich **weitere Hemmungsgründe** vereinbaren (Gruber WuM 2002, 252, 255). Eine Formularklausel, wonach die Verjährung bis zur Mitteilung der Anschrift gehemmt ist, benachteiligt den Mieter unangemessen und ist unwirksam (LG Bielefeld ZMR 2015, 27).

§ 548 BGB Untertitel 1. Allgemeine Vorschriften für Mietverhältnisse

2. Verzicht auf Verjährungseinrede

88 Ein vertraglich vereinbarter genereller Verzicht auf die Verjährungseinrede ist unwirksam (OLG Frankfurt OLGR Frankfurt 2002, 173). Für den konkreten Einzelfall kann auf die Erhebung der Verjährungseinrede aber verzichtet werden. Der Verzicht führt nicht zur Verlängerung der Verjährungsfrist, sondern begründet die Einrede der unzulässigen Rechtsausübung.

89 Ebenso kann die Erhebung der Verjährungseinrede gegen **Treu und Glauben** verstoßen, wenn der Schuldner den Gläubiger – sei es auch unabsichtlich – von der rechtzeitigen Geltendmachung des Ersatzanspruchs abgehalten hat (BGH NJW-RR 1991, 1033).

IX. Verwirkung

90 Ein Recht ist verwirkt, wenn der Berechtigte über einen längeren Zeitraum hinweg untätig geblieben ist, dadurch bei seiner Gegenpartei den Eindruck erweckt hat, sie brauche mit der Geltendmachung des Rechts nicht mehr zu rechnen, die Gegenpartei sich darauf eingerichtet hat und ihr die verspätete Inanspruchnahme nicht zugemutet werden kann (BGHZ 25, 51; 67, 56; BGH NJW 2006, 219; NZM 2010, 240 unter Tz 32; NJW 2011, 445 = WuM 2011, 220 = NZM 2011, 121 unter Tz 15; WuM 2012, 317 = NZM 2012, 677; NJW 2014, 1230; OLG Karlsruhe Urteil vom 14.11.2017 – 8 U 87/15). Die Verwirkung ist ein Unterfall der unzulässigen Rechtsausübung wegen widersprüchlichen Verhaltens (§ 242 BGB); sie beruht auf dem Gedanken des Vertrauensschutzes und kommt nur in Ausnahmefällen in Betracht. Der bloße Zeitablauf reicht niemals aus. Stets müssen darüber hinaus besondere Umstände vorliegen, die die verspätete Inanspruchnahme des Schuldners als gegen Treu und Glauben verstoßend erscheinen lassen (BGH WPM 1971, 1086; NJW 2008, 1302 unter Tz 13; NZM 2010, 240 unter Tz 32; NJW 2011, 445 = WuM 2011, 220 = NZM 2011, 121 unter Tz 15; WuM 2012, 317 = NZM 2012, 677; BGH NZM 2014, 78; OLG Karlsruhe WuM 1981, 271; OLG Hamm WuM 1982, 73; OLG Celle WuM 2000, 133; OLG Nürnberg NZM 2014, 794). Bei titulierten Forderungen gilt der Grundsatz, dass der Gläubiger „die Forderung durchsetzen will und sich dazu eines Weges bedient, der ihm dies grundsätzlich für die Dauer von 30 Jahren ermöglicht" (BGH NZM 2014, 78 betr. Fortsetzung der Vollstreckung nach 13-jähriger Untätigkeit). Nach der Ansicht des Kammergerichts ist insoweit erforderlich, dass der Mieter über die Forderung anderweitig disponiert; der Umstand, dass der Mieter keine Rücklagen gebildet hat, soll hierzu nicht ausreiche (KG GE 2012, 545; KG Beschluss vom 11.2.2013 – 8 U 227/12 betr. Beitreibung rückständiger Miete für einen Stellplatz kurz vor Eintritt der Verjährung). Die für die Annahme der Verwirkung sprechenden besonderen Umstände muss der Mieter vortragen und im Streitfall beweisen. Bei der kurzen Verjährung nach § 548 BGB spielt die Verwirkung praktisch keine Rolle (OLG Karlsruhe ZMR 2019, 19). Zur Verwirkung des Anspruchs auf die Miete s. § 536 BGB Rdn. 194. Für Betriebskosten s. § 556 BGB Rdn. 16, 113, 234.

X. Darlegungs- und Beweislast

Nach allgemeinen Grundsätzen sind rechtsvernichtende Einwendungen und 91
Einreden von derjenigen Partei darzulegen und zu beweisen, die sich darauf beruft.
Dies gilt auch für die Einrede der Verjährung. Ist streitig, ob für den geltend gemachten Anspruch die kurze Verjährungsfrist des § 548 BGB oder die allgemeine Verjährungsfrist des § 195 BGB gilt, so ist derjenige, der sich auf den Eintritt der Verjährung als rechtsvernichtenden Umstand beruft, darlegungs- und beweisbelastet dafür, dass die Voraussetzungen der von ihm in Anspruch genommenen Verjährungsvorschrift vorliegen (vgl. BGH MDR 2016, 534 Rdn. 40, 41 zum Kaufrecht). Die tatsächlichen Voraussetzungen für die Hemmung oder den Neubeginn der Verjährung hat ebenfalls derjenige zu tragen, der die aus der Hemmung oder dem Neubeginn sich ergebende Rechtsfolge für sich in Anspruch nimmt.

§ 549 BGB

Untertitel 2. Mietverhältnisse über Wohnraum

Kapitel 1. Allgemeine Vorschriften

§ 549 Auf Wohnraummietverhältnisse anwendbare Vorschriften

(1) Für Mietverhältnisse über Wohnraum gelten die §§ 535 bis 548, soweit sich nicht aus den §§ 549 bis 577a etwas anderes ergibt.

(2) Die Vorschriften über die Miethöhe bei Mietbeginn in Gebieten mit angespannten Wohnungsmärkten (§§ 556d bis 556g), über die Mieterhöhung (§§ 557 bis 561) und über den Mieterschutz bei Beendigung des Mietverhältnisses sowie bei der Begründung von Wohnungseigentum (§ 568 Abs. 2, §§ 573, 573a, 573d Abs. 1, §§ 574 bis 575, 575a Abs. 1 und §§ 577, 577a) gelten nicht für Mietverhältnisse über
1. Wohnraum, der nur zum vorübergehenden Gebrauch vermietet ist,
2. Wohnraum, der Teil der vom Vermieter selbst bewohnten Wohnung ist und den der Vermieter überwiegend mit Einrichtungsgegenständen auszustatten hat, sofern der Wohnraum dem Mieter nicht zum dauernden Gebrauch mit seiner Familie oder mit Personen überlassen ist, mit denen er einen auf Dauer angelegten gemeinsamen Haushalt führt,
3. Wohnraum, den eine juristische Person des öffentlichen Rechts oder ein anerkannter privater Träger der Wohlfahrtspflege angemietet hat, um ihn Personen mit dringendem Wohnungsbedarf zu überlassen, wenn sie den Mieter bei Vertragsschluss auf die Zweckbestimmung des Wohnraums und die Ausnahme von den genannten Vorschriften hingewiesen hat.

(3) Für Wohnraum in einem Studenten- oder Jugendwohnheim gelten die §§ 557 bis 561 sowie die §§ 573, 573a, 573d Abs. 1 und § 575, 575a Abs. 1, §§ 577, 577a nicht.

Übersicht

	Rdn.
I. Bedeutung der Vorschrift	1
II. Wohnraum zu vorübergehendem Gebrauch (Abs. 2 Nr. 1)	4
III. Möblierter Wohnraum (Abs. 2 Nr. 2)	10
IV. Mietverhältnisse mit juristischen Personen des öffentlichen Rechts oder mit anerkannten privaten Trägern der Wohlfahrtspflege (Abs. 2 Nr. 3)	21
V. Ausgeschlossene Mieterschutzvorschriften	31
VI. Wohnraum in einem Studenten- oder Jugendwohnheim (Abs. 3)	37
VII. Wohnraum in Ferienhäusern und Ferienwohnungen in Ferienhausgebieten	53

I. Bedeutung der Vorschrift

1 In den §§ 549 bis 577a BGB sind die Sondervorschriften für die Wohnraummiete geregelt.

§ 549 Abs. 1 BGB bestimmt zur Klarstellung, dass die allgemeinen Vorschriften über Mietverhältnisse (§§ 535 bis 548 BGB) auch für Mietverhältnisse über Wohnraum gelten und dass zusätzlich die in den §§ 549 bis 577a BGB enthaltenen abweichenden oder ergänzenden Vorschriften zu beachten sind. Der **Begriff „Mietverhältnisse über Wohnraum"** wird in Abs. 1 in dem schon bisher verwendeten Sinn gebraucht (zur Definition auch BGH NZM 2020, 54).

§ 549 Abs. 2 BGB regelt, dass die Mieterschutzvorschriften im engeren Sinne für bestimmte Gruppen von Wohnraummietverhältnissen nicht gelten.

II. Wohnraum zu vorübergehendem Gebrauch (Abs. 2 Nr. 1)

Dabei handelt es sich um Mietverhältnisse, die aufgrund **besonderer Umstände** nach dem Willen beider Vertragsparteien nur von einer **relativ kurzen Dauer** sein sollen. In diesen Fällen ist der Mieter nicht schutzbedürftig, weil seine Interessen durch den Entzug des Mietgebrauchs nicht wesentlich beeinträchtigt werden (OLG Frankfurt RE 19.11.1990 NJW-RR 1990, 268 = WuM 1991, 17 = ZMR 1991, 63).

Maßgeblich ist, ob ein allgemeiner Wohnbedarf von unbestimmter Dauer oder ein Sonderbedarf gedeckt werden soll; **Abs 2 Nr. 1 gilt nur für den kurzzeitigen Sonderbedarf** (OLG Frankfurt a. a. O.). Der Wegfall des Sonderbedarfs muss nicht sicher feststehen; er muss nur absehbar sein. Deshalb gilt Nr. 1 auch für einen Mietvertrag, den ein Mieter bis zur Fertigstellung eines Neubaus anmietet (**a. A.** Sternel Rdn. III 504). Die Fertigstellung muss allerdings absehbar sein; es genügt nicht, wenn der Mieter irgendwann einmal bauen will. Gleiches gilt für Mietverhältnisse, die zur Überbrückung von Notlagen geschlossen werden (**a. A.** Sternel a. a. O.).

Definition „vorübergehender Gebrauch" nach dem Rechtsentscheid des OLG Bremen vom 7.11.1980 (WuM 1981, 8 = ZMR 1982, 238 = DWW 1982, 124): Danach ergibt sich der vorübergehende Gebrauch aus der „Verknüpfung einer vereinbarungsgemäß kurzfristigen, überschaubaren Vertragsdauer mit einem Vertragszweck, der sachlich die Kurzfristigkeit der Gebrauchsüberlassung begründet und so das Mietverhältnis in Übereinstimmung mit seiner kurzen Dauer nur als ein Durchgangsstadium erscheinen lässt".

Sowohl **die besonderen Umstände** als auch das baldige Vertragsende **müssen nach den Vorstellungen beider Parteien feststehen und Vertragsinhalt geworden sein.** Es ist nicht erforderlich, dass das Mietverhältnis bereits bei Vertragsschluss befristet wird; es genügt, wenn sich die Parteien darüber einig sind, dass das Mietverhältnis nur kurze Zeit andauern soll. Eine vereinbarte kurze Befristung ist lediglich ein Indiz für ein Mietverhältnis auf vorübergehende Dauer. Die Befristung alleine reicht aber nicht aus. Erforderlich ist weiter, dass die Befristung sich aus dem Vertragszweck ergibt (LG Berlin WuM 2020, 163; AG Schöneberg GE 2012, 756). Fehlt es an den besonderen Umständen, so fällt auch ein auf wenige Monate befristetes Mietverhältnis nicht unter die Nr. 1; ein solches Mietverhältnis gilt dann als auf unbestimmte Zeit abgeschlossen (§ 575 Abs. 1 Satz 2 BGB). Sind solche Umstände gegeben, so kann umgekehrt auch ein Mietverhältnis auf die Dauer eines Jahres als Mietverhältnis zu vorübergehendem Gebrauch bewertet werden (LG Mannheim ZMR 1977, 238 betr. Überlassung eines Einfamilienhaus an einen von mehreren Erben für die Dauer eines Jahres; Zweifel bei 7 Monaten aber bei LG Berlin WuM 2020, 163). Auf die Vorstellungen und Pläne nur einer Partei kommt es nicht an (LG Freiburg WuM 1991, 172: wenn der Vermieter die Räume wegen Sanierungsplänen nur für eine Übergangszeit vermieten will; LG Köln WuM 1991, 190: Vermietung bis zum (ungewissen) Verkauf des Grundstücks).

8 **Beispiele:** Typisch für das Mietverhältnis auf vorübergehende Dauer ist die Miete eines Hotelzimmers oder die Miete einer Ferienwohnung für die Dauer einiger Tage oder einiger Wochen. Gleiches gilt für die Mietverhältnisse von Monteuren am Ort der Montage, für Mietverhältnisse für die Dauer einer Messe, einer Kur, einer Sportveranstaltung, etc. Hier ergibt sich die vorübergehende Dauer aus dem vorübergehenden Aufenthalt des Mieters am Ort der Unterkunft. Den hier genannten Fällen ist ein fehlendes „Sich-Einrichten des Mieters" gemeinsam; deshalb handelt es sich hierbei um ein wichtiges Kriterium zur Bestimmung des vorübergehenden Gebrauchs. Das „sich-Einrichten" schließt aber die Annahme des Abs. 2 Nr. 1 nicht zwingend aus (**a. A.** wohl: Zimmermann WuM 1989, 1). Wird eine Ferienwohnung oder ein Ferienhaus auf Dauer vermietet, so liegt allerdings auch dann kein Mietverhältnis zu vorübergehendem Gebrauch vor, wenn der Mieter das Mietobjekt nur gelegentlich nutzt (AG Charlottenburg MM 1990, 349).

9 Der Umstand, dass plangemäß ein mehr oder weniger häufiger Mieterwechsel stattfinden soll, wie etwa bei **Mietverhältnissen mit Studenten** oder einer **Wohngemeinschaft,** reicht für die Annahme einer vorübergehenden Dauer nicht aus. Ein Mietverhältnis mit einem Studenten kann auch dann nicht als Mietverhältnis zu vorübergehendem Gebrauch angesehen werden, wenn der Mietvertrag nur für die Dauer des Studiums abgeschlossen worden ist. Dies gilt auch für Studenten- oder Jugendwohnheime (OLG Hamm RE 31.10.1980 NJW 1981, 290 = WuM 1981, 5 = ZMR 1982, 93 = DWW 1982, 124; OLG Bremen a. a. O.; LG Freiburg WuM 1980, 230 = ZMR 1980, 143); hier fehlt es bereits am Merkmal der Kurzzeitigkeit. Etwas anderes kann gelten, wenn der Mietvertrag auf Veranlassung des Mieters nur für ein Semester abgeschlossen worden ist (Bieber in: MünchKomm § 549 BGB Rdn. 18; Schach GE 2020, 289; **a. A.** LG Berlin GE 2020, 335). Mietverhältnisse, die von vornherein länger als ein Jahr dauern sollen, fallen im Allgemeinen nicht mehr unter Nr. 1. Gleiches gilt für ein befristetes Mietverhältnis mit Verlängerungsklausel (AG Schöneberg GE 2012, 756).

III. Möblierter Wohnraum (Abs. 2 Nr. 2)

10 Hierunter fällt Wohnraum, der Teil der vom Vermieter selbst bewohnten Wohnung ist und den der Vermieter ganz oder überwiegend mit Einrichtungsgegenständen auszustatten hat, sofern der Wohnraum nicht zum dauernden Gebrauch für eine Familie überlassen ist. Den Familienangehörigen sind diejenigen Personen gleichgestellt, mit denen der Mieter einen auf Dauer angelegten gemeinsamen Haushalt führt.

11 Der Vermieter muss nicht zugleich der Eigentümer sein; Abs. 2 Nr. 2 gilt auch im Verhältnis zwischen dem Mieter und dem Untermieter. Der **typische Fall** des Abs. 2 Nr. 2 ist das **möblierte Zimmer innerhalb der Vermieterwohnung;** die Vorschrift umfasst aber auch andere Fälle.

12 Erforderlich ist zunächst, dass zwischen den Parteien ein **Mietverhältnis** besteht. Hiervon ist auszugehen, wenn der Wohnungsinhaber einem Dritten einen oder mehrere Räume gegen Entgelt zur ausschließlichen Benutzung überlässt. Gleiches gilt, wenn dem Mieter lediglich ein Teil eines Raumes zusteht, z. B. ein Bett und ein Schrank und er hierfür ein Entgelt bezahlt. Bei einer unentgeltlichen Überlassung ist Leihe gegeben. Wird dem Dritten das Recht zur Mitbenutzung der

Auf Wohnraummietverhältnisse anwendbare Vorschriften **BGB § 549**

gesamten Mietsache eingeräumt, so liegt kein Mietverhältnis vor. Der Mieter kann den Dritten jederzeit aus der Wohnung weisen.

Die Wohnung des Mieters muss **Teil der Vermieterwohnung** sein. Dies ist dann 13 anzunehmen, wenn die Räume des Mieters funktional in den Wohnbereich des Vermieters einbezogen sind (AG Schöneberg GE 2012, 756). In einem Einfamilienhaus gehören i. d. R. sämtliche Räume ohne separaten Abschluss zur Wohnung des Vermieters. Befindet sich die Wohnung des Vermieters in einem Mehrfamilienhaus, so gehören sämtliche Räume hinter der Wohnungsabschlusstür zur Wohnung des Vermieters. Haben die Räume des Mieters einen separaten Abschluss, so fallen diese gleichwohl unter Nr. 2, wenn die Vertragsparteien die Küche oder das Bad gemeinsam benutzen („Wohnen hinter der Glastür"). Eine bloße Mitbenutzung des Treppenhauses oder von Wirtschafts- oder Nebenräumen reicht dagegen nicht aus (AG Königswinter WuM 1994, 689). Deshalb fällt ein möbliertes Zimmer, das von den Räumen des Vermieters durch eine stets verschlossene Tür abgetrennt ist und das einen eigenen Zugang zum Treppenhaus hat, nicht unter Nr. 2 (LG Detmold NJW-RR 1991, 77). Gleiches gilt, wenn die Wohnung des Vermieters und die Räume des Mieters in verschiedenen Stockwerken liegen und der Vermieter im Wohnbereich des Mieters lediglich ein Zimmer nutzt (AG Köln WuM 1985, 267). In diesem Fall ist es nicht angezeigt, das eine Zimmer als „Vermieterwohnung" zu bewerten (ebenso: Sternel Rdn. III 506). Davon abgesehen ist es aber unerheblich, wer von den Parteien den überwiegenden Teil der Räume nutzt.

Der Vermieter muss die Räume **in eigener Person** als Wohnung nutzen. Es ist 14 nicht erforderlich, dass der Vermieter ständig anwesend ist (LG Berlin WuM 1980, 134 = ZMR 1980, 144). Eine Nutzung als Wochenendwohnung genügt. Ebenso genügt es, wenn der Vermieter überwiegend an einem anderen Ort lebt, die Wohnung aber als Haupt- oder Zweitwohnung weiterhin nutzt (**a. A.** Sternel Rdn. III 507: danach genügt es nicht, wenn der Vermieter die Räume nur als Zweitwohnung nutzt). Es reicht aber nicht aus, wenn der Vermieter die von ihm genutzten Räume nur zum Unterstellen von Möbeln oder zur Aufbewahrung von Gegenständen verwendet.

Der Vermieter muss nach den vertraglichen Vereinbarungen verpflichtet sein, die 15 Wohnung ganz oder überwiegend mit **Einrichtungsgegenständen** auszustatten. Von einer **überwiegenden Ausstattung** kann ausgegangen werden, wenn der Vermieter mehr als die Hälfte der für eine Haushaltsführung erforderlichen Einrichtungsgegenstände zu stellen hat (Artz in: Staudinger § 549 BGB Rdn. 30; Both in: Herrlein/Kandelhard § 549 BGB Rdn. 11; Ehlert in: Bamberger/Roth § 549 BGB Rdn. 14; Hinz in: Klein-Blenkers/Heinemann/Ring, Miete/WEG/Nachbarschaft § 549 BGB Rdn. 20; Lützenkirchen in: Lützenkirchen, Mietrecht § 549 Rdn. 22; Palandt/Weidenkaff § 549 BGB Rdn. 17; Bieber in: MünchKomm § 549 BGB Rdn. 22; abweichend: Lammel Wohnraummietrecht § 549 BGB Rdn. 28: „Tisch, Stuhl, Bett und Schrank"). Es kommt auf die funktionale Bedeutung, nicht auf den Wert der Gegenstände an (Bieber a. a. O.; ähnlich Schulz in: Bub/Treier Kap III Rdn. 1005: die für eine übliche Einrichtung wesentlichen Gegenstände). Unter den Einrichtungsgegenständen versteht man Möbel, Öfen, Beleuchtungskörper, Gardinen, Vorhänge, Teppiche, Betten, Bett- und Tischwäsche, nicht aber Geschirr und sonstigen Hausrat. Ist diese Voraussetzung gegeben, so kommt es nicht darauf an, ob und in welchem Umfang der Mieter weitere Einrichtungsgegenstände in die Wohnung eingebracht hat.

Maßgeblich ist nicht, wie die Räume ausgestattet sind, sondern **ob der Ver-** 16 **mieter zur Ausstattung vertraglich verpflichtet ist.** Von einer solchen Ver-

§ 549 BGB
Untertitel 2. Mietverhältnisse über Wohnraum

pflichtung ist immer dann auszugehen, wenn nach dem Mietvertrag die Übergabe eines „möblierten" Zimmers geschuldet wird. Maßgeblich ist das von den Parteien gewollte. Ist nach dem schriftlichen Mietvertrag ein möbliertes Zimmer geschuldet, während die Parteien in Wirklichkeit einen Vertrag über ein Leerzimmer beabsichtigt haben, so ist Nr. 2 unanwendbar. Ist dagegen die Übergabe eines möblierten Zimmers wirklich gewollt und hat der Vermieter in einem solchen Fall vertragswidrig ein Leerzimmer übergeben, so ist Nr. 2 anwendbar. Gleiches gilt, wenn der Vermieter nach Abschluss des Mietvertrags auf die Ausstattung auf Verlangen des Mieters verzichtet hat. War nach den vertraglichen Vereinbarungen dagegen die Übergabe eines Leerzimmers geschuldet, so führt der Umstand, dass der Vermieter gleichwohl ihm gehörende Gegenstände in den Räumen belassen oder die Räume möbliert hat, nicht zur Anwendung des Nr. 2. In den hier beschriebenen Fällen ist allerdings zu prüfen, ob der Vertrag durch eine nachträgliche (ausdrückliche oder stillschweigende) Vereinbarung geändert worden ist.

17 Ist der **Wohnraum zum dauernden Gebrauch für eine Familie überlassen**, so ist Nr. 2 unanwendbar. Dauernd ist ein Gebrauch, der nicht vorübergehend i. S. der Nr. 1 ist. Es ist nicht erforderlich, dass der Vermieter den Mietvertrag mit allen Familienangehörigen abgeschlossen hat. Es genügt, dass ein Mieter nach den Vereinbarungen des Mietvertrags berechtigt ist, zusammen mit seinen Familienangehörigen die Räume zu beziehen. Eine den Vereinbarungen widersprechende Aufnahme eines Familienangehörigen führt allerdings nicht zum Ausschluss des Abs. 2 Nr. 2.

18 Der **Begriff der Familie** richtet sich nach den Bestimmungen des BGB. Hierzu gehören alle durch Ehe oder Verwandtschaft verbundenen Personen. Die Abgrenzung der Familienangehörigen von sonstigen Personen ist allerdings von geringer praktischer Bedeutung.

19 Die speziellen mieterschützenden Vorschriften sind nämlich auch dann anwendbar, wenn der Wohnraum zum dauernden Gebrauch einem Mieter überlassen wurde, der dort mit Dritten einen **auf Dauer angelegten gemeinsamen Haushalt** führt. Diese durch das Mietrechtsreformgesetz geschaffene Erweiterung betrifft insbesondere die eheähnlichen Gemeinschaften und die gleichgeschlechtlichen Partnerschaften aber auch das Zusammenleben ohne sexuellen Bezug (Geschwister, ältere Menschen). Ein Zusammenleben in diesem Sinn setzt eine Lebensgemeinschaft voraus, die auf Dauer angelegt ist, daneben keine weitere Lebensgemeinschaft gleicher Art zulässt und sich durch innere Bindungen auszeichnet, die ein gegenseitiges Einstehen der Partner füreinander begründen, also über die Beziehungen einer reinen Haushalts und Wirtschaftsgemeinschaft hinausgeht. Ob diese Voraussetzungen gegeben sind, muss anhand von Indizien festgestellt werden, wobei vor allem die lange Dauer des Zusammenlebens, die Versorgung von Kindern und Angehörigen im gemeinsamen Haushalt und die Befugnis über Einkommen und Vermögensgegenstände des Partners zu verfügen von Bedeutung sind (vgl. BGH RE 13. 1. 1993 BGHZ 121, 116 = NJW 1993, 999 = WuM 1993, 254 = ZMR 1993, 261 zu § 569a BGB a. F.). Der Mieter muss die für die Annahme einer Gemeinschaft erforderlichen Tatsachen darlegen und beweisen. Unerträgliche Nachforschungen, die die Intimsphäre berühren, sind dabei allerdings nicht veranlasst.

20 Die **Dauerhaftigkeit der Beziehung** kann problemlos unterstellt werden, wenn die Partner bereits längere Zeit zusammengelebt haben. Nach der hier vertretenen Ansicht kann es allerdings nicht entscheidend darauf ankommen, ob die Beziehung schon seit längerer Zeit besteht; maßgeblich muss vielmehr sein, ob sie auf Dauer angelegt ist. Dies kann nur an Hand der Umstände des Einzelfalls beurteilt

werden. Der Umstand, dass die Partner nur einen einzigen gemeinsamen Hausstand führen, stellt dabei bereits ein Indiz für eine auf Dauer angelegte Beziehung dar.

IV. Mietverhältnisse mit juristischen Personen des öffentlichen Rechts oder mit anerkannten privaten Trägern der Wohlfahrtspflege (Abs. 2 Nr. 3)

Hat eine juristische Person des öffentlichen Rechts oder ein anerkannter privater 21 Träger der Wohlfahrtspflege Wohnraum angemietet (Hauptmieter) um ihn Personen mit dringendem Wohnungsbedarf zu überlassen, so sind im Verhältnis des Hauptmieters zum Wohnraumnutzer (Untermieter) die speziellen Schutzvorschriften unanwendbar, wenn der Hauptmieter den Untermieter bei Vertragsschluss auf die Zweckbestimmung des Wohnraums und den Ausschluss der Schutzvorschriften hingewiesen hat. Dies gilt allerdings nur für Mietverhältnisse, die vor dem 1.1.2019 abgeschlossen wurden. Auf Mietverträge, die nach dem 31.12.2018 abgeschlossen werden ist § 578 Abs. 3 BGB anzuwenden (s. dort)

Als **Hauptmieter** kommen zunächst **die Körperschaften und Anstalten des** 22 **öffentlichen Rechts** in Betracht. Hierzu gehören beispielsweise die Gemeinden und Gemeindeverbände, die Landkreise, die Landeswohlfahrtsverbände, die Kirchen, kirchliche Organisationen, Stiftungen des öffentlichen Rechts, und die Studentenwerke an den deutschen Hochschulen, soweit diese nicht privatrechtlich organisiert sind. Die kommunalen Wohnungsunternehmen können nicht als Hauptmieter auftreten, weil diese nicht dem öffentlichen Recht unterliegen (Walburg/Czink GE 2016, 502, 504).

Die **anerkannten privaten Träger der Wohlfahrtspflege** sind unabhängig 23 von ihrer Rechtsform den juristischen Personen gleichgestellt. Hierzu zählen in erster Linie die Verbände der freien Wohlfahrtspflege i. S. von § 10 BSHG (Haas Das neue Mietrecht § 549 BGB Rdn. 4). Im Einzelnen werden hierzu gerechnet (Lammel Wohnraummietrecht § 549 BGB Rdn. 33): das Diakonische Werk der Evangelischen Kirche in Deutschland e. V.; der Deutsche Caritasverband e. V.; der Deutsche Paritätische Wohlfahrtsverband e. V.; das Deutsche Rote Kreuz e. V.; die Arbeiterwohlfahrt – Bundesverband e. V; die Zentralwohlfahrtsstelle der Juden in Deutschland e. V; der Deutsche Blindenverband e. V.; der Bund der Kriegsblinden Deutschlands e. V.; der Verband Deutscher Wohltätigkeitsstiftungen e. V.; die Bundesarbeitsgemeinschaft „Hilfe für Behinderte" e. V.; der Verband der Kriegs- und Wehrdienstopfer, Behinderter und Sozialrentner Deutschlands e. V.; sowie alle Personenvereinigungen und Körperschaften, die Mitglied der genannten Verbände sind.

Abs. 2 Nr. 3 gilt nur für Wohnräume, die von den genannten Organi- 24 **sationen angemietet sind.** Für eigenen Wohnraum gilt die Vorschrift nicht (Walburg/Czink GE 2016, 502, 504). Jedoch ist es möglich und zulässig, dass etwa eine Gemeinde eine Wohnung von einem kommunalen Wohnungsunternehmen anmietet und diese sodann weitervermietet. Hierfür gilt Abs. 2 Nr. 3 (Gesetzesbegründung, BT-Drucks. 11/5972 S. 18; Schilling ZMR 1990, 281). Die Gemeinde muss allerdings selbst vermieten. Die Einschaltung eines weiteren Zwischenvermieters ist nicht möglich (Schilling a. a. O.).

Zu den **Personen mit dringendem Wohnbedarf** gehören alle Personengrup- 25 pen, die besondere Schwierigkeiten bei der Wohnraumsuche haben, z. B. Men-

§ 549 BGB Untertitel 2. Mietverhältnisse über Wohnraum

schen im höherem Lebensalter, Alleinerziehende, kinderreiche oder einkommensschwache Personen, Studenten, Gastarbeiter, Aussiedler, Obdachlose, Asylbewerber, Flüchtlinge (Walburg/Czink GE 2016, 502, 504), subsidiär Schutzsuchende usw. Behinderte zählen zu diesem Personenkreis, wenn sie wegen ihrer geistigen oder körperlichen Behinderung Schwierigkeiten bei der Wohnungssuche haben, etwa weil sie über ein geringes Einkommen verfügen oder auf einen bestimmten Wohnungstyp (betreutes Wohnen; Barrierefreiheit) angewiesen sind (s. dazu auch (Sommer, IMR 2018, 221).

26 *z. Zt unbesetzt*

27 Das Handeln des Hauptvermieters muss auf die **Versorgung mit Wohnraum** gerichtet sein. Zum Wohnraum in diesem Sinne zählen sowohl abgeschlossene Wohnungen als auch einzelne Zimmer. Es genügt, wenn die Untermieter die Räume lediglich als Zweitwohnungen nutzen, was etwa bei Studenten häufig vorkommen wird. Die lagermäßige oder vorübergehende Unterbringung von Asylbewerbern oder Obdachlosen wird vom Gesetzeszweck nicht erfasst (Otto DWW 1990, 162).

28 Es ist **nicht erforderlich, dass die untergebrachte Person einen dringenden Wohnbedarf hatte; vielmehr genügt es, dass der Wohnraum generell zur Erfüllung des genannten Zweckes angemietet** worden ist (Artz in: Staudinger § 549 BGB Rdn. 40; Bieber in: MünchKomm § 549 BGB Rdn. 30 und ZMR 1990, 281, 283; Lammel Wohnraummietrecht § 549 BGB Rdn. 36; Ehlert in: Bamberger/Roth § 549 BGB Rdn. 22; Hinz in: Klein-Blenkers/Heinemann/Ring, Miete/WEG/Nachbarschaft § 549 BGB Rdn. 24; Schulz in: Bub/Treier Kap III Rdn. 1009; Walburg/Czink GE 2016, 502, 504). Deshalb ist Abs. 2 Nr. 3 auch dann anwendbar, wenn der betreffende Untermieter nie zu den Personen mit dringendem Wohnbedarf gehört hat oder wenn dessen Zugehörigkeit zu diesem Kreis später entfallen ist.

29 Das **Mietverhältnis zwischen dem Eigentümer und dem Hauptmieter ist als Geschäftsraummietverhältnis anzusehen,** so dass die besonderen Mieterschutzvorschriften bereits aus diesem Grund nicht gelten. Das Mietverhältnis zwischen dem Hauptmieter und den Wohnraumnutzern ist ein Wohnraummietverhältnis, für das die Mieterschutzvorschriften aufgrund der Ausschlussvorschrift nicht gelten, wenn die Wohnungsnutzer (Untermieter) bei Vertragsschluss hierauf hingewiesen worden sind (Sommer, IMR 2018, 221).

30 Die **Hinweispflicht** muss sich auf zwei Punkte erstrecken. Zum einen muss der Mieter über die besondere Zweckbestimmung der Wohnung informiert werden. Zum anderen ist aber auch eine Belehrung über die Rechtsfolgen des Ausschlusses der besonderen Mieterschutzvorschriften erforderlich. Ein mündlicher Hinweis genügt; es wird praktisch allerdings nicht möglich sein, über die „Ausnahme von den (in Abs. 2) genannten Vorschriften" in mündlicher Form zu belehren. Teilweise wird vertreten, dass der Hinweis bei einem der deutschen Sprache unkundigen Mieter (Asylbewerber, Flüchtlinge) in der Heimatsprache erfolgen muss (Bieber in: MünchKomm § 549 BGB Rdn. 31). Eine solche Praxis ist nützlich, aber von Rechts wegen nicht erforderlich. Wer einen Vertrag abschließt muss dessen Inhalt auch dann gegen sich gelten lassen, wenn er den Vertragstext nicht liest oder nicht versteht. Für den Hinweis gilt nichts anderes (Walburg/Czink GE 2016, 502, 504). Formulierungsvorschlag bei Sommer, IMR 2018, 221, 223.

V. Ausgeschlossene Mieterschutzvorschriften

Für die unter Rdn. 4 bis Rdn. 30 aufgezählten Mietverhältnisse sind folgende speziellen Mieterschutzvorschriften nicht anwendbar: **31**

Vorschriften über die höchstzulässige Miete beim Neuabschluss eines Mietvertrags (§§ 556d bis 556g). Diese Regelungen dienen der Dämpfung des Mietanstiegs in angespannten Wohnungsmärkten. Zu diesem Zweck bestimmt das Gesetz, dass die beim Abschluss eines Mietvertrags zulässige Miete die ortsübliche Vergleichsmiete grundsätzlich um höchstens 10% übersteigen darf (§ 556d Abs. 1, sog. „Mietpreisbremse"). Die Vorschriften gelten nur, wenn der Wohnraum in einem Gebiet mit einem angespannten Wohnungsmarkt liegt, was durch eine Verordnung der jeweiligen Landesregierung ermittelt werden soll. Nach der Gesetzesbegründung ist eine Mietpreisbegrenzung für die in § 549 Abs. 2 aufgeführten Sondermietverhältnisse nicht geboten. **31a**

Vorschriften über die Mieterhöhung (§§ 557 bis 561 BGB). Bei den in Abs. 2 aufgezählten Mietverhältnissen herrscht insoweit Vertragsfreiheit. Eine Mieterhöhung kann durch Vereinbarung geregelt oder im Wege der Änderungskündigung durchgesetzt werden. Werden spätere Mieterhöhungen bereits bei Vertragsschluss vereinbart, so müssen die Beschränkungen der §§ 557a BGB (Staffelmiete) und § 557b BGB (Indexmiete) nicht beachtet werden. **32**

Vorschriften über den Mieterschutz bei Beendigung des Mietverhältnisses (§ 568 Abs. 2 BGB, §§ 573, 573a, 573d Abs. 1, §§ 574 bis 575, 575a Abs. 1 BGB). Aus der Aufzählung der Ausnahmevorschriften folgt zunächst, dass das Mietverhältnis befristet werden kann (§ 542 Abs. 2 BGB), weil § 575 Abs. 1 Satz 2 BGB nicht zur Anwendung kommt. Das Mietverhältnis endet in einem solchen Fall mit dem Ablauf der Mietzeit. Unbefristete Mietverhältnisse enden durch Kündigung. Bei der **Kündigung** dieser Mietverhältnisse ist die **Schriftform zu beachten;** dies folgt aus § 568 Abs. 1 BGB, der nicht zum Katalog der ausgeschlossenen Vorschriften gehört. **33**

Weiter folgt aus der Aufzählung der Ausnahmevorschriften, dass bei diesen Mietverhältnissen eine **Teilkündigung möglich** ist. Die Teilkündigung ist in § 573b BGB geregelt. Die Anwendung dieser Vorschrift ist nicht ausgeschlossen. Auch dies ist eine Abweichung gegenüber dem bis zum 31.8.2001 geltenden Recht. Die Regelung des § 569 Abs. 4 BGB (Begründungserfordernis bei fristloser Kündigung) gilt auch für Mietverhältnisse im Sinne von § 549 Abs. 2 BGB. Die Kündigungsfristen richten sich nach §§ 573c und § 573d Abs. 2 BGB. **34**

Ausgeschlossen werden: die Obliegenheit des Vermieters, den Mieter im Kündigungsschreiben auf die Möglichkeit des Kündigungswiderspruchs hinzuweisen (§ 568 Abs. 2 BGB); der Kündigungsschutz (§§ 573, 573a, 573 d, 575a Abs. 1 BGB), die Möglichkeit des Kündigungswiderspruchs (§§ 574–574c BGB) und die Regelungen über den Zeitmietvertrag (§ 575 BGB). Der Ausschluss des § 575 BGB hat zur Folge, dass die in Abs. 2 genannten Mietverhältnisse befristet werden können (s. § 575 Abs. 1 Satz 2 BGB). Weiter ist die Anwendung des § 575a Abs. 1 BGB ausgeschlossen. Diese Vorschrift bestimmt, dass das Recht zur außerordentlichen Kündigung mit gesetzlicher Frist durch den Vermieter nur ausgeübt werden kann, wenn Kündigungsgründe i. S. von § 573 BGB gegeben sind. Die in Abs. 2 genannten Mietverhältnisse können also auch dann durch außerordentliche Kündigung mit gesetzlicher Frist beendet werden, wenn keine Kündigungsgründe vorliegen. **35**

36 **Vorschriften über den Mieterschutz bei der Begründung von Wohnungseigentum** (§§ 577, 577a BGB). Dies bedeutet, dass den Mietern der in Abs. 2 genannten Mietverhältnisse kein Vorkaufsrecht bei der Umwandlung von Miet- in Eigentumswohnungen zusteht (§ 577 BGB) und dass für den Erwerber einer solchen Wohnung keine Kündigungsbeschränkung (§ 577a BGB) gilt.

Für Mietverträge, die nach dem 31.12.2018 geschlossen wurden s. § 578 Abs. 3)

VI. Wohnraum in einem Studenten- oder Jugendwohnheim (Abs. 3)

37 Für den **Begriff des Wohnheims** gelten die §§ 15, 100 des II. WoBauG. Danach sind Heime dann als Wohnheime zu bewerten, wenn sie „nach ihrer baulichen Anlage und Ausstattung für die Dauer dazu bestimmt und geeignet sind, Wohnbedürfnisse zu befriedigen". Für die Einordnung eines Wohnhauses als „Heim" genügt es nicht, dass sämtliche Räume eines Hauses von Studenten oder Jugendlichen bewohnt werden. Durch den Umstand, dass die Bewohner hinsichtlich eines sozialen Merkmals (Beruf/Alter) übereinstimmen, wird ein Mietshaus nämlich nicht zum Heim. Erforderlich ist vielmehr, dass die Überlassung des Raumes im Rahmen eines bestimmten Zwecks erfolgt.

38 Aus dem Gesetzeszweck ist abzuleiten, dass der **Begriff des „Studenten- oder Jugendwohnheims"** restriktiv ausgelegt werden muss. Auf die Bezeichnung des Vertrags als Heimvertrag kommt es dabei nicht an; maßgeblich sind immer die objektiven Gegebenheiten. Dabei kann von folgender **Definition** ausgegangen werden: Ein Studenten- oder Jugendwohnheim i. S. v. § 549 Abs. 3 BGB ist ein Wohngebäude, das nach seiner baulichen Anlage und Ausstattung ausschließlich oder überwiegend zur entgeltlichen oder unentgeltlichen Unterbringung einer Vielzahl von Studenten der Universitäten, Technischen Hochschulen und höheren Fachschulen für die Dauer ihrer Ausbildung (Studentenwohnheim) oder von Personen ab dem 14. Lebensjahr bis zum Erreichen der Volljährigkeit (Jugendwohnheim) bestimmt ist (ähnlich: LG Konstanz WuM 1995, 539, wonach vier Kriterien maßgebend sein sollen, nämlich (1) Zweckbestimmung; (2) Eignung; (3) Günstiger Mietzins; (4) Rotationsprinzip; LG Heidelberg WuM 2011, 167: danach ist maßgebend (1) ein „verbindliches Förderkonzept und (2) das „Rotationsprinzip"; vgl. auch AG München WuM 1992, 133). Die Unterbringung kann dabei in Mehrbettzimmern, Einzimmerapartments oder in abgeschlossenen Wohnungen erfolgen. Die Räume können leer oder möbliert sein. Auf das Vorhandensein von Gemeinschaftseinrichtungen (Aufenthaltsräume, Gemeinschaftsküche) kommt es nicht an (AG Freiburg WuM 1987, 128); allerdings kann dies ein starkes Indiz für den Heimcharakter sein. Unerheblich ist auch, ob die Räume an Einzelpersonen oder an eine Familie überlassen werden.

39 Nach der **Rechtsprechung des BGH** (NJW 2012, 2881 = WuM 2012, 447 = NZM 2012, 606) ist § 549 Abs. 3 nur anzuwenden, wenn folgende Voraussetzungen gegeben sind: **(1)** Die Vergabe der Zimmer muss nach dem sog. **„Rotationsprinzip"** erfolgen. Dies erfordert ein Belegungskonzept, das die zeitliche Begrenzung der Mietverhältnisse nach abstrakt-generellen Kriterien gewährleistet. **(2)** Dieses Belegungskonzept muss sich mit hinreichender Deutlichkeit aus Rechtsnormen, z. B. einer Satzung, oder einer entsprechenden Selbstbindung des Vermieters ergeben; unter Umständen genügt es, wenn sich die begrenzte Mietdauer aus

Auf Wohnraummietverhältnisse anwendbare Vorschriften **BGB § 549**

einer konstanten tatsächlichen Übung ergibt. Dagegen genügt es nicht, wenn die Dauer der jeweiligen Mietverhältnisse auf den Entscheidungen der Studenten beruht oder im Belieben des Vermieters steht. Ebenso dürfte § 549 Abs. 3 BGB unanwendbar sein, wenn ein regelmäßiger Mieterwechsel zwar vertraglich vorgesehen ist, dieser aber nicht oder nicht durchgängig praktiziert wird. Über die jeweils zulässige Wohndauer (ein Semester, mehrere Semester, die Dauer des Studiums) hat der BGH nicht entschieden. Jedenfalls kann in den Mietverträgen nicht vereinbart werden, dass das Mietverhältnis mit der Exmatrikulation (oder nach einer bestimmten Semesterzahl) endet. Hierin liegt eine auflösende Bedingung i. S. des § 572 Abs. 2 BGB, die im Ergebnis wirkungslos ist. Die Regelung des § 572 Abs. 2 BGB wird durch § 549 Abs. 3 BGB nämlich nicht ausgeschlossen.

In der instanzgerichtlichen Rechtsprechung und in der Literatur wird teilweise **40** vertreten, die Bewertung eines Wohngebäudes als Studentenwohnheim setze weiter voraus, dass die jeweiligen Zimmer zu einer **günstigen Miete** überlassen werden (LG Konstanz WuM 1995, 539; Sternel Mietrecht aktuell Rdn. XI 385). Der BGH a. a. O. teilt diese Ansichten nicht. Eine gewinnbringende Miete stehe der Bewertung eines Gebäudes als Studentenheim nicht entgegen.

Wird das **Rotationsprinzip nicht beachtet**, so ist § 549 Abs. 3 BGB un- **41** anwendbar. In diesem Fall ist zu fragen, ob die fraglichen Mietverträge unter § 549 Abs. 2 Nr. 1 BGB (Wohnraum zum vorübergehenden Gebrauch) zu subsumieren sind. Dies wird nur im Ausnahmefall anzunehmen sein (s. oben Rdn. 5). Man kann deshalb zwischen den **Studentenwohnheimen mit Mieterschutz** iSd § 549 Abs. 1 BGB und den Studentenwohnheimen ohne Mieterschutz im Sinne des § 549 Abs. 3 BGB unterscheiden. Für die erstgenannte Gruppe gelten die allgemeinen Vorschriften für Mietverhältnisse über Wohnraum. Eine Befristung dieser Mietverhältnisse ist nicht möglich (§ 575 Abs. 1 BGB). Hier ist ungeklärt, ob und unter welchen Voraussetzungen der Vermieter das Mietverhältnis kündigen kann. Diese Frage stellt sich z. B. dann, wenn der Mieter nach Beendigung seines Studiums wohnen bleibt und der Vermieter die Räume einem studierenden Mietinteressenten überlassen will. Nach der hier vertretenen Ansicht kann die Kündigung auf § 573 Abs. 1 BGB gestützt werden. die Umgekehrt kann in den Mietverträgen vereinbart werden, dass die ordentliche Kündigung für beide Parteien für eine bestimmte Zeit ausgeschlossen ist. Ein formularvertraglicher Kündigungsausschluss zu Lasten des Mieters dürfte allerdings gegen § 307 Abs. 1 BGB verstoßen (BGH NJW 2009, 3506 = WuM 2009, 587 = NZM 2009, 779).

Die Regelung des § 549 Abs. 3 BGB erfasst nur Wohnheime für Studenten und **42** Jugendliche. Nach dem allgemeinen Sprachgebrauch werden nur solche Personen als **Studenten** bezeichnet, die sich in einer gehobenen schulischen Ausbildung befinden, also die immatrikulierten Angehörigen der Universitäten und Technischen Hochschulen sowie die Besucher der Fachhochschulen. **Jugendliche** sind nach juristischem und allgemeinem Sprachgebrauch (vergl. z. B. § 1 Abs 2 JGG) Personen zwischen dem 14. und dem 18. Lebensjahr. Es ist nichts dafür ersichtlich, dass der Gesetzgeber diese Begriffe in § 549 Abs. 3 BGB in einem abweichenden Sinn gebraucht hat. Deshalb werden nur solche Heime vom Geltungsbereich der Vorschrift ausgeschlossen, die satzungsgemäß von diesen speziellen Personengruppen benutzt werden sollen. Für Heime, die den Instituten der Erwachsenenbildung angeschlossen sind (wie z. B. Wohnheime für Absolventen des zweiten Bildungswegs), Ledigenheime und dergleichen, gelten dagegen die allgemeinen Vorschriften.

Für die **Einordnung eines Wohnhauses als Studenten- oder Jugendwohn- 43 heim genügt es**, wenn die Räume grundsätzlich für Studenten oder Ju-

§ 549 BGB Untertitel 2. Mietverhältnisse über Wohnraum

gendliche bestimmt sind und im Wesentlichen auch von diesen Personen bewohnt werden (AG Konstanz WuM 1989, 573). Die Vermietung einzelner Räume an andere Personen schadet nicht. Die Eigenschaft als Studenten- oder Jugendwohnheim geht auch nicht dadurch verloren, dass den Bewohnern nach Beendigung ihres Studiums oder nach Eintritt der Volljährigkeit der weitere Verbleib gestattet wird. Es kommt nicht auf die Person des konkreten Bewohners, sondern auf die grundsätzliche Zweckbestimmung des Raumes an.

44 In **besonders gelagerten Einzelfällen** kann die Auslegung des Mietvertrags ergeben, dass kein typisches Mietverhältnis im Sinne von § 549 Abs 3 BGB vorliegt, etwa wenn ein Zimmer in einem Studentenwohnheim an eine Familie mit Kind vermietet ist.

45 Bei den Mietverhältnissen nach § 549 Abs. 3 BGB sind folgende **speziellen Mieterschutzvorschriften nicht anwendbar:**

46 **Vorschriften über die Mieterhöhung** (§§ 557 bis 561 BGB). Bei den in Abs. 3 aufgezählten Mietverhältnissen herrscht insoweit Vertragsfreiheit. Eine Mieterhöhung kann durch Vereinbarung geregelt oder im Wege der Änderungskündigung durchgesetzt werden. Werden spätere Mieterhöhungen bereits bei Vertragsschluss vereinbart, so müssen die Beschränkungen der §§ 557a BGB (Staffelmiete) und § 557b BGB (Indexmiete) nicht beachtet werden.

47 **Vorschriften über die Beendigung des Mietverhältnisses** (§§ 573, 573a, 573d Abs. 1, §§ 575, 575a Abs. 1 BGB). Aus der Aufzählung der Ausnahmevorschriften folgt zunächst, dass bei der **Kündigung** dieser Mietverhältnisse die **Schriftform zu beachten** ist; dies folgt aus § 568 Abs. 1 BGB, der nicht zum Katalog der ausgeschlossenen Vorschriften gehört.

48 Weiter folgt aus der Aufzählung der Ausnahmevorschriften, dass bei diesen Mietverhältnissen eine **Teilkündigung möglich** ist. Die Teilkündigung ist in § 573b BGB geregelt. Die Anwendung dieser Vorschrift ist nicht ausgeschlossen. Dies ist eine Abweichung gegenüber dem bis zum 31.8.2001 geltenden Recht.

49 Die **Kündigungsfristen** richten sich nach §§ 573c und § 573d Abs. 2 BGB. Für die ordentliche befristete Kündigung und die außerordentliche Kündigung mit gesetzlicher Frist durch den Vermieter sind **keine Kündigungsgründe** erforderlich, weil die §§ 573 und 575a Abs. 1 BGB ausgeschlossen sind.

50 Anders als bei den in Abs. 2 genannten Mietverhältnisse gelten für die Mietverhältnisse nach Abs. 3 aber die Vorschriften über die **Sozialklausel** (§§ 574–574c). Dies entspricht dem früheren Recht (§ 556a Abs. 8 BGB a. F.). Folglich soll der Mieter in der Kündigungserklärung auf die Möglichkeit des Kündigungswiderspruchs hingewiesen werden (§ 568 Abs. 2 BGB). Die Gewährung einer Räumungsfrist und von Vollstreckungsschutz ist möglich.

51 Ausgeschlossen werden die Regelungen über den **Zeitmietvertrag** (§ 575 BGB). Der Ausschluss des § 575 BGB hat zur Folge, dass die in Abs. 3 genannten Mietverhältnisse befristet werden können (s. § 575 Abs. 1 Satz 2 BGB).

52 **Die Vorschriften über den Mieterschutz bei der Begründung von Wohnungseigentum** (§§ 577, 577a BGB) sind ausgeschlossen. Dies bedeutet, dass den Mietern der in Abs. 3 genannten Mietverhältnisse kein Vorkaufsrecht bei der Umwandlung von Miet- in Eigentumswohnungen zusteht (§ 577 BGB) und dass für den Erwerber einer solchen Wohnung keine Kündigungsbeschränkung (§ 577a BGB) gilt.

VII. Wohnraum in Ferienhäusern und Ferienwohnungen in Ferienhausgebieten

Nach dem bis zum 31.8.2001 geltenden Recht war auch Wohnraum in Ferien- 53
häusern und Ferienwohnungen in Ferienhausgebieten vom Mieterschutz ausgenommen (§ 564b Abs. 7 Nr. 4 BGB a. F.). Dieser Ausschlusstatbestand ist ersatzlos entfallen.

§ 550 Form des Mietvertrags

¹ **Wird der Mietvertrag für längere Zeit als ein Jahr nicht in schriftlicher Form geschlossen, so gilt er für unbestimmte Zeit.** ²Die Kündigung ist jedoch frühestens zum Ablauf eines Jahres nach Überlassung des Wohnraums zulässig.

Übersicht

	Rdn.
I. Bedeutung und Zweck der Vorschrift	1
1. Bedeutung	1
2. Zweck	4
II. Anwendungsbereich	7
1. Wohnraummiete, Geschäftsraummiete, Grundstücksmiete	8
2. Vertragszeit	14
III. Schriftform (Satz 1)	30
1. Begriff der Schriftform	30
2. Ursprungsvertrag	32
3. Verlängerungsvertrag	51
4. Ergänzungs-/Änderungsvertrag	52
5. Untermietverträge	59
6. Unterschrift	60
7. Vertragsschluss	71
8. Sonderfälle	73
IV. Nichtbeachtung der Schriftform (Satz 2)	74
1. Kündigungsrecht	74
2. Bindung an mündliche Beurkundungsabrede	77
3. Formunwirksame Ergänzungs-/Änderungsverträge	81
4. Formunwirksame Verlängerungsverträge	83
5. Ausschluss des Kündigungsrechts wegen Verstoßes gegen Treu und Glauben (§ 242 BGB)	84
6. Verlust der Vertragsurkunde	90
7. Schadensersatzansprüche	91
V. Vertragliche Schriftformabrede	92
1. Vertragsschluss	92
2. Beurkundungsabrede	93
3. Formularklauseln	96
4. Individualvereinbarungen	101
5. Ausschluss des Kündigungsrechts	104
6. Nachholklausel	105
VI. Sonstige Vorschriften über die Form	107
VII. Darlegungs- und Beweislast	108

§ 550 BGB Untertitel 2. Mietverhältnisse über Wohnraum

	Rdn.
VIII. Textform	115
1. Dauerhafte Wiedergabe:	116
2. Person des Erklärenden:	117
3. Ende der Erklärung:	118
4. Übermittlung:	119
5. Zugang:	120

I. Bedeutung und Zweck der Vorschrift

1. Bedeutung

1 Nach allgemeinen Grundsätzen können Mietverträge formlos geschlossen werden. Dies gilt auch für die Miete von Grundstücken und Räumen. Durch die Regelung des § 550 BGB wird der allgemeine Grundsatz für den Mietvertrag über ein Grundstück oder eine Immobilie modifiziert, wenn der Vertrag für längere Zeit als ein Jahr abgeschlossen wird. In diesen Fällen muss der Vertragsinhalt schriftlich niedergelegt werden. Zwar kann auch hier der Vertrag formlos – auch durch konkludente Handlung – geschlossen werden. Es ist nicht erforderlich, dass Angebot und Annahme in schriftlicher Form abgegeben werden (KG NZM 2007, 517; Wolf/Eckert/Ball Rdn. 112). Es genügt, wenn der Vertrag nachträglich beurkundet wird.

2 Ein Teil der Rechtsprechung und Literatur vertritt die Ansicht, dass die Schriftform des § 550 BGB nur gewahrt ist, wenn sowohl das Angebot als auch dessen Annahme in schriftlicher Form erfolgt; ein Vertragsschluss durch mündliche Einigung oder durch konkludente Handlung reicht nicht aus (KG NZM 2007, 517; Wolf/Eckert/Ball, Handbuch des gewerblichen Miet-, Pacht- und Leasingrechts, Rdn. 112). Nach der **Rechtsprechung des BGH genügt** es für die Wahrung der Schriftform, **dass in einer Urkunde, die der „äußeren Form" des § 126 Abs. 2 BGB entspricht, alle wesentlichen Vertragsbedingungen enthalten sind** (BGH NJW 2010, 1518; NJW 2015, 2648; ebenso: OLG Jena NZM 2008, 572, 573; OLG Hamm ZMR 2006, 205, 206; Schultz NZM 2007, 509; Lützenkirchen WuM 2008, 119, 130). Die Schriftform hat Informations- Warn- und Beweisfunktion. Nach diesen Zwecken spielt es keine Rolle, ob und gegebenenfalls wie der Vertrag zustande gekommen ist. Maßgeblich ist nur, ob ein Erwerber des Mietobjekts auf Grund der Vertragsurkunde über die Bedingungen des Mietvertrags – falls dieser zustande gekommen ist und noch besteht – informiert wird. Dies ist insbesondere dann von praktischer Bedeutung, wenn zwar eine von den Parteien unterzeichnete Vertragsurkunde vorliegt, der Vertrag auf Grund einer verspäteten Annahme, § 150 Abs. 1 BGB (BGH NJW 2010, 1518) oder in den Fällen des § 150 Abs. 2 BGB (BGH NJW 2015, 2648 nicht zustande kommt, der Vermieter dem Mieter die Mietsache gleichwohl übergibt und der Mieter die Miete bezahlt.

3 **Ob ein Vertrag wirksam zustande gekommen ist, spielt für § 550 BGB keine Rolle** (BGH NJW 2007, 3346, 3347; NJW 2009, 2195 unter Rz 25; Urteil vom 7.3.2018 – XII ZR 129/16, Rdn. 21). Aus diesem Grunde kommt es für die Wahrung der Schriftform auch nicht darauf an, ob ein Angebot innerhalb der Frist des § 147 Abs. 2 BGB angenommen wurde (Pleister/Ehrich ZMR 2009, 818; vgl. auch Dillberger/Dorner ZMR 2011, 263, 267). Ein formgerecht dokumentierter aber (wegen § 146 BGB) unwirksamer Vertragsschluss kann nach § 141 BGB geheilt werden (Jacoby NZM 2011, 1, 5). Die Nichtbeachtung der Schriftform führt nicht zur Unwirksamkeit des Vertrags, sondern hat lediglich zur Folge, dass das Mietverhältnis nach Ablauf des ersten Mietjahres gekündigt werden kann.

2. Zweck

Die Regelung dient in erster Linie dem Interesse des Erwerbers eines Grundstücks oder einer Immobilie (BGH LM § 566 BGB Nr. 1; NJW 2008, 2178; V. Emmerich in: Staudinger § 550 BGB Rdn. 3; Landwehr in: Bub/Treier Kap II Rdn. 2447; Timme/Hülk NJW 2007, 3313; Leonhard NZM 2008, 353, 354). Der Erwerber ist nach § 566 BGB an den Mietvertrag gebunden. Hiermit können Beschränkungen verbunden sein, die den Erwerber umso stärker belasten, je länger das Mietverhältnis dauert. Deshalb soll der Erwerber bei länger dauernden Mietverträgen die Möglichkeit haben, sich über den Inhalt der Vertragsvereinbarungen zuverlässig zu informieren. Nach der Vorstellung des Gesetzgebers (Prot. II 149, 155) wird dieser Zweck erreicht, wenn die Parteien des Mietvertrags den Vertragsinhalt in einer Urkunde festlegen. Der Gesetzeszweck ist erfüllt, wenn der Erwerber den Inhalt des Vertrags und dessen Laufzeit kennt. Ein späterer Grundstückserwerber muss aus einer einheitlichen Urkunde ersehen können, in welche langfristigen Vereinbarungen er gegebenenfalls eintritt, nämlich dann, wenn diese im Zeitpunkt der Umschreibung des Grundstücks noch bestanden (BGH WuM 2004, 534). Wegen dieses Gesetzeszwecks kann die Vorschrift nicht abbedungen werden (allgemeine Ansicht). 4

Darüber hinaus dient die Schriftform des § 550 BGB aber auch dazu, die Beweisbarkeit langfristiger Abreden zwischen den ursprünglichen Vertragsparteien sicherzustellen und diese vor der unbedachten Eingehung langfristiger Bindungen zu schützen (BGH NJW 2008, 2178; ebenso: Sternel Rdn. I 191; V. Emmerich in: Staudinger § 550 BGB Rdn. 3; Wolf/Eckert/Ball Rdn. 96). Dagegen ist es nicht Sinn und Zweck der Schriftform, sicherzustellen ob der Vertrag wirksam zustande gekommen ist, oder ob er noch besteht (BGH NJW 2008, 2178 unter Ziff. II 2 a-aa; NJW 2009, 2195 unter Rz 25; NJW 2010, 1518 unter Rz 13, 25). 5

Die **praktische Bedeutung der Vorschrift** liegt in einem anderen Bereich. Es ist nicht zu verkennen, dass die Praxis große Schwierigkeiten bei der Anwendung des § 550 Satz 1 BGB hat, mit der weiteren Folge, dass zahlreiche befristete Mietverhältnisse aus **Vertragsreue** oder Rentabilitätsgründen unter Berufung auf § 550 Satz 2 BGB beendet werden (Lammel in: Schmidt-Futterer § 550 BGB Rdn. 5; Riecke in: Klein-Blenkers/Heinemann/Ring, Miete/WEG/Nachbarschaft § 550 BGB Rdn. 3; Lindner-Figura in: Lindner-Figura Geschäftsraummiete Kap. 16 Rdn. 6). Auf diesem Hintergrund ist zu verstehen, dass die Rechtsprechung in jüngerer Zeit an einer Vereinfachung der Anforderungen an die Schriftform arbeitet. 6

II. Anwendungsbereich

Die Vorschrift gilt für die Wohnraummiete (§ 550), für die Geschäftsraummiete (578 Abs. 2) und für die Grundstücksmiete (§ 578 Abs. 1). Für Mietverträge über bewegliche Sachen gilt § 550 BGB auch dann nicht, wenn die Sache mit einem Gebäude verbunden ist (BGHZ 47, 202 betr. Automatenaufstellungsvertrag). 7

§ 550 BGB Untertitel 2. Mietverhältnisse über Wohnraum

1. Wohnraummiete, Geschäftsraummiete, Grundstücksmiete

8 Zu den Begriffen „Wohnraummiete" und „Geschäftsraummiete" s. § 535 BGB Rdn. 13, 19. **Grundstücksmiete** ist der Sammelbegriff für die Miete von unbebauten und bebauten Grundstücken sowie von Grundstücksteilen, z. B. der Miete einer Hauswand zu Reklamezwecken oder die Miete einer Dachfläche.

9 **Pachtverträge** sind den Mietverträgen gleichgestellt (§ 581 Abs. 2 BGB; BGH NZM 1999, 559; NZM 2000, 548). Ebenso gilt § 550 BGB für **Untermiet- und Unterpachtverträge** (BGHZ 81, 46 = NJW 1981, 2246; OLG München NJW-RR 1989, 524; KG GE 1999, 569 = ZMR 1999, 706; OLG Rostock NZM 2000, 426); dies ist – bezogen auf den Schutzzweck der Vorschrift – inkonsequent, weil der Erwerber nicht in den Untermietvertrag eintritt.

10 Eine analoge Anwendung der Vorschrift auf andere schuldrechtliche Überlassungsverträge, ist ausgeschlossen. Dies gilt auch für die **Leihe,** was ohne weiteres aus dem Umstand folgt, dass der Erwerber an solche Verträge nicht gebunden ist (OLG Köln WuM 1994, 332 = NJW-RR 1994, 853; Landwehr in: Bub/Treier Kap II Rdn. 2445).

11 Aus den gleichen Gründen gilt § 550 BGB nicht für den **Miet- und Pachtvorvertrag** (BGH LM § 566 BGB Nr. 1; NJW 1970, 1596; NJW 1980, 1577; NJW 2007, 1817; Heile NJW 1991, 6; Lammel in: Schmidt-Futterer § 550 BGB Rdn. 13; V. Emmerich in: Staudinger § 550 BGB Rdn. 6; Timme/Hülk NJW 2007, 3313; **a. A.** Michalski ZMR 1999, 141, 143). Die Vereinbarung in einem Vorvertrag, dass ein langfristiges Mietverhältnis begründet werden soll, verpflichtet die Parteien aber zur Mitwirkung am Zustandekommen des schriftlichen und damit der Form des § 550 BGB genügenden Hauptvertrages. Eine unberechtigte Kündigung des Vorvertrags oder die Weigerung zum Abschluss des Hauptvertrags stellt eine Pflichtverletzung dar, die den anderen Teil zum Schadensersatz berechtigt (BGH NJW 2007, 1817). Wird vereinbart, dass der Miet- oder Pachtvorvertrag als endgültiger Miet- oder Pachtvertrag gelten soll, so ist Schriftform erforderlich, wenn das Vertragsverhältnisse auf längere Dauer als ein Jahr angelegt ist.

12 Die Vereinbarung eines **Vormietrechts** ist formlos möglich (Timme/Hülk NJW 2007, 3313). Auch die Ausübung des Vormietrechts bedarf nicht der Schriftform. Wird jedoch auf Grund der Ausübung des Vormietrechts ein Mietvertrag i. S. von § 550 Satz 1 BGB geschlossen, so bedarf dieser Vertrag der Schriftform. Ebenso bedarf das Vormietrecht der Schriftform, wenn es in einem Mietvertrag vereinbart ist und der Berechtigte auf Grund des Vormietrechts die Möglichkeit hat, eine Verlängerung der ursprünglichen Vertragszeit herbeizuführen (BGHZ 55, 71).

13 Auf **dingliche Nutzungsverhältnisse** (Nießbrauch, Wohnrecht) ist § 550 BGB nicht anwendbar; über den Inhalt solcher Verhältnisse kann sich der Erwerber anhand des Grundbuchs informieren.

2. Vertragszeit

14 Die Vorschrift ist nur bei Verträgen zu beachten, die für längere Zeit als ein Jahr geschlossen werden. Die Vertragszeit muss also ein Jahr überschreiten. Mietverhältnisse, die genau auf die Dauer eines Jahres abgeschlossen werden, fallen nicht unter § 550 BGB. Die Jahresfrist wird grundsätzlich vom Beginn des Mietverhältnisses, nicht vom Vertragsschluss abgerechnet (Hau DWW 2008, 82, 83). Maßgeblich ist nicht der Zeitpunkt der tatsächlichen Überlassung, sondern derjenige Zeitpunkt,

Form des Mietvertrags **BGB § 550**

zu dem das Mietverhältnis vereinbarungsgemäß in Vollzug gesetzt werden soll (Begründung RegEntw. zu § 550 BGB BT-Drucks. 14/4553; Lammel in: Schmidt-Futterer § 550 BGB Rdn. 18; V. Emmerich in: Staudinger § 550 BGB Rdn. 8; Landwehr in: Bub/Treier Kap II Rdn. 2450; Riecke in: Klein-Blenkers/Heinemann/Ring, Miete/WEG/Nachbarschaft § 550 BGB Rdn. 10; Lindner-Figura in: Lindner-Figura Geschäftsraummiete Kap. 16 Rdn. 14). Bei einem nicht vollzogenen Mietverhältnis trat nach § 566 BGB a. F. an die Stelle der Überlassung der Vertragsschluss. Nach der Gesetzesbegründung soll es in diesem Fall ebenfalls auf den vertraglichen vereinbarten Zeitpunkt der Überlassung ankommen). Vereinbarungen, die über die Dauer eines Jahres nicht hinausgehen, bedürfen auch bei langfristigen Verträgen nicht der Schriftform (BGH WuM 2004, 534).

Wird ein auf unbestimmte Zeit abgeschlossener Mietvertrag **im Verlauf der Mietzeit befristet,** so gilt § 550 BGB für den gesamten Vertragsinhalt, also auch für die vor der Befristung getroffenen Vereinbarungen. Dies führt zu der Frage, ob ein Erwerber verpflichtet ist, einer Nachbeurkundung der zwischen dem Veräußerer und dem Mieter getroffenen Vereinbarungen zuzustimmen. Dies wird vom BGH verneint: Anderenfalls wäre der Erwerber an die früheren (nicht beurkundeten) Vereinbarungen gebunden; dies will § 550 BGB gerade verhindern (BGH NZM 2017, 189). Die Kündigung ist auch in diesem Fall gem. § 550 Satz 2 BGB „frühestens zum Ablauf eines Jahres nach Überlassung des Wohnraums zulässig." Entsteht die Beurkundungspflicht erst im Verlauf der Mietzeit so ist dieser Zeitpunkt als der der Überlassung im Sinne des § 550 Satz 2 anzusehen (BGH a. a. O. Rdn. 22). 14a

§ 550 BGB gilt in folgenden Fällen: (1) wenn in dem Vertrag eine **fest-bestimmte Vertragszeit** von mehr als einem Jahr vereinbart ist und der Vermieter das Mietverhältnis vor Ablauf der Vertragszeit nicht im Wege der ordentlichen Kündigung beenden kann. 15

(2) bei einem **vereinbarten Kündigungsausschluss:** erforderlich ist, dass das Recht des Vermieters zur ordentlichen Kündigung für längere Zeit als ein Jahr vertraglich ausgeschlossen ist (OLG München ZMR 2016, 945; Landwehr in: Bub/Treier Kap II Rdn. 2451). Es genügt, wenn lediglich **einzelne Kündigungstatbestände** (z. B. die Eigenbedarfskündigung) ausgeschlossen sind (BGH WuM 2007, 272; LG Berlin WuM 1991, 498; LG Hamburg ZMR 2001, 895; Sonnenschein NZM 2000, 1, 8; Landwehr in: Bub/Treier Kap II Rdn. 2451). Durch eine Vereinbarung wonach das Mietverhältnis nur dann unter Einhaltung der gesetzlichen Fristen gekündigt werden kann, wenn wichtige berechtigte Interessen des Vermieters eine Beendigung des Mietverhältnisses notwendig machen, werden die gesetzlichen Kündigungstatbestände teilweise ausgeschlossen. Deshalb bedarf eine solche Vereinbarung zu ihrer Wirksamkeit der Schriftform (BGH NZM 2012, 502). Der Umstand, dass der Mieter vor Ablauf eines Jahres kündigen kann, spielt keine Rolle. § 550 BGB ist auch dann zu beachten, wenn der Ausschluss der ordentlichen Kündigung auf einem vom Vermieter erklärten **einseitigen Kündigungsverzicht** beruht. Zwar ist bei Gestaltungsrechten ein einseitiger Verzicht möglich. Hat eine solche Erklärung allerdings zur Folge, dass der Vermieter – mangels der Möglichkeit zur ordentlichen Kündigung – für längere Zeit als ein Jahr an das Mietverhältnis gebunden bleibt, bedarf der Verzicht zwingend der Schriftform (OLG Hamburg MietRB 2015, 357; OLG München ZMR 2016, 945). 16

(3) bei einem **befristeten Mietverhältnis mit Verlängerungsklausel auf un-bestimmte Zeit,** wenn der Vermieter das Mietverhältnis auf Grund der Befristung 17

erstmals zu einem späteren Zeitpunkt als einem Vertragsjahr im Wege der ordentlichen Kündigung beenden kann. Wird vereinbart, dass sich das Mietverhältnis auf unbestimmte Zeit verlängert, wenn es nicht zum Ablauf des ersten Vertragsjahres gekündigt wird, so ist § 550 BGB unanwendbar (**a. A.** Lammel in: Schmidt-Futterer § 550 BGB Rdn. 21; Landwehr in: Bub/Treier Kap II Rdn. 2452). Etwas anderes gilt, wenn die Kündigung erstmals nach Ablauf des ersten Vertragsjahres möglich ist; in diesem Fall wird das Mietverhältnis durch die Kündigungsfrist über die Dauer eines Vertragsjahres hinaus verlängert.

18 (4) bei einem **befristeten Mietverhältnis mit Verlängerungsklausel auf bestimmte Zeit,** wenn die insgesamt mögliche Mietzeit die Dauer eines Jahres überschreitet.

19 (5) Wird dem Mieter in einem Mietvertrag das Recht zur Verlängerung der Mietzeit eingeräumt (Verlängerungsoption), so bedarf diese Vereinbarung nach allgem. Ansicht der Schriftform, wenn das Mietverhältnis hierdurch auf längere Zeit als einem Jahr verlängert wird. Wird das Optionsrecht nachträglich vereinbart, so bedarf auch dies der Schriftform. Eine formunwirksame Optionsvereinbarung hat die vorzeitige Kündbarkeit des Mietvertrags zur Folge (OLG Düsseldorf ZMR 2013, 431). Die Ausübung des aus der Optionsvereinbarung folgenden Rechts ist formlos möglich (s. § 542 Rdn. 207 a).

20 (6) wenn der Vermieter dem Mieter verspricht, dass das Mietverhältnis von Seiten des Vermieters unkündbar sein soll, so lange der Mieter die Mietsache benötigt und beide Parteien davon ausgehen, dass der Mieter die Sache für eine längere Zeit als ein Jahr benötigt (BGH, LM § 566 BGB Nr. 5; OLG Karlsruhe GE 2001, 694; OLG Köln ZMR 2001, 963). Gleiches gilt, wenn die ordentliche Kündigung nach den übereinstimmenden Vorstellungen der Parteien für eine längere Zeit als ein Jahr ausgeschlossen sein soll (BGH NZM 2008, 687; Lammel in: Schmidt-Futterer § 550 BGB Rdn. 20; Lindner-Figura/Oprée/Stellmann, Geschäftsraummiete Kap 6 Rdn. 16; Herrlein/Kandelhard § 550 BGB Rdn. 28; Palandt/Weidenkaff § 550 BGB Rdn. 7).

21 (7) Bei einem **Mietverhältnis auf Lebenszeit** des Mieters (BGH LM § 567 BGB Nr. 1 = NJW 1958, 2062) oder des Vermieters.

22 (8) Bei einem **Mietverhältnis unter einer auflösenden Bedingung,** wenn auf Grund der Art der Bedingung davon auszugehen ist, dass das Mietverhältnis länger als ein Jahr dauern wird (V. Emmerich in: Staudinger § 550 BGB Rdn. 10; Landwehr in: Bub/Treier Kap II Rdn. 2452; **a. A.** Roquette § 566 BGB a. F. Rdn. 10.

23 (9) Wenn der Mieter einen abwohnbaren **Baukostenzuschuss** geleistet hat und die Dauer der Abwohnzeit ein Jahr übersteigt. Ein Baukostenbeitrag kann auch in Form von Sachleistungen des Mieters erbracht werden. Deshalb ist die Schriftform zu beachten, wenn sich der Mieter zu Umbau-, ausbau- Sanierungs- oder Instandsetzungsarbeiten verpflichtet und der entsprechende Geldwert durch einen Mietnachlass über eine längere Zeit als einem Jahr ausgeglichen werden soll (vgl. BGH NJW 2016, 311 Rdn. 29).

24 (10) wenn die Parteien eines unbefristeten Mietvertrags eine **längere Kündigungsfrist als ein Jahr** vereinbaren,

25 (11) oder wenn sie **nachträglich die Kündigungsmöglichkeit** auf längere Zeit als ein Jahr **ausschließen.** Dies gilt aber nur, wenn dies vertraglich erfolgt; deshalb ist ein Mietverhältnis auf Lebenszeit nicht wirksam vereinbart, wenn der Vermieter in seinem Testament verfügt, dass der Mieter die Wohnung bis an sein Lebensende behalten kann (LG Berlin WuM 1991, 498).

Form des Mietvertrags **BGB § 550**

(12) Wenn ein befristetes Mietverhältnis durch fristlose Kündigung beendet 26
wird und sich die Parteien nach Zugang der Kündigung auf die **Fortsetzung der Vertragsbeziehungen** einigen (BGH ZMR 1998, 612). In diesem Fall liegt in der Fortsetzungsvereinbarung der Abschluss eines neuen Mietvertrags. Soll dieser Vertrag länger als ein Jahr dauern, so ist § 550 BGB zu beachten (Leo GuT 2012, 96). Für die Einhaltung der Schriftform genügt es dabei, wenn die Parteien eine bereits existierende Vertragsurkunde unter neuem Datum erneut mit ihrer Unterschrift versehen (vom BGH a. a. O. wurde dies offengelassen). Etwas anderes gilt, wenn die Parteien vor Ablauf einer Kündigungsfrist die Fortsetzung des bisherigen Vertrages beschließen; ein solcher Fortsetzungsvertrag ist formlos möglich (BGH LM § 566 BGB Nr. 22).

(13) Ein **Mieterwechsel** kann **durch zweiseitigen Vertrag** zwischen dem 27
Vermieter und dem Altmieter, durch Vertrag zwischen dem Vermieter und dem Neumieter sowie durch Vertrag zwischen den Mietern vereinbart werden. In diesen Fällen muss der nicht am Vertragsschluss Beteiligte das Rechtsgeschäft genehmigen. Wird der Mieterwechsel zwischen dem Vermieter und dem Altmieter vereinbart so bedarf dieser Vertrag der Schriftform (BGHZ 72, 394 = NJW 1979, 369; BGH NZM 2002, 291 [LS]); NJW 2003, 2158; NZM 2005, 340; NZM 2005, 584; NJW 2013, 1083). Der BGH begründet dies mit dem Zweck der Schriftform. Diese soll sicherstellen, dass ein Grundstückserwerber hinreichende Informationen über einen Mietvertrag erhält, wobei nicht nur der Vertragsinhalt, sondern auch die Person des Mieters von Bedeutung ist. Dabei ist nicht erforderlich, dass sich die Information aus dem Mietvertrag selbst ergibt. Vielmehr genügt es, wenn der Neumieter, der sich auf sein Besitzrecht beruft, dem Erwerber eine Urkunde vorhalten kann, aus der sich im Zusammenhang mit dem zwischen dem Altmieter und dem Vermieter geschlossenen Mietvertrag seine Mieterstellung ergibt. Für die Wahrung der Schriftform reicht es aus, wenn die Änderungsvereinbarung mit dem Ursprungsvertrag verbunden wird oder wenn die Vereinbarung auf den Ursprungsvertrag Bezug nimmt (BGH NJW 1998, 62); die Zustimmung des Neumieters ist formlos möglich (BGHZ 154, 171 = NJW 2003, 2158; NZM 2005, 584; NJW 2013, 1083). Der BGH leitet diese Rechtsfolge aus § 182 Abs. 2 BGB ab, wonach die Zustimmung eines Dritten zu einem Vertrag nicht der für den Vertrag bestimmten Form bedarf. Deshalb kann die Zustimmung auch aus einem konkreten (konkludentem) Verhalten der zustimmungspflichtigen Partei abgeleitet werden. Dasselbe gilt sinngemäß, wenn die Änderungsvereinbarung zwischen dem Vermieter und dem Neumieter oder zwischen den Mietern getroffen wird.

(14) Wenn in einem **Mietvertrag mit einem Zwischenmieter** vereinbart 27a
wird, dass auf das Hauptmietverhältnis die Regelungen über die Wohnraummiete anzuwenden sind (KG GE 2016, 257, 258).

Wird der **Mieterwechsel durch dreiseitigen Vertrag** vereinbart, so bedarf 28
dieser Vertrag der Schriftform, wenn die Parteien die ursprüngliche Laufzeit von mehr als einem Jahr beibehalten wollen.

Auf den **Eigentümerwechsel** nach § 566 BGB findet § 550 BGB dagegen keine 29
Anwendung. Hat in der Vergangenheit ein Vermieterwechsel durch zweiseitigen Vertrag zwischen dem alten und dem neuen Vermieter unter Zustimmung des Mieters stattgefunden, so ist die Zustimmung des Mieters ebenfalls nicht formbedürftig (BGH NZM 2003, 476, 478). Gleiches gilt für den **Wechsel des Vermieters,** der nicht zugleich Eigentümer des Grundstücks ist (OLG Köln NZM 1999, 1004). Ebenso ist § 550 nicht anzuwenden, wenn der Eigentümerwechsel im Wege der Universalsukzession gem. §§ 1922, 1967 BGB vollzogen wird (BGH NJW 2016, 311 Rdn. 13).

III. Schriftform (Satz 1)

1. Begriff der Schriftform

30 Der Mietvertrag muss in „schriftlicher Form" geschlossen werden. Damit ist die **gesetzliche Schriftform des § 126 BGB** gemeint (Lammel in: Schmidt-Futterer § 550 BGB Rdn. 7, 8; V. Emmerich in: Staudinger § 550 BGB Rdn. 3; Bieber in: MünchKomm § 550 BGB Rdn. 11; Lützenkirchen in: Lützenkirchen, Mietrecht § 550 BGB Rdn. 11; Palandt/Weidenkaff § 550 BGB Rdn. 1; Lindner-Figura in: Lindner-Figura Geschäftsraummiete Kap. 16 Rdn. 4; Sternel ZMR 2001, 937; Börstinghaus in: Börstinghaus/Eisenschmid Arbeitskommentar Neues Mietrecht S. 158; Haas Das neue Mietrecht § 550 Rdn. 2; Rips/Eisenschmid Neues Mietrecht S. 157; Heile NZM 2002, 505; Schmid GE 2002, 1039; Timme/Hülk NJW 2007, 3313; **a. A.** Eckert NZM 2001, 406 und DWW 2001, 146; Both in: Herrlein/Kandelhard § 550 BGB Rdn. 7; Beuermann/Blümmel, Das Neue Mietrecht 2001, S. 97; Mankowski ZMR 2002, 481, 483; Ormanschick/Riecke MDR 2002, 247; Löwe NZM 2000, 577, 580: **gewillkürte Schriftform, § 127 BGB**).

31 Zunächst ist erforderlich, dass der Vertragsinhalt in einer Urkunde niedergelegt wird. Anders als bei der gewillkürten Schriftform (§ 127 BGB) genügt es nicht, dass sich die Einigung aus einem **Briefwechsel** ergibt (BGH NZM 2001, 42; WuM 2004, 534; V. Emmerich in: Staudinger § 550 BGB Rdn. 16; Landwehr in: Bub/Treier Kap II Rdn. 2474). Deshalb ist die gesetzliche Schriftform des § 550 BGB nicht gewahrt, wenn die Mietvertragsurkunde nach der Unterzeichnung durch eine Partei an die Gegenpartei zurückgeschickt wird und sich aus einem Begleitschreiben ergibt, dass der Vertrag nur mit gewissen Modifikationen gelten soll (BGH NZM 2001, 42). Auch durch ein **Bestätigungsschreiben** einer Partei kommt kein formwirksamer Vertrag i. S. von § 550 Satz 1 BGB zustande. Nach § 126 Abs. 2 Satz 1 BGB ist die Schriftform gewahrt, wenn die Parteien den Vertrag auf derselben Urkunde unterzeichnen. Haben die Parteien **mehrere identische Vertragsexemplare** gefertigt, so ist die Schriftform gewahrt, wenn jede Partei die für die andere Partei bestimmte Urkunde unterzeichnet. Es ist nicht erforderlich, dass die jeweils unterschriebene Urkunde in den Besitz der anderen Partei gelangt. Zwar setzt § 126 Abs. 2 Satz 2 BGB voraus, dass die unterzeichneten Urkunden „für die andere Partei bestimmt" ist. Der Wortlaut der Vorschrift beruht auf der Erwägung, dass das Zustandekommen eines schriftlichen Vertrags, vom Zugang der jeweils unterzeichneten Urkunde bei der Gegenpartei abhängt. Das Zustandekommen des Vertrags spiele jedoch im Rahmen des § 550 BGB keine Rolle. Nach der Rechtsprechung des BGH genügt es für die Wahrung der Schriftform, dass in einer Urkunde, die der „äußeren Form" des § 126 Abs. 2 BGB entspricht, alle wesentlichen Vertragsbedingungen enthalten sind (BGH NJW 2010, 1518; NJW 2015, 2648; NZM 2018, 394 Rdn. 21). Sind diese Voraussetzungen gegeben, so genügt es, wenn der Vertrag mündlich oder konkludent – z. B. durch Übergabe des Mietobjekts und Zahlung der Miete – zustande kommt. Wird der Vertrag **unter Abwesenden** geschlossen, so genügt es, wenn die Vereinbarungen schriftlich niedergelegt und die Urkunde von beiden Parteien unterzeichnet wird (§ 126 BGB; OLG Hamm ZMR 2006, 2005; Stiegele NZM 2004, 606; Wichert ZMR 2005, 593).

2. Ursprungsvertrag

a) Aus der Urkunde muss sich ergeben, wer **Vertragspartner** ist. Er reicht aus, wenn eine Vertragspartei so klar bezeichnet ist, dass sie unzweifelhaft identifiziert werden kann. Bei unklaren oder lückenhaften Angaben kommt es darauf an ob diese auslegungsfähig sind. In diesem Fall ist die Person des Mieters durch Auslegung zu ermitteln. Ist in dem Mietvertrag als Vermieter eine „Grundstücksgemeinschaft" genannt, so wird die Auslegung ergeben, dass diejenigen Personen Vermieter werden, die im Grundbuch als Eigentümer eingetragen sind (OLG Düsseldorf NZM 2014, 394). Sind auf der Mieterseite **mehrere Personen** aufgeführt, so spielt es für die Wahrung der Schriftform keine Rolle, ob die mehreren Mieter in Form einer Gemeinschaft oder einer GbR verbunden sind. Deshalb schadet auch eine fehlerhafte Bezeichnung nicht (OLG Düsseldorf MDR 2012, 84). Bei einer Vermietung durch eine **Gesellschaft** oder an eine Gesellschaft bedarf es weder einer genauen Bezeichnung der Gesellschaftsform noch der Nennung der einzelnen Gesellschafter (OLG Hamm NZM 1998, 720 betr. die Bezeichnung „Immobilien-Fond ... straße"). Dies gilt auch für Mietverträge an denen eine **Außen-GbR** beteiligt ist (BGH NJW 2001, 1056). Werden Räumlichkeiten in einem noch zu erstellenden Gebäude vermietet **(Vermietung vom Reißbrett)** und steht die Zahl der Grundstückserwerber noch nicht fest, so genügt es, wenn sich aus dem Mietvertrag ergibt, dass diejenigen Personen Vermieter sein sollen, die das Grundstück vom Eigentümer erwerben um es zu bebauen (BGH NJW 2006, 140). Wandelt sich die Rechtsform der Gesellschaft unter Beibehaltung der Identität der Gesellschaft, so ändert sich an den Vertragsverhältnissen nichts. Insbesondere ist hierzu die Mitwirkung der Gegenseite entbehrlich (OLG Hamm a. a. O. für **Umwandlung einer KG in eine GbR**). Bei einer Gemeinschaft (z. B. **Erbengemeinschaft** ist die Schriftform grundsätzlich nur gewahrt, wenn alle Erben im Mietvertrag namentlich aufgeführt sind. Ausnahmsweise genügt es, wenn ein potentieller Erwerber des Mietobjekts in der Lage ist, anhand der Vertragsurkunde die Erben zu ermitteln (BGH WuM 2002, 601 = ZMR 2002, 907; OLG Hamburg Urteil vom 29.7.2016 – 8 U 5/16 ZMR 2016, 941). Durch die Verwendung der Bezeichnung „Erbengemeinschaft XY" wird diese Voraussetzung nicht gewahrt, weil unklar bleibt, ob die Erbengemeinschaft nach dem Erblasser XY oder ob die Erbengemeinschaft mit dem Namen XY gemeint ist. Dagegen reicht es aus, wenn die Vermieter in der Vertragsurkunde mit der Bezeichnung „Erbengemeinschaft nach XY" aufgeführt sind und die Mitglieder dieser Gemeinschaft an Hand des Grundbuchs zu ermitteln sind (BGH Beschluss vom 17.3.2015 – VIII ZR 298/14, juris). Gleiches gilt, wenn die Vertragsurkunde zwar von allen Mitgliedern der Erbengemeinschaft unterzeichnet wird, aber unklar bleibt, ob neben den Unterzeichnern weitere Personen zu der Erbengemeinschaft gehören (OLG Hamburg GE 2015, 378).

b) Es muss **Klarheit über den Vertragsinhalt** bestehen. Hierzu gehören der Mietgegenstand, die Vertragsparteien, der Mietzins und die Dauer des Mietverhältnisses (BGH NJW 2016, 311 Rdn. 12). Dabei genügt es, wenn diese Merkmale im Zeitpunkt des Vertragsschlusses bestimmbar sind (BGH NJW-RR 1990, 270; NJW 2006, 139; NJW 2006, 140; NJW 2014, 52; NJW 2014, 2102; KG ZMR 2015, 117). Insoweit kann auch auf Umstände außerhalb der Vertragsurkunde zurückgegriffen werden (BGH NJW 1999, 3257, 3259; BGH NJW 2006, 139; NJW 2006, 140; OLG Dresden Urteil vom 23.11.2016 – 5 U 2031/15). Maßgeblich ist

§ 550 BGB Untertitel 2. Mietverhältnisse über Wohnraum

hierbei die Sicht der Vertragsparteien zum Zeitpunkt des Abschlusses des Mietvertrags (OLG Koblenz MDR 2010, 1375).

34   **aa)** Aus der Vertragsurkunde muss der **Mietgegenstand** ersichtlich sein. Die vermieteten Räume sowie eventuell mitvermietete Stellplätze, Freiflächen und Nebengelasse sind bestimmbar zu bezeichnen (Hildebrandt ZMR 2007, 588; Timme/Hülk NJW 2007, 3313; Lindner-Figura NZM 2007, 705). Sind Räumlichkeiten zum Betrieb einer Gaststätte vermietet und wird dem Mieter das Recht eingeräumt, auf Teilen der vor den Gaststättenräumen liegenden Fläche Tische und Stühle zum Zwecke der **Außenbewirtschaftung** aufzustellen, so müssen sich aus der Vertragsurkunde oder einem dazu gehörenden Flächenplan die räumlichen Grenzen der Wirtschaftsfläche ergeben (BGH NJW 2000, 354; NJW 2014, 2102; OLG Düsseldorf ZMR 2013, 276). Soweit sich zwischen den einzelnen Räumen Verbindungsflächen befinden, gehören diese naturgemäß zum Mietgegenstand, ohne dass dies ausdrücklich bezeichnet werden muss. Gleiches gilt für Infrastruktureinrichtungen die nicht zum vermieteten Bereich zählen aber notwendig sind, damit der Mieter einen Zugang zu dem von ihm angemieteten Mietobjekt hat (z. B. der Fahrstuhl oder der Eingangsbereich eines Mietshauses (OLG Dresden Beschluss vom 26.2.2019 – 5 U 1894/18). Ist ein vollständiges Grundstück vermietet, so genügt dessen postalische oder Grundbuchbezeichnung (OLG Rostock NJW 2009, 445; **a. A.** OLG Hamm Urteil vom 27.6.2005 – 18 U 170/04, juris). Sind Teile eines Grundstücks vermietet, so müssen sich die Grenzen des Mietgegenstands aus der Urkunde oder aus den Anlagen – z. B. einem Lageplan – ergeben; dies gilt auch dann, wenn zwischen den Vertragsparteien Klarheit über den Vertragsgegenstand besteht und sie aus diesem Grunde die Fertigung eines Lageplans für entbehrlich halten (OLG Hamm Urteil vom 6.5.2011 – 30 U 15/10, juris unter Rz 162 betr. Golfplatz). Die Beifügung eines Lageplans ist entbehrlich, wenn sich der Mietgegenstand aus den übrigen Vertragsvereinbarungen ergibt (BGH NZM 2009, 198). Sind die schriftlich niedergelegten Vereinbarungen über den Vertragsgegenstand unklar oder mehrdeutig, so ist das von den Parteien Gewollte durch Auslegung zu ermitteln. Insoweit genügt es, wenn sich etwaige Zweifel an der exakten Lage des Vertragsgegenstands auch ohne Zuhilfenahme von Anlagen zum Vertrag, insbesondere anhand des Umfangs der tatsächlichen, bis zum Zeitpunkt des Vertragsschlusses währenden Nutzung durch die Parteien beseitigen lassen (OLG Dresden ZMR 2017, 469).

35   Eine Regelung in einem schriftlichen Mietvertrag, wonach zur Mietsache ein **Keller** gehört, kann unterschiedlich bewertet werden. Denkbar ist zum einen, dass dem Vermieter das Recht eingeräumt werden soll, dem Mieter nach Vertragsschluss einen bestimmten Keller zuzuweisen. Bei dieser Vereinbarung steht dem Vermieter ein Leistungsbestimmungsrecht gem. § 315 Abs. 1 BGB zu. In diesem Fall ist die Schriftform gewahrt, weil sich der Gegenstand des Leistungsbestimmungsrechts aus der Vertragsurkunde ergibt (BGH NJW 2008, 1661; NJW 2013, 1082). Die Ausübung des Leistungsbestimmungsrechts ist nach der Rechtsprechung formlos möglich (BGH NJW 1984, 612 unter Ziff II 2 m. w. N.; NJW 2013, 1082). Haben sich die Parteien dagegen bereits bei Vertragsschluss mündlich über einen bestimmten Keller geeinigt, so ist zwar die Schriftform nicht gewahrt. Dies schadet allerdings nicht, weil eine Vereinbarung über die Lage und Größe eines Zubehörraums zu den Regelungen von nebensächlicher Bedeutung zählt. Solche Vereinbarungen sind nicht beurkundungsbedürftig (BGH NJW 2008, 1661; OLG Düsseldorf ZMR 2011, 545, 546).

36   Für die Vermietung sonstiger **Zubehörräume** oder von **PKW-Stellplätzen** (BGH NJW 2013, 1082) gelten dieselben Grundsätze. Ist vereinbart, dass das ge-

samte **Inventar** mitverpachtet ist, so genügt dies der Form des § 550 BGB. Dies gilt auch dann, wenn vereinbart wird, dass ein Inventarverzeichnis aufzunehmen ist und dieses Bestandteil des Vertrags werden soll. Das Inventarverzeichnis dient in einem solchen Fall lediglich zu Beweiszwecken (BGH NZM 2009, 198).

Wird bei der **„Vermietung vom Reißbrett"** vereinbart, dass die genaue Größe und Lage einer zu vermietenden Freifläche „noch festgelegt" werden, so ist die gesetzliche Schriftform nicht gewahrt (OLG Celle NZM 2005, 219). In einem solchen Fall genügt es nicht, wenn der Vermieter die Größe der Freifläche in der Folgezeit festlegt und der Mieter daraufhin eine Miete bezahlt, die der Größe der Freifläche entspricht. Vielmehr müssen Vertragsergänzungen von beiden Seiten unterzeichnet werden (OLG Celle a.a.O.). Ergibt sich der Mietgegenstand aus einer gesonderten **Anlage,** so muss diese zum Bestandteil der Vertragsurkunde gemacht werden. Besteht die Anlage aus einem **Grundrissplan,** so ist es nicht erforderlich, dass der Plan maßstabsgetreu ist. Es genügt, wenn der Mietgegenstand auf Grund des Planes hinreichend genau bestimmt werden kann (OLG Naumburg ZMR 2008, 371). Ist ein bestimmtes Grundstück vermietet und ergibt sich der Umfang der Mietsache aus dem **Grundbuch,** so ist eine nähere Beschreibung in der Vertragsurkunde allerdings entbehrlich (BGH NJW 2007, 1817). Wird ein befristeter Mietvertrag mit der Maßgabe abgeschlossen, dass der Mieter während der Mietzeit umziehen soll, so ist die gesetzliche Schriftform nur gewahrt, wenn auch die künftig zu beziehenden Räumen genau gezeichnet sind (KG NZM 2007, 248). 37

bb) Zu den wesentlichen Vertragsbedingungen zählt weiterhin die **Vereinbarung über die Vertragszeit.** Maßgeblich ist insoweit, ob ein möglicher Erwerber der Mietsache dem schriftlichen Mietvertrag entnehmen kann, wann das Mietverhältnis endet. Für Mietverträge mit Verlängerungsoption s. Rdn. 19. Für die Bestimmbarkeit ist es nicht erforderlich, dass das Mietende kalendermäßig bestimmt wird. Es genügt, wenn sich aus der Vertragsurkunde der Beginn der Mietzeit und die vereinbarte Laufzeit ergeben. Es ist allerdings nicht erforderlich, dass die Mietzeit taggenau allein aus der Vertragsurkunde bestimmt werden kann. Vielmehr genügt es, wenn die Vertragsurkunde Anhaltspunkte enthält auf Grund derer der Erwerber Erkundigungen beim Veräußerer oder beim Mieter einholen kann. Deshalb ist beispielsweise die Schriftform gewahrt, wenn einer Partei eine Verlängerungsoption eingeräumt wird und unklar ist, ob der Berechtigte die Option ausgeübt hat; wenn ein Mietvertrag unter einer aufschiebenden Bedingung abgeschlossen wurde und unklar ist, ob die Bedingung eingetreten ist; wenn in einem Gewerbemietvertrag vereinbart ist, dass dem Vermieter das Recht zur Anpassung der Betriebskostenvorauszahlungen zustehen soll und er von diesem Recht Gebrauch gemacht hat (BGH Urteil vom 5.2.2014 – XII ZR 65/13, NJW 2014, 1300) oder wenn der Mietbeginn nicht im Mietvertrag selbst, sondern in einem separaten Übergabeprotokoll festgehalten wurde (BGH, NJW 2013, 3361; NJW 2014, 1300). Nach der Auffassung des BGH ist dem Gebot der Bestimmbarkeit Genüge getan, wenn der Vertragsbeginn mit Begriffen wie **„Mietbeginn bei Übergabe"** umschrieben wird (BGH NJW 2006, 139; NJW 2007, 1817; NJW 2007, 3273; NJW 2009, 2195 unter Rz 28 und NJW 2010, 1518 unter Rz 11 betr. Vermietung vom „Reißbrett"; BGH, NJW 2013, 3361 = WuM 2013, 668 = NZM 2013, 759; NJW 2014, 1300 Rz. 22; ebenso: OLG Jena NZM 2008, 572; OLG Dresden Beschluss vom 26.2.2019 – 5 U 1894/18; KG Urteil vom 11.4.2019 8 U 147/17; kritisch hierzu: Hau DWW 2008, 82, 84; **a. A.** OLG Naumburg NZM 2004, 825; OLG Dresden NZM 2004, 826). 38

§ 550 BGB Untertitel 2. Mietverhältnisse über Wohnraum

39   cc) Das **Gebot der Klarheit** ist nicht gewahrt, wenn die Parteien Ansprüche vereinbaren oder ausschließen, deren Umfang nicht feststeht (BGH a. a. O. für Vereinbarung, wonach eine Mieterhöhung ausgeschlossen sein sollte, bis die Investitionen des Mieters abgegolten sind). Ist nach den Regelungen in dem schriftlichen Mietvertrag unklar, ob die Parteien ein befristetes oder ein unbefristetes Mietverhältnis gewollt haben, so ist die gesetzliche Schriftform ebenfalls nicht gewahrt (OLG Köln WuM 1999, 521; OLG Rostock ZMR 2001, 28; KG GE 2016, 392). Gleiches gilt, wenn unklar ist; unter welchen Voraussetzungen sich ein befristetes Mietverhältnis über die ursprüngliche Vertragszeit hinaus verlängert (OLG Naumburg GuT 2012, 363). Zunächst muss allerdings geprüft werden, ob der unklare oder unvollständige schriftliche Vertragstext durch Auslegung ergänzt werden kann (BGH NJW 1999, 3257; NJW 2006, 139). Hierbei kann auch auf **Umstände außerhalb der Vertragsurkunde** zurückgegriffen werden. Es genügt insoweit, dass der Parteiwille in der Vertragsurkunde andeutungsweise zum Ausdruck gekommen ist (BGH NJW 1999, 3257; NJW 2014, 2102; Landwehr in: Bub/Treier Kap II Rdn. 2487). Kann der Vertragsinhalt nicht im Wege der Auslegung konkretisiert werden, so ist die Schriftform nicht gewahrt.

40   c) **Aus dem schriftlichen Mietvertrag müssen sich alle wesentlichen Vertragsbedingungen,** insbesondere die Parteien des Mietvertrags, der Mietgegenstand, der Mietzins und die Dauer des Mietverhältnisses **ergeben.** Die Abgrenzung der wesentlichen von den unwesentlichen Vereinbarungen ist nach dem Sinn und Zweck des § 550 vorzunehmen und hängt im Wesentlichen von den Umständen des Einzelfalls ab (s. Rdn. 41–44). Eine allgemein gültige Systematisierung erscheint nicht möglich (anders wohl: M. Huneke NZM 2015, 478). Werden die Vereinbarungen in Anlagen ausgelagert, so müssen die Parteien die Zusammengehörigkeit der Urkunden zweifelsfrei kenntlich machen (BGH NJW 2008, 2178; NJW 2008, 2181 Tz 24, 27; NJW 2009, 2195, 2196; NZM 2010, 704 Tz 21; NJW 2013, 1083). Steht fest, dass die Parteien neben dem schriftlich vereinbarten auch mündliche Abreden getroffen haben, so ist der gesamte Vertrag nach Ablauf eines Vertragsjahres kündbar.

41   **Hiervon gelten folgende Ausnahmen:** (1) wenn die mündliche Abrede lediglich der **Erläuterung und Konkretisierung** der schriftlichen Vereinbarungen dient (BGH LM § 566 BGB Nr. 2; GE 1999, 980); hierzu zählen auch **Hausordnungen,** durch die der kraft Gesetzes gegebene Mietgebrauch konkretisiert wird (BGH GE 1999, 980; **a. A.** wohl OLG Naumburg WuM 2000, 671) Gleiches gilt für die zahlreichen Mietverträgen beigefügte **„Aufstellung der Betriebskosten"** (BGH a. a. O.). Ist dem Mietvertrag ein **Plan** beigefügt, so kommt es darauf an, ob sich der Mietgegenstand nur aus dem Plan ergibt, oder ob er außerdem im Mietvertrag selbst hinreichend genau beschrieben ist. Im erstgenannten Fall muss der Plan selbst der gesetzlichen Formvorschrift entsprechen (OLG Jena NZM 1999, 906; im zweitgenannten Fall ist dies entbehrlich (BGH GE 1999, 980; NZM 2001, 43; NZM 2002, 20).

42   (2) wenn die **Zusatzabreden von unwesentlicher oder nebensächlicher Bedeutung** sind (BGH NJW 1999, 3257; BGH NJW 2008, 1661; NJW 2009, 2178 unter Ziff. II 2b; NJW 2015, 2034 Rdn. 15; OLG Jena NZM 2008, 572). Die Abgrenzung muss dabei nach objektiven Kriterien erfolgen. Verfehlt ist die Ansicht des OLG Koblenz (NZM 2002, 293), wonach eine Betriebskostenumlagevereinbarung als unwesentliche Zusatzabrede nicht der Schriftform bedürfe (so zutreffend Schmid NZM 2002, 483; Timme/Hülk NJW 2007, 3313). Es kommt nicht darauf an, ob die Parteien der Abrede eine wesentliche Bedeutung beimessen. Die

in vielen Verträgen enthaltene Formulierung, wonach eine bestimmte Anlage „wesentlicher Bestandteil des Vertrages" sei, hat demnach auf die rechtliche Beurteilung keinen Einfluss (BGH GE 1999, 980; NZM 2001, 43).

(3) wenn weder die Vertragsparteien selbst, noch ein potentieller Erwerber ein 43 Interesse an der Kenntnis oder der Beweisbarkeit einer Abrede haben, weil diese **wegen Zeitablaufs keinerlei Relevanz** mehr für einen von ihnen hat (vgl. BGH NJW 1999, 3257; KG GE 2001, 1402 betr. Aktennotiz über den Beginn des Mietverhältnisses) oder weil lediglich die vertragsschließenden Parteien an die Vereinbarung gebunden sind. Ist der Vermieter verpflichtet, die Räume vor der Übergabe auszubauen, so spielt diese Vereinbarung für einen späteren Erwerber keine Rolle; die Beachtung der der Schriftform ist deshalb entbehrlich. Nichts anderes gilt, wenn sich der Mieter verpflichtet, die Räume auszubauen (a. A. OLG Düsseldorf ZMR 2007, 446, 447). Anders ist es, wenn mit der Vereinbarung Regelungen verbunden sind, die in die Zukunft wirken (OLG Frankfurt ZMR 2017, 882), etwa eine Mieterhöhungsbeschränkung oder Vergütungsvereinbarungen für den Fall des Vertragsendes. Haben die Parteien einen Kündigungsverzicht vereinbart (z. B. den Ausschluss der Eigenbedarfskündigung), so geht eine solche Vereinbarung auf den Erwerber über: infolge dessen bedarf sie der Schriftform (BGH WuM 2007, 272; Landwehr in: Bub/Treier Kap II Rdn. 2451). Im Einzelfall kann auch eine Regelung über die Herabsetzung der Miete betreffend einen zurückliegenden Zeitraum noch Bedeutung für die Zukunft haben, insbesondere wenn aus der fraglichen Zeit Zahlungsrückstände bestehen. Die abstrakte Möglichkeit solcher Ansprüche reicht aus (OLG Frankfurt ZMR 2017, 882).

(4) Vereinbarungen, die lediglich für eine Zeit bis zu einem Jahr von Bedeutung 43a sind (KG NZM 2018, 607).

(5) wenn die Abrede ein **vom Mietverhältnis unabhängiges Rechts-** 44 **geschäft**, z. B. eine Verpflichtung zur Übernahme des Inventars betrifft.

d) Verwenden die Parteien einen **Formularvertrag**, so gelten alle dort enthal- 45 tenden Klauseln. Eine Ausnahme gilt, wenn feststeht, dass die Parteien übereinstimmend eine **bestimmte Klausel nicht gewollt** haben. In diesem Fall ist die betreffende Klausel bedeutungslos; keine der Parteien kann aus einer solchen Klausel etwas herleiten. Nach der Auffassung der OLG Düsseldorf soll hierdurch die Schriftform nicht tangiert werden (OLG Düsseldorf NJW-RR 1995, 1417 = WuM 1995, 485 = ZMR 1995, 404). Diese Auffassung ist abzulehnen, weil damit der Gesetzeszweck des § 550 BGB (Schutz des Erwerbers) verfehlt wird. Nach richtiger Auffassung ist davon auszugehen, dass die Schriftform des § 550 BGB nicht gewahrt ist, weil die Vertragsbedingungen und die Vertragsurkunde voneinander abweichen. Eine Ausnahme gilt, wenn die nicht gewollten Klauseln unbedeutende Nebenpunkte betreffen.

e) Die Vertragsvereinbarungen müssen widerspruchsfrei sein. In der 46 Rechtsprechung wird teilweise die Ansicht vertreten, dass ein nach dem Wortlaut des Vertrags bestehender Widerspruch unbeachtlich ist, wenn der Wille der Parteien mit hinreichender Klarheit feststeht. Hiervon ist insbesondere dann auszugehen, wenn ein Formularvertrag durch maschinen- oder handschriftliche Zusätze oder auf Grund mündlicher Vereinbarung abgeändert wird und die hiervon abweichende Formularklausel versehentlich nicht gestrichen wurde (OLG Düsseldorf NJW-RR 1995, 1417). Nach anderer Meinung ist ein objektiv unklarer Vertrag jedenfalls nicht in der nach § 550 BGB geforderten Schriftform geschlossen (OLG Köln NZM 1999, 1142; OLG Rostock NZM 2001, 426; KG GE 2016, 392; Landwehr in: Bub/Treier Kap II Rdn. 2488). Danach ist die Schriftform nur

§ 550 BGB Untertitel 2. Mietverhältnisse über Wohnraum

gewahrt, wenn alle anderslautenden Formularklauseln gestrichen werden. Nach der hier vertretenen Ansicht gilt folgendes: Bei gleichzeitiger Verwendung von AGB-Klauseln und Individualvereinbarungen haben der letztgenannte Vorrang (§ 305b BGB). Beim Widerspruch gleichrangiger Vereinbarungen muss durch Auslegung ermittelt werden, welche Regelung gelten soll. Lässt sich dies nicht feststellen, so gilt keine der sich widersprechenden Bedingungen. Wird der Vertrag auf diese Weise unklar, so ist die gesetzliche Schriftform nicht gewahrt.

47 **f)** Außerdem gilt der **Grundsatz der Einheitlichkeit der Vertragsurkunde.** Die Vertragsbedingungen (mit Ausnahme der in Rdn. 41–44 genannten), müssen grundsätzlich in einer einzigen Urkunde niedergelegt werden.

48 **aa)** Besteht das **Vertragswerk aus mehreren Urkunden,** so muss sich aus der Vertragsgestaltung die Zusammengehörigkeit der Urkunden ergeben. Die Unterzeichnung eines Schriftstücks, das erst im Zusammenhang mit anderen, darin in Bezug genommenen Schriftstücken (z. B. allgemeine Geschäftsbedingungen) die abgegebene Erklärung erkennen lässt, genügt zur Wahrung der Schriftform nur dann, wenn auf die andere Urkunde derart Bezug genommen wird, dass im Ergebnis die abgegebenen Erklärungen in einer Urkunde enthalten sind. Dazu wird in der Regel gefordert, dass das in Bezug genommene Schriftstück der unterzeichneten Urkunde unmittelbar beigefügt wird (BGH LM § 566 BGB Nr. 6). Erforderlich ist insoweit, dass die in Bezug genommenen **Schriftstücke** derart mit der unterzeichneten Urkunde **verbunden** werden, dass entweder die Auflösung der Verbindung nur mit teilweiser Substanzzerstörung möglich ist (Heften mit Faden, Anleimen; spezielle Klebe- oder Bindetechnik) oder die körperliche Verbindung muss als dauernd gewollt erkennbar sein und ihre Lösung Gewaltanwendung erfordern (Heften mit Heftmaschinen, Heftklammern [nicht: Büroklammer, BGH NJW 1999, 3257]). Es genügt nicht, wenn das einzelne Schriftstück so beigefügt ist, dass es von den übrigen jederzeit getrennt werden kann. Es kommt nicht auf die größere oder geringere Festigkeit der Verbindung an, sondern darauf, ob die Verbindung den Willen ersehen lässt, dass die Schriftstücke eine Einheit bilden sollen, wie dies durch das Heften mit einer Heftmaschine bewirkt wird (BGHZ 40, 225). Der hier dargestellte Grundsatz gilt auch, wenn der Mietgegenstand unter Bezugnahme auf einen **Lage- oder Grundrissplan** konkretisiert werden soll (BGH NJW 2007, 288). In diesem Fall muss der Plan fest mit der Vertragsurkunde verbunden werden. Eine Ausnahme gilt, wenn sich der Mietgegenstand bereits aus der Vertragsurkunde ergibt (BGH NJW 2005, 2225).

49 **bb)** Ähnliche Grundsätze gelten, wenn die **Mietvertragsurkunde aus mehreren Blättern** besteht. Auch hier muss die Einheit der Vertragsurkunde erkennbar sein. Die Zusammengehörigkeit einer aus mehreren Blättern bestehenden Urkunde kann entweder durch **körperliche Verbindung** oder aber sonst in geeigneter Weise (OLG Düsseldorf WuM 1994, 271 = DWW 1994, 119 = ZMR 1994, 213: „Zusammenfassung in einem Ordner") erkennbar gemacht werden. Allerdings muss die Verbindung von beiden Parteien gemeinsam gewollt sein. Die Verbindung kann im Zusammenhang mit dem Vertragsschluss aber auch später (z. B. im Rahmen einer Ergänzungs-, Änderungs- oder Verlängerungsvereinbarung; [LG Berlin GE 1997, 963]) erfolgen. Es genügt allerdings nicht, wenn eine oder beide Parteien die für sie bestimmten Vertragsausfertigungen jeweils unabhängig voneinander zum Zwecke der Aufbewahrung mittels einer Büroklammer zusammenfassen (BGH NJW 1999, 3257; OLG Düsseldorf a. a. O.).

50 **cc)** Anstelle einer körperlichen Verbindung genügt es nach neuerer Rechtsprechung, (sog. **„Auflockerungsrechtsprechung"**) wenn sich die Zusammengehörigkeit mehrerer Urkunden oder mehrerer Blätter „aus fortlaufender Paginierung, fortlaufender Nummerierung der einzelnen Bestimmungen, einheitlicher graphischer Gestaltung, inhaltlichem Zusammenhang des Textes oder vergleichbaren Merkmalen zweifelsfrei ergibt" (BGHZ 136, 357 = NJW 1998, 58; NJW 1999, 3257; NZM 2000, 907; NZM 2002, 20; NZM 2003, 476, 477; NJW 2008, 2178 unter Ziff. II 2 b-aa); NJW 2008, 2181 unter Ziff II 2a). Erforderlich ist, dass auf Grund der konkreten Vertragsgestaltung Zweifel über Inhalt und Reichweite des Mietvertrags ausgeschlossen sind (BGH NJW 1999, 1104; OLG Köln NZM 1999, 619). Deshalb reicht diese Form der Verknüpfung nur dann aus, wenn alle Teile der Vertragsurkunde einschließlich der Anlagen (Pläne, Aufstellung der Betriebskosten, Hausgemeinschaftsordnung, etc.) einbezogen werden (Thüringisches OLG ZMR 1997, 291; OLG Jena NZM 1999, 906). Hierfür genügt es, wenn Mietvertrag und die dazu gehörenden Anlagen wechselseitig aufeinander Bezug nehmen (KG NZM 1998, 369; OLG Naumburg OLG-Rp Naumburg 1998, 307). Zusatzvereinbarungen müssen nicht mit dem Hauptvertrag verbunden werden, wenn deren Zugehörigkeit zum Hauptvertrag eindeutig ist (BGH NZM 2002, 20 für Mietanpassungsvereinbarung). Ist dem Mietvertrag eine Skizze beigefügt, auf der die Mieträume eingezeichnet sind, so ist nicht in jedem Fall erforderlich, dass die Skizze fest mit der Vertragsurkunde verbunden wird oder dass die Vertragsurkunde auf die Skizze Bezug nimmt. Die technische oder gedankliche Verbindung ist vielmehr dann entbehrlich, wenn sich dem Mietgegenstand bereits aus der Vertragsurkunde hinreichend deutlich ergibt (OLG Hamm NZM 1998, 720). Dagegen ist die Schriftform nicht gewahrt, wenn zu dem Mietvertrag Anlagen mit eigenständigen Regelungen gehören und sich aus der Vertragsurkunde nicht ergibt, dass diese durch konkret bezeichnete oder durchnummerierte Anlagen ergänzt wird (OLG Dresden ZMR 1998, 420).

3. Verlängerungsvertrag

Soll ein schriftlicher Mietvertrag zeitlich verlängert werden, so genügt es zur Wahrung der Schriftform, wenn der Verlängerungsvertrag von den Mietvertragsparteien unterzeichnet wird und dort auf den Ursprungsvertrag Bezug genommen wird (BGH NJW-RR 1988, 201). Die Bezugnahme auf die Haupturkunde setzt voraus, dass diese genau bezeichnet wird. Es genügt nicht, wenn in einem Verlängerungsvertrag auf einen „zur Zeit bestehenden Pachtvertrag" verwiesen wird (OLG Naumburg OLGR Naumburg 2007, 362). Es ist nicht erforderlich, dass der Mietvertrag und der Verlängerungsvertrag körperlich verbunden werden (BGH NJW 1964, 1851, BGHZ 52, 25). Dies gilt allerdings nur dann, wenn der Verlängerungsvertrag selbst alle wesentlichen Elemente eines Miet- oder Pachtvertrags enthält (BGHZ 52, 25) oder wenn die Nachtragsurkunde zum Ausdruck bringt, es solle unter Einbeziehung des Nachtrags bei dem verbleiben, was bereits formgültig niedergelegt ist (BGH NJW 1992, 2283; NZM 1999, 559, 561; OLG Düsseldorf DWW 1991, 51). Erforderlich ist, dass zwischen dem Ursprungsvertrag und dem Verlängerungsvertrag eine gedankliche Verbindung besteht. Dies muss allerdings in einer zweifelsfreien Bezugnahme zum Ausdruck kommen (BGH NJW 2008, 2181 unter Rdn. 24; NJW 2015, 2034 Rdn. 27). Dies ist nicht der Fall, wenn im Verlängerungsvertrag die Angabe des Mietpreises fehlt. In diesem Fall ist die Schriftform nur gewahrt, wenn der Verlängerungsvertrag körperlich fest mit dem Mietvertrag verbunden ist (BGHZ 50, 39). Die Wiederholung des Mietpreises ist allerdings entbehrlich, wenn sich aus dem Verlängerungsvertrag selbst eindeutig ergibt, dass es beim ursprünglichen Mietpreis verbleiben soll (BGH, LM § 566 BGB

Nr. 22). Wird ein neuer Mietvertrag mit dem gleichen Inhalt, wie ein zuvor bereits bestehender Mietvertrag geschlossen, so ist die gesetzlich vorgesehene Schriftform auch dann nicht gewahrt, wenn er inhaltsgleich mit den in der äußeren Form niedergelegten Vertragsbedingungen konkludent abgeschlossen worden ist, es aber an einer von beiden Parteien unterzeichneten Mietvertragsurkunde fehlt (BGH WuM 2020, 79).

51a Von der Verlängerung durch Vertrag ist die **Verlängerung auf Grund einer vereinbarten Verlängerungsoption** zu unterscheiden: Die Optionsklausel bedarf der Schriftform; die Ausübung der Option ist formlos möglich (s. § 542 Rdn. 207, 207a) Die Erklärung ist gegenüber dem Vermieter abzugeben. Steht das Mietobjekt unter Zwangsverwaltung, so muss die Option gegenüber dem Zwangsverwalter erklärt werden (BGH NZM 2019, 172). Der Zweck des § 550 BGB wird hierdurch nicht in Frage gestellt, weil ein Erwerber bereits durch die Optionsklausel auf die Möglichkeit eine von der Vertragsurkunde abweichende Vertragszeit hingewiesen wird.

4. Ergänzungs-/Änderungsvertrag

52 Wird ein befristeter Vertrag durch eine Nachtragsvereinbarung geändert oder ergänzt, so bedarf auch die Nachtragsvereinbarung der Schriftform. Es gilt der Grundsatz der „Urkundeneinheit." Diese ist nur gewahrt, wenn die Zusammengehörigkeit von Ursprungsvertrag und Nachtrag zweifelsfrei zu erkennen ist. Dies kann dadurch erfolgen, dass der Nachtrag körperlich mit der Ursprungsurkunde verbunden wird, etwa durch eine feste Verklammerung. Es genügt aber auch die bloße gedankliche Verbindung beider Urkunden. Diese muss dann in einer zweifelsfreien Bezugnahme zum Ausdruck kommen (BGH NJW 2015, 2034 Rz 27 mwN). Nach der Rechtsprechung des BGH ist es ausreichend, wenn die Nachtragsvereinbarung als solche bezeichnet wird. Dann ist klar, dass diese Vereinbarung auf einen Ursprungsvertrag Bezug nimmt. Bei mehreren Nachträgen sind die Urkunden als „2. Nachtrag", „3. Nachtrag", usw. kenntlich zu machen. Aus dem Umstand, dass eine Urkunde als „2. Nachtrag zum Mietvertrag …" bezeichnet wird, ergibt sich, dass es einen ersten Nachtrag geben muss (BGH a. a. O. Rz. 28.; KG ZMR 2018, 582). Im Übrigen gelten für Nachtragsverträge dieselben Grundsätze wie für den Ursprungsvertrag (BGH NZM 2012, 502). Deshalb bedürfen grundsätzlich auch solche Änderungen der Schriftform, die keine Verpflichtungen für einen potentiellen Grundstückserwerber enthalten, sondern ausschließlich Verpflichtungen des Mieters zum Inhalt haben (BGH NJW 2009, 2195 unter Rz 30). Erforderlich ist eine lückenlose Bezugnahme auf alle Vereinbarungen (Ursprungsvertrag, Ergänzungen, Nachträge). Anderenfalls ist die Schriftform nicht gewahrt (OLG Frankfurt NZM 2018, 607; OLG München ZMR 2019, 266; Lindner-Figura NJW 2009, 1861). Es genügt allerdings, wenn der formgültig unterzeichnete Ergänzungsvertrag hinreichend auf den Ursprungsvertrag Bezug nimmt (BGH NZM 2000, 548, 549). Eine Ausnahme gilt, wenn der Ergänzungs- oder Änderungsvertrag nur unwesentliche Änderungen enthält.

53 **a) Wesentliche Änderungen** sind z. B. die **Veränderung** – auch die Herabsetzung; s. aber Rdn. 54 – (OLG Rostock DWW 2002, 331; OLG Düsseldorf GE 2003, 251) – **des Mietpreises** (BGH NJW 1999, 3257; NZM 2018, 515; OLG Karlsruhe GE 2001, 694). Wird die Mieterhöhung auf eine **Wertsicherungsklausel** gestützt, so ist zu unterscheiden: **(1)** Ist vereinbart, dass sich die Miete bei einer

Veränderung eines von den Parteien bestimmten Index ohne Zutun der Parteien („automatisch") verändert, wenn sich der Index verändert, so bedarf zwar die Anpassungsklausel der Schriftform; das Verlangen der begünstigten Partei auf Mietanpassung ist dagegen formlos möglich (BGH NJW 2014, 1300). (2) Gleiches gilt, wenn bei einer bestimmten Indexänderung eine Partei durch eine einseitige Willenserklärung eine Veränderung der Miete bewirken kann (BGH a. a. O.). (3) Ist demgegenüber vereinbart, dass eine Partei bei einer bestimmten Indexveränderung Anspruch auf eine Neufestsetzung der Miete hat, so tritt die Mietänderung weder „automatisch" oder auf Grund einer einseitigen Erklärung einer Partei ein, sondern wird im Wege eines Änderungsvertrags vollzogen. Dieser Änderungsvertrag bedarf der Schriftform (BGH NZM 2018, 515 betreffend eine Klausel wonach der Vermieter bei einer Veränderung des vereinbarten Preisindex „*eine Neufestsetzung der ... Grundmiete verlangen*" kann). In der instanzgerichtlichen Rechtsprechung und der Literatur wird teilweise die Ansicht vertreten, dass **Mietänderungsvereinbarungen von geringem Umfang** formfrei möglich sind (OLG Jena NZM 2008, 572, 575f.; Erman/Lützenkirchen § 550 Rdn. 17; Schweitzer in Guhling/ Günter Gewerberaummiete § 550 BGB Rdn. 61; Landwehr in: Bub/Treier Kap II Rdn. 2522; Leo NZM 2006, 452, 453; Neuhaus Handbuch der Geschäftsraummiete Kap. 5 Rdn. 104f.; V. Emmerich in: Staudinger § 550 Rdn. 29a; Sternel Mietrecht aktuell Rdn. I 131; Timme/Hülk NJW 2007, 3313, 3316). Nach anderer Ansicht zählt eine dauerhafte Mietänderung unabhängig von ihrem Umfang immer zu den wesentlichen Änderungen (OLG Karlsruhe NZM 2003, 513, 517; Lammel in: Schmidt-Futterer § 550 BGB Rdn. 41f; Bieber in: MünchKomm § 550 BGB Rdn. 8; Blank in Blank/Börstinghaus Miete § 550 BGB Rdn. 53; Späth ZMR 2010, 585, 589). Der **BGH** folgt der letztgenannten Meinung – jedenfalls wenn die Mietänderung für mehr als ein Jahr erfolgt und nicht jederzeit vom Vermieter widerrufen werden kann (BGH NJW 2016, 311 Rdn. 14–20). Maßgeblich ist der Schutzweck des § 550 BGB und das Gebot der Rechtssicherheit: Ein Grundstückserwerber, der beim Eigentumsübergang in das Mietverhältnis eintritt habe ein gewichtiges Interesse an der Miethöhe, weil hiervon der Kündigungszeitpunkt beim Zahlungsverzug abhängt.

Bei der **Wohnungsmiete** ist zu beachten, dass die Änderung des Mietvertrags **53a** nicht bereits durch ein **Mieterhöhungsverlangen nach § 558 BGB,** sondern erst dann eintritt, wenn der Mieter zustimmt oder er hierzu verurteilt wird (BGH NJW 2011, 295; vgl. dazu auch Bloching/Ortolf NZM 2012, 334). In einem solchen Fall kann jede Partei eine entsprechende Beurkundung verlangen. Zu den wesentlichen Veränderungen zählt weiter die **Änderung der Fälligkeit der Miete** (BGH NJW 2008, 84 = NZM 2008, 84; kritisch hierzu: Leonhard NZM 2008, 353, 354). Anders ist es, wenn sich der Mietpreis ohne weiteres Zutun der Parteien auf Grund einer Wertsicherungsklausel oder auf Grund eines Leistungsvorbehalts (OLG Jena NZM 2008, 572) verändert hat. Zu den wesentlichen Änderungen zählen außerdem: die **Erweiterung oder Verringerung** der Mietfläche (BGH NZM 1999, 763; OLG Dresden MDR 2015, 1226; OLG Düsseldorf GE 2003, 251, s. dazu auch Rdn. 58a); die zusätzliche **Überlassung eines Kellerraums,** auch wenn hierfür kein zusätzliches Entgelt vereinbart wird (OLG Frankfurt Urt. v. 27.4.2016 – 2 U 9/16, juris), die **Erweiterung (oder Verringerung) des zulässigen Vertragsgebrauchs** (BGH NZM 2017, 189 Rdn. 9), das **Auswechslung des Mietgegenstandes** (BGH NJW 1992, 2283 = ZMR 1992, 2283; NJW-RR 1992, 654; BGH NJW 1999, 3257; unzutreffend OLG Zweibrücken MDR 2011, 349), die **Vereinbarung über die Bebauung eines gemieteten Grundstücks**

§ 550 BGB Untertitel 2. Mietverhältnisse über Wohnraum

(OLG Frankfurt Urteil vom 27.3.2009 – 2 U 72/08); die **Beschränkung der Kündigungsbefugnis,** wenn hierdurch die Dauer des Mietverhältnisses auf längere Zeit als ein Jahr erstreckt wird (BGH LM § 566 BGB Nr. 5) und die **Mietdauer** (BGH NJW 1999, 3257). Der Wechsel oder die **Aufnahme eines weiteren Mieters** (s. Rdn. 82) in das Vertragsverhältnis bedarf der Schriftform, wenn dies auf vertraglicher Regelung (und nicht auf Grund gesetzlicher Vorschriften, z. B. nach §§ 563, 564 BGB) beruht (BGHZ 65, 49; NJW 1998, 62 = NZM 1998, 29; BGH NJW 1999, 3257; NZM 2005, 340; OLG Düsseldorf Urteil vom 20.10.2011 – 10 U 66/11; Landwehr in: Bub/Treier Kap II Rdn. 2530). Ein Mieterwechsel genügt der Schriftform des § 550 BGB, wenn der eintretende Mieter seine Rechtsstellung durch eine Urkunde nachweisen kann. Die Zustimmung des ausscheidenden Mieters ist formlos möglich (OLG Celle NZM 2008, 488). Tritt ein weiterer Mieter dem Vertrag bei, so ist die Schriftform des § 550 BGB gewahrt, wenn der Vermieter mit dem beitretenden Mieter schriftlich vereinbart. Die Zustimmung des ursprünglichen Mieters ist formlos möglich (OLG Celle NZM 2008, 488). Nach der Ansicht des OLG Brandenburg (NZM 2008, 406) bedarf die **Vorverlegung des Mietbeginns** um ca. 10 Tage ebenfalls der Schriftform. Regelmäßig dürften auf diesen Fall jedoch die unter Rdn. 36 dargestellten Grundsätze anzuwenden sein.

54   b) Zu den **unwesentlichen Änderungen** gehören die Vereinbarung über die **Herabsetzung der Miete** für das erste Mietjahr (BGH WPM 1969, 920), eine Herabsetzung der Miete wenn sie zwar einen späteren Zeitraum betrifft, ihre Dauer die Zeit von einem Jahr aber nicht übersteigt (V. Emmerich in: Staudinger § 550 BGB Rdn. 31; Palandt/Weidenkaff § 550 BGB Rdn. 16; Wolf/Eckert/Ball Rdn. 118) sowie eine Vereinbarung über die Herabsetzung der Miete, wenn diese für den Vermieter (und einem eventuellen Erwerber) jederzeit oder nach Ablauf eines Jahres widerrufen werden kann (BGH NJW 2005, 1861). Weiter zählen zu den unwesentlichen Änderungen: die **Erteilung von Erlaubnissen** (Tierhaltungserlaubnis, Untermieterlaubnis [BGH NJW 2013, 1082; LG Kiel WuM 1994, 610; LG Frankfurt DWW 1992, 84]; Erlaubnis zur gewerblichen Mitbenutzung der Wohnung); **Vereinbarungen über eine Mietminderung** für eine absehbare Zeit, oder ähnliche Vereinbarungen (BGH NZM 2005, 456), die sich nicht oder in nicht nennenswertem Umfang auf den Erwerber auswirken. Eine **Änderung der Betriebskostenvorauszahlungen** ist formfrei; anders ist es, wenn der Mieter auf Grund einer vertraglichen Vereinbarung weitere als die bisher geschuldeten Betriebskosten übernehmen soll, es sei denn, dass die Änderung nur geringe Auswirkungen auf die Höhe der Gesamtbetriebskosten hat (OLG Naumburg ZMR 2008, 371 betr. eine Erhöhung der Gesamtbetriebskosten um ca. 2–4%).

54a   Von der Mietänderung durch Vertrag ist die **Änderung auf Grund einer vereinbarten Änderungsklausel** zu unterscheiden, z. B. einer Klausel wonach der Vermieter das Recht zur Anpassung der Miete (OLG Dresden NZM 2017, 442) oder der Betriebskostenvorauszahlungen haben soll: Die Änderungsklausel bedarf der Schriftform; die Ausübung des daraus folgenden Rechts ist formlos möglich. Der Zweck des § 550 BGB wird hierdurch nicht in Frage gestellt, weil ein Erwerber bereits durch die Optionsklausel auf die Möglichkeit eine von der Vertragsurkunde abweichende Vertragszeit hingewiesen wird (BGH NJW 2014, 1300; KG ZMR 2019, 671).

55   c) Die Aufhebung eines Mietverhältnisses durch **Aufhebungsvertrag** ist formlos möglich (Lammel in: Schmidt-Futterer § 550 BGB Rdn. 39; V. Emmerich in:

Form des Mietvertrags **BGB § 550**

Staudinger § 550 BGB Rdn. 30; Landwehr in: Bub/Treier Kap II Rdn. 2534; Bieber in: MünchKomm § 550 BGB Rdn. 5; Wolf/Eckert/Ball Rdn. 103; Timme/Hülk NJW 2007, 3313, 3314), weil der Erwerber nur durch bestehende, nicht durch aufgehobene Mietverträge tangiert wird. Anders ist es, wenn lediglich einzelne Verpflichtungen des Vermieters oder des Mieters aufgehoben werden. Diese Änderungsverträge bedürfen der Schriftform, es sei denn, dass lediglich unwesentliche Verpflichtungen aufgehoben werden.

d) Einzelheiten. Wird ein langfristiger Mietvertrag geändert, so genügt es, 56 wenn die Änderungen schriftlich niedergelegt sind und die **Urkunde von beiden Seiten unterschrieben** wird. Es ist zweckmäßig, die Urkunde fest mit dem Ursprungsvertrag zu verbinden. Es genügt aber auch, wenn die Nachtragsvereinbarung die Parteien bezeichnet, hinreichend deutlich auf den ursprünglichen Vertrag Bezug nimmt, die geänderten Regelungen aufführt und erkennen lässt, dass es im Übrigen bei den Bestimmungen des ursprünglichen Vertrages verbleiben soll. (BGH NJW 2008, 2181) Unerheblich ist es, in wessen Besitz die Urkunde mit der Nachtragsvereinbarung verbleibt (BGH WuM 2004, 534; vgl. auch BGH NJW 1998, 62 = NZM 1998, 29 für Eintritt eines Nachmieters in ein bestehendes Mietverhältnis). Sind über den Ursprungsvertrag zwei **inhaltsgleiche Urkunden** ausgefertigt worden, so müssen sämtliche Ursprungsverträge ergänzt werden (KG GE 1995, 812). Wird die Ergänzung als **Nachtrag auf der ursprünglichen Urkunde** niedergeschrieben, so muss die Nachtragsvereinbarung erneut von beiden Parteien unterzeichnet werden, wenn sie unterhalb der ursprünglichen Unterschriften steht. Die Unterschrift nur einer Partei genügt nicht (BGH WuM 1990, 140 = ZMR 1990, 172). Stehen auf einer Seite **mehrere Personen** (z. B. ein Ehepaar als Mieter), so muss die Nachtragsvereinbarung von allen Beteiligten unterschrieben werden, weil sonst die Schriftform nicht gewahrt ist. Soll ein Mieter oder Vermieter für einen anderen mitunterzeichnen, so muss sich dies aus einem Hinweis in der Urkunde ergeben (BGH NJW 2009, 2195 Rdn. 32; VerfGH Berlin GE 2012, 121; Jacoby NZM 2011, 1, 4) Wird der Nachtrag über den Unterschriften eingefügt, so ist eine erneute Unterzeichnung entbehrlich, weil die Schriftform auch dann gewahrt ist, wenn zuerst unterzeichnet und dann der Vertragstext eingefügt wird (BGH a. a. O.). Dies gilt allerdings nur dann, wenn die Vertragspartner sich über die Änderung einig sind und es ihrem Willen entspricht, dass die Unterschriften für den veränderten Vertragsinhalt Gültigkeit behalten sollen (BGH a. a. O.). Dagegen ist die Schriftform nicht gewahrt, wenn lediglich eine Partei ohne Wissen der anderen auf einem Vertragsexemplar eine Änderung etwa nur zur Gedächtnisstütze vornimmt (BGH NJW 2016, 311 Rdn. 23).

Werden dem Mieter anstelle der bisherigen Räume **andere Räume** überlassen, 57 so hängt es von den Umständen des Einzelfalls ab, ob die Parteien einen neuen Vertrag abschließen **(Novation)** oder lediglich den bisherigen Vertrag ändern **(Vertragsänderung).** Maßgeblich ist in erster Linie der Parteiwille. Dieser ergibt sich im Allgemeinen aus dem Wortlaut des Vertragstextes. Neben dem Wortlaut sind die wirtschaftliche Bedeutung der Abänderung und die Verkehrsauffassung zu berücksichtigen. Die Vertragsänderung ist die Regel und die Novation die Ausnahme. Für die Annahme einer Novation ist ein dahingehender eindeutiger Vertragswille erforderlich; er darf nicht unterstellt werden (BGH WuM 2010, 565). Im Falle der Abänderung ist die Schriftform gewahrt, wenn die Nachtragsurkunde auf den ursprünglichen Vertrag Bezug nimmt und zum Ausdruck bringt, es solle unter Einbeziehung des Nachtrags bei dem verbleiben was bereits formgültig niedergelegt war (BGH NJW 1992, 2283 = ZMR 1992, 2283; NJW-RR 1992, 654).

Blank/Börstinghaus

§ 550 BGB Untertitel 2. Mietverhältnisse über Wohnraum

58 Wird die **Mietfläche** durch eine Nachtragsvereinbarung **erweitert oder verringert,** so muss sich der Umfang der Erweiterung oder Verringerung aus der Vertragsurkunde eindeutig ergeben (BGH NZM 1999, 763). Der Änderungsvereinbarung sollte stets ein Plan beigefügt werden, auf dem die Grenzen des Mietgrundstücks eingezeichnet sind. Dieser Plan sollte von beiden Parteien unterschrieben und mit der Vertragsurkunde verbunden werden. Ist dies nicht möglich, so sollte in dem Änderungsvertrag vermerkt werden, dass hierzu eine Anlage gehört, die aus einem Plan besteht. Ebenso sollte in dem Plan auf den Änderungs- und Mietvertrag Bezug genommen werden.

58a **Vorzeitige Rückgabe.** Gibt der Mieter einen Teil der Mietsache vor Ablauf der Vertragszeit zurück, so ist zu unterscheiden: Ist mit der Teilrückgabe zugleich eine Veränderung des Vertragsgegenstands verbunden, so bedarf die der Teilrückgabe zugrundeliegende Vereinbarung der Schriftform (s. Rdn. 53a). Hiervon ist insbesondere dann auszugehen, wenn mit der Teilrückgabe eine Reduzierung des Mietpreises verbunden ist. Anders kann es sein, wenn die Teilrückgabe lediglich als tatsächlicher Vorgang im Rahmen der Erfüllung der Rückgabepflicht nach § 546 BGB zu bewerten ist (s. dazu OLG Dresden NZM 2017, 442).

5. Untermietverträge

59 Hierfür gelten dieselben Grundsätze wie für sonstige Mietverhältnisse. Ist in einem langfristigen Untermietvertrag vereinbart, dass die Regelungen des Hauptmietvertrags auch für den Untermieter gelten, so genügt es zur Wahrung der Schriftform, wenn der Untermietvertrag auf den Hauptmietvertrag Bezug nimmt und dieser Vertrag dabei so eindeutig bezeichnet ist, dass eine eindeutige Identifizierung und Zuordnung möglich wird. Eine Paraphierung des Hauptvertrags durch die Parteien ist entbehrlich. Es kommt auch nicht darauf an, ob der Hauptvertrag dem Untermietvertrag beigefügt ist (BGH NJW 2003, 1248 = NZM 2003, 281; OLG Bremen ZMR 2007, 363). Zur Frage, ob die Untermieterlaubnis bei einem langfristigen Mietvertrag der Schriftform bedarf s. § 540 Rdn. 47.

6. Unterschrift

60 Nach § 126 Abs. 1 BGB muss die Vertragsurkunde von den Vertragsparteien eigenhändig durch Namensunterschrift oder mittels notariell beglaubigten Handzeichen unterzeichnet werden.

61 **a) Name** i. S. des § 126 BGB ist der Vor- und Familienname. Die Unterschrift mit dem Familiennamen genügt (OLG Hamm Urteil vom 6.5.2011 – 30 U 15/10, juris unter Rz 153). Eine Unterzeichnung mit dem Vornamen, einem Pseudonym, einem Künstler- oder einem Phantasienamen reicht ebenfalls aus. Die Angabe einer bloßen Funktionsbezeichnung („Der Hauseigentümer") ist keine Namensunterschrift.

62 **b)** Eine Unterschrift liegt vor, wenn der Name in Form eines individuellen Schriftbilds wiedergegeben wird. Der Unterzeichnende muss mit seinem vollen Namen unterschreiben; Leserlichkeit ist nicht erforderlich (BGH NJW 1997, 3380, 3381; BGH Beschluss vom 9.2.2010 – VIII ZB 67/09, juris und VIII ZB 71/09, juris betr. eine Unterschrift bestehend aus einem lesbaren Anfangsbuchstaben und einer langgezogenen Wellenlinie; OLG Köln NZM 2005, 705, 706 betr. „Wellenlinie"). Die **Form der Schrift** ist gleichgültig. Es muss sich keineswegs um die üblicherweise gebrauchte Unterschrift handeln; auch die Wiedergabe des

Namens in Druckbuchstaben ist eine Unterschrift. Gleiches gilt für die von einem Analphabeten verwendeten Schriftzeichen, z. B. „drei Kreuze" (**a. A.** Landwehr in: Bub/Treier Kap II Rdn. 2491). Ein bloßes Handzeichen (Paraphe) reicht dagegen nur aus, wenn es notariell beglaubigt ist, was so gut wie nie vorkommen wird.

c) Die Namensunterschrift muss **unter dem Vertragstext** stehen und diesen 63
räumlich abschließen (BGH NJW-RR 1990, 518 = WuM 1990, 140 = ZMR 1990, 172; NJW 1994, 2300). Gehört zu einem Mietvertrag eine Anlage, so ist die Schriftform gewahrt, wenn der Vertragstext auf die Anlage Bezug nimmt und die Parteien das Vertragswerk auf der letzten Seite der Anlage unterzeichnen (OLG Koblenz NZM 2013, 767). Eine „Oberschrift" oder „Seitenschrift" genügt nicht, weil bei dieser Form der Zeichnung unklar bleibt, ob die Parteien den gesamten Vertragstext gebilligt haben. Die Vertragsurkunde kann auch blanko unterschrieben werden. Der später eingefügte Text muss aber auch hier vollständig über der Unterschrift stehen. Wird der Vertrag nach der Unterzeichnung ergänzt, so genügt es, wenn die Ergänzung über der bereits geleisteten Unterschrift eingefügt wird. Eine erneute Unterzeichnung der Ergänzung ist hier nicht erforderlich (BGH NJW 1994, 2300). Wird die Ergänzung unterhalb der Unterschriften eingefügt, so muss die Urkunde erneut unterschrieben werden, wobei die Unterschriften wiederum so zu plazieren sind, dass der Text räumlich abgeschlossen wird.

d) § 126 BGB verlangt eine **eigenhändige Unterschrift.** Dieses Erfordernis ist 64
nicht gewahrt bei der Wiedergabe des Namens mittels einer Schreibmaschine, bei der Verwendung eines Namensstempels, beim Einsatz eines Unterschriftautomats und bei einer gedruckten Unterschrift. Wer nicht schreiben kann, muss für eine notarielle Beurkundung des Mietvertrags sorgen (§ 126 Abs. 3 BGB).

e) Mehrere Vertragspartner. Besteht ein Vertragspartner aus mehreren natür- 65
lichen Personen, so müssen alle unterschreiben. Eine **Stellvertretung bei der Unterschrift** ist zulässig. Deshalb kann beispielsweise einer von mehreren Mietern oder Vermietern zugleich für die übrigen Mieter oder Vermieter unterzeichnen. In einem solchen Fall ist die Schriftform gewahrt, wenn ein Mieter oder Vermieter mit seinem Namen unterschreibt und sich aus der Vertragsurkunde außerdem ergibt, dass der Unterzeichnende zugleich als Vertreter der Vertragspartei tätig wird (BGH NJW 2002, 3389; NJW 2003, 3053; NJW 2004, 1103; NJW 2015, 2034 Rdn. 16; OLG Köln ZMR 2015, 446; Lammel in: Schmidt-Futterer § 550 BGB Rdn. 28; Jacoby NZM 2011, 1, 4). Aus Gründen der Rechtsklarheit darf kein Zweifel bestehen, dass der Unterzeichnende nicht nur für sich selbst, sondern auch für die übrigen Mieter oder Vermieter tätig werden wollte. Ist beispielsweise in einem Vertrag in der Eingangszeile sowohl der Ehemann als auch die Ehefrau aufgeführt, wird der Vertrag aber nur vom Ehemann unterschrieben, so ist die Schriftform nur gewahrt, wenn die Urkunde erkennen lässt, dass der Ehemann zugleich im Namen der Ehefrau gehandelt hat. Dies hat der BGH für die Verlängerung eines Landpachtvertrags entschieden, dabei allerdings offengelassen, ob beim Vertrag über eine Ehewohnung etwas anderes gilt (BGH NJW 1994, 1650). Eine Differenzierung nach Vertragstypen ist allerdings nicht angebracht. In allen Fällen gilt, dass durch den schriftlichen Vertrag nicht nur der genaue Inhalt der Vereinbarungen, sondern auch die Person des oder der Vertragspartner beweiskräftig dokumentiert werden soll. Dieser Zweck kann nur erreicht werden, wenn sich auch die Vertretungsverhältnisse aus der Vertragsurkunde selbst ergeben (OLG Rostock a. a. O.). Auf die Wirksamkeit des Vertreterhandelns kommt es nicht an (Jacoby NZM 2011, 1, 2). Hiervon sind jene Fälle zu unterscheiden in denen als Vermieter nur

einer von mehreren Eigentümern auftritt. In diesem Fall wird nur der im Vertrag genannte Eigentümer Vermieter, während die anderen Eigentümer nicht am Vertrag beteiligt sind. Hier genügt es, wenn lediglich der als Vermieter benannte Eigentümer unterschreibt (BGH NJW 2015, 2648).

66 **f) Außen-GbR, Personenhandelsgesellschaft, Erbengemeinschaft.** Ist eine **Außen-GbR** Vertragspartei, so ist die gesetzliche Schriftform grundsätzlich nur gewahrt, wenn die Vertragsurkunde von allen Gesellschaftern unterzeichnet wird. Die Gesellschafter können ein Mitglied der Gesellschaft mit ihrer Vertretung beauftragen. In diesem Fall muss die Unterschrift des Unterzeichners mit einem Zusatz versehen werden, aus dem sich ergibt, dass der Unterzeichner nicht nur im eigenen Namen sondern zugleich für die übrigen Gesellschafter gehandelt hat (BGH NJW 2003, 3053, 3054 = NZM 2003, 801; ZMR 2004, 19; NZM 2004, 97; OLG Rostock DWW 2002, 331; OLG Naumburg NZM 2004, 825; OLG Hamburg ZMR 2019, 264; abweichend: Weitemeyer NZG 2006, 10, 13). Ein auf das Vertretungsverhältnis hinweisender Zusatz ist entbehrlich, wenn über den Unterschriften ein Stempelaufdruck mit dem Namen und der Anschrift der GbR angebracht wird (BGH NJW 2013, 1082; OLG Dresden NZM 2004, 826, 829; **a. A.** OLG Hamm NZM 2011, 584). Das Hinzusetzen eines (Firmen-)Stempels zu der Unterschrift eines von mehreren gesamtvertretungsberechtigten Geschäftsführern weist aber andererseits denjenigen, der die Unterschrift geleistet hat, dann nicht als allein unterschriftsberechtigt für die Gesellschaft aus, wenn die Urkunde aufgrund ihres sonstigen Erscheinungsbilds nicht den Eindruck der Vollständigkeit erweckt (BGH NZM 2020, 429). Etwas anderes gilt aber wiederum dann, wenn sich die Vertreterstellung bereits aus dem Kopf des Vertrags ergibt (z. B. „Grundstücksgemeinschaft N.N. vertreten durch Herrn XY"), weil dann die Vertretereigenschaft des Unterzeichners zweifelsfrei feststeht (OLG Düsseldorf NZM 2014, 394).

67 Entsprechendes gilt für Mietverträge mit einer **OHG** oder **KG** sowie für die **Erbengemeinschaft** (BGH WuM 2002, 601 = ZMR 2002, 907 und für die **Grundstücksgemeinschaft** (OLG Köln ZMR 2015, 446).)

67a Eine Besonderheit gilt für die **Partnerschaftsgesellschaft**. Die Partnerschaft ist eine Gesellschaft, in der sich Angehörige freier Berufe zur Ausübung ihrer Berufe zusammenschließen. Sie übt kein Handelsgewerbe aus. Angehörige einer Partnerschaft können nur natürliche Personen sein (§ 1 PartGG). Der Name der Partnerschaft muss den Namen mindestens eines Partners, den Zusatz „und Partner" oder „Partnerschaft" sowie die Berufsbezeichnungen aller in der Partnerschaft vertretenen Berufe enthalten (§ 2 Abs. 1 PartGG). Auf die Vertretung der Partnerschaft sind die Vorschriften des § 125 Abs. 1 und 2 sowie der §§ 126 und 127 HGB entsprechend anzuwenden (§ 7 Abs. 3 PartGG). Danach gilt im Innenverhältnis: Zur Vertretung der Partnerschaftsgesellschaft ist jeder Partner ermächtigt, wenn er nicht durch den Gesellschaftsvertrag von der Vertretung ausgeschlossen ist (§ 125 Abs. 1 HGB) Jedoch kann Gesamtvertretung vereinbart werden (§ 125 Abs. 2 HGB). Für das Außenverhältnis gilt: Ist der Gesellschaft gegenüber eine Willenserklärung abzugeben, so genügt die Abgabe gegenüber einem der zur Mitwirkung bei der Vertretung befugten Gesellschafter (§ 125 Abs. 2 S. 3 HGB). Die Vertretungsmacht der Gesellschafter erstreckt sich auf alle gerichtlichen und außergerichtlichen Geschäfte. Dies gilt auch für den Abschluss, die Durchführung und die Änderung von Mietverträgen mit der Gesellschaft. Eine Beschränkung des Umfanges der Vertretungsmacht ist Dritten gegenüber unwirksam (§ 126 Abs. 1 und 2 HGB).

Form des Mietvertrags **BGB § 550**

g) Kapitalgesellschaften/Juristische Personen. Ist eine Kapitalgesellschaft **68** am Vertrag beteiligt, so ist die Schriftform gewahrt, wenn der Mietvertrag durch ein Mitglied des Vorstands und einen Prokuristen mit dem Zusatz „ppA" unterzeichnet wird. Dies gilt auch dann, wenn sich aus dem Handelsregister ergibt, dass die Gesellschaft durch mehrere Vorstandsmitglieder vertreten wird. Auch in einem solchen Fall wird deutlich, dass die Unterzeichnung für alle Vorstandsmitglieder erfolgen soll (BGH NJW 2010, 1453 unter Rdn. 13; NJW 2015, 2034 Rdn. 17). Eine Ausnahme gilt, wenn die Vertretungsregelung im Rubrum des Mietvertrags angegeben ist. Dann ist die gesetzliche Schriftform nach § 550 BGB gewahrt, wenn der Mietvertrag von allen Personen unterzeichnet wird. Ebenso ist die Schriftform gewahrt, wenn der oder die Unterzeichner durch einen Zusatz (z. B.: „i. V.") deutlich machen, dass sie nicht nur für sich selbst, sondern zugleich für diejenigen Personen handeln, die nicht selbst unterzeichnen. Andernfalls bleibt unklar, ob die Urkunde unvollständig ist und es zur Wirksamkeit des Vertrags noch weiterer Unterschriften bedarf (BGH NJW 2010, 1453 Rdn. 2; NJW 2015, 2034 Rdn. 21; Wiek GuT 2010, 365, 366; Kuckein NZM 2010, 148, 150). Wird eine GmbH durch mehrere Geschäftsführer vertreten, so ist die Schriftform gewahrt, wenn der Vertrag von einem Geschäftsführer unterzeichnet wird und neben der Unterschrift ein Stempelabdruck mit dem Namen der GmbH angebracht wird. In diesem Fall wird deutlich, dass der Unterzeichner als allein vertretungsberechtigt für die Gesellschaft handelt. Die Beifügung weiterer Unterschriften ist dann entbehrlich (KG Urteil vom 11.4.2019 8 U 147/17).

Entsprechendes gilt für den **Verein.** Hier muss die Unterzeichnung durch alle **68a** Vorstandsmitglieder erfolgen, wenn der Verein mehrere Vorstände hat und Gesamtvertretung besteht. Wird der Mietvertrag in einem solchen Fall nicht von allen Vorstandsmitgliedern unterzeichnet, so ist die Schriftform gewahrt, wenn sich aus einem Zusatz zur Unterschrift (etwa durch den Vermerk i. V.) ergibt, dass die Unterzeichner zugleich für die übrigen Vorstandsmitglieder unterzeichnen wollen. Andernfalls bleibt unklar, ob die Urkunde vollständig ist oder es zur Wirksamkeit des Vertrags noch einer weiteren Unterschrift bedarf. Das Vertretungsverhältnis kann auch durch die Beifügung eines Stempelaufdrucks mit der Bezeichnung des Vereins angezeigt werden (OLG Rostock ZMR 2018, 828).

Ein Zusatz zur Unterschrift ist entbehrlich, wenn der Unterzeichnende **69** nicht die Absicht hat, selbst Partei des Mietvertrags zu werden und sich aus den Umständen ergibt, dass er mit seiner Unterschrift die Vertragspartei vertreten will. Hiervon ist auszugehen, wenn der Vertrag nicht von den satzungsgemäßen Vertretern der juristischen Person, sondern von einem Dritten unterschrieben wird (BGH NJW 2007, 3346; BGH NJW 2005, 2225). Hat der Unterzeichner als vollmachtloser Vertreter gehandelt, so hängt die Wirksamkeit des Vertrags davon ab, ob er von den Geschäftsführern der GmbH genehmigt wird. Eine solche Genehmigung kann auch stillschweigend erklärt werden, z. B. durch die Übernahme der Mietsache und die Zahlung der Miete. Mit der Wahrung der Schriftform hat dies nichts zu tun (BGH NJW 2007, 3346 = NZM 2007, 837 = ZMR 2007, 953; BGH NJW 2008, 2178 unter Ziff. II 1; OLG Hamm NZM 2011, 584 unter Ziff. II 2 a).

h) Vertragsschluss durch einen Vertreter. Hier ist die Schriftform gewahrt, **70** wenn dieser mit seinem Namen unterschreibt. Aus der Vertragsurkunde muss sich grundsätzlich ergeben, dass der Unterzeichnende als Vertreter der Vertragspartei tätig wird (BGH NJW 2004, 1103; NJW 2003, 3053; NJW 2002, 3389; Lammel in: Schmidt-Futterer § 550 BGB Rdn. 28; Landwehr in: Bub/Treier Kap II

Rdn. 2504). Anders ist es, wenn eine einzelne natürliche Person Vermieter oder Mieter ist und der Vertrag durch einen Dritten unterschrieben wird. Auch hier ist klar, dass der Unterzeichner nicht für sich, sondern für die Vertragspartei handeln will.

7. Vertragsschluss

71   Nach § 126 Abs. 2 BGB ist zu unterscheiden: Wird nur eine einzige Urkunde ausgefertigt, so muss die Unterzeichnung auf derselben Urkunde erfolgen. Werden über den Vertrag mehrere gleichlautende Urkunden aufgenommen, so genügt es, wenn jede Partei die für die andere Partei bestimmte Urkunde unterzeichnet (BGH NJW 2008, 2178 unter Ziff. II 2 d-cc).

72   Erfolgt die **Vertragsunterzeichnung in Gegenwart beider Parteien,** so werden die jeweiligen Willenserklärungen sofort wirksam. Es kommt nicht darauf an, in wessen Besitz die Vertragsurkunde verbleibt (KG KGR Berlin 2007, 341). Sind beim Vertragsschluss nicht alle Beteiligten gleichzeitig anwesend, so kommt der schriftliche Mietvertrag zustande, wenn die unterschriebene Urkunde dem anderen Teil durch die Post oder einen Boten zugeht (§§ 130, 145 BGB). Wird die von einem Vertragsteil unterzeichnete Vertragsurkunde dem anderen Teil nicht ausgehändigt, so kommt kein schriftlicher Vertrag zustande (OLG Dresden ZMR 1999, 104; LG Berlin ZMR 1984, 337). Wird eine Vertragsurkunde dergestalt unterzeichnet, dass zunächst der eine Vertragspartner unterschreibt und die unterschriebene Urkunde sodann dem anderen Teil zum Zwecke der Unterzeichnung übermittelt, so kommt der schriftliche Mietvertrag erst dann zustande, wenn der Zweitunterzeichner das von ihm unterschriebene Vertragsexemplar dem Erstunterzeichner zurückgibt. Wesentlich ist dabei, dass sich auf diesem Vertragsexemplar die Originalunterschrift befinden muss. Die Übersendung einer Fotokopie genügt nicht (OLG Dresden ZMR 1999, 104). Eine Übermittlung per Telefax ist ebenfalls unzureichend, weil der Empfänger hier lediglich eine Fotokopie der Unterschrift erhält. In einem solchen Fall kommt entweder kein Mietverhältnis oder ein unbefristetes Mietverhältnis zustande, das nach § 550 S. 2 nach dem Ablauf des ersten Vertragsjahres gekündigt werden kann (OLG Celle ZMR 1996, 26).

8. Sonderfälle

73   Die gesetzliche Schriftform wird durch **notarielle Beurkundung** ersetzt (§ 126 Abs. 3 BGB). Im Rahmen eines gerichtlichen **Vergleichs** kommt ein formwirksamer Mietvertrag zustande, wenn die Einigung und der Vertragsinhalt protokolliert wird (§ 127 a ZPO). Wird aus einem **Mietvorvertrag** oder aus einem anderen Rechtsgrund Klage auf Abschluss eines Mietvertrags erhoben, so muss der Klageantrag den Inhalt des Mietvertrags vollständig wiedergeben (OLG Köln DWW 1992, 210); andernfalls ist die Klage abzuweisen (OLG Köln, a. a. O.). Gleiches gilt, wenn der Antrag den Inhalt des Mietvertrags nicht richtig wiedergibt. Andernfalls wird der Beklagte antragsgemäß verurteilt. Mit der Rechtskraft des **Urteils** gilt der Hauptvertrag nach § 894 ZPO als zustande gekommen. Das Urteil genügt der Form des § 550 BGB.

IV. Nichtbeachtung der Schriftform (Satz 2)

1. Kündigungsrecht

Wird die Schriftform nicht beachtet, so gilt der Vertrag als für unbestimmte Zeit 74
geschlossen. Die Kündigung ist jedoch frühestens zum Ablauf eines Jahres nach
Überlassung der Mietsache zulässig (§ 550 Satz 2 BGB). Die gesetzliche Rechtsfolge
des Zustandekommens eines Mietvertrags auf unbestimmte Zeit geht der Regelung
des § 125 BGB vor. Hiervon können die Parteien auch nicht vertraglich abweichen.
Eine Anfechtung ist ausgeschlossen, weil der Eintritt der Rechtsfolge auf gesetzlicher Anordnung und nicht auf dem Willen der Parteien beruht (V. Emmerich in:
Staudinger § 550 BGB Rdn. 35)

a) Unter dem **Begriff des Jahres** ist nicht das Kalenderjahr, sondern das **Ver-** 75
tragsjahr zu verstehen. Das Vertragsjahr beginnt nicht mit dem Vertragsschluss,
sondern mit demjenigen Zeitpunkt zu dem das Mietverhältnis vereinbarungsgemäß
in Vollzug gesetzt werden soll. Wird ein auf unbestimmte Zeit abgeschlossener
Mietvertrag im Verlauf der Mietzeit befristet, so ist dieser Zeitpunkt als der der
Überlassung im Sinne des § 550 Satz 2 anzusehen (s. Rdn. 14a). Für die Kündigung
des Vermieters sind **bei der Wohnraummiete Kündigungsgründe i. S. von
§ 573 BGB erforderlich.** Die Kündigung kann bereits vor der Überlassung der
Mietsache erklärt und im Übrigen zu jedem beliebigen Zeitpunkt nach dem Ablauf
des ersten Vertragsjahres ausgesprochen werden.

b) Es gelten die vereinbarten **Kündigungsfristen.** Haben die Parteien jedoch 76
längere Kündigungsfristen vereinbart, die eine zeitlich weiter reichende Bindung
des Vermieters an den Vertrag zur Folge hätten als nach § 550 BGB vorgesehen, so
treten an die Stelle der vereinbarten Kündigungsfristen die gesetzlichen Fristen.
Dies gebietet der Schutzzweck des § 550 BGB, weil ein Erwerber – bei entsprechend langen Kündigungsfristen – anderenfalls für längere Zeit als gesetzlich vorgesehen an den Vertrag gebunden wäre (BGH NZM 2000, 545, 547; NJW 2013,
1083; V. Emmerich in Staudinger Mietrecht § 550 BGB Rdn. 37). Sind die Vertragsfristen kürzer als die gesetzlichen Kündigungsfristen, so bleiben diese erhalten
(Lindner-Figura in FS Blank S. 301, 317). **Optionsklauseln, Zeitbestimmungen**
und alle sonstigen Bedingungen, die mit einem Mietverhältnis auf unbestimmte
Zeit nicht im Einklang stehen, werden gegenstandslos.

2. Bindung an mündliche Beurkundungsabrede

Das Kündigungsrecht steht beiden Parteien, sowie dem Rechtsnachfolger des 77
Vermieters zu. Für die vertragsschließenden Parteien (nicht für den späteren
Grundstückserwerber [BGHZ 40, 255]) kann sich jedoch unter Umständen eine
Bindung aus der mündlichen Beurkundungsabrede ergeben. Haben die Parteien
einen mündlichen Mietvertrag geschlossen und vereinbart, dass dieser Mietvertrag
später noch schriftlich beurkundet werden soll, so ist eine solche Vereinbarung
auch dann formlos gültig, wenn es sich um einen mehrjährigen Vertrag handelt.
Die Beurkundung des Vertrags ist in diesem Fall nicht Gültigkeitsvoraussetzung.
Jede Partei ist berechtigt, gegen die andere auf den Abschluss eines schriftlichen
Vertrags zu klagen und sich gegenüber einer etwaigen unberechtigten Kündigung
auf Arglist zu berufen (BGH LM § 566 BGB Nr. 11; OLG Jena NZM 1999, 906;
OLG Düsseldorf NZM 2005, 147: wenn im Mietvertrag vereinbart ist, dass das ge-

§ 550 BGB Untertitel 2. Mietverhältnisse über Wohnraum

setzliche Schriftformerfordernis beachtet werden muss; Schlemminger NJW 1992, 2250; V. Emmerich in: Staudinger § 550 BGB Rdn. 39).

78 Diese Grundsätze gelten allerdings nur dann, wenn sich beide Parteien darüber einig sind, dass das Mietverhältnis entgegen § 154 Abs. 2 BGB bereits durch mündliche Einigung (und nicht erst mit der Unterzeichnung der Vertragsurkunde) zustande kommen soll. Hiervon ist i. d. R. auszugehen, wenn der Vermieter die Mietsache dem Mieter übergeben hat, weil die Gebrauchsüberlassung nur bei Annahme einer Vertragsbeziehung einen Sinn ergibt. Bei nicht vollzogenen Mietverhältnissen spricht die Vermutung dafür, dass der Vertrag erst mit der Unterzeichnung der Vertragsurkunde zustande kommen soll (§ 154 Abs. 2 BGB: „im Zweifel").

79 Außerdem muss zwischen den Parteien Einigkeit über das Erfordernis einer Beurkundung bestehen. Dies bedeutet, dass sich die Parteien nicht nur über den Vertragsschluss, sondern auch über dessen Beurkundung einigen müssen. Ein solcher Fall ist nicht gegeben, wenn beide Parteien davon ausgehen, dass sie alles getan haben, was zur Wahrung der Schriftform erforderlich ist (OLG Hamm MDR 1993, 56), oder wenn sie an die Notwendigkeit der Schriftform überhaupt nicht gedacht haben (**a. A.** Sternel Rdn. I 205). In diesem Fall stellt die Berufung eines Mieters auf die fehlende Schriftform auch dann keine unzulässige Rechtsausübung dar, wenn der Vermieter im Hinblick auf die mündlich vereinbarte längere Mietzeit erhebliche Investitionen getätigt hat (BGH ZMR 1986, 230).

80 Wird die Schriftform nachträglich **freiwillig nachgeholt,** gilt der Mietvertrag von Anfang an als formgerecht geschlossen (Lammel in: Schmidt-Futterer § 550 BGB Rdn. 30; V. Emmerich in: Staudinger § 550 BGB Rdn. 15; Timme/Hülk NJW 2007, 3313, 3316). Ebenso kann ein Formmangel des Ursprungsvertrags durch eine spätere Nachtragsvereinbarung rückwirkend geheilt werden (BGH NJW 2007, 3273; OLG Düsseldorf ZMR 2011, 629; KG MDR 2014, 1020).

3. Formunwirksame Ergänzungs-/Änderungsverträge

81 Ist ein Ergänzungsvertrag formunwirksam, so hat dies zur Folge, dass der zunächst formgültig geschlossene Mietvertrag nunmehr gleichfalls der Schriftform entbehrt und deshalb nach § 550 Satz 2 BGB gekündigt werden kann (BGHZ 50, 39 = NJW 1968, 1229; NJW 1994, 1650). Dies folgt daraus, dass wegen der Formungültigkeit der Ergänzung nicht der gesamte Inhalt des geänderten Vertrags von der Schriftform gedeckt wird. Die Kündigung ist hier zum Ablauf eines Jahres nach Abschluss des Ergänzungsvertrags möglich (BGHZ 99, 54 = NJW 1987, 948 = WuM 1987, 56; dazu Anm. Sonnenschein JZ 1987, 412; LG Berlin NJWE-MietR 1996, 195 = GE 1996, 741). Durch eine mehrfache Änderung werden keine neuen Fristen in Lauf gesetzt (Sonnenschein a. a. O.).

82 Ein Ergänzungsvertrag in diesem Sinne liegt auch dann vor, wenn ein **weiterer Mieter in einen bereits bestehenden befristeten Mietvertrag eintritt.** Auch ein solcher Vertrag bedarf der Schriftform (s. Rdn. 53). Wird die Schriftform nicht eingehalten, so kann der neue Mieter nach §§ 550 Satz 2, 573c BGB kündigen, während der ursprüngliche Mieter für die vereinbarte Vertragszeit gebunden bleibt (BGHZ 65, 49 = WPM 1975, 824; OLG Düsseldorf ZMR 2013, 794). Ebenso kann der Vermieter dem formlos beigetretenen Mieter (isoliert) kündigen (LG Berlin GE 2008, 479 betreffend eine Kündigung wegen Zahlungsverzugs).

4. Formunwirksame Verlängerungsverträge

Ist der Verlängerungsvertrag formunwirksam, so bleibt der ursprüngliche Vertrag gleichwohl wirksam. Die Parteien und der Erwerber sind an den ursprünglichen Vertrag gebunden (BGHZ 50, 39 = NJW 1968, 1229; NJW 1994, 1650). Die Kündigung nach § 550 Satz 2 BGB ist zum Ablauf eines Jahres nach Abschluss des Verlängerungsvertrags möglich (BGHZ 99, 54 = NJW 1987, 948 = WuM 1987, 56; NJW-RR 1990, 518 = WuM 1990, 140; Sonnenschein JZ 1987, 412; **a. A.** Teichmann/Theis JR 1987, 283). 83

5. Ausschluss des Kündigungsrechts wegen Verstoßes gegen Treu und Glauben (§ 242 BGB)

Die Berufung auf einen Formmangel kann gegen § 242 BGB verstoßen, wenn die formunwirksame Vereinbarung auf Vorschlag des Kündigenden und in dessen Interesse getroffen wurde. In einem solchen Fall verstößt es gegen Treu und Glauben, wenn die durch die Änderung begünstigte Partei den Schriftformmangel zum Anlass nimmt, sich von einem ihr inzwischen lästig gewordenen langfristigen Mietvertrag zu lösen (BGH NZM 2018, 38 m.Anm. Burbulla MDR 2018, 68). Gleiches gilt, wenn der an sich Kündigungsberechtigte **auf die Einhaltung der Schriftform verzichtet** hat oder der an sich Kündigungsberechtigte längere Zeit **besondere Vorteile aus dem formnichtigen Geschäft gezogen** hat (OLG des Landes Sachsen-Anhalt NJW 2012, 3587). In solchen Ausnahmefällen können die Vertragspartner – nicht der Grundstückserwerber – an der Ausübung des Kündigungsrechts gehindert sein. Grundsätzlich gilt zwar, dass gesetzliche Formvorschriften nicht auf Grund von Billigkeitserwägungen außer Acht gelassen werden dürfen. Deshalb ist die Berufung auf den Formmangel nicht bereits deshalb rechtsmissbräuchlich, wenn der Mieter kündigt, weil er sich aus einem lästig gewordenen Vertragsverhältnis lösen will (**a. A.** LG Frankfurt NZM 2007, 288). 84

Erforderlich ist vielmehr, **dass die Rechtsfolge des Formverstoßes mit Treu und Glauben unvereinbar wäre** (BGHZ 85, 315, 318 = NJW 1983, 563) **und die vorzeitige Beendigung des Vertrags „zu einem schlechthin untragbaren Ergebnis führte"** (BGH NJW-RR 1990, 518; NJW 2006, 140; NJW 2007, 3202; NJW 2014, 2102 Rz 27; OLG Koblenz NZM 2002, 293; OLG München Urteil vom 7. 4. 2016 – 23 U 3162/15, juris). Dies ist zum einen dann der Fall, wenn allein die kündigungswillige Partei von der betreffenden Abrede begünstigt worden ist (BGH WuM 2004, 534; BGH NJW 2007, 288 unter Ziff 2b; OLG Bamberg GuT 2011, 50). Weiter kann zur Konkretisierung auf die Rechtsprechung des BGH zur rechtsmissbräuchlichen Berufung auf die Formnichtigkeit von Grundstückskaufverträgen (§ 311b BGB) zurückgegriffen werden. 85

Danach sind **zwei Fallgruppen** anerkannt: die Fälle der **Existenzgefährdung** des einen Teils und die Fälle einer **besonders schweren Treupflichtverletzung** des anderen Teils (BGHZ 85, 315 = NJW 1983, 563; BGH WPM 1974, 1223; BGH NJW 2005, 2225; NJW 2004, 1103, 1104; NJW 2008, 2181 unter Ziff II 3; NJW 2016, 311 Rdn. 25). An die Bejahung des Ausnahmefalls sind strenge Anforderungen zu stellen. Es genügt nicht, dass eine Partei von der gesetzlichen Rechtsfolge hart betroffen wird. Vielmehr ist erforderlich, dass die Anwendung der Rechtsfolge zu einem Ergebnis führt, das mit Treu und Glauben schlechthin nicht mehr zu vereinbaren ist (BGHZ 92, 164 = NJW 1985, 1778; NJW-RR 1990, 518 = WuM 1990, 140; BGH NJW 2016, 311 Rdn. 25). Der Umstand, dass der Mieter 86 im Vertrauen auf die Wirksamkeit des mündlich erklärten Verzichts in die Mietsache investiert hat, genügt nicht (BGH NJW 2004, 1103; OLG Hamburg Urteil vom 5.10.2015 – 4 U 54/15, juris), weil derjenige, der Investitionen im Hinblick auf lediglich gemietete Räume tätigt, grundsätzlich das Risiko trägt, dass sich seine Aufwendungen im Falle einer berechtigten Kündigung durch den Vermieter ganz oder teilweise als wirtschaftlich sinnlos erweisen (OLG München Urteil vom 7.4.2016 – 23 U 3162/15, juris). Der Erwerber eines Grundstücks muss für eine eventuelle Treuwidrigkeit seines Rechtsvorgängers nicht einstehen (OLG Dresden MDR 2015, 1226).

87 **Beispiele:** Überreden des Vertragspartners zum Verzicht auf die Einhaltung der gesetzlich vorgeschriebenen Form unter Ausnutzung der wirtschaftlicher Macht oder des Ansehens (BGHZ 48, 396 = NJW 1968, 39); bei widersprüchlichem und unfairem Verhalten einer Gemeinde im Zusammenhang mit Grundstücksgeschäften (BGHZ 92, 164 = NJW 1985, 1778); wenn ein Mieter einem befristeten Mietvertrag mit der Begründung kündigt, dieser sei formunwirksam, weil in der Vergangenheit die Miete ohne Beachtung der Form gesenkt worden ist (BGHZ 65, 49; OLG Rostock BWW 2002, 331); wenn der Vermieter kündigt, weil sich der Mieter auf eine mündlich vereinbarte Mieterhöhung eingelassen hat (OLG Koblenz NZM 2002, 293); wenn sich eine Partei verpflichtet, einen Nachtrag der Haupturkunde beizuheften, diese Verpflichtung aber nicht erfüllt (BGH NJW 2005, 2225).

87a In der Literatur wird vertreten, dass sich eine von einem **Rechtsanwalt** vertretene Partei i. d. R. nicht auf einen durch den Rechtsanwalt verursachten Formmangel berufen kann (Landwehr in: Bub/Treier Kap II Rdn. 2558). In diesem Fall beruhe der Schriftformmangel zumindest auf grober Fahrlässigkeit; dies sei dem Vorsatz gleichzustellen. Gleiches muss nach dieser Ansicht gelten, wenn die kündigende Partei selbst Rechtsanwalt ist. Nach anderer Ansicht ist die Regelung des § 242 BGB in Fällen der fraglichen Art nur anwendbar, wenn die Partei den Schriftformmangel arglistig herbeigeführt hat, um sich eine Kündigungsmöglichkeit zu sichern (OLG Hamburg ZMR 2019, 264).

88 Die **allgemeine salvatorische Klausel** („Durch die Ungültigkeit einer oder mehrerer Bestimmungen wird die Gültigkeit der übrigen Bestimmungen nicht berührt") verpflichtet die Parteien nicht zur **Nachholung der Schriftform** OLG Hamm NZM 2011, 584 unter Ziff. II 2 c-aa; OLG Düsseldorf ZMR 2013, 276). Zur Schriftformheilungsklausel (Nachholklausel) s. Rdn. 105.

89 Für das Kündigungsrecht spielt es keine Rolle, ob der Kündigende den Inhalt des Mietvertrags einschließlich des mündlich getroffenen Zusatzes oder Änderungsvereinbarungen kennt. Deshalb kann der Erwerber der Mietsache auch dann kündigen, wenn er vom Mieter über den Inhalt der mündlichen Vereinbarung informiert worden ist (OLG Celle NZM 2017, 526).

6. Verlust der Vertragsurkunde

90 Für die Frage der Wahrung der Schriftform kommt es auf den Zeitpunkt des Vertragsschlusses an; spätere Geschehnisse haben hierauf keinen Einfluss. Das gilt auch für den Verlust der Urkunde BGH NJW 2008, 2178 unter Ziff. II 2 b-bb; (OLG Hamm Urteil vom 6.5.2011 – 30 U 15/10, juris unter Rz 150; Neuhaus NZM 2011, 619). Der Verlust der Vertragsurkunde nach Vertragsschluss ist für die Wirksamkeit des Vertrags ohne Bedeutung). Zwar kann sich der Erwerber des Grundstücks in einem solchen Fall nicht über den Inhalt des Mietvertrags informie-

ren. Die sich hieraus ergebenden Probleme können aber nicht über § 550 Satz 2 BGB, sondern müssen nach Beweislastgrundsätzen unter Berücksichtigung des § 444 ZPO gelöst werden. Wer aus einer Befristung Rechte für sich herleiten will, muss beweisen, dass ein schriftlicher Vertrag geschlossen worden ist. Außerdem muss der Inhalt des Vertrags bewiesen werden. Dieser Beweis kann zwar u. U. durch Zeugen geführt werden (OLG Hamm Urteil vom 6.5.2011 – 30 U 15/10 unter Rz 150; Neuhaus a. a. O.); jeglicher Zweifel geht aber zu Lasten der beweispflichtigen Partei.

7. Schadensersatzansprüche

Die Ausübung des Kündigungsrechts nach § 550 Satz 2 BGB ist grundsätzlich nicht als Pflichtverletzung zu bewerten. Deshalb stehen dem anderen Teil keine Schadensersatzansprüche zu (OLG Rostock NZM 2007, 733). Eine Ausnahme kommt in Betracht, wenn eine Partei bewusst einen Formverstoß begeht um sich die Möglichkeit einer späteren Kündigung vorzubehalten oder wenn der Kündigende den anderen Teil arglistig von der Einhaltung der Schriftform abgehalten hat. 91

V. Vertragliche Schriftformabrede

1. Vertragsschluss

Für die vereinbarte Schriftform gelten grundsätzlich dieselben Anforderungen wie für die gesetzliche Schriftform nach § 550 BGB. Davon abweichend ist eine vertraglich vereinbarte Schriftform aber auch dann gewahrt, wenn sich die Einigung aus einem Brief- oder Telegrammwechsel ergibt (§ 127 Satz 2 BGB). Ein über Telefax vermittelter Vertragsschluss steht dem Telegrammwechsel gleich. 92

2. Beurkundungsabrede

Es ist erforderlich, dass die Beurkundung des Vertrags vereinbart wird. Eine Beurkundungsabrede ist nicht ohne weiteres zu unterstellen. Vielmehr müssen für eine solche Annahme Anhaltspunkte im Vertrag oder im tatsächlichen Verhalten der Parteien beim Vertragsschluss gegeben sein. Eine Vereinbarung, wonach über das Mietobjekt ein schriftlicher Mietvertrag abgeschlossen werden soll, kann dabei unterschiedlich ausgelegt werden (dazu OLG München ZMR 1997, 293). 93

a) Haben die Parteien vereinbart, dass das Zustandekommen oder die Verlängerung eines Mietverhältnisses der Schriftform bedarf, so ist nach der Auslegungsregel des § 154 Abs. 2 BGB im Zweifel der Vertrag nicht geschlossen, bis die Beurkundung erfolgt ist. Etwas anderes gilt jedoch, wenn die Schriftform nur **Beweiszwecken** dienen soll (BGH NJW 2009, 433). In diesem Fall kommt der Mietvertrag bereits mit der mündlichen Einigung zustande. Die Schriftform hat keine konstitutive, sondern lediglich deklaratorische Bedeutung. Jede Partei hat gegen die andere Partei einen Anspruch darauf, dass sie bei der Errichtung einer Vertragsurkunde mitwirkt, die inhaltlich den getroffenen Vereinbarungen entspricht. Ist die Urkunde von beiden Seiten unterzeichnet, so kann sich keine Partei darauf berufen, dass die Vertragsurkunde den Inhalt der mündlichen Einigung unrichtig wiedergibt. Dieser Einwand soll durch die Schriftformabrede ausgeschlossen werden. Ebenso kommt ein Mietvertrag oder Verlängerungsvertrag zustande, wenn 94

§ 550 BGB Untertitel 2. Mietverhältnisse über Wohnraum

die Parteien den noch nicht beurkundeten Vertrag einvernehmlich in Vollzug setzen. Hierdurch kommt nämlich zum Ausdruck, dass der Vertrag ohne Rücksicht auf die Schriftform wirksam werden soll. Eine Schriftformklausel steht dieser Rechtsfolge nicht entgegen, weil eine solche Vereinbarung durch schlüssiges Verhalten abbedungen werden kann. Dies gilt auch, wenn die Schriftform individualvertraglich vereinbart wurde (BGH NJW 2009, 433).

95 b) Die Parteien können aber auch eine Beurkundung als **Wirksamkeitsvoraussetzung** für das Zustandekommen des Vertrags i. S. von § 154 Abs. 2 BGB vereinbaren. Eine solche Beurkundungsabrede hat zur Folge, dass der Vertrag erst zustande kommt, wenn die Schriftform erfüllt ist. Wird die konstitutive Schriftform nicht beachtet, so ist der Vertrag nichtig (§ 125 BGB). Dabei ist allerdings zu beachten, dass gewisse Einzelheiten der gesetzlichen Schriftform – z. B. der Grundsatz der Einheitlichkeit der Urkunde – nur im Zweifel gelten (§ 127 BGB). Die Parteien können deshalb auch vereinbaren, dass für die Wahrung der Schriftform die Unterzeichnung eines lose zusammengefügten Vertragswerks ausreicht. Oftmals wird eine solche Vereinbarung konkludent getroffen, weil viele Parteien mit den komplizierten Regelungen der gesetzlichen Schriftform nicht vertraut sind. Im Zweifel ist davon auszugehen, dass die Parteien unter der als konstitutiv vereinbarten Schriftform diejenige Form verstehen, die sie anschließend durch die Vertragsunterzeichnung verwirklichen (BGH NZM 2000, 548).

3. Formularklauseln

96 Eine Formularklausel, wonach Änderungen und Ergänzungen zum schriftlichen Vertrag nicht getroffen worden sind (sog. **„Bestätigungsklausel"**), gibt nur die Gesetzeslage wieder, wonach die schriftliche Vertragsurkunde die Vermutung der Vollständigkeit und Richtigkeit hat (BGH NJW 1985, 2329; MDR 2000, 19; OLG Düsseldorf, DWW 1990, 363). Jeder Partei steht der Gegenbeweis offen (Wolf/Eckert/Ball Rdn. 144; Sternel Mietrecht aktuell Rdn. 50).

97 Eine Klausel, wonach **Änderungen und Ergänzungen schriftlich getroffen werden müssen,** gilt nach ihrem Wortlaut nicht für den Mietaufhebungsvertrag. Nach der hier vertretenen Ansicht hat die Klausel auch nicht zur Folge, dass mündliche Vereinbarungen unwirksam wären. Vielmehr begründet eine solche Klausel lediglich eine Verpflichtung beider Parteien zur Beachtung der Schriftform. Gleichwohl verstößt die Klausel gegen § 307 BGB, weil beim Mieter der Eindruck erweckt wird, dass mündliche Abreden generell unwirksam seien; auf diese Weise könnte der Mieter von der Durchsetzung der ihm zustehenden Rechte abgehalten werden (vgl. BGH NJW 1991, 1750 = WuM 1991, 381). Eine solche Klausel ist unwirksam (BGH NJW 1995, 1488, 1489; NJW 2006, 138 unter 2a; OLG Frankfurt WuM 1992, 57; LG Berlin Urteil vom 27.1.2015 – 16 O 442/14, juris; Sternel Rdn. I 210). Nach anderer Ansicht sind solche Klauseln wirksam. Auch nach dieser Meinung können die Parteien aber trotz der Schriftformklausel mündliche Vereinbarungen treffen (OLG Düsseldorf DWW 2001, 248 = WuM 2002, 49; ZMR 2007, 35 betr. Individualvereinbarung über die Reduzierung der Miete). Dabei ist nicht erforderlich, dass die Parteien ausdrücklich vereinbaren, dass die Schriftformklausel auf die mündliche Regelung nicht angewendet werden soll. Es genügt vielmehr, wenn sich aus den Gesamtumständen ergibt, dass die mündliche Regelung ernsthaft gewollt ist (OLG Düsseldorf ZMR 2012, 438). Ein solcher Fall wird insbesondere dann vorliegen, wenn sich die Parteien entsprechend der mündlichen Vereinbarung verhalten (OLG Düsseldorf DWW 2001, 248 = WuM 2002, 49 für

mündlichen Mietaufhebungsvertrag; OLG Düsseldorf WuM 2003, 612 für Mietaufhebung durch konkludenten Vertragsschluss).

Eine Klausel, wonach nachträgliche **Änderungen und Ergänzungen des Vertrags nur wirksam** sind, wenn diese schriftlich getroffen werden, verstößt gegen § 307 BGB. Eine solche Klausel hätte zur Folge, sich eine Vertragspartei in keinem Fall auf eine mündliche Vereinbarung berufen könnte. Hierin liegt ein Verstoß gegen Treu und Glauben, weil mündliche Individualvereinbarungen trotz einer formularvertraglichen Schriftformklausel jedenfalls dann wirksam sind, wenn beide Parteien von der Wirksamkeit des mündlich vereinbarten ausgegangen sind (BGH NJW 1995, 1488, 1489; NJW 2006, 138 unter 2a; OLG Frankfurt WuM 1992, 57; OLG München NJW-RR 1989, 1499 = WuM 1989, 128; Wolf/Eckert/Ball Rdn. 142). 98

Streitig ist, ob für **langfristige Mietverträge, die in den Anwendungsbereich des § 550 BGB fallen,** etwas anderes gilt (so: KG MDR 2000, 1241; Lammel in: Schmidt-Futterer § 550 BGB Rdn. 75; Wolf/Eckert/Ball Rdn. 142; Gerber/Eckert Gewerbliches Miet- und Pachtrecht 5. A. Rdn. 80; Antoni GuT 2006, 295, 298; **a. A.** Bub in: Bub/Treier Kap II Rdn. 1791; Sternel Rdn. I 210). Die Frage ist zu verneinen, weil die Parteien auch bei langfristigen Mietverhältnissen mündliche Zusatzabreden treffen können. Möglicherweise hat eine solche Vereinbarung die vorzeitige Kündigung zur Folge. Auf die Wirksamkeit des mündlich vereinbarten hat dies keinen Einfluss. Der BGH hat diese Frage noch nicht entschieden. Jedenfalls können die Parteien eine solche Formularvereinbarung nach Abschluss des Mietvertrags mittels mündlicher Individualabsprache ändern. Dies gilt auch, wenn in einem Formularvertrag eine wirksame Schriftformklausel enthalten ist. Die Individualabsprache kann ausdrücklich aber auch stillschweigend getroffen werden (BGH NJW 1986, 1807). Es kommt nicht darauf an, ob die Parteien eine Änderung der Formularklausel beabsichtigt haben oder ob sie sich der Kollision mit der Formularklausel bewusst geworden sind (BGH NJW-RR 1995, 179, 180; NJW 2006, 138). 99

Die **„doppelte Schriftformklausel"** (Nachträgliche Änderungen und Ergänzungen des Vertrages bedürfen unabdingbar und unwiderruflich der Schriftform), schließt es aus, dass die Mietvertragsparteien eine Schriftformklausel mündlich aufheben. Teilweise wird vertreten, dass eine solche Klausel auch in einem Formularvertrag wirksam vereinbart werden kann (OLG Frankfurt ZfIR 2013, 584). Nach anderer Ansicht verstößt die Klausel gegen 307 Abs. 1 Satz 2 BGB (OLG Rostock NJW 2009, 3376; KG ZMR 2015, 709). Diese Ansicht trifft zu: Nach § 305b BGB haben individuelle Vertragsabreden nämlich Vorrang vor Allgemeinen Geschäftsbedingungen. Die doppelte Schriftformklausel erweckt dagegen den Eindruck, dass individualvertraglich getroffene Änderungs- oder Ergänzungsvereinbarungen nur wirksam sind, wenn sie schriftlich getroffen werden. Damit verstößt die Klausel gegen 307 Abs. 1 Satz 2 BGB, weil sich aus dem dort geregelten Transparenzgebot auch ein Täuschungsverbot ergibt. Der **BGH** hat die Frage bislang offengelassen. In dem Urteil vom 25.1.2017 führt er aus, dass die Klausel jedenfalls wegen des Vorrangs der Individualvereinbarung nach § 305b BGB jedenfalls wirkungslos bleibt (BGH NZM 2017, 189 Rdn. 16). Daraus folgt: Mündliche oder durch Schriftwechsel vereinbarte Vertragsänderungen sind auch dann wirksam, wenn der Mietvertrag eine doppelte Schriftformklausel enthält. 100

4. Individualvereinbarungen

101 a) **einfache Schriftformabrede:** Eine Vereinbarung, wonach Ergänzungen und Änderungen des Vertrags schriftlich getroffen werden müssen, ist wirksam. Die Klausel begründet eine Verpflichtung beider Parteien zur Beachtung der Schriftform. Die Parteien können eine solche Regelung aber jederzeit aufheben. Die Aufhebung kann auch konkludent erfolgen (BGH NJW 2009, 433 betreffend eine Vereinbarung, wonach die Verlängerung des Mietverhältnisses der Schriftform bedarf). Für die Annahme einer konkludenten Aufhebungsvereinbarung reicht es nicht aus, dass die Parteien eine mündliche Ergänzungs- oder Änderungsvereinbarung treffen. Erforderlich ist vielmehr, dass sich die Parteien darüber einig sind, dass das mündlich vereinbarte gültig sein soll. Dies gilt für die Begründung zusätzlicher Verpflichtungen (RGZ 95, 175), für die Ergänzung bereits schriftlich getroffener Vereinbarungen (BGH WPM 1962, 1091; WPM 1996, 1335) und für die Einschränkung solcher Vereinbarungen (BGH WPM 1965, 175). Soweit die mündliche Absprache reicht, ist die Schriftformabrede hinfällig (BGHZ 66, 378).

102 b) **qualifizierte Schriftformabrede.** Eine Vereinbarung, wonach Vertragsänderungen auch bezüglich des Formerfordernisses der Schriftform bedürfen, ist wirksam. Hier ist streitig, ob eine solche qualifizierte Schriftformklausel nur durch eine schriftliche Vereinbarung abgeändert werden kann (so BGHZ 66, 378; KG NJW 2005, 909) oder ob es die Parteien auf Grund ihrer Vertragsautonomie in der Hand haben auch formlos ihre früher vereinbarte Bindung aufzuheben (Reinicke DB 1976, 2289, 2290). Die letztgenannte Auffassung ist vorzuziehen. Allerdings gilt das mündlich vereinbarte in einem solchen Fall nur, wenn sich die Parteien über eine Änderung der Schriftformklausel einig sind (BGH NJW-RR 1991, 1289; NJW 2006, 138; OLG Düsseldorf GE 2011, 1680).

103 c) Nach der Rechtsprechung gilt die Schriftformvereinbarung auch für die **Aufhebung eines Mietvertrags** (BGHZ 66, 378).

5. Ausschluss des Kündigungsrechts

104 Die Regelung in § 550 BGB ist unabdingbar. Dies gilt auch für das in § 550 Satz 2 geregelte Kündigungsrecht. Eine Vereinbarung, wonach die Parteien bei Schriftformmängeln auf die Ausübung des Kündigungsrechts verzichten, ist unwirksam (LG Krefeld GE 2016, 974; Lützenkirchen, in: Lützenkirchen, Mietrecht § 550 Rdn. 86; differenzierend: OLG Frankfurt ZMR 2015, 709; Leo NZM 2006, 815: Danach kann das Kündigungsrecht durch Formularklausel abbedungen werden, wenn durch den Wortlaut der Klausel sichergestellt ist, dass das Kündigungsverbot nicht für einen späteren Erwerber, sondern nur für die Parteien des Ursprungsvertrags gilt).

6. Nachholklausel

105 Streitig ist, ob eine auf § 550 BGB gestützte Kündigung ausscheidet, wenn im Mietvertrag vereinbart ist, dass die Parteien im Falle eines Schriftformmangels zur Nachholung der Schriftform verpflichtet sind (sog. „Schriftformheilungsklausel", „Reparaturklausel" oder „Nachholklausel"). Hierzu werden im Wesentlichen drei Ansichten vertreten **(1)** Nach einer Ansicht sind Nachholvereinbarungen generell unwirksam; eine Verpflichtung zur Nachholung der Schriftform gilt nur in besonderen Ausnahmefällen. Bei Nichtbeachtung der Schriftform kann das Mietverhält-

Form des Mietvertrags **BGB § 550**

nis sowohl von den ursprünglichen Vertragsparteien als auch von deren Rechtsnachfolgern gekündigt werden (OLG Rostock NJW 2009, 445; Schweizer in: Ghassemi-Tabar, Gewerberaummiete § 550 Rdn. 91; Streyl NZM 2015, 28; Lützenkirchen in: Lützenkirchen, Mietrecht § 550 Rdn. 86). **(2)** Nach der Gegenansicht sind solche Vereinbarungen wirksam. Im Falle des Eigentümerwechsels tritt der Erwerber in die Nachholvereinbarung ein. Eine auf den Schriftformmangel gestützte Kündigung ist unwirksam. Dies gilt nicht nur für die Kündigung durch die ursprünglichen Vertragsparteien, sondern auch für die Kündigung des Erwerbers (Kreikenbohm/Ch. Niederstetter NJW 2009, 406). **(3)** Nach wohl h. M. sind die ursprünglichen Vertragspartner an die Vereinbarung gebunden. Bei einem Eigentümerwechsel tritt der Erwerber allerdings nicht in die Vereinbarung ein. Daraus folgt, dass die Kündigung einer ursprünglichen Vertragspartei gegen § 242 BGB verstößt. Der Erwerber kann dagegen nach § 550 BGB kündigen (KG ZMR 2016, 775; GE 2017, 1159; OLG Naumburg ZMR 2013, 36; OLG Dresden ZMR 2017, 469; Lammel in: Schmidt-Futterer § 550 BGB Rdn. 66 und 74; Bieber in: MünchKomm § 550 BGB Rdn. 22; Palandt/Weidenkaff § 550 BGB Rdn. 12). **(4)** Nach der **Rechtsprechung des BGH** ist die Schriftformheilungsklausel generell unwirksam, mit der weiteren Folge, dass sowohl der Erwerber (BGHZ 200, 98 = NJW 2014, 1087 Rdn. 27; NJW 2014, 2102 Rdn. 28; NZM 2017, 189) als auch die ursprünglichen Vertragsparteien (BGH NZM 2018, 38 = NJW 2017, 3772 m.Anm. Burbulla MDR 2018, 68; BGH NZM 2018, 515) im Falle eines Schriftformmangels zur Kündigung berechtigt sind. Der BGH begründet dies mit dem Schutzzweck des § 550 BGB.

Durch die nicht abdingbare Vorschrift soll zum einen der Grundstückserwerber **106** geschützt werden. Der Erwerber soll aus der Vertragsurkunde ersehen können, an welche Vereinbarungen er gebunden ist. Darüber hinaus soll § 550 BGB aber auch die Beweisbarkeit langfristiger Abreden auch zwischen den ursprünglichen Vertragsparteien gewährleisten und diese vor der unbedachten Eingehung langfristiger Bindungen schützen. Dieser Übereilungsschutz würde ausgehöhlt und die wichtige Warnfunktion der Bestimmung weitgehend leerlaufen, wenn die Parteien eine wechselseitige Verpflichtung zur Heilung der Schriftform vereinbaren könnten. Diese Grundsätze gelten sowohl für Formularklauseln als auch für Individualvereinbarungen.

VI. Sonstige Vorschriften über die Form

Wird dem Mieter in einem Mietvertrag ein **Vorkaufsrecht** eingeräumt, so bedarf der gesamte Vertrag der notariellen Beurkundung (§ 311b BGB). Wird die notarielle Form nicht beachtet, so gilt nach § 139 BGB, dass im Zweifel das gesamte Rechtsgeschäft nichtig ist. Der Verstoß gegen die Formvorschrift hat also nicht nur zur Folge, dass das Vorkaufsrecht nicht besteht; vielmehr ist auch der Mietvertrag unwirksam (BGH NJW 1987, 1069). Eine Ausnahme gilt allerdings dann, wenn die Parteien den Mietvertrag auch ohne das Vorkaufsrecht abgeschlossen hätten. In diesem Fall kann der Mieter zwar kein Vorkaufsrecht ausüben; der Mietvertrag als solcher ist aber wirksam. Ob ein solcher Ausnahmefall vorliegt muss anhand des mutmaßlichen Parteiwillens ermittelt werden, wobei diejenige Partei die für die Annahme eines solchen Willens maßgeblichen Tatsachen vortragen und beweisen muss, die aus dem Mietvertrag Rechte für sich herleiten will. Dabei genügt es nicht, wenn die darlegungspflichtige Partei lediglich behauptet, dass ein Ausnahmefall **107** vorliegt; vielmehr müssen konkrete Umstände und Tatsachen genannt werden, die für den Willen zum Abschluss eines Mietvertrags unter Verzicht auf das Vorkaufsrecht sprechen (BGH, a. a. O.).

VII. Darlegungs- und Beweislast

108 Für die Wahrung der Schriftform ist derjenige beweispflichtig, der sich auf die Befristung beruft (OLG Rostock NJW 2009, 445). Für den Nachweis der Einhaltung der gesetzlichen Schriftform des § 550 BGB ist es allerdings nicht erforderlich, dass die Vertragsurkunde dem Gericht vorgelegt wird. Es reicht aus, wenn durch andere Weise – etwa durch Zeugen – bewiesen wird, dass die Schriftform gewahrt ist (OLG Stuttgart MDR 2010, 1245).

109 Ist streitig, ob die **Schriftform konstitutive oder deklaratorische Bedeutung** haben soll, so spricht die Vermutung für die erstgenannte Annahme. Dies folgt aus § 154 Abs. 2 BGB, wonach „im Zweifel" der Vertrag erst mit der Beurkundung zustande kommt (OLG Celle ZMR 1996, 26, 28). Deshalb trägt diejenige Partei die Beweislast für eine bloß deklaratorische Schriftformabrede, die aus diesem Umstand Rechte für sich herleiten will (Landwehr in: Bub/Treier Kap II Rdn. 2468, 2529).

110 Hängt das **Zustandekommen des Vertrags** davon ab, ob der Partei eine von der Gegenpartei unterzeichnete Vertragsurkunde ausgehändigt worden ist, so muss derjenige die Aushändigung der Vertragsurkunde beweisen, der aus der Befristung Rechte für sich herleiten will (OLG Dresden ZMR 1999, 104).

111 Haben die Parteien über den Abschluss eines schriftlichen Mietvertrags verhandelt und **behauptet der Mietinteressent, dass eine Einigung zustande gekommen** und dass die Ausfertigung einer Vertragsurkunde nur deshalb unterblieben sei, weil der Eigentümer kein Vertragsformular zur Hand gehabt habe, so muss der Mietinteressent folgerichtig darlegen und beweisen, dass eine Einigung stattgefunden hat und dass die Schriftform entgegen § 154 Abs. 2 BGB nicht konstitutiv für das Zustandekommen des Vertrags sein sollte. Eine Umkehr der Beweislast ist allerdings dann angezeigt, wenn der Vermieter dem Mieter die Sache übergeben hat. In diesem Fall ist zu vermuten, dass die Überlassung auf Grund eines wirksamen (mündlichen) Mietvertrags erfolgt.

112 Ist **zwischen den Parteien streitig, ob** neben den schriftlichen **auch mündliche Vereinbarungen bestehen,** so ist diejenige Partei beweispflichtig, die aus der mündlichen Zusatzabrede Rechte für sich herleiten will. Bei einem Streit um die Kündigungsbefugnis nach § 550 Satz 2 BGB kommt es dabei nicht darauf an, welche Partei durch die behauptete mündliche Abrede begünstigt wird. Vielmehr ist die Beweislast von derjenigen Partei zu tragen, die von dem Kündigungsrecht nach § 550 Satz 2 BGB Gebrauch machen will. An den Beweis sind hohe Anforderungen zu stellen. Es gilt die Vermutung, dass der Inhalt des Vertrags durch die Vertragsurkunde vollständig und richtig wiedergegeben wird. Diese Vermutung wird nicht schon dann widerlegt, wenn eine Partei vorträgt und nachweist, man sei sich bei den Vertragsverhandlungen über einen bestimmten Punkt einig gewesen. Vielmehr muss nachgewiesen werden, dass die Einigkeit auch noch im Zeitpunkt der Vertragsunterzeichnung bestanden hat. Dies folgt aus der Erwägung, dass der schriftliche Vertrag erst mit der Unterzeichnung der Vertragsurkunde zustande kommt und nicht alle zuvor verhandelten Punkte Vertragsbestandteil werden. Deshalb muss die beweispflichtige Partei auch darlegen, warum ein bestimmter Punkt trotz Einigung nicht in die Vertragsurkunde aufgenommen worden ist (KG GE 2002, 930; Landwehr in: Bub/Treier Kap II Rdn. 2516).

Haben die Parteien einen **Formularvertrag** verwendet und ist streitig, ob sich die Parteien beim Vertragsschluss darüber einig waren, dass eine **bestimmte Klausel nicht gelten soll,** so trägt derjenige die Beweislast, der aus der Nichtgeltung der Klausel Rechte für sich herleiten will.

Haben die Parteien eine Schriftformklausel vereinbart und ist **streitig, ob die Parteien eine mündliche Zusatzvereinbarung getroffen** und dabei übereinstimmend von der Verbindlichkeit des mündlich Vereinbarten ausgegangen sind, so trägt derjenige die Beweislast, der aus der mündlichen Vereinbarung Rechte für sich herleiten will. Die beweispflichtige Partei muss hierbei zum einen substantiiert darlegen wann, wo, zwischen wem und unter welchen Umständen die Zusatzvereinbarung getroffen worden ist. Außerdem muss die beweispflichtige Partei die tatsächlichen Umstände vortragen, aus denen sich die Gültigkeit der mündlichen Vereinbarung ergibt; insbesondere ist in diesem Zusammenhang darzulegen, warum die Beurkundung unterblieben ist (Landwehr in: Bub/Treier Kap II Rdn. 2516). Nach der Rechtsprechung ist bei der Annahme mündlicher Zusatzvereinbarungen Zurückhaltung geboten (BGHZ 66, 378). Es muss klar erkennbar sein, dass die formfreie Absprache gelten soll, weil anderenfalls der Zweck der Schriftformklausel verfehlt würde. Der Umstand, dass sich die Parteien entsprechend der mündlichen Abrede verhalten haben, bildet allerdings ein gewichtiges Indiz dafür, dass die Parteien beim Abschluss des Änderungsvertrags das Schriftformerfordernis beseitigen wollten.

VIII. Textform

In manchen gesetzlichen Regelungen ist anstelle der Schriftform die Textform vorgesehen. Die **Anforderungen an die Textform ergeben sich aus § 126b BGB.** Danach „muss die Erklärung in einer Urkunde oder auf andere zur dauerhaften Wiedergabe in Schriftzeichen geeignete Weise abgegeben, die Person des Erklärenden genannt und der Abschluss der Erklärung durch Nachbildung der Namensunterschrift oder anders erkennbar gemacht werden." Sind die Voraussetzungen der Schriftform nach § 125 BGB gegeben, so genügt die Erklärung auch der Textform i. S. von § 126b BGB. Im Einzelnen gilt folgendes:

1. Dauerhafte Wiedergabe:

Nach allgemeiner Ansicht genügt es für die Wahrung der Textform, wenn die Erklärung in Papierform abgegeben wird. Die Erklärung kann handschriftlich, maschinenschriftlich, durch Fotokopie, durch Hektographie, im Umdruckverfahren, durch Formular, mittels einer Durchschrift oder per Computer abgegeben werden.

2. Person des Erklärenden:

Aus der Erklärung muss die Person des Erklärenden ersichtlich sein. Wird die Erklärung von einer juristischen Person abgegeben, so wird in der instanzgerichtlichen Rechtsprechung und in der Literatur die Ansicht vertreten, dass unter der „Person des Erklärenden" stets eine natürliche Person zu verstehen sei (Lammel in:

§ 550 BGB Untertitel 2. Mietverhältnisse über Wohnraum

Schmidt-Futterer § 550 BGB Rdn. 86 m. w. N.). Der BGH (NJW 2010, 2945 Rz 16; WuM 2014, 612 Rz. 2) teilt diese Ansicht nicht. Danach genügt allein die Angabe des Namens der juristischen Person. Der Empfänger muss lediglich wissen, von wem das Schreiben stammt. Für diesen Zweck reicht aber bei einer in Textform abgegebenen Erklärung einer juristischen Person die Angabe des Namens der juristischen Person aus. Wird die Erklärung durch Nachbildung einer (unleserlichen) Namensunterschrift abgeschlossen, so ist weder erforderlich, dass der Mieter den Unterzeichner identifizieren kann noch muss die Erklärung einen Hinweis auf die Vertretungsbefugnis des Unterzeichners enthalten.

3. Ende der Erklärung:

118 Aus der Erklärung muss sich ergeben, wo sie endet. Der Abschluss der Erklärung kann auf beliebige Weise kenntlich gemacht werden. Empfehlenswert ist die Wiedergabe des Namens, die auch maschinenschriftlich erfolgen kann. Es genügt aber auch eine gebräuchliche Grußformel, der Hinweis, dass die Erklärung automatisch gefertigt und deshalb nicht unterschrieben ist oder der Satz: „Ende der Mitteilung".

4. Übermittlung:

119 Die Erklärung kann durch die Post, durch einen Boten oder per Telefax übermittelt werden. Streitig ist, ob es genügt, wenn die Erklärung **per E-Mail** übermittelt wird. Teilweise wird hierzu die Ansicht vertreten, dass die so übermittelten Schriftzeichen nicht dauerhaft wiedergegeben werden. Nach anderer Ansicht reicht es aus, wenn der Empfänger die Mitteilung auf seinem Bildschirm lesen kann (Begründung des Gesetzentwurfs BT-Drucks. 14/4987 S. 19). Es ist dann Sache des Empfängers, die Mitteilung auszudrucken oder anderweitig zu speichern (Palandt/Ellenberger § 126b) BGB Rdn. 3).

5. Zugang:

120 Von der Übermittlung der Erklärung ist der Zugang zu unterscheiden. Wird die Erklärung in Papierform übermittelt, so geht sie zu, wenn sie dem Empfänger übergeben oder in dessen Briefkasten eingeworfen wird. Bei einer Übermittlung per Telefax oder per E-Mail geht die Erklärung nur zu, wenn der Empfänger zum Ausdruck gebracht hat, dass er diese Übermittlungsform akzeptiere. Hierzu genügt es, wenn der Adressat seine Fax-Nummer oder E-Mail Adresse bekannt gegeben hat. In diesem Fall geht eine per Fax übermittelte Erklärung zu, wenn der Text vom Empfangsgerät ausgedruckt wird (BGH NJW 1987, 2586; NJW 1994, 1881; NJW 1994, 2097). Eine durch E-Mail übermittelte Erklärung geht zu, wenn es dem Empfänger möglich ist, den Text auf seinem Bildschirm lesbar zu machen.

121 **Beweispflichtig für den Zugang** ist der Erklärende. Bei einer durch **Telefax** übermittelten Erklärung, kann der Beweis des Zugangs nicht mit dem Tagesberichtsausdruck des Geräts über die Sende- und Empfangsvorgänge geführt werden, weil nicht auszuschließen ist, dass der Sendevorgang durch ein defektes Empfangsgerät, durch eine Minderung der Leitungsqualität oder durch Unterbrechungen mittels Kontaktöffnungen im Telefonnetz gestört worden ist (BGH NJW 1995, 665; KG NJW 1994, 3172; OLG München NJW 1993, 2447; OLG Dresden NJW-RR 1994, 1485; **a. A.** LG Hamburg NJW-RR 1994, 1486; s. auch Ebnet NJW 1992, 2985, 2990). Für Unterbrechungen oder Störungen im öffentlichen

Netz muss der Erklärende das Risiko tragen (BGH a. a. O.). Vergleichbare Beweislastgrundsätze gelten für die per **E-Mail** übermittelte Erklärung. Aus der Verwendung einer bestimmten E-Mail-Adresse kann nicht gefolgert werden, dass die Mail vom Inhaber der Adresse stammt, weil es möglich ist, die Absenderadresse einer Mail zu verfälschen (sog. Maskerade-Angriff; Ernst MDR 2003, 1091). Der Beweis des Zugangs einer Mail kann mit dem online-Sendeprotokoll nicht geführt werden, weil ein solches Protokoll verfälscht werden kann. Die Regeln des Anscheinsbeweises sind nur anwendbar, wenn eine elektronische Signatur im Sinne des Signaturgesetzes verwendet wird (§ 292a ZPO, Ernst MDR 2003, 1091).

§ 551 Begrenzung und Anlage von Mietsicherheiten

(1) **Hat der Mieter dem Vermieter für die Erfüllung seiner Pflichten Sicherheit zu leisten, so darf diese vorbehaltlich des Absatzes 3 Satz 4 höchstens das Dreifache der auf einen Monat entfallenden Miete ohne die als Pauschale oder als Vorauszahlung ausgewiesenen Betriebskosten betragen.**

(2) **¹Ist als Sicherheit eine Geldsumme bereitzustellen, so ist der Mieter zu drei gleichen monatlichen Teilzahlungen berechtigt. ²Die erste Teilzahlung ist zu Beginn des Mietverhältnisses fällig. Die weiteren Teilzahlungen werden zusammen mit den unmittelbar folgenden Mietzahlungen fällig.**

(3) **¹Der Vermieter hat eine ihm als Sicherheit überlassene Geldsumme bei einem Kreditinstitut zu dem für Spareinlagen mit dreimonatiger Kündigungsfrist üblichen Zinssatz anzulegen. ²Die Vertragsparteien können eine andere Anlageform vereinbaren. ³In beiden Fällen muss die Anlage vom Vermögen des Vermieters getrennt erfolgen und stehen die Erträge dem Mieter zu. ⁴Sie erhöhen die Sicherheit. ⁵Bei Wohnraum in einem Studenten- oder Jugendwohnheim besteht für den Vermieter keine Pflicht, die Sicherheitsleistung zu verzinsen.**

(4) **Eine zum Nachteil des Mieters abweichende Vereinbarung ist unwirksam.**

Übersicht

	Rdn.
I. Anwendungsbereich	1
II. Arten der Sicherheitsleistung	5
1. Barkaution:	6
2. Sparkonto, Sparbuch, Bankguthaben:	7
3. Bürgschaft	9
4. Schuldbeitritt	33
5. Verpfändung von Wertpapieren	35
6. Abtretung von Lohn- oder Gehaltsansprüchen des Mieters	36
7. Patronatserklärung	37
8. Vertragsregelung	38
III. Inhalt der gesetzlichen Regelung	39
1. Zulässige Höhe (Abs. 1)	39
2. Fälligkeit (Abs. 2)	50
3. Anlage und Verzinsung (Abs. 3)	62
a) Anlage	62
b) Rechtswirkungen	71

		Rdn.
	c) Pflicht des Vermieters zur getrennten Anlage der Kaution (§ 551 Abs. 3 S. 1 und 3)	74
	d) Nichtbeachtung der Anlagepflicht	76
	e) Verzinsung	78
	f) Sonderregelungen für Studenten- und Jugendwohnheime (Abs. 3 Satz 5)	82
	4. Abweichende Vereinbarungen (Abs. 4)	83
IV.	Die Kaution während der Mietzeit	91
V.	Die Kaution bei Vertragsende	98
	1. Vorbehaltslose Rückgabe	98
	2. Abrechnung	99
	3. Prozessuales	105
	4. Beweislast	115
	5. Verjährung	116
VI.	Zwangsverwaltung/Insolvenz/Zwangsversteigerung	118
	1. Zwangsverwaltung	118
	2. Insolvenz des Vermieters	124
	3. Parallelität von Zwangsverwaltung und Insolvenz	126
	4. Insolvenz des Mieters	127
VII.	Preisgebundener Wohnraum	128
VIII.	Geschäftsraummietverhältnisse	129

I. Anwendungsbereich

1 Die **Vorschrift gilt ausschließlich für die Wohnraummiete,** nicht für die Miete von Geschäftsräumen. Sie gibt keinen gesetzlichen Anspruch auf Leistung einer Sicherheit, sondern setzt eine vertragliche Vereinbarung voraus (Allgemeine Ansicht). Eine solche Vereinbarung kann auch durch Formularvertrag getroffen werden. Allerdings ist insoweit eine deutliche drucktechnische Gestaltung zu fordern (Kraemer PiG 62, 213, 215); anderenfalls muss eine formularmäßige Kautionsvereinbarung als überraschende Klausel im Sinne von § 305c Abs. 1 BGB bewertet werden. In der Regel wird die Kautionsvereinbarung beim Vertragsschluss getroffen; § 551 BGB gilt aber auch für solche Vereinbarungen, die während der Mietzeit zustande kommen. Für gerichtlich angeordnete Sicherheiten gilt § 551 BGB nicht.

1a **Zeitlicher Geltungsbereich.** Die Vorläuferregelung des § 551 wurde als § 550b durch Art. 1 Nr. 3 des Gesetzes zur Erhöhung des Angebots an Mietwohnungen vom 20.12.1982 (BGBl. I S. 1912) in das BGB eingefügt. Die Regelung ist am 1.1.1983 in Kraft getreten. In Art 4 Nr. 2 des Gesetzes ist bestimmt, dass die Verzinsungspflicht auch für Altverträge gilt, wenn nicht der Ausschluss der Verzinsung „ausdrücklich" vereinbart wurde. Der BGH hat sich mit der Frage der Verzinsungspflicht in Altverträgen in dem Rechtsentscheid vom 8.7.1982 – VIII ARZ 3/82, NJW 1982, 2186 befasst. Er hat entschieden, dass der Vermieter einen Kautionsbetrag auch dann verzinslich anlegen muss, wenn der Vertrag keine ausdrückliche Vereinbarung über die Verzinsung enthält. In dem Beschluss vom 21.8.2018 (BGH NZM 2019, 212) hat der BGH klargestellt, dass der Vermieter in einem vor dem 1.1.1983 abgeschlossenen Wohnraummietvertrag zu einer Verzinsung der Kaution (noch) nicht verpflichtet war. Deshalb stelle der formularmäßige Ausschluss der Kautionsverzinsung in einem Altvertrag auch keine unangemessene Benachteiligung des Mieters i. S. des § 307 Abs. 1 Satz 1 BGB dar.

Bei preisgebundenem Wohnraum ist außerdem § 9 Abs. 5 S. 1 WoBindG zu beachten; danach ist die Vereinbarung einer Sicherheit nur insoweit zulässig, als sie dazu bestimmt ist, Ansprüche des Mieters gegen den Mieter aus Schäden an der Wohnung oder unterlassenen Schönheitsreparaturen zu sichern. Ist bei preisgebundenem Wohnraum ausdrücklich vereinbart, dass die Kaution zur Deckung aller Ansprüche dienen soll, so ist die Vereinbarung insgesamt unwirksam. Gleichwohl kann der Vermieter bei Mietende mit Forderungen auf restliche Miete gegen den Rückzahlungsanspruch aus der Kaution aufrechnen (AG Spandau GE 2011, 1488; Sternel Mietrecht aktuell Rdn. III 159a; **a. A.** AG Köln WuM 2008, 222). 2

Bei **freifinanziertem Wohnraum** gilt diese Beschränkung nicht. Hier **kann die Sicherheit zur Abdeckung aller Ansprüche des Vermieters verwendet werden.** Hierzu gehören Zahlungsansprüche aller Art, die sich aus dem Mietverhältnis ergeben (Miete, Betriebskosten, Nutzungsentschädigung, Schadensersatzansprüche) oder mit ihm im Zusammenhang stehen (Prozesskostenerstattungsansprüche; von der Osten/Schüller in: Bub/Treier Kap III Rdn. 2033; **a. A.** OLG Hamm WPM 1970, 698). 3

Bei steuerbegünstigten oder frei finanzierten Wohnungen die mit Wohnungsfürsorgemitteln für Angehörige des öffentlichen Dienstes oder ähnliche Personengruppen unter Vereinbarung eines Wohnungsbesetzungsrechts gefördert worden sind (§ 16 NMV) darf keine Kaution vereinbart werden, weil dies in den hierfür maßgeblichen Preisvorschriften (§§ 1 Abs. 3, 16 NMV nicht vorgesehen ist (LG München I WuM 1985, 399). 4

II. Arten der Sicherheitsleistung

Die Regelungen in §§ 551 Abs. 1, 9 Abs. 5 S. 1 WoBindG gelten für Sicherheiten jeder Art. In welcher Form die Sicherheit geleistet werden muss, richtet sich nach den vertraglichen Vereinbarungen. Ist eine Barkaution vereinbart, so ist der Mieter weder zur Übergabe eines Sparbuchs, noch zur Stellung einer Bürgschaft noch zu anderen Formen der Sicherheitsleistung berechtigt (Einzelheiten Rdn. 38). 5

1. Barkaution:

Sie liegt vor, wenn der Mieter nach den vertraglichen Vereinbarungen verpflichtet ist, an den Vermieter einen bestimmten Geldbetrag zu übergeben oder auf ein vom Vermieter bestimmtes Konto einzuzahlen. 6

2. Sparkonto, Sparbuch, Bankguthaben:

Möglich ist die Verpfändung oder die Sicherungsabtretung. Bei der **Verpfändung** zahlt der Mieter einen bestimmten Betrag auf einem Sparbuch ein, das auf seinen Namen ausgestellt ist. Sodann wird das Recht auf die Sparforderung an den Vermieter verpfändet. Bei einer Verpfändung müssen sich die Parteien dahingehend einig sein, dass ein dingliches Pfandrecht (und nicht lediglich eine schuldrechtliche Verpflichtung) begründet werden soll. Außerdem setzt eine wirksame Verpfändung voraus, dass der Mieter die Verpfändung dem Kreditinstitut anzeigt. Hierfür reicht es nicht aus, dass die Bank vom Verwendungszweck des Sparbuchs 7

Kenntnis hat. Vielmehr muss der Bank mitgeteilt werden, dass die Verpfändung stattgefunden hat und wer der Pfandgläubiger ist (OLG Nürnberg NZM 1998, 660). Das Kreditinstitut versieht das Sparbuch i. d. R. mit einem Sperrvermerk zugunsten des Vermieters. Der Sperrvermerk hat zur Folge, dass jede Partei nur mit Zustimmung der anderen Partei über die Sparforderung verfügen kann. Wird die Zustimmung nicht freiwillig erteilt, so kann jede Partei den anderen Teil auf Erteilung der Zustimmung in Anspruch nehmen. Das Pfandrecht erstreckt sich auch auf die Zinsen (§ 1289 BGB). In der Insolvenz des Mieters hat der Vermieter ein Absonderungsrecht. Für die Wirksamkeit der Verpfändung spielt es keine Rolle, in wessen Hand sich das Sparbuch befindet; in der Praxis wird das Sparbuch i. d. R. dem Vermieter ausgehändigt. Der Mieter kann durch einstweilige Verfügung verhindern, dass der Vermieter auf das Sparkonto zugreift. Auf einen Rechtsmissbrauch des Vermieters kommt es nicht an. Dies gilt auch dann, wenn der Mieter mit seiner Bank vereinbart hat, dass die Sparforderung gegen Vorlage des Sparbuchs ausgezahlt werden kann (LG Berlin GE 2003, 742).

8 Eine **Sicherungsabtretung** der Sparforderung gem. §§ 398 ff BGB ist auch dann wirksam, wenn sie dem Kreditinstitut nicht angezeigt wird. Die Sicherungsabtretung setzt lediglich eine Einigung der Parteien darüber voraus, dass die Sparforderung zur Sicherheit für die Erfüllung der Verbindlichkeiten aus dem Mietvertrag dem Vermieter zustehen soll. In der Regel wird die Sicherungsabtretung schlüssig vereinbart, in dem der Mieter dem Vermieter ein auf seinen Namen ausgestelltes Sparbuch übergibt (**a. A.** OLG Nürnberg NZM 1998, 660: danach ist es bei dieser Form der Sicherheitsleistung üblich, dass das Sparkonto als Konto des Vermieters errichtet wird). Für den Vermieter hat die Sicherungsabtretung den Vorteil, dass er auch ohne Einwilligung des Mieters über die Sparforderung verfügen kann, wenn sich das Sparbuch in seinem Besitz befindet (§ 808 BGB); anders ist es, wenn die Bank (auf Veranlassung des Mieters) einen Sperrvermerk angebracht hat. In der Insolvenz des Mieters hat der Vermieter ebenso wie bei der Verpfändung ein Absonderungsrecht (BGH NJW 1984, 1749, 1750).

3. Bürgschaft

9 a) **Bürgschaftsvertrag. (1) Der Bürgschaftsvertrag bedarf** nach § 766 BGB **der Schriftform.** Nach der obergerichtlichen Rechtsprechung (BGH NJW 1996, 1467) ist wegen des besonderen Schutzzwecks des § 766 BGB (abweichend von §§ 126 S. 1, 167 Abs. 2 BGB) die Schriftform nur gewahrt, wenn die Urkunde außer dem Willen, für fremde Schuld einzustehen, auch die Bezeichnung des Gläubigers, des Hauptschuldners und der verbürgten Forderung enthält. Durch die Übergabe eines Blanko-Formulars wird die Schriftform nicht gewahrt. Der Bürge kann das Bürgschaftsformular aber blanko unterzeichnen und einen Dritten ermächtigen, die Urkunde in dem erforderlichen Umfang zu ergänzen. In diesem Fall muss die Vollmacht zur Ergänzung der Urkunde (abweichend von § 167 Abs. 2 BGB) schriftlich erteilt werden. Der Bürge kann außerdem einen Dritten zur Abgabe einer Bürgschaftserklärung bevollmächtigen. Auch in diesem Fall muss die Vollmacht (abweichend von § 167 Abs. 2 BGB) schriftlich erteilt werden (BGH a. a. O.). Etwas anderes gilt, wenn die Bürgschaft auf der Seite des Bürgen ein Handelsgeschäft darstellt.

10 **(2) Der Umfang der Bürgschaft muss hinreichend bestimmbar sein.** Die Übernahme einer Bürgschaft für alle nur denkbaren Verpflichtungen eines Schuldners ist unwirksam (BGHZ 25, 318). Es genügt aber, wenn eine Bürgschaft für alle

Verpflichtungen aus dem Mietvertrag übernommen wird. In einem solchen Fall haftet der Bürge auch für die Kosten eines Räumungsrechtsstreits einschließlich der Kosten der Zwangsvollstreckung (LG Hamburg ZMR 2000, 764).

(3) Die Übernahme einer Bürgschaft ist auch dann wirksam, wenn der Bürge deren Reichweite (z. B. mangels ausreichender Sprachkenntnisse) **nicht überblicken kann.** Nach der Rechtsprechung (vgl. BGH NJW 1997, 1773) ist die Übernahme einer Bürgschaft oder Mithaftung für die Verbindlichkeiten eines Dritten jedoch nach § 138 Abs. 1 BGB nichtig, wenn zwischen der übernommenen Zahlungsverpflichtung und der finanziellen Leistungsfähigkeit des Bürgen ein grobes Missverhältnis besteht und weitere dem Gläubiger zurechenbare Umstände vorliegen, auf Grund derer die Mithaftung sittenwidrig erscheint. Solche Umstände können in der Ausnutzung der geschäftlichen Unerfahrenheit oder einer seelischen Zwangslage liegen. Bei Mietverhältnissen werden diese Voraussetzungen in der Regel nicht gegeben sein (vgl. OLG Hamburg ZMR 2001, 887; Schläger ZMR 2001, 888). 11

(4) Mängel der Sicherungsabrede haben auf die Wirksamkeit des Bürgschaftsvertrages keinen Einfluss. Der Bürge hat aber dieselben Einwendungen wie der Hauptschuldner (§§ 768 Abs. 1 Satz 1, 770 BGB). Deshalb kann sich auch der Bürge auf die Unwirksamkeit der Sicherungsabrede berufen (Fischer NZM 2003, 497, 500). 12

(5) Kündigung des Bürgschaftsvertrags. Der Bürge kann den Bürgschaftsvertrag aus wichtigem Grund (§ 314 BGB) oder nach Ablauf eines angemessenen Zeitraums, (der mit etwa 5 Jahren angesetzt werden kann) mit angemessener Frist (3 Monate, § 489 Abs. 2 BGB analog) kündigen. Wegen der bis dahin entstandenen Ansprüche kann der Vermieter den Bürgen in Anspruch nehmen (Derleder NZM 2006, 601, 608). Der Mieter ist auf Grund der Sicherungsabrede verpflichtet, einen anderen Bürgen beizubringen. 13

(6) Im Falle einer Mietbürgschaft hat der Bürge nach **§ 770 Abs. 2 BGB** *ein* **Leistungsverweigerungsrecht,** wenn sich der Mieter durch **Aufrechnung** gegen eine fällige Forderung des Vermieters befriedigen kann. Nach der früheren Rechtsprechung des BGH konnte diese Regelung auch durch Allgemeine Geschäftsbedingungen ausgeschlossen werden (BGHZ 95, 350, 359). Diese Rechtsprechung hat der BGH (BGHZ 153, 293 = NJW 2003, 1521 Rdn. 17) aufgegeben. Danach benachteiligt der formularmäßige Ausschluss der Aufrechenbarkeit den Bürgen unangemessen, wenn die Gegenforderung des Mieters unbestritten oder rechtskräftig festgestellt ist. Eine entsprechende Vereinbarung im Bürgschaftsvertrag verstößt deshalb gegen § 307 Abs. 1 und 2 BGB (BGH a. a. O.). Gleiches gilt für die Bürgschaftsvereinbarung im Mietvertrag (OLG Frankfurt ZMR 2018, 214). Die Bürgschaftsvereinbarung ist insgesamt unwirksam. Das Verbot der geltungserhaltenden Reduktion lässt s nicht zu, die Klausel teilweise aufrechtzuerhalten (OLG Frankfurt a. a. O.; ebenso wohl BGH a. a. O. Rdn. 20; **a. A.** KG ZMR 2006, 524). 13a

b) Haftung des Bürgen. (1) Bei einer umfassenden Bürgschaft haftet der Bürge für alle Ansprüche aus dem Mietverhältnis. Die Haftung umfasst auch solche Verpflichtungen, die nur vom Mieter erfüllt werden können (unvertretbare und höchstpersönliche Verpflichtungen). Werden diese Verpflichtungen vom Mieter nicht erfüllt, so haftet der Bürge für die Schadensersatzansprüche. Wird die Mietsache nach Ablauf der Mietzeit vom Mieter nicht an den Vermieter zurückgegeben, so haftet der Bürge auch für die Nutzungsentschädigung nach § 546a BGB. 14

(2) Keine Haftung besteht hinsichtlich solcher Ansprüche, die sich aus einem nach Übernahme der Bürgschaft geschlossenen Vertrag zwischen dem Mieter und dem Vermieter ergeben (OLG Frankfurt NZM 2006, 900). Wegen dieser Ansprüche kann der Vermieter auch kein Zurückbehaltungsrecht an der Bürgschaftsurkunde geltend machen (OLG Frankfurt a. a. O.).

15 Etwas anderes gilt, wenn der Bürge mit einer Erweiterung der Verbindlichkeiten rechnen musste. Bei Mieterhöhungsvereinbarungen kommt es darauf an, ob sie eine vertragliche (z. B. Wertsicherungsklausel) Grundlage haben. Wird das Mietverhältnis durch fristlose Kündigung wirksam beendet und einigen sich die Parteien über eine „Rücknahme" der Kündigungswirkungen, so scheidet eine Fortsetzung des früheren Vertragsverhältnisses nach der Rechtsprechung aus (§ 542 Rdn. 99). In diesem Fall erlischt dir für den Ursprungsvertrag erteilte Bürgschaft. Die Einigung der Parteien über die Fortsetzung des Vertrags führt unter diesen Umständen zur Begründung eines neuen – nunmehr ungesicherten – Mietverhältnisses (OLG Düsseldorf ZMR 2013, 628).

16 **(3) Vertragsverlängerung.** Wird ein ursprünglich befristeter Mietvertrag vertraglich verlängert, so haftet der Bürge grundsätzlich nicht für die nach der Befristung entstehenden Verbindlichkeiten. Etwas anderes gilt, wenn der Bürge mit der Verlängerung rechnen musste, z. B. weil dem Mieter ein Optionsrecht zustand oder eine Verlängerung vertraglich vorgesehen war.

17 **c) Inanspruchnahme des Bürgen.** Kommt der Mieter in Zahlungsverzug, so kann der Vermieter den Bürgen in Anspruch nehmen. Hierbei sind **zwei Fälle** zu unterscheiden: **(1). Die Bürgschaftssumme reicht zur Befriedigung aller Ansprüche des Vermieters aus:** Hier kann der Vermieter den Bürgen ohne Rechtsnachteile in Höhe der Bürgschaftssumme in Anspruch nehmen (OLG Düsseldorf ZMR 2000, 602) **(2). Die Ansprüche des Vermieters übersteigen die Bürgschaftssumme.** In diesem Fall gilt folgendes: Nimmt der Vermieter den Bürgen wegen aller Mietforderungen in Anspruch, so kann der Bürge nach § 366 Abs. 1 BGB bestimmen, welche Forderungen des Vermieters durch die Zahlung erlöschen sollen (OLG Düsseldorf DWW 1992, 213, 214). Nimmt der Vermieter den Bürgen dagegen wegen bestimmter genau bezeichneter Forderungen in Anspruch, so erlöschen diese Forderungen.

18 **(3) Bei einer befristeten Bürgschaft kann der Vermieter den Bürgen grundsätzlich nur wegen solcher Forderungen in Anspruch nehmen, die bis zum Ende der Befristung fällig geworden sind** (OLG Düsseldorf a. a. O.). Hierzu gehört der Anspruch auf rückständige Miete. Der Anspruch auf Durchführung von Schönheitsreparaturen gehört ebenfalls zu den gesicherten Ansprüchen, weil die Verpflichtung des Mieters zur Durchführung von Schönheitsreparaturen spätestens zum Vertragsende fällig wird. Der Bürge haftet auch für den Schadensersatzanspruch wegen nicht durchgeführter Schönheitsreparaturen. Dies gilt auch dann, wenn die nach § 281 BGB erforderliche Nachfrist erst nach dem Zeitpunkt abläuft, zu dem die Befristung der Bürgschaft endet: die Hauptverbindlichkeit wird durch den Verzug des Mieters nämlich nicht geändert (§ 767 Abs. 1 Satz 2 BGB; OLG Hamm ZMR 1995, 255). Dagegen haftet der Bürge nur dann auf Zahlung eines Saldos aus einer Betriebskostenabrechnung, wenn diese noch vor Ablauf der Befristung erteilt wird. Dies ist in der Praxis insbesondere dann nicht möglich, wenn der Mieter vor Ablauf des Abrechnungszeitraums auszieht; dies hat regelmäßig zur Folge, dass der Vermieter keine Sicherheit für die noch nicht abgerechneten Betriebskosten erlangt.

Begrenzung und Anlage von Mietsicherheiten **BGB § 551**

(4) Auch **bei einer unbefristeten Bürgschaft haftet der Bürge im Zweifel nicht für solche Mietzahlungsverpflichtungen, die entstehen, weil die Parteien des Mietvertrags nach Vertragsende die weitere Fortsetzung des Mietverhältnisses vereinbart haben.** Etwas anderes gilt für Ansprüche nach einer Vertragsfortsetzung gem. § 545 BGB, weil diese Ansprüche seit der Rechtsänderung durch das Mietrechtsreformgesetz nicht auf dem vermuteten Willen der Parteien zur Vertragsfortsetzung sondern auf einer gesetzlichen Rechtsfolge beruhen (anders zum früheren § 568 BGB: LG Gießen ZMR 1995, 33). Fraglich ist, welche Rechtsfolge gilt, wenn der Mieter oder der Vermieter das Mietverhältnis kündigt und die Parteien im Anschluss hierin ein neues Mietverhältnis begründen. Nach der Ansicht des LG Berlin (GE 2017, 17) bleibt der „gekündigte Vertrag ... zu den bisherigen Bedingungen unverändert in Kraft". Zu diesen Bedingungen zähle auch die Bürgschaft. Diese Ansicht ist zweifelhaft, weil der Bürge nicht an die von dem Mietvertragsparteien getroffenen Vereinbarungen gebunden ist. 19

(5) Der Vermieter ist weder verpflichtet, den Bürgen über die Höhe der Rückstände des Mieters zu informieren, noch ist er gehalten, das Mietverhältnis wegen Zahlungsverzugs zu kündigen (OLG Düsseldorf ZMR 2002, 191, 192). **Der Bürge muss sich selbst über die Vermögenslage des Mieters informieren.** 20

(6) Ist bei Beendigung des Mietverhältnisses streitig, ob dem Vermieter gegen den Mieter Forderungen zustehen, so kann der Bürge die **Bürgschaftssumme bei der Hinterlegungsstelle des Amtsgerichts hinterlegen** (vgl. § 13 HinterlegungsO – Ausnahme: Bürgschaft auf erstes Anfordern; s. Rdn. 28). Der Vermieter muss dann den Mieter auf Einwilligung zur Auszahlung in Anspruch nehmen. Im Verhältnis des Vermieters zum Bürgen gilt nicht der besondere Gerichtsstand des § 29a ZPO, sondern der allgemeine Gerichtsstand (BayObLG NZM 1999, 1141). 21

(7) Liegen die Voraussetzungen einer **Kündigung wegen Zahlungsverzugs nach § 543 Abs. 2 Nr. 3 BGB** vor, so ist der Vermieter gegenüber dem Bürgen verpflichtet, „diejenigen Schritte zu ergreifen, die er ohne Bürgschaftsvertrag zur Wahrung seiner eigenen Interessen unternommen hätte" (BGH NJW 1995, 1886). Gleichwohl kann der Vermieter mit der Kündigung zuwarten, wenn die Möglichkeit besteht, dass sich die Verhältnisse bessern. Außerdem darf der Vermieter seine eigenen Interessen an einer zeitnahen Anschlussvermietung wahren. Ist die Weitervermietung auf Grund der Marktlage mit einem Risiko behaftet, so kann der Vermieter von der Kündigung Abstand nehmen. Er ist nicht in jedem Fall verpflichtet, den Bürgen zu schonen (KG GE 2001, 1196). 22

(8) Bei einem unbefristeten Mietverhältnis kann der Bürge die Bürgschaft mit Wirkung für die Zukunft beenden (KG DWW 2012, 134, 135; Sternel Mietrecht Aktuell Rdn. III 220; Wolf/Eckert/Ball Rdn. 812). Der Bürge muss allerdings auf die Interessen des Vermieters Rücksicht nehmen; deshalb muss die Kündigungsfrist so bemessen werden, dass sich der Vermieter auf die geänderte Situation einstellen kann. Diese Voraussetzung ist i. d. R. gewahrt, wenn die Kündigungsfrist so bemessen wird, dass der Vermieter seinerseits das Mietverhältnis kündigen kann (KG a. a. O.). Hat der Vermieter von seinem Kündigungsrecht Gebrauch gemacht, so haftet der Bürge trotz Beendigung der Bürgschaft für diejenigen Verbindlichkeiten des Mieters, die infolge der Vorenthaltung der Mietsache entstehen, insbesondere auf die Nutzungsentschädigung. Bei einem befristeten Mietverhältnis ist eine vorzeitige Enthaftung des Bürgen ausgeschlossen (Wolf/Eckert/Ball a. a. O.). 23

(9) Zahlt der Bürge, so geht die Forderung des Vermieters nach § 774 Satz 1 BGB auf ihn über.

§ 551 BGB Untertitel 2. Mietverhältnisse über Wohnraum

24 Dies gilt allerdings nur dann, wenn der Anspruch des Vermieters zu Recht besteht. Der Bürge kann im Falle der Zahlung einen Aufwendungsersatzanspruch nach §§ 675, 670 BGB gegen den Mieter geltend machen. Dieser Anspruch setzt nicht voraus, dass die Forderung des Vermieters zu Recht besteht. Jedoch ist der Bürge verpflichtet, die Rechtslage sorgfältig zu prüfen. Wird diese Pflicht verletzt, so scheidet ein Aufwendungsersatzanspruch aus (BGH NJW 2005, 2552)

25 **(10)** Hat der Bürge den Mieter in Anspruch genommen, so steht dem Mieter gegenüber dem Vermieter ein eigenes Rückforderungsrecht zu, wenn die Hauptschuld nicht besteht. Dies ergibt sich aus der Sicherungsabrede (BGH NJW 1999, 55; LG Berlin GE 2003, 1332; Fischer NZM 2003, 497, 501). Daneben hat auch der Bürge einen Rückforderungsanspruch. Mieter und Bürge sind Gesamtgläubiger (Fischer a. a. O.).

26 **(11)** Ist die Hauptverbindlichkeit verjährt, so kann auch der Bürge die Einrede der Verjährung erheben.

Dabei ist zu beachten, dass die Verjährung durch Erhebung einer Klage gegen den Bürgen nicht unterbrochen wird (BGH ZMR 1999, 230). Dies hat zur weiteren Folge, dass der Bürge nach dem Verjährungseintritt die Einrede der Verjährung erheben kann. In prozessualer Hinsicht ist hierzu die Erhebung einer Vollstreckungsgegenklage erforderlich. Wird sie vom Bürgen erhoben, so wird die weitere Zwangsvollstreckung aus dem Zahlungstitel für unzulässig erklärt. Eine entsprechende Anwendung des § 215 BGB ist nicht möglich (BGH NJW 1998, 981; OLG Hamm ZMR 1995, 255). Auch dies unterscheidet die Bürgschaft von der Barkaution: gegen den Rückzahlungsanspruch des Mieters kann der Vermieter auch mit verjährten Forderungen aufrechnen. Der Anspruch des Vermieters gegen den Mieter auf Zustimmung zur Auszahlung der Bürgschaftssumme verjährt ebenfalls zusammen mit der gesicherten Forderung (BGH NJW 1998, 981). Etwas anderes kann nach Treu und Glauben gelten, wenn dem Mieter lediglich die Befugnis eingeräumt wird, eine Barkaution durch eine Bankbürgschaft zu ersetzen (vom BGH NJW 1998, 981 offengelassen). Die Parteien können die für den Vermieter nachteilige Rechtsfolge des Verlusts der Sicherung vermeiden, indem sie vereinbaren, dass die Bürgschaft auch verjährte Forderungen sichern soll. Ggf. kann auch mit dem Bürgen vereinbart werden, dass dieser auf die Einrede der Verjährung verzichtet. Eine solche Vereinbarung kann allerdings nicht durch Formularvertrag getroffen werden (Derleder NZM 2006, 601, 609).

27 **d) Rückgabe der Bürgschaftsurkunde.** Ist das Mietverhältnis beendet, so ist die Bürgschaftsurkunde zurückzugeben. Der Rückgabeanspruch steht dem Bürgen, nicht dem Mieter zu (BGH NZM 2004, 907, 909).

28 **e) Besonderheit der Bürgschaft auf erstes Anfordern. (1)** Eine Bürgschaft auf erstes Anfordern kann **formularvertraglich** grundsätzlich nur von Kreditinstituten, Banken, Sparkassen, Versicherungen und von solchen Personen abgegeben werden, die mit den besonderen Risiken dieser Art von Bürgschaft vertraut sind (LG Hamburg WuM 2003, 36; LG Rostock DWW 2016, 296; Fischer NZM 2003, 497, 498; Palandt/Sprau Einf. vor § 765 BGB Rdn. 14; von der Osten/Schüller in: Bub/Treier Kap III Rdn. 2148; Derleder NZM 2006, 601, 603; **a. A.** KG DWW 2004, 85 = GE 2004, 233; OLG Karlsruhe NZM 2004, 742: danach kann sich jedermann entsprechend verpflichten). **Individualvertraglich** kann jedermann eine Bürgschaft auf erstes Anfordern übernehmen (BGH NJW 1998, 2280; Fischer NZM 2003, 497, 498). Eine unwirksame Formularvereinbarung über eine Bürgschaft auf erstes Anfordern ist als Vereinbarung über eine gewöhnliche Bürgschaft aufrecht zu erhalten (Fischer NZM 2003, 497, 499f; **a. A.** Leo/

Ghassemi-Tabar NZM 2012, 97: danach entfällt die Verpflichtung zur Stellung der Bürgschaft ersatzlos; der Vermieter muss sich mit dem gesetzlichen Vermieterpfandrecht begnügen). Bei **unwirksamer Bürgschaft** auf erstes Anfordern kann der Mieter vom Bürgen verlangen, dass dieser die Leistung verweigert. Verstößt der Bürge gegen diese Weisung, so verliert er den Aufwendungsersatzanspruch nach §§ 675, 670 BGB. Etwas anderes gilt, wenn der Bürge nachweist, dass die Forderung des Hauptschuldners besteht. Die auf Grund einer unwirksamen Vereinbarung über eine Bürgschaft auf erstes Anfordern geleistete Zahlung kann nicht allein wegen der Unwirksamkeit der Bürgschaftsabrede zurückverlangt werden, weil der Mieter eine gewöhnliche Bürgschaft schuldet. Im Rückforderungsprozess muss der Vermieter beweisen, dass die Forderung besteht und fällig ist (BGH NJW 1989, 1606; 1997, 1435; Fischer NZM 2003, 497, 501).

(2) **Ist in einem Mietvertrag vereinbart, dass der Mieter eine gewöhn-** 29 **liche Bürgschaft beizubringen hat** und beauftragt der Mieter eine Bank die Bürgschaft gemäß dem Mietvertrag zu übernehmen, **so darf die Bank dem Vermieter keine Bürgschaft auf erstes Anfordern anbieten.** Geschieht dies dennoch, so ist die Bank gegenüber dem Vermieter zur Zahlung verpflichtet, wenn dieser behauptet, dass ihm eine Forderung gegenüber dem Mieter zustehe. Den Mieter kann die Bank erst in Anspruch nehmen, wenn feststeht, dass die Forderung des Vermieters zu Recht besteht (OLG Köln NZM 2003, 518).

(3) Bei einer Bürgschaft auf erstes Anfordern muss der Bürge leisten, wenn der 30 Vermieter die Zahlung anfordert.

Einer schlüssigen Darlegung der Verbindlichkeit bedarf es nicht (BGH MDR 1994, 721; Fischer NZM 2003, 497). Der Vermieter muss lediglich erklären, dass der Anspruch besteht. Der Bürge ist mit allen Einwendungen ausgeschlossen; alle Streitfragen sind im Rückforderungsprozess auszutragen (BGH NJW 1989, 1480; OLG Oldenburg NdsRpfl 2018, 139). **Eine Ausnahme gilt, wenn die Unbegründetheit der Hauptforderung klar auf der Hand liegt, etwa bei Rechtsmissbrauch** (Fischer NZM 2003, 497, 498). Die Anforderung der Zahlung ist rechtsmissbräuchlich, wenn offenkundig oder mit liquiden Mitteln beweisbar ist, dass der Sicherungsfall nicht vorliegt (BGHZ 143, 381, 383; BGHZ 147, 99, 102; NJW 2002, 1493; Antoni WuM 2006, 359). Die Prüfungspflichten des Bürgen sind stark eingeschränkt. Der Bürge muss den Mieter benachrichtigen, damit dieser eventuelle liquide Einwendungen zur Abwehr des Bürgschaftsanspruchs mitteilen kann. Bestehen keine liquiden Einwendungen, so kann der Bürge leisten. Entgegenstehende Weisungen des Hauptschuldners muss der Bürge nicht beachten (Fischer a. a. O.). Hat der Vermieter die Leistung nach materiellem Bürgschaftsrecht zu Unrecht erhalten, so steht sowohl dem Bürgen, als auch dem Mieter ein eigener originärer Rückforderungsanspruch zu. Hierzu zählt auch der Fall, dass der Bürge auf eine verjährte Forderung des Vermieters geleistet hat. Macht der Mieter den Rückforderungsanspruch geltend, so muss der Klagantrag grundsätzlich auf Zahlung an den Bürgen lauten. Ausnahmsweise kann der Mieter Zahlung an sich verlangen, wenn er vom Bürgen im Wege des Rückgriffs (§ 774 Abs. 1 Satz 1 BGB; §§ 675, 670 BGB) in Anspruch genommen wurde (BGH NJW 2003, 352; OLG Oldenburg NdsRpfl 2018, 139).

f) Für die **Abgrenzung der Bürgschaft vom Schuldbeitritt (Schuldmit-** 31 **übernahme)** kommt es maßgeblich darauf an, ob nach dem Parteiwillen eine selbständige oder nur eine angelehnte Schuld begründet werden soll; im erstgenannten Fall liegt ein Schuldbeitritt vor, im letztgenannten Fall ist eine Bürgschaft anzunehmen (OLG Düsseldorf ZMR 2001, 882, 883). Die von den Parteien gewählten Bezeichnungen können ein wichtiges Indiz für den Parteiwillen darstellen, insbesondere, wenn diese rechtskundig sind. Die Abgrenzung ist häufig schwierig. Der BGH hat die Mitunterzeichnung des Mietvertrags durch den Geschäftsführer einer GmbH als „Mieter und Mithaftender" als Schuldmitübernahme bewertet (BGH NZM 2011, 709; ebenso OLG Düsseldorf ZMR 2001, 882 für die Erklärung des Geschäftsführers, für die „Erfüllung" des Vertrags „persönlich" zu haften). Das LG Gießen (ZMR 1995, 33) hat dagegen die Erklärung eines Dritten, wonach dieser „selbstschuldnerisch alle Verpflichtungen" aus dem Mietvertrag übernehme, nicht als Schuldbeitritt, sondern als Bürgschaftserklärung mit dem Verzicht der Einrede auf die Vorausklage ausgelegt. Im Zweifel soll eine Bürgschaft vorliegen (OLG Düsseldorf ZMR 2001, 882).

32 **Vergleichbare Grundsätze gelten für die Abgrenzung der Bürgschaft vom selbständigen Garantieversprechen.** Durch das Garantieversprechen verpflichtet sich eine dritte – vertragsfremde – Person als Garant gegenüber dem Vermieter, eine konkret bezeichnete Verbindlichkeit des Mieters zu erfüllen. Im Unterschied zur Bürgschaft wirkt eine Garantie uneingeschränkt; sie ist im Verhältnis zur Hauptforderung nicht akzessorisch. (OLG Düsseldorf ZMR 2003, 735, 736; Horst NZM 2018, 889).

4. Schuldbeitritt

33 Beim Schuldbeitritt/der Schuldmitübernahme erwirbt der Vermieter einen Anspruch gegen den Sicherungsgeber auf Zahlung der Miete, wenn diese beim Hauptschuldner uneinbringlich wird. Gleiches gilt für die Erfüllung der sonstigen Verbindlichkeiten. Bei einem befristeten Mietvertrag kann das zwischen dem Sicherungsgeber und dem Vermieter bestehende Sicherungsverhältnis vor Ablauf der Befristung nicht im Wege der ordentlichen Kündigung beendet werden (der BGH hat dies offengelassen, BGH NZM 2011, 709). Eine fristlose Kündigung ist gem. § 314 Abs. 1 BGB möglich, wenn ein wichtiger Grund vorliegt. Der Umstand, dass der Sicherungsgeber aus dem Betrieb des Mieters ausscheidet (etwa, weil der Geschäftsführervertrag beendet wird), genügt nicht (BGH NZM 2011, 709). Dies folgt aus der Erwägung, dass der Sicherungsgeber das Insolvenzrisiko des Mieters zu tragen hat. Möglicherweise hat der Sicherungsgeber in Fällen der vorliegenden Art gegenüber dem Mieter einen Anspruch darauf, dass dieser dem Vermieter eine geeignete Sicherheit stellt. Das Rechtsverhältnis des Sicherungsgebers zum Vermieter wird hierdurch aber nicht berührt, weil die Gefahr einer Kündigung des Anstellungsvertrags in die Risikosphäre des Sicherungsgebers fällt (BGH a. a. O.). Will der Sicherungsgeber das Risiko einer zeitlich unbegrenzten Haftung vermeiden, muss er mit dem Vermieter eine Haftungsbeschränkung oder eine Lösungsklausel vereinbaren.

34 **Die Wirksamkeit eines Schuldbeitritts bei der Wohnungsmiete ist ungeklärt.** Das Problem ergibt sich aus der Verwandtschaft des Schuldbeitritts mit der Bürgschaft. Für die Bürgschaft gilt hinsichtlich der Höhe der Bürgenverpflichtung die Regelung des § 551 BGB. Der Bürge kann also nur in Höhe von 3 Monatsmieten in Anspruch genommen werden. Deshalb ist zu fragen, ob beim Schuldbeitritt dieselbe Rechtsfolge gilt (bejahend: Derleder NZM 2006, 601, 605). Nach der hier vertretenen Ansicht kommt es darauf an, ob der Beitretende ein eigenes wirtschaftliches Interesse am Zustandekommen des Mietvertrags hat oder ob die Sicherung des Vermieters im Vordergrund steht. Im erstgenannten Fall (Beispiel: Eltern übernehmen die Mithaftung für den Mietvertrag ihrer einkommenslosen Kinder)

wird man den Schuldbeitritt (ohne Obergrenze) für wirksam ansehen müssen. In anderen Fällen kann in dem Schuldbeitritt aber auch ein Rechtsgeschäft zur Umgehung des § 551 BGB gesehen werden. Obergerichtliche Rechtsprechung hierzu gibt es noch nicht.

Bei der **Gewerbemiete** kann der Schuldbeitritt in unbeschränkter Höhe neben der Kaution vereinbart werden (dazu Horst NZM 2018, 889). Ist der Mietvertrag auf längere Zeit als ein Jahr befristet, bedarf auch der Schuldbeitritt der Schriftform (Horst NZM 2018, 889, 896). Zwischen dem Vermieter und dem Beitretenden kann vereinbart werden, dass der Beitretende zur Sicherung seiner Zahlungsverpflichtung eine Bürgschaft (i. d. R. eine Bankbürgschaft) beizubringen hat. Im Unterschied zur Mietsicherheit ist nicht der Mieter verpflichtet, diese Bürgschaft beizubringen, sondern allein der Beitretende. Regelmäßig wird eine Bürgschaft auf erstes Anfordern unter Verzicht des Bürgen auf die Einrede der Vorausklage vereinbart. Dies ist auch formularmäßig möglich. Ein Verzicht auf die Einrede der Aufrechenbarkeit verstößt dagegen – wenn er formularvertraglich vereinbart wird und hierdurch auch unbestrittene und rechtskräftig festgestellte Forderungen erfasst werden gegen § 307 Abs. 1 BGB (vgl. BGH NJW 2009, 1664). Nach der Rechtsprechung des BGH (a. a. O.) führt der Verstoß gegen § 307 BGB nicht zur Unwirksamkeit der gesamten Bürgschaft. Vielmehr entfällt lediglich der unwirksame Klauselteil, so dass vom Beitretenden eine selbstschuldnerische, unwiderrufliche Bürgschaft ohne den Verzicht auf die Aufrechenbarkeit geschuldet ist. **34a**

5. Verpfändung von Wertpapieren

Für Inhaberpapiere (z. B. Aktien) gilt § 1293 BGB. Für die Entstehung des Pfandrechts sind die Übergabe des Papiers und die Einigung über die Entstehung des Pfandrechts erforderlich (§ 1205 BGB). Der Vermieter ist mangels gegenteiliger Vereinbarungen nur zur Verwahrung, nicht zur Werterhaltung verpflichtet. Mangels besonderer Vereinbarungen sind die Bestimmungen des Gesetzes über die Verwahrung und Anschaffung von Wertpapieren (in der Fassung der Bekanntmachung vom 11. Januar 1995 (BGBl. I S. 34 – DepotG) ergänzend heranzuziehen. Deshalb ist der Vermieter grundsätzlich verpflichtet, Wertpapiere gesondert von seinen eigenen Beständen aufzubewahren. Im Fall eines Kursverlustes hat der Vermieter nur dann Anspruch auf Erhöhung der Sicherheit, wenn dies vertraglich vereinbart ist. Hiervon ist auch dann auszugehen, wenn der Mieter nach den Vereinbarungen im Mietvertrag eine Kaution in einer bestimmten Höhe (z. B. 3 Monatsmieten) zu leisten hat mit der Maßgabe, dass die Kaution durch Wertpapiere mit entsprechendem Kurswert erbracht werden kann (AG Tempelhof-Kreuzberg GE 2014, 525). Die Dividende erhöht die Sicherheit (§§ 1213 Abs. 2, 1214 BGB). Die Verwertung kann im Wege des freihändigen Verkaufs (§ 1221 BGB) erfolgen. **35**

6. Abtretung von Lohn- oder Gehaltsansprüchen des Mieters

Diese Form der Sicherung ist ungewöhnlich, dass eine Formularklausel den Tatbestand des § 305 c Abs. 1 BGB erfüllt (LG Lübeck WuM 1986, 14; AG Hamburg-Wandsbek WuM 1985, 144; Derleder/Stapelfeld ZMR 1987, 123; Wetekamp, Mietsachen, Rdn. I 19). Darüber hinaus hat eine Lohnabtretung zur Sicherung der künftigen Ansprüche des Vermieters Knebelungscharakter, weil dadurch die wirtschaftliche Bewegungsfreiheit des Mieters über Gebühr eingeschränkt wird. Viele Mieter leben in bescheidenen Einkommens- und Vermögensverhältnissen; **36** der Arbeitslohn ist hier die einzige Sicherheit, die zur Erlangung eines Kredits oder zur Finanzierung eines Ratenkaufs eingesetzt werden kann. In der formularmäßigen Vereinbarung einer Lohnabtretung liegt deshalb auch ein Verstoß gegen § 307 BGB (AG Hamburg-Wandsbek a. a. O.; Wetekamp a. a. O.

7. Patronatserklärung

37   Bei der Patronatserklärung verpflichtet sich der „Patron" für die Erfüllung der Verbindlichkeiten des Mieters einzustehen. Solche Erklärungen werden gelegentlich bei der Vermietung von Räumen an ein Konzerntochterunternehmen von der Konzernmutter abgegeben. Die Patronatserklärung ist ein bürgschaftsähnliches Sicherungsmittel auf das die §§ 765 ff BGB entsprechend anzuwenden sind. Die Verpflichtung des Patrons setzt – wie bei der Bürgschaft – den Bestand einer Hauptforderung voraus, wobei eine künftige Forderung genügt. Die für die Kündigung einer Bürgschaft maßgeblichen Grundsätze gelten auch für die Kündigung einer Patronatserklärung (KG DWW 2012, 134). Ist die Patronatserklärung nicht bereits Teil des Mietvertrags, so sollte dieser unter die aufschiebende Bedingung abgeschlossen werden, dass die Patronatserklärung schriftlich, korrekt formuliert und mit ausreichendem Vorlauf zum vorgesehenen Vertragsbeginn vorgelegt wird. Bei der Patronatserklärung sind **drei Formen** zu unterscheiden: **(1) „Harte" Patronatserklärung mit Einstandsverpflichtung:** Hierunter versteht man die Verpflichtung eines Dritten für die Verbindlichkeiten des Mieters einzustehen. Hier ist wesentlich, dass die Erklärung in der Form einer rechtlich bindenden Verpflichtung abgegeben wird (sog. „harte Patronatserklärung). Bei einer solchen Patronatserklärung stehen dem Vermieter gegen den Patron einklagbare Ansprüche auf Erfüllung der Verbindlichkeiten aus dem Mietvertrag zu, wenn der Mieter diese Verpflichtungen nicht erfüllt. Es genügt nicht, wenn der Mieter Zurückbehaltungsrechte oder Gegenansprüche geltend macht. Vielmehr muss der Mieter zahlungsunfähig sein; dies muss der Vermieter gegenüber dem Patron nachweisen. Es gelten die insolvenzrechtlichen Anforderungen an den Nachweis der Zahlungsunfähigkeit (§ 17 InsO (vgl. Horst NZM 2018, 889, 894 mit Gestaltungsvorschlag für eine solche Erklärung). **(2) „Harte" Patronatserklärung ohne Einstandsverpflichtung.** Verpflichtet sich der Patron lediglich, das Tochterunternehmen mit ausreichenden finanziellen Mitteln zur Erfüllung der mietvertraglichen Verbindlichkeiten auszustatten, so ist der Patron nicht verpflichtet, statt des Mieters die Mietforderung zu erfüllen. Dem Erklärungswortlaut entsprechend ist der Patron lediglich gehalten, das Tochterunternehmen zahlungsfähig zu halten, widrigenfalls er dem Vermieter auf Schadensersatz haftet. Daneben haftet das Tochterunternehmen als Mieterin gesamtschuldnerisch. **(3) „Weiche" Patronatserklärung.** Aus einer bloßen Absichtserklärung (sog. „weiche Patronatserklärung") ergeben sich keine Einstandspflichten.

8. Vertragsregelung

38   **In welcher Form die Sicherheit geleistet werden muss, richtet sich nach den vertraglichen Vereinbarungen.** Ist eine Barkaution vereinbart, so ist der Mieter weder zur Übergabe eines Sparbuchs (AG Braunschweig WuM 1987, 257), noch zur Stellung einer Bürgschaft noch zu anderen Formen der Sicherheitsleistung berechtigt (Steinig ZfGWBay 1992, 628). Dies gilt schon deshalb, weil der Vermieter seine Ansprüche am einfachsten bei der Barkaution realisieren kann, nämlich

durch Aufrechnung. Bei der Übergabe eines Sparbuches muss der Vermieter den Mieter i. d. R. auf Zustimmung zur Freigabe der Sparsumme in Anspruch nehmen. Ist die Kaution in Form in einer Bankbürgschaft geleistet worden, so steht sich der Vermieter ebenfalls ungünstiger. Eine vertragliche Regelung, wonach der Mieter eine Kaution in Höhe von ... Euro zu zahlen hat, ist nach der Verkehrssitte als Vereinbarung einer Barkaution auszulegen (Kraemer PiG 62, 213, 216). Die unter Rdn. 7 bis 37 aufgezählten Kautionsformen müssen ausdrücklich vereinbart werden (a. A. Sternel Rdn. III 221; von der Osten/Schüller in: Bub/Treier Kap III Rdn. 1987: danach kann der Mieter nach § 262 BGB wählen, in welcher Form er die Sicherheit erbringt). Ist mietvertraglich vereinbart, dass der Mieter eine Barkaution zu leisten hat, so ist die Beibringung einer Mietbürgschaft als Leistung erfüllungshalber zu bewerten. Der Vermieter muss primär Befriedigung aus der Bürgschaft suchen (BGH NJW 1992, 683). Den Anspruch auf die Barkaution kann der Vermieter erst geltend machen, wenn die Befriedigung aus der Bürgschaft fehlgeschlagen oder nicht mehr möglich ist. Durch die Leistung erfüllungshalber geht der Anspruch des Vermieters auf die Barkaution also nicht verloren. Vielmehr wird dieser Anspruch gestundet, mit der weiteren Folge, dass die Verjährung des Anspruchs auf die Barkaution gehemmt ist. Der Anspruch auf die Barkaution kann auch noch nach der Beendung des Mietverhältnisses geltend gemacht werden, wenn das Sicherungsbedürfnis fortbesteht (BGH NJW 12, 996 = WuM 2012, 97 = NZM 2012, 156). Ist vereinbart, dass der Mieter die Kaution in Form einer Bankbürgschaft zu erbringen hat, so ist der Mieter in der Auswahl der Bank frei. Teilweise wird vertreten, dass der Mieter in einem solchen Fall nicht berechtigt ist, an Stelle der Bankbürgschaft eine Bürgschaft der „Deutschen Kautionskasse" zu stellen. Die Bürgschaft einer Versicherung sei der Bankbürgschaft nicht gleichzustellen. Es komme nicht darauf an, ob eine solche Bürgschaft dem Vermieter dieselbe Sicherheit bietet wie eine Bankbürgschaft (AG Lichtenberg/LG Berlin GE 2015, 515, zweifelhaft). Hat der Mieter die Kaution in Form einer Bürgschaft zu erbringen so kann der Vermieter nach der Ansicht des OLG Düsseldorf (ZMR 2000, 453) gleichwohl eine Barkaution verlangen, wenn das Mietverhältnis beendet ist und dem Vermieter noch Ansprüche aus dem Mietverhältnis zustehen.

III. Inhalt der gesetzlichen Regelung

1. Zulässige Höhe (Abs. 1)

Nach § 551 Abs. 1 BGB darf die Kaution eine dreifache Monatsmiete nicht 39 übersteigen. Maßgeblich ist die zulässige Grundmiete. Verstößt die Vereinbarung gegen mietpreisbegrenzende Vorschriften (§§ 556d-556e BGB; Einzelheiten s. dort), so ist die zulässige Höhe der Kaution aus der zulässigen Miete zu berechnen. Der überschießende Teil kann zurückgefordert werden. Es kommt nicht darauf an, ob der Mieter den Verstoß gegen die §§ 556d ff gerügt hat. Eine Betriebskostenvorauszahlung oder eine Betriebskostenpauschale ist nicht zu berücksichtigen. Derjenige Teil der Vorschrift, aus dem sich ergibt, dass Betriebskostenpauschalen bei der Kaution unberücksichtigt bleiben, gilt erst ab 1.9.2001. Ist eine Pauschalmiete vereinbart, so kann eine Sicherheit in Höhe einer dreifachen Pauschalmiete vereinbart werden.

Die Regelung über die Höhe der Kaution gilt nicht nur für die Barkaution, 40 sondern **für jede Form der Sicherheitsleistung.** Eine Mietsicherheit führt entweder dazu, dass der Vermieter eine zusätzliche Vermögensmasse erhält, auf die zugreifen kann (Bürgschaft) oder dass beim Mieter Liquidität abfließt (Barkaution, Verpfändung eines Sparbuchs). Ohne dass eines dieser Merkmale vorliegt, soll nach Ansicht des VIII. Senats keine Mietsicherheit vorliegen. Die Vereinbarung einer **Vollstreckungserleichterung** zählt hierzu nicht. Deshalb gilt die Zwangsvollstreckungsunterwerfungserklärung nach **§ 794 Abs. 1 Nr. 5 ZPO** nicht als Sicherheit i. S. des § 551 BGB (BGH NZM 2018, 32 = NJW 2018, 551). Die Unterwerfungserklärung erlaubt dem Vermieter lediglich eine Vollstreckung ohne gerichtlichen Titel. Dem Vermieter steht keine Vermögensmasse zur Befriedigung zur Verfügung, auf die er sonst nicht auch zurückgreifen könnte. Der Mieter ist nicht schutzlos, weil er Einwendungen gegen die Vollstreckung im Wege der Vollstreckungsgegenklage geltend machen kann. Die materielle Rechtslage einschließlich der Darlegungs- und Beweislast wird hiervon nicht berührt. Der Umstand, dass der Wohnraummieter bereits eine Kaution von drei Monatsmieten geleistet hat, führt daher nicht zur Unwirksamkeit der Unterwerfungserklärung (BGH a. a. O.).

40a Fraglich ist, ob die Verpflichtung einer solchen notariellen Unterwerfungserklärung **formularvertraglich** vereinbart werden kann. Voraussetzung für eine solche Vereinbarung ist zunächst die Einbeziehung einer solchen Klausel. Da eine solche Verpflichtung bisher kaum verbreitet war, rechnet kein Mieter damit, hierzu verpflichtet zu sein. Es handelt sich um eine ungewöhnliche Verpflichtung. Ohne besondere Hinweise und eine sehr deutliche Gestaltung der Verpflichtung dürfte es sich um eine **überraschende Klausel** iSd § 305c Abs. 1 BGB. Wenn die Klausel Vertragsbestandteil geworden ist, müsste sie einer **Inhaltskontrolle** gem. § 307 BGB standhalten. Bei der Abwägung gem. § 307 BGB sind zunächst die Notarkosten für die Erstellung einer solchen Urkunde zu berücksichtigen und dann die Tatsache, dass der Mieter in den Fällen, in denen er zu Recht weniger Miete überwiesen hat, den Gerichtskostenvorschuss für die Vollstreckungsgegenklage einzahlen müsste. Ohne einen entsprechenden Ausgleich für dies Risiko liegt eine unangemessene Benachteiligung des Mieters vor. Anders wäre es nur dann, wenn der Vermieter sich verpflichten würde, diese Kosten zu übernehmen oder sich zumindest verpflichtet, die Kosten dem Mieter bei Mietvertragsende zu erstatten, wenn eine Inanspruchnahme der Urkunde nicht erforderlich ist (Börstinghaus in Artz/Börstinghaus, AGB in der Wohnraummiete, Teil 2 Rdn. 243). Es liegt aber auch bei einer formularmäßigen Verpflichtung zur Vorlage einer solchen notariellen Unterwerfungserklärung kein Verstoß gegen § 551 Abs. 4 BGB vor.

41 Wird die zulässige Obergrenze überschritten, so führt dies nicht zur Unwirksamkeit der gesamten Kautionsvereinbarung; vielmehr bleibt die Vereinbarung in der zulässigen Höhe wirksam (s. Rdn. 83). **Mehrere Sicherheiten sind zusammenzurechnen;** sie dürfen insgesamt die Abs. 1 bestimmte Grenze nicht übersteigen; den überschießenden Betrag kann der Mieter zurückfordern.

41a Für den **Rückforderungsanspruch gilt die reguläre Verjährungsfrist von drei Jahren (§ 195 BGB).** Diese Frist beginnt gem. § 199 Abs. 1 mit dem Schluss des Jahres in dem der Anspruch entstanden ist und „der Gläubiger von den den Anspruch begründenden Umständen Kenntnis erlangt oder ohne grobe Fahrlässigkeit erlangen müsste". Für die Kenntnis im Sinne des § 199 Abs. 1 BGB reicht es aus, wenn dem Mieter die Tatsachen bekannt sind, aus denen sich der Rückforderungsanspruch ergibt. Es ist nicht erforderlich, dass der Mieter die Rechtslage kennt und zutreffend bewertet (BGH NJW 2011, 2570 = WuM 2011, 469 = WuM 2011, 625; Jacoby ZMR 2010, 335). An einer Aufrechnung ist der Mieter auch dann nicht gehindert, wenn ein Aufrechnungsverbot vereinbart ist (LG Heidelberg

Begrenzung und Anlage von Mietsicherheiten **BGB § 551**

NJWE-MietR 1997, 99). Zu Lasten des Vermieters besteht demgegenüber ein gesetzliches Aufrechnungsverbot, weil anderenfalls der Schutzzweck des § 551 BGB nicht erreicht werden könnte (LG Bremen NJW RR 1993, 19; LG Berlin GE 1996, 741; von der Osten/Schüller in: Bub/Treier Kap III Rdn. 2003; **a. A.** Dickersbach WuM 2006, 595, 597). Ist der Rückforderungsanspruch jedoch verjährt, so kann der Mieter diesen Teil der Kaution nach Eintritt der Verjährung nicht zurückverlangen. Unbeschadet hiervon ist der Vermieter verpflichtet, auch diesen Teil der Kaution entsprechend § 551 Abs. 2 BGB anzulegen. Bei Mietende hat der Vermieter die gesamte Kaution zurückzuzahlen, falls ihm keine Forderungen gegen den Mieter zustehen (Witt NZM 2012, 545). Anderenfalls stellt sich die Frage, ob der Vermieter bei Vertragsende mit seinen Forderungen gegen die insgesamt geleistete Kaution aufrechnen kann oder ob die Aufrechnung auf den zulässigen Teil der Kaution zu beschränken ist. In der Literatur wird teilweise die letztgenannte Ansicht vertreten, anderenfalls „hätte der Eintritt der Verjährung jenen Effekt, den § 551 Abs. 1, Abs. 4 BGB verhindern will" (Peters NZM 2011, 803). Hieraus wird weiter abgeleitet, dass der Mieter den überschießenden Teil der Kaution jederzeit zurückverlangen kann und dass die Verjährung hierbei keine Rolle spielt. Dabei wird allerdings verkannt, dass der Schutzzweck des § 551 Abs. 1 und 2 BGB auf den Abschluss des Mietvertrags zugeschnitten ist und beim Vertragsende keine Rolle spielt. Es ist deshalb nicht angezeigt, die Befugnis des Vermieters zur Aufrechnung zu beschränken.

Hat der Mieter die Sicherheit durch Abtretung von Forderungen geleistet die ihm gegen einen Dritten zustehen **so ist die Abtretung ist nur bis zur Höhe von 3 Monatsmieten wirksam;** im Übrigen ist sie unwirksam (OLG Celle ZMR 2011, 379). Ist der **Mieter** nach den vertraglichen Vereinbarungen **verpflichtet, neben einer Barkaution zusätzlich eine Bürgschaft beizubringen, so werden beide Sicherheiten zusammengerechnet.** Sie dürfen insgesamt die gesetzliche Obergrenze von 3 Monatsmieten nicht übersteigen. Ein Verstoß hiergegen führt allerdings nicht zur Unwirksamkeit der gesamten Kautionsregelung. Vielmehr bleibt die Sicherheit bis zur Grenze des gesetzlich zulässigen wirksam (BGH NZM 2004, 613 = WuM 2004, 473). 42

Der Bürgschaftsvertrag ist insoweit nichtig, als – unter Berücksichtigung der Barkaution – die Obergrenze überschritten wird (V. Emmerich in: Staudinger § 551 BGB Rdn. 8). Nach der Rechtsprechung kann der Mieter verlangen, dass der Bürge über den Betrag von drei Monatsmieten hinaus nicht in Anspruch genommen wird; auch der Bürge kann dieses Recht einredeweise geltend machen (BGHZ 107, 210 = NJW 1989, 1853; OLG Düsseldorf MDR 1998, 464). Maßgeblich für die Bürgenverpflichtung ist die zur Zeit der Übernahme der Bürgschaft bestehende Miethöhe. Spätere Mieterhöhungen haben auf die Höhe der Verpflichtung keinen Einfluss (LG Leipzig ZMR 2003, 191, 194). 43

Ausnahme bei freiwilliger Bürgschaft. Nach dem Grundsatzurteil des BGH vom 7.6.1990 (BGHZ 111, 361 = NJW 1990, 2380) ist § 551 Abs. 1, Abs. 4 nicht anzuwenden, wenn die Eltern eines Mietinteressenten freiwillig eine Bürgschaft anbieten, um den Vermieter zum Vertragsschluss zu bewegen und wenn mit der Bürgschaft keine besonderen Belastungen für den Mieter verbunden sind (BGHZ 111, 361 = NJW 1990, 2380; Ehlert in: Bamberger/Roth § 551 BGB Rdn. 18; Bieber in: MünchKomm § 551 BGB Rdn. 11; von der Osten/Schüller in: Bub/Treier Kap III Rdn. 2007; kritisch hierzu: Derleder WuM 2002, 239, 241; ablehnend: V. Emmerich in: Staudinger § 551 BGB Rdn. 7; Derleder NZM 2006, 601, 603; Wiek WuM 2014, 119, 121; s. auch LG Berlin GE 2017, 17; AG Saarbrücken GE 44

§ 551 BGB Untertitel 2. Mietverhältnisse über Wohnraum

2016, 263: wenn ein Dritter die Übernahme einer Bürgschaft anbietet um den Vermieter zum Vertragsschluss mit dem Mieter zu bewegen). Gleiches gilt, wenn dem Vermieter während der Mietzeit eine zusätzliche Sicherheit angeboten wird, damit dieser einem in Zahlungsschwierigkeiten geratenen Mieter nicht kündigt oder eine Kündigung wieder zurücknimmt ((BGH NJW 2013, 1876 = WuM 2013, 357; LG Kiel NJW-RR 1991, 1291; **a. A.** V. Emmerich in Staudinger § 551 BGB Rdn. 4 und 9; Wiek WuM 2014, 119, 121). Diese restriktive Auslegung des § 551 Abs. 1 BGB wird mit dem Sinn und Zweck der Vorschrift begründet. Danach soll im Interesse der Mobilität der Mieterschaft durch § 551 Abs. 1 BGB verhindert werden, dass der Abschluss eines Mietvertrags an hohen Kautionsforderungen scheitert. Durch eine ausnahmslos geltende Obergrenze werde der Mietinteressent oder der in Zahlungsschwierigkeiten gekommene Mieter aber benachteiligt, weil sie dazu führt, dass dieser die Wohnung nicht erhält oder wieder verliert. Es kommt nach der Ansicht des BGH (NJW 2013, 1876) nicht darauf an, ob der Dritte die Sicherheit unaufgefordert beibringt oder der Vermieter die Stellung einer solchen Sicherheit verlangt. Der Umstand, dass der Bürge ein starkes Eigeninteresse am Zustandekommen des Mietvertrags hat, soll für die Annahme eines Ausnahmefalls nicht ausreichen (OLG Düsseldorf MDR 1998, 464 betr. Bürgschaft des Arbeitgebers).

44a   Das Urteil des BGH vom 7. 6.1990 (BGHZ 111, 361 = NJW 1990, 2380) enthält die Einschränkung, dass die Ausnahmeregelung „zumindest dann (gilt), wenn mit einer solchen Bürgschaft erkennbar **keine besonderen Belastungen für den Mieter** verbunden sind." Hieraus ist zu schließen, dass § 551 Abs. 4 uneingeschränkt anzuwenden ist, wenn feststeht, dass der Bürge im Falle seiner Inanspruchnahme den Mieter in Anspruch nehmen wird (§ 774 BGB). Hiervon ist bei Bürgschaften von Banken oder ähnlichen Institutionen ohne weiteres auszugehen. Bei Bürgschaften unter Verwandten, insbesondere bei Bürgschaften von Eltern für die Verbindlichkeiten ihrer Kinder kann man regelmäßig davon ausgehen, dass die Kinder hierdurch nicht belastet werden (vgl. aber AG Charlottenburg GE 2016, 127 betr. die Bürgschaft eines Vaters für seine volljährige Tochter mit eigenem Einkommen: danach reicht eine Belastung der familiären Beziehungen aus). Zweifelhaft ist, wenn die Motive und Interessen des Bürgen und sein Verhältnis zum Mieter unklar bleiben. Die Rechtsentwicklung ist insoweit noch nicht abgeschlossen. Nach der hier vertretenen Ansicht kann die gesetzliche Obergrenze nur in eng begrenzten Ausnahmefällen überschritten werden, nämlich dann, wenn nach der Lebenserfahrung mit hinreichender Sicherheit feststeht, dass der Mieter durch die Überschreitung der Obergrenze weder finanziell noch auf sonstige Weise belastet wird.

45   **Ausnahme bei Sonderrisiko.** Schließlich sind Fälle denkbar, in denen eine Überschreitung der Obergrenze deshalb geboten ist, weil der Vermieter dem Mieter freiwillig weitergehende Rechte an der Mietsache eingeräumt hat, die zu einem Sonderrisiko führen. Dies ist der Fall, wenn der Vermieter auf Wunsch des Mieters eine zusätzliche Leistung erbringt, durch die die Wohnqualität verbessert wird und die Zusatzleistung mit einer Erhöhung des Vermieterrisikos verbunden ist (Börstinghaus in FS Blank (2006), S. 77). Gleiches gilt, wenn der Vermieter auf Wunsch der Mieter einen von mehreren Mietern aus dem Vertrag entlässt und die Vertragsänderung zu einer Erhöhung des Mietausfallrisikos führt (Börstinghaus in: FS Blank 2006, S. 77). Ebenso kann eine Sondervereinbarung, wie beispielsweise die Gestattung von baulichen Änderungen bei Übernahme der Rückbauverpflichtung zum Vertragsende gesondert gesichert werden (ebenso von der Osten/Schüller in: Bub/Treier Kap III Rdn. 1994; Ehlert in: Bamberger/Roth § 551 BGB Rdn. 19; Lammel Wohnraummietrecht § 551 BGB Rdn. 25; Geldmacher in: Fischer-Dieskau/ Pergande u. a. Wohnungsbaurecht § 551 BGB Anm. 4; Riecke in: Klein-Blenkers/ Heinemann/Ring, Miete/WEG/Nachbarschaft § 551 BGB Rdn. 21; Kraemer PiG 62, 213, 215; Mersson NZM 2002, 313, 318; Derleder WuM 2002, 239, 241; **a. A.** V. Emmerich in: Staudinger § 551 BGB Rdn. 10). Ein gesetzlich ausdrücklich geregelter Fall des Sonderrisikos ist die zusätzliche Mietsicherheit gem. § 554 Abs. 1 Satz 3. Damit kann der Vermieter das Risiko des Rückbaus und eventuelle zusätzliche Haftungsrisiken bei barrierefreiem Umbau, baulichen Veränderungen im Zusammenhang mit der E-Mobilität und der Einbruchssicherung absichern. Wegen der Einzelheiten siehe § 554.

Zusätzliche Sicherheiten. Von den Fällen des Sonderrisikos abgesehen kann 46 die nach § 551 BGB zulässige Obergrenze nicht durch die Vereinbarung besonderer Sicherheiten umgangen werden. Hat der Mieter beispielsweise vereinbarungsgemäß eine allgemeine Mietkaution und zusätzlich eine besondere Kaution (für den Teppichboden, für Schönheitsreparaturen,) zu zahlen, so sind die Kautionen zusammenzurechnen (AG Aachen WuM 1986, 336 betr. Zusatzkaution für Teppichboden; LG Berlin WuM 1992, 472 betr. Zusatzkaution für Kücheneinrichtung).

Für die Berechnung der Kaution ist derjenige Mietpreis maßgeblich, der im 47 Zeitpunkt der Kautionsvereinbarung geschuldet wird. **Mängel der Mietsache haben auf die Höhe der zulässigen Kaution grundsätzlich keinen Einfluss.** Eine Ausnahme gilt für **nicht behebbare Mängel**, wenn sie bereits bei Vertragsschluss vorliegen (BGH NJW 2005, 2773). Tritt ein unbehebbarer Mangel im Verlauf der Mietzeit in Erscheinung, so kann der Mieter einen entsprechenden Teil der Kaution zurückverlangen; es handelt sich um einen Frustrationsschaden (Derleder NZM 2006, 601, 605). Ein vorübergehend vereinbarter **Mietnachlass** – etwa wegen Mängeln eines noch nicht restlos fertig gestellten Neubaus – kann entsprechend dem Sinn und Zweck der Regelung vernachlässigt werden.

Verstößt die Mietpreisvereinbarung gegen § 5 WiStG, so richtet sich die 48 **Höhe der Kaution** nicht nach der vereinbarten Miete, sondern **nach dem dreifachen Monatsbetrag der höchstzulässigen Miete.** Gleiches gilt bei Verstößen gegen § 556d BGB. Eine nach einer unzulässig hohen Miete berechnete Kaution hat nicht zur Folge, dass die gesamte Kautionsvereinbarung unwirksam ist. Vielmehr bleibt die Vereinbarung bis zur gesetzlich zulässigen Höhe wirksam; der überschießende Teil kann zurückgefordert werden ohne dass es einer Rüge nach § 556g BGB bedarf (Abramenko MDR 2015, 921, 924). Anders ist die Rechtslage beim „Berliner Mietendeckel" nach den Vorschriften des „Gesetzes zur Mietenbegrenzung im Wohnungswesen in Berlin (MietenWoG Bln – Berliner GVBl. Nr. 6 v. 22.2.2020, 50). Das MietenWoG regelt nur die Miete und nicht die Kaution. Bemessungsgrundlage ist die vereinbarte Miete und die wird durch das Gesetz nicht geändert (Beck GE 2020, 305, 307). Es soll nur der Zahlbetrag geändert werden. Für andere Regelungen fehlt dem Landesgesetzgeber auch jede Regelungskompetenz. Die Mietkaution darf deshalb maximal das Dreifache der vereinbarten Miete betragen. Der Vermieter darf aber bei Mietvertragsende und Eintritt der Abrechnungsreife nicht wegen der Differenz zwischen der vereinbarten Miete und der in Berlin preisrechtlich zulässigen Miete auf die Kaution zurückgreifen (Beck GE 2020, 305, 307). Der Anspruch auf Nachzahlung entsteht aber dann, wenn das MietenWoG Bln als verfassungswidrig aufgehoben werden sollte.

Eine **Vereinbarung über die Erhöhung der Kaution anlässlich einer Miet-** 49 **erhöhung** ist möglich (ebenso: Derleder WuM 2002, 239, 241). Ebenso ist eine allgemeine Vereinbarung zulässig, wonach der Mieter zur **Aufstockung der Kau-**

§ 551 BGB Untertitel 2. Mietverhältnisse über Wohnraum

tion verpflichtet ist, wenn sich die Miete erhöht (Lützenkirchen in: Lützenkirchen, Mietrecht § 551 Rdn. 12; **a. A.** Derleder WuM 2002, 239, 241; V. Emmerich in: Staudinger § 551 BGB Rdn. 9; Ehlert in: Bamberger/Roth § 551 BGB Rdn. 19; Lammel Wohnraummietrecht § 551 BGB Rdn. 18: Verstoß gegen § 551 Abs. 4 BGB). Wird die Aufstockungsvereinbarung formularmäßig getroffen, so ist § 305c Abs. 1 BGB zu beachten, weil Regelungen der genannten Art nicht üblich sind. Ohne eine besondere Anpassungsvereinbarung bleibt die Höhe der Sicherheit unverändert. Einen gesetzlichen Anspruch auf Aufstockung hat der Vermieter nicht (Sternel Rdn. III 241; Palandt/Weidenkaff § 551 BGB Rdn. 9; von der Osten/Schüller in: Bub/Treier Kap III Rdn. 1999; Wetekamp Mietsachen Rdn. III 22; § 240 BGB ist unanwendbar (Sternel MDR 1983, 268; **a. A.** von der Osten/Schüller in: Bub/Treier Kap III Rdn. 1998). Dies gilt auch dann, wenn die Sicherheit in Form einer unbeschränkten Bürgschaft geleistet worden ist. Ebenso wenig hat der Mieter einen Anspruch auf Herabsetzung der Kaution, wenn die Miete sinkt; etwas anderes gilt, wenn die Mietpreisvereinbarung – etwa wegen eines Verstoßes gegen § 5 WiStG – teilunwirksam ist.

2. Fälligkeit (Abs. 2)

50 **Nach § 551 Abs. 2 Satz 1 BGB darf der Mieter eine Barkaution in drei gleichen Monatsraten bezahlen.** Dies beruht auf der gesetzgeberischen Erwägung, dass der Mieter gerade zu Beginn des Mietverhältnisses durch andere Ausgaben, wie Umzugskosten und Anschaffungskosten für Einrichtungsgegenstände stark in Anspruch genommen ist; andererseits ist das Sicherungsbedürfnis des Vermieters noch gering, weil bei Vertragsbeginn weder Mietrückstände noch Schadensersatzansprüche – etwa wegen unterlassener Schönheitsreparaturen oder Mietschäden – vorliegen werden (Gesetzentwurf, BT-Drucks. 9/2079 S. 14). Die Regelungen über die Ratenzahlung sind auch dann anwendbar, wenn der Mieter vereinbarungsgemäß ein Sparbuch mit der Kautionssumme anzulegen hat (Gesetzentwurf, BT-Drucks. 9/2079 S. 13). Für eine Sicherheitsleistung durch Bürgschaft gilt die Regelung dagegen nicht.

51 Nach der Formulierung des Gesetzes soll der **Mieter zu drei gleichen monatlichen Teilzahlungen berechtigt** sein. Diese Quotelung ist auf eine Kaution in Höhe von drei Monatsmieten zugeschnitten. Sie gilt aber auch dann, wenn die Kaution in geringerer Höhe vereinbart worden ist.

52 **Die erste Teilleistung ist zu Beginn des Mietverhältnisses fällig** (Abs. 2 Satz 2). Unter dem „Beginn des Mietverhältnisses" ist nicht der Vertragsschluss, sondern derjenige Zeitpunkt zu verstehen, zu dem das Mietverhältnis vereinbarungsgemäß beginnen soll (LG Mannheim ZMR 1990, 18; V. Emmerich in: Staudinger § 551 BGB Rdn. 12; von der Osten/Schüller in: Bub/Treier Kap III Rdn. 2071; **a. A.** Herrlein in: Herrlein/Kandelhard § 551 BGB Rdn. 10). Diese Fälligkeitsregelung gilt unabhängig davon, ob die Miete im Voraus oder am Monatsende bezahlt werden muss. Enthält der Mietvertrag keine nach dem Kalender bestimmte Fälligkeitsregelung für die erste Kautionsrate, so kommt der Mieter erst durch eine Mahnung des Vermieters in Verzug (§ 286 Abs. 1 Satz 1 BGB; Wiek WuM 2013, 195 S. 197). Die Regelung des § 284 Abs. 3 Satz 1 BGB, wonach der Zahlungsverzug erst 30 Tage nach der Fälligkeit eintritt, ist bei der Kaution regelmäßig stillschweigend abbedungen (Kraemer PiG 62, 213, 218).

53 **Die weiteren Teilzahlungen werden zusammen mit den unmittelbar folgenden Mietzahlungen fällig (Abs. 2 Satz 2),** also bei monatlicher Mietzahlung

Begrenzung und Anlage von Mietsicherheiten **BGB § 551**

jeweils am dritten Werktag des zweiten und des dritten Mietmonats. Wird vereinbart, dass der Mieter für eine gewisse Zeit ab Vertragsbeginn **Mietfreiheit** genießt, so hat dies auf die Verpflichtung zur Zahlung der ersten Kautionsrate keinen Einfluss. Die Folgeraten sind dann mit der ersten und der zweiten Miete zu entrichten. Die Parteien können aber auch vereinbaren, dass § 551 Abs. 2 Satz 2 abbedungen wird. So könnte beispielsweise vereinbart werden, dass der Mieter die erste Kautionsrate zusammen mit der ersten Miete zu entrichten hat. Eine solche Vereinbarung kann auch stillschweigend getroffen werden. § 551 Abs. 4 steht einer solchen Vereinbarung nicht entgegen, weil diese nicht zum Nachteil, sondern zum Vorteil des Mieters von der gesetzlichen Regelung abweicht. Bei der Vereinbarung einer zeitlich begrenzten Mietfreiheit wird eine solche Auslegung wegen des Sicherungszwecks der Kaution aber regelmäßig nicht in Betracht kommen. Sind die ersten drei Mietmonate verstrichen, so kann der Vermieter die gesamte Kaution verlangen; ein Recht zur Ratenzahlung besteht in diesem Falle nicht mehr (LG Berlin WuM 1988, 266).

Etwas anderes gilt, wenn die **Kaution erst während des Mietverhältnisses** 54 **vereinbart wird.** In diesem Fall ist die erste Rate sofort fällig, während die Folgeraten jeweils einen Monat später zu zahlen sind. Der gesetzgeberische Grund für das Ratenzahlungsrecht passt zwar nicht für Vereinbarungen, die während der Mietzeit getroffen werden; die gesetzliche Regelung ist allerdings eindeutig. Bei verspäteter Zahlung hat der Vermieter Anspruch auf diejenigen Zinsen, die bei rechtzeitiger Zahlung auf dem Sonderkonto angefallen wären (LG Nürnberg-Fürth NJW-RR 1992, 335; Lammel Wohnraummietrecht § 551 BGB Rdn. 28). Die Zinsen sind allerdings kautionserhöhend anzulegen (Kraemer PiG 62, 213, 218). Ein darüber hinaus gehender Verzugsschaden ist kaum denkbar, weil die Kaution im Vermögen des Mieters verbleibt.

Das Recht des Mieters zur Ratenzahlung ist unabdingbar (§ 551 Abs. 4 55 **BGB).** Es ist allerdings nicht erforderlich, dass sich die Ratenzahlungsbefugnis aus der Vereinbarung ergibt (LG Gießen ZMR 1995, 594; Wiek WuM 2002, 300). Die Ratenzahlungsbefugnis darf aber weder ausdrücklich noch schlüssig ausgeschlossen werden. **Unwirksam ist** deshalb **eine Vereinbarung, wonach die Kaution bei Mietbeginn fällig** sein soll (LG Mannheim a. a. O.; AG Dortmund WuM 1997, 212). Gleiches gilt für **Umgehungsgeschäfte**, etwa für die **Vereinbarung, dass das Mietverhältnis unter der aufschiebenden Bedingung der Kautionszahlung zustande kommt** oder ähnliche Vertragsgestaltungen. Eine Vereinbarung, wonach die Übergabe der Schlüssel von der Zahlung der vollen Kaution abhängig sein soll, ist ebenfalls unwirksam. Die Wirksamkeit des Mietvertrags bleibt hiervon unberührt. Auch die Kautionsvereinbarung bleibt in der gesetzlich zulässigen Form erhalten (BGH NZM 2003, 754 = WuM 2003, 495 m. Anm. Wiek; WuM 2004, 269; NJW 2004, 613; WuM 2004, 473; LG Berlin GE 1989, 147; LG Lüneburg NZM 2000, 376; LG Leipzig NZM 2002, 1024; ZMR 2003, 576; AG Bergisch Gladbach WuM 2003, 30; Wiek WuM 2002, 300; von der Osten/Schüller in: Bub/Treier Kap III Rdn. 2074; Lützenkirchen in: Lützenkirchen, Mietrecht § § 551 Rdn. 14; Kinne NZM 1998, 987; Kraemer NZM 2001, 739 und PiG 62, 213, 219; Lammel Wohnraummietrecht § 551 BGB Rdn. 34, 86). Die Anwendung des § 139 BGB wäre im Hinblick auf den Schutzzweck des § 551 BGB verfehlt (Heinrichs WuM 2005, 155, 164; **a. A.** V. Emmerich in: Staudinger § 551 BGB Rdn. 14; kritisch: Derleder NZM 2006, 601, 606: ungutes Ergebnis, weil eine gesetzwidrige Praxis sanktionslos bleibt). Die hiervon abweichende Rechtsprechung einiger Instanzgerichte (z. B. LG Berlin MM 2001, 1495; GE 2001, 1468;

§ 551 BGB Untertitel 2. Mietverhältnisse über Wohnraum

GE 2002, 55; MM 2003, 46; LG Potsdam GE 2002, 262; LG Hamburg ZMR 1998, 560, 561; LG München I WuM 2001, 280; AG Dortmund WuM 1997, 212; AG Görlitz WuM 2000, 547) ist auf Grund der Rechtsprechung des BGH a. a. O.) überholt. Verhält sich der Vermieter entsprechend der unwirksamen Vereinbarung, so kann der Mieter nach § 543 Abs. 2 Nr. 1 BGB fristlos kündigen und Ersatz des Kündigungsfolgeschadens geltend machen.

56 Die **Zahlung der ersten Mietrate kann** dagegen **als Bedingung für den Vertragsschluss oder die Übergabe der Schlüssel vereinbart werden.** Auch ohne entsprechende Regelung hat der **Vermieter** ein **Zurückbehaltungsrecht** an der Wohnung (§ 273 BGB), wenn der Mieter die erste Kautionsrate nicht bezahlt; folgerichtig kann er die Übergabe der Schlüssel kraft Gesetzes von der Zahlung der ersten Kautionsrate abhängig machen (Ehlert in: Bamberger/Roth § 551 BGB Rdn. 23; Lützenkirchen in: Erman § 551 Rdn. 7; Häublein PiG 97 (2014) S. 35, 54).). Der Vermieter behält in diesem Fall den Anspruch auf die Miete: Mit dem Angebot auf Überlassung der Mietsache Zug um Zug gegen Zahlung der ersten Kautionsrate, hat der Vermieter die ihm nach § 535 Abs. 1 BGB obliegende Verpflichtung erfüllt. Weigert sich der Mieter, die Kautionsrate zu bezahlen, so ist der Vermieter wegen seines Zurückbehaltungsrechts nicht zur Überlassung der Räume verpflichtet. Da die Überlassung wegen der fortschreitenden Zeit nicht nachgeholt werden kann, richtet sich die Verpflichtung des Mieters zur Mietzahlung nach § 326 Abs. 2 BGB. Danach behält der Vermieter den Anspruch auf die Miete, weil der Mieter die Nichtzahlung der ersten Kautionsrate zu vertreten hat. Der Mieter schuldet die ungeschmälerte Miete; dies gilt auch dann, wenn die Mietsache zum vertraglich vereinbarten Übergabetermin mangelhaft ist (OLG Düsseldorf DWW 2006, 425). Etwas anderes kommt in Betracht, wenn der Mangel wegen seiner Art oder seines Umfangs nicht beseitigt werden kann. Das Zurückbehaltungsrecht nach § 273 BGB entsteht allerdings erst, wenn es gegenüber dem Mieter geltend gemacht wird. Deshalb muss der Vermieter den Mieter zur Zahlung auffordern. Anders ist es, wenn der Mieter die Zahlung endgültig und bestimmt verweigert hat (Brandenburgisches OLG Urteil vom 16.2.2011 – 3 U 84/10).

57 Dem Vermieter steht es frei, einen Mietvertrag erst dann abzuschließen, wenn ihm die Kaution ausgehändigt worden ist. Derartige Kautionszahlungen kann der Mieter auch nicht zurückfordern, weil sie nicht ohne Rechtsgrund geleistet worden sind und weil die vorzeitige Zahlung einer Schuld nach § 813 Abs. 2 BGB keinen Rückforderungsanspruch begründet

58 **Der Anspruch auf Zahlung der Kaution kann auch längere Zeit nach Beginn des Mietverhältnisses geltend gemacht werden** (LG Karlsruhe WuM 1992, 367). Dies gilt auch, wenn der Vermieter berechtigterweise auf die Kaution zurückgegriffen hat und der Mieter die Kaution wieder auffüllen muss (BGH ZMR 2006, 923). Nach h.M entfällt der Anspruch auch nicht mit der **Beendigung des Mietvertrags;** vielmehr hat ein Vermieter noch solange Anspruch auf Zahlung der Kaution, so lange ihm aus dem beendeten Vertrag noch Forderungen zustehen (BGH NJW 1981, 976; NJW 2012, 996; OLG Celle WuM 1993, 291; OLG Düsseldorf GE 2000, 342; ZMR 2000, 453). Der Vermieter kann wahlweise seinen Anspruch auf die Mietrückstände geltend machen oder auf Zahlung der Kaution klagen. Für die Klage auf Zahlung der Kaution genügt es, dass der Vermieter die Umstände darlegt, aus denen sich die Zahlungsansprüche ergeben. Der Vermieter muss die Ansprüche nicht beziffern BGH (NJW 2012, 996; OLG Koblenz DWW 2018, 300). Hat die Klage auf Zahlung der Kaution Erfolg, stellt sich die Frage, wann der Vermieter hierüber abrechnen muss. Nach der Rechtsprechung

des BGH wird der Anspruch des Mieters auf Rückgabe einer Mietsicherheit erst fällig, wenn eine angemessene Überlegungsfrist abgelaufen ist und dem Vermieter keine Forderungen aus dem Mietverhältnis mehr zustehen, wegen derer er sich aus der Sicherheit befriedigen darf (BGHZ 141, 160 = NJW 1999, 1857; NJW 2006, 1422; NJW 2016, 3231). Dies gilt nach der Ansicht des Gerichts auch in den Fällen in denen der Mieter eine nach dem Mietvertrag geschuldete Kaution nicht geleistet hat. Dem Vermieter steht eine angemessene Frist zu, innerhalb derer er zu prüfen hat, welche Ansprüche ihm aus dem beendeten Mietvertrag zustehen (OLG Koblenz DWW 2018, 300). Hat der Vermieter einen Titel auf Zahlung der Kaution erwirkt, kann der Mieter Vollstreckungsgegenklage erheben, wenn der Vermieter nach Ablauf der Abrechnungsfrist vollstreckt, ohne dass er eine Abrechnung vorgelegt hat (LG Nürnberg-Fürth WuM 1994, 708; **a. A.** OLG Düsseldorf ZMR 1996, 493).

Dem Vermieter steht kein Anspruch auf Zahlung von Verzugszinsen wegen **58a** Nichtzahlung der Kaution zu (OLG Düsseldorf GE 2000, 602; LG Köln WuM 1987, 257, 258; LG Nürnberg-Fürth NJW-RR 1992, 335; AG Braunschweig WuM 1987, 257; Sternel III 226) Klagt der Vermieter die vereinbarte Mietsicherheit aber ein, muss der Mieter gem. § 291 BGB Prozesszinsen zahlen (AG Dortmund NZM 2019, 91; ZMR 2019, 870; zustimmend Schulz NZM 2019, 92; Drasdo NJW-Spezial 2018, 707; Zweifel bei Flatow jurisPR-MietR 23/2018 Anm. 2). Zwar handelt es sich um Fremdgeld für den Vermieter und hat auch keinen Zinsschaden durch die Nichtzahlung der Kaution, aber § 291 BGB spricht dem Gläubiger unabhängig vom Vorliegen des Verzugs quasi als Strafe die Prozesszinsen zu. Strittig ist, ob diese Prozesszinsen die Kaution erhöhen und später dem ggf. wieder dem Mieter zustehen. Nach hier vertretener Auffassung ist das der Fall (Schulz NZM 2019, 92; ähnlich AG Dortmund NZM 2019, 91 ab iE offengelassen). Die Zinsen der Kaution stehen grundsätzlich dem Mieter zu und erhöhen die Mietsicherheit. Nach anderer Ansicht fallen die Prozesszinsen nicht unter § 551 Abs. 3. Die Vorschrift gelte nur für eine gesetzliche oder vereinbarte Anlage (Drasdo NJW-Spezial 2018, 707). Es handele sich bei den Prozesszinsen auch nicht um „Zinsen aus der Kaution", sondern um einen eigenen selbständigen Anspruch.

Der Mieter muss die Kautionssumme auch dann bezahlen, wenn die **59** **Mietsache mangelhaft ist** und der Mieter die Mietsache trotz des Mangels übernimmt (OLG Celle NZM 2003, 64). Zur Durchsetzung von Mangelbeseitigungs- oder Schadensersatzansprüchen besteht **kein Zurückbehaltungsrecht** (BGH NZM 2007, 401 unter Ziff II 2 [Rz 25] für die Geschäftsraummiete; OLG Düsseldorf ZMR 1998, 159; ZMR 2000, 453; OLG Düsseldorf ZMR 2017, 726; OLG Celle ZMR 1998, 272, 273; OLG München NZM 2000, 908 = ZMR 2000, 528; KG GE 2003, 525; LG Berlin GE 2000, 1475; GE 2016, 330; Kraemer PiG 62, 213, 219; Lammel Wohnraummietrecht § 551 BGB Rdn. 30; von der Osten/ Schüller in: Bub/Treier Kap III Rdn. 2078; Herrlein in: Herrlein/Kandelhard § 551 BGB Rdn. 11; **a. A.** V. Emmerich in: Staudinger § 551 BGB Rdn. 16). Eine Aufrechnung des Mieters gegen den Anspruch des Vermieters auf Zahlung der Kaution ist ebenfalls ausgeschlossen.

Für den Anspruch auf Zahlung der Kaution gilt die regelmäßige Verjäh- **60** **rungsfrist von 3 Jahren,** beginnend mit dem Schluss des Jahres in dem die Kautionsvereinbarung getroffen wurde (s. § 548 Rdn. 60). Der Verjährungsbeginn ist nicht bis zum Ende der Mietzeit hinausgeschoben. Im Einzelfall kann **Verwirkung** vorliegen, wenn die Kaution längere Zeit nicht geltend gemacht wird und der Mieter darauf vertrauen durfte, dass er nicht mehr in Anspruch genommen wird. Nach der hier vertretenen Meinung steht es dem Vermieter frei ob er die Kaution bei Fälligkeit geltend macht oder ob er hiermit zuwartet, bis ein konkretes Bedürfnis nach einer Sicherheit besteht. Vor diesem Zeitpunkt ist eine Verwirkung des Kündigungsrechts ausgeschlossen. Der Anspruch auf Wiederauffüllung der Kaution ist ein eigenständiger Anspruch, für den eine neue Verjährungsfrist gilt (KG NZM 2009, 743; LG Bochum WuM 2011, 563).

61 Weist der Vermieter dem Mieter kein **insolvenzfestes Konto** nach auf das dieser die Kaution einzahlen kann, so steht dem Mieter bis zum Nachweis des Kontos ein **Zurückbehaltungsrecht** an der Kaution zu. Die Fälligkeitstermine verschieben sich entsprechend. Gleiches gilt, der Mieter die **Übernahme der Mietsache zu Recht ablehnt.** Hierzu ist der Mieter berechtigt, wenn ihm die Mietsache nicht im vertraglich geschuldeten Zustand angeboten wird. Dann steht dem Mieter ein Zurückbehaltungsrecht an der Miete zu, mit der weiteren Folge, dass diese nicht fällig wird. In einem solchen Fall wird auch die Kaution nicht fällig, so dass der Vermieter weder nach § 543 Abs. 2 Nr. 3, noch nach § 569 Abs. 2a kündigen kann.

3. Anlage und Verzinsung (Abs. 3)

62 a) **Anlage.** Nach § 551 Abs. 3 BGB hat der Vermieter eine Barkaution von seinem Vermögen getrennt bei einem Kreditinstitut anzulegen. Die **Wahl des Kreditinstituts** steht dem Vermieter frei: er kann das Geld auch bei einer kleinen Privatbank oder bei einer ausländischen Bank im EG-Bereich anlegen. Dem Vermieter obliegt keine Verpflichtung, dasjenige Kreditinstitut auszuwählen, das die höchsten Zinsen zahlt (Schmid GE 1985, 385; Sternel MDR 1983, 265; V. Emmerich in: Staudinger § 551 BGB Rdn. 18; Ehlert in: Bamberger/Roth § 551 BGB Rdn. 26; von der Osten/Schüller in: Bub/Treier Kap III Rdn. 2101). In der Begründung zum Gesetzentwurf (BT-Drucks. 9/2079 S. 10) ist zum Zweck des § 551 Abs. 3 S. 1 BGB ausgeführt, dass die Kaution wie ein Treuhandvermögen oder wie Mündelgeld zu behandeln sei, um sie im Falle der Insolvenz des Vermieters zu schützen und um das Pfandrecht der Banken an dem Kautionskonto auszuschließen. Diese Rechtsfolge tritt nach der Rechtsprechung des BGH (NJW 1985, 1654) nur bei einem **offenen Treuhandkonto** ein.

63 **Die gesetzeskonforme Anlage der Kaution setzt** zweierlei **voraus,** nämlich zum einen, **dass zwischen Vermieter und Mieter eine Treuhandvereinbarung abgeschlossen wird und** zum anderen, **dass diese dinglich, d. h. für Dritte erkennbar, umgesetzt wird** (Eckert ZMR 2010, 9, 10). Für die dingliche Umsetzung gelten für die Mietkaution im Wesentlichen drei Kriterien, nämlich die Vermögenstrennung, das Prinzip der Offenkundigkeit und das Bestimmtheitsprinzip. **Vermögenstrennung** bedeutet, dass der Vermieter die Kaution von seinem Vermögen getrennt anlegen muss. Das **Prinzip der Offenkundigkeit** besagt, dass das Kautionskonto entweder offen als solches ausgewiesen wird (BGH NZM 2015, 736) oder sonst nachweisbar zur Aufnahme von treuhänderisch gebundenen Fremdgeldern bestimmt ist (BGH MDR 2006, 51). Unter einem offenen Treuhandkonto ist mithin ein Konto zu verstehen, das speziell für einen anderen geführt wird, und zwar dergestalt, dass dies nach außen erkennbar ist. Es muss sich um ein ausschließlich zur Aufnahme von treuhänderisch gebundenen Fremdgeldern bestimmtes Konto handeln (BGH NZM 2015, 736; WuM 2008, 149). Es genügt also nicht, wenn der Vermieter ein besonderes Konto anlegt; das Konto muss auch als Treuhandkonto deklariert werden, und zwar gegenüber dem Kreditinstitut (BGH NZM 2015, 736). Anderenfalls unterliegt die Kaution dem Pfandrecht der Banken

für Forderungen gegen den Vermieter als Kontoinhaber. Die Anlage einer Barkaution auf einem nicht als Sonderkonto gekennzeichnetem Sparbuch genügt diesen Anforderungen nicht. Die Übergabe des Sparbuchs an einen Treuhänder zum Zwecke der treuhänderischen Verwaltung und Verwahrung ändert daran nichts (AG Homburg WuM 2015, 668). Die Bezeichnung eines Kontos als „Mietkonto" reicht für eine gesetzeskonforme Anlage ebenfalls nicht aus (BGH WuM 1991, 50) wohl aber die Bezeichnung als „Kautionskonto". Wird der Treuhandcharakter des Kontos später offenbart, so bedarf es einer besonderen Vereinbarung zwischen Bank und Kontoinhaber, dass das Pfandrecht ausgeschlossen sein soll; die Bank kann sich aber schadenersatzpflichtig machen (§ 826 BGB), wenn sie ein Pfandrecht wegen persönlicher Forderungen des Vermieters an solchen Geldern geltend macht, die nach der Offenlegung eingehen (BGH a. a. O.).

Bestimmtheitserfordernis. Es ist nicht erforderlich, dass für jede Kaution ein 64 gesondertes Konto angelegt wird; **es genügt, wenn ein Sammelkonto für sämtliche Kautionsgelder vorhanden ist** (von der Osten/Schüller in: Bub/ Treier Kap III Rdn. 2100; Ehlert in: Bamberger/Roth § 551 BGB Rdn. 25a; Palandt/Weidenkaff § 551 BGB Rdn. 12; Lützenkirchen in: Lützenkirchen, Mietrecht § § 551 Rdn. 94; Wetekamp Mietsachen Rdn. III 38; Schmid GE 1985, 385; **a. A.** V. Emmerich in: Staudinger § 551 BGB Rdn. 18; Lammel Wohnraummietrecht § 551 BGB Rdn. 40;). Es muss sich aber um ein Sammelkonto handeln, das ausschließlich als Treuhandkonto geführt wird. Deshalb muss das Konto auch hier als „Kautionskonto" deklariert werden; empfehlenswert ist die Angabe des oder der Grundstücke auf denen sich die Mietobjekte befinden. Eine gesetzeskonforme Anlage liegt nicht vor, wenn der Vermieter das Konto auch als Eigenkonto nutzt. Insoweit genügt es nicht, dass sich Treugut und Eigengut klar trennen lassen (BGH ZMR 2003, 662, 663). **Auch beim Sammelkonto verbietet das Bestimmtheitserfordernis jede Vermischung von Fremd- und Eigengeld** (BGH NJW 2008, 1152; V. Emmerich in: Staudinger § 551 BGB Rdn. 18). Dies kann zu Problemen führen, wenn der Vermieter im Zuge der Verwertung einzelner Kautionen Teilbeträge auf ein Eigenkonto umbucht. In einem solchen Fall stimmt das Kautionskonto mit der Summe der Einzahlungen nicht mehr überein. Dies kann zur Folge haben, dass die jeweils Berechtigten nicht mehr festzustellen sind (vgl. OLG Schleswig ZIP 1989, 252). Allerdings wird es in einem solchen Fall ausreichen, wenn die einzelnen Mieter ihre Berechtigung anhand der Vertragsunterlagen nachweisen können (so Derleder ZIP 1988, 415, 418; zweifelnd Eckert ZMR 2010, 9, 14). Dies ist der Fall, wenn der Mieter belegen kann, dass die Kautionssumme auf dem Treuhandkonto angelegt wurde.

Wird die Kaution auf Verlangen des Mieters nachträglich auf einem 65 **Sonderkonto angelegt, so kann die Insolvenzanfechtung eines kongruenten Deckungsgeschäfts nach § 130 InsO in Betracht kommen.** Dies setzt dreierlei voraus, nämlich eine zeitliche Nähe zum Insolvenzantrag (3 Monate davor oder danach), die Zahlungsunfähigkeit des Vermieters zur Zeit der Anlage auf dem Sonderkonto oder Anlage nach Stellung des Insolvenzantrags sowie die Kenntnis des Mieters von der Zahlungsunfähigkeit oder dem Insolvenzantrag. Gerüchte oder Pressemitteilungen über Liquiditätsprobleme genügen nicht. Nach **§ 133 InsO** kommt eine Anfechtung wegen vorsätzlicher **Gläubigerbenachteiligung** in Betracht, wenn die Handlung in den letzten zehn Jahren vor dem Insolvenzantrag mit dem Vorsatz vorgenommen wird, Gläubiger zu benachteiligen und der Mieter den Vorsatz kannte. Der Mieter ist allerdings nicht gehindert im Falle der Krise von der Miete einen Betrag in Höhe der Kautionssumme zurückzuhalten.

66 Nach 551 Abs. 3 Satz 2 können die Vertragsparteien eine andere Anlageform vereinbaren. Darunter sind solche Anlageformen zu verstehen, bei denen die Erzielung eines Gewinns möglich ist, z. B.in Form von Zinsen oder einer Dividende (Gesetzesbegründung, BT-Drucks. 14/4553 S. 48). Die bloße Verwahrung des Geldes ist keine Kapitalanlage (Geldmacher in: WoBauR § 551 BGB Anm. 5). Anderseits ist es nicht erforderlich, dass ein Gewinn wahrscheinlich ist. Auf das mit der Anlage verbundene Risiko kommt es nicht an. Auch **spekulative Anlageformen** sind nicht ausgeschlossen V. Emmerich in: Staudinger § 551 BGB Rdn. 21; Ehlert in: Bamberger/Roth § 551 BGB Rdn. 26; **a. A.** Lammel Wohnraummietrecht § 551 BGB Rdn. 41). In Betracht kommen: Sparkassenbriefe (LG Kassel WuM 2001, 550), Aktien (**a. A.** Lammel a. a. O.), Aktien- oder Immobilienfonds.

67 Entstehen durch die Anlage Verluste, so hat der Mieter keinen Anspruch auf eine Mindestverzinsung oder auf Schadensersatz. Die allgemeinen Vorschriften über die Ersatzpflicht bei Verschulden oder Verletzung eines Garantieversprechens bleiben unberührt Drasdo NZM 2000, 1109; Geldmacher DWW 2001, 178. Ebenso kann der Mieter Anspruch auf Schadensersatz haben, wenn er auf eine unwirksame Formularklausel geleistet hat Kandelhard WuM 2002, 303). **Umgekehrt hat der Vermieter keinen Anspruch auf „Wiederauffüllung" der Kaution,** wenn sich die Sicherheit infolge einer unrentablen Anlage vermindert (Kandelhard WuM 2002, 302; Ehlert in: Bamberger/Roth § 551 BGB Rdn. 26). Eine solche Wiederauffüllungspflicht kann auch nicht vereinbart werden, Abs. 4 (Geldmacher in: WoBauR § 551 BGB Anm. 5).

68 Die „andere Anlageform" muss stets vereinbart werden; weder der Vermieter noch der Mieter haben einen Anspruch gegen den anderen Teil, dass die Geldsumme anders als nach Satz 1 angelegt wird. Aus der Vereinbarung muss sich ergeben, in welcher konkreten Form die Sicherheit zu leisten ist. Eine generelle Bezeichnung wie Wertpapiere, Aktien, Immobilienfonds etc. genügt nicht (Bieber in: MünchKomm § 551 BGB Rdn. 23).

69 Formularvereinbarungen sind an § 307 Abs. 1 und 2 BGB zu messen. Insoweit ist davon auszugehen, dass der Mieter durch eine risikoreiche Anlage wider Treu und Glauben benachteiligt wird (V. Emmerich in: Staudinger § 551 BGB Rdn. 21; Haas, Das neue Mietrecht § 551 BGB Rdn. 2, 3; Lammel § 551 BGB Rdn. 41; Derleder WuM 2002, 239, 240; Kandelhard WuM 2002, 302). **Bei einer Individualvereinbarung treffen den Vermieter i. d. R. Hinweispflichten** (Kraemer PiG 62, 213, 220). Dies gilt insbesondere, wenn der Mieter in Anlagegeschäften erkennbar unerfahren ist.

70 Die Regelung des Satz 3 gilt auch für die vereinbarte Anlageform. Daraus folgt u. a., dass der **Vermieter** z. B. **verpflichtet** ist, **Wertpapiere gesondert von seinen eigenen Beständen aufzubewahren.**

71 **b) Rechtswirkungen.** Die gesetzeskonforme Anlage hat folgende Rechtswirkungen: **(1) Die Gläubiger des Vermieters können das Kautionsguthaben nicht pfänden.** Wird dennoch eine solche Pfändung ausgesprochen, so hat der Mieter das Interventionsrecht des § 771 ZPO; auf diesem Wege kann er geltend machen, dass die Kautionsforderung nicht zum Vermögen des Vermieters gehört. Das Vollstreckungsgericht muss eine solche Pfändungsmaßnahme für unzulässig erklären.

72 **(2) Das Kreditinstitut kann nicht auf das Kautionskonto zugreifen,** wenn der Vermieter anderweitige Verbindlichkeiten gegenüber dem Kreditinstitut nicht erfüllt. Das Pfandrecht gemäß Nr. 19 der Allgemeinen Geschäftsbedingungen der Kreditinstitute greift nicht (vgl. BGH WPM 1973, 894; Röbbert Betrieb 1983, 161).

(3) Wird über das Vermögen des Vermieters das Insolvenzverfahren eröffnet, so hat der Mieter ein Aussonderungsrecht (§ 47 InsO). Das Kautionsguthaben fällt also nicht in die Insolvenzmasse (OLG Frankfurt NJW-RR 1987, 786). Wird das Mietverhältnis nicht fortgesetzt, so muss der Insolvenzverwalter über die Kaution abrechnen und den verbleibenden Rest an den Mieter auszahlen. 73

c) Pflicht des Vermieters zur getrennten Anlage der Kaution (§ 551 Abs. 3 S. 1 und 3). Der Vermieter ist verpflichtet, eine ihm als Sicherheit überlassene Geldsumme von seinem Vermögen getrennt anzulegen. Der Wortlaut dieser Regelung spricht dafür, dass der Mieter eine Barkaution zunächst dem Vermieter übergeben und dass dieser sodann die Geldsumme anlegen muss. Mit dem Sinn und Zweck der Vorschrift steht eine solche Praxis allerdings nicht im Einklang. Nach der Vorstellung des Gesetzgebers soll die Pflicht zur getrennten Anlage der Kaution sicherstellen, dass die Sicherheit im Falle der Insolvenz des Vermieters im Vermögen des Mieters bleibt und dass die kontoführende Bank kein Pfandrecht an der Kaution geltend machen kann (BT-Drucks. 9/2079 S. 10). Hieraus leitet der **BGH** (NJW 2011, 59 = WuM 2010, 752 = NZM 2011, 28 m. Anm. Blank LMK 2010, 311294) ab, dass der Vermieter ein solches Kautionskonto einzurichten und gegenüber dem Mieter nachzuweisen hat. Zu einer Übergabe von Bargeld ist der Mieter ebenso wenig verpflichtet, wie zur Einzahlung der Kautionssumme auf das gewöhnliche Privat- oder Geschäftskonto des Vermieters. Hat der Mieter die Kaution gleichwohl auf ein nicht insolvenzfestes Konto überwiesen oder die Kautionssumme bar übergeben, so kann der Mieter vom Vermieter verlangen, dass die Kautionssumme gesetzeskonform angelegt wird. Wird dieser Anspruch tituliert, so richtet sich die Vollstreckung nach § 888 ZPO (Derleder WuM 2002, 239, 242). 74

Anspruch des Mieters auf Nachweis. Ebenso ist dem Mieter ein Anspruch auf Nachweis der gesetzeskonformen Anlage zuzubilligen (BGH WuM 2008, 149). Der Nachweis wird erbracht durch eine Bestätigung des Kreditinstituts, dass die Kaution von Vermögen des Vermieters getrennt angelegt ist. Die Übermittlung einer Kontostandbestätigung genügt nicht; vielmehr muss sich aus dem Nachweis ergeben, dass das Konto als Treuhandkonto geführt wird (AG Bremen WuM 2012, 16). Der Mieter kann auch nach dem rechtlichen Ende des Mietverhältnisses verlangen, dass die Kaution gesetzeskonform angelegt wird. Die Zweckbindung endet erst mit der Rückgewähr der Kaution an den Mieter (BGH NZM 2015, 736). Der Mieter kann deshalb auch noch nach Beendigung des Mietvertrages bis zur endgültigen Abrechnung der Kaution eine entsprechende Anlage verlangen. Der Anspruch auf die gesetzeskonforme Anlage der Kaution **kann mit der Auskunftsklage durchgesetzt werden.** Eine Verbindung von Auskunfts- und Erfüllungsklage ist möglich (Stufenklage). **Der Mieter kann** auch **ein Zurückbehaltungsrecht an der Miete** (bis zur Höhe der Kaution) **geltend machen,** bis der Vermieter die Kautionssumme angelegt hat (BGH WuM 2008, 149; BGH NZM 2015, 736). Das Zurückbehaltungsrecht nach § 273 BGB ist nicht von Amts wegen zu beachten, sondern muss im Wege der Einrede geltend gemacht werden. Die Einrede ist bedingungsfeindlich; eine bloße Rechtsbedingung ist unschädlich. Deshalb ist die Einrede auch dann wirksam erhaben, wenn der Mieter erklärt, dass er von seinem Zurückbehaltungsrecht Gebrauch mache, falls der Nachweis nicht bis 75 zum ... erbracht wird (**a. A.** AG Bremen WuM 2012, 16). Das Zurückbehaltungsrecht kann allerdings nicht gegenüber einem Zwangsverwalter ausgeübt werden, da dies im Ergebnis einer unzulässigen Aufrechnung gleichkommt (LG Mannheim WuM 1990, 293). Bei ratenweiser Zahlung der Kaution hat der Mieter auch ein Zurückbehaltungsrecht an weiteren Raten bis zum Nachweis der gesetzesgemäßen Anlage der bereits geleisteten Zahlungen (AG Ludwigshafen WuM 1992, 188; AG Braunschweig WuM 1987, 257; von der Osten/Schüller in: Bub/Treier Kap III Rdn. 2093). Mit der Eröffnung des Insolvenzverfahrens gehen diese Ansprüche aber verloren (BGH NJW 2008, 1152 = NZM 2008, 203 = WuM 2008, 149). Zwar wird in der Literatur die Ansicht vertreten, dass der Anspruch auf insolvenzfeste Anlage der Kaution auch nach der Insolvenzeröffnung fortbesteht und deswegen zu den Masseverbindlichkeiten zählt (Derleder NZM 2004, 568, 577; Streyl GuT 2009, 368, 371). Der BGH teilt diese Ansicht nicht (BGH NJW 2013, 1243 = WuM 2013, 103 = NZM 2013, 145). Danach ist maßgebend, dass der Anspruch auf die insolvenzfeste Anlage der Kaution bereits mit der Zahlung der Kautionssumme entsteht und also Insolvenzforderung i. S. von § 108 Abs. 3 InsO wird. Dies hat zur weiteren Folge, dass das dem Mieter zustehende Zurückbehaltungsrecht wegen seines Anspruchs auf insolvenzfeste Anlage mit der Eröffnung des Insolvenzverfahrens seine Wirkung verliert (BGH a. a. O.).

76 **d) Nichtbeachtung der Anlagepflicht.** Wird die Kaution nicht gesetzeskonform angelegt, so liegt eine Vertragsverletzung vor, die den Vermieter zum Schadensersatz verpflichtet. Der Schaden besteht i. d. R. in dem durch die unterlassene Anlage entstandenen Zinsverlust; das für Schadensersatzansprüche im Allgemeinen geltende Zinseszinsverbot greift nicht (LG Gießen ZMR 1996, 609; AG Bremerhaven WuM 1989, 75). Nach allgemeinen Grundsätzen ist der Mieter für die Höhe des Zinssatzes beweispflichtig (AG Köln WuM 1989, 17).

77 Die Vorschrift des **§ 551 Abs. 3 S. 1 BGB ist darüber hinaus als Schutzgesetz i. S. von § 823 Abs. 2 BGB anzusehen** (LG Hannover NJW-RR 1991, 593; AG Hildesheim WuM 1988, 157 m. Anm. Hänlein WuM 1988, 305; V. Emmerich in: Staudinger § 551 BGB Rdn. 22; von der Osten/Schüller in: Bub/Treier Kap III Rdn. 2085). Dies hat zur Folge, dass der Geschäftsführer einer Vermietungs-GmbH persönlich auf Schadensersatz haftet, wenn die Kaution nicht entsprechend dem Gesetz angelegt wird und der Mieter dadurch (z. B. bei der Insolvenz des Vermieters) einen Schaden erleidet (AG Hildesheim WuM 1988, 157 m. Anm. Hänlein WuM 1988, 305; AG Aachen WuM 1989, 74). Darüber hinaus begründet die Anlage- und Verwahrungspflicht ein Treueverhältnis i. S. von **§ 266 StGB** (BGH NZM 2008, 415= NJW 2008, 1827; NJW 1996, 65). Das gilt aber nicht in der Gewerberaummiete, selbst wenn vertragliche Verpflichtung zur getrennten Anlage der Mietsicherheit vereinbart wurde.

78 **e) Verzinsung.** Eine Barkaution ist zu dem für Spareinlagen mit dreimonatiger Kündigungsfrist üblichem Zinssatz anzulegen. An einer **höherverzinslichen Anlage** (z. B. als Termingeld auf einem offenen Treuhandsammelkonto) ist der Vermieter nicht gehindert (Beuermann GE 1992, 890; Pauly ZMR 1996, 417); er ist hierzu aber nicht verpflichtet (Sternel, Rdn. III 244; **a. A.** Pauly a. a. O. für Großvermieter). Die Zinsen stehen auch in diesem Fall dem Mieter in voller Höhe zu (grundlegend: Buß ZMR 1996, 8). Abweichende Vereinbarungen sind nach § 551 Abs. 4 BGB unzulässig. Nach dem Sinn und Zweck der gesetzlichen Regelung soll der Vermieter nämlich aus der Kaution keine über den Sicherungszweck hinausgehenden finanziellen Vorteile erzielen.

Begrenzung und Anlage von Mietsicherheiten **BGB § 551**

Eine von dem Kreditinstitut gezahlte **Provision** – etwa, weil ein Großvermieter 79
alle Kautionen bei einem bestimmten Kreditinstitut anlegt – muss nach wirtschaftlicher Betrachtungsweise als (vorab bezahlter) Zinsteil angesehen werden. Deshalb ist auch die Provision an den Mieter auszukehren (V. Emmerich in: Staudinger § 551 BGB Rdn. 18; Ehlert in: Bamberger/Roth § 551 BGB Rdn. 28; ähnlich Derleder WuM 2002, 239, 242: danach ist eine Provision nach den Grundsätzen des Treuhandrechts herauszugeben; **a. A.** Sternel Rdn. III 244; von der Osten/Schüller in: Bub/Treier Kap III Rdn. 2115; Palandt/Weidenkaff § 551 BGB Rdn. 12).

Die **Zinsen (und Zinseszinsen)** erhöhen die Sicherheit (§ 551 Abs. 3 S. 4 80
BGB); daraus folgt, dass der Mieter keinen Anspruch auf jährliche Auszahlung des Zinsbetrags hat. Die Verzinsungspflicht besteht solange bis das Kautionskonto aufgelöst wird, unter Umständen also auch über das Ende des Mietvertrags hinaus (AG Wetzlar WuM 1987, 20; AG Hannover NJW-RR 1991, 1111; AG Wetzlar WuM 1987, 20). Die **Kosten der Kontoführung** und -auflösung sind vom Mieter zu tragen (Sternel MDR 1983, 265).

Da die Zinsen dem Mieter zustehen muss er sie auch bei der **Einkommens-** 81
steuer versteuern. Ist eine Barkaution auf den Namen des Mieters angelegt (z. B. verpfändetes oder abgetretenes Sparbuch), wird die die erforderliche Bescheinigung dem Mieter von der Bank übersandt. Wird die Bescheinigung an den Vermieter verschickt, muss er sie an den Mieter weiterleiten. Der Mieter kann einen entsprechenden **Freistellungsauftrag** der Bank erteilen. Hat die Bank von den Zinsen eine Zinsabschlagsteuer einbehalten, schuldet der Vermieter diese als Schadensersatz dem Mieter, wenn er dem Mieter die erforderlichen Unterlagen zur Geltendmachung in der Einkommensteuererklärung oder Lohnsteuerjahresausgleich nicht zur Verfügung gestellt hat. Für die **Versteuerung der Zinsen** bei Anlage der Kautionen auf einem Sammelkonto gilt das Schreiben des Bundesministers der Finanzen vom 9.5.1994 (IV B 4 – S 2252 – 276/94) in dem dieser aufgrund der Erörterungen mit den obersten Finanzbehörden der Länder zu der Frage der Pflichten des Vermieters und des Mieters wegen der Einkommensteuer auf Zinsen aus Mietkautionen Stellung genommen hat. Das Schreiben wird nachfolgend im Wortlaut wiedergegeben.

„Werden die Mietkautionen mehrerer Mieter auf demselben Konto angelegt, ist der Vermieter als Vermögensverwalter im Sinne der AO verpflichtet, gegenüber dem für ihn zuständigen Finanzamt eine Erklärung zur einheitlichen und gesonderten Feststellung der Einkünfte aus Kapitalvermögen der Mieter (§ 180 AO) abzugeben. Sieht das Finanzamt nach § 180 III 1 Nr. 2 AO von einer einheitlichen und gesonderten Feststellung der Einkünfte ab, kann es dies gegenüber dem Vermieter durch negativen Feststellungsbescheid feststellen. In diesem Fall hat der Vermieter dem Mieter eine Ablichtung des Bescheids und der Steuerbescheinigung des Kreditinstituts zur Verfügung zu stellen sowie den anteiligen Kapitalertrag und den anteiligen Zinsabschlag mitzuteilen. Diese Unterlagen hat der Mieter seiner Einkommensteuererklärung beizufügen.

Diese Regelung tritt an die Stelle des BMF-Schreibens vom 26.10.1992 (BStBl I, 693) zu Tz. 6 Nr. 3." (Quelle: NJW 1994, 2600)."

f) Sonderregelungen für Studenten- und Jugendwohnheime (Abs. 3 82
Satz 5). Bei Wohnraum, der Teil eines Studenten- oder Jugendwohnheims ist (zum Begriff s. § 549 BGB Rdn. 38 ff), besteht für den Vermieter keine Verpflichtung, die Sicherheitsleistung zu verzinsen (§ 551 Abs. 3 Satz 5 BGB). Die Regelung beruht auf der Annahme des Gesetzgebers, dass die Betreiber von Jugend- und Studentenwerken ihren Mietern im Hinblick auf den Zinsgewinn eine günstigere

Miete einräumen (BT-Drucks. 9/2284 S. 3). Bei der Anwendung der Ausschlussvorschrift spielt das gesetzgeberische Motiv allerdings keine Rolle, so dass es nicht darauf ankommt, wie die tatsächlich verlangte Miete kalkuliert worden ist. Die jeweiligen Heimbetreiber haben auch keine Pflicht zur treuhänderischen Anlage oder Verwahrung der Kaution. Die Regelungen über die Höhe der Sicherheit, über die Fälligkeit und über das Recht zur Ratenzahlung gelten aber auch hier.

4. Abweichende Vereinbarungen (Abs. 4)

83 Abweichende Vereinbarungen zum Nachteil des Mieters sind gemäß § 551 Abs. 4 BGB unzulässig. **Übersteigt die vereinbarte Kautionssumme den Betrag von drei Monatsmieten, so ist die Kautionsvereinbarung** allerdings **nur teilweise unwirksam** (BGH NZM 2004, 217 = WuM 2004, 147 für eine geringfügige Überschreitung), so dass der Mieter gleichwohl zur Zahlung von drei Monatsmieten verpflichtet ist; ein bereits gezahlter, überschüssiger Betrag kann zurückgefordert werden. Die Rechtsfolge des § 551 Abs. 4 BGB kann nicht dadurch umgangen werden, dass der Mieter ihm gegen einen Dritten zustehende Forderungen in voller Höhe abtritt. Eine solche Abtretung ist nur bis zur Höhe von 3 Monatsmieten wirksam; im Übrigen ist sie unwirksam (OLG Celle ZMR 2011, 379).

84 **Unwirksam sind Vereinbarungen, durch die die Verzinsungspflicht beschränkt oder ausgeschlossen wird.** Der Grund für die Ausschlussvereinbarung spielt keine Rolle. Deshalb ist ein Verzinsungsausschluss auch dann unwirksam, wenn dem Mieter als Ersatz für die Zinsen günstigere Mietbedingungen (z. B. eine geringere Miete) eingeräumt werden. Zum Ausschluss der Verzinsungspflicht in Altverträgen (Vertragsschluss vor dem 1.1.1983 s. Rdn. 1a

85 Eine die Verzinsungspflicht beschränkende Vereinbarung muss auch dann angenommen werden, wenn **im Mietvertrag geregelt** ist, **dass dem Mieter nicht die tatsächlich erzielten, sondern nur die gesetzlichen Mindestzinsen zustehen** sollen (Hirte MDR 1993, 500). Die Zinsen können auch nicht durch die **Vereinbarung einer Kontoverwaltungs- oder „ Verwahrungsgebühr"** geschmälert werden (AG Hamburg WuM 1990, 426). Unwirksam ist eine Vereinbarung, wonach der Mieter **eine Kostenpauschale für das Anlegen und/oder Auflösen eines Sparbuchs** tragen soll (LG München I ZMR 1998, 295).

86 Unwirksam sind Vereinbarungen, durch die das **Recht des Mieters auf Ratenzahlung ausgeschlossen** wird. Für die Annahme einer Ausschlussvereinbarung reicht es allerdings nicht aus, wenn im Mietvertrag vereinbart ist, dass der Mieter eine „Kaution von Euro ... zu zahlen" hat. Die Regelung des § 271 BGB (wonach die Leistung sofort fällig ist) wird hier durch § 551 Abs. 2 BGB verdrängt (LG Gießen WuM 1996, 144). Das Recht zur Ratenzahlung kann nicht dadurch umgangen werden, dass der **Mietvertrag unter der auflösenden oder aufschiebenden Bedingung der Kautionszahlung** vor Mietbeginn geschlossen wird. Derartige Bedingungen sind unwirksam. Die Wirksamkeit der übrigen Teile der Kautionsvereinbarung bleibt hiervon unberührt (BGH NZM 2003, 754 = WuM 2003, 495; NZM 2004, 217 = WuM 2004, 147; WuM 2004, 269; WuM 2004, 473 = NZM 2004, 613). Eine Vereinbarung, wonach der Mieter die Kaution bei Mietbeginn (in voller Höhe) zu bezahlen hat, ist als Fälligkeitsregelung zu bewerten, bei deren Wegfall eine sprachlich und inhaltlich selbständige Regelung über die Kaution verbleibt (BGH NZM 2003, 754 unter II 2; NZM 2004, 217; NZM 2004, 613; NZM 2011, 28 unter Rz. 14).

Begrenzung und Anlage von Mietsicherheiten **BGB § 551**

Unwirksam sind Vereinbarungen, wonach sich der Vermieter mit der Rückzahlung beliebig Zeit lassen kann. Gleiches gilt für die **Vereinbarung überlanger Abrechnungsfristen** und die damit in Zusammenhang stehenden Umgehungsvereinbarungen (Sternel Rdn. III 247). Eine **Vereinbarung, wonach eine Mietkaution verfällt, wenn die Mietzeit weniger als 2 Jahre beträgt,** ist als Verfallklausel zu bewerten; hierauf ist § 555 BGB anwendbar (AG Karlsruhe WuM 1989, 73; ebenso LG Mannheim WuM 1977, 99 = ZMR 1978, 54 bei Auszug vor Ablauf einer einjährigen Mietzeit). **Bei öffentlich gefördertem Wohnraum** ist eine **Klausel unwirksam, nach der die Kaution zur Deckung aller Ansprüche** aus dem Mietverhältnis **dienen soll.** Eine solche Regelung verstößt gegen § 9 Abs. 5 Satz 1 WoBindG. 87

Wirksam sind solche abweichenden Regelungen, die dem Mieter günstig sind, wie zum Beispiel die Vereinbarung eines höheren Zinssatzes, die Verpflichtung zur jährlichen Auszahlung der Zinsen oder die Einräumung längerer Zahlungsraten. Vom Vermieter gestellte Klauseln, die den Mieter verpflichten, einer spekulativen Anlage der Sicherheit zuzustimmen, verstoßen gegen § 307 Abs. 1 und 2 BGB, weil hierdurch fundamentale Gerechtigkeitsgrundsätze tangiert werden (Kandelhard WuM 2002, 302). Anders ist es, wenn die Klausel vom Mieter gestellt ist. 88

Die Regelung in § 551 BGB betrifft nur solche Vereinbarungen, die dem Vermieter eine Sicherheit gegen Mietausfall, Beschädigung der Mietsache oder der Nichterfüllung vertraglicher Pflichten geben sollen. Auf eine **Vereinbarung, wonach das Mitglied einer Wohnungsbaugenossenschaft** im Falle der Überlassung einer Wohnung **Geschäftsanteile in bestimmter Höhe zeichnen muss,** ist die Regelung des § 551 Abs. 4 BGB nicht anwendbar AG Kiel ZMR 2012, 201; Roth NZM 2008, 356; **a. A.** AG Saarbrücken WuM 2007, 506 m.abl.Anm. Feßler/Kegel WuM 2007, 693). Eine Vereinbarung, wonach sich der Mieter zur Gewährung eines **Mieterdarlehens** verpflichtet, fällt i. d. R. ebenfalls nicht unter § 551 BGB. Anders kann es sein, wenn das Darlehen die Funktion einer Mietsicherheit übernehmen soll. 89

Macht der Vermieter den **Abschluss eines Mietvertrags mit einem Minderjährigen davon abhängig, dass ein Elternteil dem Vertrag als Mitmieter beitritt,** so wird von einem Teil der Rechtsprechung und Literatur die Ansicht vertreten, dass der Vertragsschluss mit dem Elternteil als „Sicherheit" im Sinne von § 551 BGB zu bewerten sei. Eine solche Vereinbarung verstößt nach dieser Ansicht gegen § 551 BGB mit der weiteren Folge, dass der Vermieter gegen den Elternteil keine mietvertraglichen Ansprüche erwirbt (LG Lübeck ZMR 2010, 857; wohl auch Sternel Mietrecht aktuell 4. Aufl. 2009 Rdn. III 174). Nach der hier vertretenen Auffassung kommt es nur darauf an, ob die Parteien wollen, dass die mitunterzeichnete Person die Rechte und Pflichten eines Mieters erhält (Blank PiG 88 (2010) S. 19, 23). Anders ist es, wenn der Mitunterzeichnete lediglich die Mieterpflichten übernehmen soll. In diesem Fall dürfte die Mitunterzeichnung als Schuldbeitritt zu bewerten sein; hierfür gilt § 551 BGB (Derleder NZM 2006, 601, 605; wohl auch LG Leipzig NJW-RR 2005, 1250, 1252). Der Umstand, dass der Mitunterzeichnete die Wohnung nicht selbst nutzt, spielt für die Abgrenzung – wie Allgemein – keine Rolle. Ein Mietvertrag kann auch mit dem Inhalt geschlossen werden, dass der Gebrauch der Sache nicht dem Mieter, sondern einem Dritten zustehen soll. Dies gilt etwa für den Mietvertrag zugunsten eines Dritten (§ 328 BGB) und für den Vertrag mit der Abrede, dass der Mieter die Sache weitervermieten oder den Gebrauch einem Dritten überlassen darf. Sind im Kopf eines schrift- 90 lichen Vertrags mehrere Personen als Mieter aufgeführt und wird der Vertrag von diesen Personen unterzeichnet, so wird die Auslegung i. d. R. ergeben, dass das Mietverhältnis mit der Mietermehrheit zustande gekommen ist.

IV. Die Kaution während der Mietzeit

91 Die Anlage auf dem Sonderkonto bewirkt, dass der Vermieter im Hinblick auf das Kautionsguthaben einschließlich der Zinsen wie ein Treuhänder anzusehen ist. Aus diesem Grunde ist der Vermieter verpflichtet, dem Mieter jederzeit **Auskunft über den Stand des Kautionskontos** zu geben (von der Osten/Schüller in: Bub/Treier Kap III Rdn. 2122).

92 **Solange für den Vermieter kein Grund besteht, auf die Kaution zurückzugreifen, darf er die Kaution nicht vom Treuhandkonto abheben.** Ebenso darf der Vermieter die Kaution **nicht mit mietvertragsfremden Forderungen verrechnen** (BGH NZM 2012, 678 = NJW 2012, 3300; NJW-RR 1999, 1192; Dickersbach WuM 2006, 595, 596). Dies gilt auch dann, wenn die Kaution am Ende des Mietverhältnisses nicht für Forderungen des Vermieters aus dem Mietverhältnis benötigt wird (BGH NJW-RR 1999, 1192). Als echter Treuhänder, der für den Mieter zweckgebundenes Vermögen zu verwalten hat, macht er sich anderenfalls unter Umständen nach § 266 StGB wegen Untreue strafbar. Die treuhänderische Gebundenheit erlischt erst, wenn der Vermieter fällige Forderungen aus dem Mietverhältnis gegen den Mieter hat und damit gegen die Kaution aufrechnet oder einen entsprechenden Betrag aus dem Kautionskonto entnimmt. Solche Forderungen können bereits während der Mietzeit entstehen, beispielsweise dann, wenn der Mieter in Zahlungsverzug gerät oder sonstige Verbindlichkeiten nicht erfüllt.

93 Teilweise wird vertreten, dass sich der Vermieter auch während der Mietzeit wegen seiner Forderungen aus der Kaution befriedigen darf und dass dieses Recht auch hinsichtlich der bestrittenen Forderungen besteht (Lützenkirchen in: Lützenkirchen, Mietrecht § 551 Rdn. 105; Bieber in: MünchKomm § 551 BGB Rdn. 14; LG Berlin GE 2003, 1161; Kiessling JZ 2004, 1146, 1153; vgl. auch: Kluth/Grün NZM 2002, 1015: danach kann der Vermieter bereits im laufenden Mietverhältnis auf die Kaution zugreifen, wenn sich der Mieter in Verzug befindet, der Vermieter die Verrechnung angedroht hat und eine angemessene Wartefrist verstrichen ist). Nach anderer Ansicht ist ein Zugriff des Vermieters auf die Kaution während der Mietzeit nur möglich, wenn die Forderung unstreitig oder rechtskräftig festgestellt oder unmittelbar liquide ist (OLG Celle NZM 1998, 265; LG Mannheim WuM 1996, 269; LG Wuppertal NZM 2004, 298; LG Darmstadt WuM 2008, 726; LG Halle WuM 2008, 685; V. Emmerich in: Staudinger § 551 Rdn. 27; Sternel Mietrecht Aktuell Rdn III 184; Schneider in Spielbauer/Schneider Mietrecht § 551 Rdn. 113; Kraemer NZM 2001, 737, 741; Derleder NZM 2006, 601, 607; Geldmacher DWW 2002, 182, 184; DWW 2011, 122). Nach der **Rechtsprechung des BGH** ist bei der Wohnraummiete während der Mietzeit eine Aufrechnung mit streitigen Forderungen nicht zulässig (BGH NJW 2014, 2496). Eine Vertragsregelung mit diesem Inhalt verstößt gegen § 551 Abs. 3 BGB und ist unwirksam (BGH a. a. O.). Diese Rechtsansicht beruht auf der zutreffenden Erwägung, dass der Zweck der Kaution in der materiellen Absicherung, nicht in der Ermöglichung einer einfachen Rechtsdurchsetzung besteht. Behauptet ein Vermieter zu Unrecht, dass ihm Forderungen aus dem Mietverhältnis zustehen, so kann der Mieter im Wege der einstweiligen Verfügung Unterlassungsansprüche geltend machen (Ulrici ZMR 2004, 404).

Der BGH hat in dem Urteil vom 7.5.2014 (NJW 2014, 2496) nicht entschieden **93a** in welchen Fällen der Vermieter während der Mietzeit auf die Kaution zurückgreifen darf. Dies ist zweifelsfrei der Fall, wenn der Mieter mit dem Zugriff einverstanden ist. Überwiegend wird vertreten, dass dasselbe gilt, wenn die Forderung des Vermieters unstreitig oder rechtskräftig festgestellt oder unmittelbar liquide ist (s. oben Rdn. 93). In diesem Fällen kann der Vermieter Wiederauffüllung der Kaution verlangen. Dies folgt aus der Kautionsabrede; einer besonderen Vereinbarung bedarf es nicht.

Ist die Kaution ohne Rechtsgrund geschmälert worden, so kann der Mie- **94** ter die Wiederauffüllung der Kaution verlangen (BGH NJW 2014, 2496). Der Mieter darf nicht darauf verwiesen werden, dass er eine zu Unrecht in Anspruch genommene Kaution bei Mietende zurückverlangen könne, weil jener Kautionsteil nach der Aufrechnung oder Entnahme nicht mehr zum Treuhandvermögen gehört und in der Insolvenz des Vermieters nicht gesichert wäre. Weil der Mieter aber hierauf einen Anspruch hat, muss er sich bereits während des Mietverhältnisses gegen möglicherweise unberechtigte Entnahmen zur Wehr setzen können. Das Sicherungsbedürfnis des Vermieters wird hierdurch nicht tangiert, weil ihm die Kaution verbleibt.

Hat der Vermieter die Kaution zu Recht in Anspruch genommen, so **95** **kann er Wiederauffüllung der Kaution bis zur Höhe von drei Monatsmieten verlangen** (BGH WPM 1972, 335; von der Osten/Schüller in: Bub/Treier Kap III Rdn. 2039). Zwischenzeitliche Mieterhöhungen bleiben bei der Berechnung der Kaution auch im Falle der Wiederauffüllung unberücksichtigt, wenn nicht eine Aufstockungsverpflichtung vereinbart ist (s. Rdn. 49) Allerdings ist der Vermieter nicht verpflichtet, sich während der Mietzeit aus der Kaution zu befriedigen (BGH a. a. O.; KG WuM 1992, 8; AG Rastatt WuM 1989, 73; V. Emmerich in: Staudinger § 551 BGB Rdn. 27; Wolf/Eckert/Ball Rdn. 233; Lützenkirchen in: Lützenkirchen, Mietrecht § 551 Rdn. 107); er kann den Mieter stattdessen auch auf Erfüllung in Anspruch nehmen und/oder (im Falle des Zahlungsverzugs) kündigen.

Der Mieter kann während der Mietzeit nicht über die Kaution verfügen. **96** Er darf, solange das Mietverhältnis besteht, mit dem Kautionsrückzahlungsanspruch nicht aufrechnen (so auch für den Fall des Mietvertragsendes: BGH NZM 2019, 754 = NJW 2019, 3371; er kann insbesondere die Kaution nicht „abwohnen" (BGH WuM 1972, 57; AG Dortmund NZM 2002, 949; LG München I WuM 1996, 541). Deshalb ist es unzulässig, wenn der Mieter drei Monate vor Vertragsende die Mietzahlungen einstellt und den Vermieter auf die Kaution verweist. Der Rückzahlungsanspruch wird nämlich frühestens mit der Beendigung des Mietverhältnisses fällig. Der Mieter kann den Vermieter auch nicht auf die Kaution verweisen, um eine Kündigung wegen Zahlungsverzugs nach § 543 Abs. 2 Nr. 3 BGB abzuwenden (LG Berlin MM 1986, 30). Der Vermieter darf zwar in einem solchen Fall auf die Kaution zurückgreifen; er ist hierzu aber nicht verpflichtet.

Eine **Verschlechterung der Vermögensverhältnisse des Vermieters** ist **97** ohne Bedeutung, wenn die Kaution auf einem Treuhandkonto angelegt ist. Der Mieter ist in diesem Fall nicht zur Rückforderung der Kaution berechtigt. Anders ist es, wenn sich die Kaution im Vermögen des Vermieters befindet. Dann kann der Mieter verlangen, dass die Kaution insolvenzsicher angelegt wird (§ 321 BGB; AG Itzehoe WuM 1986, 63; Derleder WuM 1986, 39; V. Emmerich in: Staudinger (2006) § 551 BGB Rdn. 28). Das gilt auch noch nach Mietvertragsende (BGH ZM 2015, 736). Ein Anspruch auf Auszahlung der Kaution besteht dagegen nicht.

V. Die Kaution bei Vertragsende

1. Vorbehaltslose Rückgabe

98 In der vorbehaltslosen Rückgabe der Kaution bei Vertragsende liegt nach der Auffassung des OLG München (NJW-RR 1990, 20) ein Anerkenntnis des Inhalts, dass der Vermieter den Zustand der Mietsache als vertragsgemäß anerkennt und auf die Geltendmachung von Ersatzansprüchen wegen erkennbarer Mängel oder Beschädigungen verzichtet (ähnlich OLG Düsseldorf ZMR 2001, 962 = WuM 2001, 439; Harsch ZMR 2017, 223, 227: Erlassvertrag nach § 397 BGB). Die spätere Geltendmachung von Schadensersatzansprüchen ist dann ausgeschlossen. Die Ansprüche des Vermieters wegen der zum Zeitpunkt der Kautionsrückgabe noch nicht fälligen Betriebskostennachzahlungen werden von dem Anerkenntnis allerdings nicht erfasst, weil es dem Vermieter freisteht, ob er wegen dieser Ansprüche ein Zurückbehaltungsrecht geltend macht.

2. Abrechnung

99 Mit Leistung der Sicherheit erwirbt der Mieter einen aufschiebend bedingten Anspruch auf Rückgewähr (BGHZ 84, 345 = WuM 1982, 240; NZM 1999, 496; Sternel Rdn. III 253). Die Bedingung tritt ein, wenn der Mieter die Mietsache zurückgegeben hat. Der Kautionsrückzahlungsanspruch des Mieters ist ab diesem Zeitpunkt erfüllbar, wenn auch noch nicht fällig. Der Rückzahlungsanspruch wird fällig, wenn eine angemessene Überlegungsfrist abgelaufen ist und dem Vermieter keine Forderungen aus dem Mietverhältnis mehr zustehen, wegen derer er sich aus der Sicherheit befriedigen darf (BGH NZM 2019, 754 = NJW 2019, 3371; NJW 2016, 3231 = NZM 2016, 762). Dies ist der Fall, wenn der Vermieter übersehen kann, ob er zur Befriedigung seiner Ansprüche auf die Kaution zurückgreifen muss. Deshalb darf der Vermieter nicht untätig bleiben. Der Vermieter hat sich nach dem Ende des Mietverhältnisses gegenüber dem Mieter zu erklären, ob und (gegebenenfalls) welche aus dem beendeten Mietverhältnis stammenden Ansprüche er gegen diesen erhebt (BGH NZM 2019, 754 = NJW 2019, 3371). Dies kann ausdrücklich durch eine Abrechnung gem. § 259 BGB oder auch konkludent, z. B. durch Abgabe einer Aufrechnungserklärung, geschehen. Mit einer solchen Erklärung wird die Mietsicherheit abgerechnet, da der Vermieter damit deutlich macht, ob und (gegebenenfalls) in Bezug auf welche Forderungen er ein Verwertungsinteresse an der gewährten Mietsicherheit hat. Nach Erteilung dieser Abrechnung wird nach der Rechtsprechung des BGH (NZM 2019, 754 = NJW 2019, 3371) der – restliche – Kautionsrückzahlungsanspruch fällig. Der Vermieter kann gegenüber dem Kautionsrückzahlungsanspruch die Aufrechnung auch mit bestrittenen Forderungen (aus dem Mietverhältnis) erklären (BGH NZM 2019, 754 = NJW 2019, 3371; noch offen gelassen in BGH NJW 2014, 2496 Rdn. 13; **a. A.** AG Dortmund WuM 2018, 204; Milger WImmoT 2014, 7, 15; V. Emmerich in: Staudinger § 551 BGB Rdn. 31). Macht der Vermieter von seiner Verwertungsbefugnis keinen Gebrauch, kann der Mieter seinerseits mit dem fälligen Kautionsrückzahlungsanspruch gegen vom Vermieter erhobene Forderungen aufrechnen.

100 Die Abrechnungspflicht besteht auch dann, wenn der Vermieter einen Titel auf Zahlung der Kaution erwirkt hat und hieraus vollstrecken will (LG Nürnberg-

Fürth WuM 1994, 708). Der **Inhalt der Abrechnung muss den Anforderungen des § 259 BGB entsprechen.** Aus ihr muss sich die Höhe der Kautionssumme einschließlich der Zinsen ergeben. Eventuelle Gegenforderungen müssen nachvollziehbar nach Grund und Höhe dargelegt werden. Die Kosten für die Auflösung des Kautionskontos sind vom Mieter zu tragen (AG Büdingen WuM 1995, 483; AG Frankenthal ZMR 2016, 295); werden sie vom Vermieter verauslagt, so können sie von der Kautionssumme abgezogen werden.

Der Vermieter kann die Kautionsabrechnung nicht mit der Begründung zurückhalten, dass er gegen den Mieter einen Anspruch auf Schadensbeseitigung im Wege der Naturalherstellung habe; ein derartiges Zurückbehaltungsrecht steht mit dem Sinn und Zweck einer Kaution nicht im Einklang (LG Mannheim WuM 1988, 362; LG Hamburg WuM 1991, 95; AG Frankenthal ZMR 2016, 295). Auch das Recht zur Herstellung eines vertraglich vereinbarten Zustands oder die Durchführung von Schönheitsreparaturen kann der Vermieter nicht auf diese Weise durchsetzen. Eine Besonderheit gilt, wenn der Untervermieter mit dem Untermieter vereinbart hat, dass dieser ihn von allen Ansprüchen des Hauptvermieters freistellt. In einem solchen Fall kann der Untervermieter wegen seines Freistellungsanspruchs ein Zurückbehaltungsrecht geltend machen, wenn der Hauptvermieter den Untervermieter in Anspruch nimmt. Das Zurückbehaltungsrecht führt zur Verurteilung zur Rückzahlung der Kaution, Zug um Zug gegen Freistellung des Untervermieters von den Ansprüchen des Hauptvermieters (OLG München ZMR 1995, 20). 100a

Eine gesetzlich geregelte oder allgemeingültige Abrechnungsfrist besteht nicht. Dem Vermieter steht eine angemessene Frist zur Abrechnung zu, die von den Umständen des Einzelfalls abhängt; diese können so beschaffen sein, dass mehr als 6 Monate für den Vermieter erforderlich und dem Mieter zumutbar sind (BGH NZM 2019, 754; NJW 2016, 3231 = NZM 2016, 762; BGH RE 1.7.1987 WuM 1987, 310, 311; NJW 2006, 1422). Der Anspruch wird aber erst dann fällig, wenn das Sicherungsbedürfnis entfallen ist, mithin zu dem Zeitpunkt, an dem dem Vermieter keinerlei Forderungen mehr aus dem Mietverhältnis mehr zustehen, wegen derer er sich aus der Sicherheit befriedigen kann (BGH NJW 2016, 3231 = NZM 2016, 76; NJW 1999, 1857 = NZM 1999, 496). Bedeutung hat dies vor allem bei Nachforderungen aus Betriebskostenabrechnungen, die erst nach Erteilung der Abrechnung innerhalb der Abrechnungsfrist des § 556 Abs. 3 erfolgen muss. Die Abrechnungsfrist kann deshalb erheblich länger als 6 Monate aber auch wesentlich kürzer sein, so z. B., wenn der Vermieter alsbald feststellen kann, welche Ansprüche ihm gegen den Mieter zustehen (OLG Köln WuM 1998, 154 OLG Düsseldorf WuM 2003, 621, 622). 101

Nach der Rechtsprechung des BGH kann der Vermieter die Kaution über den regulären Abrechnungszeitraum hinaus **zurückbehalten, wenn ein Nachzahlungsanspruch zu seinen Gunsten für noch nicht fällige Betriebskosten** (BGH NJW 2006, 1422 = WuM 2006, 197). Diese Ansicht beruht auf der Erwägung, dass die Mietkaution alle – auch die noch nicht fälligen – Ansprüche des Vermieters sichert, die sich aus dem Mietverhältnis und seiner Abwicklung ergeben. Dazu gehören auch Ansprüche aus einer noch zu erstellenden Betriebskostenabrechnung. Es stehe den Parteien zwar frei, etwas anderes zu vereinbaren. Wird eine solche Vereinbarung aber nicht getroffen, so gelte kraft Gesetzes ein umfassender Sicherungszweck (BGH NJW 2006, 1422 = WuM 2006, 197). Der BGH hat offengelassen, ob der Vermieter in jedem Fall die gesetzliche Höchstfrist für die Erteilung der Betriebskostenabrechnung von 12 Monaten (§ 556 Abs. 3 Satz 2 BGB) ausschöpfen darf. Ebenso hat der BGH offengelassen, ob sich der Einbehalt der 102

Höhe nach an der zu erwartenden Nachzahlung orientieren muss und ob der Vermieter auch dann einen Teil der Kaution zurückbehalten darf, wenn voraussichtlich keine Nachzahlung zu erwarten ist. Von den Instanzgerichten wird vertreten, dass das Zurückbehaltungsrecht erlischt, wenn nicht in angemessener Zeit über die Betriebskosten abgerechnet wird. Maßgeblich ist, wann die Abrechnung möglich ist. Die Frist des § 556 Abs. 3 S. 2 BGB darf der Vermieter nicht in jedem Fall ausschöpfen (AG Hamburg-Barmbek WuM 2010, 153; AG Frankenthal ZMR 2016, 295). Ebenso darf der Vermieter nicht die gesamte Kaution, sondern nur einen angemessenen Teil zurückhalten (AG Hamburg-Barmbek WuM 2010, 153).

103 **Mit dem Ablauf der Abrechnungsfrist des § 556 Abs. 3 Satz 2 BGB endet das Zurückbehaltungsrecht.** Die genannte Frist ist eine Ausschlussfrist. Dies hat zur Folge, dass eventuelle Nachzahlungsansprüche nicht mehr durchgesetzt werden können; die Regelung des § 215 BGB ist auf die Ausschlussfrist weder unmittelbar noch analog anwendbar (vgl. BGH NJW 2006, 903).

104 **Nach Beendigung des Mietverhältnisses** hat die Kaution weiterhin die **Sicherungsfunktion.** Strittig ist, ob auch eine **Verwertungsfunktion** hinzutritt (nach Flatow NZM 2020, 1, 10 ist das mit dem Wortlaut des § 551 zwar vereinbar widerspräche aber einer Interessenabwägung). Problematisch ist die Aufrechnung mit strittigen Forderungen. Entnimmt der Vermieter wegen solcher Forderungen das Geld vom getrennt angelegten Konto, so droht dem Mieter im Fall der Vermieterinsolvenz der Totalverlust, da der Rückgewähranspruch dann nur eine einfache Insolvenzforderung ist. Nach Ansicht des BGH ist das ein generelles Problem von Pfandrechten. Seiner Meinung nach **kann der Vermieter auch mit streitigen Ansprüchen aufrechnen** (BGH NZM 2019, 754 = NJW 2019, 3371; OLG Karlsruhe GE 2009, 1311; LG Hamburg ZMR 2017, 164; Schneider in: Spielbauer/Schneider Mietrecht § 551 Rdn. 120; **a. A.** LG Berlin DWW 2017, 377; AG Dortmund WuM 2018, 204; Flatow NZM 2020, 1, 10; Milger WImmoT 2014, 7, 15; Both WuM 2019, 545; V. Emmerich in: Staudinger § 551 BGB Rdn. 31). Dabei wird übersehen, dass die getrennte Anlage der Sicherheit ausdrücklich gesetzlich angeordnet ist und der Schutz des Mieters vor den Folgen einer Vermieterinsolvenz auch sonst sehr hoch angesiedelt wird.

104a Die Verjährung eines Vermieteranspruchs schließt die Aufrechnung nicht aus, wenn der Anspruch in dem Zeitpunkt noch nicht verjährt war, in dem erstmals aufgerechnet werden konnte (§ 215 BGB). Aus dem Umkehrschluss folgt, dass die Aufrechnung ausgeschlossen ist, wenn zum Zeitpunkt des Verjährungseintritts noch keine Aufrechnungslage bestand (OLG Düsseldorf ZMR 2002, 658; AG Montabaur ZMR 2013, 973). Diese Konstellation kann vorliegen, wenn dem Vermieter Schadensersatzansprüche wegen unterlassener Schönheitsreparaturen zustehen. Diese Ansprüche unterliegen der kurzen Verjährung nach § 548 Abs. 1 BGB und entstehen erst mit dem Ablauf einer vom Vermieter gesetzten Frist zur Nacherfüllung. Liegt dieser Zeitpunkt mehr als sechs Monate nach der Rückgabe, so ist der Anspruch verjährt. Für Ansprüche, die durch ein Pfandrecht (z. B. eine verpfändete Sparforderung) gesichert sind gilt jedoch § 216 BGB. Danach kann sich der Vermieter wegen solcher Forderungen aus dem belasteten Gegenstand (der Sparforderung) befriedigen (KG Beschluss vom 8.2.2010 – 20 U 167/08; **a. A.** KG WuM 2011, 471). Für die Barkaution gilt § 216 BGB nicht (**a. A.** Stellwaag ZMR 2014, 350: danach ist § 216 BGB analog anzuwenden).

3. Prozessuales

Bei Beendigung des Mietverhältnisses hat der Mieter hinsichtlich des Rück- 105
gewähranspruchs aus der Kautionsabrede folgende Möglichkeiten: **(1) Klage auf
Rückzahlung der gesamten oder eines Teils der Kaution:** Der Anspruch setzt
voraus, dass der Rückzahlungsanspruch fällig ist. Dies ist der Fall, wenn mit hinreichender Sicherheit feststeht, welche Ansprüche dem Vermieter gegen den Mieter
zustehen und dass unter Berücksichtigung dieser Ansprüche ein Rest zugunsten
des Mieters verbleibt. Diese Voraussetzungen muss der Mieter darlegen; anderenfalls ist die Klage unschlüssig. Es genügt nicht, wenn der Mieter lediglich geltend
macht, der Vermieter habe nicht abgerechnet (OLG Karlsruhe NJW-RR 2010,
585). Solange die Abrechnungsfrist noch nicht abgelaufen ist, darf der Mieter weder
mit dem Kautionsrückzahlungsanspruch aufrechnen, noch kann er ihn klageweise
geltend machen. Soweit dem Vermieter mit der h. M. ein Zurückbehaltungsrecht
wegen noch nicht fälliger Betriebskosten zugebilligt wird, muss der Mieter außerdem abwarten bis die Frist für die Erteilung der Betriebskostenabrechnung abgelaufen ist.

(2) Klage auf Abrechnung: Sind dem Mieter die Gegenforderungen des Ver- 106
mieters – wie in der Regel – unbekannt, so kann der Mieter auf Abrechnung klagen. Der Anspruch setzt voraus, dass der Vermieter zur Abrechnung in der Lage ist.
Hiervon ist auszugehen, wenn der Vermieter seine ihm gegen den Mieter zustehenden Ansprüche abschätzen kann.

(3) Stufenklage: Der Anspruch auf Abrechnung kann mit der Zahlungsklage 107
verbunden werden. Ergibt sich nach der Abrechnung, dass die Kaution ganz oder
zum Teil verbraucht ist, so können die Parteien die Hauptsache ganz oder zum Teil
für erledigt erklären. Je nach dem Ergebnis der Abrechnung kann dem Mieter ein
materieller Kostenerstattungsanspruch (§§ 280 Abs. 2, 286 BGB) zustehen, der im
Rahmen der Kostenentscheidung nach § 91a ZPO zu berücksichtigen ist. Der
Anspruch setzt voraus, dass sich der Vermieter mit der Abrechnung in Verzug befunden hat, der Mieter nicht zuverlässig wissen konnte, ob und in welcher Höhe
ihm ein Rückzahlungsanspruch zusteht und der Mieter deshalb zur Klage herausgefordert wurde (OLG Karlsruhe NJW-RR 2010, 585). Ist die **Höhe der Kautionszinsen unbekannt**, so kann ebenfalls Stufenklage (Klage auf Auskunft über
die Höhe der Zinsen verbunden mit einer Klage auf Leistung) erhoben werden
(Hirte MDR 1993, 500). Der Anspruch auf Verzugszinsen setzt eine Mahnung voraus (AG Zwickau WuM 1994, 266: mit Fristsetzung). Der Erlass einer **einstweiligen Verfügung** auf Rückzahlung ist auch dann unzulässig, wenn der Mieter
dringend auf den Kautionsbetrag angewiesen ist. Eine Klage im **Urkundenprozess** ist ebenfalls nicht möglich, weil der Mieter nicht nur die Leistung der Sicherheit und die Beendigung des Mietverhältnisses, sondern auch den Wegfall des
Sicherungsbedürfnisses belegen muss.

Nach h. M. steht der Rückforderungsanspruch aus der Kaution mehre- 108
ren Mietern als Mitgläubiger (Gläubiger zur gesamten Hand) zu (OLG Düsseldorf OLGR 2003, 23; LG Saarbrücken ZMR 1992, 60; LG Gießen NJW-RR
1996, 1162; AG Köpenick GE 2010, 1275; AG Brandenburg GE 2012, 758;
AG Pankow-Weißensee, GE 2013, 1460; Bieber in: MünchKomm § 551 BGB
Rdn. 32; Palandt/Weidenkaff Einf. vor § 535 BGB Rdn. 122). Dies hat zur Folge,
dass der Vermieter an beide Mieter gemeinsam leisten muss. Die Mieter können
(und müssen) den Vermieter gemeinsam auf Rückzahlung der Kaution in Anspruch
nehmen. Klagt nur einer der Mieter, so muss er Zahlung an sich und die Mitmieter

beantragen; anderenfalls ist die Klage als unzulässig zu verwerfen (KG GE 2012, 688). Anders ist es, wenn der Rückzahlungsanspruch abgetreten wird; hier kann der Zessionar Zahlung an sich selbst verlangen. Wird über das Vermögen eines Mieters das Insolvenzverfahren eröffnet, so ist der Rückzahlungsanspruch vom Insolvenzverwalter (Treuhänder) gemeinsam mit dem anderen Mieter geltend zu machen AG Brandenburg GE 2012, 758. Nach anderer Ansicht ist zu differenzieren: Gesamtgläubigerschaft liegt vor, wenn im Außenverhältnis ein Mieter die volle Kaution geleistet hat. In diesem Fall kann der Vermieter an einen beliebigen Mieter leisten; die Leistung wirkt schuldbefreiend auch gegenüber dem anderen Mieter. Jeder der Mieter kann den Vermieter im eigenen Namen auf Rückzahlung in Anspruch nehmen. Wird die Kaution von den Mietern anteilig geleistet, so ist Teilgläubigerschaft anzunehmen. Jedem Mieter steht (nur) der von ihm geleistete Kautionsteil zu (Woitkewitsch ZMR 2005, 426). Wird ein mit mehreren Mietern abgeschlossener Mietvertrag beendet und schließt der Vermieter mit einem der Mieter einen neuen Mietvertrag mit der Abrede, dass die von den ursprünglichen Mietern gezahlte Kaution für das neue Mietverhältnis gilt, so steht der Rückzahlungsanspruch nach Beendung des Mietverhältnisses demjenigen Mieter zu, der Partei des Anschlussmietvertrags geworden ist (LG Berlin GE 2011, 266).

109 **Aus dem Treuhandcharakter der Kaution ist u. a. abzuleiten, dass der Vermieter die Kaution grundsätzlich nicht mit mietvertragsfremden Forderungen verrechnen darf** (BGH NZM 2012, 678 = NJW 2012, 3300). Dies gilt auch für die Geschäftsraummiete. Jedoch ist streitig, ob die treuhänderische Zweckbindung auch dann fortbesteht, wenn das Mietverhältnis beendet ist und feststeht, dass dem Vermieter keine Ansprüche aus dem Mietverhältnis zustehen. Dies wird teilweise bejaht (OLG Düsseldorf ZMR 2008, 47; V. Emmerich in Staudinger § 551 BGB Rdn. 32), teilweise verneint (Sternel Mietrecht aktuell 4. Aufl. 2009 Rdn. III 183). Der BGH folgt der erstgenannten Ansicht (BGH NJW 2012, 3300 = WuM 2012, 502 = NZM 2012, 678). Bei Treuhandverhältnissen gilt ganz allgemein, dass der Treuhänder nur mit solchen Gegenforderungen aufrechnen kann, die aus dem Treuhandverhältnis stammen; die Aufrechnung mit nicht konnexen Gegenforderungen ist dagegen ausgeschlossen (BGH NJW-RR 1999, 1192). Für die Mietkaution gelte dasselbe. Sie dient ausschließlich der Sicherung von Forderungen des Vermieters aus dem konkreten Mietverhältnis. Aus der sog. „Sicherungsabrede" folgt ein stillschweigend vereinbartes Aufrechnungsverbot mit mietfremden Forderungen, das über das Ende des Mietverhältnisses hinaus fortbesteht.

110 **Bei öffentlich gefördertem, preisgebundenem Wohnraum ist** darüber hinaus **§ 9 Abs. 5 Satz 1 WoBindG zu beachten.** Danach ist die Vereinbarung einer Sicherheit nur insoweit zulässig, als sie dazu bestimmt ist, Ansprüche des Vermieters gegen den Mieter aus Schäden an der Wohnung oder unterlassenen Schönheitsreparaturen zu sichern. Deshalb kann der Vermieter bei Mietende nicht mit Forderungen auf restliche Miete oder Betriebskosten gegen den Rückzahlungsanspruch aus der Kaution aufrechnen (so bereits: AG Köln WuM 2008, 222; **a. A.** AG Spandau GE 2011, 1488).

111 **Eine mietvertragliche Vereinbarung, wonach der Vermieter auch zur Aufrechnung mit vertragsfremden Forderungen berechtigt ist,** dürfte bei der Wohnraummiete gegen § 551 Abs. 4 BGB verstoßen, weil sich der Treuhandcharakter aus der zwingenden Vorschrift des § 551 Abs. 3 Satz 3 BGB ergibt. Bei der Geschäftsraummiete dürfte eine abweichende Vereinbarung möglich sein, wenn sie individualvertraglich getroffen wird. Eine Formularklausel dürfte an § 305c Abs. 1 BGB scheitern. Die Kautionsvereinbarung wird von der Unwirksamkeit der Verrechnungsabrede nicht berührt (**a. A.** LG Berlin GE 2012, 755 für eine Vereinbarung in einem Mietvertrag über eine öffentlich geförderte Wohnung wonach die Kaution über den Sicherungsumfang des § 9 Abs. 5 WoBindG hinaus auch als Sicherung für rückständige Betriebskosten dient

Hat der Mieter eine Sparforderung verpfändet, so kann der Vermieter bei Vertragsende auf Pfandfreigabe in Anspruch genommen werden. Sind mehrere Mieter Partei des Mietverhältnisses und hat einer der Mieter eine Sparforderung an den Vermieter verpfändet, so kann der Anspruch nur von demjenigen Mieter geltend gemacht werden, der die Verpfändungserklärung abgegeben hat (AG Leonberg WuM 2015, 157). Wird die Mietsache im Verlauf der Mietzeit veräußert, so ist derjenige zur Abgabe der Freigabeerklärung verpflichtet, der im Zeitpunkt der Rückgabe der Mietsache Eigentümer ist. Dies gilt auch dann, wenn das Eigentum im Wege der Zwangsversteigerung erworben wurde (AG Erfurt WuM 2012, 209). Hat der Mieter dem Vermieter ein Sparbuch mit der Kautionssumme übergeben ohne dies dem Kreditinstitut anzuzeigen, so liegt hierin eine konkludente Sicherungsabtretung der Sparforderung. Bei Vertragsende kann der Mieter den Vermieter auf Herausgabe des Sparbuchs und Freigabe der Sicherheit in Anspruch nehmen. Ist – wie häufig in den Fällen der Verpfändung und Sicherungsabtretung – das Sparbuch mit einem Sperrvermerk versehen, so kann der Mieter auf Freigabe klagen. Eine Klage auf Zahlung der Kautionssumme ist in Fällen dieser Art unzulässig (LG Berlin ZMR 2002, 349; LG Kaiserslautern WuM 2003, 630; AG Tiergarten WuM 1997, 214). 112

Nimmt der Vermieter den Bürgen in Anspruch, so gilt hierfür nicht der besondere Gerichtsstand des § 29a ZPO, sondern der allgemeine Gerichtsstand (BGH NZM 2004, 299). Der Vermieter muss seine Forderungen innerhalb der Abrechnungsfrist gegenüber dem Mieter oder gegenüber dem Bürgen geltend machen. Unterlässt er dies, so wird der Anspruch auf Herausgabe der Bürgschaftsurkunde fällig. Hieran ändert sich nichts, wenn der Vermieter seine Gegenforderungen einredeweise geltend macht (OLG Hamm NJW-RR 1992, 1036; AG Köln WuM 2000, 674). 113

Hat der **Bürge geleistet, obwohl dem Vermieter keine Forderungen gegen den Mieter zustehen,** so steht dem Mieter ein Bereicherungsanspruch gegen den Vermieter zu (§ 812 BGB). Gleiches soll nach der Ansicht des KG gelten, wenn der Vermieter den Bürgen in Anspruch nimmt ohne zuvor über die Kaution abzurechnen (KG GE 2013, 1586); anderes soll es sein, wenn der Vermieter die Bürgschaftssumme von seinem Vermögen getrennt auf einem Anderkonto anlegt. Macht der Mieter den Bereicherungsanspruch geltend, so soll dem Vermieter ein Zurückbehaltungsrecht zustehen, weil der Mieter die Sicherheit bis zu dem Zeitpunkt schuldet, zu dem der Vermieter über die Kaution abrechnen kann (KG a. a. O.). Die Ansicht des KG verkennt, dass ein Bereicherungsanspruch nur besteht, wenn die Zahlung ohne rechtlichen Grund erfolgt ist; insoweit ist allein auf die materielle Rechtslage abzustellen. 113a

Bei einer befristeten Bürgschaft muss die Vorschrift des § 777 BGB beachtet werden. Danach ist zu unterscheiden, ob dem Bürgen die Einrede der Vorausklage zusteht oder ob er hierauf verzichtet hat. Im erstgenannten Fall muss der Vermieter den Mieter unverzüglich auf Bezahlung der Forderung in Anspruch nehmen und die Vollstreckung versuchen. Im Falle des Scheiterns des Vollstreckungsversuchs muss der Vermieter dem Bürgen unverzüglich anzeigen, dass er ihn in Anspruch nehme (§ 777 Abs. 1 Satz 1 BGB). Steht dem Bürgen – wie häufig – die Einrede der Vorausklage nicht zu, so ist die vorherige Inanspruchnahme des Mieters 114 entbehrlich. Hier muss der Vermieter dem Bürgen aber unverzüglich nach Ablauf der Befristung Anzeige machen (§ 777 Abs. 1 Satz 2 BGB). Bestehen bei Beendigung des Mietverhältnisses keine Verbindlichkeiten, so kann der Mieter den Vermieter auf Freigabe der Sicherheit und auf Rückgabe der Bürgschaftsurkunde an den Bürgen in Anspruch nehmen (BGH NJW 1989, 1482, 1483; OLG Celle ZMR 2002, 813; Geldmacher DWW 2000, 180, 187). Dagegen kann der Mieter nicht die Rückgabe der Bürgschaftsurkunde an sich selbst verlangen (OLG Celle a. a. O.).

4. Beweislast

115 Der Mieter muss beweisen, dass er bei Vertragsbeginn eine Kaution geleistet hat. Der Vermieter muss beweisen, dass der Rückforderungsanspruch durch Aufrechnung erloschen ist. Hat der Vermieter einen vereinbarten Rückgabetermin nicht wahrgenommen mit der weiteren Folge dass über den Wohnungszustand kein Rückgabeprotokoll angefertigt werden konnte, so wird vereinzelt vertreten, dass sich der Vermieter nach Treu und Glauben nur dann auf Mietschäden berufen kann, wenn diese unstreitig sind (AG Donaueschingen WuM 2015, 730). Dieser Ansicht ist nicht zu folgen; jedoch kann das Verhalten des Vermieters bei der Beweiswürdigung berücksichtigt werden. Ist streitig ob eine Kaution zurückgezahlt worden ist, so trifft die Beweislast den Vermieter (LG Hamburg ZMR 2008, 454). Hat der Vermieter an den Mieter eine Kaution zurückbezahlt und wird sodann streitig ob der Mieter bei Vertragsbeginn eine Kaution geleistet hat, so muss der Vermieter beweisen, dass der Mieter durch die Auszahlung der Kaution bereichert ist (OLG Düsseldorf DWW 1992, 339).

5. Verjährung

116 Der Anspruch des Mieters auf Rückzahlung der Kaution verjährt in 3 Jahren (§ 195 BGB). Dies gilt auch bezüglich der Kautionszinsen. Die Verjährung beginnt nicht mit dem Ende des Mietvertrags, sondern mit der Fälligkeit des Rückforderungsanspruchs des Mieters. Der Anspruch gegen den Bürgen verjährt gem. § 195 BGB. Die Verjährung beginnt mit dem Schluss des Jahres, in dem die gesicherte Forderung fällig wird. Eine Leistungsaufforderung gegenüber dem Bürgen ist nicht erforderlich (BGHZ 175, 161 = NJW 2008, 1729; OLG Düsseldorf DWW 2010, 182).

117 **Die Verjährung hindert die Aufrechnung nicht** (BGH RE 1.7.1987 NJW 1987, 2372 = WuM 1987, 310 = ZMR 1987, 412). Hat der Vermieter eine **Barkaution** geleistet, so gilt für die Aufrechnung mit verjährten Forderungen die Regelung des **§ 215 BGB**. Danach schließt die Verjährung einer Gegenforderung die Aufrechnung nicht aus, wenn sie in dem Zeitpunkt noch nicht verjährt war, in dem sie der Hauptforderung erstmals aufrechenbar gegenübergestanden hat. Der Vermieter kann die durch eine Aufrechnungslage begründete Aufrechnungsbefugnis danach nicht mehr durch Verjährung verlieren.

117a Mit Forderungen aus **rückständigen Mieten und Betriebskostenvorauszahlungen** kann der Vermieter bei Ende des Mietverhältnisses gegen den Rückzahlungsanspruch aus der Kaution abrechnen. Die Verjährung der Betriebskostenvorauszahlungen beginnt, wenn der Vermieter hierüber abgerechnet hat. Für diese Ansprüche sowie für Nachzahlungsansprüche aus der Betriebskostenabrechnung gilt die allgemeine Verjährungsfrist von 3 Jahren, beginnend mit dem Ende des Jahres in dem die Abrechnung erteilt wird (§ 195, 199 Abs. 1 BGB). Für die Aufrechnung kommt es deshalb darauf an, ob die Rückstände im Zeitpunkt der Beendigung des Mietverhältnisses bereits verjährt sind; dann scheidet eine Aufrechnung aus. Anders ist es, wenn die Verjährung erst nach dem Ende des Mietverhältnisses eintritt; dann ist die Aufrechnung möglich, auch wenn die Aufrechnungserklärung erst nach Eintritt der Verjährung erfolgt.

Hat der Mieter die Mietsicherheit durch **Verpfändung einer Sparforderung** geleistet, gilt **§ 216 BGB.** Nach § 216 Abs. 1 BGB hindert die Verjährung eines Anspruchs, für den ein Pfandrecht besteht, den Vermieter nicht, seine Befriedigung aus dem belasteten Gegenstand – also aus der Sparforderung – zu suchen. Jedoch findet § 216 Abs. 1 BGB „keine Anwendung auf die Verjährung von Ansprüchen auf Zinsen und andere wiederkehrende Leistungen" (§ 216 Abs. 3 BGB). Wiederkehrende Leistungen im Sinne dieser Vorschrift sind solche, die nach Gesetz oder Parteivereinbarung zu von vorneherein bestimmten regelmäßig wiederkehrenden Terminen erbracht werden müssen. Hierzu zählen zweifelsfrei die Miete und die Betriebskostenvorauszahlung. Nachzahlungsansprüche aus einer Betriebskostenabrechnung entstehen dagegen nur dann, wenn die Vorauszahlungen nicht zur Deckung der Betriebskosten ausreichen; dies kann von Jahr zu Jahr verschieden sein. Nach der **Ansicht des BGH** (NZM 2016, 762 Rz. 19) geht die Rechtsnatur einer Betriebskostenzahlung aber nicht dadurch verloren, „dass sie als Saldo einer Betriebskostenjahresabrechnung verlangt werden, zumal auch die sich daraus ergebenden, üblicherweise von Jahr zu Jahr in der Höhe schwankenden Zahlungen – wenn die Abrechnung einen Saldo zugunsten des Vermieters ergibt – regelmäßig wiederkehrend zu erbringen sind, da der Vermieter über die Betriebskosten jährlich abzurechnen hat" (Rz. 19). Die Betriebskostenabrechnung als solche sei als „reiner Rechenvorgang" (Rz. 20) zu bewerten. Sie sei deshalb nicht als Rechtsgrundlage für den Nachzahlungsanspruch anzusehen. Deshalb gilt: Dem Vermieter ist es nach § 216 Abs. 3 BGB verwehrt, sich wegen bereits verjährter Betriebskostennachforderungen aus dem Pfandrecht zu befriedigen. 117b

Im Falle der Aufrechnung ist es erforderlich, dass die Gegenforderung nach Grund und Höhe substantiiert dargelegt wird. Wird die Aufrechnung mit **Schadensersatzansprüchen** wegen einer Verschlechterung der Mietsache oder unterlassenen Schönheitsreparaturen erklärt und ist die Abrechnungsfrist abgelaufen, so genügt es nicht, wenn über die Kosten der Schadensbeseitigung nur grobe Angaben gemacht werden (AG Bonn WuM 1992, 123). Die Vorlage eines hinreichend substantiierten Kostenvoranschlags reicht aber aus. Ist der Vermieter zu einem substantiierten Vortrag über den Schadensgrund und die Schadenshöhe nicht in der Lage, weil er nichts zur Schadensermittlung unternommen hat, sondern untätig geblieben ist, so führt dies nicht dazu, dass sich die Abrechnungsfrist verlängert (LG Traunstein WuM 1991, 587). Der Vermieter kann nach Ablauf der regulären Abrechnungsfrist auch kein Zurückbehaltungsrecht bis zum Abschluss der Schadensermittlung geltend machen. Vielmehr muss das Gericht in einem solchen Fall über die Gegenforderung entscheiden. Diese Entscheidung erwächst in Rechtskraft (LG Köln WuM 1990, 38). Rechnet der Vermieter mit Forderungen auf, die der Mieter als berechtigt ansieht, so kann er den Rechtsstreit in der Hauptsache für erledigt erklären. Das Gericht entscheidet dann über die Verfahrenskosten; hierbei ist zu berücksichtigen, ob der Vermieter seine Obliegenheit zur beschleunigten Schadensermittlung und zur rechtzeitigen Abrechnung der Betriebskosten verletzt hat. 117c

VI. Zwangsverwaltung/Insolvenz/Zwangsversteigerung

1. Zwangsverwaltung

118 Die Anordnung der Zwangsverwaltung bewirkt, dass der vom Gericht eingesetzte Zwangsverwalter anstelle des Vermieters in die vor der Beschlagnahme abgeschlossenen und vollzogenen Mietverträge für die Dauer der Beschlagnahme in vollem Umfang eintritt (§ 152 ZVG). Der Zwangsverwalter ist befugt, von dem Schuldner (Grundstückseigentümer) die Überlassung einer vor der Beschlagnahme von einem Mieter des Objekts geleisteten Kaution zu verlangen. Der Beschluss über die Anordnung der Zwangsverwaltung stellt zusammen mit der Ermächtigung des Zwangsverwalters zur Besitzergreifung einen Vollstreckungstitel dar, aufgrund dessen wegen dieses Anspruchs nach § 883 ZPO vollstreckt werden kann (BGH WuM 2005, 405 = NZM 2006, 71). Hat der Vermieter eine Kaution entsprechend § 551 gesondert angelegt, so kann der Zwangsverwalter verlangen, dass ihm die entsprechenden Urkunden (Sparbuch, Kontounterlagen) ausgehändigt werden, damit der Zwangsverwalter auf die Kaution zugreifen kann. Zur Durchsetzung dieses Anspruchs genügt der Zwangsverwalterausweis. Ist die Kaution dagegen nicht gesondert angelegt und deshalb mit dem Vermögen des Vermieters vermischt oder nicht mehr vorhanden, muss der Zwangsverwalter einen der Kautionssumme entsprechenden Betrag aus den Mieteinnahmen entnehmen und diesen als Kaution des Mieters gesetzeskonform anlegen (BGH NJW 2009, 1673); LG Lüneburg ZMR 2009, 687; Streyl GuT 2010, 368; ders. in: Schmidt-Futterer § 566a BGB Rdn. 37; Jakoby ZMR 2015, 1); bis zur Erfüllung dieser Pflicht steht dem Mieter ein Zurückbehaltungsrecht an der Miete zu. Reichen die Mieteinnahmen für die Erwirtschaftung der Kaution nicht aus, muss der die Vollstreckung betreibende Gläubiger einen Vorschuss leisten; anderenfalls wird das Verfahren gem. § 161 Abs. 3 ZVG eingestellt. Voraussetzung ist in allen Fällen, dass das Mietverhältnis im Zeitpunkt der Anordnung der Zwangsverwaltung noch besteht; in ein Abwicklungsverhältnis tritt der Verwalter nicht ein (BGH NZM 2006, 680; LG Potsdam NZM 2006, 319. Der die Vollstreckung betreibende Gläubiger kann den Zugriff des Verwalters auf die Kaution verhindern, indem er den Vollstreckungsantrag zurücknimmt (Drasdo NZM 2018, 6, 8). Stets setzt der Zugriff des Zwangsverwalters auf die Kaution voraus, dass die Kautionssumme vom Mieter bezahlt wurde und dass sie noch zum Vermögen des Mieters gehört. Daran fehlt es, wenn der Vermieter vor der Beschlagnahme mit Forderungen aus dem Mietverhältnis aufgerechnet hat; dies muss der Vermieter gegebenenfalls an Eides statt versichern (Drasdo a. a. O.). Eine vor der Beschlagnahme erfolgte Pfändung der Kaution durch einen Gläubiger des Mieters schließt den Anspruch des Zwangsverwalters auf die Kaution aus (§ 804 Abs. 3 ZPO).). Will der Zwangsverwalter zum Zwecke des Erhalts der Kautionssumme in das Vermögen des Vermieters vollstrecken, so bedarf der Zwangsverwalter eines besonderen Titels. Der Zwangsverwalterausweis genügt nicht (BGH a. a. O.).

119 **Der Mieter hat** seinerseits einen **Anspruch gegenüber dem Vermieter, dass dieser die Kaution an den Zwangsverwalter aushändigt** (a. A. LG Köln WuM 1987, 351; WuM 1990, 427; LG Düsseldorf WuM 1992, 542= ZMR 1992, 549; AG Düsseldorf WuM 1992, 432 = ZMR 1992, 549). War die Kaution nicht auf einem Sonderkonto angelegt und hatte der Mieter aus diesem Grund die laufende Miete zurückbehalten, auf einem Sparbuch angelegt und den angelegten Betrag dem Vermieter als Kaution zur Verfügung gestellt, so hat der Zwangsverwalter bei einer späteren Beschlagnahme des Grundstücks keinen Anspruch auf den zurückbehaltenen Mietzinsteil (LG Kiel WM 1989, 18). Das Zurückbehaltungsrecht kann auch gegenüber dem Zwangsverwalter ausgeübt werden, weil dieser die Pflichten aus dem Mietverhältnis in vollem Umfang erfüllen muss (LG Mannheim WuM 1990, 293 = NJW-RR 1991, 79; AG Berlin-Neukölln MM 1993, 112). Hatte der Mieter die Kaution noch nicht bezahlt, so kann ihn der Zwangsverwalter auf Zahlung der Kautionssumme in Anspruch nehmen. In diesem Fall muss der Zwangsverwalter die Kaution in einer § 551 BGB entsprechenden Weise anlegen.

Wird die **Mietsache während der Zwangsverwaltung veräußert,** so tritt der Erwerber nach § 566a BGB in die Rechte und Pflichten aus der Kaution ein. Hat der Mieter eine Barkaution geleistet, so hat der Erwerber einen Anspruch gegenüber dem Zwangsverwalter auf Übergabe der Kautionssumme (einschließlich der Zinsen (s. § 566a Rdn. 6). Anders ist es, wenn der Veräußerer im Zeitpunkt des Eigentumsübergangs eigene Ansprüche gegen den Mieter hat; dann kann er sich aus der Kaution befriedigen. Zur Hinterlegung der Kaution besteht i. d. R. kein Anlass. Gegen eine gleichwohl erfolgte Hinterlegung steht dem Erwerber nach der Ansicht des OLG Frankfurt (ZMR 2018, 927) kein Rechtsbehelf zu. 119a

Endet das Mietverhältnis während der Zwangsverwaltung, so muss der Zwangsverwalter die Kaution auch dann zurückzahlen, wenn ihm die Kautionssumme nicht vom Vermieter ausgehändigt wurde. Dies folgt aus § 566a BGB. Danach tritt der Erwerber in die Rechte und Pflichten aus der Kautionsvereinbarung ein. Der Erwerber ist deshalb auch dann zur Rückzahlung der Kaution verpflichtet, wenn er diese nicht erhalten hat. Nach der Rechtsprechung des BGH (NJW 2003, 3342; WuM 2005, 460 = NZM 2005, 596) gilt dasselbe für den Zwangsverwalter (kritisch hierzu: Walke WuM 2004, 185). Solange die Zwangsverwaltung besteht, muss der Mieter den Zwangsverwalter auf Rückzahlung der Kaution in Anspruch nehmen. Wird die Zwangsverwaltung vor Rechtshängigkeit der Streitsache aufgehoben, so ist die Klage mangels Prozessführungsbefugnis des als Zwangsverwalter in Anspruch genommenen Beklagten als unzulässig abzuweisen (BGH WuM 2005, 463). Erfolgt die Aufhebung der Zwangsverwaltung zwischen Rechtshängigkeit und letzter mündlicher Verhandlung, so ist eine Klageänderung erforderlich; andernfalls ist die Klage gegen den (früheren) Zwangsverwalter abzuweisen. 120

Ist das Mietverhältnis zum Zeitpunkt der Beschlagnahme bereits beendet und hat der Mieter die Mietsache an den Vermieter herausgegeben, ist § 152 Abs. 2 ZVG unanwendbar (BGH WuM 2006, 403 = NZM 2006, 680). Die Vorschrift setzt nach ihrem Wortlaut voraus, dass die Wohnung zum Zeitpunkt der Beschlagnahme an den Mieter überlassen ist; es genügt also nicht, dass sie vor der Beschlagnahme überlassen war. Zum anderen dient die Zwangsverwaltung vornehmlich den Interessen des Gläubigers des Vermieters; diese Interessen würden beeinträchtigt, wenn der Zwangsverwalter die Kaution zurückgeben müsste, obwohl das Mietverhältnis bereits abgewickelt ist. 121

Der BGH hat in der genannten Entscheidung **offengelassen, welche Rechtsfolge gilt, wenn die Beschlagnahme zwischen dem rechtlichen Ende des Mietverhältnisses und der Rückgabe erfolgt** und der Zwangsverwalter die Nutzungsentschädigung zur Haftungsmasse zieht. Folgt man dem Wortlaut des § 152 Abs. 2 ZVG, so muss dieser Fall dem noch bestehenden Mietverhältnis gleichgestellt werden. Solange der Mieter die Sache in Besitz hat, ist sie ihm überlassen. Zwar kann der Mietvertrag gegenüber dem Zwangsverwalter nicht mehr wirksam werden. Während der Zeit der Vorenthaltung besteht aber ein Abwicklungsschuldverhältnis mit wechselseitigen Verpflichtungen. Die hieraus folgenden Vermieter- 122

§ 551 BGB Untertitel 2. Mietverhältnisse über Wohnraum

pflichten sind vom Zwangsverwalter zu erfüllen; dazu gehört auch die Pflicht zur Verwahrung und Rückzahlung der Kaution.

123 **Ist das Mietverhältnis beendet und hat der Mieter die Sache nicht zurückgegeben,** so ist § 566a BGB anzuwenden: der Zwangsverwalter ist zur Abrechnung und Rückgabe der Kaution verpflichtet (Streyl GuT 2010, 368, 370). Wird die Zwangsverwaltung nach Versteigerung des Grundstücks aufgehoben, so ist der Verwalter nicht zur Abrechnung verpflichtet; der Mieter muss sich an den Vermieter halten (Streyl GuT 2010, 368, 370). Wird das Mietobjekt im Anschluss an die Zwangsverwaltung zwangsversteigert so tritt der Erwerber in das Mietverhältnis ein; dieser haftet dann auch auf die Rückgabe der Kaution. Im Falle des Erwerbs der Wohnung durch den Mieter erlischt das Mietverhältnis durch Konfusion. Der Anspruch des früheren Mieters auf Rückzahlung der Kaution kann dann nur noch gegenüber dem früheren Vermieter – nicht gegenüber dem Verwalter – geltend gemacht werden (BGH WuM 2010, 518 = NZM 2010, 698).

123a Befindet sich die **Kaution** nicht in den Händen des Vermieters, sondern **in den Händen eines vom Vermieter mit der Wohnungsverwaltung beauftragten Dritten,** so kann der Zwangsverwalter den Dritten auf Herausgabe der Kaution in Anspruch nehmen. Dies folgt aus der Erwägung, dass der Zwangsverwalter alle mit dem Mietverhältnis zusammenhängenden Ansprüche und Forderungen der Haftungsmasse zuzuführen hat; hierzu zählt auch der Anspruch des Vermieters auf die Kaution. Ob er eine auf einem Sonderkonto angelegte Kaution sodann dem Mieter zurückgeben muss, hängt davon ab, ob dem Vermieter aufrechenbare Gegensprüche zustehen (BGH NZM 2015, 859).

2. Insolvenz des Vermieters

124 Wird über das Vermögen des Vermieters das Insolvenzverfahren eröffnet, so hat der Mieter in Bezug auf die Kaution ein Aussonderungsrecht, wenn die Kautionssumme zum Zeitpunkt der Insolvenzeröffnung entsprechend § 551 BGB auf einem Treuhandkonto angelegt war. Dies gilt auch dann, wenn der Vermieter die Kaution zunächst in sein Vermögen überführt und erst später ein Treuhandkonto zugunsten des Mieters errichtet hat (BayObLG RE 8.4.1988 NJW 1988, 1796; OLG Düsseldorf NJW-RR 1988, 782). War die Kaution nicht auf einem Treuhandkonto angelegt, so ist sie im Insolvenzverfahren als einfache Insolvenzforderung zu behandeln (BGH WuM 2008, 149; OLG Hamburg WuM 1990, 5 = ZMR 1990, 103 = DWW 1990, 20 = NJW-RR 1990, 213; OLG München ZMR 1990, 413; OLG Schleswig EWiR 1989, 185 m. Anm. Eckert; Palandt/Weidenkaff § 551 BGB Rdn. 12; Jakoby ZMR 2015, 1, 3; **a. A.** Derleder NZM 2004, 568, 578: danach hat der Mieter vor Eröffnung des Insolvenzverfahrens einen klagbaren Anspruch gegen den Vermieter auf eine dem Gesetz entsprechende Anlage. Nach Insolvenzeröffnung kann der Mieter diesen Anspruch gegenüber dem Insolvenzverwalter geltend machen, weil dieser das Mietverhältnis anstelle des Vermieters zu erfüllen hat).

125 **Ist die Kaution bereits in der Insolvenz des Voreigentümers untergegangen,** so hat der Erwerber analog § 566a, 812 BGB einen Anspruch gegen den Veräußerer auf Aushändigung der vom Mieter gezahlten Kaution (LG Wuppertal WuM 2015, 731). Der Erwerber hat sodann die Wahl, ob er die Kautionssumme gesetzeskonform anlegt oder an den Mieter zurückzahlt (LG Wuppertal a. a. O.). Die in der Vorauslage vertretene abweichende Ansicht wird nicht aufrechterhalten. Daneben kann der Mieter vertragliche und deliktische (§§ 823 Abs. 2 BGB, 266

StGB) Schadenersatzansprüche geltend machen. Die deliktischen Ansprüche sind insbesondere dann von Bedeutung, wenn die Wohnung von einer juristischen Person vermietet worden ist und die Schadenersatzsumme wegen der Zahlungsunfähigkeit des Vermieters nicht beigetrieben werden kann; hier haftet der gesetzliche Vertreter der Vermietungsgesellschaft persönlich, wenn ihm die gesetzeswidrige Verfügung zuzurechnen ist.

Hat der Mieter die Kaution an eine vom Vermieter beauftragte Hausverwaltung gezahlt so ist zu unterscheiden: Wurde die Kaution auf ein Konto des Vermieters gezahlt oder überwiesen, so spielt die **Insolvenz der Hausverwaltung** für den Anspruch des Mieters auf die Kaution keine Rolle. Anders kann es sein, wenn sich die Kaution auf einem Konto der Hausverwaltung befindet. Bei einer insolvenzfesten Anlage kann bei Insolvenz der Hausverwaltung nichts anderes gelten als in der Insolvenz des Vermieters (s. Rdn. 124). Wurde die Kaution offen und getrennt vom übrigen Vermögen der Hausverwaltung angelegt (offenes Treuhandkonto), so steht dem Mieter ein Aussonderungsrecht zu (Cymutta WuM 2008, 441). Hat die Hausverwaltung die Kaution nicht ordnungsgemäß angelegt, so fällt die Kaution nicht in die Insolvenzmasse, wenn die Hausverwaltung nur die Kaution entgegennehmen und anlegen sollte. In diesem Fall kann der Mieter verlangen, dass die Kaution dem Vermieter ausgehändigt wird (Cymutta a. a. O.; AG Erfurt WuM 2017, 460). Dies folgt aus der Erwägung, dass das Insolvenzrisiko der Hausverwaltung nicht dem Mieter auferlegt werden kann, sondern vom Vermieter zu tragen ist. 125a

3. Parallelität von Zwangsverwaltung und Insolvenz

Fraglich ist, welche Rechtsfolge gilt, wenn **neben der Zwangsverwaltung zugleich ein Insolvenzverfahren** läuft. Der BGH (VIII ZS) ist der Ansicht, dass die Eröffnung eines parallelen Insolvenzverfahrens die dem Zwangsverwalter obliegenden Pflichten nicht tangiert (BGH NJW 2009, 3505). Diese Ansicht hat im Ergebnis zur Folge, dass das Zwangsverwaltungsverfahren zu einer vollen Befriedigung des Insolvenzgläubigers führt. Aus diesem Grunde wird die Ansicht vertreten, dass der Zwangsverwalter im Falle der Vermieterinsolvenz nur die Masseverbindlichkeiten voll befriedigen darf. Die Ansprüche des § 551 Abs. 3 BGB zählen hierzu nicht (Jakoby ZMR 2015, 1, 4). Wird die **Mietsache aus der Insolvenzmasse verwertet**, so wird vom XII ZS des BGH die Ansicht vertreten, dass der Mieter seine Ansprüche aus § 551 Abs. 3 BGB gegen den Erwerber geltend machen kann (BGH NJW 2012, 1353). Nach dieser Ansicht kann der Mieter verlangen, dass der Vermieter die Kaution an den Ersteher herausgibt. Der Ersteher haftet auch dann auf die Rückgabe einer Kaution, wenn sie ihm nicht ausgehändigt worden ist. Ebenso ist unerheblich, ob der insolvent gewordene Voreigentümer die vom Mieter erhaltene Mietsicherheit getrennt von seinem sonstigen Vermögen angelegt hatte (BGH NZM 2012, 344). Nach anderer Ansicht kann der Mieter auch in diesem Fall seine Ansprüche nur im Wege der Anmeldung zur Insolvenztabelle verfolgen (Jakoby ZMR 2015, 1, 5). 126

4. Insolvenz des Mieters

In der Insolvenz des Mieters kann der Vermieter bis zur Eröffnung des Insolvenzverfahrens den Anspruch auf die Kaution unbeschränkt geltend machen (Flatow NZM 2011, 607, 617). Teilweise wird vertreten, dass der Kautionsanspruch nach 127 der Verfahrenseröffnung Insolvenzforderung sei, so dass der Vermieter – nach Anmeldung der Forderung zur Insolvenztabelle – Anspruch auf die Quote habe (Horst ZMR 2007, 167, 174). Dagegen ist einzuwenden, dass die Kaution lediglich Sicherungsmittel ist und nicht zur Befriedigung des Vermieters dient. Deshalb spricht mehr für die Ansicht, dass der Kautionsanspruch nach der Eröffnung des Insolvenzverfahrens weder als Insolvenz- noch als Masseforderung geltend gemacht werden kann (Flatow NZM 2011, 607, 618). Hat jedoch der Treuhänder die Enthaftungserklärung nach § 109 Abs. 1 Satz 2 InsO abgegeben, kann der Vermieter den Mieter auf Kautionszahlung in Anspruch nehmen (Flatow a. a. O.). Endet das Mietverhältnis (vor oder nach Eröffnung des Insolvenzverfahrens oder vor oder nach Abgabe der Enthaftungserklärung), so kann der Vermieter die Mietforderungen mit dem Rückzahlungsanspruch aus der Kaution verrechnen. Durch die Kaution soll der Vermieter auch gegen das Insolvenzrisiko des Mieters abgesichert werden (Eckert/Hoffmann in: MünchKomm § 109 InsO Rdn. 34; Döderlein ZMR 2016, 181; **a. A.** Heinze ZInsO 2010, 1073, 1076). Deshalb ist die Sicherungsabrede dahingehend auszulegen, dass der Rückzahlungsanspruch von vorneherein um die noch offenen Mietforderungen reduziert ist (Flatow a. a. O., S. 619). Stehen dem Vermieter keine Gegenforderungen zu, so zählt der Rückzahlungsanspruch aus der Kaution zu den Insolvenzforderungen (Flatow NZM 2011, 607, 618). Dies folgt aus der Erwägung, dass der Anspruch auf Rückzahlung der Kaution (aufschiebend bedingt durch die Beendigung des Mietverhältnisses und die Rückgabe der Mietsache), bereits mit der Entrichtung der Kaution an den Vermieter entsteht. Er begründet ein Anwartschaftsrecht, das im Insolvenzverfahren über das Vermögen des Mieters zur Insolvenzmasse gehört (BGH NZM 2019, 367). Für diesen Anspruch besteht grundsätzlich kein Pfändungsschutz (BGH NZM 2019, 367). Anders ist es, wenn der Rückzahlungsanspruch nach der Enthaftungserklärung fällig wird. Dann fällt die Kaution nicht in die Insolvenzmasse, sondern steht dem Mieter zur Verfügung und ist an diesen auszuzahlen (BGH NZM 2017, 437; ZInsO 2017, 1726; **a. A.** AG Detmold Urt. v. 14.4.2016 – 7 C 56/16 (juris) mAnm Börstinghaus jurisPR-MietR 13/2016 Anm. 6). Die Begründung des Insolvenzsenats, wonach der Mieter die Kaution aus dem beendeten Mietverhältnis sofort zur Zahlung der Mietsicherheit im neuen Mietverhältnis benötige überzeugt aber nicht, da auch in diesen Fällen der Kautionsrückzahlungsanspruch erst lange nach Begründung der Zahlungsverpflichtung aus dem neuen Mietvertrag fällig wird. Der VIII. Senat hat die Frage abschließend noch nicht beantwortet. Streitigkeiten zwischen dem Mieter und dem Treuhänder über die Zugehörigkeit einer Forderung zur Masse sind nämlich vor dem Prozessgericht und nicht vor dem Insolvenzgericht auszutragen. Darum kann der Mieter nur durch eine Klage vor dem Streitgericht eine Klärung herbeiführen, wem das Kautionsguthaben nach Beendigung des Mietvertrages zusteht (BGH NZM 2016, 519). Wird der Vermieter in einem solchen Fall sowohl vom Treuhänder als auch vom Mieter auf Rückzahlung in Anspruch genommen, so sollte er die Kaution hinterlegen.

VII. Preisgebundener Wohnraum

128 Bei preisgebundenem Wohnraum ist eine Kautionsabrede nur zulässig, wenn sie dazu bestimmt ist, Ansprüche des Vermieters aus Schäden an der Wohnung oder aus unterlassenen Schönheitsreparaturen zu sichern (§ 9 Abs. 5 WoBindG). Eine auf Grund einer unzulässigen Abrede geleistete Kaution kann der Mieter nach § 9

Abs. 7 WoBindG zurückfordern. Diese Vorschrift ist gegenüber den §§ 812 ff BGB lex specialis. Insbesondere sind die §§ 814, 817 Satz 2, 818 Satz 3 BGB unanwendbar (Bellinger WuM 2007, 177, 178). Der Vermieter kann gegenüber dem Rückzahlungsanspruch des Mieters nicht aufrechnen (LG Bremen MDR 1973, 937; LG Hamburg WuM 1992, 591; Bellinger WuM 2007, 177, 178; **a. A.** Dickersbach WuM 2006, 595); es besteht das Aufrechnungsverbot des § 393 BGB (Bellinger a. a. O.).

VIII. Geschäftsraummietverhältnisse

Auf Geschäftsraummietverhältnisse ist § 551 BGB weder unmittelbar noch entsprechend anwendbar. Daraus folgt zunächst, dass die Parteien die Höhe der Kaution – bis zur Grenze der §§ 137, 138 BGB (Heintzmann WiB 1995, 569, 571) – frei vereinbaren können (OLG Brandenburg ZMR 2006, 854). Ebenso kann vereinbart werden, dass die Kaution bereits vor der Übergabe zu erbringen ist oder dass die Übergabe von der Zahlung der Kaution abhängen soll. Der Mieter hat in einem solchen Fall grundsätzlich auch dann kein Zurückbehaltungsrecht an der Kaution (§ 273 BGB), wenn ihm die Mietsache in einem vertragswidrigen Zustand angeboten wird (BGH NZM 2007, 401). Etwas anderes muss allerdings dann gelten, wenn der Vermieter die Mangelbeseitigung endgültig und bestimmt verweigert. Hierin liegt eine schwere Vertragsverletzung, die zur Folge hat, dass das Verlangen nach Zahlung der Kaution treuwidrig ist. Wegen der Kündigung wegen Nichtzahlung der Kaution s. § 543 BGB Rdn. 22 ff. 129

Die **Vereinbarung einer Nachschusspflicht** – beispielsweise für den Fall einer Mieterhöhung ist möglich. Nach der Auffassung der OLG Düsseldorf (BB 1994, 1814) kann sich eine solche Nachschusspflicht sogar aus den Umständen ergeben (bei langer Vertragslaufzeit und im Voraus vereinbarten Mieterhöhungen). Auch die Frage der **Verzinsungspflicht** kann von den Parteien nach Belieben geregelt werden. Eine vertragliche Regelung über eine Verzinsung oder die Begründung einer Verpflichtung zur zinsbringenden Anlage ist ebenso möglich, wie ein Verzinsungsausschluss. Fehlt eine ausdrückliche Regelung, so ergibt sich eine Verzinsungspflicht zu den für Spareinlagen mit dreimonatiger Kündigungsfrist üblichem Zinssatz im Wege der ergänzenden Vertragsauslegung (BGH NJW 1994, 3287; OLG Koblenz DWW 1993, 332 = ZMR 1993, 565 = WuM 1993, 667; OLG Düsseldorf NJW-RR 1993, 709 = ZMR 1993, 219; Kraemer PiG 62, 213, 222; **a. A.** LG Berlin GE 1994, 765). Wird die Kaution bei fehlender Vereinbarung einer Verzinsungspflicht oder bei fehlender vertraglicher Regelung nicht verzinslich angelegt, so schuldet der Vermieter Schadenersatz in Höhe der nicht erwirtschafteten Zinsen. Fraglich ist, ob ein Verzinsungsausschluss auch formularmäßig vereinbart werden kann. Nach der hier vertretenen Auffassung ist dies zu verneinen (ebenso Sternel, Rdn. III 232). In der Regel wird es dem Sicherungsbedürfnis beider Parteien entsprechen, wenn die Kaution auf einem **Sonderkonto** angelegt wird. Deshalb ist der Mietvertrag beim Fehlen einer vertraglichen Regelung dahingehend auszulegen, dass die Anlage auf einem Sonderkonto erfolgen soll (OLG Frankfurt WuM 1989, 138 = ZMR 1990, 9; KG GE 1998, 1337; Heintzmann WiB 1995, 569, 570; Kluth/Grün NZM 2002, 1015; von der Osten/Schüller in: Bub/Treier Kap III Rdn. 2088f) und dass die Zinsen die Sicherheit erhöhen. Gleiches gilt, wenn die Parteien eine Verzinsungspflicht vereinbart haben, der Vertrag aber keine Regelungen über die Art der Anlage enthält. 130

131 Zu einer **Teilzahlung** ist der Gewerberaummieter nur berechtigt, wenn dies vereinbart ist. Für den Zugriff auf die Kaution während der Mietzeit und für die Abrechnung bei Vertragsende gelten die für die Wohnraummiete maßgeblichen Grundsätze. Die Kaution unterliegt auch bei der Gewerbemiete oder der Pacht einer treuhänderischen Zweckbindung. Deshalb kann der Vermieter den Kautionszahlungsanspruch nicht an einen Dritten abtreten (OLG Düsseldorf GE 2000, 342, 343). Abweichende Vereinbarungen sind aber möglich. Ist vereinbart, dass die Kaution zur freien Verfügung des Vermieters stehen soll, kann dieser auch während der Mietzeit wegen streitiger Forderungen auf die Kaution zurückgreifen.

§ 552 Abwendung des Wegnahmerechts des Mieters

(1) **Der Vermieter kann die Ausübung des Wegnahmerechts (§ 539 Abs. 2) durch Zahlung einer angemessenen Entschädigung abwenden, wenn nicht der Mieter ein berechtigtes Interesse an der Wegnahme hat.**

(2) **Eine Vereinbarung, durch die das Wegnahmerecht ausgeschlossen wird, ist nur wirksam, wenn ein angemessener Ausgleich vorgesehen ist.**

I. Anwendungsbereich und Bedeutung

1 Die Vorschrift des Abs. 1 gilt für die Wohnraummiete und kraft Verweisung in § 578 Abs. 2 auch für die Miete von Geschäftsräumen. Abs. 2 gilt nur für die Wohnraummiete. Beide Vorschriften sind im Zusammenhang mit § 539 Abs. 2 BGB zu lesen. Danach ist der Mieter berechtigt, eine Einrichtung wegzunehmen, mit der er die Mietsache versehen hat. Abs. 1 schränkt diese Vorschrift ein und gibt dem Vermieter das Recht, die Wegnahme gegen Zahlung einer angemessenen Entschädigung zu verhindern. Eine Ausnahme gilt, wenn der Mieter ein berechtigtes Interesse an der Wegnahme hat.

2 In § 552 BGB wird nicht geregelt, ob der Mieter berechtigt ist, eine Einrichtung anzubringen (s. dazu § 535 BGB Rdn. 515). Gleiches gilt für die Frage, ob der Mieter verpflichtet ist, eine Einrichtung bei Mietende wieder zu entfernen (s. Dazu § 546 BGB Rdn. 30 ff)

II. Ausschluss des Wegnahmerechts (Abs. 1)

3 1. Der Vermieter kann die Wegnahme einer Einrichtung verhindern, indem er eine angemessene Entschädigung anbietet. Dies führt zu der **Frage, ob der Mieter verpflichtet ist, dem Vermieter die Sache vor der Wegnahme anzubieten.** Hierfür spricht, dass der Vermieter von seinem Recht aus § 552 Abs. 1 BGB nur dann sachgerecht Gebrauch machen kann, wenn er von den Absichten des Mieters hinreichende Kenntnis hat. Der Gesetzgeber hat eine solche Anbietpflicht in Erwägung gezogen, eine entsprechende Regelung aber mit Rücksicht auf ein dem Vermieter zustehendes Besichtigungsrecht abgelehnt (Bericht des Rechtsausschusses BT-Drucks. IV/2195 zu § 547a BGB a. F.). Diese gesetzgeberische Wertentscheidung ist hinzunehmen (ebenso: OLG Köln ZMR 1994, 509; V. Emmerich in: Staudinger § 552 BGB Rdn. 5; Ehlert in: Bamberger/Roth § 552 BGB Rdn. 6; Emmerich in: Bub/Treier Kap V Rdn. 336; Lammel Wohnraummietrecht § 552

BGB Rdn. 5; Palandt/Weidenkaff § 552 BGB Rdn. 2; Wetekamp GE 1996, 760, 766). Jedoch kann eine entsprechende Anzeigepflicht vertraglich vereinbart werden.

Nach § 552 Abs. 1 muss der Vermieter eine angemessene Entschädigung 4
anbieten. Hierzu werden im Wesentlichen **zwei Ansichten** vertreten. Nach einer Meinung ist die Entschädigung im Ansatz nach dem Zeitwert der in Frage stehenden Einrichtung zu bemessen. Dabei ist von dem Anschaffungswert auszugehen und ein angemessener Betrag für die inzwischen erfolgte Abnutzung in Abzug zu bringen. Der Mieter muss sich außerdem die Vorteile anrechnen lassen, die der Rechtsverlust für ihn mit sich bringt. Das sind die ersparten Kosten des Ausbaus und die Kosten der Herstellung des früheren Zustands. Außerdem mindert sich die Höhe der Entschädigung um den fiktiven Wertverlust, der im Falle des Ausbaus eintreten würde (OLG Düsseldorf OLGZ 90, 224; Ehlert in: Bamberger/Roth § 552 BGB Rdn. 8; Emmerich in: Bub/Treier Kap V Rdn. 352; Palandt/Weidenkaff § 552 BGB Rdn. 3; Scholl WuM 1998, 327). Diese Auffassung entspricht der Vorstellung des Rechtsausschusses (BT-Drs. IV/2195), die allerdings im Gesetz keinen Niederschlag gefunden hat. Sie führt im Ergebnis dazu, dass der Entschädigungsanspruch in den meisten Fällen gegen Null tendiert.

Nach der **Gegenmeinung** ist darauf abzustellen, welchen Wert die Einrichtun- 5
gen für den Vermieter haben (V. Emmerich in: Staudinger § 552 BGB Rdn. 7; Sternel Rdn. IV 623; im Ergebnis ebenso: Kandelhard in: Herrlein/Kandelhard § 552 BGB Rdn. 4). Es ist zu fragen, welchen Betrag der Vermieter aufwenden müsste um sich die Einrichtung zu beschaffen. Das Alter der Einrichtung und eventuelle Mängel sind dabei angemessen zu berücksichtigen. Diese Ansicht trifft zu. Sie beruht auf der Erwägung, dass die Ausübung des Rechts aus § 552 Abs. 1 BGB im Interesse des Vermieters liegt; folgerichtig ist bei der Bemessung der angemessenen Entschädigung auf das Interesse des Vermieters am Erhalt der Einrichtung abzustellen.

Die Entschädigung muss nicht in Geld geleistet werden. Es genügt, wenn 6
der Vermieter auf Erfüllungs- oder Schadenersatzansprüche anderer Art verzichtet oder wenn er den Mieter vor Ablauf der Kündigungsfrist aus dem Vertrag entlässt. Die Entschädigung besteht auch dann in der gesetzlich vorgesehenen Höhe, wenn der Vermieter die Wegnahme verweigert, oder die Zurücklassung der Einrichtung verlangt, ohne eine Entschädigung anzubieten (BGH NJW 1969, 1855 zu § 12 Nr. 2 des früheren Deutschen Einheitsmietvertrags). Es ist auch nicht Sache des Mieters, dem Vermieter entsprechende Preisangebote zu unterbreiten; vielmehr muss der Vermieter die Initiative ergreifen. Der Mieter kann die Entschädigung allerdings nicht als selbständigen Anspruch geltend machen. Die Entschädigungspflicht entsteht nicht, wenn es dem Mieter freigestellt ist, ob er die Einrichtung wegnimmt oder sie in den Mieträumen belässt (BGH, a.a.O.). Selbstverständlich kann der Mieter auch dann keine Entschädigung verlangen, wenn er eine Einrichtung vertragswidrig in der Mietsache zurücklässt.

Nach dem Wortlaut des § 552 Abs. 1 BGB ist das Wegnahmerecht „**durch Zah-** 7
lung" der Entschädigung abzuwenden. Hieraus wird z. T. gefolgert, dass das **Angebot der Zahlung** nicht ausreicht (Lammel Wohnraummietrecht § 552 BGB Rdn. 8). Nach der hier vertretenen Ansicht genügt es, wenn die Zahlung in rechtlich bindender Weise angeboten wird. Ist die angebotene Summe angemessen im Sinne des § 552 Abs. 1 BGB, so muss der Mieter die Einrichtung zurücklassen (ebenso: KG GE 2001, 850: verzugsbegründendes Angebot; V. Emmerich in: Staudinger § 552 BGB Rdn. 4; Emmerich in: Bub/Treier Kap V Rdn. 351).

§ 552 BGB Untertitel 2. Mietverhältnisse über Wohnraum

8   Nach einem **Vermieterwechsel** richtet sich die Entschädigung gegen den Erwerber, weil der Anspruch hierauf erst dann entsteht, wenn der Vermieter von seinem Abwendungsrecht Gebrauch macht (BGH NJW 1988, 705). Der Entschädigungsanspruch unterliegt wie der Anspruch auf Duldung der Wegnahme der kurzen **Verjährung** des § 548 BGB. Dies gilt auch dann, wenn die Parteien hierüber eine vertragliche Regelung getroffen haben (LG Mannheim WuM 1986, 279).

9   **Das Recht des Vermieters zur Verhinderung der Wegnahme ist ausgeschlossen,** wenn der Mieter ein berechtigtes Interesse an der Wegnahme hat (Affektionsinteresse; Sonderaufwendungen für spezielle Bedürfnisse des Mieters; hohe Wiederbeschaffungskosten im Verhältnis zum Zeitwert). Ein besonderes Interesse in diesem Sinne liegt allerdings nicht vor, wenn der Mieter die Einbauten an den Nachfolgemieter verkaufen will. Hier ist das Recht des Vermieters aus § 552 Abs. 1 BGB vorrangig. Deshalb ist der Mieter in diesem Fall verpflichtet, die Sache zuvor dem Vermieter anzubieten.

III. Abweichende Vereinbarungen (Abs. 2)

10   Eine Vereinbarung in einem Wohnungsmietvertrag, wonach der Mieter verpflichtet sein soll, alle Einrichtungen entschädigungslos zurückzulassen, verstößt gegen § 552 Abs. 2 BGB und ist unwirksam. An Stelle dieser Vereinbarung tritt die gesetzliche Regelung. Gleiches gilt, wenn ein unangemessen niedriger Ausgleich vereinbart ist. Die Vereinbarung eines höheren Ausgleichs ist möglich, weil durch Abs. 2 nur der Mieter, nicht der Vermieter geschützt werden soll. Eine Vereinbarung wonach sich der Ausgleich nach dem Zeitwert der Einrichtung richten soll, ist wirksam. Die Parteien können auch vereinbaren, dass der Ausgleich durch einen Sachverständigen festzusetzen ist. Eine Vereinbarung, wonach der Vermieter auch dann das Recht haben soll, die Wegnahme gegen Zahlung einer angemessenen Entschädigung zu verhindern, wenn der Mieter ein berechtigtes Interesse an der Wegnahme hat, ist nach § 552 Abs. 2 BGB möglich. Eine Formularklausel mit diesem Inhalt kann u. U. als Überraschungsklausel unwirksam sein, wenn die weiteren Voraussetzungen des § 305c Abs. 1 BGB vorliegen. Die Regelung des § 552 Abs. 2 BGB gilt auch für Einrichtungen, die während der Mietzeit vorgenommen werden (LG Köln ZMR 2011, 956).

10a   § 552 Abs. 2 BGB regelt nur den Fall in dem die Einrichtung ohne vertragliche Verpflichtung angebracht wird. Auf Mietverträge, die den Mieter zur Anbringung der Einrichtung verpflichten ist die Vorschrift nicht anzuwenden, weil in diesem Fall die zusätzliche Leistung als Teil der Miete zu bewerten ist. Ist vereinbart, dass der Mieter die Einrichtung bei Mietende in den Räumen belassen muss, so sind die zur Schaffung der Einrichtung erforderlichen Aufwendungen als verlorener Baukostenzuschuss zu behandeln. Eventuelle Ausgleichsansprüche richten sich nach dem Gesetz über die Rückerstattung von Baukostenzuschüssen vom 21.7.1961 (BGBl. I S. 1041) zul. geändert durch Gesetz vom 19.6.2001 (BGBl. I S. 1149). Dieses Gesetz ist gegenüber § 552 Abs. 2 BGB lex specialis (Bieber in: MünchKomm § 552 BGB Rdn. 11; Lammel § 552 Rdn. 14; Scheuer/Emmerich in: Bub/Treier Kap V Rdn. 362; **a. A.** Heinz ZMR 2015, 440).

11   Bei **Geschäftsraum** gilt Abs. 2 nicht. Deshalb kann dort der Anspruch des Mieters auf Aufwendungsersatz vertraglich ausgeschlossen werden (LG Braunschweig ZMR 2008, 453). Unter Umständen steht dem Mieter ein Bereicherungsanspruch zu. Hat sich der Mieter von Geschäftsraum vertraglich verpflichtet, bestimmte In-

vestitionen zu tätigen, so sind diese Leistungen im Zweifel als Teil des Überlassungsentgelts anzusehen. Ein Wegnahmeanspruch ist dann ausgeschlossen (BGH NJWE-MietR 1996, 33).

IV. Beweislast

Ist streitig, ob der Vermieter die Zurücklassung einer Einrichtung verlangt hat, so trifft den Mieter die Beweislast (BGH NJW 1969, 1855). Besteht Streit über die Höhe der Entschädigung, so muss der Vermieter beweisen, dass der gebotene Betrag angemessen ist. Macht der Mieter geltend, dass er ein berechtigtes Interesse an der Wegnahme habe, so muss er diejenigen Tatsachen beweisen, aus denen sich dieses Interesse ergeben soll. 12

V. Prozessuales

Der Mieter kann die Entschädigung nach § 552 BGB nicht einklagen; hierbei handelt es sich um keinen Anspruch, sondern um ein dem Vermieter zustehendes Recht, durch das die Durchsetzung des Wegnahmeanspruchs verhindert werden kann. Etwas anderes gilt, wenn im Mietvertrag ein solcher Anspruch vereinbart ist (BGH NJW 1969, 1855 zu § 12 Nr. 2 DEMV) oder wenn sich die Parteien über den Verzicht auf das Wegnahmerecht und die Höhe der Entschädigung einig geworden sind; in diesem Fall kann der Mieter seinen Anspruch auf die vertragliche Regelung stützen. Bietet der Vermieter im Prozess die Zahlung einer angemessenen Entschädigung an, so muss der Mieter den Duldungsanspruch in der Hauptsache für erledigt erklären, es sei denn, dass er ein berechtigtes Interesse an der Wegnahme geltend machen kann. Entsteht im Rahmen der vom Mieter erhobenen Duldungsklage Streit, ob die vom Vermieter angebotene Entschädigung angemessen ist, so ergeht bei angemessener Entschädigung ein klagabweisendes Urteil. Ist die Entschädigung nicht angemessen, so wird der Klage stattgegeben. Der Vermieter kann allerdings auch auf Feststellung klagen, dass er gegen Zahlung einer betragsmäßig bestimmten Entschädigung berechtigt ist, die Wegnahme abzuwenden. Ein solcher Feststellungsantrag kann auch im Wege einer Widerklage geltend gemacht werden. Die Festsetzung der Entschädigung kann nicht dem Gericht überlassen werden. 13

§ 553 Gestattung der Gebrauchsüberlassung an Dritte

(1) **¹Entsteht für den Mieter nach Abschluss des Mietvertrags ein berechtigtes Interesse, einen Teil des Wohnraums einem Dritten zum Gebrauch zu überlassen, so kann er von dem Vermieter die Erlaubnis hierzu verlangen. ²Dies gilt nicht, wenn in der Person des Dritten ein wichtiger Grund vorliegt, der Wohnraum übermäßig belegt würde oder dem Vermieter die Überlassung aus sonstigen Gründen nicht zugemutet werden kann.**

(2) **Ist dem Vermieter die Überlassung nur bei einer angemessenen Erhöhung der Miete zuzumuten, so kann er die Erlaubnis davon abhängig**

§ 553 BGB Untertitel 2. Mietverhältnisse über Wohnraum

machen, dass der Mieter sich mit einer solchen Erhöhung einverstanden erklärt.

(3) **Eine zum Nachteil des Mieters abweichende Vereinbarung ist unwirksam.**

Übersicht

	Rdn.
I. Anwendungsbereich und Bedeutung der Vorschrift	1
II. Anspruchsvoraussetzungen	3
1. Berechtigtes Interesse	4
2. Teil des Wohnraums	9
3. Nach Vertragsschluss entstandenes Interesse	15
4. Entgegenstehende Interessen des Vermieters	16
III. Darlegungspflicht des Mieters	20
IV. Erhöhung der Miete (Abs. 2)	22
V. Abweichende Vereinbarungen	28
VI. Beweislast/Prozessuales	29

I. Anwendungsbereich und Bedeutung der Vorschrift

1 Die Vorschrift gilt nur für die Wohnungsmiete und ist als Ergänzung zu § 540 BGB zu lesen und zu verstehen. Nach § 540 BGB ist der Mieter nicht befugt, die Mietsache ohne Erlaubnis des Vermieters einem Dritten zu überlassen, insbesondere sie weiter zu vermieten. Der Mieter von Wohnraum hat jedoch gegen den Vermieter einen Anspruch auf Erteilung der Erlaubnis, wenn er einen Teil seiner Wohnung einem Dritten zum selbständigen Gebrauch (s. § 540 BGB Rdn. 3 ff) überlassen will. Gleiches gilt, wenn einem Dritten der unselbständige Mitgebrauch an der Wohnung eingeräumt werden soll (s. § 540 BGB Rdn. 28 ff). **Dem Dritten darf der Gebrauch nur zu Wohnzwecken überlassen werden.** Ist dem Hauptmieter die teilgewerbliche Nutzung der Räume gestattet, so kann der Mieter einen Anspruch auf die Erteilung der Untermieterlaubnis geltend machen, wenn dem Untermieter ein Teil der Räume zu Wohnzwecken überlassen werden soll. Es besteht dagegen kein Anspruch, wenn der Untermieter in einem Teil der Räume eine gewerbliche Tätigkeit ausüben will (LG Berlin GE 1995, 703). Außerhalb der Wohnraummiete ist § 553 BGB unanwendbar

2 **Wird die Erlaubnis verweigert, so kann der Mieter Leistungsklage auf Erteilung der Erlaubnis erheben.** Stattdessen kann der Mieter auch nach § 540 Abs. 1 Satz 1 BGB kündigen. Hat der Vermieter die Erlaubnis zu Unrecht verweigert, so steht dem Mieter darüber hinaus das Kündigungsrecht aus § 543 Abs. 2 Nr. 1 BGB zu. Stattdessen oder daneben kann der Mieter den entgangenen Untermietzins als Schadensersatz geltend machen (BGH NZM 2014, 631; LG Berlin MM 1999, 169). Dies folgt aus der Erwägung, dass die unberechtigte Verweigerung der Erlaubnis als Pflichtverletzung zu bewerten ist. Dies gilt auch dann, wenn die Rechtslage in der instanzgerichtlichen Rechtsprechung unterschiedlich beurteilt wird (LG Hamburg WuM 2014, 144).

II. Anspruchsvoraussetzungen

Der Anspruch nach § 553 BGB setzt voraus, **(1)** dass der Mieter ein berechtigtes 3 Interesse an der Aufnahme eines Dritten hat, **(2)** dass dem Dritten, ein Teil des Wohnraums überlassen werden soll, **(3)** dass das Interesse an der Aufnahme des Dritten nach Abschluss des Mietvertrags entstanden ist und **(4)** keine überwiegenden Interessen des Vermieters gegen die Gebrauchsüberlassung sprechen. **Sind mehrere Personen Mieter, so genügt es, wenn einer der Mieter ein berechtigtes Interesse geltend machen kann.** Dies ist insbesondere in denjenigen Fällen von Bedeutung, in denen einer von mehreren Mietern die Wohnung verlassen hat und der oder die verbleibenden Mieter einen Dritten aufnehmen wollen, sei es zur Deckung der Wohnkosten, sei es aus anderen wirtschaftlichen oder persönlichen Gründen.

1. Berechtigtes Interesse

Grundlegend für die **Konkretisierung des berechtigten Interesses** ist der 4 Rechtsentscheid des BGH vom 3.10.1984 zu § 549 Abs. 2 BGB a.F (BGHZ 92, 213 = NJW 1985, 130 = WuM 1985, 7 = ZMR 1985, 50 = DWW 1985, 24). Danach reicht der bloße Wunsch des Mieters zur Aufnahme eines Dritten für sich allein nicht aus. Auch der Wunsch, durch die Untervermietung Einnahmen zu erzielen, genügt nicht. Andererseits sind an die Annahme eines berechtigten Interesses aber auch keine besonders hohen Anforderungen zu stellen. Es genügt, wenn dem Mieter vernünftige Gründe zur Seite stehen, die seinen Wunsch nach Überlassung eines Teils der Wohnung an Dritte nachvollziehbar erscheinen lassen. Dabei ist jedes Interesse des Mieters von nicht ganz unerheblichem Gewicht als berechtigt anzusehen, das mit der geltenden Rechts- und Sozialordnung im Einklang steht. Es kann sich um ein wirtschaftliches aber auch um ein persönliches Interesse handeln.

Beispiele: Nach der Rechtsprechung des BGH kann bereits die Absicht des 5 Mieters nach dem Auszug eines bisherigen Wohngenossen nicht allein zu leben, ein solches Interesse begründen (BGH NZM 2018, 325). Ebenso ist ein berechtigtes Interesse zu bejahen, wenn der Mieter durch die Untervermietung seine **Wohnkosten reduzieren** will (BGH NJW 2006, 1200; BGH NZM 2018, 325; LG Berlin GE 2007, 783; GE 2018, 515; AG München ZMR 2014, 735; AG Berlin-Schöneberg NZM 2016, 195; AG Frankfurt WuM 2016, 209). Ebenso zählt zu den berechtigten Interessen in diesem Sinn grundsätzlich auch die Entscheidung des Mieters, sein Privatleben innerhalb der eigenen Wände nach seinen Vorstellungen zu gestalten, indem er eine weitere Person bei sich aufnimmt mit dieser eine auf **Dauer angelegte Wohngemeinschaft** zu bilden. Hierbei spielt es keine Rolle, ob es sich um eine Person des eigenen oder des anderen Geschlechts handelt (Einzelheiten § 540 BGB Rdn. 37) oder ob ein Ehepaar mit einem Dritten eine Wohngemeinschaft bilden will (OLG Hamm RE 17.8.1982 NJW 1982, 2876). Entgegen einer häufig vertretenen Meinung (AG Berlin-Neukölln/LG Berlin WuM 1994, 326; V. Emmerich in: Staudinger § 553 BGB Rdn. 4) reichen auch rein **humanitäre Interessen** aus (so zutr. Derleder WuM 1994, 305; Kandelhard in: Herrlein/Kandelhard § 553 BGB Rdn. 4), beispielsweise die Aufnahme von Personen aus Kriegsgebieten und vergleichbare Fälle. Ein ausschließlich **öffentliches Interesse** an der Aufnahme eines Dritten (z. B. Unterbringung von Studen-

§ 553 BGB Untertitel 2. Mietverhältnisse über Wohnraum

ten) scheidet allerdings aus. Wird das Interesse aus wirtschaftlichen oder finanziellen Umständen hergeleitet, so ist es nicht erforderlich, dass den Mieter an den Schwierigkeiten kein Verschulden trifft (**a. A.** Lammel § 553 BGB Rdn. 12).

6 Auf die **instanzgerichtliche Rechtsprechung** zu § 549 Abs. 2 BGB a. F. kann weiterhin zurückgegriffen werden. Danach liegt ein berechtigtes Interesse in folgenden Fällen vor: wenn sich die **wirtschaftlichen Verhältnisse** des Mieters nach Abschluss des Mietvertrags so **geändert** haben, dass er ohne die Einnahmen aus der Untervermietung die Miete nicht aufbringen kann (LG Hamburg NJW 2013, 548); wenn ein Mieter seine Berufstätigkeit einschränken und einen finanziellen Ausgleich in Form des Untermietzinses erreichen will (LG Hamburg WM 1983, 261); wenn ein arbeitsloser Mieter zur Kosteneinsparung untervermieten will (AG Charlottenburg MM 1986, Nr. 7–8 S. 41; LG Berlin MM 1987, Nr. 4, S. 27; ähnlich LG Landau ZMR 1989, 259 = WM 1989, 510); wenn sich der Mieter finanziell entlasten möchte (LG Mannheim WuM 1997, 263; AG Köln WuM 1995, 654); wenn die verbleibenden Mitglieder einer Wohngemeinschaft durch die Aufnahme weiterer Mitglieder wirtschaftlich entlastet werden (LG Berlin GE 1996, 1053); wenn ein Mieter infolge der Auflösung einer Wohngemeinschaft die Miete nicht mehr bezahlen kann (AG Berlin-Schöneberg MM 1992, 284; AG Hamburg-Altona MM 1986, 32; LG Berlin MDR 1983, 132, LG Hamburg WuM 1992, 432; **a. A.** LG Berlin WuM 1982, 192 = ZMR 1982, 280; bei Auflösung einer eheähnlichen Gemeinschaft (LG Hamburg WuM 1989, 510; **a. A.** LG Berlin ZMR 1983, 200); bei Auszug eines von mehreren Mietern (AG Bielefeld WuM 1992, 122); wenn eine Mieterin nach Auszug ihres Ehemannes wegen der Verschlechterung ihrer wirtschaftlichen Verhältnisse und zur Betreuung ihres Kleinkindes zwei weitere Personen in die Wohnung aufnehmen will (LG Berlin MM 1990, 287); wenn eine Mieterin mit Kindern eine erwachsene Person mit Kind aufnehmen will um die Wohnkosten zu senken und die Versorgung der eigenen Kinder zu verbessern (AG Büdingen WuM 1991, 585); wenn nach Auszug des Ehegatten und der Kinder die monatliche Mietbelastung für den verbleibenden Ehegatten zu hoch geworden ist (AG Kandel FamRZ 1989, 505). Der Gesichtspunkt der finanziellen Entlastung ist allerdings unerheblich, wenn der Mieter mehrere Wohnungen angemietet hat; dann ist ihm zuzumuten eine der mehreren Wohnungen aufzugeben (AG Hamburg-Altona ZMR 2015, 382).

7 wenn ein Mieter mit Kind einen Untermieter mit Kind aufnehmen will, damit die **Kinder gemeinsam erzogen** werden können (AG Hamburg WuM 1985, 87); wenn ein Ehepartner aus noch bestehender aber zerrütteter Ehe eine Person des anderen Geschlechts mit ihren Kindern in der Ehewohnung aufnimmt (LG Berlin GE 1986, 659); wenn der Untermieter bei der Betreuung des Kleinkindes des Mieters helfen soll (LG Berlin MM 1989, Nr. 5 S. 27).

8 wenn der Mieter einen Verwandten aufnehmen will, um diesem bei der Lösung seiner **familiären Probleme** zu helfen (LG Kassel WuM 1989, 72); wenn ein Mieter seine in Wohnungsnot geratene Schwester aufnehmen will (LG Berlin GE 1991, 879); wenn ein älterer Mieter Angst vor Vereinsamung hat (AG Hamburg WuM 1990, 500); wenn ein Mieter nach dem Auszug seiner Ehefrau einen Untermieter aufnehmen will, um den **Schwierigkeiten des Alleinlebens** zu begegnen (LG Berlin GE 1983, 1111); wenn ein türkischer Mieter seinen Bruder in die Wohnung aufnehmen will, damit dieser sich in Deutschland eingewöhnen kann; wenn ein häufig abwesender Mieter einen Dritten aufnehmen will, um das Einbruchsrisiko zu vermindern (LG Lüneburg WuM 1995, 705; AG Köln WuM 1995, 654).

2. Teil des Wohnraums

Die Regelung in § 553 BGB setzt voraus, dass sich die Gebrauchsüberlassung auf **9** einen Teil der Wohnung beschränkt und dass der verbleibende Teil weiterhin vom Mieter genutzt wird. Dieser Teil des Tatbestandes wird in der instanzgerichtlichen Rechtsprechung und in der Literatur unterschiedlich ausgelegt: **(1)** Teilweise wird die Ansicht vertreten, dass ein Anspruch auf Erteilung der Untermieterlaubnis nur besteht, wenn die Wohnung weiterhin „Lebensmittelpunkt des Mieters" bleibt (OLG Hamm MDR 1998, 1197). **(2)** Nach anderer Ansicht genügt es, wenn der Mieter weiterhin die „Sachherrschaft (Obhut) über die Wohnung" hat (Bieber in: MünchKomm § 553 BGB Rdn. 6). **(3)** Eine andere Meinung fordert, dass dem Mieter „mindestens die Hälfte des Wohnraums zur Eigennutzung verbleibt" (Lammel in Wohnraummietrecht § 553 BGB Rdn. 6). **(4)** Schließlich wird die Auffassung vertreten, dass es genügt, wenn der Mieter weiterhin Mitgewahrsam an einem Teil der Wohnung hat. Eine Untermieterlaubnis scheidet nur dann aus, wenn der Mieter „die Sachherrschaft endgültig und vollständig aufgegeben hat (LG Berlin NJW-RR 1994, 1289; LG Hamburg WuM 1994, 535; V. Emmerich in: Staudinger § 553 Rdn. 6; Lützenkirchen in: Lützenkirchen, Mietrecht § 553 Rdn. 11).

Der **BGH** hat in dem Urteil vom 23.11.2005 die Auffassung vertreten, dass der **10** Anspruch des Wohnungsmieters auf Erteilung zur Untervermietung nicht davon abhängt, ob der Mieter in der Wohnung seinen Lebensmittelpunkt hat: auch in diesem Fall habe der Mieter ein berechtigtes Interesse an der Untervermietung (BGH NJW 2006, 1200). Nach dem Zweck der Vorschrift soll dem Mieter auch dann die Wohnung erhalten bleiben, wenn er an einem Teil der Räume keinen Bedarf hat. Des Weiteren sei zu bedenken, dass „der Mobilität und Flexibilität" in der heutigen Gesellschaft zunehmende Bedeutung zukomme. Deshalb könne der Mieter auch dann einen Anspruch auf Erteilung der Erlaubnis haben, wenn er sich überwiegend nicht in der Wohnung aufhalte (BGH a.a.O.). In dem Urteil vom 11.6.2014 (NJW 2014, 2717 betreffend einen längeren berufsbedingten Auslandsaufenthalt des Mieters) hat er diese Rechtsprechung fortgeführt. Danach genügt es, wenn der Mieter „ein Zimmer einer größeren Wohnung zurückbehält, um hierin Einrichtungsgegenstände zu lagern und/oder dieses gelegentlich zu Übernachtungszwecken (Urlaub, kurzzeitiger Aufenthalt) zu nutzen." Die Entscheidungen des BGH sind im Ergebnis zutreffend (**a. A.** Derleder ZMR 2015, 521, 524 danach soll der Mieter „nur bei ganz kurzen Fristen für auswärtige und Auslandsaufenthalte" einen Anspruch auf Erlaubnis haben). Aus ihnen ergibt sich aber nur, dass der Mieter an der Erteilung der Untermieterlaubnis in den Fällen der hier fraglichen Art ein berechtigtes Interesse hat. Für die Abgrenzung der teilweisen von der vollständigen Gebrauchsüberlassung geben die dargestellten Argumente nichts her.

Zunächst ist daran festzuhalten, dass eine lediglich marginale Nutzung der Wohnung nicht ausreicht; andernfalls käme dem genannten Tatbestandsmerkmal keine Bedeutung zu. So ist § 553 BGB nicht anzuwenden, wenn der Mieter die Wohnräume einem Dritten überlassen und lediglich einen Kellerraum oder eine mitvermietete Garage weiterhin selbst nutzen will, etwa um dort Möbel oder Einrichtungsgegenstände aufzubewahren. Gleiches gilt, wenn der Mieter ein Zimmer der Wohnung zu diesem Zweck nutzen will. In diesen Fällen wird die Wohnungsnutzung aufgegeben. Hat der Mieter seinen **Wohnsitz dauerhaft an einen anderen Ort verlegt,** so ist die Untervermietung einer großen Wohnung mit Ausnahme eines einzelnen Zimmers zum Zwecke einer gelegentlichen Übernachtung der Untervermietung der gesamten Wohnung gleichzustellen. Umgekehrt ist die An-

§ 553 BGB   Untertitel 2. Mietverhältnisse über Wohnraum

wendung des § 553 BGB auch dann möglich, wenn sich der Mieter nicht ständig in seiner Wohnung aufhält. Dazwischen liegen zahlreiche Fallgestaltungen, bei denen fraglich sein kann, ob lediglich ein Teil oder ob (jedenfalls faktisch) die gesamte Wohnung einem Dritten überlassen werden soll.

12   **Nach der hier vertretenen Ansicht, setzt § 553 BGB voraus, dass der Mieter auch in Zukunft die Sachherrschaft über die Wohnung ausüben kann.** Einen Anspruch auf Überlassung des selbständigen Mietgebrauchs der gesamten Wohnung hat der Mieter nicht (LG Berlin GE 1989, 1111; AG Charlottenburg GE 1987, 1003; Beuermann GE 1996, 562; B. Heilmann NZM 2016, 74, 75). Dies gilt auch dann, wenn die Wohnung einem Familienangehörigen (LG Berlin GE 1989, 1299; LG Cottbus ZMR 1995, 31; **a. A.** AG Wedding GE 2015, 456), dem Partner oder dem Lebensgefährten (AG Neukölln GE 1996, 1433) überlassen wird. Für getrenntlebende Eheleute gilt § 1361b BGB, s. dazu § 540 Rdn. 31. Zur Ausübung der Sachherrschaft ist es allerdings nicht erforderlich, dass der Mieter ständig in der Wohnung lebt. Auch derjenige Mieter kann die Sachherrschaft ausüben, der die Wohnung nur an den Wochenenden nutzt (LG Berlin MM 1992, 352). Gleiches gilt für einen **Mieter, der für kürzere oder längere Zeit ortsabwesend ist** (LG Berlin GE 2007, 783; GE 2011, 1159 betr. die Überlassung der Wohnung an einen Familienangehörigen während der Sommerzeit; AG Tempelhof-Kreuzberg GE 2012, 66: Überlassung einer 1-Zimmer-Wohnung für die Dauer eines Auslandsaufenthalts von 1 Jahr an einen Dritten; vgl. auch AG Stuttgart ZMR 2012, 366 betr. Überlassung einer Wohnung für die Dauer einer vorübergehenden Lehrtätigkeit des Mieters an einem anderen Ort.). Deshalb kann aus dem Erfordernis der Sachherrschaft nicht abgeleitet werden, dass der Mieter keinen Anspruch auf Erlaubniserteilung hat, wenn die Wohnung nicht mehr den Lebensmittelpunkt des Mieters darstellt (insoweit zutreffend: BGH NJW 2006, 1200; NJW 2014, 2717; LG Hamburg ZMR 2001, 973, 974). Der Mieter kann dem Untermieter auch gestatten, während seiner Abwesenheit die gesamte Wohnung zu benutzen (LG Heidelberg WuM 1987, 316), er darf ihm aber nicht die gesamte Wohnung vermieten.

13   **Weitere Beispiele aus der Rechtsprechung.** Die Rechtsprechung hat einen **Anspruch auf Erteilung der Erlaubnis bejaht:** bei längerer krankheitsbedingter Verhinderung an der Wohnungsnutzung (AG Berlin-Schöneberg GE 1993, 267); bei längerem Sanatoriumsaufenthalt im Ausland (LG Berlin MM 1992, 284); bei einjährigem berufsbedingtem Auslandsaufenthalt (AG Berlin-Schöneberg GE 1990, 549); bei zweijährigem Auslandsaufenthalt (LG Berlin MM 1986 Nr. 6 S. 37; LG Berlin MM 1986 Nr. 6 S. 37); bei zwei- bis dreijährigem Auslandsaufenthalt (BGH NJW 2014, 2717); bei längerem beruflichen Aufenthalt im Ausland (LG Berlin NJW-RR 1994, 1289); bei dreijähriger Umschulungsmaßnahme außerhalb des Wohnorts (LG Berlin MM 1993, 109); bei fünfjährigem Aufenthalt in einer anderen Stadt (LG Berlin GE 1981, 439); bei längerer Abwesenheit vom Wohnort (LG Berlin GE 1994, 931): Ein **Anspruch wurde** (zu Unrecht) **verneint:** wenn der Mieter häufiger ortsabwesend ist und der Dritte im Wesentlichen für die Wohnung sorgen soll (LG Berlin WuM 1992, 192 = ZMR 1992, 280; LG Mannheim WuM 1997, 369 mit abl. Stellungnahme Mutter ZMR 1998, 204); wenn der Mieter wegen eines Auslandsaufenthalts nicht ausreichend erreichbar ist (LG Berlin GE 1982, 947; ebenso LG Berlin GE 1995, 565; AG Berlin-Neukölln GE 1990, 259); wenn der Mieter die Wohnung nur noch ein- bis zweimal die Woche aufsucht (LG Berlin GE 2001, 1133).

14   Steht fest, dass der **Mieter die Wohnung aufgegeben** hat, so ist eine Untermieterlaubnis zu versagen. **Beispiele:** wenn er nur noch ein Zimmer der Wohnung

gelegentlich nutzt (LG Cottbus ZMR 1995, 31 betr. Nutzung eines Raumes als Arbeitszimmer); wenn der Mieter die Wohnung nur noch benötigt, um bei gelegentlichen Besuchen am früheren Wohnort eine Unterkunft zu haben (LG Berlin WuM 1991, 483 für gelegentliche Besuche beim Untermieter; AG Berlin-Tiergarten GE 1987, 523 für gelegentliche Übernachtungen in der früheren Wohnung; AG Berlin-Schöneberg GE 1991, 191 für vorübergehende Aufenthalte); **a. A.** wohl BGH NJW 2014, 2717; wenn die Mieterin seit vielen Jahren im Ausland als Lehrerin berufstätig ist und nur gelegentlich in die frühere Wohnung zurückkehrt (LG Berlin WuM 1995, 38; **a. A.** wohl BGH NJW 2014, 2717); wenn der Mieter über viele Jahre abwesend ist und die Wohnung nur noch zum Lagern der Möbel benötigt (LG Berlin GE 1995, 1277; **a. A.** wohl BGH NJW 2014, 2717). Ob der Mieter weiterhin seinen früheren Wohnsitz als Haupt- oder Nebenwohnsitz angemeldet hat, spielt hierbei keine Rolle (LG Cottbus a.a.O.). Hat der Mieter seinen Lebensmittelpunkt in eine andere Wohnung verlegt, so rechtfertigt der Umstand, dass er irgendwann wieder in seine frühere Wohnung zurückkehren will, keinen Anspruch auf Erteilung einer Untermieterlaubnis (LG Berlin GE 1994, 703; AG Berlin-Schöneberg GE 1991, 191).

Der Mieter hat keinen Anspruch auf Erteilung einer Erlaubnis, wenn der die Wohnung tage- oder wochenweise an **Touristen oder Geschäftsleute** überlassen will (BGH NJW 2014, 622). Die Untervermietung an wechselnde Touristen ohne ausdrückliche Erlaubnis des Vermieters ist vertragswidrig. Dies gilt auch für Maßnahmen des Mieters zur Vorbereitung einer solchen Vermietung. Hierunter fällt insbesondere der Abschluss eines Vertrags mit dem Betreiber einer (Online-)Plattform zum Zwecke der Vermittlung von Untermietinteressenten (zur Rechtsnatur eines solchen Vertrags s. Henke/Singbartl/Zintl NZM 2018, 1, 3). Gegenüber dem Mieter steht dem Vermieter ein Unterlassungsanspruch zu. Zwischen dem Betreiber der Vermittlungsplattform und dem Eigentümer der Wohnung bestehen keine Vertragsbeziehungen. Deliktische Ansprüche gegen den Betreiber der Plattform stehen dem Vermieter ebenfalls nicht zu (Henke/Singbartl/Zintl NZM 2018, 1, 5). Bei einer ungenehmigten Überlassung ist der Vermieter i. d. R. zur fristlosen Kündigung nach § 543 Abs. 1 BGB berechtigt. Grundsätzlich setzt die Kündigung eine Abmahnung voraus (LG Amberg NZM 2018, 34). Eine Abmahnung ist entbehrlich, wenn zweifelsfrei feststeht, dass der Mieter nicht zur Untervermietung berechtigt war und weitere Umstände hinzutreten, auf Grund derer der Vertragsverstoß als besonders schwerwiegend zu bewerten ist (LG Berlin WuM 2015, 31 betr. Vermietung an Berlin-Touristen während eines anhängigen Räumungsverfahrens).

3. Nach Vertragsschluss entstandenes Interesse

Das Interesse des Mieters an der Untervermietung oder Aufnahme des Dritten muss nach Abschluss des Mietvertrags entstanden sein. Maßgeblich ist nicht der vereinbarte Mietbeginn oder die tatsächliche Überlassung der Wohnung, sondern der Zeitpunkt zu dem der Mietvertrag abgeschlossen wird (Bieber in: MünchKomm § 553 BGB Rdn. 7). Maßgeblich ist, ob nach Vertragsschluss Umstände eintreten, die den Entschluss des Mieters zur Aufnahme des Dritten als gerechtfertigt erscheinen lassen. Dagegen kommt es nicht darauf an, wann der Entschluss zur Aufnahme des Dritten gefasst wird. Unerheblich ist auch, ob die später eingetretene Entwicklung bereits beim Vertragsschluss absehbar war (AG München ZMR 2014, 735). Es kommt insoweit nicht darauf an ob der Mieter die später eingetretene Entwicklung

§ 553 BGB

hätte voraussehen können. Die **Abgrenzung** zwischen dem bereits vorhandenen und dem nachträglichen Interesse kann im Einzelfall schwierig sein. Will der Mieter beispielsweise einen Dritten in die Wohnung aufnehmen um mit diesem in der Art einer eheähnlichen Gemeinschaft zusammenzuleben, so wird es an einem nachträglichen Interesse fehlen, wenn die Beziehung bereits vor Vertragsschluss bestand. Anders kann es sein, wenn sich eine zunächst nur freundschaftliche Beziehung nach Vertragsschluss intensiviert und sich hieraus das Interesse am Zusammenleben ergibt. Die Abgrenzung muss sich am Zweck des Tatbestandsmerkmals orientieren. Es soll verhindert werden, dass der Mieter die Grenzen des vertragsgemäßen Gebrauchs unter Berufung auf § 553 BGB unterläuft (V. Emmerich in: Staudinger § 553 BGB Rdn. 5). Deshalb ist zu fordern, dass der Mieter konkrete und nachprüfbare Tatsachen vorträgt, aus den sich ergibt, dass sein Interesse an der Aufnahme des Dritten erst nach Vertragsschluss entstanden ist. Die Situation bei Vertragsschluss muss sich von der späteren Situation deutlich unterscheiden.

15a Nach dem Urteil des BGH vom 31.1.2018 (NZM 2018, 325 Rdn. 57) kommt es auch bei einer **gesetzlich angeordneten Fortsetzung des Mietverhältnisses nach § 563 Abs. 1, 2 BGB** auf den Zeitpunkt des Abschlusses des Mietvertrags und nicht auf den Zeitpunkt des Eintritts des neuen Mieters an. Der BGH begründet dies mit der Erwägung, dass der Eintretende ohne sein Zutun in vollem Umfang in die Rechtsstellung des ursprünglichen Mieters eintritt. Nach der hier vertretenen Ansicht wird dabei verkannt, dass das Tatbestandsmerkmal „nach Abschluss des Mietvertrags" nur dann eine Rolle spielt, wenn das Mietverhältnis durch Rechtsgeschäft zustande gekommen ist. Für diesen Fall soll durch das Tatbestandsmerkmal verhindert werden, dass der Mieter die Vereinbarung über den Umfang des Mietgebrauchs durch die Berufung auf § 553 unterläuft. Aus diesen Gründen genügt es in den Fällen der gesetzlich angeordneten Rechtsnachfolge für die Anwendung des § 553 BGB, dass der in das Mietverhältnis Eintretende ein Interesse an der Untervermietung oder an der Aufnahme eines Dritten hat. Gleiches gilt in den Fällen des **§ 1568a Abs. 3 BGB** und bei der **Gesamtrechtsnachfolge.**

4. Entgegenstehende Interessen des Vermieters

16 Der Vermieter ist trotz eines berechtigten Interesses des Mieters nicht zur Erteilung der Erlaubnis verpflichtet, wenn in der Person des Dritten ein wichtiger Grund vorliegt, der Wohnraum übermäßig belegt würde oder sonst dem Vermieter die Überlassung nicht zugemutet werden kann (§ 553 Abs. 1 Satz 2 BGB). In früherer Zeit war umstritten, ob der Vermieter nur dann zur Erteilung der Erlaubnis verpflichtet ist, wenn ihm die Person des Dritten namentlich benannt wird, oder ob der Mieter – in einem zweistufigen Verfahren – in der ersten Stufe zunächst klären lassen kann, ob ihm generell ein berechtigtes Interesse an der Aufnahme eines Dritten zusteht und ob sodann der Vermieter in der zweiten Stufe eventuelle Bedenken bezüglich der Person des Dritten geltend machen muss. Diese Frage ist durch den Rechtsentscheid des Kammergerichts vom 11.6.1992 (WuM 1992, 350 = ZMR 1992, 382 = DWW 1992, 240) geklärt. Danach ist der Vermieter nur dann zur Erteilung einer Untermieterlaubnis verpflichtet, wenn ihm die Person des Untermieters namentlich benannt wird (BGH NZM 2007, 127). Ein Anspruch auf Erteilung einer generellen nicht personenbezogenen Untermieterlaubnis besteht nicht (BGH GE 2012, 825).

17 Im Falle der **Ablehnung der Erlaubnis zur Untervermietung aus personenbezogenen Gründen** sind die Wertentscheidungen des AGG (s. § 535

Rdn. 49 ff) zu beachten (AG Berlin-Schöneberg NZM 2016, 195). Deshalb kann der vom Mieter ausgewählte Untermieter nicht allein wegen seiner Rasse oder wegen der ethnischen Herkunft, des Geschlechts, der Religion oder Weltanschauung, einer Behinderung, des Alters (AG Berlin-Schöneberg a. a. O.) oder der sexuellen Identität abgelehnt werden (§ 1 AGG) Vielmehr müssen konkrete Anhaltspunkte dafür vorliegen, dass der Dritte den Hausfrieden stören oder die Mietsache beschädigen könnte. Ein solcher Fall kann etwa gegeben sein, wenn sich der Dritte bereits in früherer Zeit in dieser Weise verhalten hat. Die Solvenz des Dritten spielt keine Rolle, weil der Dritte nicht gegenüber dem Vermieter für die Verbindlichkeiten aus dem Mietverhältnis haftet (LG Berlin WuM 1993, 344). Der Umstand, dass der Dritte Ausländer ist, rechtfertigt die Versagung der Erlaubnis nicht (LG Köln WuM 1978, 50 = ZMR 1978, 266; LG Berlin NJW-RR 1994, 1289). Wegen des Versagungsgrunds der **Überbelegung** s. § 540 Rdn. 33 ff).

Ein **sonstiger Fall der Unzumutbarkeit** kann insbesondere dann vorliegen, wenn der Vermieter durch die Gebrauchsüberlassung an den Dritten unzumutbar belastet würde. Hiervon ist auszugehen, wenn der Mieter einen Teil der Mietsache einem Dritten überlassen will, obwohl das Hauptmietverhältnis alsbald endet. Hier würde der Vermieter durch die Gebrauchsüberlassung zusätzlich belastet, weil der Dritte durch die Überlassung selbständigen Besitz erwirbt, so dass zur Durchsetzung des Rückgabeanspruchs u. U. ein zusätzlicher Räumungstitel erforderlich wird. Befinden sich die Mieträume innerhalb der Vermieterwohnung, so kann die Gebrauchsüberlassung an einen Dritten ebenfalls unzulässig sein. Ebenso ist die Erteilung der Erlaubnis dem Vermieter nicht zuzumuten, wenn der Mieter in der Vergangenheit einen Teil der Wohnung ohne Erlaubnis des Vermieters untervermietet hat (**a. A.** AG Frankfurt WuM 2016, 209 bei unerlaubter Vermietung an Feriengäste über Airbnb). 18

Der Vermieter muss die Verweigerung der Erlaubnis zwar nicht von sich aus, wohl aber **auf Verlangen des Mieters begründen.** Dies folgt aus dem Umstand, dass der Mieter diese Information zur Beurteilung der Erfolgsaussichten einer Klage auf Erteilung der Erlaubnis oder einer Kündigung des Mietverhältnisses benötigt. Hat der Vermieter die Gründe der Ablehnung mitgeteilt, – sei es freiwillig, sei es auf Verlangen des Mieters – so muss er sich hieran festhalten lassen. 19

III. Darlegungspflicht des Mieters

Der Mieter muss gegenüber dem Vermieter die tatsächlichen Umstände offenlegen, die sein Interesse an der Aufnahme dritter Personen in die Wohnung begründen. Dabei muss deutlich werden, dass und warum diese Umstände erst nach dem Abschluss des Mietvertrags entstanden sind. Der Mieter muss daher die Veränderung seiner persönlichen Situation im Vergleich zur derjenigen dartun, die beim Abschluss des Mietvertrags vorgelegen hat. Wird der Anspruch auf Erteilung der Erlaubnis mit wirtschaftlichen Interessen begründet, so muss der Mieter Einzelheiten zu seinen wirtschaftlichen Verhältnissen vortragen (LG Berlin MDR 1993, 45). Hat der Mieter persönliche Gründe für die Aufnahme des Dritten, so muss er unter Umständen auch Einzelheiten aus seiner Privatsphäre offenbaren, die seine Motivation belegen (BGH RE 3.10.1984 zu § 549 Abs. 2 BGB a. F. BGHZ 92, 213 = NJW 1985, 130; WuM 1985, 7 = ZMR 1985, 50). In diesem Zusammenhang muss der Mieter auch mitteilen, ob es sich bei dem Dritten um einen echten Untermieter handelt oder ob dem Dritten der Mitgebrauch an der ge- 20 samten Wohnung eingeräumt werden soll. Die Offenlegung von Einzelheiten, welche die Intimsphäre berühren, ist dabei allerdings nicht veranlasst.

21 **Der Mieter muss den Dritten namentlich benennen,** damit der Vermieter prüfen kann, ob der Erteilung der Erlaubnis personenbezogene Gründe entgegenstehen. Weiterhin ist der Mieter verpflichtet, über die berufliche oder sonstige Tätigkeit des Dritten Auskunft zu geben (BGH RE 3.10.1984 a. a. O.; LG Hamburg NJW-RR 1992, 13). Außerdem muss der Mieter die Gründe der Untervermietung mitteilen und darlegen, dass diese Gründe erst nach dem Abschluss des Mietvertrags entstanden sind.

IV. Erhöhung der Miete (Abs. 2)

22 Nach § 553 Abs. 2 BGB kann der Vermieter die Erlaubnis von der Bereitschaft des Mieters zur Zahlung einer höheren Miete (Grundmiete oder Betriebskosten) abhängig machen, wenn ihm die Überlassung nur bei einer angemessenen Erhöhung der Miete zuzumuten ist. Rechtsdogmatisch handelt es sich hierbei nicht um einen (neben der Miete geschuldeten) „Zuschlag", sondern um eine Vertragsanpassung wegen eines erweiterten Mietgebrauchs (V. Emmerich in: Staudinger § 553 BGB Rdn. 16; Börstinghaus GE 1996, 88, 90; **a. A.** LG München WuM 1999, 575). Durch die Erlaubnis wird der Umfang des Gebrauchsrechts des Mieters erweitert; als Gegenleistung hierfür soll der Mieter in eine Erhöhung der Miete einwilligen. Die Mieterhöhung muss also vereinbart werden (Bieber in: MünchKomm § 553 BGB Rdn. 12). Der Vermieter hat keinen gesetzlichen Anspruch auf Zustimmung zur Mieterhöhung; es steht ihm lediglich frei, die Erlaubnis zu verweigern, wenn der Mieter eine Mieterhöhung zu Unrecht ablehnt (Lützenkirchen in: Lützenkirchen, Mietrecht § 553 Rdn. 36).

23 **Ist der Mieter mit einer Mieterhöhung einverstanden, so kommt eine freiwillige Änderungsvereinbarung** i. S. v. § 557 Abs. 1 BGB **zustande.** Die ursprüngliche Mietzinsvereinbarung wird abgeändert. Dies hat zur Folge, dass bei nachfolgenden Mieterhöhungen die Kappungsgrenze aus der abgeänderten Gesamtmiete zu errechnen ist (LG Berlin MM 1991, 363; AG Hamburg WuM 1992, 257). Wurde durch die Mieterhöhung anlässlich der Erteilung der Untermieterlaubnis die ortsübliche Miete bereits erreicht oder überschritten, so ist eine weitere Mieterhöhung nach § 558 BGB nicht möglich. Dabei ist zu beachten, dass die ortsübliche Miete für Wohnungen mit Untermieterlaubnis höher liegen kann, als für Wohnungen ohne diese Erlaubnis (Börstinghaus GE 1996, 88, 90). Allerdings wird diese Differenzierung nur bei der Untermiete im engeren Sinn gerechtfertigt sein; die Mietpreise für Wohnungen, die von nichtehelichen Gemeinschaften oder Partnerschaften gemietet worden sind, unterscheiden sich vermutlich nicht von den Mietpreisen, die von Ehepaaren für gleichartige Wohnungen gefordert werden. Bei der Ermittlung der höchstzulässigen Miete nach § 5 WiStG gelten dieselben Grundsätze.

24 **Die Beendigung der Gebrauchsüberlassung hat auf die Höhe des Mietpreises grundsätzlich keinen Einfluss** (AG Kiel WuM 1985, 262; Lützenkirchen in: Lützenkirchen, Mietrecht § 553 Rdn. 37; Sonnenschein PiG 23, 167, 182; **a. A.** Sternel Rdn. II 269). Etwas anderes gilt, wenn die Parteien anlässlich der Erlaubniserteilung eine Mieterhöhung unter einer auflösenden Bedingung oder eine Mietermäßigung für den Fall der Beendigung der Gebrauchsüberlassung vereinbart haben (Börstinghaus GE 1996, 88, 90). Im Einzelfall kann die Vertragsauslegung ergeben, dass solche Zusatzregelungen stillschweigend vereinbart wor-

den sind. Hiervon kann beispielsweise ausgegangen werden, wenn die Parteien die Mieterhöhung als „Untermietzuschlag" bezeichnet haben, weil durch die Verwendung dieses Begriffs zum Ausdruck kommt, dass das erhöhte Entgelt nur für die Zeit der Untermiete gezahlt werden soll.

Nach h. M. hängt der Anspruch des Vermieters auf eine Mieterhöhung 25 **davon ab, ob der Vermieter durch die Aufnahme des Dritten vermehrt belastet wird,** etwa durch eine stärkere Abnutzung der Wohnung oder durch eine höhere Belastung mit Betriebskosten (Sonnenschein PiG 23, 167, 182; Sternel Rdn. II 257; Kraemer/von der Osten/Schüller in: Bub/Treier Kap III Rdn. 2523; Kandelhard in: Herrlein/Kandelhard § 553 BGB Rdn. 6; Bieber in: MünchKomm § 553 BGB Rdn. 11; Gramlich Mietrecht § 553 Ziff. 4). Nach der hier vertretenen Ansicht ist die erhöhte Miete als Gegenleistung für die Einräumung eines erweiterten Mietgebrauchs zu sehen (ebenso: LG Berlin GE 2016, 1093; V. Emmerich in: Staudinger § 553 BGB Rdn. 16). Danach ist maßgeblich, welche Miete für Wohnräume mit vergleichbarer Erlaubnis üblicherweise gezahlt wird.

Soll der Dritte neben dem Mieter die Wohnung insgesamt mitbenutzen, etwa in 26 Form einer **nichtehelichen Gemeinschaft oder einer Partnerschaft,** so wird es der Üblichkeit entsprechen, wenn sich der Mieter verpflichtet, diejenigen Betriebskosten zu tragen, die durch die Aufnahme des Dritten zusätzlich entstehen. Eine Erhöhung der Grundmiete ist hier nicht angemessen, weil es zwischen den Mietpreisen für Ehewohnungen und den Preisen für Wohnungen von nichtehelichen Gemeinschaften oder Partnerschaften keinen Unterschied gibt. Anders ist es in den Fällen der **echten Untermiete.** Wird der Mietpreis in einem solchen Fall ausgehandelt, so entspricht es der Üblichkeit, dass der Vermieter am Untermietzins partizipiert. Im Regelfall wird ein Betrag von etwa **20% des Untermietzinses** angemessen sein (LG Berlin GE 2019, 1639; 2016, 1093; Kraemer/von der Osten/ Schüller in: Bub/Treier Kap III Rdn. 2523; Lützenkirchen in: Lützenkirchen, Mietrecht § 553 Rdn. 40; Hinz in: Dauner-Lieb u. a. Anwaltskommentar § 553 BGB Rdn. 19; ähnlich: Hak in: Hannemann/Wiek Handbuch des Mietrechts § 5 Rdn. 53 „10% der Nettomiete oder 20% der vereinbarten Untermiete"). Vorgeschlagen wird auch ein Zuschlag von 5.– – 30.– € pro aufzunehmende Person (LG Berlin GE 2019, 1639; 2019, 126). Auf die für preisgebundenen Wohnraum geltenden Untermietzuschläge (§ 26 Abs. 3 NMV) kann hier nicht zurückgegriffen werden (V. Emmerich in: Staudinger § 553 BGB Rdn. 16; **a. A.** Lammel § 553 BGB Rdn. 25).

Eine Mieterhöhung nach § 553 Abs. 2 BGB wegen einer Gebrauchsüberlas- 27 sung an einen Dritten **kommt nicht in Betracht, wenn der Mieter bereits nach den Vereinbarungen im Mietvertrag berechtigt ist, einen Dritten in die Wohnung aufzunehmen.** In diesem Fall liegt keine Gebrauchserweiterung vor, so dass für eine nachträgliche Anpassung des Mietzinses keine Notwendigkeit besteht (AG Hamburg ZMR 2018, 53).

V. Abweichende Vereinbarungen

Nach § 553 Abs. 3 BGB ist eine Vereinbarung unwirksam, die von den Regelun- 28 gen der Absätze 1 und 2 zum Nachteil des Mieters abweicht. Hierzu gehören alle Vereinbarungen, durch die der Anspruch des Mieters auf die Aufnahme eines Dritten ausgeschlossen oder von weitergehenden als den gesetzlichen Voraussetzungen abhängig gemacht wird. Sog. **„Zölibatsklauseln",** die sicherstellen sollen, dass der

§ 553 BGB Untertitel 2. Mietverhältnisse über Wohnraum

Mieter nicht mit einer Person des anderen Geschlechts zusammenlebt, verstoßen gegen § 553 Abs. 1 BGB. Unwirksam sind auch solche Vereinbarungen, durch die ein **mittelbarer Ausschluss** bewirkt wird (Beispiel: „Die Wohnung darf nur durch eine Person genutzt werden, vgl. AG Lörrach WuM 1988, 361). Eine Vereinbarung, wonach für den Fall einer künftigen Untervermietung ein „**Untermietzuschlag**" in einer bestimmten Höhe zu zahlen ist, verstößt gegen § 553 Abs. 2 BGB, weil sich das Ob und die Höhe einer Mieterhöhung nach dem Kriterium der Zumutbarkeit richtet; hierüber kann nicht generell, sondern nur entsprechend den Gegebenheiten des Einzelfalls entschieden werden (LG Hannover WuM 1983, 236; LG Mainz WuM 1982, 191; LG Berlin Urteil vom 27.1.2015 – 16 O 442/14; AG Langenfeld/Rhld WuM 1992, 477; AG Hamburg-Altona WuM 1999, 600; Börstinghaus GE 1996, 88). Vorausvereinbarungen über die **Sicherungsabtretung des Untermietzinses** verstoßen zwar nicht gegen § 553 Abs. 2 BGB (**a. A.** Sternel Rdn. II 257: der Mieter habe einen Anspruch auf die Erteilung der Erlaubnis „ohne wenn und aber"); jedoch liegt ein Verstoß gegen § 307 BGB vor, wenn die Abtretung formularmäßig erfolgt (OLG Celle WuM 1990, 103; vgl. auch LG Hannover WuM 1989, 511: Verstoß gegen § 3 AGBG; differenzierend: Thaler/Tachezy NZM 2000, 1043 mit Formulierungsvorschlägen). Eine individualvertragliche Vereinbarung, wonach der Mieter „im Fall der Untervermietung ... im ganzen oder teilweise die Forderungen auf Zahlung des Untermietzinses ... dem Vermieter in Höhe von dessen Mietforderungen zur Sicherheit" abtritt, genügt nicht dem Erfordernis der ausreichenden Bestimmbarkeit und ist deshalb unwirksam (OLG Hamburg WuM 1999, 278; NZM 1999, 806). Werden mehrere Forderungen derart im Voraus abgetreten, dass der Umfang dieser Forderungen mit dem Umfang der zu sichernden Forderung verknüpft ist, so muss dem Abtretungsvertrag genau und für jeden Stand der zu sichernden Schuld zu entnehmen sein, welche der abgetretenen Forderungen mit welchem Betrag jeweils auf den neuen Gläubiger übergegangen ist. Die nötige Bestimmbarkeit fehlt, wenn von mehreren Forderungen nicht eine bestimmte Quote, sondern ein summenmäßiger Teil ihrer Gesamtheit ohne Verteilung auf die einzelnen Forderungen als abgetreten bezeichnet wird (OLG Hamburg a.a.O.). Darüber hinaus können individualvertraglich vereinbarte Sicherungsabtretungen bei der Wohnraummiete gegen § 551 BGB verstoßen, wenn der zulässige Höchstbetrag der Sicherheit von 3 Monatsmieten durch eine vom Mieter geleistete Barkaution bereits erreicht ist.

VI. Beweislast/Prozessuales

29 s. zunächst § 540 BGB Rdn. 82 ff. Der Anspruch auf Erteilung einer Untermieterlaubnis kann grundsätzlich nicht im Wege der einstweiligen Verfügung erlangt werden. Eine Ausnahme gilt, wenn der Mieter dringend auf die Einnahmen aus der Untermiete angewiesen ist, ein auf Erteilung der Erlaubnis gerichteter Titel nicht zeitnah erlangt werden kann und der dem Mieter bei verzögerter Erlaubniserteilung drohende Schaden schwerer wiegt als die dem Vermieter drohenden Nachteile. Diese Voraussetzungen liegen regelmäßig vor, wenn der Mieter ohne die Einnahmen aus der Untermiete die Mietzahlungen nicht vollständig erbringen kann, so dass ihm die fristlose Kündigung droht (LG Hamburg NJW 2013, 548).

30 **Der Mieter muss** im Prozess **darlegen und beweisen,** dass er ein berechtigtes Interesse an der Aufnahme des Dritten hat und dass dieses Interesse nach Abschluss des Mietvertrags entstanden ist. Ist streitig, ob der Mieter dem Untermieter die ge-

samte Wohnung überlassen hat, so muss der Mieter beweisen, dass er noch in den Räumen wohnt (a. A. LG Berlin MM 1992, 353; MM 1993, 109). Als Indiz hierfür kann gewertet werden, wenn der Mieter dort polizeilich gemeldet ist. Eine Abmeldung spricht gegen diese Annahme. Vergleichbare Grundsätze gelten, wenn streitig ist, ob der Mieter einen Dritten in die Wohnung aufgenommen hat. Eine polizeiliche Anmeldung begründet ein Indiz dafür, dass der Dritte auf Dauer in den Räumen wohnt (a. A. AG Hamburg WuM 1983, 327; vgl. auch LG Köln WuM 1983, 327: wenig aussagekräftiges Indiz). **Der Vermieter muss** diejenigen Umstände darlegen und **beweisen,** aus denen sich sein entgegenstehendes Interesse ergibt. Die tatsächlichen Voraussetzungen der Mieterhöhung nach § 553 Abs. 2 BGB muss der Vermieter ebenfalls darlegen und beweisen.

§ 554 Barrierereduzierung, E-Mobilität und Einbruchsschutz

(1) ¹**Der Mieter kann verlangen, dass ihm der Vermieter bauliche Veränderungen der Mietsache erlaubt, die dem Gebrauch durch Menschen mit Behinderungen, dem Laden elektrisch betriebener Fahrzeuge oder dem Einbruchsschutz dienen.** ²**Der Anspruch besteht nicht, wenn die bauliche Veränderung dem Vermieter auch unter Würdigung der Interessen des Mieters nicht zugemutet werden kann.** ³**Der Mieter kann sich im Zusammenhang mit der baulichen Veränderung zur Leistung einer besonderen Sicherheit verpflichten; § 551 Absatz 3 gilt entsprechend.**

(2) **Eine zum Nachteil des Mieters abweichende Vereinbarung ist unwirksam**

Übersicht

	Rdn.
I. Anwendungsbereich und Bedeutung der Vorschrift	1
II. Tatbestandsvoraussetzungen	6
1. Barrierereduzierung	7
2. E-Mobilität	13
3. Einbruchsschutz	18
4. Interessenabwägung	20
5. Sicherheitsleistung	27
III. Rechtsfolge	37
IV. Vermietete Eigentumswohnung:	39
V. Prozessuales	41

I. Anwendungsbereich und Bedeutung der Vorschrift

Durch das „Gesetz zur Förderung der Elektromobilität und zur Modernisierung des Wohnungseigentumsgesetzes und zur Änderung von kosten- und grundbuchrechtlichen Vorschriften (Wohnungseigentumsmodernisierungsgesetz – WEMoG"; BT-Drucks. 19/18791) soll ab Sommer/Herbst 2020 dieser neue Paragraf eingeführt werden. Zum Zeitpunkt der Manuskripterstellung war die endgültige die Beschlussfassung des Bundestages noch nicht erfolgt. Die Bestimmung enthält die ursprünglich in § 554a enthaltene Bestimmung zur **Barrierefreiheit** und erweitert diese um Maßnahmen zur Förderung der **E-Mobilität** und der **Einbruchsicherung.** Anders als in § 20 Abs. 2 Ziff. 4 WEG wurde dem Mieter aber kein 1

§ 554 BGB Untertitel 2. Mietverhältnisse über Wohnraum

Anspruch auf Duldung eines Anschlusses an ein Telekommunikationsnetz mit sehr hoher Kapazität eingeräumt.

2 **Die Vorschrift gilt für die Wohnraummiete** inklusiv der in § 549 Abs. 2 und 3 genannten Mietverhältnisse, Mietverhältnisse **über Grundstücke** gem. § 578 Abs. 1 und **Mietverhältnisse über Räume, die keine Wohnräume,** § 578 Abs. 2 sind.

3 **§ 554 BGB regelt einen besonderen Fall der Mietermodernisierung.** Die Vorschrift enthält eine Ausnahme von dem Grundsatz, nach dem der Mieter keinen Anspruch darauf hat, dass der Vermieter nach Abschluss des Mietvertrags den Umfang des Gebrauchsrechts erweitert, etwa indem er dem Mieter einen Umbau der Mietsache genehmigt (BGH WuM 2011, 671). Rechtsdogmatisch handelt es sich um einen gesetzlichen Anspruch des Mieters auf Erteilung einer Erlaubnis zur baulichen Veränderung der Mietsache. Mit der Erteilung der Erlaubnis wird der vertragsgemäße Gebrauch über das allgemein in § 535 Abs. 1 Satz 1 BGB bestimmte Maß hinaus erweitert. (a. A. Rips, Barrierefreiheit gemäß § 554a BGB, Berlin 2003 S. 74ff „Vertragsänderung"). Für die Vorgängervorschrift in § 554a BGB a. F. war anerkannt, dass ein Umkehrschluss des Inhalts, dass der Mieter keinen Anspruch auf andere als die in § 554 Abs. 1 genannten Maßnahmen hat, nicht möglich war (Rolfs in: Staudinger § 554a BGB Rdn. 2; Dickersbach in: Lützenkirchen, Mietrecht § 554a Rdn. 5). Ob das jetzt nach Erweiterung des Zustimmungsanspruchs um die beiden Maßnahmen der E-Mobilität und des Einbruchsschutzes noch weiter so zu gelten hat, erscheint fraglich. Insbesondere Ein Anspruch auf energetischen Sanierungen durch den Mieter gibt es nicht. Die Regelung in Abs. 1 S. 3 stützt die schon bisher vertretene Rechtsansicht, dass der Vermieter in bestimmten Fällen eine zusätzliche Kaution zur Absicherung eines Sonderrisikos verlangen darf (Börstinghaus in FS Blank, 2006, Seite 77). Nach Beendigung des Mietverhältnisses ist der Mieter grundsätzlich verpflichtet, die Um- oder Einbauten wieder zu entfernen (s. § 546 Rdn. 35–40). Eine Ausnahme gilt für solche Umbauten, die nach den Vorstellungen der Parteien dauerhaft in der Mietsache verbleiben sollen, weil sie deren Wert erhöhen oder weil die zur Herstellung des Ursprungszustands erforderlichen Kosten außer Verhältnis zum Nutzen des Rückbaus stehen (AG Charlottenburg GE 2015, 1603 betr. Einbau einer für Behinderte geeigneten Badewanne). In einem solchen Fall kann der Vermieter auch keine Sicherheit i. S. des § 554 Abs. 1 S. 3 verlangen.

4 Die Regelung ist abgestimmt mit § 20 Abs. 2 S 1 Nr. 1 bis 3 WEG i. d. F. des WEMoG. Dadurch soll der Anspruch des Mieters auf Erlaubnis der in § 554 geregelten Maßnahmen bei Vermietung einer Eigentumswohnung mit den wohnungseigentumsrechtlichen Vorschriften über bauliche Veränderungen harmonisiert werden.

5 Die Anforderungen an das Entstehen eines Anspruchs nach Abs. 1 S. 1 auf Erlaubnis einer baulichen Veränderung sind nur gering. Deshalb kommt der Abwägung gem. Abs. 1 S. 2 und der daraus ggf. folgenden Möglichkeit des Ausschlusses des Anspruchs eine besondere Bedeutung zu. Danach ist durch eine umfassende Interessenabwägung zu ermitteln, ob der Anspruch im Einzelfall besteht oder nicht. Dies soll eine umfassende Einzelfallentscheidung ermöglichen.

II. Tatbestandsvoraussetzungen

6 Bereits seit 2001 gab es in § 554a einen Anspruch des Mieters auf Genehmigung von Umbauten, die für eine behindertengerechte Nutzung der Mietsache erforder-

Barrierereduzierung, E-Mobilität und Einbruchsschutz **BGB § 554**

lich sind. Durch das WEMoG wurde § 554a aufgehoben und die Barrierefreiheit und den Anspruch auf Herstellung einer Lademöglichkeit für elektrisch betriebene Fahrzeuge sowie auf Herstellung von Einbruchsschutz in § 554 gemeinsam geregelt. Dies sollte der Übersichtlichkeit des Gesetzes sowie der Vermeidung von Doppelungen oder gar widersprüchlichen Regelungen dienen. Hierdurch wurden die drei Sachverhalte, in denen das Gesetz einen Anspruch des Mieters auf Erlaubnis baulicher Veränderungen ausdrücklich anerkennt, in einer Vorschrift zusammengefasst.

1. Barrierereduzierung

Die Vorgängervorschrift des § 554a ist auf Initiative des Rechtsausschusses im 7 Zuge der Mietrechtsreform (Mietrechtsreformgesetz vom 19.6.2001 BGBl. I S. 1149) in das BGB aufgenommen worden. Nach den Vorstellungen des Gesetzgebers sollte dadurch der behinderte Mieter in die Lage versetzt werden, seine Wohnung auf eigene Kosten in einen für eine behindertengerechte Nutzung geeigneten Zustand zu versetzen. Anlass für die Regelung war die Entscheidung des BVerfG vom 28.3.2000 (NZM 2000, 539 = WuM 2000, 298) zum Anspruch des Mieters auf Duldung des Einbaus eines Treppenliftes.

Abs. 1 Satz 1 1. Var. bestimmt, dass der Mieter vom Vermieter die Zu- 8 **stimmung zu bestimmten baulichen Veränderungen oder sonstigen -Einrichtungen verlangen kann.** Der Anspruch setzt nicht voraus, dass die Notwendigkeit einer behindertengerechten Ausstattung nach dem Abschluss des Mietvertrags entsteht. **Der Mieter kann deshalb den Anspruch auch dann geltend machen, wenn die Absicht zum behindertengerechten Umbau bereits bei Mietbeginn besteht** (Stellungnahme des Rechtsausschusses; abgedr. bei: Börstinghaus/Eisenschmid Arbeitskommentar Neues Mietrecht S. 200; – Rips a. a. O. S. 99; Rolfs in: Staudinger § 554a BGB Rdn. 7; Ehlert in: Bamberger/Roth § 554a BGB Rdn. 5; Kinne in: Kinne/Schach/Bieber Miet- und Mietprozessrecht § 554a BGB Rdn. 2; **a. A.** Lammel, Wohnraummietrecht § 554a BGB Rdn. 8; Drasdo WuM 2002, 123). Allerdings ist der Mieter in einem solchen Fall verpflichtet, den Vermieter vor Vertragsschluss auf die Umbaupläne hinzuweisen. Diese Pflicht folgt aus dem allgemeinen Grundsatz, dass jede Vertragspartei solche Umstände offenbaren muss, die für den anderen Teil von Bedeutung sind (**a. A.** Rips a. a. O. S. 99; Eisenschmid in: Schmidt-Futterer § 554a BGB Rdn. 19; differenzierend: Riecke in: Klein-Blenkers/Heinemann/Ring, Miete/WEG/Nachbarschaft § 554a BGB Rdn. 8: danach muss sich der Mietinteressent nur dann über seine Umbauabsicht erklären, wenn der Vermieter entsprechende Fragen stellt). Wird diese Obliegenheit verletzt, so kann dies im Rahmen der Interessenabwägung berücksichtigt werden (Rolfs in: Staudinger § 554a BGB Rdn. 4; Kinne in: Kinne/Schach/Bieber Miet- und Mietprozessrecht § 554a BGB Rdn. 2).

Als weitere Voraussetzung für den Anspruch auf Erteilung der Erlaubnis be- 9 stimmt Abs. 1 Satz 1, dass die bauliche Veränderung dem Gebrauch durch Menschen mit Behinderungen **dient.** Nach der Vorgängervorschrift musste sie „erforderlich sein" was sehr viel strenger war (sog. „Barrierefreiheit"; zum Begriff s. Happ WuM 2018, 1). Eine Änderung des Anwendungsbereichs der Vorschrift sollte nach der Gesetzesbegründung damit nicht verbunden sein. Nach § 3 Behindertengleichstellungsgesetz (BGG) liegt eine Behinderung vor, wenn die körperliche Funktion, geistige Fähigkeit oder seelische Gesundheit eines Menschen länger als sechs Monate von dem für das Lebensalter typischen Zustand abweicht und daher seine Teilhabe am Leben in der Gesellschaft beeinträchtigt. Erforderlich ist eine

Einrichtung, wenn sie eine nicht nur unerhebliche Erleichterung für den Behinderten mit sich bringt. Eine Unterscheidung zwischen notwendigen, nützlichen und solchen Maßnahmen, die nur der Bequemlichkeit dienen, ist nicht angebracht (Rips a. a. O. S. 84; enger: Eisenschmid in: Schmidt-Futterer § 554a BGB Rdn. 35; Rolfs in: Staudinger § 554a BGB Rdn. 10; Mersson NZM 2002, 313, 314). Jedoch scheiden Maßnahmen aus, die – unabhängig von der Behinderung des Mieters – ganz allgemein den Gebrauchswert erhöhen (Lammel Wohnraummietrecht § 554a BGB Rdn. 14).

10 **Beispiele** sind: Schaffung eines ebenerdigen Hauseingangs oder einer Auffahrtrampe; die Beseitigung von Türschwellen bei Nutzung der Wohnung durch einen Rollstuhlfahrer; Verbreiterung der Türen auf Rollstuhlbreite; der Umbau eines Badezimmers; ein rutschsicherer Bodenbelag; die Montage von Stützstangen oder Gehhilfen entlang der Wände; die Montage beiderseitiger Handläufe im Treppenhaus und der Einbau eines Treppenliftes im Treppenhaus oder innerhalb einer Maisonettewohnung; die Sicherung von Fenstern zum Schutz geistig behinderter Mieter, etc. (vgl. die zahlreichen Beispiele bei Rips a.a.O S. 108ff und Happ WuM 2018, 1).

11 Die **Art der Behinderung** ist gleichgültig. Eine Beschränkung auf die Definition in § 3 SchwerBehindG ist nicht angezeigt. In der Regel wird es sich um Umbaumaßnahmen im Interesse **körperlich Behinderter, alter oder gebrechlicher Mieter** handeln. Es kommen aber auch Maßnahmen zugunsten oder zum Schutz **sehbehinderter, hörbehinderter oder geistig Behinderter** in Betracht (Mersson NZM 2002, 313, 314; Rolfs in: Staudinger § 554a BGB Rdn. 6; Eisenschmid in: Schmidt-Futterer § 554a BGB Rdn. 9; Ehlert in: Bamberger/Roth § 554a BGB Rdn. 5; Kinne in: Kinne/Schach/Bieber Miet- und Mietprozessrecht § 554a BGB Rdn. 2; Dickersbach in: Lützenkirchen, Mietrecht § 554a Rdn. 12). Das **Ausmaß der Behinderung** ist im Rahmen des Abs. 1 S 1 zu berücksichtigen. Es ist nicht erforderlich, dass der Mieter selbst zum Kreis der Behinderten gehört. **Es genügt, wenn eine behinderte Person mit dem Mieter einen gemeinsamen Hausstand führt** (Eisenschmid in: Schmidt-Futterer § 554a BGB Rdn. 31; Lammel Wohnraummietrecht § 554a BGB Rdn. 6). Der gelegentliche Besuch durch Behinderte wird von § 554 nicht erfasst, weil der Besucher die Mietsache nicht nutzt.

12 Einrichtungen bedürfen nach allgemeinen Grundsätzen **nur dann einer Erlaubnis durch den Vermieter, wenn sie nach außen in Erscheinung treten** oder wenn durch deren Installation die Interessen des Vermieters tangiert werden. An diesem Grundsatz ändert § 554 BGB nichts. Einrichtungen, die jeder Mieter ohne Erlaubnis anbringen darf, können auch von dem behinderten Mieter angebracht werden, ohne dass hierzu eine Erlaubnis des Vermieters erforderlich wäre (Rips a. a. O. S. 85). In diesen Fällen kann der Vermieter auch keine Kaution verlangen. Ist die Anbringung einer Änderung erlaubnispflichtig, so bedarf es der Interessenabwägung und der Sicherheitsleistung.

2. E-Mobilität

13 Die zweite Variante betrifft bauliche Veränderungen, die dem **Laden elektrisch betriebener Fahrzeuge** dienen (Hübner ZfIR 2020, 37; Dötsch ZMR 2019, 741; 2018, 477; Streyl NZM 2017, 785). Die Vorschrift steht im Zusammenhang mit den von der Bundesregierung vorgegebenen Klimazielen. Diese verlangen einen Umstieg von Verbrennungs- auf Elektro- oder Wasserstoffantriebe. Dies Ziel droht aus verschiedensten Gründen nicht erreicht zu werden. Neben den heute noch zu hohen Kosten fehlt es insbesondere an einer ausreichenden Ladestruktur. Jeder Mieter soll deshalb einen Anspruch gegen seinen Vermieter haben, um ihm bauliche Maßnahmen zur Errichtung einer Lademöglichkeit für elektrisch betriebene Fahrzeuge auf seine Kosten zu gestatten.

Elektrisch betriebene Fahrzeuge sind insbesondere Fahrzeuge gemäß § 2 Nummer 1 des **Elektromobilitätsgesetzes** (EmoG). Erfasst sind daneben aber etwa auch elektrisch betriebene Zweiräder (Pedelecs etc.) und spezielle Elektromobile für Gehbehinderte, die nicht in den Anwendungsbereich des EmoG fallen. **14**

Dem **Laden dieser Fahrzeuge** dienen alle baulichen Veränderungen, die es dem Mieter ermöglichen, Strom in Fahrzeuge einzuspeisen beziehungsweise aus diesen auszuspeisen. Erfasst wird damit vor allem die **Installation einer Lademöglichkeit,** etwa in Form der Verlegung erforderlicher **Stromleitungen** oder Änderungen an der **Telekommunikationsinfrastruktur,** die dafür notwendig sind, dass die Lademöglichkeit sinnvoll genutzt werden kann und des Einbaus eines Ladepunktes, zum Beispiel einer sogenannten **Wallbox.** Der Begriff der Lademöglichkeit ist dabei im Hinblick auf die technische und rechtliche Weiterentwicklung ohne Rückgriff auf die Ladesäulenverordnung oder andere Regelwerke zu bestimmen. **15**

Mit umfasst sind außerdem die zur **Umsetzung von Vorgaben des Messstellenbetriebsgesetzes** oder zur Teilnahme an einem **Flexibilitätsmechanismus** nach § 14a des Energiewirtschaftsgesetzes erforderlichen Maßnahmen. Die sinnvolle Nutzung der Lademöglichkeit beschränkt sich nicht auf die bloße Entnahme von Elektrizität. Halter von Elektrofahrzeugen können beispielsweise Flexibilität für das Stromnetz oder den Strommarkt bereitstellen oder von variablen Tarifen profitieren. Solche Anwendungen eröffnen zusätzliche Nutzungen der Ladeeinrichtung und des Fahrzeugs. Je nach Dimensionierung des Hausanschlusses und der Auslastung des örtlichen Verteilernetzes kann eine intelligente Steuerbarkeit eine entscheidende Voraussetzung dafür sein, dass eine Ladeeinrichtung an das Stromnetz angeschlossen werden kann. Dem Laden elektrisch betriebener Fahrzeuge dienen daher insbesondere bauliche Veränderungen, die zur Umsetzung von Vorgaben des Messstellenbetriebsgesetzes oder zur Teilnahme an einem Flexibilitätsmechanismus nach § 14a des Energiewirtschaftsgesetzes erforderlich sind. Hierzu gehören Veränderungen, die zum Einbau und Betrieb der notwendigen Mess- und Steuereinrichtungen erforderlich sind (zum Beispiel Veränderungen von Zählerschränken, kommunikative Anbindung der Ladeeinrichtung an ein intelligentes Messsystem). **16**

Der Anspruch des Mieters erstreckt sich **nicht nur auf die Ersteinrichtung** einer solchen Ladeinfrastruktur, sondern auch auf Maßnahmen, die der Verbesserung oder Erhaltung einer **bereits vorhandenen Lademöglichkeit** dienen. **17**

3. Einbruchsschutz

Die dritte Variante betrifft bauliche Veränderungen, die dem Einbruchsschutz dienen. Bei solchen Maßnahmen kann es sich ausnahmsweise **im Einzelfall um Instandsetzungsarbeiten** handeln. Das ist dann der Fall, wenn bei einem bestehenden Mietvertrag der vorhandene Einbruchsschutz nicht dem sog. **Mindeststandard** entspricht (BGH NZM 2004, 736 = NJW 2004, 3174; NZM 2010, 356). Das kann bei einfach verglasten Haustüren z. B. der Fall sein. Ansonsten handelt es sich bei Vermietermaßnahmen um Modernisierungen gem. § 555b Nr. 4. **18**

Erfasst werden alle baulichen Veränderungen, die geeignet sind, den **widerrechtlichen Zutritt zur Wohnung** des Mieters zu verhindern, zu erschweren oder auch nur unwahrscheinlicher zu machen. Der Anspruch ist nicht auf bauliche **19**

Veränderungen in Bereichen beschränkt, die dem Mieter zum exklusiven Gebrauch zugewiesen sind, wie es etwa beim Einbau eines Wohnungstürspions der Fall ist. § 554 Abs. 1 S. 1 kann vielmehr auch auf die Erlaubnis der Ausführung von Einbruchsschutzmaßnahmen in Bereichen des Grundstücks oder des Gebäudes gerichtet sein, die dem Mieter nur zum Mitgebrauch vermietetet sind. Ein Beispiel ist etwa der Einbau eines einbruchshemmenden Schließsystems an der Hauseingangstür. Ebenso zählt der Einbau einer Alarmanlage dazu, da deren abschreckende Wirkung auch einen Einbruchschutz darstellt.

4. Interessenabwägung

20 Abs 1 Satz 2 bestimmt, dass der Anspruch besteht nicht, wenn die bauliche Veränderung dem Vermieter auch unter Würdigung der Interessen des Mieters **nicht zugemutet werden kann.** Es handelt sich um einen **Ausschlusstatbestand.** Die Vorschrift entspricht funktional anderen mietrechtlichen Regelungen, die Ansprüche oder andere Rechte einer Vertragspartei ausschließen, wie etwa § 553 Abs 1 S 2 oder § 555d Abs 2 S 1.

Die Vorschrift verlangt eine Abwägung der nachteiligen Folgen der beabsichtigten baulichen Veränderung für den Vermieter mit dem Interesse des Mieters an der Ausführung der Baumaßnahme.

21 Jede Partei trifft die **Darlegungs- und Beweislast** für die Umstände, die zu ihren Gunsten bei der Interessenabwägung zu berücksichtigen sind (Bieber in: MünchKomm § 554a BGB Rdn. 21). Da der Vermieter stets sein Interesse entgegenhalten kann, dass die Mietsache baulich nicht verändert wird, ist in jedem Fall eine Interessenabwägung vorzunehmen. Der Vermieter kann im Streitfall den Mieter also dazu zwingen, sein Interesse an der baulichen Veränderung offenzulegen.

22 Auf Seiten des Vermieters ist zunächst sein Erhaltungsinteresse zu berücksichtigen. Dieses besteht darin, dass nicht durch eine bauliche Veränderung in die Substanz der Mietsache eingegriffen wird. Dieses Interesse ist typischerweise umso gewichtiger, je umfangreicher der beabsichtigte Eingriff ist. Dabei ist auch zu berücksichtigen, ob durch die bauliche Veränderung ein gefahrträchtiger Zustand oder eine baurechtswidrige Situation geschaffen würde. **Werden durch die Einrichtung Sicherheitsbelange tangiert** (Statik, Elektrizität, Sanitär), so kann der Vermieter verlangen, dass die Arbeiten von einer **Fachfirma** ausgeführt werden (Eisenschmid in: Schmidt-Futterer § 554a BGB Rdn. 38; Rolfs in: Staudinger § 554a BGB Rdn. 18). Besonders problematisch ist die Versorgung von **Tiefgaragenparkplätzen** mit ausreichenden Lademöglichkeiten. Das Laden eines Elektrofahrzeugs an einer gewöhnlichen Steckdose dauert ca. acht bis zehn Stunden (Hübner ZfIR 2020, 37). Bei immer leistungsfähigeren Batterien kann das Laden dann sogar 1–2 Tage dauern. Haushaltssteckdosen und ihre Leitungen sind auch nicht für die ununterbrochene Stromlieferung über 8 bis 10 Stunden im „Volllastbetrieb" ausgelegt. Gefährlich ist es, wenn mehrere Steckdosen an derselben Sicherung hängen und dann bei gleichzeitigem Betrieb mehrerer Verbraucher die gemeinsame Sicherung ausgelöst wird. Soll der Stromverbrauch des jeweiligen Mieters zusammen mit dem Verbrauch seiner Wohnung/Geschäftsräume abgerechnet werden, muss für jeden Stellplatz die dort zu installierende Anschlussdose mit dem Stromzähler der jeweiligen Mieteinheit verbunden sein. Das hätte zur Folge, dass für jeden Stellplatz ein Kabel bis zum Hausanschlussraum zum dortigen Zähler geführt werden muss. Das gilt auch für die Wallbox (Hübner (ZfIR 2020, 37, 40).

Der Vermieter hat deshalb einen Anspruch darauf, dass der Mieter ihn hinreichend über die Einzelheiten der begehrten baulichen Veränderung **informiert**. Unterbleiben solche Informationen, überwiegt das Interesse des Vermieters an Beibehaltung des Zustands. 23

Auch wenn das Gesetz jetzt nicht mehr ausdrücklich die **Interessen Dritter** benennt, so sind diese Interessen, die sich insbesondere aus Rechtsbeziehungen des Vermieters ergeben können, etwa zu anderen Mietern oder einem Grundstücksnachbar, auf Seiten des Vermieters zu berücksichtigen. Besteht die berechtigte Befürchtung, dass diese gegen den Vermieter wegen der baulichen Veränderung Rechte geltend machen könnten – etwa in Form einer Mietminderung, weil durch die bauliche Veränderung in das Gebrauchsrecht der übrigen Mieter eingegriffen wird –, so ist dies über das Vermieterinteresse bei der Interessenabwägung zu berücksichtigen (Rips, Barrierefreiheit gemäß § 554a, 2003, Seite 124). 24

Auf Seiten des Mieters ist sein Interesse an der Ausführung der baulichen Veränderung zu berücksichtigen. Aus § 554 Abs. 1 S. 1 folgt, dass das Veränderungsinteresse des Mieters aus gesamtgesellschaftlichen Gründen im Ausgangspunkt stets beachtenswert ist. Bei der Interessenabwägung ist das Gewicht des Veränderungsinteresses mit dem Gewicht der gegenläufigen Interessen des Vermieters zu vergleichen. Dabei ist es durchaus möglich, bei der Gewichtung des Veränderungsinteresses zwischen den drei Varianten in § 554 Abs. 1 S. 1 zu differenzieren. So ist es möglich das Bedürfnis eines gehbehinderten Mieters am Einbau eines Treppenliftes stärker zu gewichten als das eines Mieters am Einbau einer einbruchshemmenden Haustür. 25

Kommen mehrere gleich taugliche und gleich teure Maßnahmen in Betracht, so ist diejenige Maßnahme auszuwählen, die den Vermieter am wenigsten stört (Mersson NZM 2002, 313, 315). Bestehen zwischen mehreren gleich tauglichen Maßnahmen nicht nur unerhebliche Preisunterschiede, so ist dies im Rahmen der Interessenabwägung angemessen zu berücksichtigen (abweichend: Dickersbach in: Lützenkirchen, Mietrecht § 554a Rdn. 29: Wahlrecht des Vermieters). Dabei kommt es auch auf die jeweiligen finanziellen Verhältnisse des Mieters an (Mersson NZM 2002, 313, 316). 26

5. Sicherheitsleistung

Nach Abs. 1 S. 3 kann der Vermieter die Erteilung der Erlaubnis von der **Leistung einer angemessenen zusätzlichen Sicherheit** abhängig machen. Damit soll ins-besondere sichergestellt werden, dass die Parteien auf das Rückbaurisiko des Vermieters durch die Verpflichtung des Mieters reagieren können, den Mieter durch eine Zusatzkaution abzusichern. Der Vermieter hat nach dem eindeutigen Wortlaut der Vorschrift keinen gesetzlichen Anspruch auf diese zusätzliche Sicherheit. Es steht ihm lediglich frei, die Erlaubnis zu verweigern, wenn der Mieter die Sicherheit zu Unrecht ablehnt. Die Sicherheit richtet sich nach den Rückbaukosten; sie entfällt bei Umbauten, die nach den Vorstellungen der Parteien dauerhaft in der Mietsache verbleiben sollen. 27

Das Recht des Vermieters auf die Zusatzkaution hängt davon ab, dass der Mieter bei Vertragsende zum Rückbau verpflichtet ist. Die Rückbauverpflichtung bedarf keiner besonderen Vereinbarung; vielmehr folgt sie aus dem allgemeinen Grundsatz, dass die Mietsache in dem ursprünglichen Zustand (mit den vertragsgemäßen Abnutzungen) zurückzugeben ist. Wird die Rückbaupflicht trotz Fristsetzung vertragswidrig nicht erfüllt, so kann der Vermieter Schadensersatz statt der Leistung verlangen (§ 281 BGB). Der Ersatzanspruch setzt voraus, dass das Ver- 28

§ 554 BGB Untertitel 2. Mietverhältnisse über Wohnraum

mögen des Vermieters durch die Verletzung der Rückbaupflicht gemindert ist. Will der Vermieter die Mietsache im veränderten Zustand belassen, so kommt ein Schadensersatzanspruch nicht in Betracht. Verlangt der Vermieter, dass der Mieter die Einrichtungen zurücklässt, so wird man dem Mieter einen Ersatzanspruch analog § 552 BGB zubilligen müssen (Mersson NZM 2002, 313, 318).

29 Der **Begriff der Sicherheit** ist derselbe wie in § 551 Abs. 1. In Betracht kommen alle Arten von Sicherheiten. Der Vermieter hat keinen Anspruch auf eine bestimmte Form der Sicherheit. Daraus folgt, dass die Wahl der Sicherheit grundsätzlich beim Mieter liegt (Eisenschmid in: Schmidt-Futterer § 554a BGB Rdn. 56; Rolfs in: Staudinger § 554a BGB Rdn. 24; Bieber in: MünchKomm § 554a BGB Rdn. 18; Ehlert in: Bamberger/Roth § 554a BGB Rdn. 15; Riecke in: Klein-Blenkers/Heinemann/Ring, Miete/WEG/Nachbarschaft § 554a BGB Rdn. 35; **a. A.** Rips a.a.O, S. 131; Geldmacher DWW 2002, 182, 184; Dickersbach in: Lützenkirchen, Mietrecht § 554a Rdn. 46: danach kann der Vermieter die Sicherheit nach billigem Ermessen bestimmen).

30 **Die Sicherheit kann neben der Sicherheit nach § 551 BGB verlangt werden.** Der Begriff der Angemessenheit bezieht sich sowohl auf die Art als auch auf die Höhe der Sicherheit. Riskante Sicherheiten (Stellung eines Bürgen in ungesicherten Vermögensverhältnissen, Wertpapiere mit Verlustprognose) kann der Vermieter ablehnen. Anderseits kann der Vermieter keine überhöhte Sicherheit verlangen. **Eine Sicherheit ist dann angemessen, wenn sie die Rückbau- und Entsorgungskosten deckt.** Man wird dem Vermieter einen gewissen Aufschlag (von ca. 10%) zubilligen müssen, damit auch künftigen Preiserhöhungen Rechnung getragen werden kann (Eisenschmid in: Schmidt-Futterer § 554a BGB Rdn. 60; Rolfs in: Staudinger § 554a BGB Rdn. 25; Bieber in: MünchKomm § 554a BGB Rdn. 18; Ehlert in: Bamberger/Roth § 554a BGB Rdn. 15; Lammel Wohnraummietrecht § 554a BGB Rdn. 26; Kinne in: Kinne/Schach/Bieber Miet- und Mietprozessrecht § 554a BGB Rdn. 8; ähnlich Mersson NZM 2002, 313, 317; Dickersbach in: Lützenkirchen, Mietrecht § 554a Rdn. 46 **a. A.** Rips a. a. O. S. 129; Both in: Herrlein/Kandelhard § 554a BGB Rdn. 24). Eine **nachträgliche Aufstockung** wegen Preissteigerungen ist nicht möglich (Rips a.a.O.; Eisenschmid in: Schmidt-Futterer § 554a BGB Rdn. 61; Rolfs a. a. O.; Both a. a. O.; Dickersbach a. a. O.; **a. A.** Mersson NZM 2002, 313, 317; Drasdo WuM 2002, 123;). Die **Kosten für die Ermittlung der Rückbaukosten hat der Mieter zu tragen**, weil die Maßnahme allein in seinem Interesse liegt und sich die Verpflichtung des Vermieter in der Duldung erschöpft (Drasdo WuM 2002, 123, 127; Ormanschick Wohnungseigentümer 2002, 56, 57; Geldmacher DWW 2002, 182, 183; Merson NZM 2002, 313, 317; Eisenschmid in: Schmidt-Futterer § 554a BGB Rdn. 59). Ist keine Fälligkeit vereinbart, so hat der Mieter kein Recht zur **Ratenzahlung** (Eisenschmid in: Schmidt-Futterer § 554a BGB Rdn. 58; Lammel Wohnraummietrecht § 554a BGB Rdn. 27; Mersson NZM 2002, 313, 317; Wiek Mietrecht express 2003, 73).

31 Bei der Höhe der Sicherheit darf jetzt auch ein **erhöhtes Haftungsrisiko** des Vermieters berücksichtigt werden. Die Vorschrift unterscheidet sich von der Vorgängervorschrift in § 554a. Damals durfte die Sicherheit nur „für die Wiederherstellung des ursprünglichen Zustands" verlangt werden. Dieser Satzteil ist entfallen. Auch wenn in der Begründung nur die Rückbaukosten ausdrücklich als Maßstab für die Höhe einer angemessenen Sicherheit genannt werden, schließt dies die Berücksichtigung tatsächlicher weiterer Risiken nicht aus. Zur Minderung durch andere Mieter siehe Rdn. 35.

Barrierereduzierung, E-Mobilität und Einbruchsschutz **BGB § 554**

Für die zusätzliche Sicherheit gelten die gleichen Regeln wie für eine normale 32
Mietsicherheit gem. § 551. Dies ergibt sich aus dem Verweis auf § 551 Abs. 3. Der
Vermieter muss auch bei der Zusatzsicherheit eine ihm als Sicherheit überlassene
Geldsumme bei einem **Kreditinstitut zu dem für Spareinlagen mit dreimonatiger Kündigungsfrist üblichen Zinssatz** anlegen. Die Anlage der Zusatzkaution muss bei jeder Art von Sicherheit **vom Vermögen des Vermieters getrennt** erfolgen. Die Zinsen stehen dem Mieter zu. Sie erhöhen die Sicherheit.

Nach h. M. liegt die Beweislast für die Angemessenheit der Sicherheit 33
beim Vermieter (Eisenschmid in: Schmidt-Futterer § 554a BGB Rdn. 62; Palandt/Weidenkaff § 554a BGB Rdn. 4; Merson in Fischer-Dieskau/Pergande/Schwender Wohnungsbaurecht § 554a BGB Anm. 3; Geldmacher DWW 2002, 182, 183; Bieber in: MünchKomm § 554a BGB Rdn. 21; Kinne in: Kinne/Schach/Bieber Miet- und Mietprozessrecht § 554a BGB Rdn. 8; Rieke in: Dauner-Lieb u. a. Anwaltskommentar § 554a BGB Rdn. 37; **a. A.** Blank in Vorauflage § 554a Rdn. 17; Drasdo WuM 2002, 123, 127).

Die Sicherheit ist zweckgebunden. (Eisenschmid in: Schmidt-Futterer 34
§ 554a BGB Rdn. 64; Ehlert in: Bamberger/Roth § 554a BGB Rdn. 17; Merson
NZM 2002, 317; Geldmacher DWW 2002, 182, 183). Die Zweckbindung ergibt
sich aus dem Wortlaut des § 554 Abs. 1 S. 3 („im Zusammenhang mit der baulichen
Veränderung"). Daraus folgt: Wird die Mietsache vom Mieter in den ursprünglichen Zustand versetzt, so ist die Kaution zurückzugeben. Hat der Vermieter in
einem solchen Fall andere Ansprüche gegen den Mieter (z. B. auf Miete oder Schadensersatz), so kann er mit dem Rückzahlungsanspruch aus der Kaution nicht gegen diese Ansprüche aufrechnen; **aus der gesetzlichen Zweckbindung folgt
zugleich ein Aufrechnungsverbot** (ähnlich BGH NZM 2012, 678 = NJW
2012, 3300 für die allgemeine Kaution). Der Vermieter ist allerdings nicht gehindert, wegen seiner Ansprüche einen Titel zu erwirken, die Rückzahlungsansprüche
des Mieters zu pfänden und sich diese zur Einziehung überweisen zu lassen. Umgedreht darf aber die allgemeine Kaution auf zur Erfüllung etwaiger Schadensersatzansprüche wegen Nichterfüllung der Rückbauverpflichtung benutzt werden,
z. B. wenn die Sonderkaution nicht ausreicht.

Nach bisher hM zu § 554a BGB a. F. mindert sich Miete der übrigen 35
Mieter des Hauses grundsätzlich nicht, wenn während der Umbauarbeiten
oder durch die behindertengerechte Einrichtung selbst der Gebrauchswert der
Mietsache beeinträchtigt wird (Mersson NZM 2002, 313, 318; Rolfs in: Staudinger
§ 554a BGB Rdn. 20; Eisenschmid in: Schmidt-Futterer § 554a BGB Rdn. 50;
a. A. Dickersbach in: Lützenkirchen, Mietrecht § 554a Rdn. 35). Dies folge aus
der Erwägung, dass auch der Mietbesitz der Sozialpflichtigkeit unterliege. Dem ist
nicht zu folgen. Zwar hat der Gesetzgeber die Vorschrift zum Ausdruck gebracht,
dass die 3 aufgeführten baulichen Veränderungen im gesamtgesellschaftlichen Interesse durchgeführt werden sollen, aber mehr als einen Duldungsanspruch gegenüber
dem Vermieter enthält die Vorschrift nicht. Auch energetische Maßnahmen erfolgen aus einem solchen Interesse. Dort hat der Gesetzgeber durch das MietRÄndG
2013 mit Wirkung ab 1.2.2013 in § 536 Abs. 1a ausdrücklich einen zeitlich befristeten Minderungsausschluss eingeführt. Der Gesetzgeber hat dies 2020 bei der
Neuregelung des § 554 gerade nicht getan. Die Mietausfälle durch Minderungen
während der Bauphase oder wegen Gebrauchsbeeinträchtigungen durch den neu
geschaffenen Zustand muss der Mieter dem Vermieter ersetzen bzw. ihn davon freistellen (§ 554 Abs. 1 S. 3 BGB analog; für besonders starke Beeinträchtigungen wohl
ähnlich Rips a.a.O S. 139).

36 Nach **Abs. 2** sind **abweichende Vereinbarungen** zum Nachteil des Mieters unwirksam. Die Regelungen über die Anlage und Verzinsung der Sicherheit sind kraft der Verweisung in Abs. 1 Satz 3 ebenfalls unabdingbar.

III. Rechtsfolge

37 § 554 spricht nun von einer Erlaubnis, die zu erteilen ist, in § 554a BGB a. F. war noch von Zustimmung die Rede. Der nunmehr vom Gesetzgeber gewählte **Begriff der Erlaubnis** umfasst nach der Systematik des BGB sowohl die vorherige Zustimmung (Einwilligung, § 183 BGB) als auch die nachträgliche Zustimmung (Genehmigung, § 184 BGB). Die Erlaubnis muss vor Durchführung einer baulichen Veränderung eingeholt werden (im Ergebnis ebenso: Rips a.a.O.; Eisenschmid in: Schmidt-Futterer § 554a BGB Rdn. 15; Lammel Wohnraummietrecht § 554a BGB Rdn. 3; Dickersbach in: Lützenkirchen, Mietrecht § 554a Rdn. 32; Mersson NZM 2002, 313, 316: Danach ist der Begriff der „Erlaubnis" als „Einwilligung" zu lesen; **a. A.** Drasdo WuM 2002, 123). **Veränderungen** sind Eingriffe in die Substanz der Miettäume.

38 Die **Erlaubnis** ist eine einseitige empfangsbedürftige Willenserklärung (BGH NJW 1972, 1267). Sie kann gegenüber dem Mieter aber auch – analog § 182 BGB – gegenüber dem Dritten erklärt werden. Die Erlaubnis bedarf keiner **Form.** Auch eine stillschweigende Erteilung der Erlaubnis ist möglich, was insbesondere dann angenommen werden kann, wenn der Vermieter die bauliche Veränderung zur Kenntnis genommen hat und längere Zeit unbeanstandet hingenommen hat. **Schriftform** ist wegen § 550 BGB aber erforderlich, wenn der Mietvertrag für eine längere Zeit als 1 Jahr abgeschlossen wurde.

IV. Vermietete Eigentumswohnung:

39 Die Regelung des § 554 gilt auch, wenn der Mieter einer Eigentumswohnung eine bauliche Veränderung im Gemeinschaftseigentum vornehmen will. § 554 BGB ist bis auf Ziff. 4 mit § 20 Abs. 2 WEG wortgleich. Es gelten folgende **Grundsätze: (1)** Der Mieter einer Eigentumswohnung kann nur seinen Vermieter, nicht aber die Gemeinschaft auf Erteilung der Erlaubnis in Anspruch nehmen. Im Streitfall ist der Anspruch vor dem Mietgericht geltend zu machen. **(2)** Der Vermieter kann einwenden, dass er im Verhältnis zu den übrigen Wohnungseigentümern ausnahmsweise gem. § 20 Abs. 2 WEG nicht zur Erteilung der Erlaubnis berechtigt sei. **(3)** Der Vermieter muss die Zustimmung erst erteilen, wenn die übrigen Eigentümer ihm die bauliche Veränderung gestattet haben. Er ist verpflichtet den berechtigten Mieteranspruch gegenüber den übrigen Eigentümern ggf. gerichtlich geltend zu machen. **(4)** Bis zum Abschluss dieses Verfahrens kann das Mietgericht den Rechtsstreit aussetzen.

40 Die Parteien können sich auch dahingehend einigen, dass der Mieter den Anspruch des Vermieters gegen die Eigentümergemeinschaft im Wege der **gewillkürten Prozessstandschaft** geltend macht (Eisenschmid in: Schmidt-Futterer § 554a BGB Rdn. 71). Ein eigenes rechtliches Interesse des Mieters liegt vor, da er auf Grund des Mietvertrags einen Anspruch auf Mitbenutzung des Gemeinschaftseigentums hat und dass die aus § 554 folgenden Rechte von der Entscheidung berührt werden können (vgl. dazu BayObLG ZMR 2001, 907).

V. Prozessuales

Liegen die Voraussetzungen für den Zustimmungsanspruch vor, so muss der Vermieter die Zustimmung erteilen. Fraglich ist, ob dem Vermieter zur Durchsetzung eigener Ansprüche ein **Zurückbehaltungsrecht nach § 273 BGB** zusteht. Zweifelsfrei ist, dass der Vermieter die Erteilung der Zustimmung gem. § 554 von der Leistung der dort genannten Sicherheit abhängig machen kann. In der instanzgerichtlichen Rechtsprechung wird vertreten, dass ein darüberhinausgehendes Zurückbehaltungsrecht (z. B. wegen eines Anspruchs auf Zahlung rückständiger Miete) auf Grund der Besonderheit des Schuldverhältnisses ausgeschlossen ist (AG Flensburg WuM 2015, 733). Dem ist zuzustimmen, weil § 273 BGB den Schuldner des Zustimmungsanspruchs in erster Linie wegen seiner Gegenansprüche sichern soll und weil dieser Zweck nach den Vorstellungen des Gesetzgebers durch § 554a Abs. 2 hinreichend und ausschließlich erfüllt wird. 41

Lehnt der Vermieter die Erteilung der Erlaubnis ab, so kann der Mieter Klage erheben. Nach dem Wortlaut des § 554a BGB muss der **Klagantrag** auf Verurteilung zur Zustimmung zur Durchführung konkret bezeichneter baulicher Änderungen gerichtet sein. Gegebenenfalls sind Pläne beizufügen (Rips a. a. O. S. 167). Mit der Rechtskraft des Zustimmungsurteils gilt die Zustimmungserklärung als abgegeben (§ 894 ZPO). Der Mieter hat auf Grund des Titels ein vertragliches Recht zur Durchführung der Arbeiten. Der Vermieter muss die Arbeiten dulden. Die Duldungsverpflichtung kann allerdings nicht aus dem Zustimmungsurteil vollstreckt werden. Vielmehr benötigt der Mieter darüber hinaus einen Duldungstitel (Rips, a. a. O. S. 168; Rolfs in: Staudinger § 554a BGB Rdn. 22). Der Duldungstitel wird nach § 890 ZPO durch Verhängung eines Ordnungsgeldes vollstreckt. Der vollständige Klagantrag muss mithin auf Erteilung der Erlaubnis und Duldung der Baumaßnahmen lauten. 42

§ 554a Barrierefreiheit*

(1) ¹Der Mieter kann vom Vermieter die Zustimmung zu baulichen Veränderungen oder sonstigen Einrichtungen verlangen, die für eine behindertengerechte Nutzung der Mietsache oder den Zugang zu ihr erforderlich sind, wenn er ein berechtigtes Interesse daran hat. ²Der Vermieter kann seine Zustimmung verweigern, wenn sein Interesse an der unveränderten Erhaltung der Mietsache oder des Gebäudes das Interesse des Mieters an einer behindertengerechten Nutzung der Mietsache überwiegt. ³Dabei sind auch die berechtigten Interessen anderer Mieter in dem Gebäude zu berücksichtigen.

(2) ¹Der Vermieter kann seine Zustimmung von der Leistung einer angemessenen zusätzlichen Sicherheit für die Wiederherstellung des ursprünglichen Zustandes abhängig machen. ²§ 551 Abs. 3 und 4 gilt entsprechend.

(3) Eine zum Nachteil des Mieters von Absatz 1 abweichende Vereinbarung ist unwirksam.

---

* *§ 554a wird durch das Wohnungseigentumsmodernisierungsgesetz aufgehoben und durch die neue Vorschrift des § 554 ersetzt. Das WEMoG war zur Zeit der Drucklegung noch nicht abschließend verabschiedet, vgl. hierzu § 554 Rdn. 1.*

§ 554a BGB — Untertitel 2. Mietverhältnisse über Wohnraum

Übersicht

	Rdn.
I. Anwendungsbereich und Bedeutung der Vorschrift	1
II. Tatbestandsvoraussetzungen	4
III. Vermietete Eigentumswohnung:	24
IV. Prozessuales	26

I. Anwendungsbereich und Bedeutung der Vorschrift

1 **Die Vorschrift gilt ausschließlich für die Wohnraummiete** und ist auf Initiative des Rechtsausschusses im Zuge der Mietrechtsreform (Mietrechtsreformgesetz vom 19. 6. 2001 BGBl. I S. 1149) in das BGB aufgenommen worden. Nach den Vorstellungen des Gesetzgebers soll dadurch der behinderte Mieter in die Lage versetzt werden, seine Wohnung auf eigene Kosten in einen für eine behindertengerechte Nutzung geeigneten Zustand zu versetzen. Vorbild der Regelung ist offensichtlich die Entscheidung des Bundesverfassungsgerichts vom v. 28. 3. 2000 (NZM 2000, 539 = WuM 2000, 298) zum Anspruch des Mieters auf Duldung des Einbaus eines Treppenliftes.

2 **§ 554a BGB regelt einen besonderen Fall der Mietermodernisierung.** Rechtsdogmatisch handelt es sich um einen gesetzlichen Anspruch des Mieters auf Erteilung einer Erlaubnis zur baulichen Veränderung der Mietsache. Mit der Erteilung der Erlaubnis wird der vertragsgemäße Gebrauch über das allgemein in § 535 Abs. 1 Satz 1 BGB bestimmte Maß hinaus erweitert. (a. A. Rips, Barrierefreiheit gemäß § 554a BGB, Berlin 2003 S. 74ff „Vertragsänderung"). Ein Umkehrschluss des Inhalts, dass der Mieter keinen Anspruch auf andere als die in § 554a BGB genannten Maßnahmen hat, ist nicht möglich (Rolfs in: Staudinger § 554a BGB Rdn. 2; Dickersbach in: Lützenkirchen, Mietrecht § 554a Rdn. 5). Die Regelung in Abs. 2 stützt die schon bisher vertretene Rechtsansicht, dass der Vermieter in bestimmten Fällen eine zusätzliche Kaution zur Absicherung eines Sonderrisikos verlangen darf. Nach Beendigung des Mietverhältnisses ist der Mieter grundsätzlich verpflichtet, die Um- oder Einbauten wieder zu entfernen (s. § 546 Rdn. 35–40). Eine Ausnahme gilt für solche Umbauten, die nach den Vorstellungen der Parteien dauerhaft in der Mietsache verbleiben sollen, weil sie deren Wert erhöhen oder weil die zur Herstellung des Ursprungszustands erforderlichen Kosten außer Verhältnis zum Nutzen des Rückbaus stehen (s. AG Charlottenburg GE 2015, 1603 betr. Einbau einer für Behinderte geeigneten Badewanne). In einem solchen Fall kann der Vermieter auch keine Sicherheit i. S. des § 554a Abs. 2 verlangen.

3 **Für die Geschäftsraummiete gilt § 554a BGB nicht.** Unter Umständen kann ein behinderter Geschäftsraummieter aber einen Zustimmungsanspruch aus § 242 BGB i. V. m. Art. 3 GG herleiten.

II. Tatbestandsvoraussetzungen

4 **Abs. 1 Satz 1 bestimmt, dass der Mieter vom Vermieter die Zustimmung zu bestimmten baulichen Veränderungen oder sonstigen Einrichtungen verlangen kann.** Der Anspruch setzt nicht voraus, dass die Notwendigkeit einer behindertengerechten Ausstattung nach dem Abschluss des Mietvertrags entsteht. **Der Mieter kann deshalb den Anspruch auch dann geltend machen, wenn die Absicht zum behindertengerechten Umbau bereits bei Mietbeginn besteht** (Stellungnahme des Rechtsausschusses; abgedr. bei: Börstinghaus/Eisenschmid Arbeitskommentar Neues Mietrecht S. 200; – Rips a. a. O. S. 99; Rolfs

in: Staudinger § 554a BGB Rdn. 7; Ehlert in: Bamberger/Roth § 554a BGB Rdn. 5; Kinne in: Kinne/Schach/Bieber Miet- und Mietprozessrecht § 554a BGB Rdn. 2; a. A. Lammel, Wohnraummietrecht § 554a BGB Rdn. 8; Drasdo WuM 2002, 123). Allerdings ist der Mieter in einem solchen Fall verpflichtet, den Vermieter vor Vertragsschluss auf die Umbaupläne hinzuweisen. Diese Pflicht folgt aus dem allgemeinen Grundsatz, dass jede Vertragspartei solche Umstände offenbaren muss, die für den anderen Teil von Bedeutung sind (a. A. Rips a. a. O. S. 99; Eisenschmid in: Schmidt-Futterer § 554a BGB Rdn. 19; differenzierend: Riecke in: Klein-Blenkers/Heinemann/Ring, Miete/WEG/Nachbarschaft § 554a BGB Rdn. 8: danach muss sich der Mietinteressent nur dann über seine Umbauabsicht erklären, wenn der Vermieter entsprechende Fragen stellt). Wird diese Obliegenheit verletzt, so kann dies im Rahmen der Interessenabwägung berücksichtigt werden (Rolfs in: Staudinger § 554a BGB Rdn. 4; Kinne in: Kinne/Schach/Bieber Miet- und Mietprozessrecht § 554a BGB Rdn. 2).

Der vom Gesetzgeber gewählte **Begriff der Zustimmung** *umfasst nach der Systematik* **5** *des BGB sowohl die vorherige Zustimmung (Einwilligung, § 183 BGB) als auch die nachträgliche Zustimmung (Genehmigung, § 184 BGB). Allerdings ist wohl weder das eine noch das andere, sondern die „Erlaubnis" gemeint, wie sie auch nach anderen Vorschriften erforderlich ist, wenn das Gebrauchsrecht des Mieters erweitert werden soll (z. B.in § 540 Abs. 1 Satz 1 BGB; Rolfs in: Staudinger § 554a BGB Rdn. 17; a. A. Rips a. a. O. S. 103). Die Erlaubnis muss vor Durchführung einer baulichen Veränderung eingeholt werden (im Ergebnis ebenso: Rips a.a.O.; Eisenschmid in: Schmidt-Futterer § 554a BGB Rdn. 15; Rolfs a.a.O.; Lammel Wohnraummietrecht § 554a BGB Rdn. 3; Dickersbach in: Lützenkirchen, Mietrecht § 554a Rdn. 32; Mersson NZM 2002, 313, 316: Danach ist der Begriff der „Erlaubnis" als „Einwilligung" zu lesen; a. A. Drasdo WuM 2002, 123).* **Veränderungen** *sind Eingriffe in die Substanz der Mieträume. Der* **Begriff der Einrichtung** *ist identisch mit dem Begriff der Einrichtung in § 539 Abs. 2 (Eisenschmid in: Schmidt-Futterer § 554a BGB Rdn. 23; Rolfs in: Staudinger § 554a BGB Rdn. 9; Palandt/Weidenkaff § 554a BGB Rdn. 7; a. A. Mersson NZM 2002, 313, 314, weil sonst eine Teilmenge der Einrichtungen einer besonderen Kautionspflicht unterworfen würde.*

Als weitere Voraussetzung für den Anspruch auf Erteilung der Erlaubnis bestimmt **6** *Abs. 1 Satz 1, dass die bauliche Veränderung oder die Einrichtung für eine* **behindertengerechte Nutzung der Räume** *oder des Zugangs zu den Räumen* **erforderlich** *ist (sog. „Barrierefreiheit"; zum Begriff s. Happ WuM 2018, 1). Nach § 3 Behindertengleichstellungsgesetz (BGG) liegt eine Behinderung vor, wenn die körperliche Funktion, geistige Fähigkeit oder seelische Gesundheit eines Menschen länger als sechs Monate von dem für das Lebensalter typischen Zustand abweicht und daher seine Teilhabe am Leben in der Gesellschaft beeinträchtigt. Erforderlich ist eine Einrichtung, wenn sie eine nicht nur unerhebliche Erleichterung für den Behinderten mit sich bringt. Eine Unterscheidung zwischen notwendigen, nützlichen und solchen Maßnahmen, die nur der Bequemlichkeit dienen, ist nicht angebracht (Rips a. a. O. S. 84; enger: Eisenschmid in: Schmidt-Futterer § 554a BGB Rdn. 35; Rolfs in: Staudinger § 554a BGB Rdn. 10; Mersson NZM 2002, 313, 314). Jedoch scheiden Maßnahmen aus, die – unabhängig von der Behinderung des Mieters – ganz allgemein den Gebrauchswert erhöhen (Lammel Wohnraummietrecht § 554a BGB Rdn. 14).*

Beispiele *sind: Schaffung eines ebenerdigen Hauseingangs oder einer Auffahrtrampe; die* **7** *Beseitigung von Türschwellen bei Nutzung der Wohnung durch einen Rollstuhlfahrer; Verbreiterung der Türen auf Rollstuhlbreite; der Umbau eines Badezimmers; ein rutschsicherer Bodenbelag; die Montage von Stützstangen oder Gehhilfen entlang der Wände; die Montage beiderseitiger Handläufe im Treppenhaus und der Einbau eines Treppenliftes im Treppenhaus* *oder innerhalb einer Maisonnettewohnung; die Sicherung von Fenstern zum Schutz geistig behinderter Mieter, etc.(vgl. die zahlreichen Beispiele bei Rips a.a.O. S. 108ff und Happ WuM 2018, 1).*

8 *Die **Art der Behinderung** ist gleichgültig. Eine Beschränkung auf die Definition in § 3 SchwerBehindG ist nicht angezeigt. In der Regel wird es sich um Umbaumaßnahmen im Interesse **körperlich Behinderter, alter oder gebrechlicher Mieter** handeln. Es kommen aber auch Maßnahmen zugunsten oder zum Schutz **sehbehinderter, hörbehinderter oder geistig Behinderter** in Betracht (Mersson NZM 2002, 313, 314; Rolfs in: Staudinger § 554a BGB Rdn. 6; Eisenschmid in: Schmidt-Futterer § 554a BGB Rdn. 9; Ehlert in: Bamberger/Roth § 554a BGB Rdn. 5; Kinne in: Kinne/Schach/Bieber Miet- und Mietprozessrecht § 554a BGB Rdn. 2; Dickersbach in: Lützenkirchen, Mietrecht § 554a Rdn. 12). Das **Ausmaß der Behinderung** ist im Rahmen des Abs. 2 Satz 2 zu berücksichtigen. Es ist nicht erforderlich, dass der Mieter selbst zum Kreis der Behinderten gehört. **Es genügt, wenn eine behinderte Person mit dem Mieter einen gemeinsamen Hausstand führt** (Eisenschmid in: Schmidt-Futterer § 554a BGB Rdn. 31; Lammel Wohnraummietrecht § 554a BGB Rdn. 6). Der gelegentliche Besuch durch Behinderte wird von § 554a nicht erfasst, weil der Besucher die Mietsache nicht nutzt.*

9 ***Abs. 1 Satz 1 letzter Teilsatz, Satz 2 und Satz 3:*** *Bauliche Veränderungen durch den Mieter bedürfen nach allgemeinen Grundsätzen regelmäßig der Erlaubnis durch den Vermieter, der hierüber auf Grund einer **Interessenabwägung** zu entscheiden hat. Auf diesem Grundsatz basiert Satz 2 letzter Teilsatz und Sätze 2 und 3. **Aus Satz 1 ergibt sich, dass der Anspruch auf Erteilung der Erlaubnis ein berechtigtes Interesse des Mieters voraussetzt.** Hierunter ist – wie allgemein – jedes vernünftige und nachvollziehbare Interesse zu verstehen. Es genügt, wenn die Wohnung infolge der baulichen Veränderung oder Einrichtung für den Mieter oder dessen Angehörigen bequemer zu nutzen ist, wenn die Funktionsabläufe verbessert werden und wenn die Wohnung sicherer, gesünder oder pflegeleichter wird (enger Mersson NZM 2002, 313, 314). Allerdings muss stets ein Bezug zwischen der Behinderung und der Verbesserung bestehen.*

10 *In Satz 2 ist bestimmt, dass die **Interessen des Mieters** an der baulichen Veränderung und die **Interessen des Vermieters** an der Beibehaltung des gegenwärtigen Zustands gegeneinander abzuwägen sind. Für diese Interessenabwägung gelten – mit umgekehrten Vorzeichen – ähnliche Grundsätze wie nach § 554 Abs. 2 BGB.*

11 *Kommen **mehrere gleich taugliche und gleich teure Maßnahmen** in Betracht, so ist diejenige Maßnahme auszuwählen, die den Vermieter und die übrigen Hausbewohner am wenigsten stört (Mersson NZM 2002, 313, 315). Bestehen zwischen mehreren gleich tauglichen Maßnahmen nicht nur unerhebliche Preisunterschiede, so ist dies im Rahmen der Interessenabwägung angemessen zu berücksichtigen (abweichend: Dickersbach in: Lützenkirchen, Mietrecht § 554a Rdn. 29: Wahlrecht des Vermieters). Dabei kommt es auch auf die jeweiligen finanziellen Verhältnisse des Mieters an (Mersson NZM 2002, 313, 316).*

12 ***Werden durch die Einrichtung Sicherheitsbelange tangiert*** *(Statik, Elektrizität, Sanitär), so kann der Vermieter verlangen, dass die Arbeiten von einer **Fachfirma** ausgeführt werden (Eisenschmid in: Schmidt-Futterer § 554a BGB Rdn. 38; Rolfs in: Staudinger § 554a BGB Rdn. 18).*

13 *Nach Satz 3 sind die **Interessen anderer Mieter in dem Gebäude zu berücksichtigen**. Diese Interessen können sich zugunsten des Vermieters (wenn die Beibehaltung des gegebenen Zustand im Interesse der Mieter liegt) aber auch zugunsten des Mieters auswirken (z. B.: wenn ein Teil der übrigen Mieter ebenfalls zum Kreis der Behinderten zählt oder eine Behinderung etwa infolge eines fortgeschrittenen Alters unmittelbar bevorsteht).*

Barrierefreiheit **BGB § 554a**

Nach Abs. 2 kann der Vermieter die Erteilung der Erlaubnis von der Leistung einer 14
angemessenen zusätzlichen Sicherheit abhängig machen. *Der Vermieter hat keinen gesetzlichen Anspruch auf die Sicherheit. Es steht ihm lediglich frei, die Erlaubnis zu verweigern, wenn der Mieter die Sicherheit zu Unrecht ablehnt. Die Sicherheit richtet sich nach den Rückbaukosten; sie entfällt bei Umbauten, die nach den Vorstellungen der Parteien dauerhaft in der Mietsache verbleiben sollen (s. oben Rdn. 2).*
   Der **Begriff der Sicherheit** *ist derselbe wie in § 551 Abs. 1. In Betracht kommen alle* 15
Arten von Sicherheiten. Der Vermieter hat keinen Anspruch auf eine bestimmte Form der Sicherheit. Daraus folgt, dass die Wahl der Sicherheit grundsätzlich beim Mieter liegt (Eisenschmid in: Schmidt-Futterer § 554a BGB Rdn. 56; Rolfs in: Staudinger § 554a BGB Rdn. 24; Bieber in: MünchKomm § 554a BGB Rdn. 18; Ehlert in: Bamberger/ Roth § 554a BGB Rdn. 15; Riecke in: Klein-Blenkers/Heinemann/Ring, Miete/ WEG/Nachbarschaft § 554a BGB Rdn. 35; Wiek Mietrecht express 2003, 73; **a. A.** *Rips a.a.O, S. 131; Geldmacher DWW 2002, 182, 184; Dickersbach in: Lützenkirchen, Mietrecht § 554a Rdn. 46: danach kann der Vermieter die Sicherheit nach billigem Ermessen bestimmen).*
   Die Sicherheit kann neben der Sicherheit nach § 551 BGB verlangt werden. *Der* 16
Begriff der Angemessenheit bezieht sich sowohl auf die Art als auch auf die Höhe der Sicherheit. Riskante Sicherheiten (Stellung eines Bürgen in ungesicherten Vermögensverhältnissen, Wertpapiere mit Verlustprognose) kann der Vermieter ablehnen. Anderseits kann der Vermieter keine überhöhte Sicherheit verlangen. **Eine Sicherheit ist dann angemessen, wenn sie die Rückbau- und Entsorgungskosten deckt.** *Man wird dem Vermieter einen gewissen Aufschlag (von ca. 10%) zubilligen müssen, damit auch künftigen Preiserhöhungen Rechnung getragen werden kann (Eisenschmid in: Schmidt-Futterer § 554a BGB Rdn. 60; Rolfs in: Staudinger § 554a BGB Rdn. 25; Ehlert in: Bamberger/Roth § 554a BGB Rdn. 15; Lammel Wohnraummietrecht § 554a BGB Rdn. 26; Kinne in: Kinne/Schach/Bieber Miet- und Mietprozessrecht § 554a BGB Rdn. 8; ähnlich Mersson NZM 2002, 313, 317; Wiek Mietrecht express 2003, 73; Dickersbach in: Lützenkirchen, Mietrecht § 554a Rdn. 46* **a. A.** *Rips a. a. O. S. 129; Both in: Herrlein/Kandelhard § 554a BGB Rdn. 24). Eine* **nachträgliche Aufstockung** *ist nicht möglich (Rips a.a.O.; Eisenschmid in: Schmidt-Futterer § 554a BGB Rdn. 61; Rolfs a. a. O.; Wiek Mietrecht express 2003, 73; Both a. a. O.; Dickersbach a. a. O.;* **a. A.** *Mersson NZM 2002, 313, 317; Drasdo WuM 2002, 123;).* **Die Kosten für die Ermittlung der Rückbaukosten hat der Mieter zu tragen,** *weil die Maßnahme allein in seinem Interesse liegt und sich die Verpflichtung des Vermieter in der Duldung erschöpft (Drasdo WuM 2002, 123, 127; Ormanschick Wohnungseigentümer 2002, 56, 57; Geldmacher DWW 2002, 182, 183; Merson in Fischer-Dieskau/Pergande/Schwender Wohnungsbaurecht § 554a BGB Anm. 3 und in NZM 2002, 313, 317; Eisenschmid in: Schmidt-Futterer § 554a BGB Rdn. 59). Ist keine Fälligkeit vereinbart, so hat der Mieter kein Recht zur* **Ratenzahlung** *(Eisenschmid in: Schmidt-Futterer § 554a BGB Rdn. 58; Lammel Wohnraummietrecht § 554a BGB Rdn. 27; Mersson NZM 2002, 313, 317; Wiek Mietrecht express 2003, 73). Weitere Sicherheiten, etwa für ein erhöhtes Haftungsrisiko des Vermieters, sind nach dem eindeutigen Wortlaut der Vorschrift („für die Wiederherstellung des ursprünglichen Zustands") nicht möglich.*
   Nach h. M. liegt die Beweislast für die Angemessenheit der Sicherheit beim Ver- 17
mieter *(Eisenschmid in: Schmidt-Futterer § 554a BGB Rdn. 62; Palandt/Weidenkaff § 554a BGB Rdn. 4; Merson in Fischer-Dieskau/Pergande/Schwender Wohnungsbaurecht § 554a BGB Anm. 3; Geldmacher DWW 2002, 182, 183; Bieber in: MünchKomm § 554a BGB Rdn. 21; Kinne in: Kinne/Schach/Bieber Miet- und Mietprozessrecht § 554a BGB Rdn. 8; Rieke in: Dauner-Lieb u. a. Anwaltskommentar § 554a BGB*

Rdn. 37). Hierbei wird verkannt, dass die Sicherheit zu den Voraussetzungen des Zustimmungsanspruchs gehört, wenn der Vermieter eine solche verlangt. Deshalb muss der Mieter darlegen und beweisen, dass die von ihm angebotene Sicherheit die Rückbau- und Entsorgungskosten deckt (wie hier: Drasdo WuM 2002, 123, 127; Wiek Mietrecht express 2003, 73).

18 **Abs. 2 Satz 2 bestimmt durch Verweisung auf § 551 Abs. 3 und 4, dass für die zusätzliche Sicherheit hinsichtlich der Anlage und Verzinsung die Regeln über die allgemeine Kaution gelten.** *Wird bei einer vermieteten Eigentumswohnung in das Gemeinschaftseigentum eingegriffen, so ist der Mieter verpflichtet, einer Übertragung der Kaution auf die Eigentümergemeinschaft zuzustimmen (Wiek a.a.O.).*

19 **Das Recht des Vermieters auf die Zusatzkaution hängt davon ab, dass der Mieter bei Vertragsende zum Rückbau verpflichtet ist.** *Die Rückbauverpflichtung bedarf keiner besonderen Vereinbarung; vielmehr folgt sie aus dem allgemeinen Grundsatz, dass die Mietsache in dem ursprünglichen Zustand (mit den vertragsgemäßen Abnutzungen) zurückzugeben ist. Wird die Rückbaupflicht trotz Fristsetzung vertragswidrig nicht erfüllt, so kann der Vermieter Schadensersatz statt der Leistung verlangen (§ 281 BGB). Der Ersatzanspruch setzt voraus, dass das Vermögen des Vermieters durch die Verletzung der Rückbaupflicht gemindert ist. Will der Vermieter die Mietsache im veränderten Zustand belassen, so kommt ein Schadensersatzanspruch nicht in Betracht. Verlangt der Vermieter, dass der Mieter die Einrichtungen zurücklässt, so wird man dem Mieter einen Ersatzanspruch analog § 552 BGB zubilligen müssen (Mersson NZM 2002, 313, 318).*

20 **Die Sicherheit ist zweckgebunden.** *(Eisenschmid in: Schmidt-Futterer § 554a BGB Rdn. 64; Ehlert in: Bamberger/Roth § 554a BGB Rdn. 17; Merson NZM 2002, 317; Geldmacher DWW 2002, 182, 183). Die Zweckbindung ergibt sich aus dem Wortlaut des § 554a Abs. 2 BGB („für die Wiederherstellung"). Daraus folgt: Wird die Mietsache vom Mieter in den ursprünglichen Zustand versetzt, so ist die Kaution zurückzugeben. Hat der Vermieter in einem solchen Fall andere Ansprüche gegen den Mieter (z. B. auf Miete oder Schadensersatz), so kann er mit dem Rückzahlungsanspruch aus der Kaution nicht gegen diese Ansprüche aufrechnen;* **aus der gesetzlichen Zweckbindung folgt zugleich ein Aufrechnungsverbot.** *Der Vermieter ist allerdings nicht gehindert, wegen seiner Ansprüche einen Titel zu erwirken, die Rückzahlungsansprüche des Mieters zu pfänden und sich diese zur Einziehung überweisen zu lassen. Wird die Rückbaupflicht nicht erfüllt, so kann der Vermieter die Zusatzkaution (ausschließlich) für den Rückbau verwenden.*

21 **Einrichtungen bedürfen** *nach allgemeinen Grundsätzen* **nur dann einer Erlaubnis durch den Vermieter, wenn sie nach außen in Erscheinung treten** *oder wenn durch deren Installation die Interessen des Vermieters tangiert werden. An diesem Grundsatz ändert § 554a BGB nichts. Einrichtungen, die jeder Mieter ohne Erlaubnis anbringen darf, können auch von dem behinderten Mieter angebracht werden, ohne dass hierzu eine Erlaubnis des Vermieters erforderlich wäre (Rips a. a. O. S. 85). In diesen Fällen kann der Vermieter auch keine Kaution verlangen. Ist die Anbringung einer Änderung erlaubnispflichtig, so gelten auch hierfür die oben Rdn. 9, 14 dargelegten Grundsätze der Interessenabwägung und der Sicherheitsleistung.*

22 **Die übrigen Mieter des Hauses haben grundsätzlich kein Minderungsrecht, wenn während der Umbauarbeiten oder durch die behindertengerechte Einrichtung selbst der Gebrauchswert der Mietsache beeinträchtigt wird.** *Dies folgt aus der Erwägung, dass auch der Mietbesitz der Sozialpflichtigkeit unterliegt (Mersson NZM 2002, 313, 318; Rolfs in: Staudinger § 554a BGB Rdn. 20; Eisenschmid in: Schmidt-Futterer § 554a BGB Rdn. 50;* **a. A.** *Dickersbach in: Lützenkirchen, Mietrecht § 554a Rdn. 35). Eine Ausnahme kommt nur bei sehr erheblichen Beeinträchtigungen in Betracht.*

In diesen Fällen ist der behinderte Mieter verpflichtet, den Vermieter von den insoweit auftretenden finanziellen Belastungen freizustellen (§ 554 Abs. 4 BGB analog; ähnlich Rips a.a.O S. 139).

*Nach **Abs. 3** sind **abweichende Vereinbarungen** zum Nachteil des Mieters unwirksam. Die Regelungen über die Anlage und Verzinsung der Sicherheit sind kraft der Verweisung in Abs. 2 Satz 2 ebenfalls unabdingbar.* 23

III. Vermietete Eigentumswohnung:

Die Regelung des § 554a gilt auch, wenn der Mieter einer Eigentumswohnung eine bauliche Veränderung im Gemeinschaftseigentum vornehmen will (Rips a.a.O S. 177ff; Eisenschmid in: Schmidt-Futterer § 554a BGB Rdn. 66ff). Nach der Regierungsbegründung soll die Herstellung eines behindertengerechten Zustands im Gemeinschaftseigentum durch einen Wohnungseigentümer ohne Zustimmung der anderen Eigentümer möglich sein, weil damit nur unwesentliche Beeinträchtigungen verbunden sind (BT-Drucks 16/887 S. 31 r. Sp.). Dies trifft in dieser allgemeinen Form nicht zu (Derleder WuM 2008, 444, 449); vielmehr kommt es im Einzelfall auf die Art der Maßnahme und deren Auswirkungen auf das Gemeinschaftseigentum an. Grundsätzlich müssen bauliche Veränderungen im Gemeinschaftseigentum von der Gemeinschaft der Wohnungseigentümer beschlossen werden. Der behinderte Wohnungseigentümer hat einen Anspruch auf Zustimmung, wenn die übrigen Wohnungseigentümer durch die Maßnahme nicht über das unvermeidliche Maß hinaus beeinträchtigt werden. Dies ist nach den Umständen des Einzelfalls unter Abwägung der jeweiligen Interessen der Wohnungseigentümer festzustellen. Die grundrechtlich geschützten Belange des behinderten Wohnungseigentümers sind in diesem Rahmen zu berücksichtigen (OLG München NZM 2008, 848, 849 betr. den Einbau eines Treppenlifts; vgl. dazu auch BVerfG NJW 1996, 2858 zum rechtsähnlichen Fall der Installation einer Parabolantenne im Gemeinschaftseigentum). 24

*Es gelten folgende **Grundsätze**: **(1)** Der Mieter einer Eigentumswohnung kann nur seinen Vermieter, nicht aber die Gemeinschaft auf Erteilung der Erlaubnis in Anspruch nehmen. Im Streitfall ist der Anspruch vor dem Mietgericht geltend zu machen. **(2)** Der Vermieter kann einwenden, dass er im Verhältnis zu den übrigen Wohnungseigentümern zu der Erteilung der Erlaubnis nicht berechtigt sei. **(3)** In einem solchen Fall ist zu fragen, ob der Vermieter einen Anspruch gegen die Gemeinschaft auf Durchführung der baulichen Änderung hat. Besteht eine realistische Chance, dass die Gemeinschaft die bauliche Änderung hinnehmen muss oder hinnehmen will, so ist es Sache des Vermieters diesen Anspruch – gegebenenfalls gerichtlich – geltend zu machen. Zuständig hierfür ist das Wohnungseigentumsgericht. **(4)** Bis zum Abschluss dieses Verfahrens kann das Mietgericht den Rechtsstreit aussetzen.* 25

IV. Prozessuales

*Liegen die Voraussetzungen für den Zustimmungsanspruch vor, so muss der Vermieter die Zustimmung erteilen. Fraglich ist, ob dem Vermieter zur Durchsetzung eigener Ansprüche ein **Zurückbehaltungsrecht nach § 273 BGB** zusteht. Zweifelsfrei ist, dass der Vermieter die Erteilung der Zustimmung gem. § 554a Abs. 2 von der Leistung der dort genannten Sicherheit abhängig machen kann. In der instanzgerichtlichen Rechtsprechung wird vertreten, dass ein darüberhinausgehendes Zurückbehaltungsrecht (z. B. wegen eines Anspruchs auf Zahlung rückständiger Miete) auf Grund der Besonderheit des Schuldverhältnisses ausgeschlossen ist (AG Flensburg WuM 2015, 733). Dem ist zuzustimmen, weil § 273 BGB* 26

§ 555 BGB Untertitel 2. Mietverhältnisse über Wohnraum

den Schuldner des Zustimmungsanspruchs in erster Linie wegen seiner Gegenansprüche sichern soll und weil dieser Zweck nach den Vorstellungen des Gesetzgebers durch § 554a Abs. 2 hinreichend und ausschließlich erfüllt wird.

26a *Lehnt der Vermieter die Erteilung der Erlaubnis ab, so kann der Mieter Klage erheben. Nach dem Wortlaut des § 554a BGB muss der* **Klagantrag** *auf Verurteilung zur Zustimmung zur Durchführung konkret bezeichneter baulicher Änderungen gerichtet sein. Gegebenenfalls sind Pläne beizufügen (Rips a. a. O. S. 167). Mit der Rechtskraft des Zustimmungsurteils gilt die Zustimmungserklärung als abgegeben (§ 894 ZPO). Der Mieter hat auf Grund des Titels ein vertragliches Recht zur Durchführung der Arbeiten. Der Vermieter muss die Arbeiten dulden. Die Duldungsverpflichtung kann allerdings nicht aus dem Zustimmungsurteil vollstreckt werden. Vielmehr benötigt der Mieter darüber hinaus einen Duldungstitel (Rips, a. a. O. S. 168; Rolfs in: Staudinger § 554a BGB Rdn. 22). Der Duldungstitel wird nach § 890 ZPO durch Verhängung eines Ordnungsgeldes vollstreckt. Der vollständige Klagantrag muss mithin auf Erteilung der Erlaubnis und Duldung der Baumaßnahmen lauten.*

27 *Ist eine* **Eigentumswohnung** *vermietet, so können sich die Parteien dahingehend einigen, dass der Mieter den Anspruch des Vermieters gegen die Eigentümergemeinschaft im Wege der gewillkürten Prozessstandschaft geltend macht (Eisenschmid in: Schmidt-Futterer § 554a BGB Rdn. 71). Ein eigenes rechtliches Interesse des Mieters liegt vor, da er auf Grund des Mietvertrags einen Anspruch auf Mitbenutzung des Gemeinschaftseigentums hat und da die aus § 554a BGB folgenden Rechte von der Entscheidung berührt werden können (vgl. dazu BayObLG ZMR 2001, 907).*

§ 555 Unwirksamkeit einer Vertragsstrafe

Eine Vereinbarung, durch die sich der Vermieter eine Vertragsstrafe vom Mieter versprechen lässt, ist unwirksam.

I. Anwendungsbereich/Zweck

1 **Die Regelung gilt nur für die Wohnraummiete** und nur für solche Vertragsstrafen, die zugunsten des Vermieters vereinbart werden. Es handelt sich um eine Mieterschutzvorschrift, die verhindern soll, dass sich der Vermieter unangemessene Druckmittel zur Durchsetzung seiner Rechte einräumen lässt. Auf eine Differenzierung zwischen angemessenen Vertragsstrafen einerseits und unangemessenen Vertragsstrafen andererseits hat der Gesetzgeber aus Gründen der Rechtsklarheit allerdings verzichtet. Das Vertragsstrafenverbot gilt für alle Vereinbarungen, auch für solche, die in einem gerichtlichen Vergleich getroffen werden.

2 Bei den **Mischräumen** soll es nach einer verbreiteten Meinung darauf ankommen, ob sich die Vertragsstrafe auf den Geschäftsbereich oder auf den Bereich des Wohnens bezieht (V. Emmerich in: Staudinger § 555 BGB Rdn. 2; Ehlert in: Bamberger/Roth § 555 BGB Rdn. 3; Lammel Wohnraummietrecht § 555 BGB Rdn. 2; Schach in: Kinne/Schach/Bieber Miet- und Mietprozessrecht § 555 BGB Rdn. 1; Lützenkirchen in: Lützenkirchen, Mietrecht § 555 Rdn. 3). Nach **a. A.** gilt § 555 BGB für alle Mischmietverhältnisse, die als Wohnraummietverträge (§ 535 BGB Rdn. 13) zu bewerten sind (Sternel Rdn. III 287; Both in: Herrlein/Kandelhard § 555 BGB Rdn. 1; Bieber in: MünchKomm § 555 BGB Rdn. 2).

Vertragsstrafenregelungen sind nichtig (§ 134 BGB); § 139 BGB ist nicht 3 anwendbar, weil sonst der Schutz des Gesetzes ins Gegenteil verkehrt würde. Die Regelung des § 555 BGB wird für Formularklauseln ergänzt durch §§ 307, 306, 308 Nr. 7, 309 Nr. 5 BGB, die für alle Mietverträge gelten. Bei öffentlich gefördertem Wohnraum ist außerdem § 9 WoBindG zu beachten.

II. Begriff der Vertragsstrafe

Unter einer **Vertragsstrafe** versteht man das Versprechen der Zahlung einer 4 Geldsumme (§ 339 BGB) oder einer anderen Leistung (§ 342 BGB) durch den Schuldner für den Fall, dass dieser eine Verbindlichkeit nicht oder in nicht gehöriger Weise, insbesondere nicht rechtzeitig (§ 341 BGB) erfüllt. Dem ist nach dem Schutzzweck des § 555 BGB der Fall gleichzustellen, in dem sich ein Dritter für den Mieter zur Zahlung einer Vertragsstrafe verpflichtet (V. Emmerich in: Staudinger § 555 BGB Rdn. 3; Sternel Rdn. III 288; Lammel Wohnraummietrecht § 555 BGB Rdn. 3; Bieber in: MünchKomm § 555 BGB Rdn. 4; Lützenkirchen in: Lützenkirchen, Mietrecht § 555 Rdn. 10). Die Regelung ist entsprechend anzuwenden, wenn der Mieter für diesen Fall auf die Wahrnehmung von Rechten verzichtet. Die Vertragsstrafe verfolgt in erster Linie den Zweck, den Schuldner am Vertrag festzuhalten, insbesondere ihn zu einer vertragsgemäßen Erfüllung anzuhalten. In zweiter Linie soll sie dem Vermieter im Verletzungsfall eine erleichterte Schadloshaltung ermöglichen (KG NZM 1999, 1048, 1049). Die Vertragsstrafe ist in ihrer typischen Erscheinungsform ein Druckmittel zur Erfüllung der Hauptforderung (BGHZ 49, 84, 89; NJW 1976, 1887). Deshalb ist die Vertragsstrafe immer akzessorisch.

Dies unterscheidet die Vertragsstrafe vom **selbständigen Strafversprechen;** 5 hier verspricht der Schuldner eine Zahlung für den Fall, dass er eine Handlung vornimmt oder unterlässt ohne, dass dem Gläubiger eine durchsetzbare Handlungs- oder Unterlassungsverpflichtung zusteht. Auf das selbständige strafversprechen ist § 555 ebenfalls entsprechend anzuwenden.

Eine **Verfallklausel** bewirkt einen Rechtsverlust im Falle der Nichterfüllung 6 oder der nicht gehörigen Erfüllung. Auf solche Klauseln ist § 555 BGB entsprechend anwendbar (BGH NJW 1960, 1568; Sternel Rdn. III 288; Blank in: Schmidt-Futterer § 555 BGB Rdn. 4; V. Emmerich in: Staudinger § 555 BGB Rdn. 5; Kossmann/Meyer-Abich Handbuch der Wohnraummiete § 76 Rdn. 3; Schach in: Kinne/Schach/Bieber Miet- und Mietprozessrecht § 555 BGB Rdn. 2; Bieber in: MünchKomm § 555 BGB Rdn. 4; Ehlert in: Bamberger/Roth § 555 BGB Rdn. 4; Lützenkirchen in: Lützenkirchen, Mietrecht § 555 BGB Rdn. 11; Riecke in: Klein-Blenkers/Heinemann/Ring, Miete/WEG/Nachbarschaft § 555 BGB Rdn. 8, 9; Palandt/Weidenkaff § 555 BGB Rdn. 1)

Ist mit der Vertragsverletzung typischerweise der Eintritt eines bestimmten Scha- 7 dens verbunden und soll mit der Vereinbarung einer bestimmten Geldzahlung erreicht werden, dass der Gläubiger vom Nachweis des Schadenseintritts und der Schadenshöhe befreit wird, so liegt keine Vertragsstrafe, sondern eine vereinbarte **Schadenspauschalierung** vor. Hierfür ist typisch, dass sich die Höhe der Zahlung am Schaden orientiert. Die Grenze zwischen einer Vertragsstrafe und einer Schadenspauschalierung ist fließend. Aus diesem Grunde wird teilweise vertreten, dass auf diese Vereinbarungen § 555 anzuwenden ist (Emmerich in: Staudinger § 555 BGB Rdn. 7; Sternel Rdn. III 289; Kossmann/Meyer-Abich Handbuch der

§ 555 BGB Untertitel 2. Mietverhältnisse über Wohnraum

Wohnraummiete § 76 Rdn. 4; **a. A.** Lammel Wohnraummietrecht § 555 BGB Rdn. 11; Both in: Herrlein/Kandelhard § 555 BGB Rdn. 4; Schach in: Kinne/Schach/Bieber Miet- und Mietprozessrecht § 555 BGB Rdn. 3). Nach der hier vertretenen Auffassung fallen Schadenspauschalierungen nur dann unter § 555 BGB, wenn sie in ihrer Wirkung einer Vertragsstrafe gleichkommen, was dann der Fall ist, wenn sie als Druckmittel dienen sollen oder wenn die Pauschale überhöht ist (ebenso: OLG Hamburg RE 17.4.1990 WuM 1990, 244; Ehlert in: Bamberger/Roth § 555 BGB Rdn. 7; Bieber in: MünchKomm § 555 BGB Rdn. 4; Lützenkirchen in: Lützenkirchen, Mietrecht § 555 Rdn. 18.

8 Ist vereinbart, dass eine Vertragspartei gegen Zahlung einer Geldsumme zum Rücktritt vom Vertrag berechtigt sein soll, so spricht man von einem **Reugeld** (§§ 336 Abs. 2, 353 BGB); auch das Reugeld ist keine Vertragsstrafe, obwohl die Grenzen auch zwischen diesen beiden Rechtsinstituten fließend sind. Hierauf ist § 555 entsprechend anzuwenden.

III. Einzelfälle

9 Eine **Formularklausel, wonach der Mieter für den Fall der vorzeitigen Vertragsbeendigung einen Pauschalbetrag zu bezahlen** hat, ist an den §§ 307, 309 Nr. 5 BGB zu messen. Dies bedeutet, dass die Klausel klar und verständlich sein muss (§ 307 Abs. 1 Satz 2 BGB – Transparenzgebot). Der Mieter darf außerdem im Vergleich zur gesetzlichen Regelung nicht unangemessen benachteiligt werden (§ 307 Abs. 2 BGB). Schließlich ist bei der Pauschalierung § 309 Nr. 5 BGB zu beachten. Es gelten folgende **Grundsätze: (1)** Auf der Tatbestandsseite ist sicherzustellen, dass die Ersatzpflicht ausschließlich die Fälle erfasst, in denen die Kündigung des Vermieters auf Grund einer vom Mieter verschuldeten Pflichtverletzung beruht. Dies sind die Fälle der außerordentlichen Kündigung nach §§ 543 Abs. 1, Abs. 2 Nr. 2 und 3; 569 Abs 2, 2a BGB. In diesem Fall schuldet der Mieter kraft Gesetzes Schadensersatz in Form des Kündigungsfolgeschadens (s. § 542 Rdn. 112 ff). Dieser Schaden kann pauschaliert werden. Der Pauschalbetrag muss sich an dem tatsächlich und möglicherweise entstehenden Schaden orientieren (OLG Frankfurt NZM 2018, 679); aus der Klausel muss sich ausdrücklich ergeben, dass dem Mieter der Nachweis offensteht, dass kein oder nur ein geringerer Schaden entstanden ist. **(2)** Eine Klausel wonach der Pauschalbetrag auch für den Fall geschuldet wird, dass der Mieter einen nach § 575 BGB wirksam befristeten Vertrag oder einen Vertrag mit einen wirksam vereinbarten Kündigungsausschluss vorzeitig kündigt, ist unwirksam, weil dem Vermieter kein pauschalierungsfähiger Schaden entsteht. In einem solchen Fall ist die Kündigung des Mieters unwirksam, das Mietverhältnis wird nicht beendet mit der weiteren Folge, dass kein Mietausfall entsteht. Der Vermieter hat zwar kraft Gesetzes Anspruch auf Ersatz derjenigen Kosten, die für die Abwehr der unberechtigten Kündigung entstehen. Ein solcher Schaden ist der Pauschalierung nicht zugänglich.

9a **Einzelfälle aus der Rechtsprechung: (1)** Die Klausel „Der Mieter zahlt für den Fall der vorzeitigen Vertragsauflösung zum Ausgleich für den hierdurch entstehenden Verwaltungs- und Vermietungsaufwand „eine Pauschalabgeltung in Höhe von einer Monatsmiete – netto/kalt – ohne besonderen Nachweis des Vermieters" hat das OLG Hamburg in dem Rechtsentscheid 17.4.1990 (OLG Hamburg WuM 1990, 244) für wirksam erachtet. – Die Klausel verstößt nach der hier vertretenen Ansicht gegen das Transparenzgebot, wie sie undifferenziert alle Fälle der „vorzeitigen Vertragsauflösung" erfasst. **(2)** Das OLG Karlsruhe (ZMR 2000, 380) hat die Klausel „Sollte das Mietverhältnis auf Wunsch des Mieters vor Ablauf der Vertragszeit bzw. der gesetzlichen Fristen einverständlich beendet werden, zahlt der Mieter als pauschale Abgeltung der Kosten der vorzeitigen Beendigung des Mietverhältnisses an den Vermieter den Betrag der zuletzt vereinbarten Kaltmiete" für unwirksam angesehen. – Die Entscheidung ist zutreffend, weil die Klausel in dieser Form gegen § 309 Nr. 5 BGB verstößt. **(3)** Die Klausel: „Wird das Vertragsverhältnis durch eine außerordentliche Kündigung seitens (des Vermieters) vorzeitig beendet oder kündigt der Mieter vorzeitig, ohne dass ein in dem Verhalten (des Vermieters) liegender wichtiger Grund vorliegt, so ist der Vermieter berechtigt, 50% der bis zum Ablauf des nächsten erreichbaren ordentlichen Kündigungsfrist zu zahlenden Gesamtvergütung als pauschalierten Schadensersatz zu verlangen. Dem Mieter bleibt jedoch nachgelassen, nachzuweisen, dass ein Schaden nicht oder in wesentlich geringerem Umfang entstanden ist." verstößt nach dem Urteil des OLG Frankfurt (NZM 2018, 679) gegen §§ 307 Abs. 2 Nr. 1, 307 Abs. 1, 305 Nr. 9 und ist unwirksam.

10 Eine **Vereinbarung, wonach der Mieter auch im Falle einer von ihm ausgesprochenen berechtigten Kündigung einen Geldbetrag zu zahlen hätte,** fällt unter § 555 BGB. Bei vertragsgemäßer Beendigung des Mietverhältnisses kann nämlich von einem Schaden keine Rede sein. Hierunter fällt auch die Klausel: „Falls der Mieter vor Ablauf der Vertragszeit kündigt, ist der Vermieter berechtigt, für den damit verbundenen Verwaltungsaufwand einen einmaligen Betrag von DM 500.–zu fordern", weil die Klausel nicht zwischen berechtigten und unberechtigten Kündigungen unterscheidet (s. dazu auch AG Wiesbaden WuM 1996, 25: Verstoß gegen § 11 Nr. 5 AGBG). Ebenso ist eine Klausel unwirksam, wonach der Mieter eine Abstandszahlung zu leisten hat, wenn er den Vertrag vor Ablauf von 12 Monaten kündigt (AG Dresden WuM 2017, 201 m. Anm. Breyer).

11 **Einzugspauschalen** und **Auszugspauschalen** sind bei preisgebundenem Wohnraum unzulässig. Bei freifinanziertem Wohnraum können sie wirksam vereinbart werden; allerdings nur im Wege der Individualvereinbarung. Bei Formularklauseln ist § 306 Nr. 5 BGB zu beachten, weil die Einzugspauschale eine Form des pauschalierten Schadensersatzes darstellt. Für die Auszugspauschale gilt dasselbe.

12 **Kosten für Mahnschreiben.** Eine Vereinbarung, wonach für Mahnungen ein bestimmter Betrag fällig wird, ist als Schadenspauschale zu bewerten. Eine Vereinbarung mit einer Schadenspauschalierung in einem Formularmietvertrag ist an § 309 Nr. 5 Buchstabe b BGB zu messen. Danach sind Schadenspauschalierungen unwirksam, wenn dem Mieter nicht ausdrücklich der Nachweis gestattet wird, dass kein Schaden oder nur ein geringerer Schaden als die Pauschale entstanden sei (BGH NJW 2006, 1056).

13 Eine **Vereinbarung, wonach eine Mietkaution verfällt,** wenn die Mietzeit weniger als 2 Jahre beträgt, ist als Verfallklausel zu bewerten; hierauf ist § 555 BGB anwendbar (AG Karlsruhe WuM 1989, 73; ebenso LG Mannheim WuM 1977, 99 = ZMR 1978, 54 bei Auszug vor Ablauf einer einjährigen Mietzeit). Gleiches gilt für eine **Vereinbarung, wonach beim vorzeitigen Auszug eine Mietvorauszahlung verfallen soll** (AG Bergheim ZMR 1977, 236).

14 **Wird anlässlich eines Räumungsverfahrens in einem gerichtlichen Vergleich vereinbart, dass** das Mietverhältnis fortgesetzt werden soll und dass **der Mieter die Mietsache im Falle eines (erneuten) Zahlungsverzugs an den Vermieter herauszugeben hat,** so ist der Verzicht des Mieters auf die gesetzlichen

Schutzrechte nach der Rechtsprechung des BGH nicht als Vertragsstrafe zu bewerten (BGH WuM 2009, 739 = NJW 2010, 859 = NZM 2010, 39). Dem ist zuzustimmen. Nach der hier vertretenen Ansicht ist auf eine solche Vereinbarung jedoch die Regelung des § 572 Abs. 2 BGB anzuwenden, mit der Folge, dass der Prozess zwar durch den Vergleich beendet wird, die Lösungsklausel aber unwirksam ist (Blank NZM 2010, 31).

IV. Geschäftsraummiete/Pacht

15 Bei der Geschäftsraummiete und bei der Pacht ist die Vereinbarung einer Vertragsstrafe möglich. Die Vereinbarung bedarf in den Fällen des § 550 BGB der Schriftform. Eine formularmäßige Vereinbarung ist denkbar (BGH NJW 1985, 57), jedoch sind die Gestaltungsmöglichkeiten durch §§ 307, 309 Nr. 6 BGB stark beschränkt. Anders als beim Bauvertrag muss sich die Höhe der Vertragsstrafe beim Gewerbemietvertrag nicht aus der Vereinbarung ergeben. Ist die Vertragsstrafe für den Fall der verspäteten Übergabe vereinbart, so kommt es darauf an, welchen Gewinn der Mieter bei der pünktlichen Übergabe der Immobilie hätte erzielen können (OLG Celle ZMR 2014, 354 im Anschluss an BGH NJW 2003, 2158). In einem Mietvertrag über ein vom Vermieter noch zu erstellendes Mietobjekt („Vermietung vom Reißbrett") kann eine Vertragsstrafe für den Fall der Nichterfüllung der Bauverpflichtung vereinbart werden. Eine solche Vereinbarung ist auch dann wirksam, wenn sie keine zeitliche Grenze vorsieht (BGH NJW 2003, 2158; OLG Celle ZMR 2015, 228). Anders als beim Bauvertrag muss sich auch die Höhe der Vertragsstrafe beim Gewerbemietvertrag nicht aus der Vereinbarung ergeben. Ist die Vertragsstrafe für den Fall der verspäteten Übergabe vereinbart, so kommt es darauf an, welchen Gewinn der Mieter bei der pünktlichen Übergabe der Immobilie hätte erzielen können (OLG Celle ZMR 2014, 354 im Anschluss an BGH NJW 2003, 2158). Ein Verstoß gegen § 307 Abs. 1 Satz 1 BGB liegt vor, wenn die Vertragsstrafe unangemessen hoch ist. Dies ist insbesondere der Fall, wenn die Sanktion außer Verhältnis zum Gewicht des Vertragsverstoßes und seinen Folgen für den Vertragsstrafenschuldner steht (BGH NJW 2016, 1230 Rdn. 34). Ist ein bestimmter Betrag als pauschale Sanktion vorgesehen, ohne dass nach Art, Gewicht und Dauer der Vertragsverstöße differenziert wird, kann die Unangemessenheit schon daraus folgen; eine solche Sanktion wäre nur dann zulässig, wenn dieser Betrag auch angesichts des typischerweise geringsten Vertragsverstoßes noch angemessen wäre (BGH a. a. O. Rdn. 34). Verstoß gegen § 307 Abs. 1 BGB hat die Unwirksamkeit der Vertragsstrafenregelung zu Folge. Eine geltungserhaltende Reduktion findet nicht statt (BGH a. a. O. Rdn. 38). Da zwischen der gesicherten Verpflichtung und der Vertragsstrafe Akzessorietät bestehen muss, ist es erforderlich, dass die Verpflichtung wirksam entstanden ist und zum Zeitpunkt der verwirkten Strafe noch besteht. Daran fehlt es, wenn der Mietvertrag vor Verwirkung der Strafe durch Anfechtung vernichtet oder durch Kündigung oder Zeitablauf erloschen ist. Soweit in der Vertragsstrafenregelung nicht anderes vereinbart ist, setzt die Verwirkung der Strafe voraus, dass der Schuldner die Nichterfüllung der Verpflichtung zu vertreten hat. Bei der „Vermietung vom Reißbrett" übernimmt der Vermieter eine verschuldensunabhängige Garantie für die Erfüllung der Bauverpflichtung (BGH NJW 2003, 2158; OLG Celle ZMR 2014, 354). Ansonsten ist Verschulden erforderlich. In den Fällen des § 339 S. 1 BGB ergibt sich dies aus dem Umstand, dass danach Verzug vorausgesetzt wird; für § 339 S. 2 BGB gilt aber nichts anderes (BGH NJW

1972, 1894). Die Wirksamkeit einer Vertragsstrafenregelung hängt allerdings nicht davon ab, dass sich das Verschuldenskriterium aus dem Wortlaut der Klausel ergibt; ist das Verschuldenskriterium nicht ausdrücklich genannt, so ist die Klausel entsprechend dem gesetzlichen Leitbild zu verstehen (OLG Celle ZMR 2014, 354). Wie allgemein beim Verzug muss der Mieter beweisen, dass ein Verschulden nicht vorgelegen hat. Das Verschuldenserfordernis kann vertraglich abbedungen werden, allerdings nicht formularmäßig (§ 307 Abs. 1 BGB; BGH NJW 1985, 57 betr. eine verschuldensunabhängige Vertragsstrafe für den Fall einer vertraglich vereinbarten Mietaufhebung; ebenso OLG Hamm OLGZ 89, 461 betr. eine Vertragsstrafe für abhandengekommene Videofilme). Ist vereinbart, dass die **Vertragsstrafe für den Fall der verspäteten Übergabe** zu zahlen ist, so entsteht der Anspruch, wenn die Übergabe nach dem vereinbarten Zeitpunkt erfolgt. Der Anspruch erlischt jedoch, wenn sich der Mieter die Geltendmachung der Vertragsstrafe bei der Besitzübernahme nicht vorbehält (§ 341 BGB; OLG Düsseldorf GuT 2005, 155 = ZMR 2006, 35). Es ist nicht erforderlich, dass die Dauer der Zahlungspflicht zeitlich begrenzt wird. Jedoch ist irgendwann eine zeitliche Grenze erreicht, jenseits derer sich das Verlangen nach Fortzahlung der Vertragsstrafe als treuwidrig (§ 242 BGB) erweist (OLG Celle ZMR 2014, 354).

Vereinbarungen über die Zahlung einer Schadenspauschale sind bei der Geschäftsraummiete ebenfalls möglich. Bei Formularvereinbarungen ist § 309 Nr. 5 BGB zu beachten. Danach ist eine Schadenspauschalierung unwirksam, wenn a) die Pauschale den in den geregelten Fällen nach dem gewöhnlichen Lauf der Dinge zu erwartenden Schaden oder die gewöhnlich eintretende Wertminderung übersteigt, oder b) dem anderen Vertragsteil nicht ausdrücklich der Nachweis gestattet wird, ein Schaden oder eine Wertminderung sei überhaupt nicht entstanden oder wesentlich niedriger als die Pauschale. Eine Klausel, wonach der Mieter im Falle einer von ihm ausgesprochenen ordentlichen Kündigung eines befristeten Mietvertrags eine Entschädigung zahlen soll ist nach Ansicht des OLG Frankfurt (NZM 2018, 679) unwirksam, weil die unter Buchstabe a) genannten Voraussetzungen nicht gegeben sind. Bei einem befristeten Vertrag ist eine ordentliche Kündigung vor Ablauf der Vertragszeit ausgeschlossen. Deshalb erleide der Vermieter im Falle einer vorzeitigen Kündigung keinen Schaden. Dies folgt aus der Erwägung, dass durch eine vor Ablauf der Befristung erklärte vorzeitige Kündigung das Mietverhältnis nicht beendet wird, so dass dem Vermieter weiterhin die Rechte aus dem Vertrag zustehen. **16**

Nach der Rechtsprechung des BGH ist eine Klausel betreffend die Höhe der vom Mieter geschuldeten **Verzugszinsen** wirksam, wenn die Verzugszinsen mit höchstens 2% über dem Bundesbankdiskontsatz pauschaliert werden und dem Mieter die Möglichkeit des Nachweises verbleibt, dass ein Zinsschaden überhaupt nicht oder wesentlich niedriger entstanden sei (BGH NJW 1982, 331; NJW 1984, 2941). Die Regelungen über den Diskontsatz sind mit Wirkung vom 1.1.1999 aufgehoben worden. Auf die entsprechenden Vereinbarungen über die Höhe der Verzugszinsen hat dies allerdings keinen Einfluss, weil an die Stelle des Diskontsatzes der **„Basiszinssatz"** getreten ist (§ 247 BGB). Demgemäß kann der Vermieter bei einer wirksamen Verzugszinsenregelung im Falle des Zahlungsverzugs dem Mieter weiterhin Verzugszinsen in Höhe eines bestimmten Prozentsatzes über dem Basiszinssatz in Rechnung stellen (vgl. BayObLG ZMR 2000, 111 zu der rechtsähnlichen Klausel in einer Gemeinschaftsordnung). **17**

§ 555a Erhaltungsmaßnahmen

(1) **Der Mieter hat Maßnahmen zu dulden, die zur Instandhaltung oder zur Instandsetzung der Mietsache erforderlich sind (Erhaltungsmaßnahmen).**

(2) **Erhaltungsmaßnahmen sind dem Mieter rechtzeitig anzukündigen, es sei denn, sie sind nur mit einer unerheblichen Einwirkung auf die Mietsache verbunden oder ihre sofortige Durchführung ist zwingend erforderlich.**

(3) **Aufwendungen, die der Mieter infolge einer Erhaltungsmaßnahme machen musste, hat der Vermieter in angemessenem Umfang zu ersetzen. Auf Verlangen hat er Vorschuss zu leisten.**

(4) **Eine zum Nachteil des Mieters von Absatz 2 oder 3 abweichende Vereinbarung ist unwirksam.**

Übersicht

	Rdn.
I. Entstehungsgeschichte, Anwendungsbereich	1
II. Duldungspflicht (Abs. 1)	2
1. Allgemeines	2
2. Begriffe	3
a) Erhaltungsmaßnahmen	3
b) Modernisierende Instandsetzung	4
c) Erneuerungsmaßnahmen	5
d) Begriff der Maßnahmen	7
e) Erforderlichkeit	8
f) Mietsache	9
g) Duldungspflicht	10
III. Ankündigungspflicht (Abs. 2)	13
1. Zweck der Regelung	13
2. Einzelheiten	14
a) Ankündigung durch Vermieter	14
b) Frist/Form	15
c) Inhalt	16
3. Verweigerung der Duldung durch den Mieter	19
4. Nichterfüllung der Mitteilungspflicht	20
5. Schlechterfüllung der Mitteilungspflicht	21
6. Bagatell-/Notmaßnahmen	22
IV. Aufwendungsersatzansprüche des Mieters (Abs. 3)	23
1. Begriff der Aufwendungen	24
2. Vorschusspflicht des Vermieters (Abs. 3 Satz 2)	27
3. Sonderfälle	28
a) Angebot einer Ersatzwohnung	28
b) Kündigung des Vermieters	29
V. Abweichende Vereinbarungen (Abs. 4)	30
VI. Gewährleistungsrechte des Mieters	31
1. Minderung (§ 536 BGB)/Zurückbehaltungsrecht (§ 320 BGB)	31
2. Schadensersatz (§ 536a BGB)	32
3. Kündigung (§ 543 Abs. 2 Nr. 1 BGB)	33
VII. Beweislast	34

	Rdn.
VIII. Prozessuales	35
1. Duldungsanspruch des Vermieters	35
a) Leistungsklage	35
b) Vollstreckung	39
c) Feststellungsklage/Einstweilige Verfügung	40
2. Abwehrrechte des Mieters	41
IX. Erhaltungsmaßnahmen im vermieteten Wohnungseigentum	44

I. Entstehungsgeschichte, Anwendungsbereich

Die Vorschrift wurde durch das MietRÄndG 2013 in das BGB eingefügt. Sie ist **1** am 1.5.2013 in Kraft getreten. Abs. 1 entspricht jedoch der Regelung des bis zum 30.4.2013 geltenden § 554 Abs. 1 BGB a. F. Deshalb kann zur Auslegung der Norm auf die zu § 554 BGB ergangene Rechtsprechung zurückgegriffen werden. Die Vorschrift gilt für die Wohnraum- und für die Gewerbemiete (§ 578 Abs. 2); jedoch sind bei der Gewerbemiete abweichende Vereinbarungen möglich, weil § 578 Abs. 2 Satz 1 nicht auf § 555a Abs. 4 verweist.

II. Duldungspflicht (Abs. 1)

1. Allgemeines

Abs. 1 bestimmt im Interesse des Vermieters, dass der Mieter Erhaltungsmaß- **2** nahmen zu dulden hat. Dadurch wird sichergestellt, dass der Vermieter die zur Erhaltung seines Eigentums erforderlichen Instandhaltungs- und Reparaturarbeiten durchführen kann. Zugleich wird die Duldungspflicht auf Maßnahmen zur Erhaltung und Wiederherstellung des vertragsgemäßen Zustands beschränkt. Maßnahmen zur Veränderung oder Verbesserung des vertraglich geschuldeten Zustands fallen nicht unter Abs. 1; dies gilt auch dann, wenn eine solche Maßnahme wegen des schlechten Zustands der Räumlichkeiten aus wirtschaftlicher Sicht zur Erhaltung des Restgebäudes erforderlich sein sollte (LG Gießen, MDR 1996, 791 betr. Montage eines Plastikdaches über einer Terrasse). Solche Maßnahmen muss der Mieter u. U. nach § 555b oder § 242 dulden. Die Duldungspflicht des Mieters für Erhaltungsmaßnahmen korrespondiert also mit dem Recht des Mieters aus § 535 Abs. 1 BGB auf Erhaltung der Mietsache im Rahmen des vertragsgemäßen Gebrauchs.

2. Begriffe

a) Erhaltungsmaßnahmen. Nach der Legaldefinition in Abs. 1 umfasst der **3** Begriff Instandhaltungs- und Instandsetzungsmaßnahmen. Hierunter sind Maßnahmen zur Vermeidung und Behebung baulicher Mängel zu verstehen, die infolge Abnutzung, Alterung, Witterungseinflüssen oder Einwirkungen Dritter eintreten können oder eingetreten sind. Erforderlich ist außerdem, dass die Maßnahmen der Aufrechterhaltung oder Wiederherstellung des vertragsmäßigen Gebrauchs i. S. von § 535 BGB dienen. Instandhaltungsmaßnahmen sind vorbeugende Maßnahmen zur Aufrechterhaltung des vertragsmäßigen Zustands. Instandsetzungsmaßnahmen dienen der Wiederherstellung dieses Zustands. Die Übergänge sind fließend; eine

Abgrenzung ist überflüssig, weil ohne praktische Bedeutung. Zu den vorbeugenden Instandhaltungsmaßnahmen zählt auch der Austausch einer zwar noch funktionstüchtigen aber infolge ihres Alters schadensanfälligen Anlage. Dem Vermieter ist in solchen Fällen ein Zuwarten bis zum absoluten Verschleiß oder Defekt der Anlage nicht zuzumuten. Die Erforderlichkeit der Maßnahme verlangt keine besondere Dringlichkeit. Andererseits reicht die bloße theoretische Möglichkeit eines zukünftigen Schadenseintritts nicht aus. Die Prognose der Schadenswahrscheinlichkeit ist nach objektiven Maßstäben zu treffen. Dabei steht dem Eigentümer/Vermieter ein breiter Beurteilungs- und Entscheidungsspielraum zu (LG Berlin GE 2015, 1101 betr. Ersatz einer 18 Jahre alten Gasetagenheizung durch eine durch Fernwärme aus einer KWK-Anlage gespeiste Zentralheizung).

4   **b) Modernisierende Instandsetzung.** Hierunter versteht man Maßnahmen zur Behebung eines baulichen Mangels, durch die der Zustand der Mietsache zugleich verbessert wird. Diese Maßnahmen werden in Abs. 1 nicht erwähnt. Die rechtliche Einordnung ist ungeklärt. Nach der hier vertretenen Ansicht ist zu unterscheiden, ob der Vermieter die Wahl zwischen der reinen Instandsetzung und der modernisierenden Instandsetzung hat oder ob die Instandsetzung notwendigerweise eine Verbesserung mit sich bringt, etwa weil die zu ersetzende Einrichtung oder Anlage in der ursprünglichen Form nicht mehr beschafft werden kann. Im Falle der Wahlmöglichkeit ist es angezeigt, die Modernisierungsregeln (§§ 555b ff) anzuwenden. Besteht keine Wahlmöglichkeit, so gelten die Vorschriften über die Instandhaltung.

5   **c) Erneuerungsmaßnahmen.** Das Preisrecht der öffentlich geförderten Wohnungen kennt neben den Instandhaltungs- und den Instandsetzungsmaßnahmen die Erneuerungsmaßnahmen (§ 11 Abs. 4 Nr. 2 Satz 2 der II. BV). Die Erneuerungsmaßnahmen sind in Abs. 1 nicht erwähnt. Man versteht hierunter die Ersetzung (noch) gebrauchstauglicher aber unrentabler oder veralteter Gegenstände durch zeitgemäße Einrichtungen. Die Zuordnung solcher Maßnahmen zu den Erhaltungs- oder den Modernisierungsmaßnahmen hat praktische Bedeutung, z. B. wenn ein zwar gebrauchstauglicher aber veralteter und damit unwirtschaftlicher Heizkessel durch ein modernes Gerät ersetzt wird (dazu § 555b Rdn. 58). Bei einer öffentlich geförderten Wohnung zählt dies nicht als Modernisierungsmaßnahme, sondern als Erhaltungsmaßnahme mit der weiteren Folge, dass insoweit keine Mieterhöhung möglich ist (Blank WuM 2008, 313; WImmoT 2006, 109, 114). Bei den freifinanzierten Wohnungen ist diese Frage ungeklärt. Nach der hier vertretenen Ansicht sind die Erneuerungsmaßnahmen den Maßnahmen der modernisierenden Instandsetzung zuzuordnen (ebenso Eisenschmid in: Schmidt-Futterer § 555a BGB Rdn. 9; Dickersbach in: Lützenkirchen, Mietrecht § 555a Rdn. 14; **a. A.** Horst DWW 2013, 204, 211).

6   **Einzelne Erneuerungsmaßnahmen.** Wird eine gebrauchsuntaugliche Einrichtung gegen eine Einrichtung gleicher Art (Beisp.: Austausch von Sanitärgegenständen) ersetzt, so gilt Abs. 1. Erfolgt der Austausch durch eine Einrichtung anderer Art (Beisp. Ersatz eines Gasherdes durch Elektroherd; Erneuerung einer Gegensprechanlage (BGH NJW 2015, 934 Rz. 20) so kommt es darauf an, ob die geplante und die ursprüngliche Einrichtung nach der Verkehrsauffassung gleichwertig sind. In diesem Fall ergibt sich die Duldungspflicht aus Abs. 1. Ist die geplante Einrichtung hochwertiger als die ursprüngliche, so ist § 555b maßgebend. So ist der Austausch von Einfachfenstern gegen Isolierglasfenster grundsätzlich als Modernisierungsmaßnahme zu bewerten; dies gilt unabhängig davon, ob die Fens-

ter in einem Wohnraum oder in einem Bad/WC eingebaut werden (LG Berlin GE 2011, 1085). Anders ist es, wenn die ursprünglich vorhandenen Fenster mit Einfachverglasung undicht sind, eine Reparatur nicht möglich oder unwirtschaftlich ist und mit dem Austausch der Fenster weder eine bessere Wärmedämmung noch eine verbesserte Schallisolierung verbunden ist (LG Berlin GE 2007, 652, 653). Eine Verschlechterung muss der Mieter ebensowenig dulden wie den Ersatz der ursprünglichen Einrichtung durch eine Einrichtung anderer Art (aliud; LG Berlin GE 1997, 185). Jedoch hat der Vermieter bei Erhaltungsmaßnahmen ein Gestaltungsermessen. Deshalb kann er bei solchen Maßnahmen einen zu ersetzenden Gegenstand durch einen Gegenstand von anderer Farbe oder aus anderem Material ersetzen (AG München ZMR 2013, 974 betr. weiße statt braune Fenster; Klimesch ZMR 2014, 346). Der bisherige Ausstattungsstandard darf aber nicht zum Nachteil des Mieters unterschritten oder grundlegend verändert werden. In dem oben erwähnten Beispielsfall wird der Ersatz eines Gasherdes durch einen Elektroherd als gleichwertig anzusehen sein (LG Berlin GE 2011, 338); der Einbau einer Dusche anstelle einer ursprünglich vorhandenen Badewanne ist dagegen als aliud zu bewerten. s. weiter § 535 Rdn. 370.

d) Begriff der Maßnahmen. Der Begriff der „Maßnahmen" umfasst alles was zur Erhaltung oder Wiederherstellung der Mietsache erforderlich ist. Die damit verbundenen Gebrauchsstörungen (Betreten der Räume durch Handwerker oder den Vermieter; Störungen durch Baulärm oder -schmutz; Unterbrechungen der Strom- oder Wasserzufuhr, Immissionen i. S. von § 906 BGB und dergleichen) muss der Mieter hinnehmen. 7

e) Erforderlichkeit. „Erforderlich" im Sinne von Abs. 1 sind nicht nur die Erhaltungs- oder Reparaturarbeiten als solche, sondern **auch Vorbereitungsmaßnahmen** (Besichtigungen) und abschließende Kontrollen. Es gilt der Grundsatz, dass der Vermieter auf die Belange des Mieters in dem Maße Rücksicht nehmen muss, wie sich dies mit seinen berechtigten wirtschaftlichen und sonstigen Interessen vereinbaren lässt (§ 241 Abs. 2 BGB). Sind die Arbeiten nicht besonders dringlich, so muss der Vermieter die Maßnahme zurückstellen, wenn der Mieter ohnehin bald auszieht (LG Köln WuM 1995, 312) und ein weiteres Zuwarten dem Vermieter zuzumuten ist. Unnötigen und übermäßigen Lärm, den Einsatz ungedämmter Baumaschinen oder die Durchführung von Bauarbeiten außerhalb der üblichen Arbeitszeit muss der Mieter nicht hinnehmen. Der Vermieter muss dafür sorgen, dass die Arbeiten zügig ausgeführt werden. 8

f) Mietsache. Nach Abs. 1 hat der Mieter nur solche Maßnahmen zu dulden, die zur Erhaltung der „Mietsache" erforderlich sind. Der Begriff der Mietsache ist weit auszulegen. Dies war bereits zu § 554 BGB a. F. anerkannt (Begründung des Regierungsentwurfs zu § 554 BGB (BT-Drucks. 14/4553). Er umfasst nicht nur die gemieteten Räume, sondern das gesamte Gebäude, in dem sich die Wohnung befindet einschließlich der Außenanlagen. Deshalb muss der Mieter auch solche Maßnahmen dulden, die ausschließlich den benachbarten Wohnungen oder den sonstigen Gebäudeteilen zugute kommen (Eisenschmid in: Schmidt-Futterer § 555a BGB Rdn. 5). Für **Arbeiten am Nachbargebäude** gelten die allgemeinen nachbarrechtlichen Vorschriften, auch wenn sich diese Gebäude im Eigentum des Vermieters befinden (Eisenschmid in: Schmidt-Futterer § 555a BGB Rdn. 6). 9

§ 555a BGB Untertitel 2. Mietverhältnisse über Wohnraum

10   **g) Duldungspflicht.** Nach dem Wortlaut des Abs. 1 hat der Mieter die Maßnahmen des Vermieters lediglich „zu dulden". Hierunter ist zu verstehen, dass der Mieter dem Vermieter und den mit der Ausführung der Maßnahme beauftragten Personen Zutritt zu seiner Wohnung gewähren muss (LG Berlin GE 1997, 245). Außerdem ergibt sich aus der Duldungspflicht, dass der Mieter die Arbeiten nicht stören oder behindern darf. Das aus der Duldungspflicht folgende Recht des Vermieters zum Betreten der Wohnung kann nur zu den üblichen Arbeitszeiten (nicht nachts und nicht an Sonn- und Feiertagen) ausgeübt werden. Bei längerer Abwesenheit muss der Mieter dafür sorgen, dass der Vermieter sein Zutrittsrecht wahrnehmen kann (LG Berlin GE 1997, 245 betr. einen längeren Krankenhausaufenthalt des Mieters). Ein Zurückbehaltungsrecht wegen anderweitiger Ansprüche steht dem Mieter nicht zu (LG Berlin WuM 1996, 93).

11   Streitig ist, ob und in welchem Umfang dem Mieter darüber hinaus **Mitwirkungspflichten** obliegen. Generell beschränkt sich die Pflicht des Mieters auf ein passives Stillhalten (LG Berlin WuM 1996, 143; NJW-RR 1996, 1163; Eisenschmid in: Schmidt-Futterer § 555a BGB Rdn. 31 ff; Lützenkirchen in: Lützenkirchen, Mietrecht § 555a Rdn. 50; Ehlert in: Bamberger/Roth § 554 BGB Rdn. 35; Palandt/Weidenkaff § 554 BGB Rdn. 7). Nach h. M. treffen den Mieter allerdings geringe, aus § 242 BGB folgende Mitwirkungspflichten; insbesondere soll der Mieter verpflichtet sein, seine persönlichen Sachen zusammenzustellen, damit sie vom Vermieter beiseite geschafft werden können (Eisenschmid a. a. O.; Lützenkirchen a. a. O.). Nach anderer Meinung soll der Mieter verpflichtet sein, die Möbel zu entfernen und die Wohnung so weit vorzubereiten, dass die Handwerker mit der Durchführung der Maßnahme beginnen können (Schläger ZMR 1985, 193; ZMR 1986, 348).

11a   In **Ausnahmefällen** ist der **Mieter** nach § 555a **zum vorübergehenden Verlassen der Wohnung verpflichtet,** wenn eine Erhaltungsmaßnahmen bei einem baufälligen Haus nicht anders erledigt werden können und sichergestellt ist, dass die Baumaßnahme tatsächlich durchgeführt wird und die Finanzierung geregelt ist (vgl. BGH NJW 2015, 627 Rz 14, 29; Eisenschmid in: Schmidt-Futterer § 555a BGB Rdn. 34; V. Emmerich in: Staudinger § 555a Rdn. 9). Bei umfangreichen Erhaltungsmaßnahmen wird in der Praxis gelegentlich vereinbart, dass der Mieter während der Dauer der Arbeiten in eine vom Vermieter zur Verfügung gestellte Ersatzwohnung umziehen und nach Abschluss der Arbeiten in die ursprüngliche Wohnung zurückkehren soll. Wird die Vereinbarung vollzogen, liegt hierin ein vorübergehender Verzicht des Mieters auf den Mietbesitz (s. BGH a. a. O.). Eine Verpflichtung zum Abschluss einer solchen Vereinbarung kann aus § 555a nicht hergeleitet werden.

11b   **Allgemeine Rücksichtspflicht.** Nach § 241 Abs. 2 BGB ist der Vermieter verpflichtet bei der Durchführung von Baumaßnahmen auf die Rechte, Rechtsgüter und Interessen des Mieters Rücksicht zu nehmen. Hieraus ist abzuleiten, dass der Mieter ein rücksichtsloses Verhalten bei der Durchführung der Maßnahmen nicht hinnehmen muss, sondern Abwehransprüche geltend machen kann. Weitere Einzelheiten § 555d Rdn. 4b. Besonders rücksichtsloses Verhalten stellt eine Ordnungswidrigkeit gem. § 6 WiStG dar.

12   Der **Duldungsanspruch** ist stets **vom Vermieter geltend zu machen.** Weil es sich hierbei um einen mietvertraglichen Anspruch handelt, gilt dies auch dann, wenn die Mietsache Teil einer **Wohnungseigentumsanlage** ist und der instandzuhaltende Gegenstand im Gemeinschaftseigentum steht (**a. A.** LG Hamburg WuM 1995, 267: danach ist der Anspruch in diesem Fall von allen Wohnungseigen-

tümern geltend zu machen). Betrifft die Maßnahme das Gemeinschaftseigentum, so kann der Mieter auch nicht einwenden, dass ein Beschluss der Wohnungseigentümergemeinschaft fehlt. Die Rechtsbeziehungen der Gemeinschaft gehen den Mieter nämlich nichts an (LG Saarbrücken ZMR 2008, 974).

III. Ankündigungspflicht (Abs. 2)

1. Zweck der Regelung

Die Regelung in Abs. 2 entspricht der Rechtsprechung des BGH zum bisher 13 geltenden § 554 Abs. 1 BGB a. F. In dem Urteil vom 4.3.2009 (NJW 2009, 1736 = WuM 2009, 290 = NZM 2009, 394) ist zu diesem Punkt ausgeführt: „Auch bei einer sich aus § 554 Abs. 1 BGB ... ergebenden Duldungspflicht sind die beabsichtigten Maßnahmen, soweit es sich nicht um Notmaßnahmen (Wasserrohrbruch u. ä.) handelt, vom Vermieter vorher anzukündigen, so dass sich der Mieter nach Möglichkeit darauf einstellen kann. Die Anforderungen an die Ankündigung des Vermieters richten sich dabei nach den Umständen des Einzelfalls, der Dringlichkeit und dem Umfang der Maßnahme; der Mieter seinerseits ist nach Treu und Glauben verpflichtet, an einer baldigen Terminabstimmung mitzuwirken, damit die erforderlichen baulichen Maßnahmen zeitnah durchgeführt werden können." Diese Rechtsprechung ist bei der Auslegung des Abs. 2 zu beachten.

2. Einzelheiten

a) Ankündigung durch Vermieter. Die Ankündigungspflicht ist grundsätz- 14 lich vom Vermieter – bei mehreren Vermietern von allen Vermietern – zu erfüllen. Der Vermieter kann einen Dritten (z. B. den Architekten) zur Abgabe der betreffenden Erklärungen bevollmächtigen. Ebenso kann der Vermieter einen Dritten (z. B. den Erwerber des Gebäudes) zur Abgabe der betreffenden Erklärungen ermächtigen. Auf Grund der Ermächtigung kann der Erwerber die Ankündigung im eigenen Namen abgeben. Der Ermächtigte muss offenlegen, dass er ein fremdes Recht geltend macht. Wird die Ermächtigung nicht in schriftlicher Form vorgelegt, so kann der Mieter die Erklärung nach §§ 182 Abs. 3, 111 Satz 2 BGB zurückweisen. Der Ermächtigte gilt als Erfüllungsgehilfe des Vermieters mit der weiteren Folge, dass der Vermieter für etwaige Pflichtverletzungen des Erwerbers einstehen muss (BGH a. a. O.).

b) Frist/Form. Für die Ankündigung gilt keine besondere Frist. Die Ankündi- 15 gung muss aber so rechtzeitig erfolgen, dass sich der Mieter darauf einstellen kann. Im Wesentlichen richtet sich die Frist nach dem Umfang des Eingriffs in den Mietgebrauch. Je stärker der Mietgebrauch tangiert wird, desto früher ist die Maßnahme anzukündigen. Bei geringfügigen Maßnahmen kann die Ankündigung kurzfristig erfolgen. Bei Bagatellmaßnahmen besteht keine Ankündigungspflicht. Dasselbe gilt für Notmaßnahmen. Eine besondere Form ist nicht vorgesehen; die Ankündigung kann also auch mündlich erfolgen.

c) Inhalt. aa) Art der Maßnahme. Der Vermieter muss mitteilen, welche 16 Erhaltungsmaßnahme er durchzuführen gedenkt und in welcher Weise der Mietbesitz durch diese Maßnahme tangiert wird. Nach der Rechtsprechung des BGH zur Modernisierungsankündigung dürfen die Anforderungen nicht dergestalt überspannt werden, dass die Durchführung komplexer Maßnahmen aus formellen Gründen scheitert (BGH NJW 2012, 63 = WuM 2011, 677 = NZM 2011, 846). Dies gilt auch für die Ankündigung von Erhaltungsmaßnahmen. Insbesondere muss die Ankündigung nicht jede Einzelheit der beabsichtigten Maßnahme beschreiben und nicht jede mögliche Auswirkung mitteilen. Sie muss lediglich so konkret gefasst sein, dass sie den Informationsbedürfnissen des Mieters Rechnung trägt. Hat der Mieter lediglich Zutritt zu gewähren, so ist sein Informationsbedarf deutlich geringer, als wenn er wegen des Umfangs der Maßnahme die Wohnung verlassen muss und damit verbunden ein Interesse hat zu erfahren, wie die Sicherung seines Eigentums erfolgt, wo sich etwaiger Ersatzwohnraum befindet und wie er im Einzelnen ausgestattet ist (LG Berlin GE 2016, 527 = WuM 2016, 285).

17 bb) Der **voraussichtliche Beginn der Maßnahmen** ist so genau mitzuteilen, dass der Mieter entsprechende Dispositionen (Umstellen der Möbel, Urlaub) treffen kann. Unbestimmte Zeitangaben („im Frühjahr"; „Anfang Mai", usw.) genügen nicht. Vielmehr muss sich aus dem Zeitplan ergeben, wann die einzelnen Etappen in Angriff genommen werden (LG Hamburg WuM 2005, 60). Vereinzelt wird die Meinung vertreten, dass der Beginn der Maßnahmen nur dann mitgeteilt werden muss, wenn zu den Arbeiten das Betreten der Wohnung erforderlich ist (LG Berlin GE 1996, 415). Für diese restriktive Auslegung der Vorschrift besteht kein Anlass. Auch Maßnahmen außerhalb der Mieträume können sich störend auf den Mietgebrauch auswirken; will der Mieter den Belästigungen entgehen (z. B. durch eine entsprechende Urlaubsplanung) muss er wissen, in welcher Zeit sie auftreten.

18 cc) Gleiches gilt hinsichtlich der Angaben über die **voraussichtliche Dauer.** Der Vermieter muss sich um eine exakte Zeitkalkulation bemühen und hierzu konkrete Angaben machen. Bei umfangreichen Maßnahmen genügt es nicht, wenn lediglich die Gesamtdauer mitgeteilt wird. Vielmehr muss sich aus dem Ankündigungsschreiben ergeben, welche Gewerke in welchen Zeitabschnitten instandgesetzt werden und wann ein Betreten der Mieterwohnung erforderlich ist (AG Hamburg-Blankenese WuM 2010, 151). Ungefähre Hinweise („längere Zeit"; „mehrere Wochen" usw.) reichen grundsätzlich nicht aus (AG Köln/LG Köln WuM 1997, 212 betr. Einbau einer Gaszentralheizung in der Zeit vom „15.4. bis 30.9.").

3. Verweigerung der Duldung durch den Mieter

19 Hat der Vermieter eine Erhaltungsmaßnahme angekündigt und antwortet der Mieter hierauf nicht, so kann der Vermieter den Zugang zur Wohnung nicht eigenmächtig erzwingen. Der Vermieter muss den Mieter in einem solchen Fall auf Duldung in Anspruch nehmen (AG Leverkusen WuM 1994, 465 betr.: Installation eines Heizkörpers ua). Der Mieter haftet für den Schaden, der dem Vermieter entsteht, weil die Handwerker vergeblich die Wohnung des Mieters aufgesucht haben. Der Mieter hat eine vertragliche Nebenpflicht, seine Weigerung rechtzeitig mitzuteilen (AG Leverkusen a. a. O.).

4. Nichterfüllung der Mitteilungspflicht

20 Wird die Mitteilungspflicht nicht erfüllt, so ist der Mieter nicht zur Duldung der Erhaltungsmaßnahme verpflichtet (AG Köln WuM 2015, 669). Gegen nicht angekündigte Maßnahmen stehen dem Mieter Unterlassungs- und Beseitigungs-

ansprüche zu, die er mittels einer einstweiligen Verfügung durchsetzen kann (§§ 862, 858 BGB; LG Berlin GE 2012, 1097; GE 2013, 1454).

5. Schlechterfüllung der Mitteilungspflicht

Gleiches gilt, wenn die Mitteilungspflicht nur unzulänglich erfüllt wird, was dann anzunehmen ist, wenn die Mitteilung die Art, den Umfang, den voraussichtlichen Beginn oder die voraussichtliche Dauer der Maßnahme nicht hinreichend genau erkennen lässt. **21**

6. Bagatell-/Notmaßnahmen

Bei Bagatellmaßnahmen besteht keine Ankündigungspflicht. Dasselbe gilt für Notmaßnahmen. **22**

IV. Aufwendungsersatzansprüche des Mieters (Abs. 3)

Aufwendungen, die der Mieter infolge einer Erhaltungsmaßnahme nach Abs. 1 machen musste, hat der Vermieter in angemessenem Umfang zu ersetzen. **23**

1. Begriff der Aufwendungen

Zu den Aufwendungen zählen solche Ausgaben einschließlich der Eigenleistungen des Mieters, die zwar durch die Erhaltungsmaßnahme veranlasst, aber weder vom Mieter noch vom Vermieter zu vertreten sind (Beispiele: Reinigungskosten (AG Schöneberg WuM 1978, 210; LG Essen WuM 1981, 67; AG Hamburg WuM 2007, 445: 10.– €/Std.), Kosten der Anschlussrenovierung (**a. A.** LG Dresden ZMR 1996, 267), Kosten einer Hotelunterkunft oder der vorübergehenden Unterbringung in einer Seniorenresidenz (LG Hamburg ZMR 2011, 638: abzüglich der ersparten Verpflegungskosten (10.– € pro Tag) und abzüglich der ersparten Miete), der Einlagerung von Möbeln und Hausrat, Mehrkosten einer Gaststättenverpflegung, falls der Mieter üblicherweise selbst gekocht hat und die Küche vorübergehend nicht genutzt werden kann). Eine Aufwendung im Sinne dieser Vorschrift setzt nach allgemeiner Ansicht eine freiwillige Aufopferung von Vermögenswerten voraus. Dies ist nur dann anzunehmen, wenn die Aufwendung auf einer Leistung beruht. **Gewinneinbußen** (bei der Gewerbemiete zählen aus diesem Grunde nicht zu den Aufwendungen (BGH NJW 2015, 2419; OLG Saarbrücken Urteil vom 20.12.2010 – 8 U 507/09). Ein Erstattungsanspruch nach § 536a BGB kommt ebenfalls nicht in Betracht (s. § 536a Rdn. 38a). Ein Anspruch auf einen finanziellen Ausgleich für den minderen Komfort des Zimmers in einem Hotel oder einem Seniorenwohnheim steht dem Mieter ebenfalls nicht zu (LG Hamburg ZMR 2011, 6389. **24**

Zwischen den Aufwendungen und den Maßnahmen muss ein **ursächlicher Zusammenhang** bestehen; hieran kann es beispielsweise in Ansehung der Renovierungskosten fehlen, wenn die Schönheitsreparaturen nach dem Mietvertrag vom Mieter zu tragen sind und diese Arbeiten auch ohne die Erhaltungsmaßnahme fällig gewesen wären. **25**

Die Verpflichtung zum Aufwendungsersatz besteht außerdem nur „in einem **den Umständen nach angemessenen Umfang**". Dies bedeutet, dass der Aufwand des Mieters zu Art, Umfang und Dauer der Erhaltungsmaßnahme in einem **26** wirtschaftlichen, seiner sonstigen Lebensführung entsprechenden Verhältnis stehen muss. Außerdem sind hier die aus dem Schadensrecht bekannten Grundsätze der Schadensminderungspflicht und der Vorteilsausgleichung zu berücksichtigen. Der Mieter muss sich allerdings nichts anrechnen lassen, wenn er in einem Hotel Einrichtungen nutzen kann, die ihm in der Wohnung nicht zur Verfügung standen (Schwimmbad, Sauna etc.). Umgekehrt hat der Mieter keinen Anspruch auf Zahlung eines Ausgleichsbetrags, wenn er eine Ersatzwohnung gewählt hat, die weniger komfortabel ist als die Mietwohnung (AG Hamburg-Harburg ZMR 2011, 300). Auf die persönliche Leistungsfähigkeit des Vermieters oder auf die Bedürftigkeit des Mieters kommt es nicht an.

2. Vorschusspflicht des Vermieters (Abs. 3 Satz 2)

27   Auf Verlangen des Mieters hat der Vermieter Vorschuss zu leisten. Der Vorschussanspruch besteht in Höhe der mutmaßlich entstehenden Aufwendungen. Nach Abschluss der Erhaltungsmaßnahme muss der Mieter über den Vorschuss abrechnen. Eine Aufrechnung gegen den Vorschussanspruch ist nach dem Sinn und Zweck des Vorschusses ausgeschlossen. Bis zur Zahlung des Vorschusses kann der Mieter die Duldung der Maßnahme verweigern (Zurückbehaltungsrecht, § 273 BGB, AG Aachen WuM 2015, 734).

3. Sonderfälle

28   **a) Angebot einer Ersatzwohnung.** Bei sehr umfangreichen Maßnahmen kann es sinnvoll sein, dem Mieter den Umzug in eine Ersatzwohnung anzubieten. Der Mieter ist zur Annahme des Angebots nicht verpflichtet. Kommt jedoch eine entsprechende Vereinbarung zustande, so ist zu unterscheiden: Wird das Mietverhältnis über die bisherige Wohnung aufgehoben und ein neues Mietverhältnis über die Ersatzwohnung begründet **(Novation),** so sind die umzugsbedingten Aufwendungen nur zu erstatten, wenn dies in Vereinbarung vorgesehen ist. Die Parteien können statt dessen aber auch vereinbaren, dass das bisherige Mietverhältnis unter Austausch des Mietobjekts fortbesteht **(Vertragsänderung).** In diesem Fall bleibt das ursprüngliche Mietverhältnis erhalten; deshalb muss der Vermieter die Umzugsaufwendungen erstatten. Die Vertragsänderung ist die Regel und die Novation die Ausnahme. Für die Annahme einer Novation ist ein dahingehender eindeutiger Vertragswille erforderlich; er darf nicht unterstellt werden (BGH WuM 2010, 565).

29   **b) Kündigung des Vermieters.** Bei sehr umfangreichen Maßnahmen steht dem Vermieter u. U. ein Kündigungsrecht gem. § 573 Abs. 2 Nr. 3 BGB zu. Erforderlich ist, dass die besonderen Voraussetzungen dieses Kündigungstatbestands gegeben sind. Zieht der Mieter auf Grund einer wirksamen Kündigung aus, so steht ihm kein Aufwendungsersatzanspruch zu. Gleiches gilt, wenn der Mieter räumt, weil er eine unwirksame Kündigung für wirksam hält oder weil er die mit einer gerichtlichen Auseinandersetzung verbundenen Lästigkeiten vermeiden möchte. Kündigt der Vermieter nach § 573 Abs. 2 Nr. 3 BGB, obwohl die tatsächlichen Voraussetzungen dieser Vorschrift nicht gegeben sind, so kann dem Mieter unter Umständen aber ein Schadensersatzanspruch wegen einer Pflichtverletzung nach § 280 BGB zustehen (dazu § 573 BGB Rdn. 77 ff).

V. Abweichende Vereinbarungen (Abs. 4)

Regelungen, die zum Nachteil des Mieters von § 555a abweichen, sind unwirksam. Hierzu zählt insbesondere der vertragliche Verzicht auf Aufwendungsersatz und auf Gewährleistungsrechte (Minderung, Schadensersatz, Kündigung). Die Regelung in Abs. 4 gilt nur für die Wohnraummiete, weil § 578 Abs. 2 Satz 1 nicht auf Abs. 4 verweist. Der Regelung in § 555f ist zu entnehmen, dass Abs. 4 nur für solche Vereinbarungen gilt, die beim Abschluss eines Mietvertrags getroffen werden. In diesem Fall kommt es auch nicht darauf an, ob sich die abweichende Regelung auf eine bereits geplante, konkrete Erhaltungsmaßnahme bezieht, die in naher Zukunft durchgeführt werden soll. Durch Abs. 4 soll nämlich verhindert werden, dass die Überlassung der Wohnung von weitergehenden Duldungspflichten abhängig gemacht wird, als das Gesetz sie vorsieht. Aus dem Gesetzeszweck folgt andererseits, dass Vereinbarungen, die nach Abschluss des Mietvertrags und Überlassung der Mietsache anlässlich einer konkreten Erhaltungsmaßnahme getroffen werden wirksam sind. In einer solchen Vereinbarung kann der Mieter beispielsweise auf Aufwendungsersatz und auf Gewährleistungsrechte verzichten. 30

VI. Gewährleistungsrechte des Mieters

1. Minderung (§ 536 BGB)/Zurückbehaltungsrecht (§ 320 BGB)

Die Minderungsbefugnis wird durch die Duldungspflicht nicht berührt (a. A. 31 Brückner GE 2013, 459: danach stellen notwendige Instandsetzungsmaßnahmen keine rechtlich relevante Gebrauchsbeeinträchtigung dar). Ein Zurückbehaltungsrecht an der Miete ist dagegen ausgeschlossen (KG GE 2013, 546).

2. Schadensersatz (§ 536a BGB)

Wird die Wohnung im Zuge der Erhaltungsmaßnahmen mangelhaft und erleidet der Mieter hierdurch einen Schaden, so ist streitig, ob der Vermieter bereits deshalb zum Schadensersatz nach § 536a Abs. 1 BGB verpflichtet ist, weil er die Baumaßnahmen in Auftrag gegeben hat (so Eisenschmid in: Schmidt-Futterer § 555a BGB Rdn. 69; V. Emmerich in: Staudinger § 555a BGB Rdn. 14a; Sternel Rdn. II 341) oder ob sich der Vermieter in irgendeiner Form pflichtwidrig verhalten muss (so OLG Saarbrücken Urteil vom 20.12.2010 – 8 U 507/09; LG Berlin GE 1997, 619; Lammel Wohnraummietrecht § 554 BGB Rdn. 34; Ehlert in: Bamberger/Roth § 554 BGB Rdn. 38). Die letztgenannte Auffassung ist zutreffend, weil anderenfalls die Vorschrift des Abs. 3 – wonach der Vermieter bei Erhaltungsmaßnahmen nur Aufwendungsersatz in angemessenem Umfang schuldet – überflüssig wäre. Das nach § 536a BGB erforderliche Verschulden kann in der Verletzung der Ankündigungspflicht, in der Art der Durchführung der Maßnahmen oder in sonstigen Umständen liegen. Erforderlich ist dabei stets, dass zwischen der Pflichtwidrigkeit und dem Schaden ein ursächlicher Zusammenhang besteht. 32

3. Kündigung (§ 543 Abs. 2 Nr. 1 BGB)

33 Auch die Kündigung des Mietverhältnis nach § 543 Abs. 2 Nr. 1 BGB ist nicht ausgeschlossen; insoweit gilt nichts anderes als für die sonstigen Gewährleistungsrechte nach §§ 536 ff (LG Berlin GE 1997, 555, 557; **a. A.** KG GE 2002, 1561; abweichend Sternel Rdn. II 301: nur wenn ein vom Vermieter zu vertretender „Reparaturstau" vorliegt; differenzierend Eisenschmid in: Schmidt-Futterer § 555a BGB Rdn. 71, 72 unter Hinweis auf BGH NZM 2015, 538). Der Mieter muss allerdings auf die Interessen des Vermieters Rücksicht nehmen und eine den Umständen nach angemessene Abhilfefrist setzen.

VII. Beweislast

34 Ist streitig, ob der Mieter eine Maßnahme uneingeschränkt nach § 555a oder lediglich unter den Voraussetzungen des § 555d (Modernisierung) dulden muss, so hat der Vermieter die tatsächlichen Voraussetzungen zu beweisen, aus denen sich ergibt, dass die Arbeiten als Erhaltungsmaßnahme zu bewerten sind. Der Zugang der Ankündigung nach Abs. 2 ist ebenfalls vom Vermieter zu beweisen. Behauptet der Vermieter, dass die Arbeiten als Bagatellmaßnahme zu bewerten sind, so ist auch dieser Umstand vom Vermieter zu beweisen. Die Voraussetzungen für den Aufwendungsersatzanspruch nach Abs. 3 sind nach Grund (Kausalität, Angemessenheit), und Höhe vom Mieter zu beweisen; gleiches gilt für den Anspruch auf Vorschuss.

VIII. Prozessuales

1. Duldungsanspruch des Vermieters

35 **a) Leistungsklage.** Der Vermieter kann den Duldungsanspruch im Wege der Leistungsklage durchsetzen (**Streitwert:** 3 ½ facher Jahresbetrag der mutmaßlichen Mieterhöhung, § 9 ZPO; ähnlich: LG Berlin WuM 1995, 547, NZM 1998, 304: 3 facher Jahresbetrag; **a. A.** KG Beschluss vom 28.9.2009 – 22 W 47/09; LG Hamburg ZMR 1993, 570; LG Berlin WuM 1996, 429; GE 1996, 1111; GE 2003, 1082: Jahresbetrag, da der Streitwert aus sozialen Gründen niedrig zu halten sei).

36 Bei der Duldung einer Erhaltungsmaßnahme gehört eine **ordnungsgemäße Ankündigung** zu den **Tatbestandsvoraussetzungen** des Duldungsanspruch; deshalb ist die Klage abzuweisen, wenn der Vermieter die Arbeiten nicht oder nicht ordnungsgemäß angekündigt hat. Hat der Vermieter den Mieter in der Ankündigung aufgefordert, sich über seine Duldungsbereitschaft zu erklären, so gibt der Mieter zur Klagerhebung Anlass, wenn er sich auf die Anfrage nicht erklärt (KG NJW-RR 2010, 442; LG Berlin GE 1997, 621). Aus § 242 BGB folgt, dass der Mieter die Duldungsbereitschaft schriftlich erklären muss, wenn dies der Vermieter verlangt (Lehmann-Richter WuM 2010, 729). Ebenso ist ein Rechtsschutzbedürfnis gegeben, wenn der Mieter erklärt, dass er die Maßnahme nicht oder nur unter gewissen – im Gesetz nicht vorgesehenen Bedingungen – dulden will.; § 93 ZPO ist dann unanwendbar.

37 Die vom Mieter zu duldenden Maßnahmen müssen im **Klagantrag** nach Art, Umfang, Beginn und Dauer hinreichend genau beschrieben werden. Nach der Rechtsprechung es aus, wenn im Klagantrag die Maßnahme so beschrieben wird, dass ein dem Klagantrag entsprechendes Urteil Gegenstand der Zwangsvollstreckung nach § 890 ZPO (s. unten Rdn. 39) sein kann (BGH NJW 2012, 63 = WuM 2011, 677 = NZM 2011, 846). Hierfür genügt es, wenn der Mieter ungefähr weis, was er zu dulden hat.

Besteht die **Vermieterseite** aus **mehreren Personen,** so jeder einzelne Vermieter den Anspruch auf Duldung der Erhaltungsmaßnahme alleine einklagen; er darf allerdings nicht Leistung an sich (allein) verlangen, sondern muss den Klagantrag so formulieren, dass der Mieter zur Leistung an alle verurteilt wird (§ 432 BGB; BGH NJW 2012, 63 = WuM 2011, 677 = NZM 2011, 846). 38

b) Vollstreckung. Wird der Mieter verurteilt, die titulierten Maßnahmen zu dulden und handelt der Mieter der Duldungspflicht zuwider, so erfolgt die Vollstreckung nach § 890 ZPO (Ordnungsgeld, Ordnungshaft). Ist zur Durchführung der Maßnahme das Betreten der Mieterwohnung erforderlich, so enthält der Duldungstitel zugleich die Pflicht, Zutritt zur Wohnung zu gewähren. Eine gesonderte Titulierung ist nicht erforderlich, schadet aber nicht (BGH NJW 2006, 3352). Das Zutrittsrecht wird nach § 892 ZPO vollstreckt. Danach kann der Vermieter den Zutritt mit Hilfe des Gerichtsvollziehers erzwingen, wenn der Mieter Widerstand leistet. Hierfür reicht es aus, wenn der Mieter auf die Aufforderung, die Wohnungstür zu öffnen, nicht reagiert (Lehmann-Richter WuM 2010, 729). 39

c) Feststellungsklage/Einstweilige Verfügung. Für eine Feststellungsklage des Vermieters fehlt das Rechtsschutzbedürfnis. Eine auf Gestattung des Zutritts durch den Vermieter oder Handwerker gerichtete Einstweilige Verfügung beinhaltet eine Vorwegnahme der Hauptsache, die grundsätzlich unzulässig ist (KG Beschluss vom 16.10.2017 – 8 U 139/17; LG Berlin GE 1997, 245). Denn begehrt wird eine Leistungsverfügung, die zur Befriedigung des behaupteten Anspruchs des Vermieters führen würde (sog. „Befriedigungsverfügung"). Eine Ausnahme gilt, wenn die geschuldete Handlung oder Leistung so kurzfristig zu erbringen ist, dass die Erwirkung eines Titels im ordentlichen Verfahren nicht (mehr) möglich ist. Es genügt nicht, dass der Vermieter die Maßnahmen ordnungsgemäß angekündigt hat und der Mieter offensichtlich zur Duldung verpflichtet ist (a. A. LG Dessau NJWE-MietR 1996, 103. Voraussetzung ist vielmehr ein dringendes Bedürfnis für den Erlass der begehrten Verfügung, also bei akuter Gefahr für die Mieträume oder das Gebäude oder wenn die beabsichtigten Erhaltungsmaßnahmen auch bei Anlegung eines strengen Maßstabes wegen dringender Gefahr für Leben oder Gesundheit von Menschen oder für erhebliche Sachwerte unaufschiebbar sind. 40

2. Abwehrrechte des Mieters

Der **Mieter** kann **negative Feststellungsklage** erheben, wenn er rechtzeitig Klarheit über seine Duldungspflicht gewinnen will. Beginnt der Vermieter mit der Durchführung der Maßnahmen, obwohl der Mieter widersprochen hat, so kann der Mieter **Unterlassungsklage** erheben. In diesen Verfahren ist dann zu klären, ob eine Duldungspflicht besteht. 41

In Rechtsprechung und Literatur ist umstritten, ob der Vermieter verbotene Eigenmacht (§ 858 BGB) begeht, wenn er einen materiellrechtlich bestehenden Duldungsanspruch gegen den Willen des Mieter durchsetzt. Teilweise wird vertreten, dass ein solches Vorgehen auch dann als verbotene Eigenmacht zu bewerten ist, wenn der Mieter eine ordnungsgemäß angekündigte Maßnahmen nach 42

§ 555a oder § 555d BGB zu dulden hat. Dies beruht auf der Erwägung, dass die genannten Vorschriften petitorischer Natur sind mit der weiteren Folge, dass sie gem. § 863 BGB gegenüber dem possessorischen Besitzschutz nicht geltend gemacht werden können (LG Berlin WuM 2013, 225; AG Bremen WuM 2016, 493, 494). Diese Auffassung hat zur Folge, dass der Mieter im Wege der **einstweiligen Verfügung** erreichen kann, dass die Maßnahmen bis zum Erlass eines Duldungstitels unterbleibt (§§ 862, 863 BGB). Nach anderer Ansicht ist der Vermieter auf Grund der §§ 555a, 555d kraft Gesetzes zur Durchführung einer ordnungsgemäßen Maßnahme berechtigt, mit der weiteren Folge, dass diese nicht als verbotene Eigenmacht im Sinne des § 858 BGB zu bewerten ist. Nach dieser Ansicht kann der Vermieter einer einstweiligen Verfügung auf Baueinstellung den Duldungsanspruch aus den §§ 555a, 555d entgegenhalten (Klimesch ZMR 2014, 346). Eine vermittelnde Ansicht leitet aus dem Sinn und Zweck der genannten Regelungen ab, dass zwischen **Maßnahmen innerhalb und außerhalb der Wohnung zu differenzieren** sei (Lehmann-Richter NZM 2013, 451). Diese Auffassung überzeugt: Eine eigenmächtige Ausführung von Baumaßnahmen im Inneren der Mietsache gestatten die Vorschriften nicht. Insoweit spielt es keine Rolle, ob der Mieter materiellrechtlich zur Duldung verpflichtet ist. Aus § 555a Abs. 1 folgt zugunsten des Vermieters lediglich ein Duldungsanspruch; die Vorschrift erlaubt dem Vermieter aber nicht, diesen Anspruch eigenmächtig durchzusetzen. Diese Einschränkung ist im Hinblick auf den Schutz der Privatsphäre des Mieters geboten. Anders ist die Situation bei Baumaßnahmen, die ohne Betreten der Miethäume ausgeführt werden können. Hier begeht der Vermieter keine verbotene Eigenmacht, wenn er bei bestehender Duldungspflicht Baumaßnahmen ausführt, weil die Interessen des Mieters seine Verurteilung zur Duldung nicht gebieten (Lehmann-Richter a. a. O.).

43 Wird eine **einstweilige Verfügung aufgehoben,** oder erweist sich, dass die Maßnahme von Anfang an ungerechtfertigt war, so ist der Antragsteller verpflichtet, dem Gegner den Schaden zu ersetzen, der ihm aus der Vollziehung der angeordneten Maßnahme entstanden ist (§ 945 ZPO). Gleiches gilt, wenn der Antragsteller die Einstweilige Verfügung im Rechtsmittelverfahren zurücknimmt. Wer aus einem noch nicht endgültigen Titel die Vollstreckung betreibt, soll das Risiko tragen, dass sich sein Vorgehen nachträglich als unberechtigt erweist. Für die Schadenshaftung ist kein Verschulden erforderlich. Ersatzfähig ist der aus der Vollziehung der einstweiligen Verfügung verursachte Schaden im Sinne der §§ 249 ff BGB (BGH NZM 2017, 68 = NJW 2017, 1600).

IX. Erhaltungsmaßnahmen im vermieteten Wohnungseigentum

44 Hat der Verband eine das Gemeinschaftseigentum betreffende Erhaltungsmaßnahme beschlossen, so ist dies auch vom Mieter einer Eigentumswohnung zu dulden. Die Maßnahme ist vom Vermieter gegenüber dem Mieter anzukündigen. Verweigert der Mieter die Duldung, so ist der Anspruch im Wege der Klage vom Vermieter geltend zu machen. Schuldner eines dem Mieter zustehenden Aufwendungsersatzanspruchs ist der Vermieter. Ein Anspruch auf Erstattung dieser Kosten gegen die Gemeinschaft besteht nicht.

§ 555b Modernisierungsmaßnahmen

Modernisierungsmaßnahmen sind bauliche Veränderungen,
1. durch die in Bezug auf die Mietsache Endenergie nachhaltig eingespart wird (energetische Modernisierung),
2. durch die nicht erneuerbare Primärenergie nachhaltig eingespart oder das Klima nachhaltig geschützt wird, sofern nicht bereits eine energetische Modernisierung nach Nummer 1 vorliegt,
3. durch die der Wasserverbrauch nachhaltig reduziert wird,
4. durch die der Gebrauchswert der Mietsache nachhaltig erhöht wird,
5. durch die die allgemeinen Wohnverhältnisse auf Dauer verbessert werden,
6. die auf Grund von Umständen durchgeführt werden, die der Vermieter nicht zu vertreten hat, und die keine Erhaltungsmaßnahmen nach § 555a sind, oder
7. durch die neuer Wohnraum geschaffen wird.

Übersicht

	Rdn.
I. Entstehungsgeschichte/Anwendungsbereich	1
II. Begriff der baulichen Veränderung	2
III. Die Maßnahmen im Einzelnen	3
1. Nr. 1	3
a) Definition Endenergie	4
b) Definition Nutzenergie	5
c) Einsparung	6
d) Bezug zur Mietsache	20
e) Nachhaltigkeit	21
2. Nr. 2	22
a) Maßnahmen durch die nicht erneuerbare Primärenergie nachhaltig eingespart wird	22
b) Maßnahmen durch die das Klima nachhaltig geschützt wird	26
3. Nr. 3	27
4. Nr. 4	28
a) Begriff der Erhöhung des Gebrauchswerts	29
b) Abgrenzung der Gebrauchswerterhöhung von der Umgestaltung der Mietsache	34
c) Rückgriff auf die Regelungen des Modernisierungs- und Energieeinsparungsgesetzes – ModEnG – vom 12.7.1978	35
d) Verbesserung des Fernsehempfangs	49
e) Prozessuales	52
5. Nr. 5	53
6. Nr. 6	56
7. Nr. 7	59

§ 555b BGB

I. Entstehungsgeschichte/Anwendungsbereich

1   Die Vorschrift wurde durch das MietRÄndG 2013 in das BGB eingefügt. Sie ist am 1.5.2013 in Kraft getreten. Die Regelung enthält Definitionen des Begriffs der Modernisierungsmaßnahmen. Diese weichen teilweise inhaltlich von den Definitionen des bis zum 30.4.2013 geltenden § 554 Abs. 1 BGB a. F. ab. Neu in der Aufzählung der zur Modernisierung zählenden Maßnahmen sind die klimaschützenden Maßnahmen. Die Vorschrift gilt für die Wohnraum- und für die Gewerbemiete (§ 578 Abs. 2). Der Modernisierungskatalog ist abschließend. Andere als die in § 555b genannten Maßnahmen können nicht als Modernisierung bewertet werden.

II. Begriff der baulichen Veränderung

2   Die in § 555b aufgezählten Maßnahmen zählen nur dann als Modernisierung, wenn sie durch „bauliche Veränderungen" geschaffen werden. Daraus folgt zum einen, dass die Mietsache durch die Maßnahme verändert wird und zum anderen, dass dies durch eine Baumaßnahme zu erfolgen hat. Nach der Gesetzesbegründung ist der **Begriff der baulichen Veränderung weit auszulegen.** Er umfasst „neben Eingriffen in die bauliche Substanz ... auch Veränderungen der Anlagetechnik des Gebäudes" (BT-Drucks 17/10485 S. 27). Die bloße Änderung einer bisherigen Praxis genügt allerdings nicht. Wird beispielsweise eine Energieeinsparung durch die Reduzierung der Heizleistung in den Nachtstunden erzielt, so gilt dies nicht als Modernisierung; ob der Mieter eine derartige Maßnahme hinnehmen muss richtet sich folgerichtig nicht nach § 555d, sondern nach den allgemeinen Vorschriften über den Inhalt des vertragsgemäßen Gebrauchs (§ 535 Abs. 1 BGB). Ebenso fehlt es am Kriterium der Baumaßnahme, wenn die Heizungsanlage durch eine Fachkraft lediglich durch eine verbesserte Einstellung optimiert wird und dies zu einer Einsparung von Heizöl führt. Anders ist es, wenn die Einsparung durch eine Veränderung der technischen Einrichtung, etwa durch den Austausch veralteter Steuerungsgeräte erfolgt. Bei periodisch wiederkehrenden Maßnahmen kann der Vermieter die durch die Beauftragung der Fachkraft entstandenen Kosten in die Betriebskostenabrechnung einstellen kann (§ 2 Nr. 4 BetrKV). Eine Mieterhöhung nach § 559 BGB scheidet demgegenüber aus. Das Auswechseln von Glühbirnen durch Energiesparlampen ist ebenfalls nicht als „bauliche" Veränderung zu bewerten. Bei den unter dem Begriff „Smart Homes" und „KogniHomes" diskutierten Maßnahmen kommt es im Einzelfall darauf an, ob das Merkmal der baulichen Veränderung vorliegt und ob die weiteren unter Ziff 1–7 aufgezählten Kriterien gegeben sind (Eisenschmid WuM 2017, 440; s. dazu auch Herlitz/Cimiano NZM 2016, 409).

III. Die Maßnahmen im Einzelnen

1. Nr. 1

3   **Maßnahmen durch die in Bezug auf die Mietsache Endenergie nachhaltig eingespart wird (energetische Modernisierung).** Endenergie ist ein Teil der Nutzenergie. Unter dem Begriff der Nutzenergie versteht man die Energiemenge,

die für den Betrieb der Heizungs-, Warmwasserzubereitungs- oder Klimaanlage erforderlich ist. Beim Betrieb der entsprechenden Anlagen, sowie bei der Verteilung der Wärme und des Warmwassers im Gebäude entstehen Verluste, die dem Mieter nicht unmittelbar zugutekommen. Außerdem benötigen die Anlagen gewisse Zusatzenergien wie beispielsweise Strom für Pumpen und dergleichen. Die Summe der Nutzenergie, die Energieverluste und die Zusatzenergie bilden zusammen die für die Versorgung benötigte Endenergie.

a) Definition Endenergie. Der **Gesetzentwurf der Bundesregierung** (BT-Drucks. 17/10485 S. 19) definiert den Begriff der Endenergie wie folgt: 4

"Endenergie im Sinne der Regelung in Nummer 1 ist die Menge an Energie, die der Anlagentechnik eines Gebäudes (Heizungsanlage, raumlufttechnische Anlage, Warmwasserbereitungsanlage) zur Verfügung stehen muss, um die für den „Endverbraucher" (also insbesondere den Mieter) erforderliche Nutzenergie sowie die Verluste der Anlagentechnik bei der Übergabe, der Verteilung, der Speicherung und der Erzeugung im Gebäude zu decken. Die zur Versorgung eines Gebäudes benötigte Endenergie wird an der „Schnittstelle" Gebäudehülle gemessen und dort in Form von Heizöl, Erdgas, Braunkohlenbriketts, Holzpellets, Strom, Fernwärme etc. übergeben."

b) Definition Nutzenergie. Hierzu ist im **Gesetzentwurf der Bundesregierung (a. a. O.)** ausgeführt: 5

"Unter Nutzenergie wird diejenige Menge an Energie verstanden, die für eine bestimmte Energiedienstleistung am Ort des Verbrauchs (z. B. erwärmter Raum, warmes Wasser etc.) erforderlich ist. Die Umwandlungsverluste der Anlagentechnik (z. B. Heizkessel) und des Verteilungssystems (z. B. Leitungssystem einer Zentralheizung) sind kein Teil der Nutzenergie. Nicht berücksichtigt wird außerdem die für den Betrieb der Anlagentechnik benötigte Hilfsenergie (z. B. Pumpenstrom)".

c) Einsparung. Unter Nr. 1 fällt ausschließlich die Einsparung von Endenergie. Endenergie wird gespart **(1)** durch Verringerung der Nutzenergie, (Optimierung der vorhandenen Heizanlage, Erneuerung der Anlage), **(2)** durch Verminderung der Energieverluste (Maßnahmen zur Verbesserung der energetischen Gebäudebeschaffenheit, Wärmedämmung, Isolierung freiliegender Rohre, Fensteraustausch, Lüftungsanlagen mit Wärmerückgewinnung), **(3)** durch den Einsatz kostenloser Energien (Windenergie, Solarenergie). **Generell gilt:** Maßnahmen am Gebäude (Wärmedämmung, Optimierung der Heiz- und Lüftungsanlage etc. führen zur Einsparung von Endenergie i. S. der Nr. 1). Der bloße Austausch eines Energieträgers hat auf den Endenergiebedarf keinen Einfluss. Soweit durch den Austausch des Energieträgers nicht erneuerbare Primärenergie eingespart wird (Pellets statt Heizöl), fällt die Maßnahme unter die Nr. 2. Ist dies nicht der Fall (Ersatz von Kohle durch Heizöl) gilt weder Nr. 1 noch Nr. 2, weil Kohle und Heizöl denselben Energiefaktor aufweisen (s. Rdn. 24). Jedoch ist zu beachten, dass bei der Bestimmung des Bedarfs an Endenergie die Wind- und Solarenergie außer Betracht bleibt. Diese Energieträger stehen in unbegrenzter Menge kostenfrei zur Verfügung. Ein Bedürfnis nach Einsparung besteht nicht. Wird beispielsweise die bisherige Versorgung mit Warmwasser mittels einer Ölzentralheizung ganz oder teilweise durch eine Warmwassererzeugung mittels Sonnenkollektoren ersetzt, so führt dies zu einer Einsparung von nicht erneuerbarer Energie (Heizöl). Da die Sonnenenergie beim Endenergiebedarf keine Rolle spielt, verringert sich der Endenergiebedarf. 6

Deshalb fällt die Maßnahme unter die Nr. 1 (Begründung des Gesetzentwurfs der Bundesregierung BT-Drucks 17/10485 S. 19)

7 **Einzelheiten. (1) Optimierung der vorhandenen Heizanlage, Erneuerung der Anlage.** Durch diese Maßnahmen wird Endenergie eingespart, deshalb ist Nr. 1 einschlägig. In Betracht kommt eine Verminderung des Energieverlustes und des Energieverbrauchs der zentralen Heizungs- und Warmwasseranlagen (vgl. Begründung des Entwurfs der Bundesregierung zum Gesetz zur Änderung des Wohnungsmodernisierungsgesetzes vom 27.6.1978 (BGBl. I S 878). durch
- Anpassung der Wasservolumenstärke oder der Heizkörperflächen an den Wärmebedarf der einzelnen Räume,
- Reduzierung der Brennerleistung,
- Verbesserung der Wärmedämmung des Wärmeerzeugers und des Verteilungsnetzes,
- Einrichtungen zur Begrenzung von Stillstandsverlusten,

8 **Die Effizienz der Einsparung von Endenergie wird durch den „Jahresnutzungsgrad" ausgedrückt.** Bei einer Anlage mit einem Jahresnutzungsgrad von 75% gehen 25% der eingesetzten Energie verloren. Wird eine solche Anlage durch eine mit einem Jahresnutzungsgrad von 80% ersetzt oder wird die Anlage entsprechend optimiert, so ist damit eine Einsparung von Endenergie i. S. der Nr. 1 verbunden. Zu beachten ist dabei, dass es für die Anwendung der Nr. 1 nicht auf die Quantität der Einsparung, sondern lediglich auf deren Dauerhaftigkeit ankommt (s. Rdn. 21).

9 Entstehen durch die Optimierung der Anlage **laufende Kosten,** so handelt es sich um Betriebskosten; diese sind bei entsprechender vertraglicher Vereinbarung auf den Mieter umlegbar.

10 **(2) Umstellung auf Fernwärme, wenn diese in einer Anlage der Kraft-Wärme-Kopplung (KWK-Anlage) erzeugt wird.** Der Bedarf an Endenergie bleibt bei dieser Maßnahme gleich. Deshalb ist Nr. 1 unanwendbar. Möglicherweise wird durch die Maßnahme Primärenergie eingespart. In diesem Fall fällt sie unter die Nr. 2 (s. Rdn. 25). Zwingend ist dies nicht. Zwar hat Fernwärme aus einer KWK Anlage einen besseren Energiefaktor als die Wärmeversorgung mittels der ölbetriebenen Zentralheizung (s. Rdn. 24). Jedoch können die Energieverluste bei der Fernheizung infolge der langen Leitungswege relativ hoch sein, so dass die Energiebilanz ungünstig ist (s. Eisenschmid in: Schmidt-Futterer § 555b BGB Rdn. 62). Die Frage ist jedoch von untergeordneter Bedeutung. Eine Mieterhöhung nach § 559 ist in jedem Fall ausgeschlossen. Die Voraussetzungen für die Umlage der durch die Fernwärmeversorgung entstehenden Betriebskosten sind in § 556c geregelt.

10a **(3) Wärmecontracting.** Beim Wärmecontracting unterscheidet man zwischen den Fällen, in denen die Wärmelieferung zu den Vermieterpflichten zählt und dem sog. „Fullcontracting", bei dem die Wärmelieferung nicht auf Grund des Mietvertrags, sondern auf Grund eines zwischen dem Mieter und dem Wärmelieferanten bestehenden Wärmelieferungsvertrags erfolgt. Beim Fullcontracting wird der Vermieter von seiner Verpflichtung zur Wärmelieferung frei. Zu diesem Zweck muss der Mietvertrag abgeändert werden. Ein gesetzlicher Anspruch auf Abschluss einer solchen Vereinbarung steht dem Vermieter nicht zu.

10b Das **„Anlagencontracting"** und das **„Betriebsführungscontracting"** fällt i. d. R. unter die Nr. 1. Im erstgenannten Fall erneuert der Contractor die Anlagen zur Wärme- und Warmwassererzeugung. Im zweiten Fall übernimmt der Contractor eine bestehende Anlage und sorgt durch eine verbesserte Einstellung und Wartung dafür, dass die eingesetzte Energie effektiver als bisher genutzt werden kann. In beiden Fällen wird Endenergie eingespart. Die in Betracht kommenden Maßnahmen (Installation einer neuen Heizungsanlage, Umstellung auf Betriebsführungscontracting) haben i. d. R. keine Auswirkungen auf den Mietgebrauch. Es handelt sich um Bagatellmaßnahmen die als solche keiner Ankündigung bedürfen (§ 555c Abs. 4) und vom Mieter ohne weiteres zu dulden sind. Es besteht kein Sonderkündigungsrecht (§ 555e Abs. 2). Lediglich die aus der Maßnahme folgende Änderung der Zahlungspflicht für Betriebskosten muss gem. § 556c Abs. 2 angekündigt werden (s. § 556c Rdn. 23).

(4) Wärmedämmung. Die Maßnahme führt i. d. R. zu einer Einsparung von 11 Endenergie i. S. der Nr. 1. In Betracht kommt (vgl. Begründung des Entwurfs der Bundesregierung zum Gesetz zur Änderung des Wohnungsmodernisierungsgesetzes vom 27.6.1978 (BGBl. I S 878)
- eine Verbesserung der Wärmedämmung von Fenster und Außentüren durch
  - Dichtung der Fugen,
  - Isolier- oder Mehrfachverglasung,
  - Vorsatzfenster bzw. Vorsatzflügel,
  - neue Fenster und Fenstertüren mit Isolier- oder Mehrfachverglasung,
  - Rollläden oder Fensterläden
- Verbesserung der Wärmedämmung von Außenwänden, Dächern und Decken

Bei Wärmedämmmaßnahmen ist zu beachten, dass die von der EnEV 2007 vorgegeben Wärmedurchgangskoeffizienten erreicht werden (§ 9 EnEV). Werden diese Werte verfehlt, so muss der Mieter die Maßnahme nicht dulden, da sie den gesetzlichen Vorschriften nicht entspricht (s. auch § 555c Rdn. 24). Wärmedämmmaßnahmen sind vom Mieter grundsätzlich auch dann zu dulden, wenn damit Nachteile verbunden sind (LG Berlin GE 2018, 55 betr. Austausch von Fenstern gegen solche mit verbesserter Wärmedämmung, wenn sich die Fensterfläche um 30% verringert und dies einen verminderten Lichteinfall zur Folge hat.

(5) Technische Anlagen. Auswirkungen auf die Endenergie haben u. U. An- 12 lagen zur Nutzung von Sonnen- oder Windenergie. Grundsätzlich hat der Austausch des Energieträgers (z. B. Wassererwärmung durch Solarenergie statt Heizöl) auf den Endenergiebedarf keinen Einfluss. Jedoch ist für solche Maßnahmen typisch, dass der Austausch des Energieträgers nur bei Installation besonderer Anlagen möglich ist. Diese Anlagen führen u. U. zu einer Verringerung des Endenergiebedarfs, etwa wenn sie – wegen geringerer Energieverluste – einen höheren Jahresnutzungsgrad (Rdn. 8) aufweisen als die ersetzte Anlage. Solche Maßnahmen gelten nach der Vorstellung des Gesetzgebers grundsätzlich als energetische Modernisierung i. S. der Nr. 1 (Gesetzentwurf der Bundesregierung zum MietRÄndG 2013 (BT-Drucks. 17/10485, S. 19). Die Maßnahmen müssen sich nicht auf die Betriebskosten auswirken. Maßgeblich ist allein ob sich der Energieverbrauch verringert.

In Betracht kommen insbesondere folgende Anlagen (dazu Horst NZM 2010, 13 761) **(5.1) Photovoltaik:** Die Anlage dient zur Erzeugung von Strom durch Sonnenwärme. Der gewonnene Strom wird in das allgemeine Stromnetz eingespeist. Der Erzeuger des Stroms profitiert über einen Garantiepreis. Die Maßnahme hat keinen speziellen Bezug zur Mietsache. Sie fällt deshalb nicht unter die Nr. 1, sondern unter die Nr. 2 (s. Rdn. 20 und § 555d Rdn. 4).

(5.2) Sonnenkollektoren: Die Anlage dient zur Erzeugung von Warmwasser. 14 Über einen Wärmetauscher wird Sonnenwärme an die Warmwasserversorgungsanlage abgegeben. Aus den unter Rdn. 6 genannten Gründen wird auf diese Weise

§ 555b BGB Untertitel 2. Mietverhältnisse über Wohnraum

Endenergie eingespart; deshalb fällt die Maßnahme unter die Nr. 1 (Gesetzesbegründung BT-Drucks. 17/10485 S. 19) Es handelt sich um eine duldungspflichtige Maßnahme, die zur Mieterhöhung berechtigt (ebenso Derleder NZM 2013, 441, 443).

15   (5.3) **Windenergieanlagen:** Die Anlagen dienen zur Erzeugung von Strom aus Windkraft. Neben den Windparks sind auch vermietereigene Windanlagen (Microanlagen) auf dem Dach eines Hauses oder einer Freifläche denkbar. Der über eine solche Microanlage gewonnene Strom wird in das allgemeine Stromnetz eingespeist. Der Erzeuger des Stroms profitiert über einen Garantiepreis. Hinsichtlich der Duldungspflicht und der Möglichkeit zur Mieterhöhung besteht dieselbe Problematik wie bei den Photovoltaikanlagen.

16   (5.4) **Wärmepumpen:** Die Anlage dient zur Gewinnung von Heizwärme. Die Wärmepumpe entzieht der Umgebung (Luft, Wasser, Erdreich) Wärme und hebt diese auf ein höheres Wärmeniveau an, mit dem Ziel verwertbare Heizwärme zu gewinnen. Für diesen Vorgang muss zwar Energie eingesetzt werden, i. d. R. elektrische Energie. Führt diese Technik im Ergebnis zur Einsparung von Endenergie – was im Einzelfall zu prüfen ist – so fällt die Maßnahme unter die Nr. 1.

17   (5.5) **Verbesserung der Gebäudelüftung.** Zu den energiesparenden Maßnahmen zählt auch die Verbesserung der Gebäudelüftung (Hartmann ZdWBay 2006, 342). Durch mechanische Zu- und Abluftanlagen können zum einen Schäden durch Schimmelpilzbildung vermieden werden. Zum anderen lassen sich aber auch Heizkosteneinsparungen erzielen. Dezentrale (wohnungsweise) Abluftanlagen kosten ca. 7.000.– Euro pro Wohnung. Die Kosten für Zentrale (hausweise) Abluftanlagen liegen bei ca. 5.000.– Euro (Hense ZdW Bay 2003, 17, 23). I.d.R. wird durch eine solche Maßnahme der Energiebedarf des Gebäudes verringert; deshalb fällt sie unter die Nr. 1.

18   (6) **Stromsparende Maßnahmen.** Zu den energiesparenden Maßnahmen zählen auch stromsparende Maßnahmen. Die Begründung zum Regierungsentwurf (BT-Drucks. 14/4553 zu § 554 BGB) nennt beispielsweise: drehzahlgeregelte Umwälzpumpen, Ventilatoren und Aufzugsmotoren sowie Energiesparlampen. Der Wechsel von konventionell erzeugtem Strom zu **Strom aus einem Windkraftwerk** oder einer **Photovoltaikanlage** stellt jedoch keine Energiesparmaßnahme im Sinne von Nr. 1 dar. Es fehlt am Bezug zum Mietverhältnis, weil der Strom in das allgemeine Stromnetz eingespeist wird. Der Stromlieferant versorgt nicht ein bestimmtes Gebäude, sondern die Allgemeinheit mit Strom (OLG Bamberg NZM 2009, 859; Eisenschmid WuM 2009, 624, 626; Hinz ZMR 2011, 685, 693).

19   (7) **Stilllegung verbrauchsintensiver Einrichtungen/Rückbau.** Nach dem Wortlaut der Nr. 1 wird von der Vorschrift auch die Stilllegung energieabhängiger Einrichtungen erfasst (Stilllegung eines Müllschluckers, eines Aufzugs, eines Schwimmbads etc.). Solche Maßnahmen erfolgen im Wege der baulichen Veränderung. Sie haben zur Folge, dass die zum Betrieb der Einrichtung erforderliche Energie eingespart wird. Die Maßnahmen führen dazu, dass die vom Vermieter geschuldete vertragsgemäße Leistung verringert wird. Dies setzt eine Vereinbarung mit dem Mieter über die Änderung der nach § 535 Abs. 1 geschuldeten Vermieterpflichten voraus. Die Regelung in § 555b Nr. 1 wird hier durch § 535 Abs. 1 verdrängt. Ob der Mieter einer solchen Vertragsänderung zustimmen muss, ist nach § 242 zu beurteilen. In diesem Rahmen ist auch über eine Reduzierung der Miete zu entscheiden. Die Anwendung der Modernisierungsregeln kommt nicht in Betracht. Der **Rückbau eines Gebäudes,** der insbesondere in Gebieten mit großem

Wohnungsangebot aber geringer Nachfrage in Erwägung gezogen wird, führt ebenfalls zu einer Einsparung von Energie; gleichwohl fällt eine solche Maßnahme nicht unter die Nr. 1.

d) Bezug zur Mietsache. Die Regelung in Nr. 1 setzt voraus, dass die Maßnahme einen Bezug zur Mietsache hat. Unter dem Begriff der Mietsache ist dabei sowohl die Wohnung als auch das Wohngebäude zu verstehen. Energiesparende Maßnahmen ohne Bezug zur Mietsache fallen unter Nr. 2. Dies ist für die Frage der Mieterhöhung von Bedeutung, weil Maßnahmen nach der Nr. 2 nicht zur Mieterhöhung berechtigen (§ 559 Abs. 1). Paradigmatisch hierfür ist die Fotovoltaikanlage, die auf dem Dach eines Miethauses installiert wird, wobei der Strom nicht dem Gebäude zugutekommt, sondern vom Vermieter gegen Vergütung in das allgemeine Stromnetz eingespeist wird.

e) Nachhaltigkeit. Nach Nr. 1 liegt nur dann eine Modernisierung vor, wenn die Einsparung „nachhaltig", d.H. von Dauer ist. Vorübergehende Einspareffekte genügen nicht. Der Begriff der Nachhaltigkeit ist zeitlich, nicht quantitativ zu verstehen (BGH NJW 2002, 2036; Eisenschmid in: Schmidt-Futterer § 555b BGB Rdn. 26; Dickersbach in: Lützenkirchen, Mietrecht § 555b Rdn. 23). Das bedeutet, dass auch sehr geringe Energieeinsparungen als Modernisierung gelten (AG Rheine WuM 2008, 491; Flatow DWW 2007, 193). Die Vorschriften der EnEV hinsichtlich der energetischen Nachrüstung sind jedoch zu beachten.

2. Nr. 2

a) Maßnahmen durch die nicht erneuerbare Primärenergie nachhaltig eingespart wird. Hierunter sind solche Maßnahmen zu verstehen, die eine Einsparung von nicht erneuerbarer Primärenergie zur Folge haben, ohne dass zugleich Endenergie eingespart wird.

Definition Primärenergie: In der Begründung des Gesetzentwurfs der Bundesregierung (BT-Drucks. 17/10485 S. 19) ist hierzu ausgeführt

> *„Der Begriff der Primärenergie berücksichtigt im Unterschied zur Endenergie nicht nur die an der Gebäudegrenze übergebene Energiemenge, sondern zusätzlich auch diejenige Energiemenge, die durch vorgelagerte Prozesse außerhalb des Gebäudes zur Gewinnung, Umwandlung und Verteilung benötigt wird (z. B. Bohrung zur Gewinnung von Erdöl, Raffinerie zu Heizöl und Transport zum Abnehmer, Verstromung des Heizöls durch Verbrennung). Damit ist Primärenergie, verkürzt gesagt, Endenergie zuzüglich dieses vorgelagerten Aufwandes. Dieser zusätzliche Aufwand wird durch den Primärenergiefaktor ausgedrückt, der aus dem Verhältnis von Primärenergie und Endenergie ermittelt wird. Bei der Primärenergie kann weiter unterschieden werden zwischen erneuerbaren und nicht erneuerbaren Primärenergien. Erneuerbar sind zum einen Energieträger, die nach derzeitigem Erkenntnisstand unerschöpflich sind, beispielsweise die Strahlungsenergie der Sonne oder Wind. Erneuerbar sind auch Energieträger, die reproduziert werden können: Dazu zählen z. B. Biomasse und Holz. Nicht erneuerbare Energieträger hingegen sind in ihrem Vorkommen begrenzt und nach dem gegenwärtigen Stand von Wissenschaft und Technik nicht reproduzierbar. Diese Ressourcen werden durch Verbrauch immer knapper. Beispiele hierfür sind die „klassischen" fossilen Energieträger wie Kohle, Erdöl oder Erdgas. Unter dem Gesichtspunkt der Energieeffizienz und der Ressourcenschonung ist insbesondere die Einsparung nicht erneuerbarer Primärenergie wünschenswert. Mit Hilfe der zuvor erwähnten Primärenergiefaktoren für nicht erneuerbare Primärenergie kann auf Grundlage des*

Endenergieverbrauchs des Gebäudes der Anteil an hierbei verbrauchter nicht erneuerbarer Primärenergie bestimmt werden. Auf diese Weise kann bei einer Modernisierung festgestellt werden, ob der Verbrauch der Mietsache an nicht erneuerbarer Primärenergie sinkt.

In der weit überwiegenden Zahl der Modernisierungen kommt es für die Bejahung des Tatbestandes von § 555b Nummer 1 nicht auf das Merkmal der Einsparung nicht erneuerbarer Primärenergie an. Denn zumeist geht eine Einsparung nicht erneuerbarer Primärenergie ohnehin mit einer Einsparung von Endenergie einher. Dies ist etwa dann der Fall, wenn eine Öl- oder Gasheizung bei gleichbleibender Beheizungsart nach baulichen Veränderungen effizienter betrieben werden kann oder durch ein effizienteres Modell ersetzt wird, oder auch, wenn die Warmwasserbereitung durch eine Gastherme infolge einer Modernisierung durch Solarkollektoren unterstützt wird: In allen diesen Fällen muss weniger fossile Endenergie zugekauft werden – und damit sinken auch die Brennstoffkosten, die für den Mieter als Endverbraucher anfallen."

24 **Primärenergiefaktoren**

Endenergie	Faktor	Energieträger (Primärenergie)
1 kWh	1,1	Kohle, Öl, Gas
1 kWh	1,3	Fernwärme (Kohle, Gas)
1 kWh	0,7	Fernwärme (Kohle, Gas) aus KWK
1 kWh	0,2	Holz (Pellets)
1 kWh	0,0	Sonnenenergie, Windkraft
1 kWh	2,6	Strom

kWh = Kilowattstunde. Eine Wattstunde entspricht der Energie, welche ein Energieträger in einer Stunde abgibt. Die Kilowattstunde ist das Tausendfache der Wattstunde.

Beispiele: Um mit Heizöl 1 kWh Endenergie zu erzeugen benötigt man eine Primärenergie von 1,1 KWh. Der energetisch günstigste Primärenergieträger ist die Sonnen- und die Windkraft. Der ungünstigste Primärenergieträger ist Strom.

25 In der Regel haben Einsparungen von nicht erneuerbarer Energie (Kohle, Öl, Gas) zugleich eine Einsparung von Endenergie zur Folge. Diese Maßnahmen fallen unter die Nr. 1. Einsparungen von erneuerbarer Energie (Pellets, Sonnenenergie, Windkraft) spielen keine Rolle. Bei der Umstellung der Ölzentralheizung auf die Wärmeerzeugung mit Pellets wird zwar nicht erneuerbare Energie eingespart; der Bedarf an Endenergie bleibt aber gleich (Begründung des Gesetzentwurfs der Bundesregierung (BT-Drucks. 17/10485 S. 20). Diese Maßnahme fällt unter die Nr. 2. Gleiches gilt für den Ersatz einer Gasetagenheizung durch Fernwärme, wenn diese ganz oder teilweise in einer Anlage nach dem System der Kraft-Wärme-Kopplung erzeugt wird. Es kommt nicht darauf an, ob die Umstellung wirtschaftlich ist, insbesondere spielt es keine Rolle, ob die Umstellung für den Mieter Kostenvorteile mit sich bringt (LG Berlin GE 2018, 55).

26 **b) Maßnahmen durch die das Klima nachhaltig geschützt wird.** Weiter werden von der Nr. 2 klimaschützende Maßnahmen erfasst. Eine gesetzliche Definition fehlt. Auch Regelbeispiele werden nicht genannt. Nach dem Gesetzeszweck zählen zu den klimaschützenden Maßnahmen insbesondere Maßnahmen zur Verringerung von Treibhausgasen und CO_2-Emissionen. Insoweit ist ein großzügiger Maßstab angezeigt. So können beispielsweise Maßnahmen zur Verringerung von Müll und ähnliches als klimaschützende Maßnahmen bewertet werden. Es muss sich allerdings um „bauliche Veränderungen" handeln. Die Ausstattung eines Wohngebäudes mit Müllerfassungsgeräten, durch die der Müllverbrauch der Mieter erfasst wird, dürfte hierzu ausreichen. Führen die klimaschützenden Maßnahmen zugleich zu einer nachhaltigen Einsparung von Endenergie, so fallen sie unter die Nr. 1, was insbesondere für die Mieterhöhung von Bedeutung ist. Deshalb werden von der Nr. 2 insbesondere energieneutrale Maßnahmen zur Verbesserung von Lüftungsanlagen und Heizungssystemen erfasst.

3. Nr. 3

Maßnahmen, durch die der Wasserverbrauch nachhaltig reduziert wird. 27
Zu den wassersparenden Maßnahmen gehört insbesondere der Einbau von Wohnungswasserzählern (Zwischenzähler), weil eine verbrauchsabhängige Erfassung und Abrechnung der Wasserkosten erfahrungsgemäß zum sparsamen Umgang mit Wasser anregt (Dickersbach in: Lützenkirchen, Mietrecht § 555b Rdn. 55). So soll bei größeren Wohnanlagen der Wasserverbrauch beim Wechsel zur verbrauchsabhängigen Erfassung und Abrechnung um 17% sinken (Roth, Die Wohnungswirtschaft 1993, 616). Den Wechsel von einer vereinbarten oder bislang praktizierten verbrauchsunabhängigen Abrechnung zur Erfassung und Abrechnung nach dem erfassten Verbrauch kann der Vermieter auch gegen den Willen der Mieter nach § 556a Abs. 2 BGB durchsetzen (s. dort). Die laufenden Kosten der verbrauchsabhängigen Abrechnung gehören zu den umlagefähigen Betriebskosten (s. § 556 BGB Rdn. 22). Außerdem zählen zu den wassersparenden Maßnahmen den Einbau von Durchlaufbegrenzern, die Installation von wasserreduzierenden Toilettenspülkästen anstelle der bisherigen Druckspüler (Franke/Geldmacher ZMR 1993, 548), die Anschaffung wassersparender Armaturen mit Wassermengenbegrenzung sowie die Errichtung von Regenwassersammelanlagen (dazu Hänel, Die Wohnungswirtschaft 1994, 472) oder das Aufstellen von Behältern zum Sammeln des Regenwassers.

4. Nr. 4

Maßnahmen durch die der Gebrauchswert der Mietsache nachhaltig er- 28
höht wird. Diese Maßnahmen wurden von dem bis 30.4.2013 geltenden § 554 Abs. 2 BGB von dem Begriff „Verbesserung der Mietsache" erfasst. Die Regelung unter Nr. 4 entspricht deshalb dem bereits früher maßgeblichen Recht. Auf die hierzu vorliegende Rechtsprechung und Literatur kann bei der Auslegung zurückgegriffen werden. Die Abgrenzung zu den Maßnahmen nach Nr. 5 (Verbesserung der allgemeinen Wohnverhältnisse) ist fließend aber ohne praktische Bedeutung.

a) Begriff der Erhöhung des Gebrauchswerts. Die Rechtsprechung des 29
BGH (NJW 1972, 723 und NJW 2005, 2995) zur Auslegung des Begriffs der „Verbesserung" in § 554 Abs. 2 Satz 1 BGB a. F. und § 541a Abs. 2 BGB a. F. ist auch für die Auslegung des Begriffs der Gebrauchswerterhöhung von Bedeutung (BGH NZM 2018, 226).

Danach gilt: **(1)** Der **Begriff der Gebrauchswerterhöhung ist objektiv zu** 30
bestimmen. Es kommt nicht darauf an, ob die Maßnahme von dem konkreten Mieter als Gebrauchswerterhöhung gewertet wird. Maßgeblich ist vielmehr die Verkehrsanschauung. Danach ist eine Gebrauchswerterhöhung anzunehmen, wenn die Wohnung nach Durchführung der Maßnahme leichter zu vermieten ist als eine vergleichbare Wohnung ohne die Maßnahme (ebenso: BGH NJW 2008, 1218 = WuM 2008, 219 = NZM 2008, 283; NJW 2011, 3514 = WuM 2011, 625

= NZM 2011, 804). Die Gebrauchswerterhöhung ist nicht nach generalisierenden Kriterien sondern bezogen auf die Umstände des Einzelfalls unter Berücksichtigung des konkreten Zuschnitts der Wohnung, der Wohnungsgröße und sonstiger baulichen Details sowie der allgemeinen Wohnbedürfnisse für die in Betracht kommenden Mieterkreise zu beurteilen (LG Berlin WuM 2018, 564 betr. den Einbau einer Fußbodenheizung). Der Vermieter muss die Umstände, aus denen sich die Gebrauchswerterhöhung ergibt, nicht beweisen. Es genügt, wenn der Anschein für eine bessere Vermietbarkeit spricht (BGH NJW 2005, 2995 = WuM 2005, 576 = NZM 2005, 697; NJW 2011, 3514 = WuM 2011, 625 = NZM 2011, 804). Deshalb ist auch die Umstellung von der Beheizung durch Einzelöfen auf die Fernwärmeversorgung als Verbesserungsmaßnahme zu bewerten ohne dass es darauf ankommt, ob damit auch eine Einsparung von Heizenergie verbunden ist (BGH NZM 2014, 304 unter Rz. 13 zu § 554 BGB a.F). Der Austausch von Kohleeinzelöfen gegen eine Gasetagenheizung gilt auch dann als Verbesserungsmaßnahme, wenn der Mieter Kohleöfen als behaglich empfindet (LG Berlin GE 2015, 1162). Dies folgt aus der Erwägung, dass bei einer Gasetagenheizung der Aufwand für die Beschaffung des Brennmaterials und die Entsorgung der Rückstände entfällt. Gegenüber der Versorgung mit Warmwasser mittels eines Durchlauferhitzers stellt eine zentrale Warmwasserversorgung wegen des sofortigen und mengenmäßig unbegrenzten Wasserbezugs eine Verbesserung dar (AG Köpenick GE 2016, 265). Ebenso zählt der Einbau einer Fußbodenheizung oder der Einbau einer Dusche zu den wohnwerterhöhenden Maßnahmen (LG Berlin WuM 2018, 564). Gleiches gilt für die Ausstattung der Wohnungen mit zusätzlichen Balkonen, auch wenn die Wohnungen bereits mit Balkonen ausgestattet sind (**a. A.** AG Charlottenburg GE 2013, 625 = ZMR 2014, 368).

31 (2) Der Vermieter ist nicht darauf beschränkt, die Ausstattung der Wohnung auf einen durchschnittlichen Standard anzuheben. Der **Mieter muss** auch **Maßnahmen zur Herstellung eines überdurchschnittlichen Standards dulden.** Lediglich besonders aufwendige Maßnahmen (sog. „Luxusmodernisierung") sind von der Duldungspflicht ausgenommen. In diesem Rahmen ist festzustellen, welche Vorteile die beabsichtigte Maßnahme gegenüber dem vorhandenen Zustand oder der Alternativmaßnahme bietet und ob durch eine solche Maßnahme die Wohnung von künftigen Mietinteressenten eher angemietet wird (BGH NZM 2005, 697; zur Frage ob eine Digitalisierung eine heute noch eine Luxusmodernisierung darstellt: Herlitz, WImmoT 2018, 159, 165).

32 (3) Unter dem **Begriff der „Mietsache"** im Sinne von Nr. 4 ist sowohl die Wohnung, als auch das Gebäude zu verstehen. Deshalb muss der Mieter auch Modernisierungsmaßnahmen in den gemeinschaftlich genutzten Hausteilen (AG Köpenick GE 2016, 265 betr. Beheizung des Treppenhauses) oder in den Nachbarwohnungen dulden (z. B. Durchbrüche zum Zwecke des Anschlusses der über der Wohnung des Mieters liegenden Räume an die Zentralheizung (LG Berlin GE 2012, 205 betr. Verlegung von Rohren; AG Charlottenburg GE 2013, 625 = ZMR 2014, 368: Vergrößerung von Nachbarwohnungen durch den Anbau eines Balkons; LG Berlin GE 2015, 916: Einbau eines Aufzugs).

33 (4) Wurde die **Wohnung bereits vom Mieter modernisiert** so wird teilweise die Ansicht vertreten, dass es für den Begriff der Gebrauchswerterhöhung auf einen Vergleich des vom Vermieter geschuldeten Zustands mit dem zu schaffenden Zustand ankommt. Die vom Mieter durchgeführten Modernisierungsarbeiten bleiben nach dieser Ansicht auch dann unberücksichtigt, wenn sie mit Zustimmung des Vermieters durchgeführt wurden (LG Berlin GE 2011, 57).

Nach h. M. ist für den Begriff der Verbesserung ein Vergleich des gegenwärtigen Wohnungszustands mit dem zu schaffenden Zustand vorzunehmen. Danach ist die Mietermodernisierung zu berücksichtigen (BGH NJW 2012, 2954 = WuM 2012, 448 = NZM 2012, 679; WuM 2012, 677 = NZM 2013, 141; WuM 2012, 678; Lammel Wohnraummietrecht § 554 Rdn. 41). Voraussetzung ist lediglich, dass die Maßnahme mit Zustimmung des Vermieters vorgenommen wurde. Hat der Mieter dagegen eigenmächtig modernisiert, so kann der hierdurch geschaffene Zustand nicht berücksichtigt werden. Der BGH führt zur Begründung im Wesentlichen aus, dass sich der Vermieter widersprüchlich verhält, wenn er dem Mieter eine Modernisierung erlaube aber den hierdurch geschaffenen Zustand bei einer späteren Planung unberücksichtigt lasse. Der Vermieter werde durch die Bindung an die erteilte Zustimmung auch nicht über Gebühr benachteiligt, weil er die Zustimmung an entsprechende Bedingungen knüpfen und sich so eine gewisse Planungsfreiheit sichern könne.

(5) **Maßnahmen zur Herstellung des vertraglich geschuldeten Zustands** 33a
sind keine Modernisierungsmaßnamen. Nach der Rechtsprechung des BGH kann der Mieter einer nicht modernisierten Altbauwohnung mangels abweichender vertraglicher Vereinbarung einen Mindeststandard erwarten, der ein zeitgemäßes Wohnen ermöglicht und den Einsatz der für die Haushaltsführung allgemein üblichen elektrischen Geräte erlaubt (s. § 535 Rdn. 292, 293). Wird ein solcher Standard erst nach Vertragsschluss hergestellt, so ist die Maßnahme nicht als Modernisierung, sondern als Herstellung des vertraglich geschuldeten Zustands zu bewerten. Anders ist es, wenn die Parteien beim Vertragsschluss vereinbart haben, dass der tatsächlich bestehende Zustand vertragsgemäß sein soll. Im Streitfall muss dies der Vermieter darlegen und beweisen.

b) Abgrenzung der Gebrauchswerterhöhung von der Umgestaltung der 34
Mietsache. Von den Maßnahmen zur Erhöhung des Gebrauchswerts sind solche Maßnahmen zu unterscheiden, die eine grundlegende Veränderung oder Umgestaltung der Mietsache zur Folge haben (Aliud). Die Abgrenzung richtet sich nach der allgemeinen Verkehrsanschauung. Die Grenzen sind fließend. Nach der **Rechtsprechung des BGH** besteht keine Duldungspflicht, „wenn die beabsichtigten Maßnahmen (hier: Hinzufügung neuer Räume [Wintergarten; Ausbau des Spitzbodens] unter Veränderung des Grundrisses; veränderter Zuschnitt der Wohnräume und des Bads; Anlegung einer Terrasse; Abriss einer Veranda) so weitreichend sind, dass ihre Durchführung den Charakter der Mietsache grundlegend verändern würde (BGH NZM 2018, 226 Rdn. 15 im Anschluss an BGH NJW 1972, 723 unter II 3 zu § 541a Abs. 2 BGB aF). In der Rechtsprechung ist die Verglasung einer Loggia als „aliud" bewerten worden (AG Hamburg/LG Hamburg WuM 2008, 27). Dies trifft zu, weil eine Wohnung mit Freisitz etwas anderes ist als eine Wohnung mit Wintergarten. Dagegen ist der Anbau eines Balkons als Gebrauchswerterhöhung anzusehen, weil die Wohnung durch die Schaffung eines bisher nicht vorhandenen Freisitzes aufgewertet wird (LG Berlin WuM 2008, 85; GE 2010, 908; WuM 2013, 225).

Für **umfangreiche Maßnahmen** kann sich eine **Duldungspflicht aus § 242** 34a
BGB ergeben. Hier kommt es zunächst darauf an, ob dem Vermieter die Unterlassung der geplanten Baumaßnahme oder deren Verschiebung bis zum Ende des Mietvertrages zugemutet werden kann. Erst dann ist nach den Folgen für den Mieter zu fragen. Im Grundsatz gilt, dass Verträge zu halten sind, und dass der Mieter deshalb einen Anspruch auf ungestörten Mietbesitz hat (vgl. BGH NJW 1972, 723

unter II 4; NZM 2018, 226 Rdn. 18. Die Anwendung des § 242 BGB ist deshalb auf Ausnahmefälle beschränkt.

34b Die unter Rdn. 34 dargestellten Grundsätze gelten auch für **Umbauarbeiten**, die weder als Erhaltungs- Instandsetzungs- oder Modernisierungsmaßnahmen zu bewerten sind. Diese Maßnahmen hat der Mieter grundsätzlich nicht zu dulden (OLG Frankfurt NZM 2019, 337). Auch hier kann sich eine Ausnahme aus § 242 BGB ergeben. Ein solcher Fall kann vorliegen, wenn der Umbau für den Vermieter zwingend erforderlich ist, weil anderenfalls die Wirtschaftlichkeit des Grundbesitzes gefährdet wäre und dem Vermieter ein Zuwarten bis zur Beendigung des Mietverhältnisses nicht zugemutet werden kann (OLG Frankfurt a.a.O.; im Entscheidungsfall verneint).

35 **c) Rückgriff auf die Regelungen des Modernisierungs- und Energieeinsparungsgesetzes – ModEnG – vom 12. 7. 1978.** Zur weiteren Konkretisierung der Maßnahmen zur Erhöhung des Gebrauchswerts kann auf die Regelungen des Modernisierungs- und Energieeinsparungsgesetzes – ModEnG – vom 12. 7. 1978 (BGBl. I S. 994) zurückgegriffen werden. Die genannten Vorschriften sind zwar nach dem Ablauf der staatlichen Modernisierungsförderung aufgehoben worden. Gleichwohl sind diese Regelungen für die Gesetzesauslegung weiterhin von Bedeutung, weil dort der Modernisierungsbegriff in mustergültiger Weise beschrieben ist. Nach § 3 Abs. 1 ModEnG sind unter einer Modernisierung bauliche Maßnahmen zu verstehen, die den Gebrauchswert der Wohnungen nachhaltig erhöhen oder die allgemeinen Wohnverhältnisse auf die Dauer verbessern. Die Maßnahmen können sich auch auf Gebäudeteile außerhalb der Wohnungen, auf zugehörige Nebengebäude, auf das Grundstück und auf dessen unmittelbare Umgebung erstrecken, sofern sie den Mieträumen zugutekommen (§ 3 Abs. 5 ModEnG). Dieser Modernisierungsbegriff stimmt mit demjenigen der Nr. 4 und 5 überein. In § 4 Abs. 1 und 2 ModEnG werden die in Betracht kommenden Maßnahmen wie folgt beschrieben:

Abs. 1: Bauliche Maßnahmen, die den Gebrauchswert der Wohnungen erhöhen, sind insbesondere Maßnahmen zur Verbesserung
1. des Zuschnitts der Wohnung,
2. der Belichtung und Belüftung,
3. des Schallschutzes,
4. der Energieversorgung, der Wasserversorgung und der Entwässerung,
5. der sanitären Einrichtungen,
6. der Beheizung und der Kochmöglichkeiten,
7. der Funktionsabläufe in Wohnungen,
8. der Sicherheit vor Diebstahl und Gewalt.

Zu den baulichen Maßnahmen, die den Gebrauchswert der Wohnungen erhöhen, kann der Anbau gehören, insbesondere soweit er zur Verbesserung der sanitären Einrichtungen oder zum Einbau eines notwendigen Aufzugs erforderlich ist. Der Gebrauchswert von Wohnungen kann auch durch besondere bauliche Maßnahmen für Behinderte und alte Menschen erhöht werden, wenn die Wohnungen auf Dauer für sie bestimmt sind.

Abs. 2 Bauliche Maßnahmen, die die allgemeinen Wohnverhältnisse verbessern, sind insbesondere die Anlage und der Ausbau von nicht öffentlichen Gemeinschaftsanlagen wie Kinderspielplätzen, Grünanlagen, Stellplätzen und anderen Verkehrsanlagen.

36 **Einzelheiten nach § 4 Abs. 1 ModEnG):** Die bauliche Änderung muss den Gebrauchswert der Mietsache nachhaltig erhöhen. Dies setzt voraus, dass der Nutzungswert der Räumlichkeiten nicht unerheblich und auf Dauer erhöht wird. Ein erhöhter Gebrauchswert der Mietsache ist anzunehmen, wenn der dem Mieter zustehende Mietgebrauch durch die bauliche Änderung hinsichtlich der eigentlichen Miträume oder der mitvermieteten Haus- und Grundstücksteile erleichtert, verbessert oder vermehrt wird. Das Wohnen muss also infolge der Maßnahme angenehmer, bequemer, sicherer, gesünder oder weniger arbeitsaufwendig werden.

Hierzu gehört der **Einbau eines Aufzugs,** wenn diese Maßnahme zur Folge 37 hat, dass die Wohnung bequemer zu erreichen ist. An diesem Merkmal fehlt es in Bezug auf eine im Erdgeschoss liegende Wohnung, es sei denn, dass über den Aufzug auch Keller- oder Speicherräume oder eine Tiefgarage zu erreichen sind. Gleiches gilt für eine Wohnung im ersten Obergeschoss, wenn der Aufzug nur auf der Höhe von Zwischenpodesten hält, so dass der Wohnungsinhaber auch bei der Nutzung des Aufzugs eine Treppe begehen muss um zu seiner Wohnung zu gelangen (LG Berlin ZMR 2017, 888). Bei den höher gelegenen Wohnungen ist demgegenüber auch dann ein Gebrauchsvorteil gegeben, wenn die jeweiligen Aus- und Einstiegsmöglichkeiten nicht auf der Höhe der betreffenden Wohnung liegen (BGH NJW 2011, 1220 = WuM 2011, 225 = NZM 2011, 359; AG Berlin WuM 2017, 462).

Gleiches gilt, wenn die **gesundheitlichen oder hygienischen Verhältnisse** 38 **der Wohnung** durch die Änderung verbessert werden (z. B. Einbau einer bisher nicht vorhandenen Innentoilette, Bad, Duschecke, Lärmschutzmaßnahmen). Die Verbesserung der **sanitären Einrichtung** (§ 4 Abs. 1 Nr. 5 ModEnG) bezieht sich vor allem auf den Zustand im Bad, WC und Küche; vor allem fallen hierunter: die erstmalige Einrichtung eines WC oder eines Badezimmers in der Wohnung, der Einbau einer separaten Dusche, die räumliche Trennung von Bad und WC (BGH NJW 2008, 1218 = WuM 2008, 219 = NZM 2008, 283), das Ersetzen unmoderner Bad- und WC-Einrichtungen durch nicht nur unwesentlich modernere und praktischere Einrichtungen (während die bloße Ersetzung veralteter, abgenutzter Einrichtungen als Erhaltungsmaßnahme i. S. von § 554 Abs. 1 BGB zu bewerten ist), das Ersetzen einer Sitzbadewanne durch eine Vollbadewanne, die Installation eines Handtuchheizkörpers, eines größeren Handwaschbeckens, eines wandhängenden WC, einer Einhebelmischbatterie, einer Doppelspüle in der Küche (LG Berlin NZM 2011, 548), das Kacheln anstelle eines Farbanstriches im Badezimmer (LG Berlin GE 2003, 123).

Ein erhöhter Gebrauchswert liegt auch vor, wenn der **Arbeitsaufwand er-** 39 **leichtert** wird, der zu einer ordnungsgemäßen Benutzung und Pflege der Wohnung erforderlich ist (pflegeleichte Fußböden, Türöffneranlage, Zentralheizung statt Einzelofenheizung; Umstellung der Etagenheizung auf Zentralheizung; vgl. § 4 Abs. 1 Nr. 4, 6, 7 ModEnG). Deshalb ist auch der Einbau von Kunststofffenstern als Verbesserungsmaßnahme anzusehen, wenn diese im Unterschied zu den ursprünglich vorhandenen Holzfenstern nicht mehr gestrichen werden müssen (**a. A.** LG Hamburg MDR 1978, 935). Etwas anderes gilt, wenn das Streichen der Fenster zu den Aufgaben des Vermieters gehört.

Nach der Rechtsprechung des BGH (NJW 2011, 3514 = WuM 2011, 625 40 = NZM 2011, 804; ebenso LG Berlin GE 2018, 55) ist auch der **Austausch funktionstüchtiger Erfassungsgeräte** für den Wasserverbrauch gegen ein zur **Funkablesung** geeignetes System als Verbesserungsmaßnahme zu bewerten, weil damit verschiedene Vorteile verbunden sind: zum einen entfällt der Besuch der mit der Ablesung beauftragten Person, was insbesondere für den berufstätigen Mieter vorteilhaft ist. Zum anderen bietet dieses System wegen der Abrufbarkeit der Speicher-

und Zählerstände eine verbesserte Verbrauchskontrolle. Hinsichtlich der Messgeräte für Heizwärme und Warmwasser folgt die Duldungspflicht aus § 4 Abs. 2 HeizkostV (BGH a. a. O.).

41 Bei der **Verbesserung der Energieversorgung** (§ 4 Abs. 1 Nr. 4 ModEnG) ist vorrangig an den Neuanschluss von Elektrizität und Gas gedacht; bei der Umstellung einer schon vorhandenen Energieversorgung auf eine andere Energieart kommt es nach den Umständen des Einzelfalles darauf an, ob diese Maßnahme geeignet ist, den Gebrauchswert zusätzlich nachhaltig zu erhöhen; bei der Verbesserung von Energieleitungen kommt eine Verbesserung nur dann in Betracht, wenn die neuen Leitungen mehr Sicherheit bieten oder einen bisher nicht möglichen Gebrauch von Energieeinrichtungen ermöglichen (z. B. größerer Leitungsquerschnitt, Verstärkung von Elektroleitungen (LG Berlin GE 2003, 123); hingegen ist die Auswechslung alter, schadhafter Leitungen eine Erhaltungsmaßnahme nach § 554 Abs. 1 BGB. Mit der Verlegung eines Stromzählers aus der Wohnung in den Keller ist keine Komforterhöhung oder sonstige Verbesserung verbunden; eine solche Maßnahme muss der Mieter nicht dulden (LG Berlin GE 2018, 55).

42 Eine **Verbesserung der Wasserversorgung** (§ 4 Abs. 1 Nr. 4 ModEnG) liegt vor, wenn die Wohnung erstmalig an das Wasserversorgungsnetz angeschlossen wird; für nachträgliche Änderungen der schon vorhandenen Wasserversorgung gilt das oben zur Energieversorgung Gesagte; eine Verbesserung stellt es auch dar, wenn eine Warmwasserversorgungsanlage geschaffen oder anstelle des bisherigen Kohlebadeofens ein gas- oder strombetriebener Durchlauferhitzer oder wenn ein Warmwasserbereiter eingebaut wird (OVG Berlin GE 1973, 499 u. 540; Gutekunst-Forster § 4 ModEnG Anm. 2.5); auch der Einbau einer Wasserenthärtungsanlage kann eine Gebrauchswerterhöhung darstellen.

43 Die **Umstellung** einer bereits vorhandenen, vertragsgemäßen **Heizungsart** auf eine andere ist eine Modernisierungsmaßnahme, wenn der Mieter durch diese Maßnahme zusätzliche Gebrauchsvorteile erhält (z. B. Sammelheizung statt Einzelofenheizung, s. Rdn. 13). Die bloße Auswechslung der Energiequelle reicht hierfür nicht aus. Dies gilt auch dann, wenn eine Nachtstromspeicherheizung gegen eine Gaszentralheizung ausgetauscht wird, um den für die Nachtstromspeicherheizung typischen Gefahren der Asbestemission Rechnung zu tragen (AG Siegburg WuM 1994, 612). Ist eine Gefährdung durch Asbestfasern bereits eingetreten, so handelt es sich um eine Mängelbeseitigungsmaßnahme, die nach § 555a zu dulden ist. Wird eine solche Gefährdung lediglich befürchtet, so ist die Maßnahme als vorbeugende Instandhaltungsmaßnahme zu bewerten; auch hierfür gilt 555a. Maßnahmen zur einfacheren und schnelleren Beheizung, Regulierung und Bedienung der Heizungsanlage fallen nicht unter den Modernisierungsbegriff, wenn diese Arbeiten vom Vermieter durchzuführen sind (KG, OLGZ 66, 149; MDR 1966, 420; JR 1966, 140; LG Hamburg MDR 1974, 494, DWW 1974, 236 = WuM 1974, 158). Unbeachtlich ist es auch, ob die neue Heizung weniger reparaturanfällig ist als das bisherige System (LG Münster WuM 1978, 155). Die einfachere, saubere, bequemere Bedienungsweise der Heizung ist allerdings als Gebrauchsvorteil zu bewerten, wenn die Beheizung dem Mieter obliegt (z. B. im gemieteten Einfamilienhaus). Ein Gebrauchsvorteil durch die jederzeitige (ganzjährige) und sofortige Abrufbarkeit der Wärme ist dann als Wertverbesserung anzuerkennen, wenn es im Belieben des Mieters steht, davon Gebrauch zu machen (z. B. ganzjährige Fernheizung gegenüber der beschränkt vom Hauswart betriebenen Kokszentralheizung. Eine Verbesserungsmaßnahme liegt auch dann vor, wenn eine manuell zu betreibende Kokszentralheizung auf eine automatische (und damit Betriebskosten sparende) ölbefeuerte Sammelheizung umgestellt wird (Gutekunst-Forster § 4 ModEnG Anm. 2.7; Gelhaar ZMR 1978, 164; BVerwG ZMR 1976, 304 zu § 11 AMVO-Berlin; **a. A.** LG Hamburg a. a. O.; Derleder NJW 1975, 1677). Die Auswechslung funktionsfähiger älterer Verdunstungsgeräte gegen moderne elektronische Heizkostenerfassungsgeräte ist keine Verbesserungsmaßnahme (LG Kassel NZM 2006, 818).

Eine **Verbesserung der Kochmöglichkeiten** (§ 4 Abs. 1 Nr. 6 ModEnG) liegt **44** vor, wenn anstelle eines mitvermieteten veralteten Herdes ein wesentlich modernerer Elektro- oder Gasherd installiert wird, statt einer veralteten Spüle ein moderner Spülschrank zur Verfügung gestellt wird oder ein Dunstabzug bzw. Ventilator eingebaut wird. Der Austausch eines funktionsfähigen Gasherds gegen einen Elektroherd gilt allerdings nicht als Maßnahme zur Wohnwertverbesserung (AG Pankow/Weißensee ZMR 2015, 466).

Auch die Veränderung eines nicht mehr zeitgemäßen **Zuschnitts der Woh-** **45** **nung** und sonstige gebräuchliche Modernisierungen der Räume können eine Verbesserung des Gebrauchswerts darstellen (z. B. Vergrößerung oder Verkleinerung der Wohnräume; größere Fensteröffnungen, Haussprechanlage; § 4 Abs. 1 Nr. 1 ModEnG). Als Verbesserung des Wohnungszuschnitts sind insbesondere anzuerkennen: die Vereinigung mehrerer Räume zu einem größeren Raum mit höherem Gebrauchswert oder Teilung eines Großraumes; Einbau einer Flurtür zu einem bisher gefangenen Zimmer; Umbau eines von der Küche aus zugänglichen Bades in ein Bad, das vom Flur betreten werden kann (LG Berlin GE 2006, 190); Errichtung eines Wohnungsabschlusses; Beseitigung von Dachschrägen; Herstellung bisher nicht vorhandener Balkone (LG Wiesbaden WuM 2003, 564; LG Berlin WuM 2008, 85) oder Terrassen; Einbeziehung eines bisher nicht zur Wohnung gehörenden Raumes durch bauliche Maßnahmen. Etwas anderes kann gelten, wenn die Baumaßnahme zur Folge hat, dass andere Teile der Wohnung nicht mehr wie bisher genutzt werden können (LG Berlin WuM 2007, 322 betr. eingeschränkte Nutzbarkeit eines Wintergartens nach Anbau eines Balkons).

Eine Verbesserung der Wohnverhältnisse liegt auch in einem erhöhten **Schutz** **46** **vor Diebstahl und Gewalt** (§ 4 Abs. 1 Nr. 8 ModEnG) so, wenn nachträglich Sicherheitsschlösser, eine Sicherheitsverglasung, eine einbruchshemmende Wohnungseingangstür (LG Berlin GE 2003, 123), Kellervergitterungen, Rollläden für Erdgeschosswohnungen, Gegensprechanlagen, Türspione oder Hausumzäunungen angebracht werden. Hierzu zählen auch Maßnahmen welche die Nutzung einer Einrichtung durch Unbefugte verhindern (BGH NJW 2015, 934 Rz. 22).

Auch ein **Anbau** ist als gebrauchswerterhöhende Maßnahme anzusehen (§ 4 **47** Abs. 1 S. 2 ModEnG), wenn beispielsweise die verbesserten sanitären Einrichtungen oder der notwendige Aufzug nicht innerhalb der bisherigen Außenmauern des Gebäudes untergebracht werden können, ohne dass wesentlicher Wohnraum verloren geht. Gleiches gilt, wenn durch den Anbau der Zuschnitt der Wohnung wesentlich verbessert wird.

Der Gebrauchswert von Wohnungen kann auch durch besondere bauliche **48** **Maßnahmen für behinderte und alte Menschen** erhöht werden. Nach der hier vertretenen Ansicht setzt dies voraus, dass die Wohnung an einen Angehörigen dieses Personenkreises vermietet ist oder künftig für solche Personen bestimmt ist (**a. A.** Barfknecht WuM 2012, 252). Für den Begriff der Behinderung kann auf die Definition in § 3 Behindertengleichstellungsgesetz (BGG) zurückgegriffen werden (Barfknecht a.a.O.). Danach liegt eine Behinderung vor, wenn die körperliche

Funktion, geistige Fähigkeit oder seelische Gesundheit eines Menschen länger als sechs Monate von dem für das Lebensalter typischen Zustand abweicht und daher seine Teilhabe am Leben in der Gesellschaft beeinträchtigt. Als alte Menschen sind entsprechend § 26 Abs. 2 Satz 2 Halbs. 2 II. WoBauG solche anzusehen, die das 60. Lebensjahr überschritten haben. Folgende bauliche Verbesserungsmaßnahmen kommen insbesondere in Betracht: Schaffung eines ebenerdigen Hauseingangs oder einer Auffahrtrampe (für Rollstühle); Verbreiterung der Türen auf Rollstuhlbreite; rutschsicherer Bodenbelag; Spezialeinrichtung für Spülklosett und Badewanne; beiderseitige Handläufe für Treppen.

49 d) **Verbesserung des Fernsehempfangs.** Der Modernisierungskatalog des § 4 ModEnG ist nicht abschließend. Der Anschluss der Wohnung an das **Breitbandnetz** der Deutschen Bundespost oder eine vergleichbare Maßnahme ist eine Maßnahme zur Erhöhung des Gebrauchswerts i. S. der Nr. 4 (grundlegend: BGH NJW 2005, 2995). Nach dem Anschluss an das Breitbandnetz darf der Vermieter die bisher vorhandene Gemeinschaftsantenne entfernen (weitere Einzelheiten § 535 Rdn. 522 ff).

50 Ebenso kann der **Ausbau der Breitbandnetze** von 450 MHz auf 862 MHz als Maßnahme zur Erhöhung des Gebrauchswerts bewertet werden. Durch den Ausbau der Netze werden diese digitaltauglich. Insbesondere ist der 862 MHz-Bereich rückkanalfähig. Dies ermöglicht eine multimediale Nutzung (Telebanking, Teleshopping, Pay-per-View, etc.). Hierin liegt eine Gebrauchswerterhöhung (Hitpaß/Maaß ZMR 2003, 541, 547). Gleiches gilt für die Ausstattung des Gebäudes mit einer digitalen Satellitenanlage. Der Umstand, dass der Mieter bereits über eine analoge Satellitenanlage verfügt, steht dieser Bewertung nicht entgegen, weil das digitale Fernsehen eine erheblich bessere Bildqualität bietet (AG Steinfurt WuM 2008, 283).

51 Seit dem 30.4.2012 übertragen die privaten und öffentlich-rechtlichen Rundfunksender ihre TV- und Hörfunkprogramme über Satellit nur noch in digitaler Technik. Konnten die Mieter diese Programme bisher über ein Kabelnetz empfangen, das an eine zur Aufnahme analoger Eingangssignale geeignete Gemeinschaftssatelitenantenne angeschlossen war, ist der Vermieter zur **Umrüstung von analog auf digital** verpflichtet. Diese Maßnahme ist als Modernisierung im Sinne der Nr. 4 zu bewerten, weil die Umstellung auf die neue Technik eine Reihe von Vorteilen bietet (bessere Empfangsqualität, erhöhte Programmvielfalt, Video-on-Demand, zeitversetztes Fernsehen; s. dazu Hitpaß NZM 2012, 401). Außerdem liegt der Tatbestand der Nr. 6 vor, weil die Umrüstung zu den baulichen Maßnahmen zählt, die auf Grund von Umständen durchgeführt werden, die der Vermieter nicht zu vertreten hat (Horst GE 2011, 1665).

52 e) **Prozessuales.** Die für das Merkmal „Erhöhung des Gebrauchswerts" maßgeblichen Tatsachen sind vom Instanzgericht festzustellen und zu bewerten. Das Revisionsgericht kann nur prüfen, ob das Instanzgericht „die tatsächliche Wertungsgrundlage ausgeschöpft und die Denk- und Erfahrungsgesetze beachtet hat" (BGH NJW 2008, 1218 = WuM 2008, 219 = NZM 2008, 283).

5. Nr. 5

53 **Maßnahmen durch die die allgemeinen Wohnverhältnisse auf Dauer verbessert werden.** Auch diese Maßnahmen wurden von dem bis 30.4.2013 geltenden § 554 Abs. 2 BGB von dem Begriff „Verbesserung der Mietsache" erfasst.

Die Regelung unter Nr. 5 entspricht deshalb dem bereits früher maßgeblichen Recht. Auf die hierzu vorliegende Rechtsprechung und Literatur kann bei der Auslegung zurückgegriffen werden. Die Abgrenzung zu den Maßnahmen nach Nr. 4 (Verbesserung der allgemeinen Wohnverhältnisse) ist fließend (s. deshalb auch die Ausführungen zu Rdn. 28 bis 52) aber ohne praktische Bedeutung.

Zu den Verbesserungsmaßnahmen i. S. der Nr. 5 zählen die **Anlage und der** 54 **Ausbau nicht öffentlicher Gemeinschaftsanlagen** von Wohnhäusern. Wird ein Miethaus durch solche Verbesserungen verändert, müssen die Gebrauchsvorteile nicht jedem Mieter sogleich und mit demselben Nutzen zugutekommen; es genügt, wenn der objektive Gebrauchswert auf Dauer, also auf längere Sicht, erhöht worden ist. **Beispiele:** Anlage einer Kanalisation, wodurch die bisherigen Ungeziefer- und Geruchsbelästigungen durch die Fäkaliengrube beseitigt wird; Errichtung einer Fahrradhalle oder Einbau eines Fahrradständers; Einbau einer Waschküche oder eines Trockenraumes in das Haus, Leuchtdrücker im Treppenhaus; Anlage einer Gemeinschaftsantenne oder eines Hausbriefkastens; Verlegung des Standorts der Müllboxen zur Straße oder die Neuanlage solcher Boxen; Beleuchtung des Hauseingangs oder der Wege des Hausgrundstücks; Verlegung des Zugangs zur Wohnung von der Hausrückseite auf die Vorderseite (AG Dülmen WuM 1998, 345); Maßnahmen des vorbeugenden Brandschutzes; Anbringung eines Blitzableiters; zusätzliche Geräte für einen Kinderspielplatz, zusätzliche Bepflanzung von Grünanlagen; Einbau eines Fahrstuhls (BGH NJW 2007, 3566 = NZM 2007, 882), eines Kinderspielplatzes, eines Wäschetrockenplatzes, zusätzliche Kfz-Abstellplätze oder Garagen. Auch die Beseitigung einer Baulichkeit kann eine Modernisierungsmaßnahme darstellen, wenn dadurch der Wohngebrauch verbessert wird. Das kann z. B. durch den Abbruch eines Nebengebäudes oder einer Mauer geschehen, wenn dadurch bessere Sicht- und Lichtverhältnisse geschaffen werden.

Soweit die **Installation von Rauchwarnmeldern** gesetzlich vorgeschrieben 55 ist (dazu § 556 Rdn. 100), muss der Mieter diese Maßnahme nach Nr. 6 dulden. Soweit die Installation auf freiwilliger Basis erfolgt, handelt es sich um eine Modernisierungsmaßnahme, die nach Nr. 5 zu dulden ist (LG Magdeburg ZMR 2011, 957 m. Anm. Riecke; LG Halle ZMR 2014, 986; ZMR 2015, 932; AG Hamburg-Bergedorf ZMR 2010, 969; J-H. Schmidt/R. Breiholdt/Riecke, ZMR 2008, 341, 349; Oppermann/Steege WuM 2016, 3; **a. A.** AG Hamburg-Altona ZMR 2012, 22). Der Mieter muss den Einbau von Rauchwarnmeldern auch dann dulden, wenn er selbst bereits entsprechende Geräte installiert hat (BGH NJW 2015, 2487; NJW 2015, 2488 m. Anm. Oppermann/Steege a.a.O.; LG Halle ZMR 2015, 932; Bieber WuM 2012, 187; **a. A.** AG Hamburg-Barmbek ZMR 2012, 780; AG Hamburg-Altona ZMR 2012, 22; Eisenschmid in: Schmidt-Futterer § 555 BGB b Rdn. 129; Wall WuM 2015, 24; Oppermann/Steege WuM 2016, 3, 5 ff).

6. Nr. 6

Maßnahmen, die auf Grund von Umständen durchgeführt werden, die 56 **der Vermieter nicht zu vertreten hat, und die keine Erhaltungsmaßnahmen nach § 555a sind.** Nach der Regelung in Nummer 6 zählen zu den Modernisierungsmaßnahmen auch solche Maßnahmen die auf Grund von Umständen durchgeführt werden, die der Vermieter nicht zu vertreten hat. Es muss sich dabei nicht um Maßnahmen zur Verbesserung der Mietsache oder sonstiger Gebäudeteile handeln (Horst DWW 2013, 204, 209). Erfasst werden in erster Linie die behördlich oder gesetzlich vorgeschriebenen Maßnahmen. Diese wurden von § 554 BGB a. F. nicht erfasst. Deren Duldungspflicht ergab sich bisher aus § 242 BGB (BGH NJW 2009, 1736 = WuM 2009, 290 = NZM 2009, 394; Sternel PiG 62, 90, 97; Sternel NZM 2001, 1058, 1060). Diese Rechtsfolge beruht auf einer bewussten Entscheidung des Gesetzgebers, der sicherstellen wollte, dass die genannten Maßnahmen nicht am Widerstand der Mieter scheitern (BT-Drucks. 14/4553, S. 49). Diese Maßnahmen gelten als Modernisierungsmaßnahmen, die im Rahmen des § 555d Abs. 2 Satz 1 der Härtefallprüfung unterliegen (**a. A.** wohl Derleder NZM 2013, 441, 446).

57 **Gesetzliche Vorgaben hinsichtlich der energetischen Beschaffenheit eines Gebäudes.** Zu den Maßnahmen i. S. der Nr. 6 zählen insbesondere die gesetzlich vorgeschriebenen Maßnahmen. Durch die Energiesparverordnung vom 24.7.2007 – BGBl. I S. 1519 (**EnEV**) wird geregelt, wie viel Primärenergie in einem Neubau maximal für Raumwärme und Warmwasserversorgung verbraucht werden darf. Der Primärenergiebedarf hängt von verschiedenen Faktoren ab, nämlich **(1)** von der wärmeabgebenden Hüllfläche (Gebäudegeometrie), **(2)** von den wärmeabgebenden Flächen (Fenster, Außenwände, Dachflächen, Kellerdecken), **(3)** von den lüftungsbedingten Wärmeverlusten, **(4)** vom Umfang der Wärmegewinne (Sonneneinstrahlung), **(5)** von der Art der Heizanlage. Heizanlagen haben je nach der Art der verwendeten Energie einen unterschiedlichen Wirkungsgrad (Primärenergiefaktor, s. Rdn. 24). Dem Bauherrn steht es frei, wie er die vorgegebenen Werte erreicht. Er kann an der Wärmedämmung sparen und in eine hochwertige Heizanlage investieren und umgekehrt (Beaucamp/Beaucamp NZM 2002, 323). Für **bestehende Gebäude** gelten Nachrüstpflichten, die in § 10 EnEV geregelt sind.

58 Streitig ist ob und in welchem Umfang die in der EneV verschriebenen Maßnahmen von Nr. 6 erfasst werden. Der **Ersatz eines alten Standard-Heizkessels** durch einen neuen Standardheizkessel im Sinne von § 2 Nr. 7 EnEV führt in der Regel zu einer Einsparung von Endenergie. Ein Teil der Literatur vertritt die Ansicht, dass hierin sowohl eine vom Vermieter nicht zu vertretende Maßnahme (Nr. 6) als auch eine Energiesparmaßnahme (Nr. 1) zu sehen sei. Dem Vermieter steht nach dieser Ansicht ein Anspruch auf Mieterhöhung zu (Sternel PiG 85 (2009) S. 19, 28). Nach anderer Meinung ist der Austausch eines alten Heizkessels als Erhaltungsmaßnahme in der besonderen Form der Erneuerungsmaßnahmen zu bewerten. Die Duldungspflicht folgt nach dieser Ansicht aus § 555a; ein Anspruch auf Mieterhöhung nach § 559 BGB besteht nicht (Blank WuM 2008, 311; Eisenschmid WuM 2009, 624, 626). Gleiches gilt aus den genannten Gründen für den **Austausch einer veralteten Nachtspeicherheizung** nach § 10a Abs. 1 EnEV. Die in § 9 Abs. 2 und 3 EnEV 2004 vorgeschriebenen **Dämmmaßnahmen** können dagegen nicht als Erneuerungsmaßnahmen bezeichnet werden, weil hier keine veraltete Anlage ersetzt, sondern etwas hinzugefügt wird. Der Mieter hat die Maßnahmen nach § 555d zu dulden; der Vermieter kann die Kosten nach § 559 BGB an die Mieter weitergeben (Blank a. a. O.). Der Einbau von **Thermostatventilen** zählt ebenfalls zu den Modernisierungsmaßnahmen (Eisenschmid a. a. O.). Gleiches gilt für den Einbau von **Rauchwarnmeldern**, wenn diese gesetzlich vorgeschrieben sind (BGH NJW 2015, 2487; dazu § 556 Rdn. 100).

7. Nr. 7

Maßnahmen durch die neuer Wohnraum geschaffen wird. Hierzu zählen 59
insbesondere der Dachgeschossausbau, der Ausbau von bisherigen Nebenräumen
zu einer Wohnung, der Anbau und die Aufstockung eines Gebäudes. Etwas anderes
kann gelten, wenn durch die Baumaßnahme der Mietgegenstand völlig verändert
würde (AG Vechta WuM 1994, 476 betr. die Aufstockung eines vermieteten Flach-
dachbungalows). Es ist nicht erforderlich, dass der Wohnraum zur Vermietung bestimmt ist; der Mieter hat auch solche Ausbaumaßnahmen zu dulden, die der Vermieter zur Deckung seines eigenen Wohnbedarfs vornimmt. Ebenso ist nicht
erforderlich, dass eine zusätzliche Wohnung entsteht; es genügt, wenn die Wohnfläche der bisher bestehenden Wohnungen erweitert wird (LG Duisburg NZM
2000, 1000; AG Berlin Pankow/Weißensee NZM 2008, 769 betr. Vergrößerung
einer 36 qm großen 1,5-Zimmer-Wohnung durch einen 9 qm großen Anbau).
Muss der Vermieter zur Realisierung seiner Ausbaupläne auf vermietete Nebenräume zurückgreifen, so hat er insoweit ein Kündigungsrecht, wenn die weiteren
Voraussetzungen des § 573b BGB vorliegen (s. dort).

Streitig ist, ob die **Aufteilung einer Großwohnung** vom Tatbestand der Vor- 60
schrift erfasst wird (bejahend: Franke DWW 2009, 138, 145; verneinend: Lützenkirchen in: Lützenkirchen, Mietrecht § 555b BGB Rdn. 84). Nach der hier vertretenen Auffassung liegt eine Modernisierungsmaßnahme vor, wenn der Umbau zur
Anpassung der Immobilie an geänderte Wohnbedürfnisse im Sinne des § 16 Abs. 1
Nr. 4 WoFG dient (ebenso: Bieber in: MünchKomm § 554 BGB a. F. Rdn. 21).
Dies ist im Zweifelsfall zu bejahen.

Für den **Ausbau zu gewerblichen Zwecken** gilt § 554 Abs. 2 BGB nicht. Im 61
Einzelfall kann sich hier allerdings eine Duldungspflicht aus § 242 BGB ergeben.

Die Maßnahmen nach Nr. 7 berechtigen nicht zur **Mieterhöhung** nach § 559 62
BGB. Anders ist es, wenn dem Mieter nach Durchführung einer solchen Maßnahme eine Wohnung mit einer größeren Wohnfläche zur Verfügung steht. In diesem Fall ist er jedenfalls dann zur Zahlung einer höheren Miete verpflichtet, wenn
er die zusätzliche Fläche in Besitz genommen hat. Es kommt dann nicht darauf an,
ob Härtegründe im Sinne von § 559 Abs. 4 BGB gegeben sind (BGH WuM 2014,
546).

§ 555c Ankündigung von Modernisierungsmaßnahmen

**(1) Der Vermieter hat dem Mieter eine Modernisierungsmaßnahme
spätestens drei Monate vor ihrem Beginn in Textform anzukündigen (Modernisierungsankündigung). Die Modernisierungsankündigung muss Angaben enthalten über:**
1. **die Art und den voraussichtlichen Umfang der Modernisierungsmaßnahme in wesentlichen Zügen,**
2. **den voraussichtlichen Beginn und die voraussichtliche Dauer der Modernisierungsmaßnahme,**
3. **den Betrag der zu erwartenden Mieterhöhung, sofern eine Erhöhung
nach § 559 oder 559c verlangt werden soll, sowie die voraussichtlichen
künftigen Betriebskosten.**

(2) Der Vermieter soll den Mieter in der Modernisierungsankündigung auf die Form und die Frist des Härteeinwands nach § 555d Absatz 3 Satz 1 hinweisen.

(3) In der Modernisierungsankündigung für eine Modernisierungsmaßnahme nach § 555b Nummer 1 und 2 kann der Vermieter insbesondere hinsichtlich der energetischen Qualität von Bauteilen auf allgemein anerkannte Pauschalwerte Bezug nehmen.

(4) Die Absätze 1 bis 3 gelten nicht für Modernisierungsmaßnahmen, die nur mit einer unerheblichen Einwirkung auf die Mietsache verbunden sind und nur zu einer unerheblichen Mieterhöhung führen.

(5) Eine zum Nachteil des Mieters abweichende Vereinbarung ist unwirksam.

Übersicht

	Rdn.
I. Entstehungsgeschichte/Anwendungsbereich	1
II. Form, Frist, Zugang (Abs. 1 Satz 1)	3
1. Schuldner der Mitteilungspflicht/Ermächtigung eines Dritten	4
2. Textform/Zugang/mehrere Mieter	5
3. Frist	6
4. Unwirksame Ankündigung	
III. Inhalt der Modernisierungsankündigung (Abs. 1 Satz 2)	7
1. Nr. 1. Art und voraussichtlicher Umfang der Modernisierungsmaßnahme in wesentlichen Zügen	8
2. Nr. 2. Voraussichtlicher Beginn und voraussichtliche Dauer der Modernisierungsmaßnahme	9
3. Nr. 3. Die zu erwartende Mieterhöhung, sofern eine Erhöhung nach § 559 oder § 559c verlangt werden soll, sowie die voraussichtlichen künftigen Betriebskosten	12
a) Mieterhöhung	12
b) Betriebskosten	15
c) Ersatzwohnung	20a
d) Modernisierung im vereinfachten Verfahren gem	20b
IV. Weiterer Inhalt der Modernisierungsankündigung (Abs. 2)	21
V. Bezugnahme auf Pauschalwerte bei Modernisierung nach § 555b Nr. 1 und Nr. 2 (Abs. 3)	23
VI. Bagatellmaßnahmen (Abs. 4)	26
VII. Abweichende Vereinbarungen (Abs. 5)	27
VIII. Nichterfüllung, Schlechterfüllung der Ankündigungspflicht	29
1. Wegfall der Duldungspflicht	29
2. Mieterhöhung	30
3. Konsequenzen:	31
a) Modernisierung außerhalb der Wohnung	31
b) Modernisierung in der Wohnung	36
4. Schadensersatzansprüche bei Falschangaben	37
5. Pflichtverletzungen bei Modernisierung als Ordnungswidrigkeit	40

I. Entstehungsgeschichte/Anwendungsbereich

Die Vorschrift wurde durch das MietRÄndG 2013 mit Wirkung vom 1.5.2013 **1**
in das BGB eingefügt. Durch das Mietrechtsanpassungsgesetz wurde die Hinweispflicht hinsichtlich der zukünftigen Miethöhe auch auf das vereinfachte Verfahren gem. § 559c BGB erweitert. Die Vorschrift regelt die Form, die Frist und den Inhalt der Modernisierungsankündigung. Sie gilt für die Wohnraum- und (mit Ausnahme des Abs. 5) auch für die Gewerbemiete (§ 578 Abs. 2). Werden sowohl Erhaltungsmaßnahmen nach § 555a als auch Modernisierungsmaßnahmen nach § 555b durchgeführt, so richtet sich die Ankündigungspflicht allein nach § 555b (AG Hamburg-Blankenese WuM 2010, 151). Die Hinweispflicht des § 555c Abs. 2 besteht unabhängig davon ob der Mieter einer Belehrung über seine Rechte bedarf; sie muss deshalb auch gegenüber einem rechtskundigen oder anwaltlich vertretenen Mieter erfüllt werden (LG Berlin GE 2015, 323).

Die Ankündigungspflicht besteht auch dann, wenn der Vermieter zwar die Mo- **2**
dernisierungsmaßnahme durchführen kann, ohne die Räume des Mieters betreten zu müssen, der Mieter aber mit den Kosten der Modernisierung belastet werden soll (Beispiele: Wärmedämmung der Außenfassade; Einbau eines Aufzugs). Auf die Ankündigung kann auch dann nicht verzichtet werden, wenn der Mieter von den Maßnahmen aus anderer Quelle Kenntnis hat (LG Essen WuM 1990, 513); in besonders gelagerten Ausnahmefällen kann allerdings etwas anderes gelten, so insbesondere dann, wenn die Ankündigung als bloße Förmelei anzusehen wäre (LG Mannheim WuM 1987, 385).

II. Form, Frist, Zugang (Abs. 1 Satz 1)

Hinsichtlich der 3-Monatsfrist und der Form der Mitteilung entspricht die Re- **3**
gelung dem bis 30.4.2013 geltenden § 554 Abs. 3 BGB. Bei der Auslegung des Abs. 1 Satz 1 kann deshalb die Rechtsprechung zu § 554 Abs. 3 BGB a. F. berücksichtigt werden.

1. Schuldner der Mitteilungspflicht/Ermächtigung eines Dritten

Die Mitteilungspflicht ist grundsätzlich vom Vermieter – bei mehreren Vermie- **4**
tern von allen Vermietern – zu erfüllen. Der Vermieter kann einen Dritten (z. B. den Architekten) zur Abgabe der betreffenden Erklärungen bevollmächtigen. Das Recht zur Modernisierung ist ein Gestaltungsrecht; eine isolierte Abtretung dieses Rechts ist nicht möglich. Jedoch kann der Vermieter einen Dritten (z. B. den Erwerber des Gebäudes) zur Abgabe der betreffenden Erklärungen ermächtigen (BGH NJW 2008, 1218 = WuM 2008, 219 = NZM 2008, 283). Auf Grund der Ermächtigung kann der Erwerber die Modernisierungsankündigung im eigenen Namen abgeben. Der Ermächtigte muss offenlegen, dass er ein fremdes Recht geltend macht (Eisenschmid in: Schmidt-Futterer 555c BGB Rdn. 7; **a. A.** wohl BGH NJW 2014, 1802). Wird die Ermächtigung nicht in schriftlicher Form vorgelegt, so kann der Mieter die Erklärung nach §§ 182 Abs. 3, 111 Satz 2 BGB zurückweisen. Der Ermächtigte gilt als Erfüllungsgehilfe des Vermieters mit der weiteren Folge, dass der Vermieter für etwaige Pflichtverletzungen des Erwerbers einstehen muss (BGH a. a. O.). Muss der Duldungsanspruch gerichtlich durchgesetzt werden, so

kann der Erwerber im Wege der gewillkürten Prozessstandschaft im eigenen Namen klagen (BGH a. a. O.). Eventuelle Abwehr- oder Besitzstörungsansprüche (s. § 555d Rdn. 41 ff) muss der Mieter gegenüber dem Vermieter, nicht gegenüber dem Erwerber (Besitzstörer) geltend machen (AG Mitte/LG Berlin GE 2015, 1535).

2. Textform/Zugang/mehrere Mieter

5   Die Modernisierungsankündigung muss schriftlich oder in Textform erfolgen. Die Anforderungen an die Textform ergeben sich aus § 126b BGB (Einzelheiten s. § 550 BGB Rdn. 115 ff). Die Ankündigung muss dem Mieter zugehen. Ein Aushang im Treppenhaus oder auf dem „Schwarzen Brett" genügt nicht. Bei einer **Mehrheit von Mietern** muss die Modernisierungsankündigung an alle Mieter gerichtet werden.

3. Frist

6   Die Ankündigung muss spätestens 3 Monate vor dem Beginn der Modernisierungsmaßnahme erfolgen. Dabei handelt es sich um eine Mindestfrist (Mahlstedt NZM 2019, 905, 907); die Ankündigung darf früher, aber nicht später abgegeben werden. Maßgeblich ist der Zugang der Mitteilung beim Mieter (§ 130 BGB). Im Übrigen gelten die §§ 187, 188 BGB. Strittig ist, ob es eine **Höchstfrist** zwischen Ankündigung und Baubeginn gibt. Das OLG München (NZM 2019, 933) hat dies in einem Musterfeststellungsverfahren für eine Frist von mehr als 11 Monaten angenommen (Börstinghaus jurisPR-MietR 23/2019 Anm. 1; Mahlstedt NZM 2019, 905, 907). Dort ging es um die Übergangsregelung des Art 229 § 49 I EGBGB, der es erlaubte auch nach dem 1.1.2019 die Baukosten mit 11% ungekappt auf die Miete umzulegen. Nach hier vertretener Auffassung kommt es darauf an, wann eine schützenswerte Planungssituation eingetreten ist. Nicht jede Vorüberlegung oder Vorbereitungshandlung des Vermieters ist schützenswert. Das gilt sogar noch für die Ausschreibungsphase, weil man erst danach das Investitionsvolumen kennt und weiß, ob Baufirmen überhaupt zur Verfügung stehen. Auf der anderen Seite können alle Aufträge schon vergeben sein, aber wegen des Mangels an Handwerkern liegt der fest terminierte Baubeginn weiter als üblich in der Zukunft. Hier liegt sicher eine schützenswertere Situation vor. Eine feste Zahl von Monaten zwischen Zugang der Modernisierungsankündigung und angekündigtem Baubeginn ist kein geeignetes Abgrenzungskriterium zwischen ordnungsgemäßer und nicht ordnungsgemäßer Ankündigung.

4. Unwirksame Ankündigung

Wird eine auf eine unwirksame Ankündigung gestützte Duldungsklage abgewiesen, so ist eine im Berufungsverfahren erklärte neue Modernisierungsankündigung als Klagänderung zu bewerten. Diese wird wirkungslos, wenn das Berufungsgericht das Rechtsmittel nach § 522 Abs. 2 ZPO zurückweist (LG Berlin GE 2015, 918).

III. Inhalt der Modernisierungsankündigung (Abs. 1 Satz 2)

Die Modernisierungsankündigung soll dem Mieter eine Entscheidung darüber 7
ermöglichen, ob er die Modernisierung dulden soll, ob er sich gegen die Modernisierungsmaßnahme wenden kann, ob er von seinem Sonderkündigungsrecht nach § 555e Gebrauch machen will oder ob sonstige Vorkehrungen zweckmäßig sind. An diesen Anforderungen ist der Inhalt der Modernisierungsankündigung zu messen, deren Einzelheiten in Abs. 1 Satz 2 Nr. 1 bis 3 abschließend aufgezählt sind. Nach der **Rechtsprechung des BGH** zu § 554 BGB a. F. muss eine Modernisierungsankündigung nicht jede Einzelheit der beabsichtigten Modernisierungsmaßnahme beschreiben und nicht jede mögliche Auswirkung mitteilen. „Sie muss lediglich so konkret gefasst sein, dass sie den Informationsbedürfnissen des Mieters Rechnung trägt, das Ziel der beabsichtigten Modernisierung und die zu dessen Erreichung geplanten Maßnahmen zu erfahren, um ihm darüber eine zureichende Kenntnis zu vermitteln, in welcher Weise die Wohnung durch die geplanten Maßnahmen verändert wird und wie sich diese Maßnahmen künftig auf den Mietgebrauch einschließlich etwaiger Verwendungen des Mieters sowie die zu zahlende Miete auswirken" (BGH NJW 2012, 63 = NZM 2011, 849; s. auch BGH NZM 2020, 281; LG Berlin GE 2018, 55). Diese Rechtsprechung ist weiterhin zu beachten.

1. Nr. 1. Art und voraussichtlicher Umfang der Modernisierungsmaßnahme in wesentlichen Zügen

Der Vermieter muss mitteilen, welche Modernisierungsmaßnahme er durchzu- 8
führen gedenkt, wie sich die Maßnahme auf den Mietgebrauch auswirkt und in welcher Weise die Wohnung durch diese Maßnahme verändert wird. Nach dem ausdrücklichen Wortlaut der Vorschrift muss der Vermieter lediglich mitteilen, welche Modernisierungsmaßnahmen geplant sind und welche Auswirkungen die Durchführung der Maßnahme voraussichtlich haben wird. Ergibt sich in der Folgezeit, dass zur Durchführung der Modernisierung weitere als die ursprünglich geplanten Maßnahmen erforderlich sind, so hat dies auf die Duldungspflicht grundsätzlich keinen Einfluss. Anders ist es, wenn der Vermieter solche Auswirkungen verschweigt oder bagatellisiert mit denen er bei vorausschauender Planung rechnen musste. Die Modernisierungsmaßnahme muss nicht in allen Einzelheiten beschrieben werden; nach dem Wortlaut der Regelung genügt es, wenn aus der Ankündigung Art und Umfang der Modernisierung in wesentlichen Zügen ersichtlich ist. Diese vom Gesetzgeber bewusst gewählte Einschränkung entspricht der Rechtsprechung des BGH zu § 554 BGB a. F. Danach dürfen die Anforderungen an die Modernisierungsankündigung nicht dergestalt überspannt werden, dass die Durchführung komplexer Maßnahmen aus formellen Gründen scheitert (BGH NJW 2012, 33 = NZM 2011, 849; NZM 2020, 281). Insbesondere muss die Modernisierungsankündigung „nicht jede Einzelheit der beabsichtigten Modernisierungsmaßnahme beschreiben und nicht jede mögliche Auswirkung mitteilen. Sie muss lediglich so konkret gefasst sein, dass sie den Informationsbedürfnissen des Mieters Rechnung trägt, das Ziel der beabsichtigten Modernisierung und die zu dessen Erreichung geplanten Maßnahmen zu erfahren, um ihm darüber eine zureichende Kenntnis zu vermitteln, in welcher Weise die Wohnung durch die geplanten Maßnahmen ver-

ändert wird und wie sich diese Maßnahmen künftig auf den Mietgebrauch einschließlich etwaiger Verwendungen des Mieters sowie die zu zahlende Miete auswirken" (BGH NZM 2011, 849; 2020, 281). Bei einer energieeinsparenden oder klimaschützenden Modernisierung muss der Vermieter konkrete Tatsachen mitteilen, aus denen sich der Umfang der Energieeinsparung ergibt. Erforderlich ist neben einer zumindest schlagwortartigen Bezeichnung der Maßnahme und einer Zuordnung zu den Positionen der Berechnung die Angabe derjenigen Tatsachen, anhand derer überschlägig beurteilt werden kann, ob die Maßnahme eine nachhaltige Einsparung von Energie bewirkt (BGH NZM 2020, 281). Insoweit kann der Vermieter die aus Abs. 3 folgende vereinfachte Hinweismöglichkeit nutzen. I.d.R. ist der bisherige und der geplante Zustand der Mietsache durch gegenständliche Beschreibung oder Mitteilung der Wärmedurchgangskoeffizienten so genau anzugeben, dass ein Vergleich möglich ist (LG Berlin WuM 2018, 564 betr. den Einbau einer Fußbodenheizung).

2. Nr. 2. Voraussichtlicher Beginn und voraussichtliche Dauer der Modernisierungsmaßnahme

9   Auch hinsichtlich dieser Umstände gilt, dass der Vermieter lediglich solche Zeitangaben machen kann, die nach seiner Planung wahrscheinlich sind. Jedoch muss der Vermieter sorgfältig und realistisch planen; er darf keine Behauptungen „ins Blaue hinein" aufstellen oder sich mit unsubstantiierten Schätzungen begnügen.

10   Der **voraussichtliche Beginn der Maßnahmen** ist so genau mitzuteilen, dass der Mieter entsprechende Dispositionen (Umstellen der Möbel, Urlaub) treffen kann. Unbestimmte Zeitangaben („im Frühjahr"; „Anfang Mai", usw.) genügen nicht. Vielmehr muss sich aus dem Zeitplan ergeben, wann die einzelnen Etappen in Angriff genommen werden (LG Hamburg WuM 2005, 60). Vereinzelt wird die Meinung vertreten, dass der Beginn der Maßnahmen nur dann mitgeteilt werden muss, wenn zu den Arbeiten das Betreten der Wohnung erforderlich ist (LG Berlin GE 1996, 415). Für diese restriktive Auslegung der Vorschrift besteht kein Anlass. Auch Maßnahmen außerhalb der Mieträume können sich störend auf den Mietgebrauch auswirken; will der Mieter den Belästigungen entgehen (z. B. durch eine entsprechende Urlaubsplanung) muss er wissen, in welcher Zeit sie auftreten.

11   Gleiches gilt hinsichtlich der Angaben über die **voraussichtliche Dauer.** Der Vermieter muss sich um eine exakte Zeitkalkulation bemühen und hierzu konkrete Angaben machen. Bei umfangreichen Modernisierungsarbeiten genügt es nicht, wenn lediglich die Gesamtdauer mitgeteilt wird. Vielmehr muss sich aus dem Ankündigungsschreiben ergeben, welche Gewerke in welchen Zeitabschnitten modernisiert werden und wann ein Betreten der Mieterwohnung erforderlich ist (AG Hamburg-Blankenese WuM 2010, 151). Ungefähre Hinweise („längere Zeit"; „mehrere Wochen" usw.) reichen grundsätzlich nicht aus (AG Köln/LG Köln WuM 1997, 212 betr. Einbau einer Gaszentralheizung in der Zeit vom „15.4. bis 30.9.").

3. Nr. 3. Die zu erwartende Mieterhöhung, sofern eine Erhöhung nach § 559 oder § 559c verlangt werden soll, sowie die voraussichtlichen künftigen Betriebskosten

12   **a) Mieterhöhung.** Nach allgemeiner Ansicht steht es dem Vermieter frei, ob er nach Abschluss der Modernisierungsmaßnahme ein Mieterhöhungsverfahren nach § 559 BGB (Mieterhöhung bei Modernisierung) bzw. nach § 559c (Mieterhöhung

nach Modernisierung im vereinfachten Verfahren) durchführt oder ob er den Mieter auf eine Mieterhöhung bis zur ortsüblichen Vergleichsmiete (§ 558 BGB) in Anspruch nimmt. Unter der Geltung des § 554 Abs. 2 BGB a. F. war streitig, ob es genügt, wenn das Ankündigungsschreiben lediglich eine Aussage zur Mieterhöhung nach § 559 BGB enthält oder ob der Vermieter auch mitteilen muss, ob und in welcher Höhe eine Mieterhöhung nach § 558 BGB in Betracht kommen könnte. Der BGH hat die erstgenannte Auffassung für zutreffend erachtet (BGH NJW 2008, 3630 = NZM 2008, 883); auf dieser Ansicht beruht die nunmehr maßgebende Gesetzesfassung.

Ist **mit einer Modernisierungsmaßnahme keine Mieterhöhung verbunden,** so ist es zweckmäßig, wenn der Vermieter auf diesen Umstand hinweist. Erforderlich ist dies allerdings nicht. Gleiches gilt, wenn der Vermieter auf eine Mieterhöhung verzichtet. 13

Es genügt, wenn der Vermieter den **Erhöhungsbetrag** mitteilt oder wenn dieser ohne weiteres aus den Angaben errechnet werden kann. Die Mitteilung über die zu erwartende Mieterhöhung muss auf der Grundlage einer Kostenkalkulation erfolgen; wird die Kalkulation durch unsichere Kostenpositionen beeinflusst, so ist es zweckmäßig, wenn auch nicht zwingend erforderlich, den Rahmen für eventuelle Schwankungen mit anzugeben. Die Kalkulation als solche muss nicht mitgeteilt werden. Ist ein Pauschalpreis vereinbart, so genügt es, wenn dieser Preis bekanntgegeben wird. Ersparte Instandhaltungsmaßnahmen sind abzuziehen. Es genügt, wenn in der Ankündigung mitgeteilt wird, dass solche Kosten berücksichtigt wurden. Aus der Ankündigung muss sich nicht ergeben auf welcher Tatsachengrundlage der Abzug erfolgt (LG Berlin ZMR 2012, 352). 14

Besteht die **Modernisierung aus mehreren Einzelmaßnahmen oder Gewerken,** so wurde unter der Geltung des § 554 BGB a. F. z. T. die Ansicht vertreten, dass sich aus der Modernisierungsankündigung ergeben muss, welcher Mieterhöhungsbetrag auf die jeweilige Einzelmaßnahme entfällt (LG Berlin GE 2013, 747; GE 2013, 1655; Sternel Mietrecht aktuell Rdn VII 162; Kinne in Miet- und Mietprozessrecht § 554 BGB Rdn. 143). Aus dem Wortlaut des § 555c kann dies allerdings nicht abgeleitet werden. Danach ist lediglich der „Betrag der zu erwartenden Mieterhöhung" anzugeben; damit ist offensichtlich die für die Gesamtmaßnahme zu zahlende Mieterhöhung gemeint. Eine Aufschlüsselung der Modernisierungsmieterhöhung nach Einzelmaßnahmen oder – Gewerken ist nicht erforderlich (BGH NZM 2020, 281; Eisenschmid in: Schmidt-Futterer § 555c BGB Rdn. 51; Dickersbach in: Lützenkirchen, Mietrecht § 555c Rdn. 37; Schüller in: Bub/Treier Kap III Rdn. 2686). 14a

b) Betriebskosten. Unter der Geltung des § 554 BGB a. F. war streitig, ob außer der Mietzinserhöhung auch eine künftig zu erwartende Erhöhung der Betriebskosten mitgeteilt werden muss. Dies ist etwa von Bedeutung beim Einbau eines Aufzugs oder bei der Umstellung von der Zentralheizung auf Wärmecontracting. Die Frage ist nunmehr eindeutig in Abs. 1 Satz 2 Nr. 3 geregelt. Allerdings kann eine Mitteilung über die künftige Betriebskostenbelastung nur verlangt werden, wenn der Vermieter hierüber hinreichende Kenntnisse hat. Es ist nicht erforderlich, dass in der Mitteilung die bisherigen und die zu erwartenden Kosten aufgeführt werden. Vielmehr genügt es, wenn der Vermieter erklärt, welche Kosten sich ändern oder ändern können. In diesem Fall ist davon auszugehen, dass bei den nicht aufgeführten Betriebskostenpositionen keine Änderung eintritt (LG Berlin GE 2015, 727). 15

§ 555c BGB

16 **aa) Umlage neuer Betriebskosten auf den Mieter bei Betriebskostenvollumlage.** Ist in dem Mietvertrag eine Betriebskostenvollumlage vereinbart, so kann der Vermieter neu entstehende Betriebskosten ohne weiteres in die Betriebskostenabrechnung einstellen, wenn der Mietvertrag auf die Betriebskostenverordnung (oder auf § 27 der II. BV) Bezug nimmt. Einer besonderen Mehrbelastungsabrede bedarf es in diesem Fall nicht (Blank NZM 2007, 233; Langenberg in: Schmidt-Futterer § 560 BGB Rdn. 12).

17 Eine **Ausnahme gilt für die sonstigen Betriebskosten** i. S. von § 2 Nr. 17 BetrKV. Solche Kosten kann der Vermieter nur auf Grund einer Vereinbarung mit dem Mieter abrechnen. Eine solche Vereinbarung kann in Form der **Mehrbelastungsabrede** bereits im Mietvertrag getroffen werden *("Entstehen nach Vertragsschluss neue Betriebskosten, die unter Beachtung des Grundsatzes der Wirtschaftlichkeit erforderlich sind, so ist der Vermieter berechtigt, diese Kosten durch Erklärung in Textform anteilig auf den Mieter umzulegen. In der Erklärung muss der Grund für die Umlage bezeichnet und erläutert werden. ").*

18 **Fehlt eine Mehrbelastungsabrede** und entstehen durch eine vom Mieter zu duldende Modernisierungsmaßnahme neue Betriebskosten, so ist die Umlagevereinbarung regelmäßig im Wege der **ergänzenden Vertragsauslegung** dahingehend zu erweitern, dass der Vermieter auch diese Kosten auf den Mieter umlegen kann (AG Burgwedel ZMR 2011, 800/LG Hannover ZMR 2011, 826; LG Magdeburg ZMR 2011, 957 m.zust.Anm. Riecke betr. Rauchwarnmelder).

19 **bb) Umlage neuer Betriebskosten auf den Mieter bei Betriebskostenpauschale.** Bei einer Betriebskostenpauschale kann der kann der Vermieter den erhöhten Betrag gem. § 560 Abs. 1 BGB anteilig auf die Mieter umlegen. Die Vorschrift enthält kein gesetzliches Erhöhungsrecht, sondern setzt voraus, dass die Erhöhungsbefugnis im Mietvertrag vereinbart ist (Erhöhungsvorbehalt; Mehrbelastungsabrede). Daraus folgt, dass die Erhöhung einer Betriebskostenpauschale nur bei vereinbartem Erhöhungsvorbehalt möglich ist. Ohne Erhöhungsvorbehalt ist keine Betriebskostenerhöhung möglich. Dies gilt auch für eine Betriebskostenerhöhung auf Grund einer duldungspflichtigen Modernisierung.

20 **cc) Ermäßigung von Betriebskosten.** Der Wortlaut des Gesetzes spricht nicht von einer „Betriebskostenerhöhung", sondern lediglich von den „Betriebskosten." Daraus ist zu schließen, dass der Vermieter auch über eine voraussichtliche Betriebskostenermäßigung informieren muss (**a. A.** Dickersbach in: Lützenkirchen, Mietrecht § 555c Rdn. 39). Eine entsprechende Mitteilungspflicht hat einen guten Sinn, weil eine Betriebskostenermäßigung ein wichtiges Kriterium für die Bereitschaft des Mieters zur Duldung der Modernisierung ist.

20a **c) Ersatzwohnung.** Von einem Teil der Rechtsprechung wird vertreten, dass der Vermieter verpflichtet sei, dem Mieter eine Ersatzunterkunft anzubieten, wenn eine Wohnungsnutzung während der Dauer der Modernisierungsarbeiten wegen des Umfangs der Maßnahme ausgeschlossen ist oder dem Mieter nicht zugemutet werden kann (LG Berlin WuM 2016, 282, 283). Hieran anknüpfend wird teilweise vertreten, dass die **Modernisierungsankündigung konkrete Angaben über die Ersatzunterkunft** enthalten muss; fehlen diese Angaben, so werde der Duldungsanspruch nicht fällig (AG Tempelhof-Kreuzberg GE 2018, 59). Dabei wird verkannt, dass die Duldungspflicht allenfalls ein vorübergehendes Verlassen der Wohnung für wenige Stunden oder Tage umfasst. Bei umfangreichen Maßnahmen können die Parteien zwar vereinbaren, dass der Vermieter für die deren Dauer eine Ersatzwohnung zur Verfügung stellt. Eine Verpflichtung zum Abschluss einer solchen Vereinbarung besteht allerdings nicht. Eine Verpflichtung zur Herausgabe der Wohnung an den Vermieter kann aus der Duldungspflicht nicht abgeleitet werden (s. dazu auch § 555a Rdn. 11a). Nach der hier vertretenen Ansicht kann sich ein Anspruch des Vermieters auf vorübergehende Überlassung der Wohnung aus § 242 BGB ergeben. Dies ist im Wege einer Interessenabwägung zu entscheiden. Maßgebend ist zunächst, welches Interesse der Vermieter an der Maßnahme hat und ob ihm die Unterlassung der geplanten Baumaßnahme oder deren Verschiebung bis zum Ende des Mietvertrages zugemutet werden kann. Erst dann ist nach den Folgen für den Mieter zu fragen. Im Grundsatz gilt, dass Verträge zu halten sind, und dass der Mieter deshalb einen Anspruch auf ungestörten Mietbesitz hat.

d) Modernisierung im vereinfachten Verfahren gem. § 559c. Wählt der 20b
Vermieter das vereinfachte Verfahren, so muss er dies in der Modernisierungsankündigung mitteilen. Eine Angabe betreffend der voraussichtlichen künftigen Betriebskosten ist im vereinfachten Verfahren entbehrlich. Ansonsten muss die Modernisierungsankündigung die in § 555c Abs. 1 genannten Hinweise enthalten.

IV. Weiterer Inhalt der Modernisierungsankündigung (Abs. 2)

In Abs. 2 ist geregelt, dass der Vermieter den Mieter in der Modernisierungs- 21
ankündigung auf die **Form und die Frist des Härteeinwands nach § 555d Absatz 3 Satz 1** hinweisen soll. In § 555d Abs. 2 ist geregelt, dass die Duldungspflicht des Mieters ausnahmsweise entfällt, wenn Härtegründe vorliegen. Den Mieter trifft nach § 555d Abs. 3 Satz 1 die Obliegenheit, die Härtegründe „bis zum Ablauf des Monats, der auf den Zugang der Modernisierungsankündigung folgt, in Textform mitzuteilen". Auf diese Obliegenheit „soll" der Vermieter in der Modernisierungsankündigung hinweisen.

Abs. 2 ist als „Sollvorschrift" ausgestaltet. Fehlt der Hinweis, so hat dies auf die 22
Wirksamkeit der Modernisierungsankündigung keinen Einfluss. Die Rechtsfolgen eines Verstoßes gegen Abs. 2 ergeben sich aus § 555d Abs. 5. Danach „bedarf die Mitteilung des Mieters nach Abs. 3 Satz 1 nicht der dort bestimmten Form und Frist. Umstände, die eine Härte im Hinblick auf die Mieterhöhung begründen, sind jedoch nur zu berücksichtigen, wenn sie spätestens zu Beginn der Modernisierungsmaßnahme mitgeteilt werden (§ 555d Abs. 5 Satz 2 i.V. m. Abs. 4 Satz 2).

V. Bezugnahme auf Pauschalwerte bei Modernisierung nach § 555b Nr. 1 und Nr. 2 (Abs. 3)

Bei energiesparenden und klimaschützenden Maßnahmen nach § 555b Nr. 1 23
und 2 muss der Vermieter den Umfang der Energieeinsparung bzw. der klimaschützenden Effekte darlegen. Eine genaue Bezifferung der Einsparung – etwa in Form einer Wärmebedarfsberechnung – ist nicht erforderlich (BGH NZM 2020, 281; WuM 2004, 154 für Mieterhöhung). Für Maßnahmen der energetischen Modernisierung bedarf es der Information des Mieters über diejenigen Tatsachen, die es ihm

§ 555c BGB

ermöglichen, in groben Zügen die voraussichtlichen Auswirkungen der Umsetzung der baulichen Maßnahme auf den Mietgebrauch abzuschätzen sowie, gegebenenfalls mit sachverständiger Hilfe, vergleichend zu ermitteln, ob die geplanten baulichen Maßnahmen voraussichtlich zu einer nachhaltigen Energieeinsparung führen werden (BGH NZM 2020, 281). Jedoch dürfen nach der Rechtsprechung des BGH (NZM 2020, 281) an die Modernisierungsankündigung keine weitergehenden Anforderungen gestellt werden als an ein Mieterhöhungsverlangen aufgrund einer zuvor durchgeführten energetischen Modernisierung (BGH WuM 2018, 723 Rdn. 18; NJW 2006, 1126 Rdn. 9). Deshalb bedarf es in den Fällen, in denen ein bisher ungedämmtes Gebäude erstmals gedämmt wird keiner besonderen Erläuterungen BGH NZM 2020, 281) (Bei mehreren Maßnahmen müssen nicht noch zusätzliche konkrete Angaben zu der durch eine einzelne Wärmedämmmaßnahme zu erwartende Energieeinsparung gemacht werden (BGH NZM 2020, 281). Solche zusätzlichen Angaben sind zum Schutz des Mieters nicht erforderlich; denn bezüglich der künftig durch die Isolierung der gesamten Gebäudehülle zu erwartenden Energieeinsparung genügt die Bezugnahme auf anerkannte Pauschalwerte. Nach Abs. 3 kann der Vermieter nämlich den Umfang der Einsparung oder die Verbesserung des Klimaschutzes unter Bezug auf allgemein anerkannte Pauschalwerte darlegen (dazu Harsch MietRB 2013, 222). Beispielhaft nennt die Gesetzesbegründung die in der „Bekanntmachung der Regeln zur Datenaufnahme und Datenverwendung im Wohnungsbestand" des Bundesministeriums für Verkehr, Bau und Stadtentwicklung vom 30.7.2009 enthaltenen Werte (ansteuerbar über das Internet). Das Regelwerk enthält u. a. Vereinfachungen für die Ermittlung energetischer Kennwerte für bestehende Bauteile sowie gesicherte Erfahrungswerte für Bauteile von Wohngebäuden, z. B. Pauschalwerte für Wärmedurchgangskoeffizienten von Dächern, Außenwänden und Fenstern. Der Wärmedurchgangskoeffizient (U-Wert gemessen in Watt (m^2K); früher: k-Wert) wird im Wesentlichen durch die Wärmeleitfähigkeit des Mauerwerks und dessen Stärke bestimmt. Je höher der Wärmedurchgangskoeffizient, desto schlechter ist die Wärmedämmung. Die infolge von Dämmmaßnahmen erzielbare Verbesserung des U-Werts ist in dem genannten Regelwerk in Tabellenform ausgewiesen. Die EnEV 2013 soll noch in der 19. Legislaturperiode durch das „**Gebäudeenergiegesetz (GEG)**" abgelöst werden.

24 **Beispiel für Wärmedämmung:** Ein ungedämmtes Mauerziegelwerk von 24 cm Wandstärke hat z. B. einen U-Wert von ca. 1,5. Wird ein solches Mauerwerk mit einer zusätzlichen Dämmung von 15 cm Stärke versehen, so kann der Vermieter zur Darlegung der energetischen Verbesserung auf den in der Tabelle ausgewiesenen Pauschalwert von 0,24 $W/(m^2K)$ für Wohngebäude und Zonen von Nicht-Wohngebäuden mit Innentemperaturen $> 19\,°C$ verweisen. Entspricht das für die Wärmedämmung verwendete Material nach den Angaben des Herstellers diesem Wert oder einem günstigeren (niedrigeren) Wert, so wird der von der EnEV 2013 geforderte Sollwert (Anlage 3 Tab. 1 = 0,24 W (m^2K) erreicht. Eine auf die konkrete Wärmedämmmaßnahme bezogene Berechnung ist dann entbehrlich. Wählt der Vermieter stattdessen eine zusätzliche Dämmung von lediglich 5 cm, so entspricht dieser Maßnahme ein Pauschalwert von 0,57 W (m^2K). Der Sollwert der EnEV wird überschritten. Der Mieter muss eine solche Maßnahme nicht dulden, da sie den gesetzlichen Vorschriften nicht entspricht.

24a **Beispiel für Fenstermodernisierung:** Ein einfach verglastes Holzfenster des Baujahrs bis 1983 hat einen U-Wert von W (m^2K) von 5,0. Der U-Wert für ein Holzfenster mit 2 Scheiben liegt bei 2,7 W (m^2K). Durch den Einbau moderner

Aluminium- Stahl- oder Kunststofffenster wird nach der Tabelle ein Pauschalwert von W (m²K) 1,8 erreicht. Auf Grund dieser Angaben kann der Mieter beurteilen, dass durch die Maßnahme Endenergie eingespart wird. Eine konkrete Berechnung der Energieeinsparung ist dann entbehrlich (s. auch LG Berlin GE 2015, 1162).

Unklar ist, welche **weiteren Erkenntnisquellen** im Rahmen des Abs. 3 eine 25 Rolle spielen. In Betracht kommen in erster Linie Werte aus gesetzlichen Vorschriften, weil diese von jedermann zu beachten sind und deshalb als „allgemein anerkannte" Werte gelten. Ebenso könnte auf DIN-Regelungen zurückgegriffen werden. Vermutlich wird der Vorschrift kaum praktische Bedeutung zukommen, weil die Planung einer energetischen Modernisierung regelmäßig einem Fachmann übertragen wird, der konkrete Werte ermitteln und darlegen kann.

VI. Bagatellmaßnahmen (Abs. 4)

Die Modernisierungsankündigung ist entbehrlich bei Maßnahmen, die mit 26 keiner oder nur mit einer unerheblichen Einwirkung auf die Mietsache verbunden sind und zu keiner oder nur zu einer unerheblichen Erhöhung der Miete führen. Die Vorschrift entspricht § 554 Abs. 3 Satz 3 BGB a. F. Bei diesen Bagatellmaßnahmen steht dem Mieter auch kein Sonderkündigungsrecht zu (§ 555e Abs. 2). Die beiden Tatbestandskriterien (unerhebliche Einwirkung/unerhebliche Mieterhöhung) müssen kumulativ vorliegen (Beispiele: Rauchwarnmelder (BGH NJW 2014, 2487; NJW 2015, 2488); Anschluss an das Breitbandnetz der Deutschen Bundespost; Mieterhöhungen von 5% (LG Berlin ZMR 1986, 444; AG Rheine WuM 2008, 491; anders LG Detmold WuM 1990, 121, bei Mieterhöhung von 7,5%; Einbau von Rauchwarnmeldern (LG Halle ZMR 2014, 986).

VII. Abweichende Vereinbarungen (Abs. 5)

Regelungen, die zum Nachteil des Mieters von den gesetzlichen Vorschriften 27 abweichen, sind gemäß Abs. 5 unwirksam. Formularklauseln verstoßen gegen § 307 BGB (LG Leipzig GE 2010, 847 betr. eine Vertragsklausel, wonach der Mieter sein Einverständnis mit künftigen Modernisierungsmaßnahmen erklärt). Die Regelung in Abs. 5 gilt nur für die Wohnraummiete, weil § 578 Abs. 2 BGB nicht auf Abs. 5 verweist. Gem. § 555f gilt die Verbotsklausel nur für solche Vereinbarungen, die **beim Abschluss eines Mietvertrags** getroffen werden. In diesem Fall kommt es auch nicht darauf an, ob sich die abweichende Regelung auf eine bereits geplante, konkrete Modernisierungsmaßnahme bezieht, die in naher Zukunft durchgeführt werden soll. Durch Abs. 5 soll nämlich verhindert werden, dass die Überlassung der Wohnung von weitergehenden Duldungspflichten abhängig gemacht wird, als das Gesetz sie vorsieht. Aus dem Gesetzeszweck folgt andererseits, dass Modernisierungsvereinbarungen, die nach Abschluss des Mietvertrags und Überlassung der Mietsache anlässlich einer konkreten Modernisierungsmaßnahme getroffen werden, ohne Rücksicht auf die gesetzlichen Vorschriften wirksam sind. In einem solchen Fall kann der Mieter auf die Ankündigung der Maßnahme verzichten.

§ 555c BGB Untertitel 2. Mietverhältnisse über Wohnraum

28   Vertragliche Regelungen, die zum Vorteil des Mieters von § 555c abweichen, sind wirksam. So können die Parteien beispielsweise vereinbaren, dass Modernisierungsmaßnahmen während der Mietzeit ausgeschlossen sind oder von der Zustimmung des Mieters abhängen (LG Berlin ZMR 2017, 241 betr. die Klausel: „Ausbesserungen und bauliche Veränderungen, die zwar nicht notwendig aber zweckmäßig sind, dürfen ohne Zustimmung des Mieters vorgenommen werden, wenn sie den Mieter nur unwesentlich beeinträchtigen." Hier ist zumindest auch eine Auslegung vertretbar, nach der unter den Anwendungsbereich der Klausel nur solche Instandsetzungsmaßnahmen erfasst werden, die zur Sicherung des Bestands der Mietsache unerlässlich sind und einen zeitlichen Aufschub schlechterdings ausschließen.

VIII. Nichterfüllung, Schlechterfüllung der Ankündigungspflicht

1. Wegfall der Duldungspflicht

29   Die Erfüllung der Anzeigepflicht ist **Fälligkeitsvoraussetzung** für den Duldungsanspruch. Wird die Mitteilungspflicht nicht erfüllt, so ist der Mieter nicht zur Duldung der Modernisierungsmaßnahme verpflichtet. Gegen nicht angekündigte Maßnahmen stehen dem Mieter Unterlassungs- und Beseitigungsansprüche zu, die er mittels einer einstweiligen Verfügung durchsetzen kann (§§ 862, 858 BGB; LG Berlin GE 2012, 1097; vgl. auch LG Berlin GE 2013, 1454). Gleiches gilt, wenn die Mitteilungspflicht nicht formgerecht erfüllt wird. Hat der Vermieter die Dreimonatsfrist unterschritten, so muss die Modernisierung ebenfalls nicht geduldet werden. Eine Duldung nach Ablauf der Dreimonatsfrist kommt in diesem Fällen nicht in Betracht, weil sonst das Dispositionsinteresse des Mieters nicht gewahrt ist; vielmehr ist eine Neuankündigung erforderlich. Wird der Zeitpunkt des Modernisierungsbeginns erheblich überschritten, so muss der Vermieter die Maßnahme ebenfalls erneut ankündigen (LG Berlin WuM 1989, 287). Eine Duldungspflicht besteht auch dann nicht, wenn die Mitteilungspflicht nur unzulänglich erfüllt wird, was dann anzunehmen ist, wenn die Mitteilung die Art, den Umfang, den voraussichtlichen Beginn oder die voraussichtliche Dauer der Maßnahme nicht hinreichend genau erkennen lässt oder wenn die Angabe über die zu erwartende Mieterhöhung fehlt. Bei weniger gravierenden Fehlern bleibt die Duldungspflicht bestehen; hier können dem Mieter die Rechte aus § 555d Abs. 3 (längere Frist für Härteeinwand) oder 559b Abs. 2 Nr. 1 (spätere Fälligkeit der Mieterhöhung) zustehen. Unerheblich sind solche Mängel, die den Mieter nicht beeinträchtigen. Dies gilt erst Recht, wenn die tatsächlich durchgeführten Maßnahmen oder Folgen für den Mieter günstiger sind als die angekündigten (Abramenko ZMR 2014, 343, 345).

2. Mieterhöhung

30   Hat der Mieter die Maßnahme gleichwohl geduldet, so gilt § 559b Abs. 2 Satz 2. Danach verlängert sich die Frist bezüglich der Fälligkeit der erhöhten Miete bei unterlassener Modernisierungsankündigung um 6 Monate. Gleiches gilt, wenn die Ankündigung den Anforderungen des § 555c Abs. 1, und 3 bis 5 nicht entspricht. Ein unterlassener Hinweis auf die Form und Frist des Härteeinwands

(§ 555c Abs. 2) hat dagegen auf den regulären Fälligkeitstermin keinen Einfluss. Das Recht zur Mieterhöhung als solches wird also durch eine unzureichende oder fehlende Mitteilung nicht tangiert (so bereits BGH (WuM 2007, 630; WuM 2011, 225 zu § 554 BGB a. F.). Die zu § 554 BGB a. F. vertretenen abweichenden Ansichten in Rechtsprechung und Literatur sind infolge der Gesetzesänderung gegenstandslos.

3. Konsequenzen:

a) Modernisierung außerhalb der Wohnung. Wird die Modernisierungsmaßnahme im Außenbereich durchgeführt und will der Mieter eine solche Maßnahme nicht dulden, so muss er den Vermieter auf Unterlassung in Anspruch nehmen. In diesem Verfahren wird geprüft, ob der Mieter zur Duldung der Maßnahme verpflichtet ist. 31

Antrag bei fehlender oder unzureichender Ankündigung. Hat der Vermieter die Modernisierung nicht angekündigt, so muss der Mieter die Feststellung beantragen, dass die Maßnahme zurzeit nicht durchgeführt werden darf. Bei Zuwiderhandlungen ist der gerichtliche Titel durch Verhängung eines Ordnungsgeldes zu vollstrecken. Eine gleichwohl durchgeführte Maßnahme hindert die Mieterhöhung nicht. 32

Antrag bei fehlender Duldungspflicht aus materiellrechtlichen Gründen. Will der Mieter die Maßnahme aus materiellrechtlichen Gründen nicht dulden, so muss der Grund der Duldungsverweigerung im Antrag genannt werden. Dies ist deshalb erforderlich, weil die gerichtliche Entscheidung je nach Sachlage mit einem unterschiedlichen Tenor ergeht. 33

Keine Duldungspflicht wegen Mieterhöhung. Ist der Mieter z. B. der Ansicht, dass er die Maßnahme wegen der damit verbundenen Mieterhöhung nicht dulden muss, so wäre es fehlerhaft, wenn dem Vermieter die Modernisierung generell untersagt wird. Es genügt die Feststellung, dass der klagende Mieter von der Modernisierungsumlage freigestellt wird. Dies muss im Tenor der Entscheidung zum Ausdruck kommen. Der Vermieter ist in diesem Fall an der Durchführung der Maßnahme nicht gehindert; eine Mieterhöhung gegenüber dem Mieter kommt jedoch nicht in Betracht. Der auf diesen Mieter entfallende Anteil darf nicht auf die übrigen duldungswilligen Mieter umgelegt werden, sondern ist vom Vermieter zu tragen. 34

Keine Duldungspflicht aus anderen Gründen. Will der Mieter die Maßnahme aus anderen Gründen nicht dulden (z. B. wegen der damit verbundenen Belästigungen oder Gebrauchsbeschränkungen) und hat die Klage Erfolg, so ist durch Urteil festzustellen, dass die Modernisierung unzulässig ist. Die Vollstreckung erfolgt durch Verhängung von Ordnungsgeld. Wird die Maßnahme gleichwohl durchgeführt, so ist dies rechtswidrig; eine Mieterhöhung kommt nicht in Betracht. Unter Umständen stehen dem Mieter Schadensersatzansprüche zu (s. Rdn. 37). 35

b) Modernisierung in der Wohnung. Soll die Modernisierungsmaßnahme in der Wohnung des Mieters durchgeführt werden, so kann sie der Mieter bei fehlender Ankündigung vermeiden, indem er den vom Vermieter beauftragten Handwerkern den Zutritt zur Wohnung verweigert. Duldet der Mieter trotz fehlender Ankündigung, dass die Arbeiten durchgeführt werden, so ist der Vermieter zur Mieterhöhung berechtigt. 36

4. Schadensersatzansprüche bei Falschangaben

37 Enthält die Modernisierungsankündigung unrichtige Angaben und hat der Mieter die Modernisierung im Vertrauen auf die Richtigkeit der Angaben geduldet und deshalb einen Vermögensnachteil erlitten, der bei zutreffenden Angaben nicht eingetreten wäre, so kann ihm ein Anspruch auf Ersatz des hierdurch entstanden Schadens zustehen. Erforderlich ist insoweit, dass der Vermieter die fehlerhafte Angabe zu vertreten hat. Dies ist der Fall, wenn dem Vermieter Vorsatz oder Fahrlässigkeit zur Last fällt. Art und Höhe des Ersatzanspruchs richten sich nach den Umständen des Einzelfalls.

38 Hat der Mieter das Mietverhältnis gekündigt, weil er die mit einer vom Vermieter angekündigten Modernisierung verbundenen Einschränkungen des Mietgebrauchs oder eine damit verbundene Mieterhöhung vermeiden wollte so können ihm Schadensersatzansprüche gegen den Vermieter zustehen, wenn die Modernisierung nicht oder in wesentlich geringerem Umfang durchgeführt wird. Nach allgemeinen Grundsätzen muss der Mieter beweisen, dass er vom Vermieter durch das Vortäuschen einer mit umfangreichen Bauarbeiten verbundenen Modernisierung zum Auszug bewogen wurde (BGH NZM 2017, 595 = NJW 2017, 2907). Wird die vom Vermieter angekündigte Modernisierung nicht verwirklicht, so trifft diesen eine „sekundäre Darlegungslast". Dann hat der Vermieter substantiiert und plausibel darzulegen, aus welchem Grund die Modernisierung nicht oder nur in einem wesentlich geringeren Umfang durchgeführt wurde. Erst wenn der Vortrag des Vermieters diesem Maßstab genügt, obliegt dem Mieter der Beweis, dass eine Modernisierungsabsicht des Vermieters nicht oder nur in einem geringeren Umfang bestand (vgl. BGH WuM 2016, 743; WuM 2017, 342 zur vorgetäuschten Kündigung).

39 **Seit dem 1.1.2019** gelten die in § 559d BGB geregelten **Beweislastregelungen,** die es dem Mieter ermöglichen, einen aus der Pflichtverletzung des Vermieters folgenden Schadensersatzanspruch leichter durchzusetzen. Danach besteht eine gesetzliche (widerlegbare) Vermutung, dass bestimmte Handlungen des Vermieters im Zusammenhang mit einer Modernisierung als Pflichtverletzung zu bewerten sind. Dabei geht es um folgende Tatbestände: **(1)** wenn der Vermieter eine bauliche Veränderung ankündigt, aber mit der Durchführung der Maßnahme nicht innerhalb von zwölf Monaten nach deren angekündigtem Beginn oder, wenn Angaben hierzu nicht erfolgt sind, nach Zugang der Ankündigung der baulichen Veränderung beginnen wird, **(2)** wenn der Vermieter in der Ankündigung nach § 555c Abs 1 einen Betrag für die zu erwartende Mieterhöhung angibt durch den die monatliche Miete mindestens verdoppelt würde, **(3)** Wenn die bauliche Veränderung in einer Weise durchgeführt wird, die geeignet ist, zu erheblichen, objektiv nicht notwendigen Belastungen des Mieters zu führen, oder **(4)** wenn die Arbeiten nach Beginn der baulichen Veränderung mehr als zwölf Monate ruhen. Der Vermieter kann die Vermutung widerlegen, wenn er darlegt, dass für sein Verhalten im Einzelfall ein nachvollziehbarer objektiver Grund vorgelegen hat. Diese Beweislastregelungen sind auf Tatbestände anzuwenden, die nach dem 31.12.2018 verwirklicht wurden (Art. 229 § 49 Abs. 1 EGBGB).

5. Pflichtverletzungen bei Modernisierung als Ordnungswidrigkeit

Ergänzend hierzu ist in § 6 WiStG geregelt, dass bestimmte Pflichtverletzungen im Zusammenhang mit einer baulichen Veränderung als Ordnungswidrigkeit geahndet werden. Danach handelt ordnungswidrig, wer in der Absicht, einen Mieter von Wohnraum hierdurch zur Kündigung oder zur Mitwirkung an der Aufhebung des Mietverhältnisses zu veranlassen, eine bauliche Veränderung in einer Weise durchführt oder durchführen lässt, die geeignet ist, zu erheblichen, objektiv nicht notwendigen Belastungen des Mieters zu führen. Die Ordnungswidrigkeit kann mit einer Geldbuße bis zu hunderttausend Euro geahndet werden.

40

§ 555d Duldung von Modernisierungsmaßnahmen, Ausschlussfrist

(1) Der Mieter hat eine Modernisierungsmaßnahme zu dulden.

(2) Eine Duldungspflicht nach Absatz 1 besteht nicht, wenn die Modernisierungsmaßnahme für den Mieter, seine Familie oder einen Angehörigen seines Haushalts eine Härte bedeuten würde, die auch unter Würdigung der berechtigten Interessen sowohl des Vermieters als auch anderer Mieter in dem Gebäude sowie von Belangen der Energieeinsparung und des Klimaschutzes nicht zu rechtfertigen ist. Die zu erwartende Mieterhöhung sowie die voraussichtlichen künftigen Betriebskosten bleiben bei der Abwägung im Rahmen der Duldungspflicht außer Betracht; sie sind nur nach § 559 Absatz 4 und 5 bei einer Mieterhöhung zu berücksichtigen.

(3) Der Mieter hat dem Vermieter Umstände, die eine Härte im Hinblick auf die Duldung oder die Mieterhöhung begründen, bis zum Ablauf des Monats, der auf den Zugang der Modernisierungsankündigung folgt, in Textform mitzuteilen. Der Lauf der Frist beginnt nur, wenn die Modernisierungsankündigung den Vorschriften des § 555c entspricht.

(4) Nach Ablauf der Frist sind Umstände, die eine Härte im Hinblick auf die Duldung oder die Mieterhöhung begründen, noch zu berücksichtigen, wenn der Mieter ohne Verschulden an der Einhaltung der Frist gehindert war und er dem Vermieter die Umstände sowie die Gründe der Verzögerung unverzüglich in Textform mitteilt. Umstände, die eine Härte im Hinblick auf die Mieterhöhung begründen, sind nur zu berücksichtigen, wenn sie spätestens bis zum Beginn der Modernisierungsmaßnahme mitgeteilt werden.

(5) Hat der Vermieter in der Modernisierungsankündigung nicht auf die Form und die Frist des Härteeinwands hingewiesen (§ 555c Absatz 2), so bedarf die Mitteilung des Mieters nach Absatz 3 Satz 1 nicht der dort bestimmten Form und Frist. Absatz 4 Satz 2 gilt entsprechend.

(6) § 555a Absatz 3 gilt entsprechend.

(7) Eine zum Nachteil des Mieters abweichende Vereinbarung ist unwirksam.

§ 555d BGB — Untertitel 2. Mietverhältnisse über Wohnraum

Übersicht

	Rdn.
I. Entstehungsgeschichte/Anwendungsbereich	1
II. Duldungspflicht (Abs. 1)	2
1. Grundsatz	2
2. Allgemeine Rücksichtspflicht	4a
III. Ausnahmen von der Duldungspflicht nach Abs. 2	5
1. Übersicht über die Neuregelung	5
2. Maßgebliche Interessen	7
3. Interessenabwägung	13
4. Abwägungskriterien	14
a) Einzelne Härtegründe	15
b) Mieterhöhung/Betriebskosten	19
IV. Mitteilungspflicht des Mieters (Abs. 3)	21
1. Frist	22
2. Form	23
3. Die Mitteilung ist als rechtsgeschäftsähnliche Handlung zu bewerten	24
4. Inhalt der Mitteilung	25
V. Folgen der Fristversäumung (Abs. 4)	26
VI. Fehlender Hinweis auf Härtegründe in der Modernisierungsankündigung (Abs. 5)	28
VII. Aufwendungsersatzanspruch des Mieters (Abs. 6)	29
VIII. Gewährleistung/Schadensersatz	30
1. Minderung	30
2. Schadensersatz	31
3. Kündigung	32
IX. Abweichende Vereinbarungen (Abs. 7)	33
X. Beweislast	34
XI. Prozessuales	35
1. Duldungsanspruch des Vermieters	35
a) Leistungsklage	35
b) Vollstreckung	39
c) Feststellungsklage/Einstweilige Verfügung	40
2. Abwehrrechte des Mieters	41
XII. Modernisierung im vermieteten Wohnungseigentum	44
XIII. Modernisierung bei Untermiete	47

I. Entstehungsgeschichte/Anwendungsbereich

1 Die Vorschrift wurde durch das MietRÄndG 2013 mit Wirkung vom 1.5.2013 in das BGB eingefügt. Sie tritt an die Stelle des bis zum 30.4.2013 geltenden § 554 Abs. 2 BGB a. F. Die Regelung in Abs. 1 bestimmt, dass der Mieter Modernisierungsmaßnahmen im Sinne von § 555b grundsätzlich zu dulden hat. Die Abs. 2 bis 5 regeln die Ausnahmen. Abs. 6 ordnet an, dass der Vermieter dem Mieter die modernisierungsbedingten Aufwendungen zu erstatten hat. Diese Vorschriften gelten für die Wohnraummiete und – über § 578 Abs. 2 – auch für die Geschäftsraummiete. Abweichende Vereinbarungen, die zum Nachteil des Mieters von der gesetzlichen Regelung abweichen, sind bei der Wohnraummiete unwirksam (Abs. 7; s. aber auch § 555f). Bei der Geschäftsraummiete sind abweichende Regelungen zulässig, weil § 578 Abs. 2 nicht auf § 555d Abs. 7 verweist.

II. Duldungspflicht (Abs. 1)

1. Grundsatz

Der Mieter hat eine Modernisierungsmaßnahme grundsätzlich zu dulden Es 2
kommt nicht darauf an, ob die Modernisierung vom Vermieter selbst oder von
einem beauftragten Dritten (z. B. durch einen Contractor) durchgeführt wird
(Flatow DWW 2007, 193). In zahlreichen Fällen führt die Modernisierung zu einer
Änderung des Vertragsgegenstands. Deshalb stellt sich die Frage, ob durch die
Duldung der Modernisierung zugleich der Vertragsgegenstand geändert wird. Teilweise
wird vertreten, dass eine Änderung des Vertragsgegenstands nur im Wege
einer Vereinbarung möglich ist; diese kann allerdings stillschweigend getroffen werden
(so insbesondere Hau NZM 2014, 809, 815). Dagegen spricht allerdings, dass
vertragliche Regelungen einen entsprechenden Änderungswillen erfordern, der
jedenfalls beim Mieter in der Regel fehlen wird. Nach anderer Ansicht gibt der
Duldungsanspruch zugleich einen Anspruch des Vermieters auf Änderung des
Vertragsgegenstands, der durch einseitige Erklärung durchgesetzt werden kann (so
insbesondere Sternel NZM 2015, 871, 875). Die letztgenannte Ansicht trifft zu. Die
§§ 555a–555d BGB zeigen, dass der Gesetzgeber den Vermieter in die Lage versetzen
wollte, die auch im öffentlichen Interesse liegende Modernisierung von
Wohnungen auf einfache Art und Weise – nämlich im Wege der einseitigen Gestaltungserklärung
– durchzusetzen. Diese (systemwidrige) Gestaltung ist mit einem
erheblichen Risiko für den Mieter verbunden: Verweigert er die Duldung in der
irrigen Ansicht, dass Härtegründe gegeben sind, so muss er unter Umständen das
Risiko des Wohnungsverlustes in Kauf nehmen (s. § 543 Rdn. 51).

Wegen des **Inhaltes der Duldungspflicht** und wegen eventueller **Mitwir-** 3
kungspflichten des Mieters S. § 555a Rdn. 10, 11, 11a.

Die **Regelung in Abs. 1 gilt nur für solche Modernisierungsmaßnahmen** 4
die einen Bezug zur Mietsache haben. Dies ist der Fall, wenn die Interessen des
Mieters durch die Maßnahme betroffen werden. Hierzu zählen Maßnahmen die
den Mietgegenstand verändern oder für die Zahlungspflicht des Mieters von Bedeutung
sind oder in Zukunft Bedeutung erlangen können. Die Duldungspflicht
für sonstige Maßnahmen richtet sich nach § 242 BGB. Hierzu gehört etwa die Installation
einer Photovoltaikanlage auf dem Dach des Wohnhauses (**a. A.** wohl Derleder
NZM 2013, 441, 444) oder der Neubau von Wohnungen auf dem Nachbargrundstück.
Obwohl der erstgenannte Beispielsfall unter § 555b Nr. 2 und der
letztgenannte Fall unter § 555b Nr. 7 subsumiert werden könnte, unterliegt die
Duldungspflicht nicht nach § 555d Abs. 1, weil die Interessen des Mieters hierdurch
nicht tangiert werden. Soweit der Mietgebrauch durch die Maßnahmen beeinträchtigt
wird, stehen dem Mieter die allgemeinen Gewährleistungsansprüche
zu. Es gelten die für Baumaßnahmen geltenden Regeln.

2. Allgemeine Rücksichtspflicht

Nach § 241 Abs. 2 BGB ist der Vermieter verpflichtet bei der Durchführung von 4a
Baumaßnahmen auf die Rechte, Rechtsgüter und Interessen des Mieters Rücksicht
zu nehmen. Hieraus ist abzuleiten, dass der Mieter ein rücksichtsloses Verhalten bei
der Durchführung der Maßnahmen nicht hinnehmen muss, sondern Abwehransprüche
geltend machen kann.

4b **Konkretisierung der Rücksichtspflicht.** Nach dem seit dem 1.1.2019 geltenden § 6 OWiG handelt ordnungswidrig, wer als Vermieter „in der Absicht, einen Mieter von Wohnraum hierdurch zur Kündigung oder zur Mitwirkung der Aufhebung des Mietverhältnisses zu veranlassen, eine bauliche Veränderung in einer Weise durchführt oder durchführen lässt, die geeignet ist, zu erheblichen, objektiv nicht notwendigen Belastungen des Mieters zu führen. In der Gesetzesbegründung zu § 6 OWiG (BT-Drucks. 19/4672 S. 37) ist beispielsweise aufgeführt: Einrichtung einer Baustelle mit einer dauerhaften Verhängung/Verdunkelung der Fenster ohne dass in absehbarer Zeit mit der eigentlichen Baumaßnahme begonnen wird; besonders lärmintensive Maßnahmen, die ohne erkennbaren Grund überwiegend zur Unzeit (sehr früh morgens, spät abends) ausgeführt werden; längerfristiges, nicht erforderliches Abstellen von Wasser; Beeinträchtigung grundlegendster Sicherheitsstandards wie das nicht bloß kurzfristige Aushängen der Haustür ohne erkennbaren Anlass. Die Beispiele sind auch im Rahmen des § 241 Abs. 2 BGB von Bedeutung, weil sie als Konkretisierung der allgemein geltenden Rücksichtspflicht zu verstehen sind. Weitere Beispiele sind: vom Vermieter geduldetes rüpelhaftes Benehmen der Bauarbeiter; grundloses Abstellen von Strom; Lagern von Bauschutt über längere Zeit in der Mieterwohnung oder im Zugangsbereich zur Wohnung; bewusstes Missachten von behördlich angeordneten Schutzmaßnahmen zugunsten der Mieter.

III. Ausnahmen von der Duldungspflicht nach Abs. 2

1. Übersicht über die Neuregelung

5 Die Regelung in Abs. 2 enthält gegenüber § 554 Abs. 2 BGB a. F. eine grundlegende Neuerung. Unter der Geltung des bisherigen Rechts waren alle Härtegründe bei der Prüfung der Duldungspflicht zu berücksichtigen. Nunmehr ist zu unterscheiden: Die Höhe der zu erwartenden Miet- und Betriebskostenerhöhung spielt für die Duldungspflicht keine Rolle; dieser Umstand ist künftig nur bei der Mieterhöhung nach § 559 BGB zu prüfen (§ 555d Abs. 2 Satz 2). Alle anderen Härtegründe sind im Rahmen der Duldungspflicht zu prüfen (§ 555d Abs. 2 Satz 1 BGB). Diese Zweiteilung gilt für alle Modernisierungsmaßnahmen. Sie hat zur Folge, dass der Vermieter den 8%igen „Modernisierungszuschlag" nicht in voller Höhe ausschöpfen kann, wenn eine Mieterhöhung in dieser Höhe für den Mieter eine Härte darstellt. Unter Umständen kann eine Mieterhöhung nach § 559 BGB völlig ausscheiden. Die damit verbundene Unsicherheit soll der Vermieter dadurch vermeiden können, in dem er vor Durchführung der Maßnahme eine Feststellungsklage erhebt (so die Gesetzesbegründung BT-Drucks. 17/10485 S. 21). Das ist sehr zweifelhaft, da die erforderlichen Parameter (Baubeginn und aufgewandten Kosten) noch nicht bekannt sind. Mieterhöhungen nach § 558 BGB spielen nach der Regelung bei der Härtefallprüfung keine Rolle.

6 Wie früher nach § 554 Abs. 2 Satz 2 BGB a. F. sind bei der Interessenabwägung nach § 555d Abs. 2 Satz 1 BGB einerseits die Belange des Mieters, seiner Familie oder der Haushaltsangehörigen und andererseits die berechtigten Interessen des Vermieters und der anderen Mieter in dem Gebäude gegeneinander abzuwägen. Darüber hinaus sollen auch die Belange der Energieeinsparung und des Klimaschutzes eine Rolle spielen. Diese dürften regelmäßig das Modernisierungsinteresse des Vermieters verstärken. Die Besonderheiten der vermieteten Eigentumswohnung bleiben nach wie vor unberücksichtigt. Hier ist unklar ob die Interessen der übrigen Eigentümer in die Abwägung einzubeziehen sind (s. Rdn. 10).

2. Maßgebliche Interessen

Die Duldungspflicht entfällt ausnahmsweise, wenn die Maßnahme für den Mieter, seine Familie oder einen Angehörigen seines Haushalts eine Härte bedeuten würde, die auch unter Würdigung der berechtigten Interessen sowohl des Vermieters als auch anderer Mieter in dem Gebäude sowie von Belangen der Energieeinsparung und des Klimaschutzes nicht zu rechtfertigen ist. 7

Zur **Familie** gehören der Ehegatte und die Kinder, sowie alle im Haushalt des Mieters lebenden Personen die mit ihm verwandt oder verschwägert sind. 8

Zu der **Personengruppe der Angehörigen** zählen der (gleichgeschlechtliche) Lebenspartner, der Partner einer eheähnlichen Gemeinschaft und alle Personen, die mit dem Mieter in den Räumen einen gemeinsamen Haushalt führen. Erforderlich aber auch ausreichend ist insoweit ein gemeinsames Wirtschaften. 9

Befinden sich die Räume des Mieters in einer **Wohnungseigentumsanlage,** so sind bei der Interessenabwägung über den Wortlaut des § 555d Abs. 2 hinaus zugunsten des Vermieters auch die Interessen der übrigen Eigentümer zu berücksichtigen. Dies folgt aus verfassungsrechtlichen Erwägungen (Art. 14 GG; Dickersbach in: Lützenkirchen, Mietrecht § 555d Anm. 26; **a. A.** Eisenschmid in: Schmidt-Futterer § 555d BGB Rdn. 61). 10

Gleiches gilt, wenn ein Teil der Räume auf Grund einer **Leihe,** eines **Wohnrechts** oder auf Grund eines vergleichbaren Rechtsverhältnisses an Dritte überlassen worden ist; in diesen Fällen sind zugunsten des Vermieters die Interessen der jeweiligen Bewohner mit zu berücksichtigen. 11

Öffentliche Interessen sind nur insoweit zu berücksichtigen, als es sich um Belange der Energieeinsparung und/oder des Klimaschutzes handelt (§ 555b Nr. 1 und 2). Andere öffentliche Interessen spielen bei der Abwägung keine Rolle. Dies gilt auch bezüglich der Duldungspflicht für Maßnahmen der Wassereinsparung (§ 555b Nr. 3) und für Maßnahmen zur Schaffung neuen Wohnraums (§ 555b Nr. 7). Dies folgt aus der Erwägung, dass in § 555d Abs. 2 nur die Maßnahmen nach § 555n Nr. 1 und 2 genannt sind; aus dem Umkehrschluss folgt, dass andere Maßnahmen bei der Interessenabwägung nicht zu berücksichtigen sind. 12

3. Interessenabwägung

Es ist eine Interessenabwägung vorzunehmen. Die Duldungspflicht entfällt, wenn das Interesse des Mieters und seiner Angehörigen am Fortbestand der bisherigen Verhältnisse schwerer wiegt als das Interesse des Vermieters und der übrigen Mieter an der Modernisierung. Die der Modernisierung entgegenstehenden Interessen der anderen Mieter sind nicht zugunsten des Mieters zu berücksichtigen; vielmehr führt dieser Umstand dazu, dass das Modernisierungsinteresse des Vermieters geringer zu bewerten ist, als es bei einem zusätzlich vorliegenden Modernisierungsinteresse der übrigen Mieter zu bewerten wäre. Umgekehrt wird das Interesse des Vermieters verstärkt, wenn die Maßnahme für die Belange der Energieeinsparung und des Klimaschutzes von Bedeutung ist. 13

§ 555d BGB Untertitel 2. Mietverhältnisse über Wohnraum

Neukölln GE 1996, 1433 wenn ein Balkon zu einem Wintergarten umgebaut werden soll (AG Hamburg/LG Hamburg WuM 2008, 27). Härtegrund verneint: LG Berlin (GE 2015, 916): Verringerung der Fläche einer ca. 133 qm großen Wohnung um 1,60 qm durch den Einbau eines Aufzugs. Voraussetzung der Duldungspflicht ist stets, dass die Mietsache in ihrem wesentlichen Bestand erhalten bleibt. Ist dies nicht der Fall, so muss der Vermieter gegebenenfalls kündigen, wobei als Kündigungsgrund die Vorschrift des § 573 Abs. 2 Nr. 3 BGB in Betracht kommen kann. Eine Verunstaltung der Wohnung muss der Mieter ebenfalls nicht dulden. Gleiches gilt, wenn durch die Modernisierung ein wesentlicher Verlust an Licht und Sonne eintritt (AG Köln WuM 1979, 242 betr. den Einbau neuer Fenster). In einem solchen Fall muss der Vermieter Art und Umfang der Modernisierung so gestalten, dass dadurch auch den berechtigten Interessen des Mieters Rechnung getragen wird. Der Einbau von Isolierfenstern muss nach der Ansicht des LG Hamburg (NJW-RR 1995, 1101) nicht geduldet werden, wenn hiermit die Gefahr des Eintritts von Feuchtigkeitsschäden verbunden ist; solche Gefahren können insbesondere bei Altbauwohnungen auftreten.

18 Eine Härte kann auch dann vorliegen, wenn durch die Baumaßnahmen „**vorangegangene Verwendungen des Mieters**" unbrauchbar würden und der Mieter hierdurch erhebliche wirtschaftliche Nachteile erlitte. Einzelheiten § 555b Rdn. 33. Entfällt die Duldungspflicht wegen der vorangegangenen Verwendungen des Mieters, so kann er gleichwohl verpflichtet sein, solche Maßnahmen zu gestatten, die mit Rücksicht auf eine spätere Modernisierung erforderlich sind (LG Hamburg MDR 1983, 1026 betr. die Verlegung von Rohrleitungen für den späteren Anschluss an das Fernwärmenetz). Gleiches gilt bezüglich solcher Maßnahmen, die wegen der Modernisierung der übrigen Wohnungen in den Räumen des Mieters durchgeführt werden müssen (z. B. Verlegung von Leitungen beim Einbau einer Sammelheizung).

19 b) **Mieterhöhung/Betriebskosten.** Die zu erwartende Mieterhöhung sowie die voraussichtlichen künftigen Betriebskosten bleiben bei der Abwägung im Rahmen der Duldungspflicht außer Betracht; sie sind nur nach § 559 Absatz 4 und 5 bei einer Mieterhöhung zu berücksichtigen (s. dort).

19a Entstehen durch eine vom Mieter zu duldende Modernisierungsmaßnahme **neue Betriebskosten,** so ist zu fragen, ob der Vermieter diese Kosten auf den Mieter umlegen kann. Bei der Umstellung einer Zentralheizung auf Fernwärme gilt § 556c BGB. Auf die Umstellung von Einzelöfen auf Zentralheizung oder Fernwärmeversorgung (s. § 555b Rdn. 13) ist die Vorschrift nicht anzuwenden. Nach der vertretenen Ansicht führt eine ordnungsgemäß angekündigte und vom Mieter zu duldende Modernisierung zu einer Änderung des Vertragsgegenstands. Der bisherige Mietvertrag weist dann hinsichtlich der Betriebskosten eine Lücke auf, die im Wege der ergänzenden Vertragsauslegung zu schließen ist. Regelmäßig führt dies zum Ergebnis, dass der Vermieter die neu entstehenden Kosten auf den Mieter umlegen kann.

19b Fraglich kann sein, ob dies auch dann gilt, wenn die Parteien eine **Indexmiete** abgeschlossen haben, weil mit dieser Preisgestaltung ein Ausschluss der Mieterhöhung verbunden ist. Allerdings gilt dies nicht ausnahmslos. Ausgeschlossen ist die Mieterhöhung nach § 558 BGB. Eine Mieterhöhung nach § 559 BGB kann nur verlangt werden, soweit der Vermieter bauliche Maßnahmen auf Grund von Umständen durchgeführt hat, die er nicht zu vertreten hat. Eine Mieterhöhung nach § 560 BGB, also eine Erhöhung der Betriebskostenpauschale oder von Betriebskostenvorauszahlungen ist dagegen möglich. Hieraus ist zu folgern, dass auch die Umlage neuer Betriebskosten durch § 557b BGB nicht ausgeschlossen wird. Die insoweit entstehende Kostenbelastung ist bei der Abwägung zu berücksichtigen.

Bei den **Maßnahmen zur Schaffung neuen Wohnraums** spielt der Gesichtspunkt der Mieterhöhung naturgemäß keine Rolle, weil die Kosten dieser Maßnahmen nicht auf die Mieter umgelegt werden können.

IV. Mitteilungspflicht des Mieters (Abs. 3)

Die Regelung in Abs. 3 beruht auf dem gesetzgeberischen Ziel, möglichst bald Klarheit über die Härtegründe herbeizuführen. Deshalb hat der Mieter dem Vermieter Umstände, die eine Härte im Hinblick auf die Duldung oder die Mieterhöhung begründen bis zum Ablauf des Monats, der auf den Zugang der Modernisierungsankündigung folgt, in Textform mitzuteilen (Abs. 3 Satz 1).

1. Frist

Die Frist beginnt mit dem Zugang der Modernisierungsankündigung. Dies gilt allerdings nur, wenn die Ankündigung den Regelungen in § 555c entspricht (Abs. 3 Satz 2). Die Frist endet mit dem Ablauf des folgenden Monats. Zu diesem Zeitpunkt muss die Mitteilung dem Vermieter zugegangen sein. Nach Ablauf der Frist kann der Mieter Härtegründe nur noch unter den Voraussetzungen des Abs. 4 geltend machen (s. Rdn. 26, 27). Durch eine vom Gericht gesetzte Frist (Klagerwiderungsfrist) wird die Frist nicht verlängert. § 193 BGB ist anzuwenden; § 167 ZPO ist unanwendbar. Eine Wiedereinsetzung in den vorigen Stand bei Fristversäumnis kommt ebenfalls nicht in Betracht.

2. Form

Die Mitteilung muss in Textform abgegeben werden (dazu § 550 Rdn. 115ff)

3. Die Mitteilung ist als rechtsgeschäftsähnliche Handlung zu bewerten

Deshalb sind hierauf die Vorschriften über Willenserklärungen anzuwenden. Daraus folgt zunächst, dass der Vermieter die Einwendung nach § 174 BGB zurückweisen kann, wenn sie nicht vom Mieter stammt und der Übersender keine Vollmacht beigefügt hat (BT-Drucks 14/5663 S. 170).

4. Inhalt der Mitteilung

Mitzuteilen sind alle Härtegründe, auch solche, die erst bei der Mieterhöhung zu prüfen sind. Einzelheiten zu den Anforderungen an den Inhalt der Mitteilungsobliegenheit sind im Gesetz nicht geregelt. Jedoch folgt aus dem Gesetzeszweck, dass der Mieter die Härtegründe so zu substantiieren hat, dass der Vermieter über den Fortgang der Modernisierung und die Art der Durchführung eine Entscheidung treffen kann. Erforderlich ist, dass sich aus der Stellungnahme des Mieters ergibt, ob er sich gegen die Modernisierung insgesamt, gegen die Art und Weise ihrer Durchführung oder über den Zeitpunkt ihrer Durchführung wendet. Unklar ist, ob die Hinweispflicht auch für den Einwand gilt, dass eine Maßnahme wegen ihrer Art oder ihres Umfangs nicht als Modernisierungsmaßnahme gilt (sog. „**Luxus-**

§ 555d BGB

modernisierung") und deshalb nicht zu dulden sei. Nach der hier vertretenen Ansicht ist dies zu bejahen, weil die Mitteilungspflicht sicherstellen soll, dass der Vermieter über den Fortgang der Maßnahme und die Art der Durchführung eine Entscheidung treffen kann.

V. Folgen der Fristversäumung (Abs. 4)

26 Nach Ablauf der Frist sind Umstände, die eine Härte im Hinblick auf die Duldung oder die Mieterhöhung begründen, noch zu berücksichtigen, wenn der Mieter ohne Verschulden an der Einhaltung der Frist gehindert war und er dem Vermieter die Umstände sowie die Gründe der Verzögerung unverzüglich in Textform mitteilt. Damit sind insbesondere diejenigen Fälle angesprochen, in denen die Härtegründe erst nach Fristablauf entstehen.

27 Für den **Begriff des Verschuldens** gilt § 276 BGB. Danach hat der Mieter Vorsatz und Fahrlässigkeit zu vertreten. Ein mögliches Verschulden der Post am Verlust der Sendung oder der Verzögerung der Zustellung muss sich der Mieter zurechnen lassen. Nach dem Wegfall des Hindernisses muss der Mieter die Mitteilung „unverzüglich" (ohne schuldhaftes Zögern) in Textform nachholen. Eine Wiedereinsetzung in den vorigen Stand ist nicht möglich. Umstände, die eine Härte im Hinblick auf die Mieterhöhung begründen, sind nur zu berücksichtigen, wenn sie spätestens bis zum Beginn der Modernisierungsmaßnahme mitgeteilt werden (Abs. 4 Satz 2).

VI. Fehlender Hinweis auf Härtegründe in der Modernisierungsankündigung (Abs. 5)

28 In § 555c Abs. 2 ist geregelt, dass der Vermieter den Mieter in der Modernisierungsankündigung auf die Form und die Frist des Härteeinwands nach § 555d Absatz 3 Satz 1 hinweisen soll. Es handelt sich um eine „Sollvorschrift". Ein unterlassener Hinweis hat also auf die Wirksamkeit der Modernisierungsankündigung, die Mieterhöhung und deren Fälligkeit keinen Einfluss. Die Rechtsfolgen eines Verstoßes gegen § 555c Abs. 2 ergeben sich allein aus § 555d Abs. 5. Danach kann der Mieter die nach Abs. 2 zu berücksichtigenden Härtegründe noch im gerichtlichen Verfahren geltend machen. Nach einer in der instanzgerichtlichen Rechtsprechung vertretenen Ansicht, soll § 555d Abs. 5 auch dann anwendbar sein, wenn der Hinweis verwirrende oder ablenkende Zusätze enthält (LG Berlin GE 2015, 323 wenn dem Mieter die einschlägigen Modernisierungsvorschriften (§§ 555b bis f, 559ff und 561 BGB im Wortlaut übermittelt werden). Umstände, die eine Härte im Hinblick auf die Mieterhöhung begründen, sind jedoch nur bis zum Beginn der Modernisierungsmaßnahme möglich. Für die übrigen Härtegründe besteht keine zeitliche Begrenzung. Jedoch ist bei der Interessenabwägung dem Umstand Rechnung zu tragen, dass der Vermieter mit der Ausführung der Modernisierungsmaßnahme bereits begonnen hat. Das Interesse des Vermieters an der Fertigstellung ist desto höher zu bewerten, je weiter die Maßnahme fortgeschritten ist.

VII. Aufwendungsersatzanspruch des Mieters (Abs. 6)

Die Vorschrift verweist auf die Regelung über den Aufwendungsersatz in § 555a 29 Abs. 3 (s. dort Rdn. 23 ff).

VIII. Gewährleistung/Schadensersatz

1. Minderung

Die Gewährleistungsrechte des Mieters nach §§ 536 ff BGB werden durch die 30 Duldungspflicht nicht berührt (KG GE 2002, 257; LG Mannheim WuM 1986, 139; LG Berlin GE 1997, 619; AG Osnabrück WuM 1996, 754; Eisenschmid in: Schmidt-Futterer § 555d BGB Rdn. 91 ff; Schüller in: Bub/Treier Kap III Rdn. 2711; Lammel Wohnraummietrecht § 554 BGB Rdn. 33; Kinne in: Kinne/Schach/Bieber Miet- und Mietprozessrecht § 554 BGB Rdn. 156; Dickersbach in: Lützenkirchen, Mietrecht § 555d Rdn. 82; Sternel PiG 62, 90, 111 = NZM 2001, 1058; Palandt/Weidenkaff § 554 BGB Rdn. 31; Selk ZMR 2017, 16, 18) Deshalb ist ein Mieter trotz der Duldungspflicht zur Minderung berechtigt, wenn die Mietsache infolge der Baumaßnahmen mangelhaft wird; für die energetische Modernisierung gilt die Sonderregelung des § 536 Abs. 1a BGB.

Hiervon ist die Frage zu unterscheiden, ob der Mieter zur Minderung berechtigt 30a ist, wenn die Gebrauchstauglichkeit der Mietsache nach Abschluss der Modernisierungsarbeiten beeinträchtigt ist. Dies wird teilweise bejaht, wenn die Minderung der Gebrauchsbeeinträchtigung vermeidbar gewesen wäre (so LG Berlin ZMR 2014, 206 betr. Verkleinerung der Fensterfläche durch den Einbau neuer Fenster m. Anmerkung Lehmann-Richter). Dies ist in dieser allgemeinen Form nichtzutreffend, weil durch eine vom Mieter geduldete Modernisierungsmaßnahme der ursprünglich geschuldete Zustand geändert wird. Dieser ist nunmehr der vertraglich geschuldete Zustand; Gewährleistungsrechte scheiden aus (so zutreffend Lehmann-Richter a.a.O.; Sternel NZM 2015, 873, 877). Es kommt nicht darauf an, ob der Mieter zur Duldung verpflichtet war; maßgeblich ist allein, dass er sie geduldet hat. Anders ist es, wenn die Modernisierung unsachgemäß durchgeführt wurde oder wenn maßgebliche technische Normen oder DIN-Vorschriften (z. B. hinsichtlich des Schall- und Wärmeschutzes) nicht eingehalten werden. Unter Umständen kann dem Mieter auch ein Schadensersatzanspruch zustehen, wenn der Vermieter in der Modernisierungsankündigung nicht auf die nachteilige Veränderung der Mietsache hingewiesen hat und dieser Umstand für die Duldung durch den Mieter ursächlich war.

2. Schadensersatz

Streitig ist, ob der Vermieter bereits deshalb zum Schadensersatz nach § 536a 31 Abs. 1 BGB verpflichtet ist, weil er die Baumaßnahmen in Auftrag gegeben hat (so Eisenschmid in: Schmidt-Futterer § 555d BGB Rdn. 97 f; Sternel Rdn. II 341) oder ob sich der Vermieter in irgendeiner Form pflichtwidrig verhalten muss (so OLG Saarbrücken Urteil vom 20.12.2010 – 8 U 507/09; LG Berlin GE 1997, 619; Lammel Wohnraummietrecht § 554 BGB Rdn. 34; Ehlert in: Bamberger/Roth § 554 BGB Rdn. 38). Die letztgenannte Auffassung ist zutreffend, weil anderenfalls die

§ 555d BGB   Untertitel 2. Mietverhältnisse über Wohnraum

Vorschrift des Abs. 6 – wonach der Vermieter bei der Modernisierung nur Aufwendungsersatz in angemessenem Umfang schuldet – überflüssig wäre. Dies ist insbesondere für die Gewerbemiete von Bedeutung, weil der Mieter für die infolge der Modernisierung erlittenen **Umsatzeinbußen** keinen Ersatz verlangen kann (BGH NZM 2015, 538). Das nach § 536a BGB erforderliche Verschulden kann in der Verletzung der Ankündigungspflicht, in der Art der Durchführung der Baumaßnahmen oder in sonstigen Umständen liegen. Erforderlich ist dabei stets, dass zwischen der Pflichtwidrigkeit und dem Schaden ein ursächlicher Zusammenhang besteht. Hiervon ist etwa auszugehen, wenn der Vermieter den Mieter fehlerhaft über Art und Umfang der Maßnahme informiert und der Mieter die Modernisierung bei zutreffender Information nicht hätte dulden müssen (Sternel NZM 2015, 873, 878).

3. Kündigung

32   Fraglich kann sein, ob der Mieter zur fristlosen Kündigung nach § 543 Abs. 2 Nr. 1 BGB berechtigt ist, wenn ihm infolge der Modernisierungsmaßnahme der Mietgebrauch ganz oder teilweise entzogen wird (bejahend: LG Berlin GE 1997, 555, 557). Die Frage ist insbesondere dann von Bedeutung, wenn der Mieter die Frist für die Ausübung des Sonderkündigungsrechts (§ 555e Abs. 1 Satz 2 BGB) versäumt hat. Hier wird man in Erwägung ziehen müssen, dass die Regelung in § 543 BGB eine Pflichtverletzung des Vermieters voraussetzt; dies rechtfertigt es, solche Gebrauchsbeeinträchtigungen vom Anwendungsbereich des § 543 Abs. 2 Nr. 1 BGB auszunehmen, die – wie Modernisierung – auf gesetzlich erwünschten Maßnahmen beruhen (wie hier: KG GE 2002, 1561; Dickersbach in: Lützenkirchen, Mietrecht § 555e Rdn. 15). Etwas anderes gilt, wenn die gesetzlichen Voraussetzungen für die Duldung der Modernisierung nicht vorliegen, der Mieter der Maßnahme widerspricht und der Vermieter gleichwohl modernisiert (Eisenschmid in: Schmidt-Futterer § 555e BGB Rdn. 7). Der Mieter muss allerdings auch in diesem Fall eine den Umständen nach angemessene Abhilfefrist setzen.

IX. Abweichende Vereinbarungen (Abs. 7)

33   Die Regelung enthält die übliche Mieterschutzklausel (s. dazu § 555c Rdn. 27, 28).

X. Beweislast

34   Der Mieter muss beweisen, dass die Modernisierung eine unbillige Härte darstellt (so bereits BGH NJW 2008, 1218 = WuM 2008, 219 = NZM 2008, 283 zu § 554 BGB a. F.).

XI. Prozessuales

1. Duldungsanspruch des Vermieters

35   **a) Leistungsklage.** Der Vermieter kann den Duldungsanspruch im Wege der Leistungsklage durchsetzen. **Der Rechtsmittel-Streitwert** für eine Klage auf Duldung von Modernisierungsmaßnahmen ist gem. § 9 ZPO nach dem 3, 5-fa-

chen des infolge der Modernisierung zur erwartenden Jahresbetrags der Mieterhöhung zu bemessen (BGH WuM 2019, 44). Das gilt auch für den Fall des Unterliegens (BGH v. 7.4.2020 – VIII ZR 383/18).

Bei der Duldung einer Modernisierung gehört eine **ordnungsgemäße Ankündigung** zu den **Tatbestandsvoraussetzungen** des Duldungsanspruch; deshalb ist die Klage abzuweisen, wenn der Vermieter die Arbeiten nicht oder nicht ordnungsgemäß angekündigt hat. Der Vermieter muss allerdings nicht zuwarten bis die drei-Monats-Frist zwischen Ankündigung und planmäßigem Modernisierungsbeginn abgelaufen ist. Hat der Vermieter den Mieter in der Modernisierungsankündigung aufgefordert sich über seine Duldungsbereitschaft zu erklären, so gibt der Mieter zur Klagerhebung Anlass, wenn er sich auf die Anfrage nicht erklärt (KG NJW-RR 2010, 442; LG Berlin GE 1997, 621). Aus § 242 BGB folgt, dass der Mieter die Duldungsbereitschaft schriftlich erklären muss, wenn dies der Vermieter verlangt (AnwZert MietR 13/2010, Anm. 2, Lehmann-Richter WuM 2010, 729). Ebenso ist ein Rechtsschutzbedürfnis gegeben, wenn der Mieter erklärt, dass er die Modernisierung nicht oder nur unter gewissen – im Gesetz nicht vorgesehenen Bedingungen – dulden will.; § 93 ZPO ist dann unanwendbar. 36

Die vom Mieter zu duldenden Maßnahmen müssen im **Klagantrag** nach Art, Umfang, Beginn und Dauer hinreichend genau beschrieben werden. In der Literatur wird teilweise die Ansicht vertreten, dass sich aus dem Klagantrag alle Einzelheiten der Modernisierungsmaßnahme ergeben müssen (Sternel Mietrecht aktuell 4. Aufl. 2009 Rdn. XIV 72; Gies NZM 2003, 545, 546). Danach genügt es beispielsweise nicht, wenn sich aus dem Antrag lediglich ergibt, dass ein Heizkörper oder Leitungen verlegt werden; erforderlich ist vielmehr, dass der künftige Standort des Heizkörpers und der Elektroinstallationen aufgeführt werden; gegebenenfalls ist dem Mieter eine Bauskizze zu übermitteln. Dies beruht auf der Erwägung, dass die Antragsformulierung den Interessen des Mieters dient: dieser soll eine möglichst genaue Vorstellung über den künftigen Zustand seiner Wohnung erhalten. Der **BGH** teilt diese Ansicht nicht (BGH NJW 2012, 63 = WuM 2011, 677 = NZM 2011, 849). Danach genügt es für den Klagantrag, wenn dort die Maßnahme so beschrieben wird, dass ein dem Klagantrag entsprechendes Urteil Gegenstand der Zwangsvollstreckung nach § 890 ZPO sein kann. Danach wird die Duldungspflicht des Mieters durch die Verhängung eines Ordnungsgeldes vollstreckt. Hierfür genügt es, wenn der Mieter ungefähr weiß, was er zu dulden hat. 37

Besteht die **Vermieterseite** aus **mehreren Personen,** so kann jeder einzelne Vermieter den Anspruch auf Duldung der Modernisierung alleine einklagen; er darf allerdings nicht Leistung an sich (allein) verlangen, sondern muss den Klagantrag so formulieren, dass der Mieter zur Leistung an alle verurteilt wird (§ 432 BGB; BGH NJW 2012, 63 = WuM 2011, 677 = NZM 2011, 849). 38

b) Vollstreckung. Wird der Mieter verurteilt, die titulierten Maßnahmen zu dulden und handelt der Mieter der Duldungspflicht zuwider, so erfolgt die Vollstreckung nach § 890 ZPO (Ordnungsgeld, Ordnungshaft). Ist zur Durchführung der Maßnahme das Betreten der Mieterwohnung erforderlich, so enthält der Duldungstitel zugleich die Pflicht, Zutritt zur Wohnung zu gewähren. Eine gesonderte Titulierung ist nicht erforderlich, schadet aber nicht (BGH NJW 2006, 3352). Das Zutrittsrecht wird nach § 892 ZPO vollstreckt. Danach kann der Vermieter den Zutritt mit Hilfe des Gerichtsvollziehers erzwingen, wenn der Mieter Widerstand leistet. Hierfür reicht es aus, wenn der Mieter auf die Aufforderung, die Wohnungs- 39

§ 555d BGB

tür zu öffnen, nicht reagiert (AnwZert MietR 13/2010, Anm. 2, Lehmann-Richter = WuM 2010, 729).

40 **c) Feststellungsklage/Einstweilige Verfügung.** Für eine Feststellungsklage des Vermieters fehlt das Rechtsschutzbedürfnis. Eine auf Duldung gerichtete einstweilige Verfügung ist unzulässig, weil hierdurch die Hauptsache vorweggenommen würde. Eine Ausnahme kann gelten, wenn die Maßnahme zur Beseitigung einer aktuellen Gefahr für das Gebäude erforderlich ist (LG Berlin GE 1997, 245) oder wenn die Maßnahmen ordnungsgemäß angekündigt worden sind und der Mieter offensichtlich zur Duldung verpflichtet ist (LG Dessau NJWE-MietR 1996, 103).

2. Abwehrrechte des Mieters

41 Der **Mieter** kann **negative Feststellungsklage** erheben, wenn er rechtzeitig Klarheit über seine Duldungspflicht gewinnen will. Beginnt der Vermieter mit der Durchführung der Maßnahmen, obwohl der Mieter widersprochen hat, so kann der Mieter **Unterlassungsklage** erheben. In diesen Verfahren ist dann zu klären, ob eine Duldungspflicht besteht.

42 Ist mit der Maßnahme eine **Besitzstörung** verbunden, kann der Mieter im Wege der **einstweiligen Verfügung** verlangen, dass diese bis zum Erlass eines Duldungstitels unterbleibt (§§ 862, 863 BGB). Zu beachten ist, dass nicht jeder Mangel der Mietsache zugleich eine Besitzstörung im Sinne des § 862, 863 BGB darstellt. Voraussetzung für die Annahme einer Besitzstörung ist, dass sich die Beeinträchtigung unmittelbar auf den Alleinbesitz des Mieters auswirkt und dass die Störung nicht unerheblich ist. Alleinbesitz hat der Mieter an der Wohnung im engeren Sinn, nicht an den gemeinschaftlichen Hausteilen, wie dem Treppenhaus und anderen Gemeinschaftsräumen. Eine lediglich unerhebliche Einwirkung auf den Mietbesitz ist unbeachtlich (LG Berlin GE 2015, 325). Für die Besitzschutzansprüche spielt es keine Rolle, ob der Mieter materiellrechtlich zur Duldung verpflichtet ist (AG Charlottenburg/LG Berlin GE 2015, 256). Aus § 554 Abs. 1 folgt zugunsten des Vermieters lediglich ein Duldungsanspruch; die Vorschrift erlaubt dem Vermieter aber nicht, diesen Anspruch eigenmächtig durchzusetzen. Bei einer Außenmodernisierung stehen dem Mieter keine Besitzschutzansprüche zu (Einzelheiten § 555a Rdn. 42). Wegen der Schadensersatzansprüche des Vermieters bei Aufhebung der einstweiligen Verfügung s. § 555a Rdn. 43.

43 Besitzschutzansprüche kommen nicht in Betracht, wenn der Mieter nach Erhalt der Modernisierungsankündigung erklärt, dass er mit der Maßnahme einverstanden sei oder wenn der Vermieter bereits einen gerichtlichen Duldungstitel erwirkt hat.

43a Ist zur Durchführung der Modernisierungsmaßnahme eine **behördliche Genehmigung** erteilt worden, so kann sich der Mieter bei Unzulänglichkeiten des genehmigten Bauwerks nicht gegen die **Baugenehmigung** zur Wehr setzen, sondern muss auf der Grundlage des geschlossenen Mietvertrages gegen seinen Vermieter vorgehen (OVG Magdeburg NZM 2015, 833).

XII. Modernisierung im vermieteten Wohnungseigentum

44 Bei der vermieteten Eigentumswohnung ist die Umsetzung einer von der Gemeinschaft beschlossenen Modernisierungsmaßnahme unproblematisch, wenn diese vom Mieter nach Abs. 1 zu dulden ist. Dann kann (und muss) der Vermieter den Duldungsanspruch gegenüber dem Mieter durchsetzen.

Anders ist es, wenn **mietrechtlich keine Duldungspflicht** besteht, sei es, 45
weil die Maßnahme nicht unter § 555 b fällt, sei es, dass die Duldungspflicht nach
§ 555 d Abs. 2 entfällt (dazu Horst NZM 2012, 289). Hier ist zunächst zu prüfen,
ob der Mieter die Maßnahme nach § 242 BGB dulden muss. Eine hieraus abgeleitete Duldungspflicht wird vom AG München (ZMR 2012, 110) angenommen,
wenn der vermietende Eigentümer zuvor vom Wohnungseigentumsgericht
rechtskräftig zur Duldung verpflichtet wurde. Diese Entscheidung beruht auf der
Erwägung, dass der Mieter die Befolgung einer rechtskräftigen Entscheidung
durch den Vermieter nicht verhindern darf. Dem ist allerdings entgegenzuhalten,
dass ein entsprechendes Urteil nur im Verhältnis der Wohnungseigentümergemeinschaft zum Vermieter wirkt und auf die zwischen den Mietvertragsparteien bestehenden Beziehungen keinen Einfluss hat. Nach richtiger Ansicht hat
der Vermieter keine rechtliche Möglichkeit, den Mieter zur Duldung der Modernisierung zu zwingen. Gleichwohl kann die Gemeinschaft vom Vermieter verlangen, dass dieser den Duldungsanspruch gegen den Mieter durchsetzt (OLG Stuttgart, NJW-RR 1993, 24), weil auch in solchen Verfahren ein für den Kläger
günstiger Vergleich möglich ist.

Unbeschadet hiervon kann die Wohnungseigentümergemeinschaft vom Mieter 46
gem. § 1004 BGB verlangen, dass dieser die Maßnahme duldet (Horst NZM 2012,
289, 293). Die Durchsetzung des Modernisierungsanspruchs durch die Gemeinschaft ist aus mietrechtlicher Sicht als Rechtsmangel, und falls die Maßnahme zu
einer Beeinträchtigung der Gebrauchstauglichkeit führt, auch als Sachmangel zu
bewerten, so dass dem Mieter gegenüber dem Vermieter Gewährleistungsrechte
zustehen.

XIII. Modernisierung bei Untermiete

Hat der Mieter die Mietsache ganz oder teilweise untervermietet, so ist die Um- 47
setzung einer vom Hauptvermieter beabsichtigten Modernisierungsmaßnahme unproblematisch, wenn diese vom Untermieter gem. Abs. 1 zu dulden ist. Dann kann
(und muss) der Mieter den Duldungsanspruch gegenüber dem Untermieter durchsetzen. Anspruchsgrundlage ist auch hier Abs. 1 (Eisenschmid in: Schmidt-Futterer
§ 555 d BGB Rdn. 11). Weigert sich der Hauptmieter, so liegt eine Vertragsverletzung vor.

Anders ist es, wenn der Mieter den Duldungsanspruch nicht durchsetzen kann, 48
weil der Untermieter ihm gegenüber nicht zur Duldung verpflichtet ist. Zu beachten ist, dass der Mieter auch in diesem Fall alles ihm Zumutbare tun muss um den
Untermieter zur Duldung der Modernisierung zu bewegen. Hierzu gehört z. B.,
dass der Mieter dem Untermieter eine Entschädigung anbietet. Ebenso kann der
Mieter verpflichtet sein, den Untermieter gerichtlich auf Duldung der Modernisierung in Anspruch zu nehmen. Dies gilt auch dann, wenn die Voraussetzungen des
Abs. 1 nicht vorliegen, oder wenn der Untermieter Härtegründe nach Abs. 2 geltend machen kann. Dies beruht auf der Erwägung, dass im gerichtlichen Verfahren
im Wege des Vergleichs taugliche Ergebnisse zu erzielen sind.

Der Hauptvermieter hat gegenüber dem Untermieter zwar keine vertraglichen 49
Ansprüche. Jedoch wird ihm gegenüber dem Untermieter ein Anspruch auf Duldung aus § 1004 BGB zuzubilligen sein. Wird der Anspruch geltend gemacht und
führt dies zu einer Beeinträchtigung des Mietgebrauchs, so ist dies im Untermiet-

§ 555e BGB   Untertitel 2. Mietverhältnisse über Wohnraum

verhältnis als Sachmangel zu bewerten, so dass dem Untermieter gegenüber dem Mieter Gewährleistungsrechte zustehen. In außergewöhnlichen Härtefällen, z. B. bei schwerer Erkrankung des Untermieters sind diesem Abwehrrechte aus § 242 BGB zuzubilligen

50   Der Wohnungsmieter handelt nicht vertragswidrig, wenn er das ihm zumutbare zur Durchsetzung der Modernisierung getan hat. Aus diesem Grunde kann der Hauptvermieter gegenüber dem Mieter nicht nach §§ 543 Abs. 1, 573 kündigen (**a. A.** Jablonski GE 2015, 234). Bei der Vermietung eines Teils der Wohnung stellt sich die Frage, ob der Mieter verpflichtet ist, eine Kündigung nach § 573a BGB auszusprechen (so Jablonski GE 2015, 234). Nach der hier vertretenen Auffassung ist § 573a eng auszulegen: Der Mieter soll die Möglichkeit haben, ein zerrüttetes Mietverhältnis mit dem in der Wohnung lebenden Untermieter problemlos zu beenden; die Vorschrift dient also nicht der Durchsetzung der Interessen des Hauptvermieters. Anders als der Wohnungsmieter hat der Geschäftsraummieter die Möglichkeit, durch eine Gestaltung des Untermietvertrags darauf hinzuwirken, dass der Untermieter eine vom Hauptvermieter geplante Modernisierung dulden muss. Zu einer solchen Vertragsgestaltung ist der Mieter aber nur verpflichtet, wenn er weiß oder damit rechnen muss, dass der Hauptvermieter eine solche Maßnahme plant.

§ 555e Sonderkündigungsrecht des Mieters bei Modernisierungsmaßnahmen

(1) **Nach Zugang der Modernisierungsankündigung kann der Mieter das Mietverhältnis außerordentlich zum Ablauf des übernächsten Monats kündigen. Die Kündigung muss bis zum Ablauf des Monats erfolgen, der auf den Zugang der Modernisierungsankündigung folgt.**

(2) **§ 555c Absatz 4 gilt entsprechend.**

(3) **Eine zum Nachteil des Mieters abweichende Vereinbarung ist unwirksam.**

I. Entstehungsgeschichte

1   Die Vorschrift wurde durch das MietRÄndG 2013 mit Wirkung vom 1.5.2013 in das BGB eingefügt. Sie tritt an die Stelle des bis zum 30.4.2013 geltenden § 554 Abs. 2 BGB a. F. Nach dieser Vorschrift konnte der Mieter das Mietverhältnis „bis zum Ablauf des Monats, der auf den Zugang der (Modernisierungs-)Mitteilung folgt, außerordentlich zum Ablauf des nächsten Monats" kündigen. Nach der Gesetzesbegründung dient die Veränderung des Wortlauts „der besseren Verständlichkeit. Inhaltliche Änderungen seien damit nicht verbunden (Gesetzesbegründung BT-Drucks 17/10482 S. 22). Diese Ansicht trifft allerdings nur dann zu, wenn der Mieter den Kündigungstag ausschöpft (s. Rdn. 6).

II. Anwendungsbereich

2   Die Vorschrift gilt für die Wohnraummiete und – über § 578 Abs. 2 – auch für die Geschäftsraummiete. Abweichende Vereinbarungen, die zum Nachteil des Mieters von der gesetzlichen Regelung abweichen, sind bei der Wohnraummiete

unwirksam (Abs. 3; s. aber auch § 555f). Bei der Geschäftsraummiete sind abweichende Regelungen zulässig, weil § 578 Abs. 2 nicht auf § 555d Abs. 7 verweist.

Die **Kündigung bedarf keiner Begründung.** Das Kündigungsrecht besteht 3 auch bei einem **befristeten Mietverhältnis** oder einem **vertraglichen Kündigungsausschluss.** Die **Kündigungsfristen des § 573c BGB** gelten nicht. Es kommt nicht darauf an, aus welchen wirklichen Motiven der Mieter kündigt; das Kündigungsrecht hängt lediglich davon ab, dass dem Mieter eine Modernisierungsankündigung i. S. von § 555c zugegangen ist. Ob der Mieter aus formellen oder materiellrechtlichen Gründen die Duldung der Modernisierung verweigern könnte, hat auf die Wirksamkeit der Kündigung ebenfalls keinen Einfluss (Eisenschmid in: Schmidt-Futterer § 555e BGB Rdn. 2). Ebenso ist unerheblich ob die Modernisierungsankündigung Mängel aufweist. Durch die Kündigung wird das Mietverhältnis auch dann beendet, wenn der Vermieter die Modernisierung nicht durchführt. Selbstverständlich sind die Parteien nicht gehindert, das Mietverhältnis durch Vertrag fortzusetzen oder sich dahingehend zu einigen, dass die Kündigungswirkungen nicht eintreten sollen. Ein Rechtsanspruch hierauf besteht allerdings nicht. Das Recht des Mieters zur Anfechtung bleibt unberührt. Zum **Verhältnis des Sonderkündigungsrechts zu § 543 Abs. 2 Nr. 1 BGB** s. § 555d Rdn. 32.

III. Kündigungstag und Kündigungstermin

Die Kündigung muss bis zum Ablauf des Monats erfolgen, der auf den Zugang 4 der Modernisierungsankündigung folgt. Maßgebend ist der Zugang beim Vermieter. Das Mietverhältnis endet dann zum Ablauf des übernächsten Monats, gerechnet vom Zugang der Modernisierungsankündigung. Die Modernisierungsankündigung kann auch vor dem gesetzlich geregelten Zeitpunkt abgegeben werden; dies wiederum zwingt den Mieter zu einer früheren Kündigung als sie im Falle der Einhaltung der gesetzlichen Ankündigungsfrist erforderlich wäre. Dies entspricht der gesetzlichen Rechtsfolge und ist hinzunehmen.

Beispiel: Zugang der Modernisierungsankündigung am 15.4.: Der Mieter muss 5 spätestens am 31.5. kündigen. Das Mietverhältnis endet dann zum Ablauf des Monats Juni. Kündigt der Mieter unmittelbar nach Zugang der Modernisierungsankündigung im Verlauf des Monats April, so endet das Mietverhältnis ebenfalls zum Ablauf des Junis.

Im letztgenannten Fall weicht die Neuregelung von § 554 Abs. 3 Satz 2 BGB a. F. 6 ab. Danach ergibt sich als Kündigungstermin der 31.5. (zum Ablauf des nächsten Monats) während nach der nunmehrigen Regelung das Mietverhältnis erst am 30.6. endet (zum Ablauf des übernächsten Monats).

Rechtsfolgen der Kündigung. Durch die Kündigung wird das Mietverhältnis 7 beendet. Der Vermieter darf mit der Modernisierung erst beginnen, wenn die 3-Monatsfrist des § 555c Abs. 1 abgelaufen ist.

Beispiel: Zugang der Modernisierungsankündigung am 15.4. Kündigt der 8 Mieter rechtzeitig, so endet das Mietverhältnis mit dem Ablauf des Monats Juni (s. Rdn. 5). Räumt der Mieter vertragsgemäß, kann der Vermieter am 1.7. mit der Modernisierung beginnen. Anderenfalls muss er den Ablauf der 3-Monatsfrist, also den 15.7. abwarten.

Der Umstand, dass der **Mieter die Mietsache vertragswidrig vorenthält,** 9 ändert hieran nichts. Ausgenommen sind Vorbereitungsmaßnahmen, die das Gebrauchsrecht des Mieters nicht tangieren (Eisenschmid in: Schmidt-Futterer § 555e BGB Rdn. 8). Nach Ablauf der 3-Monatsfrist kann der Vermieter mit der Maßnahme auch gegen den Willen des Mieters beginnen. Ist hierzu das Betreten der Mietwohnung erforderlich, so darf er den Zugang allerdings nicht eigenmächtig durchsetzen. Vielmehr benötigt er hierzu einen Titel, der in Eilfällen im einstweiligen Verfahren zu erlassen ist. In diesem Verfahren sind auch die Interessen des Mieters – z. B. ein unvorhersehbares Räumungshindernis oder der Eintritt nicht vorhersehbarer der Duldung entgegenstehender Härtegründe – zu berücksichtigen.

10 **Praktische Bedeutung für die Wohnraummiete.** Für die Wohnraummiete dürfte § 555e von geringer Bedeutung sein, weil diese Mietverhältnisse i. d. R. auf unbestimmte Zeit abgeschlossen werden und der Mieter deshalb mit der Frist des § 573c Abs. 1 Satz 1 kündigen kann.

11 **Beispiel:** Geht dem Mieter die Modernisierungsankündigung am 15.4. zu und kündigt der Mieter spätestens bis zum Ablauf des dritten Werktags des Monats Mai, so endet das Mietverhältnis mit dem Ablauf des Julis. Der Vermieter kann gleichwohl am 15.7. mit der Modernisierung beginnen; aus § 242 kann sich allerdings ergeben, dass der Vermieter den Auszug des Mieters abwarten muss. Macht der Mieter von dem Sonderkündigungsrecht Gebrauch, so ist eine Kündigung noch bis 31.5. möglich; das Mietverhältnis endet dann zum Ablauf des Junis (s. Rdn. 5).

12 **Unklare Kündigungserklärung.** Kündigt der Mieter nach dem Zugang der Modernisierungsankündigung ohne Bezugnahme auf § 555e und ohne Angabe eines Kündigungstermins, so ist die Kündigungserklärung nach § 555e zu beurteilen. Anders ist es, wenn der Mieter in dem Kündigungsschreiben einen der Vorschrift des § 573c Abs. 1 Satz 1 entsprechenden Kündigungstermin angibt. An diesen Termin ist der Mieter gebunden.

13 **Praktische Bedeutung für die Gewerbemiete.** Mietverhältnisse über Geschäftsräume sind i. d. R. befristet. Da das Sonderkündigungsrecht auch für diese Mietverhältnisse gilt, kann sich der Geschäftsraummieter aus einem befristeten Mietvertrag lösen, wenn ihm eine Modernisierungsankündigung zugeht. Die Kündigung bleibt wirksam, wenn der Vermieter nach deren Zugang auf die Modernisierung verzichtet, etwa weil er einen für ihn wichtigen Mieter nicht verlieren will. Die hiermit verbundenen Risiken kann der Vermieter durch eine Vereinbarung nach § 555f minimieren (s. dort Rdn. 26).

IV. Bagatellmaßnahmen (Abs. 2)

14 Die Modernisierungsankündigung ist entbehrlich bei Maßnahmen, die mit keiner oder nur mit einer unerheblichen Einwirkung auf die vermieteten Räume verbunden sind und zu keiner oder nur zu einer unerheblichen Erhöhung der Miete führen (s. § 555c Rdn. 26). Bei diesen Bagatellmaßnahmen steht dem Mieter auch kein Sonderkündigungsrecht zu. Die beiden Tatbestandskriterien (unerhebliche Einwirkung/unerhebliche Mieterhöhung) müssen kumulativ vorliegen.

V. Abweichende Vereinbarungen (Abs. 3)

15 Die Regelung enthält die übliche Mieterschutzklausel (s. dazu § 555c Rdn. 27, 28).

§ 555f Vereinbarungen über Erhaltungs- oder Modernisierungsmaßnahmen

Die Vertragsparteien können nach Abschluss des Mietvertrags aus Anlass von Erhaltungs- oder Modernisierungsmaßnahmen Vereinbarungen treffen, insbesondere über die
1. zeitliche und technische Durchführung der Maßnahmen,
2. Gewährleistungsrechte und Aufwendungsersatzansprüche des Mieters,
3. künftige Höhe der Miete.

Übersicht

	Rdn.
I. Entstehungsgeschichte, Bedeutung, Anwendungsbereich	1
II. Einzelheiten der gesetzlichen Regelung	3
1. Begriff der Vereinbarung	3
a) Rechtsnatur, Form	3
b) Geltung der §§ 305 ff und des § 312	5
2. Das Tatbestandsmerkmal „nach Abschluss des Mietvertrags"	6
3. Das Tatbestandsmerkmal: „aus Anlass"	7
III. Der Inhalt der Modernisierungsvereinbarung	8
1. Nr. 1: zeitliche und technische Durchführung der Maßnahmen	9
2. Nr. 2 Gewährleistungsrechte und Aufwendungsersatzansprüche des Mieters	11
a) Minderung	12
b) Schadensersatzansprüche	14
c) Selbstbeseitigung von Mängeln	15
d) Ausschluss des Rechts zur fristlosen Kündigung	16
e) Aufwendungsersatzanspruch	17
3. Nr. 3 Vereinbarungen über die künftige Höhe der Miete	18
4. Weitere Regelungspunkte	22
a) Regelungen über Mitwirkungspflichten des Mieters	23
b) Betretungsrecht	24
c) Wohnungswechsel	25
d) Ausschluss des Rechts zur Kündigung	26
IV. Vertragsstörungen	27

I. Entstehungsgeschichte, Bedeutung, Anwendungsbereich

Die Vorschrift wurde durch das MietRÄndG 2013 mit Wirkung vom 1.5.2013 **1** in das BGB eingefügt. Sie gilt für die Wohnraummiete und – gem. der Verweisung in § 578 Abs. 2 auch für die Miete von Geschäftsräumen. Sie umfasst Vereinbarungen über Erhaltungsmaßnahmen i. S. des § 555a und über Modernisierungsmaßnahmen i. S. des § 555b. Zu den letztgenannten Maßnahmen zählt auch die Umstellung von der Eigenversorgung auf die gewerbliche Wärmelieferung gem. § 556c (s. dort Rdn. 28). Nach der Gesetzesbegründung sollte keine weitere über die bisher schon bestehende Gestaltungsmöglichkeit geschaffen werden. Nach Meinung des Gesetzgebers soll sie „insbesondere Vermieter mit wenig Erfahrung in Modernisierungsangelegenheiten darauf aufmerksam (machen), dass es neben dem Verfahren, zunächst eine Duldung zu verlangen und danach gegebenenfalls

§ 555f BGB Untertitel 2. Mietverhältnisse über Wohnraum

die Miete zu erhöhen, auch die Möglichkeit gibt, all dies nach Abschluss des Mietvertrags im Einzelfall anlassbezogen einvernehmlich zu regeln" (Gesetzesbegründung BT-Drs. 17/10485 S. 22). Diese Bewertung trifft zu: Eine Vereinbarung, die der gesetzlichen Rechtslage entspricht oder die zum Vorteil des Mieters von der gesetzlichen Regelung abweicht, ist unproblematisch. Solche Vereinbarungen können auch im Mietvertrag getroffen werden; § 555f ist nicht anzuwenden. Die Vorschrift ist nur für solche Vereinbarungen von Bedeutung, die den Mieter gegenüber der gesetzlichen Regelung schlechter stellen. Für diese Regelungen stellt § 555f klar, dass das für die Wohnraummiete jeweils geltende Verbot abweichender Vereinbarungen (§§ 555a Abs. 4, 555c Abs. 5, 555d Abs. 7, 555e Abs. 3) – ebenso wie die entsprechende Regelung in § 554 Abs. 5 BGB a. F. – nicht für Vertragsregelungen gilt, die nach Abschluss des Mietvertrags anlässlich konkreter Modernisierungsmaßnahmen getroffen werden. Die Vorschrift will den Parteien bei Modernisierungsmaßnahmen die Möglichkeit zu einem Interessenausgleich anbieten (Artz PiG 109 (2019), 63, 65; Hau PiG 90 (2011), 31, 40). Auf die Geschäftsraummiete sind die gesetzlichen Regelungen über das Verbot abweichender Vereinbarungen ohnehin nicht anzuwenden. Hier folgt das Recht zum Abschluss von Modernisierungsvereinbarungen aus dem allgemeinen Prinzip der Vertragsabschluss- und Gestaltungsfreiheit.

2 Auf Vereinbarungen über Modernisierungen die vom Mieter vorzunehmen sind **(Mietermodernisierung)**, ist § 555f nicht zuwenden (**a. A.** Eisenschmid in: Schmidt-Futterer § 555f BGB Rdn. 8). Die §§ 555a bis 555f bilden einen zusammengehörigen Regelungskomplex, der ausschließlich für die vom Vermieter durchzuführenden Erhaltungs- und Modernisierungsmaßnahmen gilt. Bei der Mietermodernisierung geht es dagegen um einen Anspruch des Mieters auf Erteilung einer Erlaubnis zur baulichen Veränderung der Mietsache. Mit der Erteilung der Erlaubnis wird der vertragsgemäße Gebrauch über das allgemein in § 535 Abs. 1 Satz 1 BGB bestimmte Maß hinaus erweitert. Die entsprechenden Verträge werden i. d. R. durch Individualvertrag im Interesse des Mieters geschlossen, was bei der Auslegung und Inhaltskontrolle zu berücksichtigen ist.

II. Einzelheiten der gesetzlichen Regelung

1. Begriff der Vereinbarung

3 **a) Rechtsnatur, Form.** Für das Zustandekommen gelten die **§§ 145 ff.** Es handelt sich nicht um jeweils eigenständige Verträge, vielmehr wird durch die Vereinbarung der Mietvertrag nachträglich ergänzt, abgeändert oder modifiziert. Aus diesem Grunde ist auch der Erwerber einer Wohnung an die zwischen dem Veräußerer und dem Mieter getroffene Vereinbarung gebunden (Artz WImmoT 2014, 129, 150). Eine besondere Form sieht § 555f nicht vor, die Vereinbarung kann also auch mündlich getroffen werden. Bei Gewerbemietverträgen mit längerer Laufzeit als einem Jahr ist **gem. § 550 Schriftform** erforderlich (Dickersbach in: Lützenkirchen, Mietrecht § 555f Rdn. 7). Gleiches gilt für befristete Wohnraummietverträge und für Verträge mit einer Kündigungsausschlussvereinbarung falls deren Dauer ein Jahr übersteigt. Ein Verstoß gegen das Schriftformverbot berührt die Wirksamkeit der Modernisierungsvereinbarung nicht, führt gem. § 550 jedoch zur Kündbarkeit des Mietvertrags. Etwas anderes gilt, wenn die betreffende Regelung nach Abschluss der Modernisierung für die weitere Vertragsdurchfüh-

rung keine Bedeutung mehr hat. Stets ist erforderlich, dass der Wille beider Parteien zum Abschluss eines Vertrages eindeutig ist. Die Gegenzeichnung einer schriftlichen Modernisierungsankündigung durch den Mieter und deren Rücksendung an den Vermieter ist i. d. R. als Empfangsbekenntnis zu werten. Ein Einverständnis mit den Modalitäten der Modernisierung oder der damit verbundenen Erhöhung der Miete ist hierin nicht zu sehen (LG Görlitz WuM 1999, 340; AG Görlitz WuM 2016, 301).

Wird die **Mietsache** nach Abschluss der Modernisierungsvereinbarung aber **vor Durchführung der Modernisierung veräußert**, so tritt der Erwerber in die Vereinbarung ein (**a. A.** für den Fall eines Ankaufsrechts BGH NZM 2017, 35). 4

b) Geltung der §§ 305 ff und des § 312. Auf Modernisierungsvereinbarungen 5 sind die Vorschriften über die Gestaltung von Verträgen durch **Allgemeine Geschäftsbedingungen** (§§ 305 ff) anzuwenden, wenn der Vermieter zur Gestaltung der Modernisierungsvereinbarung gedruckte Formulare verwendet oder wenn er bei der Modernisierung eines Wohn- oder Geschäftshauses mit einer Vielzahl von Mietparteien im Wesentlichen gleichlautende Regelungen vereinbart (Artz PiG 109 (2019), 63, 71). In diesen Fällen sind die einzelnen Vertragsregelungen an den §§ 305 ff zu messen (Artz PiG 109 (2019), 63 71; ders. WImmoT 2014, 129, 149). Solche Formularklauseln werden aber durch § 555f nicht privilegiert. Es gelten die allgemeinen Grundsätze der Einbeziehungs- und Inhaltskontrolle (Artz PiG 109 (2019), 63, 71) Ebenso sind die Regelungen betreffend das Widerrufsrecht bei **Haustürgeschäften** anwendbar, wenn die weiteren Voraussetzungen des § 312g vorliegen (BGH NZM 2017, 517 = NJW 2017, 2823; s. dazu § 535 Rdn. 131a bis 140). Bedeutung hat dies aber nur, wenn der Vermieter unternehmerisch tätig ist (Artz PiG 109 (2019), 63, 71).

2. Das Tatbestandsmerkmal „nach Abschluss des Mietvertrags"

Nach dem Wortlaut der gesetzlichen Regelung umfasst § 555f nur solche Re- 6 gelungen, die „nach Abschluss des Mietvertrags" vereinbart werden. Die Vorschrift ist für die **Geschäftsraummiete** ohne Bedeutung, weil hier die jeweiligen Verbote abweichender Vereinbarungen (§§ 555a Abs. 4, 555c Abs. 5, 555d Abs. 7, 555e Abs. 3) nicht gelten. Deshalb können die Parteien bereits im Mietvertrag eine Modernisierungsvereinbarung treffen. Dies ist insbesondere in jenen Fällen von Bedeutung, in denen bereits beim Vertragsschluss feststeht, dass das Mietobjekt in der Zukunft modernisiert werden soll. Bei der **Wohnungsmiete** können solche Vereinbarungen erst nach Vertragsschluss getroffen werden (Artz PiG 109 (2019), 63, 66; ders. WImmoT 2014, 129, 143). Dies gilt auch für bereits geplante Maßnahmen und selbst dann, wenn mit der Modernisierung im Zeitpunkt des Vertragsschlusses bereits begonnen wurde. Eine einschränkende Auslegung ist nicht möglich, weil die jeweiligen Regelungen über das Verbot abweichender Vereinbarungen (§§ 555a Abs. 4, 555c Abs. 5, 555d Abs. 7, 555e Abs. 3) u. a. auch sicherstellen wollen, dass der Vertragsschluss von der Bereitschaft des Mieters zum Verzicht auf die in den gesetzlichen Vorschriften enthaltenen Schutzrechte abhängig gemacht wird.

3. Das Tatbestandsmerkmal: „aus Anlass"

7 § 555f setzt weiter voraus, dass die Regelungen „aus Anlass" von Erhaltungs- oder Modernisierungsmaßnahmen getroffen werden. Die Vorschrift ist gedanklich um den Zusatz zu ergänzen, dass es sich um konkrete Maßnahmen handeln muss. Es genügt nicht, dass der Vermieter irgendwann modernisieren will. Der Beginn der Maßnahmen muss zwar nicht unmittelbar bevorstehen. Es muss aber eine Planung vorliegen, aus der sich konkrete Einzelheiten über den Zeitpunkt der Durchführung und die Art der Modernisierung ergeben (Artz PiG 109 (2019), 63, 66; ders WImmoT 2014, 129, 144). Anderenfalls können die Parteien hierüber keine konkreten Vereinbarungen treffen.

III. Der Inhalt der Modernisierungsvereinbarung

8 Der Inhalt der Modernisierungsvereinbarung wird in den Nummern 1–3 beispielshaft („insbesondere") aufgezählt. Bei formularmäßigen Modernisierungsvereinbarungen sind die Einzelregelungen an den §§ 305ff zu messen. Prüfungsmaßstab sind insbesondere § 307 Abs. 1 Satz 2 (Transparenzgebot) und § 307 Abs. 2 Nr. 1 (wesentliche Abweichung von den mieterschützenden Vorschriften der §§ 555a–e).

1. Nr. 1: zeitliche und technische Durchführung der Maßnahmen

9 Unter der **zeitlichen Durchführung** sind der Beginn und die Dauer der Erhaltungs- und/oder Modernisierungsmaßnahmen zu verstehen. Diese Termine und Fristen können in der Modernisierungsvereinbarung geregelt werden. Nach der gesetzlichen Regelung in § 555a (s. dort Rdn. 17–18) und 555c (s. dort Rdn. 9-11) sind dem Mieter die Maßnahmen rechtzeitig anzukündigen, wobei der Vermieter zu möglichst präzisen Angaben verpflichtet ist. Sind diese Angaben Teil der Modernisierungsvereinbarung, so ist eine Ankündigung der Maßnahmen entbehrlich (**a. A.** Eisenschmid in: Schmidt-Futterer § 555f BGB Rdn. 5). Bei formularvertraglichen Modernisierungsvereinbarung ist das Transparenzgebot (§ 307 Abs. 1 Satz 2; s. § 535 Rdn. 112) zu beachten. Dies setzt voraus, dass die Zeitangaben so genau sind, dass sich der Mieter auf die Maßnahme einstellen kann. Anderenfalls tritt an die Stelle der ungenauen Angabe die gesetzliche Regelung in § 555a Abs. 2, § 555c Nr. 2, die den Vermieter zur hinreichend genauen Ankündigung der Maßnahmen verpflichtet (§ 306 Abs. 2). Ob die weiteren Bestandteile der Modernisierungsvereinbarung wirksam bleiben, hängt davon ab ob der unwirksame Teil der Vereinbarung sprachlich und inhaltlich von den übrigen Teilen zu trennen ist (s. § 535 Rdn. 117.)

10 Der Begriff der **„technischen Durchführung"** umfasst die Art der Maßnahme und deren Umfang. Nach den gesetzlichen Regelungen muss die Modernisierungsankündigung hinreichend genaue Angaben hierzu enthalten (s. § 555a Rdn. 16 und § 555c Rdn. 8). Entspricht der Inhalt der Modernisierungsvereinbarung den für die Modernisierungsankündigung maßgeblichen Regeln, so ist eine weitere Ankündigung entbehrlich. Fehlende oder inhaltlich unzureichende Angaben haben zur Folge, dass die Vereinbarung gegen das Transparenzgebot verstößt.

2. Nr. 2 Gewährleistungsrechte und Aufwendungsersatzansprüche des Mieters

Zu den Gewährleistungsrechten zählen die Minderung (§ 536), das Recht auf **11** Schadensersatz (§ 536a Abs. 1), das Recht zur Selbstbeseitigung von Mängeln (§ 536a Abs. 2) und das Recht zur fristlosen Kündigung (§ 543 Abs. 2 Nr. 1).

a) Minderung. In Betracht kommt ein vertraglicher Verzicht des Mieters auf **12** die Minderung. Bei der **Wohnraummiete** ist ein vereinbarter Minderungsverzicht grundsätzlich unwirksam (§ 536 Abs. 4 BGB)). Eine Ausnahme gilt für Vereinbarungen, die einen konkreten Mangel betreffen (s. § 536 Rdn. 218). Deshalb kann durch Individualvertrag vereinbart werden, dass der Mieter auf eine Minderung wegen einer konkret bezeichneten Gebrauchsbeschränkung verzichtet. Ein formularvertraglicher Minderungsverzicht dürfte gegen § 307 Abs. 2 Nr. 1 verstoßen, weil die Minderungsbefugnis zu den wesentlichen Grundgedanken des Mietrechts zählt. Ein genereller Verzicht auf jegliche Minderung ist auch in einem Individualvertrag unwirksam.

Auf **Geschäftsraummietverträge** ist die Vorschrift des § 536 Abs. 4 nicht an- **13** zuwenden. Deshalb kann die Minderungsbefugnis durch Individualvertrag ausgeschlossen werden. Für Formularverträge gilt auch hier, dass der vollständige Ausschluss des Minderungsrechts gegen § 307 Abs. 2 Nr. 1 verstößt, weil das der Minderung zugrunde liegende Prinzip der Gleichwertigkeit von Leistung und Gegenleistung zu den Grundgedanken des Mietrechts zählt.

b) Schadensersatzansprüche. Nach der hier vertretenen Ansicht stehen dem **14** Mieter nicht bereits deshalb Schadensersatzansprüche zu, weil der Vermieter die Erhaltungs- oder Modernisierungsmaßnahmen in Auftrag gegeben hat (§ 555d Rdn. 31). Jedoch sind solche Ansprüche denkbar, wenn durch ein schuldhaftes Verhalten der mit der Modernisierung beauftragten Handwerker ein Schaden entsteht. Ein Verschulden der Handwerker ist dem Vermieter zuzurechnen (§ 278 BGB). Eine Haftung für Vorsatz und grobe Fahrlässigkeit kann dem Vermieter nicht im Voraus erlassen werden (§ 276 Abs. 3). Ein Ausschluss der Haftung für Erfüllungsgehilfen ist nur in selben Umfang wie der Ausschluss der Haftung des Vermieters möglich. Im Übrigen ist bei der **Wohnraummiete** die **Rechtsentscheid des BGH vom 24.10.2001** (NZM 2002, 116) zu beachten. Danach stellt der „Ausschluss der auf einfacher Fahrlässigkeit beruhenden Haftung des Vermieters von Wohnraum für Schäden des Mieters, die durch Mängel der Mietsache verursacht sind, … jedenfalls dann eine gegen § 9 Abs. 2 Nr. 2 AGBG (= § 307 Abs. 2 Nr. 2 BGB) verstoßende Einschränkung der Rechte des Mieters dar, wenn von dem Ausschluss Schäden an eingebrachten Sachen des Mieters umfasst sind, gegen die sich der Mieter üblicherweise nicht versichern kann." In Rechtsprechung und Literatur wird die Ansicht vertreten, dass vergleichbare Vereinbarungen bei der **Geschäftsraummiete** wirksam sind, weil der Gewerbemieter das Risiko von Schäden an eigenen Sachen oder von Arbeitnehmern durch Abschluss eigener Versicherungsverträge abdecken kann (OLG Frankfurt/M ZMR 2008, 788; Schmitz/Reischauer NZM 2002, 1019). Der BGH hat diese Frage von noch nicht entschieden.

c) Selbstbeseitigung von Mängeln. Dem Mieter steht gem. § 536a Abs. 2 ein **15** Recht zur Selbstbeseitigung von Mängeln zu, wenn sich der Vermieter in Verzug befindet, oder wenn die umgehende Beseitigung des Mangels zur Erhaltung oder Wiederherstellung des Bestands der Mietsache erforderlich ist. Werden im Zuge

§ 555f BGB Untertitel 2. Mietverhältnisse über Wohnraum

von Maßnahmen nach § 555a und § 555b die gemieteten Räume beschädigt, so ist der Vermieter zur Wiederherstellung des vertraglich geschuldeten Zustands verpflichtet. Dies gilt beispielsweise, wenn durch eine Modernisierungsmaßnahme Tapeten beschädigt wurden; in diesem Fall ist der Vermieter zur Neutapezierung verpflichtet. Kommt der Vermieter mit dieser Verpflichtung in Verzug, so steht dem Mieter das Selbstbeseitigungsrecht zu. Die Parteien können in dem Beispielsfall vereinbaren, dass die Schönheitsreparaturen vom Mieter auszuführen sind; in diesem Fall ist § 536a unanwendbar, weil der Vermieter nicht in Verzug geraten kann (Artz WImmoT 2014, 129, 148). Enthält die Vereinbarung keine Regelung bezüglich der Kostenerstattung, so gilt insoweit die gesetzliche Regelung: Der Mieter kann Ersatz der Aufwendungen verlangen. Ebenso können die Parteien vereinbaren, dass der Mieter auf eigene Kosten renoviert. Der generelle Ausschluss des Selbstbeseitigungsrechts des Mieters in einem Formularvertrag dürfte gegen § 307 Abs. 2 Nr. 2 verstoßen.

16 **d) Ausschluss des Rechts zur fristlosen Kündigung.** Nach § 543 Abs. 2 Nr. 1 BGB kann der Mieter unter anderem dann kündigen, wenn nach Überlassung der Mietsache ein Mangel auftritt (§ 543 Rdn. 91). Nach der hier vertretenen Ansicht ist diese Regelung zwar bei Erhaltungsmaßnahmen nach § 555a (s. dort Rdn. 33), nicht aber bei Modernisierungsmaßnahmen nach § 555d (s. § 555d Rdn. 32) anwendbar. Die Rechtslage ist in beiden Fällen streitig. Eine formularvertragliche Vereinbarung, wonach der Mieter auf das Recht zur fristlosen Kündigung verzichtet, dürfte wirksam sein, wenn die Gebrauchsbeeinträchtigungen, die der Mieter sanktionslos hinnehmen muss, hinreichend genau bezeichnet sind. Ein genereller Kündigungsverzicht für alle während der Modernisierung eintretenden Gebrauchsbeschränkungen dürfte dagegen unwirksam sein. Zum Ausschluss des Sonderkündigungsrechts und des Rechts zur ordentlichen Kündigung s. unten Rdn. 26.

17 **e) Aufwendungsersatzanspruch.** Mit dem Aufwendungsersatzanspruch sind die Rechte des Mieters aus §§ 555a Abs. 3, 555d Abs. 6 angesprochen. Ein formularvertraglicher Verzicht hierauf dürfte wirksam sein, wenn die Modernisierungsmaßnahme hinreichend genau bezeichnet ist, so dass der Mieter erkennen kann, welche Aufwendungen durch die Duldung der Modernisierung entstehen.

3. Nr. 3 Vereinbarungen über die künftige Höhe der Miete

18 Hierunter fallen alle Regelungen über die Höhe der nach der Modernisierung geschuldeten Miete einschließlich der Betriebskosten. Das Zustandekommen eine Vereinbarung über die Mieterhöhung setzt voraus, dass sich der Mieter verbindlich mit einer betragsmäßig bestimmten Miete einverstanden erklärt (s. Rdn. 3). Wird eine bestimmte Miethöhe vereinbart, so richtet sich die Zulässigkeit der Vereinbarung nach § 557 Abs. 1. Die Begrenzungen des § 558 (Wartefrist, Kappungsgrenze), die in § 558a ff geregelten Vorschriften über die Form und Begründung der Mieterhöhung, sowie die Vorschriften in §§ 559ff gelten nicht. Jedoch sind die Vorschriften über die Anrechnung von Drittmitteln (§ 559a) zu beachten, wenn die Zuschüsse aus öffentlichen Haushalten gedeckt werden oder von Dritten aufgebracht werden. Die Regelung in § 5 WiStG gilt auch für freiwillige Mieterhöhungsvereinbarungen.

19 Vereinbaren die Parteien eine **Staffel- oder Indexmiete** so muss die Regelung den inhaltlichen Anforderungen der §§ 557a und § 557b entsprechen (Artz WImmoT 2014, 129, 148).

Selbstverständlich können die Parteien auch vereinbaren, dass die **Miete unver-** 20
ändert bleibt.

Zu den Regelungen über die Miethöhe zählen auch **Vereinbarungen über die** 21
Betriebskosten. Insoweit kann eine Erhöhung oder Ermäßigung der Vorauszahlungen vereinbart werden. Ebenso können die Parteien die Mietstruktur ändern und anstelle der bisherigen Betriebskostenpauschale oder Pauschalmiete eine Grundmiete mit gesonderter Betriebskostenumlage vereinbaren.

4. Weitere Regelungspunkte

Der Inhalt einer Modernisierungsvereinbarung wird in § 555f nicht abschlie- 22
ßend geregelt. In Betracht kommen insbesondere

a) Regelungen über Mitwirkungspflichten des Mieters. Nach der gesetz- 23
lichen Regelung muss der Mieter die Maßnahmen nach § 555a und 555b lediglich dulden (§ 555a Rdn. 11). In vielen Fällen ist es sinnvoll, in der Modernisierungsvereinbarung eine Mitwirkungspflicht zu vereinbaren und den Mieter z. B. zum Entfernen der Möbel zu verpflichten. Die Vereinbarung eines Entgelts ist möglich aber nicht erforderlich.

b) Betretungsrecht. Ist zur Durchführung der Modernisierung das Betreten 24
der Mieterwohnung erforderlich, so sind nach der gesetzlichen Regelung bestimmte Beschränkungen zu beachten (§ 555a Rdn. 10). Auch hier kann es sinnvoll sein, in der Modernisierungsvereinbarung konkrete Zeiten zu vereinbaren. Die Vereinbarung eines unbeschränkten Betretungsrechts dürfte allerdings gegen § 307 Abs. 2 verstoßen.

c) Wohnungswechsel. Soll der Mieter verpflichtet werden, für die Zeit der 25
Modernisierung oder auf Dauer die Wohnung zu wechseln, so kann dies entweder in Form einer Vertragsänderung oder in der Form der Novation erfolgen (s. dazu § 535 Rdn. 48).

d) Ausschluss des Rechts zur Kündigung. Die Parteien können verein- 26
baren, dass der Mieter die Modernisierung nicht zum Anlass einer Kündigung nimmt. In einem solchen Fall ist der Mieter sowohl mit dem Sonderkündigungsrecht nach § 555e als auch mit dem Recht zur ordentlichen Kündigung nach § 542 Abs. 1 ausgeschlossen. Eine konkludent vereinbarte Ausschlussvereinbarung ist anzunehmen, wenn sich der Mieter zur Duldung der Modernisierung verpflichtet. Der Verzicht des Mieters auf das Sonderkündigungsrecht ist insbesondere bei befristeten Gewerbemietverträgen von Bedeutung, wenn der Vermieter Wert auf die Fortdauer des Mietverhältnisses legt. Ein Kündigungsverzicht ist auch durch Formularvertrag möglich. Jedoch setzt er voraus, dass die Art der Modernisierungs- oder Erhaltungsmaßnahme hinreichend genau beschrieben wird. Anderenfalls kann der Mieter nicht erkennen, welche Belastungen und Gebrauchsbeschränkungen er sanktionslos hinnehmen muss.

IV. Vertragsstörungen

Vorsätzliche oder fahrlässige Falschangaben sind als **Pflichtverletzung** 27
i. S. des § 241 Abs. 2 zu bewerten, mit der weiteren Folge, dass der Vermieter Schadensersatz nach den §§ 280 Abs. 1, 282 schuldet. Der Mieter kann verlangen

so gestellt zu werden, wie er ohne die Modernisierungsvereinbarung stehen würde. Es gilt die gesetzliche Regelung.

28 Wird der Mieter durch **arglistige Täuschung** zum Vertragsschluss bestimmt, so ist der Mieter außerdem nach § 123 BGB zur Anfechtung berechtigt. Als Täuschungshandlung kommt in Betracht, wenn der Vermieter bewusst falsche Angaben über den Umfang oder die Dauer der Modernisierung, das Ausmaß der zu erwartenden Beeinträchtigungen, die Höhe der Betriebskostenersparnis oder andere für das Zustandekommen der Vereinbarung wichtige Umstände macht. Gleiches gilt, wenn der Vermieter eine in Wirklichkeit nicht bestehende gesetzliche Pflicht zur Duldung der Maßnahme behauptet um den Mieter zum Abschluss der Vereinbarung zu bewegen. Bei wirksamer Anfechtung entfällt die Modernisierungsvereinbarung ersatzlos. Es gilt die gesetzliche Regelung.

Kapitel 2. Die Miete

Unterkapitel 1. Vereinbarungen über die Miete

§ 556 Vereinbarungen über Betriebskosten

(1) Die Vertragsparteien können vereinbaren, dass der Mieter Betriebskosten trägt. Betriebskosten sind die Kosten, die dem Eigentümer oder Erbbauberechtigten durch das Eigentum oder das Erbbaurecht am Grundstück oder durch den bestimmungsmäßigen Gebrauch des Gebäudes, der Nebengebäude, Anlagen, Einrichtungen und des Grundstücks laufend entstehen. Für die Aufstellung der Betriebskosten gilt die Betriebskostenverordnung vom 25. November 2003 (BGBl. I S. 2346, 2347) fort. Die Bundesregierung wird ermächtigt, durch Rechtsverordnung ohne Zustimmung des Bundesrates Vorschriften über die Aufstellung der Betriebskosten zu erlassen."

(2) ¹Die Vertragsparteien können vorbehaltlich anderweitiger Vorschriften vereinbaren, dass Betriebskosten als Pauschale oder als Vorauszahlung ausgewiesen werden. ²Vorauszahlungen für Betriebskosten dürfen nur in angemessener Höhe vereinbart werden.

(3) ¹Über die Vorauszahlungen für Betriebskosten ist jährlich abzurechnen; dabei ist der Grundsatz der Wirtschaftlichkeit zu beachten. ²Die Abrechnung ist dem Mieter spätestens bis zum Ablauf des zwölften Monats nach Ende des Abrechnungszeitraums mitzuteilen. ³Nach Ablauf dieser Frist ist die Geltendmachung einer Nachforderung durch den Vermieter ausgeschlossen, es sei denn, der Vermieter hat die verspätete Geltendmachung nicht zu vertreten. ⁴Der Vermieter ist zu Teilabrechnungen nicht verpflichtet. ⁵Einwendungen gegen die Abrechnung hat der Mieter dem Vermieter spätestens bis zum Ablauf des zwölften Monats nach Zugang der Abrechnung mitzuteilen. ⁶Nach Ablauf dieser Frist kann der Mieter Einwendungen nicht mehr geltend machen, es sei denn, der Mieter hat die verspätete Geltendmachung nicht zu vertreten.

(4) Eine zum Nachteil des Mieters von Absatz 1, Absatz 2 Satz 2 oder Absatz 3 abweichende Vereinbarung ist unwirksam.

Übersicht

	Rdn.
I. Anwendungsbereich und Bedeutung der Vorschrift	1
II. Der Begriff der Betriebskosten (Abs. 1)	3
1. Allgemeine Definition	3
2. Die Betriebskosten im Einzelnen	9
III. Die Umlagevereinbarung	101
1. Umlage durch vertragliche Vereinbarung	101
2. Umlage durch schlüssiges Verhalten	111
3. Während der Mietzeit neu entstehende Betriebskosten	115
4. Rechtslage nach Inkrafttreten der BetrKV	118
IV. Betriebskostenpauschale und Betriebskostenvorauszahlung (Abs. 2)	119
1. Betriebskostenpauschale	119

§ 556 BGB — Untertitel 2. Mietverhältnisse über Wohnraum

	Rdn.
2. Betriebskostenvorauszahlung	123
3. Unklare Vereinbarungen	130
V. Betriebskostenabrechnung (Abs. 3)	131
1. Kostenerfassung	131
2. Abrechnungszeitraum	137
3. Der Wirtschaftlichkeitsgrundsatz (§ 556 Abs. 3 Satz 1 Hs. 2 BGB)	140
4. Rechtsnatur und Inhalt der Abrechnung	157
a) Die Rechtsnatur der Betriebskostenabrechnung ist streitig	157
b) Formalien	159
c) Inhalt	160
5. Erläuterung der Abrechnung	180
6. Kontrollrechte des Mieters/Belegeinsicht	184
7. Die Abrechnungsfrist	193
8. Ausschlussfrist für Nachforderungen	201
9. Einwendungsausschluss	217
10. Fälligkeit des Nachforderungsanspruchs/des Guthabens und Verjährung	232
11. Abrechnung bei mehreren Mietern	237
12. Ergänzung und Korrektur der Betriebskostenabrechnung	241
13. Unterlassene/unbrauchbare Abrechnung/Verweigerung der Belegeinsicht	243
14. Abrechnung beim Eigentümerwechsel	249
15. Abrechnung beim Mieterwechsel	252
16. Abrechnung bei Zwangsverwaltung	253
17. Abrechnung bei Insolvenzverwaltung	254
a) Insolvenz des Vermieters	254
b) Insolvenz des Mieters	255
18. Anforderungen an die Betriebskostenabrechnung nach dem Anwendungsschreiben des BMF zu § 35a EStG	257
19. Umsatzsteuer	257c
20. Betriebskostenabrechnung und Datenschutz	257d
VI. Abweichende Vereinbarungen/Beweislast/Übergangsregelung	258
VII. Die Betriebskosten der vermieteten Eigentumswohnung	262
1. Methode der gebäudebezogenen Kostenerfassung	263
a) Grundzüge	
b) Mietvertragliche Alternativen	263
c) Belegeinsicht	269a
2. Methode der wohnungsbezogenen Kostenerfassung	270
a) Betriebskosten der Eigentumswohnung	271
b) Betriebskostenabrechnung	272
c) Belegeinsicht	273
d) Nachträgliche Änderung der Jahresabrechnung	274
VIII. Betriebs- und sonstige Nebenkosten bei Geschäftsraum	275
1. Umlagevereinbarung	275
2. Abrechnung	282
IX. Prozessuales	291
1. Klage auf Zahlung rückständiger Vorauszahlungen	291
2. Prozessuale Situation bei mündlicher Verhandlung vor Ablauf der Einwendungsfrist	293
3. Prozessuale Situation bei mündlicher Verhandlung nach Ablauf der Einwendungsfrist	296

	Rdn.
4. Urkundenprozess	298
5. Vollstreckungsgegenklage (§ 767 ZPO)	298a
X. Pfändbarkeit der Ansprüche	299
XI. Zurückbehaltungsrecht des Vermieters bei Zahlungsverzug	301

I. Anwendungsbereich und Bedeutung der Vorschrift

Die Vorschrift gilt nur für die Wohnraummiete (OLG Köln GuT 2006, 1 314) **und nur für den freifinanzierten Wohnraum** (BGH NJW 2005, 3135). Für preisgebundenen Wohnraum gelten die vergleichbaren Vorschriften in § 20 NMV. Die Ausschlussfrist für Einwendungen des Mieters in § 556 Abs. 3 Satz 6 BGB ist in § 20 NMV allerdings nicht vorgesehen (BGH a.a.O.). Eine analoge Anwendung ist nicht möglich. Die Regelung des § 556 BGB gibt dem Vermieter kein gesetzliches Recht zur Umlage der Betriebskosten, sondern bestimmt, dass eine vertragliche Vereinbarung über die Umlage der Betriebskosten auf den Mieter zulässig ist. Eine solche Vereinbarung ist aber auch notwendig. Ohne Vertragsregelung können die Betriebskosten nicht auf den Mieter umgelegt werden; dies gilt auch für die verbrauchsabhängigen Kosten (LG Berlin ZMR 2005, 957). Ohne Umlagevereinbarung hat der Mieter nur diejenigen Nebenkosten zu tragen, die auf Grund von eigenen Verträgen entstehen (LG Berlin a. a. O.); i. d. R. sind dies die Kosten der Stromversorgung (LG Berlin a. a. O.).

Die Umlagevereinbarung muss die in § 556 Abs. 1 und 2 BGB normierten Vor- 2 gaben beachten. Durch § 556 Abs. 1 und 2 BGB wird mithin die allgemeine Vertragsgestaltungsfreiheit begrenzt. Hinsichtlich des Umlagemaßstabs gilt § 556a Abs. 1 und 2 BGB (s. dort). Bei der Geschäftsraummiete besteht Vertragsfreiheit. Hier können nicht nur die Betriebskosten, sondern auch sonstige Nebenkosten auf den Mieter umgelegt werden. Allerdings gelten auch hier gewisse durch §§ 242, 315 BGB vorgegebene Schranken.

II. Der Begriff der Betriebskosten (Abs. 1)

1. Allgemeine Definition

Der Begriff der Betriebskosten wird in **§ 556 Abs. 1 Satz 2 BGB** definiert. 3 Danach sind unter den Betriebskosten diejenigen Kosten zu verstehen, die dem Eigentümer oder Erbbauberechtigten durch das Eigentum oder Erbbaurecht am Grundstück oder durch den bestimmungsmäßigen Gebrauch des Gebäudes, der Nebengebäude, Anlagen, Einrichtungen und des Grundstücks laufend entstehen. **Einzelheiten** sind seit dem 1.1.2004 in der **Verordnung über die Aufstellung von Betriebskosten (BetrKV)** geregelt. Diese Verordnung ist an die Stelle der bis 31.12.2003 geltenden Anlage 3 zu § 27 der Zweiten Berechnungsverordnung getreten (wegen des Übergangsrechts s. Rdn. 118).

In **§ 1 Satz 2 BetrKV** ist ergänzend bestimmt, dass **Sach- und Arbeitsleis-** 4 **tungen des Eigentümers** oder Erbbauberechtigten **mit dem Betrag angesetzt werden dürfen, der für eine gleichwertige Leistung eines Dritten,** insbesondere eines Unternehmers, **angesetzt werden könnte;** die Umsatzsteuer des Dritten darf nicht angesetzt werden. Eine Eigenleistung des Vermieters liegt zunächst dann vor, wenn der Vermieter die Arbeits- oder Sachleistung in eigener

Person erbringt. Nach wirtschaftlicher Betrachtungsweise sind Leistungen Dritter (z. B. von Verwandten des Vermieters) wie eine Eigenleistung zu behandeln, wenn der Dritte unentgeltlich für den Vermieter tätig wird (**a. A.** LG Berlin GE 2012, 205). Hiervon kann auch dann ausgegangen werden, wenn der Dritte für die Leistung lediglich ein kleines Trinkgeld erhält oder vom Vermieter bewirtet wird. Erhält der Dritte dagegen eine adäquate Vergütung, so ist diese erstattungsfähig. Nach der Rechtsprechung des BGH gilt § 1 Satz 2 BetrKV auch für **institutionelle Vermieter, die ihre Arbeitnehmer einsetzen:** Die Vorschrift soll unter anderem Streitigkeiten der Parteien über die Berechnung der Eigenleistung verhindern, die insbesondere dann auftreten können, wenn die Arbeitskräfte des Vermieters teils umlagefähige, teils nicht umlagefähige Arbeiten verrichten (BGH NJW 2013, 456 = WuM 2013, 44 = NZM 2013, 120). Der Vermieter kann die gleichwertige Leistung eines Dritten mittels eines Kostenvoranschlags nachweisen. Jedoch muss dem Kostenvoranschlag ein detailliertes Leistungsverzeichnis zugrunde liegen. Hinsichtlich der Gartenpflege reicht es aus, wenn sich aus dem Kostenvoranschlag die zu bearbeitende Rasenfläche, der Mähturnus und ähnliche Einzelheiten ergeben. Der für die Arbeiten erforderliche Zeitaufwand oder die Stundenlöhne der eingesetzten Arbeiter müssen dagegen nicht mitgeteilt werden (BGH a. a. O.). Der Vermieter hat die Wahl, ob er die Nebenleistungen (z. B. Hauswarttätigkeiten) selbst erbringt, durch Angestellte erledigen lässt oder Fremdfirmen beauftragt. Der Vermieter ist nicht verpflichtet, den billigsten Weg zu wählen. Ein Wechsel zwischen Eigen- und Fremdleistung ist möglich (Schmid WuM 2009, 487, 489).

5 Die **Verwaltungskosten,** sowie die **Instandhaltungs- und Instandsetzungskosten zählen nicht zu den Betriebskosten (§ 1 Abs. 2 BetrKV).** Die nicht als Betriebskosten umlagefähigen Aufwendungen (§ 1 Abs. 2 Nr. 2 BetrKV) für **Instandsetzung und Instandhaltung** werden durch Reparatur und Wiederbeschaffung verursacht und müssen zur Erhaltung des bestimmungsgemäßen Gebrauchs erbracht werden, um die durch Abnutzung, Alterung, Witterungseinwirkung entstehenden baulichen oder sonstigen **Mängel ordnungsgemäß zu beseitigen.** Instandsetzung und Instandhaltung betreffen deshalb Mängel an der Substanz der Immobilie oder ihrer Teile (BGH WuM 2020, 83 Rdn. 12; NZM 2007, 282 Rdn. 10, 14; NZM 2004, 417). Bei den ebenfalls nicht auf den Mieter umlagefähigen **Verwaltungskosten** handelt es sich gem. § 1 Abs. 2 Nr. 1 BetrKV um die Kosten der zur Verwaltung des Gebäudes erforderlichen Arbeitskräfte und Einrichtungen, die Kosten der Aufsicht, den Wert der vom Vermieter persönlich geleisteten Verwaltungsarbeit, die Kosten für die gesetzlichen oder freiwilligen Prüfungen des Jahresabschlusses und die Kosten für die Geschäftsführung. Eine gesonderte Umlage dieser Kosten auf den Mieter ist deshalb bei der Wohnraummiete unzulässig (BGH NZM 2019, 253 Rz 13; Allgemeine Ansicht). Dies gilt allerdings nur für solche Vereinbarungen, wonach der Mieter die genannten Kosten in der jeweils anfallenden Höhe tragen muss. Eine Vereinbarung, wonach der Mieter für die Verwaltung oder Instandhaltung einen **gleichbleibenden Betrag** zu zahlen hat, ist dagegen wirksam (BGH Urteil NZM 2019, 253 Rz 16; Langenberg in: Schmidt-Futterer § 556 BGB Rdn. 94; Artz in: Staudinger § 556 BGB Rdn. 47; Sternel Rdn. III 335; Lützenkirchen in: Lützenkirchen, Mietrecht § 556 Rdn. 62). Haben die Parteien eine solche Vereinbarung getroffen, so stellen die für die Verwaltung oder Instandhaltung angesetzten Kosten einen Teil der Grundmiete dar; die fraglichen Beträge sind deshalb im Mieterhöhungsverfahren (§ 558 ff BGB) zu berücksichtigen (Langenberg a.a.O.).

Nach der Rechtsprechung des BGH ist die Vereinbarung einer Verwaltungskos- 5a
tenpauschale nur wirksam, wenn aus der Preisvereinbarung eindeutig hervorgeht,
dass es sich bei der Pauschale um einen Teil der Grundmiete (Nettomiete) handelt
(BGH NZM 2019, 253 Rz. 17 ff). Wird eine Verwaltungskostenpauschale ohne
einen klarstellenden Zusatz vereinbart, so kann die nach AGB-Grundsätzen gebotene „kundenfeindliche" Auslegung ergeben, dass die Umlage der Verwaltungskosten als unzulässige und damit unwirksame (§ 556 Abs. 4 BGB) Erweiterung der
nach § 556 Abs. 1 BGB möglichen Betriebskostenumlage zu bewerten ist. Fehlt ein
klarstellender Hinweis, kommt die sich zu Lasten des Klauselverwenders auswir-
kende Unklarheitenregel des § 305c Abs. 2 BGB zur Anwendung BGH a.a.O.).
Dieselben Grundsätze gelten für die Instandhaltungspauschale und vergleichbare
Regelungen.

Vorsorgemaßnahmen sind als Instandhaltungsmaßnahmen zu bewer- 6
ten, „wenn Erneuerungen schon vor dem Auftreten von Mängeln getätigt werden,
z. B. um einen Ausfall einer ohnehin in absehbarer Zeit zu ersetzenden Einrichtung
von vorneherein zu verhindern". Zu den (sonstigen) Betriebskosten zählen demgegenüber die „regelmäßig anfallenden, nicht durch eine bereits aufgetretene Störung veranlassten Maßnahmen, die der Überprüfung der Funktionsfähigkeit und
Betriebssicherheit einer technischen Einrichtung dienen." (BGH NJW 2007,
1356). Eine **„Notdienstpauschale"** (Kosten, die dafür anfallen, dass auch außerhalb der normalen Geschäftszeiten bei Schadensfällen, Havarien oder ähnlichen
Notfällen eine Person erreichbar ist) zählt zu den Verwaltungskosten (BGH WuM
2020, 83).

Zu den Betriebskosten gehören nur solche Kosten, die durch den be- 7
stimmungsmäßigen Gebrauch entstehen. Hinsichtlich dieses Merkmals ist
maßgeblich, ob die kostenverursachende Maßnahme auf einem bestimmungsmäßigen Gebrauch des Gebäudes beruht. Es kommt nicht darauf an, ob die Aufwendung der Kosten (z. B. für die Wiederherstellung eines ordnungsgemäßen
Zustands) einer ordentlichen Bewirtschaftung entspricht (Schmid ZMR 2011,
341, 345). Kosten, die durch das rechtswidrige Verhalten eines Mieters oder eines
Dritten verursacht werden, sind keine Betriebskosten (Schmid WuM 2008, 519,
520).

Weiter ist für den Betriebskostenbegriff wesentlich, dass die Kosten **laufend** 8
entstehen. Dies bedeutet nicht, dass die Kostenbelastung jährlich oder mehrmals
jährlich anfallen muss (Schmid ZMR 2011, 341). Es genügt jede wiederkehrende
Belastung, auch wenn die Abstände unregelmäßig sind und zwischen den Belastungen mehrere Jahre liegen (z. B. Tankreinigungskosten, BGH NJW 2010, 226
= WuM 2010, 33 = NZM 2010, 79); Eichkosten; Kosten der regelmäßigen Überprüfung der Funktionsfähigkeit und Betriebssicherheit von technischen Einrichtungen (BGH NJW 2007, 1356 betr. „Elektrocheck"). Maßstab für das Kriterium
der „laufenden Entstehung" ist nicht das einzelne Mietverhältnis, sondern das Gebäude (Schmid ZMR 2011, 341, 344).

2. Die Betriebskosten im Einzelnen

Nach § 2 BetrKV gehören zu den Betriebskosten folgende Kosten (der *kursiv* ge- 9
setzte Text entspricht dem Wortlaut der BetrKV). Eine tabellarische Übersicht der
umlagefähigen Betriebskosten bietet Stangl (ZMR 2006, 95).

§ 556 BGB Untertitel 2. Mietverhältnisse über Wohnraum

10 **Nr. 1: "*die laufenden öffentlichen Lasten des Grundstücks,***
hierzu gehört namentlich die Grundsteuer;"

zu den **öffentlichen Lasten** zählen sämtliche periodisch wiederkehrenden Verbindlichkeiten, die sich aus öffentlichem Recht ergeben und auf dem Grundstück als solchem ruhen (Grundsteuer, Beiträge zu Wasser- und Bodenverbänden, Realkirchensteuer, Deichgebühren, Kosten des Feuerstättenbescheids [AG Soest DWW 2013, 340]). Wichtigster Umlageposten ist hier die Grundsteuer, die in der Vorschrift ausdrücklich genannt ist. Soweit dem Vermieter eine Grundsteuervergünstigung gewährt wird, ist nur die aufgrund der Vergünstigung zuzahlende niedrigere Grundsteuer umlagefähig.

11 Die **Höhe der Grundsteuer** richtet sich nach dem (von der Gemeinde festgelegten) Hebesatz und dem (vom Finanzamt ermittelten) Grundsteuermessbetrag (dazu Ruff DWW 2010, 322). Der Grundsteuermessbetrag wird durch die Jahresrohmiete beeinflusst; diese ist bei gewerblich genutzten Grundstücken im Allgemeinen höher als bei Wohnhäusern. Gleichwohl ist auch bei **gemischt genutzten Gebäuden kein Vorwegabzug** für den auf den gewerblich genutzten Teil erforderlich. Bei der Grundsteuer handelt es sich um eine ertragsunabhängige Objektsteuer. Die in einem Abrechnungsjahr erhobene Steuer hängt also grundsätzlich nicht von den in diesem Jahr erzielten Erträgen und ihrer Verteilung auf die Nutzung zu gewerblichen Zwecken einerseits und zu Wohnzwecken andererseits ab. Die Regelung in § 556a Abs. 1 Satz 2 BGB, wonach Betriebskosten, die von einem erfassten Verbrauch oder einer erfassten Verursachung durch die Mieter abhängen, nach einem Maßstab umzulegen sind, der dem unterschiedlichen Verbrauch oder der unterschiedlichen Verursachung Rechnung trägt, ist aus diesem Grunde nicht einschlägig. Die von einem Teil der Literatur vertretene Ansicht, wonach aus Gründen der Umlagegerechtigkeit die auf die Gewerbeeinheiten entfallende Grundsteuer aus dem Grundsteuermessbescheid herausgerechnet werden muss (Artz in: Staudinger § 556a BGB Rdn. 34ff; Langenberg in: Schmidt-Futterer § 556a BGB Rdn. 84; Wall, Betriebskostenrecht, Rdn. 3106) teilt der BGH nicht (BGH NZM 2017, 520; im übrigen Rdn. 171.

12 In **§ 33 Abs. 1 GrStG** ist geregelt, dass dem Gebäudeeigentümer ein Teil der **Grundsteuer erlassen** wird, wenn der Rohertrag des Grundstücks im Veranlagungszeitraum ohne Verschulden des Eigentümers gemindert ist. Paradigmatisch hierfür ist der **Leerstand einer Mietwohnung.** Voraussetzung ist, dass der Leerstand vom Eigentümer nicht zu vertreten ist. Einen Leerstand von Wohn- oder Geschäftsräumen hat der Eigentümer nicht zu vertreten, wenn es ihm trotz intensiver und nachhaltiger Bemühungen nicht gelingt, die Räume zu einem marktgerechten Mietzins zu vermieten. Dagegen sind die Voraussetzungen für einen Grundsteuererlass nicht gegeben, wenn die Räume leerstehen, weil der Eigentümer diese vor der Vermietung sanieren, renovieren oder modernisieren will. In diesem Fall beruht der Leerstand auf der freien Entscheidung des Eigentümers; die hierdurch bedingte Ertragsminderung hat vom Eigentümer zu vertreten. Anders ist es, wenn das Gebäude in einem städtebaulichen Sanierungsgebiet liegt (BFH DWW 2015, 151). Hier kann sich der Eigentümer dem Sanierungsgebot letztlich nicht entziehen. Deshalb ist anzunehmen, dass er den Leerstand nicht zu vertreten hat. In § 33 GrSt a. F. war geregelt, dass bei einer Minderung des Rohertrags um mehr als 20% die Grundsteuer in Höhe von 4/5 der Minderung zu erlassen war. Nach der durch Gesetz vom 19.12.2008 (BGBl. I S. 2794) erfolgten Neufassung gilt ab 1.1.2008 folgende Regelung: Eine Minderung des Rohertrags um mehr als 50% führt zu einem

Erlass der Grundsteuer in Höhe von 25%. Eine Minderung des Rohertrags um 100% führt zu einem Erlass der Grundsteuer in Höhe von 50%. In der Literatur wird die Ansicht vertreten, dass die Neufassung verfassungswidrig ist, weil sie eine echte Rückwirkung zur Folge hat und unzureichende Erlassmöglichkeiten auf der Grundlage einer zu groben Pauschalierung der Erlassbeträge vorsieht (Reil/Hintze DWW 2011, 42). Der Bundesfinanzhof hat demgegenüber entschieden, dass die Neuregelung nicht gegen die verfassungsrechtlichen Anforderungen an Steuergesetze und deren Rückwirkung verstößt (BFH DWW 2012, 233).

Bei einer **Eigentumswohnung** wird die Grundsteuer direkt für die jeweilige 13 Eigentumswohnung erhoben. Der Vermieter der Wohnung kann den jeweiligen Betrag in die Betriebskostenabrechnung aufnehmen. Eines Umlageschlüssels bedarf es nicht (BGH WuM 2013, 358 = NZM 2013, 457).

Nicht umlagefähig sind Straßenausbaubeiträge, Erschließungsbeiträge sowie 14 diejenigen Steuern, Gebühren und Beiträge, die den Vermieter persönlich treffen, wie z. B. die Vermögenssteuer oder die Einkommensteuer. Gleiches gilt für die Realsteuern, wie z. B. die Gewerbesteuer, die auch dann nicht umlagefähig ist, wenn das Grundstück zum Betriebsvermögen gehört.

Hat der Vermieter über die Betriebskosten abgerechnet und erhält er danach eine 15 **Grundsteuernachforderung** betreffend den abgerechneten Zeitraum, so kann auch der Mehrbetrag umgelegt werden (BGH NJW 2013, 456 = WuM 2013, 108 = NZM 2013, 84). Es dürfen allerdings nur diejenigen Mieter belastet werden, die im Rückwirkungszeitraum bereits im Haus gewohnt haben (LG Hamburg WuM 2000, 197; AG Neuss DWW 1993, 296; AG Leipzig WuM 2002, 376; Ruff DWW 2010, 322). Auf den Zeitraum der Rückwirkung kommt es nicht an. Der Vermieter hat gegenüber dem Mieter auch keine Verpflichtung auf eine zeitnahe Anpassung der Grundsteuer durch die Finanzbehörden hinzuwirken (Kern GuT 2007, 115). Der Vermieter kann den Mehrbetrag auch nach Ablauf der Abrechnungsfrist auf den Mieter umlegen, soweit er die Überschreitung dieser Frist nicht zu vertreten hat (BGH a.a.O.; LG Düsseldorf NJW 2011, 688). Jedoch muss die Nachforderung bei der Wohnraummiete innerhalb einer Frist von 3 Monaten ab Kenntnis der Grundsteuerbescheide geltend gemacht werden (§ 560 Abs. 2 BGB analog; BGH ZMR 2006, 847; NJW 2013, 456 = WuM 2013, 108 = NZM 2013, 84). Das Nachforderungsrecht besteht auch dann, wenn der Mieter die ursprüngliche Abrechnung bereits bezahlt hat und das Mietverhältnis zum Zeitpunkt der Korrektur nicht mehr besteht (LG Berlin GE 2005, 737; LG Rostock WuM 2009, 232).

Der Vermieter kann bei der Betriebskostenabrechnung die Grundsteuer 16 **ausklammern, wenn die Steuerfestsetzung noch aussteht.** In einem solchen Fall kann die Grundsteuer nachträglich abgerechnet werden (LG Berlin GE 2012, 1096). Ebenso kann sich der Vermieter bei der Betriebskostenabrechnung die **Nachberechnung der Grundsteuer vorbehalten** (BGH NJW 2013, 456 = WuM 2013, 108 = NZM 2013, 84). Der BGH hat nicht entschieden, ob der Vermieter auch dann Anspruch auf die erhöhte Grundsteuer hat, wenn die Betriebskostenabrechnung keinen Vorbehalt für den Fall der Neuberechnung durch das Finanzamt enthält. Die Frage ist grundsätzlich zu bejahen. Jedoch kann es Ausnahmefälle geben, in denen der Anspruch verwirkt ist. Die Verwirkung setzt neben einem Zeitmoment voraus, dass der Mieter mit einer Nachforderung nicht zu rechnen brauchte und auch nicht damit gerechnet hat. Um dieses sog. „Umstandsmoment" auszuschließen, ist ein Vorbehalt nützlich und empfehlenswert. Die Abrechnung muss innerhalb von 3 Monaten nach Zugang des Steuerbescheids dem Mieter zugehen. Für die **Verjährung** gilt die allgemeine Verjährungsfrist von drei

Jahren (§ 195 BGB). In der instanzgerichtlichen Rechtsprechung wird die Ansicht vertreten, dass für den Beginn der Verjährungsfrist nicht auf den Zeitpunkt der Korrektur der Betriebskostenabrechnung, sondern auf den Zugang der ursprünglichen Betriebskostenabrechnung beim Mieter abzustellen sei (LG Rostock WuM 2009, 232; LG Düsseldorf NJW 2011, 688). Der BGH (NJW 2013, 456 = WuM 2013, 108 = NZM 2013, 84) teilt diese Ansicht nicht. Er stützt sich hierbei auf den Wortlaut des § 199 Abs. 1 BGB. Danach beginnt die Verjährung mit dem „Schluss des Jahres, in dem der Anspruch entstanden ist und der Gläubiger von den den Anspruch begründenden Umständen ... Kenntnis erlangt oder ohne grobe Fahrlässigkeit erlangen müsste." Der BGH leitet hieraus ab, dass der Vermieter erst dann „Kenntnis" von der Höhe der Grundsteuer erlangt, wenn ihm der endgültige Festsetzungsbescheid des Finanzamts zugeht.

17 Nr. 2: *„Die Kosten der Wasserversorgung,*
hierzu gehören die Kosten des Wasserverbrauchs, die Grundgebühren, die Kosten der Anmietung oder anderer Arten der Gebrauchsüberlassung von Wasserzählern sowie die Kosten ihrer Verwendung einschließlich der Kosten der Eichung sowie der Kosten der Berechnung und Aufteilung, die Kosten der Wartung von Wassermengenreglern, die Kosten des Betriebs einer hauseigenen Wasserversorgungsanlage und einer Wasseraufbereitungsanlage einschließlich der Aufbereitungsstoffe;"

Für die Wasserlieferung gilt die Verordnung über Allgemeine Bedingungen für die Versorgung mit Wasser vom 20.6.1980 (BGBl. I S. 750) – **AVBWasserV**. Für den **Wassertarif** gelten folgende Grundsätze (BGH Urt. vom 20.5.2015 – VIII ZR 136/14, juris; BGH NJW 2015, 3564; BGH Urt. vom 17.5.2017 – VIII ZR 245/15; Beschluss vom 22.8.2017 – VIII ZR 279/15): **(1)** Ein Versorger ist bei seiner Tarifgestaltung grundsätzlich berechtigt, neben dem Verbrauchspreis für das Bereitstellen und ständige Vorhalten der Trinkwasserversorgung in angemessener Höhe einen verbrauchsunabhängigen Grundpreis vorzusehen. Hinsichtlich der Höhe der Preise steht dem Versorger ein einseitiges Leistungsbestimmungsrecht nach § 315 BGB zu. **(2)** Der Versorger hat das Leistungsbestimmungsrecht nach billigem Ermessen auszuüben. Die Bestimmung unterliegt jedenfalls dann der gerichtlichen Billigkeitskontrolle entsprechend § 315 BGB, wenn die Gebäudeeigentümer auf die Leistung des Versorgers angewiesen sind, weil dieser eine Monopolstellung innehat, oder weil er als dem öffentlichen Recht unterliegender Verband die Prinzipien des öffentlich-rechtlichen Finanzgebarens beachten muss, oder weil ein Anschluss- und Benutzungszwang besteht. **(3)** Für die Billigkeitskontrolle gelten der Grundsatz der Gleichbehandlung aller Eigentümer, das Äquivalenzprinzip wonach zwischen der Leitung des Versorgers und den Kosten kein grobes Missverhältnis bestehen darf sowie das Prinzip der Kostendeckung. **(4)** Mit diesen Grundsätzen steht es im Einklang, wenn der Grundpreis pauschal nach der Anzahl der Wohnungen berechnet wird. Es ist nicht erforderlich, den Grundpreis nach der Wohnungsgröße oder nach der Zahl der Wohnungsnutzer zu staffeln. Ebenso kann vernachlässigt werden, ob in welchem Maße Wohnungen leerstehen. **(5)** Für die Billigkeit der Festsetzung ist der Versorger darlegungs- und beweispflichtig. Der Versorger muss offenlegen welche Kostenpositionen als Fixkosten bei der Bemessung des Grundpreises berücksichtigt worden sind und welche Positionen er dem Verbrauchspreis zugeordnet hat.

17a Nach § 18 Abs. 2 S 2 AVBWasserV bestimmt das Wasserversorgungsunternehmen **„Art, Zahl und Größe sowie Anbringungsort der Messeinrichtun-**

gen". Die Größe der Wasserzähler richtet sich nach der für die Versorgung des Gebäudes benötigten Wassermenge. Bei großen Gebäuden (etwa ab 30 Wohneinheiten) werden Wasserzähler mit großem Nenndurchfluss benötigt; bei kleineren Gebäuden genügen Zähler mit einem geringeren Nenndurchfluss. Je größer der Nenndurchfluss, desto höher ist der Kubikmeterpreis. Das Wasserversorgungsunternehmen hat das Bestimmungsrecht nach billigem Ermessen (§ 315 BGB) auszuüben; ob die Ermessensausübung der Billigkeit entspricht, kann vom Gericht überprüft werden (BGH WuM 2010, 373 = NZM 2010, 558; s. auch Pfeifer DWW 2010, 327; Ruff DWW 2014, 42). Der Gebäudeeigentümer hat einen Anspruch gegen das Wasserversorgungsunternehmen auf Austausch des Hauptwasserzählers, wenn sich bei der Verwendung eines anderen Zählers ein günstigerer Wasserpreis ergibt (BGH a.a.O.). Aus dem in § 556 Abs. 3 S. 1 Hs. 2 BGB postulierten Wirtschaftlichkeitsgrundsatz ist abzuleiten, dass der Hauseigentümer und Vermieter von diesem Recht Gebrauch machen muss, wenn dies zu geringeren Wasserkosten führt.

Unter dem Begriff „Wasserverbrauch" ist die reguläre Wasserentnahme zu verstehen. Wird der Wasserverbrauch der Mieter durch Zwischenzähler erfasst, so ist der beim Hauptzähler gemessene Verbrauch i. d. R. höher als die Summe der bei den Wohnungswasserzählern gemessenen Verbräuche. Diese Abweichung beruht zum Teil auf einem vom Verhalten der Mieter unabhängigen Mehrverbrauch (Bewässerung des Gartens, Reinigung der Gemeinschaftsräume, usw.), zum Teil ist sie technisch bedingt, weil Zähler mit hoher Durchlaufmenge (Hauptzähler) einerseits und Zähler mit kleiner Durchlaufmenge (Wohnungswasserzähler) andererseits, unterschiedliche Messgenauigkeiten haben (Roth Die Wohnungswirtschaft 1993, 616: erlaubte Messungenauigkeit plus/minus 4%; insgesamt sollen die Abweichungen zwischen dem Gesamtzähler und den Wohnungswasserzählern unter 10% des Gesamtverbrauchs liegen). In diesem Fall sind diejenigen Kosten maßgeblich, die der Eigentümer (Vermieter) an den Wasserlieferanten (die Stadtwerke) zu bezahlen hat. Hieraus folgt, dass der vom Hauptzähler erfasste Wasserverbrauch Grundlage der Kostenumlage ist (AG Dortmund DWW 1992, 180; AG Schöneberg GE 2000, 1623: danach sind Abweichungen bis zu 25% zu tolerieren; abweichend Ruff WuM 2016, 255, 262: max 20%; s. auch § 556a Rdn. 33 ff). 18

Mehrkosten, die durch einen **Wasserrohrbruch** entstehen, sind nicht als Betriebskosten umlagefähig, weil diese Kosten nicht durch den bestimmungsmäßigen Gebrauch des Gebäudes verursacht werden (AG Bergisch Gladbach WuM 1984, 230). Kann die Menge des durch den Rohrschaden vergeudeten Wassers nicht ermittelt werden, so ist der reguläre Wasserverbrauch zu schätzen. Hierbei kann auf den Verbrauch der vorangegangenen Abrechnungsperiode zurückgegriffen werden. Ist dies nicht möglich, so muss der Pro-Kopf-Verbrauch geschätzt werden (vgl. Roth Die Wohnungswirtschaft 1993, 616 und WE 1992, 335: bei Wohnungen und im Kleingewerbe 146 ltr. pro Person und Tag; LG Cottbus GE 2011, 406: 120–130 Liter pro Kopf und Tag; Pfeifer ZMR 1991, 321: Friseurgeschäfte 150–200 Liter. pro Beschäftigten und Tag, Fleischereien ohne Produktion 150–200 Liter/Tag, Fleischereien mit Produktion 400–500 Liter/Tag, Bäckereien ohne Produktion 100–150 Liter/Tag, Bäckereien mit Produktion 40–50 Liter pro 100 kg Mehl, Büros: je Beschäftigten 10 bis 40 Liter/Tag; unrealistisch: AG Münden WuM 1990, 85: 70 Liter/Tag). Werden zusätzliche Wasserkosten durch **schadhafte Dichtungen oder Toilettenspülungen** verursacht, so handelt es sich nicht um Betriebskosten (LG Rostock WuM 2017, 402). Bei der Kostenumlage kann auf den Verbrauch der vorangegangenen Abrechnungsperiode zurückgegriffen werden 19

(AG Hannover ZMR 2017, 403); die Differenz zum tatsächlichen Verbrauch ist vom Vermieter zu tragen. Sind die Zusatzkosten jedoch durch das Verhalten eines bestimmten Mieters verursacht und steht dem Vermieter deshalb ein Schadensersatzanspruch gegen diesen Mieter zu, so können die Zusatzkosten dem verursachenden Mieter in der Betriebskostenabrechnung auferlegt werden (Schmid WuM 2008, 519, 520). Ein unnötiger oder verschwenderischer Wasserverbrauch durch den Vermieter oder einen der Mitmieter steht der Umlage grundsätzlich nicht entgegen; einem extrem abweichenden Nutzerverhalten muss durch die Wahl eines geeigneten Umlageschlüssels Rechnung getragen werden.

20 Bei einem **unerklärlich hohen Wasserverbrauch** muss der Vermieter alle Ursachen ausschließen, die in seinen Risikobereich fallen. Hierzu zählen die Mangelfreiheit des Rohrsystems, die einwandfreie Beschaffenheit der Messgeräte, die Richtigkeit der Ablesung und die korrekte Verarbeitung der Daten. Allerdings entsteht diese Pflicht erst, wenn der Mieter substantiiert dargelegt hat, warum die Abrechnung unzutreffend ist (LG Rostock WuM 2017, 402). An die Darlegungslast des Mieters sind hohe Anforderungen zu stellen, wenn dessen Wasserverbrauch nur geringfügig über dem Durchschnittsverbrauch liegt (LG Cottbus GE 2011, 406).

21 Die **Qualität des Trinkwassers** muss der ab 1.11.2011 geltenden und im Januar 2018 geänderten **Trinkwasserverordnung** (Neufassung BGBl. I 2011 S. 2370; BGBl. 2012, S. 2562; Änderungsverordnung BGBl 2018 S. 99) entsprechen (s. dazu: Pfeifer, Die neue Trinkwasserverordnung 3. Aufl. 2018; Herrlein NZM 2011, 741). Verantwortlich für die Qualität des Trinkwassers sind Gebäudeeigentümer, Wohnungseigentümergemeinschaften und Vermieter (§ 14 TrinkwVO). Diese müssen die Rohrleitungen regelmäßig überprüfen und sicherstellen, dass die Nutzer mit Wasser von mikrobiologisch und chemisch einwandfreier Qualität versorgt und dass die Schadstoffgrenzwerte nicht überschritten werden. Das Wasserleitungssystem ist im Abstand von 3 Jahren auf **Legionellen** zu untersuchen (§ 14b TrinkwVO. Für Neubauten besteht eine Untersuchungspflicht innerhalb von 3 bis 12 Monaten nach der Inbetriebnahme (§ 14b Abs. 6 TrinkwVO). Nach § 15a besteht eine Meldepflicht für Untersuchungsstellen (Labore). Erleidet der Mieter infolge einer Legionelleninfektion durch kontaminiertes Wasser einen Gesundheitsschaden, so haftet der Vermieter, wenn er die aus der TrinkwV folgenden Pflichten verletzt hat (LG Stuttgart ZMR 2015, 720 m. Anm. Hardt). Der Mieter muss beweisen, dass zwischen dem Eintritt des Schadens und der Pflichtverletzung ein ursächlicher Zusammenhang besteht. Die Frage, ob eine Legionelleninfektion durch kontaminiertes Wasser in der Mietwohnung erfolgt ist, betrifft die haftungsbegründende Kausalität; der Mieter muss der vollen Beweis erbringen (§ 286 ZPO). Nach der Rechtsprechung des BGH darf das Gericht allerdings keine unerfüllbaren Beweisanforderungen stellen, sondern muss sich mit einem für das praktische Leben brauchbaren Grad an Gewissheit begnügen. Fern liegende, theoretische Zweifel sind nicht angezeigt (grundlegend: BGH NJW 2015, 2111 m.w.N.). Der **Bleigehalt** im Trinkwasser darf nicht mehr als 10 Mikrogramm (0, 01 Gramm) pro Liter betragen (BGBl. 2018 S. 108). Eine Überschreitung des Grenzwerts ist dem Gesundheitsamt anzuzeigen; dieses kann die zur Gefahrenabwehr erforderlichen Maßnahmen anordnen. Der Austausch von Bleirohren gilt als Maßnahme zur Herstellung des vertraglich geschuldeten Zustands und nicht als Modernisierung. Der Vermieter kann die hierfür entstehenden Kosten deshalb nicht auf die Mieter umlegen (Pfeifer a. a. O. Rdn. 144). Die **Kosten der Trinkwasseruntersuchung auf Blei** fallen nach richtiger Ansicht als „Kosten des Wasserverbrauchs" unter § 2 Nr. 2 BetrKV (vgl. auch Pfeifer a.a.O Rdn. 181 ff: Umlage nach § 2 Nr. 4 BetrKV;

Serve ZMR 2012, 167: umlegbar gem. § 2 Nr. 2, 4–6, 6, 16). Für die Umlage auf den Mieter genügt es, wenn der Mieter nach der Umlagevereinbarung die Kosten der Wasserversorgung zu tragen hat. Nach anderer Ansicht fallen diese Kosten unter § 2 Nr. 17 BetrKV (Eisenschmid in: Schmidt-Futterer § 536 BGB Rdn. 182. Danach setzt die Umlage dieser Kosten auf den Mieter bei Neuverträgen eine besondere Vereinbarung voraus. Bei Altverträgen ist eine Umlage möglich, wenn der Mietvertrag eine Mehrbelastungsklausel enthält. Eine ergänzende Vertragsauslegung kommt in Betracht, wenn Umstände vorliegen, aus denen sich ergibt, dass die Umlage der fraglichen Kosten vereinbart worden wäre, wenn die Parteien daran gedacht hätten. Soweit durch die **Untersuchung auf Legionellen** Kosten entstehen können diese nach der hier vertretenen Ansicht entweder nach § 2 Nr. 2 Betr. KV oder wahlweise nach § 8 Abs. 2 HeizkostenV erfasst und umgelegt werden. Nach anderer Ansicht kann die Umlage nur nach der HeizkostenVO erfolgen (Langenberg in: Schmidt-Futterer § 556 BGB Rdn. 125). Die Umlage von Kosten einer Routineuntersuchung zur Überprüfung der Qualität des Trinkwassers außerhalb der gesetzlich vorgeschriebenen Untersuchungen (sog. **„Trinkwasser-Check"**) dürften gegen den Wirtschaftlichkeitsgrundsatz verstoßen (Schmid ZMR 2015, 12; **a. A.** wohl Zehelein WuM 2016, 400, 411). Anders kann es sein, wenn konkrete Mängel der Wasserqualität eine solche Maßnahme rechtfertigen.

Zu den Kosten der Wasserversorgung gehören weiter die **Grundgebühren** und 22 die **Zählermiete** einschließlich der Kosten der **Eichung** sowie der Kosten der **Berechnung und Aufteilung.** Die Haupt- und Zwischenzähler unterliegen nach dem Mess- und Eichgesetz (MessEG) und der Mess- und Eichverordnung (MessEV) der Eichpflicht. Die Dauer der Eichgültigkeit beträgt bei Kaltwasserzählern 6 Jahre und bei Warmwasserzählern 5 Jahre, beginnend mit dem Ablauf des Jahres, in dem die Frist endet (§ 34 Abs. 2 Satz 1 MessEV). Die Erfüllung der Pflicht obliegt dem Vermieter. Die Kosten gehören zu den Betriebskosten. Zur Verwendung ungeeichter Zähler s. Rdn. 52. Werden die Wasserkosten verbrauchsabhängig erfasst so ist im Falle eines **Mieterwechsels** vor Ablauf der Abrechnungsperiode eine Zwischenablesung erforderlich. Wegen der Kosten s. Rdn. 41. Unter dem Begriff der **Kosten der Eichung**, sind die durch die Nacheichung vor Ort entstehenden Kosten zu verstehen. Wird anstelle der Nacheichung die Messkapsel des Wasserzählers durch eine neue ersetzt, so sind diese Kosten umlagefähig (Langenberg in: Schmidt-Futterer § 556 BGB Rdn. 115; Artz in: Staudinger § 556 BGB Rdn. 20; Wall in: Betriebskosten-Kommentar Rdn. 2757). Dies folgt aus dem Wirtschaftlichkeitsgrundsatz (§ 556 Abs. 3 Satz 1 BGB), weil der Austausch der Geräte kostengünstiger ist, als die Nacheichung.

Kosten des Betriebs einer hauseigenen Wasserversorgungsanlage entste- 23 hen dann, wenn das Gebäude nicht an die öffentliche Frischwasserversorgung angeschlossen ist, sondern mittels eines hauseigenen Brunnens, einer Pumpanlage oder eines Wasserwerks versorgt wird. In diesem Fall sind Wartungs- und Eichkosten, nicht aber Reparaturkosten umlagefähig. Umlagefähig sind auch die Wartungskosten für Wasseraufbereitungsanlagen einschließlich der Kosten für die Aufbereitungsstoffe. **Wasseraufbereitungsanlagen** sind solche Einrichtungen, durch die das Frischwasser in irgendeiner Weise verbessert wird, also insbesondere Filteranlagen und Entkalkungsgeräte. Es kommt insoweit nicht darauf an, ob die Anlage zwingend erforderlich ist, um das Wasser in einen genuss- und gebrauchsfähigen Zustand zu versetzen. Es genügt, wenn die Anlage zu einer besseren Wasserqualität führt. Nicht umlagefähig sind auch hier Reparaturkosten oder Instandhaltungskosten (AG Lörrach WuM 1995, 593 betr. Kosten für den Korrosionsschutz von Wasserleitungen; ebenso: AG Regensburg WuM 1995, 319; AG Friedberg WuM 2000, 381; **a. A.** AG Dresden NZM 2001, 708). Ist auf Grund besonderer Umstände eine regelmäßige Untersuchung des Wassers erforderlich (z. B. bei Versorgung über einen hauseigenen Brunnen), so gehören auch die Kosten der Wasseruntersuchung zu den Betriebskosten (AG Wesel WuM 1990, 443).

24 Entstehen **besondere Wasserkosten** durch den **Betrieb von maschinellen Wascheinrichtungen,** oder im Rahmen der **Gartenpflege,** so müssen diese Kosten bei den Nummern 10 und 16 berücksichtigt werden. Eine Erfassung dieser Kosten unter der Nr. 2 ist ausnahmsweise dann möglich, wenn nach dem Inhalt der jeweiligen Mietverträge die Kostenpositionen 2, 10 und 16 von allen Mietern anteilig nach einem einheitlichen Umlageschlüssel zu tragen sind. Gleiches gilt, wenn diese Kosten nicht wesentlich ins Gewicht fallen.

25 Nr. 3: *"Die Kosten der Entwässerung,*

hierzu gehören die Gebühren für die Haus- und Grundstücksentwässerung, die Kosten des Betriebs einer entsprechenden nicht öffentlichen Anlage und die Kosten des Betriebs einer Entwässerungspumpe;"

Unter **Gebühr** ist dabei das gesamte Entgelt zu verstehen, das der Hauseigentümer an die Gemeinde bezahlen muss. Es ist unerheblich, wie die Gemeinde die Gebühr bezeichnet (Abwasser-, Niederschlagswasser-, Kanalgebühr, etc.), welche Bemessungskriterien angewendet werden (Langenberg in: Schmidt-Futterer § 556 BGB Rdn. 126) und ob in der Gebühr auch Beträge für die Unterhaltung der Anlage oder Abschreibungsbeträge enthalten sind (**a. A.** AG Neustadt/Wstr. WuM 1989, 399). Wird das Abwasser entsprechend der verbrauchten Menge an Frischwasser berechnet und gibt es im Außenbereich frei zugängliche Wasserhähne, so muss der Vermieter entweder Zwischenzähler installieren oder bei dem Wasserlieferanten einen „Sprengwasserabzug" beantragen. Andernfalls werden die Mieter hinsichtlich der im Außenbereich verbrauchten Menge an Frischwasser mit Abwasserkosten belastet, obwohl insoweit kein Wasser in die Kanalisation eingeleitet wird (AG Brandenburg NZM 2011, 361). Hat der Mieter nach den Vereinbarungen im Mietvertrag die Abwassergebühr zu tragen und wird diese Gebühr durch die Änderung der Gebührenstruktur der Gemeinde aufgeteilt in eine Schmutzwasser- und eine Niederschlagsgebühr, so schuldet der Mieter nach der Umstellung die gesamten Kosten der Entwässerung (im Ergebnis ebenso: LG Hannover NZM 2004, 343: danach hat der Vermieter gegen den Mieter einen Anspruch auf Vertragsanpassung wegen Änderung der Geschäftsgrundlage).

26 Die **Kosten der Wartung des Abwassersystems,** insbesondere die Kosten der regelmäßigen **Abflussreinigung** oder die Kosten des vorbeugenden Ausfräsens gehören nach der hier vertretenen Auffassung nicht zu den Betriebskosten (ebenso: Wall in: Betriebskosten-Kommentar Rdn. 2904; Langenberg in: Schmidt-Futterer § 556 BGB Rdn. 129; Artz in: Staudinger § 556 BGB Rdn. 21; Lammel Wohnraummietrecht § 556 BGB Rdn. 49; Lützenkirchen in: Lützenkirchen/Jennißen Betriebskostenpraxis Rdn. 62; **a. A.** AG Tiergarten GE 1996, 1435). Teilweise wird vertreten, dass diese Kosten den sonstigen Betriebskosten zuzuordnen sind (LG Berlin GE 2007, 851; Schmid GE 2011, 1595, 1597). Danach setzt die Umlagefähigkeit eine besondere Vereinbarung im Mietvertrag voraus. In einigen Bundesländern ist vorgeschrieben, dass Abwasserleitungen auf Dichtigkeit zu überprüfen sind. Die hierdurch entstehenden Kosten sind ebenfalls nicht umlagefähig (Ruff DWW 2006, 411, 413; Kinne ZMR 2001, 1).

Ist das Gebäude nicht an das öffentliche Kanalisationssystem angeschlossen, so 27
können die Betriebskosten einer entsprechenden **nicht öffentlichen Anlage** umgelegt werden. Gemeint sind diejenigen privaten Anlagen, die zur Beseitigung des Schmutz- und Regenwassers dienen, also **Sickergruben** und **Kläranlagen**. Die zum Betrieb einer solchen Anlage erforderlichen Kosten sind umlagefähig, also Bedienungskosten, Kosten für die Reinigung der Anlage, Kosten für die Abfuhr der Sickerstoffe (AG Bergisch Gladbach WuM 1985, 369 betr. vollbiologische Kläranlagen), Kosten der Grubenentleerung (**a. A.** AG Friedberg WuM 1983, 182), Wartungskosten, Kosten für chemische oder biologische Zusatzstoffe, sowie Kosten der Überwachung und Kontrolle. Reparaturkosten gehören auch hier nicht zu den Betriebskosten. Ebenso sind nicht umlagefähig: Kosten für eine verbrauchsabhängige Abrechnung; Kosten für die Beseitigung einer Abflussverstopfung (OLG Hamm WuM 1982, 201; AG Augsburg WuM 2012, 202).

Nr. 4a: *„Die Kosten des Betriebs der zentralen Heizungsanlage einschließlich* 28
der Abgasanlage,

> *hierzu gehören die Kosten der verbrauchten Brennstoffe und ihrer Lieferung, die Kosten des Betriebsstroms, die Kosten der Bedienung, Überwachung und Pflege der Anlage, der regelmäßigen Prüfung ihrer Betriebsbereitschaft und Betriebssicherheit einschließlich der Einstellung durch eine Fachkraft, der Reinigung der Anlage und des Betriebsraums, die Kosten der Messungen nach dem Bundes-Immissionsschutzgesetz, die Kosten der Anmietung oder anderer Arten der Gebrauchsüberlassung einer Ausstattung zur Verbrauchserfassung sowie die Kosten der Verwendung einer Ausstattung zur Verbrauchserfassung einschließlich der Kosten der Berechnung und Aufteilung;"*

Eine **zentrale Heizungsanlage** liegt vor, wenn die einzelnen Räume von einem oder mehreren Wärmeerzeugern mit Wärme versorgt werden, wobei der Ort der Wärmeerzeugung vom Ort der Wärmeabgabe verschieden sein muss. Sind einzelne Wohnungen eines Mehrfamilienhauses nicht an die Zentralheizung angeschlossen, so führt dies lediglich dazu, dass auf die Mieter dieser Wohnungen keine Heizkosten (und zwar auch keine Grundkosten) umgelegt werden dürfen. Anders ist es, wenn die betreffende Wohnung zwar angeschlossen ist, der Mieter aber keine Wärme abnimmt. Hier wirkt sich das Verhalten des Mieters nur im Hinblick auf die verbrauchsabhängigen Kosten aus. Eine zentrale Heizungsanlage liegt selbst dann vor, wenn in einem Mehrfamilienhaus nur eine einzige Wohnung von einem im Keller befindlichen Wärmeerzeuger mit Wärme versorgt wird, während die übrigen Wohnungen mit Einzelöfen beheizt werden. Hier kann nichts anderes gelten als bei der Miete eines zentral beheizten Einfamilienhauses: Die Kosten der Zentralheizung müssen dann vom Mieter der beheizten Wohnung allein getragen werden. Unerheblich ist auch, ob sämtliche Räume der einzelnen Wohnungen mit Wärmeabgabestellen versehen sind. Eine Zentralheizung liegt auch dann vor, wenn in der Wohnung nur ein einziger Raum beheizbar ist. Ist der Ort der Wärmeerzeugung und der Wärmeabgabe identisch, so liegt keine Zentralheizung vor, wie zum Beispiel bei der Beheizung einer Wohnung durch einzelne bedienungsfreie Nachtspeicheröfen oder bei einer elektrischen Fußbodenheizung.

Werden **mehrere Gebäude** durch eine gemeinsame Heizungsanlage mit 29
Wärme versorgt, so kann der Vermieter in der Betriebskostenabrechnung diese Gebäude in einer Abrechnungseinheit zusammenfassen. Dies gilt auch dann, wenn die Errichtung der gemeinsamen Heizungsanlage erst im Verlauf des Mietverhältnisses erfolgt. Die Bildung der Abrechnungseinheit kann auch stillschweigend mit der Be-

§ 556 BGB Untertitel 2. Mietverhältnisse über Wohnraum

triebskostenabrechnung erfolgen; einer gesonderten vorherigen Ankündigung bedarf es nicht (BGH CuR 2011, 164).

30 **Die umlagefähigen Kosten werden durch § 7 Abs. 2 HeizkV abschließend geregelt** (BGH NJW 2009, 667 = WuM 2009, 115 = NZM 2009, 120). Abweichende Vereinbarungen sind unwirksam, weil die Bestimmungen der Heizkostenverordnung allen vertraglichen Vereinbarungen vorgehen (§ 2 HeizkostV). Der Vermieter ist verpflichtet, die Räume mit Wärmezählern oder Heizkostenverteilern auszustatten, damit die Wärme verbrauchsabhängig erfasst werden kann. Eine Ausnahme gilt in den Fällen des § 11 HeizKostV. Werden die Räume teils über Heizkörper, teils über eine Lüftungsanlage mittels vorgewärmter Luft mit Wärme versorgt, so zählen die insgesamt für die Wärmeversorgung aufgewendeten Kosten zu den Heizkosten. Die Kosten der Lüftungsheizung ohne Regulierungsfunktion kann der Vermieter nach dem Verhältnis der Nutzflächen umlegen. (OLG Frankfurt ZMR 2018, 585).

Einzelheiten: Umlagefähig sind zunächst die **Kosten der verbrauchten Brennstoffe** (Öl, Gas, Koks, Kohle) einschließlich der Kosten der Anlieferung. Zu den Brennstoffen gehören auch die üblichen Zusatzstoffe wie Reinigungsadditive usw. sowie die Kosten für das Anfeuerungsmaterial. Zu den Kosten der Anlieferung zählt weiter das am Ort übliche Trinkgeld. Für den Einkauf der Brennstoffe gilt der Wirtschaftlichkeitsgrundsatz, der allerdings nicht überspannt werden darf. Der Vermieter darf nur diejenigen Brennstoffkosten ansetzen, die ihm tatsächlich entstanden sind. War beispielsweise zu Beginn der Heizperiode ein billig eingekaufter Restbestand vorhanden und haben sich während der Heizperiode die Preise erhöht, so kann der Vermieter den Verbrauch nicht ausschließlich mit den höheren Kosten der zugekauften Brennstoffe berechnen. Vielmehr setzt sich der Verbrauch in einem solchen Fall zusammen aus dem billigen Restbestand und dem teuren Zukauf (OLG Koblenz WuM 1986, 282 = MDR 1986, 59). Umgekehrt gilt das **Prinzip „first in – first out"** auch dann, wenn der Vermieter den Tank vor Beginn des Mietverhältnisses mit Heizöl aufgefüllt hat, für das er einen hohen Preis bezahlen musste. Auch in diesem Fall kann sich der Mieter nicht darauf berufen, dass die Heizölpreise während seiner Mietzeit wesentlich niedriger waren (AG Halle ZMR 2013, 202). **Bankzinsen** und **Kontoführungsgebühren**, die in Zusammenhang mit der Heizölbeschaffung anfallen, sind keine Betriebskosten, sondern Verwaltungskosten (AG Siegburg WuM 1985, 345).

31 Der Mieter hat grundsätzlich keinen Anspruch darauf, dass eine **wirtschaftlich ungünstige Heizungsart** gegen eine vermeintlich günstigere ausgetauscht wird (z.B. Austausch der Zentralheizung gegen Fernheizung; BGH Urteil vom 31.10.2007 – VIII ZR 261/06: OLG Düsseldorf WuM 1986, 16). Arbeitet eine **Heizungsanlage** aber deshalb **unwirtschaftlich**, weil sie reparatur- oder erneuerungsbedürftig ist, oder hat das Haus eine ungenügende Wärmedämmung, oder kann die Wärmeabgabe infolge fehlerhafter Heizkörperventile nicht hinreichend gesteuert werden (AG Ahrensburg WuM 1986, 213), so stellt dies einen Mangel der Mietsache dar, der den Mieter zur Minderung berechtigt. Entstehen erhöhte Heizkosten dadurch, dass das Gebäude noch nicht ausgetrocknet ist **(Trockenheizen),** so sind die Mehrkosten vom Vermieter zu tragen. Der Umstand, dass einem einzelnen Mieter deshalb **erhöhte Heizkosten** entstehen, weil seine Wohnung **infolge der Lage im Haus** (Dachgeschoßwohnung, Eckwohnung, Parterrewohnung) intensiver beheizt werden muss als andere Wohnungen, ist beim Kostenansatz und bei der Umlage nach gegenwärtiger Rechtslage unbeachtlich (LG Berlin GE 1986, 1173; s. dazu: Philipps GW 1986, 373).

Vereinbarungen über Betriebskosten **BGB § 556**

Umlagefähig sind weiter die **Kosten des Betriebsstroms.** Dazu gehört der gesamte Strom, der zum Betrieb der Zentralheizung erforderlich ist, also der Strom für die Beleuchtung des Heizraums sowie für den Betrieb der Pumpen und Brenner. Weiter kann hier derjenige Strom erfasst werden, der für die Überwachung, Pflege und Reinigung der Anlage erforderlich ist. Nach der Rechtsprechung des BGH ist es unschädlich, wenn die Heizkostenabrechnung keine Angaben über die Kosten des Betriebsstroms enthält. Dies führt weder zu einer Unwirksamkeit der Abrechnung aus formellen Gründen noch zu einer inhaltlichen Unrichtigkeit (BGH NZM 2012, 96). Nach richtiger Ansicht sind die Kosten der Versorgung mit Wärme gem. § 6 Abs. 1 HeizkostenVO verbrauchsabhängig zu erfassen und auf die einzelnen Nutzer umzulegen. Zu den Heizkosten zählen unter anderem auch die „Kosten des Betriebsstroms" (§ 7 Abs. 2 HeizkostenVO). Hieraus folgt, dass die genannten Kosten zwingend Teil der Heizkostenabrechnung sind. Es ist nicht zulässig, die den Heizkosten zuzuordnenden Stromkosten für die Heizungsanlage als Teil des Allgemeinstroms abzurechnen. Ist ein Zwischenzähler vorhanden, so sind die Kosten für den Betriebsstrom der Heizung entsprechend dem gemessenen Verbrauch anzusetzen. Fehlt ein Zwischenzähler, so ist eine Schätzung zulässig (BGH NJW 2008, 1801 = WuM 2008, 285 = NZM 2008, 403; NZM 2017, 77). Die Wahl der Schätzmethode steht im Ermessen des Vermieters; lediglich offenkundig ungeeignete Maßstäbe scheiden aus. In der Literatur werden Schätzwerte zwischen 4% und 10% vorgeschlagen (vgl. Lammel in: Schmidt-Futterer § 7 HeizkostenV Rdn. 30; Wall, Betriebs- und Heizkostenkommentar Rdn. 5930). Bestreitet der Mieter den Schätzwert, so muss der Vermieter die Grundlagen der Schätzung offenlegen. Für das Bestreiten des Mieters reicht ein einfaches Bestreiten aus (BGH NJW 2008, 1801 = WuM 2008, 285 = NZM 2008, 403). Unterbleibt dies, so hat der Vermieter die ihm obliegende Darlegungslast nicht erfüllt. Es dürfte allerdings genügen, wenn sich der Vermieter auf die in der Literatur vorgeschlagenen Erfahrungssätze beruft. 32

Zu den **Kosten der Bedienung, Überwachung und Pflege der Anlage** gehören die insoweit anfallenden Personal- und Sachkosten. Personalkosten entstehen insbesondere bei Kokszentralheizungen (Anfeuerung, laufende Versorgung mit Koks, Entfernen der Asche und der Schlacke). Bei automatisch arbeitenden Ölzentralheizungen können in der Regel keine Personalkosten angesetzt werden, weil der insoweit entstehende Aufwand im Allgemeinen nur gering ist (AG Hamburg WuM 1986, 323, 346; AG Lüneburg MDR 1980, 937; AG Butzbach WuM 1986, 323). Eine Ausnahme gilt, wenn der Vermieter nicht selbst im Haus wohnt und er deshalb einen Dritten gegen Entgelt mit der Bedienung, Überwachung und Pflege der Anlage betraut hat (AG Mannheim DWW 1979, 68) oder wenn durch Gesetz ein Bedienungsaufwand vorgeschrieben ist. 33

Unter den **Kosten der regelmäßigen Prüfung der Betriebsbereitschaft und Betriebssicherheit** einschließlich der Einstellung durch eine Fachkraft sind die Wartungskosten zu verstehen. Von den Wartungskosten sind die Instandhaltungskosten zu unterscheiden. Die Instandhaltungskosten gehören nicht zu den Betriebskosten und sind deshalb nicht umlagefähig. Zur **Wartung der Heizungsanlage** gehört: Überprüfung der Feuerungsanlage; Zerlegung und Reinigung des Brenners einschließlich der Kosten neuer Dichtungen und Zerstäuberdüsen; Funktionsprüfungen; Probeläufe; Messungen der Abgaswerte; Einstellen von Zeituhren und Zeitprogrammen (Nachtabsenkung). Kosten der Abgaswegeuntersuchung bei einer Gasfeuerstätte nach der Kehr- und Überprüfungsordnung der jeweiligen Länder sind ebenfalls umlagefähig. Zu den nicht umlagefähigen **Instandhaltungs-** 34

§ 556 BGB

AG Augsburg WuM 1996, 98; Emmerich in: Bub/Treier Kap III Rdn. 513; Zehelein in: MünchKomm § 1 BetrKV Rdn. 10), ob sie vom ausziehenden Mieter als dem Verursacher zu tragen sind (AG Coesfeld WuM 1994, 696; Sternel Rdn. III 416), ob sich die Verteilung danach richtet, wer zur Vertragsbeendigung Anlass gegeben oder diese verschuldet hat (AG Lörrach WuM 1993, 68; AG Münster ZMR 1994, 371; Harsch WuM 1991, 521; Kinne in: Kinne/Schach/Bieber Miet- und Mietprozessrecht § 556 BGB Rdn. 141; Sternel (NZM 2020, 337, 340), ob die Kosten zeitanteilig zwischen dem aus- und dem einziehenden Mieter aufzuteilen sind (Lammel in: Schmidt-Futterer § 9b HeizKV Rdn. 15 oder ob die Kosten allen Mieter gemeinsam im Rahmen der jährlichen Abrechnung aufzuerlegen sind (AG Hagen WuM 1990, 122 [LS]; AG Oberhausen DWW 1994, 24; AG Hamburg WuM 1996, 562; Ropertz WuM 1992, 291; Schmid WuM 1992, 291; Wall in: Betriebskosten-Kommentar Rdn. 3001; Lützenkirchen in: Lützenkirchen AHB-Mietrecht 3. Aufl. L 207). Der **BGH** geht davon aus, dass zu den Betriebskosten im Sinne von § 556 Abs. 1 Satz 2 BGB, § 1 Abs. 1 BetrKV nur solche Kosten gehören, die dem Eigentümer „laufend entstehen". Die sog. Nutzerwechselgebühr falle nicht in wiederkehrenden, periodischen Zeiträumen an, sondern im Laufe eines Mietverhältnisses lediglich einmalig im Zusammenhang mit dem Auszug des Mieters. Nach dem (amtlichen) Leitsatz soll es sich um „**Verwaltungskosten**" handeln, die „in Ermangelung anderweitiger vertraglicher Regelung" dem Vermieter zur Last fallen (BGH NJW 2008, 575 = WuM 2008, 85 = NZM 2008, 123). Der amtliche Leitsatz erweckt den Eindruck, dass es möglich sei, die Nutzerwechselgebühr durch eine spezielle Vertragsregelung auf den Mieter abzuwälzen. Ordnet man diese Gebühr jedoch den Verwaltungskosten zu, so scheitert eine solche Vereinbarung bei der **Wohnungsmiete** an § 556 Abs. 1 Satz 1, Abs. 4 BGB, weil nach diesen Regelungen nur die „Betriebskosten", nicht aber die Verwaltungskosten auf den Mieter umgelegt werden können (LG Leipzig WuM 2019, 639; Bub/Bernhard NZM 2008, 513; Blank PiG 85 (2009) S. 43, 44; Zehelein in: MünchKomm § 1 BetrKV Rdn. 10; **a. A.** Schmid WuM 2008, 199, 200; NZM 2008, 762). Ausnahmsweise kann der Vermieter Anspruch auf Ersatz der Nutzerwechselgebühr haben, wenn ein Mietverhältnis auf Zeit (§ 575 BGB) oder mit vereinbartem Ausschluss der ordentlichen Kündigung vom Vermieter wegen einer Vertragsverletzung des Mieters vorzeitig gekündigt wird. In diesem Fall hat der Vermieter Anspruch auf Ersatz des Kündigungsfolgeschadens. Hierzu zählt auch die Nutzerwechselgebühr. Es empfiehlt sich in einem solchen Fall, die Nutzerwechselgebühr nicht in die Betriebskostenabrechnung einzustellen, sondern als gesonderten Schadensersatzanspruch geltend zu machen. Bei einem Mietverhältnis auf unbestimmte Zeit kann die Nutzerwechselgebühr nicht als Kündigungsfolgeschaden geltend gemacht werden, weil sich der Mieter auf rechtmäßiges Alternativverhalten berufen kann (Schmid NZM 2008, 762, 764). Bei der **Gewerbemiete** ist die Umlage von Verwaltungskosten möglich. Soll die Nutzerwechselgebühr vom Gewerbemieter getragen werden, so ist hierzu eine spezielle Regelung erforderlich. Es genügt nicht, wenn lediglich die Betriebskosten auf den Mieter umgelegt werden.

42 Für den **Arbeits- und Zeitaufwand,** der dem Vermieter im Zusammenhang mit der Heizkostenabrechnung entsteht (Zusammenstellung der Daten, Information des Messdienstes, Versendung der Heizkostenabrechnung), kann bei der Wohnungsmiete nichts angesetzt werden, da es sich insoweit ebenfalls um Verwaltungskosten handelt. Gleiches gilt für **Porti und Versandkosten.**

43 Sind **Teile der Anlage gemietet oder geleast,** so zählt das hierfür zu zahlende Entgelt nicht zu den Betriebskosten (BGH NJW 2009, 667 = NZM 2009, 120

Umlagefähig sind weiter die **Kosten des Betriebsstroms.** Dazu gehört der gesamte Strom, der zum Betrieb der Zentralheizung erforderlich ist, also der Strom für die Beleuchtung des Heizraums sowie für den Betrieb der Pumpen und Brenner. Weiter kann hier derjenige Strom erfasst werden, der für die Überwachung, Pflege und Reinigung der Anlage erforderlich ist. Nach der Rechtsprechung des BGH ist es unschädlich, wenn die Heizkostenabrechnung keine Angaben über die Kosten des Betriebsstroms enthält. Dies führt weder zu einer Unwirksamkeit der Abrechnung aus formellen Gründen noch zu einer inhaltlichen Unrichtigkeit (BGH NZM 2012, 96). Nach richtiger Ansicht sind die Kosten der Versorgung mit Wärme gem. § 6 Abs. 1 HeizkostenVO verbrauchsabhängig zu erfassen und auf die einzelnen Nutzer umzulegen. Zu den Heizkosten zählen unter anderem auch die „Kosten des Betriebsstroms" (§ 7 Abs. 2 HeizkostenVO). Hieraus folgt, dass die genannten Kosten zwingend Teil der Heizkostenabrechnung sind. Es ist nicht zulässig, die den Heizkosten zuzuordnenden Stromkosten für die Heizungsanlage als Teil des Allgemeinstroms abzurechnen. Ist ein Zwischenzähler vorhanden, so sind die Kosten für den Betriebsstrom der Heizung entsprechend dem gemessenen Verbrauch anzusetzen. Fehlt ein Zwischenzähler, so ist eine Schätzung zulässig (BGH NJW 2008, 1801 = WuM 2008, 285 = NZM 2008, 403; NZM 2017, 77). Die Wahl der Schätzmethode steht im Ermessen des Vermieters; lediglich offenkundig ungeeignete Maßstäbe scheiden aus. In der Literatur werden Schätzwerte zwischen 4% und 10% vorgeschlagen (vgl. Lammel in: Schmidt-Futterer § 7 HeizkostenV Rdn. 30; Wall, Betriebs- und Heizkostenkommentar Rdn. 5930). Bestreitet der Mieter den Schätzwert, so muss der Vermieter die Grundlagen der Schätzung offenlegen. Für das Bestreiten des Mieters reicht ein einfaches Bestreiten aus (BGH NJW 2008, 1801 = WuM 2008, 285 = NZM 2008, 403). Unterbleibt dies, so hat der Vermieter die ihm obliegende Darlegungslast nicht erfüllt. Es dürfte allerdings genügen, wenn sich der Vermieter auf die in der Literatur vorgeschlagenen Erfahrungssätze beruft.

Zu den **Kosten der Bedienung, Überwachung und Pflege der Anlage** gehören die insoweit anfallenden Personal- und Sachkosten. Personalkosten entstehen insbesondere bei Kokszentralheizungen (Anfeuerung, laufende Versorgung mit Koks, Entfernen der Asche und der Schlacke). Bei automatisch arbeitenden Ölzentralheizungen können in der Regel keine Personalkosten angesetzt werden, weil der insoweit entstehende Aufwand im Allgemeinen nur gering ist (AG Hamburg WuM 1986, 323, 346; AG Lüneburg MDR 1980, 937; AG Butzbach WuM 1986, 323). Eine Ausnahme gilt, wenn der Vermieter nicht selbst im Haus wohnt und er deshalb einen Dritten gegen Entgelt mit der Bedienung, Überwachung und Pflege der Anlage betraut hat (AG Mannheim DWW 1979, 68) oder wenn durch Gesetz ein besonderer Bedienungsaufwand vorgeschrieben ist.

Unter den **Kosten der regelmäßigen Prüfung der Betriebsbereitschaft und Betriebssicherheit** einschließlich der Einstellung durch eine Fachkraft sind die Wartungskosten zu verstehen. Von den Wartungskosten sind die Instandhaltungskosten zu unterscheiden. Die Instandhaltungskosten gehören nicht zu den Betriebskosten und sind deshalb nicht umlagefähig. Zur **Wartung der Heizungsanlage** gehört: Überprüfung der Feuerungsanlage; Zerlegung und Reinigung des Brenners einschließlich der Kosten neuer Dichtungen und Zerstäuberdüsen; Funktionsprüfungen; Probeläufe; Messungen der Abgaswerte; Einstellen von Zeituhren und Zeitprogrammen (Nachtabsenkung). Kosten der Abgaswegeuntersuchung bei einer Gasfeuerstätte nach der Kehr- und Überprüfungsordnung der jeweiligen Länder sind ebenfalls umlagefähig. Zu den nicht umlagefähigen **Instandhaltungs-**

§ 556 BGB Untertitel 2. Mietverhältnisse über Wohnraum

und Instandsetzungskosten zählen: Reparaturen aufgrund fehlerhafter Bedienung der Heizungsanlage, Reparaturkosten einer Heizungspumpe (OLG Düsseldorf NZM 2000, 762 = DWW 2000, 194); Beseitigungsmaßnahmen aufgrund fahrlässiger oder vorsätzlicher Beschädigung, sonstige Schadensbeseitigungsmaßnahmen wie etwa der Einbau einer neuen Ölpumpe (AG Waldbröl WuM 1980, 206), eines neuen Brenners, Kosten der Öltankbeschichtung (LG Frankenthal ZMR 1985, 302), Kosten des Korrosionsschutzes (AG Regensburg WuM 1995, 319). Hat der Vermieter einen **Wartungsvertrag** abgeschlossen, nach dem das Wartungsunternehmen im Zuge der Wartungsarbeiten auch sonstige Reparaturen durchzuführen hat, so müssen die für die Reparaturen anfallenden Kosten aus der Gesamtrechnung herausgenommen werden; ist eine genaue Bezifferung nicht möglich, so ist dieser Kostenanteil zu schätzen.

35   Zu den **Kosten der Reinigung der Anlage und des Betriebsraums** gehören zunächst die Kosten der Kesselreinigung. Der Begriff der Reinigung ist in einem umfassenden Sinn zu verstehen, er umfasst die Entfernung von Verbrennungsrückständen, die Entkalkung sowie die Säuberung von Schmutz. Die **Kosten der Tankreinigung** zählen nach der Rechtsprechung des BGH ebenfalls zu den Betriebskosten; sie können in dem Abrechnungszeitraum angesetzt werden, in dem sie entstanden sind (BGH NJW 2010, 226 = WuM 2010, 33 = NZM 2010, 79). Die hiervon abweichende Rechtsprechung einiger Instanzgerichte ist gegenstandslos.

Zu den Instandhaltungskosten gehören allerdings die Kosten der Erneuerung der **Beschichtung des Öltanks** (LG Frankenthal ZMR 1985, 302 = WuM 1990, 32; Wall a. a. O. Rdn. 2970; sowie die **Kosten eines neuen Anstrichs** (Lammel a. a.O Rdn. 30). Soweit für die Sauberhaltung des Zubehörs (Pumpen, Ventile, Klappen, Schieber, Lüftungseinrichtungen und Steuerungsgeräte) und der Verbindungsleitungen besondere Kosten entstehen, sind auch dies Reinigungskosten. Schließlich gehören zu den Reinigungskosten auch die Kosten der Sauberhaltung des Betriebsraums. Die Reinigung der in den einzelnen Wohnungen befindlichen Heizkörper und der Leitungen ist nach der Verkehrssitte dagegen Sache der jeweiligen Mieter.

36   Nach dem **Bundesimmissionsschutzgesetz** kann der Betreiber einer zentralen Heizungsanlage zu Messungen verpflichtet werden (§§ 27 BImmG), deren Kosten vom Betreiber der Anlage zu tragen sind (§ 30 BImmG). Diese Kosten können als Betriebskosten auf die Mieter umgelegt werden. Die Kosten der Schornsteinreinigung werden unter Ziff. 12 erfasst.

37   Umlagefähig sind schließlich die **Kosten der Anmietung oder anderer Arten der Gebrauchsüberlassung einer Ausstattung zur Verbrauchserfassung** sowie die Kosten der Verwendung einer Ausstattung zur Verbrauchserfassung einschließlich der Kosten der Berechnung und Aufteilung. Unter einer **Ausstattung zur Verbrauchserfassung** versteht der Gesetzgeber Wärmezähler und Heizkostenverteiler im Sinne von § 5 Abs. 1 der Heizkostenverordnung. Nach § 5 Abs. 1 S. 2 Heizkostenverordnung dürfen dabei, soweit nicht eichrechtliche Bestimmungen zur Anwendung kommen, nur solche Ausstattungen zur Verbrauchserfassung verwendet werden, hinsichtlich derer sachverständige Stellen bestätigt haben, dass sie den anerkannten Regeln der Technik entsprechen oder dass ihre Eignung auf andere Weise nachgewiesen wurde. Gegenwärtig gehören dazu: mechanische und elektrische Wärmezähler nach DIN 4713 Teil 4; Heizkostenverteiler nach dem Verdunstungsprinzip und Heizkostenverteiler mit elektrischer Messgrößenerfassung. Nach § 4 Abs. 2 Satz 1 HeizkV muss der Mieter den Einbau von Erfassungsgeräten

dulden. Die Vorschrift gilt nicht nur für die Erstausstattung (so LG Kassel NZM 2006, 818), sondern auch für den Austausch von herkömmlichen Messgeräten gegen Geräte mit Funkablesung (LG Heidelberg DWW 2011, 144, 145).

Der Vermieter kann die Ausstattung zur Verbrauchserfassung mieten oder kaufen. Die Mietkosten sind als Betriebskosten umlagefähig. Der Kaufpreis kann gemäß § 559 BGB auf die Mieter umgelegt werden. Die **Folgekosten,** wie etwa die Kosten der Nacheichung oder die anstelle der Nacheichung anfallenden Austauschkosten, sind als Betriebskosten umlagefähig (AG Neuss DWW 1988, 284; AG Koblenz DWW 1996, 252). Zur Anmietung ist der Vermieter nur bei Beachtung der in § 4 Abs. 2 Heizkostenverordnung geregelten Voraussetzung berechtigt. Danach muss der Vermieter seine Mietabsicht den Nutzern vorher unter Angabe der dadurch entstehenden Kosten mitteilen. Die Anmietung ist unzulässig, wenn die Mehrheit der Nutzer innerhalb eines Monats nach Zugang der Mitteilung widerspricht. Liegt eine rechtlich relevante Mehrheitsentscheidung gegen die Anmietung vor, so ist der Vermieter zwar nicht gehindert, dennoch einen Mietvertrag abzuschließen; er kann die dadurch entstehenden Kosten aber nicht auf die Mieter umlegen (LG Köln WuM 1990, 562). Gleiches gilt, wenn das Verfahren nach § 4 Abs. 2 Satz 1 Hs 2 HeizkV nicht eingehalten wird (LG Heidelberg DWW 2011, 144). Ein Widerspruch der Nutzer gegen die Anmietung hindert den Vermieter nicht am Kauf. Diese Maßnahme können die Nutzer nicht verhindern. 38

Die Kosten „andere Arten der Gebrauchsüberlassung" sind der Miete ausdrücklich gleichgestellt. Gemeint sind hier mietähnliche Vertragsformen, bei denen das Eigentum zunächst nicht auf den Vermieter übergeht (z. B. Leasing). Wird ein **Leasingvertrag** abgeschlossen, so sind die während der Grundmietzeit zu zahlenden Leasingraten als Betriebskosten umlagefähig. Gehen die Messgeräte im Anschluss hieran gegen Zahlung eines Restkaufpreises in das Eigentum des Vermieters über, so kann dieser Kaufpreis nach § 559 BGB auf die Mieter umgelegt werden. Nach dem Eigentumserwerb können selbstverständlich keine Mietkosten mehr geltend gemacht werden. **Soll ein vorhandenes Messsystem gegen ein besseres ausgetauscht werden,** so gilt folgendes: Der Vermieter kann die Mietkosten für das bessere Messsystem auf die Mieter als Betriebskosten umlegen, wenn bereits für das vorhandene Messsystem Mietkosten umlagefähig waren und die Kosten für das neue System nicht höher als bisher sind. Entstehen durch die Anmietung des besseren Systems höhere Kosten, so ist der Mehrbetrag nur umlagefähig, wenn die Voraussetzungen des § 4 Abs. 2 S. 2 HeizkostV vorliegen. Dies setzt voraus, dass der Vermieter den beabsichtigten Austausch unter Angabe der durch die Neuanschaffung entstehenden Mehrkosten mitgeteilt hat und kein rechtlich relevanter Widerspruch eingelegt wird. Der Kaufpreis für das bessere Messsystem ist nicht nach § 559 BGB umlagefähig. 39

Die **Kosten der Berechnung und Aufteilung** der Heizkosten sind nach Nr. 4a ebenfalls umlagefähig. Werden die Heizkosten mittels **Kostenverteilern nach dem Verdunstungsprinzip** abgerechnet, so sind diejenigen Kosten umlagefähig, die der Vermieter an den Messdienst für die laufende Überwachung, die Ermittlung der Verbrauchswerte, den Austausch der Röhrchen, die Aufteilung der Heizkosten auf die einzelnen Nutzer und die Erstellung der Heizkostenabrechnung (Gesamtabrechnung und Einzelabrechnung) bezahlen muss. 40

Hierzu gehören auch die **Kosten der Zwischenablesung bei einem Mieterwechsel** (Sternel NZM 2020, 337; **a. A.** BGH NZM 2008, 123; LG Leipzig WuM 2019, 639; LG Görlitz WuM 2007, 265; AG Charlottenburg WuM 2006, 36). Hier ist streitig, ob diese Kosten als Verwaltungskosten gelten und deshalb beim Vermieter verbleiben (AG Neumünster WuM 2019, 544; AG Münster WuM 1996, 231; 41

§ 556 BGB Untertitel 2. Mietverhältnisse über Wohnraum

AG Augsburg WuM 1996, 98; Emmerich in: Bub/Treier Kap III Rdn. 513; Zehelein in: MünchKomm § 1 BetrKV Rdn. 10), ob sie vom ausziehenden Mieter als dem Verursacher zu tragen sind (AG Coesfeld WuM 1994, 696; Sternel Rdn. III 416), ob sich die Verteilung danach richtet, wer zur Vertragsbeendigung Anlass gegeben oder diese verschuldet hat (AG Lörrach WuM 1993, 68; AG Münster ZMR 1994, 371; Harsch WuM 1991, 521; Kinne in: Kinne/Schach/Bieber Miet- und Mietprozessrecht § 556 BGB Rdn. 141; Sternel (NZM 2020, 337, 340), ob die Kosten zeitanteilig zwischen dem aus- und dem einziehenden Mieter aufzuteilen sind (Lammel in: Schmidt-Futterer § 9b HeizKV Rdn. 15 oder ob die Kosten allen Mieter gemeinsam im Rahmen der jährlichen Abrechnung aufzuerlegen sind (AG Hagen WuM 1990, 122 [LS]; AG Oberhausen DWW 1994, 24; AG Hamburg WuM 1996, 562; Ropertz WuM 1992, 291; Schmid WuM 1992, 291; Wall in: Betriebskosten-Kommentar Rdn. 3001; Lützenkirchen in: Lützenkirchen AHB-Mietrecht 3. Aufl. L 207). Der **BGH** geht davon aus, dass zu den Betriebskosten im Sinne von § 556 Abs. 1 Satz 2 BGB, § 1 Abs. 1 BetrKV nur solche Kosten gehören, die dem Eigentümer „laufend entstehen". Die sog. Nutzerwechselgebühr falle nicht in wiederkehrenden, periodischen Zeiträumen an, sondern im Laufe eines Mietverhältnisses lediglich einmalig im Zusammenhang mit dem Auszug des Mieters. Nach dem (amtlichen) Leitsatz soll es sich um „**Verwaltungskosten**" handeln, die „in Ermangelung anderweitiger vertraglicher Regelung" dem Vermieter zur Last fallen (BGH NJW 2008, 575 = WuM 2008, 85 = NZM 2008, 123). Der amtliche Leitsatz erweckt den Eindruck, dass es möglich sei, die Nutzerwechselgebühr durch eine spezielle Vertragsregelung auf den Mieter abzuwälzen. Ordnet man diese Gebühr jedoch den Verwaltungskosten zu, so scheitert eine solche Vereinbarung bei der **Wohnungsmiete** an § 556 Abs. 1 Satz 1, Abs. 4 BGB, weil nach diesen Regelungen nur die „Betriebskosten", nicht aber die Verwaltungskosten auf den Mieter umgelegt werden können (LG Leipzig WuM 2019, 639; Bub/Bernhard NZM 2008, 513; Blank PiG 85 (2009) S. 43, 44; Zehelein in: MünchKomm § 1 BetrKV Rdn. 10; **a. A.** Schmid WuM 2008, 199, 200; NZM 2008, 762). Ausnahmsweise kann der Vermieter Anspruch auf Ersatz der Nutzerwechselgebühr haben, wenn ein Mietverhältnis auf Zeit (§ 575 BGB) oder mit vereinbartem Ausschluss der ordentlichen Kündigung vom Vermieter wegen einer Vertragsverletzung des Mieters vorzeitig gekündigt wird. In diesem Fall hat der Vermieter Anspruch auf Ersatz des Kündigungsfolgeschadens. Hierzu zählt auch die Nutzerwechselgebühr. Es empfiehlt sich in einem solchen Fall, die Nutzerwechselgebühr nicht in die Betriebskostenabrechnung einzustellen, sondern als gesonderten Schadensersatzanspruch geltend zu machen. Bei einem Mietverhältnis auf unbestimmte Zeit kann die Nutzerwechselgebühr nicht als Kündigungsfolgeschaden geltend gemacht werden, weil sich der Mieter auf rechtmäßiges Alternativverhalten berufen kann (Schmid NZM 2008, 762, 764). Bei der **Gewerbemiete** ist die Umlage von Verwaltungskosten möglich. Soll die Nutzerwechselgebühr vom Gewerbemieter getragen werden, so ist hierzu eine spezielle Regelung erforderlich. Es genügt nicht, wenn lediglich die Betriebskosten auf den Mieter umgelegt werden.

42 Für den **Arbeits- und Zeitaufwand,** der dem Vermieter im Zusammenhang mit der Heizkostenabrechnung entsteht (Zusammenstellung der Daten, Information des Messdienstes, Versendung der Heizkostenabrechnung), kann bei der Wohnungsmiete nichts angesetzt werden, da es sich insoweit ebenfalls um Verwaltungskosten handelt. Gleiches gilt für **Porti und Versandkosten.**

43 Sind **Teile der Anlage gemietet oder geleast,** so zählt das hierfür zu zahlende Entgelt nicht zu den Betriebskosten (BGH NJW 2009, 667 = NZM 2009, 120

Vereinbarungen über Betriebskosten **BGB § 556**

betr. Leasingkosten für Brenner, Öltank und Verbindungsleitungen bei der Umstellung einer Kokszentralheizung auf eine vollautomatische Ölzentralheizung).

Zum Problem der Heizkostenerfassung durch nicht oder nicht mehr **geeichte** **43a**
Geräte s. § 556a Rdn. 8a

Ein zwischen dem Vermieter und einem Wärmemessdienst bestehender **Ver-** **43b**
trag über die Abrechnung von Heiz- und Warmwasserkosten ist als **Werkvertrag** zu bewerten. Für eine fehlerhafte Ablesung und/oder Abrechnung muss der Wärmemessdienst einstehen. Werden infolge des Abrechnungsfehlers ein Teil der Mieter zu gering und ein anderer Teil zu stark belastet, so muss der Messdienst eine neue Abrechnung erstellen (LG Berlin GE 2015, 382). Kann der Vermieter die ursprünglich begünstigten Mieter nicht mehr in Anspruch nehmen, weil die Abrechnungsfrist abgelaufen ist (s. Rdn. 193 ff), so hat der Vermieter gegenüber dem Messdienst einen Schadensersatzanspruch. Hierfür gilt die allgemeine Verjährungsfrist von 3 Jahren. Die ursprünglich benachteiligten Mieter haben gegenüber dem Vermieter einen Anspruch auf Rückzahlung der zu viel gezahlten Beträge. Der Ablauf der Einwendungsfrist (s. Rdn. 217) spielt keine Rolle, wenn die Mieter den Fehler nicht erkennen konnten. Der Vermieter ist berechtigt, die Zuvielzahlung aus Gründen der Fairness aus eigenem Antrieb auszugleichen. Soweit ihm hierdurch ein Schaden entsteht ist dieser vom Messdienst zu ersetzen (LG Berlin a. a. O.).

Nr. 4b: „*Die Kosten der zentralen Brennstoffversorgungsanlage,* **44**

hierzu gehören die Kosten der verbrauchten Brennstoffe und ihrer Lieferung, die Kosten des Betriebsstroms und die Kosten der Überwachung sowie die Kosten der Reinigung der Anlage und des Betriebsraums;"

Diese Kosten entstehen dann, wenn die Wärmeversorgung der einzelnen Wohnungen nicht durch eine Zentralheizung (dann gilt Nr. 4a), sondern durch Einzelöfen erfolgt, die über Pumpen durch einen zentralen Öltank mit Brennstoff beschickt werden. Hier sind umlagefähig: die Brennstoffkosten, die Stromkosten (für die Pumpen) die Überwachungs- und die Reinigungskosten. Wegen der Kostenansätze im Einzelnen wird auf die Ausführungen zu Nr. 4a verwiesen.

Nr. 4c: „*Die Kosten der eigenständig gewerblichen Lieferung von Wärme,* **45**
auch aus Anlagen im Sinne des Buchstabens a.

Hierzu gehören das Entgelt für die Wärmelieferung und die Kosten des Betriebs der zugehörigen Hausanlagen entsprechend Buchstabe a;"

Zu den Kosten der eigenständig gewerblichen Lieferung von Wärme zählen zunächst die Kosten der **Fernwärmeversorgung,** von der herkömmlicherweise dann gesprochen wird, wenn ein Wärmelieferant durch die von ihm betriebene Heizzentrale Gebäude oder ganze Stadtteile über ein eigenes Versorgungsnetz mit Wärme versorgt. Nichts anderes gilt, wenn eine einzelne **Wirtschaftseinheit oder mehrere Wirtschaftseinheiten** durch einen Dritten nach unternehmenswirtschaftlichen Gesichtspunkten von einem außerhalb der Wohngebäude befindlichen Heizwerk mit Wärme versorgt wird; auf die Nähe der Anlage zu dem versorgten Gebäude oder auf das Vorhandensein eines größeren Leitungsnetzes kommt es nicht an (BGH ZMR 1990, 94; ZMR 1990, 97). Eine eigenständige gewerbliche Lieferung von Wärme liegt schließlich auch dann vor, wenn die Heizanlage integrierter Bestandteil des Gebäudes ist, zu dessen ausschließlicher Wärmeversorgung die Anlage errichtet und nach wie vor bestimmt ist und die Anlage nicht vom Vermieter, sondern von einem Dritten im eigenen Namen und auf eigene Rechnung betrieben wird. Es genügt nicht, wenn der Gebäudeeigentümer lediglich Teile der Anlage mietet oder least oder wenn er die Wartung der Anlage einem Dritten überträgt. Erforderlich ist vielmehr, dass die Wärmeversorgung vollständig durch einen Dritten erfolgt. Hiervon kann nicht ausgegangen werden, wenn die Brennstoffversorgung weiterhin dem Gebäudeeigentümer obliegt (BGH NJW 2009, 667 = WuM 2009, 115 = NZM 2009, 120). Zum Entgelt für die Wärmelieferung bei der eigenständigen gewerblichen Lieferung von Wärme zählen die kompletten vom Versorgungsunternehmen berechneten Kosten einschließlich der darin enthaltenen Investitions- und Verwaltungskosten und auch der Unternehmergewinn des Lieferanten (BGH NZM 2003, 757). Es genügt, wenn in der Abrechnung über die Kosten der Fernwärme nur die verbrauchte Wärmemenge aufgeführt ist. Die Angabe der Zählerstände ist nicht erforderlich (BGH CuR 2011, 164).

45a **Preisanpassungsklauseln** in Lieferungsverträgen sind an § 24 Abs. 3 AVBFernwärmeVO zu messen (BGH NJW 2011, 3222; NJW 2014, 3016). Danach dürfen Preisänderungsklauseln nur so ausgestaltet sein, dass sie sowohl die Kostenentwicklung bei Erzeugung und Bereitstellung der Fernwärme durch das Unternehmen als auch die jeweiligen Verhältnisse auf dem Wärmemarkt angemessen berücksichtigen. Bei Unwirksamkeit einer solchen Klausel entfällt diese entgegen § 134 BGB nicht ersatzlos. Nach der Ansicht des BGH entsteht im Falle der Nichtigkeit der Preisanpassungsklausel eine Gesetzeslücke. Diese ist nach der Ansicht des BGH dahingehend zu schließen, dass der Kunde mit einer Geltendmachung der Unwirksamkeit einer Preiserhöhung ausgeschlossen ist, wenn er diese nicht innerhalb von 3 Jahren nach Zugang der betreffenden Jahresabrechnung rügt (BGH NJW 2014, 3639).

46 Für das **Wärmecontracting** gelten folgende **Grundsätze** (s. Langefeld-Wirth ZMR 1997, 165; Schmid ZMR 2002, 177; Derleder NZM 2003, 737; Langenberg WuM 2004, 375): **(1)** Die Parteien können vereinbaren, dass die Wärmelieferung durch einen Contractor erfolgt und dass die hierfür entstehenden Kosten vom Mieter zu tragen sind. In diesem Fall schuldet der Mieter als Betriebskosten die Kosten der eigenständig gewerblichen Lieferung von Wärme i. S. von § 2 Nr. 4 Buchstabe c BetrKV. Der Vermieter kann die Kosten der Wärmelieferung – wie sie vom Contractor in Rechnung gestellt werden – an den Mieter weitergeben. Diese Vereinbarung kann auch durch Formularvertrag getroffen werden. **(2)** Ebenso kann vereinbart werden, dass der Mieter mit dem Contractor einen Wärmelieferungsvertrag abzuschließen hat **(„Fullcontracting")**. Auch diese Vereinbarung kann durch Formularvertrag getroffen werden (Langenberg WuM 2004, 375). Beim Fullcontracting gehört die Wärmelieferung nicht zu den Vertragspflichten des Vermieters. Die Wärmelieferung erfolgt nicht auf Grund des Mietvertrags, sondern auf Grund des Wärmelieferungsvertrags. Über die Heizkosten muss der Contractor abrechnen, wobei die Vorschriften der HeizkostenVO zu beachten sind (§ 1 Abs. 2 Nr. 2 HeizkostenVO). Im Falle von Leistungsstörungen muss der Mieter den Contractor in Anspruch nehmen. Der Vermieter muss allerdings weiterhin dafür sorgen, dass der Vertragszweck erreicht werden kann (§ 535 Abs. 1 Satz 2 BGB). Bei der Wohnungsmiete gehört dazu die Übernahme einer Gewähr für die Beheizbarkeit der Räume. Diese Verpflichtung zählt zu den essentiellen Verpflichtungen des Vermieters von Wohnraum; sie ist deshalb nicht abdingbar. Daraus folgt, dass der Mieter im Falle von nicht behebbaren Leistungsstörungen bei der Wärmeversorgung Gewährleistungsansprüche gegen den Vermieter geltend machen kann (Derleder NZM 2003, 737, 744, WuM 2000, 3, 4). Gleiches gilt, wenn dem Mieter die Inanspruchnahme des Contractors nicht zuzumuten ist. **(3)** Ist im Mietvertrag vereinbart, dass der Mieter „die Betriebskosten im Sinne der Betriebskostenverordnung" oder „die Heizkosten" zu tragen hat, so ist zu unterscheiden: Erfolgt die Wärmeversorgung im Zeitpunkt des Vertragsschlusses durch den Contractor, so hat der Mieter Betriebskosten nach § 2 Nr. 4 Buchstabe c BetrKV zu tragen. Wird das Gebäude durch eine Zentralheizung mit Wärme versorgt, so schuldet der Mieter Betriebskosten nach § 2 Nr. 4 Buchstabe a BetrKV.

Der Mieter muss die **Umstellung von der Zentralheizung auf Wärmecontracting** dulden, wenn die Voraussetzungen der §§ 555b vorliegen. Die geänderten Betriebskosten kann der Vermieter unter den Voraussetzungen des § 556c auf den Mieter umlegen (s. dort). Für die **Umstellung der Zentralheizung auf Fernwärme** gelten dieselben Grundsätze 47

> **Nr. 4d:** *„Die Kosten der Reinigung und Wartung von Etagenheizungen und Gaseinzelfeuerstätten,* 48
>
> *hierzu gehören die Kosten der Beseitigung von Wasserablagerungen und Verbrennungsrückständen in der Anlage, die Kosten der regelmäßigen Prüfung der Betriebsbereitschaft und Betriebssicherheit und der damit zusammenhängenden Einstellung durch eine Fachkraft sowie die Kosten der Messungen nach dem Bundes-Immissionsschutzgesetz;"*

Eine **Etagenheizung** ist eine Heizanlage, durch die eine einzelne Wohnung mit Wärme versorgt wird. Der Verordnungsgeber geht davon aus, dass der Betrieb solcher Heizanlagen aufgrund der mietvertraglichen Vereinbarungen unmittelbar durch den Mieter und auf dessen Kosten erfolgt. Deshalb muss der Mieter den Brennstoff beschaffen und die Anlage auf eigene Kosten betreiben. Die Bezahlung der Stromkosten, die Pflege, die Bedienung und die Reinigung der Anlage sind deshalb Sache des Mieters. Insoweit gilt nichts anderes als bei der Vermietung einer Wohnung, die mit vermietereigenen Einzelöfen ausgestattet ist. Für die Beseitigung von Wasserablagerungen (Entkalkung) und Verbrennungsrückständen, für die Durchführung einer regelmäßigen Prüfung der Betriebsbereitschaft und Betriebssicherheit und der damit zusammenhängenden Einstellung durch eine Fachkraft sowie die Kosten der Messungen nach dem Bundesimmissionsschutzgesetz soll dagegen nach § 536 BGB der Vermieter zuständig sein. Die insoweit entstehenden Kosten sind umlagefähig (**a. A.** für Immissionsmessung bei einer Gasetagenheizung: AG Köln WuM 1985, 370). Allerdings setzt die Umlage eine hinreichend klare Vereinbarung voraus (AG Braunschweig WuM 1985, 345).

Die Kosten für die **Überprüfung der Gasleitungen** zählen zu den Betriebskosten. Nach den „Technischen Regeln für Gasinstallationen" sind die Leitungen einmal jährlich einer Sichtkontrolle zu unterziehen. Die Dichtigkeit muss alle 12 Jahre durch ein Installationsunternehmen überprüft werden. Bei kürzeren Prüfterminen liegt ein Verstoß gegen den Wirtschaftlichkeitsgrundsatz vor (AG Köln GE 2011, 1163). Lässt der Vermieter die vom Keller zur Mieterwohnung führende Gasleitung auf Dichtigkeit überprüfen, so können die hierdurch entstehenden Kosten allerdings nicht als Betriebskosten auf den Mieter umgelegt werden, weil die außerhalb der Mietwohnung liegenden Leitungen nicht Teil der Etagenheizung sind (AG Trier WuM 2008, 598). Wegen der Einzelheiten wird auf Nr. 4a verwiesen. 49

Unter einer **Gaseinzelfeuerstätte** ist ein mit Gas betriebener Wärmeerzeuger zu verstehen, der eine einzelne Wohnung mit Wärme versorgt. Umlagefähig sind dieselben Kosten wie bei der Etagenheizung. Außerdem können die Kosten der 50

§ 556 BGB — Untertitel 2. Mietverhältnisse über Wohnraum

Abgaswegeuntersuchung nach der Kehr- und Überprüfungsordnung der jeweiligen Länder auf den Mieter umgelegt werden (Ruff DWW 2006, 411, 412).

51 Nr. 5a: *„Die Kosten des Betriebs der zentralen Warmwasserversorgungsanlage,*

hierzu gehören die Kosten der Wasserversorgung entsprechend Nummer 2, soweit sie nicht dort bereits berücksichtigt sind, und die Kosten der Wassererwärmung entsprechend Nummer 4 Buchstabe a;"

Ansatzfähig sind zunächst die **Kosten des Frischwassers.** Der Vermieter hat dabei die Wahl: er kann zum einen die gesamten Frischwasserkosten unter Nr. 2 erfassen und nach einem mietvertraglich vereinbarten oder billigen Verteilungsschlüssel (nach Kopfteilen, nach dem Verhältnis der Wohnfläche, nach dem Verhältnis der Zapfstellen usw.) umlegen. Werden die für die Erzeugung des Warmwassers entstehenden Frischwasserkosten gesondert über Wasserzähler erfasst, so müssen diese Kosten gemäß § 8 HeizkostenVO verbrauchsabhängig umgelegt werden. Der Umfang der ansatzfähigen Kosten richtet sich in beiden Fällen nach Nr. 2. Haupt- und Zwischenzähler zur Messung des Warmwasserverbrauchs müssen geeicht sein. Die Verwendung nicht geeichter Zähler ist nach §§ 31 Abs. 1 Satz 1, 37 Abs. 1, 60 Abs. 1 Nr. 14 MessEG ausdrücklich verboten.

52 Hieraus wird teilweise abgeleitet, dass ein **ungeeichter oder nicht mehr geeichter Wasserzähler** zur Feststellung des tatsächlichen Wasserverbrauchs ungeeignet ist (BayObLG WuM 2005, 479; OVG Münster NZM 2005, 773; Langenberg in: Schmidt-Futterer § 556 BGB Rdn. 116; Lammel WuM 2015, 531). Ist dies nicht der Fall, liegt keine ordnungsgemäße Erfassung vor). Der BGH (NJW 2011, 598 = WuM 2011, 21 = NZM 2011, 117) differenziert: Bei einem geeichten Zähler spricht eine tatsächliche Vermutung für die Richtigkeit des Messwertes; dem Mieter steht es offen, das Messergebnis dadurch zu entkräften, dass er den Gegenbeweis führt. Bei einem ungeeichten oder nicht mehr geeichten Zähler gilt diese Vermutung nicht. Hier muss der Vermieter beweisen, dass der Zähler trotz fehlender Eichung ein zutreffendes Messergebnis anzeigt. Diesen Beweis kann der Vermieter dadurch führen, dass er den Zähler durch eine anerkannte Stelle überprüfen lässt. Nach richtiger Ansicht dürfen die Werte nicht geeichter Geräte nicht verwendet werden (Lammel WuM 2015, 531, 534). Vielmehr ist nach dem Flächenmaßstab abzurechnen.

53 Weiter sind umlagefähig die **Kosten der Wassererwärmung.** Hierzu gehören die unter Nr. 4a behandelten Kosten.

54 Nr. 5b: *„Die Kosten der eigenständig gewerblichen Lieferung von Warmwasser, auch aus Anlagen im Sinne des Buchstabens a,*

hierzu gehören das Entgelt für die Lieferung des Warmwassers und die Kosten des Betriebs der zugehörigen Hausanlagen entsprechend Nummer 4 Buchstabe a;"

Siehe dazu die Erläuterungen zu Nr. 4c.

55 Nr. 5c: *„Die Kosten der Reinigung und Wartung von Warmwassergeräten,*

hierzu gehören die Kosten der Beseitigung von Wasserablagerungen und Verbrennungsrückständen im Innern der Geräte sowie die Kosten der regelmäßigen Prüfung der Betriebsbereitschaft und Betriebssicherheit und der damit zusammenhängenden Einstellung durch eine Fachkraft;"

Eine **zentrale Warmwasserversorgungsanlage im Sinne der Nr. 5 a** liegt nur dann vor, wenn durch den Warmwassererzeuger mehrere Wohnungen mit Warmwasser versorgt werden. Geschieht die Versorgung dezentral mit Einzelgeräten, so geht der Verordnungsgeber davon aus, dass die Frischwasserkosten über Nr. 2 erfasst und umgelegt werden, weiter: dass die Strom- oder Gaskosten, die zum Betrieb der Geräte erforderlich sind, aufgrund der mietvertraglichen Vereinbarungen von den Mietern selbst getragen werden und schließlich: dass auch die Pflege und Reinigung des äußeren Geräts Sache der Mieter ist. Die Kosten der Beseitigung von Wasserablagerungen und Verbrennungsrückständen im Innern der Geräte sowie die Kosten der regelmäßigen Prüfung der Betriebsbereitschaft und Betriebssicherheit und der damit zusammenhängenden Einstellung durch eine Fachkraft fallen dagegen zunächst dem Vermieter zur Last. Dieser muss die betreffenden Arbeiten veranlassen und kann dann die Kosten als Betriebskosten an den Mieter weitergeben.

Nr. 6: „*Die Kosten verbundener Heizungs- und Warmwasserversorgungsanlagen* 56

a) bei zentralen Heizungsanlagen entsprechend Nummer 4 Buchstabe a und entsprechend Nummer 2, soweit sie nicht dort bereits berücksichtigt sind.

oder

b) bei der eigenständig gewerblichen Lieferung von Wärme entsprechend Nummer 4 Buchstabe c und entsprechend Nummer 2, soweit sie nicht dort bereits berücksichtigt sind,

oder

c) bei verbundenen Etagenheizungen und Warmwasserversorgungsanlagen entsprechend Nummer 4 Buchstabe d und entsprechend Nummer 2, soweit sie nicht dort bereits berücksichtigt sind;"

Damit sind solche Anlagen gemeint, durch die sowohl Heizwärme als auch Warmwasser erzeugt wird, ohne dass der jeweilige Kostenaufwand genau ermittelt und entsprechend den Nr. 4 und 5 aufgeteilt werden könnte. Bei solchen Anlagen sind die Gesamtkosten entsprechend Nr. 4 und 5 zu ermitteln und umzulegen.

Nach § 9 HeizkostV sind die für die Wärmeerzeugung und die für die Warm- 57 wasserbereitung erforderlichen Kosten getrennt zu ermitteln, wobei die **Aufteilung** bei verbundenen Anlagen **nach einer in § 9 Abs. 2 und 3 HeizkostV enthaltenen Formel** erfolgen kann. Diese Formel muss in der Betriebskostenabrechnung nicht erläutert werden (BGH NJW 2005, 3135 = WuM 2005, 579 = NZM 2005, 737; NJW 2012, 603 = WuM 2012, 25 = NZM 2012, 153). Dies beruht auf der Erwägung, dass bei der Verwendung einer gesetzlich vorgesehenen Berechnungsformel eventuelle Verständnisprobleme nicht dem Vermieter zuzurechnen sind. In § 9 Abs. 1 Satz 3 HeizkostenV ist in diesem Zusammenhang geregelt, dass Kosten, die nur für die Warmwasserbereitung entstanden sind, gesondert erfasst und den einheitlich entstanden Kosten hinzuzurechnen sind. Hierzu gehören insbesondere die Kosten der Miete für die Warmwasserzähler. Insoweit genügt es, wenn der Mieter auf Grund des Zahlenwerks erkennen kann, dass die Abrechnung den Vorgaben der HeizkostenV entspricht; auch insoweit ist nicht erforderlich, dass die einzelnen Rechenschritte in der Abrechnung erläutert werden (BGH NJW 2012, 603 = WuM 2012, 25 = NZM 2012, 153).

§ 556 BGB   Untertitel 2. Mietverhältnisse über Wohnraum

58   Nr. 7: *„Die Kosten des Betriebs des Personen- oder Lastenaufzugs,*

hierzu gehören die Kosten des Betriebsstroms, die Kosten der Beaufsichtigung, der Bedienung, Überwachung und Pflege der Anlage, der regelmäßigen Prüfung ihrer Betriebsbereitschaft und Betriebssicherheit einschließlich der Einstellung durch eine Fachkraft sowie die Kosten der Reinigung der Anlage;"

Zu den **Kosten des Betriebsstroms** zählt auch der Strom für die Beleuchtung. Zur **Überwachung und Pflege** der Anlage gehören das regelmäßige Abschmieren der mechanischen Teile und das Säubern der elektrischen Kontakte. Der Ersatz schadhafter Teile (Kontakte, Kontrolllampen, Schalter usw.) ist Instandhaltung oder Instandsetzung; die hierfür entstehenden Kosten sind nicht umlagefähig. Ebenso zählen zu den **Instandhaltungskosten:** Material und Lohn für die Erneuerung von Verschleißteilen (Treibscheibe, Seile, Motor, Maschine und dergl.); die Behebung von Ausfällen, die durch den Gebrauch der Anlage entstehen und die ohne oder mit geringen Verschleißteilen behoben werden können; kleine Ersatzteile (LG Duisburg WuM 2004, 717). Kann eine Störung durch Wartungsarbeiten behoben werden, so handelt es sich um Betriebskosten (LG Duisburg WuM 2004, 717). Aufzugsanlagen müssen nach den Vorschriften der Betriebssicherheitsverordnung vom 27.9.2002 (BGBl I S. 3777 – BetrSichV –) regelmäßig überprüft werden. Im Abstand von zwei Jahren ist eine **Betriebsprüfung** erforderlich. Zwischen diesen Prüfterminen sind Aufzugsanlagen daraufhin zu überprüfen, ob sie ordnungsgemäß betrieben werden können und ob sich die Tragmittel in ordnungsgemäßem Zustand befinden (§§ 1 Abs. 2 Nr. 2, § 15 Abs. 13 BetrSichV). Die hierdurch entstehenden Kosten sind umlagefähig. Schließlich sind umlagefähig: die Kosten der regelmäßigen **Reinigung** des technischen Teils der Anlage (also des Motorraums, des Fahrstuhlschachtes und der äußeren Teile des Fahrstuhlkorbs). Hat der Vermieter mit einer Fachfirma einen **Wartungsvertrag** zu einem Preis abgeschlossen, in dem auch die Durchführung von Instandhaltungen und Instandsetzungen enthalten sind, so muss der Gesamtpreis aufgegliedert werden in einen Betriebskostenanteil und einen Instandhaltungsanteil, weil nur die erstgenannte Kostengruppe umlagefähig ist. Ist eine exakte Aufgliederung nicht möglich, so muss der Betriebskostenanteil geschätzt werden. **Grundlage der Schätzung** ist die Leistungsbeschreibung des Wartungsunternehmens. Diese muss der Vermieter vorlegen und erläutern (**a. A.** OLG Düsseldorf MDR 2012, 1025: danach muss der Mieter einwenden, dass in den Aufzugskosten auch Instandhaltungsanteile enthalten sind). Die Rechtsprechung geht von Instandhaltungsanteilen zwischen 20% und 50% aus (LG Berlin GE 1990, 655: 20%; GE 1986, 1121: 25%; GE 1988, 463: 35%; LG Hamburg GE 2001, 992: 37%; LG Aachen DWW 1993, 42 und AG Bruchsal WuM 1988, 62: 40%; LG Duisburg WuM 2004, 718: zwischen 40% und 50%; LG Essen WuM 1991, 702 und AG München WuM 1978, 87: 50%).

59   Nr. 8: *„Die Kosten der Straßenreinigung und Müllbeseitigung,*

zu den Kosten der Straßenreinigung gehören die für die öffentliche Straßenreinigung zu entrichtenden Gebühren und die Kosten entsprechender nicht öffentlicher Maßnahmen; zu den Kosten der Müllbeseitigung gehören namentlich die für die Müllabfuhr zu entrichtenden Gebühren, die Kosten entsprechender nicht öffentlicher Maßnahmen, die Kosten des Betriebs von Müllkompressoren, Müllschluckern, Müllabsauganlagen sowie des Betriebs von Müllmengenerfassungsanlagen einschließlich der Kosten der Berechnung und Aufteilung;"

Unter den **Begriff der Straßenreinigung** fällt die Streupflicht bei Glätte, die Beseitigung von Schnee (AG Schöneberg GE 1985, 1035) und Laub (AG Tiergarten GE 1996, 1435) sowie die allgemeine Säuberung der öffentlichen Fußgängerwege und der Straßen, die an das Grundstück angrenzen. Die Straßen- oder Wegereinigungspflicht wird unterschiedlich in den einzelnen Straßengesetzen der Länder geregelt (Horst ZMR 1967, 67). Wird sie von der Gemeinde durchgeführt, so ist regelmäßig durch kommunale Satzung ein Benutzungszwang vorgeschrieben. Die nach der Gebührensatzung zu entrichtenden Gebühren können als Betriebskosten auf die Mieter umgelegt werden. Wird die Straßenreinigungspflicht ganz oder teilweise auf die Anlieger übertragen, so sind folgende Kosten umlegbar: Kosten der Arbeitsleistung (Fremdkosten und – falls die Straßenreinigung gegen einen Mietnachlass von einem der Mieter durchgeführt wird –, der Mietnachlass unter Einbeziehung des Verpflichteten); Reinigungsmittel; Streugut; Wartungskosten; Kosten der Treibstoffe. Nicht umlegbar sind: Kosten der Anschaffung der Reinigungsgeräte, Reparaturkosten. Eine Aufteilung nach Wohn- und Geschäftsräumen ist nur dann erforderlich, wenn wegen der Geschäftsräume erheblich höhere Reinigungskosten entstehen (Schmid ZMR 2012, 337).

Zu den **Kosten der Müllbeseitigung** gehören diejenigen Kosten, die zur Be- 60 seitigung des regelmäßig anfallenden Mülls entstehen. Dazu zählt nicht nur die Beseitigung des Hausmülls, sondern auch die Abfuhr von Gartenabfällen, „Biomüll" etc. sowie der Verbrennungsrückstände von koksbetriebenen Zentralheizungen. Soweit die Müllabfuhr von der Gemeinde oder einem privaten Unternehmen betrieben wird, sind die hierfür zu zahlenden Gebühren oder Kosten umlagefähig. Trinkgelder für die Müllleute sind üblich und deshalb ebenfalls ansatzfähig (**a. A.** Schmid WuM 2015, 395, 398). Soweit der Müll vom Vermieter abgefahren wird (Gartenmüll, Schlacke) können die insoweit entstehenden Kosten (Personal- und Betriebskosten für das Fahrzeug) angesetzt werden. Die Betriebskosten eines Müllschluckers oder einer maschinellen Müllbeseitigungsanlage fallen ebenfalls unter Nr. 8. Werden durch den Einsatz eines Unternehmers Müllgebühren gespart, so sind auch diese Kosten umlagefähig (AG Mainz WuM 2003, 450; AG Bad Schwalbach ZMR 2019, 409; AG Frankfurt MietRB 2017, 249; AG Spander MM 2014 718 S. 38; siehe auch Rdn. 62a). Die Kosten für die Anschaffung von Mülltonnen sind nicht umlagefähig weil es sich nicht um „laufend" entstehende Kosten handelt. Anders ist es, wenn der Vermieter die Müllbehälter gemietet hat; die Mietkosten zählen dann zu den Betriebskosten (AG Oranienburg GE 2016, 735; Meyer-Abich NZM 2017, 745, 747).

Die Kosten für die **Beseitigung von Sperrmüll** zählen ebenfalls zu den Kosten 61 der Müllbeseitigung. Nach § 1 BetrkV setzt die Umlagefähigkeit weiter voraus, dass die Kosten durch den bestimmungsmäßigen Gebrauch des Grundstücks laufend entstehen. Für den Anfall und die Beseitigung von Sperrmüll bedeutet dies, dass die hierfür entstehenden Kosten jedenfalls dann zu den Betriebskosten zählen, wenn der Vermieter für die Ablagerung von Sperrmüll geeignete Räume oder Flächen zur Verfügung stellt. In diesem Fall ist die Lagerung des Sperrmülls durch die Mieter vertragsgemäß. Die durch die regelmäßige Abfuhr entstehenden Kosten sind durch den bestimmungsmäßigen Gebrauch der Einrichtung verursacht und deshalb als Betriebskosten zu bewerten.

Fraglich ist, ob die **regelmäßige Abfuhr von vertragswidrig abgelagertem** 62 **Müll** ebenfalls zu den Betriebskosten zählt. In Rechtsprechung und Literatur wird dies teilweise bejaht (Langenberg in: Schmidt-Futterer § 556 BGB Rdn. 146; Schmid Handbuch der Mietnebenkosten Rdn. 5174; Zehelein in: MünchKomm

§ 556 BGB Untertitel 2. Mietverhältnisse über Wohnraum

§ 2 BetrkV Rdn. 44), teilweise verneint (LG Siegen WuM 1992, 630; AG Trier WuM 1999, 551; Blank PiG 85 (2009) S. 43, 47). Überwiegend wird vertreten, dass die Kosten der Beseitigung von vertragswidrig abgelagertem Sperrmüll nur umlagefähig sind, wenn es dem Vermieter nicht gelingt oder nicht zugemutet werden kann, den Verursacher zu ermitteln (LG Berlin GE 2002, 595; GE 2001, 1469; Artz in: Staudinger § 556 BGB Rdn. 33; Sternel Mietrecht aktuell (2009) Rdn. V 67; Kinne in: Kinne/Schach/Bieber Miet- und Mietprozessrecht § 556 BGB Rdn. 168; Wall in: Betriebskosten-Kommentar Rdn. 3452). Der **BGH** (NJW 2010, 1198 = WuM 2010, 153 = NZM 2010, 274) folgt – ohne weitere Begründung – der erstgenannten Ansicht. Danach spielt es keine Rolle, ob der Sperrmüll vertragsgemäß oder vertragswidrig abgelagert wird. Unbeachtlich ist auch, ob die Ablagerung durch die Mieter oder durch rechtswidrig handelnde Dritte erfolgt. Erforderlich ist allein, dass der Vermieter für eine regelmäßige – nicht notwendig jährliche – Beseitigung sorgt. Zur Frage, ob der Vermieter in den Fällen der vertragswidrigen Ablagerung von Sperrmüll Abwehrmaßnahmen ergreifen und ob er gegebenenfalls zunächst den Verursacher ermitteln muss, hat der BGH nicht Stellung genommen. Man wird entsprechende Maßnahmen aus dem Wirtschaftlichkeitsgrundsatz (§ 556 Abs. 3 BGB) herleiten können. Hieraus folgt eine vertragliche Nebenpflicht des Vermieters zu einer zumutbaren Kostenbegrenzung. Können die Kosten der Müllbeseitigung erheblich gesenkt werden, wenn der Vermieter zusätzliche Wertstoff- und Papiertonnen aufstellt, so liegt ein Verstoß gegen den Wirtschaftlichkeitsgrundsatz vor, wenn der Vermieter auf diese Möglichkeit der Kostenreduzierung verzichtet (LG Berlin GE 2016, 724). Aus der Verletzung dieser Pflicht kann sich ein Schadensersatzanspruch des Mieters auf Freistellung von der betreffenden Kostenposition ergeben. Dieselben Grundsätze gelten für Zusatzkosten, die deshalb entstehen, weil die Mieter eine vom Entsorger vorgesehene **Mülltrennung** nicht vornehmen. Die Kosten für die Beseitigung von **Sondermüll** (z. B. **Bauschutt**) sind nicht umlagefähig.

62a Hat der Vermieter ein Unternehmen mit der Organisation der Erfassung und Beseitigung des Mülls beauftragt (sog. **„Müllmanagement"/„Abfallmanagement"**) so sind die hierdurch entstandenen Kosten umlagefähig, wenn die betreffenden Leistungen des Unternehmens vom Betriebskostenbegriff erfasst werden (s. hierzu Semtek NZM 2017, 721). Hierzu zählen **(1)** Maßnahmen zur Überprüfung der Wertstofftrennung. **(2)** die Reinigung des Müllplatzes. **(3)** Der Betrieb von Anlagen und Einrichtungen zur verbrauchsabhängigen Erfassung der Müllmenge **(4)** die Sperrmüllbeseitigung. Problematisch ist lediglich die Umlagefähigkeit der Kosten von Maßnahmen zur Überprüfung der Wertstofftrennung, weil eine unterlassene Wertstofftrennung nicht auf den „bestimmungsgemäßen Gebrauch" des Grundstücks, sondern auf einem fehlerhaften Verhalten der Mieter beruht. Deshalb ist zweifelhaft ob eine Maßnahme zur Verhinderung eines solchen Verhaltens vom Betriebskostenbegriff erfasst wird. Allerdings hat der BGH zur Umlagefähigkeit der Kosten für die Beseitigung von vertragswidrig abgelagertem Sperrmüll entschieden, dass die Kosten gleichwohl umlagefähig sind (s. Rdn. 62). Nichts anderes kann für Maßnahmen zur Verhinderung von vertragswidrigem Verhalten der Mieter bei der Abfallerfassung gelten (Semtek a. a. O.). Ein Verstoß gegen den Grundsatz der Wirtschaftlichkeit wird nur selten vorliegen. Beratungstätigkeiten sind Verwaltungstätigkeiten und keine Betriebskosten. Sie sind deshalb nicht umlegungsfähig (Schmid WuM 2015, 395, 397; Semtek a. a. O.). Für die Umlagefähigkeit genügt es, wenn im Mietvertrag vereinbart ist, dass der Mieter die Betriebskosten zu tragen hat (Semtek a.a.O.); eine besondere

Vereinbarung ist nicht erforderlich (**a. A.** Schmid a. a. O.). Die in der Vorauflage vertretene Ansicht wird aufgegeben.

Unter einer **Müllmengenerfassungsanlage** ist eine Einrichtung zu verstehen, 63 durch die der in den jeweiligen Haushalten anfallende Müll nach Gewicht oder Volumen erfasst werden kann. Ist eine solche Einrichtung vorhanden, so müssen die Müllbeseitigungskosten nach den erfassten Anteilen umgelegt werden (§ 556a Abs. 1 Satz 2 BGB). Die Kosten des Betriebs der Müllmengenerfassungsanlage einschließlich der Kosten der Berechnung und Aufteilung sind dann ebenfalls umlagefähig. Im Falle eines **Mieterwechsels** vor Ablauf der Abrechnungsperiode ist eine Zwischenablesung erforderlich. Wegen dieser Kosten s. Rdn. 41.

Nr. 9: „*Die Kosten der Gebäudereinigung und Ungezieferbekämpfung,* 64

zu den Kosten der Gebäudereinigung gehören die Kosten für die Säuberung der von den Bewohnern gemeinsam benutzten Gebäudeteile, wie Zugänge, Flure, Treppen, Keller, Bodenräume, Waschküchen, Fahrkorb des Aufzugs;"

Unter dem **Begriff der Gebäudereinigung** im Sinne der Nr. 9 ist nur die regelmäßige Reinigung zu verstehen. Besondere Reinigungsmaßnahmen im Anschluss an Bauarbeiten oder im Zusammenhang mit einem Wohnungsumzug sind keine Betriebskosten. Insoweit fehlt es am Merkmal der laufenden Entstehung. Gegenstand der Reinigung sind die in Nr. 9 ausdrücklich genannten Gebäudeteile. Die Aufzählung ist nicht abschließend. Es muss sich allerdings um Gebäudeteile handeln, die von den Mietern „gemeinsam benutzt" werden. In der Rechtsprechung und Literatur wird vertreten, dass die **Reinigung sonstiger Gebäudeteile** von § 2 Nr. 17 BetrKV erfasst wird. Dies soll für die Reinigung von Dachrinnen (BGH WuM 2004, 290), Fassaden (Wall in: Eisenschmid/Wall Betriebskostenkommentar Rdn. 3502; Schmid WuM 2011, 659), Glasdächer, Jalousien und Lichtschächte (Schmid a.a.O.) gelten. Die Beseitigung von Verschmutzungen, die durch rechtswidriges Verhalten verursacht worden sind (z. B. verschüttete Flüssigkeiten, Schmiereinen, Erbrochenes, Vandalismusschäden, Graffiti) zählen nach der hier vertretenen Auffassung nicht zu den Betriebskosten, weil die insoweit entstehenden Kosten nicht durch den bestimmungsmäßigen Gebrauch des Grundstücks entstehen (ebenso OLG Düsseldorf MDR 2012, 1025 betr. Graffiti; Schmid WuM 2011, 659, 660; im Ergebnis ebenso LG Berlin GE 2016, 724: danach zählen die Kosten für die Entfernung von Graffiti zu den nicht umlagefähigen Instandhaltungs- und Instandsetzungskosten; **a. A.** BGH WuM 2010, 153 betr. Sperrmüll; AG Berlin-Mitte GE 2007, 1259 m. zust. Anm. Warnecke WuM 2008, 273: danach sind die Kosten der Beseitigung von Graffiti-Verunreinigungen Betriebskosten, wenn diese Maßnahme regelmäßig anfällt). Zum Teil wird vertreten, dass die Kosten der Reinigung verschmutzter Gebäudeteile als sonstige Betriebskosten umlagefähig sind, wenn es sich um eine sich *wiederholende* Reinigung handelt (Meyer-Abich NZM 2017, 745, 748).

Unter Reinigung im Sinne der Nr. 9 sind nur die haushaltsüblichen 65 **Säuberungsmaßnahmen zu verstehen,** also das Putzen, Staubwischen, Kehren, Fegen, Fenster-Reinigen, Wachsen, Bohnern usw. Hierzu zählen die Personalkosten (Reinigungspersonal) und die Sachkosten (Putzmittel, Kosten für Streugut, Betriebskosten für Reinigungsgeräte). Wird ein Reinigungsunternehmen mit der Hausreinigung beauftragt, so sind die hierfür entstehenden Kosten ansatzfähig. Lässt der Vermieter die Hausreinigung durch ein Eigen-Unternehmen durchführen, deren Geschäftsführer er ist, so genügt es, wenn er zum Beleg für die Hausreinigungskosten eine Rechnung des Unternehmens vorlegt (**a. A.** LG Bremen ZMR 2012,

549: der Mieter müsse die Möglichkeit haben die Angemessenheit der Rechnung zu überprüfen). Werden unüblich hohe Kosten berechnet, so verstößt dies gegen den Wirtschaftlichkeitsgrundsatz. Nach der Rechtsprechung des BGH muss dies der Mieter darlegen und beweisen (s. Rdn. 154).

66 **Nicht zur Reinigung gehören** Maler- und Tapezierarbeiten, die Versiegelung von Fußböden oder Treppenstufen (AG Hamburg WuM 1995, 652), oder das Abbeizen von Holztüren. Dies gilt auch dann, wenn diese Arbeiten nur wegen einer starken Verschmutzung erforderlich sind. Gleiches gilt für das Spänen von Holzböden oder -treppen und für die Behandlung von Wandflächen mit Sandstrahlern. Hierbei handelt es sich um Instandhaltungsarbeiten. Die Anschaffungskosten für Reinigungsgeräte sind ebenfalls nicht ansatzfähig.

67 **Der Vermieter kann die Reinigungspflicht auf einen oder auf alle Mieter übertragen.** Erfolgt die Übertragung auf einen Mieter gegen Entgelt (das auch in einem Mietnachlass bestehen kann), so kann der Vermieter diese Kosten als Betriebskosten auf die übrigen Mieter umlegen (Schmid WuM 2008, 631). Sind alle Mieter turnusmäßig zur Durchführung der Hausreinigung verpflichtet, so entstehen insoweit keine umlagefähigen Betriebskosten. **Wird die Reinigungspflicht von einzelnen Mietern nicht oder schlecht erfüllt, so stehen dem Vermieter Erfüllungs- und Schadensersatzansprüche zu.** Es wird allerdings auch die Ansicht vertreten, dass der Vermieter nach § 242 BGB einen Anspruch auf Vertragsänderung hat, wenn es „ständig zu erheblichen Unzuträglichkeiten kommt" (Schmid WuM 2009, 487, 490). Dies ist zweifelhaft, weil dadurch auch die vertragstreuen Mieter mit höheren Kosten belastet werden. Ein im Mietvertrag vereinbartes Änderungsrecht verstößt gegen § 308 Nr. 4 BGB (**a. A.** Schmid WuM 2009, 487, 490).

68 **Kosten der Ungezieferbekämpfung** (Bekämpfung von Mäusen, Ratten, Ameisen, Schaben usw.) sind dann ansatzfähig, wenn solche Maßnahmen wegen der Lage des Hauses oder der Eigenart der dort untergebrachten Gewerbebetriebe oder aus sonstigen Gründen laufend entstehen (vorbeugende Ungezieferbekämpfung). Die Kosten für die Beseitigung eines Wespennestes zählen nicht dazu (AG München WuM 2011, 629). Mehrkosten infolge einer behördlichen Ersatzvornahme sind nicht umlagefähig (AG Frankfurt WuM 1989, 171). Die Ungezieferbekämpfung ist ein Unterfall der Gebäudereinigung. Dies hat zur Folge, dass nur solche Bekämpfungsmaßnahmen ansatzfähig sind, die in den gemeinschaftlich genutzten Gebäudeteilen anfallen. Ist der Ungezieferbefall in den Gemeinschaftsflächen auf Ungeziefer in einzelnen Mieträumen zurückzuführen, so muss die Ungezieferbekämpfung auf die betreffenden Räume ausgedehnt werden. Hierbei handelt es sich ebenfalls um Betriebskosten. Die Regelung in § 2 Nr. 9 der BetrKV ist nämlich dahingehend zu verstehen, dass zu den umlagefähigen Kosten alles gehört, was zur Beseitigung des Ungeziefers erforderlich ist. Der Grundsatz, dass der Vermieter unnötige Betriebskosten vermeiden muss, gilt auch hier. Daraus folgt, dass der Vermieter vorrangig einen Schadensersatzanspruch gegen den Verursacher des Ungezieferbefalls durchsetzen muss. Das setzt voraus, dass dieser bekannt ist und dass die übrigen Voraussetzungen des Ersatzanspruchs vorliegen.

69 **Nr. 10:** „*Die Kosten der Gartenpflege,*

> *hierzu gehören die Kosten der Pflege gärtnerisch angelegter Flächen einschließlich der Erneuerung von Pflanzen und Gehölzen, der Pflege von Spielplätzen einschließlich der Erneuerung von Sand und der Pflege von Plätzen, Zugängen und Zufahrten, die dem nicht öffentlichen Verkehr dienen;"*

zu den **gärtnerisch angelegten Flächen** zählen Parks, Ziergärten, Vorgärten, Rasenstücke, Blumenrabatte und Hecken. Es ist **nicht erforderlich, dass die Mieter ein Benutzungsrecht am Garten haben** (BGH WuM 2004, 399; a. A. AG Köln WuM 1985, 344; WuM 1992, 630; AG Hamburg WuM 1995, 652; AG Nordhorn WuM 1998, 604). Die Kosten eines vom Eigentümer allein genutzten Ziergartens sind auch dann umlagefähig, wenn dieser Garten zur Verschönerung des Gesamtanwesens dient und so auch den Mietern zugutekommt. Nicht umlagefähig sind dagegen die Kosten eines dem Eigentümer vorbehaltenen Nutzgartens (BGH a. a. O.). Gleiches gilt, wenn der Garten einem anderen Mieter als Privatgarten zugewiesen ist (BGH a.a.O.). Die Kosten müssen in einem engen Zusammenhang mit der Mietsache stehen. Dieser Bezug geht verloren, wenn Garten- oder Parkflächen, die durch bauplanerische Bestimmungen oder auch durch den Vermieter selbst für die Nutzung der Öffentlichkeit gewidmet werden. Eine derartige Widmung **zugunsten der Öffentlichkeit** liegt nach der Auffassung des BGH vor, wenn „jedermann die Nutzung dieser Flächen unabhängig davon gestattet ist, ob er eine Wohnung in der Wohnanlage ... angemietet hat" (BGH NJW 2016, 1439). Der Umstand, dass eine Freifläche nicht eingezäunt ist, genügt für die Annahme einer solchen Widmung für sich allein nicht (LG Berlin GE 2017, 1225 betr Parkfläche einer nach außen abgegrenzter Wohnanlage). Erforderlich ist vielmehr, dass die Anlage bereits „nach den bauplanerischen Bestimmungen der Öffentlichkeit gewidmet ist" oder dass der Eigentümer sie „nach dem Gesamteindruck, der aus der Sicht eines verständigen Dritten besteht, einer Nutzung durch die Öffentlichkeit zugänglich gemacht hat." (BGH a. a. O.). Dies ist beispielsweise der Fall, wenn die Flächen vom Publikum als Teil des öffentlichen Straßenraums angesehen werden, nicht abgegrenzt und jedermann zugänglich sind (LG Berlin GE 2004, 627). Anders ist es, wenn die Fläche durch ein entsprechendes Hinweisschild als „Privatgrundstück" gekennzeichnet ist. Im Ausnahmefall kann der Vermieter gegenüber den Mietern verpflichtet sein, einen der Öffentlichkeit zugänglichen Park auch formell der Öffentlichkeit zu widmen. Eine solche Verpflichtung ist aus dem Wirtschaftlichkeitsgrundsatz (§ 556 Abs. 3 BGB) abzuleiten. Hieraus folgt eine vertragliche Nebenpflicht des Vermieters zu einer zumutbaren Kostenbegrenzung. Aus der Verletzung dieser Pflicht kann sich ein Schadensersatzanspruch des Mieters auf Freistellung von der betreffenden Kostenposition ergeben. Eine solche „Widmungspflicht" könnte insbesondere dann in Erwägung gezogen werden, wenn das Maß der Nutzung durch die Öffentlichkeit (und die hierdurch entstehenden Kosten) der Nutzung durch die Mieter bei weitem überwiegt. Die Kosten einer Dachbegründung zählen nicht zu den Gartenpflegekosten (KG WuM 2006, 57).

Zu den Gartenpflegekosten gehören die Kosten der Grundreinigung und Grundkultivierung sowie die Kosten der Neuanlage des Rasens (LG Hamburg WuM 1989, 191). Zur Pflege gehört weiter das Rasen-Mähen, das Beschneiden der Hecken und der Büsche, das Schneiden und Ausasten der Bäume, der Rückschnitt von Bäumen (LG Landshut DWW 2004, 126), Verspannarbeiten (LG Landshut a. a. O.), das Ausbringen von Saatgut, das Düngen, die Beseitigung des Unkrauts, die Reinigung und Pflege der Gartenwege usw. Es muss sich aber um regelmäßig wiederkehrende Kosten handeln. Daran kann es fehlen, wenn erstmals nach 12 Jahren Baumschnittmaßnahmen durchgeführt werden (LG Tübingen WuM 2004, 669). Zur Pflege gehören schließlich auch die Kosten, die zur Beseitigung von Verunreinigungen entstehen. Dabei spielt es keine Rolle, ob die Verunreinigung durch die Mieter oder durch rechtswidrig handelnde Dritte erfolgt. 70

Erforderlich ist auch hier allein, dass der Vermieter für eine regelmäßige Beseitigung sorgt (BGH NJW 2016, 1439).

71 Die **Kosten der Erneuerung von Pflanzen und Gehölzen** sind dann umlagefähig, wenn dies aus gärtnerischen (AG Neuss DWW 1993, 296) oder wohnhygienischen Gründen (AG Düsseldorf ZMR 2002, 828: Verbesserung der Lichtzufuhr) erforderlich ist. Der Begriff der „Erneuerung" setzt voraus, dass eine Pflanze oder ein Gehölz durch eine andere Pflanze ersetzt wird. Die Erstausstattung ist ebenso wenig als „Erneuerung" zu bewerten wie die ersatzlose Beseitigung einer Pflanze (AG Potsdam WuM 2012, 203; Schmid DWW 2011, 49). Werden Pflanzen durch Menschen oder Tiere beschädigt, und ist im Zuge der Schadensbeseitigung ein Austausch der beschädigten Pflanze erforderlich, so handelt es sich insoweit um nicht umlagefähige Instandhaltungs- oder Instandsetzungskosten (Rudolph ZMR 1991, 463). Nicht umlagefähige Kosten entstehen auch, wenn eine gesunde Pflanze aus nachbarrechtlichen (AG Hamburg-Wandsbek WuM 1986, 123) oder straßenverkehrsrechtlichen Gründen entfernt werden muss. Die Beseitigung von Pflanzen, die ohne unmittelbare Einwirkung Dritter abgestorben sind, fällt dagegen unter Nr. 10 (AG Düsseldorf ZMR 2002, 828; **a. A.** AG Mönchengladbach ZMR 2003, 198 für Sturmschäden). Dies gilt auch dann, wenn der Eigentümer hierzu durch eine Behörde aufgefordert wird (**a. A.** AG Oberhausen WuM 1990, 556).

72 Die **Kosten des Baumfällens** werden unmittelbar vom Wortlaut des § 2 Nr. 10 BetrKV erfasst, weil dort die „Kosten der ... Erneuerung von ... Gehölzen" ausdrücklich aufgeführt sind (Schmid DWW 2011, 49). Eine Unterscheidung zwischen kurzlebigen und langlebigen Gehölzen ist der Regelung nicht zu entnehmen; sie ist aus Gründen der Praktikabilität auch nicht angezeigt (**a. A.** LG Krefeld WuM 2010, 357, 358: Instandsetzungskosten; AG Potsdam WuM 2012, 203). Voraussetzung ist allerdings, dass die Maßnahme aus gärtnerischen Gründen erfolgt. Maßnahmen auf Grund nachbarrechtlicher Vorschriften scheiden aus (Schmid a. a. O.). Die Kosten für eine Bepflanzung zu besonderen Anlässen sind keine Betriebskosten. Deren Umlagefähigkeit muss und kann (bei Gewerbemietraum) besonders vereinbart werden (OLG Düsseldorf NZM 2000, 762 = DWW 2000, 194 betr.: Mietkosten für Thuja-Pflanzen anlässlich einer Messe). Sind die Gartenpflegekosten besonders hoch, weil der Eigentümer die Grünflächen über längere Zeit vernachlässigt hat, so sind diejenigen Kosten ansatzfähig, die bei ordnungsgemäßer Gartenpflege angefallen wären (Rudolph ZMR 1991, 463).

72a Kosten einer **routinemäßigen Kontrolle der Bäume** zu Überprüfung der Standfestigkeit und zum Zwecke der Abwehr von Gefahren auf Grund abbrechender Äste sind keine Pflegemaßnahmen im Sinne der Nr. 10 (AG Bottrop Urteil vom 12. Juni 2014 – 11 C 59/14 –, juris). Jedoch fallen diese Kosten unter Nr. 10, wenn eine solche Maßnahme wegen des Umfangs des Baumbestands oder der Lage der Bäume aus Gründen der Erfüllung der Verkehrssicherungspflicht erforderlich ist. Die Kennzeichnung der Maßnahme als „Kosten der Außenanlagen" dürfte für die Umlagefähigkeit ausreichen **a. A.** AG Bottrop a. a. O.).

73 Die **Kosten der Bewässerung** können wahlweise unter Nr. 2 oder unter Nr. 10 erfasst werden. Die **Kosten der Abfuhr von Gartenabfall** gehören zu Nr. 8. Die **Kosten für den Ankauf von Kies** für das Erneuern der Wege und die **Kosten für das Ausbessern der Wege** sind keine Betriebs-, sondern Instandhaltungskosten. Die **Kosten der Ernte der Gartenfrüchte** sind zwar Betriebskosten; eine Umlage dieser Kosten auf die Mieter kommt indessen nur in Betracht, wenn diese auch in den Genuss der Früchte kommen. Ansatzfähig sind die Personal- und die Sachkosten. **Anschaffungskosten für Gartengeräte** (z. B. Rasenmäher) sind keine Betriebskosten. Die **Reparaturkosten** dieser Geräte zählen dagegen zu den Betriebskosten. Die Anschaffungskosten sind ausnahmsweise wie Betriebskosten zu behandeln, wenn sie geringer sind, als die Kosten der Reparatur (AG Lichtenberg NZM 2004, 96).

Unter Nr. 10 fallen weiter die **Kosten der Pflege von Spielplätzen**. Gemeint sind Kinderspielplätze mit üblicher Ausstattung (Sandkästen, Schaukeln, Karussells, Kletteranlagen, Rutschen etc.). Umlagefähig sind die Pflegekosten einschließlich der Erneuerung von Sand in üblichen Abständen. Wird der Sandkasten mutwillig verunreinigt, entstehen Schadensbeseitigungskosten, die nicht als Betriebskosten umlagefähig sind. Gleiches gilt bei einer Verunreinigung durch Hunde oder ungewöhnliche Ereignisse.

Umlagefähig sind weiter die Kosten der **Pflege von Plätzen, Zugängen und Zufahrten**, die nicht dem öffentlichen Verkehr dienen. Zu den Plätzen im Sinne von Nr. 10 gehören auch **Kraftfahrzeugabstellplätze**. Die hierfür entstehenden Pflegekosten können auf alle Mieter des Hauses anteilig umgelegt werden, wenn die Plätze von allen Bewohnern kostenlos benutzt werden dürfen. Sind die Abstellplätze an einzelne Bewohner vermietet, so dürfen die hierfür entstehenden Pflegekosten nur auf die Mieter der Plätze umgelegt werden. Die Pflegekosten sind nur dann umlagefähig, wenn die betreffenden Flächen nicht dem öffentlichen Verkehr dienen. Maßgeblich ist die öffentlich-rechtliche Widmung. Privatwege, die kraft Duldung des Eigentümers von einer nicht feststehenden Vielzahl von Personen benutzt werden dürfen, fallen unter Nr. 10. Der Vermieter kann die Gartenpflege auf einen oder auf alle Mieter übertragen. Erfolgt die Übertragung auf einen Mieter gegen Entgelt (das auch in einem Mietnachlass bestehen kann), so kann der Vermieter diese Kosten als Betriebskosten auf die übrigen Mieter umlegen (Schmid WuM 2008, 631). Sind einzelne Gartenflächen bestimmten Mietern zur alleinigen Nutzung zugewiesen, so sind die hierfür entstandenen Wasserkosten gesondert zu erfassen und im Wege des Vorwegabzugs von den Gesamtkosten abzuziehen. Ist dies nicht möglich, so müssen diese Kosten geschätzt werden. Als Schätzgrundlage kann nicht auf einen regionalen Betriebskostenspiegel zurückgegriffen werden (vgl. BGH NJW 2010, 3363; **a. A.** AG Schöneberg GE 2011, 1622).

Nr. 11: *„Die Kosten der Beleuchtung,*

hierzu gehören die Kosten des Stroms für die Außenbeleuchtung und die Beleuchtung der von den Bewohnern gemeinsam genutzten Gebäudeteile, wie Zugänge, Flure, Treppen, Keller, Bodenräume, Waschküchen;"

Zu den Stromkosten gehören die Grundgebühr, die Verbrauchskosten, die Zählermiete und die auf die Stromkosten entfallende Umsatzsteuer. Der Ersatz defekter Glühbirnen ist Instandhaltung (OLG Düsseldorf NZM 2000, 762 = DWW 2000, 194). Werden unter der Bezeichnung „Hausstrom" neben den Kosten der Beleuchtung auch Kosten für den Strom der Klingelanlage oder Kosten für den Strom der Heizungspumpe abgerechnet, so ist die Abrechnung unwirksam (AG Leipzig WuM 2007, 576).

Nr. 12: *„Die Kosten der Schornsteinreinigung,*

hierzu gehören die Kehrgebühren nach der maßgebenden Gebührenordnung, soweit sie nicht bereits als Kosten nach Nummer 4 Buchstabe a berücksichtigt sind;"

Nach dem Schornsteinfeger-Handwerksgesetz und den Rechtsverordnungen der Länder müssen Schornsteine und Feuerstätten in regelmäßigen Abständen gereinigt und überprüft werden. Umlagefähig ist lediglich die Kehrgebühr, nicht die Überprüfungsgebühr für den Feuerstättenbescheid. Die Kosten der Immissionsmessung fallen nicht unter Nr. 12, sondern unter Nr. 4.

78 Nr. 13: *„Die Kosten der Sach- und Haftpflichtversicherung,*

hierzu gehören namentlich die Kosten der Versicherung des Gebäudes gegen Feuer-, Sturm-, Wasser- sowie Elementarschäden, der Glasversicherung, der Haftpflichtversicherung für das Gebäude, den Öltank und den Aufzug;"

zur Sachversicherung zählen außerdem: die Versicherung gegen Strom- und Wasserschäden; die Versicherung gegen Schäden durch Rückstau von Abwasser (Maas GE 2003, 932); die Elektronikversicherung der Brandmeldeanlage (OLG Düsseldorf GE 2012, 202); die Fernmeldeanlagenversicherung (Schmid GE 2013, 395, 396); die Gastankversicherung (Kinne ZMR 2001, 8); die Versicherung für die Starkstromleitung des Fahrstuhls; die Solaranlagenversicherung und die Schwamm- und Hausbockversicherung (AG Hamburg WuM 1998, 352). Nach Nr. 6.2.6 VGB deckt die **Leitungswasserversicherung** Schäden durch Leitungswasser, das bestimmungswidrig und unmittelbar aus Zu- oder Ableitungen der Wasserversorgung ausgetreten ist. Hiervon sind Schäden durch Plansch- oder Spritzwasser zu unterscheiden. Hierbei handelt es sich nicht um bestimmungswidrig austretendes Leitungswasser, sondern um bestimmungsgemäß benutztes Brauchwasser. Streitig ist, ob Wasser das infolge schadhafter Fliesen oder einer beschädigten Verfugung in das Mauerwerk eingedrungen ist, zum Leitungswasser (so Schleswig-Holsteinisches OLG NZM 2016, 61) oder zum Brauchwasser zählt (so LG München VersR 2010, 1180). In der Endscheidung des BGH vom 12.7.2017 (GE 2017, 1016) werden die **Kriterien für die Wirksamkeit von Ausschlussklauseln** wie folgt formuliert: **(1)** Grundsätzlich darf der Versicherungsnehmer erwarten, dass durch die Leitungswasserversicherung alle Schäden gedeckt werden, die durch austretendes Leitungswasser verursacht werden. **(2)** Deshalb darf der Versicherungsnehmer davon ausgehen, dass auch für solche Schäden, die in Folge eines Wasseraustritts typischerweise und regelmäßig entstehen, Versicherungsschutz besteht. **(3)** Ausschlussklauseln, die den Versicherungsschutz beschränken, sind nicht generell unwirksam, jedoch dürfen sie nicht so weitreichend sein, dass der Vertragszweck gefährdet wird. **(4)** Eine Gefährdung des Vertragszwecks liegt „erst dann vor, wenn die Einschränkung den Vertrag seinem Gegenstand nach aushöhlt und in Bezug auf das zu versichernde Risiko zwecklos macht." Nach der sog. **„Schwammschadensklausel"** sind Schäden die durch „Schwamm" verursacht werden, vom Versicherungsschutz für Leitungswasserschäden ausgenommen. Der BGH (NJW 2012, 3238) hat hierzu ausgeführt, dass diese Klausel der AGB-Kontrolle standhält. Die Schwammschadensklausel gilt nicht nur für den echten Hausschwamm sondern für alle Arten von Hausfäulnispilzen und erfasst auch den Schwammbefall als Folge eines versicherten Leitungswasseraustritts (BGH NJW 2012, 3238). Fraglich ist, wie eine Klausel zu bewerten ist, wonach sich der Versicherungsschutz bei der Leitungswasserversicherung nicht auf **Schimmelschäden** erstreckt. Nach der Ansicht des BGH (GE 2017, 1016) hängt dies davon ab, ob diese Schäden „regelmäßige oder zumindest sehr häufige, zwangsläufige und kennzeichnende Folge des Austritts von Leitungswasser" sind. Dies ist im Einzelfall von den Instanzgerichten zu ermitteln.

Die herkömmliche Wohngebäudeversicherung umfasst auch die durch Terror- 79
anschläge verursachten Gebäudeschäden. Eine Ausnahme gilt für gewerblich oder
öffentlich genutzte Gebäude mit einem Wert von über 25 Mio. Euro. Für diese
Gebäude muss eine gesonderte **Terrorversicherung** abgeschlossen werden. Hierbei handelt es sich ebenfalls um eine Sachversicherung i. S. von § 2 Nr. 13 BetrkV
(BGH NJW 2010, 3647 = NZM 2010, 864; OLG Stuttgart ZMR 2007, 370
= WuM 2007, 199 = NZM 2007, 247; OLG Frankfurt/M Urteil vom 26.6.2009 –
2 U 54/09; Lattka ZMR 2008, 929, 932). Die Kosten einer gesonderten Terrorversicherung sind allerdings nur dann als Betriebskosten umlegbar, wenn sie wirtschaftlicher Betriebsführung entsprechen. Von Teilen der Rechtsprechung und der
Literatur wird die Ansicht vertreten, dass der Abschluss einer Terrorversicherung unabhängig von der Art des Gebäudes mit dem **Wirtschaftlichkeitsgrundsatz** im
Einklang steht (OLG Stuttgart WuM 2007, 199; Schmid Handbuch der Mietnebenkosten Rdn. 5271b; Langheid, Rupietta NJW 2005, 3233, 3237; Neuhaus NZM
2011, 65, 68). Eine Ausnahme könne „bei einzelnen Objekten außerhalb von Städten, die nicht in einen Gebäude- oder Gewerbekomplex eingebunden sind", gelten
(Neuhaus a.a.O.). Diese Ansicht teilt der **BGH** (NJW 2010, 3647 = NZM 2010,
864) nicht. Nach seiner Ansicht kommt es darauf an, ob ein Gebäude gefährdet ist
oder ob das Risiko eines Terrorschadens eher fern liegt. Zu den gefährdeten Gebäuden zählen: Gebäude mit Symbolcharakter; Gebäude in denen staatliche Macht ausgeübt wird (Parlaments- und Regierungsgebäude, militärische Einrichtungen);
Gebäude in denen sich regelmäßig eine größere Zahl von Menschen aufhalten
(Bahnhöfe, Flughäfen, Touristenattraktionen, Sportstadien, Einkaufszentren; Gebäude in unmittelbarer Nachbarschaft dieser Gebäude). Der Umstand, dass die das
Gebäude finanzierende Bank die Kreditvergabe vom Abschluss einer Terrorversicherung abhängig gemacht hat, ist nach der Ansicht des OLG Düsseldorf zur Rechtfertigung der Umlage von vornherein bedeutungslos, weil sie allein in die Verantwortungssphäre des kreditbedürftigen Eigentümers/Vermieters fallen und ihn von
seinem Verpflichtungen gegenüber dem Mieter nicht zu befreien vermögen (OLG
Düsseldorf Urteil vom 21.5.2015 – 10 U 29/15). Im Einzelfall kann der Wirtschaftlichkeitsgrundsatz verletzt sein, wenn dem Vermieter eine kostengünstigere Möglichkeit zur Absicherung des Terrorrisikos zur Verfügung gestanden hätte. Dies ist
insbesondere dann der Fall, wenn die Prämien der ausgewählten Gesellschaft im Vergleich zu den Prämien anderer Gesellschaften überhöht sind).

Streitig ist die Umlage folgender Sachversicherungen: die **Vandalismus-** 80
schadensversicherung (bejahend: AG Braunschweig/LG Braunschweig WuM
2010, 423; Langenberg in: Schmidt-Futterer § 556 BGB Rdn.169; verneinend:
Mühlemeier WuM 2007, 111, 112; Wall in: Betriebskosten-Kommentar Rdn. 3668;
Zehelein in: MünchKomm § 2 BetrKV Rdn. 64); die Versicherung für eine **Aufzugssignalanlage** (bejahend: Neuhaus ZMR 2011, 845; verneinend: Wall in Eisenschmid/Wall Betriebskostenkommentar Rdn. 3671); die Versicherung für eine
Gegensprechanlage (bejahend: LG Berlin GE 1987, 517; verneinend: LG Berlin
GE 1986, 956).

Zur Haftpflichtversicherung gehören: die Gebäudehaftpflicht, die Öltank- 81
versicherung und die Aufzugsversicherung. Versichert sind die Risiken, die dem
Vermieter entstehen, wenn Mieter oder Dritte durch die Beschaffenheit des Gebäudes oder durch den Aufzug oder durch einen undichten Öltank Schaden erleiden.
Die Kosten für eine private Haftpflichtversicherung sind nicht umlagefähig.

Nicht umlagefähig ist die **Erdbebenversicherung** in nicht gefährdeten Ge- 82
bieten; Ebenso sind nicht umlagefähig: Prämien für eine Schadensversicherung, die

der Vermieter zur Absicherung privater Risiken abgeschlossen hat. Deshalb zählt die **Rechtsschutzversicherung** oder eine Versicherung für die Kosten einer Betriebsunterbrechung **(Mietausfallschaden)** nicht zu den Kosten der Sachversicherung. Diese Kosten sind bei der Wohnraummiete nicht als Versicherungskosten umlegbar (s. Rdn. 100a); bei der Geschäftsraummiete können sie auf die Mieter umgelegt werden (Lattka ZMR 2008, 929, 932). Gleiches gilt für die **private Hausratsversicherung** des Vermieters oder die **Mietverlustversicherung** (OLG Düsseldorf NZM 2001, 588). Nicht umlagefähig ist auch eine **Vollkaskoversicherung** für ein hauseigenes Fahrzeug, auch wenn es ausschließlich für betriebliche Zwecke (z. B. Müllabfuhr) verwendet wird. Insoweit handelt es sich nicht um eine Versicherung des Gebäudes. Nicht umlagefähig sind die Kosten einer **Reparaturversicherung** (AG Köln WuM 1990, 556), weil hierdurch das Instandhaltungsrisiko abgesichert wird und dieses Risiko nicht auf den Mieter übertragen werden darf.

83   **Sammelversicherungen.** Ist in der Sachversicherung das **Risiko des Mietausfalls mitversichert**, so wird teilweise die Ansicht vertreten, dass die Versicherungsprämie entsprechend zu kürzen sei, weil die gesetzlichen Vorgaben nicht durch die Gestaltung von Versicherungsverträgen umgangen werden können (Schmid GE 2013, 395, 398). Der BGH (NZM 2018, 714) teilt diese Ansicht nicht: Die Mitversicherung eines Mietausfalls als Folge eines Gebäudeschadens sei fester Bestandteil marktüblicher Gebäudeversicherungen. Es deute nichts darauf hin, dass der Gesetzgeber der Betriebskostenverordnung den Anwendungsbereich des § 2 Nr. 13 BetrKostV auf die reinen Schadensbeseitigungskosten habe beschränken wollen. Vielmehr sei davon auszugehen, dass der Begriff der Sachversicherung im Sinne der in der versicherungsrechtlichen Praxis üblichen und bewährten Regelungen zu verstehen ist. Versicherungsrechtlich setzt der Ersatz des Mietausfallschadens voraus, dass **(1)** ein Versicherungsfall – also ein Sachschaden – vorliegt, der **(2)** zur Folge hat, dass der Mieter die Mietzahlung ganz oder teilweise einstellen durfte und **(3)** dass der Vermieter die Schadensbeseitigung nicht schuldhaft verzögert.

84   **Nr. 14:** *„Die Kosten für den Hauswart,*

hierzu gehören die Vergütung, die Sozialbeiträge und alle geldwerten Leistungen, die der Eigentümer oder Erbbauberechtigte dem Hauswart für seine Arbeit gewährt, soweit diese nicht die Instandhaltung, Instandsetzung, Erneuerung, Schönheitsreparaturen oder die Hausverwaltung betrifft; soweit Arbeiten vom Hauswart ausgeführt werden, dürfen Kosten für Arbeitsleistungen nach den Nummern 2 bis 10 und 16 nicht angesetzt werden;"

Die Beschäftigung eines Hauswarts liegt im Ermessen des Vermieters. Es kommt nicht darauf an, ob hierfür eine wirtschaftliche oder praktische Notwendigkeit besteht. Der Vermieter muss sich nur an die Grundsätze einer ordnungsgemäßen Bewirtschaftung halten (BGH WuM 2004, 290 = ZMR 2004, 430 = NZM 2004, 417).

85   Hauswart ist derjenige, dem die Verrichtung solcher Arbeiten übertragen worden ist, die weniger verwaltender als praktisch technischer Art sind (AG Dortmund NJWE-MietR 1996, 225). Der **Begriff der Hauswarttätigkeit** wird im Gesetz nicht definiert. Hierzu zählen alle Tätigkeiten, die in § 2 Nr. 1-17 der BetrKV aufgezählt sind. Soweit die Tätigkeit unter die Nr. 17 fällt, muss der Mietvertrag eine spezifizierte Regelung enthalten (Schmid GE 2009, 1472). Hausverwalter ist dagegen, wer auf Grund vertraglicher Verpflichtung für einen anderen die zur Bewirt-

Vereinbarungen über Betriebskosten **BGB § 556**

schaftung des Hausbesitzes notwendigen Verwaltungsleistungen entweder insgesamt oder doch zu einem überwiegenden Teil erledigt.

Umlagefähig sind **folgende Tätigkeiten:** Gartenpflege, Reinigungsarbeiten, 86 Wartungsarbeiten, Winterdienst, Transport der Mülltonnen (AG Brandenburg GE 2010, 915), Bedienung und Überwachung des Fahrstuhls, der Heizungsanlage, der Wasserversorgung und der sonstigen technischen Einrichtungen, Kontrollmaßnahmen betreffend den Bauzustand oder die Verkehrssicherheit des Anwesens (AG Neukölln GE 2011, 1089), Überprüfen der Heizung und der Beleuchtung (AG Brandenburg GE 2010, 915), Pflege des Maschinenparks, Ablesen von Zählerständen (dazu auch BGH WuM 2020, 83). **Nicht umlagefähig** sind dagegen, die Abrechnung von Betriebskosten, Durchführung von Wohnungsbesichtigungen, Wohnungsabnahmen, Aufnahme von Mängelanzeigen (**a. A.** AG Neukölln GE 2011, 1089); Reparaturen, Beaufsichtigung von Handwerkern, Notfallbereitschaft in Form der Entgegennahme von Mängelanzeigen der Mieter zum Zwecke der Weiterleitung an Handwerker (BGH WuM 2020, 83), Durchführung von Mietersprechstunden. **Im Einzelnen gilt** (s. Schmid GE 2009, 1472; Meyer-Abich NZM 2017, 745): Werden die Hauswartkosten mittels einer Lohnbuchhaltung erfasst, so zählen die insoweit entstehenden Kosten zu den (nicht umlagefähigen) Verwaltungskosten (LG Kassel WuM 2016, 740) Das Auswechseln von Glühbirnen zählt zu den (nicht umlagefähigen) Reparaturkosten (AG Köpenick GE 2010, 915; **a. A.** AG Neukölln GE 2011, 1089). Die Beauftragung und Beaufsichtigung von Handwerkern ist nicht umlagefähig (AG München WuM 2011, 626); Kontrolltätigkeiten sind teils den Betriebskosten (Kontrolle technischer Einrichtungen), teils den Verwaltungskosten (allgemeine Kontrolle des Bauzustands) zuzuordnen. Bewachung ist Verwaltungstätigkeit. Die mit der Abrechnung von Betriebskosten in Zusammenhang stehenden Tätigkeiten zählen zur Verwaltung. Kontakte zu Mietern sowie die mit einem Mieterwechsel oder einer Neuvermietung entstehenden Tätigkeiten sind ebenfalls der Verwaltungstätigkeit zuzuordnen. Die Kosten eines Pförtner- oder Sicherheitsdienstes können nach Nr. 17 umlagefähig sein (AG Köln ZMR 2003, 684). Der Vermieter trägt die Darlegungs- und Beweislast, dass in den Hauswartkosten keine Instandhaltungs- oder Verwaltungskosten enthalten sind (AG Leonberg WuM 2016, 625).

Beim angestellten Hauswart sind umlagefähig: die Vergütung, die Sozial- 87 beiträge und alle geldwerten Leistungen, die der Eigentümer dem Hauswart für seine Arbeit gewährt, soweit diese nicht die Instandhaltung, Instandsetzung, Erneuerung, Schönheitsreparaturen oder die Hausverwaltung betrifft. Die mit der Hauswartstätigkeit in Verbindung stehenden Sachkosten (Kosten eines Hauswartsbüros, Telefonkosten, AG Hannover WuM 1994, 435, Fahrtkosten etc.) sind ebenfalls umlagefähig (**a. A.** Schmid GE 2009, 1472). Sind dem Hauswart auch Maßnahmen der Instandhaltung oder der Hausverwaltung übertragen, so muss der Eigentümer ermitteln, welcher Teil der Hauswartsarbeit auf diese Tätigkeiten entfällt; der Umlagebetrag ist entsprechend zu kürzen. Die Beträge für Instandhaltungs- und Verwaltungsarbeiten sind an Hand von Stundenlisten festzustellen. Anders ist es, wenn der Hauswart eine Pauschalvergütung erhält. Dann sind die jeweiligen Arbeitsanteile entsprechend dem Leistungsverzeichnis zu schätzen (AG München ZMR 2012, 202). In der Betriebskostenabrechnung müssen nicht die ungekürzten Gesamtkosten und die Kürzungsbeträge ausgewiesen werden (BGH NZM 2016, 192 unter Aufgaben der früheren Rechtsprechung). Wenn der Vermieter mit dem Hauswart gesonderte Verträge abschließt, nämlich einen Vertrag über die in einem Leistungsverzeichnis aufgeführten umlagefähigen Hauswartsar-

§ 556 BGB   Untertitel 2. Mietverhältnisse über Wohnraum

beiten (Hauswartsvertrag) und einen weiteren Vertrag über die nicht umlagefähigen Tätigkeiten, genügt es für die formelle Wirksamkeit der Abrechnung, wenn die auf Grund des Hauswartsvertrags entstandenen Kosten in die Abrechnung eingestellt werden. Es ist nicht erforderlich, dass in die Abrechnung beide Verträge aufgenommen werden (BGH NJW 2010, 1198 = WuM 2010, 153 = NZM 2010, 274). Bestehen zwei Hauswartverträge, von denen der eine lediglich umlagefähige Kosten enthält, so genügt es nicht, wenn der Mieter die Umlagefähigkeit der aufgeführten Kosten unsubstantiiert bestreitet. Vielmehr ist der Mieter verpflichtet, Belegeinsicht zu nehmen und auf der Grundlage der dort gewonnenen Erkenntnisse vorzutragen (LG Itzehoe ZMR 2011, 473). Soweit der Hauswart Tätigkeiten verrichtet, die unter den Nr. 2–10 der Anlage 3 zu 27 der II. BV aufgeführt sind, muss dies bei den Betriebskostenpositionen Nr. 2–10 berücksichtigt werden; ein doppelter Kostenansatz ist unzulässig.

88   Hat der Eigentümer ein **Hauswart-Unternehmen („Hausmeister-Service")** beauftragt, so sind die hierdurch entstehenden Kosten umlagefähig (LG Frankfurt WuM 1996, 561; Langenberg in: Schmidt-Futterer § 556 BGB Rdn. 187; Westphal WuM 1998, 329). Die hauswartfremden Tätigkeiten müssen auch hier herausgerechnet werden. Im Streitfall muss der Vermieter darlegen und beweisen, welche konkreten Arbeiten der Hauswart tatsächlich ausgeführt hat. Durch die Vorlage des Hauswartsvertrags wird die Darlegungspflicht nicht erfüllt, weil sich aus diesem Vertrag nur ergibt, was der Hauswart schuldet, nicht was er tatsächlich geleistet hat (AG Duisburg WuM 2015, 427). Grundsätzlich sind die Abzugsbeträge konkret zu beziffern. Wird ein pauschaler (prozentualer) Abzug vorgenommen, so muss der Vermieter zumindest eine „belastbare Schätzgrundlage" angeben. Die Auskunft des Hausmeisterdienstes über die Höhe der nicht umlagefähigen Kosten genügt nicht (LG Mannheim ZMR 2015, 717).

89   Lässt der Vermieter Hauswartleistungen durch **eigenes Personal** durchführen, so kann er hierfür diejenigen Kosten (ohne Umsatzsteuer) geltend machen, die für die Leistung eines Dritten entstanden wären. Zum Nachweis dieser Kosten genügt es, wenn der Vermieter ein vergleichbares Angebot eines Drittunternehmens vorlegt. Es kommt nicht darauf an, ob dem Vermieter selbst geringere Kosten entstehen (LG Köln ZMR 2012, 444; s. auch Rdn. 4).

90   Wird die **Hauswarttätigkeit einem Mieter** gegen Entgelt (das auch in einem Mietnachlass bestehen kann) **übertragen,** so kann der Vermieter diese Kosten als Betriebskosten auf die übrigen Mieter umlegen.

91   **Nr. 15.** *die Kosten*

a) des Betriebs der Gemeinschafts-Antennenanlage,

hierzu gehören die Kosten des Betriebsstroms und die Kosten der regelmäßigen Prüfung ihrer Betriebsbereitschaft einschließlich der Einstellung durch eine Fachkraft oder das Nutzungsentgelt für eine nicht zu dem Gebäude gehörende Antennenanlage sowie die Gebühren, die nach dem Urheberrechtsgesetz für die Kabelweitersendung entstehen,

oder

b) des Betriebs der mit einem Breitbandnetz verbundenen privaten Verteilanlage;

hierzu gehören die Kosten entsprechend Buchstabe a, ferner die laufenden monatlichen Grundgebühren für Breitbandanschlüsse;

Die Betriebskostengruppe Nr. 15a betrifft Antennen für den Rundfunk- und Fernsehempfang einschließlich der Satellitenanlagen. Eine Gemeinschaftsantenne liegt vor, wenn durch eine Antennenanlage mindestens zwei Teilnehmer versorgt werden. Nr. 15a unterscheidet zwischen der vermietereigenen Antennenanlage und Antennenanlagen, die nicht zu dem Gebäude gehören. Bei den vermietereigenen Anlagen können die Kosten für den Betriebsstrom (Strom für die Verstärkeranlage) und die Kosten der regelmäßigen Prüfung durch einen Fachmann (Sicherheits- und Funktionskontrolle einschließlich der Einstellung der Antenne) umgelegt werden. Reparaturen gehören zu den Instandhaltungen und sind nicht umlagefähig. Bestehen umfassende Wartungsverträge, so gelten die Ausführungen zu Nr. 7. Unter einer nicht zum Gebäude gehörenden Antennenanlage sind zum einen solche Anlagen zu verstehen, die der Vermieter von einem Dritten gemietet hat. Hier sind die Mietkosten umlagefähig. Entstehen außer den Mietkosten auch Stromkosten und Prüfungskosten, so sind auch diese Kosten umlegbar, weil es sich insoweit zweifelsfrei auch um Betriebskosten handelt. Die Umlagefähigkeit setzt nicht voraus, dass der Mieter die Einrichtung nutzt (AG Steinfurt WuM 2008, 283).

Nach **§ 20b Urheberrechtsgesetz** können **Kabelweitersendungsvorgänge** 92 für den Gebäudeeigentümer gebührenpflichtig sein. Der Gebührenanspruch setzt voraus, dass die Kabelweitersendung als „öffentliche Wiedergabe" eines vom Urheberrecht geschützten Werkes anzusehen ist. Nach der Legaldefinition in § 15 Abs. 3 Satz 1 UrhG ist eine Wiedergabe öffentlich, wenn sie für eine Mehrzahl von Mitgliedern der Öffentlichkeit bestimmt ist. Der **BGH** führt hierzu aus, dass der Begriff der öffentlichen Wiedergabe im Sinne von Art 3 der Richtlinie 2001/29/EG und der hierzu ergangenen Rechtsprechung des EuGHs auszulegen ist (BGH WuM 2016, 51). Danach ist zu unterscheiden, ob das geschützte Werk einer „unbestimmten Zahl potentieller Adressaten" oder einem „abgrenzbaren Kreis besonderer Personen" zugänglich gemacht wird. Für den Entscheidungsfall kommt der BGH zum Ergebnis, dass die „in Rede stehende Weiterübertragung der über die Gemeinschaftsantenne empfangenen Sendesignale durch ein Kabelnetz an die Empfangsgeräte ... keine öffentliche Wiedergabe im Sinne von Art. 3 Abs. 1 der Richtlinie 2001/29/EG (darstellt) ..., weil die Sendesignale nicht an eine „Öffentlichkeit" im Sinne der Rechtsprechung des Gerichtshofs der Europäischen Union ... weitergeleitet werden." Dies gilt unabhängig von der Größe der Wohnanlage. Die Weiterleitung ist damit gebührenfrei. Die Entscheidung des BGH ist zu einer Wohnungseigentumsanlage ergangen. Das Urteil ist aber auch für die Miete von Bedeutung. Nach der Rechtsprechung hat die GEMA keinen Gebührenanspruch gegen den Vermieter eines Mehrfamilienhauses, wenn die Wohnungen an einem im Wesentlichen gleichbleibenden Bewohnerkreis vermietet sind. Werden gleichwohl Gebühren berechnet, darf der Vermieter diese nicht in der Betriebskostenabrechnung ansetzen. Maßgeblich ist nicht die Größe der Wohnanlage, sondern die Beständigkeit der Nutzungsverhältnisse. Die in einem Miethaus üblichen Mieterwechsel schaden nicht. Anders kann es sein, wenn die Wohnungen an ständig wechselnde Nutzer vermietet werden, wie es beispielsweise in einer Wohnanlage mit Ferienwohnungen der Fall ist, also bei Wohngebäuden mit hotelähnlicher Nutzung.

Sind die einzelnen Wohnungen an das Breitbandnetz der Deutschen 93 **Bundespost angeschlossen,** so entstehen auch hierdurch gewisse Betriebskosten. Nach der früheren Fassung des § 2 Nr. 15 waren die Kosten für das „Breitbandkabelnetz" und die „Breitbandkabelanschlüsse" umlagefähig. Durch Art 4 des Gesetzes zur Regelung telekommunikationsrechtlicher Regelungen vom 3.12.2012

§ 556 BGB Untertitel 2. Mietverhältnisse über Wohnraum

(TKGuaÄndG – BGBl I, 958) wurde § 2 Nr. 15 BetrKV geändert. Die Worte „Breitbandkabelnetz" und „Breitbandkabelanschlüsse" in der früheren Fassung wurden durch die Begriffe „Breitbandnetz" und „Breitbandanschlüsse" ersetzt. Die Novellierung hat zur Folge, dass die Kosten aller leitungsgebundenen Anschlüsse zu den Betriebskosten zählen. Die Vorschrift ist anbieterneutral und gilt für alle Breitbandtechnologien, auch für die Glasfasertechnik (Hitpaß NZM 2012, 401, 410).

94   Nach dem Wortlaut der Nr. 15b können diese Kosten anstelle („oder") der für eine Gemeinschaftsantenne entstehenden Betriebskosten (Nr. 15a) umgelegt werden. Zu den **Betriebskosten der Verteilanlage** gehören wie bei Nr. 15a die Stromkosten und die Wartungskosten, ferner die laufenden monatlichen Grundgebühren für die Breitbandanschlüsse, die der Vermieter an die Bundespost zu zahlen hat. Die einmalig zu zahlende Anschlussgebühr gehört nicht zu den Betriebskosten. Wird die Anlage von einem Dritten betrieben, so gehören das Nutzungsentgelt und die Wartungskosten zu den Betriebskosten (Hitpaß/Maaß, ZMR 2003, 541, 548). Ein Verstoß gegen den Wirtschaftlichkeitsgrundsatz kann vorliegen, wenn der Vermieter einen Anbieter auswählt, dessen Preise unüblich hoch sind (Hitpaß/Maaß, ZMR 2003, 541, 549).

95   Wird das Gebäude **nach dem Abschluss des Mietvertrags an das Breitbandnetz angeschlossen**, so ist hierin eine duldungspflichtige Verbesserungsmaßnahme im Sinne von § 555b Nr. 4 zu sehen. Sieht der Mietvertrag hinsichtlich der Umlage der hierdurch entstehenden Kosten eine ausdrückliche Regelung vor, so ist diese Regelung maßgebend. Ist die Umlage der Betriebskosten für den Breitbandanschluss nicht geregelt, so ist der Mietvertrag in diesem Punkt nach den Grundsätzen über die ergänzende Vertragsauslegung zu erweitern. Dies gilt unabhängig davon, ob der Mieter ein Fernsehgerät besitzt (BGH NJW 2007, 3060). Wird der Umlageschlüssel nach den Grundsätzen der ergänzenden Vertragsauslegung festgelegt, so ist nach der Ansicht des BGH (a. a. O.) ein sachgerechter Schlüssel auszuwählen. Bei der Umlage der Betriebskosten für den Breitbandanschluss ist dies die Umlage nach Wohneinheiten, weil die jeweiligen Wohnungsinhaber von dem Breitbandanschluss unabhängig von der Größe ihrer Wohnungen denselben Nutzen haben.

96   **Nr. 16:** *„Die Kosten des Betriebs der Einrichtungen für die Wäschepflege,*

hierzu gehören die Kosten des Betriebsstroms, die Kosten der Überwachung, Pflege und Reinigung der Einrichtungen, der regelmäßigen Prüfung ihrer Betriebsbereitschaft sowie die Kosten der Wasserversorgung entsprechend Nummer 2, soweit sie dort nicht bereits berücksichtigt sind;"

Es werden nur solche Wascheinrichtungen erfasst, die von allen Mietern des Hauses benutzt werden können. Umlagefähig sind die Betriebskosten der vorhandenen Maschinen (Waschmaschinen, Trockenmaschinen, Schleudern, Bügelautomaten) und der sonstigen Geräte (Waschkessel etc.). Zu den Betriebskosten gehören die Stromkosten (Grundgebühr, Verbrauchskosten, Zählermiete). Die Wartungskosten, die Prüfungskosten und die Wasserkosten entsprechend Nr. 2.

97   **Nr. 17:** *„Sonstige Betriebskosten,*

hierzu gehören Betriebskosten im Sinne des § 1, die von den Nummern 1 bis 16 nicht erfasst sind."

Vereinbarungen über Betriebskosten **BGB § 556**

Zu den sonstigen Betriebskosten gehören **(1) die Kosten einer Sonderausstattung,** beispielsweise die Kosten eines Schwimmbades, einer Sauna, einer Klima- oder Entlüftungsanlage (OLG Frankfurt/M, Urteil vom 4.8.2005, – 2/7 O 73/05), einer Dachrinnenheizung, Kosten von Rückstausicherungen bei Souterrainwohnungen, die Kosten eines Garagengebäudes oder einer Tiefgarage mit den dazu gehörenden Einrichtungen, wie Stapelparkern und Rolltoren. Soweit hierdurch Kosten entstehen, die unter § 2 Nr. 1 bis 16 BetrKV fallen, sind sie dort zu erfassen. Hierzu zählen beispielsweise die Stromkosten einer Klima- und Lüftungsanlage oder einer Dachrinnenheizung (Blank WimmoT 2004, 95, 103; **a. A.** AG Lüdenscheid WuM 1987, 87; Eisenhuth WuM 1987, 88). Soweit durch ein Garagengebäude Kosten entstehen, die unter den Kostengruppen des § 2 Nr. 1–16 BetrKV erfasst werden können (Heiz-, Reinigungs-, Beleuchtungs-, Versicherungs- oder Hauswartskosten), handelt es sich um Kosten der Nebengebäude i.S. von § 1 Abs. 1 BetrKV, nicht um sonstige Betriebskosten. Die übrigen Betriebskosten dieser Nebengebäude fallen unter Nr. 17.

(2) die **Kosten eines besonderen Personalaufwands, insbesondere Bewa-** 98
chungskosten. Die Umlage der Kosten für einen Wach- und Sicherheitsdienst setzt voraus, dass diese Kosten zu den Betriebskosten im Sinne des § 556 BGB Zählen. Nach der Legaldefinition in § 556 Abs. 1 Satz 2 BGB sind unter dem Begriff der „Betriebskosten" nur solche Kosten zu verstehen, die durch den „bestimmungsmäßigen Gebrauch des Gebäudes ... und des Grundstücks" entstehen. Der BGH hat hierzu zu dem rechtsähnlichen Problem der Umlage der Kosten für die Rasen- und Gartenpflege von öffentlich zugänglichen Grünflächen entschieden, dass für den Begriff der Betriebskosten ein enger Bezug zur Mietsache erforderlich ist und dass dieser Bezug verloren geht, wenn „Garten- oder Parkflächen, die durch bauplanerische Bestimmungen oder auch durch den Vermieter selbst für die Nutzung der Öffentlichkeit gewidmet werden" (BGH Urteil vom 10.2.2016 – VIII ZR 33/15, NJW 2016, 1439; s. oben Rdn. 69). Eine derartige Widmung zugunsten der Öffentlichkeit liegt nach der Auffassung des BGH vor, wenn „jedermann die Nutzung dieser Flächen unabhängig davon gestattet ist, ob er eine Wohnung in der Wohnanlage ... angemietet hat" (BGH a.a.O.). Für die Umlage von Bewachungskosten müssen dieselben Grundsätze gelten (LG München Urt. v. 17.4.2019 14 S 15269/18). Die Kosten für die Bewachung können deshalb nur als sonstige Betriebskosten auf den Wohnungsmieter umgelegt werden, wenn ein enger Bezug zur Mietsache besteht. Demnach ist zu differenzieren: Dient die Bewachung in erster Linie dem Schutz des Eigentums des Vermieters, so handelt es sich nicht um Betriebskosten, sondern um nicht umlagefähige Verwaltungskosten. Anders ist es, wenn die Bewachung in erster Linie erfolgt, um Leben, Gesundheit oder das Eigentum der Mieter zu schützen. Diese Kosten müssen als sonstige Betriebskosten bewertet werden (LG Köln WuM 2004, 400; LG Berlin GE 2007, 656, 657; Langenberg in: Schmidt-Futterer § 556 BGB Rdn. 213; Blank WimmoT 2004, 95, 105; Wall in: Betriebskosten-Kommentar Rdn. 3968; vgl. dazu auch BGH NZM 2005, 452 wonach es im Einzelfall darauf ankommt, ob eine konkrete Gefährdungslage besteht). Eine Umlage der Kosten ist bei entsprechender Vereinbarung möglich. Hierbei ist der Wirtschaftlichkeitsgrundsatz zu beachten. Entstehen durch die Tätigkeit des Wach- und Sicherheitsdienstes sowohl umlagefähige Betriebskosten als auch nicht umlagefähigen Verwaltungskosten so muss der Vermieter die umlagefähigen Kosten getrennt erfassen.

Sollen **Pförtner** in erster Linie Serviceleistungen für die Mieter erbringen, so sind 98a
die hierfür entstehenden Kosten wiederum den Betriebskosten zuzuordnen (**a. A.**

§ 556 BGB Untertitel 2. Mietverhältnisse über Wohnraum

Wall in: Betriebskosten-Kommentar Rdn. 3723; Heix in: Fischer-Dieskau/Pergande u. a. Wohnungsbaurecht § 1 BetrKV Anm. 6.6: Sonderleistungen für die der Vermieter neben der Miete ein besonderes Entgelt verlangen kann). Eine Umlage dieser Kosten ist bei entsprechender Vereinbarung möglich. Eine Neueinführung der entsprechenden Dienstleistungen wird am Wirtschaftlichkeitsgrundsatz scheitern.

99 (3) der **Aufwand für die Kontrolle der Funktionsfähigkeit sowie die Kosten der Wartung und Pflege** von allgemein üblichen technischen Einrichtungen (BGH NJW 2007, 1356; Blank WimmoT 2004, 95, 108). Hierzu gehören die Wartungskosten für die regelmäßige Überprüfung von Pumpen (LG Berlin GE 2001, 63; Schmid GE 2011, 1595, 1598), die Wartungskosten für **Klingel- und Gegensprechanlagen** (i. d. R. dürften solche Verträge aber gegen den Wirtschaftlichkeitsgrundsatz verstoßen Langenberg in: Schmidt-Futterer § 556 BGB Rdn. 224; Wall in: Betriebskosten-Kommentar Rdn. 3919ff); Kosten der regelmäßigen Überprüfung der Elektroanlage („sog. **Elektro-Check**"; BGH NJW 2007, 1356); Hanke PiG 55, S. 235, 238; Schmid Handbuch der Mietnebenkosten Rdn. 5322; Schmid GE 2011, 1595, 1597; Heix in: Fischer-Dieskau/Pergande u. a. Wohnungsbaurecht § 1 BetrKV Anm. 19; Derckx NZM 2005, 807; **a. A.** Langenberg in: Schmidt-Futterer § 556 BGB Rdn. 220; Ruff DWW 2006, 411, 415; s. dazu auch OLG Saarbrücken NJW 1993, 3077: danach ist der Vermieter nach § 535 BGB zur regelmäßigen Überprüfung der Elektroanlage verpflichtet). Angezeigt ist i. d. R. ein vierjähriger Turnus. Ausnahmen sind denkbar, etwa wenn auf Grund besonderer Umstände die Anlage in kürzeren Zeitabständen überprüft werden muss. Kosten der Überprüfung der **Gasleitungen** (AG Bad Wildungen WuM 2004, 669; Hanke a.a.O.; **a. A.** AG Königstein WuM 1997, 684; Langenberg in: Schmidt-Futterer § 556 BGB Rdn. 223); der regelmäßige Überprüfung von **Gasaußenwandheizkörper** (AG Lichtenberg GE 1998, 1401). Bei der **Gaszentralheizung** fallen die Kosten für die regelmäßige Überprüfung von Gasleitungen unter § 2 Nr. 4 Buchst. a BetrKV. Ansonsten zählen diese Kosten zu den sonstigen Betriebskosten. Ein zweijähriger Turnus ist angezeigt. Kosten der Wartung von **Feuerlöschern** und sonstigen **Feuerschutzeinrichtungen** (OLG Düsseldorf Urt. v. 9.7.2015 – 10 U 126/14; LG Berlin NZM 2002, 65; AG Hamburg WuM 1998, 352; AG Neuss WuM 1997, 471; AG Hannover WuM 1994, 435; Langenberg in: Schmidt-Futterer § 556 BGB Rdn. 222; Artz in: Staudinger § 556 BGB Rdn. 45; Schmid Handbuch der Mietnebenkosten Rdn. 5318, 5324; Heix in: Fischer-Dieskau/Pergande u. a. Wohnungsbaurecht § 2 BetrKV Anm. 19; Ruff DWW 2006, 411, 415; **a. A.** Wall WuM 1998, 524, 529; Ein zweijähriger Turnus ist angezeigt (Langenberg in: Schmidt-Futterer § 556 BGB Rdn. 222; Schmid GE 2011, 1595, 1598). **Wartungskosten für Alarm- und Blitzschutzanlagen** (AG Bremervörde WuM 1987, 198; v. Seldenek Rdn. 2363; Artz in: Staudinger § 556 BGB Rdn. 45a; Schmid Handbuch der Mietnebenkosten Rdn. 5317; Schmid GE 2011, 1595, 1597; Derckx WuM 2005, 690; Pfeifer DWW 2004, 44; **a. A.** AG Berlin-Mitte MM 2002, 186; Langenberg in: Schmidt-Futterer § 556 BGB Rdn. 214; Kinne GE 2003, 444) sowie die Kosten der regelmäßigen **Reinigung von Dachrinnen**, falls dies wegen der Lage des Hauses in regelmäßigen Abständen erforderlich ist (BGH WuM 2004, 290 = ZMR 2004, 430 = NZM 2004, 417; AG Tiergarten GE 1996, 1435 Heix in: Fischer-Dieskau/Pergande u. a. Wohnungsbaurecht § 2 BetrKV Anm. 19; die Kosten einmaliger Maßnahmen, etwa der Aufwand zur Beseitigung einer Verstopfung ist dagegen nicht umlagefähig. Wegen der Kosten der regelmäßigen **Reinigung von Abflussrohren** s. Rdn 26. Kosten für die **Erstellung eines Energieausweises** sind keine Betriebskosten.

Für **Rauchwarnmelder** gilt folgendes: In den Ländern Bayern (Neubau ab **100** 1.1.2013; Art 46 Abs. 4 BayBO); Nordrhein-Westfalen (Neubau ab 1.4.2013); Saarland (§ 46 Abs. 4 LBO Saarland) und Thüringen (§ 46 Abs. 4 ThürBO) müssen Neubauwohnungen mit Rauchwarnmeldern ausgestattet werden. In folgenden Bundesländern besteht eine Nachrüstpflicht: Bayern zu erfüllen bis 31.12.2007 (Art 46 Abs. 4 BayBO); Bremen zu erfüllen bis 31.12.2015 (§ 48 Abs. 4 BremLBO); Hamburg zu erfüllen bis 31.12.2010 (§ 45 Abs. 6 HBauO); Hessen zu erfüllen bis 31.12.2014 (§ 13 Abs. 5 HBO); Mecklenburg – Vorpommern zu erfüllen bis 31.12.2009 (§ 48 Abs. 4 LBauO M-V); Niedersachsen zu erfüllen bis 31.12.2015 (§ 44 Abs. 5 NBauO); Nordrhein-Westfalen (Bestand bis 30.12.2016, GV NRW 2013 Nr. 8 vom 28.3.2013, S. 142); Rheinland-Pfalz zu erfüllen bis 12.7.2012 (§ 44 Abs. 8 LBauO); Sachsen-Anhalt zu erfüllen bis 31.12.2015 (§ 47 Abs. 4 BauO LSA); Schleswig-Holstein zu erfüllen bis 31.12.2010 (§ 49 Abs. 4 BauO S-H); Thüringen bis 31.12.2018 (VO v. 13/25.3.2014)). Wird eine **vermietete Wohnung** mit Rauchwarnmeldern ausgestattet, so liegt hierin eine Modernisierungsmaßnahme; die insoweit entstehenden Kosten können auf die Mieter umgelegt werden. Streitig ist, ob die **Kosten für die Miete der Geräte** als Betriebskosten umlagefähig sind. Teilweise wird dies bejaht, wenn diese Kostenposition im Mietvertrag genannt ist oder wenn der Mietvertrag eine Öffnungsklausel (Mehrbelastungsklausel) enthält (Pistorius ZMR 2011, 934). Nach anderer Ansicht, sind die Mietkosten auch ohne Vereinbarung und ohne Mehrbelastungsklausel umlagefähig (LG Magdeburg ZMR 2011, 957 m.zust.Anm. Riecke). Nach der hier vertretenen Ansicht scheidet die Umlage von Mietkosten mangels gesetzlicher Regelung aus (ebenso: LG Hagen DWW 2016, 175; AG Düsseldorf ZMR 2019, 962; AG Schönebeck ZMR 2011, 647; AG Dortmund WuM 2017, 203; Langenberg in: Schmidt-Futterer § 556 BGB Rdn. 230; Kinne GE 2011, 1281; Schmid WuM 2012, 363; Zehelein WuM 2016, 400, 407; Cramer ZMR 2016, 505, 510; Meyer-Abich NZM 2017, 745). Eine Analogie zu § 2 Nr. 2, 4, 5 BetrKV (betr. Mietkosten für eine Ausstattung zur Verbrauchserfassung von Wasser, Wärme und Warmwasser ist nicht möglich (LG Hagen DWW 2016, 175). Die **Wartungskosten für die Rauchwarnmelder** zählen dagegen zu den sonstigen Betriebskosten i.S. von § 2 Nr. 17 BetrKV (J-H. Schmidt/ R. Breiholdt/Riecke, ZMR 2008, 341, 349; Riecke ZMR 2011, 647; Blank NZM 2008, 746; Harsch WuM 2008, 521; Schmid, Handbuch Kap. 6 Rz 257; ders. ZMR 2000, 197; ders. GE 2011, 1595, 1598; Schumacher NZM 2005, 642; Langenberg in: Schmidt-Futterer § 556 BGB Rdn. 230; Zehelein WuM 2016, 400, 407; Cramer ZMR 2016, 505; Meyer-Abich NZM 2017, 745). Umlagefähig sind die Kosten für die Beauftragung einer Fachkraft, die Stromkosten (Batterien); **a. A.** Langenberg in: Schmidt-Futterer § 556 BGB Rdn. 230; Cramer ZMR 2016, 505, 510). Zur **Wartung** gehört insbesondere eine **regelmäßige Funktionsprüfung** (dazu insbes. Cramer ZMR 2016, 505). Einzelheiten ergeben sich aus der DIN 14676. Weil die Wartung und Funktionsprüfung einfach ist und keine besonderen Fachkenntnisse erfordert muss die Wartung nicht durch eine Fachkraft durchgeführt werden. Eine Eigentätigkeit des Vermieters ist möglich (Cramer ZMR 2016, 505). In zahlreichen Landesbauordnungen (Bayern, Baden-Württemberg, Bremen, Hessen, Niedersachsen, Nordrhein-Westfalen, Sachsen, Schleswig-Holstein) ist die Obliegenheit zur Wartung und Funktionsprüfung aus Gründen der Sachnähe allerdings dem Mieter zugewiesen. Das Verhältnis der zivilrechtlichen Instandhaltungspflicht zu den öffentlich-rechtlichen Bauordnungen ist noch ungeklärt. Nach der hier vertretenen Ansicht geht § 535 Abs. 1 Satz 2 BGB als bundesgesetzliche Regelung den landesrechtlichen Bestimmungen vor. Für die Wartung durch den Vermieter sprechen auch praktische Erwägungen, weil er eine Fachkraft mit der regelmäßigen Wartung und Funktionsprüfung beauftragen und so die für die Sicherheit des gesamten Gebäudes (s. BGH ZMR 2013, 642 Rdn. 13) wichtige Funktionsfähigkeit der Rauchwarnmelder sicherstellen kann (so auch Cramer ZMR 2016, 505, 507). Eine vertragliche Regelung zur Übertragung der Wartungspflicht auf den Mieter ist möglich aber unter Haftungsgesichtspunkten nicht zu empfehlen (Cramer a. a. O. S. 507 ff, 511). Nach einer Meinung setzt die Umlagefähigkeit voraus, dass die Wartungskosten im Mietvertrag genannt sind AG Dortmund WuM 2017, 203 m. Anm. S. Neuendorf/ K. Nunnemann) oder dass der Vertrag eine Öffnungsklausel enthält (AG Bielefeld NZM 2011, 775; AG Schönebeck ZMR 2011, 647). Nach der hier vertretenen Auffassung ist die Umlagevereinbarung bei fehlender ausdrücklicher Regelung und fehlender Öffnungsklausel im Wege der ergänzenden Vertragsauslegung zu ergänzen (ebenso Kinne GE 2011, 1281, 1283; Riecke ZMR 2012, 448). Beim **Neuabschluss von Mietverträgen** gelten die Allgemeinen Grundsätze über die Umlage von sonstigen Betriebskosten (s. nachfolgend). Wird die Wohnung mit bereits vorhandenen Rauchwarnmeldern vermietet, so sind die Wartungskosten nur umlegbar, wenn der Mietvertrag eine ausdrückliche Regelung enthält (AG Bielefeld a. a. O.).

100a Streitig ist, ob die Kosten einer separaten **Mietausfallversicherung** zu den sonstigen Betriebskosten i. S. von. Nr. 17 zählen. Dies wird teilweise bejaht, wenn diese Kostenposition in der Umlagevereinbarung ausdrücklich genannt ist (s. insbes. Lützenkirchen GE 2016, 837). Nach h. M. scheitert die Zuordnung der Kosten für eine Mietausfallversicherung zu den „sonstigen Betriebskosten" an dem Umstand, dass die Umlagefähigkeit von Versicherungskosten in Nr. 13 abschließend geregelt ist. Die sich aus dieser Vorschrift ergebende Beschränkung auf Sach- und Haftpflichtversicherungen kann nicht durch den Rückgriff auf Nr. 17 umgangen werden (BGH NZM 2018, 71 unter Rdn. 18; OLG Düsseldorf ZMR 2000, 668; AG Frankfurt WuM 1988, 70; Artz in: Staudinger § 556 Rdn. 38b; Wall Betriebskosten- und Heizkostenkommentar, Rdn. 4301, 4313). Davon sind diejenigen Fälle zu unterscheiden, in denen der Mietausfallschaden in der Schadensversicherung mitversichert ist (s. dazu Rdn. 83).

III. Die Umlagevereinbarung

1. Umlage durch vertragliche Vereinbarung

101 Die Umlage von Betriebskosten bedarf stets einer vertraglichen Vereinbarung. Dies gilt sowohl für Wohnraum als auch für Gewerberaum. Aus dem Mietvertrag muss sich klar und eindeutig ergeben, welche Betriebskosten der Mieter neben der Grundmiete zu tragen hat. **Für die Gestaltung der Umlagevereinbarung** stehen im Allgemeinen zwei Methoden zur Wahl: Die Parteien können zum einen die umzulegenden Betriebskosten namentlich benennen. Zum anderen kann die Umlagevereinbarung auf die Betriebskostenverordnung oder auf die Anlage 3 zu § 27 der II. BV Bezug nehmen, weil dort nach Art und Umfang der umlagefähigen Betriebskosten aufgezählt sind. Eine Ausnahme gilt für die „sonstigen Betriebskosten" i. S. von Nr. 17 der Anlage 3 zu § 27 der II. BV (oder der Betriebskostenverordnung); diese Betriebskosten müssen ausdrücklich benannt werden. Ob allein durch die Verwendung des Begriffs „Betriebskosten" eine wirksame Umlagevereinbarung zustande kommt, richtet sich nach dem Einzelfall (grundlegend: BGH NZM 2016, 235; WuM 2012, 453 = NZM 2012, 608; BGH Urt. v. 8.4.2020 – XII ZR 120/18).

Vereinbarungen über Betriebskosten **BGB § 556**

Im Einzelnen gilt: (1) Wohnraummiete. Nach der Rechtsprechung des 102
BGH muss sich aus der Umlagevereinbarung klar und eindeutig ergeben, welche
Betriebskosten der Mieter neben der Grundmiete zu tragen hat. Die Parteien können zum einen die umzulegenden Betriebskosten namentlich benennen. Zum anderen kann die Umlagevereinbarung auf die Anlage 3 zu § 27 der II. BV oder auf die Betriebskostenverordnung Bezug nehmen (BGH NZM 2016, 235; 2012, 608). Regelmäßig genügt es für die wirksame Umlage von Betriebskosten, wenn im Mietvertrag vereinbart ist, dass der Mieter die „Betriebskosten" zu tragen hat. Die Beifügung des Betriebskostenkatalogs oder eine ausdrückliche Bezugnahme auf § 556 Abs. 1 BGB bzw. die Betriebskostenverordnung ist entbehrlich (BGH NJW 2016, 1308). Ebenso reicht es aus, wenn sich aus dem Mietvertrag ergibt, dass der Mieter einen „Betriebskostenvorschuss gem. § 27 der II. BV" zu zahlen hat (BGH NJW 2016, 1308; BGH NJW 2009, 2058 im Anschluss an BGH NJW 2007, 3060 und BGH NZM 2004, 417) oder wenn im Mietvertrag für die „Betriebskosten" ein bestimmter Betrag vorgesehen ist. Es ist unschädlich, wenn in einem Formularmietvertrag sowohl die Variante „Betriebskostenpauschale" als auch die Variante „Betriebskostenvorauszahlung" angekreuzt ist und die Betriebskosten nicht näher bezeichnet sind (BGH NZM 2016, 720) (Ausnahmen s. unten Rdn. 103). Die Anlage 3 zu § 27 Abs. 1 der II. BV ist allerdings am 31.12.2003 außer Kraft getreten. Seit dem 1.4.2004 gilt für die Definition der Betriebskosten die Betriebskostenverordnung. Zur Frage, ob eine Umlagevereinbarung in einem nach dem 31.12.2003 abgeschlossenen Vertrag auch dann wirksam ist, wenn die in Bezug genommene Rechtsvorschrift nicht mehr besteht s. Rdn. 118.

(2) Eine Ausnahme gilt nur **hinsichtlich der „sonstigen Betriebskosten"** 103
i. S. von § 2 Nr. 17 BetrKV. Die Umlage dieser Kosten setzt voraus, dass der Mietvertrag eine eindeutige und hinreichend klare Regelung enthält. Die betreffenden unter § 2 Nr. 17 BetrKV fallenden Kostenpositionen müssen deshalb im Mietvertrag aufgeführt werden. Insoweit genügt es nicht, wenn sich aus dem Mietvertrag nur ergibt, dass der Mieter die Betriebskosten im Sinne der Betriebskostenverordnung (oder im Sinne der Anlage 3 zu § 27 der II. BV) zu tragen hat. Ebenso wenig reicht es aus, wenn der Text der Betriebskostenverordnung oder der Anlage 3 zu § 27 der II. BV dem Mietvertrag als Anlage beigefügt ist. Der Mieter kann den betreffenden Regelungen nämlich nicht entnehmen, welche Kosten im Einzelnen zu den sonstigen Betriebskosten gehören (BGH NZM 2004, 417; WuM 2007, 198 = NZM 2007, 282). Ebenso genügt es nicht, wenn in der Umlagevereinbarung lediglich der Begriff „Betriebskosten" (ohne weiteren Zusatz) verwendet wird (LG Berlin GE 2010, 849). Andererseits ist es nicht erforderlich, dass die im Mietvertrag aufgeführten Kostenpositionen tatsächlich anfallen. Deshalb genügt es, wenn die **Liste der möglichen sonstigen Betriebskosten** summarisch in der Umlagevereinbarung aufgeführt wird.

(3) Formularvertrag. Nach dem **Transparenzgebot in § 307 Abs. 1 Satz 2** 104
BGB müssen Formularvereinbarungen über die Umlage von Betriebskosten klar und verständlich sein. Insoweit genügt es, wenn der Mietvertrag auf die Betriebskostenverordnung oder auf die Anlage 3 zu § 27 der II. BV Bezug nimmt, weil dort im Einzelnen definiert ist, welche Kosten als Betriebskosten umlagefähig sind. Anders ist es, wenn die Umlagevereinbarung den Zusatz enthält, dass die Versicherungskosten „ohne Beschränkung" auf die in der Verordnung aufgeführten Kosten auf die Mieter umgelegt werden. Damit werden von der Umlagevereinbarung auch solche Versicherungen erfasst, die in der Verordnung nicht genannt sind. Der Mieter hat also keine Möglichkeit, die auf ihn entfallenden Kosten abzuschätzen. Damit

ist die Klausel intransparent, was den Verstoß gegen § 307 Abs. 1 Satz 2 BGB begründet (BGH NJW 2013, 41 = WuM 2012, 662 = NZM 2013, 85). Teilweise wird vertreten, dass unklare Vereinbarungen im Sinne der Betriebskostenverordnung auszulegen sind (KG NZM 2008, 128 betreffend die Umlage von „Bewirtschaftungs- und sonstigen Verbrauchsabgaben") Diese Rechtsprechung ist zweifelhaft. Nach der hier vertretenen Ansicht ist das Transparenzgebot nicht gewahrt, wenn in der Umlagevereinbarung **Begriffe der Umgangssprache** wie „**Nebenkosten", „Hausabgaben", „Hausgebühren", „Grundbesitzabgaben"** etc. verwendet werden, weil diese Begriffe keinen klaren Inhalt haben (OLG Düsseldorf NJW-RR 1991, 135; DWW 2007, 372; OLG Frankfurt WuM 1985, 91; (OLG Karlsruhe ZMR 2009, 849; LG Mannheim ZMR 1994, 22; AG Neuss ZMR 1994, 571; Kinne in: FS Blank S. 249, 256 ff; Langenberg in: Schmidt-Futterer § 556 BGB Rdn. 35; Artz in: Staudinger § 556 BGB Rdn. 50; Wall in: Betriebskosten-Kommentar Rdn. 1519 ff; Sternel Mietrecht aktuell Rdn. 756; Ehlert in: Bamberger/Roth § 556 BGB Rdn. 37). Ebenso sollten **Begriffe aus anderen Rechtsgebieten** vermieden werden. Der aus dem Steuerrecht stammende Begriff der „Betriebsvorrichtung" umfasst dort solche Einrichtungen die unmittelbar dem Betriebsvorgang diesen (§ 68 Abs. 2 BewG). Teilweise wird vertreten, dass der **Begriff der „Nebenkosten"** im allgemeinen Sprachgebrauch synonym für „Betriebskosten" verwendet wird. Deshalb sei der Begriff hinreichend klar und verständlich; für seinen Inhalt gilt § 2 Nr. 1-16 BetrKV (OLG München ZMR 1997, 233; OLG Frankfurt/M, NZM 2018, 789). Ist in einem Mietvertrag vereinbart, dass der Mieter die Wartungskosten für Betriebsvorrichtungen zu tragen hat, so wird hierdurch nur ein Teil der an sich umlagefähigen Betriebskosten erfasst (**a. A.** OLG Koblenz ZMR 2013, 795: alle Kosten die dem Betrieb des Gebäudes dienen). Bei der Auslegung der Umlagevereinbarung sind allerdings auch weitere Absprachen der Parteien zu berücksichtigen, die sich auf die Nebenkosten beziehen, insbesondere der sonstige Vertragsinhalt aber auch außerhalb der Vertragsurkunde liegende Umstände, etwa ein Schriftwechsel. Lässt sich danach der Umfang der auf den Mieter umgelegten Kosten mit hinreichender Sicherheit bestimmen, schadet eine unklare Umlagevereinbarung nicht (OLG Karlsruhe ZMR 2009, 849). In manchen Formularverträgen sind die einzelnen Betriebskostenpositionen und die hierfür vorgesehenen Vorauszahlungsbeträge abgedruckt, wobei vorgesehen ist, dass die Entscheidung über die Umlage durch Ankreuzen der Betriebskostenposition und den Eintrag des Vorauszahlungsbetrags kenntlich gemacht werden muss. Bei **fehlender oder lückenhafter Kenntlichmachung** ist der Vertrag unklar. Kann der Parteiwille nicht auf Grund anderer Umstände ermittelt werden, so geht dies gem. § 305 c Abs. 2 BGB zu Lasten des Verwenders, i. d. R. also des Vermieters (AG Hamburg-Blankenese ZMR 2016, 118).

104a Ist vereinbart, dass der Mieter auf die Betriebskosten Vorauszahlungen zu leisten hat, so ist hierunter nur eine (vorläufige) Zahlung zu verstehen, über die der Vermieter nach Beendigung des Wirtschaftsjahres abrechnen muss. Sieht die Umlagevereinbarung hinsichtlich einiger Betriebskosten eine Pauschale vor, so ist dies für den Mieter (objektiv) überraschend. Für die Annahme des (subjektiven) Überraschungsmoments genügt es, wenn der Mieter geltend macht, dass er mit pauschalierten Kosten nicht gerechnet habe. In diesem Fall wird dieser Teil der Vereinbarung gem. **§ 305 c Abs. 1 BGB** nicht Vertragsbestandteil (OLG Hamm NZM 2018, 337; s. § 535 Rdn. 113).

105 (4) Wird im Zusammenhang mit einer unwirksamen Umlageregelung vereinbart, dass der Mieter einen Vorschuss zu zahlen hat, über den abgerechnet wird, so

Vereinbarungen über Betriebskosten **BGB § 556**

gilt der Vorschuss als Nebenkostenpauschale (OLG Düsseldorf NZM 2002, 526; Langenberg in: Schmidt-Futterer § 556 BGB Rdn. 66; Wall in: Eisenschmid/Wall Betriebskosten-Kommentar Rdn. 1574; Sternel Mietrecht Aktuell Rdn V 138; vgl. dazu auch BGH Beschluss vom 7.6.2016 – VIII ZR 274/15, WuM 2016, 498; BGH NJW 2011, 1222 = WuM 2011, 214 = NZM 2011, 400 betr. Umdeutung einer unzulässigen Umlagevereinbarung im ehemals preisgebundenen Berliner Altbau). Eine hiervon abweichende Ansicht wird vom OLG Dresden vertreten (NZM 2000, 827 m.abl.Anm. Langenberg NZM 2000, 801 und Schmid NZM 2000, 1041; zustimmend: Artz in: Staudinger § 556 BGB Rdn. 52). Danach kann die Vertragsregelung über die Vorauszahlung weder in eine Betriebskostenpauschale noch in eine „Bruttokaltmiete" umgedeutet werden. Vielmehr fehle der Vereinbarung über die Betriebskostenvorauszahlung die rechtliche Grundlage mit der weiteren Folge, dass der Mieter die gesamten Vorauszahlungen nach Bereicherungsgrundsätzen zurückverlangen kann.

(5) Unklare Begriffe in Formularklauseln. Der Grundsatz der engen Auslegung gilt nicht nur für die Umlagevereinbarung als solche, sondern auch bei der Bestimmung des Inhalts einer formularmäßigen Umlagevereinbarung. So umfasst der **Begriff der „Wasserkosten"** nicht die Abwassergebühr (LG Köln WuM 1986, 323; **a. A.** LG Berlin GE 1996, 125) und nicht die Kosten der Warmwasserbereitung. Eine Vereinbarung, wonach der Mieter die **„üblichen" Versicherungen** zu tragen hat, verstößt gegen das Transparenzgebot (BGH ZMR 2005, 844). Der **Begriff der Heizkosten** wird allerdings heute nach allgemeinem Sprachgebrauch i. S. der Definition in § 7 II der HeizkostenV zu verstehen sein. Werden in der Gemeinde die Kosten der Entwässerung nach unterschiedlichen Kriterien bemessen, so ist unter dem **Begriff „Abwasser"** i. d. R. sowohl die „Schmutzwassergebühr" als auch die „Niederschlagswassergebühr" zu verstehen (LG Mannheim NZM 2003, 398). Haben die Parteien bei der Formulierung der Betriebskostenvereinbarung die Begriffe der Betriebskostenverordnung oder der Anlage 3 zu § 27 der II BV verwendet, so kann bei der Auslegung auf die zu diesen Vorschriften ergangene Rechtsprechung zurückgegriffen werden. Unklare Begriffe können allerdings nicht unter Rückgriff auf diese Vorschriften konkretisiert werden. 106

(6) Unklare Individualverträge sind auszulegen. Wie allgemein gilt auch hier der Grundsatz, dass Willenserklärungen nicht im Wege der reinen Buchstabeninterpretation auszulegen sind, sondern dass es auf den wirklichen Willen der Vertragsparteien ankommt (§ 133 BGB). Haben die Parteien einen bestimmten Begriff übereinstimmend in einer bestimmten Art und Weise verstanden, so gilt die Vereinbarung mit diesem Inhalt; auf den Wortlaut kommt es dann nicht an. Von einer solchen Übereinstimmung im Verständnis kann beispielsweise dann ausgegangen werden, wenn der Vermieter dem Mieter die einzelnen Kostenarten beim Vertragsschluss erläutert hat. Hat der Mieter über mehrere Jahre die vom Vermieter angeforderten Betriebskosten vorbehaltlos bezahlt, so spricht dieses faktische Verhalten dafür, dass auch der Mieter davon ausgegangen ist, dass er diese Kosten schulde. Hiervon ist die Frage zu unterscheiden, ob durch die Zahlung nicht geschuldeter Betriebskosten ein Änderungsvertrag zustande kommt (dazu Rdn. 111). 107

(7) Bei der **Vermietung einer öffentlich geförderten Wohnung** ist außerdem **§ 20 Abs. 1 S. 3 NMV** zu beachten. Danach sind die Betriebskosten „nach Art und Höhe dem Mieter bei Überlassung der Wohnung bekanntzugeben". Für die Bekanntgabe reicht es aus, wenn sich aus dem Mietvertrag die Art der umzulegenden Betriebskosten ergibt und ein Vorschussbetrag ausgewiesen ist. Die An- 108 gabe, wie sich der Vorschuss auf die einzelnen Betriebskosten verteilt ist nicht erforderlich (BGH NJW 2010, 1198 = WuM 2010, 153 = NZM 2010, 274; LG Itzehoe ZMR 2010, 41; Lützenkirchen NZM 2008, 630, 631; **a. A.** OLG Oldenburg WuM 1997, 609 = ZMR 1997, 416; LG Berlin GE 2007, 913; LG Mannheim WuM 1994, 693). Nach der hier vertretenen Ansicht ist der Vermieter verpflichtet, die Vorauszahlungen so zu kalkulieren, dass hierdurch die Betriebskosten im Wesentlichen gedeckt werden. Ist eine Kostenkalkulation nicht möglich, so muss der Vermieter den Mieter hierüber informieren. Zwar hat der BGH für den freifinanzierten Wohnraum entschieden, dass sich unzureichende Vorauszahlungen weder auf die Umlagevereinbarung noch auf das Abrechnungsergebnis auswirken (BGH NJW 2004, 1102 = WuM 2004, 201 = NZM 2004, 251). Allerdings besteht dort keine gesetzlich geregelte Informationspflicht über die Höhe der Betriebskosten.

109 **Weicht die vertragliche Umlagevereinbarung von § 20 Abs. 1 NMV ab,** ist der Vermieter gem. § 10 WoBindG berechtigt, die Mietstruktur durch einseitige Erklärung zu ändern. Dies geschieht, indem die bisher in der Miete enthaltenen Betriebskosten herausgerechnet werden; den hierauf entfallenden Betrag hat der Mieter als Vorschuss zu zahlen. Nach der Auffassung des BGH genügt für die Erklärung nach § 10 WoBindG „die Übermittlung einer formell ordnungsgemäßen Betriebskostenabrechnung" (BGH NJW 2010, 1744 = WuM 2010, 364 = NZM 2010, 436).

110 Für die Umlagevereinbarung bei der **Geschäftsraummiete** s. Rdn. 275 ff.

2. Umlage durch schlüssiges Verhalten

111 Eine Umlagevereinbarung kann auch durch schlüssiges Verhalten zustande kommen. Allerdings sind an das Zustandekommen einer solchen Vereinbarung strenge Anforderungen zu stellen. In der Übersendung einer Betriebskostenabrechnung liegt im Allgemeinen kein Angebot des Vermieters zum Abschluss einer Umlagevereinbarung; der Vermieter geht im Gegenteil davon aus, dass eine Umlagevereinbarung bereits besteht. Aus diesem Grunde kann in der Zahlung der Abrechnung auch keine Annahme des Angebots gesehen werden (BGH NJW 2014, 3722; LG Mannheim NZM 1999, 365; LG Wuppertal WuM 1982, 300; LG Braunschweig WuM 1982, 300; LG Bonn WuM 1979, 187; LG Marburg WuM 2000, 680; AG Hamburg WuM 1981, 21; AG Wiesloch WuM 1982, 86 (LS); AG Waldsrode WuM 1979, 12; AG Wermelskirchen WuM 1994, 534). Die tatsächliche Zahlung von Betriebskostenabrechnungen bildet aber ein gewichtiges Indiz dafür, dass sich die Parteien beim Vertragsschluss darüber einig gewesen sind, dass der Mieter auch die Betriebskosten zu zahlen hat. Die Häufigkeit der Zahlungen kann dabei keine Rolle spielen (KG GE 2015, 55; **a. A.** OLG Celle OLGR Celle 2007, 11). Insgesamt gilt, dass die Frage des Vertragsschlusses durch konkludente Handlung auf Grund der Umstände des Einzelfalls zu beantworten ist. Eine stillschweigende Umlagevereinbarung kommt nur dann zustande, wenn zu einer von der Regelung des Ursprungsvertrags abweichenden Handhabung weitere Umstände hinzutreten, die für beide Parteien aus der Sicht der jeweils anderen auf einen Vertragsänderungswillen schließen lassen (KG GE 2015, 55; Schmid NZM 2003, 55). Bei einem geschäftserfahrenen Mieter gewerblicher Räume kann der Vermieter durchaus davon ausgehen, dass der Mieter die Betriebskostenabrechnung prüft, bevor er sie bezahlt; deshalb ist dort die Annahme einer konkludenten Vertragserweiterung durch Zahlung naheliegend. Bei einem rechtlich unerfahrenen Wohnungsmieter kann die

Bewertung der Zahlung zu einem anderen Ergebnis führen. Die „einfache Schriftformklausel" steht der Annahme einer durch konkludente Handlung vereinbarten Vertragserweiterung nicht entgegen, weil die Vereinbarung über die Beachtung der Schriftform auch durch mündliche Vereinbarung aufgehoben werden kann (KG GE 2015, 55).

Dieselben Grundsätze gelten, wenn der **Vermieter Kostenpositionen in die** 112 **Betriebskostenabrechnung aufnimmt, die nach dem Mietvertrag nicht als umlagefähig vereinbart sind.** Nach der Rechtsprechung des BGH kann eine **Umlagevereinbarung** auch **stillschweigend erweitert** werden. Eine solche Vertragserweiterung kann auch durch eine jahrelange **Zahlung von an sich nicht geschuldeten Betriebskosten** zustande kommen. In einem solchen Fall kann der Vermieter unter Umständen davon ausgehen, dass der Mieter mit der Auferlegung der abgerechneten Kosten einverstanden ist (BGH NZM 2000, 961 für den Mieter gewerblicher Räume, der über einen Zeitraum von 6 Jahren nicht vereinbarte Kosten bezahlt; BGH WuM 2004, 292 = NZM 2004, 418 für den Mieter von Wohnräumen, der ca. 10 Jahre lang nicht geschuldete „sonstige Betriebskosten" bezahlt hat). Allerdings ist die Annahme einer stillschweigenden Erweiterung der Umlagevereinbarung nur möglich, wenn „der Vermieter nach den Gesamtumständen davon ausgehen kann, dass der Mieter einer Umlage weiterer Betriebskosten zustimmt". Es genügt keinesfalls, wenn der Mieter die zu Unrecht abgerechneten Kosten nicht beanstandet. Selbst eine ungekürzte Zahlung der Betriebskostenabrechnung reicht nicht aus, weil hierin zunächst allein die Vorstellung des Mieters zum Ausdruck kommt, hierzu verpflichtet zu sein (Zehelein WuM 2016, 400, 404). Anders ist es nur, „wenn aufgrund besonderer Umstände der Änderungswille des Vermieters für den Mieter erkennbar ist." (BGH WuM 2007, 694 = NJW 2008, 283; NJW 2008, 1302 = WuM 2008, 225 = NZM 2008, 276; NJW 2010, 1065; NJW 2014, 3722).

Hat der **Vermieter entgegen vertraglicher Regelung jahrelang keine Ab-** 113 **rechnung über die Betriebskosten erteilt** und wird dieses Verhalten vom Mieter über lange Zeit hingenommen, so ist streitig, ob auf Grund dieses Verhaltens eine stillschweigende Änderung des Mietvertrags dahingehend zustande kommt, dass der Mieter eine Betriebskostenpauschale zu zahlen hat. Die Frage ist zu verneinen, weil es auf beiden Seiten an einer Handlung fehlt, die als konkludente Willenserklärung gewertet werden kann. Es gilt der Grundsatz, dass dem bloßen Nichtstun kein Erklärungswert beizumessen ist (BGH NJW 2008, 1302 = WuM 2008, 225 = NZM 2008, 276; OLG Naumburg NZM 2006, 630). Auch in einem solchen Fall setzt die Annahme einer stillschweigenden Vertragsänderung ein Verhalten des Vermieters voraus, das aus der Sicht des Mieters „einen entsprechenden Vertragsänderungswillen erkennen lässt." Der Mieter kann sich in Fällen der vorliegenden Art auch nicht darauf verlassen, dass der Vermieter auch künftig auf vertragliche Rechte verzichtet. Deshalb ist auch der Tatbestand der Verwirkung nicht gegeben (BGH a. a. O.).

Ebenso wird diskutiert, ob der Vermieter seinen **Anspruch auf Umlegung** 114 **einzelner Betriebskostenpositionen verliert,** wenn er hierüber mehrere Jahre nicht abrechnet (so AG Gießen NZM 2005, 217 betr. unterlassene Umlage der Grundsteuer trotz vertraglicher Vereinbarung über einen Zeitraum von 8 Jahren). Die Frage ist aus den oben genannten Gründen zu verneinen.

3. Während der Mietzeit neu entstehende Betriebskosten

115 Ist in dem Mietvertrag eine Betriebskostenvollumlage vereinbart, so ist fraglich, ob der Vermieter neu entstehende Betriebskosten ohne weiteres in die Betriebskostenabrechnung einstellen kann oder ob es hierzu einer sog. **„Mehrbelastungsabrede"** bedarf. Die Rechtsprechung des BGH ist in diesem Punkt nicht eindeutig. Dem Urteil des BGH vom 7.4.2004 (NZM 2004, 417) lag ein Fall zugrunde, in dem der Vermieter während der Mietzeit einen Hauswart angestellt und die hierdurch entstehenden Betriebskosten auf die Mieter umgelegt hat. Hierzu führt der BGH aus, dass die Beschäftigung eines Hauswarts im Ermessen des Vermieters liegt. Es kommt nicht darauf an, ob hierfür eine „wirtschaftliche oder praktische Notwendigkeit" besteht. Der Vermieter muss sich nur an die Grundsätze einer ordnungsgemäßen Bewirtschaftung halten. Die Betriebskosten für den Hauswart kann der Vermieter auf den Mieter umlegen, wenn eine wirksame Umlagevereinbarung vorliegt. Hierfür genügt es, wenn der Mietvertrag auf die Betriebskostenverordnung (oder auf § 27 der II. BV) Bezug nimmt. In diesem Fall ist für den Mieter ersichtlich, dass zu den Betriebskosten auch die Kosten für einen Hauswart gehören. Es spielt hierbei keine Rolle, wenn sich der Vermieter erst im Verlauf der Mietzeit zur Beschäftigung eines Hauswarts entschließt.

115a In dem Urteil vom 27.9.2006 (NZM 2006, 896 = WuM 2006, 612) hatte der BGH die Frage zu entscheiden ob die Kosten einer Sach- und Haftpflichtversicherung, die der Vermieter während des bestehenden Mietverhältnisses für das Mietobjekt abschließt, anteilig auf die Mieter umgelegt werden können. In dem amtlichen Leitsatz wird diese Frage bejaht,

„wenn im Mietvertrag die Kosten einer derartigen Versicherung als umlagefähige Betriebskosten bezeichnet sind **und** *dem Vermieter das Recht eingeräumt ist, auch neu entstehende Betriebskosten auf die Mieter umzulegen."*

Auf den ersten Blick weicht der Leitsatz von der Entscheidung vom 7.4.2004 ab. Während es bei der „Hauswart-Entscheidung" genügt, wenn eine Umlagevereinbarung vorhanden ist, scheint das Urteil vom 27.9.2006 zusätzlich eine Mehrbelastungsabrede zu verlangen. Tatsächlich wird das Urteil vom 7.4.2004 von einem Teil der Rechtsprechung so verstanden (so z. B. AG Berlin-Neukölln NZM 2008, 127). Diese Interpretation dürfte allerdings auf einem Missverständnis beruhen. In dem zur Entscheidung stehenden Fall enthielt der Mietvertrag eine Verweisung auf § 27 der II. Berechnungsverordnung, eine Anlage „Aufstellung der Betriebskosten" und außerdem eine Mehrbelastungsabrede. Deshalb muss der Leitsatz dahingehend verstanden werden, dass eine Umlage neuer Betriebskosten „jedenfalls dann" möglich ist, wenn der Mietvertrag eine Mehrbelastungsabrede enthält (so auch Milger NZM 2008, 1, 5). Dies entspricht der Gesetzeslage; danach ist eine vertragliche Mehrbelastungsabrede nur dann erforderlich ist, wenn die Parteien eine Betriebskostenpauschale vereinbart haben (§ 560 Abs. 1 BGB). Ist jedoch – wie im Entscheidungsfall – eine Betriebskostenvorauszahlung mit Abrechnungspflicht vorgesehen, so ergibt sich das Recht zur Umlage aller im Abrechnungszeitraum entstehenden Betriebskosten unmittelbar aus § 556 Abs. 3 BGB (Blank NZM 2007, 233; Langenberg in: Schmidt-Futterer § 560 BGB Rdn. 12; Artz in: Staudinger § 560 BGB Rdn. 1; Zehelein WuM 2016, 400, 402). Einer besonderen Mehrbelastungsabrede bedarf es in diesem Fall nicht.

116 Eine **Ausnahme** gilt für die **sonstigen Betriebskosten** i. S. von § 2 Nr. 17 BetrKV. Solche Kosten kann der Vermieter nur auf Grund einer Vereinbarung mit dem Mieter abrechnen. Eine solche Vereinbarung kann in Form der Mehrbelastungsabrede bereits im Mietvertrag getroffen werden *("Entstehen nach Vertragsschluss neue Betriebskosten, die unter Beachtung des Grundsatzes der Wirtschaftlichkeit erforderlich sind, so ist der Vermieter berechtigt, diese Kosten durch Erklärung in Textform anteilig auf den Mieter umzulegen. In der Erklärung muss der Grund für die Umlage bezeichnet und erläutert werden.")*. Die Erhöhungserklärung muss in Textform abgegeben werden und dem Mieter zugehen. Es handelt sich um eine einseitige Willenserklärung, die von allen Vermietern gegenüber allen Mietern auszusprechen ist. Die Erhöhungserklärung ist nur wirksam, wenn in ihr der Grund für die Umlage bezeichnet und erläutert wird (§ 560 Abs. 1 Satz 2 BGB analog; s. dort). Hiervon abweichend wird in der Literatur teilweise die Ansicht vertreten, dass das Umlagerecht auch bei fehlender Mehrbelastungsabrede besteht (Langenberg Betriebskostenrecht der Wohn- und Gewerberaummiete 3. Aufl. Rdn. C 50; Harz/Schmid ZMR 1999, 597; **a. A.** Kinne GE 1999, 1544).

Entstehen durch eine vom Mieter zu duldende Modernisierungsmaß- 117
nahme neue Betriebskosten, so ist die Umlagevereinbarung regelmäßig im Wege der ergänzenden Vertragsauslegung dahingehend zu erweitern, dass der Vermieter auch diese Kosten auf den Mieter umlegen kann (AG Burgwedel ZMR 2011, 800/LG Hannover ZMR 2011, 826; LG Magdeburg ZMR 2011, 957 m. zust.Anm. Riecke betr. Rauchwarnmelder; Zehelein WuM 2016, 400, 406).

4. Rechtslage nach Inkrafttreten der BetrKV

Die Anlage 3 zu § 27 der Zweiten Berechnungsverordnung ist am 31.12.2003 118 außer Kraft getreten. Die dort enthaltenen Regelungen sind bei Altverträgen (Vertragsschluss vor dem 1.1.2004) in bestimmten Fällen weiter zu beachten. Eine Bezugnahme auf die Anlage 3 zu § 27 der II. BV in einem nach dem 31.12.2003 abgeschlossen Mietvertrag reicht für eine wirksame Umlagevereinbarung aus (BGH NJW 2016, 1308). Dies beruht auf der Erwägung, dass der Begriff der Betriebskosten seit Jahrzehnten durch Rechtsverordnung und/oder Gesetz geregelt ist und dass die Regelungen in der Anlage 3 zu § 27 Abs. 1 der II. BV und in der Betriebskostenverordnung im Wesentlichen inhaltsgleich sind. Umlagevereinbarungen mit einer Verweisung auf die Anlage 3 zu § 27 der II. BV sind deshalb dahingehend auszulegen, dass die jeweils aktuelle Fassung des Betriebskostenkatalogs gelten soll (BGH a. a. O.).

IV. Betriebskostenpauschale und Betriebskostenvorauszahlung (Abs. 2)

1. Betriebskostenpauschale

Nach § 556 Abs. 2 Satz 1 BGB haben die Parteien die Wahl, ob sie eine Betriebs- 119 kostenpauschale oder Betriebskostenvorauszahlungen vereinbaren. Durch eine Pauschale werden die in der Vereinbarung aufgeführten Betriebskosten abgegolten; zu einer Abrechnung ist der Vermieter weder verpflichtet noch berechtigt. Bei einer Erhöhung der Betriebskosten kann der Vermieter die Mehrbelastung auf den Mieter umlegen, wenn dies im Mietvertrag vereinbart ist (§ 560 Abs. 1 BGB). Bei einer Ermäßigung muss der Vermieter die Pauschale herabsetzen (§ 560 Abs. 3 BGB). Weitere Einzelheiten s. § 560. **Die Vereinbarung einer Pauschale steht**

§ 556 BGB Untertitel 2. Mietverhältnisse über Wohnraum

unter dem ausdrücklichen Vorbehalt „anderweitiger Vorschriften". Zu diesen Vorschriften gehören die HeizkostenVO sowie § 556a Abs. 1 Satz 2 BGB. Nach der HeizkostenVO müssen die Heizkosten verbrauchsabhängig abgerechnet werden (§§ 2, 4ff HeizkostenVO). Nach § 556a Abs. 1 Satz 2 BGB sind Betriebskosten, die von einem erfassten Verbrauch oder einer erfassten Verursachung durch den Mieter abhängen, ebenfalls verbrauchsabhängig abzurechnen (näheres s. § 556a BGB Rdn. 7).

120 Eine gesetzliche **Obergrenze für die Betriebskostenpauschale besteht nicht.** Die Regelung des Abs. 2 Satz 2 gilt nur für die Betriebskostenvorauszahlungen; eine analoge Anwendung der Vorschrift auf die Betriebskostenpauschale ist ausgeschlossen (Langenberg in: Schmidt-Futterer § 556 BGB Rdn. 25, 26 und in WuM 2001, 530; Artz in: Staudinger § 556 BGB Rdn. 70; Horst MDR 2001, 724; **a. A.** Zehelein in: MünchKomm § 556 BGB Rdn. 31; Schmid in: WuM 2001, 424). Die Regelungen in §§ 138 BGB, 5 WiStG, bleiben unberührt. Insoweit kommt es allerdings nicht darauf an, ob zwischen der Höhe einer Pauschale und den tatsächlich anfallenden Betriebskosten ein „auffälliges Missverhältnis" besteht oder ob die Pauschale im Verhältnis zu den tatsächlichen Betriebskosten „unangemessen hoch" ist (so aber wohl LG Berlin NZM 2016, 97, das aber einen Verstoß gegen § 138 BGB verneint, wenn die Pauschale 140% der tatsächlichen Betriebskosten beträgt). Nach der hier vertretenen Ansicht ist auf die Höhe des Gesamtentgelts (das sich aus der Betriebskostenpauschale und der Grundmiete zusammensetzt) abzustellen.

120a Über die **Zulässigkeit von Teilinklusiv- oder Teilpauschalmieten** enthält das Gesetz keine besondere Regelung. Sie ist auch nicht erforderlich. Den Parteien steht es nach wie vor frei, entweder sämtliche Betriebskosten oder nur einen Teil davon auf den Mieter umzulegen. In der Gesetzesbegründung wird hierauf ausdrücklich hingewiesen (BT-Drucks. 14/5663 vom 27.3.2001, S. 169).

121 Bei einer **unwirksamen Heizkostenpauschale** schuldet der Mieter den ungekürzten Pauschalbetrag als Vorauszahlung (BGH WuM 2006, 418 = NZM 2006, 652; **a. A.** OLG Düsseldorf NZM 2008, 524: danach ist dieser Betrag gem. § 12 HeizkV um 15% zu kürzen). Maßgeblich für die Bemessung des Vorschusses sind die Verhältnisse zu Beginn des Mietverhältnisses (LG Heidelberg WuM 2011, 217, 218). Der Vermieter muss über diese Vorauszahlungen abrechnen. Sind die Heizkosten nicht über Messgeräte erfasst worden, so müssen diese Kosten nach dem Verhältnis der Wohnfläche auf die Mieter umgelegt werden (BGH NJW 2008, 142 = WuM 2007, 700 = NZM 2008, 35). Der so ermittelte Abrechnungsbetrag ist gem. § 12 HeizKV um 15% zu kürzen (BGH a. a. O.). Der geänderte Vertrag gilt von Anfang an, also rückwirkend. Der Mieter ist durch § 556 Abs. 3 BGB (Abrechnungsfrist) geschützt. Für die Vergangenheit steht ihm das Kürzungsrecht des § 12 Abs. 1 HeizkV zu (LG Heidelberg WuM 2011, 217, 218).

122 **Sollen mit einer Gesamtbetriebskostenpauschale auch die Heizkosten abgegolten werden,** so verstößt diese Regelung ebenfalls gegen die Vorschriften der Heizkostenverordnung. In diesem Fall ist der in der Pauschale enthaltene kalkulatorische Ansatz für die Heiz- und Warmwasserkosten zu ermitteln. Den so ermittelten Betrag schuldet der Mieter als Vorauszahlung über die der Vermieter abrechnen muss. Das Kürzungsrecht gem. § 12 HeizKV gilt auch hier.

2. Betriebskostenvorauszahlung

Die Parteien können Betriebskostenvorauszahlungen vereinbaren; sie sind hierzu aber nicht verpflichtet. Deshalb kann aus einer fehlenden Vorschussvereinbarung nicht geschlossen werden, dass der Mieter trotz wirksamer Umlagevereinbarung keine Betriebskosten schuldet (KG ZMR 2007, 364). Haben die Parteien eine Vorauszahlung vereinbart, so muss die **Höhe der Vorauszahlungen** angemessen sein (§ 556 Abs. 2 Satz 2 BGB). Dies bedeutet, dass sich die Vorauszahlung an der Höhe der zu erwartenden Betriebskosten orientieren muss. Sind die **Vorauszahlungen zu gering bemessen,** so ist der Mieter grundsätzlich gleichwohl verpflichtet, die Restzahlung in voller Höhe zu erbringen (BGH NJW 2004, 1102; OLG Dresden NZM 2004, 68; OLG Stuttgart RE 10.8.1982 NJW 1982, 2506; OLG Rostock ZMR 2009, 527; OLG Düsseldorf MDR 2012, 1025; LG Berlin GE 1990, 653; AG Jena DWW 2000, 336). 123

Nach der Rechtsprechung des BGH (NJW 2004, 1102; zustimmend Wietz WuM 2016, 323, 332) **begeht der Vermieter grundsätzlich keine Pflichtverletzung beim Vertragsschluss, wenn er mit dem Mieter Vorauszahlungen für Nebenkosten vereinbart, die die Höhe der später anfallenden tatsächlichen Kosten nicht nur geringfügig, sondern auch deutlich unterschreiten.** Eine Pflichtverletzung nach den Grundsätzen über das Verschulden bei den Vertragsverhandlungen liege nur vor, wenn besondere Umstände gegeben sind. Hievon sei auszugehen, wenn der Vermieter die Angemessenheit der Betriebskosten „ausdrücklich zugesichert" habe oder wenn er „diese bewusst zu niedrig bemessen hat, um den Mieter über den Umfang der tatsächlichen Mietbelastung zu täuschen und ihn auf diese Weise zur Begründung eines Mietverhältnisses zu veranlassen". 124

Der Ansicht des BGH ist nicht zuzustimmen. Nach den Grundsätzen des **§ 311 Abs. 2 Nr. 1 BGB** ist der Vermieter grundsätzlich verpflichtet, den Mieter über die zu erwartende Kostenbelastung zu unterrichten. Insoweit gilt, dass der Vermieter die Frage des Mieters nach der Höhe der Betriebskosten wahrheitsgemäß beantworten muss. Ebenso besteht eine Aufklärungspflicht, wenn der Vermieter erkennen kann, dass der Mieter auf eine entsprechende Information Wert legt (OLG Dresden NZM 2004, 68); hiervon ist regelmäßig auszugehen. Der Vermieter darf von sich aus keine fehlerhaften Angaben machen, etwa um hierdurch einen Mietinteressenten zum Vertragsschluss zu bewegen (OLG Düsseldorf ZMR 2000, 605; AG Spandau WuM 2000, 678). Schweigt der Vermieter, so darf der Mieter davon ausgehen, dass der Vermieter die Vorauszahlungen realistisch kalkuliert hat. Der Vermieter kann sich grundsätzlich nicht darauf berufen, dass er die tatsächlichen Kosten irrig fehlerhaft eingeschätzt habe. Dies gilt auch bei einer Erstvermietung, weil der Vermieter auf Erfahrungssätze aus anderen Objekten zurückgreifen kann. Macht der Vermieter schuldhaft fehlerhafte Angaben über die zu erwartende Betriebskostenbelastung, so kann hierin eine Pflichtverletzung liegen (OLG Düsseldorf NZM 1998, 916; OLG Naumburg NZM 2002, 387; LG Celle DWW 1996, 193; AG Spandau WuM 2000, 678; Artz in: Staudinger § 556 BGB Rdn. 74; Lehmann-Richter WuM 2004, 254; Derckx NZM 2004, 321, 323; Artz NZM 2004, 328). Auf Grund dessen kann der Mieter zur Kündigung nach § 543 Abs. 1 BGB berechtigt sein (OLG Dresden a.a.O.; LG Hamburg ZMR 2003, 683). Daneben schuldet der Vermieter **Schadensersatz** (Lehmann-Richter WuM 2004, 254; Derckx NZM 2004, 321, 323; Artz NZM 2004, 328). Der Vermieter haftet für Vorsatz und Fahrlässigkeit. Beweispflichtig für die tatsächlichen Voraussetzungen 125 des Haftungstatbestandes ist der Mieter (OLG Düsseldorf a.a.O.). Die Höhe des Schadens richtet sich nach den Umständen. Hat der Mieter im Vertrauen auf kostendeckende Vorauszahlungen keine Rücklagen gebildet, so kann der Vermieter verpflichtet sein, in eine Stundungs- oder Ratenzahlungsvereinbarung einzuwilligen (s. auch AG Dortmund DWW 1990, 182: anders, wenn der Mieter die erste Nachzahlung bezahlt hat, weil er dann die Höhe der Betriebskosten kennt; LG Berlin GE 1990, 653: anders bei dem Erstbezug einer Neubauwohnung, weil der Mieter hier nicht darauf vertrauen darf, dass die Vorauszahlungen kostendeckend sind). Hätte der Mieter die Räume bei Kenntnis der wirklichen Betriebskostenbelastung nicht gemietet, so kann der Vermieter verpflichtet sein, den Mieter aus dem Vertrag zu entlassen; außerdem kann der Mieter in einem solchen Fall Freistellung von der Nachzahlungsverpflichtung (OLG Dresden NZM 2004, 68; LG Celle DWW 1996, 193; AG Rendsburg WuM 1990, 63; AG Leverkusen WuM 1990, 63), Ersatz der Umzugskosten und der für die Wohnung erbrachten vergeblichen Aufwendungen verlangen. Nach der Ansicht des OLG Dresden (a.a.O.) besteht der Schadensersatzanspruch allerdings nur dann, wenn der Mieter nachweisen kann, dass er vergleichbare Räume zu günstigeren Bedingungen hätte anmieten können. Ein Schadensersatzanspruch besteht dagegen nicht, wenn der Höhe der Miete und der Betriebskosten eine gleichwertige Leistung des Vermieters entspricht.

126 Unschädlich ist es, wenn die **Vorauszahlungen geringfügig höher** sind als die zu erwartenden Betriebskosten, weil der Vermieter bei der Vereinbarung der Vorauszahlung auch die Möglichkeit einer künftigen Kostensteigerung in Betracht ziehen darf.

127 Die **Vereinbarung unangemessen hoher Vorauszahlungen** verstößt gegen § 556 Abs. 2 Satz 2 BGB. Waren die Vorauszahlungen bereits bei Vertragsschluss unangemessen hoch, so kann der Mieter die Betriebskostenvorauszahlungen auf den angemessenen Umfang kürzen. Haben sich die Betriebskosten dagegen erst im Verlauf des Mietverhältnisses infolge veränderter Umstände vermindert, so ist der Mieter nicht zur einseitigen Herabsetzung der Vorauszahlungen berechtigt (**a. A.** KG GE 2010, 1335 = ZMR 2011, 279). In diesem Fall kann er lediglich einen Herabsetzungsanspruch geltend machen. Hierzu muss der Mieter eine Anpassungserklärung in Textform abgeben (§ 560 Abs. 4 BGB). Zahlt der Mieter in Verkennung der Rechtslage nur einen Teil der Vorauszahlungen, so kommt er in Verzug, mit der Folge, dass der Vermieter kündigen kann, wenn die Voraussetzungen des § 543 Abs. 2 Nr. 3 BGB gegeben sind.

128 Hat der Vermieter die **Vorauszahlungen zu niedrig kalkuliert,** so kann er ebenfalls durch Erklärung in Textform eine Anpassung auf eine angemessene Höhe vornehmen (§ 560 Abs. 4 BGB).

129 Es ist **nicht erforderlich, dass im Mietvertrag angegeben wird, wie sich der Vorschuss auf die einzelnen Betriebskostenpositionen verteilt.** Eine Ausnahme gilt nur dort, wo über verschiedene Betriebskostenpositionen getrennt abgerechnet wird (z. B. bei Heiz- und Warmwasserkosten). Aber auch in diesem Fall hat die unterlassene Aufschlüsselung nicht die Unwirksamkeit der Vereinbarung zur Folge. Vielmehr kann der Vermieter den Vorschuss auf die verschiedenen Abrechnungen verteilen. Der Verteilungsmaßstab richtet sich dabei nach dem Verhältnis der jeweiligen Abrechnungssummen zueinander.

3. Unklare Vereinbarungen

Haben die Parteien im Mietvertrag vereinbart, dass der Mieter für die Betriebskosten einen bestimmten Betrag zu bezahlen hat, ohne dass zugleich eine Regelung über die Umlage der Betriebskosten getroffen worden ist, so muss von der Vereinbarung einer Betriebskostenpauschale ausgegangen werden. Eine derartige Pauschale schließt sowohl die Abrechnung als auch einen Nachzahlungs- oder Rückforderungsanspruch grundsätzlich aus. Gleiches gilt, wenn nach der vertraglichen Regelung unklar ist, ob die Parteien eine Betriebskostenvorauszahlung oder eine Betriebskostenpauschale vereinbart haben (KrsG Cottbus WuM 1994, 66) oder wenn Vorauszahlungen auf die Betriebskosten vereinbart werden, die Umlagevereinbarung aber unwirksam ist (OLG Frankfurt/M, NZM 2018, 789). Der Text der Vertragsurkunde und die im Vertrag verwendeten Begriffe können Anhaltspunkte für die Vertragsauslegung geben; zu beachten ist allerdings, dass stets der wirkliche Wille der Parteien zu erforschen ist (§ 133 BGB). Hat beispielsweise der Vermieter jahrelang über die Betriebskosten abgerechnet und hat ein Mieter jahrelang die Abrechnungen bezahlt oder Rückzahlungen entgegengenommen, so wird dieses Verhalten ein Indiz dafür sein, dass beide Parteien die objektiv unklare Regelung im Sinne einer Vorauszahlung mit Abrechnungspflicht verstanden haben. Wurde dagegen längere Zeit nicht abgerechnet, so spricht dies umgekehrt dafür, dass die Parteien von einer Pauschale ausgegangen sind. Eine spätere Änderung im Parteiverhalten ändert daran nichts. Insbesondere wird darin grundsätzlich keine stillschweigende Vertragsänderung durch schlüssiges Verhalten zu sehen sein: in der Übersendung einer Abrechnung liegt in der Regel kein Angebot zur Änderung der Pauschalvereinbarung; mit der Zahlung des Abrechnungsbetrags kann deshalb auch keine Vertragsänderung zustande kommen. Erteilt der Vermieter trotz vereinbarter Vorauszahlung über die Betriebskosten längere Zeit keine Abrechnung so wird aus der Vorauszahlungsvereinbarung keine Betriebskostenpauschale. In extremen Ausnahmefällen kann etwas anderes gelten (LG Hamburg NZM 2005, 216: wenn der Vermieter seit 14 Jahren nur über die Heizkosten, nicht aber über die weiteren Betriebskosten abrechnet.

130

V. Betriebskostenabrechnung (Abs. 3)

1. Kostenerfassung

In der Wohnungsverwaltung haben sich zwei unterschiedliche Methoden der Kostenerfassung und -abrechnung eingebürgert, nämlich die **Abrechnung nach dem Abflussprinzip** und die **Abrechnung nach dem Leistungsprinzip**. Bei der Verwaltung von Wohnungseigentum ist die erstgenannte Methode üblich. Gegenstand der Abrechnung sind hier die Kosten und Lasten des gemeinschaftlichen Eigentums. Maßgeblich für die Kostenerfassung (Ausnahme: Heiz- und Warmwasserkosten) sind die im Abrechnungszeitraum getätigten Zahlungen, gleichgültig ob die jeweils zugrunde liegenden Leistungen in vollem Umfang oder nur zum Teil im Abrechnungszeitraum angefallen sind. Die Abrechnung nach dem Abflussprinzip ist einfach zu handhaben. Abgrenzungsprobleme ergeben sich nur bei der Veräußerung der Wohnung und beim Nutzerwechsel. Bei der Verwaltung von Mietwohnungen hat sich demgegenüber die Leistungsabrechnung durchgesetzt. Gegenstand dieser Abrechnung sind die im Abrechnungszeitraum erbrachten Leistungen, ohne

131

dass es darauf ankommt, wann die jeweiligen Zahlungen erfolgt sind. Die Leistungsabrechnung führt nahezu zwangsläufig zu Abgrenzungsproblemen, wenn Abrechnungs- und Leistungszeitraum nicht übereinstimmen, wie etwa bei den kommunalen Gebühren (s. Rdn. 175).

132 Nach der **Ansicht des BGH** ist eine Abrechnung nach dem Leistungsprinzip nicht zu beanstanden (BGH ZMR 2006, 847 unter Ziff II 1). Ebenso ist eine Abrechnung nach dem Abflussprinzip zulässig, wenn im Wirtschaftszeitraum kein Mieterwechsel stattgefunden hat. In einem solchen Fall wird der Mieter nicht benachteiligt (BGH NJW 2008, 1300 = WuM 2008, 223 = NZM 2008, 277; NJW 2008, 1801 = WuM 2008, 285 = NZM 2008, 403; NJW 2008, 2328 = WuM 2008, 404 = NZM 2008, 520). Dies ist insbesondere für die Abrechnung der Betriebskosten einer vermieteten Eigentumswohnung von Bedeutung, wenn die Kosten des gemeinschaftlichen Eigentums innerhalb der Eigentümergemeinschaft nach dem Abflussprinzip erfasst worden sind. In diesem Fall kann der Vermieter die Verwalterabrechnung zur Grundlage der dem Mieter geschuldeten Abrechnung machen.

133 Ebenfalls kann der Vermieter nach dem **Rechnungseingangsprinzip** (maßgeblich sind die im Wirtschaftszeitraum eingegangenen Rechnungen) oder nach dem **Fälligkeitsprinzip** (maßgeblich ist, wann die Rechnungen fällig werden) abrechnen, da es sich hierbei nur um Varianten des Abflussprinzips handelt (Schmid DWW 2008, 162).

134 **Fraglich ist, ob auch die Heiz- und Warmwasserkosten nach dem Abflussprinzip abgerechnet werden können.** In der instanzgerichtlichen Rechtsprechung und der Literatur wird dies teils bejaht (LG Berlin GE 2011, 753; LG Koblenz ZMR 2011, 955; Schmid DWW 2008, 162, 163), teils verneint (Streyl WuM 2010, 545, 548). Das Problem ergibt sich aus § 7 Abs. 2 HeizkostenV). Danach sind in die Abrechnung „die Kosten der verbrauchten Brennstoffe" einzustellen. Hieraus folgt zwingend, dass die Heizkosten nicht nach dem Abflussprinzip, sondern nur unter Ansatz der im Abrechnungszeitraum verbrauchten Brennstoffe – also nach dem Leistungsprinzip – abgerechnet werden können (BGH NJW 2012, 1141 = WuM 2012, 143= NZM 2012, 230). Dies führt zu der Folgefrage, welche Rechtsfolge gilt, wenn der Vermieter entgegen § 7 Abs. 2 HeizkostenV nach dem Abflussprinzip abrechnet. Nach der Ansicht des BGH ist eine Abrechnung nach dem Abflussprinzip zwar formell wirksam, aber inhaltlich unrichtig. Durch die Anwendung des § 12 HeizkostenV (Kürzungsrecht) kann der Fehler nicht korrigiert werden (BGH a. a. O.). Der Vermieter hat die Möglichkeit, eine inhaltlich unrichtige Abrechnung zu korrigieren. Dies ist auch nach Ablauf der Abrechnungsfrist möglich. In der Regel dürfte eine nachträgliche wohnungsbezogene Erfassung der Heizkosten allerdings nicht möglich sein. In einem solchen Fall kann der Vermieter die Kosten nach Ansicht des BGH (a. a. O.) „aufgrund einer sachgerechten Schätzung" ermitteln. Einzelheiten zu dem Schätzverfahren lassen sich der Entscheidung allerdings nicht entnehmen.

135 **Wechsel der Methode.** Der BGH hat nicht entschieden, ob der Vermieter berechtigt ist, von der bisher praktizierten Leistungsabrechnung auf eine Abrechnung nach dem Abflussprinzip zu wechseln. Dies ist wohl zu verneinen, weil eine jahrelang praktizierte Abrechnungsmethode Vertragsbestandteil wird (**a. A.** Streyl WuM 2010, 545, 549). Hieran ist der Vermieter auch für die Zukunft gebunden. In besonders gelagerten Einzelfällen kann der Mieter nach § 242 BGB verpflichtet sein, einem Wechsel zuzustimmen (Schmid DWW 2008, 162; wohl auch Schach GE 2008, 444, 445).

Teilweise wird vertreten, dass § 556 Abs. 3 Satz 3 BGB anzuwenden ist, wenn der **136** **Vermieter eine Leistung erst lange Zeit nach Fälligkeit der Rechnung bezahlt** (Langenberg WuM 2009, 21; Schach GE 2008, 445). Dieser Ansicht ist nicht zuzustimmen. Jedoch ist § 556 Abs. 3 Satz 3 BGB anzuwenden, wenn der Vermieter über das Wirtschaftsjahr nach dem Leistungsprinzip abgerechnet hat und eine dort **„vergessene Rechnung"** im Folgejahr bezahlt und diese Zahlung nach dem Abflussprinzip abrechnen will (Streyl WuM 2010, 545, 549).

2. Abrechnungszeitraum

Nach **§ 556 Abs. 3 Satz 1 Hs. 1 BGB** hat der Vermieter über „die Vorauszah- **137** lungen für Betriebskosten" jährlich abzurechnen. Diese Regelung gilt entgegen dem Wortlaut nach ihrem Sinn und Zweck auch dann, wenn der Mieter nach den vertraglichen Vereinbarungen zwar die Betriebskosten zu tragen hat, aber keine Vorauszahlungen schuldet (s. auch Rdn. 202). Abzurechnen ist bei Nicht-Schaltjahren über 365 Tage, bei Schaltjahren über 366 Tage (Blum WuM 2011, 69; abweichend: AG Köpenick Urteil vom 14.11.2011 – 7 C 132/10: Danach kann der Vermieter der Abrechnung auch das 360 Tage zählende sog. „Bankjahr" zugrunde legen). Der Abrechnungszeitraum kann mit dem Kalenderjahr identisch sein, erforderlich ist dies nicht. Ebenso können für unterschiedliche Betriebskostengruppen unterschiedliche Abrechnungszeiträume festgelegt werden, z. B. für die Heizkosten die Zeit vom 1.7. bis zum 30.6. und für die sonstigen Betriebskosten das Kalenderjahr (BGH NJW 2008, 2328 = WuM 2008, 404 = NZM 2008, 520). Das Wirtschaftsjahr richtet sich nach den vertraglichen Regelungen. Ist insoweit nichts vereinbart, kann der Vermieter das Wirtschaftsjahr bestimmen (BGH a.a.O.; OLG Düsseldorf, GE 2003, 878). Der Abrechnungszeitraum darf grundsätzlich weder über- noch unterschritten werden. Eine Ausnahme gilt, wenn die Wohnzeit des Mieters kürzer ist als der Abrechnungszeitraum.

Der **BGH** (NJW 2011, 2878 = WuM 2011, 511 = NZM 2011, 624) erachtet **138** einen **Vertrag über die Verlängerung des Abrechnungszeitraums** außerdem für wirksam, wenn die Vereinbarung (1) nach dem Abschluss des Mietvertrags getroffen wird (2) eine einmalige Verlängerung der jährlichen Abrechnungsperiode zum Inhalt hat und (3) eine Umstellung auf eine kalenderjährliche Abrechnung beabsichtigt ist. Die Entscheidung beruht letztlich auf der Erwägung, dass ein Vertrag mit dieser Zielsetzung kaum Nachteile für den Mieter mit sich bringt. Deshalb erscheint eine einschränkende Auslegung des § 556 Abs. 4 BGB gerechtfertigt. Alternativ können die Parteien in einem solchen Fall statt einer einmaligen Verlängerung auch eine einmalige Verkürzung des Abrechnungszeitraums vereinbaren.

In die Abrechnung müssen alle Kosten eingestellt werden, die im Abrechnungs- **139** zeitraum angefallen sind. **Übersehene Kosten** können grundsätzlich nicht mit der nächsten Abrechnung geltend gemacht werden (AG Tübingen WuM 1991, 122; AG Jülich ZMR 1992, 27). **Stimmt der Abrechnungszeitraum mit dem Zeitraum der Leistungserbringung nicht überein,** so muss eine entsprechende Quote gebildet werden (AG Hagen DWW 90, 211 m. Anm. Geldmacher DWW 1990, 220). Betragen z.B. die Kosten der Sach- und Haftpflichtversicherung für die Zeit vom 1.1.2006 bis 31.12.2006 Euro 1000.– und für den Folgezeitraum vom 1.1.2007 bis 31.12.2007 Euro 1100.–, und rechnet der Vermieter die Betriebskosten über einen Zeitraum vom 1.7. bis 30.6. eines jeden Jahres ab, so sind in der Abrechnung 06/07 jeweils 50% der Kosten des Jahres 2006 (Euro 500.–) und 50% der Kosten des Jahres 2007 (Euro 550.–) anzusetzen. Eine geringfügige

Überschneidung kann vernachlässigt werden (OLG Schleswig DWW 1990, 355 = NJW-RR 1991, 78 = WuM 1991, 333).

3. Der Wirtschaftlichkeitsgrundsatz (§ 556 Abs. 3 Satz 1 Hs. 2 BGB)

140 Das Gebot der Wirtschaftlichkeit ist nicht bereits bei der Verursachung der Betriebskosten, sondern erst bei der Abrechnung zu beachten (Flatow WuM 2012, 235). Es ist gleichgültig, wie der Vermieter wirtschaftet. Unwirtschaftliche Kosten kann er aber nicht umlegen, sondern muss sie selbst tragen (Schmid ZMR 2011, 341, 346). Zur **Konkretisierung des Wirtschaftlichkeitsgrundsatzes** kann auf § 20 Abs. 1 S. 2 NMV zurückgegriffen werden. Danach dürfen nur solche Betriebskosten umgelegt werden, die „bei gewissenhafter Abwägung aller Umstände und bei ordentlicher Geschäftsführung gerechtfertigt sind". Der Vermieter muss ein vertretbares Kosten-Nutzen-Verhältnis einhalten. Maßgeblich ist die Sicht eines vernünftigen Vermieters. Die Regelung in § 556 Abs. 3 Satz 1 Hs. 2 BGB verpflichtet den Vermieter zur sparsamen Wirtschaftsführung. Der Wirtschaftlichkeitsgrundsatz besagt, dass sich der Vermieter bei der Bewirtschaftung seines Anwesens so verhalten muss, wie sich ein wirtschaftlich denkender Eigentümer verhalten würde, wenn die Möglichkeit zur Kostenumlage nicht bestünde (Börstinghaus/ Lange WuM 2010, 538). Der Vermieter ist auf Grund des Wirtschaftlichkeitsgrundsatzes allerdings nicht gehalten, stets den billigsten Weg zu beschreiten; vielmehr hat er einen Dispositionsspielraum (Klas ZMR 1995, 5; Beyer NZM 2007, 1, 2; Börstinghaus/Lange WuM 2010, 538). So kann der Vermieter durchaus an bewährten Lieferanten festhalten, auch wenn diese etwas teurer sind als ein Konkurrenzunternehmen (LG Hannover WuM 2003, 450). Das Kosten-Nutzenverhältnis muss aber vertretbar bleiben (Klas a.a.O.). Der Vermieter muss sich nicht auf Prozesse mit Lieferfirmen einlassen, wenn damit ein Prozessrisiko verbunden ist, das ein wirtschaftlich denkender Vermieter nicht eingehen würde (AG Pankow-Weißensee ZMR 2006, 48).

141 Hinsichtlich der **Preise für leitungsgebundene Energie** darf der Vermieter davon ausgehen, dass ein von der zuständigen Behörde genehmigtes Netzentgelt und ein genehmigter Verbrauchertarif der Billigkeit entspricht (Beyer NZM 2007, 1, 3). Dies gilt jedenfalls bei geringfügigen Preissteigerungen. Bei hohen Preissteigerungen kann der Vermieter die Zahlung des Entgelts gegenüber dem Energielieferanten ganz oder teilweise einstellen. Der Energielieferant darf die Lieferung nicht einstellen (BGH NJW 2003, 3131). Vielmehr muss der Energielieferant Zahlungsklage erheben und dabei beweisen, dass die Tariffestsetzung der Billigkeit entspricht. Dieselbe Beweisverteilung gilt, wenn der Vermieter zunächst unter Vorbehalt bezahlt und sodann die Zahlung zurückfordert (BGH NJW 2003, 1449; NJW 2005, 2919). Eine andere Frage ist es, ob der Vermieter auf Grund des Wirtschaftlichkeitsgebots zu einem derartigen Verhalten gezwungen ist. Hier sind Erfolgsaussicht und Prozesskostenrisiko gegeneinander abzuwägen (Beyer NZM 2007, 1, 4). Ein Lieferantenwechsel ist nur dann geboten, wenn hierdurch mit einiger Sicherheit ein nachhaltiger spürbarer Preisvorteil verbunden ist. Die Transaktionskosten zählen zu den Betriebskosten (Beyer NZM 2007, 1, 4).

142 **Zum Wirtschaftlichkeitsgebot gehört insbesondere** (s. zum folgenden insbesondere: von Seldeneck ZMR 2002, 394 ff mit zahlreichen praktischen Vorschlägen; Kinne GE 2017, 870 mit Beispielen Bei den unter dem Begriff „Smart Homes" und „KogniHomes" diskutierten Maßnahmen kommt es im Einzelfall darauf an, ob das Merkmal der baulichen Veränderung vorliegt und ob die weiteren unter Ziff 1–7 aufgezählten Kriterien gegeben sind (Eisenschmid WuM 2017, 440; s. dazu auch Herlitz/Cimiano, NZM 2016, 409).

(1) dass der Vermieter nicht mehr als die vertraglich geschuldeten oder **verkehrsüblichen Leistungen** erbringt (z. B.: keine zu kurzen Reinigungsintervalle, keine übermäßige Bewässerung der Grünanlagen, keine unüblich kurzen Wartungsintervalle von technischen Einrichtungen, keine überflüssigen Versicherungen, keine überflüssigen Müllgefäße, vgl. dazu AG Wennigsen WuM 2003, 90). Ein Verstoß gegen den Wirtschaftlichkeitsgrundsatz liegt nicht vor, wenn ein Vermieter diejenigen Maßnahmen durchführt, die nach den Unfallverhütungsvorschriften der Berufsgenossenschaften vorgeschrieben oder empfohlen werden (BGH NJW 2007, 1356 betr. Elektrocheck).

(2) dass der Vermieter auf **angemessene Preise** achtet (OLG Düsseldorf ZMR 2011, 861 betr. ein marktunüblich überhöhtes Entgelt für Hauswartarbeiten; AG Köln WuM 2006, 568 betr. überhöhte Kosten für die Hausreinigung von 25.– €/Std.; AG Aachen WuM 2011, 515: Abschluss eines Versicherungsvertrags zu einer jährlichen Versicherungsprämie von 1635, 48 €, obwohl er dieselbe Versicherungsleistung zu einer Prämie von 1152, 20 € hätte bekommen können; AG Hamburg–Blankenese ZMR 2011, 885: wenn der Vermieter für die Lieferung von Gas den doppelten des allgemein üblichen Preises bezahlt; AG Aachen GE 2011, 1489: wenn der Vermieter eine Gebäudeversicherung zu einer Jahresprämie von 1.858.– € abschließt, obwohl vergleichbare Versicherungen zu einer Prämie von 1.188.– € angeboten werden; AG Rostock WuM 2012, 274: wenn bei den Kosten für die Pflege der Außenanlagen und der Hausreinigung wesentlich höhere als die üblichen Kosten angesetzt werden) und Mengenrabatte sowie günstige Einkaufsmöglichkeiten ausnutzt; der Vermieter muss Sonderkonditionen wahrzunehmen und Rabatte an die Mieter weitergeben. Die Einzelheiten sind umstritten. Teilweise wird die Ansicht vertreten, dass dem Vermieter hinsichtlich der Wahl der Leistungserbringer ein Auswahlermessen zusteht. Insbesondere sei der Vermieter nicht verpflichtet, aus mehreren Vergleichsangeboten das billigste auswählen. Eine akribische Kontrolle durch die Gerichte unter Berücksichtigung von Kleinbeträgen sei nicht angezeigt. Ausgeschlossen seien beispielsweise unsinnige Vertragsabschlüsse und Vertragsabschlüsse mit Unternehmen, die erheblich über den Kosten vergleichbarer Konkurrenzunternehmen liegen. Die Erheblichkeitsgrenze dürfte bei einer Kostenüberschreitung von 20% liegen (Neuhaus ZMR 2011, 845, 847f für Versicherungsverträge; ähnlich: AG Ahrensburg ZMR 2011, 880 für Gartenpflege). Die Rechtsprechung ist strenger. Danach ist der Vermieter grundsätzlich verpflichtet, sich einen Marktüberblick zu verschaffen, Alternativangebote einzuholen und den günstigsten Anbieter auszuwählen (KG GE 2008, 122; LG Aachen WuM 2010, 425 betr. Hauswartkosten; (AG Dortmund WuM 2015, 626, 627; Streyl NZM 2006, 125, 126; von Seldeneck Rdn. 2608); für Kleinaufträge besteht jedoch keine Pflicht zur Ausschreibung (Börstinghaus/Lange WuM 2010, 538, 539). Entsprechendes gilt, wenn der Vermieter die Bewirtschaftung einer Eigenfirma überträgt. Die insoweit berechneten Kosten sind nur in Höhe der üblichen bei Beauftragung einer Fremdfirma entstehenden Kosten umlagefähig (AG Dortmund ZMR 2016, 457). Nach der Rechtsprechung genügt es nicht, dass der Vermieter der Empfehlung eines Versicherungsmaklers folgt (KG GE 2011, 545 = NZM 2011, 487 = WuM 2011, 367 betr. Versicherungskosten). Der Eigentümer eines mit Erdgas beheizten Gebäudes kann Preiserhöhungen nicht ohne weiteres an die Mieter weitergeben. Vielmehr ist er aufgrund des Wirtschaftlichkeitsgrundsatzes (§ 556

Abs. 3 Satz 1 BGB verpflichtet zu prüfen, ob die Erhöhung gerechtfertigt ist. Zwar ist es dem Vermieter im Allgemeinen nicht zuzumuten mit dem Gasversorger einen riskanten Rechtsstreit zu führen. Anders ist es hingegen, wenn die Preiserhöhung auf eine Vertragsklausel gestützt wird, die nach der höchstrichterlichen Rechtsprechung unwirksam ist (s. z. B. BGH WuM 2008, 340 betr. die Klausel: „Die G. ist berechtigt, die Gaspreise zu ändern, wenn eine Preisänderung durch den Vorlieferanten der G. erfolgt."). Vergleichbare Grundsätze gelten, wenn das Entgelt für sonstige Ver- und Entsorgungsleistungen in erheblichem Umfang angehoben wird. Es gilt der Grundsatz, dass der Vermieter bei Betriebskosten von größerer wirtschaftlicher Bedeutung besondere Anstrengungen zur Preisdämpfung unternehmen muss. Dies gilt jedenfalls für Großvermieter und Großverwalter (AG Demnin WuM 2008, 337).

144   (3) dass in den Betriebskosten **keine versteckten Gewinne** enthalten sind, die wirtschaftlich dem Vermieter zugutekommen. Der Vermieter kann ein ihm gehöriges Unternehmen beauftragen. Allerdings müssen die Leistungen zu marktüblichen Preisen erbracht werden; anderenfalls ist der Wirtschaftlichkeitsgrundsatz verletzt (AG Dortmund WuM 2015, 626, 627). Ist dies streitig, so muss der Vermieter Alternativangebote vorlegen (AG Köln WuM 2007, 264). Aus dem Wirtschaftlichkeitsgrundsatz kann jedoch nicht abgeleitet werden, dass das dem Vermieter gehörende Unternehmen die Leistungen zum Selbstkostenpreis erbringen muss (so aber AG Nürnberg WuM 2003, 449).

145   (4) dass der Vermieter **von mehreren Problemlösungen die günstigste Lösung** auswählt (z. B.: Kompostieren des Herbstlaubs statt Abfuhr; keine manuellen Reinigungsarbeiten, wenn der Einsatz von Maschinen kostengünstiger ist. Ebenso ist der Wirtschaftlichkeitsgrundsatz verletzt, wenn die Auslagerung der Hauswarttätigkeit auf einen externen Dienstleister zu einer Verdoppelung der Hauswartkosten führt (AG Annaberg WuM 2007, 131).

146   (5) dass **überflüssige Kosten vermieden** werden. Als überflüssig gelten der Abschluss eines Wartungsvertrags für eine Antenne, für eine Fußbodenmatte, für Fenster, für Heizkostenverteiler, für Herde, für eine Türschließanlage oder für Klingel- und Gegensprechanlagen (vgl. dazu Langenberg in: Schmidt-Futterer § 556 BGB Rdn. 226; Wall in: Eisenschmid/Wall Betriebskostenkommentar Rdn. 1317, 2985, 3794; Schmid GE 2011, 1595 ff). Überflüssig ist die Beschäftigung eines **Hausmeisters** als Vollzeitkraft, wenn für dessen Aufgaben die Anstellung einer Teilzeitkraft ausreichend ist (OLG Düsseldorf GE 2013, 1273). Überflüssige Müllbehälter muss der Vermieter beseitigen (OLG Naumburg ZMR 2003, 260). Ebenso liegt ein Verstoß gegen den Wirtschaftlichkeitsgrundsatz vor, wenn der Vermieter die von der Gemeinde kostenlos angebotenen speziellen **Mülltonnen** für die Sammlung von Papier und Verbundstoffen ablehnt und auf diese Weise ein erhöhter Restmüll anfällt. Dies gilt auch dann, wenn zur Aufstellung der speziellen Tonnen der Müllplatz umgebaut werden muss, weil der Vermieter die insoweit entstehenden Kosten als Modernisierungskosten auf den Mieter umlegen kann (AG Köln ZMR 2011, 966). Erklären sich z. B. die Mieter eines kleinen Anwesens bereit, die **Hausreinigung,** den **Winterdienst** oder die **Gartenpflege** zu übernehmen und sind sie hierzu auch in der Lage, so darf der Vermieter nur dann einen Dritten mit der Durchführung dieser Arbeiten beauftragen, wenn dies durch konkrete sachliche Gründe gerechtfertigt ist (OLG Frankfurt/M Urteil vom 19.9.2005 – 25 U 93/05). Bei den **Heizkosten** liegt ein Verstoß gegen den Wirtschaftlichkeitsgrundsatz vor, wenn die Kosten der Erfassung und Abrechnung mehr als 15% der Brennstoffkosten betragen. In diesem Fall könnte der Vermieter gem.

Vereinbarungen über Betriebskosten **BGB § 556**

§ 11 Abs. 1 Nr. 1 b auf eine verbrauchsabhängige Kostenverteilung verzichten, weil der Einsatz der Messgeräte unwirtschaftlich ist (AG Regensburg WuM 2010, 426). Richtet sich der **Wasserpreis** nach der Art der verwendeten Wasserzähler, so kann der Gebäudeeigentümer einen Anspruch gegen das Wasserversorgungsunternehmen auf Austausch des Hauptwasserzählers haben, wenn sich bei der Verwendung eines anderen Zählers ein günstigerer Wasserpreis ergibt (BGH WuM 2010, 373 = NZM 2010, 558). Diesen Anspruch muss der Vermieter geltend machen.

Entstehen durch eine unwirtschaftlich arbeitende Heizungsanlage oder 147
durch eine unzureichende Wärmedämmung überflüssige Kosten, so liegt ein Verstoß gegen den Wirtschaftlichkeitsgrundsatz vor (Beyer NZM 2007, 1, 6; Frommeyer in: Klein-Blenkers/Heinemann/Ring, Miete/WEG/Nachbarschaft § 556 BGB Rdn. 16; Börstinghaus/Lange WuM 2010, 538, 543; **a. A.** Zehelein in: MünchKomm § 556 BGB Rdn. 119). **Der Wirtschaftlichkeitsgrundsatz wird durch die EnEV konkretisiert.** Entspricht die energetische Beschaffenheit des Gebäudes nicht den Anforderungen der EnEV und entstehen hierdurch höhere Betriebskosten als bei einer der EnEV entsprechenden Beschaffenheit, so kann der Vermieter nur diejenigen Kosten auf den Mieter umlegen, die bei wirtschaftlicher Betriebsführung entstanden wären (Beyer GE 2008, 1472; Blank Wimmot 2009, 221; Börstinghaus/Lange WuM 2010, 538, 543). Wird eine moderne Anlage suboptimal betrieben, so ist ebenfalls der Wirtschaftlichkeitsgrundsatz verletzt.

Aus dem Wirtschaftlichkeitsgrundsatz kann allerdings **kein Modernisie-** 148
rungsanspruch abgeleitet werden (BGH WuM 2007, 700 = NJW 2008, 142 = NZM 2008, 32 m. Anm. Rave ZMR 2008, 779 betr. unwirtschaftliche Heizungsanlage; BGH NZM 2015, 589 betr. Einrohrheizung mit unkontrolliertem Wärmeverlust; AG Schöneberg WuM 2016, 216; Artz in: Staudinger § 556 BGB Rdn. 95; Börstinghaus/Lange WuM 2010, 538, 540; **a. A.** Schwintowski WuM 2006, 115, ihm folgend Eisenschmid WuM 2006, 119). Deshalb ist der Wirtschaftlichkeitsgrundsatz nicht verletzt, wenn bei einer älteren Heizungsanlage Kosten entstehen, die bei einer modernen Anlage nicht anfallen (LG Frankfurt ZMR 2009, 125, 127).

(6) dass der Vermieter **Möglichkeiten der Steuersenkung** wahrnimmt. Ver- 149
mindert sich die Jahresrohmiete um mehr als 20% (z. B. bei einem Wohnungsleerstand), so kann der Vermieter einen teilweisen **Grundsteuererlass** beantragen (§ 33 Abs. 1 GrStG). Hierzu ist er nach den Grundsätzen wirtschaftlichen Handelns auch verpflichtet. Der Vermieter kann nur die geringere Grundsteuer umlegen. Eine Rückerstattung muss den Mietern zugutekommen (Ruff WuM 2003, 379, 381).

Die Rechtsfolgen eines Verstoßes gegen den Wirtschaftlichkeitsgrund- 150
satz sind umstritten. (1) Nach **herrschender Meinung** verletzt der Vermieter eine **vertragliche (Neben-)Pflicht,** wenn er den Wirtschaftlichkeitsgrundsatz nicht beachtet. Dem Mieter steht in diesem Fall ein **verschuldensabhängiger Schadensersatzanspruch** nach § 280 Abs. 1 BGB zu (BGH WuM 2008, 29; BGH NJW 2011, 3028 = WuM 2011, 513 = NZM 2011, 705; BGH NJW 2015, 855 Rz. 11; KG GE 2011, 545 = WuM 2011, 367 = NZM 2011, 627; OLG Düsseldorf ZMR 2011, 861 betr. Hauswartarbeiten; OLG Düsseldorf MDR 2012, 1025; LG Heidelberg ZMR 2011, 213; AG Dortmund NZM 2004, 26; AG Frankfurt WuM 2002, 376; Klas ZMR 1995, 5; Langenberg in: Schmidt-Futterer § 560 BGB Rdn. 114 und WuM 2001, 531; Artz in: Staudinger § 556 BGB Rdn. 93; Kinne in: Kinne/Schach/Bieber Miet- und Mietprozessrecht § 556 BGB Rdn. 53; Hinz NZM 2012, 137).

§ 556 BGB Untertitel 2. Mietverhältnisse über Wohnraum

151 (2) Nach der **hier vertretenen Ansicht** ist die Möglichkeit zur Umlage der Betriebskosten kraft Gesetzes auf solche Kosten beschränkt, die bei einer wirtschaftlichen Geschäftsführung entstehen. Danach hat der Verstoß zur Folge, dass die infolge der unwirtschaftlichen Bewirtschaftung entstandenen Mehrkosten nicht auf den Mieter umgelegt werden können. Ob den Vermieter ein Verschulden an der unwirtschaftlichen Betriebsführung zur Last fällt, ist unerheblich (ebenso: Schmid ZMR 2007, 178; ZMR 2011, 341, 346; v. Seldeneck, Betriebskosten im Mietrecht Rdn. 2644; Börstinghaus/Lange WuM 2010, 538, 543; Peters NZM 2012, 145).

152 (3) Nach einer **weiteren Meinung** führt ein Verstoß gegen den Wirtschaftlichkeitsgrundsatz zur materiellen Unrichtigkeit der Betriebskostenabrechnung. Er hat im Allgemeinen zur Folge, dass der Vermieter nur die üblichen Kosten in Ansatz bringen kann. Diese sind im Wege der Schätzung zu ermitteln. Die Schätzgrundlagen muss der Vermieter vortragen. Fehlt es an einer Schätzgrundlage, so scheidet eine Umlage von Hauswartkosten aus (OLG Düsseldorf ZMR 2011, 861).

153 (4) Schließlich wird die Ansicht vertreten, dass das Recht zur Umlage der betreffenden Kostenposition insgesamt entfällt, wenn der Wirtschaftlichkeitsgrundsatz nicht beachtet wird. Eine Reduzierung auf die angemessenen Kosten kommt nach dieser Ansicht nicht in Betracht (Springer WuM 2007, 129). Diese Ansicht ist abzulehnen, weil sie den Schutzzweck der Vorschrift verkennt.

154 **Darlegungs- und Beweislast:** Nach der hier vertretenen Ansicht muss der Vermieter darlegen und im Streitfall beweisen, dass die Bewirtschaftung des Gebäudes dem Grundsatz des § 556 Abs. 3 BGB entspricht (ebenso Peters NZM 2012, 145). **Nach h. M. trifft die Darlegungs- und Beweislast für den Verletzung des Wirtschaftlichkeitsgrundsatzes den Mieter** (BGH NJW 2011, 3028 = WuM 2011, 513 = NZM 2011, 705; BGH NJW 2015, 855 Rz. 12; LG Berlin GE 2016, 724). Dies gilt auch dann, wenn sich einzelne Betriebskostenpositionen im Vergleich zum Vorjahr um mehr als 10% erhöht haben (LG Berlin GE 2017, 1170). Dabei genügt es nicht, wenn der Mieter die Angemessenheit und Üblichkeit der Kosten lediglich bestreitet oder lediglich behauptet, dass es günstigere Lieferanten gibt. Vielmehr muss der Mieter spezifiziert darlegen, „dass gleichwertige Leistungen nach den örtlichen Gegebenheiten zu einem deutlich geringeren Preis zu beschaffen gewesen wären." (BGH NJW 2015, 855; OLG Düsseldorf MietRB 2016, 133). I.d.R. muss der Mieter Angebote von Konkurrenzunternehmen vorlegen, aus denen sich ergibt, dass die betreffende Leistung zu geringeren Kosten möglich wäre. Wesentlich ist, dass die Überprüfung des Wirtschaftlichkeitsgrundsatzes dem Instanzgericht obliegt, das dabei einen gewissen Ermessensspielraum hat, den der BGH nur beschränkt überprüfen kann (BGH a. a. O. unter Rz. 13).

154a In Rechtsprechung und Literatur wird vertreten, dass dem Vermieter eine **sekundäre Darlegungslast** obliegt, wenn der Mieter Anhaltspunkte für eine Verletzung des Wirtschaftlichkeitsgrundsatzes vorgetragen und bewiesen hat (KG GE 2011, 545 = WuM 2011, 367 = NZM 2011, 487; OLG Düsseldorf ZMR 2011, 861; LG Berlin GE 2016, 724; Langenberg/Zehelein NZM 2013, 169). So soll dem Mieter ein aus § 242 BGB ableitbarer Auskunfts- und Einsichtsanspruch hinsichtlich der für die Beachtung des Wirtschaftlichkeitsgrundsatzes maßgeblichen Umstände zustehen wenn ein strukturelles Informationsdefizit besteht, ein konkreter Verdacht vorliegt, dass der Vermieter gegen den Wirtschaftlichkeitsgrundsatz verstoßen hat und dem Vermieter die Auskunft zuzumuten ist; dies ist der Fall, wenn sie „unschwer" erteilt werden kann (Flatow WuM 2012, 235, 238f). Der **BGH** teilt diese Ansicht nicht (BGH NJW 2011, 3028 = NZM 2011, 705; BGH

NJW 2015, 855 Rz. 12; s. auch Milger NZM 2012, 657; Langenberg/Zehelein NZM 2013, 169). Die Grundsätze der sekundären Darlegungslast kommen nach seiner Ansicht nur zur Anwendung, „wenn der an sich Darlegungsbelastete außerhalb des für seinen Anspruch erheblichen Geschehensablaufs steht, der Gegner aber alle erheblichen Tatsachen kennt und ihm nähere Angaben zumutbar sind." Das sei bei der Betriebskostenabrechnung anders, weil hier nicht interne, sondern objektive Gegebenheiten aufzuklären sind, beispielsweise die durch Bescheid festgesetzten öffentlich-rechtlichen Gebühren, die ortsübliche Entlohnung eines Hauswarts oder die marktüblichen Preise für Brennstoffe etc. Die entsprechenden Kenntnisse könne und müsse sich der Mieter im Wege der Belegeinsicht verschaffen.

Vereinzelt wird vertreten, dass dem Vermieter eine Informationspflicht obliegt, **154b** wenn er **neue Verträge** betreffend den Winterdienst, die Gartenpflege und die Hauswarttätigkeit abgeschlossen hat und sich die Kosten hierdurch erheblich erhöhen. Dann soll der Vermieter verpflichtet sein, darzulegen, welche Preisverhandlungen er geführt hat und welche Anstrengungen er unternommen hat, um andere, preisgünstigere Unternehmen für die jeweiligen Tätigkeiten vertraglich zu binden. Anderenfalls könne das Gericht die angemessenen Beträge im Wege der Schätzung ermitteln (AG Berlin-Charlottenburg GE 2017, 1024). Folgt man der Rechtsprechung des BGH so muss zunächst der Mieter darlegen, dass es preisgünstigere Angebote gegeben hätte.

In der instanzgerichtlichen Rechtsprechung und in der Literatur ist streitig, ob **155** ein **überregionaler Betriebskostenspiegel** ein taugliches Beweismittel für einen Verstoß gegen den Wirtschaftlichkeitsgrundsatz darstellt. Das wird teilweise verneint (Ludley NZM 2011, 417 für den Betriebskostenspiegel des DMB). Nach anderer Ansicht kehrt sich die Beweislast um, wenn die Werte aus einem Betriebskostenspiegel erheblich überschritten werden (AG Köln WuM 2008, 556 m. Anm. Wall WuM 2008, 702; AG Aachen Urteil vom 10.3.2008 – m. Anm. Flatow WuM 2008, 701; AG Aachen WuM 2010, 425; Vgl. auch AG Köln ZMR 2011, 966). Der **BGH** (NJW 2011, 3028 = WuM 2011, 513 = NZM 2011, 705) führt aus, dass einem Betriebskostenspiegel jedenfalls dann kein Beweiswert zukommt, wenn dieser – wie der Betriebskostenspiegel des DMB – auf überregional ermittelten Durchschnittskosten beruht (ebenso: LG Berlin GE 2018, 194). Maßgeblich hierfür ist die Erwägung, dass sich gerade die kommunalen Gebühren von Gemeinde zu Gemeinde stark unterscheiden mit der weiteren Folge, dass aus einem überregional ermittelten Durchschnittswert kein Rückschluss auf ein unwirtschaftliches Handeln des Vermieters möglich ist. Für einen **regionalen Betriebskostenspiegel** gelten diese Erwägungen nicht.

Die unterschiedlichen Ansichten hinsichtlich der Rechtsnatur des Wirtschaft- **156** lichkeitsgrundsatzes haben weiterhin Auswirkung auf die Frage, ob dem Vermieter ein Verstoß gegen den Wirtschaftlichkeitsgrundsatz zur Last fällt, wenn die **Ursache der Entstehung der unwirtschaftlichen Kosten vor dem Abschluss des Mietvertrags** gesetzt worden ist. Die Verletzung einer Vertragspflicht setzt nämlich stets voraus, dass im Zeitpunkt der Verletzungshandlung bereits ein Mietverhältnis besteht. Schließt der Vermieter z. B. vor Abschluss des Mietvertrags einen **unwirtschaftlichen Wärmelieferungsvertrag** ab, so kann der Mieter hieraus nichts für sich herleiten (so BGH WuM 2008, 29). Unter Umständen ist eine Verpflichtung des Vermieters zum **Wechsel des Wärmelieferanten** in Erwägung zu ziehen. Dies setzt jedoch voraus, dass der Vermieter hierzu in der Lage ist. Bei einem befristeten Wärmelieferungsvertrag scheidet diese Möglichkeit aus, weil ein solcher Vertrag erst nach Ablauf der Befristung gekündigt werden kann.

4. Rechtsnatur und Inhalt der Abrechnung

157 **a) Die Rechtsnatur der Betriebskostenabrechnung ist streitig. Nach h. M. ist die Abrechnung eine reine Wissenserklärung,** ein Rechenvorgang (BGH NZM 2020, 320; NJW 2010, 1965 = NZM 2010, 577 Rz. 8; BGH NJW 2014, 2780 Rdn. 27; Langenberg in: Schmidt-Futterer § 556 BGB Rdn. 327; Wall in: Betriebskosten-Kommentar Rdn. 1603; Both in: Herrlein/Kandelhard § 556 BGB Rdn. 69; Flatow WuM 2010, 606, 607). Dem ist für die Geschäftsraummiete im Allgemeinen zuzustimmen, weil hier die Regelung des § 556 Abs. 3 Sätze 5 und 6 BGB nicht gilt. Bei der Wohnraummiete erschöpft sich die Abrechnung dagegen nicht in der Erklärung über die entstandenen Ausgaben, deren Verteilung auf die Mietparteien und die Verrechnung der jeweiligen Vorschüsse. Vielmehr kann die Abrechnung zu einer selbständigen Anspruchsgrundlage werden, wenn der Mieter keine Einwendungen erhebt (Blank DWW 2009, 91, 95). Da die Abrechnung als solche also eine Rechtsfolge begründen kann, ist es sachgerecht, hierin eine **geschäftsähnliche Handlung** zu sehen, mit der weiteren Folge, dass hierauf die Vorschriften über Willenserklärungen anzuwenden sind (LG Hamburg ZMR 1995, 32, 33; AG Köln NZM 2005, 15; Jacoby ZMR 2017, 781; Sternel PiG 44 (1993) S. 113; Schmid GE 2008, 517 und GE 2011, 310, 311 sowie ZMR 2011, 341, 348; Dickersbach WuM 2008, 439; Blank DWW 2009, 91, 95; Eisenhardt WuM 2011, 143). Daraus folgt zunächst, dass der Mieter die Abrechnung nach § 174 BGB zurückweisen kann, wenn sie nicht vom Vermieter stammt und der Übersender keine Vollmacht beigefügt hat (Langenberg WuM 2003, 670, 671; Dickersbach WuM 2008, 439; Blank a.a.O.; Schmid GE 2011, 310, 311). Die Regelungen über die Anfechtung nach §§ 119, 123 BGB sind ebenfalls anwendbar. So ist denkbar, dass der Mieter untätig geblieben ist, weil er sich über den Inhalt der Abrechnung geirrt hat oder weil er vom Vermieter getäuscht wurde. Zwar liegt im bloßen Schweigen i. d. R. keine Erklärung; anders ist es jedoch, wenn das Gesetz an das Schweigen eine bestimmte Rechtsfolge knüpft (Palandt/Ellenberger § 116 BGB Rdn. 8). Hiervon ist nach § 556 Abs. 3 Satz 6 BGB auszugehen.

158 Steht dem Vermieter bei der Umlage der Betriebskosten ein **Leistungsbestimmungsrecht** zu, so erfolgt die Leistungsbestimmung durch einseitige empfangsbedürftige Willenserklärung (§ 312 BGB). Hierfür gelten die für Willenserklärungen maßgeblichen Vorschriften. Ein solcher Fall ist anzunehmen, wenn der Vermieter den Umlagemaßstab nach billigem Ermessen bestimmen darf (s. § 556a Rdn. 50) oder wenn zu entscheiden ist, ob bei einer Mischnutzung ein Vorwegabzug für die gewerblich genutzten Teile der Immobilie zu erfolgen hat (s. Rdn. 171).

159 **b) Formalien:** Die Abrechnung muss vollständig sein. Anlagen zur Abrechnung, die für deren Verständnis von Bedeutung sind, müssen der Abrechnung beigefügt werden; anderenfalls ist die Abrechnung formell unwirksam (AG Rudolstadt WuM 2012, 379). Aus der Abrechnung muss sich zunächst ergeben, über welchen Abrechnungszeitraum abgerechnet wird und wann die Abrechnung erstellt worden ist. Außerdem muss ersichtlich sein, über welche Einheiten abgerechnet worden ist (Langenberg WuM 2003, 670, 671) und dass die Abrechnung die Wohnung des Mieters betrifft. Der Vermieter braucht die Abrechnung nicht zu unterschreiben; es muss nur eindeutig sein, dass die Abrechnung vom Vermieter oder von dessen Bevollmächtigten stammt (s. dazu auch Rdn. 196). Anders ist es bei preisgebundenem Wohnraum. Hier folgt aus den §§ 20 Abs. 4, 4 Abs. 7 und 8 NMV, 10 Abs. 1

Satz 1 WoBindG, dass eine Nachforderung für Betriebskosten „schriftlich" zu erklären ist. Dies erfordert grundsätzlich die eigenhändige Unterschrift durch den Vermieter oder seinen Vertreter (Schmid GE 2011, 310, 311). Anders ist es, wenn die Betriebskostenabrechnung „mit Hilfe einer automatischen Einrichtung" gefertigt wird (§ 10 Abs. 1 Satz 5 WoBindG).

c) Inhalt: Hinsichtlich des Inhalts der Abrechnung ist zwischen den **formellen** **160** **Anforderungen** an die Abrechnung und deren **inhaltlicher Richtigkeit** zu unterscheiden. Zur Abgrenzung s. Rdn. 198 ff. Zum Verhältnis der Abrechnung zur Belegeinsicht s. Rdn. 184.

Nach den **Grundsätzen der obergerichtlichen Rechtsprechung** (BGH **160a** NJW 1982, 573; NJW-RR 2003, 442; NJW 2005, 219; NJW 2005, 3135; NJW 2007, 1059; NJW 2008, 142; NJW 2008, 2258; NJW 2008, 2260; NJW 2009, 283; NJW 2010, 3228; NJW 2010, 3363; NJW 2011, 368; NJW-RR 2012, 215 betr. preisgebundener Wohnraum; NZM 2014, 26; NJW 2016, 866; NZM 2017, 732; BGH NZM 2020, 320) muss die Abrechnung in formeller Hinsicht eine geordnete Zusammenstellung der Ausgaben in Form einer zweckmäßigen und übersichtlichen Aufgliederung in Abrechnungsposten enthalten. Der Mieter muss in die Lage versetzt werden, den Anspruch des Vermieters gedanklich und rechnerisch nachzuprüfen. Dabei ist auf das durchschnittliche Verständnisvermögen eines juristisch und betriebswirtschaftlich nicht geschulten Mieters abzustellen (BGH NJW 2005, 219; NJW 2008, 2258; NJW 2008, 2260; NJW 2010, 3228). Die rechtlichen Anforderungen, die insoweit an eine Betriebskostenabrechnung gestellt werden müssen, sind der Grad der Aufschlüsselung nach dem Grundsatz der Zumutbarkeit, das heißt: nach einer zumutbaren Relation zwischen dem Zeit- und Arbeitsaufwand des Vermieters einerseits und den schutzwürdigen Informationsinteressen des Mieters andererseits (BGH NJW 1982, 573). Die Pflicht zur Spezifizierung darf einerseits nicht überspannt, andererseits aber auch nicht zu großzügig beurteilt werden. Notwendig, aber auch ausreichend ist es, dass der Mieter die ihm angelasteten Kosten bereits aus der Abrechnung klar ersehen und überprüfen kann, so dass die Einsichtnahme in dafür vorgesehene Belege nur noch zur Kontrolle und zur Beseitigung von Zweifeln erforderlich ist (BGH NJW 2009, 3575 Rdn. 6; NJW 2011, 143 Rdn. 40; Beschluss vom 25.4.2017 – VIII ZR 237/16, juris Rdn. 5; NZM 2017, 732).

Eine Betriebskostenabrechnung ist formell wirksam, wenn aus ihr fol- 161 gende Mindestangaben ersichtlich sind: (1) eine Zusammenstellung der Gesamtkosten (dazu Rdn. 162); **(2)** die Angabe und Erläuterung des Verteilerschlüssels (dazu Rdn. 166); **(3)** die Berechnung des Anteils des Mieters (dazu Rdn. 173) und **(4)** der Abzug der Vorauszahlungen (dazu Rdn. 173). Siehe zum Ganzen: BGH NJW-RR 2003, 442 unter Ziff III 2; NJW 2008, 2258; NJW 2008, 2105 unter Rz 19; NJW 2008, 2260; BGH NJW 2009, 283 unter Rz 21; NJW 2010, 3363 unter Rz 10); NJW 2010, 3228; NJW 2010, 3363; NJW 2010, 3570; NZM 2014, 26; NJW 2016, 866; NZM 2020, 320). Diese Grundsätze gelten auch dann, wenn in der Abrechnung Daten in einem bestimmten technisch-mathematischen Verfahren verarbeitet werden. Auch in diesem Fall muss die Abrechnung keine Angaben enthalten anhand derer der Mieter die materielle Richtigkeit der für seine Wohnung angesetzten Werte im Einzelnen nachvollziehen kann (BGH NZM 2015, 589 betr. eine Abrechnung über Heizkosten bei einer Einrohrheizung nach der VDI-Richtlinie 2077).

Einzelheiten zu: Zusammenstellung der Kosten. Regelmäßig genügt es, **162** wenn der Vermieter die Gesamtkosten auf die in der Betriebskostenverordnung aufgelisteten **Betriebskostengruppen** aufteilt. Die Zusammenstellung der Gesamtkosten muss sich an der im Mietvertrag vereinbarten Umlagevereinbarung orientieren. Der Mieter muss in der Lage ein, die einzelnen Kostenpositionen der vertraglichen Regelung zuzuordnen (KG WuM 2012, 273). Die Angabe einzelner Rechnungen ist nicht erforderlich (BGH NJW 2010, 2053 = WuM 2010, 156; KG GE 1998, 796; Langenberg in: Schmidt-Futterer § 556 BGB Rdn. 348; Schmid ZMR 1996, 415). Grundsätzlich genügt es, wenn in der Abrechnung die für die jeweilige Betriebskostenart angefallenen Einzelbeträge aufgeführt sind. Es ist nicht erforderlich, dass der auf jede Betriebskostenart entfallende Anteil des Mieters betragsmäßig gesondert ausgewiesen ist. Ausreichend ist vielmehr, wenn in der Abrechnung sämtliche nach dem Flächenmaßstab umgelegten Betriebskosten addiert und daraus unter Anwendung des Umlageschlüssels der vom Mieter insgesamt zu tragende Anteil ausgewiesen wird (BGH WuM 2017, 402). Bei der Heizkostenabrechnung reicht es aus, wenn sich aus der Abrechnung der Gesamtverbrauch und die hierfür aufgewendeten Kosten ergeben. Die Angabe eines Anfangs- und Endbestandes ist nicht erforderlich (BGH NJW 2010, 2053 = WuM 2010, 156). Müssen die Gesamtkosten gekürzt werden (z. B., weil in den Kosten des Hauswarts auch Instandhaltungs- oder Verwaltungskosten enthalten sind), so ist der Vermieter verpflichtet, die nicht umlagefähigen Teile herauszurechnen. Nach der bisherigen Rechtsprechung des BGH war eine Abrechnung formell unwirksam, wenn dort lediglich die bereinigten Gesamtkosten mitgeteilt wurden. Erforderlich war, dass der Vermieter die tatsächlichen Gesamtkosten und die heraus gerechneten Teile offenlegt (BGH NJW 2007, 1059). Diese Rechtsprechung hat der BGH aufgegeben. Nunmehr genügt es, wenn aus der Abrechnung die bereinigten Kosten ersichtlich sind (BGH NJW 2016, 866 Rdn. 19). Der vom Vermieter vorzunehmende Abzug richtet sich nach dem tatsächlichen Zeitaufwand des Hauswarts für die jeweiligen Arbeiten. Die Leistungsbeschreibung im Hauswartsvertrag kann lediglich als Indiz für den Umfang dieser Arbeiten verwertet werden. Der Vermieter ist zwar nicht gehindert, den Abzug in der Abrechnung in Form eines pauschalen Betrags anzugeben. Bestreitet der Mieter jedoch die Richtigkeit des Abzugs, so muss der Vermieter die pauschale Angabe konkretisieren und darlegen, wie sich der Abzugsbetrag zusammensetzt. Unterbleibt dies, so hat der Vermieter die ihm obliegende Darlegungslast nicht erfüllt. Ein einfaches Bestreiten (Erklärung mit Nichtwissen) genügt (BGH NJW 2008, 1801 = WuM 2008, 285). Der Mieter ist nicht gehalten, im Rahmen seines Rechts zur Belegeinsicht anhand von Stundenzetteln oder dergleichen den Umfang der abzuziehenden Kosten zu ermitteln. Anders ist es, wenn der Vermieter mit dem Hauswart gesonderte Verträge abschließt, nämlich einen Vertrag über die in einem Leistungsverzeichnis aufgeführten umlagefähigen Hauswartsarbeiten (Hauswartsvertrag) und einen weiteren Vertrag über die nicht umlagefähigen Tätigkeiten. Hier genügt es für die formelle Wirksamkeit der Abrechnung, wenn die auf Grund des Hauswartsvertrags entstandenen Kosten in die Abrechnung eingestellt werden. Es ist nicht erforderlich, dass in die Abrechnung beide Verträge aufgenommen werden (BGH NJW 2010, 1198 = WuM 2010, 153; BGH NJW 2016, 1439 Rdn. 20). Auch das Recht des Mieters zur Belegeinsicht besteht nur hinsichtlich des Vertrags über die reinen Hauswartleistungen (BGH a. a. O.).

163 Bilden mehrere Gebäude eine **Wirtschaftseinheit** (zu den Voraussetzungen s. § 556a Rdn. 18; zur Betriebskostenabrechnung in „großen Wohnanlagen: BGH NZM 2020, 320) so können die für die Wirtschaftseinheit entstehenden Gesamt-Betriebskosten nach Allgemeiner Ansicht auf die Mieter der jeweiligen Einzelgebäude umgelegt werden. Eine Betriebskostenabrechnung, die fälschlicherweise unter Verwendung von Abrechnungseinheiten erstellt wurde, ist formell ordnungsgemäß. Es liegt nur ein materieller Mangel vor (BGH WuM 2012, 97). Nach der früheren Rechtsprechung des BGH musste die Einzelabrechnung sowohl die Gesamtkosten der Wirtschaftseinheit als auch die auf das einzelne Gebäude entfallenden Kosten ausweisen. Es genügte nicht, wenn die Einzelkosten lediglich in einem internen Rechenschritt ermittelt werden. Eine solche Abrechnung wurde für formell unwirksam angesehen (BGH WuM 2013, 734 betr. Kosten des Hauswarts und der Frischwasserversorgung). Diese Rechtsprechung hat der **BGH** in dem Urteil vom 20.1.2016 (NJW 2016, 866) aufgegeben. Danach genügt es, „wenn der Vermieter in der Abrechnung bei der jeweiligen Betriebskostenart ... den Gesamtbetrag angibt, den er auf die Wohnungsmieter der gewählten Abrechnungseinheit umlegt. Ob der Vermieter diesen Gesamtbetrag zutreffend errechnet beziehungsweise ermittelt hat ..., ist ausschließlich eine Frage der materiellen Richtigkeit, deren Überprüfung der Mieter ohnehin nicht allein anhand der Abrechnung vornehmen kann, sondern nur mittels einer Einsicht in die Belege ..." (BGH a. a. O. Rdn. 19).

Ein vergleichbares Problem ergibt sich, wenn eine bestimmte Betriebskostenposition Kostenteile enthält, die nicht umlagefähig sind. Ein solcher Fall ist beispielsweise gegeben, wenn der **Hauswart Instandhaltungs- oder Verwaltungsarbeiten** (BGH WuM 2020, 83: Notdienstpauschale) verrichtet hat oder wenn durch einem sog. **„Vollwartungsvertrag"** über einen Aufzug auch Instandhaltungskosten abgedeckt werden. Nach Allgemeiner Ansicht ist der Vermieter verpflichtet, die nicht umlagefähigen Teile herauszurechnen. Nach der bisherigen Rechtsprechung des BGH war eine Abrechnung formell unwirksam, wenn dort lediglich die bereinigten Gesamtkosten mitgeteilt wurden. Erforderlich war, dass der Vermieter die tatsächlichen Gesamtkosten und die herausgerechneten Teile offenlegt. Maßgeblich hierfür ist das Interesse des Mieters an der Kontrolle der Abrechnung. Der Mieter müsse wissen, ob und in welcher Höhe der Vermieter nicht umlagefähige Kosten vorab abgesetzt hat. Wurden die Gesamtkosten nicht in der hier dargelegten Art und Weise dargestellt oder erläutert, so wurde die Abrechnung als formell unzureichend bewertet (BGH NJW 2007, 1059 Rdn. 10). Auch diese Rechtsprechung hat der **BGH** in dem Urteil vom 20.1.2016 (NJW 2016, 866) aufgegeben Auch hier genügt es, wenn aus der Abrechnung die bereinigten Kosten ersichtlich sind (BGH a. a. O. Rdn. 19). **163a**

Ermittelt der Vermieter bei der **Heizkostenabrechnung** die auf das abzurechnende Kalenderjahr entfallenden Betriebskosten aus **kalenderübergreifenden Rechnungen des Versorgers**, ist die Abrechnung nicht deshalb aus formellen Gründen unwirksam, weil der Vermieter die insoweit erforderlichen Zwischenschritte nicht offen gelegt hat (BGH NJW 2014, 1432). **163b**

Die einzelnen Betriebskostenpositionen müssen hinreichend genau bezeichnet werden. Anderenfalls ist die Betriebskostenabrechnung nicht prüffähig und damit nicht fällig (LG Berlin GE 2013, 621 betr. Abrechnung über Heiz – und Warmwasserkosten unter der Bezeichnung „Heizungsbetrieb" bzw. „Heizungsanlage") oder aufgeschlüsselt sind. Eine **Zusammenfassung mehrerer Kostenpositionen** in der Betriebskostenabrechnung ist nur möglich, wenn zwischen den mehreren Positionen ein enger Zusammenhang besteht, so dass die Nachvollziehbarkeit und Prüffähigkeit durch den Mieter gewahrt bleibt. Fehlt es an dem geforderten Zusammenhang, so ist die Abrechnung hinsichtlich der betroffenen Betriebskostenpositionen formell unwirksam. **164**

Nach der Rechtsprechung des BGH genügt es, „nach den Betriebskostenarten zu differenzieren, die jeweils unter einer Ziffer im Katalog der Anlage 3 zu § 27 II. BV oder in § 2 BetrkV zusammengefasst sind". Deshalb schadet es nicht, wenn zusammengehörige Kostengruppen zu einer einheitlichen Abrechnungsposition zusammengefasst werden, etwa Frischwasser – und Entwässerungskosten (BGH NJW-RR 2009, 1383 = WuM 2009, 516; AG Frankfurt ZMR 2008, 539 m. Anm. N. Rave), Kosten der Sach- und Haftpflichtversicherung (BGH NJW 2009, 3575 = WuM 2009, 669; **a. A.** Schmid NZM 2010, 264, falls die Kostenposition mit dem Begriff „Versicherungen" bezeichnet wird) oder Hauswart- und Hausreinigungskosten. Eine willkürliche Gruppenbildung ist aber nicht zulässig (BGH NJW 2011, 143 = WuM 2010, 688 betreffend die Zusammenfassung der Kosten für Wasserversorgung, Strom, Straßenreinigung, Müllbeseitigung, Schornsteinreinigung, Hausmeister, Gebäudereinigung und Gartenpflege in einer Kostengruppe). Ebenso ist es unzureichend, wenn unter der Betriebskostenposition „Heizung" auch Kosten für eine Klimaanlage und für Wasser abgerechnet werden (OLG Dresden NZM 2002, 437) oder wenn der Vermieter die Grundsteuer und die Straßenreinigung unter der Bezeichnung „Städtische Abgaben" zusammenfasst (BGH NZM 2010, 858; AG Aachen WuM 2016, 288). Der Vermieter ist nicht verpflichtet, die Betriebskostenart mit dem exakten Rechtsbegriff zu bezeichnen; es genügt, wenn er eine verständliche Kurzfassung verwendet (BGH NJW 2009, 3575 = NZM 2009, 906). Jedoch muss gewährleistet sein, dass der Mieter die ihm angelasteten Kosten bereits aus der Abrechnung hinreichend klar ersehen und überprüfen kann. Der Vermieter darf zur Erläuterung nicht auf die Einzelbelege verweisen, da diese nur zur Kontrolle dienen. Die Pflicht zur Spezifizierung gilt nur im Rahmen des Zumutbaren. Wird beispielsweise das Gebäude mit Erdgas beheizt, so ist es nicht zu beanstanden, wenn der Verbrauch nicht in Kubikmetern, sondern in Kilowattstunden abgegeben wird. Der Umrechnungsfaktor für den Heizwert des Brennstoffs muss nicht mitgeteilt werden (BGH NJW 2005, 3135 = WuM 2005, 579). Wird der Brennstoffverbrauch der zentralen Warmwasserversorgungsanlage nach der Formel in § 9 Abs. 2 HeizkostV berechnet, so muss die Berechnungsformel nicht erläutert werden. Bei der Verwendung einer gesetzlich vorgesehenen Berechnungsformel sind eventuelle Verständnisprobleme nämlich nicht dem Vermieter zuzurechnen (BGH a.a.O unter Ziff II 2c).

165 In der **instanzgerichtlichen Rechtsprechung** und in der Literatur werden an die Abrechnung gelegentlich höhere Anforderungen gestellt. Gelegentlich wird gefordert, dass eine Gliederung in die 17 Kostengruppen der Anlage 3 zu § 27 der II. BV (oder nach § 2 BetrKV) nicht ausreicht; vielmehr sei eine weitere Untergliederung erforderlich (LG Berlin GE 1994, 345: betr. Aufgliederung der Kosten für die Sach- und Haftpflichtversicherung nach Versicherungsarten; Langenberg WuM 2003, 670, 672). Diese Ansicht trifft nicht zu; der Vermieter kann aber verpflichtet sein, die Zusammensetzung der jeweiligen Kosten auf Verlangen des Mieters zu erläutern. Weiter wird vereinzelt die Ansicht vertreten, dass aus der Abrechnung auch die Kosten des Vorjahrs ersichtlich sein müssen, damit der Mieter eine eventuelle Kostenerhöhung erkennen kann (LG Berlin GE 1990, 375). Dies ist unzutreffend, weil der Mieter diese Kosten aus der Vorjahresabrechnung kennt. Generell gilt, dass Abweichungen vom Vorjahresergebnis für die formelle Ordnungsmäßigkeit der Abrechnung keine Rolle spielen; maßgeblich ist allein, ob die einzelne Abrechnung für sich betrachtet den Anforderungen des § 259 BGB entspricht (BGH NJW 2008, 2260 = NZM 2008, 567). Für den preisgebundenen Wohnraum ist in § 20 Abs. 4, § 4 Abs. 8 NMV, § 10 Abs. 1 S. 2 WoBindG geregelt, dass die Erhöhung (von Betriebskosten) „berechnet und erläutert" wird. Dieses Erfordernis wird durch eine formell wirksame Betriebskostenabrechnung erfüllt (BGH NJW 2010, 1198 = NZM 2010, 274).

Einzelheiten zu: Angabe und Erläuterung des Verteilerschlüssels. In der Abrechnung muss der Umlagemaßstab angegeben und ggf. erläutert werden. Der Maßstab ist konkret zu benennen. Grundsätzlich gilt, dass an die formelle Wirksamkeit einer Betriebskostenabrechnung „keine zu hohen Anforderungen" zu stellen sind. Es genügt, wenn der Umlagemaßstab für einen „durchschnittlich gebildeten, juristisch und betriebswirtschaftlich nicht geschulten" Mieter ohne weitere Erläuterung verständlich ist (BGH NJW 2015, 51 Rz 13, 16 m.w. N). Eine Erläuterung des Umlagemaßstabs ist insbesondere erforderlich, wenn der vom Mieter zu zahlende Anteilsbetrag auf mehreren Rechenschritten beruht und diese in ihrem Verständnis einer Erläuterung bedürfen (instruktiv: LG Itzehoe ZMR 2011, 215, 216). **Allgemein verständliche Verteilerschlüssel bedürfen** allerdings **keiner Erläuterung** (BGH NJW 2009, 283 = NZM 2009, 78; NJW 2011, 368 = NZM 2010, 895). Hierzu zählt die Verteilung der Kosten nach der Wohnfläche (BGH NZM 2020, 320; OLG Düsseldorf Urteil vom 4.7.2013 – 10 U 52/13), nach Miteigentumsanteilen, nach der Anzahl der Wohnungen nach Kopfteilen oder nach „Personenmonaten" (BGH NJW 2015, 51). Insoweit ist lediglich erforderlich, dass aus der Abrechnung die jeweiligen Gesamt- und Einzelwerte ersichtlich sind. Sind Betriebskosten nach Flächenanteilen abzurechnen, ist zur Erstellung einer formell ordnungsgemäßen Abrechnung eine Erläuterung der angesetzten Flächenwerte nicht allein deswegen erforderlich, weil diese Werte für aufeinander folgende Abrechnungsjahre Unterschiede aufweisen, deren Grund für den Mieter nicht ohne weiteres erkennbar ist (BGH NJW 2008, 2260 = NZM 2008, 567). **Komplizierte Verteilungsschlüssel,** wie die Verteilung der Aufzugskosten unter Berücksichtigung der Stockwerkshöhen **bedürfen dagegen einer Erläuterung,** die es dem Mieter ermöglicht, die Abrechnung gedanklich zu verstehen und rechnerisch zu überprüfen. Angaben wie „Einzelnachweis" oder „Einzelverteiler" (LG Essen WuM 1991, 121), „nach Verbrauch" und dergleichen reichen nicht aus. Anders ist es, wenn dem Mieter bekannt ist, dass unter dem Begriff „Einzelverteiler" eine Umlage der Betriebskosten nach dem Verhältnis der Nutzflächen praktiziert wird (KG GE 2012, 689). Wird nach Kopfteilen abgerechnet, so ist die Gesamtzahl der Personen zu benennen, die in die Kopfteilberechnung einbezogen sind. Ist die Gesamtpersonenzahl während der Abrechnungsperiode wegen des Aus- oder Einzugs von Mietern oder Angehörigen nicht konstant geblieben, so muss diese u. U. mit einem Bruchwert angegeben werden. In diesem Fall reicht es aus, wenn der Bruchwert angegeben wird. Eine Erläuterung des Bruchwerts ist ebenso wenig erforderlich, wie die Beifügung einer Belegungsliste (BGH NJW 2010, 3570 = NZM 2010, 859; NZM 2011, 546). Werden die Betriebskosten nach dem Verhältnis der Wohnflächen umgelegt, so kann der Verteilerschlüssel in realen Zahlen, nach Bruchteilen oder nach Prozentsätzen angegeben werden (BGH WuM 2010, 683 unter Rz 9; WuM 2012, 98); eine zusätzliche Erläuterung ist nicht erforderlich. Für die formelle Wirksamkeit der Abrechnung genügt es, wenn aus ihr die Gesamtfläche der jeweiligen Abrechnungseinheit und die Fläche der Mieterwohnung ersichtlich ist. Fehlen bei einem gemischt genutzten Gebäude nähere Angaben, so ist unter dem Begriff der „Fläche", „Wohnfläche" oder „Nutzfläche" die gesamte Fläche des Gebäudes zu verstehen; eine Differenzierung nach Gewerbe- und Wohnflächen ist nicht zwingend erforderlich (LG Berlin GE 2016, 396), aber nützlich. Werden jedoch bei den Umlageschlüsseln unterschiedliche Flächenangaben verwendet, so muss dies erläutert werden (Langenberg WuM 2003, 670, 673). Ausnahmen gelten nur dann, wenn entsprechende Kenntnisse beim Mieter vorausgesetzt werden können. Wird von den Gesamtkosten lediglich ein Teil auf den Mieter umgelegt, so ist die Abrechnung formell unwirksam, wenn die Differenz zwischen den Gesamtkosten und den umgelegten Kosten auf einem internen Rechenschritt beruht. Anders ist es, wenn sich aus der Betriebskostenabrechnung selbst ergibt, aus welchem Rechenvorgang der Abzugsbetrag resultiert (BGH WuM 2013, 734 = NZM 2014, 26). Bei der Verwendung des Flächenmaßstabs müssen die Leerstände offengelegt werden (Wall WuM 2006, 443, 444). Wenn abgelesene Verbrauchswerte im Vergleich zu anderen Abrechnungszeiträumen auffällige Schwankungen aufweisen ist eine Erläuterung nach Ansicht des BGH (NJW 2008, 2260 = NZM 2008, 567). Ob die angesetzten Flächen- und Verbrauchswerte zutreffen seien, berühre allein die materielle Richtigkeit der Abrechnung. Zu den einzelnen Verteilerschlüsseln s. § 556a BGB.

167 Bei einer **Abrechnung nach Wirtschaftseinheiten** genügt es nach der Rechtsprechung des BGH, „wenn der Vermieter in der Abrechnung bei der jeweiligen Betriebskostenart ... den Gesamtbetrag angibt, den er auf die Wohnungsmieter der gewählten Abrechnungseinheit umlegt (BGH Urteil vom 29.1.2020 – VIII ZR 244/18; NJW 2016, 866; s. Rdn. 163). Aus der Abrechnung muss sich nicht ergeben, aus welchen Einzelgebäuden die Wirtschaftseinheit besteht, wenn der Mieter dies aus den Gesamtkosten, der Gesamtfläche und der auf ihn entfallenden Wohnfläche entnehmen und gedanklich und rechnerisch nachvollziehen kann, wie der auf ihn entfallende Kostenanteil ermittelt wurde (BGH WuM 2012, 405). Ob die Abrechnungseinheiten richtig gebildet wurden und ob die Flächenangaben zutreffen, betrifft nicht die formelle Wirksamkeit, sondern die inhaltliche Richtigkeit der Abrechnung (BGH NJW 2010, 3228 = WuM 2010, 493 = NZM 2010, 781).

168 **Regelmäßig hat die Erläuterung in der Abrechnung zu erfolgen.** Nach der Rechtsprechung des BGH soll es allerdings genügen, wenn der Umlageschlüssel außerhalb der Abrechnung erläutert wird, etwa im Mietvertrag, in einer vorausgegangenen Abrechnung, in einem vorangegangenen Rechtsstreit oder der Nachfrage des Mieters. Erforderlich sei lediglich, dass die Erläuterung vor Ablauf der Abrechnungsfrist erfolgt (BGH NJW 2010, 3363 = NZM 2010, 784). Dies ist bedenklich, weil eine Abrechnung aus sich heraus verständlich sein muss und es nicht Sache des Mieters ist, die zum Verständnis der Abrechnung nötigen Tatsachen zu ermitteln. Für das Verhältnis der Abrechnung zur Belegeinsicht s. Rdn. 184.

169 Die **Berufung des Mieters auf den Abrechnungsfehler kann rechtsmissbräuchlich sein,** wenn sich der Verteilungsschlüssel ohne weiteres ermitteln lässt (LG Berlin GE 2005, 739 betreffend einen Fall, in dem die Gesamtkosten einer Heizanlage zu 50% nach der Wohnfläche und zu 50% nach Verbrauch umgelegt wurden, ohne das die Prozentzahl ausdrücklich genannt ist).

170 **Vorwegabzug öffentlich geförderte Wohnung.** Wird über die Betriebskosten einer **öffentlichen geförderten preisgebundenen Wohnung** in einem **gemischt genutzten Gebäude** abgerechnet, so bestimmt § 20 Abs. 2 Satz 2 NMV, dass Betriebskosten, die nicht für Wohnraum entstanden sind, vorweg abzuziehen sind. Es genügt nicht, wenn in der Abrechnung lediglich die bereinigten Gesamtkosten mitgeteilt werden (BGH WuM 2012, 22 = NZM 2012, 155). Vielmehr müssen sich aus der Abrechnung die tatsächlichen Gesamtkosten und die herausgerechneten Teile ergeben. Maßgeblich hierfür ist das Interesse des Mieters an der

Kontrolle der Abrechnung. Der Mieter muss wissen, ob und in welcher Höhe nicht umlagefähige Kosten vorab abgesetzt worden sind. Werden die Gesamtkosten nicht in der hier dargelegten Art und Weise dargestellt oder erläutert, so leidet die Abrechnung an einem formellen Mangel. Unterbleibt der Vorwegabzug so betrifft dies dagegen nur die materielle Richtigkeit der Abrechnung (BGH a.a.O.). Die Bewertung des unterlassenen Vorwegabzugs als inhaltlichen Mangel der Abrechnung führt zu der Frage, welche Partei den Mangel im Streitfall darzulegen und zu beweisen hat. Für den preisfreien Wohnraum hat der BGH entschieden, dass die Darlegungs- und Beweislast dem Mieter obliegt (BGH NJW 2007, 211 = WuM 2006, 684 = NZM 2007, 83). Nach der Auffassung des BGH folgt dies aus dem Umstand, dass die einheitliche Abrechnung beim preisfreien Wohnraum die Regel und der Vorwegabzug die Ausnahme darstellt. Nach der hier vertretenen Ansicht kann dieser Gedanke nicht auf den preisgebundenen Wohnraum übertragen werden, weil hier der Vorwegabzug zwingend vorgeschrieben ist. Die Einhaltung gesetzlicher Regelungen ist vom Vermieter zu beweisen.

Vorwegabzug freifinanzierte Wohnung. Für den preisfreien Wohnraum **171** existiert keine gesetzliche Regelung betreffend den Vorwegabzug. Nach der Rechtsprechung des BGH kann die Regelung des § 20 Abs. 2 Satz 2 NMV nicht analog auf den freifinanzierten Wohnraum angewendet werden (BGH NJW 2006, 1419 = WuM 2006, 200 mit abl.Anm. Antoni; WuM 2010, 741 = NZM 2011, 118). Eine Betriebskostenabrechnung ist allerdings materiellrechtlich (inhaltlich) fehlerhaft, wenn durch die gewerbliche Nutzung „erhebliche Mehrkosten" entstehen (BGH NJW 2010, 3363; NZM 2017, 520). Hinsichtlich des Begriffs der „erheblichen Mehrkosten" existiert keine allgemein anerkannte Richtgröße. In der instanzgerichtlichen Rechtsprechung wird vereinzelt vertreten, dass eine getrennte Erfassung erforderlich ist, wenn die Mehrkosten drei Prozent der Gesamtkosten übersteigen (LG Aachen WuM 2006, 615; AG Erfurt WuM 2011, 564: danach besteht eine Pflicht zur Kostentrennung bei einem Gewerbeanteil von 80%; Kinne GE 2011, 588: wenn der auf die Gewerbemieter entfallende Anteil den Anteil der Wohnungsmieter um 10% übersteigt). Diese Ansicht findet im Gesetz keine Stütze (Lammel WuM 2007, 118). Bei der Entscheidung über den Vorwegabzug handelt es sich um eine dem Vermieter obliegende Leistungsbestimmung; hierauf sind die für Willenserklärungen maßgeblichen Vorschriften anzuwenden (s. § 556 Rdn. 157a). Allgemein gilt: Die gemeinsame Kostenerfassung ist die Regel, die getrennte Kostenerfassung die Ausnahme. Aus diesem Grunde ist es nicht erforderlich, dass der Vermieter in der Abrechnung erläutert, warum er die Kosten nicht getrennt erfasst und abgerechnet hat (BGH NJW 2007, 211 = NZM 2007, 83; NZM 2011, 118 betr. Grundsteuer). Die Darlegungs- und Beweislast für den Ausnahmefall trifft den Mieter (BGH NJW 2007, 211; NJW 2010, 3363; NZM 2017, 520). Der Mieter muss sich die für die Darlegung erforderlichen Informationen im Wege der Belegeinsicht verschaffen. Sollte der Mieter trotz Belegeinsicht zu einem sachgerechten Vortrag nicht in der Lage sein, während der Vermieter über hinreichende Informationen verfügt, so muss der Vermieter seine Kenntnisse offenlegen (sog. „sekundäre Darlegungslast").

Hieraus leitet der BGH (NJW 2010, 3363; NZM 2011, 118) folgende Grund- **172** sätze ab: **(1)** Der Umstand, dass der gewerbliche Flächenanteil überwiegt, führt nicht zu einer Umkehrung der Beweislast **(2)** Es genügt nicht, wenn sich der Mieter auf einen Betriebskostenspiegel beruft und darlegt, dass die dort ausgewiesenen Beträge wesentlich niedriger sind. **(3)** Ebenso ist es unzureichend, wenn der Mieter pauschal darauf verweist, dass in dem Gebäude wegen der gewerblich genutzten

§ 556 BGB Untertitel 2. Mietverhältnisse über Wohnraum

Objekte ein erhöhter Publikumsverkehr und damit verbunden höhere Betriebskosten entstehen. Vielmehr muss jede Betriebskostenart gesondert betrachtet werden. So gesehen kann es ausreichen, wenn der Mieter die Art der gewerblichen Nutzung näher beschreibt und ausführt, dass durch eine im Obergeschoss tätige Behörde mit umfangreichem Publikumsverkehr höhere Aufzugs- und Gebäudereinigungskosten entstehen. **(4)** Legt der Vermieter die Betriebskosten bei einem gemischt genutzten Gebäude ohne Vorwegabzug auf alle Nutzer nach dem Verhältnis der Wohn-/Nutzflächen auf alle Mieter um, so bedarf die Umlagemaßstab keiner Erläuterung, weil er aus sich heraus verständlich ist. Wird dagegen ein Vorwegabzug vorgenommen, so müssen sich aus der Abrechnung die Gesamtkosten und die Höhe des Vorabzugs ergeben. In diesem Fall muss der Vermieter den Umlageschlüssel erläutern, so dass der Mieter den Umlageschlüssel gedanklich und rechnerisch nachvollziehen kann. Die Erläuterung kann auch außerhalb der Abrechnung erfolgen, etwa im Mietvertrag, in einer vorangegangenen Abrechnung oder auf Nachfrage des Mieters; die Erläuterung muss lediglich innerhalb der Abrechnungsfrist erfolgen BGH WuM 2010, 741 = NZM 2011, 118).

173 **Einzelheiten zu: Anteil des Mieters/Abzug der Vorauszahlungen.** Aus der Abrechnung muss weiter ersichtlich sein, wie sich der Anteil des Mieters berechnet und welche Vorauszahlungen berücksichtigt worden sind. Aus der Abrechnung muss sich dagegen nicht ergeben, wie die einzelnen Vorauszahlungen auf die einzelnen Nebenkostenarten verrechnet wurden. Sind die Vorauszahlungen zu hoch oder zu niedrig angesetzt oder überhaupt nicht berücksichtigt, so ist die Abrechnung zwar inhaltlich falsch; die formellen Anforderungen an die Abrechnung liegen gleichwohl vor, so dass die Einwendungsfrist in Lauf gesetzt wird (BGH NJW 2009, 3575; NJW 2011, 2786; WuM 2012, 98; NJW 2012, 1502; WuM 2016, 420). In der Abrechnung müssen grundsätzlich die tatsächlich geleisteten Vorauszahlungen ausgewiesen werden. Nach der Rechtsprechung des BGH (NZM 2003, 196 mit zust. Anm. Wall WuM 2003, 216) dürfen in die Abrechnung ausnahmsweise die **„Sollvorauszahlungen"** aufgenommen werden, wenn der Mieter für den Abrechnungszeitraum keine Vorauszahlungen erbracht, der Vermieter die fehlenden Betriebskostenvorauszahlungen bereits eingeklagt hat und noch keine Abrechnungsreife (§ 556 Abs. 3 BGB: 12 Monate nach Beendigung des Abrechnungszeitraums) eingetreten ist. Die gleichen Grundsätze müssen nach der Rechtslogik gelten, wenn der Mieter nur mit einem Teil der Vorauszahlungen säumig ist. Wird über Sollvorauszahlungen abgerechnet, obwohl die hierfür erforderlichen Voraussetzungen nicht vorliegen, so begründet dies keinen formellen Mangel, sondern betrifft die inhaltliche Richtigkeit der Abrechnung. Es gilt nichts anderes als bei einer Falschberechnung der geleisteten Vorauszahlungen (BGH NJW 2009, 3575 = WuM 2009, 671 = NZM 2009, 906; NJW 2011, 2786 = WuM 2011, 420 = NZM 2011, 627) oder wenn keinerlei Vorauszahlungen berücksichtigt wurden (BGH WuM 2012, 98; NJW 2012, 1502 = WuM 2012, 278 = NZM 2012, 416). In der instanzgerichtlichen Rechtsprechung wird vertreten, dass eine Abrechnung jedoch dann formell mangelhaft ist, wenn dort die Sollvorauszahlungen ausgewiesen sind, ohne dass kenntlich gemacht wird, dass es sich um Sollvorauszahlungen handelt. In diesem Fall müsse sich der Vermieter nach Ablauf der Abrechnungsfrist so behandeln lassen, als hätte der Mieter die in der Abrechnung aufgeführten Zahlungen tatsächlich geleistet (LG Krefeld GE 2011, 408 = WuM 2011, 368; LG Aachen WuM 2016, 289).

174 **Aperiodische Kosten** sind in demjenigen Abrechnungszeitraum in voller Höhe anzusetzen, in dem sie tatsächlich anfallen (BGH NJW 2007, 1356 = WuM

2007, 198 = NZM 2007, 282 [Elektrocheck]; NJW 2010, 226 = WuM 2010, 33 = NZM 2010, 79 [Tankreinigung]). Wahlweise kann der Vermieter diese Kosten auch über mehrere Jahre hinweg auf die Miete verteilen (AG Neuss DWW 1988, 284). Bei der Wahl dieser Methode ist eine entsprechende Erläuterung in der Betriebskostenabrechnung anzuraten. Die Umlage noch nicht entstandener Kosten (Ansparung) ist mangels einer Rechtsgrundlage nicht möglich.

Kosten der Versorgungsunternehmen sind i. d. R. dadurch gekennzeich- 175 net, dass der Abrechnungszeitraum des Versorgungsunternehmens und der Abrechnungszeitraum des Vermieters nicht übereinstimmen. Bei der Abrechnung nach dem Abflussprinzip, die nach der Rechtsprechung des BGH zulässig ist (Rdn. 132) spielt dieser Umstand keine Rolle, weil der Vermieter hier über die in seinem Abrechnungszeitraum eingegangenen Rechnungen (Vorauszahlungen und Schlusszahlungen) abrechnet. Bei der Leistungsabrechnung sind drei Methoden denkbar: **(1)** Der Vermieter erfasst die Zählerstände (Wasser, Strom) am Beginn und Ende seines Abrechnungszeitraums. Er wartet ab, bis die Abrechnungen des Versorgungsunternehmens über diesen Zeitraum vorliegen. Auf der Grundlage dieser Abrechnungen kann dann eine Umrechnung erfolgen. Die verbrauchsunabhängigen Kosten (z. B. Müllgebühren) können auf der Grundlage der Abrechnung des Versorgungsunternehmens zeitanteilig errechnet werden (LG Düsseldorf DWW 1988, 210). Das OLG Schleswig (DWW 1990, 355 = NJW-RR 1991, 78 = WuM 1991, 333) hat in diesem Zusammenhang klargestellt, dass geringfügige Abweichungen zwischen Ablesezeitpunkt und Abrechnungszeitraum nicht zur Unwirksamkeit der Abrechnung führen. **(2)** Der Vermieter erteilt über die Kosten der Versorgungsunternehmens eine getrennte Abrechnung. **(3)** Der Vermieter stellt alle im Abrechnungszeitraum erbrachten Vorauszahlungen in die Abrechnung ein. Ergibt sich im Folgejahr, dass für Lieferungen im Abrechnungszeitraum eine Nachzahlung an das Versorgungsunternehmen zu leisten ist, so wird dies bei der Abrechnung im Folgejahr berücksichtigt (so LG Düsseldorf DWW 1990, 51; Hanke PiG 23, 116; **a. A.** AG Duisburg-Hamborn WuM 2006, 36).

Vollwartungsverträge werden i. d. R. zum Zwecke der Aufzugswartung ab- 176 geschlossen. Nach diesen Verträgen ist das Wartungsunternehmen verpflichtet, für einen bestimmten Festpreis sowohl Wartungs- als auch gewisse Instandsetzungsarbeiten durchzuführen. Umlagefähig sind aber nur die für die Wartungsarbeiten entstehenden Kosten. Nach der Rechtsprechung des BGH genügt es, wenn aus der Abrechnung die bereinigten Kosten ersichtlich sind (BGH NJW 2016, 866 Rz. 19; s. Rdn. 163a). Die frühere vertretene Ansicht, wonach in der Abrechnung die ungekürzten Gesamtkosten und die Kürzungsbeträge auszuweisen sind (BGH NJW 2007, 1059) hat der BGH in dem genannten Urteil aufgegeben.

Sind die **Wohnungen** während einer Abrechnungsperiode **nicht durchgängig** 177 **vermietet,** so muss die jeweilige Nutzungsdauer bei der Abrechnung berücksichtigt werden. Leerstehende Räume sind zu Lasten des Vermieters in Ansatz zu bringen. Die betreffenden Räume müssen in der Abrechnung so behandelt werden, als wären sie vom Vermieter genutzt worden.

Ändert sich die Gesamtfläche während der Abrechnungsperiode, so muss 178 auch diesem Umstand Rechnung getragen werden. Eine solche Änderung kann beispielsweise eintreten, wenn während der Abrechnungsperiode ein Dachgeschoß ausgebaut worden ist. Ebenfalls tritt eine Änderung der Gesamtfläche ein, wenn ein gewerblicher Zwischenvermieter während der Abrechnungsperiode einen Teil seines Wohnungsbestandes verliert.

179 Der BGH hat die hier erörterten Grundsätze für die Abrechnung der Betriebskosten eines Mehrfamilienhauses entwickelt. Auf die Abrechnung der Betriebskosten für ein **vermietetes Einfamilienhaus** sind diese Grundsätze nicht zu übertragen, weil hier keine „Umlage" im Sinne einer Kostenverteilung erfolgt. Der Vermieter kann die für das Haus entstehenden und ihm in Rechnung gestellten Betriebskosten nur an den Mieter weiterleiten. Vergleichbares gilt, wenn der Eigentümer eines **Doppelhauses** eine Haushälfte selbst bewohnt und die andere Hälfte vermietet hat. Hier kann der Vermieter die für die vermietete Haushälfte entstehenden Betriebskosten ohne Angabe eines Umlageschlüssels an den Mieter weiterleiten, wenn die jeweilige Kostenposition von den Leistungserbringern gesondert auf die Haushälfte erfasst und dem Eigentümer in Rechnung gestellt wird (BGH WuM 2011, 281 = NZM 2011, 581).

5. Erläuterung der Abrechnung

180 Von der formellen Ordnungsmäßigkeit (Darstellung der Abrechnungsposten) ist die Erläuterung der Abrechnung zu unterscheiden. Eine solche Erläuterung ist dann erforderlich, wenn die Zahlenwerte nur im Zusammenhang mit anderen Daten überprüfbar sind oder wenn zum Verständnis der Zahlen weitere Informationen gegeben werden müssen. Die Darstellung der Abrechnung ist für alle Mieter gleich; hierdurch soll das Abrechnungsergebnis verständlich gemacht werden. Durch die Erläuterung soll der Mieter von der inhaltlichen Richtigkeit der Abrechnung überzeugt werden. Eine Erläuterung der Abrechnungsposten ist aus diesem Grunde nur erforderlich, wenn und soweit ein Mieter berechtigterweise einen zusätzlichen Informationsbedarf geltend macht (OLG Düsseldorf ZMR 2001, 882, 885). Dieser Informationsbedarf hängt vom Kenntnisstand der jeweiligen Mieter und den jeweiligen Aufklärungswünschen ab. Er ist deshalb naturgemäß von Fall zu Fall verschieden; daraus folgt, dass der Vermieter hierauf in der Abrechnung selbst nicht eingehen kann (LG Berlin WuM 1991, 121). Deshalb kann die Erläuterung auch außerhalb der Abrechnung gegeben werden, zum Beispiel im Mietvertrag und auch noch im Prozess, in dem über die Rechtmäßigkeit der Abrechnung gestritten wird (OLG Karlsruhe ZMR 2019, 19). Der Vermieter hat vielmehr das ihm obliegende zunächst getan, wenn er in der Abrechnung die tatsächlich entstandenen Kosten betragsmäßig darstellt.

181 Eine zusätzliche **Erläuterung** ist **auf Wunsch des Mieters** erforderlich, wenn beispielsweise erhebliche **Kostensteigerungen gegenüber dem Vorjahr** auftreten (AG Brühl WuM 1991, 121 betr. Steigerung der Stromkosten für eine Tiefgarage um 200%; s. dazu auch Rdn. 200 **a. A.** BGH NZM 2020, 320; NJW 2008, 2260 = NZM 2008, 567) oder wenn eine Abrechnung **auffallend hohe Beträge** enthält und eine bestimmte Kostenposition deutlich von den üblichen Kosten abweicht (AG Hamburg WuM 1991, 50 betr. Kosten des Betriebsstroms für Heizung). Es ist zunächst Sache des Mieters, sich durch Einsichtnahme in die der Abrechnung zugrunde liegenden Belege über die angefallenen Kosten und den Grund einer etwaigen Kostensteigerungen zu informieren. Erst wenn diese Belegeinsicht diese Fragen nicht beantworten kann und der Mieter dies nachvollziehbar darlegt, ist der Vermieter ggf. zu einer weitergehenden Erläuterung verpflichtet (OLG Düsseldorf ZMR 2014, 441). Sind die Wasserkosten auffällig hoch, so ist in den meisten kommunalen Satzungen bestimmt, dass der Gebäudeeigentümer eine Nachprüfung des Wasserzählers durch eine Eichbehörde verlangen kann. Im Allgemeinen gilt, dass der Beweiswert der Anzeige eines Wasserzählers nicht mehr in Frage gezogen werden kann, wenn das Messgerät durch eine Eichstelle oder anerkannte Prüfstelle untersucht und in Ordnung befunden worden ist. Eine Ausnahme kommt jedoch bei einem völlig unplausiblen Messergebnis in Betracht (OVG Saarlouis NJW 1994, 2243: in dem Gebäude waren über viele Jahre hinweg durchschnittliche Jahresverbrauchsmengen zwischen 239 m^3 und 401 m^3 gemessen worden. In dem zur Überprüfung stehenden Abrechnungszeitraum war der Jahresverbrauch dagegen 10 bis 15 mal so hoch).

Ist bei der **Verwendung von Zwischenwasserzählern** der beim Hauptzähler 182 gemessene Verbrauch höher als die Summe der bei den Wohnungswasserzählern gemessenen Verbrauchswerte, so sind die Abrechnungsrubriken „Gesamtkosten" und „Umlage" zu erläutern. Eine Erläuterung der Rubrik: „Gesamtkosten" muss deutlich machen: **(1)** die über den Hauptwasserzähler gemessene Wassermenge **(2)** die Messergebnisse jedes Wohnungswasserzählers, **(3)** das prozentuale Verhältnis der Anzeigen der Einzelwasserzähler zur Anzeige des Hauptwasserzählers **(4)** die Summe der Verbrauchsanzeigen der Wohnungswasserzähler insgesamt und **(5)** die Differenz zwischen der Verbrauchsanzeige des Hauptzählers und der Summe der Verbrauchsanzeigen der Wohnungswasserzähler. Unter der Rubrik „Umlage" ist auszuweisen, welche Wasserkosten der Mieter auf Grund der Anzeige seines Wohnungswasserzählers bezahlen muss (s. oben Wert (2). Außerdem ist auszuweisen, welchen Anteil der Mieter an der Differenz zwischen der Verbrauchsanzeige des Hauptzählers und der Summe der Verbrauchsanzeigen der Wohnungswasserzähler (s. oben Wert (5) zu tragen hat. Dieser Anteil wird nach dem Verhältnis der jeweiligen Anzeigen der Wohnungswasserzähler zur Anzeige des Hauptwasserzählers bestimmt (AG Schöneberg GE 2000, 1623; s. oben Wert (3). Es ist empfehlenswert, in der Abrechnung außerdem zu erläutern, warum die Anzeigenwerte des Hauptzählers und die Summe der Anzeigenwerte der Wohnungswasserzähler sich unterscheiden. Eine Abrechnung nach der Anzeige der Zwischenwasserzähler setzt voraus, dass diese geeicht sind. Ist die Eichfrist abgelaufen, so kann (und muss) der Vermieter gleichwohl nach dem gemessenen Verbrauch abrechnen. Bestreitet der Mieter in einem solchen Fall aber die Richtigkeit der Messergebnisse, so muss der Vermieter beweisen, dass die Zähler auch nach **Ablauf der Eichfrist** noch ordnungsgemäß funktionieren. Misslingt der Beweis, so scheidet eine Umlage der Wasserkosten aus (AG Neubrandenburg WuM 2010, 91). Ein Wechsel auf den gesetzlichen Umlagemaßstab (Verteilung der Kosten nach dem Verhältnis der Wohnfläche, § 556a Abs. 1 BGB) scheidet aus, weil hierdurch diejenigen Mieter mit großen Wohnungen aber geringem Wasserverbrauch benachteiligt werden.

Bei der **Umlage nach Kopfteilen** gehört die numerische Angabe der Gesamt- 183 kopfzahl zum Bereich der Darstellung; ein zusätzlicher Informationsbedarf kann sich beispielsweise ergeben, wenn unklar ist, welche Personen hier berücksichtigt worden sind.

6. Kontrollrechte des Mieters/Belegeinsicht

Für das **Verhältnis des Inhalts einer Betriebskostenabrechnung zur Be-** 184 **legeinsicht** gilt der bewährte Grundsatz, dass die Einzelabrechnung hinreichende Angaben über die Höhe der Betriebskosten und die Methode der Aufteilung auf die einzelnen Nutzer enthalten soll. Durch die Belegeinsicht soll der Mieter dagegen in die Lage versetzt werden, sich über die Richtigkeit der Angaben zu vergewissern. Die Betriebskostenabrechnung dient mithin der Information und die

§ 556 BGB

Belegeinsicht der Kontrolle. Hieraus ist abzuleiten, dass der Mieter die für das inhaltliche und rechnerische Verständnis erforderlichen Informationen mit der Betriebskostenabrechnung erhalten muss; es ist nicht zulässig, den Mieter insoweit auf die Belegeinsicht zu verweisen.

184a Die Belege (Rechnungen, Gebührenbescheide, Lieferscheine, Messprotokolle etc.) sind nicht Bestandteil der Abrechnung (OLG Düsseldorf ZMR 2001, 882, 886). Der Vermieter ist deshalb nicht verpflichtet, die Belege von sich aus vorzulegen (AG Pankow/Weißensee GE 2014, 1204). Der Mieter kann einzelne Betriebskostenpositionen auch nicht unsubstantiiert bestreiten; er hat die Obliegenheit, sich zunächst durch Einsichtnahme in die Belege kundig zu machen (OLG Düsseldorf NZM 2000, 762; DWW 2006, 378; OLG Karlsruhe ZMR 2019, 19; AG Oldenburg ZMR 2008, 467). Das Einsichtsrecht ergibt sich aus § 259 BGB. Es ist unabdingbar (von Seldeneck, Betriebskosten im Mietrecht Rdn. 3701) und wird nur durch das Verbot des Rechtsmissbrauchs (§ 242 BGB) und das Schikaneverbot (§ 226 BGB) beschränkt. Das Recht zur Einsichtnahme in die Belege kann bis zum Ablauf der Einwendungsfrist (§ 556 Abs. 3 Satz 5 BGB) geltend gemacht werden. Nach Ablauf dieser Frist geht das Einsichtsrecht verloren, weil dann die Einwendungen des Mieters nicht mehr zu berücksichtigen sind (§ 556 Abs. 3 Satz 6 BGB; Dickersbach ZMR 2008, 355, 358). Anders ist es nur, wenn der Mieter die Fristüberschreitung nicht zu vertreten hat. **Wird die Belegeinsicht zu Unrecht verweigert, so steht dem Mieter gem. § 273 BGB ein Zurückbehaltungsrecht an dem Nachzahlungsbetrag zu.** Dieses Zurückbehaltungsrecht führt entgegen § 274 Abs. 1 BGB nicht zur Verurteilung „Zug um Zug", sondern zur Klagabweisung. Der BGH (NJW 2018, 1599 Rdn. 24 ff) begründet dies mit der Erwägung, dass der Vermieter durch Verweigerung der Belegeinsicht dem Mieter in vertragsverletzender Weise dessen Recht auf eine vorgreifliche Überprüfung der Abrechnung verhindere, so dass sich sein gleichwohl erhobenes Zahlungsverlangen als eine gegen Treu und Glauben (§ 242 BGB) verstoßende unzulässige Rechtsausübung darstelle (BGH NJW 2018, 1599; NZM 2019, 620 Rz. 20; OLG Düsseldorf, NJW-RR 2001, 299; NJOZ 2015, 1556, 1557f.; KG, GE 2012, 689 Rdn. 5).

185 Streitig ist, wo die Belege vorzulegen sind. Nach einer Ansicht ist **Leistungsort** die Wohnung des Mieters. Dort hat der Vermieter die Belege vorzulegen. Dies ist insbesondere dann von Bedeutung, wenn sich die Verwaltung und das Mietobjekt zwar in derselben Gemeinde aber nicht im selben Gebäude befinden (AG Berlin-Mitte GE 1999, 987; Scheffler WuM 2007, 229). Abweichende Vereinbarungen sind möglich (Scheffler a.a.O.). **Nach wohl h. M. sind die Belege dort einzusehen, wo die Verwaltungstätigkeit des Vermieters erfolgt** (§ 269 Abs. 1 und 2), also beim Privatvermieter in dessen Wohnung, beim Wohnungsunternehmen im Verwaltungsgebäude und beim Verwalter in dessen Büro (LG Berlin NZM 2007, 285; Langenberg in: Schmidt-Futterer § 556 BGB Rdn. 487; Artz in: Staudinger § 556 BGB Rdn. 114; Sternel Mietrecht aktuell (2009) Rdn. V 391; Both in: Herrlein/Kandelhard § 556 BGB Rdn. 95; Ehlert in: Bamberger/Roth § 556 BGB Rdn. 69; Wetekamp Mietsachen Kap 6 Rdn. 112; Frommeyer in: Klein-Blenkers/Heinemann/Ring, Miete/WEG/Nachbarschaft § 556 BGB Rdn. 25; Schmid in: Elzer/Riecke § 556 BGB Rdn. 46; ebenso für den rechtsähnlichen Fall der Verwaltung von Wohnungseigentum (BGH WuM 2011, 314 = NZM 2011, 279; abweichend Wall in: Betriebskosten-Kommentar Rdn. 1932; Lammel § 556 BGB Rdn. 157: danach sind die Belege stets am Ort der Mietwohnung vorzulegen). Eine Ausnahme gilt, wenn sich die Wohnung in einer anderen Gemeinde befindet. Dann muss der Vermieter die Einsicht am Ort der Wohnung (nicht in der Wohnung des Mieters) anbieten (LG Freiburg GE 2011, 693 = NZM 2012, 23; Wall a. a. O.; Langenberg in: Schmidt-Futterer § 556 BGB Rdn. 488; Artz in: Staudinger § 556 BGB Rdn. 114; Sternel Mietrecht aktuell (2009) Rdn. V 391; Macciejewski MM 2003, 83, 84). Ist die Entfernung zwischen dem Ort der Wohnung und dem Sitz des Vermieters nicht besonders groß so ist im Wege einer Interessenabwägung zu entscheiden, ob dem Mieter die Anreise zum Vermieter zuzumuten ist oder ob der Vermieter die Belege zum Ort der Wohnung bringen muss. Unterhält ein Großvermieter am Ort der Wohnung ein Stadtteilbüro in dem regelmäßig Mietersprechstunden abgehalten werden, so ist es für den Vermieter zumutbar, die Belege in das Stadtteilbüro zu bringen, damit der Mieter sie dort während der Sprechstunden einsehen kann (AG Dortmund WuM 2015, 236).

Reagiert der Vermieter auf das Einsichtsverlangen des Mieters nicht mit einem Terminangebot, muss sich der Mieter zum Vermieter begeben. Erscheint der Mieter nach einer entsprechenden Ankündigung in den Geschäftsräumen des Vermieters zu den üblichen Geschäftszeiten oder im Falle eines privaten Kleinvermieters werktags in den frühen Abendstunden, muss der Vermieter sofort Belegeinsicht gewähren, weil der Anspruch auf Belegeinsicht nach Zugang der Abrechnung gemäß § 271 Abs. 1 BGB sofort fällig ist (OLG Karlsruhe ZMR 2019, 19). **185a**

Nach § 259 Abs. 1 BGB ist der Vermieter verpflichtet, dem Mieter auf dessen Verlangen Einsicht in die Abrechnungsbelege zu gewähren (BGH WuM 2012, 276; NJW 2013, 3234; NZM 2018, 458). **Gegenstand der Einsicht** sind die Rechnungen, Lieferscheine, Ableseprotokolle, Wartungs-, Versicherungs- Hauswarts- und sonstige Verträge, die für die Abrechnung von Bedeutung sind. Zu den Belegen zählen alle Unterlagen, die der Mieter benötigt, um die Richtigkeit der Abrechnung zu überprüfen. Werden Betriebskosten ganz oder teilweise nach dem Verhältnis der jeweiligen Verbrauchswerte umgelegt, so kann der Mieter auch die Einsichtnahme in die vom Vermieter erhobenen Einzelverbrauchsdaten anderer Nutzer beanspruchen. Auf diese Weise kann der Mieter überprüfen ob bei einer verbrauchsabhängigen Abrechnung der Gesamtverbrauchswert mit der Summe der Verbrauchsdaten der anderen Wohnungen übereinstimmt, ob deren Werte zutreffend sind oder ob sonst Bedenken gegen die Richtigkeit der Kostenverteilung bestehen (BGH NZM 2018, 458; Artz in: Staudinger § 556 BGB Rdn. 112; Langenberg in: Schmidt-Futterer § 556 BGB Rdn. 481; Harsch, WuM 2015, 399, 400 jeweils mwN). Einen Anspruch auf Aushändigung dieser Belege hat der Mieter aber nicht (AG Pankow-Weißensee GE 2014, 1143). Zu dem vom Vermieter vorzulegenden Abrechnungsunterlagen gehören auch Verträge des Vermieters mit Dritten, soweit deren Heranziehung zur sachgerechten Überprüfung der Nebenkostenabrechnung und zur Vorbereitung etwaiger Einwendungen gegen die Nebenkostenabrechnung gem. § 556 Abs. 3 Satz 5 und 6 BGB erforderlich ist (BGH WuM 2012, 276 betr. einen Vertrag über die Lieferung von Fernwärme). Der Vermieter, der einen Wärmelieferungsvertrag mit einem Contractor abgeschlossen hat, ist dem Mieter gegenüber allerdings nicht zur Vorlage der dem Contractor von dessen Vorlieferanten ausgestellten Rechnung verpflichtet (BGH NJW 2013, 3234 = WuM 2013, 540 = NZM 2013, 755). Nach einer Entscheidung des LG Berlin (GE 2011, 487) hat der Mieter auch Anspruch auf eine im Besitz des Vermieters befindliche Wohnflächenberechnung, wenn die Betriebskosten nach dem Verhältnis der Wohnflächen umgelegt werden (**a. A.** Stellwaag ZMR 2012, 339). Einen Anspruch auf Einsicht in Zahlungsbelege hat der **186**

Mieter nicht. Bei der Vermietung einer Eigentumswohnung zählen die Beschlüsse der Wohnungseigentümer nicht zu den Abrechnungsunterlagen. Deshalb kann der Mieter nicht verlangen, dass ihm diese Beschlüsse zur Einsicht vorgelegt werden (BGH WuM 2011, 684 = NZM 2012, 96). Davon abgesehen ist das Einsichtsrecht umfassend. Gesichtspunkte des Datenschutzes spielen i. d. R. keine Rolle (§ 16 Abs. 1 BDSG). Der Mieter kann die Belege im Original einsehen (LG Kempten ZMR 2017, 248). Er muss sich nicht auf die Übersendung von Fotokopien verweisen lassen (AG Langenfeld WuM 1996, 426). Teilweise wird die Ansicht vertreten, dass die **Einsicht in gescannte Belege** ausreicht, wenn der Vermieter selbst nur gescannte Belege verwendet (Villena y Scheffler/Petrick NZM 2003, 544).

187 **Der Vermieter muss die Belegeinsicht nicht von sich anbieten** (AG Oldenburg ZMR 2008, 467; AG Pankow/Weißensee GE 2014, 1204). Verlangt der Mieter allerdings Belegeinsicht, so muss der Vermieter einen Termin während der üblichen Bürostunden vorschlagen. Der Mieter kann einen Dritten mit der Belegeinsicht beauftragen (von Seldeneck a.a.O Rdn. 3711). Ebenso kann er sich von einem Dritten begleiten lassen. Die **Belege sind in geordneter Form vorzulegen** (Langenberg in: Schmidt-Futterer § 556 BGB Rdn. 484). Der Vermieter darf während der Belegeinsicht anwesend sein oder einen seiner Mitarbeiter damit beauftragen. Ggf. muss der Vermieter die Belege erläutern. Kann der Mieter die Abrechnungsunterlagen nicht verstehen, so muss er fachkundige Hilfe in Anspruch nehmen (LG Berlin WuM 2006, 617). Der Mieter kann sich Notizen machen oder Fotokopien von den Belegen fertigen. Selbstverständlich kann er nur mit Erlaubnis des Vermieters dessen Geräte benutzen. Der Vermieter ist zur Erteilung der Erlaubnis nicht verpflichtet. Das **Fotografieren, Scannen oder kopieren der Belege** mit eigenen Apparaten und Geräten ist ohne Erlaubnis des Vermieters möglich (LG Potsdam WuM 2011, 631; AG München NZM 2010, 81). Für die Belegeinsicht besteht keine zeitliche Begrenzung; eine bewusste Verzögerung muss der Vermieter aber nicht hinnehmen.

188 **Der Mieter einer Sozialwohnung kann statt der Einsichtnahme in die Belege Fotokopien hiervon verlangen** (§ 29 Abs. 2 Satz 1 NMV). In Rechtsprechung und Literatur ist streitig, ob diese Regelung für den freifinanzierten Wohnraum entsprechend anwendbar ist (so Langenberg in: Schmidt-Futterer § 556 BGB Rdn. 495 m.w. Nachw.; Maciejewski MM 2003, 83, 89; **a. A.** BGH NJW 2006, 1419 = WuM 2006, 200; NJW 2007, 428 = WuM 2007, 24; OLG Düsseldorf DWW 2006, 378; LG Berlin GE 2003, 121; WuM 2005, 49; LG Zwickau WuM 2003, 271; LG Leipzig NZM 2005, 944 [LS]). Teilweise wird vertreten, dass dem Mieter nach § 242 BGB ein Anspruch auf Übersendung von Belegkopien zusteht, sofern der Mieter zuvor Kostenerstattung angeboten hat (Greiner NZM 2011, 464, 468).

189 Nach der **Rechtsprechung des BGH (NJW 2006, 1419) hat der Mieter einer freifinanzierten Wohnung nur dann Anspruch auf Übersendung von Belegkopien, wenn ihm „die Einsichtnahme in die Abrechnungsunterlagen in den Räumen des Vermieters nicht zugemutet werden kann".** Einzelheiten hierzu sind der Entscheidung nicht zu entnehmen. Sicher ist, dass ein Fall der Unzumutbarkeit vorliegt, wenn die Einsichtnahme nicht am Ort des Mietobjekts angeboten wird und der Mieter aus diesem Grunde einen unzumutbar langen Anreiseweg hätte. Befindet sich die Wohnung und das Verwaltungsgebäude des Vermieters innerhalb derselben Gemeinde, so ist die Anreise für den Mieter immer zumutbar. Bei benachbarten Gemeinden wird es darauf ankommen, ob diese zur

selben Region gehören. Das LG Köln (NZM 2001, 617) hat in diesem Zusammenhang entschieden, dass eine Anreise zum Zwecke der Belegeinsicht zuzumuten ist, wenn der Mieter nach Beendigung des Mietverhältnisses den Wohnort gewechselt hat (**a. A.** AG Köln WuM betr. Umzug von Köln nach Berlin). Auch der Rechtsberater eines Mieters hat keinen Anspruch auf Übersendung von Belegkopien (BGH NZM 2006, 926 = WuM 2006, 618 für Mieterverein). Bei Privatvermietern kann unter Umständen ein gespanntes oder gar feindseliges Verhältnis zwischen den Vertragsparteien dazu führen, dass dem Mieter das Betreten der Vermieterwohnung nicht zugemutet werden kann (AG Bergisch-Gladbach ZMR 2012, 198). Insoweit wird es aber auf den Einzelfall ankommen. Schließlich wird ein Fall der Unzumutbarkeit vorliegen, wenn ein Mieter auf Grund seines Alters und seiner Sehbehinderung zu einer Belegeinsicht nicht in der Lage ist (AG Dortmund WuM 2011, 631 betr. 82-jährige Mieterin; auf die Inanspruchnahme eines Rechtsanwalts kann die Mieterin wegen der dadurch entstehenden Kosten nicht verwiesen werden; vgl. weiter: LG Berlin GE 2014, 1140 betr. einen schwerbehinderten Mieter (Rollstuhlfahrer), wenn der Zugang zum Büro des Vermieters schwierig ist und eine Klärung der Abrechnungsproblem durch ein persönliches Gespräch unwahrscheinlich ist).

Kritik: Die Rechtsprechung des BGH überzeugt nicht. Die Verpflichtung des 190 Vermieters zur Fertigung und Aushändigung von Kopien folgt aus § 242 BGB, weil es dem Mieter in aller Regel nicht zugemutet werden kann, von den Belegen handschriftliche Abschriften zu fertigen. Dies gilt nicht zuletzt deshalb, weil solche Abschriften einen geringeren Beweiswert haben als Kopien. Das Recht auf Überlassung von Kopien wird lediglich durch das allgemein geltende Schikane- und Missbrauchsverbot begrenzt. Für das Einsichtsrechts des Wohnungseigentümers in die Verwaltungsunterlagen sind diese Grundsätze anerkannt (BayObLG ZMR 2000, 687, 689; OLG Hamm ZMR 1998, 586, 587; OLG München ZMR 2006, 881, 883); für die Miete kann nichts anderes gelten.

Zur Klarstellung ist darauf hinzuweisen, dass sich die **Entscheidung des BGH** 191 **nur** auf den Fall der **allgemeinen Belegkontrolle** bezieht. **Ausnahmen** sind denkbar (dazu Beyer WuM 2011, 399): Hat der Mieter in die Belege Einsicht genommen und hierbei festgestellt, dass er zur weiteren Klärung der Sachlage Fotokopien einzelner Belege benötigt, so kann der Vermieter durchaus verpflichtet sein, dem Mieter Fotokopien gegen Erstattung der Auslagen zu überlassen (ebenso: Langenberg NZM 2007, 105; Beyer a. a. O.). Hierfür bedarf es immer eines besonderen Anlasses, der gegeben sein kann, wenn ein Beleg besonders umfangreich, unübersichtlich oder schwer zu verstehen ist. Der Vermieter ist in einem solchen Fall vorleistungspflichtig (OLG Düsseldorf WuM 2001, 344); der Vermieter darf die Übersendung zwar von einem Angebot der Kostenübernahme, nicht aber von der Bezahlung der Kosten abhängig machen.

Im Mietvertrag kann zugunsten des Mieters ein Anspruch auf Übersen- 192 **dung von Belegkopien vereinbart werden.** Ebenso können die Parteien während der Mietzeit im Einzelfall vereinbaren, dass der Mieter Belegkopien erhält. Hierfür reicht es aus, wenn der Mieter anlässlich einer Betriebskostenabrechnung um Übersendung von Kopien bittet und der Vermieter die Übersendung zusagt (im Ergebnis ebenso: AG Mainz WuM 2006, 619). Die für den Einzelfall getroffene Vereinbarung hat keine Auswirkung auf künftige Abrechnungen. Hat der Vermieter dem Mieter auf dessen Bitten Kopien einzelner Belege übersandt, so ist dies regelmäßig als Gefälligkeit zu bewerten. Der Mieter kann hieraus keinen Rechtsanspruch auf Übersendung weiterer Belegkopien herleiten (BGH NZM 2006, 926

= WuM 2006, 618). Nach einer vereinzelt vertretenen Ansicht soll der Vermieter verpflichtet sein, die Bitte des Mieters um Übersendung von Kopien (positiv oder negativ) zu bescheiden; bei Untätigkeit soll die Abrechnung nicht fällig werden (AG Leipzig WuM 2007, 197).

192a **Kostenfragen.** Für die Kontrolle der Belege gibt es keine Kostenerstattung. Dem Vermieter fallen die Kosten zur Last, die für die Präsentation der Belege entstehen. Der Mieter kann seinerseits für die ihm entstehenden Kosten keinen Ersatz verlangen. Dies gilt auch für die Kosten eines mit der Belegkontrolle beauftragten Rechtsanwalts. Muss der Mieter zum Zweck der Belegkontrolle anreisen, weil sich die Geschäftsräume des Vermieters nicht am Ort der Wohnung befinden, so sind die Reisekosten des Mieters sowie der mit der Anreise verbundene Aufwand ebenfalls nicht erstattungsfähig. Jedoch kann der Mieter in einem solchen Fall verlangen, dass ihm die Belege am Ort der Wohnung vorgelegt werden; der hierfür erforderliche Aufwand fällt dem Vermieter zur Last. Gibt sich der Mieter in einem solchen Fall mit der Übersendung von Fotokopien zufrieden, so kann der Vermieter für die Kopier- und Versandkosten keinen Ersatz verlangen (AG Bingen WuM 2016, 217). In allen anderen Fällen steht dem Vermieter für die **Anfertigung von Kopien** auf Antrag des Mieters – wozu der Vermieter nach der Rechtsprechung des BGH (s. Rdn. 189) grundsätzlich nicht verpflichtet ist – kraft Gesetzes ein Aufwendungsersatz zu. Überwiegend wird dem Vermieter pro Kopie ein Kostenersatz von maximal 0,26 Euro (von Seldeneck a.a.O Rdn. 3727; Maciejewski MM 2003, 83, 90 jew. mit zahlreichen Nachweisen; AG Mitte MM 2003, 383 und AG Mainz WuM 2006, 619: 0,25 Euro), gelegentlich auch weniger (von Seldeneck a.a.O.: 0,10 bis 0,16 Euro), vereinzelt auch mehr (LG Berlin WuM 2005, 49: 0,50 Euro) zugebilligt.

7. Die Abrechnungsfrist

193 Nach **§ 556 Abs. 3 Satz 2 BGB** ist die Abrechnung dem Mieter spätestens bis zum Ablauf des zwölften Monats nach Ende des Abrechnungszeitraums mitzuteilen. Obwohl der Vermieter nach dem Wortlaut des § 556 Abs. 3 Satz 1 über „die Vorauszahlungen für Betriebskosten" abzurechnen hat, gilt die Abrechnungsfrist auch dann, wenn der Mieter lediglich die Betriebskosten zu tragen, hierauf aber keine Vorauszahlungen zu leisten hat. Bei einer Mehrheit von Mietern muss die Abrechnung an alle Mieter gerichtet werden. Anderenfalls wirkt sie nur gegenüber dem Adressaten. Die Abrechnungsfrist beginnt mit dem Ende des Abrechnungszeitraums. Unter dem Ablauf des zwölften Monats ist der letzte Tag dieses Monats zu verstehen; die Begriffe „Ende des Monats" in § 192 BGB und „Ablauf des Monats" im Sinne von Abs. 3 Satz 2 haben dieselbe Bedeutung. Dagegen ist § 188 Abs. 2 BGB unanwendbar, weil die Frist nicht nach „Monaten" bestimmt ist. Läuft der Abrechnungszeitraum beispielsweise vom 15. Juli bis zum 14. Juli, so endet die Abrechnungsfrist am 31. Juli 24.00 Uhr des Folgejahrs (§ 192 BGB). Ist der Abrechnungszeitraum mit dem Kalenderjahr identisch, so endet die Abrechnungsfrist mit dem Ablauf des 31. Dezember des Folgejahres. Fällt der letzte Tag der Frist auf einen Sonntag, einen am Wohnort des Mieters anerkannten Feiertag oder einen Sonnabend, so gilt § 193 BGB, weil die Abrechnung als „Leistung" im Sinne dieser Vorschrift verstanden werden kann. Werden die Betriebskosten nach **unterschiedlichen Zeiträumen** erfasst (z. B. die Heiz- und Warmwasserkosten nach der Dauer der Heizperiode; die übrigen Betriebskosten nach dem Kalenderjahr), so gilt eine einheitliche Abrechnungsfrist (BGH NJW 2008, 2328 = WuM 2008, 404 = NZM

2008, 520). In der Regel ist für die Fristberechnung der später endende Wirtschaftszeitraum maßgebend. Dies folgt aus der Erwägung, dass der Vermieter nicht zu einer Teilabrechnung verpflichtet ist. Zur Abrechnung bei vorzeitiger Rückgabe s. § 546 Rdn. 17.

Nach der Rechtsprechung des BGH kann die **Abrechnungsfrist vertraglich verkürzt** werden (BGH NZM 2016, 307). In diesem Fall ist innerhalb der vertraglich vereinbarten Frist abzurechnen. Im Einzelfall ist zu prüfen, ob durch die vertragliche Abrechnungsfrist lediglich der Zeitpunkt bestimmt wird, zu dem der Mieter die Abrechnung verlangen kann oder ob die Abrechnungsfrist zugleich eine Ausschlussfrist (s. Rdn. 194) für die Geltendmachung einer Nachforderung beinhaltet. Regelmäßig werden vertragliche Abrechnungsfristen durch Formularklauseln vereinbart. Hier ist vom Verständnis des „durchschnittlichen Vertragspartners" des Verwenders auszugehen. Dieser bewertet die Abrechnungsfrist i. d. R. als bloße Fälligkeitsregelung; er geht nicht davon aus, dass der Vermieter bei Überschreitung der Abrechnungsfrist auf eine Nachforderung verzichtet (so BGH a. a. O.). Diese Bewertung entspricht auch dem System der gesetzlichen Regelung (s. Rdn. 194), weil dort neben der in § 556 Abs. 3 Satz 2 BGB bestimmten Abrechnungsfrist in § 556 Abs. 3 **Satz 3** BGB ausdrücklich angeordnet wird, dass die Geltendmachung einer Nachforderung durch den Vermieter bei einer Fristüberschreitung grundsätzlich ausgeschlossen ist. Die Ausschlussregelung in § 556 Abs. 3 Satz 3 BGB wäre überflüssig, wenn sich diese Rechtsfolge bereits aus dem bloßen Fristablauf ergäbe. 193a

Nach Ablauf der gesetzlichen Abrechnungsfrist gehen die Nachforderungsansprüche des Vermieters verloren (§ 556 Abs. 3 Satz 3 BGB). In der Begründung des Regierungsentwurfs zu § 556 Abs. 3 Satz 2 BGB ist hierzu ausgeführt, dass die Abrechnung dem Mieter innerhalb der Frist zugehen muss; die rechtzeitige Absendung genügt nicht (BT-Drucks. 14/4553 = NZM 2000, 812; ebenso BGH NJW 2009, 2197 = WuM 2009, 236 = NZM 2009, 274). Nach allgemeinen Grundsätzen ist der Vermieter für den rechtzeitigen Zugang der Abrechnung beweispflichtig. Mit der Aufgabe eines Schreibens zur Post kann der Zugang nicht bewiesen werden. Hierin liegt auch kein Anscheinsbeweis für den Zugang. Dies entspricht einer gefestigten Rechtsprechung und gilt für Briefsendungen jeder Art (BGH NJW 1957, 1230 betr. Einschreibesendung; NJW 1996, 2033; AG Köln WuM 2008, 483). Werden die Heiz- und Warmwasserkosten einerseits, die sonstigen Betriebskosten andererseits, in unterschiedlichen Schreiben abgerechnet, so muss der Vermieter dafür sorgen, dass dem Mieter innerhalb der Frist beide Abrechnungen zugehen. Dies gilt auch dann, wenn die Heiz- und Warmwasserkosten in der Abrechnung über die übrigen Betriebskosten mit aufgeführt sind. Dies folgt aus der Erwägung, dass sich der Umlageschlüssel und die Kostenaufstellung erst aus der spezifizierten Abrechnung über die Heiz- und Warmwasserkosten ergeben. Unbeachtlich ist es, ob der Mieter von der Abrechnung Kenntnis genommen hat. Eine Überschreitung der Frist führt zur Rechtsfolge des Abs. 3 Satz 3. 194

Wird die Betriebskostenabrechnung vom Vermieter oder vom Postboten in den **Briefkasten des Mieters eingeworfen,** so geht die Abrechnung dem Mieter zu, sobald nach der Verkehrsanschauung mit der Entnahme zu rechnen ist. Im Interesse der Rechtssicherheit ist dabei auf einen generellen Maßstab abzustellen (BGH NZM 2004, 258 unter Ziff II.3). Maßgeblich ist der Zeitpunkt zu dem das Austragen der Post üblicherweise abgeschlossen ist. Ein Einwurf am letzten Tag der Abrechnungsfrist nach 17.00 Uhr ist verspätet (LG Waldshut-Tiengen NJOZ 2009, 195

3746; AG Lüdenscheid WuM 2011, 628). Daraus folgt: wird die Abrechnung zu einem Zeitpunkt in den Briefkasten eingeworfen, zu dem mit der Entnahme der Post gerechnet werden kann, so ist der Zugang erfolgt, auch wenn der Empfänger den Briefkasten nicht geleert hat. Umgekehrt gilt dasselbe: Leert der Empfänger seinen Briefkasten außerhalb der üblichen Frist aber noch vor Ablauf der Abrechnungsfrist, so ist die Abrechnung gleichwohl verspätet. Wird die **Abrechnung dem Mieter übergeben**, so wird hierdurch der Zugang bewirkt (BGH NJW 1998, 3344 unter Ziff 2a). Wegen der Überschreitung der Abrechnungsfrist infolge einer **Verzögerung im Bereich der Post** s. Rdn. 205.

196 Nach dem Wortlaut der gesetzlichen Regelung ist die Abrechnung dem Mieter „mitzuteilen". Eine besondere **Form der Abrechnung** ist dem Wortlaut des § 556 BGB nicht zu entnehmen. Teilweise wird aus § 242 BGB abgeleitet, dass der Vermieter eine schriftliche Abrechnung erteilen muss (Scheffler WuM 2007, 229, 230). Aus dem Zweck der Abrechnung (Rechnungslegung über die Höhe der Betriebskosten in geordneter und nachvollziehbarer Form, BGH NJW 1982, 573) folgt indessen nur, dass dem Mieter ein prüffähiges Rechenwerk übermittelt wird (Langenberg WuM 2003, 670, 671); dies kann auch in Textform geschehen). Wird eine unvollständige Abrechnung mündlich erläutert, so sind auch die **mündlichen Erläuterungen** zu berücksichtigen (Blank NZM 2008, 745, 749; DWW 2009, 91, 92).

197 Der Vermieter muss innerhalb der Abrechnungsfrist eine **formell ordnungsgemäße Abrechnung** vorlegen. Eine formell unzureichende Abrechnung kann der Vermieter nach Fristablauf nicht mehr zu seinen Gunsten nachbessern werden. Dagegen schadet es nicht, wenn eine formell ordnungsgemäße Abrechnung inhaltliche Fehler aufweist. Solche Fehler können auch nach Ablauf der Abrechnungsfrist behoben werden (BGH NJW 2005, 219 = WuM 2005, 61; GE 2005, 360; LG Berlin WuM 2007, 576; Langenberg in: Schmidt-Futterer § 556 BGB Rdn. 467 ff und NZM 2001, 783, 785; WuM 2003, 670; Artz in: Staudinger § 556 BGB Rdn. 111; Both in: Herrlein/Kandelhard, Mietrecht § 556 Rdn. 79; abweichend: Sternel ZMR 2001, 937, 939: danach ist erforderlich, dass dem Mieter „eine formell und materiell richtige Abrechnung" zugeht). Ebenso schadet es nicht, wenn die Abrechnung in einzelnen Punkten erläuterungs- oder ergänzungsbedürftig ist. Es ist nicht erforderlich, dass dem Mieter innerhalb der Frist Gelegenheit zur Belegeinsicht gegeben wird.

197a Von einer Abrechnung im Sinne des § 556 BGB kann allerdings nur gesprochen werden, wenn diese auf realen, wenn auch fehlerhaften Zahlen und Wertansätzen, beruht. Hiervon ist die Abrechnung auf der Grundlage fiktiver Zahlen (z. B. auf den Ergebnissen des Vorjahrs oder frei erfundener Zahlen) zu unterscheiden; durch solche **Scheinabrechnungen** wird die Abrechnungsfrist nicht gewahrt. Dies gilt auch dann, wenn der Vermieter die Scheinabrechnung erteilt, weil ihm die für die Erstellung einer richtigen Abrechnung erforderlichen Werte nicht oder nicht rechtzeitig zur Verfügung stehen. Der Mieter hat in einem solchen Fall weiterhin den Anspruch auf eine den gesetzlichen Grundsätzen entsprechende Abrechnung. Erfolgt diese Abrechnung nach Ablauf der Abrechnungsfrist, gilt diese als (verspätete) Erstabrechnung mit der weiteren Folge, dass eventuelle Nachzahlungsansprüche verloren gehen (LG Bonn WuM 2015, 358 m.zust.Anm. Klein/Viethen betr. Abrechnung der Betriebskosten einer vermieteten Eigentumswohnung zum Zwecke der Fristwahrung, weil der Verwalter des Wohnungseigentums nicht rechtzeitig abgerechnet hat). Der Umstand, dass der Vermieter die Scheinabrechnung als „vorläufige Abrechnung" bezeichnet, ändert an dieser Rechtsfolge nichts.

BGB § 556

Die **Abgrenzung zwischen formeller Wirksamkeit** einer Betriebskosten- 198
abrechnung gemäß § 556 BGB einerseits und deren **inhaltlicher Richtigkeit** andererseits richtet sich nach der Rechtsprechung des BGH danach, ob der durchschnittliche Mieter in der Lage ist, die Art des Verteilerschlüssels der einzelnen Kostenpositionen zu erkennen und den auf ihn entfallenden Anteil an den Gesamtkosten gedanklich nachzuprüfen (formelle Wirksamkeit). Ob die abgerechneten Positionen dem Ansatz und der Höhe nach zu Recht bestehen oder sonstige Mängel der Abrechnung vorliegen, etwa ein falscher Anteil an den Gesamtkosten zugrunde gelegt wird, betrifft die inhaltliche Richtigkeit der Betriebskostenabrechnung (BGH NJW 2009, 283 = WuM 2009, 42 = NZM 2009, 78; NJW 2011, 368 = WuM 2010, 742 = NZM 2010, 895). Weiterhin vertritt der BGH die Ansicht, dass eine Abrechnung auch „rechnerisch" nachvollziehbar sein muss (BGH NJW 2008, 2258 unter Rz. 16; Urteil vom 25.11.2009 – VIII ZR 323/08 unter Rz. 11; NJW 2010, 781 unter Rz. 11). In der Entscheidung vom 12.11.2014 (NJW 2015, 406) führt der BGH hiervon abweichend allerdings aus, es bedürfe keiner „weiterer Angaben oder Erläuterungen, anhand derer der Mieter die materielle Richtigkeit des für ihn angesetzten Werts im Einzelnen nachvollziehen kann, denn damit würde die Abrechnung überfrachtet" (Rz. 18). Die Entscheidung betrifft die formelle Wirksamkeit der Heizkostenabrechnung beim Schätzverfahren nach § 9a HeizkostenV. Danach genügt es, wenn in der Abrechnung nur das Ergebnis der Schätzung ausgewiesen ist. Als **Faustformel** gilt: Unklarheiten zählen zu den formellen Fehlern; erkennbare Unrichtigkeiten sind als materielle Fehler zu bewerten.
Zu den **formellen Fehlern** zählen: wenn die Art der Kostenteilung zwischen Vor- und Nachmieter bei einem Mieterwechsel nicht nachvollziehbar ist; wenn einer Betriebskostenabrechnung ungewöhnliche und nicht zu erklärende Verbrauchswerte zugrunde liegen (LG Köln WuM 2008, 560); strukturelle Fehler, wie z.B. fehlende Aufschlüsselung der Betriebskosten in einzelne Betriebskostenarten; fehlende Abzüge, z.B. bei den Hauswartkosten; durchgängig fehlende Erläuterungen; Hat der Vermieter die Gesamtkosten gekürzt, weil ein Teil dieser Kosten auf andere nicht zur Abrechnungseinheit gehörende Flächen entfällt, so muss in der Abrechnung der Gesamtbetrag und der Kürzungsbetrag angegeben werden. Anderenfalls ist die Abrechnung formell fehlerhaft (LG Berlin GE 2008, 737). Werden die Heizkosten zwischen unterschiedlichen Nutzergruppen verteilt, so sind die Anteile der jeweiligen Gruppen zunächst durch Vorerfassung zu ermitteln (§ 5 Abs. 2 HeizkV). Aus der Heizkostenabrechnung muss sich in einem solchen Fall ergeben, welche Einheiten zu welcher Nutzergruppe gehören. Anderenfalls ist die Abrechnung nicht formell ordnungsgemäß. Dies gilt auch dann, wenn der Mieter die jeweiligen Einheiten bei einer Belegeinsicht ermitteln könnte (KG NJOZ 2009, 4524). Ferner müssen aus der Abrechnung die Gesamtkosten und die Anteile der jeweiligen Nutzergruppen ersichtlich sein (LG Hamburg WuM 2008, 404). Umfasst der **formelle Mangel sämtliche Betriebskostenpositionen,** so ist die Abrechnung insgesamt unwirksam. Hiervon ist beispielsweise auszugehen, wenn der Verteilerschlüssel unverständlich ist oder nicht ausreichend erläutert wird (BGH NJW 2008, 2258 = WuM 2008, 351 = NZM 2008, 477 betr. Umlage von Betriebskosten nach dem Anteil der Wohnfläche unter Berücksichtigung der Wohnzeit). Betrifft der **Mangel nur einzelne Betriebskostenpositionen** und können diese unschwer herausgerechnet werden, so bleibt die übrige Abrechnung wirksam (BGH NJW 2007, 1059 = WuM 2007, 196 = NZM 2007, 244; NJW 2011, 143 = WuM 2010, 748 = NZM 2010, 858; WuM 2010, 741 = NZM 2011, 118; NJW 2011, 842 = WuM 2011, 158 = NZM 2011, 240 unter Rz 13; NJW 2011, 2786 = WuM 2011, 420

§ 556 BGB   Untertitel 2. Mietverhältnisse über Wohnraum

= NZM 2011, 627). Die Vorauszahlungen sind in voller Höhe auf die formell wirksamen Teile der Abrechnung anzurechnen (Flatow WuM 2010, 606, 609). In beiden Fällen kann der Vermieter die Abrechnung nachbessern. Erfolgt die Nachbesserung aber erst nach Ablauf der Abrechnungsfrist des § 556 Abs. 3 Satz 2 BGB, so kann die Korrektur wegen § 556 Abs. 3 Satz 3 BGB nicht mehr zu Gunsten des Vermieters berücksichtigt werden. Bei einer **Abrechnung nach Wirtschaftseinheiten** ist die Abrechnung nach neuerer Rechtsprechung des BGH formell wirksam „wenn der Vermieter in der Abrechnung bei der jeweiligen Betriebskostenart … den Gesamtbetrag angibt, den er auf die Wohnungsmieter der gewählten Abrechnungseinheit umlegt". Die fehlende Angabe des für die Aufteilung der Gesamtkosten auf die Einzelgebäude verwendeten Umlagemaßstabs berührt die formelle Wirksamkeit der Abrechnung nicht (BGH NJW 2016, 866 Rz. 19, s. Rdn. 163a). Vergleichbares gilt, wenn eine bestimmte Betriebskostenposition Kostenteile enthält, die nicht umlagefähig sind. Ein solcher Fall ist beispielsweise gegeben, wenn der **Hauswart Instandhaltungs- oder Verwaltungsarbeiten** verrichtet hat oder wenn durch einem sog. „**Vollwartungsvertrag**" über einen Aufzug auch Instandhaltungskosten abgedeckt werden. Auch hier genügt es für die formelle Wirksamkeit, wenn aus der Abrechnung die bereinigten Kosten ersichtlich sind (BGH a. a. O. Rdn. 19).

199 Ein **materieller Fehler** liegt vor: bei einer erkennbaren Überschreitung des Abrechnungszeitraums (AG Frankfurt ZMR 2010, 43 m. Anm. N. Rave) oder wenn die Betriebskostenabrechnung Positionen enthält, die nach dem Mietvertrag nicht umlagefähig sind (OLG Düsseldorf WuM 2006, 381). Hat der Vermieter vertragswidrig nach Wirtschaftseinheiten abgerechnet, so ist dies als materieller Fehler zu bewerten (BGH NJW 2011, 368 = WuM 2010, 742 = NZM 2010, 895; WuM 2012, 97; LG Leipzig ZMR 2009, 129; **a. A.** AG Dortmund WuM 2008, 671). Die Richtigkeit des Umlageschlüssels zählt ebenfalls zu den materiellen Fehlern. Ist der Umlagemaßstab fehlerhaft, so kann der Mieter zwar das Abrechnungsergebnis nicht selbst berechnen; er kann aber eine Neuberechnung auf der Grundlage des vertraglich vereinbarten Maßstabs verlangen (BGH NJW 2005, 219 = WuM 2005, 61; LG Berlin WuM 2007, 576). Die Verwendung eines fehlerhaften Umlagemaßstabs bleibt allerdings nicht folgenlos. Führt die verbesserte (inhaltlich zutreffende) Abrechnung zu einem höheren Nachzahlungsanspruch, so kann der Vermieter nur die ursprüngliche Nachforderung geltend machen, wenn die verbesserte Abrechnung dem Mieter erst nach Ablauf der Abrechnungsfrist zugeht (BGH a. a. O.).

Hat der Mieter eine in diesem Sinne fehlerhafte Abrechnung bezahlt, so hat er kein Rückforderungsrecht hinsichtlich der fehlerhaften Posten.

200 In der Rechtsprechung der Oberlandesgerichte und der Literatur ist streitig, welche Rechtsfolge gilt, wenn eine Abrechnung **ungewöhnliche Abweichungen von der Vorjahresabrechnung** aufweist. Hier wird zum Teil die Ansicht vertreten, dass der Vermieter die Abweichung in der Abrechnung erläutern muss; anderenfalls sei die Abrechnung nicht formell ordnungsgemäß. Dies soll namentlich bei auffälligen Kostensteigerungen und Verbrauchsschwankungen oder bei Abweichungen von der Gesamt- oder Einzelfläche gelten (KG ZMR 2006, 446; Langenberg in: Schmidt-Futterer § 556 BGB Rdn. 355; Lützenkirchen WuM 2002, 179, 184). Nach anderer Ansicht, spielen Abweichungen vom Vorjahresergebnis für die formelle Ordnungsmäßigkeit keine Rolle; maßgeblich ist allein, ob die einzelne Abrechnung für sich betrachtet den Anforderungen des § 259 BGB entspricht (Zehelein in: MünchKomm § 556 BGB Rdn. 77; Both in: Herrlein/Kandelhard

§ 556 Rdn. 75). Weichen einzelne Betriebskosten erheblich von der Abrechnung des Vorjahres ab, so genügt es nicht, wenn der Mieter lediglich die Abweichung rügt. Vielmehr muss er substantiierte Einwendungen erheben. Zu diesem Zweck muss er die Abrechnungsbelege überprüfen. Der Vermieter muss Abweichungen vom Vorjahresergebnis nur dann erläutern, wenn der Mieter trotz Belegeinsicht zu einem substantiierten Vortrag nicht in der Lage sein sollte (OLG Düsseldorf Urteil vom 2.2.2012 – 10 U 102/11). Der **BGH** folgt der letztgenannten Ansicht (BGH NJW 2008, 2260). Er begründet dies im Wesentlichen mit der Erwägung, „dass § 556 Abs. 3 Satz 1 BGB ... den zeitlichen Rahmen für die zu erstellende Abrechnung auf lediglich ein Jahr erstreckt". Weicht eine Abrechnung vom Vorjahresergebnis in auffälliger Weise ab, so ist die für die formelle Ordnungsmäßigkeit ohne Bedeutung. Der BGH weist aber darauf hin, dass eine solche Abweichung „in besonderer Weise Anlass geben (kann), die inhaltliche Richtigkeit der betreffenden Kosten zu bezweifeln und sie einer Überprüfung auf ihre Sachliche Berechtigung zu unterziehen".

8. Ausschlussfrist für Nachforderungen

Geht dem Mieter eine formell richtige Abrechnung erst nach Ablauf der Abrechnungsfrist zu, so ist die Geltendmachung einer Nachforderung durch den Vermieter ausgeschlossen, es sei denn, der Vermieter hat die verspätete Geltendmachung nicht zu vertreten (**§ 556 Abs. 3 Satz 3 BGB**). Der Mieter muss keine Verspätungseinrede erheben; vielmehr erlischt die Nachforderung kraft Gesetzes. Ebenso ist der Mieter nicht verpflichtet, den Vermieter auf den Ablauf der Abrechnungsfrist hinzuweisen (LG Berlin GE 2015, 1533). **201**

Vereinzelt wird aus dem Wortlaut des § 556 Abs. 3 Satz 1 Hs. 1, wonach der Vermieter über „die Vorauszahlungen für Betriebskosten" abzurechnen hat, abgeleitet, dass die Regelung über die Ausschlussfrist nicht gilt, wenn der **Mieter** nach den vertraglichen Vereinbarungen zwar die Betriebskosten zu tragen hat, aber **keine Vorauszahlungen schuldet** (LG München II NZM 2012, 342; AG Neuruppin WuM 2011, 565; AG Potsdam, ZMR 2011, 48; AG Berlin-Köpenick, GE 2006, 1411; Artz in: Staudinger § 556 Rdn. 106). Diese Ansicht trifft nicht zu. Die Regelung in § 556 Abs. 3 Satz 1 BGB beruht nicht auf einer bewussten gesetzgeberischen Entscheidung. Insbesondere hat der Gesetzgeber nicht zum Ausdruck bringen wollen, dass die Abrechnungsfrist nur bei der Vereinbarung vom Vorauszahlungen gelten soll (LG Berlin, GE 2007, 1252; Langenberg in Schmidt-Futter, Mietrecht, § 556 BGB Rdn. 446; Lützenkirchen, NJW 2015, 3078; Schmid NZM 2012, 855, 856). **202**

Hat der Mieter die **geschuldeten Vorauszahlungen in voller Höhe entrichtet,** so ist unter dem **Begriff der „Nachforderung"** derjenige Betrag zu verstehen, der die Summe der Vorauszahlungen übersteigt (BGH NJW 2005, 1499 = WuM 2005, 337; WuM 2007, 700 = NJW 2008, 142 = NZM 2008, 32). Der Ablauf der Abrechnungsfrist hat zu Folge, dass die Nachforderung nach einer erst später erfolgenden inhaltlichen **Korrektur der Abrechnung** das Ergebnis der fristgemäß vorgelegten Rechnung weder in den Einzelpositionen noch insgesamt überschreiten darf (BGH NJW 2005, 219 unter Ziff II 2; NJW 2008, 1150 = WuM 2008, 150 = NZM 2008, 204 unter II 1a). Ergibt sich bei der Neuberechnung, dass sich eine Position verringert, eine andere aber erhöht, so darf der Vermieter nicht saldieren. Die Reduzierung ist dem Mieter gutzubringen; die Erhöhung bleibt außer Ansatz (BGH WuM 2005, 61; Blank NZM 2008, 745, 748; **203**

Flatow WuM 2010, 606, 610). Dies gilt auch dann, wenn dem Mieter nach der rechtzeitig erteilten Abrechnung ein **Guthaben** zusteht und eine nach Ablauf der Abrechnungsfrist erfolgte Korrektur ergibt, dass das Guthaben in Wirklichkeit nicht besteht (BGH NJW 2008, 1150 = WuM 2008, 150 = NZM 2008, 204; WuM 2011, 421). Auch in diesem Fall hat der Mieter Anspruch auf das Guthaben. Hat der Vermieter ein in der fristgerechten Abrechnung ausgewiesenes Guthaben ausbezahlt, so kann er diesen Betrag nicht zurückfordern (AG Mettmann NZM 2004, 784; Artz in: Staudinger § 556 BGB Rdn. 111). Im Ausnahmefall kann es dem Mieter aber nach Treu und Glauben (§ 242 BGB) verwehrt sein, den Vermieter an einem offensichtlichen und kurz nach Ablauf der Abrechnungsfrist korrigierten Versehen festzuhalten. Ein solcher Fall ist gegeben, wenn der Fehler auf einem Irrtum des Vermieters beruht, der für den Mieter „auf den ersten Blick erkennbar" ist (BGH NJW 2011, 1957 = WuM 2011, 370 = NZM 2011, 478).

204 Bei **unvollständiger Erfüllung der Vorauszahlungspflicht** sind in die Abrechnung die tatsächlich geleisteten Vorauszahlungen einzusetzen. Bei verspäteter Abrechnung stehen dem Vermieter die geschuldeten Vorauszahlungen zu (BGH NZM 2005, 13; WuM 2007, 700 = NJW 2008, 142 = NZM 2008, 32; LG Berlin GE 2018, 194). Diese können auch nach Ablauf der Abrechnungsfrist geltend gemacht werden, allerdings nur in Form einer formell wirksamen Abrechnung (Flatow WuM 2010, 606, 609). Hat der Vermieter in der Abrechnung irrtümlich höhere Vorauszahlungen berücksichtigt als sie vom Mieter geleistet wurden, so kann dieser Irrtum ebenfalls nach Ablauf der Abrechnungsfrist korrigiert werden (AG Rheda-Wiedenbrück NZM 2007, 85, 86; Flatow WuM 2010, 606, 620). Ist die Mietsache mangelhaft, so können die Vorauszahlungen gemindert sein. Der Vermieter hat dann lediglich Anspruch auf die geminderten Vorauszahlungen. Einen **offensichtlichen Abrechnungsfehler** kann der Vermieter auch nach Fristablauf berichtigen. **Versteckte Fehler** führen zum Verlust der Nachforderung. Hat der Wasserlieferant die Kosten für das Frischwasser fehlerhaft berechnet und hat der Vermieter diese Berechnung übernommen, so kann eine Nachforderung nach Ablauf der Abrechnungsfrist nicht mehr geltend gemacht werden. Aus dem sog. Abflussprinzip folgt nichts anderes (AG Bremen WuM 2009, 671). Schließt eine fristgemäße aber fehlerhafte Abrechnung mit einem Guthaben zugunsten des Mieters und führt eine nach Fristablauf erfolgte Neuberechnung zu einem Nachzahlungsanspruch zugunsten des Vermieters, so muss das (fehlerhafte) Guthaben an den Mieter ausbezahlt werden (LG Dortmund WuM 2007, 447).

205 **Die Ausschlussregelung ist unanwendbar, wenn der Vermieter die verspätete Abrechnung nicht zu vertreten hat.** Nach dem Wortlaut des § 556 Abs. 3 Satz 3 BGB ist der Erhalt der Nachzahlungsforderung trotz Überschreitung der Abrechnungsfrist als Ausnahmetatbestand ausgestaltet (... es sei denn ...). Daraus folgt, dass der Vermieter das fehlende Verschulden darlegen und beweisen muss (BGH Urt. v. 25.1.2017 – VIII ZR 249/15). Der **Begriff des Vertretens** in Abs. 3 Satz 3 ist i. S. der allgemeinen Vorschriften (§§ 276, 278 BGB) zu verstehen. Nach allgemeinen Grundsätzen hat der Vermieter das Verschulden seiner Erfüllungsgehilfen zu vertreten. Zum Kreis der Erfüllungsgehilfen zählen alle Personen und Institutionen, deren sich der Vermieter zum Zwecke der Erfüllung einer Verbindlichkeit bedient (Abrechnungsunternehmen [LG Köln WuM 2008, 560; AG Wuppertal NZM 2010, 901; AG Rudolstadt WuM 2012, 379], Mitarbeiter der Hausverwaltung, Hauswarte, Gärtner, Wartungsdienste). Der BGH stellt hierzu klar, dass der

Verwalter einer Wohnungseigentumsanlage nicht Erfüllungsgehilfe einzelner Wohnungseigentümer bei der Ermittlung und Abrechnung der vom Mieter geschuldeten Betriebskosten ist (BGH Urt. v. 25.1.2017 – VIII ZR 249/15; s. aber auch Rdn. 209). Wird die Post mit der Übermittlung der Abrechnung beauftragt, so wird sie als Erfüllungsgehilfin des Vermieters behandelt. Für das Verschulden der Post hat der Vermieter demgemäß einzustehen. Der Umstand, dass die Post eine Monopolstellung hat steht dem nicht entgegen. Ebenso spielt es keine Rolle, dass die Post nicht von den Weisungen des Vermieters abhängt (BGH NJW 2009, 2197 = WuM 2009, 236 = NZM 2009, 274). Für Lieferanten (Wasser, Wärme) und Amtsträger (Grundsteuer) haftet er nicht (LG Düsseldorf NJW 2011, 688). Jedoch ist der Vermieter verpflichtet, auf eine zügige Abrechnung hinzuwirken (AG Köpenick WuM 2007, 577 betr. gewerbliche Lieferung von Wärme). Bleibt der Vermieter untätig und ist er zu einer fristgemäßen Abrechnung nicht in der Lage, weil der Wärmelieferant seinerseits verspätet abrechnet, so hat der Vermieter eine Überschreitung der Frist des § 556 Abs. 3 Satz 3 BGB zu vertreten (AG Köpenick a. a. O.). Fehlende Kenntnisse hinsichtlich der Grundsätze der Betriebskostenabrechnung hat der Vermieter zu vertreten. Deshalb liegt eine verschuldete Fristüberschreitung vor, wenn der Vermieter eine den Anforderungen der Rechtsprechung nicht genügende Abrechnung erst nach Ablauf der Jahresfrist nachbessert oder ergänzt. Dies gilt auch dann, wenn der Vermieter zunächst auf eine Erläuterung der Abrechnung verzichtet, weil das Gericht diese für formell wirksam erachtet (BGH NJW 2009, 283 = WuM 2009, 42 = NZM 2009, 78). **Beispiele für eine nicht zu vertretende Fristüberschreitung:** hoher Krankenstand; Softwareprobleme (s. aber auch AG Annaberg NZM 2008, 686: danach muss der Vermieter für regelmäßige Datensicherung sorgen); Verzögerungen bei der Ablesung von Zwischenwasserzählern infolge der Abwesenheit der Mieter oder infolge einer Verweigerung des Zutritts; Grundsteuernachforderungen auf Grund von Steuerbescheiden, die dem Vermieter erst nach Erteilung der Abrechnungen zugehen (BGH ZMR 2006, 847).

Ist der **Mieter nach Beendigung des Mietverhältnisses ausgezogen,** so wird zum Teil vertreten, der Vermieter müsse als Schuldner der Abrechnungspflichtung sicherstellen, dass er dem Mieter die Abrechnung innerhalb der gesetzlichen Frist zuleiten kann. Hierzu gehört, dass er sich nach der neuen Anschrift des Mieters erkundigt. Wird dies versäumt und kann die Abrechnungsfrist deshalb nicht eingehalten werden, so ist dies vom Vermieter zu vertreten (AG Hannover/LG Hannover WuM 2007, 629; AG Hamburg-Blankenese ZMR 2016, 378; Langenberg WuM 2010, 115; Streyl ZMR 2011, 188, 189). Gegebenenfalls muss der Vermieter den Weg der öffentlichen Zustellung wählen (Streyl ZMR 2011, 188, 189). Eine Fristüberschreitung infolge Unkenntnis der Mietanschrift schadet nur dann nicht, wenn der Mieter den rechtzeitigen Zugang der Abrechnung bewusst vereitelt (AG Hamburg-Blankenese ZMR 2016, 378; Langenberg a. a. O.). Nach der hier vertretenen Auffassung ist es Sache des Mieters dem Vermieter eine Anschrift mitzuteilen unter der er erreichbar ist. Wird diese Pflicht verletzt und scheitert der rechtzeitige Zugang der Abrechnung aus diesem Grunde, so ist dies vom Vermieter nicht zu vertreten (AG Neukölln GE 2009, 1323; AG Lichtenberg GE 2009, 1503; AG Bad Neuenahr-Ahrweiler NZM 2008, 205; Kinne GE 2007, 191; Schmid WuM 2010, 336, 338). Die Erteilung eines Nachsendeauftrags bei der Post ersetzt diese Verpflichtung nicht (AG Lichtenberg a. a. O.; **a. A.** AG Hamburg-Blankenese ZMR 2016, 378).

§ 556 BGB Untertitel 2. Mietverhältnisse über Wohnraum

207 Teilweise wird vertreten, dass es dem Vermieter nicht zuzurechnen sei, wenn er den **Ausgang eines Rechtsstreits** über eine vorangegangene Abrechnung abwartet (Gies NZM 2002, 515). Diese Ansicht trifft nicht zu. Der Vermieter trägt das Risiko, dass seine Abrechnungen den Anforderungen der Rechtsprechung genügen; für dieses Risiko muss er einstehen.

208 Nach dem Wortlaut des § 556 Abs. 3 Satz 3 BGB ist der Erhalt der Nachzahlungsforderung trotz Überschreitung der Abrechnungsfrist als Ausnahmetatbestand ausgestaltet (… es sei denn …). Daraus folgt, dass der Vermieter die **Beweislast** für das fehlende Verschulden zu tragen hat. Ebenso muss er beweisen, dass den Erfüllungsgehilfen kein Verschulden trifft (BGH NJW 2009, 2197 = WuM 2009, 236 = NZM 2009, 274).

209 Streitig ist, ob die in § 556 Abs. 3 Satz 2 und 3 BGB geregelten Fristen auch bei der **Vermietung einer Eigentumswohnung** gelten, wenn die Wohnungseigentümer infolge der verspäteten Abrechnung durch den Verwalter erst nach Ablauf der in § 556 Abs. 3 Satz 2 BGB genannten Frist über die Abrechnung beschließen. Teilweise wird vertreten, dass die Betriebskosten des Vermieters erst durch den Beschluss der Wohnungseigentümer entstehen. Nach dieser Ansicht laufen die Fristen des § 556 Abs. 3 Satz 2 und 3 BGB erst ab diesem Zeitpunkt (OLG Düsseldorf NJW-RR 2001, 299; Erman/Lützenkirchen § 556 BGB, Rdn. 170; Eckert in Wolf/Eckert/Ball, Handbuch des gewerblichen Miet-, Pacht- und Leasingrechts, Rdn. 531; Blank, NZM 2004, 365, 371; Langenberg, NZM 2004, 361, 362; Geldmacher, DWW 1997, 165, 166 f.; Horst, DWW 20111, 2, 5). Nach anderer Ansicht gelten bei der Abrechnung der Betriebskosten einer vermieteten Eigentumswohnung durch den Vermieter die allgemeinen Regeln des Mietrechts (so bereits BGH NJW 1982, 573). Dies gilt auch für die in § 556 Abs. 3 Satz 2 und 3 geregelten Fristen. Auf den Zeitpunkt der Beschlussfassung der Eigentümer über die Abrechnung kommt es nicht an (Palandt/Weidenkaff § 556 Rdn. 12; Drasdo in: Bub/Treier Kap VII Rdn. 117 f.; Riecke in Riecke/Schmid, WEG, 4. Aufl., Anhang zu § 16 Rdn. 26, 43; Jennißen, NZM 2002, 236, 238 f.; Drasdo, NZM 2004, 372, 373 f.; Riecke, ZMR 2007.289). Der **BGH** vertritt die letztgenannte Ansicht (BGH Urt. v. 25.1.2017 – VIII ZR 249/15; Beschluss vom 14.3.2017 – VIII ZR 50/16). Er begründet dies mit dem Wortlaut des § 556 Abs. 3 BGB, den Gesetzesmaterialien zu dieser Vorschrift und dem Gesichtspunkt der Gleichbehandlung aller Mieter. S. dazu auch Rdn. 262 ff.

209a Der BGH hat in dem Urteil vom 25.1.2017 (Urt. v. 25.1.2017 – VIII ZR 249/15 offengelassen, was der vermietende Eigentümer bei einer absehbar verspäteten Verwalterabrechnung tun muss, um den **Ausschluss der Betriebskosten-Nachzahlung zu verhindern**. Generell gilt, dass der Verwalter verpflichtet ist, die Abrechnung so rechtzeitig zu erstellen, dass den Eigentümern kein Nachteil entsteht (Drasdo NZM 2004, 372, 373 m. w. N.). Eine Frist zur Aufstellung der Jahresabrechnung sieht das Gesetz zwar nicht vor. Es ergibt sich aus dem Zweck der Abrechnung, dass diese möglichst zeitnah zu erstellen ist, in der Regel ist eine Frist von 3 bis längstens 6 Monaten nach Ablauf des Wirtschaftsjahres angemessen (Brandenburgisches OLG NZM 2007, 773 m. w. N.). Gleichwohl dürfte es nicht genügen, wenn der Eigentümer den Verwalter unter Hinweis auf den drohenden Verlust einer Betriebskosten-Nachzahlung auf die Notwendigkeit einer fristgerechten Abrechnung hinweist. Der sicherste Weg dürfte darin bestehen, dass der Eigentümer unter Rückgriff auf die Verwaltungsunterlagen selbst eine Abrechnung erstellt oder durch einen Fachmann erstellen lässt (Drasdo NZM 2004, 372, 374). Eine andere Frage ist es, ob der Eigentümer den schuldhaft säumigen Verwalter auf Schadensersatz in Anspruch nehmen kann. Diese Frage ist höchstrichterlich – soweit ersichtlich – noch nicht entschieden. Sie ist im Hinblick des Verwalters auf die Pflicht zur Zeitnahmen Abrechnung wohl zu bejahen (a. A. Drasdo a.a.O.).

Der **gewerbliche Zwischenmieter** i. S. von § 565 BGB kann unter Umständen gegenüber seinem Mieter nur abrechnen, wenn der Hauptvermieter eine Abrechnung erteilt hat. Hierauf muss der Zwischenmieter drängen, weil er sonst die entsprechenden Beträge wegen der Versäumung der Frist des § 565 Abs. 2 Satz 2 BGB nicht an seine Mieter weitergeben kann (OLG Düsseldorf WuM 2003, 151). 210

Nach § 556 Abs. 3 Satz 4 BGB ist der Vermieter zu Teilabrechnungen nicht verpflichtet. Diese Vorschrift ist im Zusammenhang mit Abs. 3 Satz 3 zu lesen. Abs. 3 Satz 4 regelt den Fall, dass der Vermieter innerhalb der Frist des Satz 3 nicht über sämtliche umlagefähigen Betriebskosten abrechnen kann, weil ein Teil der Kostennachweise noch nicht vorliegt. In diesem Fall ist der Vermieter zwar zu einer Teilabrechnung berechtigt; er ist hierzu aber nicht verpflichtet. Anders gewendet: Der Nachforderungsanspruch des Vermieters geht nicht verloren, wenn er mit der Gesamtabrechnung bis zum Vorliegen aller Kostennachweise zuwartet. 211

Hat der Vermieter über die Betriebskosten abgerechnet und erfährt er danach, dass in dem Abrechnungszeitraum **weitere Betriebskosten** angefallen sind, so kann die ursprüngliche Abrechnung um die Nachforderung ergänzt werden. Jedoch ist die Vorschrift des **§ 556 Abs. 3 S. 3 BGB** entsprechend anzuwenden, wenn sich der Vermieter unnötig viel Zeit bis zur Geltendmachung der Nachforderung lässt (BGH ZMR 2006, 847 betr. Grundsteuernachforderung auf Grund rückwirkender Steuerbescheide; Langenberg in: Schmidt-Futterer § 556 BGB Rdn. 473; Artz in: Staudinger § 556 Rdn. 109). Der BGH entnimmt der rechtsähnlichen Bestimmung des § 560 Abs. 2 BGB, dass solche Nachforderungen innerhalb einer Frist von 3 Monaten ab Kenntnis geltend zu machen sind (BGH ZMR 2006, 847). Wesentlich ist, dass der Vermieter eine Nachforderung nach Ablauf der regulären Abrechnungsfrist nur geltend machen kann, wenn eine fristgerechte Abrechnung bei sorgfältiger Geschäftsführung nicht möglich ist. Eine zum Fristablauf bekannte, aber übersehene Betriebskostenposition geht verloren. Ein Hinweis in der Betriebskostenabrechnung („Nachforderungen vorbehalten") ändert hieran nichts. 212

Hat der Mieter während des Abrechnungszeitraums vertragswidrig **zu wenig Vorauszahlungen** entrichtet, so kann der Vermieter die Differenz zwischen den geschuldeten und den gezahlten Beträgen auch nach Ablauf der Frist des Satz 3 geltend machen (BGH NZM 2005, 13; LG Berlin GE 2005, 741 zu dem vergleichbaren Fall des § 20 NMV; Geldmacher NZM 2001, 921; Sternel ZMR 2001, 937, 939; Schmid NZM 2007, 555). Dies folgt letztlich aus der Erwägung, dass der Mieter aus eigener Vertragsuntreue keine Vorteile erlangen darf. 213

Rechnet der Vermieter nicht innerhalb der Frist des Satz 2 ab, so bleibt es dem Mieter unbenommen, Klage auf Erteilung einer Abrechnung (auf Rechnungslegung) zu erheben. Die Fristüberschreitung führt zwar zum Verlust des Nachforderungsanspruchs des Vermieters; die Rückzahlungsansprüche des Mieters bleiben aber erhalten. Wegen der Einzelheiten der Abrechnungsklage und ihrer Alternativen s. Rdn. 243 Ebenso hat der Mieter im Falle der Fristüberschreitung bei fortbestehendem Mietverhältnis ein **Zurückbehaltungsrecht** an den künftigen Vorauszahlungen. Bei beendetem Mietverhältnis kann der Mieter die Vorauszahlungen zurückfordern. 214

§ 556 BGB Untertitel 2. Mietverhältnisse über Wohnraum

215 **Mit dem Ablauf der Abrechnungsfrist erlischt der Anspruch des Vermieters auf Zahlung restlicher Betriebskosten.** Zahlt der Mieter gleichwohl, so leistet er ohne Rechtsgrund. Eine solche Leistung kann der Mieter nach § 812 BGB zurückfordern (BGH NJW 2006, 903 = WuM 2006, 150). Die Vorschrift des **§ 214 Abs. 2 BGB** kann auf die Ausschlussfrist weder unmittelbar noch analog angewendet werden (BGH a.a.O.). Der **Rückforderungsanspruch nach § 812 BGB** ist allerdings ausgeschlossen, wenn der Mieter in Kenntnis der Nichtschuld zahlt (§ 814 BGB). Erforderlich ist positive Kenntnis der Rechtslage (LG Berlin Urt. v. 12.19.2017 – 67 S 196/17, juris). Der Vermieter muss beweisen, dass der Mieter bei der Zahlung von der Ausschlussfrist Kenntnis hatte. Eine unmittelbare oder analoge Anwendung des **§ 204 Abs. 1 Nr. 1 BGB** (Hemmung der Verjährung kommt nicht in Betracht (BGH NJW 2009, 283 = WuM 2009, 42 = NZM 2009, 78). Die Regelung des **§ 212 Abs. 1 BGB** (Neubeginn der Verjährung bei Anerkenntnis) ist ebenfalls unanwendbar (BGH NJW 2008, 2258 = WuM 2008, 351 = NZM 2008, 477). Im Ausnahmefall kann die Berufung des Mieters auf die Ausschlussfrist gegen **§ 242 BGB** verstoßen. Hieran ist insbesondere dann zu denken, wenn der Mieter den Vermieter von der Korrektur einer fehlerhaften Abrechnung abhält (BGH NJW 2008, 2258 = WuM 2008, 351 = NZM 2008, 477) oder wenn die Parteien wegen der akuten Wetterlage eine Überschreitung der Ausschlussfrist um wenige Tage vereinbaren (LG Koblenz WuM 2011, 564).

216 **Die Abrechnungs- und Ausschlussfrist des § 556 Abs. 3 Sätze 2 und 3 BGB gilt auch für den Zwangsverwalter.** Es kommt hierbei nicht darauf an, ob die Beschlagnahme erst kurz vor Ablauf der Frist (LG Dortmund NZM 2012, 400) oder sogar erst nach Ablauf der Frist erfolgt ist. Unerheblich ist auch, ob den Zwangsverwalter ein persönliches Verschulden an der Fristüberschreitung trifft. Die Fristüberschreitung ist nur dann folgenlos, wenn diese auch vom Vermieter nicht zu vertreten wäre (LG Dortmund NZM 2012, 400).

9. Einwendungsausschluss

217 Nach § 556 **Abs. 3 Satz 5** hat der Mieter Einwendungen gegen die Abrechnung dem Vermieter spätestens bis zum Ablauf von 12 Monaten nach Zugang der Abrechnung mitzuteilen. Die Frist endet mit dem letzten Tag des zwölften Monats nach dem Zugang. § 193 BGB ist anzuwenden; § 167 ZPO ist unanwendbar. Eine Wiedereinsetzung in den vorigen Stand kommt ebenfalls nicht in Betracht (Kinne GE 2012, 662). Auf die Einwendung sind die Vorschriften über Willenserklärungen anzuwenden, weil der Mieter hierdurch verhindern kann, dass aus der Abrechnung eine selbständige Anspruchsgrundlage entsteht. (Blank, DWW 2009, 91, 95; sehr streitig). Daraus folgt zunächst, dass der Vermieter die Einwendung nach § 174 BGB zurückweisen kann, wenn sie nicht vom Mieter stammt und der Übersender keine Vollmacht beigefügt hat (Dickersbach WuM 2008, 439; Schmid GE 2008, 518; Blank, DWW 2009, 91, 95). Die Frist zur Geltendmachung von Einwendungen beginnt mit dem Zugang der Abrechnung. Die Frist endet mit dem Ablauf des zwölften Monats, der auf den Zugang folgt. Zu diesem Zeitpunkt müssen dem Vermieter die Einwendungen zugegangen sein (Lützenkirchen NZM 2002, 513). Nach Ablauf der Frist kann der Mieter Einwendungen nicht mehr geltend machen, es sei denn, er habe die verspätete Geltendmachung nicht zu vertreten (§ 556 Abs. 3 Satz 6 BGB). Durch eine vom Gericht gesetzte Frist (Klagerwiderungsfrist) wird die Frist des § 556 Abs. 3 Satz 5 BGB nicht verlängert (AG Leipzig NZM 2008, 126).

Die Regelungen in Satz 3 einerseits und Satz 5 andererseits beruhen auf dem gesetzgeberischen Ziel, möglichst bald Klarheit über die Richtigkeit der Betriebskostenabrechnung herbeizuführen (BT-Drucks 14/5663 S. 170).

Nach h. M. setzt die Obliegenheit zur Geltendmachung von Einwendungen eine formell wirksame Abrechnung voraus (BGH NJW 2011, 1867 218
= WuM 2011, 101 = NZM 2011, 401; WuM 2011, 281 = NZM 2011, 581; LG Berlin GE 2009, 1127; MM 2008, 298; Langenberg in: Schmidt-Futterer § 556 BGB Rdn. 499; Lützenkirchen NZM 2002, 512; Gies NZM 2002, 514, 515; Ehlert in: Bamberger/Roth § 556 BGB Rdn. 71; Kinne in: Kinne/Schach/Bieber Miet- und Mietprozessrecht § 556 BGB Rdn. 100; Derckx NZM 2008, 239; Dickersbach ZMR 2008, 355; Blank DWW 2009, 91, 92; Hinz NZM 2009, 97, 98; Milger NZM 2009, 497, 401; Flatow WuM 2010, 606, 612; Schmid ZMR 2011, 341, 348; **a. A.** LG Krefeld WuM 2010, 357, 358; Artz in: Staudinger § 556 BGB Rdn. 128; Sternel ZMR 2001, 939; Schmid ZMR 2002, 729; Wetekamp Mietsachen Kap 6 Rdn. 144; Streyl WuM 2005, 505, NZM 2007, 324, NZM 2009, 809; Ritzmann WuM 2010, 341). Danach muss der Mieter auch auf eine formell unwirksame Abrechnung reagieren. Bereits der Wortlaut des § 556 Abs. 3 BGB spricht für die herrschende Meinung. Ist eine Abrechnung teilweise formell wirksam, teilweise unwirksam, so beginnt die Frist für Einwendungen nur hinsichtlich des wirksamen Teils (BGH a.a.O.; LG Berlin GE 2009, 1127).

Eine besondere **Form für die Mitteilung** ist dem Gesetz nicht zu entnehmen. 219
Deshalb können die Einwendungen auch mündlich geltend gemacht werden (Lützenkirchen NZM 2002, 513). Eine vertraglich vereinbarte Schriftform dient nur Beweiszwecken. Für Mietverträge die nach dem 30.9.2016 vereinbart werden, ist § 309 Nr. 13 BGB in der Fassung des Gesetzes zur Verbesserung der zivilrechtlichen Durchsetzung von verbraucherschützenden Vorschriften des Datenschutzrechts vom 17.2.2016 (BGBl. I S. 233) zu beachten (s. dazu § 535 Rdn. 109a).

Die Regelungen in Satz 3 einerseits und Satz 5 andererseits beruhen auf dem gesetzgeberischen Ziel, möglichst bald Klarheit über die Richtigkeit der Betriebskostenabrechnung herbeizuführen (BT-Drucks 14/5663 S. 170). Diesem Gesetzeszweck ist zu entnehmen, dass sich der Mieter grundsätzlich nicht auf bloßes Bestreiten beschränken darf. Vielmehr muss er seine **Einwendungen so substantiieren,** dass der Vermieter gegebenenfalls zu einer Korrektur der Abrechnung in der Lage ist (LG Berlin GE 2017, 1021; AG Leipzig NZM 2008, 126; AG Oldenburg ZMR 2008, 467; AG Berlin-Mitte MM 2009, 147; Lützenkirchen NZM 2002, 513; Schmid in: MünchKomm § 556 BGB Rdn. 102; Derckx NZM 2008, 239, 240; Flatow WuM 2010, 606, 612; **a. A.** Schmid ZMR 2011, 341, 349). Falls erforderlich, muss der Mieter seinen Anspruch auf Einsicht in die Belege geltend machen (AG Oldenburg ZMR 2008, 467; **a. A.** Milger NZM 2009, 497, 500). Eine generelle Obliegenheit zur Einholung von Rechtsrat besteht nicht (Milger NZM 2009, 497, 500). Es genügt, wenn sich aus der Stellungnahme des Mieters ergibt, ob Einwendungen gegen den Kostenansatz, die Höhe der Kosten, den Verteilungsschlüssel, die Berechnung des Anteils des Mieters oder die Berücksichtigung der Vorauszahlungen erhoben werden. Andererseits reicht es nicht aus, wenn der Mieter lediglich zum Ausdruck bringt, dass er die Abrechnung für falsch hält oder einzelne Abrechnungsposten als überhöht ansieht (AG Frankfurt/M Urteil vom 7.11.2008 – 33 C 1783/08, juris). Ebenso genügt es nicht, wenn der Mieter erklärt, er werde wegen erheblicher Bedenken gegen die Abrechnung bis zur gerichtlichen Klärung keine Zahlung leisten (LG Bochum ZMR 2005, 863). Erst recht kann eine motivlose Zahlungsverweigerung nicht als hinreichende Einwendung bezeichnet werden. Dies folgt bereits aus der Erwägung, dass die Nichtzahlung auch auf Zahlungsunfähigkeit beruhen kann. Wendet sich der Mieter lediglich gegen einzelne Teile der Abrechnung, so ist er nach Fristablauf mit Einwendungen gegen andere Teile ausgeschlossen.

221 Nach der Rechtsprechung des BGH (NJW 2010, 2275 = WuM 2010, 420 = NZM 2010, 470, ebenso LG Berlin GE 2017, 720; s. dazu Hinz NZM 2010, 770; Derckx NJW 2010, 2275) besteht die **Obliegenheit zur Geltendmachung von Einwendungen auch dann, wenn der Mieter bereits gegen die Vorjahresabrechnungen eine entsprechende Einwendung erhoben hat.** Der BGH bejaht dies unter Hinweis auf den Wortlaut und den Sinn und Zweck der Vorschriften. Durch die Obliegenheit zur Erhebung von Einwendungen soll Klarheit über die Durchsetzbarkeit eines Betriebskostensaldos geschaffen werden. Die Regelungen dienen mithin der Rechtssicherheit. Mit diesem Regelungszweck stünde es nicht im Einklang, wenn sich der Mieter auf die **Einwendungen gegen frühere Abrechnungen** berufen könnte. Es reicht allerdings aus, wenn der Mieter die Einwendung wiederholt und zur Begründung auf ein früheres Schreiben Bezug nimmt.

222 Die Obliegenheit zur Erhebung von Einwendungen gilt für **alle Abrechnungsmängel.** Sie besteht nicht nur wenn einzelne Betriebskostenpositionen fehlerhaft berechnet wurden, sondern umfasst auch die Höhe der Vorauszahlungen. Hat der Vermieter die **Vorauszahlungen** nicht oder nicht vollständig berücksichtigt, so ist eine Korrektur zugunsten des Mieters nach dem Ablauf der Einwendungsfrist ausgeschlossen (LG München ZMR 2016, 453). Für Ausnahmefälle s. Rdn. 203) In der Literatur ist streitig, ob die Regelung in § 556 Abs. 3 Sätze 5 und 6 BGB auch dann gilt, wenn der **Vermieter über nicht geschuldete Betriebskosten abrechnet.** Die Frage wird zum Teil verneint (Langenberg in: Schmidt-Futterer § 556 BGB Rdn. 504; Lützenkirchen NZM 2002, 512, 513; Kinne in: Kinne/Schach/Bieber Miet- und Mietprozessrecht § 556 BGB Rdn. 100) zum Teil bejaht (Sternel ZMR 2001, 937, 939; Schmid ZMR 2002, 727, 730 und ZMR 2011, 341, 349; Streyl WuM 2005, 505, 506; Artz in: Staudinger § 556 Rdn. 129; Wetekamp Mietsachen Kap. 6 Rdn. 145; Frommeyer in Klein-Blenkers/Heinemann/Ring, Miete/WEG/Nachbarschaft § 556 BGB Rdn. 24). Hier können drei Fallgruppen unterschieden werden:

223 **(1) Abrechnung vertraglich nicht geschuldeter Betriebskosten.** In diesen Fällen muss der Mieter einen entsprechenden Einwand erheben (BGH NZM 2008, 81 = ZMR 2008, 107; NJW 2010, 2275; LG Berlin GE 2012, 489; Sternel ZMR 2001, 937, 939; Schmid ZMR 2002, 727, 730; Zehelein in: MünchKomm § 556 BGB Rdn. 102 (aber erhebliche Zweifel); Streyl WuM 2005, 505, 506; Artz in: Staudinger § 556 BGB Rdn. 129; Wetekamp Mietsachen Kap. 6 Rdn. 145; Frommeyer in Klein-Blenkers/Heinemann/Ring, Miete/WEG/Nachbarschaft § 556 Rdn. 24). Es spielt keine Rolle, ob die Umlagevereinbarung lediglich hinsichtlich einzelner Kostenpositionen oder insgesamt unwirksam ist (LG Berlin GE 2017, 720). In den Urteilen vom 5.3.2008 (BGH WuM 2008, 283 = NJW 2008, 1521) und vom 12.1.2011 (NJW 2011, 842 = WuM 2011, 158 = NZM 2011, 240) hatte der BGH einen Fall zu entscheiden, in dem für einen Teil der Betriebskosten eine Pauschale und für einen anderen Teil eine Abrechnungsbefugnis vereinbart war. Gleichwohl hat der Vermieter alle Betriebskosten abgerechnet. Nach der Auffassung des BGH muss der Mieter auch in einem solchen Fall einwenden, dass die Abrechnung pauschalierte Betriebskosten enthält. Dieser Ansicht ist zuzustimmen. Sie folgt aus der Erwägung, dass der Gesetzgeber der Abrechnungspflicht eine Obliegenheit zur umfassenden Rechnungsprüfung gegenübergestellt wird. So betrachtet ist der Mieter gehalten, alle Einwendungen geltend zu machen, die er bei sorgfältiger Rechnungsprüfung geltend machen kann. Hierzu gehört auch der Einwand, dass die Abrechnung Betriebskosten enthält, die nach der Umlagevereinbarung nicht abgerechnet werden dürfen.

(2) Abrechnung von Instandhaltungs- und Verwaltungskosten. Teilweise 224
wird vertreten, dass der Mieter auch diesen Verstoß durch Einwendung geltend machen muss (Artz in: Staudinger § 556 BGB Rdn. 129; Dickersbach ZMR 2008, 355, 356; Sternel ZMR 2001, 937, 939; Streyl WuM 2005, 505, 506; Schmid: Handbuch der Mietnebenkosten 10. Auflage 2007 Rdn. 3262c; Wetekamp Mietsachen 4. Aufl. 2007 Kap. 6 Rdn. 145; Frommeyer in Klein-Blenkers/Heinemann/Ring, Miete/WEG/Nachbarschaft § 556 BGB Rdn. 24). Nach anderer Ansicht besteht keine Obliegenheit zur Geltendmachung von Einwendungen, weil es an der gesetzlichen Grundlage für die Umlage fehlt (Langenberg in: Schmidt-Futterer § 556 BGB Rdn. 503; Kinne in Miet- und Mietprozessrecht 5. Aufl. 2008 § 556 Rdn. 100; Ehlert in: Bamberger/Roth § 556 BGB Rdn. 71; Horst: Praxis des Mietrechts 2. Aufl. 2009 Rdn. 767; Gies in: Hannemann/Wiegner MAH Wohnraummietrecht § 36 Rdn. 68; Flatow WuM 2010, 606, 612). Der **BGH** hat sich in dem Urteil vom 11.5.2016 (WuM 2016, 420) im Grundsatz der erstgenannten Auffassung angeschlossen. Eine Ausnahme gilt gem. § 242 BGB, wenn in der Wohngeldabrechnung des Verwalters einer Wohnungseigentumsanlage vermerkt ist, dass die Kosten für Instandhaltung und Verwaltung nicht zu den auf den Mieter umlagefähigen Betriebskosten zählen und der Vermieter diese Abrechnung dem Mieter der Eigentumswohnung übermittelt. Solche Abrechnungen finden sich in der Praxis häufig. Wird eine derartige Abrechnung dem Mieter übersandt, so bringt der Vermieter nach der Auffassung des BGH damit zugleich zum Ausdruck, dass ihm die als nicht umlagefähig bezeichneten Positionen nicht zustehen. An dieser Erklärung muss sich der Vermieter auch nach Ablauf der Einwendungsfrist festhalten lassen; er kann sich deshalb nach Treu und Glauben (§ 242 BGB) nicht auf den Fristablauf berufen (BGH a. a. O.).

(3) Abrechnung trotz vereinbarter Betriebskostenpauschale oder Pau- 225
schalmiete. In der Literatur wird für diese Fallgruppe eine Einwendungsobliegenheit überwiegend verneint (Langenberg in: Schmidt-Futterer § 556 BGB Rdn. 504; ders. GE 2008, 516; Kossmann/Meyer-Abich Handbuch der Wohnraummiete § 37 Rdn. 54; Artz in: Staudinger § 556 BGB Rdn. 129; Wetekamp Mietsachen Kap 6 Rdn. 145; Dickersbach ZMR 2008, 355, 356; Streyl WuM 2005, 505, 506; Blank NZM 2008, 745, 750; Lehmann-Richter MietRB 2007, 283). Dies beruht auf der Erwägung, dass bei der Vereinbarung einer Betriebskostenpauschale für die Anwendung des § 556 Abs. 3 kein Raum ist. Der Mieter muss also auch keine Einwendungen erheben. Der Vermieter hat nur die Rechte und Pflichten aus § 560 Abs. 1 bis 3 BGB. Der BGH vertritt demgegenüber die Ansicht, dass die Einwendungsobliegenheit auch in diesen Fällen gilt (BGH NJW 2011, 2786 = WuM 2011, 420 = NZM 2011, 627; GE 2012, 543; WuM 2014, 336).

(4) Verstoß gegen den Wirtschaftlichkeitsgrundsatz. In der instanzgericht- 225a
lichen Rechtsprechung und der Literatur ist streitig, ob ein Verstoß gegen den Wirtschaftlichkeitsgrundsatz innerhalb der Frist des § 556 Abs. 3 Satz 5 BGB gerügt werden muss. Von einem Teil der Rechtsprechung und Literatur wird die Frage verneint, wobei zur Begründung im Wesentlichen ausgeführt wird, dass die Einwendungsfrist nur für solche Rügen gilt, die sich gegen die inhaltliche Richtigkeit

der Abrechnung richten; enthält eine Abrechnung dagegen überhöhte aber tatsächlich entstandene Kosten, so sei diese zwar rechtlich angreifbar aber inhaltlich zutreffend (AG Dortmund ZMR 2016, 457; Zehelein in: Langenberg/Zehelein Betriebskosten- und Heizkostenrecht 8. Aufl. Anm. J 75; Zehelein NZM 2014, 369; Palandt/Weidenkaff § 556 Rdn. 13; Derckx NZM 2014, 372; Frommeyer in: Klein-Blenkers/Heinemann/Ring, Miete/WEG/Nachbarschaft § 556 Rdn. 24). Diese Ansicht überzeugt nicht. Die Regelungen über die Einwendungsfrist wurden auf Initiative des Rechtsausschusses in das BGB eingefügt. Zur Begründung ist u. a. ausgeführt, in der Praxis sei zu beobachten, „dass Rückforderungsverlangen wegen angeblich unrichtiger Abrechnung häufig erst einige Jahre nach der Abrechnung erhoben werden, nämlich bei Ende des Mietverhältnisses und oft im Gegenzug zu Schadensersatzforderungen des Vermieters". Dann sei wegen des Zeitablaufs häufig eine besonders aufwendige und oft unergiebige Beweisaufnahme erforderlich. Dies sei für die Gerichte belastend und für die Parteien unbefriedigend (BR-Drucks. 439/00 = NZM 2001, 20). Diese Begründung zeigt, dass durch die Einwendungsfrist alsbaldige Klarheit über die wechselseitigen Ansprüche der Parteien geschaffen werden soll und dass sie deshalb umfänglich für alle tatsächlichen oder rechtlichen Mängel der Abrechnung gilt (so zutreffend: AG Pinneberg NZM 2014, 390, 392; Langenberg in: Schmidt-Futterer § 560 BGB Rdn. 114; Flatow WuM 2012, 235, 237; Streyl NZM 2013, 97, 100; Lützenkirchen in Lützenkirchen Mietrecht 2. Aufl. 2015 Rdn. 733a; Schneider in: Spielbauer/Schneider Mietrecht § 556 Rdn. 547). Die Befriedungsfunktion des § 556 Abs. 3 Satz 5 BGB wäre nicht gewährleistet, wenn nach Ablauf der Einwendungsfrist Streitigkeiten über die Wirtschaftlichkeit des Kostenansatzes möglich wären. Höchstrichterlich ist die Anwendung des § 556 Abs. 3 Satz 5 und 6 BGB bei Verstößen gegen den Wirtschaftlichkeitsgrundsatz noch nicht geklärt.

226 Wird die **Mietsache** im Verlauf der Abrechnungsperiode **mangelhaft,** so sind die **Betriebskosten** als Teil der Miete kraft Gesetzes **gemindert** (§ 536 BGB s. dort Rdn. 166 ff). Macht der Vermieter in der Abrechnung gleichwohl die vollen Betriebskosten geltend, so ist die Betriebskostenabrechnung materiell fehlerhaft. Nach der hier vertretenen Ansicht, muss dieser Fehler mit der Einwendung gerügt werden; nach **a. A.** wird § 556 Abs. 3 Satz 6 BGB durch § 536 BGB verdrängt (Flatow WuM 2010, 606, 612).

227 Ebenso wie der Vermieter sein Nachforderungsrecht verliert, wenn er nicht rechtzeitig abrechnet, so kann der **Mieter seine Einwendungen nicht mehr geltend machen, wenn er sie nicht fristgerecht mitteilt,** es sei denn, der Mieter hat die Verspätung nicht zu vertreten (**§ 556 Abs. 3 Satz 6 BGB).** Diese Rechtsfolge gilt sowohl außergerichtlich als auch im gerichtlichen Verfahren. Der Mieter hat die verspätete Geltendmachung nicht zu vertreten, wenn ihm innerhalb der Zwölf – Monats – Frist keine Belegeinsicht gewährt wird. Gleiches gilt, wenn die Belegeinsicht so spät gewährt wird, dass der Mieter seine Einwendungen nicht rechtzeitig geltend machen kann oder wenn der Vermieter falsche Auskünfte erteilt. Für das Vertretenmüssen gilt § 276 BGB (Lützenkirchen NZM 2002, 513). Für das Verschulden seiner Erfüllungsgehilfen muss der Mieter einstehen. Wurden die Einwendungen nicht vom Mieter selbst, sondern in dessen Namen von einem Rechtsanwalt oder vom Mieterverein erhoben und nicht hinreichend konkret gefasst, hat der Mieter die darauf beruhende Fristversäumung zu vertreten (LG Berlin GE 2017, 1021). Ein mögliches Verschulden der Post am Verlust der Sendung oder der Verzögerung der Zustellung muss sich der Mieter ebenfalls zurechnen lassen (LG Berlin GE 2011, 1229). Ist die Fristversäumnis unverschuldet, so muss der Mieter nach dem Wegfall des Hindernisses die Einwendungen innerhalb angemessener Zeit (LG Krefeld DWW 2010, 335: 3 Monate; abweichend: Lützenkirchen NZM 2002, 513: 2–3 Wochen) geltend machen. Eine Wiedereinsetzung in den vorigen Stand ist nicht möglich (Lützenkirchen NZM 2002, 513).

Durch den Ausgleich des Betriebskostensaldos kommt nach der Rechtsprechung des BGH kein deklaratorisches Anerkenntnis zustande. Für die Wohnraummiete führt der VIII. Zivilsenat des BGH aus, durch die gesetzlichen Regelungen in § 556 Abs. 3 sei „umfassend gewährleistet, dass die Mietvertragsparteien nach überschaubarer Zeit Klarheit über ihre Verpflichtungen aus einem abgeschlossenen Abrechnungszeitraum erlangen." Ein Bedürfnis für die Annahme eines deklaratorischen Schuldanerkenntnisses besteht deshalb nicht mehr (BGH NJW 2011, 843 = WuM 2011, 108 = NZM 2011, 242). Bei der Geschäftsraummiete trägt die Begründung nicht. Gleichwohl hat sich der XII. Zivilsenat (BGH NJW 2013, 2885; NJW 2014, 2780) der Rechtsprechung des VIII. Senats angeschlossen: Ein deklaratorisches Anerkenntnis setzt einen Vertrag zwischen dem Vermieter und dem Mieter voraus. Die Betriebskostenabrechnung sei jedoch nicht als Vertragsangebot, sondern lediglich als reine Wissenserklärung über die im Abrechnungszeitraum erfolgten Vorauszahlungen und deren Verwendung anzusehen. Ein weiterer rechtsgeschäftlicher Erklärungswert komme der Abrechnung nicht zu (ebenso OLG Celle ZMR 2015, 541). Für das Zustandekommen eines deklaratorischen Anerkenntnisses müssen demnach weitere Umstände vorliegen. Der Senat nennt zwei Beispiele. So kann ein Anerkenntnis zustande kommen, wenn die Parteien zunächst über einzelne Positionen streiten und sodann der Saldo ausgeglichen wird. Ebenso spricht für ein Anerkenntnis, wenn die Parteien eine Ratenzahlungs- oder Stundungsvereinbarung abschließen.

Daraus folgt: Schließt die Abrechnung mit einem Guthaben zugunsten des Mieters und nimmt der Mieter dieses entgegen, so kommt auf diese Weise kein Anerkenntnis betreffend das Abrechnungsergebnis zustande. Der Vermieter kann eine unrichtige Abrechnung trotz der Auszahlung des Guthabens bis zum Ablauf der Abrechnungsfrist korrigieren (Sternel ZMR 2010, 81, 82; Milger NZM 2009, 497, 499; Ludley NZM 2008, 72; Flatow WuM 2010, 606, 609). Umgekehrt werden Einwendungen des Mieters durch die Zahlung nicht ausgeschlossen (Zehelein in: MünchKomm § 556 BGB Rdn. 110). **Schließt die Abrechnung mit einer Nachforderung** zugunsten des Vermieters, so gilt dasselbe. In der vorbehaltslosen Zahlung liegt kein (kausales) Schuldanerkenntnis. Ist die Abrechnung materiell fehlerhaft, so steht dem Mieter ein Bereicherungsanspruch zu; der Fehler ist vom Mieter darzulegen und zu beweisen (Milger NZM 2009, 497, 498). Bei positiver Kenntnis von der Nichtschuld ist der Rückforderungsanspruch ausgeschlossen; die positive Kenntnis von Einwendungen steht dem gleich. Grob fahrlässige Unkenntnis genügt nicht (Milger NZM 2009, 497, 500). Nach Ablauf der Einwendungsfrist besteht der Rückforderungsanspruch nur, wenn der Mieter den Fehler ohne Verschulden nicht erkannt hat (Milger NZM 2009, 497, 500).

Ein **Verzicht auf Einwendungen** ist möglich, wenn er im Einzelfall nach Zugang der Abrechnung erklärt wird. Die Regelung des § 556 Abs 4 BGB. steht dem nicht entgegen, weil diese Vorschrift nur für den generellen Verzicht auf Einwendungen erfasst. Unbeschadet hiervon steht es dem Mieter frei, auch solche Abrechnungen zu akzeptieren, die den gesetzlichen Vorschriften nicht entsprechen (Artz in: Staudinger § 556 BGB Rdn. 134; Zehelein in: MünchKomm § 556 BGB Rdn. 109). Der Verzicht auf Einwendungen kann auch **konkludent** erklärt werden. Hiervon ist insbesondere dann auszugehen, wenn der **Mieter auf eine formell unzureichende oder materiell fehlerhafte Abrechnung zahlt.** Maßgeblich ist, ob der Vermieter aus seiner Sicht davon ausgehen durfte, dass der Mieter die Abrechnung akzeptiert. Hiervon ist in der Regel auszugehen (im Ergebnis ebenso: Zehelein in: MünchKomm § 556 BGB Rdn. 109; Kinne in: Kinne/Schach/Bieber Miet- und Mietprozessrecht § 556 BGB Rdn. 100; Langenberg in: Schmidt-Futterer § 556 BGB Rdn. 412; Ehlert in: Bamberger/Roth § 556 BGB Rdn. 72; Frommeyer in: Klein-Blenkers/Heinemann/Ring, Miete/WEG/Nachbarschaft § 556 BGB Rdn. 26; Streyl WuM 2005, 505). Anders ist es, wenn die Zahlung unter einem Vorbehalt erfolgt oder wenn sonstige Umstände vorliegen aus denen sich ergibt, dass sich der Mieter die Rückforderung vorbehält. Hat der Mieter den sich aus einer unwirksamen Abrechnung ergebenden Saldo bezahlt, weil er vom Vermieter mit Kündigungsandrohung unter Druck gesetzt wurde, ist der Mieter ist so zu stellen, als habe er die Zahlung unter Vorbehalt geleistet (AG Charlottenburg GE 2009, 1503; vgl. auch BGH NJW 1995, 3052; Palandt/Sprau § 814 BGB Rdn. 5). Ebenso wird der Mieter nicht mit Einwendungen ausgeschlossen, wenn der Vermieter bewusst unrichtig abrechnet (Milger NZM 2009, 497, 500).

231 Bei einer **Mietmehrheit** muss die Einwendung von allen Mietern erhoben werden. Es genügt, wenn einer der Mieter mit Vollmacht für die anderen handelt. Wird die Einwendung nur von einzelnen Mietern erhoben, so wird teilweise die Ansicht vertreten, dass diese auch zugunsten der übrigen Mieter wirkt (Kinne GE 2012, 662). Nach anderer Ansicht ist die Einwendung in einem solchen Fall insgesamt unwirksam (so AG Charlottenburg MM 2010, 75). Beide Ansichten treffen nicht zu. Erweist sich die Einwendung als begründet, so ist diese gegenüber dem Einwender zu berücksichtigen. Die übrigen Mieter kann der Vermieter dagegen in voller Höhe in Anspruch nehmen (wohl ebenso Wolbers NZM 2010, 841, 847). Bei einer **Vermietermehrheit** reicht der Zugang an einen Vermieter aus, wenn die Abrechnung an alle Vermieter adressiert ist und im Mietvertrag eine Empfangsvollmacht vereinbart wurde.

231a Der Vermieter ist nicht gehindert einen Abrechnungsfehler nach Fristablauf zugunsten des Mieters zu korrigieren. Ist der **Fehler von einem Abrechnungsunternehmen zu vertreten,** so ist der Vermieter nicht gehalten die nach materiellem Recht bestehenden Rückerstattungsansprüche der benachteiligten Mieter unter Berufung auf § 556 Abs. 3 Satz 6 BGB abzuwehren. Insoweit besteht keine Schadensminderungspflicht. Die Ausschlussfrist dient nicht dem Schutz der Abrechnungsunternehmen, sondern soll sicherstellen, dass der Vermieter nach Ablauf der Frist auf den Bestand der Abrechnung vertrauen darf (Rdn. 220). Deshalb ist es nicht angemessen, dass die Regelung des § 556 Abs. 3 Satz 6 BGB zu einer Entlastung des Abrechnungsunternehmens führt (KG GE 2016, 1275).

10. Fälligkeit des Nachforderungsanspruchs / des Guthabens und Verjährung

232 Nach der Rechtsprechung des BGH wird eine Betriebskostennachforderung fällig, wenn dem Mieter eine formell ordnungsgemäße Abrechnung zugeht. Eine **Frist zur Prüfung der Abrechnung** soll dem Mieter nicht zustehen (BGH NJW 2006, 1419 = NZM 2006, 340 = WuM 2006, 200 unter Ziff II A 1 a-bb (1); KG GE 2012, 689; ebenso: Schmid WuM 1996, 319; Kinne in: Kinne/Schach/Bieber Miet- und Mietprozessrecht § 556 BGB Rdn. 88). Der BGH folgert dies aus § 271 Abs. 1 BGB. Jedoch kann dem Mieter ein Zurückbehaltungsrecht nach § 273 Abs. 1

Vereinbarungen über Betriebskosten **BGB § 556**

BGB zustehen, wenn er Einsicht in die Belege verlangt und der Vermieter das Einsichtsrecht verweigert (BGH a.a.O. unter Ziff II A 1 a-bb (2); AG Dortmund NZM 2012, 24). Nach der hier vertretenen Ansicht gilt § 271 Abs. 1 BGB nur dann, wenn der Leistungszeitpunkt weder bestimmt ist und sich auch nicht „aus den Umständen" ergibt. Aus der Natur der Abrechnung folgt jedoch, dass dem Mieter ein von der Belegeinsicht unabhängiges Prüfungsrecht zuzubilligen ist (ebenso: Römer WuM 1996, 595; Winnig WuM 2008, 87, 88; Artz in: Staudinger § 556 BGB Rdn. 122). Das letztgenannte Recht dient zur Prüfung der formellen und rechnerischen Richtigkeit der Abrechnung; die Belegeinsicht zur Kontrolle. Beide Rechte bestehen nebeneinander (OLG Hamm WuM 1982, 72; OLG Düsseldorf ZMR 2000, 453, 454; AG Aachen MDR 1994, 271; AG Gelsenkirchen-Buer WuM 1994, 549; AG Sinzig WuM 2008, 86; Langenberg in: Schmidt-Futterer § 556 BGB Rdn. 431, 432; Artz in: Staudinger § 556 BGB Rdn. 122; Lammel Wohnraummietrecht § 556 BGB Rdn. 156). Dass dem Mieter ein eigenständiges Prüfungsrecht zusteht folgt letztlich aus § 556 Abs. 3 Satz 5 BGB: die Obliegenheit zur Geltendmachung von Einwendungen gegen die Abrechnung setzt ein Prüfungsrecht zwingend voraus.

Die Frist ist im Allgemeinen mit ca. 1 Monat ausreichend bemessen. 233
Eine Ausnahme kann gelten, wenn besondere Sachgründe vorliegen (Urlaub, Krankheit, etc.). Bei längerer Verhinderung muss der Mieter einen Dritten mit der Prüfung beauftragen. Der Vermieter muss seinerseits dafür sorgen, dass der Mieter Einsicht in die Belege erhält, wenn dieser es wünscht. Der Vermieter muss die Belege aber weder von sich aus übersenden, noch muss er Belegeinsicht anbieten. Eine Vereinbarung, wonach dem Mieter keine oder nur eine unzumutbar kurze Frist zur Prüfung der Abrechnung zusteht, verstößt gegen § 307 BGB (LG Frankfurt WuM 1990, 271 betr. die Klausel: „Abgerechnete Betriebskosten sind binnen einer Woche zu bezahlen"; ebenso AG Sinzig WuM 2008, 86, 87). Der Umstand, dass der Mieter eine weitergehende Erläuterung verlangt hat auf die Fälligkeit keinen Einfluss (Blank DWW 1992, 65, 71). Ebenso spielt es keine Rolle, ob der Mieter von seinem Recht zur Belegeinsicht Gebrauch gemacht hat; es genügt, dass der Vermieter die Ausübung des Rechts auf Verlangen des Mieters ermöglicht. Sind einzelne Abrechnungsposten unrichtig, so hat dies auf die Fälligkeit der übrigen Abrechnungsposten grundsätzlich keinen Einfluss, wenn die unrichtigen Posten unschwer herausgerechnet werden können (AG Neuss DWW 1994, 318 = WuM 1995, 46). Etwas anderes gilt, wenn die gesamte Abrechnung unklar und verworren ist.

Fälligkeit/Verzug. Nach § 286 Abs. 3 BGB kommt der Schuldner einer Ent- 233a
geltforderung spätestens in Verzug, wenn er nicht innerhalb von 30 Tagen nach Fälligkeit und Zugang einer Rechnung oder gleichwertigen Zahlungsaufstellung leistet. Gegenüber einem Schuldner, der Verbraucher ist, gilt dies nur, wenn auf diese Folgen in der Rechnung oder Zahlungsaufstellung besonders hingewiesen worden ist. Die Vorschrift gilt auch für die Betriebskostenabrechnung. Deshalb tritt der Verzug nur ein, wenn die Abrechnung einen Hinweis auf die Vorschrift des § 286 Abs. 3 BGB enthält (LG Berlin ZMR 2015, 617).

Nach dem Zugang der Abrechnung und dem Ablauf einer angemessenen Frist 234
zur Überprüfung kann der Vermieter die Nachzahlung verlangen. Außerdem beginnt der Lauf der **Verjährung** (BGH WuM 1991, 150 = DWW 1991, 44); die Verjährung beträgt gemäß § 195 BGB 3 Jahre. Beim Vorliegen besonderer Umstände kann bereits vor Ablauf der Verjährung **Verwirkung** vorliegen. Allerdings verwirken solche Ansprüche vor dem Ablauf der Verjährung nur in seltenen Aus-

§ 556 BGB Untertitel 2. Mietverhältnisse über Wohnraum

nahmefällen (BGH WuM 2012, 317 = NZM 2012, 677: wenn der Vermieter Nachzahlungsansprüche in früherer Zeit nicht geltend gemacht hat, so dass Verjährung eingetreten ist und die noch nicht verjährten Anspruch erst kurz vor Eintritt der Verjährung geltend gemacht werden; OLG Düsseldorf ZMR 2000, 603: wenn der Vermieter über die Abrechnungszeiträume 1995 bis 1998 abgerechnet hat und erst einige Zeit danach über frühere Abrechnungszeiträume abrechnet; LG Berlin GE 1990, 657: wenn der Vermieter nach Beendigung des Mietverhältnisses die Bürgschaftsurkunde zurückgibt; LG Mannheim ZMR 1990, 378: wenn der Vermieter Ende 1995 über die Betriebskosten 1984 abrechnet, wenn anschließend über das Vermögen des Vermieters das Konkursverfahren eröffnet wird, der Mieter sodann auszieht, der Konkursverwalter weder über die Kaution abrechnet, noch sonst etwas von sich hören lässt und die Nachforderung erstmals wieder im Jahre 1988 geltend gemacht wird; LG Hannover WuM 1991, 599: wenn der Vermieter weder während der gesamten 4-jährigen Mietzeit noch bei Beendigung des Mietverhältnisses abgerechnet hat; LG Hannover NJWE-MietR 1996, 224: wenn der Vermieter über 5 Jahre hinweg nicht über die Betriebskosten abgerechnet hat; AG Königstein/Ts WuM 1990, 122: wenn der Vermieter über die Betriebskosten des Jahres 1982 erst im Jahre 1986 – 2 Jahre nach dem Auszug des Mieters – abrechnet; s. aber auch BGH WuM 1984, 127 wonach der Anspruch auf restliche Betriebskosten nicht verwirkt, wenn der Vermieter über die Betriebskosten der Jahre 1976, 1977 und 1978 erst im Jahre 1979 abrechnet; AG Köln WuM 2015, 672: wenn der Mieter eine Abrechnung beanstandet, der Vermieter hierauf nicht reagiert und den noch offenen Nachzahlungsbetrag nach mehr als drei Jahren geltend macht).

235 Genügt die Abrechnung nicht den gesetzlichen Anforderungen, so ist der Mieter mangels Fälligkeit des Nachforderungsbetrags nicht zur Zahlung verpflichtet. **Solange der Nachforderungsbetrag nicht fällig ist, kann der Lauf der Verjährungsfrist nicht beginnen** (BGH NJW-RR 1987, 237). Dies bedeutet, dass nicht abgerechnete Betriebskosten keiner Verjährung unterliegen (BGH RE 19.12.1990 WuM 1991, 150).

236 Entsprechendes gilt für das **Guthaben des Mieters.** Der Anspruch auf Auszahlung entsteht mit dem Zugang der Betriebskostenabrechnung. Im Falle einer rechtzeitigen Abrechnung aber verspäteten Auszahlung des Guthabens stehen dem Mieter **Verzugszinsen** zu (§ 288 Abs. 1 Satz 1 BGB). Schließt eine verspätete Abrechnung mit einem Guthaben zugunsten des Mieters, so ist eine unmittelbare Anwendung des § 288 Abs. 1 Satz 1 BGB ausgeschlossen, weil diese Vorschrift voraussetzt, dass sich der Schuldner mit der Erfüllung einer „Geldschuld" in Verzug befindet. Die Geldschuld entsteht aber erst mit der Abrechnung. In der instanzgerichtlichen Rechtsprechung und Literatur wird die **analoge Anwendung des § 288 Abs. 1 BGB für den Fall einer verspäteten Abrechnung** und einer damit im Zusammenhang stehenden verspäteten Auszahlung eines Guthabens teilweise bejaht (AG Berlin-Mitte GE 2005, 805; Artz in: Staudinger § 556 Rdn. 135), teilweise verneint (Beuermann GE 2010, 1306, 1307; Kinne GE 2005, 768). Der **BGH** vertritt die letztgenannte Ansicht (BGH NJW 2013, 859 = WuM 2013, 168 = NZM 2013, 188). Er begründet dies mit dem speziellen Schutzzweck des § 288 Abs. 1 BGB (abstrakte Entschädigung für entgangene Kapitalnutzung; Druck auf den Schuldner zur Erzwingung einer pünktlichen Zahlung), der auf die Betriebskostenabrechnung nicht zu übertragen sei. Insbesondere falle ins Gewicht, dass dem Mieter mit dem Zurückbehaltungsrecht an den Vorauszahlungen ein ausreichendes Druckmittel zur Verfügung stehe um den Vermieter zur pünktlichen

Leistung anzuhalten. Dem Mieter verbleibt die Möglichkeit einer konkreten Schadensberechnung nach den §§ 280 Abs. 2, 286, 249 BGB. Eine solche Schadensberechnung kommt beispielsweise in Betracht, wenn der Mieter einen Überziehungskredit in Anspruch genommen hat oder wenn er nachweisen kann, dass er das Guthaben gewinnbringend hätte anlegen können (§ 252 BGB).

11. Abrechnung bei mehreren Mietern

Bei einer Mietmehrheit gilt, dass die Abrechnung grundsätzlich allen Mietern zugehen muss. Wird lediglich gegenüber einem oder einem Teil der Mieter abgerechnet, so wird teilweise die Ansicht vertreten, dass die Abrechnung gegenüber keinem der Mieter wirksam ist (LG Berlin GE 2006, 1235; Kinne in: Kinne/Schach/Bieber Miet- und Mietprozessrecht § 556 BGB Rdn. 68a; Sternel Mietrecht aktuell (2009) Rdn. V 304). Nach h. M. wirkt die Abrechnung gegenüber jenen Mietern, denen die Abrechnung zugegangen ist (BGH NJW 2010, 1965 = WuM 2010, 356 = NZM 2010, 577; LG Frankfurt ZMR 2009, 365, 366; Langenberg WuM 2003, 670, 671 und in: Schmidt-Futterer § 556 BGB Rdn. 423). Diese Ansicht trifft zu: Die Betriebskosten sind Teil der Miete. Für diese haften mehrere Mieter als Gesamtschuldner (§§ 421, 427 BGB). Der Vermieter kann nach seinem Belieben jeden Schuldner oder nur einzelne Mieter in Anspruch nehmen. 237

Hat der in Anspruch genommene Mieter die Nachforderung bezahlt, so geht die Forderung des Vermieters auf ihn über (§ 426 Abs. 2 S. 1 BGB). Die Mitmieter sind zum Ausgleich verpflichtet, wenn der in Anspruch genommene Mieter ihnen gegenüber die Forderung aus der Betriebskostenabrechnung fällig stellt. Dies muss innerhalb der Frist des § 556 Abs. 3 S. 3 BGB geschehen. Ist die Einhaltung der Frist nicht möglich oder wird diese versäumt, so ist zu fragen, ob zwischen den mehreren Mietern eine vertragliche Abrede besteht, wonach die Miete anteilig aufzubringen ist. Eine solche Abrede kann auch schlüssig getroffen werden; hiervon ist insbesondere auszugehen, wenn dies in der Vergangenheit so gehandhabt wurde. 238

Ergibt sich aus der Abrechnung ein Guthaben, so steht dieses den Mietern als Gesamthandsgläubigern (Mitgläubigern) zu. Jeder Mieter kann Zahlung an sich und die Mitmieter verlangen. Der Vermieter muss das Guthaben zu Händen aller Mieter auszahlen. Dies gilt unabhängig davon, ob die Abrechnung allen oder nur einzelnen Mietern zugegangen ist. 239

Eine andere Frage ist es, ob die **Abrechnungspflicht des Vermieters insgesamt erlischt,** wenn der Vermieter gegenüber einem von mehreren Mietern abgerechnet hat. Der BGH a. a. O. hat diese Frage – weil nicht entscheidungserheblich – offengelassen. Die Frage ist zu verneinen: Nach dem Mietvertrag schuldet der Vermieter die Abrechnung gegenüber jedem Mieter; deshalb kann jeder Mieter den Vermieter auf Erfüllung in Anspruch nehmen. 240

12. Ergänzung und Korrektur der Betriebskostenabrechnung

Ist die Betriebskostenabrechnung unvollständig oder fehlerhaft, so hat der Mieter nur dann einen Anspruch auf Erteilung einer neuen Abrechnung, wenn die Erstabrechnung an einem formellen Mangel leidet. Bei der Prüfung der Erstabrechnung sind die vom Vermieter mitgeteilten Erläuterungen zu berücksichtigen. Bei materiellen Mängeln besteht dagegen kein Anspruch auf eine erneute Abrechnung. Ob diese Mängel zu Recht oder zu Unrecht bestehen ist vom Gericht im Rahmen 241 einer vom Vermieter auf Zahlung restlicher Betriebskosten oder vom Mieter auf Rückerstattung von Vorauszahlungen erhobenen Klage zu entscheiden. Dabei ist die Abrechnung nur im Umfang der vom Mieter erhobenen Einwendungen zu überprüfen (OLG Düsseldorf Urt. v. 9.7.2015 – 10 U 126/14). Diese Grundsätze gelten auch dann, wenn der Vermieter bereits Klage erhoben hat und sich der Mieter im Prozess damit verteidigt, dass der Nachzahlungsanspruch wegen der Mangelhaftigkeit der Abrechnung nicht fällig sei. In diesem Fall kann der Mangel durch entsprechend erläuterte Schriftsätze im Prozess geheilt werden. Die Nebenkostenklage ist begründet, wenn der Schriftsatz dem Mieter oder dessen Bevollmächtigten innerhalb der Abrechnungsfrist des Abs. 3 Satz 2 zugeht. Teilweise wird auch die Ansicht vertreten, dass das Gericht die Abrechnung von sich auskorrigieren könne (OLG Düsseldorf WuM 2003, 387 bei fehlerhaftem Abrechnungsmaßstab). Auch hier setzt eine Nachbesserung voraus, dass sich die Unklarheit auf einzelne Punkte beschränkt. Ist die ganze Abrechnung unklar und verworren, so muss der Vermieter eine neue Abrechnung erteilen, was er ebenfalls im Verlaufe eines Prozesses tun kann. Zur Korrektur fehlerhafter Abrechnungen s. Rdn. 228.

242   Hat der Mieter in der Vergangenheit **trotz fehlender oder unwirksamer Umlagevereinbarung** Betriebskosten **bezahlt,** so kann er den überzahlten Betrag nach Bereicherungsgrundsätzen (**§ 812 BGB**) zurückfordern. Die Verjährungsfrist richtet sich nach § 195 BGB analog; sie beträgt also 3 Jahre (OLG Koblenz NZM 2002, 436 zu § 197 BGB a. F.). Die Frist beginnt mit dem Schluss des Jahres in dem die Zahlung erfolgt ist. Vor der Mietrechtsreform wurde die Ansicht vertreten, dass in dem vorbehaltslosen Ausgleich einer Betriebskostenabrechnung ein Schuldbestätigungsvertrag liege mit der weiteren Folge, dass beide Seiten mit weiteren Einwendungen ausgeschlossen sind (OLG Hamburg WuM 1991, 598). Diese Theorie kann nach der Mietrechtsreform nicht aufrechterhalten werden (s. oben Rdn. 228).

13. Unterlassene/unbrauchbare Abrechnung/Verweigerung der Belegeinsicht

243   Erteilt der Vermieter entgegen den vertraglichen Vereinbarungen keine Betriebskostenabrechnung so gelten nach der **Rechtsprechung des BGH** (NJW 2005, 1499 = WuM 2005, 337; NJW 2006, 2552 = WuM 2006, 383; WuM 2010, 630; NJW 2011, 143 = WuM 2010, 688; NJW 2012, 3508 = WuM 2012, 620) folgende **Grundsätze:(1)** Dem Vermieter steht zur Abrechnung über die Betriebskosten eine Frist von 12 Monaten, beginnend mit dem Ende des Abrechnungszeitraums zu. **(2)** Ist die Abrechnung bis zu diesem Zeitpunkt noch nicht erteilt, so hat der Mieter folgende Möglichkeiten: **(2.1)** er kann auf Erteilung der Abrechnung klagen; **(2.2)** er kann den Vermieter stattdessen oder zugleich auf Rückzahlung sämtlicher Betriebskostenvorauszahlungen in Anspruch nehmen. Dies gilt allerdings nur, wenn das Mietverhältnis beendet ist (BGH NJW 2006, 2552 = WuM 2006, 383; s. auch unten Rdn. 246); für das fortbestehende Mietverhältnis s. unten (5) **(2.3)** Eine Ausnahme gilt, wenn der Mieter während der Mietzeit von seinem Recht auf Zurückbehaltung der Vorauszahlungen keinen Gebrauch gemacht hat. In diesem Fall sei der Mieter nicht schutzbedürftig (BGH NJW 2012, 3508 = WuM 2012, 620; AG Dortmund ZMR 2016, 42). Alternativ zum Zurückbehaltungsrecht kann der Mieter aber auch eine Klage auf Feststellung des Rechts zur Zurückbehaltung erheben (LG Berlin GE 2015, 1601). Der Anspruch auf Rückzahlung der Vorausleistungen nach Vertragsende geht immer dann verloren, wenn der Abrechnungsanspruch fällig ist, der Vermieter nicht abrechnet und der Mieter die Betriebskostenvorschüsse gleichwohl weiterbezahlt, obwohl er ein Zurückbehaltungsrecht geltend machen oder eine Feststellungsklage auf Bestehen des Rechts erheben könnte. Nach der hier vertretenen Ansicht genügt es auch, wenn der Mieter die Vorschüsse unter Vorbehalt zahlt oder wenn er das Zurückbehaltungsrecht vergeblich ausgeübt hat. Davon abgesehen verbleibt dem Mieter nur die Möglichkeit der Erhebung einer Klage auf Erteilung der Abrechnung. Nach Eintritt der Verjährung des Abrechnungsanspruchs kann der Vermieter allerdings die Einrede der Verjährung erheben. Der Abrechnungsanspruch wird nach Ablauf des 12. Monats nach Beendigung des Abrechnungszeitraums fällig. Zu diesem Zeitpunkt beginnt die Verjährung. Die Verjährungsfrist beträgt gem. § 195 BGB drei Jahre. **(3)** Klagt der Mieter auf Rückzahlung der Betriebskostenvorauszahlungen, so ist der Vermieter nicht gehindert, die Abrechnung im Rückzahlungsprozess nachzuholen. Erteilt der Vermieter während des Rückforderungsprozesses eine wirksame Abrechnung, so kann der Mieter den Rechtsstreit in der Höhe der geschuldeten Betriebskosten für erledigt erklären. In diesem Fall sind die Verfahrenskosten dem Vermieter aufzuerlegen. **(3.1)** Liegt bis zum Schluss der mündlichen Verhandlung keine den Grundsätzen der Rechtsprechung genügende Abrechnung vor, so wird der Vermieter zur Rückerstattung der Vorauszahlungen verurteilt. Der Vermieter ist aber auch in diesem Fall nicht gehindert über die Betriebskosten abzurechnen. Der Mieter muss dann den sich aus dieser Abrechnung ergebenden Betrag an den Vermieter zahlen. Die Rechtskraft der im Rückerstattungsprozess ergangenen Entscheidung steht der Zahlungspflicht nicht entgegen (BGH NJW 2005, 1499). Gleiches gilt, wenn der Mieter den Anspruch auf Rückerstattung der Vorauszahlungen nicht im Wege der Klage geltend macht, sondern mit diesem Anspruch gegen eine Forderung des Vermieters aufrechnet. Soweit der Vermieter nachträglich eine wirksame Betriebskostenabrechnung erteilt und der Mieter hiernach Betriebskosten schuldet, entfällt die Wirkung der Aufrechnung ex nunc (BGH NJW 2011, 143 = WuM 2010, 748 = NZM 2010, 858). **(3.2).** Erfolgt die Abrechnung nach Ablauf der 12-monatigen Abrechnungsfrist, so ist der Vermieter mit einen Nachforderungsanspruch ausgeschlossen. Hierunter ist derjenige Betrag zu verstehen, der die Summe der Vorauszahlungen übersteigt. Daraus folgt: Sind dem Mieter im Rückforderungsprozess die Vorauszahlungen zugesprochen worden und ergibt sich aus einer späteren Abrechnung des Vermieters ein Nachzahlungsanspruch, so wird die Höhe der vom Mieter geschuldeten Zahlung durch die Summe der Vorauszahlungen beschränkt (BGH NJW 2005, 1499 = WuM 2005, 337 = NZM 2005, 373). **(4) Bei fortbestehendem Mietverhältnis** stehen dem Mieter ebenfalls zwei Möglichkeiten offen: **(4.1).** Er kann zum einen auf Erteilung der Abrechnung klagen; **(4.2)** zum anderen steht ihm ein Zurückbehaltungsrecht aus § 273 BGB hinsichtlich der laufenden Betriebskostenvorauszahlungen zu. Ein Anspruch auf Rückzahlung der Vorauszahlungen besteht in diesem Fall nicht. Eine ergänzende Auslegung der Umlagevereinbarung scheidet mangels einer Regelungslücke aus (BGH NJW 2006, 2552 Rz 12; NJW 2012, 3508 Rz. 9; NZM 2010, 857 Rz. 3; BGH NZM 2008, 35 Rz. 30). Nach der Ansicht des BGH ist der Mieter dadurch hinreichend geschützt, dass ihm bis zur ordnungsgemäßen Abrechnung des Vermieters gemäß § 273 Abs. 1 BGB ein Zurückbehaltungsrecht hinsichtlich der laufenden Nebenkostenvorauszahlungen zusteht (BGH NJW 2006, 2552 = WuM 2006, 383). **(4.3)** Der BGH hat nicht entschieden, welche Rechtsfolge gilt, wenn die Beendigung des Mietverhältnisses zwischen den Parteien streitig ist. Folgt man der Argumentation des BGH, so ist der Rückforderungsanspruch immer dann ausgeschlossen, wenn der Mieter die Mietsache in seinem Besitz hat. Dies folgt

§ 556 BGB Untertitel 2. Mietverhältnisse über Wohnraum

aus der Erwägung, dass der Mieter nach der Beendigung des Mietvertrags die vereinbarte Miete als Nutzungsentschädigung schuldet (§ 546a Abs. 1 BGB). Zu der vereinbarten Miete im Sinne der Vorschrift zählen auch die Betriebskostenvorauszahlungen; hieran steht dem Mieter auch im Falle der Vorenthaltung ein Zurückbehaltungsrecht zu.

244 **(5)** Die unter Ziff (1) bis (5) dargestellte Rechtslage gilt auch dann, wenn die vom Vermieter erteilte Abrechnung insgesamt formell unwirksam ist. Bei einer Teilunwirksamkeit kann der Mieter hinsichtlich der unwirksamen Teile eine Nachbesserung der Abrechnung verlangen. Ein Anspruch auf Rückerstattung der Betriebskosten nach beendetem Mietverhältnis besteht nur insoweit, als die Vorauszahlungen die Höhe der formell wirksam abgerechneten Teile überschreiten. Bei fortbestehendem Mietverhältnis hat der Mieter allerdings ein Zurückbehaltungsrecht an den gesamten Vorauszahlungen; eine Ausnahme gilt, wenn der formell unwirksame Teil kostenmäßig nicht ins Gewicht fällt. **(6)** Die unter Ziff (2.2) und (4) beschriebenen Rechte stehen dem Mieter auch dann zu, wenn der Vermieter zwar abgerechnet hat, aber die Belegeinsicht verweigert oder – falls dem Mieter die Einsichtnahme in die Belege wegen der Entfernung zwischen dem Ort der Mietsache und dem Wohnort des Vermieters nicht zugemutet werden kann – dem Mieter keine Belegkopien aushändigt und so beweisfällig bleibt (BGH WuM 2010, 630 = NZM 2010, 857 unter Rz 4, 5).

245 Die unter Ziff (1) bis (6) dargelegten Grundsätze gelten auch bei der **Gewerbemiete** (OLG Düsseldorf ZMR 2008, 890; ZMR 2010, 437; KG ZMR 2010, 600). Im Falle des beendeten Mietverhältnisses beginnt die Verjährung des Rückforderungsanspruchs gem. § 199 Abs. 1 Nr. 1 BGB mit dem Schluss des Jahres, in dem das Mietverhältnis endet (KG a.a.O.; AG Peine WuM 2010, 420).

246 Die unter Ziff 2.2. (Rdn. 243) dargestellte Rechtsprechung des BGH, wonach der Mieter nach Beendigung des Mietverhältnisses die Betriebskostenvorauszahlungen zurückverlangen kann, wenn der Vermieter keine Abrechnung erteilt hat ist auch für jene Fälle bedeutsam, in denen das Mietobjekt veräußert wurde und der **Veräußerer** die vom ihm noch geschuldeten **Abrechnungen nicht erteilt** hat. Dies folgt aus der Erwägung, dass der Mieter in einem solchen Fall kein Zurückbehaltungsrecht an den Vorauszahlungen gegenüber dem Erwerber geltend machen kann. Deshalb ist ihm – wie bei einem beendeten Mietverhältnis – ein Rückzahlungsanspruch gegen den Veräußerer zuzubilligen (LG Berlin GE 2015, 1601; LG Magdeburg ZMR 2011, 289 für ein gewerbliches Mietverhältnis).

247 Hat der Mieter sowohl die Heizkosten als auch sonstige Betriebskosten zu tragen, so muss der Vermieter nach Beendigung des Mietverhältnisses über alle Betriebskosten abrechnen. Rechnet der Vermieter lediglich die Heizkosten ab, so steht dem Mieter gegen einen möglichen Nachzahlungsanspruch aus dieser **Teilabrechnung** ein Zurückbehaltungsrecht wegen der noch nicht abgerechneten sonstigen Betriebskosten zu (OLG Düsseldorf ZMR 2008, 708).

248 Bei der **Klage auf Erteilung einer Abrechnung** genügt es, wenn der **Klagantrag** auf Verurteilung zur Erteilung der Abrechnung gerichtet ist. Es ist nicht erforderlich, dass die Modalitäten der Abrechnung vorgegeben werden (LG Kassel WuM 1991, 358), weil es sich von selbst versteht, dass der Vermieter eine den Vereinbarungen und dem Gesetz entsprechende Abrechnung vorzulegen hat. Der **Streitwert** richtet sich nicht nach den Vorauszahlungen, sondern nach der Höhe des zu erwartenden Rückforderungsbetrags (LG Landau WuM 1990, 86 = ZMR 1990, 21; LG Freiburg WuM 1991, 504). Wird der Abrechnungspflichtige zur Erteilung einer Abrechnung verurteilt, so bemisst sich die Beschwer nach dem Aufwand an Zeit und Kosten, die die Erfüllung des titulierten Anspruchs erfordert (grundlegend: GSZ BGHZ 128, 85; BGH WuM 2008, 615). Die **Vollstreckung** erfolgt nach **§ 888 ZPO**, weil die Abrechnungspflicht eine unvertretbare Handlung darstellt (BGH NJW 2006, 2706; OLG Köln ZMR 1991, 436; LG Köln WuM 1991, 703; Artz in: Staudinger § 556 BGB Rdn. 135; **a. A.** OLG Hamm NZM 1998, 476; OLG Rostock NZM 2005, 520; Langenberg in: Schmidt-Futterer § 556 BGB Rdn. 546; Schmidt/Gohrke WuM 2002, 593: Vollstreckung nach § 887 ZPO). Die Klage kann im Wege einer **Stufenklage** (§ 254 ZPO) mit einem Antrag auf Auszahlung eines Betriebskostenguthabens verknüpft werden (OLG Düsseldorf WuM 1993, 411 = DWW 1993, 261). Dabei ist streitig, welche Rechtsfolge eintritt, wenn sich nach Vorlage der Abrechnung ergibt, dass dem **Mieter kein Guthaben** zusteht. Teilweise wird die Ansicht vertreten, dass die Parteien die Klage in der Hauptsache für erledigt erklären können und dass das Gericht in diesem Fall gem. § 91a ZPO nach billigem Ermessen über die Kosten zu entscheiden hat (Zöller/Vollkommer, § 91a ZPO Rdn. 58, Stichwort: „Stufenklage" a. E.). Nach anderer Ansicht muss der Mieter die Klage zurücknehmen. Die Kosten können entgegen § 269 Abs. 3 S. 2 ZPO in entsprechender Anwendung des § 93 ZPO dem Vermieter auferlegt werden, wenn er wegen der verzögerten Abrechnung Veranlassung zur Klagerhebung gegeben hat (Becker-Eberhad in: MünchKomm § 254 ZPO Rdn. 24). Der **BGH** (NJW 1994, 2895; ebenso Klas WuM 1994, 660) geht davon aus, dass dem Mieter ein Schadensersatzanspruch wegen Verzugs (§ 286 BGB) zusteht, wenn der Vermieter die Abrechnung schuldhaft verzögert. Hat der Mieter Stufenklage erhoben, so besteht der Schaden in den Kosten der Klagerhebung. Der Schadensersatzanspruch kann im Wege des Feststellungsantrags in demselben Prozess geltend gemacht werden. Es handelt sich um eine zulässige Klagänderung (§ 263 ZPO), weil der Mieter den ursprünglich vorgesehenen Antrag auf Auszahlung des Betriebskostenguthabens nicht mehr weiterverfolgen darf. Stattdessen kann er die Feststellung beantragen, dass der Vermieter verpflichtet ist, ihm die Kosten zu ersetzen, die durch den ursprünglich erhobenen Klagantrag angefallen sind.

Gerichtliche Geltendmachung von Ansprüchen des Mieters bei formell unwirksamer oder fehlerhafter Betriebskostenabrechnung. (1) Bei dem Anspruch des Mieters auf Rückzahlung aller Betriebskostenvorauszahlungen (oben Rdn. 243) handelt es sich um einen Bereicherungsanspruch. (2) Ist die Betriebskostenabrechnung formell wirksam, so kann der Mieter geltend machen, dass die Abrechnung inhaltlich fehlerhaft ist mit der weiteren Folge, dass ihm aus der Abrechnung ein Guthaben zusteht. Bei dem Anspruch auf Erstattung des Guthabens handelt es sich nicht um einen Bereicherungs – sondern um einen vertraglichen Anspruch. Die auf Erstattung des Guthabens gerichtete Leistungsklage ist nur schlüssig, wenn der Mieter zu jeder Position der Betriebskostenabrechnung nach Grund und Höhe Stellung nimmt und darlegt, warum die Abrechnung fehlerhaft ist. (3) In dem vertraglichen Anspruch auf Rückzahlung von Betriebskostenvorauszahlungen ist der Bereicherungsanspruch auf Erstattung überzahlter Betriebskosten nicht als Minus enthalten. Vielmehr handelt es sich dabei um unterschiedliche Streitgegenstände, die unterschiedliche Grundlagen haben und anderen Voraussetzungen unterliegen. (4) Der Mieter kann beide Ansprüche miteinander verbinden, indem er in erster Linie die Formwirksamkeit der Betriebskostenabrechnung bestreitet und für den Fall, dass das Gericht seiner Auffassung nicht folgt, hilfsweise die Überzahlung der berechtigten Betriebskosten geltend macht. In dem Fall handelt es sich bei dem verfolgten Anspruch auf Erstattung der Überzahlung allerdings nicht um ein bloßes Hilfsvorbringen, sondern um einen eventualiter gestellten Antrag (OLG Düsseldorf Urteil vom 25.4.2016 – 24 U 152/16, BeckRS 2016, 120844).

14. Abrechnung beim Eigentümerwechsel

249 Nach der Rechtsprechung des **BGH** (WuM 2000, 609) gelten folgende **Grundsätze: (1)** Ist der Abrechnungszeitraum zum Zeitpunkt des Eigentumsübergangs bereits abgeschlossen, so muss der Veräußerer über die Betriebskosten abrechnen. Nachzahlungsansprüche stehen dem Veräußerer zu. Für ein Guthaben des Mieters muss der Veräußerer einstehen. Auf die Fälligkeit des Abrechnungsanspruchs kommt es nicht an (BGH WuM 2000, 609; WuM 2004, 94 = NZM 2004, 188; ZMR 2005, 37; WuM 2007, 267; WuM 2013, 734 = NZM 2014, 26). Gleichwohl ist eine vom Erwerber erteilte Abrechnung wirksam, wenn der Mieter erkennen kann, dass die Abrechnung in jedem Fall die Abrechnungspflicht des Vermieters erfüllen soll (BGH WuM 2013, 734 = NZM 2014, 26). **(2)** Der Veräußerer ist gegenüber dem Mieter nicht berechtigt, eine auf den Eigentumsübergang bezogene Zwischenabrechnung zu erstellen. **(3)** Ist der Abrechnungszeitraum zum Zeitpunkt des Eigentumsübergangs noch nicht abgeschlossen, so ist der Erwerber zur Abrechnung verpflichtet. Im Verhältnis zum Mieter stehen die Nachzahlungsansprüche dem Erwerber zu. Für ein Guthaben des Mieters muss der Erwerber einstehen. Der Erwerber hat einen Anspruch gegenüber dem Veräußerer auf Mitwirkung an der Erstellung der Abrechnung. Zur Erfüllung dieser Mitwirkungspflicht muss der Veräußerer eine Abrechnung betreffend seine Eigentumszeit erstellen und diese dem Erwerber zuleiten. Der Erwerber muss diese Abrechnung sodann in die dem Mieter geschuldete Jahresabrechnung einarbeiten. Ausnahmsweise kann es aber auch genügen, wenn der Veräußerer übersichtlich geordnete und inhaltlich aufbereitete Unterlagen übergibt, so dass der Erwerber in der Lage ist, diese in die Jahresabrechnung einzuarbeiten.

250 Die Parteien des Erwerbsvorgangs können die Frage der Abrechnungspflicht und des Kostenausgleichs abweichend regeln. Eine solche Regelung wirkt allerdings nur zwischen den Parteien, nicht gegenüber dem Mieter.

251 Die unter Ziff (1) dargestellte Rechtslage widerspricht dem Grundsatz des § 566 BGB, wonach die im Zeitpunkt des Eigentumswechsels noch nicht fälligen Ansprüche auf den Erwerber übergehen (s. § 566 BGB Rdn. 51). Der BGH rechtfertigt die Abkehr vom Fälligkeitsprinzip mit praktischen Erwägungen. In der Literatur wird diese Rechtsauffassung z. T. geteilt (Häublein in: MünchKomm § 566 BGB Rdn. 51; V. Emmerich in: Staudinger § 566 BGB Rdn. 55; Langenberg in: Schmidt-Futterer § 556 BGB Rdn. 292ff), teilweise aber auch (zu Recht) darauf hingewiesen, dass der Mieter durch den Eigentumsübergang einen Rechtsverlust erleiden kann, wenn der Veräußerer nicht abrechnet (so insbes. Weitemeyer in FS Blank S. 445, 450ff). Wäre der Erwerber entsprechend dem Fälligkeitsprinzip zur Abrechnung verpflichtet, so könnte der Mieter im Falle der Nichterfüllung ein Zurückbehaltungsrecht an den Vorauszahlungen geltend machen (§ 273 BGB). Weist man die Abrechnungspflicht – wie der BGH – dem Veräußerer zu, so ist die Geltendmachung eines Zurückbehaltungsrechts ausgeschlossen (Weitemeyer a.a.O.). Die gegenteilige Ansicht (Häublein in: MünchKomm § 566 BGB Rdn. 52) trifft nicht zu, weil das Zurückbehaltungsrecht an den künftigen Vorauszahlungen einen Anspruch des Mieters gegenüber dem Erwerber auf Abrechnung voraussetzt; ein solcher Anspruch besteht jedoch nur, wenn man die Abrechnungspflicht entsprechend dem Fälligkeitsprinzip dem Erwerber zuweist. Teilweise wird die Ansicht vertreten, dass der Mieter auch nach der vom BGH vertretenen Ansicht hinreichend geschützt sei, weil er nach Eigentumsübergang den Veräußerer auf Rückzahlung der Vorausleistungen in Anspruch nehmen kann, wenn dieser nicht abrechnet (OLG Naumburg Urteil vom 16.8.2011 – 9 U 16/11; C. Neumann WuM 2012, 3). Dabei wird verkannt, dass der Rückzahlungsanspruch regelmäßig eine Klagerhebung erfordert, während das Zurückbehaltungsrecht durch einfache Erklärung geltend gemacht werden kann; die jeweiligen Rechtsbehelfe können deshalb nicht als gleichwertig angesehen werden.

15. Abrechnung beim Mieterwechsel

Bei einem Mieterwechsel während des Abrechnungszeitraums ist der Vermieter 252 nicht zu einer Zwischenabrechnung verpflichtet. Bei der regulären Abrechnung am Ende des Abrechnungszeitraums müssen die für das betreffende Mietverhältnis entstandenen Betriebskosten zeitanteilig zwischen den jeweiligen Mietern aufgeteilt werden (Blank NZM 2008, 745, 748; Schmid GE 2011, 310, 315). Besonderheiten gelten für die **Heiz- und Warmwasserkostenabrechnung.** Hier ist eine Zwischenablesung erforderlich (§ 9b Abs. 1 HeizkostV). Nach Beendigung der Abrechnungsperiode müssen die für die betreffende Wohnung entstandenen Heiz- und Warmwasserkosten zwischen den Nutzern aufgeteilt werden. Die Aufteilung des verbrauchsabhängigen Anteils erfolgt auf der Grundlage der Zwischenablesung. Der Festanteil der Wärmekosten ist nach der Gradtagszahlmethode aufzuteilen. Die Aufteilung aller übrigen Kosten erfolgt zeitanteilig (§ 9b Abs. 2 HeizkostV). Wegen der Kosten der Zwischenablesung s. Rdn. 41). Abweichende Vereinbarungen sind möglich (§ 9b Abs. 4 HeizkostV). Unterbleibt eine Zwischenablesung aus Gründen, die der Vermieter nicht zu vertreten hat, so sind die Wärmekosten nach der Gradtagszahlmethode und alle übrigen Kosten zeitanteilig aufzuteilen. Ist die unterlassene Abrechnung vom Vermieter zu vertreten, so gilt dasselbe; allerdings sind die Anteile der Nutzer jeweils um 15% zu kürzen (§ 12 Abs. 1 HeizkostV; LG Hamburg NJW-RR 1988, 907; **a. A.** AG Offenbach ZMR 2005, 960 m.abl.Anm. Walz: danach ist die Abrechnung in einem solchen Fall nicht fällig). Werden **Betriebskosten nach** dem **Verbrauch** erfasst (Wasser, Müll), so ist ebenfalls eine Zwischenablesung erforderlich. Wegen des Anspruchs des Vermieters auf die Vorauszahlungen bei vorzeitiger Rückgabe s. § 546 Rdn. 17; wegen der Kosten s. Rdn. 41.

16. Abrechnung bei Zwangsverwaltung

Der Zwangsverwalter ist verpflichtet, über die Betriebskosten abzurechnen. Der 253 Umfang dieser Pflicht ist in Rechtsprechung und Literatur streitig. Drei Ansichten werden vertreten: Nach einer Ansicht muss der Zwangsverwalter nur über diejenigen Betriebskostenvorauszahlungen abrechnen, die in der Zeit der Zwangsverwaltung geleistet werden (Wolf/Eckert/Ball Rdn. 1523). Nach anderer Meinung muss der Zwangsverwalter über den gesamten Abrechnungszeitraum abrechnen, wenn er während des Abrechnungszeitraums bestellt worden ist. Ein Guthaben muss der Zwangsverwalter ausbezahlen; Nachforderungen muss er einziehen (OLG Hamburg NJW-RR 1990, 151). Liegt der gesamte Abrechnungszeitraum vor der Beschlagnahme, so soll der Vermieter zur Abrechnung verpflichtet sein (LG Berlin GE 1990, 1083). Nach der **Auffassung des BGH** (NJW 2003, 2320; NJW 2006,

2626) ist der Zwangsverwalter für den laufenden und für alle zurückliegenden Abrechnungszeiträume zuständig, soweit die entsprechenden Abrechnungen fällig und noch nicht erledigt sind (ebenso: LG Zwickau WuM 2003, 271; Haarmeyer/Wutzke/Förster/Hintzen, Zwangsverwaltung § 6 ZwVerwVO Rdn. 19). In der Literatur wird hierzu die Ansicht vertreten, dass der Zwangsverwalter ein Betriebskostenguthaben nur auszahlen darf, wenn es vorhanden ist (Walke WuM 2004, 185). An dieser Ansicht trifft zu, dass der Mieter anderenfalls auf ein Haftungsvermögen zugreifen kann, das ihm ohne Zwangsverwaltung nicht zur Verfügung stünde. Nach der hier vertretenen Ansicht ergibt sich sowohl die Pflicht zur Auszahlung eines Guthabens auch in diesem Fall aus § 152 Abs. 2 ZVG. Sind die Vorauszahlungen nicht mehr vorhanden, so erfolgt die Rückzahlung letztlich zwar auf Kosten der Gläubiger. Die dadurch entstehende Besserstellung des Mieters ist aber vom Gesetz gewollt. Hat der Zwangsverwalter die Vorauszahlungen nicht erhalten muss er die Masse in Anspruch nehmen. Unter Umständen müssen die Gläubiger einen Vorschuss zahlen. Weigern sie sich, kann das Gericht die Aufhebung der Zwangsverwaltung anordnen (§ 161 Abs. 3 ZVG. Hat der Vermieter vor der Beschlagnahme Betriebskostenvorauszahlungen entgegengenommen, so muss er diese nach der hier vertretenen Ansicht gem. § 667 BGB analog an den Zwangsverwalter herausgeben (**a. A.** Heider/zur Nieden NZM 2010, 601, 605). Die **Abrechnungsfrist** des § 556 Abs. 3 BGB gilt auch für den Zwangsverwalter. Ist die Frist bereits abgelaufen, weil der Vermieter keine Abrechnung erteilt hat, so sind die Nachforderungsansprüche verloren. Wird der Zwangsverwalter erst kurz vor Ablauf der Frist bestellt, so führt dies nicht zu einer Fristverlängerung (im Ergebnis ebenso: AG Dortmund NZM 2010, 239: danach kann sich der Zwangsverwalter nicht darauf berufen, er habe die Fristüberschreitung nicht zu vertreten). Anders ist es, wenn der Zwangsverwalter keinen Zugriff auf die Abrechnungsunterlagen hat. Er muss in diesem Fall jedoch zumindest nachweisen, dass und wie genau er sich bemüht hat, diese zu erlangen (Drasdo NZM 2018, 6, 12).

17. Abrechnung bei Insolvenzverwaltung

254 **a) Insolvenz des Vermieters.** Der Insolvenzverwalter ist verpflichtet, über die Betriebskosten abzurechnen. Die Abrechnungspflicht besteht für den laufenden und für alle zurückliegenden Abrechnungszeiträume, soweit die entsprechenden Abrechnungen fällig und noch nicht erledigt sind. Wird während eines Wirtschaftsjahres das Insolvenzverfahren eröffnet, so muss der Verwalter getrennte Abrechnungen erstellen (BGH NZM 2007, 162). Ergibt sich aus der Abrechnung eine Nachzahlungsforderung zugunsten des Vermieters, so hat der Mieter diesen Betrag an den Insolvenzverwalter zu bezahlen. Erstattungsansprüche des Mieters für die Zeit bis zur Insolvenzeröffnung sind Insolvenzforderungen (§ 108 Abs. 2 InsO), für die Zeit danach handelt es sich um Masseforderungen. Nach der Rechtsprechung kann der Mieter mit einem Guthaben aus der Zeit vor der Insolvenzeröffnung gegen Mietzinsansprüche für die Zeit nach der Insolvenzeröffnung aufrechnen, weil die Aufrechnungsbefugnis wegen bereits entstandener, aber noch nicht fälliger Ansprüche gem. § 95 Abs. 1 InsO erhalten bleibt (BGH NZM 2007, 162).

255 **b) Insolvenz des Mieters.** Im Falle der Insolvenz des Mieters zählt eine Nachforderung für Betriebskosten zu den Insolvenzforderungen, wenn und soweit die Verbrauchszeit vor dem Eröffnungsbeschluss liegt. Fällt die Verbrauchszeit teils vor, teils nach dem Eröffnungsbeschluss, muss der Vermieter (wie beim Mieterwechsel) zeitanteilig abrechnen (BGH NZM 2007, 162 unter Rz 14). In der Literatur wird vertreten, dass die Enthaftungserklärung des Treuhänders an der Rechtslage nichts ändert (Flatow NZM 2011, 607, 613). Nach anderer Ansicht soll es in diesem Fall auf den Zeitpunkt der Abrechnung ankommen. Beruht die Nachforderung auf einer Abrechnung, die dem Mieter vor Wirksamwerden der Enthaftungserklärung zugegangen ist, so ist sie Insolvenzforderung; Nachforderungen aus Abrechnungen nach dem Wirksamwerden der Enthaftungserklärung sind dagegen Masseforderungen (Pape NZM 2004, 401, 410; Eckert NZM 2006, 803, 807). Ein Betriebskostenguthaben zählt zur Masse. Der Vermieter kann hiergegen mit Gegenforderungen aufrechnen (Flatow NZM 2011, 607, 612).

Nach der Aufhebung des Insolvenzverfahrens können die Insolvenzgläubiger **256** ihre restlichen Forderungen gegen den Schuldner unbeschränkt geltend machen (§ 201 Abs. 1 InsO). Dies gilt unabhängig davon, ob die jeweiligen Forderungen zur Insolvenztabelle angemeldet wurden (BGH MDR 2011, 259). Hat der Schuldner den pfändbaren Teil seiner Einkünfte für die Dauer von sieben Jahren an einen Treuhänder abgetreten und wurde ihm – wie vorliegend – mit Rücksicht hierauf Restschuldbefreiung in Aussicht gestellt, so steht dies einer Klagerhebung nicht entgegen. Während der Wohlverhaltensphase kann allerdings nicht in das Vermögen des Schuldners vollstreckt werden (§ 294 Abs. 1 InsO). Wird die Restschuldbefreiung nach Ablauf der Wohlverhaltensperiode erteilt, so erlöschen die Ansprüche der Gläubiger. Wird sie versagt, so können die Gläubiger in das Vermögen des Schuldners vollstrecken.

18. Anforderungen an die Betriebskostenabrechnung nach dem Anwendungsschreiben des BMF zu § 35a EStG

Nach § 35a Abs. 3 EStG (= § 35a Abs. 2 Satz 2 EStG a. F.) vermindert sich die **257** tarifliche Einkommensteuer auf Antrag wenn der Steuerpflichtige haushaltsnahe Dienstleistungen (§ 35a Abs. 2 Satz 1 EStG) und/oder haushaltsnahe Handwerkerleistungen (§ 35a Abs. 3 EStG) in Anspruch genommen und unbar bezahlt hat (s. dazu: Both/Both ZMR 2015, 912).

Der **Begriff „haushaltsnahe Dienstleistung"** ist gesetzlich nicht näher be- **257a** stimmt. Nach der Rechtsprechung des BFH müssen die Leistungen eine hinreichende Nähe zur Haushaltsführung aufweisen oder damit im Zusammenhang stehen. Dazu gehören hauswirtschaftliche Verrichtungen, die gewöhnlich durch Mitglieder des privaten Haushalts oder entsprechend Beschäftigte erledigt werden und in regelmäßigen Abständen anfallen (BFH NZM 2014, 601; NZM 2016, 59). Hierzu zählen das Einkaufen von Verbrauchsgütern, das Kochen, die Wäschepflege, die Reinigung und Pflege der Räume, des Gartens und auch die Pflege, Versorgung und Betreuung von Kindern und kranken Haushaltsangehörigen (BFH NZM 2016, 59). Nach dem BMF-Schreiben vom 10.1.2014 vom 15.2.2010 („Haushaltsnahe Leistungen") – GZ: IV C – S 2296-b/07/0003; DOK 2010/0014334; überarbeitet durch Schreiben vom 10.1.2014 (IV C 4 – S 2296 – b/07/0003:004 DOK 2014/0023765) zählt die **Betreuung von Haustieren** nicht zu den haushaltsnahen Dienstleistungen. Der BFH führt hierzu aus, dass die in dem genannten Schreiben geäußerte Rechtsauffassung im Gesetzeswortlaut keine Stütze findet. Vielmehr sind auch diese Leistungen steuerbegünstigt. Hierzu zählt das Füttern, die Fellpflege, das Ausführen und die sonstige Beschäftigung des Tieres oder die im Zusammenhang mit dem Tier erforderliche Reinigungsarbeiten (BFH NZM 2016, 59).

§ 556 BGB   Untertitel 2. Mietverhältnisse über Wohnraum

257b Den **Begriff der Handwerkerleistungen** definiert der BFH wie folgt: „*Handwerkerleistungen sind einfache wie qualifizierte handwerkliche Tätigkeiten, unabhängig davon, ob es sich um regelmäßig vorzunehmende Renovierungsarbeiten oder um Erhaltungs- und Modernisierungsmaßnahmen handelt ... Begünstigt werden handwerkliche Tätigkeiten, die von Mietern und Eigentümern für die zu eigenen Wohnzwecken genutzte Wohnung in Auftrag gegeben werden, z. B. das Streichen und Tapezieren von Innenwänden, die Beseitigung kleinerer Schäden, die Erneuerung eines Bodenbelags (Teppichboden, Parkett oder Fliesen), die Modernisierung des Badezimmers oder der Austausch von Fenstern. Hierzu gehören auch Aufwendungen für Renovierungs-, Erhaltungs- und Modernisierungsarbeiten auf dem Grundstück, z. B. Garten- und Wegebauarbeiten (BTDrucks 16/643, 10, und BTDrucks 16/753, 11), aber auch die Reparatur, Wartung und der Austausch von Gas- und Wasserinstallationen ...*"und führt im Anschluss hieran aus, dass die Überprüfung der Funktionsfähigkeit einer Hausanlage als vorbeugende Erhaltungsmaßnahme zu bewerten sei. Ob der Leistungserbringer in die Handwerksrolle eingetragen ist, spielt keine Rolle, weil auch die Leistungen von Kleinunternehmern i. S. von § 19 UStG sowie die Leistungen der öffentlichen Hand steuerlich privilegiert sind (BFH NZM 2015, 310; NZM 2018, 881). Dabei muss es sich allerdings „um Leistungen handeln, die in **unmittelbarem räumlichen Zusammenhang zum Haushalt** durchgeführt werden und dem Haushalt dienen". Beim Anschluss eines Gebäudes an das Abwassersystem ist nach der Ansicht des BFH NZM 2018, 881 zu unterscheiden: Eine Handwerkerleistung i. S. des § 35a EStG ist anzunehmen, wenn der Haushalt des Steuerpflichtigen erstmals an ein bestehendes öffentliches Versorgungsnetz angeschlossen wird. Die Neuanlage oder Erweiterung des öffentlichen Abwassernetzes fällt dagegen nicht unter § 35a EStG, weil hier der unmittelbare Bezug zum Haushalt fehlt. **(1)** Begünstigter Aufwand sind der Bruttoarbeitslohn, Maschinen- und Fahrtkosten; Rechnungen von Dienstleistern oder Handwerkern müssen daher zwischen diesen Kosten und den im Grundsatz nicht ansatzfähigen Materialkosten differenzieren. Die Steuerermäßigung beträgt jeweils 20%, und zwar für Handwerkerleistungen seit 1.1.2009 höchstens Euro 1.200, für haushaltsnahe Dienstleistungen seit 1.1.2009 höchstens Euro 4.000,00. **(2)** Voraussetzung für die Steuerermäßigung ist, dass der Steuerpflichtige die Aufwendungen durch Vorlage einer Rechnung und die Zahlung auf das Konto des Erbringers der Handwerkerleistung nachweist. Durch diese Regelung soll die Vergabe von Aufträgen an Schwarzarbeiter verhindert werden. **(3)** Nach dem Anwendungsschreiben kann auch der Mieter einer Wohnung die Steuerermäßigung nach § 35a EStG beanspruchen, wenn die von ihm zu zahlenden Nebenkosten Beträge umfassen, die für handwerkliche Tätigkeiten geschuldet werden und sein Anteil an den vom Vermieter unbar gezahlten Aufwendungen entweder aus der Jahresabrechnung hervorgeht oder durch eine Bescheinigung des Vermieters nachgewiesen wird (BMF-Schreiben Rdn. 24). Der Vermieter muss die Bescheinigung kostenlos erteilen (AG Berlin-Lichtenberg NZM 2012, 236; Both/Both a. a. O.). **(4)** Die **begünstigten Dienst- und Handwerkerleistungen** sind in der Anlage 1 zu den Randnummern 10 und 20 des Anwendungsschreibens beispielhaft aufgezählt (s. dazu auch Kleine Arndt NZM 2010, 267). Hierzu gehören folgende Betriebskostenpositionen (HD = Haushaltsnahe Dienstleistung; HL = Handwerkerleistung): Abfallmanagement (HD), Abflussrohrreinigung (HL), Abwasserentsorgung (HL), Wartung Breitbandkabel (HL), Dachrinnenreinigung (HL), Wartung Elektroanlagen (HL), Wartung Fahrstuhl (HL), Wartung Feuerlöscher (HL), Wartung Heizung (HL), Gartenpflege (HL), Wartung Gemeinschaftsmaschinen z. B. Waschmaschinen, Trockner (HL), Graffitibeseitigung (HL), Hauswart (HD), Hausreinigung (HL), Zähleraustausch nach dem

MessEG (HL), Schornsteinfeger (HL), Wartung Müllschlucker (HL), Straßenreinigung (HL), Wachdienst (HD), Winterdienst (HD). **Nicht begünstigt** sind folgende Leistungen: Ablesedienste für Heizung und Wasser, Aufzugnotruf, Betriebskosten Aufzug außer Wartung, Müllabfuhr (FG Köln DWW 2011, 155), Heizkosten außer Wartung, Miete für Heizkostenerfassungsgeräte oder Wasserzähler, Kosten der Betriebskostenabrechnung. **(5)** Zu den begünstigten Aufwendungen des Steuerpflichtigen gehört der Bruttoarbeitslohn einschließlich eventueller Maschinen- und Fahrkosten. Materialkosten zählen nicht zu den begünstigten Aufwendungen (BMF-Schreiben Rdn. 35). **(6)** Der Mieter muss den auf ihn entfallenden Anteil der Aufwendungen gegenüber dem Finanzamt nachweisen. Der Nachweis erfolgt (BMF-Schreiben Rdn. 24) entweder durch den gesonderten Ausweis der begünstigten Handwerkerleistungen in der Jahresabrechnung oder durch eine Bescheinigung des Vermieters. **(7)** Damit der Mieter den Steuerabzug nach § 35a EStG geltend machen kann, muss der Vermieter entweder in der Abrechnung die entsprechenden Kosten ausweisen oder eine gesonderte Bescheinigung erteilen. Der Vermieter hat ein Wahlrecht; ein Anspruch des Mieters auf Ausstellung einer Bescheinigung besteht nicht (LG Berlin Urteil vom 18.10.2017 – 18 S 339/16; Beck GE 2007, 1540, 1541). Nach der Ansicht des LG Berlin a.a.O. muss der Vermieter die Abrechnung gem. §§ 241, 242 BGB so gestalten, dass der Mieter diejenigen Kosten abgrenzen und beziffern kann, die ihm gerade für erbrachte Dienstleistungen berechnet werden. Eine entgegenstehende Formularklausel ist unwirksam. Im Einzelnen gilt: Bei Pauschalrechnungen ist der auf Dienstleistungen entfallende Anteil auszuweisen, soweit dieser in den Rechnungen angegeben ist. Eine ausdrückliche Bestätigung des Vermieters, dass dessen Zahlungen auf die zu Grunde liegenden Rechnungen unbar erfolgten, ist entbehrlich; der Vermieter muss lediglich etwaige Barzahlungen offenlegen und beziffern. Soweit der Mieter den Umfang der haushaltsnahen Leistungen durch bloße Vorlage der Betriebskostenabrechnung gegenüber dem Finanzamt nachweisen kann, schuldet der Vermieter keine weitere Erläuterung. In der Regel gilt dies für solche Kostenpositionen, die offenkundig durch Dienst- oder Handwerkerleistungen erbracht werden, wie beispielsweise die „Hausreinigung", die „Gartenpflege", oder die Kosten für den Hauswart. Etwas anderes gilt hinsichtlich solcher Kostenpositionen, in denen neben den Kosten für Dienst- oder Handwerkerleistungen auch Beträge für Warenlieferungen enthalten sind. Dies gilt etwa für die Kosten „Frischwasser" und „Entwässerung." Hier sind die anteiligen Kosten für Arbeiten an Zu- und Ableitungen sowie für die Wartung begünstigt. Insoweit schuldet der Vermieter eine Erläuterung aus der sich der Anteil der Dienst- oder Handwerkerleistungen ergibt. Bis zur Erteilung der Bescheinigung oder Erläuterung steht dem Mieter ein Zurückbehaltungsrecht an der Nachzahlung und den künftigen Vorauszahlungen zu (Schmid GE 2011, 310, 318). Ein Muster einer Bescheinigung findet man in der Anlage 2 zum BMF-Schreiben vom 26.10.2007. Obwohl die Einkommensteuererklärung nach § 149 Abs. 2 AO grundsätzlich bis zum 31.5. des Folgejahres abzugeben ist, kann der Mieter nicht verlangen, dass ihm vor Zugang der Abrechnung eine zur Vorlage beim Finanzamt geeignete Bescheinigung ausgehändigt wird (Kinne GE 2007, 764). Ebenso wenig ist der Vermieter verpflichtet, bereits zu diesem Zeitpunkt über die Betriebskosten abzurechnen (Kinne a.a.O.). Für den Ausweis der steuerlichen Angaben in der Abrechnung kann der Vermieter keine gesonderte Vergütung verlangen; nichts anderes kann für die Ausstellung einer gesonderten Bescheinigung gelten (LG Berlin Urteil vom 18.10.2017 – 18 S 339/16; Schmid GE 2011, 310, 316; Herrlein WuM 2007, 56; Both/Both a.a.O.; **a. A.** Beuermann GE 2007, 336). **(8)** Für die

§ 556 BGB Untertitel 2. Mietverhältnisse über Wohnraum

Betriebskostenabrechnung gilt: Umlagefähig sind nach wie vor die für die jeweilige Betriebskostenposition entstandenen Gesamtkosten, also die Lohn- und die Materialkosten. Zudem sollte in der Betriebskostenabrechnung erläutert werden, ob und in welcher Höhe in der jeweiligen Betriebskostenposition Materialkosten enthalten sind (z. B. Kosten für die Erneuerung von Pflanzen und Erde bei den Gartenpflegekosten). **(9)** Der Vermieter muss darauf achten, dass der Handwerker eine spezifizierte Rechnung erstellt und dass die Bezahlung unbar erfolgt. In der Akzeptanz unspezifizierter Rechnungen oder in der Barzahlung liegt ein Verstoß gegen den Wirtschaftlichkeitsgrundsatz (§ 556 Abs. 3 Satz 1 BGB), der den Vermieter zum Schadensersatz verpflichten kann. Der Schaden des Mieters besteht hierbei im Verlust der Steuervorteile, die er im Falle einer dem Anwendungsschreiben entsprechenden Praxis erhalten hätte.

19. Umsatzsteuer

257c   Der Mieter ist jedenfalls dann zur Zahlung von Umsatzsteuer auf die Betriebskosten verpflichtet, wenn dies vertraglich vereinbart ist. Dies gilt auch bei Vermietung von Räumen zum Betrieb einer Arztpraxis. Zwar sind ärztliche Leistungen umsatzsteuerfrei; auf die steuerliche Rechtslage kommt es allerdings nicht an. OLG Düsseldorf Urteil vom 9.7.2015 – 10 U 126/14) Bei wirksamer vertraglicher Regelung (s. § 535 Rdn. 631–641) gelten folgende Grundsätze (s. dazu Schütz NZM 2014, 417): **(1)** Der Vermieter ist gem. § 14 Abs. 2 Nr. 2 UStG verpflichtet, dem Mieter eine Rechnung zu erteilen. Aus dieser muss sich ergeben: Name und Anschrift des Vermieters und des Mieters, die Steuer- oder Umsatzsteuer-IDNr. des Vermieters, das Rechnungsdatum, die Rechnungsnummer, der Steuersatz und der Steuerbetrag. **(2)** Es genügt, wenn der Mietvertrag diese Daten enthält; dieser wird dann als Dauerrechnung vom Finanzamt anerkannt. **(3)** Der Mieter schuldet die Umsatzsteuer auf die Vorauszahlungen und auf den Abrechnungsbetrag. Soweit in der Abrechnung Leistungen enthalten sind, die dem Vermieter mit Umsatzsteuer in Rechnung gestellt wurden (z. B. Heizöl), sind in der Abrechnung nur die Nettobeträge anzusetzen. Von der Abrechnungssumme sind die Vorauszahlungen einschließlich der darin enthaltenen Umsatzsteuer abzuziehen. **(4)** Die Betriebskostenabrechnung bedarf einer gesonderten Rechnungsnummer. Für Kleinbeträge bis 150.– € (maßgeblich ist das Bruttoergebnis der Abrechnung) gelten Erleichterungen (§ 33 UStDV). Der Mieter muss auf Grund der Abrechnung in der Lage sein, gegenüber dem Finanzamt die Vorsteuer anzugeben. **(5)** Entspricht die Betriebskostenabrechnung nicht den steuerrechtlichen Anforderungen, so steht dem Mieter gem. § 273 Abs. 1 BGB ein Zurückbehaltungsrecht zu. Dieses besteht auch dann hinsichtlich des gesamten Nachzahlungsbetrags, wenn lediglich einzelne Rechnungsposten fehlerhaft ausgewiesen sind (Schütz NZM 2014, 417, 419).

20. Betriebskostenabrechnung und Datenschutz

257d   Enthält eine Betriebskostenabrechnung personenbezogene Daten anderer Mieter, die Aufschluss über deren Wohnverhältnisse oder Verbrauchsverhalten geben, so sind die Regelungen BDSG zu beachten. Nach § 28 Abs. 1 Nr. 2 BDSG ist das „Erheben, Speichern, Verändern oder Übermitteln personenbezogener Daten oder ihre Nutzung als Mittel für die Erfüllung eigener Geschäftszwecke" unter anderem zulässig, soweit es zur Wahrung berechtigter Interessen des Vermieters erforderlich ist und kein Grund zu der Annahme besteht, dass das schutzwürdige Interesse des Mieters an dem Ausschluss der Verarbeitung oder Nutzung überwiegt. Über die Frage ob und welche Daten anderer Mieter in die Betriebskostenabrechnung aufzunehmen sind, ist im Wege einer Interessenabwägung unter Berücksichtigung anerkannter Abrechnungsgrundsätze zu entscheiden. Werden Betriebskosten nach dem Verhältnis der Wohnflächen oder nach Kopfteilen umgelegt, so darf der Vermieter die Wohnflächen anderer Mieter oder die Belegungszahl der Wohnungen in der Betriebskostenabrechnung angeben. Vergleichbares gilt für Ableseprotokolle bei der Verwendung von Heizkostenverteilern, weil der jeweilige Mieter ansonsten die Abrechnung nicht überprüfen kann. An der Kenntnis von Daten, die für die Nachvollziehbarkeit der Abrechnung ohne Bedeutung sind, hat der Mieter dagegen kein Interesse. Gegebenenfalls sind solche Daten aus der Abrechnung zu entfernen.

VI. Abweichende Vereinbarungen/Beweislast/ Übergangsregelung

Die Regelung des § 556 BGB kann – bis auf Abs. 2 Satz 1 – nicht zu Lasten des **258** Mieters abbedungen werden. Unwirksam ist demgemäß eine Regelung, wonach der Mieter über die Betriebskosten hinaus **weitere Nebenkosten** zu tragen hat. Dies bedeutet, dass der Vermieter die sonstigen Mietnebenkosten (Verwaltungskosten, Kapitalkosten, Instandhaltungskosten, Abschreibung, Mietausfallwagnis, Umlageausfallwagnis) bei der Kalkulation der Grundmiete berücksichtigen muss. Davon ist die Frage zu unterscheiden, ob der Mieter neben der Grundmiete und den laufenden Betriebskosten auch die sonstigen Nebenkosten in Höhe eines festen, gleichbleibenden Betrages bezahlen soll (s. Rdn. 5). Eine **Betriebskostenpauschale** kann nicht indexiert werden (Schmid WuM 2001, 424). Der in Abs. 3 Satz 1 geregelte **Abrechnungszeitraum** ist zwingend. Grundsätzlich können weder kürzere noch längere Zeiträume vereinbart werden. Eine Ausnahme gilt dann, wenn das Mietverhältnis kein volles Jahr dauert. Der BGH (NJW 2011, 2878 = WuM 2011, 511 = NZM 2011, 624) erachtet einen Vertrag über die Verlängerung des Abrechnungszeitraums außerdem für wirksam, wenn die Vereinbarung **(1)** nach dem Abschluss des Mietvertrags getroffen wird, **(2)** eine einmalige Verlängerung der jährlichen Abrechnungsperiode zum Inhalt hat und **(3)** eine Umstellung auf eine kalenderjährliche Abrechnung beabsichtigt wird. Die Entscheidung beruht letztlich auf der Erwägung, dass ein Vertrag mit dieser Zielsetzung kaum Nachteile für den Mieter mit sich bringt. Deshalb erscheint eine einschränkende Auslegung des § 556 Abs. 4 BGB gerechtfertigt. Alternativ können die Parteien in einem solchen Fall statt einer einmaligen Verlängerung auch eine einmalige Verkürzung des Abrechnungszeitraums vereinbaren. Die in Abs. 3 Satz 2 geregelte **Abrechnungsfrist** kann vertraglich verkürzt (BGH NZM 2016, 307), aber nicht verlängert werden. Die **Ausschlussfrist** (Abs 3 Satz 3) ist unabdingbar; jedoch kann die Berufung des Mieters auf den verspäteten Zugang der Abrechnung im Einzelfall gegen § 242 BGB verstoßen. Die Regelungen in **Abs. 3 Satz 5 und 6** sind dagegen abdingbar.

Die Regelung in § 556 Abs. 4 BGB gilt nur für solche Vereinbarungen, durch die **259** die Rechte des Mieters generell ausgeschlossen oder beeinträchtigt werden. Der Mieter ist aber nicht gehindert, im Einzelfall auf einen ihm zustehenden Anspruch zu verzichten (Lützenkirchen/Dickersbach ZMR 2006, 821). Deshalb können die Parteien im Einzelfall vereinbaren, dass durch die Vorauszahlungen alle Betriebskosten abgegolten sein sollen. Ist in einem Rückgabeprotokoll vereinbart, dass „keine gegenseitigen Forderungen" mehr bestehen, entfällt auch die Verpflichtung des Vermieters zur Abrechnung von Betriebskosten (AG Münster/LG Münster WuM 2008, 728).

260 **Beweislast:** Die Beweislast für eine wirksame Betriebskosten – Umlagevereinbarung trägt der Vermieter. Ist streitig, ob die Parteien die Betriebskosten als Pauschale oder als Vorauszahlung vereinbart haben, so ist diejenige Partei beweispflichtig, die aus dem behaupteten Inhalt der Vereinbarung Rechte für sich herleiten will. Klagt der Vermieter auf Zahlung restlicher Betriebskosten, so muss er beweisen, dass der Mieter nur Vorauszahlungen zu leisten hatte. Bei einer Klage des Mieters auf Abrechnung muss der Mieter beweisen, dass Vorauszahlungen geschuldet sind. Für die Angemessenheit der Höhe der Vorauszahlungen ist der Vermieter beweispflichtig. Ebenso muss der Vermieter beweisen, dass dem Mieter vor Ablauf der Abrechnungsfrist eine den Erfordernissen der Rechtsprechung genügende Abrechnung zugegangen ist. Wegen der Beweislast für die Beachtung des Wirtschaftlichkeitsgrundsatzes s. Rdn 154. Die Beweislast für ein fehlendes Verschulden bei der Fristüberschreitung hat ebenfalls der Vermieter zu beweisen; dies folgt aus der Formulierung: „es sei denn". Die Einhaltung der Einwendungsfrist und ein fehlendes Verschulden an der Fristüberschreitung ist dagegen vom Mieter zu beweisen.

261 Die Darlegungs- und Beweislast für die **inhaltliche Richtigkeit der Abrechnung,** also für die richtige Erfassung, Zusammenstellung und Verteilung der angefallenen Betriebskosten auf die einzelnen Mieter, trifft den Vermieter (BGH Urteil vom 7.2.2018 – VIII ZR 189/17, Rdn. 12). Bei sachgerechter Beurteilung der Beweislastverteilung muss sich das Gericht von der Zuverlässigkeit und Korrektheit der vom Vermieter vorgenommenen Verbrauchserfassung, Zusammenstellung und Verteilung überzeugen sowie die dazu vom Vermieter angebotenen Beweise erheben (BGH a. a. O.). Insbesondere muss der Vermieter beweisen, dass die in der Abrechnung enthaltenen **Verbrauchswerte** zutreffen. Sind diese Werte schriftlich festgehalten und hat der Mieter den **Ablesebeleg** unterzeichnet, so sind die Grundsätze über die Umkehr der Beweislast anwendbar (KG GE 2008, 122, GE 2010, 1268; J.B. Schuhmacher WuM 2005, 509). In diesem Fall muss der Mieter beweisen, dass die abgerechneten Werte nicht der Wirklichkeit entsprechen. Hierzu muss der Mieter vortragen, welche tatsächlichen Verbrauchswerte das Messgerät angezeigt hat; ein einfaches Bestreiten der Verbrauchswerte genügt nicht (LG Berlin NZM 2011, 583). Anders ist es, wenn das Gebäude einem gewerblichen Zwischenmieter überlassen wurde und die Ablesebelege vom Endmieter unterzeichnet werden. In einem solchen Fall muss sich der Zwischenmieter die Unterzeichnung durch den Endmieter nur zurechnen lassen, wenn er diesen zur Unterzeichnung der Belege bevollmächtigt hat (KG a.a.O.). Eine stillschweigende Bevollmächtigung ist nach der Ansicht des KG in Erwägung zu ziehen, wenn der Ablesetermin dem Zwischenmieter bekannt gegeben wird und gleichwohl kein Beauftragter des Zwischenmieters an der Ablesung teilnimmt. Kann der Vermieter die Höhe einzelner Betriebskosten nicht beweisen, weil die entsprechenden Belege nicht vorhanden sind, so sind die nach der Wahrscheinlichkeit entstandenen Kosten gem. § 287 ZPO zu schätzen. Hierbei kann sich das Gericht an den in den vorangegangenen Wirtschaftszeiträumen abgerechneten Kosten orientieren (OLG Hamm Urteil vom 9.12.2016 – 30 U 14/16).

Nimmt der Mieter den Vermieter auf Rückzahlung überzahlter Betriebskosten 261a
in Anspruch, so trägt der Mieter als Kondiktionsgläubiger die Beweislast für die materielle Unrichtigkeit der Abrechnung als fehlendem Rechtsgrund für die geleistete Nachzahlung (LG Berlin GE 2016, 915). Dies gilt auch dann, wenn der Mieter die in der Abrechnung ausgewiesene Nachforderung unter Vorbehalt bezahlt hat. Dabei handelt es sich um einen einfachen Vorbehalt, durch den die Wirkung des § 814 BGB ausgeschlossen werden soll. Der einfache Vorbehalt führt zur Erfüllung mit der weiteren Folge, dass die Beweislast für den fehlenden Rechtsgrund dem Mieter obliegt.

VII. Die Betriebskosten der vermieteten Eigentumswohnung

Bei der Abrechnung der Betriebskosten der vermieteten Eigentumswohnung 262
werden im Wesentlichen zwei im Ansatz verschiedene Methoden praktiziert.

1. Methode der gebäudebezogenen Kostenerfassung

a) Grundzüge. Nach der Methode der gebäudebezogenen Kostenerfassung gelten bei der Abrechnung der Betriebskosten einer vermieteten Eigentumswohnung durch den Vermieter die allgemeinen Regeln des Mietrechts (BGH NJW 1982, 573; LG Düsseldorf DWW 1990, 207; AG Leipzig WuM 2007, 197; Jennißen NJW 2002, 236; Riecke ZMR 2001, 77; WuM 2003, 309). Die Gesamtbetriebskosten sind nach dieser Methode identisch mit denjenigen Betriebskosten, die bei der Eigentümergemeinschaft insgesamt anfallen. Von diesen Kosten kann der Vermieter einen Teil auf den Mieter umlegen, wenn dies im Mietvertrag vereinbart ist. Für die vom Vermieter gegenüber dem Mieter geschuldete Abrechnung gelten die in § 556 Abs. 3 Satz 2 und 3 geregelten Fristen. Auf den Zeitpunkt des Vorliegens der Verwalterabrechnung und der Beschlussfassung der Eigentümer über diese Abrechnung kommt es nicht an (BGH Urt. v. 25.1.2017 – VIII ZR 249/15; Beschluss vom 14.3.2017 – VIII ZR 50/16 s. weiter Rdn. 209, 209a). Der Vermieter muss zunächst an Hand der Verwaltungsunterlagen ermitteln, welche Kosten (nicht Ausgaben) im Wirtschaftsjahr entstanden sind (LG Düsseldorf DWW 1988, 210; Geldmacher DWW 1997, 167; Münstermann-Schlichtmann in: FS Deckert S. 271, 280; Riecke WE 2002, 220; ders. in: FS Deckert, S. 353, 374; Schmid DWW 1990, 351; Artz in: Staudinger § 556 BGB Rdn. 117). Die Jahresabrechnung kann also nicht als Abrechnungsgrundlage verwendet werden. Aus den Gesamtkosten müssen alle Kosten ausgeschieden werden, die nicht zu den Betriebskosten gehören. Das sind insbesondere die Verwaltungs- und die Instandhaltungskosten. Bei gemischt genutzten Gebäuden ist unter Umständen ein Vorwegabzug der auf die gewerblichen Einheiten entfallenden Betriebskosten erforderlich. Die so ermittelten Gesamtbetriebskosten sind nach dem im Mietvertrag vereinbarten Maßstab auf die Mieter umzulegen. Fehlt eine vertragliche Regelung, so ist nach dem Verhältnis der Wohnflächen umzulegen. Der Vermieter muss die Gesamtwohnfläche des Gebäudes feststellen und diese zu der Fläche der vermieteten Wohnung in Beziehung setzen. Der zwischen den Wohnungseigentümern maßgebliche Umlageschlüssel darf nur verwendet werden, wenn dieser mit dem mietvertraglichen Maßstab übereinstimmt. Ist im Mietvertrag eine Verteilung der Betriebskosten nach dem Verhältnis der Wohnflächen vorgesehen, so entspricht eine Kostenverteilung nach dem Verhältnis der Miteigentumsanteile nicht den vertraglichen Vereinbarungen. Ein aus der Betriebskostenabrechnung sich er-

§ 556 BGB Untertitel 2. Mietverhältnisse über Wohnraum

gebender Nachzahlungsanspruch wird nicht fällig (LG München I ZMR 2003, 431; ebenso: Münstermann-Schlichtmann in: FS Deckert, S. 271, 286). Die Verwendung des mietvertraglichen Umlagemaßstabs kann unter Umständen dazu führen, dass der Vermieter mehr Kosten auf den Mieter umlegen kann, als ihm selber entstehen. Der umgekehrte Fall kann ebenfalls eintreten. Die h. M. löst dieses Problem wie folgt: Kann nach dem mietvertraglich vereinbarten Maßstab nur ein Teil der Kosten umgelegt werden, so hat es hierbei sein Bewenden. Der Vermieter muss einen Teil seiner Kosten selbst tragen, weil er einen ungünstigen Umlagemaßstab gewählt hat. Andererseits wird der vom Mieter zu tragende Kostenanteil aber durch die reale Kostenbelastung des Vermieters begrenzt. Es gilt der Grundsatz, dass der Vermieter nicht mehr Kosten umlegen kann, als ihm selbst entstehen (Langenberg in: Schmidt-Futterer § 556 BGB Rdn. 385; Münstermann-Schlichtmann in: FS Deckert S. 271, 286). Hieraus ergibt sich, dass der Vermieter über die Betriebskosten erst abrechnen kann, wenn er die Jahresabrechnung kennt. Erst dann kann er beurteilen, ob das nach mietrechtlichen Grundsätzen gefundene Abrechnungsergebnis gekappt werden muss. Auch für die **Betriebskostenabrechnung** gelten die allgemeinen mietrechtlichen Grundsätze. Nach h. M. sind die **Belege des Vermieters** identisch mit den Belegen der Gemeinschaft (Artz in: Staudinger § 556 BGB Rdn. 113; **a. A.** Lammel Wohnraummietrecht § 556 BGB Rdn. 159: danach hat der Mieter nur ein Recht zur Einsicht in die Verwalterabrechnung). Der Vermieter darf dem Mieter Einsicht in die Verwaltungsunterlagen anbieten, da er als Eigentümer vom Verwalter ohne weiteres Einsicht in die Abrechnungsunterlagen verlangen kann (OLG Hamm ZMR 1998, 586 m. w. N.; BayObLG NZM 2000, 873); dies gilt auch bei großen Wohnanlagen (BayObLG NZM 2000, 873). Der Eigentümer darf den Mieter ermächtigen, die Unterlagen beim Verwalter einzusehen, und zwar auch dann, wenn die Abrechnung durch Beschluss der Eigentümer bestandskräftig geworden ist (LG Frankfurt/Main WuM 1997, 52). Befindet sich das Verwalterbüro an einem anderen Ort als das Wohnungs- oder Teileigentum, etwa bei einer überörtlich arbeitenden Verwaltungsgesellschaft, so sind die Verwaltungsunterlagen in der Eigentumsanlage selbst (Drasdo in: Bub/Treier Kap VII Rdn. 162), zumindest aber am Ort des Mietobjekts (OLG Köln NZM 2002, 221) zur Einsicht bereit zu halten.

263 **b) Mietvertragliche Alternativen. aa) Vereinbarung des Abflussprinzips.** In Rechtsprechung und Literatur ist streitig, ob der Vermieter die Betriebskosten nach dem Abflussprinzip abrechnen kann (bejahend: BGH W 2008, 1300 = WuM 2008, 223 = NZM 2008, 277; OLG Düsseldorf Urt. v. 9.7.2015 – 10 U 126/14) in der Eigentümergemeinschaft praktizierte Kostenerfassung Grundlage der Betriebskostenabrechnung sein soll (OLG Schleswig WuM 1991, 333; Sternel PiG 55 (1998) S. 79, 95; von Seldeneck, Betriebskosten im Mietrecht, Rdn. 3020; Lützenkirchen, ZWE 2003, 99, 103 mit Formulierungsvorschlägen; s. auch Langenberg in: Schmidt-Futterer § 556 BGB Rdn. 317: Im Grundsatz ja, aber mit erhöhter Erläuterungspflicht) oder ob eine solche Regelung gegen ein zwingendes mietrechtliches Abrechnungsprinzip verstößt (AG Hagen DWW 1990, 211; AG Tübingen WuM 1991, 122; AG Neuss DWW 1993, 296; Geldmacher DWW 1997, 165, 167; Schmid, Handbuch der Mietnebenkosten Rdn. 5040; Münstermann-Schlichtmann in: FS Deckert S. 271, 278). Geht man mit den Vertretern der Methode der gebäudebezogenen Kostenerfassung von einem einheitlichen Betriebskostenbegriff aus, so lässt sich eine solche Vereinbarung schwerlich rechtfertigen. Denn danach hat der Betriebskostenbegriff eine doppelte Bedeutung. Er besagt zum einen, dass nur die Betriebskosten im Sinne des § 27 der II. BV (oder nach

§ 2 BetrKV) auf den Mieter umgelegt werden dürfen. Er schließt darüber hinaus auch aus, dass anstelle der im Wirtschaftsjahr entstehenden Kosten die dort getätigten Ausgaben auf den Mieter umgelegt werden. Eine auf dem Abflussprinzip beruhende Abrechnung kann dem Mieter nachteilig sein. Deshalb kann sie auch nicht vertraglich vereinbart werden (556 Abs. 4 BGB).

bb) Vereinbarung des Umlagemaßstabs der Wohnungseigentümer als 264 **Umlagemaßstab für die Betriebskosten.** Die Mietvertragsparteien können vereinbaren, dass die Betriebskosten nach dem Verhältnis der Miteigentumsanteile umgelegt werden sollen (OLG Braunschweig WuM 1999, 173; OLG Hamm WuM 1981, 62; Münstermann-Schlichtmann in: FS Deckert S. 271, 286; Lützenkirchen, ZWE 2003, 99, 115; Riecke in: FS Deckert S. 353, 379). Dies gilt grundsätzlich auch dann, wenn die Miteigentumsanteile nicht entsprechend der Wohnflächenanteile gebildet worden sind (LG Düsseldorf DWW 1988, 210). Nach § 556a BGB können die Parteien grundsätzlich jeden beliebigen Umlagemaßstab wählen; lediglich offenbar unbillige Maßstäbe scheiden nach § 242 BGB aus. Hiervon ist etwa auszugehen, wenn die Miteigentumsanteile nach dem für die einzelne Wohnung erforderlichen Kostenaufwand erstellt worden sind (Jennißen, Die Verwalterabrechnung nach dem Wohnungseigentumsgesetz Rdn. V 20). Gleiches gilt, wenn die Miteigentumsanteile unter Berücksichtigung von Sondernutzungsflächen gebildet wurden und dem Mieter nicht das gesamte Sondereigentum einschließlich der Sondernutzungsflächen vermietet worden ist (Langenberg in: Schmidt-Futterer § 556a BGB Rdn. 31; Lützenkirchen, ZWE 2003, 99, 115; von Seldeneck, Betriebskosten im Mietrecht, Rdn. 3246).

Wird im Mietvertrag ganz allgemein auf den für die Verteilung der Kosten und 265 Lasten maßgeblichen Maßstab Bezug genommen, so muss der Mieter eine zumutbare Möglichkeit erhalten, von diesem Maßstab Kenntnis zu nehmen (§ 305 BGB). Der Vermieter muss diesen Maßstab also vor Vertragsschluss mitteilen.

Schließlich stellt sich die Frage, wie sich eine **Änderung des Umlageschlüs-** 266 **sels** durch die Wohnungseigentümer (dazu BGH WuM 2011, 381) auf den Mietvertrag auswirkt. Nach mietvertraglichen Grundsätzen kann die Bestimmung des Umlagemaßstabs nicht der einseitigen Bestimmung durch den Vermieter überlassen werden. Die Parteien müssen sich beim Vertragsschluss auf einen bestimmten Umlagemaßstab einigen, anderenfalls gilt nach § 556a BGB der gesetzliche Maßstab. Eine einseitige Änderungsmöglichkeit durch den Vermieter ist im Gesetz nicht vorgesehen (Blank DWW 1992, 69; Kinne GE 1998, 843; **a. A.** Langenberg in: Schmidt-Futterer § 556a BGB Rdn. 18: Änderungsrecht auf Grund von sachlichen Veränderungen). Sie kann auch nicht vereinbart werden (Lammel Wohnraummietrecht § 556 BGB Rdn. 15, 16), weil abweichende Vereinbarungen zum Nachteil des Mieters unwirksam sind. Daraus folgt, dass der bei Vertragsschluss vereinbarte Umlageschlüssel während der gesamten Vertragszeit unverändert bleibt. Beschließen die Wohnungseigentümer eine Änderung des Verteilungsschlüssels für Kosten und Lasten, so wirkt sich dies grundsätzlich nicht auf den Mietvertrag aus (Derleder WuM 2008, 444, 451). Eine dynamische Verweisungsklausel (Die Umlage der Betriebskosten erfolgt nach dem jeweils für die Wohnungseigentumsanlage maßgeblichen Schlüssel) verstößt gegen das Transparenzgebot (Derleder a. a. O.). Ausnahmsweise kommt eine Vertragsanpassung nach § 313 BGB in Betracht, wenn sie nach einer Interessenabwägung für beide Parteien zumutbar ist, einen möglichst geringen Eingriff in die bisherige Regelung mit sich bringt und einen optimalen Interessenausgleich bietet (Derleder a. a. O.).

267 **cc) Vereinbarung der Jahresabrechnung als Grundlage der Betriebskostenabrechnung.** Eine wirksame Betriebskostenumlage setzt voraus, dass der Mieter auf Grund der Umlagevereinbarung erkennen kann, welche Kosten er neben der Grundmiete zu tragen hat. Maßgeblich hierfür ist nicht der soziale Schutz des Wohnungsmieters, sondern das im Rahmen eines Dauerschuldverhältnisses in besonderer Weise schutzwürdige Interesse einer Vertragspartei an der eindeutigen Festlegung der von ihr geschuldeten Leistung (OLG Düsseldorf ZMR 1984, 20; OLG Düsseldorf GuT 2002, 178; OLG Düsseldorf ZMR 2003, 109). Deshalb liegt keine wirksame Umlagevereinbarung vor, wenn der Mietvertrag lediglich pauschal auf die Jahresabrechnung der Eigentümergemeinschaft oder auf die Beschlüsse der Wohnungseigentümer verweist (Langenberg in: Schmidt-Futterer § 556 BGB Rdn. 51, 318). Der Mieter kann also nicht verpflichtet werden, die sich aus der Jahresabrechnung ergebenden Betriebskosten zu zahlen (LG Hannover WuM 1985, 92; Jennißen, Die Verwalterabrechnung nach dem Wohnungseigentumsgesetz Rdn. 129; Riecke ZMR 2001, 77, 78; Artz in: Staudinger § 556 BGB Rdn. 113).

268 Aber auch **spezifizierte Umlagevereinbarungen** sind umstritten, z. B.: „Der Mieter hat die Betriebskosten im Sinne der Anlage 3 zu § 27 der II. BV/im Sinne des § 2 BetrKV zu tragen. Eine Aufstellung der Betriebskosten ist dem Mietvertrag beigefügt. Über die Betriebskosten wird jährlich abgerechnet. Die Höhe der einzelnen Betriebskostenpositionen richtet sich nach der Einzelabrechnung des Verwalters. Der Umlagemaßstab richtet sich nach der Teilungserklärung und den Beschlüssen der Wohnungseigentümergemeinschaft".

269 Die Zulässigkeit solcher oder ähnlicher Vereinbarungen wird zum Teil verneint (AG Hagen DWW 1990, 211; AG Tübingen WuM 1991, 122; AG Neuß DWW 1993, 296; Sternel, Rdn. III 304 sowie PiG 28, 120 und PiG 40, 83; Münstermann-Schlichtmann, a. a. O. S. 278) zum Teil bejaht (OLG Schleswig DWW 1990, 355 = NJW-RR 1991, 78 = WuM 1991, 333; Langenberg in: Schmidt-Futterer § 556 BGB Rdn. 383; Riecke WuM 2003, 309, 310). Teilweise wird die Auffassung vertreten, dass die Betriebskostenabrechnung bei dieser Vereinbarung auf der Basis der Jahresabrechnung erstellt werden kann, wenn im Verlauf des Wirtschaftsjahres kein Mieterwechsel stattgefunden hat (Hanke PiG 23, 116; Blank DWW 1992, 65). Die Streitfrage ist nicht allgemein zu beantworten. Beruht die Jahresabrechnung auf einer den mietrechtlichen Grundsätzen entsprechenden Kostenerfassung, so ist die hier dargestellte Regelung zulässig. Wird innerhalb der Gemeinschaft aber nach dem Abflussprinzip abgerechnet, so müssen die Vertreter der Methode der gebäudebezogenen Kostenerfassung die oben aa) dargelegten Bedenken zu berücksichtigen.

269a **c) Belegeinsicht.** (s. dazu: Schmid WuM 2015, 10). Der Vermieter kann den Mieter ermächtigen, die Abrechnungsbelege beim Verwalter einzusehen. Die Einsichtnahme hat in den Geschäftsräumen des Verwalters zu erfolgen. Dies gilt im Grundsatz auch dann, wenn der Sitz der Verwaltung nicht am Ort der Wohnung ist; bei größerer Entfernung hat der Mieter allerdings Anspruch auf Überlassung von Kopien der Belege. Die hierfür entstehenden Kosten sind vom Vermieter zu tragen. Der Verwalter ist nicht verpflichtet, die Belege zu erläutern; jedoch hat der Mieter im Bedarfsfall einen entsprechenden Anspruch gegenüber dem Vermieter.

2. Methode der wohnungsbezogenen Kostenerfassung

Diese Methode beruht auf der Erwägung, dass der Eigentumswohnung ein spezieller Betriebskostenbegriff zugeordnet ist. Diese Unterscheidung ist notwendig, weil sich der Wohnungseigentümer in einer anderen rechtlichen und wirtschaftlichen Situation befindet, als der Eigentümer eines Mehrfamilienhauses. Zwar entstehen auch bei der Vermietung einer Eigentumswohnung Betriebskosten. Anders als der Eigentümer des Mehrfamilienhauses hat der Wohnungseigentümer aber nichts zu verteilen, weil er nur einen Mieter hat. Insofern ist er aus wirtschaftlicher und rechtlicher Sicht dem Eigentümer eines Einfamilienhauses vergleichbar. Die Regelungen über die Kostenverteilung können deshalb weder auf den Eigentümer des Einfamilienhauses noch auf den Wohnungseigentümer angewendet werden. Vielmehr gilt für diese Gruppe der Vermieter ein eigener Betriebskostenbegriff. Hieraus ergeben sich Regeln für die Kostenerfassung und -abrechnung, die von den allgemeinen mietrechtlichen Grundsätzen abweichen. 270

a) Betriebskosten der Eigentumswohnung. Nach der Methode der wohnungsbezogenen Kostenerfassung (LG Mannheim WuM 1996, 630; Blank DWW 1992, 65; WuM 2000, 523; NZM 2004, 365) ist im Ansatz zu unterscheiden zwischen den Betriebskosten des Sondereigentums und den Betriebskosten des Gemeinschaftseigentums. Zu den **Betriebskosten des Sondereigentums** gehören beispielsweise die Grundsteuer, die Betriebskosten einer im Sondereigentum stehenden Etagenheizung, die Kosten der Reinigung und Wartung von vermietereigenen Warmwassergeräten oder Wartungskosten für eine vermietereigene Antenne. Diese Kosten entstehen unmittelbar beim Eigentümer und ausschließlich für die vermietete Wohnung. Der Eigentümer kann diese Kosten an den Mieter weitergeben, falls der Mietvertrag eine solche Regelung enthält. Das Problem der Kostenverteilung stellt sich nicht: Eine Kostenverteilung kommt nur in Betracht, wo Gesamtkosten zwischen mehreren Nutzern verteilt werden müssen. Die **Betriebskosten des Gemeinschaftseigentums** bestehen in dem Anteil des Eigentümers an den sonstigen Lasten und Kosten im Sinne von § 16 Abs. 2 WEG. Dies gilt allerdings nur, soweit es sich dabei um Kosten handelt, die vom Betriebskostenbegriff des § 2 BetrKV erfasst werden. Für diese Kosten ist kennzeichnend, dass sie erst durch den Beschluss der Wohnungseigentümer über die Gesamt- und Einzelabrechnung entstehen. Haben die Wohnungseigentümer einen entsprechenden Mehrheitsbeschluss gefasst, so steht fest, dass der Eigentümer den in der Einzelabrechnung ausgewiesenen Betrag an die Gemeinschaft zu zahlen hat. Streitig ist, ob die Jahresabrechnung bereits vor der Beschlussfassung Grundlage der Betriebskostenabrechnung sein kann (s. dazu Rdn. 209 und 209a). Der Umstand, dass der Beschluss über die Abrechnung angefochten wird, hat auf die Fälligkeit jedoch auch nach der hier vertretenen Auffassung keinen Einfluss (Jennißen NZM 2002, 236; Riecke ZMR 2001, 79; **a. A.** OLG Düsseldorf ZMR 2000, 453; Geldmacher DWW 1997, 167), weil ein Beschluss der Wohnungseigentümer nur ungültig ist, wenn er vom Wohnungseigentumsgericht für ungültig erklärt wird (§ 23 Abs. 4 WEG). Der in der Einzelabrechnung ausgewiesene Betrag ist identisch mit den Betriebskosten des Vermieters. Das Problem der Kostenverteilung stellt sich auch hier nicht, weil der Vermieter nur die ihm in Rechnung gestellten Kosten an den Mieter weitergibt. 271

b) Betriebskostenabrechnung. Aus der Abrechnung des Vermieters muss sich demgemäß zunächst ergeben, welche Betriebskosten für das Sondereigentum ent- 272 standen sind. Diese Kosten kann der Vermieter in dieser Höhe an den Mieter weitergeben, falls nach den mietvertraglichen Vereinbarungen die betreffende Betriebskostenposition als umlagefähig vereinbart ist. Weiter muss sich aus der Abrechnung ergeben, welche Betriebskosten für das gemeinschaftliche Eigentum entstanden sind. Die Höhe der effektiven Kostenbelastung ergibt sich aus der Einzelabrechnung, die der Vermieter vom Verwalter der Wohnungseigentumsanlage erhalten hat. Insoweit ist darauf zu achten, dass in der Jahresabrechnung die Betriebskosten im Sinne von § 2 BetrKV und die sonstigen Nebenkosten (Verwaltungskosten, Instandhaltungskosten, Instandhaltungsrücklage, Bankgebühren) gesondert ausgewiesen sind. Die Betriebskosten kann der Vermieter an den Mieter weitergeben, falls nach den Vereinbarungen des Mietvertrags die betreffenden Betriebskostenpositionen als umlagefähig vereinbart sind. Nach dieser Ansicht kann also die Wohngeldabrechnung Grundlage der im Mietverhältnis geschuldeten Abrechnung sein.

273   c) **Belegeinsicht.** Der Beleg für die Höhe der Betriebskosten ist die Jahresabrechnung, weil sich hieraus die konkrete Kostenbelastung des Vermieters ergibt. Daraus folgt allerdings nicht, dass der Mieter nur in diesen Beleg Einsicht nehmen könnte. Vielmehr hat der Mieter auch ein Recht zur Einsichtnahme in die Belege der Verwaltung. Dieses Recht folgt allerdings nicht aus § 259 Abs. 1 BGB analog, sondern aus dem Wirtschaftlichkeitsgrundsatz (§ 556 Abs. 3 Satz 1 Hs. 2 BGB). Der Wirtschaftlichkeitsgrundsatz besagt unter anderem, dass der Vermieter die Gesamt- oder Einzelabrechnung des Verwalters nur dann akzeptieren darf, wenn diese im Einklang mit den Regelungen des WEG und der Teilungserklärung steht. Gegen Abrechnungen, die ihn – und in der Folge den Mieter – zu Unrecht belasten, muss der Vermieter vorgehen (Verfahren zur Feststellung der Ungültigkeit eines Beschlusses der Wohnungseigentümer gem. § 43 Abs. 1 Nr. 4 WEG). Unterlässt er dies, liegt ein Verstoß gegen den Wirtschaftlichkeitsgrundsatz vor. Hierdurch bedingte Mehrkosten sind nicht umlegbar. Bestreitet der Mieter, dass der Wirtschaftlichkeitsgrundsatz beachtet worden ist, muss der Vermieter erläutern, dass die Jahresabrechnung den Regelungen des WEG und der Teilungserklärung entspricht. Diese Obliegenheit kann der Vermieter erfüllen, indem er Einsicht in die Verwalterunterlagen anbietet. Im Streitfall muss der Vermieter beweisen, dass der Wirtschaftlichkeitsgrundsatz gewahrt ist.

274   d) **Nachträgliche Änderung der Jahresabrechnung.** Wird der Beschluss der Wohnungseigentümer über die Jahresabrechnung für ungültig erklärt, so können sich für den vermietenden Eigentümer aus der vom Verwalter zu erstellenden neuen Abrechnung höhere oder niedrigere Betriebskosten ergeben. Sind die Kosten höher, so stellt sich die Frage, ob der Vermieter die Differenz zwischen den bereits abgerechneten und den höheren Kosten auf den Mieter umlegen kann. Die Regelung des § 556 Abs. 3 Satz 3 BGB steht dem nicht entgegen, weil der Vermieter in diesem Fall die Verzögerung der Abrechnung nicht zu vertreten hat (Langenberg in: Schmidt-Futterer § 556 BGB Rdn. 381). Der Vermieter muss allerdings in der Betriebskostenabrechnung einen Vorbehalt für Nachforderungen erklären. Teilweise wird empfohlen, dass der Vermieter in diesen Fällen eine vorläufige Abrechnung erstellen soll (Lützenkirchen, ZWE 2003, 99, 113). Ergeben sich für den Vermieter auf Grund der zweiten Abrechnung geringere Kosten, so ist er zu Lasten des Mieters bereichert. Die Bereicherung ist nach § 812 BGB auszugleichen.

VIII. Betriebs- und sonstige Nebenkosten bei Geschäftsraum

1. Umlagevereinbarung

Bei der Geschäftsraummiete können neben den Betriebskosten auch die sonstigen Nebenkosten einschließlich der Verwaltungskosten (BGH BGHZ 183, 299 = NJW 2010, 671; OLG Köln Gut 2008, 31 = NZM 2008, 366) auf den Mieter umgelegt werden. Hinsichtlich der Verwaltungskosten gilt dies auch dann, wenn die Verwaltungsgesellschaft zu 100% dem Vermieter gehört (KG GE 1995, 563). Die für die Wohnraummiete dargelegten Anforderungen an Klarheit und Eindeutigkeit der Umlagevereinbarung (s. Rdn. 101ff) gelten auch hier. Deshalb setzt die Umlage der „sonstigen Betriebskosten" voraus, dass sich aus dem Mietvertrag ergibt, welche konkreten Kosten hierzu gehören (OLG Düsseldorf GE 2012, 202; OLG Schleswig ZMR 2012, 866). Die Vereinbarung der Übernahme weiterer Kosten neben der Miete für die Gewährung des Gebrauchs bedarf stets einer ausdrücklichen und inhaltlich bestimmten Vereinbarung. Grundsätzlich muss eine Klausel „wirtschaftliche Nachteile und Belastungen soweit erkennen lassen, wie dies nach den Umständen gefordert werden kann (BGH a. a. O.). 275

Nach der Rechtsprechung des BGH zur Wohnraummiete genügt es für die wirksame Umlage von Betriebskosten, wenn der **Mietvertrag eine Verweisung auf die Anlage 3 zu § 27 Abs. 1 der II. BV (oder der BetriebskostenVO)** enthält. Hierfür reicht es aus, wenn sich aus dem Mietvertrag ergibt, dass der Mieter einen „Betriebskostenvorschuss gem. § 27 der II. BV" zu zahlen hat (BGH NJW 2007, 3060; NZM 2004, 417; NJW 2009, 2058; NJW 2016, 1308). Entsprechendes hat der XII. Senat des BGH für die Gewerberaummiete entschieden (BGH NJW 2010, 1065). 275a

Fraglich ist, ob es genügt, wenn sich aus der Klausel zwar ergibt, dass der Mieter „Sämtliche Betriebskosten" oder „die Betriebskosten" zu tragen hat, die Klausel aber **keine Verweisung** auf die Anlage 3 zu § 27 Abs. 1 der II. BV oder die BetriebskostenVO enthält. Nach richtiger Ansicht ist der Begriff der „Betriebskosten" im Sinne von § 2 der BetrKV zu verstehen (KG ZMR 2007, 449 Rz 17). Danach hat der Geschäftsraummieter die sich aus § 2 Nr. 1 bis 16 BetrKV ergebenden Betriebskosten kraft vertraglicher Vereinbarungen zu tragen. Die Umlage der sonstigen Betriebskosten i. S. von § 2 Nr. 17 BetrKV setzt wie bei der Wohnraummiete voraus, dass die fraglichen Kosten im Mietvertrag aufgeführt werden. Gleiches gilt für alle Nebenkosten, die nicht zu den Betriebskosten im Sinne der BetrKV gehören, wie Verwaltungskosten und dergleichen. Eine Wiedergabe des Inhalts der Verordnung im Mietvertrag ist nicht erforderlich. Im Übrigen gilt der Grundsatz, dass die in Verträgen verwendeten Begriffe entsprechend ihrem juristischen Fachverständnis ausgelegt werden müssen (OLG Brandenburg NZM 2000, 572 für den Begriff „Sach- und Haftpflichtversicherung). Nach anderer Ansicht ist der Inhalt einer Klausel nicht hinreichend bestimmt, wenn dort die umzulegenden Betriebskosten – wie vorliegend – weder abschließend aufgezählt werden und der Vertrag auch keine Verweisung auf die Anlage 3 zu § 27 Abs. 1 II. Berechnungsverordnung oder die Betriebskostenverordnung enthält. In einem solchen Fall sind nur diejenigen Kosten umlagefähig, die in der Klausel beispielhaft genannt sind. Der Zusatz „insbesondere" (oder „usw.", „etc.") ändert an dieser Rechtsfolge nichts (OLG Celle Urteil vom 9.11.2018 – 2 U 81/18; OLG Schleswig Urteil vom 10.2.2012 – 4 U 7/11, juris; wohl auch OLG Düsseldorf WuM 1995, 434). 276

§ 556 BGB Untertitel 2. Mietverhältnisse über Wohnraum

276a Eine Formularklausel, wonach der Mieter „**sämtliche Wartungskosten**" zu tragen hat, ist in einem Gewerbemietvertrag wirksam. Nach dieser Klausel hat der Mieter alle, auch gegebenenfalls nicht ausdrücklich genannte oder aus den sonstigen Betriebskostenpositionen ableitbare Wartungskosten zu tragen. Eine Begrenzung dieser Kosten der Höhe nach ist nicht erforderlich. Der Mieter ist durch das Wirtschaftlichkeitsgebot ausreichend geschützt, weil der Vermieter hierdurch an der Umlage nicht erforderlicher Kosten gehindert wird (OLG Frankfurt NZM 2016, 264).

277 **Verwaltungskosten** gehören nicht zu den Betriebskosten. Jedoch können diese Kosten neben den Betriebskosten auf den Mieter umgelegt werden. Eine Umlage durch Allgemeine Geschäftsbedingung ist weder überraschend im Sinne von § 305 c BGB, noch verstößt sie gegen das Transparenzgebot gemäß § 307 Abs. 1 Satz 2 BGB, auch wenn die Klausel keine Bezifferung oder höhenmäßige Begrenzung der Verwaltungskosten enthält (BGHZ 183, 299 = NJW 2010, 671; BGH NZM 2012, 83 betr. „Kosten der kaufmännischen und technischen Hausverwaltung"; BGH NZM 2010, 279; NZM 2012, 24 m. Anm. Blank LMK 2011, 323293 und Anm. H. Schmidt NZM 2012, 495; NJW 2013, 41; NJW 2014, 3722 betr. „Verwaltungskosten"). Zur Ausfüllung des Begriffs der Verwaltungskosten ist auf die Definitionen in § 1 Abs. 2 Nr. 1 BetrKV und § 26 Abs. 1 der II. BV zurückzugreifen. Etwaige Überschneidungen (etwa mit Instandhaltungskosten) sind im Rahmen der Betriebskostenabrechnung abzugrenzen; insoweit ist darauf zu achten, dass die Kosten nicht doppelt angesetzt werden. Der Vermieter kann die Verwaltungskosten nur „im Rahmen des Ortsüblichen und Notwendigen umlegen". Der Vereinbarung einer Höchstgrenze bedarf es aber nicht; gegen überhöhte Kosten wird der Mieter durch den Wirtschaftlichkeitsgrundsatz geschützt. Verbleibende Unklarheiten gehen gem. § 305 c Abs. 2 BGB zu Lasten des Verwenders.

277a Hinsichtlich der **Darlegungs- und Beweislast** gilt folgendes: Der Vermieter muss darlegen, dass Verwaltungskosten in der geltend gemachten Höhe angefallen sind. Bei der Fremdverwaltung wird dieser Beweis i. d. R. durch die Rechnung des Verwalters geführt, die der Mieter im Rahmen der Belegeinsicht überprüfen kann. Werden die Verwaltungskosten in Form einer Pauschale erhoben, so ist der Vermieter nicht verpflichtet, die Kalkulationsgrundlage der Pauschale zu erläutern. Ebenso muss der Vermieter nicht darlegen, welche konkreten Verwaltungsleistungen durch die Pausschale abgegolten werden (BGH NJW 2015, 855). Bei der Eigenverwaltung muss sich der Vermieter an den Kosten einer ortsüblichen vergleichbaren Fremdverwaltung orientieren. Der Mieter muss darlegen, dass dem Vermieter ein Verstoß gegen den Wirtschaftlichkeitsgrundsatz zur Last fällt. Dabei genügt es nicht, wenn der Mieter die Angemessenheit und Üblichkeit der Kosten lediglich bestreitet oder lediglich behauptet, dass es günstigere Verwaltungsunternehmen gibt. Vielmehr muss der Mieter spezifiziert darlegen, „dass gleichwertige Leistungen nach den örtlichen Gegebenheiten zu einem deutlich geringeren Preis zu beschaffen gewesen wären." I.d.R. muss der Mieter Angebote von Konkurrenzunternehmen vorlegen, aus denen sich ergibt, dass die Verwaltung der Immobilie zu geringeren Kosten möglich wäre (BGH a.a.O.). Wesentlich ist, dass die Überprüfung des Wirtschaftlichkeitsgrundsatzes dem Instanzgericht obliegt, das dabei einen gewissen Ermessensspielraum hat, den der BGH nur beschränkt überprüfen kann (BGH a.a.O.).

277b Der **Begriff des „Centermanagements"** ist nach der Auffassung des BGH dagegen nicht ausreichend bestimmt, weil es an Kriterien zur Bestimmung der dazu gehörenden Einzelpositionen fehlt (BGH NZM 2012, 24; NJW 2013, 41 = NZM 2013, 85 = WuM 2012, 662; BGH NJW 2014, 3722; ebenso OLG Düsseldorf, WuM 2012, 203 für die Klausel „Der Mieter hat die Kosten des Managements zu tragen"). Hierunter können auch Aufwendungen für Marktanalysen, die Ermittlung von Kundenwünschen, Werbe- und PR-Maßnahmen, für Dekoration, Veranstaltungen sowie sonstige Profilierungsmaßnahmen fallen. Eine am Maßstab der Ortsüblichkeit und Notwendigkeit orientierte Begrenzung der insoweit anfallenden Kosten ist nicht möglich. Deshalb kann der Mieter die von ihm zu tragenden Lasten auch nicht im Groben abschätzen. Diese Grundsätze gelten auch dann, wenn der Mieter zum Kreis der Unternehmer gehört und seinerseits eine bedeutende Marktstellung innehat. Ebenso spielt es keine Rolle, ob die fraglichen Kostenpositionen vom Mieter in der Vergangenheit nicht beanstandet wurden (BGH NJW 2012, 54 = NZM 2012, 24; NJW 2014, 3722).

An der hier dargestellten Rechtslage ändert sich nichts, wenn der Vermieter dem Mieter nach Abschluss des Mietvertrags erläutert, welche Tätigkeiten dem Centermanager obliegen: Bei der Beurteilung, ob eine Klausel den Vertragspartner des Verwenders unangemessen benachteiligt, ist allein auf die tatsächlichen **Verhältnisse zum Zeitpunkt des Vertragsschlusses** abzustellen (BGHZ 185, 133 = NJW 2010, 2041, RZ 30; BGH NJW 2014, 3722 Rz 26). **277c**

Werden die Kosten für den Centermanager im Zusammenhang mit den Verwaltungskosten in einer **einheitlichen Klausel** auf den Mieter umgelegt, so stellt sich die Frage, ob nach dem Grundsatz des Verbots der geltungserhaltenden Reduktion Gesamtunwirksamkeit eintritt. Dies wird vom BGH verneint. Die Umlage der Verwaltungskosten bleibt damit wirksam, lediglich die Umlage der Kosten des Centermanagers ist unwirksam (BGH NJW 2012, 54; NJW 2013, 41; NJW 2014, 3722). **277d**

Anders als bei der Wohnraummiete kann bei der Gewerbemiete vereinbart werden, dass die Mieter die **Instandhaltungs- und Instandsetzungskosten** tragen. Mangels einer spezifizierten Regelung ist der Begriff der Instandhaltungs- und Instandsetzungskosten i. S. des § 1 Abs. 2 Nr. 2 BetrKV auszulegen. Danach zählen hierzu „die Kosten, die während der Nutzungsdauer zur Erhaltung des bestimmungsmäßigen Gebrauchs aufgewendet werden müssen, um die durch Abnutzung, Alterung und Witterungseinwirkung entstehenden baulichen oder sonstigen Mängel ordnungsgemäß zu beseitigen." Eine Erweiterung dieser Definition durch Allgemeine Geschäftsbedingung ist nicht möglich. Eine Klausel, wonach der Mieter sämtliche Instandhaltungs- und Instandsetzungskosten zu tragen hat, umfasst auch Reparaturkosten infolge einer Beschädigung der Mietsache durch Dritte; eine solche Klausel verstößt gegen § 307 Abs. 2 BGB. Die Klausel kann wegen des Verbots der geltungserhaltenden Reduktion auch nicht auf ihren zulässigen Kern reduziert werden. Vielmehr muss sich aus dem Wortlaut der Klausel ergeben, dass der Mieter nur solche Kosten zu tragen hat, die dem Mietgebrauch oder der Risikosphäre des Mieters zuzuordnen sind (BGH NZM 2005, 863; NJW 2014, 3722). Diese Schranke ist auch bei der Vereinbarung der Instandhaltungs- und Instandsetzungskosten durch konkludente Handlung (z. B. bei rügeloser Zahlung nicht vertraglich vereinbarter Kosten, s. Rdn. 111) zu beachten (KG GE 2015, 55). **277e**

Durch die **Verwendung des Begriffs Nebenkosten** wird ebenfalls keine wirksame Umlage begründet (OLG Brandenburg NZM 2000, 572; OLG Karlsruhe ZMR 2009, 849; OLG Schleswig Urteil vom 10.2.2012 – 4 U 7/11 betreffend die Vereinbarung „Nebenabgaben und Kosten, die mit dem Betrieb des Mietgegenstands zusammenhängen, trägt die Mieterin ..."; Lehmann-Richter WuM 2012, 647, 648; **a. A.** OLG München ZMR 1997, 233; Streyl WImmoT 2013, 85, 88; NZM 2014, 409). Gleiches gilt für die Verwendung des Begriffspaars „Nebenkosten/Betriebskosten" (OLG Düsseldorf ZMR 2003, 109) und für den Begriff **278**

§ 556 BGB

„Grundbesitzabgaben". Eine gesetzliche Definition der Begriffe „Nebenkosten" oder „Grundbesitzabgaben" existiert nicht. In der Umgangssprache werden diese Begriffe gelegentlich als Sammelbezeichnung für eine Vielzahl grundstücksbezogener Kostengruppen verwendet, wobei teils mehr, teils weniger Betriebskostenpositionen angesprochen sind. Überwiegend wird deshalb die Ansicht vertreten, dass **Umlagevereinbarungen mit** derart **unscharfen Formulierungen** keine rechtliche Grundlage für die Betriebskostenumlage bilden (OLG Düsseldorf NJW-RR 1991, 135; OLG Frankfurt WuM 1985, 91; LG Mannheim ZMR 1994, 22; LG Aachen WuM 1997, 647; AG Köln WuM 1998, 419 m. abl.Anm. Sommerfeld; AG Neuss ZMR 1994, 571; Kinne in: FS Blank S. 249, 256ff; Langenberg in: Schmidt-Futterer § 556 BGB Rdn. 35; Artz in: Staudinger § 556 BGB Rdn. 50; Sternel Mietrecht aktuell Rdn. 756; Emmerich in: Bub/Treier Kap III Rdn. 125; Ehlert in: Bamberger/Roth § 556 BGB Rdn. 37; Schmid, Handbuch der Mietnebenkosten Rdn. 4004; v. Seldeneck, Betriebskosten im Mietrecht S. 98; Streyl WImmoT 2013, 85, 89 für den Begriff „Unterhaltskosten"). Das OLG Düsseldorf (NZM 2001, 588) hat allerdings die Ansicht vertreten, dass unter dem Begriff „Grundbesitzabgaben" „im Sinne eines Minimalkonsenses" zumindest die Grundsteuer zu verstehen sei. Das KG hat entschieden, dass durch die Verwendung von Begriffen wie „Center-Manager", „Raumkosten", „Allgemeiner Service" keine wirksame Umlagevereinbarung zustande kommt (KG GE 2002, 327). Jedoch ist zu bedenken, dass bei der Auslegung der Umlagevereinbarung auch alle weiteren Absprachen der Parteien zu berücksichtigen sind, die sich auf die Nebenkosten beziehen, insbesondere der sonstige Vertragsinhalt aber auch außerhalb der Vertragsurkunde liegende Umstände, etwa ein Schriftwechsel. Lässt sich danach der Umfang der auf den Mieter umgelegten Kosten mit hinreichender Sicherheit bestimmen, schadet eine unklare Umlagevereinbarung nicht (OLG Karlsruhe ZMR 2009, 849).

279 **Anpassung von Betriebskostenvorauszahlungen.** In einem Mietvertrag über Geschäftsraum kann vereinbart werden, dass der Vermieter das Recht haben soll, die Betriebskostenvorauszahlungen durch einseitiges Leistungsbestimmungsrecht dem jeweiligen Abrechnungsergebnis anzupassen, weil der Vermieter die Bestimmung gemäß § 315 BGB nach billigem Ermessen zu treffen hat (BGH NJW 2013, 41; NJW 2014, 1300). Jedoch verstößt eine Anpassungsklausel gegen § 307 BGB, die den Vermieter berechtigt die Nebenkostenvorauszahlungen ohne Nachweis erhöhter Kosten rückwirkend zum Beginn der Abrechnungsperiode zu erhöhen. Der Mieter wird hierdurch unangemessen benachteiligt, weil er sich weder rechtzeitig auf höhere Vorauszahlungen einstellen, noch beurteilen kann, dass die Erhöhungen auch sachlich gerechtfertigt sind (KG Urteil vom 21.11.2016 – 8 U 121/15). Fraglich ist, ob die Anpassung bei langfristigen Mietverträgen gem. § 550 BGB der Schriftform bedarf. Hierfür könnte der Zweck des § 550 BGB sprechen, der darin besteht, einem möglichen Grundstückserwerber Klarheit über den Inhalt des Mietvertrags zu verschaffen. Hierzu gehören u. a. Informationen über die Vertragszeit und über die Höhe der Miete und der Betriebskostenvorauszahlungen. Jedoch ist anerkannt, dass etwa die Ausübung einer Verlängerungsoption nicht der Schriftform bedarf, weil ein Erwerber bereits durch die Optionsklausel auf die Möglichkeit eine von der Vertragsurkunde abweichende Vertragszeit hingewiesen wird. Dieselbe Überlegung gilt für eine Klausel betreffend ein dem Vermieter zustehendes Recht zur Anpassung der Betriebskostenvorauszahlung: Die Anpassungsklausel bedarf der Schriftform; die Ausübung der Anpassung ist formlos möglich.

279a Teilweise wird die Ansicht vertreten, dass die **Vereinbarung einer Betriebskostenvorauszahlung zugleich ein Anpassungsrecht** begründet (Börstinghaus

Vereinbarungen über Betriebskosten **BGB § 556**

PiG 62, 201, 205; v. Seldeneck, Betriebskosten im Mietrecht Rdn. 3932ff; Blümmel GE 2000, 1234; Kinne GE 1990, 1175; Sternel Rdn. III 326; **a. A.** LG Celle DWW 1996, 192; Sonnenschein NJW 1992, 265; Beyerle in: Lindner-Figura Geschäftsraummiete Kap. 11 Rdn. 253; Bub in: Bub/Treier Kap II Rdn. 1166; Fritz, Gewerberaummietrecht Rdn. 134; Palandt/Weidenkaff § 535 BGB Rdn. 92; Both NZM 2009, 896, 897). Diese Ansicht ist abzulehnen. Es steht im Belieben der Parteien eines Geschäftsraummietvertrags, wie sie ihren Vertrag gestalten. Wird das – seit Jahren übliche und bekannte – Recht zur Anpassung der Vorauszahlungen nicht vereinbart, so hat es bei der Ursprungsvereinbarung sein Bewenden. Dies folgt aus der Erwägung, dass die Betriebskostenvorauszahlungen Teil der Miete sind. Mietänderungen sind bei der Geschäftsraummiete nur auf Grund einer vertraglichen Vereinbarung möglich, wobei sich die Modalitäten der Mietänderung mit hinreichender Deutlichkeit aus der Vereinbarung ergeben müssen. Das Anpassungsrecht kann auch durch Formularvertrag vereinbart werden (OLG Düsseldorf MDR 2012, 1025; Beyerle a. a. O.). Eine höchstrichterliche Entscheidung hierzu gibt es noch nicht.

Die **Beteiligung des Mieters an Werbemaßnahmen** (dazu Lehmann-Richter ZMR 2017, 861) kann in unterschiedlicher Weise vereinbart und organisiert werden. **280**

Umlageklausel. Denkbar ist zum einen, dass der Vermieter die Werbemaßnahmen durchführt und die hierdurch entstandenen Kosten anteilsmäßig auf die Mieter umlegt oder dass sich die Mieter zur Zahlung einer Kostenpauschale verpflichten. Eine derartige Klausel verstößt nicht gegen § 305 c Abs. 1 BGB (überraschende Klausel), weil solche Verpflichtungen nicht ungewöhnlich sind. Jedoch muss die Umlageklausel so gefasst werden, dass der Gegenstand der Werbemaßnahme und die Höhe der Kosten hinreichend deutlich werden (Lehmann-Richter ZMR 2017, 861, 862). **280a**

Verpflichtung des Mieters zum Beitritt einer Werbegemeinschaft. Denkbar ist weiter, dass die Werbemaßnahmen durch einen Verband – etwa einem Verein oder einer GbR – durchgeführt werden, wobei der Mieter zum Beitritt und zur Zahlung von Mitgliedsbeiträgen verpflichtet wird. Nach der Rechtsprechung des BGH verstößt eine Klausel, die den Mieter zum Beitritt einer Werbegemeinschaft verpflichtet, gegen § 307 BGB, wenn die Werbegemeinschaft in Form einer GbR betrieben werden soll (BGH NZM 2006, 776). Diese Rechtsprechung beruht auf der Erwägung, dass die Mitglieder einer GbR weit reichenden Haftungsrisiken ausgesetzt sind. Insbesondere haften sie persönlich für Wettbewerbsverstöße der Werbegemeinschaft. Wegen dieser Risiken kann ein Mieter nicht gezwungen werden einer Werbegemeinschaft in Form einer GbR beizutreten. Etwas anderes soll gelten, wenn die Werbegemeinschaft in Form eines Vereins organisiert ist, weil die Vereinsmitglieder für Verbindlichkeiten des Vereins grundsätzlich nicht persönlich haften: „Ein unkalkulierbares wirtschaftliches Risiko für den Mieter, welches zu einer unangemessenen Benachteiligung im Sinne von § 307 Abs. 1 BGB führt, besteht bei einer in der Rechtsform eines eingetragenen Vereins gebildeten Werbegemeinschaft folglich nicht." (BGH NJW 2016, 2489). Nach anderer Ansicht verstößt eine Beitrittsklausel unabhängig von der Organisationsform der Werbegemeinschaft gegen § 307 Abs. 1 Satz 1 BGB (Lehmann-Richter ZMR 2017, 861, 863). **280b**

In dem Urteil vom 12.7.2006 (BGH NJW 2006, 3057) hat der BGH im Leitsatz ausgeführt, dass „die Höhe der Beiträge, die der Mieter in einem Einkaufszentrum an eine Werbegemeinschaft zu leisten hat, wegen der nach § 307 Abs. 1 Satz 2 BGB erforderlichen **Transparenz** bestimmbar sein (muss); mindestens muss eine **280c**

Höchstgrenze festgesetzt sein, damit der Mieter die auf ihn zu kommenden Kosten kalkulieren kann" (BGH a. a. O.; Schmid GuT 2006, 300). Das Transparenzgebot ist demgegenüber gewahrt, wenn der Beitrag in einem konkreten Betrag ausgewiesen ist. Der Umstand, dass die zukünftige Entwicklung des Beitrags unbestimmt bleibt ist unerheblich, weil § 307 Abs. 1 Satz 2 BGB nicht verlangt, dass die auf den Mieter umgelegten Kosten schon bei Abschluss des Mietvertrags für die gesamte Dauer des Mietverhältnisses unabänderlich aus der Klausel erkennbar sein müssen" (BGH NJW 2016, 2489).

280d Hat sich der Mieter freiwillig durch **gesonderten Vertrag** der Werbegemeinschaft angeschlossen so ist fraglich, ob auch ein in dieser Form vereinbarter Beitritt gegen § 307 BGB verstößt. Hiervon wäre auszugehen, wenn der betreffende Vertrag als Umgehungsgeschäft im Sinne von § 306a BGB zu beurteilen ist. Der BGH hat dies in dem Urteil vom 11.5.2016 (NJW 2016, 2489) offengelassen. Er führt aus, dass sich das Rechtsverhältnis zwischen den Mitgliedern einer Werbegemeinschaft im Falle der Unwirksamkeit des Beitritts eines Mitglieds nach den Grundsätzen über den fehlerhaften Beitritt zu einer Gesellschaft richtet. Danach ist der fehlerhaft vollzogene Beitritt regelmäßig nicht von Anfang an unwirksam, sondern kann nur mit Wirkung für die Zukunft durch eine von dem Gesellschafter erklärte Kündigung geltend gemacht werden. Bis zum Zugang der Kündigungserklärung ist der vollzogene Beitritt grundsätzlich voll wirksam, so dass sich die Rechte und Pflichten der Gesellschafter nach dem Gesellschaftsvertrag richten (vgl. NJW 1992, 1501, 1502). Daher bleibt der Gesellschafter bis zur Kündigung auch zur Leistung der zu erbringenden Beiträge verpflichtet. Die Kündigung des Gesellschaftsverhältnisses durch einen Gesellschafter nach § 723 Abs. 1 Satz 2 BGB ist als Gestaltungsakt in Bezug auf die Gesellschaftsgrundlagen grundsätzlich an alle Gesellschafter zu richten. Sie setzt daher den Zugang an alle Mitgesellschafter voraus. Anders ist es, wenn der Gesellschaftsvertrag vorsieht, dass die Geschäftsführung zur Entgegennahme von Kündigungserklärungen ermächtigt ist oder wenn die Geschäftsführung die Kündigungserklärung an die übrigen Gesellschafter zur Kenntnisnahme weiterleitet (BGH NJW 2016, 2489).

280e Die **Verwendung einer unwirksamen Klausel** kann zu Schadensersatzansprüchen nach § 280 Abs. 1 BGB führen. Dies beruht auf der Erwägung, dass der Vermieter eine vertragliche Rücksichtspflicht verletzt, wenn er unwirksame Klauseln verwendet (Lehmann-Richter ZMR 2017, 861, 865).

280f **Werbung durch Drittunternehmen.** Schließlich kann der Vermieter ein Drittunternehmen mit der Organisation der Werbung beauftragen und den Mieter verpflichten, die vom Drittunternehmen verlangten Gebühren zu bezahlen. Hierfür gelten die unter Rdn. 280b bis 280e dargelegten Grundsätze.

281 Die Umlage von Nebenkosten, die nach Vertragsschluss entstehen und nicht im Mietvertrag genannt sind, ist möglich, wenn der Mietvertrag eine sog. „**Mehrbelastungsklausel**" enthält. Ebenso ist die Umlage neu entstehender Kosten möglich, wenn deren Art bereits von der Umlagevereinbarung erfasst wird. Unter Umständen können neu entstehende Kosten im Wege der **ergänzenden Vertragsauslegung** auf den Mieter umgelegt werden. Dies gilt jedoch nur für Betriebskosten. Hat der Vermieter auf Grund einer nach Vertragsschluss erfolgten Änderung der Gemeindesatzung eine Fremdenverkehrsabgabe zu entrichten, so handelt es sich hierbei nicht um Betriebskosten, sondern um eine Variante der Gewerbesteuer. Diese Abgabe kann der Vermieter nur dann auf den Gewerbemieter umlegen, wenn dies ausdrücklich im Mietvertrag vereinbart ist (OLG Schleswig ZMR 2012, 866).

Umlageschlüssel. In der Umlagevereinbarung kann geregelt werden, nach 281a
welchem Schlüssel die Betriebskosten zu verteilen sind. Enthält die Umlagevereinbarung keine Regelung über den Umlageschlüssel, ist dieser bei der ersten Abrechnung vom Vermieter zu bestimmen. An die Vorgaben des § 556a BGB ist der Vermieter nicht gebunden, weil diese Vorschrift nur für die Wohnraummiete gilt. Die Wahl des Flächenschlüssels ist i. d. R. aber auch bei der Gewerbemiete sachgerecht (LG Berlin ZMR 2014, 359). An den vereinbarten oder vom Vermieter bestimmten Umlageschlüssel sind die Parteien auch für die Zukunft gebunden.

Beispiele aus der Rechtsprechung: (1) BGH Urteil vom 9.12.2009 – XII 281b
ZR 109/08, BGHZ 183, 299 = NJW 2010, 671: Eine Klausel, wonach der Mieter von Gewerberaum die „Kosten der kaufmännischen und technischen Hausverwaltung" zu tragen hat, verstößt gegen das Transparenzgebot (ebenso BGH Urteil vom 4.5.2011 – XII ZR 112/09). **(2) BGH Urteil vom 27.1.2010 – XII ZR 22/07, BGHZ 184, 117 = NJW 2010, 1065:** Eine Klausel wonach der der Mieter von Gewerberaum neben der Grundmiete anteilig „die Betriebskosten gemäß § 27 der II. Berechnungsverordnung" zu tragen hat, ist wirksam. **(3) OLG München Urteil vom 10.1.1997 – 21 U 2464/95, ZMR 1997, 233:** In einem gewerblichen Mietvertrag ist die folgende Nebenkostenklausel „Es besteht zwischen den Parteien Einigkeit darüber, dass der Mieter alle anfallenden Nebenkosten – soweit gesetzlich zulässig – zu tragen hat und dass diese nach dem von der Eigentümergemeinschaft ... zu beschließenden Abrechnungsmodus zu ermitteln sein werden" auch unter dem Blickwinkel des § 9 AGBG (= § 307 BGB nF) unbedenklich und daher wirksam. **(4) OLG Schleswig Urteil vom 10.2.2012 – 4 U 7/11, juris:** Die Umlage der Betriebskosten auf den Mieter setzt eine hinreichend klare und eindeutige Vereinbarung voraus. Dieser Grundsatz gilt auch für die Gewerbemiete. Die Formulierung: „Nebenabgaben und Kosten, die mit dem Betrieb des Mietgegenstands zusammenhängen, trägt die Mieterin ..." genügt diesen Anforderungen nicht. **(5) OLG Frankfurt/M, Beschluss vom 14.2.2018 – 2 U 142/17, NZM 2018, 789:** Eine Formularvereinbarung, wonach der Mieter von Gewerberaum „alle umlagefähigen Nebenkosten" zu tragen hat, ist wirksam. Für die Auslegung dieses Begriffs gilt § 2 Nr. 1-16 BetrKV. **(6) OLG Celle Urteil vom 9.11.2018 – 2 U 81/18:** Die in einem Gewerberaummietvertrag enthaltene Regelung über die Umlage von Betriebskosten: „Sämtliche Betriebskosten werden von dem Mieter getragen. Hierunter fallen – insbesondere die Kosten der Be- und Entwässerung sowie der Heizung – einschließlich Zählermiete und Wartungskosten" genügt mit Ausnahme der aufgeführten Regelbeispiele nicht dem Bestimmtheitsgebot.

2. Abrechnung

Ist die **Abrechnungsperiode** vertraglich geregelt, so hat es hierbei sein Bewenden. 282
Fehlt eine entsprechende Regelung, so liegt eine Vertragslücke vor, die im Wege der Auslegung zu schließen ist. Drei Abrechnungsperioden kommen in Betracht, nämlich das Kalenderjahr, das Mietjahr oder ein anderer Jahreszeitraum nach dessen Ablauf die Abrechnungsunterlagen üblicherweise vorliegen. Lässt sich der Wille der Parteien nicht ermitteln, so ist anzunehmen, dass die Abrechnung mit Ablauf des zwölften Monats nach der jeweiligen Abrechnungsperiode zu erstellen ist. Mangels abweichender Regelungen entspricht die Abrechnungsperiode dem Kalenderjahr (OLG Düsseldorf GuT 2001, 7). Eine solche ergänzende Vertragsauslegung entspricht i. d. R. den Interessen beider Parteien, was sich daraus ergibt, dass

§ 556 BGB Untertitel 2. Mietverhältnisse über Wohnraum

diese Regelung für Wohnraum kraft Gesetzes gilt. Die für Wohnraum geltende Ausschlussfrist hat dagegen für die Geschäftsraummiete keine Bedeutung.

283 Das **Wirtschaftlichkeitsgebot** gilt auch bei Gewerberaum. Dies folgt entweder aus § 242 BGB (KG WuM 2011, 367; OLG Düsseldorf U. v. 27.3.2012 – 14 U 123/11) oder aus den Grundsätzen des Selbstkostenerstattungsrechts (so von Seldeneck Betriebskosten im Mietrecht 1999, Rdn. 1173; ZMR 2002, 394, 395). Der Wirtschaftlichkeitsgrundsatz ist auch für die Höhe der Verwaltungskosten zu beachten. Er besagt, dass der Vermieter für die Leistungen des Verwalters kein überhöhtes Entgelt zahlen darf. Ist die Angemessenheit von Verwaltungskosten streitig, so kann sich der Mieter auf Angebote von Konkurrenzunternehmen beziehen. Hierbei sind allerdings nur regions- und objektbezogene Angebote zu berücksichtigen. Dies bedeutet zum einen, dass Angebote aus anderen Bundesländern ausscheiden und zum anderen, dass die Verwaltungskosten für Gewerbeobjekte nicht mit den Kosten einer Wohnungseigentumsverwaltung zu vergleichen sind (OLG Rostock WuM 2013, 375).

284 Auf die **Abrechnungsfrist** des § 556 Abs. 3 Satz 2 kann auch bei Geschäftsraum zurückgegriffen werden (BGH NJW 2010, 1065 = NZM 2010, 240; NJW 2011, 445 = WuM 2011, 220 = NZM 2011, 121; OLG Düsseldorf ZMR 1998, 219; ZMR 2008, 393; ZMR 2016, 440; OLG Düsseldorf U. v. 11.7.2013 – 24 U 136/12 OLG Frankfurt NZM 2000, 186; KG Urteil vom 22.3.2012 – 8 U 64/11; Langenberg in: Schmidt-Futterer § 556 BGB Rdn. 447; Wolf/Eckert/Ball, Handbuch des gewerblichen Miet,- Pacht- und Leasingrechts, Rdn. 531; Lindner-Figura/Opree/Stellmann, Geschäftsraummiete Kap 11 Rdn. 143; Fritz, Gewerberaummietrecht Rdn. 137a; Artz in: Staudinger § 556 BGB Rdn. 104a). Dies hat zunächst zur Folge, dass der Mieter den Vermieter nach Ablauf der Abrechnungsfrist auf Erteilung einer Abrechnung in Anspruch nehmen kann. Außerdem steht ihm ein Zurückbehaltungsrecht an den Betriebskostenvorauszahlungen zu.

285 Die Regelungen des § 556 Abs. 3 Sätze 3 und 4 BGB (**Ausschlussfrist;** Einwendungsausschluss) sind unanwendbar (BGH NJW 2010, 1065 NJW 2010, 3647 Rz 31; NJW 2011, 445 Rz. 12; NJW 2014, 2780; OLG Düsseldorf ZMR 1998, 219; GE 2005, 303; GuT 2006, 132; NZM 2008, 167; MDR 2012, 1155; OLG Köln GuT 2006, 314; KG ZMR 2007, 449; WuM 2008, 128; OLG Frankfurt Urteil vom 30.12.2010 – 2 U 141/10; KG MDR 2012, 756; Langenberg in: Schmidt-Futterer § 556 BGB Rdn. 458; Artz in: Staudinger § 556 BGB Rdn. 8 und 106; Palandt/Weidenkaff § 556 BGB Rdn. 2; Lindner-Figura/Opree/Stellmann, Geschäftsraummiete Kap 11 Rdn. 143; Fritz, NJW 2007, 887, 889; **a. A.** LG Darmstadt NZM 2009, 546; AG Wiesbaden NZM 2006, 140). Eine unmittelbare Anwendung der Vorschrift scheidet aus, weil § 556 BGB auf Grund der Gesetzessystematik („Untertitel 2. Mietverhältnisse über Wohnraum") nicht für die Gewerbemiete gilt. Eine analoge Anwendung kommt nicht in Betracht, weil die für die Gewerbemiete maßgebliche Verweisungsregelung (§ 578 Abs. 2 BGB) die Vorschrift des § 556 BGB nicht in Bezug nimmt und dies auf einer bewussten Entscheidung des Gesetzgebers beruht.

286 **Eine Vereinbarung, wonach der Vermieter jährlich abzurechnen hat,** hat nicht zur Folge, dass Nachzahlungsansprüche verloren gehen, wenn die Abrechnungsfrist überschritten ist (BGH NZM 2016, 307; LG Nürnberg-Fürth ZMR 2008, 800). Eine Klausel in einem vom Mieter gestellten Formularvertrag, wonach die Überschreitung der Abrechnungsfrist den Verlust der Nachforderungsansprüche des Vermieters zur Folge haben soll, verstößt jedenfalls dann gegen § 307 Abs. 2

Nr. 1 BGB, wenn die Klausel auch solche Fälle erfasst, in denen dem Vermieter an der Fristüberschreitung kein Verschulden trifft (OLG Jena NZM 2012, 642). Eine fehlerhafte Abrechnung kann vom Vermieter auch nach längerer Zeit korrigiert werden. Jedoch kann das Recht zur **Berichtigung einer Abrechnung** verwirkt sein, wenn es längere Zeit nicht geltend gemacht wird (Zeitmoment) und weitere Umstände hinzutreten, die eine Berichtigung als gegen Treu und Glauben verstoßend erscheinen lassen (Umstandsmoment; KG GE 2009, 1124 = ZMR 2009, 911).

Die Regelungen über den **Einwendungsausschluss (§ 556 Abs. 3 Sätze 5 und 6 BGB)** sind bei der Geschäftsraummiete unanwendbar (s. oben Rdn. 285). Ein Vermerk auf dem Begleitschreiben zur Betriebskostenabrechnung, wonach diese als anerkannt gilt, wenn der Mieter binnen einer bestimmten Frist keine Einwendungen erhebt, hat keine rechtliche Wirkung (KG MDR 2012, 756). Jedoch kann (auch formularmäßig) vereinbart werden, dass Einwendungen gegen die Abrechnung innerhalb einer Ausschlussfrist vorzubringen sind (KG ZMR 2011, 116, 117 betr. eine Frist von 6 Monaten bei Formularvertrag; OLG Karlsruhe Urteil vom 22.5.2018 – 9 U 111/16 betr. eine Frist von 14 Tagen bei Individualvertrag). Eine Formularklausel ist nach § 308 Nr. 5 BGB nur wirksam, wenn sich hieraus ergibt, dass der Vermieter verpflichtet ist, in der Abrechnung auf den Einwendungsausschluss und die hierfür maßgebliche Frist hinzuweisen (OLG Brandenburg Urteil vom 22.12.2015 – 3 U 117/10). Die Regelung in § 308 Nr. 5 BGB ist zwar für Verträge zwischen Unternehmern nicht anzuwenden. Jedoch kann die Klausel beim Fehlen der Hinweispflicht gegen § 307 BGB verstoßen: „Fällt eine Klausel bei ihrer Verwendung gegenüber Verbrauchern unter eine Verbotsnorm der §§ 308, 309 BGB, so ist dies ein Indiz dafür, dass sie auch im Falle der Verwendung gegenüber Unternehmern zu einer unangemessenen Benachteiligung führt, es sei denn, sie kann wegen der besonderen Interessen und Bedürfnisse des unternehmerischen Geschäftsverkehrs ausnahmsweise als angemessen angesehen werden (BGHZ 174, 1 = NJW 2007, 3774 Rz. 11; NJW 2014, 3722 Rz. 31).

Hinsichtlich des **Inhalts der Abrechnung** geltend auch für die Gewerbemiete die allgemeinen Abrechnungsgrundsätze. Die Aufstellung und Aufgliederung der Gesamtkosten in der Betriebskostenabrechnung muss sich an den Vereinbarungen im Mietvertrag orientieren; anderenfalls ist die Abrechnung formell unwirksam (OLG Düsseldorf GE 2009, 1489; 2011, 1616). Es ist insbesondere nicht zulässig, mehrere unterschiedliche Kostenarten in einer Kostenposition zusammenzufassen. In diesem Fall ist der Mieter nämlich nicht in der Lage zu prüfen, ob ausschließlich umlagefähige Kosten berechnet worden sind (OLG Hamburg ZMR 2003, 180, 181 betr. eine Position „Strom allgemein", die sich aus Stromkosten für die Entwässerung, Heizung und Beleuchtung zusammensetzt). Bei der Gewerbemiete kann ein formeller oder inhaltlicher Mangel jederzeit behoben werden. Es genügt, wenn der Vermieter den Betriebskostensaldo einklagt und in der Anlage zur Klagschrift eine formell wirksame Betriebskostenabrechnung beigefügt wird (OLG Düsseldorf GE 2011, 1616).

Die für die Wohnraummiete geltende Regelung des § 556 Abs. 2 Satz 2 BGB, wonach **Betriebskostenvorauszahlungen nur in angemessener Höhe** vereinbart werden dürfen, gilt für die Geschäftsraummiete nicht (**a. A.** KG GE 2010, 1335 = ZMR 2011, 279). Jedoch folgt aus dem Begriff der Vorauszahlung, dass deren Höhe in einer angemessenen Relation zu der tatsächlichen Höhe der Betriebskosten stehen muss. Sind die **Vorauszahlungen zu gering bemessen,** so ist der Mieter gleichwohl verpflichtet, die Restzahlung in voller Höhe zu erbringen

(BGH NJW 2004, 1102; OLG Dresden NZM 2004, 68). Der Vermieter ist grundsätzlich nicht verpflichtet, den Mieter darauf hinzuweisen, dass die Betriebskostenvorauszahlungen nicht kostendeckend sind. Der Mieter hat deshalb keinen auf die Befreiung von der Nachzahlung gerichteten Schadensersatzanspruch, wenn die tatsächlichen Betriebskosten den Vorauszahlungsbetrag um 50% überschreiten. Eine Ausnahme gilt, wenn der Vermieter die Kostendeckung zugesichert hat, oder wenn er den Mieter bewusst über die Höhe der Betriebskostenbelastung täuscht. Die tatsächlichen Voraussetzungen der Ausnahmefälle sind vom Mieter zu beweisen (OLG Düsseldorf DWW 2012, 130). Eine weitere Ausnahme soll gelten, wenn die sich aus der Abrechnung ergebende Nachforderung den Vorauszahlungsbetrag wesentlich übersteigt und besondere Umstände hinzutreten, welche die Geltendmachung des Abrechnungssaldos als Verstoß gegen Treu und Glauben erscheinen lassen (OLG Naumburg NZM 2002, 387). Solche Umstände werden angenommen, wenn zwischen der Höhe der Vorauszahlungen und dem Abrechnungsergebnis ein auffälliges Missverhältnis besteht (OLG Naumburg a.a.O. betreffend einen Fall, in dem der Nachzahlungsbetrag ca. 7 ½ bis 8-mal so hoch war, wie die Summe der Vorauszahlungen). Nach der hier vertretenen Ansicht ist das Problem der fehlerhaften Kostenkalkulation nach den Grundsätzen des § 311 Abs. 2 Nr. 1 BGB zu lösen (oben Rdn. 125). Bei **zu hohen Vorauszahlungen** wird man dem Mieter einen aus § 242 BGB folgenden Anspruch auf Anpassung zubilligen müssen (**a. A.** KG GE 2010, 1335 = ZMR 2011, 279: Danach darf der Mieter die Vorauszahlungen von sich aus kürzen).

290 Der vom BGH für das Wohnraummietrecht entwickelte Grundsatz, wonach der Mieter die **Betriebskostenvorauszahlungen** nur dann **zurückverlangen** kann, wenn der Vermieter (1) nach Ablauf von 12 Monaten nach dem Ende des Wirtschaftszeitraums noch keine Abrechnung erteilt hat und (2) das Mietverhältnis beendet ist (BGH NJW 2002, 1499 = WuM 2005, 337 = NZM 2005, 373), gilt auch für die Gewerbemiete (OLG Düsseldorf GE 2011, 751). Hinsichtlich des Rechts des Mieters zur **Kontrolle der Belege** gelten die für Wohnraum maßgeblichen Grundsätze (s. Rdn. 184 ff). Ein Anspruch des Mieters auf Übersendung von Fotokopien besteht bei einem Mietverhältnis über Geschäftsraum nicht (OLG Karlsruhe Urteil vom 14.11.2017 – 8 U 87/15).

IX. Prozessuales

1. Klage auf Zahlung rückständiger Vorauszahlungen

291 Ein Anspruch auf rückständige Vorauszahlungen kann nach erfolgter Abrechnung oder Eintritt der Abrechnungsreife (§ 556 Abs. 3 Satz 2 BGB) nicht weiterverfolgt werden (BGH NJW 2011, 145 = WuM 2010, 490 = NZM 2010, 736; NJW 2011, 2350 = WuM 2011, 424 = NZM 2011, 544 unter Rz. 17; OLG Düsseldorf GuT 2001, 7; ZMR 2008, 393; NZM 2008, 524, 525; OLG Düsseldorf U. v. 11.7.2013 – 24 U 136/12 OLG Celle ZMR 2003, 343; OLG Brandenburg WuM 2006, 579, 580; OLG Dresden NZM 2012, 84; KG Urteil vom 22.3.2012 – 8 U 64/11). Dies gilt auch dann, wenn die betreffenden Ansprüche als Mietausfallschaden eingeklagt werden (OLG Düsseldorf DWW 2013, 337). Maßgeblich hierfür ist die Erwägung, dass der Mieter vom Zeitpunkt der Abrechnungsreife an keine Vorauszahlungen, sondern einen bestimmten Kostenanteil schuldet. Dies bedeutet, dass der Vermieter anstelle der Vorauszahlungen die sich aus der Abrechnung ergebenden Beträge verlangen kann. Dieser Umstand ist vom Gericht von Amts wegen zu berücksichtigen (BGH NJW 2011, 2350 = WuM 2011, 424 = NZM 2011, 544 unter Rz. 17). Prozessual ist diesem Umstand gem. § 264 Nr. 3 ZPO Rechnung zu tragen (BGH NJW 2011, 145 = WuM 2010, 490 = NZM 2010, 736; OLG Hamburg WuM 1989, 150; OLG Düsseldorf ZMR 2001, 882, 884;). Der Vermieter ist gehalten, die Klage umzustellen; hierauf muss das Instanzgericht den Vermieter hinweisen (BGH NJW 2011, 145 = WuM 2010, 490 = NZM 2010, 736). Rechnet der Vermieter nicht ab oder hält er an dem ursprünglichen Antrag fest, so muss die Klage abgewiesen werden. Zur Abrechnung mit „Sollvorauszahlungen" s. oben Rdn. 173. Ist eine Klage auf Betriebskostenvorauszahlungen vom Gericht der ersten Instanz wegen des Eintritts der Abrechnungsreife abgewiesen worden, so kann der Vermieter den sich aus der Abrechnung ergebenden Nachzahlungsanspruch grundsätzlich nicht im Wege der Berufung geltend machen. Vielmehr muss der Vermieter insoweit eine neue Klage beim erstinstanzlichen Gericht einreichen (§ 531 Abs. 2 ZPO; OLG Düsseldorf ZMR 2004, 30). Hat der Mieter gegen ein der Klage stattgebendes Urteil Berufung eingelegt, so kann dem Vermieter in der Berufungsinstanz grundsätzlich kein höherer Betrag als mit der Ursprungsklage zugesprochen werden. Anders ist es, wenn die Klagerweiterung im Rahmen einer Anschlussberufung geltend gemacht wird. In der Berufung des Vermieters gelten die Regeln über die Klagerweiterung. Diese ist möglich, wenn der höhere Betrag lediglich wegen der zwischenzeitlich vergangenen Zeit fällig geworden ist, der Anspruchsgrund aber unverändert bleibt (OLG Düsseldorf Urteil vom 11.7.2013 – 24 U 136/12).

Der Anspruch des Vermieters auf **Verzugszinsen** für die nicht entrichteten Betriebskostenvorauszahlungen wird durch den Eintritt der Abrechnungsreife nicht berührt; er endet allerdings mit der Abrechnungsreife. Dabei spielt es keine Rolle, ob die Betriebskostenabrechnung überhaupt einen Saldo zugunsten des Vermieters ausweist. Ebenso ist unerheblich, ob der Vermieter die Betriebskostenvorauszahlungen dem jeweiligen Abrechnungsergebnis anpassen muss. Solange die Wirksamkeit der Umlage einzelner Betriebskosten nicht geklärt ist, darf der Vermieter an den vereinbarten Vorauszahlungen festhalten (BGH NJW 2013, 41 = WuM 2012, 662 = NZM 2013, 85). 292

2. Prozessuale Situation bei mündlicher Verhandlung vor Ablauf der Einwendungsfrist

Der Vermieter kann eine Betriebskostennachforderung nach allgemeiner Ansicht vor Ablauf der Einwendungsfrist gerichtlich geltend machen. Anspruchsgrundlage für eine Betriebskostennachforderung ist in diesem Fall § 535 Abs. 2 BGB in Verbindung mit der Betriebskostenumlagevereinbarung. Die Betriebskosten sind Teil der Miete, wobei der über die Vorauszahlungen hinausgehende Betrag nur aufgrund einer Abrechnung verlangt werden kann (BGH NZM 2003, 473 = WuM 2003, 390 = NJW 2003, 2320). Eine formell ordnungsgemäße Abrechnung ist Voraussetzung für die Fälligkeit des Anspruchs. Nach allgemeinen Grundsätzen muss der Kläger diejenigen Tatsachen darlegen, aus denen sich der Anspruch ergibt. Die Regelung des § 556 Abs. 3 Satz 5 BGB ändert hieran nichts, weil sich daraus keine Umkehr der Darlegungslast herleiten lässt. Danach muss der Vermieter vortragen, dass eine wirksame Umlagevereinbarung getroffen wurde, dass die Abrechnung formell wirksam ist und hinsichtlich der abgerechneten Positionen mit der Umlagevereinbarung übereinstimmt, dass die Kostenverteilung auf der Grund- 293 lage des vertraglich vereinbarten oder des gesetzlichen Umlagemaßstabs erfolgt ist und die abgerechneten Kosten tatsächlich entstanden sind. Erforderlich ist ein substantiierter Tatsachenvortrag, eine Rechtsbehauptung genügt nicht. Deshalb ist es unzureichend, wenn der Vermieter lediglich behauptet, dass die Abrechnung mit der Umlagevereinbarung korrespondiert. Vielmehr muss die Umlagevereinbarung und die Abrechnung im Wortlaut wiedergegeben werden. Falls der Klagschrift der Mietvertrag und die Abrechnung beigefügt wird, genügt die Bezugnahme auf diese Urkunden (Langenberg in: Schmidt-Futterer § 556 BGB Rdn. 526, 536).

294 Ist der **Vortrag des Vermieters unschlüssig,** und wird hierüber vor Ablauf der Einwendungsfrist mündlich verhandelt, so **muss der Mieter nichts einwenden** (Schmid ZMR 2002, 727, 728). Die Klage wird abgewiesen, weil sie bereits nach dem Vortrag des Klägers nicht begründet ist. Ein Versäumnisurteil zu Lasten des Mieters kann nicht ergehen. Es gilt nichts anderes als für die Gewerbemiete.

295 **Bei schlüssiger Klage wird der Mieter verurteilt,** wenn er keine Einwendungen erhebt. Das Urteil ergeht nicht als Vorbehalts- sondern als Endurteil. Das Recht zur Erhebung von Einwendungen bleibt dem Mieter nicht vorbehalten. Wird ein der Klage stattgebendes Urteil rechtskräftig, so ist der Mieter zur Zahlung verpflichtet. Teilweise wird erwogen, dass der Mieter mögliche Einwendungen im Wege der Vollstreckungsgegenklage gelten machen kann, wenn das Urteil vor Ablauf der Einwendungsfrist ergeht (AG Langenfeld ZMR 1999, 33). Diese Ansicht trifft nicht zu, weil sich aus § 556 Abs. 3 Satz 5 BGB nicht ergibt, dass der Mieter berechtigt sein soll, bis zum Ablauf der dort genannten Frist Einwendungen zu erheben. Die Vorschrift begründet kein Recht, sondern eine Obliegenheit zur Geltendmachung von Einwendungen und besagt im Übrigen nicht, dass der Mieter hierzu ausnahmslos 12 Monate Zeit haben soll. Das folgt ohne weiteres aus dem Begriff „spätestens". Macht der Vermieter den Abrechnungssaldo gerichtlich geltend, so sind die prozessualen Regeln zu beachten. Nach § 282 ZPO sind Verteidigungsmittel frühzeitig vorzubringen; dies gilt nicht nur für Einwendungen gegen den Anspruch, sondern auch für die Einwendungen gegen die Abrechnung als solche. Mit der Rechtskraft des Urteils erlischt die Möglichkeit zur Erhebung von Einwendungen. Legt der Mieter gegen ein erstinstanzliches Urteil Rechtsmittel ein, so richtet sich die Möglichkeit zur Geltendmachung von erstinstanzlich nicht geltend gemachten Einwendungen ebenfalls nach prozessualen Regeln.

3. Prozessuale Situation bei mündlicher Verhandlung nach Ablauf der Einwendungsfrist

296 Die prozessuale Situation ändert sich, wenn die mündliche Verhandlung nach dem Ablauf der Einwendungsfrist erfolgt und der Mieter keine Einwendungen gegen die Abrechnung erhoben hat. In diesem Fall kann der Vermieter seinen Anspruch auf die Abrechnung als solche stützen, weil diese kraft der Fiktion des § 556 Abs. 3 Satz 6 BGB eine eigenständige Anspruchsgrundlage darstellt. Auch hier muss der Vermieter zwar die tatsächlichen Voraussetzungen des Anspruchs darlegen. Hierfür genügt es aber, wenn der Vermieter vorträgt, dass die Umlagevereinbarung zur Abrechnung berechtigt, dass die Abrechnung in formeller Hinsicht den Anforderungen des § 556 Abs. 3 Satz 1 BGB entspricht, dass sie dem Mieter rechtzeitig zugegangen ist (§ 556 Abs. 3 Satz 2 BGB) und dass dieser keine Einwendungen erhoben hat (§ 556 Abs 3 Satz 6 BGB). Wurde die Klage vor Ablauf der Einwendungsfrist erhoben und auf § 535 Abs. 2 BGB gestützt, so kann der Vermieter

nach Fristablauf im Wege der Klagänderung den Anspruch aus § 556 Abs. 3 Satz 6 BGB geltend machen. Die prozessleitenden Maßnahmen des Gerichts haben auf den Fristablauf keinen Einfluss. Deshalb wird durch eine vom Gericht gesetzte Frist zur Klagerwiderung die materiellrechtliche Einwendungsfrist nicht verlängert (AG Leipzig NZM 2008, 126).

Eine Klagänderung ist entbehrlich, wenn der Anspruch aus § 535 Abs. 2 BGB schlüssig ist; in diesem Fall ist der Mieter auch im Prozess mit Einwendungen ausgeschlossen, so dass der Klage stattzugeben ist (Langenberg in: Schmidt-Futterer § 556 BGB Rdn. 540). Ist der Anspruch aus § 535 Abs. 2 BGB dagegen unschlüssig, etwa weil die Abrechnung mit der Umlagevereinbarung nicht übereinstimmt, so muss eine Klagänderung erfolgen; eine auf § 535 Abs. 2 BGB gestützte Klage ist in diesem Fall auch nach Ablauf der Einwendungsfrist abzuweisen. Ein der Klage stattgebendes Urteil setzt zwingend voraus, dass der Kläger die tatsächlichen Voraussetzungen des Anspruchs schlüssig darlegt. Hierauf muss das Gericht nach § 139 ZPO hinweisen.

4. Urkundenprozess

Betriebskostenvorauszahlungen können im Urkundenprozess eingeklagt werden, wenn der Vermieter den Mietvertrag mit der Mietpreisabrede vorlegt. Hinsichtlich der **Betriebskostennachforderungen** wird vereinzelt die Ansicht vertreten, dass der Urkundenprozess unzulässig ist, weil sich aus der Betriebskostenabrechnung nicht ergibt, dass und in welcher Höhe dem Vermieter eine Forderung zusteht (LG Bonn WuM 2012, 155). Nach der Rechtsprechung **des BGH** ist der Urkundenprozess möglich (BGH NJW 2015, 475; ebenso Schmid MDR 2013, 1266, 1268). Der Vermieter muss den Mietvertrag mit der Umlagevereinbarung und eine formell richtige Abrechnung sowie einen Zugangsnachweis vorlegen. Erhebt der Mieter substantiierte Einwendungen, so kommt es darauf an, ob der Vermieter den Anspruch mit den im Urkundenprozess zulässigen Mitteln (Rechnungen, Lieferscheinen, Abgabenbescheiden, etc.) beweisen kann (KG ZMR 2011, 116, 117 = WuM 2012, 156). Unsubstantiierte Einwendungen (ohne Belegeinsicht) sind unbeachtlich (Flatow DWW 2008, 88, 92). Teilweise wird die Ansicht vertreten, dass der Vermieter bei Säumnis des Mieters gem. § 597 Abs. 2 ZPO alle Umstände zur materiellen Richtigkeit der Abrechnung beweisen muss (Flatow a. a. O.). Hierbei wird verkannt, dass die Prüfungsbefugnis des Gerichts durch die Einwendungen des Mieters begrenzt wird. Anders gewendet: Was der Mieter nicht oder nach Ablauf der Frist des § 556 Abs. 3 Satz 5 einwendet, bleibt unbeachtet; das Gericht kann und muss unabhängig von der materiellen Richtigkeit der Abrechnung ein Versäumnisurteil zugunsten des Vermieters erlassen. Der Mieter kann ein Betriebskostenguthaben geltend machen, wenn er den Mietvertrag und die Abrechnung vorlegt (Flatow DWW 2008, 88, 92).

5. Vollstreckungsgegenklage (§ 767 ZPO)

Nach § 556 Abs. 3 Satz 1 BGB ist über die Betriebskostenvorauszahlungen jährlich abzurechnen, wobei die Abrechnung dem Mieter spätestens bis zum Ablauf des 12. Monats nach Ende des Abrechnungszeitraums mitzuteilen ist (§ 556 Abs. 3 Satz 2 BGB). Die Vorschrift gilt nur für die Wohnraummiete, jedoch ist anerkannt, dass auch der Vermieter von Gewerberaum innerhalb einer angemessenen Frist abrechnen muss; hinsichtlich der Bemessung dieser Frist ist dabei auf die Regelung in

§ 556 Abs. 3 S. 2 BGB abzustellen (BGH NJW 2010, 1065). Aus dieser Vorschrift wird des Weiteren abgeleitet, dass der Vermieter den Anspruch auf Zahlung rückständiger Vorauszahlungen nach Eintritt der Abrechnungsreife (§ 556 Abs. 3 Satz 2 BGB) nicht weiterverfolgen kann. Nach der Rechtsprechung des BGH kann der Vermieter ab diesem Zeitpunkt nur noch die sich aus der Abrechnung ergebenden Beträge verlangen; eine bereits erhobene Klage auf Zahlung der Vorausbeträge ist gemäß § 264 Nr. 3 ZPO entsprechend umzustellen (BGH WuM 2010, 490 unter Rdn. 22 m.w.N.). Fraglich ist, welche Rechtsfolge gilt, wenn das Verfahren auf Zahlung der Vorschüsse zum Zeitpunkt des Eintritts der Abrechnungsreife bereits abgeschlossen ist. Der BGH hat diese Frage noch nicht entschieden. Nach der Ansicht des OLG Hamm führt der Eintritt der Abrechnungsreife zum Erlöschen des Anspruchs auf die Vorauszahlungen. Dieser Umstand könne mit einer Zwangsvollstreckungsgegenklage geltend gemacht werden (OLG MietRB 2015, 358). Dies überzeugt nicht. Zwar trifft es zu, dass der Anspruch des Mieters auf Erteilung der Abrechnung durch die Rechtskraft eines Titels betreffend die Vorauszahlungen nicht berührt wird. Durch die Vollstreckungsgegenklage kann der Mieter verhindern, dass der Vermieter wegen solcher Beträge vollstreckt, die ihm nicht (mehr) zustehen. Deshalb kann der Mieter zwar mit der Vollstreckungsgegenklage geltend machen, dass der Abrechnungssaldo geringer ist, als die titulierten Vorauszahlungen. Nach der hier vertretenen Ansicht genügt es allerdings nicht, dass der Mieter auf die noch ausstehende Abrechnung verweist. Vielmehr muss er substantiiert darlegen, dass der Abrechnungssaldo unter der Summe der titulierten Vorauszahlungen liegt. Zu diesem Zweck muss er den Vermieter zunächst auf Erteilung der Abrechnung in Anspruch nehmen. Daneben kann er beantragen, dass die Vollstreckung bis zur Entscheidung über die Abrechnungsklage eingestellt wird. Sind die abgerechneten Kosten geringer als die titulierten Beträge, so ist die Vollstreckung entsprechend zu beschränken. Sind die abgerechneten Kosten dagegen höher als die titulierten Beträge so ist die Vollstreckungsgegenklage als unbegründet abzuweisen. Einen überschießenden Betrag kann der Vermieter nur auf Grund eines weiteren Titels vollstrecken. Die Erlangung eines solchen Titels ist bei der Wohnraummiete nach Ablauf der Abrechnungsfrist nicht mehr möglich (§ 556 Abs. 3 Satz 3 BGB). Bei der Gewerbemiete spielt dieser Gesichtspunkt keine Rolle, weil § 556 Abs. 3 Satz 3 BGB weder unmittelbar noch analog anzuwenden ist (BGH NJW 2010, 1065).

X. Pfändbarkeit der Ansprüche

299 **Ansprüche des Vermieters** gegen den Mieter auf Bezahlung von Betriebskosten sind unpfändbar (OLG Celle ZMR 1999, 698 m.zust.Anm. Lützenrath). Dies gilt unabhängig davon, ob diese Kosten im Mietvertrag in Form von Vorauszahlungen oder in Form einer Pauschale ausgewiesen sind oder ob sie durch eine Pauschalmiete (Inklusivmiete) abgegolten werden. Ebenso unterliegt der Anspruch des Vermieters auf Zahlung restlicher Betriebskosten aus einer Betriebskostenabrechnung dem Pfändungsschutz. Dies folgt aus § 851 ZPO. Danach ist eine Forderung der Pfändung nur insoweit unterworfen, als sie übertragbar ist. Zu den nicht übertragbaren Forderungen zählt u. a. auch eine zweckgebundene Forderung. Der Vermieter kann über die Betriebskosten nicht nach Belieben verfügen; vielmehr ist er gehalten, die hierauf geleisteten Zahlungen des Mieters zur Befriedigung der jeweiligen Versorgungsunternehmen zu verwenden.

Der **Anspruch des Mieters** auf Rückerstattung nicht verbrauchter Betriebs- 299a
kostenvorauszahlung unterliegt grundsätzlich der Pfändung als Arbeitseinkommen
nach Maßgabe der Pfändungsfreigrenzen. Anders ist es, wenn die Kosten für die
Unterkunft vom Jobcenter oder vom kommunalen Träger des Sozialgeldes getragen
werden. Dann stehen die Rückzahlungen den Leistungserbringern zu, mit der weiteren Folge, dass sich die Leistungen des Folgemonats an den Mieter mindern
(BGH NJW 2013, 2819; NZM 2016, 768; WPM 2017, 774; WuM 2017, 351).
Dies beruht auf der Erwägung, dass die Hilfeleistungen aus öffentlichen Mitteln erfolgen und deshalb nicht zur Verfügung der Gläubiger des Mieters stehen. Die genannten Forderungen sind damit kraft Gesetzes unpfändbar (BGH a. a. O.).

Zu demselben Ergebnis führt die Regelung des **§ 851b ZPO**. Danach ist die 300
Pfändung von Miet- und Pachtzinsen auf Antrag des Schuldners vom Vollstreckungsgericht insoweit aufzuheben, als diese Einkünfte für den Schuldner zur
laufenden Unterhaltung des Grundstücks oder zur Vornahme notwendiger Instandsetzungsarbeiten unentbehrlich sind. Zu den Kosten der Unterhaltung des
Grundstücks sind auch die Betriebskosten zu rechnen.

XI. Zurückbehaltungsrecht des Vermieters bei Zahlungsverzug

Kommt der Mieter mit den Betriebskostenvorauszahlungen in Verzug, so ist 301
streitig, ob der Vermieter ein Zurückbehaltungsrecht nach § 273 BGB an den Wasser- und Energielieferungen geltend machen kann (verneinend: OLG Köln ZMR
2000, 640; ZMR 2005, 124 = NZM 2005, 67; KG ZMR 2005, 951; OLG Celle
NZM 2005, 741; LG Göttingen WuM 2003, 626; Eisenschmid in: Schmidt-Futterer § 535 BGB Rdn. 110; Kraemer in: Bub/Treier Kap III Rdn. 2744; Scheidacker
NZM 2005, 281; Sternel Rdn II 81; Streyl WuM 2006, 234; bejahend: KG NZM
2005, 65; Mummenhoff DWW 2005, 312; Herrlein NZM 2006, 527; Häublein in:
MünchKomm § 535 BGB Rdn. 93; Schmid DWW 1986, 140, 142; vermittelnd:
Hinz WuM 2005, 615: danach kann die Einstellung der Versorgungsleistungen ausnahmsweise zulässig sein, wenn der weitere Aufenthalt des Mieters in den Räumen
dem Vermieter nicht zugemutet werden kann). Für den rechtsähnlichen Bereich
des Wohnungseigentums wird überwiegend die Ansicht vertreten, dass die Wohnungseigentümergemeinschaft berechtigt ist, einen Wohnungseigentümer von der
Versorgung mit Energie auszuschließen, wenn erhebliche Wohngeldrückstände bestehen. Für diesen Fall wird der Gemeinschaft ein Zurückbehaltungsrecht (§ 273
BGB) an der Energielieferung zugestanden (OLG Celle NJW-RR 1991, 1118;
BayObLG NJW-RR 1992, 787; OLG Hamm NJW 1994, 145). Dies gilt auch
dann, wenn die Wohnung vermietet ist (KG WuM 2001, 456; **a. A.** OLG Köln
WuM 2000, 488). Nach der hier vertretenen Ansicht ist das Zurückbehaltungsrecht
bei der Miete nicht grundsätzlich ausgeschlossen, jedoch ist der Grundsatz der Verhältnismäßigkeit zu beachten. Aus diesem Grundsatz folgt, dass das Zurückbehaltungsrecht ausgeschlossen ist, wenn durch dessen Ausübung die Gesundheit des
Mieters oder seiner Angehörigen gefährdet würde (z. B. bei Einstellung der Wärmelieferung im Winter).

§ 556a Abrechnungsmaßstab für Betriebskosten

(1) ¹Haben die Vertragsparteien nichts anderes vereinbart, sind die Betriebskosten vorbehaltlich anderweitiger Vorschriften nach dem Anteil der Wohnfläche umzulegen. ²Betriebskosten, die von einem erfassten Verbrauch oder einer erfassten Verursachung durch die Mieter abhängen, sind nach einem Maßstab umzulegen, der dem unterschiedlichen Verbrauch oder der unterschiedlichen Verursachung Rechnung trägt.

(2) ¹Haben die Vertragsparteien etwas anderes vereinbart, kann der Vermieter durch Erklärung in Textform bestimmen, dass die Betriebskosten zukünftig abweichend von der getroffenen Vereinbarung ganz oder teilweise nach einem Maßstab umgelegt werden dürfen, der dem erfassten unterschiedlichen Verbrauch oder der erfassten unterschiedlichen Verursachung Rechnung trägt. ²Die Erklärung ist nur vor Beginn eines Abrechnungszeitraumes zulässig. ³Sind die Kosten bislang in der Miete enthalten, so ist diese entsprechend herabzusetzen.

(3) Ist Wohnungseigentum vermietet und haben die Vertragsparteien nichts anderes vereinbart, sind die Betriebskosten abweichend von Absatz 1 nach dem für die Verteilung zwischen den Wohnungseigentümern jeweils geltenden Maßstab umzulegen. Widerspricht der Maßstab billigem Ermessen, ist nach Absatz 1 umzulegen.

(4) **Eine zum Nachteil des Mieters von Absatz 2 abweichende Vereinbarung ist unwirksam.**

Übersicht

	Rdn.
I. Anwendungsbereich und Zweck	1
II. Umlagemaßstab (Abs. 1)	2
1. Vereinbarter Umlagemaßstab	2
a) Begriff der Vereinbarung	3
b) Grenzen der Vertragsgestaltungsfreiheit	6
c) Grundsatz der Billigkeit	11
e) Umlage bei gemischt genutzten Gebäuden	22
f) Umlageschlüssel bei der Gewerbemiete	23
g) Recht des Vermieters zur Änderung des Umlagemaßstabs	26
h) Anspruch des Mieters auf Änderung des Umlagemaßstabs	30
2. Gesetzlicher Umlagemaßstab	32
a) Umlage nach der Wohnfläche (Abs. 1 Satz 1)	33
b) Umlage nach Verbrauch (Abs. 1 Satz 2)	39
III. Änderungsrecht des Vermieters für Wasser- und Müllkosten (Abs. 2)	45
IV. Abweichende Vereinbarungen (Abs. 4)	50
V. Umlagemaßstab bei der Geschäftsraummiete	56

I. Anwendungsbereich und Zweck

1 Die Regelung gilt nur für die Wohnraummiete. Sie ist als Ergänzung zu § 556 BGB zu lesen. Ist gem. § 556 Abs. 1 und 2 BGB vereinbart, dass der Mieter die Betriebskosten zu tragen und der Vermieter hierüber abzurechnen hat, so richtet sich der Umlagemaßstab nach § 556a Abs. 1 BGB. Die Vorschrift gilt also nur für Vereinbarungen mit sog. „Betriebskostenvollumlage" und für sog. „Teilinklusivmieten". Für Pauschalmieten oder für eine Grundmiete mit Betriebskostenpauschale gilt Abs. 1 nicht. § 556a Abs. 2 BGB gibt dem Vermieter die Möglichkeit zur Einführung einer verbrauchsabhängigen Kostenerfassung. Durch das „Gesetz zur Förderung der Elektromobilität und zur Modernisierung des Wohnungseigentumsgesetzes und zur Änderung von kosten- und grundbuchrechtlichen Vorschriften (Wohnungseigentumsmodernisierungsgesetz – WEMoG", BT-Drucks 19/18791; dazu Zehelein ZMR 2020, 272) soll ab Herbst 2020 der neue Absatz 3 eingeführt werden. Zum Zeitpunkt der Manuskripterstellung war die endgültige die Beschlussfassung des Bundestages noch nicht erfolgt. Durch die Änderung wird ein besonderer Abrechnungsmaßstab für vermietete Eigentumswohnungen eingeführt.

II. Umlagemaßstab (Abs. 1)

1. Vereinbarter Umlagemaßstab

Aus dem Grundsatz der Vertragsgestaltungsfreiheit folgt, dass die Parteien grundsätzlich einen beliebigen Umlagemaßstab für die Betriebskosten wählen und vereinbaren können. Dieser Grundsatz bleibt von § 556a Abs. 1 Satz 1 BGB unberührt. 2

a) Begriff der Vereinbarung. Eine Vereinbarung kommt zustande, wenn sich 3 die Parteien ausdrücklich oder stillschweigend auf einen bestimmten Umlagemaßstab geeinigt haben. Die Vereinbarung kann auch während der Mietzeit getroffen oder abgeändert werden. Eine **stillschweigende Abänderung des Umlagemaßstabs** ist insbesondere dann anzunehmen, wenn der Vermieter die Betriebskosten abweichend vom Mietvertrag umgelegt hat und dies vom Mieter nicht beanstandet wurde (BGH NJW 2006, 2771). Dies gilt auch dann, wenn im Mietvertrag vereinbart ist, dass Änderungen der Schriftform bedürfen (BGH WuM 2005, 774 = NZM 2006, 11). Eine Rückkehr zum im Mietvertrag vereinbarten Maßstab bedarf in diesem Fall der Zustimmung des Mieters (AG Wetzlar ZMR 2011, 565). Gleiches gilt, wenn der Vermieter ohne ausdrückliche vertragliche Vereinbarung einen anderen als den gesetzlichen Umlagemaßstab gewählt und der Mieter dies hingenommen hat. Fraglich ist, ob aus der Installation eines Zwischenwasserzählers abgeleitet werden kann, dass sich die Parteien stillschweigend auf die verbrauchsabhängige Erfassung und Abrechnung der Wasserkosten geeinigt haben. Eine verbrauchsabhängige Abrechnung ist nach der gesetzlichen Regelung in § 556a Abs. 1 Satz 2 BGB erst möglich, wenn alle Wohnungen mit Zwischenwasserzählern ausgestattet sind (BGH NJW 2008, 1876 = WuM 2008, 288 = NZM 2008, 444). Sind nur einzelne Wohnungen mit Zwischenwasserzählern ausgerüstet, so muss insgesamt nach dem gesetzlichen Umlageschlüssel abgerechnet werden. Die Installation des Zwischenwasserzählers ändert hieran nichts, weil dieser Maßnahme für sich allein kein Erklärungswert zukommt (BGH a. a. O.).

Die Umlagevereinbarung kann auch durch Formularvertrag getroffen werden. 4
Nach dem bis 31.8.2001 geltenden Recht war der Vermieter berechtigt, einseitig einen **Umlagemaßstab gemäß §§ 315, 316 BGB** nach billigem Ermessen zu bestimmen. Wurde das Bestimmungsrecht ausgeübt, so waren die Parteien hieran gebunden (Sternel Rdn. III 361, 377; Fritz Gewerberaummietrecht Rdn. 136). Ein unter der Geltung des früheren Rechts auf diese Weise zustande gekommener Umlagemaßstab ist einer Vereinbarung gleichzustellen (AG Halle-Saalkreis, WuM 2004, 24; AG Weißenfels WuM 2004, 24; Artz in: Staudinger § 556a BGB

Rdn. 10; Franke ZMR 2001, 951; Bösche WuM 2001, 367, 370; Horst MDR 2001, 721, 723; Langenberg NZM 2001, 783, 789 und in: Schmidt-Futterer § 556a BGB Rdn. 17).

5 Fraglich ist, ob die Parteien im Mietvertrag vereinbaren können, dass nach **Wirtschaftseinheiten** abzurechnen ist. Bejaht man dies, so stellt sich die weitere Frage, ob mit der Beschreibung des Mietobjekts (z. B.: 3-Zimmer-Wohnung im Hause Bahnhofstr. 5) zugleich die Abrechnungseinheit festgelegt wird. Die Frage ist zu verneinen, weil die Parteien mit der Beschreibung des Mietgegenstands keine weiteren Zwecke verfolgen. Es fehlt mithin am Erklärungswillen (**a. A.** AG Pinneberg ZMR 2006, 939). Der BGH hat für den Sonderfall der Heizkostenabrechnung entschieden, dass ein Ausschluss der Abrechnung nach Wirtschaftseinheiten jedenfalls dann nicht gilt, wenn eine hausbezogene Abrechnung von Beginn des Mietverhältnisses an nicht möglich ist, weil mehrere Gebäude über eine Gemeinschaftsheizung mit Wärme versorgt werden (BGH NJW 2005, 3135 = WuM 2005, 579).

6 **b) Grenzen der Vertragsgestaltungsfreiheit.** In Rechtsprechung und Literatur ist **streitig, ob eine Vereinbarung über den Umlagemaßstab der Billigkeitskontrolle nach den §§ 315, 316 BGB unterliegt** (so KG GE 2002, 327), ob die Kontrolle lediglich an Hand der §§ 242 BGB, 305 ff BGB zu erfolgen hat (so Artz in: Staudinger § 556a BGB Rdn. 8) oder ob sich aus § 556a BGB ergibt, dass die Vereinbarung zu einer gerechten Aufteilung der Kosten führen muss (so Langenberg in Schmidt-Futterer § 556a BGB Rdn. 7). Der BGH hat zu dieser Grundsatzfrage noch nicht ausdrücklich Stellung genommen. Er hat allerdings in dem Urteil vom 12.3.2008 (NJW 2008, 1876 = WuM 2008, 288 = NZM 2008, 444) obiter dictum ausgeführt, dass ein Anspruch auf Änderung des Flächenmaßstabs nur in Betracht kommt, wenn der Flächenmaßstab „im Einzelfall zu einer krassen Unbilligkeit" führt. Nach der hier vertretenen Ansicht ergeben sich die Grenzen der Vertragsgestaltungsfreiheit aus zwingenden anderweitigen Vorschriften über die Kostenverteilung sowie aus §§ 242, 305 ff BGB (s. weiter Rdn. 9 ff).

7 Zu den zwingenden anderweitigen Vorschriften gehört insbesondere die **Heizkostenverordnung.** Danach müssen die Heiz- und Warmwasserkosten nach dem dort vorgeschriebenen Maßstab umgelegt werden. Gem. **§ 7 HeizkV** sind von den Kosten des Betriebs der zentralen Heizungsanlage mindestens 50%, höchstens 70% nach dem erfassten Wärmeverbrauch der Nutzer zu verteilen. In Gebäuden, die das Anforderungsniveau der Wärmeschutzverordnung vom 16. August 1994 (BGBl. I S. 2121) nicht erfüllen, die mit einer Öl- oder Gasheizung versorgt werden und in denen die freiliegenden Leitungen der Wärmeverteilung überwiegend gedämmt sind, sind von den Kosten des Betriebs der zentralen Heizungsanlage 70% nach dem erfassten Wärmeverbrauch der Nutzer zu verteilen. In Gebäuden, in denen die freiliegenden Leitungen der Wärmeverteilung überwiegend ungedämmt sind und deswegen ein wesentlicher Anteil des Wärmeverbrauchs nicht erfasst wird, kann der Wärmeverbrauch der Nutzer nach anerkannten Regeln der Technik bestimmt werden. Die Vorschrift betrifft nach ihrem Wortlaut Gebäude, die mit Heizkörpern ausgestattet sind, deren Wärmezufuhr über freiliegende Rohrleitungen erfolgt, die ihrerseits (nicht durch Heizkostenverteiler erfasste) Wärme abgeben. Die Regelungen in **§ 7 Abs. 1 Satz 3 und 4 HeizkostenV** gelten nach ihrem Wortlaut allerdings nur für „freiliegende Leitungen". Dies führt zu der Frage, ob die Vorschrift entsprechend anzuwenden ist, wenn die Leitungen zwar ungedämmt aber unter Putz verlegt sind. Die wird zum Teil bejaht (LG Landau WuM 2015, 432; LG Dresden MDR 2016, 454; AG Bayreuth WuM 2014, 728; AG Emmendingen

GE 2015, 131; AG Augsburg DWW 2016, 102; AG Ellwangen WuM 2016, 497; Wall Betriebskostenkommentar Rdn. 5872), zum Teil verneint (Zehelein NZM 2015, 913, 915). Der **BGH** folgt der letztgenannten Auffassung (BGH WuM 2017, 320; dazu Serwe ZMR 2018, 11). Er führt aus, dass die analoge Anwendung einer Rechtsnorm nur möglich ist, wenn ohne Anwendung der Norm eine planwidrige Gesetzeslücke besteht. „Das Vorliegen einer vom Normgeber unbeabsichtigten Lücke und ihre Planwidrigkeit müssen dabei aufgrund konkreter Umstände positiv festgestellt werden können" (BGH Rdn. 22). Dies sei nicht möglich. Zwar ist es nach der VDI-Richtlinie 2077 für deren Anwendung technisch unerheblich, ob die Rohrleitungen „freiliegend oder nicht sichtbar im Estrich bzw. unter Putz geführt werden". Der Vorordnungsgeber habe die Richtlinie bei der Schaffung des § 7 HeizkostenV gekannt und den Anwendungsbereich der Richtlinie gleichwohl auf „freiliegende Leitungen" beschränkt. Hinsichtlich der anerkannten Regeln der Technik verweist die Gesetzesbegründung auf das **Beiblatt Rohrwärme zur Richtlinie VDI 2077** (s. dazu insbesondere Wall WuM 219, 109; Pfeiffer DWW 2016, 94). Eine Heizkostenabrechnung nach der VDI 2077 entspricht der gesetzlichen Regelung (**a. A.** Lammel in: Schmidt-Futterer § 7 HeizkostenV Rdn. 13: unzulässige dynamische Verweisung auf einen demokratisch nicht legitimierten Normgeber). Dem Mieter steht deshalb kein Kürzungsrecht nach § 12 HeizKV zu (BGH WuM 2015, 423). Die übrigen Kosten sind nach der Wohn- oder Nutzfläche oder nach dem umbauten Raum zu verteilen; es kann auch die Wohn- oder Nutzfläche oder der umbaute Raum der beheizten Räume zu Grunde gelegt werden. Außer bei Gebäuden mit nicht mehr als zwei Wohnungen, von denen eine vom Vermieter selbst bewohnt wird, gehen diese Vorschriften rechtsgeschäftlichen Vereinbarungen vor (§ 2 HeizKV). Die Vorschriften der HeizkostenVO dienen nicht der gerechten Kostenverteilung; vielmehr soll über die vom Verbrauch abhängigen Kosten eine Einsparung von Energie erreicht werden. Dieser Gesetzeszweck kann auch dann erreicht werden, wenn nicht alle in dem Gebäude befindlichen Wohnungen vermietet sind. Aus diesem Grunde ist der in der HeizkostenVO vorgesehene Umlageschlüssel auch bei einem überwiegenden Leerstand zu beachten (BGH NZM 2015, 205; s. auch Rdn. 12).

Steht der vereinbarte oder praktizierte Umlagemaßstab im **Widerspruch zu** 7a **den Vorschriften der Heizkostenverordnung,** hat der Mieter einen Anspruch auf eine Änderung des Verteilungsschlüssels der mit der **Änderungsklage** geltend zu machen ist (BGH Urteil vom 16.1.2019 – VIII ZR 113/17). Dies folgt ohne weiteres aus dem Zweck der HeizkostenV, das Verbrauchsverhalten der Nutzer nachhaltig zu beeinflussen und damit Energieeinspareffekte zu erzielen. Der Mieter ist nicht darauf beschränkt, eine Änderung des Verteilungsschlüssels erst mit Beginn des nächsten vertraglich geregelten Abrechnungszeitraums zu verlangen (BGH a. a. O.). Maßgeblich hierfür ist die Erwägung, dass der in der HeizkostenV geregelte Verteilungsschlüssel an die Stelle eines vereinbarten oder praktizierten Umlagemaßstabs tritt. Aus der Regelung in § 6 Abs. 4 Satz 1 HeizkostenV folgt nichts anderes. Danach ist eine Änderung des Abrechnungsmaßstabs zwar nur mit Wirkung zum Beginn eines Abrechnungszeitraums zulässig. Jedoch regelt die Vorschrift nur den Wechsel von einem zulässigen Umlagemaßstab zu einem anderen zulässigen Verteilungsschlüssel. Vorliegend geht es aber um die Einhaltung der gesetzlichen Vorgaben. Der Mieter kann nicht auf das Kürzungsrecht des § 12 HeizkostenV verwiesen werden (BGH a. a. O.). Das Kürzungsrecht setzt voraus, dass die Heizkosten „nicht verbrauchsabhängig abgerechnet werden" (§ 12 Abs. 1 Satz 1 HeizkostenV). Eine Abrechnung auf der Grundlage eines nach der HeizkostenV unzulässigen Verteilermaßstabs ist materiell unwirksam ist. Weist die fehlerhafte Abrechnung einen Saldo zugunsten des Vermieters aus, ist der Mieter nicht zur Zahlung verpflichtet.

7b **Die Regelung des § 2 HeizKV verbietet Pauschalmieten und Betriebskostenpauschalen,** soweit hierdurch auch die Heiz- und Warmwasserkosten abgegolten werden, **Heizkostenpauschalen** sowie **Verteilerschlüssel**, nach denen die Heiz- und Warmwasserkosten **abweichend von den Vorschriften der Heizkostenverordnung** umgelegt werden. Nach der **Rechtsprechung des BGH** (NZM 2006, 652) wird durch § 2 HeizKV „die rechtsgeschäftliche Gestaltungsfreiheit der Parteien kraft Gesetzes eingeschränkt". Anders gewendet: Soweit die HeizkV gilt, entfalten Pauschalmietvereinbarungen – außer bei Gebäuden mit nicht mehr als zwei Wohnungen, von denen eine der Vermieter selbst bewohnt – keine Wirkung. Aus der Entscheidung des BGH folgt, dass Vereinbarungen über eine Pauschalmiete umzustellen sind. Der Vermieter muss ermitteln, welche Kosten im Sinne von § 7 Abs. 2 HeizKV entstehen und welcher Anteil hiervon auf die einzelnen Wohnungen entsprechend der jeweiligen Fläche entfällt. Um diesen Betrag ist die Bruttowarmmiete zu kürzen. Maßgeblich ist der Zeitpunkt des Vertragsschlusses (LG Potsdam WuM 2015, 550). Unbeschadet hiervon ist eine Umstellung der Mietstruktur aber nur mit Wirkung für die Zukunft möglich. Dies folgt aus dem Zweck der Heizkostenverordnung. Durch die Pflicht zur verbrauchsabhängigen Abrechnung soll das Nutzerverhalten bei der Raumheizung und beim Warmwasserverbrauch mit dem Ziel einer Energieeinsparung beeinflusst werden (Entwurfsbegründung, BR-Drucks. 632/80 S. 13, 15 f.). Das Ziel der Beeinflussung des Nutzerverhaltens kann für die Vergangenheit aber nicht mehr erreicht werden, sondern setzt gerade eine Ankündigung voraus, dass sich die Abrechnung in Zukunft am Verbrauch orientieren werde. Auch erfordert die verbrauchsabhängige Erfassung die Installation entsprechender Erfassungsgeräte, die nicht rückwirkend möglich ist (OLG Hamburg ZMR 2017, 884; Lammel in: Schmidt-Futterer § 2 HeizKV Rdn. 12; **a. A.** Langenberg/Zehelein Betriebskosten- und Heizkostenrecht Anm. K 20). Bei der Umstellung darf das Leistungsgefüge nicht zu Lasten des Mieters verändert werden. Aus der Umstellungserklärung müssen sich die einzelnen Rechenschritte ergeben (LG Potsdam a. a. O.). Der Mieter hat künftig eine Bruttokaltmiete und einen Heizkostenvorschuss zu bezahlen. Über die Heizkosten muss der Vermieter abrechnen. Entsprechendes gilt für eine Betriebskostenpauschale. Ist eine Heizkostenpauschale vereinbart, so gilt sie als Vorschusszahlung (ebenso: Langenberg in Schmidt-Futterer § 556 BGB Rdn. 14; Palandt/Weidenkaff § 535 BGB Rdn. 100). Nach **anderer Ansicht** sind Betriebskostenpauschalen und Pauschalmieten wirksam. Dies beruht auf der Erwägung, dass die Abrechnung über Betriebskosten aus zwei Teilen besteht, nämlich aus der Verteilungsabrechnung und der Zahlungsabrechnung. Die HeizkostenVO regele ausschließlich die Verteilungsabrechnung, deshalb könne entgegen der Ansicht des BGH (s. sogleich unten) hieraus nicht abgeleitet werden, dass die Vereinbarung einer Bruttowarmmiete unzulässig sei. Auch die Regelung in § 556 Abs. 1 BGB stehe der Vereinbarung einer Bruttowarmmiete nicht entgegen. Nach dieser Ansicht gilt: Die Parteien können eine Bruttowarmmiete vereinbaren. Auch in diesem Fall muss der Vermieter aber über die Verteilung der Heizkosten nach den Vorschriften der HeizkostenV abrechnen. Der auf den jeweiligen Mieter entfallende Anteil ist aber vom Vermieter zu tragen und wird mit der Miete abgegolten (Heix WuM 2015, 59).

8 Ist eine verbrauchabhängige Abrechnung der Heizkosten (mangels Ausstattung der Wohnung mit Erfassungsgeräten oder mangels Ablesung) nicht möglich, so

Abrechnungsmaßstab für Betriebskosten **BGB § 556a**

sieht § 9a **HeizkostenV** ein **Schätzverfahren** vor. Danach soll es auf den Verbrauch in früheren Abrechnungszeiträumen oder auf den Verbrauch in vergleichbaren Räumen ankommen. Sind **keine Schätzgrundlagen vorhanden,** so ist ausschließlich eine Umlage der Heizkosten nach dem Verhältnis der Wohnfläche zulässig (BGH WuM 2007, 700; NJW 2008, 142 = NZM 2008, 32). In die Umlage können auch nicht beheizte Teilflächen, etwa von Balkonen, Loggien usw. einbezogen werden. Der so ermittelte Betrag ist gem. § 12 HeizkostenV um 15% zu kürzen. Diese Methode der Kostenumlage gilt unabhängig davon, ob der Vermieter die unterlassene Verbrauchserfassung zu vertreten hat (BGH a.a.O.). Der Vermieter muss dafür sorgen, dass die für eine verbrauchsabhängige Abrechnung erforderlichen Messdaten lückenlos erfasst werden. Die Mieter sind verpflichtet, den mit der Datenerfassung befassten Personen den Zutritt zur Wohnung zu ermöglichen. Verweigern einzelne Mieter die Mitwirkung, so muss der Vermieter das Betretungsrecht (s. § 535 Rdn. 344a) gegebenenfalls im Wege der einstweiligen Verfügung durchsetzen. Anderenfalls kann den übrigen Mietern im Wege des Schadensausgleichs ein Kürzungsrecht nach § 9a HeizKV zustehen (AG Darmstadt WuM 2015, 239). Der Schadensersatzanspruch setzt voraus, dass der Mieter bei einer der HeizkostenV entsprechenden Umlage geringere Kosten als bei einer um 15% gekürzten Umlage nach dem Flächenverhältnis zu tragen hat. Dies muss der Mieter beweisen.

Geräte zur Erfassung der Heizkosten müssen geeicht sein. Ist dies nicht der Fall, **8a** liegt keine ordnungsgemäße Erfassung vor. Gleiches gilt, wenn die **Eichfrist abgelaufen** ist. Nach der Rechtsprechung des **BGH** spricht bei der Verwendung geeichter Geräte eine tatsächliche Vermutung für die Richtigkeit der Werte. Ist die Eichfrist abgelaufen, gilt die Vermutung nicht. Der Vermieter könne aber beweisen, dass die angezeigten Werte tatsächlich zutreffen (BGH WuM 2011, 21). Nach anderer Ansicht dürfen die Werte nicht geeichter Geräte nicht verwendet werden (Lammel WuM 2015, 531, 534). Ist nur eine Abrechnungsperiode betroffen, ist nach § 9a HeizKostV zu verfahren. Bei mehreren Abrechnungsperioden muss nach dem Flächenmaßstab abgerechnet werden. Dem Mieter steht das Kürzungsrecht nach § 12 Abs. 1 HeizkostV zu (Lammel WuM 2015, 531, 536). Wird die Erneuerung/Verlängerung der Eichung vom Wärmemessdienst schuldhaft versäumt, stehen dem Eigentümer Schadenersatzansprüche zu.

Nach § 242 BGB muss die Umlagevereinbarung der Billigkeit entspre- **9** chen. Hieraus ist allerdings nicht abzuleiten, dass die Parteien einen möglichst „gerechten" Umlagemaßstab wählen müssen. Vielmehr können auch Gesichtspunkte der Umlagepraktikabilität beachtet werden. Ein Umlagemaßstab entspricht der Billigkeit, wenn er praktikabel und gerecht ist; den Parteien ist insoweit ein weiter Gestaltungsspielraum zuzubilligen. Möglich ist eine Umlage nach dem Verhältnis der Wohnfläche, nach Miteigentumsanteilen (was jetzt bei der Vermietung einer Eigentumswohnung nach Abs. 3 auch als Auffangmaßstab gesetzlich vorgesehen ist), nach der Kopfzahl, nach Wohneinheiten usw.

Werden **Betriebskosten nach dem erfassten Verbrauch erfasst** (z. B. Was- **10** ser, gegebenenfalls Müll), so müssen diese Kosten verbrauchsabhängig abgerechnet werden (§ 556a Abs. 1 Satz 2 BGB). Eine von diesem Grundsatz abweichende Vereinbarung ist unwirksam. Dies folgt zwar nicht aus § 556a Abs. 3 BGB, weil danach eine Abweichung von § 556a Abs. 1 Satz 2 BGB nicht erfasst wird. Wird allerdings verbrauchsunabhängig abgerechnet, obwohl der konkrete Verbrauch gemessen wird, so liegt hierin ein Verstoß gegen das Prinzip der Billigkeit des Umlagemaßstabs. Solche Vereinbarungen sind unwirksam, mit der weiteren Folge, dass an ihre

§ 556a BGB Untertitel 2. Mietverhältnisse über Wohnraum

Stelle die gesetzliche Regelung des § 556a Abs. 1 Satz 2 BGB tritt. Weitere Einzelheiten: unten Rdn. 39.

11 **c) Grundsatz der Billigkeit.** Der Grundsatz der Billigkeit kann wie folgt konkretisiert werden: Ist vereinbart, dass die Betriebskosten nach dem **Verhältnis der Wohnflächen** umgelegt werden, so hat der Vermieter das **Leerstandsrisiko** zu tragen (BGH NJW 2006, 2771 = WuM 2006, 440; KG GE 2010, 1268 = DWW 2010, 264; AG Braunschweig ZMR 2003, 490; AG Weißenfels WuM 2004, 24; Langenberg WuM 2002, 589 und in: Schmidt-Futterer § 556a BGB Rdn. 34; Sternel WuM 2003, 243; Artz in: Staudinger § 556a BGB Rdn. 24). Das gilt auch für die verbrauchsabhängigen Kosten (BGH a. a. O.; AG Braunschweig a.a.O.; **a. A.** OLG Düsseldorf DWW 2012, 132). Eine Formularklausel, wonach für die Betriebskostenumlage die vermieteten Flächen maßgeblich sein sollen, verstößt gegen § 307 BGB, weil dem Mieter ein unkalkulierbares Risiko auferlegt wird (im Ergebnis ebenso: OLG Hamburg WuM 2001, 343). Individualvereinbarungen verstoßen gegen den elementaren Grundsatz der Umlagegerechtigkeit (§ 242 BGB). Bei der Wohnraummiete liegt darüber hinaus ein Verstoß gegen § 558 Abs. 6 BGB vor, weil dem Vermieter Mieterhöhungen außerhalb des Verfahrens nach § 557 BGB ermöglicht werden (Langenberg WuM 2002, 589). Bei der Wohnraummiete tritt an die Stelle der unwirksamen Umlagevereinbarung die gesetzliche Regelung in § 556a Abs. 1 BGB). Für die Geschäftsraummiete s. unten Rdn. 56a.

12 Bei der **Umlage der Heizkosten** ist der Grundsatz der Umlagegerechtigkeit verletzt, wenn bei einem Gebäude mit einem Leerstand von durchschnittlich 30% ein Verteilungsschlüssel von 70 (Verbrauch) zu 30 (Flächenanteil) praktiziert wird. Hier kann eine Umstellung auf 50 zu 50 angezeigt sein (BGH NZM 2015, 205; AG Annaberg WuM 2007, 131). **Leerstandsbedingten Kostenverschiebungen** zu Lasten des Mieters kann nach der **Ansicht des BGH** darüber hinaus im Einzelfall mit einer aus dem Prinzip von Treu und Glauben (§ 242 BGB) abzuleitenden Anspruchsbegrenzung Rechnung getragen werden. Dabei ist zu berücksichtigen, dass auch der Vermieter durch den Leerstand beträchtliche Nachteile erleidet, weil er – ohne entsprechende Mieteinnahmen zu erhalten – bereits über den von ihm zu tragenden Wohnflächenanteil ebenfalls nicht unbeträchtliche Kosten zu tragen hat (BGH NZM 2015, 205). Das Problem der Korrektur einer Abrechnung aus Billigkeitsgründen stellt sich allerdings nur dann, wenn ein Großteil der Wohnungen leersteht. Ein Leerstand von wenigen Wohnungen kann dagegen vernachlässigt werden. Der BGH hat nicht entschieden, wo die Grenze zwischen dem Normalfall und den Fällen des erheblichen Leerstands zu ziehen ist. Nach der hier vertretenen Ansicht ist dies Aufgabe der Instanzgerichte. Aus dem Urteil des BGB ergeben sich auch keine Hinweise, nach welchen generellen Kriterien die Abgrenzung vorzunehmen ist.

12a Nach **anderer Ansicht** ist ein erheblicher Leerstand von Wohnungen in einem Mehrfamilienhaus im Verhältnis des Vermieters zu den verbleibenden Mietern als Mangel der Mietsache zu bewerten, weil diese Mieter bei der verbrauchsabhängigen Verteilung der Heizkosten einen durch den Leerstand bedingten Kostennachteil erleiden. Dies gilt jedenfalls dann, wenn der Leerstand auf einer bewussten Entscheidung des Vermieters beruht, etwa weil er den Abriss des Gebäudes oder einen Rückbau plant. Den verbleibenden Mietern steht nach dieser Ansicht ein aus § 536a BGB ableitbarer Schadensersatzanspruch zu mit der Folge, dass die Mieter im Wege der Naturalrestitution eine Freistellung von den Mehrkosten verlangen können (Abramenko ZMR 2015, 275).

Abrechnungsmaßstab für Betriebskosten BGB § 556a

Ebenso kann der Grundsatz der Umlagegerechtigkeit verletzt sein, wenn verbrauchsabhängige Kosten nach dem **Verhältnis der Wohnfläche** umgelegt werden, obwohl die **Wohnungen sehr unterschiedlich belegt** sind. Erforderlich ist allerdings, dass der Wohnflächenschlüssel zu einer extrem ungerechten Kostenverteilung führt (LG Düsseldorf WuM 1994, 31: danach ist eine Umlage nach dem Verhältnis der Wohnflächen unbillig, wenn im Haus 20 Wohnungen mit 25–45 m² und 2 Wohnungen mit 100 m² vorhanden sind und alle Wohnungen nur von 2 Personen belegt sind; AG Lippstadt WuM 1995, 594: ein verbrauchsunabhängiger Umlagemaßstab ist unbillig, wenn ein verbrauchsabhängiger Maßstab zu einer Halbierung der Kosten führen würde; AG Weimar WuM 1997, 119: bei unterschiedlicher Belegung gleich großer Wohnungen). Hierbei ist ein strenger Maßstab anzulegen, weil der Verteilungsschlüssel nicht nur gerecht, sondern auch praktikabel sein soll. Deshalb ist es in aller Regel zulässig (und aus Gründen der Praktikabilität auch empfehlenswert), wenn vereinbart wird, dass die verbrauchsabhängigen Kosten (z. B. **Wasserkosten**) nach dem Verhältnis der Wohnflächen verteilt werden sollen (OLG Hamm RE 27.9.1983 WuM 1983, 315 = ZMR 1984, 14; LG Siegen WuM 1991, 281; AG Duisburg WuM 1994, 549). Gleiches gilt für die **Müllgebühren** (AG Neuss DWW 1994, 317). Für die Umlage einer bestimmten Betriebskostenposition kommt es nicht darauf an, ob dem Mieter eine entsprechende Gegenleistung erbracht wird. Deshalb ist es nicht zu beanstanden, wenn der Erdgeschoßmieter an den **Aufzugskosten** beteiligt wird (BGH NZM 2006, 895; LG Hannover WuM 1990, 228; LG Berlin WuM 1990, 559; GE 1990, 657; GE 1994, 765; LG Duisburg WuM 1991, 597; LG Augsburg ZMR 2003, 836; AG Leverkusen WuM 1988, 436; AG Düsseldorf DWW 1991, 372; Timme NZM 2007, 29; Wall in: Betriebskosten-Kommentar Rdn. 3352 ff; **a. A.** ein Teil der älteren instanzgerichtlichen Rechtsprechung, z. B. LG Braunschweig WuM 1990, 558; **kritisch** zu Rechtsprechung des BGH: Langenberg in: Schmidt-Futterer § 556a BGB Rdn. 101). Etwas anderes gilt jedoch dann, wenn der Mieter seine Wohnung mit dem Aufzug nicht erreichen kann. Hiervon ist beispielsweise auszugehen, wenn ein Gebäude aus einem Vorder- sowie einem Hinterhaus besteht und lediglich das Vorderhaus über einen Aufzug verfügt, während sich die Wohnung des Mieters im Hinterhaus befindet (BGH NJW 2009, 2058). Ebenso ist eine Kostenbelastung ausgeschlossen, wenn dem Mieter die Nutzung des Aufzugs untersagt wird. Die Beteiligung des Erdgeschossmieters an den Aufzugskosten ist auch dann möglich, wenn die betreffenden Räume **gewerblich** genutzt werden. (OLG Düsseldorf Urteil vom 25.7.2013 – 10 U 114/12). Etwas anderes gilt, wenn die Betriebskosten für die gewerblich genutzten Teile gesondert erfasst und umgelegt werden und der Aufzug vom Gewerbemieter nicht genutzt wird oder wenn der Aufzug ausschließlich den Mietern der Wohnungen zur Verfügung steht (s. weiter Rdn. 52). Die gleichen Grundsätze gelten für die Kosten der **Reinigung des Treppenhauses** (OLG Köln NZM 2008, 806). Die Kosten der **Gartenpflege** muss der Mieter auch dann anteilig tragen, wenn es sich um eine Gemeinschaftsanlage handelt und die betreffende Fläche nach der Hausordnung nicht betreten werden darf (LG Hamburg ZMR 1995, 32; LG Hannover WuM 2003, 450; **a. A.** LG Berlin GE 1994, 1379). Dagegen kommt eine Umlage nicht in Betracht, wenn die Gartenfläche ausschließlich dem Vermieter oder anderen Mietern zur alleinigen Nutzung zugewiesen wurde, während der betreffende Mieter von der Benutzung des Gartens ausgeschlossen ist (BGH WuM 2004, 399). Wird die Höhe der **Grundsteuer** durch Parkflächen beeinflusst, so ist es nicht zu beanstanden, wenn die Grundsteuer nach dem Verhältnis der Wohnflächen auf alle Mieter des Hauses umgelegt wird und da-

§ 556a BGB   Untertitel 2. Mietverhältnisse über Wohnraum

durch auch solche Mieter mit Parkflächenanteilen belastet werden, die keinen Parkplatz gemietet haben (AG Mönchengladbach ZMR 2003, 198 = DWW 2003, 262).

14   Nach wohl allgemeiner Ansicht können die Parteien durch Formularvertrag vereinbaren, dass die **verbrauchsabhängigen Betriebskosten** nach dem **Verhältnis der Kopfzahl** auf die Mieter umgelegt werden (Langenberg in: Schmidt-Futterer § 556a BGB Rdn. 23 und 70; Artz in: Staudinger § 556a BGB Rdn. 25; Milger NZM 2008, 757). Die Umlagevereinbarung ist allerdings so zu fassen, dass das Leerstandsrisiko beim Vermieter verbleibt. Anderenfalls ist die Klausel unwirksam; sie kann nicht mit der Maßgabe aufrechterhalten werden, dass im Falle des Leerstands dem Vermieter eine fiktive Personenzahl zugeordnet wird (LG Krefeld WuM 2010, 357, 358). Nach der abweichenden Ansicht des BGH ist ein Leerstand bei der konkreten Abrechnung zu berücksichtigen. Möglich sei der Ansatz einer fiktiven Person, insbesondere bei der Umlage verbrauchsunabhängiger Kosten. Bei verbrauchsabhängigen Kosten, insbesondere bei Wasserkosten, sei denkbar, den Vermieter nur an den Grundkosten (Festkosten) zu beteiligen. Bei geringfügigem Leerstand könne es angemessen sein, von einer Berücksichtigung abzusehen (BGH WuM 2013, 227).

15   **Ermittlung und Nachweis der Belegung.** Haben die Parteien die Umlage der Betriebskosten nach der Kopfzahl vereinbart, so ist der Vermieter nach der Rechtsprechung des BGH gehalten „für bestimmte Stichtage die tatsächliche Belegung der einzelnen Wohnungen" festzustellen (BGH WuM 2008, 151). Der Rückgriff auf das öffentliche Melderegister ist unzureichend, weil in einem Mietshaus mit einer Vielzahl von Wohnungen während der Abrechnungsperiode erfahrungsgemäß eine beachtliche Fluktuation stattfindet, etwa durch Tod, Ein- oder Auszug von Familienangehörigen oder Lebensgefährten, Beginn oder Ende des Studiums auswärts studierender Kinder, längeren Auslandsaufenthalt von Familienmitgliedern oder Ähnliches (BGH a.a.O.). Aus der vom BGH gewählten Formulierung, wonach der Vermieter die tatsächliche Belegung der Wohnungen „für bestimmte Stichtage" feststellen muss, könnte entnommen werden, dass es nur darauf ankommt, welche Personen zum Zeitpunkt der Erstellung der Betriebskostenabrechnung in dem Haus leben. Dies ist jedoch ersichtlich nicht gemeint. Hat sich die Zahl der Nutzer während der Abrechnungsperiode erhöht oder verringert, so muss der Vermieter die jeweilige Nutzungszeit feststellen und berücksichtigen.

16   Nach der hier vertretenen Ansicht können die Parteien nicht vereinbaren, dass der Vermieter die an der Umlage beteiligten Personen an Hand eines Melderegisters feststellen darf, weil durch eine solche Regelung einzelne Mieter einen unbilligen Nachteil erleiden können, so z. B., wenn ein Familienmitglied für eine längere Zeit ortsabwesend ist (ebenso: Milger NZM 2008, 757, 758). Der BGH hat die Möglichkeit einer solchen Vereinbarung offengelassen (BGH a. a. O.).

17   Die **Umlage sämtlicher Betriebskosten nach der Kopfzahl** ist unwirksam (Langenberg in: Schmidt-Futterer § 556a BGB Rdn. 23 und 70). Stehen in dem Gebäude Wohnungen leer, so hat eine am Wortlaut der Klausel orientierte „kundenfeindliche" Auslegung zur Folge, dass sämtliche Betriebskosten von den im Haus lebenden Mietern zu tragen sind. Das Leerstandsrisiko wird in einem solchen Fall den Mietern auferlegt; dies widerspricht der Billigkeit (s. oben Rdn. 11). Nach der Ansicht des BGH ist es allerdings zulässig, dass dem Vermieter im Fall des Leerstands fiktive Kostenanteile zugerechnet werden (BGH WuM 2013, 227; Langenberg in: Schmidt-Futterer § 556a BGB Rdn. 55, 56).

d) Umlage nach Wirtschaftseinheiten. Nach der Rechtsprechung des BGH 18
(grundlegend: BGH NJW 2011, 368 = WuM 2010, 742 = NZM 2010, 895;
s. auch BGH NJW 2005, 3135 = WuM 2005, 579 = NZM 2005, 737 betr. Heizanlage) können die Betriebskosten nach Wirtschaftseinheiten erfasst und abgerechnet werden, wenn **(1)** mehrere Gebäude in Bauweise, Gesamtwohnfläche und Ausstattung weitgehend baugleich sind. Der „unmittelbare örtlichen Zusammenhang"
i. S. d. des Rechtsentscheids des OLG Koblenz, RE vom 27. Februar 1990 (WuM
1990, 268), setzt ein zusammenhängendes Bau- und Wohngebiet voraus. Hat der
Vermieter zahlreiche Häuser aus der zusammenhängenden Baugebiet inzwischen
privatisiert und verkauft, kann das Merkmal nachträglich entfallen. Von diesem Augenblick ist eine Abrechnung nach Abrechnungseinheiten nicht mehr zulässig (AG
Dortmund WuM 2018, 44). **(2)** Es muss eine gleichartige Nutzung vorliegen und
(3) die Gebäude müssen einheitlich verwaltet werden. **(4)** Schließlich darf der
Mietvertrag keine abweichende Vereinbarung enthalten. Nach Auslaufen der Preisbindung bleibt die im preisgebundenen Wohnungsbau getroffene Vereinbarung
bzw. der Zwang die Abrechnung nach Wirtschaftseinheiten vorzunehmen auch im
preisfreien Wohnungsbau für die Altmieter weiterbestehen (AG Dortmund WuM
2018, 44). Voraussetzung ist aber, dass die Abrechnung nach Wirtschaftseinheiten
nicht nur vereinbart ist, sondern dass auch die tatsächlichen Voraussetzungen für
die Bildung von Wirtschafts- oder Abrechnungseinheiten im betreffenden Jahr weiter vorliegen müssen. Es ist aber nicht erforderlich, dass die Abrechnung nach Wirtschaftseinheiten ausdrücklich vereinbart wird; es genügt, wenn diese Möglichkeit
nicht ausgeschlossen ist. Sind diese Voraussetzungen gegeben, so können auch solche Betriebskosten nach Wirtschaftseinheiten abgerechnet werden, die sich – wie
die Grundsteuer – nach dem jeweiligen Einzelgebäude richten. Die Festlegung
und Beschreibung des Mietgegenstands (z. B.: vermietet wird eine Wohnung im
Hause A ... Str. 1) enthält regelmäßig keine Vereinbarung über die Betriebskostenumlage. An einer gleichartigen Nutzung fehlt es, wenn neben der Wohnraumnutzung ein Teil des Gebäudes gastronomisch, als Arztpraxis, als Büro, als Hotel oder als
Laden genutzt wird (s. AG Nürnberg WuM 2017, 206 betr. Wohnungen und Hostel). Entfällt im Verlauf der Mietzeit eine der für die Bildung einer Wirtschaftseinheit erforderlichen Voraussetzungen, so ist nach Einzelgebäuden abzurechnen. Die
Voraussetzungen für die Abrechnung nach Wirtschaftseinheiten müssen also für
jede Abrechnungsperiode neu festgestellt werden (AG Dortmund WuM 2018, 44).
Eine Betriebskostenabrechnung, die fälschlicherweise unter Verwendung von Abrechnungseinheiten erstellt wurde, ist formell ordnungsgemäß. Es liegt nur ein materieller Mangel vor (BGH WuM 2012, 97).

zurzeit nicht belegt **19/20**

Wird nach Wirtschaftseinheiten abgerechnet, so können die für die Wirtschafts- **21**
einheit entstehenden Gesamt-Betriebskosten nach Allgemeiner Ansicht auf die
Mieter der jeweiligen Einzelgebäude umgelegt werden. Nach der früheren Rechtsprechung des BGH musste die Einzelabrechnung sowohl die Gesamtkosten der
Wirtschaftseinheit als auch die auf das einzelne Gebäude entfallenden Kosten ausweisen; anderenfalls war die Abrechnung formell unwirksam (BGH WuM 2013,
734). Diese Rechtsprechung hat der BGH in dem Urteil vom 20. 1. 2016 (NJW
2016, 866) aufgegeben (s. § 556 Rdn. 163).

e) Umlage bei gemischt genutzten Gebäuden. Für den **öffentlich geför-** **22**
derten Wohnraum ist die Kostenerfassung bei gemischt genutzten Gebäuden in
§ 20 Abs. 2 Satz 2 NMV geregelt. Danach sind Betriebskosten, die nicht für

Wohnraum entstanden sind, vorweg abzuziehen; kann hierbei nicht festgestellt werden, ob die Betriebskosten auf Wohnraum oder Geschäftsraum entfallen, sind sie für den Wohnteil und den anderen Teil des Gebäudes oder der Wirtschaftseinheit im Verhältnis des umbauten Raumes oder der Wohn- und Nutzflächen aufzuteilen. Für den **freifinanzierten Wohnraum** existiert keine entsprechende Vorschrift. Weitere Einzelheiten § 556 Rdn. 171.

23 f) **Umlageschlüssel bei der Gewerbemiete.** Im Allgemeinen ist der **Frischwasserverbrauch von Gaststätten, Wäschereien, Bäckereien, Metzgereien und dergleichen** grundsätzlich durch einen Zwischenzähler zu erfassen (LG Düsseldorf DWW 1990, 240 betr. Dentallabor und Arztpraxis). Wird dies versäumt, so scheidet eine Umlage der Wasserkosten nach dem Verhältnis der Wohn- oder Nutzflächen aus; der auf die Wohnungsmieter entfallende Anteil ist in einem solchen Fall durch Schätzung zu ermitteln. Gleiches gilt für die **Abwassergebühren,** soweit sich deren Höhe nach dem Frischwasserverbrauch richtet. Die hierdurch entstehenden Ungenauigkeiten müssen hingenommen werden (LG Braunschweig ZMR 2003, 114). Auch sollten den genannten Gewerbebetrieben eigene **Mülltonnen** zur Verfügung gestellt werden; bei einer gemeinsamen Benutzung aller Mülltonnen ist zu fragen, ob eine Umlage nach dem Verhältnis der Wohn- oder Nutzflächen der tatsächlichen Müllverursachung Rechnung trägt.

24 Bei der Umlage der **Grundsteuer** ist streitig, ob eine nach Gewerbe- und Wohnräumen getrennte Umlage möglich und erforderlich ist (**bejahend:** LG Frankfurt WuM 1986, 234; NZM 1998, 434; AG Köln WuM 1986, 234; AG Frankfurt WuM 1988, 170; AG Köln WuM 2006, 568; Wall in: Betriebskosten-Kommentar Rdn. 2705; Langenberg in: Schmidt-Futterer § 556a BGB Rdn. 85; Artz in: Staudinger § 556a BGB Rdn. 34; Laug WuM 1993, 171; Ruff WuM 2003, 379; AG Charlottenburg GE 1996, 979; **verneinend:** LG Lübeck WuM 1989, 84; LG Berlin GE 2016, 529; AG Köln WuM 1989, 83; AG Frankfurt ZMR 1997, 244; Teitge ZMR 1986, 261). Nach der hier vertretenen Ansicht kommt es darauf an, welcher Anteil der Gesamtfläche auf die Gewerberäume entfällt. Sind neben zahlreichen Wohnungen lediglich ein oder zwei Laden- oder Gaststättenräume vermietet, so kann auf eine getrennte Umlage verzichtet werden, weil sich der (idR. etwas höhere) Mietzins der Gewerbeeinheiten kaum auf die Höhe der Grundsteuer auswirkt. Anders ist es, wenn eine erhebliche Fläche gewerblich vermietet ist (ebenso LG Berlin GE 1990, 1035; LG Frankfurt NJWE-MietR 1997, 26 bei ¾ der Gesamtfläche; AG Charlottenburg GE 1996, 979; AG Weißwasser WuM 2008, 354: wenn ca. 75% der Miete von den Gewerbemietern aufgebracht wird). In diesem Fall muss der Vermieter ermitteln, welcher Anteil von der Gesamtjahresrohmiete auf die Wohnungen und welcher Anteil auf die Gewerberäume entfällt. Unter der Jahresrohmiete versteht man das Gesamtentgelt, das die Mieter in einem Jahr schulden. Beträgt die Summe der Wohnungsmieten z.B. 10.000.– Euro pro Jahr und die Summe der Gewerbemieten 20.000.– Euro pro Jahr, so ist die Gesamtgrundsteuer zu 1/3 von den Wohnungsmietern und zu 2/3 von den Gewerbemietern zu tragen (Ruff WuM 2003, 379, 381; LG Frankfurt NZM 1998, 434; AG Charlottenburg GE 1996, 979). Die jeweiligen Jahresrohmieten ergeben sich aus dem Einheitswertbescheid oder dem Vorbogen zur Ermittlung der Jahresrohmiete. Diese Unterlagen können beim Finanzamt beschafft werden (s. dazu auch Laug WuM 1993, 171). Der Mieter hat Anspruch auf Einsichtnahme in die Unterlagen, die dem Finanzamt zur Berechnung der Grundsteuer vorgelegen haben. Weigert sich der Vermieter diese Unterlagen beim Finanzamt anzufordern, so muss

er den Mieter ermächtigen, selbst Einsicht in diese Unterlagen zu nehmen (AG Weißwasser WuM 2008, 354). In vergleichbarer Weise ist bei den **Versicherungskosten** zu verfahren, falls diese Kosten durch die gewerbliche Nutzung beeinflusst werden (LG Frankfurt NJWE-MietR 1997, 26).

Beweislast. Die gemeinsame Kostenerfassung ist nach der Rechtsprechung des 25 BGH (NZM 2006, 340 = WuM 2006, 200) die Regel, die getrennte Kostenerfassung die Ausnahme. Aus diesem Grunde ist es nicht erforderlich, dass der Vermieter in der Abrechnung erläutert, warum er die Kosten nicht getrennt erfasst und abgerechnet hat. Im Streitfall muss der **Mieter darlegen und beweisen,** dass ein Ausnahmefall vorliegt (BGH WuM 2006, 684 = NZM 2007, 83). Dies folgt aus der Erwägung, dass die einheitliche Abrechnung die Regel und der Vorwegabzug die Ausnahme darstellt. Der Mieter kann sich die für die Darlegung erforderlichen Informationen im Wege der Belegeinsicht verschaffen. Sollte der Mieter trotz Belegeinsicht zu einem sachgerechten Vortrag nicht in der Lage sein, während der Vermieter über hinreichende Informationen verfügt, so muss der Vermieter seine Kenntnisse offenlegen (sog. „sekundäre Darlegungslast"; BGH a.a.O.). Im Allgemeinen genügt es allerdings, wenn der Mieter ausführt, dass auf Grund der typischen Eigenarten eines Gewerbebetriebs signifikant höhere Kosten entstehen (ebenso: OLG Düsseldorf DWW 1990, 240).

g) Recht des Vermieters zur Änderung des Umlagemaßstabs. Nach all- 26 gemeinen Grundsätzen sind die Parteien an einen vertraglich vereinbarten Umlagemaßstab gebunden. Der Umlageschlüssel kann nur durch Vertrag geändert werden. Der Mieter muss der Änderungsvereinbarung zustimmen (BGH NZM 2006, 655 = WuM 2006, 440). Formularmäßige Änderungsvorbehalte sind nur wirksam, wenn die Voraussetzungen der Änderung der Billigkeit entsprechen (BGH WuM 1993, 109). Eine vertragliche Einigung über den Umlagemaßstab kann auch stillschweigend getroffen werden (vgl. § 556 Rdn. 111). Ein solcher Fall kann insbesondere dann angenommen werden, wenn der Vermieter eine Betriebskostenposition nach einem bestimmten Maßstab auf den Mieter umgelegt und der Mieter eine Nachforderung zugunsten des Vermieters rügelos bezahlt oder ein Guthaben entgegengenommen hat. Dann ist auch der Rechtsnachfolger des Vermieters an diesen Umlagemaßstab gebunden (abweichend: LG Berlin GE 2016, 529 betr. Vorwegabzug bei Grundsteuer für gemischt genutztes Gebäude). Eine Ausnahme von der Bindung an einen vertraglich vereinbarten Maßstab gilt, – von den Fällen des § 556a Abs. 2 BGB abgesehen – wenn der bisherige Umlagemaßstab infolge einer Änderung der tatsächlichen Verhältnisse grob unbillig geworden ist (Sternel Rdn. III 361, 377; Fritz Gewerberaummietrecht Rdn. 136). Hiervon kann beispielsweise dann ausgegangen werden, wenn die Wasser- und Abwasserkosten nach dem Wohnflächenmaßstab umgelegt werden, obwohl die Wohnungen sehr unterschiedlich belegt sind (s. LG Aachen DWW 1991, 284: in den ca. 80–90 m^2 großen Wohnungen wohnten sowohl Einzelpersonen als auch fünfköpfige Familien mit der Folge, dass die Einzelperson ebenso hohe Wasserkosten zahlen musste, wie die fünfköpfige Familie). In diesem Fall ist davon auszugehen, dass die objektive Geschäftsgrundlage der ursprünglichen Umlagevereinbarung nicht mehr besteht, mit der Folge, dass der Vermieter gegen alle Mieter einen Anspruch aus § 313 BGB auf Vertragsanpassung hat.

Streitig ist, ob dem Vermieter bei einem **Leerstand von nicht absehbarer** 27 **Dauer** ein Anspruch auf Änderung des Umlageschlüssels zuzubilligen ist. Es gilt der Grundsatz, dass die Anwendung des § 313 BGB nicht zu einer Änderung der vertraglichen Risikoverteilung führen darf und dass das Leerstandsrisiko nach dem Gesetz dem Vermieter zugewiesen ist (BGH NZM 2006, 655 = WuM 2006, 440). Eine Durchbrechung dieses Grundsatzes ist nur in eng begrenzten Ausnahmefällen möglich. Nach der Rechtsprechung des BGH ist eine unzumutbare Störung der Geschäftsgrundlage jedenfalls „bei einem Leerstand geringen Umfangs oder kurzer Dauer" zu verneinen (BGH a.a.O.). Nach der hier vertretenen Ansicht ist ein **Änderungsanspruch** in Erwägung zu ziehen, wenn **(1)** ein erheblicher Leerstand vorliegt [20% eher 30%; vgl. auch Schmid WuM 2011, 453: 47%], **(2)** der vom Vermieter nicht zu vertreten ist und nicht in dessen Risikobereich [strukturbedingter, kein konjunkturbedingter Leerstand] fällt und **(3)** die Vollvermietung aus strukturbedingten Gründen voraussichtlich auf unabsehbare Zeit nicht gelingt (vgl. dazu LG Bauzen WuM 2001, 288; Blank DWW 1992, 68; Langenberg WuM 2002, 590; Sternel WuM 2003, 243; NZM 2006, 811). In diesem Fall ist der Vermieter berechtigt, die verbrauchsabhängigen Kosten – nur diese – nach vermieteter Fläche umzulegen. Bei der Verteilung der Heizkosten sind Verbrauchs- und Festkosten im Verhältnis 50 zu 50 zu verteilen. Die Vertragsanpassung setzt ein konkretes Änderungsverlangen voraus (Sternel a. a. O.).

28 Außerdem kann der Vermieter einen **Anspruch auf Änderung des Umlageschlüssels** haben, wenn hierdurch die **Abrechnung wesentlich erleichtert** wird und die Mieter davon keine ins Gewicht fallenden Nachteile haben. Schließlich wird ein Änderungsanspruch dann zu bejahen sein, wenn der Vermieter im Verlauf der Jahre mit den jeweiligen Mietern die unterschiedlichsten Umlagemaßstäbe vereinbart hat, weil in einem solchen Fall die Betriebskosten nicht mehr sinnvoll aufgeteilt werden können.

29 Der **Anspruch auf Vertragsanpassung besteht nur für die Zukunft, nicht für die Vergangenheit** (OLG Hamburg WuM 1992, 76; **a. A.** Schmid WuM 2011, 453, 454); der Anspruch muss deshalb vor Beginn der Abrechnungsperiode geltend gemacht werden. Dabei ist es Sache des Vermieters, gegenüber den einzelnen Mietern jeweils ein Angebot auf Abschluss eines Änderungsvertrages abzugeben. Da die vertragliche Änderung des Umlageschlüssels nur dann einen Sinn hat, wenn die Vertragsänderung gegenüber allen Mietern durchgesetzt werden kann (Hanke PiG 13, 167), muss in dem Angebot ein entsprechender Vorbehalt zum Ausdruck kommen (Bedingung gem. § 158 Abs. 1 BGB: „Die Vertragsänderung soll nur wirksam werden, wenn auch die übrigen Mieter zustimmen oder zur Zustimmung verurteilt werden"). Nehmen alle Mieter das Änderungsangebot an, so ist der Änderungsvertrag zustande gekommen; der Vermieter muss dann in der Zukunft nach dem neuen Maßstab umlegen. Verweigern einige Mieter die Zustimmung, so muss der Vermieter Klage erheben, wenn er die Vertragsänderung erreichen will.

30 h) Anspruch des Mieters auf Änderung des Umlagemaßstabs. Der BGH hat in dem Urteil vom 12.3.2008 (NJW 2008, 1876 = WuM 2008, 288 = NZM 2008, 444) obiter dictum ausgeführt, dass ein Anspruch des Mieters auf Änderung des Umlagemaßstabs nur in Betracht kommt, wenn der Flächenmaßstab „im Einzelfall zu einer krassen Unbilligkeit" führt. Nach der hier vertretenen Ansicht (ebenso: Sternel NZM 2006, 811) kann ein solcher Anspruch in Betracht kommen, wenn drei **Voraussetzungen** gegeben sind: **(1)** Der unterschiedliche Anteil der Nutzer an einer bestimmten Kostenposition muss für den Vermieter evident sein. **(2)** Diese Unterschiede müssen erheblich sein. **(3)** Ein Wechsel des Umlageschlüssels muss rechtlich möglich und dem Vermieter zumutbar sein. Von den beiden erstgenannten Voraussetzungen kann beispielsweise dann ausgegangen werden, wenn die Umlage der Wasserkosten nach dem Flächenmaßstab wegen der unterschiedlichen Belegungsdichte der Wohnungen zu schlechthin unbilligen Ergebnissen führt (AG Weimar WuM 1997, 119). Bei anderen von der Belegungsdichte abhängigen Kostenpositionen wie etwa den Müllgebühren oder den Kosten des Allgemeinstroms besteht keine Notwendigkeit der Korrektur, weil sich hier die Ungerechtigkeiten des Flächenmaßstabs nicht im gleichen Maße wie bei den Wasserkosten auswirken. An der Zumutbarkeit kann es fehlen, wenn das Mietobjekt sehr groß ist, wenn unter den Mietern eine starke Fluktuation stattfindet, wenn auf Grund der Gepflogenheit der Bewohner mit häufigem Dauerbesuch oder gar mit der unkontrollierten Aufnahme von Untermietern zu rechnen ist oder wenn eine Änderung des Umlageschlüssels gegenüber den anderen Mietern nicht durchgesetzt werden kann.

Der Mieter muss seinen Anspruch auf Vertragsänderung gegenüber dem Vermieter geltend machen. **Die Änderung kann nur für zukünftige Abrechnungen verlangt werden** (LG Düsseldorf WuM 1996, 777). Für abgerechnete Zeiträumen kann der Änderungsanspruch nicht geltend gemacht werden. 31

2. Gesetzlicher Umlagemaßstab

Haben die Parteien keinen Umlagemaßstab vereinbart, so sind die Betriebskosten vorbehaltlich anderweitiger Vorschriften nach dem Anteil der Wohnfläche umzulegen (§ 556a Abs. 1 Satz 1 BGB). Es handelt sich um einen vom Gesetz vorgegebenen Maßstab. Der Vermieter hat – im Unterschied zu dem bis 31.8.2001 geltenden Recht – keine Befugnis zur einseitigen Bestimmung des Umlagemaßstabs. Zulässig ist aber im Mietvertrag anstelle eines konkreten Umlageschlüssels ein einseitiges Leistungsbestimmungsrecht nach billigem Ermessen des Vermieters zu vereinbaren, da die Regelung in § 556a Abs. 1 Satz 1 BGB abdingbar ist (BGH NZM 2015, 130 = NJW 2015, 952). Der gesetzliche Umlagemaßstab nach Abs. 1 gilt nicht bei der Vermietung einer Eigentumswohnung. Hier enthält Abs. 3 eine Sondervorschrift (dazu Zehelein ZMR 2020, 272). Ist Wohnungseigentum vermietet und haben die Vertragsparteien nichts anderes vereinbart, sind die Betriebskosten nach dem für die Verteilung zwischen den Wohnungseigentümern jeweils geltenden Maßstab umzulegen. Das wird in der Regel eine Verteilung nach Miteigentumsanteilen sein, aber auch andere Schlüssel, wie z.B. nach Kopfzahl, nach Wohneinheiten oder nach Verbrauch sind möglich und üblich. Nur wenn der für die Abrechnung der Wohnungseigentümer untereinander geltende Maßstab für den Mieter unbillig ist, gilt wieder der Flächenmaßstab nach Abs. 1. Soweit bestimmten Kosten gar nicht in der WEG-Abrechnung auftauchen, z.B. die Grundsteuer, ist es zulässig, die auf die vermietete Wohnung entfallende Grundsteuer an den Mieter ohne weitere Verteilung weiterzugeben (BGH WuM 2011, 684; LG Berlin WuM 2006, 34; a.A. LG Berlin GE 2011, 612, 613). 32

a) Umlage nach der Wohnfläche (Abs. 1 Satz 1). aa) Nach der Rechtsprechung des BGH gelten für die **Ermittlung der Wohnfläche** folgende **Grundsätze: (1)** Der Begriff der Wohnfläche ist auslegungsbedürftig. Die Parteien können sich auf eine bestimmte Berechnungsmethode einigen (z.B. nach den §§ 42ff der II. BV, nach der Wohnflächenverordnung, nach der DIN 283, nach der DIN 277, Ausmessung der Grundfläche; BGH NZM 2004, 454 = WuM 2004, 337). **(2)** Haben die Parteien keine konkrete Vereinbarung über die Methode der Flächenberechnung getroffen, so ist zu fragen, ob in dem Gebiet, in dem sich die Wohnung 33

§ 556a BGB Untertitel 2. Mietverhältnisse über Wohnraum

befindet, eine bestimmte Methode ortsüblich ist. Eine solche maßgebende Verkehrssitte setzt voraus, dass abweichend von den sonst anwendbaren Bestimmungen ein anderes Regelwerk insgesamt angewendet wird (BGH NJW 2019, 2464 = NZM 2019, 536; NJW 2007, 2624). Es genügt nicht, wenn es z. B. nur üblich ist, die Balkone immer mit 50% anzurechnen. Die Verkehrssitte muss vom Gericht – u. U. durch Beiziehung eines Sachverständigen – ermittelt werden (BGH NZM 2007, 595). **(3)** Fehlt es an einer ausdrücklichen Vereinbarung und kann auch keine bestimmte Ortssitte festgestellt werden, so ist der Begriff der „Wohnfläche" auch bei frei finanziertem Wohnraum grundsätzlich anhand der für den preisgebundenen Wohnraum im Zeitpunkt des Mietvertragsschlusses geltenden Bestimmungen auszulegen (BGH NJW 2019, 2464 = NZM 2019, 536; NJW 2004, 2230; NJW 2007, 2624; NJW 2009, 2295 Rdn. 19). Für Mietverträge die vor dem 1.1.2004 abgeschlossen wurden, sind die §§ 42 bis 44 der II BV maßgebend. Für Vertragsabschlüsse nach diesem Zeitpunkt gilt die am 1.1.2004 in Kraft getretene Wohnflächenverordnung. Die DIN 283 ist nicht anwendbar (BGH NZM 2007, 595 = WuM 2007, 441). Zur Technik der Flächenermittlung s. Gante WuM 2008, 525.

34 bb) Bei **Abweichungen der wirklichen Fläche von der im Mietvertrag ausgewiesenen Fläche** (s. dazu auch § 536 Rdn. 154) kommt es nach der aktuellen Rechtsprechung alleine auf die tatsächliche Fläche und nicht auf Angaben im Mietvertrag über die Fläche an (BGH NZM 2019, 288; NJW 2018, 2317= NZM 2018, 671; **a. A.** noch die inzwischen aufgegebene Auffassung in BGH NJW 2008, 142). Das gilt im preisfreien wie auch im preisgebundenen Wohnungsbau.

35 Zurzeit nicht besetzt

36 dd) **Bei fehlerhafter Flächenangabe müssen die Einzel- und die Gesamtflächen u. U. neu berechnet werden.** Dies gilt auch dann, wenn in einzelnen Mietverträgen die wirkliche Fläche größer als die Vertragsfläche ist (Beyer NZM 2010, 417). Ein schutzwürdiges Vertrauen des Mieters, dass er nur einen der Vertragsfläche entsprechenden Teil der Betriebskosten tragen muss, ist nicht anzuerkennen. Das Vertrauen beschränkt sich nur auf die Fläche seiner Wohnung, nicht auf die Gesamtfläche und nicht auf das Verhältnis der Einzelflächen zu den Gesamtflächen (Beyer a.a.O.).

37 ee) Aus dem Begriff der „Wohnfläche" folgt, dass **leerstehender Wohnraum** in die Abrechnung einzubeziehen ist; die insoweit anfallenden Kosten gehen zu Lasten des Vermieters. Die gesetzliche Regelung kann nicht einschränkend dahingehend ausgelegt werden, dass mit dem Begriff der „Wohnfläche" die jeweils vermietete Fläche gemeint ist (BGH NZM 2006, 655 = WuM 2006, 440). In der Literatur wird darüber hinaus aus dem Begriff der „Wohnfläche" abgeleitet, dass zwischen den Flächen der Wohnraum und den Nutzflächen der Gewerbeeinheiten zu unterscheiden ist (Sternel ZMR 2001, 937, 939; Langenberg NZM 2001, 793; Börstinghaus in: Börstinghaus/Eisenschmid, Arbeitskommentar Neues Mietrecht S. 222). Der BGH teilt diese Ansicht nicht (s. Rdn. 22).

38 ff) Bei **preisgebundenem Wohnraum** ist die Umlage nach dem Verhältnis der tatsächlichen Wohnflächen (BGH NZM 2019, 288) ebenfalls zwingend vorgeschrieben **(§ 20 Abs. 2 Satz 1 NMV).** Allerdings gelten dort zahlreiche **Ausnahmen** für Wasserkosten (§ 21 Abs. 2 Sätze 2 und 3 NMV), für Heiz- und Warmwasserkosten (§ 22 Abs. 1 NMV), für die Kosten der Müllabfuhr (§ 22a Abs. 2 NMV), für Aufzugskosten (§ 24 Abs. 2 NMV), für die Kosten der Breitbandanlage (§ 24a Abs. 2 NMV) und für die Kosten der Wascheinrichtungen (§ 25 Abs. 2 NMV). Die für den preisgebundenen Wohnraum zulässigen Ausnahmen gelten im Rahmen des § 556a Abs. 1 Satz 1 BGB nicht. Mangels einer vertraglichen Rege-

lung können also die Wasser- oder Müllkosten nicht nach dem Verhältnis der Kopfteile umgelegt werden. Der Mieter einer Erdgeschosswohnung muss an den Aufzugskosten beteiligt werden. An den Kosten einer Breitbandanlage müssen sich auch diejenigen Mieter beteiligen, die nicht an das Breitbandnetz angeschlossen sind. Bei extremen Ungerechtigkeiten kann sich für beide Vertragsparteien ein Recht zur abweichenden Betriebskostenumlage aus § 242 BGB ergeben.

gg) Darlegungs- und Beweislast. Ist die Wohnfläche zwischen den Parteien streitig, so richtet sich die Darlegungs- und Beweislast nachfolgenden Grundsätzen (BGH NJW 2015, 475): **(1)** Der Vermieter hat die Darlegungslast hinsichtlich der jeweiligen Gesamt- und Einzelfläche. Insoweit genügt es, wenn der Vermieter konkrete Zahlen benennt. Ein spezifizierter Nachweis – etwa in Form einer Wohnflächenberechnung – ist nicht erforderlich. **(2)** Der Mieter kann im gerichtlichen Verfahren die Wohnfläche seiner Wohnung nicht einfach bestreiten, ohne selbst eine bestimmte Wohnfläche vorzutragen (BGH NZM 2017, 435). Ein Bestreiten mit Nichtwissen ist ausgeschlossen. Ein substantiierter Sachvortrag ist ihm auch zumutbar, da die Fläche in seinem Wahrnehmungsbereich liegt. Er kann die Wohnfläche der gemieteten Wohnung überschlägig vermessen und seinerseits einen bestimmten abweichenden Flächenwert vorzutragen. Das gilt auch für Wohnungen, die Dachschrägen und eine Loggia haben. Erforderlich ist zumindest eine laienhafte Vermessung (BGH NZM 2017, 435). Schwieriger ist es mit der Gesamtwohnfläche des Hauses. Diese liegt nicht in seinem Wahrnehmungsbereich. Hier ist die Grenzziehung zwischen der Behauptung „ins Blaue" und zulässigem Bestreiten mit Nichtwissen schwierig. Der Mieter muss all das vortragen, was er wahrnehmen kann, also z. B. die Tatsache, dass schon die Fläche seiner Wohnung falsch angegeben wurde. Das ist ein starkes Indiz, dass auch die Gesamtwohnfläche falsch ist. Ggf. sind auch von außen Unterschiede wahrzunehmen, die für Fehler bei Gesamtwohnfläche sprechen (nicht alle Wohnungen haben Balkone oder Erker, aber Fläche immer gleich angesetzt). **(3)** Ist dies geschehen, muss der Vermieter die Richtigkeit seiner Angaben beweisen.

b) Umlage nach Verbrauch (Abs. 1 Satz 2). Die Vorschrift des § 556a Abs. 1 Satz 2 BGB regelt den Umlagemaßstab für diejenigen Betriebskosten, die von einem erfassten Verbrauch oder einer erfassten Verursachung durch die Mieter abhängen. Die Vorschrift verfolgt einen doppelten Zweck: zum einen dient die verbrauchsabhängige Abrechnung der Umlagegerechtigkeit; zum anderen sollen die Mieter zum sparsamen Umgang mit Wasser und zur Müllreduzierung angehalten werden. Die Grundsteuer zählt nicht zu den verbrauchsabhängigen Kosten (LG Berlin GE 2016, 529). Die **Kosten der Wasserversorgung** müssen verbrauchsabhängig abgerechnet werden, wenn der Wasserverbrauch aller Wohnungen durch Zwischenwasserzähler erfasst wird. Für Abweichungen zwischen dem Hauptwasserzähler und der Summe der Zwischenwasserzähler (s. § 556 BGB Rdn. 18). Für die Behandlung von Fehlern bei der Erfassung und Abrechnung von Wasserkosten s. Ruff WuM 2016, 255). Fraglich kann sein, ob die Pflicht zur verbrauchsabhängigen Umlage auch für die **Kosten der Entwässerung** gilt, wenn die Kosten der Wasserversorgung verbrauchsabhängig umgelegt werden müssen. Beim preisgebundenen Wohnraum folgt dies aus § 21 Abs. 3 NMV. Für den freifinanzierten Wohnraum gilt nichts anderes. Eine Differenzierung zwischen den Abwasserkosten und den Kosten der Grundstücksentwässerung ist nicht angezeigt.

Sind die **Zwischenwasserzähler nur in einem Teil der Wohnungen** installiert, so wird vereinzelt die Ansicht vertreten, dass die Wasserkosten in einem solchen

§ 556a BGB — Untertitel 2. Mietverhältnisse über Wohnraum

Fall teils nach Verbrauch, teils nach einem verbrauchsunabhängigen Maßstab zu verteilen sind (AG Köpenick GE 2006, 785). Nach ganz herrschender Meinung muss der Vermieter dagegen einen einheitlichen – für alle Mieter gleichen – Umlagemaßstab verwenden; dies hat zur Folge, dass eine Umlage der Wasserkosten nach § 556a Abs. 1 Satz 2 BGB nur in Betracht kommt, wenn sich in allen Wohnungen Zwischenwasserzähler befinden (BGH NJW 2008, 1876 = WuM 2008, 288 = NZM 2008, 444; Artz in: Staudinger § 556a BGB Rdn. 15; Lammel Wohnraummietrecht § 556a BGB Rdn. 32; Kinne in: Miet- und Mietprozessrecht § 556a BGB Rdn. 12; Palandt/Weidenkaff § 556a BGB Rdn. 4; Ehlert in: Bamberger/Roth § 556a BGB Rdn. 14; Langenberg NZM 2001, 783, 790). Eine Besonderheit gilt, wenn ein Teil der Räume zu Gewerbezwecken vermietet ist. Hier kann der Vermieter die Betriebskosten der gewerblichen Einheiten gesondert erfassen (sog. „Vorwegabzug"). Wird der Wasserverbrauch der Gewerbeeinheiten durch einen Zwischenwasserzähler erfasst, so kann der Verbrauch der Wohneinheiten in der Weise ermittelt werden, dass der mittels Zwischenzähler gemessene Verbrauch von dem Gesamtverbrauch laut Hauptwasserzähler abgezogen wird; die so ermittelten Kosten können nach dem Verhältnis der Wohnflächen auf die Wohnungsmieter umgelegt werden (BGH NZM 2010, 195 m.abl.Anm. Langenberg NZM 2010, 186).

41 Wurden die Zwischenwasserzähler nicht abgelesen und scheidet aus diesem Grund eine Abrechnung nach Verbrauch aus, so kann der Vermieter diese Kosten nach dem Verhältnis der Wohnfläche umlegen. Trifft den Vermieter an der unterlassenen Abrechnung ein Verschulden, so steht dem Mieter ein Schadensersatzanspruch zu. Der Mieter ist berechtigt den Abrechnungsbetrag entsprechend § 12 HeizkostenV um 15% zu kürzen (BGH WuM 2012, 316).

42 Die Verwendung nicht geeichter Zähler ist nach §§ 31 Abs. 1 Satz 1, 37 Abs. 1, 60 Abs. 1 Nr. 14 MessEG ausdrücklich verboten. Hieraus wird teilweise abgeleitet, dass ein **ungeeichter oder nicht mehr geeichter Wasserzähler** zur Feststellung des tatsächlichen Wasserverbrauchs ungeeignet ist (BayObLG WuM 2005, 479; OVG Münster NZM 2016, 773; Langenberg in Schmidt-Futterer Mietrecht § 556 Rdn. 116; Lammel WuM 2015, 531). Ist dies nicht der Fall, liegt keine ordnungsgemäße Erfassung vor). Der BGH (NJW 2011, 598 = WuM 2011, 21 = NZM 2011, 117) differenziert: Bei einem geeichten Zähler spricht eine tatsächliche Vermutung für die Richtigkeit des Messwertes; dem Mieter steht es offen, das Messergebnis dadurch zu entkräften, dass er den Gegenbeweis führt. Bei einem ungeeichten oder nicht mehr geeichten Zähler gilt diese Vermutung nicht. Hier muss der Vermieter beweisen, dass der Zähler trotz fehlender Eichung ein zutreffendes Messergebnis anzeigt. Diesen Beweis kann der Vermieter dadurch führen, dass er den Zähler durch eine anerkannte Stelle überprüfen lässt. Nach richtiger Ansicht dürfen die Werte nicht geeichter Geräte nicht verwendet werden (Lammel WuM 2015, 531, 534). Vielmehr ist nach dem Flächenmaßstab abzurechnen.

43 Für die **Kosten der Müllabfuhr** gilt die Vorschrift, wenn die Müllverursachung jeder Wohneinheit nach der tatsächlichen Müllmenge berechnet werden kann. Dies setzt voraus, dass der Vermieter oder der Müllentsorger ein taugliches System zur Verfügung stellt, das den anfallenden Müll nach Gewicht oder Volumen misst. Es genügt nicht, wenn für einzelne Mieter oder für Mietergruppen abschließbare Mülltonnen zur Verfügung stehen; auf diese Weise kann die konkrete Verursachung nicht erfasst werden. Für die **Heiz- und Warmwasserkosten** gilt nicht Abs. 1 Satz 2, sondern die HeizkostenVO, die als anderweitige Vorschrift nach Abs. 1 Satz 1 anzusehen ist. Haupt- und Zwischenzähler zur Messung des Warmwasserverbrauchs müssen geeicht sein. Die Verwendung nicht geeichter Zähler ist nach §§ 31

Abs. 1 Satz 1, 37 Abs. 1, 60 Abs. 1 Nr. 14 MessEG ausdrücklich verboten (s. Rdn. 42). Daraus folgt zugleich ein Beweismittelverwertungsverbot (AG Löbau WuM 2008, 486; **a. A.** LG Berlin GE 2003, 121; AG Spandau GE 2007, 1127). Der Vermieter muss in einem solchen Fall verbrauchsunabhängig abrechnen (§ 12 HeizkV).

Die Betriebskosten i. S. des Abs. 1 Satz 2 **sind** nach dem Wortlaut des Gesetzes **44 nach einem Maßstab umzulegen, der dem unterschiedlichen Verbrauch oder der unterschiedlichen Verursachung Rechnung trägt.** Die Regelung lässt dem Vermieter einen Spielraum für die Verteilung der verbrauchsanhängigen Betriebskosten. Zum einen ist es nicht erforderlich, dass diese Kosten vollständig nach Verbrauch umgelegt werden. Zum anderen kann der Vermieter auch verbrauchsunabhängige Fixkosten in die Umlage nach erfasstem Gebrauch einbeziehen (BGH NZM 2010, 855 m.krit. Anm. Schmid NZM 2011, 235; BGH NJW 2015, 475). Dies gilt insbesondere für solche Betriebskosten, die vom Versorgungsträger nur teilweise nach dem Verbrauch berechnet werden (z. B.: für die teils vom Frischwasserverbrauch, teils von der Grundstücksfläche abhängigen Kosten der Entwässerung). Hier ist es sachgerecht, einen Umlagemaßstab zu verwenden, der diesen Preisfaktoren entspricht. Bei einer verbrauchsabhängigen **Umlage der Müllbeseitigungskosten** ist fraglich, ob bei der Berücksichtigung des Verbrauchsanteils eine pauschalierte Mindestmenge angesetzt werden kann mit der weiteren Folge, dass sich lediglich ein über der Mindestmenge liegender Verbrauch auf die individuelle Kostenbelastung auswirkt. Ein solcher Umlageschlüssel wird insbesondere dort empfohlen, wo zu befürchten ist, dass ein Teil der Mieter den Müll zum Zwecke der Kostenersparnis anderweitig entsorgt, z. B. auf Parkplätzen, in öffentlich zugänglichen Müllbehältern oder in der Natur. Durch die Berücksichtigung einer Mindestmenge sollen die finanziellen Vorteile dieses gemeinschafts- und umweltschädlichen Verhaltens minimiert werden. Allerdings ist nicht zu verkennen, dass die Festlegung einer Mindestmenge im Ergebnis zu einer vom tatsächlichen Verbrauch (ganz oder weitgehend) unabhängigen Kostenverteilung führt; deshalb wird teilweise vertreten, dass ein solcher Umlageschlüssel mit § 556a Abs. 2 nicht im Einklang steht (Artz in: Staudinger § 556a BGB Rdn. 21). Der **BGH** teilt diese Ansicht nicht (BGH NZM 2016, 437). Die Festlegung der Mindestmenge muss allerdings billigem Ermessen entsprechen. Die Festlegung von 10 Litern Restmüll pro Woche für einen 2-Personen-Haushalt ist nach der Ansicht des BGH (a. a. O.) nicht zu beanstanden. Wesentlich ist, dass die Wahl dieses Maßstabs nicht voraussetzt, dass tatsächlich eine missbräuchliche Abfallentsorgung durch einzelne Mieter stattgefunden ist; es genügt die (abstrakte) Besorgnis, dass eine solche Möglichkeit besteht (BGH a. a. O. Rdn. 17 ff).

Werden Betriebskosten ganz oder teilweise nach dem Verhältnis der jeweiligen **44a** Verbrauchswerte- oder Verursachungsanteile umgelegt, so kann der Mieter auch die **Einsichtnahme** in die vom Vermieter erhobenen **Einzelverbrauchsdaten** anderer Nutzer beanspruchen (s. § 556 Rdn. 186). Wird die Einsicht verweigert, so steht dem Mieter gegenüber dem Zahlungsanspruch des Vermieters ein Zurückbehaltungsrecht zu. Dieses Zurückbehaltungsrecht führt entgegen § 274 Abs. 1 BGB nicht zur Verurteilung „Zug um Zug", sondern zur Klagabweisung. (s. § 556 Rdn. 184a). Die **Darlegungs- und Beweislast** für die inhaltliche Richtigkeit der Abrechnung, also für die richtige Erfassung, Zusammenstellung und Verteilung der angefallenen Betriebskosten auf die einzelnen Mieter, trifft im Streitfall den Vermieter (s. § 556 Rdn. 261).

III. Änderungsrecht des Vermieters für Wasser- und Müllkosten (Abs. 2)

45 **Die Vorschrift des § 556a Abs. 2 Satz 1 BGB gibt dem Vermieter die Möglichkeit, einseitig von einem verbrauchsunabhängigen zu einem verbrauchsabhängigen Umlagemaßstab zu wechseln.** Das Änderungsrecht gilt nur für solche Betriebskosten, die nach einem erfassten Verbrauch oder einer erfassten Verursachung umgelegt werden sollen, also für Kosten im Sinne von Abs. 1 Satz 2 (Wasser, Müll). Voraussetzung ist, dass diese Kosten bislang nach einem nicht verbrauchsabhängigen Maßstab oder überhaupt nicht umgelegt werden. Zu den nicht verbrauchsabhängigen Maßstäben gehören alle Verteilerschlüssel, nach denen der Verbrauch nicht gemessen oder die Verursachung nicht erfasst wird. Auch eine Verteilung der Wasser-, Abwasser – und Müllkosten nach dem Verhältnis der Kopfteile gilt als nicht verbrauchsabhängige Umlage im Sinne des Abs. 2. Ebenso besteht die Änderungsbefugnis bei Pauschalmieten und Betriebskostenpauschalen (LG Itzehoe ZMR 2011, 215, 217; Langenberg in Schmidt-Futterer Mietrecht § 556a Rdn. 129; Börstinghaus NZM 2004, 121, 122). In diesen Fällen kann der Vermieter bestimmen, dass die bislang pauschalierten oder in der Miete enthaltenen Betriebskosten verbrauchsabhängig auf die Mieter umgelegt werden. Ebenso kann der Vermieter einen vereinbarten und von Abs. 1 Satz 2 abweichenden Umlagemaßstab für diese Betriebskosten durch einseitige Erklärung ändern. Möglich ist allerdings ausschließlich der Maßstab des Abs. 1 Satz 2. **Wasserkosten müssen durch Zwischenzähler** (Wohnungswasserzähler) **erfasst werden.** § 556a Abs. 2 BGB ist analog anzuwenden, wenn die Kosten für Kaltwasser und Entwässerung künftig nach Verbrauch erfasst und zusammen mit den Heiz- und Warmwasserkosten abgerechnet werden, weil auf diese Weise die Verbrauchserfassungs- und Abrechnungskosten reduziert werden (LG Itzehoe ZMR 2011, 215, 217). Bei den **Müllkosten** ist eine verbrauchsabhängige Erfassung möglich, wenn eine Einrichtung vorhanden ist, durch die der Müll nach Gewicht oder Volumen gemessen werden kann. Wird die Entsorgung des Hausmülls dergestalt geregelt, dass der bisherige Gemeinschafts-Müllcontainer entfernt und den Mietern je nach Anforderung (abschließbare) Einzelmüllgefäße mit 60, 80 oder 120 Litern Fassungsvermögen zur Verfügung gestellt werden, so fällt diese Maßnahme unter § 556a Abs. 2 BGB (AG Brandenburg WuM 2010, 423). Andere verbrauchsorientierte Maßstäbe (z. B.: das Verhältnis der Kopfteile) sind unzulässig (AG Saarbrücken WuM 2011, 630). Zur Frage, ob bei einer verbrauchsabhängigen Umlage der Müllbeseitigungskosten eine pauschalierte Mindestmenge angesetzt werden kann s. oben Rdn. 44. Dem Mieter steht nach dem Wortlaut des Gesetzes kein Bestimmungsrecht zu. Er hat auch keinen Anspruch auf die Installation von Verbrauchserfassungsgeräten.

45 Die Erklärung muss in **Textform** (§ 126b BGB) abgegeben werden. Aus der Erklärung muss deutlich werden, was sich in Zukunft ändern soll. Es genügt, wenn der Vermieter Zwischenzähler installiert und den Mieter auffordert, mit den Stadtwerken einen Wasserbezugsvertrag abzuschließen (BGH NJW 2008, 2105 = WuM 2008, 350 = NZM 2008, 442).

46 Nach § 556a Abs. 2 Satz 2 BGB kann die **Änderungserklärung nur vor Beginn eines Abrechnungszeitraums abgegeben werden.** Maßgeblich ist der Zugang beim Mieter, weil die Erklärung zu diesem Zeitpunkt wirksam wird. Der Vermieter kann bestimmen, dass die Erklärung für den folgenden oder für einen späteren Abrechnungszeitraum wirksam werden soll. Fehlt eine entsprechende Bestimmung, so ist davon auszugehen, dass sie ab dem nächsten Abrechnungszeitraum wirkt.

Teilweise wird vertreten, dass der Vermieter von der Möglichkeit des § 556a **46a** **Abs. 2 nur einmal** Gebrauch machen kann. Dies beruht auf der Erwägung, dass das dem Vermieter eingeräumte einseitige Bestimmungsrecht eine Vertragsänderung bewirkt; an den geänderten Vertrag seien die Parteien künftig gebunden (Schmid in: FA-MietRWEG Kap. 5 Rdn. 399 e). Nach der Rechtsprechung des BGH kann das Bestimmungsrecht für jede Abrechnungsperiode neu ausgeübt werden (BGH NZM 2016, 437 Rz. 22; ebenso: Langenberg in: Schmidt-Futterer § 556a Rdn. 17).

Die Regelung des § 556a Abs. 2 Satz 3 BGB betrifft nur die Inklusivmieten, **47** die Teilinklusivmieten und die Mietpreisvereinbarungen mit Betriebskostenpauschale. In diesen Fällen können die Betriebskosten i. S. von Abs. 1 Satz 2 in der Miete enthalten sein. Der Vermieter muss die Höhe der Betriebskostenanteile zum Zeitpunkt der Umstellungserklärung ermitteln und die Miete entsprechend herabsetzen. Den herabgesetzten Teil schuldet der Mieter für die Zukunft als Vorauszahlung über die der Vermieter abrechnen muss. Eine generelle Möglichkeit zur Umstellung von Pauschalmieten auf eine Nettomiete mit Betriebskostenvorauszahlung sieht das Gesetz nicht vor (Börstinghaus NZM 2004, 121).

Nach § 4 Abs. 5 Satz 1 Nr. 2 MHG a. F. konnte der Vermieter unter anderem bestimmen, dass die Kosten der Wasserversorgung, Entwässerung und Müllabfuhr unmittelbar zwischen dem Versorgungsunternehmen und den Mietern abgerechnet werden (sog. **„Direktabrechnung"**). Diese Option besteht nicht mehr. Die Parteien können allerdings vertraglich vereinbaren, dass der Mieter mit dem Versorgungsunternehmen einen entsprechenden Vertrag anschließen muss. Eine solche Regelung kann sowohl individualvertraglich als auch durch Formularvertrag getroffen werden (Langenberg in: Schmidt-Futterer § 556a BGB Rdn. 141; Milger NZM 2008, 757, 759). In beiden Fällen ist die Regelung nur wirksam, wenn das Versorgungsunternehmen zum Vertragsschluss bereit ist. Eine gesetzliche Verpflichtung der Versorgungsunternehmen hierzu besteht nicht.

Altverträge (Vertragsschluss vor dem 1.9.1993): Die Regelung des § 556a **49** Abs. 2 BGB wurde erst durch das am 1.9.2001 in Kraft getretene Mietrechtsreformgesetz in das BGB eingefügt. Für die Zeit vom 1.9.1993 bis zum 31.8.2001 ergab sich das Recht des Vermieters zur Änderung der Mietstruktur zum Zwecke der verbrauchsabhängigen Abrechnung aus § 4 Abs. 5 Nr. 1 MHG. Für die Zeit vor dem 1.9.1993 wurde dem Vermieter nur dann ein aus § 242 BGB abgeleiteter Anspruch auf eine gesonderte oder geänderte Umlage von Betriebskosten zugebilligt, wenn die getroffene Vereinbarung evident unbillig war. Ein den §§ 4 Abs. 5 Nr. 1 MHG, 556a Abs. 2 BGB entsprechendes Recht existierte nicht. Gleichwohl ist § 556a Abs. 2 BGB auch auf diejenigen Verträge anwendbar, die bereits vor dem 1.9.1993 abgeschlossen wurden (BGH NJW 2012, 226 = WuM 2011, 682 = NZM 2012, 152). Die genannte Entscheidung des BGH betrifft zwar nur die Erfassung und Abrechnung der Kosten der Wasserversorgung. Für die Kosten der Entwässerung kann jedoch nichts anderes gelten. Eine Differenzierung zwischen den Abwasserkosten und den Kosten der Grundstücksentwässerung ist nicht angezeigt.

IV. Abweichende Vereinbarungen (Abs. 4)

50 Nach § 556a Abs. 4 BGB sind vertragliche Vereinbarungen unwirksam, die zum Nachteil des Mieters von Abs. 2 abweichen. Von Abs. 1 können die Parteien abweichen. Daraus folgt zunächst, dass der gesetzlich vorgesehene Umlagemaßstab nicht zwingend ist. Die Parteien können einen beliebigen anderen Maßstab vereinbaren. Es muss sich aber um einen konkreten Maßstab handeln. Eine Vereinbarung, wonach dem Vermieter das Recht zustehen soll, den **Umlagemaßstab nach billigem Ermessen** zu bestimmen ist nicht möglich. Dies folgt aus der Erwägung, dass der gesetzliche Umlagemaßstab nach § 556a Abs. 1 Satz 1 immer dann gilt, wenn die Parteien „nichts anderes" vereinbart haben. Hierunter ist ein anderer konkret bestimmter Umlagemaßstab zu verstehen. Diese Auslegung folgt aus dem Gesetzeszweck. Danach beruht die Regelung des § 556a Abs. 1 Satz 1 auf dem Gesichtspunkt der Streitvermeidung. Zweck der Regelung ist es, dem Vermieter das (nach Ansicht des Gesetzgebers) streitintensive Bestimmungsrecht nach §§ 315, 316 BGB zu entziehen (Begründung zum Regierungsentwurf zu § 556a BGB, BT-Drucks. 14/4553). Mit diesem Gesetzeszweck steht die Vereinbarung eines Bestimmungsrechts nicht im Einklang (wie hier: Lammel WuM 2015, 70; Wedel ZMR 2015, 274; **a. A. BGH** NZM 2015, 130; Langenberg NZM 2015, 152; Kinne in: Kinne/Schach/Bieber Miet- und Mietprozessrecht § 556 aBGB Rdn. 1; Ehlert in: Bamberger/Roth § 556a BGB Rdn. 8; Frommeyer in: Dauner-Lieb u. a. Anwaltskommentar § 556a BGB Rdn. 2). Nach dieser Rechtsprechung können die Parteien auch formularvertraglich vereinbaren, dass dem Vermieter das Recht zustehen soll, einen vertraglich vereinbarten Umlagemaßstab zu ändern (s. LG Berlin ZMR 2016, 544 betr. die Klausel: „Der Vermieter behält sich eine Änderung der Verteilerschlüssel nach billigem Ermessen (§ 315 BGB) vor, insbesondere das Zusammenfassen und Trennen von Bewirtschaftungs- und Abrechnungseinheiten" ist wirksam).

51 Für **formularvertraglich vereinbarte Umlageschlüssel** ist § 307 Abs. 1 BGB zu beachten. Danach ist eine solche Vereinbarung unwirksam, wenn sie den Mieter unangemessen benachteiligt. Hiervon ist auszugehen, wenn vereinbart ist, dass die verbrauchsunabhängigen Grundgebühren der Wasserversorgung entsprechend dem durch Zwischenzähler ermittelten Wasserverbrauch umgelegt werden. Eine solche Regelung hat zur Folge, dass die Mieter auch diejenigen Grundkosten zu tragen haben, die auf die leerstehenden Wohnungen entfallen. Das **Leerstandsrisiko** ist nach der gesetzlichen Risikoverteilung aber dem Vermieter zugewiesen; hiervon kann nicht durch Formularvertrag abgewichen werden (OLG Dresden WuM 2010, 158).

52 **Der Vermieter kann mit dem Erdgeschossmieter vereinbaren, dass dieser von den Aufzugskosten freigestellt wird.** Eine solche Vereinbarung kann auch durch Formularvertrag getroffen werden. Bei einer solchen Vertragsgestaltung stellt sich die Frage, ob der auf die Erdgeschosswohnung entfallende Flächenanteil beim Vermieter verbleiben soll oder ob die gesamten Aufzugskosten auf die übrigen Mieter verteilt werden sollen. Beide Vertragsgestaltungen sind möglich. Die erstgenannte Alternative ist rechtlich unproblematisch, weil die Mieter der Obergeschosswohnungen hierdurch nicht benachteiligt werden. Die zweite Alternative hat dagegen zur Folge, dass der auf die Erdgeschosswohnung entfallende Kostenanteil von den übrigen Mietern zu tragen ist. Aus dem Transparenzgebot (§ 307 Abs. 1 Satz 2 BGB) folgt, dass sich dieser Umstand aus der Umlagevereinbarung ergeben muss. Deshalb ist für diesen Fall zu vereinbaren: „Die Betriebskosten des Aufzugs werden flächenanteilig auf die Mieter der Obergeschosswohnungen umgelegt". Fehlt eine solche Vereinbarung, so dürfen die Mieter der Obergeschosswohnungen davon ausgehen, dass die Aufzugskosten entsprechend der gesetzlichen Regelung nach der Gesamtfläche verteilt werden (s. Rdn. 13).

Nach der Rechtsprechung des BGH (NZM 2004, 580) kann (und muss) der 53 Vermieter einer **Eigentumswohnung** mit dem Mieter vereinbaren, dass dieser neben den anteiligen Betriebskosten des Gemeinschaftseigentums auch die Betriebskosten des Sondereigentums (Grundsteuer, Kosten der Wartung von Durchlauferhitzern, Wartungskosten einer Etagenheizung, Wartungskosten eines im Sondereigentum stehenden Stapelparkers etc.) zu tragen hat. Auch bei der vermieteten Eigentumswohnung gilt im Verhältnis der Mietvertragsparteien untereinander zunächst der im Mietvertrag vereinbart Abrechnungsschlüssel. Haben die Parteien keinen Schlüssel vereinbart bestimmt Abs. 3 nunmehr, dass die Betriebskosten abweichend von Abs 1 nach dem für die Verteilung zwischen den Wohnungseigentümern jeweils geltenden Maßstab umzulegen sind (dazu Zehelein ZMR 2020, 272). Nur wenn Maßstab billigem Ermessen widerspricht, sind die Betriebskosten nach dem Flächenmaßstab des Abs. 1 zu verteilen. Wegen der Grundsätze der Billigkeit siehe oben Rdn. 11 ff.

Unwirksam ist es, wenn vereinbart wird, dass die Betriebskosten nach dem **Ver-** 54 **hältnis der vermieteten Flächen** umgelegt werden, weil hierdurch das Leerstandsrisiko auf die Mieter abgewälzt wird; eine solche Regelung ist unbillig (vgl. dazu OLG Hamburg WuM 2001, 343).

Eine Vereinbarung, wonach der Vermieter auf sein **Recht nach Abs. 2 Satz 1** 55 **verzichtet,** ist ebenfalls wirksam. Eine verbrauchsunabhängige Erfassung und Abrechnung der dort genannten Betriebskosten kann sich zwar zum Nachteil einzelner Mieter auswirken. Da die Ausübung des Rechts aber nur dem Vermieter zusteht, kann insoweit auch ein Verzicht vereinbart werden. Ebenso kann vereinbart werden, dass die Erklärung schriftlich (statt in Textform) abgegeben werden muss. Eine solche Regelung benachteiligt lediglich den Vermieter, nicht den Mieter. Die Vorschriften in Abs. 2 Sätze 2 und 3 sind dagegen keiner abweichenden Regelung zugänglich.

V. Umlagemaßstab bei der Geschäftsraummiete

Grundsätzlich ist der Vermieter von Gewerberaum berechtigt, die Betriebs- und 56 sonstigen Nebenkosten nach dem **Flächenmaßstab** umzulegen. Die Grenzen der Vertragsgestaltungsfreiheit (oben Rdn. 6) gelten auch hier. Deshalb scheidet eine Umlage nach dem Verhältnis der Nutzflächen aus, wenn in den verschiedenen Mietobjekten unterschiedlich hohe Kosten entstehen. In diesem Fall muss der Vermieter einen differenzierten Maßstab wählen (KG GE 2002, 327).

Eine **Klausel** in einem Gewerbemietvertrag, wonach der Umlage von Betriebs- 56a kosten im Verhältnis der Fläche des Mieters zu den „tatsächlich vermieteten Mietflächen im Objekt" erfolgen soll, ist unwirksam (KG Urteil vom 6.6.2016 – 8 U 40/15, GE 2016, 971). Die Klausel verstößt gegen einen wesentlichen Grundgedanken der Betriebskostenumlage. Dieser besagt, dass der Vermieter bei der Umlegung von Betriebskosten das **Leerstandsrisiko** zu tragen hat. Eine Klausel, die dieses Risiko dem Mieter zuschiebt, ist mit wesentlichen Grundgedanken der gesetzlichen Regelung, von der abgewichen wird, nicht zu vereinbaren und benach-

§ 556a BGB   Untertitel 2. Mietverhältnisse über Wohnraum

teiligt den Mieter entgegen den Geboten von Treu und Glauben im Zweifel unangemessen nach § 307 Abs. 1, Abs. 2 Nr. 1 BGB. Dieser für die Wohnraummiete anerkannte Grundsatz (oben Rdn. 11) gilt auch für die Gewerbemiete. Auch der Gewerbemieter ist davor zu schützen, dass er mit Kosten belastet wird, die nicht durch seinen Mietgebrauch veranlasst wurden und die nicht in seinen Risikobereich fallen. Die durch den Wegfall der Klausel entstehende Vertragslücke ist im Wege der ergänzenden Vertragsauslegung (§§ 133, 157 BGB) dahingehend zu schließen, dass die Umlage im Verhältnis der Gesamtfläche des Gebäudes zu der Fläche des einzelnen Mieters zu erfolgen hat (KG a.a.O.).

57 Eine Umlage der Betriebskosten nach **Wirtschaftseinheiten** ist bei der Gewerbemiete möglich. Eine solche Praxis setzt zunächst eine entsprechende Vereinbarung voraus. Insoweit genügt es allerdings, wenn der Mietvertrag hinsichtlich der Umlagefähigkeit von Betriebskosten auf § 2 BetrKV Bezug nimmt (OLG Düsseldorf GuT 2003, 14). Erforderlich ist weiter, dass mehrere Gebäude zu einer Wirtschaftseinheit zusammengefasst sind (s. Rdn. 18). Eine ins Gewicht fallende unterschiedliche Kostenbelastung (z. B. bei Gebäuden mit und ohne Aufzug) muss der Vermieter berücksichtigen. Ansonsten spielt es keine Rolle, dass einzelne Betriebskostenpositionen nicht exakt einem konkreten Gebäude zugeordnet werden können (OLG Düsseldorf a. a. O.).

58 Ist bei der Gewerbemiete **kein Umlagemaßstab vereinbart,** so kann (und muss) der Vermieter diesen nach billigem Ermessen (§§ 315, 316 BGB) bestimmen (OLG Düsseldorf ZMR 2009, 844; OLG Frankfurt/M Urteil vom 30.12.2010 – 2 U 141/10; LG Berlin ZMR 2014, 359). § 556a Abs. 1 Satz 1 BGB gilt nicht. Das Bestimmungsrecht kann grundsätzlich nur einmal ausgeübt werden (OLG Frankfurt/M a. a. O.).

59 Der Vermieter von Gewerberaum ist grundsätzlich an einen vereinbarten Umlageschlüssel gebunden. Ist ein verbrauchsunabhängiger Maßstab vereinbart, so folgt aus dem (vorübergehenden) Leerstand einer vom Vermieter genutzten Fläche allein kein Anspruch auf eine **Änderung des Umlageschlüssels** (OLG Düsseldorf ZMR 2011, 795). Im Ausnahmefall kann sich aus den Regeln über die Änderung der Geschäftsgrundlage (§ 313 BGB) ergeben, dass der vereinbarte Verteilerschlüssel den geänderten Umständen anzupassen ist. Dies ist der Fall, wenn der bisherige Verteilerschlüssel infolge der Änderung grob unbillig wurde. Dies richtet sich nach den Umständen des Einzelfalls (OLG Düsseldorf a. a. O.). Es ist nicht erforderlich, dass der Vermieter in einem solchen Fall zunächst eine Klage auf Zustimmung zur Vertragsänderung erhebt. Vielmehr kann sofort entsprechend dem geänderten Verteilungsmaßstab abgerechnet werden. Anders als bei der Wohnraummiete gilt der veränderte Verteilerschlüssel nicht erst ab dem Zeitpunkt, zu dem der Vermieter die Änderung verlangt hat. Bei der Gewerbemiete ist vielmehr derjenige Zeitpunkt maßgeblich, ab dem sich die Geschäftsgrundlage geändert hat. Diese Differenzierung ist deshalb geboten, weil Gesichtspunkte des Mieterschutzes bei der Gewerbemiete eine untergeordnete Rolle spielen (OLG Düsseldorf a. a. O.). Die irrige Vorstellung des Vermieters, der vereinbarte Verteilungsschlüssel für die Umlage von Betriebskosten führe zur Deckung der ihm entstehenden Betriebskosten, rechtfertigt nicht die Vertragsanpassung gemäß § 313 Abs. 2 BGB, weil eine fehlerhafte Kostenkalkulation in die Risikosphäre des Vermieters fällt. Anders liegen die Dinge nur, wenn der Mieter an der Kostenkalkulation beteiligt war oder sonst mit der Kalkulationsgrundlage zu tun hatte (OLG Düsseldorf DWW 2016, 215).

Fälligkeit der Miete **BGB § 556b**

§ 556b Fälligkeit der Miete, Aufrechnungs- und Zurückbehaltungsrecht

(1) **Die Miete ist zu Beginn, spätestens bis zum dritten Werktag der einzelnen Zeitabschnitte zu entrichten, nach denen sie bemessen ist.**

(2) ¹Der Mieter kann entgegen einer vertraglichen Bestimmung gegen eine Mietforderung mit einer Forderung aufgrund der §§ 536a, 539 oder aus ungerechtfertigter Bereicherung wegen zu viel gezahlter Miete aufrechnen oder wegen einer solchen Forderung ein Zurückbehaltungsrecht ausüben, wenn er seine Absicht dem Vermieter mindestens einen Monat vor der Fälligkeit der Miete in Textform angezeigt hat. ²Eine zum Nachteil des Mieters abweichende Vereinbarung ist unwirksam.

Übersicht

	Rdn.
I. Anwendungsbereich	1
II. Gesetzliche Fälligkeitsregelung (Abs. 1)	4
1. Rechtsnatur des § 556b Abs. 1	4
2. Begriff der Miete/Begriff des Werktags	5
3. Begriff der Zeitabschnitte	7
4. Mangelhafte Mietsache und Zurückbehaltungsrecht	8
5. Rechtzeitigkeit der Mietzahlung	11
a) Geschäftsraummiete	11
b) Wohnraummiete	17
c) Fälligkeit bei Vergleich	21
d) Tilgungsfolge	22
e) Zahlung unter Vorbehalt	25
f) Beweislast	28a
III. Zahlungsmodalitäten	29
1. Einzugsermächtigung (bis 31.1.2014)	29
2. SEPA-Lastschrift (ab 1.2.2014)	37
3. Abbuchungsermächtigung	38
IV. Aufrechnungs- und Zurückbehaltungsrecht (Abs. 2)	39
1. Bedeutung der Vorschrift	39
2. Anwendungsvoraussetzungen	40
3. Rechtsfolgen einer wirksamen Beschränkung des Aufrechnungs- oder Zurückbehaltungsrechts	53
4. Beweislast	64
5. Abweichende Vereinbarungen	65
6. Geschäftsraummiete	66
a) Leistungsverweigerungsrecht, Zurückbehaltungsrecht	67
b) Aufrechnung	70
V. Übergangsregelung (Altmietverträge: Vertragsschluss vor dem 1.9.2001)	72

I. Anwendungsbereich

§ 556b Abs. 1 **gilt für die Wohnungs- und für die Geschäftsraummiete** 1 (§§ 549 Abs. 1, 579 Abs. 2). Die Fälligkeit der Miete bei Grundstücken und beweglichen Sachen richtet sich nach § 579 Abs. 1 (s. dort). **Abs. 2 gilt nur für die Wohnraummiete.** Die Fälligkeitsregelung in Abs. 1 betrifft nur solche Mietver-

§ 556b BGB — Untertitel 2. Mietverhältnisse über Wohnraum

hältnisse, die nach dem 31.8.2001 abgeschlossen wurden (Art 223 EGBGB § 3 Abs. 1 Nr. 7). Auf ältere Mietverhältnisse ist § 551 BGB in der bis 1.9.2001 maßgeblichen Fassung anwendbar (Rdn. 72). Maßgeblich ist der Vertragsschluss, auf den Beginn des Mietverhältnisses kommt es nicht an. Die Regelung in Abs. 2 gilt auch für Altmietverträge.

2 § 556b Abs. 1 BGB regelt zwei Fälle: Bei der sog. **„Einmalmiete"** ist die Miete zu Beginn zu zahlen. Praktische Bedeutung hat die Vorschrift bei der Miete von **Hotelzimmern** oder **Ferienwohnungen.** Die Vorschrift weicht von der bis 31.8.2001 geltenden Regelung in § 551 Abs. 1 Satz 1 BGB a. F. ab; danach war der Mietzins am Ende der Mietzeit zu entrichten. Jedoch ist § 556b Abs. 1 BGB abdingbar; regelmäßig wird bei der Hotelmiete stillschweigend Zahlung am Ende des Mietverhältnisses (bei Abreise) vereinbart (Both in: Herrlein/Kandelhard § 556b BGB Rdn. 9).

3 Außerdem wird in Abs. 1 die **Fälligkeit der Miete bei periodisch wiederkehrenden Zahlungsverpflichtungen** geregelt. Ist die Miete nach Zeitabschnitten zu entrichten, so wird sie am dritten Werktag der einzelnen Zeitabschnitte fällig. Diese Regelung gilt für die **Wochenmiete,** die **Quartalsmiete,** die **Monatsmiete** und die **Jahresmiete.** Auch hier sind abweichende Vereinbarungen möglich. Praktische Bedeutung hat die Regelung bei der Miete von Wohn- und Gewerberäumen, weil dort regelmäßig monatliche Mietzahlung vereinbart ist. Auch diese Vorschrift weicht von der bis 31.8.2001 geltenden Regelung in § 551 Abs. 1 Satz 2 BGB a. F. ab; danach war der Mietzins nach dem Ablauf der einzelnen Zeitabschnitte zu entrichten. Allerdings enthalten nahezu alle Formularverträge die Regelung, dass der Mietzins monatlich im Voraus, spätestens am 3. Werktag eines Monats zu bezahlen ist. Dieser Vertragsregelung ist § 556b Abs. 1 nachgebildet.

II. Gesetzliche Fälligkeitsregelung (Abs. 1)

1. Rechtsnatur des § 556b Abs. 1

4 Die Rechtsnatur des § 556b Abs. 1 ist umstritten. Teilweise wird vertreten, dass die Vorschrift als Karenzregelung zu verstehen sei (LG München WuM 1995, 103; Rave GE 2007, 628, 629). Die Miete wird nach dieser Ansicht am 1. Werktag fällig, der Mieter kommt aber erst am 3. Werktag in Verzug. **Nach h. M. regelt die Vorschrift die Fälligkeit der Miete** (BGH NJW 2010, 2208 = WuM 2010, 353 = NZM 2010, 699; J. Emmerich in: Staudinger § 556b BGB Rdn. 15; Artz in: MünchKomm § 556b BGB Rdn. 6; Both in: Herrlein/Kandelhard § 556b BGB Rdn. 7; Ehlert in: Bamberger/Roth § 556b BGB Rdn. 6; Sternel WuM 2009, 699). Die Streitfrage ist vor allen Dingen für die Anwendung des § 569 Abs. 3 Nr. 2 BGB von Bedeutung. Nach der erstgenannten Ansicht tritt eine Heilung der Verzugsfolgen nur ein, wenn der Vermieter zum Ablauf der Schonfrist hinsichtlich der am Monatsersten fälligen Miete befriedigt wird. Nach der letztgenannten Ansicht ist hinsichtlich der Fälligkeit auf den dritten Werktag abzustellen. Die Streitfrage wird durch die – amtliche – Überschrift beantwortet: Es handelt sich um eine Fälligkeitsregelung.

Fälligkeit der Miete **BGB § 556b**

2. Begriff der Miete/Begriff des Werktags

Unter dem Begriff der Miete ist das gesamte Entgelt zu verstehen, das der Mieter 5
für die Überlassung der Mietsache schuldet. Nach § 556b Abs. 1 ist die Miete bei monatlicher Mietzahlung „spätestens bis zum dritten Werktag" eines jeden Monats zu entrichten.

Zu den **Werktagen** zählen zunächst alle Tage mit Ausnahme der Sonn- und Feiertage. Die **Behandlung des Samstags** war in der früheren instanzgerichtlichen Rechtsprechung und Literatur umstritten. Der BGH hat zur der rechtsähnlichen Regelung in § 573c Abs. 1 S. 1 BGB, wonach die „Kündigung spätestens am dritten Werktag eines Kalendermonats" erklärt werden muss, damit sie zum Ablauf des übernächsten Monats wirksam wird, ausgeführt, dass der Samstag nach dem allgemeinen Sprachgebrauch als Werktag anzusehen ist (BGH NZM 2005, 532; NZM 2005, 391). Nach dem **Urteil des BGH vom 13.7.2010** (NJW 2010, 2879 = WuM 2010, 495 = NZM 2010, 661) kommt es für Auslegung des § 556b jedoch nicht auf den Wortlaut oder den allgemeinen Sprachgebrauch, sondern auf den Schutzweck der Vorschrift an. Danach ist der Samstag nicht als Werktag zu behandeln. Maßgeblich ist die Erwägung, dass die Mietzahlung in der Regel nicht in bar, sondern über Bankinstitute abgewickelt wird. Bei der Schaffung des § 556b im Jahre 2001 hätten nur die Tage vom Montag bis Freitag zu den Bankgeschäftstagen gezählt. Außerhalb dieser Zeit seien auch keine online-Aufträge ausgeführt worden. Die Regelung des § 556b müsse deshalb so ausgelegt werden, dass „die Karenzzeit von drei Werktagen dem Mieter ungeschmälert zur Verfügung" steht. An dieser Sachlage ändere sich nichts, wenn einzelne Bankinstitute an Samstagen einen Geschäftsbetrieb unterhalten. Maßgeblich seien die üblichen Verhältnisse im Zeitpunkt der Einführung der gesetzlichen Regelung.

Im Interesse der Einheitlichkeit gilt die **Fälligkeitsregelung für alle Zahlun-** 6
gen, also auch für die Barzahlung oder die Zahlung per Scheck. In einem weiteren Urteil vom 13.7.2010 (NJW 2010, 2882 = WuM 2010, 500 = NZM 2010, 664) führt der BGH aus, dass dieselben Grundsätze gelten, wenn in einem vor dem Inkrafttreten des § 556b (1.9.2001) abgeschlossenen Vertrag vereinbart ist, dass die Miete monatlich im Voraus, spätestens am dritten Werktag eines jeden Monats zu zahlen ist. Beide Entscheidungen sind zur Wohnungsmiete ergangen. Für die Geschäftsraummiete kann jedoch nichts anderes gelten, weil die Regelung des § 556b Abs. 1 bei der Geschäftsraummiete entsprechend anzuwenden ist (§ 579 Abs. 2 BGB).

3. Begriff der Zeitabschnitte

Abs. 1 stellt auf den dritten Werktag der Zeitabschnitte ab. **Unter den Zeit-** 7
abschnitten kann bei monatlicher Mietzahlung nur der jeweilige Miet-
monat gemeint sein. Wird die Mietsache mit Wirkung vom 1. eines Monats vermietet, so ist der Mietmonat mit dem Kalendermonat identisch. Bei einer Vermietung zum 15. eines Monats und vereinbarter Monatsmiete beginnt der Mietmonat am 15 Tag des Kalendermonats; der Mietzins ist folgerichtig am 3. Werktag, der dem 15. eines Kalendermonats folgt, zu entrichten. **Abweichende Vereinbarungen** von Abs. 1 sind möglich. Hierauf ist insbesondere dann zu achten, wenn der Mietmonat mit dem Kalendermonat identisch ist, aber gleichwohl ein Mieteingang zum 3. Werktag des Kalendermonats gewünscht wird. Hier muss (und kann) vereinbart werden, dass die Miete am 3. Werktag des Kalender-

monats zu bezahlen ist (J. Emmerich in: Staudinger § 556b BGB Rdn. 13). Ist in der Vertragsurkunde kein Fälligkeitstermin (monatlich, vierteljährlich, jährlich) genannt, so ist anzunehmen, dass eine monatliche Zahlung vereinbart ist, wenn die Miethöhe einer für Räume dieser Art üblichen Monatsmiete entspricht. Gleiches gilt, wenn in einem Formularvertrag eine entsprechende Rubrik nicht ausgefüllt ist; für die Anwendung der Unklarheitenregel (§ 305c BGB) ist kein Raum (LG Berlin DWW 2015, 139).

4. Mangelhafte Mietsache und Zurückbehaltungsrecht

8 **Hat der Mieter** entsprechend der gesetzlichen Regelung **die Miete zu Beginn des Monats in voller Höhe gezahlt und wird die Mietsache anschließend mangelhaft,** so kann der Mieter den überzahlten Teil der Miete gem. § 812 zurückfordern. Die Regelung des § 814 steht dem Rückforderungsanspruch nur entgegen, wenn der Mieter im Zeitpunkt der Zahlung positive Kenntnis vom Mangel hatte (LG Berlin ZMR 2018, 763). Ebenso kann der Mieter mit dem zu viel gezahlten Betrag nach Maßgabe des Abs. 2 aufrechnen. Wird der Mangel in der Folgezeit nicht beseitigt, so kann der Mieter an den Mieten für die folgenden Monate ein **Zurückbehaltungsrecht** geltend machen. Die Vorleistungspflicht steht dem nicht entgegen. Es gilt der Grundsatz, dass die Vorleistungspflicht entfällt, wenn der andere Teil (hier: der Vermieter) die ihm obliegende Leistung (hier: die Herstellung eines vertragsgemäßen Zustands) nicht erbringen kann oder will. In Rechtsprechung und Literatur wird ebenfalls – mit unterschiedlicher Begründung – die Ansicht vertreten, dass die Regelung des § 556b Abs. 1 BGB die Einrede des nichterfüllten Vertrags nach § 320 BGB unberührt lässt (LG Krefeld NZM 2004, 298; J. Emmerich in: Staudinger § 556b BGB Rdn. 15; Artz in: MünchKomm § 556b BGB Rdn. 10; Lützenkirchen in: Lützenkirchen, Mietrecht § 556b Rdn. 13; Ehlert in: Bamberger/Roth § 556b BGB Rdn. 10; Palandt-Weidenkaff § 556b BGB Rdn. 1; Haas Das neue Mietrecht § 556b BGB Rdn. 2; Eisenschmid in: Börstinghaus/Eisenschmid Arbeitskommentar Neues Mietrecht S. 231; ders. WuM 2001, 215, 218; **a. A.** insbes.: Lammel Wohnraummietrecht § 536 BGB Rdn. 5, 6; Both in: Herrlein/Kandelhard § 556b BGB Rdn. 3; Kinne in: Kinne/Schach/Bieber Miet- und Mietprozessrecht § 556b BGB Rdn. 4: danach ist der Vermieter nicht mehr vorleistungspflichtig; zu den Vertragsklauseln des früheren Rechts vgl.: BGHZ 84, 42 = NJW 1982, 2242; Sternel WuM 2002, 244, 247).

9 **Hat der Mieter die Miete dagegen vertragswidrig nicht entrichtet** und wird die Mietsache nach Fälligkeit der Miete mangelhaft, so steht dem Mieter für den laufenden Monat **kein Zurückbehaltungsrecht** zu (§ 320 BGB). Dies folgt aus der Erwägung, dass der vertragswidrig handelnde Schuldner kein Zurückbehaltungsrecht ausüben darf. Gleiches gilt für die Folgemonate, wenn der Mieter den Mangel nicht anzeigt.

10 Im Falle des **Zahlungsverzugs** haftet der Mieter auf den **Verzugsschaden (§§ 280, 286 BGB).** Hierzu zählen auch die Mahnkosten. Die Schadensminderungspflicht (§ 254 BGB) gilt auch hier. Sie ist verletzt, wenn eine große Immobilienverwaltungsgesellschaft in einer einfachen Forderungsangelegenheit einen Rechtsanwalt mit der Mahnung beauftragt. Dies gilt auch für die sog. „Erinnerungsmahnung" oder „Zweite Mahnung" (AG Hannover WuM 2009, 731).

5. Rechtzeitigkeit der Mietzahlung

a) Geschäftsraummiete. Beim Zahlungsverkehr zwischen Unternehmen ist die Richtlinie 2000/35/EG vom 29.6.2000 – Zahlungsverzugsrichtlinie – (ABl. vom 8.8.2000) zu beachten. Danach ist der Gläubiger berechtigt, Zinsen wegen Zahlungsverzugs geltend zu machen, wenn er den fälligen Betrag nicht rechtzeitig erhalten hat, es sei denn, dass der Schuldner für die Verzögerung nicht verantwortlich ist (Art. 3 Abs. 1 Buchst. c Ziff. ii). Der Mieter muss die Miete mithin so zeitig auf den Weg bringen, dass er mit deren rechtzeitigem Eingang beim Vermieter rechnen kann (EuGH Urteil vom 3.4.2008, NJW 2008, 1935). 11

Konsequenzen (dazu Herresthal NZM 2011, 833): **aa) Überweisungsauftrag:** Nach § 675s Abs. 1 Satz 1 BGB muss der „Zahlungsbetrag spätestens am Ende des auf den Zugangszeitpunkt des Zahlungsauftrags folgenden Geschäftstags beim Zahlungsdienstleister des Zahlungsempfängers eingehen." Soll die Miete dem Vermieter am dritten Werktag zur Verfügung stehen, so muss der Überweisungsauftrag grundsätzlich am letzten Tag des Vormonats erteilt werden. In diesem Fall muss die Mieterbank den Auftrag am 1. Werktag ausführen und dafür Sorge tragen, dass die Miete im Verlauf des zweiten Werktags bei der Vermieterbank eingeht (§ 675t BGB). Der Vermieter kann dann zu Beginn des dritten Werktags über dem Betrag verfügen. Diese Regeln gelten auch dann, wenn der letzte Tag des Vormonats ein Samstag ist und die Mieterbank an diesem Tag keinen Geschäftsbetrieb unterhält; dann folgt die Buchung bei der Vermieterbank zwar erst am 3. Werktag, die Wertstellung erfolgt aber zum Vortag (Herresthal NZM 2011, 833, 839). 12

Der Mieter muss für das Verschulden seiner Bank (z.B. für eine unterbliebene oder verzögerte Ausführung des Überweisungsauftrags) **einstehen.** Für Verzögerungen im Bereich der Vermieterbank hat der Mieter dagegen nicht einzustehen. Die Klausel „Für die Rechtzeitigkeit der Mietzahlung ist der Eingang des Geldes beim Vermieter maßgeblich" verstößt gegen § 307 Abs. 1 BGB, weil das Risiko für Verzögerungen im Bereich der Vermieterbank dem Mieter auferlegt wird (Herresthal a.a.O.; s. Rdn. 19). 13

bb) Lastschriftverfahren. Hier hat der Mieter alles ihm Obliegende getan, wenn er für eine ausreichende Kontendeckung sorgt. Solange dies der Fall ist, kommt der Mieter nicht in Verzug (OLG Stuttgart ZMR 2008, 967; OLG Karlsruhe Urteil vom 14.11.2017 – 8 U 87/15; LG Berlin ZMR 2008, 971). Dagegen tritt Verzug ein, wenn die Abbuchung mangels Kontodeckung scheitert. Die Verpflichtung des Vermieters zum Einzug der künftigen Mieten bleibt hiervon unberührt. Eine Ausnahme gilt, wenn die Anhaltspunkte für eine fortdauernde mangelnde Deckung so konkret sind, dass es treuwidrig wäre, wenn sich der Mieter weiterhin auf die bestehende Einzugsermächtigung berufen könnte. Ein vorübergehender Liquiditätsengpass reicht hierfür ebenso wenig aus, wie der Umstand, dass vorangegangene Versuche zum Einzug der Miete gescheitert sind (OLG Stuttgart ZMR 2008, 967). Der Vermieter kann eine Vereinbarung über eine Lastschriftabrede aus wichtigem Grund einseitig widerrufen. Die Widerrufserklärung muss klar und eindeutig sein. Für den Mieter muss ersichtlich sein, dass der Vermieter von der Möglichkeit des Lastschriftverfahrens künftig keinen Gebrauch mehr machen werde. Solange der Widerruf nicht erfolgt, kann sich der Mieter darauf verlassen, dass die Miete per Lastschriftverfahren eingezogen wird. Dies gilt auch dann, wenn der Vermieter in der Vergangenheit wegen Zahlungsverzug gekündigt hat und diese Kündigung durch nachträgliche Zahlung nach § 569 Abs. 3 BGB unwirksam geworden ist (LG Berlin ZMR 2008, 971). Zu den weiteren Einzelheiten des Lastschriftverfahrens s. Rdn. 29 ff. 14

14a Hat der Mieter im Mietvertrag eine Einzugsermächtigung erteilt, so darf der Vermieter hiervon keinen Gebrauch machen, wenn die **Forderung vom Mieter bestritten** wird (OLG Karlsruhe Urteil vom 14.11.2017 – 8 U 87/15). Es ist nicht erforderlich, dass der Mieter dem Einzug ausdrücklich widerspricht; er muss lediglich zu Ausdruck bringen, dass er die Zahlung verweigert.

14b Hat sich die Miete auf Grund einer vertraglichen Regelung erhöht (Wertsicherungs-/Gleitklausel) und zieht der Vermieter weiterhin die ursprüngliche (nicht erhöhte) Miete ein, so stellt sich die Frage, ob durch die Unterlassung des Einzugs der erhöhten Miete ein konkludent vereinbarter **Erlassvertrag** zustande kommt. Dabei ist zu bedenken, dass ein Vermieter grundsätzlich keinen Anlass hat, auf eine bestehende Forderung zu verzichten. Ein Erlassvertrag setzt deshalb voraus, dass der Verzichtswille des Vermieters unmissverständlich zum Ausdruck kommt. Der Verzichtswille darf nicht vermutet werden; an ihn sind strenge Anforderungen zu stellen. Dem Vermieter darf es nicht schon ohne Weiteres zum Nachteil gereichen, wenn er eine Mietforderung etwa aus Kulanz oder auch nur aus eigener Bequemlichkeit oder aus Sorglosigkeit oder Nachlässigkeit nicht geltend macht (OLG Karlsruhe Urteil vom 14.11.2017 – 8 U 87/15).

15 cc) **Zahlung per Scheck.** Erforderlich ist, dass der Scheck rechtzeitig beim Vermieter eingeht, dass dieser ihn am 3. Werktag einlösen kann (OLG Jena Urteil vom 11.5.2011 – 2 U 1000/10); der Scheck muss also spätestens mit dem Ablauf des 2 Werktags in den Händen des Vermieters sein.

16 dd) **Barzahlung.** Das Geld muss dem Vermieter spätestens zum Ablauf des 2. Werktags zur Verfügung stehen.

17 b) **Wohnraummiete.** Streitig ist, welche Folgerungen aus der Richtlinie 2000/35/EG und dem Urteil des EuGH vom 3.4.2008 hinsichtlich der Rechtzeitigkeit der **Mietzahlung beim Zahlungsverkehr mit Verbrauchern** zu ziehen sind. **(1)** Teilweise wird die Ansicht vertreten, dass die Richtlinie 2000/35/EG im Interesse der einheitlichen Auslegung des § 270 Abs. 1 BGB auch für diese Zahlungen gilt (LG Freiburg GE 2015, 793; AG Kassel WuM 2010, 92; Jablonski GE 2011, 526; Herresthal NZM 2011, 833; Artz in: MünchKomm § 556b BGB Rdn. 6; J. Emmerich in: Staudinger § 556b Rdn. 14a; Both in Herrlein/Kandelhard § 556b Rdn. 11). Danach ist die Mietschuld als Bringschuld zu erfüllen. Die Zahlung ist nur dann rechtzeitig, wenn dem Vermieter das Geld am 3. Werktag zur Verfügung steht, also seinem Konto gutgeschrieben ist. Der Mieter trägt nach dieser Ansicht auch dann das Verzögerungsrisiko, wenn die von ihm beauftragte Bank trotz eines rechtzeitig erteilten Auftrags nicht rechtzeitig tätig wird und die Zahlung deshalb verspätet auf dem Konto des Vermieters eingeht. **(2)** Nach anderer Ansicht ist die Mietschuld qualifizierte Schickschuld. Maßgeblich ist der Zeitpunkt der Leistungshandlung, nicht der Eintritt des Leistungserfolgs (Lorenz WuM 2013, 202). **(3)** Nach einer weiteren Meinung ist die Mietschuld zwar qualifizierte Schickschuld, mit der Folge, dass das Verzögerungsrisiko beim Vermieter liegt. Jedoch kommt es für die Rechtzeitigkeit der Zahlung auf den Eintritt des Leistungserfolgs an. Der Mieter kommt nach dieser Ansicht in Verzug, wenn die Zahlung dem Konto des Vermieters nach dem Fälligkeitstag gutgeschrieben wird. Jedoch haftet der Mieter nur, wenn er den verspäteten Geldeingang zu vertreten hat, etwa weil er den Überweisungsauftrag verspätet erteilt hat (Häublein PiG 97 (2014) S. 35, 38f). Der **BGH** folgt der unter Ziff. (2) dargestellten Auffassung (BGH NZM 2017, 120 m.zust.Anm. Wedel ZMR 2017, 235; so bereits BGH NJW 1964, 499.

Fälligkeit der Miete **BGB § 556b**

Diese Auffassung trifft zu: Die **Pflicht zur Mietzahlung** ist als **qualifizierte** 17a
Schickschuld zu bewerten. Nach § 270 Abs. 1 BGB hat der Mieter die Miete –
falls diese, wie regelmäßig, in einer Geldleistung besteht – im Zweifel auf seine Gefahr und seine Kosten dem Vermieter an dessen Wohnsitz zu übermitteln. Dabei ist bezüglich der **Rechtzeitigkeit der Leistung** zu unterscheiden zwischen der Vornahme der Leistungshandlung und dem Zeitpunkt des Eintritts des Leistungserfolgs (Erfüllung). Die beiden Zeitpunkte fallen zusammen, wenn die Vertragsparteien am selben Ort wohnen und der Mieter die Miete durch **Übergabe von Bargeld** oder durch **Einzahlung bei der Bank des Vermieters** bezahlt. In allen anderen Fällen geht die Leistungshandlung der Erfüllung voraus. Für die Rechtzeitigkeit der Leistung kommt es nach der **gesetzlichen Regelung** auf den Zeitpunkt der **Leistungshandlung**, nicht auf den des Eintritts des Leistungserfolges an. Im **Falle der Überweisung von Bargeld** hat der Mieter die ihm obliegende Leistungshandlung bewirkt, wenn er das Geld bei der Post einzahlt (Postanweisung oder Zahlkarte; BGH a.a.O.). Erfüllung tritt ein mit der Auszahlung des Geldes. Im **bargeldlosen Verkehr** ist die Leistungshandlung bewirkt mit dem rechtzeitigen Abschluss eines **Überweisungsvertrags** (§ 676a BGB).

Hiervon kann der Mieter ausgehen, wenn er seiner Bank rechtzeitig einen 18
Überweisungsauftrag erteilt und ihm zur Ausführung der Überweisung ausreichendes Guthaben oder ein ausreichender Kredit eingeräumt ist (§ 676a Abs 2 Satz 3 BGB). Nach § 675n Abs. 1 Satz 1 BGB wird ein Zahlungsauftrag erst wirksam, wenn er dem Zahlungsdienstleister zugeht. Nach Satz 3 dieser Vorschrift kann der Zahlungsdienstleister einen Zeitpunkt nahe am Ende eines Geschäftstags festlegen, nach dem alle eingehenden Zahlungsaufträge als am darauffolgenden Geschäftstag als zugegangen gelten. Dieser Annahmeschlusszeitpunkt wird regelmäßig „Cut-Off-Zeitpunkt" bezeichnet (MünchKomm/Jungmann, § 675n Rdn. 34). „Nahe am Ende des Geschäftstages" bedeutet in der Praxis nahe am Ende der üblichen Arbeitszeit. Das ist wiederum das Ende des üblichen Publikumsverkehrs. Sinn und Zweck der Regelung ist es, dem Zahlungsdienstleister zu ermöglichen, sein tägliches Rechnungswesen abzuschließen. Der übliche Cut-Off Zeitpunkt ist um 15:00 Uhr – bei einigen Banken auch etwas früher oder etwas später. Dies gilt unabhängig davon, ob der Zahlungsauftrag per Überweisungsformular in einer Geschäftsstelle abgegeben oder an SB-Terminals oder per online-Banking erteilt wird. Soweit es dem Bank- oder Sparkassenkunden möglich ist, rund um die Uhr Zahlungsaufträge „abzuschicken" ändert dies nichts daran, dass diese aufgrund der Zugangsfiktion des § 675n Abs. 1 S. 3 BGB erst als am folgenden Geschäftstag der Bank als zugegangen gelten. Das gilt auch für die Rechtzeitigkeit der Mietzahlung. Dabei ist es unerheblich, ob der Mieter um 23:45 Uhr des 3. Werktages per online-Banking die Miete „überweist" oder um 15:30 Uhr seinen Überweisungsvordruck persönlich in der Geschäftsstelle abgibt. Der BGH (BGH NZM 2017, 120 Rdn. 23) verlangt, dass der Mieter „rechtzeitig alles getan haben [muss], was seinerseits am Leistungsort erforderlich ist, um den Gläubiger zu befriedigen." Das ist aber nur der Fall, wenn der Mieter den Zahlungsauftrag seinem Zahlungsdienstleister rechtzeitig erteilt hat. Da das Gesetz diesen aber erlaubt mit einer Zugangsfiktion zu arbeiten, hat der Mieter unabhängig ob er um 15:30 Uhr persönlich in der Filiale erscheint oder spät nachts am Computer tätig wird, in beiden Fällen erst am 4. Werktag den Zahlungsauftrag erteilt und damit nicht rechtzeitig (Börstinghaus NZM 2017, 650). Das ist auch deshalb nicht unbillig, weil Bank oder Sparkasse den Kunden gem. Art 248 § 4 Nr. 2 lit. d EGBGB über den Cut-Off-Zeitpunkt vorab informieren müssen. Bei unterbliebener Information machen sie sich scha-

§ 556b BGB Untertitel 2. Mietverhältnisse über Wohnraum

densersatzpflichtig. Das bedeutet, dass der Mieter bei einer Banküberweisung den Überweisungsauftrag so lange vor Fristablauf bei seiner Bank abgeben muss, „dass bei üblichem Verlauf der Dinge" mit der Gutschrift auf dem Vermieterkonto zu rechnen ist (Butenberg PiG 109, 37, 40). Zu diesem üblichen Verlauf gehört auch der Cut-Off-Zeitpunkt (**a. A.** wohl Bruns NJW 2017, 1600, der aber ausdrücklich entgegen BGH NJW 2010, 2208 die Auffassung vertritt, dass die Miete erst mit Ablauf des 3 Werktages fällig ist. Nach Ansicht des BGH wird die Miete aber mit Beginn des 3. Werktages fällig, da mit Ablauf des 3. Werktages bereits Verzug eintritt). Die Situation ist in etwa mit dem Einwurf eines Briefes in den Briefkasten um 18:00 Uhr zu vergleichen, wenn die letzte Leerung um 17:00 Uhr erfolgt und dies so auch auf dem Briefkasten vermerkt ist. Hier wie dort bedient sich der Mieter eines Dienstleisters und muss selbst darauf achten, dass dieser die vom Mieter geschuldete Leistung anbietet. Die anschließende bankinterne Bearbeitungszeit (Ausführungsfrist) muss der Mieter nicht berücksichtigen (BGH a.a.O.; **a. A.** Both in: Herrlein/Kandelhard § 556b BGB Rdn. 10; Ehlert in: Bamberger/Roth § 556b BGB Rdn. 11) Die Erfüllung tritt ein, wenn das Geld dem Konto des Vermieters gutgeschrieben wird. Eine **Zahlung per Scheck** gilt im Zweifel als Leistung erfüllungshalber, so dass auch hier die Leistungshandlung durch Absendung des Schecks bewirkt ist (BGH NJW 1998, 1302; OLG Frankfurt MDR 1999, 667); dies gilt allerdings nur, wenn der Scheck gedeckt ist (LG Berlin WuM 1988, 51). Die Erfüllung tritt erst mit der Auszahlung des Geldes oder mit vorbehaltsloser Gutschrift ein (BGH NJW 1976, 1843). Eine besondere Karenzzeit steht dem Mieter nicht zu (Weber ZMR 1992, 41).

19   **bb) Rechtzeitigkeitsklausel.** Die gesetzliche Regelung wird in Formularmietverträgen häufig durch eine Vereinbarung modifiziert, wonach es „für die Rechtzeitigkeit der Zahlung nicht auf die Absendung, sondern auf den Eingang des Geldes" ankommt (so: § 3 Abs. 2 Satz 1 des Mustermietvertrags; sog. „Rechtzeitigkeitsklausel"). Diese Vereinbarung wird dahingehend ausgelegt, dass der Mieter die Leistungshandlung so rechtzeitig zu bewirken hat, dass nach dem normalen Verlauf mit einer Gutschrift auf dem Konto des Vermieters am Fälligkeitstag zu rechnen ist. Nach der **Rechtsprechung des XII. Zivilsenats des BGH** (ZMR 1998, 612, 613) bestehen gegen die Wirksamkeit der Rechtzeitigkeitsklausel jedenfalls dann keine Bedenken, wenn sie sich „auf die Zahlung der laufenden Mieten bezieht und die Parteien zudem Kaufleute sind". Unter diesen Umständen sei die Klausel gemessen an den Bedürfnissen des modernen Zahlungsverkehrs weder als ungewöhnlich und überraschend (§ 305c Abs. 1 BGB) anzusehen, noch liege hierin eine unangemessene Benachteiligung des Mieters i. S. von § 307 BGB.

20   Bei der **Wohnraummiete** ist die **Wirksamkeit einer solchen Vereinbarung umstritten** (**wirksam:** LG Kleve WuM 1988, 261 [LS]; LG Duisburg ZMR 1988, 99; LG Berlin MM 1992, 101; MM 1992, 392; MM 1992, 606; LG Lübeck SchlHA 1992, 90; **unwirksam:** LG Berlin GE 2017, 1095: Verstoß gegen § 307 Abs. 1 Satz 1 BGB; AG Berlin-Wedding MM 1990, 259: Verstoß gegen § 307 BGB; AG Köln WuM 1991, 345; WuM 1990, 78; Sternel, Rdn. IV 404; Weber ZMR 1992, 41, 42: Verstoß gegen § 305c Abs. 1 BGB). Nach der hier vertretenen Auffassung bestehen Bedenken aus § 307 BGB, weil bei der gebotenen „kundenfeindlichen Auslegung" der Eindruck entsteht, als müsse der Mieter für den rechtzeitigen Eingang des Geldes auf dem Vermieterkonto unbedingt einstehen. Bei diesem Bedeutungsgehalt würde der Mieter unverhältnismäßig belastet, weil die Bearbeitungszeiten im Bankverkehr unterschiedlich lang sein können und für den Mieter nicht kalkulierbar sind (ebenso LG Berlin GE 2017, 1095; Sternel WuM

Fälligkeit der Miete **BGB § 556b**

2009, 699; Eisenhardt WuM 2011, 408). Die hier angeführten Bedenken bestehen nicht, wenn die Klausel mit dem in § 3 Abs. 2 Satz 2 des Mustermietvertrags enthaltenen Zusatz versehen ist:

„Bei unbarer Zahlung genügt der Mieter seiner Verpflichtung zur rechtzeitigen Zahlung, wenn er nach dem normalen Verlauf mit rechtzeitiger Gutschrift auf dem vom Vermieter bestimmten Konto rechnen konnte"

In dem Urteil vom 5.10.2016 – VIII ZR 222/15 stellt der BGH klar, dass die **Rechtsprechung des XII. Zivilsenats nicht auf die Wohnraummiete zu übertragen** ist: „Angesichts der schwerwiegenden Nachteile, die der Mieter im Fall des (unverschuldeten) Verlustes der Wohnung als seines räumlichen Lebensmittelpunktes zu erwarten hat … hat der Vermieter kein schutzwürdiges Interesse, den Mieter für Zahlungsverzögerungen verantwortlich zu machen, die auf Fehlleistungen eingeschalteter Zahlungsdienstleister beruhen" (BGH Urteil vom 5.10.2016 – VIII ZR 222/15 unter Rdn. 47). Ob etwas anderes gilt, wenn in der Rechtzeitigkeitsklausel klargestellt wird, dass Verzögerungen im Bereich der Banken vom Anwendungsbereich der Klausel ausgenommen sind (s. Rdn. 20), hat der BGH nicht abschließend entschieden. **20a**

c) Fälligkeit bei Vergleich. Die Fälligkeit von Zahlungen, die auf einem gerichtlichen oder außergerichtlichen Vergleich beruhen richtet sich nach den vertraglichen Vereinbarungen. Ist dort – wie häufig – nichts geregelt, so ist der Vertrag auszulegen. Dabei kann auch auf das Zahlungsverhalten des Schuldners in der Vergangenheit abgestellt werden (OLG Frankfurt Urteil vom 22.11.2012 – 22 U 66/11). Es ist empfehlenswert, bei Vereinbarungen der fraglichen Art eine „Rechtzeitigkeitsklausel" aufzunehmen. **21**

d) Tilgungsfolge. Hat der Vermieter mehrere Forderungen gegen den Mieter (z. B. Mietrückstände, laufende Miete, Betriebskostennachzahlung) und reicht die Zahlung des Mieters zur Erfüllung aller Forderungen nicht aus, so kann der Mieter nach § 366 Abs. 1 BGB bestimmen, welche Einzelforderung durch seine Zahlung getilgt werden soll. Dieses Bestimmungsrecht kann formularvertraglich nicht abbedungen werden (OLG Celle WuM 1990, 103). Trifft der Mieter keine Bestimmung, so geht das Bestimmungsrecht nicht auf den Vermieter über; vielmehr gilt die in § 366 Abs. 2 BGB geregelte Tilgungsfolge (OLG Düsseldorf GuT 2011, 154; OLG Brandenburg GE 2015, 590; Derleder NZM 2011, 654, 655): Danach wird zunächst die fällige Schuld, unter mehreren fälligen Schulden diejenige, die dem Vermieter geringere Sicherheit bietet, unter mehreren gleich sichern, die dem Mieter lästigere, unter mehreren gleich lästigen die ältere Schuld und bei gleichem Alter jede Schuld verhältnismäßig getilgt. Diese Verrechnungsweise ist insbesondere dann angezeigt, wenn der Mieter bei unklarer oder unterlassener Tilgungsbestimmung in der Vergangenheit jeweils Zahlungen in wechselnder Höhe und zu wechselnden Zeitpunkten geleistet hat (LG Berlin GE 2016, 1386). Gleiches gilt bei einer unrichtigen oder wirkungslosen Tilgungsbestimmung, wenn der Mieter es versäumt, die unrichtige oder wirkungslose Bestimmung gem. § 119 BGB unverzüglich anzufechten (OLG Düsseldorf a. a. O.). Eine Vereinbarung, wonach eine Zahlung bei fehlender Leistungsbestimmung auf die jeweils älteste Schuld zu verrechnen ist, ist zulässig. Die Tilgungsreihenfolge muss allerdings feststehen (BGHZ 91, 375 = NJW 1984, 2404 = ZMR 1984, 370 = DWW 1984, 234; s. dazu auch Niebling ZMR 1985, 77). Deshalb ist eine Klausel unwirksam, wonach Teilzahlungen nach den Bestimmungen des Vermie- **22**

ters verrechnet werden können (BGH a.a.O.; OLG Düsseldorf ZMR 2009, 275; KG MDR 2013, 1338).

22a Die Vorschrift des § 366 Abs. 1 BGB ist in einigen Fällen **nicht anzuwenden,** nämlich **(1)** wenn der Gläubiger wegen mehrerer titulierter Forderungen die Zwangsvollstreckung betreibt; **(2)** wenn der Gläubiger wegen mehrerer Forderungen eine ihm vom Mieter gestellte Sicherheit verwertet. Aus diesem Grunde ist § 366 Abs. 1 BGB unanwendbar, wenn der Vermieter auf eine Mietkaution zugreift (BGH NJW 2015, 162 Rdn. 12); **(3)** wenn sich der Vermieter aus einem ihm zustehenden gesetzlichen Vermieterpfandrecht (§ 562 BGB) befriedigt (§ 1228 BGB); **(4)** oder wenn der Insolvenzverwalter des Mieters im Rahmen der Gesamtvollstreckung einen dem Pfandrecht des Vermieters unterliegenden Gegenstand gem. § 166 Abs. 1 InsO verwertet und den Erlös an den Vermieter auskehrt. Eine gleichwohl vorgenommene Tilgungsbestimmung des Insolvenzverwalters ist unwirksam. An deren Stelle tritt die gesetzliche Tilgungsfolge nach § 366 Abs. 2 BGB. Dach wird unter mehreren fälligen Schulden diejenige getilgt, welche dem Gläubiger geringere Sicherheit bietet. Das ist bei mehreren Mietzinsforderungen die jeweils älteste Forderung, weil diese vor den jüngeren Forderungen verjähren (BGH NJW 2015, 162).

23 Ist die **Mietsache mangelhaft,** so sind neben der Grundmiete auch die Betriebskosten gemindert (s. § 536 Rdn. 165 ff). In der Literatur wird die Ansicht vertreten, dass die Betriebskostenvorauszahlungen und die Grundmiete verhältnismäßig getilgt werden, wenn der Mieter lediglich eine geminderte Miete zahlt (Derleder NZM 2011, 654, 655). An dieser Ansicht trifft zu, dass für das Verhältnis von Betriebskostenvorauszahlungen und Grundmiete die Regelung des § 366 Abs. 1 BGB analog anzuwenden ist, wenn der Mieter bei unvollständiger Zahlung eine Tilgungsbestimmung erklärt. In diesem Fall kommt durch die Tilgungsbestimmung zum Ausdruck, dass der Mieter die Betriebskostenvorauszahlung als eine neben der Grundmiete geschuldete Sonderleistung betrachtet. In der Regel wird es aber an einer Tilgungsbestimmung fehlen. Dann liegt es näher, das gesamte vertraglich geschuldete Entgelt als Einheit zu sehen. Aus dem Willen des Mieters kann jedenfalls nichts Gegenteiliges hergeleitet werden. Fehlt es aber an einer rechtlichen Aufspaltung der jeweiligen Teilbeträge, so wäre für eine entsprechende Anwendung des § 366 Abs. 2 kein Raum: Der Vermieter kann dann in der Betriebskostenabrechnung die geschuldeten Vorauszahlungen ansetzen. Hat der Mieter zu viel gemindert, so hat er zu wenig Miete bezahlt; der Vermieter hat deshalb einen Anspruch auf restliche Miete. Hat der Mieter zu wenig gemindert, steht ihm ein Bereicherungsanspruch aus § 812 BGB zu. Mit der Betriebskostenabrechnung als solcher hat dies nichts zu tun.

24 Folgt man der hier vertretenen Ansicht nicht, so ist weiter zu überlegen, ob die Betriebskostenvorauszahlung dem Vermieter nicht eine „geringere Sicherheit" bietet, und aus dessen Sicht im Verhältnis zur Grundmiete die „lästigere" Schuld ist (so OLG Brandenburg GE 2015, 590). Wird nämlich ein Teil der Minderzahlung auf die Betriebskostenvorauszahlung verrechnet, so könnten bei einer Abrechnung nach Ablauf der Abrechnungsfrist eventuelle Nachforderungsansprüche verloren gehen. Die Realisierung von Betriebskostennachforderungen ist mithin weniger sicher als die Realisierung der Grundmiete.

25 **e) Zahlung unter Vorbehalt.** Bei einer Zahlung unter Vorbehalt ist zu unterscheiden: der sog. „schlichte Vorbehalt" hat Erfüllungswirkung (LG München I WuM 1987, 223; LG Frankfurt WuM 1987, 318). Wird unter einem „qualifizierten Vorbehalt" geleistet, tritt keine sofortige Erfüllung ein, so dass Verzug vorliegt (Harsch ZMR 2017, 223).

Der **schlichte Vorbehalt** dient dem Ausschluss des § 814 BGB. Es handelt sich 26 um eine Zahlung unter dem Vorbehalt der Rückforderung nach § 812 BGB, falls sich herausstellt, dass kein Rechtsgrund für die Zahlung besteht. Eine solche Leistung darf der Vermieter nicht ablehnen. Eine Kündigung nach § 543 Abs. 2 Nr. 3, § 543 Abs. 1 oder § 573 Abs. 2 scheidet aus. Dies gilt auch dann, wenn sich diese Form der Zahlung über einen langen Zeitraum (hier 22 Monate) erstreckt (AG München NZM 2016, 314). Der Vorbehaltsgrund muss (wenigstens schlagwortartig) genannt werden. Er kann aber auch schlüssig erklärt werden, etwa wenn der Mieter ein Zurückbehaltungsrecht wegen Mängeln geltend macht oder aus diesem Grunde ein selbständiges Beweisverfahren betreibt (Harsch ZMR 2017, 223, 224). Der Mieter ist beweispflichtig dafür, dass er sich die Rückforderung vorbehalten hat. Im Rückforderungsprozess trägt der Mieter die Beweislast für den Kondiktionsanspruch (Harsch a.a.O.). Wird der Vorbehalt nicht weiterverfolgt (durch Geltendmachung des Anspruchs auf Rückzahlung) so wird er wirkungslos (Harsch a.a.O.).

Beim **qualifizierten Vorbehalt** wird unter der Bedingung gezahlt, dass die 27 Forderung besteht. Es tritt keine Erfüllungswirkung ein, weil der Vermieter nach der Vorstellung des Mieters weiterhin den Beweis für die Existenz der Schuld erbringen soll. Der Vermieter kann eine solche Leistung sowohl annehmen als auch ablehnen. Nimmt der Vermieter die Leistung an, so muss er die Rechtsfolgen des qualifizierten Vorbehalts akzeptieren (Häublein PiG 97 (2014) S. 35, 39; Harsch a. a. O.). Der qualifizierte Vorbehalt ist die Ausnahme; er muss deshalb unmissverständlich erklärt werden.

Die **Abgrenzung** kann mitunter schwierig sein. Wird beispielsweise auf ein 28 vorläufig vollstreckbares Urteil „unter Vorbehalt" gezahlt, so liegt hierin eine Zahlung unter der Bedingung, dass das Urteil rechtskräftig wird (qualifizierter Vorbehalt). Die Tilgungswirkung tritt hier nicht mit der Zahlung, sondern erst mit der Rechtskraft des Urteils ein, weil die Leistung in einem solchen Fall unter dem Vorbehalt des Eintritts der Rechtskraft erfolgt (BGH NJW 2014, 2199; NJW 2015, 699 Rz. 19). Zahlt dagegen ein Mieter nach Zugang einer Kündigung einen geminderten oder zurückgehaltenen Betrag „unter Vorbehalt" um die **Rechtswirkungen des § 569 Abs. 3 Nr. 2 BGB** herbeizuführen, so ist ein schlichter Vorbehalt anzunehmen, mit der Folge, dass die Erfüllung mit der Zahlung eintritt. Es kommt nicht auf den Wortlaut der verwendeten Begriffe, sondern darauf an, was der Mieter mit der Zahlung bewirken will (Häublein PiG 97 (2014) S. 35, 39). Das LG Berlin (GE 1994, 1057) hat allerdings eine Zahlung, die nach Zugang einer Kündigung mit dem Zusatz: „unter Vorbehalt der rechtlichen Klärung" geleistet worden ist, als qualifizierten Vorbehalt gewertet (vgl. dazu auch Schach GE 1994, 1280). Diese Entscheidung steht mit § 133 BGB nicht im Einklang, weil der Mieter geleistet hat, um eine Kündigung zu vermeiden (ebenso: Beuermann GE 1994, 1284; Hannemann GE 1994, 1282; Nies NZM 1998, 398, 399).

f) Beweislast. Für die Zahlung der Miete ist der Mieter beweispflichtig. Bei der 28a Zahlung durch Scheck muss der Mieter die Übergabe des Schecks, bei der Barzahlung die Übergabe des Geldes beweisen. Wird der Scheck mit der Post versandt, so muss der Mieter den Zugang der Sendung beim Vermieter beweisen. Wird die Miete durch Bareinzahlung auf das Konto des Vermieters entrichtet, so kann der Beweis für die Zahlung nicht dadurch geführt werden, dass dem Vermieter die Vor-

§ 556b BGB   Untertitel 2. Mietverhältnisse über Wohnraum

lage der Kontoauszüge aufgegeben wird. Gleiches gilt bei Zahlung durch Verrechnungsscheck. Der Urkundenbeweis scheitert an § 422 ZPO. Danach setzt die Verpflichtung des Vermieters zur Vorlage einer in seinem Besitz befindlichen Urkunde voraus, dass „der Beweisführer nach den Vorschriften des bürgerlichen Rechts die ... Vorlegung der Urkunde verlangen kann." Daran fehlt es in Fällen der vorliegenden Art. Insbesondere obliegt dem Vermieter grundsätzlich keine Aufklärungspflicht gegenüber dem an sich beweisbelasteten Mieter (OLG Koblenz DWW 2013, 294). Der Mieter wird hierdurch nicht über Gebühr belastet, weil er die Möglichkeit hat, sich eine Einzahlungs- oder Übergabequittung zu beschaffen, mit der er den Erfüllungsbeweis führen kann.

28b   **g) Abweichende Vereinbarungen.** Im Mietvertrag kann ein von § 556b Abs. 1 abweichender Fälligkeitstermin vereinbart werden. Eine solche Änderungsvereinbarung kann auch durch konkludentes Verhalten zustande kommen. Hieran ist zu denken, wenn der Mieter die Miete abweichend von § 556b Abs. 1 nicht am 3. Werktag, sondern irgendwann während des Monats zahlt und hinreichende Anhaltspunkte vorliegen, aus denen sich ergibt, dass der Vermieter mit dieser Zahlungsweise einverstanden ist. Die rügelosen Hinnahme der verspäteten Zahlung durch den Vermieter reicht für die Annahme einer stillschweigenden Vertragsänderung aber nicht aus (BGH WuM 2011, 674 = NZM 2012, 22; LG Berlin GE 2014, 323; s. weiter § 543 Rdn. 18).

28c   **h) Zahlung durch Dritte.** Nach § 267 Abs. 1 BGB kann die vom Mieter geschuldete Zahlung auch durch einen Dritten bewirkt werden. Erforderlich ist insoweit, dass der Dritte durch eine entsprechende Leistungsbestimmung zum Ausdruck bringt, dass mit der Zahlung eine Schuld des Mieters getilgt werden soll. Maßgeblich ist die Sicht des Leistungsempfängers, also des Vermieters. Die Leistungsbestimmung kann nachgeholt werden. Soll durch die Zahlung des Dritten die Rechtswirkung einer fristlosen Kündigung wegen Zahlungsverzugs abgewendet werden, so muss die nachträgliche Leistungsbestimmung innerhalb der Frist des (§ 569 Abs. 2 Nr. 2 BGB) erfolgen (LG Itzehoe ZMR 2016, 34).

III. Zahlungsmodalitäten

1. Einzugsermächtigung (bis 31.1.2014)

29   Beim Einzugsermächtigungsverfahren erteilt der Mieter dem Vermieter eine Einzugsermächtigung. Gegenüber seiner Bank erteilt der Mieter keinen Auftrag. Die Kontobelastung erfolgt also ohne Zustimmung des Kontoinhabers; deshalb kann der Kontoinhaber der Buchung widersprechen. Der Widerspruch ist an keine Frist gebunden, sondern solange möglich, bis der Mieter die Lastschriftbuchung genehmigt hat (BGH WuM 2000, 549; dazu Manthey ZMR 2002, 174; s. auch BGH NJW 2008, 2495).

30   Die **Genehmigung** kann auch **durch konkludente Handlung** erfolgen. Bei der **Gewerbemiete** kann hiervon ausgegangen werden, wenn **(1)** die Miete bereits in der Vergangenheit per Lastschrifteinzug bezahlt wurde, **(2)** der Mieter gegen die Abbuchung in der Vergangenheit keine Einwendungen erhoben hat und **(3)** der Mieter auch gegen die vom Insolvenzverwalter widerrufene Abbuchung keine Einwendungen geltend macht, obwohl seit der Abbuchung eine angemessene Überlegungsfrist abgelaufen ist (BGH NJW 2011, 2499 = WuM 2011, 428). Beim

Fälligkeit der Miete **BGB § 556b**

Wohnungsmieter kommt es auf den Einzelfall an. Maßgeblich ist, ob für die Bank anhand konkreter Umstände erkennbar ist, dass der Mieter die Kontoauszüge und die Abbuchung überprüft hat. Für diese Annahme besteht eine Vermutung, wenn (1) der Mieter in der Vergangenheit Kontoauszüge erhalten hat, aus denen die monatlichen Abbuchungen ersichtlich sind und (2) der Mieter nach Ablauf von zwei weiteren Monaten keine Einwendungen gegen die Abbuchung erhoben hat (BGH a. a. O.).

Nach den **AGB der Banken und Sparkassen** hat der Schuldner Einwendungen gegen die Abbuchung innerhalb von 6 Wochen nach Zugang des Rechnungsabschlusses vorzubringen. Das Unterlassen von Einwendungen gilt als Genehmigung. Üblicherweise erfolgt der Rechnungsabschluss vierteljährlich. Anders ist es in den Fällen der unberechtigten Lastschrift. Die Genehmigungsfiktion gilt nur, wenn der Schuldner eine Einzugsermächtigung erteilt hat, dagegen nicht im Fall der unberechtigten Lastschrift (A. Laitenberger NJW 2010, 192, 194). Bis zum 31.10.2009 konnte der Schuldner einer solchen Abbuchung unbefristet widersprechen. Nunmehr bestimmt § 676b Abs. 2 BGB, dass Einwendungen gegen einen nicht autorisierten Zahlungsvorgang nach Ablauf von 13 Monaten nicht mehr geltend gemacht werden können. Wird die Frist versäumt, so gilt auch eine solche Abbuchung als genehmigt (A. Laitenberger NJW 2010, 192, 194). 31

Diese Grundsätze gelten auch dann, wenn der Mieter die **Einzugsermächtigung „unwiderruflich"** erteilt hat. Aus diesem Grunde bestehen gegen die Vereinbarung des Einzugsermächtigungsverfahrens auch dann keine durchgreifenden Bedenken, wenn dies durch Formularvertrag geschieht (BGH NJW 1996, 988 = WuM 1996, 205 = ZMR 1996, 248; LG Köln WuM 1990, 380; dazu auch Schmid ZMR 1996, 585). Ein Verstoß gegen § 305c Abs. 1 BGB ist ebenfalls nicht gegeben, weil das Einzugsermächtigungsverfahren gerade bei wiederkehrenden Zahlungsverpflichtungen üblich geworden ist. Allerdings muss sichergestellt werden, dass die Dispositionsfreiheit des Mieters nicht in unzumutbarer Weise tangiert wird. Hiervon ist auszugehen, soweit es sich um die Sollbuchung geringer Beträge handelt oder soweit größere Beträge in regelmäßigen Abständen und in gleichbleibender, von vornherein feststehender Höhe eingezogen werden. Anders ist es, wenn größere Beträge zu unregelmäßigen oder für den Kontoinhaber ohne weiteres geläufigen Zeitpunkten eingezogen werden sollen und wenn die Höhe der einzuziehenden Beträge nicht von vornherein feststeht (BGH ZMR 1996, 248). Hieraus ergibt sich folgendes: Eine in einem Formularvertrag enthaltene Einzugsermächtigung ist wirksam, wenn sie sich auf die Ermächtigung zum Einzug der Grundmiete und der Betriebskostenvorauszahlungen beschränkt. Hierbei handelt es sich um Zahlungen, die in regelmäßigen Abständen und in gleichbleibender, von vornherein feststehender Höhe zu leisten sind. Auf eine Betriebskostennachzahlung darf sich die Einzugsermächtigung nicht erstrecken. Diese Zahlungen werden zu unregelmäßigen oder für den Mieter nicht ohne weiteres geläufigen Zeitpunkten fällig. Außerdem steht die Höhe der einzuziehenden Beträge nicht von vornherein fest. Gegen eine „unwiderruflich" zu erteilende Einzugsermächtigung bestehen allerdings Bedenken, weil hierdurch der (rechtlich unzutreffende) Eindruck erweckt wird, als sei die dem Mieter zustehende Möglichkeit des Widerspruchs ausgeschlossen oder beschränkt (AG Freiburg WuM 1987, 50: teilunwirksam hinsichtlich der „Unwiderruflichkeit"; AG Hamburg WuM 1996, 400: insgesamt unwirksam). 32

Der Vermieter darf von der Einzugsermächtigung in Höhe der jeweils geschuldeten Miete Gebrauch machen. Ist die Höhe des geschuldeten Mietzin- 33

§ 556b BGB   Untertitel 2. Mietverhältnisse über Wohnraum

ses streitig, so kommt es auf den Willen des Mieters an. Teilt der Mieter dem Vermieter mit, dass er den Mietzins mindern wolle, so darf der Vermieter nur noch den geminderten Mietzins einziehen. Der Mieter kann diese Beschränkung durchsetzen, indem er gegenüber der Bank seinen Widerspruch erklärt. Außerdem kann der Mieter im Wege der Unterlassungsklage erreichen, dass dem Vermieter untersagt wird, höhere Beträge als die tatsächlich geschuldeten einzuziehen. In diesem Verfahren ist zu entscheiden, ob dem Mieter eine Minderungsbefugnis zusteht. Für den Erlass einer einstweiligen Verfügung fehlt es – wegen der Möglichkeit des Widerspruchs – am Verfügungsgrund (**a. A.** LG Berlin GE 1996, 805).

34   Besteht zwischen den Parteien eine Lastschriftabrede, so muss der Mieter für die Einlösung einer ordnungsgemäß eingereichten Lastschrift sorgen. Deshalb ist er verpflichtet, auf seinem **Konto eine ausreichende Deckung** vorzuhalten und die Einlösung zu genehmigen. Verletzt der Mieter diese Pflichten, so steht dem Vermieter nach den §§ 241 Abs. 1 S. 1, 280 Abs. 1 BGB ein Schadensersatzanspruch zu (BGH NJW 2009, 3570, 3571). Der Schaden besteht üblicherweise in den Rücklastgebühren. Eine Vereinbarung, wonach dem Vermieter für den Fall der Rücklastschrift eine „Bearbeitungsgebühr" zustehen soll, ist als Schadenspauschalierung zu bewerten. Nach der hier vertretenen Ansicht verstößt eine solche Vereinbarung gegen § 555 BGB. Folgt man dieser Auffassung nicht, so ist jedenfalls § 309 Nr. 5 BGB zu beachten, falls die Vereinbarung formularmäßig getroffen wurde.

35   Hat der Mieter die **Miete durch Einzugsermächtigung bezahlt** und wird sodann über das **Vermögen des Mieters das Insolvenzverfahren eröffnet** und ein vorläufiger Insolvenzverwalter bestellt, so war in früherer Zeit streitig, ob der Insolvenzverwalter der Abbuchung der Miete widersprechen kann. Nach der **früheren Rechtsprechung** des IX. Zivilsenats (Insolvenzsenat) erlosch die Forderung des Gläubigers nicht mit deren Gutschrift, sondern erst mit der Genehmigung des Schuldners (sog. **Genehmigungstheorie**). Dies galt auch für den Fall der Schuldnerinsolvenz. Soweit der Schuldner die Buchung nicht vor Beantragung des Insolvenzverfahrens bereits genehmigt hatte, konnte der vorläufige Insolvenzverwalter der Buchung widersprechen (BGH NJW 2005, 675; NJW 2008, 63). Demgegenüber vertrat der XI. Zivilsenat (Bankensenat) die Ansicht, dass die Erfüllung bereits mit der vorbehaltslosen Gutschrift auf dem Gläubigerkonto eintritt (sog. „Erfüllungstheorie"; BGH NJW 2008, 3348).

36   **Seit dem 31. 10. 2009** ist das Lastschriftverfahren gesetzlich in den **§§ 675 c ff BGB** geregelt. Danach gilt folgendes: **(1)** Die Banken und Sparkassen können durch Allgemeine Geschäftsbedingungen eine von der Genehmigungstheorie abweichende Parteivereinbarung vorsehen. Autorisiert der Mieter mit der dem Vermieter erteilten Einzugsermächtigung zugleich seine Bank, die Zahlung auszuführen, so ist die Belastungsbuchung auf seinem Konto von Anfang an wirksam. **(2)** Bis zur Umsetzung dieser Regelung müssen die Gerichte prüfen, ob der Mieter die Belastungsbuchung nicht bereits konkludent genehmigt hat. Hiervon ist bei Dauerschuldverhältnissen wie dem Mietverhältnis regelmäßig auszugehen, wenn der Mieter dem Einzug der Miete früher nicht widersprochen hat und er auch dem aktuellen Einzug nach Ablauf einer angemessenen Prüffrist nicht widerspricht (BGH NJW 2010, 3510 = NZM 2010, 826). **(3)** Für die Wohnraummiete ist zusätzlich zu beachten, dass der Insolvenzverwalter (Treuhänder) den Einzug nicht widerrufen darf, wenn der Mieter die Miete aus einem Einkommen oder Vermögen bezahlt hat, das dem Pfändungsschutz unterliegt. Zum Schonvermögen zählen das Wohngeld oder andere Sozialleistungen sowie der pfändungsfreie Betrag des Arbeitseinkommens. Ist das Arbeitseinkommen höher als der pfändungsfreie Betrag, so muss

der Verwalter dem Mieter Gelegenheit geben zu entscheiden, welche Lastschrift aus dem Schonvermögen bedient werden soll (BGH NJW 2010, 3517 = NZM 2010, 833).

2. SEPA-Lastschrift (ab 1.2.2014)

Seit dem 01.02.2014 kann der Zahlungsverkehr mit Banken und Geschäftspart- 37 nern nur noch über den neuen, einheitlichen europäischen Zahlungsverkehrsstandard **SEPA (Single European Payments Area)** abgewickelt werden. Beim SEPA-Lastschriftverfahren ermächtigt der Schuldner den Gläubiger eine Zahlung vom Schuldnerkonto einzuziehen. Zugleich ermächtigt er seine Bank, diese Zahlung auszuführen; diese Erklärung wird ebenfalls gegenüber dem Gläubiger abgegeben, dessen Bank die Erklärung (als Bote) an die Schuldnerbank weitereicht. Der Schuldner kann die Belastungsbuchung bis acht Wochen nach dem Buchungstag zurückbuchen lassen. Dem Insolvenzverwalter des Schuldners steht dieses Recht nicht zu (BGH NJW 2010, 3510 = NZM 2010, 826). Ist in einem bestehenden Mietvertrag eine Einzugsermächtigung vereinbart, so bedarf die Umstellung auf das SEPA-Basis-Lastschriftverfahren einer Vereinbarung (Horst NZM 2011, 337, 339). Bei Neuabschlüssen kann eine entsprechende Vereinbarung auch durch Formularvertrag getroffen werden (Cymutta DWW 2010, 368).

3. Abbuchungsermächtigung

Beim Abbuchungsverfahren erteilt der Mieter seiner Bank einen Abbuchungs- 38 auftrag. Die Kontobelastung erfolgt also mit Zustimmung des Kontoinhabers; deshalb kann der Kontoinhaber die Buchung nach Einlösung der Lastschrift nicht rückgängig machen. Ist die Abbuchung erfolgt, so ist der Widerspruch des Schuldners ohne Relevanz. Die Bank ist weder zu einer Rückbuchung berechtigt noch zu einer Stornierung verpflichtet. Wegen dieser Rechtsfolgen bestehen gegen eine formularmäßige Verpflichtung zur Erteilung einer Abbuchungsermächtigung Bedenken aus § 307 BGB (BGH NJW 1996, 988 = WuM 1996, 205 = ZMR 1996, 248; LG Köln WuM 1990, 380; LG Hamburg WuM 1990, 115; Heinrichs NJW 1996, 1381, 1387).

IV. Aufrechnungs- und Zurückbehaltungsrecht (Abs. 2)

1. Bedeutung der Vorschrift

Nach allgemeinen Vorschriften kann ein Mieter, dem eine fällige Forderung be- 39 liebiger Art gegen den Vermieter zusteht (Gegenforderung) jederzeit gegenüber dem Mietzinsanspruch (Hauptforderung) aufrechnen (§ 387 BGB) oder ein Zurückbehaltungsrecht (§§ 273, 320 BGB) geltend machen. Diese Rechte werden in vielen Mietverträgen ausgeschlossen oder beschränkt. Eine vertragliche Ausschlussvereinbarung ist grundsätzlich wirksam; im Ausnahmefall soll der Mieter aber mit bestimmten Gegenforderungen nach einmonatiger Vorankündigung aufrechnen oder deshalb ein Zurückbehaltungsrecht geltend machen können.

§ 556b BGB — Untertitel 2. Mietverhältnisse über Wohnraum

2. Anwendungsvoraussetzungen

40 Die Regelung in Abs. 2 gilt ausschließlich für die **Wohnraummiete**. Sie ist nur dann von Bedeutung, wenn eine **wirksame Beschränkung des Aufrechnungs- oder Zurückbehaltungsrechts vorliegt** (Lammel Wohnraummietrecht § 556b BGB Rdn. 23; J. Emmerich in: Staudinger § 556b BGB Rdn. 17; Artz in: Münch-Komm § 556b BGB Rdn. 15; Ehlert in: Bamberger/Roth § 556b BGB Rdn. 18).

41 **a)** Bei **Individualverträgen** sind insoweit keine Besonderheiten zu beachten. Eine Vereinbarung, mit dem Inhalt:

„*Der Mieter kann gegen den Mietzins weder aufrechnen noch ein Zurückbehaltungsrecht geltend machen*"

ist wirksam. Die Vorschrift des § 556b Abs. 2 BGB regelt nicht die Wirksamkeitsvoraussetzungen einer Beschränkung des Aufrechnungs- oder Zurückbehaltungsrechts, sondern bestimmt, dass der Mieter in bestimmten Fällen trotz einer solchen Beschränkung die fraglichen Rechte geltend machen kann.

42 **b)** Bei **Formularverträgen** müssen die entsprechenden Klauseln mit § 309 Nr. 2 und 3 BGB in Einklang stehen. Führt die Prüfung zum Ergebnis, dass die Formularklausel unwirksam ist, kann der Mieter unbeschränkt aufrechnen oder ein Zurückbehaltungsrecht ausüben. Die Vorschrift des § 556b Abs. 2 BGB ist in einem solchen Fall gegenstandslos.

43 **aa)** Nach **§ 309 Nr. 2 und 3 BGB** (s. dazu auch Rdn. 67 ff) ist unwirksam:

„*2. (Leistungsverweigerungsrechte)*

eine Bestimmung durch die

a) das Leistungsverweigerungsrecht, das dem Vertragspartner des Verwenders nach § 320 zusteht, ausgeschlossen oder eingeschränkt wird, oder

b) ein dem Vertragspartner des Verwenders zustehendes Zurückbehaltungsrecht, soweit es auf demselben Vertragsverhältnis beruht, ausgeschlossen oder eingeschränkt, insbesondere von der Anerkennung von Mängeln durch den Verwender abhängig gemacht wird;

3. (Aufrechnungsverbot)

eine Bestimmung, durch die dem Vertragspartner des Verwenders die Befugnis genommen wird, mit einer unbestrittenen oder rechtskräftig festgestellten Forderung aufzurechnen."

44 **bb)** Eine Formularklausel ist unwirksam, wenn sie eine **Beschränkung des Zurückbehaltungsrechts** vorsieht, weil solche Klauseln gegen § 309 Nr. 2 BGB verstoßen. Unzulässig ist es auch, wenn vereinbart wird, dass der Mieter die Geltendmachung eines Zurückbehaltungsrechts einen Monat vor Fälligkeit der Miete ankündigen muss (LG Mannheim WuM 1987, 317; LG Osnabrück WuM 1989, 370; LG Hamburg WuM 1990, 115; LG Berlin GE 1994, 403; ZMR 1998, 33, 34; AG Baden-Baden DWW 1986, 157; Sternel Rdn. III 135; Bub in: Bub/Treier Kap II Rdn. 1165). Allerdings wird auch die Ansicht vertreten, dass die Einschränkung des Zurückbehaltungsrechts möglich sei, wenn dieses wegen einer Forderung auf Grund des § 536b BGB geltend gemacht wird; In diesem Fall soll die in § 556b Abs. 2 BGB geregelte Beschränkung auch formularmäßig vereinbart werden können, weil § 556b Abs. 2 BGB insoweit eine Sonderregelung enthalte (OLG Celle WuM 1990, 103, 111; Hannemann WuM 1995, 8, 11). Diese Ansicht trifft allerdings nicht zu: Die Voraussetzungen für die Wirksamkeit einer Beschränkung des Aufrechnungs- oder Zurückbehaltungsrechts durch Formularvertrag können sich

Fälligkeit der Miete **BGB § 556b**

nur aus § 309 Nr. 2 und 3 BGB ergeben, weil § 556b Abs. 2 BGB selbst keine Regelung zur Beschränkung des Aufrechnungs- oder Zurückbehaltungsrechts darstellt, sondern ein Aufrechnungs- und Zurückbehaltungsprivileg beinhaltet.

cc) Die **Einschränkung der Aufrechnung** ist nach § 309 Nr. 3 BGB mög- 45 lich, jedoch muss die Reichweite der Beschränkung aus der Klausel ersichtlich sein. Unproblematisch ist es, wenn die Klausel die in § 309 Nr. 3 BGB enthaltenen Begriffe verwendet. Eine **Forderung** ist **unbestritten** i. S. von § 309 Nr. 3 BGB, wenn die Tatsachen unstreitig sind, aus denen sich die Forderung ergibt. Im Prozess ist hiervon auch dann auszugehen, wenn der Vermieter die vom Mieter vorgetragenen Tatsachen nicht substantiiert bestreitet oder wenn er die Forderung lediglich mit einer unschlüssigen Gegenaufrechnung bekämpft (BGH NJW 1985, 1556). Mit einer **entscheidungsreifen Forderung** kann ebenfalls aufgerechnet werden. Hiervon spricht man, wenn über die Forderung ohne Beweisaufnahme entschieden werden kann. Es handelt sich dabei um eine Spielart der unbestrittenen Forderung; es ist deshalb nicht erforderlich, dass die Möglichkeit zur Aufrechnung mit entscheidungsreifen Forderungen in der Aufrechnungsklausel ausdrücklich genannt wird (vgl. BGH WPM 1989, 949; OLG Hamm NJW 1983, 523, 525; Bub in: Bub/Treier Kap II Rdn. 1155) Unerheblich ist es, ob über das Recht zur Aufrechnung Streit besteht; es kommt immer nur darauf an, ob auf Grund des gegebenen Sachstands über die Gegenforderung abschließend entschieden werden kann. Nach der **abweichenden Ansicht** des **OLG Hamm** (Urteil vom 9.12.2016 – 30 U 14/16) kann eine Vereinbarung, wonach die Aufrechnung mit nur mit unbestrittenen oder rechtskräftig festgestellten (Gegen-)Forderungen möglich ist, nicht dahingehend ausgelegt werden, dass auch entscheidungsreife (Gegen-)Forderungen von der Beschränkung ausgenommen sind. Jedoch kann die Entscheidungsreife der (Gegen-)Forderung dazu führen, dass die Berufung auf die Aufrechnungsbeschränkung im Einzelfall treuwidrig ist. Dies setzt voraus, dass die Klage- und die Aufrechnungsforderung in einem untrennbaren Zusammenhang stehen. Dies sei nur der Fall, wenn mit der Entscheidung über die Klagforderung zugleich feststehe, dass auch die Aufrechnungsforderung begründet ist. Nach der Meinung des **OLG Celle** (WuM 1990, 103) ist ein formularvertraglicher Ausschluss der Aufrechnungsbefugnis über den Wortlaut des § 309 Nr. 3 BGH hinaus nur wirksam ist, wenn auch entscheidungsreife Forderungen vom Aufrechnungsverbot ausgenommen werden.

Problematisch sind Klauseln, deren Begriffe von den gesetzlichen Begriffen ab- 46 weichen. Nach richtiger Ansicht sind diese Klauseln unter Anwendung der Grundsätze über die **kundenfeindliche Auslegung** zu beurteilen (OLG Celle WuM 1990, 103, 111). Die **Rechtsprechung** ist allerdings außerordentlich **großzügig.** Eine Klausel, wonach die Aufrechnung mit „nicht anerkannten Gegenforderungen" ausgeschlossen ist, ist nach der Auffassung des BGH (NJW 1981, 2257) dahingehend zu verstehen, dass eine Aufrechnung mit bestrittenen Gegenforderungen ausgeschlossen sein soll (ähnlich: OLG Düsseldorf ZMR 1995, 392). Unter den Begriff der „unstreitigen Forderungen" fallen auch solche, die tituliert (BGH NJW 1989, 3215, 3216) oder entscheidungsreif sind (BGH WPM 1978, 620; OLG Hamm NJW-RR 1989, 274, 276). Ist vereinbart, dass der Mieter nur mit „unbestrittenen Forderungen" aufrechnen kann, so kann der Mieter auch mit rechtskräftig festgestellten Ansprüchen aufrechnen (OLG Hamm NJW 1983, 523, 525; OLG Frankfurt/M WPM 1986, 139).

Aus der Aufrechnungsklausel muss sich ergeben, dass der Mieter mit unbestritte- 47 nen oder rechtskräftig festgestellten Forderungen aufrechnen kann. Eine **Klausel, die dem Wortlaut des § 556b Abs. 2 BGB nachgebildet** ist (z. B. § 9 Muster-

§ 556b BGB   Untertitel 2. Mietverhältnisse über Wohnraum

mietvertrag) verstößt gegen § 309 Nr. 3 BGB, weil nach einer solchen Klausel die Aufrechnung mit unbestrittenen und rechtskräftig festgestellten Forderungen ausgeschlossen ist. Dies führt zur Unwirksamkeit der Klausel (LG Düsseldorf WuM 1987, 150; LG Osnabrück WuM 1987, 118; Sternel Rdn. III 135). Die Vorschrift des § 307 Abs. 3 BGB, wonach § 309 BGB nur für solche Klauseln gilt, durch die von Rechtsvorschriften abweichende oder diese ergänzenden Regelungen vereinbart werden, ist nicht einschlägig. Durch § 307 BGB sollen die rein deklaratorischen Klauseln von der Kontrolle ausgenommen werden. Die hier behandelten Aufrechnungsbeschränkungen weichen in einem wichtigen Punkt vom Gesetzeswortlaut ab. Das Gesetz eröffnet die Möglichkeit zur Aufrechnung (der Mieter kann ...<u>entgegen</u> einer vertraglichen Bestimmung aufrechnen). Durch die Vertragsklausel wird die Aufrechnung eingeschränkt (der Mieter kann <u>nur</u> aufrechnen, wenn ...). Deshalb gilt § 309 BGB auch für diese Aufrechnungsklausel.

48 Aus einer formularvertraglichen Aufrechnungsklausel müssen sich außerdem die **Beschränkungen des § 556b Abs. 2 BGB ergeben.** Ist aus der Klausel nicht ersichtlich, dass der Mieter mit den in § 556b Abs. 2 BGB genannten Forderungen ohne Vorankündigung aufrechnen kann, wenn diese nicht bestritten oder rechtskräftig festgestellt sind, so verstößt dies gegen zwingendes Gesetzesrecht; eine solche Klausel ist unwirksam (OLG Celle WuM 1990, 103, 111). Gleiches gilt, wenn vereinbart ist, dass eine Aufrechnung nur möglich sein soll, wenn sich der Mieter nicht im Verzug befindet. Nach § 556b Abs. 2 BGB ist die Aufrechnung auch in diesem Falle möglich; deshalb ist eine hiervon abweichende Regelung unwirksam (Sternel Rdn. III 128 und 131).

49 dd) Eine **wirksame Aufrechnungsbeschränkung** muss bei Mietverträgen etwa folgendem **Muster** entsprechen:

„Die Aufrechnung gegen eine Mietforderung oder die Ausübung eines Zurückbehaltungsrecht ist nur zulässig, (1) mit unbestrittenen Forderungen; (2) mit rechtskräftig festgestellten Forderungen; (3) mit Forderungen auf Grund des § 536a, 539 BGB (Schadensersatzansprüche wegen mangelhafter Mietsache, Aufwendungsersatzansprüche wegen der Beseitigung eines Mangels, Ersatz sonstiger Aufwendungen) oder mit Forderungen aus ungerechtfertigter Bereicherung, wenn die Mietsache nach Zahlung des Mietzinses mangelhaft geworden ist, wenn der Mieter seine Absicht dem Vermieter mindestens einen Monat vor der Fälligkeit des Mietzinses in Textform angezeigt hat."

49a In einem Mietvertrag der vor dem 1.10.2016 abgeschlossen wurde ist eine formularvertragliche Klausel wirksam, wonach **Anzeigen und Erklärungen schriftlich** erfolgen müssen (§ 309 Nr. 13 BGB a. F. i. V. m. Art. 229 § 37 EGBGB). Für Mietverträge die nach dem 30.9.2016 vereinbart werden, ist **§ 309 Nr. 13 BGB** in der Fassung des Gesetzes zur Verbesserung der zivilrechtlichen Durchsetzung von verbraucherschützenden Vorschriften des Datenschutzrechts vom 17.2.2016 (BGBl. I S. 233) zu beachten. Danach sind Klauseln unwirksam, die für Anzeigen und Erklärungen eine strengere Form als die Textform vorsehen. Dies gilt auch für die Aufrechnungserklärung.

50 In manchen Mietverträgen ist vereinbart, dass die **Aufrechnung** einen Monat vor Fälligkeit der Miete **angezeigt** werden muss. Der BGH hat eine solche Formularklausel in dem Urteil vom 4.5.2011 (NJW 2011, 2201 = WuM 2011, 418 = NZM 2011, 579) als wirksam angesehen. Folgt man dieser Ansicht, so wäre die Möglichkeit zur Beseitigung der Kündigungswirkung nach § 543 Abs. 2 Satz 3 BGB ausgeschlossen. Nach der hier vertretenen Auffassung ist eine entsprechende Klausel nur wirksam, wenn der Fall der nachträglichen Aufrechnungen im Falle der Kündigung wegen Zahlungsverzugs ausdrücklich ausgenommen wird (ebenso: Niebling ZMR 2011, 709). Eine umfassend wirksame Ankündigungsklausel verstößt gegen § 569 Abs. 5 BGB. Eine einschränkende Auslegung auf ihren zulässigen Inhalt ist wegen des Verbots der geltungserhaltenden Reduktion von Allgemeinen Geschäftsbedingungen nicht möglich.

Weitere Schranken für die Einschränkung der Aufrechnung können sich aus 51 § 307 BGB ergeben. So darf die Aufrechnungsbefugnis nicht allgemein auf „Forderungen aus dem Mietverhältnis" beschränkt werden (OLG Celle WuM 1990, 103, 111). Unzulässig ist es auch, wenn die Aufrechnung auf einen bestimmten Prozentsatz von der Miete beschränkt wird (LG Hannover WuM 1980, 179).

Wird eine den oben dargestellten Grundsätzen entsprechende **wirksame Auf-** 52 **rechnungsbeschränkung mit** einer nach § 309 Nr. 2 BGB **unwirksamen Beschränkung des Zurückbehaltungsrechts verbunden,** so ist die Klausel hinsichtlich der Beschränkung des Zurückbehaltungsrechts unwirksam, im Übrigen ist sie wirksam. Es handelt sich hierbei nicht um eine sog. „geltungserhaltende Reduktion". Vielmehr ist die Aufrechnungsbeschränkung einerseits und die Beschränkung des Zurückbehaltungsrechts andererseits als jeweils selbständige Regelung mit eigenem Sinn zu behandeln. In diesem Fall ist es nicht gerechtfertigt, die jeweils eigenständigen Regelungen nur wegen der sprachlichen Verbindung als einheitliche Klausel zu bewerten (BGH NJW 1982, 178, 181 – unter II 3 e; NJW 1987, 1072, 1073). Die teilweise Unwirksamkeit der Klausel hat im Übrigen keine praktische Bedeutung: Bei den Forderungen aus § 536a BGB handelt es sich wohl ausnahmslos um Geldforderungen. Die Zurückhaltung des Mietzinses bis zur Bezahlung der vom Vermieter geschuldeten Geldforderung kommt in der Wirkung einer Aufrechnung gleich und ist deshalb wie eine Aufrechnung zu behandeln.

3. Rechtsfolgen einer wirksamen Beschränkung des Aufrechnungs- oder Zurückbehaltungsrechts

a) Ist in einer **Individualvereinbarung** die Aufrechnung ausgeschlossen, so 53 gibt § 556b Abs. 2 BGB gleichwohl eine Aufrechnungsbefugnis, wenn die **Forderung aus den in § 556b Abs. 2 BGB genannten Vorschriften** hergeleitet werden kann. Hierzu gehört der **Schadensersatzanspruch wegen Nichterfüllung** nach § 536a Abs. 1 BGB, der **Aufwendungsersatzanspruch** nach § 536a Abs. 2 Nr. 1 und 2 BGB sowie der Aufwendungsersatzanspruch nach § 539 BGB. Nach dem Sinn und Zweck des § 556b Abs. 2 BGB ist außerdem der **Anspruch auf Vorschuss für die Mängelbeseitigung** zu den Forderungen auf Grund des § 536a Abs. 2 BGB zu zählen. Dieser Anspruch ergibt sich zwar nicht unmittelbar aus § 536a BGB, steht aber mit dieser Vorschrift in einem engen Zusammenhang.

Weiter gehört dazu der **Bereicherungsanspruch wegen überzahlter Miete.** 54 Dies ist in drei Fällen von praktischer Bedeutung: **(1)** Hat der Mieter die Miete entsprechend Abs. 1 im Voraus entrichtet und wird die Mietsache im Anschluss hieran mangelhaft, so hat der Mieter mehr bezahlt als er nach § 536 zu zahlen verpflichtet war. Mit dem überzahlten Betrag kann der Mieter aufrechnen. **(2)** Verstößt die Mietzinsvereinbarung gegen § 5 WistG und hat der Mieter die Miete gleichwohl in der vereinbarten Höhe bezahlt, so hat er hinsichtlich des rechtsgrundlos entrichteten Teils der Miete einen Bereicherungsanspruch; damit kann er aufrechnen. **(3)** Schließlich kann dem Mieter ein Bereicherungsanspruch zustehen, wenn er nicht geschuldete Betriebskosten oder sonstige Nebenleistungen entrichtet hat.

§ 556b BGB Untertitel 2. Mietverhältnisse über Wohnraum

Wegen der genannten Forderungen kann der Mieter auch ein Zurückbehaltungsrecht geltend machen.

55 **b)** Bei einem **umfassenden Aufrechnungsausschluss** kann nur gegen eine **Mietforderung** aufgerechnet werden. Hierzu gehören auch die **Betriebskosten** (**a. A.** AG Steinfurt WuM 1985, 263) einschließlich der Nachforderungen aus einer Abrechnung (J. Emmerich in: Staudinger § 556b BGB Rdn. 21; Ehlert in: Bamberger/Roth § 556b BGB Rdn. 27; **a. A.** Lammel Wohnraummietrecht § 556b BGB Rdn. 35). Für eine Beschränkung auf periodisch wiederkehrende Zahlungsansprüche gibt der Wortlaut des § 556b BGB nichts her.

56 Bei einem **eingeschränkten Aufrechnungsausschluss** („Der Mieter kann gegen *Mietforderungen* nicht aufrechnen ..."), ist die Aufrechnung auch gegen andere Ansprüche des Vermieters möglich. Insoweit ist auch keine Ankündigung erforderlich; die Gegenforderung muss ihren Rechtsgrund auch nicht in den §§ 536a, 539, 812 BGB haben.

57 **c)** Die Aufrechnung gegen die Mietforderung muss dem Vermieter angezeigt werden. Die **Anzeige** ist keine Willenserklärung, weil sie nicht auf die Herbeiführung einer Rechtsfolge zielt, sondern eine geschäftsähnliche Handlung (Artz in: MünchKomm § 556b BGB Rdn. 16; **a. A.** Palandt/Weidenkaff § 556b BGB Rdn. 10; Sternel Rdn. III 129). Die Anzeige muss in **Textform** erfolgen. Die **Ankündigungsfrist** beträgt einen Monat. Für die Fristberechnung gelten die §§ 187, 188 BGB. Ist die Miete beispielsweise am 3. September fällig, so muss die Anzeige dem Vermieter spätestens am 3. August zugehen. Es handelt sich um eine Mindestfrist; der Mieter kann die Anzeige deshalb auch zu einem früheren Zeitpunkt abgeben. Der **Inhalt der Anzeige** ist nicht gesetzlich geregelt. Nach dem Sinn und Zweck muss die Anzeige enthalten: (1) Eine schlüssige Darlegung der Gegenforderung nach Grund und Höhe und (2) Die Mitteilung, gegen welche Mietzinsansprüche in welcher Höhe aufgerechnet wird.

58 Durch die Anzeige wird die **Aufrechnungserklärung** nicht entbehrlich. Jedoch wird in der tatsächlich erfolgten Mietkürzung nach vorangegangener Anzeige eine stillschweigend erklärte Aufrechnung zu sehen sein.

59 Eine **Aufrechnung ohne vorherige Anzeige** ist unwirksam. Die wirkungslose Aufrechnungserklärung kann aus Gründen der Rechtsklarheit auch nicht in eine Anzeige umgedeutet werden. Eine **verspätet zugegangene Anzeige** ist demgegenüber dahingehend auszulegen, dass die Aufrechnung zum nächstzulässigen Termin angekündigt wird (allgemeine Ansicht).

60 **d)** In bestimmten Fällen kann die **Berufung des Vermieters** auf eine Beschränkung der Aufrechnung und des Zurückbehaltungsrechts **rechtsmissbräuchlich** sein. Dies gilt insbesondere dann, wenn – wie beispielsweise bei der Vermieterinsolvenz oder bei Vermögensverfall – die klageweise Durchsetzung der Gegenforderung wirtschaftlich sinnlos wäre (vgl. BGH NJW 1984, 375; NJW-RR 1987, 883 = WuM 1987, 251 = MDR 1987, 816 betr. das Aufrechnungsverbot in ADSp § 32; Hannemann WuM 1995, 8, 11). Gleiches gilt nach der hier vertretenen Ansicht, wenn der Mieter eine überzahlte Miete zurückfordert und der Vermieter durch die Entgegennahme der Leistung gegen zwingendes Gesetzesrecht verstößen hat, wie etwa in den Fällen des § 5 WiStG (ebenso: Sternel Rdn. III 127).

61 **e)** Mit der **Beendigung des Mietvertrags** entfällt die Rechtsgrundlage für eine vertraglich vereinbarte Beschränkung der Aufrechnung und des Zurückbehaltungsrechts. Gleichwohl gelten die vertraglichen Bestimmungen auch für die Dauer der Vorenthaltung. Dies beruht auf der Erwägung, dass der Mieter während der Zeit der Vorenthaltung nicht besser stehen soll, als er während der Vertragszeit ge-

standen hat. Deshalb gelten die Beschränkungen auch gegenüber dem Anspruch des Vermieters auf Nutzungsentschädigung (OLG Karlsruhe ZMR 1987, 262; OLG Düsseldorf ZMR 1997, 466; Both in: Herrlein/Kandelhard § 556b BGB Rdn. 12).

f) Streitig ist, ob die Beschränkungen auch **nach der Rückgabe** fortbestehen. 62 Dies wird teils verneint (OLG Celle, NdsRpfl. 1994, 216; OLG Düsseldorf DWW 2005, 67, 68; LG Mannheim WuM 1974, 145; Bub in: Bub/Treier Kap II Rdn. 1150), teils bejaht (BGH ZMR 2000, 364; OLG Frankfurt WuM 1987, 142; OLG Düsseldorf ZMR 1995, 303; Urteil vom 12.4.2016 – 24 U 143/15, GE 2016, 857; AG Bremerhaven WuM 1987, 152; J. Emmerich in: Staudinger § 556b BGB Rdn. 20). Nach der hier vertretenen Auffassung kommt es darauf an, welchen Zweck die Parteien mit der fraglichen Regelung erreichen wollten. Ist die Aufrechnung wirksam ausgeschlossen, so ist davon auszugehen, dass mit dem Aufrechnungsausschluss auf eine einfachere Durchsetzung der Mietforderungen bezweckt werden sollte. Dieser Zweck besteht auch nach der Rückgabe fort; deshalb ist auch von der Weitergeltung der Ausschlussvereinbarung auszugehen (BGH a.a.O.; OLG Karlsruhe a.a.O.; OLG Hamm NZM 1998, 438, 439). Ist dagegen vereinbart, dass der Mieter grundsätzlich aufrechnen kann, dies aber vorher ankündigen muss, so spricht dies dafür, dass sich der Vermieter lediglich gegen überraschende Aufrechnungen schützen wollte. Dieser Vertragszweck entfällt, wenn lediglich die wechselseitigen Ansprüche abzuwickeln sind (BGH ZMR 1988, 135; ZMR 2000, 364).

g) Bei einer wirksamen **Formularklausel** kann der Mieter **auch mit bestrit-** 63 **tenen** Forderungen aufrechnen oder wegen dieser Forderungen ein Zurückbehaltungsrecht geltend machen, wenn die Forderungen ihren Ursprung in § 536a, 539 BGB haben oder wenn der Mieter einen Bereicherungsanspruch wegen zu viel bezahlter Miete geltend macht und er die Ausübung einen Monat vor der Fälligkeit der Miete in Textform anzeigt (LG Mannheim WuM 1987, 317; LG Berlin GE 1994, 403; LG Hamburg WuM 1990, 115; Sternel Rdn. III 124; Bub in: Bub/Treier Kap II Rdn. 1159).

4. Beweislast

Der Vermieter muss beweisen, dass eine Beschränkung der Aufrechnung und der 64 Ausübung des Zurückbehaltungsrechts vereinbart ist und dass die Gegenforderung von der Vereinbarung erfasst wird. Der Mieter muss den Bestand der Gegenforderung beweisen. Außerdem muss er die Rechtzeitigkeit der Anzeige, deren inhaltliche Bestimmtheit und die Abgabe der Aufrechnungserklärung beweisen.

5. Abweichende Vereinbarungen

§ 556b Abs. 2 Satz 2 BGB bestimmt, dass abweichende Vereinbarungen zum 65 Nachteil des Mieters unwirksam sind. Die Vorschrift bezieht sich nur auf Abs. 2 Satz 1, nicht auf Abs. 1. Eine Vereinbarung wonach der Vertrag „unter der Bedingung geschlossen wird, dass die erste Miete vor Übergabe der Mietsache" gezahlt wird, ist im Allgemeinen nicht als aufschiebende Bedingung i. S. von § 158 Abs. 1 BGB, sondern als Fälligkeitsregelung für die erste Monatsmiete zu bewerten. Wird die Miete nicht vor der Übergabe bezahlt, so kann der Vermieter die Übergabe verweigern; gegebenenfalls ist er zur Kündigung berechtigt (Brandenburgisches OLG Urteil vom 20.6.2012 – 3 U 6/10).

§ 556b BGB Untertitel 2. Mietverhältnisse über Wohnraum

6. Geschäftsraummiete

66 Die Regelung des § 556b Abs. 2 BGB gilt nicht für die Geschäftsraummiete. Für formularmäßige Beschränkungen der Aufrechnung und der Ausübung des Zurückbehaltungsrechts sind die §§ 309 Nr. 2 und Nr. 3 BGB zu beachten (s. Rdn. 43).

67 **a) Leistungsverweigerungsrecht, Zurückbehaltungsrecht. aa)** Die Regelung in **§ 309 Nr. 2 lit a BGB** betrifft das Recht aus **§ 320 BGB**. Diese Form der Zahlungsverweigerung wird als „Einrede des nichterfüllten Vertrags" oder als „Leistungsverweigerungsrecht" bezeichnet. Es besteht, wenn der Vermieter mit der Erfüllung einer **Hauptpflicht** im Rückstand ist. Es handelt sich um eine Einwendung, die von Amts wegen beachtet werden muss. Die bloße Existenz eines Leistungsverweigerungsrechts schließt den Verzug aus; der Mieter muss das Recht nicht geltend machen. Dies hat zur weiteren Folge, dass der Vermieter nicht wegen Zahlungsverzugs kündigen kann. Eine hierauf gestützte Räumungsklage muss abgewiesen werden. Klagt der Vermieter auf Zahlung der Miete, so kann der Mieter nur Zug um Zug gegen Erfüllung der vom Vermieter geschuldeten Leistung verurteilt werden. In der Praxis spielt das Leistungsverweigerungsrecht nach § 320 BGB insbesondere dann eine Rolle, wenn die Mietsache mangelhaft ist. Hier kann der Mieter die Zahlung verweigern bis der Vermieter seine Pflicht zur Herstellung eines vertragsgemäßen Zustands erfüllt hat. Das Recht aus § 320 BGB kann nicht eingeschränkt oder ausgeschlossen werden (Ausnahmen s. unten Rdn. 70). Unter diese Vorschrift fallen auch solche Klauseln, nach denen die Ausübung des Zurückbehaltungsrechts vorher angekündigt werden muss.

68 **bb)** Die Regelung in **§ 309 Nr. 2 lit b BGB** betrifft das Recht aus **§ 273 BGB**. Es besteht, wenn der Vermieter mit der Erfüllung einer **Nebenpflicht** im Rückstand ist. Diese Form der Zahlungsverweigerung wird als „Zurückbehaltungsrecht" bezeichnet. Es handelt sich um eine Einrede, die vom Gericht nur zu beachten ist, wenn sie vom Mieter geltend gemacht wird. Die Einrede muss vor Fälligkeit der Miete erhoben werden. Eine nach Fälligkeit erhobene Einrede lässt den Verzug unberührt. Zu den typischen Nebenpflichten gehört etwa die Pflicht des Vermieters zur Abrechnung von Betriebskosten oder die Pflicht zur vertragsgemäßen Anlage einer Kaution, usw. Das Recht aus § 273 BGB kann nicht eingeschränkt oder ausgeschlossen werden, soweit es um ein Zurückbehaltungsrecht wegen Nebenpflichten aus dem Mietverhältnis geht (Ausnahmen s. unten Rdn. 70). Im Übrigen kann das Zurückbehaltungsrecht ausgeschlossen werden. Die Beschränkung des Ausschlusses muss sich aus der Klausel ergeben.

69 **cc)** In der Praxis werden oft beide Formen der Zahlungsverweigerung als Zurückbehaltungsrecht bezeichnet. Deshalb stellt sich die Frage, ob der in einem Mietvertrag verwendete **Begriff des „Zurückbehaltungsrechts"** in einem weiten oder in einem engen Sinne auszulegen ist. Das OLG Düsseldorf (NZM 1998, 267) hält die enge Auslegung für richtig. Im Hinblick auf den in der Praxis üblichen Sprachgebrauch erscheint diese Auffassung allerdings gekünstelt.

70 **b) Aufrechnung.** Nach **§ 309 Nr. 3 BGB** ist der Ausschluss einer **Aufrechnung** möglich, wenn hiervon unbestrittene oder rechtskräftig festgestellte Forderungen ausgenommen sind. Diese Einschränkung muss sich aus der Klausel ergeben (BGH NJW 2007, 3421; BGH ZMR 1993, 320, 321: danach genügt es allerdings, wenn rechtskräftig festgestellte Forderungen ausgenommen sind; in diesem Fall ergebe sich im Wege der Auslegung, dass die Ausnahme auch für unbestrittene Forderungen gelte). Wirksam sind Klauseln, nach denen eine Aufrechnung vorher angekündigt werden muss (OLG Rostock NZM 1999, 1006). Es ist nicht erforderlich, dass rechtskräftige und unstreitige Forderungen ausgenommen werden (OLG Düsseldorf GE 2003, 186).

Die Regelungen der §§ 309 Nr. 2 und 3 BGB sind nicht anwendbar, wenn der 71 Mietvertrag mit einem Kaufmann geschlossen wird und die **Mietsache zum Betrieb des Handelsgewerbes** gehört; in einem solchen Fall beurteilt sich die Wirksamkeit einer Klausel nach § 307 BGB. Hier können das Zurückbehaltungsrecht und die Aufrechnungsbefugnis grundsätzlich ausgeschlossen werden. Auch hier ist anerkannt, dass der Ausschluss und die Ankündigungspflicht nicht gelten, wenn die betreffenden Gegenforderungen unbestritten oder rechtskräftig festgestellt sind (BGH NJW 1992, 575, 577; ZMR 1993, 320, 321; NJW 2007, 3421 Rdn. 20; Urteil vom 6.4.2016 – XII ZR 26/15 unter Rdn. 18). Die Einschränkung muss sich auch in diesem Fall aus der Klausel ergeben. Deshalb ist eine Klausel, wonach der Mieter nur mit solchen Forderungen aus dem Mietverhältnis aufrechnen oder die Zurückbehaltung erklären kann, die entweder rechtskräftig festgestellt sind oder zu denen der Vermieter im Einzelfall seine Zustimmung erklärt, auch dann unwirksam, wenn der Mietvertrag mit einem Unternehmer abgeschlossen wurde (BGH NJW 2007, 3421; Urteil vom 6.4.2016 – XII ZR 26/15). Es genügt allerdings, wenn rechtskräftig festgestellte Forderungen ausgenommen sind; in diesem Fall ergebe sich im Wege der Auslegung, dass die Ausnahme auch für unbestrittene Forderungen gelte (BGH ZMR 1993, 320, 321). Zu beachten ist, dass das Benachteiligungsverbot des § 307 BGB nicht nur für die Aufrechnung mit Forderungen aus dem Mietverhältnis, sondern für alle Forderungen des Mieters gilt (BGH Urteil vom 6.4.2016 – XII ZR 26/15).

V. Übergangsregelung (Altmietverträge: Vertragsschluss vor dem 1.9.2001)

Auf ein am 1.9.2001 bestehendes Mietverhältnis ist hinsichtlich der Fälligkeit 72 der Miete § 551 BGB in der früheren Fassung anzuwenden (Art 223 EGBGB § 3 Abs. 1 Nr. 7). Danach ist die Miete am Ende der Zeitabschnitte fällig, für die sie vereinbart ist. Jedoch ist in nahezu allen Mietverträgen eine **Vorfälligkeitsklausel** vereinbart. Eine solche Klausel konnte auch in Formularmietverträgen unbedenklich vereinbart werden (BGH RE 26.10.1994 NJW 1995, 254). Etwas anderes gilt nach obergerichtlicher Rechtsprechung, wenn im Mietvertrag zugleich ein (wirksamer oder unwirksamer) Aufrechnungsausschluss vereinbart ist, der zur Folge hat, dass der Mieter mit einem Bereicherungsanspruch wegen überzahlter Miete nicht gegen den Mietzins des Folgemonats aufrechnen kann (BGH a. a. O.; ebenso: OLG München WuM 1992, 232 = ZMR 1992, 297; AG Hamm NJWE-MietR 1996, 224; s. dazu auch Hannemann WuM 1995, 8). Diese Klauselkombination führt nach der Ansicht des BGH zur Unwirksamkeit der Vorfälligkeitsklausel. In diesem Fall gilt hinsichtlich der Fälligkeit des Mietzinses die gesetzliche Regelung, mit der weiteren Folge, dass die Miete am Ende eines Monats zu zahlen ist.

In der Literatur wird teilweise die Ansicht vertreten, dass die frühere Rechtspre- 73 chung des BGH zu § 551 BGB a. F. gegenstandslos sei (Lammel Wohnraummietrecht § 556b BGB Rdn. 46ff). Ebenso wird die Ansicht vertreten, dass die speziellen mietrechtlichen Übergangsregelungen durch Art 229 § 5 Satz 2 EGBGB verdrängt werden. Danach sind ab dem 1.1.2003 für alle Dauerschuldverhältnisse

§ 556c BGB

ausschließlich die zu diesem Zeitpunkt geltenden Regelungen des BGB – also § 552b BGB n. F. maßgebend (Schmidt-Kessel NJW 2003, 3748). Nach der Rechtsprechung des BGH richtet sich die Fälligkeit der Miete bei unwirksamer Vorfälligkeitsklausel weiterhin nach § 551 BGB a. F. (BGH NJW 2009, 1491 = WuM 2009, 228 = NZM 2009, 315).

74 Für Altverträge, also Mietverträge, die vor dem 1.9.2001 abgeschlossen wurden gilt nach Art. 229 § 3 Abs. 1 Nr. 7 EGBGB § 551 BGB a. F. weiter. Danach ist die Miete grundsätzlich am Ende des Zeitraums zu zahlen. Wegen der in so gut allen Mietverträgen enthaltenen Vorfälligkeitsklauseln, wonach die Miete bis zum 3. Werktag zu zahlen war, war faktisch die Rechtslage wie heute. Problematisch wird die Rechtslage, wenn diese Vorfälligkeitsklausel mit einer unwirksamen Rechtzeitigkeitsklausel verbunden ist, so wie der BGH (NZM 2017, 120 Rdn. 23) sie für unwirksam erklärt hat (dazu oben Rdn. 20a). Wenn die Rechtzeitigkeitsklausel das Risiko der vom Mieter nicht zu vertretenden Zahlungsverzögerung dem Mieter aufbürdet ist eine solche Rechtzeitigkeitsklausel gem. § 307 BGB unwirksam. Vorfälligkeits- und Rechtzeitigkeitsklausel bilden regelmäßig eine Einheit. Selbst wenn sie in zwei Sätzen formuliert sind, stellen sie eine einheitliche Regelung dar. Eine geltungserhaltende Reduktion dahingehend, nur die Vorfälligkeitsklausel bestehen zu lassen, scheidet aus. Ein blue pencil Test ist ebenfalls nicht möglich, weil zwar die Streichung eines Satz sprachlich möglich wäre, aber hierdurch eine inhaltliche Änderung einträte, die auch erheblich, weil kündigungsrelevant wäre. Mit Rechtzeitigkeitsklausel müsste die (bargeldlose) Zahlung spätestens am 2. Werktag vor dem Cut-Off-Termin erfolgen, ohne die Klausel erst 24 Stunden später. Rechtsfolge der Unwirksamkeit der mit einer Rechtzeitigkeitsklausel verbundenen Vorfälligkeitsklausel ist, dass bei solchen Altverträgen die Miete wieder am Ende des Zahlungszeitraums, also regelmäßig des Monats, fällig wird. Bedeutung kann dies haben für die Frage, wann ein Mietverhältnis wegen Zahlungsverzuges gekündigt werden.

§ 556c Kosten der Wärmelieferung als Betriebskosten, Verordnungsermächtigung

(1) **Hat der Mieter die Betriebskosten für Wärme oder Warmwasser zu tragen und stellt der Vermieter die Versorgung von der Eigenversorgung auf die eigenständig gewerbliche Lieferung durch einen Wärmelieferanten (Wärmelieferung) um, so hat der Mieter die Kosten der Wärmelieferung als Betriebskosten zu tragen, wenn**
1. **die Wärme mit verbesserter Effizienz entweder aus einer vom Wärmelieferanten errichteten neuen Anlage oder aus einem Wärmenetz geliefert wird und**
2. **die Kosten der Wärmelieferung die Betriebskosten für die bisherige Eigenversorgung mit Wärme oder Warmwasser nicht übersteigen.**

Beträgt der Jahresnutzungsgrad der bestehenden Anlage vor der Umstellung mindestens 80 Prozent, kann sich der Wärmelieferant anstelle der Maßnahmen nach Nummer 1 auf die Verbesserung der Betriebsführung der Anlage beschränken.

(2) **Der Vermieter hat die Umstellung spätestens drei Monate zuvor in Textform anzukündigen (Umstellungsankündigung).**

(3) Die Bundesregierung wird ermächtigt, durch Rechtsverordnung ohne Zustimmung des Bundesrates Vorschriften für Wärmelieferverträge, die bei einer Umstellung nach Absatz 1 geschlossen werden, sowie für die Anforderungen nach den Absätzen 1 und 2 zu erlassen. Hierbei sind die Belange von Vermietern, Mietern und Wärmelieferanten angemessen zu berücksichtigen.

(4) Eine zum Nachteil des Mieters abweichende Vereinbarung ist unwirksam.

Übersicht

	Rdn.
I. Entstehungsgeschichte/Anwendungsbereich	1
1. Rechtslage bis 30.4.2013	1
2. Rechtslage ab 1.5.2013	2
3. Anwendungsbereich	3
II. Umstellung von der Eigenversorgung auf eigenständig gewerbliche Lieferung von Wärme (Abs. 1 Satz 1)	8
1. Voraussetzungen	8
a) Eigenversorgung	8
b) Kostentragungspflicht des Mieters	9
c) Umstellung auf eigenständig gewerbliche Lieferung von Wärme	12
2. Rechtsfolgen	13
a) Nr. 1: Verbesserte Effizienz	14
b) Nr. 2: Grundsatz der Kostenneutralität	18
III. Sonderregelung für Betriebsführungs-Contracting (Abs. 1 Satz 2)	21
IV. Umstellungsankündigung (Abs. 2)	23
V. Verordnungsermächtigung (Abs. 3)	24
VI. Abweichende Vereinbarungen (Abs. 4)	26
VII. Anforderungen an die Betriebskostenabrechnung nach der Umstellung	28

I. Entstehungsgeschichte/Anwendungsbereich

1. Rechtslage bis 30.4.2013

Bei der Umstellung der Wärmeversorgung von der Zentralheizung auf Fernwärme oder Wärmecontracting („Nahwärme") ändern sich für den Vermieter Art und Umfang der Betriebskosten. An Stelle der „Kosten des Betriebs der zentralen Heizungsanlage einschließlich der Abgasanlage" i. S. von § 2 Abs. 2 Nr. 4a BetrKV entstehen nunmehr die Kosten „der eigenständig gewerblichen Lieferung von Wärme" i. S. von § 2 Abs. 2 Nr. 4c BetrKV. In den letztgenannten Kosten sind – anders als bei den Kosten der Zentralheizung – neben den reinen Kosten der Wärmeerzeugung auch Investitions- und Reparaturkosten sowie der Unternehmergewinn des Wärmelieferanten enthalten. Deshalb stellt sich die Frage, ob der Mieter eine solche Maßnahme hinnehmen muss und ob der Vermieter die geänderten Betriebskosten auf den Mieter umlegen kann. Dieselbe Problematik besteht bei den Kosten der Versorgung mit Warmwasser (s. §§ 2 Nr. 5a und 5b BetrKV. Im Gesetz war dies bisher nicht geregelt. Nach der Rechtsprechung des BGH zu dem bis 30.4.2013 geltenden Recht setzt die Umstellung auf Wärmecontracting eine Vereinbarung 1 zwischen dem Vermieter und dem Mieter voraus. Diese Vereinbarung muss entweder im Mietvertrag enthalten sein oder nachträglich getroffen werden (BGH NJW 2005, 1776 = WuM 2005, 387 = NZM 2005, 450). Für den Wechsel von der Gasetagenheizung auf Fernwärmeversorgung hat der BGH entschieden, dass der Mieter eine solche Maßnahme nach § 554 Abs. 2 BGB a. F. dulden muss, wenn die Fernwärme in einer Anlage der Kraft-Wärme-Koppelung erzeugt wird und deshalb als Maßnahme zur Einsparung von Primärenergie gilt (BGH NJW 2008, 3630 = WuM 2009, 40 = NZM 2008, 883).

2. Rechtslage ab 1.5.2013.

2   Für die Pflicht des Mieters zur Duldung der Umstellung von der zentralen Wärmeversorgung auf Fernwärme oder Wärmecontracting gelten die allgemeinen Vorschriften für Erhaltungs- und Modernisierungsmaßnahmen, also die §§ 555b BGB ff (Gesetzesbegründung BT-Drucks. 17/10485 S. 22). Die in Betracht kommenden Maßnahmen (Anschluss an das Fernwärmenetz, Installation einer neuen Heizungsanlage, Umstellung auf Betriebsführungscontracting) haben i. d. R. keine Auswirkungen auf den Mietgebrauch. Es handelt sich um Bagatellmaßnahmen die als solche keiner Ankündigung bedürfen (§ 555c Abs. 4) und vom Mieter ohne weiteres zu dulden sind. Es besteht kein Sonderkündigungsrecht (§ 555e Abs. 2). Lediglich die aus der Maßnahme folgende Änderung der Zahlungspflicht für Betriebskosten muss gem. Abs. 2 angekündigt werden (s. Rdn. 23). Die bisherige Rechtsprechung des BGH, wonach für die Umstellung der Zahlungspflicht eine entsprechende Vereinbarung zwischen den Parteien im Mietvertrag genügt (s. Rdn. 1) steht damit nicht im Einklang. Künftig verstoßen solche Vereinbarungen gegen § 556c Abs. 4, wenn sie im Mietvertrag getroffen werden (Lammel in: Schmidt-Futterer § 556c BGB Rdn. 9; Lützenkirchen in: Lützenkirchen, Mietrecht § 556c Rdn. 17). Vereinbarungen anlässlich einer konkreten Umstellungsmaßnahme sind dagegen wirksam (§§ 555f). Andererseits ist es aber auch nicht erforderlich, dass der Mieter einer Umstellung zustimmt; vielmehr kann der Vermieter die Umstellung einseitig durchsetzen (Hinz WuM 2014, 55, 57; **a. A.** Lützenkirchen in: Lützenkirchen, Mietrecht § 556c Rdn. 40).

3. Anwendungsbereich

3   **Die Regelungen in Abs. 1 bis 3 gelten für die Wohnraum- und** – gem. § 578 Abs. 2 – auch **für die Geschäftsraummiete.** Jedoch sind bei der Geschäftsraummiete abweichende Vereinbarungen möglich. Für die Wohnraummiete sind die Regelungen zwingend (Abs. 4).

4   **Vermietete Eigentumswohnung.** Für vermietete Eigentumswohnungen gelten keine Besonderheiten. Zwar können die Wohnungseigentümer eine Umstellung auf die eigenständige gewerbliche Lieferung von Wärme und Warmwasser ohne Beachtung des § 556c beschließen. Ebenso sind die Wohnungseigentümer nicht an die WärmeLV gebunden. Jedoch können solche Beschlüsse im Mietverhältnis nicht umgesetzt werden. Das kann dazu führen, dass ein von § 556c abweichender Beschluss gegen § 21 Abs. 4 WEG verstößt.

5   **Preisgebundener Wohnraum.** Beim preisgebundenen Wohnraum richtet sich die Umstellung nach den §§ 5, 8ff NMV; diese Vorschrift gehen § 556c als spezielle Regelung vor (Gesetzentwurf BT-Drucks 17/10485 S. 23; Hinz WuM 2014, 55,

58; Merkel/Ahrends GE 2013, 1567, 1568; vgl. dazu Eisenschmid WuM 2013, 393, 395: zweifelhaft).

Dingliches Wohnrecht. Hierfür gilt § 556c ebenfalls nicht; eine analoge Anwendung kommt nicht in Betracht (Hinz WuM 2014, 55, 59). **5a**

§ 556c regelt ausschließlich die Frage unter welchen Voraussetzungen die ursprüngliche im Mietvertrag vereinbarte Kostentragungspflicht des Mieters für Heiz- und Warmwasserkosten im Falle der Umstellung von der Zentralheizung auf die eigenständige gewerbliche Lieferung abgeändert wird. Für **Vereinbarungen beim Neuabschluss des Mietvertrags** gilt die Regelung nicht (Gesetzesbegründung BT-Drucks. 17/10485 S. 23) Auch die Vorschriften der WärmeLV sind nur bei der Umstellung nach § 556c, nicht beim Neuabschluss von Mietverträgen anzuwenden (§ 1 WärmeLV). Abweichende Regelungen im Mietvertrag über eine nach Vertragsschluss geplante Umstellung sind an Abs. 4 zu messen. **6**

Vereinbarungen nach Vertragsschluss sind möglich; auch hierfür gilt weder § 556c noch die WärmeLV. Ebenso ist § 556c unanwendbar, wenn der **Vermieter den Contractor wechselt** oder wenn ein bestehender **Wärmelieferungsvertrag verlängert** wird (Eisenschmid WuM 2013, 393, 394; Lützenkirchen in: Lützenkirchen, Mietrecht § 556c Rdn. 46b). Schließt der Vermieter zunächst einen Wärmelieferungsvertrag mit kurzer Laufzeit und verlängert er ihn in der Folgezeit unter Akzeptanz eines höheren Lieferpreises, so ist § 556c unanwendbar. Die jeweiligen Verträge sind wirksam (**a. A.** Hinz WuM 2014, 55, 65: Umgehungsgeschäft), weil die WärmeLV keine Mindestlaufzeit vorschreibt. Dem Vermieter kann aber ein Verstoß gegen den Wirtschaftlichkeitsgrundsatz zur Last fallen, wenn die jeweiligen Preise über den Preisen konkurrierender Anbieter liegen (Lützenkirchen a.a.O.). **7**

II. Umstellung von der Eigenversorgung auf eigenständig gewerbliche Lieferung von Wärme (Abs. 1 Satz 1)

1. Voraussetzungen

a) Eigenversorgung. Eine Eigenversorgung in diesem Sinne liegt vor, wenn die Wärme und das Warmwasser in einer zentralen Heizungsanlage oder einer vermietereigenen Etagenheizung erzeugt wird. Bei der Etagenheizung gilt dasselbe, wenn durch die Anlage mehrere Nutzer versorgt werden (Lammel in: Schmidt-Futterer § 1 HeizkV Rdn. 6). Wird nur ein Nutzer durch die **Etagenheizung** mit Wärme und Warmwasser versorgt, so können die Parteien vereinbaren, dass die Kosten verbrauchsabhängig vom Mieter getragen werden; in diesem Fall ist § 556c anwendbar. Denkbar ist aber auch die Vereinbarung einer Pauschalmiete; in diesem Fall ist § 556c unanwendbar, weil die Vorschrift voraussetzt, dass der Mieter die „Betriebskosten für Wärme und Warmwasser zu tragen" hat. Daran fehlt es, wenn diese Kosten in der Miete enthalten sind. **8**

b) Kostentragungspflicht des Mieters. § 556c setzt voraus, dass der Mieter die Betriebskosten der Wärmeversorgung zu tragen hat. Dies gilt, wenn entweder eine Betriebskostenumlage mit Vorschusszahlung und Abrechnungspflicht, oder eine Betriebskostenpauschale vereinbart ist; etwas anderes kommt in Betracht, wenn die Pauschale mangels Vereinbarung eines Erhöhungsvorbehalts nicht erhöht werden kann. Die Heiz- und Warmwasserkosten müssen nach dem in den §§ 6ff HeizKostV vorgeschriebenen Maßstab auf die Mieter umgelegt werden. Außer bei **9**

§ 556c BGB Untertitel 2. Mietverhältnisse über Wohnraum

Gebäuden mit nicht mehr als zwei Wohnungen, von denen eine vom Vermieter selbst bewohnt wird, gehen diese Vorschriften rechtsgeschäftlichen Vereinbarungen vor (§ 2 HeizKV). Die Regelung des § 2 HeizKV verbietet Pauschalmieten und Betriebskostenpauschalen, soweit hierdurch auch die Heiz- und Warmwasserkosten abgegolten werden, Heizkostenpauschalen sowie Verteilerschlüssel, nach denen die Heiz- und Warmwasserkosten abweichend von den Vorschriften der Heizkostenverordnung umgelegt werden (Einzelheiten s. § 556a Rdn. 7a).

10 **Zweifamilienhaus.** Ist in einem Mietvertrag über eine Wohnung zulässigerweise eine Pauschalmiete vereinbart, so kommt eine Umstellung nach § 556c nicht in Betracht (Eisenschmid WuM 2013, 393, 396). Die Umstellung bedarf hier einer vertraglichen Vereinbarung. Dies ist möglich, wenn sie nach Abschluss des Mietvertrags anlässlich einer konkreten Maßnahme getroffen wird (§§ 555f). Vereinbarungen im Mietvertrag über eine nach Vertragsschluss geplante Umstellung sind auch hier unwirksam. Bei Vereinbarung einer Heizkostenpauschale ist hingegen § 556c anzuwenden, weil auch diese Vereinbarung als Betriebskostenregelung gilt (§ 556 Abs. 2 Satz 1; Eisenschmid WuM 2013, 393, 395; Lammel in: Schmidt-Futterer § 556c BGB Rdn. 20; Pfeifer, Mietrecht Kompakt, Sonderausgabe Oktober 2011, S. 24).

11 **Beheizung mit Einzelöfen.** Ist eine Wohnung mit Einzelöfen ausgestattet, so obliegt die Beschaffung des Brennstoffs und der Betrieb der Öfen i. d. R. dem Mieter. In diesem Fall ist § 556c Abs. 1 unanwendbar (Lützenkirchen in: Lützenkirchen, Mietrecht § 556c Rdn. 25), weil die Vorschrift voraussetzt, dass der Mieter „die Betriebskosten" für Wärme zu tragen hat. Betriebskosten sind gem. § 556 Abs. 1 Satz 2 aber nur solche Kosten, die zunächst dem Eigentümer entstehen. Für die Duldung der Umstellung gilt § 555b, wobei die Maßnahme regelmäßig als Maßnahme zur Erhöhung des Gebrauchswerts von der Nr. 4 erfasst wird. Die nach der Umstellung entstehenden Betriebskosten hat der Mieter zu tragen; der Mietvertrag ist im Wege der ergänzenden Vertragsauslegung in diesem Sinne anzupassen.

12 **c) Umstellung auf eigenständig gewerbliche Lieferung von Wärme.** Der Begriff der eigenständigen gewerblichen Lieferung durch einen Wärmelieferanten erfasst sowohl die herkömmliche Fernwärmeversorgung als auch die Wärmelieferung durch einen sog. „Wärmecontractor". Beim Wärmecontracting unterscheidet man zwischen den Fällen, in denen die Wärmelieferung zu den Vermieterpflichten zählt und dem sog. „Fullcontracting", bei dem die Wärmelieferung nicht auf Grund des Mietvertrags, sondern auf Grund eines zwischen dem Mieter und dem Wärmelieferanten bestehenden Wärmelieferungsvertrags erfolgt. Die Regelung in § 556c betrifft nur den erstgenannten Fall. Sie umfasst zwei Fälle, nämlich das „Anlagencontracting" (Abs. 1 Satz 1) und das „Betriebsführungscontracting" (Abs. 1 Satz 2). Im erstgenannten Fall erneuert der Contractor die Anlagen zur Wärme- und Warmwassererzeugung. Im zweiten Fall übernimmt der Contractor eine bestehende Anlage und sorgt durch eine verbesserte Einstellung und Wartung dafür, dass die eingesetzte Energie effektiver als bisher genutzt werden kann. Aus dem **Merkmal der Eigenständigkeit** des Wärmelieferanten ist zu folgern, dass dieser nicht mit dem Vermieter identisch sein darf. Insoweit ist eine wirtschaftliche Betrachtungsweise geboten. An der Eigenständigkeit fehlt es, wenn der Wärmelieferant von den Weisungen des Vermieters anhängt, wie dies zwischen einem Konzern und deren rechtlich selbständigen Tochterunternehmen der Fall ist (Lammel in: Schmidt-Futterer § 556c BGB Rdn. 21).

2. Rechtsfolgen

Die **Umstellung** der Eigenversorgung auf die eigenständige gewerbliche Lieferung von Wärme und Warmwasser ist **nur mit Wirkung zum Beginn einer Abrechnungsperiode zulässig** (§ 6 Abs. 4 Satz 3 HeizKV; Lammel in: Schmidt-Futterer § 556c BGB Rdn. 11). Sie hat zur Folge, dass der Mieter statt der Betriebskosten im Sinne der § 7 Abs. 2 und § 8 Abs. 2 der HeizKV die Kosten der Wärmelieferung nach § 7 Abs. 3, 4 und § 8 Abs. 3, 4 HeizKV zu tragen hat. Voraussetzung ist, dass **(1)** die Wärme nach der Umstellung mit verbesserter Effizienz entweder aus einer vom Wärmelieferanten errichteten neuen Anlage oder aus einem Wärmenetz geliefert wird; **(2)** die Kosten der Wärmelieferung die Betriebskosten für die bisherige Eigenversorgung mit Wärme und Warmwasser nicht übersteigen. Diese Voraussetzungen müssen kumulativ gegeben sein. Der Vermieter ist nicht verpflichtet, die Grundmiete um die in dem Wärmelieferpreis enthaltenen Kostenanteile für Instandhaltung, Gewinn und Abschreibung zu senken (Eisenschmid WuM 2013, 393, 398). Die Abrechnung der Heizkosten hat nach der Umstellung gem. den Vorgaben der HeizkostenV zu erfolgen (Heix WuM 2015, 565, 568). Einwendungen gegen die Abrechnung sind – unabhängig von § 556c – möglich, z. B. bei Verstößen gegen den Wirtschaftlichkeitsgrundsatz oder bei sonstigen Abrechnungsmängeln. Hierfür gilt § 556 Abs. 3 Satz 5 BGB (Heix a. a. O.). 13

a) Nr. 1: Verbesserte Effizienz. Die Vorschrift setzt voraus, dass die Wärme „mit verbesserter Effizienz" gegenüber der bisherigen Wärmeversorgung erzeugt und geliefert wird. Nach der Gesetzesbegründung ist es „nicht erforderlich, ... dass die Effizienzgewinne im Einzelfall nachgewiesen werden" (BT-Drucks 17/10485 S. 23). Diese Ansicht ist gegenstandslos (Lammel in: Schmidt-Futterer § 556c BGB Rdn. 5), weil sie auf einen Entwurfstext beruht, der nicht Gesetz wurde. Die Gesetzesfassung hat einen Vorschlag des Rechtsausschusses (BT-Drucks. 17/11894) übernommen, nachdem die Effizienzverbesserung zu den Tatbestandsmerkmalen zählt. 14

Die Auslegung des Begriffs der „verbesserten Effizienz" ist streitig. Teilweise wird vertreten, dass es auf die Einsparung von Endenergie ankommt (Eisenschmid WuM 2013, 393, 397; **a. A.** Hinz WuM 2014, 55, 63). Nach anderer Ansicht ist zu unterscheiden: In den Fällen des § 556c Abs. 1 Satz 1 (Fullcontracting, Wärmenetz) sei erforderlich, dass nach der Umstellung ein Jahresnutzungsgrad von mindestens 80% erreicht wird. In den Fällen des Satz 2 (Betriebsführungscontracting) müssen die Vorgaben des § 3 EDL-G (Gesetz über Energiedienstleistungen und andere Energieeffizienzmaßnahmen) i. V. m. den Energiespar-Richtwerten erfüllt werden; dies ist der Fall, wenn bis 2017 Einsparungen an Energie von 9% gegenüber dem Energieverbrauch der Jahre 2001 bis 2005 erreicht werden (Lammel in: Schmidt-Futterer § 556c BGB Rdn. 25). Nach einer weiteren Meinung genügt es, wenn der Jahresnutzungsgrad gegenüber der alten Anlage verbessert wird (von Seldeneck/Wichert/Fallak, Gewerbemiete Bs 71 Rdn. 7). Nach der hier vertretenen Ansicht liegt eine **Effizienzverbesserung vor, wenn Endenergie oder Primärenergie eingespart wird**. Der insoweit darlegungspflichtige Vermieter ist nicht gehalten, das genaue Ausmaß der Effizienzverbesserung zu ermitteln. Es genügt, wenn er Tatsachen darlegt, aus denen sich die Effizienzverbesserung ergibt. Ein bestimmter Sollwert wird nicht gefordert. Jedoch ist aus Abs. 1 Satz 2 abzuleiten, dass er über dem dort angegebenen Wert von 80% liegen muss (Lammel in: Schmidt-Futterer § 556c BGB Rdn. 25). Der Vermieter hat einen Anspruch gegenüber dem Wärmelieferanten auf Information über die Effizienzverbesserung. Bei 15 der Wohnraum- und Gewerbemiete ist der Wärmelieferant nämlich verpflichtet, die voraussichtliche energetische Effizienzverbesserung zu ermitteln und dem Vermieter mitzuteilen (§ 2 Abs. 2 Nr. 1 WärmeLV).

16   Die Wärmelieferung muss entweder aus einer vom Wärmelieferanten errichteten **neuen Anlage** oder aus einem Wärmenetz geliefert werden. Unter dem Begriff der Anlage i. S. des § 556c fällt auch ein Heizwerk das mehrere in einer Wirtschaftseinheit verbundenen Gebäude versorgt (Hinz WuM 2014, 55, 61; **a. A.** wohl Bayer CuR 2012, 48: nur bei Versorgung mit Einzelgebäude, sonst Wärmenetz). Es genügt nicht, dass lediglich Teile der Heizanlage erneuert werden. Andererseits ist es nicht erforderlich, dass sämtliche Teile der Anlage, die zur Erzeugung und Verteilung der Wärme und des Warmwassers benötigt werden neu sind. Es genügt, wenn sich die Erneuerung auf diejenigen Teile der Anlage bezieht, die für den Energieverbrauch von Bedeutung sind. Zumindest ist erforderlich, dass der Heizkessel und der Brenner erneuert werden (Hinz WuM 2014, 55, 61).

17   Unter den Begriff **„Wärmenetz"** fallen sämtliche Formen der eigenständigen gewerblichen Lieferung, also nicht nur das Fernwärmenetz, sondern auch Nahwärmenetze oder Quartierlösungen (Gesetzesbegründung BT-Drucks. 17/10485 S. 23).

18   **b) Nr. 2: Grundsatz der Kostenneutralität.** Die Kostentragungspflicht setzt weiter voraus, dass „die Kosten der Wärmelieferung die Betriebskosten für die bisherige Eigenversorgung mit Wärme und Warmwasser nicht übersteigen." Die bisherige Rechtsprechung des BGH, wonach der Mieter nicht einwenden kann, dass der Betrieb einer Zentralheizung kostengünstiger sei, als das Wärmecontracting (BGH WuM 2007, 393 = NZM 2007, 563), ist durch § 556c überholt (Heix WuM 2015, 565, 570f). Zur Betriebskostenabrechnung s. Rdn. 28.

19   Der **Wärmelieferant ist verpflichtet, den Kostenvergleich durchzuführen** und die ihm zugrunde liegenden Annahmen und Berechnungen mitzuteilen (§ 2 Abs. 2 Nr. 2 WärmeLV). Der Kostenvergleich richtet sich bei der Wohnraummiete nach den Vorschriften der §§ 8 bis 10 WärmeLV (s. Wall WuM 2014, 68). Der Kostenvergleich muss sich auf das einzelne Mietverhältnis, nicht auf das Gebäude beziehen (Heix WuM 2015, 565, 572).

20   Der Grundsatz der **Kostenneutralität gilt nur für das Jahr der Umstellung.** Gegen spätere Kostensteigerungen ist der Mieter nicht geschützt (Eisenschmid WuM 2013, 393, 397; Lammel in: Schmidt-Futterer § 556c BGB Rdn. 17; Hinz WuM 2014, 54, 64; Heix WuM 2015, 565, 572). Bei einem Verstoß gegen das Verbot der Kostenneutralität kann der Vermieter lediglich die Betriebskosten in bisherigem Umfang, also die Brennstoff- und Wartungskosten des Wärmelieferanten, nicht aber sonstige Kosten umlegen (Gesetzesbegründung BT-Drucks. 17/10485 S. 23). Maßgeblich sind also nicht die Kosten die bei Fortbetrieb der früheren Anlage entstanden wären, sondern die aktuellen (reduzierten) Betriebskosten (Hinz WuM 2014, 55, 64).

III. Sonderregelung für Betriebsführungs-Contracting (Abs. 1 Satz 2)

21   Hat der Vermieter mit dem Contractor vereinbart, dass dieser den Betrieb der bestehenden Anlage übernimmt und durch eine verbesserte Einstellung und Wartung dafür sorgt, dass die eingesetzte Energie effektiver als bisher genutzt werden kann (sog. „Betriebsführungs-Contracting"), so ist es für die Umstellung ausreichend, wenn der Jahresnutzungsgrad der Anlage (zum Begriff s. § 555b Rdn. 8) vor der Umstellung 80% oder mehr beträgt und infolge der verbesserten Betriebsführung erhöht wird. Der jeweilige Jahresnutzungsgrad ist nach VDI 2067 (Wirtschaftlichkeit gebäudetechnischer Anlagen) zu bestimmen (Lammel in: Schmidt-Futterer § 556c BGB Rdn. 23). Ebenso kann er unter Rückgriff auf anerkannte Pauschalwerte ermittelt werden (Eisenschmid WuM 2013, 393, 401). Er folgt aus dem Reziprok-Wert der jeweiligen Aufwandszahl.

Beispiel: In der „Bekanntmachung der Regeln zur Datenaufnahme und Datenverwendung im Wohnungsbestand" des Bundesministeriums für Verkehr, Bau und Stadtentwicklung vom 30.7.2009 (ansteuerbar über das Internet) ist in der Tabelle 5 für einen Heizkessel des Baujahrs bis 1986 eine Aufwandszahl von 1,28 ausgewiesen. Hieraus folgt ein Reziprok-Wert von 1:1, 28 = 0,78. Der Jahresnutzungsgrad beträgt also 78%. Die rechnerischen Voraussetzungen für die Umstellung liegen damit nicht vor. Eine Umstellung auf Contracting ist nur möglich, wenn die Anlage erneuert wird.

Der **Wärmelieferant ist verpflichtet, die verbesserte Betriebsführung zu ermitteln** und anzugeben (§ 2 Nr. 1 WärmeLV). 22

IV. Umstellungsankündigung (Abs. 2)

Nach § 556c Abs. 2 BGB hat der Vermieter die Umstellung spätestens drei Monate zuvor in Textform anzukündigen (Umstellungsankündigung). Die Ankündigung muss dem Mieter zugehen. Ein Aushang im Treppenhaus oder auf dem "Schwarzen Brett" genügt nicht. Diese Regelung entspricht der Modernisierungsankündigung in § 555c Abs. 1 Satz 1 (s. § 555c). Der notwendige **Inhalt der Umstellungsankündigung wird in § 11 Abs. 2 der WärmeLV geregelt** (s. Anhang). Eine fehlerhafte Ankündigung hat auf die Umstellung als solche keinen Einfluss. Eine unterlassene oder fehlerhafte Umstellungsankündigung hat lediglich zur Folge, dass die Frist für Einwendungen gegen die Abrechnung (§ 556 Abs. 3 S. 5 BGB) frühestens nach Zugang der Ankündigung beginnt. Die geänderte Kostenregelung tritt dann zum nächsten Umstellungszeitpunkt (Rdn. 13) in Kraft. 23

V. Verordnungsermächtigung (Abs. 3)

Nach Abs. 3 ist die Bundesregierung ermächtigt, durch Rechtsverordnung ohne Zustimmung des Bundesrates Vorschriften für Wärmelieferverträge, die bei einer Umstellung nach Absatz 1 geschlossen werden, sowie für die Anforderungen nach den Absätzen 1 und 2 zu erlassen. Von dieser Ermächtigung hat die Bundesregierung Gebrauch gemacht (s. Anhang: „Verordnung über die Umstellung auf gewerbliche Wärmelieferung für Mietwohnraum (Wärmelieferverordnung – WärmeLV vom 7.6.2013 (BGBl. S. 1509)). Die Verordnung gilt für die Wohnraummiete und kraft der Verweisung in § 578 auch für die Gewerbemiete. Allerdings sind bei der Gewerbemiete abweichende Vereinbarungen möglich; die Verordnung kann bei diesen Mietverhältnissen auch insgesamt abbedungen werden. 24

Die Verordnung besteht in ihrem wesentlichen Inhalt aus zwei Teilen. Die **§§ 2–7 betreffen das Verhältnis zwischen dem Vermieter und dem Wärmelieferanten** und regeln den Inhalt des Wärmelieferungsvertrags. Es handelt sich 25

§ 556c BGB   Untertitel 2. Mietverhältnisse über Wohnraum

überwiegend um „Sollvorschriften" (§ 2 Abs. 1 Nr. 1–7 WärmeLV). Bei ihrer Nichtbeachtung gelten die allgemeinen Vorschriften über Verträge (hier: §§ 154, 155 BGB). Preisänderungsklauseln müssen § 24 AVBFernwärmeV entsprechen (§ 3 WärmeLV); anderenfalls sind sie unwirksam. Nach § 7 WärmeLV sind Vereinbarungen unwirksam, die von den §§ 1–6 WäremLV abweichen. Im Verhältnis der Mietparteien hat diese Regelung zur Folge, dass der Mieter einen Verstoß einwenden kann, wenn dieser zu einem unwirtschaftlichen Wärmelieferungspreis führt. Zu diesem Zweck hat der Mieter Anspruch auf Einsicht in den Wärmelieferungsvertrag (Heix WuM 2014, 511, 517). Die **§§ 8–11 betreffen das Verhältnis zwischen den Parteien des Mietvertrags** und regeln das bei der Umstellung nach § 556c zu beachtende Verfahren. Diese Vorschriften sind für die Wohnraummiete zwingend.

VI. Abweichende Vereinbarungen (Abs. 4)

26   Das Verbot abweichender Vereinbarungen betrifft zunächst alle im Mietvertrag enthaltenen Vereinbarungen, die von § 556c Abs. 1 und 2 abweichen. Für **Vereinbarungen, die nach Abschluss des Mietvertrags** anlässlich einer konkreten Umstellung getroffen wurden gilt § 555f. Dies folgt aus der Erwägung, dass eine Umstellung, die zu einer Einsparung von End- oder Primärenergie führt als Modernisierung im Sinne des § 555b Nr. 1 oder Nr. 2 gilt. In einer solchen Vereinbarung können die in § 555f unter den Nr. 1 bis 3 aufgeführten Punkte geregelt werden. Ebenso kann geregelt werden, dass der Mieter anstelle der ursprünglichen Betriebskosten nach § 7 Abs. 2 und 8 Abs. 2 der HeizKV die Kosten der Wärmelieferung zu tragen hat. Die Begrenzungen des § 556c, insbesondere der Grundsatz der Kostenneutralität und die Ankündigungspflicht gelten nicht. Ebenso sind die Vorschriften der WärmeLV unanwendbar, weil diese nur für die Umstellung nach § 556c gelten (§ 1 WärmeLV).

27   Die **Umstellung von der Eigenversorgung auf Full-Contracting** (s. Rdn. 12) ist nur auf Grund einer Vereinbarung möglich. Beim Full-Contracting wird der Vermieter von seiner Verpflichtung zur Wärmelieferung frei. Zu diesem Zweck muss der Mietvertrag abgeändert werden. Ein gesetzlicher Anspruch auf Abschluss einer solchen Vereinbarung steht dem Vermieter nicht zu.

VII. Anforderungen an die Betriebskostenabrechnung nach der Umstellung

28   Nach der Umstellung von der Eigenversorgung auf Wärmelieferung muss der Vermieter über die Kosten der Wärmelieferung abrechnen. Dies gilt unabhängig davon, ob die rechtlichen Voraussetzungen für eine Umstellung vorgelegen haben. Ein eventueller Verstoß gegen § 556c hat möglicherweise zur Folge, dass nur ein Teil der tatsächlich entstehenden Wärmelieferungskosten umlagefähig ist; der Vermieter ist aber bei einem Verstoß gegen § 556c weder berechtigt noch verpflichtet, über die bisherigen oder fiktiven Kosten der Eigenversorgung abzurechnen. Im Einzelnen gelten folgende **Grundsätze** (dazu: Heix, Offene Fragen der Betriebskostenabrechnung nach einer Umstellung auf Wärmelieferung, WuM 2014, 511): **(1)** Bei der Verteilung der Kosten auf die Mieter sind die Vorschriften der HeizkostV (§§ 6–9) zu beachten. **(2)** Der Mieter hat die vollen Kosten der

Wärmelieferung nur dann zu tragen, wenn diese Kosten die Betriebskosten für die bisherige Eigenversorgung nicht übersteigen. Der Kostenvergleich richtet sich nach den §§ 8-10 WärmeLV. Gegenstand des Vergleichs sind die fiktiv berechneten Kosten der Eigenversorgung und die fiktiv ermittelten Kosten der Wärmelieferung, jeweils bezogen auf das Wohngebäude (§ 8 WärmeLV). Die WärmeLV steht mit § 556c allerdings nicht im Einklang. Aus § 556c Abs. 1 („Hat der Mieter die Betriebskosten ... zu tragen ...") ist abzuleiten, dass es für den Kostenvergleich auf das konkrete Mietverhältnis, also auf die einzelne Wohnung ankommt (Heix WuM 2014, 511, 514). Im Kostenvergleich sind folglich die wirklichen Kosten der Wärmelieferung für den ersten Abrechnungszeitraum nach der Umstellung den bisherigen wirklichen Kosten der Eigenversorgung gegenüber zu stellen. Die Kriterien der §§ 8ff WärmeLV sind für den Kostenvergleich nach § 556c ungeeignet, weil zu kompliziert und zu ungenau. Eine praktikable und i. d. R. ausreichende Lösung besteht darin auf den letzten Abrechnungszeitraum vor der Umstellung abzustellen (Heix a.a.O.). **(3)** Sind die Kosten der Wärmelieferung höher als die bisherigen Kosten der Eigenversorgung so ist die Abrechnung über die Wärmelieferung um die Differenz zu kürzen. Sind die Kosten der Wärmelieferung gleich hoch oder niedriger wie die Kosten der Eigenversorgung, kann der Vermieter die vollen Kosten der Wärmelieferung ansetzen. Auch in diesem Fall ist jedoch der Wirtschaftlichkeitsgrundsatz zu beachten. **(4)** Nach der Gesetzesbegründung zu § 556c (BT-Drucks. 17/10485 S. 34) schuldet der Mieter nur die fiktiven Kosten der Eigenversorgung, wenn sich der Vermieter für eine Heizungsumstellung entschließt, obwohl die Voraussetzungen des § 556c nicht vorliegen. Diese Ansicht trifft nicht zu. Gegenstand einer Betriebskostenabrechnung i. S. des § 556 Abs. 3 Satz 1 können immer nur die tatsächlich entstandenen Betriebskosten sein. Eine andere Frage ist es, ob der Vermieter diese Kosten in vollem Umfang auf den Mieter umlegen kann. Dies ist zu bejahen, wenn die Wärmelieferungskosten niedriger sind als die bisherigen Kosten der Eigenversorgung. Einwendungen gegen die Abrechnung muss der Mieter nach § 556 Abs. 3 Satz 5 geltend machen.

Unterkapitel 1a. Vereinbarungen über die Miethöhe bei Mietbeginn in Gebieten mit angespannten Wohnungsmärkten

§ 556d Zulässige Miethöhe bei Mietbeginn; Verordnungsermächtigung

(1) Wird ein Mietvertrag über Wohnraum abgeschlossen, der in einem durch Rechtsverordnung nach Absatz 2 bestimmten Gebiet mit einem angespannten Wohnungsmarkt liegt, so darf die Miete zu Beginn des Mietverhältnisses die ortsübliche Vergleichsmiete (§ 558 Absatz 2) höchstens um zehn Prozent übersteigen.

(2) ¹**Die Landesregierungen werden ermächtigt, Gebiete mit angespannten Wohnungsmärkten durch Rechtsverordnung für die Dauer von jeweils höchstens fünf Jahren zu bestimmen.** ²**Gebiete mit angespannten Wohnungsmärkten liegen vor, wenn die ausreichende Versorgung der Bevölkerung mit Mietwohnungen in einer Gemeinde oder einem Teil der Gemeinde zu angemessenen Bedingungen besonders gefährdet ist.** ³**Dies kann insbesondere dann der Fall sein, wenn**
1. die Mieten deutlich stärker steigen als im bundesweiten Durchschnitt,

2. die durchschnittliche **Mietbelastung der Haushalte** den bundesweiten Durchschnitt deutlich übersteigt,
3. die **Wohnbevölkerung wächst,** ohne dass durch Neubautätigkeit insoweit erforderlicher Wohnraum geschaffen wird, oder
4. **geringer Leerstand bei großer Nachfrage** besteht.

⁴Eine Rechtsverordnung nach Satz 1 muss spätestens mit Ablauf des 31. Dezember 2025 außer Kraft treten. Sie muss begründet werden. ⁵Aus der Begründung muss sich ergeben, auf Grund welcher Tatsachen ein Gebiet mit einem angespannten Wohnungsmarkt im Einzelfall vorliegt. ⁶Ferner muss sich aus der Begründung ergeben, welche Maßnahmen die Landesregierung in dem nach Satz 1 durch die Rechtsverordnung jeweils bestimmten Gebiet und Zeitraum ergreifen wird, um Abhilfe zu schaffen.

Übersicht

	Rdn.
I. Allgemeines	1
II. Übergangsregelungen – In-Kraft-Treten	2
III. Anwendungsbereich	4
1. Mietvertrag über Wohnraum	4
2. Abschluss eines Mietvertrages	9
3. Angespannter Wohnungsmarkt	12
a) Legaldefinition	12
b) Voraussetzung	13
c) „angespannt"	14
IV. Die Verordnung	22
1. Begründungserfordernis	22
2. Maßnahmenkatalog	23
3. Aufstellungsverfahren	24
a) Empirische Datenerhebung	24
b) Laufzeit	25
V. Die zulässige Wiedervermietungsmiete	26
1. Die ortsübliche Vergleichsmiete	26
2. Die Ermittlung der zulässigen Wiedervermietungsmiete	28
a) Ortsübliche Vergleichsmiete	28
b) Mietspiegel	29
c) Einfacher Mietspiegel	30
3. Mietstruktur und Zuschläge	32
a) Mietstruktur	32
b) Betriebskostenpauschale	33
c) Zusätzliche Leistungen	34
VI. Rechtsfolgen – Konkurrenzen – Prozessuales	35
1. Rechtsfolge	35
2. Konkurrenzen	38
3. Prozessuales	39

I. Allgemeines

1   Das Unterkapitel ist durch das Mietrechtsnovellierungsgesetz vom 21.5.2015 (BGBl I 610; dazu *Börstinghaus* NJW 2015, 1553) erstmals in das BGB eingefügt worden. Es enthält Regelungen im BGB über die Höhe der zulässigen Miete bei **Neuabschluss eines Wohnraummietvertrages.** Der Gesetzgeber wollte mit der

Regelung auf vermeintliche Mietsteigerungen bei Neuvermietung in bestimmten Regionen reagieren. Die Regelungen sind zumindest in der ursprünglich auf maximal 5 Jahre befristeten Möglichkeit der Begrenzung der Wiedervermietungsmiete verfassungsgemäß (BVerfG NJW 2019, 3054). Die Möglichkeit wurde 2020 aber auf 10 Jahre verlängert. Die Begrenzung gilt nicht bei Neubauten und bei der ersten Vermietung nach umfassender Modernisierung, § 556f BGB. Von der **Grundregel** des § 556d Abs. 1 BGB, wonach die Miete bei der Neuvermietung maximal 10% über der ortsüblichen Vergleichsmiete liegen darf, gibt es gem. § 556e BGB **zwei Ausnahmen,** nämlich bei höherer **Vormiete** (§ 556e Abs. 1 BGB) und bei in den letzten drei Jahren durchgeführten **Modernisierungsarbeiten** (§ 556e Abs. 2 BGB). Die Begrenzung gilt bei **Staffelmieten** für die Ausgangsmiete und jede einzelne Staffel, § 557a Abs. 4 BGB. Bei der **Indexmiete** gilt die Begrenzung nur für die Ausgangsmiete, § 557b Abs. 4 BGB. Die Regelungen wurden inzwischen zweimal modifiziert. Zunächst wurden durch das **Mietrechtsanpassungsgesetz** (BGBl. I 2649; dazu *Artz/Börstinghaus* NZM 2019, 12; *Selk* NJW 2019, 329) zusätzliche **Informationsobliegenheiten** für den Vermieter eingeführt und die Anforderungen an die Rüge gelockert, dann wurde durch das Gesetz zur Verlängerung und Verbesserung der Regelungen über die zulässige Miethöhe bei Mietbeginn (BGBl 2020, 450) den Ländern gestattet, **die Laufzeit der Mietpreisbegrenzungsverordnungen** über die zunächst vorgesehenen maximal 5 Jahre nun bis zum 31.12.2025 zu verlängern. Die **Wirkung der Rüge** wurde dahingehend verändert, dass auch vor der Rüge fällige und gezahlten Mieten unter bestimmten Voraussetzungen gem. § 556g BGB zurückverlangt werden können (Schindler NZM 2020, 347).

II. Übergangsregelungen – In-Kraft-Treten

Das Gesetz ist am 1.6.2015 in Kraft getreten. Die Begrenzung der Wiedervermietungsmiete gilt gem. Art. 229 § 35 Abs. 1 EGBGB erst für Mietverträge oder Staffelmietvereinbarungen, die ab wirksamen Inkrafttretens der Landesverordnung, in der die entsprechende Gemeinde, in der die Wohnung liegt, **neu abgeschlossen** wurden. Es kommt nicht auf den Mietvertragsbeginn an, sondern den **Vertragsschluss.** Ist zwischen Erstunterzeichnung des schriftlichen Vertragsformulars (= Angebot) und der Unterschrift des Annehmenden die maßgebliche Verordnung in Kraft getreten, so gilt die Begrenzung der Wiedervermietungsmiete. Ist der Vertrag vor Inkrafttreten der Verordnung abgeschlossen worden, soll er aber erst nach dem Inkrafttreten in Vollzug gesetzt werden, so gilt die Begrenzung der Wiedervermietungsmiete nicht. Das gilt auch in all den Fällen, in denen die Landesverordnung wegen fehlender oder nicht ausreichender Bekanntmachung der Begründung unwirksam ist. **2**

Durch das MietAnpG v. 18.12.2018 (BGBl I 2648) wurden vorvertragliche Auskunftspflichten für den Vermieter eingeführt und die Rügepflicht für den Mieter modifiziert. Gem. Art 229 § 49 Abs. 1 EGBGB gelten diese Änderungen nur für Mietverträge, die ab dem 1.1.2019 abgeschlossen wurden. Es kommt auch hier nicht auf den Mietvertragsbeginn, sondern den **Vertragsschluss** an. Das bedeutet, dass auf alle bis 31.12.2018 abgeschlossene Mietverträge weiterhin das alte Recht Anwendung findet, unabhängig davon, wann der Vertrag in Vollzug gesetzt wurde. Daran ändert sich auch nichts, wenn in einem Bundesland eine entsprechende Landesverordnung – wegen vorheriger formeller Unwirksamkeit – neu in Kraft gesetzt wird oder eine ausgelaufene Verordnung im Rahmen der 5-Jahresfrist verlängert wird. **2a**

§ 556d BGB Untertitel 2. Mietverhältnisse über Wohnraum

2b Durch das Gesetz zur Verlängerung und Verbesserung der Regelungen über die zulässige Miethöhe bei Mietbeginn (BGBl I 2020, 450) wurde dem Mieter das Recht eingeräumt Mieten, die vor der Rüge fällig wurden zurückzuverlangen, wenn er den Verstoß bis 30 Monate nach Beginn des Mietverhältnisses gerügt hat. Nach Art. 229 § 51 EGBGB gilt dies nur für Mietverträge, die ab dem 1.4.2020 abgeschlossen wurden. Auch hier kommt es nicht auf den Mietvertragsbeginn an, sondern den **Vertragsschluss.** Das bedeutet, dass auf alle bis 31.3.2020 abgeschlossene Mietverträge weiterhin das alte Recht Anwendung findet, unabhängig davon, wann der Vertrag in Vollzug gesetzt wurde. Der Mieter kann dann nur nach der Rüge fällig gewordene Mieten kondizieren.

3 Wurde eine **Staffelmietvereinbarung** vor Inkrafttreten der örtlich maßgeblichen Verordnung abgeschlossen, so gilt die Begrenzung gem. Art. 229 § 35 Abs. 1 EGBGB selbst dann nicht, wenn spätere Staffeln erst nach Inkrafttreten der Verordnung wirksam werden. Da Staffelmietvereinbarungen gem. § 557a BGB zeitlich ohne Beschränkung möglich sind, kann ein solcher Mietvertrag uU nie in den Geltungsbereich dieses Unterkapitels fallen. Endet das Mietverhältnis aber während der Geltungsdauer einer Verordnung, darf nur die letzte Staffel als Vormiete weiter wirksam vereinbart werden. Die vertraglich zwar wirksam vereinbarten zukünftigen Steigerungen werden vom Begriff der Vormiete gem. § 556e Abs. 1 BGB nicht umfasst (*Flatow* WuM 2015, 191). Wurde die Staffelmietvereinbarung während der Laufzeit einer örtlich einschlägigen Verordnung abgeschlossen, so findet die Beschränkung der Wiedervermietungsmiete gem. Art. 229 § 35 Abs. 2 EGBGB keine Anwendung mehr auf Staffeln, deren erste Miete zu einem Zeitpunkt fällig wird, in dem die Mietwohnung nicht mehr in den Anwendungsbereich der Verordnung fällt, etwa weil sie außer Kraft getreten oder abgeändert worden ist.

III. Anwendungsbereich

1. Mietvertrag über Wohnraum

4 Die Vorschriften dieses Unterkapitels gelten **ausschließlich für Mietverträge über Wohnraum.** Bei der Entscheidung der Frage, ob ein Mietverhältnis über Wohnraum vorliegt, ist ausschließlich auf den Zweck abzustellen, den der Mieter mit der Anmietung des Mietobjekts vertragsgemäß verfolgt. Die Bezeichnung des Vertrages oder die Verwendung eines bestimmten Formulars ist unerheblich. Wohnraummiete liegt vor, wenn Räumlichkeiten nach dem Zweck der Vereinbarung entgeltlich zum Zwecke des privaten Aufenthalts und zur Befriedigung des Wohnbedürfnisses des Mieters oder seiner Angehöriger überlassen werden (BGH NJW 2020, 331). Die Regelungen gelten nicht für Wohnraum, der zum vorübergehenden Gebrauch vermietet wurde (§ 549 Abs. 2 Ziff. 1 BGB), möblierten Wohnraum, der Teil der Vermieterwohnung ist (§ 549 Abs. 2 Ziff. 2 BGB), Wohnraum, der an bestimmte Personen mit dringendem Wohnbedarf vermietet wurde (§ 549 Abs. 2 Ziff. 3 BGB) sowie bei Wohnraum in einem Studentenwohnheim (§ 549 Abs. 3 BGB).

5 Die Vorschriften der §§ 556d–556g BGB sind auf **Mischmietverhältnisse** anwendbar, bei denen das Schwergewicht auf der Nutzung als Wohnung liegt (BGH WuM 2014, 539). Entscheidend ist die vertraglich vereinbarte Zweckbestimmung und nicht die tatsächliche Nutzung. In Zweifelsfällen gilt Wohnraummiete und deshalb **einheitlich** für das ganze Mietverhältnis die Begrenzung der Wiedervermietungsmiete (V.*Emmerich* in Staudinger, § 556d Rdn. 4; **a. A.** *Abramenko* in Lützenkirchen, Mietrecht, § 556d Rdn. 12 (Begrenzung nur für den Anteil der Wohnräume)). Zu den Mischmietverhältnissen gehört auch die **Vermietung einer Wohnung und einer Garage** in einem einheitlichen Vertrag. Auf den isolierten Garagenmietvertrag sind die Regelungen nicht anzuwenden.

Die Vorschriften gelten auch für **Zweit- oder Ferienwohnungen,** wenn diese nicht in den Anwendungsbereich des § 549 Abs. 1 BGB fallen. Es ist nicht erforderlich, dass der Mieter in der Wohnung seinen Lebensmittelpunkt hat. **6**

In den Fällen der **Zwischenvermietung** handelt es sich bei dem Mietvertrag zwischen dem Eigentümer und dem Zwischenmieter um einen Gewerberaummietvertrag für den die Begrenzung der Wiedervermietungsmiete nicht gilt (AG Lörrach WuM 2020, 27). Daran hat sich auch nach Einführung des § 578 Abs. 3 BGB nichts geändert. Auf das Mietverhältnis zwischen Zwischenmieter und Endnutzer sind die Vorschriften des Unterkapitels anzuwenden, wenn nicht ausnahmsweise ein Fall des § 549 Abs. 2 Ziff. 3 BGB vorliegt. Diese Fälle sind z. B. bei der Versorgung von **Flüchtlingen, Asylbewerbern** denkbar, wenn mit diesen isolierte Mietverträge abgeschlossen werden. **7**

Die Begrenzung der Wiedervermietungsmiete gilt auch nicht für **preisgebundene Wohnungen.** Zwar ergibt sich das nicht unmittelbar aus den Vorschriften der §§ 556d–556g BGB oder aus § 549 BGB, jedoch handelt es sich bei den entsprechenden bundes- und landesrechtlichen Vorschriften um **Spezialvorschriften** (BGH NJW 2012, 2270). Die Beschränkung der Miethöhe ergibt sich aus den entsprechenden Förderbescheiden sowie den regional geltenden Vorschriften. **8**

2. Abschluss eines Mietvertrages

Nach dem Wortlaut der Kapitelüberschrift und des § 556d Abs. 1 gilt die Beschränkung nur dann, wenn ein Mietvertrag **neu abgeschlossen** wird. Alle Formen der Mietvertragsverlängerung, -erneuerung, und des schlichten Parteiwechsels fallen nicht unter den Anwendungsbereich der §§ 556d ff. BGB (LG Berlin WuM 2018, 418). Strittig ist, ob das alte Mietverhältnis fortgesetzt wird oder ein neues begründet wird, wenn der Vermieter eine ausgesprochene **Kündigung „zurücknimmt"** (Harke ZMR 2015, 595): (1) Zum Teil wird vertreten, dass die Rücknahme einer fristlosen Kündigung anders als die Rücknahme einer fristgerechten Kündigung nicht möglich sei (BGH NZM 1998, 628). (2) Richtigerweise wird man die „Rücknahme der Kündigung" durch den Vermieter in diesem Fall aber auf ein Angebot auf Fortsetzung des ursprünglichen Mietverhältnisses verstehen müssen (*Blank* WuM 2014, 641, 643). (3) Dies gilt erst recht bei der „Rücknahme" einer fristgerechten Kündigung während des Laufes der Kündigungsfrist. Dass die Fortsetzung nur gegen Zahlung einer höheren Miete erfolgen soll, gestattet § 557 Abs. 1 BGB. Die Vorschriften dieses Unterkapitels gelten nicht. **9**

Bei einem **Parteiwechsel** kommt es auf die konkrete Vertragsgestaltung (BGH WuM 2012, 371) an: (1) Möglich sind eine Novation, also die Beendigung des alten Mietvertrages und der Abschluss eines neuen Vertrages. Hier gelten die §§ 556d ff BGB. (2) Möglich ist aber auch eine Vereinbarung, wonach der neue Mieter an die Stelle des alten Mieters in den Vertrag eintritt (BGHZ 95, 88). Das kann auch mit einer Mieterhöhung verbunden werden. Im Einzelfall kann ein unzulässiges **Umgehungsgeschäft** vorliegen (LG Berlin WuM 2018, 418; AG Neukölln WuM 2017, 714). **10**

§ 556d BGB Untertitel 2. Mietverhältnisse über Wohnraum

11   **Sachliche Erweiterung des Mietgegenstandes** erfolgen regelmäßig im Wege eine Vertragserweiterung, für die die §§ 556d ff. BGB nicht gelten. Das gilt z. B. für die Hinzuvermietung von Räumen, des Garten, von Kellerräumen oder einer Garage. Das Gleiche gilt für eine Verkleinerung des Mietgegenstandes, also die Herausnahme von Mansardenzimmern, der Garage oder von Kellerräumen aus dem Mietvertrag. Im Zweifel ist daher nur von einer **Vertragsänderung** auszugehen (BGH WuM 2013, 165).

3. Angespannter Wohnungsmarkt

12   **a) Legaldefinition.** Die Begrenzung der Wiedervermietungsmiete gilt nur für Wohnraummietverträge über eine Wohnung, die in einer durch **Rechtsverordnung** nach § 556d Abs. 2 BGB bestimmten Gemeinde liegt. Voraussetzung für die Aufnahme der Gemeinde in eine entsprechende Landesverordnung ist, dass es sich um ein **Gebiet mit angespanntem Wohnungsmarkt** handelt. Nach der Legaldefinition in Abs. 2 S. 2 handelt es sich dabei um Gebiete, in denen die ausreichende Versorgung der Bevölkerung mit Mietwohnungen in einer Gemeinde oder einem Teil der Gemeinde zu angemessenen Bedingungen besonders gefährdet ist.

13   **b) Voraussetzung.** Voraussetzung ist ein **angespannter Wohnungsmarkt**. Maßgeblich ist grundsätzlich der Wohnungsmarkt der ganzen politischen Gemeinde. Zulässig ist aber auch eine kleinteiligere Abgrenzung, also für bestimmte **Quartiere** oder **Stadtteile**. Letzteres wird mangels ausreichender Datenlage aber kaum in Betracht kommen. Die Landesregierungen haben als demokratisch legitimierte und politisch verantwortliche Staatsorgane einen gerichtlich nur auf Willkür überprüfbaren **Beurteilungsspielraum** (BVerfG NZM 2016, 578; BGH NJW 2016, 476). Die Zivilgerichte haben das Vorliegen der nachfolgend dargestellten materiellen Voraussetzungen für die Aufnahme einer Gemeinde in eine entsprechende Landesverordnung zu überprüfen (BVerfG NJW 2019, 3054). Liegt ein angespannter Wohnungsmarkt von Anfang an nicht vor, ist die auf der Verordnung beruhende Miethöhenregulierung im Verhältnis zwischen Vermieter und Mieter unanwendbar, was ein Vermieter vor den Zivilgerichten durchsetzen kann (BVerfG NJW 2019, 3054 Rdn. 79; NJW 2015, 3024).

14   **c) „angespannt".** Der Wohnungsmarkt muss „angespannt" sein. Nach der Legaldefinition des Abs. 2 S. 2 BGB liegt ein solcher Wohnungsmarkt vor, wenn **(a)** die „ausreichende Versorgung" der Bevölkerung mit Wohnungen **(b)** zu „angemessenen Bedingungen" **(c)** „besonders gefährdet" ist. Wie das BVerfG (BVerfGE 38, 348) bereits zur Zweckentfremdungsverbot entschieden hat, verweisen die Begriffe „ausreichende Versorgung" und „angemessene" Bedingungen" im Rahmen der Ermächtigungsgrundlage wegen der zusätzlich erforderlichen besonderen Gefährdung nicht auf einen wünschenswerten Idealzustand, sondern auf die Sicherstellung des Normalen.

15   Unter **„ausreichender Versorgung"** ist nicht nur ein annäherndes Gleichgewicht von Angebot und Nachfrage an Wohnungen, wie sie dem allgemein für Wohnungen der entsprechenden Gegend anzutreffenden Standard entsprechen, zu verstehen, es muss vielmehr ein **leichtes Übergewicht des Angebots** vorliegen. Dies ist deshalb erforderlich, weil es einer „Leerstandsreserve" bedarf, um Modernisierungen durchführen zu können und um überhaupt Umzüge zu ermöglichen. Deshalb ist ein um ca. 3–5% größeres Angebot als die Nachfrage erforderlich. Unter **„angemessenen Bedingungen"** sind nicht außergewöhnlich niedrige Mieten

zu verstehen, sondern Mieten, die für Wohnungen der entsprechenden Art von einem durchschnittlich verdienenden Arbeitnehmerhaushalt allgemein, also auch außerhalb der gefährdeten Gebiete, tatsächlich aufgebracht werden, und zwar einschließlich etwaiger vom Staat gewährter finanzieller Hilfen (BVerfGE 38, 348, 360; BVerwG, NJW 1983, 2893; BGH NJW 2016, 476). Eine „**Gefährdung** iSd Vorschrift liegt vor, wenn als Folge der Mangelsituation grundsätzlich latente Versorgungsschwierigkeiten bestehen (BVerwG NJW 1983, 2893).

Abs. 2 enthält einen **Kriterienkatalog,** um den Ländern Anhaltspunkte aber 16 auch Grenzen vor Augen zu führen, wann ein angespannter Wohnungsmarkt vorliegt. Die Aufzählung ist **nicht abschließend.** Das ergibt sich aus dem Wort „insbesondere". Ob im Einzelfall ein Kriterium ausreicht oder mehrere dieser Kriterien vorliegen müssen oder ob im Ausnahmefall trotz Vorliegens eines oder mehrerer Kriterien ein angespannter Wohnungsmarkt zu verneinen ist, muss anhand einer Gesamtschau beurteilt werden.

(1) Die **Mieten** in der Gemeinde oder einem Teil der Gemeinde **steigen deut-** 17 **lich** stärker als im bundesweiten Durchschnitt: Da nur Daten für die Vergangenheit vorliegen, kommt es auf die Entwicklung der Mieten bis zum Erlass der Verordnung an. Eine Prognoseentscheidung ist nicht erforderlich. Es müssen die Landeswerte mit dem Bundesdurchschnitt in Relation gesetzt werden.

(2) Die **durchschnittliche Mietbelastung** der Haushalte in der Gemeinde 18 muss den bundesweiten Durchschnitt deutlich übersteigen: Darunter ist der prozentuale Anteil des Familieneinkommens zu verstehen, das für die Wohnungsmiete aufgewandt wird. Das Kriterium kann allenfalls ein Indiz für die nicht ausreichende Versorgung sein.

(3) Die **Wohnbevölkerung wächst,** ohne dass durch Neubautätigkeit inso- 19 weit erforderlicher Wohnraum geschaffen wird: Ein solches Einwohnerwachstum kann ein Indiz für einen „Versorgungsengpass" sein. Schwierig ist hier die Ermittlung aussagekräftiger Daten.

(4) Bedeutsamer ist die Tatsache, dass es bei **geringem Leerstand eine große** 20 **Nachfrage** gibt. Wegen der für Umzüge und Sanierungen pp erforderlichen Fluktuationsreserve von mindestens 2–3% wird man wohl von einer erforderlichen Leerstandsquote von unter 2% ausgehen müssen, damit das Kriterium erfüllt ist. Es reicht keine „einfache" Gefährdung der Bevölkerung, sondern es muss eine **„besondere Gefährdung"** der Versorgung der Bevölkerung vorliegen.

(5) Der **Kriterienkatalog** ist **nicht abschließend.** Das ergibt sich aus Formu- 21 lierung „insbesondere". Weitere Indikatoren können z. B. sein: (aa) Das Bestehen eines Zweckentfremdungsverbots in der Gemeinde; (bb) Existenz eines Mietspiegels in der Gemeinde; (cc) ein erheblicher Nachfrageüberhang nach preisgebundenen Wohnungen; (dd) eine hohe und gleichbleibende Zahl von Wohnungsnotfällen, die dringend auf die Hilfe der Behörden angewiesen sind; (ee) die Tatsache, dass die Mietvertragsbedingungen weitgehend von den Vermietern diktiert werden; (ff) Anstieg der Wohnungssuchenden bei Wohnungsamt; (gg) Behördliche Bedarfsprognosen, Konjunkturberichte oder stattliche Wohnungsbauprogramme für bestimmte Mietgruppen; (hh) eine hohe Obdachlosenquote; (ii) Abwanderung aus dem Stadtbereich; (jj) eine sinkende Mobilitätsrate.

IV. Die Verordnung

1. Begründungserfordernis

22 Die jeweilige Landesverordnung muss gem. Abs. 2 S. 4 **begründet** werden. Auf diese Weise soll die Entscheidung der Landesregierung nachvollziehbar gemacht werden (zum Nutzen und zur Notwendigkeit von Gesetzesbegründungen Redecker/Karpenstein NJW 2001, 2812, 2830). Aus der Begründung muss sich ergeben, auf Grund welcher Tatsachen in jedem einzelnen in die Verordnung aufgenommenen Gebiet ein angespannter Wohnungsmarkt im Einzelfall vorliegt. Hintergrund ist, dass die Bestimmung und Abgrenzung der Gebiete, in denen die Wiedervermietungsmiete begrenzt werden soll, eine sorgsame Überprüfung der Eignung, Erforderlichkeit und Angemessenheit erfordert. Nur so kann den verfassungsrechtlichen Maßgaben des Eigentumsschutzes Rechnung getragen werden. Eine Begründung verlangt **nachprüfbare Tatsachen,** warum die jeweilige Gemeinde aufgenommen wurde. Deshalb ist vor Aufnahme einer Gemeinde in eine solche Verordnung regelmäßig **eine empirische Untersuchung** erforderlich. Dies ist auch notwendig, um eine plausible Abgrenzung der Gebiete vorzunehmen. Dem Begründungserfordernis ist Genüge getan, wenn in ihr die wesentlichen tatsächlichen Gründe genannt werden, warum die jeweilige Landesregierung die Gemeinde in die Verordnung aufgenommen hat. Die Begründung ist Wirksamkeitsvoraussetzungen für die Verordnung (BGH NJW 2019, 2844). Deshalb sind zahlreiche Verordnungen ursprünglich unwirksam. Einige Bundesländer haben deshalb neue Verordnungen erlassen oder die Begründungen nachträglich veröffentlicht. Hierdurch trat keine rückwirkende Heilung ein (BGH NJW 2019, 2844). Aber auch eine Heilung für die Zukunft scheidet bei bloßer Nachholung der Veröffentlichung der Begründung aus (LG Hamburg GE 2019, 1577; AG Hamburg-Altona NJW-Spezial 2017, 738; AG München MietRB 2019, 356). Eine Liste aller einschlägigen Landesverordnungen mit den verschiedenen Stadien der Veröffentlichung sowie eine Aufzählung aller aufgenommenen Gemeinden befindet sich bei *C. Börstinghaus* ZAP F. 4 S. 1827.

2. Maßnahmenkatalog

23 Aus der Begründung muss sich gem. Abs. 2 S. 7 ergeben, welche Maßnahmen die Landesregierung in dem durch die Rechtsverordnung jeweils bestimmten Gebiet und Zeitraum ergreifen wird, um Abhilfe hinsichtlich der angespannten Wohnungsmarktsituation zu schaffen. Es handelt sich weder bei den Maßnahmen noch bei der Informationspflicht des Abs. 2 S. 7 um eine **Wirksamkeitsvoraussetzung für die Verordnung.** Die in den vorliegenden Verordnungen vorgeschlagenen Maßnahmen sind wohl auch deshalb teilweise eher allgemein gehalten und floskelhaft (*Börstinghaus/Thiede* NZM 2016, 489).

3. Aufstellungsverfahren

24 **a) Empirische Datenerhebung.** Erforderlich ist regelmäßig vor jeder Aufnahme einer Gemeinde eine **empirische Datenerhebung.** Dabei müssen nicht zwingend alle in Betracht kommenden Kriterien untersucht werden, aber es müssen so viele Tatsachen ermittelt werden, dass eine tragfähige Begründung gegeben

werden kann, warum die eine Gemeinde aufgenommen und ggf. eine andere vergleichbare Gemeinde nicht in die Verordnung aufgenommen wurde.

b) Laufzeit. Eine Gemeinde durfte ursprünglich für **maximal 5 Jahre** in eine solche Verordnung aufgenommen werden. Das konnte durch eine Verordnung mit einer Laufzeit von 5 Jahren erreicht werden aber auch durch mehrere Verordnungen mit kürzerer Laufzeit. Aufgrund des Gesetzes zur Verlängerung und Verbesserung der Regelungen über die zulässige Miethöhe bei Mietbeginn (BGBl 2020, 450; dazu Schindler NZM 2020, 347) wurde die Höchstfrist dahingehend modifiziert, dass zwar jede Gemeinde für maximal 5 Jahre in die Verordnung aufgenommen werden darf, dass dies aber jeweils gilt, so dass Kettenverordnungen möglich sind. Die Verordnung muss spätestens mit Ablauf des 31. Dezember 2025 außer Kraft treten. 25

V. Die zulässige Wiedervermietungsmiete

1. Die ortsübliche Vergleichsmiete

Die Neuvertragsmiete darf im Anwendungsbereich einer entsprechenden Verordnung grundsätzlich die **ortsübliche Vergleichsmiete** bei Beginn des Mietverhältnisses um **nicht mehr als 10%** übersteigen. Das gilt nur dann, wenn die Wohnung nicht gänzlich oder zumindest für die erste Vermietung aus dem **Anwendungsbereich** des § 556d Abs. 1 BGB herausgenommen wurde, es sich also um eine Neubauwohnung iSd § 556f S. 1 BGB handelt oder wenn gem. § 556f S. 2 BGB zuvor eine umfassende Modernisierung stattgefunden hat. Ferner darf diese Grenze auch unter den Voraussetzungen des § 556e Abs. 1 BGB bei einer zulässig vereinbarten höheren Vormiete und gem. § 556e Abs. 2 BGB bei einer in den letzten drei Jahren durchgeführten Modernisierung iSd § 559 BGB überschritten werden. 26

Der Begriff der **ortsüblichen Vergleichsmiete** in § 556d Abs. 1 BGB **entspricht der Definition** in § 558 Abs. 2 BGB. Die ortsübliche Vergleichsmiete für die gesamte Wohnung ist aus der ortsüblichen Vergleichsmiete pro Quadratmeter multipliziert mit der richtigen Wohnungsgröße zu ermitteln. Durch das Gesetz über die **Verlängerung des Betrachtungszeitraums** für die ortsübliche Vergleichsmiete (BGBl 2019, 2911) wurde der Zeitraum, aus dem Neuvermietungsmieten oder veränderte Bestandsmieten für die Ermittlung der ortsüblichen Vergleichsmiete herangezogen werden, von 4 auf 6 Jahre verlängert. **Der veränderte Begriff der ortsüblichen Vergleichsmiete** gilt auch bei der Beschränkung der Wiedervermietungsmiete. Die Regelungen sind grundsätzlich am 1.1.2020 in Kraft getreten. Art. 229 § 50 EGBGB bestimmt jedoch, dass der vierjährige Betrachtungszeitraum dann weiter maßgeblich ist, wenn in der Gemeinde ein Mietspiegel existiert, der am 31.12.2019 bereits gültig war oder bis zum 1.1.2021 veröffentlicht wird, wenn der Erhebungsstichtag vor dem 1.3.2020 lag. Dies gilt bis 2 Jahre nach Veröffentlichung des Mietspiegels (krit. dazu *Börstinghaus* NZM 2019, 841; *Klinger/Storm* DWW 2020, 4; *Horst* MDR 2020, 253). Insofern setzt die Ermittlung der zulässigen maximalen Wiedervermietungsmiete bis maximal 2023 auch eine Auseinandersetzung mit dem örtlichen Mietspiegel voraus. Das gilt unabhängig davon, ob es sich um einen qualifizierten oder einen einfachen Mietspiegel handelt. Da die Begrenzung der Wiedervermietungsmiete statisch ist, bleibt der bei Vertragsschluss maßgebliche Betrachtungszeitraum auch für die Zukunft und ggf. sogar für die Ermittlung der zulässigen Vormiete maßgeblich. 27

2. Die Ermittlung der zulässigen Wiedervermietungsmiete

28 **a) Ortsübliche Vergleichsmiete.** Die **Ermittlung der ortsüblichen Vergleichsmiete** ist im Rahmen der Begrenzung der Wiedervermietungsmiete bedeutsamer als bei der Mieterhöhung im Bestand. Dort handelt es sich um eine Vertragsänderung, die mit der Zustimmung des Mieters, unabhängig davon, ob die Voraussetzungen für einen Zustimmungsanspruch tatsächlich gegeben waren, wirksam ist (BGH NJW 2020, 322). Bei der Beschränkung der Wiedervermietungsmiete führt eine Überschreitung der maximal zulässigen Miete zur Teilunwirksamkeit der Abrede und zwar für immer. Die Grundsätze der **dynamischen Nichtigkeit,** also ein Hineinwachsen der zulässigen Miete in den unzulässigen Teil, wie bei § 5 WiStG, gelten hier nicht.

29 **b) Mietspiegel.** Soweit es in der Gemeinde einen **Mietspiegel** gibt, kann dieser in einem ersten Schritt herangezogen werden, um die Spanne zu ermitteln, aus der die Bandbreite ermittelt werden muss. Handelt es sich um einen **qualifizierten Mietspiegel,** gilt auch hier die **Vermutungswirkung** gem. § 558d Abs. 3 BGB. Derjenige, der sich auf die Vermutungswirkung des § 558d BGB beruft, muss die Vermutungsgrundlagen beweisen. Dies wird im Rückforderungsprozess regelmäßig der Mieter sein. Vermutet wird nur, dass die ortsübliche Vergleichsmiete innerhalb der Mietspiegelspanne liegt. Die Einordnung innerhalb der Spanne ist **eine normative Bewertung,** die der Mietspiegel gerade nicht vornehmen kann. Letztendlich wird also nur vermutet, dass die ortsübliche Vergleichsmiete für die konkrete Vertragswohnung nicht höher als der Oberwert der Spanne und nicht niedriger als der Unterwert der Spanne ist. Es ist Aufgabe des Tatrichters die konkrete Bandbreite der allein maßgeblichen Einzelvergleichsmiete innerhalb der Spanne des qualifizierten Mietspiegels zu ermitteln. Hierbei handelt es sich im Prozess um eine **Schätzung gem. § 287 Abs. 2 ZPO.** Die Vorschrift stellt an das Maß der Überzeugungsbildung des erkennenden Richters geringere Anforderungen als die Vorschrift des § 286 ZPO. Nach § 287 ZPO ist der Richter ermächtigt, sich mit einer mehr oder minder hohen – mindestens aber überwiegenden – Wahrscheinlichkeit zu begnügen (BGH NJW 2020, 236). Hinsichtlich der genauen Höhe der ortsüblichen Vergleichsmiete steht ihm ein Ermessen zu, wobei in Kauf genommen wird, dass das Ergebnis unter Umständen mit der Wirklichkeit nicht übereinstimmt.

30 **c) Einfacher Mietspiegel.** Schwieriger ist die Ermittlung der ortsüblichen Vergleichsmiete in Gemeinden mit **einfachem Mietspiegel.** Obwohl einem einfachen Mietspiegel nicht die in § 558d Abs. 3 BGB dem qualifizierten Mietspiegel vorbehaltene Vermutungswirkung zukommt, stellt er ein Indiz (BGH NZM 2019, 250; NJW 2013, 775; NJW 2010, 2946) dafür dar, dass die dort angegebenen Entgelte die ortsübliche Vergleichsmiete zutreffend wiedergeben. Es hängt dann von den Umständen des Einzelfalls ab, ob der Mietspiegel für die Beurteilung der ortsüblichen Vergleichsmiete einer konkret zu beurteilenden Wohnung ausreicht. Maßgebend für die Reichweite der Indizwirkung sind dabei insbesondere die Qualität des (einfachen) Mietspiegels und die Einwendungen der Parteien gegen den Erkenntniswert der darin enthaltenen Angaben.

31 Faktisch fast unmöglich ist es für die Mietvertragsparteien in Gemeinden, in denen es **gar keinen Mietspiegel** gibt oder der Mietspiegel für die konkrete Vertragswohnung nicht anwendbar ist, die zulässige Wiedervermietungsmiete zu ermitteln. Die übrigen Begründungsmittel gem. § 558a Abs. 2 BGB sind hier nur sehr eingeschränkt brauchbar. Drei **Vergleichswohnungen** reichen keinesfalls

aus, die ortsübliche Vergleichsmiete darzulegen und ggf. zu beweisen. Sie reichen ja noch nicht einmal im Zustimmungsprozess. Sie dienen allenfalls als preiswertes Begründungsmittel, um einen allerersten Anhalt zu bieten, wie hoch die ortsübliche Vergleichsmiete sein könnte. Das vorprozessuale Sachverständigengutachten ist da schon besser geeignet, aber als Parteigutachten letztendlich im Streitfall im Prozess auch nicht verwertbar. Letztendlich bleibt für die Parteien bei Abschluss des Mietvertrages **eine große Unsicherheit.** Der Gesetzgeber verlangt von den Marktteilnehmern die Einhaltung bestimmter Grenzen, ohne diese Grenzen selbst rechtssicher vorzugeben. Das allein ist **rechtsstaatlich schon bedenklich.**

3. Mietstruktur und Zuschläge

a) Mietstruktur. Die Begrenzung der Wiedervermietungsmiete gilt auch für 32 Inklusiv- oder Teilinklusivmieten. Es ist erforderlich die richtige ortsübliche Vergleichsmiete für die **vertraglich vereinbarte Mietstruktur** zu ermitteln. Zur Herstellung der Vergleichbarkeit mit Nettomieten muss der Betriebskostenanteil entsprechend den tatsächlich anfallenden Kosten noch hinzugerechnet werden. Der **Zuschlag zu den Werten des Netto-Mietspiegels** ist der Art zu berechnen, dass die konkreten **auf die Wohnung entfallenden** Betriebskosten, die nicht auf den Mieter umgelegt werden, ermittelt werden. Maßgeblich sind die Betriebskosten, die zum **Zeitpunkt des Abschlusses des Mietvertrages** festgestellt werden können (BGH NZM 2010, 436; NJW 2008, 848; NZM 2006, 101; WuM 2006, 569), nicht die zum Zeitpunkt der letzten Betriebskostenabrechnung. Ebenso wenig ist die Bezugnahme auf ortsübliche Betriebskosten in der Gemeinde oder sogar größerer Einheiten z. B. durch Verwendung von Betriebskostenspiegeln zulässig, da anderenfalls der Vermieter, der das Haus besonders günstig bewirtschaftet, eine höhere Miete verlangen dürfte. Bei **Neuvermietungen,** für die die Ausnahme des § 556f BGB nicht gilt, kann der Vermieter die Höhe nach **billigem Ermessen** festlegen.

b) Betriebskostenpauschale. Zulässig ist auch die Vereinbarung einer **Be-** 33 **triebskostenpauschale.** Die Höhe dieser Pauschale wird gesetzlich nicht beschränkt. Nach dem eindeutigen Wortlaut des § 556 Abs. 2 S. 2 BGB gilt die Begrenzung auf die Angemessenheit für Betriebskostenpauschalen gerade nicht. Das bedeutet, dass die Betriebskostenpauschale sich aus einem Teil zusammensetzen kann, der die tatsächlichen Betriebskosten betrifft und einem **Sicherheitszuschlag.** Letzterer ist ein sich mit der Zeit verringernder Anteil der Grundmiete, der bei der Wiedervermietungsmiete zu berücksichtigen ist.

c) Zusätzliche Leistungen. Wenn durch Zuschläge zusätzliche Leistungen ab- 34 gegolten werden, dann müssen diese zusätzlichen Leistungen bei der Ermittlung der zulässigen Wiedervermietungsmiete mitberücksichtigt werden. Das bedeutet nicht, dass der zulässigerweise mietvertraglich vereinbarte „Zuschlag" zur ortsüblichen Nettovergleichsmiete hinzugerechnet werden darf; es muss der ortsübliche Betrag, der für eine solche zusätzliche Leistung bezahlt wird zur ortsüblichen Vergleichsmiete hinzugerechnet werden. Das gilt (aa) bei der **Untermieterlaubnis,** (bb) bei einer **teilgewerblichen Nutzung** der Wohnung; (cc) bei der Vermietung **möblierter Wohnungen.** Muss der Mieter mietvertraglich **weitere Leistungen** erbringen, wie Hausmeistertätigkeit oder Gartenpflege, sind diese Leistungen mit ihrem ortsüblichen Wert als Miete mit zu berücksichtigen. Die Übernahme von **Schönheitsreparaturen** stellt wirtschaftlich einen Wert dar. Trotzdem ist die

Frage der wirksamen Abwälzung der Schönheitsreparaturen nicht bei der Ermittlung der ortsüblichen Vergleichsmiete zu berücksichtigen (BGH NJW 2008, 2840; WuM 2008, 487; NJW 2009, 1410; NJW 2012, 145).

VI. Rechtsfolgen – Konkurrenzen – Prozessuales

1. Rechtsfolge

35 Die Mietzinsvereinbarung ist **insoweit unwirksam**, als die maximal zulässige Miete, also die ortsübliche Vergleichsmiete plus 10%, überschritten wird, es sei denn es greift einer der Ausnahmetatbestände ein. Das ergibt sich deutlich aus § 556g Abs. 1 BGB. Nur für die **Rückforderung** ist eine qualifizierte **Rüge** gem. § 556g Abs. 2 BGB erforderlich. Das gilt auch, wenn der Mieter wegen eines vermeintlichen Rückzahlungsanspruchs gegenüber einer Forderung des Vermieters die **Aufrechnung** erklärt. Gegenüber Mietzahlungsansprüchen des Vermieters kann sich der Mieter auf die Unwirksamkeit berufen. Er ist hierfür darlegungs- und beweispflichtig.

36 Die maßgeblichen Werte sind auf den **Zeitpunkt des Mietvertragsbeginns** nicht des Mietvertragsabschlusses festzustellen. Wenn zu diesem Zeitpunkt die vereinbarte Miete über der maximal zulässigen Miete gem. § 556d ff. BGB lag, dann ist der überschießende Teil der Mietpreisabrede unwirksam. Eine **dynamische Nichtigkeit** (KG NJW-RR 1995, 1037; OLG Hamm NJW 1983, 1622; WuM 1995, 384) gilt hier nicht Die Rechtsprechung zur dynamischen Nichtigkeit beruht auf der besonderen Rechtsfolge des § 134 BGB, wonach alles erlaubt ist, was nicht verboten ist. In den Fällen des § 556g Abs. 1 BGB ist die **Mietpreisabrede teilunwirksam** ohne spätere Heilungsmöglichkeit bei steigenden Mieten.

37 Ist die Mietzinsvereinbarung teilnichtig, kommt auch ein Anspruch auf teilweise **Rückzahlung der Kaution** in Betracht. Voraussetzung ist, dass die vereinbarte und gezahlte Kaution höher als der dreifache Betrag der zulässigen Miete gem. § 556d, § 556g BGB ist. Bei einer dauerhaften Herabsetzung der Miete reduziert sich auch die Mietsicherheit.

2. Konkurrenzen

38 Die Vorschrift stellt **keine Spezialregelung** dar, die § 5 WiStG verdrängt. Das bedeutet, dass in den Gemeinden, die nicht in eine entsprechende LandesVO gem. Abs. 2 aufgenommen sind, eine Mietpreisabrede, die unter die Tatbestandsvoraussetzungen des § 5 WiStG fällt, gem. § 134 BGB teilnichtig ist. Die Vorschrift gilt aber auch für Gemeinden, die in die Verordnung aufgenommen wurden. Die Tatsache, dass die Mietpreisabrede schon nach § 556g BGB unwirksam ist, ändert nichts daran, dass ggf. auch ein Verstoß gegen § 5 WiStG vorliegen kann. Bedeutung hat dies vor allen in den Fällen, in denen der Mieter **keine Rüge** erhoben hat und nun bereits gezahlte Beträge zurückverlangt. Für solche Ansprüche ist keine qualifizierte Rüge erforderlich. Auch ein **Bußgeld** kann verhängt werden.

3. Prozessuales

39 Der **Mieter** hat einen Verstoß gegen § 556d darzulegen und zu **beweisen**. In diesem Verfahren kommt einem qualifizierten Mietspiegel die Vermutungswirkung des § 558d BGB zu. Soweit der Vermieter sich aber auf die **Ausnahmevorschrif-**

ten der §§ 556e, 556f BGB beruft, ist er darlegungs- und beweispflichtig für die Tatbestandsvoraussetzungen dieser Normen.

Soweit ein Zivilgericht auch nach den Beschlüssen des BVerfG zur Verfassungsmäßigkeit der Beschränkung der Wiedervermietungsmiete (NJW 2019, 3054) weiterhin Bedenken gegen die **Verfassungsmäßigkeit** des § 556d BGB hat, müsste es das Verfahren gem. Art. 100 Abs. 1 GG dem BVerfG zur Entscheidung vorlegen. Das gilt auch, wenn das Zivilgericht **nur die Ermächtigungsgrundlage** in § 556d Abs. 2 BGB für verfassungswidrig hält, weil der Gesetzgeber die maximale Laufzeit der Beschränkung nun auf maximal 10 Jahre statt vorher 5 Jahre verlängert hat. 40

Die formelle (BGH NJW 2019, 2844) und materielle (BVerfG NJW 2019, 3054 Rdn. 79) **Rechtmäßigkeit der Landesverordnung** ist aber selbständig durch die Zivilgerichte inzidenter im Zahlungsprozess zu überprüfen (BVerfG NZM 2016, 578; BGH NJW 2016, 476). Die Zivilgerichte haben dabei die **Kompetenz, die Verordnung als nichtig zu verwerfen.** Dieses uneingeschränkte Prüfungsrecht und die damit korrespondierende Prüfungspflicht der Zivilgerichte ergibt sich aus Art. 19 Abs. 4 GG Außerdem ergibt sich das Prüfungsrecht auch aus § 17 Abs. 2 S. 1 GVG. Danach ist das Gericht des zulässigen Rechtsweges dazu verpflichtet, den Rechtsstreit unter allen in Betracht kommenden rechtlichen Gesichtspunkten zu entscheiden. Trotzdem muss eine Partei den Sachverhalt entsprechend darlegen, aus dem sich die Nichtigkeit der Verordnung ergeben soll (*Lehmann-Richter* WuM 2015, 204; **a. A.** *Zehelein* NZM 2015, 761). Eine **Amtsermittlung** wie im Verwaltungsgerichtsprozess **findet nicht statt.** Die Entscheidung wirkt auch nur inter partes und hat keine über den Prozess hinausgehende Bedeutung. Die Verordnung ist nichtig, wenn entweder keine oder eine nicht ausreichende Begründung oder Veröffentlichungsmangel vorlieget oder wenn kein angespannter Wohnungsmarkt in der Gemeinde gegeben ist. Der Landesverordnungsgeber hat aber einen weiten Beurteilungsspielraum. Dazu zählt auch, welche Kriterien er zur Beurteilung des angespannten Wohnungsmarktes heranzieht. Ein **abstraktes Normenkontrollverfahren** gem. § 47 VwGO gegen die Landesverordnung ist selbst dann nicht möglich, wenn das Landesrecht dies grds. vorsieht. Dies Verfahren setzt voraus, dass die Verwaltungsgerichte mit der Anwendung der Verordnung befasst sein könnten. 41

§ 556e Berücksichtigung der Vormiete oder einer durchgeführten Modernisierung

(1) ¹Ist die Miete, die der vorherige Mieter zuletzt schuldete (Vormiete), höher als die nach § 556d Absatz 1 zulässige Miete, so darf eine Miete bis zur Höhe der Vormiete vereinbart werden. ²Bei der Ermittlung der Vormiete unberücksichtigt bleiben Mietminderungen sowie solche Mieterhöhungen, die mit dem vorherigen Mieter innerhalb des letzten Jahres vor Beendigung des Mietverhältnisses vereinbart worden sind.

(2) ¹Hat der Vermieter in den letzten drei Jahren vor Beginn des Mietverhältnisses Modernisierungsmaßnahmen im Sinne des § 555b durchgeführt, so darf die nach § 556d Absatz 1 zulässige Miete um den Betrag überschritten werden, der sich bei einer Mieterhöhung nach § 559 Absatz 1 bis 3 und § 559a Absatz 1 bis 4 ergäbe. ²Bei der Berechnung nach Satz 1 ist von der ortsüblichen Vergleichsmiete (§ 558 Absatz 2) auszugehen, die bei Beginn des Mietverhältnisses ohne Berücksichtigung der Modernisierung anzusetzen wäre.

§ 556e BGB

Übersicht

	Rdn.
I. Allgemeines	1
II. Die Vormiete	4
1. Der Begriff der Vormiete	4
a) Vormiete	4
b) Vereinbarungen vor Inkrafttreten der LandesVO	6
c) Vereinbarungen nach Inkrafttreten der LandesVO	7
2. Veränderungen des Leistungsgegenstandes	8
a) Gleiche Leistung, gleiches Entgelt	8
b) Mietgegenstand	9
c) Äquivalenzverhältnisse	10
d) Änderungen der Mietstruktur	11
e) Übliche und zusätzliche Arbeiten	12
3. Vormiete bei mangelhafter Mietsache	14
a) Vorliegen eines Mangels	15
b) Weitervermietung trotz Mangels	16
c) Kenntnis	17
d) Mangelbeseitigung	18
4. Mieterhöhungen im letzten Jahr	19
a) Vermutetes kollusives Verhalten	19
b) Ausschlusstatbestand	20
c) Frist	21
III. Berücksichtigung von Modernisierungsmaßnahmen	23
1. Die Modernisierungsmaßnahme	23
a) Modernisierungsmaßnahmen	23
b) Erhaltungsmaßnahmen	24
c) Mieterhöhung	25
d) Eigentümerwechsel	29
2. Zeitpunkt der Maßnahmen	30
a) Berechnung der Frist	31
b) Vertragsbeginn	32
3. Berechnung der zulässigen Miete	33
a) Zuschlagsermittlung	33
b) Modernisierungskosten	34
c) Betroffene Wohnungen	35
d) Kürzungsbeiträge	36
4. Härtegründe des Mieters	37
5. Ermittlung der zulässigen Weitervermietungsmiete	38
a) Unmodernisierte Wohnungen	38
b) Wahlreicht	39
IV. Prozessuales	40

I. Allgemeines

1 Die Vorschrift enthält **zwei Ausnahmen** zur Berechnung der zulässigen Wiedervermietungsmiete. Sie setzt voraus, dass die Wiedervermietungsmiete in der Gemeinde begrenzt ist, also die Gemeinde in eine entsprechende Landesverordnung aufgenommen wurde. Sie ändert also nur die **Rechtsfolge,** also die Höhe der maximal zulässigen Miete.

Aus Gründen des **Bestandsschutzes** (BVerfG NJW 2019, 3054 LS 4) soll der Vermieter zunächst unabhängig von der allgemein zulässigen Miethöhe bei Mietbeginn nach § 556d Abs. 1 BGB jedenfalls die Miete auch im folgenden Mietverhältnis verlangen können, die er mit dem Vormieter wirksam vereinbart hatte. 2

Nach Abs. 2 werden bestimmte „**einfache**" **Modernisierungen** privilegiert. Damit sind alle Modernisierungen gemeint, die nicht das Niveau einer „**umfassenden Modernisierung**" iSd § 556f S. 2 BGB erreichen. Die Regelung berücksichtigt, dass solche Modernisierungen, insbesondere wenn sie zwischen Auszug des Vormieters und Einzug des neuen Mieters erfolgten, üblicherweise bei der Festsetzung der Wiedervermietungsmiete Berücksichtigung fanden, obwohl sie sich in einer höheren ortsüblichen Vergleichsmiete noch nicht wiederfanden. 3

Für Mietverträge, die ab 1.1.2019 abgeschlossen wurden, bestimmt § 556g Abs. 1 a, dass der Vermieter eine vorvertragliche **Informationsobliegenheit** hinsichtlich des Vorliegens eines der vier Ausnahmetatbestände der §§ 556e, 556f BGB trifft. Hat er dem Mieter vor Unterzeichnung des Mietvertrages nicht in Textform **Minimalinformationen** über das Vorliegen eines Ausnahmetatbestandes gegeben, so kann er sich auf diesen Ausnahmetatbestand nicht berufen. Möglich ist die Heilung des Mangels, wobei sich die Rechtsfolgen danach richten, ob die Information gar nicht oder nicht in der gehörigen Form erteilt wurde (Näheres bei § 556g BGB). 3a

II. Die Vormiete

1. Der Begriff der Vormiete

a) Vormiete. Abs. 1 **definiert** den Begriff der „**Vormiete**". Es handelt sich um die Miete, „die der vorherige Mieter zuletzt schuldete". Zugleich ordnet Satz 1 auch die Rechtsfolge an: Ist diese Vormieter nämlich höher als die nach § 556d Abs. 1 BGB maximal zulässige Miete, so darf die zulässige Wiedervermietungsmiete die Höhe der Vormiete erreichen. 4

Der Vormieter muss diese Miete **rechtlich geschuldet** haben. Aus dem Wort „geschuldet" folgt, dass die Mietzinsvereinbarung zulässig gewesen sein muss, sonst hätte es an dieser Stelle „vereinbart" heißen müssen. Der Mieter schuldet nur die Miete soweit die Vereinbarung nicht (teil-) unwirksam ist. Dabei ist zu unterscheiden zwischen Vereinbarungen, die vor und nach Inkrafttreten der Begrenzung der Wiedervermietungsmiete getroffen wurden. Ferner enthält die Vorschrift selbst noch zwei Ausnahmen und zwar für Mietminderungen und Mieterhöhungen des letzten Jahres. 5

b) Vereinbarungen, die vor Inkrafttreten der jeweiligen Landesverordnung abgeschlossen wurden, sind weiterhin ohne Einschränkung gültig. aa) **Selbstnutzung.** Bei einer zwischenzeitlichen Selbstnutzung kommt es auf die geschuldete Miete mit dem letzten Mieter an. Lag diese bereits über der gem. § 556d Abs. 1 BGB zulässigen Miete, darf diese Miete weiter vereinbart werden. Die zwischenzeitliche Selbstnutzung ist unschädlich. Es gibt auch, anders als bei der Ausnahme gem. Abs. 2 für Modernisierungen, keine **zeitliche Schranke,** wann die Vormiete zuletzt gezahlt werden musste. Auch längere **Leerstandzeiten** ändern nichts daran, dass es sich bei der letzten geschuldeten Miete um die maßgebliche Vormiete handelt. bb) **Rechtsnachfolge.** In Fällen der Rechtsnachfolge auf Vermieterseite, z. B. § 1922 BGB, gilt die mit Rechtsvorgänger vereinbarte Miete als 6

Vormiete. **cc) Voreigentümer.** Ist die Vormiete mit einem Voreigentümer vereinbart worden, der das Grundstück dann veräußert hat, so dass gem. § 566 BGB mit dem Erwerber ein neues Mietverhältnis zu gleichen Bedingungen entsteht, so gilt auch die mit dem Voreigentümer vereinbarte Miete fort. In den Fällen, in denen das Mietverhältnis mit dem Voreigentümer endet und das Grundstück in der Leerstandphase veräußert wird, kann der Erwerber sich auf eine höhere geschuldete Vormiete berufen, wenn er weitervermietet. Die Vormiete ist nicht personen-, sondern wohnungsbezogen zu ermitteln. **dd) Mietpreisüberhöhung.** Es gilt allenfalls die Grenze der §§ 5 WiStG, 134 BGB. Voraussetzung für eine Mietpreisüberhöhung ist zum einen die Überschreitung der ortsüblichen Miete um mehr als 20% und zum anderen die Ausnutzung eines geringen Angebots. Deshalb können auch Mietzinsvereinbarungen über 20% oberhalb der ortsüblichen Vergleichsmiete wirksam sein und als Vormiete weiter auch nach Inkrafttreten einer entsprechenden Verordnung weiter wirksam vereinbart werden. Nur wenn die Vereinbarung mit dem Vormieter unter Ausnutzung eines geringen Angebots zustande gekommen ist, ist diese Vereinbarung teilunwirksam. Als Vormiete kann dann eine Miete, die 20% oberhalb der ortsüblichen Vergleichsmiete liegt, vereinbart werden. **ee) Modernisierungsmieterhöhung.** Hat der Vermieter gegenüber dem Vormieter eine Modernisierungsmieterhöhung gem. § 559 BGB erklärt, die aber deshalb nicht zu einer Anhebung der Miete geführt hat, weil der Mieter sich zu Recht auf **wirtschaftliche Härtegründe** gem. § 559 Abs. 3 und 4 BGB berufen hat, so ist die Vormiete gerade nicht erhöht worden. Vormiete ist dann die nicht erhöhte Miete. Der Vermieter kann die Modernisierung dann nur im Rahmen des § 556e Abs. 2 BGB bei der Wiedervermietungsmiete berücksichtigen. **ff) Preisgebundene (Kosten-)Miete.** Hat es sich bei der Vormiete um eine preisgebundene (Kosten-) Miete gehandelt und erfolgt die Weitervermietung nach Auslaufen der Preisbindung, so ist die letzte zulässige preisgebundene Miete die geschuldete Vormiete. **gg) Staffelmieten.** Bei Staffelmieten muss unterschieden werden: **(1)** Wurde eine Staffelmietvereinbarung vor Inkrafttreten der örtlich maßgeblichen Verordnung geschlossen, so gilt die Begrenzung selbst dann nicht, wenn spätere Staffeln erst nach Inkrafttreten der Verordnung wirksam werden, Art. 229 § 35 Abs. 1. **(2)** Endete ein Mietvertrag mit Staffelmiete vor Inkrafttreten der maßgeblichen Verordnung, gilt für die Wiedervermietung keine Begrenzung. **(3)** Endet der vor Inkrafttreten der Landesverordnung abgeschlossene Mietvertrag mit einer Staffelmietvereinbarung, kann (nur) die letzte geschuldete Staffelmiete vor Beendigung des Mietverhältnisses als Vormiete vereinbart werden. Die weiteren im Vormietvertrag vereinbarten Staffeln, die aber wegen Beendigung des Mietverhältnisses nie wirksam wurden, spielen keine Rolle mehr.

7 c) Ist der Vormietvertrag abgeschlossen worden, **nachdem die entsprechende Landesverordnung in Kraft getreten** ist, dann schuldete der Mieter dieses Vertrages bereits eine gem. § 556d ff. BGB begrenzte Miete. Hier muss unterschieden werden: **(a)** Handelte es sich um eine **Neubauwohnung** iSd § 556f Satz 1 BGB, dann galt damals schon keine Beschränkung und jetzt auch nicht. Der Vermieter darf sogar eine noch höhere Miete vereinbaren, weil die Begrenzung dieses Unterkapitels nicht gilt. **(b)** Hat der Vermieter eine **umfassende Modernisierung** vorgenommen, so galt die Begrenzung für die erste Vermietung nicht. Diese Miete darf jetzt als zulässige Vormieter weiter vereinbart werden. **(c)** Durfte der Vermieter bereits bei der **Vormiete** die Grenze gem. § 556d Abs. 1 überschreiten, weil er in den letzten drei Jahren vor der Vermietung **Modernisierungen** gem. § 556e Abs. 2

Berücksichtigung der Vormiete **BGB § 556e**

BGB durchgeführt hat, dann darf er diese Miete als Vormiete weiter vereinbaren. Ob die Modernisierung nunmehr mehr als drei Jahre zurückliegt oder nicht, ist unerheblich. **(d)** Für die Ermittlung der maßgeblichen ortsüblichen Vergleichsmiete ist der in der Gemeinde zum Zeitpunkt des Vertragsschlusses geltende Betrachtungszeitraum gem. § 558 Abs. 2 BGB zu ermitteln. Bei Vormietverträgen, die vor dem 1.1.2020 abgeschlossen wurden, ist das immer der 4-jährige Betrachtungszeitraum. Für später abgeschlossene Verträge kommt es gem. Art. 229 § 50 EGBGB darauf an, zu welchem Stichtag ein eventuell vorliegender Mietspiegel die ortsübliche Vergleichsmiete ausweist und wann er veröffentlicht und ggf. fortgeschrieben wurde (siehe § 558 Rdn. 40). **(e)** Bei **Staffelmieten,** die erstmals nach Inkrafttreten der Verordnung vereinbart wurden, ist zwar jede Staffel an §§ 556d, e BGB zu messen, sinkt die ortsübliche Vergleichsmiete aber, so ist die vorherige Staffelmiete als zulässige Vormiete weiter zu zahlen. **(f)** War die **Landesverordnung** z.B. wegen eines Veröffentlichungs- oder Begründungsmangel **unwirksam,** dann darf die Vormiete **unbeschränkt** als neue Miete vereinbart werden, auch wenn es eine neue wirksame Verordnung gibt.

2. Veränderungen des Leistungsgegenstandes

a) Gleiche Leistung, gleiches Entgelt. Die Vorschrift stellt nach dem Wortlaut nur auf die Vormiete ab. Tragender Gedanke der Regelung aber ist, dass der Vermieter für **die gleiche Leistung,** auch weiterhin das gleiche Entgelt bekommen soll. Es muss **eine tatsächliche und rechtliche Identität** zwischen Vor- und Nachmietvertrag bestehen. Veränderungen können **(a)** eine Erhöhung des tatsächlichen oder rechtlichen Umfangs der geschuldeten Gebrauchsüberlassung, **(b)** eine Verringerung des tatsächlichen oder rechtlichen Umfangs der geschuldeten Gebrauchsüberlassung, **(c)** eine Veränderung der Mietstruktur oder **(d)** eine Veränderung bei sonstigen geldwerten Pflichten und Leistungen sein. 8

b) Mietgegenstand. Die Vormiete muss sich auf **den räumlich gleichen Mietgegenstand** beziehen. Hat der Vormieter weniger gemietet als der Nachmieter, muss zunächst eine **Vergleichbarkeit der Leistungen** und Gegenleistungen hergestellt werden. In der Praxis spielt dies vor allem in den Fällen der Mitvermietung einer Garage oder eines Stellplatzes in einem einheitlichen Wohnraummietverhältnis eine Rolle. In diesen Fällen gibt es unter **Äquivalenzgesichtspunkten keine Vormiete für diesen Mietgegenstand** (V.*Emmerich* in Staudinger, § 556e BGB Rdn. 8; *Abramenko* MietRB 2015, 276; **a. A.** *Blank* WuM 2014, 641, 650). Allenfalls kleine unbedeutende Veränderungen können im Einzelfall unberücksichtigt bleiben. 9

c) Äquivalenzverhältnisse. Umgedreht kann die räumliche Leistung des Nachmietverhältnisses auch **geringer** sein, als die des Vormietverhältnisses. Dies ist z.B. der Fall, wenn dem Nachmieter keine Garage, kein Stellplatz oder kein Garten vermietet wurde. Hier gibt es keine Vormiete, da ganz **andere Äquivalenzverhältnisse** zu Grunde zu legen sind. Der Vermieter kann auch bei der **Verringerung seiner Leistung** nur eine gem. § 556d Abs. 1 BGB zulässige Miete vereinbaren. 10

d) Änderungen der Mietstruktur. Auch **Änderungen der Mietstruktur** zwischen Vor- und Wiedervermietungsmiete müssen bei der Ermittlung der maßgeblichen Vormiete berücksichtigt werden **aa)** Hat es sich bei der **Vormiete um** 11

Börstinghaus 1157

eine **Inklusiv- bzw. Teilinklusivmiete** gehandelt und vereinbart der Mieter nunmehr bei Weitervermietung eine reine Nettomiete mit Betriebskostenvorauszahlungen, so muss die vormalige (Teil-) Inklusivmiete in eine Nettomiete umgerechnet werden. Dazu muss der Betriebskostenanteil entsprechend den tatsächlich anfallenden Kosten aus der Vormiete herausgerechnet und von der Vormiete abgezogen werden. **bb)** Hat es sich bei der **Vormiete um eine Nettomiete** gehandelt und wird jetzt eine Teil-Inklusivmiete vereinbart, muss genau andersherum gerechnet werden. Zur Vormiete sind die konkret auf die Wohnung entfallenden Betriebskosten, soweit hierfür keine Betriebskostenvorauszahlungen zu leisten sind, hinzuzurechnen, um die maßgebliche Vormiete zu erhalten. **cc)** Bei **Betriebskostenpauschalen** ist genauso zu rechnen. Nur ist darauf zu achten, dass der – immer kleiner werdende – Anteil der Pauschale, der die konkret auf die Wohnung entfallenden Betriebskosten übertrifft, zur Grundmiete zu zählen ist. Es ist also bei einer Vormiete mit Pauschale und einer Netto-Wiedervermietungsmiete nur der **Betriebskostenanteil zum Zeitpunkt der Wiedervermietung** von der Vormiete in Abzug zu bringen. **dd)** Soll statt einer Nettomiete im Vormietverhältnis jetzt eine Betriebskostenpauschale vereinbart werden, muss der konkrete Betriebskostenanteil zur Vormiete hinzugerechnet werden, um die zulässige Wiedervermietungsmiete gem. § 556e Abs. 1 BGB zu ermitteln.

12 e) **Übliche und zusätzliche Arbeiten.** Bei sonstigen geldwerten Mieterleistungen muss unterschieden werden zwischen den **üblichen und den zusätzlichen Arbeiten.** Das, was alle Mieter üblicherweise machen müssen, wie z. B. Treppenhausreinigung, Winterdienst im Turnus, spielt weder bei der Ermittlung der Vormiete noch bei der Weitervermietungsmiete eine Rolle. Zu berücksichtigen sind aber solche Leistungen des üblicherweise zusätzlich honoriert werden, wie z. B. Hausmeistertätigkeiten, Gartenpflege oder generelle Übernahme des Winterdienstes. Werden sie honoriert, spielen sie bei der Berechnung der Vormiete keine Rolle. Hat der Vormieter diese Arbeiten erbracht ohne hierfür gesondert honoriert zu werden, so hat er als Gegenleistung für die Gebrauchsüberlassung neben der Mietzahlung auch diese Arbeitsleistung erbracht. Deren Wert muss ermittelt werden, wenn der Nachmieter diese Arbeiten nicht zusätzlich erbringen muss. Anzusetzen ist entsprechend **§ 1 BetrKV der Betrag, der für eine gleichwertige Leistung eines Dritten** ohne Mehrwertsteuer, insbesondere eines Unternehmers, angesetzt werden könnte. Dieser Betrag ist zur Grundmiete zu addieren, um die maßgebliche Vormiete zu ermitteln. Im umgedrehten Fall, dass erst der Nachmieter diese geldwerten Leistungen übernimmt, muss hier der Wert zur Wiedervermietungsmiete addiert werden. Die Summe darf nicht höher als die um 10% erhöhte ortsübliche Vergleichsmiete bzw. die Vormiete sein.

13 Ob im Vormietvertrag oder im Mietvertrag über die Wiedervermietung die **Abwälzung der Schönheitsreparaturen** erfolgte oder nicht, ist für die Ermittlung der zulässigen Vormiete ebenso unbeachtlich wie für die Wiedervermietungsmiete. Zwar stellt die Übernahme der **Schönheitsreparaturen** wirtschaftlich sowohl für den Vermieter wie auch für den Mieter einen Wert dar, trotzdem ist die Frage wer für Durchführung der Schönheitsreparaturen im konkreten Mietverhältnis zuständig ist, bei der Ermittlung der ortsüblichen Vergleichsmiete nicht zu berücksichtigen. Es handelt sich um kein Wohnwertmerkmal.

Berücksichtigung der Vormiete **BGB § 556e**

3. Vormiete bei mangelhafter Mietsache

Nach Satz 2 1. Alt. bleiben Mietminderungen bei der Ermittlung der Vormiete **14** unberücksichtigt. Satz 2 1. Alt enthält eine Ausnahme von Satz 1. Dabei ist zwischen folgenden Fallgestaltungen zu differenzieren:

a) Vorliegen eines Mangels. Lag im Vormietverhältnis ein zur Minderung be- **15** rechtigender Mangel vor, so war die vereinbarte Miete gem. § 536 Abs. 1 Satz 2 BGB angemessen gemindert. Wird der **Mangel** vor der Weitervermietung **beseitigt,** so ist die ungeminderte Vormiete gem. § 556e Abs. 1 S. 2 1. Alt. maßgeblich.

b) Weitervermietung trotz Mangels. Erfolgt die **Weitervermietung ohne,** **16** **dass der Mangel beseitigt wurde,** so ist nach Satz 2 die ungeminderte vereinbarte Miete als Vormiete anzusetzen. Die **Wiedervermietungsmiete** ist aber **selbst** wiederum gem. § 536 Abs. 1 Satz 2 BGB solange angemessen **gemindert,** bis der Mangel beseitigt wird. Das gilt unabhängig davon, ob es sich um einen behebbaren oder nicht behebbaren Mangel handelt.

c) Kenntnis. Kannte der Nachmieter den Mangel bei Vertragsschluss oder **17** bei Übergabe der Wohnung ohne, dass er sich seine Rechte vorbehalten hat, so mindert sich die Miete gem. § 536b Abs. 1 BGB nicht. Unberührt davon bleiben eventuelle **Erfüllungsansprüche des Mieters auf Mangelbeseitigung** (BGH NZM 2007, 484) es sei denn, die Willenserklärungen der Parteien sind so zu verstehen, dass der schlechtere Zustand der Mietsache der vereinbarte Zustand ist. Das ist dann kein Problem der Minderung, sondern der Minderleistung. Außerdem können die Ansprüche auf Mangelbeseitigung gem. § 275 BGB wegen Überschreitung der sog. „Opfergrenze" ausgeschlossen sein (BGH NJW 2014, 1481). In allen anderen Fällen ist der Mieter nicht rechtlos gestellt. Durch die zeitweise Ausübung des Zurückbehaltungsrechts (BGH NJW 2015, 3087; WuM 2016, 98) und Geltendmachung von Schadensersatzansprüchen kann er letztendlich erreichen, dass er die Wohnung in vertragsgemäßem Zustand nutzen kann. Deshalb ist auch beim Ausschluss der Minderung entsprechend Abs. 1 Satz 2 1. Alt. die Minderung bei der Vormiete nicht zu berücksichtigen. Die alte vereinbarte Vormiete ist die Obergrenze für die Weitervermietung, wenn diese oberhalb der Grenze des § 556d Abs. 1 BGB liegt.

d) Mangelbeseitigung. Hat der Vermieter den **Mangel nicht beseitigt,** aber **18** den schlechteren Zustand der Mietsache im zulässigen Rahmen als **vertragsgemäß vereinbart,** also bei einer Flächenabweichung wie max. 10% im neuen Mietvertrag die richtige oder zumindest nur eine kleiner als 10-prozentige Abweichung vereinbart, oder bei einer Wohnung, die den Mindeststandard (BGH NJW 2004, 3174) nicht erreichte, wirksam (BGH NZM 2010, 356) einen schlechteren Zustand vereinbart, so ist die Mietsache, obwohl sich tatsächlich nichts verändert hat, nunmehr **rechtlich mangelfrei.** Dies liegt am subjektiven Mangelbegriff. Die Parteien bestimmen die **Soll-Beschaffenheit.** Daran ist die Ist-Beschaffenheit zu messen. Das ist kein Problem der Minderung und der Berechnung der Vormiete bei Mietminderung, sondern eine Frage, der Vergleichbarkeit des Vormiet- mit dem Wiedervermietungsverhältnisses. Der Vermieter stellt dem Mieter jetzt nach dem Inhalt des Mietverhältnisses ein Weniger zur Verfügung. Es fehlt also an der **Äquivalenz** zwischen beiden Mietverhältnissen (V.*Emmerich* in Staudinger, § 556e BGB Rdn. 5). In diesen Fällen gibt es für die eingeschränkte Vermieterleistung gar **keine Vormiete.** Die Wohnung wird erstmals in diesem Zustand mangelfrei vermietet. Es gilt als **Grenze nur § 556d Abs. 1 BGB** (i. E. ebenso *Artz* MDR 2015, 549, 551). Es kann nicht die geminderte Miete als Vormiete in Ansatz gebracht werden.

4. Mieterhöhungen im letzten Jahr

19   a) **Vermutetes kollusives Verhalten.** Die letzte vom Mieter geschuldete Vormiete ist dann nicht in voller Höhe als Obergrenze für eine Wiedervermietungsmiete maßgeblich, soweit sie auf einer Mieterhöhung beruht, die mit dem Vormieter innerhalb des letzten Jahres vor Beendigung des Mietverhältnisses vereinbart worden ist. Auch wenn der Gesetzgeber damit **ein kollusives Verhalten** von Vermieter und Vormieter unterbinden wollte, so ist dies nicht Tatbestandsmerkmal der Norm. Nicht erfasst werden die Preisvereinbarungen, die bei Abschluss eines neuen Mietvertrages im letzten Jahr vor Begründung des ersten Mietverhältnisses vor Inkrafttreten der Begrenzung der Wiedervermietungsmiete getroffen wurden. In diesem Fall liegt keine Mieterhöhung vor. Wird der Wohnraum nur kurz vermietet, und anschließend weitervermietet, handelt es sich bei der **Kurzeitmiete** um eine Vormiete iSd § 556e Abs. 1 BGB. Dies gilt allenfalls dann nicht, wenn es sich um ein **Scheingeschäft** gem. § 117 BGB handelt.

20   b) **Ausschlusstatbestand.** Der **Ausschlusstatbestand** des Abs. 1 S. 2 2. Alt gilt nur für **Vereinbarungen.** Damit sind alle auf einem Vertrag beruhenden Mietabänderungen gemeint. **aa)** Dazu zählt zunächst eine **Mietabänderungsvereinbarung** gem. § 557 Abs. 1 BGB. **bb)** Nicht hierzu zählt der **Abschluss des Mietvertrages. cc)** Zu den Vereinbarungen, die unberücksichtigt zu bleiben haben, wenn sie im letzten Jahr getroffen wurden, zählen aber alle Mieterhöhungen auf die **ortsübliche Vergleichsmiete** gem. § 558ff. BGB. Allein die Tatsache, dass der Vermieter hierauf einen Anspruch hat, ändert am Vereinbarungscharakter nichts. Unerheblich ist dabei, ob der Mieter vorprozessual zugestimmt hat, sich im Zustimmungsprozess mit dem Vermieter vergleichsweise geeinigt hat oder zur Zustimmung verurteilt wurde. **dd)** Mieterhöhungen gem. § 559 BGB nach **Modernisierungsmaßnahmen** oder wegen **Betriebskostenerhöhungen** gem. § 560 BGB werden aus der Vormiete nicht herausgerechnet, da sie nicht „vereinbart" werden, sondern durch Gestaltungserklärung des Vermieters einseitig durchgesetzt werden. **ee)** Das Gleiche gilt für Kostenmieterhöhungen aus dem letzten Jahr. Für Mietverträge, die bis 31.3.2020 abgeschlossen wurden, muss der Vermieter wegen des bis zu dem Zeitpunkt geltenden eindeutigen Wortlauts des § 556g Abs. 1a BGB aber auch in den Fällen der einseitigen Mieterhöhung die Miete ein Jahr vor Beendigung des Mietverhältnisses angeben, obwohl das nicht die rechtliche maßgebliche Vormiete ist.

21   c) **Frist.** Die Frist berechnet sich von der **rechtlichen Beendigung** des Vormietverhältnisses an ein Jahr zurück. Der Zeitraum berechnet sich nach §§ 187 Abs. 1, 188 Abs. 2 BGB. Es kommt **nicht auf die Räumung** der Wohnung durch den Vormieter oder die Möglichkeit der Weitervermietung an. Bei mehreren ggf. auch hilfsweise ausgesprochenen Kündigungen (dazu *Fleindl* ZMR 2020, 1) muss für das Nachfolgemietverhältnis ggf. entschieden werden, welche der Kündigungen wirksam war, um die Vormiete zu ermitteln.

22   Es kommt nicht darauf an, ab wann die Mieterhöhung wirksam wurde, sondern auf den Zeitpunkt ihrer **Vereinbarung. (a)** Bei Mietabänderungsvereinbarungen gem. § 557 Abs. 1 BGB ist der Zeitpunkt der Annahmeerklärung maßgeblich.

(b) Bei Zustimmungen zu einem Mieterhöhungsverlangen gem. § 558a BGB ist der Zeitpunkt der Zustimmung des Mieters gem. § 558b BGB maßgeblich. Bei einer ausdrücklichen Zustimmung kommt es auf den Zugang beim Vermieter an. **(c)** Wird der Mieter durch das Gericht zur Zustimmung verurteilt, so ist der Zeitpunkt der Rechtskraft des Zustimmungsurteils maßgeblich, weil dies gem. § 894 ZPO die Willenserklärung des Mieters ersetzt. **(c)** Bei **Staffelmieten** ist die letzte Staffel bei der Berechnung der maßgeblichen Vormiete maßgeblich, auch wenn sie im letzten Jahr vor Beendigung des Mietverhältnisses erstmals fällig wurde. Maßgeblich ist der Zeitpunkt der Vereinbarung, also wann die Staffelmietvereinbarung getroffen wurde. **(d)** Das Gleiche gilt für **Indexmieterhöhungen** gem. § 557b BGB.

III. Berücksichtigung von Modernisierungsmaßnahmen

1. Die Modernisierungsmaßnahme

a) Modernisierungsmaßnahmen. Der Vermieter muss eine oder mehrere **Modernisierungsmaßnahmen** gem. § 555b BGB durchgeführt haben. Da es aber um die Möglichkeit einer Mieterhöhung geht, scheiden Maßnahmen nach den Ziffern 2 und 7 des § 555b BGB aus. Ob der Modernisierung eine ordnungsgemäße **Modernisierungsankündigung** gem. § 555c BGB voranging, ist unerheblich. 23

b) Erhaltungsmaßnahmen. Unerheblich sind bloße **Erhaltungsmaßnahmen** gem. § 555a BGB. Sie berechtigen nicht zu einer Modernisierungsmieterhöhung im Bestand. Nichts anderes gilt bei der Begrenzung der Wiedervermietungsmiete. Auch **Mietermodernisierungen** berechtigen nicht zu einem Zuschlag zur zulässigen Wiedervermietungsmiete. Das ergibt sich bereits aus dem Wortlaut des § 556e Abs. 2 BGB, der davon spricht, dass „der Vermieter Modernisierungsarbeiten" durchgeführt haben muss. Das gilt selbst dann, wenn der Vermieter dem Mieter hinterher bestimmte Kosten erstattet. Dadurch wird der Vermieter nicht Bauherr der Maßnahme. Eine modernisierende Instandsetzung ist zu berücksichtigen, es sind aber die anteiligen Erhaltungskosten herauszurechnen. Insofern gilt nichts anderes als bei einer Modernisierungsmieterhöhung gem. § 559ff BGB. Zur Frage, ob dies auch bei der Ermittlung des erheblichen Bauaufwandes im Rahmen des § 556f S 2 BGB gilt, siehe dort Rdn. 10. 24

c) Mieterhöhung. Unerheblich ist es, ob der Vermieter aufgrund der Modernisierungsmaßnahme bereits eine **Mieterhöhung vorgenommen hat oder nicht.** Nur bei Maßnahmen die älter als drei Jahre sind, wird die Modernisierung allenfalls im Rahmen der Vormiete gem. § 556e Abs. 1 BGB berücksichtigt. Die Modernisierung muss nicht im unmittelbaren Vormietverhältnis stattgefunden haben. Es ist auch eine Modernisierung in früheren Mietverhältnissen oder wegen der Phase der Selbstnutzung maßgeblich. 25

Hat der Vermieter bereits eine Mieterhöhung gem. § 559 ff. BGB wegen einer Modernisierungsmaßnahme während der letzten drei Jahren vorgenommen, dann kann diese auch nach Abs. 2 berücksichtigt werden. Eine **Bindungswirkung** kommt der Erhöhung aber nicht. Hat der Vermieter damals Erhaltungsmaßnahmen bei den anrechenbaren Kosten nicht herausgerechnet, muss das jetzt immer noch geschehen, auch wenn der Vormieter die Miete gezahlt hat. Das wäre allenfalls im Rahmen der Vormiete zu berücksichtigen. Umgedreht kann der Vermieter auch 26 höhere Modernisierungsmieterhöhung bei der Wiedervermietungsmiete in Ansatz bringen, wenn er damals bestimmte Kosten vergessen hat oder die Mieterhöhung von vornherein wegen der ihm bekannten eingeschränkten Leistungsfähigkeit des Mieters nur eingeschränkt vorgenommen hat. Es tritt **keine Selbstbindung** oder Verwirkung ein, die dem Vermieter verbietet später den rechtlich zulässigen maximalen Betrag zu verlangen. Das Gleiche gilt, wenn die Mieterhöhung damals gegenüber dem Vormieter ganz oder teilweise ausgeschlossen war, weil dieser sich auf eine **eingeschränkte wirtschaftliche Leistungsfähigkeit** gem. § 559 Abs. 3 und 4 BGB berufen hat. Ebenso ist eine Berücksichtigung der Modernisierung möglich, wenn eine Mieterhöhung gegenüber dem Vormieter wegen des Bestehens einer **Staffelmiete** gem. § 557a Abs. 2 S. 2 BGB oder einer **Indexmiete** gem. § 557b Abs. 2 S. 2 BGB ausgeschlossen war.

27 Hat der Vermieter nach Abschluss der Modernisierungsarbeiten nur eine **Mieterhöhung gem. § 558 BGB auf die ortsübliche Vergleichsmiete** für den modernisierten Standard oder eine Kombination von Mieterhöhungen nach §§ 558 ff. und §§ 559 ff. BGB durchgeführt, kann die Modernisierung auch als Zuschlag gem. § 556e Abs. 2 BGB Berücksichtigung finden. Ausgangspunkt muss aber dann, wie in allen Fällen auch, die **ortsübliche Vergleichsmiete für unmodernisierten Wohnraum** sein.

28 Und schließlich sind auch Modernisierungen zu berücksichtigen, die bisher gar nicht zum Gegenstand einer Mieterhöhung gemacht worden sind. Ob die Arbeiten durchgeführt wurden, während die Wohnung bewohnt war oder in einer **Leerstandsphase** zwischen zwei Vermietungen ist dabei unerheblich.

29 **d) Eigentümerwechsel.** Hat nach der Modernisierung ein **Eigentümerwechsel** und damit Vermieterwechsel gem. § 566 BGB stattgefunden, so kann auch der Erwerber die Modernisierungskosten zum Gegenstand eines Zuschlags zu der nach § 556d Abs. 1 BGB zulässigen Miete machen. Hat der Erwerber Modernisierungen durchgeführt, **bevor er als Eigentümer** eingetragen war, kann er zwar keine Modernisierungsmieterhöhung wegen fehlender Identität zwischen Vermieter und Bauherr erklären, jedoch muss man nach Sinn und Zweck der Regelung hier zu einer Anwendung des § 556e Abs. 2 BGB kommen. Bei einer Neuvermietung durch den Erwerber als Vermieter hätte er wegen des modernisierten Zustands eine höhere Miete vereinbaren können.

2. Zeitpunkt der Maßnahmen

30 Die Möglichkeit zur Berücksichtigung von Modernisierungsmaßnahmen ist **zeitlich beschränkt** auf solche Modernisierungen, die „in den letzten drei Jahren vor Beginn des Mietverhältnisses" durchgeführt wurden.

31 **a) Berechnung der Frist.** Die Dreijahresfrist ist **vom Beginn des Mietverhältnisses an rückwärts** zu berechnen. Dabei kommt nicht auf den Abschluss des Vertrages, sondern seine Invollzugsetzung an.

32 **b) Vertragsbeginn.** Die Frist beginnt genau **drei Jahre vor Mietvertragsbeginn.** Bereits **vom Wortlaut** her kann es nur um die Arbeiten an sich gehen. Bei der Vorschrift handelt es sich um eine weit auszulegende **Ausnahmevorschrift,** weil das Anliegen des Gesetzes ist, Modernisierungen zu fördern (*Flatow* WuM 2015, 191). Deshalb genügt es, wenn das **Ende der Bauarbeiten** in den Dreijahreszeitraum fällt (*Blank* WuM 2014, 641, 652).

Berücksichtigung der Vormiete **BGB § 556e**

3. Berechnung der zulässigen Miete

a) Zuschlagsermittlung. Der gem. Abs. 2 zulässige Zuschlag ist genauso zu 33 ermitteln, wie der Mieterhöhungsbetrag bei einer Mieterhöhung nach Modernisierungsmaßnahme. Dazu müssen
- Die anrechenbaren Kosten festgestellt werden.
- Der richtige Umlageschlüssel bei Maßnahmen, die sich auf mehrere Wohnungen beziehen, festgelegt werden.
- Drittmittel gem. § 559a BGB angerechnet werden.

b) Modernisierungskosten. Es sind nur die reinen auf die Modernisierung 34 entfallenden Kosten ansatzfähig. Anteilige **Erhaltungskosten** dürfen nicht berücksichtigt werden. Sie müssen herausgerechnet werden. Insofern gilt nichts anderes als bei einer Modernisierungsmieterhöhung gem. § 559ff BGB. Sie können, soweit dies erforderlich ist, ggf. geschätzt werden.

c) Betroffene Wohnungen. Soweit die Kosten nur für **einzelne Wohnungen** 35 entstanden sind, dürfen nur die auf die Wohnung entfallenden Kosten in Ansatz gebracht werden. Soweit Kosten für mehrere Wohnungen angefallen sind, sind diese vom Vermieter nach § 559 Abs. 3 BGB angemessen zu verteilen. Der Vermieter kann dazu im Rahmen der §§ 315, 316 BGB nach **billigem Ermessen** einen Verteilungsschlüssel bestimmen. Dem Vermieter steht dabei ein Ermessensspielraum zu (LG Berlin GE 2019, 1579). **Unbillig** sind solche Umlageschlüssel, die bestimmte Mieter unberechtigterweise bevorzugen oder benachteiligen. Die Verteilung der Kosten nach dem **Verhältnis der tatsächlichen Wohnfläche** ist regelmäßig nicht unbillig. Der Vermieter ist nicht verpflichtet einen Umlageschlüssel zu verwenden, der den vermeintlich unterschiedlichen **Gebrauchswert** der Modernisierungsmaßnahme oder das Maß der potenziellen Energieeinsparung für den einzelnen Mieter berücksichtigt. Gem. § 315 Abs. 3 S. 3 BGB kann die Verteilung durch das Gericht im Zahlungsprozess nur auf Billigkeit überprüft werden. Ist die Verteilung im Einzelfall unbillig so ist das Erhöhungsverlangen trotzdem formell wirksam, es ist nur materiell fehlerhaft (LG Berlin GE 2019, 1579). Das Gericht hat gem. § 315 Abs. 3 S. 2 BGB die Bestimmung einer der Billigkeit entsprechenden Verteilung im Zahlungsverfahren dann vorzunehmen.

d) Kürzungsbeiträge. Kürzungsbeiträge gem. § 559a BGB sind in Abzug zu 36 bringen sind. Das ist deshalb wichtig, weil solche Kürzungsbeträge in den Fällen der Weitervermietung normalerweise nicht weiter anzurechnen sind (LG Berlin GE 1997, 238, GE 2001, 210; V.*Emmerich* in: Staudinger § 558 BGB Rdn. 42a; *Börstinghaus* PiG 70 (2005) 65, 83; *Schach* GE 2004, 278, 282). Das gilt auch im Normalfall der Begrenzung der Weitervermietungsmiete gem. § 556d Abs. 1 BGB. Der verweist nämlich nur auf § 558 Abs. 2 BGB und nicht auf § 558 Abs. 5. Wenn aber der Modernisierungszuschlag gem. § 556e Abs. 2 BGB zu ermitteln ist, dann werden die Kürzungsbeträge abgezogen.

4. Härtegründe des Mieters

Der Nachmieter kann sich **nicht auf wirtschaftliche Härtegründe** berufen. 37 § 559 Abs. 4 BGB ist nach der eindeutigen Verweisung in Abs. 2 S. 2 BGB hier nicht anwendbar. Das entspricht auch Sinn und Zweck der Regelung. Die Härtefallregelung berücksichtigt das Bestandsinteresse des Mieters an der Wohnung zu bezahlbaren Bedingungen. Hier geht es um einen neuen Mietvertrag und der

§ 556f BGB Untertitel 2. Mietverhältnisse über Wohnraum

Mieter kann sich vorher überlegen, ob er die Wohnung zu dem Preis anmieten will.

5. Ermittlung der zulässigen Weitervermietungsmiete

38 **a) Unmodernisierte Wohnungen.** Die zulässige Weitervermietungsmiete ist in den Fällen des Abs. 2 der Art zu ermitteln, dass zunächst die maximal zulässige Miete gem. § 556d Abs. 1 BGB **für unmodernisierte Wohnungen** ermittelt wird, also die ortsübliche Vergleichsmiete plus 10%. Zu dieser Miete wird der Modernisierungszuschlag gem. § 556e Abs. 2 BGB hinzugerechnet. Er ist dann nicht noch einmal um 10% zu erhöhen.

39 **b) Wahlreicht.** Bei **Modernisierungsmieterhöhungen** hat der Vermieter ein **Wahlrecht,** ob er die erfolgte Mieterhöhung gem. § 559 BGB im Rahmen der Vormiete berücksichtigt wissen will oder gem. § 556e Abs. 2 BGB als Zuschlag zur ortsübliche Vergleichsmiete zzgl. 10% hinzurechnen.

IV. Prozessuales

40 Bei § 556e BGB handelt es sich sowohl bei den Fällen des Abs. 1 wie auch denen des Abs. 2 um eine Ausnahmevorschrift zu § 556d Abs. 1. Die Darlegungs- und Beweislast hat deshalb der Vermieter für die Tatbestandsmerkmale der jeweiligen Norm. Den Vermieter trifft deshalb auch die Beweislast dafür, dass es sich nicht um **Instandsetzungsarbeiten** gehandelt hat und bei modernisierenden Instandsetzungsarbeiten auch hinsichtlich der Aufteilung der Kosten auf den Modernisierungsanteil und den Instandsetzungsanteil. Er muss ggf. die Schätzungsgrundlagen darlegen und beweisen. Soweit der BGH (NJW 2015, 934; WuM 2004, 154, 155) hier nur eine **sekundäre Behauptungslast** beim Vermieter sieht, weil der Mieter sich nicht auf **einfaches Bestreiten** beschränken dürfe und zunächst selbst substantiiert vortragen müsse, wo welche Schäden sich befunden haben sollen, gilt das hier nicht. Hintergrund dieser Rechtsprechung ist die Tatsache, dass der Mieter bei einer Bestandsmietenerhöhung schon einige Zeit in der Wohnung gelebt hat und es ihm deshalb auch **tatsächlich möglich** ist, **konkrete Schäden** zu **benennen.** Das ist aber bei der Anmietung eines Objekts, das der Mieter vorher gar nicht kannte, gerade anders. Insofern kann man dem Mieter eine solche erhöhte Darlegungs- und Substantiierungslast in Fällen des § 556e Abs. 2 BGB kaum auferlegen. Regelmäßig ist deshalb ein einfaches Bestreiten mit Nichtwissen zulässig.

§ 556f Ausnahmen

¹**§ 556d ist nicht anzuwenden auf eine Wohnung, die nach dem 1. Oktober 2014 erstmals genutzt und vermietet wird.** ²**Die §§ 556d und 556e sind nicht anzuwenden auf die erste Vermietung nach umfassender Modernisierung.**

I. Allgemeines

Die Vorschrift enthält zwei **wohnungsbezogene Ausnahmen,** bei denen auch in Gebieten mit angespanntem Wohnungsmarkt und entsprechender Landesverordnung die Vorschriften des Unterkapitels 1a nicht uneingeschränkt gelten. § 556f BGB nimmt sowohl nach dem 1. Oktober 2014 erstmals genutzte und vermietete Wohnungen als auch die Wiedervermietung umfassend modernisierter Wohnungen von der Mietpreisbegrenzung aus. Die **Rechtsfolgen** sind bei beiden Alternativen jedoch **unterschiedlich.** Die erste Ausnahme erfasst sämtliche Neubauten, deren Errichtung vor dem Stichtag noch nicht abgeschlossen wurde. Darüber hinaus werden auch die neu errichteten Wohnungen erfasst, die bis zum Stichtag noch keiner Erstnutzung zugeführt wurden. Demgegenüber entfällt bei **umfassend modernisierten Wohnungen** nur für die erste Vermietung die Beschränkung der Wiedervermietungsmiete.

II. Die Neubauwohnungen

1. Der Begriff der Neubauwohnung

Nach Satz 1 ist § 556d nicht anzuwenden auf eine Wohnung, die nach dem 1. Oktober 2014 erstmals genutzt und vermietet wird. Der **Ausnahmetatbestand** gilt für **einzelne Wohnung** und nicht für ein ganzes Haus. So kann bei einem Dachgeschossausbau eine neue Wohnung in einem Altbau vom Anwendungsbereich des § 556d Abs. 1 BGB ausgenommen sein. Es muss sich hinsichtlich der konkreten Wohnung um einen **Neubau** handeln. Für den öffentlich geförderten Wohnungsbau ist in § 16 WoFG definiert, was alles als Wohnungsbau gilt:

a) Definition Neubau. Neubau ist entsprechend § 16 Abs. 1 Nr. 1 WoFG die Schaffung von Wohnraum in einem **neuen selbständigen Gebäude. b) Dauerhafte Nutzbarmachung.** Ebenfalls als Neubau gilt entsprechend § 16 Abs. 1 Nr. 2 WoFG die **dauerhafte Nutzbarmachung** eines Gebäudes zu Wohnzwecken durch Beseitigung von Schäden an dem Gebäude unter wesentlichem Bauaufwand. Nach § 16 Abs. 2 WoFG ist Wohnraum nicht auf Dauer nutzbar, wenn ein zu seiner Nutzung erforderlicher Gebäudeteil zerstört ist oder wenn sich der Raum oder der Gebäudeteil in einem Zustand befindet, der aus bauordnungsrechtlichen Gründen eine dauernde, der Zweckbestimmung entsprechende Nutzung nicht gestattet; dabei ist es unerheblich, ob der Raum oder der Gebäudeteil tatsächlich genutzt wird. Als **wesentlicher Aufwand** wird angesehen, wenn dieser **ca. ⅓ des für eine Neubauwohnung** erforderlichen Aufwandes erreicht (BGH WuM 2010, 679; BVerwGE 38, 286, 289). **c) Schaffung von Wohnraum.** Schließlich zählt die unter wesentlichem Bauaufwand erfolgte **Schaffung von Wohnraum** durch **Änderung,** Nutzungsänderung oder **Erweiterung** von Gebäuden als Neubau, § 16 Abs. 1 Ziff. 3 WoFG. Das ist z. B. der Fall, wenn aus Räumlichkeiten, die bisher nicht zu Wohnzwecken bestimmt waren, mit wesentlichem Bauaufwand Wohnraum neu entsteht. Eine **Erweiterung** liegt vor, wenn eine Aufstockung oder ein Anbau vorgenommen wird und hierdurch eine neue Wohnung entsteht. Dies ist nicht der Fall, wenn nur bestehende Wohnungen erweitert oder vergrößert werden, der Zuschnitt von Wohnungen geändert oder existente Wohnungen aufgeteilt oder zusammengelegt werden. Als wesentlicher Bauaufwand wird auch hier angesehen, wenn dieser ca. ⅓ des für eine Neubauwohnung erforderlichen Aufwandes erreicht. Bei durchschnittlichen Neubaukosten von heute mindestens ca. 2.000, – €/m² ohne Grundstück entspricht **dies mehr als ca. 700, – €/m² Aufwand** der betrieben werden muss.

2. Der Stichtag

4   Die Wohnung darf am 1.10.2014 nicht als Wohnung genutzt oder vermietet worden sein. Der 1.10.2014 selbst zählt nicht mit, so dass erst **Wohnungen, die ab 2.10.2014** erstmals genutzt oder vermietet wurden, aus der Begrenzung der Wiedervermietungsmiete herausfallen. Dem Gesetzgeber ist es durch Art. 3 Abs. 1 GG nicht verwehrt, zur Regelung bestimmter Lebenssachverhalte Stichtage einzuführen, obwohl jeder Stichtag unvermeidlich gewisse Härten mit sich bringt (BVerfGE 122, 151, 178; 126, 369, 399). Voraussetzung ist allerdings, dass die Einführung eines Stichtags überhaupt notwendig und die Wahl des Zeitpunkts orientiert am gegebenen Sachverhalt vertretbar ist. Die mit der Mietobergrenze verfolgten Ziele machten es notwendig, Neubauten ab einem bestimmten Stichtag von deren Geltung auszunehmen. Der Wohnungsmangel auf angespannten Mietmärkten lässt sich dauerhaft nur durch Schaffen zusätzlichen Wohnraums bekämpfen. Die Auswahl des 1. Oktober 2014 als Stichtag ist sachgerecht. An diesem Datum ist der dem Mietrechtsnovellierungsgesetz von 2015 zugrundeliegende Regierungsentwurf veröffentlicht worden (BVerfG NJW 2019, 3054).

3. Nutzungsart

5   **a) Doppelte Nutzungsbeschränkung.** Das Gesetz knüpft nicht an die Fertigstellung der Wohnung, sondern an den Nutzungsbeginn an. Maßgeblich ist eine **doppelte Nutzungsbeschränkung.** Die Wohnung darf bis zum 1.10.2014 weder vermietet noch anderweitig genutzt worden sein. Die Regelung erfasst auch solche Neubauten, die zum Stichtag bereits fertiggestellt waren, aber noch nicht vermietet oder einer anderweitigen Nutzung zugeführt worden sind.

6   **b) Mietvertragsabschluss.** Schädlich ist eine Vermietung am Stichtag. Damit ist der **Mietvertragsabschluss** gemeint und nicht die Invollzugsetzung des Mietvertrages. Das bedeutet, dass eine bis zum 1.10.2014 bezugsfertige Wohnung, die im September 2014 ab 1.10.2014 vermietet wurde ebenso den Beschränkungen unterliegt wie eine Wohnung, die vom *Reißbrett* im September 2014 vermietet wurde und dann im November 2014 bezogen wird. Ebenfalls nicht unter die Ausnahmeregelung fällt der Fall einer **Vermietung zu gewerblicher Nutzung,** z. B. als Büro nach dem 1.10.2014 und spätere Vermietung als Wohnung. Es kommt nicht auf die erste Vermietung als Wohnung an. War die Neubauwohnung wegen einer zunächst erfolgten Vermietung als Wohnung ohne Preisbindung zwischenzeitlich als Kanzlei vermietet, gilt der Ausnahmetatbestand des § 556f BGB bei danach wieder erfolgter Vermietung als Wohnung weiter.

7   **c) Besitz.** Außerdem darf die Wohnung bis einschließlich 1.10.2014 auch nicht anderweitig als durch Vermietung genutzt worden sein. Nutzung iSd Vorschrift entspricht der Überlassung iSd § 535 Abs. 1 S. 2 BGB. Das setzt Besitz voraus. Das ist bei der **Selbstnutzung** der Fall auch durch Angehörige oder Dritte, egal ob entgeltlich oder unentgeltlich Auch eine vorherige **gewerbliche Nutzung** bis

Ausnahmen **BGB § 556f**

1.10.2014, z. B. als Büro o. ä. ist schädlich und führt zur Anwendung des § 556d Abs. 1 BGB. Etwas anderes gilt aber dann, wenn nach der gewerblichen Nutzung faktisch überhaupt erst „Wohnraum geschaffen" wurde.

4. Rechtsfolge

Wenn die Voraussetzungen des Satzes 1 vorliegen ist die Wohnung **auf Dauer vom Anwendungsbereich** des § 556d Abs. 1 BGB ausgeschlossen. Damit spielt auch die Ausnahmevorschrift des § 556e BGB in beiden Alternativen keine Rolle. Das gilt für die Erstvermietung und für alle späteren Vermietungen dieser Wohnung, auch wenn die Wohnung ggf. zwischenzeitlich gewerblich genutzt wird. Auch **Staffelmieten** sind für immer aus dem Anwendungsbereich des § 556d Abs. 1 BGB ausgenommen. Es gilt aber § 556g BGB und insbesondere dort der Auskunftsanspruch des Mieters. Der Vermieter muss ihm also die Tatsachen mitteilen, die dazu führen, dass die Wohnung nicht in den Anwendungsbereich des § 556d Abs. 1 BGB fällt.

8

III. Umfassend modernisierte Wohnungen

1. Allgemeines

Als zweite selbständige Ausnahmeregelung bestimmt § 556f S. 2 BGB, dass § 556d und § 556e BGB nicht auf die erste Vermietung nach umfassender Modernisierung anzuwenden sind. Damit unterscheidet das Gesetz in § 556e Abs. 2 und in § 556f S. 2 BGB zwischen **zwei Arten der Modernisierung.** Maßgeblich sind dabei sowohl der **Aufwand** wie auch das **Ergebnis** der Maßnahme. § 556f S. 2 BGB will den Vermieter bei sehr umfangreichen Maßnahmen entlasten, denn die genaue Berechnung der zulässigen Miete nach Maßgabe des andernfalls nur anwendbaren § 556e Abs. 2 BGB wird hierdurch entbehrlich.

9

2. Begriff der umfassenden Modernisierung

a) Umfassende Modernisierung. Der Begriff der umfassenden Modernisierung ist im BGB nicht definiert. Was eine Modernisierung ist, ergibt sich aus § 555b BGB. Die Wiederherstellung eines ehemals bestehenden Zustands (Instandsetzung) wird nicht erfasst (LG Berlin NZM 2019, 818; WuM 2019, 447). Zu einer umfassenden Modernisierung können Maßnahmen nach Nr. 1, 3, 4 und 5 der Vorschrift führen. Das ergibt sich aus dem Zusammenhang mit **§ 559 BGB** an. Dort sind Maßnahmen nach § 555b Nr. 2 und 7 BGB gerade bei der Mieterhöhung nicht erwähnt. Maßnahmen nach § 555b Nr. 6 BGB („erzwungene Maßnahmen") allein erreichen das erforderliche Maß des § 556f S. 2 BGB nicht. Sie können allenfalls im Rahmen einer an sich schon umfassenden Modernisierung anfallen und ggf. auch nur deshalb notwendig werden. **Instandsetzungskosten,** die durch Maßnahmen der Modernisierung verursacht werden, zählen aber entsprechend § 16 Abs. 3 S. 2 WoFG zum wesentlichen Bauaufwand (LG Berlin ZMR 2019, 124; Börstinghaus in: Schmidt-Futterer § 556f BGB Rdn. 17; *Wichert* in Spielbauer/ Schneider, Mietrecht, § 556f BGB, Rdn. 20; *Flatow* WuM 2015, 191; BeckOK MietR/*Theesfeld* BGB § 556f Rdn. 13 f.; **a. A.** Dauner-Lieb/*Langen,* BGB-Schuldrecht 3. Aufl. 2016, Rdn. 13). **Isolierte Erhaltungsmaßnahmen** sind nicht mit in Ansatz zu bringen (LG Berlin WuM 2019, 447).

10

Börstinghaus 1167

§ 556f BGB   Untertitel 2. Mietverhältnisse über Wohnraum

11   **b) Gleichstellung mit Neubauten.** Umfassend iSd § 556f S. 2 BGB ist eine Modernisierung dann, wenn sie einen solchen **Umfang aufweist,** dass eine **Gleichstellung mit Neubauten** gerechtfertigt erscheint. Hierzu kann auf die Definition des § 16 Abs. 1 Nr. 4 WoFG zurückgegriffen werden. Danach gelten als Neubau solche Maßnahmen, bei denen durch die Änderung von bestehendem Wohnraum dieser **unter wesentlichem Bauaufwand an geänderte Wohnbedürfnisse angepasst** wird. Damit ist bei einer umfassenden Modernisierung zum einen auf den **Investitionsaufwand** und zum anderen auf das **Ergebnis** der Maßnahme, also die qualitativen Auswirkungen auf die Gesamtwohnung abzustellen. Ein **wesentlicher Bauaufwand** liegt vor, wenn dieser ca. ⅓ des für eine Neubauwohnung erforderlichen Aufwandes erreicht (BGH WuM 2010, 679; BVerwGE 38, 286, 289). Bei heute durchschnittlichen Neubaukosten von mindestens ca. 2.000 €/m² bedeutet dies, dass **Modernisierungskosten** von mindestens ca. 700 €/m² aufgewendet werden müssen. Nach AG Schöneberg (ZMR 2017, 990 = GE 2017, 1225 bestätigt durch LG Berlin GE 2018, 1527 = ZMR 2019, 124) sollen in den neuen Bundesländern und Berlin die Neubaukosten im Jahr 2016 1486,– €/m² betragen haben, so dass ein Modernisierungsaufwand von ca. 500,– € ausreichen würde; nach LG Berlin (NZM 2019, 818) betrugen die maßgeblichen Neubaukosten 2016 1523,– €/m² und 2018 1811,– €/m². Nach einer wissenschaftlichen Vergleichsstudie von „Neubaukosten der landeseigenen Wohnungsunternehmen Berlins sowie weiterer Wohnungsunternehmen" lagen die Herstellungskosten im Durchschnitt der landeseigenen Wohnungsunternehmen Berlins bei Fertigstellungen 2015 bei 2024 €/m², im Jahr 2017 waren es bereits 2336 €/m² und für 2019 sollten sie bei voraussichtlich 2479 €/m² liegen. Führt der Vermieter die Arbeiten ganz oder teilweise durch **Eigenleistungen** oder durch eigene Mitarbeiter aus, so kann er hierfür entsprechend der Regelung in § 9 II. BV und nach allgemeinen Rechtsgrundsätzen einen Betrag in Ansatz bringen, der bei Beauftragung eines Handwerkers entstanden wäre, jedoch analog § 1 Abs. 1 Satz 2 BetrKV ohne Mehrwertsteuer. Diese Befugnis steht nicht nur dem privaten Vermieter zur Verfügung, der seine eigene Arbeitskraft einsetzt; vielmehr können auch institutionelle Eigentümer, die diese Leistungen durch ihre Arbeitnehmer oder durch unselbständige Einheiten erbringen, nach den Kosten abrechnen, die bei Beauftragung eines Dritten (Unternehmen) entstanden wären. Bei **instandsetzender Modernisierung** müssen die auf die Erhaltungsarbeiten entfallenden Kostenanteile nicht herausgerechnet werden, um die Drittel-Regel zu erfüllen. Allein die Höhe des Bauaufwandes reicht nicht aus, entscheidend ist das Resultat, also **der geschaffene Zustand.** Der Begriff „umfassend" bezeichnet jedoch nicht nur ein quantitatives (Kosten-)Element, sondern gleichberechtigt ein qualitatives Kriterium. Zu berücksichtigen sind die qualitativen Auswirkungen der Maßnahmen auf die Gesamtwohnung (LG Berlin NZM 2019, 818; WuM 2019, 447). Durch diesen Aufwand muss ein Zustand erreicht werden, der einer Neubauwohnung in etwa entspricht. Hierzu zählen insbesondere die Sanitäreinrichtungen, die Heizung, die Fenster, die Fußböden, die Elektroinstallationen und der energetische Zustand der Wohnung.

12   **c) Modernisierungszeitpunkt.** Der **Zeitpunkt** der Modernisierung ist in mehrfacher Hinsicht **unerheblich. (aa)** Er kann vor dem 1. 10. 2014 liegen; **(bb)** er kann nach diesem Termin liegen; **(cc)** er kann vor oder nach Inkrafttreten einer entsprechenden Landesverordnung liegen; **(dd)** er kann auch während des Bestandes eines Vormietverhältnisses liegen; **(ee)** es kann sich auch erst eine Phase der

Selbstnutzung durch den Vermieter anschließen. Das Gesetz verlangt ausschließlich, dass es sich um die „erste Vermietung nach umfassender Modernisierung" handelt. Wurde die Wohnung nach umfassender Modernisierung erst selbst genutzt ist das deshalb unschädlich. Demgegenüber ist jede Art der Vermietung schädlich und führt für alle Folgevermietungen zur Anwendung der Vorschriften dieses Unterkapitels. Das gilt auch für gewerbliche Vermietung oder gewerbliche Zwischenvermietungen. Die **umfassende Modernisierung muss nicht durch eine Maßnahme** erreicht werden. Es ist auch möglich, dass diese zu verschiedenen Terminen stattgefunden hat (*Winkler* ZfIR 2016, 121). Entscheidend ist aber, dass zwischen den einzelnen Maßnahmen keine Neuvermietung stattgefunden hat und dass der erreichte Zustand zum Zeitpunkt der jetzt zu beurteilenden Wiedervermietung einer Neubauwohnung entspricht.

3. Rechtsfolge

a) **Folgevermietungen.** Nach einer umfassenden Modernisierung gelten die 13 § 556d und § 556e Abs. 2 BGB für die daran anschließende Vermietung nicht. Ausgeschlossen ist bei umfassender Modernisierung nicht nur die Anwendung des § 556d BGB, sondern auch die des § 556e BGB. Bei weiteren **Folgevermietungen** gelten dann die Vorschriften dieses Unterkapitels 1a ohne Einschränkungen. Das bedeutet, dass die zunächst unbeschränkte Miete der ersten Vermietung nach umfassender Modernisierung anschließend als **Vormiete** gem. § 556e Abs. 1 BGB weiter zulässigerweise vereinbart werden darf. Nur Erhöhungen sind nicht möglich.

b) **Staffelmietvereinbarungen.** Problematisch ist die Anwendung der Vor- 14 schrift auf **Staffelmietvereinbarungen** (Börstinghaus in: Schmidt-Futterer § 556f BGB Rdn. 24). Nach § 557a Abs. 4 BGB sind die §§ 556d–556g BGB auf jede einzelne Staffel anzuwenden. Das bedeutet jede einzelne Staffel soll auf die Einhaltung der Grenzen einer Wiedervermietungsmiete überprüft werden. Rechtlich wird damit jede Staffel als „Mietvertragsabschluss" bewertet.

IV. Prozessuales

Der Vermieter muss die Tatbestandsvoraussetzungen des § 556f BGB in beiden 15 Alternativen im Streitfall darlegen und beweisen.

§ 556g Rechtsfolgen; Auskunft über die Miete

(1) ¹**Eine zum Nachteil des Mieters von den Vorschriften dieses Unterkapitels abweichende Vereinbarung ist unwirksam.** ²**Für Vereinbarungen über die Miethöhe bei Mietbeginn gilt dies nur, soweit die zulässige Miete überschritten wird.** ³**Der Vermieter hat dem Mieter zu viel gezahlte Miete nach den Vorschriften über die Herausgabe einer ungerechtfertigten Bereicherung herauszugeben.** ⁴**Die §§ 814 und 817 Satz 2 sind nicht anzuwenden.**

(1a) ¹**Soweit die Zulässigkeit der Miete auf § 556e oder § 556f beruht, ist der Vermieter verpflichtet, dem Mieter vor dessen Abgabe der Vertragserklärung über Folgendes unaufgefordert Auskunft zu erteilen:**

1. im Fall des § 556e Abs. 1 darüber, wie hoch die Vormiete des Vormietverhältnisses war,
2. im Fall des § 556e Abs. 2 darüber, dass in den letzten drei Jahren vor Beginn des Mietverhältnisses Modernisierungsmaßnahmen durchgeführt wurden,
3. im Fall des § 556f Satz 1 darüber, dass die Wohnung nach dem 1. Oktober 2014 erstmals genutzt und vermietet wurde,
4. im Fall des § 556f Satz 2 darüber, dass es sich um die erste Vermietung nach umfassender Modernisierung handelt.

²Soweit der Vermieter die Auskunft nicht erteilt hat, kann er sich nicht auf eine nach § 556e oder § 556f zulässige Miete berufen. ³Hat der Vermieter die Auskunft nicht erteilt und hat er diese in der vorgeschriebenen Form nachgeholt, kann er sich erst zwei Jahre nach Nachholung der Auskunft auf eine nach § 556e oder § 556f zulässige Miete berufen. ⁴Hat der Vermieter die Auskunft nicht in der vorgeschriebenen Form erteilt, so kann er sich auf eine nach § 556e oder § 556f zulässige Miete erst dann berufen, wenn er die Auskunft in der vorgeschriebenen Form nachgeholt hat.

(2) ¹Der Mieter kann von dem Vermieter eine nach den §§ 556d und 556e nicht geschuldete Miete nur zurückverlangen, wenn er einen Verstoß gegen die Vorschriften dieses Unterkapitels gerügt hat. ²Hat der Vermieter eine Auskunft nach Abs. 1a Satz 1 erteilt, so muss die Rüge sich auf diese Auskunft beziehen. ³Rügt der Mieter den Verstoß mehr als 30 Monate nach Beginn des Mietverhältnisses oder war das Mietverhältnis bei Zugang der Rüge bereits beendet, kann er

nur die nach Zugang der Rüge fällig gewordene Miete zurückverlangen.

(3) ¹Der Vermieter ist auf Verlangen des Mieters verpflichtet, Auskunft über diejenigen Tatsachen zu erteilen, die für die Zulässigkeit der vereinbarten Miete nach den Vorschriften dieses Unterkapitels maßgeblich sind, soweit diese Tatsachen nicht allgemein zugänglich sind und der Vermieter hierüber unschwer Auskunft geben kann. ²Für die Auskunft über Modernisierungsmaßnahmen (§ 556e Absatz 2) gilt § 559b Absatz 1 Satz 2 und 3 entsprechend.

(4) Sämtliche Erklärungen nach den Absätzen 1a bis 3 bedürfen der Textform.

Übersicht

	Rdn.
I. Allgemeines	1
II. Teilunwirksamkeit der Mietpreisabrede	2
1. Allgemeines	2
2. Mietpreisabreden	3
3. Mieterhöhungen	5
4. Keine Rügepflicht	6
III. Die vorvertragliche Informationsobliegenheit (Abs. 1a)	9a
1. Die Obliegenheit	9a
a) Vormiete	9e
b) Modernisierung	9f
c) Neubau	9g
d) Umfassende Modernisierung	9h

	Rdn.
2. Die Rechtsfolgen unterlassener Informationen	9i
3. Die Heilung formeller Informationsmängel	9k
4. Die Heilung materieller Informationsmängel	9l
IV. Der Rückforderungsanspruch	10
1. Allgemeines	10
2. Die Rügepflicht	12
a) Tatbestandsvoraussetzung	12
b) Form der Rüge	15
c) Geltendmachung	16
d) Verjährung	17
3. Kenntnis des Mieters	18
4. Umfang des Anspruchs	19
V. Der Auskunftsanspruch	21
1. Allgemeines	21
2. Inhalt des Auskunftsanspruchs	22
a) Tatsachen	22
b) Zulässigkeit	23
c) Zugänglichkeit	24
d) „unschwer"	25
3. Beifügung von Belegen	26
4. Besonderheit bei Modernisierungsmaßnahmen	27
a) Auskunftsverlangen	27
b) Berechnung und Erläuterung	28
c) Überprüfung	29
d) Instandsetzung	30
e) Erweiterte Auskunftspflicht	31
5. Frist zur Erteilung der Auskunft	32
6. Verjährung des Auskunftsanspruchs	33
7. Folgen einer fehlenden Auskunft	35
a) Auskunftsklage	35
b) Zurückbehaltungsrecht	36
c) Qualifizierte Rüge	37
d) Pflichtwidrigkeit	38
e) Falsche Auskunft	39
f) Kündigung	40

I. Allgemeines

Die **Vorschrift enthält die Rechtsfolgen** eines Verstoßes gegen die §§ 556d–556g BGB. Vereinbarungen, die zum Nachteil des Mieters von diesen Vorschriften abweichen, sind unwirksam. Es handelt sich bei diesen Vorschriften deshalb um **halbzwingende Normen.** Für den Hauptfall der Abweichung, nämlich die Überschreitung der maximal zulässigen Miete, ordnet Satz 2 an, dass sich Unwirksamkeit der Mietpreisabrede nur auf den Teil bezieht, der oberhalb der maximal zulässigen Miete liegt. In Satz 3 räumt das Gesetz dem Mieter einen Rückzahlungsanspruch nach den Vorschriften der ungerechtfertigten Bereicherung ein, der selbst bei Kenntnis des Mieters von der Unwirksamkeit der Mietpreisabrede besteht. 1

Absatz 1a hat für Mietverträge, die ab 1.1.2019 abgeschlossen wurden, eine vorvertragliche Informationsobliegenheit des Vermieters eingeführt. Damit sollte ein vermeintliches Informationsdefizit auf Mieterseite ausgeglichen werden. Vor allem 1a hinsichtlich der Vormiete wollte der Gesetzgeber Transparenz schaffen. Rechtsfolge einer unterlassenen Information über das Vorliegen eines Ausnahmetatbestandes ist nicht die Reduzierung der Wiedervermietungsmiete auf 110% der ortsüblichen Vergleichsmiete, sondern das an den Vermieter gerichtete Verbot sich auf den Ausnahmetatbestand zu „berufen". Der Vermieter kann aber nicht formgerecht erteilte oder gänzlich unterlassene Informationen nachholen, wobei die Rechtsfolgen dann wieder unterschiedlich sind. Abs. 1a Ziff. 1 ist mit Wirkung ab 1.4.2020 dahingehend angepasst worden, als dass nun die letzte Vormiete anzugeben ist, während bei Mietverträgen, die vor dem Datum abgeschlossen wurden, die ein Jahr vor Beendigung geschuldete Vormiete anzugeben war, auch wenn danach rechtmäßig einseitige Mieterhöhungen erfolgten.

1b Absatz 2 regelt das Erfordernis der Rüge als Voraussetzung für den Rückforderungsanspruch. Bei der Anwendung der Vorschrift muss zwischen Mietverträgen, die vor und nach dem 1.4.2020 abgeschlossen wurden, unterschieden werden. Bei den älteren Mietverträgen gilt § 556g Abs. 2 BGB in der a. F. Danach kann der Mieter erst **nach einer qualifizierten Rüge** fällig gewordene überzahlte Beträge **zurückzuverlangen.** Für neuere Mietverträge gilt der Absatz in der aktuellen Fassung. Hier kann der Mieter auch vor der Rüge gezahlte Beträge zurückverlangen, wenn er den Verstoß gegen die Vorschriften des vorliegenden Unterkapitels nicht mehr als 30 Monate nach Beginn des Mietverhältnisses gerügt hat. Ausgeschlossen ist der Rückzahlungsanspruch für die Vergangenheit aber wiederum dann, wenn das Mietverhältnis bei Zugang der Rüge bereits beendet war. In diesem Fall kann er nur die nach Zugang der Rüge fällig gewordene Miete zurückverlangen. Absatz 3 räumt dem Mieter einen **Auskunftsanspruch** ein, der es ihm ermöglichen soll, die Berechtigung der vereinbarten Miete zu prüfen.

II. Teilunwirksamkeit der Mietpreisabrede

1. Allgemeines

2 Alle **Abweichungen** von den Vorschriften dieses Unterkapitels 1a zu Lasten des Mieters **sind unwirksam.** Dazu zählen neben der Mietpreisabrede auch alle weiteren Vereinbarungen, die von den § 556d bis § 556g BGB abweichen. Das ist z. B. eine **Verschärfung der Rügepflicht,** die Einführung einer Frist für die Rüge, die Einführung einer kurzen Verjährungsfrist für den Rückzahlungsanspruch oder der Verzicht auf den Auskunftsanspruch. Auch **Bestätigungsklauseln,** mit denen der Mieter bestätigt, die Wohnung als Neubau gem. § 556f S. 1 BGB oder auch umfassend modernisiert erhalten zu haben, fallen hierunter. Hat der Mieter dem Vermieter eine **„Provision"** oder **„Schmiergeld"** (*Blank* WuM 2014, 641, 657) angeboten, um die Wohnung zu erhalten, so ist diese Vereinbarung ebenfalls nichtig, da die Zahlung als Teil der Miete zu bewerten ist. Provisionen an den Vormieter sind ebenso nach § 4a WoVermittG unwirksam wie ein Kauf- oder Übernahmevertrag von Einrichtungsgegenständen zu einem Preis, der in auffälligem Missverhältnis zum Wert der Einrichtung steht. Nicht unter das Nachteilsverbot fallen spätere Mieterhöhungen über die ortsübliche Vergleichsmiete hinaus.

Rechtsfolgen; Auskunft über die Miete **BGB § 556g**

2. Mietpreisabreden

Bei einem Verstoß gegen § 556g BGB ist der Mietvertrag weiter wirksam. Auch 3
die Mietpreisabrede ist **nicht insgesamt unwirksam,** mit der Folge, dass entweder
die angemessene oder die ortsübliche Miete geschuldet wird oder dem Vermieter
nunmehr ein Leistungsbestimmungsrecht zusteht. Vielmehr folgt die Vorschrift
dem Modell des § 134 BGB, also was nicht ausdrücklich verboten ist, ist erlaubt.
Mietpreisabreden sind im Regelfall bis zu 110% der ortsüblichen Vergleichsmiete
wirksam. Nur darüberhinausgehende Abreden sind unwirksam. Die maßgeblichen
Werte sind für den Termin des Mietvertragsbeginns festzustellen. Spätere Änderungen sind unerheblich. Das Rechtsinstitut der **dynamischen Nichtigkeit** (KG NJW-RR 1995, 1037; OLG Hamm NJW 1983, 1622; WuM 1995, 384) gilt hier anders
bei § 5 WiStG nicht. Hier gilt eine **statische Nichtigkeit.**

Beruft sich der Vermieter auf eine **höhere Vormiete** gem. § 556e Abs. 1 BGB, 4
so ist die Miete bis zu Höhe der anzurechnenden Vormiete (ggf. abzgl. der Mieterhöhung des letzten Jahres) zulässig. Bei **einfachen Modernisierungen** gem.
§ 556e Abs. 2 BGB in den letzten drei Jahren vor Mietvertragsbeginn, ist die Miete
in Höhe von 110% der ortsüblichen Vergleichsmiete zzgl. der – theoretisch – möglichen Modernisierungsmieterhöhung wegen dieser Maßnahme zulässig.

3. Mieterhöhungen

Wirksam ist die Vereinbarung von **Mieterhöhungen nach Beginn des Miet-** 5
verhältnisses, selbst wenn die Grenze des der §§ 556d, 556e BGB überschritten
wird. Lediglich für Staffelmieten gibt es eine Sonderregel in § 557a Abs. 4 BGB.
Der Mieter kann mit dem Vermieter bereits kurz nach Mietvertragsbeginn gem.
§ 557 Abs. 1 BGB eine Mietabänderungsvereinbarung treffen. Solche Vereinbarungen betreffen den **Schutzbereich der §§ 556d–556g BGB** nicht mehr. Der Vermieter hat keinen Anspruch auf solche Änderungsvereinbarungen, aber wenn der
Mieter zustimmt, dann sind sie auch wirksam. Allenfalls, wenn solche Vereinbarungen als Staffelmiete zu werten sind, können sie gem. § 557a Abs. 4 iVm § 556d
Abs. 1 BGB unwirksam sein.

4. Keine Rügepflicht

Die Unwirksamkeit der Mietpreisabrede setzt unabhängig vom Zeitpunkt des 6
Mietvertragsabschlusses **keine Rüge** voraus. Die Unwirksamkeit gilt kraft Gesetzes
und ergibt sich unmittelbar aus § 556g Abs. 1 BGB. Bedeutung hat dies immer
dann, wenn der Mieter die vereinbarte Miete nicht gezahlt hat und der Vermieter
auf Zahlung klagt. In diesem Fall kann der Mieter sich auch für Zeiträume in der
Vergangenheit und vor allem auch vor einer Rüge auf die Teilunwirksamkeit der
Mietpreisabrede berufen.

Das gilt auch bei allen **Kündigungen wegen Zahlungsverzugs** gem. §§ 543 7
Abs. 2 Nr. 3, 573 Abs. 2 Nr. 1 BGB. Bei der Rückstandsermittlung knüpft das Gesetz an die zulässige Miete an. Ist die Mietpreisvereinbarung teilweise unwirksam,
weil sie gegen § 556g Abs. 1 BGB verstößt, so ist für die Ermittlung der Kündigungsrelevanz die preisrechtlich zulässige Miete maßgeblich. Darf der Vermieter
sich aber gem. § 556g Abs. 1a BGB nur auf eine Ausnahmevorschrift nicht berufen,
so ist die zulässige Wiedervermietungsmiete inkl. der Ausnahmeregelungen, auch
wenn der Vermieter sie in der Höhe nicht verlangen darf, anzusetzen. Die Rechtsfolge des sich nicht Berufen-Dürfens ist eine Strafe für den Vermieter (Börstinghaus

in: Schmidt-Futterer § 556g BGB Rdn. 27a), weil er der Informationsobliegenheit nicht nachgekommen ist. Er bekommt die preisrechtlich zulässige Miete nicht vollständig. Er soll dadurch aber keinen Vorteil erhalten, wonach das Mietverhältnis früher gekündigt werden kann. Ein Irrtum des Mieters über die Höhe der geschuldeten Miete ist als **Rechtsirrtum** nach der Rechtsprechung des BGH (WuM 2012, 323; NJW 2012, 2882) kaum vorstellbar. Insbesondere gilt im Mietrecht kein anderer **Verschuldensmaßstab** (BGH NZM 2015, 196).

8 Auch bei einer **Rückzahlungsklage wegen eines Teils der Kaution** ist die Rüge nicht erforderlich. Bei einer dauerhaften Herabsetzung der Miete reduziert sich nämlich auch die Mietsicherheit. Auch in all diesen Verfahren trifft den Mieter die Darlegungs- und Beweislast hinsichtlich eines Verstoßes gegen § 556d Abs. 1 BGB. Der Vermieter muss die Ausnahmetatbestände der §§ 556e und 556f BGB beweisen.

9 Will der Mieter mit einem vermeintlichen Rückzahlungsanspruch **aufrechnen,** muss er zuvor eine Rüge erhoben haben. Welche Forderungen dann zur Aufrechnung gestellt werden können hängt vom Zeitpunkt des Mietvertragsabschlusses an. Bei Mietverträgen, die vor dem 1.4.2020 abgeschlossen wurden, können nur für die nach Zugang der Rüge fällig werdenden Mieten und gezahlten Mieten zur Aufrechnung gestellt werden. Bei später abgeschlossenen Mietverträgen kann er bei einer Rüge innerhalb der ersten 30 Monate nach Vertragsschluss auch die vermeintlichen Überzahlungen seit Vertragsbeginn zur Aufrechnung stellen. Das gilt aber dann wiederum nicht, wenn das Mietverhältnis zum Zeitpunkt des Zugangs der Rüge bereits beendet war. Das setzt voraus, dass dem Mieter eine formell wirksame ordentliche oder außerordentliche Kündigung zugegangen ist und ein Kündigungsgrund bestand. Bei der ordentlichen Kündigung muss auch die Kündigungsfrist abgelaufen sein. Um eine Zahlungsverzugskündigung unwirksam werden zu lassen muss die Aufrechnung „unverzüglich" nach der Kündigung erfolgen, § 543 Abs. 2 S. 3 2. HS BGB.

III. Die vorvertragliche Informationsobliegenheit (Abs. 1 a)

1. Die Obliegenheit

9a Durch das Mietrechtsanpassungsgesetz vom 18.12.2018 wurde eine **vorvertragliche Informationsobliegenheiten** des Vermieters über das Vorliegen einer der 4 Ausnahmetatbestände eingeführt (dazu Horst MDR 2019, 971; Artz/Börstinghaus NZM 2019, 12; Börstinghaus ZAP F. 4 S. 1777; Selk NJW 2019, 329). Sie bleiben weit hinter der Auskunftspflicht gem. Abs. 3 zurück. Es muss dem Mieter im Ergebnis nur mitgeteilt werden, dass der Vermieter sich auf eine Ausnahme beruft. Die Informationen, die der Mieter benötigt, um die zulässige Miete zu ermitteln, erhält er nicht. Die Regelung ist als **Strafvorschrift gegenüber den Vermietern** zu verstehen, die zulässigerweise mehr als 110% der ortsüblichen Vergleichsmiete als Miete vereinbaren. Die Inanspruchnahme einer Ausnahme soll erschwert werden.

9b Um das **Informationsdefizit** auszugleichen, muss der Vermieter nur bei Mietverträgen, die seit dem 1.1.2019 abgeschlossen werden, den Mieter vor dessen Abgabe der Vertragserklärung über das Vorliegen eines Ausnahmetatbestandes in **Textform** informieren. Zwar spricht der Gesetzeswortlaut von einer Verpflichtung, es handelt sich aber nur um eine Obliegenheit. Die Verpflichtung ist vor Vertragsschluss zu erfüllen, so dass noch gar kein Anspruch bestehen kann. Außerdem ist die Regelung so ausgestaltet, dass der Mieter nicht darauf angewiesen ist, den Auskunftsanspruch gerichtlich durchzusetzen. Ein **Verstoß gegen die Auskunftsobliegenheit** führt automatisch zum **Rechtsverlust** des Vermieters. Deshalb sind weitergehende Ansprüche auf Schadensersatz mangels Vorliegens eines Schadens regelmäßig ausgeschlossen (BT-Drs. 19/4672 S. 25). Dafür spricht auch die Gesetzesbegründung. Die Verpflichtung besteht danach ausschließlich **im Interesse des Vermieters,** damit er sich auf das Vorliegen eines Ausnahmetatbestandes berufen kann. Dass der Mieter durch die Information ggf. eher davon erfährt, dass er weniger Miete zahlen muss, ist lediglich die Rechtsfolge des Fehlers des Vermieters. Der Unterschied zu einer „Pflicht" besteht bei einer schuldhaft falschen Auskunft. Diese ist eine Information iSd Abs. 1 a S. 1, so dass der Vermieter sich auf die Ausnahme berufen kann (*Lützenkirchen* MietRB 2019, 86, 90; **aA** *Wichert* ZMR 2019, 245, 247). Aber Schadensersatzansprüche kommen trotzdem in Betracht. Ohne die Obliegenheit hätte der Vermieter die Angaben ggf. gar nicht machen müssen, aber wenn er sie macht, müssen sie auch wahr sein. Hat der Mieter die Rüge unterlassen, weil der Vermieter ihm z. B. eine falsche Vormiete mitgeteilt hat, dann muss er schadensersatzrechtlich so gestellt werden, als wenn er die richtige Information erhalten hätte.

Die Auskunft muss der Vermieter dem Mieter **unaufgefordert** also ohne vorheriges Auskunftsverlangen erteilen. Eine gesonderte Erklärung bzw. ein gesondertes Schriftstück ist hierfür nicht erforderlich; es ist vielmehr ausreichend, wenn die Information in das vom Mieter zu unterzeichnende Exemplar des **Mietvertrages** aufgenommen wird. Gleichgestellt sind Informationen, die der Vermieter dem Mieter anderweitig vor Vertragsschluss erteilt, zB in einem **Exposé** oder in einem Anschreiben vor oder mit Mietvertragsübersendung. Der Hinweis in einer **Internetbörse** oder auf der **Homepage** des Vermieters genügt nicht. Die Beweislast für die rechtzeitige Auskunftserteilung liegt beim Vermieter, der sich auf die Regelung berufen will. **9c**

Die zu erteilende Information muss sich aber **nur auf die 4 Ausnahmetatbestände** beziehen: **9d**

a) Vormiete: Zu unterscheiden ist zwischen Mietverträgen, die vor und ab dem 1. 4. 2020 abgeschlossen wurden. (1) Nach der **bis zu diesem Termin** geltenden Gesetzesfassung musste der Vermieter dem Mieter im Fall des § 556 e Abs. 1 Auskunft darüber zu erteilen, wie hoch die **Vormiete ein Jahr vor Beendigung des Vormietverhältnisses** war. Angegeben werden muss die Miete, die **ein Jahr vor Beendigung des Vormietverhältnisses** geschuldet wurde. Der Gesetzgeber hat damit auf die Ausnahmevorschrift des § 556 e Abs. 1 Satz 2 2. Alt. BGB reagiert, da bei der Ermittlung der Vormiete Mieterhöhungen, die mit dem vorherigen Mieter innerhalb des letzten Jahres vor Beendigung des Mietverhältnisses vereinbart worden sind, unberücksichtigt bleiben (→ BGB § 556 e Rdn. 32). Berücksichtigt werden aber alle Mieterhöhungen, die nicht oder außerhalb des Jahreszeitraums vereinbart wurden. Deshalb ist die Information, die der Vermieter dem Mieter geben muss, in zahlreichen Fallgestaltungen **völlig wertlos** (*Artz/Börstinghaus* NZM 2019, 12 (16); MüKoBGB/*Artz* § 556 g Rdn. 13 ff). Folgende Sachverhalte sind zu unterscheiden: **(a)** Im letzten Jahr hat es **keine Mieterhöhungen** gegeben. In diesem Fall entspricht die Vormiete ein Jahr vor Beendigung des Mietverhältnisses der Vormiete, die maximal vereinbart werden darf. Die Information, die der Mieter erhält, entspricht der Rechtslage. **(b)** Im letzten Jahr vor Beendigung des Vormietverhältnisses hat es eine Mieterhöhung gem. §§ 557, 558 BGB gegeben. Auch in diesem Fall ist die mitzuteilende Vormiete, diejenige die nach § 556e Abs. 1 BGB maßgeblich ist. **(c)** Es hat nach der Vermietung als Wohnung zunächst eine **gewerbliche Vermietung,** z. B. als Büro, stattgefunden. In diesem Fall muss die Miete ein Jahr vor Beendigung des Wohnraummietverhältnisses mitgeteilt werden. Ob im letzten Jahr einseitige Mieterhöhungen stattgefunden haben, ist unerheblich. Die eventuell zwischenzeitlich höher Gewerbemiete ist ebenfalls unerheblich und muss nicht mitgeteilt werden. **(d)** Im letzten Jahr des Vormietverhältnisses hat eine **Modernisierungsmieterhöhung** gem. §§ 559, 559b BGB stattgefunden. In diesem Fall ist die Miete ohne die Modernisierungsmieterhöhung, die ein Jahr vor Beendigung des Vormietverhältnisses geschuldet wurde, mitzuteilen. Die zulässige Vormiete, die aber vereinbart werden darf, ist die erhöhte Miete. Die Information ist für den Mieter deshalb nutzlos und verursacht eher Missverständnisse und gerichtliche Auseinandersetzungen. Dies gilt auch für Mieterhöhungen im vereinfachten Verfahren gem. § 559c BGB. **(e)** Im letzten Jahr des Bestandes des Vormietverhältnisses sind **Staffel- oder Indexmieterhöhungen** gem. § 557a, 557b BGB wirksam geworden. Auch diese Erhöhungen der Miete sind bei der Vormiete zu berücksichtigen, jedoch muss der Vermieter in seiner Auskunft die Miete ohne diese Erhöhung mitteilen. Selbst wenn man die Auffassung vertritt, dass die Erhöhungen letztendlich auf einer Vereinbarung beruhen, so ist diese nicht im letzten Jahr vor Beendigung des Vormietverhältnisses getroffen worden. (2) **Für Mietverträge, die ab dem 1. 4. 2020 abgeschlossen wurden,** muss die letzte geschuldete Vormiete angegeben werden. Auf die Miete, die ein Jahr vor Beendigung des Mietverhältnisses geschuldet wurde, kommt es jetzt nicht an. Es handelt sich also um die materiell maßgebliche Vormiete iSd § 556e Abs. 1 BGB.

9e Gemeint ist mit Vormiete, der Betrag „den der vorherige Mieter zuletzt schuldete". Entscheidend ist, dass zwischen Vor- und Nachmietverhältnis eine tatsächliche und rechtliche Identität besteht (→ BGB § 556e Rdn. 16). Allenfalls kleine unbedeutende Veränderungen können im Einzelfall unberücksichtigt bleiben (V. Emmerich in: Staudinger § 556e BGB Rdn. 5; MüKoBGB/Artz § 556e Rdn. 7; Abramenko MietRB 2015, 276 (277)). Tragender Gedanke der Regelung ist, dass der Vermieter für die gleiche Leistung, auch weiterhin das gleiche Entgelt verlangen darf. Bei nicht unerheblichen Veränderungen darf der Vermieter aber nur 110% der ortsüblichen Vergleichsmiete nehmen, es sei denn es liegt einer der anderen Ausnahmetatbestände vor. Solche Veränderungen können sein **(a)** eine Erhöhung oder Verringerung des tatsächlichen oder rechtlichen Umfangs der geschuldeten Gebrauchsüberlassung, (mit und ohne Garage, mit und ohne Untervermietungserlaubnis, mit und ohne Kündigungsverzicht; Mietvertrag mit nunmehr richtiger Wohnflächenangabe); **(b)** eine Veränderung der Mietstruktur (Brutto-Netto, Teilinklusivmiete) oder **(c)** eine Veränderung bei sonstigen geldwerten Pflichten und Leistungen (Schönheitsreparaturen, Reinigungspflichten). Über solche Veränderungen muss der Vermieter nicht informieren. Der Vormieter muss diese Miete rechtlich geschuldet haben. Verstieß die Vormiete schon gegen § 556g Abs. 1 BGB, ist die zulässige Vormiete mitzuteilen. Aus dem Wort „geschuldet" in § 556e Abs. 1 BGB folgt, dass die Vereinbarung über die Miethöhe rechtlich zulässig gewesen sein muss. Der Vermieter muss nur die Höhe der Grundmiete mitteilen. Der Angaben der Betriebskosten(vorauszahlungen) bedarf es nicht. Personenidentifizierende Daten des Vormieters müssen nicht mitgeteilt werden (BT-Drs. 19/4762 S. 26). Weitergehende Angaben kann der Mieter nur unter den Voraussetzungen des Abs. 3 verlangen. Der Vermieter darf die Daten des Vormieters nur dann mitteilen, wenn dieser eingewilligt hat (BT-Drs. 19/4762 S. 26). Ein Anspruch auf Über-

Rechtsfolgen; Auskunft über die Miete **BGB § 556g**

sendung des Vormietvertrages besteht weder vorvertraglich gem. Abs. 1a noch nach Abs. 3 (dazu → Rdn. 34).

b) Modernisierung: Gem. § 556g Abs. 1a Ziff. 2 BGB muss der Vermieter dem Mieter vor Abschluss des Vertrages darüber Auskunft erteilen, dass in den letzten drei Jahren vor Beginn des Mietverhältnisses Modernisierungsmaßnahmen durchgeführt wurden. Dabei ist es unerheblich, ob die Arbeiten während eines Vormietverhältnisses oder während des Leerstands zwischen zwei Vermietungen stattgefunden haben. Es genügt dem Mieter nur die Tatsache mitzuteilen, dass eine solche Maßnahme stattgefunden hat. **9f**

c) Neubau: Gem. § 556g Abs. 1a Ziff. 3 BGB muss der Vermieter den Mieter darüber informieren, dass die Wohnung nach dem 1. Oktober 2014 erstmals genutzt und vermietet wurde. In diesem Fall gilt die Begrenzung der Wiedervermietungsmiete gem. § 556d BGB überhaupt nicht. Der Vermieter muss nur mitteilen, dass der Wohnraum nach dem 1. Oktober 2014 erstmals vermietet oder genutzt wurde. **9g**

d) Umfassende Modernisierung: Gem. § 556g Abs. 1a Ziff. 3 BGB muss der Vermieter den Mieter darüber informieren, dass es sich um die erste Vermietung nach umfassender Modernisierung handelt. In diesem Fall gelten die §§ 556d, 556e BGB gerade nicht. Die erste Miete nach umfassender Modernisierung wird nicht begrenzt. Auch dieser Informationsobliegenheit genügt der Vermieter durch den Hinweis, dass eine solche umfassende Modernisierung, stattgefunden hat. Es ist weder eine Erläuterung des Begriffs der umfassenden Modernisierung noch eine Beschreibung der Arbeiten erforderlich. **9h**

2. Die Rechtsfolgen unterlassener Informationen

Soweit der Vermieter die Informationen nach Abs. 1a S. 1 dem Mieter nicht erteilt hat, kann er sich bei einem nach dem 31.12.2018 abgeschlossenen Mietvertrag gem. Abs. 1a S. 2 nicht auf die entsprechende **Ausnahmevorschrift** berufen. Es bleibt dann bei der maximal zulässigen Wiedervermietungsmiete von 110% der ortsüblichen Vergleichsmiete. Wie lange dies gilt richtet sich danach, ob der Vermieter die Information **(1)** gar nicht oder **(2)** nicht in Textform erteilt hat. Fraglich ist, ob die Rechtsfolge des Abs. 1a S. 2 auch gilt, wenn der Vermieter zwar die Auskunft erteilt hat, diese aber falsch ist. Nach hier vertretener Auffassung ist auch eine falsche Information eine solche nach Abs. 1a S. 1. Es besteht nur ein Schadensersatzanspruch des Mieters gegen den Vermieter bei schuldhafter Falschinformation gem. § 280 Abs. 1 BGB. Nicht jede Mitteilung des nicht exakt richtigen Wertes stellt wegen der Schwierigkeiten der Beurteilung, ob überhaupt ein Vormietverhältnis vorliegt, eine schuldhafte Obliegenheitsverletzung dar. **9i**

Bei unterbliebener Information darf der Vermieter sich auf die materiell in Wirklichkeit vorliegende Ausnahme nach § 556e oder § 556f **nicht „berufen"**. Das bedeutet zunächst, dass die Mietpreisvereinbarung nicht teilnichtig gem. Abs. 1 ist. Die Abrede ist wirksam, wenn auch mit Einschränkungen. Das ergibt sich deutlich auch aus den Heilungsvorschriften in den Sätzen 3 und 4. Im Ergebnis kann der Vermieter nur 110% der ortsüblichen Vergleichsmiete verlangen. Diesbezüglich bedarf es **keiner Rüge** des Mieters. Nach Abs. 1 sind bestimmte Preisabreden teilnichtig und nach Abs. 1a darf der Vermieter sich auf bestimmte tatsächlich vorliegende Tatbestandmerkmale nicht berufen, also seinen Anspruch darauf stüt- **9j** zen. Der Vermieter ist an der Durchsetzung des Anspruchs insofern gehindert, als er nicht der vorvertraglichen Informationsobliegenheit nachgekommen ist oder sie ggf. mit der Folge der anschließenden Sperrfrist nachgeholt hat. Das wird dem **Strafcharakter der Norm** ausreichend aber auch umfassend gerecht. Bedeutsam ist der Unterschied auch bei einer Berücksichtigung der konkreten Miete als spätere **Vormiete bei einer weiteren Vermietung.** Hier ist Abs. 1a S. 2 auf die Vormiete nicht anzuwenden, da dieser nur eine Obliegenheitsverletzung gegenüber dem konkreten Mieter sanktioniert und nicht wie ein Verstoß gegen Abs. 1 die Mietpreisabrede verbietet.

3. Die Heilung formeller Informationsmängel

9k **Bei nur mündlicher Information** des Mieters über das Vorliegen eines Ausnahmetatbestandes vor Vertragsschluss kann der Vermieter die Information in der gehörigen Form jederzeit nachholen. Das Gleiche gilt, wenn der Vermieter lediglich auf der Seite der **Internetbörse** oder seiner **Homepage** die erforderliche Information erteilt hat. Dies erfüllt nicht die Textform. Dabei müssen die gleichen Minimalinformationen erteilt werden, die auch schon vor Vertragsschluss hätten erteilt werden müssen. Der nachgeholten Information **gleichgestellt ist die Auskunft** gem. Abs. 3, die der Vermieter auf entsprechendes Verlangen des Mieters erteilt hat. Im Fall der Nachholung einer bisher nicht formgerechten Information durch eine Information in Textform kann der Vermieter sich ab Zugang der nachgeholten Information auf den Ausnahmetatbestand berufen. Eine rückwirkende Geltendmachung ist aber nicht möglich. Der Mieter kann bereits gezahlte Miete aber nur nach einer Rüge zurückverlangen. Hat der Mieter die Miete nicht – vollständig – gezahlt, muss der Vermieter die Zulässigkeit der Mietpreisabrede im Zahlungs- oder Räumungsprozess darlegen und beweisen, wozu dann auch die formell ordnungsgemäße vorvertragliche Information gehört.

4. Die Heilung materieller Informationsmängel

9l Hat der Vermieter die Information vor Vertragsschluss nicht nur formunwirksam, sondern gar nicht erteilt, kann er sie ebenfalls zumindest in Textform nachholen. Auch in diesem Fall muss er nur die gleichen Minimalinformationen erteilen, wie bei rechtzeitiger Informationserteilung vor Vertragsschluss. Nach Ablauf der Frist kann der Vermieter ohne weitere Gestaltungserklärung oder Mitteilung die höhere Miete verlangen. Eine **gesetzliche Verpflichtung für eine solche Erklärung** gibt es nicht (*Wichert* ZMR 2019, 245, 247). Allein der Wortlaut, wonach der Vermieter sich ab einem bestimmten Zeitpunkt wieder auf die vereinbarte Miete „berufen" darf, begründet noch nicht die Verpflichtung, dieses „Berufen" in Textform auch mitzuteilen. Der Zahlungsanspruch besteht schon aus dem Vertrag.

IV. Der Rückforderungsanspruch

1. Allgemeines

10 Bei § 556g Abs. 1 S. 3 handelt es sich um eine **Rechtsfolgenverweisung** und nicht um eine Rechtsgrundverweisung auf das Bereicherungsrecht (Fleindl WuM 2015, 212; Artz MDR 2015, 549, 552 **a. A.** Hinz ZMR 2014, 593, 599). Es handelt sich einen vertraglichen Anspruch eigener Art.

Der Vermieter hat gem. § 818 BGB dem Mieter den unzulässigen Teil der gezahlten Mieten zurückzuzahlen. Der Vermieter muss auch die **gezogenen Nutzungen** nach § 818 Abs. 1 BGB, also eventuelle **Zinserträge**, herausgeben. Eine **Entreicherung** gem. § 818 Abs. 3 BGB scheidet auch dann aus, wenn der Vermieter sich auf erfolgte Schuldentilgung beruft. In diesem Fall hat der Vermieter die Befreiung von einer Schuld erlangt. Bei Erhaltungs- und Modernisierungsarbeiten ist er um die Wertsteigerung des Objekts bereichert. Ab **Rechtshängigkeit der Rückzahlungsklage** sowie bei einem vorsätzlichen Verstoß gegen die Vorschriften der §§ 556d ff. BGB haftet der Vermieter verschärft, §§ 818 Abs. 4, 819 Abs. 1 BGB. 11

2. Die Rügepflicht

a) Tatbestandsvoraussetzung. Die Rüge ist **Tatbestandsvoraussetzung** für den Rückzahlungsanspruch des Mieters. Welche Anforderungen an den Inhalt der Rüge zu stellen sind hängt zum einen davon ab, wann der Mietvertrag abgeschlossen wurde und zum anderen, ob für den Vermieter Informationsobliegenheiten bestanden, denen er auch nachgekommen ist. 12

(a) Mietverträge, die vor dem 1. 1. 2019 abgeschlossen wurden: Nach Art 229 § 49 Abs. 2 EGBGB ist auf Mietverhältnisse, die bis einschließlich 31. 12. 2018 abgeschlossen wurden § 556g Abs. 2 BGB in der zum Zeitpunkt der Mietvertragsabschlusses gültigen Fassung anzuwenden. § 556 Abs. 2 lautete bis 31. 12. 2018: „**Die Rüge muss die Tatsachen enthalten, auf denen die Beanstandung der vereinbarten Miete beruht**". Es muss sich damit um eine **qualifizierte Rüge** handeln. Dies gilt für alle bis 31. 12. 2018 abgeschlossenen Mietverträge ohne Einschränkung weiter. Rein formalisierte Beanstandungen der Mietpreisabrede ohne Bezug zum konkreten Mietverhältnis genügen nicht. Entsprechend dem Sinn und Zweck der Rügepflicht muss der Mieter konkret darlegen, worin er den Verstoß gegen § 556d Abs. 1 BGB sieht, wobei keine zu hohen Anforderungen zu stellen sind. Er muss also die Höhe der ortsüblichen Vergleichsmiete bestreiten. Dieser Angriff kann verschiedene Punkte betreffen: 12a

(a) Zum einen kann es insbesondere in **Gemeinden mit Mietspiegeln** um die richtige Einordnung der Wohnung in den Mietspiegel gehen. Dabei spielen die Wohnwertmerkmale des § 558 Abs. 2 BGB eine Rolle. Es geht also um die Ausstattung, die Beschaffenheit oder die Lage der Wohnung aber auch um deren Größe. Bei der Größe der Wohnung kommt es nicht darauf an, ob die **Flächenabweichung** mehr oder weniger als 10% beträgt. Die ortsübliche Vergleichsmiete ist nach der objektiv richtigen Größenklasse des Mietspiegels multipliziert mit der richtigen Quadratmeterzahl zu ermitteln. **(b)** Der Mieter kann auch die Einordnung in die ansonsten unbestritten richtige Spanne des Mietspiegels bestreiten. Soweit es eine Orientierungshilfe zur Spanneneinordnung vor Ort gibt, muss er sich dabei mit den Tatbestandsvoraussetzungen dieser Orientierungshilfe auseinandersetzen. **(c)** Der Mieter kann auch die Höhe der ortsüblichen Vergleichsmiete insgesamt bestreiten: **(aa)** In Gemeinden mit **qualifiziertem Mietspiegel** kommt es darauf an, ob die um 10% verringerte Vertragsmiete zu einer ortsüblichen Vergleichsmiete innerhalb der Spanne dieses Mietspiegels führt oder nicht. Liegt sie innerhalb der Spanne, spricht die **Vermutungswirkung** zunächst einmal dafür, dass die Miete zulässig ist. Der Mieter muss jetzt Zweifel sähen gegen die Richtigkeit der Werte des qualifizierten Mietspiegels. Er muss sich dazu mit dessen Dokumentation auseinandersetzen und vortragen, warum die anerkannten wissenschaft- 13 lichen Grundsätze der Mietspiegelerstellung nicht eingehalten wurden. Liegt die maßgebliche ortsübliche Vergleichsmiete außerhalb der Mietspiegelspanne, so spricht die Vermutung für eine unzulässige Miete, wenn die Vertragsmiete mehr als 10% höher als der Spannenoberwert ist. Hier muss der Mieter beweisen, dass der Mietspiegel nach den anerkannten wissenschaftlichen Grundsätzen erstellt worden ist. **(bb)** In Gemeinden mit **einfachen Mietspiegel** gilt im Prinzip das Gleiche, da diesem Mietspiegel zumindest Indizwirkung hinsichtlich der ausgewiesenen Höhe der ortsüblichen Vergleichsmiete zukommt. Die Anforderungen an den Tatsachenvortrag in der Rüge sind aber erheblich geringer. **(cc)** In **Gemeinden ohne Mietspiegel** muss der Mieter keine drei Vergleichswohnungen oder ein vorprozessuales Sachverständigengutachten vorlegen. Es reicht ein nachvollziehbarer Sachvortrag, warum seiner Meinung nach die an den Wohnwertmerkmalen des § 558 Abs. 2 BGB orientierte Mietenermittlung zu einem niedrigeren Ergebnis kommen würde. Die **Beweislast** im Prozess hat der **Mieter,** so dass er das volle Risiko des Bestreitens trägt.

13a Da es sich bei den §§ 556e und § 556f BGB um **Ausnahmevorschriften** handelt, muss der Mieter in der Rüge zu den Tatbestandsvoraussetzungen dieser Normen noch gar nichts sagen (Fleindl WuM 2015, 212). Nach der Gesetzesbegründung (BT-Drs. 18/3121, 37) kann der Mieter sich „in der Regel" darauf beschränken, die gem. § 556d Abs. 1 BGB zulässige Miete zu ermitteln. Der Mieter ist dadurch ausreichend geschützt, dass er zuvor eine Auskunft vom Vermieter über die Tatsachen verlangen kann, die für die Zulässigkeit der vereinbarten Miete nach den Vorschriften dieses Unterkapitels maßgeblich sind. Die **Geltendmachung des Auskunftsanspruchs** ist weder Voraussetzung für die Wirksamkeit der Rüge (BT-Drs. 18/3221, 38) noch für den Rückzahlungsanspruch Fraglich ist, ob der Mieter später in einer Rüge „konkret" auf die Ausnahmevorschriften der §§ 556e u. 556f BGB eingehen muss, wenn der Vermieter sich in der Auskunft auf diese Ausnahmetatbestände berufen hat (dafür V. Emmerich in: Staudinger § 556g BGB Rdn. 17). Der Vermieter kann die maßgeblichen Tatsachen (Vormiete, Modernisierungskosten) bereits in den Mietvertrag aufnehmen (BT-Drs. 18/3121, 37). Datenschutzrechtlich ist die Angabe der Vormiete zulässig. Gem. Art. 6 Abs. 1c DS-GVO ist die Verarbeitung solcher Daten rechtmäßig, soweit die Verarbeitung zur Erfüllung einer rechtlichen Verpflichtung, der der Verantwortliche unterliegt, erforderlich ist (Zehelein NJW 2019, 3047).

14 **(b) Mietverträge die ab dem 1.1.2019 abgeschlossen wurden: (1)** Für diese Mietverträge genügt nach § 556g Abs. 2 S. 2 n. F. BGB grundsätzlich eine einfache Rüge. Es genügt der Hinweis, dass die Miete „gegen die Mietpreisbremse verstoße" oder „unzulässig" oder „zu hoch" sei. Es muss auch kein konkreter Betrag genannt werden, auf den sich die Rüge bezieht. Dies gilt aber nur, wenn **(a)** der Vermieter sich auf keine der 4 Ausnahmen der §§ 556e Abs. 1, Abs 2, § 556f S. 1 oder § 556f S. 2 BGB beruft, die Parteien also nur über die Höhe der ortsüblichen Vergleichsmiete streiten, oder **(b)** der Vermieter sich zwar auf eine der 4 Ausnahmen beruft, aber den Mieter im Mietvertrag nicht darüber gem. Abs. 1a informiert hat. Da der Mieter im Zweifel zum Zeitpunkt der Rüge nicht weiß, woraus der Vermieter seinen Anspruch auf die höhere Miete herleitet, genügt die einfache Rüge immer dann, wenn der Vermieter seinen vorvertragliche Informationsobliegenheiten nicht nachgekommen ist.

14a **(2) Mietverträge die ab dem 1.1.2019 abgeschlossen wurden und in denen der Vermieter vorvertraglich gem. Abs. 1a Informationen erteilt hat:** Hat der Vermieter eine Auskunft nach Abs. 1a S. 1 erteilt, so muss die Rüge sich gem. § 556g Abs. 2 S. 2 BGB auf diese Auskunft beziehen. Insofern ist doch wieder eine qualifizierte Rüge erforderlich, wenn auch ggf. mit **etwas geringeren Anforderungen.** Der Mieter muss in diesem Fall nur zu dem oder den Ausnahmetatbeständen Tatsachen vortragen, über die der Vermieter vorvertraglich informiert hat. **(a)** Die einfache Rüge ist in diesen Fällen ausreichend, um Rückforderungen unter Berufung auf die Ausnahmetatbestände zu ermöglichen, über die nicht vorvertraglich informiert wurde, wenn der Ausnahmetatbestand, über den der Vermieter informiert hat, gar nicht oder nicht in der geltend gemachten Höhe vorlag. **(b)** Ebenso kann die einfache Rüge auch bei Berufen des Vermieters auf eine Ausnahme ausreichend sein, wenn bereits die Höhe der ortsüblichen Vergleichsmiete strittig ist. Dies kann bei einer einfachen Modernisierung gem. § 556e Abs. 2 BGB in Betracht kommen. Hier genügt eine einfache Rüge, um die Höhe der Ausgangsmiete, auf die der „Zuschlag" gem. § 556e Abs. 2 BGB hinzugerechnet wird, zu beanstanden. Der Mieter will uU nicht den Ausnahmetatbestand in Frage stellen, sondern nur die Ausgangsmiete. Bei den anderen 3 Ausnahmen (Vormiete, Neubau oder umfassende Modernisierung) genügt aber eine einfache Rüge bei entsprechender vorvertraglicher Information nicht, weil in diesen Fällen die ortsübliche Vergleichsmiete keine Rolle spielt. Entweder ist die Vormiete maßgeblich oder die Begrenzung der Wiedervermietungsmiete gilt gar nicht.

(3) Mietverträge die ab dem 1.1.2019 abgeschlossen wurden und in denen der Vermieter vorvertraglich keine Informationen gem. Abs. 1a erteilt hat, diese aber nachgeholt hat: (a) Hat der Mieter bis zur nachgeholten Information noch nicht gerügt, so muss er sich nun auf die nachgeholte Ausnahme beziehen. **(b)** Fraglich ist, ob der Mieter ggf. nach einer einfachen Rüge noch eine qualifizierte Rüge im Sinne des § 556g Abs. 2 S. 2 BGB nachschieben muss, wenn der Vermieter gem. § 556g Abs. 1a S. 3 oder 4 BGB seine vorvertraglichen Informationsobliegenheit nachträglich erfüllt (verneinend: Börstinghaus in: Schmidt-Futterer § 556g BGB Rdn. 24f; **a. A.** MüKoBGB/Artz § 556g Rdn. 27). Hiergegen sprechen der Wortlaut der Norm, die Gesetzessystematik und eine teleologische Auslegung.

14b

b) Form der Rüge. Die Rüge kann auch bei einer **Mietermehrheit** von nur einem Mieter erhoben werden (BGH Urt. v. 27.5.2020 – VIII ZR 45/19). Es handelt sich um eine geschäftsähnliche Handlung. Erst mit Zugang der Rüge beim letzten von mehreren Vermietern ist die Rüge insgesamt wirksam zugegangen. Der Zugang richtet sich nach § 130 BGB. Die Rüge muss gem. Abs. 4 zumindest in **Textform** gem. § 126b BGB erfolgen.

15

c) Geltendmachung. Die **Geltendmachung des Auskunftsanspruchs** ist weder Voraussetzung für die Wirksamkeit der Rüge noch für den Rückzahlungsanspruch. Der Auskunftsanspruch des Mieters in Abs. 3 stellt einen **Hilfsanspruch** des Mieters dar.

16

d) Verjährung. Das **Recht zur Rüge verjährt** nicht. Da der Rückzahlungsanspruch nur für Ansprüche besteht, die nach Zugang der Rüge fällig werden, kann der Mieter die Rüge auch noch mehr als drei Jahre nach Mietvertragsabschluss erheben. Er hat die Darlegungs- und Beweislast hinsichtlich der Höhe der zulässigen Miete zu Mietvertragsbeginn. Umso mehr Zeit er verstreichen lässt, umso schwieriger ist das. Eine **Verwirkung** ist wegen der Wertung des Gesetzes, wonach sogar Kenntnis des Mieters unschädlich ist und der Bedeutung der Preisbindungsvorschriften kaum vorstellbar.

17

§ 556g BGB Untertitel 2. Mietverhältnisse über Wohnraum

gel die Beschaffenheit über die Hilfstatsache des Baualters versuchen zu ermitteln, kann der Mieter vom Vermieter das **Baualter** erfragen. Soweit die Mietspiegeleinordnung von dem Zeitpunkt bestimmter Modernisierungsarbeiten oder der Qualität einer Heizungsanlage abhängt, bezieht sich der Auskunftsanspruch auch auf diese Daten. In **Gemeinden ohne Mietspiegel** reicht es aus, wenn der Vermieter mitteilt, von welcher ortsüblichen Vergleichsmiete er ausgeht. Er muss das nicht entsprechend § 558a BGB begründen. § 556g Abs. 3 BGB unterscheidet gerade bei den Formalien zwischen den Modernisierungskosten, die wie eine Modernisierungserhöhung gem. § 559b BGB dargelegt werden müssen und den sonstigen Angaben. Für letztere besteht nur die Verpflichtung zur Erteilung der Auskunft in Textform.

24 c) **Zugänglichkeit.** Die Tatsache darf **nicht allgemein zugänglich** sein. Kein Auskunftsanspruch besteht darüber hinaus für Tatsachen, die im eigenen **Wahrnehmungsbereich des Mieters** liegen. Dazu zählt auch die Wohnungsgröße. Der Mieter kann zumindest die maßgeblichen Grundmaße ermitteln (BGH NJW 2015, 475), welche Berechnungsvorschrift maßgeblich ist, ist reine Rechtsanwendung. Ob irgendwelche Angaben ggf. durch Einsicht in Bauakten o. ä. ermittelbar sind, ist unerheblich. Ob Ansprüche nach dem **Gesetz zur Regelung des Zugangs zu Informationen** (IFG) des Bundes oder des jeweiligen Bundeslandes bestehen, ist dabei unerheblich. Solche Tatsachen sind nicht **allgemein** zugänglich im Sinne der Vorschrift. Dass sie dem Mieter unter Umständen zugänglich sind aber Dritten nicht, reicht für das Vorliegen des Ausschlusstatbestandes nicht aus. Die Frage, ob die Gemeinde in eine entsprechende Landesverordnung aufgenommen wurde, kann der Mieter genauso unschwer ermitteln wie der Vermieter. Die Verordnung ist allgemein zugänglich.

25 d) **„unschwer".** Der Vermieter muss die Auskunft **„unschwer"** erteilen können. „Unschwer" ist eine Auskunft immer dann zu erteilen, wenn die mit der Vorbereitung und Erteilung der Auskunft verbundenen Belastungen für den Schuldner entweder **nicht ins Gewicht fallen** oder aber, obwohl sie beträchtlich sind, dem Schuldner in Anbetracht der Darlegungs- und Beweisnot des Gläubigers und der Bedeutung **zumutbar** sind. Der BGH definiert „unschwer" bei Auskunftsansprüchen, die aus § 242 BGB abgeleitet werden, dementsprechend auch im Sinne von **„ohne unbillig belastet zu sein".** Es muss also um Informationen gehen, die dem Vermieter bekannt sind oder die er für die Mietverwaltung und Festsetzung der Miete sowieso vorhalten muss.

3. Beifügung von Belegen

26 Der Vermieter muss dem Mieter Auskunft über diejenigen Tatsachen erteilen, die für die Zulässigkeit der vereinbarten Miete nach den Vorschriften dieses Unterkapitels maßgeblich sind. Die Auskunft ist eine **reine Wissenserklärung.** Der Auskunftsanspruch ist erfüllt, wenn der Vermieter die Auskunft erteilt hat. Vorgeschrieben ist dafür gem. § 556g Abs. 4 BGB die **Textform.** Hat der Mieter lediglich Zweifel an der Richtigkeit der Auskunft, ist eine Auskunftsklage unbegründet. Dem Mieter steht kein Anspruch auf **Vorlage von Belegen,** insbesondere einer Kopie des Vormietvertrages, egal ob geschwärzt oder nicht, zu. **Auskunft und Belegvorlage sind gesetzlich zwei verschiedene Dinge (a. A. LG Berlin WuM 2019, 586).** Wenn eine Belegvorlage trotzdem tituliert wird, muss der konkrete Beleg genannt werden, da anderenfalls das Urteil nicht vollstreckbar ist. Ob sich die

Miete aus dem Mietvertrag ergibt, ist fraglich. Darin muss die aktuelle Miete gar nicht ausgewiesen sein. Ggf. gibt es eine Mietabänderungsvereinbarung. Was ist bei mündlichen Vereinbarungen, über die es gar keinen Beleg gibt? Was ist bei einseitigen Erhöhungen? Diese können formell und/oder materiell falsch sein. Der Vormieter kann trotzdem gezahlt haben (LG Bremen WuM 2019, 450) und später die Miete zurückverlangt haben. Möglich sind auch einseitige Erhöhung, die zwar formell und materiell berechtigt waren, die der Vormieter aber nicht gezahlt hat. Der Vermieter kann die Differenz eingeklagt haben oder auch nicht. An der geschuldeten Miete ändert das nichts. Auch der Zeitpunkt, auf den sich der Beleg beziehen soll, muss angegeben werden (BGH NJW-RR 2019, 961). Bedeutsam ist dies, wenn es Streit über die Beendigung des Vormietverhältnisses gegeben haben, z. B. weil eine außerordentliche und eine ordentliche Kündigung im Raum standen und der Mieter dann irgendwann ausgezogen ist. Darauf kommt es aber nicht an, sondern auf die rechtliche Beendigung des Mietverhältnisses. Was ist dann der richtige Beleg, wenn z. B. zwischenzeitlich Staffelmieterhöhungen in Kraft getreten sind? All diese systematischen Probleme sprechen neben dem Wortlaut gegen eine Belegvorlagepflicht.

4. Besonderheit bei Modernisierungsmaßnahmen

a) Auskunftsverlangen. Soweit der Mieter Auskunft über Modernisierungs- 27
maßnahmen verlangt, weil der Vermieter die gem. § 556d Abs. 1 BGB zulässige Miete gem. § 556e Abs. 2 BGB überschreiten will, muss die Auskunft den Anforderungen des § 559b Abs. 1 S. 2, 3 BGB entsprechen. In der Auskunft muss die Erhöhung auf Grund der entstandenen Kosten berechnet und entsprechend den Voraussetzungen der §§ 559 und 559a BGB erläutert werden. Zulässig ist es, hinsichtlich der energetischen Qualität von Bauteilen auf allgemein anerkannte Pauschalwerte Bezug zu nehmen.

b) Berechnung und Erläuterung. Die Auskunft muss deshalb eine **nach-** 28
vollziehbare Berechnung des Erhöhungsbetrages und eine **hinreichende Erläuterung** des angegebenen Verteilungsschlüssels sowie **nachvollziehbare** Angaben zu den abgesetzten Kostenanteilen für Instandsetzung enthalten. Ferner müssen in der Erklärung auch die **Kürzungsbeträge** gem. § 559a BGB auf Grund von Fördermitteln oder gleichgestellten Mitteln angegeben werden. Die Auskunft muss so ausgestaltet sein, dass eine **überschlägige Überprüfung** des Zuschlags gem. § 556e Abs. 2 BGB dem Mieter ohne besondere Kenntnisse auf dem Gebiet der Rechnungsprüfung und ohne Einsicht in die Belege möglich ist. Dies erfordert, dass die tatsächlichen Grundlagen der Berechnung, also eine spezifizierte Berechnung mit für den Mieter überprüfbarer Erläuterung der Positionen, angegeben werden.

c) Überprüfung. Der Vermieter muss neben der Berechnung auch **erläutern,** 29
worin die Modernisierung zu sehen war. **Sinn und Zweck** dieser Verpflichtung bestehen darin, dem Mieter die Informationen zu geben, die er benötigt, um qualifiziert überprüfen zu können, ob der Anspruch berechtigt ist. Dazu gehört im Rahmen des § 556e Abs. 2 BGB zunächst einmal das Datum der Beendigung der Modernisierungsmaßnahme. Es darf nicht länger als 3 Jahre vor Mietvertragsbeginn liegen. Der Mieter soll durch die Erläuterung die Tatsachen erfahren, die die Tatbestandsmerkmale des § 559 BGB ausfüllen. Hierzu bedarf es der Konkretisierung aller Modernisierungszwecke.

§ 556g BGB

30   d) **Instandsetzung.** Problematisch ist die Frage, welche Auskünfte hinsichtlich des **Instandsetzungsanteils** erforderlich sind. In der Auskunft reicht die Angabe einer **Quote von den Gesamtkosten** (BGH NJW 2015, 934). In einem eventuellen Prozess muss aber der Vermieter die Höhe der Instandsetzungskosten konkret darlegen und beweisen. Soweit der BGH (NJW 2015, 934; WuM 2004, 154, 155) bei einer Zahlungsklage nach Modernisierung im bestehenden Mietverhältnis nur eine **sekundäre Behauptungslast** beim Vermieter sieht, weil der Mieter sich nicht auf **einfaches Bestreiten** beschränken dürfe und zunächst selbst substantiiert vortragen müsse, wo welche Schäden sich befunden haben sollen, gilt das im Rahmen der Begrenzung der Wiedervermietungsmiete nicht. Hintergrund dieser Rechtsprechung ist die Tatsache, dass der Mieter bei einer Bestandsmietenerhöhung schon einige Zeit in der Wohnung gelebt hat und es ihm deshalb auch tatsächlich möglich ist, konkrete Schäden zu benennen. Das ist aber bei der Anmietung eines Objekts, das der Mieter vorher gar nicht kannte, gerade anders. Hier genügt **einfaches Bestreiten** mit Nichtwissen durch den Mieter.

31   e) **Erweiterte Auskunftspflicht.** Die **erweiterte Auskunftspflicht** gem. § 556g Abs. 3 S. 2 gilt aber nicht für **umfassend modernisierte Wohnungen** gem. § 556f BGB. Auch hier kommt es auf die Frage an, ob eine Modernisierung stattgefunden hat und vor allem zusätzlich, welcher Aufwand hierfür erforderlich war. Trotzdem ordnet § 556g Abs. 3 S. 2 BGB die erweiterte Auskunftspflicht ausdrücklich nicht für diese Voraussetzungen an.

5. Frist zur Erteilung der Auskunft

32   Eine **Frist** für die Erteilung der Auskunft ist **gesetzlich nicht vorgesehen.** Dem Vermieter ist eine **angemessene Frist** zuzubilligen. Die Länge der Frist hängt von den Umständen des Einzelfalls ab. Einfache Fragen, wie z. B. nach dem Baualter eines Hauses oder der Vormiete, können schneller beantwortet werden als Fragen nach einer Modernisierungsmaßnahme. Da der Mieter die Auskunft nicht zwingend zu Beginn des Mietverhältnisses verlangen muss, kann es sich dabei um lange in der Vergangenheit liegende Umstände handeln, die der Vermieter selbst erst umfangreich ermitteln muss. Hier können noch Zeiträume von mehreren Wochen angemessen sein. Das gilt insbesondere dann, wenn schon lange weggelegte Unterlagen herausgesucht werden müssen.

6. Verjährung des Auskunftsanspruchs

33   Der Auskunftsanspruch entsteht mit Abschluss des Mietvertrages. Solche Auskunftsansprüche unterliegen einer **selbständigen Verjährung** nach § 195 BGB. Es gilt deshalb auch für den Anspruch nach § 556g Abs. 3 BGB eine dreijährige Verjährungsfrist ab Jahresende der Entstehung des Auskunftsanspruchs. Soweit § 199 Abs. 1 Nr. 2 BGB den Verjährungsbeginn zusätzlich davon abhängig macht, dass der Gläubiger Kenntnis von den den Anspruch begründenden Tatsachen hat, liegen diese Voraussetzungen regelmäßig vor. Der Mieter muss nur wissen, dass die Wohnung zum Zeitpunkt des Mietvertragsabschlusses in einer Gemeinde mit angespannter Wohnungsversorgung liegt, die in eine entsprechende Landesverordnung aufgenommen wurde. Ob eine Überschreitung der zulässigen Miete vorlag, ist nicht Tatbestandsvoraussetzung für den Auskunftsanspruch.

34   Bei **Staffelmieten** muss jede einzelne Staffel auf die Zulässigkeit überprüft werden. Der **Auskunftsanspruch** entsteht deshalb auch für jede Staffel neu und be-

ginnt auch jeweils neu zu verjähren. Es können mehrere Auskunftsansprüche zu den Tatsachen zu verschiedenen Zeitpunkten bestehen, die auch ein unterschiedliches Schicksal, wie z. B. Erfüllung oder Verjährungseintritt, erleiden können. Erteilt der Vermieter eine Auskunft z. B. über das Baualter zu einem Stichtag, dann besteht über die gleiche Tatsache zu den anderen Stichtagen kein Auskunftsanspruch mehr.

7. Folgen einer fehlenden Auskunft

a) Auskunftsklage. Erteilt der Vermieter in angemessener Zeit keine Auskunft, kann der Vermieter den Anspruch **klageweise** geltend machen. Es handelt sich um eine nicht vertretbare Handlung. Vollstreckt wird ein solches Urteil gem. § 888 ZPO durch **Zwangsgeld** oder Zwangshaft. Das gilt entsprechend auch bei einer unvollständigen Auskunft des Vermieters. Fraglich ist, ob der Auskunftsanspruch als **Stufenklage** zusammen mit dem bereicherungsrechtlichen Rückzahlungsanspruch geltend gemacht werden kann. Dagegen spricht, dass der Mieter nur die Voraussetzungen des § 556d Abs. 1 darlegen und beweisen muss. Die Ausnahmetatbestände muss der Vermieter beweisen. Dem Mieter ist also eine Rückforderungsklage ohne vorherige Auskunft regelmäßig möglich, da die Tatsachen für die Ermittlung der ortsüblichen Vergleichsmiete in der Regel bekannt sind. Die Voraussetzungen des § 254 ZPO liegen deshalb nicht vor. Weder die Auskunfts- noch die Rückzahlungsklage ersetzen eine Rüge. 35

b) Zurückbehaltungsrecht. Dem Mieter steht ferner gem. § 273 BGB ein **Zurückbehaltungsrecht** an der nach Ablauf der angemessenen Auskunftsfrist fällig werdenden Miete zu. Nach der Rechtsprechung des BGH (NJW 2015, 3087; WuM 2016, 98) besteht ein solches Zurückbehaltungsrecht nicht uneingeschränkt. Es soll zwar auf der einen Seite dazu dienen, Druck auf den Vermieter auszuüben, aber auf der anderen Seite soll der Mieter sich auch darüber klar werden, welche Rechte er hier geltend machen will. Deshalb kann der Mieter hier insgesamt drei volle Mieten zurückbehalten. Ob er das in drei Monaten tut oder den Betrag über einen längeren Zeitraum verteilt, ist seine Entscheidung. Innerhalb des gewählten Zeitraums muss der Mieter sich entscheiden, ob er Auskunftsklage erhebt, oder ohne Auskunft nur eine verringerte Miete in der seiner Meinung nach zulässigen Höhe zahlt. Das **Zurückbehaltungsrecht erlischt,** wenn die Auskunft erteilt ist. Ob sie richtig ist, ist dabei unerheblich, da mit Erteilung der Auskunft der Auskunftsanspruch des Mieters durch Erfüllung erloschen ist. Nur bei unvollständigen Auskünften bleibt das Zurückbehaltungsrecht bestehen, weil eine solche teilweise Auskunft keine Erfüllung darstellt. 36

c) Rügeerfordernis. Fraglich ist, ob das Erfordernis der den Anforderungen der auf den jeweiligen Mietvertrag anwendbaren Anforderungen an eine **Rüge** für einen Rückforderungsanspruch nach § 556d Abs. 2 S. 1 BGB **entfällt,** wenn der Vermieter innerhalb angemessener Frist keine Auskunft erteilt. Das erscheint zweifelhaft. Der Mieter kann ab Fälligkeit des Auskunftsanspruchs die Miete ganz zurückbehalten. **(a)** Wenn der Vermieter die Auskunft später erteilt, erlischt zwar das Zurückbehaltungsrecht, aber der Zahlungsanspruch des Vermieters besteht nur, soweit die Mietpreisabrede gem. § 556d Abs. 1 BGB wirksam ist. Die Miete wird im Übrigen auch erst nach Erteilung der Auskunft und Wegfall des Zurückbehaltungsrechts fällig, so dass der Mieter nach der Auskunft und vor der Fälligkeit der Miete noch eine qualifizierte Rüge erheben kann. **(b)** Erteilt der Vermieter gar keine 37

Auskunft, besteht das Zurückbehaltungsrecht fort. Der Mieter muss also gar nichts zurückfordern. Im Übrigen kann er eine Rüge unter Berücksichtigung seines Verdachts vorsorglich erheben und sich die Konkretisierung nach Auskunftserteilung vorbehalten. Auch die zunächst mitgeteilten Verdachtsmomente sind Tatsachen. Ob sie letztendlich richtig sind oder nicht ist für die Frage, ob eine Rüge erfolgt ist, unerheblich. Die Richtigkeit der Auskunft ist keine materielle Frage des Rückforderungsanspruchs. Darüber hinaus, können aber Schadensersatzansprüche bestehen.

38 **d) Pflichtwidrigkeit.** In der **unterlassenen** Auskunft ist ebenso wie in einer **verspäteten** Auskunft oder einer **falschen Auskunft** aber eine **Pflichtwidrigkeit** des Vermieters zu sehen, die ihn gem. § 280 BGB schadensersatzpflichtig macht. Ein Rückzahlungsanspruch kommt unter Schadensgesichtspunkten in diesen Fällen in Betracht. Einer Rüge bedarf es in diesen Fällen nicht. Hat der Vermieter eine verlangte Auskunft über die Vormiete und/oder Modernisierungskosten nicht erteilt und der Mieter daraufhin den Rückzahlungsanspruch gem. § 556d Abs. 1 BGB berechnet und eingeklagt, liegt in dem Nachweis der Vormiete oder der Modernisierungskosten im Prozess kein erledigendes Ereignis. Die Klage war von Anfang an unbegründet. Die Klage ist auf eine **Kostenfeststellungsklage** umzustellen, da der Beklagte aus materiellen Gründen dem Mieter nach § 280 Abs. 1 BGB schadensersatzpflichtig ist.

39 **e) Falsche Auskunft.** Erteilt der Vermieter eine **falsche Auskunft** und unterlässt der Mieter es daraufhin zunächst eine Rüge zu erheben und Rückforderungsansprüche geltend zu machen, so kommen **Schadensersatzansprüche** des Mieters auf Rückzahlung der Beträge, die bei richtiger Auskunft und dann erhobener Rüge, bestanden hätten, in Betracht. Der Vermieter ist zu einer wahren Auskunft verpflichtet. Das ergibt sich schon aus § 556g BGB aber auch aus einer nebenvertraglichen Rücksichtnahmepflicht gem. § 241 Abs. 2 BGB. Unterlässt der Mieter es, berechtigte Ansprüche auf Grund einer solchen falschen Auskunft geltend zu machen, so liegt ein kausaler Schaden vor. Der Vermieter muss zumindest fahrlässig gehandelt haben. Das ist insbesondere bei Erklärungen „ins Blaue hinein" der Fall.

40 **f) Kündigung.** Hat der Mieter wegen der unterbliebenen aber geschuldeten Auskunft des Vermieters z. B. zur Höhe der Vormiete oder der Modernisierungskosten nur in einer seiner Meinung nach gem. § 556d Abs. 1 BGB zulässigen Höhe an den Vermieter überwiesen, dann kann ggf. ein Rückstand, der gem. § 543 Abs. 2 Ziff. 2 lit. b) BGB zur **Kündigung** berechtigte, auflaufen. Die erste Frage ist, ob der Rückstand fällig war, weil dem Mieter ein **Zurückbehaltungsrecht** wegen der fehlenden Auskunft zusteht. Wenn man das verneint, stellt sich die Frage, ob der Mieter einer Kündigung, die mit dem wegen der fehlenden Auskunft entstanden Rückstand begründet wird, die **Arglisteinrede** entgegenhalten kann. Das ist zu bejahen. In die Würdigung, ob die Fortsetzung des Mietverhältnisses für den Vermieter unzumutbar ist, ist ein vorangegangenes vertragswidriges Verhalten des Vermieters einzubeziehen. Zwar hat diese Zumutbarkeitsabwägung gem. § 543 Abs. 1 BGB bei einer Zahlungsverzugskündigung nicht stattzufinden, jedoch kann auch eine solche Kündigung **treuwidrig** sein. Das ist bei einem Zahlungsrückstand, der wegen einer fehlenden Auskunft entstanden ist, der Fall, auch wenn kein entschuldigender Rechtsirrtum des Mieters vorliegt.

Unterkapitel 2. Regelungen über die Miethöhe

Vorbemerkung zu §§ 557–561

Übersicht

	Rdn.
I. Inhalt der Regelung	1
II. Anwendungsbereich der Vorschriften	5
a) Wohnungen des „ersten Förderweges"	7
b) Wohnungen des „zweiten Förderweges"	8
c) Öffentlich geförderte Wohnungen	9
III. Gemeinsame Formalien für Mieterhöhungen	19

I. Inhalt der Regelung

Im Unterkapitel „Regelungen über die Miethöhe" sind die unterschiedlichen 1 Vorschriften über die Erhöhung der Miete während des Bestandes des Mietverhältnisses zusammengefasst. Das Gesetz differenziert dabei zwischen den bereits bei Abschluss des Vertrages vereinbarten späteren Erhöhungen und den verschiedenen sonstigen Erhöhungen unterscheidet. Die Vorschriften gelten anders als die Kapitelüberschrift vermuten lässt nicht für die Vereinbarung der Miete bei Abschluss des Vertrages.

Die letztendlich seit 1971, wenn auch in immer wieder veränderter Form, gel- 2 tenden Regelungen über Mieterhöhungen bis zur ortsüblichen Vergleichsmiete müssen vor allem unter verfassungsrechtlichen Gesichtspunkten gesehen werden. Bei den Bestimmungen der §§ 557 ff. BGB sowie den ehemaligen Vorschriften des MHG und seinen Vorgängervorschriften handelt es sich um Regelungen im Sinne des Art. 14 Abs. 1 Satz 2 GG, also um Bestimmungen, die den Inhalt und die Schranken des Eigentums regeln. Dabei war es Aufgabe des Gesetzgebers, ein Sozialmodell zu verwirklichen, dessen normative Elemente sich einerseits aus der grundgesetzlichen Anerkennung des Privateigentums durch Art. 14 Abs. 1 Satz 1 GG und andererseits aus der Sozialpflichtigkeit des Eigentums ergeben (BVerfGE 25, 112, 117). Es stehen sich dabei im Mietrecht zwei Positionen diametral gegenüber: Dem Vermieter als Eigentümer der Wohnung steht die grundsätzliche Verfügungsbefugnis (BVerfGE 31, 229, 240 mwN). über die Wohnung zu, die er vom Ansatz her völlig privatnützig ausüben darf. Dem steht der Bedarf des Mieters an – bezahlbarem – Wohnraum entgegen.

Vor diesem verfassungsrechtlichen Hintergrund musste der Gesetzgeber dem Vermieter als **Kompensation für das Verbot der Änderungskündigung** in § 573 Abs. 1 BGB ein rechtsstaatliches Verfahren zur Erhöhung der Miete zur Verfügung stellen (BGH NJW 2007, 2546). Dies Verfahren sollte und musste zusätzlich nicht investitionshemmend wirken, da der Wohnungsbedarf in der Bundesrepublik nur durch die private Bautätigkeit gedeckt werden kann.

Die Zielrichtung der Vorschriften, einen **Ausgleich zwischen dem Interesse** 3 des Vermieters, eine möglichst hohe Miete erzielen zu können und dem Interesse des Mieters, nur die einmal vereinbarte Miete möglichst lange unverändert zahlen zu müssen, hat der Gesetzgeber vor allem durch das Konstrukt der ortsüblichen

Vor §§ 557–561 BGB Untertitel 2. Mietverhältnisse über Wohnraum

Vergleichsmiete verwirklicht. Der Gesetzgeber wollte durch das Vergleichsmietensystem Mieterhöhungen in bestehenden Mietverhältnissen auf die ortsüblichen Entgelte für vergleichbare Wohnungen in der Gemeinde begrenzen (BVerfGE 14, 248). Dem Vermieter sollte gerade kein Anspruch auf die Miete eingeräumt werden, die er für den Fall der Neuvermietung erzielen könnte. Wenn der Gesetzgeber dies gewollt hätte, dann hätte er das System der Änderungskündigung nur beibehalten müssen. In einem solchen System bildet sich eine einheitliche „Marktmiete" für Bestands- und Neuvertragsmieten heraus. Weil der Gesetzgeber aber zum einen Mieterhöhungen im Bestand beschränken wollte und zum anderen damit mittelbar z. B. über § 5 WiStG auch Einfluss auf die Neuvertragsmieten nehmen wollte, musste er für allgemeine Mieterhöhungen eine Größe definieren, die **unterhalb der Marktmiete** liegt (BGH NZM 1998, 196, 198) aber auch dem verfassungsrechtlichen Anspruch des Vermieters aus Art. 14 GG gerecht wurde. Aus diesem Zielkonflikt entstand das **Konstrukt der ortsüblichen Vergleichsmiete,** in die zunächst alle Mieten für vergleichbaren Wohnraum innerhalb einer Gemeinde einflossen und seit 1982 nur noch die vermeintlich aktuelleren Mietvereinbarungen aus den letzten 3 bzw. seit 1993 4 und 2020 6 Jahren.

4 Das Gesetz differenziert zwischen Vereinbarungen bei Abschluss des Mietvertrages oder später, die zukünftige Mieterhöhungen betreffen und Mieterhöhungen im Bestand. Zukünftige Mieterhöhungen können die Vertragsparteien in Form einer Staffelmietvereinbarung gem. § 557a BGB oder einer Indexmietvereinbarung gem. § 557b BGB vereinbaren. Einzelne Mieterhöhungen während des Bestandes sind möglich auf das allgemeine Mietenniveau der ortsüblichen Vergleichsmiete, §§ 558 ff. BGB, nach einer Modernisierung, §§ 559 ff. BGB und in beschränktem Rahmen bei Anstieg der Betriebskosten, § 560 BGB. Ausgehend vom Zweck der Vorschriften, dem Vermieter einen Ausgleich für den Ausschluss des Kündigungsrechts zum Zwecke der Mieterhöhung zu gewähren, enthält das Gesetz in den §§ 557 – 561 BGB ausschließlich Beschränkungen für Mieterhöhungen während des Bestandes eines Mietvertrages. Vereinbarungen aus Anlass des Abschlusses des Mietvertrages oder über zukünftige Mieterhöhungen werden demgegenüber nur unter den Voraussetzungen der §§ 556d–556g BGB beschränkt. Außerdem gelten sowohl für Neuvertragsmieten wie auch bei Mieterhöhungen im Bestand die Vorschriften der § 134 BGB iVm § 5 WiStG.

II. Anwendungsbereich der Vorschriften

5 Der Anwendungsbereich der Miethöhevorschriften des BGB wird im Gesetz an verschiedenen Stellen geregelt:
1. **§ 549 BGB**
   So ergibt sich zunächst aus der Kapitelüberschrift vor § 549 BGB und auch aus § 549 Abs. 1 BGB der sachliche Anwendungsbereich. Die Vorschriften befinden sich im Kapitel über **Wohnraummietverhältnisse.** Die Vorschriften gelten nicht für Gewerberaummietverträge, da auf sie in § 578 BGB nicht verwiesen wird.
2. **§ 549 Abs. 2 BGB**
   In § 549 Abs. 2 BGB ist ferner bestimmt, dass für bestimmte Wohnraummietverhältnisse die §§ 557–561 BGB gerade nicht gelten sollen. Ausgenommen sind
   a) Mietverträge über Wohnraum, der nur zum **vorübergehenden Gebrauch** vermietet wurde

b) **Mietverträge über Räume**, die Teil der Vermieterwohnung sind und von diesem **mit Möbeln auszustatten** sind

c) **Mietverhältnisse über Wohnraum**, der von der öffentlichen Hand oder privaten Trägern der Wohlfahrtspflege angemietet wurde, um ihn **Personen mit dringendem Wohnbedarf** zur Verfügung zu stellen. Seit 1.1.2019 werden gem. § 578 Abs. 3 BGB auf Verträge über die Anmietung von Räumen durch eine juristische Person des öffentlichen Rechts oder einen anerkannten privaten Träger der Wohlfahrtspflege, die geschlossen werden, um die Räume Personen mit dringendem Wohnungsbedarf zum Wohnen zu überlassen, die §§ 557, 557a Abs. 1 bis 3 und 5, § 557b Abs. 1 bis 3 und 5, die §§ 558 bis 559d, 561 BGB entsprechend angewendet. Wegen der Einzelheiten siehe die Kommentierung bei § 578 BGB.

3. **§ 549 Abs. 3 BGB**
Gem. § 549 Abs. 3 BGB sind die Vorschriften über Mieterhöhungen auch nicht anzuwenden bei Wohnungen in **Jugend- und Studentenwohnheimen**.
Wegen der Einzelheiten siehe die Kommentierung bei § 549 BGB.

Verdrängt werden die Vorschriften ferner dort, wo speziellere Miethöhevorschriften vorrangig sind, also insbesondere dort, wo die **Kostenmiete** gesetzlich geschuldet wird. Das ist heute nicht mehr ausdrücklich im Gesetz geregelt (früher § 10 Abs. 3 Ziff. 1 MHG), ergibt sich aber daraus, dass diese Preisbindungsvorschriften lex specialis sind. Etwas anderes gilt seit der Föderalismusreform jedoch in einigen Bundesländern. Dort gilt zum Teil auch für diesen Wohnungsbestand das Vergleichsmietensystem jedoch mit Modifikationen und Beschränkungen. Zu den landesgesetzlich unterschiedlichen Regelungen siehe Börstinghaus in: Schmidt-Futterer, Mietrecht, Vor § 557 BGB Rdn. 25ff. Vorbehaltlich anderweitiger landesgesetzlicher Regelungen sind vom Anwendungsbereich der §§ 557–561 BGB folgende Wohnungsbestände **ausgenommen**: 6

a) Wohnungen des „ersten Förderweges". Wohnungen des „ersten Förderweges" also Wohnungen für die nach dem 31.12.1956 nach den §§ 24ff. II. WoBauG öffentliche Mittel bewilligt wurden. 7

b) Wohnungen des „zweiten Förderweges". Wohnungen des „zweiten Förderweges" also Wohnungen, die nach §§ 88 bis §§ 88c II. WoBauG durch Aufwendungsdarlehen und Aufwendungszuschüsse gefördert wurden und Wohnungen, die mit Sanierungs- und Entwicklungsfördermitteln nach § 45 Abs. 5 Städtebauförderungsgesetz gefördert wurden. 8

c) Öffentlich geförderte Wohnungen. Neubauwohnungen, die mit **Wohnungsfürsorgemitteln** gefördert wurden gem. §§ 87a, 111 II. WoBauG. Es handelt sich um freifinanzierten oder steuerbegünstigten Wohnraum, für den ein Besetzungsrecht (Belegungsrecht) zugunsten öffentlich Bediensteter vereinbart wurde. Für die Dauer des Besetzungsrechts, das in der Regel an die planmäßige Tilgung der gewährten Mittel geknüpft ist, gilt die Kostenmiete nach Maßgabe des § 87a Abs. 2 II. WoBauG als preisrechtlich zulässige Obergrenze. 9

Auf folgenden Wohnungsbestände sind die Vorschriften der §§ 557–561 BGB aber **anwendbar**: 10

aa) Wohnungen im sog. Dritten Förderweg. Wohnungen im sog. **Dritten Förderweg** sind keine preisgebundenen Wohnungen (LG Berlin GE 2002, 468; AG Hamburg WuM 2001, 558). Hierbei handelt es sich um Wohnungen, die im Rahmen der „Förderung durch vertragliche Vereinbarung" nach § 88d II. WoBauG 11 gefördert wurden. Hierbei werden Zinszuschüsse oder Aufwendungshilfen aus Haushaltsmitteln gewährt, die jedoch keine öffentlichen Haushalte sind. Rechtlich wird die Preisbindung hier durch vertragliche Vereinbarungen zwischen Förderungsgeber und Förderungsnehmer erreicht. Darin wird eine „Einstiegsmiete" vereinbart und in der Regel das Mieterhöhungsrecht gem. § 558 BGB bis zur ortsüblichen Vergleichsmiete dahingehend eingeschränkt, dass der Vermieter die Miete nur um den Betrag des degressiven Förderungsabbaus oder bei gesetzlicher Anhebung der Instandhaltungs- oder Verwaltungskostenpauschalen nach der II. BV erhöhen darf. Die Wohnungen sind deshalb mietpreisrechtlich aber trotzdem wie freifinanzierte Wohnungen zu behandeln. Mieterhöhungen sind nur nach den Vorschriften des BGB möglich. Soweit der Fördervertrag Einschränkungen des Mieterhöhungsrechts vorsieht, handelt es sich um einen Vertrag zugunsten Dritter, nämlich des Mieters, so dass sich dieser auf die Einschränkung berufen kann (anders bei Einschränkungen durch eine Sozialcharta LG Stuttgart NZM 2014, 161; a. A. AG Stuttgart-Bad Cannstatt WuM 2019, 589). Wenn die Parteien, die sich aus dem Fördervertrag ergebende Beschränkung des Mieterhöhungsrechts zum Inhalt des Mietvertrages gemacht haben, dann handelt es sich außerdem um eine Vereinbarung iSd § 557 Abs. 3 BGB, die das Mieterhöhungsrecht des Vermieters unmittelbar beschränkt. Der Vermieter kann also Mieterhöhungen nach § 558 BGB durchführen. Dabei muss er alle materiellen und formellen Voraussetzungen der Vorschrift beachten. Er hat also anders als im preisgebundenen Wohnungsbau kein einseitiges Erhöhungsrecht, sondern ihm steht nur ein Zustimmungsanspruch zu. Dabei muss er sowohl die Kappungsgrenze und die Jahressperrfrist beachten wie auch die Höhe der ortsüblichen Vergleichsmiete. Er muss also sowohl begründen, dass die verlangte Miete die ortsübliche Vergleichsmiete nicht überschreitet als auch, dass die Voraussetzungen für eine Mieterhöhung nach dem Fördervertrag gegeben sind, § 557 Abs. 3 BGB (LG Berlin GE 1991, 355).

12 bb) Vereinbarte Förderung nach dem Wohnraumförderungsgesetz. (vom 13.9.2001, BGBl I S. 2376). Das Gesetz gilt für alle Förderungen ab dem 1.1.2002 und hat das alte Wohnungsbaurecht ersetzt (dazu Söfker, WuM 2002, 291; Hannig, NZM 2001, 831). Nach Übertragung der ausschließlichen Gesetzgebungszuständigkeit für den Bereich des Wohnraumförderung durch das Gesetz zur Überleitung der sozialen Wohnraumförderung auf die Länder – Wohnraumförderungs-Überleitungsgesetz (WoFÜG) (BGBl. I 2098, 2100) im Rahmen der Föderalismusreform auf die Länder zum 1.9.2006 haben einige Bundesländer abweichende Regelungen erlassen (Rdn. 6). Soweit keine abweichende landesgesetzliche Regelung getroffen wurde gilt das WoFG gem. Art. 125a GG in den übrigen Bundesländern weiter. Die Regelungen des II. WoBauG, des WoBindG, der NMV und der II. BV gelten aber für zuvor nach den alten Vorschriften geförderte Bestände weiter. Soweit das WoFG anwendbar ist legen die Länder die Fördervoraussetzungen fest. Dies kann durch Förderprogramme oder -richtlinien erfolgen. Möglich ist auch eine landesgesetzliche Regelung. Die Förderung im Einzelfall wird geregelt in der Förderzusage gem. § 13 WoFG. In dieser werden alle maßgeblichen Bestimmungen festgelegt. Die Förderzusage erfolgt öffentlich-rechtlich durch Verwaltungsakt oder durch öffentlich-rechtlichen Vertrag. In der Förderzusage wird eine höchstzulässige Miete bestimmt. Möglich ist dies auch für Mieterhöhungen nach Modernisierung. Diese höchstzulässige Miete ist aber nur eine Obergrenze. Die Mieterhöhung selbst erfolgt nach den Vorschriften des BGB. Es müssen also alle Voraussetzungen des § 558 BGB erfüllt sein, damit der Vermieter einen Anspruch auf Zustimmung zur Mieterhöhung hat. Es erfolgt keine einseitige Mieterhöhung mehr wie nach dem WoBindG. Der Mieter kann sich gegenüber dem Vermieter auf die Bestimmungen der Förderzusage berufen. Ihm steht deshalb gem. § 28 Abs. 5 WoFG ein Auskunftsanspruch zu. Von der Förderzusage abweichende Vereinbarungen sind gem. § 28 Abs. 6 WoFG unwirksam.

cc) Vereinbarte Kostenmiete. Nicht um gesetzlich preisgebundenen Wohnraum handelt es sich, wenn eine Wohnung weder mit öffentlichen Mitteln im Sinne von § 1 Abs. 3 WoBindG noch mit Wohnungsfürsorgemitteln im Sinne des § 87a II. WoBauG noch mit Aufwendungszuschüssen oder Aufwendungsdarlehen im Sinne von § 88 II. WoBauG gefördert worden ist, die Parteien aber aus welchen Gründen auch immer die Kostenmiete vereinbart haben. Eine solche Vereinbarung der Kostenmiete ist gem. § 557 Abs. 4 unwirksam (BGH NZM 2007, 183; AG Tempelhof WuM 2013, 228). Es kann sich aber um eine vertragliche Beschränkung des Erhöhungsanspruchs gem. § 557 Abs. 3 BGB handeln (BGH, NZM 2004, 378). 13

dd) LAG Wohnungen. LAG Wohnungen sind wegen der Förderung mit Ausgleichsmitteln gem. § 254 Abs. 3 LAG nicht preisgebunden. 14

ee) Miethöhebeschränkungen in Satzungen. Auch **Miethöhebeschränkungen in Satzungen,** z. B. Sanierungs- oder Erhaltungssatzungen gem. §§ 136, 172 BBauG oder Umstrukturierungsverordnungen gem. § 172 Abs. 5 BBauG (VG Berlin GE 2019, 1044; Dyroff GE 2019, 1014) und den anschließenden Bewilligungsbescheiden führen noch nicht zu einer Preisbindung im Sinne der Vorschrift. Das Gleiche gilt für Beschränkungen im Rahmen von Modernisierungsförderungen (AG Hamburg-Altona WuM 1998, 351) oder sonstigen Subventionen. Auch hier kann grundsätzlich ein Mieterhöhungsverfahren nach den §§ 558–560 BGB durchgeführt werden, je nach vertraglicher Ausgestaltung kommt aber ein Ausschluss oder eine Beschränkung gem. § 557 Abs. 3 BGB in Betracht. 15

ff) Aufwendungszuschüsse für familiengerechte Wohnungen (AZFam). Aufwendungszuschüsse für familiengerechte Wohnungen (AZFam) sind kein Teil der Kostenmiete. Entfällt mit Auslaufen der Preisbindung auch die Zahlung des Familienzuschusses, so ist zur Geltendmachung des sich daraus ergebenden Erhöhungsbetrages weder eine Mieterhöhung nach § 10 WoBindG noch nach § 558 BGB erforderlich (LG Berlin GE 2005, 305). 16

gg) Auslaufen der Preisbindung. Entfällt die Preisbindung, weil einer der zuvor genannten Ausnahmetatbestände nicht mehr einschlägig ist so ist die bisherige Kostenmiete weiter als „Marktmiete" zu zahlen (BGH NJW 2011, 145) und kann von diesem Zeitpunkt an nach den Vorschriften der §§ 558 ff. BGB erhöht werden. Es sind keine Zuschläge, z. B. wegen **Verzicht auf Belegungsbindung** oder fehlender **Abwälzung der Schönheitsreparaturen** herauszurechnen (BGH NJW 2012, 145). Der Vermieter kann also die ehemalige Kostenmiete erhöhen, wenn sie unter der ortsüblichen Vergleichsmiete liegt. Eine Änderung der Mietstruktur ist aber einseitig durch den Vermieter ausgeschlossen. Ein Erhöhungsverlangen gem. § 558a darf der Vermieter bereits während der noch bestehenden Preisbindung aussprechen, damit es dann unmittelbar im Anschluss daran wirkt (OLG Hamm RE v. 9.10.1980 NJW 1981, 234; KG RE v. 29.1.1982 NJW 1982, 2077; OLG Hamm WuM 1994, 455; LG Köln NJWE-MietR 1997, 267; LG Hamburg WuM 1997, 562; LG Berlin GE 2003, 592; WuM 1996, 417). 17

Vor §§ 557–561 BGB   Untertitel 2. Mietverhältnisse über Wohnraum

18   Außerdem können die Parteien in engen Grenzen durch entsprechende Vereinbarungen, § 557 Abs. 3 BGB, selbst bestimmen, ob die Mieterhöhungsmöglichkeiten nach den §§ 558–560 BGB auf ein konkretes Mietverhältnis Anwendung finden oder nicht.

18a   **hh) Berliner „Mietendeckel".** Das Land Berlin hat am 23.2.2020 das „Gesetz zur Mietenbegrenzung im Wohnungswesen in Berlin (MietenWoG Bln) in Kraft gesetzt (GVBl Berlin 2020, 50). Das Gesetz regelt sowohl die maximale Neuvermietungsmiete und die Höhe der Miete in Bestandsmietverhältnissen (siehe den Gesetzestext hinter § 559d BGB). Gegen die Verfassungsmäßigkeit des Gesetzes werden berechtigterweise erhebliche Bedenken geäußert, da dem Land Berlin die Gesetzgebungszuständigkeit für solche Regelungen fehlt. Mit dem Gesetz soll öffentlich-rechtlich für 5 Jahre die Miete zum Stichtag 17.6.2019 festgeschrieben werden. Angestoßen wurde die Diskussion durch einen Aufsatz von Weber (JZ 2018, 1022). Ausgangspunkt der Überlegungen ist das „Übergangsgesetz über Preisbildung und Preisüberwachung – **Preisgesetz vom 10.4.1948**". Danach können „die für die Preisbildung zuständigen Stellen Anordnungen und Verfügungen erlassen, durch die Preise, Mieten, Pachten, Gebühren und sonstige Entgelte für Güter und Leistungen jeder Art, ausgenommen Löhne, festgesetzt oder genehmigt werden, oder durch die der Preisstand aufrechterhalten werden soll." Das war ein **Bundesgesetz**. Weber und ihm folgend die Berliner Senatsverwaltung sehen die Zuständigkeit bei den Ländern. Nach der bis 31.8.2006 gültigen Fassung des Art. 74 GG erstreckt sich die **konkurrierende Gesetzgebung** auch auf das Wohnungswesen. Zum 1.9.2006 ist durch die **Föderalismusreform** diese Zuständigkeit teilweise verschoben worden. Für das Wohnungswesen sind jetzt die Länder zuständig. Damit war eigentlich der gesamte Bereich des **öffentlich geförderten Wohnungsbaus** gemeint. Richtigerweise ist der Bund aber weiter zuständig, weil Regelungen zur Miethöhe insgesamt zum bürgerlichen Recht gem. Art. 74 Ziff. 1 GG gehören und der Bund hier abschließend tätig geworden ist. Bereits der wissenschaftliche Dienst des Deutschen Bundestages hat in zwei Gutachten eine Gesetzgebungskompetenz der Länder verneint (WD 3-3000–029/19 (5.2.2019) und WD 3-3000–017/19 (11.2.2019); ebenso Dünchheim (GuG 2019, 208); Beuermann (GE 2019, 164); Herrlein/Tuschl (NZM 2020, 217); **a. A.** Putzer (NVwZ 2019, 283). Nach der hier vertretenen Auffassung haben die Vorschriften **wegen ihrer Verfassungswidrigkeit keine Bedeutung** für die Anwendung der §§ 557ff BGB.

III. Gemeinsame Formalien für Mieterhöhungen

19   Das Mieterhöhungsverfahren ist ein formalisiertes Verfahren (*Börstinghaus* WImmoT 2010, 137). Neben den materiellen Anspruchsvoraussetzungen verlangen alle Mieterhöhungsmöglichkeiten des BGB auch die Einhaltung eines formalen Verfahrens zur Durchsetzung des Anspruchs. Eine formell unwirksame Mieterhöhungserklärung löst unabhängig davon, ob materiell rechtlich der Anspruch besteht oder nicht, regelmäßig keine Rechtsfolgen aus (BGH NZM 2007, 514; NZM 2005, 735). In Ausnahmefällen kann aber die Umdeutung in ein Angebot auf Abschluss einer Mietabänderungsvereinbarung in Betracht kommen (BGH NZM 2005, 736). Entscheidend ist dabei die Formulierung der Mieterhöhungserklärung auf die der Mieter dann zahlt.

20   Gesetzliche **Formvorschriften** müssen immer nach ihrem **Sinn und Zweck** ausgelegt werden. Sie dürfen nicht zum Selbstzweck verkümmern. Dies entspricht

Vorbemerkung **BGB Vor §§ 557–561**

auch der Entscheidungspraxis des BVerfG (BVerfG NJW 1974, 1499; NJW 1979, 31; NJW 1980, 1617; WuM 1982, 146; WuM 1987, 313; NJW 1989, 969; NJW-RR 1993, 148; NJW 1994, 717). Eine Handhabung der Verfahrensregeln, die praktisch zu einem Mietenstopp führe und den gesetzlichen Anspruch auf die üblichen Entgelte in der Gemeinde beseitige, verletzt das Grundrecht des Vermieters aus Art. 14 Abs. 1 Satz 1 GG (BVerfG NJW 1980, 1617). Aber auch die Rechtsprechung des BVerfG gestattet es nicht, auf alle formalen Anforderungen zu verzichten. Die sich aus dem Gesetz ergebenden formalen Anforderungen müssen in dem Umfang, der für eine sinnvolle und zweckmäßige Gesetzesanwendung erforderlich ist, auch eingehalten und beachtet werden (zur großzügigen Entscheidungspraxis des VIII. Senats des BGH hinsichtlich der Formalien: Börstinghaus NZM 2009, 681; 2016, 581).

Absender eines jeden Mieterhöhungsverlangens muss der jeweilige Vermieter 21 zum Zeitpunkt der Abgabe (LG Köln WuM 1996, 623; missverständlich AG Ludwigsburg WuM 2013, 546) des Mieterhöhungsverlangens sein. Wer Vermieter ist, ergibt sich aus dem Mietvertrag und ist von der Eigentümerstellung grundsätzlich unabhängig (KG MDR 1998, 529; WuM 1997, 101, 103). Nur bei der Veräußerung des Grundstücks kommt es auf die Eigentümerstellung an. Grds. wird der Erwerber Vermieter, wenn der Veräußerer Vermieter war. Bei fehlender Identität zwischen Vermieter und Eigentümer kann § 566 BGB entsprechend angewandt werden, wenn die Vermietung des veräußerten Grundstücks mit Zustimmung und im alleinigen wirtschaftlichen Interesse des Eigentümers erfolgt und der Vermieter kein eigenes Interesse am Fortbestand des Mietverhältnisses hat (BGH NZM 2017, 847). Bei Vermietung einer Wohnung durch zwei Miteigentümer bleiben beide auch dann Vermieter, wenn der eine seinen Miteigentumsanteil später an den anderen veräußert. Auf einen solchen Eigentumserwerb findet § 566 Abs. 1 BGB weder direkte noch analoge Anwendung (BGH NZM 2019, 208). Bei Personenmehrheiten muss die Erklärung von allen Vermietern stammen (LG Wuppertal WuM 2016, 489). Zulässig ist auch im Mieterhöhungsverfahren eine **offene Stellvertretung** (LG Berlin GE 2013, 483; LG Potsdam GE 2013, 689; AG Königstein NZM 2001, 421). Aus der Erklärung des Vertreters muss sich zumindest aus den Umständen (§ 164 Abs. 1 S. 2 BGB) ergeben, in wessen Namen sie abgegeben wurde (BGH NJW 2014, 1803). **§ 174 BGB** ist auf das vorprozessuale Mieterhöhungsverlangen analog anwendbar (OLG Hamm RE v. 28.5.1982 NJW 1982, 2076; offengelassen von BGH NZM 2003, 229). Für während des Prozesses **nachgeholte Mieterhöhungsverlangen** gilt § 174 BGB wegen des Umfangs der Prozessvollmacht aber nicht (BGH NZM 2003, 229). Auch eine Ermächtigung des Erwerbers zur Abgabe des Erhöhungsverlangens ist zulässig (BGH NJW 2014, 1802).

Adressat des Mieterhöhungsverlangens sind **sämtliche Mieter** (OLG Celle 22 RE v. 20.1.1982 WuM 1982, 102; OLG Koblenz RE v. 13.10.1983 NJW 1984, 18; AG Lichtenberg MM 1998, 441; AG Hamburg WuM 1980, 58). Wer das ist, muss ggf. durch Auslegung des Mietvertrages ermittelt werden, wobei eine Falschbezeichnung unschädlich ist (BGH NJW 2015, 1109). Eine Empfangsvollmacht ist zulässig. Der Prozessbevollmächtigte des Mieters im Zustimmungsprozess ist auf Grund der Prozessvollmacht auch für nachgeholte Mieterhöhungserklärungen empfangsbevollmächtigt (BGH NZM 2003, 229). Im Einzelfall kann aber ein Mieterhöhungsverlangen, das nur an den in der Wohnung lebenden Mieter gerichtet ist, trotzdem wirksam sein. Dies kann dann der Fall sein, wenn einer der beiden Mitmieter die Wohnung seit Jahren endgültig verlassen und aufgegeben hat und ein Berufen des in der Wohnung verbliebenen Mieters auf den Zugangsmangel deshalb treuwidrig ist (BGH NJW 2004, 1797; OLG Frankfurt NJW-RR 1991, 459; LG Berlin MM 1999, 122; AG Neukölln GE 1998, 360; AG Schöneberg MM 1999, 122).

23 **Als Form** für Erhöhungserklärungen ist **Textform** vorgeschrieben (siehe hierzu § 550 Rdn. 115).

24 Handelt für den Vermieter ein **Vertreter,** so kann der Mieter die Erklärung analog § 174 BGB unverzüglich zurückweisen, wenn der Erklärung des Vermieter-Vertreters keine Vollmacht beigefügt war (OLG Hamm WuM 1982, 204). Das gilt auch für die Zustimmung des Mieters (AG Dortmund WuM 2016, 103). Die Vollmacht kann nur im Original vorgelegt werden. Die Vorlage einer beglaubigten Abschrift genügt ebenso wenig wie die einer Fotokopie (BGH NJW 1981, 1210; BGH NJW 1994, 2298; LAG Düsseldorf MDR 1995, 612; OLG Frankfurt/M NJW-RR 1996, 10) oder einer Telefax-Vollmacht (BGH NJW-RR 2018, 116; NJW 1994, 2298).

25 Das Mieterhöhungsverlangen ist eine empfangsbedürftige Willenserklärung. Gem. § 130 BGB wird deshalb das Mieterhöhungsverlangen erst mit **Zugang** wirksam. Nach der ständigen Rechtsprechung (BGH NJW 2019, 1151; NJW 2008, 843; BAG NJW 2019, 3666; NJW 2018, 2916; NZA 2015, 118; Bruns NJW 2019, 3618) geht eine verkörperte Willenserklärung unter Abwesenden iSv. § 130 Abs. 1 Satz 1 BGB zu, sobald sie in verkehrsüblicher Weise in die tatsächliche Verfügungsgewalt des Empfängers gelangt ist und für diesen unter gewöhnlichen Verhältnissen die – abstrakte – Möglichkeit besteht, von ihr Kenntnis zu nehmen (BGH NJW 2002, 2391 (2393)). Zum Bereich des Empfängers gehören von ihm vorgehaltene Empfangseinrichtungen wie ein Briefkasten. Ob die Möglichkeit der Kenntnisnahme bestand, ist nach den „gewöhnlichen Verhältnissen" und den „Gepflogenheiten des Verkehrs" zu beurteilen. So bewirkt der Einwurf in einen Briefkasten den Zugang, sobald nach der Verkehrsanschauung mit der nächsten Entnahme zu rechnen ist. Dabei ist nicht auf die individuellen Verhältnisse des Empfängers abzustellen. Im Interesse der Rechtssicherheit ist vielmehr eine generalisierende Betrachtung geboten (BAG NJW 2019, 3666 mAnm Bruns NJW 2019, 3618). Wenn für den Empfänger unter gewöhnlichen Verhältnissen die Möglichkeit der Kenntnisnahme bestand, ist es unerheblich, ob er daran durch Krankheit, zeitweilige Abwesenheit oder andere besondere Umstände einige Zeit gehindert war. Auch konkrete Umstände in der Sphäre des Empfängers, zB Unkenntnis der Sprache oder Analphabetentum fallen in die Risikosphäre des Empfängers und hindern den Zugang nicht (LAG Köln NJW 1988, 1870). Das bedeutet, dass bei Einwurf in den Briefkasten des Mieters der Zugang der Mieterhöhung, zu dem Zeitpunkt erfolgte, zu dem nach der Verkehrsanschauung mit der nächsten Entnahme von Schreiben aus dem Briefkasten zu rechnen war (BAG NJW 2019, 3666). Den Mieter Ihn trifft die Obliegenheit, die nötigen Vorkehrungen für eine tatsächliche Kenntnisnahme zu treffen. Unterlässt er dies, wird der Zugang durch solche – allein in seiner Person liegenden – Gründe nicht ausgeschlossen.

Die **Beweislast** für den Zugang trifft denjenigen, der die Erklärung abgibt. Der BGH (NJW 1957, 1230; so auch LG Berlin WuM 1987, 25) lehnt zu Recht einen Beweis des ersten Anscheins dafür ab, dass tatsächlich nachgewiesen aufgegebene Briefe auch zugegangen sind.

§ 557 Mieterhöhungen nach Vereinbarung oder Gesetz

(1) Während des Mietverhältnisses können die Vertragsparteien eine Erhöhung der Miete vereinbaren.

(2) Künftige Änderungen der Miethöhe können die Vertragsparteien als Staffelmiete nach § 557a oder als Indexmiete nach § 557b vereinbaren.

(3) Im Übrigen kann der Vermieter Mieterhöhungen nur nach Maßgabe der §§ 558 bis 560 verlangen, soweit nicht eine Erhöhung durch Vereinbarung ausgeschlossen ist oder sich der Ausschluss aus den Umständen ergibt.

(4) Eine zum Nachteil des Mieters abweichende Vereinbarung ist unwirksam.

Übersicht

	Rdn.
I. Allgemeines	1
II. Die Mietabänderungsvereinbarung gemäß Absatz 1	2
1. Zustandekommen der Vereinbarung	2
2. Zeitpunkt der Vereinbarung	7
3. Inhalt der Vereinbarung	8
4. Grenzen der Vereinbarung	11
III. Vereinbarungen über zukünftige Mieterhöhungen nach Absatz 2	13
IV. Ansprüche des Vermieters auf Mieterhöhungen nach Absatz 3	14
1. Allgemeines	14
2. Ausschlussvereinbarungen	15
a) Werkmietwohnungen	16
b) Der Zeitmietvertrag	17
c) Wohnungsgröße	18
V. Unwirksame Vereinbarungen nach Absatz 4	21

I. Allgemeines

Die Vorschrift enthält die allgemeinen Regelungen über **Mieterhöhungen im** 1 **Bestand.** Für die Wiedervermietungsmiete gelten nur die §§ 556d ff BGB. Die Vorschrift gilt nur für Wohnraummietverträge (siehe dazu § 535 BGB Rdn. 13ff.) im preisfreien Wohnungsbau. Für Wohnraum gem. § 549 Abs. 2 und 3 BGB gelten die sich aus der Vorschrift ergebenden Beschränkungen nicht. Grundsätzlich ist es im Rahmen der Vertragsfreiheit den Mietvertragsparteien gestattet, **Vereinbarungen über die Miethöhe** zu treffen. Im Wohnraummietrecht gibt es jedoch anders als in der Gewerberaummiete (zur Ausnahme § 578 Abs. 3 BGB) und bei anderen Mietverhältnissen Grenzen, die einzuhalten sind. Dabei kommt es darauf an, wann die Mieterhöhung wirken soll, nicht wann die Vereinbarung geschlossen wurde. Die verschiedenen Alternativen sind in den Absätzen 1–3 der Vorschrift enthalten, die zum Teil eigene Voraussetzungen enthalten (Abs. 1) oder auf die Vorschriften verweisen, in denen die Voraussetzungen genannt werden (Abs. 2 und 3).

II. Die Mietabänderungsvereinbarung gemäß Absatz 1

1. Zustandekommen der Vereinbarung

2   Die Mietabänderungsvereinbarung ist ein Vertrag, der Angebot und Annahme voraussetzt. Für das Angebot und die Annahme gelten grundsätzlich die allgemeinen Regeln über Willenserklärungen, §§ 116–144 BGB, und Verträge, §§ 145–157 BGB. Die Beschränkungen nach den §§ 558–558b BGB finden keine Anwendung. Der Vermieter ist also weder an die 12 oder 15 Monatsfrist des § 558 Abs. 1 BGB gebunden noch an die reguläre oder regional herabgesetzte Kappungsgrenze. Außerdem kann er dem Mieter eine Änderung einer Miete anbieten, die über der ortsüblichen Vergleichsmiete liegt oder die Möglichkeiten einer Modernisierungserhöhung nach § 559 BGB überschreitet, jedoch kann bereits das „Fordern" einer wesentlich über der ortsüblichen Vergleichsmiete liegenden Miete den Tatbestand des § 5 WiStG (s. § 535 BGB Rdn. 653ff.) erfüllen.

3   Die auf Abschluss einer Mietabänderungsvereinbarung gerichteten Willenserklärungen sind **grundsätzlich formfrei** möglich (LG Hannover WuM 1990, 222). Lediglich bei Zeitmietverträgen über einen längeren Zeitraum als ein Jahr oder Mietverträgen mit einer Kündigungsausschlussvereinbarung über diese Zeit ist gem. § 550 BGB die Einhaltung der Schriftform erforderlich, anderenfalls läuft der Mietvertrag nach Zustandekommen der Mietabänderungsvereinbarung auf unbestimmte Zeit (LG Gießen ZMR 2002, 272; LG Berlin NJWE-MietR 1996, 195). Haben die Parteien eine **Schriftformklausel** vereinbart, so sind diese regelmäßig unwirksam (BGH NZM 2017, 189; NZM 2018, 38); in den übrigen Fällen ist zu beachten, dass die Parteien diese in der Regel mündlich aufheben können (BGH NZM 2006, 59; KG MDR 2016, 819). Voraussetzung hierfür ist jedoch, dass sich die Parteien darüber einig waren und ihnen bewusst war, dass eine Änderung der Schriftformklausel notwendig war (OLG Düsseldorf GE 2010, 907). Enthält ein Mietvertrag eine Klausel, dass Vertragsänderungen auch bzgl. des Formerfordernisses der Schriftform bedürfen (sog. **qualifizierte Schriftformklausel**), so ist eine individualvertraglich vereinbarte Mieterhöhung wegen des Vorrangs der Individualvereinbarung gem. § 305b BGB trotzdem wirksam (BGH NZM 2017, 189; Schweitzer NZM 2017, 191).

4   Ein Mieterhöhungsverlangen nach § 558a BGB stellt in der Regel zugleich ein Angebot auf Abschluss eines Änderungsvertrages dar (BGH NZM 2020, 322). Dies gilt sowohl für ein formell ordnungsgemäßes, egal ob materiell berechtigtes oder unberechtigtes Zustimmungsverlangen (BGH WuM 2020, 155) wie auch für ein **formell unwirksames Mieterhöhungsverlangen,** so dass sich die Miete auch bei Zustimmung des Mieters zu einem unwirksamen Mieterhöhungsverlangen erhöht (BGH NZM 2020, 322). Voraussetzung ist aber, dass der Mieter erkennen kann, dass der Vermieter von ihm eine als Einverständnis zu wertende Handlung verlangt (BGH NZM 2005, 736; NZM 2005, 735). Bei einem wirksamen Mieterhöhungsverlangen sind neben den allgemeinen Vorschriften des BGB auch die Besonderheiten der §§ 558–558b BGB zu beachten. Daraus folgt insbesondere, dass der Mieter entgegen § 150 Abs. 2 BGB dem Angebot des Vermieters auch nur teilweise zustimmen kann. Ferner ist der Vermieter bei einem Mieterhöhungsverlangen an seinen Antrag weit länger gebunden als bei einem ausdrücklichen Angebot auf Abschluss eines Änderungsvertrages. Für das Mieterhöhungsverlangen gilt § 558b Abs. 2 BGB. Der Mieter kann deshalb das Angebot auf jeden Fall bis

zum Ablauf der Zustimmungsfrist annehmen (LG Hannover WuM 1990, 222; LG Berlin MM 1996, 292). Strittig ist, ob der Vermieter sein Erhöhungsverlangen zurücknehmen kann. Problematisch sind formell unwirksame **einseitige Mieterhöhungen des Vermieters.** Entscheidend ist hier, wie die Willenserklärung des Vermieters aus der Sicht eines objektiven Empfängers auf Seiten des Mieters verstanden werden durfte. Soweit der Vermieter in der Erklärung den Eindruck erweckt, einseitig zu einer solchen Vertragsänderung berechtigt zu sein, fehlt es in der Regel bereits an einem Angebot (BGH NZM 2005, 735). Ein Angebot ist nämlich gerade kein einseitiges Rechtsgeschäft, sondern soll nur Teil eines **zweiseitigen Vertrages** sein (OLG Hamm RE v. 28.5.1982, NJW 1982, 2076). Dies muss aber in der Regel in dem Angebot auch zum Ausdruck kommen. Stimmt der Mieter trotzdem ausdrücklich oder konkludent der Mieterhöhung zu, dann kann diese Zustimmung erst das Angebot auf Abschluss des Änderungsvertrages sein, das der Vermieter dann wiederum annehmen muss (BGH NZM 2006, 736). Dies setzt aber voraus, dass der Mieter tatsächlich ein Angebot abgegeben hat, was insbesondere bei bloßer Zahlung wegen des fehlenden Rechtsbindungswillens nicht der Fall ist (LG Berlin GE 2000, 812). Hat der Mieter längere Zeit auf ein formell unwirksames einseitiges Mieterhöhungsverlangen z. B. gem. § 559 BGB oder, weil der Vermieter zu Unrecht glaubte, für die Wohnung würden Preisbindungsvorschriften gelten, auf eine einseitige Erhöhungserklärung nach § 10 WoBindG oder aufgrund einer unwirksamen Indexmietvereinbarung (AG Wedding MM 4/2014, 30) Zahlungen geleistet, dann bedeutet dies noch nicht den Abschluss einer Mietabänderungsvereinbarung, da die Mieterhöhung nach §§ 559 ff. BGB eine einseitige Mieterhöhungserklärung ist, die aus der Sicht des objektiven Empfängers nicht zugleich ein Vertragsangebot enthält (BGH NZM 2007, 514; OLG Karlsruhe RE vom 26.3.1986 ZMR 1986, 239). Hat der Mieter aber später einer Mieterhöhung nach § 558 BGB zugestimmt, dann umfasst diese Zustimmung, die auch konkludent durch Zahlung erfolgen kann, zugleich auch alle früheren Mieterhöhungen nach § 559 BGB (LG Berlin ZMR 2001, 544, 545). Zahlungen auf unwirksame Erhöhungsverlangen können kondiziert werden (BGH NZM 2007, 514). Es gilt die regelmäßige dreijährige Verjährungsfrist. Für den Verjährungsbeginn gem. § 199 BGB genügt Tatsachenkenntnis. Rechtskenntnis ist nicht erforderlich.

Der Mieter kann das Angebot des Vermieters auch durch **schlüssiges Verhalten** annehmen. Ob das Verhalten als konkludente Willenserklärung zu verstehen ist, ist durch Auslegung zu ermitteln. Dabei ist Maßstab der objektive Empfängerhorizont. Es ist also zu prüfen, ob ein objektiver Empfänger, der den Inhalt des Angebots des Vermieters und alle sonstigen Umstände kennt, aus der Zahlung den Schluss auf einen Rechtsbindungswillen des Mieters ziehen würde. Voraussetzung für die Annahme einer konkludenten Willenserklärung ist, dass demjenigen, der eine solche konkludente Erklärung abgegeben haben soll, überhaupt bewusst ist, rechtsgeschäftlich tätig zu werden. So kann allein in der bloßen **Duldung der Einziehung** einer erhöhten Miete noch keine Annahme eines Vertragsangebots des Vermieters gesehen werden, selbst wenn die Abbuchung mehrfach erfolgt (LG München WuM 1996, 44; LG Göttingen WuM 1991, 280). Gehen beide Parteien aber davon aus, dass schon aufgrund der verspäteten Annahme ein Abänderungsvertrag zustande gekommen ist, liegt gar keine Willenserklärung vor (BGH NJW 2016, 1441; NZM 2010, 587; BGHZ 110, 220; NJW 1995, 953). Der Rückforderung eventuell eingezogener Beträge steht § 814 BGB selbst dann nicht entgegen, wenn der Mieter im Zustimmungsprozess Klageabweisung beantragt hat, aber den Lastschriften nicht widersprochen hat (AG Ludwigslust WuM 2014, 345). Ob in einer Zahlung eine konkludente Annahmeerklärung zu sehen ist, ist aus der Sicht des objektiven Empfängers auf Seiten des Vermieters zu beurteilen. Dies hängt maßgeblich vom Inhalt des vorausgegangenen Angebots des Vermieters ab. Hat er zur Abgabe einer Zustimmungserklärung aufgefordert, dann darf ein Vermieter bereits **eine Zahlung** als Zustimmung verstehen (LG Trier WuM 1994, 217; LG Kiel WuM 1993, 198; LG Berlin WuM 1989, 308; LG Braunschweig WuM 1986, 142; AG Frankfurt ZMR 1989, 180; AG Frankfurt DWW 1987, 263; *Artz* NZM 2005, 367, 369). Hat der Vermieter aber Veränderungen an der Mietsachen, zB eine Wohnflächenvergrößerung, vorgenommen und vom Mieter für diese Mehrleistung eine zusätzliche Mietzahlung verlangt, so darf der Vermieter in der Nutzung dieser Zusatzleistung die Zustimmung zur angebotenen Vertragsänderung verstehen (BGH WuM 2014, 546). Eine dem Mieter zurechenbare objektive Bedeutung seines Verhaltens hat aus der Sicht des Vermieters Vorrang vor einem etwa entgegenstehenden Willen des Mieters.

6   Die auf Abschluss einer Mietabänderungsvereinbarung gerichtete Willenserklärung kann unter Umständen widerrufen werden (§ 535 Rdn. 131 ff.). Dies ist dann der Fall, wenn es sich um einen sog. **Verbrauchervertrag** gem. § 312 Abs. 4 BGB handelt, der außerhalb von Geschäftsräumen geschlossen wurde (§§ 356, 312b BGB) oder als Fernabsatzvertrag gem. § 312c BGB geschlossen wurde.

2. Zeitpunkt der Vereinbarung

7   Die Mietabänderungsvereinbarung muss **während** des Bestehens des Mietverhältnisses geschlossen worden sein. Daraus folgt, dass von der Regelung alle Vereinbarungen bei Abschluss des Mietvertrages nicht erfasst werden. Dies gilt auch dann, wenn sich die bei Abschluss des Mietvertrages getroffene Vereinbarung auf einen Zeitpunkt während des Bestehens bezieht. Bei Vertragsschluss sind nur 2 Formen von zukünftigen Mieterhöhungen zulässig, nämlich die Staffelmietvereinbarung und die Indexvereinbarung.

3. Inhalt der Vereinbarung

8   Das Angebot auf Abschluss der Mietabänderungsvereinbarung und damit natürlich auch die Vereinbarung selbst müssen auf Änderung der Miete gerichtet sein. Nach dem Wortlaut des Abs. 1 ist nur eine Einigung über die Erhöhung der Miete möglich. Das würde bedeuten, dass Vereinbarungen über Mietsenkungen nicht möglich sind. Das ist nicht richtig. Vereinbarungen über Mietsenkungen sind nach § 311 Abs. 1 BGB möglich und nicht nach § 557 Abs. 4 BGB unwirksam, weil sie ja für den Mieter nicht nachteilig sind. § 557 unterscheidet zwischen Mieterhöhungen „während des Mietverhältnisses" in Abs. 1 und „künftige(n) Änderungen der Miethöhe" gem. Abs. 2 iVm §§ 557a, 557b BGB. Da auch künftige Mieterhöhungen solche während des Mietverhältnisses sind, kann die Abgrenzung zwischen beiden Arten nur über das Tatbestandsmerkmal „künftig" erfolgen. Dies ist deshalb von Bedeutung, weil das Gesetz in den §§ 557a, 557b BGB an die Vereinbarung künftiger Mieterhöhungen weitere zusätzliche formale Voraussetzungen geknüpft hat. Der Begriff „künftig" meint vom Wortlaut her eine Vereinbarung, deren Wirkung in der Zukunft liegt. Alle Mieterhöhungen, die sofort fällig werden, sind deshalb Vereinbarungen, die nach Abs. 1 zu beurteilen sind. Möglich ist auch die Vereinbarung einer rückwirkenden Mieterhöhung. Zu den verschiedenen Fallkonstellationen siehe Börstinghaus in: Schmidt-Futterer, Mietrecht, § 557 BGB Rdn. 24ff.).

Möglich ist sowohl eine Einigung über den Erhöhungsbetrag als auch eine Einigung über die neue erhöhte Miete. Der Erhöhungsbetrag ist ein Euro-Wert, der zu der bisher vereinbarten Miete hinzugerechnet werden muss. Möglich ist auch die Vereinbarung einer Mieterhöhung um eine bestimmte prozentuale Steigerung. Ferner bedeutet auch die Übernahme zusätzlicher Betriebskosten eine Mietabänderungsvereinbarung gem. Abs. 1. Die Erhöhung der **Betriebskostenvorauszahlung** nach § 560 Abs. 4 BGB fällt nicht in den Anwendungsbereich der Vorschrift. Fraglich ist, ob auch die nachträgliche Verpflichtung zur Durchführung von Schönheitsreparaturen, z. B. wegen bisher unwirksamer Schönheitsreparaturklausel, eine Mietabänderungsvereinbarung iSd § 557 Abs. 1 BGB darstellt. Geht es nur um eine Einmalleistung (Durchführung der Schönheitsreparaturen am Ende des Mietverhältnisses) fehlt es an der Regelmäßigkeit der Gegenleistung für die Gebrauchsüberlassung. Es handelt sich nicht um Miete. Anders kann es bei der Übernahme der regelmäßigen Schönheitsreparaturpflicht auch bei bestehendem Mietverhältnis aussehen. Bedeutung hat diese Bewertung bei der Frage, ob die Jahressperrfrist ausgelöst wird oder der Wert ggf. auf die Kappungsgrenze anzurechnen ist.

Die Vereinbarung ist **unabhängig von der Jahressperrfrist und der Kappungsgrenze** möglich, d. h. der Vermieter kann dem Mieter den Abschluss einer Mietabänderungsvereinbarung bereits während des Laufs der Jahressperrfrist oder der Fünfzehnmonatsfrist anbieten. Auf die Wirksamkeit hat es keinen Einfluss, ob der Mieter das Angebot innerhalb der Frist annimmt oder ob die erhöhte Miete innerhalb oder außerhalb der Fristen des § 558 Abs. 1 BGB fällig wird. Eine Mieterhöhung auf Grund einer Mietabänderungsvereinbarung darf auch die Kappungsgrenze des § 558 Abs. 3 BGB überschreiten. Dies gilt auch in den Gemeinden, in denen aufgrund entsprechender LandesVO die Kappungsgrenze auf 15% herabgesetzt ist. Die Erhöhung der Miete auf Grund einer Mietabänderungsvereinbarung selbst löst aber wiederum die Jahressperrfrist aus und wird voll auf die Kappungsgrenze späterer Mieterhöhungen nach § 558 BGB angerechnet. Dies gilt selbst dann, wenn die Mietabänderung aus Anlass einer Modernisierung abgeschlossen wurde und der Höhe nach genau einer Mieterhöhung nach § 559 BGB entspricht (str. siehe § 558 Rdn. 76). Nach Abschluss einer Mietabänderungsvereinbarung steht dem Mieter nicht das **Sonderkündigungsrecht** des § 561 BGB zu.

4. Grenzen der Vereinbarung

Auch für Mietabänderungsvereinbarungen gilt die Vorschrift des § 134 BGB. Soweit also auf Grund einer solchen Vereinbarung eine Miete geschuldet würde, die mehr als 20% über den ortsüblichen Entgelten liegt, ist eine solche Vereinbarung hinsichtlich des die 20% Grenze übersteigenden Teils unter den weiteren Voraussetzungen des § 5 WiStG (dazu § 535 BGB Rdn. 656f.) unwirksam, es sei denn, es liegen die Voraussetzungen des § 5 Abs. 2 WiStG vor. Vereinbarungen, die 50% über der ortsüblichen Vergleichsmiete liegen, sind unter den weiteren Voraussetzungen des § 291 StGB teilnichtig.

Die Beschränkungen der §§ 556d ff. BGB gelten bereits nach dem Wortlaut für Mietabänderungsvereinbarungen gem. § 557 Abs. 1 BGB nicht. Nach § 556d Abs. 1 BGB wird nur die **Wiedervermietungsmiete** bei Abschluss eines neuen Mietvertrages über Wohnraum beschränkt. Im Einzelfall kann ein unzulässiges **Umgehungsgeschäft** vorliegen (LG Berlin WuM 2018, 418; AG Neukölln WuM 2017, 714). Bedeutung hat eine Mietabänderungsvereinbarung uU bei der

Ermittlung der gem. § 556e BGB auch bei Weitervermietung zulässigen Vormiete. Hat der Vermieter nämlich mit dem Vormieter eine Mieterhöhung vereinbart, die mehr als 10% oberhalb der ortsüblichen Vergleichsmiete liegt, dann kann er diese Miete grds. auch mit einem Nachmieter vereinbaren. Dabei ist es zunächst unerheblich, ob diese Vereinbarung vor oder nach Inkrafttreten des Mietrechtsnovellierungsgesetzes oder der entsprechenden Landesverordnung getroffen wurde. Lediglich Mietabänderungsvereinbarungen, die innerhalb des letzten Jahres vor Beendigung des Mietverhältnisses mit dem Vormieter getroffen wurden, bleiben unberücksichtigt. Damit wollte der Gesetzgeber ein mögliches kollusives Verhalten von Vermieter und Vormieter sanktionieren. Die Frist berechnet sich vom Zeitpunkt der rechtlichen Beendigung des Mietverhältnisses aus gesehen ein Jahr zurück. Dabei kommt es auf das Datum der Vereinbarung und nicht des Wirksamwerdens der Erhöhung an. Rückwirkende Erhöhungen ändern deshalb nichts an der Unwirksamkeit für die Berechnung der Vormiete.

III. Vereinbarungen über zukünftige Mieterhöhungen nach Absatz 2

13   Nach Absatz 2 können die Vertragsparteien künftige Änderungen der Miethöhe als Staffelmiete nach § 557a BGB oder als Indexmiete nach § 557b BGB vereinbaren. Die Regelung in Absatz 2 hat keine eigenständige Bedeutung. Die Voraussetzungen und Rechtsfolgen von Staffelmiet- oder Indexvereinbarungen ergeben sich ausschließlich aus den §§ 557a, 557b BGB.

IV. Ansprüche des Vermieters auf Mieterhöhungen nach Absatz 3

1. Allgemeines

14   Absatz 3 gestattet dem Vermieter in den Fällen, in denen keine Mietabänderungsvereinbarung nach Absatz 1 und keine Vereinbarung über eine zukünftige Mieterhöhung in Form einer Staffelmiet- oder Indexvereinbarung zustande gekommen ist, seinen Anspruch auf Vertragsanpassung einseitig durchzusetzen. Der Verweis selbst in § 557 Abs. 3 1. HS hat keine eigene Bedeutung. Die Tatbestandsvoraussetzungen für die jeweilige Mieterhöhung richten sich nach §§ 558ff., 559ff. und 560 BGB. Aus der Vorschrift ist aber zu entnehmen, dass daneben Ansprüche nach den Grundsätzen des Fehlens der Geschäftsgrundlage nicht möglich sind (BGH NJW 2016, 239).

2. Ausschlussvereinbarungen

15   Während § 557 Abs. 4 BGB Vereinbarungen verbietet, die zum Nachteil des Mieters von den Bestimmungen des Gesetzes abweichen, sind Vereinbarungen, die das grundsätzlich bestehende Recht des Vermieters auf Durchführung von Mieterhöhungen ganz oder teilweise beschränken, zulässig. Dies wird durch § 557 Abs. 3 2. HS BGB noch einmal klargestellt. Entsprechende ausdrückliche Vereinbarungen kommen vor allem im Zusammenhang mit Förderverträgen (BGH NZM 2009, 734) oder sonstigen Subventionen Dritter in Betracht. Bei der Ver-

äußerung größerer Wohnungsbestände werden häufig in einer Sozialcharta Mieterhöhungsbegrenzungsregelungen getroffen (AG Stuttgart-Bad Cannstatt WuM 2019, 589; AG Stuttgart WuM 2013, 548; aufgehoben und abgeändert durch LG Stuttgart NZM 2014, 161; AG München Urt. v. 9.8.2018 – 472 C 8559/18). In all diesen Fällen ist im Einzelfall zu prüfen, ob die im Vertrag zwischen dem Vermieter und dem Dritten vereinbarte Beschränkung des Mieterhöhungsrechts zugleich einen echten Vertrag zugunsten Dritter darstellt (BGH NZM 2019, 209; LG Berlin GE 2009, 1255; **aA** LG Stuttgart NZM 2014, 161), auf die sich der Mieter iRd § 557 Abs. 3 Hs. 2 BGB berufen kann (LG Berlin GE 2000, 1540). Die Wirksamkeit solcher Vereinbarungen richtet sich nicht nach dem Mietrecht, sondern nach den für diesen Vertrag geltenden Bestimmungen. Deshalb soll die in einem öffentlich-rechtlichen Vertrag oder durch eine Auflage in der Zweckentfremdungsgenehmigung eingegangene Verpflichtung zur Mietpreisbeschränkung für den Ersatzwohnraum unwirksam sein (LG Frankfurt/M WuM 1999, 574; ZMR 2000, 223; WuM 2000, 46; *Schulz* ZMR 2000, 870). Eine ausdrückliche Vereinbarung über die Beschränkung des Mieterhöhungsrecht stellt auch die vertragliche Vereinbarung dar, dass es sich um preisgebundenen Wohnungsbau handeln soll (BGH NZM 2004, 378; AG Tempelhof-Kreuzberg WuM 2013, 228). Hierbei handelt es sich um Ausschlussvereinbarungen iSd § 557 Abs. 3 2 HS. Sie hat zur Folge, dass der Vermieter sein Mieterhöhungsverlangen mit einer **doppelten Begründung** versehen muss. Zum einen muss er darlegen, dass die verlangte Miete die ortsübliche Vergleichsmiete nicht überschreitet und zum anderen muss er durch Vorlage einer Wirtschaftlichkeitsberechnung darlegen, dass die verlangte Miete zur Deckung der laufenden Aufwendungen erforderlich ist. Der Vermieter kann aber auf Grund solcher Klauseln nicht einseitig die Miete der erhöhen (BGH NZM 2007, 187; AG Tempelhof-Kreuzberg WuM 2013, 228). Insofern ist die Klausel gem. Abs. 4 unwirksam.

Der Ausschluss kann sich auch **aus den Umständen** ergeben. **Kostenmietklauseln** in Mietverträgen ehemaliger gemeinnütziger Wohnungsunternehmen stellen auf Grund einer ergänzenden Vertragsauslegung heute keine Beschränkung des Mieterhöhungsrechts mehr dar (BGH NZM 2006, 693). Die Ausschlussvereinbarung kann sich auch **aus den Umständen ergeben.** Dazu bedarf es einer umfassenden Auslegung des gesamten Vertrages einschließlich der außerhalb des Vertrages liegenden Umstände. Allein die Vereinbarung einer unter der ortsüblichen Vergleichsmiete liegenden Miete rechtfertigt noch keine Beschränkung für spätere Mieterhöhungen (BGH NZM 2007, 639). Hat der Arbeitgeber aber im Mietvertrag selbst dem Mieter für die Dauer des Bestandes eines Arbeitsverhältnisses eine Vergünstigung eingeräumt so beinhaltet diese eine Beschränkung iSd § 557 Abs. 3 Hs. 2 BGB solange das Arbeitsverhältnis fortbesteht. Im öffentlichen Dienst kann dies auch für die Zeit nach der Pensionierung gelten (LG Erfurt GE 2012, 830). Haben die Parteien anlässlich einer **Modernisierungsmaßnahme** eine Mietabänderungsvereinbarung gem. §§ 555f, 557 Abs. 1 geschlossen, beinhaltet diese Vereinbarung idR nicht zugleich den Verzicht, den modernisierten Zustand nicht später zum Gegenstand einer **Mieterhöhung gem. § 558 BGB** zu Grunde zu legen (LG Berlin GE 2014, 190; 2012, 616). Eine Mieterhöhung nur gegenüber den bestimmten ausländischen Mietern kann einen Verstoß gegen das AGG darstellen und Entschädigungsansprüche auslöse (AG Tempelhof-Kreuzberg WuM 2015, 73). Ein solcher Verstoß stellt auch einen Verstoß gegen ein gesetzliches Verbot gem. § 134 BGB. Das ist aber kein Ausschlusstatbestand gem. § 557 Abs. 3 HS. 2 BGB.

15a

§ 557 BGB Untertitel 2. Mietverhältnisse über Wohnraum

15b Eine Ausschlussvereinbarung kann sich auf alle Mieterhöhungsmöglichkeiten beziehen oder nur auf einzelne Erhöhungstatbestände. Ferner kann die jeweilige Mieterhöhung ganz oder auch nur teilweise ausschließen. Dies ergibt sich aus der Formulierung „soweit", wobei der teilweise Ausschluss sich sowohl auf die Höhe wie auch auf den zeitweisen Ausschluss beziehen kann.

16 a) **Werkmietwohnungen.** Allein aus der Tatsache, dass der Vermieter dem Mieter eine Werkmietwohnung zu einer unterhalb der ortsüblichen Vergleichsmiete liegenden Miete überlassen hat, kann nicht geschlossen werden, dass der Vermieter bei einer Mieterhöhung nach § 558 BGB den ursprünglichen proportionalen Abstand zwischen Ausgangsmiete und der ortsüblichen Vergleichsmiete einzuhalten hat. Allenfalls ist der absolute Betrag zwischen ursprünglicher Ausgangs- und Vergleichsmiete von der neuen ortsüblichen Vergleichsmiete abzuziehen (BayObLG RE v. 22.2.2001 NZM 2001, 373).

17 b) **Der Zeitmietvertrag. Der Zeitmietvertrag** ist seit 1.9.2001 ausdrücklich im Gesetz nicht mehr als ein Ausschlusstatbestand genannt. Der Gesetzgeber wollte damit keine inhaltliche Änderung vornehmen. Nach Ansicht des Gesetzgebers soll es für die Beantwortung der Frage, ob die Parteien eine Ausschlussvereinbarung getroffen haben, entscheidend auf die konkrete Ausgestaltung des Vertrages ankommen, also entsprechend der gesetzlichen Formulierung allein auf die „Umstände" des Einzelfalles. Auch nach Wegfall des Regelbeispiels ist der Zeitmietvertrag an sich schon ein Umstand, aus dem sich der Ausschluss der Mieterhöhungsmöglichkeit ergibt (ausführlich dazu Börstinghaus in: Schmidt-Futterer, Mietrecht, § 557 BGB Rdn. 49). Auch aus der Vereinbarung eines Mietverhältnisses auf Lebenszeit kann sich ein vertraglicher Ausschluss des Rechts des Vermieters zur Mieterhöhung ergeben (LG Berlin GE 2000, 1032; AG Trier, WuM 1993, 196; LG Lübeck WuM 1972, 58; LG Mannheim WuM 1987, 353). Es kann sich aber auch bei einem Zeitmietvertrag aus den Umständen ergeben, dass Mieterhöhungen während der Befristung möglich sein sollen. Dies ist dann der Fall, wenn die Parteien sich das Erhöhungsrecht ausdrücklich vorbehalten haben oder wenn sich aus sonstigen Umständen ein solcher Erhöhungsvorbehalt ergibt. Ein solcher Erhöhungsvorbehalt kann sowohl individualvertraglich wie auch formularmäßig vereinbart werden (LG Kiel, WuM 1992, 623; LG Berlin WuM 1986, 122; AG Rastatt WuM 1997, 177; **a. A.** AG Siegburg, WuM 1987, 354; AG Tettnang, WuM 1993, 406; LG Köln, WuM 1991, 353; AG Offenbach, ZMR 1987, 472; AG Nürnberg WuM 1993, 618; AG Friedberg WuM 1994, 416). Die Klausel muss aber eindeutig und klar sein und darf insbesondere nicht gegen das Transparenzgebot des § 307 Abs. 1 Satz 2 BGB verstoßen. Haben die Parteien wirksam eine **Kündigungsausschlussvereinbarung** getroffen (dazu § 575 Rdn. 86 ff.), dann ist durch Auslegung zu ermitteln, ob damit auch eine Ausschlussvereinbarung gem. § 557 Abs. 3 2. HS verbunden ist. Ist die Vereinbarung im Interesse des Vermieters getroffen worden, dann ist eine Mieterhöhung in der Regel möglich. Hat der Mieter die Ausschlussvereinbarung im Mietvertrag vereinbart wissen wollen, dann spricht die Auslegung eher dafür, dass damit, ohne weitere Vereinbarung, der Mietvertrag unverändert, also auch ohne Mieterhöhung, bis zum Ende der Kündigungsausschlussfrist gelten sollte.

18 c) **Wohnungsgröße.** Regelmäßig handelt es sich bei der Angabe einer Wohnungsgröße in einem Mietvertrag um eine **Beschaffenheitsvereinbarung** und nicht um eine bloße **Objektbeschreibung** (BGH NZM 2010, 196). Eine solche

Vereinbarung liegt regelmäßig dann vor, wenn im Mietvertrag bei der Angabe des vermieteten Objekts die Wohnungsgröße angegeben ist. Für das Mieterhöhungsverfahren hat dies aber keine Bedeutung (BGH NJW 2016, 239). Im Mieterhöhungsverfahren kommt es nur auf die objektiven Umstände an und nicht auf den vereinbarten Zustand. Dabei ist unerheblich, ob die Flächenabweichung mehr oder weniger als 10% beträgt. Das bedeutet, dass bei einer im Mietvertrag vereinbarten kleineren als der tatsächlichen Fläche **die richtige größere Fläche** in Ansatz gebracht werden darf. Es sind aber die **Kappungsgrenze** und die **Jahressperrfrist** zu beachten (BGH NJW 2016, 239). Eine weitere Vertragsanpassung nach den Grundsätzen des **Fehlens der Geschäftsgrundlage** kommt nicht in Betracht (BGH NJW 2016, 239; Börstinghaus, Flächenabweichungen in der Wohnraummiete, Rdn. 742), unabhängig davon, wie groß die Flächenabweichung ist.

Auch die **Vereinbarung einer größeren Wohnfläche** als die tatsächlich vorhandene, ist im Mieterhöhungsverfahren unerheblich. In diesem Fall ist von der tatsächlichen Wohnungsgröße auszugehen (BGH NJW 2016, 239; OLG Hamburg NZM 2000, 654; Börstinghaus, Flächenabweichungen in der Wohnraummiete, Rdn. 762 ff.). Dies gilt unabhängig davon, ob die vereinbarte Fläche weniger oder mehr als 10% größer als die tatsächliche Fläche ist. Ggf. ist die Miete aber gem. § 536 BGB gemindert. 19

Haben die Parteien mehreren Mieterhöhungen rechtsirrig eine um mehr als 10% zu große Wohnfläche zu Grunde gelegt, **ohne dass im Mietvertrag eine Fläche vereinbart** war, kommt ausnahmsweise eine Anpassung nach den Grundsätzen des Fehlens der Geschäftsgrundlage in Betracht mit der Folge, dass der Mieter den sich auf die zu große Fläche beziehenden Teil seiner Zustimmung kondizieren kann (BGH NZM 2004, 699). Voraussetzung ist aber zusätzlich, dass der Vermieter auf die verlangte Miete auch bei richtiger Angabe der Größe unter Berücksichtigung einer eventuell höheren ortsüblichen Vergleichsmiete einen Anspruch gehabt hätte (BGH NZM 2020, 322). 20

V. Unwirksame Vereinbarungen nach Absatz 4

Bei den §§ 557a–561 BGB handelt es sich um halbzwingendes Recht, da wegen der subjektiven Ausrichtung des § 557 Abs. 4 BGB nur Abweichungen zu Lasten des Mieters unwirksam sind. § 557 Abs. 4 BGB verbietet Vereinbarungen, die zum Nachteil des Mieters abweichen. Gemeint sind Abweichungen von den Abs. 1–3. Da § 557 BGB die Einleitungsvorschrift für Mieterhöhungen im preisfreien Wohnungsbau ist und in ihr alle gesetzlich zulässigen Mieterhöhungsmöglichkeiten und Vereinbarungen über die Miethöhe angesprochen werden, meint die Vorschrift letztendlich, dass jede Abweichung von den §§ 557–561 BGB zu Lasten des Mieters unwirksam ist. 21

Verboten sind nur *Vereinbarungen*. Darunter fallen alle einseitigen Erklärungen einer Mietvertragspartei nicht. Von § 557 Abs. 4 BGB werden nicht die Fälle erfasst, in denen der Vermieter unter Verstoß gegen die Vorschriften des BGB einseitig die Miete erhöht hat oder ein unzulässiges Mieterhöhungsverlangen gestellt hat. Einem Mieterhöhungsverlangen, das die Voraussetzungen der §§ 558 ff. nicht erfüllt, muss der Mieter nicht zustimmen, eine Mieterhöhungserklärung nach § 559b BGB, die dessen Voraussetzungen nicht erfüllt, erhöht gerade nicht die Miete. Der **Schutzbereich** des § 557 Abs. 4 BGB beginnt erst dort, wo der Mieter die Zustimmung zu einer Regelung erteilt hat, die der Vermieter bei Beachtung der 22

§§ 557–561 BGB nicht hätte erreichen können. Unerheblich ist, wann eine solche nachteilige Vereinbarung getroffen wurde. Erfasst werden deshalb sowohl Vereinbarungen, die Inhalt des ursprünglichen Mietvertrages sind, und zwar unabhängig, ob es sich um einen Formularmietvertrag oder eine Individualvereinbarung handelt, als auch Vereinbarungen, die erst während des Bestandes eines Mietverhältnisses getroffen wurden. Ob sie Wirkungen für die Zukunft haben oder nur einen Einzelfall regeln sollen ist ebenfalls unerheblich. Die Vereinbarung muss sich aber auf das **Mieterhöhungsrecht des Vermieters** während des Bestandes eines Mietverhältnisses beziehen. Nur auf diese Fälle sind die §§ 557–561 BGB anwendbar. Die **Höhe der Miete** selbst ist keine Vereinbarung, die gegen § 557 Abs. 4 BGB verstoßen kann. Sie kann allenfalls gegen ein gesetzliches Verbot iSd § 134 BGB, also insbesondere § 5 WiStG oder § 291 StGB verstoßen. Auch sonstige Vereinbarungen, welche die Gegenleistung des Mieters betreffen, fallen nicht unter § 557 Abs. 4 BGB.

23 Die Vereinbarung muss eine für den Mieter nachteilige Abweichung beinhalten. Unter den heute häufig herrschenden heterogenen Marktverhältnissen ist nicht immer klar, was für den Mieter nachteilig ist und was nicht. Ob eine Vereinbarung für den Mieter nachteilig ist, muss nach dem Wortlaut und Zweck des § 557 Abs. 4 BGB danach beurteilt werden, ob sie dem Vermieter objektiv eine günstigere Rechtsstellung einräumt, als er sie bei Beachtung der materiellen aber auch der formellen Beschränkungen des BGB hätte erreichen können (OLG Stuttgart NJW-RR 1989, 1357). Nicht entscheidend ist, ob der Mieter die Regelung subjektiv als nachteilig empfindet oder sich ggf. wegen der Vereinbarung Vorteile verspricht. Der objektive Inhalt der Vereinbarung ist dabei durch Auslegung zu ermitteln. Ob eine Vereinbarung für den Mieter nachteilig ist, richtet sich also nicht nach dem Ergebnis der Auswirkungen der Vereinbarung im konkreten Einzelfall. Nicht die Rechtsfolge, sondern der abstrakte Gehalt der abweichenden Vereinbarung ist anhand der gesetzlichen Beschränkung des Vermieters nach den §§ 557–561 BGB zu bewerten. Deshalb sind auch Vorschriften, die die Form- und Begründungsvorschriften für den Vermieter noch weiter lockern, unwirksam. Bei Vereinbarungen, die für den Mieter **teils vorteilhaft und teils nachteilig** sind, kommt es zunächst darauf an, festzustellen, ob die jeweiligen Vereinbarungen trennbar sind. Mietvertragliche Vereinbarungen, die z. B. in einem Fördervertrag als Vertrag zugunsten Dritter, die Miete von den Einkommensverhältnissen des Mieters abhängig machen sind deshalb nur insoweit unwirksam, sie zu Mieterhöhungen führt; eine Mietsenkung ist nicht zum Nachteil des Mieters (LG Berlin GE 2016, 788). Eine Trennbarkeit ist dann nicht gegeben, wenn die Regelungen in einer Wechselbeziehung stehen, also nach dem Willen der Parteien in ihrer Gesamtheit die Vertragspflichten umschreiben sollen. Liegt eine solche **untrennbare Regelung** vor, dann ist die Regelung insgesamt gem. § 557 Abs. 4 BGB unwirksam, ohne dass es darauf ankommt, ob wirtschaftlich der Mieter sich uU besser steht. § 557 Abs. 4 BGB erlaubt gerade keine wirtschaftliche Betrachtungsweise, sondern nur einen Vergleich der Rechtslage ohne die Regelung und mit der Regelung.

24 Wegen der Wirksamkeit einzelner Regelungen siehe jeweils bei den nachfolgenden Vorschriften §§ 557a–559b BGB.

§ 557a Staffelmiete

(1) Die Miete kann für bestimmte Zeiträume in unterschiedlicher Höhe schriftlich vereinbart werden; in der Vereinbarung ist die jeweilige Miete oder die jeweilige Erhöhung in einem Geldbetrag auszuweisen (Staffelmiete).

(2) ¹Die Miete muss jeweils mindestens ein Jahr unverändert bleiben. ²Während der Laufzeit einer Staffelmiete ist eine Erhöhung nach den §§ 558 bis 559b ausgeschlossen.

(3) ¹Das Kündigungsrecht des Mieters kann für höchstens vier Jahre seit Abschluss der Staffelmietvereinbarung ausgeschlossen werden. ²Die Kündigung ist frühestens zum Ablauf dieses Zeitraumes zulässig.

(4) ¹Die §§ 556d bis 556g sind auf jede Mietstaffel anzuwenden. ²Maßgeblich für die Berechnung der nach § 556d Absatz 1 zulässigen Höhe der zweiten und aller weiteren Mietstaffeln ist statt des Beginns des Mietverhältnisses der Zeitpunkt, zu dem die erste Miete der jeweiligen Mietstaffel fällig wird. ³Die in einer vorangegangenen Mietstaffel wirksam begründete Miethöhe bleibt erhalten.

(5) Eine zum Nachteil des Mieters abweichende Vereinbarung ist unwirksam.

Übersicht

	Rdn.
I. Allgemeines	1
1. Inhalt und Zweck der Regelung	1
2. Anwendungsbereich	2
II. Wirksamkeitsvoraussetzungen der Staffelmietvereinbarung	4
1. Abschluss und Schriftform	4
2. Inhalt der Vereinbarung	8
a) Angabe der Miete	8
b) Erhöhungszeitpunkte	11
c) Erhöhungsstaffeln	12
d) Laufzeit der Vereinbarung	13
III. Wirkung der Staffelmietvereinbarung	14
1. Allgemeines	14
2. Verhältnis zu sonstigen Mieterhöhungen	15
IV. Kündigungsrecht des Mieters	16
V. Grenzen der Vereinbarung	19
VI. Unwirksame Vereinbarungen	24

I. Allgemeines

1. Inhalt und Zweck der Regelung

Das Gesetz erlaubt in § 557 BGB in zwei Fällen abweichend von dem generellen Verbot für den Mieter nachteilige Vereinbarungen über Mieterhöhungen zu treffen, mietvertragliche Vereinbarungen über zukünftige Mietsteigerungen. Dies geht einmal in der Form der Staffelmiete gem. § 557a BGB und in Form der Indexmiete gem. § 557b BGB. § 557a BGB enthält die Definition und die Voraussetzungen für eine Staffelmietvereinbarung. Staffelmietverträge sind bereits nach allgemeinem Zivilrecht grundsätzlich zulässig (§ 311 Abs. 1 BGB). Dies bedeutet, dass Staffelmietvereinbarungen sowohl bei der Gewerberaummiete wie auch bei den nicht geschützten Mietverhältnissen gem. § 549 Abs. 2 und Abs. 3 BGB ohne Einhaltung der zusätzlichen Voraussetzungen des § 557a BGB zulässig sind. § 557a BGB bestimmt die zusätzlichen Voraussetzungen für die Wohnraummiete. Zu den Vor- und Nachteilen solcher Vereinbarungen siehe Börstinghaus in: Schmidt-Futterer § 557a BGB Rdn. 3, 4.

2. Anwendungsbereich

2 Die Vorschrift gilt für alle Staffelmietvereinbarungen, die seit dem 1. September 2001 geschlossen wurden. Für vor diesem Termin abgeschlossene Vereinbarungen gilt weiter § 10 Abs. 2 MHG (BGH WuM 2009, 117). Es kommt auf den Zeitpunkt der Vereinbarung, nicht auf den Zeitpunkt des Eintritts der ersten Staffel an. Individualvereinbarungen, die vor dem 1.9.2001 vereinbart wurden, sind gem. § 134 BGB nur unwirksam, soweit sie für mehr als 10 Jahre gelten, bis zu diesem Zeitpunkt waren sie wirksam (BGH WuM 2009, 117). Das gilt auch für Formularverträge, da es sich bei der Vereinbarung der Staffelmiete um eine der Inhaltskontrolle entzogene Preisvereinbarung gemäß § 307 Abs. 3 Satz 1 BGB handelt. Klauseln, die Art, Umfang und Güte der vertraglichen Hauptleistung und der hierfür zu zahlenden Vergütung unmittelbar bestimmen sind von der Inhaltskontrolle ausgenommen (BGH NJW 2019, 2997 (2998)). Die Freistellung von der Inhaltskontrolle gilt nur für Abreden über den unmittelbaren Leistungsgegenstand. Dagegen sind Regelungen, die die Leistungspflicht des Verwenders einschränken, verändern, ausgestalten oder modifizieren, inhaltlich zu kontrollieren. Bei der Staffelmietabrede handelt es sich nicht um eine bloße Preisnebenabrede. Zur Kontrolle und Unwirksamkeit von Preisnebenabreden: *Jerger* NJW 2019, 3752. Es handelt sich um einen wesentlichen Bestandteil des Mietvertrages. Die Staffelmiete betrifft die Höhe der Gegenleistung. Solche Leistungs- und preisbeschreibende Klauseln müssen nur dem Transparenzgebot gem. § 307 Abs. 3 S. 2 BGB genügen. Das ist dann der Fall, wenn die Klausel die wirtschaftlichen Belastungen und die Nachteile für die andere Vertragspartei klar erkennen lässt. Bei einer den Anforderungen des früheren § 10 Abs. 2 MHG bzw. nun § 557a BGB genügenden Klausel ist das aber der Fall. Wenn man § 307 BGB auf die Staffelmiete als Preisvereinbarung nicht anwendet, dann bleibt wiederum als Maßstab nur § 134 BGB.

3 Auch **im preisgebundenen Wohnungsbau** ist die Vereinbarung einer Staffelmiete gem. § 557a BGB grundsätzlich zulässig (BGH NJW 2004, 511; OLG Hamm RE v. 29.1.1993 WuM 1993, 108). Sie darf aber nicht gegen zwingende Vorschriften des WoBindG/WoFG bzw. entsprechendes Landesrecht verstoßen. Zulässig sind deshalb Staffelmietvereinbarungen, deren höchste Staffel unter der preisrechtlich noch zulässigen Miete zum Zeitpunkt der Vereinbarungen der Staffelmiete liegt. Unwirksam ist demgegenüber eine Vereinbarung, deren höchste Staffel die zum Zeitpunkt der Vereinbarung der Staffelmiete zulässige Kostenmiete übersteigt. Zulässig soll auch eine Staffelmietvereinbarung sein, die erst nach Ende der Preisbindung wirksam wird (BGH NJW 2004, 511; **a. A.** Börstinghaus in: Schmidt-Futterer, Mietrecht, § 557a BGB Rdn. 16f.). Möglich ist auch eine Staffelmiete bei der vereinbarten Förderung gem. § 88d Abs. 3 II. WoBauG (LG Berlin GE 2002, 468). Dies gilt auch für Wohnraum, der nach dem Wohnraumförderungsgesetz (BGBl 2001 I S. 2376) oder entsprechender landesgesetzlicher Rege-

lungen gefördert wurde, wenn die höchste Staffel innerhalb der vereinbarten oder festgesetzten höchstzulässigen Miete bleibt.

II. Wirksamkeitsvoraussetzungen der Staffelmietvereinbarung

1. Abschluss und Schriftform

Die Vereinbarung einer Staffelmiete muss schriftlich iSd § 126 BGB erfolgen 4 (LG Hamburg ZMR 2013, 349). Zur Schriftform siehe § 550 Rdn. 30 ff. Möglich ist auch der Abschluss in elektronischer Form gem. § 126a BGB. Textform gem. § 126b BGB genügt nicht. Die Schriftform der Staffelmietvereinbarung muss auch dann eingehalten werden, wenn der Mietvertrag selbst gem. § 550 BGB nicht der Schriftform unterliegt. Eine feste Verbindung mit dem Mietvertrag ist für die Wirksamkeit der Staffelmietvereinbarung nicht erforderlich (LG Berlin GE 1998, 857). Eine Staffelmietvereinbarung kann durch Formularvertrag erfolgen (siehe aber oben Rdn. 2). Die mündliche Vereinbarung einer Staffelmiete ist genauso wenig möglich wie die Vereinbarung durch konkludentes Verhalten, z. B. vorbehaltlose Zahlung von Erhöhungsbeträgen. Die Parteien können auf die Schriftform nicht verzichten. Die mangelnde Schriftform kann auch nicht durch eine salvatorische Klausel geheilt werden (BGH NZM 2007, 730; 2002, 823). Die Nichtigkeit bezieht sich nur auf die Staffelmietvereinbarung und nicht auf den gesamten Mietvertrag.

Staffelmietvereinbarungen können sowohl bei Mietverträgen auf unbestimmte 5 Zeit wie auch bei befristeten Mietverträgen (Zeitmietvertrag) gem. § 575 BGB abgeschlossen werden. Allein der Abschluss einer Staffelmietvereinbarung führt noch nicht zu einer Befristung des Mietverhältnisses.

Die Staffelmietvereinbarung kann zusammen mit dem Mietvertrag abgeschlos- 6 sen werden aber auch separat. Wird die Vereinbarung zusammen mit dem Mietvertrag abgeschlossen, kann dies in einer einheitlichen Urkunde geschehen. Es muss keine äußerlich gesonderte Vereinbarung getroffen werden. Möglich ist aber auch der spätere Abschluss einer Staffelmietvereinbarung während eines bestehenden Mietverhältnisses.

Die auf Abschluss einer Staffelmietvereinbarung gerichtete Willenserklärung 7 kann unter Umständen widerrufen werden (§ 535 Rdn. 131 ff.). Dies ist dann der Fall, wenn es sich um einen sog. **Verbrauchervertrag** gem. § 312 Abs. 4 BGB handelt, der außerhalb von Geschäftsräumen geschlossen wurde (§§ 356, 312b BGB) oder als Fernabsatzvertrag gem. § 312c BGB geschlossen wurde (*Börstinghaus* NZM 2018, 105; *Fervers* NJW 2019, 308). Soweit der BGH (NJW 2019, 303) mit Hilfe einer teleologischen Reduktion die Vorschriften über Fernabsatzverträge auf das Mieterhöhungsverfahren nach §§ 558 ff. BGB für nicht anwendbar erklärt hat, gilt das nicht für Staffelmietvereinbarungen gem. § 557a BGB. Die Entscheidung beruht auf den besonderen mieterschützenden Vorschriften des gesetzesgestützten Erhöhungsverlangens.

2. Inhalt der Vereinbarung

a) Angabe der Miete. Es muss die jeweilige Miete oder die **jeweilige Erhö-** 8 **hung in einem Geldbetrag** ausgewiesen sein. Die jeweilige Miete ist in einem

§ 557a BGB Untertitel 2. Mietverhältnisse über Wohnraum

Geldbetrag ausgewiesen, wenn im Mietvertrag die insgesamt zu zahlende Miete ab einem bestimmten Zeitpunkt in der Zukunft angegeben ist. Soweit es sich um eine Netto- oder Teilinklusivmiete handelt, reicht es aus, wenn die jeweilige Netto- oder Teilinklusivmiete angegeben wird, ohne dass auch andere Positionen wie Betriebskostenvorschuss oder Garagenmiete angegeben werden müssen (LG Berlin GE 1992, 381). Bei Inklusivmieten muss die jeweilige Inklusivmiete angegeben werden.

9 Die Erhöhung um einen Geldbetrag muss in einem **bestimmten Euro-Betrag** angegeben werden. Die Erhöhungs-Beträge müssen für die gesamte Laufzeit der Staffelmietvereinbarung nicht identisch sein. Unwirksam ist die Angabe der jeweiligen Quadratmetermieten (LG Berlin NZM 2012, 114; AG Dortmund WuM 2006, 157; LG Görlitz WuM 1997, 682, 684) oder die Angabe der Steigerungsbeträge pro Quadratmeter (LG Berlin GE 2002, 468, 469; LG Hamburg WuM 1990, 443). Die Steigerungen müssen bei Abschluss der Staffelmietvereinbarung betragsmäßig feststehen. Deshalb darf die Erhöhung weder der späteren Vereinbarung der Parteien noch der Bestimmung einer Partei oder eines Dritten überlassen werden. Auch die Bezugnahme auf später noch zu ermittelnde Werte, wie z. B. die jeweilige ortsübliche Vergleichsmiete (LG Berlin MM 2007, 111; LG Halle ZMR 2004, 821) oder die Miete für eine bestimmte Vergleichswohnung ist unzulässig. Auch die Vereinbarung von **prozentualen Steigerungsbeträgen ist unzulässig** (BGH NJW 2012, 1520; OLG Braunschweig NJW-RR 1986, 91; OLG Karlsruhe NJW-RR 1990, 155; AG Tempelhof-Kreuzberg ZMR 2019, 511; LG Berlin GE 2002, 804; LG Berlin WuM 1992, 198; LG Bonn WuM 1992, 199). Wirksam ist demgegenüber eine Vereinbarung, die dem Mieter das Recht gibt, die betragsmäßig vereinbarte Staffelmieterhöhung auf die ortsübliche Vergleichsmiete zu reduzieren (BGH NZM 2009, 355).

10 Möglich ist die **Bestätigung** einer zunächst unwirksamen Staffelmietvereinbarung gem. § 141 BGB (LG Berlin NZM 2012, 114; LG Köln WuM 1987, 362; LG Berlin ZMR 1997, 191). Dies kann ausdrücklich oder auch konkludent erfolgen. Soweit es um Wirkungen für die Zukunft geht, bedarf auch die Bestätigung gem. § 141 BGB grundsätzlich der Schriftform gem. § 557a Abs. 1 BGB (BGH NJW 1985, 2579; LG Berlin GE 2003, 325; AG Köln WuM 1989, 581). Eine Bestätigung ohne Einhaltung der Schriftform lässt zukünftige Staffeln nicht wirksam werden. Die auf Grund einer unwirksamen Staffelmietvereinbarung erfolgte Zahlung kann der Mieter vom Vermieter zurückverlangen (LG Kiel WuM 2000, 308; LG Berlin GE 2002, 804). Eine Rückforderung des gezahlten Mehrbetrages kann aber nach den Grundsätzen von Treu und Glauben, § 242 BGB, im Einzelfall ausgeschlossen sein.

11 b) **Erhöhungszeitpunkte.** Der Zeitpunkt der Erhöhung muss nach dem Wortlaut des Gesetzes *bestimmt* sein. Es muss also für jeden Erhöhungsbetrag oder den erhöhten Gesamtbetrag genau angegeben werden, ab wann er zu zahlen ist. Dabei genügt es aber, wenn die Zeiträume errechnet werden können. Dies ergibt sich aus dem Sinn und Zweck der Regelung, wonach für die Mietvertragsparteien die Mietentwicklung kalkulierbar sein soll. Der Zeitpunkt muss nach dem Kalender bestimmbar sein. Dies ist der Fall, wenn jeweils ein Anfangsdatum angegeben wird aber auch dann, wenn jeweils die Anzahl der Monate angegeben wird, für die die neue Staffelmiete zu zahlen ist. Die Anknüpfung an andere Ereignisse ist unzulässig.

12 c) **Erhöhungsstaffeln.** Eine Staffelmietvereinbarung liegt bereits dann vor, wenn **eine einzige Steigerung** vereinbart wurde (BGH NZM 2006, 12; *Gather,*

GE 2002, 516, 517; **a. A.** *Mersson,* ZMR 2002, 732). Die Miete muss zwischen den einzelnen Erhöhungsterminen jeweils ein Jahr unverändert bleiben. Die Frist berechnet sich nach § 188 Abs. 2 BGB. Ist nur eine der vereinbarten Zeiträume kürzer als ein Jahr, dann ist die gesamte Staffelmietvereinbarung unwirksam (LG Berlin NZM 2002, 941; LG Hamburg NZM 1999, 957; LG Nürnberg-Fürth WuM 1997, 438; LG Berlin NZM 2001, 986; GE 1999, 1428; GE 1995, 369; MM 1990, 40). Dies gilt selbst dann, wenn die Frist auch nur um einen Tag unterschritten wird (AG Büdingen WuM 1996, 344). Im Einzelfall kann die Berufung auf die Unwirksamkeit jedoch gegen die Grundsätze von Treu und Glauben verstoßen oder der Vertrag kann nach den Grundsätzen der ergänzenden Vertragsauslegung anzupassen sein (LG Hamburg NZM 1999, 957; AG Lichtenberg GE 1997, 321; **a. A.** LG Berlin NZM 2001, 941). Dies kommt insbesondere dann in Betracht, wenn die Parteien den Vertragsbeginn einvernehmlich verlegt haben, aber vergessen haben, die Staffelvereinbarung auch anzupassen. Die einzelnen Zeitabstände müssen nicht gleich sein. Sollte aber auch nur ein Abstand zwischen zwei Erhöhungszeitpunkten kürzer als ein Jahr sein, dann ist die gesamte Vereinbarung nichtig.

d) Laufzeit der Vereinbarung. Seit 1.9.2001 ist die zeitliche Begrenzung der Laufzeit für Staffelmietvereinbarungen entfallen. Sie dürfen jetzt für jede beliebige Zeit abgeschlossen werden. Bei Vereinbarungen, die vor dem 1.9.2001 abgeschlossen wurden gilt weiter die Höchstfrist von 10 Jahren. Eine noch unter der Geltung des MHG ohne zeitliche Begrenzung individualvertraglich vereinbarte Staffelmiete ist aber nur insoweit unwirksam, als sie über die damalige zulässige Höchstdauer von zehn Jahren hinausgeht (BGH WuM 2009, 117). Eine Staffelmietvereinbarung über mehr als zehn Jahre, die bis 31.8.2001 formularvertraglich getroffen wurde, ist aber von Anfang an ganz unwirksam. Zwar fallen Preisvereinbarungen grds. nicht in den Anwendungsbereich des § 307 BGB (BGH WuM 2012, 278; WuM 2009, 587; zur Kontrollfreiheit von Preisvereinbarungen auch ausführlich BGH NJW 2019, 2997), jedoch geht es hier um die Laufzeitregelung. Diese unterfällt voll der Inhaltskontrolle des § 307 BGB. 13

III. Wirkung der Staffelmietvereinbarung

1. Allgemeines

Zum vereinbarten Zeitpunkt erfolgt automatisch die vereinbarte Erhöhung der Miete. Es ist kein Erhöhungsverlangen erforderlich. Ist die Fälligkeit der Miete wirksam nach dem Kalender bestimmt, dann kommt der Mieter mit der nicht geleisteten Miete in Verzug, ohne dass es einer weiteren Mahnung bedarf. Wenn die sonstigen Voraussetzungen des § 543 Abs. 2 Ziff. 3 BGB vorliegen, ist der Vermieter berechtigt, das Mietverhältnis fristlos zu kündigen. Die Schonfrist des § 569 Abs. 3 Ziff. 3 BGB gilt weder unmittelbar noch analog. Die Ausübung des Kündigungsrechts kann aber in Extremfällen treuwidrig sein, wenn z. B. beide Vertragsparteien bei lang auseinanderliegenden Staffeln den Erhöhungszeitpunkt übersehen haben und deshalb erhebliche Rückstände aufgelaufen sind. In diesem Fall ist eine vorherige Mahnung erforderlich. 14

§ 557a BGB   Untertitel 2. Mietverhältnisse über Wohnraum

2. Verhältnis zu sonstigen Mieterhöhungen

15   Während der **Laufzeit der Staffelmietvereinbarung** sind Mieterhöhungen gem. §§ 558 bis 559b BGB ausgeschlossen. Haben die Mietvertragsparteien eine Staffelmietvereinbarung getroffen und zugleich eine Mieterhöhungsmöglichkeit nach dem BGB vereinbart, so kann je nach Formulierung die Staffelmietvereinbarung unwirksam sein (AG Dortmund NZM 2010, 862; **a. A.** für eine etwas andere Formulierung: LG Krefeld NZM 2015, 819). Der Ausschluss von Mieterhöhungen nach §§ 559–559b BGB betrifft alle Alternativen des § 555b BGB auf die § 559 Abs. 1 verweist. Der Ausschluss der Mieterhöhungsmöglichkeiten gilt für die gesamte Laufzeit der Staffelmietvereinbarung. Da diese mit der Fälligkeit der letzten Erhöhungsstufe endet, endet zu diesem Zeitpunkt auch die Beschränkung (Artz in: MünchKomm § 557a BGB Rdn. 8; *Sternel* MietR Kap. III Rdn. 436). § 557a Abs. 2 S. 2 BGB stellt nur auf die Mieterhöhung gem. § 559 BGB – also die **Gestaltungserklärung** – ab, nicht auf den Zeitpunkt der Modernisierungsmaßnahme (*Börstinghaus* NZM 2018, 600; Bamberger/Roth/*Schüller* BGB § 557a Rdn. 21; Artz in: MünchKomm § 557a BGB Rdn. 8; KSB MietR/*Kinne* BGB § 557a Rdn. 17; **a. A.** LG Berlin NZM 2018, 599 m. abl. Anm. *Börstinghaus* NZM 2018, 600; BeckOGK/*Siegmund* § 557a Rdn. 81). Der Wortlaut des S. 2 ist insofern eindeutig. Er stellt nur auf „die Erhöhung" ab. Das ist die Gestaltungserklärung und **nicht die Baumaßnahme.** Eine Ausstrahlungswirkung auf die Zeit nach Ablauf der Staffelmiete enthält die Vorschrift nicht und wäre auch unter Berücksichtigung des Gegenseitigkeitsverhältnisses des wechselseitigen Entgegenkommens nicht zu rechtfertigen. Der Vergleich mit der gleichzeitig ausgeschlossenen Möglichkeit einer Mieterhöhung auf die ortsübliche Vergleichsmiete zeigt, dass auch hier während der Laufzeit der Staffelmiete eintretende Steigerungen der ortsüblichen Vergleichsmiete nach Ablauf der Staffelmiete unter Berücksichtigung der Kappungsgrenze nachgeholt werden können (Börstinghaus in: Schmidt-Futterer § 557a BGB Rdn. 53).

     Mieterhöhungen nach §§ 558–558e BGB sind zwar nach § 557a Abs. 2 BGB unmittelbar nach der letzten Erhöhung auf Grund einer Staffelmietvereinbarung zulässig, jedoch gem. § 558 Abs. 1 BGB ausgeschlossen, da die Miete zum Wirkungszeitpunkt einer eventuellen Mieterhöhung noch keine 15 Monate unverändert geblieben ist. Außerdem ist die Jahressperrfrist des § 558 Abs. 1 Satz 2 BGB einzuhalten. Die Jahresfrist beginnt in diesen Fällen mit dem Zeitpunkt der Fälligkeit der letzten Erhöhungsstufe. Zulässig sind während der Laufzeit der Staffelmietvereinbarung lediglich Erhöhungen von Betriebskostenpauschalen gem. § 560 BGB. Ebenso möglich sind gem. Art. 229 § 3 Abs. 4 EGBGB Mieterhöhungen wegen Betriebskostensteigerungen entsprechend § 560 BGB bei vor dem 1.9.2001 abgeschlossenen Brutto- oder Teilinklusivmietverträgen, wenn im Mietvertrag eine Erhöhung der Miete wegen Betriebskostensteigerungen ausdrücklich vereinbart worden ist. Zulässig sind während einer Staffelmietvereinbarung Mietabänderungsvereinbarung gem. § 557 Abs. 1 BGB.

IV. Kündigungsrecht des Mieters

16   Die Vereinbarung einer Staffelmiete schließt das Kündigungsrecht des Mieters nicht aus. Allein die Tatsache, dass die Mietvertragsparteien eine bestimmte Laufzeit für die Staffelmietvereinbarung getroffen haben bedeutet nicht, dass es sich um ein

befristetes Mietverhältnis handelt. Möglich ist aber, eine Staffelmietvereinbarung in Zusammenhang mit einem Zeitmietvertrag gem. § 575 BGB abzuschließen. Das **Sonderkündigungsrecht** des Mieters gem. § 569 Abs. 3 Ziff. 3 BGB gilt bei einer Mieterhöhung auf Grund einer Staffelmietvereinbarung gem. § 557a Abs. 2 nicht. Für die Beschränkung des Kündigungsrechts des Vermieters gibt es keine Schranken. Grundsätzlich kann auch das **Kündigungsrecht des Mieters ausgeschlossen** werden: Gem. § 557a Abs. 3 sind aber Grenzen gesetzt. Die Beschränkung darf maximal 4 Jahre betragen.

Die 4 Jahresfrist beginnt mit Abschluss der Staffelmietvereinbarung und nicht 17 mit dem Einzug des Mieters (BGH WuM 2016, 656; NZM 2005, 782). Die Höchstfrist von vier Jahren für einen Kündigungsausschluss in Zusammenhang mit einer Staffelmietvereinbarung ist auch dann maßgeblich, wenn ihr Ende auf einen Kalendertag vor dem Ende eines Monats fällt (BGH NZM 2006, 579). Das heißt die Frist läuft Tag genau vier Jahre nach Vereinbarung des Kündigungsausschlusses ab. Bei einer rückwirkend abgeschlossenen Staffelmietvereinbarung berechnet sich die Vierjahresfrist vom Zeitpunkt der Vereinbarung an und nicht vom Wirkungszeitpunkt (LG Berlin ZMR 2003, 572; **a. A.** AG Charlottenburg GE 2000, 1033). Die 4-Jahresfrist gilt unabhängig davon, wie lang die Laufzeit der Staffelmietvereinbarung ist. Die Staffelmietvereinbarung muss nicht länger als die Kündigungsbeschränkung sein.

Die Wirksamkeit von Kündigungsausschlussvereinbarungen hängt ua davon ab, 18 ob sie mit einer Staffelmietvereinbarung gekoppelt sind oder nicht. **Individualvertragliche** Vereinbarung sind in Verbindung mit einer Staffelmiete zumindest insoweit unwirksam, als der Vierjahreszeitraum überschritten wird, im Übrigen aber wirksam (BGH NJW 2006, 2696). Bei einem **formularvertraglich** vereinbarten Kündigungsverzicht von mehr als vier Jahren ist die Kündigungsbeschränkung vom ersten Tag an unwirksam (BGH NJW 2006, 1059). Eine formularvertragliche Vereinbarung liegt auch vor, wenn der Vermieter handschriftlich in eine Lücke im vorformulierten Vertragstext die Laufzeit einträgt (BGH NZM 2017, 71). Etwas anderes würde allenfalls dann gelten, wenn die Ergänzung von den Parteien individuell ausgehandelt oder gar von dem Vertragspartner des Verwenders nach seiner freien Entscheidung vorgenommen worden wäre. Grundsätzlich sind **formularvertraglich vereinbarte Kündigungsausschlussvereinbarungen** nur wirksam, wenn sie **wechselseitig** gelten, nach zweifelhafter Ansicht des BGH (NJW 2009, 353; NJW 2006, 106; MietPrax-AK § 557a BGB Nr. 9) soll dies aber nicht gelten, wenn die Kündigungsausschlussvereinbarung zusammen mit einer Staffelmiete vereinbart wurde. Dies beruht aber auf einem falschen Verständnis der Bedeutung des § 557a Abs. 3. Die Vorschrift will nämlich nichts erlauben, was ansonsten verboten ist, sondern sie will etwas verbieten, was sonst erlaubt ist (AG Dortmund NZM 2010, 862; *Börstinghaus* NJW 2009, 1391; Artz in: MünchKomm § 557a BGB Rdn. 16).

V. Grenzen der Vereinbarung

Grundsätzlich gilt, dass die Höhe der einzelnen Staffeln von den Parteien frei 19 vereinbart werden kann. Es gelten vom Grundsatz her die gleichen Regelungen, die auch bei der Festsetzung der Miete bei der Neuvermietung gelten. Genau wie dort müssen die Parteien auch bei der Vereinbarung einer Staffelmiete keine Kappungsgrenze beachten. Dies gilt sowohl für die erste Stufe wie auch für die Differenz der Einzelnen späteren Staffeln. Deshalb darf die erste Stufe der Vereinbarung schon mehr als 20% über der Ausgangsmiete 3 Jahre zuvor liegen. Ferner ist es zulässig, dass auch die späteren Staffeln zu einem stärkeren Mietanstieg als er unter Beachtung der Kappungsgrenze des § 558 Abs. 1 Satz 2 BGB möglich wäre, führt. Auch die ortsübliche Vergleichsmiete ist grundsätzlich nicht Maßstab für die Festlegung der Vertragsmiete und der einzelnen Staffeln. Die Parteien können eine Miete vereinbaren, die unter aber auch über der ortsüblichen Vergleichsmiete liegt.

20 Gem. § 557a Abs. 4 BGB gelten die **Beschränkungen der Wiedervermietungsmiete** gem. § 556d–§ 556g BGB auch für jede einzelne Staffel einer Staffelmietvereinbarung, wenn die Wohnung in einer Gemeinde liegt, für die durch Landes-Rechtsverordnung festgestellt wurde, dass dort ein angespannter Wohnungsmarkt herrscht (wegen der Einzelheiten siehe die Kommentierung bei § 556d BGB). In diesem Fall darf sowohl die erste vereinbarte Miete wie auch alle folgenden Staffelerhöhungen grundsätzlich die ortsübliche Vergleichsmiete um nicht mehr als 10% übersteigen. Dies gilt gem. Art. 229 § 35 Abs. 1 EGBGB nur für Staffelmietvereinbarungen, die nach Inkrafttreten einer entsprechenden Landesverordnung vereinbart wurde. Dabei kommt es nicht auf den Zeitpunkt an, ab wann die Ausgangsmiete oder die erste Staffelmieterhöhung zu zahlen ist, sondern auf das **Datum des Vertragsschlusses** bzgl. der Staffelmiete. Bis zur Aufnahme der Gemeinde in eine Landesverordnung geschlossene Staffelmietvereinbarungen genießen auch für zukünftige Staffeln Bestandsschutz (BR-Drs. 447/14 S. 41). Umgedreht sind die §§ 556d–§ 556g BGB gem. Art. 229 § 35 Abs. 2 EGBGB nicht mehr auf solche Mietstaffeln anwendbar, die erstmals fällig werden, wenn die Gemeinde nicht mehr in den Anwendungsbereich einer Landesverordnung gem. § 556d Abs. 2 BGB fällt.

21 Es muss also **sowohl für die Ausgangsmiete** sowie für **jede einzelne Staffelmieterhöhung** die Höhe der ortsüblichen Vergleichsmiete für vergleichbare Wohnungen festgestellt werden. Diese darf dann um 10% überschritten werden. Nur die Vereinbarung darüberhinausgehender Beträge ist unwirksam. Es kommt dabei auf die **ortsübliche Vergleichsmiete zum Zeitpunkt des jeweiligen Inkrafttretens der nächsten Staffel** an. Gem. § 556e Abs. 1 BGB gilt auch bei der Staffelmiete Bestandsschutz. Die Miethöhe, die bei Mietbeginn zulässig gewesen wäre, darf auch zu einem späteren Zeitpunkt noch als zulässige Miethöhe in jeder Folgestaffel vereinbart werden. War die mit dem Vormieter vereinbarte Miete höher als die um 10% erhöhte ortsübliche Vergleichsmiete, ist die Ausgangsmiete in Höhe der Vormiete gem. § 556e Abs. 1 BGB zulässig. Das gilt zunächst für Vormieten, die vor Inkrafttreten einer entsprechenden Landesverordnung für die entsprechende Gemeinde vereinbart worden sind. Bei einer Vormiete, die nach Inkrafttreten der örtlich anwendbaren Landesverordnung vereinbart wurde, kommt es darauf an, ob diese gem. § 556g Abs. 1 zulässig war. Das ist bei **nach dem 1.10.2014 erstmals genutzt und vermieteten Wohnungen** der Fall, da hier die §§ 556d ff. BGB gem. § 556f. BGB gar nicht gelten. Für diesen Wohnungsbestand gelten auch für alle folgenden Staffelmieterhöhungen keine Beschränkungen. Handelt es sich um **umfassend modernisierten Wohnraum** gelten die §§ 556d ff. BGB nur für die erste vereinbarte Miete nicht. Bei einfachen Modernisierungen darf die um 10% erhöhte ortsübliche Vergleichsmiete um den Betrag der Modernisierungsmieterhöhung überschritten werden. Dies gilt auch für alle späteren Staffeln bis die jeweils zum Stichtag maßgebliche ortsübliche Vergleichsmiete plus 10% mindestens so hoch ist wie die für diesen Zeitpunkt vereinbarte Miete. Die Regelung über die Vormiete gem. § 556e BGB gilt auch in den Fällen, in denen die ortsübliche Ver-

gleichsmiete fallen sollte. In diesem Fall gilt die letzte Staffel fort, ohne dass die Miete gesenkt werden muss.

Außerdem kann auch eine Staffelmietvereinbarung gegen gesetzliche Verbote 22 iSd § 134 BGB verstoßen. Gesetzliche Verbote sind dabei insbesondere die Mietpreisüberhöhung gem. § 5 WiStG und der Mietwucher gem. § 291 StGB. Für einen Verstoß gegen § 5 WiStG muss die Vereinbarung unter Ausnutzung eines geringen Angebots zustande gekommen sein und die ortsübliche Vergleichsmiete muss um mehr als 20% überschritten worden sein. Verstößt bereits die erste Staffel gegen die Wesentlichkeitsgrenze des § 5 WiStG, dann ist die Vereinbarung teilnichtig, das heißt der Mieter schuldet lediglich die ortsübliche Vergleichsmiete zzgl. Wesentlichkeitszuschlag von 20%. Die späteren Staffeln sind jeweils gesondert auf ihre jeweilige Mietpreiswidrigkeit zu überprüfen (OLG Hamburg NZM 2000, 232; LG Berlin ZMR 2000, 530). Ist im Mietvertrag vereinbart: „Wenn insoweit eine der Bestimmungen dieses Vertrages gegen zwingende gesetzliche Vorschriften verstößt, tritt an ihre Stelle die entsprechende gesetzliche Regelung. Bei Außerkrafttreten der gesetzlichen Regelungen wird die vertragliche Bestimmung voll wirksam ..." so wird eine teilunwirksame Mietzinsabrede mit Wegfall der gesetzlichen Beschränkung voll wirksam (BGH WuM 2007, 440). Für die Vergangenheit hat eine eventuelle Teilunwirksamkeit keine Bedeutung. Auch ein nachträgliches Absinken der ortsüblichen Vergleichsmiete führt nicht zur Unwirksamkeit einer späteren Staffel nach § 134 BGB iVm § 5 WiStG, wenn die vereinbarte Miete zu einem früheren Zeitpunkt der Höhe nach zulässig war (KG NZM 2001, 283).

Entwickeln sich die Mieten in der Gemeinde anders als die Mietvertragsparteien 23 erwartet haben, so besteht kein Anspruch nach den Grundsätzen **des Wegfalls der Geschäftsgrundlage** gem. § 313 BGB auf Anpassung der Staffelmietvereinbarung, da dieses Risiko einseitig in die Sphäre der jeweils benachteiligten Partei fällt (BGH NZM 2005, 63, NZM 2002, 659).

VI. Unwirksame Vereinbarungen

Nach § 557a Abs. 4 BGB sind abweichende Vereinbarungen zum Nachteil des 24 Mieters unwirksam. Unwirksam sind alle Vereinbarungen, die von den Voraussetzungen der § 557a Abs. 1–3 zum Nachteil des Mieters abweichen ohne dass die Staffelmietvereinbarung selbst dadurch unwirksam wird. Hierzu zählen
– Ausschluss des Kündigungsrechts des Mieters für mehr als 4 Jahre
– Anpassungsklauseln, die es dem Vermieter gestatten, die einmal vereinbarten Staffelerhöhungen nachträglich zu verändern
– Vereinbarungen, die bei einer befristeten öffentlichen Förderung einer Modernisierungsmaßnahme eine unzulässige Höchstmiete festlegen und dann befristet Mietverzichte beinhalten (LG Berlin GE 2003, 394).

Nicht von § 557a Abs. 4 BGB werden erfasst alle Vereinbarungen, die bereits 25 dazu geführt haben, dass gar keine wirksame Staffelmietvereinbarung vorliegt, also
– kürzere Staffeln als ein Jahr
– Zulassen von Mieterhöhungen gem. §§ 558, 559 BGB neben Staffelmieterhöhungen (AG Dortmund NZM 2010, 862; **a. A.** für eine etwas andere Formulierung: LG Krefeld GE 2015, 975).

Zulässig ist es auch zunächst eine Staffelmietvereinbarung mit einer bestimmten Laufzeit und anschließend eine Indexmiete zu vereinbaren.

§ 557b Indexmiete

(1) Die Vertragsparteien können schriftlich vereinbaren, dass die Miete durch den vom Statistischen Bundesamt ermittelten Preisindex für die Lebenshaltung aller privaten Haushalte in Deutschland bestimmt wird (Indexmiete).

(2) ¹Während der Geltung einer Indexmiete muss die Miete, von Erhöhungen nach den §§ 559 bis 560 abgesehen, jeweils mindestens ein Jahr unverändert bleiben. ²Eine Erhöhung nach § 559 kann nur verlangt werden, soweit der Vermieter bauliche Maßnahmen auf Grund von Umständen durchgeführt hat, die er nicht zu vertreten hat. ³Eine Erhöhung nach § 558 ist ausgeschlossen.

(3) ¹Eine Änderung der Miete nach Absatz 1 muss durch Erklärung in Textform geltend gemacht werden. ²Dabei sind die eingetretene Änderung des Preisindexes sowie die jeweilige Miete oder die Erhöhung in einem Geldbetrag anzugeben. ³Die geänderte Miete ist mit Beginn des übernächsten Monats nach dem Zugang der Erklärung zu entrichten.

(4) Die §§ 556d bis 556g sind nur auf die Ausgangsmiete einer Indexmietvereinbarung anzuwenden.

(5) Eine zum Nachteil des Mieters abweichende Vereinbarung ist unwirksam.

Übersicht

	Rdn.
I. Allgemeines	1
II. Voraussetzungen einer Indexmietvereinbarung	2
1. Inhalt der Indexklausel	2
2. Zulässiger Veränderungsmaßstab	3
3. Indexvereinbarung	4
a) Schriftform	4
b) Zeitpunkt der Vereinbarung	5
c) Widerrufsmöglichkeit	6
d) Inhalt der Vereinbarung	7
III. Rechtsfolgen einer Indexvereinbarung	8
1. Allgemeines	8
2. Jahresfrist	9
3. Inhalt des Erhöhungsschreibens	10
IV. Rechtsfolgen einer wirksamen Mieterhöhungserklärung	13
1. Mieterhöhung	13
2. Kündigungsrecht des Mieters	16
3. Nach Beendigung des Mietverhältnisses	17
a) Keine Vorenthaltung	18
b) Vorenthaltung	19
c) Vertrag über die Aufhebung der Kündigungswirkungen	20
V. Grenzen der Mieterhöhung	21
VI. Unwirksame Vereinbarungen	25

I. Allgemeines

Die Vorschrift enthält die Bestimmungen über die „Indexmiete". Die Vorschrift gilt nur für Wohnraummietverträge, soweit ihre Anwendung nicht ausdrücklich in § 549 Abs. 2 und Abs. 3 BGB für bestimmte Mietverhältnisse ausgenommen ist. Bei diesen Mietverhältnissen ist die Indexklausel bereits gem. § 311 Abs. 1 BGB zulässig. Für Gewerberaummietverträge gilt das **„Gesetz über das Verbot der Verwendung von Preisklauseln bei der Bestimmung von Geldschulden" (Preisklauselgesetz – PrKG) vom 7.9.2007** (BGBl I. S. 2248). Danach sind Gleitklauseln kraft Gesetzes (also ohne Genehmigung) wirksam, wenn sie bestimmte Voraussetzungen erfüllen (siehe dazu § 535 Rdn. 612). Die Regelungen gelten auch für Vereinbarungen, die vor Inkrafttreten der Neuregelung geschlossen wurden (BGH NJW 2014, 52).

II. Voraussetzungen einer Indexmietvereinbarung

1. Inhalt der Indexklausel

Die Vertragsparteien können gem. § 557b Abs. 1 BGB schriftlich vereinbaren, dass die Miete durch den vom Statistischen Bundesamt ermittelten Preisindex für die Lebenshaltung aller privaten Haushalte in Deutschland bestimmt wird. Miete im Sinne des Gesetzes ist die gemäß § 535 Abs. 2 BGB zu zahlende Gegenleistung für die Gebrauchsüberlassung. Worauf sich die Indexierung bezieht richtet sich vor allem nach der Mietstruktur des konkreten Mietvertrages. Die Vereinbarung einer Indexmiete ist nur in Form einer **echten Gleitklausel** möglich. Die Höhe der Miete verändert sich mit der Änderung einer bestimmten, von den Parteien gewählten Bezugsgröße (BGH ZMR 1969, 141). Das Gesetz gestattet nur Vereinbarungen, nach denen die Entwicklung der Miete durch die Änderung eines von dem Statistischen Bundesamt ermittelten Preisindexes für die **Lebenshaltung aller privaten Haushalte** in Deutschland bestimmt werden soll. Vom Statistischen Bundesamt wurde dieser umbenannt in **Verbraucherpreisindex für Deutschland (VPI)**. Eine inhaltliche Änderung ist damit nicht verbunden gewesen. Die Bezugnahme auf andere Indices ist unwirksam. Unwirksam sind in der Wohnraummiete auch Spannungsklauseln, Leistungsvorbehalte, Kostenelementeklauseln und Umsatz- oder Gewinnbeteiligungsklauseln (zu solchen Klauseln siehe Börstinghaus in: Schmidt-Futterer, Mietrecht, § 557b BGB Rdn. 15ff.). In der Gewerberaummiete sind sie gem. § 1 PrKG zulässig (Schweitzer in: Guhling/Günter, Gewerberaummiete, PrKG § 1 Rdn. 9ff.).

2. Zulässiger Veränderungsmaßstab

Das Ausmaß der Mietanpassung muss in der Vereinbarung bestimmt sein. Es muss sich um einen prozentualen Veränderungsmaßstab handeln. Die Punktzahl des Lebenshaltungskostenindex darf nicht mit dem Erhöhungsprozentsatz gleichgesetzt werden. Der Veränderungsmaßstab darf höchstens der prozentualen Indexänderung entsprechen. Überproportional wirkende Indexklauseln sind unwirksam (Grothe NZM 2002, 54, 57; Lammel, Wohnraummietrecht, § 557b Rdn. 16). Die Klausel muss des Weiteren sowohl bei einem Anstieg wie auch bei einem Sinken des Index einschlägig sein, also zu einem Mietanstieg oder einer Mietsenkung führen. Regelt sie nur den Fall des Mietanstiegs, dann ist sie unwirksam.

3. Indexvereinbarung

4 **a) Schriftform.** Die Indexvereinbarung muss gem. Abs. 1 schriftlich abgeschlossen werden. Damit sollen Mietvertragsparteien vor unüberlegten langfristigen Festlegungen geschützt werden. Eine feste Verbindung mit dem Mietvertrag ist für die Wirksamkeit der Indexmiete nicht erforderlich (LG Berlin GE 1998, 857). Zulässig ist auch eine formularmäßige Vereinbarung. Das Schriftformerfordernis der Indexmietvereinbarung besteht unabhängig von dem Formerfordernis des § 550 BGB. Für die Schriftform gilt § 126 BGB. Möglich ist auch der Abschluss in elektronischer Form gem. § 126a BGB. Textform gem. § 126b BGB genügt nicht. Schriftlich bedeutet, dass die Urkunde von beiden Vertragspartnern oder ihren Vertretern eigenhändig durch Namensunterschrift unterzeichnet sein muss (zu den Einzelheiten § 550 Rdn. 30 ff.).

5 **b) Zeitpunkt der Vereinbarung.** Die Indexmietvereinbarung kann zusammen mit dem Mietvertrag abgeschlossen werden aber auch zu einem späteren Zeitpunkt. Wird die Vereinbarung zusammen mit dem Mietvertrag abgeschlossen, kann dies in einer einheitlichen Urkunde geschehen. Es muss keine äußerlich gesonderte Vereinbarung getroffen werden. Möglich ist auch der spätere Abschluss einer Indexvereinbarung während des Bestandes eines Mietverhältnisses. Es ist nicht erforderlich, dass die Miete zum Zeitpunkt des Abschlusses der Indexvereinbarung bereits ein Jahr unverändert geblieben ist. Die Jahressperrfrist des § 558 Abs. 1 BGB gilt hier weder ausdrücklich noch analog.

6 **c) Widerrufsmöglichkeit.** Die auf Abschluss einer Indexvereinbarung gerichtete Willenserklärung kann unter Umständen widerrufen werden (§ 535 Rdn. 131 ff.). Dies ist dann der Fall, wenn es sich um einen sog. **Verbrauchervertrag** gem. § 312 Abs. 4 BGB handelt, der außerhalb von Geschäftsräumen geschlossenen wurde (§§ 356, 312b BGB) oder als Fernabsatzvertrag gem. § 312c BGB geschlossen wurde (Börstinghaus NZM 2018, 105; Fervers NJW 2019, 308). Soweit der BGH (NJW 2019, 303) mit Hilfe einer teleologischen Reduktion die Vorschriften über Fernabsatzverträge auf das Mieterhöhungsverfahren nach §§ 558 ff. BGB für nicht anwendbar erklärt hat, gilt das nicht für Indexmietvereinbarungen gem. § 557b BGB. Die BGH-Entscheidung beruht auf den besonderen mieterschützenden Vorschriften des gesetzesgestützten Erhöhungsverlangens gem. §§ 558 ff BGB.

7 **d) Inhalt der Vereinbarung.** Seit 1.9.2001 darf lediglich noch der Preisindex für die **Lebenshaltung aller privaten Haushalte** in Deutschland vereinbart werden. Das Statistische Bundesamt nennt diesen Index „Verbraucherpreisindex für Deutschland (VPI)". In vor dem 1.9.2001 abgeschlossenen Vereinbarungen war auch die Bezugnahme auf andere Verbraucherindizes zulässig. Solche Klauseln sind weiter wirksam müssen jetzt aber im Wege der ergänzenden Vertragsauslegung umgestellt werden (BGH NZM 2013, 148; Börstinghaus in: Schmidt-Futterer § 557b BGB Rdn. 29). Eine Umrechnung hat auch bei der Verändert des Basisjahres zu erfolgen (BGH NZM 2013, 148). Nach Veröffentlichung der endgültigen Werte eines neuen Basisjahres können die veröffentlichten vorläufigen Werte nicht weiter benutzt werden (BGH NZM 2013, 148). Zulässig ist die Vereinbarung von **Untergrenzen oder Schwellenwerten,** die erst überschritten werden müssen, bis eine

Anpassung verlangt werden kann. Diese Grenze kann sich auf eine bestimmte Indexpunktzahl beziehen oder auf eine bestimmte prozentuale Veränderung der Indexwerte.

III. Rechtsfolgen einer Indexvereinbarung

1. Allgemeines

Die Mieterhöhung tritt bei einer Indexvereinbarung anders als bei einer Staffelmietvereinbarung nicht automatisch ein. Deshalb tritt die Mieterhöhung ohne eine entsprechende Mieterhöhungserklärung nicht ein. Neben den materiellen Voraussetzungen des § 557b Abs. 1 BGB müssen auch noch die Formalien des § 557b Abs. 3 BGB eingehalten sein. Danach muss die Änderung der Miete auf Grund einer Indexvereinbarung durch Erklärung zumindest in Textform geltend gemacht werden. Im Gewerberaummietrecht ist die Vereinbarung einer automatischen Erhöhung aber möglich (BGH NJW 1980, 589; OLG Düsseldorf NZM 2008, 524; OLG Celle GuT 2002, 41). **8**

2. Jahresfrist

Gemäß 557b Abs. 2 BGB muss die Miete jeweils mindestens ein Jahr unverändert bleiben, bevor eine neue Anpassung auf Grund gestiegener Preise erfolgen darf. Innerhalb dieser Frist dürfen aber Mieterhöhungen nach § 559 iVm § 555b Ziff. 6 BGB und nach § 560 BGB wegen gestiegener Betriebskosten, erfolgen. Sonstige Mieterhöhungen sind ausgeschlossen. Der Ausschluss der Modernisierungsmieterhöhung gem. §§ 559, 555b Ziff. 1, 3–5 BGB hat aber keinen Einfluss auf die Duldungspflicht des Mieters hinsichtlich der Modernisierungsmaßnahme an sich (BGH NZM 2014, 304). Die Jahresfrist beginnt mit dem Mietbeginn oder mit dem Zeitpunkt zu dem die letzte Mieterhöhung eingetreten ist. Die Frist muss im Zeitpunkt der Fälligkeit der Mietänderung (§ 557b Abs. 3 BGB) abgelaufen sein. Die Änderungserklärung kann dem anderen Teil also bereits vor Ablauf der Jahresfrist zugehen. **9**

3. Inhalt des Erhöhungsschreibens

Das Erhöhungsschreiben muss so abgefasst werden, dass der Mieter die Erhöhung gedanklich und rechnerisch nachvollziehen kann. Der Vermieter muss dem Mieter nicht nur die geänderten Indexwerte mitteilen, sondern auch die neue Miete oder zumindest den Erhöhungsbetrag in einem Geldbetrag. Das Gesetz verlangt vom Absender des Schreibens (bei Erhöhungen: dem Vermieter; bei Mietsenkungen: dem Mieter) folgende Angaben: **10**
– Die Angabe des Preisindexes zum Zeitpunkt der letzten Anpassung bzw. dem Mietbeginn
– die Angabe des aktuellen letzten veröffentlichten Preisindex
– die Angabe der Ausgangsmiete, die erhöht werden soll
– die neue Miete oder des Erhöhungsbetrages in einer Geldsumme unter Angabe der Berechnung

Der Ablauf der Jahresfrist muss in der Erklärung nicht mitgeteilt werden. Nach Ansicht des BGH (NZM 2018, 82) muss die prozentuale Veränderung der Indexdaten nicht mitgeteilt werden. Der Absender muss dem Schreiben keine Indextabel- **11** len etc. beifügen. Insofern gleicht die Rechtslage einer Mieterhöhung mit einem allgemein zugänglichen Mietspiegel, der auch nicht beigefügt werden muss (BGH NJW 2008, 573). Gibt der Absender falsche Werte an, dann ist die Erklärung bis zur Höhe der richtigen Werte wirksam. Zahlt der Empfänger auf Grund einer solchen falschen Erklärung, dann erfolgt insofern die Zahlung rechtsgrundlos und kann kondiziert werden.

12 Die Miete erhöht sich auf Grund eines solchen Erhöhungsschreibens nach § 557b Abs. 3 Satz 3 BGB mit Beginn des übernächsten Monats. An der Fälligkeit der Miete ändert sich nichts. Maßgeblich ist der Zugang des Erhöhungsschreibens. § 193 BGB gilt nicht. Wird der Brief am letzten Tag des Monats an einem Samstagvormittag in Briefkasten geworfen, dann ist die Erklärung bereits zu diesem Zeitpunkt zugegangen, wenn mit der Leerung des Briefkastens gerechnet werden kann. Wird der Brief erst nachmittags eingeworfen, dann ist er erst am Montag zugegangen, da am Wochenende üblicherweise nicht mit einem Einwurf gerechnet wird und auch keine Verpflichtung besteht, den Briefkasten am Wochenende zu kontrollieren.

IV. Rechtsfolgen einer wirksamen Mieterhöhungserklärung

1. Mieterhöhung

13 Der Vermieter muss nicht jedes Mal den vollen Erhöhungsspielraum ausnutzen. Er kann auch nur Teile der prozentualen Steigerung der Lebenshaltungskosten an den Mieter weitergeben. Dies kann in Einzelfällen geboten sein, wenn anderenfalls eine Mietpreisüberhöhung nach § 5 WiStG eintreten könnte. Die Vorschrift gilt wie § 291 StGB auch hier.

14 In Einzelfällen kann das Recht zur Mieterhöhung verwirkt sein, wenn der Vermieter längere Zeit davon keinen Gebrauch macht. Dabei muss zwischen Wohn- und Gewerberaum unterschieden werden. Bei der Wohnraummiete setzt die Erhöhung ein entsprechendes Erhöhungsverlangen voraus, wirkt also nur für die Zukunft. Unterlässt der Vermieter zum ersten möglichen Erhöhungstermin ein Erhöhungsverlangen an den Mieter zu senden, dann verliert er die mögliche Mieterhöhung bis zu dem Zeitpunkt zu dem er dann ein Mieterhöhungsverlangen stellt endgültig. Ein Vertrauen auf Seiten des Mieters kann gar nicht enttäuscht werden. Eine rückwirkende Erhöhung ist gar nicht mehr möglich. Anders ist es in der Gewerberaummiete. Hier kann eine automatische Mieterhöhung vereinbart werden, die unabhängig von dem Verlangen des Vermieters eintritt. Unterlässt der Vermieter hier längere Zeit vom Mieter die erhöhte Miete zu verlangen, so kann dies im Mieter das Vertrauen erwecken, mit keiner Mieterhöhung rechnen zu müssen (OLG Düsseldorf NZM 2001, 892 = ZMR 2002, 34: Nach 4 Jahren; **a. A.** LG Hamburg BB 1996, 1298). Zu dem reinen Zeitmoment muss aber noch das Umstandsmoment kommen. Allein aus dem Zeitablauf kann nicht auf das Umstandsmoment geschlossen werden.

15 Der Vermieter muss die Miete bei einer deflationären Entwicklung des Lebenshaltungskostenindex auch senken. Dabei tritt die **Senkung** ebenfalls nicht automatisch ein. Der Mieter muss diese gegenüber dem Vermieter geltend machen, wobei auch hier die gleichen Grundsätze gelten, also eine schriftliche Erklärung vorliegen muss aus denen sich die Indexwerte ergeben. Ferner muss auch hier die Miete mindestens ein Jahr unverändert geblieben sein.

2. Kündigungsrecht des Mieters

Dem Mieter steht nach einer Mieterhöhungserklärung nach § 557b Abs. 3 BGB 16 kein Sonderkündigungsrecht nach § 561 BGB zu. Der Wortlaut der Vorschrift ist völlig eindeutig. Allein durch den Abschluss einer Indexvereinbarung wird das Kündigungsrecht einer Mietvertragspartei nicht ausgeschlossen. Der Abschluss eines Zeitmietvertrages ist nur unter den Voraussetzungen des § 575 BGB möglich. Haben die Parteien wirksam gem. § 575 BGB einen Zeitmietvertrag vereinbart, so kann der Mieter nicht kündigen (BGH WuM 2009, 49). Dies gilt auch dann, wenn der Mietvertrag für mehr als vier Jahre abgeschlossen wurde. Eine dem § 557a Abs. 3 BGB entsprechende Vorschrift fehlt bei der Indexmiete.

3. Nach Beendigung des Mietverhältnisses

Mit der Beendigung des Mietverhältnisses wird die Indexvereinbarung hinfäl- 17 lig. Wird die Wohnung nach Beendigung des Mietverhältnisses nicht zurückgegeben, so ist zu unterscheiden:

a) Keine Vorenthaltung. Nimmt der Vermieter die Mietsache nicht zurück, 18 z. B. weil der Mieter gekündigt hat und der Vermieter davon ausgeht, dass die Kündigung unwirksam ist, so fehlt dem Vermieter der Rücknahmewille, der Voraussetzung für eine Vorenthaltung ist (BGH NJW 2017, 2997). Das Gleiche gilt, wenn der Vermieter erst nach Ablauf der Mietzeit einen Übergabetermin vereinbart und dem Mieter freiwillig Schlüssel belässt (KG NZM 2001, 849). Der Mieter schuldet dann keine Nutzungsentschädigung gem. § 546a BGB, allenfalls im Einzelfall nach Bereicherungsgrundsätzen (BGH NJW 2017, 2997), die dem objektiven Mietwert entspricht; das ist idR derjenige Betrag, der zum Zeitpunkt der Beendigung des Mietverhältnisses geschuldet worden ist. Auf eine Änderung der Bezugsgröße nach Beendigung des Mietverhältnisses können sich die Parteien in diesem Fall nicht berufen (BGH WM 1973, 383, 386).

b) Vorenthaltung. Im Falle der Vorenthaltung gilt etwas anderes, weil der 19 Vermieter durch die vertragswidrige Vorenthaltung nicht schlechter gestellt werden darf, als es bei Fortsetzung des Vertrages der Fall wäre (BGH WPM 1973, 383, 386). Hier muss der ehemalige Mieter eine Nutzungsentschädigung bezahlen, die sich nach der Indexvereinbarung richtet. Dies ist aber strittig.

c) Vertrag über die Aufhebung der Kündigungswirkungen. Wird ein 20 **Mietverhältnis gekündigt** und einigen sich die Parteien vor Ablauf der Kündigungsfrist – so z. B., wenn der Vermieter wegen einer Vertragsverletzung nach §§ 543, 569 BGB kündigt, dabei aber eine Frist einhält um dem Mieter Gelegenheit zum Auszug zu geben – auf eine Vertragsfortsetzung, so liegt hierin ein Vertrag über die Aufhebung der Kündigungswirkungen. Das Mietverhältnis besteht unverändert fort; die erneute Vereinbarung einer Indexvereinbarung ist nicht erforderlich (BGH BB 1974, 578). Ist das Mietverhältnis aber fristlos gekündigt worden, dann kann die Kündigung nicht zurückgenommen werden. Jede diesbezügliche Vereinbarung ist als Neuabschluss eines Mietvertrages zu verstehen. Bei einem wegen Zahlungsverzuges gekündigten Mietverhältnis, kann in der Bitte des Vermieters zur Zustimmung zu einer Mieterhöhung ein Angebot auf Fortsetzung des Mietverhältnisses zu sehen sein (LG Köln Urt. v. 14.3.2019 – 6 S 150/18). Daher wird die Indexmietvereinbarung nur dann wieder wirksam, wenn sie erneut schriftlich abgeschlossen wird. Zumindest muss die alte Vereinbarung noch einmal unterschrieben werden (BGH NJW 1998, 2664).

V. Grenzen der Mieterhöhung

21 Für die Vereinbarung der Einstiegsmiete gelten die allgemeinen Regeln. Grundsätzlich sind die Parteien bei der Vereinbarung der Miete frei.

22 Gem. § 557b Abs. 4 BGB gelten die sich aus den § 556d – § 556g BGB ergebenden Beschränkungen der Wiedervermietungsmiete nur für die **Ausgangsmiete** und nicht für die jeweils indexierten weiteren Mieten. Das bedeutet, dass die indexierte Ausgangsmiete grundsätzlich die ortsübliche Vergleichsmiete um nicht mehr als 10% übersteigen darf. Voraussetzung ist, dass die Wohnung in einer Gemeinde liegt, für die durch Landes-Rechtsverordnung festgestellt wurde, dass dort ein **angespannter Wohnun**gsmarkt herrscht (wegen der Einzelheiten siehe die Kommentierung bei § 556d BGB). Die Beschränkung der Ausgangsmiete in Gemeinden mit angespannten Wohnungsmärkten gem. Abs. 4 ist gem. Art. 229 § 35 Abs. 1 BGB nur auf solche Mietverträge anzuwenden, die nach Inkrafttreten einer Landesverordnung gem. § 556d Abs. 2 BGB für die entsprechende Gemeinde abgeschlossen wurden.

23 Es muss also für die Ausgangsmiete die Höhe der ortsüblichen Vergleichsmiete für vergleichbare Wohnungen festgestellt werden. Diese darf dann um 10% überschritten werden. Nur die darüberhinausgehenden Beträge sind unwirksam. Ausnahme gelten bei höheren Vormieten gem. § 556e Abs. 1 BGB und bei Modernisierungsmaßnahmen in den letzten drei Jahren. In diesen Fällen darf die ortsübliche Vergleichsmiete auch um mehr als 10% überschritten werden (wegen der Einzelheiten siehe die Kommentierung bei § 556e BGB). War die mit dem Vormieter vereinbarte Miete höher als die um 10% erhöhte ortsübliche Vergleichsmiete, ist die Ausgangsmiete in Höhe der Vormiete gem. § 556e Abs. 1 BGB zulässig.

24 Außerdem gelten bundesweit die Grenzen des § 5 WiStG und des § 291 StGB. Die Vorschriften gelten für die Ausgangsmiete und alle späteren Mieten nach einer Indexmieterhöhung. § 557b BGB ist kein die allgemeinen Wuchervorschriften der §§ 5 WiStG und 291 StGB verdrängendes Spezialgesetz. In den Fällen, in denen der Lebenshaltungskostenindex trotz fallender Mieten gestiegen ist, wird ein Verstoß gegen § 5 WiStG kaum in Betracht kommen. Nach dem Wortlaut des § 5 WiStG ist ein Kausalzusammenhang zwischen einem geringen Angebot und einer die ortsüblichen Entgelte um mehr als 20% übersteigenden Miete erforderlich. Das ergibt sich aus dem Wort „infolge". Steigt die Miete auf Grund der vereinbarten Indexklausel auf über 20% über der ortsüblichen Vergleichsmiete, dann geschieht dies nicht unter Ausnutzung des geringen Angebots, sondern auf Grund der früher einmal getroffenen Indexklausel. Als diese vereinbart wurde mag das geringe Angebot vorgelegen haben aber die damals vereinbarte Miete lag noch nicht 20% über der ortsüblichen Vergleichsmiete.

VI. Unwirksame Vereinbarungen

25 Nach § 557b Abs. 4 BGB sind abweichende Vereinbarungen zum Nachteil des Mieters unwirksam. Die Vorschrift ist eigentlich überflüssig, da bereits gem. § 557 Abs. 4 alle nachteiligen Vereinbarungen unwirksam sind. Zur Frage wann eine Vereinbarung vorliegt und den allgemeinen Voraussetzungen siehe § 557 Rdn. 18. Unwirksam sind alle Vereinbarungen, die von den Voraussetzungen der § 557b

Abs. 1–3 zum Nachteil des Mieters abweichen ohne dass die Indexvereinbarung selbst dadurch unwirksam wird. Hierzu zählen
- Verzicht auf Textform für Erhöhungsschreiben
- Erleichterungen bei der Begründung der Mieterhöhung
- Früherer Wirkungszeitpunkt für Mieterhöhung
- Automatische Mieterhöhung ohne Erhöhungsschreiben (LG Berlin NZM 2002, 947, 948).

Nicht von § 557b Abs. 4 BGB werden erfasst alle Vereinbarungen, die bereits dazu geführt haben, dass gar keine wirksame Indexvereinbarung vorliegt, also 26
- Vereinbarung kürzerer Erhöhungsabstände als ein Jahr
- Zulassen von Mieterhöhungen gem. §§ 558, 559 BGB neben Indexmieterhöhungen
- Vereinbarung überproportionaler Mietsteigerungen
- Ausschluss des Mietanpassungsrechts für Mieter bei sinkenden Lebenshaltungskostenindex
- die Vereinbarung, dass die Miete nicht unter eine bestimmte Mindestmiete fallen dürfe.

§ 558 Mieterhöhung bis zur ortsüblichen Vergleichsmiete

(1) ¹Der Vermieter kann die Zustimmung zu einer Erhöhung der Miete bis zur ortsüblichen Vergleichsmiete verlangen, wenn die Miete in dem Zeitpunkt, zu dem die Erhöhung eintreten soll, seit fünfzehn Monaten unverändert ist. ²Das Mieterhöhungsverlangen kann frühestens ein Jahr nach der letzten Mieterhöhung geltend gemacht werden. ³Erhöhungen nach den §§ 559 bis 560 werden nicht berücksichtigt.

(2) ¹Die ortsübliche Vergleichsmiete wird gebildet aus den üblichen Entgelten, die in der Gemeinde oder einer vergleichbaren Gemeinde für Wohnraum vergleichbarer Art, Größe, Ausstattung, Beschaffenheit und Lage einschließlich der energetischen Ausstattung und Beschaffenheit in den letzten sechs Jahren vereinbart oder, von Erhöhungen nach § 560 abgesehen, geändert worden sind. ²Ausgenommen ist Wohnraum, bei dem die Miethöhe durch Gesetz oder im Zusammenhang mit einer Förderzusage festgelegt worden ist.

(3) ¹Bei Erhöhungen nach Absatz 1 darf sich die Miete innerhalb von drei Jahren, von Erhöhungen nach den §§ 559 bis 560 abgesehen, nicht um mehr als zwanzig vom Hundert erhöhen (Kappungsgrenze). ²Der Prozentsatz nach Satz 1 beträgt 15 vom Hundert, wenn die ausreichende Versorgung der Bevölkerung mit Mietwohnungen zu angemessenen Bedingungen in einer Gemeinde oder einem Teil einer Gemeinde besonders gefährdet ist und diese Gebiete nach Satz 3 bestimmt sind. ³Die Landesregierungen werden ermächtigt, diese Gebiete durch Rechtsverordnung für die Dauer von jeweils höchstens fünf Jahren zu bestimmen.

(4) ¹Die Kappungsgrenze gilt nicht,
1. wenn eine Verpflichtung des Mieters zur Ausgleichszahlung nach den Vorschriften über den Abbau der Fehlsubventionierung im Wohnungswesen wegen des Wegfalls der öffentlichen Bindung erloschen ist und
2. soweit die Erhöhung den Betrag der zuletzt zu entrichtenden Ausgleichszahlung nicht übersteigt.

§ 558 BGB Untertitel 2. Mietverhältnisse über Wohnraum

²Der Vermieter kann vom Mieter frühestens vier Monate vor dem Wegfall der öffentlichen Bindung verlangen, ihm innerhalb eines Monats über die Verpflichtung zur Ausgleichszahlung und über deren Höhe Auskunft zu erteilen. ³Satz 1 gilt entsprechend, wenn die Verpflichtung zur Leistung einer Ausgleichszahlung nach den §§ 34 bis 37 des Wohnraumförderungsgesetzes und den hierzu ergangenen landesrechtlichen Vorschriften wegen Wegfalls der Mietbindung erloschen ist.

(5) Von dem Jahresbetrag, der sich bei einer Erhöhung auf die ortsübliche Vergleichsmiete ergäbe, sind Drittmittel im Sinne des § 559a abzuziehen, im Falle des § 559a Abs. 1 mit 8 Prozent des Zuschusses.

(6) Eine zum Nachteil des Mieters abweichende Vereinbarung ist unwirksam.

Übersicht

	Rdn.
I. Allgemeines	1
II. Die Mietfestschreibung auf 15 Monate	2
III. Die Jahressperrfrist	7
1. Fristberechnung	8
a) Fristbeginn	8
b) Fristende	13
2. Unschädliche Mieterhöhungen	15
3. Rechtsfolgen bei Nichtbeachtung der Jahressperrfrist	17
IV. Die ortsübliche Vergleichsmiete, Abs. 1	18
1. Der Begriff der ortsüblichen Vergleichsmiete	18
2. Die Wohnwertmerkmale	19
a) Allgemeines	19
b) Art	21
c) Größe	22
d) Ausstattung	26
e) Beschaffenheit	29
f) Lage	34
g) Unerhebliche Wohnwertmerkmale	36
h) Die maßgebliche Miete	38
i) Der maßgebliche Wohnraum	42
j) Die Üblichkeit der Miete	45
k) Das Mischungsverhältnis	48
V. Die Anrechnung von Drittmitteln gem. Abs. 1	49
1. Allgemeines	49
2. Voraussetzungen	50
3. Berechnung	54
a) Zinsverbilligte Darlehen	55
b) Aufwendungszuschüsse	57
c) Aufwendungsdarlehen	58
d) Baukostenzuschüsse	59
e) Drittmittel	60
4. Dauer der Anrechnung	61
5. Inhalt der Mieterhöhungserklärung	63
a) Falsche Tatsachen	64a
b) Rechtlich falsche Anwendung von Tatsachen	66
VI. Die Kappungsgrenze, Abs. 3 und Abs. 1	67
1. Allgemeines	67

		Rdn.
	2. Anwendungsbereich	68
	3. Berechnung der Kappungsgrenze	70
	4. Die herabgesetzte Kappungsgrenze	77
	5. Ausnahme bei Wegfall der Fehlbelegungsabgabe, Abs. 4	78
	6. Rechtsfolgen bei Nichtbeachtung der Kappungsgrenze	81
VII.	Nachteilige Vereinbarungen	82
	1. Unzulässige Vereinbarungen	83
	a) Jahressperrfrist	84
	b) Kappungsgrenze	85
	c) Ortsübliche Vergleichsmiete	86
	2. Zulässige Vereinbarungen	87

I. Allgemeines

Die Vorschrift ist die zentrale Vorschrift des Vergleichsmietensystems. Sie stellt **1** die **Anspruchsgrundlage** dar, während §§ 558a, 558b BGB die Regelungen über die Formalien, die gerichtliche Durchsetzung und die Rechtsfolgen enthalten und §§ 558c, 558e BGB lediglich Hilfsnormen oder Definitionen darstellen. Die Vorschrift enthält in Abs. 1, 3–5 die Tatbestandsvoraussetzungen für den Anspruch des Vermieters auf Zustimmung zu einer Mieterhöhung im Bestand. Abs. 2 enthält die Definition des Begriffes der ortsüblichen Vergleichsmiete, die auch für die Begrenzung der Wiedervermietungsmiete gem. § 556d BGB von Bedeutung ist. Abs. 6 ordnet den halbzwingenden Charakter der Norm an.

II. Die Mietfestschreibung auf 15 Monate

Die Miete muss 15 Monate unverändert geblieben sein. Die Frist hat **neben der** **2** **Jahressperrfrist** eine eigenständige Bedeutung und muss auch gesondert geprüft werden. Die 15 Monatsfrist muss zum Zeitpunkt des Wirksamwerdens abgelaufen sein. Es muss also vom Wirkungszeitpunkt rückwärts gerechnet werden. Dies ist in den Fällen unproblematisch, in denen die Miete am Anfang des Monats fällig ist. Hier hat diese Frist neben der Jahressperrfrist und der Überlegungsfrist keine eigene Bedeutung. Aber immer dann, wenn die Miete nicht am Anfang des Monats fällig ist, führt die 15-Monatsfrist zu einer Mieterhöhung einen Monat später. Dies liegt daran, dass die Überlegungsfrist gerade keine starre 3 Monatsfrist ist. Die Überlegungsfrist läuft gem. § 558b Abs. 2 BGB mit Ablauf des zweiten auf den Zugang des Erhöhungsverlangens folgenden Monats ab. Die Frist beträgt also mindestens 2 Monate und einen Tag und maximal 3 Monate. Bedeutung hat die 15-Monatsfrist deshalb in zwei Fallkonstellationen:

Der Mietvertrag hat nicht am 1. eines Monats begonnen, sondern später, z. B. **3** am 15. d. M. Vereinbart ist aber eine Fälligkeit der Miete bis zum 3. Werktag.

Das Gleiche gilt, wenn die Miete zwar am Anfang des Monats grundsätzlich fällig ist, die Parteien aber bei der letzten Mieterhöhung eine abweichende Fälligkeit vereinbart haben. Dies kann auf Grund einer Staffelmietvereinbarung oder auch einer Mietabänderungsvereinbarung nach § 557 Abs. 1 geschehen sein. Möglich ist dies insbesondere im Rahmen eines (gerichtlichen) Vergleichs.

Nach dem Wortlaut der Vorschrift muss die Miete 15 Monate unverändert ge- **4** blieben sein. Das würde sowohl Mieterhöhungen wie auch Mietsenkungen ein-

§ 558 BGB Untertitel 2. Mietverhältnisse über Wohnraum

schließen. Außerdem würden auch die bei der Jahressperrfrist ausgenommenen Mieterhöhungen nach den §§ 559, 560 BGB die 15 Monatsfrist auslösen. Das entspricht weder dem historischen Willen des Gesetzgebers noch der Gesetzessystematik. Die Jahressperrfrist wird weder durch Mieterhöhungen nach den §§ 559, 560 BGB ausgelöst noch durch Mietsenkungen. Systematisch kann dies Ergebnis dadurch erreicht werden, dass man § 558 Abs. 1 Satz 3 BGB auch auf Satz 1 und nicht nur auf Satz 2 anwendet. Für **Mietpreissenkungen** ergibt sich diese Auslegung aus dem Wortlaut des Satz 3, der nur von Erhöhungen spricht. Auch Sinn und Zweck der Vorschrift, Mieter vor zu kurzfristigen Mietsteigerungen zu schützen, sprechen für diese Auslegung.

5   Die Festschreibungsfrist von 15 Monaten gilt auch beim **Übergang vom preisgebundenen Wohnungsbau zum preisfreien Wohnungsbau.** Soweit im preisgebundenen Wohnungsbau gemäß § 4 NMV bei Vereinbarung einer entsprechenden Klausel (zur Wirksamkeit einer solchen Klausel: BGH NZM 2004, 93) eine rückwirkende Mieterhöhung zum Beispiel wegen planmäßigem Förderabbau möglich ist, berechnet sich die Wartefrist in diesem Fall vom Wirkungszeitpunkt der Mieterhöhung (BGH WuM 2004, 348, WuM 2004, 345; **a. A.** AG Wedding MM 2000, 422).

6   Wegen der genauen Fristberechnung siehe die Kommentierung zur Jahressperrfrist und zur Überlegungsfrist.

III. Die Jahressperrfrist

7   Das Mieterhöhungsverlangen darf gegenüber dem Mieter nach Abs. 1 Satz 2 frühestens ein Jahr nach der letzten Mieterhöhung geltend gemacht werden. Mit dieser Jahresfrist beabsichtigte der Gesetzgeber eine gewisse Kontinuität der Mietpreise sicherzustellen. Der Mieter, der einen neuen Mietvertrag abgeschlossen hat oder der einer Mieterhöhung zugestimmt hat, soll sich auf die Wirksamkeit dieser vertraglichen Abrede verlassen können.

1. Fristberechnung

8   a) **Fristbeginn.** Für den Beginn der einjährigen Wartefrist des § 558 Abs. 1 Satz 2 BGB ist der Zeitpunkt maßgebend, seitdem die bisherige Miete erstmals zu zahlen war (BayObLG RE v. 30.6.1989 NJW-RR 1989, 1172). Auf die tatsächliche Zahlung kommt es nicht an.

9   Bei einer **Neuvermietung** ist das der Mietvertragsbeginn, nicht der Zeitpunkt des Abschlusses der Vereinbarung.

10 Haben die Parteien **bei einem bestehenden Mietverhältnis** eine Mieterhöhung im Bestand vertraglich vereinbart, so beginnt die Frist mit der Fälligkeit der ersten erhöhten Miete zu laufen. Unerheblich ist, ob die Mieterhöhung bereits bei Abschluss des Vertrages vereinbart worden ist, z. B. eine **Staffelmiete** gem. § 557a BGB oder eine Indexmiete gem. § 557b BGB, oder erst zu einem späteren Zeitpunkt in Form einer **Mietabänderungsvereinbarung** nach § 557 Abs. 1 BGB oder auf Grund eines Mieterhöhungsverfahrens nach § 558 BGB. Bei einer Staffelmietvereinbarung wird die Jahressperrfrist durch das In-Kraft-Treten der letzten Staffel ausgelöst. Auch wenn die Parteien gem. § 557 Abs. 3 BGB die Mieterhöhung ausdrücklich oder auf Grund der Umstände für eine bestimmte Zeit ausgeschlossen haben, beginnt die Jahressperrfrist mit der Fälligkeit der letzten erhöh-

ten Miete und nicht erst mit dem Auslaufen der Ausschlusswirkung gem. § 557 Abs. 3 BGB. Die Mieterhöhung darf z. B. deshalb noch während der Befristung abgegeben werden, wenn die Erhöhung nach Auslaufen der Befristung erst fällig wird (OLG Hamm RE v. 9.9.1982 WuM 1982, 294; OLG Frankfurt WuM 1983, 73; AG Rheinbach ZMR 1998, 638; bestätigt durch LG Bonn ZMR 1998, 639).

Beruhte die letzte Mieterhöhung auf einem früheren **Mieterhöhungsverfahren nach § 558 BGB**, so ist die Jahresfrist mit Ablauf des Tages in Lauf gesetzt worden, an welchem die letzte Mieterhöhung gem. § 558b Abs. 1 BGB wirksam geworden war (BayObLG RE v. 30.6.1989 NJW-RR 1989, 1172). Auf die Fälligkeit der Miete kommt es nicht an. Hat der Vermieter die Mieterhöhung zu einem späteren Zeitpunkt verlangt (zur Zulässigkeit BGH NJW 2013, 3641) beginnt die Frist zu dem späteren Termin zu laufen. 11

Die Jahressperrfrist wird auch bei **Mieterhöhungen aus Anlass von Nutzungserweiterungen** ausgelöst (*Both* in Herrlein/Kandelhard § 558 BGB Rdn. 22; *Artz* in: MünchKomm § 558 BGB Rdn. 61; *Dickersbach* in Lützenkirchen, Mietrecht, § 558 BGB Rdn. 46). Wird dem Mieter z. B. zusätzlich ein Garten, ein zusätzlicher Raum oder eine Garage vermietet und der Mietvertrag damit sachlich erweitert, so löst dies die Sperrfrist aus. Den Parteien bleibt unbenommen, bei dieser sachlichen Erweiterung auch eine Mieterhöhung bezüglich des übrigen weiterbestehenden Vertrages zu vereinbaren. Die Vereinbarung eines **Untermietzuschlags** löst die Jahressperrfrist dann nicht aus, wenn der Mieter einen Anspruch auf die Untermieterlaubnis gegen Zahlung eines Zuschlags hat. Davon zu unterscheiden ist aber der Fall, dass die Parteien aus Anlass einer Untervermietung eine Mietvertragsänderung mit Mieterhöhung vereinbaren, die erkennbar nicht nur den Untermietzuschlag beinhalten soll (AG Schöneberg MM 1998, 128). Ein Indiz dafür ist, dass nicht ein gesonderter Zuschlag vereinbart wird, sondern insgesamt eine neue Miete. 12

b) Fristende. Die Frist ist vom Zugang des neuen Mieterhöhungsverlangens an rückwärts zu berechnen (OLG Oldenburg RE v. 23.12.1980 WuM 1982, 105). Auf das Datum der Abgabe des Erhöhungsverlangens oder den Wirksamkeitszeitpunkt der Mieterhöhung kommt es nicht an. Die Frist berechnet sich nach den §§ 188 Abs. 2 und 3, 187 Abs. 1 und 2, 193 BGB. Dabei ist grundsätzlich auf die Mieter abzustellen, die zum Zeitpunkt des Zugangs des Erhöhungsverlangens Vertragspartner sind. All diesen Personen gegenüber muss die Miete ein Jahr unverändert geblieben sein. Bei jedem Mieterwechsel beginnt deshalb die Frist mit **Eintritt des neuen Mieters** in den Mietvertrag grundsätzlich neu (AG Frankfurt WuM 1982, 77). Die Jahressperrfrist beginnt auch neu zu laufen, wenn ein zusätzlicher Mieter mit Zustimmung des Vermieters neu in den Mietvertrag mit aufgenommen wird (LG Berlin GE 1997, 185). Ob die Miete tatsächlich erhöht wurde oder nicht, ist dabei unerheblich. Kein Fall des Mieterwechsels sind die Fälle, in denen gesetzlich Mietvertragsparteien ausgewechselt werden, z. B. bei Erbfällen gem. § 1922 BGB, des Eintritts eines Mieters gem. §§ 563–564 BGB oder des Erwerbers in das Mietverhältnis gem. § 566 BGB. 13

Die Jahressperrfrist wird auch durch eine **Teilzustimmung des Mieters zu einer Mieterhöhung** ausgelöst (LG Mannheim ZMR 1994, 516; LG Bonn WuM 1985, 311; AG Hamburg WuM 1985, 312). Voraussetzung ist aber, dass auf Grund der Teilzustimmung die Mietpreisvereinbarung tatsächlich vertraglich geändert wurde; ob eine Zahlung erfolgte ist unerheblich (AG Charlottenburg GE 2009, 59). Eine Änderung tritt ein, wenn der Mieter einem formell wirksamen Mieterhöhungsverlangen nur teilweise zugestimmt hat. Durch die teilweise Zu- 14 stimmung zur begehrten Mieterhöhung ist die teilweise Mieterhöhung unabhängig vom Willen des Vermieters vereinbart (LG Landshut WuM 1990, 223). Dies gilt sowohl für den Fall, dass der Mieter einer verlangten Mieterhöhung betragsmäßig nur eingeschränkt zustimmt, als auch für den Fall, dass er der Mieterhöhung zwar betragsmäßig in vollem Umfang zustimmt, aber zeitlich erst zu einem späteren Zeitpunkt (LG Duisburg WuM 1976, 81). In Höhe einer Teilzustimmung ist dann der Vertrag bereits geändert, ob der Vermieter wegen des Restbetrages Zustimmungsklage erhebt oder nicht, ist grds. unerheblich. Gibt der Vermieter sich mit der Teilzustimmung nicht zufrieden, so setzt die dadurch bewirkte Mieterhöhung keine neue Jahreswartefrist in Lauf (BayObLG RE v. 30.6.1989 NJW-RR 1989, 1172; LG Hamburg WuM 1987, 86, 87). Wird die Klage nicht innerhalb der Klagefrist erhoben, so berechnet sich die Jahressperrfrist ab dem Wirkungszeitpunkt der Teilzustimmung (LG Berlin GE 1996, 1551; LG Mannheim ZMR 1994, 516, 517; LG Bonn WuM 1985, 311; AG Köln WuM 1993, 409; AG Wermelskirchen WuM 1992, 442; AG Hamburg WuM 1985, 312). Wird der Mieter im **Urteil** zur Abgabe der Zustimmung zu einem späteren Zeitpunkt verurteilt, als dem, zu dem die Teilzustimmung bereits erfolgte, dann ist das spätere Datum für die Berechnung maßgeblich. Das ist z. B. bei einem im Prozess nachgeholten Zustimmungsverlangen der Fall (BGH NZM 2010, 436; BayObLG RE NJW-RR 1989, 1172). Stimmt der Mieter einem formell unwirksamen Mieterhöhungsverlangen nur **teilweise zu,** so ist dies gemäß § 150 Abs. 2 BGB als Ablehnung verbunden mit einem neuen Angebot zu bewerten. Die Jahresfrist wird allein durch diese Teilzustimmung nicht ausgelöst (LG Köln WuM 2001, 244; LG Berlin WuM 1997, 51; LG Mannheim ZMR 1994, 516, 517; LG Frankfurt WuM 1990, 224; LG Hamburg WuM 1987, 85; AG Hamburg NZM 1998, 574; AG Köln WuM 1995, 114). Der Vermieter kann deshalb sofort ein neues Mieterhöhungsverlangen stellen, wenn er auf das Angebot des Mieters nicht eingeht. Akzeptiert er das Angebot des Mieters, dann ist auf Grund des Mietabänderungsvertrages die erhöhte Miete zu zahlen, so dass hierdurch die Jahressperrfrist ausgelöst wird.

2. Unschädliche Mieterhöhungen

15 Die Wartefrist wird nicht ausgelöst durch Erhöhungen der Miete, die sich aus den §§ 559 bis 560 BGB ergeben haben. Dabei ist es unerheblich, ob eine oder mehrere dieser einseitigen Mieterhöhungen in den vergangenen 12 Monaten vom Vermieter durchgeführt wurden. Der Vermieter muss also durch einseitige Erklärung unter Darlegung eines Sachverhalts, der die Tatbestände der §§ 559 bis 560 ausfüllt, die Miete erhöht haben. Es ist auf der anderen Seite nicht erforderlich, dass die Mieterhöhung formal fehlerfrei und materiell begründet war (LG Potsdam GE 2001, 61 (63); AG Köln MDR 1994, 216; AG Nidda WuM 1994, 485; AG Brühl MDR 1985, 329). **Mieterhöhungen auf Grund vertraglicher Abreden** fallen zwar vom Wortlaut nicht unter die Ausnahmeregelung in § 558 Abs. 1 Satz 3 BGB, nach Sinn und Zweck der Regelung soll sie aber nach Ansicht des BGH (NZM 2007, 727; NJW 2004, 2088) entsprechend auf **einvernehmliche Modernisierungsmieterhöhungen** angewandt werden (LG Potsdam GE 2001, 61; LG Berlin WuM 2003, 568; Artz in: MünchKomm § 558 BGB Rdn. 59; Sternel Mietrecht aktuell IV, 146; **a. A.** LG Berlin GE 2014, 190, 191; Schultz in: Bub/Treier Kap III Rdn. 770, 774 und 1087). Den BGH-Entscheidungen lagen aber Fallgestaltungen zu Grunde, bei denen der Vermieter zunächst eine einseitige Mieterhöhung gem. § 559b BGB erklärt hatte und in denen sich die Parteien dann anschließend auf eine Mieterhöhung geeinigt haben. Es ist zweifelhaft, ob eine Analogie auch dann möglich ist, wenn die Parteien zwar aus Anlass einer Modernisierung aber der Höhe nach losgelöst und nicht nachvollziehbar eine Mieterhöhung vereinbaren.

Unerheblich sind alle Formen der **Mietherabsetzung.** Sie lösen die Sperrfrist 16 nicht aus (AG Berlin-Mitte MM 2004, 126). Dies ergibt sich auch schon aus dem Wortlaut der Vorschrift. Nach § 558 Abs. 1 Satz 2 BGB kann das Mieterhöhungsverlangen erst ein Jahr nach der letzten Mie*terhöhung* geltend gemacht werden. Eine vertragliche Mietherabsetzung, z. B. im Zusammenhang mit Modernisierungsmaßnahmen und davon ausgehenden Beeinträchtigungen oder zur Abgeltung von Mieterleistungen, löst die Sperrfrist ebenso wenig aus wie eine Mietminderung nach § 536 BGB.

3. Rechtsfolgen bei Nichtbeachtung der Jahressperrfrist

Ein **vor Ablauf der Jahressperrfrist** gestelltes Mieterhöhungsverlangen ist un- 17 wirksam (BGH RE v. 16.6.1993 NJW 1993, 2109). Dies ergibt sich bereits aus dem Wortlaut des § 558 Abs. 1 Satz 2, wonach ein Mieterhöhungsverlangen erst nach Ablauf der Jahreswartefrist wirksam „erhoben werden kann". Entfällt für eine Wohnung nach Fristablauf oder wegen vorzeitiger Rückzahlung der Fördermittel die Beschränkung auf die Kostenmiete, so kann der Vermieter unter den Voraussetzungen des § 558 eine Mieterhöhung verlangen. Auch für dieses Mieterhöhungsverlangen gilt die Wartefrist (OLG Hamm RE v. 15.3.1995 NJW-RR 1995, 1293; LG Köln ZMR 1994, 569; LG Arnsberg WuM 1991, 207; LG Hagen WuM 1986, 139). **Nach Ende der Preisbindung** gilt die letzte Kostenmiete als Vertragsmiete fort (BGH NZM 2010, 736). Kostenmieterhöhungen, die auf Gründen beruhen wie Mieterhöhungen gem. § 559 bis 560 BGB, bleiben außer Betracht (OLG Hamm RE v. 15.3.1995 NJW-RR 1995, 1293). Beruhte die Erhöhung der Kostenmiete auf einer Modernisierung gem. § 13 NMV oder einer Erhöhung von Betriebskosten gem. § 20 NMV, dann ist eine solche Kostenmieterhöhung für die Berechnung der Wartefristen unerheblich.

IV. Die ortsübliche Vergleichsmiete, Abs. 1

1. Der Begriff der ortsüblichen Vergleichsmiete

Abs. 1 gibt dem Vermieter einen Anspruch auf Zustimmung zu einer Mieterhö- 18 hung bis zur ortsüblichen Vergleichsmiete. In Abs. 2 befindet sich die Legaldefinition dessen, was der Gesetzgeber unter dem Begriff verstanden wissen will. Bei dem Begriff der ortsüblichen Vergleichsmiete handelt es sich um einen **unbestimmten Rechtsbegriff.** Gemeint sind damit die üblichen Entgelte, die in der Gemeinde für Wohnraum vergleichbarer Art, Größe, Ausstattung, Beschaffenheit und Lage unter Berücksichtigung des energetischen Zustands in den letzten sechs Jahren vereinbart oder geändert worden sind, soweit es sich nicht um Wohnraum handelt, bei dem die Miethöhe durch Gesetz oder im Zusammenhang mit einer Förderzusage festgelegt worden ist. Der Betrachtungszeitraum wurde in der Vergangenheit mehrfach geändert. Aufgrund der **Überleitungsvorschrift** des Art. 229 § 50 EGBGB kann auch nach dem 1.1.2020 noch eine **vierjähriger Betrachtungszeitraum** maßgeblich sein. Gebildet wird die ortsübliche Vergleichsmiete aus dem Durchschnitt aller Mieten für vergleichbaren Wohnraum (BGH

NJW 2012, 1351), die zum **Zeitpunkt des Zugangs** (BayObLG RE vom 27.10.1992 WuM 1992, 677; LG Berlin GE 2010, 61) des Erhöhungsverlangens gezahlt werden. Dabei ist die ortsübliche Vergleichsmiete nach dem eindeutigen Wortlaut heute eine **marktorientierte modifizierte Durchschnittsmiete.** Unter einer Durchschnittsmiete wird dabei derjenige Mietpreis bezeichnet, der für die Gesamtheit der bestehenden Mietverhältnisse unabhängig von ihrem Zustandekommen gezahlt wird. Modifiziert ist diese Durchschnittsmiete deshalb, weil auf Grund der in den Jahren 1982, 1993 und 2020 eingeführten Beschränkungen, Bestandsmieten nur noch aus den letzten sechs Jahren berücksichtigt werden dürfen. Die ortsübliche Vergleichsmiete ist aber in der Regel keine punktgenaue Einzelmiete, sondern ein **repräsentativer Querschnitt** der üblichen Entgelte in der Gemeinde (Bandbreite) (BGH NJW 2019, 3141; NZM 2019, 250; NJW 2010, 149; NJW 2005, 2621; NJW 2005, 2074; BayObLG RE vom 19.3.1981 NJW 1981, 1219; RE vom 27.10.1992 NJW-RR 1993, 202 und RE vom 22.3.2000 NZM 2000, 488, 489; LG München WuM 2002, 547;). Der Vermieter kann selbst dann eine Mieterhöhung verlangen, wenn die **Ausgangsmiete bereits innerhalb der Bandbreite** lag, wenn die verlangte Miete am unteren Ende der Bandbreite der ortsüblichen Vergleichsmieten sich befindet (BGH NJW 2005, 2621). Das gilt nach der neuern BGH-Rechtsprechung (BGH NJW 2019, 3142) aber wohl nur bei einer kleiner Streubreite. Der Erhöhungsanspruch besteht im Übrigen selbst dann, wenn sich die ortsübliche Vergleichsmiete gar nicht verändert hat, aber die Miete der Vertragswohnung unterhalb der ortsüblichen Vergleichsmiete liegt (BGH NJW 2007, 2546). Die ortsübliche Vergleichsmiete ist immer gemeindebezogen zu ermitteln (BGH NJW 2013, 2963). Eine Ermittlung auf der Ebene einzelner Stadtteile oder gar nur Siedlungen ist unzulässig (BGH NZM 2013, 612).

2. Die Wohnwertmerkmale

19 a) **Allgemeines.** Für die Mietpreisbildung und die Ermittlung der Vergleichsmiete sind nach dem Gesetz nur die dort aufgeführten 5 Wohnwertmerkmale maßgeblich. Dabei ist anerkannt, dass in der Praxis diese Merkmale zum Teil nur einen geringen Einfluss auf die Mietpreisbildung haben oder dass andere nicht benannte Faktoren eine viel größere Bedeutung haben. Dies gilt z. B. für den Lagefaktor, der nach einigen Untersuchungen teilweise keine signifikante Bedeutung haben soll, nach anderen soll ihm aber eine überragende Bedeutung zukommen. Hingegen kommt einem **subjektiven Merkmal** wie der Wohndauer häufig eine besonders große Bedeutung zu, obwohl es nach den gesetzlichen Vorgaben gar nicht berücksichtigt werden darf.

20 Das Gesetz verlangt in § 558 Abs. 1 BGB zunächst die Ermittlung solcher Wohnungen, die mit der konkreten Vertragswohnung, deren Miete erhöht werden soll, vergleichbar sind. Vergleichbar sind die Wohnungen, die nach Lage, Ausstattung, Größe, Beschaffenheit und Art unter Berücksichtigung des energetischen Zustands in wesentlichen Punkten übereinstimmen (AG Mainz WuM 1972, 197). Es genügt eine überwiegende Übereinstimmung bezüglich aller 5 Merkmale (BGH NZM 2014, 747; AG Köln WuM 1988, 60) eine annähernde ist nicht erforderlich (OLG Hamburg MDR 1974, 585). Gibt es keine wirklich vergleichbaren Wohnungen, führt dies nicht dazu, dass keine ortsübliche Vergleichsmiete ermittelt werden kann und damit dem Vermieter die Mieterhöhungsmöglichkeit nach § 558 BGB dauerhaft verwehrt ist (BGH NZM 2014, 349). Es muss dann versucht werden mittels vorhandener Daten und Zu- und Abschlägen die ortsübliche Vergleichsmiete ggf.

durch Schätzung zu ermitteln (BGH NZM 2014, 349; AG HH-Blankenese ZMR 2003, 492). Hinsichtlich der Größe der Wohnung ist die Vergleichbarkeit nicht nach der reinen Quadratmeterzahl zu ermitteln (BVerfG NJW 1980, 1617; *Börstinghaus;* Flächenabweichungen in der Wohnraummiete, Rdn. 651), sondern danach, ob es sich um einen ganz anderen Wohnungsteilmarkt handelt, wie es z. B. bei Appartementwohnungen und großen Altbauwohnungen (LG Berlin ZMR 1995, 77; LG Heidelberg WuM 1982; AG Frankfurt WuM 1993, 197) der Fall ist. Ob Dachgeschosswohnungen, in der sämtliche Zimmer Schrägen haben, mit einer Wohnung ohne Schrägen vergleichbar (LG Hannover WuM 1992, 255) sind oder nicht (AG Wolfenbüttel WuM 1986, 343) ist in der Rechtsprechung umstritten. Zur Feststellung der ortsüblichen Vergleichsmiete für Mehr-Zimmer-Wohnungen dürfen die Mieten von Ein-Zimmer-Wohnungen ebenso wenig herangezogen werden, wie die von Wohnungen, deren Wohnfläche, die der zu beurteilenden Wohnung um mehr als 50% übersteigen (LG Berlin ZMR 1995, 77; LG Potsdam GE 2003, 393). Auch die Mieten von Einfamilienhäusern sind mit denen von Wohnungen im Geschossbau nicht vergleichbar (AG Berlin Spandau MM 1997, 242; AG Schwelm WuM 1995, 592; **a. A.** BGH NZM 2009, 27). **Vertragliche Vereinbarungen** über Wohnwertmerkmale sind zumindest zu Lasten des Mieters unzulässig (BGH NJW 2016, 239; Börstinghaus NZM 2013, 1; Börstinghaus/Clar NZM 2014, 889; V. Emmerich in Staudinger § 558 BGB Rdn. 29a). Die Wohnwertmerkmale sind allein nach objektiven Kriterien zu bestimmen (BGH NJW 2016, 239; 2013, 775). Eine Vertragsfreiheit gibt es in diesem Punkt nicht. Der Wortlaut des § 558 Abs. 2 BGB spricht genauso dagegen wie die Systematik des Miethöherechts und die historische Auslegung der Norm.

b) Art. Unter dem Wohnwertmerkmal „Art" werden solche Eigenschaften erfasst, die den objektiven Wohnwert einer Wohnung tatsächlich beeinflussen (OLG Karlsruhe RE v. 23.12.1981 NJW 1982, 890). Deshalb ist mit diesem Wohnwertmerkmal vor allem die Struktur des Hauses und der Wohnung gemeint. Unterscheidungsmerkmale sind hier ua abgeschlossene oder nicht abgeschlossene Wohnungen, Altbau oder Neubau, Einfamilienhaus, Reihenhaus oder Mehrfamilienhaus, Appartement oder Mehrzimmerwohnung. **Mietwohnungen in Ein- und Zweifamilienhäusern** stellen einen anderen Wohnungsmarkt dar (LG Berlin GE 2002, 1197; LG Hagen WuM 1997, 331; LG Köln WuM 1976, 129; LG Gera WuM 2002, 497; LG Hamburg WuM 2002, 698; AG Pankow/Weißensee WuM 2009, 239; AG Berlin-Spandau MM 1997, 242; AG Schwelm WuM 1995, 592 **a. A.** LG Hamburg ZMR 2003, 491; AG Hamburg-Blankenese/LG Hamburg ZMR 2003, 492; LG Mönchengladbach NZM 1998, 301). Soweit der BGH (NZM 2016, 580; 2009, 27) einen Mietspiegel für Geschosswohnungen als formell ordnungsgemäßes Begründungsmittel für ein Einfamilien- oder Reihenhaus zugelassen hat, hat das auf die Beurteilung der materiellen Seite keinen Einfluss. Auch **Appartements** stellen einen Sondermarkt dar und sind mit normalen Kleinwohnungen nicht zu vergleichen (LG Gießen NZM 2013, 381). Ein Appartement ist eine aus 1 bzw. 1½ Räumen bestehende Kleinwohnung, die vermieterseits zumindest teilweise eingerichtet ist. Zumindest eine Küche, ggf. auch Einbauschränke müssen vom Vermieter eingebaut worden sein. 21

c) Größe. Die Wohnungsgröße ist zum einen von Bedeutung für die **Höhe der Quadratmetermiete** und natürlich auch für **die Höhe der Gesamtmiete,** die das Produkt der Quadratmetermiete und der Wohnfläche darstellt. Für das Wohnwertmerkmal Größe kommt es auf den Einfluss der Wohnfläche auf die Quadratmeter- 22

§ 558 BGB Untertitel 2. Mietverhältnisse über Wohnraum

miete an. Mit dem Wohnungsmerkmal „Größe" ist vor allem die Quadratmeterzahl einer Wohnung, aber auch die Zimmeranzahl gemeint. Über die Wohnungsgröße werden nämlich ganz unterschiedliche **Wohnungsteilmärkte** voneinander abgegrenzt. So waren in der Vergangenheit die pro Quadratmeter gezahlten Mieten bei kleineren Wohnungen höher als bei sog. Normalwohnungen. Demgegenüber wurden in der Vergangenheit bei sehr großen Wohnungen durchaus niedrigere Mieten pro Quadratmeter gezahlt als bei sog. Normalwohnungen. Dies hat neben dem Einfluss von Angebot und Nachfrage seine Ursache auch darin, dass die **Gestehungskosten** für kleine Wohnungen zum Teil genauso groß sind wie die von großen Wohnungen. Der Bau eines Badezimmers kostet unabhängig von der Größe der restlichen Wohnung ungefähr gleichviel. Bei Modernisierungen werden die entstandenen Kosten gem. § 559 BGB auf viel weniger m² umgelegt als bei größeren Wohnungen. In jüngster Zeit haben sich diese Unterschiede aber teilweise verloren.

23   Wie die Wohnungsgröße genau zu ermitteln ist, ist durchaus im Einzelfall strittig (*Börstinghaus,* Flächenabweichungen in der Wohnraummiete, Rdn. 24 ff.; *Langenberg* NZM 2009, 76). Der allgemeine Sprachgebrauch verbindet mit dem **Begriff „Wohnfläche"** keine bestimmte Berechnungsart (BGH NJW-RR 1997, 2874; NJW 1996, 2874, 2875; NJW 1991, 912, 913; NJW-RR 1991, 1120, 1121; BayObLG NJW 1996, 2106). Der Begriff ist deshalb auslegungsbedürftig (BGH NJW 2007, 2624). Der Begriff der „Wohnfläche" ist im Wohnraummietrecht auch bei frei finanziertem Wohnraum grundsätzlich anhand der für den preisgebundenen Wohnraum im Zeitpunkt des Mietvertragsschlusses geltenden Bestimmungen auszulegen (BGH NJW 2019, 2464; NJW 2004, 2230; NJW 2007, 2624; NJW 2009, 2295). Abweichende Parteivereinbarungen über das anzuwendende Regelwerk sind auch zulässig. Außerdem sind abweichende Vorschriften dann anzuwenden, wenn ein anderer Berechnungsmodus örtlich üblich ist. Eine solche maßgebliche Verkehrssitte als eine die beteiligten Verkehrskreise untereinander verpflichtende Regel verlangt,
   (a) dass sie auf einer gleichmäßigen, einheitlichen und freiwilligen tatsächlichen Übung beruht, (b) die sich innerhalb eines angemessenen Zeitraums, (c) für vergleichbare Geschäftsvorfälle gebildet hat und (d) der eine einheitliche Auffassung sämtlicher beteiligten Kreise an dem betreffenden, gegebenenfalls räumlich beschränkten Geschäftsverkehr zu Grunde liegt. Dabei muss es jeweils um eine dementsprechende Verkehrssitte zur Anwendung eines anderen Regelwerkes insgesamt gehen. Es reicht nicht aus, dass ein erheblicher oder auch überwiegender Teil der Marktteilnehmer ein Regelwerk unzutreffend anwendet oder verschiedene Regelwerke miteinander vermischt. Ebenso wenig reicht es aus, dass sich bezüglich der Berechnung einer Teilfläche (z. B. für Balkone) eine bestimmte Übung der Mehrheit der Marktteilnehmer herausgebildet hat. Es muss ortsüblich sein ein anderes Regelwerk, also z. B. die II. BV oder die DIN 283, insgesamt anzuwenden (BGH NJW 2019, 2464; NJW 2007, 2624). Die WoFlV ist ansonsten auf alle Mietverträge, die ab dem 1. Januar 2004 abgeschlossen wurden, anzuwenden; im Übrigen ist die Fläche nach den §§ 42–44 II. BV zu ermitteln (AG Schöneberg, GE 2010, 919). Falsch ist es, im Mieterhöhungsverfahren immer die Vorschriften der WoFlV anzuwenden (so aber AG Hamburg Urt. v. 18.12.2019 – 49 C 213/18 m. abl. Anm. Börstinghaus, jurisPR-MietR 1/2020 Anm. 1). Flächenvereinbarungen haben nur Konsequenzen für die mietrechtliche Gewährleistung, nicht für Mieterhöhungen. Anderenfalls wurde man objektiv unterschiedliche Wohnungsbestände mit einander vergleichen. Auswirkungen hat die Frage der Wahl der Berechnungsmethode allenfalls für Balkone, Dachgärten, Freisitze, Veranden, Wintergärten und

Loggien. Nach § 44 Abs. 2 II. BV werden diese Flächen zur Hälfte und nach der WoFlV und der DIN 283 lediglich zu einem Viertel angerechnet. Soweit die Flächenberechnung nach den §§ 42–44 II. BV zu erfolge hat, steht es allein dem Vermieter zu, zu bestimmen, mit welcher Quote die Freiflächen angerechnet werden (BGH NJW 2009, 2295). Soweit in der II. BV noch von einem gedeckten Freisitz die Rede ist, entspricht dies heute einer Terrasse. Ein „gedeckter Freisitz" muss an eine Wohnung angrenzen (BGH NJW 2009, 2880). Überdacht muss die Terrasse nicht zwingend sein (LG Saarbrücken WuM 2010, 445), auf das Erfordernis eines Sichtschutzes hat der BGH (NJW 2010, 292) inzwischen verzichtet. Der Vermieter ist für Wohnungsgröße beweispflichtig (AG Wedding GE 2006, 331).

Entscheidend ist allein die **objektiv richtige Wohnungsgröße** (BGH NJW 2016, 239). Mietvertragliche Vereinbarungen spielen keine Rolle. Der BGH hat seine frühere abweichende und stark kritisierte Rechtsprechung ausdrücklich aufgegeben. Dabei ist es unerheblich, ob die vereinbarte Fläche größer oder kleiner und wie hoch die Abweichung ist. Dabei ist die tatsächliche Größe sowohl bei der Ermittlung der ortsüblichen Vergleichsmiete pro Quadratmeter über das Wohnwertmerkmal „Größe" maßgeblich wie auch als Multiplikator zur Ermittlung der Wohnungsmiete. 24

Änderungen der Wohnfläche haben in der Regel keinen unmittelbaren Einfluss auf die Miete. Etwas anderes gilt nur dann, wenn die Parteien mietvertraglich eine Quadratmetermiete vereinbart haben (LG Berlin NZM 2002, 733), anderenfalls ist die vereinbarte Miete für die Wohnung zu zahlen. Wird mit Einverständnis des Mieters die Wohnfläche vergrößert, z. B. durch eine Modernisierung, dann kann der Vermieter neben einer in Ausnahmefällen möglichen Modernisierungserhöhung nach § 559 BGB die Miete nur unter den Voraussetzungen des § 558 BGB erhöhen (LG Kiel WuM 1977, 125), wobei sich die zu erhöhende Vertragsmiete pro m^2 auf Grund der Vergrößerung verringert. Es besteht kein Anspruch auf eine zusätzliche Zahlung der bisherigen Quadratmetermiete für die neu hinzugekommenen Quadratmeter. Das Gleiche gilt auch, wenn sich durch Nachmessen herausstellt, dass die Wohnfläche von Anfang an größer war und zwar selbst dann, wenn im Mietvertrag eine Klausel enthalten ist, wonach die durch Neuvermessung ermittelte Wohnfläche zum Vertragsbestandteil wird (LG Berlin NZM 2002, 733). Die **Kappungsgrenze** ist dabei nach der Miete für die Wohnung zu berechnen und nicht nach der Quadratmetermiete (BGH NJW 2016, 239; AG Charlottenburg MM 3/2014, 29; LG Halle GE 2013, 549). Im Mieterhöhungsverfahren bestimmt sich nach Ansicht des BGH die der Berechnung der Kappungsgrenze zu Grunde zu legende Ausgangsmiete auch im Falle einer Mietminderung wegen Flächenabweichungen nach der vertraglich vereinbarten Miete und nicht nach der geminderten Miete (BGH NJW 2019, 2464; Zweifel daran bei Börstinghaus jurisPR-BGHZivilR 14/2019 Anm. 1). 25

d) Ausstattung. Unter dem Wohnwertmerkmal der Ausstattung wird alles verstanden, was der Vermieter dem Mieter zur ständigen Benutzung zur Verfügung gestellt hat und für das der Mieter keine besondere Vergütung zu zahlen hat. Hierzu zählen zunächst alle räumlichen Ausstattungsmerkmale wie z. B. Waschküche, Kellerräume oder Speicherräume, Bodenräume, Trockenräume und Garagen (soweit hierfür keine gesonderte Vergütung gezahlt wird). Unerheblich ist, ob die Ausstattungsgegenstände dem Vermieter gehören oder ob er sie selbst nur gemietet oder geleast hat (LG Berlin GE 2008, 1259; GE 2007, 55). Entscheidend ist allein, was der Vermieter dem Mieter zur Verfügung stellt. Ferner gehören zur Ausstattung die zur gemeinsamen Benutzung verfügbaren Räume wie z. B. Fahrradkeller, Vorplätze, Geschosstreppen und Treppenhäuser, Waschkeller, Trockenräume, Fahrrad- 26 oder Kinderwagenräume. Besonders mietpreisbildend sind die sonstigen in die Wohnung eingebauten Ausstattungsstücke wie Wandschränke und Garderoben, Heizungen, Badezimmereinrichtungen und Bodenbeläge sowie die außerhalb der Wohnung vorhandenen Angebote wie z. B. Gärten, Terrassen, Kinderspielanlagen, soweit sie zu einer Wohnung gehören, aber auch als Gemeinschaftseinrichtungen.

27 **Auf Kosten des Mieters vorgenommene Wohnwertverbesserungen** bleiben unberücksichtigt. Dies ist insbesondere der Fall, wenn der Mieter die Wohnungen mit Einrichtungen versehen hat oder Ein- oder Umbauten vorgenommen hat (BGH NZM 2010, 735; BayObLG RE v. 24.6.1981 WuM 1981, 208). Ein Vermieterwechsel ändert daran nichts (LG Köln WuM 1985, 326). Dies gilt auch, wenn der Mieter auf Grund des Vertrages zum Einbau dieser Ausstattung verpflichtet war (BGH NZM 2010, 735). Die Mietereinbauten sind selbst dann nicht zu berücksichtigen, wenn dem Mieter gegenüber dem Vermieter Ausgleichsansprüche gem. §§ 539, 552, 951 zustehen oder wenn die Mietereinbauten abgeschrieben sind (LG Halle WuM 2000, 551; LG Baden-Baden WuM 1993, 358). Eine entsprechende Anwendung der Regelungen über den Baukostenzuschuss scheidet hier aus. Hat der Mieter vermietete und vom Vermieter zur Verfügung gestellte Ausstattungsgegenstände entfernt und durch eigene ersetzt, ist die ursprüngliche Ausstattung weiter maßgeblich (AG Charlottenburg GE 2014, 1009). Hat der Mieter eine Sammelheizung eingebaut, gilt die Wohnung auch dann für die Mieterhöhung als ofenbeheizt, wenn nach der vertraglichen Vereinbarung die Heizung nach 8 Jahren „in das Eigentum des Hauses" übergehen sollte (LG Berlin GE 2002, 594). Die Einrichtung bleibt auch unberücksichtigt, wenn der Mieter sie vom Vormieter gekauft hat (LG Hamburg WuM 1990, 441, AG Neukölln MM 1999, 171). Von der Wohnungsausstattung **abweichende Beschreibungen** im Mietvertrag haben grundsätzlich keine Bedeutung (so BGH NJW 2016, 239 für das Merkmal „Größe"). Es gilt immer die tatsächliche Ausstattung der Wohnung. Anderenfalls hätten es die Mietvertragsparteien in der Hand, durch unzutreffende Beschreibung der Wohnung im Mietvertrag den gesetzlich vorgesehenen Vergleichsmaßstab zu ändern.

28 Problematisch ist die Einordnung der Wohnung in den Fällen, in denen der Vermieter im Rahmen von **Wärme-Contracting** (zum Begriff s. § 556c BGB) die Heizung nicht selbst betreibt (Eisenschmid WuM 1998, 449; Tiefenbacher NZM 2000, 161; Schmid DWW 2000, 147; Derleder WuM 2000, 3). Obwohl dem Vermieter hier keine Kosten entstehen, hat der Mieter i. E. den gleichen Komfort als wenn dies so wäre. Von den Marktteilnehmern werden solche Wohnungen aber als Wohnung mit Heizung betrachtet, so dass eine Einordnung in die Kategorie „ohne Heizung" z. Zt. den Gegebenheiten nicht gerecht wird (AG Dortmund WuM 2014, 672; Sternel Mietrecht aktuell, IV, 175). Sieht der Mietspiegel einen Abschlag für die Beheizung mit **Fernwärme** vor, kann entweder dieser Abschlag auch bei der Beheizung mittels **Wärmecontracting** in Ansatz gebracht werden oder die Wohnung deswegen unterhalb des Median in die Mietspiegelspanne eingruppiert werden (AG Dortmund WuM 2014, 672; LG Dortmund WuM 2015, 737).

29 **e) Beschaffenheit.** Mit dem Wohnwertmerkmal Beschaffenheit ist der Zuschnitt der Wohnung einschließlich der mitvermieteten Hausteile sowie Art und Gestaltung der Umgebung gemeint sowie die Bauweise und auch der Instandhaltungsgrad. Seit der Mietrechtsänderung 2013 ist klargestellt, dass auch der energetische Zustand des Hauses bei der Ermittlung der maßgeblichen Beschaffenheit zu berücksichtigen ist. Auch die Frage der Barrierefreiheit einer Wohnung gem. § 554a BGB kann eine Frage der Beschaffenheit sein. Mietpreisrelevant ist das

Merkmal aber nur dann, wenn der Vermieter die Barrierefreiheit hergestellt hat und nicht der Mieter.

Auch der **Zustand der Wohnung** ist grundsätzlich ein Beurteilungskriterium bei der Bewertung der Beschaffenheit einer Wohnung. Nicht behebbare **Mängel** sind bei der Beschaffenheit zu berücksichtigen (LG Saarbrücken WuM 1989, 578 für Gaststättenlärm; AG Berlin Pankow/Weißensee GE 1998, 1217 (Asbest)). Ob die Minderung z. B. wegen Kenntnis oder grob fahrlässiger Unkenntnis gem. § 536b BGB ausgeschlossen ist (AG Frankfurt WuM 2013, 352 (für Minderung wegen Flughafenausbau Frankfurt); LG Frankfurt ZMR 2010, 362 (Hubschrauberlandeplatz auf Klinikgelände)), ist dabei unerheblich. Hat der Mieter den Mangel beseitigt, liegt überhaupt keine Beeinträchtigung der Beschaffenheit vor, so dass es auf die Frage, ob er vor Mangelbeseitigung den Mangel angezeigt und den Vermieter ggf. in Verzug gesetzt hat gar nicht ankommt (**a. A.** Schultz in: Bub/Treier Kap III. Rdn. 1412). Dies spielt allenfalls für den Aufwendungs- oder Schadensersatzanspruch des Mieters eine Rolle, hat aber mit der Miethöhe nichts zu tun. Demgegenüber haben **behebbare Mängel** bei der Mieterhöhung für die Bemessung der Miete keine Bedeutung (OLG Frankfurt/M. NJW 2000, 2115; OLG Stuttgart RE v. 7.7.1981 NJW 1981, 2365; LG Mannheim NJW-RR 1991, 1108, LG Mönchengladbach NZM 1998, 301; LG Braunschweig WuM 1989, 578; LG Hamburg WuM 1991, 593). Das gilt auch bei Mängeln an wohnwerterhöhenden Merkmalen (LG Berlin GE 2010, 414; AG Tempelhof-Kreuzberg GE 2010, 1423, GE 2010, 625; **a. A.** LG Berlin GE 2013, 812). Sie sind deshalb auch bei der Spanneneinordnung nicht zu berücksichtigen (LG Berlin GE 2007, 784).

Insbesondere das **Baualter** wird von der Praxis als Anknüpfungstatsache für die Beurteilung der Beschaffenheit verstanden, auch wenn heute durch die fortschreitende Modernisierung des Wohnungsbestandes seine Bedeutung bei Altbauten immer mehr abnimmt. Das Baualter beeinflusst durchaus den Mietpreis. Dabei ist das Baualter selbst kein Wohnwertmerkmal iSd § 558 Abs. 2 BGB. Über das Baualter soll und wird aber auf verhältnismäßig einfache Weise, wenn auch sehr grob, die Bauweise und der Baustandard abgefragt. Entscheidend für die Einordnung einer Wohnung in eine bestimmte Baualtersklasse ist der Zeitpunkt der Errichtung, also der Zeitpunkt, der den Baustandard bestimmt hat (LG Berlin GE 1997, 48; 1997, 1635). Es kommt also grundsätzlich nicht auf die Bezugsfertigkeit im engeren Sinne, so wie sie etwa in § 13 Abs. 4 WoBindG geregelt war, an (LG Berlin GE 2007, 1635). Entscheidend für die Auslegung des Altersbegriffs ist seine Funktion als **Hilfskriterium** zur Erfassung des Wohnwertmerkmals „Beschaffenheit". Entscheidend ist deshalb der Zeitpunkt der Errichtung, also der Zeitpunkt, den der Baustandard bestimmt hat, nach dem das Gebäude errichtet worden ist (LG Berlin GE 2009, 1494, GE 2007, 1635, GE 1997, 48: AG Lichtenberg GE 2014, 875; *Kinne* GE 2014, 840). Sehr fraglich ist, ob bei Wohnungen, deren Teile zu unterschiedlichen Zeitpunkten errichtet wurden ein Mittelwert zwischen den verschiedenen Baualtersklassen zu bilden ist (AG Frankfurt/M WuM 2013, 423) oder das Baualter maßgeblich ist, zu dem die größere Fläche errichtet wurde (LG Berlin MM 12/2013, 28).

Seit 1.5.2013 ist im Gesetzestext klargestellt, dass bei den Wohnwertmerkmalen Ausstattung und Beschaffenheit auch der **energetische Zustand** des Hauses zu berücksichtigen ist. Damit ist kein neues sechstes Wohnwertmerkmal geschaffen worden. Lediglich im Rahmen der beiden angesprochenen Merkmale ist der energetische Zustand ein Kriterium. Das Problem in der Praxis ist die **Ermittlung des Einflusses des energetischen Zustands** auf die Höhe der ortsüblichen Vergleichsmiete (Börstinghaus in: Schmidt-Futterer § 558 BGB Rdn. 81). Bisher konnte kaum festgestellt werden, dass bei der **Neuvermietung** für einen energetisch besseren Zustand auch eine höhere Miete gezahlt wird. In die ortsübliche Vergleichsmiete fließen aber auch die **erhöhten Bestandsmieten** der letzten sechs Jahre ein. Das bedeutet, dass der energetische Zustand dann Einfluss auf die ortsübliche Vergleichsmiete hat, wenn im maßgeblichen Zeitraum des § 558 Abs. 2 BGB Modernisierungsmieterhöhungen gem. § 559 BGB wegen energetischer Modernisierungsmaßnahmen nach § 555b Ziff. 1 BGB durchgeführt wurden. Zum Teil wird in Mietspiegeln die wärmetechnische Beschaffenheit bereits als Differenzierungskriterium erfasst, zum Teil geschieht das durch eine negative Abgrenzung *("unzureichende Wärmedämmung")*. Solche Mietspiegel werden dann auch als **ökologische Mietspiegel** bezeichnet (dazu Börstinghaus/Clar, Mietspiegel, 2. Aufl.). Zu beachten ist aber, dass der Mietspiegel widerspiegeln soll, was tatsächlich ist. Es sollen keine Wunschvorstellungen umgesetzt werden und auch keine „Mietspiegelpolitik" betrieben werden. Das bedeutet, wenn es am Markt tatsächlich eine Differenzierung nach dem energetischen Zustand gibt, dann hat dies auch Einfluss auf die ortsübliche Vergleichsmiete und kann auch als Differenzierungsmerkmal in einem Mietspiegel ausgewiesen werden. Ob der seit 1.7.2008 erforderliche **Energiepass** ein geeignetes Anknüpfungskriterium ist, ist wegen der systembedingten Probleme mit diesem Instrument sehr fraglich.

33 Zum Wohnwertmerkmal „Beschaffenheit" gehört auch die Frage, ob eine **Wohnung renoviert oder modernisiert** ist. Diese Frage ist im Einzelfall immer wieder äußerst umstritten. Dabei muss vom Sinn und Zweck einer solchen Qualifizierung ausgegangen werden. Es geht bei der Beurteilung der Frage vor allem darum, nur vergleichbaren Wohnraum miteinander zu vergleichen. Dazu muss zunächst einmal der **heutige** „Normal-Standard" für Gebäude einer bestimmten Altersklasse ermittelt werden. Wenn also die überwiegende Mehrzahl der Gebäude einer bestimmten Altersgruppe z. B. mit Isolierverglasung ausgestattet ist, dann kann der Einbau solcher Fenster kein wohnwerterhöhendes Beschaffenheitsmerkmal sein, das eine Höherstufung rechtfertigt. Das ist dann die (Normal-)Beschaffenheit in diesem Mietspiegelfeld. Man kann allenfalls versuchen zu ermitteln, ob ein Abschlag am Markt für Wohnungen vereinbart wird, die keine Isolierfenster haben. Grundsätzlich bleibt das **Baualter eine Wohnung** auch nach einer Modernisierung maßgeblich (LG München I ZMR 2012, 626; LG Berlin NZM 1999, 172; AG Lichtenberg GE 2014, 875; offengelassen von BGH NZM 2013, 612). Eine „Verjüngung" der Wohnung, d. h. die Erfassung der Daten der Vergleichswohnung in der Baualtersklasse der Zeit der Modernisierung kommt allenfalls dann in Betracht, wenn auch rechtlich ein **Neubau** vorliegt (LG Frankfurt/M WuM 2012, 318; LG Hamburg ZMR 2011, 469). Hierzu kann auf die Vorschriften des WoFG Bezug genommen werden. Gemäß § 16 WoFG ist Wohnungsbau das **Schaffen von Wohnraum** durch Neubau, der Wiederaufbau zerstörter oder Wiederherstellung beschädigter Gebäude oder Ausbau oder Erweiterung bestehender Gebäude. Um einen **Ausbau** handelt es sich, wenn aus Räumlichkeiten, die bisher nicht zu Wohnzwecken bestimmt waren, nach wesentlichem Bauaufwand Wohnraum entsteht; eine Erweiterung liegt vor, wenn eine Aufstockung oder ein Anbau vorgenommen wird. Dabei wird als wesentlicher Aufwand angesehen, wenn dieser ca. ⅓ des für eine Neubauwohnung erforderlichen Aufwandes erreicht (BGH WuM 2010, 679; BVerwG ZMR 1972, 87). Neubau liegt auch vor, wenn durch umfangreiche Maßnahmen nicht mehr zeitgemäßer Wohnraum zu größeren Wohnungen zusammengelegt und an die heutigen Wohnbedürfnisse angepasst wird (LG Frankfurt/M ZMR 2014, 362).

Mieterhöhung bis zur ortsüblichen Vergleichsmiete **BGB § 558**

f) Lage. Nach den Vorstellungen des Gesetzgebers soll die Lage der Wohnung 34
wertbildend sein. Gemeint ist mit Lage zunächst einmal die Lage innerhalb der Gemeinde, differenziert wird aber auch nach der Lage im Haus (LG Berlin WuM 2004, 613, 614; LG Köln WuM 1994, 691). Entscheidend ist immer ein **objektiver Lagemaßstab**, auf die subjektiven Bedürfnisse des konkreten Mieters kommt es nicht an. Bei der Einordnung der Wohnlage in einen Mietspiegel handelt es sich um eine vom Tatsachengericht vorzunehmende Wertungsfrage, für die es auf die Einschätzung von (sachkundigen) Zeugen nicht ankommt (BGH WuM 2016, 290). Das Lagemerkmal gehört heute zu den umstrittensten Merkmalen des § 558 Abs. 2 BGB. Das liegt zum einen an den unterschiedlichen Vorstellungen darüber, was eine normale oder gute Lage ist und zum anderen an den Problemen der Feststellung der erforderlichen Merkmale. Auch bei empirisch aufgestellten Mietspiegeln werden die Wohnlagekarten häufig jahrzehntelang nicht fortgeschrieben oder nur im Arbeitskreis Mietspiegel ausgehandelt.

Bei der Lage innerhalb der Gemeinde wird differenziert nach der **Makrolage** und 35
der **Mikrolage.** Makrolage bedeutet die Qualifikation eines ganzen Stadtteils oder zumindest eines Quartiers als gute oder schlechte Lage. Diese Ortslage wird bestimmt durch die Baudichte, den baulichen Zustand des Ortsteils, Frei- und Grünflächen, landschaftlichen Charakter, Beeinträchtigungen durch Lärm, Staub, Geruch, Umweltgifte, die Verkehrsanbindung und die vorhandenen Infrastruktureinrichtungen, aber immer mehr auch das **Image eines Quartiers.** Gerade letzteres widerspricht nicht selten den objektiven Gegebenheiten. Auch in objektiv schlechten Lagen kann die Miete sehr hoch sein, weil der Stadtteil bei den Trendsettern beliebt ist. Das allein macht das Quartier aber noch nicht zu einer guten Lage. Das **Image** kann allenfalls ein Faktor sein, der bei der Lagebeurteilung einfließt. Vertreten wird ferner, dass sowohl die **Ballung einzelner Gesellschaftsschichten** und die Häufigkeit und Schwere von Straftaten in der Gegend eine Rolle spielen sollen wie auch die Gefahr von Naturkatastrophen, z. B. wegen Überschwemmungsgefahr.

g) Unerhebliche Wohnwertmerkmale. Die Aufzählung der für die Feststel- 36
lung der Vergleichbarkeit von Wohnraum zu berücksichtigenden Wohnwertmerkmale in § 558 Abs. 2 BGB ist abschließend. Obwohl anerkanntermaßen diese Aufzählung nicht vollständig ist, ist es rechtlich unzulässig, weitere Merkmale zu berücksichtigen. Insbesondere alle Merkmale, die mit der Person des Mieters zu tun haben, sind unerheblich. Hierzu zählen selbstverständlich alle in Art. 3 GG aufgezählten sowie alle weiteren persönlichen Unterscheidungsmerkmale von Menschen wie Geschlecht, Nationalität, Alter, Religion, Hautfarbe usw. Auch der Beruf des Mieters ist ein unzulässiger subjektiver Faktor. Deshalb gibt es weder für Studenten (LG Aachen MDR 1983, 492; AG Dortmund NJW-RR 1991, 1228) noch für Beamte einen Sondermarkt. Auch die Art und Weise, wie die Menschen zusammenleben, also als verheiratetes Paar, als nichteheliche Lebensgemeinschaft oder als Wohngemeinschaft (OLG Hamm WuM 1983, 108) darf bei der Feststellung der ortsüblichen Vergleichsmiete keine Rolle spielen.

Ebenso wenig darf nach der **Person des Vermieters** differenziert werden, ob- 37
wohl dies für die Miethöhe durchaus eine große Bedeutung haben kann (BGH WuM 2010, 38). Ein Privatvermieter, der uU mit dem Mieter im gleichen Haus lebt, wird eher die Auseinandersetzung um eine Mieterhöhung mit einem Mieter, der ihm ggf. persönlich gut bekannt ist und den er täglich im Treppenhaus trifft, scheuen und die Miete längere Zeit nicht anpassen. Demgegenüber wird eine professionelle Wohnungsverwaltung unter Umständen bei der Durchsetzung der Miet-

§ 558 BGB Untertitel 2. Mietverhältnisse über Wohnraum

erhöhungen weniger Zurückhaltung üben. Auf der anderen Seite können auch gewerbliche Vermieter, insbesondere Genossenschaften oder kommunale Wohnungsbauunternehmen aus sozialpolitischen und unternehmerischen Gründen niedrigere Mieten vereinbaren. Umso länger ein Mietverhältnis unter diesen unterschiedlichen Vermietern dauert, umso größer wird der Unterschied zwischen diesen Mieten werden. Trotzdem handelt es sich um den gleichen Wohnungsteilmarkt, so dass diese Unterscheidung nicht zu einer Differenzierung bei der Ermittlung der ortsüblichen Vergleichsmiete führen darf.

38 **h) Die maßgebliche Miete.** Aus § 558 Abs. 2 BGB ergibt sich, dass nicht alle in einer Gemeinde gezahlten Mieten in die ortsübliche Vergleichsmiete einfließen. Das Gesetz unterscheidet in sachlicher, in zeitlicher und räumlicher Hinsicht. Es müssen folgende 3 Voraussetzungen gegeben sein, damit eine aktuell geschuldete Miete einer vergleichbaren Wohnung bei der Berechnung der ortsüblichen Vergleichsmiete berücksichtigt werden darf:
1. **Zeitkomponente**
   Es muss sich um Mieten handeln, die in den letzten 4 Jahren verändert wurden **(Zeitkomponente).**
2. **Sachliche Komponente**
   Dabei muss es sich um Wohnraum handeln, bei dem die Miethöhe weder durch Gesetz oder im Zusammenhang mit einer Förderzusage festgelegt worden ist **(sachliche Komponente).**
3. **Räumliche Komponente**
   Schließlich müssen die Mieten in der Gemeinde oder einer vergleichbaren Gemeinde vereinbart worden sein **(räumliche Komponente).**

39 Nach Abs. 2 sind in die Ermittlung der ortsüblichen Vergleichsmiete alle Mieten einzubeziehen, die erst in den letzten 6 Jahren neu vereinbart worden sind und deren Miete in diesen 6 Jahren, von Erhöhungen nach § 560 BGB abgesehen, nicht erhöht worden sind sowie Mieten, die in den letzten 6 Jahren geändert wurden. Wann das Mietverhältnis begründet wurde, ist bei dieser zweiten Alternative unerheblich. In die ortsübliche Vergleichsmiete fließen diese Mieten aber nur einmal ein, auch wenn im konkreten Mietverhältnis sowohl die Neuvertragsmiete in den Sechsjahreszeitraum fällt wie auch ein oder zwei Mieterhöhungen. Maßgeblich ist nämlich nur die zum Erhebungsstichtag gezahlte Miete.

40 Durch die Beschränkung auf Mieten, die in den letzten sechs Jahren neu vereinbart oder verändert wurden wollte der Gesetzgeber zunächst eine stärkere Marktorientierung der Mieten erreichen, da hierdurch insbesondere besonders niedrige Bestandsmieten aus der Berechnung herausfallen. Durch die Verlängerung auf sechs Jahre, sollte der Abstand wieder etwas vergrößert werden. Die **Sechsjahresfrist** berechnet sich im konkreten Erhöhungsverfahren vom Zugang des Mieterhöhungsverfahrens (BayObLG RE v. 27.10.1992 NJW-RR 1993, 302) an sechs Jahre rückwärts. Entscheidend ist dabei nicht das Datum des Vertragsschlusses, sondern das Datum der ersten Fälligkeit der erhöhten Miete.

40a Die **Verlängerung des Betrachtungszeitraums** von vier auf sechs Jahre erfolgte durch das „Gesetz zur Verlängerung des Betrachtungszeitraums für die ortsübliche Vergleichsmiete" (BGBl 2019, 2911; dazu *Börstinghaus* NZM 2019, 841; *Klinger/Storm* DWW 2020, 4; *Horst* MDR 2020, 253). Sie ist grundsätzlich am 1.1.2020 in Kraft getreten. Nach der **Überleitungsvorschrift** in Art. 229 § 50 EGBGB wird in vielen Gemeinden noch einige Zeit der vierjährige Betrachtungszeitraum gelten. Dazu bestimmt § 50 Abs. 1 EGBGB zunächst, dass **Mietspiegel,** die eine ortsübliche Vergleichsmiete unter Verwendung des alten 4-jährigen Betrachtungszeitraums ausweisen weiter gültig sind, wenn sie (a) am 1.1.2020 noch gültig waren oder (b) nach dem 31.12.2019 neu erstellt wurden, wenn der Stichtag für die Feststellung der ortsüblichen Vergleichsmiete vor dem 1.3.2020 lag und der Mietspiegel vor dem 1.1.2021 veröffentlicht wird. Diese beiden Mietspiegel können innerhalb von zwei Jahren der Marktentwicklung angepasst werden. Auch hierfür gilt der 4-jährige Betrachtungszeitraum. Unerheblich ist es dabei, ob es sich um einfache oder qualifizierte Mietspiegel handelt.

Während § 50 Abs. 1 die formelle Seite des Mieterhöhungsverlangens betrifft, **40b** also die Frage, ob ein Mietspiegel, der eine ortsübliche Vergleichsmiete mit 4-jährigem Betrachtungszeitraum ausweist, noch als Begründungsmittel gem. § 558a BGB verwendet werden darf, bestimmt Art. 229 § 50 Abs. 2 EGBGB die materiellen Folgen. Gibt es in der Gemeinde einen Mietspiegel, der in zulässigerweise noch einen ortsübliche Vergleichsmiete mit 4-jährigem Betrachtungszeitraum ausweist, dann gilt in dieser Gemeinde auch **weiterhin eine ortsübliche Vergleichsmiete mit dem kürzeren vierjährigen Betrachtungszeitraum.** Das bedeutet, dass der Mietspiegel oder besser der Mitspiegelersteller festlegt, ob in der Gemeinde § 558 Abs. 2 BGB in der Fassung bis 31.12.2019 oder in der Fassung ab 1.1.2020 gilt. Dabei ist es zunächst völlig unerheblich, welches Begründungsmittel der Vermieter im Zustimmungsverlangen benutzt. Außerdem gilt dieser Betrachtungszeitraum auch im Zustimmungsprozess, so dass auch ein gerichtlicher Sachverständiger den Betrachtungszeitraum auch im Zustimmungsprozess, so dass auch ein gerichtlicher Sachverständiger den Betrachtungszeitraum des Mietspiegels verwenden muss.

Bei qualifizierten Mietspiegel ergibt sich der maßgebliche **Stichtag** regelmäßig **40c** aus dem Textteil des Mietspiegels oder zumindest aus der erforderlichen Dokumentation. Schwieriger ist die Feststellung des Stichtags bei einfachen Mietspiegeln, zumindest wenn sie auf keiner repräsentativen Datenerhebung beruhen. Ein Indiz kann hier das Veröffentlichungsdatum des Mietspiegels sein.

Zur Feststellung der ortsüblichen Vergleichsmiete müssen grundsätzlich alle **41** Mieten aus der Gemeinde, die die oben dargestellten sachlichen und zeitlichen Voraussetzungen erfüllen, herangezogen werden (LG Hamburg WuM 1995, 543). Unter den Begriff Gemeinde ist die **politische Gemeinde** (für § 5 WiStG: BGH NJW 2005, 2156) gemeint. Unzulässig ist die Ermittlung einer ortsüblichen Vergleichsmiete nur für einen Teil der Gemeinde (BGH NJW 2013, 2963), aber auch die Ermittlung der ortsüblichen Vergleichsmiete für das Kreisgebiet. Zwar gestattet § 558c ausdrücklich die Aufstellung von Mietspiegeln für Teile einer Gemeinde oder für mehrere Gemeinden, dies bedeutet aber nicht, dass es auch eine ortsübliche Vergleichsmiete nur für Gemeindeteile oder mehrere Gemeinden gibt. Es kann sich aber um eine eigene Lageklasse handeln.

i) Der maßgebliche Wohnraum. Für die Ermittlung der ortsüblichen Vergleichsmiete sind nicht alle Mietverhältnisse maßgeblich. Insofern besteht eine wechselseitige Abhängigkeit. Für bestimmten Wohnraum hat der Vermieter keinen Anspruch auf Zustimmung zu einer Mieterhöhung gem. § 558 BGB. Das bedeutet umgekehrt, dass die für solchen Wohnraum gezahlten Mieten nicht zur Ermittlung der ortsüblichen Vergleichsmiete herangezogen werden dürfen. Daraus folgt, dass für folgende Miet- bzw. Nutzungsverhältnisse auf jeden Fall unberücksichtigt bleiben müssen: **42**

– vom Eigentümer selbst genutzte Wohnungen. Hier fehlt bereits ein Mietvertrag
– Wohnraum der zum vorübergehenden Gebrauch vermietet wurde

- Möblierter Wohnraum in der Wohnung des Vermieters
- Studenten- und Jugendwohnheime
- alle Formen von Gewerberaummietverhältnissen.

43   Nach § 558 Abs. 2 Satz 2 BGB ist ferner Wohnraum ausgenommen, bei dem die Miethöhe durch Gesetz oder im Zusammenhang mit einer Förderzusage festgelegt worden ist. Mieten von Wohnraum, der mit **Mitteln aus öffentlichen Haushalten** gefördert worden ist, dürfen die ortsübliche Vergleichsmiete nicht beeinflussen. Dies gilt für mit öffentlichen Mitteln geförderte Sozialwohnungen gem. §§ 1 ff. WoBindG. Auch Mieten für **Wohnungen des sog. dritten Förderweges** dürfen bei der Ermittlung der ortsüblichen Vergleichsmiete ebenfalls nicht herangezogen werden. Die Formulierung „durch Gesetz oder im Zusammenhang mit einer Förderzusage festgelegt" ermöglicht es, **alle öffentlichen Fördertatbestände,** die zu Festlegungen der Miethöhe führen, einzubeziehen. Damit fallen auch alle Mieten heraus, die nach einer Modernisierungsmaßnahme durch Vertrag oder Sanierungssatzung beschränkt werden, der Vermieter also nicht den vollen Erhöhungsspielraum des § 559 BGB ausnutzen darf. Entscheidend ist der Zeitpunkt der letzten Festsetzung der Miethöhe und nicht der Zeitpunkt der Datenerhebung. Bedeutung hat dies bei der Frage, ob **ehemalige Kostenmieten** zur Ermittlung der ortsüblichen Vergleichsmiete mit herangezogen werden dürfen. Ab dem Zeitpunkt, zu dem die Preisbindung entfällt, gilt die ehemalige Kostenmiete als preisfreie Miete (BGH NJW 2012, 145; NJW 2011, 145). Trotzdem ist die konkrete Miethöhe, wenn der Vermieter sie anschließend nicht mindestens einmal erhöht hat, auf diese Weise *durch Gesetz festgelegt worden* und darf nicht herangezogen werden. Soweit der BGH (NJW-RR 2020, 334) es für formell zulässig erachtet hat, dass der Vermieter auch im preisfreien Wohnungsbau Vergleichswohnungen gem. § 558a BGB benennt, für die eine preisgebundene Miete gezahlt wird, betrifft dies nicht die hier allein interessierende materielle Frage.

44   Soweit in der Gemeinde aufgrund einer entsprechenden Landesverordnung die **Neuvertragsmieten** gem. § 556d Abs. 1 iVm § 556g Abs. 1 BGB auf maximal 10% über der ortsüblichen Vergleichsmiete gedeckelt sind, ist dies ebenfalls keine Preisbindung, die dazu führt, dass diese Neuvertragsmieten nicht in die Ermittlung der ortsüblichen Vergleichsmieten einfließen dürfen. Es handelt sich weiter um Mieten im preisfreien Wohnungsbau. Die §§ 556d ff BGB legen die Miete nicht der Höhe nach fest. Anders ist es bei Mieten in Berlin, die aufgrund des „Gesetzes zur Mietenbegrenzung im Wohnungswesen in Berlin (MietenWoG Bln GVBl Berlin 2020, 50) festgeschrieben sind. Hier ist der Markt völlig außer Kraft gesetzt worden. Diese Mieten sind bei der Ermittlung der ortsüblichen Vergleichsmiete nicht zu berücksichtigen. Schwierig wird es, wenn das Gesetz ggf. für Verfassungswidrig erklärt werden sollte, festzustellen, welche konkreten Mieten „gedeckelt" worden sind, weil Vermieter sich an das Gesetz wegen der Bußgeldandrohung gehalten haben. Rechtlich waren diese Mieten ja nicht gebunden, aber faktisch schon.

45   **j) Die Üblichkeit der Miete.** Nach Abs. 2 BGB bilden nur die **üblichen Entgelte** die ortsübliche Vergleichsmiete. Es handelt sich bei dem Merkmal der „Üblichkeit" um eine weitere selbstständige Tatbestandsvoraussetzung (BGH NJW 2012, 1351). „Üblich" sind Mieten, die für vergleichbare Wohnungen (= Wohnungen mit den im Gesetz genannten Merkmalen) in der Gemeinde bei bestehenden Mietverhältnissen unter gewöhnlichen Umständen tatsächlich und üblicherweise gezahlt werden (BayObLG RE v. 19.3.1981 NJW 1981, 1219). Außer Betracht zu bleiben haben grundsätzlich solche Mieten, die wegen ungewöhnlicher oder persönlicher

Verhältnisse unüblich niedrig oder hoch sind, sowie Mieten, die nicht im gewöhnlichen Geschäftsverkehr zustande gekommen sind (Extremwertbereinigung).

Selbst nach der **Extremwertbereinigung** muss noch eine Beschränkung vorgenommen werden. Bei der Feststellung der Üblichkeit handelt es sich um eine **normative Tätigkeit**. Üblich bedeutet nach dem allgemeinen Sprachgebrauch, dass damit erheblich mehr als 50% der Fälle erfasst werden. „**Üblich**" ist vom Sprachgebrauch mehr als „mehrheitlich". Was gerade die Hälfte tut, kann kaum als üblich bezeichnet werden. Auf der anderen Seite bedeutet üblich auch nicht, dass alle es tun müssen. Daraus folgt, dass üblich das ist, was mehr als 60% tun, wobei es aber auch nicht 90% sein müssen. Entsprechend den Hinweisen zur Aufstellung von Mietspiegeln wird überwiegend je **ein Sechstel** im oberen und unteren Bereich der erhobenen Daten gekappt. Damit soll die gesetzliche Vorgabe, dass der Mietspiegel die „üblichen Entgelte" wiedergeben soll, erfüllt werden. Damit bleiben **ca. $^2/_3$ aller Daten** übrig. Zwingend ist diese Spanne jedoch nicht. Regional werden auch andere Werte benutzt. Vereinzelt wird die Spanne der üblichen Mieten auch „von innen" gebildet, d. h. es wird um einen Mittelwert (Median/arithmetisches Mittel) ein Spanne von jeweils 40% gelegt. Problematisch an dieser Methode ist, dass dabei unberücksichtigt bleibt, dass es sich bei der Mietenverteilung um eine linkslastige Kurve handelt, so dass je nach gewähltem Mittelwert unten mehr Mieten „abgeschnitten" werden als oben.

46

Üblich sind dann alle Entgelte innerhalb einer so ermittelten **Bandbreite**. Die ortsübliche Vergleichsmiete ist regelmäßig keine punktgenaue Einzelmiete (BGH NJW 2019, 3141; NZM 2019, 250; NJW 2005, 2621; LG München WuM 2002, 547). Neben der rechtlichen Vorgabe, die ortsübliche Vergleichsmiete als eine Bandbreite auszuweisen, da sie eben ein Rahmen der üblichen Entgelte ist, erfordern auch die Regeln der empirischen Sozialforschung die Darstellung der ortsüblichen Vergleichsmiete als Bandbreite. Mit Bandbreite ist dabei die konkrete ortsübliche Einzelvergleichsmiete für eine Wohnung gemeint. Diese Einzelvergleichsmiete kann ein Punktwert innerhalb der Spanne der ortsüblichen Vergleichsmiete sein (BGH NJW 2005, 2074), sie kann sich aber auch innerhalb einer gewissen Bandbreite bewegen, die ihrerseits innerhalb der umfassenderen, etwa durch einen Mietspiegel abgebildeten Spanne der ortsüblichen Vergleichsmiete liegt (BGH NJW 2011, 2284; NJW 2005, 2621). Stellt sich die Einzelvergleichsmiete nicht als Punkt, sondern als Bandbreite dar, ist nach der Rechtsprechung des BGH wiederum zu differenzieren, ob es sich um ein **große oder kleine Bandbreite** handelt. Bei einer kleinen Bandbreite hat der Vermieter einen Anspruch auf Zustimmung bis zum **Oberwert** der Bandbreite (BGH NJW 2005, 2521). Soweit es sich auch unter Berücksichtigung der Qualitätsunterschiede der zum Vergleich herangezogenen Wohnungen um eine breite Marktstreuung handelt, darf die ortsübliche Einzelvergleichsmiete nicht mit dem oberen Wert der Streubreite gleichgesetzt werden. Vielmehr muss in diesem Fall vom Gericht die Einzelvergleichsmiete innerhalb dieser Bandbreite zu ermittelt werden. Möglich sind hier zwei verschiedene Verfahren (BGH NJW 2019, 3142): (a) **Arithmetischer Durchschnittswert:** Vor allem in den Fällen, in denen Besonderheiten der Verteilung der Vergleichsmieten nicht festgestellt werden können, kann dieser Wert zugrunde gelegt werden (LG Dortmund WuM 2005, 723, ZMR 2002, 918; LG Berlin GE 2005, 1251, AG Brandenburg WuM 2007, 268, AG Dortmund WuM 2005, 254). Dies gilt auch bei qualifizierten Mietspiegeln. Auch hier geht die Vermutungswirkung des § 558d Abs. 2 nicht automatisch auf den Oberwert der Spanne. **(b) Modalwert:** Bei einer auffälligen Häufung der Vergleichsmieten um einen kleinen Wert herum kann es gerechtfertigt sein, die dadurch repräsentierte

47

(gesamte) kleine Bandbreite als ortsübliche Vergleichsmiete anzusehen, so dass der Vermieter in einem solchen Fall die Zustimmung zu einer Erhöhung der Miete bis zu dem höheren Wert dieser kleinen Bandbreite als ortsübliche Vergleichsmiete verlangen kann. Die Tatsache, dass für Wohnungen mit gleichen Eigenschaften unterschiedliche Mieten gezahlt werden, rechtfertigt keine andere Beurteilung. Dies zeigt nach Ansicht des BGH vielmehr, dass es gerade nicht gerechtfertigt ist, den oberen Wert einer breiten Marktstreuung als die Einzelvergleichsmiete anzusehen. Denn eine solche Marktstreuung beruhe nicht auf den gesetzlichen Qualitätsmerkmalen, an denen die ortsübliche Vergleichsmiete nach § 558 Abs. 2 Satz 1 BGB zu messen ist. Der VIII. Senat formuliert hierzu: *Es erscheint nicht sachgerecht, dass eine solcherart auffällige Marktstreuung allein dem Vermieter zu Gute kommen sollte.* Dies führe nämlich dazu, dass der Vermieter im Rahmen des Mieterhöhungsverfahrens jeweils das höchste Entgelt fordern könnte, das zu zahlen sich einer der Mieter der vom Sachverständigen herangezogenen Vergleichswohnungen bereitgefunden hat; eine derartige „Spitzenmiete" repräsentiere jedoch nicht die ortsübliche Vergleichsmiete. Zudem liefe dies der gesetzlichen Regelung des § 558 Abs. 2 Satz 1 BGB zuwider, wonach für die Ermittlung der ortsüblichen Vergleichsmiete eine angemessene Mischung aus innerhalb des maßgeblichen Betrachtungszeitraums vereinbarten Neuvertragsmieten und geänderten Bestandsmieten zugrunde zu legen ist. Denn zumindest in Zeiten angespannter Wohnungsmärkte und steigender Mieten würde jede andere Auffassung regelmäßig dazu führen, dass sich erhöhte Bestandsmieten im Rahmen des Vergleichsmietenverfahrens letztlich nicht auswirken, weil es dem Vermieter gestattet würde, Zustimmung zu einer Erhöhung der Miete bis zum oberen Wert der Marktstreuung, der regelmäßig durch die höchste Neuvertragsmiete repräsentiert würde, zu verlangen.

48 **k) Das Mischungsverhältnis.** Die ortsübliche Vergleichsmiete wird gebildet aus den Bestands- und Neuvertragsmieten der letzten 6 Jahre. In der Vergangenheit wurde das Problem fast nur in der Literatur erörtert. Inzwischen hat aber auch der BGH darauf hingewiesen, dass das Mischungsverhältnis nach den tatsächlichen örtlichen Gegebenheiten zu gewichten ist (BGH NJW 2012, 1351; BGH NJW 2013, 2963). Es kommt auf die tatsächlichen Verhältnisse vor Ort an.

V. Die Anrechnung von Drittmitteln gem. Abs. 1

1. Allgemeines

49 Dem Vermieter steht aber nicht immer ein Anspruch auf Zustimmung zu einer Mieterhöhung bis zur ortsüblichen Vergleichsmiete zu. § 558 beschränkt diesen Anspruch der Höhe nach doppelt. Neben der Kappungsgrenze, die die prozentuale Steigerung bei jeder einzelnen Mieterhöhung beschränkt, verringert die in Abs. 5 vorgesehene Anrechnung von Drittmittel iSd § 559a BGB den Anspruch auch absolut. Durch diese Regelung soll erreicht werden, dass bei der Erhöhung auf die ortsübliche Vergleichsmiete nach § 558 BGB Leistungen aus öffentlichen Haushalten aber auch solche des Mieters, die zur Modernisierung der Wohnung erbracht wurden, in jedem Fall dem Mieter zugutekommen. Solche Drittmittel betreffen Modernisierungsmaßnahmen. Da der Vermieter hier verschiedene Möglichkeiten zur Mieterhöhung hat (dazu § 559 Rdn. 3), hat der Gesetzgeber auch bei der Mieterhöhung auf die ortsübliche Vergleichsmiete diese Anrechnungsverpflichtung vorgesehen. Sie gilt aber nicht nur bei der Mieterhöhung unmittelbar nach einer Mo-

dernisierungsmaßnahme, sondern viel länger, nämlich solange der Vermieter in den Genuss der Drittmittel kommt. Es handelt sich bei der Bezugnahme in § 558 Abs. 5 BGB auf die Drittmittel gem. § 559a BGB um eine Rechtsgrundverweisung (BGH NJW 1998, 445, 448; LG Berlin MM 2007, 298, GE 2002, 862). Es müssen deshalb alle Voraussetzungen für eine Mieterhöhung nach § 559 vorliegen, damit ein Abzug von Kürzungsbeiträgen in Betracht kommt (KG RE v. 15.9.1997 NZM 1998, 107).

2. Voraussetzungen

Der Abzug von Kürzungsbeträgen von der ortsüblichen Vergleichsmiete kommt 50 nur dann in Betracht, wenn diese auch bei einer Mieterhöhung gem. § 559 hätten abgezogen werden müssen. Es müssen also alle Voraussetzungen des § 559a BGB vorliegen. Dort wird wiederum auf § 559 BGB Bezug genommen, da die gem. § 559a BGB ermittelten Beträge jeweils von den Kosten bzw. dem Erhöhungsbetrag iSv. § 559 abzuziehen sind. Es müssen also die Voraussetzungen des § 559a BGB iVm § 559 BGB gegeben sein, damit ein Abzug in Betracht kommt. Das bedeutet:
a) Berechtigung zu einer Mieterhöhung
Es muss in der Vergangenheit eine Modernisierungs- oder sonstige Maßnahme gem. § 559 BGB stattgefunden haben auf Grund derer der Vermieter auch zu einer Mieterhöhung nach § 559 berechtigt gewesen wäre (KG RE v. 15.9.1997 NZM 1998, 107; LG Berlin (67). GE 2003, 458),
b) Leistung von Zuschüssen
die öffentliche Hand, der Mieter oder Dritte müssen Zuschüsse zu diesen Baumaßnahmen geleistet haben.

Wegen der Einzelheiten wird auf die Kommentierung bei § 559a Bezug genommen.

Drittmittel sind dann nicht abzuziehen, wenn der Vermieter **nach einer Neuver-** 51 **mietung** eine Mieterhöhung gem. § 558 BGB im Bestand vornimmt, wenn die Drittmittel für eine Modernisierung vor der Neuvermietung gezahlt wurden (LG Berlin GE 1997, 239). Die Anrechnung von Drittmitteln ist an die Möglichkeit einer Mieterhöhung nach § 559 BGB geknüpft. Deshalb ist es falsch davon zu sprechen, dass der Abzug von Drittmitteln nicht an die Person des Vermieters, sondern an die Person des Mieters geknüpft sei. Dies wird bei der Anrechnung von Mieterleistungen besonders deutlich. Ein Grund, warum ein Nachfolgemieter von der Tatsache profitieren soll, dass der Vormieter ein **Mieterdarlehen** oder eine **Mietvorauszahlung** geleistet hat, ist nicht ersichtlich. Eine Differenzierung zwischen den verschiedenen Zuwendungsgebern enthält weder § 559a BGB noch § 558 Abs. 5 BGB und wäre willkürlich. Der Vermieter kann aber im Fördervertrag oder den Förderrichtlinien verpflichtet werden, den Fördervorteil auch an neue Mieter weiterzugeben.

Eine Anrechnung findet dann statt, wenn entweder die Kosten der Baumaß- 52 nahme ganz oder teilweise durch **zinsverbilligte oder zinslose Darlehen aus öffentlichen Haushalten** gedeckt werden, wobei Mittel der Finanzierungsinstitute des Bundes oder eines Landes ebenfalls als Mittel aus öffentlichen Haushalten gelten oder wenn hinsichtlich der laufenden Aufwendungen Zuschüsse oder Darlehen zu deren Deckung gewährt werden. Unter Mitteln der öffentlichen Haushalte im Sinne des § 559a Abs. 2 BGB sind alle Finanzmittel zu verstehen, die in öffentlichen Haushalten, also des Bundes, eines Bundeslandes oder einer Gemeinde zur Verfügung gestellt wurden. Gleichgestellt werden nach § 559a Abs. 3 Satz 2 BGB noch Mittel von Finanzierungsinstituten des Bundes, zum Beispiel der Kreditanstalt für Wiederaufbau oder der Finanzierungsinstitute der Länder. Den Mitteln aus öffentlichen Haushalten stehen **Mieterdarlehen und Mietvorauszahlungen sowie Leistungen von einem Dritten für den Mieter** gleich. Hat der Vermieter während der Preisbindung für Modernisierungsmaßnahmen von der öffentlichen Hand Mittel erhalten, handelt es sich nicht um Drittmittel, die gem. Abs. 5 bei einer späteren Mieterhöhung nach § 558 BGB in Abzug gebracht hat werden müssen (AG Schöneberg MM 2007, 39).

53 In **Gemeinden mit angespanntem Wohnungsmarkt** darf der Vermieter die ortsübliche Vergleichsmiete für vergleichbare Wohnungen um 10% maximal überschreiten, wenn die Gemeinde in eine entsprechende LandesVO aufgenommen wurde. Dabei sind keine Kürzungsbeträge gem. Abs. 5 in Abzug zu bringen. Es geht zwar um die ortsübliche Vergleichsmiete „für das konkrete Mietobjekt" jedoch verweist § 556d Abs. 1 BGB ausdrücklich nur auf § 558 Abs. 2 BGB und nicht auf Abs. 5. Das entspricht auch dem Gesetzeszweck, der ja nicht an die letzte Miete anknüpft, sondern an das allgemeine Mietenniveau, zumindest was die ortsübliche Vergleichsmiete in der Gemeinde angeht. Da sind individuelle Abzüge von der Miete unerheblich. Anders sieht es aus, wenn der Vermieter diese Grenze gem. § 556e Abs. 2 BGB wegen einer Modernisierungsmaßnahme aus den letzten drei Jahren überschreiten will. Hier muss eine – ggf. fiktive – Erhöhung gem. §§ 559, 559a BGB durchgeführt werden. Der Vermieter wird also so behandelt, als wenn er Bauherr einer Modernisierungsmaßnahme gem. § 555b BGB war und nunmehr gem. § 559 BGB eine zulässige Mieterhöhung durchführt. § 556e Abs. 2 verweist dabei ausdrücklich auf § 559a BGB.

3. Berechnung

54 Bei der Berechnung der Kürzungsbeträge muss zwischen den verschiedenen Arten der Förderung unterschieden werden:

55 **a) Zinsverbilligte Darlehen. Bei zinsverbilligten Darlehen** ist zunächst die jährliche Zinsersparnis zu ermitteln. Wegen der Einzelheiten der Berechnung siehe § 559a Rdn. 6. Als Ergebnis der Berechnung erhält man den jährlichen Kürzungsbetrag. Nach dem Gesetzeswortlaut ist dieser Betrag von dem Jahresbetrag, der sich bei einer Erhöhung auf die ortsübliche Vergleichsmiete ergäbe in Abzug zu bringen. Der Betrag ist nicht von der Höchstmiete nach dem Fördervertrag abzuziehen (LG Berlin MM 2002, 329 (330)). Wie im öffentlich geförderten Wohnungsbau gilt für den Rest der Förderdauer dann der sog. **Einfrierungsgrundsatz**, zumindest was die Berücksichtigung des Darlehensbetrages und des Zinssatzes für erstrangig gesicherte Darlehen betrifft. Dies ergibt sich aus dem Wortlaut der Vorschrift, der ausdrücklich auf den Ursprungsbetrag des Darlehens abstellt. Die Drittmittel sind ohne Rücksicht auf die tatsächlichen Vorteile der Förderung in gleicher Höhe in der Zukunft in Abzug zu bringen. Dies gilt sowohl dann, wenn die tatsächliche absolute Zinsersparnis in Euro sinkt, wie auch in den Fällen, in denen die Zinsvergünstigung sogar gestiegen ist.

56 Etwas anderes gilt jedoch in den Fällen einer **degressiven Förderung**. Im Fall der zinsverbilligten Darlehen liegt eine degressive Förderung dann vor, wenn der Zinssatz für die Darlehen der öffentlichen Hand oder im Einzelfall auch des Mieters, jährlich steigt. In diesem Fall verringert sich jährlich der Abstand zu dem üblichen Zinssatz für erstrangig abgesicherte Darlehen. Deshalb ist der Förderbetrag, der dem Vermieter zufließt, von vornherein bereits geringer. Der Vermieter muss aber an den Mieter nur das weitergeben, was er vereinbarungsgemäß erhalten soll. Deshalb ist in diesen Fällen steigender Zinsen für die Darlehen auch jährlich ein

geringer werdender Kürzungsbetrag in Abzug zu bringen. Dabei ist der im Voraus festgelegte Zinssatz für jedes Jahr aber von dem maßgeblichen Zinssatz am Ende der Baumaßnahme für erstrangig abgesicherte Darlehen in Abzug zu bringen. Dies Datum ist im Gesetz ausdrücklich festgelegt. Unrichtig wäre es deshalb, den Zinssatz für erstrangig abgesicherte Darlehen jeweils neu für den Beginn eines neuen Förderjahres zu ermitteln. Veränderungen auf dieser Seite bleiben auf Grund des Einfrierungsgrundsatzes unberücksichtigt. Problematisch ist in diesen Fällen der Inhalt der Erhöhungserklärung (dazu unten Rdn. 63 und § 559b Rdn. 15).

b) Aufwendungszuschüsse. Neben den Fällen, in denen die Baumaßnahme 57 selbst mit zinsverbilligten Darlehen der öffentlichen Hand oder des Mieters finanziert wurde, sind nach dem ausdrücklichen Gesetzeswortlaut des § 559a Abs. 1 Satz 3 BGB auch Aufwendungszuschüsse anzurechnen. Genauso, wie 8% der direkten Baukostenzuschüsse von der ortsüblichen Jahresvergleichsmiete abgezogen werden, müssen die **Aufwendungszuschüsse** unmittelbar von der ortsüblichen Jahresvergleichsmiete abgezogen werden.

c) Aufwendungsdarlehen. Eine Mischung aus den zinsverbilligten Darlehen 58 und den Aufwendungszuschüssen stellen die **Aufwendungsdarlehen** dar. In diesem Fall erhält der Vermieter keinen Zuschuss zu seinen laufenden Aufwendungen, sondern zur Finanzierung der laufenden Aufwendungen wird ihm ein zinsverbilligtes Darlehen gewährt. In diesem Fall besteht die Förderung des Vermieters in der Zinsersparnis. Nur diese ist deshalb von der grundsätzlich möglichen Mieterhöhung in Abzug zu bringen.

d) Baukostenzuschüsse. Von § 559a Abs. 1 BGB abweichend ist die Behand- 59 lung von **Baukostenzuschüssen** geregelt. Während § 559a Abs. 1 BGB bestimmt, dass Kosten, die ganz oder teilweise vom Mieter oder für diesen von einem Dritten übernommen werden, nicht zu den umlagefähigen Aufwendungen gehören und deshalb erst gar nicht zu einer Mieterhöhung um bis zu 8% herangezogen werden können, bestimmt § 558 Abs. 5 BGB, dass bei einer Mieterhöhung nach § 558 BGB die ermittelte ortsübliche Vergleichsmiete um 8% des Zuschusses zu kürzen ist. Der Prozentsatz ist durch das Mietrechtsanpassungsgesetz – MietAnpG v. 18.12.2018 von 11% ab 8% abgesenkt worden. Eine Übergangsregelung fehlt in Art. 229 § 49 EGBGB. Der Abzug des Baukostenvorschusses von den aufgewandten Kosten bedeutet wirtschaftlich auch, dass die Mieterhöhung nach § 559 Abs. 1 BGB ebenfalls um 8% des Zuschusses jährlich niedriger ausfällt als ohne Anrechnung des Vorschusses. Auf diese Weise ist es theoretisch möglich, dass eine Mieterhöhung auf die ortsübliche Vergleichsmiete für längere Zeit ausgeschlossen ist, weil die anzurechnenden Drittmittel höher sind als die Differenz zur ortsüblichen Vergleichsmiete (LG Berlin GE 1998, 1212; AG Tiergarten GE 1989, 885; AG Hamburg WuM 1984, 283).

e) Drittmittel. Die **Drittmittel** sind vom Jahresbetrag der ortsüblichen Ver- 60 gleichsmiete abzuziehen, nicht von der tatsächlich möglichen Mieterhöhung. Das bedeutet, dass die **Kappungsgrenze** erst nach Anrechnung der Drittmittel zur Anwendung kommt.

4. Dauer der Anrechnung

Der Wortlaut der Vorschrift des § 558 Abs. 5 BGB enthält keinerlei zeitliche Be- 61 schränkungen für die Anrechnung von Drittmitteln. Die Vorschrift bestimmt vielmehr uneingeschränkt, dass von der ortsüblichen Jahresvergleichsmiete die Drittmittel nach § 559a BGB abzuziehen sind. Umstritten ist deshalb, wie lange die Anrechnung von Drittmitteln zu erfolgen hat. Soweit es sich um Kürzungen wegen zinsverbilligter Darlehen, Aufwendungszuschüssen oder Aufwendungsdarlehen handelt, ist die Förderung selbst befristet und entfällt irgendwann, anders sieht es demgegenüber mit der Anrechnung von Kürzungsbeträgen wegen der Verwendung von Baukostenzuschüssen aus. Ist die Förderung ausgelaufen, erlischt auch die Verpflichtung zum Abzug von Drittmitteln (LG Berlin GE 1997, 340; AG Berlin Tempelhof-Kreuzberg GE 1997, 435). Erhält der Vermieter keine Subvention, muss er auch keine Subvention weitergeben. Umgedreht hat eine Anrechnung immer und solange zu erfolgen, wie der Vermieter in den Genuss einer Zinsvergünstigung kommt. Diese muss er dauerhaft an den Mieter weitergeben (LG Berlin MM 1990, 229).

62 Ungeregelt ist der Fall des verlorenen Zuschusses. Eine unbefristete Anrechnung wäre verfassungsrechtlich bedenklich und widerspricht dem Sinn und Zweck der Vorschrift. Hier führen eine verfassungskonforme Auslegung und teleologische Reduktion der Vorschrift zu der gebotenen Einschränkung. Eine verfassungskonforme Auslegung kommt dabei zu dem Ergebnis, dass **Kürzungsbeträge** auf Grund von Baukostenzuschüssen maximal 12 Jahre anzurechnen sind (BGH NZM 2012, 857; NZM 2004, 380).

5. Inhalt der Mieterhöhungserklärung

63 Der Vermieter muss im Erhöhungsverlangen Angaben zu den Drittmitteln machen (BGH NJW 2012, 3090; NZM 2012, 857, NZM 2011, 309; NJW 2009, 1737). Es fehlt zwar in § 558 BGB sowohl eine ausdrückliche Regelung wie in § 559b BGB, wonach alle Voraussetzungen der §§ 559, 559a BGB zu erläutern sind, wozu auch die Kürzungsbeträge nach § 559a BGB gehören, als auch eine Verweisung in § 558 Abs. 5 BGB gerade auf diesen § 559b Abs. 1 BGB, jedoch ergibt sich das Begründungserfordernis aus § 558a Abs. 1 BGB selbst. Das bedeutet nicht, dass in jedem Mieterhöhungsverlangen Angaben zu den Drittmitteln enthalten sein müssen, selbst wenn gar keine Kürzungsbeträge in Betracht kommen. Ein Mieterhöhungsverlangen, in dem der Vermieter **keine Angabe zu Kürzungsbeträgen** gemacht hat, ist aus der maßgeblichen Sicht eines objektiven Empfängers auf Seiten des Mieters so zu verstehen, dass der Vermieter damit ausdrücklich erklärt, keine Fördermittel erhalten zu haben und deshalb auch keine Kürzungsbeträge in Anrechnung bringen zu müssen (Beuermann, GE 1996, 1514, 1521). Keine Angaben müssen ferner bei einer Neuvermietung oder einer Mieterhöhung nach einer Neuvermietung nach Modernisierung gemacht werden, da hier keine Anrechnung erfolgen muss (LG Berlin GE 2001, 210; LG Berlin NJWE-MietR 1997, 148). Auch der Erwerber muss keine Angaben machen (KG RE vom 15.9.1997 NZM 1998, 107). Das Gleiche gilt, wenn die öffentliche Förderung ausgelaufen ist (LG Berlin NJW-RR 1997, 1100; AG Tempelhof GE 1997, 435). Umstritten ist die Frage, ob Angaben gemacht werden müssen, wenn mit der Mieterhöhung eine Miete verlangt wird, die die genehmigte oder vereinbarte Höchstmiete nicht überschreitet (Keine Angaben verlangen LG Berlin GE 2003, 591; GE 2000, 677; GE 2002, 195; GE 1997, 239; **a. A.** LG Berlin GE 2003, 1020).

64 Kommen Drittmittel in Betracht, muss der Vermieter dem Mieter zunächst einmal die objektiven Tatsachen mitteilen, also wer wann welche Mittel zu welchem Zinssatz mit welcher Zweckbestimmung gezahlt hat. Anschließend muss der Vermieter darlegen, welche Konsequenzen das für das konkrete Erhöhungsverlangen hat, also welche Kürzungsbeträge bei dem konkreten Erhöhungsverlangen anzu-

Mieterhöhung bis zur ortsüblichen Vergleichsmiete **BGB § 558**

rechnen sind. Bei der Beurteilung der **Rechtsfolgen von Fehlern** muss unterschieden werden:

a) Falsche Tatsachen. Die Begründung des Erhöhungsverlangens soll dem Mieter die Möglichkeit geben, dessen sachliche Berechtigung zu überprüfen, um überflüssige Prozesse zu vermeiden (BGH NZM 2019, 469; 2018, 1011). Hierfür ist es erforderlich, dass die Begründung dem Mieter konkrete Hinweise auf die sachliche Berechtigung des Erhöhungsverlangens gibt, um während der Überlegungsfrist die Berechtigung der Mieterhöhung überprüfen und sich darüber schlüssig werden zu können, ob er dem Erhöhungsverlangen zustimmt oder nicht. Das Erhöhungsverlangen muss in formeller Hinsicht Angaben über diejenigen Tatsachen enthalten, aus denen der Vermieter die Berechtigung der geforderten Mieterhöhung herleitet, und zwar in dem Umfang, wie der Mieter solche Angaben benötigt, um der Berechtigung des Erhöhungsverlangens nachgehen und diese zumindest ansatzweise überprüfen zu können. Hieran fehlt es etwa, wenn der Vermieter das Erhöhungsverlangen mit Tatsachen begründet, die eine Mieterhöhung nach § 558 Abs. 1 BGB schon auf den ersten Blick nicht zu tragen vermögen, weil durch deren Mitteilung deutlich wird, dass der Vermieter von falschen Voraussetzungen ausgeht oder das Erhöhungsverlangen in wesentlichen Punkten unvollständig, unverständlich oder widersprüchlich erscheint (BGH NZM 2019, 852; V. Emmerich in: Staudinger § 558a BGB Rdn. 19; vgl. auch Artz in: MünchKomm § 558a BGB Rdn. 15). Eine derartige Begründung steht einer fehlenden Begründung gleich, weil durch sie das Ziel des Begründungserfordernisses ebenso wenig erreicht werden kann wie im Falle des vollständigen Verzichtes auf eine Begründung. **64a**

Sind die **Tatsachen** bereits **falsch,** also hat der Vermieter ganz oder teilweise verschwiegen, anrechnungspflichtige Fördermittel erhalten zu haben, dann ist das Mieterhöhungsverlangen insgesamt unwirksam (LG Berlin (64) MM 1996, 327; LG Berlin (65) MM 1990, 229). Der Fall ist vergleichbar mit dem eines formalen Mangels der Betriebskostenabrechnung. Hat der Mieter auf Grund der falschen Information seine Zustimmung zur Mieterhöhung erteilt, ist dies grds. wirksam (BGH NZM 2020, 322). Dem Mieter kann aber gegenüber dem Vermieter ein **Schadensersatzanspruch gem. §§ 241 Abs. 2, 280 BGB** zustehen. Dies setzt voraus, dass der Vermieter schuldhaft gegen eine ihm obliegende Verpflichtung verstoßen hat. Zu den Pflichten des Vermieters gehört es im Rahmen eines Mieterhöhungsverlangens, wahrheitsgemäße und vollständige Angaben zu machen. Es reicht, wenn der Vermieter insofern leicht fahrlässig gehandelt hat. Leichte Fahrlässigkeit liegt bereits dann vor, wenn der Vermieter erkennen konnte, dass eine Anrechnung unter Umständen in Betracht kommen konnte. Ein **Schaden** ist dem Mieter aber nur dann entstanden, wenn tatsächlich eine Anrechnung hätte erfolgen müssen. Der Anspruch richtet sich darauf, dass der Mieter so gestellt werden muss, wie er bei Kenntnis von der Anrechnung der Drittmittel gestanden hätte. In Betracht kommen kann auch eine Vertragsanpassung nach den Grundsätzen des Fehlens der Geschäftsgrundlage (BGH NZM 2020, 322; 2004, 699). Das setzt aber voraus, dass die Mieterhöhung in einem gerichtlichen Verfahren nicht hätte durchgesetzt werden können (BGH NZM 2020, 322). **65**

b) Rechtlich falsche Anwendung von Tatsachen. Hat der Vermieter zwar die Tatsachen, die für die Beurteilung der Frage, ob eine Anrechnung von Kürzungsbeträgen zu erfolgen hat oder nicht, alle richtig mitgeteilt, hat er aber diese **Tatsachen rechtlich falsch angewandt,** ändert dies an der Wirksamkeit des Erhöhungsverlangens nichts. So kann der Vermieter z. B. die Anrechnung der Drittmittel **66**

auf Grund einer Zinsverbilligung deshalb falsch vorgenommen haben, weil er von einem falschen Stichtag für die Ermittlung des Zinssatzes für erstrangig abgesicherte Darlehen ausgegangen ist. Ferner kann er die Drittmittel bei Zuschüssen zu den Baukosten nicht angerechnet haben, weil er von einer kürzeren als der hier vertretenen 12 Jahresfrist ausgegangen ist. Solche Fehler führen nicht zur Unwirksamkeit des Erhöhungsverlangens. Ggf. ist der Zustimmungsanspruch materiell nur in geringerem Umfang begründet und die Zustimmungsklage ist deshalb – teilweise – als unbegründet abzuweisen, zulässig ist die Klage aber. Hat der Mieter einem solchen Erhöhungsverlangen zugestimmt, ist die Zustimmung in voller Höhe wirksam.

VI. Die Kappungsgrenze, Abs. 3 und Abs. 1

1. Allgemeines

67 Die Kappungsgrenze ist sehr viel später als weitere subjektive Beschränkung des Erhöhungsanspruchs ins Gesetz gekommen. Durch sie ist das der Höhe nach nur durch die ortsübliche Vergleichsmiete beschränkte Recht des Vermieters, eine höhere Miete verlangen zu können, durch eine Kombination von Prozentsatz (20% oder 15%) und Zeitraum (innerhalb von drei Jahren) weiter begrenzt. Die Kappungsgrenze solle verhindern, dass die Mietsteigerung in Einzelfällen ein zu starkes Ausmaß annimmt. Sie dient dazu, einen zu raschen Anstieg solcher Mieten, die bislang erheblich unter der ortsüblichen Vergleichsmiete lagen, zum Schutz der betroffenen Mieter zu vermeiden. Der Umfang der Mieterhöhung wird durch **zwei unabhängig voneinander einzuhaltende Obergrenzen** eingeengt, einmal durch die ortsübliche Vergleichsmiete (objektive Säule) und zum anderen durch die Kappungsgrenze (subjektive Säule). Die jeweils niedrigere von beiden Begrenzungen bestimmt den Umfang des Mieterhöhungsrechts im Einzelfall. Würde eine Anhebung der Miete innerhalb von drei Jahren um 20% (bzw. 15%) zu einer Miete führen, die über der Vergleichsmiete liegt, so kann allenfalls diese gefordert werden; würde die Steigerung um 20% (bzw. 15%) nicht zum Erreichen der Vergleichsmiete führen, so bilde die Kappungsgrenze die Obergrenze für den Erhöhungsanspruch des Vermieters. Die Kappungsgrenze verlangt vom Vermieter die Durchführung einer **Kontrollrechnung.** Er hat keinen Anspruch auf Mieterhöhungen von 20% bzw. 15%. Er kann die Miete nur erhöhen, wenn die ortsübliche Vergleichsmiete tatsächlich höher ist als seine Vertragsmiete und wenn die Miete zum Wirkungszeitpunkt 15 Monate unverändert geblieben ist. Sind diese Voraussetzungen gegeben, muss die verlangte neue Miete mit der Miete von vor 3 Jahren verglichen werden. Die Kappungsgrenze ist verfassungsgemäß (BVerfG NJW 1986, 1669). Das gilt auch für die herabgesetzte Kappungsgrenze von 15%. Da Mietsteigerungen von ca. 5% im Jahr die bisherigen Kostensteigerungen bei der Bewirtschaftung eines Hauses decken dürften, scheidet ein Eingriff in den Schutzbereich des Art. 14 GG eher aus (so auch BayVerfGH ZMR 2015, 676; inzidenter auch BGH NJW 2016, 476).

2. Anwendungsbereich

68 Die Kappungsgrenze gilt ohne Einschränkung für alle **Mieterhöhungen** gem. § 558 BGB **im Bestand.** Die Kappungsgrenze gilt auch beim **Übergang vom preisgebundenen zum preisfreien Wohnungsbau** (BVerfG NJW 1986, 1669; WuM 1991, 575; BayObLG RE vom 23.1.1984 NJW 1984, 742; OLG Hamm

NJW-RR 1990, 1233; OLG Stuttgart NJW-RR 1989, 1357; LG Hamburg WuM 1996, 277; LG Berlin NJW-RR 1996, 1415; LG Kiel DWW 1992, 86; WuM 1985, 65). Sie gilt auch für Werkdienstwohnungen (AG Düsseldorf WuM 1987, 264) selbst wenn die Miete über längere Zeit unverändert niedrig war. Der Zeitpunkt der letzten Mieterhöhung ist für die Berechnung der Kappungsgrenze unerheblich. Auch wenn die Miete länger als drei Jahre nicht erhöht wurde, beträgt die Kappungsgrenze 15/20% (AG Münster WuM 1983, 233).

Die Kappungsgrenze gilt jedoch immer dann nicht, wenn die Vorschrift des § 558 BGB schon gar nicht einschlägig ist. Dies ist zunächst der Fall, wenn es sich nicht um eine Mieterhöhung im Bestand handelt, sondern um eine **Neuvermietung.** Hier kann aber eine Beschränkung der Wiedervermietungsmiete gem. §§ 556d ff BGB in Betracht kommen. Weiter gilt die Kappungsgrenze für Mieterhöhungen dann nicht, wenn die §§ 558–561 BGB gar nicht anwendbar sind, also vor allem bei **Gewerberaummietverträgen** (mit Ausnahme bei den in § 578 Abs. 3 BGB genannten Mietverhältnissen) aber auch bei allen Mietverhältnissen die in § 549 Abs. 2 und 3 BGB vom Anwendungsbereich ausdrücklich ausgenommen sind. Hinzu kommen die Mietverhältnisse für preisgebundenen Wohnraum. Hier sind die Vorschriften des II. WoBauG, des WoBindG, der NMV und der II. BV vorrangige Spezialgesetze. Bei Wohnraum, der nach dem WoFG gefördert ist, also auf Grund eines Fördervertrages oder entsprechenden Bescheides gilt jedoch die Kappungsgrenze, weil hier die Miete nach den §§ 558–560 BGB erhöht wird. Die Miethöhe wird nur durch die vereinbarte Höchstmiete gedeckelt. Die Kappungsgrenze des § 558 Abs. 3 BGB gilt ferner nicht für alle **Mieterhöhungen, die nicht ihren Rechtsgrund in § 558 BGB haben,** also für Mieterhöhungen nach Modernisierungen gem. § 559 BGB (zur neuen Kappungsgrenze dort siehe § 559 Rdn. 22), auf Grund einer Betriebskostenerhöhung gem. § 560 BGB und zwar sowohl für die Pauschale gem. Abs. 1 als auch für die Vorauszahlung nach Abs. 4. Auch im Mietvertrag bereits wirksam vereinbarte Mieterhöhungen in Form einer Staffelmietvereinbarung gem. § 557a BGB oder einer Indexmiete gem. § 557b BGB werden durch die Kappungsgrenze nicht beschränkt. Dasselbe gilt auch für Mietabänderungsvereinbarungen gem. § 557 Abs. 1 BGB. **Mietsteigerungen auf Grund von Mehrleistungen** (z. B. Hinzuvermietung eines weiteren Zimmers oder einer Garage) werden nicht von der Kappungsgrenze erfasst (LG Frankfurt ZMR 1997, 474). Dies gilt aber nicht, wenn sich herausstellt, dass die vereinbarte Wohnfläche kleiner als die tatsächliche Wohnfläche ist und deshalb eine Mieterhöhung unter Anrechnung der tatsächlichen Wohnfläche zugelassen wird (BGH NJW 2016, 239). Hier gilt die Kappungsgrenze ohne Einschränkung.

3. Berechnung der Kappungsgrenze

Für die Berechnung der Kappungsgrenze muss ein Vergleich zwischen der verlangten neuen Miete und einer in der Vergangenheit gezahlten Miete durchgeführt werden. Entscheidend ist dabei die Miete, die drei Jahre vor dem Wirksamwerden des Erhöhungsverlangens geschuldet wurde; auf die drei Jahre vor Zugang des Erhöhungsverlangens geschuldete Miete kommt es nicht an (OLG Celle RE v. 31.10.1995 NJW-RR 1996, 331). Hat das **Mietverhältnis** zum Zeitpunkt des Wirksamwerdens der Mieterhöhung **noch keine drei Jahre bestanden,** dann ist die niedrigste Miete während des Bestandes des Mietvertrages maßgeblich, also in der Regel die Miete zu Beginn des Mietverhältnisses (OLG Hamburg RE vom 19.3.1996 NJW-RR 1996, 908; LG Berlin GE 2002, 1433;

LG Karlsruhe ZMR 1990, 222). Die Kappungsgrenze ist in diesem Fall nicht zeitanteilig herabzusetzen. Auch bei einem schon länger laufenden Mietvertrag ist der Vermieter berechtigt, die Kappungsgrenze durch eine einzige Mieterhöhung um 20% auszuschöpfen (LG Karlsruhe ZMR 1990, 222). Deshalb ist grundsätzlich auch schon nach einem Jahr eine Mieterhöhung um 20% möglich. Der Vermieter darf unter der Voraussetzung, dass die Jahressperrfrist abgelaufen ist, dem Mieter bereits vor **Ablauf der Dreijahresfrist** ein Erhöhungsverlangen zukommen lassen solange die Mietsteigerung zum Zeitpunkt des Wirksamwerdens die maßgebliche Kappungsgrenze nicht übersteigt (BayObLG RE v. 10.3.1988 NJW-RR 1988, 721; LG Köln WuM 1996, 276; LG Bonn WM 1985, 311; AG München ZMR 1988, 67, 68).

71 Eine gesetzliche **Rechtsnachfolge auf Vermieterseite** löst keine neue Dreijahresfrist aus. Der Vermieter, der entweder als Erbe, als Erwerber gem. § 566 BGB oder als neuer Zwischenvermieter bzw. als Eigentümer gem. § 565 BGB in das Mietverhältnis eintritt, tritt an die Stelle des alten Vermieters. Bei einem **Wechsel der Vertragspartei auf Mieterseite** muss unterschieden werden: Eine gesetzliche Rechtsnachfolge nach Tod des Mieters nach den §§ 563–564 BGB löst weder die Jahressperrfrist noch eine neue Dreijahresfrist zur Berechnung der Kappungsgrenze aus. Die alten Fristen laufen unverändert weiter (BGH NZM 2003, 847). Anders kann es bei individualvertraglichen Parteiwechseln auf Mieterseite sein.

72 Grundsätzlich ist zu der maßgeblichen Miete, die drei Jahre vor Wirksamwerden des Mieterhöhungsverlangens **geschuldet** wurde, die Kappungsgrenze hinzuzurechnen, um die maximal zulässige Miete zu ermitteln. Entscheidend ist dabei ausschließlich der Betrag, der rechtlich geschuldet wurde, nicht der Betrag, der tatsächlich – nur – gezahlt wurde. War die Miete vor drei Jahren auf Grund eines die Gebrauchstauglichkeit nicht unerheblich einschränkenden **Mangels** gemindert, so ist bei der Berechnung der Kappungsgrenze von der ungeminderten Miete auszugehen. Das gilt nach der Rspr. des BGH sowohl bei behebbaren wie bei nicht behebbaren Mängeln (BGH NJW 2019, 2464). Die Kappungsgrenze solle verhindern, dass die Mietsteigerung in Einzelfällen ein zu starkes Ausmaß annimmt. Sie diene dazu, einen zu raschen Anstieg solcher Mieten, die bislang erheblich unter der ortsüblichen Vergleichsmiete lagen, zum Schutz der betroffenen Mieter zu vermeiden. Nach Ansicht des Senats orientiert sich dieser Schutz an der Miete, zu deren Begleichung sich der Mieter vertraglich verpflichtet habe. Diese anfängliche oder während des laufenden Mietverhältnisses vereinbarte Miete habe der Mieter durch eigene Entscheidung übernommen und für sich als wirtschaftlich tragfähig angesehen. An dieser persönlichen Einschätzung sei sein Schutz vor einer finanziellen Überforderung im Rahmen der jeweiligen Mietsteigerung zu messen. Der Mieter werde durch die Rspr. des Senats zu Flächenabweichungen im Mieterhöhungsverfahren (BGH NJW 2016, 239) ausreichend geschützt. Das ist durchaus zweifelhaft (Börstinghaus jurisPR-BGHZivilR 14/2019 Anm. 1). Maßgeblich ist jedoch nur die wirksam vereinbarte Miete. Verstieß die Mietabrede vor drei Jahren ganz oder teilweise gegen ein gesetzliches Verbot, so ist die **preisrechtlich zulässige Miete maßgeblich**, auch wenn der Mieter tatsächlich mehr gezahlt hat. Dies kann z. B. bei Mietvereinbarungen der Fall sein, die wegen eines Verstoßes gegen § 5 WiStG gem. § 134 BGB oder §§ 556d ff BGB teilweise unwirksam sind oder die gegen Preisbindungsvorschriften verstießen (LG Wuppertal WuM 1998, 290). Ggf. hat die unwirksame Miethöhevereinbarung in Verbindung mit einer salvatorischen Klausel aber für die Zukunft noch dahingehend Bedeutung, dass die teilunwirksame Mietpreisabrede mit Wegfall der gesetzlichen Beschränkung wirksam

wird (BGH WuM 2007, 440). In den Fällen, in denen die Parteien noch über die letzte Mieterhöhung streiten, muss der Vermieter nur die seiner Meinung nach richtige Ausgangsmiete (KG RE vom 15.9.1997 NZM 1998, 107; LG Saarbrücken WuM 1997, 626) angeben, auch wenn diese sich später als falsch herausstellen sollte.

Die Berechnung der Kappungsgrenze ist unabhängig von der jeweiligen Mietstruktur. Die Kappungsgrenze ist von der drei Jahre vor Wirksamwerden der aktuellen Mieterhöhung geschuldeten Miete zu berechnen. **Miete** ist dabei der vom Mieter gezahlte Betrag ohne Betriebskostenvorauszahlungen und Betriebskostenpauschalen. Auf den gesamten Restbetrag ist die Kappungsgrenze anzuwenden unabhängig davon, ob es sich um eine Inklusiv-, Teilinklusiv- oder Nettomiete handelte (BGH WuM 2004, 153). Nur wenn sich die Mietstruktur in den letzten 3 Jahren geändert hat, muss eine einheitliche Basis hergestellt werden. Haben die Mietvertragsparteien durch vertragliche Abrede die bisherige Inklusivmiete in eine Nettomiete zuzüglich Betriebskostenvorauszahlung umgewandelt, ist zur Berechnung der Kappungsgrenze eine fiktive Nettomiete zum Stichtag vor drei Jahren zu ermitteln (LG Kiel WuM 1985, 65; **a. A.** LG Berlin GE 2002, 1433; *Blümmel,* GE 2002, 1374) indem die konkreten Betriebskosten zum maßgeblichen Stichtag vor drei Jahren aus der Inklusivmiete heraus gerechnet werden. 73

Eine Besonderheit gilt jedoch für die erste **Mieterhöhung nach einer Modernisierungsmaßnahme**. Hier hat der Vermieter ein Wahlrecht (siehe dazu auch § 559 BGB Rdn. 3), ob er aus Anlass der Modernisierung eine Mieterhöhung im vereinfachten Umlageverfahren gem. § 559 BGB vornimmt oder ob er die Modernisierung zum Anlass nimmt, eine Zustimmung gem. § 558 BGB zur ortsüblichen Vergleichsmiete für modernisierten Wohnraum zu verlangen. Unter dem Gesichtspunkt der Kappungsgrenze sind die Wege deshalb unterschiedlich, weil für die Mieterhöhung nach § 559 BGB keine Kappungsgrenze gilt. Da die Kappungsgrenze eine **Schutzvorschrift** zugunsten der Mieter ist, kann der Vermieter sie auch nicht durch die Wahl eines anderen Erhöhungsverfahrens umgehen. Auf der anderen Seite würde der Vermieter ohne nachvollziehbaren Grund schlechter gestellt, wenn bei einer einheitlichen Erhöhung nach § 558 BGB lediglich eine Mieterhöhung von 20% (bzw. 15%) auf die Ausgangsmiete zugelassen würde. Der Vermieter kann in diesem Fall unabhängig vom gewählten Erhöhungsverfahren allein unter dem Gesichtspunkt der Kappungsgrenze eine Miete verlangen, die der Höhe nach der Ausgangsmiete zzgl. 20% (bzw. 15%) hiervon und zzgl. einer möglichen Modernisierungsmieterhöhung gem. § 559 BGB entspricht (OLG Hamm RE vom 30.10.1982 NJW 1983, 289, RE vom 30.12.1992 NJW-RR 1993, 399). 74

Nicht angerechnet werden alle **Mieterhöhungen wegen Modernisierung** oder **Erhöhung von Betriebskosten** gemäß §§ 559, 560 BGB. Das Gesetz spricht dabei davon, dass von diesen Mieterhöhungen abzusehen ist. Dabei geht es aber nur um Mieterhöhungen nach den §§ 559, 560 BGB, die während der Dreijahresfrist erfolgten (LG Berlin NZM 1998, 509; AG Dortmund WuM 1984, 112). Unter Mieterhöhungen nach § 560 BGB fallen: 75
– Veränderungen von Betriebskostenpauschalen gem. § 560 Abs. 1 BGB
– Veränderungen von Betriebskostenvorauszahlungen gem. § 560 Abs. 4 BGB
– Veränderungen von (Teil-)Inklusivmieten die vor dem 1.9.2001 vereinbart worden sind und bei denen die Parteien einen Erhöhungsvorbehalt im Mietvertrag vereinbart haben, Art. 229 § 3 Abs. 4 EGBGB.

Mieterhöhungen gem. § 557 Abs. 1 BGB auf Grund von Mietabänderungsvereinbarungen werden immer auf die Kappungsgrenze angerechnet. Etwas anderes soll aber nach Ansicht des BGH (NZM 2007, 727; NJW 2004, 2088) für sog. 76

§ 558 BGB Untertitel 2. Mietverhältnisse über Wohnraum

einvernehmliche Modernisierungsmieterhöhungen gelten. Damit werden Mieterhöhungen bezeichnet, die äußerlich in der Form von Mietabänderungsvereinbarungen vereinbart werden, die aber materiell eine Modernisierungserhöhung gem. § 559 BGB enthalten. Nicht übersehen werden darf aber, dass beiden BGH-Entscheidungen Fallgestaltungen zu Grunde lagen, bei denen der Vermieter zunächst eine einseitige Mieterhöhung gem. § 559 BGB erklärt hatte und in denen sich die Parteien dann anschließend auf eine Mieterhöhung geeinigt haben. Es ist zweifelhaft, ob eine Analogie auch dann möglich ist, wenn die Parteien zwar aus Anlass einer Modernisierung aber der Höhe nach losgelöst und nicht nachvollziehbar eine Mieterhöhung vereinbaren (so aber *Dickersbach* in: Lützenkirchen, Mietrecht, § 558 BGB Rdn. 153). Auch die während des Dreijahreszeitraums durchgeführte Erhöhung der früheren Kostenmiete wird auf die Kappungsgrenze angerechnet (AG Schöneberg GE 1995, 117). Dies gilt vor allem für Mieterhöhungen wegen gestiegener Instandsetzungs- und Verwaltungskostenpauschalen (AG Tempelhof-Kreuzberg GE 1996, 59). Eine im preisgebundenen Wohnraum wegen gestiegener Kapitalkosten erklärte Mieterhöhung ist nach Wegfall der Preisbindung in die Berechnung der Kappungsgrenze des § 558 Abs. 3 einzubeziehen (BGH NJW-RR 2004, 945). Nicht angerechnet werden auf die Kappungsgrenze aber Mieterhöhungen während der Preisbindung, die den **Mieterhöhungen der §§ 559–560 BGB entsprechen.**

4. Die herabgesetzte Kappungsgrenze

77 Seit 1.5.2013 ist es den Landesregierungen gestattet durch Rechtsverordnung in Gemeinden oder Gemeindeteilen, in denen die ausreichende Versorgung der Bevölkerung mit Mietwohnungen zu angemessenen Bedingungen besonders gefährdet ist, **die Kappungsgrenze auf 15% herabzusetzen.** Voraussetzung für die Herabsetzung der Kappungsgrenze ist der **Erlass einer Rechtsverordnung** durch die jeweilige Landesregierung. In diese Verordnung sind Gemeinden oder Gemeindeteile aufzunehmen, in denen die Versorgung der Bevölkerung mit Mietwohnungen zu angemessenen Bedingungen in einer Gemeinde oder einem Teil einer Gemeinde besonders gefährdet ist. Die Voraussetzungen entsprechen insofern der Ermächtigungsgrundlage des § 577a Abs. 2 BGB. Es muss eine Gefährdung der Wohnungsversorgung zu angemessenen Bedingungen (zu den Voraussetzungen s. § 577a Rdn. 21) vorliegen. Anders als bei der Verordnung gem. § 577a Abs. 2 BGB hat die jeweilige Landesregierung bei der Rechtsfolge keine Rechtsetzungsbefugnis. Die Aufnahme einer Gemeinde in die Verordnung führt immer und ohne jede Einschränkung zu einer Absenkung der Kappungsgrenze von 20% auf 15%. Es ist erforderlich, dass die Landesregierung zunächst eine **empirische Untersuchung** zur Versorgung der Bevölkerung mit Wohnungen zu angemessenen Bedingungen erstellt oder erstellen lässt, um eine solche Verordnung aufzustellen. Inzwischen haben die Länder ca. 300 Gemeinden in entsprechende Verordnungen aufgenommen (Liste der Gemeinden bei C. Börstinghaus ZAP F. 4 S. 1827 Stand 12/2019). Die Zivilgerichte müssen die Berechtigung, ob eine Gemeinde in die Verordnung zu Recht aufgenommen ggf. inzidenter im Zustimmungsverfahren prüfen (BVerfG NZM 2016, 578; BGH NJW 2016, 476; LG Berlin WuM 2014, 554; Artz/Börstinghaus NZM 2013, 593; Dickersbach in Lützenkirchen, Mietrecht, § 558 BGB Rdn. 180), wenn der Vermieter in einer Gemeinde, für die eine solche Verordnung gilt, eine Mieterhöhung von mehr als 15% in drei Jahren verlangt. Kommt das Zivilgericht zu der Überzeugung, dass die zugrundeliegende bundesrechtliche

Ermächtigung in § 558 Abs. 3 S. 3 BGB gegen das Grundgesetz verstößt, hat es gemäß Art. 100 Abs. 1 Satz 1 GG eine Entscheidung des Bundesverfassungsgerichts einzuholen. Die **Rechtmäßigkeit der Landesverordnung** ist aber selbständig durch die Zivilgerichte inzidenter im Zahlungsprozess zu überprüfen (BVerfG NZM 2016, 578; BGH NJW 2016, 476). Die Zivilgerichte haben dabei die **Kompetenz, die Verordnung als nichtig zu verwerfen.** Dieses uneingeschränkte Prüfungsrecht und die damit korrespondierende Prüfungspflicht der Zivilgerichte ergibt sich aus Art. 19 Abs. 4 GG Außerdem ergibt sich das Prüfungsrecht auch aus § 17 Abs. 2 S. 1 GVG. Danach ist das Gericht des zulässigen Rechtsweges dazu verpflichtet, den Rechtsstreit unter allen in Betracht kommenden rechtlichen Gesichtspunkten zu entscheiden. Trotzdem muss eine Partei den Sachverhalt entsprechend darlegen, aus dem sich die Nichtigkeit der Verordnung ergeben soll (Lehmann-Richter WuM 2015, 204). Eine **Amtsermittlung** wie im Verwaltungsgerichtsprozess **findet nicht statt.** Die Entscheidung wirkt auch nur inter partes und hat keine über den Prozess hinausgehende Bedeutung. Die herabgesetzte Kappungsgrenze gilt erst ab dem Augenblick, zu dem die jeweilige Verordnung verkündet worden ist. Gibt es eine Verordnung für die entsprechende Gemeinde, kommt es auf den Zeitpunkt des Zugangs des Mieterhöhungsverlangens, nicht auf den Wirkungszeitpunkt oder das Datum einer gerichtlichen Entscheidung an. Für vor Inkrafttreten der Verordnung zugegangene Verlangen gilt weiter die Kappungsgrenze von 20% (LG München NZM 2014, 159; LG Berlin GE 2014, 255; Artz/Börstinghaus NZM 2013, 593; Feuerlein, WuM 2013, 404; Schach, GE 2013, 795; **a. A.** Bender/Schultzky, ZMR 2013, 589).

5. Ausnahme bei Wegfall der Fehlbelegungsabgabe, Abs. 4

Nach Absatz 4 ist die Kappungsgrenze nach Ende der Preisbindung dann nicht 78 anzuwenden, wenn eine Verpflichtung des Mieters zur Ausgleichszahlung nach den Vorschriften über den Abbau der Fehlsubventionierung im Wohnungswesen wegen des Wegfalls der öffentlichen Bindung erloschen ist, soweit die Erhöhung den Betrag der zuletzt zu entrichtenden Ausgleichszahlung nicht übersteigt. Hierdurch sollte erreicht werden, dass die Belastung des Mieters mit Wohnkosten nach Ende der Mietpreisbindung wegen der Kappungsgrenze nicht sinkt, obwohl eine Miete in Höhe der ortsüblichen Vergleichsmiete für den Mieter wirtschaftlich keine größere Belastung bedeutet, als er vorher für Miete und Fehlbelegungsabgabe aufzuwenden hatte. Der Vermieter kann nach Auslaufen der Preisbindung die ehemalige Kostenmiete unter den Voraussetzungen des § 558 BGB bis zur ortsüblichen Vergleichsmiete erhöhen. Beträgt der Abstand zwischen Kostenmiete und ortsüblicher Vergleichsmiete mehr als 20% (bzw. 15%) oder hat der Vermieter im maßgeblichen Dreijahreszeitraum schon Erhöhungen der Kostenmiete vorgenommen, die auf die Kappungsgrenze angerechnet werden, dann würde sich der Mieter nach Wegfall der Preisbindung letztendlich besserstehen, da seine Gesamtzahllast sinken würde. Nur wegen der Kappungsgrenze könnte der Vermieter die ansonsten mögliche Mietanpassung nicht in vollem Umfang vornehmen. Für diesen Fall sah der Gesetzgeber eine besondere Schutzbedürftigkeit des Mieters als nicht gegeben, zumal es sich um Mieter handelt, die die Einkommensgrenzen des geförderten Wohnungsbaus überschritten haben.

Die Vorschrift ist nicht auf **die erste Mieterhöhung** nach Mietpreisbindungs- 79 ende beschränkt, sondern gilt solange, bis die gezahlte Miete die ehemalige Kostenmiete zzgl. Fehlbelegungsabgabe erreicht hat (AG Köln WuM 1996, 480; LG Berlin MM 1997, 359). Die Vorschrift hat nur **Bedeutung** bei Mieterhöhungen, die zu

Mietsteigerungen von mehr als 20% (bzw. 15%) in drei Jahren führen. Sie lässt die Kappungsgrenze auch nicht völlig entfallen, sondern nur „soweit" die Mieterhöhung die zuletzt entrichtete Ausgleichszahlung nicht übersteigt. Wenn die aktuelle Mieterhöhung die zuletzt gezahlte Ausgleichsabgabe nicht übersteigt, ist sie unter dem Gesichtspunkt der Kappungsgrenze begründet. Dabei ist unerheblich, ob im Dreijahreszeitraum weitere Mieterhöhungen stattgefunden haben, die auf die Kappungsgrenze angerechnet werden oder nicht. Der Dreijahreszeitraum ist dann wieder von Bedeutung, wenn die verlangte Erhöhung die zuletzt gezahlte Ausgleichsabgabe übersteigt. In diesem Fall ist entscheidend, ob die Miete in drei Jahren um mehr als 20% (bzw. 15%) steigen würde oder nicht. Übersteigt sie die 20% (bzw. 15%) Grenze nicht, dann ist das Mieterhöhungsverlangen unter dem Gesichtspunkt der Kappungsgrenze begründet, übersteigt sie diese Grenze, dann ist das Erhöhungsverlangen bis zur Höhe der zuletzt gezahlten Ausgleichsabgabe begründet, im Übrigen wird es gekappt. Dies ergibt sich aus der Formulierung „soweit".

80 Da der Vermieter in der Regel nicht über die erforderlichen Informationen verfügt, die er für die Beurteilung der Rechtsfrage benötigt, ob eine Kappungsgrenze gilt oder nicht und wenn ja bis zu welcher Höhe er die Miete erhöhen darf, gibt das Gesetz ihm gegen den Mieter einen **Auskunftsanspruch**. Diesen Anspruch darf er frühestens 4 Monate vor Wegfall der öffentlichen Bindung geltend machen. Der Mieter muss innerhalb eines Monats die Auskunft erteilen. Die Auskunft ist grundsätzlich schriftlich zu erteilen (BGH NJW 2008, 917). Der Mieter muss dem Vermieter die Höhe der zuletzt zu entrichtenden Fehlbelegungsabgabe, d. h. diejenige, die zum Zeitpunkt des Wegfalls der Sozialbindung zu zahlen war, mitteilen. Der Vermieter kann den Mieter erst nach Ablauf der einmonatigen Auskunftsfrist, also drei Monate vor Ablauf der Preisbindung **auf Auskunft verklagen.** Eine frühere Klage kann allenfalls dann in Betracht kommen, wenn der Mieter bereits vorher seine generelle Auskunftspflicht verneint. Dem Vermieter steht kein Anspruch auf **Vorlage von Belegen,** insbesondere einer Kopie des Bescheids über die Fehlbelegungsabgabe zu. Der Vermieter ist bei fehlender Auskunft nicht berechtigt eine Mieterhöhung ohne Berücksichtigung der Kappungsgrenze oder unter Berücksichtigung der **höchst möglichen Ausgleichszahlung** vorzunehmen. Hierin wäre eine unzulässige Umkehrung der Darlegungslast zu sehen (Börstinghaus WuM 1994, 417, 418; **a. A.** LG Köln MDR 1998, 1282; so aber Dickersbach in: Lützenkirchen, Mietrecht, § 558 BGB Rdn. 160). Der Mieter ist dem Vermieter bei fehlender oder falscher Auskunft schadensersatzpflichtig (dazu Börstinghaus in: Schmidt-Futterer § 558 BGB Rdn. 193).

6. Rechtsfolgen bei Nichtbeachtung der Kappungsgrenze

81 Die Einhaltung der Kappungsgrenze ist eine materielle Voraussetzung für den Zustimmungsanspruch. Der Mieter ist nicht verpflichtet, einer Mieterhöhung, die über der maßgeblichen Kappungsgrenze des § 558 Abs. 3 oder Abs. 4 BGB liegt, zuzustimmen. Stimmt er trotzdem zu, hat die Kappungsgrenze keinerlei Auswirkungen auf diese Zustimmungserklärung. Die Kappungsgrenze ist kein gesetzliches Verbot. Zustimmungserklärungen, die zu Mieterhöhungen führen, die über der Kappungsgrenze oder der ortsüblichen Vergleichsmiete liegen, sind in voller Höhe wirksam, es sei denn sie verstoßen gegen andere Normen, insbesondere § 5 WiStG. Übersteigt die verlangte Miete die Kappungsgrenze, so wird der darüberhinausgehende Teil „gekappt". Dieser Teil hat keinerlei Wirkung. Weder muss der Mieter insofern zustimmen noch wirkt dieser Teil der Erklärung zu einem späteren Zeitpunkt. Eine Überschreitung der Kappungsgrenze macht das **Mieterhöhungsverlangen** grundsätzlich formal nicht unwirksam (OLG Celle RE v. 31.10.1995, NJW-RR 1996, 331; LG Bonn WuM 1985, 311).

VII. Nachteilige Vereinbarungen

Nach § 558 Abs. 6 BGB sind abweichende Vereinbarungen zum Nachteil des Mieters unwirksam. Die Vorschrift ist eigentlich überflüssig, da bereits gem. § 557 Abs. 4 BGB alle nachteiligen Vereinbarungen im Bereich der Mieterhöhungen unwirksam sind. Zur Frage wann eine Vereinbarung vorliegt und den allgemeinen Voraussetzungen siehe § 557 Rdn. 18. **82**

1. Unzulässige Vereinbarungen

Unwirksam sind alle Vereinbarungen, die von den Voraussetzungen der § 558 Abs. 1 bis 5 BGB zum Nachteil des Mieters abweichen. Abweichungen insbesondere von den Formalien der Mieterhöhung sind nach den § 558a Abs. 5 und § 558b Abs. 4 jeweils iVm. § 557 Abs. 4 BGB unwirksam. Unwirksam sind alle Vereinbarungen, die die Möglichkeit beinhalten, dass dem Vermieter Erleichterungen von den materiellen Voraussetzungen des § 558 BGB eingeräumt werden. **83**

a) Jahressperrfrist. Jede Verkürzung ist unwirksam. Hierzu zählt nicht nur die ausdrückliche Vereinbarung einer kürzeren Sperrfrist, sondern vor allem auch jede Vereinbarung, die den Fristbeginn vorverlegt. Die Jahressperrfrist beginnt mit dem Tag, von dem an die konkreten Vertragspartner die Miete zahlen mussten. Die Vereinbarung des Vertragsschlusses ist deshalb ebenso unwirksam wie die Vereinbarung bei Vertragseintritt eines Dritten, dass hierdurch die Jahressperrfrist nicht ausgelöst werde (LG Berlin GE 1997, 185). Wirksam sind dagegen alle Vereinbarungen, die die Sperrfrist verlängern (LG Hamburg WuM 1976, 187). **84**

b) Kappungsgrenze. Die Vereinbarung eines von § 558 Abs. 3 BGB nach oben abweichenden Prozentsatzes ist nicht möglich. Ferner ist es nicht möglich zu vereinbaren, dass bestimmte Mieterhöhungen, z. B. auf Grund einer Mietabänderungsvereinbarung auf die Kappungsgrenze nicht angerechnet werden. Ebenso unzulässig ist die Verschiebung des Fristbeginns zur Berechnung der Dreijahresfrist, z. B. eine Vereinbarung im Rahmen eines Verkaufs eines Gebäudes, wonach die Dreijahresfrist erst mit Eigentumserwerb des Käufers zu laufen beginnt. **85**

c) Ortsübliche Vergleichsmiete. Die Vereinbarung einer anderen Definition der ortsüblichen Vergleichsmiete ist unwirksam. Deshalb kann weder vereinbart werden, dass der Mieter die Marktmiete oder auch die Kostenmiete (BGH NZM 2007, 183) schuldet. Unwirksam sind ferner Vereinbarungen, die unrichtige tatsächliche Verhältnisse zu Lasten des Mieters festschreiben sollen (BGH NJW 2016, 239; Börstinghaus NZM 2013, 1) und dazu führen, dass dem Vermieter unter Berücksichtigung falscher objektiver Gegebenheiten eine höhere Gegenleistung zugutekommt (BGH NJW 2016, 239; NZM 2013, 610). Dies ist z. B. dann der Fall, wenn die Parteien im Mietvertrag eine **größere Wohnfläche** vereinbaren, als tatsächlich vorhanden ist (BGH NJW 2016, 239; Börstinghaus, Flächenabweichungen in der Wohnraummiete, Rdn. 672ff.). Auch die Festschreibung der Einordnung einer Wohnung in ein bestimmtes **Rasterfeld des Mietspiegels** ist unwirksam (LG Essen WuM 1984, 110), da sich die Wohnwertmerkmale durchaus ändern **86**

können. Das Gleiche gilt für die Vereinbarung verbindlicher Ausstattungs- oder Beschaffenheitsklassen. Auch hier besteht die abstrakte Gefahr, dass solche Vereinbarungen zukünftigen Beschreibungen eines solchen Wohnwertmerkmals im Mietspiegel nicht mehr entsprechen, z. B. weil in Zukunft zu einer guten Ausstattung nach den empirischen Feststellungen ein Kabelanschluss oder einer Badezimmerausstattung mit farbigen Sanitäreinrichtungen gehört. Auch die Vereinbarung bestimmter **Zuschläge, für den Fall bestimmter Nutzungserweiterungen** ist unwirksam. Deshalb ist die Vereinbarung eines Untermietzuschlages für den Fall einer späteren Untervermietung bereits im Mietvertrag unzulässig (AG Schöneberg MM 1994, 67; AG Langenfeld WuM 1992, 477; LG Mainz WuM 1982, 191). Der Vermieter darf nämlich gem. § 553 BGB nur unter den dort aufgezählten Voraussetzungen seine Zustimmung von einer angemessenen Erhöhung der Miete abhängig machen. Eine generelle Erhöhung der Miete bedeutet iSd § 553 Abs. 3 BGB eine zum Nachteil des Mieters getroffene und deshalb unzulässige Vereinbarung. Unzulässig sind auch alle Vereinbarungen im Zusammenhang mit der Anrechnung von Drittmitteln, die von den gesetzlichen Anrechnungsvorschriften des §§ 558 Abs. 5 BGB und § 559a BGB zu Lasten des Mieters abweichen. Dies betrifft sowohl die Höhe wie die Dauer der Anrechnung. Unzulässig ist auch eine Vereinbarung, die bei einer befristeten öffentlichen Förderung einer Modernisierungsmaßnahme eine unzulässige Höchstmiete festlegt und dann befristete Mietverzichte beinhalten (LG Berlin GE 2003, 394).

2. Zulässige Vereinbarungen

87 § 558 Abs. 6 BGB verbietet aber keine Vereinbarungen über die Höhe der Miete. Gem. § 557 Abs. 1 BGB können die Mietvertragsparteien sich jederzeit auf eine neue Miete einigen. Dies kann auch nach einem Mieterhöhungsverlangen des Vermieters geschehen und zwar selbst dann, wenn dies Erhöhungsverlangen unter Verstoß gegen die 15-Monatsfrist, die Jahresfrist oder die Kappungsgrenze abgegeben wurde. § 558 Abs. 6 BGB will nur Vereinbarungen verbieten, die für eine zukünftige Mieterhöhung dem Mieter Rechte nimmt, sie will den Mieter nicht vor eigenen Willenserklärungen schützen, die zu einer sofortigen Mietänderung führen.

§ 558a Form und Begründung der Mieterhöhung

(1) **Das Mieterhöhungsverlangen nach § 558 ist dem Mieter in Textform zu erklären und zu begründen.**

(2) **Zur Begründung kann insbesondere Bezug genommen werden auf**
1. **einen Mietspiegel (§§ 558c, 558d),**
2. **eine Auskunft aus einer Mietdatenbank (§ 558e),**
3. **ein mit Gründen versehenes Gutachten eines öffentlich bestellten und vereidigten Sachverständigen,**
4. **entsprechende Entgelte für einzelne vergleichbare Wohnungen; hierbei genügt die Benennung von drei Wohnungen.**

(3) **Enthält ein qualifizierter Mietspiegel (§ 558d Abs. 1), bei dem die Vorschrift des § 558d Abs. 2 eingehalten ist, Angaben für die Wohnung, so hat der Vermieter in seinem Mieterhöhungsverlangen diese Angaben auch dann mitzuteilen, wenn er die Mieterhöhung auf ein anderes Begründungsmittel nach Absatz 2 stützt.**

Form und Begründung der Mieterhöhung   BGB § 558a

(4) ¹Bei der Bezugnahme auf einen Mietspiegel, der Spannen enthält, reicht es aus, wenn die verlangte Miete innerhalb der Spanne liegt. ²Ist in dem Zeitpunkt, in dem der Vermieter seine Erklärung abgibt, kein Mietspiegel vorhanden, bei dem § 558c Abs. 3 oder § 558d Abs. 2 eingehalten ist, so kann auch ein anderer, insbesondere ein veralteter Mietspiegel oder ein Mietspiegel einer vergleichbaren Gemeinde verwendet werden.

(5) Eine zum Nachteil des Mieters abweichende Vereinbarung ist unwirksam.

Übersicht

	Rdn.
I. Allgemeines	1
II. Das Mieterhöhungsverlangen, Abs. 1	2
1. Allgemeines	2
2. Form des Mieterhöhungsverlangens	3
3. Inhalt des Erhöhungsverlangens	5
4. Verjährung	7a
III. Die Begründungsmöglichkeiten, Abs. 1	8
1. Allgemeines	8
2. Mietspiegel	13
a) Fehlende Übernahme von Schönheitsreparaturen	22
b) Teilinklusivmieten	24
c) Teilgewerbliche Nutzung	26
d) Untervermietung	27
e) Möblierungszuschlag	28
f) Alter des Mietspiegels	29
3. Auskunft aus einer Mietdatenbank	30
4. Sachverständigengutachten	32
a) Allgemeines	32
b) Mindestvoraussetzungen für die Person des Sachverständigen	33
c) Mindestvoraussetzungen für das Gutachten	35
d) Vorlage des Sachverständigengutachtens	41
5. Die Benennung von Vergleichswohnungen	43
6. Sonstige Begründungsmittel	56
IV. Die Hinweispflicht auf qualifizierte Mietspiegel, Abs. 3	59
V. Abweichende Vereinbarungen	63

I. Allgemeines

Die Vorschrift enthält die Formalien für das Mieterhöhungsverlangen. Neben **1** den materiellen Voraussetzungen, Einhaltung der Jahressperrfrist und Nichtüberschreiten der Kappungsgrenze und der ortsüblichen Vergleichsmiete, setzt der Zustimmungsanspruch des Vermieters gegenüber dem Mieter in formeller Hinsicht noch voraus, dass der Vermieter seinen Anspruch in einem **ordnungsgemäßen Erhöhungsverlangen** geltend macht. § 558a Abs. 1 BGB verlangt vom Vermieter die Geltendmachung zumindest in Textform und die Begründung des Anspruchs. Ein solches Mieterhöhungsverlangen hatte nach bisher hM eine **Doppelbedeutung.** Zunächst lässt das ordnungsgemäße Erhöhungsverlangen den Anspruch auf Zustimmung erst entstehen. Neben dieser **materiell rechtlichen Wirkung** des Erhöhungsverlangens sollte es aber auch eine **prozessuale Wir-**

kung haben und eine **besondere Sachentscheidungsvoraussetzung** des Zustimmungsverfahrens darstellen (BGH NZM 2018, 742; WuM 2018, 509; NJW 2014, 1173; NZM 2006, 652, NZM 2004, 581; BayObLG NZM 2000, 488, 489; OLG Hamburg, MDR 1974, 585; AG Dortmund, NZM 1999, 415). Das bedeutete im Endergebnis, dass eine **Klage auf Zustimmung** zur Mieterhöhung **als unzulässig abzuweisen** war, wenn ihr kein wirksames Mieterhöhungsverlangen vorausgegangen ist (BGH NJW 2014, 1173). Nach aktueller Rechtsprechung des BGH (Urt. v. 29.4.2020 – VIII ZR 355/18) gehören die Förmlichkeiten aber zum materiellen Recht, so dass die Klage auch bei einem nicht ordnungsgemäßen Erhöhungsverlangen als unbegründet abzuweisen ist. Die formgerechte Geltendmachung des Erhöhungsverlangens verbunden mit den kurzen Überlegungs- und Klagefristen sollen die Mietvertragsparteien zu einer außergerichtlichen Einigung über die Mieterhöhung anhalten. Der Mieter soll die Informationen bekommen, die er benötigt, damit er die Berechtigung des geltend gemachten Anspruchs überprüfen kann. Er wird gezwungen, sich in überschaubarer Zeit darüber klar zu werden, ob er die verlangte Zustimmung ganz, teilweise oder gar nicht erteilt und der Vermieter muss sich dann kurzfristig entscheiden, ob er seinen Anspruch weiterverfolgt.

II. Das Mieterhöhungsverlangen, Abs. 1

1. Allgemeines

2   Das mit einer Begründung versehene Erhöhungsverlangen des Vermieters gem. § 558a BGB ist eine **einseitige empfangsbedürftige Willenserklärung,** nämlich ein Antrag iSd § 145 BGB (BGH NZM 2018, 279), der auf den Abschluss eines Änderungsvertrags gem. § 311 Abs. 1 BGB gerichtet ist (BayObLG RE vom 30.6.1989 NJW-RR 1989, 1172). Die Vorschriften über Willenserklärungen, §§ 116–144 BGB, und Verträge, §§ 145–157 BGB gelten deshalb für das Mieterhöhungsverlangen und die Zustimmung des Mieters (BGH NZM 2018, 279), soweit sich aus den Vorschriften der §§ 558 ff. BGB nichts anderes ergibt. So kann der Mieter dem Erhöhungsverlangen entgegen § 150 Abs. 2 BGB auch nur teilweise zustimmen und die Annahmefristen der §§ 146–149 BGB werden durch § 558b BGB modifiziert.

2. Form des Mieterhöhungsverlangens

3   Das Mieterhöhungsverlangen muss von allen Vermietern stammen und an alle Mieter gerichtet sein. Dabei ist eine Bevollmächtigung auf beiden Seiten zulässig. Das Mieterhöhungsverlangen wird erst mit Zugang wirksam. Das Mieterhöhungsverlangen muss **mindestens in Textform** erfolgen. Schriftform ist selbst dann nicht erforderlich, wenn im Mietvertrag formularmäßig die Schriftform für Vertragsänderungen vereinbart ist (BGH ZMR 2011, 707; NZM 2011, 117), da eine solche Schriftformklausel noch gar nicht für das einseitige Erhöhungsverlangen gilt (BGH NZM 2011, 117). Für Verträge, die ab dem 1.10.2016 abgeschlossen wurden, gilt § 309 Nr. 13 BGB. Danach darf formularvertraglich in Verträgen keine strengere Form als Textform vorgeschrieben werden. Wenn wirklich einmal wirksam die Schriftform für Vertragsänderungen vereinbart wurde, dann hat jede Partei gem. § 127 Abs. 2 S. 2 BGB das Recht nachträglich, also nach – formfreier – Zustimmung durch den Mieter die schriftliche Fixierung der Änderungsvereinbarung zu verlan-

Form und Begründung der Mieterhöhung **BGB § 558a**

gen. (BGH NZM 2011, 117). Problematisch ist die Verwendung der Textform bei **Mietverträgen mit einer Laufzeit von mehr als einem Jahr.** Diese müssen gem. § 550 BGB in „schriftlicher Form" geschlossen werden. Das Schriftformerfordernis gilt auch für Vertragsänderungen, insbes. was die Miethöhe (BGH NJW 1999, 3257; OLG Karlsruhe GE 2001, 694; LG Berlin NJWE-MietR 1996, 195; *Nies* NZM 2009, 687) angeht und zwar unabhängig von der Höhe der Mietänderung (BGH NZM 2016, 98). § 550 BGB und § 558a Abs. 1 BGB regeln verschiedene Fälle. § 558a Abs. 1 BGB verdrängt § 550 BGB für Mieterhöhungen nicht. Die Vorschriften gelten nebeneinander. Für die Schriftform gem. § 550 BGB verlangt § 126 Abs. 2 Satz 1 BGB, dass die Unterzeichnung der Parteien auf derselben Urkunde erfolgt. Daraus folgt für die **Form des Mieterhöhungsverlangens,** dass der Vermieter bei einem der Formvorschrift des § 550 BGB unterfallenden Vertrag nicht die Textform verwenden darf sondern die Erklärung schriftlich iSd § 126 BGB abgeben muss, um die Befristung zu erhalten. Siehe hierzu auch § 558b Rdn. 8.

Eine **Mieterhöhungserklärung** kann auch **während eines Zustimmungs-** 4 **prozesses** schriftsätzlich abgegeben werden (AG Pinneberg ZMR 2002, 602; LG Fulda NJW-RR 1988, 912; LG Mannheim WuM 1985, 320). Für Mieterhöhungserklärungen während eines Prozesses gilt § 174 BGB jedoch nicht (BGH NZM 2003, 229). Da für das Mieterhöhungsverlangen nur Textform verlangt wird, reicht die Zustellung einer **beglaubigten Abschrift** der Klageschrift für das Wirksamwerden eines darin zugleich enthaltenen Mieterhöhungsverlangens aus. Der Schriftsatz muss aber wirklich ein an den Mieter gerichtetes Mieterhöhungsverlangen enthalten (AG Pinneberg ZMR 2002, 602), also alle Voraussetzungen erfüllen, die auch ein vorprozessuales Mieterhöhungsverlangen erfüllen muss. Dazu muss es für den Mieter klar und eindeutig erkennbar sein, ob dieses Schriftstück zugleich ein neues materiell rechtliches Mieterhöhungsverlangen enthält oder ob damit nur ein früheres Erhöhungsverlangen weiterverfolgt und durchgesetzt werden soll (BayObLG RE v. 14. 7. NJW 1981, 2197). Hierzu gehört insbesondere die Aufforderung, eine zustimmende Willenserklärung abzugeben. Wird nur die Verurteilung durch das Gericht begehrt, liegt kein wirksames Erhöhungsverlangen vor (LG Karlsruhe WuM 1991, 48; AG Pinneberg ZMR 2002, 602).

3. Inhalt des Erhöhungsverlangens

Im Mieterhöhungsverlangen muss der Vermieter vom Mieter die Zustimmung 5 zu einer Mieterhöhung begehren (BGH NZM 2005, 735/736; BayObLG RE vom 22.3.2000 NZM 2000, 488, 489; LG Gießen NJW-RR 1995, 462; LG Karlsruhe WuM 1991, 48). Der Vermieter muss den Mieter deshalb ausdrücklich zur Abgabe einer Zustimmungserklärung auffordern (AG Wesel WuM 1993, 358; AG Mülheim WuM 1990, 156; AG Schöneberg GE 1988, 1001). Die Aufforderung an den Bevollmächtigten des Mieters, diesen zur Zahlung der höheren Miete zu veranlassen, reicht dazu nicht (LG Gießen NJW-RR 1995, 462). Aus dem Erhöhungsverlangen muss sich unzweideutig **die erhöhte Miete betragsmäßig** ergeben (KG RE vom 15.9.1997 NZM 1998, 107, 108). Das folgt auch daraus, dass der vom Mieter geschuldete Zustimmung sich auf den Endbetrag und nicht auf den Erhöhungsbetrag bezieht (KG RE vom 5.8.1997 NZM 1998, 68; LG Berlin GE 2003, 669). Deshalb ist die Angabe des Erhöhungsbetrages auch nicht zwingende Voraussetzung des Erhöhungsverlangens, wenn aber ein Erhöhungsbetrag angegeben wird, dann soll er auch die Obergrenze der Mieterhöhung darstellen (LG Berlin GE 2003, 669 mit krit. Anm. Schach, GE 2003, 635). Der Mieter ist nicht ver-

Börstinghaus 1259

§ 558a BGB Untertitel 2. Mietverhältnisse über Wohnraum

pflichtet, Nachforschungen (sehr viel weiter aber BGH WuM 2020, 86) oder eigene Berechnungen anzustellen, um erst zu ermitteln, wie hoch die zukünftige Miete sein wird. Angaben über vorangegangene Mieterhöhungsverlangen sind entbehrlich, denn diese sind dem Mieter bekannt (KG RE vom 15.9.1997 NZM 1998, 107, 108). Ist das vorangegangene Mieterhöhungsverfahren noch nicht rechtskräftig abgeschlossen, dann darf der Vermieter im Erhöhungsverlangen die Ausgangsmiete angeben, die er im vorangegangenen Erhöhungsverfahren geltend macht (KG RE vom 15.9.1997 NZM 1998, 107, 108; LG Saarbrücken WuM 1997, 616, 627; LG Berlin GE 1998, 1024). Die Angabe einer unzutreffenden Ausgangsmiete führt nicht zur formellen Unwirksamkeit des Erhöhungsverlangens (LG Berlin GE 2017, 595; 2011, 1618). Unschädlich ist es, wenn der Vermieter die Ausgangsmiete aufschlüsselt, z. B. in einen Anteil für **Schönheitsreparaturen** (OLG Frankfurt RE v. 21.3.2001 NZM 2001, 418), einen Modernisierungszuschlag, Verwaltungskostenanteil (LG Mannheim NZM 2000, 490, LG Berlin GE 1999, 1648) und die Grundmiete. Die Beträge dürfen nur nicht als Zuschlag zur neuen ortsüblichen Vergleichsmiete verlangt werden (BGH NZM 2008, 124 für Modernisierungsmieterhöhung). Sie sind Teil der Nettomiete (AG Stuttgart WuM 2016, 626). Unzulässig ist auch ein Mieterhöhungsverlangen, in dem die Zustimmung zu einer höheren **Quadratmetermiete** verlangt wird, ohne dass die zu zahlende Monatsmiete angegeben ist (AG Dortmund WuM 2006, 157). Die Angabe der Wohnfläche ist demgegenüber nicht erforderlich (LG Berlin GE 2007, 986). Unzulässig ist aber eine „Teilmieterhöhung" bei der bei einem einheitlichen Mietvertrag über Wohnung und Garage oder Wohnung und Mansardenräume nur die Zustimmung zur Erhöhung der Wohnungs- oder Garagenmiete verlangt wird (LG München WuM 1998, 379; **a. A.** LG Karlsruhe Urt. v. 13.9.2013 – 9 S 572/11). Dies ergibt sich aus dem Grundsatz der Einheitlichkeit des Mietvertrages. Zur Begründung kann sich der Vermieter aber bzgl. des Wohnanteils auf den Mietspiegel und bzgl. der Garage auf die ortsübliche Garagenmiete stützen (LG Rottweil NZM 1998, 432).

6   Der Vermieter kann mit dem Mieterhöhungsverlangen gemäß § 558a BGB nur **die Zustimmung zur Erhöhung der vereinbarten Miete** fordern. Das Mieterhöhungsverlangen muss also so formuliert sein, dass der Mieter nur sein Einverständnis erklären muss, also schlicht „ja" sagen muss und genau auf dieses „ja" muss der Vermieter einen Anspruch haben. Wenn der Vermieter im Mieterhöhungsverlangen also weitere über eine Mieterhöhung gem. § 558 BGB hinausgehende Vertragsänderungen verlangt, ist das Mieterhöhungsverlangen insgesamt unwirksam (OLG Hamburg RE vom 20.12.1982 NJW 1983, 580; LG Köln WuM 1992, 255; WuM 1994, 27 mwN; LG Hamburg WuM 1987, 86; LG Berlin MDR 1991, 254; AG Pinneberg ZMR 2002, 602), es sei denn, es ist für den Mieter klar erkennbar, dass zwei verschiedene Ansprüche geltend gemacht werden, wobei er zu einer Änderung zustimmen kann und die andere auch ablehnen kann. Bedeutung hat dies insbesondere für **Änderungen der Mietstruktur.** Ein Mieterhöhungsverlangen ist deshalb formell unwirksam, wenn das Angebot zur Änderung der Miethöhe inhaltlich untrennbar (AG Tiergarten NZM 1998, 191, 192) mit dem Angebot zur Änderung der Mietstruktur verbunden ist (LG Berlin GE 2002, 737; LG Wiesbaden WuM 1991, 698; LG Köln WuM 1994, 27; WuM 1992, 255; WuM 1985, 313; LG Berlin MM 1994, 245; ZMR 1988, 61; LG Hamburg WuM 1987, 86; AG Hamburg NZM 1998, 574). Bloße Angaben zu den unveränderten Betriebskosten sind aber unschädlich (BGH GuT-W 2013, 107). Zulässig ist aber die Verknüpfung einer Mieterhöhung nach § 558 BGB mit einer solchen nach den §§ 559, 560 BGB (AG Köln ZMR 2013, 206; AG Schöneberg GE 1993, 1001), da

hier ja keine weitere Zustimmung verlangt wird, sondern ein einseitiges Erhöhungsrecht geltend gemacht wird. Mieterhöhungsverlangen sind **bedingungsfeindlich** (BGH NJW 2015, 934; LG Hamburg ZMR 2005, 367 (368) mit abl. Anm. *Riecke;* AG Wedding GE 2009, 1127 mit abl. Anm. Beuermann GE 2009, 1077). Zulässig sind allenfalls **Rechtsbedingungen** (LG Berlin GE 2011, 1231; LG Berlin GE 2011, 204, GE 2010, 271, GE 2007, 718, GE 2002, 1266; AG Schöneberg GE 2010, 1279), z. B. ein zweites Mieterhöhungsverlangen für den Fall, dass das erste Erhöhungsverlangen vom Gericht für formell unwirksam angesehen wird (LG Berlin GE 2012, 1098) oder die hilfsweise erklärte Mieterhöhung für den Fall, dass eine erhobene Räumungsklage abgewiesen wird (LG Hamburg ZMR 2014, 124). Entscheidend ist aber immer die Frage, ob wirklich eine Bedingung erklärt werden sollte. Gemäß § 133 BGB ist bei der Auslegung einseitiger Willenserklärungen der wirkliche Wille des Erklärenden zu erforschen und nicht am Wortlaut der Erklärung zu haften (BGH NJW 2015, 934). Eine Bedingung liegt nur vor, wenn der Erklärende die Rechtswirkung seiner Erklärung von einem künftigen, noch ungewissen Ereignis abhängig macht. Genau so muss der Empfänger die Erklärung unter Berücksichtigung von Treu und Glauben verstehen dürfen.

Nicht erforderlich ist die Angabe, ab wann die erhöhte Miete zu zahlen ist (OLG Koblenz NJW 1983, 1861). Weder die fehlerhafte **Angabe des Erhöhungszeitpunktes** noch das Fehlen jedes Erhöhungszeitpunkts hat Einfluss auf die Wirksamkeit des Mieterhöhungsverlangens. Die gesetzliche Zeitspanne kann der Vermieter auch nicht zu Lasten des Mieters unterschreiten. Nennt er einen früheren Zeitpunkt, so gilt die gesetzliche Frist des § 558b Abs. 1 BGB, nennt er einen späteren Zeitpunkt, ist er jedoch daran gebunden (BGH NZM 2013, 853; LG Berlin GE 1990, 545). An der Wirksamkeit des Mieterhöhungsverlangens ändert die Angabe eines späteren Termins nichts (BGH NZM 2013, 853; NZM 2012, 112). 7

4. Verjährung

Der Anspruch auf Zustimmung zur Mieterhöhung verjährt wie jedes Recht, von einem anderen ein Tun oder Unterlassen zu verlangen (§ 194 Abs. 1 BGB) in der Regelverjährungsfrist des § 195 BGB, also in drei Jahren (AG Ahlen Urt. v. 20.12.2017 – 3 C 493/05 (juris)). Die Verjährungsfrist beginnt gem. § 199 Abs. 1 Ziff. 1 BGB am Schluss des Jahres in dem der Anspruch entstanden ist. Damit ist die Fälligkeit gemeint. 7a

III. Die Begründungsmöglichkeiten, Abs. 1

1. Allgemeines

Gemäß des § 558a Abs. 1 BGB muss das Erhöhungsverlangen vom Vermieter begründet werden. Nach den Vorstellungen des Gesetzgebers soll der Begründungszwang die Möglichkeit zu einer außergerichtlichen Einigung bei einem Mieterhöhungsverlangen fördern und die Vermeidung überflüssiger Zustimmungsklagen bewirken. Außerdem ist der Begründungszwang vom Gesetzgeber eingeführt worden, um im Rahmen der Verhandlungen über das Mieterhöhungsverlangen die Rechtssicherheit im Verhältnis zwischen Vermieter und Mieter zu erhöhen (KG RE v. 22.2.1984 WuM 1984, 101). Diesem Gesetzeszweck muss bei der Auslegung des § 558a Abs. 1 BGB und der Festlegung der Anforderungen an 8 eine Begründung ausreichend Rechnung getragen werden. Die Begründung des Erhöhungsverlangens soll dem Mieter die Möglichkeit geben, dessen sachliche Berechtigung zu überprüfen, um überflüssige Prozesse zu vermeiden (BGH NJW 2019, 3515; NZM 2019, 852; NJW 2019, 3142; NJW 2019, 303: NJW 2014, 1173; NJW 2008, 573; NZM 2006, 864). Hierfür ist es erforderlich, dass die Begründung dem Mieter konkrete Hinweise auf die sachliche Berechtigung des Erhöhungsverlangens gibt, um während der Überlegungsfrist die Berechtigung der Mieterhöhung überprüfen und sich darüber schlüssig werden zu können, ob er dem Erhöhungsverlangen zustimmt oder nicht (BGH NJW 2019, 303; NJW 2014, 1173; NJW 2008, 573. Das Begründungserfordernis darf nicht zum Selbstzweck verkommen, in dem ihm eine inhaltsleere Bedeutung zugemessen wird (LG Zwickau GE 2012, 830). Die Begründung muss immer dem Ziel dienen, den Anspruch des Vermieters, soweit er materiell begründet ist, möglichst ohne gerichtliche Auseinandersetzung durchzusetzen. Dies entspricht auch der **Entscheidungspraxis des BVerfG** (BVerfG NJW 1974, 1499; NJW 1979, 31; NJW 1980, 1617; WuM 1982, 146; NJW 1987, 313; NJW 1989, 969; NJW-RR 1993, 148; NJW 1994, 717), das in zahlreichen Entscheidungen sich mit den formalen Anforderungen an ein Mieterhöhungsverlangen beschäftigt hat. An das Begründungserfordernis dürfen deshalb im Hinblick auf das Grundrecht des Vermieters aus Art. 14 Abs. 1 GG keine überhöhten Anforderungen gestellt werden. Allerdings muss das Erhöhungsverlangen in formeller Hinsicht Angaben über diejenigen Tatsachen enthalten, aus denen der Vermieter die Berechtigung der geforderten Mieterhöhung herleitet, und zwar in dem Umfang, wie der Mieter solche Angaben benötigt, um die Berechtigung des Erhöhungsverlangens nachgehen und diese zumindest ansatzweise überprüfen zu können (BGH NZM 2019, 852).

9 Um den Zweck des Begründungserfordernisses, eine möglichst vorprozessuale Erledigung des Erhöhungsverlangens, zu erreichen, muss der Vermieter dem Mieter **Tatsachen** und keine rechtlichen Wertungen, Schlussfolgerungen, Erfahrungssätze (so aber BGH NZM 2009, 27) oder Wünsche mitteilen. Nur auf der Basis von Tatsachen lässt sich die Berechtigung von Ansprüchen überprüfen. Deshalb muss der Vermieter dem Mieter im Erhöhungsverlangen die Tatsachen liefern, die der Mieter benötigt, um zumindest ansatzweise die Berechtigung des Zustimmungsverlangens zu überprüfen. Hieran fehlt es etwa, wenn der Vermieter das Erhöhungsverlangen mit Tatsachen begründet, die eine Mieterhöhung nach § 558 Abs. 1 BGB schon auf den ersten Blick nicht zu tragen vermögen, weil durch deren Mitteilung deutlich wird, dass der Vermieter von falschen Voraussetzungen ausgeht oder das Erhöhungsverlangen in wesentlichen Punkten unvollständig, unverständlich oder widersprüchlich erscheint (BGH NZM 2019, 852; NJW 2019, 3515). Eine derartige Begründung steht einer fehlenden Begründung gleich, weil durch sie das Ziel des Begründungserfordernisses ebenso wenig erreicht werden kann wie im Falle des vollständigen Verzichtes auf eine Begründung. Grds. bezieht sich der Begründungszwang auf alle vier Tatbestandsvoraussetzungen des § 558 Abs. 1 BGB, also auf die Einhaltung der 15-Monatsfrist, die Beachtung der Jahressperrfrist, die Einhaltung der Kappungsgrenze und die Nichtüberschreitung der ortsüblichen Vergleichsmiete unter Einbeziehung der Drittmittel (BayObLG NZM 2000, 488, 489). Soweit in § 558a Abs. 2 BGB fünf Begründungsmittel exemplarisch aufgezählt sind, beziehen diese sich nur auf die Nichtüberschreitung der ortsüblichen Vergleichsmiete. Aus diesem Satz kann nicht geschlossen werden, dass die Einhaltung der anderen drei Tatbestandsmerkmale grundsätzlich nicht begründet werden muss. Auf der anderen Seite soll das Begründungserfordernis auch keine überflüssige Formalie sein, so dass

sich das Begründungserfordernis nur auf solche Informationen beziehen kann, die der Mieter selbst nicht hat. In der Regel hat der Mieter aber die Informationen, die zur Berechnung der Jahressperrfrist und der Kappungsgrenze erforderlich sind selbst, so dass hierzu grundsätzlich keiner Begründung bedarf. Etwas anderes kann aber dann gelten, wenn der Vermieter eine Mieterhöhung von mehr als 15% in drei Jahren verlangt. Dann muss der Vermieter darauf hinweisen, ob für die Gemeinde eine RechtsVO gem. § 558 Abs. 3 BGB gilt.

Einer Begründung bedarf immer die Nichtüberschreitung der ortsüblichen Vergleichsmiete. Der Gesetzgeber hat hierzu **fünf Begründungsmöglichkeiten** exemplarisch aufgezählt, nämlich die Bezugnahme auf 10
- einen einfachen oder qualifizierten Mietspiegel,
- die Auskunft aus einer Mietdatenbank
- ein Sachverständigengutachten oder
- mindestens drei Vergleichswohnungen.

Diese Aufzählung ist nicht abschließend (BVerfG NJW 1980, 1617). Zugelassen sind alle Begründungsmöglichkeiten, wenn sie nur geeignet sind, dem Mieter die für seine Entschließung erforderliche Information zu geben (BT-Drs. 7/2011, S. 10). Die **Aussagekraft** der fünf gesetzlich vorgesehenen Begründungsmittel ist dabei äußerst unterschiedlich. 11

Bezüglich der **Auswirkungen von Begründungsfehlern** und -mängeln muss danach differenziert werden, ob bereits die Ausgangstatsachen vom Vermieter falsch angegeben wurden oder ob nur das Ergebnis der Begründung, also die Höhe der ortsüblichen Vergleichsmiete, falsch ist. Gibt der Vermieter falsche Ausgangstatsachen an, also z. B. ein falsches Baujahr, eine falsche Ausstattung der Wohnung oder eine nicht nur unerheblich (LG Mannheim NZM 2003, 393) falsche Größe, dann führt dies in der Regel dazu, dass das Mieterhöhungsverlangen unwirksam ist. Nach AG Hamburg-Wandsbek ZMR 2010, 47 ist die Zustimmungserklärung in diesem Fall gem. § 123 BGB anfechtbar Stellt sich aber heraus, dass die Ausgangstatsachen richtig sind, dass aber z. B. für die drei Vergleichswohnungen, was die Regel sein dürfte, eine höhere Miete als die ortsübliche Vergleichsmiete gezahlt wird, dann ist das Erhöhungsverlangen formell in Ordnung aber materiell natürlich nur bis zur ortsüblichen Vergleichsmiete begründet (BVerfG NJW 1974, 1499; NJW 1979, 31; NJW 1980, 1617; OLG Hamm NJW-RR 1991, 209; LG Berlin GE 1999, 378; AG Dortmund NZM 1999, 415). Dies gilt auch, wenn der Vermieter die Obergrenze des Mietspiegelfeldes überschreitet (BGH WuM 2004, 93). 12

2. Mietspiegel

Als erstes Begründungsmittel zählt das Gesetz die Mietspiegel auf. Dies kann ein **einfacher oder auch ein qualifizierter Mietspiegel** sein. Was ein einfacher und ein qualifizierter Mietspiegel ist, hat der Gesetzgeber in den beiden **Definitionsnormen** §§ 558c und 558d BGB geregelt (wegen der Einzelheiten der Mietspiegelerstellung siehe deshalb dort). Auch in den Gemeinden, in denen es einen gültigen Mietspiegel gibt, ist der Vermieter nicht verpflichtet, sich im Mieterhöhungsverlangen auf diesen zu berufen. Allenfalls dann, wenn es sich um einen qualifizierten Mietspiegel handelt, besteht gem. Abs. 3 eine Hinweispflicht. 13

Der Vermieter muss grundsätzlich den Mietspiegel dem Mieterhöhungsverlangen **nicht beifügen,** wenn der Mietspiegel, mit dem das Erhöhungsverlangen begründet wurde, öffentlich kostenlos zugänglich ist (BGH NJW 2010, 225; NZM 2009, 429; NJW 2008, 573; KG WuM 2009, 407; LG Dresden WuM 2007, 707; LG Wiesbaden 14

§ 558a BGB Untertitel 2. Mietverhältnisse über Wohnraum

WuM 2007, 512; LG Berlin GE 2008, 198; MM 2001, 151; WuM 1990, 519; GE 1991, 521; LG Nürnberg-Fürth WuM 1988, 279). Dabei ist es ausreichend, wenn der Mietspiegel kostenlos von den Interessenverbänden oder der Gemeinde abgegeben wird oder im Amtsblatt vollständig veröffentlicht wird. Die **Veröffentlichung im Internet** dürfte heute aber noch nicht ausreichen, da zurzeit noch nicht jeder Mieter Zugang hat (LG Wiesbaden WuM 2007, 705; **a. A.** LG Itzehoe ZMR 2012, 556). Nach Ansicht des BGH (NZM 2009, 429) reicht die vollständige Veröffentlichung im Internet dann aus, wenn der Mietspiegel zugleich auch für einen „geringen Kaufpreis" (3 €) verkauft wird. Nach Auffassung des KG (WuM 2009, 407) reicht in Berlin der Verweis auf die Internetadresse der Senatsverwaltung für eine Online-Berechnung in den Fällen aus, in denen der Ausdruck der Berechnung beigefügt wird. Der Mietspiegel muss aber **immer dann beigefügt** werden, wenn er nicht allgemein zugänglich ist (LG Wiesbaden WuM 2009, 119, WuM 2007, 512, WuM 2007, 705, WuM 2007, 706; AG Essen MietRB 2008, 69; AG Köln NZM 2005, 146; AG Wiesbaden WuM 2007, 325), z. B. von den Verbänden nur an Mitglieder ausgegeben wird (AG Wetter NJWE-MietR 1997, 246 bestätigt durch LG Hagen NJWE-MietR 1997, 246) oder käuflich erworben werden muss (**a. A.** BGH NJW 2010, 225; NZM 2009, 429; WuM 2010, 693). Es reicht auch nicht aus, dass der Vermieter dem Mieter anbietet, den Mietspiegel in den Büros des Vermieters einzusehen (LG Wiesbaden WuM 2007, 512; AG Wiesbaden WuM 2007, 325; **a. A.** BGH NZM 2009, 395). Auch ein qualifizierter Mietspiegel muss nicht zwingend beigefügt werden, wenn er öffentlich zugänglich ist. Auch aus § 558a Abs. 3 BGB ergibt sich nichts anderes. Der Vermieter muss nur die Angaben des qualifizierten Mietspiegels mitteilen. Dies Angaben müssen aber aussagekräftig sein, also die Spanne beinhalten und die Tatsachen, die für die Spanneneinordnung wesentlich sind.

15 Damit ein Mietspiegel einem konkreten Mieterhöhungsverlangen zu Grunde gelegt werden kann, muss er im Einzelfall anwendbar sein. Dazu muss er zunächst **zeitlich anwendbar** sein. Beim einfachen Mietspiegel ist der Mietspiegel ab Vollendung der Erstellung bzw. der letzten notwendigen Anerkennung in der Welt und kann als Begründungsmittel verwandt werden. Beim qualifizierten Mietspiegel ist die Anerkennung durch das zuständige Organ Voraussetzung für die Wirksamkeit. Der Mietspiegel kann dann als Begründungsmittel nicht mehr benutzt werden kann, wenn zum Zeitpunkt des Zugangs des Erhöhungsverlangens **ein neuer Mietspiegel** vorliegt (AG Leipzig WuM 2016, 292; V. Emmerich in: Staudinger § 558a BGB Rdn. 32; **a. A.** BGH NZM 2011, 743). Ein 19 Jahre alter Mietspiegel kann aber als Begründungsmittel nicht mehr benutzt werden (BGH NZM 2019, 852). Ferner muss der Mietspiegel **örtlich anwendbar** sein, d. h. die Wohnung muss in der Gemeinde liegen, für die der Mietspiegel erstellt wurde. Soweit der Mietspiegel bestimmte Ortsteile ausdrücklich ausnimmt, kann er dort auch nicht als Mietspiegel einer vergleichbaren Gemeinde angewandt werden. Der Mietspiegel muss **sachlich anwendbar** sein, d. h. er muss Daten für die konkrete Wohnung enthalten (LG Frankfurt/Oder WuM 2012, 319; LG Frankfurt/M NZM 2012, 342). Wenn die Stichprobe z. B. nur aus Wohnungen in Mehrfamilienhäusern gezogen wurde, dann kann mit einem solchen Mietspiegel keine Mieterhöhung für ein Einfamilien – (LG Krefeld WuM 2008, 232; LG Berlin GE 2002, 1197; LG Hagen WuM 1997, 331; LG Hamburg WuM 2002, 698; LG Gera WuM 2002, 497; AG Schwelm WuM 1995, 592; **a. A.** BGH NZM 2009, 27; LG Berlin GE 2016, 655; AG Hamburg-Blankenese ZMR 2009, 767), oder Zweifamilienhaus (LG Berlin GE 2002, 1197), ein Reihenhaus (LG Potsdam GE 2003, 393; **a. A.** BGH NZM 2016, 580; LG Berlin GE 2015, 453) oder eine Doppelhaushälfte (LG Berlin GE 2012, 1378) begründet wer-

Form und Begründung der Mieterhöhung **BGB § 558a**

den. Deshalb kann mit einem Mietspiegel für Wohnraummietverhältnisse regelmäßig auch keine Mieterhöhung für ein Mischmietverhältnis (LG Berlin GE 1996, 1181) begründet werden, selbst wenn der Vertrag insgesamt als Wohnraummietvertrag einzuordnen ist (BGH NJW 2014, 2864). Allenfalls bei ganz untergeordneter gewerblicher Nutzung kann ausnahmsweise etwas anderes gelten. Das Gleiche gilt, wenn bei der Datenerhebung nicht ausreichend Daten für eine bestimmte Kategorie erhoben werden konnten. Deshalb kann eine Mieterhöhung für Großwohnungen nicht mit einem Mietspiegel begründet werden, der nur Daten für Wohnungen bis 120 qm (LG Frankfurt ZMR 2011, 953; LG Köln WuM 1994, 333f.) oder 160 qm (AG München WuM 2016, 177) enthält. Das Gleiche gilt im umgekehrten Fall, in dem die Wohnung kleiner ist als die kleinste im Mietspiegel ausgewiesene Wohnung (AG Hamburg-Altona ZMR 2003, 502). Selbst kleine Über- oder Unterschreitungen der im Mietspiegel angegebenen Grenzen führen zu seiner Nichtanwendbarkeit (AG München WuM 2016, 177). Weist der Mietspiegel keine Daten für Wohnungen ohne Heizung aus, ist seine Anwendung auf diesen Wohnungsbestand ebenfalls ausgeschlossen (AG Köln WuM 2007, 409).

Ist der Mietspiegel zwar grundsätzlich sachlich und örtlich anwendbar, dann muss er auch **für die konkrete Wohnung Daten enthalten.** Enthält der Mietspiegel für die konkrete Wohnung ein leeres Rasterfeld, so ist er als Begründungsmittel für ein Mieterhöhungsverfahren nicht anwendbar, insbesondere dürfen die Werte nicht durch **Interpolation, Extrapolation oder** Analogieschluss ermittelt werden (LG Hamburg NJW-RR 1993, 82, WuM 1982, 21; LG Berlin WuM 1990, 158; AG Bonn WuM 1999, 465). **16**

Nach § 558a Abs. 4 genügt es bei einem Mietspiegel, der Spannen enthält, wenn die verlangte Miete **innerhalb der Spanne** liegt. Damit soll berücksichtigt werden, dass die Einordnung einer Wohnung in den Mietspiegel eine Wertungsfrage ist, die so oder auch anders beantwortet werden kann. Bei einer anderen Wertung soll das Erhöhungsverlangen aber wirksam bleiben. Die andere Bewertung hat dann allenfalls Auswirkungen auf die Begründetheit des Anspruchs. Die Regelung gilt aber nur für die Mietspannen in einem Mietspiegel nicht für die Spanne bei einzelnen Wohnwertmerkmalen (z. B.: Altersklasse 1960–1970, oder Größe 40–80 qm). Diese Daten müssen, soweit es darauf ankommt ggf. exakt angegeben werden. Ein formell wirksames Mieterhöhungsverlangen ist gegeben, wenn der Vermieter unter zutreffender Einordnung der Wohnung des Mieters in die entsprechende Kategorie des Mietspiegels die dort vorgesehene Mietspanne richtig nennt und die erhöhte Miete angibt. Liegt die verlangte Miete oberhalb der im Mietspiegel ausgewiesenen Mietspanne, so ist das Erhöhungsverlangen insoweit unbegründet, als es über den im Mietspiegel ausgewiesenen Höchstbetrag hinausgeht (BGH NJW 2004, 1379). **17**

Die bloße Beifügung eines Mietspiegels oder schlichte Bezugnahme genügt als Begründung für ein Mieterhöhungsverlangen in der Regel nicht aus. Das Mieterhöhungsverlangen muss erkennen lassen, **wie der Vermieter die Wohnung in den Mietspiegel eingruppiert** hat (BGH NJW 2008, 537; LG Berlin MM 2007, 74; LG Köln WuM 1994, 691; LG München WuM 1993, 67; AG Greifswald ZMR 2002, 347). Dazu reicht ggf. die Bezeichnung des richtigen Mietspiegelfeldes („H 7") aus (BGH NJW 2008, 537; für Stuttgart verneinend: *Dietrich* NJW 2012, 567 mwN auf die örtliche Rspr.; LG Stuttgart WuM 2016, 361, 363; LG Hannover WuM 2013, 362). Das Gesetz verlangt vom Vermieter, dass er seinen Anspruch begründet. Eine Begründung ist nicht gegeben, wenn sich der zu Überzeugende, also der Mieter, die Argumente erst selbst, wenn auch aus einer begrenzten Menge, heraussuchen muss. Je nach Gliederung des Mietspiegels muss der Vermieter die entspre- **18**

Börstinghaus 1265

chenden Tatsachen vorgetragen, die eine eindeutige Zuordnung zulassen und dem Mieter ggf. auch eine Überprüfung ermöglichen (AG Greifswald ZMR 2002, 352). Verlangt die Einordnung in das Mietspiegelfeld, dass aus einer Liste von mehreren Merkmalen, z. B. einer Ausstattungsliste, 3–5 Merkmale gegeben sein müssen, damit die Wohnung in das entsprechende Mietspiegelfeld eingeordnet werden kann, dann müssen die Merkmale, die nach Ansicht des Vermieters bei der Vertragswohnung gegeben sind, exakt bezeichnet werden, damit der Mieter dies überprüfen kann und später der Vermieter diese nicht auswechselt. Wenn der Vermieter die Wohnung wegen behaupteter Modernisierungsmaßnahmen in eine jüngere Baualtersklasse eingruppiert hat, muss er das begründen, anderenfalls ist das Erhöhungsverlangen formell unwirksam (AG Köln WuM 2013, 697). Das Erhöhungsverlangen soll dem Mieter die Möglichkeit geben, die sachliche Berechtigung des Erhöhungsverlangens zu überprüfen um auf diese Weise überflüssige Prozesse zu vermeiden; zur Erreichung dieses Zwecks müssen dem Mieter alle Faktoren mitgeteilt werden, die für die Mieterhöhung von Bedeutung sind (BGH NJW 2008, 848; NZM 2004, 380). Deshalb genügt die Angabe „3–5 Sonderausstattungsmerkmale liegen vor", nicht aus. Die Richtigkeit der Angaben ist keine Zulässigkeitsvoraussetzung. Deshalb führt auch eine **Eingruppierung der Wohnung in ein falsches Rasterfeld** des Mietspiegels grundsätzlich nicht zur formellen Unwirksamkeit der Mieterhöhung (BGH NZM 2013, 612; LG Berlin GE 2005, 1063, 1997, 369; 1990, 1257; ZMR 1990, 20; MM 1991, 127; LG Mönchengladbach WuM 1992, 196; AG Hamburg NJWE-MietR 1996, 268; AG Berlin Charlottenburg GE 1997, 369).

19 **Der Mietspiegel einer vergleichbaren Gemeinde** darf gem. § 558a Abs. 4 Satz 2 BGB verwendet werden, wenn zum Zeitpunkt der Mieterhöhungserklärung in der eigenen Gemeinde kein Mietspiegel existiert der fristgerecht aktualisiert wurde. Diese Formulierung ist sprachlich missglückt. Der Vermieter darf nämlich auch dann einen Mietspiegel einer Nachbargemeinde benutzen, wenn in seiner Gemeinde gar kein Mietspiegel existiert oder der Mietspiegel für seine Gemeinde anders als der für die Nachbargemeinde für seine konkrete Wohnung keine Daten enthält (BGH NJW 2010, 2946). Es darf auch nicht auf den qualifizierten Mietspiegel einer Nachbargemeinde zurückgegriffen werden, wenn in der eigenen Gemeinde ein einfacher Mietspiegel existiert (AG Ludwigsburg WuM 2014, 30). Der Vermieter hat aber **kein Wahlrecht**, ob er den örtlichen Mietspiegel oder den einer Nachbargemeinde zur Begründung heranzieht (AG Ludwigsburg WuM 2014, 30). Zulässig ist die Verwertung eines Mietspiegels nur dann, wenn in der eigenen Gemeinde für die konkrete Wohnung kein aktueller Mietspiegel vorhanden ist und wenn die Gemeinden vergleichbar sind (BGH NJW 2019, 3515; NJW 2014, 1173; 2010, 2946). Unter diesen Voraussetzungen darf der Vermieter sich auf einen Mietspiegel einer Nachbargemeinde berufen. Voraussetzung ist aber, dass die Gemeinden **objektiv wirklich vergleichbar** sind (BGH NJW 2019, 3515). Der Vermieter im Mieterhöhungsverlangen nicht begründen, warum eine in der näheren Umgebung liegende Gemeinde vergleichbar ist (LG Itzehoe ZMR 2012, 556). Vielmehr ist der Mieter, wenn er an solchen Einzelheiten interessiert ist, ebenso wie bei der Angabe von Vergleichswohnungen gehalten, eigene Erkundigungen anzustellen.

20 Ungeschriebenes Tatbestandsmerkmal ist, dass die vergleichbaren Gemeinden **Nachbargemeinden** sind. Dabei müssen die Gemeinden nicht unmittelbar aneinandergrenzen. Entscheidend ist die Vergleichbarkeit (BGH NJW 2019, 3515; WuM 2014, 33; NJW 2014, 1173; 2010, 2946). Entscheidend sind objektive Kriterien. Erforderlich ist eine Gesamtbetrachtung aller Kriterien. Dabei kommt der regionalen Lage durchaus eine große Bedeutung zu. Das Mietniveau unterscheidet

Form und Begründung der Mieterhöhung **BGB § 558a**

sich regional nicht unerheblich. Es muss sich um Gemeinden aus der gleichen Region handeln. Umso weiter die Gemeinden voneinander entfernt liegen, umso eher dürfte eine Vergleichbarkeit nicht gegeben sein. Ein Teilvergleich mit einzelnen Stadtteilen ist unzulässig (LG Heidelberg WuM 2012, 205; LG Darmstadt WuM 1996, 559). Auch die gemeinsame Nähe zu einer Großstadt genügt nicht (BGH NJW 2019, 3515). Ein weiteres Kriterium ist die Einwohnerzahl der jeweiligen Gemeinde. Ist eine Stadt ein sog. Oberzentrum, in dem über die zentralörtlichen Einrichtungen der Grundversorgung hinaus für die Einwohner ihres Nahbereichs auch weitere Einrichtungen des spezialisierten höheren Bedarfs vorgehalten werden, kann diese nicht mit einer Gemeinde verglichen werden, bei der es sich nicht um einen solchen zentralen Ort mit überörtlich relevanten Einrichtungen (etwa Theatern, Kinos, Krankenhäusern) handelt. Auch das Vorhandensein eines öffentlichen Personenverkehrs ist ein Vergleichskriterium (BGH NJW 2019, 3515). Eine Tabelle mit Gemeinden, die von der Rechtsprechung bisher für vergleichbar gehalten wurden befindet sich bei Börstinghaus in: Schmidt-Futterer § 558a BGB Rdn. 49.

Zuschläge zu den Mietspiegelwerten: Begründet ein Vermieter sein Mieterhöhungsverlangen mit einem Mietspiegel, dann ist er grundsätzlich an dessen Struktur und Werte gebunden. Es ist nur in sehr eingeschränktem Maße zulässig, zu den Werten des Mietspiegels Zuschläge hinzuzurechnen. Sieht der Mietspiegel solche Zu- Abschläge beispielsweise für besonders große oder kleine Wohnungen, Isolierfenster, Aufzug, Garten; Einfamilienhaus pp. vor, dann sind sie selbstverständlich zulässig. Unzulässig sind Zuschläge für bestimmte Ausstattungsmerkmale, Beschaffenheiten oder Wohnlagen, die der Mietspiegel gerade nicht vorsieht (LG Berlin GE 2001, 136; AG Dortmund NZM 1999, 415; AG Hagen WuM 1989, 579; LG Düsseldorf, Urt. v. 13.7.1993 – 24/S. 614/92 (Ablehnung eines Zuschlags wegen Gartennutzung)). Unzulässig sind auf jeden Fall **Zuschläge für bestimmte Teilmärkte,** also Wohnungen, die von bestimmten Bevölkerungsgruppen angemietet werden, wie z. B. Studenten (AG Dortmund NJW-RR 1991, 1128), Ausländern (OLG Stuttgart RE vom NJW 1982, 1160), Stationierungskräften (OLG Hamm RE vom NJW 1983, 947) oder Wohngemeinschaften (OLG Hamm RE vom NJW 1983, 1622). Zulässig sind jedoch Zuschläge, die erst eine Vergleichbarkeit der Werte herstellen sollen. 21

a) Fehlende Übernahme von Schönheitsreparaturen. Nachdem der BGH 22 in großem Umfang formularvertragliche Schönheitsreparaturklauseln für unwirksam erklärt hatte, tauchte die Frage auf, ob die fehlende Abwälzung der Schönheitsreparaturen zu einem Zuschlag zur ortsüblichen Vergleichsmiete berechtigt. Der BGH (BGH NJW 2008, 2840; WuM 2008, 487; NJW 2009, 1410) hat einen solchen Zuschlag abgelehnt. Sowohl der Wortlaut des § 558 BGB wie auch Sinn und Zweck der Regelung sähen einen solchen Zuschlag nicht vor. Nach dem Regelungskonzept des Gesetzgebers würden die Marktverhältnisse den Maßstab für die Berechtigung einer Mieterhöhung bilden. Ein Zuschlag zur ortsüblichen Vergleichsmiete wegen der vom Vermieter vorzunehmenden Schönheitsreparaturen orientiere sich dagegen an den Kosten für die Vornahme der Schönheitsreparaturen. Auch der Entgeltcharakter der Schönheitsreparaturen rechtfertige keine andere Betrachtung. Nach Ansicht des BGH kann die Nichtabwälzung der Schönheitsreparaturen nur dann bei der Ermittlung der ortsüblichen Vergleichsmiete berücksichtigt werden, wenn sich für Wohnungen mit und ohne Abwälzung der Schönheitsreparaturen am Markt tatsächlich unterschiedliche Preise entwickelt haben. Verlangt der Vermieter im Mieterhöhungsverlangen einen solchen Zuschlag ist das

Erhöhungsverlangen formell in Ordnung und allenfalls materiell (teil)unwirksam (AG Schöneberg GE 2009, 523). Anders ist die Rechtslage jedoch im **öffentlich geförderten Wohnungsbau**. Dort ist der Vermieter berechtigt, die Kostenmiete einseitig um den Zuschlag nach § 28 Abs. 4 II. BV zu erhöhen, wenn die im Mietvertrag enthaltene Klausel über die Abwälzung der Schönheitsreparaturen auf den Mieter unwirksam ist (BGH NJW 2010, 1590; WuM 2010, 635; WuM 2013, 174). Darin ist auch kein Verstoß gegen das Verbot geltungserhaltender Reduktion zu sehen, denn der Anspruch des Vermieters auf diesen Zuschlag beruht nicht auf einer (unzulässigen) Umgestaltung der unwirksamen Klausel, sondern ergibt sich unmittelbar aus dem dispositiven Gesetzesrecht (BGH NZM 2011, 31). Fraglich ist, ob der Vermieter unter dem Gesichtspunkt des **Rücksichtnahmegebots** verpflichtet ist, vor der Kostenmieterhöhung dem Mieter eine wirksame Schönheitsreparaturklausel anzubieten. Der BGH (NZM 2017, 759) hat eine solche Verpflichtung für die Mehrheit der Fälle abgelehnt. Eine Verpflichtung des Vermieters, dem Mieter anstelle der unwirksamen Formularklausel im Wege der Individualvereinbarung eine wirksame Abwälzungsklausel anzubieten, lasse sich weder aus Treu und Glauben (§ 242 BGB) noch aus dem allgemeinen Rücksichtnahmegebot (§ 241 Abs. 2 BGB) herleiten. Hiergegen spreche schon der Umstand, dass für den mit einer solchen Forderung konfrontierten Vermieter unklar bliebe, welchen Inhalt seine Verpflichtung, eine „wirksame Klausel" anzubieten, konkret haben sollte. Außerdem könne aus § 241 Abs. 2 BGB auch kein Anspruch auf Vertragsänderung hergeleitet werden. Davon kann es aber dann eine Ausnahme geben, wenn der Mieter **zeitnah nach Bekanntwerden** der Unwirksamkeit der Klausel erklärt **sich darauf nicht berufen zu wollen**. In diesem Fall ist es dem Vermieter verwehrt, sich auf die Unwirksamkeit der Klausel zu berufen. Die Inhaltskontrolle Allgemeiner Geschäftsbedingungen soll den Vertragspartner des Verwenders vor einer unangemessenen Benachteiligung durch missbräuchliche Inanspruchnahme einseitiger Gestaltungsmacht schützen, nicht aber den Verwender vor für ihn nachteiligen Rechtsfolgen einer von ihm gestellten Regelung. Ein Zeitraum von etwa zwei Jahren ist dabei zu spät (BGH NZM 2017, 759).

23 Der Vermieter darf auch keinen Zuschlag zur ortsüblichen Vergleichsmiete hinzurechnen, wenn er im Mietvertrag die Kostentragung für **Kleinreparaturen nicht wirksam auf den Mieter abgewälzt** hat. Ebenso ist auch kein Abschlag vorzunehmen, wenn die Abwälzung erfolgt ist. Ähnlich wie bei den unwirksamen Schönheitsreparaturklauseln hat der BGH (WuM 2008, 487) einen solchen Zuschlag abgelehnt, weil das Gesetz ihn nicht vorsehe und einem solchen Zuschlag auch Sinn und Zweck der §§ 558 ff. BGB entgegenstünden.

24 **b) Teilinklusivmieten. Bei Inklusivmieten** darf der Vermieter zu den Werten eines Nettomietspiegels einen Zuschlag in Höhe der tatsächlichen auf die Wohnung entfallenden Betriebskosten, soweit sie den Rahmen des Üblichen nicht überschreiten, hinzurechnen (OLG Stuttgart RE vom 13.7.1983 NJW 1983, 2329; OLG Hamm RE vom 3.12.1992 NJW-RR 1993, 398; KG RE vom 5.8.1997 NZM 1998, 68). Durch diese Berechnung wird erst die Vergleichbarkeit hergestellt, so dass es sich nicht um einen unzulässigen Zuschlag handelt. Maßgeblich sind die Betriebskosten zum **Zeitpunkt der Abgabe des Mieterhöhungsverlangens** und nicht die zum Zeitpunkt der letzten Mieterhöhung (BGH NZM 2006, 101). Dabei kommt es auf die tatsächlich für die Wohnung anfallenden Betriebskosten an und nicht auf statistische Durchschnittswerte (BGH NZM 2008, NJW 2008, 848; 2007, 594; 2006, 101; 2006, 864). Dies gilt auch, wenn das Erhö-

hungsverlangen mit einem Sachverständigengutachten (AG Schöneberg GE 2008, 1265) oder mit Vergleichswohnungen (LG Berlin GE 2014, 191) begründet wurde.

Im Rahmen der formellen Begründetheit genügt die bloße Angabe der Betriebskosten. Ob diese richtig sind, ist eine Frage der materiellen Begründetheit (BGH NZM 2006, 101; 2006, 864; LG Berlin GE 2014, 190, 191). Der Mangel kann aber im Prozess geheilt werden. Unzutreffende Angaben zu einer Betriebskostenpauschale sollen keinen formellen Fehler darstellen (LG Berlin GE 2016, 728, 729). Im Streitfall muss der Vermieter die Höhe der Betriebskosten genauso wie in jedem Betriebskostenprozess darlegen und beweisen (AG Schöneberg GE 2013, 880, 881). 25

c) Teilgewerbliche Nutzung. Bei **teilgewerblicher Nutzung** darf der Vermieter ebenfalls einen Zuschlag zum Mietspiegel hinzurechnen. Soweit dem Mieter bei der Vermietung von Wohnräumen auch gestattet wurde, in den Wohnräumen einer gewerblichen oder selbstständigen Tätigkeit nachzugehen, so ist dies, wenn es sich nicht im Rahmen des vertragsgemäßen Gebrauchs hält, wie z. B. ein Arbeitszimmer, eine Leistung des Vermieters, die gesondert zu vergüten sein kann (LG Berlin GE 1995, 1209; LG Berlin ZMR 1998, 165). Für die Höhe des Zuschlags kann § 26 Abs. 2 NMV allenfalls einen ersten Anhaltspunkt geben. Danach darf in den Fällen, in denen durch die teilgewerbliche Nutzung eine erhöhte Abnutzung möglich ist, ein Zuschlag bis zu 50% der auf die teilgewerbliche genutzte Fläche entfallenden Miete als Zuschlag hinzugerechnet werden. Es kann aber nicht ohne weiteres davon ausgegangen werden, dass der Zuschlag gem. § 26 NMV dem Wert der gewerblichen Nutzungsmöglichkeit auf dem freien Wohnungsmarkt entspricht (LG Berlin GE 1998, 1213, 1214). Denn die im Rahmen des § 26 NMV getroffene Bemessung soll dem Umstand Rechnung tragen, dass die Räume der Preisbindung unterliegen. Dagegen entwickeln sich die Teilgewerbezuschläge für preisfreien Wohnraum allein nach den Regeln von Angebot und Nachfrage. Es kommt im Übrigen nicht darauf an, ob der Mieter die ihm gestattete teilgewerbliche Nutzung der Räume tatsächlich ausübt oder nicht (LG Berlin ZMR 1998, 165, 166; LG Berlin GE 1996, 321; LG Berlin GE 1992, 441; AG Berlin-Mitte NZM 2003, 312). Wie alle anderen Zuschläge auch, kann der Vermieter den **Zuschlag** für eine teilgewerbliche Nutzung **nicht isoliert erhöhen.** Miethöherechtlich handelt es sich um eine einheitliche Miete, die der Mieter schuldet (*Blank* WuM 2014, 641, 648; a. A. BayObLG WuM 1986, 205). 26

d) Untervermietung. Ähnlich wie der Zuschlag für eine teilgewerbliche Nutzung der Wohnung ist auch der Untermietzuschlag einzuordnen. Nach § 540 Abs. 1 BGB ist der Mieter grundsätzlich ohne ausdrückliche Erlaubnis des Vermieters nicht berechtigt, den Gebrauch der gemieteten Sache einem Dritten zu überlassen. § 553 Abs. 1 BGB gibt jedoch dem Mieter von Wohnraum gegenüber seinem Vermieter unter bestimmten Voraussetzungen einen Anspruch auf Erteilung einer Untermieterlaubnis. Gem. § 553 Abs. 2 BGB kann der Vermieter seine Zustimmung zur Untervermietung ggf. von einer **angemessenen Erhöhung der Miete** abhängig machen. Ein solches Erhöhungsverlangen ist aber nur dann berechtigt, wenn dem Vermieter ohne die Erhöhung die Erteilung der Erlaubnis nicht zuzumuten ist. Nur in diesen Fällen kann der Vermieter seine Zustimmung von einer Mietanhebung abhängig machen. Genauso wenig wie der Mieter in diesen Fällen einen Anspruch auf die Untermieterlaubnis hat, genauso wenig hat der Vermieter einen Anspruch auf die Zustimmung zur Mieterhöhung. Es handelt sich in diesem Fall um eine Mietabänderungsvereinbarung iSd § 557 Abs. 1 BGB. Der 27

§ 558a BGB Untertitel 2. Mietverhältnisse über Wohnraum

„Untermietzuschlag" wird Bestandteil der einheitlichen Miete. Es bedarf eines einheitlichen Mieterhöhungsverlangens nach § 558a BGB (LG Berlin MM 1991, 363). Hinsichtlich der **Höhe des Zuschlags** spricht § 553 Abs. 2 BGB von einer „angemessenen" Erhöhung der Miete. Bei einer späteren Mieterhöhung kann zu den Werten des Mietspiegels beim Vorliegen einer Untermieterlaubnis, die den Vermieter zu einer angemessenen Erhöhung der Miete berechtigte, ein angemessener Zuschlag hinzugerechnet werden. Hierzu wird teilweise auf Vorschriften für den öffentlich geförderten Wohnungsbau, insbesondere § 26 Abs. 3 NMV verwiesen. Nach dieser Vorschrift darf der Vermieter einen „Untermietzuschlag" von 2,50 EUR monatlich erheben, wenn der untervermietete Wohnungsteil von einer Person und von 5,– EUR, wenn der untervermietete Wohnungsteil von zwei und mehr Personen benutzt wird. Diese Sätze sind für den freifinanzierten Wohnungsbau jedoch völlig unrealistisch. Richtigerweise wird man im freifinanzierten Wohnungsbau eine Mieterhöhung bis zur Höhe der ortsüblichen Vergleichsmiete für Wohnungen mit Untermieterlaubnis zulassen müssen.

28   e) **Möblierungszuschlag.** Bei der Vermietung möblierten oder teilmöblierten Wohnraums darf der Vermieter ebenfalls einen Zuschlag verlangen, der ebenso wie die anderen Zuschläge aber Mietbestandteil wird. Umstritten ist die **Berechnung eines Möblierungszuschlags.** Da der Möblierungszuschlag den Wert der Gebrauchsmöglichkeit für den Mieter widerspiegeln soll, ist nach ganz überwiegender Meinung vom **Zeitwert** der überlassenen Möbel auszugehen. Zeitwert ist dabei der Nutzungswert für den Mieter (LG Berlin GE 2003, 954; 1987, 577; AG Köln WuM 1998, 692 I, der dem Wiederbeschaffungswert entspricht (OLG Düsseldorf NJW-RR 1992, 426). Dieser Wert muss dann für den Vermieter verzinst werden. Außerdem ist dem Umstand Rechnung zu tragen, dass die Gegenstände durch die Benutzung regelmäßig wertloser werden. Es muss also eine angemessene Abschreibung berücksichtigt werden. Umstritten ist dabei, mit welcher Abschreibung und welcher Verzinsung im Einzelfall zu rechnen ist. Die Einzelheiten sind strittig: (LG Mannheim WuM 1987, 362 und LG Berlin GE 1996, 929: 11% des Zeitwertes; LG Stuttgart WuM 1991, 600: jährliche Abschreibung von 10% und Verzinsung 7, 5%; KG GE 1980, 863; LG Berlin GE 2003, 954: 2% monatlich). Die Entscheidung hängt vom Einzelfall ab. Dafür sind maßgebliche Kriterien zunächst die **Lebensdauer des Gegenstandes** und vor allem auch das allgemeine **Zinsniveau** zum Zeitpunkt der Vermietung.

29   f) **Alter des Mietspiegels. Zu- oder Abschläge wegen des Alters des Mietspiegels** sind dem Vermieter nicht gestattet und dürfen im Zustimmungsverlangen nicht vorgenommen werden. Soweit Mietspiegel auch zur Ermittlung der ortsüblichen Vergleichsmiete in einem Zustimmungsprozess herangezogen werden, ist es den Gerichten, aber auch nur diesen, gestattet, Veränderungen der ortsüblichen Vergleichsmiete, die seit der Datenerhebung eingetreten sind als Zu- oder auch Abschlag zu berücksichtigen (BGH NJW 2017, 2679). Das beruht darauf, dass die ortsübliche Vergleichsmiete dynamisch, ein Mietspiegel aber statisch ist. Der BGH meint aber, dass dies nur bei erheblichen Steigerungen der ortsüblichen Vergleichsmiete zwischen dem Erhebungsstichtag eines Mietspiegels und dem Zugang des Zustimmungsverlangens festzustellen sind, ist dies durchaus zweifelhaft. Dabei ist es aber nicht zulässig einen sehr alten Mietspiegel als Ausgangswert zu benutzen und diesen dann über Indizes quasi fortzuschreiben (ähnlich BGH NZM 2019, 852 für die Zulässigkeit des Zustimmungsverlangens).

Form und Begründung der Mieterhöhung **BGB § 558a**

3. Auskunft aus einer Mietdatenbank

Die Auskunft aus einer Mietdatenbank ist seit 1.9.2001 als neues Begründungsmittel hinzugekommen. Wegen der Definition einer Mietdatenbank siehe § 558e BGB. Nach § 558e BGB muss aus der Auskunft ein **Schluss auf die ortsübliche Vergleichsmiete** gezogen werden können. Daraus folgt, dass die bloße Mitteilung eines Wertes mit der Behauptung, dies sei die ortsübliche Vergleichsmiete für die konkrete Wohnung nicht ausreicht. Deshalb gehören in eine Auskunft mehrere konkrete Mietedaten oder zumindest die Angabe, dass in der Datenbank eine bestimmte Anzahl von vergleichbaren Wohnungen gespeichert sind bei den in den letzten sechs Jahren die Miete neu vereinbart wurde oder bei denen die Mieter verändert wurde und bei denen Mieten von x bis y Euro/qm gezahlt würden. Ggf. ist ein Mittelwert anzugeben. 30

Die **Kosten** für eine Auskunft muss der Vermieter tragen. Er hat keinen Anspruch auf Erstattung gegen den Mieter. Es gibt weder vertragliche Ansprüche noch Schadensersatzansprüche. Die Kosten für die Auskunft gehören auch nicht zu den notwendigen Kosten der Rechtsverfolgung, die der Vermieter gem. § 91 ZPO im Falle einer gerichtlichen Auseinandersetzung gegen den Mieter festsetzen lassen kann. 31

4. Sachverständigengutachten

a) Allgemeines. Der Vermieter kann sein Erhöhungsverlangen auch mit einem mit Gründen versehenen Gutachten eines öffentlich bestellten und vereidigten Sachverständigen begründen. Dabei handelt es sich um ein Parteigutachten (BayObLG RE vom 23.7.1987 NJW-RR 1987, 1302; OLG Karlsruhe RE vom 20.7.1982 NJW 1983, 1863) das der Gutachter auf Grund eines mit dem Vermieter abgeschlossenen Gutachterauftrages erstellt hat. Daraus ergibt sich bereits der wesentliche Unterschied zum gerichtlichen Sachverständigengutachten, an das ganz andere Maßstäbe angelegt werden müssen (BGH NJW 2016, 1385; BayObLG NJW-RR 1987, 1302; OLG Karlsruhe NJW 1983, 1863). Das außerprozessuale Gutachten soll dem Mieter genauso wie die Bezugnahme auf den Mietspiegel oder sogar die Benennung von mindestens drei Vergleichswohnungen nur die Informationen liefern, die er benötigt, um die Berechtigung des Anspruchs des Vermieters zu überprüfen. Deshalb dürfen in formeller Hinsicht von Verfassung wegen nicht zu strenge Anforderungen an die Begründung des Erhöhungsverlangens durch Sachverständigengutachten gestellt werden, so dass hierdurch der gesetzliche Anspruch des Vermieters auf die Vergleichsmiete zu Fall gebracht würde (BVerfG NJW 1987, 313). Deshalb ist der Pflicht des Vermieters zur Begründung seines Mieterhöhungsverlangens grundsätzlich Genüge getan, wenn das Gutachten Angaben über Tatsachen enthält, aus denen die geforderte Mieterhöhung hergeleitet wird, und zwar in einem Umfang, der es dem Mieter gestattet, der Berechtigung des Erhöhungsverlangens nachzugehen und diese zumindest ansatzweise selbst überprüfen zu können. Der Sachverständige muss somit eine Aussage über die tatsächliche ortsübliche Vergleichsmiete treffen und die zu beurteilende Wohnung in das örtliche Preisgefüge einordnen (BGH NJW 2008, 573; NZM 2010, 576. Etwaige kleinere Mängel des Gutachtens führen nicht zur Unwirksamkeit des Mieterhöhungsverlangens aus formellen Gründen (BGH NJW 2016, 1385). 32

b) Mindestvoraussetzungen für die Person des Sachverständigen. Als **Mindestvoraussetzungen für die Person** des Sachverständigen schreibt das Gesetz vor, dass dieser **öffentlich bestellt und vereidigt** sein muss. Gutachten ande- 33 rer Sachverständigen sind ungeeignet (LG Berlin WuM 1982, 246; AG Fürstenfeldbruck WuM 1998, 379). Die öffentliche Bestellung und Vereidigung muss zum Zeitpunkt der Gutachtenerstellung vorliegen. Eine spätere Vereidigung heilt diesen Mangel nicht (LG Berlin ZMR 1982, 377; LG Dortmund ZMR 1974, 338; AG Schöneberg WuM 1980, 207). Die öffentliche Bestellung und Vereidigung von Sachverständigen sowie die Zuständigkeit der Industrie- und Handelskammer regeln § 36 GewO, das Gesetz zur vorläufigen Regelung des Rechts der Industrie- und Handelskammern v. 18.12.1956 (BGBl I S. 920), sowie jeweils spezielle landesgesetzliche Regelungen über die Industrie- und Handelskammern und das Sachverständigenwesen. Auf das Merkmal der öffentlichen Bestellung oder Vereidigung kann ausnahmsweise dann verzichtet werden, wenn es in dem entsprechenden Bezirk der IHK grundsätzlich keine von der Industrie- und Handelskammer bestellten und vereidigten Sachverständigen gibt (OLG Hamburg RE vom 30.12.1983 NJW 1984, 930). Von welcher IHK der Sachverständige bestellt oder vereidigt ist, ist unerheblich (BayObLG RE vom 23.7.1987 NJW-RR 1987, 1302). Der Sachverständige soll zwar auch in subjektiver Hinsicht unabhängig sein, dies ist aber keine Zulässigkeitsvoraussetzung. Auch ein Sachverständiger, der in persönlichen Beziehungen zu einer Partei steht, ist grundsätzlich zugelassen.

34 Der Sachverständige muss für einen Bereich öffentlich bestellt und vereidigt sein, der sich mit Mietpreisbewertung befasst. Der Zweck des Gesetzes erfordert es aber nicht, dass die öffentliche Bestellung und Vereidigung ausdrücklich für die **Mietpreisbewertung** erfolgt ist (BGH RE vom 21.4.1982 NJW 1982, 1701). Auch ein Sachverständiger, der für **Grundstücks- und Gebäudeschätzungen** öffentlich bestellt oder vereidigt ist, verfügt über die notwendige Sachkunde, um beim Mieter keine begründeten Zweifel an seiner Eignung für die Mietpreisbewertung aufkommen zu lassen. Der Sachverständige muss nicht zwingend Kenntnisse des **örtlichen Wohnungsmarktes** haben (BayObLG RE vom 23.7.1987 NJW-RR 1987, 1302). Insofern sind die Anforderungen nicht so streng wie bei einem gerichtlichen Sachverständigengutachten (BVerfG NJW 1987, 313; BayObLG RE vom 23.7.1987 NJW-RR 1987, 1302; OLG Karlsruhe RE vom 20.7.1982 NJW 1983, 1863).

35 **c) Mindestvoraussetzungen für das Gutachten. Mindestvoraussetzung für das Gutachten** ist, dass es mit **Gründen versehen** ist. **Begründung** bedeutet sowohl vom Wortlaut wie auch vom Sinn und Zweck der Vorschrift, dass der Sachverständige in zumindest für den Mieter nachvollziehbarer Weise mitteilen muss, wie er zu seiner Wertfeststellung gelangt ist (BVerfG WuM 1986, 239). Das heißt nicht, dass er sämtliche Einzelfeststellungen aufführen muss. Nachvollziehbar ist das Gutachten für den Mieter dann, wenn ihm durch die Ausführungen des Sachverständigen der Eindruck vermittelt wird, die Schlussfolgerungen des Gutachters auf das vergleichbare Mietgefüge seien verständlich und naheliegend (BGH NJW 2016, 1385; OLG Frankfurt RE vom 5.10.1981 NJW 1981, 2820). Der Sachverständige muss eine Aussage über die tatsächliche ortsübliche Vergleichsmiete treffen und die zu beurteilende Wohnung in das örtliche Preisgefüge einordnen (BGH NJW 2016, 1385; NJW 2008, 573; NZM 2010, 576). Etwaige kleinere Mängel des Gutachtens führen nicht zur Unwirksamkeit des Mieterhöhungsverlangens aus formellen Gründen. Das sind jedoch die absoluten **Mindestanforderungen,** die an ein solches Gutachten zu stellen sind, damit es für den Mieter noch nachvollziehbar ist (OLG Karlsruhe RE vom 29.12.1982 WuM 1983, 133). Erfüllt das Gutachten aber auch diese Mindestanforderungen nicht, dann kann von einer schlüssigen, und damit nachvollziehbaren Begründung keine Rede sein. Allein die Berufung

Form und Begründung der Mieterhöhung **BGB § 558a**

des Sachverständigen auf seine Berufserfahrung und allgemeine Sachkenntnis stellt keine Begründung des Gutachtens dar (OLG Karlsruhe RE vom 29.12.1982 WuM 1983, 133; LG Baden-Baden WuM 1993, 398; LG Aachen WuM 1987, 356; AG Sinzig DWW 1990, 120). Demgegenüber ist es für die Wirksamkeit des Mieterhöhungsverlangens nicht erforderlich, dass der Sachverständige sich in seinem Gutachten, in dem er sich auf ihm bekannte Vergleichswohnungen bezieht, einzelne vergleichbare Wohnungen konkret benennt (OLG Oldenburg RE vom 19.12.1980 WuM 1981, 150; OLG Frankfurt RE vom 5.10.1981 NJW 1981, 2820; LG Gießen WuM 1994, 704; AG Rheinbach ZMR 1998, 638).

Der Sachverständige muss aber erkennbar vom **richtigen Begriff der ortsüb- 36 lichen Vergleichsmiete** ausgehen. Dazu zählt, dass er nicht nur Neuvertragsmieten der letzten Monate als Vergleichsmieten angibt (LG Gießen WuM 2014, 210, LG Kiel WuM 2014, 208; AG Charlottenburg NZM 1999, 460), sondern darlegt, wie sich die Mieten die letzten sechs Jahre entwickelt haben. Abschließend muss zumindest ansatzweise erkennbar sein, dass der Gutachter aus diesen Neu- und Bestandsmieten durch Gewichtung die ortsübliche Vergleichsmiete ermittelt hat. Dies ist dann nicht der Fall, wenn der Gutachter erkennbar nur die Mietwerte des Finanzamtes für selbst genutzte Wohnungen ausgewertet hat (LG Koblenz DWW 1991, 22). Ein Gutachten, das zum Zwecke der Grundstücksbeleihung erstellt wurde und sich mit der nachhaltig erzielbaren Miete beschäftigt, ist ebenso unverwertbar (AG Friedberg WuM 1986, 123), wie ein Verkehrswertgutachten (AG Köln WuM 1998, 379). Häufig äußern sich die Gutachten auch zur Frage, ob die Miete angemessen sei, oder ob irgendwo im Stadtgebiet eine ähnliche Miete gezahlt wird. Das ist alles unerheblich (BVerfG WuM 1986, 239; LG Itzehoe WuM 1986, 238). Ist für die Gemeinde im maßgeblichen Zeitpunkt ein Mietspiegel veröffentlicht, dann muss der Sachverständige sich in seinem Gutachten mit dessen Werten beschäftigen, zumindest wenn er davon abweichen will (LG Düsseldorf WuM 1996, 421; LG Wiesbaden WuM 1992, 256; LG Bielefeld WuM 1983, 24; AG Dortmund WuM 1992, 138).

Das Gutachten muss auch von den **richtigen Tatsachen** ausgehen. Dazu gehört 37 vor allem, dass es die richtige Ausstattung und Beschaffenheit der Wohnung der Wertermittlung zu Grunde legt. Deshalb ist ein Gutachten nicht verwertbar, das von einer niedrigeren Ausstattung ausgeht, und hinsichtlich der zusätzlichen Ausstattung einfach einen Zuschlag festsetzt, ohne zu ermitteln, wie hoch die ortsübliche Vergleichsmiete von höherwertig ausgestatteten Wohnungen tatsächlich ist (LG Bremen WuM 1995, 397: Teilnichtigkeit). Ob ein Sachverständigengutachten formell ordnungsgemäß ist, das Mieteinbauten als Vermieter zur Verfügung gestellt einordnet, hängt von der Erkennbarkeit des Fehlers für den Mieter ab (BGH NZM 2014, 349). Kleinere Mängel sind aber unerheblich (BGH NJW 2016, 1385).

Das Gutachten muss sich grundsätzlich auf die **konkrete Vertragswohnung** 38 beziehen (LG Koblenz DWW 1991, 22). Im Falle der Beifügung eines Sachverständigengutachtens ist der Pflicht des Vermieters zur Begründung seines Mieterhöhungsverlangens grundsätzlich Genüge getan, wenn das Gutachten Angaben über Tatsachen enthält, aus denen die geforderte Mieterhöhung hergeleitet wird, und zwar in einem Umfang, der es dem Mieter gestattet, der Berechtigung des Erhöhungsverlangens nachzugehen und diese zumindest ansatzweise selbst überprüfen zu können. Der Sachverständige muss somit eine Aussage über die tatsächliche ortsübliche Vergleichsmiete treffen und die zu beurteilende Wohnung in das örtliche Preisgefüge einordnen. Dazu ist es nicht zwingend erforderlich, dass der Sachverständige die betreffende Wohnung zur Ermittlung der ortsüblichen Vergleichsmiete besichtigt hat (BGH NJW 2018, 2792; WuM 2018, 509). Es reicht aus, wenn der Sachverständige auf andere Art und Weise konkrete Kenntnisse von der Wohnung hat. So ist eine Besichtigung auch dann nicht erforderlich, wenn in einer Wohnanlage Wohnungen gleichen Typs also von gleicher oder nahezu gleicher Art, Größe, Ausstattung und Beschaffenheit vorhanden sind. Hier ist den Interessen des Mieters, einen ernsthaften und möglichst verlässlichen Anhalt über die Höhe der Vergleichsmiete zu erhalten, in der Regel Genüge getan, wenn der Sachverständige eine Wohnung gleichen Typs besichtigt hat (BGH NZM 2010, 576). Der Vermieter kann das Zustimmungsverlangen zur Mieterhöhung auch durch Bezugnahme auf ein Sachverständigengutachten begründen, das in einem anderweitigen gerichtlichen Verfahren eingeholt worden ist. Erforderlich ist lediglich, dass die beiden Wohnungen ungefähr vergleichbar sind (LG Mannheim WuM 1986, 223).

39 Der Vermieter hat gegenüber dem Mieter einen durchsetzbaren Anspruch auf **Duldung der Besichtigung der Wohnung** durch den Sachverständigen (AG Rosenheim WuM 1982, 83). Die Besichtigung darf nicht zur Unzeit erfolgen. Der Vermieter kann nicht einseitig einen Termin festsetzen, sondern muss diesen mit dem Mieter vereinbaren. Dabei muss der Vermieter z. B. auf die Urlaubsplanung des Mieters Rücksicht nehmen (LG Göttingen WuM 1982, 279). Verweigert der Mieter die Besichtigung, so macht sich der Mieter nach §§ 280 Abs. 1, 241 Abs. 1 BGB schadensersatzpflichtig.

40 Eng mit dem sachlichen Erfordernis, dass der Sachverständige vom richtigen Begriff der ortsüblichen Vergleichsmiete ausgehen muss, hängt die Forderung zusammen, dass das einmal vom Sachverständigen erstellte Gutachten auch noch aktuell sein muss, wenn der Vermieter es zur Begründung eines Mieterhöhungsverlangens benutzt. Der Stichtag des Gutachtens darf bis zu zwei Jahre vor dem Zugang des Erhöhungsverlangens liegen (Börstinghaus in: Schmidt-Futterer § 558a BGB Rdn. 90), dies ist aber streitig. In der Rechtsprechung werden auch ältere Gutachten als Begründungsmittel noch akzeptiert (AG Rheinbach ZMR 1998, 638: 3 Jahre altes Gutachten bei grds. steigenden Mieten). Nach einer Entscheidung des AG Bonn (WuM 1993, 66) soll ein Zustimmungsverlangen zur Mieterhöhung nicht wirksam mit einem ein Jahr alten Sachverständigengutachten begründet werden können. Nach Ansicht des LG Hannover (WuM 1987, 125) und des AG Schöneberg (GE 2006, 725) ist ein Gutachten, das 23 Monate alt ist, ungeeignet, als Begründungsmittel verwendet zu werden, nach Ansicht des AG München (NZM 2002, 822) ist ein Gutachten, dessen Stichtag 26 Monate zurückliegt, ungeeignet. Das AG Köln (WuM 1976, 103). hat dies generell für ein drei Jahre altes Gutachten und das LG Berlin (MM 1998, 35) zumindest bei fallenden Mieten angenommen. Zumindest ein schon 5 Jahre altes Gutachten (NZM 1998, 508) wurde als ungeeignet angesehen. Das LG Berlin (GE 1998, 357) hat ausdrücklich die Frage, ob ein bis zwei Jahre altes Gutachten in jedem Fall ein taugliches Gutachten darstellt, offengelassen, ein über 2 Jahre altes Gutachten hat es aber nicht anerkannt.

41 **d) Vorlage des Sachverständigengutachtens.** Der Vermieter muss dem Mieterhöhungsverlangen grundsätzlich das schriftliche Sachverständigengutachten in vollem Wortlaut beifügen (OLG Braunschweig RE vom 19. 4. 1982 WuM 1982, 272; LG Berlin WuM 1987, 265). Das Angebot auf Einsichtnahme genügt ebenso wenig (LG Bamberg WuM 1976, 167; LG Duisburg ZMR 1973, 216; AG Bad Homburg WuM 1983, 113; AG Köln WuM 1980, 201) wie ein bloßer Beweisantritt in einem Schriftsatz, mit dem das Erhöhungsverlangen nachgebessert wird (**a. A.** AG Fritzlar WuM 2015, 560). Es reicht aber aus, wenn dem Mieter nur eine

Fotokopie des Gutachtens zur Verfügung gestellt wird (LG Berlin WuM 1985, 317). Ferner ist eine Übersendung des Gutachtens dann nicht erforderlich, wenn der Mieter das konkrete Gutachten, auf das sich der Vermieter zur Begründung bezieht, bereits vorliegen hat, z. B. auf Grund eines vorangegangenen Verfahrens (LG München II WuM 1983, 147). Das Risiko, dass dies noch der Fall ist, trägt aber der Vermieter, so dass dann, wenn der Mieter bestreitet, das Gutachten noch zu haben, der Vermieter die Darlegungs- und **Beweislast** dafür hat, dass der Mieter doch noch im Besitz des Gutachtens ist. Es reicht nicht aus, wenn das Gutachten, das dem Mieterhöhungsverlangen nicht beigefügt war, sich beim Prozessbevollmächtigten des Mieters befindet (AG Schöneberg NJW-RR 1997, 139). Gem. § 558b Abs. 3 BGB kann der Vermieter im Zustimmungsprozess das Gutachten aber noch nachreichen. Damit hat er den Mangel geheilt. Hierdurch wird aber eine neue Überlegungsfrist in Gang gesetzt.

Der Mieter ist unter keinem rechtlichen Gesichtspunkt verpflichtet, dem Vermieter die Kosten für das vorprozessuale Sachverständigengutachten zu erstatten (LG Köln WuM 1997, 269). Es fehlt an einer Anspruchsgrundlage. Weder hat sich der Mieter in Verzug befunden noch liegt eine Pflichtverletzung gem. § 280 Abs. 1 iVm. § 241 Abs. 1 BGB vor. Das Sachverständigengutachten dient dem Vermieter lediglich als gesetzlich zugelassenes Begründungsmittel zur Geltendmachung seines Anspruchs. Die Kosten können auch nicht in einem späteren Mieterhöhungsprozess als **Vorbereitungskosten** im Rahmen der notwendigen Kosten der Rechtsverfolgung gemäß § 91 ZPO geltend gemacht werden (LG Berlin MM 1988, Nr. 2, 30; LG München I MDR 1984, 57). **42**

5. Die Benennung von Vergleichswohnungen

Als letzte gesetzlich ausdrücklich vorgesehene Begründungsmöglichkeit sieht **43** § 558a Abs. 2 Ziff. 4 BGB den Hinweis auf die entsprechenden Entgelte für mindestens drei einzelne vergleichbare Wohnungen vor. Es müssen **mindestens 3 Vergleichswohnungen** benannt werden, wobei es ihm auch gestattet ist, hierzu Wohnungen aus dem eigenen Bestand zu verwenden (AG Esslingen WuM 2015, 161, 162). Der Vermieter ist berechtigt mehr als drei Vergleichswohnungen zu benennen (BGH NZM 2012, 415; BayObLG RE vom 25.9.1991 NJW-RR 1992, 455). Eine Grenze ist jedoch dort zu ziehen, wo durch die große Anzahl der Vergleichswohnungen und/oder die gewählte Darstellungsform eher Verwirrung gestiftet wird als eine Information erteilt wird. Eine Liste mit zahlreichen Vergleichswohnungen ist dann als Begründungsmittel ungeeignet, wenn sie neben vergleichbaren Wohnungen eine nicht nur unerhebliche Anzahl solcher Wohnungen enthält, die nicht als vergleichbar in Betracht kommen (BayObLG RE vom 25.9.1991 NJW-RR 1992, 455). Es ist dem Mieter nämlich nicht zuzumuten, sich aus einer Liste mit Vergleichswohnungen, die drei Wohnungen herauszusuchen, die mit seiner Wohnung vergleichbar sind. Erforderlich ist, dass für mindestens drei Wohnungen eine Miete mindestens in Höhe der verlangten Miete oder höher gezahlt wird (BGH NZM 2012, 415; AG Kiel WuM 1991, 118). Für die formelle Wirksamkeit des Erhöhungsverlangens ist es unerheblich, wenn auch für einige Wohnungen niedrigere Mieten gezahlt werden (**a. A.** noch OLG Karlsruhe RE vom 15.12.1983 WuM 1984, 21).

Die vom Vermieter benannten Vergleichswohnungen müssen grundsätzlich dem **44 örtlichen Wohnungsmarkt** angehören (AG Bayreuth WuM 1993, 454; AG Augsburg WuM 1990, 221; LG München II WuM 1982, 131). Unter örtlichem Wohnungsmarkt ist das Gebiet der politischen Gemeinde gemeint. Gibt es in der

§ 558a BGB Untertitel 2. Mietverhältnisse über Wohnraum

Gemeinde aber keine Vergleichswohnungen, so besteht für den Vermieter keine Verpflichtung ein Sachverständigengutachten einzuholen. Dies würde die formellen Anforderungen an ein Mieterhöhungsverlangen überspannen und wäre verfassungswidrig (BVerfG NJW 1984, 717; BGH NZM 2014, 747). Der Vermieter darf in diesem Fall ausnahmsweise auf **Vergleichswohnungen aus einer Nachbargemeinde** zurückgreifen, wenn in der eigenen Gemeinde keine Vergleichswohnungen vorhanden sind (AG Bayreuth WuM 1993, 454; AG Augsburg WuM 1990, 221; LG München II WuM 1982, 131). Der Vermieter muss dann aber substantiiert vortragen, dass und warum er keine Vergleichswohnungen in der Gemeinde gefunden hat.

45 Für die Vergleichswohnungen muss eine Miete gezahlt werden (AG Fritzlar WuM 2015, 560). Eine vom Vermieter selbst innegehaltene Wohnung kann deshalb nicht zur Begründung eines Mieterhöhungsverlangens herangezogen werden (LG Berlin GE 1992, 101; AG Hamburg WuM 1989, 306). Das Gleiche gilt für Wohnungen, die zum Zeitpunkt des Zugangs des Mieterhöhungsverlangens gar nicht vermietet sind, sondern leer stehen (AG Fritzlar WuM 2015, 560; LG Kiel WuM 1977, 36). Auch hier fehlt es an einer entsprechenden Entgeltvereinbarung. Es ist unzulässig, die Miete, die vom letzten Mieter gezahlt wurde, anzusetzen.

46 Es gibt bezüglich der **Person des Vermieters** der Vergleichswohnungen keinerlei Einschränkungen. Deshalb ist es zulässig, dass eine oder auch alle Vergleichswohnungen aus dem Bestand des Vermieters der Vertragswohnung stammen (BVerfG NJW 1993, 2039; NJW 1993, 381; LG Bochum NJW-RR 1991, 1039; LG Berlin GE 1988, 729), ja sogar im gleichen Haus wie die Vertragswohnung liegen (OLG Karlsruhe RE vom 7.5.1984 NJW 1984, 2167; OLG Frankfurt RE vom 20.3.1984 WuM 1984, 123).

47 **Die Wohnungen müssen vergleichbar** sein. Dabei ist ein großzügiger Maßstab anzulegen (BGH NZM 2014, 747; BVerfG NJW 1980, 1617, NJW-RR 1993, 1485). Denn die Angabe von Vergleichswohnungen im Mieterhöhungsverlangen dient nicht dem Nachweis der ortsüblichen Vergleichsmiete, sondern soll dem Mieter lediglich Hinweise auf die Berechtigung des Mieterhöhungsverlangens geben und ihn in die Lage versetzen, dieses zumindest ansatzweise nachzuvollziehen (BGH WuM 2020, 86; WuM 2014, 494). Das Gesetz verlangt nur, dass die Wohnungen „vergleichbar" und nicht „entsprechend" (BVerfG NJW 1980, 1617; LG Berlin GE 2002, 1061) oder „identisch" (BVerfG NJW-RR 1993, 1485) sein müssen. Die Vergleichbarkeit muss auch nicht hinsichtlich aller 5 Wohnwertmerkmale gegeben sein, erforderlich ist vielmehr eine **Gesamtschau**. Grundsätzlich ist eine Mieterhöhungserklärung deshalb auch dann wirksam, wenn die genannten Vergleichswohnungen nicht bezüglich aller Wohnwertmerkmale mit der Wohnung des Mieters übereinstimmen (BVerfGE 53, 352, 359). Es ist deshalb nicht erforderlich, dass die Vergleichswohnungen mit der Bezugswohnung in den wesentlichen Wohnwertmerkmalen übereinstimmen. Hinsichtlich der Bedeutung der einzelnen Wohnwertmerkmale siehe die Ausführungen zu § 558 BGB. Entscheidend ist die Tatsache, dass die Vergleichswohnungen nach einer wertenden Betrachtungsweise nicht einem anderen Wohnungsteilmarkt angehören. Hierzu zählen z. B. Kleinwohnungen, Großwohnungen, Luxuswohnungen, Standardwohnungen, Komfortwohnungen, Schlichtwohnungen, Ein- oder Zweifamilienhäuser, Penthauswohnungen usw. Das Mieterhöhungsverlangen ist aber dann nicht ordnungsgemäß begründet, wenn die Wohnungen schon auf den ersten Blick nichts miteinander gemein haben, sondern verschiedenen Wohnungsteilmärkten angehören (LG Essen WuM 2015, 36; AG Aschaffenburg WuM 2013, 673, 674). Nach Ansicht des AG

Lörrach (WuM 2020, 27) ist eine Wohnung, die an eine juristische Person vermietet wurde, um darin deren Geschäftsführer wohnen zu lassen keine geeignete Vergleichswohnung, weil es sich um einen Gewerberaummietvertrag handele.

Die Frage, wie eine Wohnung objektiv beschaffen sein muss, um als Vergleichs- **48** wohnung in Frage zu kommen, ist von der Frage, welche Informationen der Vermieter dem Mieter über die Vergleichswohnungen zukommen lassen muss, zu trennen. Mit dem Begründungserfordernis wollte der Gesetzgeber erreichen, dass der Mieter zumindest ansatzweise die Information erhält, die er zur Überprüfung des Mieterhöhungsverlangens benötigt. Er soll in die Lage versetzt werden, die Berechtigung des Mieterhöhungsverlangens nachzuprüfen. Durch die Begründungspflicht soll der Mieter auch vor ungerechtfertigten Mieterhöhungen geschützt werden. § 558a Abs. 2 BGB verlangt aber nicht, dass der Vermieter alle 5 Wohnwertmerkmale des § 558 Abs. 2 BGB, nach denen die Vergleichbarkeit von Wohnraum festgestellt wird, einzeln genau belegen muss (BVerfGE 49, 244, 249; 53, 352; 79, 80; BVerfG WuM 1982, 146; NJW-RR 1993, 1485; BGH RE vom 20.9.1982 WuM 1982, 324 und NJW 1982, 2867). Die Begründung muss zumindest so viele Informationen enthalten, dass der Mieter zum einen weitere Informationen einholen kann und zum anderen zumindest ansatzweise erkennen kann, dass die benannten Wohnungen tatsächlich mit seiner Wohnung vergleichbar sind oder an welchen Punkten Unterschiede vorliegen.

Die örtliche Identifizierbarkeit der Vergleichswohnungen ist Mindestvoraus- **49** setzung. Der Vermieter muss im Erhöhungsverlangen die Vergleichswohnungen so genau bezeichnen, dass der Mieter die Wohnungen ohne weitere Nachforschungen aufsuchen kann (BGH NJW 2003, 963; LG München I WuM 2002, 427; AG München WuM 2016, 177; AG Zossen GE 2015, 461). Hierzu gehört zunächst zwingend die **exakte postalische Anschrift,** also Ort, Straße und Hausnummer (BVerfGE 49, 244, 250; 352, 359f.). Eine Postfachanschrift genügt nicht. Ist unter der Anschrift nur eine Wohnung zu finden, z.B. beim Einfamilienhaus oder weil die einzelnen Wohnungen jeweils eigene Eingänge mit eigener Hausnummer (z.B. 1a, 1b usw.) besitzen, so reichen diese Angaben völlig aus. Anders ist es, wenn unter der postalischen Anschrift mehrere Wohnungen zu finden sind. Dann muss der Vermieter weitere Angaben machen, die eine eindeutige Identifizierbarkeit der Wohnung erlauben (BGH NJW 2003, 963; LG München I, WuM 2002, 427; AG Pinneberg ZMR 2003, 583). Interne Unterscheidungsmerkmale des Vermieters, z.B. Wohnungsnummern, reichen hier nicht aus (AG Köln WuM 1994, 546, AG Bad Homburg WuM 1989, 305), es sei denn, sie sind nach außen hin dokumentiert, z.B. an Hand eines Wohnungsplanes im Treppenhaus oder durch Nummern an den Türen oder am Klingelbrett. Befindet sich nur eine einzige Wohnung in jedem Geschoss, dann genügt neben der postalischen Anschrift die Angabe des Geschosses, in der sich die Wohnung befindet (LG Hannover WuM 1978, 9). Die Angabe des Namens des Wohnungsmieters der Vergleichswohnung ist nicht zwingend erforderlich (BGH WuM 1982, 324, NJW 1982, 2867; LG Berlin WuM 1985, 306; **a. A.** wohl BVerfG NJW-RR 1993, 1485; BVerfG NJW 1989, 969; LG Berlin GE 1993, 49; LG Berlin ZMR 1992, 62). Wenn die Vergleichswohnungen in einem Mieterhöhungsverlangen jedoch nicht unverwechselbar beschrieben sind, sondern vielmehr mindestens zwei Wohnungen in einem Wohnhaus in Betracht kommen, reichen diese Angaben nicht aus. Ist eine Wohnung nicht auffindbar, dann gilt sie als nicht benannt (LG Kaiserslautern ZMR 1986, 363; AG Karlsruhe WuM 1990, 222). Deshalb reicht in diesem Fall noch nicht einmal die Angabe des Vermieters, selbst wenn dessen Anschrift mit angegeben wird (OLG Schleswig RE vom 1.6.1981 NJW 1981, 2261; AG

§ 558a BGB Untertitel 2. Mietverhältnisse über Wohnraum

Wedding GE 1983, 129), weil hierdurch die Wohnung, auf die es allein ankommt, nicht aufgefunden werden kann. Wenn also unter der Lagebezeichnung mehr als eine Wohnung aufzufinden ist, muss der Vermieter auch den Namen des Mieters der Vergleichswohnung mit angeben (BGH NJW 2003, 963; LG München I, WuM 2002, 427; LG Kaiserslautern ZMR 1986, 363).

50 **Angaben zur Miethöhe** der Vergleichswohnung sind nicht erforderlich. Zur Herstellung der Vergleichbarkeit ist die Kenntnis der Quadratmetermiete von entscheidender Bedeutung. Die absolute Miethöhe zweier Wohnungen wäre nur dann aussagekräftig, wenn die Wohnungen exakt gleich groß sind. Da dies aber nur ganz ausnahmsweise der Fall ist, z. B. bei Wohnungen in Plattensiedlungen, kann der Vergleich nur über die Quadratmetermiete erfolgen. Der Vermieter muss deshalb in der Regel die Quadratmetermiete, die in der Vergleichswohnung gezahlt wird, angeben (BVerfGE 49, 244, 250; 53, 352, 359 f.; BVerfG NJW-RR 1993, 1485; LG Berlin GE 1993, 49; LG Berlin ZMR 1992, 62). Dies gilt auch bei Mieterhöhungen für Einfamilienhäuser (LG Darmstadt WuM 1991, 49). Auf die Angabe der Quadratmetermiete kann aber dann verzichtet werden, wenn diese für den Mieter leicht errechenbar ist, nämlich wenn der Vermieter die Grundmiete und die Wohnfläche angegeben hat (OLG Schleswig RE vom 3.10.1986 WuM 1987, 140). Die Höhe der für die Wohnung gezahlten **Betriebskosten** müssen nicht angegeben werden (BVerfG WuM 1982, 146). Hinzuweisen ist aber auf völlig unterschiedliche Mietstrukturen. Bei den Vergleichswohnungen kann es sich nach Ansicht des BGH (WuM 2020, 86) entgegen der wohl überwiegenden Meinung (OLG Schleswig NJW 1984, 245; AG Frankfurt (Oder) WuM 2012, 320, 321; V. Emmerich in: Staudinger § 558a BGB Rdn. 50; Schneider in: Spielbauer/Schneider, Mietrecht, § 558a BGB Rdn. 106) auch um öffentlich geförderten, preisgebundenen Wohnraum handeln. Das ist deshalb bedenklich, weil die Preisbildungsregime ganz unterschiedlich sind und der Informationsgehalt für den Mieter, der bei der Begründung mit Vergleichswohnungen schon sehr gering ist, noch weiter gegen Null tendiert.

51 **Die Größe der Wohnung** muss nicht zwingend angegeben werden. Etwas anderes gilt aber zunächst immer dann, wenn der Vermieter nicht die Quadratmetermiete angegeben hat, so dass die Kenntnis der Größe der Wohnung erforderlich ist, um die Quadratmetermiete zu errechnen. Die Größe ist ferner dann anzugeben, wenn die Vergleichswohnung einem ganz anderen Wohnungsteilmarkt angehört. Es muss aber nur auf die Unterschiede nicht auf Übereinstimmung ausdrücklich hingewiesen werden.

52 **Sonstige Angaben zur Wohnung** müssen dann gemacht werden, wenn zwischen den Wohnungen wesentliche preisbildende Unterschiede bestehen (BVerfG NJW 1989, 969, AG Spandau MM 2005, 263, AG Charlottenburg GE 1989, 947; **a. A.** LG Frankfurt/M Urt. v. 27.2.2013 – 2–17 S 51/12). Fehlen solche Hinweise, so kann der Mieter davon ausgehen, dass keine der Vergleichswohnungen so evidente Unterschiede zur Vertragswohnung aufweist, dass an der Vergleichbarkeit zu zweifeln ist. Hinzuweisen ist z. B. darauf, dass eine Wohnung in einem Hochhauskomplex und die andere in einem Zweifamilienhaus mit Gartennutzung liegt (BVerfG Beschluss vom 17.5.1989 – 1 BvR 451/89 (unveröffentlicht); BVerfG NJW 1989, 969).

53 **Die Besichtigungsmöglichkeit der Vergleichswohnung** ist nicht Wirksamkeitsvoraussetzung für das Erhöhungsverlangen. § 558a Abs. 2 BGB verlangt nur die Bezugnahme auf die Vergleichswohnungen. Dem Mieter sollen solche Informationen gegeben werden, die es ihm erlauben, weitere Informationen einzuholen Ob diese Informationsmöglichkeit erfolgreich wahrgenommen werden konnte oder

nicht, ist nicht Voraussetzung für die Wirksamkeit des Mieterhöhungsverlangens (OLG Schleswig RE vom 31.10.1983 NJW 1984, 245).

Das Mieterhöhungsverlangen ist **wirksam, bis zur niedrigsten der höchsten drei Vergleichsmieten.** Erforderlich ist also, dass für mindestens drei Vergleichswohnungen eine Miete mindestens in Höhe der verlangten Miete oder höher gezahlt wird (BGH NZM 2012, 415; AG Kiel WuM 1991, 118; AG Pinneberg AIM 2003, 163). Für die formelle Wirksamkeit des Erhöhungsverlangens ist es unerheblich, wenn der Vermieter mehr als drei Wohnungen benannt hat und für einige Wohnungen davon eine niedrigere Miete gezahlt wird (**a. A.** noch: OLG Karlsruhe RE vom 15.12.1983 WuM 1984, 21). Es kommt also nicht auf den Durchschnitt der für die Vergleichswohnungen gezahlten Mieten an. 54

Soweit es um die **Feststellung der ortsüblichen Vergleichsmiete** geht, sind die mindestens drei Wohnungen, die der Vermieter im Mieterhöhungsverlangen angegeben hat, **kein Beweismittel** (LG Berlin GE 2004, 482; AG Mitte GE 2016, 593; ungenau AG Fritzlar WuM 2015, 560). Es muss klar unterschieden werden zwischen der Begründung des Mieterhöhungsverlangens und der Feststellung der ortsüblichen Vergleichsmiete. Letztere muss das Gericht unter Ausschöpfung aller zivilprozessual zulässigen Beweismittel ermitteln. Eine Beschränkung auf die vom Vermieter im Erhöhungsverlangen gewählten Begründungsmittel findet nicht statt (LG Essen WuM 1991, 120; LG Hamburg WuM 1990, 31). 55

6. Sonstige Begründungsmittel

Der Vermieter ist nicht auf die fünf in § 558a Abs. 2 BGB aufgezählten Begründungsmittel beschränkt. Wie sich aus dem Wortlaut des § 558a Abs. 2 BGB ergibt, kann „insbesondere" auf diese fünf Begründungsmittel zurückgegriffen werden. Zugelassen sind alle Begründungsmöglichkeiten, wenn sie nur geeignet sind, dem Mieter die für seine Entschließung erforderliche Information zu geben (BT-Drs. 7/2011, S. 10; BVerfG NJW 1980, 1817). Hierfür ist erforderlich, dass die gewählte Begründung dem Mieter konkrete Hinweise auf die sachliche Berechtigung des Erhöhungsverlangens gibt, damit er während der Überlegungsfrist die Berechtigung der Mieterhöhung überprüfen und sich darüber schlüssig werden kann, ob er dem Erhöhungsverlangen zustimmt oder nicht (BGH NJW 2014, 1173). Wie auch bei allen anderen im Gesetz aufgezählten Begründungsmitteln dürfen dabei in formeller Hinsicht im Hinblick auf das Grundrecht des Vermieters aus Art. 14 GG zwar keine überhöhten Anforderungen gestellt werden (BVerfGE 49, 244, 249; BGH NJW 2004, 1379); allerdings müssen auch die sonstigen Begründungsmittel in formeller Hinsicht Angaben über die Tatsachen enthalten, aus denen der Vermieter die Berechtigung der geforderten Mieterhöhung herleitet, und zwar in dem Umfang, wie der Mieter solche Angaben benötigt, um der Berechtigung des Erhöhungsverlangens nachgehen und diese zumindest ansatzweise überprüfen zu können (BGH NJW 2014, 1173). Der Hinweis auf entsprechende Anzeigen in der örtlichen Tagespresse reicht deshalb nicht aus, da er weder überprüfbar ist noch feststeht, dass die dort verlangten Mieten auch erzielt wurden (LG Köln WuM 1974, 10). Begründungen des Vermieters, die sich lediglich auf seine Aufwendungen oder sonst gestiegenen Kosten beziehen sind keine Begründung (LG Gießen WuM 1975, 16; LG Köln WuM 1974, 10; AG Rheine WuM 1974, 84). Deshalb sind auch Wirtschaftlichkeits- oder Rentabilitätsberechnungen (LG Stuttgart WuM 1974, 83; AG Holzminden WuM 1973, 171) oder Wertermittlungsgutachten (LG Gera WuM 2002, 497; LG Mönchengladbach WuM 1993, 197; AG Köln 56

WuM 1998, 379) des Vermieters hinsichtlich des Mietobjekts ungeeignet. Das Gleiche gilt für Begründungen, die mit dem Wohnungsmarkt in der Gemeinde nichts zu tun haben, z. B. der Hinweis auf gestiegene Lebenshaltungskostenindices, selbst wenn es sich um den Mietenindex handeln sollte, da diese Angaben entweder nicht ausschließlich Wohnungsmieten betreffen (AG München WuM 1972, 143; AG Backnang WuM 1973, 48) und schließlich überhaupt nicht nach den Wohnwertmerkmalen des § 558 Abs. 2 BGB differenzieren, von der zeitlichen Beschränkung der zu erfassenden Mieten ganz zu schweigen. Das Gleiche gilt für Baukostenindices, da die Baukosten über die Wohnungsmieten im Bestand gar nichts aussagen. Auch die Wohngeldstatistik ist ein ungeeignetes Begründungsmittel, da gerade die Wohngeldempfänger nicht repräsentativ für alle Wohnungsmieter sind.

57 Das sonstige Begründungsmittel muss mindestens so geeignet sein, wie das schlechteste der fünf vom Gesetzgeber vorgesehenen **Regelbegründungsmittel** (AG München WuM 1977, 212). Das ist die Begründung mit drei Vergleichswohnungen. Zumindest werden hier aber drei ganz konkrete Mietverhältnisse angegeben, die der Mieter sowohl hinsichtlich der Vergleichbarkeit wie auch hinsichtlich der Höhe der vereinbarten Miete überprüfen kann. An diesem **Maßstab** sind die sonstigen Beweismittel zu messen. Auch wenn die Anforderungen deshalb nicht allzu hoch sind, kann nicht jede Übersicht über Mieten in einer Gemeinde herangezogen werden. Übersichten der Makler wie z. B. die früheren **„VDM-Preisspiegel für Wohn- und Anlageimmobilien"** oder **„RDM-Immobilienspiegel"** und der neue **„ivd-Mietspiegel"** sind keine geeigneten Begründungsmittel. In diesen Übersichten werden nur Neuvertragsmieten ausgewiesen. Das ist für sich genommen nicht schädlich ist, da auch bei den drei Vergleichsmieten in der Regel die hohen Neuvertragsmieten herangezogen werden. Anders als bei Vergleichswohnungen kann der Mieter die Vergleichbarkeit nicht überprüfen. Dies ist zwar wiederum bei Mietspiegeln auch so, aber dort bürgt die Qualität des Mietspiegelerstellers für die Richtigkeit. Der ivd-Mietspiegel wird nach Opportunitätsgesichtspunkten erstellt und veröffentlicht. Auch die entsprechenden Übersichten der Finanzämter (LG Aurich WuM 1990, 222; LG Limburg WuM 1987, 29) bzw. der Staatshochbauämter (AG Friedberg WuM 1986, 322) sind deshalb ungeeignet. Auch Auskünfte der Gemeinde sind kein geeignetes Begründungsmittel (AG München WuM 1977, 212; AG Fürth/Odenw. WuM 1973, 102; AG Backnang WuM 1973, 48).

58 Auf der anderen Seite genügen all die Begründungsmittel, die dem Mieter an Hand von Einzeltatsachen nachvollziehbar einen Anhaltspunkt über die Höhe der ortsüblichen Vergleichsmiete geben. Hierzu zählen z. B. Urteile, in denen die ortsübliche Vergleichsmiete für vergleichbaren Wohnraum festgestellt wurde oder entsprechende Sachverständigengutachten (LG Nürnberg NJW-RR 1991, 13, z. B. wenn sie als sog. **Typgutachten** (dazu BGH NZM 2010, 576) nicht als Gutachten gemäß § 558 a Abs. 2 Ziff. 3 BGB anerkannt werden. Der Vermieter kann das Zustimmungsverlangen zur Mieterhöhung auch durch Bezugnahme auf ein Sachverständigengutachten begründen, das in einem anderweitigen gerichtlichen Verfahren eingeholt worden ist. Erforderlich ist lediglich, dass die beiden Wohnungen ungefähr vergleichbar sind (LG Mannheim WuM 1986, 223). Auch das Gutachten eines örtlich zuständigen Gutachterausschusses stellt ein geeignetes sonstiges Begründungsmittel dar (LG München II ZMR 1994, 22) da die Gutachterausschüsse auf Grund ihrer personellen Ausstattung und organisatorischen Anbindung völlig unabhängig sind und auf Grund ihrer ständigen Befassung mit Grundstücksbewertungen und der Sammlung von Werten aus Verkaufsfällen auch sachlich geeignet sind. Wenn die vom Vermieter als sonstiges Begründungsmittel benutzten Unterlagen nicht kosten-

los zugänglich sind, muss der Vermieter diese Unterlagen dem Mieterhöhungsverlangen **beifügen** anderenfalls ist das Erhöhungsverlangen nicht wirksam.

IV. Die Hinweispflicht auf qualifizierte Mietspiegel, Abs. 3

Eine Besonderheit gilt gem. Abs. 3 für den Fall, dass in der Gemeinde ein qualifizierter Mietspiegel existiert und der Vermieter ein anderes Begründungsmittel benutzt. **Voraussetzung für die Anwendung** des § 558a Abs. 3 BGB ist, dass es für die Gemeinde einen qualifizierten Mietspiegel gibt, der Angaben für die Wohnung des Mieters enthält (AG Lichtenhagen MM 9/2012, 29). Soweit nach dem Wortlaut der Vorschrift erforderlich ist, dass bei dem Mietspiegel *die Vorschrift des § 558d Abs. 2 BGB eingehalten ist,* ist dies missverständlich. Entsprechend dem Sinn und Zweck der Vorschrift muss auch auf die Werte eines neuen qualifizierten Mietspiegels, der nach § 558d Abs. 2 BGB noch gar nicht fortgeschrieben werden muss, hingewiesen werden (BGH NZM 2013, 138). Es muss also zunächst einen qualifizierten Mietspiegel für die Gemeinde geben. Zu den Voraussetzungen siehe § 558d BGB. Dieser Mietspiegel muss aber auch „Angaben für die Wohnung" enthalten, die konkrete Vertragswohnung muss also in den qualifizierten Mietspiegel eingruppiert werden können. Dies ist bei einem Tabellenmietspiegel dann nicht der Fall, wenn das entsprechende Mietspiegelfeld leer ist. Dies kann z. B. dann der Fall sein, wenn der Mietspiegel Werte für Wohnungen dieser Art generell nicht enthält oder wenn dieser Art von Wohnungen zwar erfasst werden, aber trotzdem für die konkrete Kombination von Beschaffenheit (= Baualter), Größe, Ausstattung und Lage keine Werte ausgewiesen werden. Dies kann zum einen dann der Fall sein, wenn die Merkmalskombination so einzigartig ist, dass es keine weiteren vergleichbaren Wohnungen mehr gibt; zum anderen aber auch dann, wenn die Feldbesetzung zu gering ist (KG GE 2010, 60; NZM 2009, 544). Nach den anerkannten wissenschaftlichen Grundsätzen sollten ca. 30 Datensätze vorliegen, um einigermaßen verlässlich Angaben zur Miethöhe machen zu können. 59

Das Gesetz verlangt, dass der Vermieter dem Mieter im Mieterhöhungsverlangen die „Angaben für die Wohnung" aus dem qualifizierten Mietspiegel mitteilt. Das bedeutet, dass der Vermieter die **Werte des konkreten Mietspiegelfeldes mitteilen** muss. Dies muss im Mieterhöhungsverlangen geschehen. Es genügt nicht, wenn die Werte des qualifizierten Mietspiegels nur im vorprozessualen und dem Mieter mitgeteilten Sachverständigengutachten enthalten sind (LG München I ZMR 2014, 364, 366). Es muss aber weder der gesamte Mietspiegel mitgeteilt werden noch muss der qualifizierte Mietspiegel in einem Fall, in dem sich der Vermieter gerade nicht auf diesen qualifizierten Mietspiegel als Begründungsmittel stützt, beigefügt werden (**a. A.** LG Berlin GE 2007, 986). Enthält der Mietspiegel eine Spanne, so genügt die Mitteilung der Spanne. Weitere Angaben zur Spanneneinordnung sind nicht erforderlich. Die bloße Angabe des Rasterfeldes des qualifizierten Mietspiegels in das die Wohnung eingeordnet werden muss reicht ohne Angabe der Spanne nicht aus (LG Berlin GE 2007, 986). Es ist aber nicht erforderlich, dass die Angaben zum qualifizierten Mietspiegel so umfassend sein müssten, als ob der Vermieter die Mieterhöhung mit dem qualifizierten Mietspiegel begründen würde (**a. A.** AG Schöneberg GE 2013, 817). Eine Belehrung über die Rechtsfolgen ist ebenfalls nicht erforderlich. Der Hinweis auf den qualifizierten Mietspiegel muss aus sich heraus verständlich sein (LG München I WuM 2002, 496). Unschädlich ist es, wenn der Vermieter darüber hinaus **weitere Angaben** z. B. Anmerkun- 60 gen zum qualifizierten Mietspiegel gemacht hat. Dies gilt zunächst uneingeschränkt für solche Erläuterungen mit denen der Vermieter begründen will, warum er einen vermeintlichen qualifizierten Mietspiegel nicht für einschlägig erachtet. Es gilt aber auch für solche Hinweise, mit denen der Vermieter begründet, warum die von ihm verlangte Miete höher als die Werte eines einschlägigen qualifizierten Mietspiegels sein soll. Dies ergibt sich daraus, dass der Vermieter ja auch auf diese höhere Miete einen Anspruch hat und ggf. im Prozess auch durchsetzen kann. Die zusätzlichen Angaben ermöglichen es dem Mieter rechtzeitig die Erfolgsaussichten einzuschätzen und das Kostenrisiko abzuschätzen.

61 Fehlt ein eigentlich erforderlicher Hinweis auf die Werte eines qualifizierten Mietspiegels so ist das Mieterhöhungsverlangen unwirksam (LG München I, WuM 2002, 427; WuM 2002, 496). Stimmt der Mieter einem solchen unwirksamen Erhöhungsverlangen teilweise zu, so ändert sich die Miete nur dann, wenn der Vermieter wiederum dies Angebot annimmt, § 151 BGB. Dies kann auch konkludent erfolgen. Der Vermieter kann den Hinweis auf den qualifizierten Mietspiegel auch nachschieben und damit den Mangel heilen, § 558b Abs. 3 BGB (LG München I, WuM 2002, 427). Weist das Gericht im Prozess, wozu es gem. § 139 ZPO verpflichtet ist, darauf hin, dass es den örtlichen Mietspiegel für einen qualifizierten Mietspiegel nach § 558d BGB hält, und fehlte bisher der Hinweis darauf im Mieterhöhungsverlangen nach § 558a Abs. 3 BGB, so kann der Vermieter jetzt diesen Hinweis im Prozess nachholen. Dies setzt eine neue Zustimmungsfrist in Gang. Das Gericht ist aber nicht verpflichtet, auf die gesetzliche Möglichkeit der Heilung gemäß § 558b Abs. 3 BGB hinzuweisen.

62 Der Vermieter muss die negative Tatsache „es gibt keinen qualifizierten Mietspiegel, der Angaben für die Wohnung des Mieters enthält" darlegen und **beweisen**.

V. Abweichende Vereinbarungen

63 Nach § 558a Abs. 5 BGB sind abweichende Vereinbarungen zum Nachteil des Mieters unwirksam. Zur Frage wann eine Vereinbarung vorliegt und den allgemeinen Voraussetzungen siehe § 557 Rdn. 18. Unwirksam sind alle Vereinbarungen, die von den Voraussetzungen der § 558a Abs. 1 bis 4 BGB zum Nachteil des Mieters abweichen. Unwirksam sind danach alle Vereinbarungen, die die Möglichkeit beinhalten, dass dem Vermieter Erleichterungen von den formellen Voraussetzungen einer Mieterhöhung eingeräumt werden. Deshalb kann weder vom Textformerfordernis noch vom Begründungserfordernis wirksam zu Lasten des Mieters abgewichen werden. Unzulässig ist auch die Vereinbarung in einem Mietvertrag über die Einordnung einer Wohnung in den Mietspiegel (AG Hamburg WuM 2001, 287).

64 § 558a Abs. 5 BGB verbietet aber keine Vereinbarungen die die Mieterhöhung für den Vermieter erschweren. So ist die Vereinbarung strengerer Formen als der Textform, z. B. der früheren Schriftform zu Lasten des Vermieters ist möglich. Möglich ist auch eine Vereinbarung, wonach das Erhöhungsverlangen per Einschreiben verschickt werden soll oder zuvor die Zustimmung eines Dritten eingeholt werden muss.

§ 558b Zustimmung zur Mieterhöhung

(1) **Soweit der Mieter der Mieterhöhung zustimmt, schuldet er die erhöhte Miete mit Beginn des dritten Kalendermonats nach dem Zugang des Erhöhungsverlangens.**

(2) **¹Soweit der Mieter der Mieterhöhung nicht bis zum Ablauf des zweiten Kalendermonats nach dem Zugang des Verlangens zustimmt, kann der Vermieter auf Erteilung der Zustimmung klagen. ²Die Klage muss innerhalb von drei weiteren Monaten erhoben werden.**

(3) ¹Ist der Klage ein Erhöhungsverlangen vorausgegangen, das den Anforderungen des § 558a nicht entspricht, so kann es der Vermieter im Rechtsstreit nachholen oder die Mängel des Erhöhungsverlangens beheben. ²Dem Mieter steht auch in diesem Fall die Zustimmungsfrist nach Absatz 2 Satz 1 zu.

(4) **Eine zum Nachteil des Mieters abweichende Vereinbarung ist unwirksam.**

Übersicht

	Rdn.
I. Allgemeines	1
II. Die Reaktionsmöglichkeiten des Mieters	2
1. Ablehnung des Erhöhungsangebots	3
2. Zustimmung	4
3. Teilzustimmung	12
4. Kündigung	14
5. Zurückbehaltungsrecht	15
III. Rechtsfolgen der Zustimmung oder Teilzustimmung, Abs. 1	16
IV. Die Rechtsfolgen bei fehlender Zustimmung, Abs. 1	18
1. Die Überlegungsfrist	18
2. Der Zustimmungsprozess	20
3. Die gerichtliche Entscheidungsfindung	29
V. Die Nachbesserung von Mieterhöhungsverlangen, Abs. 3	36
VI. Nachteilige Vereinbarungen, Abs. 4	41

I. Allgemeines

Die Mieterhöhung nach § 558 BGB setzt eine Mitwirkung des Mieters voraus. **1** Er muss einer Änderung der Miete zustimmen und zwar entweder von sich aus oder seine Zustimmung muss vom Gericht gem. § 894 ZPO ersetzt werden. Voraussetzung hierfür ist ein formell und materiell ordnungsgemäßes Mieterhöhungsverlangen gem. § 558a BGB. § 558b BGB enthält dann die Rechtsfolgen eines solchen Mieterhöhungsverlangens und zwar danach unterschieden, ob der Mieter zustimmt oder nicht. Hat er zugestimmt, dann ändert sich gem. Abs. 1 die Miete, hat er nicht zugestimmt, dann steht dem Vermieter der Klageweg offen. Ist dem Mieter ein wirksames Mieterhöhungsverlangen zugegangen, dann treten die Rechtsfolgen automatisch ein. Als Rechtsfolge wird zunächst einmal die Überlegungsfrist des § 558b Abs. 2 BGB in Gang gesetzt, zusätzlich entsteht das Kündigungsrecht des Mieters gem. § 561 BGB und schließlich wird durch den Zugangstermin auch der Wirkungszeitpunkt für die Mieterhöhung bestimmt.

II. Die Reaktionsmöglichkeiten des Mieters

2   Die Mieterhöhung tritt nur ein, wenn der Mieter ihr zustimmt. Der Vermieter hat auf diese Zustimmung einen durchsetzbaren Anspruch, wenn die Voraussetzungen des § 558 BGB gegeben sind. Will der Mieter die Zustimmung nicht erteilen, bleibt ihm in diesem Fall nur die Möglichkeit das Mietverhältnis zu kündigen, § 561 BGB.

1. Ablehnung des Erhöhungsangebots

3   Der Mieter kann das Zustimmungsverlangen des Vermieters ablehnen. Wie die Zustimmung selbst, so kann auch eine solche Ablehnung ausdrücklich oder auch konkludent erfolgen. Während nach den allgemeinen Regeln des BGB, § 146 BGB, die Ablehnung zur Folge hat, dass der Antrag des Vermieters nunmehr erlischt, ist dies im Mieterhöhungsrecht nicht der Fall. Der Vermieter kann deshalb seinen Anspruch auf Zustimmung gerichtlich weiterverfolgen und der Mieter kann auch nach ausdrücklicher Ablehnung des Antrags diesen annehmen (LG Berlin NJWE-MietR 1996, 195). Die ausdrückliche Ablehnung des Mieters hat aber zur Konsequenz, dass der Vermieter bereits **vor Ablauf der Überlegungsfrist** die Zustimmungsklage erheben darf (KG RE vom 12.1.1981 WuM 1981, 54; AG Pankow-Weißensee GE 1995, 1555). Hat der Vermieter nach einem unwirksamen Mieterhöhungsverlangen im laufenden Klageverfahren ein wirksames Erhöhungsverlangen gem. § 558b Abs. 3 BGB nachgeholt oder bestehende formelle Mängel beseitigt und hat der Mieter bereits zuvor ausdrücklich oder konkludent erklärt, er werde den Anspruch des Vermieters insgesamt ablehne, dann ist auch die Klage auf Grund des nachgeholten Zustimmungsverlangens vor Ablauf der Überlegungsfrist zulässig (OLG Celle NJWE-MietR 1996, 76). Keine Ablehnung ist das bloße Schweigen auf ein Zustimmungsverlangen. Eine besondere Verpflichtung, binnen der Überlegungsfrist sich ausdrücklich zu erklären, also entweder der Mieterhöhung zuzustimmen oder sie abzulehnen, besteht für den Mieter nicht.

2. Zustimmung

4   Die Zustimmung des Mieters ist eine **empfangsbedürftige Willenserklärung.** Auf die Zustimmungserklärung des Mieters sind die allgemeinen Vorschriften des BGB anwendbar, wie Anfechtung, Stellvertretung, Geschäftsfähigkeit, Zugang von Willenserklärungen und die sonstigen Vorschriften über die Wirksamkeit von Rechtsgeschäften, §§ 125, 134 BGB wie auch die besonderen Vorschriften über Verträge, §§ 145 ff. BGB, soweit sich jeweils aus den §§ 558 ff. BGB nichts anderes ergibt. Der Mieter kann deshalb seine Willenserklärung wegen Inhalts- oder Erklärungsirrtums anfechten, er kann sich vertreten lassen und er muss zum Zeitpunkt der Erklärung geschäftsfähig sein. Bei einer Zustimmung durch einen Vertreter besteht genauso wie beim Zustimmungsverlangen des Vermieters **analog § 174 BGB das Zurückweisungsrecht** (AG Dortmund NZM 2016, 443 m. Anm. *Bühler*). Für eine Zustimmung, die während eines Zustimmungsprozesses abgegeben wird, gilt § 174 BGB nicht.

5   § 558 BGB räumt dem Vermieter unter den im Gesetz näher aufgeführten Voraussetzungen gegenüber dem Mieter einen **Anspruch auf Zustimmung** zu einer Vertragsänderung bezüglich der Miethöhe ein. Die Erklärung des Mieters

muss die Erfüllung dieses Anspruchs des Vermieters darstellen. Der Inhalt der Willenserklärung ist darauf gerichtet, dass der Mieter gegenüber dem Vermieter erklärt, er stimme einer Änderung der Miete auf die neue verlangte Miete zu. Dabei muss sich die abgegebene Willenserklärung auf die künftig zu zahlende neue Miete beziehen (KG RE vom 5.8.1997 NZM 1998, 68). Nicht ausreichend ist eine Zustimmung, die sich nur auf den Erhöhungsbetrag bezieht. Die Zustimmung bezieht sich auf die Gesamtmiete für die Wohnung und nicht auf eine Quadratmetermiete.

Die **Zustimmung ist bedingungsfeindlich.** Eine unter Bedingungen oder einem Vorbehalt erteilte Zustimmung ist rechtlich nichtig (AG Charlottenburg GE 2020, 266; AG Heilbronn ZMR 1998, 171; AG Hohenschönhausen GE 2001, 855; GE 1996, 869). Die Zustimmung ist eine Annahme iSd § 146 BGB, also eine empfangsbedürftige Willenserklärung, die nach objektivem Empfängerhorizont auszulegen ist, § 133 BGB. Erklärt ein Mieter die **Zustimmung unter einem Vorbehalt** oder „ohne Anerkennung einer Rechtspflicht", so muss die Zustimmung zusammen mit dieser Erklärung ausgelegt werden. Gibt der Mieter durch den Vorbehalt zu erkennen, dass er die Zustimmung nur gelten lassen will, wenn weitere Umstände oder Ereignisse eintreten, dann fehlt es an einer wirksamen Zustimmung. Allein der Zusatz „ohne Anerkennung einer Rechtspflicht" nimmt der im gleichen Schreiben erklärten Zustimmung nicht die Annahmewirkung. Der Zusatz allein kann auch bedeuten, dass der Mieter sich zwar rechtlich nicht verpflichtet sieht, die Zustimmung zu erteilen, dass er sie aber trotzdem erteilt (AG Heilbronn ZMR 1998, 171). Befinden sich in dem Schreiben aber noch weitere Einschränkungen z.B. zeitlicher Art wie „einstweilige Zustimmung" usw., liegt keine wirksame Zustimmung vor. Auch die Zustimmung in Berlin unter dem Vorbehalt des „Mietendeckels" stellt keine Erfüllung des Zustimmungsanspruchs dar (AG Charlottenburg GE 2020, 266). Jedoch kann eine Zustimmung mit Einschränkung wiederum selbst ein wirksames Angebot auf Abschluss eines Mietabänderungsvertrages gem. § 557 Abs. 1 BGB darstellen. Der Vermieter kann dieses Angebot annehmen oder ablehnen. Wenn er es ablehnt, kann und muss er den gesamten Zustimmungsanspruch geltend machen; es liegt keine Teilzustimmung vor. 6

Die Zustimmung des Mieters kann **ab Zugang** des Mieterhöhungsverlangens erteilt werden. Erst wenn ein Angebot des Vermieters vorliegt, kann dieses angenommen werden; zuvor handelt es sich um ein Angebot des Mieters. Der Mieter kann das Angebot des Vermieters solange annehmen, wie das Angebot **annahmefähig** ist. Dies ist zunächst solange der Fall, wie der Vermieter das Angebot nicht zurückgenommen hat. Die Rücknahme des Angebots ist jederzeit möglich, auch während der Überlegungsfrist. Hat der Vermieter das Erhöhungsverlangen nicht zurückgenommen, dann kann der Mieter dies Verlangen zunächst innerhalb der Überlegungsfrist annehmen. Das Angebot des Vermieters bleibt aber auch danach annahmefähig bis der Vermieter es entweder zurückgenommen hat oder bis es wegen **Ablaufs der Klagefrist** unwirksam wurde (BGH Urt. v. 29.4.2020 – VIII ZR 355/18; LG Hannover WuM 1990, 222, 223). Die Annahme kann auch noch **nach Ablauf der gesetzlichen Klagefrist** erfolgen, wenn der Vermieter fristgerecht Klage erhoben hat. 7

Anders als für das Mieterhöhungsverlangen des Vermieters ist für die Zustimmung des Mieters grundsätzlich **keine Form vorgeschrieben** (AG Pankow/Weißensee GE 2016, 335; AG Neuruppin WuM 2013, 232; AG Hannover ZMR 2010, 290; AG Schöneberg NZM 2009, 123). Möglich ist deshalb, dass die Zustimmung 8

§ 558b BGB Untertitel 2. Mietverhältnisse über Wohnraum

des Mieters schriftlich, in Textform (AG Pankow/Weißensee GE 2016, 335), mündlich oder sogar konkludent erfolgt. Eine **ausdrückliche Zustimmung** liegt vor, wenn der Mieter eine Willenserklärung gegenüber dem Vermieter abgibt, wonach er einer Änderung der Miete auf die neue verlangte Miete zustimme. Da die Zustimmung eine empfangsbedürftige Willenserklärung ist, muss sie vom Mieter gegenüber dem Vermieter abgegeben werden und wird erst mit Zugang wirksam. Der Mieter muss seine **Zustimmung** jedoch dann **schriftlich** abgeben, wenn es sich aus um einen Vertrag handelt, der wirksam für länger als ein Jahr abgeschlossen wurde, § 550 BGB. Dies gilt unabhängig von der absoluten oder prozentualen Höhe der Mieterhöhung (BGH NJW 2016, 311). Schriftformklauseln gelten weder für das Zustimmungsverlangen des Vermieters noch für die Zustimmungserklärung des Mieters (BGH WuM 2011, 393; NZM 2011, 117). Jede Mietvertragspartei kann jedoch im Fall einer wirksamen Schriftformklausel gem. § 127 Abs. 2 Satz 2 BGB nachträglich, also nach Abgabe der beiderseitig auf Vertragsänderung gerichteten Willenserklärungen die schriftliche Fixierung der Änderungsvereinbarung zu verlangen. Schriftform erfordert, dass die Unterzeichnung der Parteien auf derselben Urkunde erfolgt (Grundsatz der Einheitlichkeit der Urkunde). Nicht ausreichend ist die Unterzeichnung einer isolierten „Zustimmungserklärung", in der der Mieter einer Mieterhöhung zustimmt, ohne dass in dieser Erklärung auch die Willenserklärung des Vermieters enthalten ist. Anders ist es dann, wenn der Mieter dem Vermieter ein Exemplar des Mieterhöhungsverlangens zurückschickt und auf diesem Exemplar befindet sich die Zustimmung des Mieters. Dann reicht es, wenn das vom Vermieter unterschriebene Exemplar beim Mieter verbleibt und die vom Mieter unterschriebene Durchschrift zum Vermieter gelangt. Bei Schriftformmängeln ist die Mieterhöhung aber wirksam, der befristete Vertrag ist allenfalls kündbar, § 550 BGB.

9   Die Zustimmung des Mieters kann, abgesehen von den zuvor geschilderten Fällen, in denen die Einhaltung der Schriftform erforderlich ist, auch durch **schlüssiges Verhalten** erfolgen (LG Wuppertal NJWE-MietR 1997, 266). Eine solche konkludente Willenserklärung setzt voraus, dass der Vermieter aus einem bestimmten Verhalten nur den Schluss ziehen kann, der Mieter wolle damit die verlangte Zustimmungserklärung abgeben. Ob das Verhalten als konkludente Willenserklärung zu verstehen ist, ist **durch Auslegung** zu ermitteln, die nicht schematisch erfolgten darf, sondern von den konkreten Umständen des Einzelfalles abhängt (LG Wuppertal NJWE-MietR 1997, 266; LG Kiel WuM 1993, 198; LG Aachen WuM 1988, 280; LG Berlin WuM 1985, 311). Dabei ist **Maßstab der objektive Empfängerhorizont.** Es ist also jeweils zu prüfen, ob ein objektiver Empfänger, der den Inhalt des Angebotes des Vermieters und alle sonstigen Umstände kennt, aus dem Verhalten des Mieters den Schluss auf einen **Rechtsbindungswillen** des Mieters ziehen würde (LG Wuppertal NJWE-MietR 1997, 266; LG Kiel WuM 1993, 198). Voraussetzung für die Annahme einer konkludenten Willenserklärung ist, dass demjenigen, der eine solche konkludente Erklärung abgegeben haben soll, überhaupt bewusst ist, eine rechtsgeschäftliche Erklärung abzugeben. Die stärkste Form des konkludenten Verhaltens in diesem Zusammenhang ist die **Zahlung.** Hat der Vermieter den Mieter ausdrücklich aufgefordert, einer Mieterhöhung zuzustimmen und zahlt der Mieter dann, ohne zuvor sein Einverständnis ausdrücklich erklärt zu haben, die erhöhte Miete, dann weiß der Mieter zum einen, dass er rechtsgeschäftlich tätig wird, da er ja zur Zustimmung aufgefordert wurde und der Empfänger der Zahlung kann dies nur als Zustimmung verstehen. Von daher kommt zunächst dem Angebot des Vermieters auf Abschluss der Änderungsverein-

barung für die Auslegung einer Zahlung als Zustimmung große Bedeutung zu. Hat der Vermieter dem Mieter ein Mieterhöhungsverlangen nach § 558 BGB mit ausdrücklicher Aufforderung zur Zustimmung zu einer Mieterhöhung zukommen lassen, dann darf ein Vermieter aus der Sicht eines objektiven Empfängers bereits **eine einzige Zahlung** als Zustimmung verstehen (LG Berlin GE 2009, 1625; WuM 1989, 308; LG Trier WuM 1994, 217; LG Kiel WuM 1993, 198; LG Braunschweig WuM 1986, 142; AG Frankfurt ZMR 1989, 180; AG Frankfurt DWW 1987, 263). Dies gilt auch, wenn der Vermieter den Dauerauftrag entsprechend anpasst (LG Berlin WuM 1987, 266). Eine Zahlung unter Vorbehalt genügt aber nicht (AG Schöneberg GE 2009, 117). Nach Ansicht des BGH kann jedenfalls eine mehrmalige vorbehaltlose Zahlung der erhöhten Miete als schlüssig erklärte Zustimmung des Mieters zum Mieterhöhungsverlangen gewertet werden (BGH NZM 2018, 279). Offen gelassen hat der Senat, ob schon in der erstmaligen Zahlung der erhöhten Miete die konkludente Zustimmung des Mieters zu der geforderten Mieterhöhung gesehen werden kann. Das Problem ist durch die **Verlängerung der Klagefrist** auf drei Monate und die gesetzliche Vorverlegung der Fälligkeit der Miete in § 556b Abs. 1 BGB etwas entschärft. Jetzt kann der Vermieter drei Fälligkeitstermine abwarten, bevor er sich entscheiden muss, ob er Zustimmungsklage erhebt. Die bloße **Duldung der Einziehung** einer erhöhten Miete stellt aber keine Zustimmung dar, selbst wenn die Abbuchung mehrfach erfolgt (LG München WuM 1996, 44; LG Göttingen WuM 1991, 280; AG Hamburg WuM 2000, 359). Ein **Widerrufsrecht** gem. § 312c BGB besteht im Fall der konkludenten Zustimmung durch Zahlung nicht, da die sich aus der Zahlung ergebende konkludente Zustimmung nicht unter Benutzung von **Fernkommunikationsmitteln** erfolgte (AG Spandau GE 2015, 1463, 1464).

Befindet sich auf Mieterseite eine Personenmehrheit, dann schulden alle Mieter gemeinsam in ihrer **gesamthänderischen Bindung** die Zustimmung. Da das Zustimmungsverlangen nach § 558a Abs. 1 BGB das Angebot zum Abschluss eines Änderungsvertrages darstellt, kann die nach § 558 Abs. 1 BGB von den Mietern geschuldete Zustimmung nur von allen Mietern übereinstimmend erbracht werden. Der Vermieter kann die **einheitliche Zustimmung** nur von allen Mietern zusammen fordern (KG RE v. 25.10.1984, WuM 1985, 12; keine Gesamtschuld: LG Berlin GE 1999, 573; AG Dortmund Urt. v. 9.10.2007 – 425 C 6099/07). Dabei ist auf Seiten der Mieter aber eine **Vertretung zulässig.** Die Vertretungsmacht muss sich auf Abgabe der Zustimmungserklärung beziehen. Die in Mietverträgen üblichen **Empfangsbevollmächtigungen** genügen hierzu nicht. Diese beziehen sich auf die Abgabe von Willenserklärungen. Formularmäßige Vollmachtsklauseln in Mietverträgen, die einen Mieter berechtigen auch im Namen des anderen Mieters die Zustimmung zu erteilen, sind unwirksam (OLG Frankfurt NJW-RR 1992, 396, 400; OLG Celle WuM 1990, 103; 112; LG Hannover WuM 1988, 259, 261; LG Frankfurt WuM 1990, 271, 281; offen gelassen von BGH RE vom 10.9.1997 NZM 1998, 22). Bei Ehegatten ergibt sich die Vertretungsmacht auch nicht aus § 1357 BGB (BGH WuM 2016, 353; **a. A.** AG Münster MDR 1996, 900). Die Vorschrift setzt zwingend voraus, dass es sich um ein Geschäft zur angemessenen Deckung des Lebensbedarfs handelt. Hierzu zählen in erster Linie Haushaltsgeschäfte. Die Anmietung einer Wohnung gehört nicht hierzu (LG Berlin GE 1995, 1343; LG Köln WuM 90, 142 (Mietaufhebungsvertrag); LG Flensburg NJW 1973, 1085 (Ferienwohnung); AG Potsdam GE 1996, 1305). Auch eine Mieterhöhung gehört wegen der langfristigen Verpflichtung nicht dazu. Möglich ist aber die Einräumung einer Vertretungsmacht durch Individualvereinbarung.

§ 558b BGB

Der handelnde Mieter muss aber gem. § 164 Abs. 2 BGB auch im Namen des vertretenen Mieters handeln. Für das Vorliegen der Vertretungsmacht spricht bei Ehegatten eine Vermutung oder ein Anscheinsbeweis. Die Lebenserfahrung spricht dafür, dass ein Ehegatte, der in einem bestehenden Mietverhältnis auf Verlangen des Vermieters eine Zustimmung angibt, dies zugleich auch im Auftrag des anderen mietenden Ehegatten tut. Wenn ein Ehegatte alle Dinge des Mietvertrages in der Vergangenheit geregelt hat, dann kommt eine Vertretungsmacht auch über das Rechtsinstitut der **Duldungs- oder auch der Anscheinsvollmacht** in Betracht. Die mangels Vertretungsmacht für den anderen Mieter erklärte Zustimmung eines Mieters kann nach § 177 Abs. 1 BGB geheilt werden mit der Folge, dass dann von einer Zustimmung beider Mieter auszugehen ist (LG Berlin NJWE-MietR 1996, 195). Bei einer Zustimmung durch einen Vertreter besteht genauso wie beim Zustimmungsverlangen des Vermieters analog § 174 BGB das Zurückweisungsrecht (AG Dortmund NZM 2016, 443). Für eine Zustimmung, die während eines Zustimmungsprozesses abgegeben wird, gilt § 174 BGB nicht.

11   Der Mieter kann seine Zustimmungserklärung unter den Voraussetzungen, dass es sich um einen **außerhalb der Geschäftsräume** geschlossenen Verbrauchervertrag handelt **widerrufen** (s. o. § 535 Rdn. 131 ff.; Hinz WuM 2016, 76; Horst DWW 2015, 2; Mediger NZM 2015, 185; Artz/Brinkmann/Pielsticker ZAP F. 4 S. 1639; Hau NZM 2015, 435; Gsell WuM 2014, 375). Dabei kommt es nicht darauf an, ob der Vermieter gem. § 558 BGB einen Anspruch auf die Zustimmung hat oder nicht. Liegen die situativen Voraussetzungen des § 312b BGB vor, besteht das Widerrufsrecht. Die §§ 558 ff. BGB stellen insofern kein vorrangiges lex specialis dar. Demgegenüber besteht kein Widerrufsrecht nach den Vorschriften über **Fernabsatzverträge** iSd §§ 312c BGB (BGH NJW 2019, 303 m.Anm. Tavakoli VuR 2019, 203).

3. Teilzustimmung

12   Der Mieter kann dem Mieterhöhungsverlangen des Vermieters auch teilweise zustimmen Dies ergibt sich aus der Formulierung „soweit". Durch eine solche Teilzustimmung zu einem Mieterhöhungsverlangen ist die teilweise Mieterhöhung unabhängig vom Willen des Vermieters vereinbart (LG Landshut WuM 1990, 223). Für die Teilzustimmung gelten im Übrigen die gleichen Voraussetzungen, wie für eine uneingeschränkte Zustimmung. Auch die Teilzustimmung kann ausdrücklich oder konkludent erfolgen. Der Mieter, der einem Mieterhöhungsverlangen zumindest teilweise vorbehaltlos zugestimmt hat, hat auch zu erkennen gegeben, dass er das Mieterhöhungsverlangen bis zu dieser Höhe für wirksam hält. Er kann sich nach einer Teilzustimmung deshalb nicht mehr auf die **Unwirksamkeit des Erhöhungsverlangens** berufen (AG Münster WuM 1985, 364). Anders ist es aber dann, wenn der Mieter auf den Mangel hinweist und trotzdem teilweise zustimmt. Eine Teilzustimmung löst nicht die Jahressperrfrist aus, wenn der Vermieter den überschießenden Teil einklagte (BGH WuM 2010, 161).

13   Der Mieter kann der verlangten Mieterhöhung nicht nur betragsmäßig eingeschränkt zustimmen, er kann auch hinsichtlich des Wirksamkeitszeitpunkts Einschränkungen machen. So ist auch eine **Zustimmung zu einem späteren Zeitpunkt** als dem gesetzlichen Wirkungszeitpunkt des § 558b Abs. 1 BGB möglich; auch dies ist eine Teilzustimmung (LG Duisburg WuM 1976, 81).

4. Kündigung

Der Mieter kann den Eintritt der Mieterhöhung endgültig dadurch verhindern, dass er das Mietverhältnis gem. § 561 BGB kündigt. Verlangt der Vermieter eine Mieterhöhung nach § 558 BGB, so ist der Mieter nach § 561 BGB berechtigt, bis zum Ablauf des zweiten Monats, der auf den Zugang des Erhöhungsverlangens folgt, für den Ablauf des übernächsten Monats zu kündigen. Dem Mieter steht also die volle Überlegungsfrist des § 558b Abs. 2 BGB zur Verfügung, um zu entscheiden, ob er der Mieterhöhung ganz oder teilweise zustimmen will oder ob er das Mietverhältnis kündigen will. Die Frist beträgt also mindestens 2 Monate, sie kann aber auch fast drei Monate betragen. Verlangt der Vermieter die Zustimmung zu einem späteren als gesetzlich vorgesehenen Zeitpunkt, soll der Mieter nach zweifelhafter Ansicht des BGH (NZM 2013, 853) bis zum Tag vor dem Wirkungszeitpunkt kündigen können. Es handelt sich um eine außerordentliche Kündigung mit gesetzlicher Frist. Außerdem tritt gem. § 561 Abs. 1 Satz 2 BGB die Wirkung der Mieterhöhung nicht ein.

14

5. Zurückbehaltungsrecht

Dem Mieter stehen gegenüber dem Zustimmungsanspruch des Vermieters weder nach § 273 noch nach § 320 BGB ein Zurückbehaltungsrecht zu. Dies gilt für alle Gegenansprüche des Mieters gegenüber dem Vermieter (LG Berlin GE 1999, 378), insbesondere auch für Ansprüche des Mieters wegen Mängeln an der Mietwohnung (LG Hamburg WuM 1991, 593; LG Konstanz WuM 1991, 279; LG Berlin MM 1991, 330; WuM 1985, 331).

15

III. Rechtsfolgen der Zustimmung oder Teilzustimmung, Abs. 1

Hat der Mieter die Zustimmung oder auch nur eine Teilzustimmung erteilt, dann ist im Umfang der Zustimmung eine Abänderungsvereinbarung gem. § 311 Abs. 1 BGB zustande gekommen. Bei einer Teilzustimmung entfällt insoweit das Rechtsschutzbedürfnis für eine Klage (AG Gelsenkirchen WuM 2001, 612). Auf die Frage, ob das Mieterhöhungsverlangen formell wirksam und materiell begründet war, kommt es dann nicht mehr an, da zwei übereinstimmende Willenserklärungen vorliegen. Haben die Parteien nichts anderes vereinbart, dann tritt die Wirkung der Zustimmung zum Wirkungszeitpunkt des Erhöhungsverlangens ein. War das Zustimmungsverlangen des Vermieters unwirksam, dann bedeutet die Teilzustimmung des Mieters eine Ablehnung des Angebots verbunden mit einem neuen Angebot. Allein durch die Teilzustimmung kommt keine Vertragsänderung zustande (LG Berlin WuM 1997, 51; LG Frankfurt WuM 1990, 224; AG Hamburg NZM 1998, 574). Erforderlich ist noch die Annahme durch den Vermieter, die aber auch konkludent erfolgen kann, z. B. durch Annahme der Zahlung oder ggf. auch Klageerhebung bzgl. des Restbetrages.

16

Nach § 558b Abs. 1 BGB schuldet der Mieter nach einer Zustimmung zu einem Mieterhöhungsverlangen die erhöhte Miete von Beginn des dritten Kalendermonats, der dem Zugang des Mieterhöhungsverlangens folgt, an. Nach der gesetzlichen Regelung tritt die Wirkung des Mieterhöhungsverlangens also unmittelbar nach Ablauf der Überlegungsfrist ein. Der Vermieter muss im Mieterhöhungsver-

17

langen nicht zwingend ein Datum nennen, zu dem die Mieterhöhung wirken soll (OLG Koblenz RE vom 11.3.1983 NJW 1983, 1861), da diese Angaben nicht zu den Wirksamkeitsvoraussetzungen eines Mieterhöhungsverlangens gehören. Fehlt ein Datum, dann gilt der gesetzliche Wirkungszeitpunkt. Wird der **Mieter zur Zustimmung verurteilt,** dann richtet sich der Wirkungszeitpunkt für die Mieterhöhung nach dem Tenor der Entscheidung. Für die **Ermittlung des Wirkungszeitpunktes** kommt es nur auf den Zugangszeitpunkt des Mieterhöhungsverlangens an. Unerheblich ist, wann der Mieter der Mieterhöhung zugestimmt hat. Die Vorschrift des § 193 BGB hat für die Berechnung des Wirkungszeitpunkts einer Mieterhöhung keine Bedeutung. § 558b Abs. 1 BGB stellt nicht auf das Ende einer Frist ab, sondern auf den Beginn eines Monats. Die Frage, ab wann die Mieterhöhung wirkt, ist von der Frage, wann die erhöhte Miete tatsächlich fällig ist, zu unterscheiden. Für die Fälligkeit der Miete gelten vorrangig die Parteivereinbarungen und anderenfalls § 556b Abs. 1 BGB (bzw. § 551 BGB a. F. bei Altverträgen, ggf. in Verbindung mit einer Vorfälligkeitsklausel). Mit Ablauf der Überlegungsfrist kommt der Mieter gem. § 286 Abs. 2 Nr. 3 BGB ohne Mahnung in Verzug. Dem Vermieter stehen deshalb Schadenersatzansprüche wegen verspäteter Zustimmung mit Ablauf der Überlegungsfrist zu. Ferner muss der Mieter die Kosten des Prozesses tragen. Für eine Anwendung des § 93 ZPO ist dann kein Raum (LG Berlin Beschl. v. 12.9.2019 – 67 T 89/19 (juris); AG Schöneberg GE 2017, 837; AG Köln WuM 2012, 206; Börstinghaus WuM 2012, 207; V. Emmerich in: Staudinger, § 558b BGB Rdn. 10).

IV. Die Rechtsfolgen bei fehlender Zustimmung, Abs. 1

1. Die Überlegungsfrist

18 Das Gesetz räumt dem Mieter zunächst eine Überlegungs- oder auch Zustimmungsfrist ein. Erst nach Ablauf dieser Frist kann der Vermieter Zustimmungsklage erheben. Gem. § 558b Abs. 2 Satz 1 BGB kann der Mieter bis zum Ablauf des zweiten Kalendermonats zustimmen, der dem Zugang des Erhöhungsverlangens folgt. Für die Berechnung der Frist gelten mangels abweichender Regelung die Vorschriften der §§ 187 ff. BGB. Die Überlegungsfrist beginnt mit dem Zugang des Mieterhöhungsverlangens. Zu diesem Zeitpunkt beginnt die Frist zu laufen. Sie endet grundsätzlich um 24.00 Uhr des letzten Tages des übernächsten Monats. Die Überlegungsfrist beträgt deshalb immer mindestens 2 Monate und maximal 3 Monate. Zugegangen ist das Mieterhöhungsverlangen dann, wenn es so in den Machtbereich des Mieters gelangt ist, dass nach dem gewöhnlichen Lauf der Dinge mit der Kenntnisnahme zu rechnen ist.

19 **Die Frist endet** grundsätzlich am Ende eines Kalendermonats. Dies soll zum einen eine einfache Fristberechnung ermöglichen und zum anderen auch der Tatsache Rechnung tragen, dass die Miete für Wohnräume ganz überwiegend nach Monaten berechnet wird. Etwas anderes gilt nur dann, wenn der letzte Tag des Monats, in dem die Zustimmungsfrist abläuft, auf einen Samstag, einen Sonntag oder einen am Erklärungsort, also dem Wohn- oder Geschäftssitz des Vermieters, staatlich anerkannten Feiertag fällt, § 193. In diesem Fall endet die Zustimmungsfrist erst mit Ablauf des nächsten Werktages. Bedeutung hat dies für den Beginn der anschließenden Klagefrist, nicht jedoch auf den Wirkungszeitpunkt für die Mieterhöhung. Eine **Verlängerung der Überlegungsfrist** ist nicht möglich (AG

Charlottenburg MM 2000, 47). Möglich ist jedoch die **Verschiebung des Wirksamkeitszeitpunkts** der Mieterhöhung (BGH NJW 2013, 3641).

2. Der Zustimmungsprozess

Wenn der Mieter innerhalb der Überlegungsfrist nicht oder nicht vollständig der Mieterhöhung zugestimmt hat, dann kann der Vermieter gem. § 558b Abs. 2 BGB auf Zustimmung klagen. **Sachlich zuständig** ist gem. § 23 Ziff. 2a GVG das Amtsgericht des Ortes in dessen Bezirk die Wohnung liegt. Es handelt sich um eine ausschließliche Zuständigkeit, so dass eine Zuständigkeit eines anderen Gerichts weder durch rügelose Einlassung gem. § 39 ZPO noch durch eine Gerichtsstandsvereinbarung gem. § 40 ZPO begründet werden kann (OLG Frankfurt MDR 1979, 851; LG München ZMR 1987, 271). Eine Verweisung unter Verstoß gegen diese bindenden Zuständigkeitsregelungen ist unbeachtlich (LG München ZMR 1987, 271). 20

Die Klage muss von allen Vermietern erhoben werden (LG Marburg WuM 2001, 439). Entscheidend ist die **Vermietereigenschaft zum Zeitpunkt der Rechtshängigkeit.** Hat eine Rechtsnachfolge auf Seiten des Vermieters stattgefunden, dann tritt der Erwerber auch in die Rechte aus dem Mieterhöhungsverlangen ein (LG Kassel NJWE-MietR 1996, 222), so dass der Kläger nicht identisch sein muss mit dem Absender des Mieterhöhungsverlangens. Eine Klage des ausgeschiedenen Vermieters unterbricht die Klagefrist nicht, da er nicht mehr Inhaber des Anspruchs ist (KG NJWE-MietR 1997, 170). Tritt in einem laufenden Zustimmungsverfahren der bereits vor Rechtshängigkeit eingetragene Erwerber an Stelle des Veräußerers als Kläger auf, dann handelt es sich um einen Parteiwechsel und nicht um eine Parteiberichtigung (KG NJWE-MietR 1997, 170). Bei mehreren Vermietern liegt ein Fall der notwendigen Streitgenossenschaft vor (LG Marburg NZM 2003, 394). Dies gilt auch bei Eheleuten als Vermietern. Der eine Ehepartner kann den anderen nicht zur Klageerhebung im eigenen Namen ermächtigen, da eine **gewillkürte Prozessstandschaft** mangels Abtretbarkeit des Anspruchs auf Zustimmung zu einer Mieterhöhung unzulässig ist (KG NJWE-MietR 1997, 170; KG GE 1990, 1257; LG Kiel WuM 1999, 293; LG Augsburg WuM 1990, 226; LG Berlin GE 1989, 829; **a. A.** wohl BGH NJW 2008, 1218). 21

Die Klage muss nicht nur von allen Vermietern erhoben werden, sie muss auch **gegen alle Mieter** gerichtet sein (OLG Koblenz RE v. 13.10.1983 NJW 1984, 244). Entscheidend ist die Mieterstellung zum Zeitpunkt der Zustellung der Klage. Hat inzwischen gem. §§ 563 bis 564 eine Rechtsnachfolge auf Mieterseite stattgefunden, dann ist die Klage gegen diese Rechtsnachfolger zu richten. Ggf. muss zu diesem Zweck ein Nachlasspfleger bestellt werden, §§ 1961, 1960 Abs. 1 BGB. Die nur gegen einen oder einen Teil von mehreren Mieten desselben Mietverhältnisses erhobene Klage des Vermieters ist grundsätzlich unzulässig (AG München NZM 2003, 394). Dies gilt auch in den Fällen, in denen die Mietvertragsparteien vereinbart haben, dass die Mieter zur Vornahme und Entgegennahme von Erklärungen als gegenseitig bevollmächtigt gelten (KG RE v. 5.12.1985 NJW-RR 1986, 439; AG München NZM 2003, 394). Dies gilt selbst dann, wenn ein Mieter **vorprozessual** uneingeschränkt der Mieterhöhung **zugestimmt hat.** Auch in diesem Fall muss er mit verklagt werden, da es sich um eine notwendige Streitgenossenschaft gem. § 62 Abs. 1 2. Alt ZPO handelt (BGH NJW 2004, 1797; AG Wiesbaden WuM 1992, 135). Die Zustimmungserklärung ist nicht teilbar iSd 22

§ 558b BGB Untertitel 2. Mietverhältnisse über Wohnraum

§ 420 BGB (AG Dortmund Urt. v. 9.10.2007 Az: 425 C 6099/07). In extremen Ausnahmefällen kann es aber gegen Treu und Glauben verstoßen, wenn der allein in der Wohnung noch lebende Mieter sich darauf beruft, dass die Klage auch gegenüber der mitmietenden Ehefrau erhoben werden müsste, die aber schon vor mehr als zwei Jahren aus der Wohnung ausgezogen ist und mit dem Vermieter ohne Zustimmung des in der Wohnung verbliebenen Mieters einen Mietaufhebungsvertrag abgeschlossen hat. Dies kann eine unzulässige Rechtsausübung darstellen (BGH NJW 2004, 1797). Bei unrichtiger äußerer Bezeichnung ist grundsätzlich diejenige Person Partei, die erkennbar durch die Parteibezeichnung gemeint war (BGH NZM 2009, 513). Bei der Auslegung der Parteibezeichnung sind nicht nur die im Rubrum der Klageschrift enthaltenen Angaben, sondern auch der gesamte Inhalt der Klageschrift einschließlich etwaiger beigefügter Anlagen und späterer Klarstellungen zu berücksichtigen (BGH NZM 2009, 513). Bei dieser Auslegung gilt der Grundsatz, dass die Klageerhebung gegen die in Wahrheit gemeinte Partei nicht an deren fehlerhafter Bezeichnung scheitern darf, wenn diese Mängel in Anbetracht der jeweiligen Umstände letztlich keine vernünftigen Zweifel an dem wirklich Gewollten aufkommen lassen, solange nur aus dem Inhalt der Klageschrift und ihren Anlagen sowie den weiter zu berücksichtigenden Umständen deutlich wird, welche Partei tatsächlich gemeint ist.

23 Der Anspruch des Vermieters gem. § 558 Abs. 1 BGB ist auf „Zustimmung zu einer Erhöhung" gerichtet, also auf **Abgabe einer Willenserklärung.** Der Klageantrag darf niedriger als der Erhöhungsbetrag aus dem Mieterhöhungsverlangen sein nicht aber höher. Aus der Zustimmung und demgemäß aus dem Tenor des Urteils muss sich also ergeben, welche Miete der Mieter nach Wirksamwerden der Mieterhöhung nach § 558 BGB schuldet. Durch den Klageantrag darf es zu keiner Änderung der Mietstruktur kommen. Aus dem Antrag sollte sich deshalb ergeben, was mit den Betriebskosten geschieht („Betriebskosten wie bisher"). Vorprozessuale Zustimmungen müssen im Klageantrag angegeben werden, da es insofern am Rechtsschutzbedürfnis für die Klage fehlt. Unzulässig sind ein bezifferter Zahlungsantrag (LG Braunschweig ZMR 1973, 154) auch in Form der Klagehäufung von Zustimmungsklage und Zahlungsklage (AG Augsburg WuM 1998, 670; LG Braunschweig ZMR 1973, 154). Bei der Zahlungsklage handelt es sich zum Zeitpunkt der Klageeinreichung um eine Klage auf eine nicht fällige Leistung. Ein Zahlungsanspruch besteht bis zur rechtskräftigen Verurteilung zur Zustimmung hinsichtlich des Erhöhungsbetrages nicht. Etwas anderes kann allenfalls dann gelten, wenn das Zustimmungsurteil rechtskräftig wird und nur der mit der Zahlungsklage unterlegene Vermieter Berufung eingelegt hat (BGH NZM 2005, 582). In diesem Fall ist die Forderung während des Verfahrens fällig geworden. Soweit sogar die Zahlung des Erhöhungsbetrages nicht nur für abgelaufene Zeiträume in der Vergangenheit, sondern auch für die Zukunft verlangt wird, handelt es darüber hinaus um eine **Klage auf zukünftige Leistung** gem. § 259 ZPO. Voraussetzung für eine solche Klage ist die „Befürchtung der Nichterfüllung". Allein die Tatsache, dass der Mieter die Zustimmung zur verlangten Mieterhöhung nicht erteilt hat, rechtfertigt diese Befürchtung noch nicht. Als **Stufenklage** kommt die Klagehäufung auch nicht in Betracht, da die Zustimmungsklage keine Klage auf Rechnungslegung iSd § 254 ZPO darstellt Eine **unbezifferte Zustimmungsklage** ist ebenfalls unzulässig (LG Stuttgart NJW 1974, 1252). Eine Klage auf Anhebung der Quadratmetermiete ist unzulässig (AG Dortmund WuM 2006, 157).

24 Aus dem Klageantrag muss sich der **Wirkungszeitpunkt** ergeben, zu dem auf Grund der Zustimmungserklärung die Miete sich erhöht. Hat der Vermieter beantragt, den Mieter zur Abgabe der Zustimmungserklärung zu einem späteren als den gesetzlichen Termin zu verurteilen, kann das Gericht den Mieter nicht zu einer Zustimmung zu dem früheren Termin des § 558b Abs. 1 BGB verurteilen. Dem steht § 308 ZPO entgegen. Das Gericht ist nicht befugt, der Partei etwas zuzusprechen, was sie nicht beantragt hat. Hat der Vermieter im Klageantrag kein Datum genannt, zu dem der Mieter die Zustimmungserklärung abgeben soll, so ist zunächst der ganze Sachvortrag auszulegen. Ergibt sich aus der Begründung, insbesondere aus dem vorgelegten Mieterhöhungsverlangen, dass der Vermieter die Zustimmung zu einem bestimmten Termin verlangt hat (BGH NZM 2012, 112) und ist offensichtlich, dass das Datum im Klageantrag nur vergessen wurde, dann kann das Gericht im Rahmen einer Auslegung des Klageantrags das Datum ergänzen (LG Berlin ZMR 1998, 165, 166).

Zum Zeitpunkt der Klageerhebung muss die Überlegungsfrist abgelaufen und 25 die Klagefrist darf noch nicht abgelaufen sein. Eine vor Ablauf der Überlegungsfrist erhobene Zustimmungsklage ist grundsätzlich unzulässig, da der Ablauf der Überlegungsfrist Prozessvoraussetzung für die Zustimmungsklage ist (BGH NZM 2006, 652, NZM 2004, 581; BayObLG NZM 2000, 488, 489). Da eine Klage grundsätzlich durch Zustellung der Klageschrift erhoben wird, muss zum Zeitpunkt der Zustellung der Klage die Überlegungsfrist abgelaufen sein (AG Münster WuM 1980, 81). Ein unwirksames Erhöhungsverlangen setzt die Überlegungsfrist nicht in Gang, so dass eine Klage als unzulässig abzuweisen ist (BGH NZM 2006, 652, NZM 2004, 581; AG Dortmund NZM 1999, 415). Ausnahmsweise darf der Vermieter bereits vor Ablauf der Überlegungsfrist die Zustimmungsklage erheben, nämlich dann, wenn der **Mieter die Zustimmung endgültig und bestimmt verweigert** hat (KG RE vom 12.1.1981 WuM 1981, 54; LG Mannheim NZM 1999, 957; AG Osnabrück WuM 1998, 290; AG Pankow-Weißensee GE 1995, 1555). Ob eine endgültige Verweigerung vorliegt, ist durch Auslegung zu ermitteln; so kann auch in der Teilzustimmung eine Verweigerung der Zustimmung hinsichtlich des weiter gehenden Teils gesehen werden (AG Osnabrück WuM 1990, 290). Die vor Ablauf der Überlegungsfrist des § 558b Abs. 2 Satz 2 BGB erhobene Zustimmungsklage wird aber zulässig, wenn die **Frist zurzeit des letzten Verhandlungstermins abgelaufen** ist (KG RE vom 12.1.1981 WuM 1981, 54; BayObLG RE vom 9.2.1982 NJW 1982, 1292; OLG Celle NJW E-MietR 1996, 73; BayObLG WuM 1982, 154). Bedeutung hat dies vor allem für Mieterhöhungsverlangen, die während eines Zustimmungsrechtsstreits gem. § 558b Abs. 3 BGB nachgeholt werden. Nach dem ausdrücklichen Wortlaut des Gesetzes gilt hier auch die Überlegungsfrist. Hat der Mieter aber durch die Stellung seiner Anträge und ggf. auch seinen sonstigen Parteivortrag zu erkennen gegeben, dass er auch den neuen Anspruch des Vermieters insgesamt ablehnt, dann ist die Klage auf Grund des nachgeholten Zustimmungsverlangens vor Ablauf der Überlegungsfrist zulässig (OLG Celle NJWE-MietR 1996, 73). Erkennt der Mieter den Anspruch vor Ablauf der Überlegungsfrist an, so hat der Vermieter die Kosten des Rechtsstreits zu tragen. Ist die Überlegungsfrist auch zum Zeitpunkt der letzten mündlichen Verhandlung nicht abgelaufen, ist die Klage als unzulässig abzuweisen (AG Wermelskirchen WuM 1992, 442).

An die Überlegungsfrist schließt sich die Klagefrist an. Die Klagefrist beträgt drei 26 volle Monate. Die **Klagefrist** wird **durch eine formell ordnungsgemäße Klageerhebung unterbrochen**. Eine Klageerhebung setzt gem. § 253 Abs. 1 ZPO die Zustellung einer Klageschrift voraus. Die Zustellung eines Mahnbescheids genügt nicht, da kein Zahlungsanspruch besteht, sondern ein Zustimmungsanspruch

§ 558b BGB Untertitel 2. Mietverhältnisse über Wohnraum

(AG Köln, Urt. v. 14.1.1994 – 218 C 86/93). Es müssen alle Vermieter gegen alle Mieter klagen. Bei einer notwendigen Streitgenossenschaft auf Mieterseite ist der **Zeitpunkt der letzten Zustellung** maßgeblich. Ist die Klagefrist auch nur hinsichtlich eines von mehreren Mietern abgelaufen, so ist die Klage insgesamt abzuweisen. Auf die Schlüssigkeit der Zustimmungsklage kommt es grundsätzlich nicht an. Ausnahmsweise kann die **Klagefrist** aber bereits **durch Klageeinreichung unterbrochen** werden. Auch auf die Klagefrist des § 558b Abs. 2 Satz 2 BGB ist die Vorschrift des § 167 ZPO anwendbar (LG Hamburg ZMR 2009, 452; AG Dortmund NJW-RR 1995, 971; WuM 1977, 234; AG Schöneberg GE 1999, 649; AG Schöneberg MM 1992, 210; LG Hannover WuM 1978, 33). Danach tritt die Wirkung der Klagezustellung bereits mit Klageeinreichung bei Gericht ein, wenn die Zustellung *demnächst* erfolgt. Ob eine Zustellung „demnächst" iSd § 167 ZPO erfolgt ist, beurteilt sich nach dem Sinn und Zweck dieser Regelung (BGH NJW 2007, 439). Danach soll die Partei bei der Zustellung von Amts wegen vor Nachteilen durch Zustellungsverzögerungen innerhalb des gerichtlichen Geschäftsbetriebs bewahrt werden. Dagegen sind der Partei die Verzögerungen zuzurechnen, die sie oder ihr Prozessbevollmächtigter (§ 85 Abs. 2 ZPO) bei gewissenhafter Prozessführung hätte vermeiden können. Eine Zustellung „demnächst" nach der Einreichung des zuzustellenden Antrags bedeutet daher eine Zustellung innerhalb einer nach den Umständen angemessenen, hinnehmbaren (BGH NZM 2019, 628), selbst längeren Frist (BGH NJW 2006, 3206), wenn die Partei oder ihr Prozessbevollmächtigter unter Berücksichtigung der Gesamtsituation alles Zumutbare für die alsbaldige Zustellung getan hat. Die Zustellung ist dagegen nicht mehr „demnächst" erfolgt, wenn die Partei, der die Fristwahrung obliegt, oder ihr Prozessbevollmächtigter durch nachlässiges – auch leicht fahrlässiges – Verhalten zu einer nicht bloß geringfügigen Zustellungsverzögerung (BGH MDR 2002, 1085) beigetragen hat. Voraussetzung ist also, dass der Vermieter von sich aus alles unternommen hat, damit die Klage ordnungsgemäß zugestellt werden kann. Es muss also innerhalb der Klagefrist eine zulässige Klage beim zuständigen Gericht eingegangen sein (AG Schöneberg MM 6/2012, 30). Die Klage kann auch per Telefax (AG Dortmund NJW-RR 1995, 971; dabei muss die letzte Seite vor 0 Uhr eingegangen also im Empfangsgerät gespeichert sein, der Ausdruck selbst kann auch nach Mitternacht erfolgen: BGH NJW 2006, 2263) oder Computerfax (GemS-OGB NJW 2000, 2340) erhoben werden. Dem Vermieter ist es gestattet, die Klage auch erst am letzten Tag der Klagefrist bei Gericht einzureichen (LG Mannheim ZMR 1977, 285). Er trägt dann aber das volle Risiko, dass eine demnächstige Zustellung erfolgen kann. Für die Frage, ob eine Zustellung „demnächst" erfolgt ist, wird die Zeitdauer der Verzögerung vom Tage des Ablaufs der Klagefrist und nicht vom dem Zeitpunkt der Einreichung der Klageschrift gerechnet (BGH NJW 1995, 2230; NJW 1993, 2320; NJW 1986, 1347). Bei der Berechnung der Zeitdauer der Verzögerung ist dann auf die Zeitspanne abzustellen, um die sich der ohnehin erforderliche Zeitraum für die Zustellung der Klage als Folge der Nachlässigkeit des Klägers verzögert (BGH NZM 2019, 628; NZM 2015, 664; NJW 2015, 3101). Der Vermieter muss alles ihm Zumutbare für eine alsbaldige Zustellung getan haben. Er muss aber nicht mit der Klage direkt den **Gerichtskostenvorschuss** einzahlen (LG Berlin GE 2002, 733; OLG Hamm DAR 2001, 403). Nach Erhalt der schriftlichen (OLG Hamburg NVersZ 2002, 133) gerichtlichen Aufforderung muss er den Vorschuss aber unverzüglich einzahlen (AG Schöneberg GE 2001, 423). Zahlt der Vermieter den Vorschuss ein, besteht grds. keine Nachfrageobliegenheit (AG München ZMR 2016, 157). Fordert das Gericht keinen Gerichtskostenvorschuss an und bleibt der

Kläger untätig, beginnt der ihm im Rahmen der Prüfung der Voraussetzungen des § 167 ZPO („demnächst") zuzurechnende Zeitraum einer Zustellungsverzögerung frühestens drei Wochen nach Einreichung der Klage bzw. drei Wochen nach Ablauf der durch die Klage zu wahrenden Frist (BGH NJW 2016, 568). Bei der Berechnung der Frist kommt es auf die Absendung des Geldes und nicht auf die Gutschrift bei Gericht an (LG Berlin MM 2001, 496). Ein Zeitraum von ca. 14 Tagen ist noch geringfügig (BGH NZM 2019, 628; NZM 2015, 664; NJW 2015, 3101; NJW 2011, 1227; NJW 2004, 3775).

Die Klagefrist unterliegt nicht der Disposition der Parteien (LG München WuM 1994, 384; LG Kiel WuM 1994, 547). Die Klagefrist des § 558b Abs. 2 Satz 2 BGB stellt eine **Ausschlussfrist** dar, gegen deren Versäumnis **keine Wiedereinsetzung in den vorigen Stand möglich** ist (LG Berlin GE 1996, 1549; AG Aachen WuM 1992, 629; AG Mölln WuM 1985, 315; AG Lübeck WuM 1985, 315; AG Osnabrück WuM 1975, 150). Eine Nachholung gem. § 558b Abs. 3 BGB ist in diesen Fällen nicht möglich. Diese Vorschrift betrifft nur den Fall eines unwirksamen Mieterhöhungsverlangens, hier geht es um die Versäumung der Klagefrist nach einem wirksamen Mieterhöhungsverlangen. 27

Die Klagefrist beträgt **drei volle Monate.** Die Frist beginnt nach Ablauf der Überlegungsfrist. Da die Überlegungsfrist in der Regel am Ende des Monats endet, beginnt die Klagefrist am ersten Tag des nächsten Monats und endet am letzten Tag des übernächsten Monats. Die Überlegungsfrist muss jedoch nicht zwingend am Monatsletzten enden. Auch auf den Lauf der Überlegungsfrist ist die Vorschrift des § 193 BGB anzuwenden. Fällt also der letzte Tag des Monats, in dem die Überlegungsfrist abläuft, auf einen Samstag, einen Sonntag oder einen am Erklärungsort, also dem Wohn- oder Geschäftssitz des Vermieters, staatlich anerkannten Feiertag, endet die Zustimmungsfrist erst mit Ablauf des nächsten Werktages. Das bedeutet zwingend, dass die Klagefrist nicht am Monatsersten beginnt, sondern später. Da die Klagefrist immer drei volle Monate beträgt, endet sie in diesem Fall gem. §§ 187 Abs. 2, 188 Abs. 2 einen Tag vor dem Tag, der durch seine Zahl dem Anfangstag der Frist entspricht. Die Frist endet nach drei vollen Monaten. Fällt **der letzte Tag der Klagefrist** auf einen Samstag, einen Sonntag oder einen am Erklärungsort, also dem Wohn- oder Geschäftssitz des Vermieters, staatlich anerkannten Feiertag, so endet die Klagefrist erst mit Ablauf des nächsten Werktages. 28

3. Die gerichtliche Entscheidungsfindung

Für das gerichtliche Zustimmungsverfahren gelten zivilprozessual keine besonderen Regeln. Es handelt sich bei der Zustimmungsklage um eine allgemeine Leistungsklage auf **Abgabe einer Willenserklärung.** 29

Das Schwergewicht der richterlichen Tätigkeit bei zulässigen Mieterhöhungsklagen liegt in der Feststellung der ortsüblichen Vergleichsmiete. Hier ist das Gericht bei der Beurteilung der Begründetheit eines Mieterhöhungsverlangens nicht an die formellen Begründungsmittel gebunden (LG Berlin MM 1992, 171; LG Bochum WuM 1991, 700; AG Frankfurt WuM 2002, 54; AG Bochum DWW 1989, 171). Sie stellen noch nicht einmal prozessuale Beweismittel dar (AG Mitte GE 2016, 593). Im Zustimmungsprozess gelten die allgemeinen Beweisregeln der ZPO. Das Gericht kann sich deshalb aller in der ZPO vorgesehenen Beweismittel zur Ermittlung der ortsüblichen Vergleichsmiete bedienen, damit es dann am Ende im Rahmen der freien Beweiswürdigung gem. § 286 ZPO entscheiden kann, ob 30 die verlangte Miete die ortsübliche Vergleichsmiete übersteigt oder nicht. Soweit es um die Feststellung der Wohnwertmerkmale der Vertragswohnung geht, kommen neben der richterlichen Inaugenscheinnahme ggf. auch die Zeugenvernehmung und ein Sachverständigengutachten in Betracht.

31 Die ortsübliche Vergleichsmiete wird ausschließlich bestimmt durch die Mieten für andere Wohnungen, so dass die Inaugenscheinnahme oder der Zeugenbeweis ausscheidet. Hierfür kann von den Beweismitteln der ZPO allenfalls ein **Sachverständigengutachten** in Betracht kommen. Für dies Sachverständigengutachten gelten die Regeln der ZPO und nicht die des § 558a Abs. 2 BGB. Im gerichtlichen Verfahren muss der Vermieter den vollen Beweis erbringen, dass die von ihm verlangte Miete die ortsübliche Vergleichsmiete nicht übersteigt, für das vorprozessuale Gutachten sind die Anforderungen nicht so streng. Gem. § 404 ZPO erfolgt die Auswahl des zuzuziehenden Sachverständigen durch das Prozessgericht, dabei soll es in der Regel jedoch auf **öffentlich bestellte Sachverständige** zurückgreifen. Gemäß § 404a Abs. 1 ZPO hat das Gericht die Tätigkeit des Sachverständigen zu leiten. Es ist gegenüber dem Sachverständigen weisungsbefugt. Das Gericht hat zu bestimmen, welchen Sachverhalt der Sachverständige dem Gutachten zu Grunde zu legen hat. Der Sachverständige muss die Wohnung besichtigen (OLG Oldenburg RE vom 2.1.1981 WuM 1981, 150). Das Gericht darf aber gem. § 144 Abs. 1 Satz 3 ZPO weder dem Mieter noch einem Dritten die Duldung der Besichtigung aufgeben, da das Gesetz dies für Wohnungen ausdrücklich verbietet (KG NJW-RR 2006, 241). Verweigert der Mieter die Besichtigung, so handelt es sich um eine **Beweisvereitelung** auf Seiten des Mieters (Harsch WuM 2020, 1, 6). Ein solches Verhalten hat zur Folge, dass sich die Beweislast umdreht, der Mieter also beweisen muss, dass die verlangte Miete die ortsübliche Vergleichsmiete übersteigt. Für die richterliche Überzeugungsbildung gem. § 286 ZPO ist die **Qualität des Gutachtens** von besonderer Bedeutung. Dazu muss das Gutachten zunächst erkennen lassen, dass es von einem **richtigen Begriff der ortsüblichen Vergleichsmiete** ausgeht (BGH NJW 2013, 2963; 2012, 1351). Dazu muss der Sachverständige die ortsübliche Vergleichsmiete für das Gemeindegebiet ermitteln und nicht nur für einzelne Stadtteile oder gar Siedlungen (BGH NZM 2013, 612). Das Gutachten darf auch weder nur auf Neuvertragsmieten der letzten Monate (AG Charlottenburg NZM 1999, 460) oder nur Bestandsmieten (BGH NZM 2019, 469) als Vergleichsmieten beruhen; es muss vielmehr darlegen, wie sich die Mieten die letzten sechs Jahre entwickelt haben und ein den örtlichen Gegebenheiten entsprechendes Mischungsverhältnis zwischen Neuvertrags- und Bestandsmieten verwenden (BGH NJW 2012, 1351). Er muss eine Extremwertbereinigung durchführen (BGH NZM 2019, 469; NJW 2012, 1351). Schließlich sollte dargelegt werden, wie aus den vorliegenden Daten die Beschränkung auf die Üblichkeit vorgenommen wurde. Problematisch ist die **Repräsentativität der Daten eines Gutachtens.** Während die Anforderungen an Mietspiegel von der Rechtsprechung immer höhergeschraubt werden, ist die Rechtsprechung bei den Anforderungen an die Repräsentativität der Daten eines Sachverständigengutachtens bisher äußerst großzügig, obwohl hierzu kein Grund besteht. Nicht die **Quantität der Daten** ist überzeugend, sondern ihre **Qualität.** Viele Mietdaten in einem Gutachten zu verwerten ist weniger aufwändig als wenige richtige, weil repräsentative Daten. Der BGH (NJW 2012, 1351) fordert für das **gerichtliche Sachverständigengutachten** inzwischen, dass es **auf repräsentativen Daten beruhen** müsse, ohne den genauen Maßstab vorzugeben. Deshalb müssen im Gutachten Angaben zu Art und Größe Stichprobe und der Auswertungsmethode enthalten sein. Gibt es für das Gemeindegebiet einen

Mietspiegel, so muss sich der Sachverständige mit den Werten dieses Mietspiegels in seinem Gutachten beschäftigen (LG Düsseldorf WuM 1996, 421; DWW 1992, 284; LG Berlin GE 1993, 749; LG Köln WuM 1992, 256; LG Wiesbaden WuM 1992, 256; LG Bielefeld WuM 1983, 24; AG Dortmund WuM 1992, 138). Ermittelt der Tatrichter die ortsübliche Vergleichsmiete unter Heranziehung eines Sachverständigen, ist eine in jeder Hinsicht vollständige Mitteilung der Anschriften der Vergleichswohnungen im Gutachten nur dann geboten, wenn diese Angaben für eine Überprüfung des Gutachtens praktisch unentbehrlich wären (BVerfGE 91, 176, 184; BGH NJW 2019, 3142). Es kann im Einzelfall gegen Art. 2 Abs. 1 GG iVm. dem **Rechtsstaatsprinzip** verstoßen, wenn ein Gutachten über die ortsübliche Vergleichsmiete zur Grundlage eines Urteils erstellt wird, obwohl weder das Gericht noch die Prozessparteien die Möglichkeit hatten, die vom Sachverständigen zu Grunde gelegten Befundtatsachen zu überprüfen (LG Aachen Urt. v. 20.12.2012 – 2 S 2013/12 m. Anm. Börstinghaus jurisPR-MietR 15/2013 Anm. 3). In einem solchen Fall ist die **Offenlegung dieser Tatsachen** aus rechtsstaatlichen Gründen regelmäßig geboten. Ist der Sachverständige dazu nicht bereit, weil er sich den Informanten gegenüber zur Verschwiegenheit verpflichtet hat, darf sein Gutachten nicht verwertet werden (BVerfG NJW 1995, 40; BGH NJW 1994, 2899). Das Gericht kann den Sachverständigen nicht zwingen, diese Angaben zu machen. Ob und inwieweit das Gericht und die Verfahrensbeteiligten die Kenntnisse von Tatsachen, die ein Sachverständiger seinem Gutachten zu Grunde gelegt hat, für eine kritische Würdigung des Gutachtens tatsächlich benötigen ist aber von Fall zu Fall unterschiedlich. Der Umfang der Offenbarungspflicht hängt von der **Qualität des Gutachtens** aber auch vom **Sachvortrag der Parteien** ab. Ist der Gutachter nachvollziehbar zu einem Ergebnis gekommen, dass das Gericht überzeugt und gegen das die Parteien keine substantiierten Einwendungen erhoben so ist eine weitergehende Offenlegung der Befundtatsachen nicht erforderlich (BVerfG NJW 1997, 311; LG Hannover WuM 2001, 469). Anders sieht es aus, wenn derjenige, der das Gutachten angreift, eine signifikante Zahl von Wohnungen benennt, in denen eine höhere oder niedrigere als vom Sachverständigen festgestellte Miete in den letzten sechs Jahren neu vereinbart oder erhöht wurde.

Die ortsübliche Vergleichsmiete kann ggf. auch mittels eines örtlich anwend- 32 baren Mietspiegels ermittelt werden. Dabei muss danach unterschieden werden, ob es sich um einen qualifizierten Mietspiegel handelt oder nicht. Gibt es in der Gemeinde einen qualifizierten Mietspiegel, so spricht gem. § 558d Abs. 3 BGB eine **widerlegbare Vermutung** dafür, dass die in ihm angegebenen Werte die ortsübliche Vergleichsmiete wiedergeben. Die Einholung eines Sachverständigengutachtens wird in Gemeinden mit qualifiziertem Mietspiegel regelmäßig ausscheiden (LG Berlin GE 2012, 271; LG Hamburg WuM 2005, 726). Aber allein die Existenz eines qualifizierten Mietspiegels entbindet das Gericht nicht, sich mit dessen Zustandekommen intensiv zu beschäftigen, wenn eine Partei entsprechende Einwände erhebt (BGH NZM 2013, 138). Derjenige, der sich die Vermutungswirkung beruft, muss die Vermutungsgrundlagen, also die Einhaltung der anerkannten wissenschaftlichen Grundsätze darlegen und beweisen (BGH NJW 2014, 292; NZM 2013, 138). Das ist etwas anderes als die Beweiserhebung über die Höhe der ortsüblichen Vergleichsmiete. Wegen der Voraussetzungen und der Rechtsfolgen hierbei siehe die Kommentierung bei § 558d BGB. Einfache Mietspiegel sind kein förmliches Beweismittel nach den Vorschriften der ZPO (KG RE vom 6.6.1991 NJW-RR 1992, 80). Zu den einfachen Mietspiegeln zählen auch solche, die von der Gemeinde als qualifizierte Mietspiegel anerkannt und herausgegeben wurden, denen

§ 558b BGB   Untertitel 2. Mietverhältnisse über Wohnraum

vom Gericht aber die Einhaltung der anerkannten wissenschaftlichen Regeln aberkannt wurde (LG Bochum DWW 2007, 298). Bis 31.8.2001 wurden Mietspiegel auch ohne das Rechtsinstitut der qualifizierten Mietspiegel von den Gerichten zur Ermittlung der ortsüblichen Vergleichsmiete herangezogen (siehe dazu die Tabelle bei Börstinghaus in: Schmidt-Futterer § 558b BGB Rdn. 119). Da der **einfache Mietspiegel** weder ein zivilprozessuales Beweismittel darstellt noch ihm eine Vermutungswirkung beigemessen werden darf, können seine Werte im Rahmen der freien Beweiswürdigung im Rahmen des § 287 Abs. 2 ZPO herangezogen werden (BGH NZM 2010, 665; LG Berlin GE 2016, 1029; 2015, 971; LG Nürnberg-Fürth WuM 2015, 675; AG Marl WuM 2019, 382; AG Dortmund WuM 2003, 35 mit zust. Anm. Beuermann, GE 2003, 233). Die Vorschrift stellt an das Maß der Überzeugungsbildung des erkennenden Richters geringere Anforderungen als die Vorschrift des § 286 ZPO. Nach § 287 ZPO ist der Richter ermächtigt, sich mit einer mehr oder minder hohen – mindestens aber überwiegenden – Wahrscheinlichkeit zu begnügen (BGH NJW 2020, 236). Obwohl einem einfachen Mietspiegel nicht die in § 558d Abs. 3 BGB dem qualifizierten Mietspiegel vorbehaltene Vermutungswirkung zukommt, stellt er ein **Indiz** (BGH NZM 2019, 250; NJW 2013, 775; NJW 2010, 2946) dafür dar, dass die dort angegebenen Entgelte die ortsübliche Vergleichsmiete zutreffend wiedergeben. Es hängt dann von den Umständen des Einzelfalls ab, ob der Mietspiegel für die Beurteilung der ortsüblichen Vergleichsmiete einer konkret zu beurteilenden Wohnung ausreicht. Maßgebend für die Reichweite der Indizwirkung sind dabei insbesondere die Qualität des (einfachen) Mietspiegels (LG Lübeck, WuM 2001, 82; WuM 1995, 189; LG Bochum NJW-RR 1991, 1039) und die Einwendungen der Parteien gegen den Erkenntniswert der darin enthaltenen Angaben Insbesondere Mietspiegel, denen die Qualifikation und damit die Vermutungswirkung vom Gericht abgesprochen wurde, können als einfache Mietspiegel verwendet werden (LG Berlin GE 2016, 1029; 2015, 971; 2014, 1338; WuM 2015, 504; AG Mitte GE 2016, 593; AG Lichtenberg WuM 2016, 293; AG Charlottenburg WuM 2015, 500). Die Partei, die sich auf die Indizwirkung beruft, muss dazu zur Qualität des Mietspiegels vortragen und die Hilfstatsachen ggf. auch beweisen (**a. A.** wohl BGH NZM 2013, 612; 2010, 665).

33 Wenn denn ein Mietspiegel benutzt wird, taucht immer wieder die Frage auf, ob in einem Prozess ohne weitere Angaben einer Partei der jeweilige **Mittelwert** (BGH NZM 2019, 250; LG Dortmund WuM 2012, 469; WuM 2012, 547; WuM 2010, 633, NZM 2006, 134, ZMR 2002, 918; LG Berlin NZM 1998, 1000, MM 1995, 67, GE 1994, 1055, GE 1993, 749, GE 1991, 1149, GE 1991, 1151, GE 1991, 49; LG Wiesbaden WuM 1992, 256; AG Brandenburg WuM 2007, 268; AG Dortmund WuM 2012, 103, WuM 2004, 718, 719, NZM 2005, 258, 259, WuM 2005, 254; AG Gelsenkirchen-Buer NZM 1998, 509; AG Tempelhof-Kreuzberg GE 1997, 1345, MM 1993, 327) oder **der untere** (AG Köln (218) WuM 1996, 421) oder **der obere** (LG Berlin (65) GE 1990, 495; GE 1989, 1231; LG Berlin (61) GE 1989, 473; LG Lübeck WuM 1989, 306) *Wert* einer Mietspiegelspanne maßgeblich ist. Für das Mieterhöhungsverlangen hat der Gesetzgeber in § 558a Abs. 4 Satz 1 BGB ausdrücklich eine Regelung getroffen. Dabei geht es aber nur um die formelle Seite des Erhöhungsverlangens. Dafür genügt es, wenn die verlangte Miete innerhalb der entsprechenden Mietspiegelspanne liegt. Hier geht es aber um die Ermittlung der der richtigen Einzelvergleichsmiete. Diese Einzelvergleichsmiete kann ein Punktwert innerhalb der Spanne der ortsüblichen Vergleichsmiete sein (BGH NJW 2005, 2074), sie kann sich aber auch innerhalb einer gewissen Bandbreite bewegen, die ihrerseits innerhalb der umfassenderen, etwa durch

einen Mietspiegel abgebildeten Spanne der ortsüblichen Vergleichsmiete liegt (BGH NJW 2011, 2284; NJW 2005, 2621). Stellt sich die Einzelvergleichsmiete nicht als Punktwert, sondern als Bandbreite dar, ist nach der Rechtsprechung des BGH (NJW 2019, 3142; DS 2019, 199) wiederum zu differenzieren, ob es sich um ein große oder kleine Bandbreite handelt. Bei einer kleinen Bandbreite hat der Vermieter einen Anspruch auf Zustimmung bis zum **Oberwert** der Bandbreite (BGH NJW 2005, 2521). Soweit es sich auch unter Berücksichtigung der Qualitätsunterschiede der zum Vergleich herangezogenen Wohnungen um eine breite Marktstreuung handelt, darf die ortsübliche Einzelvergleichsmiete nicht mit dem oberen Wert der Streubreite gleichgesetzt werden. Vielmehr muss in diesem Fall vom Gericht die Einzelvergleichsmiete innerhalb dieser Bandbreite zu ermittelt werden. Möglich sind hier zwei verschiedene Verfahren (BGH NJW 2019, 3142): **(a) Arithmetischer Durchschnittswert:** Vor allem in den Fällen, in denen Besonderheiten der Verteilung der Vergleichsmieten nicht festgestellt werden können, kann dieser Wert zugrunde gelegt werden (LG Dortmund WuM 2005, 723, ZMR 2002, 918; LG Berlin GE 2005, 1251, AG Brandenburg WuM 2007, 268, AG Dortmund WuM 2005, 254). Dies gilt auch bei qualifizierten Mietspiegeln. Auch hier geht die Vermutungswirkung des § 558d Abs. 2 nicht automatisch auf den Oberwert der Spanne. **(b) Modalwert:** Bei einer auffälligen Häufung der Vergleichsmieten um einen kleinen Wert herum kann es gerechtfertigt sein, die dadurch repräsentierte (gesamte) kleine Bandbreite als ortsübliche Vergleichsmiete anzusehen, so dass der Vermieter in einem solchen Fall die Zustimmung zu einer Erhöhung der Miete bis zu dem höheren Wert dieser kleinen Bandbreite als ortsübliche Vergleichsmiete verlangen kann. Die Tatsache, dass für Wohnungen mit gleichen Eigenschaften unterschiedliche Mieten gezahlt werden, rechtfertigt keine andere Beurteilung. Dies zeigt nach Ansicht des BGH vielmehr, dass es gerade nicht gerechtfertigt ist, den oberen Wert einer breiten Marktstreuung als die Einzelvergleichsmiete anzusehen. Denn eine solche Marktstreuung beruhe nicht auf den gesetzlichen Qualitätsmerkmalen, an denen die ortsübliche Vergleichsmiete nach § 558 Abs. 2 Satz 1 BGB zu messen ist. Der VIII. Senat formuliert hierzu: *Es erscheint nicht sachgerecht, dass eine solcherart auffällige Marktstreuung allein dem Vermieter zu Gute kommen sollte.* Dies führe nämlich dazu, dass der Vermieter im Rahmen des Mieterhöhungsverfahrens jeweils das höchste Entgelt fordern könnte, das zu zahlen sich einer der Mieter der vom Sachverständigen herangezogenen Vergleichswohnungen bereitgefunden hat; eine derartige „Spitzenmiete" repräsentiere jedoch nicht die ortsübliche Vergleichsmiete. Zudem liefe dies der gesetzlichen Regelung des § 558 Abs. 2 Satz 1 BGB zuwider, wonach für die Ermittlung der ortsüblichen Vergleichsmiete eine angemessene Mischung aus innerhalb des maßgeblichen Betrachtungszeitraums vereinbarten Neuvertragsmieten und geänderten Bestandsmieten zugrunde zu legen ist. Denn zumindest in Zeiten angespannter Wohnungsmärkte und steigender Mieten würde jede andere Auffassung regelmäßig dazu führen, dass sich erhöhte Bestandsmieten im Rahmen des Vergleichsmietenverfahrens letztlich nicht auswirken, weil es dem Vermieter gestattet würde, Zustimmung zu einer Erhöhung der Miete bis zum oberen Wert der Marktstreuung, der regelmäßig durch die höchste Neuvertragsmiete repräsentiert würde, zu verlangen.

Das Gericht muss die ortsübliche Vergleichsmiete zum **Tag des Zugangs des Mieterhöhungsverlangens** feststellen (BGH NZM 2006, 101). Der Mietspiegel ist im Gegensatz zur dynamischen ortsüblichen Vergleichsmiete aber statisch, d. h. er spiegelt die ortsübliche Vergleichsmiete zu einem in der Vergangenheit liegenden Erhebungsstichtag wider. Bei jeder Mietentwicklung ist deshalb ein Mietspiegel schnell veraltet und gibt nicht mehr den richtigen Wert wieder. Lag ungefähr zum Zeitpunkt des Zugangs des Mieterhöhungsverlangens der **Erhebungsstichtag des nächsten Mietspiegels,** so kann das Gericht in einem anschließenden Erhöhungsverlangen zur Ermittlung der maßgeblichen ortsüblichen Vergleichsmiete auch auf diesen Mietspiegel zurückgreifen (BGH NJW 2017, 2679; OLG Hamm RE vom 30.8.1996 NJW-RR 1997, 142; OLG Stuttgart RE vom 15.12.1993 NJW-RR 1994, 334 LG Berlin GE 2010, 61, GE 2008, 1057, GE 2008, 334, GE 2006, 391, GE 2005, 1433, GE 2004, 483, GE 2003, 1022; AG Charlottenburg GE 2016, 331; AG Dortmund NJW-RR 1995, 971). Gibt es keine neue Datenerhebung für einen neuen Mietspiegel zum Zeitpunkt des Zugangs des Mieterhöhungsverlangens, muss das Gericht im Rahmen der tatrichterlichen Überzeugungsbildung entscheiden, ob es zu den Werten des Mietspiegels eine sog. **Stichtagsdifferenz** hinzurechnet oder davon abzieht. Die Erhöhung muss nachhaltig und nicht nur vorübergehend und nicht nur ganz unwesentlich sein (LG Berlin NZM 2019, 818; LG Hamburg ZMR 2000, 538; LG Osnabrück Beschl. v. 20.3.2018 – 1 S 380/17 (juris)). (Schwierig ist die **Feststellung der Stichtagsdifferenz.** Nach dem Rechtsentscheid des OLG Stuttgart (OLG Stuttgart RE vom 15.12.1993 NJW-RR 1994, 334) soll die Ermittlung mittels Indexzahlen unzulässig sein. Dem kann nicht gefolgt werden. Wenn schon die ortsübliche Vergleichsmiete im Rahmen der §§ 286, 287 ZPO durch das Gericht mittels eines Mietspiegels festgestellt werden kann, dann spricht nichts dagegen, einen solchen Mietspiegel im Einzelfall durch die Verwendung eines möglich zeit- und ortsnahen **Index fortzuschreiben.**

35 Hinsichtlich des Streitwertes für eine Zustimmungsklage muss differenziert werden. Nach § 41 Abs. 5 GKG ist maßgebend höchstens der Jahresbetrag der zusätzlich geforderten Miete. Der Gebührenstreitwert ist dann kleiner als der Jahresdifferenzbetrag, wenn das Mietverhältnis, z.B. bei einer Befristung oder bereits ausgesprochener Kündigung, kein ganzes Jahr mehr fortbesteht. Für den Rechtsmittelstreitwert gilt die Vorschrift aber nicht. Die Beschwer berechnet sich hier nach § 9 ZPO analog (BVerfG NJW 1996, 1531; BGH WuM 2016, 510; 2007, 32; NZM 2004, 617; NJW 2000, 3142; LG Berlin GE 2007, 782, LG Dortmund NZM 2006, 134).

V. Die Nachbesserung von Mieterhöhungsverlangen, Abs. 3

36 § 558b Abs. 3 berechtigt den Vermieter in den Fällen, in denen er eine Mieterhöhungserklärung abgegeben hat, die nicht den formalen Anforderungen des § 558a BGB entsprach in einem anschließenden Zustimmungsprozess diese Mängel zu heilen. Voraussetzung ist nach dem Wortlaut der Vorschrift aber, dass überhaupt ein Mieterhöhungsverlangen der Zustimmungsklage vorausgegangen ist. Zu den heilbaren Mängeln zählen Mängel der Textform und der Begründung gem. § 558a Abs. 2 und 3 BGB. Auch der Hinweis auf einen qualifizierten Mietspiegel gehört hierzu. Nicht geheilt werden kann z.B. die fehlende Aktivlegitimation, also wenn der falsche Vermieter das Erhöhungsverfahren (OLG Hamburg ZMR 2010, 108; Paschke DMT-Bilanz 2011, 679, 681) gestellt hat oder wenn es an den falschen Mieter oder nicht alle Mieter adressiert wurde.

37 Das Gesetz erlaubt die Nachholung des Mieterhöhungsverlangens. Damit ist ein gänzlich neues Mieterhöhungsverlangen gemeint. Bezugnahmen auf das vorherige Mieterhöhungsverlangen sind unzulässig, wenn das neue Mieterhöhungsverlangen

nicht selbst alle erforderlichen Angaben enthält (LG Berlin WuM 1983, 291; LG Hamburg WuM 1978, 54). Für dies Erhöhungsverlangen gelten die gleichen formellen und materiellen Voraussetzungen wie für jedes Mieterhöhungsverlangen gem. § 558a BGB. Der Vermieter kann das Erhöhungsverlangen während eines Rechtsstreits zunächst dadurch nachholen, dass er außerhalb des Verfahrens ein wirksames Zustimmungsverlangen stellt und dieses schriftsätzlich zum Verfahrensgegenstand macht (AG Gießen WuM 1985, 321). Möglich ist aber auch, das Mieterhöhungsverlangen **während eines Prozesses** in einem Schriftsatz zu stellen (LG Fulda NJW-RR 1988, 912; LG Mannheim WuM 1985, 320). Erforderlich ist hierfür nach Einführung der Textform nur noch, dass dem Mieter eine Abschrift zugeht. Der Schriftsatz muss wirklich ein Mieterhöhungsverlangen enthalten, also alle Voraussetzungen erfüllen, die auch ein vorprozessuales Mieterhöhungsverlangen erfüllen muss. Der Schriftsatz muss für den Mieter klar und eindeutig erkennen lassen, ob dieses Schriftstück zugleich ein neues materiell rechtliches Mieterhöhungsverlangen enthält (AG Köln WuM 1985, 321) oder ob damit nur ein früheres Erhöhungsverlangen weiterverfolgt und durchgesetzt werden soll (BayObLG RE v. 14.7.1981 NJW 1981, 2197). Entscheidend ist dabei, wie der Mieter als Erklärungsempfänger die Erklärung verstehen durfte, nicht wie das Gericht sie verstanden hat. Hierzu gehört insbesondere die Aufforderung, eine zustimmende Willenserklärung abzugeben (AG Braunschweig WuM 1985, 364). Wird nur die Verurteilung durch das Gericht begehrt, liegt kein wirksames Erhöhungsverlangen vor (LG Karlsruhe WuM 1991, 48; AG Pinneberg ZMR 2002, 602). Stammt das Mieterhöhungsverlangen in einem Schriftsatz von einem Rechtsanwalt, so kann der Mieter bzw. sein Prozessvertreter das Fehlen einer nicht beigefügten Vollmacht gem. § 174 BGB nicht rügen, da die Vorschrift auf eine von einem Anwalt im Rahmen seiner Prozessvollmacht abgegebenen Erklärung keine Anwendung findet (BGH NZM 2003, 229). Der Mieteranwalt ist auf Grund der erteilten Prozessvollmacht auch zur Entgegennahme des nachgeholten Mieterhöhungsverlangens während des Prozesses bevollmächtigt (BGH NZM 2003, 229). Das Mieterhöhungsverlangen kann bis zum rechtskräftigen Abschluss des Mieterhöhungsverfahrens nachgeholt werden. Rechtskräftig abgeschlossen ist das Mieterhöhungsverfahren mit **Rechtskraft der Entscheidung.** Das bedeutet, dass die Nachholung zunächst während des gesamten erstinstanzlichen Verfahrens vor dem Amtsgericht bis zum Schluss der mündlichen Verhandlung möglich ist. Ferner kann die Nachholung aber auch nach Schluss der mündlichen Verhandlung erfolgen. Führt der Kläger, der aus einem unwirksamen Mieterhöhungsverlangen klagt, in einem nicht nachgelassenen Schriftsatz nach der letzten mündlichen Verhandlung beim Amtsgericht vor Urteilsverkündung ein neues wirksames Mieterhöhungsverlangen in den Prozess ein, so ist dies rechtserheblich erstmals in der Berufung vorgetragen. Eine Verpflichtung zur Wiedereröffnung der mündlichen Verhandlung besteht in diesem Fall für das Amtsgericht nicht. Greift der Mieter mit der Berufung das erstinstanzliche Urteil gar nicht an, sondern verfolgt nur seinen Anspruch aus dem nachgeholten Erhöhungsverlangen weiter, dann ist die Berufung trotzdem zulässig (BGH NJW-RR 2007, 934).

Möglich ist auch die bloße **Nachbesserung** des Erhöhungsverlangens. Der Vermieter kann also nur den entsprechenden Mangel heilen ohne das gesamte Mieterhöhungsverlangen vollständig wiederholen zu müssen. Die Möglichkeit bietet sich insbesondere dann an, wenn Anlagen zur Mieterhöhungserklärung fehlten (z. B. das Sachverständigengutachten oder die Auskunft aus der Mietdatenbank nicht beigefügt war). Bedeutung hat dies auch dann, wenn das Gericht der Auffassung sein sollte, der Mietspiegel müsse dem Erhöhungsverlangen beigefügt werden. Auch dann kann dies nachgeholt werden. Des Weiteren kommt die Nachholung eines Hinweises auf die Werte eines qualifizierten Mietspiegels gem. § 558a Abs. 3 BGB in Betracht, wenn dies im Erhöhungsverlangen unterblieben war oder die Angabe der weiter anzurechnenden Kürzungsbeträge gem. § 558 Abs. 5 BGB (BGH NZM 2009, 393).

39 Ein nachgeholtes oder nachgebessertes Mieterhöhungsverlangen stellen juristisch gleichermaßen ein neues Mieterhöhungsverlangen iSd § 558a BGB dar. Es werden die gleichen Fristen wie bei einem originären Mieterhöhungsverlangen ausgelöst also sowohl die Jahressperrfrist wie auch die Überlegungsfrist. Letzteres ist in § 558b Abs. 3 BGB ausdrücklich so bestimmt. Die Frist steht dem Mieter auch dann zu, wenn er auf das unwirksame vorprozessuale Zustimmungsverlangen bereits teilweise einer Mieterhöhung zugestimmt hat (AG Rüsselsheim WuM 1989, 186). Innerhalb dieser Frist kann die Zustimmungsklage grundsätzlich nicht, auch nicht hilfsweise, auf das nachgeholte Zustimmungsverlangen gestützt werden. Eine solche Klage ist unzulässig. Etwas anderes gilt nur dann, wenn der Mieter bereits hinsichtlich des ersten unwirksamen Mieterhöhungsverlangens eindeutig zu erkennen gegeben hat, dass er auch einem formell wirksamen Mieterhöhungsverlangen auf keinen Fall zustimmen werde (OLG Celle NJWE-MietR 1996, 73).

40 Das Gericht kann nur über Klageanträge entscheiden, die tatsächlich gestellt wurden. Der Vermieter muss also zunächst seinen Klageantrag umgestellt haben. Das nachgeholte Mieterhöhungsverlangen hat einen **anderen Wirkungszeitpunkt** (LG Stuttgart WuM 2016, 361). Der spätere Zeitpunkt ist auch kein Minus im Verhältnis zum früheren Wirkungszeitpunkt auf Grund des ersten unwirksamen Mieterhöhungsverlangens. Das nachgeholte Erhöhungsverlangen stellt einen **eigenen Streitgegenstand** dar und ist deshalb ein aliud. Liegt eine Klageänderung vor, ist diese regelmäßig sachdienlich. Ist die geänderte Klage zum Entscheidungszeitpunkt zulässig, dann muss das Gericht darüber materiell entscheiden. Ist die geänderte Klage zum **Zeitpunkt der letzten mündlichen Verhandlung** noch nicht zulässig ist, weil die Überlegungsfrist noch nicht abgelaufen ist, kann das gerichtliche Mieterhöhungsverfahren nicht gem. § 148 ZPO ausgesetzt werden. Das Gericht kann allenfalls im Rahmen des Grundsatzes eines „fair trial" verpflichtet sein, nicht kurzfristig so zu terminieren, dass die Klageänderung gerade noch nicht zulässig ist. Der Grundsatz des fairen Verfahrens verlangt aber nicht zwingend, soweit in die Zukunft zu terminieren ist, dass die Überlegungsfrist abgelaufen ist. Das Gericht ist gem. § 139 ZPO nicht verpflichtet, den Vermieter auf die Möglichkeit der Heilung gem. § 558b Abs. 3 BGB hinzuweisen.

VI. Nachteilige Vereinbarungen, Abs. 4

41 Nach § 558b Abs. 4 BGB sind abweichende Vereinbarungen zum Nachteil des Mieters unwirksam. Zur Frage wann eine Vereinbarung vorliegt und der allgemeinen Voraussetzungen siehe § 557. Vereinbarungen, die zum Nachteil des Mieters von dem Zustimmungserfordernis abweichen, sind unwirksam. Hierzu gehört z. B. eine Klausel, nach der die Zustimmung des Mieters als erteilt gilt, wenn nicht bis zu einem bestimmten Zeitpunkt eine schriftliche gegenteilige Erklärung eingeht (AG Wolfsburg FWW 1983, 317). Des Weiteren sind Klauseln unwirksam, wonach die Zustimmung nach einmaliger Zahlung als erteilt gilt. Auch alle Erleichterungen bezüglich des Klageverfahrens sind unwirksam, insbesondere die Verlängerung der Klagefrist.

§ 558c Mietspiegel

(1) **Ein Mietspiegel ist eine Übersicht über die ortsübliche Vergleichsmiete, soweit die Übersicht von der Gemeinde oder von Interessenvertretern der Vermieter und der Mieter gemeinsam erstellt oder anerkannt worden ist.**

(2) **Mietspiegel können für das Gebiet einer Gemeinde oder mehrerer Gemeinden oder für Teile von Gemeinden erstellt werden.**

(3) **Mietspiegel sollen im Abstand von zwei Jahren der Marktentwicklung angepasst werden.**

(4) [1]**Gemeinden sollen Mietspiegel erstellen, wenn hierfür ein Bedürfnis besteht und dies mit einem vertretbaren Aufwand möglich ist.** [2]**Die Mietspiegel und ihre Änderungen sollen veröffentlicht werden.**

(5) **Die Bundesregierung wird ermächtigt, durch Rechtsverordnung mit Zustimmung des Bundesrates Vorschriften über den näheren Inhalt und das Verfahren zur Aufstellung und Anpassung von Mietspiegeln zu erlassen.**

I. Allgemeines

§ 558c BGB stellt eine **Definitions- und Ergänzungsvorschrift** zu den 1
Mieterhöhungsvorschriften der §§ 558 bis 558b BGB dar. Während in den ersten drei Vorschriften über die Mieterhöhung auf die ortsübliche Vergleichsmiete in § 558 BGB die Anspruchsgrundlage und den § 558a, 558b BGB die Form- und Verfahrensvorschriften enthalten sind, beinhalten die weiteren drei Vorschriften Definitionen und Verfahrensregeln über drei Instrumente des Vergleichsmietensystems nämlich den einfachen und den qualifizierten **Mietspiegel** sowie die **Mietdatenbank**. Adressat dieser Vorschriften sind zum einen die Ersteller von Mietspiegeln bzw. Betreiber von Mietdatenbanken und zum anderen auch die Gerichte, die die Wirksamkeit von Mietspiegeln überprüfen müssen bzw. an die Vermutungswirkung (§ 558d Abs. 3) gebunden sind.

Mietspiegel nutzen sowohl Vermietern wie auch Mietern. Sie haben heute aber 2
auch eine weit über die reine Begründungsfunktion im Mieterhöhungsverfahren hinausgehende Bedeutung. Sie verbessern die Transparenz auf den Wohnungsmärkten. Sie haben den Vorteil der Objektivität in einem Markt, der stark von Vorurteilen auf Grund fehlender Transparenz gekennzeichnet ist. Sie dienen Mietern als Orientierung, um die ortsübliche Miete einschätzen zu können. Sie haben Einfluss auf die Neuvertragsmieten, vor allem natürlich in den Gemeinden, in denen eine Begrenzung der Wiedervermietungsmiete gem. §§ 556d ff BGB gilt. **Mietspiegel versachlichen die Diskussion** über die Miethöhe. Sie ersparen Vermieter Kosten, die ansonsten uU bei der Beschaffung der Daten über die ortsübliche Vergleichsmiete anfallen würden. Auch das BVerfG hat schon früh die **Bedeutung von Mietspiegeln** mehrfach ausdrücklich betont (BVerfG NJW 1992, 1377). Nach seiner Ansicht liegt die Verwendung von Mietspiegeln im gerichtlichen Er-

kenntnisverfahren auch im Interesse der Vermieter. Sie garantiert nicht nur eine rasche Entscheidung, sie erleichtert dem Vermieter vielmehr zugleich in ganz erheblichem Maße die ihm obliegende prozessuale Darlegungslast. Ihr Vorzug besteht aber vor allem darin, dass ordnungsgemäß aufgestellte Mietspiegel in der Regel auf einer erheblich breiteren Tatsachenbasis beruhen, als sie ein gerichtlich bestellter Sachverständiger mit einem Kosten- und Zeitaufwand ermitteln könnte, der zum Streitwert des gerichtlichen Verfahrens in einem angemessenen Verhältnis steht.

3   Über diese originäre Aufgabe im Mieterhöhungsverfahren im weitesten Sinn hinaus, haben Mietspiegel aber inzwischen auch **weitere Funktionen** z. B. im Rahmen von familienrechtlichen Unterhaltsverfahren (BGH NJW-RR 2018, 1272; NZM 2007, 616), in Verfahren wegen Mietpreisüberhöhung oder -wucher bzw. Begrenzung der Wiedervermietungsmiete, bei Wohngeldentscheidungen und im Begrenzungsverfahren bei der Fehlbelegungsabgabe (BVerwG NJW 1999, 735, WuM 1997, 275).

II. Die rechtliche Qualifikation und Bedeutung von Mietspiegeln

4   Rechtlich verbindliche Regelungen über die Mietspiegelerstellung befinden sich ausschließlich in § 558c und § 558d BGB. Eine Verpflichtung zur Aufstellung von Mietspiegeln gibt es nicht. Es handelt sich insofern nur um eine Soll-Bestimmung, wonach Gemeinden bei entsprechendem Bedürfnis einen Mietspiegel aufstellen sollen. Weitergehende Verfahrensregelungen gibt es weder für einfache noch für qualifizierte Mietspiegel. Die Bundesregierung hat von der Ermächtigungsgrundlage in Abs. 5 bisher noch nie Gebrauch gemacht. Eine **Mietspiegelverordnung** gibt es bisher noch nicht. Ein Entwurf aus dem Frühjahr 2016 ist bisher nicht verabschiedet worden. Im Frühjahr 2020 sollte ein neuer Entwurf veröffentlicht werden. Bei den vom Bundesministerium für Raumordnung, Bauwesen und Städtebau unter wissenschaftlicher Beratung herausgegebenen **Hinweise zur Aufstellung von Mietspiegeln** vom Sommer 2002 (abgedruckt bei Schmidt-Futterer, 12. Auflage 2015, Anhang zu §§ 558c, 558d BGB) handelt es sich weder um gesetzliche Regelungen noch um eine Verwaltungsvorschrift. Von ihnen geht keinerlei rechtliche Verbindlichkeit aus. Das gilt auch für die „Hinweise zur Integration der energetischen Beschaffenheit und Ausstattung von Wohnraum in Mietspiegeln" des Bundesministeriums für Verkehr, Bau und Stadtentwicklung aus dem Jahre 2013 (abgedruckt bei Börstinghaus/Eisenschmid, Modernisierungshandbuch, 2014 im Anhang).

5   Die Aufstellung von Mietspiegeln ist eine Aufgabe der **öffentlichen Daseinsvorsorge** (BayVGH ZMR 1994, 81, 83). § 558c Abs. 3–5, § 558d Abs. 2 BGB gehören dem öffentlichen Recht an, da alleiniges Zuordnungsobjekt der Regelung ein Träger der öffentlichen Gewalt ist. Ein Mietspiegel ist jedoch weder ein Verwaltungsakt (BVerwG NJW 1996, 2046) noch eine Allgemeinverfügung noch eine normkonkretisierende Verwaltungsvorschrift. Der einfache Mietspiegel stellt lediglich eine statistisch aufbereitete Sammlung von Vergleichsmieten dar, wobei durchaus auch normative Entscheidungen getroffen sein können. Der Mietspiegel enthält dabei auch Elemente eines Sachverständigengutachtens in Gestalt der Bewertung von Tatsachen. Er weist ebenso Ähnlichkeiten mit einer amtlichen Auskunft in Form einer Zusammenfassung von Einzeltatsachen auf. In seiner generellen An-

wendbarkeit auf viele Einzelfälle nach abstrakten tatbestandlichen Merkmalen gleicht er auch einer Verwaltungsvorschrift Es ist allein Aufgabe der Zivilgerichte, die materielle Richtigkeit eines Mietspiegels zu überprüfen.

III. Voraussetzungen für die Mietspiegelaufstellung

Nach der Legaldefinition eines Mietspiegels in § 558c Abs. 1 BGB ist ein Mietspiegel: 6
- eine Übersicht über die ortsüblichen Vergleichsmieten
- die erstellt wurde
  - von der Gemeinde oder
  - von den Interessenvertretern der Vermieter und Mieter gemeinsam oder
  - von einem Interessenverband der Vermieter oder Mieter allein und vom jeweils anderen Verband oder der Gemeinde anerkannt wurde
  - von einem Dritten und von beiden Verbänden oder der Gemeinde anerkannt wurde.

Alle Mietpreisübersichten oder Mietwerttabellen, die nicht diese Voraussetzungen erfüllen, sind keine Mietspiegel iSd Gesetzes. Deshalb sind die folgenden Übersichten keine Mietspiegel und können weder zur Begründung eines Erhöhungsverlangens noch im Prozess zur Feststellung der ortsüblichen Vergleichsmiete herangezogen werden: 7
- der „VDM-Preisspiegel für Wohn- und Anlageimmobilien"
- der „RDM-Immobilienpreisspiegel"
- der „ivd-Mietspiegel" oder „ivd-Preisindex"
- Mietpreisübersichten der Finanzämter (LG Aurich WuM 1990, 222; **a. A.** AG Büdingen WuM 1989, 81)
- Mietübersicht des Staatsbauamtes (AG Friedberg WuM 1986, 322)
- Mietenindex der Statistikämter
- ein vom Vermieter-Verband erstellter Mietspiegel (LG Verden NdsRpfl 1993, 363).

Das Gesetz bietet verschiedene Möglichkeiten an, von wem ein Mietspiegel erstellt werden kann. Diese Möglichkeiten stehen gleichberechtigt nebeneinander. Einen Vorrang eines gemeindlichen Mietspiegels vor anderen Mietspiegeln gibt es ebenso wenig wie einen solchen von qualifizierten Mietspiegeln gegenüber einfachen Mietspiegeln. 8

Mit Gemeinde als Mietspiegelersteller ist die **politische Gemeinde** gemeint. Es genügt, wenn der Auftrag zur Erstellung des Mietspiegels von der Gemeinde stammt. Die Erstellung selbst kann dann auch von einem wissenschaftlichen Institut vorgenommen werden. Möglich ist auch die Mitwirkung von Interessenverbänden. Ein Widerspruch dieser Verbände ist aber unerheblich (AG Recklinghausen WuM 1992, 443). Mietspiegel können seit 1.9.2001 auch für **mehrere Gemeinden,** z.B. auch für einen Landkreis, oder für **Teile einer Gemeinde** aufgestellt werden. 9

Die **Erstellung** eines Mietspiegels selbst ist ein faktischer Vorgang. Der Mietspiegel stellt eine statistisch aufbereitete Sammlung von Vergleichsmieten dar. Deshalb ist es grundsätzlich nicht erforderlich, dass ein von der Gemeinde erstellter einfacher Mietspiegel vom Kommunalparlament verabschiedet wird (LG Essen NJW-RR 1996, 1416; AG Gelsenkirchen-Buer NZM 1998, 509). Ein **Ratsbeschluss** ist nicht Wirksamkeitsvoraussetzung für die Erstellung eines Mietspiegels. Davon zu 10 unterscheiden ist die Anerkennung eines Mietspiegels als qualifiziertem Mietspiegel iSd § 558d Abs. 1 BGB. Dies ist ein Rechtssetzungsakt, für den ein Ratsbeschluss erforderlich ist (AG Dortmund WuM 2003, 35). Erstellt ist der Mietspiegel dann, wenn das mit der Erstellung des Mietspiegels beauftragte Gremium die Daten ermittelt hat und Einigkeit darüber erzielt hat, welche Mieten üblich sind und welche Gruppen als vergleichbare Wohnungen ausgewiesen werden sollen. Ferner muss Einigkeit über den Texttteil des Mietspiegels bestehen. Da die Erstellung ein rein **tatsächlicher Vorgang** ist, ergibt sich auch aus dem Vergleich mit der anderen Möglichkeit, wie ein Mietspiegel entstehen kann, nämlich der Anerkennung. Anders als die Erstellung ist die Anerkennung ein **rechtlicher Vorgang,** der in der Abgabe einer Willenserklärung besteht.

11 **Bei Mietspiegeln von Interessenverbänden** unterscheidet das Gesetz zwei Alternativen. Entweder wird der Mietspiegel von den Interessenvertretern der Vermieter und Mieter gemeinsam aufgestellt oder er wird von den Interessenvertretern der Vermieter oder Mieter allein aufgestellt und vom jeweils anderen Verband oder der Gemeinde anerkannt. Dabei kann sich die Anerkennung auch nur auf einzelne Teile des Mietspiegels beziehen. Nicht möglich ist die Mietspiegelaufstellung durch nur einen Verband, z. B. den örtlichen Vermieterverein (LG Verden NdsRpfl 1993, 363; AG Aachen WuM 1991, 277). Auch Übersichten von anderen (interessierten) Verbänden genügen nicht. Es müssen beide Interessenverbände damit einverstanden sein also die Mietpreisübersicht zumindest teilweise anerkennen (AG Aachen WuM 1991, 277).

12 Anerkannt ist ein von einem **Interessenverband oder von einem Dritten** erstellter Mietspiegel dann, wenn der andere Interessenverband oder bei Mietspiegeln, die von Dritten erstellt wurden, auch von beiden Interessenverbänden oder der Gemeinde, seine Zustimmung erteilt hat. Dies ist eine Willenserklärung, die von einem vertretungsberechtigten Organ abgegeben werden muss. Eine Form ist dafür nicht vorgeschrieben. Es ist nicht die Zustimmung aller Interessenverbände auf jeder Seite erforderlich. Dies gilt auch dann, wenn auf einer Seite mehrere Verbände, ggf. unterschiedlicher Größe vorhanden sind. Es genügt die Zustimmung je eines Interessenverbandes (OLG Hamm RE v. 11.10.1990 NJW-RR 1991, 209). Der Begriff „**Interessenverband**" setzt vom Wortlaut bereits voraus, dass es sich um den Zusammenschluss von mindestens zwei Mitgliedern handeln muss. Ein örtlicher Großvermieter, z. B. in den neuen Ländern, die städtische Wohnungsbaugenossenschaft, ist kein Interessenverband. Ein solcher Großvermieter kann zwar am Arbeitskreis Mietspiegel teilnehmen, er kann aber keinen Mietspiegel erstellen oder anerkennen. Der Interessenverband muss auf der anderen Seite auch nicht alle Vermieter oder Mieter vertreten. So ist durchaus denkbar und möglich, dass der Verband der freien Wohnungsunternehmen mit dem Mieterbund einen Mietspiegel erstellt. Entscheidend ist, dass durch die Struktur des Verbandes nicht nur Singularinteressen eines Vermieters vertreten werden, sondern die Interessen einer bestimmten Art von Vermietern. Es muss sich um den für die Gemeinde örtlich zuständigen Verband handeln. Ist der Verband nicht auf Ortsebene organisiert, dann kann auch der überörtliche Verband für die Gemeinde einen Mietspiegel erstellen.

13 **Auch die Mietspiegelerstellung durch Dritte** ist grundsätzlich möglich. Voraussetzung für eine Anerkennung als Begründungsmittel ist in diesem Fall aber, dass dieser durch Dritte erstellte Mietspiegel von den Interessenverbänden der Mieter und Vermieter oder der Gemeinde anerkannt wird.

14 **Die Veröffentlichung des Mietspiegels** ist nicht Wirksamkeitsvoraussetzung für einen Mietspiegel. Sie gehört nicht mehr zur Erstellung oder Anerkennung. Sie hat allenfalls Bedeutung für die Frage, ob der Vermieter dem Mieter mit dem Erhöhungsverlangen ein Exemplar des Mietspiegels mitübersenden muss, damit das individuelle Mieterhöhungsverlangen formell wirksam ist. Dies ist bei Mietspiegeln, die allgemein zugänglich sind zu verneinen (BGH NJW 2008, 573). Gemäß § 558c Abs. 4 Satz 2 BGB soll der Mietspiegel und seine Änderungen veröffentlicht werden. Möglich ist die Veröffentlichung sowohl durch eine Veröffentlichung im Amtsblatt einer Gemeinde aber natürlich auch durch Abdruck in der Tagespresse oder auch in Fachzeitschriften oder im Internet. Dabei darf aber nicht vergessen werden, dass der Mietspiegel nicht nur aus der Mietwerttabelle besteht, sondern auch aus den textlichen Erläuterungen, die ebenfalls veröffentlicht werden soll. Diese Sollvorschrift beinhaltet **keine Wirksamkeitsvoraussetzung.** Damit wird nur eine Voraussetzung für die **Befriedungsfunktion** umschrieben. Ein Mietspiegel braucht, um seiner Befriedungsfunktion gerecht zu werden, Akzeptanz. Akzeptiert werden aber keine unbekannten Geheimdaten. Der Mietspiegel lebt davon, dass die Mehrheit der Marktteilnehmer sich auf ihn beruft bzw. auf Grund seiner Werte die Zustimmung erteilt.

IV. Voraussetzungen für einen einfachen Mietspiegel

Auch ein einfacher Mietspiegel iSd § 558c BGB ist eine Übersicht über die ortsübliche Vergleichsmiete in der Gemeinde. Deshalb muss er entsprechende Werte enthalten. Besondere Anforderungen an die Datenqualität gibt es für einfache Mietspiegel aber nicht. Möglich ist die Verwendung von Primärdaten aber auch von Sekundärdaten. Bei der Mehrheit der einfachen Mietspiegel handelt es sich um mehr oder weniger ausgehandelte Mietspiegel. Darunter wird ein breites Spektrum von Mietspiegeln zusammengefasst. Die Datengrundlage dieser einvernehmlich festgestellten Mietspiegel ist äußerst unterschiedlich. Teilweise werden die Mietspiegel auf Grund vorhandener Daten erstellt. Teilweise beruhen diese Mietspiegel auf einer empirischen Datenerhebung und einer wissenschaftlichen Auswertung derselben, auf Grund derer die Verfahrensbeteiligten dann eine Einigung in Streitfragen erzielt haben. In Extremfällen wurden solche Mietspiegel auch ohne Datenmaterial auf Grund der Kenntnisse der Verbandsvertreter ähnlich einem Tarifvertrag ausgehandelt. Häufig beruht die Datengrundlage dieser Mietspiegel vor allem auf der Erfahrung der ihn aushandelnden Funktionäre. Schließlich sind in manchen Kommunen die Mietspiegel auch zum Gegenstand politischer Verhandlungen geworden. Es soll mit dem Mietspiegel „Mietspiegelpolitik" gemacht werden. Auch mit einem ausgehandelten Mietspiegel kann ein Mieterhöhungsverlangen wirksam begründet werden. 15

Beginn der Mietspiegelgültigkeit: Mietspiegel geben die ortsübliche Vergleichsmiete zu einem bestimmten Stichtag wieder. Vor diesem Stichtag können sie deshalb zur Begründung eines Mieterhöhungsverlangens nicht benutzt werden. Es ist nicht erforderlich, dass der Mietspiegel bereits gedruckt ist (LG Essen NJW-RR 1996, 1416). Veröffentlichung und Drucklegung sind gerade keine Wirksamvoraussetzung. Es genügt, dass der Mietspiegel erstellt ist. Ein Mietspiegel, der noch nicht veröffentlicht oder erhältlich ist, muss aber zwingend vom Vermieter dem Mieter mit dem Erhöhungsverlangen zur Verfügung gestellt werden. Gerichte können aber in einem späteren Zustimmungsprozess die Daten eines erst später veröffentlichten Mietspiegels verwenden, wenn der Erhebungsstichtag nahe am Zeitpunkt des Zugangs des Mieterhöhungsverlangens liegt (LG Berlin Urt. v. 16

§ 558c BGB Untertitel 2. Mietverhältnisse über Wohnraum

9.8.2016 – 18 S 111/15; GE 2008, 1057; 2008, 334; 2006, 391; 2005, 1433; 1994, 1055; LG Hamburg WuM 1991, 355; LG Bochum WuM 1982, 18; LG Wuppertal WuM 1982, 19; AG Gelsenkirchen ZMR 2009, 129; AG Gelsenkirchen-Buer NZM 1998, 509; AG Dortmund NJW-RR 1995, 971; AG Frankfurt DWW 1993, 44; **a. A.** KG 6 E 2007, 1629).

17   **Ende der Mietspiegelgültigkeit:** Das Gesetz enthält unmittelbar keine Regelungen über das Ende der Mietspiegelgültigkeit. Das Gesetz geht, wie sich aus § 558c Abs. 3, § 558d Abs. 2 BGB ergibt, grundsätzlich von einem Aktualisierungserfordernis für Mietspiegel innerhalb einer Frist von zwei Jahren aus, was aber nicht umgekehrt bedeutet, dass ein Mietspiegel nach Ablauf von 2 Jahren automatisch ungültig wird (AG Ludwigsburg WuM 2014, 30). Soweit § 558a Abs. 4 Satz 2 BGB gestattet zur Begründung eines Mieterhöhungsverlangens auch auf einen veralteten Mietspiegel Bezug zu nehmen, folgt aus dieser Regelung allerdings nicht, dass das Alter des Mietspiegels bedeutungslos wäre. Allein aus der Tatsache, dass das Gesetz eine Höchstgrenze für das Alter eines nach § 558a Abs. 4 Satz 2 BGB herangezogenen veralteten Mietspiegels nicht festlege, ergibt sich nichts anderes. Denn § 558a Abs. 4 Satz 2 BGB soll nur sicherstellen, dass die formelle Wirksamkeit eines sachlich berechtigten Erhöhungsverlangens nicht allein von den in § 558c Abs. 3, § 558d Abs. 2 BGB genannten Fristen abhängt. Hierdurch wird aber von dem grundsätzlich bestehenden Aktualisierungserfordernis gerade nicht Abstand genommen. Für die formelle Wirksamkeit des Erhöhungsverlangens kommt es deshalb auch bei einem veralteten Mietspiegel darauf an, ob diesem (noch) ein in § 558a Abs. 1 BGB vorausgesetzter Informationsgehalt zukommt (BGH NZM 2019, 852).

V. Fortschreibung einfacher Mietspiegel

18   Nach Abs. 3 sollen einfache Mietspiegel im Abstand von 2 Jahren der Marktentwicklung angepasst werden. Damit soll gewährleistet werden, dass der Mietspiegel tatsächlich ein *Spiegel* der tatsächlichen Gegebenheiten ist. Das Gesetz unterscheidet selbst zwischen der (Erst-)Erstellung oder auch Neuaufstellung und der Fortschreibung von Mietspiegeln. Eine Fortschreibung ist ein Minus im Vergleich zur Neuaufstellung eines Mietspiegels. Die Notwendigkeit der Fortschreibung hängt von den **tatsächlichen Marktgegebenheiten** ab. Der Gesetzgeber hat in Abs. 3 eine Vermutung aufgestellt, dass die Marktverhältnisse sich in zwei Jahren verändert haben. Je nach Marktgeschehen kann aber der Zeitraum zu lang oder auch zu kurz sein. Bei einfachen Mietspiegel schreibt das Gesetz weder die Form der Fortschreibung vor noch begrenzt es die Anzahl der möglichen Mietspiegelfortschreibungen. Unzulässig ist die Fortschreibung des Mietspiegels durch den Vermieter im konkreten Mieterhöhungsverlangen. Der Vermieter darf also wegen des Alters eines Mietspiegels keinen Zuschlag zu den Werten des Mietspiegels hinzurechnen (OLG Stuttgart RE vom 2.2.1982 NJW 1982, 945; OLG Hamburg NJW 1983, 1803, 1805; LG München WuM 1998, 726).

§ 558d Qualifizierter Mietspiegel

(1) Ein qualifizierter Mietspiegel ist ein Mietspiegel, der nach anerkannten wissenschaftlichen Grundsätzen erstellt und von der Gemeinde oder von Interessenvertretern der Vermieter und der Mieter anerkannt worden ist.

(2) ¹Der qualifizierte Mietspiegel ist im Abstand von zwei Jahren der Marktentwicklung anzupassen. ²Dabei kann eine Stichprobe oder die Entwicklung des vom Statistischen Bundesamt ermittelten Preisindexes für die Lebenshaltung aller privaten Haushalte in Deutschland zugrunde gelegt werden. ³Nach vier Jahren ist der qualifizierte Mietspiegel neu zu erstellen.

(3) Ist die Vorschrift des Absatzes 2 eingehalten, so wird vermutet, dass die im qualifizierten Mietspiegel bezeichneten Entgelte die ortsübliche Vergleichsmiete wiedergeben.

Übersicht

	Rdn.
I. Allgemeines	1
II. Tatbestandsvoraussetzungen	3
1. Der Begriff der anerkannten wissenschaftlichen Grundsätze bedarf der Auslegung	4
a) Der Begriff der Vergleichsmiete	6
b) Die Datenerhebung	7
c) Die Datenauswertung	9
d) Die Dokumentation der Mietspiegelerstellung	10
2. Die Anerkennung des Mietspiegels	11
III. Die Fortschreibung qualifizierter Mietspiegel, Abs. 2	14
IV. Die Vermutungswirkung, Abs. 3	18

I. Allgemeines

§ 558d ergänzt § 558c. Auch für den qualifizierten Mietspiegel gelten zunächst sämtliche Voraussetzungen des § 558c BGB. Für den qualifizierten Mietspiegel müssen zusätzlich die Voraussetzungen des § 558d erfüllt sein. Die Vorschrift bestimmt in Abs. 3 ferner einen Teil der Rechtsfolgen, die an das Vorliegen eines qualifizierten Mietspiegels geknüpft werden. Die weitere Rechtsfolge ergibt sich aus § 558a Abs. 3. 1

Auch gegen einen qualifizierten Mietspiegel ist eine **verwaltungsgerichtliche Klage** nicht möglich (LG Berlin GE 2012, 271). Nach Ansicht des BGH (NJW 2013, 775) sind auch für die Kontrolle von qualifizierten Mietspiegeln die Zivilgerichte zuständig; außerdem (BGH NJW 2011, 2284) unterliegt zumindest die **Auslegung eines Mietspiegels** der uneingeschränkten revisionsrechtlichen Nachprüfung. 2

II. Tatbestandsvoraussetzungen

3 Auch ein qualifizierter Mietspiegel ist eine Übersicht über die ortsübliche Vergleichsmiete, soweit sie von der Gemeinde oder von Interessenvertretern der Vermieter und der Mieter gemeinsam erstellt oder anerkannt ist. Insofern kann auf die Kommentierung bei § 558c verwiesen werden. § 558d Abs. 1 BGB bestimmt darüber hinaus zusätzlich, dass ein qualifizierter Mietspiegel nur dann vorliegt, wenn er nach anerkannten statistischen Methoden erstellt wird, die gewährleisten, dass er ein realistisches Abbild des Wohnungsmarktes liefert und dass er dann noch einer besonderen Anerkennung bedarf.

1. Der Begriff der anerkannten wissenschaftlichen Grundsätze bedarf der Auslegung

4 Das Gesetz geht wie selbstverständlich davon aus, dass es tatsächlich **anerkannte wissenschaftliche Grundsätze der Mietspiegelerstellung** gibt. Der Gesetzgeber selbst definiert sie nicht. Es gibt weder DIN-Normen noch vergleichbare Regeln. Entscheidend ist, dass eine Regel auf Grund der wissenschaftlichen Erkenntnis als richtig und unanfechtbar erweist und von der überwiegenden Zahl der Anwender als richtig anerkannt wird (so auch Lammel, Wohnraummietrecht, § 558d Rdn. 13 unter Bezugnahmen auf RGSt 44, 76). Dabei taucht zunächst die Frage auf, welche **die richtige Wissenschaft ist,** auf deren Erkenntnismöglichkeiten abzustellen ist. Dies ist vor allem die Statistik, aber nicht allein. Auch die anerkannten wissenschaftlichen Grundsätze der Rechtswissenschaft müssen beachtet werden. Dies liegt vor allem daran, dass der Begriff der ortsüblichen Vergleichsmiete **sowohl empirische wie auch normative Elemente** hat. Deshalb ist auch ein qualifizierter Mietspiegel rechtlich voll überprüfbar (BGH NJW 2014, 292; 2013, 775; **a. A.** Clar WuM 2013, 233 Eine überwiegende Anerkennung der Anwender von Mietspiegeln liegt nur für einen kleinen Bereich der Probleme im Zusammenhang mit der Mietspiegelerstellung vor. Weite Bereiche sind umstritten und werden regional sehr unterschiedlich gehandhabt. Die überwiegende Anerkennung muss aber bundesweit vorliegen und nicht nur regional. Anderenfalls könnte ein völlig aus der Reihe fallender Mietspiegel als nach den anerkannten wissenschaftlichen Grundsätzen erstellt angesehen werden, nur weil in der Gemeinde ggf. auf Grund der Meinungsführerschaft weniger vermeintlicher Fachleute eine Auffassung als richtig gilt, die ansonsten überwiegend abgelehnt wird. Die Einhaltung der anerkannten wissenschaftlichen Grundsätze bezieht sich auf den gesamten Mietspiegel also auch auf eine zum Mietspiegel gehörenden **Lagekarte** oder ein **Straßenverzeichnis.** Auch diese müssen nach wissenschaftlichen Grundsätzen erstellt werden. So dürfte ein Straßenverzeichnis, das sich ausschließlich an den Bodenrichtwerten orientiert ebenso untauglich sein wie ein solches, das vor mehreren Jahrzehnten aufgestellt und seither wissenschaftlich nicht fortgeschrieben worden ist.

5 Es gibt deshalb nur Mindeststandards, die eingehalten werden müssen, damit man von der Einhaltung der anerkannten wissenschaftlichen Grundsätze sprechen kann. Erforderlich ist mindestens:
 – der Mietspiegel muss vom richtigen Begriff der ortsüblichen Vergleichsmiete ausgehen.

Qualifizierter Mietspiegel **BGB § 558d**

- die Daten müssen auf einer repräsentativen Datenerhebung beruhen.
- es muss eine anerkannte wissenschaftliche Auswertungsmethode gewählt worden sein.
- Die Einhaltung der drei zuvor genannten Voraussetzungen muss in einer öffentlich zugänglichen Dokumentation niedergelegt sein.

Die Bezeichnung als qualifizierter Mietspiegel reicht nicht aus (BGH NJW 2013, 775).

a) Der Begriff der Vergleichsmiete. Der richtige Begriff der ortsüb- 6
lichen Vergleichsmiete ergibt sich aus der Legaldefinition in § 558 Abs. 2 BGB. Weder subjektive Wohnwertmerkmale dürfen einfließen noch darf ein abweichendes und vor allem die örtlichen Gegebenheiten nicht widerspiegelndes Mischungsverhältnis gewählt werden. Netto- und Bruttomieten müssen getrennt ermittelt werden oder es muss eine entsprechende Umrechnung erfolgen. Sonderausstattungen der Wohnungen, die auf die Miethöhe Einfluss haben (Garten, Möblierung usw.) müssen ermittelt und ihr Einfluss isoliert werden.

b) Die Datenerhebung. Die Datenerhebung bestimmt maßgeblich die 7
Qualität eines Mietspiegels. Für einen qualifizierten Mietspiegel ist immer eine Primärdatenerhebung erforderlich. Das sind Daten, die ausschließlich zum Zweck der Mietspiegelerstellung erhoben wurden. Es entspricht nicht den anerkannten wissenschaftlichen Grundsätzen Sekundärdaten zu benutzen. Bei ihrer Verwendung kann es sich nur um einen einfachen Mietspiegel handeln. Die Daten der Primärdatenerhebung müssen repräsentativ sein (BGH NJW 2012, 1351 (für gerichtliches SV-Gutachten); LG Bochum DWW 2007, 298 mit Anm. Börstinghaus; Rips, WuM 2002, 415, 419). Das ist deshalb von Bedeutung, weil wegen der Kosten keine Vollerhebung erfolgt, sondern zunächst eine Stichprobe gezogen wird. Diese Stichprobe muss ein getreues Abbild des Wohnungsmarktes abgeben. Dies erfordert in der Regel eine Zufallsstichprobe bei der jede Wohnung die gleichen Chancen hat, in der Strichprobe vertreten zu sein. Wegen der technischen Einzelheiten siehe Börstinghaus/Clar, Mietspiegel, 2. Aufl. Rdn. 536ff. Zulässig ist sowohl eine Vermieter- wie auch in Mieterbefragung (BGH NZM 2010, 122). Die Qualität der Stichprobe ist für die Repräsentativität der Datenerhebung aber nicht allein ausschlaggebend. Erfahrungsgemäß können nämlich nicht alle Daten der Bruttostichprobe erhoben werden. Für die Repräsentativität ist die Größe der Ergebnisstichprobe entscheidend und ihr Verhältnis zur **Bruttostichprobe.** Um den Ansprüchen der Repräsentativität zu genügen, dürfen die Abweichungen zwischen Bruttostichprobe und **Ergebnisstichprobe** nicht zu groß sein. Da die Bereitschaft an solchen Befragungen teilzunehmen sinkt und da die Erstellung eines Mietspiegels unter erheblichem Kostendruck erfolgt, sind die Quoten heute häufig sehr niedrig. Und genau hier fängt die juristische Aufgabe an festzustellen, welche Differenzen nach den anerkannten wissenschaftlichen Grundsätzen noch hingenommen werden können.

Für die Frage, ob im Mietspiegel für eine bestimmte vergleichbare Wohnung 8
Werte ausgewiesen werden können, kommt es entscheidend darauf an, wie viele Mietspiegeldaten für vergleichbare Wohnungen erhoben werden konnten. Je weniger Mietwerte ausgewertet werden können, desto geringer ist die Wahrscheinlichkeit, dass die ermittelten Mieten das tatsächliche Mietniveau hinreichend genau abbilden. Nach den anerkannten wissenschaftlichen Grundsätzen beträgt die **Mindestfeldbesetzung** ca. 30 Wohnungen je Mietspiegelfeld (KG NZM 2009, 544). Möglich ist, dass ein Mietspiegel **in Teilen** nach den anerkannten wissenschaft-

lichen Grundsätzen erstellt ist und insofern **als qualifiziert gilt,** und in anderen Teilen nicht (KG GE 2010, 60; 2009, 1044). Das kann insbesondere der Fall sein, wenn die Feldbesetzung in einzelnen Tabellenfeldern nicht den anerkannten wissenschaftlichen Grundsätzen genügt.

9 c) **Die Datenauswertung. Die Datenauswertung** ist die Domäne der Statistiker. Über die statistische Methode zur Erstellung eines Mietspiegels wurde in der Vergangenheit äußerst kontrovers diskutiert. Auch die Gerichte mussten sich mit diesem Statistikerstreit befassen (LG München WuM 2002, 547; NJWE-MietR 1997, 123; LG Frankfurt NJW-RR 1993, 277; LG München NJW-RR 1993, 1427; LG Kiel HmbGE 1994, 235; LG Freiburg NJWE-MietR 1996, 51; OLG Karlsruhe NJW 1997, 3388). Es ging dabei um die Frage, ob Mietspiegel neben der seit Jahrzehnten angewandten **Tabellenmethode** auch nach der **Regressionsmethode** erstellt werden können. Soweit Vorbehalte gegen den Beweiswert von Mietspiegeln geäußert wurden, die nach der Regressionsmethode erstellt worden waren, richteten sich diese zunächst grundsätzlich gegen die Geeignetheit dieser Methode (LG München WuM 2002, 547) und im Einzelfall gegen die Umsetzung im konkreten Fall (LG Bochum DWW 2007, 298). Heute ist anerkannt, dass beide Methoden geeignet sind. In der Praxis kommen auch Mischformen vor **(Hybrid).** Die **Tabellenmethode** stellt die Daten als Mietspannen nach den einzelnen Wohnwertmerkmalen in Rasterfeldern zusammen. Zwischen den einzelnen Rasterfeldern bestehen keine Beziehungen, so dass Mietsprünge für einen nach der Tabellenmethode erstellen Mietspiegel typisch sind. Da nicht für alle Mietspiegelfelder ausreichendes Datenmaterial vorhanden ist, gibt es nicht zahlreiche Leerfelder. Demgegenüber erfolgt bei der **Regressionsmethode** eine Verknüpfung zwischen den Daten aller Rasterfelder, so dass es zu keinen Leerfeldern und auch zu keinen Mietsprüngen kommt. Ein umfassender Methodenvergleich befindet sich bei Börstinghaus/Clar, Mietspiegel, 2. Aufl., Rdn. 650. Bei den Hybridmietspiegeln handelt es sich regelmäßig um Tabellenmietspiegel, bei denen die Zu- und Abschläge über eine Regression ermittelt werden. Hier muss darauf geachtet werden, dass bestimmte Merkmale nicht doppelt berücksichtigt werden (z. B. Einordnung in die Tabelle als Neubauwohnung und Zuschlag nach Regression für „modernes Bad").

10 d) **Die Dokumentation der Mietspiegelerstellung. Die Dokumentation der Mietspiegelerstellung** ist zwar im Gesetz nicht ausdrücklich vorgeschrieben, sie ist aber nach den anerkannten wissenschaftlichen Grundsätzen zwingend notwendig. Zu den wissenschaftlichen Grundsätzen gehört der **Anspruch auf Zuverlässigkeit.** Zur Zuverlässigkeit wissenschaftlicher Arbeit gehört, dass bei einer Wiederholung dieselben Ergebnisse herauskommen müssen. Dazu muss aber bekannt sein, was überhaupt genau gemessen wurde und wie die Auswertung erfolgte. Die Dokumentation ist vom Textteil des Mietspiegels zu unterscheiden. Die textlichen Erläuterungen gehören zum Mietspiegel selbst. Die Dokumentation hingegen soll dem interessierten Anwender wie auch dem Gericht die Möglichkeit geben, alle Schritte der Mietspiegelerstellung nachzuvollziehen, um überprüfen zu können, ob die anerkannten wissenschaftlichen Grundsätze eingehalten wurden und ob der Mietspiegel im konkreten Fall anwendbar ist. In der Dokumentation sollten die Datengrundlage, ggf. die Datenerhebung und das Verfahren der Datenauswertung dargestellt werden. Mängel der Dokumentation können gegen die Qualifikation des Mietspiegels sprechen (LG Bochum DWW 2007, 298). Die Dokumentation muss Angaben zu folgenden Punkten enthalten:

- **Träger des Verfahrens** und Verfahrensbeteiligte;
- **Datengrundlage und Datenermittlung:** Verfahren der Stichprobenziehung, Stichprobengröße, Befragungsart, Erhebungsinstrument (Fragebogen), Ausschöpfungsquote der Stichprobe
- Darstellung der verschiedenen **Kontrollverfahren** und Plausibilitätsprüfungen
- **Auswertungsmethode:** Darstellung der Verfahren – Tabellen- oder Regressionsmietspiegel – Darlegung der Verfahrensschritte, Darstellung der Mietwerte, Ausweisung von Spannen, Feldbesetzung (bei Tabellenmietspiegeln);
- ggf. Dokumentation der **Mietspiegelfortschreibung:** Bei Indexfortschreibung Angabe des benutzten Index und der Stichtage; bei Anpassung mittels Stichprobe Datengrundlage und Datenermittlung wie oben.

2. Die Anerkennung des Mietspiegels

Die Erstellung eines Mietspiegels ist ein faktischer Vorgang. Damit die besonderen Rechtsfolgen, die das Gesetz an qualifizierte Mietspiegel knüpft, eintreten, verlangt das Gesetz zusätzlich noch die Anerkennung des qualifizierten Mietspiegels. Diese Anerkennung kann alternativ durch die Gemeinde oder durch je einen Interessenverband der Mieter und Vermieter erfolgen. Möglich ist auch die kumulative Anerkennung. Die Anerkennung bezieht sich darauf, dass der Anerkennende den vorliegenden Mietspiegel „als qualifizierten Mietspiegel mit den gesetzlichen Rechtsfolgen für die Gemeinde" anerkennt. Das Anerkenntnis bezieht sich nicht auf die Tatsache, dass der Mietspiegel nach den anerkannten wissenschaftlichen Grundsätzen erstellt worden ist (VG Minden ZMR 2004, 226). Das Anerkenntnis macht die Feststellung, ob der Mietspiegel nach anerkannten wissenschaftlichen Grundsätze erstellt worden ist, nicht entbehrlich. Trotz Anerkenntnis des Mietspiegels durch die Gemeinde oder die Interessenverbände als qualifizierter Mietspiegel muss ggf. in gerichtlichem Verfahren die Einhaltung der anerkannten wissenschaftlichen Grundsätze noch festgestellt werden. Das Anerkenntnis der Gemeinde aber vor allem auch das Anerkenntnis der Interessenverbände kann sich auch auf einzelne Mietspiegelfelder oder Wohnungsteilmärkte beziehen. Dann handelt es sich nur diesbezüglich um einen qualifizierten Mietspiegel und im Übrigen um einen einfachen Mietspiegel. 11

Das Anerkenntnis durch die Gemeinde ist eine Willenserklärung, die vom zuständigen Organ der Gemeinde abgegeben werden muss. Nach den Gemeindeordnungen ist der Rat regelmäßig für alle Angelegenheiten zuständig, es sei denn, sie sind auf den Bürgermeister übertragen worden. Hierzu gehören regelmäßig die Geschäfte der laufenden Verwaltung. Die Qualifizierung eines Mietspiegels gehört nicht dazu. Dagegen spricht schon die Tatsache, dass zwischen den einzelnen Mietspiegelerstellungen Zeiträume von zwei Jahren und mehr liegen. Außerdem hat ein Mietspiegel erhebliche Bedeutung für das Mietpreisniveau in der Gemeinde und gehört deshalb nicht zu den einfachen Verwaltungsgeschäften. Auf Grund der Rechtsfolgen, die der Qualifizierung zukommt, kommt dem Akt schon Rechtssetzungscharakter zu (AG Dortmund WuM 2003, 35; Rips, WuM 2002, 415, 418; Lammel, Wohnraummietrecht, § 558d Rdn. 20). 12

Das Anerkenntnis durch die Interessenverbände ist eine Willenserklärung, die von einem vertretungsberechtigten Organ des Interessenverbandes abgegeben werden muss. Eine Form ist dafür nicht vorgeschrieben. Das Anerkenntnis als Willenserklärung kann nicht zurückgenommen oder widerrufen werden. Das Anerkenntnis iSd § 558d Abs. 1 kann ggf. mit dem Anerkenntnis gem. § 558c Abs. 1 13

BGB verbunden werden. Es ist nicht das Anerkenntnis aller örtlich auftretenden Interessenverbände auf jeder Seite erforderlich (AG Bitterfeld WuM 2013, 45). Es genügt die Anerkennung durch je einen Interessenverband auf jeder Seite (OLG Hamm RE v. 11.10.1990 NJW-RR 1991, 209). Zum Begriff des Interessenverbandes siehe § 558c. Die Anerkennung muss nicht von demjenigen erfolgen, der den Mietspiegel iSd § 558c BGB erstellt hat.

III. Die Fortschreibung qualifizierter Mietspiegel, Abs. 2

14   Anders als bei einfachen Mietspiegeln bestimmt § 558d Abs. 2 Satz 1 BGB, dass Mietspiegel im Abstand von zwei Jahren fortgeschrieben werden müssen, um weiter als qualifizierte Mietspiegel zu gelten. Der Anpassung kann entweder die Entwicklung des vom Statistischen Bundesamt ermittelten Verbraucherpreisindex oder eine Stichprobe zu Grunde gelegt werden. Die Fortschreibung kann auch zu dem Ergebnis führen, dass keine Veränderung eingetreten ist. Sie muss aber trotzdem erfolgen. Das Gesetz lässt beide Möglichkeiten der Fortschreibung gleichberechtigt nebeneinander zu. Bei der **Fortschreibung mittels Index** darf nur der eine Index verwandt werden. Unzulässig ist jede Verwendung eines regionalen Indexes ebenso wie die Verwendung des Mietenindexes. Die Indexfortschreibung hat weniger etwas damit zu tun, dass der Mietspiegel den tatsächlich gezahlten Mieten angepasst wird, sondern bewirkt letztendlich nur, wie eine Indexmiete, eine Geldwertsicherung. Die Fortschreibung mittels Index ist eine Konzession an die eingeschränkten finanziellen Möglichkeiten der Gemeinden. Die **Fortschreibung mittels Stichprobe** verlangt eine sehr viel kleinere Stichprobe als bei einer Neuaufstellung. Die Fortschreibung erfolgt bei diesem Verfahren auch nicht real sondern ebenfalls prozentual. Es wird an Hand der Stichprobe ermittelt, wie sich die Mieten in den einzelnen Teilmärkten entwickelt haben. Die so ermittelten prozentualen Veränderungen werden dann auf den Mietspiegel umgerechnet. Dies Verfahren ermöglicht die Ermittlung von unterschiedlichen Indices für die einzelnen Mietspiegelfelder. Eine andere Frage ist, ob auf diese Weise ein einheitlicher örtlicher Mietenindex ermittelt werden kann, der dann undifferenziert auf alle Mietspiegelfelder angewandt wird. Das entspricht nur dann den anerkannten wissenschaftlichen Grundsätzen, wenn keine signifikanten Unterschiede bei den einzelnen Wohnungsteilmärkten festgestellt wurden. Wenn aber bei der empirischen Untersuchung sich solche unterschiedlichen Entwicklungen in den letzten zwei Jahren nachweisen lassen, dann wäre eine Ignorierung dieses Ergebnisses wissenschaftlich angreifbar.

15   Die Fortschreibung hat **spätestens nach zwei Jahren** zu erfolgen. Die Zweijahresfrist beginnt mit der Anerkennung des Mietspiegels entweder durch die Gemeinde oder den zweiten Interessenverband. Dies ist aber nicht unbestritten. Soweit sich die Gemeinde oder die Interessenverbände mit der Anerkennung aber übermäßig Zeit lassen, dürften die anerkannten wissenschaftlichen Grundsätze der Mietspiegelerstellung nicht mehr eingehalten sein, so dass es bereits von Anfang an kein qualifizierter Mietspiegel ist.

16   Auch ein fortgeschriebener Mietspiegel muss wieder entweder von der Gemeinde oder von den Interessenverbänden als qualifizierter Mietspiegel anerkannt werden. Insofern gelten die gleichen Grundsätze wie oben.

17   **Nach spätestens vier Jahren** muss der Mietspiegel neu aufgestellt werden. Dies gilt aber nur dann, wenn er nach zwei Jahren angepasst worden ist. Bei der Neuauf-

stellung handelt es sich ohne Einschränkungen um einen neuen Mietspiegel. Dabei laufen zwei Fristen. Zum einen die Vierjahresfrist des § 558d Abs. 2 Satz 3 BGB und zum anderen auch die Zweijahresfrist des § 558d Abs. 2 Satz 1. Die Vierjahresfrist beginnt mit der Anerkennung des damals neu erstellten qualifizierten Mietspiegels. Die Zweijahresfrist beginnt mit der Anerkennung des fortgeschriebenen Mietspiegels. Ist eine der beiden Fristen abgelaufen, dann handelt es sich nicht mehr um einen qualifizierten Mietspiegel sondern nur noch um einen einfachen Mietspiegel iSd § 558c BGB. Es ist also nicht möglich, einen qualifizierten Mietspiegel nach einem Jahr fortzuschreiben und dann erst nach weiteren drei Jahren einen neuen qualifizierten Mietspiegel aufzustellen. Hier erlischt die Qualifizierung zwei Jahre nach der Anerkennung der Fortschreibung.

IV. Die Vermutungswirkung, Abs. 3

Nach § 558d Abs. 3 BGB wird bei einem Mietspiegel, der nicht älter als zwei Jahre ist bzw. rechtzeitig angepasst wurde vermutet, dass die in ihm angegebenen Entgelte die ortsübliche Vergleichsmiete wiedergeben. Die Formulierung ist missverständlich, da auch Mietspiegeln, die gerade neu erstellt wurden und noch nicht fortgeschrieben wurden, die Vermutungswirkung zukommt (BGH NJW 2013, 775). Der qualifizierte Mietspiegel ist damit immer noch kein Beweismittel im Prozess. 18

Das Gesetz kennt **Tatsachen- und Rechtsvermutungen.** Der Begriff der ortsüblichen Vergleichsmiete passt in dies starre Schema der Tatsachen- oder Rechtsvermutung nicht. Der Begriff enthält bekanntlich empirische wie auch normative Elemente. 19

Eine gesetzliche Vermutung ist dann anzuwenden, wenn die Vermutungsgrundlagen also der **Vermutungstatbestand** dargelegt und ggf. auch bewiesen wurde (Börstinghaus/Clar NZM 2014, 889). Dies ist im Rahmen des § 558d Abs. 3 BGB: 20
- Es muss einen Mietspiegel im Sinn des § 558c BGB geben, also eine Übersicht über den richtigen Begriff der ortsüblichen Vergleichsmiete, die von der Gemeinde oder den Interessenverbänden erstellt worden ist
- dies muss nach den anerkannten wissenschaftlichen Grundsätzen geschehen sein
- der Mietspiegel muss von der Gemeinde oder den Interessenverbänden anerkannt worden sein
- er muss nach 2 Jahren der Marktentwicklung angepasst worden sein
- die konkrete Wohnung kann in den Mietspiegel eingeordnet werden.

Diese Vermutungsgrundlagen muss im Zustimmungsprozess derjenige darlegen und ggf. auch beweisen der sich auf die Vermutungswirkung berufen will. Verlangt der Vermieter also eine höhere Miete als im qualifizierten Mietspiegel ausgewiesen ist, muss der Mieter die Vermutungsgrundlage beweisen (BGH NJW 2013, 775), im eher seltenen Fall, dass der Mieter weniger zahlen will als sich aus dem qualifizierten Mietspiegel ergibt, muss der Vermieter die Vermutungsgrundlagen darlegen und beweisen. Das ist aber erst dann erforderlich, wenn die Partei, gegen die die Vermutungswirkung streitet, konkrete Zweifel an der Einhaltung der anerkannten wissenschaftlichen Grundsätze dargelegt hat. Dazu hat sie sich mit der Mietspiegeldokumentation auseinanderzusetzen (BGH NJW 2013, 775; LG Berlin NZM 2013, 380). Dann muss derjenige, der sich auf die Vermutungswirkung beruft die Einhaltung der anerkannten wissenschaftlichen Grundsätze beweisen. Hierzu bedarf es im Streitfall ggf. einer aufwändigen Beweiserhebung. Die anerkannten wis-

§ 558d BGB Untertitel 2. Mietverhältnisse über Wohnraum

senschaftlichen Grundsätze sind eine Tatsache ähnlich der Verkehrssitte oder einem Brauch über die ja auch insbesondere in Wettbewerbsprozessen umfangreich durch Einholung von Sachverständigengutachten Beweis erhoben wird. Hilfreich ist hier die Mietspiegeldokumentation aus der sich die einzelnen Schritte der Mietspiegelerstellung ergeben. Das Gericht kann amtliche Auskünfte gemäß § 273 Abs. 2 Nr. 2 oder § 358a Nr. 2 ZPO über das Vorliegen der in § 558d Abs. 1 BGB genannten Voraussetzungen einholen (BGH NZM 2013, 138). In Einzelfällen kommt auch eine Anhörung von sachverständigen Zeugen (§ 414 ZPO), z. B. etwa von Experten, die an der Erstellung des Mietspiegels maßgeblich beteiligt waren, in Betracht. Ob ein Sachverständigengutachten erforderlich ist, hängt vorrangig von der Art der gegen den Mietspiegel vorgebrachten Einwendungen, der Aussagekraft der vorhandenen und zugänglichen Dokumentation der Datenerhebung und Datenauswertung, dem Inhalt der Erläuterungen zu der im Mietspiegel angewandten Methodik und der eigenen Sachkunde des Gerichts ab. In der Regel wird sich die Einhaltung/Nichteinhaltung anerkannter wissenschaftlicher Grundsätze, sofern sie sich nicht bereits gem. § 291 ZPO als offenkundig darstellt oder vom Gericht in eigener Sachkunde beurteilt werden kann, häufig nur durch ein Sachverständigengutachten klären lassen. Wichtig ist dabei, dass allein das Gericht ggf. mit Hilfe des Sachverständigen bestimmt, welche Regeln einzuhalten sind (*Börstinghaus* NJW 2015, 3200). Unter Umständen besteht die Möglichkeit auf bereits eingeholte Gutachten aus anderen Verfahren entweder nach § 411a ZPO als Sachverständigenbeweis oder nach §§ 415 ff. ZPO als Urkundenbeweis zurückzugreifen.

21   Hinsichtlich der **Vermutungsgrundlagen** ist ein **Vollbeweis** zu erbringen. Erst wenn die Vermutungsgrundlagen festgestellt worden sind, dann tritt die Rechtsfolge also die **Vermutungsfolge** ein. Es wird also vermutet, dass die im qualifizierten Mietspiegel bezeichneten Entgelte die ortsübliche Vergleichsmiete wiedergeben.

22   Wenn der Mietspiegel **Spannen** ausweist, dann wird vermutet, dass die ortsübliche Vergleichsmiete innerhalb dieser Spanne liegt. Bei den heute üblichen weiten Spannen hilft das nicht wirklich weiter. Wird zusätzlich ein Mittelwert angegeben, dann hat dies für die Vermutungswirkung keine Bedeutung (LG Dortmund NZM 2006, 134; AG Brandenburg WuM 2007, 268). Die Einordnung innerhalb der Spanne ist eine normative Bewertung, die der Mietspiegel gerade nicht vornehmen kann, da er ja eine abstrakte generelle Datenbasis ist, in die eben jede Wohnung eingeordnet werden muss. Letztendlich wird also nur vermutet, dass die ortsübliche Vergleichsmiete für die konkrete Vertragswohnung nicht höher als der Oberwert der Spanne und nicht niedriger als der Unterwert der Spanne ist (BGH NJW 2005, 2074). Es ist Aufgabe der Tatrichters die konkrete ortsübliche Vergleichsmiete innerhalb der Spanne des qualifizierten Mietspiegels zu ermitteln. Hierbei handelt es sich um eine **Schätzung gem. § 287 Abs. 2 ZPO** (BGH NJW 2005, 2074). Die Vorschrift stellt an das Maß der Überzeugungsbildung des erkennenden Richters geringere Anforderungen als die Vorschrift des § 286 ZPO. Nach § 287 ZPO ist der Richter ermächtigt, sich mit einer mehr oder minder hohen – mindestens aber überwiegenden – Wahrscheinlichkeit zu begnügen (BGH NJW 2020, 236). Die Einholung eines Sachverständigengutachtens hat dabei möglichst zu unterbleiben, da dies in der Regel wegen der Kosten in keinem Verhältnis zu dem geringen Differenzbetrag steht, um den es geht (BGH NJW 2005, 2074). Das Gericht muss aber im Urteil darlegen, wie es die Schätzung vorgenommen hat. Gibt es in der Gemeinde neben dem qualifizierten Mietspiegel eine **Orientierungshilfe zur Spanneneinordnung,** kann das Gericht zur Spanneneinordnung darauf zurückgreifen,

selbst diese Orientierungshilfe als Ergebnis eines Interessenorientierten Verhandlungsergebnisses ohne empirischen Daten herausgegeben wurde (BGH NJW 2005, 2074; LG Berlin GE 2004, 483) Eine Vermutungswirkung kommt solchen Orientierungshilfen nicht zu. In Gemeinden ohne Orientierungshilfe muss das Gericht auf andere Art und Weise seine Schätzung gem. § 287 Abs. 2 ZPO zur Spanneneinordnung begründen (LG Dortmund NZM 2006, 134; AG Brandenburg WuM 2007, 268; AG Dortmund NZM 2005, 258). Enthält der Mietspiegel bezifferte Zu- und Abschläge für bestimmte Wohnwertmerkmale so gilt hier die Vermutungswirkung ebenfalls, wenn die Vermutungsgrundlage also die Tatsache, die nach dem Mietspiegel den konkreten Zu- oder Abschlag rechtfertigt, dargelegt und ggf. bewiesen ist.

Erst wenn die Vermutungsgrundlagen dargelegt und ggf. bewiesen sind muss die 23 Partei gegen die die Vermutungswirkung streitet sie ggf. widerlegen und zwar gem. § 292 ZPO. Das bedeutet, die entsprechende Partei muss **das Gegenteil beweisen.** Auch hierfür ist ein voller Beweis erforderlich. Er ist dann geführt, wenn die Unwahrheit der vermuteten Tatsache voll bewiesen ist. Dies bezieht sich nicht auf die Vermutungsgrundlagen. Diese hat derjenige zu beweisen, der sich auf die Vermutungswirkung beruft. Hier kann sich der Gegner, wie oben dargelegt, auf Bestreiten, und zwar in der Regel mit Nichtwissen, beschränken. Ferner ist der Beweis des Gegenteils auch dann nicht erforderlich, wenn es nur um die Spanneneinordnung geht, da sich die Vermutungswirkung darauf nicht bezieht. Der Beweis des Gegenteils bezieht sich auf die letztendlich zu beweisende Tatsache also die Höhe der ortsüblichen Vergleichsmiete. Es ist nicht erforderlich, dass derjenige, der den Gegenbeweis führen will, bestimmte Mietverhältnisse vergleichbarer Wohnungen angeben muss, für die eine höhere oder niedrigere Miete als im qualifizierten Mietspiegel ausgewiesen, gezahlt wird. Umso mehr konkrete Mietverhältnisse, die unter die zeitlichen und sachlichen Voraussetzungen des § 558 Abs. 2 BGB fallen benannt werden, umso eher wird man davon ausgehen müssen, dass keine Behauptung ins Blaue hin abgegeben wurde.

Das Gleiche gilt, wenn die beweisbelastete Partei konkrete **Mängel des Miet-** 24 **spiegels** benennt, aus denen geschlossen werden kann, dass die ausgewiesenen Werte, zumindest für die Vertragswohnung, nicht zutreffend sind. Hier ist die Abgrenzung aber zum substantiierten Bestreiten, dass überhaupt ein qualifizierter Mietspiegel vorliegt, oft schwierig. Wenn die Behauptungen nämlich die anerkannten wissenschaftlichen Grundsätze betreffen, dann hat derjenige, der sich auf die Vermutungswirkung beruft den Nachweis zu erbringen, dass die maßgeblichen Grundsätze eingehalten wurden. Zuständig für die Entscheidung ist das Zivilgericht (BGH NJW 2014, 291; NZM 2013, 138; OVG Münster DWW 2007, 30; VG Minden ZMR 2004, 226; LG Bochum DWW 2007, 298).

Wenn das Gericht die Darlegung der beweisbelasteten Partei für ausreichend an- 25 sieht, dann wird es über die ortsübliche Vergleichsmiete für die konkrete Wohnung Beweis erheben müssen und zwar durch Einholung eines Sachverständigengutachtens. Dabei wird der Sachverständige sich mit dem Mietspiegel auseinanderzusetzen haben. Allein die Tatsache, dass der Sachverständige eine andere als die im Mietspiegel ausgewiesene Miete als ortsüblich ermittelt, reicht zum vollen Beweis der Unwahrheit nicht aus. Er muss schon die konkreten Mängel des Mietspiegels nachvollziehbar darlegen. Das setzt eine Auseinandersetzung mit den Methoden der konkreten Mietspiegelerstellung voraus und dürfte von den üblichen Bewertungssachverständigen kaum zu erbringen sein. Die Möglichkeit der Widerlegung besteht deshalb nur theoretisch.

§ 558e BGB

§ 558e Mietdatenbank
Eine Mietdatenbank ist eine zur Ermittlung der ortsüblichen Vergleichsmiete fortlaufend geführte Sammlung von Mieten, die von der Gemeinde oder von Interessenvertretern der Vermieter und der Mieter gemeinsam geführt oder anerkannt wird und aus der Auskünfte gegeben werden, die für einzelne Wohnungen einen Schluss auf die ortsübliche Vergleichsmiete zulassen.

I. Allgemeines

1   Die Vorschrift ist eine Hilfsvorschrift. Sie definiert, was eine Mietdatenbank iSd § 558a Abs. 2 BGB ist. Mit der Einführung der Mietdatenbank als Begründungsmittel trägt der Gesetzgeber der **Entwicklung der Informationstechnik** Rechnung, die es ermöglicht, große Mengen an Daten zu speichern, zu verarbeiten und aufzubereiten.

2   Bei der Mietdatenbank handelt es sich ausschließlich um ein vorprozessuales Begründungsmittel. Vorbild für dieses zusätzliche Begründungsmittel war in der Vergangenheit die Einzige in der Bundesrepublik geführte Mietdatenbank in Hannover. Da es für die Region Hannover inzwischen Mietspiegel gibt, ist auch diese Mietdatenbank inzwischen eingestellt worden.

3   Die Vorschrift gilt nur für Wohnraummietverhältnisse. Dies ergibt sich bereits aus der Stellung im Kapitel „Mietverhältnisse über Wohnraum". Sie gilt nicht bei den gem. § 549 Abs. 2 und 3 BGB ausgenommenen Mietverhältnissen. Die Vorschrift gilt nicht bei Gewerberaummietverhältnissen, weil dort das System der ortsüblichen Vergleichsmiete nicht gilt und dementsprechend ein Verweis in § 578 BGB fehlt.

4   Die Führung einer Mietdatenbank berührt datenschutzrechtliche Gesichtspunkte, da personenbezogene Daten erhoben, verarbeitet oder genutzt werden.

II. Die Mietdatenbank

1. Begriff der Mietdatenbank

5   In § 558e BGB befindet sich die **Legaldefinition** für eine Mietdatenbank. Unter einer Mietdatenbank wird eine fortlaufend geführte Sammlung von Mietedaten verstanden, deren Zweck darin besteht, die ortsübliche Vergleichsmiete zu ermitteln und aus der Auskünfte erteilt werden, die einen Schluss auf die ortsübliche Vergleichsmiete für einzelne Wohnungen zulassen. Die Mietdatenbank muss von der Gemeinde oder von den Interessenvertretern der Mieter und Vermieter gemeinsam geführt oder anerkannt werden.

6   Daraus ergeben sich folgende Tatbestandsmerkmale:
– Sammlung von Mieten
– mit dem Zweck die ortsübliche Vergleichsmiete zu ermitteln
– es müssen Auskünfte erteilt werden
– die den Schluss auf die ortsübliche Vergleichsmiete für eine konkrete Wohnung zulassen
– geführt oder anerkannt von

– der Gemeinde
– je einem Interessenvertreter der Vermieter und der Mieter.

Wenn es nur an einem der Tatbestandsmerkmale fehlt, dann handelt es sich nicht um eine Mietdatenbank iSd § 558e BGB, so dass der Vermieter mit darauf gestützten Angaben kein Mieterhöhungsverlangen gem. § 558a BGB begründen kann.

2. Die einzelnen Tatbestandsmerkmale

a) Die Sammlung von Mietedaten. Es muss sich um Sammlung von Mietedaten handeln. Wie diese Daten gesammelt werden, also mit Hilfe einer elektronischen Datenverarbeitung oder herkömmlich mittels „Zettelkasten" ist für den Begriff der Mietdatenbank unerheblich. In der heutigen Zeit wird es sich aber regelmäßig um **computerunterstützte Datensammlungen** handeln, die eine komfortable Auswertung nach allen möglichen Kriterien erlauben. Die Sammlung muss sich auf die **örtlich maßgeblichen Mietedaten** beziehen. Die ortsübliche Vergleichsmiete ist immer gemeindebezogen zu ermitteln.

b) Die Zweckbestimmung. Die Sammlung muss den Zweck haben, die ortsübliche Vergleichsmiete zu ermitteln. Aus dem Wortlaut ergibt sich nicht, ob es der einzige Zweck sein darf. Zumindest muss es aber das Primärziel der Datenbank sein. Ob daneben dann noch andere Ziele mit der Datenbank zum Zwecke der Einnahmeerzielung verfolgt werden ist für die Qualifikation der Datenbank unerheblich. Wegen der Zweckbestimmung ist die Verwendung von anderen Datensammlungen, z. B. Wohngeldstatistiken, Dateien von Maklerverbänden, der Finanzämter oder der Gutachterausschüsse nicht möglich, da diese gerade nicht zum Zweck der Ermittlung der ortsüblichen Vergleichsmiete betrieben werden.

c) Die Auskunft. Die Datensammlung soll nach § 559e BGB nicht Selbstzweck sein, sondern aus ihr sollen Auskünfte erteilt werden. Eine Auskunft ist eine **Wissenserklärung.** Die Auskunft ist grundsätzlich **schriftlich** zu erteilen. Die Auskunft muss gem. § 558a BGB dem Mieterhöhungsverlangen beigefügt werden, so dass daraus schon das Erfordernis der Schriftlichkeit folgt. Damit ist aber nicht die Schriftform des § 126 BGB gemeint. Eine eigenhändige Unterschrift ist nicht erforderlich zumal das Mieterhöhungsverlangen selbst ja auch nur der Textform bedarf. Es genügt die Verkörperung in einer Urkunde. Aus der Auskunft muss sich ergeben, wie hoch die ortsübliche Vergleichsmiete nach den in der Mietdatenbank gespeicherten Werten für die konkrete Wohnung ist. Wie die Auskunft auszusehen hat, ergibt sich aus dem Gesetz nicht. Dies ist nach dem Sinn und Zweck der Vorschrift zu ermitteln. Inhaltlich muss die Auskunft einen Zahlenwert enthalten der eine **Quadratmetermiete in Euro** ausdrückt. Dazu muss ferner angegeben werden, für welchen Wohnungsteilmarkt die Auskunft erteilt wurde. Es müssen also die Wohnwertmerkmale angegeben werden, aus deren Kombination der Datenbank der angegebene Wert entnommen wurde. Dazu zählt der Art der Wohnraum also z. B. Mehrfamilienhaus, Einfamilienhaus oder Appartement, die Lage innerhalb des Stadtgebietes, die Größe der Wohnung oder zumindest eine Spanne von Wohnungsgrößen und letztendlich auch Angaben zur Beschaffenheit und zur Ausstattung. Die Beschaffenheit kann auch bei der Mietdatenbank über das Baualter erfasst werden.

Fraglich ist, ob die Auskunft konkrete Angaben über einzelne Wohnungen enthalten muss. Zum Teil wird vertreten, dass die Angabe konkreter Vergleichswohnungen nicht mehr erforderlich ist. Der Wortlaut der Vorschrift verlangt zwar nicht

§ 558e BGB Untertitel 2. Mietverhältnisse über Wohnraum

die Angabe von Vergleichswohnungen aber auch mehr als die bloße Angabe der Quadratmetermiete. Die Auskunft soll nämlich den Schluss auf die ortsübliche Vergleichsmiete zu lassen. Es heißt nicht im Gesetz, dass die ortsübliche Vergleichsmiete anzugeben ist. Die Angabe der ortsüblichen Vergleichsmiete ist die Angabe eines bestimmten Wertes. Eine Auskunft, die den Schluss auf die ortsübliche Vergleichsmiete zulässt, ist jedoch etwas anderes. Hier bedarf es der Mitteilung von Fakten und Informationen, deren Auswertung dann als Ergebnis eines Gedankenganges die ortsübliche Vergleichsmiete ergeben. Dies kann durch die Angabe mehrere Vergleichsmieten erfolgen aber auch durch die Angabe, dass in der Datenbank unter Berücksichtigung der für die konkrete Wohnung zutreffenden Wohnwertmerkmale insgesamt eine bestimmte Anzahl von Mietdaten gespeichert sind und dabei Mieten von x Euro bis y Euro pro Quadratmeter gezahlt werden. Angegeben werden kann dann ggf. auch noch ein Mittelwert. Allein die Angabe eines Quadratmeterwertes auf dem Briefkopf einer Mietdatenbank-Gesellschaft reicht aber nicht aus. Zum weiteren Inhalt der Auskunft siehe Börstinghaus in: Schmidt-Futterer § 558e BGB Rdn. 20, 21.

11 **d) Die Mietstruktur.** Der Schluss auf die ortsübliche Vergleichsmiete setzt ferner voraus, dass die Auskunft Angaben über die **Mietstruktur** enthält. Es muss angegeben werden, ob die angegebenen Mieten Nettokaltmieten, Bruttokalt- oder Teilinklusivmieten sind. Ferner muss aus der Auskunft auch ersichtlich sein, dass vom richtigen Begriff der ortsüblichen Vergleichsmiete ausgegangen wurde, also dass insbesondere nicht nur Neuvertragsmieten gespeichert wurden sondern auch in den letzten sechs Jahren veränderte Bestandsmieten. Es sollte in der Auskunft auch angegeben werden, nach welchen Kriterien die Wohnungen sortiert wurden, damit der Mieter aus der Auskunft ggf. erkennen kann, in welcher Hinsicht seine Wohnung sich von den der Auskunft zu Grunde liegenden Wohnungen unterscheidet. Des Weiteren wäre es sinnvoll in der Auskunft Angaben über eventuelle Zu- und Abschlagsfaktoren zu machen, da auch diese Angaben erheblich zur Streitvermeidung beitragen. Aus der Auskunft soll sich auch ergeben, wer Träger der Mietdatenbank ist und durch wenn die Datenbank anerkannt wird.

12 **e) Träger der Mietdatenbank.** Das Gesetz erklärt alternativ die Gemeinde oder die Interessenvertreter der Vermieter und der Mieter gemeinsam für zuständig und lässt bei einer nur von einem Verband betriebenen Datenbank auch die Anerkennung durch den anderen Verband genügen. Möglich ist schließlich der Fall, dass die Mietdatenbank von einem Dritten geführt wird und von beiden Verbänden anerkannt wird. Mit Gemeinde ist die politische Gemeinde gemeint. Nicht möglich ist das Führen der Mietdatenbank nur durch einen Verband ohne Anerkennung durch den anderen. Es ist nicht die Anerkennung aller Interessenverbände auf jeder Seite erforderlich. Es genügt die Zustimmung je eines Interessenverbandes jeder Seite. Zur Frage was ein Interessenverband ist siehe Börstinghaus in: Schmidt-Futterer § 558e BGB Rdn. 26. Rechtlich zulässig ist es auch, dass Dritte eine Mietdatenbank führen. Voraussetzung für eine Anerkennung als Begründungsmittel ist in diesem Fall aber, dass diese durch Dritte erstellte Mietdatenbank von den Interessenverbänden der Mieter und Vermieter oder der Gemeinde anerkannt wird.

III. Die Rechtsfolgen

Die Auskunft aus einer Mietdatenbank kann gem. § 558a Abs. 2 BGB als Begründungsmittel für ein Mieterhöhungsverlangen benutzt werden. Sie hat von Gesetzes wegen darüber hinaus keine weitere Bedeutung. Sie ist also weder in einem späteren Zustimmungsverfahren vom Gericht als Beweismittel zu verwenden noch besteht eine Vermutung für die Richtigkeit der Daten. Die Auskunft aus der Mietdatenbank ist auch nicht geeignet in einem Rückforderungsprozess wegen vermeintlich überzahlter Miete Beweis über die Höhe der ortsüblichen Vergleichsmiete zu erbringen.

13

§ 559 Mieterhöhung nach Modernisierungsmaßnahmen

(1) Hat der Vermieter Modernisierungsmaßnahmen im Sinne des § 555b Nummer 1, 3, 4, 5 oder 6 durchgeführt, so kann er die jährliche Miete um 8 Prozent der für die Wohnung aufgewendeten Kosten erhöhen.

(2) Kosten, die für Erhaltungsmaßnahmen erforderlich gewesen wären, gehören nicht zu den aufgewendeten Kosten nach Absatz 1; sie sind, soweit erforderlich, durch Schätzung zu ermitteln.

(3) Werden Modernisierungsmaßnahmen für mehrere Wohnungen durchgeführt, so sind die Kosten angemessen auf die einzelnen Wohnungen aufzuteilen.

(3a) Bei Erhöhungen der jährlichen Miete nach Abs. 1 darf sich die monatliche Miete innerhalb von sechs Jahren, von Erhöhungen nach § 558 oder § 560 abgesehen, nicht um mehr als 3 Euro je Quadratmeter Wohnfläche erhöhen. Beträgt die monatliche Miete vor der Mieterhöhung weniger als 7 Euro pro Quadratmeter Wohnfläche, so darf sie sich abweichend von Satz 1 nicht um mehr als 2 Euro je Quadratmeter Wohnfläche erhöhen.

(4) ¹Die Mieterhöhung ist ausgeschlossen, soweit sie auch unter Berücksichtigung der voraussichtlichen künftigen Betriebskosten für den Mieter eine Härte bedeuten würde, die auch unter Würdigung der berechtigten Interessen des Vermieters nicht zu rechtfertigen ist. ²Eine Abwägung nach Satz 1 findet nicht statt, wenn
1. die Mietsache lediglich in einen Zustand versetzt wurde, der allgemein üblich ist, oder
2. die Modernisierungsmaßnahme auf Grund von Umständen durchgeführt wurde, die der Vermieter nicht zu vertreten hatte.

(5) ¹Umstände, die eine Härte nach Absatz 4 Satz 1 begründen, sind nur zu berücksichtigen, wenn sie nach § 555d Absatz 3 bis 5 rechtzeitig mitgeteilt worden sind. ²Die Bestimmungen über die Ausschlussfrist nach Satz 1 sind nicht anzuwenden, wenn die tatsächliche Mieterhöhung die angekündigte um mehr als 10 Prozent übersteigt.

(6) Eine zum Nachteil des Mieters abweichende Vereinbarung ist unwirksam.

§ 559 BGB Untertitel 2. Mietverhältnisse über Wohnraum

Übersicht

	Rdn.
I. Allgemeines	1
II. Übergangsregelung	7
III. Allgemeine Voraussetzungen der Mieterhöhung	9
IV. Bauliche Veränderungen	11
V. Die einzelnen Mieterhöhungstatbestände	16
VI. Der Umfang der Mieterhöhung	17
1. Die anzurechnenden Kosten	17
2. Der Umlageschlüssel	21
3. Die Kappungsgrenze gem. Abs. 3 a	22
4. Ermittlung der neuen Miete	27
VII. Ausschluss der Mieterhöhung (Abs. 4)	31
1. Allgemeines	31
2. Die Abwägungskriterien	32
a) Die zu erwartende Mieterhöhung	33
b) Höhe des Mietereinkommens	34
c) Vermieterinteressen	37
d) Teilweiser Ausschluss	38
e) Geltendmachung des Härteeinwands	39
f) Ausschluss des Härteeinwandes	40
VIII. Abweichende Vereinbarungen, Abs. 6	49

I. Allgemeines

1 Die Vorschrift enthält die Tatbestandsvoraussetzungen für eine **einseitige Mieterhöhung** des Vermieters nach einer Modernisierungsmaßnahme bzw. einer vom Vermieter nicht zu vertretenden sonstigen baulichen Maßnahme. Die Vorschrift wird ergänzt durch die beiden folgenden Vorschriften. § 559a regelt die Anrechnung von Förder- oder Drittmitteln. § 559b BGB enthält die Formalien zur Durchsetzung des Anspruchs und die Rechtsfolgen einer Mieterhöhungserklärung; demgegenüber enthält § 559c BGB die Vereinfachungen für das sog. „Vereinfachte Verfahren". § 559d BGB hat mit einer Modernisierungsmieterhöhung nichts zu tun und ist vom Gesetzgeber fälschlicherweise an dieser Stelle einsortiert worden. Neben der einvernehmlichen Mietanpassung gem. § 557 Abs. 1 BGB und der allgemeinen Mieterhöhung gem. § 558 BGB auf die ortsübliche Vergleichsmiete stellt die Mieterhöhung nach § 559 BGB die dritte wichtige Säule des Mietpreisrechts im freifinanzierten Wohnungsbau dar. Die Vorschrift ist eine eng auszulegende **Ausnahmevorschrift**. Sie ist Teil des sozialen Mietrechts und hat deshalb eine mieterschützende Funktion. Daneben hat sie auch eine wohnungs-, wirtschafts- und umweltpolitische Bedeutung (BGH NJW 2005, 1738).

2 Die Vorschrift muss im Zusammenhang mit den § 555b ff. BGB gesehen werden. Während die §§ 555b ff BGB die Erweiterung der Leistungspflicht des Vermieters betreffen, regeln die § 559ff BGB die anschließende Anpassung der Gegenleistung des Mieters für die erweiterte Vermieterleistung. Die **Duldungspflicht** ist nunmehr von der **Mieterhöhung abgekoppelt.** Einwendungen gegen die Duldungspflicht können jetzt nicht mehr mit Gründen erhoben werden, die sich auf die Mieterhöhung beziehen, § 555d Abs. 2 S. 2 BGB. Der Modernisierungsbegriff des § 555b BGB ist etwas weiter, als der des § 559 BGB, da bei Maßnahmen nach § 555b Nr. 2 und 7 BGB keine Mieterhöhung möglich ist. Die Mieterhöhung gem. § 559 Abs. 1 BGB ist unabhängig davon möglich, ob der Vermieter dem Mieter eine Modernisierungsankündigung gem. § 555c BGB hat zukommen lassen oder ob der Mieter die Maßnahme geduldet hat. Entscheidend ist allein, dass der Vermieter eine Baumaßnahme durchgeführt hat, die eine Modernisierung iSd § 555b BGB darstellt. Die Frage, ob eine ordnungsgemäße Ankündigung vorausgegangen ist, stellt sich dann erst bei der Frage, ob der Mieter ggf. sich noch auf Härtegründe berufen kann und wann die Mieterhöhung in Kraft tritt. Den Vermieter trifft deshalb auch keine Aufklärungspflicht bei Mietvertragsabschluss über beabsichtigte Modernisierungsmaßnahmen, da der Mieter über die §§ 555b ff, 559 Abs. 4, 5 BGB hinreichend geschützt ist.

§ 559 BGB ist keine andere Mieterhöhungsmöglichkeiten ausschließende **Spezialvorschrift.** Deshalb hat ein Vermieter, der Modernisierungsarbeiten vornimmt, das Wahlrecht zwischen vier verschiedenen Möglichkeiten, wie er die Kosten für eine Modernisierungsmaßnahme bei der Bestimmung der zukünftigen Miete berücksichtigen kann (LG Berlin, GE 2011, 1162; AG Köln ZMR 2013, 206; AG Lichtenberg MM 2002, 483). Es darf letztendlich jedoch zu keiner doppelten Berücksichtigung der Modernisierungskosten führen: **1.** Zunächst kann der Vermieter ausschließlich eine Mieterhöhung im **vereinfachten Umlageverfahren** nach § 559 BGB geltend machen. Eine Zustimmung des Mieters ist nicht erforderlich. Die nach der Erhöhung geschuldete Miete ist die neue einheitliche Miete, die in der Zukunft nur unter den Voraussetzungen der §§ 558–560 BGB erhöht werden kann (BGH NJW 2008, 848). Es handelt sich um keinen Zuschlag, der bei späteren Mieterhöhungen zur ortsüblichen Vergleichsmiete hinzugerechnet werden darf. **2.** Der Vermieter kann auch **ausschließlich nach § 558 BGB** vorgehen und die Modernisierung der Wohnung dergestalt mit in das Zustimmungsverfahren einbeziehen, dass er die Anhebung der Miete auf die Vergleichsmiete nach dem Standard, der durch die Modernisierung verbesserten Wohnung verlangt. In diesem Fall ist die Zustimmung des Mieters erforderlich. Diese Vorgehensweise schließt eine weitere Erhöhung gemäß § 559 BGB aus (AG Lichtenberg MM 2002, 483; AG Köln WuM 1990, 520; AG Osnabrück WuM 1989, 635). Es gelten die allgemeinen Regeln der §§ 558 ff. insbesondere die Kappungsgrenze (zu den Besonderheiten OLG Hamm RE vom 30.12.1992 NJW-RR 1993, 399) und die Jahressperrfrist. **3.** Zusätzlich zu diesen beiden ausschließlich nur auf einer der beiden gesetzlichen Alternativen beruhenden Mieterhöhung kann der Vermieter diese auch noch **kombinieren: a)** So kann der Vermieter neben der Mieterhöhung im vereinfachten Umlageverfahren nach § 559 BGB vom Mieter auch noch die Zustimmung zu einer Mietanhebung auf die ortsübliche Vergleichsmiete für modernisierten Wohnraum verlangen (LG Berlin GE 2003, 1210, 1211; LG Berlin MDR 1999, 477). Führt also die Umlagemieterhöhung nach § 559 BGB zu einer Miete, die unterhalb der ortsüblichen Vergleichsmiete für modernisierten Wohnraum liegt, kann der Vermieter auch noch die Zustimmung zu einer Mieterhöhung bis zur ortsüblichen Vergleichsmiete gem. § 558 BGB verlangen. **b)** Möglich ist auch der umgekehrte Weg, also zunächst die Mieterhöhung. § 558 BGB auf die ortsübliche Vergleichsmiete für unmodernisierte Wohnungen und anschließend die Mieterhöhung nach. § 559 BGB. Wählt der Vermieter diesen Weg, darf es aber nicht zu einer kumulativen Mieterhöhung kommen, bei der die Modernisierung doppelt, nämlich sowohl bei § 558 BGB als auch bei § 559 BGB berücksichtigt wird. Das Nebeneinander der beiden Mieterhöhungsmöglichkeiten bietet sich dann an, wenn die Miete für die noch nicht modernisierte Wohnung unterhalb der ortsüblichen Vergleichsmiete für vergleichbaren nicht modernisierten Wohnraum lag (OLG Hamm RE vom 30.10.1983 NJW 1983, 289; AG Lichtenberg MM 2002, 483) oder wenn die alte Miete zzgl. Modernisierungsmieterhöhung unterhalb der ortsüblichen Vergleichsmiete für modernisierten Wohnraum liegt (LG Berlin MDR 1999, 477). Aus dem Erhöhungsschreiben muss in diesem Fall deutlich hervorgehen, dass der nicht-modernisierte Zustand dem Erhöhungsverlangen zu Grunde gelegt wurde, denn ohne die Erklärung muss der Mieter davon ausgehen, dass der gegenwärtige Zustand die Basis für die Erhöhung darstellt (AG Kerpen ZMR 2011, 802). Kombiniert der Vermieter die Mieterhöhung nach § 558 BGB und § 559 BGB, dann gilt die jeweilige Kappungsgrenze für die Mieterhöhung nach § 558 bzw. § 559 BGB. Nach Abschluss beider nebeneinander betriebenen Erhöhungsverfahren darf damit die insgesamt erhöhte Miete die Summe aus der Miete vor der Anhebung + 15/20% + Modernisierungszuschlag gemäß § 559 nicht überschreiten (OLG Hamm RE vom 30.12.1992 NJW-RR 1993, 399).

4   Die Vorschrift gilt nur für **Wohnraummietverhältnisse.** Sie gilt nicht bei den gem. § 549 Abs. 2 und 3 BGB ausgenommenen Mietverhältnissen, also Mietverhältnissen über Wohnraum zu einem vorübergehenden Gebrauch, Mietverhältnisse über Wohnraum, der Teil der vom Vermieter genutzten Wohnung ist und von diesem überwiegend mit Einrichtungsgegenständen ausgestattet wurde, Wohnraum den juristische Personen des öffentlichen Rechts oder gleichgestellte Organisationen zur Versorgung hilfsbedürftiger Personen angemietet haben und schließlich von Wohnraum in Jugend- und Studentenwohnheimen. Hier steht den Vermietern das Recht der Änderungskündigung zu. Sie gilt grundsätzlich **nicht bei öffentlich geförderten Wohnungen,** für die eine Kostenmiete nach dem WoBindG zu zahlen ist. Hier gehen die Regelungen der NMV und der II. BV spezialgesetzlich vor. Etwas anderes gilt, wenn im entsprechenden Landes-Wohnraumförderungsgesetz die Mieterhöhung gem. § 559 ausdrücklich gestattet wurde. Zum Teil ist diese dann aber gedeckelt. Schließlich spielt die Modernisierungsmieterhöhung auch bei der Ermittlung der maximal zulässigen **Wiedervermietungsmiete** gem. §§ 556e Abs. 2, 556f S. 2 BGB eine Rolle.

5   Die Vorschrift gilt **nicht bei Gewerberaummietverhältnissen,** weil dort das System der ortsüblichen Vergleichsmiete nicht gilt und dementsprechend ein Verweis in § 578 BGB fehlt.

6   Das Mieterhöhungsrecht des Vermieters gem. § 559 BGB kann selbst bei genereller Anwendbarkeit der Vorschrift auf das konkrete Vertragsverhältnis **ausgeschlossen sein.** Ein solcher gesetzlicher Ausschluss liegt bei einer Staffelmietvereinbarung gem. § 557a BGB vor. Bei einer Indexvereinbarung gem. § 557b BGB ist das Erhöhungsrecht für alle Mieterhöhungen wegen Modernisierungsmaßnahmen ausgeschlossen, wohingegen Mieterhöhungen für Maßnahmen gem. § 555b Ziff. 6 BGB trotz des nunmehr etwas anderen Wortlauts weiter zulässig sind. Eine Mieterhöhung ist ferner ausgeschlossen, wenn die Parteien gem. § 557 Abs. 3 diese ausdrücklich oder konkludent ausgeschlossen haben. Ein konkludent vereinbarter Ausschluss des Mieterhöhungsrechts nach § 559 BGB ist z.B. dann anzunehmen, wenn der Vermieter sich im Mietvertrag verpflichtet hat, bestimmte Modernisierungsarbeiten durchzuführen.

II. Übergangsregelung

Nach der **Übergangsregelung** in Art 229 § 49 I EGBGB gilt der alte Umlagesatz von 11% ohne dass es eine Kappungsgrenze gem. Abs. 3 a BGB gibt bei einem bis zum 31.12.2018 begründeten Mietverhältnis weiter, wenn dem Mieter die Modernisierungsankündigung nach § 555c Abs. 1 S 1 BGB bis einschließlich 31.12.2018 zugegangen ist. Die Weitergeltung der bis 31.12.2018 geltenden Regelung hängt vom Vorliegen einer „ordnungsgemäßen Modernisierungsankündigung" ab. Hinsichtlich der Überleitungsvorschrift in Art. 229 § 49 EGBGB ist der Gesetzesbegründung keinerlei gesetzgeberischer Zweck zu entnehmen. Das OLG München (NZM 2019, 933) hat in einem Musterfeststellungsverfahren den **Gesetzeszweck** darin gesehen, für beide Vertragsparteien **Planungssicherheit** zu gewährleisten. Es muss deshalb im Einzelfall untersucht werden, wann eine schützenswerte Planungssituation eingetreten ist (Börstinghaus jurisPR-MietR 23/2019 Anm. 1). Nicht jede Überlegung oder Vorbereitungshandlung des Vermieters ist schützenswert. Man denke an erste Gespräche mit dem Architekten und wahrscheinlich auch noch die Ausschreibungsphase, weil man erst danach das Investitionsvolumen kennt und weiß, ob Baufirmen überhaupt zur Verfügung stehen. Auf der anderen Seite können alle Aufträge schon vergeben sein, aber wegen des Mangels an Handwerkern liegt der fest terminierte Baubeginn weiter als üblich in der Zukunft. Hier liegt sicher eine schützenswertere Situation vor. Eine feste Zahl von Monaten zwischen Zugang der Modernisierungsankündigung und angekündigtem Baubeginn ist kein geeignetes Abgrenzungskriterium zwischen ordnungsgemäßer und nicht ordnungsgemäßer Ankündigung i. S. d. Art. 229 § 49 Abs. 1 S 1 EGBGB. Eine Zeitspanne von gut 11 Monaten ist zu lang, wenn es dem Vermieter vorrangig darum geht, sich die Möglichkeit einer Mieterhöhung nach altem Recht offenzuhalten, ohne dass bereits eine Ausschreibung der Arbeiten und konkrete Auftragsvergabe stattgefunden hat (i. E. ebenso OLG München NZM 2019, 933; **a. A.** Mahlstedt NZM 2019, 905, 907).

Hat der Vermieter die Modernisierungsmaßnahme **nicht oder nicht ordnungsgemäß** nach § 555c BGB **angekündigt**, so kommt es statt auf den Zugang der Modernisierungsankündigung auf den Zugang der Mieterhöhungserklärung nach § 559b BGB an.

III. Allgemeine Voraussetzungen der Mieterhöhung

Das Gesetz verlangt ausdrücklich, dass „der Vermieter Modernisierungsmaßnahmen im Sinne des § 555b Nummer 1, 3, 4, 5 oder 6 durchgeführt" hat. Aus dem Wortlaut des § 559 BGB folgt deshalb bereits, dass der Vermieter selbst Bauherr der Maßnahme gewesen sein muss (OLG Hamm RE vom 30.5.1983 NJW 1983, 2331; BayObLG RE vom 24.6.1981 NJW 1981, 2259; LG Berlin GE 1990, 371; LG Hildesheim WuM 1985, 340; AG Oschersleben WuM 1995, 592; AG Hamburg WuM 1987, 30; WuM 1987, 356). **Bauherr** gem. § 559 BGB ist derjenige, der eine Baumaßnahme **im eigenen Namen und auf eigene Rechnung** durchführt oder durchführen lässt. Dabei ist ein gestuftes Verhältnis durchaus zulässig. So ist es unschädlich, wenn der Vermieter einen Architekten oder Generalunternehmer beauftragt, der dann die Aufträge für die einzelnen Gewerke im eigenen Namen erteilt. Da der Vermieter in diesem Fall weiterhin derjenige ist, der das **„Ob",**

§ 559 BGB Untertitel 2. Mietverhältnisse über Wohnraum

„**Wann**" und „**Wie**" **der Maßnahme** bestimmt und die Kosten zu tragen hat, ist er Bauherr. Unschädlich ist es weiter, wenn neben dem Vermieter noch weitere Personen Bauherren sind. Modernisierungsmaßnahmen durch den Mieter berechtigen den Vermieter nicht zu einer Mieterhöhung nach § 559 BGB (BayObIG RE vom 24.6.1981 NJW 1981, 2259) selbst wenn der Vermieter dem Mieter hinterher bestimmte Kosten erstattet (AG Gelsenkirchen ZMR 1987, 340; AG Essen WuM 1978, 213). Auch in den Fällen der Rechtsnachfolge kann der Erwerber eine Mieterhöhung nach § 559 BGB auf Grund von Modernisierungsarbeiten vornehmen. Der Erwerber eines Grundstücks, der nach § 566 BGB in das Mietverhältnis eingetreten ist, kann die Miete ebenfalls nach durchgeführter Modernisierung nach § 559 BGB erhöhen, unabhängig davon, ob die Modernisierungsarbeiten vor (KG RE vom 17.7.2000 NZM 2000, 860) oder nach (KG RE vom 8.5.2000 NZM 2002, 652) Eintritt des Erwerbers in das Mietverhältnis abgeschlossen worden sind. Hat der Erwerber selbst vor seiner Grundbucheintragung bereits Modernisierungsmaßnahmen durchgeführt, dann kann er nach seiner Eintragung im Grundbuch und damit seinem Eintritt in das Mietverhältnis gem. § 566 BGB wegen dieser Maßnahmen keine Mieterhöhung nach § 559 BGB vornehmen. Er war zwar Bauherr der Maßnahme aber zu diesem Zeitpunkt nicht Vermieter. Überträgt der Vermieter einem Dritten den Betrieb der Heizungsanlage und modernisierte dieser Betreiber die Heizung, so ist der Vermieter nicht Bauherr und der Betreiber nicht Vermieter, so dass eine Mieterhöhung nach § 559 BGB ausscheidet (BGH NJW 2006, 2185).

10 Wird der Grundstückseigentümer als Vermieter nach Erstellung eines ihm gehörenden Wohnhauses und nach Abschluss des Mietvertrages auf Grund öffentlich-rechtlicher Vorschriften zur Entrichtung von Beiträgen zum gemeindlichen **Erschließungsaufwand** für den nachträglich erfolgten Straßenausbau herangezogen, dann kann er diese Kosten nicht als Kosten „anderer baulicher Änderungen auf Grund von Umständen, die er nicht zu vertreten hat" im Sinne von § 559 Abs. 1 BGB auf die Mieter umlegen (OLG Hamm RE vom 30.5.1983 NJW 1983, 2331; LG Hamburg WuM 1991, 121; LG Hildesheim WuM 1985, 340; LG Lübeck WuM 1981, 44; AG Oschersleben WuM 1995, 592; AG Hamburg WuM 1987, 356). In diesem Fall ist der Vermieter nicht Bauherr der Maßnahme. Dass er letztendlich der Kostenträger ist, ändert daran nichts. Dies entspricht dem Wortlaut der Vorschrift aber auch ihrem Sinn und Zweck, wonach der Vermieter angehalten werden sollte, in den Wohnungsbestand zu investieren. Gerade dieser Zweck würde bei einer Umlage öffentlich-rechtlicher Erschließungsmaßnahmen, wie z. B. **Straßenbaubeiträgen, Anliegerkosten, Erschließungskosten** usw. nicht erreicht.

IV. Bauliche Veränderungen

11 Das Mieterhöhungsrecht gem. § 559 BGB steht dem Vermieter dann zu, wenn er Modernisierungsmaßnahmen nach den fünf ausdrücklich aufgezählten Alternativen durchgeführt hat. Nach der Definitionsnorm des § 555b BGB setzen alle dort aufgezählten, auch die, die nicht zu einer Mieterhöhung gem. § 559 BGB berechtigen, voraus, dass eine bauliche Veränderung stattgefunden hat. Es liegt hinsichtlich der fünf verschiedenen Alternativen kein Ausschließlichkeitsverhältnis vor. Es ist durchaus möglich, dass sich die verschiedenen Alternativen überschneiden. Eine exakte Abgrenzung ist deshalb nicht erforderlich, da die Rechtsfolgen inzwischen alle gleich sind (BGH NJW 2012, 2954). Es genügt also die Feststellung, dass die Maßnahme wahlweise in die eine oder andere Kategorie fällt. Nach unten hin ist die bauliche Veränderung zu den reinen Instandsetzungs- oder Instandhaltungsmaßnahmen gem. § 555a BGB abzugrenzen und nach oben hin zu den Luxusmodernisierungen.

Eine Mieterhöhung nach § 559 BGB setzt zunächst voraus, dass der Vermieter **12** eine **bauliche Veränderung** durchgeführt hat. Dieses Merkmal betrifft alle fünf Alternativen des § 555 Ziff. 1 BGB auf die § 559 BGB verweist. Entsprechend dem Sinn und Zweck des § 559 BGB, eine umfassende Modernisierung des Wohnungsbestandes zu erreichen, ist der Begriff sehr weit auszulegen Eine Veränderung der Bausubstanz ist nicht erforderlich. Die Maßnahmen können sowohl in der Wohnung des Mieters, am Haus oder auf dem Grundstück durchgeführt worden sein. Aus der Einschränkung, dass es sich um **bauliche** Veränderungen gehandelt haben muss, ergibt sich, dass die **Möblierung einer Wohnung** keine umlagefähige Maßnahme ist. Es ist nicht erforderlich, dass die eingebrachten Materialien zu wesentlichen Bestandteilen des Mietobjekts werden. Die baulichen Veränderungen müssen **nach Beginn des Mietverhältnisses** begonnen worden sein. Bauliche Veränderungen, die vor Beginn des Mietverhältnisses abgeschlossen waren, rechtfertigen keine Mieterhöhung nach § 559 BGB (AG Bad Segeberg WuM 1992, 197), weil der so geschaffene Zustand der Wohnung bereits bei der Berechnung der Neuvertragsmiete berücksichtigt werden kann (LG Berlin GE 1994, 1053; AG Bad Segeberg WuM 1992, 197).

Eine bauliche Veränderung liegt nur vor, wenn **der Zustand** der Mietsache da- **13** nach ein anderer ist. Entscheidend ist dabei der tatsächliche Zustand vor Beginn der Modernisierungsmaßnahme der ggf. auch vom Mieter geschaffen wurde (BGH NJW 2012, 2954; WuM 2012, 678; NZM 2013, 141). Es kommt nicht auf den vertraglich vereinbarten Zustand an. Etwas anderes kann nur dann gelten, wenn der vom Mieter geschaffene Zustand vertragswidrig ist, oder den Vermieter selbst eine Handlungspflicht trifft, z. B. bei der Einbaupflicht für Rauchmelder (BGH NZM 2015, 587/588).

Grundsätzlich kann der Vermieter den Umfang der Modernisierungsmaßnahme **14** bestimmen. Dies bezieht sich sowohl auf die Frage, welche Maßnahmen überhaupt durchgeführt werden als auch auf die Art und Weise, wie die Maßnahme ausgeführt wird. Die Grenze stellen aber die so genannten **Luxusmodernisierungen** dar. Eine solche Luxusmodernisierung berechtigt nicht zur Mieterhöhung nach § 559 BGB. Luxusmodernisierungen entsprechen nicht dem Sinn und Zweck des § 559 BGB, der den Vermieter anhalten soll, in den renovierungsbedürftigen Wohnungsbestand zu investieren und einen den heutigen Wohngewohnheiten entsprechenden Zustand zu schaffen. Bei der Frage, ob eine Luxusmodernisierung vorliegt oder nicht, geht es nur um die Frage, ob eine Maßnahme überhaupt eine solche iSd § 559 BGB ist. Maßstab ist hierfür das Verhalten eines durchschnittlichen Hauseigentümers, der in sein eigenes Gebäude, in dem er ggf. mit seiner Familie selbst wohnt, investieren würde. Unerheblich ist, was wohnungswirtschaftlich als objektiv notwendige und wirtschaftlich vernünftige Grundausstattung anzusehen ist (BGH RE vom 19.2.1992 NJW 1992, 1386). Deshalb ist zum Beispiel der Ein- oder Anbau eines Schwimmbades nach hM keine Modernisierungsmaßnahme, deren Kosten der Vermieter auf den Mieter umlegen kann. Bei einer Luxusmodernisierung können gar keine Kosten auf den Mieter umgelegt werden, weil bereits die Voraussetzungen einer baulichen Maßnahme iSd § 559 BGB nicht gegeben sind. Demgegenüber wird eine Maßnahme, die grundsätzlich auch von einem durchschnittlichen Hauseigentümer durchgeführt würde, nicht deshalb zur Luxusmodernisierung, weil der Vermieter eine **luxuriöse Ausführung** gewählt hat. Die Art und Weise der Ausführung kann vom Vermieter bestimmt werden, ohne dass damit die Qualifikation als bauliche Maßnahme iSd § 559 BGB entfällt. Das bedeutet aber nicht, dass auch alle Kosten dieser Maßnahme anrechenbar sind. Unnötiger oder unwirtschaftlicher Aufwand ist nicht umlegbar.

15 **Kosten der Instandsetzung und Instandhaltung** sind keine Modernisierungskosten. Das Gesetz unterscheidet bei den Erhaltungsmaßnahmen gem. § 555a BGB zwischen Instandhaltungs- und Instandsetzungsmaßnahmen. Den Vermieter trifft gem. § 535 Abs. 1 Satz 2 BGB die **Instandhaltungspflicht** während des Bestandes des Mietverhältnisses. Demgemäß muss der Mieter gem. § 555a Abs. 1 BGB auch Einwirkungen auf die Mietsache dulden, die zur Erhaltung der Mieträume oder des Gebäudes erforderlich sind. Solche Maßnahmen stellen gerade keine Erweiterung der Leistungspflicht des Vermieters dar, für die er eine höhere Gegenleistung zu fordern berechtigt ist. Solche Maßnahmen schuldet der Vermieter bereits aus dem bestehenden Mietvertrag. Sie zu unterlassen, berechtigt den Mieter, Gewährleistungsrechte gem. §§ 536ff. BGB geltend zu machen. Zur Auslegung der Begriffe der Instandhaltung und Instandsetzung kann auf § 28 Abs. 1 Satz 1 II. BV Bezug genommen werden. Danach zählen alle Kosten, die während der Nutzungsdauer zur Erhaltung des bestimmungsgemäßen Gebrauchs aufgewendet werden müssen, zu den Instandsetzungskosten. **Instandhaltung** bedeutet dabei die Aufrechterhaltung eines ordnungs- und vertragsgemäßen Zustandes des Mietobjekts während **Instandsetzung** die Überführung eines ordnungs- oder vertragswidrigen Zustandes in einen ordnungs- und vertragsgemäßen Zustand darstellt (AG Dortmund WuM 1979, 146). Deshalb liegt eine nicht umlegbare Instandhaltungsmaßnahme vor, wenn ältere aber noch funktionsfähige Einrichtungen durch eine gleichwertige Neuanschaffung ersetzt werden (LG Hamburg WuM 1984, 217). Dass das neue Teil wirtschaftlich wertvoller ist, ist im Rahmen des § 559 BGB kein Maßstab. Entscheidend ist, dass der Gebrauchsvorteil des neuen Teils dem des ausgetauschten Teils zu Beginn des Mietverhältnisses entspricht. Man spricht dann von **modernisierender Instandsetzung** oder **Instandmodernisierung.** Problematisch sind die Fälle, bei denen aus Rechtsgründen heute bessere Teile eingebaut werden müssen (z. B. auf Grund des Gesetzes zur Einsparung von Energie und zur Nutzung erneuerbarer Energien zur Wärme- und Kälteerzeugung in Gebäuden – Gebäudeenergiegesetz – GEG)). Hier wird vertreten, dass bei einer Verschiebung der Standards keine Modernisierung vorliegt (Blank WImmoT 2006, 109, 115). Angeknüpft wird dabei an die Rechtslage im öffentlich geförderten Wohnungsbau. Dort waren sog. „Erneuerungen" gem. § 11 Abs. 4 S. 2 II BV keine baulichen Änderungen die zu einer Mieterhöhung berechtigen. Führt die Ersetzung zu einem zwangsläufig in Folge der allgemeinen technischen Entwicklung besseren Zustand, scheidet eine Mieterhöhung aus. Der Gesetzgeber des Mietrechtsänderungsgesetzes 2013 hat diese Vorschläge aber nicht aufgegriffen.

V. Die einzelnen Mieterhöhungstatbestände

16 § 559 BGB erlaubt eine Mieterhöhung nach Modernisierungsmaßnahmen gem. § 555b Nr. 1, 3 bis 6 BGB. Das bedeutet, dass Modernisierungsmaßnahmen, durch die nur nicht erneuerbare Primärenergie nachhaltig eingespart oder das Klima nachhaltig geschützt wird, zwar zu dulden sind, aber nicht zu einer Mieterhöhung berechtigen, es sei denn durch die Maßnahme wird auch Endenergie eingespart. Zu den Einzelheiten siehe die Kommentierung bei § 555b BGB.

VI. Der Umfang der Mieterhöhung

1. Die anzurechnenden Kosten

Nach § 559 Abs. 1 BGB sind 8% der für die Wohnung aufgewendeten Kosten 17 auf die Miete umlegbar. Hierzu zählen die reinen Baukosten einschließlich der Baunebenkosten. Grundsätzlich sind alle Kosten ansatzfähig. Umlagefähig sind nur die tatsächlichen Kosten. **Rabatte, Skonti** usw. sind deshalb von den anrechenbaren Kosten in Abzug zu bringen. Fiktiven Kosten dürfen nicht in Ansatz gebracht werden. Führt der Vermieter die Arbeiten ganz oder teilweise durch **Eigenleistungen** oder durch eigene Mitarbeiter (BGH NZM 2013, 120) aus, so kann er hierfür entsprechend der Regelung in § 9 II. BV und nach allgemeinen Rechtsgrundsätzen einen Betrag in Rechnung stellen, der bei Beauftragung eines Handwerkers entstanden wäre (LG Halle ZMR 2003, 35, 38), jedoch analog § 1 BetriebskostenVO ohne Mehrwertsteuer. Aufwendungen für sonstige Steuern und Sozialversicherungsbeiträge sowie der Unternehmensgewinn sind aber nicht abzuziehen. Voraussetzung ist aber eine fachgerechte Ausführung der Arbeiten. Ob der Vermieter die fachliche Qualifikation hat, die Arbeiten auszuführen, also z. B. selbst gelernter Maurer ist, ist unerheblich, wenn das Ergebnis stimmt. Für die Verwaltungs- und Überwachungstätigkeit, die üblicherweise mit baulichen Maßnahmen verbunden ist, kann der Vermieter aber keine Kosten ansetzen. Ansatzfähig sind nur **notwendige Kosten** (LG Hamburg ZMR 2002, 918, 919; WuM 1986, 344; AG Hamburg WuM 1986, 344).

Architektenhonorar ist ansatzfähig, wenn Art und Umfang der Arbeiten die 18 Beauftragung eines Architekten notwendig machen (LG Halle ZMR 2003, 35, 38; LG Hamburg WuM 1985, 366; AG Köln WuM 1990, 2265; AG Hamburg Abt. 46 WuM 1985, 365; AG Münster WuM 1985, 366). Ist die Maßnahme auch ohne Einschaltung eines Architekten möglich, scheidet ein Ansatz aus. Dies gilt auch, wenn die Architektenleistungen bei Modernisierungsmaßnahmen lediglich in Koordinierungsaufgaben und Kontrollaufgaben bestehen. Dann gehören sie zum nicht berücksichtigungsfähigen Verwaltungsaufwand. Dies ist z. B. bei einer bloßen Fenstermodernisierung (AG Hamburg WuM 1985, 366) oder dem Einbau einer Gasetagenheizung (LG Berlin GE 2007, 985) der Fall. Werden gleichzeitig Modernisierungs- und Instandsetzungsarbeiten durchgeführt, so muss der auf die Modernisierung entfallende Teil nachvollziehbar berechnet und erläutert werden. An den Mieter zu zahlender **Aufwendungsersatz** gem. § 555 Abs. 6 BGB iVm § 555a Abs. 3 BGB ist nur zum Teil in Ansatz bringen. Ansatzfähig sind nur die Kosten, die zur Vorbereitung der baulichen Maßnahme erforderlich sind oder noch zur baulichen Maßnahme gehören, wie z. B. die Reinigung der Wohnung (AG Hamburg WuM 2007, 445), der Anstrich (BGH NZM 2011, 358) oder des Neudekorieren der alten Gardinen. Kosten, die nur aus Anlass der Bauarbeiten anfallen, z. B. der Kauf neuer Gardinen, weil das Fenster nach der Modernisierung eine andere Größe hat, o. Ä. stellen keine für die Wohnung aufgewendeten Kosten mehr dar. Das Gleiche gilt für Schadensersatzansprüche des Mieters, weil während der Arbeiten Schäden an seinem Eigentum verursacht wurden. Hat der Vermieter aber Instandsetzungsarbeiten und Modernisierungsarbeiten durchgeführt, dann sind nur

§ 559 BGB Untertitel 2. Mietverhältnisse über Wohnraum

die Aufwendungen ansatzfähig, die ausschließlich durch die Modernisierungsarbeiten verursacht wurden. **Baunebenkosten** wie Baugenehmigungsgebühren, Kosten der Projektplanung und Kosten der Auftragsvergabe zählen ebenfalls zu den anrechenbaren Kosten iSd § 559 BGB (LG Halle ZMR 2003, 35, 38), nicht jedoch für die Veröffentlichung einer nicht vorgeschriebenen Ausschreibung (LG Halle ZMR 2003, 35, 38). Ansatzfähig sind auch die Kosten der Gerüstaufstellung (AG Hamburg 1985, 366). Reinigungskosten nach Beendigung der baulichen Maßnahme stellen dann anrechenbare Kosten dar, wenn sie nach Beendigung der baulichen Maßnahme erforderlich waren, um die Folgen der Baumaßnahmen zu beseitigen. **Finanzierungskosten** gehören ebenso nie zu den anrechenbaren Kosten (OLG Hamburg RE vom 14.5.1981 NJW 1981, 2820) wie der Mietausfall während der Bauphase.

19   **Instandsetzungskosten** stellen keine Modernisierungskosten dar (AG Münster WuM 2012, 610). Modernisierungsmaßnahmen liegen **kraft Definition** nur dann vor, wenn es sich nicht um Erhaltungsarbeiten handelt. Das ergibt sich aus der Systematik der § 555a BGB und § 555b BGB. Dort wird gerade zwischen **Erhaltungsmaßnahmen** (§ 555a Abs. 1 BGB) und **Modernisierungsmaßnahmen** (§ 555b BGB) differenziert. Klarstellend bestimmt § 559 Abs. 2 1. HS BGB, dass die Kosten, die für Erhaltungsmaßnahmen erforderlich gewesen wären, nicht zu den aufgewendeten Kosten nach Absatz 1 gehören. Nicht ansatzfähig sind diejenigen Kosten, die einen vor Beginn der Maßnahme bereits instandsetzungs- oder instandhaltungsbedürftigen Zustand beseitigen sollen. Ob dieser Zustand erst während der Arbeiten erkannt wird oder schon vorher bekannt war, ist unerheblich. Modernisierungs- und Instandsetzungsmaßnahmen lassen sich nicht immer eindeutig voneinander trennen. Regelmäßig beinhaltet eine Modernisierung zumindest auch eine Instandhaltungsmaßnahme, teilweise auch eine Instandsetzungsmaßnahme. Man spricht dann von einer modernisierenden Instandsetzung oder **Instandmodernisierung.** Dabei handelt es sich dem Grunde nach um eine Maßnahme nach § 559 BGB. Lediglich bei der Berechnung der ansatzfähigen Kosten müssen die auf die Instandsetzung entfallenden Kosten herausgerechnet werden. Nach § 559 Abs. 2 BGB gilt das aber nur für die Kosten der zum Zeitpunkt der Durchführung der Modernisierungsmaßnahme **fälligen Instandsetzungsmaßnahmen** (OLG Celle RE vom 28.10.1980 OLGZ 1981, 318 und RE vom 16.3.1981 NJW 1981, 1625; OLG Hamburg RE vom 6.10.1982 WuM 1983, 13; LG Berlin ZMR 1998, 167; GE 1995, 429; LG Görlitz WuM 1997, 228; LG Hannover WuM 1990, 227; LG Aachen WuM 1980, 203; LG Hamburg MDR 1981, 1021; MDR 1978, 935; LG Dortmund ZMR 1979, 281; ZMR 1980, 249). **Modernisierung** ist in diesem Fall nur der Teil der Aufwendungen, der über die Instandsetzung hinausgeht. Also der gesamte Sockel der Kosten, der auch für die Instandsetzung angefallen wäre, ist nicht anzusetzen (LG Berlin GE 2013, 419). Bedeutung hat dies bei den so genannten **Sowieso-Kosten,** z. B. den Gerüstkosten. Muss das Gerüst auch für die Instandsetzung der Fenster oder Außenfassade aufgestellt werden, dann gehören die Gerüstkosten weder ganz noch anteilig zu den Modernisierungskosten, sondern ausschließlich zu den Instandsetzungskosten (LG Berlin GE 2013, 419; 1998, 550; LG Bückeburg WuM 1992, 378). Erforderlich ist ein **konkreter Vergleich der Kosten,** die für die Instandsetzung auch unter Verwendung moderner und zeitgemäßer Materialien (AG Gera WuM 1995, 399) hätte aufgewandt werden müssen und den tatsächlich aufgewendeten Kosten für die modernisierende Instandsetzung. Dabei sind die fiktiven Instandsetzungskosten nach gegenwärtigen Preisen anzusetzen (LG Bückeburg WuM 1992, 378). Nur die

Differenz zwischen den beiden Rechnungen stellt den **Modernisierungsanteil** dar und kann gem. § 559 BGB auf die Miete umgelegt werden. Demgegenüber muss der Vermieter sich fiktive zukünftig erst fällig werdende Instandsetzungskosten nicht anrechnen lassen (OLG Hamm RE vom 27.4.1981 NJW 1981, 1622; OLG Celle RE vom 16.3.1981 NJW 1981, 1625; OLG Hamburg RE vom 6.10.1982 WuM 1983, 13). Zur Frage, welche Angaben in diesem Fall in der Mieterhöhungserklärung erforderlich sind, siehe § 559b Rdn. 15.

Nach Abs. 2 2. HS sind die auf die Erhaltungsmaßnahme entfallenden Kosten, 20 soweit erforderlich, **durch Schätzung zu ermitteln.** Der Einschub „soweit erforderlich" schränkt den Anwendungsbereich der Norm dabei nicht auf den Fall ein, dass dem Grunde nach überhaupt Erhaltungskosten angefallen sein könnten, sondern gestattet die Schätzung nur in den Fällen, in denen die Erhaltungskosten nicht eindeutig und leicht ermittelt werden können, z. B. weil Pauschal- oder Generalunternehmerverträge vorliegen. Nur in diesen Fällen ist eine Schätzung gestattet. Das kann sich auch auf einzelne Kostenpositionen beziehen, z. B. die Einbaukosten für ein instandsetzungsbedürftiges Teil oder die Ersatzbeschaffungskosten für alte auszutauschende aber heute nicht mehr lieferbare Teile. Die Schätzung dient vorliegend der ungefähren Ermittlung der Kosten für die erforderliche Erhaltungsmaßnahme auf Grund konkreter Vorgaben oder Erfahrungen. Die Schätzung ist von der Leistungsbestimmung nach billigem Ermessen gem. § 315 Abs. 1 BGB zu unterscheiden. Dort findet im Streitfall nur eine Billigkeitskontrolle durch die Gerichte statt. Die Schätzung selbst ist zunächst eine Erleichterung bei der Darlegung des Sachverhalts und dann im Prozess eine Beweiserleichterung. Der Zivilprozess kennt eine solche Beweiserleichterung bereits in § 287 ZPO. Dort wie hier müssen aber ausreichende Ausgangs- und Anknüpfungstatsachen vorliegen und vorgetragen werden. Das bedeutet, dass soweit wie möglich die Kosten der fälligen Erhaltungsmaßnahme konkret zu ermitteln sind, ggf. durch Einholung eines Alternativangebots. Nur dort, wo solche Tatsachen nicht oder mit einem nicht zumutbaren Aufwand ermittelt werden könnten, können die Kosten auf Grund der Erfahrung fachkundiger Kreise, in der Regel Architekten und Fachingenieure, festgelegt werden. Das Ergebnis dieser Schätzung ist vom Gericht **voll überprüfbar.** Es findet nicht nur eine Billigkeitskontrolle statt.

2. Der Umlageschlüssel

Das Gesetz geht davon aus, dass die Mieterhöhung grundsätzlich nach den Kos- 21 ten berechnet wird, die für die konkrete Wohnung aufgewendet wurden. Die Kosten sind bereits auf Wohnungsebene zu erfassen. Soweit Kosten für mehrere Wohnungen angefallen sind, wie z. B. Gerüstkosten, Wärmedämmung, Zentralheizungseinbau oder auch notwendige Architektenhonorare, sind diese vom Vermieter gem. § 559 Abs. 1 BGB angemessen zu verteilen. Der Vermieter kann dazu im Rahmen der §§ 315, 316 BGB nach **billigem Ermessen** einen Verteilungsschlüssel bestimmen. Ihm steht dabei ein gewisser Ermessensspielraum zu (LG Berlin GE 2019, 1579). Die Verteilung der Kosten kann im Zahlungsprozess auf Billigkeit überprüft werden. Ist die Verteilung im Einzelfall unbillig so ist das Erhöhungsverlangen trotzdem formell wirksam, es ist nur materiell fehlerhaft (LG Berlin GE 2019, 1579). Das Gericht hat gem. § 315 Abs. 3 S. 2 BGB die Bestimmung einer der Billigkeit entsprechenden Verteilung im Zahlungsverfahren dann vorzunehmen. **Unbillig** sind solche Umlageschlüssel, die bestimmte Mieter unberechtigterweise bevorzugen oder benachteiligen. Das ist z. B. dann der Fall, wenn zahlungsunfähige Mieter nicht oder weniger belastet werden aber auch, wenn zahlungsunwillige oder schwierige Mieter „zur Strafe" stärker belastet werden (LG Offenburg WuM 1998, 289). Unbillig ist auch ein Verteilungsschlüssel, der zurzeit unvermietete Wohnungen aus der Verteilung ausnimmt. oder die vom Vermieter oder Hausmeister genutzte Wohnung gar nicht oder mit einem günstigeren Verteilungsschlüssel in Ansatz bringt. Das Gleiche gilt, wenn Mieterhöhungen gem. § 559 BGB für bestimmte Wohnungen kraft Gesetzes, z. B. wegen bestehender Staffelmiet- oder Indexvereinbarung oder weil es sich um gewerbliche Mietverhältnisse handelt, oder auf Grund des Mietvertrages gem. § 557 Abs. 3 BGB, ausgeschlossen sind. Auch in diesem Fall muss der Vermieter die auf diese Wohnungen entfallenden Kosten selbst tragen. In allen übrigen Fällen muss die Verteilung der Kosten durch den Vermieter angemessen sein. Dabei ist von dem Grundsatz auszugehen, dass immer dann, wenn keine separate Erfassung der Kosten für die einzelnen Wohnungen erfolgt ist oder ein anderer praktikabler und nachvollziehbarer Umlagemaßstab offensichtlich ist, eine Verteilung der Kosten nach dem **Verhältnis der tatsächlichen Wohnfläche** der einzelnen Wohnung zur Gesamtfläche, die modernisiert wurde, angemessen ist. Dies gilt zunächst für Mietverträge ohne Flächenvereinbarung. Ist im Mietvertrag eine größere als die tatsächliche Wohnfläche vereinbart, dann ist sowohl die Gesamtwohnfläche des Hauses nach der Summe der tatsächlichen Flächen zu ermitteln wie auch die konkrete Vertragswohnung mit der tatsächlichen Fläche zu berücksichtigen. Nur das entspricht der Formulierung „angemessen" in Abs. 3 und hält einer Billigkeitskontrolle gem. §§ 315, 316 BGB stand. Ist im Mietvertrag eine kleinere Fläche als tatsächlich vorhanden vereinbart, hat dies auf die Gesamtfläche des Hauses, auf die die Kosten aufzuteilen sind, keinen Einfluss. Die Verwendung einer größeren vereinbarten als der tatsächlichen Fläche würde den konkreten Mieter im Verhältnis zu den anderen Mietern benachteiligen, die Verwendung einer kleineren vereinbarten als der tatsächlichen Fläche würde alle anderen Mieter benachteiligen und ist deshalb unbillig. Ein anderer Maßstab ist zum Beispiel dann sachgerechter, wenn es um den Einbau von Fenstern geht. Hier können die Kosten ohne weiteres nach der Anzahl der Fenster und ggf. nach der Größe erfolgen (LG Stralsund WuM 1996, 229; LG Frankfurt WuM 1983, 114). Dies gilt zumindest dann, wenn die Wohnungen unterschiedlich groß sind und eine unterschiedlich große Anzahl oder unterschiedlich große Fenster aufweisen. Dies gilt auch, wenn einige Wohnungen mit Terrassen- oder Balkontüren ausgestattet werden mussten. In Betracht kommen kann auch eine Verteilung nach der Anzahl der Wohnungen. Das ist dann der Fall, wenn die Modernisierungsmaßnahme für jede Wohnung im gleichen Umfang durchgeführt wurde, z. B. beim Einbau einer Gegensprechanlage oder einer neuen einbruchssichereren Haustüranlage. Demgegenüber ist eine Verteilung der Kosten nach der Kopfzahl regelmäßig nicht sachgerecht. Im Übrigen ist der Vermieter aber nicht verpflichtet, bei der Verteilung den unterschiedlichen **Gebrauchswert** der Modernisierungsmaßnahme zu berücksichtigen. So ist es weder erforderlich, den Erdgeschossmieter bei der Umlage der Kosten für den Einbau oder die Modernisierung eines Fahrstuhls auszuklammern (LG Duisburg WuM 1991, 597; LG Berlin WuM 1990, 559; BGH NJW 2006, 3557 [für Betriebskosten] **a. A.** LG Braunschweig WuM 1990, 558; *Blank*, WImmoT 2006, 117, 188), noch muss er bei einer **Wärmedämmung** zwischen Innen- und Außenwohnungen differenzieren (LG Münster WuM 2010, 93; AG Celle WuM 1992, 379; AG Münster WuM 2009, 248). Dies gilt auch für die Dämmung der Kellerdecke und des Daches, da hierdurch die umlegbaren verbrauchsunabhängigen Heizkosten sinken (LG Halle ZMR 2003, 35, 37; **a. A.**

wohl AG Celle WuM 1992, 379; AG Münster WuM 1997, 498; *Blank,* WImmoT 2006, 117, 188). Etwas anderes kann uU gelten, wenn die Dachgeschosswohnung ofenbeheizt ist bei einer entfernten Fassadendämmung (LG Berlin GE 2019, 1579). Grundsätzlich spricht gegen eine Verteilung nach dem unterschiedlichen Gebrauchswert nichts, nur ist es regelmäßig kaum möglich einen angemessenen und akzeptablen Verteilungsschlüssel anzuwenden, der die Verteilung plausibler macht.

3. Die Kappungsgrenze gem. Abs. 3a

Bis 1.1.2019 galt für Mieterhöhungen nach § 559 BGB keine Kappungsgrenze (zur Übergangsregelung siehe oben Rdn. 7). Seither darf sich bei Erhöhungen der jährlichen Miete nach § 559 Abs. 1 BGB die monatliche Miete **innerhalb von sechs Jahren,** von Erhöhungen auf die ortsübliche Vergleichsmiete nach § 558 BGB oder Betriebskostenerhöhungen gem. § 560 BGB abgesehen, nicht **um mehr als 3 €/m²** erhöhen. Beträgt die monatliche Miete vor der Mieterhöhung weniger als 7 €/m², so beträgt die neue Modernisierungskappungsgrenze sogar nur 2 €/m². 22

Anknüpfungspunkt für die Ermittlung der maßgeblichen Kappungsgrenze ist jeweils die *Nettokaltmiete,* also ohne Berücksichtigung von Betriebskostenvorauszahlungen oder -pauschalen, da sich Änderungen bei den Betriebs- und Heizkosten durch die Modernisierungsmaßnahmen nicht mit der erforderlichen Sicherheit prognostizieren lassen. Bei einer **Teilinklusiv- oder Bruttomiete** müssen keine Betriebskostenanteile herausgerechnet werden. Sowohl für die Ermittlung der maßgeblichen Kappungsgrenze von 2,– oder 3,– €/m² oder für die Ermittlung der anzurechnenden Erhöhungen auf diese Kappungsgrenze ist vom **Wirkungszeitpunkt** der Mieterhöhung gem. § 559b Abs. 2 BGB auszugehen und hiervon **sechs Jahre zurückzurechnen;** die Verlängerung der Frist gem. § 559b Abs. 2 S 2 BGB ist zu beachten. Anders als bei der Überleistungsvorschrift, kommt es weder auf den Zugang der Modernisierungsankündigung gem. § 555c BGB noch auf den Zugang der Modernisierungsmieterhöhung an. Auf die jeweilige Kappungsgrenze werden auch Modernisierungsmieterhöhungen im maßgeblichen 6 Jahreszeitraum vor dem 1.1.2019 angerechnet. Betrug die Nettokaltmiete zum maßgeblichen Zeitpunkt nur 6,99 €/m² darf die Miete sich um maximal 2,– €/m² erhöhen, in allen anderen Fällen 3,– €/m². Der Betrag muss nicht durch eine Modernisierungsmieterhöhung ausgeschöpft werden. Nicht verbrauchte Teile können durch spätere Mieterhöhungen „aufgefüllt" werden (Artz in: MünchKomm § 559 BGB Rdn. 20a). Eine solche Aufteilung der Mieterhöhung kann im Einzelfall dazu führen, dass die Kappungsgrenze sowohl von 2,– €/m² auf 3,– €/m² erhöht. 23

Mieterhöhungen nach den §§ 558, 560 BGB werden auf die Kappungsgrenze nicht angerechnet. Dies gilt auch für eine **Mieterhöhung auf die ortsübliche Vergleichsmiete** für den modernisierten Standard. Auch wenn solche Mieterhöhungen nicht auf die Kappungsgrenze angerechnet werden, so können sie aber Einfluss auf die Höhe der Kappungsgrenze nach Abs. 3a haben. Wurde die ortsübliche Vergleichsmiete vor der Modernisierungsmieterhöhung erhöht, so kommt es darauf an, ob der Mieter dieser Mieterhöhung gem. § 558b BGB bereits zum Zeitpunkt des Wirksamwerdens der Modernisierungsmieterhöhung gem. § 559b BGB zugestimmt hat oder seine Zustimmung rückwirkend durch Urteil gem. § 894 ZPO ersetzt wurde. 24

Die Kappungsgrenze gilt auch für Mieterhöhungen im **vereinfachten Verfahren** gem. § 559c BGB. Da die maximale Mieterhöhung hier 560,– € jährlich pro 25

§ 559 BGB Untertitel 2. Mietverhältnisse über Wohnraum

Wohnung betragen kann, spielt diese absolute Kappungsgrenze bei einer Ausgangsmiete von bis zu 7 €/m² nur bei Wohnungen mit einer Größe von bis zu 23,33 m² und bei einer Ausgangsmiete ab 7 €/m² bei Wohnungen mit einer Größe mit maximal 15,55 m² eine Rolle.

26 Hat der Vermieter bei der Mieterhöhung nach Modernisierung die Kappungsgrenze nicht beachtet, führt dies nicht zur formellen oder materiellen Unwirksamkeit der ganzen Mieterhöhung. Unwirksam ist nur der die Kappungsgrenze überschießende Teil (*Lützenkirchen* MietRB 2019, 86, 92).

4. Ermittlung der neuen Miete

27 Der Erhöhungsbetrag ist zu der **jährlichen Miete** hinzuzurechnen. Mit dem Begriff der jährlichen Miete ist der 12-fachen Betrag der aktuell gezahlten Miete gemeint. Eine Mieterhöhung nach § 559 BGB wird **Bestandteil der Grundmiete** und ist bei späteren Mieterhöhungen nach § 558 BGB in die Ausgangsmiete mit einzurechnen (BGH, NZM 2008, 124).

28 Hat der Vermieter für die Modernisierungsmaßnahme **Fördermittel oder Zuschüsse** von Mietern oder Dritten bekommen, so müssen diese Leistungen unter den Voraussetzungen des § 559a BGB in Anrechnung gebracht werden. Wegen der verschiedenen Fallkonstellationen siehe die dortige Kommentierung.

29 Eine Mieterhöhung gem. § 559 kann durch **§ 5 WiStG** beschränkt sein (OLG Karlsruhe RE vom 20.9.1984 WuM 1985, 17 und RE vom 19.8.1983 NJW 1984, 62; LG Berlin GE 1991, 49, 51). Es müssen aber die Voraussetzungen des § 5 WiStG alle erfüllt sein. Neben der nicht unwesentlichen Überschreitung der üblichen Entgelte muss der Vermieter das erhöhte Entgelt unter Ausnutzung eines geringen Angebots an Wohnungen verlangt haben. Zwar verlangt der Vermieter die Erhöhung gem. § 559 BGB auf Grund einer Modernisierung, er nutzt das geringe Angebot aber auch bei einer solchen Mieterhöhung dann aus, wenn der Mieter wegen dieses geringen Angebots von seinem Sonderkündigungsrecht gem. § 561 BGB keinen Gebrauch macht, weil er anderweitig keine vergleichbare Wohnung findet. Die Überschreitung der ortsüblichen Vergleichsmiete und die Ausnutzung des geringen Angebots müssen aber gleichzeitig vorliegen. Dies ergibt sich aus dem Tatbestandsmerkmal „Ausnutzen". Zu berücksichtigen ist aber, dass nach der inzwischen gefestigten obergerichtlichen Rechtsprechung ein Verstoß gegen § 5 WiStG nur eine so genannte **dynamische Nichtigkeit** zur Folge hat (KG RE v. 20.4.1995 NJW-RR 1995, 1037; OLG Hamm RE vom 3.3.1983 NJW 1983, 1622; OLG Frankfurt RE vom 4.4.1985 WuM 1985, 139; ähnlich auch BGH, WuM 2007, 440). Also nur dann, wenn die nach § 559 BGB erhöhte Miete zu dem Zeitpunkt, zu dem sie erstmals zu zahlen war, die ortsübliche Vergleichsmiete um mehr als 20% übersteigt, kann sie teilweise unwirksam sein. Der Mieter schuldet dann nur die auf 120% der ortsüblichen Vergleichsmiete für modernisierte Wohnungen begrenzte Miete. Es müssen also zunächst exakt zum Wirkungszeitpunkt der Mieterhöhung nach § 559 BGB die üblichen Entgelte für neu modernisierte Wohnungen entsprechend der Beschaffenheit und Ausstattung wie die Vertragswohnung ermittelt werden. Da die Mieterhöhung gem. § 559 BGB dann aber nicht für alle Zukunft hinsichtlich des überschießenden Betrages nichtig ist, müssen auch in der Zukunft jeweils die üblichen Entgelte festgestellt werden. Dem Vermieter stehen diese Steigerungen zuzüglich 20% ebenfalls zu. Wenn nämlich nach der Rechtsprechung zur dynamischen Nichtigkeit im **Rückforderungsverfahren** solche Veränderungen der ortsüblichen Vergleichsmiete dazu führen, dass die entspre-

chenden Zahlungen mit Rechtsgrund iSd § 812 BGB erfolgt sind, dann muss dem Vermieter auch vorher bereits ein eigener Anspruch gegen den Mieter zustehen.

Jedoch darf auch eine Mieterhöhung nach § 559 BGB nicht gegen § 291 StGB **30** verstoßen. Anders als bei § 5 WiStG handelt es sich bei der Vorschrift des § 291 StGB um die Verfolgung von Individualwucher. Während die Vorschrift des § 5 WiStG gerade nicht die Ausnutzung einer persönlichen Zwangslage voraussetzt und selbst dann erfüllt sein kann, wenn der Mieter die überhöhte Miete durchaus zahlen kann und zu zahlen bereit ist, verlangt § 291 StGB die Ausnutzung persönlicher Eigenschaften oder Zwangslagen des Mieters zum Zweck einer übermäßigen Gewinnerzielung auf Seiten des Vermieters. Gem. § 291 Nr. 1 StGB macht sich strafbar, wer sich als Vermieter eine Miete versprechen lässt, die in einem auffälligen Missverhältnis zur eigenen Leistung steht. Ein solch auffälliges Missverhältnis wird angenommen, wenn die Vertragsmiete die ortsübliche Vergleichsmiete um mehr als 50% überschreitet. Die Vorschrift ist eine **Verbotsnorm** iSd. § 134 BGB. Die Vorschrift ist neben § 138 BGB anzuwenden. Der Tatbestand des Mietwuchers verlangt, dass der Vermieter die Zwangslage, die Unerfahrenheit, den Mangel an Urteilsvermögen oder die erhebliche Willensschwäche des Mieters ausnutzt. Bei einem Verstoß gegen § 291 StGB ist nur der mehr als 150% über den üblichen Entgelten liegende Teil der Mieterhöhung nichtig. Nur wenn die sonstigen Voraussetzungen des § 5 WiStG alle tatsächlich vorliegen, ist bereits die 120% über den üblichen Entgelten liegende Mieterhöhung nichtig.

VII. Ausschluss der Mieterhöhung (Abs. 4)

1. Allgemeines

Durch die Mietrechtsänderung 2013 wurde der Duldungsanspruch gem. § 555d **31** Abs. 1 BGB vom Mieterhöhungsanspruch **entkoppelt.** Seither können **wirtschaftliche Härtegründe** gegenüber dem Duldungsanspruch nicht mehr geltend gemacht werden, § 555d Abs. 2 S. 2 BGB. Danach bleibt die zu erwartende Mieterhöhung einschließlich der künftigen Betriebskosten bei der Abwägung gem. § 555d Abs. 2 S. 1 BGB außer Betracht. Die Miethöhe ist jetzt nur bei der neu eingeführten Härtefallabwägung des § 559 Abs. 4 BGB gegenüber der Mieterhöhung zu berücksichtigen. Anders als nach altem Recht wird jetzt erst nach Durchführung der Maßnahme überprüft, ob die Mieterhöhung in wirtschaftlicher Hinsicht auch unter Einbeziehung der voraussichtlichen künftigen Betriebskosten eine Härte für den Mieter bedeuten würde. In diesem Fall ist der Vermieter zwar zur Modernisierung berechtigt, eine Mieterhöhung ist jedoch ausgeschlossen.

2. Die Abwägungskriterien

Die Mieterhöhung ist gem. Abs. 4 ausgeschlossen, soweit sie auch unter Berück- **32** sichtigung der voraussichtlichen künftigen Betriebskosten für den Mieter eine **Härte** bedeuten würde, die auch unter Würdigung der berechtigten Interessen des Vermieters nicht zu rechtfertigen ist. Damit unterscheidet sich der **Abwägungsmaßstab** in einigen Punkten von dem des § 555d Abs. 2 S. 1 BGB. Es kommt zunächst nur auf die Interessen der konkreten Mietvertragsparteien an. Ebenso wenig kommt es für die Frage, ob der Mieter die erhöhte Miete zu zahlen hat auf die Belange des Klimaschutzes und der Energieeinsparung an. Solche Überlegungen spielen nur beim „Ob" der Maßnahme, also dem Duldungsanspruch, eine Rolle und haben keinen Einfluss auf die Frage, wer sie zu finanzieren hat. Die Beurteilung, ob eine Modernisierungsmaßnahme für den Mieter eine nicht zu rechtfertigende Härte bedeuten würde, verlangt eine umfassende Würdigung aller Umstände des Einzelfalles. Dabei sind die Interessen der Beteiligten gegeneinander abzuwägen (BGH NZM 2019, 928; NJW-RR 2014, 396; NJW 2011, 1220; NZM 2008, 883).

33 **a) Die zu erwartende Mieterhöhung.** Auf Seiten des Mieters ist seine wirtschaftliche Leistungsfähigkeit zur Entrichtung der höheren Miete ausschlaggebend. Zusätzlich ist auch das objektive Verhältnis zwischen der Mieterhöhung und den durch die Modernisierungsmaßnahme erzielten Vorteilen (insbesondere Einsparung von Energiekosten) zu beachten (BGH NZM 2019, 928). Nicht übersehen werden darf dabei, dass nicht alle Modernisierungsmaßnahmen nach § 555b Nr. 1 BGB zwingend mit einer finanziellen Ersparnis verbunden sind, sondern unter Umständen sogar zu einer Betriebskostensteigerung führen können. § 559 Abs. 4 Satz 1 BGB macht keine Vorgaben, unter welchen Umständen die Grenzen der finanziellen Fähigkeit des Mieters zur Erbringung der Mieterhöhung überschritten sind (BGH NZM 2019, 928). Die Vorschrift stellt vor allem auf die Zumutbarkeit ab. Berücksichtigt werden darf dabei auch der Umstand, dass der Mieter gemessen an seinen wirtschaftlichen Verhältnissen und seinen Bedürfnissen eine viel zu große Wohnung nutzt (BGH NZM 2019, 928; LG Berlin, WuM 2016, 424). Als Grenze dürfen dabei aber nicht ausschließlich die Ausführungsvorschriften zur Gewährung von staatlichen Transferleistungen herangezogen werden. Diese Vorschriften sollen sicherstellen, dass sich ein Mieter nicht auf Kosten der Allgemeinheit eine zu große Wohnung leistet. Im Rahmen der hiesigen Abwägung ist aber entscheidend, ob der Mieter, der sich einer von ihm nicht beeinflussbaren Entscheidung des Vermieters ausgesetzt sieht, Modernisierungsmaßnahmen an der von ihm angemieteten Wohnung durchzuführen, trotz des Refinanzierungsinteresses des Vermieters seinen bisherigen Lebensmittelpunkt beibehalten darf (BGH NZM 2019, 928). Hier kann der Wohndauer oder früher Einkommensverhältnisse durchaus auch eine große Bedeutung zukommen.

34 **b) Höhe des Mietereinkommens.** Die Bestimmung der maßgeblichen Höhe ist schwierig und nur im Einzelfall unter Berücksichtigung und umfassender Abwägung aller Umstände zu treffen. Von der individuellen **Belastbarkeitsgrenze** des Mieters unabhängige, objektive Schranken einer Mieterhöhung sieht das Gesetz nicht vor. Generelle prozentuale Mietzuschläge oder prozentuale Belastungsgrenzen sind für die Bestimmung einer Härte ungeeignet (BGH NZM 2014, 193); vielmehr ist das konkrete Einkommen des Mieters zu berücksichtigen (LG Berlin WuM 2016, 424). Dabei ist nicht allein das Nettoeinkommen des Mieters zu Grunde zu legen, weil dabei z. B. Sachzuwendungen des Arbeitgebers nicht ausreichend berücksichtigt werden. Unberücksichtigt bleibt künftig höheres Einkommen, wenn es nur mit einer spekulativen Erwartung begründet wird. Nach Abzug der Miete muss dem Mieter ein Einkommen verbleiben, das es ihm ermöglicht, im Wesentlichen an seinem bisherigen Lebenszuschnitt festzuhalten (LG Berlin GE 1992, 831). Dabei kann von einem Mieter mit besserem Einkommen ein höherer Anteil zugemutet werden, als einem Mieter mit nur geringem Einkommen. Die Zumutbarkeitsgrenze ist aber nicht erst dort zu ziehen, wo der Mieter mit seinem verbleibenden Einkommen nur noch sein **Existenzminimum** gem. § 32a Abs. 1 Nr. 1 EStG bestreiten kann (LG Berlin WuM 2016, 424). Es ist eine Gesamtschau der Einkommens- und Vermögensverhältnisse des Mieters vorzunehmen und so

eine Belastungsquote zu ermitteln. In der Regel dürfte eine Belastung von über 30% des zu berücksichtigenden Einkommens problematisch werden (LG Berlin GE 2010, 912 (33%); GE 2002, 930 (zwischen 20% und 30%); NJWE-MietR 1997, 145; GE 1985, 1257 = ZMR 1985, 338; NJW-RR 1992, 144; LG Frankfurt/M. WuM 1986, 312 LG Hamburg WuM 1989, 174 (36%); AG Berlin-Tiergarten GE 1993, 921 (40%)). Mietbelastungen von mehr als der Hälfte der Rente bzw. des Einkommens (LG Freiburg WuM 2012, 387) sind regelmäßig nicht zumutbar. Starre Grenzen gibt es aber nicht (BGH NZM 2014, 193). Diese Grenzen sind im Einzelfall zu korrigieren, insbesondere, wenn der Mieter die Verschlechterung der finanziellen Verhältnisse zu vertreten hat oder wenn er sich – gemessen an seinen sozialen Verhältnissen – eine viel zu große Wohnung leistet (AG Schöneberg GE 1990, 767). Eine Härte kann auch vorliegen, wenn dem Mieter nach Abzug der Miete nur Beträge übrigbleiben, die unterhalb des **steuerfrei zu stellenden Existenzminimums** bleiben (LG Berlin WuM 2016, 424, 425).

Der Mieter kann zur Verbesserung seiner Einkommenssituation grundsätzlich 35 nicht verpflichtet werden, einen Teil der Wohnung **unterzuvermieten** (LG Hamburg WuM 1986, 245; offengelassen von BGH NZM 2019, 928). Ausnahmen wird man zulassen müssen, wenn die Wohnung deutlich unterbelegt ist oder wenn die Wohnung ein separates Zimmer mit eigenem Ausgang umfasst. Wird die Mieterhöhung jedoch zu einem guten Teil durch Wohngeld oder vergleichbare Beihilfeleistungen aufgefangen, entfällt der Härtegrund gem. Abs. 4 (KG, NJW 1981, 2307). Das Wohngeld ist nämlich als Teil des Gesamtnettoeinkommens des Mieters zu behandeln, weil er auf diese öffentliche Hilfe einen Anspruch hat. Es steht nicht in seinem Belieben, ob er diese Hilfe in Anspruch nimmt. Verpflichtungen des Mieters aus einem **Konsumentenkredit** werden grundsätzlich nicht berücksichtigt (LG Berlin WuM 1990, 206); insbesondere, wenn die eingegangenen Verbindlichkeiten in Kenntnis der Modernisierungsvorhaben getroffen wurden. Sie können aber dann maßgebend sein, wenn der Mieter die Ratenzahlungsverpflichtungen im Vertrauen auf den unmodernisierten Wohnungszustand und die dadurch günstige Miete getroffen hat. Der Vermieter hat es stets in der Hand, durch einen vertraglichen **Verzicht** auf einen Teil der gewünschten Mietanpassung oder auf die vollständige Mieterhöhung die finanzielle Härte beim Mieter abzuwenden (LG Köln WuM 1993, 608; LG Berlin GE 1989, 1229).

Im Gesetz nicht geregelt ist die Frage, auf welchen **Zeitpunkt es für die Be-** 36 **urteilung des Härteeinwands** ankommt. In Betracht kommen **(1)** Zeitpunkt des Zugangs der Modernisierungsankündigung, **(2)** Tag des Zugangs der Härtegrundmitteilung bei Vermieter **(3)** Letzter Tag der Ausschlussfrist **(4)** Zugang der Mieterhöhungserklärung oder **(5)** Tag der mündlichen Verhandlung. Da eine Modernisierungsankündigung für die Mieterhöhung nicht zwingend erforderlich ist, scheidet deren Datum aus. Da der Härteeinwand auch kein Gestaltungsrecht ist, scheiden auch dieser Zeitpunkte (2) und (3) aus. Der Termin der mündlichen Verhandlung ist ebenfalls ungeeignet, zumal er von zahlreichen nicht im Einflussbereich der Parteien liegenden Umständen beeinflusst wird und willkürlich ist. Entscheidend ist deshalb die Umstände zum Zeitpunkt des Zugangs der Mieterhöhungserklärung (*Lehmann-Richter* WuM 2013, 511; *Börstinghaus* NZM 2014, 689). Auch spätere Veränderungen spielen weder in die eine wie in die andere Richtung eine Rolle. Der Wortlaut des Abs. 4 ist eindeutig. Danach ist die Mieterhöhung ausgeschlossen. Die Formulierung „soweit" bezieht sich auf die Höhe des Ausschlusses und nicht auf den Zeitraum (siehe Rdn. 33).

§ 559 BGB

37 **c) Vermieterinteressen.** Die Mieterinteressen sind gegenüber den Interessen des Vermieters abzuwägen. Nur wenn die Mieterinteressen eine Härte bedeuten würde, die auch unter Würdigung der berechtigten Interessen des Vermieters nicht rechtfertigen ist, entfällt die Mieterhöhung. Als Vermieterinteresse ist an dieser Stelle auch nur das Interesse an einer Mieterhöhung gerechtfertigt. Alle Interessen, die sich auf die Durchführung der Maßnahme beziehen sind bereits erledigt, weil die Maßnahme zu diesem Zeitpunkt schon durchgeführt wurde. Es bleibt also nur das Interesse an der Refinanzierung der Modernisierungsmaßnahme. Auch dies ist auf Grund einer Einzelfallbetrachtung zu bewerten, so dass ggf. zwischen einem Privatvermieter und einer Wohnungsgesellschaft zu differenzieren ist.

38 **d) Teilweiser Ausschluss.** Abs. 4 spricht davon, dass die Mieterhöhung „soweit" ausgeschlossen ist, soweit eine Härte vorliegt. Aus dieser Formulierung ergibt sich, dass hier kein „Entweder-oder" gilt, sondern ggf. auch ein teilweiser Ausschluss in Betracht kommt. Die Mieterhöhungserklärung ist nicht insgesamt unwirksam, wenn der Mieter sich teilweise auf einen Härtegrund berufen kann. Anders als früher, wo der wirtschaftliche Härtegrund den Duldungsanspruch zu Fall bringen konnte, geht es jetzt nur darum einen Interessenausgleich im Rahmen der Miethöhe herbeizuführen. Das ist auch dadurch möglich, dass die Mieterhöhung nur teilweise ausgeschlossen ist. Gemeint ist aber nur die Höhe der Mieterhöhung und nicht ein zeitweiser Ausschluss. Insofern gilt ein „Alles-oder-Nichts". Im Zahlungsprozess müsste das Gericht die Klage teilweise abweisen. Problematisch ist dann die Rechtskrafterstreckung auf zukünftige Monate.

39 **e) Geltendmachung des Härteeinwands.** Die Mieterhöhung ist kraft Gesetzes ausgeschlossen, soweit die Abwägung der maßgeblichen Interessen zu einem Härtegrund auf Seiten des Mieters führt. Es handelt sich um keine Einrede oder Gestaltungsrecht. Soweit sich aus dem Sachverhalt ergibt, dass dem Mieter Härtegründe zustehen sind diese im Prozess zu berücksichtigen. Jedoch muss der Mieter die Umstände dem Vermieter gem. § 555 d Abs. 3 BGB fristgerecht mitgeteilt haben, damit sie zu berücksichtigen sind.

40 **f) Ausschluss des Härteeinwandes.** Nach Abs. 4 S. 2 BGB kann der Mieter sich in drei Fällen nicht auf eine Härte wegen der Miethöhe berufen:

41 **aa) Allgemein üblicher Zustand.** Nach Ziff. 1 findet eine Abwägung dann nicht statt, wenn die Mietsache lediglich in einen Zustand versetzt wurde, der allgemein üblich ist. Es handelt sich um eine **eng auszulegende Ausnahmevorschrift.** Sinn dieser Regelung ist, dass der Mieter Modernisierungen, die sich als allgemeiner Standard durchgesetzt haben, nicht behindern soll. „Allgemein üblicher Zustand" bedeutet nicht, dass ein bestimmter Baustandard maßgebend ist. Entscheidend ist vielmehr die weit überwiegende Mehrheit aller im Geltungsbereich des Gesetzes gelegenen Mietwohnungen unter Einbeziehung der Altbauwohnungen. Davon ist auszugehen, wenn der angestrebte Zustand bei der überwiegenden Zahl von Miträumen – mindestens zwei Drittel – in Gebäuden gleichen Alters innerhalb der Region angetroffen wird (BGH NZM 2019, 928; NJW 1992, 1386). Der Begriff der „Region" ist großräumig zu sehen. Ein Abstellen auf örtliche oder sogar innerörtliche Verhältnisse würde den Anforderungen ebenso wenig gerecht werden wie das Abstellen auf ein Bundesland. Insbesondere in Flächenländern sind die Unterschiede zwischen Ballungszentrum (z. B. Ruhrgebiet) und ländlichen Gegenden (z. B. im Münsterland) in der Regel viel zu groß. Die Beweislast, dass ein allgemein üblicher Zustand hergestellt werden soll, trägt der

Vermieter, da es sich um Ausnahmevorschrift bezüglich einer Ausnahme handelt (AG Berlin-Mitte GE 2000, 129). Ob ein Zustand üblich ist oder nicht, muss umfassend aufgeklärt werden; ein Mietspiegel mit seinen Zu- und Abschlagsfaktoren ist dazu ungeeignet (BGH NZM 2019, 928: für Balkone).

bb) Nicht zu vertretende Umstände. Nach Ziff. 2 scheidet eine Abwägung 42 unter Härtegesichtspunkten aus, wenn die Modernisierungsmaßnahme auf Grund von Umständen durchgeführt wurde, die der Vermieter nicht zu vertreten hatte. Die Vorschrift knüpft an § 555b Nr. 6 BGB an. Soweit dort Erhaltungsmaßnahmen ausgenommen sind, konnte auf diese Einschränkung hier verzichtet werden, weil solche Maßnahmen erst gar nicht zu einer Mieterhöhung berechtigen. Gemeint sind hier Modernisierungsmaßnahmen, zu denen der Vermieter rechtlich verpflichtet ist. Eine solche rechtliche Verpflichtung besteht etwa bei Modernisierungsmaßnahmen, die der Erfüllung sog. **Nachrüstpflichten** nach dem Gesetz zur Einsparung von Energie und zur Nutzung erneuerbarer Energien zur Wärme- und Kälteerzeugung in Gebäuden – Gebäudeenergiegesetz – GEG, insbesondere nach § 47 GEG, dienen. Hierbei handelt es sich um durch öffentlich-rechtliche Vorschriften zwingend vorgeschriebene Maßnahmen, denen sich der Vermieter nicht entziehen kann. Davon zu unterscheiden sind die sog. **bedingten Anforderungen** gem. § 48 GEG. Diese schreiben die Einhaltung bestimmter Wärmedurchgangskoeffizienten vor, wenn der Vermieter sich entscheidet, Arbeiten an der Fassade durchzuführen. Hier befindet sich der Vermieter nicht in der gleichen Zwangslage wie bei zwingenden Nachrüstpflichten. Er führt die Arbeiten aus freiem Entschluss durch. Die beiden Gruppen sind dann wieder gleich zu behandeln, wenn die Durchführung der Arbeiten an dem Gebäude für den Vermieter unausweichlich geworden ist. Dies ist z. B. bei einer Erneuerung des Außenputzes dann anzunehmen, wenn die Putzfassade aufgrund altersbedingten Verschleißes oder aufgrund von auf sie einwirkenden schädigenden Ereignissen ersetzt werden muss und zudem Mieter den Vermieter berechtigterweise auf Instandsetzung des Putzes in Anspruch nehmen. Gleich behandelt der Fall, in dem eine bestandskräftige behördliche Anordnung zur Behebung der Schäden vorliegt oder die Beseitigung von Schäden dringend aus Verkehrssicherheitsgründen geboten ist (BGH NZM 2019, 928). Denn in all diesen Fällen kann sich der Vermieter nicht der Durchführung der Instandsetzungsmaßnahme entziehen. Als Ausnahme von der Ausnahme gilt hier aber die Bagatellgrenze des § 48 S. 2 GEG. Nur wenn die zwingend zu sanierende Fläche weniger als 10% der Gesamtfläche ausmacht, entfällt die bedingte Anforderung und der Vermieter handelt wieder freiwillig.

cc) Form und Frist für Erhebung der Einwendungen. Umstände, die eine 43 Härte nach Abs. 4 S. 1 begründen, sind nach Abs. 5 nur zu berücksichtigen, wenn der Mieter sie gem. § 555d Abs. 3 bis 5 BGB dem Vermieter rechtzeitig mitgeteilt hat. Etwas anderes gilt nur dann, wenn die tatsächliche Mieterhöhung die angekündigte um mehr als 10% übersteigt. Denn in diesen Fällen konnte der Mieter vorab nicht beurteilen, inwieweit die Mieterhöhung eine unzumutbare wirtschaftliche Härte für ihn darstellt. Obwohl der Gesetzgeber von Mieterhöhungsanspruch entkoppelt hat, muss der Mieter dem Vermieter in Textform seine Härtegründe bereits bis zum Ablauf des zweiten auf Zugang der Modernisierungsankündigung folgenden Monats mitgeteilt haben, § 555d Abs. 3 BGB. Die wirtschaftlichen Härtegründe vermögen zwar nunmehr den Duldungsanspruch nicht mehr zu Fall zu bringen, trotzdem muss der Mieter sie bereits gegenüber dem Duldungsanspruch erheben, um sie später gegenüber der Mieterhöhung geltend machen zu können. Der Vermieter erhält hierdurch rechtzeitig Informationen über Umstände, die für seine Finanzierungsentscheidung maßgeblich sind. Hat der Vermieter den Mieter nicht über die Form und Frist des Härteeinwandes entsprechend § 555c Abs. 2 BGB informiert, dann kann der Mieter sich auf wirtschaftliche Härtegründe auch noch nach Ablauf der Frist berufen. Das ergibt sich aus § 555d Abs. 5 BGB, auf den in Abs. 5 Satz 1 verwiesen wird.

44 Bei den weiteren Rechtsfolgen ist zu unterscheiden zwischen den Fällen, in denen zwar eine ordnungsgemäße Modernisierungsankündigung gem. § 555c BGB erfolgte aber der Hinweis nach § 555c Abs. 2 BGB unterblieben ist und dem Fall, dass gar keine Modernisierungsankündigung erfolgte:

45 **(1) Ordnungsgemäße Modernisierungsankündigung.** Liegt eine ordnungsgemäße Modernisierungsankündigung vor, die keinen Hinweis gem. § 555c Abs. 2 BGB enthält, gibt es für die Erhebung des Härteeinwands gegen die Duldungspflicht keine Frist. Jedoch muss der Mieter spätestens bis zum Beginn der Bauarbeiten seine wirtschaftlichen Härtegründe dem Vermieter mitteilen. Das ergibt sich aus der Verweisung in § 555d Abs. 5 Satz 2 auf § 555d Abs. 4. Etwas anderes gilt gem. Abs. 5 S. 2 dann, wenn die tatsächliche Mieterhöhung mehr als 10% höher als die angekündigte war.

46 **(2) Belehrung gem. § 555c Abs. 2 BGB.** Hat der Vermieter den Mieter gem. § 555c Abs. 2 BGB belehrt, dann kann der Mieter Einwände nur dann erheben, wenn er ohne Verschulden an der Einhaltung der Frist gehindert war und er dem Vermieter die Umstände sowie die Gründe der Verzögerung unverzüglich in Textform mitteilt. Für wirtschaftliche Härtegründe enthält § 555d Abs. 4 S. 2 BGB aber wiederum eine Höchstfrist. In diesem Fall müssen die Umstände, die eine Härte im Hinblick auf die Mieterhöhung begründen, bis spätestens zum Beginn der Modernisierungsmaßnahme mitgeteilt werden. Fraglich ist, ob in diesem Fall auch erforderlich ist, dass der Mieter den Vermieter unverzüglich nicht nur über die Härtegründe sondern auch über die Gründe der Verzögerung informiert hat, wie § 555d Abs. 4 S. 1 BGB vorschreibt. Auch in diesem Fall tritt die Mieterhöhung mit Beginn des dritten Monats nach Zugang in Kraft.

47 **(3) Keine Modernisierungsankündigung.** Hat der Vermieter dem Mieter gar keine oder eine formell fehlerhafte Modernisierungsankündigung zukommen lassen, dann werden alle Fristen nicht in Gang gesetzt. Das ergibt sich aus § 555d Abs. 3 S. 2 BGB. Danach beginnt der Lauf der Frist nur, wenn die Modernisierungsankündigung den Vorschriften des § 555c entspricht.

48 **(4) Ausnahme.** Das gleiche gilt gem. Abs. 5 S. 2 wiederum dann, wenn die Mieterhöhung mehr als 10% höher als die in der Modernisierungsankündigung angegebene zukünftige Miete ausfällt. Dabei sind auch Betriebskostensteigerungen zu berücksichtigen. In diesem Fall kann der Mieter die Härtegründe auch noch gegenüber der Mieterhöhung geltend machen, auch wenn er vorher gar keine Härtegründe angeführt hat und die Modernisierungsmaßnahmen bereits durchgeführt worden sind. Der Härteeinwand kann in diesen Fällen nicht nur gegenüber dem Teil der Mieterhöhung geltend gemacht werden, der oberhalb der angekündigten Mieterhöhung liegt, sondern gegen die Mieterhöhung insgesamt.

VIII. Abweichende Vereinbarungen, Abs. 6

Nach § 559 Abs. 6 BGB sind abweichende Vereinbarungen zum Nachteil des Mieters unwirksam. Zur Frage wann eine Vereinbarung vorliegt und den allgemeinen Voraussetzungen siehe § 557 Rdn. 18. Unwirksam sind alle Vereinbarungen, die von den Voraussetzungen der § 559 Abs. 1 bis 5 BGB zum Nachteil des Mieters abweichen. Hierzu zählen alle Vereinbarungen, die den Vermieter berechtigen aus anderen als in § 559 BGB genannten Gründen eine Mieterhöhung nach § 559 BGB vorzunehmen, insbesondere auch eine Mieterhöhung wegen Instandsetzungsarbeiten zu verlangen. Selbstverständlich kann auch nicht vereinbart werden, dass der Mieter mehr als 8 % der aufgewandten Kosten zu tragen hat (LG Köln WuM 1989, 24). Bei der Vermietung von Eigentumswohnungen ist eine Vereinbarung, die Zuführungen zur Instandsetzungsrücklage für umlagefähig erklärt, unwirksam. Auch die Vereinbarung im Mietvertrag, dass die Miete um einen bestimmten, von vornherein feststehenden Betrag steigt, wenn der Vermieter eine bestimmte Baumaßnahme durchführt, z. B. die Wohnung an das Breitbandkabelnetz anschließt oder eine Gemeinschaftsantenne installiert (LG Köln WuM 1989, 24) ist unwirksam. Nicht möglich ist eine Vereinbarung, wonach vor Abschluss des Mietvertrages abgeschlossene Modernisierungsmaßnahmen zu einer späteren Mieterhöhung wegen dieser Modernisierung berechtigen sollen (AG Bad Segeberg WuM 1992, 197). Dies wäre zum einen eine Vereinbarung einer *vorläufigen Miete,* was gerade nicht möglich ist (LG Karlsruhe WuM 1989, 335) und zum anderen würde durch eine solche Vereinbarung von dem Tatbestandsmerkmal des § 559 BGB, wonach die bauliche Maßnahme während des Bestandes des Mietverhältnisses erfolgt sein muss, zum Nachteil des Mieters abgewichen. Ebenso wenig kann vereinbart werden, dass die Mieterhöhung bereits vor Beginn der Baumaßnahme fällig wird (AG Freiburg WuM 1985, 364). Deshalb ist auch die vor der Modernisierung getroffene Vereinbarung zwischen Vermieter und Mieter der Wohnung, dass der Mieter die gesamten Kosten der Maßnahme in einem Betrag dem Vermieter erstatten werde, unwirksam (AG Köln WuM 1991, 159; AG Freiburg WuM 1985, 364). Unwirksam ist schließlich auch eine Vereinbarung, wonach die Kürzungsbeträge des § 559a BGB auf Grund einer Zinsverbilligung durch öffentliche Darlehen oder eines Mieterdarlehens nicht angerechnet werden sollen.

§ 559 Abs. 6 BGB verbietet aber keine Vereinbarungen über die Höhe der Miete und zwar auch nicht nach Modernisierungsarbeiten. Gem. § 555f. BGB sind solche Vereinbarungen auch über die Miethöhe nach Abschluss eines Mietvertrages aus Anlass einer konkreten Modernisierungsmaßnahme ausdrücklich gestattet. Gem. § 557 Abs. 1 BGB können die Mietvertragsparteien sich jederzeit auf eine neue Miete einigen. Hat der Mieter bei einer **Modernisierungsankündigung** eine Erklärung unterschrieben, woraus sich der voraussichtliche Erhöhungsbetrag ergibt aber angekündigt wird, dass eine genaue Abrechnung noch erfolgen wird, so handelt es sich nicht um die Zustimmung zu einer Mieterhöhung. Der Vermieter muss in diesem Fall noch eine Mieterhöhungserklärung gemäß § 559b BGB abgeben (AG Hamburg WuM 1999, 341). Die **Vereinbarung über eine Mieterhöhung** nach einer Modernisierungsmaßnahme darf keinen Zweifel über die verbindliche neue Miete zulassen. Die Vereinbarung einer maximalen Miete reicht dazu nicht (LG Görlitz WuM 1999, 340). Eine Einigung ist aber nicht bereits dann anzunehmen, wenn der Mieter auf ein unwirksames Mieterhöhungsverlangen des Vermieters die verlangte neue erhöhte Miete zahlt (LG Berlin GE 1996, 470; LG Berlin ZMR 1990, 180; AG Osnabrück ZMR 1989, 340). Hier ist bereits fraglich, ob ein Angebot des Vermieters auf Abschluss einer Mietabänderungsvereinbarung vorliegt, wenn der Vermieter erkennbar von seinem einseitigen Gestaltungsrecht gem. § 559 BGB Gebrauch machen will. Zumindest liegt regelmäßig keine Annahmeerklärung durch den Mieter vor (offengelassen von BGH WuM 2004, 155).

§ 559a Anrechnung von Drittmitteln

(1) Kosten, die vom Mieter oder für diesen von einem Dritten übernommen oder die mit Zuschüssen aus öffentlichen Haushalten gedeckt werden, gehören nicht zu den aufgewendeten Kosten im Sinne des § 559.

(2) ¹Werden die Kosten für eine Modernisierungsmaßnahme ganz oder teilweise durch zinsverbilligte oder zinslose Darlehen aus öffentlichen Haushalten gedeckt, so verringert sich der Erhöhungsbetrag nach § 559 um den Jahresbetrag der Zinsermäßigung. ²Dieser wird errechnet aus dem Unterschied zwischen dem ermäßigten Zinssatz und dem marktüblichen Zinssatz für den Ursprungsbetrag des Darlehens. ³Maßgebend ist der marktübliche Zinssatz für erstrangige Hypotheken zum Zeitpunkt der Beendigung der Maßnahmen. ⁴Werden Zuschüsse oder Darlehen zur Deckung von laufenden Aufwendungen gewährt, so verringert sich der Erhöhungsbetrag um den Jahresbetrag des Zuschusses oder Darlehens.

(3) ¹Ein Mieterdarlehen, eine Mietvorauszahlung oder eine von einem Dritten für den Mieter erbrachte Leistung für die Modernisierungsmaßnahme stehen einem Darlehen aus öffentlichen Haushalten gleich. ²Mittel der Finanzierungsinstitute des Bundes oder eines Landes gelten als Mittel aus öffentlichen Haushalten.

(4) Kann nicht festgestellt werden, in welcher Höhe Zuschüsse oder Darlehen für die einzelnen Wohnungen gewährt worden sind, so sind sie nach dem Verhältnis der für die einzelnen Wohnungen aufgewendeten Kosten aufzuteilen.

(5) Eine zum Nachteil des Mieters abweichende Vereinbarung ist unwirksam.

I. Allgemeines

1 Modernisierungsmaßnahmen werden auch im preisfreien Wohnungsbau häufig durch öffentliche Zuschüsse und zinsverbilligte Darlehen gefördert. Gerade in Berlin und den neuen Ländern mit dem immensen Modernisierungsbedarf spielten solche Förderungen bisher eine sehr große Rolle. Der Fördergeber will mit einer solchen Förderung regelmäßig zwei Dinge erreichen:
– der Vermieter soll aus wohnungswirtschaftlichen, umwelt- oder gesellschaftspolitischen Gründen veranlasst werden, trotz ggf. fehlenden oder nicht ausreichenden Eigenkapitals Modernisierungsmaßnahmen durchzuführen,
– der Mieter soll dadurch entlastet werden, dass die Mieterhöhung nach der Modernisierungsmaßnahme nicht ganz so hoch ausfällt, wie es ohne die Fördermittel gewesen wäre.

II. Voraussetzung für die Anrechnung

1. Zuschüsse gem. Abs. 1

Nach § 559a Abs. 1 BGB gehören Kosten, die vom Mieter oder für diesen von einem Dritten übernommen oder die mit Zuschüssen aus öffentlichen Haushalten gedeckt werden, gehören nicht zu den aufgewendeten Kosten im Sinne des § 559 BGB. In diesem Fall reduzieren sich bereits die auf die Wohnung aufgewandten Kosten iSd § 559 Abs. 1 BGB. Der Abzug von Kürzungsbeträgen kommt nur dann in Betracht, wenn die öffentliche Hand, der Mieter oder Dritte Zuschüsse zu Baumaßnahmen iSd § 559 BGB geleistet haben. Es muss sich also um Modernisierungen oder bauliche Veränderungen auf Grund von Umständen, die der Vermieter nicht zu vertreten hat, gehandelt haben. In Betracht kommen vor allem Mittel aus Wohnungsbauförderungs- und Stadtsanierungsprogrammen. Auch Zuschüsse nach dem Landesmodernisierungsprogramm (LAMOD-Programm) in Berlin sind abzuziehen. Umstritten ist, ob der Schulderlass um Rahmen des Bonussystems dieses Programms als Zuschuss zu behandeln ist. Investitionszulagen nach § 3 InvZulG 1999 (BGBl I. S. 1997, 2070) für Modernisierungsmaßnahmen sind keine gem. § 559a BGB anzurechnenden Fördermittel (Both GE 2000, 102). Soweit der Vermieter bei einem Modernisierungs- oder Instandsetzungsgebot der Gemeinde Kostenerstattungsbeträge nach § 177 Abs. 4 BauGB erhalten hat, handelt es sich ebenfalls nicht um anrechnungspflichtige Zuschüsse. **Zuschüsse zu Instandsetzungsarbeiten** sind unerheblich. Maßgeblich ist dabei der **Verwendungszweck** der Gelder, nicht die tatsächliche Verwendung.

Der Vermieter muss **Bauherr der Modernisierungsmaßnahme** sein. Er muss auf Grund der baulichen Maßnahmen zu einer Mieterhöhung nach § 559 BGB berechtigt sein. Nur der Vermieter, der die Vorteile des § 559 Abs. 1 BGB nutzen darf, muss auch die Nachteile des § 559a BGB in Kauf nehmen (KG RE v. 15.9.1997 NZM 1998, 107; LG Berlin (67.) GE 2003, 458; LG Berlin (62.) GE 2000, 604; WuM 2001, 612). Ist der Vermieter gem. § 566 BGB in den Mietvertrag eingetreten scheidet eine Anrechnung von Kürzungsbeträgen immer dann aus, wenn die Baumaßnahmen gem. § 559 BGB noch vom ehemaligen Vermieter oder einem Dritten durchgeführt wurden, ohne dass dieser eine Mieterhöhung gem. § 559 BGB vorgenommen hat. Eine Anrechnung von Kürzungsbeträgen hat ferner nur bei einer Mieterhöhung bei bestehendem Mietvertrag zu erfolgen. Eine Anrechnung bei einer Neuvermietung ist im Gesetz nicht vorgesehen und wäre auch systemfremd (LG Berlin (62.) GE 2001, 210; Schach GE 2004, 278; **a. A.** Kunze/Tietzsch WuM 2003, 423). Kraft Gesetzes erlischt die Anrechnungspflicht mit der Beendigung des Mietverhältnisses, so dass bei der Vermietung einer bereits modernisierten Wohnung eine Kürzung weder bei der Berechnung der Neuvertragsmiete noch bei späteren Mieterhöhungen in Betracht kommt (LG Berlin (65. K) GE 1997, 238).

2. Gewährung von zinsverbilligten oder zinslosen Darlehen gem. Abs. 2

Nach § 559a Abs. 2 BGB verringert sich der Erhöhungsbetrag nach § 559 BGB auch wenn der Vermieter zwar keinen Zuschuss zu den Kosten der Modernisierung bekommt jedoch die Kosten mit einem **zinslosen oder zinsverbilligten Darle-**

hen aus öffentlichen Haushalten deckt, wobei Mittel der Finanzierungsinstitute des Bundes oder eines Landes ebenfalls als Mittel aus öffentlichen Haushalten gelten. Werden Zuschüsse oder Darlehen zur Deckung der **laufenden Aufwendungen** gewährt, verringert sich der Erhöhungsbetrag um den Jahresbetrag des Zuschusses oder des Darlehens. Unter Mitteln der öffentlichen Haushalte im Sinne des § 559a Abs. 1 Satz 1 BGB sind alle Finanzmittel zu verstehen, die in öffentlichen Haushalten, also des Bundes, eines Bundeslandes oder einer Gemeinde zur Verfügung gestellt wurden. Ein Finanzierungsinstitut des Bundes ist zum Beispiel die Kreditanstalt für Wiederaufbau.

3. Mieterdarlehen gem. Abs. 3

5   Den Mitteln aus öffentlichen Haushalten stehen **Mieterdarlehen** und **Mietvorauszahlungen** sowie Leistungen von einem Dritten für den Mieter gleich. Handelt es sich bei dem Vermieter um eine Genossenschaft und hält der Mieter einen **Genossenschaftsanteil,** dann ist weder dieser Anteil noch die verrechnete Verzinsung vom Mieterhöhungsbetrag in Abzug zu bringen (AG Magdeburg WuM 1996, 229; a. A. AG Leipzig WuM 1993, 268). Hat ein Dritter einen **Zuschuss** zu den Kosten der Baumaßnahme nach § 559 BGB geleistet, muss er dies **für den Mieter** getan haben. Zahlungen, die der Dritte leistet, um dem Vermieter einen Vorteil zukommen zu lassen, führen nicht zu einer Anrechnungsverpflichtung.

III. Berechnung der Anrechnung

6   Bei der Berechnung der Kürzungsbeträge muss zwischen den verschiedenen Arten der Förderung unterschieden werden:

1. Zinsverbilligte Darlehen

7   **a) Gleich bleibende Förderung. Bei gleichbleibender Förderung** ist zunächst die jährliche Zinsersparnis zu ermitteln. Dazu ist die prozentuale Zinsverbilligung auf den maßgeblichen Darlehensbetrag anzuwenden. Die prozentuale Zinsverbilligung ergibt sich aus einem Vergleich zwischen dem Zinssatz für erstrangige Hypotheken zum Zeitpunkt der Beendigung der Maßnahme mit dem tatsächlich vom Vermieter zu zahlenden Zinssatz. Maßgeblich sind die marktüblichen Zinsen, die zum Zeitpunkt der Beendigung der Baumaßnahme gezahlt werden. Hierzu kann auf die Vorschrift des § 23a II. BV zurückgegriffen werden. Von diesem Zinssatz ist der mit dem Fördergeber tatsächlich vereinbarte Zinssatz in Abzug zu bringen. Als Ergebnis erhält man die prozentuale Zinsvergünstigung. Um den absoluten Euro-Betrag der Zinsvergünstigung zu erhalten muss man die prozentuale Zinsvergünstigung auf den maßgeblichen Darlehensbetrag anwenden. Der maßgebliche Darlehensbetrag ergibt sich aus dem aus öffentlichen Haushalten oder dem vom Mieter gezahlten Darlehensbetrag. Als Ergebnis der Berechnung erhält man den jährlichen Kürzungsbetrag (zur Berechnung siehe die verschiedenen Beispiele bei Börstinghaus in: Schmidt-Futterer, § 559a BGB Rdn. 17 ff.).

8   **b) Degressive Förderung. Bei degressiver Förderung** verringert sich jährlich der Abstand zu dem üblichen Zinssatz für erstrangig abgesicherte Darlehen. Deshalb ist der Förderbetrag, der dem Vermieter zufließt von vornherein bereits ge-

ringer. Der Vermieter muss aber an den Mieter nur das weitergeben, was er vereinbarungsgemäß erhalten soll. Deshalb ist in diesen Fällen steigender Zinsen für die Darlehen auch jährlich ein geringer werdender Kürzungsbetrag in Abzug zu bringen. Dabei ist der im Voraus festgelegte Zinssatz für jedes Jahr von dem maßgeblichen Zinssatz am Ende der Baumaßnahme für erstrangig abgesicherte Darlehen in Abzug zu bringen. Dies Datum ist im Gesetz ausdrücklich festgelegt. Unrichtig wäre es deshalb, den Zinssatz für erstrangig abgesicherte Darlehen jeweils neu für den Beginn eines neuen Förderjahres zu ermitteln. Die Verringerung der Fördermittel im Laufe des Mietverhältnisses gibt dem Vermieter aber nicht das Recht zu einer Neufestsetzung des Modernisierungszuschlages ist nach § 559 BGB (LG Berlin MM 1999, 439).

2. Aufwendungszuschüsse

Nach § 559a Abs. 2 Satz 4 BGB sind auch **Aufwendungszuschüsse** anzurechnen. Mit Aufwendungszuschüssen wird nicht die Baumaßnahme selbst subventioniert sondern die durch die Baumaßnahme verursachten Aufwendungen auf Seiten des Vermieters. Was zu den laufenden Aufwendungen zählt, ergibt sich aus den §§ 18 ff. der II. BV. Danach zählen zu den laufenden Aufwendungen des Vermieters die Kapitalkosten und die Bewirtschaftungskosten. Im freifinanzierten Wohnungsbau gehören allenfalls die Fremdkapitalkosten zu den laufenden Aufwendungen iSd § 559 BGB. Aufwendungszuschüsse werden unmittelbar vor dem Jahresumlagebetrag abgezogen. 9

Eine Mischung aus den zinsverbilligten Darlehen und den Aufwendungszuschüssen stellen die **Aufwendungsdarlehen** dar. In diesem Fall erhält der Vermieter keinen Zuschuss zu seinen laufenden Aufwendungen sondern zur Finanzierung der laufenden Aufwendungen wird ihm ein zinsverbilligtes Darlehen gewährt. Die Förderung des Vermieters besteht in der Zinsersparnis. Nur diese ist deshalb von der grundsätzlich möglichen Mieterhöhung in Abzug zu bringen. 10

3. Baukostenzuschüsse

Für die verlorenen Baukostenzuschüsse bestimmt § 559a Abs. 1 BGB, dass Kosten, die ganz oder teilweise vom Mieter oder für diesen von einem Dritten übernommen werden, nicht zu den umlagefähigen Aufwendungen gehören und deshalb erst gar nicht zu einer Mieterhöhung um 8% herangezogen werden können. Der Abzug des Baukostenvorschusses von den aufgewandten Kosten bedeutet wirtschaftlich auch, dass die Mieterhöhung nach § 559 BGB um 8% des Zuschusses jährlich niedriger ausfällt als ohne Anrechnung des Vorschusses. 11

IV. Verteilung der Drittmittel auf verschiedene Wohnungen, Abs. 4

Für den Fall, dass die Fördermittel nicht für jede Wohnung gesondert bewilligt wurden, bestimmt § 559a Abs. 4 BGB, dass die Verteilung nach dem Verhältnis der aufgewandten Kosten zu erfolgen hat. Dies ist deshalb sachgerecht, weil auf diese Weise die Verteilung der Kürzungsbeträge nach dem gleichen Maßstab erfolgt, wie die Verteilung der für die Modernisierungsmaßnahme aufgewandten Kosten. Diese Kosten sind nach dem Wortlaut des § 559 Abs. 1 BGB angemessen auf die einzelnen 12

Wohnungen zu verteilen. In der Regel wird dies der m²-Maßstab sein. Lediglich bei exakt zurechenbaren Kosten (z. B. bei Fenstermodernisierung), für die Fördermittel eingesetzt werden, kann eine Verteilung nach der Anzahl der Fenster in Betracht kommen. Die Verteilung der Kürzungsbeträge nach dem Verhältnis der aufgewandten Kosten hat deshalb zur Konsequenz, dass die Mieter, auf die höhere Kosten umgelegt werden, auch stärker von den Kürzungsbeträgen profitieren. Umgedreht bedeutet dies aber auch, dass zum Beispiel in den Fällen des Wohnungsleerstandes auch Kürzungsbeträge auf **unvermietete Wohnungen** entfallen, weil auf diese Wohnungen die Baukosten nach § 559 Abs. 1 BGB auch angemessen zu verteilen sind.

13 Die Anrechnung von Kürzungsbeträgen hat im Rahmen des § 559a BGB nur einmal zu erfolgen, nämlich bei der nach Abschluss der Modernisierungsmaßnahme möglichen Mieterhöhung nach § 559 BGB. Dabei kommt es nicht auf die Auszahlung der Fördermittel an. Selbst wenn die Fördermittel erst lange nach Abschluss der Modernisierungsmaßnahme an den Vermieter ausgezahlt werden, muss der Vermieter die bewilligten Fördermittel bei der Berechnung der Mieterhöhung von Anfang an in Abzug bringen (AG Lichtenberg MM 2000, 87). Dies ergibt sich auch daraus, dass der Vermieter die Finanzierungskosten selbst zu tragen hat. Nach Ablauf der Förderung, z. B. bei zinsverbilligten Darlehen, Aufwendungszuschüssen oder Aufwendungsdarlehen, ist keine neue Mieterhöhung nach § 559 BGB möglich. Der Vermieter ist in diesem Fall darauf angewiesen, eine Mieterhöhung nach § 558 BGB auf die ortsübliche Vergleichsmiete vorzunehmen, was aber voraussetzt, dass die ortsübliche Vergleichsmiete inzwischen über die Vertragsmiete gestiegen ist. Auch die ortsübliche Vergleichsmiete ist in diesem Fall nicht mehr um Kürzungsbeträge gem. § 558 Abs. 5 BGB zu vermindern. Für die Mieterhöhung nach § 559 gilt auch für Baukostenzuschüsse nichts anderes. Die Anrechnung im Rahmen des § 558 Abs. 5 BGB hat bei Zuschüssen 12 Jahre zu erfolgen (BGH NJW 2012, 3090).

V. Abweichende Vereinbarungen

14 Nach Abs. 5 sind abweichende Vereinbarungen zu Lasten des Mieters unwirksam. Zur Frage wann eine Vereinbarung vorliegt und den allgemeinen Voraussetzungen siehe deshalb § 557 Rdn. 18. Unwirksam sind alle Vereinbarungen, die von den Voraussetzungen und Rechtsfolgen des § 559a zum Nachteil des Mieters abweichen. Hierzu zählen z. B.
– Ausschluss der Anrechnung von Baukostenzuschüssen
– Befristung der Anrechnung von Fördermitteln
– Vereinbarung anderer für den Mieter ungünstiger Anrechnungssätze
– Vereinbarung einer Mieterhöhungsmöglichkeit bei degressiver Förderung im Fall des Wegfalls der Förderung.

§ 559b Geltendmachung der Erhöhung, Wirkung der Erhöhungserklärung

(1) ¹**Die Mieterhöhung nach § 559 ist dem Mieter in Textform zu erklären.** ²**Die Erklärung ist nur wirksam, wenn in ihr die Erhöhung auf Grund der entstandenen Kosten berechnet und entsprechend den Voraussetzungen der §§ 559 und 559a erläutert wird.** ³**§ 555c Absatz 3 gilt entsprechend.**

Geltendmachung der Erhöhung **BGB § 559b**

(2) ¹Der Mieter schuldet die erhöhte Miete mit Beginn des dritten Monats nach dem Zugang der Erklärung. ²Die Frist verlängert sich um sechs Monate, wenn
1. der Vermieter dem Mieter die Modernisierungsmaßnahme nicht nach den Vorschriften des § 555c Absatz 1 und 3 bis 5 angekündigt hat oder
2. die tatsächliche Mieterhöhung die angekündigte um mehr als 10 Prozent übersteigt.

(3) **Eine zum Nachteil des Mieters abweichende Vereinbarung ist unwirksam.**

Übersicht

	Rdn.
I. Die Mieterhöhungserklärung	1
1. Form der Erklärung	2
a) Absender	2
b) Adressat	3
c) Form	4
2. Inhalt der Erklärung	5
a) Allgemeines	5
b) Berechnung	6
c) Erläuterung	11
d) Erhöhungsbetrag	16
II. Zeitpunkt der Mieterhöhungserklärung	17
III. Die Rechtsfolgen einer Erklärung nach § 559b BGB	20
1. Allgemeines	20
2. Wirkungszeitpunkt der Mieterhöhung	21
IV. Abweichende Vereinbarungen, Abs. 3	25

I. Die Mieterhöhungserklärung

Der Vermieter muss seinen Anspruch auf Mieterhöhung wegen einer baulichen 1
Maßnahme gem. § 559 Abs. 1 BGB nach § 559b Abs. 1 BGB durch eine Erklärung, die zumindest in Textform erfolgen muss, gegenüber dem Mieter geltend machen. Die Erklärung ist nur wirksam, wenn in ihr die Erhöhung auf Grund der entstandenen Kosten berechnet und entsprechend den Voraussetzungen nach § 559b Abs. 1 BGB erläutert wird. Durch die Angaben soll der Mieter geschützt werden. Er soll ausreichend Gelegenheit haben, die geforderte Mieterhöhung auf ihre Berechtigung hin zu überprüfen. Die Mieterhöhungserklärung ist eine einseitige empfangsbedürftige Willenserklärung, für die die allgemeinen Regeln über Willenserklärungen gelten.

1. Form der Erklärung

a) Absender. Absender eines Mieterhöhungsverlangens muss der jeweilige 2
Vermieter zum Zeitpunkt der Abgabe (LG Köln WuM 1996, 623) der Mieterhöhungserklärung sein. Es kommt nicht darauf an, wann die Baumaßnahme durchgeführt wurde. Der Erwerber eines Grundstücks, der nach § 566 BGB in das Mietverhältnis eingetreten ist, kann die Miete aber nach durchgeführter Modernisierung nach § 559 BGB erhöhen, unabhängig davon, ob die Modernisierungsarbeiten vor

(KG NZM 2000, 860) oder nach (KG NZM 2000, 652) Eintritt des Erwerbers in das Mietverhältnis abgeschlossen worden sind.

3   b) **Adressat.** Adressat der Mieterhöhungserklärung gem. § 559b BGB müssen sämtliche Mieter sein (OLG Celle WuM 1982, 102; OLG Koblenz NJW 1984, 18; AG Lichtenberg MM 1998, 441; AG Schöneberg GE 1998, 1217; AG Hamburg WuM 1980, 58). Eine nicht an alle Mieter gerichtete Erhöhungserklärung ist unwirksam (OLG Celle RE v. 20.1.1982 WuM 1982, 102; LG Heidelberg WuM 1993, 342).

4   c) **Form.** Die Gestaltungserklärung nach § 559b BGB muss der Vermieter gem. Abs. 1 in Textform abgeben. Die Voraussetzungen der Textform ergeben sich aus § 126b BGB (zur Textform siehe § 550 Rdn. 115). Die Textform genügt selbst dann, wenn im Mietvertrag eine **Schriftformklausel** enthalten ist. Bei **Verträgen mit einer Laufzeit von mehr als einem Jahr** muss die Erklärung nicht abweichend von Abs. 1 in Schriftform abgegeben werden, um die Befristung oder den in der Praxis weit häufiger vorkommenden Kündigungsverzicht aufrecht zu halten. Für die Wirksamkeit der Mieterhöhung ist die Einhaltung der Schriftform immer unerheblich. Für sie genügt die Textform. Zwar sind die Miethöhevorschriften keine die Form des § 550 BGB verdrängenden Spezialvorschriften, das Schriftformgebot des § 550 BGB gilt jedoch für solch **einseitigen Gestaltungserklärungen** nicht.

2. Inhalt der Erklärung

5   a) **Allgemeines.** Nach § 559b Abs. 1 BGB ist für die Wirksamkeit der Erhöhungserklärung eine Berechnung sowie eine Erläuterung der Erhöhung erforderlich. Da die Zustimmung des Mieters zu einer Mieterhöhung gem. § 559 BGB nicht erforderlich ist, tritt die Rechtsfolge einer Mieterhöhung nach § 559 BGB unabhängig vom Willen des Mieters immer dann ein, wenn die materiellen und formalen Voraussetzungen des § 559 BGB gegeben sind. Damit der Mieter dies überprüfen kann, muss der Vermieter ihm die erforderlichen Informationen geben. Insofern ist der Begründungs- und Erläuterungszwang kein Selbstzweck, sondern eine sinnvolle Ergänzung des Gestaltungsrechts. Eine Mieterhöhungserklärung, die nicht den formalen Voraussetzungen des § 559b Abs. 1 BGB genügt, ist nichtig (BGH NZM 2007, 514; NZM 2006, 221; LG Hamburg WuM 1991, 121; LG Stralsund WuM 1997, 271; AG Lüdenscheid WuM 1997, 438). Der Mieter kann Zahlungen, die er auf Grund einer solchen Erklärung erbracht hat, grundsätzlich zurückverlangen (BGH NZM 2007, 514; LG Dresden WuM 1998, 216, 217; LG Berlin GE 2002, 802). Soweit der Mieter die Zahlungen unter Vorbehalt erbracht hat, steht dem Rückforderungsanspruch auch nicht der Einwand des § 814 BGB entgegen Der Rückforderungsanspruch kann jedoch verwirkt sein. Vereinzelt wird auch angenommen, dass die mehrmalige Zahlung auf eine einseitige Mieterhöhung nach § 559b BGB als konkludenter Abschluss eines Mietabänderungsvertrages zu verstehen ist (LG Leipzig ZMR 1999, 767; LG Görlitz WuM 2001, 28; **a. A.** BGH NZM 2007, 514; LG Bautzen WuM 2002, 497; offengelassen von BGH WuM 2004, 155). Bei einer einseitigen Mieterhöhung durch den Vermieter scheidet eine Umdeutung aber regelmäßig aus. Der Vermieter kann die Erklärung jedoch wiederholen. Eine bloße **Nachbesserung** ist nicht möglich (BGH NZM 2006, 221).

Geltendmachung der Erhöhung **BGB § 559b**

b) Berechnung. Eine Mieterhöhungserklärung nach § 559b Abs. 1 BGB muss 6
eine nachvollziehbare Berechnung des Erhöhungsbetrages und eine hinreichende
Erläuterung des angegebenen Verteilungsschlüssels sowie nachvollziehbare Angaben zu den abgesetzten Kostenanteilen für Instandsetzung enthalten (LG Dresden
WuM 1998, 216; LG Halle WuM 1997, 628; LG Berlin GE 2003, 122, 123; LG
Hagen WuM 1978, 242; AG Köln WuM 1986, 123). Ferner müssen in der Erklärung auch die Kürzungsbeträge gem. § 559a BGB auf Grund von Fördermitteln
oder gleichgestellten Mitteln (dazu § 559a BGB) angegeben werden (KG RE vom
17.1.2002 NZM 2002, 211). Die Erklärung nach § 559b Abs. 1 BGB muss so ausgestaltet sein, dass eine **überschlägige Überprüfung** des verlangten Mehrbetrages
dem Mieter ohne besondere Kenntnisse auf dem Gebiet der Rechnungsprüfung
und ohne Einsicht in die Belege möglich ist (LG Görlitz WuM 1999, 44; LG Dresden WuM 1998, 216, 217). Dies erfordert, dass die tatsächlichen Grundlagen der
Berechnung, also eine spezifizierte Berechnung mit für den Mieter überprüfbarer
Erläuterung der Positionen angegeben werden.

Ausgangspunkt jeder Berechnung sind die jeweiligen **Gesamtkosten** der 7
Maßnahme (LG Köln WuM 1987, 273; LG Frankfurt WuM 1983, 115; LG Hamburg WuM 1976, 236; AG Greifswald WuM 1994, 379). Diese müssen immer angegeben werden. Nicht ausreichend ist bei einer mehrere Wohnungen betreffenden
Maßnahme die bloße Angabe der auf die Wohnung des Mieters entfallenden Kosten
(LG Köln WuM 1987, 273; AG Köln WuM 1986, 123; AG Wernigerode WuM
2002, 54). Der weitere Umfang der Angaben hängt vor allem vom Umfang der Modernisierungsarbeiten ab. Hat der Vermieter nur eine Modernisierungsmaßnahme
durchgeführt, müssen die Kosten insofern notwendigerweise nicht weiter aufgeteilt
werden. Hat er aber mehrere Modernisierungsarbeiten gleichzeitig durchführen lassen, so muss er die Gesamtkosten auf die **verschiedenen Modernisierungsmaßnahmen** aufteilen. Dabei kann zunächst der Katalog des § 555b BGB zur Abgrenzung der verschiedenen Modernisierungsmaßnahmen dienen. Es können aber auch
verschiedene Modernisierungsmaßnahmen durchgeführt werden, die alle unter eine
Ziffer des § 555b BGB zu subsumieren sind, z.B. Außendämmung und Heizungserneuerung, die beide unter § 555b Ziff. 1 BGB fallen. Fraglich ist anschließend, ob
bei in diesem Sinne mehreren Modernisierungsmaßnahmen auch noch eine Aufteilung der Kosten nach den verschiedenen Gewerken z.B. Mauerarbeiten, Malerarbeiten, Installationsarbeiten, Gerüst usw. erfolgen muss (dafür LG Bremen WuM
2018, 365; 2020, 158; Urt. v. 6.6.2019 – 2 S 283/18 (juris); Urt. v. 8.8.2018 – 1
S 282/17; LG Hamburg Urt. v. 17.1.2020 – 307 S 50/18; LG Berlin ZMR 2001,
277; LG Potsdam WuM 2000, 553; AG Lichtenberg MM 1997, 239; AG Schöneberg GE 1995, 621; auch Börstinghaus in: Schmidt-Futterer § 559b BGB
Rdn. 14ff.; Artz in: MünchKomm § 559b BGB Rdn. 5; BeckOKG/Schindler
BGB § 559b Rdn. 20). Dafür spricht nach wie vor viel, auch wenn der BGH die formalen Anforderungen an solche und ähnliche Gestaltungserklärungen permanent
nach unten schraubt. Zwar steht dem Mieter ein Belegeinsichtsrecht zu, bei Investitionen von mehreren hunderttausend und noch mehr Euro ist es ihm aber nur
schwer zuzumuten, alle Belege durchzusehen, wenn er Zweifel an einem bestimmten Punkt (z.B. Gerüstkosten) hat. Der Wortlaut „Berechnung" deckt sowohl eine
enge wie auch eine weite Auslegung, da es um den ersten Wert der folgenden Rechenschritte geht. Entscheidend sind der Sinn und Zweck der Regelung. Da die
Mieterhöhung automatisch nach kurzer Zeit wirksam wird, soll die Pflicht zur Erläuterung und Berechnung unzumutbare Nachteile für den Mieter dadurch verhindern, dass dieser die Berechtigung der Mieterhöhung überprüfen kann (BGH WuM

Börstinghaus

2018, 723; NJW 2015, 934). Auch wenn nach Ansicht des BGH an die formelle Wirksamkeit des Mieterhöhungsverlangens keine überhöhten Anforderungen zu stellen sind, so ist es zumindest erforderlich, dass der Mieter den Grund der Mieterhöhung anhand der Angaben als plausibel nachvollziehen kann. Das erfordert bei umfassenden Maßnahmen mehr als die Angabe einer Gesamtsumme. Plausibel wird ein solcher Betrag erst mit einer Aufschlüsselung auf verschiedene Gewerke. Durch die zumindest grobe Aufteilung auf verschiedene Gewerke kann schnell eine Plausibilitätskontrolle stattfinden, ob diese Arbeiten stattgefunden haben und ob hier ein Instandsetzungsanteil in Betracht kommt. Einzelne Rechnungen müssen aber nicht angegeben werden (BeckOKG/Schindler BGB § 559b Rdn. 20.1 m. w. N.). Etwas anderes gilt dann, wenn der Vermieter einen Pauschalpreis mit einem **Generalunternehmer** vereinbart hat (LG Kiel WuM 2000, 613; LG Berlin GE 1994, 765; AG Neukölln MM 1994, 67; BeckOKG/Schindler BGB § 559b Rdn. 21). Die Beauftragung eines eigenen Regiebetriebs fällt aber nicht darunter.

8   Da **Instandsetzungskosten** nicht zu den Modernisierungskosten gehören, muss der Vermieter in der Erhöhungserklärung nachvollziehbar darlegen, welche Kosten er in welcher Höhe von den angegebenen Gesamtkosten vorab als Instandsetzungskosten in Abzug gebracht hat (LG Berlin GE 2003, 122, 123; LG Hamburg WuM 2000, 195; AG Charlottenburg GE 2007, 989). Hat der Vermieter in der Mieterhöhungserklärung zu Unrecht keinen Abzug für die durch die Modernisierungsmaßnahmen ersparten Instandhaltungsaufwendungen vorgenommen, hat dies nicht die formelle Unwirksamkeit der Erklärung zur Folge, sondern ausschließlich die materielle Begründetheit der Mieterhöhung gemäß § 559 Abs. 1 BGB (BGH NZM 2018, 948). Eine umfassende Vergleichsrechnung zu den hypothetischen Kosten einer Instandsetzung verlangt der BGH (NJW 2015, 934) nicht. Erforderlich aber auch ausreichend ist es den ersparten Instandsetzungsaufwand zumindest durch **Angabe einer Quote** von den aufgewandten Gesamtkosten nachvollziehbar darzulegen. Dem Vermieter ist gem. § 559 Abs. 2 2. HS BGB gestattet, solche Kosten zu schätzen. Der Einschub „soweit erforderlich" beschränkt den Anwendungsbereich der Norm auf die Fälle, in denen die Erhaltungskosten nicht eindeutig und leicht ermittelt werden können. Nur in diesen Fällen ist eine Schätzung gestattet. Das kann sich auch auf einzelne Kostenpositionen beziehen. Die Schätzung ist von der Leistungsbestimmung nach billigem Ermessen gem. § 315 Abs. 1 BGB zu unterscheiden. Dort findet nur eine Billigkeitskontrolle durch die Gerichte statt. Die Schätzung selbst ist zunächst eine Erleichterung bei der Darlegung des Sachverhalts Für die Schätzung müssen ausreichende Ausgangs- und Anknüpfungstatsachen in der Erhöhungserklärung vorgetragen werden. Das bedeutet, dass soweit wie möglich die Kosten der fälligen Erhaltungsmaßnahme konkret zu ermitteln sind, ggf. durch Einholung eines Alternativangebots. Nur dort, wo solche Tatsachen nicht oder mit einem nicht zumutbaren Aufwand ermittelt werden könnten, können die Kosten auf Grund der Erfahrung fachkundiger Kreise, in der Regel Architekten und Fachingenieure, festgelegt werden. Das Ergebnis dieser Schätzung ist vom Gericht voll überprüfbar, und zwar nicht nur im Rahmen einer Billigkeitskontrolle gem. § 316 BGB. Das bedeutet, dass im Regelfall eine **Vergleichsrechnung** aufgemacht werden muss, welche Kosten tatsächlich entstanden wären, wenn statt der Instandmodernisierung eine bloße Instandsetzung stattgefunden hätte (LG Berlin MM 2001, 401). Hierzu kann ggf. auf ein Angebot oder eine Ausschreibung zurückgegriffen werden. Erst wenn ein ausreichender Sachvortrag des Vermieters erfolgt ist, ist die Erhöhungserklärung formell wirksam. In diesem Fall können ggf. vom Gericht die Instandsetzungskosten gem. § 287 ZPO geschätzt werden.

Geltendmachung der Erhöhung **BGB § 559b**

Aus den so angegebenen und aufgeschlüsselten Gesamtkosten ist dann in nach- 9
vollziehbarer und übersichtlicher Weise der auf die einzelne Wohnung entfallende
Erhöhungsbetrag zu berechnen. Dazu muss für jede einzelne bauliche Maßnahme
der Verteilungsschlüssel angegeben werden und der sich für jede einzelne bauliche
Mieterhöhung ergebende Erhöhungsbetrag. Die Benutzung eines **Taschenrechners** durch den Mieter ist dabei durchaus zumutbar. Größere wohnungswirtschaftliche oder mietrechtliche Sachkunde muss beim Mieter demgegenüber nicht vorliegen und darf demgemäß vom Vermieter auch nicht vorausgesetzt werden. An einer nachvollziehbaren Abrechnung fehlt es, wenn der Vermieter dem Mieter Rechnungskopien zur Verfügung stellt, aus denen sich der Mieter die Angaben heraussuchen muss (OLG München NJW 1995, 465, 466; LG Berlin GE 1991, 629; LG Frankfurt WuM 1983, 115). Auch das Angebot zur Rechnungseinsicht allein ohne eigene Begründung reicht nicht aus (LG Münster ZMR 1972, 214; LG Essen ZMR 1957, 308; AG Lüneburg WuM 1975, 194). Kleinere Mängel oder **Rechenfehler** machen die Mieterhöhungserklärung nicht unwirksam (LG Berlin GE 2000, 126). Es kommt auf den objektiven Empfängerhorizont an. Kann der Mieter aus dieser Sicht den Fehler erkennen und selbst ggf. mittels eines Taschenrechners leicht berichtigen, ist die Erhöhungserklärung nicht formell unwirksam, sondern nur teilweise unbegründet.

Die Beifügung der **Belege** ist für die Wirksamkeit der Mieterhöhungserklärung 10
nicht erforderlich (LG Berlin GE 2007, 985; MM 1994, 326). Der Mieter hat aber ein **Einsichtsrecht** in die Belege entsprechend § 259 BGB. Der Vermieter ist verpflichtet, dem Mieter im Original sämtliche Rechnungen und sonstigen Belegen in geordneter Zusammenstellung nach Modernisierungsmaßnahmen und Gewerken sortiert zu präsentieren. Das Einsichtsrecht bezieht sich auch auf die Verträge, Ausschreibungen usw., soweit die Heranziehung zur sachgerechten Überprüfung der Belege notwendig ist, z. B. weil in den Rechnungen auf diese zur Bestimmung des Leistungsumfangs verwiesen wird. Das Einsichtsrecht ist gem. § 269 BGB am Sitz des Vermieters auszuüben Nur wenn der Sitz des Vermieters nicht am Ort des Mietobjekts liegt, kann der Mieter verlangen, dass ihm die Unterlagen am Ort des Mietobjekts vorgelegt werden. **Grundsätzlich** besteht auch kein Anspruch auf Übersendung von Kopien statt der Belegeinsicht (LG Berlin GE 2007, 985; BGH NZM 2006, 340 (für Betriebskostenabrechnung)). Wenn der Mieter aber bei der Belegeinsicht, die er auch durch einen Vertreter durchführen lassen kann, Zweifel an einer oder mehreren Positionen hat, hat er einen Anspruch auf Aushändigung einer Kopie gegen Kostenerstattung, um eine weitere Überprüfung vornehmen zu lassen. Ein Anspruch auf Belegkopieübersendung kann sich im Einzelfall auch aus besonders großen Entfernungen oder der persönlichen Situation der Vertragsparteien ergeben. Pro Kopie dürfen heute ca. 0,25 EUR verlangt werden. Der Mieter ist vorschusspflichtig. Dem Mieter steht ein Schadensersatzanspruch gem. §§ 280 I, 241 I BGB auf Freistellung von Zahlungspflicht zu, solange der Vermieter eine Belegeinsicht bzw. Kopieübersendung nicht ermöglicht.

c) Erläuterung. Nach § 559b Abs. 1 BGB setzt die Wirksamkeit einer Miet- 11
erhöhungserklärung des Vermieters wegen Modernisierungsmaßnahmen nach
§ 559 Abs. 1 BGB neben einer Berechnung der Mieterhöhung aus den entstandenen Kosten voraus, dass darin die Erhöhung entsprechend den gesetzlichen Voraussetzungen des § 559 Abs. 1 BGB erläutert wird. Da die Mieterhöhung automatisch nach kurzer Zeit wirksam wird, soll die Erklärungspflicht unzumutbare Nachteile für den Mieter dadurch verhindern, dass dieser die Berechtigung der Mieterhöhung

Börstinghaus 1351

überprüfen kann (BGH WuM 2018, 723). Dabei sind nach ständiger Rspr. des BGH an die formelle Wirksamkeit des Mieterhöhungsverlangens keine überhöhten Anforderungen zu stellen. Vielmehr genügt es, wenn der Mieter den Grund der Mieterhöhung anhand der Erläuterung als plausibel nachvollziehen kann. Aus der Bezugnahme auf die materiellen Voraussetzungen der Mieterhöhung nach § 559 Abs. 1 BGB folgt, dass der Vermieter in der Erklärung darlegen muss, inwiefern die von ihm durchgeführten baulichen Maßnahmen solche sind, die eine Modernisierung gem. § 555b Ziff. 1, 2–6 darstellt (BGH RE vom 10. April 2002 NJW 2002, 2036). **Sinn und Zweck der Erläuterungspflicht** bestehen darin, dem Mieter die Informationen zu geben, die er benötigt, um qualifiziert überprüfen zu können, ob der Anspruch berechtigt ist. Die Vorschriften über die Berechnungs- und Erläuterungspflichten des Vermieters sind das notwendige Gegengewicht zu der dem Vermieter eingeräumten einseitigen Mieterhöhungsmöglichkeit (LG Landau (Pfalz) ZMR 2009, 211). Der Mieter muss durch die Erklärung die Tatsachen erfahren, die die Tatbestandsmerkmale des § 559 BGB ausfüllen. Andererseits legt schon der vom Gesetz gebrauchte Begriff „erläutern" nahe, dass die Mieterhöhungserklärung nicht eine in tatsächlicher und rechtlicher Hinsicht erschöpfende Begründung dafür zu enthalten braucht, warum die einzelnen Baumaßnahmen solche im Sinne der §§ 559 Abs. 1, 555b BGB darstellen (BGH RE vom 10. April 2002 NJW 2002, 2036). Es genügt, wenn der Mieter den Grund der Mieterhöhung anhand der Erläuterung plausibel nachvollziehen kann (ähnlich BGH NJW 2012, 63 [zum Inhalt der Modernisierungsankündigung alten Rechts gem. § 554 BGB a. F.]). Der Gesetzgeber ist davon ausgegangen, dass dem Mieter eine Überprüfung der Berechtigung der Mieterhöhung auch auf Grund der Erläuterung nicht selten nur unter Zuziehung von sachkundigen Personen möglich sein wird (BGH RE vom 10. April 2002 NJW 2002, 2036).

12 Der Umfang der Erläuterungen ist deshalb sowohl davon abhängig wie umfangreich die durchgeführten Arbeiten waren als auch davon, welche Informationen dem Mieter bereits vorliegen, z. B. auf Grund einer Modernisierungsankündigung gem. § 555c BGB (BGH NZM 2004, 252). Umso umfangreicher die Arbeiten waren umso ausführlicher müssen die Erläuterungen sein, da gerade bei komplexen Maßnahmen die Gebrauchswerterhöhung jeder einzelnen Maßnahme genau überprüft werden muss. Die Nachhaltigkeit der Erhöhung des Gebrauchswertes muss im Erhöhungsverlangen begründet werden (LG Berlin ZMR 2001, 277). Dies gilt auch bei baulichen Maßnahmen, die in und an mehreren Gebäuden durchgeführt werden (LG Kassel WuM 1992, 444). Die Erläuterungspflicht kann dann entfallen, wenn der Modernisierungscharakter der Maßnahme auf der Hand liegt (BGH NZM 2018, LG Berlin GE 2003, 122, 123). Das ist z. B. bei der Dämmung einer bisher ungedämmten Außenwand der Fall. Hat der Vermieter dem Mieter in einem ersten später für wirkungslos erklärten oder nicht weiterverfolgten Mieterhöhungsverlangen die Maßnahme erläutert und alle Rechnungen mitübersandt, dann müssen die Rechnungen nicht noch einmal übersandt werden (LG Hamburg ZMR 2002, 918; LG Neubrandenburg WuM 2002, 373). Da der Vermieter die Mieterhöhung bereits berechnet haben muss, bezieht sich die **Erläuterung** zunächst auf die **bauliche Maßnahme.** Es ist also anzugeben, was für bauliche Maßnahmen durchgeführt wurden und weshalb dies entweder eine Gebrauchswerterhöhung oder eine Verbesserung der Wohnverhältnisse darstellt oder inwiefern hierdurch eine Einsparung von Heizenergie oder Wasser eintritt. Soweit der Vermieter andere bauliche Änderungen durchgeführt hat, muss er angeben, auf Grund welcher Umstände dies erfolgte und warum er diese nicht zu vertreten hat.

Geltendmachung der Erhöhung **BGB § 559b**

Je umfangreicher die baulichen Maßnahmen waren, desto umfangreicher müssen auch die Erläuterungen sein (LG Dresden WuM 1998, 216, 217). Der **Umfang der Erläuterungspflicht** ist umgekehrt proportional zu den dem Mieter vorliegenden Informationen. Eine allzu restriktive Handhabung der Verfahrensrechte verstößt gegen Art. 14 GG (BVerfGE 53, 352; BVerfG NJW-RR 1993, 1485; BVerfG WuM 1982, 146).

Bei Baumaßnahmen, deren Modernisierungswert sich erst auf Grund ihrer tech- **13** nischen Wirkungen erschließt, ist es nicht ausreichend, wenn der Vermieter lediglich behauptet, die Maßnahme diene einem der drei in § 559 Abs. 1 BGB genannten Modernisierungszwecke. Bei Baumaßnahmen, für deren Beurteilung es umfangreicher technischer Darlegungen bedürfte, ist es aber ausreichend, wenn der Vermieter die durchgeführte bauliche Maßnahme so genau beschreibt, dass der Mieter allein anhand dieser Beschreibung, wenn auch unter Umständen unter Zuhilfenahme einer bautechnisch oder juristisch sachkundigen Person, beurteilen kann, ob die Baumaßnahme eine solche des § 559 Abs. 1 BGB ist (BGH WuM 2018, 723; RE vom 10. April 2002 NJW 2002, 2036; WuM 2004, 154). Für bauliche **Maßnahmen zur Einsparung von Heizenergie** ergibt sich daraus, dass der Vermieter in der Mieterhöhungserklärung neben einer schlagwortartigen Bezeichnung der Maßnahme und einer Zuordnung zu den Positionen der Berechnung diejenigen Tatsachen darlegen muss, anhand derer überschlägig beurteilt werden kann, ob die bauliche Änderung eine nachhaltige Einsparung von Heizenergie bewirkt (BGH WuM 2018, 723; NJW 2006, 1126). Dazu bedarf es jedoch nicht zwingend der Vorlage einer **Wärmebedarfsberechnung** (BGH RE vom 10. April 2002 NJW 2002, 2036; BGH WuM 2004, 154; NZM 2004, 252). Ausreichend aber auch mindestens erforderlich für eine plausible Darlegung eines Energieeinsparungseffektes der durchgeführten Maßnahmen sind jedenfalls die Angabe der alten und neuen Wärmedurchgangskoeffizienten. U-Wert (früher k-Wert) der renovierten Außenbauteile (BGH NJW 2006, 1126). Je höher der Wärmedurchgangskoeffizient, desto schlechter ist die Wärmedämmeigenschaft des Stoffs. Bei einer nennenswerten Veränderung dieser Messgrößen ergibt sich bei sonst gleichen Bedingungen ohne weiteres eine Einsparung an Heizenergie; denn die U-Werte der Außenhülle des Gebäudes gehen als Faktoren in die Berechnung des Wärmebedarfs ein. Nicht ausreichend ist es, wenn der Vermieter in der Erhöhungserklärung die (Primär-)Energieverbräuche vor und nach Durchführung der Maßnahme gegenüberstellt (AG Dortmund WuM 2009, 120, 123). Diese Veränderungen können auch auf ganz anderen Umständen beruhen, wie milderes Wetter, verändertes Nutzungsverhalten oder eine andere Wohnungsbelegung. Der Vermieter muss in der Erhöhungserklärung nicht auf die Frage eingehen, ob die Modernisierung wirtschaftlich ist (BGH RE vom 10. April 2002 NJW 2002, 2036). Bei Wohnwertverbesserung im Außenbereich muss in der Erhöhungserklärung die Maßnahme so beschrieben sein, dass die Wohnwertverbesserung daraus erkennbar ist.

Auf Grund der Verweisung in § 559b Abs. 1 S. 2 BGB auf § 555c Abs. 3 BGB **14** kann der Vermieter in der Modernisierungsmieterhöhungserklärung zur Darlegung insbesondere der energetischen Qualität von Bauteilen auf allgemein anerkannte **Pauschalwerte** Bezug nehmen. Fraglich ist, wer solche Pauschalwerte ermittelt und wer sie anerkennt. In Betracht kommen sowohl privatrechtliche Stellen wie der DIN oder der VDI als auch Behörden wie ein Ministerium oder selbständige Oberbehörden, wie das Bundesumweltamt oder das Bundesamt für Bauwesen und Raumordnung. In § 49 Abs. 4 S 1 GEG gibt es eine ähnliche Regelung. Dort ist dem Gebäudeeigentümer gestattet zur Durchführung der erforderlichen Berechnungen in den Fällen, in denen energetische Kennwerte für bestehende Bauteile nicht vorliegen, „gesicherte Erfahrungswerte für Bauteile und Anlagenkomponenten vergleichbarer Altersklassen" zu verwenden. Dabei können anerkannte Regeln der Technik verwendet werden. Die Einhaltung solcher Regeln wird vermutet, soweit vom Bundesministerium für Verkehr, Bau und Stadtentwicklung im Einvernehmen mit dem Bundesministerium für Wirtschaft und Technologie im Bundesanzeiger bekannt gegebene Werte benutzt werden. Die Bekanntmachung solcher Werte erfolgte durch die „Bekanntmachung der Regeln zur Datenaufnahme und Datenverwendung im Wohngebäudebestand" vom 30. Juli 2009. In Tabelle 2 der Verordnung sind Pauschalwerte für den Wärmedurchgangskoeffizienten nicht nachträglich gedämmter Bauteile im Urzustand nach Baualtersklassen aufgeführt.

15   Besondere Bedeutung kommt der Erläuterung dann zu, wenn mit den Arbeiten auch **Instandsetzungsarbeiten** durchgeführt wurden (LG Dresden WuM 1998, 216, 217). Soweit der Vermieter der Auffassung ist, dass keine Instandsetzung vorliegt, muss sich dies zumindest inzidenter aus der Erklärung ergeben. Diese ist dann formell in Ordnung, auch wenn richtigerweise ein Abzug hätte erfolgen müssen (BGH WuM 2018, 723; NZM 2018, 948). Regelmäßig müssen die Wertverbesserungsmaßnahmen so genau bezeichnet sein, dass der Mieter ohne besondere Kenntnisse nachprüfen kann, ob nicht auch bloße Instandhaltungsmaßnahmen in Ansatz gebracht worden sind (LG Stralsund WuM 1997, 271; WuM 1996, 229). Wurden zugleich Instandsetzungsarbeiten durchgeführt, dann muss erläutert werden, welche Arbeiten der Vermieter als Instandsetzung ansieht und welche als Modernisierung. Aus der Mieterhöhungserklärung muss sich ergeben, in welchem Umfang durch die durchgeführten Maßnahmen fällige Instandsetzungsarbeiten erspart wurden (BGH NJW 2015, 934). Eine umfassende Vergleichsrechnung mit den hypothetischen Kosten einer bloßen Erhaltungsmaßnahme ist nach der Rechtsprechung des BGH nicht erforderlich. Erforderlich aber auch ausreichend ist es den ersparten Instandsetzungsaufwand zumindest durch **Angabe einer Quote** von den aufgewandten Gesamtkosten nachvollziehbar darzulegen (BGH NJW 2015, 934). Eine Mieterhöhungserklärung, die diesen Anforderungen bezüglich der Angabe von Instandsetzungskosten nicht genügt, ist unwirksam (LG Görlitz WuM 2001, 613; LG Berlin ZMR 1998, 167). Im späteren Zahlungsprozess müssen die Mieter aber substantiiert darlegen, worin der Schaden, der beseitigt wurde, zu sehen war. Die pauschale Behauptung, die Fassade sei schadhaft gewesen reicht nicht aus (BGH WuM 2004, 154). Es handelt sich um eine negative Tatsache. Diese muss der Vermieter zwar widerlegen, aber der Mieter muss sie zuvor substantiiert behauptet haben.

Schließlich muss der Vermieter erläutern, wie er die anrechenbaren Gesamtkosten auf die Wohnung des Mieters **verteilt** hat (LG Stralsund WuM 1997, 271; WuM 1996, 229). Dazu muss er hinsichtlich jeder einzelnen Modernisierungsmaßnahme den **Verteilungsschlüssel** angeben und begründen. Besondere Bedeutung hat dies, wenn der Gebrauchsvorteil für die Mieter im Haus unterschiedlich ist. Der Vermieter muss im Erhöhungsverlangen Angaben zu den **Kürzungsbeträgen** machen. Dies ergibt sich unmittelbar aus dem Gesetz, wonach auch die Voraussetzungen des § 559a BGB zu erläutern sind. Das bedeutet nicht, dass in jeder Mieterhöhungserklärung Angaben zu den Kürzungsbeträgen enthalten sein müssen. Ein Erhöhungsverlangen, in dem der Vermieter keine Angabe zu Kürzungsbeträgen gemacht hat, ist aus der maßgeblichen Sicht eines objektiven Empfängers auf Seiten des Mieters so zu verstehen, dass der Vermieter damit ausdrücklich erklärt, keine Fördermittel erhalten zu haben und deshalb auch keine Kürzungsbeträge in

Anrechnung bringen zu müssen (AG Hamburg WuM 1980, 114; Beuermann GE 1996, 1514, 1521). Kommen Kürzungsbeträge in Betracht, muss der Vermieter dem Mieter zunächst einmal die **objektiven Tatsachen** mitteilen, also wer wann welche Mittel zu welchem Zinssatz mit welcher Zweckbestimmung gezahlt hat. Anschließend muss der Vermieter darlegen, welche Konsequenzen das für die konkrete Erhöhungserklärung hat, also welche Kürzungsbeträge konkret anzurechnen sind (LG Berlin NJW-RR 1997, 1100). Keine Angaben müssen gemacht werden, wenn die Anrechnung von Drittmitteln keinen Einfluss auf die Mieterhöhung hat (LG Berlin GE 2003, 591; GE 2000, 677; GE 2002, 195; GE 1997, 239; **a. A.** LG Berlin GE 2003, 1020). Problematisch ist die Abfassung der Erhöhungserklärung bei **degressiver Förderung**. Bei einer Mieterhöhung nach § 559 BGB muss der Vermieter bereits im ersten Mieterhöhungsverlangen nach § 559b BGB die fallenden Kürzungsbeträge angeben, so dass er in dieser Erklärung bereits jeweils angeben muss, wie hoch die Miete nach der Mieterhöhung nach § 559 BGB in den einzelnen Monaten ist. Der Vermieter kann nämlich zu dem Zeitpunkt, an dem die Kürzungsbeträge sich verringern oder ganz entfallen keine Mieterhöhung nach § 559 BGB durchführen (LG Berlin MM 1999, 439).

d) Erhöhungsbetrag. Schließlich muss in der Erhöhungserklärung der insgesamt zu zahlende Erhöhungsbetrag in Euro für die Wohnung angegeben werden. Die Angabe einer neuen Quadratmetermiete reicht nicht. 16

II. Zeitpunkt der Mieterhöhungserklärung

Auf Grund einer Modernisierungsmaßnahme ist immer nur **eine Mieterhöhung nach § 559b BGB möglich** (BGH NJW 2015, 934; LG Berlin GE 2015, 1531; AG Lichtenberg MM 2000, 87). Etwas anderes gilt dann, wenn tatsächlich **trennbare Maßnahmen** durchgeführt wurden. Dann kann der Vermieter zunächst wegen eines selbständigen Teils der Maßnahmen eine Mieterhöhung gem. § 559 BGB vornehmen (BGH NJW 2015, 934; LG Berlin GE 2015, 1531) und sich die Erklärung vorbehalten, auch wegen der übrigen Arbeiten eine Mieterhöhung nach § 559 BGB nachzuholen. Die Erhöhungserklärung kann nicht vor **Abschluss der Arbeiten** abgegeben werden (OLG Hamburg WuM 1983, 13; LG Berlin ZMR 1990, 422). Dies ergibt sich aus dem Wortlaut des § 559 Abs. 1 BGB. „Hat der Vermieter bauliche Maßnahmen durchgeführt", bedeutet sprachlich, dass diese Arbeiten ausgeführt worden sind und nicht erst noch bevorstehen oder noch andauern. Eine vor Abschluss der Arbeiten abgegebene Erklärung ist unwirksam (BayObLG WuM 1971, 151; OLG Hamburg RE vom 6.10.1982 WuM 1983, 13; 14; LG Berlin WuM 1990, 311; AG Görlitz WuM 1992, 589). Die Arbeiten sind abgeschlossen, wenn die bauliche Maßnahme fertiggestellt ist. Insofern kann auf die Definition in § 13 Abs. 4 WoBindG Bezug genommen werden. Gem. § 13 Abs. 4 WoBindG gilt eine Wohnung als bezugsfertig, wenn sie soweit fertiggestellt ist, dass den zukünftigen Bewohnern zugemutet werden kann, sie zu beziehen; die Genehmigung der Bauaufsichtsbehörde zum Beziehen oder eine Bauabnahme und die Übergabe des Schlussabnahmescheins sind nicht entscheidend. 17

Die Fertigstellung allein genügt faktisch aber nicht. Der Vermieter muss auch die **Höhe der Kosten** kennen, die er für die bauliche Maßnahme hat aufwenden müssen. Dazu ist es regelmäßig erforderlich, dass er alle Rechnungen für die geleisteten Arbeiten in den Händen hat (AG Köpenick MM 2001, 354) oder sonst die Höhe 18 der Kosten kennt. Die **Bezahlung der Rechnung** ist nicht erforderlich (BGH NZM 2012, 832). Kommen Fördermittel in Betracht, muss er diese von Anfang an berücksichtigen. Werden diese erst später ausgezahlt kann der Vermieter für die Zwischenzeit keine Mieterhöhung ohne Anrechnung von Kürzungsmitteln vornehmen (AG Lichtenberg MM 2000, 87) auch wenn er ankündigt, den Betrag später um die Kürzungsbeträge wieder zu senken. Nur wenn tatsächlich trennbare Maßnahmen durchgeführt wurden, können mehrere Mieterhöhungserklärungen erfolgen.

19 Der Vermieter ist nicht verpflichtet, nach einer Modernisierung unverzüglich eine Mieterhöhungserklärung abzugeben. Er ist nicht gehindert, den Anspruch erst später geltend zu machen. Es gilt allenfalls der **Einwand der Verwirkung** (LG Berlin MM 2000, 280; LG Stuttgart ZMR 1997, 29 (nur LS); LG Berlin MM 1993, 218; GE 1990, 611; LG Hamburg WuM 1989, 308; AG Hamburg WuM 1985, 366). Allein die fehlende gerichtliche Geltendmachung stellt noch keinen Verwirkungstatbestand dar. Verwirkung setzt zunächst den Ablauf einer bestimmten Zeit voraus. Feste Grenzen gibt es hierfür nicht. Ausreichen sollen hierfür Zeitabläufe von einem Jahr (AG Hamburg WuM 1985, 366), vier Jahren (LG Hamburg WuM 1989, 308) oder sogar erst von zehn Jahren (LG Stuttgart ZMR 1997, 29 nur LS) sein. Entscheidend sind die Umstände des Einzelfalls. Hat der Vermieter dem Mieter keine Modernisierungsankündigung gem. § 555c BGB zukommen lassen, dann muss der Mieter zu einem frühen Zeitpunkt bereits nicht mehr damit rechnen, noch mit einer Mieterhöhung konfrontiert zu werden. Das Gleiche gilt, wenn der Vermieter in der Zwischenzeit diverse Mieterhöhungen durchgeführt hat, ohne darauf hinzuweisen, dass er auch noch beabsichtigt, wegen der länger zurückliegenden Modernisierungsmaßnahme die Miete zu erhöhen (LG Berlin MM 2000, 280). Letzteres stellt zugleich auch einen für die Verwirkung zusätzlichen erforderlichen Umstand dar, aus dem der Mieter den Schluss zu ziehen berechtigt ist, mit keiner Mieterhöhung mehr rechnen zu müssen. Im Übrigen ist eine Mieterhöhung nach § 559 BGB ausgeschlossen, wenn der Vermieter zwischenzeitlich eine Mieterhöhung nach § 558 BGB auf die ortsübliche Vergleichsmiete für modernisierten Wohnraum vorgenommen hat (OLG Hamm RE vom 30.10.1982 WuM 1983, 17; LG Wuppertal WuM 1983, 238; AG Osnabrück ZMR 1989, 340; AG Münster WuM 1981, 44).

III. Die Rechtsfolgen einer Erklärung nach § 559b BGB

1. Allgemeines

20 Ist dem Mieter eine wirksame Mieterhöhungserklärung gem. § 559b BGB zugegangen, dann treten die Rechtsfolgen automatisch ein. Voraussetzung hierfür ist erstens eine formell ordnungsgemäße Mieterhöhungserklärung und zweitens deren Zugang. Als Rechtsfolge dieser einseitigen Gestaltungserklärung ändert sich die Miete für die Zukunft. Der Anspruch des Vermieters aus § 559 BGB ist ein Zahlungsanspruch und kein Zustimmungsanspruch (AG Köln WuM 1980, 201). Der Vermieter kann demgemäß auch unmittelbar auf Zahlung klagen. Außerdem entsteht das Sonderkündigungsrecht des Mieters gem. § 561 BGB und schließlich wird durch den Zugangstermin auch der Wirkungszeitpunkt für die Mieterhöhung bestimmt. Die Modernisierungsmieterhöhung nach § 559 BGB wird ab Fälligkeit **Teil der Miete** und ist deshalb bei späteren Mieterhöhungen gem. § 558 BGB

Geltendmachung der Erhöhung **BGB § 559b**

nicht mehr getrennt von der Miete in Ansatz zu bringen (BGH NZM 2008, 124; LG München WuM 1996, 43; LG Essen WuM 1994, 217; LG Hamburg WuM 1989, 82; WuM 1985, 229; AG Lichtenberg MM 2001, 106; AG Mühlheim WuM 1990, 221). Die Mieterhöhung entfällt deshalb auch nicht, wenn die Maßnahme sich amortisiert hat oder abgeschrieben ist oder selbst keinen Wert mehr hat.

2. Wirkungszeitpunkt der Mieterhöhung

Die Erklärung des Vermieters hat gem. § 559b Abs. 2 BGB die Wirkung, dass mit 21 Beginn des dritten Monats nach dem Zugang der Erklärung die erhöhte Miete an die Stelle der bisher zu entrichtenden Miete tritt. Die Frist berechnet sich vom **Zugang** der Erklärung beim Mieter. Zugang bedeutet, dass die Erklärung so in den Machtbereich des Empfängers gelangt sein muss, dass nach normalem Lauf der Dinge mit der Kenntnisnahme gerechnet werden kann. Muss die Erklärung gem. § 559b Abs. 1 BGB mehreren Personen zugehen, weil sich auf Mieterseite eine **Personenmehrheit** befindet, kommt es zur Berechnung des Wirkungszeitpunktes der Mieterhöhung auf den Zeitpunkt des letzten Zugangs an. **§ 193 BGB** hat für die Berechnung des Wirkungszeitpunkts einer Mieterhöhung keine Bedeutung. § 559b Abs. 2 BGB stellt nicht auf das Ende einer Frist ab, sondern regelt als Rechtsfolge, dass die neue Miete an die Stelle der alten Miete tritt (BGH NJW 2008, 848).

Der Wirkungszeitpunkt der ganzen Mieterhöhung und nicht nur des die Grenze 22 überschreitenden Teil (BGH NZM 2016, 46) verschiebt sich gem. § 559b Abs. 2 Satz 2 um sechs Monate, wenn der Vermieter dem Mieter die Modernisierungsmaßnahme nicht nach den Vorschriften des § 555c Absatz 1 und 3 bis 5 angekündigt hat oder wenn die tatsächliche Mieterhöhung die angekündigte um mehr als zehn Prozent überschreitet. Die Verlängerung ist vom normalen Wirkungszeitpunkt gem. § 559b Abs. 2 BGB aus zu berechnen und nicht vom Zugang der Erhöhungserklärung.

Die Verlängerung tritt zunächst ein, wenn der Vermieter dem Mieter die Mo- 23 dernisierungsmaßnahme nicht nach den Vorschriften des § 555c Absatz 1 und 3 bis 5 angekündigt hat. Damit wird sowohl der Fall erfasst, dass gar keine Modernisierungsankündigung erfolgt ist (BGH NJW 2011, 1220; NZM 2016, 46) oder dass die erklärte Ankündigung mangelhaft war. Die Modernisierungsankündigung muss die Voraussetzungen des § 555c Abs. 1 und Abs. 3 bis 5 erfüllen. Hat der Vermieter lediglich in der Modernisierungsankündigung den gem. § 555c Abs. 2 BGB als Soll-Vorschrift vorgesehenen Hinweis auf die Form und die Frist des Härteeinwands nach § 555d Absatz 3 Satz 1 unterlassen, so hat dies nur zur Folge, dass der Mieter seine Härtegründe auch noch später vortragen kann, der Wirkungszeitpunkt der Mieterhöhung wird hierdurch aber nicht verschoben. Zu einer Verschiebung führen eine Unterschreitung der 3 Monatsfrist und die Nichteinhaltung der Textform gem. § 555c Abs. 1 S. 1 BGB sowie inhaltliche Mängel der Ankündigung gem. § 555c Abs. 1 S. 2 Ziff. 1–3 BGB. Bei **Bagatellmaßnahmen** ist gem. § 555c Abs. 4 BGB eine Modernisierungsankündigung nicht erforderlich. Ihr Fehlen führt deshalb auch nicht zu einer Verschiebung des Wirkungszeitpunkts einer Erhöhungserklärung gem. § 559b Abs. 1 BGB (AG Rheine WuM 2008, 491).

Nach Ziff. 2 tritt auch dann ein, wenn zwar eine Mitteilung über die beabsich- 24 tigte Mieterhöhung erfolgte, aber die **tatsächliche Mieterhöhung** gegenüber dieser Mitteilung **um mehr als 10% nach oben abweicht.** Die Grenze wird berechnet aus der mitgeteilten neuen Miete in der Modernisierungsankündigung und nicht aus der ursprünglich gezahlten Miete.

Börstinghaus

IV. Abweichende Vereinbarungen, Abs. 3

25 Nach § 559b Abs. 3 sind abweichende Vereinbarungen zum Nachteil des Mieters unwirksam. Zur Frage wann eine Vereinbarung vorliegt und den allgemeinen Voraussetzungen siehe § 557 Rdn. 18. Unwirksam sind alle Vereinbarungen, die von den Voraussetzungen der § 559b Abs. 1 oder den Rechtsfolgen des § 559b Abs. 2 zum Nachteil des Mieters abweichen. Hierzu zählen
— Verzicht auf die Verpflichtung, vor Durchführung der Maßnahme auf die voraussichtliche Höhe der entstehenden Kosten und die sich daraus ergebende Mieterhöhung hinzuweisen;
— Verzicht auf die Textform oder Zugangserleichterung;
— Verzicht auf die Begründungs- und Erläuterungspflicht bezüglich der Mieterhöhung;
— Vereinbarung, dass die Mieterhöhung bereits bei Beginn der Baumaßnahme zu zahlen ist.

26 Zulässig sind hingegen zunächst Vereinbarungen, die für den Mieter nur günstig sind, also z. B. die Verlängerung des Wirkungszeitpunkts der Mieterhöhung, die Vereinbarung eines geringeren Prozentsatzes, die zeitliche Befristung einer Mieterhöhung nach § 559 BGB oder Vereinbarungen über die Berücksichtigung von Modernisierungen bei der Ermittlung der ortsüblichen Vergleichsmiete bei späteren Mieterhöhungen, z. B. dass zeitlich befristet eine bestimmte Ausstattung unberücksichtigt bleiben soll. Des Weiteren sind gerade im Zusammenhang mit Modernisierungsmaßnahmen Vereinbarungen über die Miethöhe gem. § 557 Abs. 1 möglich. Wird eine solche Vereinbarung nach Durchführung der Modernisierung geschlossen, bestehen gegen die Wirksamkeit keine Bedenken (AG Berlin-Mitte GE 1999, 1651). Möglich ist es auch, dass der Mieter vor Beginn der Modernisierung einer Mieterhöhung, um einen bestimmten Betrag zustimmt (AG Tiergarten GE 1999, 1651). Dann ist die Modernisierung zwar Anlass für die Mietabänderungsvereinbarung, sie ist aber unabhängig von der Modernisierung wirksam. Die Parteien können die Vereinbarung aber auch unter der aufschiebenden Bedingung der Beendigung der Modernisierung schließen. Unwirksam sind hingegen alle Vereinbarungen, nach denen sich der Mieter vor Beginn der Modernisierung verpflichtet, eine noch näher vom Vermieter nach der Höhe der Kosten zu ermittelnde erhöhten, Miete zu zahlen, oder sich vorher schon mit einer Mieterhöhung gem. § 559 einverstanden erklärt. Dies wäre ein unzulässiges einseitiges Leistungsbestimmungsrecht des Vermieters (LG Osnabrück WuM 1978, 10).

§ 559c Vereinfachtes Verfahren

(1) ¹**Übersteigen die für die Modernisierungsmaßnahme geltend gemachten Kosten für die Wohnung vor Abzug der Pauschale nach Satz 2 10000 Euro nicht, so kann der Vermieter die Mieterhöhung nach einem vereinfachten Verfahren berechnen.** ²**Als Kosten, die für Erhaltungsmaßnahmen erforderlich gewesen wären (§ 559 Abs. 2), werden pauschal 30 Prozent der nach Satz 1 geltend gemachten Kosten abgezogen.** ³**§ 559 Abs. 4 und § 559a Abs. 2 Satz 1 bis 3 finden keine Anwendung.**

(2) **Hat der Vermieter die Miete in den letzten fünf Jahren bereits nach Abs. 1 oder nach § 559 erhöht, so mindern sich die Kosten, die nach Abs. 1**

Satz 1 für die weitere Modernisierungsmaßnahme geltend gemacht werden können, um die Kosten, die in diesen früheren Verfahren für Modernisierungsmaßnahmen geltend gemacht wurden.

(3) ¹§ 559b gilt für das vereinfachte Verfahren entsprechend. ²Der Vermieter muss in der Mieterhöhungserklärung angeben, dass er die Mieterhöhung nach dem vereinfachten Verfahren berechnet hat.

(4) ¹Hat der Vermieter eine Mieterhöhung im vereinfachten Verfahren geltend gemacht, so kann er innerhalb von fünf Jahren nach Zugang der Mieterhöhungserklärung beim Mieter keine Mieterhöhungen nach § 559 geltend machen. ²Dies gilt nicht,
1. soweit der Vermieter in diesem Zeitraum Modernisierungsmaßnahmen aufgrund einer gesetzlichen Verpflichtung durchzuführen hat und er diese Verpflichtung bei Geltendmachung der Mieterhöhung im vereinfachten Verfahren nicht kannte oder kennen musste,
2. sofern eine Modernisierungsmaßnahme aufgrund eines Beschlusses von Wohnungseigentümern durchgeführt wird, der frühestens zwei Jahre nach Zugang der Mieterhöhungserklärung beim Mieter gefasst wurde.

(5) Für die Modernisierungsankündigung, die zu einer Mieterhöhung nach dem vereinfachten Verfahren führen soll, gilt § 555c mit den Maßgaben, dass
1. der Vermieter in der Modernisierungsankündigung angeben muss, dass er von dem vereinfachten Verfahren Gebrauch macht;
2. es der Angabe der voraussichtlichen künftigen Betriebskosten nach § 555c Abs. 1 Satz 2 Nummer 3 nicht bedarf.

Übersicht

	Rdn.
A. Übersicht	1
I. Inhalt und Zweck der Norm	1
II. Übergangsregelung – In-Kraft-Treten	3
B. Tatbestandsvoraussetzungen	4
I. Allgemeine Voraussetzungen	4
II. Die Höchstgrenze bei den Aufwendungen	5
III. Anrechnung früherer Mieterhöhungen	8
C. Rechtsfolgen	9
I. Die Modernisierungsankündigung	9
II. Die Modernisierungsmieterhöhung	11
III. Die Berechnung der Mieterhöhung	13
1. Die Pauschalierung der Instandsetzungskosten	13
2. Die Anrechnung von Kürzungsbeträgen	14
3. Der Verzicht auf den Härteeinwand	16
IV. Die Sperrwirkung für die Zukunft	19
1. Grundsatz	19
2. Nicht zu vertretende Maßnahmen	21
3. Der vermietende Wohnungseigentümer	24
4. Möglichkeiten nach Ablauf der Sperrfrist	25

§ 559c BGB Untertitel 2. Mietverhältnisse über Wohnraum

A. Übersicht

I. Inhalt und Zweck der Norm

1 Mit dem neu eingefügten § 559c BGB wollte der Gesetzgeber zum einen (Klein-)Vermietern formale Erleichterung sowohl bei der Modernisierungsankündigung gem. § 555c BGB wie auch bei der Modernisierungsmieterhöhung nach § 559ff. BGB einräumen und zum anderen Mieter schützen (dazu Hinz JR 2020, 275). Bei Maßnahmen, deren Kosten 10.000 Euro pro Wohnung nicht übersteigen, werden die Instandhaltungskosten mit 30% pauschaliert in Abzug gebracht. Bedeutsam ist, dass der Mieter sich nicht auf das Vorliegen eines wirtschaftlichen Härtefalls gem. § 559 Abs. 4 BGB berufen kann. Auf der anderen Seite enthalten die Vorschriften im Sinne eines Mieterschutzes auch Beschränkungen und zwar sowohl für die aktuelle Mieterhöhung wie auch für zukünftige Erhöhungen.

2 Die Höchstgrenze von 10.000 € gilt für Mieterhöhungen über einen Zeitraum von fünf Jahren. Darüber hinausgehende weitere Modernisierungsmieterhöhungen gem. § 559 BGB sind ausgeschlossen. Der Vermieter hat ein Wahlrecht, ob er die letztendlich kleineren formellen Erleichterungen durch die weitgehende Beschränkung für die Zukunft erkaufen will, oder ob er das normale Verfahren nach §§ 559, 559b BGB durchführt. Auch wenn die Vorschrift vom Gesetzgeber für Kleinvermieter geschaffen wurde, so ist sie nicht auf diesen Vermietertyp beschränkt.

II. Übergangsregelung – In-Kraft-Treten

3 Das vereinfachte Verfahren nach § 559c BGB ist auch auf bestehende Mietverhältnisse anwendbar. Es kann gem. Art. 229 § 49 Abs. 1 EGBGB vom Vermieter aber nur gewählt werden, wenn er die Modernisierung gem. § 555c BGB nach dem 31.12.2018 dem Mieter angekündigt hat.

B. Tatbestandsvoraussetzungen

I. Allgemeine Voraussetzungen

4 Es handelt sich bei dem neuen vereinfachten Verfahren um einen Unterfall des normalen Mieterhöhungsverfahrens nach einer Modernisierungsmaßnahme. Deshalb müssen alle Voraussetzungen des normalen Verfahrens vorliegen, soweit in § 559c BGB nicht etwas anderes geregelt ist. Es muss sich bei der Baumaßnahme vor allem um eine Modernisierungsmaßnahme gehandelt haben. Möglich ist das Verfahren auch bei einer modernisierenden Instandsetzung. Werden verschiedene trennbare Baumaßnahmen gleichzeitig durchgeführt, muss für jede Maßnahme untersucht werden, ob es sich um eine reine Erhaltungsmaßnahme gem. § 555a BGB handelt. In diesem Fall müssen die Kosten, die auf diese Maßnahmen entfallen, zunächst vollständig herausgerechnet werden.

II. Die Höchstgrenze bei den Aufwendungen

5 Da im vereinfachten Verfahren auf einen Teil des Mieterschutzes verzichtet wird, kann es vom Vermieter nach dem ausdrücklichen Wortlaut der Norm nur bei kleineren Modernisierungsmaßnahmen bis zu einem Investitionsvolumen von 10.000 €

je Wohnung gewählt werden. Der Vermieter kann das Verfahren auch wählen, wenn die Kosten tatsächlich mehr als 10.000 € pro Wohnung betragen, er aber nur 10.000 € für die Maßnahme geltend macht (Artz in: MünchKomm BGB/*Artz* § 559c BGB Rdn. 2).

Maßgeblich sind die Kosten, die auf die einzelne Wohnung entfallen, so dass bei 6 Modernisierungsmaßnahmen, die das ganze Haus betreffen, zunächst der auf die Wohnung entfallende Anteil zu ermitteln ist (*Mersson* DWW 2019, 324, 325).

Der **Höchstbetrag** muss nicht durch eine Mieterhöhung im vereinfachten Ver- 7 fahren verbraucht werden. Solange der Höchstbetrag nicht verbraucht ist, kann der Vermieter das Verfahren für weitere Mieterhöhungen gem. § 559c BGB bis zu einer Maximalhöhe von 10.000 € in 5 Jahren wählen (Differenzierend Mersson DWW 2019, 324, 325). Dabei ist es unerheblich, ob es sich bei der Mieterhöhung in den letzten 5 Jahren um eine solche im ordentlichen Verfahren nach §§ 559, 559b BGB oder im vereinfachten Verfahren nach § 559c BGB gehandelt hat. Wird der Höchstbetrag überschritten, kann nur der restliche Betrag bis zum Erreichen des Höchstbetrages von 10.000, – € geltend gemacht werden.

III. Anrechnung früherer Mieterhöhungen

Der Gesetzgeber wollte dem Vermieter mit dem vereinfachten Verfahren keine 8 zusätzliche Mieterhöhungsmöglichkeit einräumen. Das vereinfachte Verfahren tritt an die Stelle des normalen Verfahrens. Deshalb werden gem. § 559c Abs. 2 BGB die aufgewandten Kosten aller Modernisierungsmieterhöhungen der letzten fünf Jahre vor Zugang der Modernisierungsmieterhöhung im vereinfachten Verfahren vor Abzug der Instandhaltungskosten auf den Maximalbetrag von 10.000 € angerechnet. Wurde der Höchstbetrag schon durch Modernisierungsmieterhöhungen in den letzten 5 Jahren erreicht, ist eine Mieterhöhung gem. § 559c BGB ganz ausgeschlossen. Wurde der Höchstbetrag in den letzten 5 Jahren nicht erreicht, kann erstmals eine Mieterhöhung gem. § 559c BGB durchgeführt werden, jedoch reduziert sich der Höchstbetrag von 10.000, – € um die vormalig aufgewandten Kosten. Der Vermieter kann in diesem Fall aber auch, anders als in den Fällen des Auffüllens des nicht verbrauchten Höchstbetrages eine Mieterhöhung im ordentlichen Verfahren nach §§ 559, 559b vornehmen (Börstinghaus/Artz NZM 2019, 12, 20).

C. Rechtsfolgen

I. Die Modernisierungsankündigung

Die Entscheidung, ob das vereinfachte oder das normale Verfahren gewählt 9 wird, muss der Vermieter bereits bei **Abfassung der Modernisierungsankündigung** treffen (Artz in: MünchKomm BGB § 559c BGB Rdn. 12; Mersson DWW 2019, 324). Die Erleichterungen des vereinfachten Verfahrens kommen dem Vermieter gem. § 559c Abs. 5 Ziff. 1 BGB nur dann zu Gute, wenn er bereits in der Modernisierungsankündigung nach § 555c BGB angibt, vom vereinfachten Verfahren Gebrauch machen zu wollen. Anderenfalls bliebe für den Mieter verborgen, dass für das Schreiben reduzierte formale Anforderungen gelten. Die Mieterhöhung im vereinfachten Verfahren ist auch dann möglich, wenn der Vermieter in der Modernisierungsankündigung gem. § 555c BGB nicht darauf hingewiesen hat.

In diesem Fall kann der Mieter sich aber auf Härtegründe gegenüber der Mieterhöhung berufen.

10 Wählt der Vermieter das vereinfachte Verfahren, muss er nach § 559c Abs. 5 Ziff. 2 BGB die im normalen Verfahren nach § 555c Abs. 1 S 2 Nr. 3 BGB erforderliche Angabe zu den **voraussichtlichen künftigen Betriebskosten** in der Modernisierungsankündigung nicht machen. Für den Mieter sind mit dem Verzicht auf diese Angabe lediglich geringere Nachteile verbunden. Denn aufgrund der betragsmäßigen Begrenzung der Modernisierungen im vereinfachten Verfahren dürfte die eingesparten Betriebskosten nur sehr gering sein.

II. Die Modernisierungsmieterhöhung

11 Auch im vereinfachten Verfahren tritt die Mieterhöhung nicht automatisch in Kraft, sondern erfordert die Abgabe einer entsprechenden Gestaltungserklärung gem. § 559b BGB durch den Vermieter. Nach § 559c Abs. 3 BGB gilt § 559b BGB im vereinfachten Verfahren entsprechend. Der Vermieter muss in der Modernisierungsmieterhöhung angeben, dass diese im vereinfachten Verfahren erfolgt. Unterbleibt dies, ist die Erklärung unwirksam (Artz in: MünchKomm BGB § 559c BGB Rdn. 7). Das gilt aber nur dann, wenn der Vermieter die Vorteile dieses Verfahrens nutzen will, also vor allem bei Pauschalierung des Instandsetzungsanteils. Hat er, obwohl er in der Modernisierungsankündigung gem. § 555c BGB eine Modernisierung im vereinfachten Verfahren angekündigt hat, davon später Abstand genommen, und eine ordentliche Mieterhöhung gem. § 559b BGB vorgenommen, ist diese nur daran zu messen und deshalb nicht formell unwirksam. Dem Mieter muss die Gelegenheit gegeben werden, die Angaben des Vermieters nachzuvollziehen. Hierfür muss der Vermieter auch bei einer Mieterhöhung im vereinfachten Verfahren angeben, **(a)** welche Modernisierungsmaßnahmen er durchgeführt hat und **(b)** wie hoch die Kosten für diese Maßnahmen insgesamt waren. **(c)** Verteilen sich diese auf mehrere Wohnungen, so muss er nachvollziehbar berechnen, wie sich die Kosten auf die einzelnen Wohnungen verteilen.

12 **(d)** Werden verschiedene Maßnahmen durchgeführt, so muss er die Kosten auf die verschiedenen Maßnahmen nur dann aufteilen, wenn neben Modernisierungsmaßnahmen auch reine Instandhaltungsmaßnahmen durchgeführt worden sind (Mersson DWW 2019, 324, 327). Angaben zu den ersparten Instandhaltungskosten sind aber anders als bei einer Modernisierungsmieterhöhung gem. § 559b BGB aufgrund der Pauschale nach § 559c Abs. 2 BGB nicht erforderlich.

III. Die Berechnung der Mieterhöhung

13 **1. Die Pauschalierung der Instandsetzungskosten.** Gemäß § 559c Abs. 1 Satz 2 BGB sind für Instandhaltungskosten immer 30% der aufgewandten Kosten abzuziehen. Es handelt sich dabei **nicht um eine widerlegliche Vermutung,** so dass dem Vermieter die Möglichkeit verwehrt ist, sich auf das Fehlen jeglicher Instandsetzungsarbeiten oder eine niedrigere Quote zu berufen. In einem solchen Fall bleibt ihm nur die Möglichkeit, das „normale" Erhöhungsverfahren nach § 559 Abs. 1, § 559b BGB zu wählen.

14 **2. Die Anrechnung von Kürzungsbeträgen.** Eine weitere Vereinfachung betrifft den Abzug von Kürzungsbeträgen. Gem. § 559a BGB müssen Drittmittel bei einer Modernisierungsmieterhöhung abgezogen werden. Aus Vereinfachungsgründen wird im vereinfachten Verfahren **darauf teilweise verzichtet.** So muss

Vereinfachtes Verfahren **BGB § 559c**

der Zinsvorteil zinsvergünstigter oder zinsloser Darlehen gemäß § 559a Abs. 2 S 1 bis 3 BGB nicht in Abzug gebracht werden. Dieser würde in Anbetracht der maximal geförderten Investitionssumme von 10.000 Euro ohnehin nur einen sehr geringen Betrag ausmachen. Soweit der Vermieter **Zuschüsse** aus öffentlichen Haushaltsmitteln erhalten hat oder Dritte Kosten der Modernisierung übernommen haben, müssen diese gemäß § 559a Absatz 1 BGB bzw. § 559a Absatz 2 Satz 4 BGB **auch im vereinfachten Verfahren** von den aufgewendeten Kosten **abgezogen werden.** Hierzu zählen insbesondere auch Tilgungszuschüsse der Kreditanstalt für Wiederaufbau. Diese öffentlichen Fördermittel sollen auch dem Mieter zugutekommen.

Etwas anderes gilt aber bei einer während der Laufzeit des zinsverbilligten Darlehens erfolgten **Mieterhöhung auf die ortsübliche Vergleichsmiete.** In § 558 Abs. 5 BGB fehlt dieser Ausnahmetatbestand, da es ja auch keine Mieterhöhung auf die ortsübliche Vergleichsmiete im vereinfachten Verfahren gibt. 15

3. Der Verzicht auf den Härteeinwand. Hat der Vermieter das vereinfachte Verfahren gewählt, kann der Mieter sich nicht gem. § 559 Abs. 4 BGB auf das **Vorliegen einer finanziellen Härte** berufen. Bei einer ordentlichen Modernisierungsmieterhöhung nach §§ 559, 559b BGB kann dies zum vollständigen oder teilweisen Ausschluss der Mieterhöhungsmöglichkeit führen (BGH NZM 2019, 928). Der Gesetzgeber wollte auf diese Weise Planungssicherheit für den Vermieter schaffen. Wegen der maximal möglichen Mieterhöhung von 46,67 €/Monat sei eine unbillige wirtschaftliche Härte für den Mieter regelmäßig nicht zu erwarten. 16

Hat der Vermieter in der Modernisierungsankündigung darauf hingewiesen, dass er das vereinfachte Verfahren wählt, ist ein **Hinweis** auf die Geltendmachung wirtschaftlicher Härtegründe gem. § 555c Abs. 2 BGB **in der Modernisierungsankündigung** im vereinfachten Verfahren nicht erforderlich, da es den Einwand ja nicht gibt. Sind die aufgewandten Kosten anschließend doch höher als 10.000,– € oder nimmt der Vermieter von dem vereinfachten Verfahren bei der Modernisierungsmieterhöhung Abstand, z. B. weil er von einem niedrigeren Instandsetzungsanteil als 30% ausgeht, dann kann der Mieter den Härteeinwand noch gegenüber der Modernisierungsmieterhöhung entsprechend § 555d Abs. 3 S. 2 BGB nachholen. 17

Der Mieter kann sich aber gegenüber der Duldungspflicht gem. § 555d BGB auch im vereinfachten Verfahren auf Härtegründe die keine wirtschaftliche Härte darstellen, berufen (Artz in: MünchKomm BGB § 559c BGB Rdn. 5). 18

IV. Die Sperrwirkung für die Zukunft

1. Grundsatz. Wählt er das vereinfachte Verfahren, so sperrt dies für **fünf Jahre weitere Modernisierungsmieterhöhungen** gem. § 559 BGB. Nicht erfasst werden von dieser Sperre weitere Modernisierungsmieterhöhungen im vereinfachten Verfahren, um den Höchstbetrag von 10.000,– € auszuschöpfen. Dafür sprechen die teleologische und die historische Auslegung. Sinn und Zweck der Regelung ist, dass der Mieter im Gegenzug für den Verzicht auf Mieterschutzrechte die Sicherheit haben soll, in den nächsten fünf Jahren keine weiteren Mieterhöhungen aufgrund von Modernisierungsmaßnahmen zahlen zu müssen. Ob der Vermieter diese Gegenleistung für den Verzicht in einer Erklärung oder in mehreren Erklärungen geltend macht ist vom Sinn und Zweck her gleichgültig. Schließlich spricht auch ein systematisches Argument für die Auslegung. Nach § 559c Abs. 2 BGB 19

Börstinghaus 1363

§ 559c BGB   Untertitel 2. Mietverhältnisse über Wohnraum

werden auf den Höchstbetrag Mieterhöhungen im normalen und im vereinfachten Verfahren angerechnet, was auch nur dann Sinn macht, wenn in diesem Fall eine spätere Mieterhöhung überhaupt möglich ist. Deshalb kann der Vermieter auch innerhalb der Sperrfrist eine weitere Mieterhöhung nach § 559c BGB vornehmen, wenn er mit der vorangegangenen Erhöhung im vereinfachten Verfahren in den letzten 5 Jahren zusammen, den Höchstbetrag von 10.000,– € nur ausnutzt. Eine solche Mieterhöhung löst aber wieder eine neue fünfjährige Sperrfrist aus (Artz in: MünchKomm BGB § 559c BGB Rdn. 8).

20   Von diesem Grundsatz hat der Gesetzgeber jedoch zwei Ausnahmen zugelassen, bei denen innerhalb der Frist doch noch zusätzlich eine Modernisierungsmieterhöhung möglich sein soll:

21   **2. Nicht zu vertretende Maßnahmen.** Muss der Vermieter in den fünf Jahren nach Zugang der Mieterhöhung im vereinfachten Verfahren gem. § 559c BGB Modernisierungsmaßnahmen **aufgrund einer gesetzlichen Verpflichtung** durchzuführen, so kann er diese zum Gegenstand einer normalen Modernisierungsmieterhöhung gem. § 559 Abs. 1 BGB machen. Eine solche rechtliche Verpflichtung besteht etwa bei Modernisierungsmaßnahmen, die der Erfüllung sogenannter **Nachrüstpflichten** nach dem Gesetz zur Einsparung von Energie und zur Nutzung erneuerbarer Energien zur Wärme- und Kälteerzeugung in Gebäuden – Gebäudeenergiegesetz – GEG), insbesondere nach § 47 GEG, dienen. Hierbei handelt es sich um durch öffentlich-rechtliche Vorschriften zwingend vorgeschriebene Maßnahmen, denen sich der Vermieter nicht entziehen kann. Davon zu unterscheiden sind die sog. **bedingten Anforderungen** gem. § 48 GEG. Diese schreiben die Einhaltung bestimmter Wärmedurchgangskoeffizienten vor, wenn der Vermieter sich z. B. entscheidet Arbeiten an der Fassade durchzuführen. Hier befindet sich der Vermieter nicht in der gleichen Zwangslage wie bei zwingenden Nachrüstpflichten. Er führt die Arbeiten aus freiem Entschluss durch. Er hat es grundsätzlich in der Hand, ob er die Arbeiten in Angriff nimmt und damit die in § 47 GEG normierte Verpflichtung auslöst, eine Wärmedämmung anzubringen, die die Einhaltung eines bestimmten Wärmedurchgangskoeffizienten gewährleistet. Denn wenn die Durchführung solcher Arbeiten im freien Ermessen des Vermieters steht, bestimmt allein er, ob und wann er die in § 47 GEG vorgesehenen Pflichten zur Einhaltung eines bestimmten Wärmedurchgangskoeffizienten auslöst. Die beiden Gruppen sind dann wieder gleich zu behandeln, wenn die Durchführung der Arbeiten an dem Gebäude für den Vermieter unausweichlich geworden ist. Dies sei bei einer Erneuerung des Außenputzes anzunehmen, wenn die Putzfassade aufgrund altersbedingten Verschleißes oder aufgrund von auf sie einwirkenden schädigenden Ereignissen ersetzt werden muss und zudem der Mieter oder andere Mieter des Anwesens den Vermieter berechtigterweise auf Instandsetzung des Putzes oder auf Mietminderung in Anspruch nehmen beziehungsweise sich der Vermieter einer (bestandskräftigen) behördlichen Anordnung zur Behebung der Schäden ausgesetzt sieht. Es liegt in diesen Fällen beim Vermieter eine den Nachrüstungspflichten des GEG vergleichbare Zwangslage vor. Nur in diesem Fall kommt es auf die Bagatellgrenze des § 48 S. 2 GEG an. Nur wenn die zwingend zu sanierende Fläche weniger als 10% der Gesamtfläche ausmacht, entfällt die bedingte Anforderung und der Vermieter handelt wieder freiwillig (BGH NZM 2019, 928).

22   Dies gilt nur, wenn er diese gesetzliche Verpflichtung zur Modernisierung bei Geltendmachung der Mieterhöhung im vereinfachten Verfahren nicht kannte oder kennen musste. In der Praxis wird die Feststellung des genauen Zeitpunkts, wann

der Vermieter die gesetzliche Verpflichtung kannte oder gar kennen musste, häufig problematisch sein. Gerade bei strittigen politischen Themen kann der Vermieter nicht wissen, was am Ende ggf. als politischer Kompromiss herauskommt. Das Gesetz verlangt aber **positive Kenntnis**. Auch beim Kennenmüssen kommt es deshalb auf die Verpflichtung an und die Ahnung, dass etwas in der Richtung kommen könnte, genügt noch nicht. Für ein Kennenmüssen reicht deshalb zB die Vereinbarung im Koalitionsvertrag, in der kommenden Legislaturperiode eine bestimmte Regelung einzuführen, ebenso wenig wie ein Referenten- oder sogar Kabinettsentwurf. Ausreichend dürfte der Beschluss des Bundestages sein, so dass die Veröffentlichung im Bundesgesetzblatt nicht erforderlich ist.

Der Vermieter muss die Maßnahme in den kommenden 5 Jahren „durchführen müssen". Soweit die gesetzliche Verpflichtung Übergangsfristen enthält, müssen diese innerhalb der 5 Jahresfrist enden. Denn innerhalb der Übergangsfrist ist die Pflicht erfüllbar aber noch nicht fällig. Eine Mieterhöhung innerhalb der Sperrfrist ist in diesem Fall nicht möglich (BT-Drs. 19/4762 S. 32). Soweit die Verpflichtung zur Durchführung von Maßnahmen von weiteren Tatbestandsvoraussetzungen abhängt, z. B. die Veräußerung des Grundstücks, den reparaturbedingten Austausch eines Bauteils (Brenner) oder den Ausbau von Gebäudeteilen (Dachgeschoss, Fassade), hat es der Vermieter in der Hand, den Zeitpunkt zu bestimmen, wann die Handlungsverpflichtung entsteht. 23

3. Der vermietende Wohnungseigentümer. Der Vermieter einer Eigentumswohnung ist berechtigt auch innerhalb der fünfjährigen Sperrfrist nach einer Mieterhöhung im vereinfachten Verfahren eine ordentliche Mieterhöhung gem. § 559 BGB durchzuführen, sofern eine Modernisierungsmaßnahme aufgrund eines Beschlusses der Wohnungseigentümergemeinschaft durchgeführt wird. Einschränkend gilt, dass dieser Beschluss frühestens zwei Jahre nach Zugang der Mieterhöhungserklärung im vereinfachten Verfahren gefasst wurde. Der Beschluss darf erst 2 Jahre nach Zugang der Mieterhöhung im vereinfachten Verfahren gefasst worden sein. Ob der Beschluss später angefochten wurde, ist unerheblich. Anders als bei der ersten Alternative schadet ein „Kennen-müssen" hier nicht. 24

4. Möglichkeiten nach Ablauf der Sperrfrist. Nach Ablauf der fünfjährigen Sperrfrist darf der Vermieter eine Mieterhöhung gem. § 559 Abs. 1 BGB zumindest **für die Zukunft** auch für Maßnahmen, die innerhalb der fünfjährigen Sperrfrist durchgeführt wurden, **nachholen**. § 559c Abs. 4 S. 1 BGB spricht nur davon, dass der Vermieter innerhalb der Frist „keine Mieterhöhungen nach § 559 BGB geltend machen kann". Der Wortlaut der Vorschrift stellt gerade nicht auf den Zeitpunkt der Modernisierungsmaßnahme ab, sondern auf das „Geltendmachen". Ausgeschlossen ist also nur die Abgabe der Gestaltungserklärung. Der Mieter soll bei Durchführung einer Modernisierungsmieterhöhung im vereinfachten Verfahren fünf Jahre vor weiteren Erhöhungen geschützt werden, nicht mehr und nicht weniger. Eine Ausstrahlungswirkung einer Mieterhöhung in diesem Verfahren auf die Zeit nach Ablauf der Sperrfrist enthält die Vorschrift nicht. 25

Die Sperrwirkung des § 559c Abs. 4 BGB gilt nur für Mieterhöhungen gem. §§ 559 ff. BGB. **Mieterhöhungen auf die ortsübliche Vergleichsmiete** für den modernisierten Zustand der Wohnung gem. § 558 BGB werden nicht ausgeschlossen. Im Übrigen ist der Vermieter nicht verpflichtet das vereinfachte Verfahren mit den daraus folgenden Konsequenzen zu wählen. Er kann auch dann, wenn die tatbestandlichen Voraussetzungen des § 559c BGB vorliegen, das ordentliche Verfahren gem. §§ 559 ff. BGB wählen. 26

§ 559d Pflichtverletzungen bei Ankündigung oder Durchführung einer baulichen Veränderung

¹Es wird vermutet, dass der Vermieter seine Pflichten aus dem Schuldverhältnis verletzt hat, wenn
1. mit der baulichen Veränderung nicht innerhalb von zwölf Monaten nach deren angekündigtem Beginn oder, wenn Angaben hierzu nicht erfolgt sind, nach Zugang der Ankündigung der baulichen Veränderung begonnen wird,
2. in der Ankündigung nach § 555c Abs. 1 ein Betrag für die zu erwartende Mieterhöhung angegeben wird, durch den die monatliche Miete mindestens verdoppelt würde,
3. die bauliche Veränderung in einer Weise durchgeführt wird, die geeignet ist, zu erheblichen, objektiv nicht notwendigen Belastungen des Mieters zu führen, oder
4. die Arbeiten nach Beginn der baulichen Veränderung mehr als zwölf Monate ruhen.

²Diese Vermutung gilt nicht, wenn der Vermieter darlegt, dass für das Verhalten im Einzelfall ein nachvollziehbarer objektiver Grund vorliegt.

A. Übersicht

I. Inhalt und Zweck der Norm

1   Die Vorschrift ist durch das Mietrechtsanpassungsgesetz vom 18.12.2018 neu eingeführt worden. Ein Ziel dieses Gesetzgebungsvorhabens war nach dem Koalitionsvertrag die **Bekämpfung des sogenannten „Herausmodernisierens"**. Zugleich wurde durch das Mietrechtsanpassungsgesetz ein neuer Ordnungswidrigkeitentatbestand gegen das Herausmodernisieren in § 6 WiStG (Blank NZM 2019, 73; Börstinghaus/Krumm NZM 2018, 633) geschaffen. Er betrifft nur die 3. Variante des § 559d BGB. Zum Schadensersatzanspruch wegen „Herausmodernisierung" ausführlich Lehmann-Richter (WuM 2020, 258).

2   Die Vorschrift ist keine Anspruchsgrundlage. Sie enthält nur eine prozessuale Vermutung für pflichtwidriges Verhalten bei Verhaltensweisen in Zusammenhang mit der Ankündigung oder Durchführung baulicher Veränderungen Anspruchsgrundlage für Schadensersatzansprüche ist § 280 Abs. 1 BGB. Hier trägt der Mieter die Beweislast für die objektive Pflichtverletzung. Daneben kommen auch Ansprüche aus § 823 Abs. 2 BGB iVm § 6 WiStG in den Fällen der nachgewiesenen „Herausmodernisierungs-Absicht" in Betracht.

3   Die Vermutungsregelung beschränkt sich nach der amtlichen Überschrift nicht nur auf die Fälle des Herausmodernisierens. Erfasst werden jetzt alle „Pflichtverletzungen bei Ankündigung oder Durchführung einer baulichen Veränderung". Die Absicht des Vermieters, den Mieter zur Kündigung zu bewegen, ist nicht erforderlich. Deshalb kann der Mieter sich auf die Vermutungsregelung auch berufen, wenn er Schadensersatzansprüche gem. § 280 BGB im Zusammenhang mit einer pflichtwidrigen Ankündigung oder Durchführung von Baumaßnahmen beruft, z. B. weil

er wegen Unzumutbarkeit ins Hotel zieht oder sich anwaltlich beraten lässt. Sie gilt auch bei reinen Erhaltungsmaßnahmen (*Selk* NJW 2019, 329, 333; zweifelnd *Hinz* ZMR 2019, 645, 649). Die Vermutungsregelung gilt auch bei Unterlassungsansprüchen des Mieters gegen den Vermieter gem. § 1004 BGB. Sie gilt aber nicht bei schikanösem Verhalten, das nicht um Zusammenhang mit einer baulichen Veränderung steht, und auch den Mieter zum Auszug bewegen soll (Selk NJW 2019, 329, 333). Die Vorschrift gilt nur im Zivilverfahren. Dies ergibt sich bereits aus der Stellung der Vorschrift im BGB. Im Bußgeldverfahren gem. § 6 WiStG gilt die Norm nicht.

Es handelt sich um eine **widerlegliche Vermutung**. Der Mieter muss die **Vermutungsgrundlagen darlegen**. Erst wenn diese entweder unstreitig oder bewiesen sind, muss der Vermieter gegen den die Vermutungswirkung streitet, sie ggf. widerlegen und zwar gem. § 292 ZPO. Für diesen sog. **Beweis des Gegenteils** ist ein Vollbeweis erforderlich. Er ist dann geführt, wenn die Unwahrheit der vermuteten Tatsache voll bewiesen ist. Dies bezieht sich **nicht auf die Vermutungsgrundlagen**. Diese muss der Mieter beweisen. Der **Beweis des Gegenteils** bezieht sich auf die letztendlich zu beweisende Tatsache, also die schuldhafte Pflichtwidrigkeit im Zusammenhang mit der Durchführung der Baumaßnahme. 4

II. Übergangsregelung – In-Kraft-Treten

Die Vorschrift gilt auch für bei Inkrafttreten bereits bestehende Mietverhältnisse. Die Vermutungswirkung ist gem. Art. 229 § 49 Abs. 1 EGBGB aber nur anzuwenden auf ein Verhalten nach dem 31.12.2018. Das bedeutet, dass das Ganze zu beurteilende Verhalten erst ab dem 1.1.2019 stattgefunden haben muss. Es findet auch keine Zusammenrechnung von „Altverhalten" und neuerem Verhalten statt (**a. A.** Lützenkirchen MietRB 2019, 116, 117). Das gilt aber nur für die Anwendung der Vermutungswirkung. Schadensersatzansprüche können auch für Verhaltensweisen davor bestehen, nur gelten hier dann die allgemeinen Beweislastregeln. Gem. § 280 Abs. 1 S. 2 BGB muss der Vermieter sich aber hinsichtlich des Verschuldens entlasten. 5

B. Tatbestandsvoraussetzungen

I. Allgemeines

Die Vorschrift enthält 4 Varianten, bei deren Vorliegen widerleglich vermutet wird, dass eine Pflichtverletzung des Vermieters vorliegt. Alle 4 Varianten stehen im Zusammenhang mit baulichen Veränderungen, so dass andere Verhaltensweisen des Vermieters, z. B. schikanöse Kündigungen, die auch auf eine Kündigung des Mieters abzielen, nicht erfasst werden (Selk NJW 2019, 329, 333). Unerheblich ist, ob die benannten Verhaltensweisen durch den Vermieter selbst durchgeführt werden, von einem Hausverwalter veranlasst werden oder von den Bauhandwerkern verursacht werden. Die Formulierung insbesondere in Ziff. 3 spricht nur davon, dass die Veränderung „durchgeführt wird". Insofern unterscheidet sich der Wortlaut von § 6 WiStG, der denjenigen erfasst, „der […] die Veränderung durchführt". Soweit in der Vorschrift von baulichen Veränderungen die Rede ist, sind damit sowohl Modernisierungsmaßnahmen gem. § 555b BGB, Erhaltungsmaßnahmen gem. § 555a BGB, modernisierende Instandsetzungen aber auch Rückbaumaßnahmen (Demontage eines Müllschluckers, Rückbau von Stockwerken) gemeint. 6

II. Verzögerter Baubeginn (Ziff. 1)

7   Nach § 559d Ziff. 1 BGB wird vermutet, dass der Vermieter pflichtwidrig handelt, wenn mit der baulichen Veränderung nicht **innerhalb von zwölf Monaten** nach deren angekündigtem Beginn oder, wenn Angaben hierzu nicht erfolgt sind, nach Zugang der Ankündigung der baulichen Veränderung begonnen wird. Die Ankündigung einer Baumaßnahme, mit der nicht begonnen wird, lässt vermuten, dass die Arbeiten gar nicht ernsthaft beabsichtigt waren und nur deshalb angekündigt wurden, um den Mieter zur Kündigung zu veranlassen, um den massiven Belästigungen durch die Bauarbeiten und vor allem der erheblichen Mieterhöhung zu entgehen. Der Zeitraum von zwölf Monaten ist ausreichend weit gestaltet, um trotz sachgerechter Planung unvermeidbaren Verzögerungen Rechnung zu tragen. Die Frist beginnt bei einer Modernisierungsmaßnahme mit dem gem. § 555c Abs. 1 S. 2 Ziff. 2 BGB mitzuteilenden voraussichtlichen Baubeginn. Hat der Vermieter keinen Baubeginn mitgeteilt, beginnt die Frist mit Zugang der Modernisierungsankündigung.

III. Verdopplung der Miete (Ziff. 2)

8   Nach Ziff. 2 wird eine Pflichtverletzung des Vermieters vermutet, wenn er in der Ankündigung der Baumaßnahme gem. § 555c Abs. 1 S. 2 Ziff. 3 BGB eine zu erwartende Mieterhöhung angibt, durch die die monatliche Miete mindestens verdoppelt würde. Die Ankündigung einer **so erheblichen Mieterhöhung** soll nach den Vorstellungen des Gesetzgebers vermuten lassen, dass der Vermieter seine Pflicht zur ordnungsgemäßen Ermittlung einer nach Abschluss der Maßnahme erlaubten Mieterhöhung verletzt hat. Da die Ankündigung einer solchen Mieterhöhung zudem bei vielen Mietern Angst auslöst, sich die Miete zukünftig nicht mehr leisten zu können, dürfte regelmäßig ein vorhersehbarer kausaler Zusammenhang zwischen einer solchen Ankündigung und der Beendigung des Mietverhältnisses durch den Mieter bestehen. Auf die absolute Höhe der Miete für die Wohnung oder pro Quadratmeter kommt es dabei nicht an. In § 555c Abs. 1 S. 2 Ziff. 3 BGB wird der Vermieter verpflichtet die zu erwartende Höhe der Miete und die voraussichtlichen Betriebskosten mitzuteilen. Da das BGB vom Modell der **Inklusivmiete** ausgeht kommt es auf eine Verdoppelung der Grundmiete inkl. der Betriebskostenvorauszahlungen an. Dabei sind auch Betriebskostensenkungen durch eine energetische Modernisierung zu berücksichtigen. Umgedreht können auch erhebliche Betriebskostensteigerungen, z.B. bei Einbau einer Fahrstuhlanlage, zu berücksichtigen sein.

IV. Schikanöse Durchführung (Ziff. 3)

9   Ferner wird eine Pflichtverletzung vermutet, wenn die Baumaßnahme in einer Weise durchgeführt wird, die geeignet ist, zu erheblichen, objektiv nicht notwendigen Belastungen des Mieters zu führen. Die Vermutung greift nur dann ein, wenn eine Baumaßnahme in einer Art und Weise durchgeführt wird, die das nach einem regulären Bauablauf Erforderliche deutlich überschreitet und wenn hierdurch erhebliche, **objektiv nicht notwendige Belastungen** für den Mieter entstehen. Erfasst werden sollen mit der Alternative vor allem leider in der Vergangenheit vorgekommene schikanöse Vorgehensweisen einzelner Vermieter. Beispielhaft nennt die Gesetzbegründung das mehrmonatige Verhängen der Fenster mit einer blickdichten Plane, ohne dass im zeitlichen Anschluss überhaupt bauliche Maßnahmen

durchgeführt werden, für die eine solche Plane notwendig ist. Als schikanös kann auch gelten die Durchführung von besonders lärmintensiven Maßnahmen, die ohne erkennbaren Grund überwiegend zur Unzeit (sehr früh morgens und/oder spät abends) ausgeführt werden, oder das längerfristige Abstellen von Frischwasser oder Strom. Auch die Missachtung der grundlegendsten Sicherheitsstandards, wie das nicht bloß kurzfristige Aushängen der Haustür, wird vom Gesetzgeber als Verhaltensweise aufgezählt, die den neuen Vermutungstatbestand erfüllen soll. Erforderlich sind, wie der Wortlaut deutlich zum Ausdruck bringt, erhebliche, objektiv nicht notwendige Belastungen des Mieters. Daraus folgt, dass die Schwelle hoch ist, so dass an die Beeinträchtigungen auf Mieterseite hohe Anforderungen zu stellen sind (Blank NZM 2019, 73 (74)). Hierzu kann auch ein vom Bauherren geduldetes rüpelhaftes Benehmen der Bauarbeiter oder das Lagern von Bauschutt über längere Zeit in der Mietwohnung oder im Zugangsbereich zählen (Blank NZM 2019, 73, 74).

Da die Maßnahme nur „geeignet sein muss" zu Belastungen des Mieters zu führen, ist eine **konkrete Beeinträchtigung** des Mieters **nicht erforderlich** (*Blank* NZM 2019, 73, 74). Deshalb kann die Vermutungswirkung auch verwirklicht sein, wenn der Mieter sich gar nicht in der Wohnung aufhält, also z. B. im Urlaub ist oder wegen der Arbeiten zeitweise ausgezogen ist. In diesem Fall sind aber an den Gegenbeweis gem. § 292 ZPO keine zu hohen Anforderungen zu stellen. Der Vermieter, der weiß, dass der Mieter unter der konkreten Bauausführung nicht leidet, weil er ortsabwesend ist, muss die sonst erforderliche Rücksicht nicht aufbringen. **10**

Eine zeitliche Grenze enthält der Vermutungstatbestand der Ziff. 3 anders als die beiden in Ziff. 1 und 4 aufgeführten Verhaltensweisen nicht. Die erhebliche Belastung muss also weder über 12 Monate noch für die Dauer der gesamten Baumaßnahme bestanden haben. Die Dauer der Belastung ist aber bei der Frage, ob die Belastung erheblich ist, zu berücksichtigen. **11**

V. Ruhen der Arbeiten (Ziff. 4)

Nach Ziff. 4 wird auch bei einem **12-monatigen Baustillstand** eine Pflichtwidrigkeit vermutet. Ein solche Baustillstand lässt vermuten, dass die Arbeiten gar nicht ernsthaft beabsichtigt waren und nur deshalb begonnen wurden, um den Mieter zur Kündigung zu veranlassen oder ihn sonst zu schädigen. Die Frist beginnt mit der letzten baulichen Maßnahme Schwierig ist die Feststellung des genauen Termins. Die Tatsache des Baustillstandes wird dem Mieter erst mit einiger zeitlichen Verzögerung bewusst werden. Oft „versanden" die Arbeiten langsam. Darlegungs- und beweispflichtig ist für die Vermutungsgrundlagen ist der Mieter. Ggf. kann er vom Vermieter die Vorlage des Bautagebuchs verlangen. Werden die Arbeiten wieder kurzfristig aufgenommen, beginnt jeweils eine neue Frist. Das gilt aber nicht für Nebentätigkeiten von untergeordneter Bedeutung, wie zB Reinigungsarbeiten (Lützenkirchen MietRB 2019, 116, 121). In ganz extremen Einzelfällen, wenn dies erkennbar nur geschieht, um den Vermutungstatbestand nicht eintreten zu lassen, kann ein **Umgehungsgeschäft** vorliegen. In diesem Fall tritt keine Unterbrechungswirkung ein. Die Anforderungen daran sind aber sehr hoch. **12**

C. Rechtsfolgen

13 Sind die Vermutungsgrundlagen unstreitig oder hat der Mieter sie bewiesen, so wird gem. Satz 1 vermutet, dass der Vermieter eine **Pflichtwidrigkeit** iSd § 280 BGB des Mietverhältnisses begangen hat. Bei § 559 d BGB handelt um eine **Tatsachenvermutung** nämlich die objektive Pflichtwidrigkeit des Vermieterverhaltens. Das **Verschulden** des Vermieters wird gem. § 280 Abs. 1 S. 2 BGB wiederum widerleglich vermutet.

14 Die **Vermutungsgrundlagen** muss im Schadensersatz- oder ggf. auch Unterlassungsprozess derjenige **darlegen** und ggf. auch **beweisen,** der sich auf die Vermutungswirkung berufen will. Hinsichtlich der **Vermutungsgrundlagen** ist ein **Vollbeweis** zu erbringen. Das ist im vorliegenden Fall regelmäßig der Mieter. Erst wenn die Vermutungsgrundlagen festgestellt worden sind, dann tritt die Rechtsfolge also die **Vermutungsfolge** ein. Das ist hier die Pflichtwidrigkeit.

15 Erst wenn die **Vermutungsgrundlagen feststehen,** muss der Vermieter sie widerlegen und zwar gem. § 292 ZPO. Das ist etwas anderes als das Bestreiten der Vermutungsgrundlagen. Der Beweis des Gegenteils betrifft den Grund für die Verzögerung oder Belästigung. Er ist erbracht, wenn der Vermieter darlegt, dass für das Verhalten im Einzelfall ein nachvollziehbarer objektiver Grund vorliegt. Der Vermieter kann beispielsweise die Vermutung schon dadurch widerlegen, dass er darlegt, dass die deutliche Verzögerung des Baubeginns nicht auf ihn zurückzuführen ist bzw. von ihm nicht zu verantworten ist. Dies ist z. B. der Fall, wenn der Vermieter aus nachvollziehbaren Gründen von einer ernsthaft geplanten Maßnahme Abstand genommen hat, beispielsweise aufgrund der Veränderung seiner eigenen finanziellen Situation, wegen der Vorrangigkeit anderer Maßnahmen, oder wenn die Maßnahme sich z. B. wegen Verzögerungen in Genehmigungsverfahren oder wegen der schlechten Verfügbarkeit von Handwerkern zeitlich verschoben hat. Die Vermutung nach Nr. 2 kann Vermieter dadurch widerlegt werden, dass nachvollziehbar dargelegt wird, dass die angekündigte Maßnahme Kosten erfordert, die zu einer solchen Mieterhöhung führen können.

16 Der Mieter ist hinsichtlich der Höhe des **Schadens** darlegungs- und beweispflichtig. Zum Schaden können gehören, die Kosten eines Umzugs, die An- und Abmeldekosten für die Wohnung und aller Versorgungs- und Kommunikationsanschlüsse, die Kosten der Einlagerung von Gegenständen, Ersatz für beschädigte Gegenstände, aber auch höhere Fahrtkosten zur und von der Arbeitsstelle sowie ggf. auch ein Mietdifferenzschaden. Wie lange dieser zu zahlen ist, ist eine Frage des Einzelfalles (Siegmund WuM 2017, 613).

Anhang zu § 559d BGB

Gesetz zur Neuregelung gesetzlicher Vorschriften zur Mietenbegrenzung

Vom 11.2.2020
GVBl 2020, 50 vom 22.2.2020

Artikel 1
Gesetz zur Mietenbegrenzung im Wohnungswesen in Berlin (MietenWoG Bln)

Erster Abschnitt
Allgemeine Bestimmungen

§ 1 Anwendungsbereich

Dieses Gesetz gilt für Wohnraum mit Ausnahme
1. von Wohnraum des öffentlich geförderten Wohnungsbaus,
2. von Wohnraum, für den Mittel aus öffentlichen Haushalten zur Modernisierung und Instandsetzung gewährt wurden und der einer Mietpreisbindung unterliegt,
3. von Wohnraum, der ab dem 1. Januar 2014 erstmalig bezugsfertig wurde oder im Einzelfall sonst dauerhaft unbewohnbarer und unbewohnter ehemaliger Wohnraum, der mit einem dem Neubau entsprechenden Aufwand zu Wohnzwecken wiederhergestellt wird,
4. von Wohnraum in einem Wohnheim und
5. von Wohnraum, den eine juristische Person des öffentlichen Rechts oder ein anerkannter privater Träger der Wohlfahrtspflege zur Überlassung an Personen mit dringendem Wohnbedarf, mit Pflege- oder Teilhabebedarf mietet oder vermietet.

§ 2 Zuständigkeit, Aufgaben und Befugnisse

(1) Aufgaben nach § 5 werden von der für das Wohnungswesen zuständigen Senatsverwaltung durchgeführt. Die Durchführung der Aufgaben nach den §§ 7 bis 9 obliegt der Investitionsbank Berlin. Im Übrigen obliegt die Durchführung der Aufgaben nach diesem Gesetz den Bezirksämtern.

(2) Die Bezirksämter überwachen die Einhaltung der Vorschriften dieses Gesetzes, soweit nicht nach Absatz 1 andere Behörden für die Durchführung zuständig sind. Sie können von Amts wegen alle Maßnahmen treffen, die zur Umsetzung dieses Gesetzes erforderlich sind.

(3) Die nach diesem Gesetz zuständigen Stellen sind befugt, personenbezogene Daten zu verarbeiten und insbesondere einander zu übermitteln, soweit dies zur Erfüllung ihrer Aufgaben nach diesem Gesetz erforderlich ist. Darüber hinaus sind sie ermächtigt, Mieterinnen und Mietern auch jenseits eines konkreten Verwaltungsverfahrens Auskunft über die nach diesem Gesetz zulässige Miethöhe zu erteilen.

Mieterinnen, Mieter, Vermieterinnen und Vermieter sowie die für diese handelnden Personen sind verpflichtet, der zuständigen Stelle auf Verlangen die zur Einhaltung der Vorschriften dieses Gesetzes erforderlichen Auskünfte zu erteilen und Unterlagen vorzulegen.

(4) Die für das Wohnungswesen zuständige Senatsverwaltung wird ermächtigt, Ausführungsvorschriften für die Anwendung dieses Gesetzes zu erlassen.

Zweiter Abschnitt
Zulässige Miethöhe und Preiserhöhungsverbot

§ 3 Mietenstopp

(1) Vorbehaltlich der nachfolgenden Regelungen ist eine Miete verboten, die die am 18. Juni 2019 (Stichtag) wirksam vereinbarte Miete überschreitet. Wurde vertraglich eine Staffel- oder Indexmiete vereinbart, ist die zu diesem Stichtag geschuldete Miete maßgeblich. Mängelbedingte Mietminderungen bleiben außer Betracht. Vermieterinnen und Vermieter haben den Mieterinnen und Mietern unaufgefordert vor Abschluss eines neuen Mietvertrages und jederzeit auf Verlangen der Mieterinnen und Mieter oder des zuständigen Bezirksamtes die zum Stichtag vereinbarte oder geschuldete Miete schriftlich oder elektronisch mitzuteilen.

(2) Wurde Wohnraum, der zum Stichtag noch nie als Wohnraum vermietet war, zwischen dem Stichtag und dem Tag des Inkrafttretens dieses Gesetzes erstmalig vermietet, so ist die wirksam vereinbarte Miete für das Verbot nach Absatz 1 maßgeblich. Wird Wohnraum nach dem Stichtag wiedervermietet und besteht dieses Mietverhältnis zum Zeitpunkt des Inkrafttretens des Gesetzes fort, so ist diese wirksam vereinbarte Miete für das Verbot nach Absatz 1 maßgeblich.

(3) Beträgt die nach Absatz 1 und 2 zulässige Miete weniger als 5,02 Euro je Quadratmeter Wohnfläche monatlich und weist die Wohnung zwei Merkmale nach § 6 Absatz 3 auf, erhöht sich die nach diesem Gesetz zulässige Miete bei Wiedervermietung um 1 Euro, höchstens jedoch auf 5,02 Euro je Quadratmeter Wohnfläche monatlich.

(4) Die durch Absatz 1 und 2 festgeschriebenen Höchstwerte erhöhen sich ab dem 1. Januar 2022 jährlich um den Prozentsatz der seit dem Stichtag eingetretenen und durch das Statistische Bundesamt zum 31. Dezember des Vorjahres festgestellten Inflation, höchstens jedoch um 1,3 Prozent. Dies gilt nicht, wenn dadurch die Obergrenzen nach § 6 überschritten werden. Die für das Wohnungswesen zuständige Senatsverwaltung stellt den maßgeblichen Prozentsatz durch Rechtsverordnung fest.

(5) Miete im Sinne dieses Gesetzes ist die Nettokaltmiete einschließlich aller Zuschläge.

§ 4 Mietobergrenzen

Wird Wohnraum nach Inkrafttreten dieses Gesetzes wieder vermietet oder wird Wohnraum, der zuvor noch nie als Wohnraum vermietet war, erstmalig vermietet, ist unbeschadet der Regelungen des § 3 für dieses und alle nachfolgenden Mietverhältnisse eine Miete verboten, welche die Mietobergrenzen überschreitet, die sich aus den §§ 6 und 7 ergeben.

§ 5 Überhöhte Mieten

(1) Eine überhöhte Miete im Sinne dieses Gesetzes ist verboten. Eine Miete ist überhöht, soweit sie die nach Berücksichtigung der Wohnlage bestimmte Mietobergrenze aus den §§ 6 oder 7 Absatz 1 um mehr als 20 Prozent überschreitet und nicht nach § 8 genehmigt ist. Zur Berücksichtigung der Wohnlage sind bei einfachen Wohnlagen 0,28 Euro und bei mittleren Wohnlagen 0,09 Euro von der Obergrenze abzuziehen. Bei guten Wohnlagen sind 0,74 Euro auf die Mietobergrenze aufzuschlagen.

(2) Die für das Wohnungswesen zuständige Senatsverwaltung überwacht die Einhaltung des Verbots nach Absatz 1. Sie kann von Amts wegen alle Maßnahmen treffen, die insoweit zur Durchsetzung erforderlich sind.

(3) Die für das Wohnungswesen zuständige Senatsverwaltung wird ermächtigt, die Wohnlagezuordnung durch Rechtsverordnung festzusetzen.

§ 6 Mietentabelle

(1) Obergrenzen zur Bestimmung der monatlich zulässigen Miete ergeben sich in Abhängigkeit von der Wohnfläche einer Wohnung nach Maßgabe der folgenden Tabelle:

Nummer	Erstmalige Bezugsfertigkeit der Wohnung und Ausstattung	Mietpreis pro Quadratmeter
1.	bis 1918 mit Sammelheizung und mit Bad	6,45 Euro
2.	bis 1918 mit Sammelheizung oder mit Bad	5,00 Euro
3.	bis 1918 ohne Sammelheizung und ohne Bad	3,92 Euro
4.	1919 bis 1949 mit Sammelheizung und mit Bad	6,27 Euro
5.	1919 bis 1949 mit Sammelheizung oder mit Bad	5,22 Euro
6.	1919 bis 1949 ohne Sammelheizung und ohne Bad	4,59 Euro
7.	1950 bis 1964 mit Sammelheizung und mit Bad	6,08 Euro
8.	1950 bis 1964 mit Sammelheizung oder mit Bad	5,62 Euro
9.	1965 bis 1972 mit Sammelheizung und mit Bad	5,95 Euro
10.	1973 bis 1990 mit Sammelheizung und mit Bad	6,04 Euro
11.	1991 bis 2002 mit Sammelheizung und mit Bad	8,13 Euro
12.	2003 bis 2013 mit Sammelheizung und mit Bad	9,80 Euro

(2) Liegt der Wohnraum in Gebäuden mit nicht mehr als zwei Wohnungen, erhöht sich die Mietobergrenze nach Absatz 1 um 10 Prozent.

(3) Für Wohnraum mit moderner Ausstattung erhöht sich die Mietobergrenze nach Absatz 1 um 1 Euro. Eine moderne Ausstattung liegt vor, wenn der Wohnraum wenigstens drei der folgenden fünf Merkmale aufweist:
1. schwellenlos von der Wohnung und vom Hauseingang erreichbarer Personenaufzug,
2. Einbauküche,
3. hochwertige Sanitärausstattung,
4. hochwertiger Bodenbelag in der überwiegenden Zahl der Wohnräume,
5. Energieverbrauchskennwert von weniger als 120 kWh/(m^2 a).

(4) Vermieterinnen und Vermieter haben den Mieterinnen und Mietern unaufgefordert innerhalb von zwei Monaten nach Inkrafttreten dieses Gesetzes Auskunft über die zur Berechnung der Mietobergrenze maßgeblichen Umstände zu erteilen. Die gleiche Pflicht trifft die Vermieterinnen und Vermieter neuen Mieterinnen und

Mietern gegenüber vor Vertragsabschluss. Der für das Wohnungswesen zuständigen Senatsverwaltung gegenüber ist auf deren Verlangen in jedem Fall diese Auskunft zu erteilen.

(5) Die für das Wohnungswesen zuständige Senatsverwaltung ist verpflichtet, die Obergrenzen zur Bestimmung der monatlich zulässigen Miete in Absatz 1 nach Ablauf von jeweils zwei Jahren nach dem Inkrafttreten dieses Gesetzes zum Zwecke der Anpassung an die allgemeine Reallohnentwicklung im Land Berlin durch Rechtsverordnung fortzuschreiben.

§ 7 Miete nach Modernisierung

(1) Erhöhen Vermieterinnen und Vermieter nach Inkrafttreten dieses Gesetzes nach durchgeführter Modernisierung
1. auf Grund einer gesetzlichen Verpflichtung,
2. zur Wärmedämmung der Gebäudehülle, der Kellerdecke, der obersten Geschossdecke oder des Daches,
3. zur Nutzung erneuerbarer Energien,
4. zur energetischen Fenstererneuerung,
5. zum Heizanlagenaustausch mit Heizanlagenoptimierung,
6. zum Aufzugsanbau oder
7. zum Abbau von Barrieren durch Schwellenbeseitigung, Türverbreiterung oder Badumbau

die Miete, so ist dies der Investitionsbank Berlin elektronisch oder schriftlich anzuzeigen. Im Fall von Modernisierungsmaßnahmen im Sinne von Satz 1 erhöht sich die zulässige Miete gemäß § 3 und § 6 um nicht mehr als 1 Euro pro Quadratmeter. Auch im Falle mehrfacher Modernisierung im Geltungszeitraum dieses Gesetzes darf sich die nach diesem Gesetz zulässige Miete insgesamt dadurch um nicht mehr als 1 Euro pro Quadratmeter erhöhen.

(2) Absatz 1 gilt entsprechend für Modernisierungsmaßnahmen, die zwischen dem Stichtag und dem Inkrafttreten des Gesetzes erfolgt sind. Die Mieterhöhung ist ab Inkrafttreten des Gesetzes zulässig, wenn die Anzeige innerhalb von drei Monaten nach diesem Zeitpunkt erfolgt.

§ 8 Härtefälle

(1) Die Investitionsbank Berlin kann zur Vermeidung einer unbilligen Härte auf Grund dieses Gesetzes auf Antrag der Vermieterinnen und Vermieter für das laufende Mietverhältnis sowie alle nachfolgenden Mietverhältnisse eine höhere als die nach den §§ 3 bis 6 zulässige Miete genehmigen, soweit dies aus Gründen, die nicht im Verantwortungsbereich der Vermieterinnen und Vermieter liegen, erforderlich ist. Im Verantwortungsbereich der Vermieterinnen und Vermieter können dabei zum Beispiel liegen: Wertsteigerungserwartungen, Renditeerwartungen, Finanzierungskosten außerhalb des Marktüblichen, Ertragserwartungen, denen auch unabhängig von diesem Gesetz überhöhte Mieten zugrunde liegen, Verluste, die durch die Aufteilung in Wirtschaftseinheiten entstehen.

(2) Eine unbillige Härte liegt insbesondere vor, wenn die Beibehaltung der nach den §§ 3 bis 6 zulässigen Miete auf Dauer zu Verlusten für die Vermieterinnen und Vermieter oder zur Substanzgefährdung der maßgeblichen Wirtschaftseinheit führen würde. Ein Verlust liegt vor, wenn die laufenden Aufwendungen die Erträge für die maßgebliche Wirtschaftseinheit übersteigen. Eine Substanzgefährdung ist ge-

geben, wenn Erträge aus der Wirtschaftseinheit für ihre Erhaltung nicht mehr ausreichen. Eine Wirtschaftseinheit ist eine einzelne Wohnung, wenn an dieser Wohnungseigentum besteht, ein Gebäude oder mehrere Wohnungen oder Gebäude, wenn diese gemeinsam bewirtschaftet werden und in einem unmittelbaren räumlichen Zusammenhang stehen.

(3) Die für das Wohnungswesen zuständige Senatsverwaltung wird ermächtigt, durch Rechtsverordnung die für einen Härtefall maßgeblichen Kriterien näher zu bestimmen.

**Dritter Abschnitt
Ergänzende Vorschriften und Schlussbestimmungen**

§ 9 Mietzuschuss

Wird nach § 8 eine Miete genehmigt, die die Mietobergrenze nach § 6 überschreitet, können die Mieterinnen und Mieter einen Mietzuschuss entsprechend den Bestimmungen des § 2 des Wohnraumgesetzes Berlin vom 1. Juli 2011, das zuletzt durch Gesetz vom 20. Juli 2017 (GVBl. S. 380) geändert worden ist, bei der Investitionsbank Berlin beantragen. Der Mietzuschuss darf höchstens dem die Mietobergrenze überschreitenden Betrag entsprechen.

§ 10 Rechtsbehelfe

(1) Ein Vorverfahren nach § 68 der Verwaltungsgerichtsordnung ist auch dann erforderlich, wenn ein Verwaltungsakt nach diesem Gesetz von der für das Wohnungswesen zuständigen Senatsverwaltung erlassen worden ist.

(2) Rechtsbehelfe gegen Maßnahmen und Entscheidungen nach diesem Gesetz haben keine aufschiebende Wirkung. Die für das Wohnungswesen zuständige Senatsverwaltung entscheidet über den Widerspruch gegen einen auf Grundlage dieses Gesetzes erlassenen Verwaltungsakt und damit verbundene Maßnahmen der Verwaltungsvollstreckung.

§ 11 Ordnungswidrigkeiten

(1) Ordnungswidrig handelt, wer vorsätzlich oder fahrlässig
1. seiner Pflicht zur Mitwirkung nach § 2 Absatz 3 Satz 3 nicht, nicht richtig oder nicht vollständig nachkommt,
2. seiner Pflicht zur Mitteilung nach § 3 Absatz 1 nicht, nicht richtig oder nicht vollständig nachkommt,
3. die Auskunft nach § 6 Absatz 4 nicht, nicht richtig oder nicht vollständig erteilt,
4. ohne erforderliche Genehmigung nach § 8 eine höhere als die nach den §§ 3 bis 7 zulässige Miete fordert oder entgegennimmt oder
5. entgegen § 7 die Erhöhung nicht, nicht richtig, nicht vollständig oder nicht rechtzeitig anzeigt.

(2) Die Ordnungswidrigkeit kann mit einer Geldbuße bis zu 500.000 Euro geahndet werden.

**Artikel 4
Inkrafttreten, Außerkrafttreten**

(1) Dieses Gesetz tritt vorbehaltlich des Satzes 2 am Tag nach der Verkündung im Gesetz- und Verordnungsblatt für Berlin in Kraft. Artikel 1 § 5 tritt neun Monate nach der Verkündung in Kraft.

(2) Artikel 1 tritt fünf Jahre nach seinem Inkrafttreten außer Kraft. Artikel 1 §§ 1 bis 11 sind auch nach dem Außerkrafttreten anzuwenden, soweit und solange sie Wirkung für den Geltungszeitraum dieses Gesetzes entfalten.

I. Verfassungswidrigkeit der Normen

1   Angestoßen wurde das Gesetzgebungsvorhaben durch einen Aufsatz eines Mitarbeiters der Berliner Senatsverwaltung (Weber JZ 2018, 1022). Ausgangspunkt der Überlegungen ist das „Übergangsgesetz über Preisbildung und Preisüberwachung – **Preisgesetz vom 10.4.1948**". Danach können „die für die Preisbildung zuständigen Stellen Anordnungen und Verfügungen erlassen, durch die Preise, Mieten, Pachten, Gebühren und sonstige Entgelte für Güter und Leistungen jeder Art, ausgenommen Löhne, festgesetzt oder genehmigt werden, oder durch die der Preisstand aufrechterhalten werden soll." Das war ein **Bundesgesetz**. Für die verfassungsrechtliche Frage (mit)entscheidend ist die Frage, wer jetzt zuständig iSd Gesetzes ist. Das richtet sich bekanntlich nach der Zuständigkeitsverteilung des Grundgesetzes (GG). Nach der bis 31.8.2006 gültigen Fassung des Art 74 GG erstreckt sich die **konkurrierende Gesetzgebung** auch auf das Wohnungswesen. Zum 1.9.2006 ist durch die **Föderalismusreform** diese Zuständigkeit teilweise verschoben worden. Für das Wohnungswesen sind jetzt die Länder zuständig. Damit war ursprünglich der gesamte Bereich des öffentlich geförderten Wohnungsbaus gemeint. Strittig ist jetzt, ob auch die Zuständigkeit für das Preisgesetz auf die Länder übergegangen ist und die Länder öffentlich-rechtliche Mietpreisbeschränkungen erlassen dürfen oder ob der Bund hierfür weiter zuständig ist, weil Regelungen zur Miethöhe insgesamt zum bürgerlichen Recht gem. Art. 74 Ziff. 1 GG gehören und der Bund hier abschließend durch die Regelungen über die Beschränkung der Wiedervermietungsmiete tätig geworden ist. Es gibt mindestens 8–9 Gutachten zu der Frage (Abgeordnetenaus-Plen.-Prot. 18/48, 5712). Der wissenschaftliche Dienst des Deutschen Bundestages hat in zwei Gutachten eine Gesetzgebungskompetenz der Länder verneint (WD 3-3000-029/19 [5.2.2019] und WD 3-3000-017/19 [11.2.2019]; ebenso Dünchheim GuG 2019, 208; Beuermann GE 2019, 164; Herrlein/Tuschl NZM 2020, 217; Beck in Hdb zum Berliner Mietendeckel und zum Mietspiegel 2019 (2020) Seite 301 ff und Gutachten von PräsBVerfG a. D. Papier für den GdW), ein von der SPD-Fraktion im Berliner Abgeordnetenhaus eingeholtes Gutachten kommt zu einem anderen Ergebnis (so auch Putzer NVwZ 2019, 283). Auch die SPD-Fraktion in der Berliner Abgeordnetenhaus hat erhebliche Bedenken gegen die Vorschläge (GE 2019, 995). Die verfassungsrechtliche Frage ist also umstritten, auch wenn wohl überwiegend die Auffassung vertreten wird, dass der Berliner Senat keine Kompetenz für eine solche Regelung hat. Eine Darstellung aller vertretener Meinungen und eine Bewertung befindet sich bei Herrlein/Tuschl (NZM 2020, 217, 226). Der Berliner Gesetzgeber hat fast zwanghaft versucht den Eindruck zu vermeiden, es handele sich um Regelungen

des Privatrechts, das mit dem Bundesrecht kollidiere. Es soll sich nur um öffentlich-rechtliches Preisrecht handeln. Das Gesetz ist mit „heißer Nadel" gestrickt (Selk NZM 2020, 342, 346) und wirft eine Menge streitträchtige Probleme auf.

Selbst wenn das so wäre, was berechtigterweise bezweifelt wird, hätte das Land 2 wohl keine Gesetzgebungskompetenz. Die Frage, ob und inwieweit der Bund von einer Zuständigkeit für einen bestimmten Regelungskomplex Gebrauch gemacht hat, ist für jeden Einzelfall aufgrund einer Gesamtwürdigung des betreffenden Normbereichs zu entscheiden. Nach Ansicht des BVerfG (BVerfGE 98, 265 = NJW 1999, 841 Rdn. 161) ergibt sich die Antwort in erster Linie aus dem Bundesgesetz selbst, in zweiter Linie aus dem hinter dem Gesetz stehenden Regelungszweck, ferner aus der Gesetzgebungsgeschichte und den Gesetzesmaterialien. Der Bund kann von **einer Kompetenz kraft Sachzusammenhangs auch durch erkennbaren, absichtsvollen Regelungsverzicht** mit Sperrwirkung (BVerfGE 67, 299 = NJW 1985, 371) gegenüber den Ländern Gebrauch machen (BVerfGE 98, 265 = NJW 1999, 841 LS 2). Ob der Gebrauch, den der Bund von einer Kompetenz gemacht hat, abschließend ist, muss aufgrund einer Gesamtwürdigung des betreffenden Normenkomplexes festgestellt werden (BVerfGE 1, 283, 296; 7, 342, 347; 20, 238, 248; 49, 343, 358; 67, 299, 324). In jedem Fall setzt die **Sperrwirkung** für die Länder voraus, dass der Gebrauch der Kompetenz durch den Bund hinreichend erkennbar ist.

Außerdem verpflichtet die **bundesstaatliche Kompetenzordnung** alle recht- 3 setzenden Organe, ihre Regelungen so aufeinander abzustimmen, dass die Rechtsordnung nicht aufgrund unterschiedlicher Anordnungen widersprüchlich wird (BVerfGE 98, 265 = NJW 1999, 841 Rdn. 162). Konzeptionelle Entscheidungen eines zuständigen Bundesgesetzgebers dürfen auch durch auf Spezialzuständigkeiten gründende Einzelentscheidungen eines Landesgesetzgebers nicht verfälscht werden. Insbesondere dürfen den Normadressaten nicht gegenläufige Regelungen erreichen, die die Rechtsordnung widersprüchlich machen (BVerfGE 98, 106 = NJW 1998, 2341, 2342; 98, 83 = NJW 1998, 2346, 2347).

Genau dies ist aber vorliegend der Fall (Herrlein/Tuschl NZM 2020, 217, 228; 4 Feldmann GE 2019, 1469). Selbst wenn man davon ausgehen sollte, dass das Miethöherecht zunächst durch das MHG und seit 1.9.2001 durch die §§ 557 – 561 BGB nicht abschließend geregelt worden sei, wofür ja spricht, dass der Gesetzgeber dem Vermieter als Ausgleich für das Verbot der Änderungskündigung einen Ausgleich auf eine unterhalb der Marktmiete liegende ortsübliche Vergleichsmiete zugebilligt hat und die Höhe dieser ortsüblichen Vergleichsmiete auch mehrfach – zuletzt zum 1.1.2020 – entsprechend der Marktlage angepasst hat, so muss in den durch das Mietrechtsnovellierungsgesetz v. 1.6.2015 eingeführten Vorschriften über die Beschränkung der Mietpreisbremse eine solche abschließende Regelung der Materie. Dabei spielt keine Rolle, dass der Bundesgesetzgeber vordringlich privatrechtliche Regelungen getroffen hat, auch wenn er mit § 5 WiStG auch einen Ordnungswidrigkeitentatbestand geschaffen hat. Auch die herabgesetzte Kappungsgrenze in § 558 Abs. 3 BGB gehört in diesem vom Bundesgesetzgeber geschaffene Szenario zur Mietpreisregulierung. Gerade auch das Gesetzgebungsverfahren zum Mietrechtsnovellierungsgesetz und den anschließenden mehrfachen „Nachschärfungen" der sog. „Mietpreisbremse" zeigen, wie der Gesetzgeber zwischen verschiedenen Modellen zur Problemlösung gerungen hat. Die Gesetzgebungsgeschichte und die Materialien dazu stellen ein **„beredtes Schweigen"** des Gesetzgebers dar, das Miethöherecht sowohl was Bestandsmietenerhöhungen wie auch für Neuvertragsmieten abschließend und bundeseinheitlich zu regeln. Platz für landesgesetzliche

Anh. § 559d BGB Untertitel 2. Mietverhältnisse über Wohnraum

Regelungen ist daneben keiner mehr. Bereits der Name des Gesetzes „Gesetz zur Neuregelung gesetzlicher Vorschriften zur Mietenbegrenzung" (Berliner GVBl. 2020, 50) spricht für eine Regelung in die von den §§ 556d bis § 561 BGB bereits geregelten Bereiche. Was sonst soll „neu geregelt" werden? Und der Begriff „Mietenbegrenzung" bedeutet einen Eingriff in die Privatautonomie und nicht nur eine preisrechtliche Regelung. Daran ändert auch die in letzter Sekunde vom Abgeordnetenhaus (Drs. 18/2437) vorgenommene Ergänzung der Überschrift des zweiten Abschnitts von „Zulässige Miethöhe" in „Zulässige Miethöhe und Preiserhöhungsverbot" nichts. Auch die Berliner Kappungsgrenze für Modernisierungen in § 7 auf maximal 1,– € widerspricht der gerade erst vom Bundesgesetzgeber in § 559 Abs. 3a BGB eingeführten neuen **Kappungsgrenze** für Modernisierungsmieterhöhungen. Auch hier hat der Bundesgesetzgeber eine abschließende Regelung getroffen, die durch den Rechtsausschuss in letzter Minute noch weiter differenziert wurde.

5 Einen ersten vor Verkündung des Gesetzes gestellten Antrag auf Erlass einer einstweiligen Anordnung gegen das Gesetz hat das BVerfG (WuM 2020, 150) abgelehnt. Die Zulässigkeit eines solchen Antrags vor Verkündung eines Gesetzes setzt voraus, dass der Inhalt des Gesetzes fest- und seine Verkündung unmittelbar bevorstehen. Das war zum damaligen Zeitpunkt nicht der Fall. Den im Rahmen einer Verfassungsbeschwerde gestellten Antrag auf Erlass einer einstweiligen Anordnung hat die 3. Kammer des 1. Senats des BVerfG durch Beschluss vom 10.03.2020 (1 BvR 515/20) aus formalen Gründen zurückgewiesen. In einem weiteren Verfahren hat die gleiche Kammer des BVerfG ebenfalls am 10.3.2020 (NZM 2020, 266) den Antrag auf vorläufige Außerkraftsetzung der Ordnungswidrigkeitsvorschriften des Gesetzes zurückgewiesen. Es habe eine Folgenabwägung stattzufinden. Dabei sei ein besonders strenger Maßstab anzulegen. Dieser Voraussetzungen sah die Kammer als nicht gegeben an. Erginge die einstweilige Anordnung nicht und hätte die Verfassungsbeschwerde später Erfolg, sind die Nachteile, die sich aus der vorläufigen Anwendung der Bußgeldvorschriften ergeben, von besonderem Gewicht. Sie überwögen in Ausmaß und Schwere aber nicht deutlich die Nachteile einer vorläufigen Außerkraftsetzung der Bußgeldvorschriften und erfüllen damit die strengen Voraussetzungen für eine vorläufige Außerkraftsetzung eines Gesetzes nicht. Das LG Berlin (NZM 2020, 368) hat in einem Zustimmungsverfahren aufgrund eines Mieterhöhungsverlangens vom 8.3.2019 das Verfahren ausgesetzt und gem. Art 100 GG dem Bundesverfassungsgericht die Frage zur Entscheidung vorgelegt, ob § 3 mit Art. 72 Abs. 1, 74 Abs. 1 Nr. 1 GG i. V. m. §§ 557 Abs. 1, 558 Abs. 1 und 2 BGB unvereinbar und deshalb nichtig ist. Dabei vertritt die 67. Kammer die Auffassung, dass das Moratorium auch im Zivilprozess zu berücksichtigen sei. Es würde zur Abweisung der vom Vermieter erhobenen Zustimmungsklage oder sonstiger auf die Erhöhung der Miete gerichteten Klagen als unbegründet führen, sofern nicht der Mieter bis zum 18. Juni 2019 dem Erhöhungsverlangen des Vermieters freiwillig zugestimmt habe oder ein bis zum 18. Juni 2019 rechtskräftig gewordenes Urteil die Zustimmung des Mieters gemäß § 894 Satz 1 ZPO ersetzt habe. Diese Auffassung des LG ist zumindest zweifelhaft. In dem Berufungsverfahren geht es um die Erteilung einer Zustimmung zu einer Vertragsänderung. Diese geht nach Bundesrecht. Eine Landesgesetz kann diesen Anspruch kaum zu Fall bringen. Um dies zu umgehen hat der Landesgesetzgeber in § 11 Ziff. 4 auch nur das Fordern oder die Entgegennahme der höheren Miete sanktioniert. Anders als in § 5 WiStG wird das „Versprechen lassen" oder das Vereinbaren gerade nicht sanktioniert (Beck GE 2020, 305). Der Mieter ist deshalb zur Zustimmung zu verurteilen (AG Charlottenburg GE 2020, 401; 2020, 548; **a. A.** AG Pankow/Weißensee GE 2020, 474). Nach BGH (Urt. v. 29.4.2020 – VIII ZR

355/18) gilt § 3 Abs. 1 S. 1 MietenWoG Bln zumindest nicht für Erhöhungsverlangen, in denen der Vermieter einen Erhöhungsanspruch vor dem 18.6.2019 geltend macht.

II. Inhalt der Regelungen

1. Anwendungsbereich

Nach § 1 gilt das Gesetz für **Wohnraum**. Es wird also nicht auf das Bestehen eines Wohnraummietverhältnisses abgestellt. Letzteres ist enger, weil es dabei auf die Nutzungsabsicht ankommt. Die Gesetzesmaterialien schweigen hierzu. Es wird vermutet, dass man absichtlich so schwammig formuliert habe, um vorsichtige Vermieter auch in den Fällen, in denen die Regelung eigentlich gar nicht anzuwenden ist, zu einer Beachtung zu veranlassen (Häublein GE 2020, 308). Allein die Eignung als Wohnung genügt für die Anwendung des Gesetzes aber nicht. Der Wohnraum muss auch als solcher vertraglich genutzt werden. 6

Ausgenommen ist nach § 1 Ziff. 1 Wohnraum des **öffentlich geförderten Wohnungsbaus**. Darunter fallen alle Wohnungen für die noch die Kostenmiete nach dem WoBindG, der II. BV und der NMV zu zahlen ist. In **Berlin** gilt seit 10.7.2011 das „Gesetz über den Sozialen Wohnungsbau in Berlin – Wohnraumgesetz Berlin – WoG Bln". Für diesen Wohnungsbestand sind die zuvor genannten Vorschriften Spezialvorschriften (BGH NJW 2012, 2270). 7

Weiter ausgenommen ist Wohnraum, für den Mittel aus öffentlichen Haushalten zur **Modernisierung und Instandsetzung** gewährt wurden und der einer Mietpreisbindung unterliegt. Auch für Wohnungen, die nach den Wohnungsmodernisierungsbestimmungen 2018 und den Folgebestimmungen gefördert werden, gelten die Bestimmungen des WoFG. Hier wird die Miethöhe in öffentlich-rechtlichen Förderverträgen bestimmt. Für die Wohnungen, die im Rahmen der Modernisierungsförderung in den 1990er und 2000er Jahren Zuwendungen in Form von Zuschüssen und Darlehen erhalten haben, wurden Mietobergrenzen ebenfalls vertraglich vereinbart. Die Ausnahme gem. § Ziff. 2 greift nur für die Dauer der Mietpreisbindung. 8

§ 1 Ziff. 3 regelt im Grunde zwei verschiedene Fallgruppen. (a) Nach dem 1. Halbsatz ist Wohnraum, der ab dem 1. Januar 2014 **erstmalig bezugsfertig** wurde vom Anwendungsbereich ausgenommen. Das erinnert stark an den Stichtag aus § 556f Satz 1 BGB, wonach die zivilrechtliche Begrenzung der Wiedervermietungsmiete nicht für Wohnung gilt, die nach dem 1. Oktober 2014 erstmals genutzt und vermietet wird. Warum hier überhaupt ein Stichtag und dann noch ein anderer als im BGB gewählt wurde ist, nicht recht ersichtlich. Nach der Gesetzesbegründung (Abgeordnetenhaus-Drs. 18/2347) soll hierdurch die Neubauaktivitäten im Land Berlin aufrechterhalten werden. Ab 2014 sei die Neubautätigkeit zum einen gestiegen und zum anderen seien seit Wiedereinführung der Wohnungsneubauförderung die Bau- und Grundstückskosten gestiegen (kritisch dazu Häublein GE 2020, 308). Deshalb würden Vermietungen von Neubauwohnungen zu den Mietobergrenzen dieses Gesetzes nicht kostendeckend sein. (b) Erst ganz am Ende des Gesetzgebungsverfahrens wurde der 2. Halbsatz eingefügt, den man als sprachlich äußerst missglückt bezeichnen kann (Häublein GE 2020, 308). Es muss sich um Wohnraum handeln, der (aa) sonst **dauerhaft unbewohnbar** war oder (bb) zwar früher Wohnraum war, aber **jetzt unbewohnt** ist. Gemeinsame Voraussetzung ist 9

Börstinghaus

dann wiederum, dass dieser Wohnraum mit einem dem Neubau entsprechenden Aufwand zu Wohnzwecken wiederhergestellt wird. Damit unterscheidet sich der Aufwand von dem, der für eine umfassende Modernisierung iSd § 556f Satz 2 BGB gefordert wird. Dort ist ein wesentlicher Bauaufwand erforderlich, der 1/3 der Neubaukosten entspricht (BGH WuM 2010, 679; BVerwGE 38, 286 (289); LG Berlin GE 2005, 307, 309; NZM 1999, 1138; MM 1998, 310, 312). Soweit Herrlein/Tuschl (NZM 2020, 217, 222) von einer „ideenparallelen Gestaltung" sprechen, kann sich dies nur auf die Aussage dem Grunde nach beziehen. Die Grenzen sind ganz andere. Hier ist ein weit höherer Aufwand erforderlich, nämlich dem. Der einem Neubau entspricht. Fraglich ist, ob für diese beiden Alternativen im 2. Halbsatz auch der Stichtag aus dem 1. Halbsatz gilt. Der Wortlaut spricht dafür. Auch die Systematische Stellung lässt das vermuten, weil die Ausnahme nicht in einer eigenen Ziffer des § 1 geregelt wurde, sondern in die Ziff. 3 mit aufgenommen wurde (so wohl auch Häublein GE 2020, 308). Teleologisch macht das aber keinen Sinn.

10 Schließlich wurde vom Anwendungsbereich noch ausgenommen Wohnraum in einem Wohnheim und solcher, den eine juristische Person des öffentlichen Rechts oder ein anerkannter privater Träger der Wohlfahrtspflege zur Überlassung an Personen mit dringendem Wohnbedarf, mit Pflege- oder Teilhabebedarf mietet oder vermietet.

2. Mietenstopp

11 Die Deckelung der Mieten erfolgt durch eine absolute Obergrenze. Dabei unterscheidet das Gesetz zwischen Bestandsmietverhältnissen und Neuvermietungen. **Bestandsmietverhältnisse:** Gem. § 3 ist eine Miete verboten, die die am 18.6.2019 (Stichtag) wirksam vereinbarte Grundmiete mit Zuschlägen überschreitet. Dies Moratorium gilt für alle unter den Anwendungsbereich des Gesetzes fallenden Wohnungen, die am 23.2.2020 vermietet waren. Zu dieser Gruppe zählen auch die Fälle, in denen das Mietverhältnis am 18.6.2019 noch nicht bestand, wenn (a) die Wohnung bis zum 18.6.2019 noch nie als Wohnraum vermietet und wurde sie erstmals bis 23.2.2020 vermietet und (b) der Wohnraum nach dem 18.6.2019 wiedervermietet wurde und dieses Mietverhältnis am 23.2.2020 noch bestand. In diesen Fällen ist jeweils die vereinbarte Miete maßgeblich. Schließlich gibt es noch eine Mindestmiete für bestimmten Wohnraum, die verlangt werden darf (§ 3 Abs. 3).

12 Aber auch diese Mieten werden gekappt und zwar ab 22.11.2020. An diesem Tag tritt gem. Art 4 Abs. 1 Satz 2 des Gesetzes zur Neuregelung gesetzlicher Vorschriften zur Mietenbegrenzung § 5 des MietenWoG in Kraft. Danach darf ab Dezember 2020 die Miete nach den §§ 6, 7 um maximal 20% überschritten werden. Auch wenn der Wortlaut der § 4 und § 5 insofern nicht eindeutig ist, so spricht die Gesetzgebungsgeschichte (dazu Herrlein/Tuschl NZM 2020, 217, 222) dafür, § 5 nur für Bestandsmietenverhältnisse anzuwenden. Auch die Systematik des Gesetzes spricht hierfür, da § 4 bereits ab 23.2.2020 gilt und eine ab sofort geltende Obergrenze enthält. Bei der Berechnung der maximal zulässigen Obergrenze sind ab Dezember 2020 noch Lagezuschläge und Lageabschläge zu berücksichtigen. Die hierfür notwendige Lageeinteilung soll durch Rechtsverordnung erfolgen, die bisher nicht vorliegt.

13 **Neuvermietungen:** Wird Wohnraum nach dem 23.2.2020 wieder vermietet oder wird Wohnraum, der zuvor noch nie als Wohnraum vermietet war, erstmalig vermietet, so gilt eine Mietobergrenze, die sich aus den Mietentabelle gem. § 6 ergibt. Die Tabelle enthält absolute Beträge als Mietobergrenze. Sie differenziert nach Baualter und dem Ausstattungsmerkmal „Sammelheizung und Bad". Die Größe der Wohnung spielt keine Rolle, obwohl nach empirischen Untersuchungen – und nach den Wohnwertmerkmalen des § 558 Abs. 2 – diese einen signifikanten Einfluss auf die Miethöhe hat. Auf die Werte dürfen Zuschläge bei einem Zweifamilienhaus und für eine moderne Ausstattung hinzugerechnet werden. Für bestimmte enumerativ aufgezählte Modernisierungen erlaubt § 7 eine Überschreitung der Obergrenzen um maximal 1,– €. Dabei differenziert das Gesetz noch zwischen der „Erhöhung der Miete" bei Modernisierungen, die nach dem 23.2.2020 durchgeführt wurden und „Modernisierungen" die nach dem 18.6.2020 erfolgten. Das Gesetz knüpft vom Wortlaut her damit an unterschiedliche Tatbestände an, nämlich einmal an die Gestaltungserklärung und einmal an die bauliche Veränderung. Das würde bei am Wortlaut orientierter Auslegung bedeuten, dass bei einer vor dem 18.6.2019 stattgefunden baulichen Veränderungen iSd § 7 kein Zuschlag möglich ist, auch wenn die Mieterhöhungserklärung nach dem 18.6.2019 erfolgte. Ob eine Auslegung möglich ist, die einen Zuschlag zulässt, wenn entweder die Bauarbeiten oder die Erklärung nach dem 18.6.2019 erfolgten (so Herrlein/Tuschl NZM 2020, 217, 223) erscheint fraglich.

In besonderen Härtefällen kann dem Vermieter gem. § 8 eine höhere Miete, als **14** sich aus den vorgehenden Ausführungen ergeben, bewilligt werden, Voraussetzung ist eine unbillige Härte auf Grund dieses Gesetzes für den Vermieter. Genehmigt werden kann eine höhere als die nach den §§ 3 bis 6 zulässige Miete, wenn die Unbilligkeit nicht auf Gründen beruht, die im Verantwortungsbereich des Vermieters liegen. Dies gilt auch für die Modernisierungszuschlag oder Modernisierungserhöhungen. Zwar verweist § 8 nur auf die Miete nach den §§ 3 – 6, jedoch enthält § 7 eine Regelung, die zu zulässige Miete im Zusammenhang mit einer Modernisierung regelt. Die Härtefallregelung gilt deshalb mittelbar auch für die Höhe dieses Zuschlags (Herrlein/Tuschl NZM 2020, 217, 223). Eine unbillige Härte liegt insbesondere vor, wenn die Beibehaltung der nach den §§ 3 bis 6 zulässigen Miete auf Dauer zu Verlusten für den Vermieter oder zur Substanzgefährdung der maßgeblichen Wirtschaftseinheit führen würde. Ein Verlust liegt vor, wenn die laufenden Aufwendungen die Erträge für die maßgebliche Wirtschaftseinheit übersteigen. Eine Substanzgefährdung ist gegeben, wenn Erträge aus der Wirtschaftseinheit für ihre Erhaltung nicht mehr ausreichen. Die nach § 8 Abs. 3 vorgesehene Rechtsverordnung hinsichtlich der Kriterien für die Annahme eines Härtefalls liegt noch nicht vor. Der unbestimmte Rechtsbegriff der „Härte" ist unabhängig vom Vorliegen der entsprechenden Rechtsverordnung im Rahmen der gesetzliche Definition in § 8 Abs. 2 voll gerichtlich überprüfbar (Herrlein/Tuschl NZM 2020, 217, 223).

3. Auskunftspflichten

Den Vermieter treffen gegenüber der zuständigen Behörde und vor allem auch **15** gegenüber dem Mieter diverse Informationspflichten. So muss die sog. Stichtagsmiete unaufgefordert dem Mieter geben. § 3 I vor Abschluss eines neuen Mietvertrages mitgeteilt werden. Da vor Begründung vertraglicher Pflichten keine Pflicht bestehen kann, kann es sich wohl nur um eine Obliegenheit handeln. Der Vermieter muss aber auf Verlangen des Mieters auch später „jederzeit" diese Auskunft erteilen. Auch wenn es keinen Sinn macht, gilt dies auch für Mieter, die am 18.6.2019 schon Mieter waren und die Höhe der Miete kennen (Häublein GE 2020, 308, 310). Ähnlich sinnfrei ist die Informationspflicht bei Neumietern, bei denen sich die Miethöhe nicht nach § 3, sondern nach § 4 richtet (Häublein a. a. O.). Mitzuteilen ist die „vereinbarte oder geschuldete" Miete. Soll der Vermieter hier wählen dürfen? Da Mietminderungen nach § 3 Abs. 1 gerade keine Rolle spielen, kann es bei der Unterscheidung eigentlich nur noch um Mieten handeln, die gegen § 556g Abs. 1 BGB verstoßen, also gegen die sog. „Mietpreisbremse". Das zeigt wiederum deutlich, dass der Landesgesetzgeber hier unzulässigerweise Regelungen des Bundes aushebeln will. Nach § 6 Abs. 4 muss der Vermieter bis 23. 4. 2020 dem Mieter Auskunft über die zur Berechnung der Mietobergrenze maßgeblichen Umstände mitteilen. Mitgeteilt werden müssen nur die Umstände, also Tatsachen, keine Berechnung der Miethöhe.

4. Ordnungswidrigkeiten

16   Ob die Vorschriften dieses Gesetzes ein Verbotsgesetz iSd § 134 BGB darstellen ist durchaus zweifelhaft, auch wenn die Entwurfsbegründung davon ausgeht. Die Zweifel rühren daher, dass das Gesetz in die privatautonome Vereinbarung der Mietvertragsparteien nicht eingreifen kann, da dem Land hierfür auf jeden Fall die Gesetzgebungskompetenz fehlen würde. Das ist Zivilrecht, für das Land nicht zuständig ist. Deshalb hat der Landesgesetzgeber alles versucht, dies Problem zu umgehen und die gewollte Rechtsfolge über Bußgeldvorschriften zu erreichen versucht.

17   Nach § 11 handelt ua ordnungswidrig, wer vorsätzlich oder fahrlässig (a) seinen Mitwirkungs-, Mitteilungs- und Auskunftspflichten nicht, nicht richtig oder nicht vollständig nachkommt, (b) ohne erforderliche Genehmigung nach § 8 eine höhere als die nach den §§ 3 bis 7 zulässige Miete fordert oder entgegennimmt. Die Ordnungswidrigkeit kann mit einer Geldbuße bis zu 500.000 Euro geahndet werden. Nicht bußgeldbewehrt ist die Vereinbarung einer höheren Miete als nach diesem Gesetz preisrechtlich zulässig. Insofern unterscheidet sich die Regelung von § 5 WiStG, der bereits das sich versprechen lassen erfasst. Erfasst werden nur das „Fordern" und die „Entgegennahme".

18   **Fordern** ist das einseitige Verlangen einer Leistung. Es reicht das ernst gemeinte Verlangen aus, ein bestimmtes Entgelt erzielen zu wollen. Der Gesetzgeber hat damit klar zum Ausdruck gebracht, dass überhöhte Forderungen in keinem Fall Ausgangspunkt von Vertragsverhandlungen sein sollen Die Forderung kann ausdrücklich, aber auch konkludent erfolgen. Das Fordern verlangt kein wirksames Vertragsangebot, so dass bereits eine sog. Invitatio ad offerendum ausreicht, also z. B. ein Zeitungsinserat oder ein anders geartetes Angebot z. B. des Maklers an den Mieter. Zieht der Vermieter die Miete per SEPA-Lastschrift ein, liegt ein Fall des Forderns vor.

19   **Entgegennahme** ist die in § 5 WiStG als „Annahme" bezeichnete Tatmodalität. Damit werden die Fälle erfasst, in denen der Mieter zahlt. In der Regel fallen hier die Fälle drunter, in denen der Mieter irrtümlich glaub, zur Zahlung verpflichtet zu sein oder durch überobligationsmäßige Zahlungen sich Vorteile verspricht. Soweit die Auffassung vertreten wird, dass in diesem Fall nur ein Unterlassen des Vermieters vorliegt, wenn er das Geld nicht zurücküberweist (Häublein GE 2020, 308, 309) wird übersehen, dass nicht die unterlassene Rücküberweisung pönalisiert ist, sondern schon die Entgegennahme. Die Frage ist, ob es ausreicht, wenn der Vermieter dem Mieter mitteilt, Zahlungen über die nach dem MietenWoG Bln geschuldete Höhe nicht als Mietzahlung (für den entsprechenden Monat) zu verbuchen. Schuldet der Mieter dem Vermieter noch Mieten aus früheren Zeiten, aus

Betriebskostenabrechnungen, auf Prozesskosten, Verzugszinsen oder Schadensersatz, so kann der Vermieter die Zahlung darauf verrechnen. Das ist eine zulässige Aufrechnung gegenüber einem vermeintlichen Rückzahlungsanspruch des Mieters. Hat der Vermieter auf diese Weise die Aufrechnung erklärt, dann muss er für den Fall, dass das MietenWoG Bln vom BVerfG für verfassungswidrig erklärt wird, und er eine höhere Miete vereinbart hat, diese nachfordern, weil die Erfüllungswirkung der ursprünglichen Zahlung durch die Aufrechnung verloren gegangen ist. Schuldet der Mieter dem Vermieter unter keinem rechtlichen Gesichtspunkt Geld, so kann dr Vermieter den Tatbestand des Entgegennehmens mE auch dadurch vermeiden, dass er das Geld auf ein Sonderkonto bucht. Solange der Mieter das Geld nicht zurückverlangt, besteht keine Handlungspflicht des Vermieters.

§ 560 Veränderungen von Betriebskosten

(1) ¹**Bei einer Betriebskostenpauschale ist der Vermieter berechtigt, Erhöhungen der Betriebskosten durch Erklärung in Textform anteilig auf den Mieter umzulegen, soweit dies im Mietvertrag vereinbart ist.** ²**Die Erklärung ist nur wirksam, wenn in ihr der Grund für die Umlage bezeichnet und erläutert wird.**

(2) ¹**Der Mieter schuldet den auf ihn entfallenden Teil der Umlage mit Beginn des auf die Erklärung folgenden übernächsten Monats.** ²**Soweit die Erklärung darauf beruht, dass sich die Betriebskosten rückwirkend erhöht haben, wirkt sie auf den Zeitpunkt der Erhöhung der Betriebskosten, höchstens jedoch auf den Beginn des der Erklärung vorausgehenden Kalenderjahres zurück, sofern der Vermieter die Erklärung innerhalb von drei Monaten nach Kenntnis von der Erhöhung abgibt.**

(3) ¹**Ermäßigen sich die Betriebskosten, so ist eine Betriebskostenpauschale vom Zeitpunkt der Ermäßigung an entsprechend herabzusetzen.** ²**Die Ermäßigung ist dem Mieter unverzüglich mitzuteilen.**

(4) **Sind Betriebskostenvorauszahlungen vereinbart worden, so kann jede Vertragspartei nach einer Abrechnung durch Erklärung in Textform eine Anpassung auf eine angemessene Höhe vornehmen.**

(5) **Bei Veränderungen von Betriebskosten ist der Grundsatz der Wirtschaftlichkeit zu beachten.**

(6) **Eine zum Nachteil des Mieters abweichende Vereinbarung ist unwirksam.**

Übersicht

	Rdn.
I. Anwendungsbereich und Bedeutung der Vorschrift	1
II. Erhöhung der Betriebskostenpauschale	3
1. Voraussetzungen der Erhöhung (Abs. 1 Satz 1)	3
2. Inhalt der Erhöhungserklärung (Abs. 1 Satz 2)	9
3. Fälligkeit der erhöhten Pauschale (Abs. 2 Satz 1)	12
III. Ermäßigung der Betriebskosten (Abs. 3)	14
IV. Anpassung von Betriebskostenvorauszahlungen (Abs. 4)	18
1. Anpassung durch den Vermieter	22
(1) Feststellungsklage des Mieters	25
(2) Zahlungsklage des Mieters	26

	Rdn.
(3) Kündigungsrecht des Vermieters	27
(4) Rechtsirrtum des Mieters	28
2. Korrektur fehlerhafter Abrechnungen durch den Mieter	38
a) Die Abrechnung des Vermieters ist formell und inhaltlich richtig, die Anpassung der Vorauszahlungen aber fehlerhaft	39
b) Die Abrechnung des Vermieters ist formell fehlerhaft, die Anpassung entspricht jedoch dem Abrechnungsergebnis	41
c) Die Abrechnung des Vermieters ist formell wirksam aber inhaltlich fehlerhaft, die Anpassung entspricht jedoch dem Abrechnungsergebnis	46
3. Risiken fehlerhafter Anpassung durch den Mieter	53
a) Zahlungsklage und Kündigung nach Zahlungsurteil	54
b) Kündigung ohne Zahlungsurteil	55
V. Wirtschaftlichkeitsgrundsatz (Abs. 5)	57a
VI. Abweichende Vereinbarungen (Abs. 6)	58
VII. Beweislast/Prozessuales	61

I. Anwendungsbereich und Bedeutung der Vorschrift

1 Die Vorschrift gilt für die Wohnraummiete. Ausgenommen hiervon sind die in § 549 Abs. 2 geregelten Mietverhältnisse (s. dort). Für die Gewerbemiete ist § 560 unanwendbar.

2 Die Absätze 1 bis 3 regeln das Recht und die Pflicht des Vermieters zur Betriebskostenanpassung bei einer vereinbarten **Betriebskostenpauschale.** Die Regelung in Abs. 4 gilt für die Erhöhung und Ermäßigung der Vorauszahlungen bei einer vereinbarten **Betriebskostenvorauszahlung.** Sind die Betriebskosten vollständig in der Miete enthalten **(Inklusivmiete),** so hat der Vermieter bei steigenden Betriebskosten weder ein Recht zur Erhöhung der Miete (es sei denn nach den §§ 557 ff), noch kann der Mieter eine Herabsetzung verlangen. Für Altmietverträge (Vertragsschluss vor dem 1.9.2001) ist jedoch Art 229 § 3 Abs. 4 EGBGB zu beachten. Danach sind § 560 Abs. 1, 2, 5 und 6 BGB entsprechend anzuwenden, wenn in einem Mietvertrag mit Inklusivmiete vereinbart ist, dass der Mieter Erhöhungen der Betriebskosten zu tragen hat (LG Berlin GE 2011, 1620). Sind die Betriebskosten zum Teil in der Miete enthalten und wird für den verbleibenden Teil eine Vorauszahlung verlangt **(Teilinklusivmiete)** so besteht das Erhöhungsrecht nach Abs. 4 nur für die gesondert ausgewiesenen Betriebskosten (BGH NZM 2004, 253). Sind für einen Teil der Betriebskosten Vorauszahlungen und für einen anderen Teil eine Pauschale vereinbart, so gilt für die Vorauszahlungen Abs. 4 und für den pauschalierten Teil Abs. 1 bis 3.

II. Erhöhung der Betriebskostenpauschale

1. Voraussetzungen der Erhöhung (Abs. 1 Satz 1)

3 Abs. 1 gilt nur für die vereinbarte Betriebskostenpauschale. Hierunter versteht man eine Vereinbarung, wonach der Mieter neben der Grundmiete für die Betriebskosten einen monatlich gleichbleibenden Betrag zu zahlen hat, über den der Vermieter nicht abzurechnen braucht. Eine Betriebskostenpauschale wird ferner

Veränderungen von Betriebskosten **BGB § 560**

dann angenommen, wenn nach den mietvertraglichen Vereinbarungen unklar ist, ob die Parteien eine Vorauszahlung mit Abrechnungspflicht oder eine Pauschale vereinbart haben. Voraussetzung für die Erhöhung einer Betriebskostenpauschale ist stets, dass die von der Pauschale erfassten Betriebskosten ermittelt werden können (Artz in: Staudinger § 560 BGB Rdn. 12; Lammel Wohnraummietrecht § 560 BGB Rdn. 4). Sind dem pauschalierten Betrag im Mietvertrag bestimmte Betriebskostenpositionen zugeordnet, so ist eine Erhöhung nur möglich, wenn sich diese Kosten erhöhen (Palandt/Weidenkaff § 560 BGB Rdn. 8). Ist vereinbart, dass für alle Betriebskosten im Sinne von § 2 BetrKV (oder im Sinne der Anlage 3 zu § 27 der II. BV) ein bestimmter Pauschalbetrag zu zahlen ist, so kommt es auf eine Erhöhung der Gesamtkosten an. Kann nicht ermittelt werden, welche Betriebskostenpositionen durch die Pauschale abgedeckt werden sollen, so ist keine Erhöhung möglich (Lammel a.a.O. Rdn. 6).

Erhöhen sich die Betriebskosten, so kann der Vermieter den erhöhten Betrag anteilig auf die Mieter umlegen. **Die Vorschrift enthält kein gesetzliches Erhöhungsrecht,** sondern setzt voraus, dass die Erhöhungsbefugnis im Mietvertrag vereinbart ist **(Erhöhungsvorbehalt; Mehrbelastungsabrede).** Dies gilt auch für Verträge, die vor dem Inkrafttreten der Vorschrift am 1.9.2001 abgeschlossen worden sind. Daraus folgt, dass die Erhöhung einer Betriebskostenpauschale nur bei vereinbartem Erhöhungsvorbehalt möglich ist. Ein solcher Erhöhungsvorbehalt kann auch durch **Formularklausel** vereinbart werden (Langenberg in: Schmidt-Futterer § 560 BGB Rdn. 14ff; Artz in: Staudinger § 560 BGB Rdn. 12a; Ehlert in: Bamberger/Roth § 560 BGB Rdn. 5). 4

Für den **Begriff der Betriebskosten** gilt § 556 Abs. 1 (s. dort). Eine **Erhöhung** liegt vor, wenn sich die Betriebskosten **insgesamt** erhöht haben. Haben sich **einzelner Betriebskosten erhöht, andere ermäßigt,** so scheidet eine Umlage aus, wenn die Gesamtkosten gleichgeblieben sind (Langenberg in: Schmidt-Futterer § 560 BGB Rdn. 19; Artz in: Staudinger § 560 BGB Rdn. 18; Lammel Wohnraummietrecht § 560 BGB Rdn. 10; Ehlert in: Bamberger/Roth § 560 BGB Rdn. 9 und 10; Dickersbach in Lützenkirchen Mietrecht § 560 Rdn. 21; Zehelein in: MünchKomm § 560 BGB Rdn. 6; Palandt/Weidenkaff § 560 BGB Rdn. 8; Both in: Herrlein/Kandelhard § 560 BGB Rdn. 5; Palandt/Weidenkaff § 560 BGB Rdn. 8). Der **Grund der Erhöhung** (Anhebung von Gebühren, Prämien, gestiegener Verbrauch, einer Neueinführung öffentlicher Lasten) ist gleichgültig (Langenberg in: Schmidt-Futterer § 560 BGB Rdn. 21; Lammel Wohnraummietrecht § 560 BGB Rdn. 12). Entstehen **neue Betriebskosten** infolge einer Modernisierung (z.B. nach dem Einbau eines Aufzugs), so setzt die Erhöhung voraus, dass der Mieter zur Duldung der Maßnahme verpflichtet war. Beruht die erhöhte Kostenbelastung auf der Entscheidung des Vermieters (z.B. Kosten für einen Hauswart, einen Gärtner, etc.), so hängt die Erhöhungsmöglichkeit davon ab, ob der Wirtschaftlichkeitsgrundsatz gewahrt ist. Auch der **Wegfall einer Vergünstigung** ist eine Erhöhung (OLG Karlsruhe RE NJW 1981, 1051 für den Wegfall der Grundsteuervergünstigung). 5

Zur **Ermittlung der Erhöhung** sind die Betriebskosten zu zwei verschiedenen Zeitpunkten miteinander in Beziehung zu setzen. Wird das Erhöhungsrecht zum ersten Mal ausgeübt, so sind die Betriebskosten zum Zeitpunkt des Vertragsschlusses mit denjenigen Betriebskosten zu vergleichen, die zum Zeitpunkt der Erhöhungserklärung anfallen. Für die Betriebskosten zum Zeitpunkt des Vertragsschlusses ist das Wirtschaftsjahr maßgebend, das dem Vertragsschluss vorausgegangen ist; bei korrekter Kalkulation der Pauschale kann sich der Vermieter nur an den in diesem Zeitraum entstanden Kosten orientieren. Für die Betriebskosten zum Zeitpunkt der 6

Erhöhungserklärung ist das Wirtschaftsjahr maßgebend, das der Erhöhungserklärung vorausgegangen ist. In der Literatur wird die Ansicht vertreten, dass das Erhöhungsrecht innerhalb eines Jahres mehrmals ausgeübt werden kann (Artz in: Staudinger § 560 BGB Rdn. 18; Eisenschmid in: Eisenschmid/Wall Betriebskostenkommentar Rdn. 2406b). Diese Ansicht trifft dann zu, wenn lediglich die verbrauchsunabhängigen Betriebskosten pauschaliert sind. Werden durch die Pauschale aber auch verbrauchsabhängige Betriebskosten erfasst, so hängt die Höhe der effektiven Kosten vom Nutzerverhalten ab. Hier muss der Vermieter feste Bezugspunkte wählen, weil andererseits die konkrete Betriebskostenbelastung nicht festgestellt werden kann. Dies ist nur möglich, wenn die jeweiligen Jahresbeträge ermittelt und miteinander verglichen werden (Kinne in: Kinne/Schach/Bieber Miet- und Mietprozessrecht § 560 BGB Rdn. 39, 40). Eine „Kappungsgrenze" besteht nicht.

7   Es können **nur die Erhöhungsbeträge** geltend gemacht werden. Bei einer **Vollpauschale** gehören hierzu auch neu eingeführte oder neu anfallende Betriebskosten (s. dazu aber auch Abs. 5). Bei einer **Teilpauschale** umfasst das Erhöhungsrecht nur die von der Teilpauschale erfassten Betriebskosten. Der Vermieter muss zunächst ermitteln, wie sich die Betriebskosten insgesamt entwickelt haben. Den Gesamterhöhungsbetrag kann der Vermieter anteilig umlegen. Der auf den einzelnen Mieter entfallende Anteil **(Umlageschlüssel)** bemisst sich nach dem Mietvertrag oder – bei fehlender Vereinbarung – in analoger Anwendung des § 556a Abs. 1 Satz 1 BGB nach dem Anteil des betreffenden Mieters an der Gesamtwohnfläche (Artz in: Staudinger § 560 BGB Rdn. 20; Lammel Wohnraummietrecht § 560 BGB Rdn. 16; Ehlert in: Bamberger/Roth § 560 BGB Rdn. 13; Zehelein in: MünchKomm § 560 BGB Rdn. 14; Palandt/Weidenkaff § 560 BGB Rdn. 9; **a. A.** Langenberg in: Schmidt-Futterer § 560 BGB Rdn. 28: danach kann der Vermieter bei fehlender Vereinbarung einen beliebigen, nachvollziehbaren Verteilerschlüssel auswählen).

8   Die Erhöhungserklärung muss in **Textform** abgegeben werden. und dem Mieter zugehen. Es handelt sich um eine einseitige Willenserklärung, die von allen Vermietern gegenüber allen Mietern auszusprechen ist. Die Zustimmung des Mieters zu der Erhöhung ist nicht erforderlich.

2. Inhalt der Erhöhungserklärung (Abs. 1 Satz 2)

9   Die Erhöhungserklärung ist nur wirksam, wenn in ihr der **Grund für die Umlage bezeichnet und erläutert** wird (§ 560 Abs. 1 Satz 2 BGB). Die Vorschrift ist missverständlich, weil der Vermieter auch die **Höhe der Umlage** und den **Verteilungsschlüssel** berechnen, darstellen und ggf. erläutern muss (Artz in: Staudinger § 560 BGB Rdn. 24; Langenberg in: Schmidt-Futterer § 560 BGB Rdn. 26; Lammel Wohnraummietrecht § 560 BGB Rdn. 17 und 20; Ehlert in: Bamberger/Roth § 560 BGB Rdn. 17). Die Erläuterung muss gedanklich und rechnerisch nachvollziehbar sein. Sie kann in Form einer tabellarischen Auflistung aller in der Pauschale berücksichtigten Betriebskosten erfolgen. Werden lediglich die erhöhten Kosten mitgeteilt, ist so die Erhöhungserklärung unzureichend, weil unklar bleibt, ob sich andere Betriebskosten ermäßigt haben. Aus der Übersicht muss sich ergeben, welche Betriebskostenarten sich nach Vertragsschluss oder nach der letzten Betriebskostenerhöhung verändert haben. Die Höhe der Veränderung muss aus der Aufstellung ersichtlich sein. Es ist allerdings auch jede andere Art der Erläuterung möglich, wenn sich hieraus die für den gedanklichen und rechnerischen Nachvollzug erforderlichen Informationen entnehmen lassen.

Veränderungen von Betriebskosten **BGB § 560**

Beispiel für eine Erhöhungserklärung in tabellarischer Form: 10

Kostenart	Gesamtkosten in Euro 1.1.2014– 31.12.2014	Gesamtkosten in Euro 1.1.2016– 31.12.2016	Grund der Erhöhung
Grundsteuer	2.300.–	2.300.–	–
Wasserversorgung	3.200.–	3.550.–	Wassermehrverbrauch
Entwässerung	2.900.–	3.350.–	Wassermehrverbrauch
Aufzug	2.400.–	2.600.–	Erhöhung der Wartungskosten
Straßenreinigung/Müll	2.900.–	3.300.–	Gebührenerhöhung
Hausreinigung	3.400.–	3.400.–	–
Beleuchtung	1.400.–	1.400.–	–
Sach- und Haftpflicht Versicherungen	3.600.–	4.100.–	Prämienerhöhung
Gesamtkosten	22.100.–	24.000.–	

Aus der Umlageerklärung muss sich weiter ergeben, wie die Gesamterhöhung 11
auf die einzelnen Mieter verteilt worden ist. Wird die Erhöhung nach dem Verhältnis der Wohnflächenanteile umgelegt, so muss aus der Erhöhungserklärung die Gesamtwohnfläche und die auf den Mieter entfallende Fläche ersichtlich sein. Die Angabe von Rechnungsdaten ist nicht erforderlich (Artz in: Staudinger § 560 BGB Rdn. 24; Ehlert in: Bamberger/Roth § 560 BGB Rdn. 17). Der Mieter hat ein Recht zur Einsicht in die Belege (Lammel Wohnraummietrecht § 560 BGB Rdn. 26). Es gelten dieselben Grundsätze wie bei der Betriebskostenabrechnung.

3. Fälligkeit der erhöhten Pauschale (Abs. 2 Satz 1)

Die erhöhte Betriebskostenpauschale wird – unabhängig vom Zeitpunkt des 12
Zugangs der Erklärung – im übernächsten Monat fällig. Für die **rückwirkende Erhöhung** der Betriebskosten gilt **Abs. 2 Satz 2**. Danach wirkt die Erhöhung auf den Zeitpunkt der Erhöhung der Betriebskosten zurück, höchstens jedoch auf den Beginn des der Erklärung vorausgehenden Kalenderjahres. Voraussetzung ist, dass der Vermieter die Erklärung innerhalb von drei Monaten nach Kenntnis von der Erhöhung abgibt. Dabei ist positive Kenntnis erforderlich; es genügt nicht, dass der Vermieter mit der Nachbelastung rechnen musste (Langenberg in: Schmidt-Futterer § 560 BGB Rdn. 34).

Wichtigster Anwendungsfall ist die **Erhöhung der Grundsteuer,** weil die be- 13
treffenden Grundsteuerbescheide regelmäßig mit Rückwirkung erlassen werden. Aus der systematischen Stellung des Abs. 2 Satz 2 folgt allerdings, dass die Vorschrift nur für die Betriebskostenpauschale und nicht für die Betriebskostenvorauszahlung gilt. Sind Betriebskostenvorauszahlungen vereinbart, so können rückwirkend er-

§ 560 BGB   Untertitel 2. Mietverhältnisse über Wohnraum

höhte Betriebskosten in die Abrechnung eingestellt werden (Eisenschmid WuM 2001, 215, 221). Eine zeitliche Begrenzung besteht – im Unterschied zu dem bis 1.9.2003 geltenden Recht – nicht mehr. Allerdings können keine Betriebskosten auf den Mieter umgelegt werden, die sich auf einen Zeitraum beziehen, zu dem das Mietverhältnis noch nicht bestanden hat (OLG Frankfurt NZM 2000, 243 zur Gewerbemiete). Ebenso ist die Umlage ausgeschlossen, wenn das Mietverhältnis zum Zeitpunkt des Eingangs des Grundsteuerbescheids bereits beendet ist. Dies folgt aus der Erwägung, dass die Abgabe der Erklärung nach § 560 Abs. 1 BGB den Bestand eines Mietverhältnisses voraussetzt (Langenberg in: Schmidt-Futterer § 560 BGB Rdn. 35).

III. Ermäßigung der Betriebskosten (Abs. 3)

14   Nach § 560 Abs 3 BGB ist der Vermieter zur Herabsetzung der Betriebskostenpauschale verpflichtet, wenn sich die Betriebskosten ermäßigen. Der Herabsetzungsanspruch setzt keinen Ermäßigungsvorbehalt voraus, sondern besteht kraft Gesetzes. Für den **Begriff der Ermäßigung** gilt dasselbe wie für die Erhöhung. Erforderlich ist, dass sich die Betriebskosten insgesamt ermäßigt haben. Die Gesamtermäßigung muss anteilig an die Mieter weitergegeben werden. Zu Bemessung des Anteils s. o. Rdn. 7.

15   In der Literatur wurde zu dem früheren § 4 Abs. 4 MHG a. F. die Ansicht vertreten, dass der Anspruch auf Ermäßigung erst dann entsteht, wenn zuvor eine Erhöhung der Betriebskostenpauschale durch den Vermieter stattgefunden hat (Sternel Rdn III 825). Diese Ansicht kann nach der Neugestaltung des Betriebskostenrechts durch die Mietrechtsreform nicht aufrechterhalten werden (Eisenschmid in Eisenschmid/Wall in: Betriebskosten-Kommentar Rdn. 2414; Langenberg in: Schmidt-Futterer § 560 BGB Rdn. 39; Artz in: Staudinger § 560 BGB Rdn. 37; Kinne in: Kinne/Schach/Bieber Miet- und Mietprozessrecht § 560 BGB Rdn. 61; Both in: Herrlein/Kandelhard § 560 BGB Rdn. 18; Zehelein in: MünchKomm § 560 BGB Rdn. 24).

16   Die Ermäßigung muss dem Mieter mitgeteilt werden (**§ 560 Abs 3 Satz 2 BGB**). Die **Mitteilung** muss unverzüglich (d. h. ohne schuldhaftes Zögern, § 121 Abs. 1 Satz 1 BGB) erfolgen. Eine besondere Form ist ebenso wenig vorgeschrieben wie eine Begründung. Die Mitteilung hat rechtsgestaltende Wirkung (Langenberg in: Schmidt-Futterer § 560 BGB Rdn. 41). Mit dem Zugang der Erklärung beim Mieter schuldet dieser nur noch die ermäßigte Pauschale. Liegt der Zeitpunkt der Ermäßigung – wie üblich – vor dem Zugang der Mitteilung, so **wirkt** diese **auf den Zeitpunkt der Ermäßigung zurück** (Lammel Wohnraummietrecht § 560 BGB Rdn. 31; Kinne in: Kinne/Schach/Bieber Miet- und Mietprozessrecht § 560 BGB Rdn. 66; Dickersbach in Lützenkirchen Mietrecht § 560 Rdn. 43). Wird die Mitteilung schuldhaft verzögert, so ist dies als Pflichtverletzung (§ 280 BGB) zu bewerten, mit der weiteren Folge, dass der Mieter Schadenersatzansprüche geltend machen kann. Erklärt sich der Vermieter nicht, so kann der Mieter auf **Herabsetzung der Pauschale klagen** (Artz in: Staudinger § 560 BGB Rdn. 44; Langenberg in: Schmidt-Futterer § 560 BGB Rdn. 43; **a. A.** Ehlert in: Bamberger/Roth § 560 BGB Rdn. 35 Dickersbach a. a. O.: danach muss die Klage auf die Abgabe der Mitteilung gerichtet werden).

17   In der Literatur wird teilweise die Ansicht vertreten, dass die Betriebskosten von Jahr zu Jahr in unterschiedlicher Höhe anfallen; hieraus wird abgeleitet, dass dem

Mieter ein **Auskunftsanspruch** über die Höhe der Betriebskosten zusteht, der jeweils nach Ablauf eines Wirtschaftsjahres geltend gemacht werden kann; Eisenschmid in Eisenschmid/Wall: Betriebskostenkommentar Rdn. 2414a; Dickersbach in Lützenkirchen Mietrecht § 560 Rdn. 43; wohl auch: Sternel Mietrecht aktuell 4. Aufl. 2009 Rdn. IV 430). Nach der Gegenansicht besteht dieser Anspruch nur dann, wenn konkrete Anhaltspunkte für eine Ermäßigung vorliegen; die entsprechenden Umstände und Tatsachen muss der Mieter im Streitfall vortragen (Langenberg in: Schmidt-Futterer § 560 Rdn. 124; Kinne in Kinne/Schach/Bieber, Miet- und Mietprozessrecht § 560 Rdn. 64). Der **BGH** folgt der letztgenannten Ansicht (BGH NJW 2012, 303 = WuM 2012, 688 = NZM 2012, 20 m. Anm. Schmid NZM 2012, 444). Er führt ergänzend aus, dass die dem Mieter obliegende Darlegungslast durch den Hinweis auf die in einem regionalen oder überregionalen Mietspiegel enthaltenden Werte nicht erfüllt wird. Soweit ein Auskunftsanspruch besteht muss er in Form eines Kostenvergleichs erfüllt werden. Maßgeblich ist insoweit, welche Veränderungen die Betriebskosten seit Vertragsschluss oder seit der letzten Erhöhung erfahren haben. Der Mieter hat ein Recht zur Einsicht in die Belege (Dickersbach in Lützenkirchen Mietrecht § 560 Rdn. 43). Es gelten dieselben Grundsätze wie bei der Betriebskostenabrechnung.

IV. Anpassung von Betriebskostenvorauszahlungen (Abs. 4)

Die Vorschrift regelt die Anpassung der Vorauszahlungen an das Abrechnungsergebnis des vorangegangenen Wirtschaftsjahrs. Nach dem bis zum 1.9.2001 geltenden Recht war streitig, ob ein solches Anpassungsrecht kraft Gesetzes besteht oder ob es hierzu einer vertraglichen Vereinbarung bedarf. Nunmehr steht jeder Partei ein gesetzliches Anpassungsrecht zu. **18**

Voraussetzung ist, dass die Parteien eine **Betriebskostenvorauszahlung vereinbart** haben. Ist zwar die Umlage und Abrechnung der Betriebskosten vereinbart, zugleich aber bestimmt, dass der Mieter keine Vorauszahlungen auf die Betriebskosten zu tragen hat, so besteht kein Anpassungsrecht (Both NZM 2009, 896, 897; Zehelein in: MünchKomm § 560 BGB Rdn. 28). **19**

Das Anpassungsrecht steht **beiden Vertragsparteien** in jeder Richtung zu (Both NZM 2009, 896, 898). Keine Partei ist zur Ausübung des Rechts verpflichtet. Aus § 556 Abs. 2 Satz 2 BGB, wonach Vorauszahlungen für Betriebskosten nur in angemessener Höhe vereinbart werden dürfen, folgt nichts anderes. § 556 Abs. 2 Satz 2 BGB gilt nur für die Höhe der Betriebskostenvorauszahlungen durch Vereinbarung. Zu einer einseitigen Senkung der Betriebskosten nach Abs. 4 ist der Vermieter nur verpflichtet, wenn der Mieter dies verlangt (Sternel ZMR 2001, 937, 938). **20**

Geben beide Parteien **unterschiedliche Anpassungserklärung** ab, so gilt diejenige Erklärung, die eine angemessene Anpassung enthält (im Ergebnis ebenso: Langenberg in: Schmidt-Futterer § 560 BGB Rdn. 60; Artz in: Staudinger § 560 BGB Rdn. 48; Palandt/Weidenkaff § 560 BGB Rdn. 17; Frommeyer in: Klein-Blenkers/Heinemann/Ring, Miete/WEG/Nachbarschaft § 560 BGB Rdn. 9). Hierüber hat entsprechend § 315 Abs. 3 Satz 2 BGB das Gericht zu entscheiden. Beide Parteien haben die Möglichkeit der Feststellungsklage; wird diese nicht erhoben, so bleiben die Vorauszahlungen unverändert. **21**

§ 560 BGB

1. Anpassung durch den Vermieter

22   Die Anpassung kann erst **„nach einer Abrechnung"** verlangt werden. Dieses Tatbestandsmerkmal ist lediglich dahingehend zu verstehen, dass zwischen dem Zugang der Abrechnung und dem Zugang der Anpassungserklärung ein zeitlicher Zusammenhang bestehen muss. Dieser ist auch dann gewahrt, wenn dem Mieter zunächst die Anpassungserklärung und kurz darauf die Betriebskostenabrechnung zugeht (LG Berlin GR 2011, 612, 613). Außerhalb einer Abrechnung ist keine Anpassung möglich. Dies gilt auch dann, wenn infolge einer Erhöhung von Gebühren oder wegen einer Modernisierung voraussichtlich höhere Betriebskosten als bisher entstehen.

23   Grundsätzlich ist für die Anpassung stets die **letztmögliche Abrechnung** maßgeblich. Eine Ausnahme gilt, wenn diese Abrechnung noch nicht erstellt ist. Der Mieter ist in einem solchen Fall nicht berechtigt, zunächst auf die Erteilung der Abrechnung zu klagen, weil die Durchsetzung einer Abrechnung im Klageweg regelmäßig einen erheblichen Zeitaufwand erfordert (BGH NJW 2011, 2350 = WuM 2011, 424 = NZM 2011, 544).

24   Nach der früheren Rechtsprechung des BGH (BGH NJW 2010, 1053 = NZM 2010, 315) setzt die Erhöhung der Betriebskostenvorauszahlungen nur eine formell richtige Abrechnung voraus; auf die inhaltliche Richtigkeit soll es nicht ankommen. Diese Rechtsansicht hat der BGH in dem Urteil vom 15.5.2012 (NJW 2012, 246 = WuM 2012, 321 = NZM 2012, 455) aufgegeben. Danach ist die Anpassung von Vorauszahlungen nur auf der Grundlage einer **formell und inhaltlich korrekten Abrechnung** möglich (BGH NJW 2012, 3089 = WuM 2012, 497= NZM 2012, 676; WuM 2012, 681). Die geänderte Rechtsprechung hat folgende **Auswirkungen:**

25   **(1) Feststellungsklage des Mieters.** Geht dem Mieter eine Erhöhungserklärung nach § 560 Abs. 4 BGB zu, so kann er Klage auf Feststellung erheben, dass er den erhöhten Vorauszahlungsbetrag wegen formeller oder inhaltlicher Mängel der Betriebskostenabrechnung nicht schuldet. Fraglich ist, ob die **Einwendungen** gegen die Betriebskostenabrechnung innerhalb der Frist des § 556 Abs. 3 Satz 5 BGB (bis zum Ablauf des 12. Monats nach Zugang der Abrechnung) erhoben werden müssen. Dafür könnte sprechen, dass verspätete Einwendungen nicht zu berücksichtigen sind (§ 556 Abs. 3 Satz 6 BGB). Andererseits ist zu bedenken, dass es bei § 560 Abs. 4 BGB nicht um die Pflicht des Mieters zur Zahlung des Abrechnungssaldos geht. Vielmehr sollen die künftigen Vorauszahlungen entsprechend der in Zukunft zu erwartenden Betriebskosten bemessen werden. Dies spricht gegen die Berücksichtigung der Ausschlussfrist des § 556 Abs. 3 Satz 6 BGB. Die Rechtslage ist insoweit noch ungeklärt.

26   **(2) Zahlungsklage des Mieters.** Verweigert der Mieter die Zahlung der erhöhten Vorauszahlungen, so kann der Vermieter Zahlungsklage erheben. In diesem Fall kann der Mieter einwenden, dass er die erhöhten Beträge nicht schuldet, weil die Betriebskostenabrechnung formell oder inhaltlich fehlerhaft ist. Auch hier müssen die Einwendungen nicht innerhalb der Frist des § 556 Abs. 3 Satz 5 BGB erhoben werden. Das Gericht muss im Zahlungsprozess die Richtigkeit der Betriebskostenabrechnung überprüfen.

27   **(3) Kündigungsrecht des Vermieters.** Der Vermieter kann wegen der Weigerung des Mieters zur Zahlung der erhöhten Vorausleistungen fristlos oder frist-

gemäß kündigen, wenn die Voraussetzungen der §§ 543 Abs. 2 Nr. 3 oder 573 Abs. 2 Nr. 1 BGB vorliegen. Wendet der Mieter im Räumungsprozess formelle oder inhaltliche Mängel der Betriebskostenabrechnung ein, so ist dieser Einwand im Räumungsprozess zu klären. Die Ausschlussfrist des § 556 Abs. 3 Satz 5 BGB ist auch hier unanwendbar. Zur Anwendung des § 569 Abs. 3 Nr. 3 BGB s. dort.

(4) Rechtsirrtum des Mieters. Problematisch wird es, wenn die gerichtliche 28 Prüfung ergibt, dass die Abrechnung fehlerfrei ist. Dann stellt sich die Frage, ob der Zahlungsverzug möglicherweise deshalb entfällt, weil sich der Mieter in der Beurteilung der Sach- oder Rechtslage geirrt hat. Nach ständiger Rechtsprechung des BGH (NJW 2007, 428 = WuM 2007, 24 = NZM 2007, 35; WuM 2012, 323) gilt insoweit ein strenger Maßstab: „Der Schuldner muss die Rechtslage sorgfältig prüfen, soweit erforderlich Rechtsrat einholen und die höchstrichterliche Rechtsprechung sorgfältig beachten ... Entschuldigt ist ein Rechtsirrtum nur dann, wenn der Irrende bei Anwendung der im Verkehr erforderlichen Sorgfalt mit einer anderen Beurteilung durch die Gerichte nicht zu rechnen brauchte. Nach allgemeinen Grundsätzen muss der Mieter darlegen und beweisen, dass er ohne Verschulden an der Entrichtung der Miete gehindert war."

Der Ausschluss der Nachforderung aus einer **verspäteten Abrechnung** gem. 29 § 556 Abs. 3 Satz 3 BGB lässt das Anpassungsrecht unberührt (BGH NJW 2011, 145 = WuM 2010, 490 = NZM 2010, 736; AG Schöneberg GE 2011, 823; Langenberg in: Schmidt-Futterer § 560 BGB Rdn. 44; Derckx NZM 2004, 321, 325; Lützenkirchen/Jennißen, Betriebskostenpraxis Rdn. 227; Zehelein in: MünchKomm § 560 BGB Rdn. 30; Palandt/Weidenkaff § 560 BGB Rdn. 16; Frommeyer in: Klein-Blenkers/Heinemann/Ring, Miete/WEG/Nachbarschaft § 560 BGB Rdn. 8; Both NZM 2009, 896, 899; Bub NZM 2011, 644, 646; **a. A.** LG Berlin NZM 2004, 339 [LS]; Artz in: Staudinger § 560 BGB Rdn. 47; Wetekamp Mietsachen Kap 6 Rdn. 160). Dies folgt aus dem Zweck des Anpassungsrechts, dem Vermieter einen ausreichenden Betrag für die zukünftige Betriebskostenbelastung sicher zu stellen. Dieser Zweck besteht unabhängig vom Anspruch auf die Nachzahlung.

Die Vorauszahlungen können in jeder Abrechnungsperiode nur einmal angepasst werden, auch wenn während der Abrechnungsperiode weitere Betriebskostensteigerungen eintreten (Artz in: Staudinger § 560 BGB Rdn. 47; Langenberg in: Schmidt-Futterer § 560 BGB Rdn. 44; Derckx NZM 2004, 321, 325; Schmid, Handbuch der Mietnebenkosten Rdn. 3115; Sternel ZMR 2001, 937, 938; Lammel Wohnraummietrecht § 560 BGB Rdn. 35; Zehelein in: MünchKomm § 560 BGB Rdn. 30; Both NZM 2009, 896, 897). Eine entsprechende **Vereinbarung** im Mietvertrag verstößt gegen § 560 Abs. 6 BGB, weil sich ein von § 560 Abs. 4 BGB abweichendes Anpassungsrecht zum Nachteil des Mieters auswirken kann (**a. A.** Langenberg in: Schmidt-Futterer § 560 BGB Rdn. 47 ff). Eine während der Mietzeit vereinbarte Erhöhung oder Ermäßigung der Betriebskostenvorauszahlungen ist jedoch möglich. Hat der Mieter nach dem Mietvertrag auch neu entstehende Betriebskosten zu tragen, so ist eine Erhöhung der Vorauszahlungen erst möglich, wenn über diese Kosten abgerechnet wurde (Both NZM 2009, 896, 900). 30

Die Anpassung ist durch **Erklärung in Textform** vorzunehmen. Es handelt es 31 dabei um eine Willenserklärung, die dem jeweils anderen Teil zugehen muss. Eine **Begründung** ist nicht erforderlich (BGH NJW 2011, 3642 = WuM 2011, 686 = NZM 2011, 880). Unter Umständen ist der Vermieter aber verpflichtet, dem Mieter auf Nachfrage die Anpassung zu erläutern. Beschränkt sich der Vermieter auf eine Anpassung entsprechend einem Zwölftel des Ergebnisses der vorangegangenen Abrechnung, so genügt der Hinweis auf das Abrechnungsergebnis. Bei der Addition eines Zuschlags müssen die dafür maßgeblichen Umstände nachvollziehbar dargelegt werden (BGH a. a. O.). Der Vermieter kann die **Anpassung in der Betriebskostenabrechnung** verlangen (Börstinghaus PiG 62, 201, 206; Ehlert in: Bamberger/Roth § 560 BGB Rdn. 19). Eine **Frist** für die Ausübung des Rechts besteht nicht (Börstinghaus PiG 62, 201, 206; Both NZM 2009, 896, 898). Jedoch ist das Anpassungsrecht nach dem Sinn und Zweck der Vorschrift ausgeschlossen, wenn die Abrechnungsreife eingetreten ist.

32 Das Anpassungsrecht besteht nach dem Sinn und Zweck der Regelung auch dann, wenn die **Vorauszahlungen bei Vertragsbeginn zu niedrig bemessen** waren (Derckx NZM 2004, 321, 325; Artz in: Staudinger § 560 BGB Rdn. 52; Dickersbach in Lützenkirchen Mietrecht § 560 Rdn. 64; Frommeyer in: Klein-Blenkers/Heinemann/Ring, Miete/WEG/Nachbarschaft § 560 BGB Rdn. 9; Bub NZM 2011, 644, 647; **a. A.** Palandt/Weidenkaff § 560 BGB Rdn. 16). Anders ist es, wenn der Vermieter zugesichert hat, dass die Vorauszahlungen ausreichen oder wenn er den Mieter über die zu erwartenden Betriebskosten getäuscht hat: Dann ist der Vermieter schadensersatzpflichtig. Der Vermieter hat den Mieter von den überschießenden Kosten freizustellen; eine Anpassung der Vorauszahlungen scheidet aus (Bub NZM 2011, 644, 647).

33 Die Anpassung muss **angemessen** sein. Maßstab ist das Abrechnungsergebnis des Vorjahrs. Dies bedeutet, dass sich die Vorauszahlungen an der Abrechnung des abgelaufenen Wirtschaftsjahrs orientieren müssen (Sternel ZMR 2001, 937, 938; Langenberg NZM 2001, 793; Both NZM 2009, 896, 898; **a. A.** Zehelein in: MünchKomm § 560 BGB Rdn. 29: danach soll die Anpassung auch auf der Basis früherer Abrechnungen möglich sein). Ein **Zuschlag oder ein Abschlag** ist zulässig, wenn konkrete Anhaltspunkte vorliegen, dass sich die auf den Mieter entfallenden Betriebskosten künftig erhöhen oder vermindern (BGH NJW 2011, 3642 = WuM 2011, 686 = NZM 2011, 880). Insoweit sind zwei Fallgruppen in Erwägung zu ziehen. Zum einen kann sich die konkrete Betriebskostenbelastung verändern, wenn sich die Anzahl der Bewohner ändert mit der weiteren Folge, dass die Betriebskosten auf mehr oder weniger Personen als bisher verteilt werden. Zum anderen ist denkbar, dass sich die Energiekosten oder die kommunalen Gebühren auf Grund eines konkreten Anlasses verändern. Bloße Vermutungen genügen allerdings nicht; erforderlich ist vielmehr, dass der Energieversorger eine Änderung seiner Preise ankündigt oder dass die Gemeinde eine Gebührenänderung beschließt. Für einen generellen Sicherheitszuschlag in Höhe von 10% ist kein Raum (BGH a. a. O.; LG Berlin (ZK 63) GE 2010, 1540; Both NZM 2009, 896, 898; Eisenhardt WuM 2011, 200; **a. A.** Langenberg in: Schmidt-Futterer § 560 BGB Rdn. 46; Artz in: Staudinger § 560 BGB Rdn. 52; Börstinghaus PiG 62, 201, 207; Bub NZM 2011, 644, 648). Ein unangemessen hohes Anpassungsverlangen ist bis zur Höhe des angemessenen Betrags wirksam (Artz in: Staudinger § 560 BGB Rdn. 52; Palandt/Weidenkaff § 560 BGB Rdn. 16; Derckx NZM 2004, 321, 325; Schmid ZMR 2011, 761; **a. A.** Langenberg in: Schmidt-Futterer § 560 BGB Rdn. 59; Frommeyer in: Klein-Blenkers/Heinemann/Ring, Miete/WEG/Nachbarschaft § 560 BGB Rdn. 8: insgesamt unwirksam).

34 Eine Anpassung der Betriebskostenvorauszahlungen ist nur für die Zukunft möglich (BGH NJW 2011, 1867 = WuM 2011, 101 = NZM 2011, 401). Die **Anpassungserklärung** wird **wirksam,** wenn sie dem anderen Teil **zugeht** (Palandt/Weidenkaff § 560 BGB Rdn. 17). In der Literatur ist streitig, ob sich die Betriebs-

kostenvorauszahlungen ab dem nächsten Fälligkeitszeitpunkt (Artz in: Staudinger § 560 BGB Rdn. 53; Zehelein in: MünchKomm § 560 BGB Rdn. 35; Frommeyer in: Klein-Blenkers/Heinemann/Ring, Miete/WEG/Nachbarschaft § 560 BGB Rdn. 9; Dickersbach in Lützenkirchen Mietrecht § 560 Rdn. 73; Ehlert in: Bamberger/Roth § 560 BGB Rdn. 26; Both NZM 2009, 896, 897) oder erst mit Beginn des auf die Erklärung folgenden übernächsten Monats verändern (Langenberg in: Schmidt-Futterer § 560 BGB Rdn. 52; Lammel Wohnraummietrecht § 560 BGB Rdn. 36: analog § 560 Abs. 2 Satz 1 BGB). Der BGH vertritt – ohne weitere Begründung – die erstgenannte Ansicht (BGH NJW 2011, 2350 = WuM 2011, 424 = NZM 2011, 544).

35 Für die **Berechnung der Erhöhung oder Ermäßigung** sind an sich **zwei Methoden** denkbar. Hat der Mieter im Wirtschaftsjahr 2013 beispielsweise monatliche Betriebskostenvorauszahlungen in Höhe von 240.– Euro bezahlt und belaufen sich die Betriebskosten für 2013 auf 4080.– Euro, so steht dem Vermieter ein Nachzahlungsanspruch von 1.200.– Euro zu. Es ist zu erwarten, dass für die Betriebskosten 2014 ebenfalls ein Betrag von 4080.– benötigt wird. Geht die Betriebskostenabrechnung 2013 dem Mieter im Mai 2014 zu, so könnte man die Ansicht vertreten, dass der Vermieter ab Juni 2014 eine Erhöhung der Betriebskostenvorauszahlungen auf ca. 412.– Euro verlangen kann. In diesem Fall belaufen sich die Betriebskostenvorauszahlungen für Januar 2014 bis Mai 2014 auf 5 × 240.– Euro = 1200.– Euro und für Juni 2014 bis Dezember 2014 auf 7 × 412.– Euro = 2884.– Euro. Der Gesamtbetrag der Vorauszahlungen beläuft sich damit auf 4084 Euro, so dass die voraussichtlichen Betriebskosten für 2014 gedeckt sind **(Prinzip der vollen Kostendeckung)**. Der Wortlaut des § 560 Abs 4 BGB deckt jedoch auch die Ansicht, dass die Künftigen Betriebskostenvorauszahlungen um ein zwölftel des Nachzahlungsbetrags – im Beispielsfall also um 100.– Euro auf 340.– Euro – zu erhöhen sind **(Prinzip der Kostenanpassung)**.

36 Nach der hier vertretenen Ansicht liegt dem Anpassungsrecht das **Prinzip der Kostenanpassung** zugrunde (ebenso: Artz in: Staudinger § 560 BGB Rdn. 52; Langenberg in: Schmidt-Futterer § 560 BGB Rdn. 46; Zehelein in: MünchKomm § 560 BGB Rdn. 39; Frommeyer in: Klein-Blenkers/Heinemann/Ring, Miete/WEG/Nachbarschaft § 560 BGB Rdn. 8; Both NZM 2009, 896, 899; Eisenschmid in: Betriebskosten-Kommentar Rdn. 2426; Dickersbach in Lützenkirchen Mietrecht § 560 Rdn. 69). Ist die Anpassung erfolgt, so ist eine weitere Anpassung während der Abrechnungsperiode ausgeschlossen (Börstinghaus PiG 62, 201, 208; Both NZM 2009, 896, 899).

37 Hat der Vermieter eine Erhöhung der Betriebskostenvorauszahlungen verlangt, so kommt der Mieter mit dem Zeitpunkt der Wirksamkeit des Anpassungsverlangens in **Verzug** (§ 284 Abs. 2 BGB). Das Verschulden kann entfallen, wenn der Mieter irrig von der Unrichtigkeit der Betriebskostenabrechnung ausgeht und der Irrtum nicht auf Fahrlässigkeit beruht.

2. Korrektur fehlerhafter Abrechnungen durch den Mieter

38 Der Mieter kann eine Anpassung der Vorauszahlungen verlangen, nach dem ihm die Abrechnung zugegangen ist. Auch das Anpassungsrecht des Mieters ist nicht fristgebunden (Both NZM 2009, 896, 898). Nach der Rechtsprechung des BGH kann der Mieter eine aus seiner Sicht fehlerhafte Abrechnung korrigieren und die Anpassung entsprechend der korrigierten Abrechnung vornehmen kann. Voraussetzung ist, dass der Mieter „inhaltliche Fehler einer vom Vermieter erteilten Betriebskostenabrechnung konkret beanstandet und das zutreffende Abrechnungsergebnis selbst errechnet." (BGH WuM 2013, 235). Dabei sind folgende Fälle zu unterscheiden:

39   a) Die Abrechnung des Vermieters ist formell und inhaltlich richtig, die Anpassung der Vorauszahlungen aber fehlerhaft. Ein solcher Fall kann gegeben sein, wenn dem Vermieter nach einer formell und inhaltlich zutreffenden Abrechnung eine Nachzahlung zusteht und er die Anpassung der Vorauszahlungen unter Berücksichtigung eines „Sicherheitszuschlags" für künftige Kostensteigerungen vornimmt. Ein solcher Zuschlag ist nach der Rechtsprechung des BGH nur zulässig, wenn konkrete Anhaltspunkte vorliegen, dass sich die auf den Mieter entfallenden Betriebskosten künftig erhöhen oder vermindern (BGH NJW 2011, 3642 = WuM 2011, 686 = NZM 2011, 880). Ein solcher Fall kann gegeben sein, wenn sich die Energiekosten oder die kommunalen Gebühren auf Grund eines konkreten Anlasses verändern. Bloße Vermutungen genügen allerdings nicht; erforderlich ist vielmehr, dass der Energieversorger eine Änderung seiner Preise ankündigt oder dass die Gemeinde eine Gebührenänderung beschließt. Für einen generellen Sicherheitszuschlag in Höhe von 10% ist kein Raum (BGH a. a. O.). Die Anpassungserklärung ist in einem solchen Fall teilunwirksam. Der Mieter schuldet in einem solchen Fall lediglich die um den Sicherheitszuschlag gekürzten Vorauszahlungen; eine besondere Erklärung ist nicht erforderlich.

40   Konsequenzen für die Praxis: Trifft das Abrechnungsergebnis zu, ist aber die Anpassungserklärung des Vermieters fehlerhaft, so kann der Mieter weiterhin die bisher geschuldeten Vorauszahlungen entrichten. Eine eigene (korrigierte) Anpassungserklärung ist entbehrlich.

41   b) Die Abrechnung des Vermieters ist formell fehlerhaft, die Anpassung entspricht jedoch dem Abrechnungsergebnis. Die Betriebskostenabrechnung muss bestimmte Mindestangaben enthalten, nämlich (1) eine Zusammenstellung der Gesamtkosten; (2) die Angabe und Erläuterung des Verteilerschlüssels (3) die Berechnung des Anteils des Mieters und (4) den Abzug der Vorauszahlungen (grundlegend: BGH NJW 1982, 573 st. Rspr.). Fehlt es hieran, so spricht man von einem formellen Mangel.

41   aa) Formeller Mangel umfasst sämtliche Positionen der Abrechnung. Umfasst der formelle Mangel sämtliche Betriebskostenpositionen, so ist die Abrechnung insgesamt unwirksam. Hiervon ist beispielsweise auszugehen, wenn der Verteilerschlüssel unverständlich ist oder nicht ausreichend erläutert wird (BGH NJW 2008, 2258 = NZM 2008, 477 betr. Umlage von Betriebskosten nach dem Anteil der Wohnfläche unter Berücksichtigung der Wohnzeit). Auf der Grundlage einer solchen Abrechnung kann der Vermieter keine Anpassung der Vorauszahlungen vornehmen. Der Mieter muss keine Einwendungen geltend machen (BGH NJW 2011, 1867 = WuM 2011, 101 = NZM 2011, 401). Schließt die formell unwirksame Abrechnung mit einer Nachzahlung, so hat eine hieraus abgeleitete Anpassungserklärung keine Rechtswirkungen.

42 Fraglich ist, ob der Mieter eine Anpassung der Vorauszahlungen verlangen kann, wenn ihm nach der formell unwirksamen Abrechnung ein **Guthaben** zusteht. Dies hängt davon ab, ob der durch Urteil des BGH vom 15.5.2012 postulierte Grundsatz, wonach eine „Anpassung der Betriebskostenvorauszahlungen gemäß § 560 Abs. 4 BGB ... nur insoweit begründet (ist), als sie nicht nur auf einer formell ordnungsgemäßen sondern auch auf einer inhaltlich korrekten Abrechnung beruht"

(BGH v. 15.5.2012 – VIII ZR 245/11), auch für das Anpassungsrecht des Mieters gilt. Die Frage stellt sich deshalb, weil die Entscheidung zum Anpassungsrecht des Vermieters erging. Der amtliche Leitsatz umfasst aber auch das Anpassungsrecht des Mieters.

Konsequenzen für die Praxis: Bei einer formell unwirksamen Abrechnung 43 kann das Anpassungsrecht weder vom Vermieter noch vom Mieter ausgeübt werden. Der Mieter erleidet hierdurch keinen Nachteil. Er hat gegen den Vermieter einen Anspruch auf Erteilung einer formell wirksamen Abrechnung. Als Druckmittel steht ihm ein Zurückbehaltungsrecht an den laufenden Vorauszahlungen zu. Dies hat u. a. zu Folge, dass der Vermieter das Mietverhältnis nicht wegen Zahlungsverzugs kündigen kann, wenn der Mieter auf der Grundlage der formell unwirksamen Abrechnung die Vorauszahlungen entsprechend dem Abrechnungsergebnis bemisst. Der Vermieter kann die Abrechnung nachbessern. Erfolgt die Nachbesserung aber erst nach Ablauf der Abrechnungsfrist des § 556 Abs. 3 Satz 2 BGB, so kann eine eventuelle Korrektur wegen § 556 Abs. 3 Satz 3 BGB nicht mehr zu Gunsten des Vermieters berücksichtigt werden.

bb) Formeller Mangel betrifft nur einzelne Positionen. Betrifft der for- 44 melle Mangel nur einzelne Betriebskostenpositionen und können diese unschwer herausgerechnet werden, so bleibt die übrige Abrechnung wirksam (BGH NJW 2007, 1059 = WuM 2007, 196 = NZM 2007, 244; NJW 2011, 143 = WuM 2011, 784 = NZM 2011, 858; WuM 2010, 741 = NZM 2011, 118; NJW 2011, 842 = WuM 2011, 158 = NZM 2011, 240; NJW 2011, 2786 = WuM 2011, 420 = NZM 2011, 627).

Konsequenzen für die Praxis: Ergibt sich aus dem wirksamen Teil der Ab- 45 rechnung ein Nachzahlungsanspruch so kann der Vermieter die Vorauszahlungen anpassen, allerdings nur entsprechend dem wirksamen Teil der Abrechnung. Weist die Abrechnung ein Guthaben aus, so gilt entsprechendes für den Mieter. Stattdessen hat der Mieter auch hier einen Anspruch auf Erteilung einer Abrechnung, die in allen Teilen formell wirksam ist. Wird dieser Anspruch geltend gemacht, so kann der Mieter ein Zurückbehaltungsrecht an den laufenden Vorauszahlungen geltend machen.

c) Die Abrechnung des Vermieters ist formell wirksam aber inhaltlich 46
fehlerhaft, die Anpassung entspricht jedoch dem Abrechnungsergebnis.
aa) Das Anpassungsrecht setzt eine inhaltlich zutreffende Abrechnung
voraus. Nach der früheren Rechtsprechung des BGH setzte die Erhöhung der Vorauszahlung durch den Vermieter lediglich eine formell richtige Abrechnung voraus; auf die inhaltliche Richtigkeit kam es nicht an (BGH NJW 2010, 2053). Diese Rechtsansicht hat der BGH in dem Urteil vom 15.5.2012 aufgegeben (BGH NJW 2012, 2186 = WuM 2012, 321 = NZM 2012, 455). Danach ist die Erhöhung der Vorauszahlungen nur auf der Grundlage einer formell und inhaltlich korrekten Abrechnung möglich (BGH NJW 2012, 3089 = WuM 2012, 497 = NZM 2012, 676).

aa) Der Inhaltsmangel umfasst sämtliche Positionen der Abrechnung. 47
Bei einer solchen Abrechnung (Beispiele: vertragswidrige Abrechnung nach Wirtschaftseinheiten; erkennbar fehlerhafter Umlageschlüssel; Abrechnung trotz vereinbarter Betriebskostenpauschale oder Pauschalmiete besteht aus den oben 2b genannten Gründen kein Anpassungsrecht. Im Unterschied zu einer formell unwirksamen Abrechnung sind aber einige für die Praxis wichtige Besonderheiten zu

beachten. **(1)** Zum einen hat der Mieter gegen den Vermieter keinen Anspruch auf Erteilung einer (weiteren) inhaltlich fehlerfreien Abrechnung. Er kann deshalb auch kein Zurückbehaltungsrecht an den laufenden Vorauszahlungen geltend machen. **(2)** Der Mieter muss den inhaltlichen Mangel durch Erklärung einer Einwendung, innerhalb der hierfür maßgeblichen Frist von 12 Monaten nach Zugang der Abrechnung rügen. Unterlässt er dies, so wird die inhaltlich fehlerhafte Abrechnung wirksam. **(3)** In diesem Fall ist fraglich, ob das Anpassungsrecht nunmehr entsteht. Nach dem zu der Entscheidung des BGH vom 16.10.2012 ergangenen amtlichen Leitsatz (BGH WuM 2012, 681) ist dies zu verneinen. Diese Rechtsfolge ist auch in der Sache gerechtfertigt, weil das Anpassungsrecht sicherstellen soll, dass dem Vermieter für künftige Abrechnungszeiträume ein ausreichender Kostenbeitrag zur Verfügung steht und der Mieter darüber hinaus nichts schuldet. Aus einer inhaltlich unzutreffenden Abrechnung kann für einen künftigen Bedarf aber nichts hergeleitet werden. Der Fall der vertragswidrigen Abrechnung trotz vereinbarter Betriebskostenpauschale oder Pauschalmiete gibt hierfür ein treffendes Beispiel.

48 Hat der Mieter in Unkenntnis des inhaltlichen Mangels der Abrechnung die erhöhten Vorauszahlungen geleistet, so ist die Zahlung – mangels einer wirksamen Anpassungserklärung – ohne Rechtsgrund erfolgt, so dass dem Mieter ein Bereicherungsanspruch aus § 812 BGB zusteht.

49 Schließt die inhaltlich fehlerhafte Abrechnung (trotz oder wegen des Inhaltsmangels) mit einem Guthaben, so steht auch dem Mieter kein Anpassungsrecht zu. Nach der Rechtsprechung des BGH kann der Mieter diesem für ihn nachteiligen Umstand abhelfen, indem er den inhaltlichen Fehler der Abrechnung „konkret beanstandet und das zutreffende Abrechnungsergebnis selbst errechnet" (BGH WuM 2013, 235 unter Rz. 9). Die Befugnis des Mieters zur Korrektur einer fehlerhaften oder Erstellung einer eigenen wirksamen Abrechnung zum Zwecke der Erlangung des Anpassungsrechts folgt letztlich aus dem Postulat, dass das Anpassungsrecht eine inhaltlich zutreffende Abrechnung voraussetzt.

50 **Konsequenzen für die Praxis:** Bei einer inhaltlich fehlerhaften Abrechnung kann der Mieter das Anpassungsrecht nur ausüben, wenn er den Fehler beanstandet und das zutreffende Abrechnungsergebnis selbst errechnet.

51 **bb) Der Inhaltsmangel umfasst nur einzelne Positionen der Abrechnung.** In diesem Fall ist die Abrechnung im Übrigen wirksam.

52 **Konsequenzen für die Praxis:** Ergibt sich aus dem wirksamen Teil der Abrechnung ein Guthaben so kann der Mieter die Vorauszahlungen anpassen, allerdings nur entsprechend dem wirksamen Teil der Abrechnung.

3. Risiken fehlerhafter Anpassung durch den Mieter

53 Eine auf einer korrigierten Abrechnung basierende Anpassung der Vorauszahlungen durch den Mieter dürfte unproblematisch sein, wenn sich der Fehler auf einen oder wenige Umstände bezieht, der Abrechnung beispielsweise ein unzutreffender Umlageschlüssel zugrunde liegt oder wenn Betriebskostenpositionen abgerechnet werden, deren Umlagefähigkeit nicht vereinbart wurde. Oftmals streiten sich die Parteien aber über Umstände, deren Aufklärung eine detailliertere Sach- und Rechtskenntnis voraussetzt. Beispiele sind der Abzug von Verwaltungs- und Instandsetzungsanteilen bei den Hauswartkosten oder Fragen des Vorwegabzugs bei gemischt genutzten Gebäuden.

a) Zahlungsklage und Kündigung nach Zahlungsurteil. Kürzt der Mieter 54
die Vorauszahlungen, so kann der Vermieter Zahlungsklage erheben. In diesem Fall
kann der Mieter einwenden, dass er die Klagforderung auf Grund der von ihm korrigierten Abrechnung nicht schuldet, weil ihm ein Anpassungsrecht zusteht. Das
Gericht muss im Zahlungsprozess die Richtigkeit der Betriebskostenabrechnung
überprüfen. Erweist sich die Betriebskostenabrechnung als zutreffend, so wird der
Mieter zur Zahlung verurteilt. Für diesen Fall gilt § 569 Abs. 3 Nr. 3 BGB. Danach
ist eine fristlose Kündigung wegen Zahlungsverzugs mit den rückständigen Betriebskostenvorauszahlungen erst nach Ablauf von zwei Monaten nach Rechtskraft
des Zahlungsurteils möglich. Die Vorschrift gilt nach ihrem Wortlaut aber nur für
die außerordentliche fristlose Kündigung aus wichtigem Grund gem. § 543 Abs. 2
Nr. 3 BGB. Eine analoge Anwendung des § 569 Abs. 3 Nr. 3 BGB auf die ordentliche Kündigung lehnt der BGH ab (BGH NJW 2013, 159 = WuM 2012, 682
= NZM 2013, 26). Dies hat zur Folge, dass der Vermieter ohne Beachtung der
Sperrfrist nach § 573 Abs. 2 Nr. 1 BGB kündigen kann.

b) Kündigung ohne Zahlungsurteil. Der Vermieter kann wegen der Wei- 55
gerung des Mieters zur Zahlung der bisher geschuldeten Vorauszahlungen fristlos
kündigen, wenn die Voraussetzungen der §§ 543 Abs. 2 Nr. 3 oder 573 Abs. 2 Nr. 1
BGB vorliegen. Auch in diesen Fällen stellt sich die **Frage nach der Anwendung
des § 569 Abs. 3 Nr. 3 BGB**. Nach der Rechtsprechung setzt die Kündigung des
Mietverhältnisses in diesem Fall nicht voraus, dass der Mieter zuvor im Wege der
Zahlungsklage in Anspruch genommen und rechtskräftig zur Zahlung der Erhöhungsbeträge verurteilt worden ist (BGH NJW 2012, 3089 = WuM 2012, 497
= NZM 2012, 676). Der Mieter hat also ein erhebliches Kündigungsrisiko zu tragen, wenn die gerichtliche Prüfung ergibt, dass die Abrechnung fehlerfrei ist.

Dann stellt sich die weitere Frage, ob der Zahlungsverzug möglicherweise des- 56
halb entfällt, weil sich der **Mieter in der Beurteilung der Sach- oder Rechtslage geirrt hat.** Nach ständiger Rechtsprechung des BGH gilt insoweit ein strenger Maßstab (s. Rdn. 28).

Fazit: Ist die Betriebskostenabrechnung und die daraus abgeleitete Anpassung 57
der Vorauszahlungen fehlerhaft, so kann der Mieter zwar das Abrechnungsergebnis
korrigieren und auf der Grundlage der korrigierten Abrechnung die Betriebskostenvorauszahlungen anpassen. Er sollte von dieser Möglichkeit aber nur Gebrauch
machen, wenn der Fehler hinreichend klar erkennbar ist. Bei ungesicherter Tatsachengrundlage oder zweifelhafter Rechtslage ist es für den Mieter günstiger,
wenn er die vom Vermieter geforderten Vorschüsse unter Vorbehalt zahlt und sodann den Bereicherungsanspruch wegen rechtsgrundloser Leistung der überzahlten
Beträge geltend macht. In diesem Verfahren kann das Gericht die Abrechnung und
die Höhe der geschuldeten Vorauszahlungen überprüfen, ohne dass dies mit dem
Risiko des Wohnungsverlustes verbunden ist.

V. Wirtschaftlichkeitsgrundsatz (Abs. 5)

Nach § 560 Abs 5 BGB ist bei der Veränderung von Betriebskosten der Wirt- 57a
schaftlichkeitsgrundsatz zu beachten. Dies ist insbesondere in zwei Fällen von Bedeutung. Zum einen darf der Vermieter keine Maßnahmen ergreifen, die zu
neuen – bisher nicht vorhanden – Betriebskosten führen, wenn die Maßnahme aus
der Sicht eines wirtschaftlich denkenden Eigentümers nicht erforderlich ist (z. B.:

Einstellung eines Hauswarts bei kleinem Wohnhaus; Akzeptanz überhöhter Lohnforderungen von Hilfspersonal). Zum anderen darf der Vermieter die Betriebskostenbelastung nicht ohne plausiblen Grund erhöhen, etwa durch den Abschluss eines unwirtschaftlichen Vertrags mit einem Wärmelieferanten.

VI. Abweichende Vereinbarungen (Abs. 6)

58 Eine von den Abs. 1 bis 5 zum Nachteil des Mieters abweichende Vereinbarung ist unwirksam (§ 560 Abs. 6 BGB).

Insbesondere sind alle vertraglichen Erhöhungsklauseln unwirksam, die eine **rückwirkende Anpassung** der Vorauszahlungen vorsehen. Ebenso kann nicht vereinbart werden, dass die Vorauszahlungen abweichend von Abs. 4 **während des Wirtschaftsjahres** angepasst werden dürfen (Lammel Wohnraummietrecht § 560 BGB Rdn. 43). Eine solche Vereinbarung kann sich zum Nachteil des Mieters auswirken: Vorauszahlungen sind bei wirtschaftlicher Betrachtungsweise aus der Sicht des Mieters eine Belastung (**a. A.** Langenberg in: Schmidt-Futterer § 560 BGB Rdn. 49). Das Anpassungsrecht darf nicht an Prognosen geknüpft werden, z. B. an die Erwartung, dass die Heizölpreise oder die öffentlichen Gebühren steigen. Eine solche Vereinbarung wirkt sich zum Nachteil des Mieters aus, weil an die Stelle eines Factums (der Betriebskostenabrechnung) eine Vermutung tritt. Bei der **Vermietung einer Eigentumswohnung** kann nicht vereinbart werden, dass sich die Vorauszahlungen des Mieters nach den im Wirtschaftsplan der Eigentümer ausgewiesenen Zahlungen richten. Dies gilt schon deshalb, weil die Vorauszahlungen der Eigentümer die Kosten und Lasten des gemeinschaftlichen Eigentums decken sollen; diese sind nicht identisch mit den Betriebskosten.

59 Ist eine **Pauschalmiete** vereinbart, so hat der Vermieter kein gesetzliches Anpassungsrecht, wenn sich die Betriebskosten erhöhen. Ein solches Recht kann auch nicht vertraglich vereinbart werden (§§ 557 Abs. 4, 560 Abs. 6 BGB).

60 Für die **Geschäftsraummiete** wird die Ansicht vertreten, dass die Vereinbarung einer Betriebskostenvorauszahlung zugleich ein Anpassungsrecht begründet (Börstinghaus PiG 62, 201, 205; v. Seldeneck, Betriebskosten im Mietrecht Rdn. 3932ff; Blümmel GE 2000, 1234; Kinne GE 1990, 1175; Sternel Rdn. III 326; **a. A.** LG Celle DWW 1996, 192; Sonnenschein NJW 1992, 265; Beyerle in: Lindner-Figura Geschäftsraummiete Kap. 11 Rdn. 253; Fritz, Gewerberaummietrecht Rdn. 134; Palandt/Weidenkaff § 535 BGB Rdn. 92; Both NZM 2009, 896, 897). Diese Ansicht ist abzulehnen. Es steht im Belieben der Parteien eines Geschäftsraummietvertrags, wie sie ihren Vertrag gestalten. Wird das – seit Jahren übliche und bekannte – Recht zur Anpassung der Vorauszahlungen nicht vereinbart, so hat es bei der Ursprungsvereinbarung sein Bewenden. Dies folgt aus der Erwägung, dass die Betriebskostenvorauszahlungen Teil der Miete sind. Mietänderungen sind bei der Geschäftsraummiete nur auf Grund einer vertraglichen Vereinbarung möglich, wobei sich die Modalitäten der Mietänderung mit hinreichender Deutlichkeit aus der Vereinbarung ergeben müssen. Das Anpassungsrecht kann auch durch Formularvertrag vereinbart werden (BGH NJW 2013, 41; NJW 2014, 1300; OLG Düsseldorf U. v. 27.3.2012 – 14 U 123/11; Beyerle a. a. O.; s. weiter § 556 Rdn. 279).

VII. Beweislast/Prozessuales

Macht der Vermieter von seinem Recht aus Abs. 1 Gebrauch, so muss er beweisen, dass eine Betriebskostenpauschale vereinbart ist und dass sich die von der Pauschale erfassten Betriebskosten erhöht haben. Der Mieter kann die Erhöhung nicht pauschal bestreiten; vielmehr muss er von seinem Recht auf Belegeinsicht Gebrauch machen und seine Einwendungen sodann substantiieren. Für eine Ermäßigung der Pauschale ist der Mieter darlegungspflichtig. Zu diesem Zweck kann der Mieter seinen Auskunftsanspruch geltend machen. Verlangt der Vermieter eine Erhöhung der Vorauszahlungen, so ist er für die Richtigkeit der Betriebskostenabrechnung beweispflichtig. Macht der Mieter einen Anpassungsanspruch geltend und ist streitig, ob die Betriebskostenabrechnung inhaltlich richtig ist, so muss ebenfalls der Vermieter die Richtigkeit der Abrechnung beweisen. 61

§ 561 Sonderkündigungsrecht des Mieters nach Mieterhöhung

(1) ¹Macht der Vermieter eine Mieterhöhung nach den §§ 558 oder 559 geltend, so kann der Mieter bis zum Ablauf des zweiten Monats nach dem Zugang der Erklärung des Vermieters das Mietverhältnis außerordentlich zum Ablauf des übernächsten Monats kündigen. ²Kündigt der Mieter, so tritt die Mieterhöhung nicht ein.

(2) Eine zum Nachteil des Mieters abweichende Vereinbarung ist unwirksam.

Übersicht

	Rdn.
I. Allgemeines	1
II. Das Sonderkündigungsrecht	3
1. Sachliche Voraussetzungen	3
2. Zeitliche Voraussetzungen	9
III. Die Kündigung	11
1. Die Überlegungs- und Kündigungsfristen	13
a) Überlegungsfrist	14
b) Fristbeginn	15
c) Wirkungszeitpunkt	17
2. Wirkung der Kündigung	18
a) Beendigung des Mietverhältnisses	18
b) Nichteintritt der Mieterhöhung	19
IV. Abweichende Vereinbarungen zum Nachteil des Mieters	21

I. Allgemeines

Die Vorschrift ist das Gegenstück zum Mieterhöhungsanspruch des Vermieters nach den §§ 558–559 BGB. Der Mieter kann wählen, ob er das Dauerschuldverhältnis unter den veränderten Umständen fortsetzen will oder ob er es beenden will. Im preisgebundenen Wohnungsbau gilt nach einer Mieterhöhung § 11 Abs. 1 WoBindG. Die Vorschrift ist eine Schutzvorschrift zugunsten des Mieters. Die Vorschrift ist Ausdruck des allgemeinen Rechtsgedankens, dass keiner Vertragspartei 1 von der anderen Vertragspartei eine Vertragsänderung aufgezwungen werden darf, selbst wenn ihr ein gesetzlicher Anspruch darauf zusteht.

2 Die Vorschrift geht über das ordentliche Kündigungsrecht des Mieters hinaus. Die Vorschrift gilt auch bei befristeten Mietverhältnissen gem. § 575 BGB, die der Mieter ordentlich gar nicht kündigen kann. Auch wenn die Parteien individualvertraglich oder formularmäßig einen Kündigungsausschluss vereinbart haben sollten (dazu § 575 Rdn. 84) kann der Mieter das Mietverhältnis gem. § 561 BGB außerordentlich mit gesetzlicher Frist gem. § 573d BGB kündigen. Die Vorschrift findet auf alle Wohnraummietverhältnisse gem. § 549 BGB Anwendung. Da gemäß § 549 Abs. 2 BGB *„die Vorschriften über die Mieterhöhung (§§ 557–561 BGB)"* für die dort aufgezählten Mietverhältnisse nicht gelten, besteht das Sonderkündigungsrecht jedoch bei diesen Mietverhältnissen nicht. Hier kann der Vermieter eine Mieterhöhung regelmäßig nur durch eine Änderungskündigung durchsetzen. Die Vorschrift gilt nur für Wohnraummietverträge, soweit sie nicht in § 549 Abs. 2 BGB ausgenommen sind. Bei Mieterhöhungen wegen Steigerungen der **Betriebskostenvorauszahlungen** gem. § 560 Abs. 4 BGB oder der Anhebung der **Betriebskostenpauschale** gem. § 560 Abs. 1 BGB kann der Mieter nicht kündigen. Die Vorschrift gilt ebenfalls nicht nach dem Eintritt einer weiteren Staffel bei einer **Staffelmietvereinbarung**, § 557a BGB oder nach einer **Indexerhöhung** gem. § 557b BGB. Die Vorschrift gilt nicht bei einseitigen Mieterhöhungen nach dem teilweise noch weiter geltenden WoBindG oder an seine Stelle getretenen Landesgesetze.

II. Das Sonderkündigungsrecht

1. Sachliche Voraussetzungen

3 Das Kündigungsrecht entsteht, wenn der Vermieter die Zustimmung zu einer Mieterhöhung oder die einseitige Erhöhung der Miete **verlangt.** Alle Willenserklärungen des Vermieters, die die Rechtsfolgen der §§ 558–559 BGB herbeiführen wollen lösen das Kündigungsrecht aus. Kein Verlangen im Sinne des Gesetzes ist ein Angebot auf einverständliche Änderung des Vertrages gem. § 557 Abs. 1 BGB. Für die im Einzelfall unter Umständen schwierige Abgrenzung kommt es auf den objektiven **Empfängerhorizont** auf Seiten des Mieters an. Konnte der Mieter die Willenserklärung nur als Angebot verstehen, das er ohne rechtliche Konsequenzen ablehnen konnte, scheidet das Sonderkündigungsrecht aus. Dies gilt auch dann, wenn der Vermieter in seinem ersten Angebot auf Vertragsänderung abschließend darauf hinweist, dass er für den Fall der Ablehnung des Angebots ein Zustimmungsverlangen oder eine einseitige Mieterhöhung aussprechen wird. Ob der Mieter mit einer einvernehmlichen Mieterhöhung einverstanden ist oder nicht, ist unerheblich, weil bereits die Erklärung des Vermieters kein „Geltendmachen" i. S. d. § 561 darstellt, welches das Kündigungsrecht auslöst.

4 Das Mieterhöhungsverlangen bzw. die Mieterhöhungserklärung muss nicht wirksam sein, um das Sonderkündigungsrecht auszulösen (LG Berlin GE 1998, 43; LG Braunschweig WuM 1986, 323; AG Ibbenbüren WuM 1982, 216; AG Münsingen NJW-RR 1998, 228; **a. A.** AG Bergisch-Gladbach WuM 1983, 182; *Sternel,* III 859). Es kommt also nur darauf an, dass der Vermieter eine Mieterhöhung nach § 558 BGB oder 559 BGB verlangt. Das bedeutet, dass auch ein **mündliches Erhöhungsverlangen** das Sonderkündigungsrecht auslöst. Es darf sich aber nicht

nur um die Ankündigung einer Mieterhöhung oder um ein Verhandlungsangebot darüber handeln. Ebenso löst eine Mieterhöhung der die gem. § 558a BGB bzw. § 559b BGB erforderliche **Begründung fehlt,** das Sonderkündigungsrecht aus. Voraussetzung ist aber, dass dem Mieter ein Mieterhöhungsverlangen bzw. eine einseitige Mieterhöhung zugegangen ist. Auch nach einem Mieterhöhungsverlangen, das dem Mieter **vor Ablauf der Jahressperrfrist** zugegangen ist und deshalb unwirksam ist (BGH RE v. 11.6.1993 NJW 1993, 2109) kann der Mieter gem. § 561 Abs. 1 kündigen.

Eine Grenze wird hier allenfalls durch das sich aus § 242 BGB ergebende Gebot 5 von **Treu und Glauben** gezogen. In den Fällen, in denen der Mieter zweifelsfrei erkennen kann, dass das Mieterhöhungsverlangen unwirksam ist, kann es im Einzelfall eine unzulässige Rechtsausübung darstellen, wenn der Mieter trotzdem das Mietverhältnis gem. § 561 kündigt (LG Berlin GE 1998, 43, 44; AG Münsingen NJW-RR 1998, 228).

Das Gesetz beschränkt das Kündigungsrecht auf die Mieterhöhung im Zustim- 6 mungsverfahren gem. § 558 BGB sowie die einseitige Erhöhungsmöglichkeit wegen Modernisierung gem. § 559 BGB. Damit lösen weder Erhöhungen der Betriebskostenpauschale wegen **Betriebskostensteigerungen gem. § 560 Abs. 1 BGB** noch Erhöhungen der Betriebskostenvorauszahlungen gem. § 560 Abs. 4 BGB das Sonderkündigungsrecht aus. Das gilt auch für den Fall der Erhöhung von Brutto- oder Teilinklusivmieten bei Altverträgen gem. der Übergangsregelung in Art. 229 § 3 Abs. 4 EGBGB.

Die Vorschrift ist nicht auf alle **einverständlichen Mieterhöhungen** anwend- 7 bar. Hierzu zählt der Fall, dass der Mieter einem Mieterhöhungsverlangen des Vermieters gem. § 558 zugestimmt hat. Hat der Mieter der Mieterhöhung nur teilweise zugestimmt, dann kann er trotzdem kündigen (Sternel, III 860). Sinn ergibt dies aber nur, wenn dies zeitlich gestaffelt erfolgt, wenn der Mieter also zunächst teilweise zustimmt und der Vermieter dann vor Ablauf der Kündigungsfrist des § 561 zu erkennen gibt, auch auf Zustimmung bezüglich des Restbetrages zu bestehen. Dann kann der Mieter noch kündigen. Durch die Kündigung wird aber gemäß § 561 Abs. 1 Satz 2 nur der Teil des Mieterhöhungsverlangens unwirksam, zu dem der Mieter seine Zustimmung noch nicht erteilt hat. Hinsichtlich des ersten Teils liegt eine einverständliche Vertragsänderung vor. Wartet der Mieter in diesen Fällen ab, ob der Vermieter innerhalb der Klagefrist klagt, ist die Kündigungsfrist für den Mieter abgelaufen, da die Klagefrist des § 558b Abs. 2 Satz 2 BGB sich an die Überlegungsfrist nach § 561 Abs. 1 BGB erst anschließt.

Eine einvernehmliche, eine Kündigung ausschließende Mieterhöhung, liegt 8 auch bei allen Vereinbarungen i. S. d. § 557 Abs. 1 BGB vor (AG Solingen WuM 1982, 142). Dies gilt auch bei Mieterhöhungen auf Grund einer Staffelmietvereinbarung gem. § 557a BGB sowie einer Mieterhöhung auf Grund einer Indexklausel gem. § 557b BGB Auch hier beruht die Mieterhöhung auf einer, wenn auch in der Regel schon bei Vertragsschluss geschlossenen, Vereinbarung der Parteien. Jedoch kann der Mieter dann das Mietverhältnis außerordentlich kündigen, wenn der Vermieter unter Berufung auf die Unwirksamkeit der Staffelmietvereinbarung eine Mieterhöhung geltend macht (LG Berlin GE 1998, 43).

2. Zeitliche Voraussetzungen

Die Kündigung ist erst nach **Zugang der Mieterhöhungserklärung** nach 9 §§ 558, 559 BGB möglich. Dies ergibt sich daraus, dass das Mieterhöhungsverlangen eine empfangsbedürftige **Willenserklärung** ist, für deren Wirksamkeit gem. § 130 Abs. 1 Satz 1 BGB der Zugang erforderlich ist. Dies ist auch deshalb von Bedeutung, weil für die Berechnung der Kündigungsfristen ein eindeutiger Zeitpunkt feststehen muss. Eine vor Zugang der Mieterhöhung erklärte Kündigung ist unwirksam. Das Sonderkündigungsrecht steht dem Mieter selbst dann zu, wenn das zu Grunde liegende Mietverhältnis bereits vorher von ihm oder vom Vermieter gekündigt worden ist. Dies setzt voraus, dass die Kündigungsfrist noch nicht abgelaufen ist und die Mieterhöhung vor dem Kündigungstermin wirksam werden soll. Erforderlich ist aber in diesem Fall, dass der Mieter – ggf. erneut – kündigt. Allein die Tatsache, dass er das Mietverhältnis bereits einmal gekündigt hat, genügt in der Regel nicht. Der Mieter muss sich auf das Sonderkündigungsrecht berufen (AG Frankfurt WuM 1989, 580). Der Mieter kann ebenfalls noch kündigen, wenn das Mietverhältnis nach Vermieterkündigung und Kündigungswiderspruch des Mieters gem. § 574ff. BGB noch nicht beendet ist. In diesem Fall kann der Mieter durch die Ausübung des Sonderkündigungsrechts erreichen, dass das Mietverhältnis zu einem früheren Zeitpunkt endet, als es auf Grund der Vermieterkündigung der Fall gewesen wäre und dass die Verpflichtung zur Zahlung der höheren Miete nicht eintritt. Außerdem kann der Mieter auf diese Weise seine frühere Absicht, das Mietverhältnis fortzusetzen, wegen der Mieterhöhung aufgeben.

10 Hat der Mieter das Mietverhältnis gemäß § 561 BGB gekündigt, dann wird diese Kündigung durch eine spätere Zustimmung zur verlangten Mieterhöhung oder Zahlung der verlangten erhöhten Miete nicht unwirksam. In einem solchen Verhalten kann allenfalls das Angebot auf Abschluss eines neuen Mietvertrages zu sehen sein. Haben die Mietvertragsparteien sich nach Ausspruch der Kündigung einvernehmlich auf eine neue Miete geeinigt dann dürfte eine solche Vereinbarung in der Regel dahin auszulegen sein, dass damit ein neuer Mietvertrag abgeschlossen werden soll. Eine **Anfechtung** der Kündigungserklärung wegen Irrtums dürfte in der Regel ausscheiden, da es sich in diesen Fällen, von den Situationen des Erklärungsirrtums abgesehen, um einen unbeachtlichen Motivirrtum handelt.

III. Die Kündigung

11 Die Kündigung des Mietvertrages erfolgt durch eine **einseitige empfangsbedürftige Willenserklärung.** Um ihre Wirksamkeit entfalten zu können, muss sie vom richtigen Absender dem richtigen Adressanten in der richtigen Form mit dem richtigen Inhalt zugehen (Zu den Formalien von Kündigungserklärungen: s. § 568 BGB). Auch für die Kündigung des Mieters gilt die Formvorschrift des § 568 Abs. 1 BGB. Die Kündigung muss danach **schriftlich erfolgen,** also vom Mieter eigenhändig unterschrieben sein. Textform genügt nicht.

12 In der Kündigungserklärung muss eindeutig zum Ausdruck kommen, dass der Mieter das Mietverhältnis beenden will. Das Wort „Kündigung" muss er hierfür nicht unbedingt gebrauchen. Im Interesse der Rechtssicherheit und Rechtsklarheit ist an dem Grundsatz festzuhalten, dass sich aus der Kündigungserklärung der übereinstimmende **Kündigungswille** aller Kündigenden ergibt und dieser Kündigungswille allen Kündigungsempfängern zuverlässig zur Kenntnis gebracht wird (AG Friedberg WuM 1980, 63). Als einseitige Willenserklärung ist eine Kündigung **bedingungsfeindlich** (BGH NJW 2004, 284). Die Kündigung muss **nicht begründet** werden (Both in: Herrlein/Kandelhard, Praxiskommentar § 561 Rdn. 6). § 569 Abs. 4 BGB gilt nicht. Die Vorschrift ist vom Wortlaut der Überschrift nur auf die außerordentliche fristlose Kündigung anzuwenden. Die Begründungspflicht ergibt sich auch nicht aus § 573d i. V. m. § 573 Abs. 3 BGB (Börstinghaus in: Schmidt-Futterer § 561 BGB Rdn. 33). So genügt es, wenn die Voraussetzungen des § 561 BGB bei Ausspruch der Kündigung tatsächlich vorlagen ohne, dass sie im Kündigungsschreiben ausdrücklich erwähnt werden müssen. Sinnvoll und streitschlichtend ist es aber, zumindest kurz auf den Anlass der Kündigung, nämlich die Mieterhöhung hinzuweisen.

1. Die Überlegungs- und Kündigungsfristen

Bei der Berechnung der Kündigungsfrist sind 2 Fristen zu unterscheiden. Zum einen steht dem Mieter eine Überlegungsfrist zu, innerhalb derer er entscheiden muss, ob er überhaupt kündigen will und zum anderen gibt es die eigentliche Kündigungsfrist, aus der sich ergibt, zu welchem Termin das Mietverhältnis beendet wird, wenn der Mieter tatsächlich gekündigt hat. 13

a) Überlegungsfrist. Der Mieter kann die Kündigungserklärung bis zum Ende des zweiten Monats nach Zugang der Erhöhungserklärung kündigen. Bei der Mieterhöhung nach § 558 steht dem Mieter also die volle Überlegungsfrist des § 558b Abs. 2 BGB zur Verfügung, um zu entscheiden, ob er der Mieterhöhung ganz oder teilweise zustimmen will oder ob er das Mietverhältnis kündigen will. Bei der Mieterhöhung nach einer Modernisierung muss die Kündigungserklärung dem Vermieter spätestens einen Tag vor dem Wirksamwerden der Mieterhöhung gem. § 559b Abs. 2 BGB zugehen. Die Frist für den Mieter innerhalb derer er überlegen kann, ob er kündigt oder nicht beträgt also immer mindestens 2 Monate, sie kann aber auch fast drei Monate betragen. 14

b) Fristbeginn. Die Frist beginnt mit dem Zugang des Mieterhöhungsverlangens. Sie endet grds. mit Ablauf des folgenden zweiten Monats. Etwas anderes soll nach Ansicht des BGH (NJW 2013, 3641) dann gelten, wenn der Vermieter die Mieterhöhung erst zu einem späteren als dem gesetzlich vorgesehenen Termin verlangt. § 558b Abs. 1 BGB und § 561 Abs. 1 BGB seien aufeinander abgestimmte Regelungen, deren Verständnis sich nur aus einer Zusammenschau erschließe. Der Mieter habe zwei Möglichkeiten auf das Erhöhungsverlangen zu reagieren, nämlich zuzustimmen bzw. sich auf Zustimmung verklagen zu lassen oder das Mietverhältnis zu kündigen. Aus der Tatsache, dass die Fristen aufeinander abgestimmt sein, folgert der Senat, dass in den Fällen, in denen der Vermieter die Mieterhöhung zu einem späteren Termin verlangt, auch die Frist zur Ausübung des Kündigungsrechts in § 561 Abs. 1 BGB entsprechend länger ist. Sie laufe in diesem Fall einen Tag vor dem Tag, zu dem sie nach den Vorstellungen des Vermieters wirksam werden soll, ab. Diese Argumentation ist nur auf den ersten Blick überzeugend. Ihr steht zunächst der klare Wortlaut des § 561 BGB entgegen (Blank WuM 2014, 17; Börstinghaus LMK 2014, 354192). Dort heißt es, dass der Mieter bis zum Ablauf des zweiten Monats nach Zugang des Erhöhungsverlangens kündigen kann. Auch wenn diese Frist mit der Überlegungsfrist des § 558b Abs. 2 BGB übereinstimmt, so hat der Gesetzgeber hier doch eine eigene Frist kodifiziert. Er hat nicht auf die Frist des § 558b Abs. 2 BGB verwiesen. Die Argumentation überzeugt aber auch deshalb nicht, weil hier zwei Fälle miteinander verglichen werden, die nicht miteinander verglichen werden müssen. In beiden miteinander verglichenen Fällen konnte der Mieter im dritten und vierten Monat nach Zugang des Erhöhungsverlangens zur nicht erhöhten Miete in der Wohnung wohnen. Strickt davon ist zu un- 15 terscheiden ist die Frage, ob eine Verlängerung der Überlegungsfrist gem. § 558 b Abs. 2 BGB überhaupt möglich ist (AG Ebersberg ZMR 1996, 39) oder nicht (LG München WuM 1994, 384; AG Köln WuM 1997, 51; AG Hamburg WuM 1993, 619; AG Aachen WuM 1992, 629).

16 Für die Wirksamkeit der Kündigung und damit deren Rechtzeitigkeit kommt es nicht auf die Absendung, sondern gemäß § 130 BGB auf den **Zugang beim Empfänger** an. Zugang bedeutet, dass die Erklärung so in den Machtbereich des Empfängers gelangt sein muss, dass nach normalem Lauf der Dinge mit der Kenntnisnahme gerechnet werden kann (AG Friedberg WuM 1992, 596). Die Kündigung muss bis zum Ablauf des Monats dem Vermieter zugegangen sein. Für die Berechnung der Fristen gelten die §§ 187 ff BGB. Mit Ablauf des Monats ist deshalb gem. § 192 BGB der letzte Tag des Monats gemeint. Die Frist endet gemäß § 188 BGB mit dem Ablaufe des letzten Tages des Monats, wobei nicht der Einwurf der Kündigung bis 24.00 Uhr in den Briefkasten ausreichend ist, sondern der Zugang. Das Einwerfen des Kündigungsschreibens in den **Briefkasten** bewirkt den Zugang der Kündigungserklärung, sobald nach der Verkehrsanschauung mit der nächsten Leerung des Briefkastens zu rechnen ist (AG Lahr WuM 1987, 85). **§ 193 BGB ist anwendbar.** Läuft die Überlegungsfrist an einem Sonntag, Samstag oder Feiertag ab, dann endet die Frist erst am nächsten Werktag. Hat der Mieter die Kündigungsfrist versäumt, kommt keine **Wiedereinsetzung in den vorigen Stand** nicht in Betracht.

17 c) **Wirkungszeitpunkt.** Die Kündigung wirkt auf den Ablauf des übernächsten Monats, also gem. §§ 192, 188 BGB zum Ablauf des letzten Tages des Monats. Die Fristen berechnen sich nach dem gesetzlich zulässigen spätesten Kündigungstermin und nicht nach der tatsächlich abgegebenen Kündigungserklärung (BT-Drs. 14/4553; LG Bonn NJWE-MietR 1997, 221; LG Saarbrücken WuM 1993, 339).

2. Wirkung der Kündigung

18 a) **Beendigung des Mietverhältnisses.** Das Mietverhältnis wird durch die Kündigung zunächst zu dem gesetzlichen Termin beendet. Es handelt sich um eine außerordentliche Kündigung mit einer besonderen Frist. Der Mieter kann diese **Frist weder einseitig verlängern noch verkürzen.** Der Mieter kann von dieser Möglichkeit Gebrauch machen oder nicht, verändern kann er die Rechtsfolgen einseitig nicht. Möglich ist jedoch der Abschluss eines Mietaufhebungsvertrages, so dass in Einzelfällen die Kündigung auch das Angebot zum Abschluss eines Mietaufhebungsvertrages enthalten kann. Daneben bleibt bei Mietverträgen auf unbestimmte Zeit die Möglichkeit der ordentlichen Kündigung.

19 b) **Nichteintritt der Mieterhöhung.** Außerdem tritt gem. § 561 Abs. 2 die **Wirkung der Mieterhöhung** nicht ein. Das bedeutet, durch die Kündigung wird das Mieterhöhungsverlangen insgesamt von Anfang an bedeutungslos. Der auszugswillige und -bereite Mieter muss die erhöhte Miete nicht zahlen. Dies gilt selbst dann, wenn der Mieter sich bei seiner Kündigung nicht ausdrücklich auf den Kündigungsgrund des § 561 berufen hat. Erforderlich ist aber, dass die Kündigung erkennbar aus Anlass der Mieterhöhung und mit den Fristen des § 561 BGB erfolgte. Hat der Mieter demgegenüber das Mietverhältnis nach Zugang des Mieterhöhungsverlangens gem. § 558a BGB oder der Mieterhöhungserklärung nach § 559b BGB ausdrücklich **aus anderen Gründen gekündigt,** dann tritt die Wirkung des

§ 561 Abs. 1 Satz 2 BGB nicht ein. Der Mieter muss also bei zum Ende der Kündigungsfrist die erhöhte Miete zahlen. Bedeutung hat dies vor allem bei vor dem 1.9.2001 abgeschlossenen Mietverträgen, in denen die Parteien individualvertraglich die Fortgeltung der alten gestaffelten Kündigungsfristen vereinbart haben. Auch ein bereits gekündigtes Mietverhältnis kann der Mieter nochmals gem. § 561 BGB kündigen. Dann tritt die Mieterhöhung nicht ein.

Räumt der Mieter nach einer Kündigung gem. § 561 BGB die Wohnung nicht, muss der Vermieter nach allgemeinen Regeln der Fortsetzung des Mietverhältnisses wirksam widersprechen, § 545 BGB. Tut er dies nicht, wird das Mieterverhältnis zu unveränderten Bedingungen fortgesetzt. Da auf Grund der Kündigung des Mieters die Wirkung der Mieterhöhung gem. § 561 Abs. 1 S. 2 entfallen ist, wird das Mietverhältnis zu unveränderten Bedingungen, also mit einer nicht erhöhten Miete fortgesetzt. Der Vermieter kann in diesen Fällen auch keine Zustimmungsklage mehr erheben. Zwar läuft die Klagefrist jetzt einen Monat länger als der Wirkungszeitpunkt der Mieterhöhung, die Kündigung hat aber die Wirkung der Mieterhöhung gem. § 561 Abs. 1 Satz 2 BGB beseitigt.

IV. Abweichende Vereinbarungen zum Nachteil des Mieters

Vertragliche Vereinbarungen, die das Kündigungsrecht des Mieters einschränken sind gem. § 561 Abs. 2 unwirksam. Deshalb sind folgende Regelungen unzulässig:
− Vereinbarungen, die das Kündigungsrecht des Mieters nach einer Mieterhöhung ausschließen,
− Vereinbarungen, die das Kündigungsrecht erschweren insbesondere,
− eine Verschärfung der Schriftform des § 568 BGB,
− die Vereinbarung, wonach die Kündigung begründet werden muss,
− die Vereinbarung, wonach ein Kündigungstermin angegeben werden muss. Gesetzlich ist dies nämlich nicht vorgeschrieben. Es gilt in diesen Fällen die gesetzliche Frist,
− Vereinbarungen, die die Frist, innerhalb derer der Mieter kündigen muss, verkürzen,
− Vereinbarungen, die die anschließende Kündigungsfrist verlängern,
− Vereinbarungen, wonach trotz der Kündigung die erhöhte Miete zu zahlen ist.

Zulässig sind demgegenüber alle Vereinbarungen, die das Kündigungsrecht des Mieters erleichtern oder lediglich die Rechtslage des § 561 BGB wiederholen. Hierzu gehören insbesondere die Vereinbarung von längeren Fristen oder Formerleichterungen.

§ 562 BGB Untertitel 2. Mietverhältnisse über Wohnraum

Kapitel 3. Pfandrecht des Mieters

§ 562 Umfang des Vermieterpfandrechts

(1) ¹Der Vermieter hat für seine Forderungen aus dem Mietverhältnis ein Pfandrecht an den eingebrachten Sachen des Mieters. ²Es erstreckt sich nicht auf die Sachen, die der Pfändung nicht unterliegen.

(2) Für künftige Entschädigungsforderungen und für die Miete für eine spätere Zeit als das laufende und das folgende Mietjahr kann das Pfandrecht nicht geltend gemacht werden.

Übersicht

	Rdn.
I. Bedeutung der Vorschrift	1
II. Fällige Forderungen (Abs. 1)	4
1. Vermieter als Pfandgläubiger	4
2. Vermieter-/Eigentümerwechsel	5
3. Abtretung	6
4. Forderungen aus dem Mietverhältnis	7
5. Eingebrachte Sachen	9
6. Unpfändbare Gegenstände (Abs. 1 Satz 2)	18
a) § 811 ZPO	19
b) Gegenstände ohne Vermögenswert	20
c) Austauschpfändung	21
III. Künftige Forderungen (Abs 2)	22
IV. Wirkungen des Pfandrechts	24
1. Grundsatz der Priorität	24
2. Pfandverwertung	37
3. Pflicht zur Verwahrung des Pfandgegenstands	41
4. Rechtsfolgen der Inbesitznahme	42
5. Versteigerung des Pfandgegenstands	43
V. Darlegungs- und Beweislast	44

I. Bedeutung der Vorschrift

1 Die Vorschrift gewährt dem Vermieter ein **gesetzliches Pfandrecht** für alle Forderungen aus dem Mietverhältnis. Das Pfandrecht entsteht an den Sachen des Mieters, wenn diese in die Miträume eingebracht werden. Es handelt sich um ein **besitzloses Pfandrecht:** Im Unterschied zum rechtsgeschäftlich bestellten Pfandrecht verbleibt der Besitz des Pfandgegenstands beim Mieter. Die Vorschriften über das durch Rechtsgeschäft bestellte Pfandrecht sind entsprechend anwendbar; eine Ausnahme gilt hinsichtlich derjenigen Forderungen, die den unmittelbaren Besitz des Pfandgläubigers voraussetzen. Anwendbar sind demnach die §§ 1222, 1227–1250 (ausgenommen § 1232 S. 1), 1252, 1255, 1256 BGB.

2 Das Vermieterpfandrecht ist ein **dingliches Recht,** das nicht nur gegenüber dem Mieter, sondern gegenüber jedermann wirkt (§§ 985, 1004, 1227 BGB). Die schuldhafte Verletzung des Pfandrechts führt zu Schadensersatzansprüchen nach § 823 Abs. 1 BGB, da das Vermieterpfandrecht als sonstiges Recht im Sinne dieser Vorschrift anzusehen ist. Außerdem gilt § 559 BGB i. V. mit § 289 StGB als Schutz-

gesetz i. S. von § 823 Abs. 2 (OLG Koblenz OLGSt StGB § 289 Nr. 1; BayObLG NJW 1981, 1745 = WuM 1981, 165). Wird das Pfandrecht verletzt, so kann sich der Vermieter nicht (mehr) aus den Pfandgegenständen befriedigen. Den hierdurch entstandenen Schaden kann der Vermieter nach § 823 BGB geltend machen. Im Falle der Insolvenz des Mieters wird der aus § 823 BGB folgende Schadensersatzanspruch des Vermieters gem. § 302 InsO von der Erteilung der Restschuldbefreiung nicht berührt (vgl. KG Urteil vom 8.1.2018 – 8 U 21/17).

Bei der Wohnraummiete ist die praktische Bedeutung der Vorschrift gering. Ein 3 Großteil der in der Wohnung befindlichen Sachen ist unpfändbar (s. Rdn. 18ff). Die wertvolleren Gegenstände stehen oft im Vorbehaltseigentum eines Dritten. Die Pfandverwertung ist relativ kompliziert und führt oft nicht zum gewünschten wirtschaftlichen Erfolg. Auf Grund dieser Umstände sichern sich die meisten Vermieter von Wohnraum heute durch eine Barkaution (§ 551 BGB).

II. Fällige Forderungen (Abs. 1)

1. Vermieter als Pfandgläubiger

Pfandgläubiger ist der Vermieter. Hierzu gehört der Vermieter einer Wohnung, 4 sowie der Vermieter eines Grundstücks oder eines Geschäftsraums (§ 578 Abs. 1 BGB). Bei der **Untermiete** steht das Pfandrecht dem Untervermieter zu. Der Eigentümer hat gegenüber dem Untermieter kein Pfandrecht. Die Vorschrift gilt auch für die Pacht (§ 581 Abs. 2 BGB). Außerhalb der Grundstücksmiete besteht kein Pfandrecht, also nicht am Inhalt eines vermieteten Bankfachs, bei Schiffen, Wohnwagen und dergleichen (Lammel in: Schmidt-Futterer § 562 BGB Rdn. 6).

2. Vermieter-/Eigentümerwechsel

Das Pfandrecht des Veräußerers geht im Falle des Eigentümerwechsels nicht auf 5 den Erwerber über. Vielmehr entsteht zugunsten des Erwerbers ein neues eigenständiges Pfandrecht, das allerdings denselben Inhalt hat, wie das Pfandrecht des Veräußerers (BGH Urteil vom 15.10.2014 – XII ZR 163/12 Rz. 22). Das Pfandrecht des Erwerbers entsteht mithin an allen Sachen, die der Mieter in die Mietsache eingebracht hat. Voraussetzung ist lediglich, dass die Sachen im Zeitpunkt der Einbringung dem Mieter gehört haben. Werden diese Sachen später einem Dritten übereignet, so spielt dies für das Pfandrecht des Erwerbers auch dann keine Rolle, wenn die Übereignung während der Dauer des ursprünglichen Mietvertrags stattgefunden hat. Für das Verhältnis von Veräußerer und Erwerber gilt folgendes: Die im Zeitpunkt des Eigentumsübergangs bereits fälligen Ansprüche verbleiben beim Veräußerer (s. § 566 Rdn. 51), wegen dieser Ansprüche kann sich der Veräußerer aus dem Pfandrecht befriedigen. In die noch nicht fälligen Ansprüche tritt der Erwerber ein; insoweit sichert das Pfandrecht die Ansprüche des Erwerbers. Die jeweiligen Pfandrechte bestehen jeweils an den eingebrachten Sachen des Mieters; untereinander haben diese Rechte den gleichen Rang (BGHZ 202, 354 = NZM 2014, 904 Rz. 27). Das Recht zur Befriedigung aus den Pfandgegenständen steht demjenigen Vermieter zu, der Ansprüche gegenüber dem Mieter hat. Insoweit gilt, dass die im Zeitpunkt des Eigentumsübergangs bereits fälligen Rechte und Pflichten beim Veräußerer verbleiben; in die noch nicht fälligen Ansprüche tritt der Erwerber ein.

5a Werden die dem Mieter gehörenden Gegenstände während der Dauer des Ursprungsmietverhältnisses einem Dritten zur Sicherheit übereignet (z. B. zur Absicherung eines Kredits), so stellt sich für den **Kreditgeber** die Frage, ob und auf welche Weise der Zugriff auf die Gegenstände im Falle der Veräußerung der Betriebsstätte gesichert werden kann: Nach den **§§ 1255, 1257** BGB kann der Vermieter auf sein Pfandrecht verzichten, wobei der Verzicht gegenüber dem Mieter zu erklären ist. Wird ein solcher Verzicht während des Mietverhältnisses erklärt, so erlischt das Pfandrecht an den vom Mieter eingebrachten Gegenständen. Die Gegenstände sind dann pfandfrei; werden sie an einen Dritten sicherungsübereignet, so erwirbt dieser ein von Pfandrecht unbelastetes Eigentum. Fraglich kann sein, ob der Verzicht auf das Vermieterpfandrecht auch gegenüber dem Erwerber wirkt. Nach der hier vertretenen Ansicht ist dies zu bejahen, weil der Erwerber nach § 566 BGB nur solche Rechte erwerben kann, die auch dem Veräußerer zustehen. Hat dieser auf ein Recht gegenüber dem Mieter verzichtet, so kann der Mieter dies auch dem Erwerber entgegenhalten; ein gutgläubiger Erwerb des Pfandrechts ist nicht möglich (s. BGH Urteil vom 15.10.2014 – XII ZR 163/12 unter Rdn. 19 m.w.N.). Die gegenteilige Ansicht steht mit dem Zweck des § 566 BGB – Mieterschutz – nicht im Einklang. Eine obergerichtliche Entscheidung zu dieser Frage liegt – soweit ersichtlich – allerdings noch nicht vor. Die Praxis muss den sichersten Weg gehen. Empfehlenswert ist, dass der Verzicht des Vermieters im Mietvertrag selbst – im Wege der Vertragsänderung – vereinbart wird.

3. Abtretung

6 Im Falle der Abtretung geht das Pfandrecht auf den Zessionar über (§§ 401, 1250 BGB). Im Falle der teilweisen Abtretung erwirbt der Zessionar ein Pfandrecht hinsichtlich der abgetretenen Forderungen; im Übrigen verbleibt das Pfandrecht beim Vermieter. Die jeweiligen Pfandrechte haben den gleichen Rang.

4. Forderungen aus dem Mietverhältnis

7 Das Pfandrecht besteht für alle „Forderungen aus dem Mietverhältnis". Das sind zum einen alle Geldforderungen, insbesondere die Mietzinsforderung. Die Forderungen müssen im Mietverhältnis ihren Ursprung haben. Es ist nicht erforderlich, dass sie während des Mietverhältnisses entstehen. Deshalb besteht das Pfandrecht auch für die Nutzungsentschädigung nach § 546a Abs. 1 BGB (BGH NJW 1972, 721). Ferner gehören dazu solche Forderungen, die in eine Geldforderung übergehen können. Hierzu zählen der Anspruch des Vermieters auf Durchführung von Schönheitsreparaturen, sowie der Anspruch auf Herstellung eines vertraglich vereinbarten Zustands bei Mietende. Außerdem zählen dazu: Ersatzansprüche wegen einer schuldhaften Beschädigung der Mietsache, wegen unterlassener Mängelanzeige oder wegen Verletzung der Obhutspflicht. Allerdings kann das Pfandrecht wegen dieser Forderungen erst geltend gemacht werden, wenn die Ansprüche beziffert werden können. Für Ansprüche, die mit dem Mietverhältnis lediglich in Zusammenhang stehen, kann kein Pfandrecht geltend gemacht werden. Hierzu gehört etwa der Anspruch aus einem Vermieterdarlehen (BGHZ 60, 22). Übernimmt der Mieter die Mietschulden seines Vorgängers dem Vermieter gegenüber als eigene aus dem Mietverhältnis begründete Schuld, so besteht das Pfandrecht auch für diese Forderung. Außerdem besteht das Pfandrecht für die Betriebskosten und für die Zuschläge (Untermietzuschlag, Zuschlag für gewerbliche Mitbenutzung), für Baukostenzuschüsse (BGHZ 60, 22) sowie für Zinsen und (bei Geschäftsräumen) für Vertragsstrafen (§ 1210 Abs. 1 BGB). Für den Anspruch des Vermieters auf Zahlung der **Kaution** besteht **kein Pfandrecht,** weil anderenfalls eine Doppelsicherung eintritt (Lammel in: Schmidt-Futterer § 562 BGB Rdn. 41; Both GE 2007, 192; Monje GE 2006, 150; **a. A.** LG Regensburg NW-RR 1992, 717; von der Osten/ Schüller in: Bub/Treier Kap III Rdn. 2214; Herrlein in: Herrlein/Kandelhard § 560 BGB Rdn. 9; wohl auch V. Emmerich in: Staudinger § 562 BGB Rdn. 27).

Hinsichtlich des **Umfangs der Pfandhaftung** ist zu unterscheiden: Für fällige 8 Ansprüche ist die Pfandhaftung unbeschränkt. Für verjährte Ansprüche gilt § 216 BGB. Nach § 216 Abs. 1 BGB ist der Berechtigte durch die Verjährung nicht gehindert, seine Befriedigung aus dem Pfandgegenstand zu suchen. Nach § 216 Abs. 3 BGB gilt dies nicht für wiederkehrende Leistungen, zu denen auch der Mietzinsanspruch gehört. Dies bedeutet, dass mit der **Verjährung des Mietzinsanspruchs** auch das Pfandrecht erlischt.

5. Eingebrachte Sachen

Das Pfandrecht entsteht mit der Einbringung der dem Mieter gehörenden Sa- 9 chen in die **Mieträume.** Zu den Mieträumen in diesem Sinne gehören auch die mitvermieteten Zubehörräume und -flächen (Keller, Speicher, Garage, Kfz-Stellplatz). Das Einbringen ersetzt beim Vermieterpfandrecht den ansonsten erforderlichen Besitzübergang auf den Pfandgläubiger. Das Einbringen ist als **Realakt** zu bewerten. Erforderlich ist ein zielgerichtetes Handeln; die Vorstellungen des Mieters und eventuelle Willensmängel haben auf die Entstehung des Pfandrechts allerdings keinen Einfluss. Nach h. M. kann das Pfandrecht auch durch Handlungen eines **geschäftsunfähigen Mieters** begründet werden (Schultz in: Bub/Treier Kap III Rdn. 847; Sternel Rdn. III 263; Herrlein in: Herrlein/Kandelhard § 560 BGB Rdn. 12; Artz in: MünchKomm § 562 BGB Rdn. 12; Palandt/Weidenkaff § 562 BGB Rdn. 6). Nach der hier vertretenen Ansicht folgt aus dem Begriff des Einbringens, dass der Handelnde zumindest **beschränkt geschäftsfähig** sein muss (ebenso: Lammel in: Schmidt-Futterer § 562 BGB Rdn. 32; V. Emmerich in: Staudinger § 562 BGB Rdn. 10).

Es ist erforderlich, dass die Sachen **bestimmungsgemäß in die Mietsache** 10 **eingebracht** werden. Ein dauerhafter Verbleib ist zwar nicht erforderlich. Sind Ladenräume gemietet, so gelten auch solche Gegenstände als in die Mietsache eingebracht, die zum alsbaldigen Verkauf bestimmt sind oder die (wie die Tageseinnahmen) bei Geschäftsschluss aus den Räumen entfernt werden. Ein zeitlich begrenztes – zufälliges – **Einstellen** oder eine nur **vorübergehende Verwahrung** für Dritte genügt andererseits aber nicht (Lammel in: Schmidt-Futterer § 562 BGB Rdn. 31; V. Emmerich in: Staudinger § 562 BGB Rdn. 13; Ehlert in: Bamberger/ Roth § 562 BGB Rdn. 12a; Dickersbach in Lützenkirchen Mietrecht § 562 Rdn. 18; Palandt/Weidenkaff § 562 BGB Rdn. 6; Both GE 1007, 192; Scholz ZMR 2010, 1; **a. A.** Sternel Rdn. III 263; Herrlein in: Herrlein/Kandelhard § 560 BGB Rdn. 12 und 14 jeweils unter Hinweis auf die Untauglichkeit des Abgrenzungskriteriums). Bei Kraftfahrzeugen entsteht das Pfandrecht immer wieder neu, wenn sie in einer gemieteten Garage oder Stellplatz abgestellt werden; es erlischt, wenn der Mieter mit dem Fahrzeug die Mietsache verlässt (s. § 562a Rdn. 4).

Die Sachen müssen **während der Mietzeit** eingebracht werden BGH Urteil 11 vom 15.10.2014 – XII ZR 163/12 Rz. 24. Werden sie vor Beginn des Mietverhältnisses eingebracht, so entsteht das Pfandrecht mit dem Beginn des Mietverhältnisses

(BGH a.a.O.). Ist das Mietverhältnis beendet, so kann an den danach eingebrachten Sachen kein Pfandrecht entstehen. Dies gilt auch für solche Sachen, die der Mieter **während der Vorenthaltung** in die Mietsache einbringt (V. Emmerich in: Staudinger § 562 BGB Rdn. 13; Dickersbach in Lützenkirchen Mietrecht § 562 Rdn. 19; **a. A.** Schultz in: Bub/Treier Kap III Rdn. 846: danach kommt es nicht auf das rechtliche Ende des Mietverhältnisses, sondern auf die Rückgabe (Besitzaufgabe) an.

12   Es gilt der **Sachbegriff** des **§ 90 BGB.** Zu den Sachen in diesem Sinne gehören nur körperliche Gegenstände. Dazu zählen auch Geldscheine und – münzen, etwa die Einnahmen aus der Tageskasse (Lammel in: Schmidt-Futterer § 562 BGB Rdn. 33; Artz in: MünchKomm § 562 BGB Rdn. 11). An Forderungen und an sonstigen Rechten kann kein Pfandrecht entstehen.

13   **Wertpapiere** sind pfändbar, wenn das Recht aus dem Papier dem Recht am Papier folgt (Inhaberpapiere und solche, die durch Indossament übertragen werden können). Folgt dagegen das Recht am Papier dem Recht aus dem Papier (Namenspapiere, Legitimationspapiere, Sparbücher, Lebensversicherungspolicen), so handelt es sich um eine nicht dem Pfandrecht unterliegende Forderung.

14   Die Sachen müssen im **Eigentum des Mieters** stehen. Nach § 1006 Abs. 1 Satz 1 BGB wird „zugunsten des Besitzers einer beweglichen Sache ... vermutet, dass er Eigentümer der Sache sei." Streitig ist, ob sich der Vermieter als mittelbarer Besitzer auf § 1006 BGB berufen kann. Diese Frage wird zum Teil verneint (Raff in: MünchKomm § 1006 Rdn. 297), vom BGH aber bejaht, wenn der Vermieter sein Vermieterpfandrecht gegen Dritte verteidigen will (BGH Urteil vom 3.3.2017 – V ZR 268/15; ebenso: OLG Düsseldorf ZMR 1999, 474, 478; Palandt/Herrler § 1006 BGB Rdn. 1). Dies folgt aus dem Sinn und Zweck des § 1006 BGB. Danach muss die Eigentumsvermutung „jedem zugute kommen, der sein Recht von dem durch die Vermutung begünstigten Besitzer ableitet und es gegen Dritte verteidigen will" (BGH a. a. O.). Die Eigentumsvermutung zugunsten des Mieters kann durch Beweis des Gegenteils widerlegt werden. Es genügt nicht, wenn Zweifel am Eigentum des Mieters bestehen; vielmehr muss der Dritte beweisen, dass dem Mieter kein Eigentum zusteht (BGH a. a. O.). Ist der Mieter nur **Miteigentümer**, so entsteht das Pfandrecht lediglich am Miteigentumsanteil. Ist die Ehefrau des Mieters nicht Partei des Mietvertrags, so werden die ihr gehörenden Sachen vom Pfandrecht nicht erfasst. Gleiches gilt für Sachen, die im Eigentum der Kinder stehen. Zugunsten des Vermieters gilt allerdings **§ 1362 BGB.** Danach wird vermutet, dass die im Besitz eines Ehegatten befindlichen beweglichen Sachen dem Mieter gehören. Da die **eheähnlichen Gemeinschaften** und die **Partnerschaftsverhältnisse** der Ehe in mancher Hinsicht gleichbehandelt werden, ist es sachgerecht, wenn die Vorschrift auf den Lebensgefährten des Mieters entsprechend angewendet wird. Im Verhältnis des Mieters zu seinen Kindern ist § 1362 BGB nicht anwendbar. Ist der Mietvertrag mit beiden Eheleuten abgeschlossen, so besteht das Pfandrecht auch an denjenigen Sachen, die im gemeinschaftlichen Eigentum der Eheleute stehen. Bei der Vermietung an eine **Wohngemeinschaft** ist zu unterscheiden: Sind alle Mitglieder der Wohngemeinschaft zugleich Partei des Mietvertrags, so entsteht das Pfandrecht an allen eingebrachten Sachen. Ist dagegen an einzelne Mitglieder vermietet mit der Maßgabe, dass diese weitere Personen in die Wohnung aufnehmen dürfen, so entsteht das Pfandrecht nur an den Gegenständen, die dem Mieter gehören. Dasselbe gilt bei den „gewöhnlichen" **Untermietverhältnissen.** In den Fällen der **Zwischenvermietung** (§ 565 BGB) ist der Hauptvermieter i. d. R. nicht durch Pfandrechte gesichert, weil der Hauptmieter keine Gegenstände in die Miet-

räume einbringen wird. Ist an eine **juristische Person** vermietet, so hat der Vermieter ein Pfandrecht an denjenigen Sachen, die im Eigentum der juristischen Person stehen. Bei der Vermietung an eine **Personenhandelsgesellschaft** (OHG, KG) kommt es darauf an, ob sich die Sachen im Eigentum der persönlich haftenden Gesellschafter befinden. Bei der GbR entsteht das Pfandrecht an den Sachen der Mitglieder der Gesellschaft.

Sicherungseigentum. Ist die Sache vor der Einbringung sicherungsübereignet worden, so entsteht kein Pfandrecht. Hat der Mieter jedoch das Eigentum an ursprünglich ihm gehörenden Gegenständen nach der Einbringung in die Mietsache auf einen Dritten zur Sicherheit übertragen, so wird das Pfandrecht des Vermieters durch die nachträgliche Sicherungsübereignung nicht berührt (BGH LM § 559 BGB Nr. 3; BGH Urteil vom 15.10.2014 – XII ZR 163/12 Rz. 20). Der Sicherungseigentümer ist in diesem Fall nach deliktrechtlichen Grundsätzen zur Rücksichtnahme auf die Interessen des Vermieters verpflichtet. Deshalb muss er vor einer Verwertung des Sicherungseigentums den Vermieter kontaktieren. Wird diese Pflicht verletzt, so haftet der Sicherungseigentümer auf Schadensersatz. Der Vermieter ist so zu stellen, wie er im Falle der Verwertung der Pfandgegenstände stünde (OLG Stuttgart NZM 2012, 26). Beim **Raumsicherungsübereignungsvertrag** verpflichtet sich der Mieter gegenüber einem Kreditgeber, diesem die jeweils in die Miete eingebrachten Sachen zur Sicherheit zu übereignen. Bei dieser Konstellation entsteht mit der Einbringung der Sache in die Miete sowohl ein Vermieterpfandrecht als auch Sicherungseigentum. In der Literatur wird teilweise die Ansicht vertreten, dass beide Sicherungsrechte gleichrangig nebeneinander bestehen (so z.B. Schultz in: Bub/Treier Kap III Rdn. 857). Nach der **Rechtsprechung des BGH** (BGHZ 117, 200 = NJW 1992, 1156 = WuM 1992, 247 = ZMR 1992, 186; BGH Urteil vom 15.10.2014 – XII ZR 163/12 Rz. 20) hat dagegen das **Vermieterpfandrecht Vorrang gegenüber dem Sicherungseigentum.** Auf diese Weise soll verhindert werden, dass das Vermieterpfandrecht durch die Gepflogenheiten der Kreditwirtschaft entwertet wird.

Vorbehaltseigentum. Hat der Mieter die von ihm eingebrachten Gegenstände unter Eigentumsvorbehalt erworben, so entsteht das Vermieterpfandrecht an dem Anwartschaftsrecht. Ist zwischen dem Veräußerer und dem Mieter vereinbart, dass der Mieter mit der Bezahlung des Kaufpreises das Eigentum erwerben soll, so entsteht das Pfandrecht an der Sache mit der Bezahlung des Kaufpreises. Dies gilt auch dann, wenn die Sache zuvor an einen Dritten sicherungsübereignet worden ist. Nach der Rechtsprechung erwirbt der Dritte das Sicherungseigentum nämlich nur belastet mit dem zuvor begründeten Pfandrecht (BGH NJW 1965, 1475; OLG Köln OLG-Rp Köln 1995, 290 m. Anm. Medicus EWiR 1995, 290). Die Befriedigung des Vorbehaltsverkäufers kann auch durch den Vermieter erfolgen (Lammel in: Schmidt-Futterer § 562 BGB Rdn. 23). Ebenso kann vereinbart sein, dass ein Dritter den Kaufpreis bezahlt und anstelle des Vorbehaltsverkäufers Eigentum erwerben soll (BGH LM § 559 BGB Nr. 3).

Ein **gutgläubiger Erwerb des Pfandrechts** an nicht dem Mieter gehörenden Sachen ist nicht möglich (§ 1204–1208 BGB; BGHZ 34, 153, 154). Die in manchen Formularmietverträgen enthaltene Klausel:

"Der Mieter erklärt, dass die beim Einzug in die Mieträume eingebrachten Sachen sein freies Eigentum sind ..."

verstößt gegen § 307 BGB, weil der Mieter durch solche Erklärungen in seiner Handlungsfreiheit unangemessen eingeschränkt wird (Sternel Rdn. III 260).

6. Unpfändbare Gegenstände (Abs. 1 Satz 2)

18 Das Pfandrecht erstreckt sich nicht auf die Sachen, die der Pfändung nicht unterliegen (§ 562 Abs. 1 Satz 2 BGB).

19 **a) § 811 ZPO.** Der Kreis der unpfändbaren Sachen ergibt sich aus § 811 ZPO. Danach sind unpfändbar: **(1)** Die dem persönlichen Gebrauch oder dem Haushalt dienenden Sachen, insbesondere Kleidungsstücke, Wäsche, Betten, Haus- und Küchengeräte, soweit der Mieter ihrer zu einer seiner Berufstätigkeit und seiner Verschuldung angemessenen bescheidenen Lebens- und Haushaltsführung bedarf. Hierzu gehören unter anderem auch eine Nähmaschine, ein Fahrrad, eine Uhr, ein Staubsauger, ein Rundfunkgerät, ein Kühlschrank, eine Waschmaschine (a. A. LG Konstanz DGVZ 1991, 25: dem Mieter sei zuzumuten seine Wäsche in einem Waschsalon zu waschen) und eine Wäscheschleuder. Nach heutiger Rechtsauffassung muss auch ein Fernsehgerät als unpfändbar angesehen werden. Pfändbar sind dagegen eine Stereoanlage, eine Bügelmaschine, eine Geschirrspülmaschine oder eine Tiefkühltruhe. **(2)** Die für den Mieter, seine Familie und seine Hausangehörigen auf 4 Wochen erforderlichen Nahrungs-, Feuerungs- und Beleuchtungsmittel oder, soweit für diesen Zeitraum solche Vorräte nicht vorhanden und ihre Beschaffung auf anderem Wege nicht gesichert ist, der zur Beschaffung erforderliche Geldbetrag. **(3)** Haustiere des Mieters. **(4)** Diejenigen Gegenstände, die der Mieter benötigt, um seinen Erwerb sicherzustellen (Arbeitsgeräte und Arbeitsmaterialien). Hierzu kann auch ein PKW zählen, wenn dieser für die täglichen Fahrten zum Arbeitsplatz benötigt wird. Voraussetzung ist, dass dem Arbeitnehmer die Benutzung öffentlicher Verkehrsmittel nicht möglich ist oder nicht zugemutet werden kann. Hierbei kommt es zum einen auf die Versorgung der Region mit öffentlichen Verkehrsmitteln und zum anderen auf die persönlichen Verhältnisse des Erwerbstätigen an. Der Pfändungsschutz besteht auch dann, wenn lediglich der Ehegatte des Schuldners berufstätig ist (BGH NJW-RR 2010, 642). Geschützt ist auch der Inhaber eines Handwerksbetriebs, wenn er selbst handwerklich mitarbeitet und seinen Gewinn nicht überwiegend aus dem bloßen Einsatz von Kapitalmitteln erwirtschaftet; der bloße Einsatz von Personal und Maschinen steht der „körperlichen Arbeit" i. S. von § 811 Abs. 1 Nr. 5 ZPO nicht entgegen. In diesem Fall sind unpfändbar: Werkzeuge, Maschinen und Materialvorräte im erforderlichen Umfang sowie die für den Geschäftsbetrieb erforderlichen Büromöbel (KG Beschluss vom 13.7.2015 – 8 U 15/15). **(5)** Angemessene Kleidungsstücke. **(6)** Die Geschäftsbücher eines Mieters oder dessen Kundenkartei (auch wenn diese Unterlagen einen allgemeinen Wert haben). **(7)** Familienpapiere, Trauringe, Orden- und Ehrenzeichen.

20 **b) Gegenstände ohne Vermögenswert.** Die Vorschrift des § 803 Abs. 2 ZPO ist entsprechend anwendbar. Danach hat die Pfändung zu unterbleiben, wenn sich von der Verwertung der Gegenstände ein Überschuss über die Kosten der Pfandverwertung nicht erzielen lässt. Deshalb sind Gegenstände ohne wesentlichen Vermögenswert nicht pfändbar. Dazu gehören in erster Linie **Erinnerungsstücke**, wie Briefe, Familienbilder, Andenken. Außerdem gehören dazu regelmäßig die in § 812 ZPO aufgeführten **Hausratsgegenstände** (Lammel in: Schmidt-Futterer § 562 BGB Rdn. 14). Es wird allerdings auch die Ansicht vertreten, dass diese Gegenstände wegen ihrer sozialpolitischen Bedeutung generell (ohne Rücksicht auf ihren konkreten Wert) unpfändbar sein sollen (Palandt/Weidenkaff § 562 BGB Rdn. 17). Maßgeblich für die Frage der Pfändbarkeit ist der Zeitpunkt, zu dem das Pfandrecht geltend gemacht wird.

c) **Austauschpfändung.** Die Vorschriften über die Unpfändbarkeit sind nicht 21
abdingbar. Die Vorschriften über die Austauschpfändung (§ 811a ZPO) gelten
nicht, weil die in § 811a ZPO vorgesehene Einschaltung des Vollstreckungsgerichts
beim Vermieterpfandrecht nicht besteht (V. Emmerich in: Staudinger § 562 BGB
Rdn. 22). Eine vertragliche Verpfändung ist möglich; ihre Wirksamkeit hängt von
der Übergabe des Pfandgegenstands ab. Ein vertraglich vereinbartes **Zurückbehaltungsrecht** an den unpfändbaren Sachen des Mieters ist als Umgehung der Pfändungsschutzbestimmungen unwirksam (Lammel in: Schmidt-Futterer § 562 BGB
Rdn. 9).

III. Künftige Forderungen (Abs 2)

Für **künftige Entschädigungsforderungen** besteht das Pfandrecht ebenfalls; 22
es kann allerdings nicht geltend gemacht werden (§ 562 Abs. 2 BGB). Durch diese
Regelung soll eine übermäßige Sicherung des Vermieters verhindert werden. Unter dem Begriff des Geltendmachens ist jede Handlung zu verstehen, durch die zum
Ausdruck kommt, dass der Vermieter von seinem Pfandrecht Gebrauch machen
will (BGH WPM 1972, 776). Hierzu gehört: die Inbesitznahme, die Klage auf Herausgabe, Maßnahmen zur Verhinderung der Entfernung des Pfandgegenstands,
usw. Grundsätzlich muss die Forderung zum Zeitpunkt des Geltendmachens des
Pfandrechts bereits entstanden sein. Im Falle der Beschädigung der Mietsache entsteht der Ersatzanspruch mit dem Eintritt des Schadens. Vorher kann das Pfandrecht
nicht geltend gemacht werden (BGH a.a.O.). Ein gleichwohl geltend gemachtes
Pfandrecht hat keine Rechtswirkungen; insbesondere wirkt ein solches Pfandrecht
nicht rangwahrend. Der Vermieter ist allerdings nicht gehindert, ein zunächst unwirksam ausgeübtes Pfandrecht nach Entstehen der Forderung erneut geltend zu
machen.

Hinsichtlich **künftiger Mietzinsansprüche** kann das Pfandrecht nur wegen 23
der Miete für das laufende und das folgende Mietjahr geltend gemacht werden. Unter dem Mietjahr ist nicht das Kalenderjahr zu verstehen (Lammel in: Schmidt-Futterer § 562 BGB Rdn. 46; Palandt/Weidenkaff § 562 BGB Rdn. 14). Vielmehr ist
an den Beginn des Mietverhältnisses anzuknüpfen. Maßgeblich ist dabei, zu welchem Zeitpunkt der Vermieter sein Pfandrecht geltend macht. Hat das Mietverhältnis beispielsweise am 1.7.2011 begonnen und wird das Pfandrecht am 1.12.2013
ausgeübt, so sind hierdurch die Mietzinsansprüche für das laufende Mietjahr (bis
Juni 2014) und für das folgende Mietjahr (bis Juni 2015) gesichert. Der Wortlaut
der Vorschrift erweckt den Eindruck, als könne der Vermieter wegen der Forderungen für das laufende und das folgende Mietjahr das in der Mietsache befindliche Inventar pfänden und verwerten. Dies trifft allerdings nicht zu, weil eine Pfandverwertung die Pfandreife und diese die Fälligkeit der Forderung voraussetzt. Bei der
Miete für das laufende und das folgende Mietjahr handelt es sich aber um noch
nicht fällige Forderungen; gem. § 1243 Abs. 1 BGB ist eine Verwertung bei fehlender Fälligkeit und somit fehlender Pfandreife rechtswidrig (Eusani Wohnungseigentum 2009, 76). Nach richtiger Ansicht gilt Folgendes: **(1)** Für Mietforderungen für
eine spätere Zeit als das laufende und das folgende Mietjahr entsteht kein Pfandrecht. **(2)** Für Mietforderungen betreffend das laufende und das folgende Mietjahr
entsteht zwar das Pfandrecht; eine Verwertung der Pfandgegenstände ist allerdings
erst nach Eintritt der Fälligkeit möglich. Beträgt die Miete für das laufende und das
folgende Mietjahr beispielsweise 24.000.– EUR und befindet sich in der Mietsache

pfändbares Inventar von 40.000.– EUR, so hat der Mieter Inventar im Wert von 24.000.– EUR in der Mietsache zu belassen, da dies vom Vermieterpfandrecht umfasst ist. Sachen im Wert von 16.000.– EUR darf er entfernen (Eusani a.a.O.).

IV. Wirkungen des Pfandrechts

1. Grundsatz der Priorität

24 Durch das Pfandrecht soll der Vermieter eine Sicherheit für seine Forderungen aus dem Mietverhältnis erhalten. Für die **Konkurrenz des Vermieterpfandrechts zu anderen Rechten** gilt das Prinzip der **Priorität,** wobei für den Rang des Vermieterpfandrechts derjenige Zeitpunkt maßgebend ist, in dem der Gegenstand in die Mieträume eingebracht wird.

25 **a)** Ist eine Sache mit einem **rechtsgeschäftlichen Pfandrecht** belastet, so kann hieran kein Vermieterpfandrecht entstehen, weil das rechtsgeschäftliche Pfandrecht den Besitz des Pfandgläubigers voraussetzt. Wird die Sache dem Mieter zurückgegeben und von diesem in die Mietsache eingebracht, so erlischt das rechtsgeschäftliche Pfandrecht (§ 1253 Abs. 1 S. 1 BGB); mit der Einbringung entsteht das Vermieterpfandrecht.

26 **b)** Wird eine **eingebrachte Sache aus den Mieträumen entfernt,** so kommt es darauf an, ob der Vermieter damit einverstanden ist. Beim Einverständnis des Vermieters erlischt das Vermieterpfandrecht. Anderenfalls bleibt es bestehen (§ 562a S. 1 BGB). Ein rechtsgeschäftlich bestelltes Pfandrecht ist dem Vermieterpfandrecht nachrangig.

27 **c) Verbringung des Pfandgegenstands in andere Mieträume.** Vergleichbare Grundsätze gelten, wenn der Mieter eine dem Vermieterpfandrecht unterliegende Sache in andere von ihm gemietete Räume einbringt. Erfolgt dies mit Einwilligung des Vermieters, so erlischt dessen Vermieterpfandrecht. Der Vermieter der anderen Räume erwirbt das Pfandrecht in den nunmehr in seinen Räumen befindlichen Sachen. War hingegen der erste Vermieter mit der Entfernung der Sachen nicht einverstanden, so bleibt dessen Pfandrecht erhalten; das Vermieterpfandrecht des anderen Vermieters ist diesem Pfandrecht gegenüber nachrangig.

28 **d) Vermieterpfandrecht und Pfändungspfandrecht.** Der Vermieter kann eine dem Pfandrecht unterliegende Sache nach § 808 ZPO pfänden. Das Vermieterpfandrecht und das Pfändungspfandrecht bestehen dann nebeneinander; bei der Verwertung hat der Vermieter die Wahl.

29 Wird eine dem Vermieterpfandrecht unterliegende Sache **von einem Dritten gepfändet,** so geht das Vermieterpfandrecht dem Pfändungspfandrecht vor. Da das Vermieterpfandrecht ein besitzloses Pfandrecht ist, kann der Vermieter weder der Pfändung durch den Gerichtsvollzieher noch der Entfernung der Sache widersprechen (§ 805 Abs. 1 ZPO). Das Verwertungsrecht des Vermieters entfällt; der Vermieter hat aber Anspruch auf vorzugsweise Befriedigung (§ 805 Abs. 1 ZPO). Vermieterpfandrecht und Pfändungspfandrecht bestehen nebeneinander (OLG Frankfurt MDR 1975, 228). Der Vermieter kann sein Vermieterpfandrecht beim Gerichtsvollzieher anmelden. Auf den Umfang des dem Gerichtsvollzieher erteilten Vollstreckungsauftrags hat dies keinen Einfluss. Insbesondere darf der Gerichtsvollzieher nur insoweit pfänden, als dies zur Befriedigung des ihn beauftragenden Gläubigers erforderlich ist. Die Ausübung des Vorrechts erfolgt im Wege der Klage auf vorzugsweise Befriedigung gem. § 805 ZPO, die gegen den Pfändungsgläubiger

zu richten ist. Erkennt der Pfändungsgläubiger das Vorrecht an, so ist eine Klage entbehrlich. Der Erlös der Pfandverwertung gebührt dem Vermieter. Damit der Vermieter seine Rechte ausüben kann, ist der Mieter gehalten, dem Vermieter auf Befragen von eventuellen Pfändungsmaßnahmen Kenntnis zu geben (§ 536c Abs. 1 S. 2 BGB analog; Lammel in: Schmidt-Futterer § 562 BGB Rdn. 54). Die Klage nach § 805 ZPO muss vor der Auszahlung des Erlöses an den Pfändungspfandgläubiger erhoben werden; anderenfalls bleiben dem Vermieter nur Bereicherungsansprüche gegen den Pfändungspfandgläubiger. Der Pfändungspfandgläubiger hat die Verweisungseinrede des § 562a S. 2 BGB.

Der Vermieter muss nicht beweisen, dass die Forderung noch besteht; es genügt, 30 wenn er beweist, dass sie entstanden ist (BGH NJW 1986, 2426). Bringt der Mieter eine Sache in die Mieträume ein, an der bereits ein Pfändungspfandrecht besteht, so hat dieses Vorrang gegenüber dem Vermieterpfandrecht.

e) Insolvenz des Mieters. Wird über das Vermögen des Mieters das Insolvenz- 31 verfahren eröffnet, so ist **§ 91 Abs. 1 InsO** zu beachten. Nach dieser Vorschrift können **nach der Eröffnung des Insolvenzverfahrens keine Rechte an den Gegenständen der Insolvenzmasse erworben werden.** Dies gilt auch für das Vermieterpfandrecht. Auf einen **Rechtserwerb vor Eröffnung des Insolvenzverfahrens** ist § 91 Abs. 1 ZPO nicht entsprechend anwendbar. Dies gilt auch für diejenigen Fälle, in denen das Insolvenzgericht nach Eingang des Insolvenzantrags einen vorläufigen Insolvenzverwalter bestellt und Sicherungsmaßnahmen im Sinne von § 21 Abs. 2 Nr. 2 und 3 InsO anordnet hat (BGH NZM 2007, 212).

Nach **§ 129 Abs. 1 InsO** kann der Insolvenzverwalter **Rechtshandlungen an-** 32 **fechten,** die der Schuldner **vor der Eröffnung des Insolvenzverfahrens** vorgenommen hat. Zu den Rechtshandlungen in diesem Sinne gehört auch das Einbringen einer Sache, die zu einem Vermieterpfandrecht (§ 562 BGB) führt. Eine Rechtshandlung gilt als in dem Zeitpunkt vorgenommen, in dem ihre rechtlichen Wirkungen eintreten (§ 140 Abs. 1 InsO). Bei den Mietzinsforderungen handelt es sich um aufschiebend befristete Forderungen. Bei einer befristeten Rechtshandlung kommt es gem. § 140 Abs. 3 InsO nicht auf die Fälligkeit der Miete, sondern auf den Zeitpunkt der Pfandrechtsentstehung an. Aus diesem Grunde scheidet eine Anfechtung aus, wenn der dem Pfandrecht unterliegende Gegenstand vor der Krise in die Mietsache eingebracht wurde (BGH NZM 2007, 212).

Soweit dem **Vermieter** ein Pfandrecht an den vom Mieter eingebrachten Sache 33 zusteht, kann er hinsichtlich der Pfandforderung **abgesonderte Befriedigung** verlangen (§ 50 Abs. 1 InsO). Eine **Raumsicherungsübereignung** steht dem nicht entgegen. War die Ware zum Zeitpunkt der Sicherungsübereignung bereits eingebracht, so wird ein bereits bestehendes Pfandrecht hiervon nicht berührt. Hinsichtlich der Ware, die nach der Sicherungsübereignung eingebracht wird, ist das Pfandrecht vorrangig (BGHZ 117, 200, 207; MDR 2004, 594). Wird der gepfändete Gegenstand veräußert, so erlischt das Absonderungsrecht. An dessen Stelle tritt das Recht zur Ersatzaussonderung (Anspruch auf Abtretung des Kaufpreises), wenn die weiteren Voraussetzungen des § 48 InsO vorliegen. Diese Vorschrift setzt voraus, dass der Kaufpreis entweder noch aussteht oder zur Insolvenzmasse eingezogen worden ist. Der letztgenannte Fall liegt dann vor, wenn der Insolvenzverwalter die Pfandsache veräußert und den Kaufpreis der Masse zugeführt hat. Fraglich ist, ob das gleiche gilt, wenn die Veräußerung durch den Sequester erfolgt. Dies wird vom BGH (BGHZ 130, 38 = NJW 1995, 2783) verneint: die vom Sequester verwaltete Masse könne der Konkursmasse nicht gleichgestellt werden. Unter Umständen haftet aber der Sequester auf Schadensersatz (§ 60 InsO analog).

34 Der **Insolvenzverwalter** – nicht aber der Sequester – kann eine dem Pfandrecht unterliegende Sache auch gegen den Willen des Vermieters **zum Zwecke der Verwertung entfernen** (§ 166 Abs. 1 InsO). Das Pfandrecht setzt sich stattdessen am Erlös fort. Der Vermieter hat gegen den Insolvenzverwalter einen Auskunftsanspruch über den Lagerbestand des Mieters. Im Falle einer unerlaubten Entfernung hat der Vermieter ein Ersatzaussonderungsrecht analog § 48 S. 2 InsO. Der Vermieter kann die Gegenleistung aus der Insolvenzmasse verlangen oder in die Gegenleistung vollstrecken, soweit diese in der Insolvenzmasse noch unterscheidbar vorhanden ist (BGH MDR 2004, 594).

34a Für das **Pfandrecht des Vermieters an einem Kraftfahrzeug** kommt es maßgebend darauf an, ob sich das Fahrzeug im Zeitpunkt der Insolvenzeröffnung auf dem Mietgrundstück befindet. War das Fahrzeug zu diesem Zeitpunkt außerhalb des Grundstücks und ist es erst nach der Insolvenzeröffnung wieder auf das Grundstück gebracht worden, so führt das dadurch neu entstandene Vermieterpfandrecht nur zur Sicherung von Masseschulden des Mieters aus dem nach der Insolvenzeröffnung fortbestehenden (§§ 108, 109 InsO) Mietverhältnis; es sichert dann nicht die Forderungen aus der Zeit vor der Insolvenzeröffnung. Diese sind einfache Insolvenzforderungen (BGH Urteil vom 6.12.2017 – XII ZR 95/16).

35 f) **Veräußerung des Pfandgegenstands durch den Mieter.** Wird die Sache vom Mieter verkauft und dem Käufer übergeben, so erwirbt dieser unbelastetes Eigentum, wenn der Vermieter mit der Entfernung des Gegenstands aus den Mieträumen einverstanden war (§ 562a BGB). Anderenfalls bleibt das Eigentum mit dem Vermieterpfandrecht belastet. (BGH NJW 1995, 1350 = ZMR 1995, 243; ZMR 2005, 23). Ein gutgläubiger lastenfreier Erwerb ist möglich, wenn der Käufer nicht wusste, dass sich die Sachen ursprünglich in gemieteten Räumen befunden haben. Das Pfandrecht erstreckt sich nicht auf den Erlös. Jedoch hat der Vermieter einen Anspruch aus § 816 Abs. 1 BGB auf Herausgabe des Erlöses. Außerdem haftet der Mieter auf Schadensersatz gem. § 823 Abs. 1 BGB, weil das Pfandrecht zu den sonstigen Rechten i. S. dieser Vorschrift gehört.

36 g) Eine **Sicherungsübereignung** lässt ein bereits bestehendes Vermieterpfandrecht unberührt, weil hierbei der Gegenstand nicht aus den Mieträumen entfernt wird. Das Vermieterpfandrecht geht dem Sicherungseigentum vor. Der Sicherungseigentümer kann der Pfandverwertung nicht widersprechen.

2. Pfandverwertung

37 Die Befriedigung aus den Pfandgegenständen erfolgt nach den allgemein für das Pfandrecht geltenden Vorschriften (§ 1228 BGB). Danach erfolgt die Pfandverwertung durch **Pfandverkauf** (§ 1228 Abs. 1 BGB). Der Vermieter ist zum Verkauf berechtigt, wenn seine Forderung fällig ist. Besteht die Forderung nicht in Geld, so ist die Befriedigung erst möglich, wenn sie in eine Geldforderung übergegangen ist (§ 1228 Abs. 2 BGB). Eine Titulierung der Forderung ist entbehrlich.

38 a) **Herausgabeanspruch des Vermieters.** Der Vermieter hat gegen den Mieter bei Pfandreife (also bei Fälligkeit der Forderung) einen Anspruch gegen den Mieter auf Herausgabe des Pfandgegenstands (§ 1231 BGB). Stehen mehrere Pfandgegenstände zur Verfügung, so hat der Vermieter die Wahl; er darf allerdings nicht mehr Gegenstände heraus verlangen, als er zu seiner Befriedigung benötigt. Im Streitfall muss der Herausgabeanspruch gerichtlich durchgesetzt werden; die Vollstreckung erfolgt nach § 883 ZPO). Eine Wegnahme im Wege der Selbsthilfe zum Zwecke der Pfandverwertung ist nicht möglich.

Das Pfandrecht geht dem **Wegnahmerecht des Mieters nach § 539 Abs. 2** 39
BGB vor (BGHZ 101, 37 = NJW 1987, 2861 = WuM 1987, 262).

b) Betreibt der Vermieter die **Räumungsvollstreckung,** so kann er den Voll- 40
streckungsauftrag gegenüber dem Gerichtsvollzieher dahingehend einschränken,
dass bestimmte Gegenstände in den Räumen verbleiben sollen.

3. Pflicht zur Verwahrung des Pfandgegenstands

Hat der Vermieter die Sachen des Mieters in Besitz genommen, so ist er zur Ver- 41
wahrung verpflichtet (§ 1215 BGB). Er darf die Pfandsache aber nicht gebrauchen
(OLG Frankfurt NJW-RR 1996, 585). Vermietet der Vermieter unbefugt eine dem
Mieter gehörende Sache, so ist er analog § 816 Abs. 1 S. 1 BGB zur Herausgabe der
Nutzungen verpflichtet (Lammel in: Schmidt-Futterer § 562 BGB Rdn. 52). Die
Pfandverwertung muss alsbald vorgenommen werden; ansonsten muss der Vermieter die Sache dem Mieter zurückgeben (LG Mannheim WuM 1978, 141;
V. Emmerich in: Staudinger § 562 Rdn. 7; Ehlert in: Bamberger/Roth § 562
Rdn. 28; **a. A.** OLG Stuttgart GuT 2008, 127: danach hat der Mieter lediglich
Anspruch auf Ersatz des Verzögerungsschadens).

4. Rechtsfolgen der Inbesitznahme

Der Mieter wird durch die Inbesitznahme von der Räumungspflicht hinsichtlich 42
der Pfandgegenstände befreit. Erfolgt die Aufbewahrung der Gegenstände in den
Mieträumen, so schuldet der Mieter auch keine Nutzungsentschädigung nach
§ 546a Abs. 1 BGB, da es insoweit an einer Vorenthaltung fehlt (LG Mannheim
WuM 1978, 141). Allerdings gelten die Vorschriften über die rechtsgeschäftliche
Verwahrung (§ 688 BGB) entsprechend, so dass der Vermieter für die Aufbewahrung eine Vergütung (in Höhe der Mietkosten für den tatsächlich benötigten Lagerraum) verlangen kann (§ 689 BGB). Außerdem stehen dem Vermieter Verwendungsersatzansprüche entspr. §§ 683 f BGB zu.

5. Versteigerung des Pfandgegenstands

Der Verkauf des Pfandes ist grundsätzlich im Wege öffentlicher Versteigerung zu 43
bewirken (§ 1235 Abs. 1 BGB). Es gelten die Vorschriften der §§ 1233 ff BGB. Der
Vermieter muss dem Mieter den Verkauf einen Monat vorher androhen und dabei
den Geldbetrag bezeichnen, wegen dessen der Verkauf stattfinden soll (§ 1234
Abs. 1 S. 1 BGB). Der Mieter soll auf diese Weise Gelegenheit erhalten, von seinem
Ablösungsrecht (§ 1249 BGB) Gebrauch zu machen. Kommt es zur Versteigerung,
so sind Zeit und Ort der Versteigerung unter allgemeiner Bezeichnung des Pfandes
öffentlich bekannt zu machen (§ 1237 Satz 1 BGB). Wird hiergegen verstoßen, so
ist die Versteigerung rechtswidrig (§ 1243 Abs. 1 BGB). Im Gesetz ist nicht geregelt
mit welchem zeitlichen Vorlauf die öffentliche Bekanntmachung einer Versteigerung erfolgen muss. Nach dem Sinn und Zweck der Bekanntmachung soll hierdurch eine ausreichende Information der Öffentlichkeit zwecks Ermöglichung
einer Teilnahme an der Versteigerung erreicht werden. Nach Ansicht des OLG
Frankfurt (NJW-RR 2018, 699) muss die Versteigerung mindestens eine Woche
und höchstens zwei Wochen vor dem für die Versteigerung vorgesehenen Zeitpunkt in einer Tageszeitung, in der üblicherweise amtliche Bekanntmachungen
veröffentlicht werden, angekündigt werden. Das Gericht verweist zur Begründung

auf den Rechtsgedanken in § 9 Abs. 4 der Pfandleiherverordnung, wo diese Fristen vorgesehen sind. Gold- und Silbersachen dürfen nicht unter dem Gold- oder Silberwert zugeschlagen werden. Wird ein genügendes Gebot nicht abgegeben, so kann der Verkauf durch eine zur öffentlichen Versteigerung befugte Person aus freier Hand zu einem den Gold- oder Silberwert erreichenden Preis erfolgen (§ 1240 BGB). Hat das Pfand einen Börsen- oder Marktpreis, so kann der Verkauf auch aus freier Hand durch einen zu solchen Verkäufen öffentlich ermächtigten Handelsmakler oder durch eine zur öffentlichen Versteigerung befugte Person zum laufenden Preis bewirkt werden (§ 1221 BGB). Ist die gepfändete Sache nach der Entstehung des Pfandrechts sicherungsübereignet worden, so ist der Vermieter verpflichtet, dem Eigentümer den Verkauf vorher anzudrohen und dabei den Geldbetrag zu bezeichnen, wegen dessen der Verkauf stattfinden soll. Erfolgt der Verkauf nicht im Wege der öffentlichen Versteigerung, so ist die Veräußerung unrechtmäßig; der Käufer erwirbt kein Eigentum und das Pfandrecht bleibt bestehen (§ 1243 Abs. 1 BGB). Unterbleibt die Androhung, so ist die Veräußerung zwar gegenüber dem Ersteigerer wirksam; der Pfandgläubiger kann sich aber gegenüber dem Eigentümer schadensersatzpflichtig machen (§ 1243 Abs. 2 BGB). Etwas anderes gilt, wenn der Eigentümer den Verkauf nachträglich genehmigt, weil hierdurch der Verstoß gegen die Vorschriften über die Pfandverwertung geheilt wird (BGH ZMR 1995, 243; s. dazu Anm. Eckert EWiR 1995, 339).

V. Darlegungs- und Beweislast

44 Der Vermieter muss darlegen und beweisen, dass die Sachen im Eigentum des Mieters stehen (BGH NJW 1986, 2426 = ZMR 1986, 232; OLG Frankfurt/M ZMR 2012, 943) und dass der Mieter die Gegenstände in die Mietsache eingebracht hat. Eine gesetzliche Vermutung, dass die in der Mietsache befindlichen Gegenstände dem Mieter gehören, besteht nicht; die Vermutung des § 1006 BGB gilt nur zugunsten des Mieters, nicht zu seinen Lasten (KG WuM 2005, 348 = NZM 2005, 422). Hat der Mieter die Sache bisher ständig wie eine eigene benutzt, so kann nach den Regeln über den Anscheinsbeweis vermutet werden, dass die Sachen dem Mieter gehören. Außerdem gelten die Grundsätze der sog. sekundären Darlegungslast: Macht der Vermieter an einem in der Mietsache befindlichen Gegenstand ein Pfandrecht geltend, so muss der Mieter substantiiert darlegen, wem die Sache gehört. Beweispflichtig für die Unpfändbarkeit eines Gegenstands ist der Mieter. Ebenso muss der Mieter beweisen, dass das Pfandrecht erloschen ist (BGH NJW 1986, 2426 = ZMR 1986, 232). Behauptet ein Dritter, dass er Eigentümer einer in den Miethäumen befindlichen Sache sei, so kann der Vermieter die Eigentumsvermutung des § 1006 dem Dritten entgegenhalten (Lammel in: Schmidt-Futterer § 562 BGB Rdn. 21; Artz in: MünchKomm § 562 BGB Rdn. 25).

§ 562a Erlöschen des Vermieterpfandrechts

¹Das Pfandrecht des Vermieters erlischt mit der Entfernung der Sachen von dem Grundstück, außer wenn diese ohne Wissen oder unter Widerspruch des Vermieters erfolgt. ²Der Vermieter kann nicht widersprechen, wenn sie den gewöhnlichen Lebensverhältnissen entspricht oder wenn die zurückbleibenden Sachen zur Sicherung des Vermieters offenbar ausreichen.

Übersicht

	Rdn.
I. Bedeutung der Vorschrift	1
II. Begriff des Entfernens (Satz 1)	3
III. Bestehenbleiben des Pfandrechts trotz Entfernung (Sperrrecht)	5
1. Entfernung ohne Wissen des Vermieters	6
2. Entfernung mit Wissen des Vermieters	7
IV. Ausschluss des Widerspruchs (Satz 2)	11
1. Allgemeine Ausschlusstatbestände	12
2. Betriebsübliche Entfernung	13
3. Wohnraummiete	14
4. Ausreichende Sicherung des Vermieters (Verweisungseinrede)	15
5. Rechtsfolgen	18
V. Darlegungs- und Beweislast	19
VI. Verzicht auf das Pfandrecht	21

I. Bedeutung der Vorschrift

Nach allgemeinen Grundsätzen erlischt das Pfandrecht, wenn die Parteien **(1)** 1 eine entsprechende vertragliche Regelung treffen oder **(2)** wenn der Vermieter hierauf verzichtet (§§ 1255 Abs. 1, 1257 BGB). Weitere Erlöschensgründe sind: **(3)** Der Eigentumsübergang bei der rechtmäßigen Veräußerung des Pfandgegenstands durch den Vermieter (§§ 1242 Abs. 2 S. 1, 1257 BGB); **(4)** der gutgläubige lastenfreie Erwerb eines Dritten bei der Veräußerung durch den Mieter (§ 936 BGB); **(5)** die Abtretung der Forderung unter Ausschluss des Pfandrechtsübergangs (§§ 1250 Abs. 2, 1257 BGB) und **(6)** der Erwerb des Eigentums an der Pfandsache durch den Vermieter, wobei eine Sicherungsübereignung genügt (§§ 1256 Abs. 1 S. 1, 1257 BGB). Der besondere Erlöschenstatbestand der §§ 1252, 1257 BGB (wonach das Pfandrecht mit der Forderung erlischt, für die es besteht) gilt für das Vermieterpfandrecht nicht, weil das gesetzliche Pfandrecht des § 562 BGB – anders als das vertragliche Pfandrecht – nicht für einzelne Forderungen, sondern für alle Forderungen aus dem Mietverhältnis besteht. Diese Grundsätze werden durch § 562a BGB nicht berührt.

Die Vorschrift regelt einen **besonderen Erlöschenstatbestand,** der nur beim 2 Vermieterpfandrecht eine Rolle spielt: Wird die Sache von dem Grundstück entfernt, so erlischt das Pfandrecht, wenn nicht bestimmte Ausnahmetatbestände eingreifen. Das Entfernen ist das Gegenstück zum Einbringen. So wie das Pfandrecht mit dem Einbringen entsteht (§ 560 BGB), so erlischt es mit der Entfernung der Gegenstände. Aus dem Gesetzeszweck folgt, dass die Vorschrift unabdingbar ist.

II. Begriff des Entfernens (Satz 1)

3 Nach § 562a S. 1 BGB erlischt das Pfandrecht mit der Entfernung der Sachen **„von dem Grundstück"**. Die Entfernung ist – wie das Einbringen – als Realakt zu bewerten (V. Emmerich in: Staudinger § 562a BGB Rdn. 3). Bei der Miete eines Grundstücks gilt eine Sache als entfernt, wenn sie sich außerhalb der Grundstücksgrenzen befindet. Bei der Vermietung von **Wohn- oder Geschäftsräumen** ist **streitig**, ob es genügt, wenn die Sachen aus der Mietsache herausgeschafft werden (OLG Stuttgart GuT 2008, 127; OLG Bremen ZMR 2014, 30; V. Emmerich in: Staudinger § 562a BGB Rdn. 4; Ehlert in: Bamberger/Roth § 562a BGB Rdn. 4a), oder ob es auch hier auf die Grundstücksgrenzen ankommt (Lammel in: Schmidt-Futterer § 562a BGB Rdn. 10; Artz in: MünchKomm § 562a BGB Rdn. 4; Dickersbach in Lützenkirchen Mietrecht § 562a Rdn. 8; von der Osten/Schüller in: Bub/Treier Kap III Rdn. 2228). Nach richtiger Ansicht ist auf die **Mietsache im engeren Sinn** abzustellen. Auch für die Entstehung des Pfandrechts genügt es nicht, wenn sich die Sachen zwar innerhalb des Vermietergrundstücks aber außerhalb der Mietsache befinden; für das Erlöschen kann nichts anderes gelten. Der Wortlaut des § 562a BGB steht dem nicht entgegen; er erklärt sich aus dem Umstand, dass Grundstücke und Räume gleichbehandelt werden (§ 578 BGB). Zu beachten ist, dass zur Mietsache auch diejenigen Gebäude- und Grundstücksteile gehören, an denen der Mieter ein Mitbenutzungsrecht hat, z. B. Flur, Treppenhaus, Zugangswege.

3a Es kommt im Rahmen des § 562a BGB nur darauf an, dass die Gegenstände aus der Mietsache entfernt werden. Der **Grund der Entfernung** ist unerheblich. Es spielt auch keine Rolle, ob die Gegenstände durch den Mieter oder durch einen Dritten (Lammel in: Schmidt-Futterer § 562a BGB Rdn. 11; Herrlein in: Herrlein/Kandelhard § 562a BGB Rdn. 4), z. B. einen Käufer oder einem Dieb, entfernt werden. Auch die **Wegnahme der Sache durch den Gerichtsvollzieher** fällt unter § 562a BGB (V. Emmerich in: Staudinger § 562a BGB Rdn. 6; Ehlert in: Bamberger/Roth § 562a BGB Rdn. 4d; von der Osten/Schüller in: Bub/Treier Kap III Rdn. 2234; Artz in: MünchKomm § 562a BGB Rdn. 8; Palandt/Weidenkaff § 562a BGB Rdn. 4). In diesem Fall kann der Vermieter der Entfernung nicht widersprechen (§ 805 Abs. 1 Satz 1 HS 1 ZPO). Allerdings hat er nach HS 2 Anspruch auf vorzugsweise Befriedigung aus dem Erlös.

4 Teilweise wird vertreten, dass das **Pfandrecht an einem Fahrzeug** fortbesteht, wenn es vorübergehend aus dem Grundstück entfernt wird. Danach erlischt das Pfandrecht erst, wenn die eingebrachten Gegenstände vollständig aus dem Zugriffsbereich des Vermieters entfernt werden (so OLG Frankfurt ZMR 2006, 609; NJW-RR 2007, 230, 231; LG Neuruppin NZM 2000, 962, 963; Lammel in: Schmidt-Futterer § 562a BGB Rdn. 8 ff; von der Osten/Schüller in: Bub/Treier Kap III Rdn. 2230 ff; Riecke in: Klein-Blenkers/Heinemann/Ring Miete/WEG Nachbarschaft § 562a BGB Rdn. 4; Sternel Mietrecht aktuell Kap. III Rdn. 226; Wolf/Eckert/Ball Handbuch des gewerblichen Miet-, Pacht- und Leasingrechts 10 Rdn. 767; Lindner-Figura/Oprée/Stellmann/Moeser Geschäftsraummiete Kap. 12 Rdn. 303). Nach der **Rechtsprechung des BGH** führt jede auch nur vorübergehende Entfernung der Sachen zum Erlöschen des Vermieterpfandrechts. Dieses entsteht jedes Mal neu, wenn das Fahrzeug erneut auf dem Grundstück abgestellt wird. (BGH Urteil vom 6. 12. 2017 – XII ZR 95/16; ebenso OLG Karlsruhe NJW 1971, 624, 625; OLG Hamm MDR 1981, 407; Geldmacher in: Guhling/Günter

Gewerberaummiete § 562a BGB Rdn. 13ff; V. Emmerich in Staudinger § 562a Rdn. 5; Artz in: MünchKomm § 562a BGB Rdn. 5; Blank in: Blank/Börstinghaus § 562a Rdn. 4; Dickersbach in Lützenkirchen § 562a BGB Rdn. 9; Palandt/Weidenkaff BGB 76. Aufl. § 562a Rdn. 4; Spielbauer/Schneider/Kellendorfer Mietrecht § 562a Rdn. 6; Herrlein in: Herrlein/Kandelhard Mietrecht § 562a Rdn. 4; Gramlich Mietrecht § 562a; Schach in Kinne/Schach/Bieber Miet- und Mietprozessrecht § 562a Rdn. 2). Der BGH begründet diese Ansicht im Wesentlichen mit dem Wortlaut des 562a: Der Gesetzestext spreche ohne Einschränkung von einer „Entfernung" ohne auf ein Zeitmoment abzustellen. Die Rechtsfrage ist von großer praktischer Bedeutung, wenn – wie üblich – das Fahrzeug tagsüber genutzt und während der Nachtzeit auf dem Grundstück geparkt wird oder wenn in der Zeit der Entfernung andere Sicherungsrechte entstehen. Wird beispielsweise ein Kraftfahrzeug zur Reparatur gebracht, so erlischt nach h. M. das Vermieterpfandrecht mit der Entfernung des Fahrzeugs aus der Mietsache. Das Pfandrecht entsteht neu, wenn das Fahrzeug in die Mietsache zurückgebracht wird. Hat der Werkunternehmer wegen seiner Ansprüche ein Werkunternehmerpfandrecht (647 BGB) erworben, so hat dieses allerdings Vorrang gegenüber dem Vermieterpfandrecht. Dieselben Grundsätze gelten, wenn die Sache während der Zeit der Entfernung einem Dritten übereignet wird, wobei die Begründung von Sicherungseigentum genügt. Diese Rechtslage hat zur Folge, dass die Rangfolge der jeweiligen Rechte oftmals vom Zufall abhängt. Diese Rechtsfolge wird teilweise als „lebensfremd" (LG Neuruppin NZM 2000, 962) oder „kurios" (von der Osten/Schüller in: Bub/Treier Kap III Rdn. 2231) empfunden. Jedoch hat die h. M. den Vorzug der Rechtssicherheit und -klarheit.

III. Bestehenbleiben des Pfandrechts trotz Entfernung (Sperrrecht)

Das Pfandrecht bleibt bestehen, wenn die Entfernung „ohne Wissen" oder „unter Widerspruch" des Vermieters erfolgt. Durch die Regelung (sog. „Sperrrechts") soll erreicht werden, dass der Vermieter das Pfandrecht nicht gegen seinen Willen verliert. In § 562a S. 1 BGB werden zwei Sachverhalte angesprochen: Wird die Sache mit Wissen des Vermieters entfernt, so muss der Vermieter Widerspruch gegen die Entfernung erheben, wenn er das Erlöschen des Pfandrechts verhindern will. Erfolgt die Entfernung ohne Wissen des Vermieters, so ist ein Widerspruch nicht möglich; aus diesem Grunde kommt es hier auf die Verlautbarung des entgegenstehenden Willens nicht an. 5

1. Entfernung ohne Wissen des Vermieters

Diese Tatbestandsalternative setzt voraus, dass der Vermieter von der Entfernung der Gegenstände Kenntnis hat. Es kommt nicht darauf an, ob der Vermieter die Rechtsfolge der widerspruchslosen Duldung der Wegschaffung kennt. Ebenso wenig ist erforderlich, dass der Mieter die Sachen heimlich fortschafft (V. Emmerich in: Staudinger § 562a BGB Rdn. 11; Ehlert in: Bamberger/Roth § 562a BGB Rdn. 6) oder in böser Absicht handelt. Maßgeblich ist allein, ob der Vermieter **positive Kenntnis** von der Entfernung besitzt; grob fahrlässige Unkenntnis genügt nicht (Lammel in: Schmidt-Futterer § 562a BGB Rdn. 23; V. Emmerich in: Staudinger § 562a BGB Rdn. 11; von der Osten/Schüller in: Bub/Treier Kap III Rdn. 2237; 6

Ehlert in: Bamberger/Roth § 562a BGB Rdn. 6; Artz in: MünchKomm § 562a BGB Rdn. 9; Palandt/Weidenkaff § 562a BGB Rdn. 5). Ebenso reicht es nicht aus, wenn der Vermieter lediglich von einer Sachlage Kenntnis erlangt, auf Grund derer eine Entfernung möglich oder wahrscheinlich ist. Anderseits ist es nicht erforderlich, dass der Vermieter weiß, welche Gegenstände vom Mieter weggeschafft werden. Die Kenntnis eines Vertreters muss sich der Vermieter zurechnen lassen (§ 166 Abs. 1 BGB analog). Zu den Vertretern gehört ein Wohnungsverwalter, nicht aber der Hauswart. Bei mehreren Vermietern ist es erforderlich, dass keiner der Vermieter Kenntnis von der Entfernung besitzt. Wird eine Sache mit Wissen auch nur eines Vermieters aus der Mietsache entfernt, so erlischt das Pfandrecht insgesamt (V. Emmerich in: Staudinger § 562a BGB Rdn. 11; Ehlert in: Bamberger/Roth § 562a BGB Rdn. 6).

2. Entfernung mit Wissen des Vermieters

7   Weiß der Vermieter von der Entfernung, so muss er ihr widersprechen; anderenfalls erlischt das Pfandrecht. Eine eng begrenzte Ausnahme gilt dort, wo ein sofortiger Widerspruch nicht möglich oder nicht zumutbar ist, z. B. bei der Wegnahme durch einen Dieb (V. Emmerich in: Staudinger § 562a BGB Rdn. 15). Kann der Vermieter aus Rechtsgründen nicht widersprechen, wie im Falle des **§ 562a Satz 2 BGB** oder im Falle der Wegnahme durch den Gerichtsvollzieher, so spielt der Widerspruch keine Rolle (V. Emmerich in: Staudinger § 562a BGB Rdn. 12; von der Osten/Schüller in: Bub/Treier Kap III Rdn. 2237; Riecke in: Dauner-Lieb u. a. Anwaltskommentar § 562a BGB Rdn. 7).

8   Der Widerspruch ist eine rechtsgeschäftsähnliche Handlung, an die keine besonders hohen Anforderungen zu stellen sind. Der Widerspruch kann auch durch **konkludente Handlung** erklärt werden. Es genügt jede Meinungsäußerung oder Handlung, aus der sich für den Mieter erkennbar ergibt, dass der Vermieter mit der Entfernung der Sachen nicht einverstanden ist (Lammel in: Schmidt-Futterer § 562a BGB Rdn. 24; V. Emmerich in: Staudinger § 562a BGB Rdn. 14; Sternel Rdn. III 264; Artz in: MünchKomm § 562a BGB Rdn. 9).

9   Wird die **Sache durch einen Dritten entfernt**, so soll es nach einer Ansicht genügen, wenn der Widerspruch gegenüber dem Dritten erklärt wird (von der Osten/Schüller in: Bub/Treier Kap III Rdn. 2242). Nach anderer Ansicht muss der Vermieter auch gegenüber dem Mieter widersprechen Lammel in: Schmidt-Futterer § 562a BGB Rdn. 26; V. Emmerich in: Staudinger § 562a BGB Rdn. 14).

10 Der **Widerspruch** muss **anlässlich der Entfernung** erklärt werden. Dies folgt aus dem Wortlaut des Gesetzes („... unter Widerspruch ..."). Der Vermieter muss kurz zuvor oder während der Entfernung widersprechen (Lammel in: Schmidt-Futterer § 562a BGB Rdn. 24; V. Emmerich in: Staudinger § 562a BGB Rdn. 14; von der Osten/Schüller in: Bub/Treier Kap III Rdn. 2238; Herrlein in: Herrlein/Kandelhard § 562a BGB Rdn. 3; Ehlert in: Bamberger/Roth § 562a BGB Rdn. 7). Eine in einem Mietvertrag enthaltene Vereinbarung, wonach

> *„der Vermieter jeder Entfernung der in die Mietsache eingebrachten Sachen von vorne herein widerspricht"*

oder wonach

> *„der Mieter die in die Mietsache eingebrachten Sachen nur mit Zustimmung des Vermieters entfernen darf"*

ersetzt den Widerspruch nach § 562a S. 1 BGB nicht. Ein nach der Entfernung erklärter Widerspruch ist wirkungslos (Lammel in: Schmidt-Futterer § 562a BGB Rdn. 25). Hat der Mieter die Sachen plangemäß über einen längeren Zeitraum hinweg nach und nach aus der Mietsache entfernt, so hat ein während der Entfernung erklärter Widerspruch zur Folge, dass das Pfandrecht hinsichtlich aller entfernten Gegenstände erhalten bleibt. Dies folgt aus der Erwägung, dass die Entfernung der Sachen in einem solchen Fall als zusammenhängende Maßnahme des Mieters zu bewerten ist.

IV. Ausschluss des Widerspruchs (Satz 2)

Nach § 562a S. 2 BGB kann der Vermieter der Entfernung nicht widersprechen, **11** wenn diese betriebsüblich oder allgemein üblich ist oder wenn das Sicherungsinteresse des Vermieters nicht tangiert wird. Die Vorschrift soll sicherstellen, dass die mit dem Pfandrecht verbundene Beschränkung der Handlungsfreiheit des Mieters nicht allzu sehr eingeschränkt wird.

1. Allgemeine Ausschlusstatbestände

Die Ausschlusstatbestände werden in § 562a S. 2 BGB nicht abschließend geregelt. **12** Nach allgemeinen Grundsätzen ist der Widerspruch ausgeschlossen, **(1)** wenn sich der Vermieter hinsichtlich der Mietschuld in Annahmeverzug befindet (§ 242 BGB); **(2)** wenn die Wegnahme auf einem Hoheitsakt beruht (Beschlagnahme, Einziehung, Zuweisung einer Sache durch ein Gericht, etc.); **(3)** bei der Wegnahme durch den Gerichtsvollzieher; **(4)** wenn der Insolvenzverwalter des Mieters die Entfernung der Sache anordnet.

2. Betriebsübliche Entfernung

Der Widerspruch ist ausgeschlossen, wenn die Entfernung „**den gewöhnlichen** **13** **Lebensverhältnissen**" entspricht. Der Mieter von Ladenräumen wird üblicherweise ständig Waren ein- und verkaufen. Dies bringt es mit sich, dass immer wieder Gegenstände aus den Ladenräumen entfernt und durch andere ersetzt werden. Das Sicherungsbedürfnis des Vermieters wird hierdurch nicht tangiert (BGH NJW 1963, 147). Aus diesem Grunde kann der Vermieter diesem Vorgang nicht widersprechen. Praktische Bedeutung hat der Ausschluss des Sperrrechts insbesondere bei der Veräußerung von Waren, bei der Verbringung von Waren in eine andere Filiale, bei der täglichen Entfernung der Tageseinnahmen (OLG Braunschweig OLGZ 1980, 239 = MDR 1980, 203), und bei der Ausfahrt der Geschäftsfahrzeuge. Zu dem regelmäßigen Betrieb eines Ladengeschäfts gehören auch regelmäßig wiederkehrende Sonderverkäufe, nicht aber ein völliger Ausverkauf (Totalausverkauf) anlässlich einer Geschäftsaufgabe (BGH NJW 1963, 147) oder eine Entfernung der Sachen anlässlich eines Umzugs. Dieselben Grundsätze gelten für Handwerker oder Fabrikanten, die in gemieteten Räumen Waren herstellen und veräußern.

3. Wohnraummiete

Hier ist der Begriff der „gewöhnlichen Lebensverhältnisse" durch die Verkehrs- **14** sitte zu konkretisieren. Maßgeblich ist nicht, welche Gepflogenheiten der einzelne

Mieter hat; vielmehr kommt es darauf an, was in den betreffenden Kreisen allgemein üblich ist. Hierzu gehört die Wegschaffung von Gegenständen zum Zwecke der Reparatur, der Austausch von abgenutzten Gegenständen durch neuwertige Sachen, die Mitnahme von Gegenständen auf Reisen, die Verleihung oder die Ingebrauchnahme eines Kraftfahrzeugs, Fahrrads oder Kinderwagens, das Tragen von Schmuck außerhalb der Wohnung. Die Verbringung von Gegenständen ins Pfandhaus (Leihhaus) zur kurzfristigen Beschaffung eines Kredits entspricht den gewöhnlichen Lebensverhältnissen. Vereinzelt wird vertreten, dass auch die Übereignung von Sachen im Rahmen der Gewährung einer Aussteuer oder der Scheidung von Eheleuten den gewöhnlichen Lebensverhältnissen entspreche. Diese Ansicht trifft nicht zu; vielmehr sind solche Vorgänge ebenso zu beurteilen, wie die Entfernung von Sachen anlässlich eines Auszugs.

4. Ausreichende Sicherung des Vermieters (Verweisungseinrede)

15 Außerdem besteht kein Widerspruchsrecht, wenn **„die zurückbleibenden Sachen zur Sicherung des Vermieters offenbar ausreichen"**. Dieser Ausnahmetatbestand beruht auf der Erwägung, dass das Vermieterpfandrecht durch das Sicherungsbedürfnis des Vermieters beschränkt ist. Hier kann der Vermieter auf die verbleibenden Sachen verwiesen werden (**„Verweisungseinrede"**). Maßgeblich ist, welche Forderungen zugunsten des Vermieters bei realistischer Betrachtungsweise entstehen können. Dem ist der Wert der in den Räumen verbleibenden Sachen gegenüber zu stellen. Maßgeblich ist derjenige Wert, der im Falle der Pfandverwertung erzielt werden könnte. Auch insoweit ist eine objektive Betrachtungsweise geboten. Durch die Verwendung des Begriffs „offenbar" kommt zum Ausdruck, dass der Ausnahmetatbestand nicht auf Basis einer sorgfältigen Bilanzierung, sondern nach **kursorischer Betrachtung** festzustellen ist. Bei begründeten Zweifeln hinsichtlich der Eigentumsverhältnisse ist das Sperrrecht nicht ausgeschlossen, weil dann die Sicherungsfunktion der verbleibenden Sachen nicht „offenbar" ist.

16 Nach dem Wortlaut der Vorschrift kommt es allein auf den Umfang der Pfandsicherung an. Diese Betrachtungsweise wird dem Zweck der Ausnahmebestimmung allerdings nicht gerecht, weil der Vermieter auch dann kein objektives Interesse am Pfandrecht haben wird, wenn er anderweitig ausreichend gesichert ist, z. B. durch eine Bankbürgschaft, eine hohe Barkaution oder durch Sicherungsübereignung wertvoller Gegenstände. Die auf 3 Monatsmieten beschränkte Kaution des Wohnungsmieters (§ 551 BGB) reicht zur Sicherung des Vermieters im Allgemeinen nicht aus.

17 Das Verweisungsrecht steht auch Dritten, insbesondere den **Gläubigern des Mieters** zu. Deshalb kann beispielsweise der (nachrangige) Sicherungseigentümer oder der Gläubiger eines Pfändungspfandrechts den Vermieter auf die verbleibenden Sachen verweisen, wenn die Voraussetzungen des § 562 a S. 2 BGB gegeben sind (Lammel in: Schmidt-Futterer § 562a BGB Rdn. 19; V. Emmerich in: Staudinger § 562a BGB Rdn. 21). In diesem Fall hat der Vermieter keinen Anspruch aus § 805 ZPO auf vorrangige Befriedigung (BGHZ 27, 227 = NJW 1958, 1282). Bei mehreren Gläubigern kann nur derjenige das Verweisungsrecht ausüben, bei dem die Voraussetzungen des § 562a S. 2 BGB gegeben sind.

5. Rechtsfolgen

Sind die Voraussetzungen des § 562a S. 2 BGB gegeben, so kann der Mieter die Sachen ohne Wissen des Vermieters entfernen. Ein Widerspruch des Vermieters ist wirkungslos, mit der weiteren Folge, dass das Pfandrecht erlischt. Ebenso erlischt das Pfandrecht, wenn die Sachen zwar ohne Wissen des Vermieters fortgeschafft werden, der Vermieter aber auch im Falle der Kenntnis keine Widerspruchsmöglichkeit nach Satz 2 gehabt hätte. Der Vermieter kann die Entfernung nicht im Wege der Selbsthilfe (§ 562b BGB) verhindern. Wird die Entfernung schuldhaft verhindert, obwohl die Voraussetzungen des § 562a S. 2 BGB gegeben sind und entsteht hierdurch ein Schaden, so haftet der Vermieter nach §§ 280 und 823 Abs. 1 BGB. 18

V. Darlegungs- und Beweislast

Der Vermieter muss beweisen, dass die Gegenstände ohne sein Wissen aus der Mietsache entfernt worden sind oder dass er der Entfernung widersprochen hat. Die tatsächlichen Voraussetzungen des § 562a S. 2 BGB muss der Mieter beweisen. 19

Im **Verhältnis des Vermieters zu anderen Gläubigern des Mieters** (Sicherungseigentümer, Pfändungspfandgläubiger) muss der Vermieter die tatsächlichen Voraussetzungen des Vermieterpfandrechts beweisen, wenn er vorzugsweise Befriedigung nach § 805 ZPO verlangt (BGH NJW 1986, 2426). Sind die Eigentumsverhältnisse streitig, so muss der Vermieter beweisen, dass der Mieter Eigentümer des Pfandgegenstands ist, weil dieser Umstand zu den Voraussetzungen des Entstehens des Vermieterpfandrechts gehört. Das Erlöschen des Vermieterpfandrechts muss der andere Gläubiger beweisen (BGH NJW 1986, 2426). 20

VI. Verzicht auf das Pfandrecht

Der Vermieter kann auf sein Pfandrecht verzichten. An die Annahme eines Verzichtsvertrags sind allerdings strenge Anforderungen zu stellen. Steht fest, dass das Pfandrecht entstanden ist, verbietet dieser Umstand im Allgemeinen die Annahme, der Vermieter habe hierauf wieder verzichtet. Für das Zustandekommen des Verzichtsvertrags ist der Mieter beweispflichtig. Wird ein mündlicher Vertragsschluss behauptet, so muss der Mieter Gang und Inhalt des Gesprächs, das zum Verzichtsvertrag geführt haben soll, spezifiziert darlegen. Nur ein solcher Vortrag ist einer Beweiserhebung zugänglich (OLG Düsseldorf GuT 2003, 218). Unbeschadet hiervon, kann der Vermieter das an den einzelnen Gegenständen entstandene Pfandrecht wieder aufgeben mit der Folge, dass diese an den Mieter zurückzugeben sind (s. dazu BGH WuM 2014, 558 Rz. 22). 21

§ 562b Selbsthilferecht, Herausgabeanspruch

(1) ¹**Der Vermieter darf die Entfernung der Sachen, die seinem Pfandrecht unterliegen, auch ohne Anrufen des Gerichts verhindern, soweit er berechtigt ist, der Entfernung zu widersprechen.** ²**Wenn der Mieter auszieht, darf der Vermieter diese Sachen in seinen Besitz nehmen.**

(2) ¹**Sind die Sachen ohne Wissen oder unter Widerspruch des Vermieters entfernt worden, so kann er die Herausgabe zum Zwecke der Zurück-**

schaffung auf das Grundstück und, wenn der Mieter ausgezogen ist, die Überlassung des Besitzes verlangen. ²Das Pfandrecht erlischt mit dem Ablauf eines Monats, nachdem der Vermieter von der Entfernung der Sachen Kenntnis erlangt hat, wenn er diesen Anspruch nicht vorher gerichtlich geltend gemacht hat.

Übersicht

	Rdn.
I. Bedeutung der Vorschrift	1
II. Das Selbsthilferecht (Abs. 1)	3
1. Verhältnis zum Unterlassungsanspruch	3
2. Verhältnis zum allgemeinen Selbsthilferecht	4
3. Verhältnis zum Sperrrecht	5
4. Verhältnis zum Besitznahmerecht	6
5. Verhältnis zu sonstigen Regelungen	8
6. Umfang und Grenzen der Selbsthilfe	9
a) Entfernung einzelner Gegenstände während der Mietzeit	10
b) Auszug des Mieters	14
III. Verfolgungsanspruch und Verfolgungsklage (Abs. 2 S. 1)	15
1. Der Verfolgungsanspruch	15
a) Vor dem Auszug des Mieters	16
b) Nach dem Auszug des Mieters	17
2. Die Klageerhebung	19
a) Parteien, Zuständigkeit	20
b) Klageantrag	21
IV. Erlöschen des Pfandrechts (Abs. 2 S. 2)	25
1. Kenntniserlangung	26
2. Gerichtliche Geltendmachung	27
3. Rechtsfolgen unterlassener Geltendmachung	28
V. Darlegungs- und Beweislast	29

I. Bedeutung der Vorschrift

1 Die Vorschrift steht in engem Zusammenhang mit § 562a BGB. Sie regelt die Rechte des Vermieters, wenn der Mieter oder ein Dritter eine dem Pfandrecht unterliegende Sache aus den Miträumen entfernt. Durch Abs. 1 der Vorschrift wird dem Vermieter ein Selbsthilferecht zur Verhinderung der Entfernung eingeräumt. Dadurch soll dem Vermieter eine Handhabe gegen den heimlichen Auszug des (verschuldeten) Mieters gegeben werden (sog. „Rücken"). Aus heutiger Sicht muss das Selbsthilferecht als überholt angesehen werden. Gleichwohl hat das Mietrechtsreformgesetz vom 19.6.2001 (BGBl. I 1149) die Vorschrift aufrechterhalten.

2 In Abs. 2 S. 1 ist bestimmt, dass der Vermieter einen Anspruch auf Zurückschaffung der Gegenstände in das Grundstück hat. Das Pfandrecht bleibt nach Abs. 2 S. 2 aber nur dann bestehen, wenn dieser Anspruch alsbald im Wege der sog. „Verfolgungsklage" geltend gemacht wird. Die genannten Ansprüche sind nicht vertraglicher, sondern dinglicher Natur. Dies hat zur Folge, dass der Vermieter den Selbsthilfe- und Verfolgungsanspruch zur Sicherung seines Pfandrechts gegenüber jedermann, also auch gegenüber einem Dritten geltend machen kann. Die Vorschrift ist auf Grund ihres Zwecks zwingend. Insbesondere kann das Selbsthilferecht nicht vertraglich erweitert werden.

II. Das Selbsthilferecht (Abs. 1)

1. Verhältnis zum Unterlassungsanspruch

Wird das Pfandrecht des Vermieters beeinträchtigt, so richten sich dessen Ansprüche nach §§ 1227, 1257 BGB. Die Regelung des § 1227 BGB verweist auf die Ansprüche aus dem Eigentum, mithin auch auf § 1004 BGB. Wird ein dem Pfandrecht unterliegender Gegenstand widerrechtlich aus der Mietsache entfernt, so hat der Vermieter folgerichtig einen Unterlassungsanspruch aus §§ 1004 Abs. 1, 1227, 1257 BGB. Dieser Anspruch kann im Wege der **Unterlassungsklage** geltend gemacht werden. Die Voraussetzungen für den Erlass einer **einstweiligen Verfügung** sind regelmäßig gegeben, wenn der Mieter mit den Vorbereitungen zur Entfernung der Sache begonnen hat (OLG Celle NJW-RR 1987, 447; OLG Hamm NZM 2001, 623). Die Ankündigung hierzu, etwa die Bekanntgabe eines Räumungsverkaufs, soll hierzu nicht ausreichen (von der Osten/Schüller in: Bub/Treier Kap III Rdn. 2266). An die Glaubhaftmachung der Voraussetzungen des Verfügungsanspruchs und des Verfügungsgrundes sind keine hohen Anforderungen zu stellen (OLG Stuttgart NJW-RR 1997, 521; OLG Celle NJW-RR 1987, 447; OLG Hamm NZM 2001, 623; Lammel in: Schmidt-Futterer § 562b BGB Rdn. 9; Sternel Rdn. III 270; von der Osten/Schüller in: Bub/Treier Kap III Rdn. 2269), weil sich der Vorgang nahezu ausschließlich in der Sphäre des Mieters abspielt. Allgemein gilt, dass sich aus dem Unterlassungsantrag der Umfang und die Reichweite der begehrten gerichtlichen Entscheidung ergeben muss. Es genügt, wenn die Räume, in denen sich die Gegenstände befinden, genau beschrieben werden und wenn erkennbar ist, dass der Unterlassungsanspruch alle Gegenstände umfassen soll, die sich in den Räumen befinden (OLG Hamm NZM 2001, 623). Der Unterlassungsanspruch besteht neben dem Selbsthilferecht (OLG Celle NJW-RR 1987, 447).

3

2. Verhältnis zum allgemeinen Selbsthilferecht

Nach **§ 229 BGB** kann der Vermieter die Entfernung einer dem Pfandrecht unterliegenden Sache im Wege der Selbsthilfe verhindern, wenn obrigkeitliche Hilfe nicht rechtzeitig zu erlangen und ohne sofortiges Eingreifen die Gefahr besteht, dass die Verwirklichung des Pfandrechts vereitelt oder wesentlich erschwert würde. Das allgemeine Selbsthilferecht des § 229 BGB besteht neben dem besonderen Selbsthilferecht aus § 562b Abs. 1 BGB. Das Recht aus § 562b Abs. 1 BGB gilt allerdings ohne die Beschränkungen des § 229 BGB (unzureichende obrigkeitliche Hilfe; Rechtsvereitelung). Es ist deshalb für den Vermieter günstiger nach § 562b Abs. 1 BGB vorzugehen.

4

3. Verhältnis zum Sperrrecht

Will der Mieter eine dem Pfandrecht unterliegende Sache während des Mietverhältnisses entfernen, so kann der Vermieter dem widersprechen. Der Widerspruch dient der Verhinderung der Wegschaffung. Der Vermieter kann sich auf die bloße Erklärung des Widerspruchs beschränken, er kann den Widerspruch im Wege der Unterlassungsklage geltend machen und die Wegschaffung außerdem durch Selbsthilfe nach § 562b Abs. 1 BGB verhindern.

5

4. Verhältnis zum Besitznahmerecht

6 Will der Mieter ausziehen und dabei dem Pfandrecht unterliegende Sachen mit sich nehmen, so kann der Vermieter verlangen, dass der Mieter dies unterlässt. Zur Durchsetzung dieses Anspruchs darf der Vermieter die Sachen in Besitz nehmen. Der Vermieter kann die Sachen in der Mietsache belassen oder sie anderweitig verwahren. Aus dem besitzlosen Vermieterpfandrecht wird auf diese Weise ein Besitzpfandrecht auf das diejenigen Vorschriften anwendbar sind, die den unmittelbaren Besitz an der Pfandsache voraussetzen. Insbesondere ist der Vermieter (bis zur Pfandverwertung) zur Verwahrung verpflichtet (§ 1215 BGB). Die Vorschriften über die rechtsgeschäftliche Verwahrung (§ 688 BGB) geltend entsprechend, so dass der Vermieter für die Aufbewahrung eine Vergütung (in Höhe der Mietkosten für den Lagerraum) verlangen kann (§ 689 BGB). Außerdem stehen dem Vermieter gem. §§ 683f, 1216 BGB Verwendungsersatzansprüche zu.

7 Das Besitznahmerecht kann im Wege der Herausgabeklage – auch durch einstweilige Verfügung – oder durch Selbsthilfe nach § 562b Abs. 1 Satz 2 BGB verwirklicht werden. Beide Ansprüche bestehen nebeneinander.

5. Verhältnis zu sonstigen Regelungen

8 Die unberechtigte Entfernung eines Pfandgegenstands ist vertragswidrig. Deshalb kann der Vermieter nach § 541 BGB Unterlassung verlangen. Weiter haftet der Mieter auf Schadensersatz aus § 280 BGB. Schließlich hat der Vermieter deliktische Ansprüche aus §§ 823 Abs. 1, 823 Abs. 2 BGB i. V. mit § 289 StGB. Der Schadensersatzanspruch kann auch in Form eines Wiederherstellungsanspruchs geltend gemacht werden (§ 249 S. 1 BGB); er richtet sich in diesem Fall auf Zurückbringung der Pfandgegenstände. Wird das Pfandobjekt vom Mieter veräußert, so kann der Vermieter nach § 816 Abs. 1 BGB die Herausgabe des Erlöses verlangen.

6. Umfang und Grenzen der Selbsthilfe

9 Selbsthilfe bedeutet die Durchsetzung oder Sicherung eines Rechts auf eigene Faust. Das Gesetz unterscheidet zwischen der Entfernung einzelner Gegenstände während der Mietzeit und den Fällen, in denen der Mieter auszieht.

10 **a) Entfernung einzelner Gegenstände während der Mietzeit.** Der Vermieter ist in diesem Fall nach **§ 562b Abs. 1 Satz 1 BGB** berechtigt, die Entfernung der Sachen zu „verhindern". Das Selbsthilferecht setzt voraus, dass der Vermieter die Entfernung der Sachen verhindern darf. Es besteht nicht hinsichtlich der Sachen, die dem Pfandrecht nicht unterliegen. Bei unklaren Eigentumsverhältnissen darf der Vermieter bis zum Nachweis des Gegenteils davon ausgehen, dass die Sachen dem Mieter gehören. In den Fällen des § 562a S. 2 BGB ist das Selbsthilferecht ebenfalls ausgeschlossen.

11 Das **Selbsthilferecht entsteht,** wenn der Mieter mit der Entfernung der Sachen beginnt; es kann **nicht präventiv** (etwa durch ein Auswechseln von Schlössern) ausgeübt werden (OLG Celle ZMR 1994, 163, 164 = WuM 1995, 188; OLG Düsseldorf ZMR 1983, 376; LG Freiburg WuM 1997, 113; LG Hamburg WuM 1977, 256; Lammel in: Schmidt-Futterer § 562b BGB Rdn. 16; V. Emmerich in: Staudinger § 562b BGB Rdn. 8; von der Osten/Schüller in: Bub/Treier Kap III Rdn. 2266; Ehlert in: Bamberger/Roth § 562b BGB Rdn. 10; Herrlein in: Herrlein/Kandelhard § 562b BGB Rdn. 7; Dickersbach in Lützenkirchen Mietrecht

§ 562b Rdn. 10; Palandt/Weidenkaff § 562b BGB Rdn. 516; Sternel Rdn. III 269). Das Selbsthilferecht erlischt, wenn der Mieter die Sachen aus dem Mieträumen entfernt hat. Ein Recht zur Nacheile besteht nicht. Ab dem Zeitpunkt der Entfernung greift der Anspruch auf Zurückschaffung nach § 562a Abs. 2 S. 1 BGB. Zur Verwirklichung dieses Anspruchs besteht zwar kein Selbsthilferecht nach § 562b Abs. 1 BGB, wohl aber das allgemeine Selbsthilferecht des § 229 BGB. Dieses setzt voraus, dass obrigkeitliche Hilfe nicht rechtzeitig zu erlangen ist und ohne sofortiges Eingreifen die Gefahr besteht, dass die Verwirklichung des Pfandrechts vereitelt oder wesentlich erschwert würde. Außerdem muss der Vermieter in einem solchen Fall unverzüglich den dinglichen Arrest beantragen (§ 230 Abs. 2 BGB).

Die **Anwendung von Gewalt** ist möglich, allerdings nur in ganz engen Grenzen (V. Emmerich in: Staudinger § 562b BGB Rdn. 9; von der Osten/Schüller in: Bub/Treier Kap III Rdn. 2265). Dies gilt nicht nur gegenüber dem Mieter, sondern gegenüber jedermann, der die Pfandsache wegnehmen will, ohne dazu berechtigt zu sein. Gegen unbeteiligte Dritte darf keine Gewalt angewendet werden. Die Regelung des § 230 Abs. 1 BGB, wonach die Selbsthilfe nicht weiter gehen darf, als zur Abwendung der Gefahr erforderlich ist, gibt einen allgemein gültigen Rechtsgrundsatz wieder; deshalb ist diese Vorschrift auch bei § 562b Abs. 1 BGB zu beachten. Es gilt das **Prinzip der Verhältnismäßigkeit** (OLG Düsseldorf ZMR 1983, 376; Lammel in: Schmidt-Futterer § 562b BGB Rdn. 15; V. Emmerich in: Staudinger § 562b BGB Rdn. 4 und 9; von der Osten/Schüller in: Bub/Treier Kap III Rdn. 2265; Herrlein in: Herrlein/Kandelhard § 562b BGB Rdn. 5; Riecke in: Dauner-Lieb u. a. Anwaltskommentar § 562b BGB Rdn. 16). Vor der Anwendung von Gewalt muss der Vermieter zunächst die vom Gesetz vorgesehenen friedlichen Mittel ausschöpfen. Die Gewalt muss speziell zum Zwecke der Selbsthilfe eingesetzt, auf das geringstmögliche Maß beschränkt und sofort beendet werden, wenn der Mieter von der Wegnahme Abstand nimmt. Hinsichtlich des Umfangs der Selbsthilfe sind die **Wertentscheidungen des Grundgesetzes** zu beachten. Danach hat die körperliche Integrität des Mieters grundsätzlich Vorrang gegenüber den finanziellen Interessen des Vermieters. Im Zweifel muss auf die Anwendung von Gewalt verzichtet werden (**a. A.** Herrlein in: Herrlein/Kandelhard § 562b BGB Rdn. 6). Eine vorsätzliche Körperverletzung wird deshalb vom Selbsthilferecht regelmäßig nicht gedeckt. Die **Blockade einer Grundstückszufahrt** kann rechtmäßig sein, wenn dies zum Schutz eines Vermieterpfandrechts (§§ 562, 578 BGB) erforderlich ist (vgl. KG Beschluss vom 13.7.2015 – 8 U 15/15). Insoweit gilt: **(1)** Dem Vermieter muss ein Pfandrecht zustehen, **(1.1)** dies setzt voraus, dass dem Vermieter ein Zahlungsanspruch gegen den Mieter zusteht und **(1.2)** pfändbare Gegenstände vorhanden sind. **(2)** Das Pfandrecht muss ausgeübt werden, **(3)** es müssen konkrete Anhaltspunkte dafür vorliegen, dass eine Verletzung des Pfandrechts droht, **(4)** das Selbsthilferecht muss zeitlich begrenzt werden; maßgeblich ist die Zeit bis zur Anrufung des Gerichts. Für diese Voraussetzungen ist der Vermieter darlegungs- und beweispflichtig.

Ein Überschreiten der Befugnisse aus dem Selbsthilferecht ist verbotene Eigenmacht und hat vertragliche (§ 280 BGB) sowie deliktische (§ 823 BGB) Schadensersatzansprüche zur Folge.

b) Auszug des Mieters. Zieht der Mieter aus, so darf der Vermieter die dem Pfandrecht unterliegenden Sachen „in seinen Besitz nehmen **(§ 562b Abs. 1 Satz 2 BGB)**. Das Recht kann erst geltend gemacht werden, wenn der Mieter mit dem Auszug beginnt. Die allgemeinen Grenzen des Selbsthilferechts, insbesondere der Grundsatz der Verhältnismäßigkeit sind auch hier zu beachten. Ist die Wegnahme erfolgt, so muss der Vermieter die Sachen verwahren.

III. Verfolgungsanspruch und Verfolgungsklage (Abs. 2 S. 1)

1. Der Verfolgungsanspruch

15   Aus § 562a S. 1 BGB folgt, dass das Pfandrecht nicht erlischt, wenn der Mieter die Sache ohne Wissen oder unter Widerspruch des Vermieters entfernt hat. In § 562b Abs. 2 BGB ist geregelt, welche Rechte dem Vermieter in einem solchen Fall zustehen. Dabei ist zu unterscheiden, ob der Mieter die Mietsache als solche noch in Besitz hat oder ob er bereits ausgezogen ist.

16   **a) Vor dem Auszug des Mieters.** Hat der Mieter die Mietsache noch in Besitz, so kann der Vermieter die „**Herausgabe** (des Pfandgegenstands) **zum Zwecke der Zurückschaffung in das Grundstück**" verlangen. Die Zweckbestimmung hat zur Folge, dass der Vermieter den Pfandgegenstand nur vorübergehend in unmittelbaren Besitz nehmen darf. Der Anspruch richtet sich – der dinglichen Natur des Pfandrechts entsprechend – gegen den jeweiligen unmittelbaren oder mittelbaren Besitzer des Pfandgegenstands. Das kann auch ein Dritter sein. Voraussetzung ist natürlich, dass dieser den Pfandgegenstand nicht lastenfrei erworben hat. Die Zurückschaffung ist Sache des Vermieters (Lammel in: Schmidt-Futterer § 562b BGB Rdn. 26; V. Emmerich in: Staudinger § 562b BGB Rdn. 15); hierauf hat der Mieter einen Anspruch. Der Anspruch folgt aus § 985 BGB, weil der Mieter Eigentümer der Gegenstände ist und der Vermieter mit der Erfüllung des Herausgabeanspruchs Besitzer wird.

17   **b) Nach dem Auszug des Mieters.** Ist der Mieter bereits ausgezogen, so kann der Vermieter die „**Überlassung des Besitzes**" verlangen. Damit ist die Herausgabe des Pfandgegenstands zum Zwecke der Verwahrung gemeint. Die Verwahrung kann in der Mietsache erfolgen, erforderlich ist dies nicht. Der Anspruch besteht auch, wenn der Mieter die Sache in seine neue Wohnung verbracht hat. Das Pfandrecht des früheren Vermieters geht einem eventuellen Pfandrecht des neuen Vermieters vor. Es gilt das Prioritätsprinzip (§ 1209 BGB); ein gutgläubiger Erwerb ist nicht möglich (Lammel in: Schmidt-Futterer § 562b BGB Rdn. 23; Artz in: MünchKomm § 562b BGB Rdn. 8; Riecke in: Dauner-Lieb u. a. Anwaltskommentar § 562b BGB Rdn. 20).

18   Die jeweiligen Herausgabeansprüche (Verfolgungsansprüche) unterscheiden sich also nur hinsichtlich ihrer Zwecke. Bei fortbestehendem Mietbesitz muss der Pfandgegenstand in die Mieträume zurückgebracht werden; unmittelbarer Besitzer wird der Mieter. Bei beendetem Mietbesitz kann der Vermieter den Pfandgegenstand an einem beliebigen Ort verwahren; unmittelbarer Besitzer wird der Vermieter.

2. Die Klageerhebung

19   Werden die Verfolgungsansprüche nicht freiwillig erfüllt, so muss der Vermieter innerhalb der **Frist des § 562b Abs. 2 Satz 2 BGB** Klage (Herausgabeklage, sog. „Verfolgungsklage") erheben. In Eilfällen ist ein Antrag auf Erlass einer **einstweiligen Verfügung** möglich. Daneben besteht das allgemeine **Selbsthilferecht des § 229 BGB,** nicht aber das besondere Selbsthilferecht des § 562b Abs. 1 BGB. Zur

Vorbereitung der Klage stehen dem Vermieter **Auskunftsansprüche** über die entfernten Gegenstände zu (Lammel in: Schmidt-Futterer § 562b BGB Rdn. 24; V. Emmerich in: Staudinger § 562b BGB Rdn. 13; Herrlein ZMR 2007, 247). Der Auskunftsanspruch kann gegen den Mieter aber auch gegen jeden Dritten geltend gemacht werden, der den Gegenstand entfernt hat (LG Mannheim WuM 1978, 92 betr. Gläubiger des Mieters).

a) Parteien, Zuständigkeit. Klagebefugt ist derjenige, dem das Pfandrecht zusteht. Dies ist i. d. R. der Vermieter. Hat der Vermieter die durch das Pfandrecht gesicherten Forderungen abgetreten, so steht das Recht zur Erhebung der Verfolgungsklage dem Zessionar zu, weil das Pfandrecht mit der gesicherten Forderung übergeht (V. Emmerich in: Staudinger § 562b BGB Rdn. 13). Klagegegner ist der Mieter oder ein Dritter, der den Pfandgegenstand in Besitz hat. Besteht hinsichtlich des Gegenstands ein Besitzmittlungsverhältnis, so kann die Klage sowohl gegen den unmittelbaren als auch gegen den mittelbaren Besitzer gerichtet werden. Eine Klage gegen den Besitzdiener ist nach allgemeinen Grundsätzen nicht möglich. Die gerichtliche Zuständigkeit richtet sich nach der Person des Prozessgegners. Bei Klagen gegen den Mieter gelten die § 29a ZPO, 23 Nr. 2a GVG; bei Klagen gegen Dritte sind die allgemeinen Vorschriften maßgeblich. 20

b) Klageantrag. Wird die Herausgabeklage (Verfolgungsklage) erhoben, so muss der Gegenstand der Herausgabe genau bezeichnet werden. Ein auf die Herausgabe „der vom Mieter entfernten Gegenstände" gerichteter Titel wäre mangels hinreichender Bestimmtheit nicht vollstreckbar. Sind dem Vermieter die einzelnen Gegenstände nicht bekannt, so kann der Vermieter **Auskunftsklage** erheben. Die Auskunftsklage kann mit der **Herausgabeklage** im Wege der **Stufenklage** verbunden werden. Streitig ist, ob der Auskunftsanspruch im Wege der einstweiligen Verfügung geltend gemacht werden kann. Das Problem folgt aus dem allgemeinen Grundsatz, dass die einstweilige Verfügung grundsätzlich nicht zur endgültigen Erfüllung des Anspruchs führen darf. Deshalb vertritt die wohl herrschende Meinung die Ansicht, dass eine **einstweilige Verfügung** nur dann in Betracht kommt, wenn der Hauptanspruch für den Gläubiger von existentieller Bedeutung ist (OLG Hamm NJW-RR 1992, 640; Zöller/Vollkommer § 940 ZPO Rdn. 8 Stichwort: Auskunft m.w. Nachw.). Dem ist nicht zu folgen. Zum einen dient der Auskunftsanspruch nicht der Erfüllung, sondern nur der Vorbereitung des Herausgabeanspruchs. Zum anderen ist der Vermieter in aller Regel auf die Auskunft des Mieters dringend angewiesen, weil er den Herausgabeanspruch anderenfalls nicht geltend machen kann (so zu Recht: OLG Rostock WuM 2004, 471). 21

Der jeweilige Zweck der Herausgabe muss im Klageanspruch (und sodann im Tenor der gerichtlichen Entscheidung) zum Ausdruck kommen. 22

Tenor bei fortbestehendem Mietbesitz: „Der Beklagte wird verurteilt, den PKW der Marke …, amtliches Kennzeichen … an den Kläger zum Zwecke der Zurückschaffung in die auf dem Grundstück S. Straße … gelegene Garage herauszugeben." 23

Stattdessen kann der Klagantrag auch unmittelbar auf die Zurückschaffung der Gegenstände gerichtet werden, z. B.:
„Der Beklagte wird verurteilt, den PKW der Marke …, amtliches Kennzeichen … in die auf dem Grundstück S. Straße … gelegene Garage zurückzubringen."

Tenor bei beendetem Mietbesitz: Der Beklagte wird verurteilt, den PKW der Marke …, amtliches Kennzeichen … an den Kläger zu eigenem Pfandbesitz herauszugeben." 24

§ 562b BGB   Untertitel 2. Mietverhältnisse über Wohnraum

Ändert sich der Herausgabezweck im Verlauf des Verfahrens, so muss der Klageantrag umgestellt werden. Die Vollstreckung erfolgt in beiden Fällen nach § 883 ZPO. Ändert sich der Herausgabezweck nach Beendigung des Verfahrens, so wird der ursprüngliche Herausgabezweck gegenstandslos; der Vermieter kann dann Herausgabe zu eigenem Pfandbesitz verlangen. Eine erneute Klage ist nicht erforderlich (V. Emmerich in: Staudinger § 562b BGB Rdn. 16).

IV. Erlöschen des Pfandrechts (Abs. 2 S. 2)

25   Nach § 562b Abs. 2 S. 2 BGB erlischt das Pfandrecht mit dem Ablauf eines Monats, nachdem der Vermieter von der Entfernung der Sachen Kenntnis erlangt hat; das Pfandrecht bleibt bestehen, wenn der Verfolgungsanspruch vorher gerichtlich geltend gemacht wurde. Die Vorschrift enthält einen zusätzlichen Erlöschensgrund; dieser dient der Herstellung der Rechtssicherheit. Es handelt sich nicht um eine Verjährungsfrist, sondern um eine von Amts wegen zu beachtende **Ausschlussfrist** (BGH Urt. v. 29.4.2020 – VIII ZR 355/18; Lammel in: Schmidt-Futterer § 562b BGB Rdn. 30; V. Emmerich in: Staudinger § 562b BGB Rdn. 17; von der Osten/Schüller in: Bub/Treier Kap III Rdn. 2277; Artz in: MünchKomm § 562b BGB Rdn. 9). Die Fristversäumung muss deshalb nicht durch Einrede geltend gemacht werden; die Vorschriften über die Hemmung oder Unterbrechung der Verjährung sind unanwendbar. Für die Fristberechnung gelten die §§ 187 Abs. 1, 188 Abs. 2 BGB. Die Frist kann vertraglich nicht verlängert werden. Für Klagen nach § 805 Abs 1 ZPO und § 127 Abs. 1 KO gilt die Ausschlussfrist nicht.

1. Kenntniserlangung

26   Die Frist beginnt mit der Kenntniserlangung des Vermieters von der Entfernung des Pfandgegenstands. Erforderlich ist **positive Kenntnis,** dass dem Pfandrecht unterliegende Sachen entfernt worden sind; grob fahrlässige Unkenntnis genügt nicht (Lammel in: Schmidt-Futterer § 562b BGB Rdn. 31). Andererseits beginnt die Frist aber auch dann zu laufen, wenn der Vermieter keine genaue Kenntnis von den entfernten Gegenständen hat und deshalb keinen prozessgemäßen Antrag auf Herausgabe stellen könnte; bei unzureichender Kenntnis muss der Vermieter innerhalb der Frist Auskunftsklage erheben, sonst erlischt das Pfandrecht. Ebenfalls beginnt die Frist zu laufen, wenn der Vermieter nicht weiß, wo sich der Pfandgegenstand befindet oder wo sich der Mieter oder der Besitzer des Pfandgegenstands aufhält (Lammel in: Schmidt-Futterer § 562b BGB Rdn. 31; V. Emmerich in: Staudinger § 562b BGB Rdn. 18; von der Osten/Schüller in: Bub/Treier Kap III Rdn. 2237; Riecke in: Dauner-Lieb u. a. Anwaltskommentar § 562b BGB Rdn. 24). Auch in diesen Fällen muss der Vermieter zur Vermeidung von Rechtsnachteilen gegenüber dem Mieter Auskunftsklage erhoben werden. Ist der Aufenthaltsort des Mieters unbekannt, so ist Klagerhebung im Wege der öffentlichen Zustellung erforderlich.

2. Gerichtliche Geltendmachung

27   Es ist erforderlich, dass der Verfolgungsanspruch gerichtlich geltend gemacht wird. Es genügt jede Maßnahme des Vermieters gegenüber dem Gericht aus der sich ergibt, dass dieser an dem Pfandrecht festhalten will. In Betracht kommen insbesondere die Erhebung der Herausgabeklage (Verfolgungsklage) oder der Antrag

auf Erlass einer entsprechenden einstweiligen Verfügung (V. Emmerich in: Staudinger § 562 BGB Rdn. 19; von der Osten/Schüller in: Bub/Treier Kap III Rdn. 2278). Nach der hier vertretenen Auffassung genügt es, wenn der Vermieter einer Klage des Mieters auf Duldung der Entfernung entgegentritt (von der Osten/Schüller in: Bub/Treier Kap III Rdn. 2278; **a. A.** Lammel in: Schmidt-Futterer § 562b BGB Rdn. 33) oder wenn der Vermieter Auskunftsklage erhebt (V. Emmerich in: Staudinger § 562b BGB Rdn. 20; Ehlert in: Bamberger/Roth § 562b BGB Rdn. 26). In dem Antrag auf Pfändung einer Sache auf Grund eines Zahlungstitels kommt dagegen nicht zum Ausdruck, dass zugleich das Vermieterpfandrecht geltend gemacht werden soll.

3. Rechtsfolgen unterlassener Geltendmachung

Im Falle der Fristversäumung erlischt das Pfandrecht. Außerdem entfallen alle 28 **Schadensersatzansprüche,** die an die Pfandrechtsverletzung anknüpfen (Lammel in: Schmidt-Futterer § 562b BGB Rdn. 35; V. Emmerich in: Staudinger § 562b BGB Rdn. 21). Dies ist allerdings umstritten; es wird auch die Ansicht vertreten, dass die bereits entstanden Ersatzansprüche weiter gelten und dem Vermieter allenfalls ein Mitverschulden anzurechnen ist (so: Mittelstein S. 590; Palandt/Weidenkaff § 562 BGB Rdn. 14). Die hier vertretene Rechtsauffassung folgt aus einer entsprechenden Anwendung des § 839 Abs. 3 BGB (Lammel a. a. O. Sternel Rdn. III 272). Die durch das Pfandrecht gesicherten Forderungen bleiben jedoch bestehen.

V. Darlegungs- und Beweislast

Für die tatsächlichen Voraussetzungen des Selbsthilferechts nach Abs. 1 ist der 29 Vermieter darlegungs- und beweispflichtig. Hierzu gehört der Nachweis, dass der Mieter den betreffenden Gegenstand entfernen wollte und dass hieran ein Pfandrecht besteht.

Im Rahmen des Abs. 2 muss der Vermieter beweisen, dass die Sachen ohne sein 30 Wissen oder gegen seinen Widerspruch entfernt worden sind. Der Mieter muss die Voraussetzungen des Erlöschens des Pfandrechts beweisen. Hierzu gehört der Zeitpunkt der Kenntniserlangung des Vermieters von der Entfernung. Der Vermieter muss beweisen, dass er vor Ablauf der Monatsfrist Klage erhoben hat.

§ 562c Abwendung des Pfandrechts durch Sicherheitsleistung

¹ **Der Mieter kann die Geltendmachung des Pfandrechts des Vermieters durch Sicherheitsleistung abwenden.** ²**Er kann jede einzelne Sache dadurch von dem Pfandrecht befreien, dass er in Höhe ihres Wertes Sicherheit leistet.**

I. Bedeutung der Vorschrift

Nach § 1222, 1257 BGB haftet jede einzelne dem Pfandrecht unterliegende 1 Sache für alle Forderungen aus dem Mietverhältnis. Der Mieter kann nach § 562c Satz 1 BGB die Geltendmachung des Pfandrechts insgesamt verhindern oder nach § 562c Satz 2 BGB einzelne Gegenstände dem Pfandrecht entziehen, wenn er eine anderweitige Sicherheit leistet. Auf diese Weise kann der Mieter die unbeschränkte Verfügung über seine Sachen oder über einzelne Gegenstände sicherstellen. Dies ist insbesondere bei der Gewerbemiete von existentieller Bedeutung. Aus diesem Grunde kann § 562c BGB nicht abbedungen werden (Lammel in: Schmidt-Futterer § 562c BGB Rdn. 1; V. Emmerich in: Staudinger § 562c BGB Rdn. 2; Sternel Rdn. III 275; Artz in: MünchKomm § 562c BGB Rdn. 2; Dickersbach in Lützenkirchen Mietrecht § 562c BGB Rdn. 5; Riecke in: Dauner-Lieb u. a. Anwaltskommentar § 562c BGB Rdn. 7).

II. Abwendung der Geltendmachung des Pfandrechts (Satz 1)

2   Die Regelung in Satz 1 betrifft die Abwendung des Pfandrechts insgesamt. Der Mieter kann von diesem Recht jederzeit Gebrauch machen. Darüber hinaus sind auch **sonstige Dritte,** die infolge der Geltendmachung des Pfandrechts Nachteile erleiden können, zur Sicherheitsleistung berechtigt (Lammel in: Schmidt-Futterer § 562c BGB Rdn. 2; V. Emmerich in: Staudinger § 562c BGB Rdn. 3; Herrlein in: Herrlein/Kandelhard § 562c BGB Rdn. 1; von den Osten/Schüller in: Bub/Treier Kap III Rdn. 2284; Artz in: MünchKomm § 562c BGB Rdn. 3; Palandt/Weidenkaff § 562c BGB Rdn. 1; Riecke in: Dauner-Lieb u. a. Anwaltskommentar § 562c BGB Rdn. 5). Hierzu gehören die nachrangigen Sicherungseigentümer und Pfändungspfandgläubiger oder ein Eigentümer, der eine mit dem Vermieterpfandrecht belastete Sache vom Mieter erworben hat.

1. Höhe der Sicherheit

3   Die Höhe der Sicherheit richtet sich grundsätzlich nach der Höhe der Forderungen des Vermieters. Der Mieter, sowie die übrigen zur Abwendung berechtigten Personen haben insoweit einen **Auskunftsanspruch** gegen den Vermieter, weil die Abwendungsberechtigten anderenfalls von ihrem Abwendungsrecht keinen Gebrauch machen könnten (Lammel in: Schmidt-Futterer § 562c BGB Rdn. 4; V. Emmerich in: Staudinger § 562c BGB Rdn. 3; Artz in: MünchKomm § 562c BGB Rdn. 3). Im Streitfall sind die Forderungen des Vermieters vom Gericht zu schätzen. Sind die **Forderungen des Vermieters höher** als der Wert der Pfandgegenstände, so stellt sich die Frage, ob die Höhe der Sicherheit durch den Wert der Pfandgegenstände begrenzt wird. Die Frage ist zu bejahen, weil der Vermieter durch die Sicherheit lediglich einen Ausgleich für das nun fehlende Pfandrecht erhalten soll. Auf ein mehr an Sicherheit hat der Vermieter keinen Anspruch (Lammel in: Schmidt-Futterer § 562c BGB Rdn. 8; V. Emmerich in: Staudinger § 562c BGB Rdn. 4; Ehlert in: Bamberger/Roth § 562c BGB Rdn. 6; Artz in: MünchKomm § 562c BGB Rdn. 4; Dickersbach in Lützenkirchen Mietrecht § 562c Rdn. 8; **a. A.** Riecke in: Dauner-Lieb u. a. Anwaltskommentar § 562c BGB Rdn. 3; Mittelstein S. 563).

2. Art der Sicherheit

4   Es gelten die Vorschriften der §§ 232 bis 240 BGB.

3. Rechtsfolgen der Sicherheitsleistung

Nach dem Wortlaut des § 562c BGB wird durch die Sicherheitsleistung „**die** 5 **Geltendmachung des Pfandrechts**" abgewendet. Hierunter sind alle Maßnahmen zu verstehen, durch die der Mieter an der Verfügung über den Pfandgegenstand beeinträchtigt wird. Dazu gehören: der Widerspruch des Vermieters gegen die Entfernung; die Ausübung des Sperrrechts; der Anspruch auf Zurückschaffung der Pfandgegenstände in die Mieträume; die Ausübung des Rechts auf Inbesitznahme des Pfandgegenstands; das Selbsthilferecht; die Pfandverwertung. Das Pfandrecht als solches bleibt jedoch bestehen. Sinkt der Wert der Sicherheit, so leben die Befugnisse des Vermieters wieder auf (Lammel in: Schmidt-Futterer § 562c BGB Rdn. 10; Herrlein in: Herrlein/Kandelhard § 562c BGB Rdn. 3; **a. A.** V. Emmerich in: Staudinger § 562c BGB Rdn. 5).

III. Befreiung einzelner Pfandgegenstände (Satz 2)

Die Regelung in Satz 2 betrifft die Befreiung einzelner Pfandgegenstände. Auch 6 von diesem Recht kann der Mieter jederzeit Gebrauch machen.

1. Höhe der Sicherheit

Die Höhe der Sicherheit richtet sich nach dem Wert des Pfandgegenstands. Sol- 7 len sämtliche Gegenstände vom Pfandrecht befreit werden, so kommt es auf den Wert sämtlicher Gegenstände an; dies führt zum selben Ergebnis wie Satz 1. Maßgeblich ist der Verkehrswert, der im Falle einer Pfandverwertung voraussichtlich erzielt werden könnte.

2. Art der Sicherheit

Es gelten die Vorschriften der §§ 232 bis 240 BGB. 8

3. Rechtsfolgen der Sicherheitsleistung

Die betreffenden Gegenstände werden pfandfrei. Das Pfandrecht erlischt. Hin- 9 sichtlich der übrigen Gegenstände wird das Vermieterpfandrecht nicht berührt.

§ 562d Pfändung durch Dritte

Wird eine Sache, die dem Pfandrecht des Vermieters unterliegt, für einen anderen Gläubiger gepfändet, so kann diesem gegenüber das Pfandrecht nicht wegen der Miete für eine frühere Zeit als das letzte Jahr vor der Pfändung geltend gemacht werden.

I. Bedeutung der Vorschrift

Die Vorschrift regelt einen Teilaspekt des Verhältnisses zwischen dem Vermieter- 1 pfandrecht und dem Pfändungspfandrecht. Hierfür gilt im Allgemeinen das Prinzip der Priorität mit der weiteren Folge, dass das bereits bestehende Vermieterpfandrecht der zeitlich nachfolgenden Pfändung vorgeht. Der Vermieter hat deshalb bei

§ 562d BGB   Untertitel 2. Mietverhältnisse über Wohnraum

der Verwertung der Pfandsache durch den Pfändungspfandgläubiger einen Anspruch auf vorzugsweise Befriedigung. Hiervon gilt im Interesse der Pfändungspfandgläubiger eine Ausnahme „wegen der Miete für eine frühere Zeit als das letzte Jahr vor der Pfändung". Zugunsten sonstiger Drittgläubiger gilt die Beschränkung nicht.

II. Die betroffenen Forderungen

1. Miete

2   Betroffen sind Mietforderungen. Hierzu gehören lediglich die periodisch wiederkehrenden Zahlungen (Grundmiete, Betriebskostenvorauszahlungen, Zuschläge), nicht dagegen ein Saldo aus einer Betriebskostenabrechnung oder andere Forderungen des Vermieters.

2. Rückstand

3   Betroffen sind nur die rückständigen Mieten, die früher als das letzte Jahr vor der Pfändung fällig geworden sind. Maßgeblich ist nicht das Kalenderjahr, sondern das Mietjahr vor der Pfändung. Wird die Pfändung beispielsweise am 31. Juli 2013 ausgesprochen, so ist das Vermieterpfandrecht vorrangig für die Mieten betreffend die Zeit vom August 2012 bis zum Juli 2013 und für die folgende Zeit. Für die Mieten bis einschließlich Juli 2013 ist das Vermieterpfandrecht nachrangig.

3. Rechtsfolgen

4   Der Bestand des Vermieterpfandrechts wird durch § 562d BGB nicht berührt. Ist der Pfändungspfandgläubiger befriedigt, so hat der Vermieter Anspruch auf den Resterlös; dies gilt auch hinsichtlich der in § 562d BGB genannten Mieten.

Kapitel 4. Wechsel der Vertragsparteien

§ 563 Eintrittsrecht bei Tod des Mieters

(1) Der Ehegatte oder Lebenspartner, der mit dem Mieter einen gemeinsamen Haushalt führt, tritt mit dem Tod des Mieters in das Mietverhältnis ein.

(2) ¹Leben in dem gemeinsamen Haushalt Kinder des Mieters, treten diese mit dem Tod des Mieters in das Mietverhältnis ein, wenn nicht der Ehegatte oder Lebenspartner eintritt. ²Andere Familienangehörige, die mit dem Mieter einen gemeinsamen Haushalt führen, treten mit dem Tod des Mieters in das Mietverhältnis ein, wenn nicht der Ehegatte oder der Lebenspartner eintritt. ³Dasselbe gilt für Personen, die mit dem Mieter einen auf Dauer angelegten gemeinsamen Haushalt führen.

(3) ¹Erklären eingetretene Personen im Sinne des Absatzes 1 oder 2 innerhalb eines Monats, nachdem sie vom Tod des Mieters Kenntnis erlangt haben, dem Vermieter, dass sie das Mietverhältnis nicht fortsetzen wollen, gilt der Eintritt als nicht erfolgt. ²Für geschäftsunfähige oder in der Geschäftsfähigkeit beschränkte Personen gilt § 210 entsprechend. ³Sind mehrere Personen in das Mietverhältnis eingetreten, so kann jeder die Erklärung für sich abgeben.

(4) Der Vermieter kann das Mietverhältnis innerhalb eines Monats, nachdem er von dem endgültigen Eintritt in das Mietverhältnis Kenntnis erlangt hat, außerordentlich mit der gesetzlichen Frist kündigen, wenn in der Person des Eingetretenen ein wichtiger Grund vorliegt.

(5) Eine abweichende Vereinbarung zum Nachteil des Mieters oder solcher Personen, die nach Absatz 1 oder 2 eintrittsberechtigt sind, ist unwirksam.

Übersicht

	Rdn.
Erläuterungen	
I. Bedeutung und Anwendungsbereich der Vorschrift	1
II. Eintrittsrecht des Ehegatten und des Lebenspartners (Abs. 1)	2
1. Ehegatte	2
2. Gemeinsamer Haushalt	4
3. Mietverhältnis	13
4. Rechtsfolgen des Eintritts	21
5. Lebenspartner	42
III. Eintrittsrecht sonstiger Personen (Abs. 2)	43
IV. Ablehnungsbefugnis (Abs. 3)	52
1. Ablehnung durch einseitige Erklärung	52
2. Frist	53
3. Rechtsfolgen der Ablehnung des Eintritts	56
V. Kündigungsrecht des Vermieters (Abs. 4)	62
1. Außerordentliche Kündigung mit gesetzlicher Frist	62
2. Wichtiger Grund	64
3. Form, Frist	68
VI. Abweichende Vereinbarungen/Darlegungs- und Beweislast	71
VII. Analoge Anwendung des Abs. 2	74

§ 563 BGB   Untertitel 2. Mietverhältnisse über Wohnraum

Erläuterungen

s. zunächst die Erläuterungen vor § 563 bis § 564

I. Bedeutung und Anwendungsbereich der Vorschrift

1 Die Vorschrift regelt die Rechtsnachfolge beim Tod des Wohnungsmieters, wenn dieser **alleiniger Mieter** war und mit seinem Ehegatten, dem Lebenspartner, seinen Kindern oder sonstigen Familien- und Haushaltsangehörigen in der Wohnung einen gemeinsamen Haushalt geführt hat. Die Regelung gilt für **alle Arten von Wohnraum,** auch für Werkwohnungen, Genossenschaftswohnungen, Räume in Studenten- oder sonstigen Heimen (sofern die Überlassung auf einem Mietvertrag beruht), möblierte Zimmer, Mietverhältnisse auf vorübergehende Dauer, usw.

II. Eintrittsrecht des Ehegatten und des Lebenspartners (Abs. 1)

1. Ehegatte

2 War der verstorbene Mieter alleinige Partei des Mietvertrags und hat der Mieter mit seinem Ehegatten in der Wohnung einen gemeinsamen Haushalt geführt, so tritt der Ehegatte mit dem Tod des Mieters in das Mietverhältnis ein. Ehegatte i. S. v. Abs. 1 Satz 1 ist, wer mit dem Mieter eine rechtsgültige Ehe geschlossen hat. Die im Ausland geschlossenen Ehen sind nach internationalem Privatrecht zu beurteilen. Maßgeblich sind Art 13 ff EGBG sowie eine Vielzahl bilateraler und multilateraler Staatsverträge.

3 Die Ehe muss im Zeitpunkt des Todes des Mieters noch bestehen. Liegen **Aufhebungsgründe** (§ 1314 BGB) vor, so ist die Ehe bis zur Rechtskraft des Aufhebungsurteils für wirksam anzusehen (§ 1313 Satz 2 BGB). Ist der Ehegatte vor diesem Zeitpunkt in das Mietverhältnis eingetreten, so wird seine Rechtsstellung als Mieter durch das Urteil nicht berührt. Im Falle der **Scheidung** kommt es maßgeblich auf die Rechtskraft des Scheidungsurteils an. Stirbt der Mieter zwischen der Verkündung des Scheidungsurteils und dessen Rechtskraft, so tritt der Ehegatte in das Mietverhältnis ein. Stirbt der Mieter nach der Rechtskraft, so ist § 563 Abs. 1 BGB auch dann unanwendbar, wenn die Eheleute trotz der Scheidung weiterhin in der Wohnung zusammengelebt haben. Unter Umständen ist in einem solchen Fall aber ein Eintritt nach § 563 Abs. 2 BGB möglich. Der Umstand, dass Eheleute in der Ehewohnung **getrennt leben,** schließt die Anwendung des § 563 Abs. 1 BGB nicht aus. Zwar sind die Eheleute gem. § 1353 Abs. 1 BGB zur ehelichen Lebensgemeinschaft verpflichtet; dies ist aber keine Voraussetzung für die Existenz der Ehe, sondern deren Folge. In Fällen dieser Art kann es aber an der weiteren Voraussetzung für die Annahme des § 563 Abs. 1 BGB, dem gemeinsamen Haushalt, fehlen.

Eintrittsrecht bei Tod des Mieters **BGB § 563**

2. Gemeinsamer Haushalt

Das Eintrittsrecht setzt voraus, dass die Eheleute in der Wohnung einen „**ge-** 4
meinsamen Haushalt" geführt haben. Der Begriff des „Haushalts" bedeutet dasselbe wie der früher in § 569a BGB a. F. verwendete Begriff des „Hausstands" (Begründung des Regierungsentwurfs zu § 563 BGB, BT-Drucks. 14/4553). Auf die zu § 569a BGB ergangene Rechtsprechung kann deshalb weiterhin zurückgegriffen werden.

    a) Begriff des „gemeinsamen Haushalt". Teilweise wird die Ansicht vertre- 5
ten, dass der Begriff des „gemeinsamen" Haushalts eine „gemeinsame Lebens- und Wirtschaftsführung", voraussetzt (Rolfs in: Staudinger § 563 BGB Rdn. 24; ähnlich Kinne in: Kinne/Schach/Bieber Miet- und Mietprozessrecht § 563 BGB Rdn. 8; Hinz in: Klein-Blenkers/Heinemann/Ring, Miete/WEG/Nachbarschaft § 563 BGB Rdn. 6; Palandt/Weidenkaff § 563 BGB Rdn. 11). Nach anderer Ansicht liegt das Tatbestandsmerkmal vor, wenn die Wohnung den „Lebensmittelpunkt" mehrerer Personen darstellt (Streyl in: Schmidt-Futterer § 563 BGB Rdn. 38, 39; Kandelhard in: Herrlein/Kandelhard § 563 BGB Rdn. 9; Häublein in: MünchKomm § 563 BGB Rdn. 16; Lützenkirchen in Lützenkirchen Mietrecht § 563 Rdn. 49). Vereinzelt wird darüber hinaus eine „geistige persönliche und tatsächliche Verbindung zum Zwecke des Zusammenlebens" gefordert (Lammel Wohnraummietrecht § 563 BGB Rdn. 13).

Nach der hier vertreten Ansicht ist der Begriff des gemeinsamen Haushalts nach 6
dem Sinn und Zweck des § 563 BGB unter Berücksichtigung der Entwicklungsgeschichte der Norm zu bestimmen. Zur Zeit der Einführung der Vorschrift im Jahre 1964 und bereits zuvor unter der Geltung von § 19 MSchG kam es relativ häufig vor, dass die erwachsenen Kinder wegen der damaligen Wohnungsknappheit auch nach der Heirat in der elterlichen Wohnung verblieben. In diesen Fällen hat die Rechtsprechung auch dann einen gemeinsamen Hausstand zwischen den Eltern und den Kindern angenommen, wenn die Jungfamilie einen von den Eltern völlig unabhängigen Haushalt geführt hat (s. die Rechtsprechungsnachweise bei Kiefersauer-Glaser, Grundstücksmiete § 19 MSchG Anm. 4). Mit diesem Inhalt ist der Begriff des gemeinsamen Hausstands in § 569a Abs. 2 BGB a. F. übernommen worden; er kann in § 563 BGB keine andere Bedeutung haben. Dies rechtfertigt es, einen gemeinsamen Haushalt anzunehmen, wenn die **Wohnung gemeinsamer Lebensmittelpunkt eines Ehepaars** ist. Ein gemeinsames Wirtschaften und eine gemeinsame Lebensführung sind nicht erforderlich. Maßgeblich ist vielmehr, dass beide Eheleute auf die Wohnung angewiesen sind. Dies rechtfertigt es, dem Ehegatten des Mieters den Vorrang gegenüber dem Erben einzuräumen. Dagegen sind die Voraussetzungen des § 563 nicht gegeben, wenn die Eheleute gemeinsam im Ausland gelebt haben und die Mietwohnung nicht oder kaum genutzt wurde (AG Hamburg-St. Georg ZMR 2015, 937).

    b) Eine **längere Ortsabwesenheit** aus beruflichen, gesundheitlichen oder 7
sonstigen Gründen spielt für die Frage des gemeinsamen Haushalts keine Rolle, solange die Eheleute die Mieträume noch als gemeinsame Wohnung ansehen. Deshalb wird der gemeinsame Haushalt nicht aufgehoben, wenn einer der Ehegatten seiner Wohnung berufsbedingt über längere Zeit fernbleibt, wenn er sich in einer Klinik befindet, oder wenn er inhaftiert ist (Allgemeine Ansicht). Der gemeinsame Haushalt bleibt selbst dort noch erhalten, wo mit einer Rückkehr in die Wohnung nicht mehr gerechnet werden kann, etwa bei lebenslanger Freiheitsstrafe (Rolfs in: Staudinger § 563 BGB Rdn. 16: Kandelhard in: Herrlein/Kandelhard § 563 BGB

Rdn. 9; Streyl in: Schmidt-Futterer § 563 BGB Rdn. 42; Lammel Wohnraummietrecht § 563 BGB Rdn. 17; **a. A.** Lützenkirchen in Lützenkirchen Mietrecht § 563 Rdn. 55; Hinz in: Klein-Blenkers/Heinemann/Ring, Miete/WEG/Nachbarschaft § 563 BGB Rdn. 9), bei der Einweisung eines Todkranken in das Krankenhaus (LG Kiel WuM 1992, 692) oder der Unterbringung eines auf Dauer Pflegebedürftigen in einem Heim. Auch in solchen Fällen sehen die Betroffen die Mieträume weiterhin als gemeinsame Wohnung an. Es ist auch sachgerecht, dem in der Wohnung verbliebenen Angehörigen beim Tod des Mieters den Vorrang gegenüber den Erben einzuräumen.

8 c) Nach den Vorschriften des Familienrechts gilt eine gewisse Zeit des **Getrenntlebens als Voraussetzung für die Scheidung** (§ 1566 BGB). In diesem Zusammenhang ist in § 1567 Abs. 1 Satz 1 BGB bestimmt, dass die Eheleute getrennt leben, wenn zwischen ihnen keine häusliche Gemeinschaft besteht und ein Ehegatte sie erkennbar nicht herstellen will, weil er die eheliche Lebensgemeinschaft ablehnt. In § 1567 Abs. 1 Satz 2 BGB ist geregelt, dass die häusliche Gemeinschaft auch dann nicht mehr besteht, wenn die Eheleute innerhalb der Wohnung getrennt leben. Die Trennung von Tisch und Bett reicht nicht aus; vielmehr ist erforderlich, dass die Eheleute bei gemeinsamer Benutzung von Küche und Bad die Zimmer unter sich aufgeteilt haben (Palandt/Brudermüller § 1567 BGB Rdn. 2). Von einem Teil der mietrechtlichen Literatur wird diese Abgrenzungsformel auch im Rahmen des § 573 BGB angewandt: Ist die häusliche Gemeinschaft i. S. von § 1567 Abs. 1 BGB aufgehoben, so soll auch kein gemeinsamer Haushalt i. S. von § 563 BGB vorliegen (Landwehr in: Bub/Treier Kap II Rdn. 2658; Lammel Wohnraummietrecht § 563 BGB Rdn. 17; Palandt/Weidenkaff § 563 BGB Rdn. 11). Nach der hier vertretenen Ansicht kann dagegen auch dann ein gemeinsamer Haushalt angenommen werden, wenn die eheliche Lebensgemeinschaft nicht mehr besteht. Maßgeblich ist nur, dass beide Eheleute in der Wohnung leben, sei es auch in getrennten Räumen und mit jeweils eigener Lebensführung.

9 d) Der gemeinsame Hausstand wird erst mit der **Aufgabe der Wohnung** aufgehoben. Es genügt, wenn einer der Eheleute die Wohnung endgültig aufgibt.

10 Hiervon ist auszugehen, wenn der **Ehegatte des Mieters die Wohnung endgültig verlässt.** Es genügt nicht, wenn der Ehegatte vorübergehend bei Dritten wohnt oder eine andere Wohnung bezieht. Solange die Möglichkeit der Rückkehr in die bisherige Wohnung nicht ausgeschlossen werden kann, besteht noch ein gemeinsamer Hausstand. Von der Absicht zur Rückkehr in die Wohnung ist immer dann auszugehen, wenn der Ehegatte ein Wohnungszuweisungsverfahren nach der HausratsVO betreibt. Indizien für eine endgültige Aufgabe der Wohnung sind dagegen die Entfernung aller persönlichen Gegenstände aus der Ehewohnung, der Bezug einer anderen Wohnung oder die polizeiliche Ummeldung.

11 Dieselben Grundsätze gelten, wenn der **Mieter die Wohnung verlässt** und der Ehegatte allein in der Wohnung zurückbleibt. Stirbt der Mieter nach der endgültigen Aufgabe der Wohnung, so tritt der Ehegatte auch dann nicht in das Mietverhältnis ein, wenn er die Wohnung als alleiniger Nutzer in Besitz hat. Soll diese – für den Ehegatten nachteilige Rechtsfolge – vermieden werden, müssen die Eheleute im Falle der endgültigen Trennung klare Regelungen hinsichtlich der Familienwohnung herbeiführen, sei es durch eine Vereinbarung mit dem Vermieter, sei es durch ein Wohnungszuweisungsverfahren nach der HausratsVO.

12 Die Begründung oder die Existenz eines weiteren Wohnsitzes steht der Annahme eines gemeinsamen Haushalts nicht entgegen, wenn der Ehegatte seinen Lebensmittelpunkt noch in der Familienwohnung hat (AG Wedding MM 1997, 243).

3. Mietverhältnis

Das Eintrittsrecht besteht ab Abschluss des Mietvertrags, es ist nicht erforderlich, 13
dass die Wohnung dem Mieter bereits überlassen war. Es endet mit dem rechtlichen
Ende des Mietverhältnisses (Butenberg ZMR 2015, 189, 190).

a) War der **Mietvertrag von Anfang an nichtig,** so wird durch den Tod des 14
Mieters kein wirksames Mietverhältnis begründet. Der Ehegatte ist zwar Besitzer,
er wird aber nicht Mieter. Als rechtsgrundloser Besitzer ist der Ehegatte dem Eigentümer zur Herausgabe verpflichtet (§ 985 BGB). Wegen eventueller Verbindlichkeiten gegen den verstorbenen Mieter kann der Eigentümer nur den Erben des
Mieters in Anspruch nehmen. Unter Umständen hat der Eigentümer gegen den
Ehegatten Ansprüche aus Delikt, Bereicherung oder aus dem Eigentümer-Besitzer-Verhältnis.

b) War der **Mietvertrag anfechtbar,** so tritt der Ehegatte nach der hier vertre- 15
tenen Ansicht in das Mietverhältnis ein, wenn bis zum Tode des Mieters keine Anfechtungserklärung abgegeben wurde. Erfolgt die Anfechtung nach dem Tode des
Mieters, so muss die Erklärung gegenüber dem Ehegatten abgegeben werden.
Diese Ansicht beruht auf der Annahme, dass das Mietverhältnis durch die Anfechtung entgegen § 142 BGB nur mit Wirkung ex nunc beseitigt wird.

c) Wurde das **Mietverhältnis vor dem Tod des Mieters gekündigt,** so 16
kommt es darauf an, ob das Mietverhältnis zum Todeszeitpunkt bereits beendet
war.

aa) Beim **Eintritt des Todes vor der Vertragsbeendigung** tritt der Ehegatte 17
in das noch bestehende Mietverhältnis ein. Bei der fristlosen Kündigung wird das
Mietverhältnis mit dem Zugang der Kündigungserklärung beendet. Bei der befristeten Kündigung endet das Mietverhältnis mit dem Ablauf der Kündigungsfrist.
Hat der Vermieter gekündigt, und ist der Mieter bereits vor dem Zugang der fristlosen Kündigung oder (bei der befristeten Kündigung) vor Ablauf der Kündigungsfrist verstorben, so wirkt die Kündigungserklärung gegenüber dem Ehegatten, weil
dieser im Zeitpunkt des Todes an die Stelle des Mieters getreten ist. Wegen der nach
dem Tod des Mieters entstehenden Verbindlichkeiten aus dem Mietverhältnis muss
der Ehegatte (nicht der Erbe) in Anspruch genommen werden. Dies gilt auch für
den aus der Kündigung folgenden Räumungsanspruch. Die Rechte aus dem Vertrag muss der Ehegatte (nicht der Erbe) geltend machen. Dieselben Grundsätze gelten, wenn der Mieter vor seinem Tode gekündigt hat. Geht die fristlose Kündigung
dem Vermieter nach dem Tod des Mieters zu, oder ist (bei der befristeten Kündigung) die Kündigungsfrist zum Todeszeitpunkt noch nicht abgelaufen, so tritt der
Ehegatte in das Mietverhältnis ein.

bb) Beim **Eintritt des Todes nach der Vertragsbeendigung** ist zu fragen, 18
ob der Erbe oder der Ehegatte in das **Abwicklungsschuldverhältnis** eintreten.
Dieses Schuldverhältnis entsteht mit dem rechtlichen Ende des Mietvertrags (Zugang einer wirksamen fristlosen Kündigung; Ablauf der Kündigungsfrist bei einer
befristeten Kündigung) und endet mit der Räumung. Unter dem Begriff „ Mietverhältnis" i. S. des § 569 BGB ist nach dem Schutzzweck der Norm (Erhalt der
Wohnung für die in den Räumen lebenden Angehörigen) nur das aufgrund des
Mietvertrags bestehende Rechtsverhältnis zu verstehen (Lammel Wohnraummietrecht § 563a BGB Rdn. 5; Streyl in: Schmidt-Futterer § 563 BGB Rdn. 11; Rolfs
in: Staudinger § 563 BGB Rdn. 4; Hinz in: Klein-Blenkers/Heinemann/Ring,
Miete/WEG/Nachbarschaft § 563 BGB Rdn. 13; Lützenkirchen in Lützenkirchen
Mietrecht § 563 Rdn. 20).

19 d) Ein **befristetes Mietverhältnis** endet mit dem Ablauf der Vertragszeit. Zu den befristeten Mietverhältnissen zählen der Zeitmietvertrag i. S. des § 575 Abs. 1 Satz 1 BGB und das **Mietverhältnis auf Lebenszeit des Mieters**. Stirbt der Mieter während der Vertragszeit so tritt der Ehegatte in das Mietverhältnis ein. Beim Zeitmietvertrag tritt der Ehegatte in das befristete Mietverhältnis ein. Das Mietverhältnis auf Lebenszeit wandelt sich mit dem Eintritt des Ehegatten in ein Mietverhältnis auf unbestimmte Zeit (Butenberg ZMR 2015, 189, 190). Dies folgt aus einer ergänzenden Vertragsauslegung.

20 e) Wird das **Mietverhältnis durch Vertrag aufgehoben,** so richtet sich der Beendigungszeitpunkt nach den Vereinbarungen im Mietaufhebungsvertrag. Ist dort keine Regelung getroffen, so endet das Mietverhältnis mit dem Vertragsschluss (§ 271 Abs. 1 BGB). Stirbt der Mieter vor dem vereinbarten Vertragsende, so tritt der Ehegatte in das noch bestehende Mietverhältnis ein; stirbt er nach diesem Zeitpunkt, so tritt der Ehegatte aus den unter Rdn. 18 dargelegten Gründen nicht in das Abwicklungsschuldverhältnis ein.

4. Rechtsfolgen des Eintritts

21 a) Nach der gesetzlichen Regelung tritt der Ehegatte in ein Mietverhältnis ein. Es handelt sich um eine **gesetzliche Sonderrechtsnachfolge,** nicht um eine Sondererbfolge (Streyl in: Schmidt-Futterer § 563 BGB Rdn. 1; Landwehr in: Bub/Treier Kap II Rdn. 2650; Rolfs in: Staudinger § 563 BGB Rdn. 31; Häublein in: MünchKomm § 563 BGB Rdn. 18; Kandelhard in: Herrlein/Kandelhard § 563 BGB Rdn. 12; Palandt/Weidenkaff § 563 BGB Rdn. 1; Hinz in: Klein-Blenkers/Heinemann/Ring, Miete/WEG/Nachbarschaft § 563 BGB Rdn. 2; Butenberg ZMR 2015, 189, 190; **a. A.** Wenzel ZMR 1993, 489; Lützenkirchen in Lützenkirchen Mietrecht § 563 Rdn. 1). Es findet ein Mieterwechsel statt. Der Mieterwechsel erfolgt **kraft Gesetzes;** eine Mitwirkung des Vermieters ist ebenso wenig erforderlich wie eine Mitteilung des Ehegatten an den Vermieter. Es ist auch nicht erforderlich, dass der Vermieter oder der Ehegatte vom Tod des Mieters Kenntnis haben. Obwohl der Eintritt kraft Gesetzes erfolgt, wird hierdurch kein (neues) gesetzliches Mietverhältnis begründet. Vielmehr wird der bisherige Vertrag mit dem Ehegatten als neuem Mieter, aber ansonsten unverändert fortgesetzt.

22 b) Der Ehegatte tritt in das „**Mietverhältnis**" ein. Hierunter ist der Eintritt in diejenigen Rechte und Pflichten zu verstehen, die in dem Mietvertrag zwischen dem verstorbenen Mieter und dem Vermieter ihre Grundlage haben. Hierzu gehört alles, was mit der Nutzung der Wohnung im Zusammenhang steht (Beispiele: Vereinbarungen über die Miete, die Mietzeit, über Schönheitsreparaturen und sonstige Instandhaltungsregelungen, über das Recht zur Tierhaltung, zur (Unter) Untervermietung, Hausordnungsbestimmungen und dergleichen). **Sondervereinbarungen** gehen nicht auf den Ehegatten über, auch wenn sie mit der Vermietung in wirtschaftlichem Zusammenhang stehen oder zusammen mit den mietvertraglichen Bestimmungen in einer einzigen Vertragsurkunde geregelt worden sind. Hierzu gehört beispielsweise ein zwischen dem Mieter und dem Vermieter geschlossener Vertrag über Hausmeisterdienste, Putzdienste oder ähnliches.

23 c) Nach der gesetzlichen Regelung tritt der Ehegatte in „**das Mietverhältnis**" ein. Da § 563 BGB nur für die Wohnraummiete gilt, stellt sich die Frage, welche Rechtsfolge eintritt, wenn außer der Wohnung **weitere Räume oder Grundstücksteile** vermietet sind. Hat der Mieter beispielsweise eine Wohnung und eine Garage aufgrund von jeweils selbständigen Verträgen gemietet, so tritt der Ehegatte nur in das Wohnungsmietverhältnis ein (Streyl in: Schmidt-Futterer § 563 BGB Rdn. 48; Hinz in: Klein-Blenkers/Heinemann/Ring, Miete/WEG/Nachbarschaft § 563 BGB Rdn. 29). Der Mietvertrag über die Garage wird mit dem Erben fortgeführt. Es gilt § 564 BGB. Anders ist es, wenn Wohnung und Garage auf Grund eines einheitlichen Vertrages vermietet sind. In diesem Fall ist ein einheitliches Wohnungsmietverhältnis anzunehmen in das der Ehegatte insgesamt eintritt. Die Rechte und Pflichten aus **Verträgen zwischen dem Mieter und einem Dritten** gehen auch dann nicht auf den Sonderrechtsnachfolger über, wenn sie mit dem Mietvertrag in einem engen Zusammenhang stehen, z. B. **Strom- oder Wärmelieferungsverträge** (Rolfs in: Staudinger § 563 BGB Rdn. 31).

d) Der Eintritt des Ehegatten erfolgt grundsätzlich mit **Wirkung ex nunc.** 24

aa) Zusammen mit dem **Mietbesitz** gehen auch die damit zusammenhängenden Ansprüche auf den Ehegatten über. Hierzu gehört der Anspruch auf Herstellung eines vertragsgemäßen Zustands, der Anspruch auf Mängelbeseitigung sowie Unterlassungsansprüche bei einer Störung des Mietgebrauchs. 25

bb) Die bis zum Tode entstandenen **Verbindlichkeiten des Mieters** sind grundsätzlich Nachlassverbindlichkeiten. Hierfür haftet der Erbe § 1922 Abs. 1 BGB. Daneben besteht nach 563b BGB eine Mithaftung des Ehegatten. Die nach dem Tode entstehenden Verbindlichkeiten sind eigene Verbindlichkeiten des Ehegatten aus dem Mietverhältnis; hierfür haftet der Ehegatte allein. Für die Verbindlichkeiten nach dem Tode haftet der Ehegatte allein. Hierzu gehört der Anspruch des Vermieters auf die Nutzungsentschädigung und der Anspruch auf Räumung und Herausgabe. 26

cc) Die bis zum Tode entstandenen **Ansprüche des Mieters** gehören grundsätzlich zum Nachlassvermögen. Dieses steht den Erben zu. Dazu zählen: Fällige Schadensersatzansprüche des Mieters nach § 536a Abs. 1 BGB; fällige Aufwendungsersatzansprüche auf Grund vertraglicher Vereinbarung oder nach §§ 536a Abs. 2, 539 Abs. 1 BGB; die bis zum Tod entstandenen Bereicherungsansprüche wegen überzahlter Miete, z. B. weil der Mietzins nach § 536 BGB gemindert war oder die Mietpreisvereinbarung gegen § 5 WiStG verstoßen hat. 27

dd) Einzelheiten (in alphabetischer Folge): 28
Aufwendungsersatzansprüche des verstorbenen Mieters nach § 536a Abs. 2 oder § 539 Abs. 1 BGB werden mit der Aufwendung fällig; sind die Aufwendungen vor dem Tod des Mieters vorgenommen worden, so gehen sie ins Nachlassvermögen über. 29

Bereicherungsansprüche des verstorbenen Mieters wegen überzahlter Miete, die bis zum Tod entstanden sind, stehen dem Erben zu. War die Vereinbarung über den Mietzins teilunwirksam, so tritt der Ehegatte lediglich in den wirksamen Teil ein; dies gilt auch dann, wenn der Vermieter – etwa wegen höherer Aufwendungen – eine höhere Miete verlangen könnte. 30

Betriebskosten müssen wie bei einem vertraglichen Mieterwechsel abgerechnet werden. Der Vermieter ist zwar nicht zu einer Zwischenabrechnung verpflichtet. Bei der regulären Abrechnung am Ende des Abrechnungszeitraums müssen die für das betreffende Mietverhältnis entstandenen Betriebskosten unter Berücksichtigung der jeweiligen Vorauszahlungen aber zeitanteilig zwischen dem Erben (bis zum Todeszeitpunkt) und dem Ehegatten (ab dem Todeszeitpunkt) aufgeteilt werden. Ergibt sich zum Todeszeitpunkt ein Guthaben, so steht dies dem Erben zu. Für Nachzahlungen haftet der Erbe; daneben kann der Vermieter auf Grund des § 563b Abs. 1 BGB auch den Ehegatten in Anspruch nehmen. Für den Zeitpunkt nach dem Tod des Mieters haftet der Ehegatte allein; ein Guthaben steht ihm allein zu. 31

§ 563 BGB — Untertitel 2. Mietverhältnisse über Wohnraum

32 Die vom Vermieter erteilten **Erlaubnisse und Gestattungen** (Untermieterlaubnis; Erlaubnis zur Tierhaltung, zur gewerblichen Mitbenutzung der Wohnung, zum Abstellen von Fahrzeugen etc.) bleiben bestehen.

33 Eine **Kaution** gehört zwar zum Vermögen des verstorbenen Mieters. Sie ist aber so eng mit dem Mietbesitz verknüpft, dass sie mit diesem auf den Ehegatten übergeht (AG Hannover WuM 2011, 563; AG Düsseldorf WuM 2011, 624).

34 Die gestaffelten **Kündigungsfristen des § 573c Abs. 1 Satz 2 BGB** knüpfen an den Mietbesitz an. Da der Mietbesitz auf den Ehegatten übergeht, gelten für ihn dieselben Kündigungsfristen wie für den verstorbenen Mieter. Dies gilt auch dann, wenn der Ehegatte erst später in die Wohnung aufgenommen wurde.

35 **Mängelbeseitigungsansprüche** des Mieters nach § 535 BGB gehen auf den Ehegatten über.

36 Hat der Vermieter vor dem Tod des Mieters eine **Mieterhöhungserklärung** abgegeben, so tritt der Ehegatte in die sich hieraus ergebenden Verbindlichkeiten ein.

37 Ein zum Zeitpunkt des Todes bestehendes **Minderungsrecht** wirkt auch zugunsten des Ehegatten.

38 Bei **Schadensersatzansprüchen des Vermieters wegen einer Beschädigung der Mietsache** ist zu unterscheiden: Ist der Schaden durch den Mieter verursacht worden, so hat der Vermieter einen Anspruch auf Naturalherstellung oder Geldersatz (§ 249 BGB). Diese Ansprüche kann der Vermieter bis zum Tod des Mieters gegenüber dem Mieter geltend machen. Mit dem Tod geht die Verbindlichkeit auf den Erben über. Daneben haftet der Ehegatte auf Grund des § 563b Abs. 1 BGB. Ist der Schaden erst nach dem Tod des Mieters durch den Ehegatten verursacht worden, so haftet der Ehegatte allein.

39 Sind die **Schönheitsreparaturen** zum Todeszeitpunkt fällig, so kann der Vermieter sowohl den Erben als auch den Ehegatten auf Erfüllung oder Schadensersatz in Anspruch nehmen. Werden die Schönheitsreparaturen erst nach diesem Zeitpunkt fällig, so haftet der Ehegatte allein. Eine Aufteilung der Haftung, je nach der Nutzungszeit von Mieter und Rechtsnachfolger ist nicht möglich.

40 Das **Wegnahmerecht des § 539 Abs. 2 BGB** kann der Ehegatte gegenüber dem Vermieter geltend machen.

41 Der in einem **Zeitmietvertrag nach § 575 Abs. 1 Satz 1 BGB** vereinbarte Beendigungszeitpunkt wird durch den Tod des Mieters nicht berührt.

5. Lebenspartner

42 Hat der verstorbene Mieter mit seinem Lebenspartner in der Wohnung einen gemeinsamen Haushalt geführt, so tritt dieser in das Mietverhältnis ein **(§ 563 Abs. 1 BGB)**. Lebenspartner ist eine Person, mit der der Mieter eine Verbindung i. S. des Lebenspartnerschaftsgesetzes eingegangen ist. Zu einer Konkurrenz zwischen dem Eintrittsrecht des Ehegatten und dem des Lebenspartners kann es nicht kommen, weil nur unverheiratete Personen eine Verbindung nach dem Lebenspartnerschaftsgesetz eingehen können. Voraussetzung des Eintritts ist auch hier, dass der verstorbene Mieter mit seinem Lebenspartner einen gemeinsamen Hausstand geführt hat und dass das Mietverhältnis beim Tod des Mieters noch bestand. Die Rechtsfolgen des Eintritts sind dieselben wie beim Ehegatten.

III. Eintrittsrecht sonstiger Personen (Abs. 2)

Tritt weder der Ehegatte noch der Lebensgefährte in das Mietverhältnis ein, so 43
gilt § 563 Abs. 2 BGB. Die Vorschrift regelt mehrere Fälle:

(1) Hat der verstorbene Mieter mit seinem Ehegatten und mit seinen Kindern in 44
der Wohnung einen gemeinsamen Haushalt geführt und lehnt der Ehegatte den
Eintritt ab, so treten die Kinder des Mieters in das Mietverhältnis ein. Dies gilt
auch, wenn die Kinder noch minderjährig sind. Der Begriff der „Kinder" ist nach
dem Gesetzeszweck (Schutz der Familie) weit auszulegen. Dazu zählen auch die
Pflegekinder und die Stiefkinder. Der Eintritt des Ehegatten schließt den Eintritt
der Kinder aus.

(2) Hat der Mieter mit seinen Kindern (aber ohne einen weiteren Partner) in der 45
Wohnung zusammengelebt, so treten die Kinder in das Mietverhältnis ein. Insoweit
sind keine überspannten Anforderungen zu stellen. Insbesondere muss das Kind
nicht wie ein übriger Angehöriger den Haushalt zusammen mit dem verstorbenen
Mieter geführt haben, sondern es reicht aus, dass es lediglich in dessen Haushalt gelebt hat (BGH NJW 2015, 473 Rz. 30). Es ist nicht erforderlich, dass das Kind bereits längere Zeit in dem Haushalt des Mieters gelebt hat. Es genügt, wenn das Kind
zu Lebzeiten des Mieters in dessen Wohnung einzieht. Deshalb ist § 563 Abs. 2
BGB auch dann anzuwenden, wenn sich die Mieterin in ein Krankenhaus begibt
und deren Tochter mit ihren Kindern in die Wohnung einzieht um die Mutter
nach deren Entlassung aus dem Krankenhaus in der nunmehr gemeinsamen Wohnung pflegen zu können. Hier besteht auch dann ein gemeinsamer Haushalt, wenn
die Mutter im Krankenhaus verstirbt (AG Hamburg ZMR 2016, 458). Entscheidend ist allein, dass der Haushalt des Mieters im Todeszeitpunkt noch besteht und
das Kind zu diesem Zeitpunkt bereits in der Wohnung lebt.

(3) Hat der Mieter mit seinen Kindern und einem Lebenspartner im Sinne des 46
Lebenspartnerschaftsgesetzes einen gemeinsamen Haushalt geführt, so tritt lediglich
der Lebenspartner in das Mietverhältnis ein; die Kinder des verstorbenen Mieters
und die Kinder des Lebenspartners (etwa aus früherer Ehe) haben lediglich
ein Eintrittsrecht, wenn der Lebenspartner den Eintritt ablehnt (Abs. 2 Satz 3).

Sowohl der Lebenspartner als auch die Kinder haben das Recht, den Eintritt ab- 47
zulehnen (s. Abs. 3). Dem Vermieter steht unter den Voraussetzungen des Abs. 4 ein
Kündigungsrecht zu.

(4) Tritt weder der Ehegatte noch der Lebenspartner in das Mietverhältnis ein, 48
so treten die **anderen Familienangehörigen** ein. Hierzu zählen alle mit dem
Mieter verwandten und verschwägerten Personen außer den Kindern. Diese treten
in das Mietverhältnis ein, wenn nicht der Ehegatte oder der Lebenspartner eintritt.
Voraussetzung ist auch hier, dass die Familienangehörigen mit dem Mieter einen
gemeinsamen Haushalt geführt haben. Der Eintritt des Ehegatten oder Lebenspartners schließt den Eintritt der anderen Familienangehörigen aus. Anders ist es, wenn
die Kinder des Mieters nach Abs. 2 Satz 1 in das Mietverhältnis eintreten. In diesem
Fall treten die anderen Familienangehörigen neben den Kindern in das Mietverhältnis ein.

(5) Die Regelung des **Abs. 2 Satz 4** erweitert den Kreis der anderen Familien- 49
angehörigen um „**Personen, die mit dem Mieter einen auf Dauer angelegten
gemeinsamen Haushalt führen**". Damit ist in erster Linie der Partner einer **eheähnlichen Gemeinschaft** angesprochen, der bereits nach dem RE des BGH vom
13.1.1993 (BGHZ 121, 116 = NJW 1993, 999 = WuM 1993, 254 = ZMR 1993,

261) wie ein Familienangehöriger behandelt worden ist. Für die Praxis ist dabei insbesondere von Bedeutung, wie die eheähnliche Gemeinschaft von anderen Partnerschaften abzugrenzen ist. Nach der Rechtsprechung des BGH setzt „eine eheähnliche Gemeinschaft eine Lebensgemeinschaft zwischen Mann und Frau voraus, die auf Dauer angelegt ist, daneben keine weitere Lebensgemeinschaft gleicher Art zulässt und sich durch innere Bindungen auszeichnet, die ein gegenseitiges Einstehen der Partner füreinander begründen, also über die Beziehungen einer reinen Haushalts und Wirtschaftsgemeinschaft hinausgeht". Ob diese Voraussetzungen gegeben sind, muss anhand von Indizien festgestellt werden, wobei vor allem die lange Dauer des Zusammenlebens, die Versorgung von Kindern und Angehörigen im gemeinsamen Haushalt und die Befugnis über Einkommen und Vermögensgegenstände des Partners zu verfügen von Bedeutung sind. Der BGH weist in diesem Zusammenhang darauf hin, dass der Eintrittsberechtigte (also der überlebende Partner) die für die Annahme einer eheähnlichen Gemeinschaft erforderlichen Tatsachen darlegen und beweisen muss. Unerträgliche Nachforschungen, die die Intimsphäre berühren, sind dabei allerdings nicht veranlasst. Nach anderer Ansicht ist das Bestehen einer Wirtschaftsgemeinschaft nicht erforderlich; maßgeblich sei allein, dass die Partner zusammenwohnen und nach außen wie ein Ehepaar auftreten (LG Berlin GE 1994, 1125; 1997, 1581).

50 Die **Dauerhaftigkeit der Beziehung** kann problemlos unterstellt werden, wenn die Partner bereits längere Zeit zusammengelebt haben (ähnlich: Streyl in: Schmidt-Futterer § 563 BGB Rdn. 37; Häublein in: MünchKomm § 563 BGB Rdn. 14: starkes Indiz). Nach der hier vertretenen Ansicht kann es allerdings nicht entscheidend darauf ankommen, ob die Beziehung schon seit längerer Zeit besteht; maßgeblich muss vielmehr sein, ob sie auf Dauer angelegt ist (Rolfs in: Staudinger § 563 BGB Rdn. 29; Häublein in: MünchKomm § 563 BGB Rdn. 14). Dies kann nur an Hand der Umstände des Einzelfalls beurteilt werden. Der Umstand, dass die Partner nur einen einzigen gemeinsamen Hausstand führen, stellt dabei bereits ein Indiz für eine auf Dauer angelegte Beziehung dar.

51 Bei **Wohngemeinschaften** ist zu unterscheiden: Eine gemeinsame Wohnungsnutzung durch mehrere Personen für die Dauer eines Studiums oder eine reine Zweckgemeinschaft zur Beschaffung einer Unterkunft ist in der Regel nicht auf Dauer angelegt; § 563 Abs. 2 Satz 3 ist unanwendbar. Anders ist es, bei **Wohngemeinschaften älterer Personen zum Zwecke der gemeinsamen Lebensgestaltung und Haushaltsführung** (BT-Drucks. 14/4553/S. 61; Streyl in: Schmidt-Futterer § 563 BGB Rdn. 37; Rolfs in: Staudinger § 563 BGB Rdn. 30; Hinz in: Klein-Blenkers/Heinemann/Ring, Miete/WEG/Nachbarschaft § 563 BGB Rdn. 22; **a. A.** LG München NZM 2005, 336). Auf sexuelle Beziehungen kommt es nicht an. Unerheblich ist auch, ob zwischen dem Mieter und den weiteren Mitgliedern der Gemeinschaft ein Untermietverhältnis besteht (AG Tempelhof-Kreuzberg WuM 2018, 92; Streyl a. a. O.). Ebenso liegt ein auf Dauer angelegter gemeinsamer Haushalt vor, wenn eine Mieterin ihren Enkel in die Wohnung aufgenommen hat und dieser im Haushalt hilft und Einkäufe erledigt (LG Heidelberg DWW 2014, 63). Das LG Berlin (WuM 2016, 107) hat die Anwendung des § 563 BGB zu Recht für eine Wohngemeinschaft zwischen zwei Personen bejaht, die in einer „Vater-Sohn" ähnlichen Beziehung zusammenleben und -wirtschaften ohne dass es auf die vom BGH geforderte Exklusivität der Beziehung („keine weitere Lebensgemeinschaft gleicher Art") ankommt. Auch hier ist nicht erforderlich, dass die genannten Personengruppen bereits längere Zeit einen gemeinsamen Haushalt führen. Der Haushalt muss lediglich **„auf Dauer"** angelegt sein. Unter

Eintrittsrecht bei Tod des Mieters **BGB § 563**

Umständen ist dies auf Grund von Indizien festzustellen, wobei es insbesondere auf die wechselseitige Versorgung ankommt.

IV. Ablehnungsbefugnis (Abs. 3)

1. Ablehnung durch einseitige Erklärung

Der Eintritt erfolgt kraft Gesetzes. Die Eingetretenen haben aber nach § 563 **52** Abs. 3 Satz 1 BGB die Möglichkeit, den Eintritt abzulehnen. Die Ablehnung des Eintritts ist eine einseitige empfangsbedürftige Erklärung, die gegenüber dem Vermieter abgegeben und diesem zugehen muss. Die Erklärung muss allen Vermietern gegenüber abgegeben werden. Die Ablehnungserklärung ist formlos wirksam. Jeder Eingetretene kann die Erklärung für sich abgeben (§ 563 Abs. 3 Satz 3 BGB). In diesem Fall bleiben diejenigen Personen Mieter, die die Erklärung nicht abgegeben haben. Für geschäftsunfähige oder in der Geschäftsfähigkeit beschränkte Personen muss die Ablehnungserklärung vom jeweiligen gesetzlichen Vertreter abgegeben werden. Durch die Verweisung auf § 210 BGB ist sichergestellt, dass die Frist für die Ablehnungserklärung erst mit dem Eintritt der Geschäftsfähigkeit oder mit der Bestellung eines gesetzlichen Vertreters beginnt. Wird die Erklärung abgegeben, so gilt der Eintritt (rückwirkend) als nicht erfolgt. Die Ablehnungserklärung ist **bedingungsfeindlich.** Der Eingetretene hat keinen Anspruch auf Änderung der Vertragsbedingungen. Er kann – falls er von der Möglichkeit des § 563 Abs 3 BGB Gebrauch machen will aber noch keine Ersatzwohnung hat, nicht verlangen, dass der Herausgabeanspruch gestundet wird.

2. Frist

Die Frist zur Abgabe der Ablehnungserklärung beträgt einen Monat. Sie be- **53** ginnt, wenn die Eingetretenen vom Tod des Vermieters sichere Kenntnis erlangt haben. Erforderlich ist positive Kenntnis; eine Erkundungspflicht besteht nicht. Der Tod muss gewiss, nicht nur wahrscheinlich sein. Wird ein verschollener Mieter für tot erklärt, so kommt es darauf an, wann die Todeserklärung bestandskräftig wird. Für die **Fristberechnung** gelten die §§ 187 – 193 BGB. Fällt das Fristende auf einen Sonnabend, Sonntag oder Feiertag, so gilt § 193 BGB. Bei **Fristversäumung** kommt grundsätzlich **keine Wiedereinsetzung** in Betracht, da es sich nicht um eine prozessuale Frist handelt.

Eine **Besonderheit** gilt, wenn ein vorrangig Berechtigter den Eintritt abgelehnt **54** hat und der nachfolgend Berechtigte ebenfalls den Eintritt ablehnen will. In einem solchen Fall wird von der h. M. die Ansicht vertreten, dass die Ablehnungsfrist für den nachrangig Berechtigten **analog § 1944 Abs. 2 BGB** erst beginnt, wenn dieser von der Ablehnung des vorrangig Berechtigten Kenntnis erlangt hat (Rolfs in: Staudinger § 563 BGB Rdn. 41; Lammel Wohnraummietrecht § 563 BGB Rdn. 47; Hinz in: Klein-Blenkers/Heinemann/Ring, Miete/WEG/Nachbarschaft § 563 BGB Rdn. 36; Palandt/Weidenkaff § 563 BGB Rdn. 20; Sternel ZMR 2004, 713;717; Herrmann in: Bamberger/Roth § 565 BGB Rdn. 20 EJ 16; Kandelhard in: Herrlein/Kandelhard § 563 BGB Rdn. 15; Kinne in: Kinne/Schach/Bieber Miet- und Mietprozessrecht § 563 BGB Rdn. 15).

Die Rechtsfolge des Eintritts ist auch **nicht anfechtbar** (Streyl in: Schmidt-Fut- **55** terer § 563 BGB Rdn. 61; Rolfs in: Staudinger § 563 BGB Rdn. 42; Landwehr in:

Bub/Treier Kap II Rdn. 2651), weil sie nicht auf einer Willenserklärung, sondern auf dem Gesetz beruht. Ein Kündigungsrecht aus wichtigem Grund besteht ebenfalls nicht. Teilweise wird allerdings die Ansicht vertreten, dass der Eingetretene **analog § 1956 BGB** die Fristversäumung anfechten könne (Lammel Wohnraummietrecht § 563 BGB Rdn. 45; Lützenkirchen in Lützenkirchen Mietrecht § 563 Rdn. 97; Sternel ZMR 2004, 713; 717; **a. A.** Hinz ZMR 2002, 640, 643; Streyl a. a. O.).

3. Rechtsfolgen der Ablehnung des Eintritts

56   Eine wirksame Ablehnungserklärung wirkt auf den Todeszeitpunkt zurück. Der Eintritt in das Mietverhältnis gilt als nicht erfolgt. Rechtsnachfolger im Mietverhältnis werden die jeweils nächst Berufenen (s. vor § 563 BGB). Sind keine Personen nach § 563 Abs. 2 BGB vorhanden, so tritt der Erbe in das Mietverhältnis ein. Der Erbe hat kein Ablehnungsrecht; er kann das Mietverhältnis aber kündigen. Wer den Eintritt abgelehnt hat, haftet gegenüber dem Vermieter nicht für die Verbindlichkeiten aus dem Mietverhältnis. Dies gilt auch hinsichtlich derjenigen Ansprüche, die zwischen dem Tod des Mieters und der Räumung der Wohnung entstehen. Der Vermieter kann sich nur an die jeweiligen Rechtsnachfolger halten.

57   Werden die Familienangehörigen (oder die Kinder) Rechtsnachfolger und hat der den Eintritt ablehnende Ehegatte die Wohnung noch im Besitz, so muss er sie an die Eingetretenen herausgeben. Diese haben gegenüber dem Ehegatten einen Anspruch auf Herausgabe aus § 2018 BGB analog. Der Eigentümer-Vermieter kann nach §§ 985, 986 Satz 2 BGB analog ebenfalls verlangen, dass der Ehegatte die Räume an die Familienangehörigen herausgibt. Da der Eintritt der Familienangehörigen auf den Tod des Mieters zurückwirkt, haften sie dem Vermieter gegenüber für die Miete. Im Innenverhältnis zwischen dem Ehegatten und den Familienangehörigen muss der Ausgleich nach § 812 BGB erfolgen.

58   Wird der **Erbe Rechtsnachfolger,** sei es, weil keine Angehörigen vorhanden sind oder diese den Eintritt abgelehnt haben, so muss die Wohnung an den Erben herausgegeben werden. Der Erbe hat einen Herausgabeanspruch nach § 2018 BGB. Der Eigentümer-Vermieter kann nach §§ 985, 986 Satz 2 BGB analog ebenfalls verlangen, dass die Angehörigen die Räume an den Erben herausgeben.

59   Ist das **Mietverhältnis zwischen dem Erben und dem Vermieter ebenfalls beendet** (z. B. durch Kündigung nach § 564 BGB), so ist gegenüber dem Vermieter gleichwohl der Erbe zur Herausgabe verpflichtet. Dieser ist infolge der Ablehnungserklärungen der Familienangehörigen Mieter geworden, so dass er für die Rückgabe (§ 546 BGB) haftet. Daneben hat der Vermieter in diesem Fall einen unmittelbaren Anspruch gegen den Ehegatten nach § 985 BGB.

60   Die Anwendung der **§§ 574 ff BGB** zugunsten der Angehörigen ist in allen Fällen ausgeschlossen, weil das Mietverhältnis nicht durch Kündigung beendet worden ist. Eine entsprechende Anwendung dieser Vorschriften kommt nicht in Betracht, weil ein Mieter in Ansehung auf den Mietbesitz nicht schutzbedürftig ist, wenn er den Eintritt abgelehnt hat. Jedoch kann dem Angehörigen, der den Eintritt abgelehnt hat, eine **Räumungsfrist (§ 721 ZPO)** gewährt werden.

61   Für den Herausgabeanspruch gelten **§§ 29a ZPO, 23 Nr. 2a GVG.** Zwar betrifft der Herausgabeanspruch keine Streitigkeit aus einem Mietverhältnis, weil der betreffende Angehörige infolge der Ablehnungserklärung nicht Mieter geworden ist. Jedoch ist es sachgerecht, wenn die genannten Vorschriften entsprechend angewendet werden, weil der Angehörige seinen Besitz aus einem Mietverhältnis ab-

Eintrittsrecht bei Tod des Mieters **BGB § 563**

leitet und der spezielle Schutzzweck der Vorschriften auch für den Rechtsnachfolger des verstorbenen Mieters zutrifft.

V. Kündigungsrecht des Vermieters (Abs. 4)

1. Außerordentliche Kündigung mit gesetzlicher Frist

Nach § 563 Abs. 4 BGB hat der Vermieter das Recht zur außerordentlichen 62 Kündigung mit gesetzlicher Frist. Danach können auch solche Mietverhältnisse gekündigt werden, bei denen die ordentliche Kündigung ausgeschlossen ist (befristete Mietverhältnisse nach § 575 Abs. 1 Satz 1, Mietverhältnisse mit vereinbartem Kündigungsausschluss). Hierin liegt die praktische Bedeutung der Vorschrift. Bei Mietverhältnissen mit vereinbartem Kündigungsausschluss ist zu fragen, ob lediglich das Recht zur ordentlichen Kündigung oder auch die außerordentlichen Kündigungsrechte ausgeschlossen sind. Die Vermutung spricht für die erste Annahme.

Die **Kündigung muss gegenüber allen Eingetretenen** ausgesprochen werden 63 (Streyl in: Schmidt-Futterer § 563 BGB Rdn. 70; Rolfs in: Staudinger § 563 BGB Rdn. 53; Häublein in: MünchKomm § 563 BGB Rdn. 29; Hinz in: Klein-Blenkers/Heinemann/Ring, Miete/WEG/Nachbarschaft § 563 BGB Rdn. 47). Der Vermieter kann also nicht das Mietverhältnis gegenüber einem Eingetretenen kündigen und es mit einem anderen fortsetzen. Dies gilt auch dann, wenn die Kündigungsgründe nur in der Person eines einzelnen Mieters vorliegen (Butenberg ZMR 2015, 189, 190; **a. A.** Sternel ZMR 2004, 713, 718; Kandelhard in: Herrlein/Kandelhard § 563 BGB Rdn. 17). Jedoch ist der Vermieter nach erfolgreicher Kündigung nicht gehindert, einem der Gekündigten den Abschluss eines neuen Mietvertrags anzubieten.

2. Wichtiger Grund

Die Kündigung setzt voraus, dass in der Person des Eingetretenen ein wichtiger 64 Grund vorliegt. Der BGH lässt es genügen, wenn der Eingetretene in der Vergangenheit gegen mietvertragliche Vorschriften verstoßen hat (BGH NJW 2013, 1806 = WuM 2013, 349 = NZM 2013, 456 betr. Erteilung von Musikunterricht gegen Entgelt in der Wohnung). Diese Ansicht trifft allerdings nicht zu. Der **Begriff des wichtigen Grundes** ist weder mit dem berechtigten Interesse an der Vertragsbeendigung i. S. v. § 573 BGB noch mit den fristlosen Kündigungsgründen i. S. der §§ 543 Abs. 1, 569 BGB identisch. Die genannten Tatbestände setzen eine in der Vergangenheit liegende Vertragsverletzung voraus; es handelt sich um Sanktionsnormen für vertragswidriges Verhalten. Bei dem Kündigungstatbestand nach § 563 Abs. 4 BGB kommt es dagegen auf die voraussichtliche zukünftige Entwicklung des Mietverhältnisses an. Der Vorschrift liegt eine ähnliche Interessensituation wie im Fall des § 553 Abs. 1 Satz 2 BGB zugrunde. Danach kann der Vermieter einen Untermieter ablehnen, wenn in dessen Person ein wichtiger Grund vorliegt. Im Mittelpunkt der Regelung des § 563 Abs. 4 BGB steht ebenfalls die Person des (neuen) Mieters. Die Regelung des § 573 BGB hat das Interesse des Vermieters im Auge.

Einzelfälle. Ein wichtiger Grund i. S. von § 563 Abs. 4 BGB liegt vor, wenn 65 dem Vermieter die Fortsetzung des Mietverhältnisses mit dem Eingetretenen nicht zugemutet werden kann und die Gründe hierfür in der Person des neuen Mieters liegen (Streyl in: Schmidt-Futterer § 563 BGB Rdn. 68; Rolfs in: Staudinger § 563 BGB Rdn. 48; Häublein in: MünchKomm § 563 BGB Rdn. 26; Palandt/Weidenkaff § 563 BGB Rdn. 23). Ein Verschulden ist nicht erforderlich. Ein wichtiger Grund ist anzunehmen, wenn konkrete Anhaltspunkte dafür vorliegen, dass der Dritte den **Hausfrieden stören** oder die **Mietsache beschädigen** könnte, etwa weil sich der Dritte bereits in früherer Zeit in dieser Weise verhalten hat. Gleiches gilt, wenn der **Rechtsnachfolger mit dem Vermieter persönlich verfeindet** ist oder wenn er einen **anstößigen Lebenswandel** führt. Bei der Vermietung einer **Genossenschaftswohnung** kann ein wichtiger Grund gegeben sein, wenn der Nachfolger nicht Mitglied der Genossenschaft ist und dies auch nicht werden will. Eine sog. **"Bundesmietwohnung"** kann gekündigt werden, wenn der Familienangehörige nicht zum Kreis der Bundesbediensteten gehört (LG Koblenz WuM 1987, 201). Ebenso kann ein wichtiger Grund vorliegen, wenn der Begünstigte in ein Mietverhältnis über eine **Sozialwohnung** eintritt ohne eine **Wohnberechtigung** zu besitzen. Voraussetzung ist allerdings, dass die Behörde den Vermieter zur Beendigung des Mietverhältnisses auffordert (s. § 573 Rdn. 182; ebenso AG Tempelhof-Kreuzberg WuM 2018, 92). Nach der Grundsatzentscheidung des BGH vom 31.1.2018 – VIII ZR 105/17 – liegt ein wichtiger Grund außerdem dann vor, wenn der **Eingetretene nicht in der Lage ist, die Miete zu bezahlen.** Hier sind zwei Fälle zu unterscheiden: **(1)** Es besteht **Gewissheit, dass der Mieter die Miete nicht bezahlen kann.** Erforderlich sind konkrete Anhaltspunkte und objektive Umstände, die den zuverlässigen Schluss zulassen, dass fällige Mietzahlungen alsbald ausbleiben werden. Für diesen Fall vertritt der BGH die Ansicht, dass eine bereits zum Zeitpunkt der Kündigung (unstreitig oder nachweislich) gegebene unzureichende finanzielle Leistungsfähigkeit für sich genommen regelmäßig noch nicht zur Unzumutbarkeit einer Fortsetzung des Mietverhältnisses führt. Vielmehr sei es dem Vermieter im Allgemeinen zuzumuten, mit der Kündigung zu warten, bis die Voraussetzungen für eine fristlose Kündigung wegen Zahlungsverzugs (§ 543 Abs. 2 Nr. 2 BGB) gegeben sind. Nur beim Vorliegen besonderer Umstände sei ausnahmsweise eine sofortige Kündigung möglich. Solche Umstände können beispielsweise darin liegen, dass die Mietwohnung fremdfinanziert und der Vermieter aus diesem Grund oder zur Bestreitung seines Lebensunterhalts auf die pünktliche und vollständige Erbringung der Mietzahlungen angewiesen ist. **(2)** Es bestehend **Zweifel an der Zahlungsfähigkeit** des Eingetretenen. Hier wird teilweise die Ansicht vertreten, dass eine zum Zeitpunkt des Zugangs der Kündigungserklärung drohende finanzielle Leistungsunfähigkeit beziehungsweise eine „gefährdet erscheinende" finanzielle Leistungsfähigkeit einen wichtigen Grund i. S. des § 563 Abs. 4 darstellt (AG München, WuM 2017, 282; Lützenkirchen in: Erman § 563 Rdn. 20; Landwehr in: Bub/Treier Kap II Rdn. 2662 [berechtigte Zweifel an der Zahlungsfähigkeit]. Der BGH teilt diese Auffassung nicht. Bloße Zweifel an der Zahlungsfähigkeit können nur in besonderen Ausnahmefällen (s. oben Ziff (1)) eine Unzumutbarkeit der Fortsetzung des Mietverhältnisses für den Vermieter begründen. Jedenfalls ist die Kündigung ausgeschlossen, wenn Geldquellen vorhanden sind, die die Erbringung der Mietzahlungen sicherstellen, wie dies etwa bei staatlichen Hilfen, sonstigen Einkünften (z. B. Untermietzahlungen; Unterstützung Verwandter; Nebentätigkeitsvergütungen) oder vorhandenem Vermögen der Fall ist. Das Gericht hat gegebenenfalls zu prüfen, ob aller Voraussicht nach ein Anspruch auf staatliche Transferleistungen – etwa in Form des Mindestsatzes bei der Grundsicherung – besteht oder ob solche Leistungen völlig ungewiss oder sogar ausgeschlossen sind (BGH a. a. O.). Bei mehreren Eingetretenen kommt es hinsichtlich der Zahlungsfähigkeit auf die Gesamtheit der Mieter an (Kandelhard in: Herrlein/Kandelhard § 563 BGB Rdn. 16).

Zweifel am Kündigungsgrund gehen – wie allgemein – zu Lasten des Kündigenden. Auch zugunsten des Mieters gilt, dass mit § 563 Abs. 4 BGB keine **Ziele** verfolgt werden können, **die vom Gesetzeszweck nicht gedeckt sind.** So dürfen beispielsweise im Rahmen des § 563 Abs. 4 BGB keine Gesichtspunkte der **Wohnraumbewirtschaftung** berücksichtigt werden. Der Umstand, dass die Wohnung nach dem Tod des Mieters unterbelegt ist, berechtigt deshalb nicht zur Kündigung; dies gilt auch für ein Mietverhältnis über eine Genossenschaftswohnung (OLG Karlsruhe RE 23.12.1983 OLGZ 1985, 106 = NJW 1984, 2584 = WuM 1984, 43). Ebenso stellt es keinen wichtigen Grund dar, wenn der Nachfolger die Wohnung nicht benötigt, etwa weil er noch über eine andere Wohnung verfügt (a. A. LG Nürnberg-Fürth WuM 1985, 228). 66

Sind **mehrere Angehörige** in das Mietverhältnis eingetreten, so genügt es, wenn nur bei einem Angehörigen ein wichtiger Grund vorliegt. In diesem Fall kann gegenüber allen Angehörigen gekündigt werden. Nach anderer Ansicht kann der Vermieter in einem solchen Fall eine isolierte Kündigung gegenüber demjenigen Mieter aussprechen, in dessen Person der wichtige Grund vorliegt. Hierauf ist der Vermieter auch beschränkt (Sternel Rdn. I 86 und ZMR 2004, 713, 717; Kandelhard in: Herrlein/Kandelhard § 563 BGB Rdn. 17). Dem ist entgegenzuhalten, dass § 563 Abs. 4 BGB kein Pendant zum Ablehnungsrecht der Angehörigen darstellt, sondern als echte Kündigung ausgestaltet ist. Deshalb gilt der Grundsatz, dass das Mietverhältnis nur einheitlich gekündigt werden kann. Nach der hier vertretenen Ansicht ist zu differenzieren: Sind beispielsweise Störungen des Hausfriedens durch einen Angehörigen zu befürchten, so kann der Vermieter gegenüber allen Angehörigen kündigen. Bestehen Bedenken gegen die finanzielle Leistungsfähigkeit, so muss auf die Gesamtheit der Angehörigen abgestellt werden, weil diese gesamtschuldnerisch für den Mietzins haften (ähnl. BGHZ 26, 102 zu § 19 KO). 67

3. Form, Frist

Die Kündigung bedarf der **Schriftform** (§ 568 Abs. 1 BGB). Die Kündigung muss innerhalb eines Monats, nachdem der Vermieter vom Eintritt eines Berechtigten Kenntnis erlangt hat, ausgesprochen werden. Für den **Fristbeginn** ist maßgeblich, wann der Vermieter von der Person des Eingetretenen Kenntnis erlangt hat. Auch hier beginnt die Frist erst, wenn der Vermieter alle Eingetretenen kennt. Es genügt nicht, wenn der Vermieter weiß, dass der Mieter die Räume zusammen mit seinem Ehegatten oder mit sonstigen Angehörigen bewohnt hat. Sichere Kenntnis vom Eintritt erlangt der Vermieter erst, wenn ohne die Ablehnungsfrist abgelaufen ist (Rolfs in: Staudinger § 563 BGB Rdn. 55; Sternel Rdn. IV 545; Hinz in: Klein-Blenkers/Heinemann/Ring, Miete/WEG/Nachbarschaft § 563 BGB Rdn. 42; Lützenkirchen WuM 1990, 413). Dem Vermieter steht also eine Überlegungsfrist von mindestens zwei Monaten zur Verfügung. Bei mehreren Eintrittsberechtigten kann sich diese Frist erheblich verlängern. Der Vermieter darf nicht untätig bleiben; vielmehr ist er gehalten, sich Gewissheit über die Eingetretenen zu verschaffen. Andernfalls verliert er das Kündigungsrecht. 68

Stirbt der Mieter **vor Vollzug** des Mietverhältnisses (zwischen dem Abschluss des Mietvertrags und der Überlassung), so beginnt die Frist nicht erst mit dem Mietbeginn (dem Zeitpunkt, zu dem die Mietsache vereinbarungsgemäß überlassen werden soll). 69

70 Im Übrigen richtet sich die Kündigung nach **§ 573 d BGB**. Danach gilt: **(1)** Für die Kündigung sind Kündigungsgründe nach **§ 573 BGB** erforderlich. **(2)** Der Mieter kann der Kündigung des Vermieters widersprechen und die Fortsetzung des Mietverhältnisses nach **§ 574 ff BGB** verlangen. Die Regelung des § 573 d Abs. 1 verweist zwar nur auf die §§ 573 und 573a, nicht dagegen auf § 574. Jedoch ergibt sich die Anwendbarkeit des § 574 auf die Fälle der außerordentlichen befristeten Kündigung aus der systematischen Stellung der Vorschrift innerhalb der für die Wohnraummiete geltenden Regelungen (Streyl in: Schmidt-Futterer § 563 BGB Rdn. 72; Rolfs in: Staudinger § 563 BGB Rdn. 56; Kinne in: Kinne/Schach/Bieber Miet- und Mietprozessrecht § 563 BGB Rdn. 27). **(3)** Unter der **„gesetzlichen Frist"** ist die Frist des § 573 d Abs. 2 BGB zu verstehen (s. dort). Die gestaffelten Fristen des § 573 c Abs. 1 gelten nicht.

VI. Abweichende Vereinbarungen/Darlegungs- und Beweislast

71 Nach **§ 563 Abs. 5 BGB** sind abweichende Vereinbarungen zum Nachteil des Mieters und der Eintrittsberechtigten unwirksam.

72 Die tatsächlichen Voraussetzungen für den **Eintritt in das Mietverhältnis** muss derjenige beweisen, der hieraus Rechte für sich herleiten will (AG Düsseldorf ZMR 2014, 294).

73 Macht der Ehegatte des verstorbenen Mieters Ansprüche aus dem Mietvertrag geltend, so muss er beweisen, dass er mit dem Mieter verheiratet war. Die tatsächlichen Voraussetzungen einer Lebenspartnerschaft muss der Partner beweisen. Die Angehörigen des Mieters müssen beweisen, dass sie mit dem Mieter verwandt oder verschwägert waren. Ehegatte, Lebenspartner und Angehörige müssen beweisen, dass sie mit dem Mieter einen gemeinsamen Haushalt geführt haben. Der Lebensgefährte/die Lebensgefährtin muss die für die Annahme einer eheähnlichen Lebensgemeinschaft erforderlichen Indizien beweisen (BGH RE 13.1.1993 WuM 1993, 245 = ZMR 1993, 261). Unerträgliche Nachforschungen, die die Intimsphäre berühren, sind dabei allerdings nicht veranlasst (BGH a.a.O.). Die beweispflichtige Partei muss konkrete Tatsachen benennen. Die pauschale Behauptung, eine bestimmte Person habe einen gemeinsamen Hausstand mit dem verstorbenen Mieter geführt oder sei als Lebensgefährte des verstorbenen Mieters anzusehen, ist einer Beweisaufnahme nicht zugänglich (AG Frankental, Urteil vom 16. August 2017 – 3a C 103/17, juris). Macht ein Eintrittsberechtigter geltend, dass er rechtzeitig eine **Ablehnungserklärung** abgegeben habe, so muss er die hierfür erforderlichen Tatsachen beweisen. Macht der Vermieter geltend, dass ihm eine Ablehnungserklärung zugegangen sei, so trifft ihn hierfür die Beweislast. Die tatsächlichen Voraussetzungen des **Kündigungsrechts nach Abs. 4** muss der Vermieter beweisen (LG Köln WuM 1994, 23). Hierzu gehört: die Fristwahrung, der Kündigungsgrund und der Zugang der Kündigungserklärung. Der Vermieter muss auch beweisen, dass die Kündigung den formellen Anforderungen entspricht, die an eine Kündigung nach Abs. 4 zu stellen sind.

VII. Analoge Anwendung des Abs. 2

Teilweise wird die Ansicht vertreten, dass § 563 Abs. 2 BGB analog anwendbar **74** ist, wenn zwischen dem verstorbenen Mieter und dem in der Wohnung lebenden Angehörigen zwar kein gemeinsamer Haushalt geführt worden ist, der Bewohner aber in gleicher Weise schutzbedürftig erscheint wie der Haushaltsangehörige (Hinkelmann NZM 2002, 378, 379). Hierzu zählt der Fall, in dem eine ursprünglich bestehende Haushaltsgemeinschaft beendet worden ist, weil der Mieter beispielsweise in ein Altersheim umziehen musste. Eine ähnliche Konstellation ergibt sich, wenn die Wohnung nicht vom Mieter selbst, sondern von einem Angehörigen bewohnt wird. Ein solcher Fall kann eintreten, wenn der Mieter die Räume nicht zur Selbstnutzung, sondern zur Nutzung durch einen Angehörigen angemietet hat.

Die Analogien sind zutreffend: § 563 ff BGB regeln die Rechtsnachfolge im **75** Mietverhältnis, wenn der Mieter stirbt. Die Vorschriften bewirken zweierlei. Zum einen bleibt dem Angehörigen des Mieters die Wohnung erhalten; zum anderen wird der Erbe von der Rechtsnachfolge ausgeschlossen. Die Regelungen beruhen auf der Erwägung, dass die in der Wohnung lebenden Angehörigen des Mieters schutzwürdiger sind, als dessen Erben. Diese Erwägungen treffen auch auf die hier behandelten Fälle zu (wohl ebenso: Kandelhard in: Herrlein/Kandelhard § 563 BGB Rdn. 9; **a. A.** Hinz in: Klein-Blenkers/Heinemann/Ring, Miete/WEG/Nachbarschaft § 563 BGB Rdn. 25).

§ 563a Fortsetzung mit überlebenden Mietern

(1) Sind mehrere Personen im Sinne des § 563 gemeinsam Mieter, so wird das Mietverhältnis beim Tod eines Mieters mit den überlebenden Mietern fortgesetzt.

(2) Die überlebenden Mieter können das Mietverhältnis innerhalb eines Monats, nachdem sie vom Tod des Mieters Kenntnis erlangt haben, außerordentlich mit der gesetzlichen Frist kündigen.

(3) Eine abweichende Vereinbarung zum Nachteil der Mieter ist unwirksam.

I. Anwendungsbereich und Bedeutung der Vorschrift

Die Vorschrift gilt nur für die Wohnraummiete. Sie regelt den Fall, in dem eine **1** Wohnung von mehreren Personen i. S. d. § 563 BGB gemietet ist und einer der Mieter verstirbt. In diesem Fall wird das Mietverhältnis mit den überlebenden Mietern fortgesetzt. Die Vorschrift ist dem bis 31.8.2001 geltenden § 569b BGB a. F. nachgebildet. Sie unterscheidet sich von dieser Vorschrift allerdings in einem wichtigen Punkt. Nach § 569b BGB a. F. galt die Rechtsfolge der Vertragsfortsetzung nur bei gemeinsamer Miete durch Eheleute. Der Anwendungsbereich des § 563a BGB umfasst dagegen den gesamten in § 563 Abs. 1 und 2 genannten Personenkreis.

II. Fortsetzung des Mietverhältnisses (Abs. 1)

1. Fortsetzungsberechtigte

2   Das Mietverhältnis wird nur dann nach § 563a Abs. 1 BGB fortgesetzt, wenn die mehreren Mieter zu dem in § 563 bezeichneten Personenkreis gehören. In Betracht kommen der Ehegatte, der Lebenspartner, die Familienangehörigen und die sonstigen Personen, die mit dem Mieter einen auf Dauer angelegten Haushalt geführt haben.

3   Treffen diese Merkmale nicht zu (z. B. bei einer **Wohngemeinschaft** mit getrennter Wirtschaftsführung), so ergibt sich eine eigenartige Rechtsfolge: Das Mietrecht des Überlebenden wird durch den Tod des anderen Mieters nicht berührt. Neben diesen Mieter treten der oder die Erben in das Mietverhältnis ein. Mitmieter und Erbe haften als Gesamtschuldner. Hinsichtlich der Rechte aus dem Mietverhältnis sind sie Gesamthandsgläubiger (Mitgläubiger). Die Erben haben gegenüber dem Mitmieter Anspruch auf Einräumung eines ihrem Anteil entsprechenden Mietgebrauchs. Einigen sich die Erben mit dem Mitmieter dahingehend, dass dieser die Räume in Zukunft allein nutzen soll, so gilt mangels abweichender Vereinbarung im Innenverhältnis, dass der Mitmieter alleine für die Miete aufzukommen hat. Die Fortsetzung des Mietverhältnisses mit dem Überlebenden als alleinigem Mieter ist möglich, wenn der Vermieter mit dieser Vertragsänderung einverstanden ist. Das Mietverhältnis kann von den Mietern nur insgesamt gekündigt werden, wobei jeder der Mieter von den anderen grundsätzlich die Mitwirkung zur Herbeiführung der Vertragsbeendigung verlangen kann. Der Vermieter hat kein Kündigungsrecht.

2. Voraussetzungen der Fortsetzung

4   Nach dem Wortlaut der Regelung ist § 563a BGB nur anwendbar, wenn mehrere Personen im Sinne von § 563 BGB **„gemeinsam Mieter"** sind. Es ist erforderlich, aber auch ausreichend, dass im Todeszeitpunkt ein gemeinschaftliches Mietverhältnis besteht. Dies ist zum einen dann der Fall, wenn die Wohnung gemeinsam angemietet worden ist. Dabei kommt es darauf an, ob mehrere Personen am Vertragsschluss beteiligt gewesen sind. Beim mündlichen Vertrag ist maßgeblich, dass mehrere Personen gemeinsam ein Vertragsangebot abgegeben oder angenommen haben. Beim schriftlichen Vertrag kommt es darauf an, dass mehrere Personen im Kopf der Vertragsurkunde als Mieter aufgeführt sind und dass die dort genannten den Vertrag unterzeichnet haben. Bei der Unterzeichnung durch nur einen Mieter, ist eine Bevollmächtigung in Erwägung zu ziehen.

5   **Ein gemeinschaftliches Mietverhältnis liegt auch dann vor, wenn eine Person einem bereits bestehenden Mietvertrag beigetreten ist.** Hierzu ist ein dreiseitiger Vertrag zwischen dem ursprünglichen Mieter, dem Eintretenden und dem Vermieter erforderlich. Der Vertrag kann auch stillschweigend durch konkludente Handlungen geschlossen werden. Der Umstand, dass der Mieter seinen Ehegatten, Lebenspartner oder Lebensgefährten mit Wissen des Vermieters in die Wohnung aufgenommen hat, reicht hierzu nicht aus. Anders ist es, wenn der Vermieter den in die Wohnung Aufgenommenen in der Folgezeit wie einen Vertragspartner behandelt und der Aufgenommene dies akzeptiert hat. Gleiches gilt, wenn sich der Aufgenommene mit Billigung des Vermieters als Vertragspartner geriert.

Von Bedeutung ist dabei insbesondere das Verhalten der Parteien anlässlich von Mieterhöhungen. Hat der Vermieter eine Mieterhöhungserklärung auch an den Aufgenommenen gerichtet und hat dieser dem Erhöhungsverlangen zugestimmt, so kann davon ausgegangen werden, dass der Aufgenommene Mitmieter geworden ist.

§ 563a BGB ist nur anwendbar, wenn das Mietverhältnis zum Zeitpunkt des To- 6 des des Mieters noch besteht. Wegen der Einzelheiten wird auf § 563 BGB Rdn. 13 ff verwiesen.

3. Rechtsfolge der Fortsetzung

Nach § 563a BGB wird das Mietverhältnis **„mit den überlebenden Mietern** 7 **fortgesetzt".** Die überlebenden Mieter werden Sonderrechtsnachfolger hinsichtlich des Anteils des Verstorbenen (Lammel Wohnraummietrecht § 563a BGB Rdn. 10). Die Regelung hat zur Folge, dass der Erbe vom Eintritt ausgeschlossen wird. Das Eintrittsrecht der in § 563 BGB genannten Personen, die nicht Partei des Mietvertrags sind, ist ebenfalls ausgeschlossen (kritisch hierzu: Häublein in: MünchKomm § 563 BGB Rdn. 11).

Lediglich das „Mietverhältnis" wird mit den überlebenden Mietern fortgesetzt. 8 Bestehen zwischen dem verstorbenen Mieter und dem Vermieter **Zusatzvereinbarungen** außerhalb des Mietverhältnisses, so gelten hinsichtlich dieser Vereinbarungen die allgemeinen Regeln. Persönliche Dienst- oder Arbeitsleistungen zählen zu den nicht vererblichen Rechtspositionen. Hierzu gehört beispielsweise ein zwischen dem Mieter und dem Vermieter geschlossener Vertrag über Hausmeisterdienste, Putzdienste oder ähnliches. Die hieraus resultieren Verpflichtungen erlöschen mit dem Tode. In die vererblichen Rechtspositionen tritt der Erbe ein.

III. Sonderkündigungsrecht der Mieter (Abs. 2)

Die überlebenden Mieter haben ein außerordentliches Kündigungsrecht. Ein 9 Kündigungsgrund ist nicht erforderlich. Es handelt sich um ein außerordentliches Kündigungsrecht mit gesetzlicher Frist i. S. von 573d BGB. Dies hat zur Folge, dass auch solche Mietverhältnisse gekündigt werden können, bei denen die ordentliche Kündigung ausgeschlossen sind (befristete Mietverhältnisse nach § 575 Abs. 1 Satz 1 BGB, Mietverhältnisse mit vereinbartem Kündigungsausschluss). Hierin liegt die praktische Bedeutung der Vorschrift. Das Kündigungsrecht muss innerhalb eines Monats, nachdem die überlebenden Mieter vom Tod des verstorbenen Mieters Kenntnis erlangt hat, ausgeübt werden. Wird das Mietverhältnis durch mehrere Mieter fortgesetzt, so muss die Kündigung von allen Mietern gemeinsam ausgesprochen werden (Rolfs in: Staudinger § 563a BGB Rdn. 13; Häublein in: MünchKomm § 563a BGB Rdn. 15; Achenbach NZM 2000, 741). Folgerichtig kommt es für den Kündigungstag (der Tag zu dem die Kündigung spätestens ausgesprochen werden muss) darauf an, dass alle überlebenden Mieter vom Tod des Verstorbenen positive Kenntnis haben. Ein einzelner Mieter kann das Mietverhältnis in einem solchen Fall weder mit Wirkung für sich, noch mit Wirkung für die anderen Mieter kündigen. Er kann allerdings die anderen Mieter auf Zustimmung zur Kündigung in Anspruch nehmen.

§ 563b BGB Untertitel 2. Mietverhältnisse über Wohnraum

10 Der Vermieter hat keine Befugnis zur außerordentlichen Kündigung (Rolfs in: Staudinger § 563a BGB Rdn. 14; Lammel Wohnraummietrecht § 563a BGB Rdn. 15).

§ 563b Haftung bei Eintritt oder Fortsetzung

(1) ¹**Die Personen, die nach § 563 in das Mietverhältnis eingetreten sind oder mit denen es nach § 563a fortgesetzt wird, haften neben dem Erben für die bis zum Tod des Mieters entstandenen Verbindlichkeiten als Gesamtschuldner.** ²**Im Verhältnis zu diesen Personen haftet der Erbe allein, soweit nichts anderes bestimmt ist.**

(2) **Hat der Mieter die Miete für einen nach seinem Tod liegenden Zeitraum im Voraus entrichtet, sind die Personen, die nach § 563 in das Mietverhältnis eingetreten sind oder mit denen es nach § 563a fortgesetzt wird, verpflichtet, dem Erben dasjenige herauszugeben, was sie infolge der Vorausentrichtung der Miete ersparen oder erlangen.**

(3) **Der Vermieter kann, falls der verstorbene Mieter keine Sicherheit geleistet hat, von den Personen, die nach § 563 in das Mietverhältnis eingetreten sind oder mit denen es nach § 563a fortgesetzt wird, nach Maßgabe des § 551 eine Sicherheitsleistung verlangen.**

Übersicht

	Rdn.
I. Anwendungsbereich und Zweck der Vorschrift	1
II. Haftung für Verbindlichkeiten (Abs. 1)	2
1. Verbindlichkeiten aus dem Mietverhältnis	3
a) Außenverhältnis (Abs. 1 Satz 1)	3
b) Innenverhältnis (Abs. 1 Satz 2)	4
2. Sonstige Verbindlichkeiten, insbes. Betriebskosten	6
3. Ausschlagung der Erbschaft/Haftungsbeschränkung	7
III. Mietvorauszahlungen (Abs. 2)	9
1. Ersparte Beträge	10
2. Erlangte Beträge	13
IV. Anspruch des Vermieters auf Sicherheitsleistung (Abs. 3)	17
V. Abweichende Vereinbarungen	27

I. Anwendungsbereich und Zweck der Vorschrift

1 Die Vorschrift gilt nur für die Wohnraummiete. Sie ist im Zusammenhang mit den §§ 563 und 563a BGB zu lesen. Sind die in § 563 BGB bezeichneten Personen in das Mietverhältnis eingetreten oder ist das Mietverhältnis mit ihnen fortgesetzt worden, so richtet sich ihre Haftung für die Verbindlichkeiten aus dem Mietverhältnis nach § 563b BGB.

II. Haftung für Verbindlichkeiten (Abs. 1)

2 Die Rechtsnachfolger des verstorbenen Mieters, (also diejenigen Personen, die nach § 563 in das Mietverhältnis eingetreten sind oder diejenigen, mit denen das

Mietverhältnis gem. § 563a fortgesetzt worden ist) haften für die bis zum Tod des Mieters entstandenen Verbindlichkeiten. Neben diesen Personen kann der Vermieter auch den Erben in Anspruch nehmen. Alle diese Personen haften dem Vermieter für die Nachlassverbindlichkeiten als Gesamtschuldner (**§ 563b Abs. 1 Satz 1 BGB**).

1. Verbindlichkeiten aus dem Mietverhältnis

a) Außenverhältnis (Abs. 1 Satz 1). Nach § 1967 Abs. 1 BGB haftet der Erbe 3 für die Nachlassverbindlichkeiten. Hierzu gehören auch die Verbindlichkeiten aus dem Mietverhältnis, die bis zum Tod des Mieters entstanden sind. Diese Haftung wird durch § 563b BGB nicht berührt. Durch die Vorschrift wird darüber hinaus eine Mithaftung des oder der Rechtsnachfolger im Mietverhältnis begründet. Die Regelung betrifft das Außenverhältnis zum Vermieter. Die Rechtsnachfolger nach §§ 563 oder 563a BGB haften als Gesamtschuldner neben dem Erben für die bis zum Tod des Mieters entstandenen Verbindlichkeiten. Der Vermieter kann nach seiner Wahl entweder den Erben oder die Rechtsnachfolger oder alle zusammen in Anspruch nehmen. Die **Haftung** der Rechtsnachfolger nach §§ 563 oder 563a BGB **beginnt** mit dem Eintritt in das Mietverhältnis, also mit dem Tod des Mieters. Dies gilt auch dann, wenn der Rechtsnachfolger nach §§ 563 oder 563a BGB den Eintritt ablehnen will (Hinz in: Klein-Blenkers/Heinemann/Ring, Miete/WEG/Nachbarschaft § 563b BGB Rdn. 5; jedoch kann die Inanspruchnahme des Sonderrechtsnachfolgers in diesem Fall gegen Treu und Glauben verstoßen („dolo agit ..."); Rolfs in: Staudinger § 563b BGB Rdn. 8). Die **Haftung endet** mit dem Zugang der Ablehnungserklärung beim Vermieter (Häublein in: MünchKomm § 563b BGB Rdn. 4). Hat der Vermieter in der Zeit zwischen dem Eintritt in das Mietverhältnis und dem Zugang der Ablehnungserklärung den Rechtsnachfolger nach §§ 563 oder 563a BGB in Anspruch genommen, so steht diesem ein Bereicherungsanspruch (§ 812 BGB) zu.

b) Innenverhältnis (Abs. 1 Satz 2). Nach dem zwischen dem Erben und den 4 Rechtsnachfolgern bestehenden Innenverhältnis ist der Erbe allein verpflichtet (Abs. 1 S 2). Diese Regelung hat zur Folge, dass der Erbe die bis zum Tod des Mieters entstandenen Mietrückstände im Ergebnis allein zu tragen hat, obwohl die Rechtsnachfolger nach §§ 563, 563a BGB Nutznießer der Wohnung gewesen sind. Gleiches gilt für alle anderen zum Todeszeitpunkt fälligen Verbindlichkeiten. Sind beispielsweise die Schönheitsreparaturen vom Mieter zu tragen und sind diese Arbeiten rückständig, so muss im Ergebnis der Erbe und nicht die Rechtsnachfolger nach §§ 563, 563a BGB dafür aufkommen (Sternel ZMR 2004, 713, 720; Rolfs in: Staudinger § 563b BGB Rdn. 5; Häublein in: MünchKomm § 563b BGB Rdn. 5); die Rechtsnachfolger erhalten die Wohnung frei von Lasten. Umgekehrt stehen dem Erben aber auch alle fälligen Ansprüche zu, die der verstorbene Mieter gegenüber dem Vermieter hätte geltend machen können. Dazu gehören beispielsweise Aufwendungsersatzansprüche des Mieters wegen der Selbstbeseitigung von Mängeln nach § 536a Abs. 2 BGB, Schadenersatzansprüche oder Bereicherungsansprüche wegen einer überhöhten Miete nach §§ 812 BGB, 5 WiStG.

Abweichende Regelungen zwischen dem Erben und den Rechtsnachfolgern 5 des Mieters sind möglich. Ebenso kann der verstorbene Mieter zu Lebzeiten abweichende Regelungen zwischen seinem Erben und den Rechtsnachfolgern im Mietverhältnis vereinbaren (Abs. 1 Satz 2: „soweit nichts anderes bestimmt ist").

2. Sonstige Verbindlichkeiten, insbes. Betriebskosten

6   Für alle Verbindlichkeiten, die nach dem Tod des Mieters entstehen, haftet der Erbe nicht; insoweit kann der Vermieter nur die Rechtsnachfolger nach §§ 563, 563a BGB in Anspruch nehmen. Bei abgerechneten Betriebskosten kommt es auf den Abrechnungszeitraum an. War der Abrechnungszeitraum im Todeszeitpunkt bereits abgelaufen, handelt es sich bei dem Nachzahlungssaldo um eine Nachlassverbindlichkeit. Ist der Mieter während des Abrechnungszeitraums verstorben, haften die Sonderrechtsnachfolger für den Saldo aus der Abrechnung. Entsprechendes gilt für das Abrechnungsguthaben (Butenberg ZMR 2015, 189, 195).

3. Ausschlagung der Erbschaft/Haftungsbeschränkung

7   Der Erbe kann die Erbschaft ausschlagen (§ 1942 Abs. 1 BGB), seine Haftung unter den Voraussetzungen des § 1975 BGB (Nachlassverwaltung, Nachlasskonkurs) auf den Nachlass beschränken oder die Einrede der Dürftigkeit des Nachlasses erheben (§ 1990 BGB). Die Rechtsnachfolger nach §§ 563, 563a BGB haben diese Möglichkeit nicht. Sie haften stets unbeschränkt für die bis zum Tod des Mieters entstandenen Verbindlichkeiten. Diese Haftung kann nur durch die Ablehnung des Eintritts in das Mietverhältnis verhindert werden.

8   In vielen Fällen sind die **Rechtsnachfolger nach §§ 563, 563a BGB zugleich Erben** des Mieters. Ist der Nachlass überschuldet, so können die Erben die Erbschaft ausschlagen. Sie bleiben in diesem Fall Rechtsnachfolger nach §§ 563, 563a BGB und haften folgerichtig für die bis zum Tod des Mieters entstandenen Verbindlichkeiten.

III. Mietvorauszahlungen (Abs. 2)

9   Die Rechtsnachfolger des verstorbenen Mieters im Mietverhältnis (also diejenigen Personen, die nach § 563 in das Mietverhältnis eingetreten sind oder diejenigen, mit denen das Mietverhältnis gem. § 563a fortgesetzt worden ist) müssen dem Erben diejenigen Beträge herausgeben, die der verstorbene Mieter an den Vermieter entrichtet hat. Die Vorschrift beruht auf der Erwägung, dass diese Beträge zum Vermögen des verstorbenen Mieters gehören und mithin dessen Gesamtrechtsnachfolger zustehen.

1. Ersparte Beträge

10   a) Hat der Mieter **Mietzinsbeträge für zukünftige Monate im Voraus** entrichtet, so wirkt dieser Umstand auch zugunsten der Rechtsnachfolger nach §§ 563, 563a BGB; diese müssen dann in den fraglichen Monaten keine Miete oder nur eine um die Vorauszahlungen geminderte Miete zahlen. Hierin liegt die Ersparnis der Rechtsnachfolger nach §§ 563, 563a BGB, die an den Erben herauszugeben ist. Der **Begriff der „im Voraus" entrichteten Miete** ist derselbe wie in § 547 BGB. Ist vereinbart, dass die Vorauszahlung in Teilbeträgen mit der künftigen Miete verrechnet werden soll, so kann der Erbe das von den Rechtsnachfolgern Ersparte nicht in einer Summe, sondern nur in monatlichen Raten entsprechend dem Ablauf der vorausbezahlten Mietmonate verlangen (Streyl in: Schmidt-Futterer § 563b BGB Rdn. 23). Nichts anderes gilt, wenn der Mieter die volle Miete für mehrere Monate im Voraus bezahlt hat (Kandelhard in: Herrlein/Kandelhard

§ 563b BGB Rdn. 5; **a. A.** Rolfs in: Staudinger § 563b BGB Rdn. 17: danach kann der Vermieter das Ersparte in diesem Fall in einer Summe verlangen).

b) Die Regelung gilt auch für die sog. **„Einmalmiete"** (Rolfs in: Staudinger § 563b BGB Rdn. 14; Streyl in: Schmidt-Futterer § 563b BGB Rdn. 18; Kinne in: Kinne/Schach/Bieber Miet- und Mietprozessrecht § 563b BGB Rdn. 3; Hinz in: Klein-Blenkers/Heinemann/Ring, Miete/WEG/Nachbarschaft § 563b BGB Rdn. 8). Bei der Einmalmiete wird für eine bestimmte Vertragszeit ein einheitlicher Mietzins vereinbart, der zu Beginn der Mietzeit fällig ist. Hat der Mieter die Einmalmiete zu Beginn des Mietverhältnisses bezahlt, so kommt dies in vollem Umfang den Rechtsnachfolger nach §§ 563, 563a BGB zugute. Die Sonderrechtsnachfolger müssen den ersparten Betrag in monatlichen Raten an den Erben herausgeben.

c) Ebenso gilt die Vorschrift auch für einen **abwohnbaren Baukostenzuschuss.** Ist vereinbart, dass der Baukostenzuschuss mit der Miete verrechnet werden soll, so ist die von den Rechtsnachfolgern nach §§ 563, 563a BGB geschuldete Miete um den Verrechnungsbetrag gemindert. Diesen Betrag müssen die Rechtsnachfolger nach §§ 563, 563a BGB an den Erben in monatlichen Raten herausgeben.

2. Erlangte Beträge

a) Endet das Mietverhältnis zwischen dem Vermieter und den Rechtsnachfolgern nach §§ 563, 563a BGB, bevor die **Mietvorauszahlung** verrechnet oder „abgewohnt" ist, so haben die Rechtsnachfolger gegen den Vermieter einen Anspruch aus § 547 BGB. Das auf diese Weise erlangte müssen die Rechtsnachfolger an den Erben herausgeben. Es genügt allerdings, wenn die Rechtsnachfolger ihre Ansprüche aus § 547 BGB an den Erben abtreten, weil bereits der Anspruch als solcher unter § 563b BGB fällt. Demgemäß hat der Erbe einen Anspruch auf Abtretung der Ansprüche aus § 547 BGB.

b) Wird ein Mietverhältnis nach bezahlter **Einmalmiete** vor Ablauf der Vertragszeit beendet, so ist der „überzahlte" Mietzinsteil nach § 547 BGB zurückzuerstatten. Demgemäß hat der Erbe einen Anspruch auf Abtretung dieser Ansprüche.

c) Für die Rückerstattung **verlorener Baukostenzuschüsse** gilt die Sonderregelung des Art VI des Gesetzes zur Änderung des Zweiten Wohnungsbaugesetzes, anderer wohnungsbaurechtlicher Vorschriften und über die Rückerstattung von Baukostenzuschüssen vom 21.7.1961 (BGBl. I S. 969). Nach § 2 des Gesetzes gilt ein Betrag in Höhe einer Jahresmiete durch eine Mietdauer von vier Jahren von der Leistung an als getilgt. Der nicht getilgte Teil des Zuschusses ist zurückzuerstatten. Hierfür gelten dieselben Grundsätze wie nach § 547 BGB. Demgemäß hat der Erbe einen Anspruch auf Abtretung der Rückerstattungsansprüche.

d) Mieterdarlehen (Finanzierungsdarlehen) sind als Mietvorauszahlungen zu bewerten, wenn die Tilgung durch Verrechnung mit der Miete erfolgen soll (BFH BB 1984, 836; LG Berlin GE 1991, 1035). Ist dagegen vereinbart, dass die Rückzahlung mit oder nach der Beendigung des Mietverhältnisses fällig wird, so steht der Darlehensbetrag von vorneherein dem Erben zu. Für die Anwendung des § 563b BGB ist hier kein Raum.

IV. Anspruch des Vermieters auf Sicherheitsleistung (Abs. 3)

17 Hatte der verstorbene Mieter keine Sicherheit geleistet, so sind dessen Sonderrechtsnachfolger im Mietverhältnis (also diejenigen Personen, die nach § 563 in das Mietverhältnis eingetreten sind oder diejenigen, mit denen das Mietverhältnis gem. § 563a fortgesetzt worden ist) auf Verlangen des Vermieters verpflichtet eine Sicherheit zu leisten. Nach dem **Gesetzeszweck** will die Vorschrift dem Umstand Rechnung tragen, dass sich die wirtschaftlichen Verhältnisse durch die Rechtsnachfolge im Mietverhältnis ändern können (Kabinettsentwurf zu § 563b BGB abgedruckt in Börstinghaus/Eisenschmid Arbeitskommentar Neues Mietrecht S. 422f).

18 1. Die Regelung in § 563b Abs. 3 BGB setzt nach ihrem Wortlaut voraus, dass „der verstorbene Mieter keine Sicherheit geleistet hat". Der Wortlaut erfasst zunächst den Fall, dass der Mieter nach den vertraglichen Vereinbarungen **keine Sicherheit zu leisten hatte.** In diesem Fall kann der Vermieter von den Sonderrechtsnachfolgern „nach Maßgabe des § 551 eine Sicherheitsleistung verlangen.

19 Aus der **Verweisung auf § 551 BGB** ist zu folgern, dass der Vermieter eine **Barkaution** in Höhe einer dreifachen Monatsmiete verlangen kann, die von den Mietern in drei Monatsraten zu zahlen und vom Vermieter – von dessen Vermögen getrennt – nach Maßgabe des § 551 BGB anzulegen ist. Teilweise wird allerdings auch die Ansicht vertreten, dass die Art der Sicherheit durch § 563b BGB nicht vorgegeben sei (Rolfs in: Staudinger § 563b BGB Rdn. 20; Palandt/Weidenkaff § 563b BGB Rdn. 4; Kinne in: Kinne/Schach/Bieber Miet- und Mietprozessrecht § 563b BGB Rdn. 7; Butenberg ZMR 2015, 189, 195). Danach kann der Vermieter die Sicherheit nach billigem Ermessen bestimmen (Verpfändung eines Sparkontos; Bürgschaft; Sicherungsabtretung etc.); im Streitfall muss das Gericht entscheiden (§ 315 Abs. 3 BGB; Geldmacher DWW 2002, 182, 190). Abweichende Vereinbarungen im Rahmen des § 551 BGB sind möglich.

20 Der Vermieter hat einen **gesetzlichen Zahlungsanspruch** gegen die Rechtsnachfolger des Mieters im Mietverhältnis. Es ist nicht erforderlich, dass die Rechtsnachfolger zunächst auf **Abschluss eines Kautionsvertrags** in Anspruch genommen werden (Streyl in: Schmidt-Futterer § 563b BGB Rdn. 28; Lützenkirchen in Lützenkirchen Mietrecht § 563b Rdn. 54; Hinz in: Hinz § 563b BGB Rdn. 13; Häublein in: MünchKomm § 563b BGB Rdn. 16; Kinne in: Kinne/Schach/Bieber Miet- und Mietprozessrecht § 563b BGB Rdn. 5; Herrmann in: Bamberger/Roth § 565b BGB Rdn. 6; **a. A.** Rolfs in: Staudinger § 563b BGB Rdn. 20; Palandt/Weidenkaff § 563b BGB Rdn. 4). Eine **zeitliche Schranke** für die Geltendmachung der Sicherheit besteht nicht. Jedoch muss die Sicherheit vor der Beendigung des Mietverhältnisses mit den Sonderrechtsnachfolgern angefordert werden (Kinne in: Kinne/Schach/Bieber Miet- und Mietprozessrecht § 563b BGB Rdn. 2).

21 Das **Ratenzahlungsrecht des § 551 BGB** steht auch den Sonderrechtsnachfolgern zu. Teilweise wird vertreten, dass die erste Rate mit dem endgültigen Eintritt der Sonderrechtsnachfolger/der endgültigen Vertragsfortsetzung fällig wird (Kinne in: Kinne/Schach/Bieber Miet- und Mietprozessrecht § 563b BGB Rdn. 9). Dabei wird verkannt, dass der Kautionsanspruch erst entsteht, wenn er vom Vermieter geltend gemacht wird. Deshalb kann die erste Rate erst nach diesem Zeitpunkt fällig werden (Häublein in: MünchKomm § 563b BGB Rdn. 17; Geldmacher DWW 2001, 178, 182; Sternel ZMR 2004, 713, 720). Es erscheint sachgerecht, den Sonderrechtsnachfolgern außerdem eine Überlegungs- und Beschaffungsfrist einzuräumen (so Hinz in: Klein-Blenkers/Heinemann/Ring, Miete/WEG/Nachbarschaft

Haftung bei Eintritt oder Fortsetzung **BGB § 563b**

§ 563b BGB Rdn. 15). Danach wird die erste Rate einen Monat nach Zugang der Anforderung fällig.

2. Hatte der verstorbene Mieter nach den vertraglichen Vereinbarungen eine **geringere Kaution als nach § 551 BGB möglich** zu leisten, so kann der Vermieter von den Sonderrechtsnachfolgern verlangen, dass die Kaution bis zur Obergrenze aufgestockt wird. Dies ergibt sich zwar nicht unmittelbar aus dem Wortlaut des Gesetzes, wohl aber aus dem Gesetzeszweck (Lammel Wohnraummietrecht § 563b BGB Rdn. 20; Kinne in: Kinne/Schach/Bieber Miet- und Mietprozessrecht § 563b BGB Rdn. 8; Hinz in: Klein-Blenkers/Heinemann/Ring, Miete/WEG/Nachbarschaft § 563b BGB Rdn. 11; Butenberg ZMR 2015, 189, 195; **a. A.** Streyl in: Schmidt-Futterer § 563b BGB Rdn. 26)

3. Der Wortlaut des § 563b Abs. 3 BGB umfasst weiterhin die Fälle in denen der Mieter vertraglich zur Sicherheitsleistung verpflichtet war, diese **Verpflichtung** aber **nicht erfüllt** hat (Lammel Wohnraummietrecht § 563b BGB Rdn. 19). In der Literatur wird allerdings überwiegend die Ansicht vertreten, dass sich der Anspruch des Vermieters auf die Sicherheit in diesem Fall aus Abs. 1 ergebe (Streyl in: Schmidt-Futterer § 563b BGB Rdn. 26; Rolfs in: Staudinger § 563b BGB Rdn. 20; Hinz in: Klein-Blenkers/Heinemann/Ring, Miete/WEG/Nachbarschaft § 563b BGB Rdn. 11; Häublein in: MünchKomm § 563b BGB Rdn. 13; Butenberg ZMR 2015, 189, 195). Danach müsste der Vermieter – da es sich um eine Altverbindlichkeit handelt – den Erben auf Zahlung der Kaution in Anspruch nehmen. Für eine restriktive Auslegung des § 563b Abs. 3 BGB besteht allerdings kein Anlass. Es kann nach dem Gesetzeszweck keine Rolle spielen, ob der Vermieter auf die Vereinbarung einer Kaution oder auf die Durchsetzung seiner Rechte aus der Kautionsvereinbarung verzichtet hat.

4. Hat der **verstorbene Mieter eine Kaution geleistet,** so verbleibt diese beim Vermieter (Arg.e. § 563b Abs 3; ebenso Schmid GE 2010, 1247, 1252). Sie zählt zum Vermögen des Erben. Bei Mietende hat der Vermieter die Kaution an den Erben zurückzuzahlen. Mit Gegenansprüchen kann der Vermieter gegen den Rückzahlungsanspruch aufrechnen. Sind die Gegensprüche bereits zu Lebzeiten des verstorbenen Mieters fällig geworden, so hat der Erbe keinen Ausgleichsanspruch gegen die Sonderrechtsnachfolger. Anders ist es, wenn die Fälligkeit der Gegenansprüche nach dem Tod des Mieters eingetreten ist (§ 563b Abs 2 BGB).

5. Wurde die **Kaution** während der Zeit des verstorbenen Mieters **verbraucht,** so hat der Vermieter nach § 563b Abs. 3 BGB einen Anspruch gegen den Erben auf Wiederauffüllung der Kaution. Diese Kaution verbleibt im Vermögen des Erben. Rechnet der Vermieter mit einer Neuverbindlichkeit gegen die Kaution auf, so hat der Erbe lediglich Anspruch auf den verbleibenden Kautionsrest, obwohl nicht er, sondern die Sonderrechtsnachfolger für die Neuverbindlichkeit haften. Der Ausgleich hat über § 563b Abs. 2 zu erfolgen, der Erbe hat also einen entsprechenden Ausgleichsanspruch gegenüber den Sonderrechtsnachfolgern (Butenberg ZMR 2015, 189, 195).

6. Wird das Mietverhältnis **mit dem Erben fortgesetzt,** so besteht kein Anspruch auf Sicherheitsleistung (Rolfs in: Staudinger § 563b BGB Rdn. 20; Hinz in: Klein-Blenkers/Heinemann/Ring, Miete/WEG/Nachbarschaft § 563b BGB Rdn. 12). Anders ist es, wenn der Erbe zu den Eintrittsberechtigten i. S. der §§ 563, 563a BGB gehört.

V. Abweichende Vereinbarungen

27 Die Vorschrift ist abdingbar.

§ 564 Fortsetzung des Mietverhältnisses mit dem Erben, außerordentliche Kündigung

¹Treten beim Tod des Mieters keine Personen im Sinne des § 563 in das Mietverhältnis ein oder wird es nicht mit ihnen nach § 563a fortgesetzt, so wird es mit den Erben fortgesetzt. ²In diesem Fall ist sowohl der Erbe als auch der Vermieter berechtigt, das Mietverhältnis innerhalb eines Monats außerordentlich mit der gesetzlichen Frist zu kündigen, nachdem sie vom Tod des Mieters und davon Kenntnis erlangt haben, dass ein Eintritt in das Mietverhältnis oder dessen Fortsetzung nicht erfolgt sind.

Übersicht

	Rdn.
I. Bedeutung und Anwendungsbereich der Vorschrift	1
II. Tod des Mieters	5
III. Eintritt des Erben (Satz 1)	14
IV. Haftung des Erben für Nachlassverbindlichkeiten	19
1. Begriffe	19
2. Annahme und Ausschlagung der Erbschaft	20
3. Haftungsbeschränkung	21
a) Nachlassverwaltung (§§ 1975–1988)	22
b) Nachlassinsolvenzverfahren ((§§ 1975–1980)	23
c) Dürftigkeitseinrede (§§ 1990, 1992)	25
d) Inventarverzeichnis	26
4. Die Haftung im Einzelnen	27
5. Unbekannter Erbe	31
V. Die Kündigung (Satz 2)	32
1. Außerordentliche Kündigung	32
2. Kündigungsberechtigung	33
3. Kündigungsgründe	43
4. Kündigungstag	46
5. Kündigungstermin	52
VI. Abweichende Vereinbarungen	53

I. Bedeutung und Anwendungsbereich der Vorschrift

1 Mit dem Tode einer Person (Erbfall) geht deren Vermögen (Erbschaft) als Ganzes auf eine oder mehrere andere Personen (Erben) über (§ 1922 Abs. 1 BGB). Zu dem Vermögen eines Mieters gehören auch die Ansprüche und Verbindlichkeiten aus dem Mietvertrag. Diese gehen, einschließlich des Mietbesitzes (857 BGB), auf den oder die Erben über, mit der weiteren Folge, dass das Mietverhältnis mit den Erben fortgesetzt wird. Diese Rechtsfolge wird durch § 564 Satz 1 BGB wiederholt. Die Erben haften dem Vermieter auf die Miete, können vom Vermieter aber auch Erfüllung verlangen. Auf die Kenntnis der Erben vom Erbfall kommt es dabei nicht an.

Beim Tod des Mieters gewährt § 564 BGB sowohl den Erben als auch dem Vermieter ein Sonderkündigungsrecht. Der Grund hierfür liegt in dem Umstand, dass die meisten Mietverhältnisse einen starken persönlichen Bezug haben (Prot. II 220, Mot. II 416) und auf die Bedürfnisse der Parteien zugeschnitten sind. Deshalb soll dem Vermieter das Recht zustehen, sich im Falle des Todes des Mieters vorzeitig aus dem Vertrag zu lösen. Dem Erben wird das Kündigungsrecht zugebilligt, weil dieser für die Mietsache häufig keine Verwendung hat. Beim Tod des Vermieters besteht kein Kündigungsrecht.

Die Vorschrift gilt nur dann, wenn keine Rechtsnachfolge nach §§ 563, 563a BGB stattfindet. Die Vorschrift gilt ausschließlich für die Wohnraummiete. Für Mietverhältnisse über bewegliche Sachen, für die Miete von Grundstücken und Grundstücksteilen, für die Geschäftsraummiete, für die Miete eingetragener Schiffe und für Leasingverträge besteht eine Kündigungsbefugnis nach § 580 BGB. Bei der Pacht besteht nur das Kündigungsrecht der Erben des Pächters, der Verpächter ist mit der Kündigung ausgeschlossen (§ 584a Abs. 2 BGB). Für die Landpacht gilt der Ausschluss nicht (§ 594d Abs. 1 BGB).

Bei der Wohnraummiete hat die Vorschrift insbesondere dann praktische Bedeutung, wenn ein alleinstehender Mieter verstirbt.

II. Tod des Mieters

Die Vorschrift ist anwendbar, wenn der Mieter stirbt. Auf die Todesursache kommt es nicht an; nach allgemeiner Ansicht gilt § 564 BGB auch bei der Selbsttötung (BGH NJW-RR 1991, 75). Die Todeserklärung nach dem Verschollenheitsgesetz begründet eine Todesvermutung (§ 9 Abs. 1 VerschG) und führt demgemäß zur Anwendung des § 564 BGB. Ist der Verschollene nicht für tot erklärt, so gilt die Lebensvermutung.

Die Vorschrift gilt nur beim Tod einer natürlichen Person. Eine **juristische Person** kann nicht Mieter von Wohnraum sein, weil ein Wohnraummietverhältnis nur vorliegt, wenn der Raum zu Wohnzwecken angemietet wird; der Raum muss also zur Befriedigung der Wohnbedürfnisse des Mieters angemietet werden.

Streitig ist, ob die Vorschrift gilt, wenn die Mietsache an eine **Personenhandelsgesellschaft** (KG, OHG) als Wohnung für einen Gesellschafter vermietet ist und dieser stirbt. Dies ist zu bejahen (Wolf/Eckert/Ball Rdn. 946; **a. A.** Streyl in: Schmidt-Futterer § 564 BGB Rdn. 16; Lammel Wohnraummietrecht § 564 BGB Rdn. 10; Fleindl in: Bub/Treier Kap IV Rdn. 449; Kinne in: Kinne/Schach/Bieber Miet- und Mietprozessrecht § 564 BGB Rdn. 1). Zwar kommt hier der Mietvertrag mit der Gesellschaft zustande. Für Verbindlichkeiten der Gesellschaft haften aber die Gesellschafter der OHG als Gesamtschuldner (§ 128 HGB). Bei der KG haften lediglich die persönlich haftenden Gesellschafter unbeschränkt, die Kommanditisten haften nur mit der Höhe ihrer Einlage (§ 161 HGB). Die Gegenansicht sieht für die Anwendung des § 564 BGB kein Bedürfnis, weil hier das personale Element keine Rolle spiele (Lammel Wohnraummietrecht § 564 BGB Rdn. 10). Diese Annahme trifft allerdings nicht zu, weil die Gesellschafter für die Erfüllung der mietvertraglichen Pflichten einzustehen haben und deshalb der personale Bezug nicht zweifelhaft sein kann. Eine Ausnahme ist nur dort angebracht, wo es auf Grund der Gesellschaftsstruktur auf die Person des Gesellschafters nicht ankommt, z. B. bei einer Gesellschaft unter Familienmitgliedern (Wolf/Eckert/Ball a.a.O.).

§ 564 BGB Untertitel 2. Mietverhältnisse über Wohnraum

8 Ebenso ist streitig, welche Rechtsfolge eintritt, wenn die Sache an **mehrere Personen** vermietet ist und einer der Mieter stirbt (vgl. dazu Eckert in GS Sonnenschein 2003, S. 313 ff). Die Vorschrift des § 563a BGB regelt nur den Fall der von Angehörigen gemeinsam angemieteten und gemeinsam benutzten Wohnung. Alle anderen Fälle (z. B. die Miete einer Wohnung durch eine Wohngemeinschaft) sind nicht gesetzlich geregelt.

9 Nach allgemeinen Grundsätzen wird beim Tod eines von mehreren Mietern das Mietverhältnis zwischen dem Vermieter einerseits sowie den überlebenden Mietern und dem Erben des verstorbenen Mieters andererseits fortgesetzt. Weder die überlebenden Mieter noch der Erbe können für ihre Person (allein) kündigen. Ebenso wenig kann der Vermieter das Mietverhältnis gegenüber dem Erben (allein) kündigen und so erreichen, dass die Vertragsbeziehungen allein zu den überlebenden Mietern fortbestehen. Dies folgt aus dem Grundsatz der Unteilbarkeit des Mietverhältnisses.

10 Hieraus wird geschlossen, dass das Kündigungsrecht für beide Seiten ausgeschlossen ist, wenn nur ein Mieter stirbt (OLG Naumburg ZMR 2001, 538 = NZM 2002, 166; Häublein in: MünchKomm § 564 BGB Rdn. 13 ff; Rolfs in: Staudinger § 564 BGB Rdn. 6; Fleindl in: Bub/Treier Kap IV Rdn. 449; Wolf/Eckert/Ball Rdn. 945; Lützenkirchen in Lützenkirchen Mietrecht § 564 Rdn. 28; Fritz Gewerberaummietrecht Rdn. 402).

11 Nach der hier vertretenen Ansicht rechtfertigt es der Zweck des § 564 BGB, dem Vermieter ein Kündigungsrecht (gegenüber allen Mietern) zuzubilligen, weil er nur auf diese Weise verhindern kann, dass ihm ein persönlich unerwünschter Mieter aufgedrängt wird. Dies wird insbesondere dann deutlich, wenn die ursprünglichen Mieter sukzessive versterben, so dass der Vermieter irgendwann völlig andere Vertragspartner als die ursprünglichen hätte. Im Übrigen ist es auch sonst anerkannt, dass der Vermieter zur Kündigung berechtigt ist, wenn der Kündigungsgrund (z. B. Vertragsverletzungen) nur in der Person eines von mehreren Mietern vorliegt (wie hier Lammel Wohnraummietrecht § 564 BGB Rdn. 14).

12 Steht das Kündigungsrecht kraft Gesetzes dem Vermieter zu, so kann es den Mietern nicht versagt werden. Allerdings können diese das Kündigungsrecht nur gemeinsam ausüben (ebenso: Lammel Wohnraummietrecht § 564 BGB Rdn. 13). Eine Verpflichtung zum Ausspruch einer Kündigung kann sich dabei aus dem zwischen den Mietern bestehenden Innenverhältnis, gegebenenfalls aus der Interessenlage ergeben. Darüber hinaus kann im Mietvertrag vereinbart werden, dass der Erbe oder der überlebende Mieter berechtigt sein sollen, das Mietverhältnis mit Wirkung für den jeweils anderen Mieter zu kündigen. Nach anderer Ansicht gibt § 564 S. 2 BGB dem Erben die Rechtsmacht, das Mietverhältnis mit Wirkung für die überlebenden Mieter zu beenden (Streyl in: Schmidt-Futterer § 564 BGB Rdn. 18 und in NZM 2011, 377, 386). Mit dem allgemeinen Grundsatz, dass mehrere Mieter das Mietverhältnis nur gemeinsam kündigen können und dass der Erbe eines verstorbenen Mieters keine weitergehenden Befugnisse haben kann, wie der Erblasser, steht diese Ansicht nicht im Einklang.

13 Hat der überlebende Mieter den Verstorbenen beerbt, so wird das Mietverhältnis zwischen dem Vermieter und dem überlebenden Mieter fortgesetzt. Für diesen Sonderfall besteht für die Anwendung des § 564 BGB kein Anlass, weil sich an den Vertragsverhältnissen nichts ändert. Das gilt sowohl für den Mieter als auch für den Vermieter.

III. Eintritt des Erben (Satz 1)

Weiter setzt die Vorschrift voraus, dass ein Erbe in das Mietverhältnis eintritt. Der **14** Erbe kann die Erbschaft ausschlagen (§ 1942 Abs. 1 BGB). In diesem Fall gilt der Eintritt in das Mietverhältnis als nicht erfolgt (§ 1953 Abs. 1 BGB). Die Frist für die **Ausschlagung der Erbschaft** beträgt 6 Wochen (§ 1944 Abs. 1 BGB). Die Frist beginnt grundsätzlich mit dem Zeitpunkt zu dem der Betreffende erfährt, dass er Erbe geworden ist, beim Testamentserben nicht vor der Testamentseröffnung. Eine Ausnahme gilt für Erben mit Aufenthaltsort im Ausland: Hier beträgt die Ausschlagungsfrist 6 Monate. Die Ausschlagung erfolgt durch Erklärung gegenüber dem Nachlassgericht. Hat der Erbe die Erbschaft angenommen, so ist die Ausschlagung ausgeschlossen.

Die Ausschlagung hat zur Folge, dass die Erbschaft bei derjenigen Person anfällt, **15** die in der Erbfolge als nächstes kommt. Schlägt auch diese Person aus, so wird wiederum der nächst berufene Erbe, usw. Schlagen alle natürlichen Personen aus, so wird der Fiskus Erbe (§ 1936 BGB). Gleiches gilt, wenn keine natürliche Person als Erbe vorhanden ist. Der Fiskus kann die Erbschaft nicht ausschlagen (§ 1942 Abs. 2 BGB). Er hat aber vereinfachte Möglichkeiten zur Haftungsbegrenzung, die zur Folge haben, dass der Fiskus nur mit dem Nachlass haftet (§§ 2011 BGB, 780 Abs. 2 ZPO).

Der Erbe tritt nicht in das Mietverhältnis ein, wenn eine **Sonderrechtsnach-** **16** **folge** nach §§ 563, 563a BGB zustande kommt. Tritt eine bestimmte Person sowohl als Erbe als auch nach §§ 563, 563a BGB in das Mietverhältnis ein, so gelten ausschließlich die §§ 563, 563a BGB.

Ebenso ist § 564 BGB unanwendbar, wenn das **Mietverhältnis mit dem Tode** **17** **des Mieters endet.** Dies ist der Fall, wenn das Mietverhältnis auf Lebenszeit des Mieters abgeschlossen wurde. Dies gilt auch bei der Wohnraummiete, weil Mietverträge auf Lebenszeit zu den befristeten Mietverträgen gehören. Gleiches gilt, wenn die Parteien vertraglich vereinbart haben, dass das Mietverhältnis spätestens mit dem Tod des Mieters enden soll.

In einem solchen Fall tritt der Erbe nur in das Abwicklungsschuldverhältnis ein. **18** Er haftet also für die bereits bestehenden Verbindlichkeiten. Hierzu gehört insbesondere der rückständige Mietzins, der Anspruch auf die Nutzungsentschädigung, die Verpflichtung zur Durchführung von Schönheitsreparaturen, zur Zahlung von Schadensersatz bei einer Beschädigung der Mietsache, sowie die Räumung und Herausgabe der Wohnung.

IV. Haftung des Erben für Nachlassverbindlichkeiten

1. Begriffe

Nach § 1967 Abs. 1 BGB haftet der Erbe für die **Nachlassverbindlichkeiten.** **19** Hier ist zu unterscheiden: **Erblasserschulden** sind Verbindlichkeiten die vom Erblasser herrühren. **Erbfallschulden** sind Verbindlichkeiten die aus Anlass des Erbfalls entstehen. **Nachlasserbenschulden** sind Verbindlichkeiten, die der Erbe im Zuge der Nachlassverwaltung eingeht. Zu den Nachlassverbindlichkeiten zählen die Erblasserschulden und die Erbfallschulden (§ 1967 Abs. 2 BGB). Hierzu BGH (WuM 2019, 65 und Herzog (NZM 2013, 175).

2. Annahme und Ausschlagung der Erbschaft

20 Nimmt der Erbe die Erbschaft an, so haftet er persönlich für die Nachlassverbindlichkeiten des Erblassers (§§ 1922, 1967 Abs. 1 BGBO). Der Erbe kann die Erbschaft durch Erklärung gegenüber dem Nachlassgericht (§ 1945 Abs. 1 BGB) ausschlagen. In diesem Fall gilt der Anfall der Erbschaft an den Ausschlagenden als nicht erfolgt.

3. Haftungsbeschränkung

21 Der Erbe kann seine Haftung auf den Nachlass beschränken. Diese Möglichkeit besteht für Erblasserschulden und für Erbfallschulden. Die Haftungsbeschränkung besteht in drei Fällen.

22 **a) Nachlassverwaltung (§§ 1975–1988).** Die Nachlassverwaltung ist eine Nachlasspflegschaft zum Zwecke der Befriedigung der Nachlassgläubiger. Antragsberechtigt ist der Erbe (§ 1981 Abs. 1 BGB). Der Nachlassgläubiger ist zur Antragstellung berechtigt, wenn Grund zu der Annahme besteht, dass der Nachlass zur Befriedigung nicht ausreicht (§ 1981 Abs. 2 BGB).

23 **b) Nachlassinsolvenzverfahren ((§§ 1975–1980).** Dieses muss der Erbe beantragen, wenn er von der Überschuldung des Nachlasses Kenntnis hat (§ 1980).

24 In den Fällen der Nachlassverwaltung und des Nachlassinsolvenzverfahrens ist die Haftung des Erben auf das Nachlassvermögen beschränkt; der Erbe haftet also nicht mit seinem eigenen Vermögen (§ 1975 BGB). Die genannten Maßnahmen setzen allerdings voraus, dass das Nachlassvermögen zur Deckung der insoweit entstehenden Kosten ausreicht.

25 **c) Dürftigkeitseinrede (§§ 1990, 1992).** Diese Möglichkeit steht dem Erben zur Verfügung, wenn das Nachlassgericht die Anordnung der Nachlassverwaltung oder die Eröffnung des Nachlassinsolvenzverfahrens mangels Masse ablehnt. Bei der Dürftigkeitseinrede kann der Erbe „die Befriedigung eines Nachlassgläubigers insoweit verweigern, als der Nachlass nicht ausreicht" (§ 1990 Abs. 1 Satz 1 BGB).

26 **d) Inventarverzeichnis.** Zur Vorbereitung der Haftungsbeschränkung ist es erforderlich, dass der Nachlass vom Eigenvermögen getrennt wird. Zu diesem Zweck muss der Erbe beim Nachlassgericht ein Inventarverzeichnis einreichen (§ 1993, „Inventarerrichtung"). Der Nachlassgläubiger kann beim Nachlassgericht beantragen, dass dem Erben eine Inventarfrist gesetzt wird. Wird die Frist überschritten, haftet der Erbe unbeschränkt (§ 1994 Abs. 1 Satz 2). Gleiches gilt, wenn das Verzeichnis in erheblichem Umfang unvollständig ist und der Erbe in der Absicht der Gläubigerbenachteiligung gehandelt hat (§ 2005 Abs. 1) oder wenn sich der Erbe weigert, die Richtigkeit des Verzeichnisses eidesstattlich zu versichern (§ 2006 Abs. 3 Satz 1).

4. Die Haftung im Einzelnen

27 **a) Schadensersatzforderungen** sind Erblasserschulden, wenn der Haftungsgrund in einem vom Erblasser zu vertretenden vertragswidrigem oder deliktischen Verhalten liegt. Hier ist eine Haftungsbegrenzung möglich. Schäden, die infolge des Todes des Mieters entstehen, sind dem Erblasser nicht zuzurechnen; dies gilt auch für den Freitod (BGH NJW-RR 1991, 75). Die dem Mieter obliegende Obhutspflicht geht auf den Erben über. Deshalb kommt eine Eigenhaftung des Erben in

Betracht, wenn der Schaden entsteht, weil sich der Erbe nach dem Tod des Erblassers nicht um die Wohnung kümmert.

b) Mietrückstände sind Erblasserschulden. Im Außenverhältnis zum Vermieter haftet der Sonderrechtsnachfolger neben dem Erben als Gesamtschuldner. Im Innenverhältnis haftet der Erbe allein. Der Erbe kann von der Möglichkeit der Haftungsbegrenzung Gebrauch machen. 28

c) Mit dem Tod des Erblassers erlangt der Erbe gem. § 564 Satz 1 BGB die Rechtsstellung eines Mieters. Hieraus wird teilweise abgeleitet, dass die **zwischen dem Tod des Erblassers und der Beendigung des Mietverhältnisses fälligen Mietforderungen** als Nachlasserbenschulden gelten, für die der Erbe persönlich haftet (so z. B. Streyl in: Schmidt-Futterer § 564 BGB Rdn. 3). Der BGH teilt diese Ansicht nicht. Nach seiner Meinung handelt es sich bei den fraglichen Verbindlichkeiten jedenfalls dann um reine Nachlassverbindlichkeiten, wenn das Mietverhältnis nach § 564 Satz 2 BGB auf Grund einer vom Vermieter oder vom Erben ausgesprochenen Kündigung beendet wird. Die Regelung in § 564 Satz 1 begründe keine besondere Haftung des Erben. Sie besage nur, dass der Erbe nur dann Rechtsnachfolger im Mietverhältnis werde, wenn kein Angehöriger in das Mietverhältnis eintritt (BGH NJW 2013, 933 = WuM 2013, 236 = NZM 2013, 185). Die Frage, ob die nach dem Tod des Mieters entstehenden Mietzinsansprüche auch dann als „reine Nachlassverbindlichkeiten" gelten, wenn keine Kündigung nach § 564 Satz 2 ausgesprochen wird, hat der BGH nicht behandelt. Die Frage ist zu verneinen. 29

d) Sonstiges. Die Durchführung von **Schönheitsreparaturen** und die **Rückbauverpflichtung** zählen zu den Erblasserschulden (Herzog NZM 2013, 175, 181). **(6)** Ein **Betriebskostenguthaben** ist an den Sonderrechtsnachfolger auszubezahlen; dieser muss das Guthaben an den Erben herausgeben (Herzog a. a. O.). **(7)** Dasselbe gilt für die **Barkaution** (Herzog a. a. O.). 30

5. Unbekannter Erbe

Ist der Erbe unbekannt, so ist streitig, wie der Vermieter das Mietverhältnis durch Kündigung beenden kann. Teilweise wird vertreten, dass eine Kündigung im Wege der öffentlichen Zustellung möglich ist (Sternel ZMR 2004, 713, 723). Diese Ansicht ist abzulehnen, weil die Kündigung als empfangsbedürftige Willenserklärung gegenüber einem konkreten Adressaten abzugeben ist (Rolfs in: Staudinger § 564 BGB Rdn. 19). Der Vermieter kann eine Nachlasspflegschaft für die Vertretung des unbekannten Erben beantragen (s. § 535 Rdn. 223). Der Mieter kann zu Lebzeiten eine bestimmte Person zur Entgegennahme der Kündigung bevollmächtigen. Eine solche über den Tod fortgeltende Empfangsvollmacht ist wirksam; der Erbe kann diese Vollmacht allerdings widerrufen. 31

V. Die Kündigung (Satz 2)

1. Außerordentliche Kündigung

Das Kündigungsrecht steht dem Vermieter und dem Erben zu. Es handelt sich um ein außerordentliches Kündigungsrecht mit gesetzlicher Frist i. S. von § 573d BGB. Dies hat zur Folge, dass auch solche Mietverhältnisse nach § 564 BGB gekündigt werden können, bei denen die ordentliche Kündigung ausgeschlossen ist 32 (befristete Mietverhältnisse nach § 575 Abs. 1 Satz 1 BGB, Mietverhältnisse mit vereinbartem Kündigungsausschluss). Hierin liegt die praktische Bedeutung der Vorschrift. Bei Mietverhältnissen mit vereinbartem Kündigungsausschluss ist zu fragen, ob lediglich das Recht zur ordentlichen Kündigung oder auch die außerordentlichen Kündigungsrechte ausgeschlossen sind. Die Vermutung spricht für die erste Annahme. Für einen Kündigungsausschluss zugunsten des Erben müssen stets konkrete Anhaltspunkte vorliegen.

2. Kündigungsberechtigung

33 Kündigungsberechtigt sind der Vermieter und der Erbe. Kündigt der Erbe, so handelt es sich nicht nur um eine Verwaltungsmaßnahme (so BGH NJW 1952, 111), sondern um eine Verfügung über den Nachlassgegenstand (Sternel Rdn. IV 539; Häublein in: MünchKomm § 564 BGB Rdn. 10). Der Vermächtnisnehmer ist weder kündigungsberechtigt, noch kann ihm gegenüber wirksam gekündigt werden (Häublein in: MünchKomm § 564 BGB Rdn. 10).

34 Hat der Mieter **mehrere Erben,** so muss die Kündigung durch alle Erben erklärt werden. Dies gilt auch dann, wenn die Räume nicht durch alle Erben genutzt werden (Rolfs in: Staudinger § 564 BGB Rdn. 12; Streyl in: Schmidt-Futterer § 564 BGB Rdn. 8; Lammel Wohnraummietrecht § 564 BGB Rdn. 19; Häublein in: MünchKomm § 564 BGB Rdn. 10; Kinne in: Kinne/Schach/Bieber Miet- und Mietprozessrecht § 564 BGB Rdn. 4). Das folgt bereits aus allgemeinen Grundsätzen, weil die Erben gemeinschaftliche Mieter werden und eine Kündigung von allen Mietern ausgesprochen werden muss. Eine Einigung der Erben untereinander über die Aufteilung der Erbschaft ändert daran nichts. Rechtsgeschäfte der Mieter untereinander haben auf das Verhältnis zum Vermieter keinen Einfluss. Nur durch Vertrag mit dem Vermieter kann dies anders geregelt werden. Umgekehrt muss der Vermieter stets gegenüber allen Erben kündigen. Aus der Sicht des Erbrechts gilt nichts anderes, weil die Erben gem. § 2040 Abs. 1 BGB nur gemeinsam über einen Nachlassgegenstand verfügen können.

35 Der Erbe muss sich gegenüber dem Vermieter nicht durch **Vorlage eines Erbscheins** oder auf ähnliche Weise legitimieren, wenn er die Kündigung ausspricht (Streyl in: Schmidt-Futterer § 564 BGB Rdn. 9; Rolfs in: Staudinger § 564 BGB Rdn. 9; Lammel Wohnraummietrecht § 564 BGB Rdn. 20; Kinne in: Kinne/Schach/Bieber Miet- und Mietprozessrecht § 564 BGB Rdn. 4; Palandt/Weidenkaff § 564 BGB Rdn. 7; Fleindl in: Bub/Treier Kap IV Rdn. 450; Sternel Rdn. IV 539; Lützenkirchen in Lützenkirchen Mietrecht § 564 BGB Rdn. 27). Maßgeblich ist allein, dass der Kündigende tatsächlich Erbe geworden ist.

36 Ebenso kommt es für die Kündigungsberechtigung nicht darauf an, ob der Erbe die Erbschaft angenommen hat (Rolfs in: Staudinger § 564 BGB Rdn. 19). Dies gilt sowohl für die Kündigung durch den **vorläufigen Erben** als auch für die Kündigung durch den Vermieter gegenüber dem vorläufigen Erben.

37 Eine Kündigung des Erben bleibt grundsätzlich wirksam, wenn die **Erbschaft später ausgeschlagen** wird (§ 1959 Abs. 2 BGB). Gleiches gilt für die Kündigung des Vermieters, die gegenüber dem Erben zu einem Zeitpunkt erklärt wird, zu dem der Erbe die Erbschaft noch nicht ausgeschlagen hat.

38 Die Kündigung durch einen Nicht-Erben ist unwirksam. Eine Ausnahme gilt, wenn der Kündigende zu Unrecht in einem Erbschein als Erbe bezeichnet ist (§§ 2366, 2367 BGB). Hier ist sowohl die Kündigung durch den **Erbscheins-**

Erben als auch die Kündigung des Vermieters gegenüber dem Erbscheins-Erben wirksam (Streyl in: Schmidt-Futterer § 564 BGB Rdn. 9). Der Vermieter darf sich auf die Richtigkeit des Erbscheins verlassen, es sei denn, er kennt dessen Unrichtigkeit oder weiß, dass das Nachlassgericht die Rückgabe des Erbscheins wegen Unrichtigkeit verlangt hat (Rolfs in: Staudinger § 564 BGB Rdn. 10).

Ist **Nachlasspflegschaft** (§§ 1960, 1915 Abs. 1, 1897, 1793 BGB) oder **Nachlassverwaltung** (§ 1975 BGB) angeordnet oder ein **Testamentsvollstrecker** ernannt (§ 2197, 2200 BGB), so ist der Erbe nicht zur Verfügung über den Nachlass berechtigt (§§ 1793, 1984 Abs. 1, 2211 BGB). Hier können der Nachlasspfleger, der Nachlassverwalter oder der Testamentsvollstrecker kündigen (Rolfs in: Staudinger § 564 BGB Rdn. 11; Streyl in: Schmidt-Futterer § 564 BGB Rdn. 11; Lammel Wohnraummietrecht § 564 BGB Rdn. 21; Häublein in: MünchKomm § 564 BGB Rdn. 10; Hinz in: Klein-Blenkers/Heinemann/Ring, Miete/WEG/Nachbarschaft § 564 BGB Rdn. 10; Kinne in: Kinne/Schach/Bieber Miet- und Mietprozessrecht § 564 BGB Rdn. 4). Die Kündigung durch den Nachlasspfleger bedarf nach § 1812 Abs. 1 BGB der Genehmigung durch das Familiengericht (LG Berlin GE 1993, 39; Lammel Wohnraummietrecht § 564 BGB Rdn. 21). Der Vermieter kann gegenüber diesen Personen, aber auch gegenüber dem Erben kündigen. Der Erbe ist an der Entgegennahme der Kündigung nicht gehindert, weil dies – im Gegensatz zum Ausspruch einer Kündigung – keine Verfügung über den Nachlass darstellt. 39

Zu beachten ist weiter, dass die Verfügungsbeschränkung des Erben bei der Nachlassverwaltung erst mit deren Anordnung in Kraft tritt (§ 1984 Abs. 1 Satz 1 BGB). Vor diesem Zeitpunkt kann die Kündigung durch den Erben erklärt werden. 40

Das Amt des Testamentsvollstreckers beginnt mit der Annahme des Amtes (§ 2202 Abs. 1 BGB). Da der Erbe hier aber bereits ab dem Erbfall nicht über den Nachlass verfügen kann (BGHZ 25, 275, 282), ist die Kündigung durch den Erben immer unwirksam. 41

Ist der Erbe eines verstorbenen Mieters unbekannt und hat der Vermieter die Absicht, das Mietverhältnis durch Kündigung zu beenden, so hat das Nachlassgericht auf Antrag des Vermieters einen Nachlasspfleger zu bestellen (OLG Köln WuM 2011, 226; OLG München NJW-RR 2012, 842). Dieser kann und muss die Kündigung des Mietverhältnisses entgegennehmen und für dessen Abwicklung, insbesondere die Rückgabe der Mietsache sorgen. Ist der Nachlass wertlos, so muss die Nachlasspflegschaft auf Kosten der Staatskasse eingerichtet werden (Wotte/Ungerer NZM 2012, 412, 413). Schließt der Vermieter mit dem Nachlasspfleger einen Aufhebungsvertrag, so sind die Räumungskosten bei wertlosem Nachlass vom Vermieter zu tragen (Wotte/Ungerer a.a.O.). War der verstorbene Mieter mittellos, so kann der Nachlasspfleger auch einen Antrag auf Eröffnung des Nachlassinsolvenzverfahrens stellen; gegebenenfalls kann er die Einrede der Dürftigkeit des Nachlasses erheben (§§ 1990f BGB). Ist Vermögen vorhanden, sind aber die Erben (noch) unbekannt, so kann es für den Vermieter vorteilhaft sein, einen Titel gegen die unbekannten Erben, vertreten durch den Nachlasspfleger zu erwirken. 42

3. Kündigungsgründe

Für die Kündigung nach Satz 2 sind **keine Kündigungsgründe** erforderlich. Dies gilt sowohl für die Kündigung durch den Erben als auch für die Kündigung durch den Vermieter. Insoweit ist in **§ 573d Abs. 1 BGB** ausdrücklich bestimmt, 43 dass die Regelungen der §§ 573 und 573a (also die Kündigungsschutzvorschriften zugunsten des Mieters) für die Kündigung gegenüber Erben des Mieters nicht gelten. Die Regelung des § 573d Abs. 1 ist unanwendbar, wenn der Erbe nicht nach den §§ 564 Satz 1, 1922 Abs. 1 BGB, sondern nach den §§ 563, 563a Rechtsnachfolger hinsichtlich der Wohnung geworden ist.

44 Die Regelung des § 573d Abs. 1 BGB kann zu Problemen führen, wenn der verstorbene Mieter die **Wohnung vertragsgemäß einem Angehörigen überlassen** hat und der Erbe das Mietverhältnis fortsetzen will. Beispiel: M. mietet eine Wohnung mit der Abrede, dass diese durch seinen Sohn genutzt werden soll. M. verstirbt und wird von seiner Ehefrau beerbt. Diese will die Wohnung weiterhin dem Sohn überlassen. Solange der Mieter lebt, kann der Vermieter nur kündigen, wenn Kündigungsgründe vorliegen. Nach dem Tod des Mieters steht dem Vermieter das Sonderkündigungsrecht zu, obwohl der Wohnungsnutzer weiterhin schutzwürdig ist (s. dazu Hinkelmann NZM 2002, 378, 379). Eine teleologische Reduktion des § 573d Abs. 1 BGB ist gleichwohl ausgeschlossen. Die Parteien des Mietvertrags können aber vereinbaren, dass das Kündigungsrecht des Vermieters für diesen Fall ausgeschlossen ist.

45 Die **Vorschriften über den Kündigungswiderspruch (§ 574)** gelten dagegen auch für die Kündigung durch den Vermieter (Rolfs in: Staudinger § 564 BGB Rdn. 16; Streyl in: Schmidt-Futterer § 564 BGB Rdn. 6; Lützenkirchen in Lützenkirchen Mietrecht § 564 BGB Rdn. 39; Kinne in: Kinne/Schach/Bieber Miet- und Mietprozessrecht § 564 BGB Rdn. 5; Kossmann/Meyer-Abich Handbuch der Wohnraummiete § 19 Rdn. 18; **a. A.** Lammel Wohnraummietrecht § 564 BGB Rdn. 27; Herrmann in: Bamberger/Roth § 564 BGB Rdn. 4). Deshalb ist der Vermieter zur Vermeidung von Rechtsnachteilen gehalten, die Gründe der Vertragsbeendigung im Kündigungsschreiben anzugeben (§§ 568 Abs. 2, 574 Abs. 3). Allerdings dürfte es in der Praxis kaum vorkommen, dass der Erbe Härtegründe i. S. des § 574 geltend machen kann.

4. Kündigungstag

46 Die Kündigung kann nur innerhalb eines Monats erfolgen. Für den **Fristbeginn** kommt es bei der **Kündigung durch den Erben** maßgeblich darauf an, wann der Erbe eine hinreichend sichere Kenntnis von seiner Erbenstellung erlangt hat (OLG Düsseldorf WuM 1994, 79 = ZMR 1993, 114 = DWW 1994, 48). Kommen mehrere Personen als Erben in Betracht, so beginnt die Frist erst, wenn sämtliche Erben bekannt sind. Außerdem muss der Erbe den Namen und die Anschrift des Vermieters wissen (**a. A.** Fritz, Gewerberaummietrecht Rdn. 402). Für die **Kündigung des Vermieters** ist maßgeblich, wann der Vermieter von der Person des oder der Erben Kenntnis erlangt hat (LG Berlin, GE 1988, 143; GE 1994, 1267; LG Köln MDR 1973, 409). Auch hier beginnt die Frist erst, wenn der Vermieter weiß, dass kein Eintritt/Vertragsfortsetzung nach §§ 563, 563a BGB erfolgt ist (Rolfs in: Staudinger § 564 BGB Rdn. 18; Streyl in: Schmidt-Futterer § 564 BGB Rdn. 13; Häublein in: MünchKomm § 564 BGB Rdn. 11). Außerdem muss der Vermieter alle Erben kennen. Die jeweils Kündigungsberechtigten dürfen nicht untätig bleiben; vielmehr sind sie gehalten, sich Gewissheit über die Person des Kündigungsgegners zu verschaffen (Lammel Wohnraummietrecht § 564 BGB Rdn. 23). Anderenfalls verlieren sie das Kündigungsrecht (OLG Hamm WuM 1981, 263 = ZMR 1981, 211). Insbesondere wird der Vermieter verpflichtet sein, Auskünfte beim Nachlassgericht einzuholen.

Eine Besonderheit gilt bei der **Testamentsvollstreckung.** Das Amt des Testa- 47
mentsvollstreckers beginnt mit der Annahme des Amtes (§ 2202 Abs. 1 BGB). Vor
diesem Zeitpunkt kann auch der Erbe nicht kündigen, weil dieser bereits ab dem
Erbfall nicht über den Nachlass verfügen kann (BGHZ 25, 275, 282). Folgerichtig
beginnt die Frist für die Kündigung durch den Testamentsvollstrecker erst mit der
Annahme des Amtes (Rolfs in: Staudinger § 564 BGB Rdn. 20; Häublein in:
MünchKomm § 564 BGB Rdn. 11; Kinne in: Kinne/Schach/Bieber Miet- und
Mietprozessrecht § 564 BGB Rdn. 4).

Beim **Nachlasspfleger** und **-verwalter** gelten keine Besonderheiten, weil hier 48
keine Lücke in der Verfügungsbefugnis eintritt. Vor der Anordnung kann der Erbe
kündigen, nach diesem Zeitpunkt der Verwalter.

Für die Kündigung durch den Vermieter verbleibt es bei der allgemeinen Rege- 49
lung, weil der Vermieter vor Beginn der Testamentsvollstreckung oder Nachlassverwaltung gegenüber dem Erben kündigen kann.

Stirbt der Mieter **vor Vollzug** des Mietverhältnisses (zwischen dem Abschluss 50
des Mietvertrags und der Überlassung), so beginnt die Frist nicht erst mit dem
Mietbeginn (dem Zeitpunkt, zu dem die Mietsache vereinbarungsgemäß überlassen werden soll).

Wird die Kündigung nicht innerhalb der Frist ausgesprochen, für den sie zulässig 51
ist, so wird das Mietverhältnis mit dem Erben fortgesetzt. Die nach dem Tod des
Mieters fällig werdenden Forderungen des Vermieters sind keine Nachlassverbindlichkeiten, sondern Eigenverbindlichkeiten des Mieters. Dies gilt nicht nur dann,
wenn der Mieter die Sache in Besitz nimmt oder hiervon Gebrauch macht, sondern
auch, wenn er die Kündigung unterlässt. Das hat zur Folge, dass der Erbe nicht die
Einrede der Dürftigkeit des Nachlasses erheben kann. Dies gilt auch dann, wenn die
Kündigung bewusst unterbleibt um den Nachlass abzuwickeln (**a. A.** LG Wuppertal MDR 1997, 34).

5. Kündigungstermin

Die Vorschrift gewährt ein Kündigungsrecht nach dem ein Mietverhältnis „au- 52
ßerordentlich mit der gesetzlichen Frist" gekündigt werden kann. Die Kündigungsfrist bestimmt sich demnach einheitlich nach § 574d BGB.

VI. Abweichende Vereinbarungen

Die Vorschrift des § 564 BGB ist nicht zwingend (BGH NJW 1997, 1695 zu 53
§ 569 BGB a. F.). **Das Kündigungsrecht des Vermieters kann ausgeschlossen
werden.** Hierfür besteht ein praktisches Bedürfnis, wenn der Mieter in den gemieteten Räumen ein Erwerbsgeschäft betreibt und sichergestellt werden soll, dass das
Geschäft nach dem Tod des Mieters von seinen Erben fortgeführt werden kann.
Der Ausschluss des Kündigungsrechts des Erben ist ebenfalls möglich. Auch hierfür
besteht ein praktisches Bedürfnis, z. B. bei Mietverhältnissen, die zum Zwecke der
Altersversorgung des Vermieters geschlossen werden oder beim Finanzierungsleasing (von Westphalen EWiR 1986, 1087).

Ebenso ist es möglich, den Kündigungstag und den Kündigungstermin abwei- 54
chend von § 564 BGB zu regeln. Wird vereinbart, dass § 564 BGB nicht gelten
soll, so ist das Kündigungsrecht für beide Seiten ausgeschlossen.

55 Der Ausschluss oder die Beschränkung des Kündigungsrechts ist grundsätzlich auch durch **Formularvertrag** möglich, weil § 564 BGB nicht zum Leitbild der Miete gehört (Lammel Wohnraummietrecht § 564 BGB Rdn. 6; Streyl in: Schmidt-Futterer § 564 BGB Rdn. 25, 26; Herrmann in: Bamberger/Roth § 564 BGB Rdn. 8; **a. A.** Rolfs in: Staudinger § 564 BGB Rdn. 25; Hinz in: Klein-Blenkers/Heinemann/Ring, Miete/WEG/Nachbarschaft § 564 BGB Rdn. 17; Palandt/Weidenkaff § 564 BGB Rdn. 3; Kinne in: Kinne/Schach/Bieber Miet- und Mietprozessrecht § 564 BGB Rdn. 6). Dabei sind allerdings **zwei Einschränkungen** zu machen. Zum einen muss der Ausschluss oder die Beschränkung der Kündigung für beide Teile gelten (Wolf/Eckert/Ball Rdn. 940; Lammel a.a.O.; Fritz Gewerberaummietrecht Rdn. 169b), weil anderenfalls das Prinzip fairer Vertragsgestaltung nicht gewahrt ist. Zum Anderen darf bei langfristigen Mietverträgen das Recht zur Untervermietung nicht vertraglich ausgeschlossen werden. Anderenfalls würden die Rechtsnachfolger von Mietern mit langfristigen Verträgen übermäßig beschwert, wenn sie für die Mietsache keine eigene Verwendung haben.

56 Soll der Eintritt des Erben verhindert werden, so muss das Mietverhältnis so ausgestaltet werden, dass es mit dem Tod des Mieters endet (s. Rdn. 17). Eine solche Vereinbarung ist auch formularmäßig möglich (**a. A.** wohl LG Frankfurt WuM 1990, 82: Verstoß gegen § 307 BGB).

§ 565 Gewerbliche Weitervermietung

(1) ¹**Soll der Mieter nach dem Mietvertrag den gemieteten Wohnraum gewerblich einem Dritten zu Wohnzwecken weitervermieten, so tritt der Vermieter bei der Beendigung des Mietverhältnisses in die Rechte und Pflichten aus dem Mietverhältnis zwischen dem Mieter und dem Dritten ein.** ²**Schließt der Vermieter erneut einen Mietvertrag zur gewerblichen Weitervermietung ab, so tritt der Mieter anstelle der bisherigen Vertragspartei in die Rechte und Pflichten aus dem Mietverhältnis mit dem Dritten ein.**

(2) **Die §§ 566a bis 566e gelten entsprechend.**

(3) **Eine zum Nachteil des Dritten abweichende Vereinbarung ist unwirksam.**

Übersicht

	Rdn.
I. Anwendungsbereich und Bedeutung der Vorschrift	1
II. Tatbestandsvoraussetzungen (Abs. 1)	3
1. Mietvertrag	4
2. Anmietung zur Weitervermietung als Wohnung	5
3. Gewerbliches Handeln des Mieters	7
a) Handeln zur Erzielung von Gewinn	7
b) Handeln im wirtschaftlichen Interesse	8
c) Handeln aus sozialem Interesse	9
d) Kollusives Zusammenwirken von Vermieter und Mieter	15
e) Sonstige Untermietverhältnisse	16
III. Rechtsfolgen (Abs. 1)	17
1. Eintritt des Vermieters	17
a) Beendigung des Hauptmietverhältnisses	18

		Rdn.
	b) Mischmietverträge bei unterschiedlichen Eigentums-	
	verhältnissen	21
	c) Rechte und Pflichten aus dem Mietverhältnis	23
	d) Übergang der Rechte und Pflichten auf den Vermieter	23a
	e) Rechtsbeziehungen zwischen Vermieter und Mieter nach	
	Beendigung des Hauptmietverhältnisses	40
	2. Eintritt eines anderen Mieters	41
	3. Ausscheiden des Mieters	45
IV.	Entsprechende Anwendung der §§ 566a bis 566e BGB (Abs. 2)	47
	1. § 566a BGB:	48
	2. § 566b BGB:	49
	3. § 566c BGB:	51
	4. § 566d BGB:	56
	5. § 566e BGB:	59
V.	Abweichende Vereinbarungen (Abs. 3)	61

I. Anwendungsbereich und Bedeutung der Vorschrift

Die Regelung gilt nur für die Wohnraummiete. Sie behandelt einen Teilaspekt der sog. „gewerblichen Zwischenvermietung" von Wohnungen. Darunter versteht man eine Vertragsgestaltung, bei der die Wohnungen nicht unmittelbar vom Eigentümer, sondern durch einen Zwischenvermieter vermietet werden. Bei diesem Vertragsmodell gilt die zwischen dem Eigentümer und dem Zwischenvermieter bestehende Rechtsbeziehung nach ständiger Rechtsprechung als gewerbliches Hauptmietverhältnis, während der Vertrag zwischen dem Zwischenvermieter und dem Wohnungsnutzer als Untermietverhältnis bewertet wird, auf das das Wohnraummietrecht anzuwenden ist. Endet das Hauptmietverhältnis, so müsste der Wohnungsnutzer bei Anwendung der allgemeinen Vorschriften die Räume an den Hauptvermieter herausgeben (§ 546 Abs. 2 BGB), was nach der Entscheidung des BVerfG vom 11.6.1991 (NJW 1991, 2272) gegen den allgemeinen Gleichheitssatz (Art. 3 GG) verstößt. Durch § 565 BGB soll der Wohnungsnutzer vor dem Herausgabeverlangen des Hauptvermieters geschützt werden. Im Anschluss an verschiedene Vorschläge in der Rechtsprechung und im Schrifttum hat der Gesetzgeber in § 565 BGB angeordnet, dass der zwischen dem Wohnungsnutzer und dem Zwischenvermieter bestehende Mietvertrag im Falle der Beendigung des Hauptmietverhältnisses entweder mit dem Hauptvermieter oder mit einem anderen Zwischenvermieter fortgesetzt werden soll. 1

In der **Terminologie des Gesetzes** wird der Hauptvermieter stets als „Vermieter", der Zwischenvermieter als „Mieter" und der Wohnungsnutzer als „Dritter" bezeichnet. Diese Terminologie liegt auch den folgenden Ausführungen zugrunde. 2

II. Tatbestandsvoraussetzungen (Abs. 1)

Nach dem Wortlaut der Vorschrift sollen jene Fälle erfasst werden, in denen „der Mieter nach dem Mietvertrag den gemieteten Wohnraum gewerblich einem Dritten zu Wohnzwecken weitervermieten" soll. 3

§ 565 BGB   Untertitel 2. Mietverhältnisse über Wohnraum

1. Mietvertrag

4   Die Vorschrift setzt zunächst voraus, dass zwischen den Parteien (Vermieter und Mieter) ein Mietverhältnis besteht. Es ist nicht erforderlich, dass der Vermieter Eigentümer der Wohnung ist. Auch mehrfach gestufte Untermietverhältnisse können jeweils für sich den Tatbestand des § 565 BGB erfüllen, wenn dessen Voraussetzungen gegeben sind. Auf Pachtverhältnisse (die gegeben sein können, wenn der Verpächter dem Pächter komplett eingerichtete Wohnungen überlässt), ist § 565 BGB entsprechend anwendbar (§ 581 Abs. 2 BGB).

2. Anmietung zur Weitervermietung als Wohnung

5   Aus dem Gesetzestext folgt weiter, dass der Mietvertrag zu dem in § 565 BGB genannten Zweck, nämlich zur gewerblichen Weitervermietung der Wohnung abgeschlossen sein muss. Obwohl ein solcher Mietvertrag als gewerbliches Mietverhältnis zu bewerten ist, fällt er nicht unter die gesetzlichen Bestimmungen über die Zweckentfremdung von Wohnraum (LG Berlin GE 1992, 151), weil der Wohnzweck erhalten bleibt. Es ist nicht erforderlich, dass dieser Vertragszweck bereits beim Vertragsschluss vereinbart worden ist. Es genügt, wenn die Parteien während der Vertragszeit den Vertragszweck ändern. Die Vereinbarung über den Vertragszweck muss nicht ausdrücklich getroffen werden; es genügt, wenn Vermieter und Mieter übereinstimmend davon ausgehen, dass die Wohnungen vom Mieter an Dritte weitervermietet werden sollen (V. Emmerich in: Staudinger § 565 BGB Rdn. 3 a; Lammel Wohnraummietrecht § 565 BGB Rdn. 15; Kandelhard in: Herrlein/Kandelhard § 565 BGB Rdn. 4; Häublein in: MünchKomm § 565 BGB Rdn. 4). Dagegen reicht es für die Anwendung des § 565 BGB nicht aus, wenn es dem Mieter nach dem Vertragszweck freigestellt ist, wie er mit der Sache verfährt. Hier „soll" der Mieter nicht weitervermieten. Ebenso ist § 565 BGB unanwendbar, wenn der Mieter ohne Erlaubnis untervermietet. Gleiches gilt, wenn der Mieter die Räume nach den Vereinbarungen des Mietvertrags nur als Geschäftsraum weitervermieten darf, tatsächlich aber Wohnraummietverhältnisse begründet (so bereits zum früheren Recht LG Kiel WuM 1993, 43). Teilweise wird vertreten, dass hiervon eine Ausnahme gelten soll, wenn die Räume wegen der Geltung einer Zweckentfremdungsverordnung nur als Wohnraum genutzt werden dürfen. Nach der Ansicht des BVerfG soll diese Auffassung verfassungsrechtlich unbedenklich sein (BVerfG WuM 1994, 123). Aus einfachrechtlicher Sicht ist diese Rechtsprechung nicht zu billigen, weil sich der Mieter außerhalb des nach § 565 BGB vorausgesetzten Vertragszwecks bewegt. Etwas anderes kommt in Betracht, wenn beide Parteien beim Vertragsschluss irrtümlich davon ausgegangen sind, dass die Räume als Geschäftsraum vermietet werden können. In einem solchen Fall kann sich ergeben, dass der Mietvertrag unter Anwendung der Grundsätze über den Wegfall der Geschäftsgrundlage (§ 313 BGB) angepasst werden muss.

6   Es kommt nach dem Gesetzeszweck nicht darauf an, ob der vom Mieter angemietete Raum ausschließlich als Wohnraum genutzt werden kann. Maßgeblich ist nur, dass der Mieter die Räume nach den vertraglichen Vereinbarungen als Wohnraum weitervermieten soll. Deshalb gilt § 565 BGB auch in jenen Fällen, in denen ein Mieter Räumlichkeiten anmietet, die nach ihrer Ausstattung sowohl als Geschäfts- als auch als Wohnraum vermietet werden können (Harsch MDR 2018, 569, 573). Ist es dem **Mieter nach den vertraglichen Vereinbarungen**

freigestellt, ob er **Geschäfts- oder Wohnraummietverhältnisse begründet**, so gilt § 565 BGB bei der Begründung der Wohnraummietverhältnisse (a. A. V. Emmerich in: Staudinger § 565 BGB Rdn. 3); soweit Geschäftsraummietverhältnisse begründet werden, gelten die allgemeinen Vorschriften über die Untermiete (§ 540 BGB). Dies folgt aus der Erwägung, dass nach § 565 BGB nur der Wohnraummieter geschützt wird. Teilweise wird aber auch vertreten, dass § 565 BGB unanwendbar ist, wenn es dem Hauptmieter freigestellt ist, wie er mit den angemieteten Wohnungen verfährt (LG Aachen ZMR 2016, 543 betr. die Vereinbarung: „Diese Räume nutzt der Mieter selber bzw. untervermietet sie als Wohnraum").

3. Gewerbliches Handeln des Mieters

Nach der Rechtsprechung des BGH liegt gewerbliches Handeln vor, wenn der Hauptmieter „mit der Absicht der Gewinnerzielung oder im eigenen wirtschaftlichen Interesse" tätig wird (BGH NJW 2016, 1086; Urteil vom 17.1.2018 – VIII ZR 241/16). 7

a) Handeln zur Erzielung von Gewinn. Hiervon ist auszugehen, wenn sich der Vermieter aus der Vermietung von Wohnungen an Dritte eine ständige Erwerbsquelle verschaffen will. Es muss sich hierbei nicht um die einzige oder primäre Erwerbsquelle handeln; ein Nebengewerbe genügt. Es ist nicht erforderlich, dass der Mieter aus der Vermietung tatsächlich einen Gewinn erzielt. Lediglich das Handeln des Mieters muss auf Gewinnerzielung, mindestens auf Kostendeckung gerichtet sein (vgl. BGH NJW 2006, 2250 betr. Verbrauchsgüterkauf nach § 474 BGB; V. Emmerich in: Staudinger § 565 BGB Rdn. 4; Kinne in: Kinne/Schach/Bieber Miet- und Mietprozessrecht § 565 BGB Rdn. 2; Häublein in: MünchKomm § 565 BGB Rdn. 7; Hinz in: Klein-Blenkers/Heinemann/Ring, Miete/WEG/Nachbarschaft § 565 BGB Rdn. 7; Herrmann in: Bamberger/Roth § 565 BGB Rdn. 6).

b) Handeln im wirtschaftlichen Interesse. Nach der Rechtsprechung das BGH liegt gewerbliches Handeln auch dann vor, wenn der Hauptmieter – ohne Gewinnerzielungsabsicht – ein eigenes wirtschaftliches Interesse verfolgt. Hierzu hat der BGH in dem Urteil vom 17.1.2018 – VIII ZR 241/16 ausgeführt, ein wirtschaftliches Interesse könne gegeben sein, wenn ein Wirtschaftsunternehmen Wohnungen anmietet um sie seinen Arbeitnehmern zu überlassen mit dem Ziel, diese an sich zu binden und sich Wettbewerbsvorteile gegenüber anderen Unternehmen zu verschaffen, die ihren Arbeitnehmern keine Werkswohnungen anbieten können; eine Gewinnerzielungsabsicht aus der Vermietung selbst sei nicht erforderlich. 8

Bei der **Zwischenvermietung zur Unterbringung von Flüchtlingen und Asylbewerbern** ist zu unterscheiden: § 565 gilt, wenn ein privater Vermieter Wohnraum an eine Gemeinde zum Zweck der Weitervermietung an Flüchtlinge oder Asylbewerbern vermietet. Dagegen ist § 565 nicht anzuwenden, wenn als Zwischenmieter ein gemeinnütziger Verein, eine gemeinnützige GmbH oder ein Träger der Wohlfahrtspflege in Erscheinung tritt und die Überlassung der Wohnung in erster Linie sozialen Zwecken dient (Walburg/Czink GE 2016, 502, 504).

§ 565 BGB

9   c) **Handeln aus sozialem Interesse. Nach der hier vertretenen Ansicht** ist § 565 Abs. 1 BGB nicht unmittelbar anwendbar, wenn der Mieter mit der Anmietung und Vermietung keinen Gewinn erzielen will, sondern karitative Zwecke verfolgt. Beispiele: Anmietung mehrerer Wohnungen durch ein Studentenwerk zum Betrieb eines Studentenwohnheims (vgl. BGH WPM 1982, 1390); Anmietung von Wohnungen durch die Bundesrepublik zur Unterbringung von Angehörigen der Stationierungsstreitkräfte (vgl. BGH NJW 1985, 1772); Anmietung eines Hauses durch einen gemeinnützigen Verein zur Förderung der Rehabilitation psychisch Kranker, falls einzelne Zimmer an die Kranken weitervermietet werden sollen (vgl. OLG Karlsruhe RE 24.10.1983 NJW 1984, 373 = WuM 1984, 10 = ZMR 1984, 52); Anmietung und Weitervermietung durch einen gemeinnützigen Verein, dessen Vereinszweck „in der Beratung und Betreuung von Jugendlichen aus zerrütteten Elternhäusern sowie der Versorgung dieser Jugendlichen mit Wohnraum" besteht (BGH NJW 1996, 2862 = WuM 1996, 537 = ZMR 1996, 537; KG GE 1996, 51); Anmietung einer Wohnung durch einen gemeinnützigen Verein zum Zwecke der Weitervermietung an Studenten zum Selbstkostenpreis (vgl. OLG Braunschweig RE 27.6.1984 WuM 1984, 237 = ZMR 1985, 14); Anmietung eines Hauses durch einen Verein, zum Zwecke der Weitervermietung einzelner Zimmer an Vereinsmitglieder (Pfadfinder, vgl. OLG Frankfurt RE 14.7.1986 NJW-RR 1986, 1211 = WuM 1986, 273). In solchen Fällen kann zwar ebenfalls eine dem Prinzip der Kostendeckung verpflichtete Geschäftsführung gegeben sein; gleichwohl werden diese Mietverhältnisse nicht von § 565 BGB erfasst, wenn die betreffenden Mieter kein Erwerbsinteresse sondern andere (i. d. R. soziale) Interessen verfolgen.

10   Dies führt zu der Frage, ob **§ 565 BGB** in diesen Fällen **analog** angewendet werden kann. Der BGH hat dies für die Anmietung von Wohnungen durch einen gemeinnützigen Verein zum Zwecke der Weitervermietung an Jugendliche und Heranwachsenden aus zerrütteten Elternhäusern verneint (BGH NJW 1996, 2862 = WuM 1996, 537 = ZMR 1996, 537; ebenso BGH NJW 2016, 1086 = NZM 2016, 256 m. Anm. Derleder NZM 2016, 670 betr. Mietvertrag mit „Mieter-Selbsthilfegenossenschaft"; BayObLG WuM 1995, 638 = ZMR 1995, 527; WuM 1995, 642 = ZMR 1995, 682 für Vermietung zum Zwecke der Betreuung „schwieriger Personen"; anders BayObLG WuM 1995, 645 = ZMR 1995, 585 bei Anmietung von Wohnungen durch ein Unternehmen zum Zwecke der Weitervermietung an Mitarbeiter: Kündigungsschutz aus Art 3 GG). Maßgeblich hierfür sind zwei Erwägungen: Zum einen bestehe eine enge Beziehung zwischen Mieter und Untermieter, die beim gewerblichen Zwischenmietverhältnis nicht gegeben sei. Zum anderen diene die Untervermietung nicht nur den Interessen des Hauptvermieters, sondern mindestens gleichgewichtig den originären Interessen des Mieters und der jeweiligen Untermieter.

11   Nach der Rechtsprechung des KG (NZM 201, 313; GE 2014, 935) gelten dieselben Erwägungen für die Anmietung von Wohnungen durch eine **gemeinnützige GmbH,** wenn der Weitervermietung caritative Erwägungen zugrunde liegen. Zwar seien die von der Kündigung des Hauptmietverhältnisses betroffenen Untermieter dem Herausgabeverlangen des Hauptvermieters ausgesetzt. Die Rechtsstellung dieser Untermieter sei deshalb schlechter als bei einer Miete vom gewerblichen Zwischenmieter. Dies sei aber sachlich gerechtfertigt, weil die Mieter von caritativen Unternehmen i. d. R. einem Personenkreis angehören, mit denen der Hauptvermieter selbst keinen Mietvertrag abgeschlossen hätte. Deshalb sei ein gesetzlicher Eintritt des Hauptvermieters in diese Mietverhältnisse nicht angezeigt.

Gewerbliche Weitervermietung **BGB § 565**

Hinsichtlich des Zwecks der Weitervermietung kommt es ausschließlich auf die **11a** im Hauptmietvertrag getroffenen Vereinbarungen an. Es spielt grundsätzlich keine Rolle, wenn sich der Mieter vertragswidrig verhält. Deshalb ist § 565 auch dann unanwendbar, wenn der Mieter die Räume vereinbarungswidrig mit Gewinnaufschlag vermietet (KG GE 2014, 935). Unter dem vereinbarten Zweck ist der wirkliche Zweck zu verstehen. Ein nur vorgetäuschter Zweck ist unbeachtlich. Weiß der Vermieter, beim Vertragsschluss, dass der im Vertrag deklarierte karitative Zweck nur vorgetäuscht ist, so gilt § 565. Anders ist es, wenn der Vermieter erst nach Abschluss des Mietvertrags erfährt, dass sich der Mieter vertragswidrig verhält, weil eine vertragliche Regelung durch eine vertragswidrige Nutzung weder aufgehoben noch abgeändert wird. Die Voraussetzungen für eine konkludente Vertragsänderung werden nur ausnahmsweise gegeben sein. Der Umstand, dass der Vermieter das vertragswidrige Handeln des Mieters hingenommen hat, reicht für die Annahme einer stillschweigenden Vertragsänderung nicht aus.

In der **Entscheidung vom 30. 4. 2003** (BGH NJW 2003, 3054 = NZM 2003, **12** 759 = WuM 2003, 563 = ZMR 2003, 816 m. Anm. Baldus) hat der **BGH** ausgeführt, dass der Eigentümer die Wohnungsmieter nach Beendigung des Hauptmietverhältnisses nur dann auf Herausgabe in Anspruch nehmen kann, wenn Kündigungsgründe vorliegen. In dem zur Entscheidung stehenden Fall hatte der Eigentümer ein Gebäude an einem gemeinnützigen Verein zur Förderung von künstlerischen und gestalterischen Berufen vermietet. Nach dem Mietvertrag hatte der Verein das Recht zur Untervermietung. Hiervon hat der Verein Gebrauch gemacht, in dem er verschiedene Räume an Künstler zu Wohnzwecken vermietet hat. Nach der Ansicht des BGH wird der jeweilige Untermieter durch den allgemeinen Gleichheitssatz (Art. 3 GG) geschützt. Das Schutzbedürfnis der Künstler, die ihre Wohnung von dem Verein gemietet haben, sei nicht geringer als das Schutzbedürfnis der Mieter allgemein. Eine Ungleichbehandlung der jeweiligen Mietergruppen sei deshalb nicht gerechtfertigt. In dem Urteil vom 20.1.2016 (NJW 2016, 1086 = NZM 2016, 256 m. Anm. Derleder NZM 2016, 670) betr. Mietvertrag mit einer „Mieter-Selbsthilfegenossenschaft" hat der BGH allerdings darauf hingewiesen, die Anwendung des Art. 3 GG beruhe auf der Erwägung, dass die Anwendung der Kündigungsschutzvorschriften dem dort klagenden Eigentümer zumutbar gewesen sei; dieser habe alternativ zur Zwischenvermietung die Wohnungen auch unmittelbar zu einer üblichen Miete an die vom Zwischenmieter ausgewählten Personen vermieten können. Anders kann es sein, wenn im Interesse des Dritten ein besonders günstiger Untermietzins vereinbart worden ist.

Nach der hier vertretenen Ansicht folgt die **Notwendigkeit der analogen An-** **13** **wendung** aus dem allgemeinen Gleichheitssatz (Art. 3 GG), wenn folgende Voraussetzungen gegeben sind (vgl. dazu auch BVerfG WuM 1991, 422): **(1)** Auf der Seite des Vermieters muss dieselbe Interessenlage bestehen, wie sie typischerweise bei Vermietern gegeben ist, die ihre Wohnungen anbieten, um durch die Vermietung Einnahmen zu erzielen. **(2)** Der Dritte muss gegenüber dem Mieter Kündigungsschutz genießen und in ähnlicher Weise schutzbedürftig sein, wie der durchschnittliche Mieter, der seine Wohnung unmittelbar vom Eigentümer gemietet hat.

Sind diese beiden Voraussetzungen gegeben, (was bei allen oben behandelten **14** Fallgruppen zu bejahen ist), so gibt es keinen gerechtfertigten Grund, den Vermieter besser als andere Vermieter und den Dritten schlechter als andere Untermieter zu stellen, nur weil der Mieter nicht gewerblich handelt. Auf das Handlungsmotiv

§ 565 BGB　　　　　　　　　　Untertitel 2. Mietverhältnisse über Wohnraum

des Mieters kommt es nach dem Gesetzeszweck nämlich nicht an: § 565 Abs. 1 BGB ist eine Vorschrift zu Gunsten des Dritten (des Wohnungsnutzers) und zu Lasten des Vermieters, weil der zwischen dem Mieter und dem Dritten bestehende Bestandschutz auf den Vermieter erstreckt wird (vgl. Gärtner JZ 1994, 400).

14a　Die hier dargestellten Probleme stellen sich nicht, wenn die Parteien **vertraglich vereinbaren,** dass auf das Hauptmietverhältnis die **Regelungen über die Wohnraummiete** anzuwenden sind. Hierfür genügt es zwar nicht, wenn das Vertragsformular die Überschrift „Mietvertrag für Wohnraum" trägt. Anders ist es, wenn das Formular, die für das Wohnraummietverhältnis geltenden Schutzvorschriften wiedergibt. Bei einem auf längere Dauer befristeten Hauptmietvertrag muss sich dies aus der Vertragsurkunde ergeben. Anderenfalls kann ein solches Mietverhältnis nach § 550 BGB gekündigt werden (KG GE 2016, 257). Weitere Einzelheiten s. § 535 Rdn. 20.

15　**d) Kollusives Zusammenwirken von Vermieter und Mieter.** Nach der hier vertretenen Ansicht ist § 565 BGB außerdem entsprechend anwendbar, wenn der Vermieter nur deshalb untervermietet hat, um dem Dritten (dem Untermieter) den für Wohnraum geltenden Kündigungsschutz zu nehmen (ebenso: V. Emmerich in: Staudinger § 565 BGB Rdn. 7).

16　**e) Sonstige Untermietverhältnisse.** Dagegen ist § 565 BGB nach allgemeiner Ansicht unanwendbar bei den herkömmlichen Untermietverhältnissen i. S. von **§ 540 Abs. 1 BGB,** weil durch die Erteilung der Untermieterlaubnis lediglich der Vertragszweck erweitert wird. Der Mieter kann weitervermieten; die Weitervermietung stellt aber nicht den vereinbarten Mietzweck dar. Der Untermieter genießt hier im Verhältnis zum Hauptvermieter keinen Kündigungsschutz, weder nach § 565 BGB, noch nach den Grundsätzen früherer Rechtsprechung. Für die Fälle der Abvermietung nach **§ 553 Abs. 1 BGB** gilt dasselbe; außerdem wird es hier regelmäßig am gewerblichen Handeln fehlen. Auf Mietverhältnisse zwischen einem Eigentümer und einer juristischen Person des öffentlichen Rechts (oder einem anerkannten privaten Träger der Wohlfahrtspflege), die Wohnungen anmietet und unter Beachtung des **§ 549 Abs. 2 Nr. 3 BGB** weitervermietet, ist die Neuregelung weder unmittelbar noch entsprechend anwendbar. Die Vorschrift des § 549 Abs. 2 Nr. 3 BGB will gerade sicherstellen, dass der Eigentümer den Wohnraum nach Ablauf der Mietzeit zurückerhält; zu diesem Zweck wird der betreffende Wohnraum vom Kündigungsschutz ausgenommen. Schließlich ist § 565 BGB unanwendbar, wenn **beim Vermieter eine besondere Interessenlage** vorliegt. Deshalb hat das OLG Hamburg (WuM 1993, 249 = ZMR 1993, 271) im Fall „Hafenstraße" im Ergebnis zutreffend entschieden, dass die jeweiligen Bewohner gegenüber dem Vermieter keine Schutzrechte geltend machen können, weil Grund der Vermietung nicht die Absicht zur Erzielung von Einnahmen, sondern eine Hilfeleistung zur Verwirklichung bestimmter Wohn- und Lebensformen („selbstbestimmtes Wohnen auf gewaltfreier Basis") war. Auch der Rechtsentscheid des BayObLG vom 28.7.1995 (BayObLG WuM 1995, 638 = ZMR 1995, 527) behandelt einen vergleichbaren Sachverhalt. Diese Rechtsprechung ist vom BVerfG gebilligt worden (BVerfG WuM 1994, 182 = ZMR 1994, 147). Eine allgemeine Aussage dahingehend, dass § 565 BGB ausschließlich auf den sog. „gewerblichen Zwischenvermieter" anwendbar sei lässt sich dem Rechtsentscheid des BayObLG hingegen nicht entnehmen.

III. Rechtsfolgen (Abs. 1)

1. Eintritt des Vermieters

Nach § 565 Abs. 1 Satz 1 BGB „tritt der Vermieter bei der Beendigung des Mietverhältnisses in die Rechte und Pflichten aus dem Mietverhältnis zwischen dem Mieter und dem Dritten ein" Nach der Gesetzesbegründung orientiert sich die Regelung am „Modell des § 571 BGB (a. F.)" (BT-Drucks. 12/3254 S. 37). Nach dieser Vorschrift tritt der Erwerber allerdings nicht in den Mietvertrag, sondern lediglich in diejenigen Rechte und Pflichten ein, die sich während der Dauer seines Eigentums aus dem Mietverhältnis ergeben. Nichts anderes gilt nach dem nunmehr geltenden § 566 BGB. Vereinfacht ausgedrückt: zwischen dem Erwerber und dem Mieter kommt zum Zeitpunkt der Vollendung des Eigentumserwerbs ein neues Mietverhältnis zustande, das denselben Inhalt wie das bisherige Mietverhältnis hat. Der Gesetzesbegründung und der Regelung in § 565 Abs. 2 BGB wonach die §§ 566a bis 566e BGB entsprechend gelten sollen, kann entnommen werden, dass auch im Fall des § 565 BGB die für § 566 BGB eigentümliche **Zäsur** eintreten soll (V. Emmerich in: Staudinger § 565 BGB Rdn. 9; Häublein in: MünchKomm § 565 BGB Rdn. 20; Hinz in: Klein-Blenkers/Heinemann/Ring, Miete/WEG/Nachbarschaft § 565 BGB Rdn. 16; Palandt/Weidenkaff § 565 BGB Rdn. 5; Herrmann in: Bamberger/Roth § 565 BGB Rdn. 10; Kandelhard in: Herrlein/Kandelhard § 565 BGB Rdn. 6; Kinne in: Kinne/Schach/Bieber Miet- und Mietprozessrecht § 565 BGB Rdn. 7; Franke/Geldmacher ZMR 1993, 548, 554; Blank WuM 1993, 574; Harsch MDR 2018, 569, 571; **a. A.** Lammel Wohnraummietrecht § 565 BGB Rdn. 24; Sternel Mietrecht aktuell Rdn. A 15; Derleder/Bartels JZ 1997, 981). Die hier vertretene Auffassung hat zur Folge, dass mit der Beendigung des Hauptmietverhältnisses das zwischen dem Mieter und dem Dritten bestehende Untermietverhältnis erlischt; an dessen Stelle entsteht zwischen dem Vermieter und dem Dritten ein Hauptmietverhältnis, das allerdings denselben Inhalt wie das frühere Untermietverhältnis hat.

a) Beendigung des Hauptmietverhältnisses. Maßgeblicher Zeitpunkt für den Vermieterwechsel ist die Beendigung des Hauptmietverhältnisses. Bei **festbestimmter Mietzeit** ist dies der im Hauptmietvertrag vereinbarte Zeitpunkt. Eine vorzeitige Kündigung aus wichtigem Grund richtet sich nach den allgemeinen Bestimmungen (s. §§ 543, 569 BGB); der Umstand, dass sich die vom Vermieter erwarteten steuerlichen oder sonstigen Vorteile nicht realisieren lassen, kommt als Kündigungsgrund nicht in Betracht (LG Tübingen WuM 1991, 553). Bei **Mietverhältnissen auf unbestimmte Zeit** ist beim Ausspruch einer befristeten Kündigung der Ablauf der Kündigungsfrist maßgeblich; hier ist wesentlich, dass der Mieter gegenüber dem Vermieter keinen Kündigungsschutz genießt, weil das Hauptmietverhältnis als gewerbliches Mietverhältnis zu bewerten ist (LG Berlin GE 1992, 103). Bei der Beendigung durch fristlose Kündigung kommt es auf den Zugang der Kündigungserklärung beim Kündigungsempfänger an. Entsprechendes gilt, wenn das Hauptmietverhältnis infolge einer Anfechtung entfällt, weil die Anfechtung eines in Vollzug gesetzten Mietverhältnisses entgegen § 142 Abs. 1 BGB lediglich ex nunc wirkt. Wird das Hauptmietverhältnis vom **Zwangsverwalter** beendet, so tritt der Vermieter ebenfalls in das Untermietverhältnis ein. Der Beendigung des Hauptmietverhältnisses steht es gleich, wenn über das Vermögen des Mie-

§ 565 BGB Untertitel 2. Mietverhältnisse über Wohnraum

ters das **Insolvenzverfahren** eröffnet wird (Schilling, Neues Mietrecht 1993, S. 58). Wird das **Mietverhältnis durch Vertrag** aufgehoben, so richtet sich der Beendigungszeitpunkt nach den Vereinbarungen im Mietaufhebungsvertrag. Ist dort keine Regelung getroffen, so endet das Mietverhältnis mit dem Vertragsschluss (§ 271 Abs. 1 BGB). Problematisch kann sein, ob ein Mietaufhebungsvertrag zwischen dem Vermieter und dem Mieter zum Zwecke der Durchsetzung einer Eigenbedarfskündigung zugunsten des Vermieters rechtsmissbräuchlich ist. Dies ist zweifellos zu verneinen, wenn der Vermieter zur Kündigung des Hauptmietverhältnisses in der Lage ist. Anders ist es, wenn die ordentliche Kündigung wegen der Befristung des Hauptmietverhältnisses oder wegen eines vereinbarten Kündigungsausschlusses ausgeschlossen ist. In diesem Fall ist der Mieter nach allgemeinen Grundsätzen gehalten, alles zu unterlassen, was den Bestand des Untermietverhältnisses gefährden könnte. Diese Pflicht gilt uneingeschränkt, weil die rechtlich geschützten Interessen des Mieters durch den Fortbestand des Untermietverhältnisses nicht tangiert werden. Der Vermieter verdient aus rechtlicher Sicht keinen Schutz: in der Befristung des Hauptmietverhältnisses liegt zugleich ein befristeter Verzicht auf die Eigennutzung.

19 Der Vermieterwechsel erfolgt kraft Gesetzes; eine besondere Mitteilung an den Dritten ist nicht erforderlich. Gleichwohl hat der Vermieter gegen den Mieter einen Anspruch auf Erteilung einer Auskunft über das Untermietverhältnis und die Person des Dritten (so AG Köln WuM 1990, 377, für den Fall eines vereinbarten Eintritts). Der **Auskunftsanspruch** ergibt sich aus dem Interesse des Vermieters an der Sicherung seiner Rechte und der Erfüllung seiner Pflichten. Erhält der Dritte **von dem Vermieterwechsel keine Kenntnis,** so kann er die Miete wie bisher an den Mieter entrichten; gegen eine mehrfache Inanspruchnahme wird der Dritte durch § 566b ff BGB geschützt. Ist **ungewiss, ob das Hauptmietverhältnis beendet worden ist,** so kann der Dritte die Miete beim Amtsgericht (§ 1 Hinterlegungsordnung) mit befreiender Wirkung hinterlegen (§§ 372 Satz 2, 376 Abs. 2 Nr. 1, 378 BGB). Von einer solchen Ungewissheit ist insbesondere dann auszugehen, wenn zwischen dem Vermieter und dem Mieter Streit über die Beendigung des Hauptmietverhältnisses besteht und beide Beteiligten den Dritten unterschiedlich informieren. Dem Dritten ist die **Hinterlegung dringend anzuraten,** weil die Zahlung mit einem hohen Risiko verbunden ist: Zahlt der Dritte trotz bestehender Ungewissheit über die Beendigung des Hauptmietverhältnisses wie bisher die Miete an den Mieter, so liegt eine Zahlung an den Nichtberechtigten vor, wenn das Hauptmietverhältnis tatsächlich beendet ist. Der Vermieter kann dann den Dritten auf Zahlung der Miete in Anspruch nehmen; der Dritte hat einen Bereicherungsanspruch gegen den Mieter. Zur Kündigung des Mietvertrags ist der Vermieter dann befugt, wenn wegen des Zahlungsverzugs die Voraussetzungen des § 543 Abs. 2 Nr. 3 BGB vorliegen; dabei ist allerdings zu prüfen, ob der Verzug möglicherweise wegen eines unverschuldeten Irrtums über die Person des Berechtigten entfällt. Zahlt der Dritte umgekehrt an den Vermieter, obwohl das Hauptmietverhältnis nicht beendet ist, so bleibt die Miete des Mieters bestehen; der Dritte kann den an den Vermieter gezahlten Betrag von diesem zurückfordern. Für die Kündigungsbefugnis des Mieters gelten die obigen Ausführungen.

20 Im Unterschied zum Eigentümerwechsel ist es beim Vermieterwechsel nicht erforderlich, dass der Dritte zum Zeitpunkt der Beendigung des Hauptmietvertrags bereits den **Besitz an der Mietsache** erlangt hat. Es genügt, wenn zwischen dem Mieter und dem Dritten ein wirksamer Mietvertrag besteht (V. Emmerich in: Staudinger § 565 BGB Rdn. 3; Blank WuM 1993, 513, 514; Sternel, Mietrecht aktuell

Rdn. A 9). Diese Regelung ist sachgerecht. Der Kündigungsschutz des Mieters, dessen lückenlose Anwendung durch § 565 BGB sichergestellt werden soll, greift nämlich erst mit der Überlassung der Wohnung, sondern mit dem Abschluss des Mietvertrags.

b) Mischmietverträge bei unterschiedlichen Eigentumsverhältnissen. 21
Besondere Probleme ergeben sich, wenn der Dritte eine **Wohnung mit Garage auf Grund eines einheitlichen Mietvertrags** gemietet hat und hinsichtlich der Wohnung und der Garage unterschiedliche Eigentumsverhältnisse gegeben sind: Steht die Wohnung im Eigentum des Vermieters und die Garage im Eigentum des Mieters, so wird das Mietverhältnis zwischen dem Vermieter und dem Mieter einerseits und dem Dritten andererseits fortgesetzt. Vermieter und Mieter sind hinsichtlich der Vermieterrechte Gesamthandsgläubiger (Mitgläubiger), hinsichtlich der Vermieterpflichten Gesamtschuldner. Gleiches gilt, wenn der Mieter die Garage von einem anderen Eigentümer angemietet hat und das Hauptmietverhältnis über die Garage nicht beendet ist. Ist hingegen auch das Hauptmietverhältnis über die Garage beendet, so ist zu unterscheiden: War der Mieter nach dem Inhalt des mit dem Garagenvermieter bestehenden Hauptmietvertrags berechtigt, die Garage zusammen mit einer Wohnung auf Grund eines einheitlichen Vertrags zu vermieten, so tritt der Garagenvermieter zusammen mit dem Wohnungsvermieter in das Mietverhältnis ein. Sollte der Mieter hingegen die Garage auf Grund eines gesonderten Vertrags weitervermieten, so wird das Mietverhältnis lediglich in Bezug auf die Wohnung und nur mit dem Wohnungsvermieter als alleinigem Vertragspartner des Dritten fortgesetzt. Die Miete ist um den Wert der Garage gemindert; der Dritte kann den Mieter wegen teilweiser Nichterfüllung nach § 536 Abs. 3 BGB in Anspruch nehmen. Die Differenzierung folgt aus dem Gesetzeszweck des § 565 Abs. 1 Satz 1 BGB: Wird die Garage vereinbarungsgemäß als Teil eines Mischmietverhältnisses weitervermietet, so liegt eine Nutzung zu Wohnzwecken vor; in diesem Fall ist es sachgerecht, dass der Garagenvermieter in das Mietverhältnis mit eintritt. Sollte der Mieter dagegen die Garage gesondert vermieten, so ist für eine Anwendung des § 565 BGB kein Raum, weil die Garage in diesem Fall nicht als Teil der Wohnraummiete bewertet werden kann.

Sind **Wohnung und Garage auf der Grundlage von jeweils selbständigen** 22 **Verträgen** vermietet, so tritt der Vermieter nur in das Wohnungsmietverhältnis ein. Der Mietvertrag über die Garage besteht mit dem Mieter fort, der dem Dritten u. U. nach § 536 Abs. 3 BGB haftet, wenn der Vermieter dem Dritten die Garagennutzung entzieht. Der Mietvertrag über die Garage kann vom Mieter allerdings gekündigt werden kann, falls nicht ausnahmsweise eine Befristung vereinbart worden ist.

c) Rechte und Pflichten aus dem Mietverhältnis. Der Vermieter tritt nur in 23 solche Rechte und Pflichten ein, die in dem Mietvertrag zwischen dem Mieter und dem Dritten ihre Grundlage haben. Hierzu gehört alles, was mit der Nutzung der Wohnung im Zusammenhang steht (Beispiele: Vereinbarungen über die Miete, die Mietzeit, über Schönheitsreparaturen und sonstige Instandhaltungsregelungen, über das Recht zur Tierhaltung, zur (Unter-)Untervermietung, Hausordnungsbestimmungen und dergleichen). **Sondervereinbarungen** gehen nicht auf den Vermieter über, auch wenn sie mit der Vermietung in wirtschaftlichem Zusammenhang stehen oder zusammen mit den mietvertraglichen Bestimmungen in einer einzigen Vertragsurkunde geregelt worden sind. Hierzu gehört beispielsweise ein zwischen dem Mieter und dem Dritten geschlossener Vertrag über Hausmeisterdienste, Putzdienste oder ähnliches.

§ 565 BGB Untertitel 2. Mietverhältnisse über Wohnraum

23a **d) Übergang der Rechte und Pflichten auf den Vermieter. aa)** Mit der Beendigung des Hauptmietverhältnisses findet in dem Mietvertrag zwischen dem Mieter und dem Dritten eine **Zäsur** statt (s. Rdn. 17). Alle Ansprüche des Mieters gegen den Dritten, die im Zeitpunkt der Beendigung des Hauptmietverhältnisses bereits fällig sind, verbleiben beim Mieter. Entsprechendes gilt für die Ansprüche des Dritten gegen den Mieter: soweit diese Ansprüche fällig sind, kann der Dritte nur den Mieter in Anspruch nehmen; soweit sie nicht fällig sind gehen sie auf den Vermieter über.

24 **bb) Einzelheiten** (in alphabetischer Folge): **Aufwendungsersatzansprüche** des Dritten nach § 536a Abs. 2 oder 539 BGB werden mit der Aufwendung fällig; sind die Aufwendungen vor der Beendigung des Hauptmietverhältnisses vorgenommen worden, so gehen sie nicht auf den Vermieter über.

25 Ein vereinbarter **Ausschluss der ordentlichen Kündigung** wird durch den Vermieterwechsel nicht berührt.

26 **Bereicherungsansprüche** des Dritten wegen überzahlter Miete muss der Dritte dem gegenüber geltend machen, der die ungerechtfertigte Leistung empfangen hat. War die Vereinbarung über die Miete teilunwirksam, so tritt der Vermieter lediglich in den wirksamen Teil ein; dies gilt auch dann, wenn der Vermieter – etwa wegen höherer Aufwendungen – eine höhere Miete verlangen könnte.

27 Eine **Betriebskostenabrechnung** muss der Mieter vornehmen, wenn der Abrechnungszeitraum zum Zeitpunkt der Beendigung des Hauptmietverhältnisses bereits abgelaufen war. Wurde das Hauptmietverhältnis während des Abrechnungszeitraums beendet, so trifft die Verpflichtung zur Abrechnung den Vermieter. Der Vermieter hat gegen den Mieter einen Anspruch auf Herausgabe der Abrechnungsunterlagen und der Betriebskostenvorauszahlungen.

28 Die vom Mieter erteilten **Erlaubnisse und Gestattungen** (Untermieterlaubnis; Erlaubnis zur Tierhaltung, zur gewerblichen Mitbenutzung der Wohnung, zum Abstellen von Fahrzeugen etc.) muss der Vermieter gegen sich gelten lassen.

29 Für **Kautionen** gelten die §§ 565 Abs. 2, 566a BGB (s. dort).

30 Die gestaffelten **Kündigungsfristen des § 573c Abs. 1 Satz 2 BGB** werden ab der Überlassung durch den Mieter gerechnet; der Vermieterwechsel hat hierauf keinen Einfluss (LG Freiburg WuM 1993, 126).

31 Fraglich ist, ob ein vor Beendigung des Hauptmietverhältnisses entstandenes, vom Mieter aber nicht ausgeübtes **Kündigungsrecht** mit der Beendigung des Hauptmietverhältnisses erlischt. Dies ist wegen der durch die Beendigung des Hauptmietverhältnisses entstehenden Zäsur im Grundsatz zu bejahen (ebenso zum rechtsähnlichen Fall des § 566 BGB: Sternel, Rdn. I 62; Landwehr in: Bub/Treier Kap II Rdn. 2699ff; **a. A.** Scholz WuM 1983, 279). Allerdings sind einige Ausnahmen angebracht. So bleibt das Kündigungsrecht ausnahmsweise bestehen, wenn es aus einer Vertragsverletzung abgeleitet wird, die sich unmittelbar auf die Mietsache auswirkt, wie z. B. Sachbeschädigungen oder Störungen des Hausfriedens. Ein Kündigungsrecht wegen Zahlungsverzugs bleibt bestehen, wenn der Mieter seine Mietzinsansprüche an den Hauptvermieter abgetreten hat oder wenn die Mietrückstände teils in die Zeit vor, teils in die Zeit nach der Beendigung des Hauptmietverhältnisses fallen (so auch Scholz a.a.O.; Sternel a.a.O.). Bei Sachverhalten dieser Art wirkt sich die Vertragsverletzung trotz der mit dem Vermieterwechsel verbundenen Zäsur auf das neue Mietverhältnis aus. – Hiervon sind jene Fälle zu unterscheiden, in denen der **Mieter bereits wirksam gekündigt** hatte. Hier tritt der Vermieter in das Abwicklungsverhältnis ein, mit der Folge, dass er die Räume vom Dritten herausverlangen kann. Eine Ausnahme gilt für solche Kündigungstat-

bestände, die ein über den Kündigungsausspruch hinaus fortdauerndes Erlangungsinteresse voraussetzen, insbesondere für den Kündigungsgrund des **§ 573 Abs. 2 Nr. 2 BGB.** In einem solchen Fall wird eine Kündigung, die mit einem eigenen Bedarf begründet ist, im Ergebnis wirkungslos, weil die Weiterverfolgung des Räumungsanspruchs durch den Mieter oder den Vermieter rechtsmissbräuchlich ist. Kann der Vermieter eigene Beendigungsinteressen geltend machen, so muss er nach erfolgtem Vermieterwechsel erneut kündigen. Kündigt der Mieter vor dem Vermieterwechsel wegen eines Eigenbedarfs des Vermieters, so ist die Kündigung unwirksam, weil der Vermieter nicht zu den in § 573 Abs. 2 Nr. 2 BGB genannten Personen gehört. Gleiches gilt für eine Kündigung nach **§ 573 Abs. 2 Nr. 3 BGB,** die mit wirtschaftlichen Interessen des Vermieters an einer anderweitigen Verwertung des Mietobjekts begründet wird; dies gilt auch dann, wenn zwischen dem Mieter und dem Vermieter eine weitgehende Personenidentität besteht (LG Stuttgart WuM 1991, 199 betr. eine Vermietung durch eine GmbH, deren Gesellschafter mit den Eigentümern der Mietsache identisch sind). Etwas anderes kommt in Betracht, wenn der Mieter einen objektbezogenen Kündigungsgrund geltend gemacht hat (Abriss, Sanierung), den der Vermieter weiterverfolgen will.

Der Umstand, dass das Hauptmietverhältnis beendet wird, berechtigt den Mieter **32** nicht zur Kündigung aus eigenem Interesse nach § 573 Abs. 1 BGB. Mit der Beendigung des Hauptmietverhältnisses wird der Mieter kraft Gesetzes aus dem Untermietverhältnis entlassen, so dass weder der Vermieter noch der Dritte Nichterfüllungs- oder Gewährleistungsansprüche geltend machen können. Der Rechtsentscheid des OLG Stuttgart vom 7.5.1993 (WuM 1993, 386 = GE 1993, 745) und die zu diesem Problem ergangene erstinstanzliche Rechtsprechung (vgl. z. B. LG Kiel WuM 1982, 194; LG Tübingen WuM 1991, 488) ist bereits durch § 549a BGB a. F. gegenstandslos geworden. Eine **gleichzeitige Beendigung** von Hauptmietverhältnis und Untermietverhältnis auf Grund vertraglicher Regelungen hat zur Folge, dass der Vermieter in das Abwicklungsverhältnis eintritt.

Mängelbeseitigungsansprüche des Dritten nach § 535 BGB gehen auf den **33** Vermieter über.

Hat der Mieter vor der Beendigung des Hauptmietverhältnisses eine **Mieterhö- 34 hungserklärung** abgegeben, so tritt der Vermieter in die sich hieraus ergebenden Rechte ein. Nach dem Vermieterwechsel kann der Vermieter ein eigenes Erhöhungsrecht geltend machen; selbstverständlich muss der Vermieter hierbei auch die Kappungsgrenze beachten (AG Lüdinghausen WuM 1994, 279).

Mietzinsansprüche des Mieters **einschließlich der Betriebskostenvoraus- 35 zahlungen,** die zum Zeitpunkt der Beendigung des Hauptmietverhältnisses rückständig waren, verbleiben beim Mieter.

Ein zum Zeitpunkt der Beendigung des Hauptmietverhältnisses bestehendes **36 Minderungsrecht** des Dritten wirkt auch gegenüber dem Vermieter.

Fällige **Schadensersatzansprüche des Dritten** aus § 536a Abs. 1 BGB gehen **37** nicht auf den Vermieter über. Bei **Schadensersatzansprüchen des Mieters wegen einer Beschädigung der Mietsache** ist zu unterscheiden: Der Mieter kann vor Beendigung des Hauptmietverhältnisses gegenüber dem Dritten den Anspruch auf Naturalherstellung oder Geldersatz geltend machen (§ 249 BGB); unterlässt er dies, so geht der Anspruch auf den Vermieter über. Dies folgt aus der Erwägung, dass sowohl der Mieter als auch der Vermieter in den Grenzen des § 538 BGB einen vertraglichen Anspruch auf Rückgabe einer schadensfreien Mietsache haben. Leistet der Dritte Geldersatz an den Mieter, so erlischt die Schadensersatzverpflichtung. Der Dritte wird auch gegenüber dem Vermieter frei, weil der Vermieter das Miet-

§ 565 BGB Untertitel 2. Mietverhältnisse über Wohnraum

verhältnis in dem Status übernehmen muss, indem es sich im Zeitpunkt der Beendigung des Hauptmietverhältnisses befindet. Für **Schönheitsreparaturen** gilt dasselbe.

38 Das **Wegnahmerecht des § 539 Abs. 2 BGB** kann der Dritte auch gegenüber dem Vermieter geltend machen.

39 Die in einem **Zeitmietvertrag** nach § 575 Abs. 1 Satz 1 BGB festgelegten besonderen Beendigungsgründe werden gegenstandslos, weil sie an die Person eines bestimmten Vermieters geknüpft sind. Aus dem Zeitmietvertrag nach § 575 Abs. 1 Satz 1 BGB wird deshalb nach der Beendigung des Hauptmietverhältnisses ein Mietverhältnis auf unbestimmte Zeit (§ 575 Abs. 1 Satz 2 BGB analog).

40 **e) Rechtsbeziehungen zwischen Vermieter und Mieter nach Beendigung des Hauptmietverhältnisses.** Nach allgemeinen Grundsätzen (§ 546 Abs. 1 BGB) muss der Mieter die Mietsache nach Beendigung des Hauptmietverhältnisses an den Vermieter zurückgeben. Hat der Mieter die Sache einem Dritten überlassen, so muss er dafür Sorge tragen, dass der Dritte die Sache herausgibt. Im Falle der gewerblichen Zwischenvermietung wird der Mieter von der Rückgabepflicht frei, weil ihm die rechtliche Möglichkeit zur Durchsetzung der Räumung fehlt (BGH NJW 1996, 1886 = WuM 1996, 413). Nach anderer Ansicht bleibt der Anspruch aus § 546 Abs. 1 BGB erhalten. Der Mieter schuldet eine Nutzungsentschädigung nach § 546a Abs. 1 BGB, die analog § 537 S. 2 BGB reduziert sein kann. Außerdem ist der Mieter zum Ersatz eines eventuell entstehenden weiteren Schadens verpflichtet (Leutner/Schmidt-Kessel JZ 1996, 649).

2. Eintritt eines anderen Mieters

41 Schließt der Vermieter erneut einen Mietvertrag zum Zwecke der gewerblichen Weitervermietung ab, so tritt der Mieter anstelle des bisherigen Vertragspartners in die Rechte und Pflichten aus dem Mietverhältnis mit dem Dritten ein **(§ 565 Abs. 1 Satz 2 BGB).**

42 Die Vorschrift regelt zunächst den Fall, dass das Mietverhältnis mit dem bisherigen Mieter beendet und zugleich ein neues Mietverhältnis mit einem anderen Mieter begründet wird. Hier tritt der neue Mieter an Stelle des bisherigen kraft Gesetzes in die Rechte und Pflichten aus dem Untermietverhältnis ein. Einer Mitwirkung des Dritten bedarf es nicht. Es tritt nicht zunächst der Vermieter in den Vertrag ein. Die für § 566 BGB eigentümliche Zäsur und die Rechtsfolgen der §§ 566 bis 566e BGB treten auch in diesem Falle ein.

43 Die an den jeweiligen Vertragsverhältnissen Beteiligten können aber auch vereinbaren, dass das ursprüngliche Untermietverhältnis mit dem neuen anstelle des bisherigen Mieters fortgesetzt werden soll (§§ 414, 415 BGB); an diesem Vertrag muss der Dritte mitwirken. Bei dieser Vertragsgestaltung tritt keine Zäsur ein. Der neue Mieter kann gegenüber dem Dritten auch solche Ansprüche geltend machen, die bereits vor dem Vertragseintritt fällig geworden sind. Er haftet auch anstelle des bisherigen Mieters für die Verbindlichkeiten und für den Rückzahlungsanspruch aus der Kaution.

44 Die Regelung des § 565 Abs. 1 Satz 2 BGB setzt allerdings nicht voraus, dass das Hauptmietverhältnis nahtlos fortgesetzt wird; sie gilt auch dann, wenn zunächst der Vermieter in den Untermietvertrag eingetreten ist und erst in der Folgezeit ein neues Hauptmietverhältnis begründet wird. In diesem Fall tritt der neue Mieter an Stelle des bisherigen Vertragspartners – also des Vermieters – in das Mietverhältnis

ein. Dies gilt allerdings nicht für diejenigen Mietverhältnisse, die der Vermieter unmittelbar mit einem Mieter abgeschlossen hat.

3. Ausscheiden des Mieters

Mit der Beendigung des Hauptmietverhältnisses scheidet der Mieter auch aus dem Untermietverhältnis aus. Das Untermietverhältnis wird kraft Gesetzes beendet. Die Erfüllungsansprüche des Dritten erlöschen; der Dritte kann deshalb – von dem oben Rdn. erörterten Ausnahmefall abgesehen – auch keine Nichterfüllungs- oder Gewährleistungsansprüche gegen den Dritten geltend machen. 45

Die für die Eigentümerwechsel typische Bürgenhaftung des § 566 Abs. 2 BGB besteht beim Vermieterwechsel nicht, weil § 565 Abs. 2 BGB nur die §§ 566a ff BGB für entsprechend anwendbar erklärt. Eine Analogie kraft richterlicher Rechtsfortbildung kommt nicht in Betracht, weil zum einen keine Regelungslücke besteht und zum anderen die für den Eigentümerwechsel geltenden Vorschriften nur dann auf den Vermieterwechsel angewendet werden können, wenn dies ausdrücklich geregelt ist (BGHZ 107, 315 = NJW 1989, 2053). 46

IV. Entsprechende Anwendung der §§ 566a bis 566e BGB (Abs. 2)

Nach § 565 Abs. 2 BGB gelten die für den Eigentümerwechsel maßgeblichen Regelungen über den Übergang der Kaution und die Wirksamkeit bestimmter Rechtsgeschäfte und Verfügungen bezüglich der Miete für den Vermieterwechsel entsprechend. Auf die Kommentierung zu §§ 566a bis 566e BGB wird deshalb verwiesen; die für den Vermieterwechsel typischen Besonderheiten werden nachfolgend dargestellt: 47

1. § 566a BGB:

Die Vorschrift regelt beim Eigentümerwechsel den **Übergang einer Mietsicherheit** vom Veräußerer auf den Erwerber. Für den Vermieterwechsel gilt die Vorschrift, wenn der Dritte an den Mieter eine Sicherheit geleistet hat. Kann der Mieter bei Beendigung des Untermietverhältnisses fällige Ansprüche gegen den Dritten geltend machen, so ist er berechtigt, sich deswegen aus der Kaution zu befriedigen. Der Vermieter kann in diesem Fall vom Dritten aus vertraglichem Recht die Wiederauffüllung der Kaution verlangen. Hat der Mieter dagegen keinen Anspruch gegen den Dritten, so tritt der Vermieter in die durch die Sicherheit begründeten Rechte ein. Bei einer Sicherungsbürgschaft erwirbt er die Ansprüche aus §§ 765ff BGB. Ist eine Sache sicherungsübereignet, so wird der Vermieter Eigentümer der Gegenstände. Hat der Dritte – wie heute allgemein üblich – eine Barkaution bezahlt, so erwirbt der Vermieter einen Anspruch gegen den Mieter auf Herausgabe (Zahlung der Kautionssumme; Übergabe eines Sparbuches). Daneben kann auch der Dritte vom Mieter verlangen, dass dieser die Kaution auf den Vermieter überträgt. Da der Vermieter auch in die Pflichten aus der Sicherheitsabrede eintritt, ist er zur Rückgabe der Kaution gegenüber dem Dritten auch dann verpflichtet, wenn sie ihm nicht ausgehändigt worden ist. 48

2. § 566 b BGB:

49 Die Vorschrift schützt beim Eigentümerwechsel in erster Linie den Erwerber in einem beschränkten Umfang gegen **Verfügungen des Veräußerers bezüglich der Miete**. Beim Vermieterwechsel dient die Regelung in erster Linie dem Schutz des Vermieters; darüber hinaus wird aber auch der Dritte geschützt.

50 Unter einer **Verfügung i. S. von § 566 b BGB** ist ein Rechtsgeschäft zwischen dem Mieter und einer nicht am Mietvertrag beteiligten Person zu verstehen, das sich auf die Berechtigung an der Miete auswirkt. Hierzu gehören insbesondere die Abtretung und die Verpfändung der Miete. Die Pfändung ist der Verpfändung gleichgestellt. Hat der Mieter vor der Beendigung des Hauptmietverhältnisses über die Miete verfügt, so ist die Verfügung auch für die Zeit nach der Beendigung des Hauptmietverhältnisses gegenüber dem Vermieter wirksam **(1)** bezüglich des laufenden Kalendermonats, wenn das Hauptmietverhältnis spätestens zum Ablauf des 15. Tages des Monats beendet wird; **(2)** bezüglich der Miete für den laufenden und den folgenden Monat, wenn das Hauptmietverhältnis nach dem 15. Tag des Monats beendet wird; **(3)** für eine unbeschränkte Zeit, wenn der Vermieter die Verfügung zum Zeitpunkt der Beendigung des Hauptmietverhältnisses kennt. Erforderlich ist positive Kenntnis, wobei es nicht darauf ankommt, woher diese Kenntnis stammt. Auch der Dritte kann den Vermieter über die Verfügung informieren, was insbesondere dann ratsam ist, wenn der Mieter für eine längere Zeit über die Miete verfügt hat oder wenn die Miete gepfändet ist. Auf diese Weise kann sich der Dritte gegen eine doppelte Inanspruchnahme sichern. Für den Vermieter ist die unter (3) beschriebene Rechtsfolge mit einem beträchtlichem Risiko verbunden, weil er alle Verfügungen gegen sich gelten lassen muss, die er zum Zeitpunkt des Eigentumsübergangs – gleich aus welcher Quelle – kennt: Anders als der Erwerber einer Immobilie kann er diese Verfügungen weder beim Kaufpreis berücksichtigen, noch ist es ihm möglich vom Erwerb eines überschuldeten Objekts Abstand zu nehmen. Die vom Gesetzgeber angeordnete entsprechende Anwendung des § 566b Satz 2 BGB erscheint wegen der insoweit nicht vergleichbaren Interessenlage von Erwerber und Vermieter, sehr problematisch.

3. § 566 c BGB:

51 Die Vorschrift schützt beim Eigentümerwechsel den Mieter in beschränktem Umfang vor einer Inanspruchnahme durch den Erwerber auf Zahlung der bereits an den Veräußerer gezahlten Miete. Beim Vermieterwechsel schützt die Vorschrift den Dritten. Die Vorschrift gilt für **Rechtsgeschäfte zwischen dem Mieter und dem Dritten.** Hierzu gehören insbesondere die Zahlung der Miete (Erfüllung), die Stundung der Miete, der Mieterlass und der Aufrechnungsvertrag (Vereinbarung, dass wechselseitige Ansprüche von Mieter und Drittem durch Aufrechnung erloschen sein sollen). Für die Abänderung des Mietvertrags (Beispiel: Senkung der Miete) gilt § 566c BGB nicht; hier muss der Vermieter den Mietvertrag in der geänderten Form übernehmen.

52 Ist ein Rechtsgeschäft i. S. des § 566c BGB **vor der Beendigung des Hauptmietvertrags** vorgenommen worden, so ist es gegenüber dem Vermieter wirksam, **(1)** bezüglich der Miete für den laufenden Kalendermonat, in welchem der Dritte von der Beendigung des Mietverhältnisses positive Kenntnis erlangt hat; **(2)** bezüglich der Miete für den laufenden Kalendermonat und den Folgemonat, wenn der Dritte die Kenntnis von der Beendigung des Hauptmietvertrags erst nach dem

15. des Monats erlangt hat; **(3)** bezüglich der Miete für eine unbegrenzte Zeit, wenn der Dritte von der Beendigung des Hauptmietverhältnisses keine Kenntnis erlangt.

Wurde das Rechtsgeschäft **nach der Beendigung des Hauptmietverhältnis-** 53 **ses** vorgenommen, so ist es unwirksam, wenn der Dritte bei der Vornahme des Rechtsgeschäfts von der Beendigung des Hauptmietvertrags positive Kenntnis hatte. Hatte der Dritte dagegen keine Kenntnis, so richtet sich die Wirksamkeit auch hier nach den oben (1) bis (3) dargelegten Grundsätzen. Es kommt demnach maßgeblich darauf an, wann der Dritte Kenntnis von der Beendigung des Hauptmietverhältnisses erlangt.

Die Regelung des § 566c BGB gilt nicht nur dann, wenn die Parteien des Un- 54 termietvertrags den Entschluss zur Vornahme des Rechtsgeschäfts während der Mietzeit gefasst haben; die Vorschrift ist auch dann anwendbar, wenn bereits im Mietvertrag eine entsprechende Verpflichtung über den Zeitpunkt der Vornahme des Rechtsgeschäfts enthalten ist (BGHZ 37, 346, 351; **a. A.** RGZ 94, 279; 127, 116; 136, 407; 144, 194 und die früher h. M. [Nachweise bei BGH a.a.O.]). Ist beispielsweise – wie bei Altverträgen (Vertragsschluss vor dem 1.9.2001) in der Praxis häufig –, der Dritte nach den mietvertraglichen Vereinbarungen verpflichtet, die Miete jeweils am 3. Werktag eines Monats zu bezahlen, so ist hierauf § 566c BGB anwendbar (BGH a.a.O.). Wird der Dritte in einem solchen Fall am 10. Oktober darüber informiert, dass das Hauptmietverhältnis zum 15. November beendet wird, so muss er die am 3. Werktag des Novembers fällige Miete zur Hälfte an den Mieter und zur anderen Hälfte an den Vermieter bezahlen.

Nach der Rechtsprechung ist **§ 566c BGB in zwei Fällen unanwendbar.** 55 Zum einen ist anerkannt, dass eine vereinbarungsgemäß geleistete Vorauszahlung auch gegenüber dem Erwerber wirkt, wenn die geleisteten Beträge zum Auf- oder Ausbau des Mietgrundstücks bestimmt waren und bestimmungsgemäß verwendet worden sind (BGH NJW 1967, 555). Eine weitere Ausnahme gilt wenn **(1)** die Verpflichtung zur Vorauszahlung bereits im Mietvertrag vereinbart ist (bei Mietverträgen von längerer Laufzeit als einem Jahr ist die Schriftform zu beachten [§ 550 BGB]) und **(2)** die vorausbezahlte Miete nicht nach wiederkehrenden Zeitabschnitten bemessen ist (Einmalmiete, BGH NZM 1998, 105). Diese Ausnahmen sind auch bei § 565 BGB zu beachten.

4. § 566 d BGB:

Die Vorschrift des § 566d BGB regelt beim Eigentümerwechsel die Frage, unter 56 welchen Voraussetzungen der Mieter eine Forderung, die ihm gegen den Vermieter zusteht, gegen die Mietforderung des Erwerbers aufrechnen kann. Beim Vermieterwechsel regelt § 566b BGB die Zulässigkeit von **Aufrechnungen des Dritten gegen Mietansprüche des Vermieters.** Im Grundsatz soll durch die Vorschrift sichergestellt werden, dass die Erfüllung im Wege der Aufrechnung durch den Vermieterwechsel nicht tangiert wird. Deshalb gelten gem. § 566d Satz 1 BGB dieselben Grundsätze wie bei der Erfüllung durch Zahlung.

Eine nach der Beendigung des Hauptmietverhältnisses vorgenommene Aufrech- 57 nung mit einer Forderung, die dem Dritten gegenüber dem Mieter zusteht, ist deshalb auch dem Vermieter gegenüber wirksam, **(1)** bezüglich der Miete für den laufenden Kalendermonat, in welchem der Dritte von der Beendigung des Mietverhältnisses positive Kenntnis erlangt hat; **(2)** bezüglich der Miete für den laufenden Kalendermonat und den Folgemonat, wenn der Dritte die Kenntnis von der

Beendigung des Hauptmietvertrags erst nach dem 15.des Monats erlangt hat; **(3)** bezüglich der Miete für eine unbegrenzte Zeit, wenn der Dritte von der Beendigung des Hauptmietverhältnisses keine Kenntnis erlangt.

58 In § 566 d Satz 2 BGB ist in Anlehnung an § 406 BGB bestimmt, dass die Aufrechnung ausgeschlossen ist, wenn der Dritte die Gegenforderung erworben hat, nachdem er von der Beendigung des Hauptmietverhältnisses Kenntnis erlangt hat, oder wenn die Gegenforderung erst nach der Erlangung der Kenntnis und später als die Miete fällig geworden ist. Ist die Aufrechnung mietvertraglich ausgeschlossen, so ist § 566 d BGB unanwendbar.

5. § 566 e BGB:

59 Beim Eigentümerwechsel schützt die Vorschrift in Anlehnung an § 409 BGB das Vertrauen des Mieters hinsichtlich der Richtigkeit eines vom Vermieter angezeigten Eigentümerwechsels. Beim Vermieterwechsel stellt die Vorschrift sicher, dass der Mieter die Zahlungen des Dritten an den Vermieter auf jeden Fall gegen sich gelten lassen muss, wenn der Mieter gegenüber dem Dritten die Beendigung des Hauptmietverhältnisses angezeigt hat. Die Vorschrift besitzt nur dann praktische Bedeutung, wenn das Hauptmietverhältnis in Wirklichkeit nicht beendet worden ist. In einem solchen Fall leistet der Dritte durch Zahlung an den Vermieter zwar an einen Nichtberechtigten; gleichwohl wird er durch die Zahlung auch gegenüber dem Berechtigten (dem Mieter) frei. Der Ausgleich muss hier im Verhältnis zwischen dem Vermieter und dem Mieter erfolgen. Andererseits hat die Anzeige aber keine konstitutive Wirkung; deshalb wird der Dritte auch dann frei, wenn er beim Fortbestand des Hauptmietverhältnisses und unrichtiger Anzeige weiterhin an den Mieter zahlt.

60 Der Mieter kann die Anzeige durch Erklärung gegenüber dem Dritten zurücknehmen. Allerdings ist hierzu die Zustimmung des Vermieters erforderlich (§ 566 e Abs. 2 BGB). Hat der Mieter die Anzeige vor der Zahlung des Dritten widerrufen, so hat der Dritte gegenüber dem Mieter ein Leistungsverweigerungsrecht bis ihm die Zustimmung des Vermieters nachgewiesen wird. Das Zurückbehaltungsrecht entfällt, wenn mit Sicherheit feststeht, dass der Vermieter keinen Anspruch auf die Miete erheben wird (vgl. BGHZ 56, 349 zu den rechtsähnlichen § 409 BGB). Wird die Zustimmung verweigert, so kann sie der Mieter gegenüber dem Vermieter klageweise geltend machen.

V. Abweichende Vereinbarungen (Abs. 3)

61 Die Vorschrift des § 565 BGB kann vertraglich nicht zum Nachteil des Dritten abbedungen werden (§ 565 Abs. 3 BGB). Eine zwischen dem Mieter und dem Dritten getroffene Vereinbarung, wonach das Untermietverhältnis mit dem Hauptmietverhältnis endet oder wonach der Bestand des Untermietverhältnisses vom Hauptmietverhältnis abhängen soll, ist wirksam. Gleichwohl kann sich der Mieter auf eine solche Vereinbarung nicht berufen (§ 572 Abs. 2 BGB). Dies hat zur Folge, dass die Rechtsfolgen des § 565 BGB eintreten, wenn der Dritte an der Wohnung festhalten will. Ist zwischen dem Vermieter und dem Mieter vereinbart, dass das Hauptmietverhältnis zu einem bestimmten Zeitpunkt enden soll, so sind die Parteien des Untermietverhältnisses wegen § 575 Abs. 1 Satz 2 BGB gehindert, einen befristeten Mietvertrag abzuschließen, der dieselbe Laufzeit wie das Hauptmietverhältnis hat. Vielmehr gilt der zwischen dem Mieter und dem Dritten abgeschlossene Mietvertrag als Mietverhältnis auf unbestimmte Zeit (§ 575 Abs. 1 Satz 2 BGB). Bei Beendigung des Hauptmietverhältnisses tritt der Vermieter in dieses Mietverhältnis ein.

Für **Altmietverträge** (Vertragsschluss vor dem 1.9.2001) ist Art 229 § 3 Abs. 3 BGB zu beachten. Nach dieser Vorschrift ist auf befristete Mietverhältnisse, die vor dem 1.9.2001 abgeschlossen worden sind, das bis zum 1.9.2001 geltende Recht maßgeblich (s. dazu die 3. Auflage). **62**

§ 566 Kauf bricht nicht Miete

(1) **Wird der vermietete Wohnraum nach der Überlassung an den Mieter von dem Vermieter an einen Dritten veräußert, so tritt der Erwerber anstelle des Vermieters in die sich während der Dauer seines Eigentums aus dem Mietverhältnis ergebenden Rechte und Pflichten ein.**

(2) **¹Erfüllt der Erwerber die Pflichten nicht, so haftet der Vermieter für den von dem Erwerber zu ersetzenden Schaden wie ein Bürge, der auf die Einrede der Vorausklage verzichtet hat. ²Erlangt der Mieter von dem Übergang des Eigentums durch Mitteilung des Vermieters Kenntnis, so wird der Vermieter von der Haftung befreit, wenn nicht der Mieter das Mietverhältnis zum ersten Termin kündigt, zu dem die Kündigung zulässig ist.**

Übersicht

	Rdn.
I. Anwendungsbereich und Bedeutung der Vorschrift	1
II. Tatbestandsvoraussetzungen (Abs. 1)	7
1. Wohnraum	7
2. Mietvertrag	8
a) Nichtige und gekündigte Mietverhältnisse	9
b) Eigentumsübergang nach Vertragsbeendigung	14
c) Mietaufhebungsverträge	15
d) Zuweisung der Ehewohnung	16
3. Überlassung	18
4. Veräußerung	27
a) Begriff	27
b) Identität von Eigentümer und Vermieter	36
III. Rechtsfolgen	50
1. Eintritt in das Mietverhältnis	50
2. Rechtsbeziehungen außerhalb des Mietverhältnisses	54
3. Einzelheiten (in alphabetischer Folge):	56
IV. Mithaftung des Veräußerers (Abs. 2)	93
1. Umfang der Mithaftung (Satz 1)	93
2. Bürgenhaftung	94
3. Haftungsbefreiung (Satz 2)	95
4. Sonderkündigungsrecht des Mieters	98
V. Abweichende Vereinbarungen	100
1. Vereinbarungen zwischen dem Veräußerer und dem Mieter	100
2. Vereinbarungen zwischen dem Erwerber und dem Mieter	102
3. Vereinbarungen zwischen dem Veräußerer und dem Erwerber	103
VI. Sonderprobleme bei der Veräußerung von Eigentumswohnungen	104
VII. Sonderprobleme beim Erwerb in der Zwangsversteigerung	108

§ 566 BGB   Untertitel 2. Mietverhältnisse über Wohnraum

I. Anwendungsbereich und Bedeutung der Vorschrift

1   Die Vorschrift gilt für die **Wohnraum-, die Geschäftsraum- und die Grundstücksmiete** (§§ 549, 578 Abs. 1). Sie ist nur anwendbar, wenn sich der Mieter zum Zeitpunkt des Eigentümerwechsels bereits im Besitz der Mietsache befunden hat. In diesem Fall bestimmt § 566 BGB, dass der Erwerber der Mietsache in die sich „während der Dauer seines Eigentums aus dem Mietverhältnis ergebenden Rechte und Pflichten eintritt". Die Ausgestaltung der Vorschrift ist das Ergebnis der gesetzgeberischen Entscheidung gegen den gemeinrechtlichen Grundsatz „Kauf bricht Miete", wie er noch dem ersten Entwurf des BGB zugrunde lag, zugunsten des deutschrechtlichen Satzes: „Heuer geht vor Kauf" oder „Kauf bricht nicht Miete". Die Entscheidung beruht auf sozialpolitischen Erwägungen: Der Mieter sollte vor dem Verlust der Mietsache geschützt werden. Außerdem bezweckt die Vorschrift, dem Mieter gegenüber dem neuen Vermieter die Rechtsposition zu erhalten, die er auf Grund des Mietvertrags hätte, wenn der frühere Vermieter Eigentümer geblieben wäre (BGH NJW 2005, 1187) Dieser Gesetzeszweck ist bei der Auslegung der Vorschrift zu beachten.

2   Der Gesetzgeber hat diesen Schutz nicht durch die Anordnung einer Rechtsnachfolge verwirklicht. **Es findet kein gesetzlicher Vertragsübergang, sondern ein Rechtseintritt statt.** Zwischen dem Erwerber und dem Mieter wird kraft Gesetzes ein neues (originäres) Mietverhältnis begründet, das allerdings denselben Inhalt wie das bisherige Mietverhältnis hat (BGH NJW 2000, 2346; WuM 2000, 609; NJW 2005, 1187; NJW 2012, 3032; BGH NJW 2014, 3775 Rz. 22; Schach in: Kinne/Schach/Bieber Miet- und Mietprozessrecht § 566 BGB Rdn. 1). Die schuldnerschützende Regelung des § 404 BGB ist nach h. M. unanwendbar (zu abweichenden Ansichten s. Streyl in: Schmidt-Futterer § 566 BGB Rdn. 9 ff; V. Emmerich in: Staudinger § 566 BGB Rdn. 5; Emmerich PiG 37 (1993) S. 35, 38; Weitemeyer in FS Blank S. 445, 446 ff; Dötsch NZM 2012, 296).

2a Ein **Rechtseintritt scheidet aus,** wenn das ursprüngliche Mietverhältnis mit dem Veräußerer nicht durch den Erwerber ohne wesentliche Änderung fortgesetzt werden kann. Hiervon ist beispielsweise auszugehen, wenn die Wohnung an ein Ehepaar vermietet ist und die Mietsache an einen der Eheleute veräußert wird. In diesem Fall ist der Erwerber – anders als der bisherige Vermieter – nicht verpflichtet, dem Mieter Alleinbesitz an der Wohnung zu verschaffen. Das Verhältnis zwischen gleichberechtigten Nutzern bestimmt sich nicht nach mietrechtlichen sondern nach familienrechtlichen Grundsätzen (BGH WuM 2016, 341 Rz. 23).

3   **Bei der Veräußerung einer beweglichen Sache gilt § 566 BGB nicht.** Allerdings ist der Mieter auch hier nicht schutzlos, wenn er sich im Besitz der Mietsache befindet. In diesem Fall muss die zur Übertragung des Eigentums erforderliche Übergabe (§ 929 BGB) dadurch ersetzt werden, dass der Veräußerer dem Erwerber den Herausgabeanspruch gegen den Mieter abtritt (§ 931 BGB). Der Erwerber ist zwar an das zwischen dem Veräußerer und dem Mieter bestehende Mietverhältnis nicht gebunden. Jedoch scheitert der dingliche Anspruch aus § 985 BGB an § 986 Abs. 2 BGB. Danach kann der Mieter dem Erwerber die Einwendungen aus dem fortbestehenden Mietvertrag entgegensetzen.

4   War der **Mieter** zum Zeitpunkt des Eigentumsübergangs **nicht im Besitz der Sache,** so gilt weder § 566 BGB noch § 986 Abs. 2 BGB. Der Mieter kann den Erwerber auch nicht auf Einräumung oder Wiedereinräumung des Besitzes in Anspruch nehmen (s. unten Rdn. 18).

In einigen anderen Vorschriften ist die **entsprechende Anwendung** des § 566 5
BGB vorgesehen (§ 567 b BGB: Mehrfach aufeinanderfolgende Veräußerung eines
vermieteten Grundstücks; § 580 a BGB: Miete eines im Schiffsregister eingetragenen Schiffs; § 581 Abs. 2 BGB: Pacht; § 1056 Abs. 1 BGB: Beendigung eines
Nießbrauchs, s. § 542 BGB Rdn. 145; § 2135 BGB: Eintritt der Nacherbfolge, s.
§ 542 BGB Rdn. 150; § 30 Abs. 1 ErbbauRVO: Erlöschen des Erbbaurechts, § 542
BGB Rdn. 151; § 57 ZVG: Erwerb in der Zwangsversteigerung, § 542 BGB
Rdn. 175; § 45 a Abs. 4 TKG: Übergang von Einrichtungen der Telekommunikationsdienste beim Eigentümerwechsel, dazu BGH NZM 2015, 592).

In der Literatur wird vereinzelt die Ansicht vertreten, dass dem Mieter in **analo-** 6
ger Anwendung des § 613 a Abs. 6 BGB ein Widerspruchsrecht gegen die Veräußerung zusteht. Zum einen setze der Schuldnerwechsel nach allgemeinen
Grundsätzen die Zustimmung des Gläubigers voraus (§ 414 BGB). Zum anderen
sei der von einem Widerspruch des Mieters unabhängige Vermieterwechsel als verfassungsrechtlich unzulässiger Eingriff in die Vertragsfreiheit zu bewerten (Kühn
NZM 2009, 4, 6). – Tatsächlich ist für eine Analogie kein Raum, weil das Schicksal
des mit dem Veräußerer bestehenden Vertrags und dessen Haftung aus diesem Vertrag in § 566 Abs. 1 und 2 BGB abschließend geregelt ist.

II. Tatbestandsvoraussetzungen (Abs. 1)

1. Wohnraum

Die Regelung setzt voraus, dass ein „Wohnraum" vermietet ist. Wegen § 578 7
BGB gilt die Vorschrift aber auch für Mietverhältnisse über **Geschäftsräume** und
Grundstücke. Hierzu gehören Mietverhältnisse über bebaute und unbebaute
Grundstücke und Grundstücksteile, z. B. **Wandflächen für Reklamezwecke**
(OLG München NJW 1972, 1995; V. Emmerich in: Staudinger § 566 BGB
Rdn. 9; Streyl in: Schmidt-Futterer § 566 BGB Rdn. 19; Landwehr in: Bub/Treier
Kap II Rdn. 2669) und dergleichen.

2. Mietvertrag

Zwischen dem Veräußerer und dem Mieter muss ein Mietvertrag bestehen. Auf 8
andere Vertragstypen oder Gebrauchsüberlassungsverträge als Miete und Pacht ist
§ 566 weder unmittelbar noch entsprechend anwendbar (BGH NZM 2017, 847
Rdn. 33). Ist der Mietvertrag unter einer zur Zeit des Eigentumserwerbs noch nicht
eingetretenen **aufschiebenden Bedingung** geschlossen worden, tritt der Erwerber in das unter der aufschiebenden Bedingung abgeschlossene Rechtsgeschäft ein
(BGH WPM 1995, 2115). Ein **Vorvertrag** genügt nicht. Auf die **Begründungsoption** (z. Begriff s. § 535 Rdn. 11 c) findet § 566 BGB keine unmittelbare Anwendung. Nach Meinung des OLG Saarbrücken (ZMR 2016, 371) ist die Regelung
aber entsprechend anzuwenden. Auf die **Leihe** ist § 566 BGB weder unmittelbar
noch entsprechend anwendbar (OLG Düsseldorf ZMR 1989, 19 V. Emmerich
in: Staudinger § 566 BGB Rdn. 19; Lammel Wohnraummietrecht § 566 BGB
Rdn. 24). Bei **gemischten Verträgen** ist die Vorschrift nur anwendbar, wenn der
Schwerpunkt des Vertrags in den mietrechtlichen Beziehungen liegt (BGH GuT
2003, 15, 17: verneint für einen Vertrag, wonach der Mieter berechtigt sein soll auf
einem Wohngrundstück eine Breitbandkabelanlage zu errichten und zu betreiben;

§ 566 BGB Untertitel 2. Mietverhältnisse über Wohnraum

V. Emmerich in: Staudinger § 566 BGB Rdn. 19). Grundsätzlich setzt die Regelung des § 566 BGB voraus, dass der Schwerpunkt des Vertrags in der Gebrauchsüberlassung der Sache oder eines Teils der Sache liegt. Schuldet der Grundstückseigentümer dagegen nicht den Gebrauch, sondern hat er lediglich die Inanspruchnahme des Grundstücks zu dulden, so ist § 566 weder unmittelbar noch entsprechend anzuwenden (BGH NZM 2015, 592). Ist in einem Vertrag über die **Bestellung eines dinglichen Wohnrechts** vereinbart, dass der Berechtigte hierfür ein Entgelt zu bezahlen hat, so kann die Entgeltvereinbarung nur im Wege eines schuldrechtlichen Vertrags vereinbart werden. Eine Zahlungsverpflichtung kann nicht Gegenstand des dinglichen Rechts sein. Durch einen auf die einmalige Bestellung des Wohnrechts gerichteten Vertrag wird kein Dauerschuldverhältnis begründet; dies gilt auch dann, wenn als Entgelt für das Wohnrecht periodisch wiederkehrende Zahlungen vereinbart werden. Ein solcher Vertrag ist nicht als Miet-, sondern als Kaufvertrag zu bewerten. § 566 ist weder unmittelbar noch analog anwendbar (OLG Hamm Urteil vom 26. 4. 2017 – 30 U 147/16).

9 **a) Nichtige und gekündigte Mietverhältnisse.** § 566 BGB ist grundsätzlich nur dann anwendbar, wenn das Mietverhältnis zum Zeitpunkt des Eigentumsübergangs noch besteht.

10 **aa)** War der **Mietvertrag von Anfang an nichtig,** so wird durch den Eigentumsübergang kein wirksames Mietverhältnis begründet. Als rechtsgrundloser Besitzer ist der Grundstücksnutzer dem Erwerber zur Herausgabe verpflichtet (§ 985 BGB).

11 **bb)** War der **Mietvertrag anfechtbar,** so tritt der Erwerber nach der hier vertretenen Ansicht in das Mietverhältnis ein, wenn der Veräußerer oder der Mieter keine Anfechtungserklärung abgegeben hatte (Streyl in: Schmidt-Futterer § 566 BGB Rdn. 49; Lützenkirchen in: Lützenkirchen, Mietrecht § 566 Rdn. 42).

12 **cc)** Wurde das **Mietverhältnis vom Veräußerer gekündigt,** so kommt es darauf an, ob es zum Zeitpunkt des Eigentumsübergangs bereits beendet war.

13 Beim **Eigentumsübergang vor der Vertragsbeendigung** tritt der Erwerber in das noch bestehende Mietverhältnis ein. Bei der fristlosen Kündigung wird das Mietverhältnis mit dem Zugang der Kündigungserklärung beendet. Bei der befristeten Kündigung endet das Mietverhältnis mit dem Ablauf der Kündigungsfrist. Hat der Veräußerer gekündigt, und ist der Eigentumsübergang bereits vor dem Zugang der fristlosen Kündigung oder (bei der befristeten Kündigung) vor Ablauf der Kündigungsfrist erfolgt, so tritt der Erwerber in das noch bestehende Mietverhältnis ein. Dieselben Grundsätze gelten, wenn der Mieter vor dem Eigentumsübergang gekündigt hat. Geht die fristlose Kündigung dem Veräußerer nach dem Eigentumsübergang zu, so geht die Kündigung ins Leere; der Erwerber tritt in das fortbestehende Mietverhältnis ein. Ist bei der befristeten Kündigung die Kündigungsfrist zum Zeitpunkt des Eigentumsübergangs noch nicht abgelaufen, so tritt der Erwerber ebenfalls in das Mietverhältnis ein. Dies hat zur Folge, dass die Ansprüche auf Mietzins und Nutzungsentschädigung gem § 546a BGB, sowie die Schadensersatzansprüche wegen Räumungsverzugs dem Erwerber zustehen (BGHZ 72, 147 = NJW 1978, 2148).

14 **b) Eigentumsübergang nach Vertragsbeendigung.** Beim Eigentumsübergang nach der Vertragsbeendigung tritt der Erwerber nach h. M. in das **Abwicklungsschuldverhältnis** ein (BGHZ 72, 147 = NJW 1978, 2148; V. Emmerich in: Staudinger § 566 BGB Rdn. 28; Streyl in: Schmidt-Futterer § 566 BGB Rdn. 51; Lützenkirchen in: Lützenkirchen, Mietrecht § 566 Rdn. 44; Kandelhard in: Herr-

lein/Kandelhard § 566 BGB Rdn. 6; Herrmann in: Bamberger/Roth § 566 BGB Rdn. 16). Dieses Schuldverhältnis entsteht mit dem rechtlichen Ende des Mietvertrags (Zugang einer wirksamen fristlosen Kündigung beim Veräußerer; Ablauf der Kündigungsfrist bei einer befristeten Kündigung) und endet mit der Räumung. Die Ansprüche auf Nutzungsentschädigung gem § 546a BGB sowie die Schadensersatzansprüche wegen Räumungsverzugs stehen also auch in diesem Fall dem Erwerber zu.

c) Mietaufhebungsverträge. Wird das **Mietverhältnis durch Vertrag mit** 15
dem Veräußerer aufgehoben, so richtet sich der Beendigungszeitpunkt nach den Vereinbarungen im Mietaufhebungsvertrag. Ist dort keine Regelung getroffen, so endet das Mietverhältnis mit dem Vertragsschluss (§ 271 Abs. 1 BGB). Findet der Eigentümerwechsel vor dem vereinbarten Vertragsende statt, so tritt der Erwerber in das noch bestehende Mietverhältnis ein; beim Eigentümerwechsel nach diesem Zeitpunkt, tritt der Erwerber in das Abwicklungsschuldverhältnis ein. Zum Aufhebungsvertrag des Mieters mit dem Erwerber.

d) Zuweisung der Ehewohnung. Wird eine im Alleineigentum des Ehemannes 16
stehende Ehewohnung nach der Trennung der Eheleute vom Familiengericht der Ehefrau zur alleinigen Nutzung zugewiesen, so kommt hierdurch kein Mietverhältnis zwischen den Eheleuten zustande. Wird die Wohnung in der Folgezeit veräußert, so kann der Erwerber die Wohnung nach § 985 BGB herausverlangen. Die Regelung des § 986 BGB greift nicht, weil der richterliche Beschluss über die Zuweisung zur Nutzung nur gegenüber dem Ehemann aber nicht gegenüber dem Erwerber wirkt. Eine analoge Anwendung des § 566 BGB kommt nicht in Betracht (OLG München WuM 2001, 283).

Anders ist es, wenn das Familiengericht ein Mietverhältnis zwischen der Ehefrau 17
und dem getrenntlebenden Ehemann begründet. Wird das im Alleineigentum des Ehemannes stehende Anwesen sodann veräußert, so tritt der Erwerber in dieses Mietverhältnis auf der Vermieterseite ein.

3. Überlassung

§ 566 BGB gilt nur, wenn der Eigentümerwechsel nach der Überlassung an den 18
Mieter erfolgt. Der Übergang der Mietverhältnisse setzt also voraus, dass sich der Mieter im Zeitpunkt des Eigentumswechsels im Besitz der Mietsache befindet oder jedenfalls den Mietgebrauch ausüben kann. Der Erwerber tritt nicht schon dann in die sich aus dem Mietverhältnis ergebenden Rechte und Pflichten ein, wenn die Wohnung zwar vermietet, aber zum Zeitpunkt des Eigentumsübergangs noch nicht an den Mieter überlassen war; gleiches gilt, wenn der Mieter einen ihm überlassenen Mietbesitz zum genannten Zeitpunkt – aus welchem Grunde auch immer – nicht mehr ausgeübt hat (BGHZ 204, 1 Rdn. 26; BGH NJW 2010, 1068 Rdn. 21; BGH WuM 2016, 364 Rdn. 4). War die Mietsache dem Mieter noch nicht überlassen, so bestimmt § 567a BGB, dass die Rechtsfolge des § 566 Abs. 1 BGB gilt, wenn der Erwerber vom Vermieter gegenüber die Erfüllung der sich aus dem Mietvertrag ergebenden Pflichten übernommen hat (s. § 567a BGB). Wird der Mietgegenstand vor der Überlassung veräußert, und gibt der Erwerber keine Übernahmeerklärung ab, so tritt er nicht in das Mietverhältnis ein. Der Veräußerer haftet in diesem Fall auf Schadensersatz wegen Nichterfüllung. Hat der Mieter den Besitz vor dem Eigentümerwechsel aufgegeben, so tritt der Erwerber ebenfalls nicht in das Mietverhältnis ein (ebenso: Eckert in FS Blank S. 129, 143). Dies gilt auch

dann, wenn der Mieter auf Grund einer unwirksamen Kündigung ausgezogen ist und das Mietverhältnis als solches aus diesem Grunde fortbesteht. Der Veräußerer haftet auch in diesem Fall wegen Nichterfüllung. Hat sich der Mieter anlässlich einer Sanierungsmaßnahme oder Modernisierungsmaßnahme freiwillig zum vorübergehenden Auszug aus der Wohnung verpflichtet so endet der Mietbesitz mit dem Auszug des Mieters. Findet in der Zeit nach dem Auszug ein Vermieterwechsel statt, so tritt der Erwerber nicht in das Mietverhältnis ein (BGH NJW 2015, 627). Eine Besitzaufgabe liegt nicht vor, wenn der Mieter die Wohnung anlässlich von Sanierungs- oder Modernisierungsmaßnahme zwar verlässt, dort aber weiterhin Einrichtungsgegenstände aufbewahrt. An der Freiwilligkeit der Besitzaufgabe kann es fehlen, wenn der Mieter kraft Gesetzes zur vorübergehenden Räumung der Wohnung verpflichtet ist. Eine solche Verpflichtung kann angenommen werden, wenn Erhaltungsmaßnahmen bei einem baufälligen Haus nicht anders erledigt werden können und sichergestellt ist, dass die Baumaßnahme tatsächlich durchgeführt wird und die Finanzierung geregelt ist.

19 Die Tatbestandsmerkmale „Mieter" und „Überlassung" müssen stets zusammen vorliegen. Es genügt also nicht, wenn der Vermieter die Mietsache einem Mietinteressenten in der **Erwartung eines späteren Vertragsschlusses** überlässt. Wird das Grundstück in einem solchen Fall veräußert, so ist der Nutzer dem Erwerber gegenüber dem § 985 BGB zur Herausgabe verpflichtet. Dies gilt auch dann, wenn der Veräußerer nach dem Eigentumsübergang einen Mietvertrag abschließt. Gegenüber dem Erwerber kann sich der Mieter nicht auf ein Recht zum Besitz berufen, weil § 986 Abs. 2 BGB nur für die Miete beweglicher Sachen gilt.

20 Ist in einem Mietvertrag vereinbart, dass das Mietverhältnis erst zu einem späteren Zeitpunkt beginnen soll und werden dem **Mieter die Räume bereits vor dem vertraglich vereinbarten Zeitpunkt** (etwa zur Durchführung von Renovierungsarbeiten) **überlassen,** so tritt der Erwerber in das Mietverhältnis ein (V. Emmerich in: Staudinger § 566 BGB Rdn. 29). Für die Anwendung des § 566 BGB kommt es nämlich nicht auf den Mietbeginn, sondern auf den Mietbesitz an. Maßgeblich ist allein, dass der Mieter die **Mietsache zum Zeitpunkt des Eigentumsübergangs** als Mieter in Besitz hat und dass die Besitzerlangung mit Wissen und Billigung des Vermieters erfolgt ist. Bei eigenmächtiger Besitzergreifung ist § 566 BGB dagegen unanwendbar.

21 Hat der Mieter den **Besitz vor dem Eigentumsübergang bereits aufgegeben** (z. B. bei vorzeitiger Rückgabe vor Mietende), so ist § 566 BGB unanwendbar. Es genügt nicht, dass der Mieter auf Grund des bestehenden Mietvertrags noch zum Besitz berechtigt ist. Der Besitz hat Publizitätsfunktion, er muss also ausgeübt werden (Streyl in: Schmidt-Futterer § 566 BGB Rdn. 54; V. Emmerich in: Staudinger § 566 BGB Rdn. 33; Lammel Wohnraummietrecht § 566 BGB Rdn. 31; Häublein in: MünchKomm § 566 BGB Rdn. 16).

22 Der **Begriff der Überlassung** ist derselbe wie in **§ 535 BGB.** Es kommt also maßgeblich darauf an, was die Parteien hinsichtlich der Überlassung vereinbart haben und was vom Vermieter auf Grund dieser Vereinbarung geschuldet wird (V. Emmerich in: Staudinger § 566 BGB Rdn. 34; Lammel Wohnraummietrecht § 566 BGB Rdn. 30; Herrmann in: Bamberger/Roth § 566 BGB Rdn. 15; Häublein in: MünchKomm § 566 BGB Rdn. 14; Palandt/Weidenkaff § 566 BGB Rdn. 12). Setzt der Mietgebrauch den Besitz an der Mietsache voraus, so gehört zur Gebrauchsgewährung die Verschaffung des Besitzes (BGHZ 65, 137). Davon ist auszugehen, wenn der unmittelbare Besitz i. S. von 854 Abs. 1 BGB mit Wissen und Wollen des Vermieters auf den Mieter übergegangen ist. Die Mietsache ist überlassen, wenn der Mieter die Sachherrschaft über die gemieteten Räume ausüben kann. Die Schlüsselübergabe reicht in der Regel aus (Streyl in: Schmidt-Futterer § 566 BGB Rdn. 56; V. Emmerich in: Staudinger § 566 BGB Rdn. 36; Börstinghaus PiG 70 (2005) S. 65, 68; Kandelhard in: Herrlein/Kandelhard § 566 BGB Rdn. 7). Unerheblich ist, ob der Mieter sodann in die Räume einzieht oder von der Mietsache Gebrauch macht. Bei der Grundstücksmiete ist es nicht erforderlich, dass der Mieter die Besitzerlangung durch Einzäunung, Beschilderung oder auf sonstige Weise kenntlich macht (BGH ZMR 1989, 212; OLG Köln ZMR 2003, 186, 187).

Ist der **Mieter** nicht zum Besitz sondern **nur zur Benutzung der Sache berechtigt** (z. B. Überfahrtsrechte bei Grundstücken, Recht zur Anbringung von Reklametafeln an Hauswänden, etc.) so liegt keine Überlassung vor, auch wenn dem Mieter die Benutzung tatsächlich gewährt wird (BGH NZM 2019, 941; NJW-RR 1989, 589 = WuM 1989, 229). 23

Es ist **nicht erforderlich, dass der Vermieter selbst an der Besitzübergabe mitwirkt**. Eine Überlassung liegt auch dann vor, wenn der Mieter den Besitz von dem Vorgänger im Mietverhältnis erhält. Allerdings muss der Vermieter mit dieser Form der Übergabe einverstanden sein. Hiervon ist auszugehen, wenn eine entsprechende vertragliche Regelung besteht. Es genügt aber auch, wenn der Vermieter von dem Besitzwechsel Kenntnis hat und ihn ausdrücklich oder stillschweigend billigt. 24

Hat der Mieter die Sache untervermietet, so wird die Überlassung hierdurch nicht beendet, weil der (Haupt)Mieter mittelbarer Besitzer bleibt (Streyl in: Schmidt-Futterer § 566 BGB Rdn. 56; Häublein in MünchKomm § 566 BGB Rdn. 16). Nichts anderes gilt, wenn der Vermieter die Mietsache unmittelbar an den vom Mieter benannten Untermieter übergibt. Wird die **Mietsache durch einen Untervermieter genutzt** und schließt der Vermieter mit diesem nach Beendigung des Hauptmietverhältnisses einen Mietvertrag ab, so gilt die Mietsache mit dem Beginn des Mietverhältnisses als überlassen. 25

Sind **mehrere Sachen** auf Grund eines **einheitlichen Vertrages** vermietet, so kommt es darauf an, ob der wesentliche Teil der Mietsache überlassen worden ist. Ist beispielsweise eine Wohnung mit Garage vermietet worden, so tritt der Erwerber in das gesamte Mietverhältnis ein, wenn der Mieter zum Zeitpunkt des Eigentumsübergangs im Besitz der Wohnung gewesen ist. Wurde dem Mieter dagegen nur die Garage überlassen, so ist § 566 BGB unanwendbar. Wird ein einheitlicher Mietgegenstand nicht vollständig überlassen, so gelten dieselben Grundsätze. Der Erwerber tritt in das Mietverhältnis ein, wenn dem Mieter lediglich ein unbedeutender Teil der Räumlichkeiten vorenthalten wird, oder wenn der Vermieter die Zubehörräume (z. B.: Keller) noch nicht übergeben hat. 26

4. Veräußerung

a) Begriff. Ein Grundstück wird veräußert, wenn das Eigentum auf einen Dritten übertragen wird. Für die **Übertragung durch Rechtsgeschäft** kommen Rechtsgeschäfte jeder Art in Betracht (Kauf, Schenkung, Tausch, Übertragung des Grundstücks vom Erben auf den Vermächtnisnehmer, Einbringung eines Grundstücks in eine GmbH oder Aktiengesellschaft). 27

Übertragung von Miteigentumsanteilen. Besteht die Vermieterseite aus zwei Personen und überträgt eine Person ihren Miteigentumsanteil auf den anderen Miteigentümer, so ist fraglich, ob das Mietverhältnis mit dem nunmehrigen Alleineigentümer als alleinigem Vermieter fortgesetzt wird. Eine unmittelbare Anwen- 27a dung dieser Regelung scheidet allerdings aus, weil danach die Übertragung des Eigentums auf einen „Dritten" vorausgesetzt wird. Dritter im Sinne dieser Vorschrift kann nur sein, wer vor dem Eigentumserwerb nicht Partei des Mietverhältnisses war. Eine analoge Anwendung kommt ebenfalls nicht in Betracht, weil insoweit keine planwidrige Gesetzeslücke vorliegt (BGH NZM 2019, 208). Der BGH führt hierzu aus, dass der Rückgriff auf § 566 BGB in Fällen der vorliegenden Art entbehrlich sei. Sinn und Zweck des § 566 BGB sei der Schutz des Mieters vor einem Verlust des Besitzes an der Wohnung gegenüber einem neuen Erwerber im Falle der Veräußerung der Mietsache. Dieser Schutzzweck werde in Fällen der vorliegenden Art nicht berührt, weil der nunmehrige Alleineigentümer weiterhin an den Mietvertrag gebunden sei. Der Mieter müsse also nicht befürchten, dass er infolge der Veräußerung die Wohnung verliert.

28 Für den Fall des **Eigentumsübergangs kraft Gesetzes** ist die Vorschrift entsprechend anzuwenden (BGH NJW 2008, 2773 betr. Eigentumsübergang auf Grund des Gesetzes zur Gründung der Bundesanstalt für Immobilienaufgaben vom 9.12.2004 – BGBl I S. 3235 (BimAG).

29 Unter dem Begriff der Veräußerung ist das dingliche Rechtsgeschäft zu verstehen. Deshalb kommt es für die Anwendung des § 566 BGB auf die **Vollendung der Eigentumsübertragung** an (BGHZ 13, 1; NJW 1989, 451 = WuM 1989, 141). Das ist derjenige Zeitpunkt, zu dem der Erwerber als neuer Eigentümer in das Grundbuch eingetragen wird. Die Eintragung einer Auflassungsvormerkung genügt nicht (BGH a.a.O.).

30 Im Falle des **Eigentumsübergangs im Wege der Erbfolge** gehen die Rechte und Pflichten aus dem Mietverhältnis nahtlos auf den Erben über (Universalsukzession, § 1922 Abs. 1 BGB); § 566 BGB ist unanwendbar. Gehört zum Nachlass ein vermietetes Grundstück oder eine vermietete Immobilie und wird der betreffende Nachlassgegenstand durch einen der Miterben vor der **Erbauseinandersetzung** verkauft, so erfolgt die Erfüllung nicht durch Übereignung des Nachlassgegenstands, sondern durch Übertragung des Erbanteils nach § 2033 Abs. 1 BGB. Die Anteilsübertragung führt zur Gesamtrechtsnachfolge. Die Rechte und Pflichten gehen unmittelbar auf den Erwerber des Erbanteils über. § 566 BGB ist unanwendbar. Grundbuchrechtlich erfolgt lediglich eine Grundbuchberichtigung (KG Urteil vom 22.3.2012 – 8 U 64/11). Die Wirksamkeit des Grundgeschäfts spielt für den Eigentumserwerb keine Rolle. Deshalb tritt der Erwerber auch dann in das Mietverhältnis ein, wenn der Kaufvertrag nichtig ist (OLG Brandenburg Urteil vom 6.10.2015 – 6 U 7/14).

31 **aa) Veräußerung eines von mehreren Grundstücken.** Streitig ist, welche Rechtsfolge eintritt, wenn der Vermieter zwei rechtlich selbständige Grundstücke auf Grund eines einzigen Mietvertrags vermietet hat und in der Folgezeit eines der Grundstücke veräußert. Nach h. M. tritt der Erwerber neben dem Veräußerer in das Mietverhältnis ein; dieses wird als einheitliches Mietverhältnis mit mehreren Vermietern fortgesetzt. Für die Verpflichtungen aus dem Vertrag haften Veräußerer und Erwerber als Gesamtschuldner. Hinsichtlich der Rechte aus dem Vertrag sind sie Mitgläubiger (Gesamthandsgläubiger); sog. **Einheitstheorie,** OLG Hamm Urteil vom 6.5.2011 – 30 U 15/10 unter Rz 140; V. Emmerich in: Staudinger § 566 BGB Rdn. 25; Streyl in: Schmidt-Futterer § 566 BGB Rdn. 75; Lützenkirchen in: Lützenkirchen, Mietrecht § 566 Rdn. 35; Lammel Wohnraummietrecht § 566 BGB Rdn. 55;). Nach anderer Ansicht führt die Veräußerung des Grundstücksteils zu einer Aufspaltung des Mietverhältnisses; mit der Veräußerung entstehen zwei

rechtlich selbständige Mietverträge (sog. **Spaltungstheorie**). Die Spaltungstheorie hat indes keine rechtliche Grundlage: nach § 566 BGB hat der Eigentümerwechsel ausschließlich einen Wechsel in der Person des Vermieters zur Folge, während der übrige Inhalt des Mietverhältnisses unberührt bleibt.

bb) Begründung/Erwerb von Wohnungseigentum. Wird ein Gebäude 32 von den Bruchteilseigentümern die zugleich Vermieter sind gem. **§ 3 WEG** in **Wohnungseigentum** aufgeteilt und für jeden Miteigentümer Sondereigentum an einer Wohnung begründet, so ist dies nach der Rechtsprechung des BGH nicht als Veräußerung zu bewerten (BGH NJW 1994, 2542 = WuM 1994, 452). Zwar tritt in einem solchen Fall eine Rechtsänderung auf der Vermieterseite ein. Dies geschehe aber nicht „durch Eintritt des Sondereigentümers in die Rechte und Pflichten aus dem Mietverhältnis über die betreffende Wohnung, sondern in der Weise, dass er als alleiniger Vermieter übrig bleibt". Auf diese Rechtsfolge sei § 571 BGB a. F. (= § 566 BGB n. F.) weder unmittelbar noch entsprechend anzuwenden. Anders ist es, wenn eine GbR ein Gebäude mit vermieteten Wohnungen erwirbt und hieran nach § 3 WEG Wohnungseigentum begründet. Wird die Gesellschaft im Anschluss hieran aufgelöst, so führt die „Auseinandersetzung der Gesellschaft ... unter Bildung von Wohnungseigentum und Eintragung der bisherigen Gesellschafter als Eigentümer der jeweils zugewiesenen Wohnung ... zu einem Wechsel der Rechtsträgerschaft von der Gesellschaft auf die einzelnen Wohnungseigentümer" (BGH WuM 2012, 31 = NZM 2012, 150). Dieser Vorgang ist als Veräußerung i. S. des § 566 BGB zu bewerten. Gleiches gilt, wenn ein Hausgrundstück gem. **§ 8 WEG** aufgeteilt und die Wohnungs- oder Teileigentume sodann veräußert werden oder wenn das Grundstück an mehrere Erwerber veräußert wird und zugleich die Begründung von Teileigentum zugunsten der einzelnen Erwerber erfolgt (OLG Celle OLG-Rp 1998, 269).

Wird eine **vermietete Eigentumswohnung veräußert,** so tritt ledig der Er- 32a werber in das Mietverhältnis ein. Dies gilt auch dann, wenn dem Mieter außer der Wohnung Räume mitvermietet sind, die im Gemeinschaftseigentum stehen oder wenn er im Gemeinschaftseigentum stehende Gebäudeteile (Flure, Treppenhaus, Spielplätze) mitbenutzen darf. Verlangt einer der Miteigentümer die Herausgabe des im Gemeinschaftseigentum stehenden Raums, so kann sich der Mieter diesem gegenüber auf sein Recht zum Besitz berufen. Tritt an dem im Gemeinschaftseigentum stehenden Raum ein Mangel ein, so hat der Mieter Gewährleistungsansprüche gegenüber dem Erwerber der Wohnung (BGHZ 141, 239 = NJW 1999, 2177).

cc) Veräußerung unter Bestellung eines Nießbrauchs. In der Praxis 33 kommt es häufig vor, dass Eltern ihren Kindern bei Lebzeiten ein Grundstück übereignen. Wird im Zusammenhang hiermit ein Nießbrauch zu Gunsten der bisherigen Eigentümer bestellt, so bleiben diese weiterhin Vermieter (§ 567 BGB). § 566 BGB ist unanwendbar.

dd) Wechsel von Gesellschaftern bei Juristischer Person als Vermieter. 34 Der Wechsel der Gesellschafter lässt das Mietverhältnis unberührt. § 566 ist unanwendbar.

ee) Wechsel von Gesellschaftern bei der BGB-Außengesellschaft/Perso- 35 **nenhandelsgesellschaft als Vermieter.** Sind die Gesellschafter einer GbR mit dem Zusatz „als Gesellschafter bürgerlichen Rechts" im Grundbuch eingetragen, so ist ein solcher Eintrag dahingehend zu verstehen, dass die GbR als Eigentümerin eingetragen ist (Wertenbruch NZG 2006, 408, 414). Wird die Mietsache durch eine Außen-GbR oder eine Personenhandelsgesellschaft vermietet, so hat ein Wechsel der Gesellschafter auf den Mietvertrag keinen Einfluss; § 566 BGB ist unanwendbar (Häublein PiG 70 (2005), 39, 56 und in MünchKomm § 566 BGB Rdn. 17; Börstinghaus PiG 70 (2005), 65, 71; Weitemeyer ZMR 2004, 153, 160; Jacoby ZMR 2001, 409, 413; Streyl ZMR 2008, 602, 604). Der neu eintretende Gesellschafter haftet auch für die vor seinem Eintritt begründeten Verpflichtungen des Mieters mit seinem Privatvermögen (BGH NJW 2003, 1445); die für § 566 typische Zäsur tritt nicht ein. Scheiden Gesellschafter aus, so wird das Mietverhältnis mit den verbleibenden fortgesetzt. Bleibt nur noch ein Gesellschafter übrig, so wird das Mietverhältnis mit diesem fortgesetzt; die GbR erlischt ohne weiteres (Börstinghaus PiG 70 (2005), 65, 71). Einer Liquidation bedarf es nicht (Kraemer NZM 2002, 465, 468). Den ausscheidenden Gesellschafter trifft eine Nachhaftung, beschränkt auf 5 Jahre (§§ 736 Abs. 2 BGB, 160 HGB). Anders als nach § 160 Abs. 1 Satz 2 HGB beginnt die Haftung bei der GbR nicht mit dem Eintrag in ein Register, sondern mit der Kenntnis des Gläubigers vom Ausscheidungstatbestand (K. Schmidt NJW 2001, 993, 994).

35a Nach dem Wortlaut des § 566 BGB muss die Veräußerung an einen „Dritten" erfolgen. Unter dem **Begriff des „Dritten"** ist einn Rechtsträger zu verstehen, der bislang nicht Eigentümer oder Miteigentümer der Mietsache war. Die **Übertragung von Anteilen durch einen Miteigentümer** an einen anderen Miteigentümer wird deshalb nicht von § 566 BGB erfasst. Dies führt zu der Frage, ob § 566 BGB auf diese Fälle entsprechend anzuwenden ist. Dies wird in der Literatur z. T. bejaht (Streyl in: Schmidt-Futterer § 566 BGB Rdn. 77) z. T. verneint (KG MDR 2019, 104; Häublein in: MünchKomm § 566 BGB Rdn. 25; ebenso BGH NZM 2019, 208; KG MDR 2019, 153). Die letztgenannte Ansicht trifft zu. Durch § 566 BGB soll der Mieter in den Fällen der Veräußerung der Mietsache vor dem Verlust der Mieterrechte geschützt werden. Eine entsprechende Anwendung der Vorschrift widerspricht diesem Schutzzweck, weil der Mieter durch den Übergang des Vertrags auf einen von mehreren Vermietern den Veräußerer als Schuldner verlöre.

36 **b) Identität von Eigentümer und Vermieter.** § 566 BGB setzt grundsätzlich voraus, dass der Vermieter und der Eigentümer identisch sind (BGH NZM 2017, 847; 2004, 300; 2010, 471). Der veräußernde Eigentümer muss zugleich Vermieter sein. Wird eine Wohnung durch einen Nichteigentümer vermietet und diese sodann durch den Eigentümer veräußert, so scheidet eine unmittelbare Anwendung des § 566 BGB aus (BGH NZM 2017, 847; 2004, 30).

36a In der Literatur wird diskutiert, ob im Falle der Vermietung durch einen Nichteigentümer eine **entsprechende Anwendung des § 566 BGB** möglich ist. Dies wird zum Teil verneint (Kuß/Leutner in Lindner-Figura/Oprée/Stellmann Geschäftsraummiete § 566 BGB Rdn. 135; Neuhaus Handbuch der Geschäftsraummiete Kap. 25 Rdn. 5; Börstinghaus NZM 2004, 481, 482), zum Teil bejaht (s. insb. Günter WuM 2013, 264, 270 m. w. N.; Streyl in: Schmidt-Futterer § 566 BGB Rdn. 36; V. Emmerich in: Staudinger § 566 BGB Rdn. 36; Häublein in: MünchKomm § 566 Rdn. 22; Burbulla in: Guhling/Günter Gewerberaummiete § 566 BGB Rdn. 53; Lützenkirchen in: Lützenkirchen Mietrecht § 566 BGB Rdn. 31; Wolf/Eckert/Ball Handbuch des gewerblichen Mietrechts Rdn. 1354). Nach der **Rechtsprechung des BGH** hängt die entsprechende Anwendung des § 566 BGB dabei von 3 Voraussetzungen ab: **(1)** Der Eigentümer muss der Vermietung durch den Nichteigentümer zustimmen. (2) Die Vermietung muss im alleinigen wirtschaftlichen Interesse des Eigentümers erfolgen und (3) der Vermieter darf kein eigenes Interesse am Fortbestand des Mietverhältnisses haben (BGH NZM 2017, 847 Rdn. 26). Der BGH begründet die analoge Anwendung des § 566 BGB mit dem Gesetzeszweck: Der (historische) Gesetzgeber habe vornehmlich Mieter von Gewerberäumen und Pächter von Landgütern und Gewerbebetrieben umfassend davor schützen wollen, dass diese bei einer Veräußerung des Grundstücks ihren Besitz an dem Miet- oder Pachtobjekt verlieren. Dabei sei der (historische) Gesetzgeber offensichtlich davon ausgegangen, dass der veräußernde Vermieter gleichzeitig auch Eigentümer der Mietsache ist. Die Möglichkeit, dass ein Dritter den Mietvertrag im eigenen Namen, aber im Einvernehmen mit dem Eigentümer und in dessen wirtschaftlichem Interesse, abschließt, habe der Gesetzgeber nicht bedacht. Deshalb habe er diesen Fall nicht geregelt. Damit liege eine planwidrige Gesetzeslücke vor, die durch eine entsprechende Anwendung des § 566 BGB zu schließen sei.

Die Entscheidung des BGH betrifft einen Fall, in dem die Vermietung durch eine Verwaltungsgesellschaft erfolgt ist. Diese hat den Mietvertrag auf Weisung der Eigentümerin abgeschlossen. Die Miete wurde von der Verwaltungsgesellschaft eingezogen und an die Eigentümerin weitergeleitet. Daraus folgt, dass die Vermietung mit Zustimmung der Eigentümerin und in deren wirtschaftlichem Interesse erfolgt ist. Ein eigenes Interesse am Bestand des Mietvertrags hatte die Verwaltungsgesellschaft nicht. Die der Entscheidung zugrundeliegenden Erwägungen dürften über den entschiedenen Fall hinaus auch in anderen Fällen von Bedeutung sein, in denen es an einer Identität zwischen Eigentümer und Vermieter fehlt. Hier wäre ebenfalls an eine entsprechende Anwendung des § 566 BGB zu denken (s. dazu Rdn. 38 ff). **36b**

aa) Maßgeblicher Zeitpunkt. Streitig ist, ob die **Identität bereits bei Vertragsschluss** gegeben sein muss (so OLG Köln ZMR 2001, 967; AG Dresden WuM 2010, 693; Luckey GE 2001, 908, 909) oder ob es genügt, dass die **Identität im Zeitpunkt der Veräußerung vorliegt** (so OLG Rostock NZM 2006, 262; OLG Dresden ZMR 2005, 41; Streyl in: Schmidt-Futterer § 566 BGB Rdn. 66; V. Emmerich in: Staudinger § 566 BGB Rdn. 21; Häublein in: MünchKomm § 566 BGB Rdn. 19; Lützenkirchen in: Lützenkirchen, Mietrecht § 566 BGB Rdn. 32, 33; Börstinghaus NZM 2004, 481, 482; Eckert in FS Blank S. 129, 132; Koch/Rudzio, ZfIR 2007, 437, 442; Lammel Wohnraummietrecht § 566 BGB Rdn. 23; Palandt/Weidenkaff § 566 BGB Rdn. 7; Streyl WuM 2008, 579, 580; Neumann WuM 2010, 659, 666). Für die letztgenannte Ansicht spricht der Wortlaut des § 566 BGB und der Zweck der Vorschrift. **37**

bb) Fälle der fehlenden Identität. Das Identitätserfordernis führt zu Problemen, wenn das Eigentum einer Personenmehrheit oder Gesellschaft zusteht, Vermieter aber nicht alle Eigentümer sind; wenn die Vermietung nicht durch den Eigentümer, sondern durch einen Dritten (z. B. Hausverwalter) erfolgt und bei der Kettenveräußerung. Der BGH lehnt sowohl die unmittelbare als auch eine analoge Anwendung in den genannten Fällen grundsätzlich ab (BGH NZM 2004, 300 betr. Vermietung eines im Eigentum einer GmbH stehenden Grundstücks durch Alleingesellschafter; BGH NZM 2003, 476 betr. Kettenveräußerung; s. aber auch Rdn. 36a, 36b). In der Literatur wird die Ansicht vertreten, dass § 566 bei der Kettenauflassung unmittelbar anzuwenden ist (Häublein in: MünchKomm § 566 BGB Rdn. 20; Günter WuM 2013, 264) und dass eine analoge Anwendung in Be- **38**

tracht kommt, wenn die Vermietung durch den Dritten im Interesse des Eigentümers erfolgt (s. zum Folgenden auch OLG Saarbrücken ZMR 2016, 371).

39 **(1) Veräußerungskette.** Hiervon spricht man, wenn ein Grundstück vom Käufer vor dessen Eintragung ins Grundbuch vermietet und sodann weiterveräußert wird. In diesem Fall fehlt es an der Identität zwischen der Person des Vermieters und der Person des Eigentümers. Der BGH lehnt die Anwendung des § 566 BGB in diesem Fall ab (BGH NZM 2003, 476; s. aber auch Rdn. 36a, 36b). Dies hat zur weiteren Folge, dass der Mieter die Mietsache an den Letzterwerber herausgeben muss, wenn dieser als Eigentümer ins Grundbuch eingetragen wird. Demgegenüber weist Günter (WuM 2013, 264) zu Recht daraufhin, dass § 566 seinem Wortlaut lediglich die Identität zwischen Vermieter und Veräußerer verlangt. Diese ist in den Fällen der Veräußerungskette gewahrt; deshalb gilt die Vorschrift in diesen Fällen unmittelbar (Günter a.a.O.; Häublein in: MünchKomm § 566 BGB Rdn. 20; abweichend: Streyl in: Schmidt-Futterer § 566 BGB Rdn. 71; Lützenkirchen in: Lützenkirchen, Mietrecht § 566 Rdn. 31: analoge Anwendung).

40 **(2) Vermietung eines im Eigentum des Alleingesellschafter stehenden Grundstücks durch die GmbH.** Vermietet eine Ein-Mann-GmbH das Grundstück des Alleingesellschafters, und wird die Mietsache sodann durch den Eigentümer veräußert, so fehlt es an der Identität zwischen dem Vermieter und dem Veräußerer (BGH NZM 2004, 300; **a. A.** Eckert in FS Blank S. 129, 133; s. aber auch Rdn. 36a, 36b). **Im umgekehrten Fall,** in dem der Gesellschafter das Grundstück der GmbH vermietet, gilt dasselbe. Nach der hier vertretenen Ansicht ist § 566 BGB analog anzuwenden, weil Vermieter und Eigentümer nach wirtschaftlicher Betrachtungsweise identische Interessen verfolgen. Die Voraussetzung der Analogie, nämlich eine planwidrige Gesetzeslücke, liegt vor, weil dem Mieter auch in diesen Fällen aus verfassungsrechtlichen Gründen (Art. 3, 14 GG) Sukzessionsschutz zuzubilligen ist. Lehnt man die hier vertretene Lösung ab, so ist in diesen Fällen ein vertraglich vereinbarter Vermieterwechsel in Erwägung zu ziehen. Hierfür reicht es aus, dass sich der Mieter mit dem neuen Eigentümer auf einen Vermieterwechsel einigt und der bisherige Vermieter zustimmt. Diese Vereinbarungen können auch konkludent getroffen werden (BGH NZM 2010, 471).

41 **(3) Vermietung eines im Eigentum einer Außen-GbR stehenden Grundstücks durch die Gesellschafter.** Wird das Grundstück der GbR durch die Gesellschaft vermietet und sodann veräußert, so tritt der Erwerber gem. § 566 BGB in das Mietverhältnis ein. Anders ist es, wenn das Grundstück nicht durch die Außen-GbR, sondern durch die Gesellschafter persönlich vermietet wird. In diesem Fall fehlt es im Falle der Veräußerung an der Identität zwischen Veräußerer (GbR) und Vermieter (Gesellschafter). Gleiches gilt **im umgekehrten Fall,** wenn das Grundstück den Gesellschaftern gehört, aber durch eine Außen-GbR vermietet wird. Nach der hier vertretenen Ansicht ist § 566 aus den oben (2) genannten Gründen analog anzuwenden; s. aber auch Rdn. 36a, 36b).

42 **(4) Vermietung eines im Alleineigentum stehenden Grundstücks durch mehrere Vermieter.** In der Praxis kommt es gelegentlich vor, dass ein im Alleineigentum eines Ehegatten stehendes Grundstück durch beide Ehegatten vermietet wird. Für diese Fallgestaltung wird teilweise die Ansicht vertreten, dass § 566 BGB wegen der fehlenden Identität zwischen der Person des Eigentümers und der Person der Vermieter unanwendbar sei (V. Emmerich in: Staudinger § 566 BGB Rdn. 22). Hierbei wird allerdings verkannt, dass der Eigentümer jedenfalls Mitvermieter ist. Dies rechtfertigt die Anwendung des § 566 BGB (wie hier: Lammel Wohnraummietrecht § 566 BGB Rdn. 25; s. auch Rdn. 36 a, 36 b).

(5) Vermietung durch einen von mehreren Miteigentümern. Steht das 43 Eigentum am Grundstück mehreren Personen zu (z. B. einem Ehepaar) und wird es von einem der Eigentümer vermietet (z. B. vom Ehemann), so fehlt es im Falle der Veräußerung an der Identität zwischen Vermieter und Eigentümer. Nach der Ansicht des BGH kommt es nicht darauf an, ob der Miteigentümer mit der Vermietung einverstanden war (BGH NZM 2017, 847; 2004, 300; 2008, 732, 735 unter Rz 44; s. aber auch Rdn. 36 a, 36 b). Der Erwerber kann vom Mieter nach § 985 BGB Herausgabe verlangen. Der Vermieter haftet dem Mieter in diesem Fall auf Schadensersatz wegen Nichterfüllung. Nach der hier vertretenen Ansicht ist § 566 BGB in Fällen dieser Art analog anzuwenden, weil die Vermietung im Interesse des Eigentümers erfolgt (ebenso: OLG Saarbrücken MDR 2013, 962).

(6) Vermietung durch Hausverwalter. Die unter Ziff (5) dargelegte Rechts- 44 folge ist auch in den Fällen der Vermietung durch einen für den Eigentümer tätigen Hausverwalter angezeigt (BGH NZM 2017, 847; s. Rdn. 36 a).

(7) Erwerb vom Insolvenzverwalter. Veräußert der Insolvenzverwalter eine 45 dem Mieter bereits **überlassene Mietsache,** so tritt der Erwerber in das Mietverhältnis ein. Dem Erwerber steht ein Sonderkündigungsrecht zu, das nur für den ersten Termin, zu dem die Kündigung zulässig ist ausgeübt werden kann (§ 111 InsO). Bei der Wohnungsmiete sind Kündigungsgründe erforderlich (§ 573 d Abs. 1 BGB). War das **Mietverhältnis noch nicht vollzogen,** so tritt der Erwerber nicht in das Mietverhältnis ein. Dem Mieter stehen Schadensersatzansprüche zu. Diese Ansprüche kann der Mieter nicht als Massegläubiger, sondern nur als Insolvenzgläubiger geltend machen. Dies folgt aus § 108 Abs. 1 Satz 1 InsO, der – entgegen seinem Wortlaut – nach der Rechtsprechung des BGH (NJW 2007, 3715) nur dann gilt, wenn die Mietsache dem Mieter im Zeitpunkt der Insolvenzeröffnung bereits überlassen war. War die Mietsache noch nicht überlassen, so steht dem Verwalter die Erfüllung frei (§ 103 Abs. 1 InsO); er ist hierzu nicht verpflichtet. Lehnt der Verwalter die Erfüllung ab, so besteht der Mietvertrag fort; dem Mieter stehen dann keine Erfüllungs- sondern nur Schadensersatzansprüche zu. Diese Ansprüche kann der Mieter nicht als Massegläubiger, sondern nur als (gewöhnlicher) Insolvenzgläubiger geltend machen (103 Abs. 2 Satz 1)

(8) Vermietung durch Zwangsverwalter. Wird eine Wohnung durch den 46 Zwangsverwalter vermietet und sodann veräußert, so gilt folgendes (vgl. BGH WuM 2013, 496):

8.1. Hat der Zwangsverwalter den Mietvertrag mit Wirkung für den 47 **Eigentümer geschlossen,** so ist im Falle der Veräußerung die Identität zwischen Eigentümer und Vermieter gewahrt (BGH ZMR 2013, 866; OLG Düsseldorf GuT 2011, 517). Der Erwerber tritt in die Rechte und Pflichten aus dem vom Zwangsverwalter begründeten Mietverhältnis ein. Gleiches gilt für den Ersteher in der Zwangsversteigerung. Diesem steht ein Sonderkündigungsrecht zu (s. § 542 BGB Rdn. 118). Von dieser Konstellation ist auszugehen, wenn sich aus der Vertragsurkunde ergibt, dass der Vertragsschließende in seiner Eigenschaft als Zwangsverwalter handelt.

8.2. Scheidet diese Möglichkeit aus, so ist in Erwägung zu ziehen, ob nach 48 Beendigung der Zwangsverwaltung eine **stillschweigende Vertragsübernahme** zustande gekommen ist. Hiervon ist in der Regel auszugehen, wenn der Mieter die

Miete an den Eigentümer zahlt, dieser die Miete entgegennimmt und der (ehemalige) Zwangsverwalter damit einverstanden ist. Wird die Mietsache sodann veräußert, gilt § 566 BGB

49 **8.3. Ist der damalige Eigentümer nicht Partei des Mietverhältnisses geworden,** so steht dem Erwerber als neuem Eigentümer nach h. M. ein Herausgabeanspruch aus § 985 BGB zu. Der Mieter muss die Wohnung herausgeben, weil ihm gegen den jetzigen Eigentümer kein Recht zum Besitz zusteht. Nach der hier vertretenen Ansicht ist § 566 analog anzuwenden.

III. Rechtsfolgen

1. Eintritt in das Mietverhältnis

50 Nach der gesetzlichen Rechtsfolge „tritt der Erwerber an Stelle des Vermieters in die sich während der Dauer seines Eigentums aus dem Mietverhältnis ergebenen Rechte und Pflicht ein". Der Eintritt erfolgt kraft Gesetzes. Es kommt nicht darauf an, ob der Erwerber in das Mietverhältnis eintreten will. Unerheblich ist auch, ob der Erwerber von der Existenz des Mietverhältnisses Kenntnis hat. Wird das Mietverhältnis vom Veräußerer nicht offenbart, so liegt u. U. ein Rechtsmangel vor (§ 433, 435 BGB). Die Rechtsfolge des § 566 BGB wird dadurch aber nicht tangiert.

51 Mit dem Eigentümerwechsel findet eine **Zäsur** statt: Alle bereits fälligen Ansprüche (rückständige Miete, Schadensersatzansprüche wegen unterlassener Schönheitsreparaturen oder Beschädigung der Mietsache) verbleiben beim Veräußerer; die noch nicht fälligen Ansprüche gehen auf den Erwerber über (BGHZ 72, 147 = NJW 1978, 2148; NJW 1989, 451 = WuM 1989, 141; GE 2000, 1471 = WuM 2000, 609; BGH WuM 2007, 267; OLG Celle OLG-Rp 1994, 331S 38; Börstinghaus PiG 70 (2005) S. 65, 73 f; Lammel Wohnraummietrecht § 566 BGB Rdn. 59). Soweit es auf den **Inhalt der mietvertraglichen Rechte** ankommt ist demgegenüber auch im Falle des Eigentumsübergangs auf den Zeitpunkt der Begründung des ursprünglichen (mit dem Veräußerer abgeschlossenen) Mietvertrags abzustellen (BGH NJW 2014, 3775 Rz. 16). Dies gilt z. B. für die Bemessung der Kündigungsfrist nach § 573c Abs. 1 Satz 2, oder für vertraglich vereinbarte Fristen bezüglich der Ausführung der Schönheitsreparaturen und dergleichen. Im Übrigen hat der Eigentümerwechsel nach § 566 BGB zur Folge, dass das bisherige mit dem Veräußerer bestehende Mietverhältnis endet, während zugleich mit dem Erwerber ein neues, völlig inhaltsgleiches Mietverhältnis zustande kommt (BGH NJW 1962, 1388, 1390 unter Ziff III; NJW 2008, 2256 Rz. 17; NJW 2012, 3032 Rz. 25; NZM 2015, 79 jew. m. w. Nachw.). Der Erwerber muss das Mietverhältnis in dem Zustand übernehmen, in dem es sich im Augenblick des Eigentumserwerbs befindet (BGH WPM 1995, 2115). Deshalb ist der Erwerber auch an Pflichten gebunden, die sich erst ergeben, wenn der Mieter ein ihm vor dem Eigentumserwerb vertraglich eingeräumtes Gestaltungsrecht später ausübt (BGH a.a.O.; MDR 1966, 229).

52 Wird das Grundstück an **mehrere Personen** veräußert, so treten alle Erwerber in das Mietverhältnis ein (BGH NJW 1993, 455 unter IV 1; ZMR 2012, 692 unter Rdn. 17; NZM 2015 unter Rdn. 25). Bilden die Erwerber eine **BGB-Gesellschaft,** so werden alle Gesellschafter Vermieter. Treten später weitere Personen in die Gesellschaft ein und werden diese im Grundbuch eingetragen, so werden auch die Eintretenden Vermieter (KG WuM 1998, 407). Bei der Ausübung rechtsgestaltender Erklärungen (Mieterhöhung, Kündigung etc.) müssen alle Erwerber zusammenwirken. Wird dagegen eine Immobilie an eine Gesellschaft bürgerlichen Rechts (GbR) verkauft und werden anschließend die Gesellschafter mit dem Zusatz „als Gesellschafter bürgerlichen Rechts" im Grundbuch eingetragen, so wird die Gesellschaft Vermieterin. Auf Grund dieses Zusatzes wird für den Rechtsverkehr erkennbar, dass die Immobilie zum Vermögen der GbR gehört (vgl. BGH ZMR 2007, 23).

Steht das Grundstück im Eigentum mehrerer Vermieter und überträgt einer der 53 Vermieter seinen **Miteigentumsanteil** auf einen Dritten, so tritt dieser in das Mietverhältnis ein (BGH NZM 2019, 208 Rdn. 35; Lammel Wohnraummietrecht § 566 BGB Rdn. 54). Anders ist es, wenn der Veräußerer des Miteigentumsanteils nicht zugleich auch Vermieter war. In diesem Fall hat die Veräußerung des Miteigentumsanteils auf das Mietverhältnis keinen Einfluss.

2. Rechtsbeziehungen außerhalb des Mietverhältnisses

Der Erwerber tritt nur in solche Verpflichtungen ein, die in dem Mietverhältnis 54 ihre Grundlage haben. Zur Abgrenzung werden im Wesentlichen zwei Ansichten vertreten: **(1)** Nach h. M. ist § 566 BGB eng auszulegen. Danach erfasst § 566 BGB nur solche Rechte und Pflichten, die als mietrechtlich zu qualifizieren sind oder die in untrennbarem Zusammenhang mit dem Mietvertrag stehen. Der Erwerber tritt deshalb nicht in Rechte und Pflichten ein, die außerhalb des Mietverhältnisses liegen, selbst wenn sie als zusätzliche Vereinbarung im Mietvertrag geregelt sind. Ob eine bestimmte Regelung untrennbar mit dem Mietvertrag verbunden ist richtet sich nicht nach den Vorstellungen der Parteien; maßgeblich ist vielmehr der materiellrechtliche Gehalt der Regelung (BGH NJW 2012, 3032; 2017, 254; Streyl in: Schmidt-Futterer § 566 BGB Rdn. 90ff; Erman/Lützenkirchen BGB § 566 Rdn. 14; Lammel Wohnraummietrecht § 566 BGB Rdn. 57f.; Sternel Mietrecht aktuell Rdn. I 193f.). Hierzu gehört alles, was mit der Nutzung der Mietsache und der Abwicklung des Mietverhältnisses im Zusammenhang steht (Beispiele: Vereinbarungen über den Mietzins, die Mietzeit, über Schönheitsreparaturen und sonstige Instandhaltungsregelungen, über das Recht zur Tierhaltung, zur (Unter-)Untervermietung, Hausordnungsbestimmungen und dergleichen). **(2)** Nach anderer Ansicht kommt es lediglich darauf an, ob die fraglichen Rechte und Pflichten auf dem Mietvertrag oder auf einem anderen, rechtlich davon getrennten Vertrag beruhen, ob also die fraglichen Abreden nach dem Willen der Parteien einen Bestandteil des Mietvertrags bildeten oder nicht. Ob diese Rechte und Pflichten materiellrechtlich dem Mietrecht zuzuordnen sind, spielt keine Rolle (V. Emmerich in: Staudinger § 566 BGB Rdn. 40; Kandelhard in Herrlein/Kandelhard Mietrecht § 566 Rdn. 15; Riecke in Klein-Blenkers/Heinemann/Ring, Miete/WEG/Nachbarschaft § 566 Rdn. 17; Herrmann in: Bamberger/Roth § 566 Rdn. 24). Zu einem ähnlichen Ergebnis führt die Auffassung von Häublein (MünchKomm § 566 BGB Rdn. 38: danach ist der Erwerber lediglich nicht an solche Nebenabreden gebunden, die ungewöhnlich sind und die er weder kannte noch kennen musste.

Sondervereinbarungen gehen nach h. M. nicht auf den Erwerber über, auch 55 wenn sie mit der Vermietung in wirtschaftlichem Zusammenhang stehen oder zusammen mit den mietvertraglichen Bestimmungen in einer einzigen Vertragsurkunde geregelt worden sind. Hierzu gehört beispielsweise ein zwischen dem Mieter und dem Veräußerer geschlossener Vertrag über Hausmeisterdienste, Putzdienste oder ähnliches. Wegen weiterer Einzelheiten s. nachfolgend Rdn. 56–92b.

§ 566 BGB — Untertitel 2. Mietverhältnisse über Wohnraum

3. Einzelheiten (in alphabethischer Folge):

56 — **Anfechtung.** Wird ein dem **Veräußerer zustehendes Anfechtungsrecht** vor dem Eigentumsübergang ausgeübt, so erlischt das Mietverhältnis mit Wirkung ex tunc. Der Erwerber tritt in diesem Fall in das Abwicklungsverhältnis ein. Wird das Anfechtungsrecht nicht ausgeübt, so erlischt es mit dem Eigentumsübergang (Häublein in: MünchKomm § 566 BGB Rdn. 43; **a. A.** V. Emmerich in: Staudinger § 566 BGB Rdn. 43; Landwehr in: Bub/Treier Kap II Rdn. 2735; Kandelhard in: Herrlein/Kandelhard § 566 BGB Rdn. 17: danach geht es auf den Erwerber über). Nach der hier vertretenen Ansicht ist ein Übergang auf den Erwerber ausgeschlossen, weil § 566 keine Rechtsnachfolge, sondern einen (originären) Rechtseintritt bewirkt. Dieser tritt kraft Gesetzes ein; Willensmängel spielen deshalb keine Rolle. Das Recht zur Anfechtung kann auch nicht abgetreten werden. Wirken sich die das ursprüngliche Anfechtungsrecht begründenden Umstände auch auf das Mietverhältnis mit dem Erwerber aus, so kann dem Erwerber ein Kündigungsrecht zustehen (Häublein in: MünchKomm § 566 BGB Rdn. 42; **abweichend** Sternel Rdn. I 61: danach wirkt das Anfechtungsrecht des Veräußerers fort, wenn dem Erwerber ein Kündigungsrecht zustünde). Ein solcher Fall kann insbesondere vorliegen, wenn der Mieter den Veräußerer über seine Zahlungsfähigkeit getäuscht hat.

57 Dem **Mieter steht ein Anfechtungsrecht zu,** wenn der mit dem Veräußerer abgeschlossene Mietvertrag durch Willensmängel beeinflusst worden ist. Ein solches Recht bleibt erhalten. Anfechtungsgegner ist der Veräußerer (V. Emmerich in: Staudinger § 566 BGB Rdn. 42; Lammel Wohnraummietrecht § 566 BGB Rdn. 74; Landwehr in: Bub/Treier Kap II Rdn. 2735; **a. A.** Kandelhard in: Herrlein/Kandelhard § 566 BGB Rdn. 17; Sternel Rdn. I 61: danach muss der Mieter gegenüber dem Erwerber anfechten). Eine Ausnahme muss gelten, wenn dem Mieter die Anschrift des Veräußerers nicht bekannt ist. Dann ist die Anfechtung auch gegenüber dem Erwerber möglich (Häublein in: MünchKomm § 566 BGB Rdn. 45).

57a — **Ankaufsrecht.** Ein (durch notariellen) Vertrag vereinbartes Ankaufsrecht zugunsten des Mieters zählt nach der Auffassung des BGH nicht zu den miettypischen Rechten, weil es nicht die Durchführung des Mietverhältnisses regelt, sondern eine Erwerbsoption begründet. Eine untrennbare Verbindung zwischen dem Mietvertrag und der Erwerbsoption liegt auch dann nicht vor, wenn vereinbart ist, dass das Ankaufsrecht mit dem bestehenden Mietvertrag „wirtschaftlich eine Einheit" bildet (BGH NJW 2017, 254). Der Mieter kann sich gegen den Verlust des Rechts nur durch dessen Eintragung ins Grundbuch sichern.

57b — **Anmietrecht.** Der Eigentümer kann mit einem Dritten vereinbaren, dass dieser berechtigt sein soll, die Mietsache im Falle der Beendigung des bestehenden Mietverhältnisses selbst zu mieten (Anmietrecht). Hierfür gelten die unter Rdn. 57a dargestellten Grundsätze.

58 **Aufwendungsersatzansprüche** des Mieters nach § 536a Abs. 2 oder 539 BGB werden grundsätzlich mit der Aufwendung fällig. Ist die Aufwendung in der Eigentumszeit des Erwerbers vorgenommen worden, so ist dieser dem Mieter auch dann zu erstatten verpflichtet, wenn der Rechtsgrund des Erstattungsanspruchs (Verzug des Vermieters mit der Mängelbeseitigung) in der Person des Veräußerers eingetreten ist (BGH NZM 2005, 253 = WuM 2005, 201; LG Berlin NJW-RR 1990, 23; Derleder/Bartels JZ 1997, 981, 985; Derleder NJW 2008, 1190). Sind die Aufwendungen vor dem Eigentümerwechsel vorgenommen worden, so gehen sie nicht auf den

Erwerber über (BGHZ 5, 197; NZM 2006, 15 = GuT 2006, 32 Rdn. 22; KG GuT 2006, 315, 318; OLG Celle OLG-Rp 1994, 331; OLG Düsseldorf ZMR 2008, 950, 952; AG Potsdam WuM 1994, 667; V. Emmerich in: Staudinger § 566 BGB Rdn. 53). Es ist zu beachten, dass hierfür die kurze Verjährung des § 548 BGB gilt. Die Verjährungsfrist beginnt gem. § 548 Abs. 2 BGB mit dem Eigentumsübergang, weil dieser zu einer Beendigung des Mietverhältnisses führt. Maßgeblich ist, wann der Mieter hiervon Kenntnis erlangt (V. Emmerich in: Staudinger § 566 BGB Rdn. 53; Häublein in: MünchKomm § 566 BGB Rdn. 50). Unter Umständen kann sich aber aus den mietvertraglichen Vereinbarungen ergeben, dass Aufwendungsersatzansprüche erst mit der Beendigung des Mietverhältnisses fällig werden sollen. Darunter fallen i. d. R. Ansprüche auf Ersatz von Aufwendungen für eine vom Mieter durchgeführte Modernisierung nach § 539 Abs. 1 BGB oder Entschädigungsansprüche nach § 552 Abs. 1 BGB. In diesem Fall gehen die Ansprüche auf den Erwerber über, wenn das Mietverhältnis nach dem Eigentumsübergang beendet wird (BGH NJW 1988, 705 = WuM 1988, 16).

– Baukostenzuschuss. Ein abwohnbarer Baukostenzuschuss gilt nach der **59** Rechtsprechung des BGH rechtlich als Mietvorauszahlung (BGH NJW 1970, 1124). Diese muss der Erwerber gegen sich gelten lassen, wenn folgende Voraussetzungen gegeben sind **(1)** Der Mieter muss auf Grund einer Vereinbarung in einem Mietvorvertrag, einem Mietvertrag oder in einer späteren Nachtragsvereinbarung zu der Leistung verpflichtet sein. Gegenstand der Leistung können ein Barvertrag aber auch Arbeitsleitungen sein (BGH NZM 2012, 301) **(2)** Aus der Vereinbarung muss sich ergeben, dass die Rückzahlung der Leistung des Mieters im Wege der Verrechnung mit der periodisch geschuldeten Miete erfolgen soll. **(3)** Der Mieter muss die Leistung aus eigenen Mitteln erbracht haben, wobei eine wirtschaftliche Betrachtungsweise gilt, so dass auch Leistungen von Familienangehörigen etc. zu berücksichtigen sind (BGH a. a. O.). **(4)** Die Leistung muss zum Auf- oder Ausbau des Mietgrundstücks bestimmt und hierzu zumindest teilweise verwendet werden. Auf die Bezeichnung der Leistung kommt es dabei nicht entscheidend an. Auch eine als Mieterdarlehen bezeichnete Leistung kann als abwohnbarer Baukostenzuschuss gewertet werden, wenn die unter Ziff (2) dargestellten Merkmale vorliegen. Ebenso wie der Erwerber sind auch der Zwangsverwalter und der Insolvenzverwalter an den abwohnbaren Baukostenzuschuss gebunden.

– Bereicherungsansprüche des Mieters wegen überzahlter Miete muss der **60** Mieter demjenigen gegenüber geltend machen, der die ungerechtfertigte Leistung empfangen hat. War die Vereinbarung über den Mietzins – etwa wegen Verstoßes gegen § 5 WiStG teilunwirksam, so tritt der Erwerber lediglich in den wirksamen Teil ein; dies gilt auch dann, wenn der Erwerber – etwa wegen höherer Aufwendungen – eine höhere Miete verlangen könnte. Bereicherungsansprüche des Mieters nach §§ 812, 818 Abs. 2 BGB, weil der Vermieter infolge einer Beendigung des Mietverhältnisses vor Ablauf der ursprünglich vorgesehenen Vertragszeit vorzeitig in den Genuss von **wertsteigernden Investitionen** gekommen ist, sind gegenüber dem Erwerber geltend zu machen. Dies gilt auch dann, wenn die Investitionen während der Zeit des Veräußerers vorgenommen worden sind (BGH NZM 2006, 15 = GuT 2006, 32 Rdn. 25; OLG Düsseldorf ZMR 2008, 950, 952). Es spielt keine Rolle, ob der Eigentumsübergang durch Rechtsgeschäft oder auf Grund eines Zuschlagsbeschlusses in der Zwangsversteigerung erfolgt (BGH NJW 2009, 2374 = NZM 2009, 514). Der Umfang der Bereicherung richtet sich weder nach den Aufwendungen des Mieters noch nach der Erhöhung des Verkehrswerts, sondern nach der Erhöhung des Ertragswerts (BGH a. a. O.). Maßgeblich ist, ob und in welchem Umfang der Erwerber auf Grund der Investitionen des Mieters eine höhere Miete erzielt hat oder erzielen könnte (BGH a. a. O. Rdn. 25). Der Anspruch unterliegt nicht der kurzen Verjährung des § 548 BGB.

61 – **Betriebskostenabrechnung.** S. dazu § 556 BGB Rdn. 249.

62 – **Einrichtungen des Mieters** kann dieser gem. § 539 Abs. 2 BGB wegnehmen. Das Wegnahmerecht besteht zwar bereits während der Mietzeit; der Mieter wird hiervon aber regelmäßig erst bei Vertragsende Gebrauch machen. Deshalb ist davon auszugehen, dass die Wegnahme auch vom Erwerber zu dulden ist (LG Berlin MM 1993, 215; V. Emmerich in: Staudinger § 566 BGB Rdn. 53; Lammel Wohnraummietrecht § 566 BGB Rdn. 88; Derleder Bartels JZ 1997, 981, 985). Andererseits stehen dem Erwerber aber auch die Rechte aus § 552 Abs. 1 BGB zu. An eine Vereinbarung über die Übernahme von Einrichtungen, die der Mieter mit dem Veräußerer getroffen hat, ist auch der Erwerber gebunden (LG Hamburg ZMR 1978, 86).

63 – **Entschädigungsansprüche des Mieters** nach § 552 Abs. 1 BGB entstehen erst, wenn der Vermieter erklärt, dass er die Wegnahme abwenden will. Sind die Einrichtungen in der Zeit des Veräußerers vorgenommen worden und erklärt der Erwerber, dass die Einrichtung zurückbleiben soll, so entsteht der Entschädigungsanspruch in der Person des Erwerbers (BGH NZM 2006, 15 Rdn. 1).

64 – **Erlaubnisse, Gestattungen.** Die vom Veräußerer erteilten Erlaubnisse und Gestattungen (Untermieterlaubnis; Erlaubnis zur Tierhaltung, zur gewerblichen Mitbenutzung der Wohnung, zum Abstellen von Fahrzeugen etc.) muss der Erwerber gegen sich gelten lassen. Es kommt nicht darauf an, ob die Erlaubnis/Gestattung schriftlich oder mündlich erfolgt ist und ob der Erwerber hiervon Kenntnis gehabt hat (LG Kiel WuM 1994, 610).

65 – **Kaution.** Für bereits bezahlte Kautionen gilt die Vorschrift des § 566a BGB (s. dort). Teilweise wird vertreten, dass § 566a für den **Anspruch auf Zahlung der vereinbarten aber noch nicht geleisteten Kaution** entsprechend anzuwenden ist (LG Kiel NZM 2013, 231). Nach anderer Ansicht gilt für diesen Anspruch § 566 BGB. Das Ergebnis ist gleich. Bis zum Eigentumswechsel steht der Anspruch auf die Kaution dem Veräußerer zu. Mit dem Eigentumswechsel geht der Anspruch auf Zahlung der Kaution auf den Erwerber über (BGH NJW 2012, 3032 Rdn. 24ff). Auf eine bereits übergegangene Kaution kann der Veräußerer auch dann nicht mehr zugreifen, wenn er Ansprüche gegen den Mieter hat (AG Köln WuM 1981, 18; V. Emmerich in: Staudinger § 566a BGB Rdn. 4; Häublein in: MünchKomm § 566 BGB Rdn. 40; Landwehr in: Bub/Treier Kap II Rdn. 2724; Sternel Rdn. III 235; Lammel Wohnraummietrecht § 566 BGB Rdn. 1; Kraemer NZM 2001, 736, 742; Börstinghaus NZM 2004, 481, 485; **a. A.** OLG Hamburg ZMR 1997, 415 = WuM 1997, 375; OLG Frankfurt MietRB 2011, 208; Palandt/Weidenkaff § 566 BGB Rdn. 17; Kandelhard in: Herrlein/Kandelhard § 566a BGB Rdn. 4). Ist der Rückforderungsanspruch aus einer gezahlten Kaution erloschen, weil der Veräußerer hiergegen vor dem Eigentumsübergang mit Gegenansprüchen aufgerechnet hat, so hat der Veräußerer bis zum Eigentumsübergang einen Anspruch auf Wiederauffüllung. Nach dem Eigentumsübergang kann der Erwerber Wiederauffüllung der Kaution verlangen.

66 – **Konkurrenzschutz.** Eine Konkurrenzschutzklausel wirkt auch gegenüber dem Erwerber (OLG Koblenz NZM 2008, 405)

67 – **Kündigung.** Kündigt der Mieter in Unkenntnis des Eigentümerwechsels gegenüber dem Veräußerer, so ist diese Erklärung auch dem Erwerber gegenüber wirksam (§§ 407 Abs. 1, 412 BGB; BGH NJW 2012, 1881 = WuM 2012, 325

Kauf bricht nicht Miete **BGB § 566**

= NZM 2012, 638 unter Rz. 16; V. Emmerich in: Staudinger § 566 BGB Rdn. 44; Häublein in: MünchKomm § 566b BGB Rdn. 9).

– **Kündigungsausschluss.** Ein vereinbarter Kündigungsausschluss geht auf den 68 Erwerber über (BGH WuM 2013, 739 = NZM 2013, 824 unter Rz 13; LG Berlin MietRB 2020, 132; MM 1992, 242; LG Arnsberg WuM 1994, 540; Lammel Wohnraummietrecht § 566 BGB Rdn. 76). Dies gilt auch für die Kündigungsbeschränkungen, die in den Dauernutzungsverträgen der (ehemaligen) gemeinnützigen Wohnungsunternehmen enthalten sind (BGH GE 2012, 953; OLG Karlsruhe RE 21.1.1985 WuM 1985, 77 = ZMR 1985, 123 = NJW-RR 1986, 89). Ist die Wohnung zweckbestimmt zur Unterbringung von Beamten oder Bediensteten einer Behörde und wird diese an einen privaten Erwerber verkauft, so tritt dieser gem. § 566 BGB in eine im Mietvertrag vereinbarte Kündigungsbeschränkung ein. Ist nach dem Mietvertrag eine Kündigung wegen Eigenbedarfs ausgeschlossen, so ist auch der Erwerber an einer solchen Kündigung gehindert (AG Bremen WuM 2015, 171). Ist der Vermieter durch den Kündigungsausschluss aber für eine längere Zeit als ein Jahr an der Kündigung gehindert, so wirkt er nur dann gegen den Erwerber, wenn er sich aus der Vertragsurkunde ergibt (LG Hannover WuM 1991, 349 für Mietverhältnis auf Lebenszeit). Mündliche Kündigungsbeschränkungen binden den Erwerber nicht.

– **Kündigungsfrist.** Die gestaffelten Kündigungsfristen des § 573c Abs. 1 Satz 2 69 BGB werden ab der Überlassung an den Mieter gerechnet; der Eigentümerwechsel hat hierauf keinen Einfluss (LG Freiburg WuM 1993, 126).

– **Kündigungsrechte und -befugnisse.** Fraglich ist, ob ein vor Beendigung 70 des Mietverhältnisses entstandenes, vom Veräußerer aber nicht ausgeübtes Kündigungsrecht mit dem Eigentumsübergang erlischt. Dies ist wegen der durch den Eigentümerwechsel entstehenden Zäsur im Grundsatz zu bejahen (ebenso V. Emmerich in: Staudinger § 566 BGB Rdn. 47; Sternel Rdn. I 62; Landwehr in: Bub/Treier Kap II Rdn. 2734; Börstinghaus PiG 70 (2005) S. 65, 87 und NZM 2004, 481, 488; **a. A.** Scholz WuM 1983, 279). Allerdings sind einige Ausnahmen angebracht. So bleibt das Kündigungsrecht ausnahmsweise bestehen, wenn es aus einer Vertragsverletzung abgeleitet wird, die sich unmittelbar auf das fortbestehende Mietverhältnis auswirkt, wie z. B. Störungen des Hausfriedens oder eine unpünktliche Mietzahlung, die in der Zeit des Veräußerers begonnen und in der Zeit des Erwerbers fortgesetzt werden (Häublein in: MünchKomm § 566 BGB Rdn. 41). Streitig ist, ob der Erwerber eine Kündigung auf Zahlungsrückstände stützen kann, die vor dem Eigentumsübergang entstanden sind. Hier sind zwei Fälle zu unterscheiden: Ist der Kündigungstatbestand bereits in der Eigentumszeit des Veräußerers entstanden, so geht das Kündigungsrecht verloren. Das Kündigungsrecht des Veräußerers erlischt, weil die Stellung des Vermieters auf den Erwerber übergegangen ist. Der Erwerber kann nicht kündigen, weil entstandene aber nicht ausgeübte Kündigungsrechte infolge der durch § 566 BGB bewirkten Zäsur nicht auf den Erwerber übergehen (V. Emmerich in: Staudinger § 566 BGB Rdn. 47; Lammel § 566 BGB Rdn. 78). Eine Abtretung der Mietzinsansprüche ändert hieran nichts (**a. A.** Sternel WuM 2009, 699, 702; Häublein in: MünchKomm § 566 BGB Rdn. 42; Stangl FA MietRWEG Kap. 14 Rdn. 83). Anders ist es, wenn die Rückstände teils vor und teils nach dem Eigentumsübergang aufgelaufen sind. Hier wirkt sich die Vertragsverletzung trotz der mit dem Eigentümerwechsel verbundenen Zäsur auf das neue Mietverhältnis aus, so dass der Erwerber kündigen kann, wenn der Kündigungstatbestand erfüllt ist (V. Emmerich in: Staudinger § 566 BGB Rdn. 47; Wolf/Eckert/Ball Rdn. 1417). Nach der hier vertreten Ansicht ist es nicht erforderlich,

§ 566 BGB Untertitel 2. Mietverhältnisse über Wohnraum

dass die aus der Zeit des Veräußerers stammenden Rückstände an den Erwerber abgetreten werden (ebenso V. Emmerich in: Staudinger § 566 BGB Rdn. 47; **a. A.** OLG Hamm NJW-RR 1993, 273, 274; LG Berlin GE 2005, 487; Derleder NJW 2008, 1189, 1191; Sternel WuM 2009, 699, 702; Lammel Wohnraummietrecht § 566 BGB Rdn. 79).

71 Hiervon sind jene Fälle zu unterscheiden, in denen der **Veräußerer** bereits **wirksam gekündigt** hatte. Hier tritt der Erwerber in das Abwicklungsverhältnis ein, mit der Folge, dass er die Räume vom Mieter herausverlangen kann (V. Emmerich in: Staudinger § 566 BGB Rdn. 46). Eine **Ausnahme** gilt für solche Kündigungstatbestände, die ein über den Kündigungsausspruch hinaus fortdauerndes Erlangungsinteresse voraussetzen, insbesondere für den Kündigungsgrund des **Eigenbedarfs** nach **§ 573 Abs. 2 Nr. 2 BGB.** In einem solchen Fall wird eine Kündigung, die mit einem eigenen Bedarf begründet ist, im Ergebnis wirkungslos, weil die Weiterverfolgung des Räumungsanspruchs durch den Veräußerer oder den Erwerber rechtsmissbräuchlich ist. Kann der Erwerber eigene Beendigungsinteressen geltend machen, so muss er nach erfolgtem Eigentümerwechsel erneut kündigen (LG Stuttgart WuM 2018, 99; s. § 542 Rdn. 43). Kündigt der Veräußerer vor dem Eigentümerwechsel wegen eines Eigenbedarfs des Erwerbers, so ist die Kündigung unwirksam, weil der Erwerber nicht zu den in § 573 Abs. 2 Nr. 2 BGB genannten Personen gehört. Hat der Vermieter jedoch zugunsten eines Familienangehörigen gekündigt und wird die Wohnung in der Folgezeit an den Angehörigen veräußert, so bleibt die Kündigung wirksam, weil Nutzungswille und Nutzungsinteresse fortbestehen. Dies gilt auch dann, wenn der Angehörige als Erwerber an der Kündigung gehindert wäre, weil zu seinen Lasten die Kündigungssperre des § 577a BGB wirkt (OLG Hamm RE 21.7.1992 WuM 1992, 460). Ebenso bleibt die Kündigung wirksam, wenn zwar nach Ausspruch der Kündigung ein Eigentümer- und Vermieterwechsel stattfindet, die Bedarfsperson und der Bedarfsgrund aber unverändert bleibt (LG Itzehoe ZMR 2014, 287 betr. Kündigung des Veräußerers wegen eines Bedarfs für die (minderjährige) uneheliche Tochter und anschließender Übertragung des Eigentums auf die Kindesmutter).

72 Gleiches gilt für eine Kündigung nach **§ 573 Abs. 2 Nr. 3 BGB,** die mit **wirtschaftlichen Interessen** des Erwerbers an einer anderweitigen Verwertung des Mietobjekts begründet wird. Etwas anderes kommt in Betracht, wenn der Veräußerer einen **objektbezogenen Kündigungsgrund** geltend gemacht hat (Abriss, Sanierung), den der Erwerber weiterverfolgen will. Zur Frage der Abtretbarkeit der Kündigungsbefugnisse und zur Ermächtigung des Erwerbers zur Kündigung im eigenen Namen s. § 542 BGB Rdn. 103)

73 Will der **Mieter kündigen,** so ist die Kündigungserklärung bis zum Eigentumswechsel gegenüber dem Veräußerer auszusprechen; nach dem Eigentumswechsel muss gegenüber dem Erwerber gekündigt werden. Eine Ausnahme gilt, wenn der Veräußerer gegenüber dem Mieter erklärt hat, dass ein Eigentümerwechsel stattgefunden habe. In diesem Fall darf der Mieter auf die **unrichtige Anzeige** vertrauen. Eine gegenüber dem Erwerber erklärte Kündigung muss der Veräußerer dann **analog § 566e BGB** gegen sich gelten lassen (Emmerich in: Staudinger § 566 BGB Rdn. 44). Umgekehrt gilt dasselbe: Ist ein Eigentümerwechsel erfolgt und wird der Mieter hierüber nicht unterrichtet, so ist eine gegenüber dem Veräußerer erklärte Kündigung **analog § 407 BGB** auch gegenüber dem Erwerber wirksam (Emmerich a. a. O.). Ein **entstandenes aber nicht ausgeübtes Recht zur außerordentlichen Kündigung** bleibt erhalten, wenn sich der Kündigungstatbestand auch im fortgesetzten Mietverhältnis auswirkt. Hat der Mieter beispiels-

weise dem Veräußerer eine Frist zur Beseitigung eines Mangels gesetzt, so hat ein Eigentümerwechsel auf den Ablauf der Frist keinen Einfluss. Deshalb kann der Mieter nach dem Eigentumswechsel gegenüber dem Erwerber nach § 543 Abs. 2 Nr. 1 BGB kündigen, wenn dieser den Mangel nicht beseitigt. Beruht das Kündigungsrecht dagegen auf Umständen in der Person des Veräußerers, so geht es verloren, wenn es nicht vor dem Eigentumswechsel ausgeübt wird.

– **Mängelbeseitigungsansprüche** des Mieters nach § 535 BGB gehen auf den Erwerber über. An Zusagen des Veräußerers zur Mängelbeseitigung ist auch der Erwerber gebunden. Befindet sich der Vermieter dem Mieter gegenüber mit der Beseitigung eines Mangels im Verzug, so wirkt im Fall der Grundstücksübereignung die einmal eingetretene Verzugslage nach dem Eigentumsübergang in der Person des Erwerbers fort. Tritt der Schaden in diesem Fall nach dem Eigentumsübergang ein, so richten sich die Ansprüche des Mieters nicht gegen den Grundstücksveräußerer, sondern gegen den Grundstückserwerber (BGH NJW 2005, 1187; **a. A.** Lammel § 566 BGB Rdn. 92, 94; Eckert in Wolf/Eckert/Ball Rdn. 1313). Ein Zurückbehaltungsrecht an der Miete wegen des Mängelbeseitigungsanspruchs wirkt ab dem Eigentumsübergang gegenüber dem Erwerber. Gegenüber dem Veräußerer kann der Mieter kein Zurückbehaltungsrecht mehr geltend machen (BGH WuM 2006, 435 = NZM 2006, 696; LG Berlin GE 2006, 127). In prozessualer Hinsicht gilt: Bis zum Eigentümerwechsel kann der Mieter gegenüber der Zahlungsklage des Veräußerers die Einrede des nicht erfüllten Vertrags erheben. Eines formellen Antrags bedarf es nicht; es genügt, wenn der Mieter einen uneingeschränkten Klagabweisungsantrag stellt und dabei zum Ausdruck bringt, dass er die Zahlung bis zur Mängelbeseitigung verweigern will (BGH NJW 1999, 53). Der Eigentumsübergang hat den Untergang des Zurückbehaltungsrechts zur Folge. Der Mieter kann den Anspruch anerkennen; in diesem Fall können dem Vermieter die Kosten auferlegt werden, wenn das Zurückbehaltungsrecht ursprünglich bestand (§ 93 ZPO). Gibt der Mieter kein Anerkenntnis ab, so wird er kostenpflichtig zur uneingeschränkten Zahlung verurteilt.

– **Mieterdarlehen.** Ein Mieterdarlehen, das der Mieter dem Veräußerer gewährt hat, muss der Erwerber nicht gegen sich gelten lassen (LG Berlin GE 2010, 909). Ist vereinbart, dass das Darlehen durch monatliche Verrechnung mit der Miete oder einem Teil der Miete getilgt werden soll, so kann hierin eine Mietvorauszahlung liegen; hierfür gilt § 566c BGB. Wurde die Mietvorauszahlung als Baukostenzuschuss geleistet, so muss sie der Erwerber in vollen Umfang gegen sich gelten lassen, wenn durch die Leistung des Mieters die Mietsache erst geschaffen oder erheblich verbessert wurde und der erhöhte Ertragswert dem Erwerber zugutekommt (BGHZ 15, 296).

– **Mieterbenennungsrecht.** Der Eigentümer eines Mietshauses kann sich gegenüber einem Dritten (i. d. R. einem Werkunternehmen) verpflichten, die Wohnungen nur an die vom Dritten benannten Mietinteressenten (i. d. R. die Mitarbeiter des Unternehmens) zu vermieten (Mieterbenennungsrecht, Belegungsrecht). Wird das Gebäude veräußert, so tritt der Erwerber nicht in die Rechte und Pflichten aus dem Mieterbenennungsrecht ein (BGHZ 48, 244). Jedoch kann das Belegungsrecht durch eine beschränkte persönliche Dienstbarkeit dinglich gesichert werden (BGH NJW 2013, 1963; 2019, 2016). Eine zeitliche Beschränkung besteht jedenfalls dann nicht, wenn es sich bei dem Berechtigten um eine juristische Person handelt. Für Belegungsbindungen im Rahmen der Wohnungsbauförderung nach dem sog. „dritten Förderweg" (§ 88d des II. WoBauG) gilt allerdings eine Besonderheit. Nach § 88d Abs. 2 Nr. 2 des II. WoBauG soll die Dauer der

§ 566 BGB Untertitel 2. Mietverhältnisse über Wohnraum

Zweckbestimmung der Belegungsrechte und der vereinbarten Regelung der Miete 15 Jahre nicht überschreiten, wenn nicht auf Grund der Zielsetzung und der Art der Förderung, insbesondere wegen der Bereitstellung von Bauland oder wegen der Förderung zugunsten bestimmter Personengruppen, ein längerer Zeitraum geboten ist. Der BGH führt hierzu aus, dass die Regelung für die in Ausnahmefällen mögliche Vereinbarung eines längeren (also über die Regelhöchstdauer von 15 Jahren hinausgehenden) Zeitraums zwar keine ausdrückliche Grenze vorsieht. Jedoch sei aus dem Wortlaut der Norm („längerer Zeitraum") abzuleiten, dass der Gesetzgeber nur zeitlich begrenzte Beschränkungen des Bauherrn ermöglichen wollte (BGH Urteil vom 8.2.2019 – V ZR 176/17).

76 **– Mieterhöhung.** Hat der Veräußerer vor dem Eigentümerwechsel eine **Mieterhöhungserklärung nach § 558 BGB** abgegeben und anschließend Klage erhoben, so besteht seine Klagebefugnis auch nach dem Eigentümerwechsel fort (Arg § 265 Abs. 2 ZPO; LG Köln NZM 2002, 288; Lammel Wohnraummietrecht § 566 BGB Rdn. 66). Erfolgt der Eigentümerwechsel nach der Abgabe der Mieterhöhungserklärung aber vor Klagerhebung, so tritt der Erwerber in die sich aus der Erhöhungserklärung ergebenden Rechte ein (LG Kassel NJWE-MietR 1996, 222 = WuM 1996, 417; Börstinghaus PiG 70 (2005) S. 65, 82). Die Zustimmungsklage muss der Erwerber erheben. Nach dem Eigentümerwechsel kann der Erwerber ein eigenes Erhöhungsrecht geltend machen; selbstverständlich muss er hierbei auch die Kappungsgrenze beachten (AG Lüdinghausen WuM 1994, 279). Im **Veräußerungsvertrag** kann vereinbart werden, dass dem Erwerber die Rechte aus dem Mietverhältnis bereits vor dem Eigentumsübergang zustehen sollen. Hierzu stehen den Parteien des Veräußerungsvertrags zwei Gestaltungsmöglichkeiten zur Verfügung, nämlich zum einen die **Abtretung** (die zur Geltendmachung der Ansprüche im Namen des Veräußerers berechtigt) und die **Ermächtigung** (wonach der Erwerber die Ansprüche im eigenen Namen geltend machen kann). Eine in einem Veräußerungsvertrag erteilte Ermächtigung zur Mieterhöhung ist wirksam (**BGH** NJW 2014, 1802; ebenso: Sternel Mietrecht Aktuell Rdn IV 81; Schultz in: Bub/Treier Kap III Rdn. 1136; Palandt/Weidenkaff § 558a Rdn. 2; **a. A.** Emmerich in: Staudinger § 558a Rdn. 10; Artz in: MünchKomm § 558a BGB Rdn. 13; Börstinghaus in: Schmidt-Futterer Vor § 558 BGB Rdn. 47; Lammel Wohnraummietrecht § 558a Rdn. 7; Both Herrlein/Kandelhard § 558a Rdn. 12). In der Literatur wird überwiegend die Ansicht vertreten, dass die Erklärung einer Mieterhöhung im Wege der Ermächtigung nur wirksam ist, wenn der Ermächtigte **offenlegt,** dass er ein dem Veräußerer und (Noch-)Vermieter zustehendes Recht im eigenen Namen geltend macht (Börstinghaus in: Schmidt-Futterer Vor § 558 Rdn. 47; Streyl in: Schmidt-Futterer § 566 BGB Rdn. 46; Dickersbach in: Lützenkirchen, Mietrecht § 558a Rdn. 18; Schultz in: Bub/Treier Kap III Rdn. 1136; Sternel Mietrecht Aktuell Rdn IV 81). Dies beruht auf der Erwägung, dass der Mieter eine Mieterhöhungserklärung analog §§ 180 Abs. 1, 174 BGB oder analog § 182 Abs. 3, 111 BGB zurückweisen kann, wenn ihr keine Urkunde beigefügt ist, aus der sich das Recht des Ermächtigten zur Geltendmachung der Mieterhöhung ergibt. Nur auf diese Weise könne der Mieter eine doppelte Inanspruchnahme vermeiden. Der **BGH** (NJW 2014, 1802) teilt diese Ansicht nicht. „Denn der Mieter, der aus dem Mietvertrag von einer anderen Person als seinem ursprünglichen Vermieter in Anspruch genommen wird, kann sich zunächst dessen Berechtigung nachweisen lassen, wenn er Zweifel daran hat, ob eine entsprechende Vollmacht oder Ermächtigung vorliegt oder ein Rechtsübergang nach § 566 BGB stattgefunden hat."

Zur Anrechnung von Fördermitteln s. Börstinghaus PiG 70 (2005) S. 65, 883 ff. = NZM 2004, 481.

Bei **Mieterhöhungen nach § 559 BGB** ist zwischen folgenden Fällen zu unterscheiden **(1)** Der Veräußerer lässt Modernisierungsarbeiten durchführen. Vor Abschluss dieser Arbeiten wird das Anwesen veräußert und der Erwerber ins Grundbuch eingetragen. Der Erwerber kann nach Abschluss der Arbeiten eine Mieterhöhung nach § 559 BGB durchführen (KG RE 8.5.2000 WuM 2000, 300 = NZM 2000, 652). **(2)** Der Veräußerer lässt Modernisierungsarbeiten durchführen. Nach Abschluss dieser Arbeiten wird der Erwerber ins Grundbuch eingetragen. Der Erwerber kann eine Mieterhöhung nach § 559 BGB durchführen (KG RE 17.7.2000 = NZM 2000, 860). **(3)** Der Käufer eines Hauses lässt Modernisierungsarbeiten durchführen. Nach Abschluss dieser Arbeiten wird er als neuer Eigentümer im Grundbuch eingetragen. − Auf diesen Fall ist keiner der beiden Rechtsentscheide des KG anwendbar. In der Literatur wird überwiegend die Ansicht vertreten, dass der Erwerber nicht zur Mieterhöhung nach § 559 BGB berechtigt ist, weil er im Zeitpunkt der Modernisierung nicht Vermieter und im Zeitpunkt der Mieterhöhung nicht Bauherr war (Börstinghaus PiG 70 (2005) S. 65, 86; **(4)** Der Käufer eines Hauses beginnt mit der Durchführung von Modernisierungsarbeiten. Vor dem Abschluss der Arbeiten wird er ins Grundbuch eingetragen. Auf diesen Fall sind die Rechtsentscheide des KG ebenfalls nicht anwendbar. Nach dem Wortlaut des § 559 BGB kann der Vermieter eine Mieterhöhung geltend machen, weil er einen Teil der Modernisierungsarbeiten als Vermieter durchgeführt hat (Lammel Wohnraummietrecht § 559 BGB Rdn. 15). **(5)** Der Vermieter und der Eigentümer sind nicht identisch (Fälle der Untermiete, der Zwischenvermietung, der Übertragung der Vermietungsbefugnis auf den Ehegatten und vergleichbare Fälle). Die Modernisierungsmaßnahmen werden vom Eigentümer durchgeführt. Hier ist keine Mieterhöhung nach § 559 BGB möglich, weil der Vermieter nicht Bauherr der Maßnahme ist (Börstinghaus PiG 70 (2005) S. 65, 86.

Die **Mietpreisbegrenzung nach §§ 558 Abs. 5, 559a Abs. 2 BGB** gilt nur für denjenigen Vermieter, der die Fördermittel erhalten hat. Die Bindung geht nicht kraft Gesetzes auf den Erwerber über; § 566 BGB ist unanwendbar. Voraussetzung für den Übergang der Bindungen ist eine vertragliche Regelung zwischen Veräußerer und Erwerber (BGH NJW 1998, 445 = NZM 1998, 102).

− **Mietzins.** Der Erwerber tritt in die Mietzinsvereinbarung ein, soweit diese wirksam zustande gekommen ist. War die zwischen dem Veräußerer und dem Mieter bestehende Mietzinsvereinbarung wegen Verstoßes gegen § 5 WiStG teilunwirksam, so gilt dasselbe für den Erwerber. Zweifelhaft ist, welche Rechtsfolge maßgeblich ist, wenn der Erwerber höhere laufende Aufwendungen i. S. von § 5 Abs. 2 Satz 2 WiStG hat als der bisherige Vermieter. Ein solcher Fall wird insbesondere dann vorliegen, wenn der Veräußerer die Kapitalkosten aus den Kosten der Errichtung des Gebäudes berechnen musste, während der Erwerber die (meist höheren) Erwerbskosten zugrunde legen kann. Hier steht fest, dass dem Erwerber keine Ordnungswidrigkeit nach § 5 WiStG zur Last fällt, weil der Tatbestand dieser Vorschrift nach dem Eigentumsübergang nicht mehr gegeben ist. Auf die zivilrechtliche Wirksamkeit der Mietpreisvereinbarung hat dieser Umstand nach der hier vertretenen Ansicht allerdings keinen Einfluss, weil es insoweit ausschließlich auf die Verhältnisse bei Vertragsschluss ankommt (ebenso LG Frankfurt WuM 1998, 492). Wegen der Umsatzsteuer s. unten Rdn. 91).

− **Mietzinsansprüche** des Veräußerers einschließlich der Betriebskostenvorauszahlungen, die zum Zeitpunkt des Eigentümerwechsels rückständig waren, verblei-

§ 566 BGB Untertitel 2. Mietverhältnisse über Wohnraum

ben beim Veräußerer. Die nach dem Eigentümerwechsel fällig werdenden Ansprüche gehen auf den Erwerber über (Emmerich in: Staudinger § 566 BGB Rdn. 49; Lammel Wohnraummietrecht § 566 BGB Rdn. 63; Landwehr in: Bub/Treier Kap II Rdn. 2711; **a. A.** Kandelhard in: Herrlein/Kandelhard § 566 BGB Rdn. 14: danach kommt es darauf an für welchen Nutzungszeitraum die Miete geschuldet wird). Für bereits gezahlte Mietzinsen (Vorauszahlungen) gelten die Vorschriften der §§ 566b – 567b BGB. Soll der Erwerber bereits vor dem Eigentumsübergang zur Geltendmachung von Mietzinsansprüchen berechtigt sein, so müssen ihm die Ansprüche abgetreten werden (OLG Düsseldorf ZMR 1993, 15 = DWW 1993, 76). Ist in einem Kaufvertrag vereinbart, dass die Rechte aus dem Mietvertrag mit der Besitzübergabe auf den Käufer übergehen sollen, so liegt hierin eine wirksame Abtretung der Mietforderung (BGH NJW 2003, 2987 = ZMR 2003, 732). S. weiter Rdn. 103.

81 – **Minderung.** Eine Mietminderungsbefugnis geht durch die Veräußerung nicht verloren. Hat der Veräußerer eine unberechtigte Minderung über eine sehr lange Zeit rügelos hingenommen, so ist der Erwerber gleichwohl nicht gehindert, vom Mieter die Zahlung des ungekürzten Mietzinses zu verlangen (**a. A.** AG Dortmund WuM 1994, 535).

81a – **Modernisierungsvereinbarung.** Eine zwischen dem Veräußerer und dem Mieter getroffene Vereinbarung über Art, Umfang und Folgen einer Modernisierung i. S. des § 555f BGB ist nicht als eigenständige, neben dem Mietvertrag bestehende Regelung zu bewerten. Vielmehr wird der Mietvertrag durch die Modernisierungsvereinbarung ergänzt. Deshalb ist der Erwerber einer Wohnung an die zwischen dem Veräußerer und dem Mieter getroffene Vereinbarung gebunden (Artz WimmoT 2014, 129, 150).

82 – **Nutzungsentschädigung** schuldet der Mieter für die Zeit der Vorenthaltung. Für diesen Anspruch gelten dieselben Grundsätze wie für die Mietzinsansprüche. Soweit die Ansprüche in die Eigentumszeit des Erwerbers fallen, stehen sie diesem zu (OLG Köln DWW 1996, 189).

83 – **Option.** In die sich aus einer Option ergebenden Rechte tritt der Erwerber ein. Zur Begründungsoption zwischen einem Eigentümer und einem Dritten s. Rdn. 8).

84 – **Rückgabeanspruch.** Der Anspruch auf Rückgabe entsteht mit der Beendigung des Mietverhältnisses. Da nach der hier vertretenen Ansicht ein Eintritt in das Abwicklungsverhältnis möglich ist, geht der Rückgabeanspruch auch dann auf den Erwerber über, wenn das Mietverhältnis zum Zeitpunkt des Eigentumsübergangs bereits beendet war (ebenso OLG Düsseldorf GE 2002, 994; Emmerich in: Staudinger § 566 BGB Rdn. 50; Lammel Wohnraummietrecht § 566 BGB Rdn. 72). Nach anderer Meinung ist dagegen zu differenzieren: Erfolgt der Eigentumsübergang nach dem Zugang der Kündigung, aber vor Ablauf der Kündigungsfrist, so tritt der Erwerber in das Mietverhältnis ein, so dass auch der Herausgabeanspruch auf den Erwerber übergeht. Ist das Mietverhältnis dagegen im Zeitpunkt des Eigentumsübergangs bereits beendet, so verbleibt der Herausgabeanspruch beim Veräußerer; dieser kann ihn folgerichtig auch gerichtlich geltend machen (Henseler ZMR 1964, 36, 38). Der Erwerber kann den Anspruch nach dieser Ansicht nur geltend machen, wenn er ihm abgetreten wurde, oder wenn der Erwerber zur Geltendmachung des Anspruchs ermächtigt worden ist.

85 – **Schadensersatzansprüche des Mieters,** die in der **Eigentumszeit des Veräußerers** fällig geworden sind, kann der Mieter nur gegenüber dem Veräußerer geltend machen (Derleder NJW 2008, 1190). Tritt der **Schaden nach dem Ei-**

gentumsübergang ein, so haftet der Erwerber. Ist der Schaden vom Veräußerer zu vertreten oder ist der Veräußerer mit der Mangelbeseitigung in Verzug gekommen, so haftet der Veräußerer, wenn der Schaden während seiner Eigentumszeit eintritt. Wird der Schadensersatzanspruch dagegen in der Eigentumszeit des Erwerbers fällig, so ist auch in diesem Fall der Erwerber ersatzpflichtig (BGH NJW 2005, 1187; Emmerich in: Staudinger § 566 BGB Rdn. 54; Sternel Rdn. I 68; Derleder/Bartels JZ 1997, 981; **a. A.** Lammel § 566 BGB Rdn. 92, 94; Eckert in Wolf/Eckert/Ball Rdn. 1313). Fraglich ist, welche Rechtsfolge gilt, wenn der **Schaden teils in der Zeit des Veräußerers, teils in der des Erwerbers** eintritt. Können die jeweiligen Schadensanteile ermittelt werden, so ist es sachgerecht, wenn auch die Haftung zwischen Veräußerer und Erwerber aufgeteilt wird. Anderenfalls haften Veräußerer und Erwerber als Gesamtschuldner (Häublein in: MünchKomm § 566 BGB Rdn. 49). Beruht der Schaden auf einem **anfänglichen Mangel der Mietsache (§ 536a Abs. 1 BGB),** so muss der Erwerber verschuldensunabhängig dafür einstehen, wenn der Schaden nach dem Eigentumsübergang eintritt (BGHZ 49, 350). Maßgeblich für die Garantiehaftung ist der Zustand der Sache im Zeitpunkt des Vertragsschlusses; der Zeitpunkt des Eigentumsübergangs ist ohne Bedeutung (Emmerich in: Staudinger § 566 BGB Rdn. 54; Lammel Wohnraummietrecht § 566 BGB Rdn. 90; Herrmann in: Bamberger/Roth § 566 BGB Rdn. 18; Häublein in: MünchKomm § 566 BGB Rdn. 47; Landwehr in: Bub/Treier Kap II Rdn. 2740).

86 – **Schadensersatzansprüche des Vermieters.** Es ist zwischen folgenden Fällen zu unterscheiden: **(1) Verletzung von Schutzpflichten:** Hat der Mieter das Mietobjekt schuldhaft beschädigt, so ergibt sich der Schadensersatzanspruch aus § 249 BGB. Danach kann der Geschädigte den zur Schadensbeseitigung erforderlichen Geldbetrag verlangen. Der Anspruch setzt voraus, dass der Vermieter zur Schadensbeseitigung in der Lage ist. Daran fehlt es, wenn der Vermieter das Mietobjekt veräußert, bevor er den zur Schadensbeseitigung erforderlichen Geldbetrag erhalten hat. Der Anspruch aus § 249 BGB bleibt nur dann erhalten, wenn er spätestens mit Wirksamwerden der Eigentumsübertragung an den Erwerber abgetreten wird. Unterbleibt die Abtretung, so geht der Schadensersatzanspruch aus § 249 BGB unter. Stattdessen kann der Geschädigte Kompensation seines Schadens nach § 251 BGB verlangen. Dieser Anspruch richtet sich nicht nach den Schadensbeseitigungskosten; vielmehr ist der ehemalige Vermieter „zu entschädigen". Im Falle des Verkaufs einer beschädigten Immobilie kommt es darauf an, ob der Veräußerer wegen des Schadens einen geringeren Kaufpreis erzielt hat (BGH WuM 2004, 660 = NZM 2004, 901 = ZMR 2005, 34).

87 **(2) Verletzung von Leistungspflichten:** Hat der Mieter eine vertragliche Pflicht nicht erfüllt (unterlassene Schönheitsreparaturen), so hat der Vermieter einen Schadensersatzanspruch wegen Nichterfüllung. Der Mieter muss den Schaden ersetzen, der dem Vermieter infolge der nicht ordnungsgemäßen Erfüllung entstanden ist. Dieser Schaden kann unter Umständen auch nach den Reparaturkosten bemessen werden (BGHZ 108, 156, 160 = NJW 1983, 1424). Für diesen Ersatzanspruch spielt die Veräußerung keine Rolle (BGH WuM 2004, 660 = NZM 2004, 901 = ZMR 2005, 34). Der Ersatzanspruch steht dem Veräußerer zu, wenn der Schaden vor dem Eigentumsübergang eintritt (Lammel Wohnraummietrecht § 566 BGB Rdn. 71). Voraussetzung ist stets, dass der Veräußerer den Erfüllungsanspruch geltend machen konnte und geltend gemacht hat; anderenfalls gelten die Ausführungen unten Rdn. 90.

88 **(3)** Hat der Mieter in der Eigentumszeit des Veräußerers gegen § 536c Abs. 2 BGB verstoßen und einen Mangel entgegen dieser Vorschrift nicht angezeigt, so steht der Ersatzanspruch dem Veräußerer zu, wenn auch der Schaden in dessen Eigentumszeit eingetreten ist. Maßgeblich ist also nicht, wann die Schadensursache gesetzt worden ist. Vielmehr kommt es darauf an, in wessen Eigentumszeit sich die Mietsache verschlechtert hat.

89 – **Schiedsvertrag.** Ist vereinbart, dass Streitigkeiten aus dem Mietvertrag durch ein Schiedsgericht entschieden werden sollen, so wirkt die Schiedsvereinbarung auch zwischen dem Mieter und dem Erwerber (BGHZ 71, 162; ZMR 2000, 595, 596)

90 – **Schönheitsreparaturen.** Ist vertraglich vereinbart, dass der Mieter die Schönheitsreparaturen zu tragen hat, so tritt der Erwerber in die sich daraus ergebenden Rechte ein. Sind die Schönheitsreparaturen zum Zeitpunkt des Eigentumsübergangs noch nicht fällig, so haben weder der Veräußerer noch der Erwerber einen Erfüllungsanspruch. Bei fälligen Schönheitsreparaturen geht der in der Eigentumszeit des Veräußerers entstandene Erfüllungsanspruch auf den Erwerber über (BGH NJW 2014, 1521 Rz. 23; Streyl in: Schmidt-Futterer § 566 BGB Rdn. 130; im Ergebnis ebenso: Lammel Wohnraummietrecht § 566 BGB Rdn. 70; **a. A.** wohl LG Berlin GE 1990, 823). Dieser kann den Erfüllungsanspruch geltend machen. Endet das Mietverhältnis nach dem Eigentumsübergang, so steht ein Schadensersatzanspruch wegen unterlassener Schönheitsreparaturen in voller Höhe dem Erwerber zu.

91 – **Umsatzsteuer.** Hatte der Veräußerer für die Mehrwertsteuer optiert und hat der Mieter auf Grund mietvertraglicher Regelung an den Veräußerer die auf die Miete entfallende Umsatzsteuer bezahlt, so muss der Erwerber nur dann für die Mehrwertsteuer optieren, wenn er hierzu vertraglich verpflichtet ist. Anderenfalls schuldet der Mieter nach dem Eigentumsübergang lediglich die Nettomiete. Zahlt er gleichwohl die auf die Miete entfallende Umsatzsteuer, so ist der Erwerber rechtsgrundlos bereichert (OLG München NZM 2012, 764). Hat der Erwerber nicht die Absicht zur Option auf die Umsatzsteuer, so muss er dies dem Mieter mitteilen. Eine Unterlassung dieser Mitteilung ist als Pflichtverletzung zu bewerten. Entsteht dem Mieter durch die Pflichtverletzung ein Schaden, so kann der Erwerber zum Schadensersatz verpflichtet sein.

92 – **Vermieterpfandrecht.** Das Pfandrecht des Veräußerers geht im Falle des Eigentümerwechsels nicht auf den Erwerber über. Vielmehr entsteht zugunsten des Erwerbers ein neues eigenständiges Pfandrecht, das allerdings denselben Inhalt hat, wie das Pfandrecht des Veräußerers (BGH NJW 2014, 3775 Rz. 22). Das Pfandrecht des Erwerbers entsteht mithin an allen Sachen, die der Mieter in die Mietsache eingebracht hat. Voraussetzung ist lediglich, dass die Sachen im Zeitpunkt der Einbringung dem Mieter gehört haben. Werden diese Sachen später einem Dritten übereignet, so spielt dies für das Pfandrecht des Erwerbers auch dann keine Rolle, wenn Übereignung während der Dauer des ursprünglichen Mietvertrags stattgefunden hat. Bestehen zum Zeitpunkt des Eigentumsübergangs fällige Ansprüche des Veräußerers, so hat dieser ein Pfandrecht an den eingebrachten Sachen des Mieters. Der Erwerber hat ein Pfandrecht für die in seiner Eigentumszeit fällig werdenden Ansprüche. Die jeweiligen Pfandrechte sind gleichrangig (Lammel Wohnraummietrecht § 566 BGB Rdn. 68). Die Vorschrift des § 566a BGB ist weder unmittelbar noch analog anwendbar (OLG Hamm ZMR 2013, 434).

92a – **Vorkaufsrecht.** Ein im Mietvertrag vereinbartes Vorkaufsrecht geht nicht auf den Erwerber über. Dies gilt auch für notarielle Verträge (s. oben Rdn. 57a). Der Mieter kann sich gegen den Verlust des Rechts nur durch dessen Eintragung ins Grundbuch sichern.

– **Zurückbehaltungsrecht.** Mit dem Wechsel des Eigentums geht der Erfüllungsanspruch des Mieters vom Veräußerer auf den Erwerber über. Ein vom Mieter wegen eines Mangels gegenüber dem Veräußerer geltend gemachtes Zurückbehaltungsrecht (Einrede des nicht erfüllten Vertrags (§ 320 BGB) erlischt (BGH NZM 2006, 696). Der Mieter muss den zurückbehaltenen Betrag an den Veräußerer ausbezahlen. 92b

IV. Mithaftung des Veräußerers (Abs. 2)

1. Umfang der Mithaftung (Satz 1)

Nach § 566 Abs. 2 BGB haftet der Vermieter neben dem Erwerber wie ein Bürge, wenn der Erwerber die Verpflichtungen aus dem Mietverhältnis nicht erfüllt. Die Regelung zieht die Konsequenz aus dem Umstand, dass das Mietverhältnis zwischen dem Veräußerer und dem Mieter mit dem Eigentumsübergang endet und bestimmt im Interesse eines effektiven Mieterschutzes, dass der Veräußerer neben dem Erwerber für die Rechtsfolgen der Nichterfüllung der nunmehr dem Erwerber obliegenden Vertragspflichten haften soll. Die Mithaftung gilt nur für solche Verpflichtungen, in die der Erwerber nach Abs. 1 eingetreten ist und die ihren Rechtsgrund in dem Mietvertrag haben. Das sind die Erfüllungsansprüche **Beispiele:** Ansprüche auf Gewährung des Mietgebrauchs, auf Mängelbeseitigung, auf Erfüllung der Verkehrssicherungspflicht, auf Unterlassung von Störungen, auf Einhaltung vertraglicher Zusagen auf Duldung der Wegnahme von Einrichtungen bei Vertragsende, auf Auszahlung eines Guthabens aus einer Betriebskostenabrechnung (OLG Celle OLGR 1997, 73). Für Ansprüche des Mieters gegen den Erwerber wegen einer nach Eigentumsübergang begangenen unerlaubten Handlung haftet der Veräußerer nicht. 93

2. Bürgenhaftung

Die Vorschrift setzt voraus, dass der Mieter gegenüber dem Erwerber einen Schadensersatzanspruch wegen Nichterfüllung von Vertragspflichten hat. In diesem Fall haftet auch der Veräußerer, „wie ein Bürge, der auf die Einrede der Vorausklage verzichtet hat". Die Einrede der Vorausklage begründet ein Leistungsverweigerungsrecht des Bürgen. Dieser kann die Leistung verweigern, solange nicht der Gläubiger eine Zwangsvollstreckung gegen den Hauptschuldner ohne Erfolg versucht hat (§ 771 BGB). Der Verzicht auf die Einrede der Vorausklage hat zur Folge, dass der Mieter den Veräußerer sofort anstelle oder neben dem Erwerber in Anspruch nehmen kann. Veräußerer und Erwerber haften gegenüber dem Mieter als Gesamtschuldner. 94

3. Haftungsbefreiung (Satz 2)

Der Vermieter kann die Bürgenhaftung vermeiden, wenn er den Mieter von dem Eigentumsübergang in Kenntnis setzt. Nach der ausdrücklichen Regelung in Abs. 2 Satz 2 hängt die Befreiung von der Bürgenhaftung von einer „Mitteilung des Vermieters" ab. Es genügt nicht, wenn der Mieter lediglich auf andere Weise von dem Eigentumsübergang Kenntnis erlangt. Die Mitteilung des Erwerbers reicht nur aus, wenn sie ausdrücklich im Namen des Veräußerers erfolgt. 95

§ 566 BGB Untertitel 2. Mietverhältnisse über Wohnraum

96 Die Mitteilung ist keine Willenserklärung, sondern eine zugangsbedürftige Rechtshandlung. Sie bedarf keiner besonderen Form; Schriftform ist jedoch aus Beweisgründen anzuraten. Eine Mitteilung durch prozessualen Schriftsatz reicht aus (BGHZ 45, 11). Die Mitteilung kann erst nach dem Eigentumsübergang abgegeben werden. Eine zuvor abgegebene Erklärung, wonach das Eigentum alsbald übergehen wird, ist unwirksam. Der Veräußerer muss dem Mieter mitteilen, dass das Eigentum an dem Grundstück auf einen Dritten übergegangen ist. Ungenügend ist es, wenn dem Mieter lediglich mitgeteilt wird, dass das Grundstück „verkauft" worden sei. In diesem Fall erhält der Mieter keine Kenntnis „von dem Übergange des Eigentums", wie dies in Abs. 2 Satz 2 vorausgesetzt wird.

97 Es ist nicht erforderlich, dass der Vermieter den Mieter auf die mit der Mitteilung verbundenen Rechtsfolgen hinweist. Eine Belehrung des Mieters über das Kündigungsrecht nach Abs. 2 Satz 2 ist ebenfalls entbehrlich.

4. Sonderkündigungsrecht des Mieters

98 Der Mieter kann sich den Veräußerer als Bürgen erhalten, wenn er das Mietverhältnis nach Zugang der Mitteilung kündigt. Die Kündigung muss gegenüber dem Erwerber erklärt werden und zu dem ersten Termin erfolgen, für den sie zulässig ist. Die Frist beginnt mit dem Zugang der Mitteilung. Die zulässigen Kündigungstermine ergeben sich für Wohnraum aus § 573c Abs. 1 Satz 1 BGB und für Grundstücke und Geschäftsräume aus § 580a BGB. Danach muss die Kündigung erklärt werden,
– bei der Wohnraummiete (§ 573c Abs. 1 Satz 1 BGB): spätestens am 3. Werktag des Kalendermonats, der auf die Mitteilung folgt,
– bei der Grundstücksmiete und monatlicher Mietzahlung (§ 580a Abs. 1 Nr. 3 BGB) gilt dieselbe Regelung
– bei der Geschäftsraummiete und monatlicher Mietzahlung (§ 580a Abs. 2 Nr. 3 BGB): spätestens am dritten Werktag eines Kalendervierteljahres.

99 Für die **Kündigungsfrist** gilt bei der Wohnraummiete § 573c Abs. 1 Satz 1 BGB, bei der Grundstücksmiete § 580a Abs. 1 BGB und bei der Geschäftsraummiete § 580a Abs. 2 BGB).

V. Abweichende Vereinbarungen

1. Vereinbarungen zwischen dem Veräußerer und dem Mieter

100 Eine Vereinbarung, wonach das Mietverhältnis im Falle des Verkaufs enden soll, ist als Vereinbarung einer auflösenden Bedingung zu bewerten. Eine solche Vereinbarung ist bei der Wohnraummiete unwirksam (§ 572 Abs. 2 BGB, s. dort), bei sonstigen Mietverhältnissen aber wirksam. Eine Regelung, wonach das Mietverhältnis mit dem Eigentumsübergang enden soll, begründet ebenfalls ein Mietverhältnis unter einer auflösenden Bedingung i. S. von § 572 Abs. 2 BGB. Eine Vereinbarung, wonach der Erwerber nicht in das Mietverhältnis eintreten soll, hätte zur Folge, dass der Vertrag mit dem Veräußerer fortbesteht, obwohl dieser nach dem Eigentumsübergang nicht mehr zur Erfüllung in der Lage ist. Auf eine derartige Regelung ist die Vorschrift des § 572 Abs. 2 BGB entsprechend anwendbar. Selbstverständlich können die Parteien einen Mietaufhebungsvertrag schließen, nach dem das Mietverhältnis mit dem Verkauf oder dem Eigentumsübergang enden soll. Eine

Vereinbarung, wonach die Mithaftung des Veräußerers nach Abs. 2 abbedungen wird, ist wirksam.

Die hier aufgeführten Vereinbarungen können grundsätzlich auch durch Formularvertrag getroffen werden. Da solche Klauseln aber ungewöhnlich sind, müssen sie deutlich hervorgehoben werden, weil anderenfalls ein Verstoß gegen § 305c Abs. 1 BGB gegeben sein kann. 101

2. Vereinbarungen zwischen dem Erwerber und dem Mieter

Ein Mietaufhebungsvertrag kann auch zwischen dem noch nicht im Grundbuch eingetragenen Erwerber und dem Mieter geschlossen werden. Allerdings ist ein solcher Vertrag grundsätzlich nur dann wirksam, wenn der Veräußerer mitwirkt (dreiseitiger Vertrag). Bis zur Eintragung im Grundbuch stehen die Rechte aus dem Vertrag dem Veräußerer zu; nach seiner Eintragung kann der Erwerber diese Rechte geltend machen. Die Rechtsposition des Mieters richtet sich nach den Vereinbarungen; ist dort geregelt, dass das Mietverhältnis mit sofortiger Wirkung beendet sein soll, so kann der Mieter sofort ausziehen, ohne dass es auf die Eigentumsverhältnisse ankommt. Ein ohne Mitwirkung des Veräußerers geschlossener Mietaufhebungsvertrag ist als Vertrag zu Lasten Dritter unwirksam, wenn die Wirkungen des Vertrags, insbesondere die Vertragsbeendigung, bereits vor der Eintragung des Erwerbers ins Grundbuch eintreten sollen oder wenn die Rechte des Veräußerers in anderer Weise tangiert werden; anderenfalls bestehen gegen die Wirksamkeit eines solchen Vertrags keine Bedenken. 102

3. Vereinbarungen zwischen dem Veräußerer und dem Erwerber

In Grundstückskaufverträgen wird häufig vereinbart, dass die Rechte und Pflichten aus dem Mietvertrag bereits vor der Eintragung ins Grundbuch auf den Erwerber übergehen sollen. Die Übertragung sämtlicher Rechte und Pflichten des Vermieters aus dem Mietvertrag in Form eines Vermieterwechsels setzt die Zustimmung des Mieters voraus (BGH NJW 2002, 3389; NZM 2009, 701). Stimmt der Mieter nicht zu, so ist die Vereinbarung nicht insgesamt unwirksam. Vielmehr tritt der Erwerber insoweit in die Rechtsstellung des Vermieters ein, als dies ohne Zustimmung des Mieters möglich ist (BGH a. a. O. unter Ziff II 1 a). Fällige und künftige Mietzinsansprüche können an den Erwerber abgetreten werden, nicht aber das Recht zur Mieterhöhung (KG GE 1990, 1257). Die Abtretung der Mietzinsforderung entfaltet Wirkungen grundsätzlich nur zwischen Erwerber und Veräußerer. Der Vermieter bleibt nach der Abtretung Vertragspartner des Mieters. Im Falle wirksamer Abtretung kann der Mieter aber an den neuen Anspruchsinhaber (Erwerber) mit schuldbefreiender Wirkung zahlen (§§ 404, 409, 410 BGB). Der Mieter ist nur gegen Vorlage der Abtretungsurkunde zur Zahlung verpflichtet (§ 410 BGB). Für den Fall, dass die Abtretung tatsächlich nicht erfolgt oder nicht wirksam ist, ist der Mieter als Schuldner geschützt, wenn der Vermieter (ursprüngliche Gläubiger) die Abtretung ihm gegenüber angezeigt hat (§ 409 BGB). Wird die Abtretung vom Erwerber angezeigt, so trägt der Mieter das Risiko, dass die Abtretung nicht erfolgt oder unwirksam ist (OLG Düsseldorf ZMR 2017, 637). Wegen der Abtretung von Kündigungsbefugnissen und der Ermächtigung des Erwerbers zur Kündigung im eigenen Namen s. § 542 BGB Rdn. 103. 103

VI. Sonderprobleme bei der Veräußerung von Eigentumswohnungen

104 Bei dem gesetzlichen Vermieterwechsel nach § 566 BGB können sich besondere Probleme ergeben, wenn an der Mietsache im Zuge der Umwandlung **unterschiedliche Eigentumsverhältnisse** begründet werden. Ein solcher Fall ist beispielsweise gegeben, wenn an einer Wohnung Sondereigentum entsteht während der mitvermietete Keller- oder Speicherraum dem Gemeinschaftseigentum zugeordnet wird. Die Veräußerung der Wohnung hat bei dieser Form der Aufteilung zur Folge, dass an der im Sondereigentum stehenden Wohnung einerseits und an dem im Gemeinschaftseigentum stehenden Keller- oder Speicherraum andererseits unterschiedliche Eigentumsverhältnisse entstehen. Eigentümer der Wohnung wird der Erwerber; das Eigentum an den Keller- oder Speicherräumen steht dagegen der Gemeinschaft der Wohnungseigentümer zu. Nach früher h. M. hat diese Rechtsnachfolge im Eigentum gem. § 566 BGB zur Folge, dass sämtliche Wohnungseigentümer in das Mietverhältnis über die Wohnung nebst Keller- oder Speicherraum eintreten (OLG Hamburg ZMR 1996, 614 = WuM 1996, 637; OLG Celle WuM 1996, 222; KG WuM 1993, 423; LG Berlin GE 1997, 745; LG Hamburg WuM 1994, 539; LG Hamburg WuM 1997, 47 betr. Wohnung mit Garten; Weitemeyer NZM 1998, 169). Der Erwerber der Wohnung ist aus diesem Grunde stets auf die Mitwirkung der übrigen Miteigentümer angewiesen, wenn er Ansprüche aus dem Mietverhältnis geltend machen oder kündigen will.

105 Die Wohnungseigentumsgerichte haben hieraus die Konsequenz gezogen, dass die übrigen Wohnungseigentümer verpflichtet sind, an einer Kündigung oder einer Mieterhöhung mitzuwirken. (OLG Hamburg ZMR 1996, 614 = WuM 1996, 637; WuM 1998, 508).

106 Der **BGH** hat demgegenüber in dem **Rechtsentscheid vom 28.4.1999** (NZM 1999, 553) die Ansicht vertreten, dass bei der Veräußerung einer vermieteten Eigentumswohnung lediglich der Erwerber in das Mietverhältnis eintritt. Dies gilt auch dann, wenn dem Mieter außer der Wohnung Räume mitvermietet sind, die im Gemeinschaftseigentum stehen oder wenn er im Gemeinschaftseigentum stehende Gebäudeteile (Flure, Treppenhaus, Spielplätze) mitbenutzen darf. Verlangt einer der Miteigentümer die Herausgabe des im Gemeinschaftseigentum stehenden Raums, so kann sich der Mieter diesem gegenüber auf sein Recht zum Besitz berufen. Tritt an dem im Gemeinschaftseigentum stehenden Raum ein Mangel ein, so hat der Mieter Gewährleistungsansprüche gegenüber seinem Vermieter (dem Erwerber der Wohnung).

107 Anders ist die Rechtslage, wenn an der aus mehreren Räumen bestehenden Mietsache (z. B. Wohnung und Keller oder Wohnung und Garage) **mehrere selbständige Sondereigentume** begründet werden und das Eigentum von unterschiedlichen Personen erworben wird. Hier treten alle Erwerber in das gesamte Mietverhältnis ein. (BGH NJW 2005, 3781). Der Mieter muss den Mietzins an die Gemeinschaft der Erwerber leisten; die Zahlung an den Erwerber der Wohnung befreit den Mieter nicht. Rechtsgeschäftliche Erklärungen müssen von den Erwerbern gemeinsam abgegeben werden. Ebenso muss der Mieter seine Erklärungen gegenüber allen Erwerbern abgegeben.

VII. Sonderprobleme beim Erwerb in der Zwangsversteigerung

Mit der Erteilung des Zuschlags geht das Eigentum an einem Grundstück auf den Erwerber über (§ 90 ZVG). Zugleich erwirbt der Ersteher Eigentum an den wesentlichen Bestandteilen eines Grundstücks. Hierzu zählen solche Gegenstände, die fest mit dem Gebäude verbunden sind, so dass sie nur unter Zerstörung der Sachsubstanz entfernt werden können (§§ 93, 94 BGB). Eine vom Mieter eingebrachte **Einbauküche, Einbaumöbel, Sanitärgegenstände, Markisen und sonstige Einrichtungen** gehören i. d. R. nicht zu den wesentlichen Bestandteilen des Gebäudes, weil der Mieter die Gegenstände bei Mietende ausbauen und in seiner neuen Wohnung weiterverwenden kann. Anders kann es sein, wenn die Küche nicht aus serienmäßig gefertigten Teilen besteht, sondern speziell für einen bestimmten Küchenraum nach Maß angefertigt wurde und die Küche aufgrund der Besonderheiten des Raums nur dort sinnvoll verwendet werden kann (LG Berlin ZMR 2017, 246). 108

Weiter erwirbt der Ersteher gem. § 55 Abs. 2 ZVG das Eigentum an fremdem Zubehör. Nach der Legaldefinition in § 97 Abs. 1 Satz 1 BGB sind unter dem Begriff des Zubehörs „bewegliche Sachen (zu verstehen), die, ohne Bestandteil der Hauptsache zu sein, dem wirtschaftlichen Zweck der Hauptsache zu dienen bestimmt sind und zu ihr in einem dieser Bestimmung entsprechenden räumlichen Verhältnis stehen". In § 97 Abs. 1 Satz 2 BGB ist geregelt, dass eine Sache nicht Zubehör ist, „wenn sie im Verkehr nicht als Zubehör angesehen wird". Aus dieser Regelung folgt, dass die Zubehöreigenschaft einer Einrichtung in zwei Schritten zu prüfen ist (BGH NJW 2009, 1078 = NZM 2009, 121). Zunächst ist zu fragen, ob die Einrichtung von der Verkehrsanschauung als Zubehör bewertet wird. Dies kann von Region zu Region verschieden sein. Für Einbauküchen wird die Zubehöreigenschaft überwiegend verneint (OLG Karlsruhe NJW-RR 1986, 19, 20; NJW-RR 1988, 459, 460; OLG Frankfurt/Main ZMR 1988, 136; OLG Hamm NJW-RR 1989, 333; OLG Zweibrücken Rpfleger 1993, 169; OLG Koblenz ZMR 1993, 66; OLG Düsseldorf NJW-RR 1994, 1039; **a. A.** OLG Nürnberg NJW-RR 2002, 1485). Dies beruht auf der Erwägung, dass der Mieter eine von ihm eingebrachte Einbauküche üblicherweise entweder mitnimmt oder an den Nachfolger verkauft. Beweispflichtig für das Fehlen der Zubehöreigenschaft ist der Mieter (BGH NJW-RR 1990, 586; NJW 2009, 1078 = WuM 2009, 129 = NZM 2009, 121; OLG Nürnberg a.a.O.). Lässt sich keine entsprechende Verkehrssitte feststellen, so kommt es darauf an, ob der Mieter die Küche lediglich für eine vorübergehende Zeit in die Wohnung eingebracht hat. Auch hierfür ist der Mieter beweispflichtig (BGH NJW 2009, 1078 = NZM 2009, 121). Eine aus serienmäßig gefertigten Teilen bestehend Einbauküche wird regelmäßig nicht Bestandteil des Gebäudes. Anders kann es sein, wenn eine Küche speziell für einen bestimmten Küchenraum nach Maß angefertigt wird und die Küche aufgrund der Besonderheiten des Raums nur dort sinnvoll verwendet werden kann (LG Berlin ZMR 2017, 246). 109

Als Eigentümer der Immobilie hat der Erwerber gegen den Nutzer den **Herausgabeanspruch aus § 985 BGB.** Anders ist es, wenn zwischen dem Nutzer und dem früheren Eigentümer ein **Mietvertrag** besteht. In diesem Fall kann der Erwerber das Mietverhältnis kündigen. Die Befristung des Mietverhältnisses hindert die 110

Kündigung nicht, weil dem Erwerber in der Zwangsvollstreckung das **Sonderkündigungsrecht nach § 57a ZVG** zusteht (s. § 542 Rdn. 175). Nach § 573d Abs. 1 BGB gilt für diese Kündigung die Regelung in § 573 BGB entsprechend; es müssen also Kündigungsgründe vorliegen. Kann sich der Erwerber auf Kündigungsgründe berufen, so endet zwar das Mietverhältnis. Nach der Rechtsprechung des BGH steht dem Mieter aber ein **Bereicherungsanspruch** nach § 812 BGB zu, wenn ein auf längere Zeit geschlossener Mietvertrag vorzeitig endet und der Vermieter hierdurch Vorteile erlangt, die er bei einer planmäßigen Abwicklung der Vertragsbeziehungen nicht hätte erlangen können. Die Höhe dieses Anspruchs bemisst sich danach, ob der Vermieter infolge der vorzeitigen Rückgabe eine höhere Miete erzielen könnte. Diese Vorteile muss der Vermieter an den Mieter herausgeben (BGH ZMR 1996, 122; ZMR 2006, 185; NZM 2009, 783). Auf Grund dieser Rechtslage kommt es relativ häufig vor, dass Mietverträge lediglich vorgetäuscht werden um auf diese Weise das Grundstück der Familie ungeachtet der Zwangsvollstreckung und Zwangsversteigerung zu erhalten. Nach der Rechtsprechung des BGH ist aus diesem Grund ein vom Mieter behaupteter Vertrag besonders gründlich zu prüfen. Ein Mietvertrag, „der aufgrund seiner ungewöhnlichen Konditionen (Mietvorauszahlungen und/oder ungewöhnlich niedrige Miete, lebenslanges Wohnrecht o. ä.) jegliche Erträge aus dem Grundstück zum Vorteil des Mieters auf Dauer oder zumindest für einen sehr langen Zeitraum ausschließt, legt den Verdacht kollusiven Verhaltens zum Nachteil der Gläubiger zumindest nahe. Zudem drängt sich in derartigen Fällen die Frage auf, ob ein – meist nur in Kopie vorgelegter – (angeblicher) Mietvertrag mit einem (inzwischen verstorbenen) früheren Eigentümer tatsächlich zu dem darin angegebenen Zeitpunkt und mithin vor der Beschlagnahme des Grundstücks abgeschlossen worden ist." (BGH NZM 2016, 852 Rz. 13) Zudem ist in Fällen der hier fraglichen Art in Erwägung zu ziehen, dass der Mietvertrag in erster Linie der Gläubigerbenachteiligung dient. Ein solcher Vertrag verstößt gegen die guten Sitten und ist gem. § 138 BGB unwirksam (BGH a. a. O.).

§ 566a Mietsicherheit

¹Hat der Mieter des veräußerten Wohnraums dem Vermieter für die Erfüllung seiner Pflichten Sicherheit geleistet, so tritt der Erwerber in die dadurch begründeten Rechte und Pflichten ein. ²Kann bei Beendigung des Mietverhältnisses der Mieter die Sicherheit von dem Erwerber nicht erlangen, so ist der Vermieter weiterhin zur Rückgewähr verpflichtet.

Übersicht

	Rdn.
I. Zweck und Anwendungsbereich	1
II. Eintritt des Erwerbers in die Rechte und Pflichten aus der Sicherheit (Satz 1)	4
III. Der Rückgewähranspruch (Satz 2)	13
IV. Darlegungs- und Beweislast	18
V. Abweichende Vereinbarungen	20
VI. Übergangsregelung	23

I. Zweck und Anwendungsbereich

Nach § 566 BGB tritt der Erwerber mit der Vollendung des Eigentumserwerbs 1
in die sich aus dem Mietverhältnis ergebenden Rechte und Pflichten ein. Hierzu
zählen auch das Recht auf die in einem Mietvertrag vereinbarte Leistung einer Sicherheit, nicht aber die Rechte und Pflichten aus der bereits geleisteten Sicherheit
(Prot II 261). Die geleistete Sicherheit beruht auf der Sicherungsabrede (BGH
NZM 1999, 496; Lammel Wohnraummietrecht § 566a BGB Rdn. 3); insoweit ist
zweifelhaft, ob die hieraus folgenden Rechte in analoger Anwendung der §§ 412,
401 BGB auf den Erwerber übergehen. Die sich daraus ergebende Lücke wird
durch § 566a BGB geschlossen.

Die Regelung knüpft unmittelbar an § 566 BGB an und gilt nur beim **Eigentü-** 2
merwechsel. Für den Wechsel des gewerblichen Zwischenmieters gilt § 566a
BGB entsprechend (§ 565 Abs. 2 BGB). Auf den vertraglichen Vermieterwechsel
ist § 566a BGB unanwendbar. Für eine entsprechende Anwendung der Vorschrift
besteht kein Bedürfnis, weil der vertragliche Vermieterwechsel von der Mitwirkung
des Mieters abhängt (§ 415 BGB), so dass dieser für den Übergang der Kaution
selbst sorgen kann.

Streitig ist, welche Rechtsfolge gilt, wenn die **Mietsache veräußert wird, be-** 3
vor die Sicherheit geleistet ist. Die Regelung des § 566a BGB ist für diesen Fall
nicht anwendbar. Dies folgt bereits aus dem Umstand, dass diese Vorschrift nach ihrem Wortlaut voraussetzt, dass der Mieter die Sicherheit „geleistet" hat. Nach überwiegender Ansicht geht der Anspruch auf die Kaution gem. § 566 BGB auf den Erwerber über (s. § 566 BGB Rdn. 65).

II. Eintritt des Erwerbers in die Rechte und Pflichten aus der Sicherheit (Satz 1)

Mit der Vollendung des Eigentumserwerbs (Eintragung des Erwerbers als Eigen- 4
tümer im Grundbuch) tritt der Erwerber in die Rechte aus der Sicherheit ein. Voraussetzung ist, dass zu diesem Zeitpunkt ein **Mietverhältnis** besteht. Ist das Mietverhältnis im Zeitpunkt des Eigentumsübergangs bereits beendet und hat der
Mieter die Mietsache noch im Besitz, so ist die Regelung des § 566a BGB entsprechend anzuwenden. Ist dagegen das Mietverhältnis im Zeitpunkt des Eigentümerwechsels beendet und hat der Mieter die Mietsache bereits zurückgegeben, so ist
§ 566a BGB unanwendbar. Der Mieter kann in diesem Fall wegen seiner Ansprüche aus der Kaution nur den Veräußerer in Anspruch nehmen (BGH WuM 2007,
267). Gleiches gilt, wenn der Veräußerer die Kaution an den Erwerber vor dessen
Eintragung ins Grundbuch überträgt und die Rückgabe der Mietsache vor dem
Eigentumswechsel erfolgt (vgl. Feuerlein WuM 2005, 79).

Unter den **Begriff der „Sicherheit"** fallen Sicherheitsleistungen aller Art (Bar- 5
kaution, Sicherungsübereignung von Gegenständen, Verpfändung oder Sicherungsabtretung einer Sparforderung oder von Wertpapieren, Bürgschaft, Lohnund Gehaltsabtretung). Auch die Pflichten aus der Kaution gehen auf den Erwerber
über. Daraus folgt, dass der Mieter vom Erwerber die Rückgabe der Sicherheit verlangen kann.

1. Hat der Mieter eine **Barkaution** geleistet, so hat der **Erwerber einen** 6
Anspruch gegenüber dem Veräußerer auf Übergabe der Kautionssumme (ein-

§ 566a BGB   Untertitel 2. Mietverhältnisse über Wohnraum

schließlich der Zinsen (LG Hamburg WuM 1996, 765; LG Wuppertal WuM 2015, 731; V. Emmerich in: Staudinger § 566a BGB Rdn. 10; Häublein in: MünchKomm § 566a BGB Rdn. 10; Börstinghaus PiG 70 (2005) S. 65, 79. Streitig ist, ob der **Mieter** vom Veräußerer verlangen kann, dass dieser die Kaution an den Erwerber aushändigt. Dies wurde zu § 572 BGB a. F. bejaht (OLG Karlsruhe RE 30.11.1988 NJW-RR 1989, 267; LG Hannover WuM 1989, 75; Sternel Rdn III 236), weil der Erwerber nach dieser Vorschrift nur dann zur Rückgewähr einer Barkaution verpflichtet war, wenn er sie erhalten hatte. Diese Regelung ist entfallen; hieraus wird gefolgert, dass für einen Anspruch des Mieters auf Überleitung der Kaution kein Bedürfnis bestehe (V. Emmerich in: Staudinger § 566a BGB Rdn. 12; Häublein in: MünchKomm § 566a BGB Rdn. 10; Herrlein in: Herrlein/Kandelhard § 566a BGB Rdn. 7; Börstinghaus PiG 70 (2005) S. 65, 79). Nach der hier vertretenen Auffassung ist dem Mieter nach wie vor ein Recht zur Durchsetzung der gesetzlichen angeordneten Überleitung der Kaution zuzubilligen (wie hier: AG Neukölln GE 2012, 493; Lammel Wohnraummietrecht § 566a BGB Rdn. 12; Palandt/Weidenkaff § 566a BGB Rdn. 4). Der Anspruch des Mieters folgt aus § 566a Satz 1 BGB und der Kautionsabrede, weil mit dem Eigentumsübergang die Rechte aus der Kaution auf den Erwerber übergehen.

6a   Hatte der **Veräußerer die Kaution nicht insolvenzfest angelegt,** so trifft diese Verpflichtung den Erwerber. Eine Ausnahme gilt, wenn dem Veräußerer Mietrückstände in einer die Kaution übersteigenden Höhe zustehen. Dann kann der Veräußerer mit den Rückständen gegen die Kaution aufrechnen (s. Rdn. 8). Grundsätzlich muss die Aufrechnung vor dem Eigentumsübergang erklärt werden. Eine nach Eigentumsübergang erklärte Aufrechnung voraus, dass der Erwerber damit einverstanden ist; das Verlangen gegenüber dem Erwerber auf insolvenzfeste Anlage ist in diesem Fall als rechtsmissbräuchlich zu bewerten (LG Berlin NZM 2015, 249).

7   Der **Erwerber** ist **zur Übernahme verpflichtet.** Bei der Wohnungsmiete hat der Mieter einen Anspruch gegen den Erwerber auf eine dem Gesetz (§ 551 BGB) entsprechende Anlage (Derleder WuM 1986, 39; Häublein in: MünchKomm § 566a BGB Rdn. 14). Gleiches gilt für den Mieter von Geschäftsraum, wenn eine solche Anlage in der Sicherungsabrede vereinbart ist; hiervon ist im Regelfall auszugehen. Nach überwiegender Ansicht kann Veräußerer gegen den Anspruch auf Aushändigung der Kaution nicht mit einer Kaufpreisforderung aufrechnen, die ihm gegen den Erwerber zusteht (OLG Frankfurt WuM 1991, 484 = ZMR 1991, 340; OLG Düsseldorf MDR 1983, 405; LG Berlin GE 1991, 991; Streyl in: Schmidt-Futterer § 566a BGB Rdn. 19; Lützenkirchen in Lützenkirchen Mietrecht § 566a Rdn. 26). Dem ist im Hinblick auf die besondere Zweckbindung der Kaution und aus Gründen der Rechtsklarheit zuzustimmen. Eine Ausnahme ist allerdings dann angebracht, wenn die Gegenforderung zwischen den Parteien des Erwerbsgeschäfts unstreitig oder rechtskräftig festgestellt ist. Die Verrechnung gilt in diesem Fall als Aushändigung der Kaution; der Erwerber muss die Kaution bei der Wohnraummiete gem § 551 BGB anlegen.

8   Die Ansprüche des Erwerbers und des Mieters bestehen nur insoweit, als der Veräußerer die Sicherheit nicht in Anspruch nimmt. Hat der **Veräußerer im Zeitpunkt des Eigentumsübergangs eigene Ansprüche gegen den Mieter,** so kann er sich aus der Kaution befriedigen (OLG Hamburg ZMR 1997, 415 = WuM 1997, 375; OLG Frankfurt NJW-RR 1987, 786; LG Berlin GE 1997, 745; Sternel Rdn III 235; Wolf/Eckert/Ball Rdn. 1432; Eckert EWiR 1997, 395; Börstinghaus PiG 70 (2005) S. 65, 77). Der Erwerber kann dann vom Mieter verlangen, dass dieser die Kaution bis zur vertraglich vereinbarten Höhe auffüllt (Börstinghaus a.a.O.). Der Veräußerer kann die Kaution allerdings nur dann mit eigenen Ansprüchen verrechnen, wenn diese unstreitig oder rechtskräftig festgestellt sind (AG Neukölln GE 2012, 493). Nach anderer Ansicht geht die Kaution in dem Zustand und in der Höhe auf den Erwerber über, in dem sie sich im Zeitpunkt des Eigentumsübergangs befindet (Streyl in: Schmidt-Futterer § 566a BGB Rdn. 15; Häublein in: MünchKomm § 566a Rdn. 11). Macht der Veräußerer von der Möglichkeit des Rückgriffs auf die Kaution keinen Gebrauch, so tritt der Erwerber in die Rechte und Pflichten aus der Kaution ein. Diese hat er insolvenzsicher anzulegen. In der instanzgerichtlichen Rechtsprechung wird allerdings vereinzelt die Ansicht vertreten, dass der Mieter gegenüber dem Erwerber treuwidrig handelt, wenn er diesen auf eine insolvenzfeste Anlage der Kaution in Anspruch nimmt, obwohl gegenüber dem Veräußerer erhebliche Mietrückstände bestehen, auf Grund derer sich der Veräußerer aus der Kaution hätte befriedigen können (LG Berlin GE 2014, 524). Dem ist nicht zu folgen: Ob der Veräußerer die Kaution für sich in Anspruch nimmt oder sie dem Erwerber überlassen muss richtet sich nach den Vereinbarungen im Veräußerungsvertrag. Diese Rechtslage hat zur Folge, dass der Mieter nicht mit dem Rückzahlungsanspruch aus der Kaution gegenüber dem Veräußerer aufrechnen kann, wenn er von diesem wegen Forderungen aus der Zeit vor dem Eigentumsübergang in Anspruch genommen wird. Nach einer in der Literatur vertretenen Ansicht soll auf Grund einer teleologischen Reduktion der Vorschrift etwas anderes gelten, wenn der Veräußerer die Kaution nicht an den Erwerber weitergeleitet hat (Sick ZMR 2011, 269, 272 f).

Hat der Veräußerer die **Kaution** an den Mieter **zurückgegeben,** so hat der Erwerber grundsätzlich keinen Anspruch gegen den Mieter auf erneute Leistung. Eine Ausnahme kommt in Betracht, wenn die Sicherheit durch Verpfändung einer Sparforderung geleistet wurde und der Veräußerer die Kaution freigegeben hat, weil eine Übertragung der Sicherheit auf den Erwerber mangels Mitwirkung des Mieters gescheitert ist (BGH WuM 2012, 21 = NZM 2012, 303). 9

Im Falle der **Insolvenz des Veräußerers** wird die nicht gesetzeskonform angelegte Kaution Insolvenzforderung. In diesem Fall hat der Erwerber analog § 566a, 812 BGB einen Anspruch gegen den Veräußerer auf Aushändigung der vom Mieter gezahlten Kaution (LG Wuppertal WuM 2015, 731). Der Erwerber hat sodann die Wahl ob er die Kautionssumme gesetzeskonform anlegt oder an den Mieter zurückzahlt (LG Wuppertal a. a. O. 9a

2. Ist die Kaution gem. **§ 551 BGB** auf einem **offenen Treuhandkonto** angelegt, so verbleibt die Kaution im Vermögen des Mieters; die Rechte aus der Sicherungsabrede gehen auch ohne Aushändigung der Kaution kraft Gesetzes auf den Erwerber über (OLG Düsseldorf NJW-RR 1997, 1170; Streyl in: Schmidt-Futterer § 566a BGB Rdn. 14; V. Emmerich in: Staudinger § 566a BGB Rdn. 10; Kraemer NZM 2001, 736, 742; Börstinghaus PiG 70 (2005) S. 65, 85; Sternel Rdn. III 235; Derleder PiG 37, 75, 86; Eisenschmid WuM 1987, 248; **a. A.** Herrlein in: Herrlein/Kandelhard § 566a BGB Rdn. 6; Schmid DWW 1997, 209; Emmerich in: Bub/Treier Kap V Rdn. 393). Kraft dieser Rechtsstellung kann der Erwerber vom Veräußerer die Herausgabe der Kontounterlagen verlangen. 10

3. Ist eine **Sparforderung verpfändet,** so wird der Erwerber kraft Gesetzes Gläubiger des Pfandrechts an der Forderung mit der weiteren Folge, dass er ein im Besitz des Veräußerers befindliches Sparkassenbuch von diesem herausverlangen kann. Gleichwohl darf die beteiligte Bank das Spargutaben nur mit Zustimmung des Mieters an den Erwerber auszahlen. Deshalb muss der Mieter an der Übertra- 11 gung der Sicherheit auf den Erwerber mitwirken. Hierzu ist er nach Treu und Glauben verpflichtet (LG Berlin GE 2010, 1272, 1273). Wird die Kaution nicht auf den Erwerber übertragen, weil der Mieter seine Mitwirkung verweigert hat, so kann der Veräußerer die Kaution freigeben. Der Erwerber hat dann einen Anspruch auf Wiederauffüllung der Kaution. Der Anspruch entsteht mit dem Eigentumswechsel; erst zu diesem Zeitpunkt beginnt die Verjährung (LG Berlin GE 2010, 1272, 1273). Eine vergleichbare Rechtsfolge gilt im Falle der **Verpfändung von Wertpapieren.** Auch in diesem Fall kann sich der Veräußerer vorrangig aus der Kaution befriedigen, wenn er offene Ansprüche gegen den Mieter hat.

12 4. Im Falle einer **Sicherungsübereignung** wird der Erwerber Eigentümer der zur Sicherheit übereigneten Gegenstände. Ist die Sicherheit durch **Bürgschaft** geleistet, so gilt die Bürgschaft gegenüber dem Erwerber. Die Rechte des Veräußerers erlöschen, falls dieser keine Ansprüche gegenüber dem Mieter hat.

III. Der Rückgewähranspruch (Satz 2)

13 Bei den besitzlosen Sicherheiten (Bürgschaft, Sicherungsübereignung) spielt die Frage der „Rückgewähr" keine Rolle. Anders ist es bei den besitzgebundenen Sicherheiten (Barkaution, Verpfändung einer Sparforderung oder von Wertpapieren). Hier bestimmt § 566a Satz 2 BGB, dass in erster Linie der Erwerber gegenüber dem Mieter zur Rückgewähr der Sicherheit verpflichtet ist. Dies gilt auch dann, wenn der Erwerber die Kaution nicht erhalten hat (V. Emmerich in: Staudinger § 566a BGB Rdn. 15). Kann der Mieter die Sicherheit vom Erwerber nicht verlangen, so ist der Veräußerer zur Rückgewähr verpflichtet. Die Verjährungsfrist beträgt 3 Jahre (§ 195 BGB), gerechnet ab dem Schluss des Jahres, in dem der Rückzahlungsanspruch fällig geworden ist (§ 199 BGB). Ist das Schicksal der Kaution unklar, so sind dem Mieter **Auskunftsansprüche** gegenüber dem Veräußerer und dem Erwerber zuzubilligen. Dies folgt aus der Erwägung, dass der Mieter ein gewichtiges Interesse am Bestand des Rückgewähranspruchs hat. Insbesondere muss der Mieter wissen, ob er im Falle der Beendigung des Mietverhältnisses den Erwerber auf Rückgabe der Sicherheit in Anspruch nehmen kann.

14 2. Der Mieter ist grundsätzlich verpflichtet, zunächst den Erwerber in Anspruch zu nehmen; der Veräußerer haftet nur subsidiär. Allerdings ist eine **Vorausklage** nicht erforderlich, weil der Mieter lediglich zu zumutbaren Maßnahmen gegen den Erwerber verpflichtet ist (Derleder WuM 2002, 239, 243; Streyl in: Schmidt-Futterer § 566a BGB Rdn. 28; V. Emmerich in: Staudinger § 566a BGB Rdn. 16; Häublein in: MünchKomm § 566a BGB Rdn. 16). Kann der Rückzahlungsanspruch gegen den Erwerber nach Lage der Dinge nicht realisiert werden, so haftet der Veräußerer. Dies ist insbesondere dann der Fall, wenn über das Vermögen des Erwerbers das Insolvenzverfahren eröffnet worden ist. Hat der Erwerber die Kaution an den Mieter zurückbezahlt, obwohl er diese nicht erhalten hat, so steht ihm gegen den Veräußerer ein Bereicherungsanspruch zu (LG Wuppertal WuM 2015, 731). Dieser verjährt in der Frist des § 195 BGB. Die Verjährung beginnt erst mit dem Ablauf des Jahres, in dem die Rückgabe erfolgt (LG Wuppertal a. a. O.).

15 Bei noch **nicht beendetem Mietverhältnis** kann der Mieter gegen den Veräußerer eine Feststellungsklage erheben, wenn der Rückzahlungsanspruch gegen den Erwerber nicht realisiert werden kann (z. B. im Falle der Insolvenz). Eine Klage auf künftige Leistung ist unzulässig (BGH NZM 1999, 496).

Ist die Kaution **treuhänderisch angelegt,** so findet mit der Veräußerung kraft 16
Gesetzes ein Kontoinhaberwechsel statt (oben Rdn. 10), weil andernfalls der Rückgewähranspruch gegen den Erwerber nicht mehr insolvenzfest wäre. Soweit sich der Veräußerer vor dem Eigentumsübergang rechtmäßig aus der Kaution befriedigt hat, geht nur eine entsprechend geminderte Rückzahlungspflicht auf den Erwerber über. Der Erwerber hat aber einen Wiederauffüllungsanspruch, den er geltend machen kann, aber nicht muss. Hat der Veräußerer unberechtigt auf die Kaution zugegriffen, so kann sowohl der Mieter als auch der Erwerber vom Veräußerer verlangen, dass dieser die Kaution wieder auffüllt (Kraemer PiG 62, 213, 230).

Fraglich ist, ob § 566a Satz 2 BGB auch dann gilt, wenn der Veräußerer die **Kau-** 17
tion mit Billigung des Mieters dem Erwerber überlassen hat. In dem Urteil des OLG Düsseldorf (WuM 2002, 556) wird eine Rückgabepflicht des Veräußerers in diesem Fall verneint. Zutreffend ist demgegenüber, dass die Billigung des Mieters für sich allein nicht ausreicht (V. Emmerich in: Staudinger § 566a BGB Rdn. 16). Dies folgt aus der Erwägung, dass der Erwerber einen gesetzlichen Anspruch gegen den Veräußerer auf Aushändigung der Kaution hat (§ 566a Satz 1 BGB). Der Veräußerer wird nur dann frei, wenn der Mieter zu erkennen gegeben hat, dass er auf die Inanspruchnahme des Veräußerers verzichtet.

Teilweise wird die Ansicht vertreten, dass eine **Ausnahme von der subsidiären** 17a
Haftung des Veräußerers angezeigt ist, wenn die Kaution nicht an den Erwerber ausgehändigt wurde und der Erwerber keine Ansprüche gegen den Mieter hat (OLG Hamburg ZMR 2014, 784; Streyl in: Schmidt-Futterer § 566a BGB Rdn. 26). Danach kann der Mieter in einem solchen Fall ohne vorherige Inanspruchnahme des Erwerbers vom Veräußerer die Rückgabe der Kaution verlangen; ebenso ist er zur Aufrechnung mit dem Rückzahlungsanspruch aus der Kaution befugt, wenn er vom Veräußerer wegen offener Mietforderungen in Anspruch genommen wird (OLG Hamburg a. a. O.).

IV. Darlegungs- und Beweislast

Nimmt der Erwerber den Veräußerer auf Aushändigung der Kaution in 18
Anspruch und wendet der Veräußerer ein, dass die Kaution durch Aufrechnung mit eigenen Ansprüchen aus dem Mietverhältnis ganz oder teilweise erloschen sei, so muss der Veräußerer beweisen, dass die Gegenforderung bestand (a. A. OLG Frankfurt NJW-RR 1987, 786: danach trägt der Erwerber die Beweislast, dass nicht verbrauchte Kautionsbeträge vorhanden sind). Dieselbe Beweislastverteilung gilt, wenn der Mieter vom Veräußerer verlangt, dass dieser die Kaution an den Erwerber aushändigt.

Macht der Mieter den Rückgewähranspruch gegenüber dem Erwerber geltend, 19
so muss er beweisen, dass er eine Sicherheit an den Veräußerer geleistet hat. Der Beweis für die Zahlung einer Barkaution ist nicht bereits dann geführt, wenn in dem Mietvertrag eine entsprechende Verpflichtung des Mieters vereinbart ist. Vielmehr muss der Mieter die Übergabe des Geldes beweisen. Allerdings kann die Tatsache einer Zahlungsverpflichtung als Indiz für die Zahlung gewertet werden. Dies gilt insbesondere dann, wenn der Vermieter die Kaution während der Vertragszeit nicht angemahnt hat.

V. Abweichende Vereinbarungen

20 Von der Regelung in § 566a BGB kann individualvertraglich abgewichen werden. Die Zulässigkeit formularvertraglicher Vereinbarungen ist streitig. Teilweise wird die Ansicht vertreten, dass die Parteien die subsidiäre Haftung des Veräußerers aufheben können, wenn die Kaution insolvenzfest angelegt ist und sichergestellt ist, dass die Verfügungsbefugnis über das Konto auf den Erwerber übergeht (Derleder WuM 2002, 239, 243). Nach richtiger Ansicht sind sämtliche Regelungen des § 566a BGB eine Ausprägung des Grundsatzes von Treu und Glauben. Abweichende Formularvereinbarungen verstoßen deshalb gegen § 307 BGB (ebenso: Kraemer PiG 62, 213, 231). Der BGH hat in dem Urteil vom 23.1.2013 entschieden, dass ein formularvertraglich erklärter Verzicht des Mieters auf die Rechte aus § 566a Satz 2 an den §§ 305 ff BGB zu messen sei (BGH WuM 2013, 172 = NZM 2013, 230). Im Entscheidungsfall war zweifelhaft, ob sich aus der Erklärung ein Verzicht des Mieters auf genannten Rechte ergibt. Deshalb hat der BGH die Erklärung gem. § 305c Abs. 2 BGB zugunsten des Mieters ausgelegt. Auf die Vereinbarkeit der Verzichtserklärung mit § 307 BGB kam es nicht an.

21 Der Vermieter kann mit dem Mieter vereinbaren, dass über die Kaution im Falle des Eigentümerwechsels abgerechnet und der nicht benötigte Teil an den Mieter zurückerstattet wird. Es handelt sich um einen Vertrag über die Aufhebung der Sicherungsvereinbarung. In diesem Fall hat der Erwerber keinen Anspruch auf erneute Zahlung einer Kaution (LG Berlin GE 2011, 546). Ebenso ist kann vereinbart werden, dass der Veräußerer von der Rückzahlungsverpflichtung frei wird, wenn er die Kaution dem Erwerber aushändigt. Solche Regelungen müssen allerdings individualvertraglich getroffen werden (V. Emmerich in: Staudinger § 566a BGB Rdn. 18; **a.A.** Lebek NZM 2000, 1211: danach ist eine Formularvereinbarung möglich, wenn dem Mieter in der Klausel ein Vetorecht aus wichtigem Grund eingeräumt wird.).

22 Zwischen dem Veräußerer und dem Erwerber kann vereinbart werden, dass die Kaution beim Veräußerer verbleibt. In diesem Fall muss der Veräußerer gegenüber dem Mieter über die Kaution abrechnen und den nicht benötigten Teil zurückgeben. Jedoch setzt die Regelung des § 566a nicht voraus, dass der Erwerber die Mietsicherheit tatsächlich von dem Veräußerer erlangt hat. Insoweit trägt der Erwerber das Risiko der Nichtleistung des Veräußerers. Eine Vereinbarung zwischen dem Veräußerer und dem Erwerber wonach der Veräußerer die Kaution entweder aufgrund einer Zustimmung der Mieter an den Erwerber übertragen muss oder (für den Fall, dass eine solche Zustimmung nicht vorliegt), die Kaution an die Mieter herausgeben muss ändert hieran nichts. Deshalb kann der Mieter die Kaution auch dann vom Erwerber zurückverlangen, wenn er sie nicht vom Veräußerer erhalten hat (AG Esslingen WuM 2017, 642)

Zu Fragen der Kaution in der **Zwangsverwaltung** und **Insolvenz** des Vermieters s. § 551 Rdn. 118–127

VI. Übergangsregelung

23 Nach allgemeinen Grundsätzen ist § 566a BGB auch dann anwendbar, wenn die Veräußerung bereits vor dem 1.9.2001 – dem Inkrafttreten der Vorschrift – stattgefunden hat. An eine Übergangsvorschrift hat der Gesetzgeber nicht gedacht.

Dies hätte zur Folge, dass das Gesetz in einen bereits abgeschlossenen Erwerbsvorgang eingreift, weil es den Übergang der Rückgewährpflicht anders als nach bisherigem Recht regelt. Solche echten Rückwirkungen sind nicht verfassungskonform. Der für die Wohnraummiete zuständige VIII. Senat des BGH hat bereits durch Urteile vom 9.3.2005 (NZM 2005, 639 = WuM 2005, 404) und vom 28.9.2005 (NZM 2005, 907 = WuM 2005, 718) entschieden, dass die Vorschrift des § 566a Satz 1 BGB keine Anwendung findet, wenn der Erwerber vor dem 1.9.2001 ins Grundbuch eingetragen wurde. Dieser Rechtsprechung hat sich der XII. Senat für die Gewerbemiete angeschlossen (BGH NZM 2006, 179; ebenso: LG Aachen WuM 2003, 337; V. Emmerich in: Staudinger § 566a BGB Rdn. 3; Streyl in: Schmidt-Futterer § 566a BGB Rdn. 3; Börstinghaus PiG 70 (2005) S. 65, 76; Lammel Wohnraummietrecht § 566a BGB Rdn. 32; Beuermann GE 2001, 902, 904; Derleder WuM 2002, 239). Ebenso ist § 566a Satz 1 unanwendbar, wenn der schuldrechtliche Teil des Erwerbsgeschäfts vor dem 1.9.2001 erfolgt, der Erwerber aber erst nach diesem Zeitpunkt ins Grundbuch eingetragen wird (BGH NZM 2009, 615; Häublein in: MünchKomm § 566a BGB Rdn. 6). Beim Erwerb in der Zwangsversteigerung ist § 566a S. 1 anzuwenden, wenn der Zuschlag nach dem 31.8.2001 erteilt wurde. Bei einer **mehrfachen Veräußerung** gilt für alle Erwerber, die vor dem 1.9.2001 Eigentümer und Vermieter geworden sind, die Regelung des § 572 BGB a.F und für jeden Eigentumsübergang nach dem 31.8.2001 die Neufassung des § 566a BGB. Wer das Eigentum unter der Geltung des jetzigen Rechts erworben hat, haftet für die Rückgabe der Kaution auch dann, wenn er sie nicht erhalten hat. Der Umstand, dass der Veräußerer bei seinem Erwerb aus verfassungsrechtlichen Gründen begünstigt worden ist, kommt den weiteren Erwerben also nicht zugute (BGH WuM 2011, 472 = NZM 2012, 81 m. Anm. Bister NZM 2012, 446).

Ist streitig, ob die Kaution dem Erwerber ausgehändigt worden ist, so trifft die **24** Beweislast den Mieter (BGH a.a.O.). Zur Aufklärung des Sachverhalts kann der Mieter den früheren Vermieter als Zeugen für die Übergabe der Kaution benennen, die Vernehmung des Erwerbers als Partei beantragen und verlangen, dass dieser eventuell vorhandene Urkunden über den Erwerbsvorgang vorlegt (§§ 142, 421 ff ZPO).

§ 566b Vorausverfügung über die Miete

(1) ¹**Hat der Vermieter vor dem Übergang des Eigentums über die Miete verfügt, die auf die Zeit der Berechtigung des Erwerbers entfällt, so ist die Verfügung wirksam, soweit sie sich auf die Miete für den zur Zeit des Eigentumsübergangs laufenden Kalendermonat bezieht.** ²**Geht das Eigentum nach dem fünfzehnten Tag des Monats über, so ist die Verfügung auch wirksam, soweit sie sich auf die Miete für den folgenden Kalendermonat bezieht.**

(2) **Eine Verfügung über die Miete für eine spätere Zeit muss der Erwerber gegen sich gelten lassen, wenn er sie zur Zeit des Übergangs des Eigentums kennt.**

I. Zweck und Anwendungsbereich

1   Die Vorschrift schützt beim Eigentümerwechsel den Erwerber in einem beschränkten Umfang gegen Verfügungen des Veräußerers bezüglich der Miete. Die Regelung gilt für die Wohnraum-, die Geschäftsraum- und die Grundstücksmiete (§§ 549, 578 Abs. 1). Die Vorschrift umfasst solche Verfügungen, die zwar in der Eigentumszeit des Veräußerers getroffen werden, sich aber (auch) in der Eigentumszeit des Erwerbers auswirken (sog. „Vorausverfügungen"). Die Vorschrift gilt also nicht für die sog „Einmalmiete", (die am Beginn des Mietverhältnisses zu zahlen ist), sondern nur für die (in der Praxis üblichen) periodischen Mietzahlungen. Der Erwerber soll darauf vertrauen können, dass er über die nach dem Eigentumswechsel fällig werdende Miete verfügen kann. Hat der Veräußerer vor dem Eigentumsübergang über die Miete verfügt, so ist die Verfügung auch für die Zeit nach dem Eigentumsübergang gegenüber dem Erwerber nur wirksam **(1)** bezüglich des laufenden Kalendermonats, wenn der Eigentümerwechsel spätestens zum Ablauf des 15. Tages des Monats stattfindet; **(2)** bezüglich der Miete für den laufenden und den folgenden Monat, wenn der Eigentümerwechsel nach dem 15. Tag des Monats erfolgt; **(3)** für eine unbeschränkte Zeit, wenn der Erwerber die Verfügung zum Zeitpunkt des Eigentumsübergangs kennt. In diesem Fall kann der Erwerber nicht darauf vertrauen, dass ihm nach dem Eigentumswechsel die Mieteinnahmen zufließen.

2   Der Anwendungsbereich ist derselbe wie bei § 566 BGB (s. dort). Die praktische Bedeutung der Vorschrift ist gering.

II. Begriff der Verfügung

3   Unter einer Vorausverfügung ist jedes **Rechtsgeschäft zwischen dem Veräußerer und einer nicht am Mietvertrag beteiligten Person** zu verstehen, durch das die Mietforderung unmittelbar übertragen, belastet, geändert oder aufgehoben wird. Erforderlich ist, dass die Verfügung unmittelbar auf die Mietforderung einwirkt. Hierunter fallen insbesondere die Erfüllung der Forderung durch Aufrechnung, durch Annahme an Erfüllungsstatt, die Stundung, der Erlass, die Abtretung und die Verpfändung der künftigen Miete. Die Pfändung ist der Verpfändung nach h. M. gleichzustellen (V. Emmerich in: Staudinger § 566b BGB Rdn. 15a; Häublein in: MünchKomm § 566a BGB Rdn. 9; Lammel Wohnraummietrecht § 566a BGB Rdn. 11; Sternel Rdn III 87; Landwehr in: Bub/Treier Kap II Rdn. 2719; Wolf/Eckert/Ball Rdn. 378; **a. A.** Roquette § 573 BGB a. F. Rdn. 5). Eine zwischen einer GbR als Mieterin und dem Veräußerer vereinbarte Haftungsbeschränkung auf das Gesellschaftsvermögen wirkt nicht unmittelbar auf die Mietforderung ein; die Haftungsbeschränkung gilt deshalb nicht als Vorausverfügung (BGH ZMR 2003, 827, 829 zum rechtsähnlichen § 1124 Abs. 2 BGB)

4   **Rechtsgeschäfte zwischen dem Veräußerer und dem Mieter** fallen unter § 566c BGB (Herrmann in: Bamberger/Roth § 566 BGB Rdn. 5; Kandelhard in: Herrlein/Kandelhard § 566b BGB Rdn. 2). Grundsätzlich gilt, dass der Erwerber den Mietvertrag so übernehmen muss, wie er im Zeitpunkt des Eigentumsübergangs besteht (§ 566 BGB). Hat der Veräußerer mit dem Mieter beispielsweise eine Mietsenkung vereinbart oder war die Miete kraft Gesetzes gemindert, so hat auch der Erwerber lediglich Anspruch auf die reduzierte Miete. Anders ist es bei **Auf-**

rechnungen des Veräußerers gegen künftige Mietzinsansprüche; hierfür gilt § 566b BGB (V. Emmerich in: Staudinger § 566b BGB Rdn. 11; Lammel Wohnraummietrecht § 566 BGB Rdn. 9). Für **abwohnbare Baukostenzuschüsse** die durch die Verrechnung mit der Miete getilgt werden sollen s. § 566c BGB Rdn. 7. Bei **Aufrechnungen des Mieters** ist § 566d BGB zu beachten.

III. Kenntnis des Erwerbers

Kennt der Erwerber die Verfügung, so muss er diese gegen sich gelten lassen. Erforderlich ist positive Kenntnis, wobei es nicht darauf ankommt, woher diese Kenntnis stammt. Auch der Mieter kann den Erwerber über die Verfügung informieren, was insbesondere dann ratsam ist, wenn der Veräußerer für eine längere Zeit über die Miete verfügt hat oder wenn der Mietzins gepfändet ist. Auf diese Weise kann sich der Mieter gegen eine doppelte Inanspruchnahme sichern.

IV. Sonderfälle (Baukostenzuschuss)

Die Vorschrift des § 566b BGB ist unanwendbar, wenn die Parteien des Mietvertrags vereinbart haben, dass der Mieter einen geleisteten Baukostenzuschuss „abwohnen" kann. Hat sich durch den Baukostenzuschuss der Sachwert der Mietsache erhöht, so kommt die Leistung des Mieters auch dem Erwerber zugute. Deshalb sind die anlässlich der Leistung des Baukostenzuschusses vereinbarten Abreden auch dem Erwerber gegenüber wirksam (BGHZ 6, 202; 15, 296; 16, 31; 37, 346; OLG Düsseldorf NJW-RR 1994, 1234 = WuM 1995, 486). Der Mieter muss beweisen, dass er den Baukostenzuschuss geleistet hat und dass die Leistung dem Grundstück zugutegekommen ist.

V. Zwangsverwaltung, Insolvenz des Vermieters, Zwangsversteigerung

Die Vorschrift ist auf die **Zwangsverwaltung** weder unmittelbar noch analog anwendbar. Hinsichtlich der Verfügungen des Vermieters vor Anordnung der Zwangsverwaltung ist zu unterscheiden, ob die Zwangsverwaltung von einem Grundpfandgläubiger oder von einem sonstigen Gläubiger betrieben wird. Im erstgenannten Fall gelten die Vorschriften der §§ 1124 und 1125 BGB. Danach ist eine Verfügung über die Miete gegenüber dem Grundpfandgläubiger unwirksam, wenn sie sich auf den Mietzins für eine spätere Zeit als den zur Zeit der Beschlagnahme laufenden Monat bezieht. Erfolgt die Beschlagnahme nach dem 15. des Monats so ist sie gegenüber dem Grundpfandgläubiger wirksam, als sie sich auf den Mietzins für den folgenden Kalendermonat bezieht. Im Falle einer Abtretung der Miete muss der Zessionar den betreffenden Mietzinsteil zurückerstatten (OLG Hamm NJW-RR 1989, 1421). Die hinsichtlich des Baukostenzuschusses geltende Ausnahme ist auch hier zu beachten.

Wird das Verfahren von einem Gläubiger betrieben, der nicht Grundpfandgläubiger ist, so gelten keine Beschränkungen. Dies hat zur Folge, dass der Zwangsverwalter die vor der Anordnung der Zwangsverwaltung erfolgten Verfügungen des Vermieters gegen sich gelten lassen muss.

9 Im Falle der **Insolvenz des Vermieters** gilt § 110 InsO. Eine Verfügung des Vermieters (insbesondere die Einziehung des Mietzinses) ist nur insoweit wirksam, soweit sie sich auf den Mietzins für den zur Zeit der Eröffnung des Verfahrens laufenden Kalendermonat bezieht. Ist die Eröffnung nach dem 15. Tag des Monats erfolgt, so ist die Verfügung auch für den folgenden Kalendermonat wirksam (§ 110 Abs. 1 InsO). In § 110 Abs. 2 InsO ist ausdrücklich geregelt, dass die im Wege der Zwangsvollstreckung erfolgte Verfügung einer rechtsgeschäftlichen Verfügung gleichsteht.

10 Erfolgt der Eigentümerwechsel durch Zuschlag in der **Zwangsversteigerung,** so gilt § 566b Satz 1 BGB entsprechend (§ 57 ZVG). Hat der Vermieter vor der Beschlagnahme (§ 57b Abs. 1 S. 1 ZVG) über den Mietzins verfügt, so ist die Verfügung auch für die Zeit nach der Beschlagnahme gegenüber dem Ersteher nur wirksam **(1)** bezüglich des laufenden Kalendermonats, wenn die Beschlagnahme spätestens zum Ablauf des 15. Tages des Monats stattfindet; **(2)** bezüglich des Mietzinses für den laufenden und den folgenden Monat, wenn die Beschlagnahme nach dem 15. Tag des Monats erfolgt. In der Praxis bedeutet dies, dass der Ersteher durch die Vorausverfügungen des Vermieters nicht belastet wird, weil das Verfahren regelmäßig länger als 2 Monate dauert. Die unter Rdn. 6 erörterte Ausnahme bei der Leistung eines Baukostenzuschusses gilt allerdings auch hier.

§ 566c Vereinbarung zwischen Mieter und Vermieter über die Miete

¹ **Ein Rechtsgeschäft, das zwischen dem Mieter und dem Vermieter über die Mietforderung vorgenommen wird, insbesondere die Entrichtung der Miete, ist dem Erwerber gegenüber wirksam, soweit es sich nicht auf die Miete für eine spätere Zeit als den Kalendermonat bezieht, in welchem der Mieter von dem Übergang des Eigentums Kenntnis erlangt.** ²**Erlangt der Mieter die Kenntnis nach dem fünfzehnten Tag des Monats, so ist das Rechtsgeschäft auch wirksam, soweit es sich auf die Miete für den folgenden Kalendermonat bezieht.** ³**Ein Rechtsgeschäft, das nach dem Übergang des Eigentums vorgenommen wird, ist jedoch unwirksam, wenn der Mieter bei der Vornahme des Rechtsgeschäfts von dem Übergang des Eigentums Kenntnis hat.**

I. Zweck und Anwendungsbereich der Vorschrift

1 Die Regelung gilt für die Wohnraum-, die Geschäftsraum- und die Grundstücksmiete (§§ 549, 578 Abs. 1). Die Vorschrift schützt beim Eigentümerwechsel den Mieter in beschränktem Umfang vor einer Inanspruchnahme durch den Erwerber auf Zahlung der bereits an den Veräußerer gezahlten Miete. Die Regelung gilt für **Rechtsgeschäfte zwischen dem Veräußerer und dem Mieter.** Hierzu gehören insbesondere die Zahlung der Miete (Erfüllung), die Stundung der Miete, der Mieterlass und der Aufrechnungsvertrag (Vereinbarung, dass wechselseitige Ansprüche von Veräußerer und Mieter durch Aufrechnung erloschen sein sollen). Für die **Aufrechnung des Veräußerers** gegen künftige Mietzinsansprüche gilt § 566b BGB. Für die **Abänderung des Mietvertrags** (Beispiel: Senkung der Miete) gilt weder § 566b BGB noch § 566c BGB; hier muss der Erwerber den Mietvertrag in

der geänderten Form übernehmen. Bei **Aufrechnungen des Mieters** ist § 566d BGB zu beachten.
Der Anwendungsbereich ist derselbe wie bei § 566 BGB (s. dort Rdn. 1–5). 2

II. Einzelheiten

Ist ein Rechtsgeschäft i. S. des § 566c BGB **vor dem Eigentumsübergang** 3 vorgenommen worden, so ist es gegenüber dem Erwerber wirksam, **(1)** bezüglich der Miete für den laufenden Kalendermonat, in welchem der Mieter von dem Eigentumsübergang positive Kenntnis erlangt hat; **(2)** bezüglich der Miete für den laufenden Kalendermonat und den Folgemonat, wenn der Mieter die Kenntnis vom Eigentumsübergang erst nach dem 15.des Monats erlangt hat; **(3)** bezüglich der Miete für eine unbegrenzte Zeit, wenn der Mieter vom Eigentumsübergang keine Kenntnis erlangt.

Wurde das Rechtsgeschäft **nach dem Eigentumsübergang** vorgenommen, so 4 ist es unwirksam, wenn der Mieter bei der Vornahme des Rechtsgeschäfts von dem Eigentumsübergang positive Kenntnis hatte. Die Veräußerungsmitteilung durch den Vermieter genügt nicht, weil sich daraus nicht ergibt, dass der Eigentümerwechsel bereits erfolgt ist (LG Berlin WuM 1992, 439). Die Anzeige des Eigentumsübergangs durch den Erwerber genügt nur, wenn weitere Umstände hinzutreten (Vorlage eines Grundbuchauszuges, Bestätigung durch den Veräußerer; LG Berlin GE 1996, 927). Hatte der Mieter keine positive Kenntnis, so richtet sich die Wirksamkeit auch hier nach den oben (1) bis (3) dargelegten Grundsätzen. Es kommt demnach maßgeblich darauf an, wann der Mieter positive Kenntnis vom Eigentumsübergang erlangt.

Die Regelung des § 566c BGB gilt nicht nur dann, wenn die Parteien des Miet- 5 vertrags den Entschluss zur Vornahme des Rechtsgeschäfts während der Mietzeit gefasst haben; die Vorschrift ist auch dann anwendbar, wenn **bereits im Mietvertrag** eine entsprechende Verpflichtung über den Zeitpunkt der Vornahme des Rechtsgeschäfts enthalten ist (BGHZ 37, 346, 351; Häublein in: MünchKomm § 566c BGB Rdn. 7 ff; **a. A.** V. Emmerich in: Staudinger § 566b BGB Rdn. 13). Ist beispielsweise der Mieter verpflichtet, die Miete jeweils am 3. Werktag eines Monats zu bezahlen, so ist hierauf § 566c BGB anwendbar (BGH a.a.O.). Wird der Mieter in einem solchen Fall am 10. Oktober darüber informiert, dass der Eigentümerwechsel am 15. November erfolgt, so muss er die am 3. Werktag des Novembers fällige Miete zur Hälfte an den Veräußerer und zur anderen Hälfte an den Erwerber bezahlen.

III. Sonderfälle

Nach der Rechtsprechung ist **§ 566c BGB in zwei Fällen unanwendbar:** 6
1. Die Vorschrift des § 566c BGB ist unanwendbar, wenn die Parteien des 7 Mietvertrags vereinbart haben, dass der Mieter einen geleisteten **Baukostenzuschuss** „abwohnen" kann. Hat sich durch den Baukostenzuschuss der Sachwert der Mietsache erhöht, so kommt die Leistung des Mieters auch dem Erwerber zugute. Deshalb sollen nach älterer Rechtsprechung die anlässlich der Leistung des Baukostenzuschusses vereinbarten Abreden auch dem Erwerber gegenüber wirksam sein (BGHZ 6, 202; BGHZ 15, 296; BGHZ 16, 31; BGHZ 37, 346; OLG

Düsseldorf NJW-RR 1994, 1234 = WuM 1995, 486). Dies wird nach Aufhebung des § 57c ZVG in jüngster Zeit jedoch bestritten (OLG Schleswig ZInsO 2001, 239; offengelassen von AG Dortmund NZI 2017, 897). Der Mieter muss beweisen, dass er den Baukostenzuschuss aus eigenem Vermögen (AG Dortmund NZI 2017, 897) geleistet hat und dass die Leistung dem Grundstück zugutegekommen ist.

8   2. Ist im Mietvertrag vereinbart, dass die Miete für die gesamte Laufzeit des Vertrags im Voraus zu bezahlen ist **(Einmalmiete)** und hat der Mieter seine Zahlungspflicht vor der Veräußerung erfüllt, so stellt sich die Frage, ob und in welchem Umfang die Zahlung gegen den Erwerber wirkt. Diese Frage ist im Gesetz nicht eindeutig geregelt, weil § 566c BGB auf die periodische Mietzahlung zugeschnitten ist. In dem Urteil vom 5.11.1997 hat der BGH entschieden, dass § 566c BGB nicht anzuwenden ist, wenn eine als „Einmalmiete" zu bewertende Zahlung als Gegenleistung für die **Einräumung eines lebenslangen Wohnrechts** vereinbart wurde (BGHZ 137, 106 = NJW 1998, 595). Diese Entscheidung beruht auf der Erwägung, dass in einem solchen Fall unklar bleibt welcher Anteil der Mietzahlung rechnerisch auf einen Monat entfällt).

8a   Die Sonderbehandlung der Einmalmiete ist allerdings nur dann angezeigt, wenn der vereinbarte Betrag nicht auf der Grundlage periodischer Zeitabschnitte (etwa Monate oder Jahre) bemessen wird. Ist die Berechnung des Monatsbetrags dagegen möglich, so gilt § 566c BGB uneingeschränkt (BGH NZM 2014, 636 zu dem vergleichbaren Auslegungsproblem bei § 1124 Abs. 2 BGB). Dies gilt nicht nur für einen **Mietvertrag mit fester Laufzeit,** sondern immer dann, wenn der Mieter auf Grund einer im Mietvertrag getroffenen Vereinbarung eine **nach wiederkehrenden Zeitabschnitten kalkulierte Miete** im Voraus bezahlt hat.

8b   **Abweichende Vereinbarungen.** Die Vorschrift des § 566c BGB dient dem Schutz des Erwerbers. Die Parteien des Mietvertrags können die in dieser Regelung vorgesehene Rechtsfolge nicht abweichend regeln. Eine an den Veräußerer gezahlte Miete kann der Mieter vom Empfänger der Leistung nach § 812 Abs. 1 Satz 2 Alt 2 BGB zurückfordern, weil der mit der Zahlung verfolgte Zweck (Erfüllung der aus dem Mietvertrag folgenden Zahlungspflicht) auf Grund der Rechtsfolgen des § 566c BGB nicht erreicht werden kann.

IV. Zwangsverwaltung, Insolvenz des Vermieters, Zwangsversteigerung

9   Die Vorschrift ist auf die **Zwangsverwaltung** weder unmittelbar noch analog anwendbar. Hinsichtlich der Zahlungen des Mieters an den Vermieter vor Anordnung der Zwangsverwaltung ist zu unterscheiden, ob die Zwangsverwaltung von einem Grundpfandgläubiger oder von einem sonstigen Gläubiger betrieben wird. Im erstgenannten Fall gelten die Vorschriften der §§ 1124 und 1125 BGB. Danach ist die Zahlung gegenüber dem Grundpfandgläubiger unwirksam, wenn sie sich auf den Mietzins für die spätere Zeit als den zur Zeit der Beschlagnahme laufenden Monat bezieht. Erfolgt die Beschlagnahme nach dem 15. des Monats so ist die Zahlung gegenüber dem Grundpfandgläubiger wirksam, als sie sich auf den Mietzins für den folgenden Kalendermonat bezieht. Der Zeitpunkt der Beschlagnahme richtet sich nach §§ 146 Abs. 1, 22 Abs 2 S. 2 ZVG. Danach wird die Beschlagnahme dem Mieter gegenüber erst mit dem Zeitpunkt wirksam, in welchem sie ihm bekannt oder das Zahlungsverbot ihm zugestellt wird. Maßgeblich ist also die Kenntnis des

Mieters von der Beschlagnahme. Unter § 1124 BGB fällt nur die Vorausverfügung über den Mietzins. Dies setzt die Existenz eines nach periodischen Abschnitten bemessenen Entgelts für die Überlassung der Mietsache voraus. Hiervon sind Vereinbarungen zu unterscheiden, die den Anspruch auf das Entgelt dem Grunde und der Höhe nach erst entstehen lässt (BGH NJW 2016, 1242 m.w.N.). Hiervon ist beispielsweise auszugehen, wenn der Mieter als Entgelt lediglich die Betriebskosten oder einen Teil hiervon schuldet (BGH a. a. O.).

Die hinsichtlich des Baukostenzuschusses (Rdn. 7) und der Einmalmiete 10 (Rdn. 8–8b) geltenden Ausnahmen sind auch hier zu beachten.

Wird das Verfahren von einem Gläubiger betrieben, der nicht Grundpfandgläu- 11 biger ist, so gelten bezüglich der Zahlungen, die vor Anordnung der Zwangsverwaltung geleistet worden sind, keine Beschränkungen. Dies hat zur Folge, dass der Zwangsverwalter die Zahlungen des Mieters an den Vermieter gegen sich gelten lassen muss.

Im Falle der **Insolvenz des Vermieters** gilt § 110 InsO. Die Zahlung des Mie- 12 ters ist nur insoweit gegenüber der Insolvenzmasse wirksam, soweit sie sich auf den Mietzins für den zur Zeit der Eröffnung des Verfahrens laufenden Kalendermonat bezieht. Ist die Eröffnung nach dem 15. Tag des Monats erfolgt, so ist die Verfügung auch für den folgenden Kalendermonat wirksam (§ 110 Abs. 1 InsO). Maßgeblich ist, wann der Mieter von der Eröffnung des Insolvenzverfahrens Kenntnis erlangt hat. Hat der Mieter nach der Eröffnung des Verfahrens an den Vermieter geleistet, so wird er frei, wenn er zur Zeit der Leistung die Eröffnung des Verfahrens nicht kannte. Hat der Mieter vor der öffentlichen Bekanntmachung der Eröffnung geleistet, so wird vermutet, dass er die Eröffnung nicht kannte (§ 82 InsO).

Erfolgt der Eigentümerwechsel durch Zuschlag in der **Zwangsversteigerung,** 13 ist strittig, ob § 566c nach Aufhebung des § 57 ZVG noch entsprechend gilt (zum alten Recht bejahend BGH NJW 1952, 867, zum neuen Recht verneinend OLG Schleswig NZI 2001, 239; offengelassen von AG Dortmund NZI 2017, 897). Hat der Mieter vor der Beschlagnahme (§ 57b Abs. 1 S. 1 ZVG) an den Vermieter gezahlt, so ist die Zahlung auch für die Zeit nach der Beschlagnahme gegenüber dem Ersteher nur wirksam **(1)** bezüglich des laufenden Kalendermonats, wenn die Beschlagnahme spätestens zum Ablauf des 15. Tages des Monats stattfindet; **(2)** bezüglich des Mietzinses für den laufenden und den folgenden Monat, wenn die Beschlagnahme nach dem 15. Tag des Monats erfolgt. Maßgeblich ist dabei, wann der Mieter von der Beschlagnahme Kenntnis erlangt hat. Einzelheiten hierzu sind in § 57b Abs 1 und 2 ZVG geregelt.

Die unter Rdn. 7–8b erörterte Ausnahme bei der Leistung eines Baukosten- 14 zuschusses und bei der Einmalmiete gelten auch hier.

§ 566d Aufrechnung durch den Mieter

¹ **Soweit die Entrichtung der Miete an den Vermieter nach § 566c dem Erwerber gegenüber wirksam ist, kann der Mieter gegen die Mietforderung des Erwerbers eine ihm gegen den Vermieter zustehende Forderung aufrechnen.** ²**Die Aufrechnung ist ausgeschlossen, wenn der Mieter die Gegenforderung erworben hat, nachdem er von dem Übergang des Eigentums Kenntnis erlangt hat, oder wenn die Gegenforderung erst nach der Erlangung der Kenntnis und später als die Miete fällig geworden ist.**

§ 566d BGB Untertitel 2. Mietverhältnisse über Wohnraum

I. Zweck und Anwendungsbereich

1   Die Vorschrift gilt für die Wohnraum-, die Geschäftsraum- und die Grundstücksmiete (§§ 549, 578 Abs. 1). Sie regelt die Frage, unter welchen Voraussetzungen der Mieter eine Forderung, die ihm gegen den Veräußerer zusteht, gegen die Mietzinsforderung des Erwerbers aufrechnen kann. Im Grundsatz soll durch die Vorschrift sichergestellt werden, dass die Erfüllung im Wege der Aufrechnung durch den Eigentümerwechsel nicht tangiert wird. Deshalb gelten gem § 566d Satz 1 BGB dieselben Grundsätze wie bei der Erfüllung durch Zahlung. Die Vorschrift des § 566c BGB wird durch § 566d BGB erweitert. Nach § 566c BGB gilt, dass es für die Wirksamkeit des Rechtsgeschäfts – wozu an sich auch die Aufrechnung gehört – auf den Zeitpunkt der Vornahme des Rechtsgeschäfts ankommt. Nach § 566d BGB ist dagegen nicht der Zeitpunkt der Aufrechnungserklärung, sondern die Aufrechnungslage maßgeblich. Die Vorschrift hat also eine ähnliche Funktion wie § 406 BGB; sie stellt sicher, dass eine vor dem Eigentümerwechsel bestehende Aufrechnungsbefugnis in einem bestimmten Umfang erhalten bleibt.

2   Der Anwendungsbereich ist derselbe wie bei § 566 BGB (s. dort Rdn. 1–5).

II. Einzelheiten

3   Eine nach dem Eigentumsübergang vorgenommene Aufrechnung mit einer Forderung, die dem Mieter gegenüber dem Vermieter (Veräußerer) zusteht, ist auch dem Erwerber gegenüber wirksam, **(1)** bezüglich der Miete für den laufenden Kalendermonat, in welchem der Mieter von dem Eigentumsübergang positive Kenntnis erlangt hat; **(2)** bezüglich der Miete für den laufenden Kalendermonat und den Folgemonat, wenn der Mieter vom Eigentumsübergang erst nach dem 15. des Monats Kenntnis erlangt hat; **(3)** bezüglich der Miete für eine unbegrenzte Zeit, wenn der Mieter vom Eigentumsübergang keine Kenntnis erlangt.

4   Eine Aufrechnung ist gegenüber dem Erwerber unwirksam, wenn der Mieter die Gegenforderung erworben hat, nachdem er von dem Eigentumsübergang Kenntnis erlangt hat, oder wenn die Gegenforderung erst nach der Erlangung der Kenntnis und später als der Mietzins fällig geworden ist (§ 566d Satz 2 BGB).

5   Der **Begriff der Kenntnis** ist derselbe wie bei § 566c BGB (s. dort Rdn. 4).

6   Ist die Aufrechnung mietvertraglich ausgeschlossen, so ist § 566d BGB unanwendbar.

7   Die Regelung des § 566d BGB gilt für alle Forderungen des Mieters; es ist nicht erforderlich, dass diese auf dem Mietverhältnis beruhen.

III. Zwangsverwaltung, Insolvenz des Vermieters, Zwangsversteigerung

8   Die Vorschrift ist auf die **Zwangsverwaltung** weder unmittelbar noch analog anwendbar. Hinsichtlich der Aufrechnung des Mieters nach Anordnung der Zwangsverwaltung ist zu unterscheiden, ob die Zwangsverwaltung von einem Grundpfandgläubiger oder von einem sonstigen Gläubiger betrieben wird. Im erstgenannten Fall gilt die Vorschrift des § 1125 BGB. Danach ist die Aufrechnung gegenüber dem Grundpfandgläubiger unwirksam, wenn sie sich auf die Miete für eine

spätere Zeit als den zur Zeit der Beschlagnahme laufenden Monat bezieht. Erfolgt die Beschlagnahme nach dem 15. des Monats so ist die Aufrechnung gegenüber dem Grundpfandgläubiger wirksam, als sie sich auf die Miete für den folgenden Kalendermonat bezieht. Der Zeitpunkt der Beschlagnahme richtet sich nach §§ 146 Abs. 1, 22 Abs 2 S. 2 ZVG. Danach wird die Beschlagnahme dem Mieter gegenüber erst mit dem Zeitpunkt wirksam, in welchem sie ihm bekannt oder das Zahlungsverbot ihm zugestellt wird. Maßgeblich ist also die Kenntnis des Mieters von der Beschlagnahme. Für die Zulässigkeit der Aufrechnung kommt es nicht auf die Aufrechnungslage, sondern auf den Zeitpunkt der Aufrechnungserklärung an.

Wird das Verfahren von einem Gläubiger betrieben, der nicht Grundpfandgläubiger ist, so gilt bezüglich der Aufrechnung § 406 BGB. Eine Aufrechnung ist möglich, wenn die Aufrechnungslage bereits vor der Beschlagnahme bestand. Anders ist es, wenn der Mieter die Gegenforderung erworben hat, nachdem er von der Beschlagnahme Kenntnis erlangt hat, oder wenn die Gegenforderung erst nach der Erlangung der Kenntnis und später als der Mietzins fällig geworden ist. **9**

Im Falle der **Insolvenz des Vermieters** gilt § 110 Abs. 3 InsO. Die Aufrechnung des Mieters ist grundsätzlich nur insoweit gegenüber der Insolvenzmasse wirksam, soweit sie sich auf den Mietzins für den zur Zeit der Eröffnung des Verfahrens laufenden Kalendermonat bezieht. Ist die Eröffnung nach dem 15. Tag des Monats erfolgt, so ist die Aufrechnung auch für den folgenden Kalendermonat wirksam (§ 110 Abs. 1 InsO). Maßgeblich ist, wann der Mieter von der Eröffnung des Insolvenzverfahrens Kenntnis erlangt hat. In einigen Fällen ist die Aufrechnung ausgeschlossen (§§ 95, 96 Nr. 2 bis 4 InsO). **10**

Erfolgt der Eigentümerwechsel durch Zuschlag in der **Zwangsversteigerung**, so gilt § 566d BGB entsprechend (§ 57 ZVG). Bestand die Aufrechnungslage vor der Beschlagnahme (§ 57b Abs. 1 S. 1 ZVG) so ist die Aufrechnung auch nach der Beschlagnahme gegenüber dem Ersteher wirksam **(1)** bezüglich des laufenden Kalendermonats, wenn die Beschlagnahme spätestens zum Ablauf des 15. Tages des Monats stattfindet; **(2)** bezüglich des Mietzinses für den laufenden und den folgenden Monat, wenn die Beschlagnahme nach dem 15. Tag des Monats erfolgt. Maßgeblich ist dabei, wann der Mieter von der Beschlagnahme Kenntnis erlangt hat. Einzelheiten hierzu sind in § 57b Abs 1 und 2 ZVG geregelt. **11**

§ 566e Mitteilung des Eigentumsübergangs durch den Vermieter

(1) Teilt der Vermieter dem Mieter mit, dass er das Eigentum an dem vermieteten Wohnraum auf einen Dritten übertragen hat, so muss er in Ansehung der Mietforderung dem Mieter gegenüber die mitgeteilte Übertragung gegen sich gelten lassen, auch wenn sie nicht erfolgt oder nicht wirksam ist.

(2) Die Mitteilung kann nur mit Zustimmung desjenigen zurückgenommen werden, der als der neue Eigentümer bezeichnet worden ist.

I. Zweck und Anwendungsbereich

Die Vorschrift schützt in Anlehnung an § 409 BGB das Vertrauen des Mieters hinsichtlich der Richtigkeit eines vom Veräußerer angezeigten Eigentümerwechsels. Die Regelung gilt für die Wohnraum-, die Geschäftsraum- und die Grund- **1**

§ 566e BGB Untertitel 2. Mietverhältnisse über Wohnraum

stücksmiete (§§ 549, 578 Abs. 1). Die Vorschrift besitzt nur dann praktische Bedeutung, wenn der **Eigentümerwechsel in Wirklichkeit nicht stattgefunden** hat. In einem solchen Fall leistet der Mieter durch Zahlung an den Erwerber zwar an einen Nichtberechtigten; gleichwohl wird er durch die Zahlung auch gegenüber dem Berechtigten (dem Veräußerer) frei. Der Ausgleich muss hier im Verhältnis zwischen dem Veräußerer und dem Erwerber erfolgen. Streitig ist, ob der Mieter auch dann frei wird, wenn er die **Unrichtigkeit der Anzeige** kennt (V. Emmerich in: Staudinger § 566e BGB Rdn. 4; Streyl in: Schmidt-Futterer § 566e BGB Rdn. 12; Häublein in: MünchKomm § 566e BGB Rdn. 6). Diese Meinung verkennt, dass der Mieter in einem solchen Fall keinen Vertrauensschutz genießen kann (Lammel Wohnraummietrecht § 566e BGB Rdn. 13, 14; Riecke in: Dauner-Lieb u. a. Anwaltskommentar § 566e BGB Rdn. 10).

2   Der Anwendungsbereich ist derselbe wie bei § 566 BGB (s. dort Rdn. 1–5). In der Zwangsversteigerung findet die Vorschrift mangels Verweisung (§§ 57, 57b ZVG) keine Anwendung.

II. Einzelheiten

3   Die Anzeige über den Eigentumswechsel ist keine Willenserklärung, sondern **Rechtshandlung** (V. Emmerich in: Staudinger § 566e BGB Rdn. 3; Lammel Wohnraummietrecht § 566e BGB Rdn. 5). Die Vorschriften über Willenserklärungen gelten aber entsprechend. Dies gilt insbesondere für die Geschäftsfähigkeit, den Zugang und die Anfechtung (V. Emmerich in: Staudinger § 566e BGB Rdn. 3; Streyl in: Schmidt-Futterer § 566e BGB Rdn. 9). Die Anzeige bedarf keiner besonderen **Form**. Sie muss lediglich vom Veräußerer (oder von einem Bevollmächtigten des Veräußerers) erklärt werden. Eine durch den Erwerber erfolgte Anzeige genügt nicht; selbstverständlich kann der Erwerber aber als Bevollmächtigter des Veräußerers eine wirksame Anzeige abgeben. Die Anzeige kann auch durch Übersendung eines Grundbuchauszugs erfolgen (Häublein in: MünchKomm § 566e BGB Rdn. 3). Wird kein Grundbuchauszug übersandt, so ist der Mieter auf Grund der Anzeige des Erwerbers nicht gehalten, Grundbucheinsicht zu nehmen.

4   Der Veräußerer kann die Anzeige durch Erklärung gegenüber dem Mieter zurücknehmen. Allerdings ist für die **Rücknahme** die Zustimmung des Erwerbers erforderlich (§ 566e Abs. 2 BGB). Hat der Veräußerer die Anzeige vor der Zahlung des Mieters widerrufen, so hat der Mieter gegenüber dem Veräußerer ein Leistungsverweigerungsrecht bis ihm die Zustimmung des Erwerbers nachgewiesen wird. Das Zurückbehaltungsrecht entfällt, wenn mit Sicherheit feststeht, dass der Erwerber keinen Anspruch auf die Miete erheben wird (vgl. BGHZ 56, 349 zu dem rechtsähnlichen § 409 BGB). Wird die Zustimmung verweigert, so kann sie der Veräußerer gegenüber dem Erwerber klageweise geltend machen.

5   Die Regelungen der **§§ 892, 893 BGB** über den **öffentlichen Glauben des Grundbuchs** sind neben § 566e BGB anwendbar. Deshalb wird der Mieter auch dann gegenüber dem Veräußerer frei, wenn er an den im Grundbuch eingetragenen Erwerber zahlt (V. Emmerich in: Staudinger § 566e BGB Rdn. 2; Lammel Wohnraummietrecht § 566e BGB Rdn. 8; Palandt/Weidenkaff § 566e BGB Rdn. 1; Wolf/Eckert/Ball Rdn. 1408).

§ 567 Belastung des Wohnraums durch den Vermieter

¹Wird der vermietete Wohnraum nach der Überlassung an den Mieter von dem Vermieter mit dem Recht eines Dritten belastet, so sind die §§ 566 bis 566e entsprechend anzuwenden, wenn durch die Ausübung des Rechts dem Mieter der vertragsgemäße Gebrauch entzogen wird. ²Wird der Mieter durch die Ausübung des Rechts in dem vertragsgemäßen Gebrauch beschränkt, so ist der Dritte dem Mieter gegenüber verpflichtet, die Ausübung zu unterlassen, soweit sie den vertragsgemäßen Gebrauch beeinträchtigen würde.

I. Anwendungsbereich und Zweck der Vorschrift

Die Vorschrift gilt für die Wohnraum-, die Geschäftsraum- und die Grundstücksmiete (§§ 549, 578 Abs. 1). Sie bestimmt, dass die Rechtsfolge des § 566 auch dann gilt, wenn der Wohn- oder Geschäftsraum oder das Grundstück mit dem **dinglichen Recht** eines Dritten belastet wird, und die Ausübung des Rechts zur Folge hätte, dass dem Mieter der vertragsgemäße Gebrauch entzogen würde. Hauptanwendungsfall ist die Veräußerung einer Immobilie unter gleichzeitiger Bestellung eines Nießbrauchs (§ 1030 ff BGB) zugunsten des Veräußerers. Weiter zählen zu den Rechten im Sinne des § 567 BGB: das Erbbaurecht (§§ 1 ff ErbBauG), das Dauerwohnrecht/Dauernutzungsrecht (§§ 31 ff WEG) und das dingliche Wohnrecht (§ 1093 BGB). Die durch **§ 567 Satz 1 BGB** angeordnete entsprechende Anwendung der §§ 566 bis 566e BGB entspricht der Rechtslogik: wenn die Rechte des Mieters im Falle der Veräußerung der Immobilie erhalten bleiben, muss dies erst recht gelten, wenn die Immobilie lediglich mit dem dinglichen Recht eines Dritten belastet wird. 1

Die Regelung in **§ 567 Satz 2 BGB** betrifft die Belastung einer Immobilie zugunsten eines Dritten mit einem dinglichen Recht, dessen Ausübung zu einer Beschränkung des Gebrauchsrechts des Mieters führen würde. Hierzu gehört die beschränkte persönliche Dienstbarkeit (§ 1090 BGB) und die Grunddienstbarkeit (§§ 1018 ff BGB). Die Bestellung eines solchen Rechts lässt die Vertragsverhältnisse unberührt. In Satz 2 ist lediglich bestimmt, dass der Dritte gegenüber dem Mieter verpflichtet, ist die Ausübung des Rechts zu unterlassen, falls hierdurch der vertragsgemäße Gebrauch des Mieters beeinträchtigt würde. 2

Durch die **Bestellung von Grundpfandrechten** (Grundschuld, Hypothek, Rentenschuld) wird der Mietgebrauch nicht tangiert. Deshalb ist hier weder Satz 1 noch Satz 2 der Vorschrift anwendbar. Ebenso wenig ist § 567 BGB auf eine Belastung mit **obligatorischen Rechten** (z. B. bei der Doppelvermietung) anwendbar. 3

Ist eine **Eigentumswohnung** vermietet und wird nach Abschluss des Mietvertrags zugunsten eines Dritten ein **Sondernutzungsrecht** an dem Mietgegenstand begründet, so tritt der Sondernutzungsberechtigte in das Mietverhältnis ein. Der Eintritt erfolgt gem. § 566 BGB, wenn man den Sonderrechtsinhaber wie einen Sondereigentümer behandelt (so BGH NJW 2005, 3781) oder analog § 567 BGB, wenn man das Sondernutzungsrecht als schuldrechtlich ansieht (Häublein in: MünchKomm § 567 BGB Rdn. 4; **a. A.** V. Emmerich in: Staudinger § 566 BGB Rdn. 16 und § 567 BGB Rdn. 3). Im Ergebnis gilt jedenfalls, dass der Mieter entweder über § 566 BGB oder über § 567 BGB gegenüber dem Sonderrechtsinhaber 4 geschützt wird (Riecke in: Dauner-Lieb u. a. Anwaltskommentar § 567 BGB Rdn. 4 ff; Häublein in: MünchKomm § 567 BGB Rdn. 4).

5   Die Vorschrift des § 567 BGB ist demnach als Ergänzung zu § 566 BGB zu verstehen. Dementsprechend gilt die Vorschrift nur für die Raum- und Grundstücksmiete und nur dann, wenn sich der Mieter zum Zeitpunkt der Belastung der Immobilie bereits im Besitz der Mietsache befunden hat. Der Anwendungsbereich ist also derselbe wie bei § 566 BGB.

II. 567 Satz 1 BGB

6   **1. Nießbrauch:** Hauptanwendungsfall des § 567 Satz 1 BGB ist die Bestellung eines Nießbrauchs. Bestellt der Eigentümer an einer von ihm vermieten Immobilie einen Nießbrauch zugunsten eines Dritten, so tritt der Nießbraucher an Stelle des Eigentümers in die sich während der Dauer des Nießbrauchs aus dem Mietverhältnis ergebenden Rechte und Verpflichtungen ein. Dies gilt auch, wenn der Nießbrauch nur zur Sicherheit bestellt worden ist (V. Emmerich in: Staudinger § 567 BGB Rdn. 8). Die sich aus dem Eintritt ergebenden Rechtsfolgen sind dieselben wie bei § 566 BGB. Auf die Erläuterungen hierzu wird verwiesen.

7   Der Nießbraucher wird uneingeschränkt Vermieter; die Vereinbarungen zwischen ihm und dem Mieter wirken über die Beendigung des Nießbrauchs hinaus. Der Nießbraucher muss alle Verpflichtungen aus dem Mietverhältnis erfüllen; alle Gestaltungsrechte (Mieterhöhung, Kündigung) stehen ihm zu. Der Eigentümer wird vollständig aus dem Mietverhältnis verdrängt (V. Emmerich in: Staudinger § 567 BGB Rdn. 11). Er hat kein Mitspracherecht. Ihm stehen für die Zeit des Nießbrauchs weder Ansprüche aus dem Mietverhältnis zu, noch hat er irgendwelche „Vermieterpflichten" zu erfüllen. Der Eigentümer haftet als früherer Vermieter lediglich nach § 566 Abs. 2 Satz 1 BGB. Eine **Haftungsbefreiung nach § 566 Abs. 2 Satz 2 BGB** scheidet aus, weil der Eigentümer nach Beendigung des Nießbrauchs erneut Vermieter wird (V. Emmerich in: Staudinger § 567 BGB Rdn. 12; **a. A.** Häublein in: MünchKomm § 567 BGB Rdn. 7).

8   Überträgt ein Eigentümer eine von ihm vermietete Immobilie an einen Dritten und lässt er sich zugleich einen Nießbrauch an diesem Grundstück einräumen, so wird das Mietverhältnis im Ergebnis nicht tangiert. Der Veräußerer verliert zwar das Eigentum; auf Grund des Nießbrauchs bleibt er aber Vermieter (BGH NJW 1983, 1780; OLG Düsseldorf, GE 2003, 878; OLG Düsseldorf ZMR 2009, 844; LG Baden-Baden WuM 1993, 357; LG Dortmund NZM 1998, 511; AG Tempelhof-Kreuzberg MM 1998, 126; Streyl in: Schmidt-Futterer § 567 BGB Rdn. 15; V. Emmerich in: Staudinger § 567 BGB Rdn. 13). Erfolgt – wie in der Praxis häufig – die Übertragung des Eigentums durch die Eltern auf die minderjährigen Kinder unter gleichzeitiger Bestellung eines Nießbrauchs zugunsten der Eltern, so treten die Kinder nicht in das Mietverhältnis ein. Eine vormundschaftliche Genehmigung des Grundstückserwerbs nach §§ 1643 Abs. 1, 1822 Nr. 5 BGB ist deshalb nicht erforderlich (BGH a.a.O.).

9   Während des Nießbrauchs ist der Nießbraucher anstelle des Eigentümers zur Vermietung berechtigt. Dies gilt auch hinsichtlich der Verträge über die Verlängerung eines bestehenden Mietverhältnisses. Ist das Mietverhältnis über die Dauer des Nießbrauchs hinaus verlängert worden, so wird es nach Beendigung des Nießbrauchs mit dem Eigentümer fortgesetzt (§ 1056 Abs. 1 BGB). Der Eigentümer hat ein Sonderkündigungsrecht nach § 1056 Abs. 2 BGB.

Wird das Grundstück vom Nießbraucher vermietet, so finden nach Beendigung 10
des Nießbrauchs die für den Fall der Veräußerung geltenden Vorschriften (§§ 566,
566a, 566b Abs. 1, 566c bis 566e, 567b BGB) entsprechende Anwendung (§ 1056
Abs. 1 BGB). Dieselbe Rechtsfolge gilt, wenn der Mietvertrag durch den Eigentümer abgeschlossen wird und dieser später das Eigentum unter dem Vorbehalt des Nießbrauchs auf einen Dritten überträgt. Dies beruht auf der Erwägung, weil frühere Eigentümer in einem solchen Fall weiterhin Vermieter bleibt (BGH NJW 2006, 51, 52; NZM 2010, 474 unter Rz 9). Dem Eigentümer steht nach § 1056 Abs. 2 S. 1 BGB ein Sonderkündigungsrecht zu. Wird der Nießbrauch vorzeitig durch Verzicht beendet, so kann dieses Recht erst von der Zeit an ausgeübt werden, zu welcher der Nießbrauch ohne den Verzicht enden würde (§ 1056 Abs. 2 S. 2 BGB). Das Kündigungsrecht muss nicht zum nächst möglichen Termin ausgeübt werden (Frank in: Staudinger § 1056 BGB Rdn. 16; Palandt/Bassenge § 1056 BGB Rdn. 2). Der rechtsgeschäftliche Erwerber, der das Eigentum erst nach der Beendigung des Nießbrauchs erwirbt, tritt nicht nach § 567b, sondern unmittelbar nach § 566 BGB in das Mietverhältnis ein; ihm steht das Kündigungsrecht des § 1056 Abs. 2 nicht zu (BGH NZM 2010, 474). Das Kündigungsrecht nach § 1056 Abs. 2 geht auch nicht gem. § 566 BGB auf den Erwerber über (BGH a.a.O unter Rz 24, 25).

2. Erbbaurecht, Dauerwohnrecht, Dauernutzungsrecht, dingliches 11
Wohnrecht: Bestellt ein Eigentümer an einer von ihm vermieteten Immobilie eines der genannten dinglichen Rechte, so treten die Begünstigten an Stelle des Eigentümers in die sich aus dem Mietverhältnis ergebenden Rechte und Verpflichtungen ein (OLG Frankfurt NZM 2008, 423). Die sich hieraus ergebenden Rechtsfolgen sind dieselben wie bei § 566 BGB. Auf die Erläuterungen hierzu wird verwiesen. Die Mieten stehen deshalb nicht dem Eigentümer, sondern dem dinglich Berechtigten zu (OLG Frankfurt NZM 2008, 423).

3. Zeitpunkt des Rechtsübergangs. Der Übergang der Rechte und Pflichten 12
aus dem Mietverhältnis erfolgt mit der Eintragung des dinglichen Rechts im Grundbuch (OLG Hamm BlGBW 1982, 235). Unerheblich ist, ob zwischen dem Eigentümer und dem dinglich Berechtigten ein früherer Übergang der Nutzungen vereinbart wird (LG Mannheim ZMR 1977, 284). Es kommt auch nicht darauf an, ob der Berechtigte die aus dem dinglichen Recht folgenden Befugnisse ausübt (AG Hamburg WuM 1997, 330) oder ob er die Ausübung des Rechts einem Dritten überlassen darf oder überlassen hat.

III. § 567 Satz 2 BGB

Wird das Grundstück mit einer beschränkten persönlichen Dienstbarkeit (§ 1090 13
BGB) oder mit einer Grunddienstbarkeit (§ 1018 BGB) belastet, so erwirbt der Begünstige das Recht, das Grundstück in einzelnen Beziehungen zu benutzen. In Betracht kommen: Wegerechte, Überfahrtsrechte, Verlegungsrechte für Strom- oder Wasserleitungen, Recht auf die Entnahme von Wasser oder von Bodenbestandteilen, usw.). Auf Grund eines solchen Rechts wird dem Mieter der Mietgebrauch nicht entzogen. Deshalb besteht für die Anordnung der entsprechenden Anwendung der §§ 566 bis 567 BGB kein Bedürfnis. Es tritt kein Vermieterwechsel ein (LG Nürnberg-Fürth Rechtspfleger 1991, 148). Der Inhaber des dinglichen Rechts ist aber verpflichtet, alles zu unterlassen was den Mietgebrauch beeinträchtigen könnte. Das dingliche Recht muss also hinter dem Mietrecht zurücktreten. Dem

§ 567a BGB Untertitel 2. Mietverhältnisse über Wohnraum

Mieter stehen gegenüber dem dinglich Berechtigten Unterlassungsansprüche nach §§ 567 Satz 2 und 861, 862 BGB zu. Daneben kann er den Vermieter aus § 535 BGB auf Beseitigung der Störung in Anspruch nehmen.

IV. Dingliche Rechte an Teilen der Mietsache

14   Wird ein Wohnrecht an der gesamten Mietsache bestellt, so ist § 567 Abs. 1 BGB anwendbar (BGHZ 59, 51). Bezieht sich ein dingliches Wohnrecht nur auf einen Teil der Mietsache, so gilt nicht § 567 Satz 2, sondern ebenfalls § 567 Satz 1 BGB (Lammel Wohnraummietrecht § 567 BGB Rdn. 11; Häublein in: MünchKomm § 567 BGB Rdn. 8) Dies hat zur Folge, dass der Eigentümer und der dinglich Berechtigte gemeinsam Vermieter werden (**a. A.** LG Bremen WuM 1990, 514).

V. Abweichende Vereinbarungen

15   § 567 ist wie § 566 BGB abdingbar, allerdings nur durch Individualvertrag (V. Emmerich in: Staudinger § 567 BGB Rdn. 2).

§ 567a Veräußerung oder Belastung vor der Überlassung des Wohnraums

Hat vor der Überlassung des vermieteten Wohnraums an den Mieter der Vermieter den Wohnraum an einen Dritten veräußert oder mit einem Recht belastet, durch dessen Ausübung der vertragsgemäße Gebrauch dem Mieter entzogen oder beschränkt wird, so gilt das Gleiche wie in den Fällen des § 566 Abs. 1 und des § 567, wenn der Erwerber dem Vermieter gegenüber die Erfüllung der sich aus dem Mietverhältnis ergebenden Pflichten übernommen hat.

I. Zweck der Vorschrift

1   Die Regelungen des § 566 Abs. 1 BGB (Eintritt des Erwerbers in die Rechte und Pflichten aus dem Mietverhältnis), des § 567 Satz 1 BGB (Eintritt der Inhaber bestimmter dinglicher Rechte in das Mietverhältnis) und des § 567 Satz 2 BGB (Begrenzung der Ausübung bestimmter dinglicher Rechte mit Rücksicht auf das Mietverhältnis) setzen voraus, dass die Mietsache dem Mieter im Zeitpunkt des Eigentumsübergangs bzw. der Entstehung der dinglichen Rechte bereits überlassen war. War die Mietsache noch nicht überlassen, so sind die genannten Vorschriften unanwendbar. Der Mieter kann sich wegen seiner Ansprüche aus dem Mietvertrag nur an den Vermieter halten. Der Vermieter muss für die Erfüllung dieser Ansprüche einstehen. Aus diesem Grunde hat der Vermieter ein berechtigtes Interesse daran, den Rechtsnachfolger oder dinglich Berechtigten an das Mietverhältnis zu binden. Bei Anwendung der allgemeinen Vorschriften wäre dies nicht möglich, weil ein vertraglich vereinbarter Vermieterwechsel von der Mitwirkung des Mieters abhängt (§ 415 BGB). Aus diesem Grunde bestimmt § 567a BGB, dass die gesetzliche Rechtsfolge des § 566 Abs. 1 BGB und des § 567 BGB bereits dann eintritt, wenn der Erwerber dem Vermieter gegenüber die Erfüllung der sich aus dem Miet-

Veräußerung oder Belastung vor der Überlassung **BGB § 567a**

verhältnis ergebenden Verpflichtungen übernommen hat. Die Vorschrift des § 567a BGB bewirkt also keinen vertraglichen, sondern einen gesetzlichen Rechtsübergang.

II. Anwendungsbereich

Die Vorschrift gilt für die Wohnraum-, die Geschäftsraum- und die Grundstücksmiete (§§ 549, 578 Abs. 1). Sie regelt drei Fälle, nämlich **(1)** die Veräußerung der Mietsache nach Abschluss des Mietvertrags aber vor Überlassung an den Mieter; **(2)** die Belastung der Mietsache mit einem Nießbrauch (§ 1030ff BGB), einem Erbbaurecht (§§ 1ff ErbBauVO), einem Dauerwohnrecht/Dauernutzungsrecht (§§ 31ff WEG) oder mit einem dinglichen Wohnrecht (§ 1093 BGB) nach Abschluss des Mietvertrags aber vor Überlassung an den Mieter; **(3)** die Belastung der Mietsache mit einer beschränkten persönlichen Dienstbarkeit (§ 1090 BGB) oder einer Grunddienstbarkeit (§§ 1018ff BGB) nach Abschluss des Mietvertrags aber vor Überlassung an den Mieter. 2

III. Tatbestandsvoraussetzungen

1. Mietvertrag. Wie § 566 BGB setzt auch § 567a BGB voraus, dass „Wohnraum" vermietet ist (s. dazu § 566 BGB Rdn. 6 bis 17). Wegen der §§ 549, 578 Abs. 1 BGB gilt die Regelung auch für die Geschäftsraum- und die Grundstücksmiete. 3

2. Überlassung. Im Unterschied zu §§ 566 und 567 BGB regelt § 567a BGB den Fall, dass der Rechtsübergang bzw. die Bestellung eines dinglichen Rechts vor der Überlassung der Mietsache an den Mieter erfolgt. Wegen des Begriffs der Überlassung wird auf § 566 Rdn. 21 – 26 verwiesen. 4

3. Veräußerung/Belastung mit einem Recht. Wegen dieser Begriffe s. § 566 BGB Rdn. 27 – 32 und § 567 BGB Rdn. 5-12. Auch die Regelung des § 567a BGB setzt voraus, dass zwischen dem Eigentümer und dem Vermieter Identität besteht. 5

4. Übernahme der Verpflichtungen aus dem Mietverhältnis durch den Erwerber. Die Rechtsfolgen der § 566 Abs. 1, 567 BGB treten nur ein, wenn der Erwerber dem Vermieter gegenüber die Verpflichtungen aus dem Mietverhältnis übernimmt. Es ist also eine Vereinbarung zwischen dem Vermieter und dem Erwerber erforderlich mit dem Inhalt, dass sich der Erwerber verpflichtet, die sich aus dem Mietverhältnis ergebenden Verpflichtungen zu erfüllen. Üblicherweise wird eine solche Vereinbarung in den Verträgen über die Veräußerung des Grundstücks oder die Bestellung eines dinglichen Rechts an einem Grundstück getroffen. Erforderlich ist dies aber nicht. Die in Kaufverträgen häufige Klausel: „Der Käufer tritt gem. § 566 BGB in alle Mietverhältnisse ein" enthält nach teilweise vertretener Ansicht keine Übernahmeerklärung im Sinne des § 567a BGB; vielmehr sei davon auszugehen, dass die Aufnahme dieser Klausel auf der irrigen Vorstellung der Parteien beruht, dass der Erwerber auch in nicht vollzogene Mietverhältnisse eintritt (Eckert in FS Blank S. 129, 138). Dies ist abzulehnen, weil die Aufnahme der Klausel in den Kaufvertrag zeigt, dass die Parteien die Rechtsfolge des § 566 BGB wollen. 6

§ 567b BGB — Untertitel 2. Mietverhältnisse über Wohnraum

7 Nach h. M. kann die Übernahmeerklärung auch nach dem Eigentumsübergang abgegeben werden (Herrmann in: Bamberger/Roth § 567a BGB Rdn. 4; Häublein in: MünchKomm § 567a BGB Rdn. 4; Sternel Rdn. I 56; Eckert in FS Blank S. 129, 138; **a. A.** V. Emmerich in: Staudinger § 567a BGB Rdn. 3; Streyl in: Schmidt-Futterer § 567a BGB Rdn. 9: bis zur Überlassung der Mietsache an den Mieter). Mit der Abgabe der Übernahmeerklärung tritt der Erwerber rückwirkend ab Eigentumsübergang in das Mietverhältnis ein. BGB Rdn. 9: bis zur Überlassung der Mietsache an den Mieter). Mit der Abgabe der Übernahmeerklärung tritt der Erwerber rückwirkend ab Eigentumsübergang in das Mietverhältnis ein.

8 Nach h.M bedarf die Übernahmeerklärung nicht der Form des § 550 BGB (Streyl in: Schmidt-Futterer § 567a BGB Rdn. 8; Häublein in: MünchKomm § 567a BGB Rdn. 4; V. Emmerich in: Staudinger § 567a BGB Rdn. 4; **a. A.** Eckert in FS Blank München 2006 S. 129, 139). Dies ist zutreffend, weil der Vertragsübergang beim nicht vollzogenen Mietverhältnis kraft Gesetzes erfolgt und die Schriftform nur bei rechtsgeschäftlichen Vertragsänderungen erforderlich ist.

IV. Rechtsfolgen

9 Die Rechtsfolgen sind dieselben wie bei § 566 BGB (s. dort Rdn. 33 ff) und § 567 BGB (s. dort Rdn. 5 ff). Es handelt sich auch im Fall des § 567a BGB um eine gesetzliche, nicht um eine vertragliche Rechtsnachfolge. Die Zustimmung des Mieters zum Eintritt des Erwerbers ist deshalb nicht erforderlich (Streyl in: Schmidt-Futterer § 567a BGB Rdn. 1; V. Emmerich in: Staudinger § 567a BGB Rdn. 4). Der Erwerber tritt in vollem Umfang in das Mietverhältnis ein. Er haftet als Vermieter auch für die Erfüllung solcher Verpflichtungen, die erst nach dem Eigentumsübergang oder der Begründung der dinglichen Rechte entstehen (BGH LM Nr. 1 zu § 578 BGB). Die Vorschrift des § 566 Abs. 2 BGB gilt auch im Rahmen des § 567a BGB (OLG Köln OLG-Rp Köln 1992, 153; Streyl in: Schmidt-Futterer § 567a BGB Rdn. 1).

§ 567b Weiterveräußerung oder Belastung durch Erwerber

¹Wird der vermietete Wohnraum von dem Erwerber weiterveräußert oder belastet, so sind § 566 Abs. 1 und §§ 566a bis 567a entsprechend anzuwenden. ²Erfüllt der neue Erwerber die sich aus dem Mietverhältnis ergebenden Pflichten nicht, so haftet der Vermieter dem Mieter nach § 566 Abs. 2.

I. Zweck und Anwendungsbereich

1 Die Vorschrift bestimmt, die Regelungen über den Eigentümerwechsel und über die Belastung eines Grundstücks mit dinglichen Rechten (§§ 566 – 567a BGB), entsprechend gelten, wenn die Immobilie von dem Erwerber weiterveräußert oder weiterbelastet wird. Dies gilt für alle Veräußerungen und Belastungen nach der Erstveräußerung. Die Vorschrift dient lediglich der Klarstellung, weil sich die dort angeordnete Rechtsfolge ohne weiteres unmittelbar aus den §§ 566, 567 BGB ableiten lässt. Der Anwendungsbereich ist derselbe wie bei §§ 566 BGB.

II. Einzelheiten:

Der **Begriff der Weiterveräußerung** ist identisch mit dem Begriff der Ver- 2
äußerung in § 566 BGB (s. § 566 BGB Rdn. 27 ff). Wegen des **Begriffs der Belastung** s. § 567 BGB Rdn. 1 ff.

Die **Rechtsfolgen** sind dieselben wie bei §§ 566 bis § 567a BGB (s. dort.). Der 3
Ersterwerber scheidet aus dem Mietverhältnis aus; der Zweiterwerber tritt ein.

In § 567b Satz 2 BGB ist geregelt, dass der ursprüngliche Vermieter nach § 566 4
Abs. 2 BGB – wie ein Bürge – haftet, wenn der Zweiterwerber seine Verpflichtungen aus dem Mietverhältnis nicht erfüllt. Der Ersterwerber haftet nicht.

Kapitel 5. Beendigung des Mietverhältnisses

Unterkapitel 1. Allgemeine Vorschriften

§ 568 Form und Inhalt der Kündigung

(1) **Die Kündigung des Mietverhältnisses bedarf der schriftlichen Form.**

(2) **Der Vermieter soll den Mieter auf die Möglichkeit, die Form und die Frist des Widerspruchs nach den §§ 574 bis 574 b rechtzeitig hinweisen.**

Übersicht

	Rdn.
I. Schriftform der Kündigung (Abs. 1)	1
1. Bedeutung der Vorschrift	1
2. Anwendungsbereich	2
3. Anforderungen an die Schriftform	6
4. Elektronische Form	17
II. Hinweis auf das Recht zum Kündigungswiderspruch (Abs. 2)	20
1. Zweck der Vorschrift	20
2. Anwendungsbereich	21
3. Inhalt der Belehrung	24

I. Schriftform der Kündigung (Abs. 1)

1. Bedeutung der Vorschrift

1   Die Regelung des § 568 Abs. 1 BGB ist als Ergänzung zu § 542 Abs. 1 BGB zu verstehen. Sie bestimmt, welche formellen Besonderheiten bei der Kündigung eines Wohnraummietverhältnisses zu beachten sind. Die Vorschrift hat mieterschützende Funktion und ist als Teil des sozialen Mietrechts anzusehen.

2. Anwendungsbereich

2   Die Vorschrift bestimmt, dass die Kündigung eines Mietverhältnisses über Wohnraum von der Einhaltung der Schriftform abhängig ist. Die Regelung gilt für alle Mietverhältnisse über Wohnraum, einschließlich derer mit eingeschränktem Kündigungsschutz (s. § 549 Abs. 2 und 3 BGB). Für Mietverhältnis über Geschäftsräume gilt § 568 Abs. 1 BGB nicht. Gleiches gilt für Mischräume, deren Schwerpunkt im gewerblichen Bereich liegt. Für Mietverhältnis über bewegliche Sachen ist die Vorschrift ebenfalls unanwendbar.

3   Bei der nach § 568 Abs. 1 BGB verlangten Schriftform handelt es sich um ein echtes **Wirksamkeitserfordernis.** Die Regelung ist **nicht abdingbar.** Zwar wird die Vorschrift vom Gesetz nicht ausdrücklich für unabdingbar erklärt, jedoch ist dies aus der Funktion der Vorschrift zu folgern (Rolfs in: Staudinger § 568 BGB Rdn. 33; Lammel Wohnraummietrecht § 568 BGB Rdn. 5; V. Emmerich in: Staudinger § 555 BGB Rdn. 18; Lützenkirchen in Lützenkirchen Mietrecht § 568 BGB Rdn. 7; Palandt/Weidenkaff § 568 Abs. 1 BGB Rdn. 3). Die Form kann durch Vertrag weder erleichtert, noch erschwert werden. Dies gilt sowohl für die Kündigung des Vermieters als auch für die Kündigung des Mieters.

Wird die Schriftform missachtet, so ist die Kündigung unwirksam. Durch die 4
Formvorschrift soll in erster Linie verhindert werden, dass ein Mietverhältnis über
Wohnraum unüberlegt durch Kündigung beendet wird (**Warnfunktion,** Rolfs in:
Staudinger § 568 BGB Rdn. 4; Häublein in: MünchKomm § 568 BGB Rdn. 1;
Lammel Wohnraummietrecht § 568 BGB Rdn. 3). Daneben dient die Vorschrift
der Rechtsklarheit sowie dem Schutz und dem Interesse des Erklärungsempfängers
(**Klarstellungsfunktion,** OLG Hamm RE 23.11.1981 NJW 1982, 452 = WuM
1982, 44; BayObLG RE 14.7.1981 BayObLGZ 1981, 232 = NJW 1981, 2197
= WuM 1981, 200; Rolfs in: Staudinger § 568 BGB Rdn. 4).

Zum **Begriff der Kündigung** s. zunächst § 542 BGB Rdn. 9. Die Vorschrift 5
gilt sowohl für die Kündigung des Vermieters als auch für die Kündigung des Mieters. Sie erfasst alle Arten der Kündigung, also sowohl die ordentliche wie auch die
außerordentliche befristete und die fristlose Kündigung. Andererseits ist der Anwendungsbereich des § 568 Abs. 1 BGB auf die Kündigung beschränkt; Mietaufhebungsverträge können auch mündlich geschlossen werden. Gleiches gilt für den
Rücktritt (Fleindl in: Bub/Treier Kap IV Rdn. 33). Dabei ist nicht zu verkennen,
dass die Ausdehnung des Schriftformerfordernisses auf alle Arten der Vertragsbeendigung sinnvoll wäre. Der Wortlaut des § 568 Abs. 1 BGB ist indes eindeutig
(Rolfs in: Staudinger § 568 BGB Rdn. 11). Eine analoge Anwendung auf andere
Fälle der Vertragsbeendigung als der Kündigung kommt aus Gründen der Rechtssicherheit nicht in Betracht (Häublein in: MünchKomm § 568 BGB Rdn. 4).

3. Anforderungen an die Schriftform

Der Kündigende muss die Kündigungserklärung schriftlich abfassen und diese 6
eigenhändig durch Namensunterschrift oder mittels notariell beglaubigtem Handzeichen unterzeichnen (§ 126 Abs. 1 BGB).

a) Name i. S. des § 126 BGB ist der Vor- und Familienname. Die Unterschrift 7
mit dem Familiennamen genügt. Eine Unterzeichnung mit dem Vornamen reicht
dann aus, wenn der Empfänger den Kündigenden unter diesem Namen kennt. Unter diesen Umständen kann der Kündigende auch mit einem Pseudonym, einem
Künstler- oder einem Phantasienamen unterschreiben. Die Niederschrift einer
bloßen Funktionsbezeichnung („Der Hauseigentümer") oder Verwandtschaftsbezeichnung („Euer Sohn") ist keine „Namensunterschrift". Eine solche Kündigung
ist unwirksam.

b) Eine **Unterschrift** liegt vor, wenn der Name in Form eines individuellen 8
Schriftbilds wiedergegeben wird. Leserlichkeit ist nicht erforderlich. Die Form der
Schrift ist gleichgültig. Es muss sich keineswegs um die üblicherweise gebrauchte
Unterschrift handeln; auch die Wiedergabe des Namens in Druckbuchstaben ist
eine Unterschrift (LG Berlin GE 2011, 1372). Gleiches gilt für die von einem Analphabeten verwendeten Schriftzeichen (z. B. „drei Kreuze"). Ein bloßes Handzeichen (Paraphe) reicht dagegen nur aus, wenn es notariell beglaubigt ist, was bei
einer Wohnraumkündigung so gut wie nie vorkommen wird.

c) Die **Namensunterschrift** muss **unter dem Text** der Kündigungserklärung 9
stehen und diesen räumlich abschließen (BGH NJW 1991, 487). Wird die Kündigung in einem Zusatz in einem Schreiben in anderer Sache erklärt, so muss der Zusatz erneut unterschrieben werden. Die zeitliche Reihenfolge der Abfassung der
Kündigungserklärung und der Unterschrift spielt keine Rolle. Der Kündigende
kann auch blanko unterschreiben; der später eingefügte Text muss aber auch hier
vollständig über der Unterschrift stehen.

§ 568 BGB Untertitel 2. Mietverhältnisse über Wohnraum

10 d) § 126 BGB verlangt eine **eigenhändige Unterschrift.** Dieses Erfordernis ist nicht gewahrt bei der Wiedergabe des Namens mittels einer Schreibmaschine, bei der Verwendung eines Namensstempels, beim Einsatz eines Unterschriftsautomaten und bei einer gedruckten Unterschrift. Wer nicht schreiben kann, muss eine notariell beurkundete Kündigungserklärung abgeben (§ 126 Abs. 3 BGB).

11 Die **Fotokopie** einer Kündigungserklärung enthält ebenfalls keine eigenhändige Unterschrift. Auch auf einem **Telegramm** befindet sich keine eigenhändige Unterschrift. Aus diesem Grunde ist die telegraphisch erklärte Kündigung unwirksam. Durch **Telefax** kann ebenfalls in der Wohnraummiete nicht wirksam gekündigt werden, weil der Empfänger hier nicht die Urschrift mit der eigenhändigen Unterschrift des Kündigenden erhält (Schach GE 1994, 487; Rolfs in: Staudinger § 568 BGB Rdn. 15; Sternel Rdn. IV 43; Lammel Wohnraummietrecht § 568 BGB Rdn. 13; Schach in: Kinne/Schach/Bieber Miet- und Mietprozessrecht § 542 BGB Rdn. 6; **a. A.** AG Köln WuM 1992, 194 ohne Begründung). Die z. T. vertretene Ansicht, wonach eine Kündigung per „**Vorab-Telefax**" zur Fristwahrung ausreicht, wenn in dem Fax der spätere Zugang der Originalerklärung angekündigt wird und in der Folgezeit auch erfolgt (so Schürmann NJW 1992, 3005; ihm folgend Gramlich § 568 Abs. 1 BGB Anm. 6), trifft nicht zu (Rolfs in: Staudinger § 568 BGB Rdn. 15), weil eine formunwirksame Erklärung nichtig (§ 125 Satz 1 BGB) und deshalb auch zur Fristwahrung ungeeignet ist. Dieselben Grundsätze gelten für eine auf einem **Notepad** geleistete und dem Empfänger per Datenleitung übermittelte Unterschrift (Haug in: Emmerich/Sonnenschein § 568 BGB Rdn. 6) und für die auf einer **E-Mail** befindlichen Unterschrift. In der Gewerberaummiete ist eine Kündigung per Telefax aber zulässig, selbst wenn vertraglich Schriftform vereinbart wurde (BGH NZM 2004, 258 = NJW 2004, 1320).

12 e) Bei der **Kündigung durch einen Vertreter** ist die Schriftform gewahrt, wenn dieser mit seinem Namen unterschreibt. Aus dem Kündigungsschreiben muss sich in diesem Fall ergeben, dass der Unterzeichnende als Vertreter des Kündigenden tätig wird (LG Düsseldorf DWW 1993, 20 betr. Kündigung durch Verwalter). Eine Kündigung in verdeckter Stellvertretung ist nicht zulässig (§ 542 BGB Rdn. 50). Dies gilt auch dann, wenn der Mieter weiß, dass der Vermieter in allen Mietangelegenheiten durch den Unterzeichner des Kündigungsschreibens vertreten wird (LG Düsseldorf DWW 1993, 20). Der Vertreter kann auch mit dem Namen des Vertretenen unterzeichnen (RGZ 74, 69; Rolfs in: Staudinger § 568 BGB Rdn. 19). Dies gilt auch dann, wenn der Vertreter die Unterschrift des Vertretenen nachahmt (fälscht) und so den Eindruck erweckt, der Vertretene habe selbst unterzeichnet (LG Berlin GE 2011, 1372). Die eigenhändige Unterzeichnung der Kündigungserklärung durch den Vertreter ist unverzichtbar. Eine nicht unterzeichnete Erklärung ist auch dann unwirksam, wenn der Kündigung eine vom Vertretenen eigenhändig unterzeichnete Vollmacht beigefügt ist (AG Friedberg/Hessen WuM 1993, 48). Die Erteilung der **Vollmacht** ist nicht formbedürftig (§ 167 Abs. 2 BGB, LG Wiesbaden WuM 1967, 184; Rolfs in: Staudinger § 568 BGB Rdn. 18 **a. A.** AG Frankfurt ZMR 1969, 86).

13 f) Besteht der kündigende Teil aus **mehreren Personen,** so müssen alle unterschreiben. Eine Stellvertretung bei der Unterschrift ist zulässig. Deshalb kann beispielsweise einer von mehreren Mietern oder Vermietern zugleich für die übrigen Mieter oder Vermieter unterzeichnen. Auch hier gilt allerdings der Grundsatz, dass das Vertretungsverhältnis erkennbar sein muss (vgl. RGZ 96, 289). Aus der Sicht des Kündigungsempfängers darf kein Zweifel bestehen, dass der Unterzeichnende nicht nur für sich selbst sondern auch für die übrigen Mieter oder Vermieter tätig werden

wollte (LG Wuppertal WuM 2016, 489). Sind Eheleute Vermieter und wird eine Kündigungserklärung nur vom Ehemann unterschrieben, so ist die Kündigung nur wirksam, wenn sich aus dem Kündigungsschreiben ergibt, dass der Ehemann zugleich als Vertreter für seine Ehefrau unterzeichnet hat (BGHZ 125, 175). Ist im Briefkopf eines Kündigungsschreibens die Ehefrau mit aufgeführt und verwendet der Ehemann in der Kündigungserklärung den Plural, so legt dies zwar die Annahme nahe, dass die Kündigung auch durch die Ehefrau erklärt werden soll. Eine solche Praxis ist bei Personenmehrheiten häufig. Sie rechtfertigt nicht den Schluss, dass der Unterzeichner einer Erklärung zugleich für sich und für andere Personen unterschreiben wollte. Gleiches gilt, wenn eine Wohnung an Eheleute vermietet ist und lediglich der Ehemann die Kündigungserklärung unterschrieben hat.

Die hier dargelegten Grundsätze gelten auch für die kraft einer **Ermächtigung** 14 (Einwilligung, § 185 Abs. 1 BGB) ausgesprochene Kündigung, weil die Ermächtigung mit der Vollmacht verwandt ist und für vergleichbare Zwecke eingesetzt wird. Die gesetzliche Schriftform ist deshalb nur gewahrt, wenn sich aus dem Kündigungsschreiben ergibt, dass der Unterzeichnende ein fremdes Recht im eigenen Namen geltend macht.

g) Wird **durch prozessualen Schriftsatz** gekündigt, so ist die Schriftform ge- 15 wahrt, wenn der Kündigende oder dessen Bevollmächtigter die für den Kündigungsempfänger bestimmte Abschrift eigenhändig unterschreibt. Es genügt aber auch, wenn die für das Gericht bestimmte Urschrift eigenhändig unterzeichnet ist und der Kündigungsempfänger eine mit einem Beglaubigungsvermerk versehene Abschrift enthält. Erforderlich ist allerdings, dass der Beglaubigungsvermerk vom Verfasser des Schriftsatzes, der die Kündigung enthält, eigenhändig unterzeichnet ist (OLG Zweibrücken RE 17.2.1981 OLGZ 1981, 350 = WuM 1981, 178; BayObLG RE 14.7.1981 BayObLGZ 1981, 232 = NJW 1981, 2197 = WuM 1981, 200; OLG Hamm RE 23.11.1981 NJW 1982, 452 = WuM 1982, 44; LG Frankfurt WuM 1991, 104). Sind der Verfasser des Schriftsatzes und der Beglaubiger nicht personengleich, so ist die Schriftform nicht gewahrt (Sternel, Rdn IV 43). Die Zustellung nur einer beglaubigten Abschrift von Anwalt zu Anwalt oder von Amts wegen nach § 198 ZPO oder §§ 208 ff. ZPO genügt auch im Hinblick auf § 132 Abs. 1 BGB nicht (BGH WuM 1987, 209). In der bloßen **Erhebung einer Räumungsklage** ist grds. aber noch keine Kündigungserklärung zu sehen.

h) Eine **mündlich erklärte Kündigung** ist stets unwirksam. Dies gilt auch 16 dann, wenn sie in der mündlichen Verhandlung **zu Protokoll** erklärt wird (LG Berlin WuM 1982, 111; GE 1989, 145; AG Braunschweig WuM 1990, 153; AG Münster WuM 1987, 273; Deggau ZMR 1982, 291, 293; Nassall MDR 1985, 893, 897; Rolfs in: Staudinger § 568 BGB Rdn. 22; Hinz in: Klein-Blenkers/Heinemann/Ring, Miete/WEG/Nachbarschaft § 568 BGB Rdn. 12; **a. A.** Spangenberg MDR 1983, 807, 808 der verkennt, dass § 127a BGB nur für den gerichtlichen Vergleich gilt. Die **Umdeutung einer formunwirksamen Kündigung** in ein Angebot zum Abschluss eines Mietaufhebungsvertrags ist nur im Ausnahmefall möglich (s. § 542 BGB Anm. 30). An der Unwirksamkeit der mündlich erklärten Kündigung ändert sich auch dann nichts, wenn sie vom Empfänger schriftlich „angenommen" wird (**a. A.** AG Gifhorn WuM 1992, 250). Unbillige Ergebnisse müssen – unter voller Beachtung des Schutzzweck des § 568 Abs. 1 BGB – über § 242 BGB korrigiert werden. So kann sich der Vermieter nicht auf den Formmangel einer von ihm ausgesprochenen Kündigung berufen, wenn er eine Zwangsräumung angekündigt und der Mieter im Vertrauen auf die Wirksamkeit der Kündigung ausgezogen ist (LG Nürnberg-Fürth WuM 2017, 475). Unter Umständen kann in der schriftlichen „Annahme" einer mündlichen Kündigung ein Angebot auf Abschluss eines Mietaufhebungsvertrags liegen. Wird dieses Angebot vom Kündigenden ausdrücklich oder durch konkludente Handlung (etwa durch Auszug des Mieters) angenommen, so wird das Mietverhältnis durch den Aufhebungsvertrag beendet.

4. Elektronische Form

17 Nach § 126 Abs. 3 BGB kann die Schriftform durch die elektronische Form ersetzt werden. In diesem Fall muss der Aussteller der Erklärung gem. § 126a Abs. 1 BGB dieser seinen Namen hinzufügen und das elektronische Dokument mit einer **qualifizierten elektronischen Signatur** versehen. Die Anforderungen an eine solche elektronische Signatur ist in Abschnitt 4 der Verordnung (EU) Nr. 910/2014 des Europäischen Parlaments und des Rates vom 23.7.2014 über elektronische Identifizierung und Vertrauensdienste für elektronische Transaktionen im Binnenmarkt und zur Aufhebung der Richtlinie 1999/93/EG geregelt. Danach hat eine solche qualifizierte Signatur gem. Art 25 Abs. 2 VO die gleiche Rechtswirkung wie eine handschriftliche Unterschrift. Eine qualifizierte Container-Signatur zählt seit 1.1.2018 aber nicht mehr dazu (BGH NJW 2019, 2230: Vergleich mit Unterschrift außen auf Briefumschlag). Nach Art 27 ff. der VO erfordert dies eine **Signaturkarte** sowie ein **qualifiziertes Zertifikat** eines Dienstanbieters und die Nutzung einer **sicheren Signaturerstellungseinheit.** Hierzu zählt das besondere elektronische Anwaltspostfach **(beA) nicht** (Ehrmann/Streyl NZM 2019, 873; Dötsch MietRB 2018, 30, 31). Ob eine Kündigung in einem mit qualifizierter elektronischer Signatur versehenem Schriftsatz an das Gericht wirksam ist, ist strittig. Unproblematisch ist der Fall, in dem das Gericht diesen Schriftsatz elektronisch an den Adressaten weiterleitet (sog. **medienwahrende Zustellung**). Strittig ist der Fall, wenn der Schriftsatz erst bei Gericht ausgedruckt wird (sog. **Medientransfer**) und dann an den Adressaten weitergeleitet wird. Zum einen wird vertreten, dass dies nicht der Schriftform genügt (Dötsch MietRB 2018, 30, 31; Ulrich/Schmieder jM 2017, 398 (399), zum anderen wird aktuell die Auffassung vertreten, dass dies dann wirksam sei, wenn dem Empfänger **zugleich der Transfervermerk mitübersandt** werde (Ehrmann/Streyl NZM 2019, 873 (876)). Formwirksam ist die Kündigung aber zumindest dann, wenn der Anwalt selbst den Schriftsatz mit qualifizierter elektronischer Signatur von **Anwalt zu Anwalt gem. § 195 ZPO** zustellt.

18 § 130a Abs. 3 ZPO erlaubt neben der qualifizierten elektronischen Signatur auch die **einfache Signatur** für gerichtliche Schriftsätze. In diesem Fall muss ein sicherer Übermittlungsweg verwendet werden. Zu den sicheren Übermittlungswegen gehört gem. § 130a Abs. 4 Ziff. 2 ZPO die Verwendung des **besonderen elektronischen Anwaltspostfachs (beA)** nach § 31a BRAO. In diesem Fall **fehlt es an einer qualifizierten elektronischen Signatur** gem. § 126a BGB. Eine in einem solchen Schriftsatz übermittelte Kündigung erfüllt deshalb in keinem Fall die Schriftform des §§ 126, 568 BGB (Ehrmann/Streyl NZM 2019, 873 (876); Dötsch MietRB 2018, 30 (31)). § 130a ZPO hat **nur Bedeutung** für die **prozessuale Schriftform** und nicht für die materielle Schriftform. Aber auch für die Einhaltung der prozessualen Form genügt eine E-Mail mit eingescannter Unterschrift nicht (BGH NJW 2019, 2096). Da bei der Gewerberaummiete aber für die Kündigung kein Schriftformerfordernis besteht, kann ein Gewerberaummietvertrag in einem mittels beA übermittelten Schriftsatz gekündigt werden.

19 Wegen der Beweiskraft eines elektronischen Dokuments s. § 371a ZPO.

II. Hinweis auf das Recht zum Kündigungswiderspruch (Abs. 2)

1. Zweck der Vorschrift

Die Regelung ist als Ergänzung zu § 574 BGB zu verstehen. Danach kann der 20 Mieter der Kündigung des Vermieters widersprechen und von ihm die Fortsetzung des Mietverhältnisses verlangen, wenn die Beendigung des Mietverhältnisses für den Mieter, seine Familie oder einen anderen Angehörigen seines Haushalts eine Härte bedeuten würde, die auch unter Würdigung der berechtigten Interessen des Vermieters nicht zu rechtfertigen ist. Nach § 568 Abs. 2 BGB soll der Vermieter den Mieter „auf die Möglichkeit, die Form und die Frist des Widerspruchs nach den §§ 574 bis 574b rechtzeitig hinweisen". Die „Möglichkeit" des Widerspruchs ergibt sich aus § 574 BGB; „die Form und die Frist" sind in § 574b Abs. 1 und 2 BGB geregelt. Rechtzeitig ist der Hinweis, wenn er so zeitig erfolgt, dass der Mieter den Kündigungswiderspruch 2 Monate vor der Beendigung des Mietverhältnisses erklären kann (§ 574b Abs. 2 BGB). Regelmäßig wird der Hinweis bereits im Kündigungsschreiben erteilt. Wie schon nach § 546a Abs. 2 BGB a. F. ist auch § 568 Abs. 2 BGB als „Soll-Vorschrift" ausgestaltet. Wird der Hinweis nicht erteilt, so kann der Widerspruch noch im ersten Termin des Räumungsrechtsstreits erklärt werden (§ 574b Abs. 2 Satz 2 BGB).

2. Anwendungsbereich

Die Hinweispflicht besteht für alle Mietverhältnisse, die dem Anwendungs- 21 bereich der §§ 574 ff BGB unterliegen. Das sind alle Wohnraummietverhältnisse. Die Hinweispflicht entfällt allerdings bei Mietverhältnissen über Wohnraum, der nur zu vorübergehendem Gebrauch vermietet ist und bei Mietverhältnissen über möblierten Wohnraum innerhalb der Vermieterwohnung, der nicht zum dauernden Gebrauch für eine Familie überlassen wurde. Außerdem entfällt die Hinweispflicht bei Mietverträgen, die eine juristische Person oder ein anerkannter Träger der Wohlfahrtspflege zum Zwecke der Weitervermietung abgeschlossen hat. Dies folgt aus der Erwägung, dass diese Mietverhältnisse keinen speziellen Kündigungsschutz genießen (s. § 549 Abs. 2 BGB). Für Mietverhältnisse über Wohnraum in einem Studenten- oder Jugendheim i. S. von § 549 Abs. 3 BGB ist § 568 Abs. 2 BGB aber anwendbar. Für Mietverhältnis über Geschäftsräume gilt § 568 Abs. 2 BGB nicht. Gleiches gilt für Mischräume, deren Schwerpunkt im gewerblichen Bereich liegt. Für befristete Mietverhältnisse i. S. von § 575 Abs. 1 Satz 1 BGB ist § 568 Abs. 2 BGB unanwendbar, weil solche Mietverhältnisse nicht nach § 574 BGB fortgesetzt werden können.

Eine Besonderheit gilt für **einfache befristete Mietverhältnisse nach § 564c** 22 **Abs. 1 BGB a. F.**, die vor dem 1.9.2001 begründet worden sind. Auf diese Mietverhältnisse ist § 556b BGB a. F. weiterhin anwendbar (Art 229 § 3 Abs. 3 EGBGB). Nach § 556b BGB a. F. kann der Mieter eines befristeten Mietverhältnisses in Härtefällen dessen Fortsetzung über den vertraglich vereinbarten Zeitpunkt hinaus verlangen. Aus diesem Grunde war der Vorläufer des § 568 Abs. 2 BGB, also die Regelung des § 564a Abs. 2 BGB a. F. auch in diesen Fällen anwendbar (OLG Hamm RE 26.7.1991 NJW-RR 1991, 1485 = WuM 1991, 423 = ZMR 1991, 375; LG Hildesheim WuM 1990, 209; AG Köln WuM 1990, 210). Die Regelung des § 564a

Abs. 2 BGB a. F. ist in Art 229 § 3 Abs. 3 BGB nicht genannt. Es handelt sich um eine Gesetzeslücke, weil § 564 a Abs. 2 BGB a. F. und § 556 b BGB a. F. in einem engen sachlichen Zusammenhang stehen. Daraus folgt, dass der Hinweis auf die Sozialklausel auch bei den befristeten Altmietverträgen zu erteilen ist.

23 Die Regelung des § 568 Abs. 2 BGB begründet kein Wirksamkeitserfordernis für die Kündigung, sondern stellt eine **Obliegenheit** dar. Die Rechtsfolgen der Obliegenheitsverletzung ergeben sich aus § 574 b Abs. 2 Satz 2 BGB: Wird der Mieter entgegen § 568 Abs. 2 BGB nicht oder nur unvollständig über sein Recht zum Kündigungswiderspruch belehrt, so kann er den Widerspruch noch im ersten Termin des Räumungsrechtsstreits erklären. Mit dieser Regelung soll erreicht werden, dass die Einlegung des Kündigungswiderspruchs nicht an der Unwissenheit des Mieters scheitert.

3. Inhalt der Belehrung

24 Der Vermieter muss den Mieter über die Möglichkeit des Kündigungswiderspruchs und seine form- und fristgerechte Erhebung belehren. Form und Frist des Widerspruchs ergeben sich aus § 574 a BGB. Danach ist der Widerspruch schriftlich gegenüber dem Vermieter spätestens zwei Monate vor Beendigung des Mietverhältnisses zu erklären. Der **Hinweis** hierauf kann **formlos** erteilt werden. Er ist auch dann nicht entbehrlich, wenn die Kündigung gegenüber oder zu Händen eines Rechtskundigen erklärt wird (Häublein in: MünchKomm § 568 BGB Rdn. 12). Gesetzliche Hinweis- oder Belehrungspflichten gelten aus Gründen der Rechtssicherheit üblicherweise ohne Rücksicht auf die Belehrungsbedürftigkeit des Adressaten. Der Hinweis muss nicht bereits in der Kündigungserklärung erteilt werden. Dies ist zwar üblich, aber nicht erforderlich (Rolfs in: Staudinger § 568 BGB Rdn. 30). Es muss aber ein **zeitlicher Zusammenhang** zwischen Kündigung und Hinweis bestehen (Wöstmann in: Bamberger/Roth § 568 BGB Rdn. 13). Eine im Mietvertrag erteilte Belehrung reicht nicht aus. Sowohl nach § 568 Abs. 2 BGB als auch nach § 574 b Abs. 2 Satz 2 BGB genügt es, wenn der Hinweis „**rechtzeitig**" erteilt wird. Dies ist dann der Fall, wenn der Hinweis so frühzeitig erfolgt, dass der Mieter die Widerspruchsfrist einhalten kann. Eine angemessene Überlegungs- und Beratungszeit sowie die Postlaufzeiten sind dabei zu berücksichtigen. In der Regel wird es ausreichen, wenn zwischen dem Zugang des Hinweises beim Mieter und dem Ablauf der Widerspruchsfrist ein Zeitraum von ca. 2 Wochen liegt (Lammel Wohnraummietrecht § 568 BGB Rdn. 18). Wird dieser Zeitraum unterschritten, kann der Widerspruch noch im ersten Termin erklärt werden.

25 Der Hinweis muss **verständlich und vollständig** sein. Maßgeblich ist das Verständnisvermögens eines der deutschen Sprache mächtigen Mieters. Auf mögliche Verständnisprobleme ausländischer Mieter muss der Vermieter nicht Rücksicht nehmen (**a. A.** Wöstmann in: Bamberger/Roth § 568 BGB Rdn. 13). Der bloße Hinweis auf die Gesetzesbestimmung reicht i. d. R. nicht aus. Jedoch genügt es, wenn der wesentliche Inhalt der §§ 574, 574 b Abs. 1 Satz 1 BGB mitgeteilt wird (Lammel Wohnraummietrecht § 568 BGB Rdn. 19). Eine Übermittlung der entsprechenden Gesetzestexte reicht ebenfalls aus (LG Rottweil ZMR 1980, 183; Rolfs in: Staudinger § 568 BGB Rdn. 25). Über die Gesetzestexte hinaus muss der Vermieter keine weiteren Belehrungen vermitteln (Schach in: Kinne/Schach/Bieber Miet- und Mietprozessrecht § 568 BGB Rdn. 2; **a. A.** AG Bergheim WuM 1996, 415; Haug in: Emmerich/Sonnenschein §§ 568 Rdn. 14: danach muss der Vermieter bei einer Mietermehrheit mitteilen, dass der Widerspruch von allen Mie-

tern erhoben werden muss). Den besonderen Verständnisschwierigkeiten, insbesondere ausländischer Mieter muss der Hinweis nicht Rechnung tragen.

§ 569 BGB Außerordentliche fristlose Kündigung aus wichtigem Grund

(1) ¹Ein wichtiger Grund im Sinne des § 543 Abs. 1 liegt für den Mieter auch vor, wenn der gemietete Wohnraum so beschaffen ist, dass seine Benutzung mit einer erheblichen Gefährdung der Gesundheit verbunden ist. ²Dies gilt auch, wenn der Mieter die gefahrbringende Beschaffenheit bei Vertragsschluss gekannt oder darauf verzichtet hat, die ihm wegen dieser Beschaffenheit zustehenden Rechte geltend zu machen.

(2) Ein wichtiger Grund im Sinne des § 543 Abs. 1 liegt ferner vor, wenn eine Vertragspartei den Hausfrieden nachhaltig stört, so dass dem Kündigenden unter Berücksichtigung aller Umstände des Einzelfalls, insbesondere eines Verschuldens der Vertragsparteien, und unter Abwägung der beiderseitigen Interessen die Fortsetzung des Mietverhältnisses bis zum Ablauf der Kündigungsfrist oder bis zur sonstigen Beendigung des Mietverhältnisses nicht zugemutet werden kann.

(2a) Ein wichtiger Grund im Sinne des § 543 Abs. 1 liegt ferner vor, wenn der Mieter mit einer Sicherheitsleistung nach § 551 in Höhe eines Betrages im Verzug ist, der der zweifachen Monatsmiete entspricht. Die als Pauschale oder als Vorauszahlung ausgewiesenen Betriebskosten sind bei der Berechnung der Monatsmiete nach Satz 1 nicht zu berücksichtigen. Einer Abhilfefrist oder einer Abmahnung nach § 543 Abs. 3 Satz 1 bedarf es nicht. Abs. 3 Nummer 2 Satz 1 sowie § 543 Absatz 2 Satz 2 sind sinngemäß anzuwenden.

(3) Ergänzend zu § 543 Abs. 2 Satz 1 Nr. 3 gilt:
1. ¹Im Falle des § 543 Abs. 2 Satz 1 Nr. 3 Buchstabe a ist der rückständige Teil der Miete nur dann als nicht unerheblich anzusehen, wenn er die Miete für einen Monat übersteigt. ²Dies gilt nicht, wenn der Wohnraum nur zum vorübergehenden Gebrauch vermietet ist.
2. ¹Die Kündigung wird auch dann unwirksam, wenn der Vermieter spätestens bis zum Ablauf von zwei Monaten nach Eintritt der Rechtshängigkeit des Räumungsanspruchs hinsichtlich der fälligen Miete und der fälligen Entschädigung nach § 546a Abs. 1 befriedigt wird oder sich eine öffentliche Stelle zur Befriedigung verpflichtet. ²Dies gilt nicht, wenn der Kündigung vor nicht länger als zwei Jahren bereits eine nach Satz 1 unwirksam gewordene Kündigung vorausgegangen ist.
3. Ist der Mieter rechtskräftig zur Zahlung einer erhöhten Miete nach den §§ 558 bis 560 verurteilt worden, so kann der Vermieter das Mietverhältnis wegen Zahlungsverzugs des Mieters nicht vor Ablauf von zwei Monaten nach rechtskräftiger Verurteilung kündigen, wenn nicht die Voraussetzungen der außerordentlichen fristlosen Kündigung schon wegen der bisher geschuldeten Miete erfüllt sind.

(4) Der zur Kündigung führende wichtige Grund ist in dem Kündigungsschreiben anzugeben.

(5) ¹Eine Vereinbarung, die zum Nachteil des Mieters von den Absätzen 1 bis 3 dieser Vorschrift oder von § 543 abweicht, ist unwirksam. ²Ferner ist

eine Vereinbarung unwirksam, nach der der Vermieter berechtigt sein soll, aus anderen als den im Gesetz zugelassenen Gründen außerordentlich fristlos zu kündigen.

Übersicht

	Rdn.
I. Kündigung wegen gesundheitsgefährdender Beschaffenheit der Mietsache (Abs. 1)	1
1. Anwendungsbereich	1
2. Kündigungsvoraussetzungen	3
3. Die Kündigungserklärung	14
4. Beweislast	16
II. Kündigung wegen Hausfriedensstörungen (Abs. 2)	17
1. Zweck und Anwendungsbereich	17
2. Tatbestandsvoraussetzungen	18
a) Störung des Hausfriedens	19
b) Nachhaltigkeit der Störung	23
c) Unzumutbarkeit der Vertragsfortsetzung	24
d) Abmahnung	33
e) Zeitlicher Zusammenhang zwischen Vertragsverletzung und Kündigung	34
f) Kündigungserklärung/Verhalten nach der Kündigung	35
III. Kündigung wegen Verzugs mit der Zahlung der Kaution (Abs. 2a)	37
IV. Ergänzende Vorschriften für die Wohnraummiete bei der Kündigung wegen Zahlungsverzugs (Abs. 3)	48
1. Begriff des erheblichen Rückstands (Abs. 3 Nr. 1)	48
2. Das Nachholrecht (Abs. 3 Nr. 2)	52
a) Fristbeginn	53
b) Rechtzeitigkeit der Zahlung	55
c) Vollständigkeit der Zahlung	57
d) Erfüllung durch Aufrechnung mit Gegenforderungen	62
e) Verpflichtung öffentlicher Stellen	64
f) Wegfall der Kündigungswirkung	70
g) Ausschlussfrist	71
h) analoge Anwendung des § 569 Abs. 3 Nr. 2 Satz 1 BGB bei der ordentlichen Kündigung	75
i) Gestaffelte Kündigung	75a
3. Kündigungsschutz des Mieters nach Mieterhöhung (Abs. 3 Nr. 3)	76
a) Mieterhöhung nach § 558 BGB	78
b) Erhöhung von Betriebskostenpauschale und Betriebskostenvorauszahlung	80
c) Die Mieterhöhung nach § 559 BGB	85
d) Preisgebundener Wohnraum/Geschäftsraum	86
e) Ordentliche Kündigung	87
V. Begründung der Kündigungserklärung (Abs. 4)	89
1. Anwendungsbereich	89
2. Grundsätze der Begründungspflicht	91
3. Kündigung wegen Zahlungsverzugs	92
4. Kündigung wegen Zahlungsunpünktlichkeit	93
5. Kündigung wegen sonstiger Vertragsverletzungen	94
6. Kündigung des Mieters wegen eines Mangels	96
7. Nachträglich entstandene Kündigungsgründe	97
VI. Abweichende Vereinbarungen (Abs. 5)	99

Außerordentliche fristlose Kündigung **BGB § 569**

Rdn.
1. § 569 Abs. 5 Satz 1 BGB: 99
2. § 569 Abs. 5 Satz 2 BGB: 101
   a) Anwendungsbereich und Zweck 102
   b) Begriff der Vereinbarung 103
   c) Begriff der Kündigung......................... 106
   d) Begriff der Kündigungsgründe 107
   e) Rechtsfolgen unwirksamer Vereinbarungen 108
   f) Geschäftsraummiete 109

I. Kündigung wegen gesundheitsgefährdender Beschaffenheit der Mietsache (Abs. 1)

1. Anwendungsbereich

Nach § 569 Abs. 1 BGB kann der Mieter von Wohnraum fristlos kündigen, **1** wenn sich die **Wohnung** in einem Zustand befindet, der zur Folge hat, dass die Benutzung mit einer erheblichen Gefährdung der Gesundheit verbunden ist. Das gleiche Recht hat der Mieter von **sonstigen Räumen, die vertragsgemäß zum Aufenthalt von Menschen** bestimmt sind (§ 578 Abs. 1 Satz 2 BGB). Die Vorschrift regelt einen Sonderfall der Nichtgewährung des vertragsgemäßen Gebrauchs; das in den meisten Fällen daneben bestehende **Kündigungsrecht des § 543 Abs. 2 Nr. 1 BGB** bleibt von § 569 Abs. 1 BGB unberührt (Brandenburgisches OLG ZMR 2014, 719; Hinz in: Klein-Blenkers/Heinemann/Ring, Miete/WEG/Nachbarschaft § 569 BGB Rdn. 25). Gegenüber § 543 Abs. 2 Nr. 1 BGB erlaubt § 569 Abs. 1 BGB die Kündigung unter erleichterten Voraussetzungen: Eine Kenntnis vom gesundheitsgefährdenden Zustand bei Anmietung schadet nicht; die Kündigung ist auch dann möglich, wenn der Mieter auf die Geltendmachung seiner Rechte verzichtet hat (§ 569 Abs. 1 Satz 2 BGB). Die **Erfüllungs- und Gewährleistungsansprüche des Mieters nach §§ 535 Abs. 1 536ff BGB** (Schadensbeseitigung, Minderung, das Selbstbeseitigungsrecht und das Recht auf Schadensersatz werden von § 569 Abs. 1 BGB nicht berührt (V. Emmerich in: Staudinger § 569 BGB Rdn. 4; Häublein in: MünchKomm § 569 BGB Rdn. 6; Herrlein in: Herrlein/Kandelhard § 569 BGB Rdn. 7).

Die Regelung beruht auf sozialpolitischen Erwägungen (BGHZ 29, 289). Ziel **2** der Vorschrift ist es, im Interesse der Volksgesundheit wirtschaftlichen Druck auf die Vermieter auszuüben, die Wohnungen gesundheitsgerecht zu gestalten (Protokolle II, 230–232). Aus diesem Gesetzeszweck folgt, dass die Vorschrift insbesondere dann anzuwenden ist, wenn sich die Gesundheitsgefährdung als Folge einer dauerhaften Eigenschaft der Räume darstellt (OLG Koblenz WuM 1989, 509). Die Vorschrift ist **nicht abdingbar** (§ 569 Abs. 5 BGB, vgl. BGHZ 29, 289, 294).

2. Kündigungsvoraussetzungen

Das Kündigungsrecht setzt voraus, dass die Räume zum **Aufenthalt von Men- 3 schen** bestimmt sind. Hierzu gehören Wohnungen, Büroräume, Ladenräume, Fabrikationsräume, Gaststättenräume, Hotelzimmer und dergleichen. Gleiches gilt für Lagerräume, Kellerräume, Abstellräume, Räume die der Tierhaltung dienen usw., wenn sich dort Menschen nicht nur vorübergehend und kurzfristig aufhalten (OLG Koblenz NJW-RR 1992, 1228 betr. Hühnerhallen; OLG Düsseldorf

MietRB 2016, 223 betr. Lagerhalle; LG Berlin GE 1988, 733 betr. Kellerraum eines Ladengeschäftes). Ein stundenweises Verweilen genügt; dagegen sind die Räumlichkeiten nicht „zum Aufenthalt" bestimmt, wenn sie nur kurzzeitig betreten werden (V. Emmerich in: Staudinger § 569 BGB Rdn. 5; Lammel Wohnraummietrecht § 569 BGB Rdn. 11; Roquette § 544 BGB Rdn. 2).

4   Eine **Gesundheitsgefährdung** ist anzunehmen, wenn ein **Gesundheitsschaden ernsthaft in Betracht** kommt; haltlose Befürchtungen sind auszuschließen (Fleindl in: Bub/Treier Kap IV Rdn. 339). Das Kündigungsrecht setzt aber nicht voraus, dass bereits ein Gesundheitsschaden eingetreten ist. Vielmehr genügt es, wenn eine Gefährdung der Gesundheit nach sachkundiger Beurteilung nicht ausgeschlossen werden kann (Brandenburgisches OLG ZMR 2017, 387 betr. Belastung von Büroräumen mit DDT) Eine mögliche Einsturzgefahr eines Gebäudes ist auch dann i. S. des § 569 Abs. 1 BGB als gesundheitsgefährdend einzustufen, wenn der Eintritt der Gefahr zwar nur bei besonderen Wind- und Schneelasten in Betracht kommt, gleichwohl aber als real einzustufen ist (OLG Düsseldorf MietRB 2016, 223).

5   Die Gefährdung ist nicht abstrakt, sondern konkret auf den Einzelfall bezogen festzustellen. Bei Schimmelbildung genügt es aus diesem Grunde nicht, wenn lediglich feststeht, dass Schimmel im Allgemeinen zu einer Gesundheitsgefährdung führen kann. Vielmehr ist zu ermitteln welcher Art der Schimmel zuzuordnen ist und welche konkreten Gefahren bei der Nutzung der Mietsache bestehen (Brandenburgisches OLG ZMR 2014, 719) Die Entfernung asbesthaltiger Baumaterialien kann nicht verlangt werden, wenn konkrete Gesundheitsschäden nicht zu befürchten sind (LG Berlin GE 2015, 190 betr. einen möglicherweise asbesthaltigen Kleber von Bodenplatten). Die **Gesundheitsgefahr** ist anhand **objektiver Kriterien** festzustellen. Dabei kommt es auf den zum Zeitpunkt der Kündigung bestehenden Zustand an, auch wenn dieser bei Vertragsschluss noch nicht bestanden haben sollte (OLG Düsseldorf Beschluss vom 16.2.2016 – 10 U 202/15). Maßstab ist die allgemeine Wohnhygiene, nicht der besondere Gesundheitszustand des Einzelnen (V. Emmerich in: Staudinger § 569 BGB Rdn. 9; Häublein in: MünchKomm § 569 BGB Rdn. 8; Lammel Wohnraummietrecht § 569 BGB Rdn. 15; Kinne in: Kinne/Schach/Bieber Miet- und Mietprozessrecht § 569 BGB Rdn. 4; Palandt/Weidenkaff § 569 BGB Rdn. 10). Deshalb genügt es nicht, wenn sich die Gesundheitsbeeinträchtigung aus einer in der Person des Mieters liegenden besonderen Disposition ergibt (angegriffener Gesundheitszustand, Allergien und dergleichen (AG München WuM 1986, 247; **a. A.** Häublein in: MünchKomm § 569 BGB Rdn. 8). In diesen Fällen ist der Mieter auf die ordentliche Kündigung beschränkt. Ist diese ausgeschlossen, so wird man dem Mieter einen Anspruch auf Abschluss eines Mietaufhebungsvertrags zubilligen müssen. Eine spezifische Anfälligkeit bestimmter Bevölkerungsgruppen (Säuglinge, Kinder, Alte) ist aber ausreichend (LG Mannheim WuM 1977, 140; LG Lübeck ZMR 1998, 434).

6   Maßgeblich ist der **gegenwärtige Stand** der medizinischen oder technischen Erkenntnis (V. Emmerich in: Staudinger § 569 BGB Rdn. 7). Deshalb ist es unbeachtlich, ob der Zustand der Mietsache in früherer Zeit als unbedenklich eingestuft worden ist. Soweit gesicherte Erfahrungswerte vorliegen (z. B. bei Lärmimmissionen, bei Beeinträchtigungen durch Umweltgifte (dazu Eisenschmid WuM 1992, 3; Schläger ZMR 1992, 85, 90) kann hierauf zurückgegriffen werden (LG München I WuM 1991, 584, wonach die Kündigungsvoraussetzungen gegeben sind, wenn eine Formaldehydkonzentration festgestellt wird, die den Grenzwert von 0,1 ppm überschreitet und die Räume Schimmelbefall in erheblichem Umfang

Außerordentliche fristlose Kündigung **BGB § 569**

aufweisen; AG Erkelenz VuR 1988, 339, wonach die Kündigung ausgeschlossen ist, wenn die Belastung mit PCP um ein Vielfaches hinter dem Grenzwert zurückbleibt). Eine Gesundheitsgefährdung kann aber auch dann vorliegen, wenn keine Grenzwerte existieren (LG Lübeck ZMR 1998, 434 bei Belastung einer Wohnung mit PCP [Pentachlorphenol] und Lindan; AG Euskirchen VuR 1988, 341). War auf Grund der zum Zeitpunkt des Kündigungsausspruchs gegebenen Umstände mit einer ernsthaften Gesundheitsgefährdung zu rechnen, so ist die Kündigung wirksam. Steht fest, dass die Räume mit Giftstoffen belastet sind und ist ungeklärt, ob und in welcher Konzentration sich die Schadstoffe in der Raumluft befinden, so liegt der Kündigungstatbestand vor, wenn eine Gesundheitsschädlichkeit nicht sicher auszuschließen ist (LG Lübeck ZMR 1998, 434; abweichend: Schläger ZMR 1998, 435, 436). Die aus einer ungeklärten Sachlage folgenden Gesundheitsrisiken sind nach dem Wertsystem des Grundgesetzes zugunsten der körperlichen Unversehrtheit (Art. 2 Abs. 2 GG) dem Vermieter zuzuweisen. Stellt sich im Nachhinein heraus, dass sich die Gefahr nicht verwirklicht hat oder verwirklicht hätte, so bleibt die Wirksamkeit der Kündigung hiervon unberührt (LG Berlin GE 2000, 1328 betr. einsturzgefährdetes Gebäude; AG Saarlouis WuM 1990, 389; Hinz in: Klein-Blenkers/Heinemann/Ring, Miete/WEG/Nachbarschaft § 569 BGB Rdn. 13. Auf die **subjektiven Befindlichkeiten oder Befürchtungen eines Mieters** kommt es nicht an (LG Saarbrücken WuM 1982, 187; AG Köln WuM 1979, 7). (Brandenburgisches OLG ZMR 2014, 719) Einerseits ist nicht erforderlich, dass ein Mieter subjektiv beeinträchtigt wurde. Andererseits genügt es nicht, wenn ein Mieter auf Grund besonderer Umstände (z. B. auf Grund einer Allergie) beeinträchtigt wird. Eine Gefährdung bestimmter Nutzergruppen (z. B. Kleinkinder) reicht aber aus, wenn Angehörige dieser Gruppe mit der Mietsache in Berührung kommen Bloße **Unbequemlichkeiten** oder **Komfortmängel** (Wohnung ohne Bad, Wohnung mit Kohleofen, zu kleine Wohnung, unbeheizbare Toilette, usw.) genügen ebenfalls nicht; dies gilt auch dann, wenn der Mieter auf Grund seiner gesundheitlichen Verfassung auf eine komfortablere Wohnung angewiesen ist.

Die **Gesundheitsgefährdung** muss **erheblich** sein. An dieses Tatbestandsmerkmal sind keine allzu strengen Anforderungen zu stellen. Es genügt nach dem Gesetzeszweck, wenn das Wohlbefinden des Benutzers der Räume nachhaltig beeinträchtigt wird. Andererseits wird es am Merkmal der Erheblichkeit regelmäßig fehlen, wenn die gesundheitsgefährdende Beschaffenheit sofort behoben werden kann (RGZ 88, 169; LG Mannheim DWW 1976, 239 betr. gelegentliches Auftreten von Ungeziefer; LG Kiel WuM 1992, 122 betr. Kakerlakenbefall; AG Kiel WuM 1980, 235; AG Lahnstein WuM 1988, 55 betr. Auftreten von Silberfischen; AG Miesbach WuM 1987, 221 betr. Heizungsausfall; Häublein in: MünchKomm § 569 BGB Rdn. 8; Hinz in: Klein-Blenkers/Heinemann/Ring, Miete/WEG/Nachbarschaft § 569 BGB Rdn. 14; Herrlein in: Herrlein/Kandelhard § 569 BGB Rdn. 12; **a. A.** Lammel Wohnraummietrecht § 569 BGB Rdn. 17). Gleiches gilt, wenn der Vermieter konkrete Vorschläge zur Behebung der Gefahr unterbreitet hat (LG Traunstein WuM 1986, 93 betr. Ausfall der Heizungsanlage im Winter, wenn der Vermieter eine anderweitige Unterbringung des Mieters oder eine Beheizung mit Gasöfen angeboten hat). 7

Zwischen der Gesundheitsgefährdung und der Beschaffenheit oder Lage der Räume muss ein **kausaler Zusammenhang** bestehen. Die Gefährdung muss auf der **Beschaffenheit der Räume** oder den mitvermieteten Einrichtungsgegenständen beruhen. **Beispiele:** starke Feuchtigkeit und Schimmelbildung (AG Gelsenkirchen-Buer WuM 1978, 27 = ZMR 1978, 181; AG Darmstadt WuM 1980, 77; AG 8

§ 569 BGB Untertitel 2. Mietverhältnisse über Wohnraum

Köln WuM 1986, 94; AG Regensburg WuM 1988, 361; großflächiger Schimmelbefall in der Küche (AG Saarbrücken WuM 2017, 634); ungenügende Beheizbarkeit (LG Mannheim ZMR 1977, 154 = WuM 1977, 140; AG Waldbröl WuM 1986, 337; AG Langenfeld WuM 1986, 314); mangelnde Lichtzufuhr infolge der Aufstellung eines Baugerüstes (vgl. LG Berlin ZMR 1986, 54 = GE 1986, 911, das im konkreten Fall das Vorliegen der Kündigungsvoraussetzungen allerdings verneint hat); Einsturzgefahr des Gebäudes oder von Gebäudeteilen (OLG Düsseldorf MietRB 2016, 223); unsichere Treppen und Fußböden; Treppen ohne Geländer (LG Landau GuT 2003, 214); Eine auf fehlender Standsicherheit beruhende Einsturzgefahr des Holzdaches einer für den Aufenthalt von Menschen bestimmten Lagerhalle (OLG Düsseldorf a. a. O.); Fehlen ausreichender Rettungswege im Brandfall (OLG Bremen Urt. v. 24.6.1992 – 1 U 34/92); Unzureichende Brandschutzeinrichtungen (KG GuT 2003, 215); Formaldehyd oder sonstige Giftstoffe in der Raumluft (Brandenburgisches OLG ZMR 2017, 387); LG München I WuM 1991, 584 = NJW-RR 1991, 975; LG Lübeck ZMR 1998, 434; AG Köln WuM 1987, 120 = NJW-RR 1987, 972; AG Euskirchen VuR 1988, 341; AG München VuR 1989, 333); asbesthaltige Nachtstromspeicheröfen (LG Dortmund ZMR 1994, 410); eine der Trinkwasserverordnung 2011 nicht entsprechende Wasserqualität (dazu: Herrlein NZM 2011, 741); Ungezieferbefall (LG Saarbrücken WuM 1991, 91; unerträgliche hohe Innentemperaturen (OLG Düsseldorf ZMR 1998, 622). Nach der hier vertretenen Ansicht besteht das Kündigungsrecht auch dann, wenn der Mangel nicht dem Gebäude selbst anhaftet sondern durch **sonstige Umwelteinflüsse** verursacht wird (V. Emmerich in: Staudinger § 569 BGB Rdn. 10; Häublein in: MünchKomm § 569 BGB Rdn. 10; **a. A.** Lammel Wohnraummietrecht § 569 BGB Rdn. 12; Hinz in: Klein-Blenkers/Heinemann/Ring, Miete/WEG/Nachbarschaft 569 BGB Rdn. 15; Herrlein in: Herrlein/Kandelhard § 569 BGB Rdn. 10). Hierzu zählen gesundheitsschädliche Umweltbelastungen jeder Art. **Beispiele:** Lärm (BGHZ 29, 289; AG Köln WuM 1979, 75); unerträgliche Gerüche (RGZ 188, 170); häufige Überflutungen durch Hochwasser; Altlasten, Industrieemissionen und dergleichen. **Kein kausaler Zusammenhang** besteht, wenn der Mieter durch Umstände in seiner Gesundheit beeinträchtigt wird, die nicht mit der Lage des Gebäudes als solchem in Zusammenhang stehen, sondern in sonstigen Verhältnissen begründet sind (OLG Koblenz WuM 1989, 509 = ZMR 1989, 376 = DWW 1989, 359 = NJW-RR 1989, 509) betr. Übergriffe von Kunden und Nachbarn auf die Bediensteten eines Mieters bei einem gemieteten Geschäftslokal; Häublein in: MünchKomm § 569 BGB Rdn. 10). Streitigkeiten mit dem Vermieter, die zu einer Gesundheitsstörung des Mieters führen können oder geführt haben, berechtigen ebenfalls nicht zur Kündigung nach § 569 Abs. 1 BGB; in einem solchen Fall kann der Mieter möglicherweise nach § 543 Abs. 1 oder § 569 Abs. 2 BGB kündigen. Gesundheitsrelevante Störungen durch andere Mieter berechtigen fallen nicht unter § 569 Abs. 1 BGB (**a. A.** wohl: V. Emmerich in: Staudinger § 569 BGB Rdn. 10); vielmehr ist der Kündigungsgrund des § 543 Abs. 2 Nr. 1 BGB gegeben. Ein bloßer Baumangel ohne konkrete Gesundheitsgefährdung rechtfertigt die Kündigung ebenfalls nicht (AG Köln WuM 1988, 265).

9   Ist nur ein **Teil der Räume gesundheitsgefährdend,** so kommt es darauf an, ob hierdurch die Benutzbarkeit der Wohnung als Ganzes in Frage gestellt ist (Palandt/Weidenkaff § 569 BGB Rdn. 10; Fleindl in: Bub/Treier Kap IV Rdn. 340; Lützenkirchen in Lützenkirchen Mietrecht § 569 BGB Rdn. 34). Hiervon ist auszugehen, wenn die Tauglichkeit einzelner Haupträume zu dauerndem Aufenthalt ausgeschlossen oder wesentlich beeinträchtigt wird (z. B. Wohnzimmer, Schlafzim-

Außerordentliche fristlose Kündigung **BGB § 569**

mer, Kinderzimmer, Küche); eine Gebrauchsbeeinträchtigung von Nebenräumen (Flure, Abstellräume, Keller) wird dagegen i. d. R. nicht ausreichen (V. Emmerich in: Staudinger § 569 BGB Rdn. 11; Sternel Rdn. IV 481; **a. A.** Lammel Wohnraummietrecht § 569 BGB Rdn. 13). Ist nur ein unwesentlicher Teil der Wohnung betroffen, so besteht kein Kündigungsrecht. Eine **Teilkündigung** scheidet in jedem Fall aus.

Nach dem bis zum 31.8.2001 geltenden § 544 BGB a. F. konnte der Mieter im 10 Falle der Gesundheitsgefährdung sofort kündigen; eine **Mangelanzeige** war ebenso wenig erforderlich wie eine **Abhilfefrist** (KG ZMR 2004, 259). Nach der nunmehrigen Gesetzesfassung des § 569 Abs. 1 BGB ist in der Nachfolgevorschrift des § 544 BGB a. F. ein besonders geregelter Fall der Kündigung aus wichtigem Grund i. S. des § 543 Abs. 1 BGB zu sehen. Da ein die Gesundheit gefährdender Zustand der Mieträume immer auch eine Verletzung der mietvertraglichen Leistungspflicht darstellt, ist nach der Gesetzessystematik und dem Wortlaut des § 543 Abs. 3 BGB – im Gegensatz zur früheren Rechtslage – die Kündigung nach § 569 Abs. 1 BGB grundsätzlich von einer vorherigen Mangelanzeige und Abhilfefrist abhängig (BGH NJW 2007, 2177; WuM 2010, 352 = NZM 2011, 32; Brandenburgisches OLG ZMR 2014, 719; OLG Braunschweig NZM 2016, 197; Häublein in: MünchKomm § 569 BGB Rdn. 12; Lützenkirchen in Lützenkirchen Mietrecht § 569 BGB Rdn. 64; Kinne in: Kinne/Schach/Bieber Miet- und Mietprozessrecht § 568 BGB Rdn. 8; Palandt/Weidenkaff § 569 BGB Rdn. 9; **a. A.** V. Emmerich in: Staudinger § 569 BGB Rdn. 14a; Lammel Wohnraummietrecht § 569 BGB Rdn. 19 jew. m. w. N.). Die Abhilfefrist kann kurz sein (AG Saarbrücken WuM 2017, 634 bei großflächigem Schimmelbefall in der Küche). Bei erheblicher Gesundheitsgefährdung werden auch die Voraussetzungen des § 543 Abs. 3 Satz 2 Nr. 1 oder Nr. 2 BGB gegeben sein. Danach ist eine Abhilfefrist entbehrlich, wenn dies keinen Erfolg verspricht oder dem Mieter ein weiteres Zuwarten wegen der damit verbundenen Gefahr nicht zugemutet werden kann (BGH WuM 2010, 352 = NZM 2011, 32). Ebenso ist eine Abhilfefrist entbehrlich, wenn der Vermieter den Mangel nachhaltig bestreitet (OLG Düsseldorf Beschluss vom 16.2.2016 – 10 U 202/15, juris). Gleiches gilt, wenn die vom Vermieter angebotene Abhilfemaßnahme zur endgültigen Beseitigung der Gesundheitsgefahr nicht geeignet ist (Brandenburgisches OLG ZMR 2017, 387).

Ein **Verschulden des Vermieters** am Zustand der Räume wird nicht voraus- 11 gesetzt (für das Verschulden des Mieters s. Rdn. 13).

Das Kündigungsrecht besteht auch dann, wenn der **Mieter die gefahrbrin-** 12 **gende Beschaffenheit beim Abschluss des Mietvertrags gekannt** oder wenn er auf die Geltendmachung der aus diesem Zustand folgenden Rechte verzichtet hat (OLG Düsseldorf MietRB 2016, 223). Das war bereits zum früheren Recht allgemein anerkannt und folgt nunmehr aus § 569 Abs. 1 Satz 2 BGB. Aus § 569 Abs. 5 BGB ergibt sich, dass das Kündigungsrecht vertraglich weder abbedungen noch eingeschränkt werden kann. Nach der hier vertretenen Ansicht schließt die Kenntnis des Mieters von der gesundheitsgefährdenden Beschaffenheit der Räume auch den Schadensersatzanspruch nach § 536a BGB nicht aus; allerdings kann der Schadensersatzanspruch nach § 254 BGB entfallen, wenn der Mieter eine an sich mögliche und zumutbare Kündigung unterlassen hat (Palandt/Weidenkaff § 569 BGB Rdn. 7).

Nach **h.M** ist das Kündigungsrecht ausgeschlossen, wenn der **Mieter** den ge- 13 **sundheitsgefährdenden Zustand zu vertreten** hat (BGH NJW 2004, 848 unter Ziff II 3f; RGZ 51, 210, 212; OLG Düsseldorf Beschluss vom 16.2.2016 – 10

§ 569 BGB
Untertitel 2. Mietverhältnisse über Wohnraum

U 202/15; LG Mannheim ZMR 1978, 341; LG Oldenburg ZMR 2000, 100; AG Friedberg WuM 1985, 262; Lammel Wohnraummietrecht § 569 BGB Rdn. 7; Palandt/Weidenkaff § 569 BGB Rdn. 8; Lützenkirchen in Lützenkirchen Mietrecht § 569 BGB Rdn. 51; Hinz in: Klein-Blenkers/Heinemann/Ring, Miete/WEG/Nachbarschaft § 569 BGB Rdn. 21; Fleindl in: Bub/Treier Kap IV Rdn. 341; Sternel Rdn. IV 476; Roquette § 544 BGB Rdn. 11; Mittelstein S. 335; Lammel Wohnraummietrecht § 569 BGB Rdn. 7; Franke ZMR 1999, 83, 89; **a. A.** V. Emmerich in: Staudinger § 569 BGB Rdn. 17; Herrlein in: Herrlein/Kandelhard § 569 BGB Rdn. 7; Schumacher WuM 2004, 311, 313; Langenberg PiG 35 (1992) 97, 100; Harsch WuM 1989, 162; **differenzierend:** Häublein in: MünchKomm § 569 BGB Rdn. 14: Interessenabwägung im Einzelfall). Der h. M. ist zuzustimmen, weil dem Mieter aus einem vertragswidrigen Verhalten keine Vorteile erwachsen dürfen. Da der Vertragszweck wegen der Gesundheitsgefährdung nicht mehr ausgeübt werden kann, liegt ein vom Mieter zu vertretendes Leistungshindernis vor (§ 275 Abs. 2 BGB). Dies hat nach § 326 Abs. 2 BGB zur Folge, dass der Anspruch des Vermieters auf die Miete nicht erlischt. Die gleiche Rechtsfolge gilt, wenn der Mieter die Mängelbeseitigung schuldhaft vereitelt hat.

3. Die Kündigungserklärung

14 **Kündigungsberechtigt** ist der Mieter, wenn er persönlich von der gesundheitsgefährdenden Beschaffenheit der Räume betroffen ist. Gleiches gilt, wenn **Angehörige, Angestellte, Besucher oder Kunden** des Mieters in ihrer Gesundheit gefährdet werden (BGHZ 29, 289). Sind **mehrere Personen Mieter,** so genügt es, wenn die Kündigungsvoraussetzungen hinsichtlich der Person eines Mieters vorliegen. Die Kündigung muss aber auch in diesem Fall von allen Mietern ausgesprochen werden. Der Vermieter hat kein Kündigungsrecht. Nach herrschender Meinung soll auch der **Untervermieter (Zwischenmieter)** zur fristlosen Kündigung des Hauptmietverhältnisses berechtigt sein, wenn der Untermieter (Endmieter) durch den Zustand der Räume in seiner Gesundheit gefährdet wird. (BGH NZM 2004, 222 = NJW 2004, 848; ebenso: V. Emmerich in: Staudinger § 569 BGB Rdn. 5; Palandt/Weidenkaff § 569 BGB Rdn. 2; Wöstmann in: Bamberger/Roth § 569 BGB Rdn. 3; Kinne in: Kinne/Schach/Bieber Miet- und Mietprozessrecht § 568 BGB Rdn. 3) Diese Ansicht trifft nicht zu: Der Zwischenmieter hat in einem solchen Fall das Kündigungsrecht des § 543 Abs. 2 Nr. 1 BGB; dieses Recht ist ausgeschlossen, wenn die Voraussetzungen des § 536b BGB vorliegen (§ 543 Abs. 4 Satz 1 BGB). Den Verlust des Kündigungsrechts bei Mangelkenntnis muss der Vermieter hinnehmen, wenn er – wie der Zwischenmieter – nicht selbst in seiner Gesundheit gefährdet wird (Blank NZM 2004, 249; wie hier: OLG Köln NJW-RR 2001, 442; Lammel § 569 BGB Rdn. 9; Hinz WuM 2004, 380, 393; JZ 2005, 76). Der Vermieter hat kein Kündigungsrecht.

15 Die Kündigung bedarf bei der **Wohnraummiete** der **Schriftform** (§ 568 BGB; **a. A.** Lammel Wohnraummietrecht § 569 BGB Rdn. 21: danach genügt „bei unmittelbarer und erheblicher Bedrohung der Gesundheit" eine mündliche Kündigung). Grundsätzlich muss der Mieter vor dem Ausspruch der Kündigung eine Abhilfefrist setzen (s. oben Rdn. 10) In der Kündigungserklärung müssen die Gründe der Kündigung mitgeteilt werden. Der Mieter muss die Kündigung nicht sofort nach dem Bekanntwerden der Gesundheitsgefährdung aussprechen. Nach der Ansicht des BGH darf der Mieter mit der Kündigung aber nicht allzu lange zuwarten. Nach der Rechtsprechung des XII. Senats kann eine solche Kündigung bei

der Gewerbemiete nach **§ 314 Abs. 3 BGB** ausgeschlossen sein; der VIII. Zivilsenat hat die Anwendung des § 314 Abs. 3 in den Fällen des § 569 verneint (BGH NZM 2016, 791; s. dazu § 543 Rdn. 3). Nach der hier vertretenen Ansicht ist auf die Kündigung wegen einer Gesundheitsgefährdung weder § 314 Abs. 3 BGB noch § 242 BGB anzuwenden (ebenso: Häublein in: MünchKomm § 569 BGB Rdn. 15). Liegt die Abmahnung längere Zeit zurück, so ist dem Mieter unter Umständen zuzumuten, vor dem Ausspruch der Kündigung eine weitere Nachfrist zu setzen (OLG Braunschweig NZM 2016, 197). Dies gilt insbesondere, wenn die Abhilfe nicht besonders dringlich erscheint. Im Übrigen ist eine Kündigung nach § 569 Abs. 1 BGB auch dann wirksam, wenn das Mietverhältnis nach dem Wortlaut des Kündigungsschreibens nicht sofort, sondern erst nach Ablauf einer nach dem Kalender bestimmten oder bestimmbaren Auslauffrist enden soll (Brandenburgisches OLG ZMR 2017, 587).

4. Beweislast

Der Mieter muss beweisen, dass die tatsächlichen Voraussetzungen des Kündigungstatbestands vorliegen (LG Berlin ZMR 1986, 54; LG Kiel ZMR 1977, 374; LG Waldshut-Tiengen WuM 1989, 175). In vielen Fällen kann der Beweis für die gesundheitsgefährdende Beschaffenheit der Räume nur durch ein medizinisches Sachverständigengutachten geführt werden (BGH NJW 2007, 2177 betr. Schimmel; LG Mannheim WuM 1988, 360). Deshalb ist es empfehlenswert, wenn der Mieter den Zustand der Räume vor dem Ausspruch der Kündigung durch ein selbständiges Beweisverfahren feststellen lässt. Der Vermieter muss die Umstände beweisen, aus denen sich der Ausschluss des Kündigungsrechts ergibt. **16**

II. Kündigung wegen Hausfriedensstörungen (Abs. 2)

1. Zweck und Anwendungsbereich

Die Regelung des § 569 Abs. 2 BGB gilt nur für die Raummiete (Wohn- und Geschäftsraum, § 578 Abs. 2 Satz 1 BGB), nicht für die reine Grundstücksmiete und nicht für die Miete beweglicher Sachen. Bei Mischmietverhältnissen (z. B. Parkfläche mit Kassengebäude) kommt es darauf an, in welchen Bereich der Schwerpunkt des Vertrags liegt. Nach § 569 Abs. 2 BGB haben beide Parteien ein Recht zur fristlosen Kündigung, wenn der jeweils andere Teil den Hausfrieden nachhaltig stört. Die Vorschrift ist als **Konkretisierung des § 543 Abs. 1 BGB** zu verstehen. Sie besagt im Wesentlichen, dass eine Hausfriedensstörung nur dann zur Kündigung berechtigt, wenn die Störung nachhaltig ist. § 569 Abs. 2 BGB enthält einen selbständigen Kündigungstatbestand; es ist nicht erforderlich, dass daneben die Voraussetzungen des § 543 Abs. 1 BGB vorliegen (**a. A.** Haas, Das neue Mietrecht, § 569 Rdn. 3). Hierfür besteht auch kein Bedürfnis, weil der Tatbestand des § 569 Abs. 2 BGB eine der Vorschrift des § 543 Abs. 1 BGB vergleichbare Interessenabwägung vorsieht. **17**

2. Tatbestandsvoraussetzungen

Der Kündigungstatbestand setzt voraus, dass **(a)** einer der beiden Vertragsteile den Hausfrieden stört, **(b)** dass die Störung nachhaltig ist, **(c)** dass die Störung we- **18** gen ihrer Nachhaltigkeit zur Unzumutbarkeit der Vertragsfortsetzung führt, **(d)** dass der Störende vor dem Ausspruch der Kündigung abgemahnt worden ist (§ 543 Abs. 3 BGB) **(e)** dass der Mieter nach Zugang der Abmahnung eine weitere Störung verursacht, und **(f)** dass zwischen der Störung und dem Ausspruch der Kündigung ein zeitlicher Zusammenhang besteht (§ 314 Abs. 3 BGB; **a. A.** BGH NZM 2016, 791: danach ist § 314 Abs. 3 BGB bei der Wohnraummiete nicht anzuwenden.).

19 **a) Störung des Hausfriedens.** Der Begriff des Hausfriedens wird im BGB nicht definiert; er hat auch keine scharfe Kontur. Mit dem durch §§ 123, 124 StGB geschützten Hausfrieden ist der Begriff nicht identisch. Vielmehr beruht der in § 569 Abs. 2 BGB verwendete Begriff auf der Erwägung, dass die Nutzung von Wohn- oder Geschäftsräumen durch mehrere Mietparteien ein gewisses Maß an **Rücksichtnahme** voraussetzt. Jede Mietpartei muss sich bei der Nutzung der Mieträume so verhalten, dass die anderen Mieter nicht mehr beeinträchtigt werden, als dies nach den konkreten Umständen unvermeidlich ist (V. Emmerich in: Staudinger § 569 BGB Rdn. 24; Häublein in: MünchKomm § 569 BGB Rdn. 17; Hinz in: Klein-Blenkers/Heinemann/Ring, Miete/WEG/Nachbarschaft § 569 BGB Rdn. 26; Lammel Wohnraummietrecht § 543 BGB Rdn. 16, 18). Dasselbe gilt für den Vermieter. Die Einzelheiten werden durch die vertraglichen Vereinbarungen und die Verkehrssitte bestimmt. Ein „Weisungsrecht" gegenüber dem Mieter kommt dem Vermieter nur insoweit zu, als durch die Anweisung der durch den Vertrag und § 157 BGB vorgegebene vertragsgemäße Gebrauch konkretisiert wird.

20 Werden die zur Wahrung des Hausfriedens erforderlichen Verhaltenspflichten verletzt, und hat dies zu einer **Beeinträchtigung** des Vermieters oder einer anderen Mietpartei geführt, so ist der Hausfrieden gestört. Das Aufbewahren einer Waffe (Pistole und Magazin mit Munition) stellt eine **Straftat** nach den §§ 51 f WaffG dar und ist zivilrechtlich als Störung des Hausfriedens zu bewerten (LG Berlin GE 2018, 1060). In Betracht kommen weiter Beeinträchtigungen durch **Lärm, Schmutz, Gerüche, Beleidigungen, Bedrohungen** oder **Tätlichkeiten** gegenüber anderen Mietern (s. LG Berlin WuM 2016, 419: Repressalien gegen Wohnungsnachbarn; AG München WuM 2018, 84: Beleidigungen und Bedrohung der Nachbarn; AG Melsungen WuM 2018, 87: Beschädigung der Wohnungseingangstür eines Nachbarn mit einem Hammer) oder dem Vermieter, die Ausübung der **Prostitution, Drogenhandel, Verleumdungen** des Vertragspartners oder anderer Mieter, **unbegründete Strafanzeigen** usw.; s. dazu auch § 543 Rdn. 28 ff). Auch der Vermieter kann den Hausfrieden stören. Hierzu ist nicht Voraussetzung, dass er im Haus wohnt; es genügt, wenn die Störung anlässlich von Besuchen des Vermieters erfolgt (V. Emmerich in: Staudinger § 569 BGB Rdn. 25). Denkbar ist auch, dass ein Mieter durch das Verhalten anderer Mieter gestört wird. In diesem Fall ergibt sich das Kündigungsrecht des Vermieters gegen die störenden Mieter aus 569 Abs. 2 BGB; der gestörte Mieter kann gegenüber dem Vermieter nach § 543 Abs. 2 Nr. 1 BGB kündigen (s dort). Stets ist erforderlich, dass andere Hausbewohner durch das Verhalten des Störers beeinträchtigt werden. Hieran fehlt es, wenn die Mitbewohner mit der Störung einverstanden sind (etwa bei einer abgesprochenen lautstarken „Fete"); in der Störung der Bewohner der Nachbarhäuser liegt keine Störung des Hausfriedens. Eine Störung des „Nachbarfriedens" fällt nicht unter § 569 Abs. 2 (s. dazu auch AG Brandenburg WuM 2015, 741 betr. Kündigung nach § 573 BGB). Der Mieter eines Einfamilienhauses kann den Hausfrie-

den nicht stören, weil durch sein Verhalten weder Vermieter noch andere Mieter beeinträchtigt werden können.

Besteht die **Mieterseite aus mehreren Personen** und wird der Hausfrieden 21 nur von einem von mehreren Mietern gestört, so kann (und muss) der Vermieter dennoch allen Mietern kündigen (LG Berlin GE 1995, 934; V. Emmerich in: Staudinger § 569 BGB Rdn. 25). Wird die Kündigung nur gegen den störenden Mieter gerichtet, so ist sie unwirksam. Bei einer Wohngemeinschaft mit wechselnden Mitgliedern gilt dies auch dann, wenn die Mieter zum Zeitpunkt der Störung noch nicht Mitglieder der Wohngemeinschaft waren. Diese Rechtsfolge ergibt sich nicht aus dem Umstand, dass die nicht störenden Mieter für das Verhalten des störenden Mieters einzustehen hätten. Vielmehr folgt aus dem Zweck des § 569 Abs. 2 BGB, dass es für die Kündigung ausreicht, wenn der Kündigungstatbestand von einem einzigen Mieter erfüllt wird. Durch § 569 Abs. 2 BGB soll der Hausfrieden geschützt werden. Dieser Schutzzweck ist bei einer nachhaltigen Störung durch einen der Mieter nur zu erreichen, wenn das Mietverhältnis beendet wird. Da eine Teilkündigung aus Rechtsgründen ausgeschlossen ist, muss zwangsläufig die Beendigung des gesamten Mietverhältnisses möglich sein. Etwas anderes gilt allerdings dann, wenn die neuen Mitglieder auf Grund eines Vertrages mit dem Vermieter in das Mietverhältnis eingetreten sind. Ebenso ist eine Kündigung ausgeschlossen, wenn die neuen Mitglieder ihren Eintritt in das Mietverhältnis angezeigt haben und der Vermieter keinen Hinweis auf die Kündigungsabsicht erteilt hat (LG Lübeck NJW-RR 1990, 1429 = WuM 1990, 294). Schließlich gilt eine Ausnahme, wenn feststeht, dass der störende Mieter freiwillig auszieht, so dass für die Zukunft keine Störungen zu befürchten sind (LG Frankfurt WuM 1987, 21; LG Darmstadt NJW 193, 52; AG Bochum WuM 1990, 296).

Für das Verhalten von **Erfüllungsgehilfen** muss der Mieter einstehen (§ 278 22 BGB). Hierzu zählen bei der Wohnungsmiete die Angehörigen des Mieters, die mit ihm eine Hausgemeinschaft bilden, ohne selbst Mieter zu sein, nicht aber die Besucher. Jedoch kann ein Kündigungsgrund nach § 569 Abs. 2 BGB vorliegen, wenn die Besucher des Mieters den Hausfrieden stören und der Mieter hiergegen nichts unternimmt (Hinz in: Klein-Blenkers/Heinemann/Ring, Miete/WEG/Nachbarschaft § 569 BGB Rdn. 28). Bei der Gewerbemiete zählen die Angestellten des Mieters als Erfüllungsgehilfen, nicht aber die Kunden oder Lieferanten. Erfüllungsgehilfen des Vermieters sind dessen Angestellte, etwa der Hauswart, sowie die vom Vermieter beauftragten Handwerker.

b) Nachhaltigkeit der Störung. Die Störung ist nachhaltig, wenn sie zu 23 einem Dauerzustand wird (V. Emmerich in: Staudinger § 569 BGB Rdn. 26). Hierfür reicht es aus, wenn sie häufiger vorkommt. Einzelne Störungen oder solche, die nur ganz vereinzelt auftreten, genügen für eine Kündigung nicht; in Fällen dieser Art fehlt es am Merkmal der Nachhaltigkeit (OLG Düsseldorf DWW 2014, 61: keine nachhaltige Störung liegt vor, wenn der Vermieter in Abwesenheit des Mieters die Mieträume betritt um an der Innenseite eines Fensters ein Vermietungsplakat anzubringen). Anders ist es, wenn auch auf Grund der Art der Störung deren Fortdauer oder Wiederholung zu befürchten ist (Hinz in: Klein-Blenkers/Heinemann/Ring, Miete/WEG/Nachbarschaft § 569 BGB Rdn. 29). Außer der Nachhaltigkeit muss daneben noch das unter c behandelte Tatbestandsmerkmal – die Unzumutbarkeit der Vertragsfortsetzung – vorliegen. Fehlt es an der Nachhaltigkeit, so kann gleichwohl der Kündigungstatbestand des § 543 Abs. 1 BGB vorliegen (z. B. bei einer vereinzelten aber besonders schweren Pflichtverletzung).

§ 569 BGB Untertitel 2. Mietverhältnisse über Wohnraum

24   c) **Unzumutbarkeit der Vertragsfortsetzung.** In der Praxis liegt der Schwerpunkt der Rechtsanwendung zweifelsfrei in der Konkretisierung dieses Tatbestandsmerkmals. Für die Frage der Zumutbarkeit ist das Empfinden eines „verständigen Durchschnittsmenschen" maßgeblich. Dabei sind auch die Wertentscheidungen des Grundgesetzes zu berücksichtigen. Generell gilt, dass „die Kündigung eines Mietverhältnisses ... regelmäßig einen so schweren Eingriff in den persönlichen Lebensbereich der Benutzer darstellt, dass an deren Voraussetzungen **strenge Anforderungen** zu stellen sind" (BGH RE 14.7.1993 BGHZ 123, 233 = NJW 1993, 2528 = WuM 1993, 529 = ZMR 1993, 508; BVerfG NJW 1994, 41 = WuM 1994, 119 = ZMR 1994, 10; BayObLG WuM 1983, 129 = ZMR 1983, 352; KG ZMR 2004, 261, 262; LG Köln ZMR 1997, 80; V. Emmerich in: Staudinger § 569 BGB Rdn. 21; Herrlein in: Herrlein/Kandelhard § 569 BGB Rdn. 20). Nach dem Wortlaut des Gesetzes muss die Pflichtverletzung so schwer sein, dass der Gegenpartei die Fortsetzung der Vertragsbeziehungen bis zum Ablauf der regulären Kündigungsfrist oder bis zur sonstigen Beendigung des Mietverhältnisses unzumutbar ist. Hieraus folgt, dass Animositäten, Lästigkeiten oder eine unsubstantiiert behauptete Zerrüttung keine Kündigung wegen einer Hausfriedensstörung rechtfertigen (Kraemer DWW 2001, 110, 121).

25   Über die Kündigung ist auf Grund einer **Interessenabwägung** zu entscheiden. Kündigt der Vermieter, so sind die Interessen des Mieters und seiner Angehörigen am Fortbestand des Mietverhältnisses einerseits und die Interessen des Vermieters an der Vertragsbeendigung andererseits gegeneinander abzuwägen. Kündigt der Mieter, so gilt mit umgekehrten Vorzeichen dasselbe. Bei der Abwägung sind alle Umstände des Einzelfalls, insbesondere das **Verschulden** der Vertragsparteien zu berücksichtigen. Durch die Verwendung des Begriffs „insbesondere" soll nach der Meinung des Gesetzgebers lediglich zum Ausdruck kommen, dass das Verschulden im Rahmen der Interessenabwägung (auch) zu berücksichtigen ist (Stellungnahme des Rechtsausschusses zu § 569 BGB; abgedruckt bei: Börstinghaus/Eisenschmid Arbeitskommentar Neues Mietrecht S. 478). Tatsächlich folgt aus der Wortfassung, dass das Verschulden ein wesentliches Kriterium für die Kündigung ist (wie hier: Hinz in: Klein-Blenkers/Heinemann/Ring, Miete/WEG/Nachbarschaft § 569 BGB Rdn. 30 „wichtiges Abwägungskriterium"). Unbeschadet hiervon ist das Verschulden aber keine zwingende Voraussetzung für die Kündigung, sondern nur eines von mehreren Kriterien, die bei der Kündigung eine Rolle spielen (LG Wuppertal ZMR 2016, 455). Insbesondere kommt es auf das Ausmaß der Schuld, die Auswirkungen der Vertragsverletzung und die Folgen des Wohnungsverlustes für den Mieter (oder den Verlust des Vertragspartners für den Vermieter) an. Hat der Mieter beispielsweise umfangreiche Investitionen vorgenommen, die noch nicht „abgewohnt" sind, so ist dies bei einer Kündigung durch den Vermieter zu Gunsten des Mieters zu berücksichtigen. Hat umgekehrt der Vermieter in Erwartung einer längeren Mietzeit auf Wunsch des Mieters Um- oder Ausbauarbeiten durchgeführt, so muss dies bei einer Kündigung durch den Mieter angemessen bewertet werden. Auch die persönlichen Verhältnisse der Parteien spielen eine Rolle.

26   Gegenüber **Kinderlärm** ist eine erhöhte Toleranz angezeigt (LG Bad Kreuznach WuM 2003, 328). Hat der im Haus lebende Vermieter infolge einer Krankheit oder infolge seines hohen Lebensalters besonders unter den Folgen der Vertragsverletzung zu leiden, so ist dies bei der Abwägung hinreichend zu würdigen. Werden die Störungen von einem Mieter verursacht, der schon lange Zeit im Haus wohnt und nunmehr infolge **Alter, Krankheit** oder **seelischer Beeinträchtigung** verhaltensauffällig geworden ist, so ist umgekehrt vom Vermieter und den

Hausbewohnern ein erhöhtes Maß an Verständnis und Rücksichtnahme zu erwarten (AG Darmstadt WuM 1985, 264; AG Fürstenfeldbruck WuM 1995, 41; ähnlich AG Charlottenburg WuM 1995, 394 wenn die Störungen von den Kindern einer alleinstehenden berufstätigen Mutter verursacht werden). Wird der Hausfrieden durch das Verhalten eines psychisch kranken Mieters gestört, so sind die Belange des Vermieters, des Mieters und der anderen Mieter unter Berücksichtigung der Wertentscheidungen des Grundgesetzes gegeneinander abzuwägen. Gleiches gilt, wenn der Hausfrieden durch einen psychisch kranken oder geistig behinderten Angehörigen des Mieters gestört wird (BGH WuM 2009, 762 im Anschluss an BGH WuM 2005, 125). Insoweit ist aus Art 3 Abs. 3 Satz 2 GG abzuleiten, dass im nachbarlichen Zusammenleben mit Behinderten ein erhöhtes Maß an Toleranzbereitschaft zu fordern ist (vgl. OLG Karlsruhe ZMR 2002, 418; AG München WuM 2006, 621: keine Kündigung, wenn aus der Wohnung einer unter Inkontinenz leidenden Mieterin unangenehme Gerüche dringen). Die Kündigung eines schuldunfähigen, psychisch kranken Mieters ist zwar möglich; jedoch müssen die wechselseitigen Interessen der Beteiligten in einem solchen Fall unter Berücksichtigung der besonderen Schutzbedürftigkeit des kranken Mieters gegeneinander abgewogen werden (AG Düren WuM 2010, 627). Allerdings endet die Verpflichtung zur Toleranz, wo durch das Verhalten des Behinderten die Gesundheit des Vermieters oder anderer Mieter im Haus ernsthaft gefährdet wird oder wo der Hausfrieden ständig durch Beleidigungen der Mitbewohner und Pöbeleien gestört wird (AG Wedding ZMR 2014, 378; AG Tempelhof-Kreuzberg GE 2015, 257). Ist es möglich, dass die Störungen durch die Einrichtung einer Betreuung oder durch ärztliche Behandlung beseitigt oder mindestens auf ein zumutbares Maß reduziert werden können, so hat der Vermieter die Möglichkeit, beim Familiengericht die Einrichtung einer Betreuung anzuregen.

Bei **suizidgefährdeten Mietern** ist zu unterscheiden: Besteht die Möglichkeit, 27 dass sich die Gefahr im Falle der Zwangsräumung verwirklicht, so ist dieser Umstand nicht im Erkenntnis, sondern – wie allgemein bei Vollstreckungshindernissen – erst im Vollstreckungsverfahren zu berücksichtigen (Zschieschack WuM 2018, 267). Anders ist es, wenn zu befürchten ist, dass die Gefahr bereits bei Erlass eines Räumungsurteils entsteht; in diesem Fall kommt eine Kündigung in der Regel nicht in Betracht (BGH WuM 2005, 125 = NZM 2005, 300 = ZMR 2005, 183; Schindler WuM 2018, 255).

Die **besondere Schwere des Pflichtverstoßes** kann sich aus der Schuldform 28 (Vorsatz/grobe Fahrlässigkeit) als auch aus dem Ausmaß der Pflichtwidrigkeit (also aus der Handlung als solcher) und aus den verschuldeten Auswirkungen (also aus den Folgen der Handlung) ergeben. Unproblematisch sind nach dieser Systematik jene Fälle, in denen eine vorsätzlich begangene erhebliche Pflichtwidrigkeit zu schwerwiegenden Folgen führt. Sie begründen regelmäßig ein berechtigtes Interesse des Vermieters an der Vertragsbeendigung. Umgekehrt liegt kein berechtigtes Interesse vor, wenn sowohl die Schuldform als auch die Pflichtwidrigkeit und die daraus entstandenen Folgen gering sind. Schwierigkeiten bereiten jene Fälle, in denen das Maß der Pflichtwidrigkeit nicht mit den daraus folgenden Auswirkungen korrespondiert. Hier ergibt sich das Problem, ob ein besonders schwerwiegender Pflichtverstoß auch dann zur Kündigung berechtigt, wenn die äußeren Auswirkungen dieses Pflichtverstoßes zunächst einmal verhältnismäßig unerheblich sind und ob umgekehrt eine nur geringfügige Pflichtwidrigkeit mit geringem Schuldgehalt eine Kündigung rechtfertigt, wenn dieses Verhalten schwerwiegende Folgen nach sich zieht. Wegen der personenbezogenen Struktur des § 569 Abs. 2 BGB ist in diesen Fällen maßgeblich, welche Auswirkungen sich aus der Pflichtverletzung für das zukünftige Zusammenleben der Vertragspartner ergeben. Es muss also eine Zukunftsprognose getroffen werden. Hierbei kann eine Rolle spielen, ob die Vertragsparteien im selben Haus zusammenwohnen, oder ob – wie etwa bei Mietverhältnissen mit Großvermietern – das persönliche Verhältnis zwischen den Vertragsparteien von untergeordneter Bedeutung ist. Darüber hinaus kann die voraussichtliche Dauer des Mietverhältnisses maßgeblich sein.

29 Eine Kündigung wegen **„Zerrüttung des Vertrauensverhältnisses"** ist nach § 569 Abs. 2 BGB nicht möglich, was sich bereits aus dem Wortlaut dieser Vorschrift ergibt. Beruht die Zerrüttung auf dem Verschulden des Kündigenden, so kommt eine Vertragsbeendigung nach 569 Abs. 2 BGB nicht in Betracht (LG Gießen WuM 1986, 94). Hat der Gekündigte die Zerrüttung verschuldet, so kann die Kündigung auf diesen Umstand gestützt werden; allerdings muss der Kündigende hier konkrete Vertragsverletzungen des anderen Teils darlegen; sind diese Vertragsverletzungen in ihrer Gesamtheit erheblich, so ist die Kündigung gerechtfertigt, im anderen Falle nicht.

30 Wird wegen einer Vielzahl von Vertragsverletzungen gekündigt, so sind im gerichtlichen Verfahren zunächst die **Bagatellverstöße** auszuscheiden. Hierunter sind belanglose Vertragsverletzungen zu verstehen, die aus der Sicht einer verständigen Partei zwar als lästig aber nicht als erheblich empfunden werden (unhöfliches Verhalten, geringfügige Verstöße gegen die Hausordnung, gelegentlicher Kinderlärm, kleinliches oder querulatorisches Verhalten in Bezug auf Nebensächlichkeiten, usw.). Solche Bagatellverstöße können auch in ihrer Gesamtheit die Kündigung nicht rechtfertigen (bedenklich: LG Göttingen WuM 1990, 18: Kündigung bejaht, wenn der Mieter beharrlich eigene Ordnungsvorstellungen durchsetzen will). Die verbleibenden Vertragsverletzungen sind jeweils für sich daraufhin zu untersuchen, ob sie die Vertragsbeendigung rechtfertigen. Ist dies zu verneinen, so muss eine Gesamtbewertung vorgenommen werden, weil auch eine Häufung von kleineren Vertragsverstößen – soweit diese jeweils über der Bagatellgrenze liegen – die Kündigung rechtfertigen kann.

31 Das Verhalten des Kündigenden ist stets mit zu berücksichtigen. Bei **provozierten Vertragsverletzungen** scheidet eine Kündigung regelmäßig aus (BGH WuM 1986, 60; Roquette, § 554a BGB, Rdn. 27), mindestens aber ist die Vertragsverletzung des Gekündigten erheblich geringfügiger zu bewerten (Sternel Rdn. IV 508). Der Umstand, dass das inkriminierte Verhalten für die beteiligten Kreise typisch ist, kann ebenfalls eine Rolle spielen (AG Dortmund WuM 1978, 85 = ZMR 1978, 207).

32 Bei einem **Streit zwischen mehreren Mietern,** durch den der Hausfrieden nachhaltig gestört wird, muss der Vermieter zunächst ermitteln, welcher Mieter den Streit schuldhaft verursacht hat. Dem Vermieter steht es auch dann keineswegs frei, einem beliebigen Mieter zu kündigen, wenn feststeht, dass durch dessen Auszug der Hausfrieden wiederhergestellt werden könnte (**a. A.** LG Duisburg WuM 1975, 209). Der Kündigungstatbestand des § 569 Abs. 2 BGB setzt nämlich eine konkrete Vertragsverletzung voraus, für die der Vermieter beweispflichtig ist. Lediglich dann, wenn mehrere Mieter den Kündigungstatbestand in ihrer Person verwirklicht haben, hat der Vermieter ein Auswahlrecht. Er braucht insoweit auch nicht demjenigen Mieter zu kündigen, der den Streit und damit die Störung des Hausfriedens überwiegend verschuldet hat, sondern kann sich bei seiner Auswahl durchaus von Zweckmäßigkeitsgesichtspunkten leiten lassen. Auch hier müssen aber grundsätzlich das Verhalten des anderen Mieters und die allgemeinen Verhältnisse im Haus mitberücksichtigt werden (LG Mannheim WuM 1981, 17).

d) Abmahnung. Nach § 569 Abs. 2 BGB gilt die Hausfriedensstörung als 33
„wichtiger Grund" zur Kündigung i. S. von § 543 Abs. 1 BGB. Da die Hausfriedensstörung zugleich als „Verletzung einer Pflicht aus dem Mietvertrag" im Sinne von § 543 Abs. 3 BGB zu bewerten ist, muss der Kündigung grundsätzlich eine Abmahnung vorausgehen. Der Kündigungstatbestand ist erst dann erfüllt, wenn nach der Abmahnung eine weitere Vertragsverletzung begangen wird (LG Berlin WuM 2003, 208, 209; V. Emmerich in: Staudinger § 569 BGB Rdn. 36). Dabei muss es sich um eine gleiche oder ähnliche Pflichtverletzung handeln. Das beanstandete Verhalten ist in der Abmahnung so genau zu beschreiben, dass der Mieter erkennen kann, welches konkrete Verhalten der Vermieter beanstandet. Erforderlich ist, dass die Störungen nach Zeit und Art eingegrenzt werden. Pauschale Umschreibungen (z. B. „Störungen der Nachtruhe") genügen nicht (LG Berlin GE 2015, 323).

e) Zeitlicher Zusammenhang zwischen Vertragsverletzung und Kündi- 34
gung. Liegt zwischen der Vertragsverletzung und dem Ausspruch der Kündigung ein längerer Zeitraum, so ist die Kündigung nach § 314 Abs. 3 BGB ausgeschlossen (Häublein in: MünchKomm § 569 BGB Rdn. 26; **a. A.** BGH NZM 2016, 791: danach ist § 314 Abs. 3 BGB bei der Wohnraummiete nicht anzuwenden.). Die Vorschrift gilt seit dem 1.1.2002. Das dieser Regelung zugrundeliegende Prinzip war allerdings bereits in früherer Zeit allgemein anerkannt. In der Rechtsprechung und in der Literatur wurde ein längeres Zuwarten regelmäßig als Indiz gegen die Unzumutbarkeit der Vertragsfortsetzung gewertet (vgl. BGH WPM 1983, 660; NJW-RR 1988, 77; OLG Düsseldorf DWW 1997, 435, 438 für zweijähriges Zuwarten; LG Berlin WuM 1986, 251 für dreijähriges Zuwarten, LG Essen WuM 1986, 117 für fünfjähriges Zuwarten bei Tierhaltung; LG Koblenz WuM 1976, 98 für einjähriges Zuwarten; AG Dortmund WuM 1978, 85 = ZMR 1978, 207 für sechsmonatiges Zuwarten; LG Berlin MM 1991, 100, LG Halle NZM 2003, 310: wenn zwischen der letzten Abmahnung und der Kündigung ein Zeitraum von 15 Monaten liegt; AG Delmenhorst WuM 1980, 163 für einmonatiges Zuwarten [zweifelhaft]) Auf diese Rechtsprechung kann weiterhin zurückgegriffen werden (vgl. BGH NZM 2007, 400: viermonatiges Zuwarten schadet nicht). Allerdings darf der Grundsatz des zeitlichen Zusammenhangs zwischen der Vertragsverletzung und dem Ausspruch der Kündigung nicht schematisch gehandhabt werden. Hat der Kündigungsberechtigte mit dem Ausspruch der Kündigung eine längere Zeit zugewartet, so ist zu fragen, ob hierfür ein hinreichender Grund vorgelegen hat. So ist es in der Regel unschädlich, wenn ein Mieter mit der Kündigung wartet, bis er Ersatzräume gefunden hat. Dem Vermieter kann es nicht zum Nachteil gereichen, wenn er nach einer Vertragsverletzung nicht sofort kündigt, sondern zunächst die weitere Entwicklung abwartet.

f) Kündigungserklärung/Verhalten nach der Kündigung. Zu den Anfor- 35
derungen an die Kündigungserklärung s. die Darlegungen zu § 542 BGB Rdn. 11 ff, die hier sinngemäß gelten.

Für die Wirksamkeit der Kündigung kommt es maßgeblich darauf an, ob der 36
Kündigungstatbestand zum Zeitpunkt des Ausspruchs der Kündigung vorgelegen hat. Durch ein **nachträgliches Wohlverhalten** wird die Wirksamkeit der Kündigung nicht berührt (BGH NJW-RR 1988, 77 = WuM 1988, 126 = ZMR 1988, 16; LG Köln WuM 1991, 485; LG Berlin GE 1995, 943; AG Frankfurt NJW 1993, 78). Dies gilt ausnahmslos (**a. A.** AG Köln WuM 1988, 57, für eine Kündigung gegenüber streitenden Mietern, wenn diese sich in der Folgezeit wieder versöhnen). Im Einzelfall kann aber das Festhalten am Räumungsanspruch rechtsmiss-

bräuchlich sein, wenn der Mieter sein Verhalten später nachhaltig ändert (Sternel Rdn. IV 506; vgl. LG Berlin GE 1994, 459: Wechsel in der Nutzung durch getrennt lebende Ehegatten, von denen der eine zuverlässig, der andere unzuverlässig ist; vgl. auch LG Köln WuM 1991, 98; LG Ravensburg WuM 1984, 297) oder wenn die Ursachen der Störung beseitigt werden (LG Darmstadt NJW 1983, 52; LG Frankfurt WuM 1987, 21; AG Bochum, WuM 1990, 296 betr. Auszug des Störers aus der Ehewohnung; AG Wiesbaden WuM 1995, 706 betr. pubertätsbedingte Lärmstörungen, die im Zeitpunkt der gerichtlichen Entscheidung nicht mehr auftreten). Ergibt sich dies im Verlauf eines anhängigen Verfahrens, so kann der Vermieter die Hauptsache für erledigt erklären. Die Kosten sind dann entspr. § 91a ZPO nach billigem Ermessen dem Mieter aufzuerlegen, wenn der Räumungsanspruch ursprünglich bestanden hat.

III. Kündigung wegen Verzugs mit der Zahlung der Kaution (Abs. 2a)

37 Der Kündigungstatbestand des § 569 Abs. 2a wurde durch das Mietrechtsänderungsgesetz 2013 in das BGB eingefügt. Die Vorschrift begründet zugunsten des Vermieters ein Recht zur fristlosen Kündigung, wenn der Mieter mit der Verpflichtung zur Zahlung der Kaution in Verzug gerät. Die **Regelung gilt nur für die Wohnraummiete.** Für die Gewerbemiete hat der BGH entschieden, dass die Nichtzahlung der Kaution grundsätzlich als wichtiger Grund zur fristlosen Kündigung im Sinne des § 543 Abs. 1 BGB zu bewerten ist (BGH NZM 2007, 400). Zwischen der Regelung in § 543 Abs. 1 und § 569 Abs. 2a bestehen folgende Unterschiede: **(1)** Bei der Kündigung nach § 543 Abs. 1 BGB ist die Entscheidung über die Wirksamkeit der Kündigung aufgrund einer Interessenabwägung zu treffen. Nach § 569 Abs. 2a ist der Kündigungstatbestand als Regelbeispiel für den wichtigen Grund ausgestaltet. Für die Kündigung genügt es, wenn der Verzug vorliegt; eine Interessenabwägung ist nicht erforderlich (Wiek WuM 2013, 195, 197). **(2)** Die Kündigung nach § 543 Abs. 1 setzt eine Abmahnung voraus. Nach § 569 Abs. 2a Satz 3 ist eine Abmahnung entbehrlich. Die Kündigung hängt bei der Wohnraummiete also von geringeren Anforderungen ab als bei der Gewerbemiete. Der allgemeine Kündigungstatbestand des § 543 Abs. 1 wird für die Wohnraummiete durch die Neufassung verdrängt (Hinz ZMR 2012, 777, 789; Wiek WuM 2013, 195, 199) Dies erscheint aus rechtsdogmatischen Gründen bedenklich.

37a Im Übrigen steht es den Parteien eines Gewerbemietverhältnisses frei die tatbestandlichen Merkmale eines Kündigungsgrundes vertraglich zu konkretisieren. Zwar bestimmt § 569 Abs. 5 BGB, dass die Parteien bei der Wohnraummiete keine Vereinbarungen treffen können, die zum Nachteil des Mieters von den gesetzlichen Kündigungstatbeständen abweichen. Auf die Gewerbemiete ist die Regelung nicht anzuwenden, weil § 578 Abs. 2 BGB nicht auf § 569 Abs. 5 BGB verweist. Deshalb kann bei der Gewerbemiete vereinbart werden, dass dem Vermieter im Falle der Nichterfüllung der Kautionsvereinbarung ein Kündigungsrecht zustehen soll (OLG Düsseldorf ZMR 2017, 726).

38 Ist vereinbart, dass der Mieter eine **Kaution in Höhe von 3 Monatsmieten** zu zahlen hat, so liegen die Kündigungsvoraussetzungen mit dem Ablauf des 3. Werktages des 2. Mietmonats vor. Beginnt das Mietverhältnis beispielsweise am 1.5. so ist die erste Rate am 1. Mai und die zweite Rate am 3. Werktag des Monats Juni fällig.

Der Rückstand entspricht dann 2 Monatsmieten. Beträgt die vereinbarte **Kaution 2 Monatsmieten,** so entspricht jede Rate 2/3 der Monatsmiete. Der Mieter hat die erste Rate bei Mietbeginn, die zweite Rate am 3. Werktag des 2. Mietmonats und die dritte Rate am 3. Werktag des 3. Mietmonats zu bezahlen. Erst dann beträgt der Rückstand 2 Monatsmieten. Ist eine **Kaution von einer Monatsmiete** vereinbart, so besteht kein Kündigungsrecht nach § 569 Abs. 3a. Dann stellt sich die Frage, ob der Vermieter nach § 543 Abs. 1 BGB kündigen kann. Dies ist zu verneinen, weil ein unvollständiges Regelbeispiel nicht durch Rückgriff auf einen Auffangtatbestand umgangen werden kann.

Bei der Gewerbemiete kann vereinbart werden, dass die Kaution in voller Höhe **38a** bei der Übergabe oder vor der Übergabe zu zahlen ist. Ist vereinbart, dass die Kaution „1 Monat vor Übergabe" zu leisten ist, so ist unter dem Begriff der „Übergabe" der vereinbarte Mietbeginn zu verstehen (OLG Düsseldorf ZMR 2017, 726).

§ 569 Abs. 2a setzt voraus, dass sich der Mieter mit einer **„Sicherheitsleistung** **39** **nach § 551"** in Verzug befindet. Nach § 551 Abs. 1 fallen hierunter Sicherheiten aller Art, insbesondere die Barkaution, die Verpfändung einer Sparforderung, die Abtretung einer solchen Forderung, die Lohn- oder Gehaltsabtretung, die Verpfändung von Wertpapieren und die Verpflichtung zur Beibringung einer Bürgschaft. Die Gesetzesbegründung zu § 569 spricht von „Zahlungsverpflichtungen" (BT-Drucks. 17/10485 S. 25). Dies rechtfertigt die Annahme, dass die Regelung nur für die Barkaution und die Verpfändung einer Sparforderung, nicht für sonstige Sicherheiten gilt (Wiek WuM 2013, 195, 198; **a. A.** Zehelein WuM 2013, 133, 135: Danach gilt die Vorschrift auch für die Bürgschaft; Sommer IMR 2014, 139, 141 f: alle Sicherheitsleistungen). Wegen des Verzugs mit der Erfüllung sonstiger Kautionsverpflichtungen ist eine Kündigung nach §§ 543 Abs. 1, 573 Abs. 2 Nr. 1 BGB möglich, wenn die weiteren Voraussetzungen dieser Vorschriften gegeben sind. Dies beruht auf der Erwägung, dass die Kündigungstatbestände in den §§ 543 Abs. 2 und § 569 Abs. 1 bis 2a nicht abschließend geregelt werden. Ein Kündigungsgrund nach § 543 Abs. 1 BGB liegt vor, wenn der Mieter grundlos und endgültig die Stellung der vereinbarten Sicherheit verweigert (Wiek WuM 2013, 195, 198).

Der Kündigungstatbestand setzt einen **Verzug** des Mieters mit der Kautionszah- **40** lung voraus. Der Mieter kommt nicht in Verzug, solange die Zahlung infolge eines Umstands unterbleibt, den er nicht zu vertreten hat (§ 286 Abs. 4 BGB). Die Ausführungen zu § 543 Rdn. 136 ff gelten hier sinngemäß.

Kommt der Mieter **sowohl mit der Mietzahlung als auch mit der Zahlung** **41** **der Kaution in Verzug,** so richtet sich die Kündigung wegen des Mietrückstands nach § 543 Abs. 2 Nr. 3 und die Kündigung wegen des Kautionsrückstandes nach § 569 Abs. 2a. Bei der Prüfung der jeweiligen Kündigungstatbestände können die jeweiligen Rückstandsbeträge nicht zusammengerechnet werden. Eine andere Frage ist es, ob der Vermieter nach §§ 543 Abs. 1, 573 Abs. 2 Nr. 1 BGB kündigen kann, wenn eine Bewertung des Zahlungsverhaltens des Mieters und der sonstigen Umstände ergibt, dass dem Vermieter eine weitere Vertragsfortsetzung nicht zugemutet werden kann. Die Frage ist zu bejahen, weil die Kündigungstatbestände in den §§ 543 Abs. 2 und § 569 Abs. 1 bis 2a nicht abschließend geregelt werden.

In bestimmten Fällen steht dem Vermieter ein **Anspruch auf Wiederauffül-** **42** **lung der Kaution** zu. Der Wortlaut des Kündigungstatbestands deckt auch die Kündigung wegen Verzugs mit der Erfüllung dieser Verpflichtung. Nach der Begründung des Regierungsentwurfs soll die Vorschrift des § 569 Abs. 2a allerdings aufgrund ihrer „Zielrichtung" (Schutz des Vermieters gegenüber dem Mieter der sich „bereits zu Beginn des Mietverhältnisses seiner Zahlungspflicht entzieht") in diesen Fällen nicht anzuwenden sein (BT-Drucks. 17/10485 S. 25). Eine Kündigung nach §§ 543 Abs. 1, 573 Abs. 2 Nr. 1 BGB ist allerdings möglich, wenn die weiteren Voraussetzungen dieser Kündigungstatbestände vorliegen. Dies beruht ebenfalls auf der Erwägung, dass die Kündigungstatbestände in den §§ 543 Abs. 2 und § 569 Abs. 1 bis 2a nicht abschließend geregelt werden. Der bloße Verzug reicht für eine Kündigung nach § 543 Abs. 1 nicht aus. Erforderlich sind besonders erschwerende Umstände, die dem Verzug ein besonderes Gewicht verleihen und zur Folge haben, dass die Fortsetzung des Mietverhältnisses dem Vermieter nicht zuzumuten ist (so zutreffend: Wiek WuM 2013, 195, 199).

43 Gem § 569 Abs. 2a gilt die Regelung in Abs. 3 Nummer 2 Satz 1 entsprechend. Diese Regelung beinhaltet das sog. **„Nachholrecht"** (s. Rdn. 52). Dieses besteht auch dann, wenn daneben noch Mietrückstände bestehen (Zehelein WuM 2013, 133, 135; Wiek WuM 2013, 195, 200).

44 Die Regelung in **§ 543 Abs. 2 Satz 2** gilt ebenfalls entsprechend. Danach ist die Kündigung ausgeschlossen, wenn der Vermieter vorher befriedigt wird (Einzelheiten § 543 Rdn. 174 ff.

45 Eine **Verwirkung des Kündigungsrechts** kommt nur ausnahmsweise in Betracht, wenn der Vermieter zu erkennen gibt, dass er wegen der Nichtzahlung der Kaution nicht kündigen werde (Wiek WuM 2013, 195, 200). Bleibt der Vermieter längere Zeit untätig, so kann eine Kündigung gegen § 242 BGB verstoßen, wenn der Mieter hierdurch überrascht wird; eine solche Kündigung ist unwirksam. Der Vermieter ist in einem solchen Fall gehalten dem Mieter eine Zahlungsfrist zu setzen und die Kündigung anzudrohen (Wiek a.a.O.)).

46 § 569 Abs. 2a gilt nur für die außerordentliche fristlose Kündigung. Dies führt zu der Frage, welche Rechtsfolge gilt, wenn der Vermieter anstelle oder neben der fristlosen Kündigung eine **ordentliche Kündigung** nach § 573 Abs. 2 Nr. 1 BGB ausspricht. Die ordentliche Kündigung kann statt oder neben einer fristlosen Kündigung ausgesprochen werden (Häublein in: MünchKomm § 573 BGB Rdn. 64 und in PiG 97 (2014) S. 35, 56). In diesem Fall ist fraglich, ob auch in diesem Fall § 569 Abs. 3 Nummer 2 Satz 1 (Nachholrecht) sowie § 543 Absatz 2 Satz 2 sinngemäß anzuwenden sind. Für die ordentliche Kündigung nach § 573 Abs. 2 Nr. 1 wegen eines Verzugs mit der Miete hat der BGH die entsprechende Anwendung des § 569 Abs. 3 Nummer 2 Satz 1 BGB verneint (s. Rdn. 65). Folgt man dieser (hier abgelehnten) Rechtsprechung, so kann für die ordentliche Kündigung wegen Verzugs mit der Kaution nichts anderes gelten.

47 **Übergangsregelung:** Nach Art 229 § 29 Abs. 2 EGBGB ist § 569 Abs. 2a auf ein vor dem Inkrafttreten des Mietrechtsänderungsgesetzes 2013 entstandenes Mietverhältnis nicht anzuwenden. Das Mietverhältnis entsteht mit dem Vertragsschluss. Das MietRÄndG ist am 1.5.2013 in Kraft getreten. Mithin gilt die Neuregelung für alle Mietverträge, die nach dem 30.4.2013 abgeschlossen wurden. Voraussetzung ist, dass dort eine Kautionsabrede enthalten ist. Fraglich ist, welches Recht für Mietverträge gilt, die vor dem 1.5.2013 abgeschlossen wurden. § 569 Abs 2a ist unanwendbar. Nach der hier vertretenen Ansicht ist auf diese Fälle § 543 Abs. 1 BGB anzuwenden. Gleiches gilt nach der hier vertretenen Ansicht, wenn die Parteien eines vor dem 1.5.2013 abgeschlossenen Mietvertrags nach diesem Zeitpunkt eine Kautionsabrede vereinbaren.

IV. Ergänzende Vorschriften für die Wohnraummiete bei der Kündigung wegen Zahlungsverzugs (Abs. 3)

1. Begriff des erheblichen Rückstands (Abs. 3 Nr. 1)

Nach § 543 Abs. 2 Nr. 2 lit.a BGB kann der Vermieter unter anderem dann kündigen, wenn der Mieter für zwei aufeinander folgende Termine mit der Entrichtung „eines nicht unerheblichen Teils der Miete" in Verzug ist. Hierzu ist in § 569 Abs. 3 Nr. 1 Satz 1 BGB ergänzend geregelt, dass der rückständige Teil der Miete nur dann als nicht unerheblich anzusehen ist, wenn er die Miete für einen Monat übersteigt. Der Rückstand muss also mindestens eine Monatsmiete plus 0,01 Euro betragen. Maßgeblich ist diejenige Miete, die zum Zeitpunkt des Kündigungsausspruchs geschuldet wird (LG Osnabrück WuM 1988, 268). Bei der nach § 556b BGB geschuldeten Vorauszahlung am dritten Werktag eines Monats gilt bei einer Grundmiete von 600,– Euro und Betriebskostenvorauszahlungen von 100,– Euro, dass der Vermieter kündigen kann, wenn am vierten Werktag des März von der Februarmiete und der Märzmiete ein Betrag von mindestens 700,01 Euro rückständig ist. Der Samstag zählt dabei nicht als Werktag. Der Wortlaut des § 569 Abs. 3 Nr. 1 Satz 1 BGB erweckt den Eindruck, als gewähre das Gesetz dem Richter einen Entscheidungsspielraum hinsichtlich der Frage, wann der Rückstand als nicht unerheblich anzusehen sei. Durch die Formulierung „nur dann" kommt aber lediglich zum Ausdruck, dass ein geringerer Rückstand als eine Monatsmiete plus 0,01 Euro nicht zur Kündigung berechtigen soll; ein Umkehrschluss dahingehend, dass die Kündigung stets dann möglich ist, wenn diese Grenze überschritten wird, ist dagegen nicht zwingend geboten (a. A. Both NJW 1970, 2197). Dennoch entspricht dieser Umkehrschluss allgemeiner Praxis. Hierfür spricht auch das Bedürfnis nach einer klaren und prognostizierbaren Regelung. **48**

Das Erheblichkeitskriterium bezieht sich dabei nicht auf beide Termine. Es ist also nicht erforderlich, dass der Rückstand bezogen auf jeden einzelnen Termin erheblich ist; es genügt, wenn der **Gesamtrückstand** als nicht unerheblich bewertet werden kann. Ein geringer Rückstand im ersten Termin und ein hoher Rückstand im darauf folgenden Termin können sich also zu einem nicht unerheblichen Rückstand addieren (BGH NJW-RR 1987, 903 = ZMR 1987, 289 = WuM 1987, 317 = DWW 1987, 216; V. Emmerich in: Staudinger § 569 BGB Rdn. 38; Häublein in: MünchKomm § 569 BGB Rdn. 41; Lammel § 569 BGB Rdn. 27; Palandt/Weidenkaff § 569 BGB Rdn. 15; Wöstmann in: Bamberger/Roth § 569 BGB Rdn. 12; Hinz in: Klein-Blenkers/Heinemann/Ring, Miete/WEG/Nachbarschaft § 569 BGB Rdn. 62; Lützenkirchen in Lützenkirchen Mietrecht § 569 BGB Rdn. 96; Kinne GE 1996, 820, 826; **a. A.** Roquette Mietrecht § 554 BGB Rdn. 3; Sternel Rdn IV 269). **49**

Die Einschränkung, dass der Rückstand mindestens eine Monatsmiete betragen muss, gilt nicht bei Mietverhältnissen über **Wohnraum zu nur vorübergehendem Gebrauch** (zum Begriff: s. § 549 Abs. 2 Nr. 1 BGB). Hier genügt es, dass ein Verzug für zwei aufeinander folgende Termine vorliegt und dass der Rückstand einen nicht unerheblichen Teil der Miete umfasst. Wann der Mietanteil als nicht unerheblich gilt, wird für diese Mietverhältnisse nicht näher definiert. Aus dem Schutzzweck des § 569 Abs. 3 Nr. 1 Satz 1 BGB folgt, dass ein Rückstand von einer Monatsmiete plus 0,01 Euro stets als nicht unerheblich anzusehen ist. Dies ergibt sich aus der Erwägung, dass dem Mieter, der Wohnraum zu nur vorübergehendem **50**

Gebrauch gemietet hat, jedenfalls kein weitergehender Schutz zukommen kann, als dem Dauermieter. Darüber hinaus kann auch ein Rückstand von weniger als einer Monatsmiete zur Kündigung berechtigen, insbesondere dann, wenn die Miete relativ hoch ist und kurze Zahlungstermine vereinbart worden sind (z. B. bei der Miete eines Hotelzimmers). Wegen der Vielzahl der hier in Betracht kommenden Vertragsgestaltungen kann dieses Tatbestandsmerkmal allerdings nicht allgemeingültig definiert werden. Nähert sich das Mietverhältnis zu nur vorübergehendem Gebrauch in seiner Ausgestaltung dem gewöhnlichen Dauermietverhältnis, so wird es in der Regel sachgerecht sein, wenn auf die Frist des § 569 Abs. 3 Nr. 1 Satz 1 BGB zurückgegriffen wird.

51 Die Regelung in § 569 Abs. 3 Nr. 1 Satz 1 BGB muss analog angewendet werden, wenn die Parteien **kürzere Zahlungstermine** vereinbart haben. Nach dem Wortlaut und der Systematik des § 569 Abs. 3 Nr. 1 Satz 1 BGB liegt bei vereinbarter wöchentlicher Zahlung der Kündigungstatbestand bereits dann vor, wenn zwei volle Wochenmieten fällig geworden sind. Die Regelung in § 569 Abs. 3 Nr. 1 Satz 1 BGB, wonach der Rückstand eine Monatsmiete übersteigen muss, bezieht sich nämlich nur auf den Teilverzug. Der Gedanke des Mieterschutzes gebietet jedoch in Fällen dieser Art die analoge Anwendung des § 569 Abs. 3 Nr. 1 Satz 1 BGB mit der Folge, dass der Rückstand auch bei wöchentlicher Zahlung mindestens eine Monatsmiete übersteigen muss (V. Emmerich in Staudinger § 569 BGB Rdn. 38). Bei **längerfristigen Zahlungsterminen** ergeben sich keine Probleme. Ist vereinbart, dass die Miete jeweils zu Beginn eines Quartals gezahlt werden soll, so liegt der Tatbestand des § 569 Abs. 3 Nr. 1 Satz 1 BGB stets dann vor, wenn die Miete für ein Quartal nicht bezahlt worden ist und die Zahlung für das folgende Quartal fällig wird. Ist vereinbart, dass die Miete jährlich im Voraus zu zahlen ist, so muss der Vermieter mit der Kündigung ein Jahr zuwarten, bis ein Rückstand mit zwei aufeinander folgenden Terminen gegeben ist (LG Wuppertal WuM 1992, 668). Diese Rechtsfolge ist auch verfassungsrechtlich nicht zu beanstanden (BVerfG WuM 1992, 668).

2. Das Nachholrecht (Abs. 3 Nr. 2)

52 Nach § 569 Abs. 3 Nr. 2 Satz 1 BGB wird die Kündigung unwirksam, wenn der Vermieter bis zum Ablauf von zwei Monaten nach Eintritt der Rechtshängigkeit des Räumungsanspruchs **(Schonfrist)** hinsichtlich der fälligen Miete und der fälligen Entschädigung nach § 546a Abs. 1 BGB befriedigt wird (Nachholrecht). Die Befriedigung kann durch Zahlung, Aufrechnung oder Hinterlegung mit Rücknahmeverzicht erfolgen. Die Kündigungswirkungen entfallen bei nachträglicher Erfüllung kraft gesetzlicher Fiktion rückwirkend; das Mietverhältnis lebt wieder auf und besteht unverändert fort (BGH NZM 2018, 1017; 2018, 941; NJW 1960, 2093; ZMR 2007, 348, 350; V. Emmerich in: Staudinger § 569 BGB Rdn. 44; Palandt/Weidenkaff § 569 BGB Rdn. 16; Herrlein in: Herrlein/Kandelhard § 569 BGB Rdn. 32; Weber ZMR 1992, 41, 43; **a. A.** O'Sullivan ZMR 2002, 250; Lützenkirchen in Lützenkirchen Mietrecht § 569 Rdn. 148: danach wird die Kündigung ex nunc unwirksam). Das Nachholrecht gilt nur für die Wohnraummiete. Es dient nicht der Vermeidung von Obdachlosigkeit (so aber BGH NZM 2005, 334 Rz. 18), sondern dem Schutz des Mieters bei unzureichender Finanzkraft (Harke NZM 2016, 449, 456). Ob Wohnraum vorliegt, richtet sich nach den unter § 535 BGB Rdn. dargelegten Grundsätzen. Maßgeblich sind die vertraglichen Vereinbarungen, nicht die faktische Nutzung. Deshalb gilt § 569 Abs. 3 Nr. 2 Satz 1 BGB

Außerordentliche fristlose Kündigung **BGB § 569**

nicht, wenn der Mieter die zu Gewerbezwecken vermieteten Räume vertragswidrig ausschließlich zu Wohnzwecken benutzt (LG Berlin GE 1983, 439).

a) Fristbeginn. Die Frist des § 569 Abs. 3 Nr. 2 Satz 1 BGB beginnt mit dem Eintritt der Rechtshängigkeit des Räumungsanspruchs, also mit der Zustellung der Räumungsklage an den Mieter (§§ 253 Abs. 1, 263 Abs. 1 ZPO). Das Gericht ist nicht verpflichtet, den Mieter bei der Zustellung über die Schonfrist zu informieren. Bei Mietern, die nicht durch einen Rechtsanwalt vertreten sind, ist ein entsprechender Hinweis aber durchaus sachdienlich; die klagende Partei kann hieraus keine Besorgnis der Befangenheit ableiten (OLG Hamburg ZMR 1988, 225 = WuM 1989, 139). Maßgeblich für die Zustellung sind die Vorschriften der §§ 166 ff ZPO. Aus dem Zweck des § 569 Abs. 3 Nr. 2 Satz 1 BGB lässt sich kein abweichender Zeitpunkt herleiten; insbesondere beginnt die Frist auch dann, wenn der Mieter von der Zustellung der Klagschrift keine Kenntnis erlangt hat (AG Köln WuM 1980, 63). Ist die Klageschrift mangelhaft, weil die Unterschrift fehlt, oder weil sie den Anforderungen des § 253 Abs. 2 Nr. 1 und 2 ZPO nicht entspricht, so tritt die Rechtshängigkeit erst dann ein, wenn der Mangel behoben wird; die Frist des § 569 Abs. 3 Nr. 2 Satz 1 BGB beginnt in diesem Fall, wenn dem Mieter ein Schriftsatz mit den fehlenden Angaben zugestellt wird. Die **Frist endet** zwei Monate nach Eintritt der Rechtshängigkeit um 24.00 Uhr (Beispiel: Zustellung der Räumungsklage am 5. Januar führt zum Fristablauf am 5. März, 24.00 Uhr). Für die **Fristberechnung** gelten die §§ 187 Abs. 1, 188 Abs. 2 und 193 BGB, so dass sich das Fristende verschieben kann, wenn der letzte Tag der Frist auf einen Sonntag, einen staatlich anerkannten allgemeinen Feiertag oder einen Sonnabend fällt: In diesem Fall tritt an die Stelle dieses Tages der nächste Werktag (Wetekamp in: FS Blank S. 459, 461; Hinz in: Klein-Blenkers/Heinemann/Ring, Miete/WEG/Nachbarschaft § 569 BGB Rdn. 66).

Sind **mehrere Personen Mieter,** so beginnt die Schonfrist für alle Mieter am Tag der zuletzt bewirkten Zustellung zu laufen. Eine an diesem Zeitpunkt erfolgte Zahlung wirkt für alle Mieter (§ 422 Abs. 1 BGB). Es handelt sich um eine Maximalfrist. Die Wirkungen der Vorschrift treten deshalb auch dann ein, wenn der Mieter **bereits vor Rechtshängigkeit des Räumungsanspruchs bezahlt** (KG RE 5.3.1984 WuM 1984, 93 = ZMR 1985, 52 = DWW 1984, 191; LG Stuttgart ZMR 1985, 128; LG Berlin ZMR 1978, 238; GE 1982, 85). Wird die Kündigung während eines anhängigen Rechtsstreits erklärt, so beginnt die Schonfrist mit dem Zugang des Schriftsatzes durch den der Räumungsanspruch auch auf die weitere Kündigung gestützt wird (LG Mannheim WuM 1991, 687; LG Gießen WuM 1994, 706); sie endet zwei Monate später. Hat der Mieter die **Wohnung vor Erhebung der Räumungsklage zurückgegeben,** so ist für die Anwendung des § 569 Abs. 3 Nr. 2 Satz 1 BGB kein Raum. Aus der Formulierung des Gesetzes, wonach der Lauf der Schonfrist mit der Zustellung der Räumungsklage beginnt, muss entnommen werden, dass die Frist nur demjenigen zugutekommen soll, der sich die Wohnung erhalten will. Zieht der Mieter freiwillig aus, so erübrigt sich eine Räumungsklage; die Schonfrist kann deshalb weder beginnen noch enden.

b) Rechtzeitigkeit der Zahlung. Die Rechtzeitigkeit der Zahlung richtet sich nach § 556b (s. dort Rdn. 17). Bei der Wohnraummiete ist maßgeblich (s. 556b Rdn. 18), dass der Mieter die Leistungshandlung rechtzeitig vorgenommen hat. Der Zeitpunkt der Erfüllung ist auch dann nicht entscheidend, wenn der Mietvertrag eine „**Rechtzeitigkeitsklausel**" enthält: Zum einen stellt die Vorschrift des § 569 Abs. 3 Nr. 2 Satz 1 BGB ein gesetzliches Schutzrecht zugunsten des Mie-

§ 569 BGB Untertitel 2. Mietverhältnisse über Wohnraum

ters dar, dessen Voraussetzungen durch vertragliche Vereinbarungen nicht zum Nachteil des Mieters modifiziert werden können (LG Berlin ZMR 1992, 394 = NJW-RR 1993, 144; LG Hamburg WuM 1992, 124; Sternel Mietrecht aktuell Rdn. 528; Wetekamp in: FS Blank S. 459, 462; Kinne in: Kinne/Schach/Bieber Miet- und Mietprozessrecht § 568 BGB Rdn. 19; Hinz in: Klein-Blenkers/Heinemann/Ring, Miete/WEG/Nachbarschaft § 569 BGB Rdn. 67; **a. A.** LG Bonn WuM 1991, 263; LG Heilbronn WuM 1992, 10 = ZMR 1991, 388); zum anderen wird durch die genannte Klausel der Fall der nachträglichen Zahlung nicht geregelt.

56 **Zahlungen eines Dritten** darf der Vermieter auch hier nicht ablehnen (Einzelheiten § 556b Rdn. 28c). Auch die **Zahlung unter Vorbehalt** ist Erfüllung (Einzelheiten: § 556b BGB Rdn. 25–28). Eine Wiedereinsetzung in den vorigen Stand gegen die **Versäumung der Schonfrist** ist nicht möglich (LG München I WuM 1983, 141). Bei unverschuldeten Fristüberschreitungen von unerheblicher Dauer kann die Durchsetzung des Räumungsanspruchs allerdings gegen Treu und Glauben verstoßen (AG Nürnberg WuM 2019, 433 betr. Fristüberschreitung infolge eines Krankenhausaufenthalts).

57 **c) Vollständigkeit der Zahlung.** Die nachträgliche Zahlung führt nur dann zur Unwirksamkeit der Kündigung, wenn sie zur **vollständigen Befriedigung** des Vermieters ausreicht (BGH NZM 2018, 1017 Rz. 22, 23; LG Frankfurt MietRB 2017, 279/280). Deshalb muss der Mieter auch denjenigen Rückstand bezahlen, der nicht zur Begründung der Kündigung herangezogen worden ist (LG München I WuM 1987, 153). Eine Ausnahme gilt für verjährte oder verwirkte Beträge (V. Emmerich in: Staudinger § 569 BGB Rdn. 42; Fleindl in: Bub/Treier Kap IV Rdn. 381; Sternel Rdn. IV 419; Wöstmann in: Bamberger/Roth § 569 BGB Rdn. 16), sowie für Kleinbeträge, die der Vermieter nicht angemahnt hat (Sternel a.a.O.). Zu zahlen ist demnach zunächst die zum Zeitpunkt der Erfüllungshandlung fällige Miete einschließlich der Betriebskostenvorauszahlungen (AG München JurBüro 1986, 245).

57a Zu zahlen ist weiter die **Nutzungsentschädigung** im Sinne von § 546a Abs. 1 BGB, die der Mieter nach Beendigung des Mietverhältnisses anstelle der Miete schuldet (LG München I WuM 1987, 153). Nach h. M. richtet sich die Nutzungsentschädigung im Falle Vorenthaltung der Mietsache nach der Marktmiete (s. § 546a Rdn. 34). Das ist diejenige Miete, die im Falle der Neuvermietung erzielt werden kann (BGH NZM 2017, 186; Streyl in: Schmidt-Futterer § 546a BGB Rdn. 59; Rolfs in: Staudinger § 546a BGB Rdn. 53; Kandelhard in: Herrlein/Kandelhard § 546a Rdn. 23; Bieber in: MünchKomm § 546a BGB Rdn. 13; Lützenkirchen in: Lützenkirchen, Mietrecht § 546a Rdn. 21; Fleindl NZM 2018, 57, 62). Hieraus folgt allerdings nicht, dass die Rechtswirkungen des § 569 Abs. 3 Nr. 2 BGB nur dann eintreten, wenn der Mieter neben dem Rückstand auch eine Entschädigung in Höhe der ortsüblichen Miete bezahlt (Fleindl NZM 2018, 57, 62; Häublein ZMR 2018, 8; Beyer GE 2018, 174, 176). Der Anspruch auf die ortsübliche Miete steht dem Vermieter nur dann zu, wenn der Mieter zur Herausgabe verpflichtet ist, diese Pflicht aber nicht erfüllt. Im Fall der nachträglichen Zahlung der Mietrückstände ist dies nicht der Fall: Die Kündigungswirkungen entfallen bei nachträglicher Erfüllung kraft gesetzlicher Fiktion rückwirkend; das Mietverhältnis lebt wieder auf und besteht unverändert fort (s. Rdn. 52). Der als Nutzungsentschädigung geschuldete Betrag kann also nur die Vertragsmiete sein. Für diese Auslegung spricht auch der Gesichtspunkt der Rechtssicherheit, weil die ortsübliche Miete dem Mieter i. d. R. unbekannt ist.

Nachzahlungsansprüche aus Nebenkostenabrechnungen, Verzugszin- 58
sen, Schadensersatzansprüche, Kostenerstattungsansprüche und andere
nicht periodische Zahlungen bleiben hier außer Betracht, und zwar auch
dann, wenn der Vermieter auch wegen dieser Beträge gekündigt hat (Häublein in:
MünchKomm § 569 BGB Rdn. 44; Wetekamp in: FS Blank S. 459, 462). Zahlt der
Mieter exakt den im Kündigungsschreiben/der Klagschrift angegebenen Betrag,
so liegt hierin eine stillschweigende Leistungsbestimmung. Der Vermieter ist deshalb
gehindert, die Zahlung auf eine Betriebskostennachzahlung zu verrechnen
(AG Gelsenkirchen ZMR 2011, 881). Zahlungen ohne Tilgungsbestimmung, die
zwar zur Tilgung der Hauptleistung, nicht aber zur Tilgung der daneben geforderten
Zinsen und Kosten ausreichen, sind entsprechend dem vermuteten Willen des
Zahlungspflichtigen auf die Hauptleistung anzurechnen. Es bleibt dem Vermieter
unbenommen, in einem solchen Fall von seinem Zurückweisungsrecht nach
§ 367 Abs. 2 BGB Gebrauch zu machen; der Eintritt der Rechtsfolgen des § 569
Abs. 3 Nr. 2 Satz 1 BGB bleibt hiervon unberührt (Weber ZMR 1992, 41, 47f),
weil § 569 Abs. 3 Nr. 2 gegenüber § 367 Abs. 2 BGB lex specialis ist (Sternel WuM
2009, 699, 704).

Zahlt der Mieter während des Laufs der Schonfrist mehrere **Teilbeträge,** so 59
kommt es darauf an, ob bis zum Ende der Schonfrist eine vollständige Tilgung stattgefunden
hat (LG Berlin WuM 1992, 607). Wird der Rückstand durch die Zahlung
nicht vollständig getilgt, so bleibt die Kündigung wirksam. Eine Ausnahme kann
unter dem Gesichtspunkt des § 242 BGB in Betracht kommen, wenn die **unvollständige
Tilgung** auf einem Irrtum beruht und der verbleibende Rückstand gering
ist (bejaht vom LG Berlin WuM 1997, 216 bei einem offenen Betrag von
2,31 DM; verneint vom LG Bonn WuM 1992, 607, wenn der offene Betrag ca.
30.– DM bis ca. 583.– DM Grundmiete beträgt).

Nach **§ 367 BGB** schuldet der Mieter nach Anhängigkeit des Rechtsstreits nicht 60
nur die bis zum Zeitpunkt der Zahlung fällige Miete, sondern auch **Zinsen und
Kosten** im Sinne des § 367 Abs. 1 BGB. Hierzu gehören auch die Verzugszinsen sowie
die Kosten, die der Vermieter für den Ausspruch der Kündigung und die
Durchsetzung des Räumungsanspruchs aufgewendet hat. Es handelt sich um einen
Verzugsschaden im Sinne der §§ 280, 286 BGB. Nach § 367 Abs. 1 BGB ist eine
Zahlung des Schuldners zunächst auf die Zinsen und Kosten zu verrechnen. Bestimmt
der Mieter eine andere Anrechnung, so kann der Vermieter die Annahme
der Leistung ablehnen. Ein solcher Fall wird regelmäßig vorliegen, weil der Mieter
nur die Miete und die Nutzungsentschädigung, nicht aber die weiteren Kosten bezahlen
wird. In der Literatur ist streitig, ob die Kündigung im Falle der Zurückweisung
der Zahlung nach § 367 Abs. 2 BGB gleichwohl unwirksam wird (so Weber
ZMR 1992, 41; V. Emmerich in: Staudinger § 569 BGB Rdn. 43; Häublein in:
MünchKomm § 569 BGB Rdn. 44, 45; Wetekamp in: FS Blank S. 459, 462; Hinz
in: Klein-Blenkers/Heinemann/Ring, Miete/WEG/Nachbarschaft § 569 BGB
Rdn. 70) oder ob diese Rechtsfolge nur eintritt, wenn der Mieter auch die Zinsen
und Kosten bezahlt (so: Schneider MDR 1991, 591; Rave GE 2007, 628, 630). Der
Wortlaut des § 569 Abs. 3 Nr. 2 erscheint eindeutig. Danach tritt im Falle der Zurückweisung
zwar keine Erfüllung wohl aber die Rechtsfolge der Unwirksamkeit
der Kündigung ein. Hierfür spricht vor allem der Gesichtspunkt der Rechtssicherheit.
Der Mieter muss wissen, welche Zahlungen er zu leisten hat um die Unwirksamkeit
der Kündigung herbeizuführen. Die Höhe der Zinsen und Kosten ist dem
Mieter aber regelmäßig nicht bekannt; deshalb ist es sachgerecht, wenn diese Beträge
im Rahmen des § 569 Abs. 3 Nr. 2 BGB unberücksichtigt bleiben. Der Ver-

mieter kann nach Zahlung durch den Mieter und erfolgter Zurückweisung dieser Zahlung gem. § 367 Abs. 2 BGB wegen desselben Rückstands nicht erneut wegen Zahlungsverzugs kündigen. Nach dem Wortlaut des § 543 Abs. 2 Nr. 2 BGB liegen zwar die Kündigungsvoraussetzungen vor, weil infolge der Zurückweisung der Zahlung keine Erfüllung eingetreten ist. Der Gesetzeszweck des § 569 Abs. 3 Nr. 2 BGB steht einer Wiederholung der Kündigung aber entgegen (s. dazu auch Rave GE 2007, 628, 630).

61 Wird vor dem Zugang der Kündigung über das Vermögen des Mieters das **Insolvenzverfahren** eröffnet, so kann der Vermieter nur wegen solcher Rückstände kündigen, die nach dem Antrag auf Eröffnung des Insolvenzverfahrens fällig geworden sind (§ 112 InsO). Wird nach der Verfahrenseröffnung wegen der ab diesem Zeitpunkt entstehenden Rückstände gekündigt, so wird die Kündigung unwirksam, wenn der Mieter diejenigen Rückstände bezahlt, die nach der Verfahrenseröffnung fällig geworden sind. Dies folgt aus der Erwägung, dass der Vermieter hinsichtlich der Rückstände vor der Verfahrenseröffnung nur Insolvenzgläubiger ist (§ 38 InsO) und deshalb nicht verlangen kann, dass die Rückstände an ihn gezahlt werden.

62 **d) Erfüllung durch Aufrechnung mit Gegenforderungen.** Auch die Aufrechnung mit Gegenforderungen ist eine Art der Erfüllung. Bestand die Aufrechnungslage bereits zum Zeitpunkt des Zugangs der Kündigung und rechnet der Mieter unverzüglich auf, so gilt § 543 Abs. 2 Nr. 3 Satz 2 BGB, was insbesondere im Rahmen des § 569 Abs. 3 Nr. 2 Satz 2 BGB von Bedeutung ist. Abweichend von § 543 Abs. 2 Nr. 3 Satz 2 BGB führt die Aufrechnung mit einer bereits fälligen Gegenforderung aber auch dann zur Unwirksamkeit der Kündigung, wenn die Aufrechnung zwar nicht unverzüglich nach Zugang der Kündigung, aber noch innerhalb der Schonfrist erklärt wird (LG Aachen WuM 1989, 294 = ZMR 1989, 304; V. Emmerich in: Staudinger § 569 BGB Rdn. 43; Wetekamp in: FS Blank S. 459, 463). Darüber hinaus gestattet § 569 Abs. 3 Nr. 2 Satz 1 BGB auch eine Aufrechnung mit solchen Forderungen, die erst nach Zugang der Kündigung fällig werden (Sternel, Rdn. IV 415; V. Emmerich in: Staudinger § 569 BGB Rdn. 43; Lützenkirchen in Lützenkirchen Mietrecht § 569 BGB Rdn. 133). In allen Fällen ist es erforderlich, aber auch genügend, dass die Aufrechnung innerhalb der Schonfrist erklärt wird. Maßgeblich für die Fristwahrung ist dabei der Zugang der Aufrechnungserklärung beim Vermieter.

63 In manchen Mietverträgen ist vereinbart, dass die **Aufrechnung einen Monat vor Fälligkeit der Miete angezeigt werden** muss. Der BGH hat eine solche Formularklausel in dem Urteil vom 4.5.2011 (NJW 2011, 2201 = WuM 2011, 418 = NZM 2011, 579) als wirksam angesehen. Folgt man dieser Ansicht, so wäre die Möglichkeit zur Beseitigung der Kündigungswirkung nach dieser Vorschrift ausgeschlossen. Nach der hier vertretenen Auffassung ist eine entsprechende Klausel nur wirksam, wenn der Fall der nachträglichen Aufrechnungen im Falle der Kündigung wegen Zahlungsverzugs ausdrücklich ausgenommen wird (ebenso: Niebling ZMR 2011, 709). Eine umfassend wirksame Ankündigungsklausel verstößt gegen § 569 Abs. 5 BGB). Eine einschränkende Auslegung auf ihren zulässigen Inhalt ist wegen des Verbots der geltungserhaltenden Reduktion von Allgemeinen Geschäftsbedingungen nicht möglich.

64 **e) Verpflichtung öffentlicher Stellen.** Der Erfüllung steht es gleich, wenn sich **eine öffentliche Stelle** zur Befriedigung verpflichtet. Öffentliche Stelle in diesem Sinn sind die Träger der Sozialhilfe, die Wohngeldstelle, alle öffentlich-

Außerordentliche fristlose Kündigung **BGB § 569**

rechtlichen Gebietskörperschaften (Bund, Länder, Gemeinden, Gemeindeverbände), die juristischen Personen des öffentlichen Rechts, öffentlich-rechtliche Anstalten und Stiftungen sowie die öffentlich-rechtlichen Religionsgemeinschaften. Im Hinblick auf den Schutzzweck des § 569 Abs. 3 Nr. 2 Satz 1 BGB ist eine extensive Auslegung angebracht, so dass auch die großen karitativen Verbände (s. dazu § 549 BGB Rdn. 23) hierzu gerechnet werden müssen (Sternel Rdn IV 280). Es kommt nicht darauf an, ob die öffentliche Stelle für die Übernahme von Mietrückständen zuständig ist.

Für die Rechtsfolge des § 569 Abs. 3 Nr. 2 Satz 1 BGB reicht die Ver- 65 **pflichtungserklärung aus.** Der Grund hierfür liegt in der Erwägung, dass die Zahlungsfähigkeit und -willigkeit öffentlicher Stellen außer Frage steht. Wird die Verpflichtungserklärung – wie im Regelfall vom Sozialhilfeträger abgegeben, so handelt es sich um eine **Erklärung zivilrechtlicher Natur** (BVerwG NJW 1994, 1169; LG Berlin NZM 2000, 1188), i. d. R. um eine **Schuldmitübernahme** (BayObLG RE 7. 9. 1994 WuM 1994, 598 = ZMR 1994, 557 = NJW 1995, 338). Auf Grund einer solchen Erklärung bleibt der Mieter weiterhin verpflichtet; der Vermieter erwirbt jedoch zusätzlich einen Anspruch gegen den Träger der Sozialhilfe. Dieser Anspruch ist vor den Zivilgerichten geltend zu machen (BVerwG a.a.O.; Wetekamp in: FS Blank S. 459, 464; **a. A.** LG Berlin GE 1993, 267). Der Mieter und der Träger der Sozialhilfe haften als Gesamtschuldner.

Die Übernahmeerklärung bedarf keiner besonderen **Form**. Sie kann deshalb 66 auch per **Telefax** abgegeben werden (AG Berlin-Wedding GE 1994, 1129; Schach GE 1994, 487; **a. A.** AG Berlin-Charlottenburg GE 1994, 55; Lammel Wohnraummietrecht § 569 BGB Rdn. 40). Die Erklärung muss **gegenüber dem Vermieter** abgegeben werden und diesem innerhalb der Schonfrist zugehen (BayObLG RE 7.9.1994 WuM 1994, 598 = ZMR 1994, 557 = NJW 1995, 338; LG Berlin GE 1993, 157; LG Dortmund ZMR 1993, 16, 17; LG Hamburg MDR 1977, 317; AG Hamburg WuM 1994, 206, 207; Lammel Wohnraummietrecht § 569 BGB Rdn. 40; Lützenkirchen in Lützenkirchen Mietrecht § § 569 BGB Rdn. 143; Palandt/Weidenkaff § 569 BGB Rdn. 20; V. Emmerich in: Staudinger § 569 BGB Rdn. 46; Wöstmann in: Bamberger/Roth § 569 BGB Rdn. 17; Sternel Rdn. IV 423; Fleindl in: Bub/Treier Kap IV Rdn. 382; Schopp ZMR 1993, 17; Schläger ZMR 1986, 421, 423; Wetekamp in: FS Blank S. 459, 464). Der Zugang beim Prozessbevollmächtigten des Vermieters steht dem Zugang beim Vermieter gleich (LG Hamburg WuM 1996, 340). Dagegen genügt es nicht, wenn der Träger der Sozialhilfe die Erklärung gegenüber dem Mieter (**a. A.** AG Berlin-Schöneberg WuM 1992, 245; Roquette § 554 BGB Rdn. 29: Vertrag zugunsten Dritter) oder gegenüber dem Gericht abgibt oder wenn die Erklärung dem Bevollmächtigten des Vermieters lediglich zur Kenntnisnahme übersandt wird (AG/LG Köln WuM 1997, 215). Anders kann es sein, wenn eine solche Erklärung innerhalb der Frist an den Vermieter oder dessen Bevollmächtigen weitergeleitet wird und der Vermieter aus der Erklärung erkennen kann, dass der Träger der Sozialhilfe in Wirklichkeit eine für den Vermieter bestimmte Erklärung nach § 569 Abs. 3 Nr. 2 Satz 1 BGB abgeben wollte.

Die Verpflichtungserklärung muss **klar und eindeutig** sein und – ebenso wie 67 die Zahlung – den **gesamten Rückstand** erfassen, wie er zum Zeitpunkt der Abgabe der Verpflichtungserklärung besteht. Dies ist andererseits aber auch ausreichend. Es ist insbesondere nicht erforderlich, dass sich die Behörde verpflichtet, auch die zukünftigen Mietforderungen zu übernehmen. Aus der Verpflichtungserklärung muss sich ergeben, dass der Träger der Sozialhilfe eine dem Privatrecht zuzuordnende Erklärung (Schuldübernahme, Schuldmitübernahme, Garantieversprechen) abgeben will. Diesen Voraussetzungen ist Genüge getan, wenn sich aus der Erklärung ergibt, dass sie im Rahmen des § 569 Abs. 3 Nr. 2 Satz 1 BGB abgegeben wird. Dagegen reicht es nicht aus, wenn der Träger der Sozialhilfe lediglich erklärt, dass er die zu zahlende Miete als Bedarf im Rahmen der Sozialhilfe anerkenne (a. A. LG Dortmund ZMR 1993, 16). Durch eine solche Erklärung erwirbt der Vermieter keinen Zahlungsanspruch gegenüber dem Träger der Sozialhilfe. Es handelt sich vielmehr um eine Erklärung öffentlich-rechtlicher Natur, die sich in der Unterrichtung des Vermieters über die Sozialhilfeberechtigung des Mieters erschöpft (BVerwG NJW 1994, 2968). Eine bloße Anfrage beim Vermieter, ob der Mieter die Wohnung bei Übernahme des Rückstands behalten kann, reicht im Rahmen des § 569 Abs. 3 Nr. 2 Satz 1 BGB ebenfalls nicht aus (AG Neuss WuM 1991, 688). Unklar ist es, wenn die Behörde erklärt, sie sei „bereit, die bestehenden Mietschulden zu übernehmen, wenn ...", weil sich aus einer solchen Erklärung nicht eindeutig ergibt, ob eine Übernahmeerklärung oder lediglich die Bereitschaft hierzu abgegeben werden soll (LG Berlin GE 1996, 1111). Eine solche Erklärung ist unwirksam.

68 Die **Verpflichtungserklärung** ist **bedingungsfeindlich.** (LG Berlin GE 1992, 385). Deshalb darf deren Wirksamkeit nicht davon abhängig gemacht werden, dass der Vermieter bestimmte Handlungen vornimmt. Insbesondere darf der Vermieter nicht zur Klagrücknahme aufgefordert werden (AG Mannheim DWW 1984, 290; Wetekamp in: FS Blank S. 459, 464); in diesem Fall trägt der Vermieter das Risiko, dass ihm die Verfahrenskosten auferlegt werden, während in den Fällen des § 569 Abs. 3 Nr. 2 Satz 1 BGB die Kosten i. d. R. dem Mieter aufzuerlegen sind. Unzulässig ist es auch, wenn die Mietübernahme vom Bestehen eines Sozialhilfeanspruchs abhängig gemacht wird; in diesem Fall erwirbt der Vermieter keinen hinreichend sicheren Zahlungsanspruch gegenüber dem Träger der Sozialhilfe. Unschädlich ist dagegen die Klarstellung, dass der Mietrückstand nur übernommen wird, wenn die Rechtsfolge des § 569 Abs. 3 Nr. 2 Satz 1 BGB eingreift (**a. A.** LG Berlin GE 1996, 1111; Karl NJW 1991, 2124). Hierin liegt lediglich ein Hinweis auf den Umstand, dass die Übernahmeerklärung abgegeben wird, um dem Mieter die Wohnung zu erhalten und dass die Erklärung nicht gelten soll, wenn § 569 Abs. 3 Nr. 2 Satz 1 BGB nicht zur Anwendung kommt, sei es, weil noch andere Kündigungsgründe vorliegen, sei es, weil der Vermieter (auch) nach § 573 Abs. 2 Nr. 1 BGB gekündigt hat oder dass ein Fall des § 569 Abs. 3 Nr. 2 Satz 2 BGB vorliegt. In diesem Sinne ist die Erklärung auszulegen, wonach die Mietübernahme nur gilt, „ wenn der Mieter im Besitz der Wohnung verbleiben kann" (AG Hamburg WuM 1994, 206). Die Rechtsprechung ist nicht einheitlich: teilweise wird vertreten, dass es unschädlich sei, wenn die Übernahmeerklärung daran geknüpft ist, dass der Vermieter die schriftliche Zusicherung erteilt, er werde das Mietverhältnis fortsetzen (LG Berlin GE 1993, 157); oder wenn die Übernahmeerklärung den Zusatz enthält: „wenn dadurch die Unterkunft nachhaltig gesichert und Obdachlosigkeit vermieden wird" (AG Berlin-Schöneberg GE 1991, 527). Nach anderer Meinung soll keine wirksame Erklärung vorliegen, wenn die Mietübernahme davon abhängig gemacht wird, dass „es sich im Klageverfahren ergibt, dass nur Zahlungsverzug die Räumungsklage rechtfertigt" (LG Bielefeld WuM 1994, 206), oder wenn es dort heißt:" Voraussetzung ist, dass das Mietverhältnis fortgesetzt wird" (LG Berlin GE 1996, 1111). Ebenso soll die Übernahmeerklärung unwirksam sein, wenn die Zahlung davon abhängig gemacht wird, dass dem Mieter die Wohnung erhalten bleibt (LG Essen ZMR 1996, 663).

Eine **verspätet zugegangene Erklärung** löst die Rechtsfolgen des § 569 Abs. 3 **69**
Nr. 2 Satz 1 BGB ebenso wenig aus wie eine verspätete Zahlung. Dies gilt auch
dann, wenn die Erklärung gegenüber dem Gericht abgegeben, von dort aber nicht
oder verspätet an den Vermieter weitergeleitet wird. Die Regelung in § 270 Abs. 3
ZPO gilt weder unmittelbar, noch ist die Vorschrift entsprechend anwendbar, weil
die Behörde bei der Vermittlung der Verpflichtungserklärung nicht auf das Gericht
angewiesen ist. Eine „Wiedereinsetzung" gegen die Fristversäumnis kommt gleichfalls nicht in Betracht.

f) Wegfall der Kündigungswirkung. Hat der Mieter nachträglich erfüllt **70**
oder hat die öffentliche Stelle eine wirksame Verpflichtungserklärung abgegeben,
so wird die Kündigung rückwirkend unwirksam (BGH NZM 2018, 941; 2018,
1017). Das Kündigungsrecht lebt auch dann nicht wieder auf, wenn der Mieter in
der Folgezeit erneut in Verzug gerät (LG Hamburg MDR 1977, 317; LG Berlin
GE 1992, 205; WuM 1997, 216; LG Aachen WuM 1993, 348; Sternel Rdn. IV
421; Fleindl in: Bub/Treier Kap IV Rdn. 383). Der **Wegfall der Kündigungswirkung** hat zur Folge, dass die Voraussetzungen für den Räumungs- und Herausgabeanspruch nicht mehr vorliegen. Erfolgt die Zahlung oder Verpflichtungserklärung nach Rechtshängigkeit so kann der Vermieter die Räumungsklage in der
Hauptsache für erledigt erklären oder die Klage zurücknehmen. Im Falle der Erledigungserklärung entscheidet das Gericht gem. **§ 91a ZPO** über die **Kosten**
unter Berücksichtigung des bisherigen Sach- und Streitstandes nach billigem Ermessen durch Beschluss. Die Kosten sind regelmäßig dem Mieter aufzuerlegen.
Im Falle der Klagerücknahme gilt dieselbe Rechtsfolge, wenn der Anlass zur Einreichung der Klage vor Rechtshängigkeit weggefallen ist **(§ 269 Abs. 3 Satz 3
ZPO)**. Diese Voraussetzungen liegen nicht vor, wenn sich eine vor Rechtshängigkeit der Klage abgegebene Verpflichtungserklärung als unwirksam erweist (LG
Berlin GE 2018, 198). Dies ist in der Praxis insbesondere dann von Bedeutung,
wenn die vor der Rechtshängigkeit abgegebene Verpflichtungserklärung unter
einer Bedingung erfolgt und deshalb unwirksam ist (s. Rdn. 68) und den Vermieter eine wirksame Verpflichtungserklärung erst nach Rechtshängigkeit zugeht.
Hier muss der Vermieter den Rechtsstreit zur Vermeidung von Kostennachteilen für erledigt erklären (LG Berlin a. a. O.). Kommt der Mieter nach dem Wegfall
der Kündigungswirkungen erneut in Verzug, so muss der Vermieter erneut kündigen.

g) Ausschlussfrist. Die Rechtsfolge des § 569 Abs. 3 Nr. 2 Satz 1 BGB tritt **71**
nicht ein, wenn der Kündigung **vor nicht länger als zwei Jahren bereits eine
nach Satz 1 unwirksam gewordene Kündigung vorausgegangen** ist (§ 569
Abs. 3 Nr. 2 Satz 2 BGB). Maßgeblich für die Berechnung der Frist ist der jeweilige
Zugang der Kündigung. Ist beispielsweise eine am 5. Januar 2019 zugegangene
Kündigung durch nachträgliche Zahlung unwirksam geworden, so kann der Mieter
von dem Recht aus § 569 Abs. 3 Nr. 2 Satz 1 BGB erst wieder bei solchen Kündigungen Gebrauch machen, die am 6. Januar 2021 oder später zugehen. Die Ausschlusswirkung des § 569 Abs. 3 Satz 2 BGB tritt auch dann ein, wenn die Befriedigung des Vermieters nach Zugang der Kündigung aber vor Zustellung der
Räumungsklage erfolgt (LG Detmold WuM 2006, 527; Wetekamp in FS Blank
S. 459, 465; V. Emmerich in: Staudinger § 569 BGB Rdn. 49). Aus § 569 Abs. 3
Satz 1 BGB, wonach die Frist zur Bezahlung des Rückstands mit dem Eintritt der
Rechtshängigkeit beginnt folgt nicht, dass im Falle der Zahlung vor Rechtshängigkeit kein Ausschluss eintritt.

§ 569 BGB   Untertitel 2. Mietverhältnisse über Wohnraum

72   Die Vorschrift will zugunsten des Vermieters verhindern, dass sich die Abfolge von Mietrückstand, Kündigung und zwangsweiser Vertragsfortsetzung in kurzen Zeitabständen wiederholt. Deshalb gilt § 569 Abs. 3 Nr. 2 Satz 2 BGBB **nur für die Fälle der zwangsweisen Vertragsfortsetzung.** Hiervon ist auch dann auszugehen, wenn die Parteien nach fristloser Kündigung und anschließender Zahlung den Vertrag stillschweigend fortsetzen oder dessen Fortsetzung ausdrücklich vereinbaren. Eine solche Praxis entspricht der in § 569 Abs. 3 Nr. 2 Satz 1 BGB vorgesehenen Rechtsfolge. Etwas anderes gilt aber dann, wenn die Vertragsfortsetzung praktiziert oder vereinbart wird, obwohl der Vermieter auch auf der Räumung bestehen könnte; hier ist § 569 Abs. 3 Nr. 2 Satz 2 BGB unanwendbar (LG Mannheim MDR 1974, 935; WuM 1988, 363; LG Berlin WuM 1992, 607; MDR 1992, 479: bei Fortsetzung trotz Räumungstitel; LG Frankfurt WuM 1991, 34; AG Berlin-Tiergarten GE 1994, 711; AG Berlin-Charlottenburg GE 1994, 55: bei Fortsetzung, obwohl der Rückstand innerhalb der Schonfrist nicht vollständig gezahlt worden ist; LG Berlin GE 1987, 1051: wenn der Vermieter die Rechte aus einer Kündigung nicht weiterverfolgt hat; V. Emmerich in: Staudinger § 569 BGB Rdn. 50; Häublein in: MünchKomm § 569 BGB Rdn. 47; Sternel Rdn. IV 425; Kinne GE 1996, 820, 830; Lammel Wohnraummietrecht § 569 BGB Rdn. 42; Herrlein in: Herrlein/Kandelhard, Mietrecht § 569 BGB Rdn. 39; Hinz in: Klein-Blenkers/Heinemann/Ring, Miete/WEG/Nachbarschaft § 569 BGB Rdn. 74; Wetekamp in: FS Blank S. 459, 465; **a. A.** LG Stuttgart WuM 1995, 470 für den Fall, dass die Parteien Ratenzahlung vereinbaren und der Vertrag sodann fortgesetzt wird; AG Darmstadt WuM 1988, 159 für den Fall, dass der Vermieter das Mietverhältnis fortgesetzt hat, obwohl die Übernahmeerklärung des Sozialamts verspätet zugegangen ist; Palandt/Weidenkaff § 569 BGB Rdn. 17). Außerdem ist § 569 Abs. 3 Nr. 2 Satz 2 BGB in denjenigen Fällen unanwendbar, in denen die Durchsetzung des Räumungsanspruchs als verwirkt angesehen werden muss. Wer den Räumungsanspruch nicht geltend macht und deshalb beim Vertragspartner den Eindruck erweckt, dass er aus dem Titel keine Rechte herleiten wolle, muss sich so behandeln lassen, als wäre die dem Räumungsanspruch zugrunde liegende Kündigung nicht erfolgt.

73   Die Vorschrift des § 569 Abs. 3 Nr. 2 Satz 2 BGB ist schließlich dann unanwendbar, wenn die Kündigung deshalb unwirksam geworden ist, weil der Mieter nach § 543 Abs. 2 Nr. 3 Satz 3 BGB aufgerechnet hat. Die **Tilgung durch Aufrechnung** mit einer bereits zum Zeitpunkt der Kündigung fälligen Forderung ist wegen § 389 BGB kein Fall der nachträglichen Erfüllung (Häublein in: MünchKomm § 569 BGB Rdn. 47; Wetekamp in: FS Blank S. 459, 465). Vielmehr fehlt es hier am Zahlungsverzug. Es besteht deshalb kein Grund, den Mieter zu benachteiligen, weil er mehrmals hintereinander zur Aufrechnung mit einer bereits fälligen Gegenforderung, auf deren Erfüllung der Vermieter selbst Anspruch hat, in der Lage ist (LG Mannheim WuM 1986, 250; Fleindl in: Bub/Treier Kap IV Rdn. 383).

74   Tritt nach der Unwirksamkeit der Kündigung ein **erneuter Verzug** noch während der Anhängigkeit des ursprünglichen Räumungsrechtsstreits ein, so muss der Vermieter erneut kündigen. In diesem Fall kann der ursprüngliche Rechtsstreit fortgesetzt werden, wobei die zweite Kündigung zu einer Klagänderung führt (LG Gießen WuM 1994, 706).

75   **h) analoge Anwendung des § 569 Abs. 3 Nr. 2 Satz 1 BGB bei der ordentlichen Kündigung.** Nach der obergerichtlichen Rechtsprechung kommt eine analoge Anwendung des § 569 Abs. 3 Nr. 2 Satz 1 BGB nicht in Betracht, wenn die Kündigung auf § 573 Abs. 2 Nr. 1 BGB gestützt wird (BGH WuM 2005,

Außerordentliche fristlose Kündigung **BGB § 569**

250 = NZM 2005, 334 = ZMR 2005, 356; BGH NJW 2007, 428 = NZM 2007, 35 = WuM 2007, 24 unter II 1; NJW 2008, 508 = NZM 2008, 121 = WuM 2008, 31; BGH WuM 2016, 682 Rz. 8; OLG Stuttgart RE 28.8.1991 WuM 1991, 526 = ZMR 1991, 429 = NJW-RR 1991, 1487; BGH WuM 2012, 571; ebenso (Sternel PiG 90 (2011) S. 175, 183). OLG Karlsruhe RE 19.8.1992 WuM 1992, 517 = ZMR 1992, 488 = NJW-RR 1993, 79; ebenso: Wetekamp in: FS Blank S. 459, 472; Rolfs in: Staudinger § 573 BGB Rdn. 46; Fleindl in: Bub/Treier Kap IV Rdn. 115; Kinne in: Kinne/Schach/Bieber Miet- und Mietprozessrecht § 568 BGB Rdn. 24; Nies NZM 1998, 398, 400; Lammel Wohnraummietrecht § 573 BGB Rdn. 52; **a. A.** LG Berlin GE 2020, 604/605; AG Tempelhof-Kreuzberg GE 2015, 1105 (aufgegeben in GE 2020, 604); Blank WuM 2005, 250; Franke ZMR 1992, 81; Scholl WuM 1993, 99; Sternel Mietrecht aktuell Rdn. 492; Häublein in: MünchKomm § 573 BGB Rdn. 70ff und PiG 97 (2014) S. 35, 43; Herrlein in: Herrlein/Kandelhard § 573 BGB Rdn. 19). Dies hat zur Folge, dass das Nachholrecht nicht besteht, wenn der Vermieter nach § 573 Abs. 2 Nr. 1 BGB kündigt. Zur Begründung wird ausgeführt, dass der Schutz des Mieters im Falle der ordentlichen Kündigung über das Verschuldenskriterium gewährleistet werde; dabei könne auch eine nachträgliche Zahlung verschuldensmindernd berücksichtigt werden (BGH WuM 2012, 571). Deshalb gebe es für die analoge Anwendung des § 569 Abs. 3 Nr. 2 Satz 1 BGB kein Bedürfnis. Diese Begründung überzeugt nicht (Blank WuM 2005, 250): zweifelhaft ist bereits, ob bei einer Kündigung wegen einer Vertragsverletzung nachträglich eingetretene Sachlagen berücksichtigt werden können (bejahend: LG Berlin GE 1993, 427; verneinend LG Berlin WuM 2017, 83; s. aber auch § 573 Rdn. 29). Die instanzgerichtliche Rechtsprechung stellt an die Annahme verschuldensmindernder Umstände hohe Ansprüche (LG Berlin ZMR 2018, 757: die nachträgliche Zahlung des Rückstands genügt für sich allein jedenfalls nicht). Jedenfalls dient das Verschuldenserfordernis in § 573 Abs. 2 Nr. 1 BGB nicht als Ersatz für das in § 569 Abs. 3 Nr. 2 Satz 1 BGB geregelte Nachholrecht. Insbesondere ist nicht anzunehmen, dass der Gesetzgeber mit dem Erlass des I. WKSchG die Voraussetzungen für die Ausschaltung eines der wesentlichsten Schutzrechte des Mieters schaffen wollte (ebenso: Franke ZMR 1992, 81, 83). Durch das I WKSchG – auf dessen Regelungen § 573 BGB beruht – sollte der Schutz des Mieters nämlich nicht gemindert, sondern verstärkt werden. Schließlich wäre es auch widersprüchlich, wenn der Mieter gegenüber einer ordentlichen befristeten Kündigung weniger geschützt wäre, als gegenüber einer außerordentlichen fristlosen Vertragsbeendigung (Sternel Mietrecht aktuell Rdn. 492). Die analoge Anwendung des § 569 Abs. 3 Nr. 2 Satz 1 BGB ist deshalb zwingend (Blank WuM 2005, 250; Franke ZMR 1992, 81; Scholl WuM 1993, 99; Sternel a.a.O.; Häublein in: MünchKomm § 573 BGB Rdn. 70ff; **a. A.** LG Berlin GE 2020, 604/605 [direkte Anwendung]). Auch nach der hier abgelehnten Auffassung der obergerichtlichen Rechtsprechung gilt aber, dass das Kündigungsrecht nicht wieder auflebt, wenn eine fristlose Kündigung nach § 569 Abs. 3 Nr. 2 Satz 1 BGB unwirksam geworden ist; die der fristlosen Kündigung zugrunde liegenden Rückstände können deshalb nicht zum Gegenstand einer ordentlichen Kündigung nach § 573 Abs. 2 Nr. 2 BGB gemacht werden (LG Berlin GE 1994, 399). Eine solche Kündigung scheitert an dem Umstand, dass zum Zeitpunkt des Zugangs kein Rückstand mehr besteht. Zur Frage, ob dem Vermieter die Berufung auf eine zunächst wirksame ordentliche Kündigung wegen nachträglich eingetretener Umstände, insbesondere bei nachträglicher Tilgung des Rückstands mit Rücksicht auf **Treu und Glauben** verwehrt ist s. § 573 Rdn. 29).

75a **i) Gestaffelte Kündigung.** In der Praxis erklärt der Vermieter in erster Linie eine außerordentliche und „hilfsweise" („fürsorglich") eine ordentliche Kündigung. Mit der gestaffelten Kündigung will der Vermieter erreichen, dass die ordentliche Kündigung geprüft wird, wenn sich die außerordentliche Kündigung – gleich aus welchen Gründen – als unwirksam erweist. Nach einer vom LG Berlin vertretenen Meinung kann der Vermieter dieses Ziel nicht erreichen: Nach seiner Ansicht hat die fristlose Kündigung zur Folge, dass das Mietverhältnis mit dem Zugang der Kündigung beendet wird. Die ordentliche Kündigung gehe damit „ins Leere", weil ein bereits beendetes Mietverhältnis nicht noch einmal zu einem späteren Zeitpunkt beendet werden kann. Die ordentliche Kündigung muss nach dieser Ansicht nach dem Zeitpunkt des Unwirksamwerdens der fristlosen Kündigung wiederholt werden, was voraussetzt, dass zu diesem Zeitpunkt ein noch bestehender Kündigungsgrund vorliegt. Dies sei – wegen der zwischenzeitlich erfolgten Tilgung des Rückstands – aber nicht der Fall (LG Berlin ZMR 2018, 39 m. Anm. Häublein/Lehmann-Richter ZMR 2018, 43 und Anm. Beyer GE 2018, 174; s. auch C. Kunze/Kroll MietRB 2018, 150). Der **BGH** teilt diese Auffassung nicht (BGH NZM 2018, 941; 2018, 1017). Nach seiner Ansicht bringt der Vermieter mit dem Ausspruch der gestaffelten Kündigung „regelmäßig zum Ausdruck, dass die ordentliche Kündigung auch dann zum Zuge kommen soll, wenn die zunächst wirksam erklärte fristlose Kündigung aufgrund eines gesetzlich vorgesehenen Umstands (§ 543 Abs. 2 Satz 3 BGB [unverzügliche Aufrechnung], § 569 Abs. 3 Nr. 2 BGB [Schonfristzahlung oder Verpflichtungserklärung einer öffentlichen Stelle]) nachträglich (rückwirkend) unwirksam wird." Eine hiervon abweichende Auslegung der Kündigungserklärung sei nur dann angezeigt, wenn hierfür belastbare Anhaltspunkte bestehen. Die rechtsdogmatischen Erwägungen des LG Berlin betreffend das Verhältnis von außerordentlicher und ordentlicher Kündigung erachtet der BGH für unzutreffend: Mit der Zahlung des Rückstands werde die fristlose Kündigung mit Wirkung ex tunc unwirksam. Dies habe zur Folge, dass im Zeitpunkt des Zugangs der ordentlichen Kündigung wieder ein Mietverhältnis vorliege, das im Wege der ordentlichen Kündigung beendet werde (so bereits Beyer a. a. O.; C. Kunze/Kroll a. a. O.). Die Auffassung des BGH ist zutreffend. Die Ansicht des LG Berlin beruht auf der fehlerhaften Vorstellung, dass der Vermieter mit der gestaffelten Kündigung zwei Kündigungserklärungen abgibt. Dies trifft nicht zu. Vielmehr ist davon auszugehen, dass der Vermieter die Kündigung auf mehrere Kündigungstatbestände stützt, nämlich auf § 543 und auf § 573, mit der Maßgabe, dass der Tatbestand des § 543 vorrangig geprüft werden soll. Kommt das Gericht zum Ergebnis, dass § 543 wegen der Zahlung des Rückstands nicht (mehr) anzuwenden ist, muss es sich mit § 573 befassen. Diese Regelung ist weiterhin anzuwenden; sie führt zur Beendigung des Mietverhältnisses. Insoweit ist unerheblich, dass beim Ablauf der Kündigungsfrist kein Rückstand mehr besteht. Der Kündigungsgrund i. S. des § 573 Abs. 2 Nr. 1 setzt eine Vertragsverletzung voraus. Diese besteht in der unterlassenen Mietzahlung; die Vertragsverletzung entfällt nicht, wenn der Rückstand ausgeglichen wird.

3. Kündigungsschutz des Mieters nach Mieterhöhung (Abs. 3 Nr. 3)

76 Ist der Zahlungsverzug entstanden, weil der Mieter „rechtskräftig zur Zahlung einer erhöhten Miete nach den §§ 558 bis 560 BGB verurteilt worden" ist, so kann der Vermieter grundsätzlich nicht vor Ablauf von zwei Monaten nach rechtskräftiger Verurteilung kündigen (§ 569 Abs. 3 Nr. 3 BGB).

Die Regelung des § 569 Abs. 3 Nr. 3 BGB nennt die §§ 558 bis § 560 BGB. Die **77** Inbezugnahme der §§ 558c bis 558e BGB ergibt für den Anwendungsbereich der Kündigungssperre allerdings keinen Sinn, weil sich dort lediglich Definitionen der verschiedenen Arten von Mietspiegeln und der Mietdatenbank finden.

a) Mieterhöhung nach § 558 BGB. Die Vorschrift gilt zunächst für Mieterhö- **78** hungen nach § 558 BGB. Bei diesen Mieterhöhungen ergibt die Anordnung einer Kündigungssperre einen guten Sinn: Ist das Mieterhöhungsverlangen begründet, so schuldet der Mieter die erhöhte Miete mit Beginn des dritten Kalendermonats nach dem Zugang des Erhöhungsverlangens (§ 558b Abs. 1 BGB). Im Falle der Zustimmung des Mieters wird die erhöhte Miete zu diesem Zeitpunkt fällig. Stimmt der Mieter nicht zu, so muss der Vermieter auf Zustimmung zur Mieterhöhung klagen. Mit der Rechtskraft des Urteils wird die Zustimmung des Mieters ersetzt. Diese erfolgt rückwirkend auf den in § 558b Abs. 1 BGB genannten Zeitpunkt. In der Regel liegt dieser Zeitpunkt mehrere Monate vor der Rechtskraft des Urteils. Dies hat zur Folge, dass mit dem Eintritt der Rechtskraft ein Mietrückstand vorliegt, der rechnerisch den Tatbestand der Kündigung nach § 543 Abs. 2 Nr. 3 BGB erfüllt. Hier ist es sinnvoll, den Mieter für eine gewisse Zeit durch die Kündigungssperre vor einer überraschenden Kündigung zu schützen.

Nach dem Wortlaut des § 569 Abs. 3 Nr. 3 BGB setzt die Kündigungssperre **79** allerdings voraus, dass der Mieter „zur Zahlung einer erhöhten Miete" verurteilt wird. Nach § 558b Abs. 2 BGB muss der Vermieter allerdings zunächst „auf Erteilung der Zustimmung" zur Mieterhöhung klagen. Dies führt zu der Frage, ob die Vorschrift auf einem Redaktionsversehen beruht, wie dies zum früheren inhaltsgleichen § 9 MHG vertreten worden ist oder ob neben der Verurteilung zur Zustimmung tatsächlich noch eine weitere Verurteilung zur Zahlung hinzutreten muss, damit das Kündigungsrecht ausgeübt werden kann. Mit dem Sinn der Kündigungssperre stünde dies nicht im Einklang, weil mit der Rechtskraft des Zustimmungsurteils zugleich die Zahlungspflicht des Mieters feststeht. Es spricht deshalb vieles dafür, dass der Gesetzgeber die bisherige Regelung des § 9 MHG unreflektiert übernommen hat. Deshalb gilt: Ist der Mieter im Verfahren nach § 558 BGB verurteilt worden, einer Mieterhöhung zuzustimmen, so kann der Vermieter zwei Monate nach Rechtskraft des Zustimmungsurteils kündigen, wenn zu diesem Zeitpunkt die weiteren Voraussetzungen des § 543 Abs. 2 Nr. 3 BGB gegeben sind (BGH WuM 2005, 458). Diese Regelung gilt auch dann, wenn der Mieter rückwirkend zur Zustimmung verurteilt worden ist (BGH a. a. O.). Hat der Mieter der Mieterhöhung freiwillig zugestimmt (§ 558b Abs. 1 BGB) so wird hierdurch der Mietvertrag abgeändert. Die Regelung des § 569 Abs. 3 Nr. 3 BGB ist dann unanwendbar, weil sich daraus nicht ergibt, dass der Vermieter wegen der Rückstände zunächst eine Zahlungsklage erheben müsste (Sternel WuM 2009, 699, 704).

b) Erhöhung von Betriebskostenpauschale und Betriebskostenvoraus- **80** **zahlung.** Nach dem Wortlaut des § 569 Abs. 3 Nr. 3 BGB gilt die Sperrfrist auch bei Mietrückständen infolge der Erhöhung einer Betriebskostenpauschale nach § 560 Abs. 1 und 2 BGB, sowie bei einer Erhöhung der Betriebskostenvorauszahlungen nach § 560 Abs. 4 BGB.

Nach der früheren Rechtsprechung des BGH (BGH WuM 2010, 156) setzt die **81** Erhöhung der Betriebskostenvorauszahlungen nur eine formell richtige Abrechnung voraus; auf die inhaltliche Richtigkeit soll es nicht ankommen. Diese Rechtsansicht hat der BGH in dem Urteil vom 15.5.2012 (WuM 2012, 321) aufgegeben. Danach ist die **Anpassung von Vorauszahlungen nur auf der Grundlage einer**

§ 569 BGB Untertitel 2. Mietverhältnisse über Wohnraum

formell und inhaltlich korrekten Abrechnung möglich. Die geänderte Rechtsprechung hat folgende **Auswirkungen:**

82 (1) Verweigert der Mieter die Zahlung der erhöhten Vorausleistungen, so kann der Vermieter Zahlungsklage erheben. In diesem Fall kann der Mieter einwenden, dass er die erhöhten Beträge nicht schuldet, weil die Betriebskostenabrechnung formell oder inhaltlich fehlerhaft ist. Das Gericht muss im Zahlungsprozess die Richtigkeit der Betriebskostenabrechnung überprüfen. Erweist sich die Betriebskostenabrechnung als zutreffend, so wird der Mieter zur Zahlung verurteilt. Dieser Fall wird vom Wortlaut des § 569 Abs. 3 Nr. 3 BGB erfasst. Eine fristlose Kündigung wegen Zahlungsverzugs mit den rückständigen Betriebskostenvorauszahlungen ist dann erst nach Ablauf von zwei Monaten nach Rechtskraft des Zahlungsurteils möglich.

83 (2) Geht dem Mieter eine Erhöhungserklärung nach § 560 Abs. 4 BGB zu, so kann er Klage auf Feststellung erheben, dass er den erhöhten Vorauszahlungsbetrag wegen formeller oder inhaltlicher Mängel der Betriebskostenabrechnung nicht schuldet. Fraglich ist, ob § 569 Abs. 3 Nr. 3 BGB bewirkt, dass die fristlose Kündigung des Vermieters erst nach Ablauf von zwei Monaten nach Rechtskraft der Feststellungsklage möglich ist. Der Wortlaut der Vorschrift setzt eine Verurteilung zur Zahlung voraus. Nach dem Schutzzweck der Regelung sollte jedoch eine entsprechende Anwendung auf die Feststellungsklage in Erwägung gezogen werden.

84 (3) Der Vermieter kann wegen der Weigerung des Mieters zur Zahlung der erhöhten Vorausleistungen fristlos kündigen, wenn die Voraussetzungen der §§ 543 Abs. 2 Nr. 3 oder 573 Abs. 2 Nr. 1 BGB vorliegen. Auch in diesen Fällen stellt sich die Frage nach der Anwendung des § 569 Abs. 3 Nr. 3 BGB. Nach dem Urteil des BGH vom 18.7.2012 (NJW 2012, 3089 = NZM 2012, 676) setzt die Kündigung des Mietverhältnisses in diesem Fall nicht voraus, dass der Mieter zuvor im Wege der Zahlungsklage in Anspruch genommen und rechtskräftig zur Zahlung der Erhöhungsbeträge verurteilt worden ist. Der Mieter hat also ein erhebliches Kündigungsrisiko zu tragen, wenn die gerichtliche Prüfung ergibt, dass die Abrechnung fehlerfrei ist. Dann stellt sich die weitere Frage, ob der Zahlungsverzug möglicherweise deshalb entfällt, weil sich der Mieter in der Beurteilung der Sach- oder Rechtslage geirrt hat. Nach ständiger Rechtsprechung des BGH (WuM 2007, 24; NJW 2006, 3271; WuM 2012, 323) gilt insoweit ein strenger Maßstab: „Der Schuldner muss die Rechtslage sorgfältig prüfen, soweit erforderlich Rechtsrat einholen und die höchstrichterliche Rechtsprechung sorgfältig beachten ... Entschuldigt ist ein Rechtsirrtum nur dann, wenn der Irrende bei Anwendung der im Verkehr erforderlichen Sorgfalt mit einer anderen Beurteilung durch die Gerichte nicht zu rechnen brauchte. Nach allgemeinen Grundsätzen muss der Mieter darlegen und beweisen, dass er ohne Verschulden an der Entrichtung der Miete gehindert war." Ein schuldausschließender Rechts- oder Tatsachenirrtum wird also so gut wie nie vorliegen. Dem Mieter ist zu raten im Zweifelsfall den Erhöhungsbetrag unter Vorbehalt zu zahlen und sodann den Bereicherungsanspruch wegen rechtsgrundloser Zahlung der Erhöhungsbeträge geltend zu machen. In diesem Verfahren kann die Berechtigung der Erhöhung der Betriebskostenvorauszahlungen überprüft werden, ohne dass dies mit dem Risiko des Wohnungsverlustes verbunden ist.

85 **c) Die Mieterhöhung nach § 559 BGB.** Die Mieterhöhung nach Durchführung einer Modernisierung gem § 559 BGB erfolgt – wie die Erhöhung der Betriebskostenpauschale oder die Erhöhung der Betriebskostenvorauszahlungen –

ebenfalls auf Grund einer einseitigen Erklärung. Auch hier ist streitig, ob eine fristlose Kündigung in jedem Fall eine vorhergehende rechtskräftige Verurteilung zur Zahlung voraussetzt (LG Berlin ZMR 1989, 305; Hinz NZM 2010, 57, 67) oder ob § 569 Abs. 3 Nr. 3 BGB nur gilt, wenn der Vermieter eine Zahlungsklage erhoben hat (V. Emmerich in: Staudinger § 569 BGB Rdn. 54). Folgt man der Rechtsansicht des BGH in dem oben zitierten Urteil vom 18.7.2012 so gilt die zur Betriebskostenerhöhung dargestellte Rechtslage auch für die Mieterhöhung nach § 559 BGB.

d) Preisgebundener Wohnraum/Geschäftsraum. Die Vorschrift gilt für 86 alle Mietverhältnisse über eine freifinanzierte Wohnung, mit Ausnahme der in § 549 Abs. 2 und 3 BGB aufgezählten Vertragstypen. Auf diese Mietverhältnisse sind die Vorschriften über die Mieterhöhung (§§ 557–561 BGB) nicht anwendbar; folgerichtig kann auch § 569 Abs. 3 Nr. 3 BGB nicht angewandt werden. In der instanzgerichtlichen Rechtsprechung und in der Literatur wird teilweise die Ansicht vertreten, dass die Regelung auf Mietverhältnis über eine preisgebundene Wohnung entsprechend anzuwenden ist (LG Köln WuM 1995, 593; Sternel Mietrecht aktuell Rdn. XII 147). Nach h. M. ist eine analoge Anwendung des § 569 Abs. 3 Nr. 3 BGB auf preisgebundenen Wohnraum nicht möglich (BGH NJW 2012, 2270 = NZM 2012, 529; Lammel Wohnraummietrecht § 569 Rdn. 46; Häublein in; MünchKomm § 569 BGB Rdn. 51; Wöstmann in Bamberger/Roth § 569 Rdn. 19). Der BGH leitet aus der Gesetzesgeschichte ab, dass der Gesetzgeber den Mieter einer preisgebundenen Wohnung nicht im gleichen Maße für schutzbedürftig erachtet wie den Mieter einer freifinanzierten Wohnung. Auf Geschäftsraummietverhältnisse ist § 569 Abs. 3 Nr. 3 BGB ebenfalls unanwendbar.

e) Ordentliche Kündigung. Die Vorschrift nach ihrem Wortlaut nur für die 87 außerordentliche fristlose Kündigung aus wichtigem Grund gem. § 543 Abs. 2 Nr. 3 BGB. Dies hat zur Folge, dass der Vermieter ohne Beachtung der Sperrfrist nach § 573 Abs. 2 Nr. 1 BGB kündigen könnte. Streitig ist, ob § 569 Abs. 3 Nr. 3 BGB auf die **ordentliche befristete Kündigung** entsprechend anwendbar ist (so LG Berlin GE 2012, 548; **a. A.** Lützenkirchen in Lützenkirchen Mietrecht § 569 Rdn. 161; Hinz NZM 2010, 57, 68). Über die analoge Anwendung des § 569 Abs. 3 BGB auf die ordentliche Kündigung hat der BGH noch nicht entschieden. Sie ist nach der hier vertretenen Ansicht zu bejahen. Es steht mit dem Grundgedanken des Mieterschutzes nicht im Einklang, wenn der Mieter gegenüber einer ordentlichen befristeten Kündigung weniger geschützt wäre, als gegenüber einer außerordentlichen fristlosen Vertragsbeendigung.

Im Falle eines **Vergleichs** ist § 569 Abs. 3 Nr. 3 BGB nicht anwendbar (OLG 88 Hamm RE 27.12.1991 WuM 1992, 54 = ZMR 1992, 109; V. Emmerich in: Staudinger § 569 BGB Rdn. 54; Häublein in: MünchKomm § 569 BGB Rdn. 51; Lammel Wohnraummietrecht § 569 BGB Rdn. 45; Hinz in: Klein-Blenkers/Heinemann/Ring, Miete/WEG/Nachbarschaft § 569 BGB Rdn. 76). Eine überraschende Kündigung verstößt in diesem Fall aber gegen § 242 BGB; der Vermieter ist also gehalten, den Mieter nach Vergleichsschluss zur Zahlung der Rückstände aufzufordern und ihm hierzu eine angemessene Frist (von ca. 2 Wochen) einzuräumen. Ein zahlungsschwacher Mieter muss darauf achten, dass er im Vergleich ein Recht zur Ratenzahlung erhält oder dass ihm die Rückstände für eine bestimmte Zeit gestundet werden. Ein zur Zeit des Vergleichsschlusses bestehendes Kündigungsrecht nach § 543 Abs. 2 Nr. 3 BGB bleibt erhalten; der Vermieter muss den

Mieter aber auch hier vor dem Ausspruch der Kündigung zur Zahlung auffordern und ihm eine angemessene Frist einräumen. Dieselben Grundsätze gelten für außergerichtliche Vereinbarungen, insbesondere für **freiwillige Mieterhöhungsvereinbarungen nach § 557 Abs. 1 BGB,** falls dort nichts Abweichendes geregelt ist.

V. Begründung der Kündigungserklärung (Abs. 4)

1. Anwendungsbereich

89 Nach § 569 Abs. 4 BGB ist der zur Kündigung führende wichtige Grund in dem Kündigungsschreiben anzugeben. Die Vorschrift gilt für **alle Wohnraummietverhältnisse einschließlich** derer, die in **§ 549 Abs. 2 und 3 BGB** aufgeführt sind. Möglicherweise ist dem Gesetzgeber insoweit ein Redaktionsversehen unterlaufen. Hierfür spricht die Entstehungsgeschichte des § 569 Abs. 4 BGB (dazu im Einzelnen: Börstinghaus in: FS Derleder (2005) S. 205, 207 ff). Diese Vorschrift wurde erst auf Empfehlung des Rechtsausschusses in das Gesetz aufgenommen; deshalb ist denkbar, dass der Gesetzgeber die bei § 549 Abs. 2 BGB erforderliche Folgeänderung übersehen hat. Nach § 549 Abs. 2 BGB kann der Vermieter ein Mietverhältnis über Wohnraum im Sinne von § 549 Abs. 2 Nr. 2 BGB im Wege der ordentlichen Kündigung beenden, ohne dass die Gründe hierfür im Kündigungsschreiben anzugeben sind. Nach der Gesetzessystematik liegt es nahe, die fristlose Kündigung ebenso zu behandeln. Dies ist allerdings nicht geschehen; eine Korrektur im Wege der Gesetzesauslegung ist aus Gründen der Rechtssicherheit nicht möglich. Für die Geschäftsraummiete (KG GE 2013, 618) und für die Miete beweglicher Sachen gilt die Vorschrift nicht.

90 Die Pflicht zur Angabe der Kündigungsgründe gilt nicht nur für **Kündigungen nach § 569 Abs. 1 und 2 BGB,** sondern auch für **Kündigungen nach § 543 Abs. 1 und 2 BGB** (Allgemeine Ansicht). Dies folgt ohne weiteres aus dem Umstand, dass der „wichtige Grund" i. S. des § 569 Abs. 4 BGB mit dem in § 543 BGB gebrauchten Begriff des wichtigen Grundes identisch ist. Die Angabe des Kündigungsgrundes ist sowohl bei der **Kündigung durch den Vermieter** als auch bei der **Kündigung durch den Mieter** erforderlich (BGH WuM 2005, 584 unter Ziff II 2). Das Begründungserfordernis gilt ausnahmslos; eine aus **§ 242 BGB** ableitbare Lockerung, etwa bei schweren Straftaten oder im Falle einer erheblichen Gesundheitsgefährdung ist nicht angezeigt (Hinz in: Klein-Blenkers/Heinemann/Ring, Miete/WEG/Nachbarschaft § 569 BGB Rdn. 94). Wird wegen **mehrerer Gründe** gekündigt, so müssen alle Gründe angegeben werden; die nicht im Kündigungsschreiben mitgeteilten Gründen sind nicht zu berücksichtigen (**a. A.** Haas, Das neue Mietrecht, § 569 BGB Rdn. 5); allerdings kann deswegen eine weitere Kündigung ausgesprochen werden.

2. Grundsätze der Begründungspflicht

91 In der Begründung des Rechtsausschusses (BT-Drucks. 14/5663 zu § 569 BGB) ist zum **Umfang der Begründungspflicht** folgendes ausgeführt: „An diese Begründung dürfen jedoch keine zu hohen und übertrieben formalistischen Anforderungen gestellt werden. Es soll dadurch lediglich sichergestellt sein, dass der Mieter erkennen kann, welcher Umstand zur fristlosen Kündigung geführt hat". In diesem

Zusammenhang wird teilweise die Ansicht vertreten, dass an die Begründung einer fristlosen Kündigung geringere Anforderungen zu stellen sind, als bei der ordentlichen Kündigung nach § 573 BGB; es genüge „eine sehr knappe und laienhafte Angabe" (Haas, Das neue Mietrecht, § 569 BGB Rdn. 5; ebenso: Häublein in: MünchKomm § 569 BGB Rdn. 54). Dem ist nicht zu folgen (wie hier: Lützenkirchen, Neue Mietrechtspraxis, Rdn. 884 und 911 f; Hinz/Ormanschick/Rieke/Scheff, Das neue Mietrecht § 8 Rdn. 19; V. Emmerich in: Staudinger § 569 BGB Rdn. 63; Börstinghaus in: FS Derleder (2005) S. 205, 211 ff): die Anordnung einer Begründungspflicht ergibt nur dann einen vernünftigen Sinn, wenn der Kündigungsempfänger auf Grund der Angaben im Kündigungsschreiben Klarheit über seine Rechtsposition und die Möglichkeiten einer Rechtsverteidigung erhält (Lammel Wohnraummietrecht § 569 BGB Rdn. 54). Diese Auffassung entspricht der Rechtsprechung des Bundesverfassungsgerichts zu der rechtsähnlichen Vorschrift des § 564b Abs. 3 BGB a. F. (= § 573 Abs. 3 BGB n. F. s. BVerfG WuM 1989, 483; ZMR 1994, 252). Deshalb muss der Vermieter die Kündigungstatsachen in der Klagschrift substantiiert darlegen. Ein Verweis auf vorgerichtliche Korrespondenz genügt auch dann nicht, wenn diese in einer Anlage zur Klageschrift beigefügt ist. „Ein derartiger Verweis auf Anlagen ist zur Darlegung eines Anspruchs unzulässig. Es obliegt vielmehr dem Prozessbevollmächtigten der Parteien, den Vortrag selbst zu ordnen, Anlagen auszuwerten und Tatsachen nach Rechtsgesichtspunkten hervorzuheben und vorzutragen (AG Gelsenkirchen WuM 2017, 648; Musielak ZPO/Stadler, ZPO § 130 Rdn. 10 m. w. N.).

3. Kündigung wegen Zahlungsverzugs

Zu der **Kündigung wegen Zahlungsverzugs** hat der BGH in dem Beschluss vom 22.12.2003 (BGH NZM 2004, 187 = WuM 2004, 97 = NJW 2004, 850; BGH WuM 2004, 489) ausgeführt, dass es „jedenfalls bei klarer und einfacher Sachlage" für die formelle Wirksamkeit der Kündigung genügt, wenn der Vermieter in dem Kündigungsschreiben „den Zahlungsverzug als Grund benennt und den Gesamtbetrag der rückständigen Miete beziffert". Die Angabe weiterer Einzelheiten wie Datum des Verzugseintritts, Aufgliederung des Mietrückstandes für einzelne Monate oder Verrechnung einzelner Zahlungen ist entbehrlich. Nach dem Urteil des BGH NJW 2010, 3015 = WuM 2010, 484 = NZM 2010, 548 gelten dieselben Grundsätze auch bei umfangreichen oder schwierig zu ermittelnden Rückständen (ebenso: Flatow NZM 2004, 281, 286; Sternel Mietrecht Aktuell (2009) Rdn. XII 145). Eine fehlerhafte Berechnung des Rückstands hat keinen Einfluss auf die formelle Wirksamkeit der Kündigung BGH a.a.O.). 92

4. Kündigung wegen Zahlungsunpünktlichkeit

Bei einer Kündigung wegen einer Zahlungsunpünktlichkeit ist es regelmäßig erforderlich, dass der Vermieter die Zahlungseingänge der maßgeblichen vergangenen Monate im Kündigungsschreiben aufführt, damit der Mieter weiß von welchem Sachverhalt der Vermieter ausgeht (BGH NJW 2006, 1585 = NZM 2006, 338 unter Ziff III; LG Berlin GE 2010, 1271). In einfach gelagerten Fällen kann jedoch auf eine Auflistung der Zahlungseingänge verzichtet werden, insbesondere dann, wenn der Zeitraum der Zahlungsunpünktlichkeit überschaubar ist und der Mieter ungefähr weiß, wann die Zahlungen beim Vermieter eingegangen sind (BGH a. a. O.). 93

5. Kündigung wegen sonstiger Vertragsverletzungen

94 Wird die Kündigung auf sonstige Vertragsverletzungen gestützt, so muss der Kündigungsberechtigte das beanstandete Verhalten des Kündigungsempfängers hinreichend genau beschreiben und die Zeit, den Ort und die näheren Umstände des Vorfalls („wann, wo, was") mitteilen. (LG Berlin GE 2003, 670, 671; Börstinghaus in: FS Derleder (2005) S. 205, 217). Ist der Kündigung eine Abmahnung vorausgegangen, so muss sich aus dem Kündigungsschreiben ergeben, dass der Gekündigte nach dem Zugang der Abmahnung eine weitere, gleiche oder gleichartige Vertragsverletzung begangen hat. Es genügt nicht, wenn zur Begründung lediglich auf die im Abmahnschreiben aufgeführten Beanstandungen Bezug genommen wird, weil der Kündigungstatbestand eine Fortsetzung des beanstandeten Verhaltens nach der Abmahnung voraussetzt (LG Bonn WuM 1992, 18). Diese Grundsätze gelten auch dann, wenn der Kündigende abgemahnt hat, obwohl nach § 543 Abs. 3 Satz 2 BGB keine Abmahnung erforderlich gewesen wäre. Durch die Abmahnung gibt der Kündigende nämlich zu erkennen, dass der Kündigungsgegner die Kündigung vermeiden kann, wenn er sich in Zukunft vertragsgemäß verhält. Wird die Kündigung auf eine Vertragsverletzung des Mieters gestützt und ergibt sich, dass das beanstandete Verhalten nicht diesem, sondern einem Familienangehörigen zur Last fällt, so ist eine „Korrektur" der Kündigungserklärung im Räumungsprozess als unzulässiges Auswechseln von Kündigungsgründen zu bewerten (AG Köln WuM 2015, 623). Die Kündigung kann allerdings unter Angabe des richtigen Sachverhalts wiederholt werden.

95 Wird die Kündigung auf **eine Vielzahl einzelner Vertragsverletzungen** gestützt, so müssen die einzelnen Vertragsverletzungen substantiiert im Kündigungsschreiben dargelegt werden. Aus dem Kündigungsschreiben muss sich auch in diesem Fall ergeben, wann und wo der Gekündigte die behaupteten Vertragsverstöße begangen hat (V. Emmerich in: Staudinger § 569 BGB Rdn. 63; Hinz in: Klein-Blenkers/Heinemann/Ring, Miete/WEG/Nachbarschaft § 569 BGB Rdn. 84). Hat der Vermieter beispielsweise wegen einer häufigen **Lärmbelästigung** gekündigt, so genügt es, wenn er lediglich darlegt, dass der Mieter „ständig ruhestörenden Lärm" verursacht habe. Vielmehr ist in einem solchen Fall zu verlangen, dass Art, Zeitpunkt und jeweilige Dauer der einzelnen Lärmstörungen hinreichend genau beschrieben wird. Zumindest muss der Vermieter einen abgrenzbaren Zeitraum angeben und die Häufigkeit der Lärmstörungen innerhalb dieses Zeitraums darlegen (z. B.: „In der Zeit vom bis ca. dreimal wöchentlich"). Anders kann der Gekündigte zu den Vorwürfen nicht sinnvoll Stellung nehmen.

6. Kündigung des Mieters wegen eines Mangels

96 Kündigt der Mieter wegen eines **Mangels (§ 543 Abs. 2 Nr. 1 BGB)** oder einer **gesundheitsgefährdenden Beschaffenheit der Mietsache (§ 569 Abs. 1 BGB),** so muss er den Mangel hinreichend genau beschreiben. Dies gilt auch dann, wenn der Vermieter den Zustand der Mietsache kennt (Börstinghaus in: FS Derleder (2005) S. 205, 218). Über die Mangelursache muss der Mieter keine Angaben machen (BGH NZM 2016, 796; GE 2012, 1635; NZM 2005, 17: zur Darlegungslast im Prozess); ebenso sind Vorschläge zur Mangelbeseitigung entbehrlich. Eine laienhafte Beschreibung des Mangels reicht aus (Hinz in: Klein-Blenkers/Heinemann/Ring, Miete/WEG/Nachbarschaft § 569 BGB Rdn. 85). Hat der Mieter den Mangel in einem Verlangen nach Abhilfe angezeigt, so genügt es, wenn die Kündigungserklärung auf das Abhilfeverlangen Bezug nimmt und sich im Übrigen ergibt, dass der beanstandete Zustand nach wie vor besteht.

7. Nachträglich entstandene Kündigungsgründe

Nach dem Wortlaut des § 569 Abs. 4 BGB ist es zweifelsfrei, dass die Angabe des wichtigen Grundes in der Kündigungserklärung zu den **Wirksamkeitsvoraussetzungen der Kündigung** gehört. Dies hat zur Folge, dass eine fristlose Kündigung bei der Wohnraummiete unwirksam ist, wenn die Gründe der Kündigung entweder gar nicht oder nur unvollständig angegeben sind (BGH NJW 2004, 850 = NZM 2004, 187 unter Ziff II 2a; allgem. Ansicht). Entstehen nach dem Ausspruch einer **unwirksamen Kündigung neue Gründe**, so muss erneut gekündigt werden (V. Emmerich in: Staudinger § 569 BGB Rdn. 64; Sternel ZMR 2002, 1, 4; Lammel Wohnraummietrecht § 569 BGB Rdn. 57; Hinz in: Klein-Blenkers/Heinemann/Ring, Miete/WEG/Nachbarschaft § 569 BGB Rdn. 95). Es genügt nicht, wenn die neuen Gründe lediglich in einem prozessualen Schriftsatz mitgeteilt werden oder wenn der Kündigungsberechtigte erklärt, dass die bereits ausgesprochene Kündigung auch auf die neuen Gründe gestützt wird. Vielmehr muss aus der Sicht des Kündigungsempfängers deutlich werden, dass der Berechtigte eine weitere Kündigung aussprechen will. War die **Kündigung wirksam,** so können im Räumungsprozess auch die danach entstandenen Gründe berücksichtigt werden (V. Emmerich in: Staudinger § 569 BGB Rdn. 65; Lützenkirchen in Lützenkirchen Mietrecht § 569 Rdn. 180; **a. A.** Gellwitzki WuM 2003, 612, 616). 97

Der Kündigende kann zur Begründung der Kündigung auf bereits ausgesprochene Kündigungen Bezug nehmen (OLG Karlsruhe NZM 2003, 513). Wird die **Kündigung im Prozess** erklärt, so kann auf prozessuale Schriftsätze Bezug genommen werden. Die Bezugnahme muss dergestalt erfolgen, dass der Mieter erkennen kann, auf welche konkreten Gründe die Kündigung gestützt wird. Es ist nicht Sache des Kündigungsempfängers, sich die Gründe der Kündigung aus einem umfangreichen Schriftwechsel oder ähnlichem „zusammenzusuchen". 98

VI. Abweichende Vereinbarungen (Abs. 5)

1. § 569 Abs. 5 Satz 1 BGB:

Nach dieser Vorschrift sind abweichende Vereinbarungen, die zum Nachteil des Mieters von den Absätzen **1 bis 3** abweichen, unwirksam. Nach dem Wortlaut der Regelung könnte das in Abs. 4 geregelte Begründungserfordernis also abbedungen werden (so Lützenkirchen, Neue Mietrechtspraxis, Rdn. 915: allerdings nur durch Individualvertrag; Lammel Wohnraummietrecht § 569 BGB Rdn. 56; Paschke GE 2003, 639, 640). Dies widerspricht dem allgemeinen Grundsatz, wonach gesetzliche Formvorschriften nach ihrer Rechtsnatur zwingendes Recht darstellen. Es ist denkbar, dass die Formulierung des Abs. 5 auf einem Redaktionsversehen beruht (so: Hinz/Ormanschick/Rieke/Scheff, Das neue Mietrecht § 8 Rdn. 20). Hierfür spricht, dass Abs. 4 auf Initiative des Rechtsausschusses in den Regierungsentwurf eingefügt worden ist und dass hierbei die an sich notwendige Folgeänderung in Abs. 5 übersehen wurde. Eine von der Gesetzessystematik abweichende Interpretation ist gleichwohl nicht möglich. 99

Außerdem sind bei der Wohnraummiete alle Vereinbarungen unwirksam, die zum Nachteil des Mieters von § 543 BGB abweichen. Hiervon ist auszugehen, 100

§ 569 BGB Untertitel 2. Mietverhältnisse über Wohnraum

wenn die Parteien einen gesetzlichen Kündigungstatbestand vertraglich abweichend von der gesetzlichen Regelung umgestalten oder konkretisieren.

2. § 569 Abs. 5 Satz 2 BGB:

101 Nach dieser Vorschrift ist eine Vereinbarung unwirksam, nach der der Vermieter berechtigt sein soll, aus anderen als den im Gesetz zugelassenen Gründen außerordentlich fristlos zu kündigen.

102 **a) Anwendungsbereich und Zweck.** Die Vorschrift bezweckt den Schutz des Wohnraummieters und gilt deshalb nur für die Wohnraummiete. Sie besagt, dass der Vermieter ein Wohnraummietverhältnis nur aus den im Gesetz genannten Gründen fristlos kündigen kann. Dabei handelt es sich um die §§ 543, 569 Abs. 1 und 2 BGB. Eine Vereinbarung über weitere fristlose Kündigungsgründe zugunsten des Vermieters ist bei der Wohnraummiete unwirksam. Dies gilt auch hinsichtlich solcher Wohnraummietverhältnisse, die ansonsten keinen Kündigungsschutz genießen, wie die Mietverhältnisse i. S. von § 549 Abs. 2 und 3 BGB. Die Vereinbarung befristeter Kündigungsmöglichkeiten wird von § 569 Abs. 5 Satz 2 BGB nicht erfasst. Solche Vereinbarungen sind nach § 573 Abs. 4 BGB unwirksam, wenn sie zu Lasten des Mieters von der gesetzlichen Regelung abweichen. Zugunsten des Mieters können weitere Kündigungsgründe vereinbart werden (z. B. für den Fall eines beruflich bedingten Ortswechsels; des Umzugs in ein Altersheim, etc.).

103 **b) Begriff der Vereinbarung.** Die Vorschrift betrifft in erster Linie die Vereinbarungen im Mietvertrag. Solche Vereinbarungen sind stets unwirksam, unabhängig davon, ob sie formular (LG München I WuM 1994, 370, 372) oder individualvertraglich getroffen werden.

104 Daneben gilt die Vorschrift aber auch für Vereinbarungen, die während der Mietzeit getroffen werden und für bestimmte Fälle eine fristlose Kündigung außerhalb der §§ 543, 569 Abs. 2 BGB zugunsten des Vermieters vorsehen (AG Friedberg/Hessen WuM 1991, 686 betr. Vereinbarung über fristlose Kündigung bei Unterlassung einer Entrümpelung und Renovierung). Dabei spielt es keine Rolle aus welchem Anlass und in welcher Form die Vereinbarung getroffen wird. Deshalb kann auch in einem **gerichtlichen Vergleich** über die Fortsetzung eines gekündigten Mietverhältnisses nicht vereinbart werden, dass der Vermieter zur fristlosen Kündigung berechtigt sein soll, wenn der Mieter die Miete erneut mit Verspätung bezahlt. Auf eine Vereinbarung, wonach der Mieter die Mietsache an den Vermieter herauszugeben hat, wenn er mit der Mietzahlung in Verzug gerät, ist die Regelung in § 572 Abs. 2 BGB anzuwenden. Danach kann sich der Vermieter nicht auf eine Vereinbarung berufen, nach der das Mietverhältnis zum Nachteil des Mieters auflösend bedingt ist. Ein auflösend bedingter Mietvertrag liegt vor, wenn das Ende des Mietverhältnisses vereinbarungsgemäß von einem künftigen Ereignis abhängen soll, dessen Eintritt ungewiss ist (§ 158 Abs. 2 BGB). Hierzu zählt auch der Eintritt des Verzugs (Blank NZM 2010, 531; s. aber auch BGH NJW 2010, 859 = NZM 2009, 39). Regelungen der genannten Art sind nur dann möglich, wenn sie inhaltlich mit den gesetzlichen Kündigungstatbeständen übereinstimmen. Ergibt sich dieses Ergebnis nicht aus dem Wortlaut der Regelung oder im Wege der Auslegung, so ist die Vereinbarung (teil)unwirksam.

105 Die Möglichkeit der Parteien zum Abschluss eines **Mietaufhebungsvertrags** mit sofortiger Wirkung wird durch § 569 Abs. 5 Satz 2 BGB nicht berührt.

Außerordentliche fristlose Kündigung **BGB § 569**

c) Begriff der Kündigung. Die Vorschrift erfasst nach ihrem Wortlaut nur die 106
Vereinbarung über eine Kündigungsbefugnis. Unter einer **Kündigung** ist die Vertragsbeendigung ex nunc durch einseitige, zugangsbedürftige Willenserklärung zu verstehen. Für den **Rücktritt** gilt § 572 BGB. Die Regelung des **§ 569 Abs. 5 Satz 2 BGB** muss **entsprechend** angewendet werden, wenn die Parteien **Anfechtungsrechte** außerhalb der gesetzlichen Voraussetzungen vereinbaren oder wenn eine vertragliche Herausgabepflicht begründet wird. Deshalb kann weder durch Vereinbarung noch durch einen gerichtlichen Vergleich über die Fortsetzung des Mietverhältnisses vereinbart werden, dass der Mieter die Mietsache mit sofortiger Wirkung herausgeben muss, wenn er erneut in Verzug gerät. Dies gilt auch für eine **Vollstreckungsvereinbarung,** in der sich der Vermieter verpflichtet, von einem Räumungstitel solange keinen Gebrauch zu machen, als der Mieter seine Zahlungsverpflichtungen erfüllt (LG Köln WuM 1991, 673). Hierin liegt in der Sache eine Vereinbarung über die Fortsetzung des Mietverhältnisses, verbunden mit einer kündigungsunabhängigen Herausgabeverpflichtung für den Fall des Zahlungsverzugs. Solche Vereinbarungen sind teilunwirksam. Das Mietverhältnis wird zwar fortgesetzt; es kann im Falle des Verzugs aber nur durch Kündigung beendet werden, wenn die Voraussetzungen der §§ 543 Abs. 1 oder Abs. 2 Nr. 3 BGB gegeben sind.

d) Begriff der Kündigungsgründe. Die Vorschrift verbietet die Kündigung 107
„aus anderen als den im Gesetz zugelassenen Gründen". Diese Voraussetzung ist zum einen dann gegeben, wenn die Parteien einen Kündigungsgrund vereinbaren, der im Gesetz nicht vorgesehen ist, z. B. ein fristloses Kündigungsrecht zugunsten des Vermieters, wenn der Mieter die eidesstattliche Versicherung abgibt. Zum anderen können die einschlägigen Tatbestandsvoraussetzungen nicht zu Lasten des Mieters verändert werden; deshalb ist eine Vereinbarung unwirksam, wonach der Vermieter bei geringeren Rückständen als in § 543 Abs. 2 Nr. 3 BGB genannt, zur Kündigung berechtigt sein soll.

e) Rechtsfolgen unwirksamer Vereinbarungen. Eine gegen § 569 Abs. 5 108
Satz 2 BGB verstoßende Regelung ist nichtig. Die Wirksamkeit des übrigen Vertrags wird dadurch nicht berührt. Dies folgt aus dem mieterschützenden Charakter der Regelung. Eine dem Mieter günstige Vereinbarung ist wirksam. Eine Vereinbarung, die dem Mieter teilweise günstig, teilweise ungünstig ist, bleibt nach dem Gesetzeszweck mit dem günstigen Teil aufrechterhalten. Ist beispielsweise vereinbart, dass der Vermieter nach Abmahnung zur fristlosen Kündigung berechtigt ist, wenn der Mieter mit mehr als 2 Monatsmieten in Rückstand gerät, so ist diese Vereinbarung teils günstiger als § 543 Abs. 2 Nr. 3 BGB (diese Vorschrift setzt keine Abmahnung voraus), teils ungünstiger (für § 543 Abs. 2 Nr. 3 BGB ist Verzug erforderlich, ein Rückstand genügt nicht). Dies hat zur Folge, dass der Vermieter nur dann fristlos kündigen kann, wenn die gesetzlichen Voraussetzungen des § 543 Abs. 2 Nr. 3 BGB gegeben sind und der Mieter außerdem abgemahnt worden ist.

f) Geschäftsraummiete. Bei der Geschäftsraummiete können zugunsten und zu 109
Lasten des Vermieters weitere fristlose Kündigungsgründe oder Abweichungen von den gesetzlichen Kündigungsgründen vereinbart werden. Dies folgt aus dem Grundsatz der Vertragsfreiheit (Roquette § 554b BGB Rdn. 3). Teilweise wird vertreten, dass hierzu eine formularvertragliche Regelung nicht ausreicht; vielmehr sei stets eine individuelle Vereinbarung erforderlich (Fleindl in: Bub/Treier, Rdn. Kap IV Rdn. 316; **a. A.** BGH NJW 1984, 871 betr. Kündigungsrecht des Vermieters in einem Leasingvertrag, für den Fall, dass in das Vermögen des Mieters die Zwangsvollstreckung betrie-

§ 570 BGB Untertitel 2. Mietverhältnisse über Wohnraum

ben wird). Hierfür besteht allerdings kein Bedürfnis, weil der Geschäftsraummieter durch die §§ 138, 242 und § 307 BGB hinreichend geschützt ist. Wegen der gravierenden Wirkungen einer fristlosen Kündigung sind die Grenzen sowohl bei Formular als auch bei Individualvereinbarungen sehr eng zu ziehen (Sonnenschein NJW 1980, 1713, 1718). Grundvoraussetzung ist, dass der Vermieter ein berechtigtes Interesse an einer sofortigen Vertragsbeendigung hat. Die Kündigungsvoraussetzungen müssen sich aus der Vereinbarung klar ergeben. Das Recht zur fristlosen Kündigung darf nicht ins Belieben des Vermieters gestellt werden. Die sich aus dem Gesetz ergebenden Leitbilder sind zu beachten. Deshalb kann bei der Gewerbemiete vereinbart werden, dass dem Vermieter im Falle der Nichterfüllung der Kautionsvereinbarung ein Kündigungsrecht zustehen soll (OLG Düsseldorf ZMR 2017, 726). Grundsätzlich muss ein Kündigungstatbestand wegen einer Vertragsverletzung grundsätzlich an eine vorherige Abmahnung geknüpft werden. Wo gesetzlich für die Kündigung wegen der Nichtzahlung der Miete ein Verzug des Mieters vorausgesetzt wird, kann dieses Erfordernis nicht vertraglich durch einen „Rückstand" ersetzt werden.

§ 570 Ausschluss des Zurückbehaltungsrechts

Dem Mieter steht kein Zurückbehaltungsrecht gegen den Rückgabeanspruch des Vermieters zu.

I. Anwendungsbereich

1   Die Vorschrift gilt für die Wohn-, Geschäftsraum- und Grundstücksmiete (§§ 549, 578 Abs. 1). Sie ist im **Zusammenhang mit § 546 Abs. 1 BGB** zu lesen. Diese Vorschrift bestimmt, dass der Mieter die Mietsache nach der Beendigung des Mietverhältnisses zurückzugeben hat. Für die Wohn-, Geschäftsraum- und Grundstücksmiete ist in § 570 BGB ergänzend geregelt, dass der Mieter gegenüber dem Rückgabeanspruch des Vermieters kein Zurückbehaltungsrecht geltend machen kann.

II. Zweck

2   Die Ausschlussregelung gilt für das Zurückbehaltungsrecht nach den §§ 320, 273 BGB. Sie beruht auf der Erwägung, dass die Geltendmachung eines zeitweiligen Leistungsverweigerungsrechts durch den Mieter hier einen großen und nicht leicht wieder gutzumachenden Schaden auslösen kann, der zu den Sicherungsbedürfnis des Mieters in keinem Verhältnis steht (BGH LM Nr. 1 zu § 556 BGB a. F.). Obwohl diese Interessenlage auch im Eigentümer-Besitzer-Verhältnis besteht, sieht die h. M. in § 570 BGB eine eng auszulegende **Ausnahmevorschrift,** die unanwendbar ist, wenn der Vermieter den Rückgabeanspruch ausschließlich auf sein Eigentumsrecht (**§ 985 BGB)** oder auf **§ 812 BGB** stützt (BGH a. a. O.; Streyl in: Schmidt-Futterer § 570 BGB Rdn. 4; Emmerich in: Bub/Treier Kap V Rdn. 47; Rolfs in: Staudinger § 570 BGB Rdn. 3; Häublein in: MünchKomm § 570 BGB Rdn. 2; Hinz in: Klein-Blenkers/Heinemann/Ring, Miete/WEG/Nachbarschaft § 570 BGB Rdn. 3; Sternel Rdn. IV 571; Herrlein in: Herrlein/Kandelhard § 570 BGB Rdn. 2: Haug in: Emmerich/Sonnenschein §§ 570 Rdn. 3; Schach in: Kinne/Schach/Bieber Miet- und Mietprozessrecht § 570 BGB; Palandt/Weiden-

kaff § 570 BGB Rdn. 3; Mittelstein S. 512; Roquette § 556 BGB Rdn. 15; **a. A.** LG Ravensburg MDR 1960, 141). § 570 BGB ist allerdings anwendbar, wenn der Anspruch aus § 985 BGB neben dem Anspruch aus § 556 BGB geltend gemacht wird. In diesem Fall steht ein Recht zum Besitz i. S. von § 986 BGB nur dem dinglichen Herausgabeanspruch, nicht dem Anspruch aus § 546 BGB entgegen (BGH WuM 1998, 549, 550). Der Ausschluss des Zurückbehaltungsrechts gilt nicht für den Mieter einer beweglichen Sache.

III. Umfang des Ausschlusses des Zurückbehaltungsrechts

Der Ausschluss des Zurückbehaltungsrechts gilt **ohne Einschränkung.** Gleichgültig ist es deshalb, ob sich die Forderung des Mieters aus vertraglichem Recht (RG 108, 137, betr. Entschädigungsanspruch bei vorzeitiger Kündigung; LG Wuppertal WuM 1986, 316, betr. Kostenersatz für die Anfertigung zusätzlicher Schlüssel; LG Köln MDR 1955, 170, betr. Baukostenzuschuss) oder deliktischem Anspruch ergibt. Obwohl der Gesetzgeber den Ausschluss des Zurückbehaltungsrechts unter anderem damit begründet hat, dass dem Mieter zumeist nur unbedeutende Forderungen zustünden (Mugdan II S. 850, 1250, 1251), kommt es darauf nicht an. Das Zurückbehaltungsrecht ist vielmehr auch dann ausgeschlossen, wenn dem Mieter Ansprüche in bedeutender Höhe zustehen und der durch die Zurückbehaltung möglicherweise entstehende Schaden gering wäre. Das Zurückbehaltungsrecht ist auch dann ausgeschlossen, wenn der Mieter wegen wirklicher oder behaupteter Mängel ein **selbständiges Beweisverfahren** betreibt. Auch in diesem Fall darf der Mieter die Mietsache nicht zurückbehalten, etwa um einem Sachverständigen die Untersuchung des Mietobjekts zu ermöglichen (OLG Düsseldorf NZM 2008, 489). Nur ausnahmsweise kann die Berufung des Vermieters auf § 570 BGB **unzulässige Rechtsausübung (§ 242 BGB)** sein; so z. B. wenn sich der Anspruch des Mieters aus einer vorsätzlich begangenen unerlaubten Handlung des Vermieters ergibt (RG 160, 88, 91), auch wenn die Schadensursache in keinem Zusammenhang mit dem Mietverhältnis steht. 3

IV. Abweichende Vereinbarungen

§ 570 BGB enthält **nachgiebiges Recht** (RGZ 108, 137, 139). Die Vorschrift kann deshalb abbedungen werden (BGH WPM 1981, 695, 697). Eine solche Vereinbarung kann sich auch aus den Umständen ergeben (BGH a.a.O: wenn sich der Rückgabeanspruch aus einer Aufhebungsvereinbarung ergibt, wonach der Mieter Zug um Zug gegen Rückgabe eine Abfindung in beträchtlicher Höhe erhalten soll). 4

§ 571 Weiterer Schadensersatz bei verspäteter Rückgabe von Wohnraum

(1) ¹**Gibt der Mieter den gemieteten Wohnraum nach Beendigung des Mietverhältnisses nicht zurück, so kann der Vermieter einen weiteren Schaden im Sinne des § 546a Abs. 2 nur geltend machen, wenn die Rückgabe infolge von Umständen unterblieben ist, die der Mieter zu vertreten hat. Der Schaden ist nur insoweit zu ersetzen, als die Billigkeit eine Schadloshaltung erfordert.** ²**Dies gilt nicht, wenn der Mieter gekündigt hat.**

§ 571 BGB   Untertitel 2. Mietverhältnisse über Wohnraum

(2) **Wird dem Mieter nach § 721 oder § 794a der Zivilprozessordnung eine Räumungsfrist gewährt, so ist er für die Zeit von der Beendigung des Mietverhältnisses bis zum Ablauf der Räumungsfrist zum Ersatz eines weiteren Schadens nicht verpflichtet.**
(3) **Eine zum Nachteil des Mieters abweichende Vereinbarung ist unwirksam.**

I. Anwendungsbereich und Zweck

1   Die Vorschrift beruht auf sozialen Erwägungen und gilt nur für die Wohnraummiete. Sie ist im Zusammenhang mit § 546a BGB zu lesen. Diese Vorschrift bestimmt in Abs. 1, dass der Mieter im Falle der Vorenthaltung die vereinbarte oder die ortsübliche Miete zu zahlen hat und in Abs. 2, dass die Geltendmachung eines weiteren Schadens nicht ausgeschlossen ist. Durch § 571 wird der Schadensersatzanspruch des Vermieters zugunsten des Wohnraummieters in bestimmten Fällen beschränkt. Der Gesetzgeber hat das Haftungsrisiko vermindert, um sicherzustellen, dass der Mieter von seinen Schutzrechten Gebrauch machen kann. Dabei ist vor allem an die §§ 574 BGB, 721, 794a ZPO gedacht (Begründung zum RegE BT Drucks. IV 806, 11; Ausschussbericht zu BT Drucks. IV/2195, 5). Eine hinreichend sichere Prognose über die gerichtliche Entscheidung ist hier wegen der Vielzahl der zu berücksichtigenden Faktoren regelmäßig nicht möglich. Trotz der gesetzgeberischen Zielsetzung setzt die Anwendung der Abs. 2 und 3 aber nicht voraus, dass für den Wohnraum Kündigungsschutz besteht (Streyl in: Schmidt-Futterer § 571 BGB Rdn. 2). Privilegiert wird Wohnraum jeder Art; der Wortlaut der Regelung ist eindeutig.

II. Einzelheiten

1. § 571 Abs. 1 Satz 1 BGB

2   Die Vorschrift hat geringe praktische Bedeutung, weil bereits aus § 286 Abs. 4 BGB folgt, dass der Schuldner nicht in Verzug kommt, wenn die Leistung infolge eines Umstandes unterbleibt, den er nicht zu vertreten hat. Trotz der etwas anderen Formulierung ergibt sich aus § 571 Abs. 1 Satz 1 BGB auch keine von § 286 Abs. 4 BGB abweichende Beweislastverteilung: die Beweislast für die schuldausschließenden Umstände liegt nach beiden Vorschriften beim Mieter. Auch mögliche Schadensersatzansprüche wegen Pflichtverletzung (§ 280, 281 BGB) setzen ein Verschulden des Mieters voraus. Gleichwohl ist § 571 Abs. 1 Satz 1 BGB nicht überflüssig. Aus dem Zusammenhang mit § 571 Abs. 3 BGB folgt, dass die Parteien keine vertraglichen Vereinbarungen treffen können, die zum Nachteil des Mieters von der gesetzlichen Regelung abweichen.

3   Zu den **Umständen, die ein Verschulden ausschließen,** gehören insbesondere: Hohes Alter, Krankheit, Verwurzelung in der Umgebung, Schwangerschaft, besondere schulische oder berufliche Belastung, fehlender Ersatzraum trotz Erfüllung der Ersatzraumbeschaffungspflicht, Verzögerung der Rückgabe, wenn eine Ersatzwohnung zwar nicht sofort aber in absehbarer Zeit zur Verfügung steht. Die Sachverhalte sind ähnlich wie bei § 574 BGB, § 721 ZPO. Generell ist zu sagen, dass ein Verschulden entfällt, wenn das Mietverhältnis in einer vergleich-

baren Situation nach § 574 BGB fortgesetzt oder wenn dem Mieter eine Räumungsfrist nach § 721 ZPO bewilligt worden wäre (LG Hamburg WuM 1996, 341; **a. A.** Häublein in: MünchKomm § 571 BGB Rdn. 7: Danach muss der Mieter in diesem Fall von seinen Rechten aus § 574 ff BGB Gebrauch machen; unterlässt er dies, so habe er die den aus der verzögerten Rückgabe entstehenden Schaden zu vertreten).

2. § 571 Abs. 1 Satz 2 BGB

Durch diese Regelung wird der Schutz des Wohnraummieters über die allgemeinen Vorschriften hinaus verstärkt. Die Vorschrift ist zu beachten, wenn es um den **Ersatz des Vorenthaltungsschadens** geht, nicht bei sonstigen Schadensersatzansprüchen. Sie hat dann praktische Bedeutung, wenn der Mieter die Vorenthaltung zu vertreten hat. In diesem Fall kann über das Ob und die Höhe der Ersatzpflicht auf der Grundlage einer Interessenabwägung nach **Billigkeitskriterien** entschieden werden. Zu berücksichtigen sind das Erlangungsinteresse des Vermieters einerseits, die Gründe der Vorenthaltung andererseits. Auch die Höhe des Schadens und die Vermögens- und Einkommensverhältnisse der Parteien können eine Rolle spielen. Die praktische Bedeutung dieser Vorschrift liegt allerdings im Bereich des **Rechtsirrtums.** Während der Mieter im Falle eines Rechtsirrtums nach allgemeinen Grundsätzen nur dann entlastet wird, wenn der Irrtum unverschuldet war (vgl. BGH NJW 2007, 428 = NZM 2007, 35; Blank NZM 2007, 788) wird eine am Schutzzweck der Norm orientierte Auslegung des Begriffs der Billigkeit ergeben, dass die Haftung bereits dann entfällt, wenn der Mieter davon ausgehen konnte, das Gericht werde die Räumungsklage abweisen, das Mietverhältnis über den Beendigungszeitpunkt hinaus fortsetzen oder eine Räumungsfrist gewähren. Der strenge Maßstab, der von der Rechtsprechung an den Wegfall des Verschuldens gestellt wird, ist hier nicht anzuwenden.

4

3. § 571 Abs. 1 Satz 3 BGB

Durch diese Regelung wird klargestellt, dass für eine **Billigkeitsentscheidung kein Raum** ist, wenn der Mieter gekündigt hat. Dies gilt auch dann, wenn die Kündigung durch ein vertragswidriges Verhalten des Vermieters veranlasst worden ist (Sternel, Rdn. IV 690). Auf Mietaufhebungsverträge ist die Vorschrift nicht anwendbar (Streyl in: Schmidt-Futterer § 571 BGB Rdn. 12; Sternel, a.a.O.; Häublein in: MünchKomm § 571 BGB Rdn. 9; Lützenkirchen in: Lützenkirchen, Mietrecht § § 571 BGB Rdn. 24; Hinz in: Klein-Blenkers/Heinemann/Ring, Miete/WEG/Nachbarschaft § 571 BGB Rdn. 6).

5

4. § 571 Abs. 2 BGB

Durch diese Vorschrift wird der Anspruch auf Ersatz des weiteren Verzugsschadens schlechthin ausgeschlossen, wenn dem Mieter eine **Räumungsfrist nach § 721 oder § 794 a ZPO** gewährt worden ist. Die Vorschrift gilt auch dann, wenn der Mieter gekündigt hat. Auf **§ 765 a ZPO** ist die Vorschrift nicht anwendbar (LG Ellwangen WuM 1992, 247; Streyl in: Schmidt-Futterer § 571 BGB Rdn. 14; Rolfs in: Staudinger § 571 BGB Rdn. 10; Lützenkirchen in: Lützenkirchen, Mietrecht § § 571 BGB Rdn. 31; Haug in: Emmerich/Sonnenschein §§ 571 Rdn. 6; Schach in: Kinne/Schach/Bieber Miet- und Mietprozessrecht § 571 Rdn. 3), jedoch

6

§ 572 BGB   Untertitel 2. Mietverhältnisse über Wohnraum

wird es hier entweder am Verschulden oder an der Billigkeit fehlen. Bei außergerichtlich vereinbarten Räumungsfristen gilt Abs. 2 ebenfalls nicht (Rolfs in: Staudinger § 571 BGB Rdn. 10). Der Ausschluss der Ersatzpflicht wirkt nur für die Zeit, für die eine Räumungsfrist bewilligt worden ist. Wird eine vom Amtsgericht gewährte **Räumungsfrist** vom Beschwerdegericht **aufgehoben,** so wird teilweise die Ansicht vertreten, dass die Ausschlusswirkung erst nach Zustellung der Beschwerdeentscheidung endet (LG Siegen WuM 1990, 208; Sternel Mietrecht aktuell Rdn. 601). Dem ist nicht zu folgen, weil aufgehobene Entscheidungen keine Rechtswirksamkeit entfalten. Eine Ausnahme aus Gründen des Vertrauensschutzes ist nicht veranlasst; bei schutzwürdigem Vertrauen muss das Beschwerdegericht prüfen, ob anstelle einer Aufhebung eine Abkürzung der Räumungsfrist in Betracht kommt.

7   Aus der materiellrechtlichen Bedeutung der Räumungsfrist folgt, dass der Mieter auch dann ein **Rechtsschutzbedürfnis an einer Entscheidung über die Gewährung einer Räumungsfrist** hat, wenn er die Wohnung nach der Beendigung des Mietverhältnisses, aber vor der Entscheidung über die Räumungsklage zurückgibt.

III. Abweichende Vereinbarungen

8   Nach § 571 Abs. 3 sind Vereinbarungen, die zum Nachteil des Mieters von den Abs. 1 oder 2 abweichen, unwirksam. Die Verbotsvorschrift betrifft sowohl Vereinbarungen im Mietvertrag, als auch solche, die anlässlich der Vertragsbeendigung, z. B. in einer Räumungsvereinbarung, getroffen worden sind.

IV. Darlegungs- und Beweislast

9   Die Höhe des weiteren Schadens i. S. von § 571 Abs. 1 BGB muss der Vermieter beweisen. Der Mieter muss die Umstände beweisen, aus denen sich ergibt, dass er die verspätete Rückgabe nicht zu vertreten hat. Die für die Billigkeitsprüfung maßgeblichen Umstände muss derjenige beweisen, der den betreffenden Umstand für sich in Anspruch nimmt.

§ 572 Vereinbartes Rücktrittsrecht; Mietverhältnis unter auflösender Bedingung

(1) **Auf eine Vereinbarung, nach der der Vermieter berechtigt sein soll, nach Überlassung des Wohnraums an den Mieter vom Vertrag zurückzutreten, kann der Vermieter sich nicht berufen.**

(2) **Ferner kann der Vermieter sich nicht auf eine Vereinbarung berufen, nach der das Mietverhältnis zum Nachteil des Mieters auflösend bedingt ist.**

I. Anwendungsbereich

Die Vorschrift gilt nur für die Wohnraummiete. Dort gilt sie aber uneingeschränkt, also auch für die in § 549 Abs. 2 und 3 BGB aufgeführten Mietverhältnisse (Rolfs in: Staudinger § 572 BGB Rdn. 1). Für Mietverhältnisse über Geschäftsraum, bei der Miete beweglicher Sachen und bei der Pacht gilt § 572 BGB nicht. **1**

II. Vereinbartes Rücktrittsrecht (Abs. 1)

1. Gesetzeszweck

Die Regelung in § 572 Abs. 1 BGB ist dem bis 31.8.2001 geltenden § 570a BGB a. F. nachgebildet. Nach dieser Vorschrift galten für ein vereinbartes Rücktrittsrecht nach Überlassung der Mietsache die Vorschriften über die Kündigung und ihre Folgen. Nunmehr können die Parteien vereinbaren, dass der Mieter oder der Vermieter vom Rücktritt vom Vertrag berechtigt sein sollen. Der Vermieter kann sich gleichwohl auf ein Rücktrittsrecht nicht berufen; er kann das Mietverhältnis nur beenden, wenn ein Kündigungstatbestand vorliegt. Der Sinn der Regelung ist derselbe, wie nach früherem Recht: Die Vorschrift soll verhindern, dass die zugunsten des Wohnraummieters bestehenden Kündigungsschutzvorschriften durch die Vereinbarung eines Rücktritts zugunsten des Vermieters umgangen werden (Begründung des Regierungsentwurfs zu § 572 BGB, BT-Drucks. 14/4553). **2**

2. Vereinbarung eines Rücktrittsrechts

Die Vorschrift setzt voraus, dass ein Rücktrittsrecht vertraglich vereinbart ist oder dass sich eine Partei den Rücktritt vertraglich vorbehalten hat (§ 349 BGB). Hiervon ist auszugehen, wenn ein Vertragsteil nach den vertraglichen Vereinbarungen berechtigt sein soll, den Vertrag durch einseitige Erklärung rückgängig zu machen. Für das gesetzliche Rücktrittsrecht gilt § 572 Abs. 1 BGB nicht; die Fälle des gesetzlichen Rücktritts werden bei der Miete nach der Übergabe durch das Recht zur Kündigung nach § 543 Abs. 1 BGB verdrängt. **3**

3. Rechtsfolgen

Ein vertraglich vereinbartes Rücktrittsrecht ist auch bei der Wohnraummiete wirksam. Dies gilt auch, wenn die Vereinbarung formularmäßig getroffen ist (§ 308 Nr. 3 HS 2 BGB). Bei der Ausübung des Rechts ist zu unterscheiden, ob der Rücktritt vor oder nach der Überlassung an den Mieter erklärt wird. **4**

a) Vor der Überlassung. Vor der Überlassung gelten die allgemeinen Vorschriften. Der Rücktritt erfolgt durch Erklärung gegenüber dem anderen Teil (§ 349 BGB). Mangels besonderer Vereinbarung bedarf der Rücktritt keiner besonderen Form und keiner Begründung. Die materiellrechtlichen Voraussetzungen des Rücktritts bestimmen sich nach den Vereinbarungen im Mietvertrag. Ein wirksam erklärter Rücktritt hat zur Folge, dass der Mietvertrag rückwirkend aufgelöst wird. **5**

§ 572 BGB Untertitel 2. Mietverhältnisse über Wohnraum

6 **b) Nach der Überlassung.** Ist die Wohnung dem Mieter überlassen (übergeben) worden, so kann der **Vermieter** auch dann nicht vom Vertrag zurücktreten, wenn die vertraglich vereinbarten Rücktrittsvoraussetzungen gegeben sind. An die Stelle des Rücktrittsrechts tritt das Recht zur Kündigung. Hiervon kann der Vermieter Gebrauch machen, wenn ein gesetzlicher Kündigungstatbestand erfüllt ist.

7 Ein erklärter Rücktritt kann in eine Kündigungserklärung umgedeutet werden, wenn die für die Kündigung maßgeblichen formellen und materiellen Voraussetzungen vorliegen. Wird der Rücktritt aus Gründen erklärt, die den Vermieter zur ordentlich befristeten Kündigung nach § 573 BGB berechtigten, so ist der Rücktritt nur wirksam, wenn die Kündigungsgründe im Rücktrittsschreiben mitgeteilt werden. Außerdem sind in diesem Fall die Kündigungsfristen des § 573c BGB einzuhalten. Dem Mieter stehen die Rechte aus § 574 BGB zu.

8 Der **Mieter** kann vom Vertrag zurücktreten, wenn die vereinbarten Rücktrittsvoraussetzungen gegeben sind. Es gilt dieselbe Rechtslage wie bei der Ausübung des Rücktritts vor Übergabe. Ein nach der Übergabe erklärter Rücktritt wirkt entgegen den allgemeinen Vorschriften allerdings nur für die Zukunft (Lammel Wohnraummietrecht § 572 BGB Rdn. 9). Dies folgt aus der Erwägung, dass die beiderseits erbrachten Leistungen nicht mehr mit Rückwirkung beseitigt werden können.

III. Mietverhältnis unter auflösender Bedingung (Abs. 2)

1. Gesetzeszweck

9 Nach dem bis 31.8.2001 geltendem Recht war für ein auflösend bedingtes Mietverhältnis in § 565a Abs. 2 Satz 1 BGB a. F. bestimmt, dass es sich nach Eintritt der Bedingung auf unbestimmte Zeit verlängert. Nach nunmehrigem Recht kann sich der Vermieter „nicht auf eine Vereinbarung berufen, nach der das Mietverhältnis zum Nachteil des Mieters auflösend bedingt ist". Die Auslegung der Vorschrift ist umstritten. Nach einer Ansicht ist die Vereinbarung einer auflösenden Bedingung zum Nachteil des Mieters wirksam. Tritt die Bedingung ein, so kann sich allerdings nur der Mieter, nicht aber der Vermieter auf den Eintritt der Bedingung berufen. Nach dieser Ansicht endet das Mietverhältnis auf Grund des Bedingungseintritts, wenn der Mieter dies will (Rolfs in: Staudinger § 572 BGB Rdn. 9; Lammel Wohnraummietrecht § 572 BGB Rdn. 15, 16; Haug in: Emmerich/Sonnenschein § 572 Rdn. 3). Teilweise wird hierzu die Ansicht vertreten, dass der Mieter diesen Willen aus Gründen der Rechtssicherheit gegenüber dem Vermieter innerhalb der Frist des § 545 Abs. 1 BGB (zwei Wochen nach Bedingungseintritt) zum Ausdruck bringen muss (Häublein in: MünchKomm § 572 BGB Rdn. 5). Nach anderer Meinung ist die Vereinbarung einer auflösenden Bedingung zum Nachteil des Mieters unwirksam (Haas, Das neue Mietrecht, § 572 BGB Rdn. 2; Kinne in: Kinne/Schach/Bieber Miet- und Mietprozessrecht § 572 BGB Rdn. 5). Folgt man dieser Ansicht, so kann sich keiner der Parteien auf die vertragsbeendigende Wirkung der Bedingung berufen. Diese Ansicht steht im Einklang mit den Vorstellungen des Gesetzgebers, der durch die Wahl der Formulierung „nicht ... berufen" klarstellen wollte, dass nur die Vereinbarung einer auflösenden Bedingung zum Nachteil des Mieters unwirksam ist, während der Vertrag im Übrigen wirksam bleibt (Begründung des Regierungsentwurfs zu § 572 BGB, BT-Drucks. 14/4553). Die letztgenannte Meinung ist vorzuziehen. Geht man davon aus, dass die Vereinbarung einer auflösenden Bedingung zum Nachteil des Mieters generell wirksam

ist, so hätte der Vermieter beim Eintritt der Bedingung zwar keinen Räumungsanspruch; gleichwohl würde das Mietverhältnis entsprechend der (wirksamen) Vertragsregelung mit dem Bedingungseintritt beendet. Eine solche Rechtsfolge ist ersichtlich nicht gewollt. Der Sinn der Regelung ist derselbe, wie nach früherem Recht: Die Vorschrift soll verhindern, dass die zugunsten des Wohnraummieters bestehenden Kündigungsschutzvorschriften durch die Vereinbarung auflösend bedingter Mietverhältnisse umgangen werden.

2. Auflösende Bedingung

Ein auflösend bedingter Mietvertrag liegt vor, wenn das Ende des Mietverhältnisses vereinbarungsgemäß von einem künftigen Ereignis abhängen soll, dessen Eintritt ungewiss ist (**§ 158 Abs. 2 BGB**). **Ereignisse** in diesem Sinne sind: bei der Vermietung einer **Werkwohnung** das Ende des Arbeitsverhältnisses (Das Mietverhältnis endet mit dem Arbeitsverhältnis); beim **Untermietverhältnis** die Beendigung des Hauptmietvertrags (Das Untermietverhältnis endet, wenn das Hauptmietverhältnis beendet wird (dazu LG Osnabrück WuM 1994, 24)); bei den **Nutzungsverträgen der Wohnungsgenossenschaften** der Bestand der Mitgliedschaft (Das Nutzungsverhältnis endet, wenn das Mitglied aus der Genossenschaft ausscheidet (dazu LG Berlin MM 1992, 354)); bei Mietverträgen über Wohnraum, der Teil eines **Studentenwohnheims** ist die Beendigung des Studiums (Das Mietverhältnis endet mit dem Abschluss des Studiums); bei einem **Mietverhältnis mit mehreren Mietern** der Auszug eines Mieters (Das Mietverhältnis endet mit dem Auszug eines Mieters (dazu LG Göttingen WuM 1989, 184)). Umstritten ist die Frage ob die Parteien vereinbaren können, dass der Mieter trotz wirksamer Kündigung wegen Zahlungsverzugs weiterhin in der Wohnung verbleiben kann, wenn er sich zur Zahlung der Rückstände und für den Fall eines erneuten Zahlungsverzugs zur Räumung und Herausgabe verpflichtet. („Im Falle eines erneuten Zahlungsverzugs verpflichtet sich der Mieter bereits jetzt, die Mietsache zu räumen und an den Vermieter herauszugeben") s. dazu auch § 569 BGB Rdn. 104). Nach der hier vertretenen Ansicht ist die **Räumungsverpflichtung als auflösende Bedingung** im Sinne von § 572 Abs. 2 zu bewerten. Eine solche Vereinbarung hat zur Folge, dass mit dem Vertragsschluss ein neues Mietverhältnis entsteht. Die Räumungsverpflichtung ist – auch wenn sie in Form eines gerichtlichen Vergleichs getroffen wird – unwirksam. Nach **anderer Ansicht** (s. insbesondere Hinz WuM 2015, 269, 280) sind derartige Vergleiche wirksam, wenn folgende Voraussetzungen gegeben sind: **(1)** Das ursprüngliche Mietverhältnis ist beendet; **(2)** es wird eine Schwebezeit vereinbart, in der die Rückstände zu tilgen sind, die Schwebezeit darf dabei die Dauer eines Jahres nicht überschreiten. Bei längeren Schwebezeiten ist die Vereinbarung teilunwirksam (§ 139 BGB). **(3)** Nach Ablauf der Schwebezeit soll ein neues Mietverhältnis entstehen oder das ursprüngliche Mietverhältnis fortgesetzt werden. Eine Erklärung des Vermieters, er werde aus der Kündigung nach Tilgung der Rückstände keine Rechte herleiten ist im letztgenannten Sinn zu verstehen. **(4)** Die Regelung des § 572 Abs. 2 BGB ist nicht anzuwenden; vielmehr entsteht ein Vollstreckungsmoratorium (ebenso: Häublein in: MünchKomm § 572 Rdn. 4). Der **BGH** (NJW 2010, 859 = NZM 2009, 39) hat zu einer vergleichbaren Regelung entschieden, dass der in der Vereinbarung liegende Verzicht des Mieters auf die gesetzlichen Schutzrechte nicht als Vertragsstrafe zu bewerten sei. Zu dem Problem des § 572 Abs. 2 BGB hat der BGH nicht Stellung genommen (Blank NZM 2010, 531). Danach ist ein Räumungsvergleich mit Stillhalteverpflichtung, falls der Mieter die Rückstände bezahlt, wirksam mit der weiteren Folge, dass der Mieter zur Räumung verpflichtet ist, wenn er mit den Zahlungen in Verzug gerät (LG Berlin GE 2016, 725).

11 Für die **Abgrenzung zum befristeten Mietverhältnis** kommt es maßgeblich darauf an, ob der Eintritt des Ereignisses ungewiss (dann auflösende Bedingung) oder gewiss (dann Befristung) ist. Ein **Mietverhältnis auf Lebenszeit** des Mieters wird als befristetes Mietverhältnis bewertet, weil der Tod der Partei mit Gewissheit eintreten wird (BayObLG RE 2.7.1993 BayObLGZ 1993, 272 = NJW-RR 1993, 1164 = WuM 1993, 523 = ZMR 1993, 462 = DWW 1993, 261; **a. A.** noch LG Berlin MM 1991, 333). Die Abgrenzung kann im Einzelfall schwierig sein. Sie richtet sich nach den übereinstimmenden Vorstellungen der Parteien. Ein Mietverhältnis „bis zum Abbruch eines Hauses" ist ein befristetes Mietverhältnis, wenn der Abbruch mit Sicherheit feststeht, der Zeitpunkt des Abbruchs aber ungewiss ist. Wird der Abbruch dagegen nur als Möglichkeit in Erwägung gezogen, so liegt ein auflösend bedingtes Mietverhältnis vor. Eine Präferenz für die Annahme des § 572 Abs. 2 BGB besteht nicht. Im Zweifelsfall ist nach **Beweislastgrundsätzen** zu entscheiden. Darlegungs- und beweispflichtig für die Art des Mietverhältnisses ist derjenige, der aus einer bestimmten Vertragsgestaltung Rechte für sich herleiten will. Klagt der Vermieter nach Eintritt des Ereignisses auf Räumung und ist streitig, ob die Parteien den Eintritt des Ereignisses bei Vertragsschluss als gewiss (Befristung, § 575 Abs. 1 Satz 1 BGB) oder ungewiss (auflösende Bedingung, § 572 Abs. 2 BGB) angesehen haben, so muss der Vermieter die Befristung des Mietverhältnisses beweisen (Hinz in: Klein-Blenkers/Heinemann/Ring, Miete/WEG/Nachbarschaft § 572 BGB Rdn. 14).

3. Zum Nachteil des Mieters

12 § 572 Abs. 2 BGB gilt nur für auflösende Bedingungen zum Nachteil des Mieters. Hierunter sind solche Bedingungen zu verstehen, die im Interesse des Vermieters an der Rückerlangung der Wohnung bei Eintritt eines bestimmten Ereignisses vereinbart worden sind. Die Vereinbarung einer auflösenden Bedingung **zum Vorteil des Mieters** ist wirksam. Es gelten die allgemeinen Vorschriften. Solche Mietverhältnisse enden kraft Gesetzes mit dem Eintritt der Bedingung; auf diese Rechtsfolge können sich beide Parteien berufen. Kann sich eine Bedingung **sowohl zum Vorteil als auch zum Nachteil des Mieters** auswirken, so ist § 572 Abs. 2 BGB anwendbar. Ist beispielsweise im Interesse des Mieters vereinbart, dass das Mietverhältnis enden soll, wenn der Mieter an einen anderen Ort versetzt wird, so hätte die Anwendung des § 158 Abs. 2 BGB zur Folge, dass das Mietverhältnis auch dann endet, wenn der Mieter trotz des Eintritts der Bedingung am Mietvertrag festhalten will. Weil sich eine derartige Vereinbarung nicht nur zum Vorteil des Mieters auswirken kann, wird auch hier § 158 Abs. 2 BGB durch § 572 Abs. 2 BGB verdrängt (Sternel Rdn. IV, 336). Der Eintritt der Bedingung führt also nicht zur Beendigung des Mietverhältnisses. Allerdings ist es möglich, für die Kündigung des Mieters nach dem Eintritt der Bedingung eine sehr kurze (oder gar keine) Kündigungsfrist zu vereinbaren.

4. Rechtsfolgen des § 572 Abs. 2 BGB

13 a) **Beendigung vor Bedingungseintritt.** Teilweise wird die Ansicht vertreten, dass ein Mietverhältnis unter einer auflösenden Bedingung vor dem Eintritt der Bedingung unkündbar sei (Lammel Wohnraummietrecht § 572 BGB Rdn. 13).

Nach anderer Ansicht sind diese Mietverträge wie unbefristete Mietverhältnisse zu behandeln, die auch vor Bedingungseintritt gekündigt werden können (Palandt/Weidenkaff § 572 BGB Rdn. 5; Haug in: Emmerich/Sonnenschein § 572 Rdn. 3). Nach der hier vertretenen Meinung ist von der Unkündbarkeit vor Bedingungseintritt auszugehen, wenn die Bedingung nach den Vorstellungen der Parteien der alleinige Grund zur Vertragsbeendigung sein soll. Daneben ist aber auch denkbar, dass die Parteien ein (jederzeit kündbares) Mietverhältnis auf unbestimmte Zeit abschließen, mit der Maßgabe, dass das Vertragsverhältnis auf jeden Fall (oder spätestens) mit dem Eintritt der Bedingung enden soll (so auch: Sternel Rdn. IV 334; Rolfs in: Staudinger § 572 BGB Rdn. 12; Häublein in: MünchKomm § 572 BGB Rdn. 6; Hinz in: Klein-Blenkers/Heinemann/Ring, Miete/WEG/Nachbarschaft § 572 BGB Rdn. 12). Ebenso können mit dem Mietverhältnis unter einer auflösenden Bedingung auch einseitige Kündigungsverzichte verbunden sein. Maßgeblich sind die konkreten Vertragsvereinbarungen und die Umstände des Einzelfalls. Bei Mietverhältnissen über Werkwohnungen, die unter der auflösenden Bedingung der Beendigung des Arbeitsverhältnisses geschlossen werden, ist im Zweifel ein Kündigungsverzicht des Vermieters vor Beendigung des Arbeitsverhältnisses mit vereinbart. Entsprechendes wird für ein Mietverhältnis in einem Studentenwohnheim gelten, wenn der Mietvertrag vereinbarungsgemäß mit dem Abschluss des Studiums enden soll. Bei Untermietverhältnissen, die vereinbarungsgemäß mit der Auflösung des Hauptmietverhältnisses enden sollen, wird dagegen im Zweifel keine Kündigungsbeschränkung vereinbart.

b) Beendigung nach Bedingungseintritt. Nach § 158 Abs. 2 BGB endet die Wirkung eines Rechtsgeschäfts mit dem Eintritt der Bedingung. Diese allgemeine Rechtsfolge wird durch § 572 Abs. 2 BGB für die Wohnungsmiete abgeändert, falls das Mietverhältnis zum Nachteil des Mieters auflösend bedingt ist. **14**

Die Vereinbarung einer auflösenden Bedingung zum Nachteil des Mieters ist unwirksam. Solche Mietverhältnisse sind wie Mietverträge auf unbestimmte Zeit zu behandeln. Das Mietverhältnis endet auch dann nicht mit dem Bedingungseintritt, wenn sich der Mieter darauf beruft (**a. A.** Lammel Wohnraummietrecht § 572 BGB Rdn. 16; Kossmann Handbuch der Wohnraummiete § 84 Rdn. 4). Vielmehr kann ein solches Mietverhältnis von beiden Seiten nur durch Kündigung beendet werden. Dies gilt auch für eine Beendigung vor der Überlassung an den Mieter. **15**

IV. Abweichende Vereinbarungen

Die Vorschrift ist entsprechend ihrer Rechtsnatur unabdingbar (**a. A.** Pauly ZMR 2015, 836, 837: individualvertraglich abdingbar). Dies gilt für alle Wohnraummietverhältnisse. Die nach dem bis 31.8.2001 geltenden Recht möglichen Ausnahmen (§ 565a Abs. 3 BGB a. F.) bei Mietverhältnissen zu nur vorübergehendem Gebrauch und bei möbliertem Wohnraum, der nicht zum dauernden Gebrauch für eine Familie überlassen ist, bestehen nicht mehr. **16**

Unterkapitel 2. Mietverhältnisse auf unbestimmte Zeit

§ 573 Ordentliche Kündigung des Vermieters

(1) ¹Der Vermieter kann nur kündigen, wenn er ein berechtigtes Interesse an der Beendigung des Mietverhältnisses hat. ²Die Kündigung zum Zwecke der Mieterhöhung ist ausgeschlossen.

(2) Ein berechtigtes Interesse des Vermieters an der Beendigung des Mietverhältnisses liegt insbesondere vor, wenn
1. der Mieter seine vertraglichen Pflichten schuldhaft nicht unerheblich verletzt hat,
2. der Vermieter die Räume als Wohnung für sich, seine Familienangehörigen oder Angehörige seines Haushalts benötigt oder
3. der Vermieter durch die Fortsetzung des Mietverhältnisses an einer angemessenen wirtschaftlichen Verwertung des Grundstücks gehindert und dadurch erhebliche Nachteile erleiden würde; die Möglichkeit, durch eine anderweitige Vermietung als Wohnraum eine höhere Miete zu erzielen, bleibt außer Betracht; der Vermieter kann sich auch nicht darauf berufen, dass er die Mieträume im Zusammenhang mit einer beabsichtigten oder nach Überlassung an den Mieter erfolgten Begründung von Wohnungseigentum veräußern will.

(3) ¹Die Gründe für ein berechtigtes Interesse des Vermieters sind in dem Kündigungsschreiben anzugeben. ²Andere Gründe werden nur berücksichtigt, soweit sie nachträglich entstanden sind.

(4) Eine zum Nachteil des Mieters abweichende Vereinbarung ist unwirksam.

Übersicht

	Rdn.
I. Bedeutung der Vorschrift	1
II. Anwendungsbereich	2
III. Die Kündigungstatbestände	9
A. Systematische Einordnung	9
1. § 573 Abs. 2 Nr. 2 BGB	9a
2. § 573 Abs. 2 Nr. 3 BGB	9b
3. § 573 Abs. 1 BGB	9c
B. Verhältnis zur Sozialklausel	9f
C. Die Kündigungstatbestände im Einzelnen	9g
1. Pflichtverletzungen (Abs. 2 Nr. 1)	9g
2. Eigenbedarf	37
3. Anderweitige wirtschaftliche Verwertung (Abs. 2 Nr. 3)	146
4. Sonstige Kündigungsgründe (Abs. 1 Satz 1)	173
IV. Die Begründung der Kündigungserklärung (Abs. 3)	203
1. Allgemeines	203
2. Der Inhalt der Begründungspflicht	205
a) Zweck	205
b) Begriff der „Gründe"	206
c) Kerntatsachen und Ergänzungstatsachen	207
d) Zu den einzelnen Kündigungstatbeständen	209
e) Bezugnahme auf mündliche Erklärungen/andere Schreiben/anderweitige Schriftsätze	230

	Rdn.
3. Berücksichtigung nachträglich entstandener Gründe (Abs. 3 Satz 2)	232
V. Ausschluss der Änderungskündigung (Abs. 1 Satz 2)	249
1. Zweck der Vorschrift	249
2. Begriff der Mieterhöhung	250
3. Begriff der Kündigung	252
4. Kündigung zum Zwecke der Mieterhöhung	253
VI. Abweichende Vereinbarungen (Abs. 4)	257

I. Bedeutung der Vorschrift

Die Vorschrift bildet das **Kernstück des mietrechtlichen Bestandschutzes.** 1
Sie besagt, dass die Kündigung eines Wohnraummietverhältnisses grundsätzlich nur möglich ist, wenn ein Beendigungsgrund vorliegt. Beendigungsgründe sind Vertragsverletzungen des Mieters (§ 573 Abs. 2 Nr. 1 BGB) oder überwiegende Interessen des Vermieters (§ 573b Abs. 2 Nr. 2 und 3 BGB). Die Kündigung zum Zwecke der Mieterhöhung ist stets ausgeschlossen (§ 573 Abs. 1 Satz 2 BGB). Durch den Abschluss befristeter Mietverträge kann der mietrechtliche Bestandschutz grundsätzlich nicht umgangen werden (§ 575 Abs. 1 Satz 2 BGB). Verfassungsrechtlich wird dieser Schutz durch Art 14 GG garantiert. Das BVerfG hat hierzu in dem Beschluss vom 26. 5. 1993 (BVerfGE 89, 1 = NJW 1993, 2035) ausgeführt, dass der berechtigte Mietbesitz ein eigentumsähnliches Recht i. S. von Art. 14 GG darstellt und dass das sich hieraus ergebende Grundrecht des Mieters durch § 564b BGB a. F. (= § 573 BGB n. F.) konkretisiert wird.

Die einzelnen Kündigungstatbestände werden von der instanzgerichtlichen 1a
Rechtsprechung durchweg restriktiv ausgelegt. Von einem Teil der Literatur wird hierzu die Ansicht vertreten, dass dieser Auslegung ein fehlerhaftes Verständnis der Vorschrift zugrunde liegt (J. Emmerich WuM 2015, 259, 268). An dieser Kritik trifft zu, dass § 573 BGB – anders als das frühere Mieterschutzgesetz – kein Instrument zur Steuerung der Wohnungsversorgung bei unzureichendem Wohnungsangebot ist. Zu eng ist allerdings die Auffassung, dass der Mieter nach der Konzeption des Gesetzgebers durch § 573 BGB lediglich vor willkürlichen Kündigungen geschützt werden soll und dass die einer Kündigung entgegenstehenden Interessen des Mieters erst im Rahmen einer Interessenabwägung nach § 574 BGB zu berücksichtigen sind (s. dazu Rdn. 9).

II. Anwendungsbereich

Die Vorschrift gilt nur für **Mietverhältnisse über Wohnraum,** die im Wege 2
der ordentlichen oder außerordentlichen befristeten Kündigung beendet werden können. Hierzu gehören sowohl die Mietverhältnisse über **freifinanzierte Wohnungen** als auch Mietverhältnisse über preisgebundenen und sonstigen **öffentlich geförderten Wohnraum,** die **Nutzungsverträge** der Wohnungsgenossenschaften und der (ehemaligen) gemeinnützigen Wohnungsunternehmen, die Mietverhältnisse über **Werkwohnungen** einschließlich des werkgeförderten Wohnraums, soweit die Überlassung auf mietvertraglicher Grundlage beruht. § 573 gilt auch für Räume, die als Wohnung vermietet wurden, aber vertragswidrig als Geschäftsraum genutzt werden (Fleindl NZM 2016, 289, 290).

§ 573 BGB

3   Auf **Mischmietverhältnisse** ist § 573 BGB anwendbar, wenn das Mietverhältnis seinen Schwerpunkt in der Wohnraummiete hat (Häublein in: MünchKomm § 573 BGB Rdn. 22; Herrlein in: Herrlein/Kandelhard § 573 BGB Rdn. 3). Sind gewerbliche Räume und Wohnräume auf Grund eines einheitlichen Vertrags vermietet und steht es dem Mieter frei, ob und in welchem Umfang er die Räume zu Wohnzwecken nutzt, so setzt die Anwendung des § 573 BGB voraus, dass die Räume tatsächlich ganz oder überwiegend zu Wohnzwecken genutzt werden (OLG Köln WuM 1996, 266). Zur Frage, ob der Vermieter ein Mischraummietverhältnis, dessen Schwerpunkt auf der Wohnraumnutzung liegt, kündigen kann, wenn er lediglich Bedarf an den Wohnräumen hat s. Rdn. 71.

4   Mietverhältnisse auf Dauer über **Ferienhäuser** und -**wohnungen** fallen ebenso unter die für Wohnraum geltenden Bestimmungen wie Mietverhältnisse über **Zweitwohnungen** (Häublein in: MünchKomm § 573 BGB Rdn. 18; Palandt/Weidenkaff § 573 BGB Rdn. 2; Hannappel in: Bamberger/Roth § 573 BGB Rdn. 9; Fleindl NZM 2016, 289, 290). Es kommt nicht darauf an, ob die Zweit- oder Ferienwohnung in demselben Umfang genutzt wird, wie die Hauptwohnung (OLG Hamburg WuM 1992, 634 = ZMR 1992, 538 zu § 29a ZPO; AG Miesbach WuM 1989, 241; LG Lübeck WuM 1989, 632; Krenek in: Spielbauer/Schneider § 573 BGB Rdn. 10). Auch die Frage der ganzjährigen oder lediglich saisonalen Nutzung spielt keine Rolle. Es wird allerdings auch die Ansicht vertreten, dass die Schutzvorschriften nur für solchen Wohnraum gelten, der den existentiellen Lebensmittelpunkt des Mieters darstellt (AG Viechtach NJW RR 87, 787; AG Gelnhausen MDR 80, 849; Haake NJW 1985, 2935: wenn der Mieter dort seinen Erstwohnsitz hat). Eine solche Auslegung ist nach der Ansicht des BVerfG (NJW 1979, 757) verfassungsrechtlich möglich.

5   Auf Mietverhältnisse im Sinne von § 549 Abs. 2 Nr. 1–3 BGB und § 549 Abs. 3 BGB ist die Vorschrift nicht anzuwenden.

6   Die Regelung des § 573 BGB ist auch dann zu beachten, wenn das Mietverhältnis **zwischen Vertragsschluss und Mietbeginn** gekündigt werden soll (Häublein in: MünchKomm § 573 BGB Rdn. 33; Hannappel in: Bamberger/Roth § 573 BGB Rdn. 11). In diesem Fall hat der Mieter zwar noch keinen Mietbesitz. Gleichwohl wird er i. d. R. schutzbedürftig sein, so z. B., wenn er in Erwartung des alsbaldigen Bezugs der Wohnung seine bisherige Mietwohnung aufgegeben oder wenn er bereits Aufwendungen für die angemietete Wohnung getätigt hat.

7   Für die Anwendung des § 573 BGB kommt es nicht darauf an, ob der Vermieter zugleich Eigentümer der Mietsache ist. Deshalb gilt die Vorschrift auch bei der **Untermiete** im Verhältnis zwischen dem Untervermieter und dem Untermieter (LG Berlin GE 1996, 739); dies gilt auch dann, wenn der Untervermieter im Verhältnis zum Eigentümer nicht zur Untervermietung berechtigt war, oder wenn er die Räume lediglich zu gewerblichen Zwecken hätte vermieten dürfen. Im Verhältnis zwischen dem Eigentümer und dem Untervermieter gilt § 573 BGB dann, wenn der Hauptmietvertrag als Wohnraummietvertrag zu bewerten ist. Bei der **gewerblichen Weitervermietung i. S. von § 565 BGB** ist der Vertrag zwischen dem Eigentümer und dem Zwischenmieter als gewerbliches Mietverhältnis zu bewerten; für die Kündigung dieses Mietverhältnisses gilt § 573 BGB nicht. Der Vertrag zwischen dem Zwischenmieter und dem Endmieter ist dagegen ein Wohnraummietverhältnis; für die ordentliche Kündigung gilt § 573 BGB.

8   Auf die **außerordentliche befristete Kündigung** des Vermieters ist § 573 BGB ebenfalls anwendbar. Wegen der Einzelheiten und der Ausnahme s. § 573d BGB.

III. Die Kündigungstatbestände

A. Systematische Einordnung

Die Regelung in § 573 BGB umfasst vier Kündigungstatbestände, nämlich die Kündigung wegen Pflichtverletzungen des Mieters (§ 573 Abs. 2 Nr. 1 BGB), die Kündigung wegen Eigenbedarfs des Vermieters (§ 573 Abs. 2 Nr. 2 BGB), die Kündigung zum Zwecke einer anderweitigen wirtschaftlichen Verwertung des Grundstücks (§ 573 Abs. 2 Nr. 3 BGB) sowie die Kündigung auf Grund von Sachverhalten, die mit der Eigenbedarfs- oder Verwertungskündigung vergleichbar sind (§ 573 Abs. 1 BGB). In dem Fall des § 573 Abs. 2 Nr. 1 BGB liegt der Schwerpunkt der Kündigungsberechtigung beim Bestandsinteresse des Mieters: dieser soll die Wohnung nur dann verlieren, wenn die Fortsetzung des Mietverhältnisses dem Vermieter auf Grund der Pflichtverletzung nicht zugemutet werden kann. In den anderen Fällen steht das Interesse des Vermieters an der Wiedererlangung der Mietsache im Vordergrund. Für die **Abgrenzung und Auslegung** dieser Kündigungstatbestände sind die **Entscheidungen des BGH** vom 29.3.2017 (NZM 2017, 405 = NJW 2017, 2018) und vom 10.5.2017 (NZM 2017, 55) von Bedeutung. Danach gilt:

1. § 573 Abs. 2 Nr. 2 BGB. Der Kündigungstatbestand des Eigenbedarfs setzt voraus, dass der Vermieter die Räume als Wohnung für sich oder einen Familien- oder Haushaltsangehörigen benötigt. Hierfür genügt es, wenn der Vermieter einen ernsthaften Nutzungswunsch hat. Gegenüber diesem Nutzungswunsch ist das Interesse des Mieters am Erhalt der Wohnung nachrangig (BGH NZM 2017, 405 = NJW 2017, 2018 Rdn. 39). Ebenso werden von § 573 Abs. 2 Nr. 2 solche Fälle erfasst, in denen die Wohnnutzung im Vordergrund steht und daneben eine untergeordnete geschäftliche oder berufliche Mitbenutzung geplant ist (BGH NZM 2017, 405 = NJW 2017, 2018 Rdn. 44). Weitere Einzelheiten Rdn. 37 ff.

2. § 573 Abs. 2 Nr. 3 BGB. Der Kündigungstatbestand der wirtschaftliche Verwertung ist gegeben, wenn der Vermieter im Falle des Fortbestands des Wohnraummietverhältnisses an einer wirtschaftlichen Verwertung „des Grundstücks", also an einer Realisierung des diesem innewohnenden materiellen Werts gehindert ist. Eine Kündigung zur Deckung eines beruflichen oder gewerblichen Eigenbedarfs fällt nicht unter § 573 Abs. 2 Nr. 3. Ob dieser Kündigungstatbestand vorliegt, wenn dem Vermieter bei Fortbestehen des Wohnraummietverhältnisses die Möglichkeit genommen ist, die Mietwohnung zu besseren Konditionen an Gewerbetreibende, an Freiberufler oder an eine Behörde zu vermieten (so Rolfs in: Staudinger § 573 BGB Rdn. 147; Häublein in: MüKoBGB § 573 Rdn. 84) hat der BGH offengelassen (BGH NZM 2017, 405 = NJW 2017, 2018 Rdn. 12). Anders als bei der Eigenbedarfskündigung genügt es für die Verwertungskündigung nicht, wenn der Vermieter einen ernsthaften Willen zur anderweitigen Verwertung hat. Erforderlich ist vielmehr, dass dem Vermieter im Falle der Hinderung der Verwertung „erhebliche Nachteile" entstehen (BGH NZM 2017, 405 = NJW 2017, 2018 Rdn. 40). In dem Urteil vom 10.5.2017 (NZM 2017, 55) hat der BGH hierzu ausgeführt, dass die Frage, ob dem Eigentümer durch den Fortbestand eines Mietvertrages ein erheblicher Nachteil entsteht, im Wege einer Abwägung zwischen dem grundsätzlichen Bestandsinteresse des Mieters (dem allgemeinen Interesse eines Mieters am Erhalt der Wohnung) und dem Verwertungsinteresse des Eigentümers

§ 573 BGB Untertitel 2. Mietverhältnisse über Wohnraum

zu beantworten sei. Die Entscheidung hierüber entziehe sich einer generalisierenden Betrachtung und könne nur im Einzelfall unter Berücksichtigung aller Umstände des Einzelfalls und der konkreten Situation des Vermieters getroffen werden (BGH NZM 2017, 55 Rdn. 31 m. w. N.). Die besonderen einer Kündigung entgegenstehenden Härtegründe des Mieters sind (nur) im Rahmen des § 574 BGB, also auf Widerspruch des Mieters zu berücksichtigen. Weitere Einzelheiten Rdn. 146 ff.

9c **3. § 573 Abs. 1 BGB.** Nach der Rechtsprechung des BGH ist der Kündigungstatbestand des § 573 Abs. 1 BGB den speziellen Kündigungstatbeständen des Eigenbedarfs (§ 573 Abs. 2 Nr. 2) und der wirtschaftlichen Verwertung (§ 573 Abs. 2 Nr. 3) gleichrangig. In der Grundsatzentscheidung vom 29.3.2017 (NZM 2017, 405 = NJW 2017, 2018) hat der BGH ausgeführt, dass es in den Fällen des § 573 Abs. 1 – anders als bei der Eigenbedarfskündigung – nicht genügt, dass der Vermieter einen ernsthaften Willen zur Eigennutzung oder Eigenverwertung hat. Anders als bei der Verwertungskündigung setzt § 573 Abs. 1 aber nicht voraus, dass dem Vermieter im Falle des Fortbestand des Mietverhältnisses „erhebliche" Nachteile drohen. Vielmehr ist das nach § 573 Abs. 1 erforderliche Erlangungsinteresse des Vermieters zwischen den Tatbeständen der Verwertungskündigung und der Eigenbedarfskündigung anzusiedeln. Maßgeblich ist ob, das Erlangungsinteresse dem Eigenbedarfsinteresse oder dem Verwertungsinteresse nahesteht. Im erstgenannten Fall sind an das Erlangungsinteresse geringere, im letztgenannten Fall aber höhere Anforderungen zu stellen. Die Entscheidung ist dabei im Wege einer Interessenabwägung zu treffen. Das Erlangungsinteresse des Vermieters ist gegen das generelle Bestandsinteresse des Mieters (dem allgemeinen Interesse eines Mieters am Erhalt der Wohnung) im Wege einer umfassenden Würdigung der Umstände des Einzelfalls gegen einander abzuwägen (BGH NZM 2017, 405 = NJW 2017, 2018 Rdn. 15, 25, 45). Die besonderen einer Kündigung entgegenstehenden Härtegründe des Mieters sind (nur) im Rahmen des § 574 BGB, also auf Widerspruch des Mieters zu berücksichtigen. Weitere Einzelheiten Rdn. 173 ff.

9d **Kritik.** Die Ansicht des BGH, dass die Entscheidung über die Beendigung eines Mietverhältnisses in den Fällen des § 573 Abs. 2 Nr. 3 BGB (s. oben Rdn. 9b) und des § 573 Abs. 1 BGB (s. oben Rdn. 9c) eine Abwägung zwischen dem Erlangungsinteresse des Vermieters und dem allgemeinen Bestandsinteresse des Mieters voraussetzt, trifft zu. Zu beanstanden ist jedoch, dass die Kündigung wegen Eigenbedarfs (s. oben Rdn. 9a) vom Prinzip der Interessenabwägung ausgenommen wird. Insoweit hält der BGH an seiner bisherigen Rechtsprechung fest. Danach hat das Gericht letztlich lediglich zu prüfen (1) ob der Vermieter tatsächlich die ernsthafte Absicht hat, die Wohnung selbst zu nutzen oder diese einem Angehörigen zu überlassen; (2) ob der Nutzungswille von vernünftigen und nachvollziehbaren Erwägungen getragen ist; (3) ob durch die Inanspruchnahme der gekündigten Wohnung der Bedarf des Vermieters tatsächlich gedeckt wird; (4) ob der Bedarf des Vermieters durch eine andere frei stehende oder frei werdende Wohnung gedeckt werden kann und (5) ob der Wohnbedarf „weit überhöht" ist (zuletzt: BGH NZM 2015, 378 Rz. 15). Die Prüfung des Eigenbedarfs wird damit faktisch auf eine Missbrauchskontrolle beschränkt. Dies gilt auch für die Frage des vom Vermieter gewünschten Wohnbedarfs. Dieser ist „nicht auf Angemessenheit, sondern nur auf Rechtsmissbrauch zu überprüfen" (BGH NZM 2015, 378 Rz. 19). Dies gilt unabhängig von dem generellen (allgemeinen) Bestandsinteresse des Mieters.

Ordentliche Kündigung des Vermieters **BGB § 573**

Diese Ansicht ist zweifelhaft, weil weder aus dem Tatbestand des § 573 Abs. 2 **9e**
Nr. 2 BGB noch aus § 574 BGB abzuleiten ist, dass die Allgemeininteressen des
Mieters am Erhalt der Wohnung zwar in den Fällen des § 573 Abs. 1 und Abs. 2
Nr. 3 BGB, nicht aber bei der Eigenbedarfskündigung zu berücksichtigen sind.
Sieht man im Mietbesitz – wie das BVerfG – (BVerfGE 89, 1 = NJW 1993, 2035)
ebenfalls Eigentum i. S. d. Art. 14, spricht das eher für eine Abwägung der jeweiligen durch Art. 14 geschützten Interessen. Diese Abwägung kann dann nur im
Rahmen des § 573 BGB erfolgen. Hierfür sprechen folgende Erwägungen: Zum
einen ist dem Kündigungstatbestand des § 573 BGB zu entnehmen, dass das Kündigungsinteresse ein gewisses Gewicht aufweisen muss. Bei der Kündigung nach
§ 573 Abs. 2 Nr. 1 muss die Pflichtverletzung „nicht unerheblich" sein. Die Kündigung nach § 573 Abs. 2 Nr. 3 setzt voraus, dass der Vermieter bei Fortdauer des
Mietverhältnisses „erhebliche Nachteile" erleidet. Im Eigenbedarfstatbestand des
§ 573 Abs. 2 Nr. 2 wird dem Kriterium der Erheblichkeit durch den Begriff „benötigt" Rechnung getragen. Ein Begriff, der allerdings nur besagt, dass der Wunsch
des Vermieters zur Eigennutzung – anders als in den Fällen des § 575 Abs. 1 Nr. 2
BGB – für die Eigenbedarfskündigung nicht genügt. Ob das nach der gesetzlichen
Regelung erforderliche berechtigte Interesse an der Vertragsbeendigung hinreichend gewichtig ist, um eine Vertragsbeendigung zu rechtfertigen, kann letztlich
nur durch Abwägung mit den Mieterinteressen festgestellt werden. Insoweit ist zu
bedenken, dass die Interessen des Vermieters so vielfältig sind wie die gegenläufigen
Interessen des Mieters, so dass die Schematisierung des Vermieterinteresses auf „vernünftige und nachvollziehbare Erwägungen" nicht angezeigt ist.

B. Verhältnis zur Sozialklausel

Anders als im Falle der fristlosen Kündigung nach § 543 Abs. 1 BGB sind die der **9f**
Kündigung entgegenstehenden Interessen des Mieters nicht im Wege der Abwägung gegen das Beendigungsinteresse des Vermieters zu würdigen. Vielmehr
folgt aus dem systematischen Verhältnis des § 573 BGB zu § 574 BGB, dass die in
der Person des Mieters und seiner Familie liegenden besonderen Härtegründe erst
dann zu berücksichtigen sind, wenn der Mieter den in § 574 BGB vorgesehenen
Kündigungswiderspruch erhoben hat. Unter dem Begriff der „Härte" in § 574
Abs. 1 BGB sind allerdings nur Interessen von besonderem Gewicht zu verstehen
(§ 574 Rdn. 28); die allgemeinen kündigungstypischen Belastungen spielen bei der
ordentlichen Kündigung – anders als bei der außerordentlichen Kündigung nach
§ 543 Abs. 1 BGB – keine Rolle. Dieses (befremdliche) Ergebnis erklärt sich aus
der Entstehungsgeschichte der beiden Vorschriften. Der Gesetzgeber hatte durch
das „Gesetz zum Abbau der Wohnungszwangswirtschaft" vom 23. 6. 1960 (BGBl. I
389) den bis dahin bestehenden Schutz des Mieter vor Kündigungen (Aufhebungsklage beim Vorliegen gesetzlicher Aufhebungsgründe) beseitigt und dem Vermieter
ein (von Gründen unabhängiges) freies Kündigungsrecht eingeräumt. Durch Art.
VI Ziff. 1 des Abbaugesetzes wurde § 556a in das BGB eingefügt. Danach konnte
der Mieter der Kündigung widersprechen, wenn „die vertragsmäßige Beendigung
des Mietverhältnisses über Wohnraum wegen besonderer Umstände des Einzelfalls
einen Eingriff in die Lebensverhältnisse des Mieters oder seiner Familie bewirken
(würde) dessen Härte auch unter voller Würdigung der Belange des Vermieters
nicht zu rechtfertigen ist. Diese als „Sozialklausel" bezeichnete Vorschrift sah beim
Vorliegen eines Härtefalls vor, dass der Mieter vom Vermieter verlangen konnte,
„das Mietverhältnis so lange fortzusetzen, als dies unter Berücksichtigung aller Um-

§ 573 BGB

stände angemessen ist" (§ 556a Abs. 1 BGB a. F.). Dieses als „soziales Mietrecht" geschaffene System von freier Kündigungsbefugnis und Widerspruchsmöglichkeit im Einzelfall wurde durch das „Gesetz über den Kündigungsschutz für Mietverhältnisse über Wohnraum" vom 27.11.1971 (BGBl. I 1839) dahingehend modifiziert, dass fortan die Kündigung eines Wohnraummietverhältnisses nur noch beim Vorliegen von Gründen möglich war. Ist für die Kündigung des Vermieters ein besonderes Interesse erforderlich, so besteht für eine Sozialklausel kein Bedürfnis, weil die Interessen des Mieters ohne weiteres bei der Auslegung der Kündigungstatbestände im Rahmen einer Interessenabwägung zu berücksichtigen sind. Diesen Weg hat der Gesetzgeber bei der außerordentlichen Kündigung, nicht aber bei der ordentlichen Kündigung gewählt. Die unterschiedliche Art und Weise der Bewertung der Mieterinteressen kann dazu führen, dass der Mieter bei einer fristlosen Kündigung besser geschützt ist, wie im Falle der ordentlichen Kündigung. Im erstgenannten Fall kann die Interessenabwägung ergeben, dass die Härtegründe des Mieters die Interessen des Vermieter überragen mit der weiteren Folge, dass die Kündigung unwirksam ist. Im letztgenannten Fall muss der Mieter beim Vorliegen von Härtegründen innerhalb der in § 574b BGB geregelten Form und Frist Widerspruch erheben; er kann regelmäßig nur erwarten, dass das Mietverhältnis auf bestimmte Zeit fortgesetzt wird. Das Ergebnis überzeugt nicht; Abhilfe kann aber nur der Gesetzgeber schaffen.

C. Die Kündigungstatbestände im Einzelnen

9g 1. **Pflichtverletzungen (Abs. 2 Nr. 1). a) Verletzung vertraglicher Pflichten.** Der Kündigungstatbestand setzt zunächst voraus, dass der Mieter seine vertraglichen Pflichten verletzt hat. Der **Begriff der vertraglichen Pflichten** ist nach allgemeiner Ansicht in einem umfassenden Sinne zu verstehen. Er umfasst sowohl den „vertragswidrigen Gebrauch" i. S. von § 541 BGB sowie alle Formen der Schlecht- oder Nichterfüllung von vertraglichen Verpflichtungen, seien sie finanzieller oder anderer Art. Auf die Unterscheidung von Haupt- und Nebenpflichten, Leistungs- und Schutzpflichten kommt es insoweit nicht an. Sind **mehrere Personen** Mieter, so genügt es, wenn der Kündigungstatbestand durch einen der Mieter verwirklicht wird (Häublein in: MünchKomm § 573 BGB Rdn. 60; Hinz in: Klein-Blenkers/Heinemann/Ring, Miete/WEG/Nachbarschaft § 573 BGB Rdn. 14; Lützenkirchen in Lützenkirchen Mietrecht § 573 BGB Rdn. 133).

10 Die im Arbeitsrecht anerkannte **„Verdachtskündigung"** ist im Mietrecht im Regelfall (zu einem Ausnahmefall: LG Itzehoe ZMR 2018, 829) ausgeschlossen. (Wiek, Informationsservice Mietrecht 2003, 47, ablehnende Anmerkung zu AG Lichtenberg NJW-RR 2003, 442; Rolfs in: Staudinger § 573 BGB Rdn. 33). Von einer Verdachtskündigung spricht man, wenn und soweit der Kündigende die Kündigung damit begründet, dass gerade der Verdacht eines von ihm nicht für sicher gehaltenen und erwiesenen strafbaren Verhaltens das für die Fortsetzung des Vertragsverhältnisses nötige Vertrauen zerstört hat (LG Itzehoe ZMR 2018, 829; LG Berlin NZM 2014, 668). Sie abzugrenzen von der Tatkündigung, bei der dem Mieter eine konkrete Tat vorgeworfen wird. Voraussetzung für eine Verdachtskündigung ist **(1)** das Vorliegen einer Straftat, **(2)** der Verdacht muss durch objektive Umstände belegt sein, **(3)** der Verdacht muss dringend und die Verdachtsmomente müssen geeignet sein, das für die Fortsetzung des Vertragsverhältnisses erforderliche Vertrauen zu zerstören (BAG NZM 1995, 269). Im Verhältnis zwischen den Mietvertragsparteien wird es i. d. R. an einer Vertrauensbeziehung fehlen. Ausnahmen

sind allerdings denkbar Beispiel: Wird ein Mieter auf Grund eines Geständnisses wegen des sexuellen Missbrauchs der Tochter der Vermieter zu einer Freiheitsstrafe verurteilt, kann die Vermieter das Mietverhältnis auch dann kündigen, wenn das Strafurteil noch nicht rechtskräftig ist (LG Itzehoe ZMR 2018, 829).

Grundsätzlich ist erforderlich, dass zwischen der Handlung des Mieters und dem Mietverhältnis ein **Zusammenhang** besteht. Wird der Vermieter beispielsweise durch einen vom Mieter verschuldeten Verkehrsunfall verletzt, so ist eine Kündigung nach § 573 Abs. 2 Nr. 1 BGB nicht möglich. Anders wird es zu bewerten sein, wenn sich eine außerhalb des Mietverhältnisses begangene Rechtsverletzung auf das Mietverhältnis auswirkt, etwa weil hierdurch das Verhältnis zwischen den Vertragsparteien nachhaltig beeinträchtigt wird (Häublein in: MünchKomm § 573 BGB Rdn. 61).

b) Erheblichkeit der Pflichtverletzung. Der Pflichtverletzung muss eine gewisse Bedeutung zukommen. Im Kündigungstatbestand kommt dies dadurch zum Ausdruck, dass die Pflichtverletzung „**nicht unerheblich**" sein darf. Hiervon ist nicht nur dann auszugehen, wenn Gründe vorliegen, die den Vermieter zur fristlosen Kündigung berechtigen, sondern auch bei schuldhaften Vertragsverletzungen geringeren Gewichts, mit Ausnahme solcher, die unerheblich – z. B. weil nur vereinzelt vorgefallen-sind (Begründung des Entwurfs der Bundesregierung zu Art. 2 des Gesetzes über Maßnahmen zur Verbesserung des Mietrechts und zur Begrenzung des Mietanstiegs – BT-Drucks. VI/1549). Hieraus folgt, dass der Tatbestand des § 573 Abs. 2 Nr. 1 BGB zu den Tatbeständen der fristlosen Kündigung nach der Vorstellung des Gesetzgebers in einem **Stufenverhältnis** steht (BGH NZM 2006, 338; ZMR 2006, 425 unter Ziff II 3a). Es ist insbesondere nicht erforderlich, dass dem Vermieter die Vertragsfortsetzung bis zum Ablauf der Kündigungsfrist unzumutbar ist (BGH a.a.O.; LG Köln ZMR 2017, 250; Häublein in: MünchKomm § 573 BGB Rdn. 64). Es ist allerdings anzumerken, dass eine hinreichend exakte und einsichtige Abgrenzung zwischen den beiden Formen der Kündigung kaum möglich erscheint (ebenso: Rolfs in: Staudinger § 573 BGB Rdn. 39; Häublein in: MünchKomm § 573 BGB Rdn. 62). In der Rechtspraxis werden die Unterschiede auch häufig verwischt. Jedenfalls ist eine Kündigung wegen einer Pflichtverletzung nach § 573 Abs. 2 Nr. 1 BGB nicht gerechtfertigt, wenn die Rechte des Vermieters hierdurch nur unerheblich beeinträchtigt werden (KG WuM 2004, 721, 722 betr. Unbefugtes Entnehmen einer geringfügigen Menge Strom; Katzenhaltung). Nach **anderer Ansicht** besteht zwischen den Kündigungstatbeständen des § 543 BGB und dem Tatbestand des § 573 Abs. 2 Nr. 1 BGB kein Stufenverhältnis (LG Berlin WuM 2017, 83). Danach ist das Tatbestandsmerkmal der Erheblichkeit der Pflichtverletzung unter Berücksichtigung der Umstände des Einzelfalls im Wege einer Interessenabwägung zu festzustellen. Im Rahmen dieser Abwägung spielen die beanstandungsfreie Dauer des bisherigen Verlaufs der Vertragsbeziehungen, das Gewicht und die Auswirkungen der Vertragsverletzung, eine mögliche Wiederholungsgefahr, der Grad des Verschuldens, sowie die besonderen persönlichen Verhältnisse des Mieters ein Rolle (LG Berlin a. a. O. betr. die Unwirksamkeit einer auf Zahlungsverzug gestützten ordentlichen Kündigung nach Zahlung des Rückstands; LG Berlin ZMR 2017, 239 betr. Kündigung wegen Zahlungsverzugs bei erwerbslosem Mieter). Ebenso kann ein pflichtwidriges Verhalten des Vermieters, etwa der Ausspruch einer unberechtigten Kündigung, ein unredliches Prozessverhalten oder eine Nutzung der Nachbarwohnungen, die mit erheblichen Störungen des Mietgebrauchs verbunden ist, berücksichtigt werden (vgl. LG Berlin ZMR 2017, 238).

13   c) **Abmahnung.** Nach **herrschender Meinung** ist es nicht erforderlich, dass der Mieter vor der Kündigung abgemahnt wird (BGH WuM 2008, 31 m. Anm. Blank WuM 2008, 91; LG München I ZMR 2015, 856; Rolfs in: Staudinger § 573 BGB Rdn. 31; Haug in: Emmerich/Sonnenschein, Miete § 573 BGB Rdn. 19; Herrlein in Herrlein/Kandelhard, Mietrecht § 573 BGB Rdn. 17; Franke in: WoBauR § 573 BGB Anm. 7.1 Nr. 2, Anm. 9 Nr. 3, Anm. 12 Nr. 7; Schach in: Kinne/Schach/Bieber, Miet- und Mietprozessrecht § 573 BGB Rdn. 15; Hannappel in: Bamberger/Roth § 573 BGB Rdn. 22; Lützenkirchen in Lützenkirchen Mietrecht § 573 BGB Rdn. 122; Eisenhardt in: Lützenkirchen AHB-Mietrecht J Rdn. 241; Palandt/Weidenkaff § 573 BGB Rdn. 13). Nach der Rechtsprechung des BGH (a. a. O.) hat die Abmahnung lediglich Bedeutung für die Frage, ob die Pflichtverletzung als „nicht unerheblich" zu bewerten ist. Danach ist es denkbar, dass die Abmahnung der Pflichtverletzung ein besonderes Gewicht verleiht, „etwa weil vorher nur ein schlichtes Versehen des Mieters vorgelegen hat oder eine Duldung des Vermieters zu vermuten war" (BGH a.a.O.; s. auch LG Berlin WuM 2016, 490) betr. Abmahnung bei ordentlicher Kündigung wegen unpünktlicher Mietzahlung; LG Berlin NZM 2018, 35 betr. Kündigung wegen eines Mietrückstands, der infolge eines fahrlässigen Verhaltens des Mieters entstanden ist). Hat der Vermieter in der Abmahnung für den Fall der Fortsetzung des pflichtwidrigen Verhaltens eine Unterlassungsklage angedroht, so ist streitig, ob der Vermieter bei erfolglosem Fristablauf ohne weiteres von der Kündigungsbefugnis Gebrauch machen darf (s. dazu § 543 Rdn. 206 a).

14   d) **Verschulden.** Der Kündigungstatbestand des § 573 Abs. 2 Nr. 1 BGB setzt ein schuldhaftes Verhalten des Mieters voraus. Der Begriff des Verschuldens ist nicht im Sinne von § 276 Abs. 1 BGB zu verstehen. Der Kündigungstatbestand des § 573 Abs. 2 Nr. 1 BGB setzt voraus, dass der Pflichtverstoß vorsätzlich oder fahrlässig begangen wird. Ein schuldloser Verstoß gegen eine Garantiepflicht genügt nicht. Auf die verschiedenen Formen des Verschuldens kommt es grundsätzlich nicht an. Jedoch kann die Schwere der Schuldform bei der Beurteilung des Gesamtverhaltens eine gewichtige Rolle spielen. Für das fehlende Verschulden ist der Mieter darlegungs- und beweispflichtig (BGH NZM 2016, 550).

15   Vorsatz entfällt, wenn sich der Mieter in einem **Rechts- oder Tatsachenirrtum** befunden hat. Ein derartiger Irrtum ist anzunehmen, wenn der Mieter auf Grund unzutreffender Tatsachen oder einer fehlerhaften Bewertung der Rechtslage irrig davon ausgeht, dass er zu einem bestimmten Verhalten berechtigt sei. War der Irrtum vermeidbar, so ist Fahrlässigkeit gegeben. Bei einem unvermeidbaren Irrtum entfällt jedes Verschulden. Dabei sind die **Anforderungen,** die an einen unverschuldeten Rechtsirrtum gestellt werden, außerordentlich **streng** (s. § 543 Rdn. 143).

16   Das Verschulden entfällt auch dann, wenn die Voraussetzungen des **§ 827 S. 1 BGB** vorliegen. Danach trifft den Mieter keine Verantwortung, wenn er die Vertragsverletzung im Zustand der **Bewusstlosigkeit** oder in einem die freie Willensbestimmung ausschließenden Zustande krankhafter **Störung der Geistestätigkeit** begangen hat. Hierzu zählen in erster Linie Hausfriedensstörungen oder Beschädigungen der Mietsache durch einen **geisteskranken Mieter.** In extremen Ausnahmefällen können auch Fehlreaktionen in Folge einer **übermächtigen Erregung** unter § 827 S. 1 BGB fallen. Hat sich der Mieter durch **Alkohol** oder **Drogen** in den Zustand der Bewusstlosigkeit versetzt oder ist die Störung der Geistestätigkeit hierdurch verursacht, so gilt **§ 827 S. 2 BGB.** Danach muss der Mieter für sein Verhalten einstehen, wie wenn ihm Fahrlässigkeit zur Last fiele; eine Ausnahme gilt, wenn der Mieter ohne Verschulden in diesen Zustand geraten ist. Für minderjährige und taubstumme Mieter gilt § 828 BGB.

Der Rechtsgedanke des **§ 254 BGB** kann auch im Rahmen des § 573 Abs. 2 Nr. 1 BGB eine Rolle spielen. Er greift insbesondere dann, wenn der Mieter zu dem beanstandeten Verhalten **provoziert** worden ist. **17**

Für das Verhalten eines **Untermieters** hat der Mieter gemäß **§ 540 Abs. 2 BGB** einzustehen (Lützenkirchen in Lützenkirchen Mietrecht § 573 Rdn. 134). Nach dem Rechtsentscheid des OLG Hamm vom 17.8.1982 (NJW 1982, 2876) gilt die Vorschrift auch für solche Personen, die der Mieter ohne ein Untermietverhältnis zu begründen auf längere Dauer in seinen Haushalt aufgenommen hat, beispielsweise für den Partner einer **eheähnlichen Gemeinschaft**. Fällt einem **Familienangehörigen** des Mieters ein Fehlverhalten zur Last, so muss sich der Mieter dessen Verhalten nach § 278 BGB zurechnen lassen (BGH NJW 2007, 428 = NZM 2007, 35; Wenger MDR 2000, 1239; Häublein in: MünchKomm § 573 BGB Rdn. 60 und 77; Fleindl in: Bub/Treier Kap IV Rdn. 112; Lammel § 573 BGB Rdn. 58; Hannappel in: Bamberger/Roth § 573 BGB Rdn. 23; Haug in: Emmerich/Sonnenschein §§ 573 Rdn. 21; wohl auch Rolfs in: Staudinger § 573 BGB Rdn. 42; **a. A.** KG WuM 2000, 481: danach ist Eigenverschulden erforderlich). Bei minderjährigen **Kindern** kommt häufig eine Zurechnung aus dem Gesichtspunkt der verletzten Aufsichtspflicht in Betracht. Für **schuldunfähige Personen** haftet der Mieter nur, wenn ihm selbst eine Aufsichtspflichtverletzung zur Last fällt. Für das Verhalten seiner **Besucher** muss der Mieter einstehen. Wird durch das schuldhafte Verhalten eines vom Mieter beauftragten **Handwerkers** die Mietsache beschädigt, der Vermieter geschädigt oder andere Hausbewohner belästigt, so muss der Mieter hierfür einstehen, wenn der Handwerker die Störungen „bei der Erfüllung" seiner Verbindlichkeit verursacht hat (LG Düsseldorf DWW 1993, 104); für Störungen „bei Gelegenheit" (Exzesshandlungen) haftet der Mieter nicht. **18**

e) Einzelfälle: aa) Vertragswidriger Gebrauch. Überschreitet der Mieter die Grenzen des ihm zustehenden vertragsgemäßen Gebrauchs, so kann der Vermieter nach Abmahnung auf Unterlassung klagen (§ 541 BGB). Werden durch die Gebrauchsüberschreitung die Rechte des Vermieters in erheblichem Maße verletzt, so kann der Vermieter nach § 543 Abs. 2 Nr. 2 BGB fristlos kündigen. Unter denselben Voraussetzungen ist der Vermieter stattdessen auch zur Kündigung nach § 573 Abs. 2 Nr. 1 BGB berechtigt. Nach der Gesetzessystematik umfasst dieser Kündigungstatbestand aber auch Vertragsverletzungen unterhalb des § 543 Abs. 2 Nr. 2 BGB. **19**

Fälle in denen die Erheblichkeit einer Vertragsverletzung verneint worden ist: wenn ein vereinzelter Vorfall keine weiteren Folgen nach sich zieht (LG Mannheim DWW 1977, 42 betr. Geruchsbelästigungen, weil der Mieter bei Antritt einer Urlaubsreise verderbliche Lebensmittel in der Wohnung zurückgelassen hat; LG Hamburg ZMR 2001, 972: gelegentliches Füttern von Katzen auf dem Grundstück; AG Unna DWW 1990, 53 betr. einmalige Verwendung einer gesundheitsgefährdenden aber frei erhältlichen Spachtelmasse); wenn durch das Verhalten des Mieters die Mietsache nicht gefährdet wird (LG Berlin MM 1990, 289, LG Münster WuM 1991, 33 und AG Hamburg – Altona WuM 2000, 418 betr. unterlassene Schönheitsreparaturen; **a. A.** für Schönheitsreparaturen: LG Berlin GE 1999, 1052; AG Erfurt WuM 2000, 629 betr. Einbau eines Katzendurchschlupfs in eine Zimmertür; AG Wiesbaden WuM 2000, 190 betr. Verletzung der Pflicht zur **20**

§ 573 BGB Untertitel 2. Mietverhältnisse über Wohnraum

Treppenreinigung); wenn der Vorfall bereits längere Zeit zurückliegt und sich keine weiteren Vorfälle wiederholt haben; wenn der Vermieter ein bestimmtes Verhalten des Mieters lange Zeit rügelos hingenommen hat (LG München NJW RR 1991, 1112 = WuM 1991, 548 betr. Duldung der Aufnahme eines Dritten über längere Zeit); Wenn ein manisch-depressiver Mieter entgegen ärztlichem Rat die ihm verordneten Medikamente absetzt und in dieser Phase Hausbewohner bedroht und beleidigt (AG Darmstadt ZMR 2015, 39); wenn der Mieter die Bewohner eines benachbarten Hauses beleidigt, weil sich die Pflicht zur Wahrung des Hausfriedens nur auf das Zusammenleben innerhalb eines Gebäudes bezieht (AG Brandenburg WuM 2015, 741); wenn der Vermieter wegen eines Verhaltens kündigt, dessen Vertragswidrigkeit zweifelhaft ist, so dass dessen Rechtmäßigkeit ohne weiteres im Wege der Klage nach § 541 BGB geklärt werden kann (z. B. Anbringen einer Parabolantenne; Tierhaltung; Musikausübung; s. dazu auch AG Dortmund WuM 1974, 103 betr. die Haltung eines nicht störenden Zwergdackels; AG Berlin-Charlottenburg, GE 1991, 191 betr. Hundehaltung; LG Bochum WuM 1979, 255 betr. das Abstellen eines PKW im Hof, Errichtung einer CB-Antenne und nachlässige Erledigung der Hauswartpflichten; AG Altötting NJW RR 1992, 660 = WuM 1992, 365 betr. Errichtung einer Parabolantenne; AG Landstuhl NJW-RR 1994, 205 betr. Parken eines PKW an einer möglicherweise nicht erlaubten Stelle; AG Regensburg WuM 1991, 678: betr. die gewerbliche Nutzung eines Zimmers als Büro; LG Berlin GE 2016, 526: Angabe der Wohnanschrift als Geschäftsadresse durch Rechtsanwalt, wenn kein Mandantenverkehr stattfindet und kein Schild auf eine Anwaltskanzlei hinweist: offengelassen von AG Dortmund ZMR 2019, 284); LG Mannheim WuM 1987, 320, wenn der Mieter einem Handwerker das Betreten der Wohnung verweigert).

21 **Fälle in denen die Erheblichkeit einer Vertragsverletzung bejaht** worden ist: ungenehmigte Hundehaltung (LG Berlin GE 2012, 899); wenn der Mieter einen „offenen Brief" verfasst, der Beleidigungen des Vermieters oder seiner Mitarbeiter enthält (LG Halle/Saale ZMR 2012, 19); wenn der Mieter ein eindeutig vertragswidriges Verhalten trotz Abmahnung fortsetzt; wenn der Mieter trotz eines im Mietvertrag vereinbarten Verbots mehrfach in der Grundstückseinfahrt parkt (LG München I NZM 2015, 893); wenn der Mieter vertragliche Pflichten nicht erfüllt, obwohl er hierzu verurteilt worden ist (AG Hamburg-Blankenese WuM 1998, 286); wenn durch das Verhalten des Mieters die Mitbewohner des Hauses belästigt (LG Düsseldorf DWW 1989, 393 betr. tägliches Klavierspiel auch an Sonn- und Feiertagen) oder gefährdet (LG Berlin ZMR 2000, 529 betr. Diebstahl innerhalb der Hausgemeinschaft) werden, bei Geruchsbelästigungen infolge unzureichender Reinigung der Wohnung (AG Bonn ZMR 2015, 38); wenn der Mieter einer Wohnung diese zu gewerblichen Zwecken nutzt (BGH WuM 2013, 554) oder wenn dessen Fehlverhalten zu einer ernsthaften Gefährdung oder Beschädigung der Mietsache führt (LG Berlin GE 1993, 917: Einleitung erheblicher Mengen von Katzenstreu in die Toilette mit der Folge einer Rohrverstopfung; wenn der Mieter gegen den ausdrücklich erklärten Willen des Vermieters eine Wand zwischen zwei Zimmern entfernt und deren Stelle einen Stahlträger einbaut (LG Kassel DWW 2011, 336); wenn der Mieter im Herbst oder Winter seine Wohnung für längere Zeit verlässt, diese nicht beheizt aber gleichwohl die Fenster in Bad und Küche öffnet um eine ausreichende Belüftung zu gewährleisten. Hier besteht die Gefahr, dass die wasserführenden Leitungen einfrieren. Es ist nicht erforderlich, dass sich die Gefahr verwirklicht (LG Berlin GE 2014, 323); wenn der Mieter Gegenstände im Treppenhaus aufstellt (Schuh-

regal, Glasgefäße, Kartons) und diese trotz Abmahnung nicht beseitigt (LG Köln ZMR 2017, 250).

bb) Zahlungsverzug. Liegt ein verschuldeter Zahlungsrückstand im Sinne von § 543 Abs. 2 Nr. 3 BGB vor, so kann der Vermieter wahlweise nach § 543 Abs. 2 Nr. 3 BGB oder nach § 573 Abs. 2 Nr. 1 BGB kündigen). Ebenso kann der Vermieter eine fristlose Kündigung mit einer hilfsweise ausgesprochenen ordentlichen Kündigung verbinden. Beide Kündigungen bestehen dann nebeneinander (BGH NZM 2005, 334, NJW 2007, 428 unter II 1 – zum vorübergehenden Kündigungsausschluss nach dem **COVID-19-Gesetz** s. § 535 BGB Rdn. 725 ff.). 22

Fraglich kann nur sein, wie das Tatbestandsmerkmal „nicht unerheblich" in § 573 Abs. 2 Nr. 1 BGB zu konkretisieren ist. Hinsichtlich einer Kündigung wegen Zahlungsverzugs werden hierzu im Wesentlichen zwei Ansichten vertreten. Nach einer Meinung ist das Tatbestandmerkmal „nicht unerheblich" unter Rückgriff auf die für die fristlose Kündigung geltende Vorschrift des § 543 Abs. 2 Nr. 3 BGB auszulegen (Häublein in: MünchKomm § 573 BGB Rdn. 68; Derckx NZM 2011, 652). Nach der Gegenmeinung ist eine ordentliche Kündigung auch wegen geringerer Rückstände möglich, wobei meist ein Rückstand von mehr als einer Monatsmiete und eine Verzugsdauer von mindestens einem Monat gefordert wird (Rolfs in: Staudinger § 573 BGB Rdn. 47; Lützenkirchen in Erman § 573 BGB Rdn. 24; Strake ZMR 2019, 914). Nach der **Rechtsprechung des BGH** scheidet eine ordentliche Kündigung wegen Zahlungsverzugs aus, „wenn der Mietrückstand eine Monatsmiete nicht übersteigt und die Verzugsdauer weniger als einen Monat beträgt" (BGH NJW 2013, 159 = WuM 2012, 682 = NZM 2013, 20). Eine nähere Begründung für diese beiden Werte enthält das Urteil nicht. Nach Blank (ZMR 2020, 83, 85) ist dies „offenkundig auch nicht möglich, weil sich aus § 573 Abs. 2 Nr. 1 keine tauglichen Werte" ableiten ließen. 23

Für die Auffassung des BGH spricht auf den ersten Blick das systematische Verhältnis der ordentlichen zur außerordentlichen, fristlosen Kündigung. Die Annahme einer Kündigungsmöglichkeit bei einem Zahlungsverzug unterhalb der Schwelle des § 573 BGB ist allerdings nicht zwingend. Vielmehr ist davon auszugehen, dass den präzisen Kündigungsvoraussetzungen des § 543 Abs. 2 Nr. 3 BGB eine allgemeingültige Bedeutung zukommt („Ausstrahlungswirkung") (Häublein in: MünchKomm § 573 BGB Rdn. 68; Derckx NZM 2011, 652; **a. A.** Strake ZMR 2019, 914). Immerhin liegen dieser Vorschrift ausgewogene, gesetzgeberische Wertvorstellungen darüber zugrunde, wie die Vermögensinteressen des Vermieters mit den Erfordernissen des Mieterschutzes in Einklang zu bringen sind. Diese gesetzgeberischen Wertvorstellungen müssen auch bei der ordentlichen Kündigung beachtet werden. Dies rechtfertigt es, dass an die ordentliche Kündigung wegen Zahlungsverzugs dieselben Anforderungen wie im Rahmen des § 543 Abs. 2 Nr. 3 BGB gestellt werden (Blank ZMR 2020, 83, 85). 24

Anders als § 543 Abs. 2 Nr. 3 BGB umfasst § 573 Abs. 2 Nr. 1 BGB auch Mietrückstände, die aus **nicht periodisch wiederkehrenden Zahlungsverpflichtungen** herrühren. Dies gilt insbesondere für den Anspruch des Vermieters aus einer **Betriebskostenabrechnung** (vgl. auch OLG Koblenz NJW 1984, 2369). Das Erheblichkeitskriterium ist bei der Kündigung wegen einer rückständigen Betriebskostennachzahlung dann erfüllt, wenn der Zahlungsverzug der Höhe nach einer Monatsmiete entspricht und die Forderung länger als einen Monat fällig ist (LG Berlin GE 2016, 126; Hinz in: Klein-Blenkers/Heinemann/Ring, Miete/WEG/Nachbarschaft § 573 BGB Rdn. 19; ähnlich AG Geldern/LG Kleve WuM 1996, 37). 25

26 Ähnliche Grundsätze gelten, wenn der Mieter mit der Zahlung einer **Kaution** in Verzug gerät. Hier ist zunächst § 551 BGB, wonach die Kaution in Teilbeträgen bezahlt werden darf, zu beachten. Bei der Prüfung der Erheblichkeit der Vertragsverletzung wird es sachgerecht sein, auf die in § 569 Abs. 3 Nr. 1 BGB getroffene Wertentscheidung zurückzugreifen. Dies führt zum Ergebnis, dass eine Kündigung erst dann möglich ist, wenn sich der Mieter mit einem Kautionsbetrag im Rückstand befindet, der eine Monatsmiete übersteigt (LG Berlin GE 2016, 330). Diese Voraussetzung ist frühestens mit Fälligkeit der zweiten Kautionsrate gegeben. Ein **Zurückbehaltungsrecht an der Kaution** ist auch dann ausgeschlossen, wenn dem Mieter die Mietsache in einem mangelhaften Zustand übergeben wird (BGH ZMR 2007, 444 = NJW-RR 2007, 884 = NZM 2007, 401). Gleichwohl kann der Vermieter in einem solchen Fall nicht nach § 573 Abs. 2 Nr. 1 BGB kündigen, weil dies voraussetzt, dass sich der Vermieter seinerseits vertragstreu verhält (s. BGH a. a. O zu den rechtsähnlichen Fall des § 543 Abs. 1 BGB). Unbeschadet hiervon kommt es im Rahmen der Erheblichkeitsprüfung maßgeblich darauf an, auf welchen Gründen die Nichterfüllung beruht. Zahlungsunfähigkeit oder -unwilligkeit sprechen für die Kündigung. Ein Einbehalt auf Grund der (rechtsirrigen) Annahme, dass hinsichtlich der Kaution ein Zurückbehaltungsrecht bestehe, spricht dagegen (LG Köln WuM 1993, 605). Für die **fristlose Kündigung** s. § 569 Rdn. 37 ff).

27 Streitig ist, ob die Weigerung (oder das Unvermögen) zur Zahlung von **Prozesskosten** aus einer vorangegangenen Mietstreitigkeit als Pflichtverletzung in diesem Sinn zu bewerten ist (bejahend: Häublein in: MünchKomm § 573 BGB Rdn. 64; Rolfs in: Staudinger § 573 BGB Rdn. 38; verneinend LG Duisburg WuM 1992, 189). Der **BGH** (NJW 2010, 3020 = NZM 2010, 696) führt hierzu aus, dass die Weigerung (oder das Unvermögen) zur Zahlung von Prozesskosten jedenfalls dann unter § 573 Abs. 2 Nr. 1 BGB fällt, wenn die Kosten im Zusammenhang mit einem Verfahren wegen dem Verzug zur Zahlung der Miete entstanden sind. Dies beruht auf der Erwägung, dass die Prozesskosten in diesem Fall als Teil des durch die unterbliebenen Mietzahlungen verursachten Verzugsschadens gelten. Gleichwohl kann der Vermieter in Fällen dieser Art nicht kündigen, weil die Pflichtverletzung unterhalb der „Erheblichkeitsschwelle" liegt, die unter Berücksichtigung „der in § 569 Abs. 3 Nr. 2 BGB zum Ausdruck gekommenen Wertung des Gesetzgebers" zu bestimmen ist. Danach wird eine fristlose Kündigung unwirksam, wenn der Vermieter bis zum Ablauf von zwei Monaten nach Zustellung der Räumungsklage „hinsichtlich der fälligen Miete und der fälligen Entschädigung nach § 546a Abs. 1 befriedigt wird". Die Rechtsfolge der Unwirksamkeit hängt nach der Vorstellung des Gesetzgebers nur vom Ausgleich der Mietrückstände, nicht aber von der Bezahlung angefallener Verzugszinsen oder Prozesskosten ab. Diese gesetzgeberische Wertung würde unterlaufen, wenn der Vermieter diese Beträge zum Gegenstand einer ordentlichen Kündigung oder einer Kündigung nach § 543 Abs. 2 Nr. 3 BGB machen könnte (BGH a. a. O.).

28 Die Kündigung nach § 573 Abs. 2 Nr. 1 BGB setzt nach dem Wortlaut der Vorschrift zwingend ein **Verschulden des Mieters am Zahlungsrückstand** voraus. Das Kündigungsrecht besteht nicht, wenn die Zahlung infolge eines Umstands unterbleibt, den der Mieter nicht zu vertreten hat. Deshalb hat ein Mieter auch **Zahlungsverzögerungen aufgrund unverschuldeter wirtschaftlicher Schwierigkeiten** (Arbeitslosigkeit, Krankheit) nicht zu vertreten (BGH NZM 2016, 550). Das Verschulden wird vermutet (s. § 280 Abs. 1 BGB, BGH NZM 2016, 635 Rz. 19); deshalb muss der Mieter darlegen und beweisen, dass ihn kein Verschulden trifft (BGH NZM 2016, 650; WuM 2016, 682). Der Mieter muss im Einzelnen darlegen, dass er einen Zahlungsverzug aufgrund des Eintritts einer unvorhersehbaren wirtschaftlichen Notlage mangels Verschuldens nicht zu vertreten hat. Eine lückenlose Darstellung der Umstände, dass jede noch so entfernt liegende Möglichkeit eines Verschuldens ausgeschlossen erscheint, ist nicht erforderlich. Jedoch muss der Mieter regelmäßig seine Einkommens- und Vermögensverhältnisse offenlegen und zu allen Umständen Stellung nehmen die für einen behaupteten Ausschluss der Leistungsfähigkeit von Bedeutung sein können (BGH WuM 2016, 682 betr. Zahlungsprobleme auf Grund unerwartet hoher Steuernachforderungen). Ist absehbar, dass es zu einem finanziellen Engpass kommt, muss sich der Mieter unverzüglich um eine Übernahme der Mietschulden durch eine öffentliche Stelle (z. B. Jobcenter) bemühen; wird diese Obliegenheit verletzt, so ist der weiterhin bestehende Rückstand vom Mieter zu vertreten (AG Reinbek ZMR 2015, 945). Beruht die Nichtzahlung auf einem **unverschuldeten Rechtsirrtum** über die Zahlungspflicht, so wird es bereits an den Voraussetzungen des Verzugs fehlen. An die Annahme eines unverschuldeten Rechtsirrtums werden allerdings strenge Anforderungen gestellt (s. § 543 Rdn. 143). Die in einem Vermögensverzeichnis gem. § 802c ZPO dokumentierte Zahlungsunfähigkeit des Mieters kann i. d. R. als Indiz dafür gewertet werden, dass dem Mieter zum Kündigungszeitpunkt keine ausreichenden Mittel zur Erfüllung der Mietschuld zur Verfügung standen (s. dazu auch BGH NZM 2016, 650) Wird der Mieter hinsichtlich seiner Zahlungspflicht durch einen Rechtsanwalt oder Mieterverein falsch beraten, so trifft ihn zwar kein Eigenverschulden; jedoch muss er für das Verschulden des Beraters nach § 276 BGB einstehen (BGH NJW 2007, 428 = NZM 2007, 35). Wurde die Miete bislang vom Sozialamt oder vom Jobcenter bezahlt, so trifft den Mieter kein Eigenverschulden, wenn die Behörde die Zahlungen an den Vermieter eingestellt hat ohne dem Mieter hierüber zu informieren (AG Ludwigslust WuM 2011, 506). Ein eventuelles Verschulden der Behörde ist dem Mieter nicht zuzurechnen (BGH NJW 2009, 3781 = WuM 2009, 736 = NZM 2010, 37 unter Rz 21). Eine andere Frage ist es, ob der Vermieter im Falle unverschuldeter Zahlungsrückstände auf den allgemeinen Kündigungstatbestand des § 573 Abs. 1 BGB zurückgreifen kann (so Schmid DWW 1982, 77, 83). Dies ist aus rechtssystematischen Gründen zu bejahen.

Vereinzelt wird vertreten, dass es am Tatbestandsmerkmal der „nicht unerheblichen" Pflichtverletzung fehlt, wenn ein zur Kündigung berechtigender Rückstand vor dem Ausspruch der Kündigung reduziert wird, so dass im Zeitpunkt des Zugangs der Kündigung nur noch ein geringfügiger Betrag offensteht und keine Anzeichen für erneute zukünftige Zahlungsrückstände vorliegen (LG Berlin GE 2017, 890). Diese Ansicht trifft nicht zu. Der Kündigungstatbestand entsteht, wenn der Rückstand die erforderliche Höhe erreicht (s. Rdn. 23). Ob er wieder entfällt, wenn der Vermieter vor dem Zugang der Kündigung vollständig befriedigt wird, hängt davon ab, ob die Regelung des § 543 Abs. 2 Satz 2 BGB auf die ordentliche Kündigung entsprechend anzuwenden ist. Nach der hier vertretenen Ansicht ist dies zu bejahen; die Rechtsfrage ist aber obergerichtlich noch nicht geklärt. In besonders gelagerten Ausnahmefällen kann die Durchsetzung des aus der Kündigung folgenden Räumungsanspruchs allerdings rechtsmissbräuchlich (**§ 242 BGB**) sein (Milger NZM 2013, 553, 555). Gleiches gilt wenn im Zeitpunkt der Kündigung nur noch ein unbedeutender Restbetrag offensteht. Nach der **Rechtsprechung des BGH** entzieht sich die Frage, ob dem Vermieter die Berufung auf eine zunächst wirksame ordentliche Kündigung wegen nachträglich eingetretener Umstände mit Rücksicht auf Treu und Glauben verwehrt ist, allgemeiner Betrachtung. Sie ist vielmehr vom Tatrichter aufgrund der ihm obliegenden Würdigung der konkreten

29

§ 573 BGB Untertitel 2. Mietverhältnisse über Wohnraum

Umstände des Einzelfalls vorzunehmen. Die Entscheidung des Tatrichters ist vom Revisionsgericht nur eingeschränkt überprüfbar (BGH WuM 2016, 225; GE 2016, 455). Das LG Berlin vertritt die Ansicht, dass Rechtsmissbrauch vorliegen kann wenn die nachträgliche Zahlung ganz kurz nach dem Ausspruch der Kündigung erfolgt und der Mieter nachvollziehbare Gründe für die Säumnis angeben kann (LG Berlin ZMR 2015, 300). Das LG Hamburg (WuM 2007, 74) hat Rechtsmissbrauch in einem Fall angenommen, in dem der Mieter die Rückstände anerkannt, Ratenzahlungen angeboten, Zahlungen geleistet und den Rückstand ausgeglichen hat. Nach einer Entscheidung des LG Bonn (GE 2015, 383; insoweit bestätigt durch BGH a. a. O.), stellt sich die Berufung auf eine wegen Zahlungsverzug erklärte ordentliche Kündigung „in der Regel dann als rechtsmissbräuchlich dar, wenn der Vermieter spätestens bis zum Ablauf von zwei Monaten nach Eintritt der Rechtshängigkeit des Räumungsanspruchs hinsichtlich der fälligen Miete und der fälligen Entschädigung nach § 546a BGB befriedigt wird oder sich eine öffentliche Stelle zur Befriedigung verpflichtet, keine Anhaltspunkte dafür vorliegen, dass es künftig erneut zu weiteren Zahlungsrückständen kommen wird und der Mieter sich auch im Übrigen keine Verletzung von mietvertraglichen Pflichten zuschulden hat kommen lassen, die gegen eine Fortsetzung des Mietverhältnisses sprechen würden." Ebenso soll ein geringes Verschulden vorliegen, wenn der Mieter wegen Schimmelbildung mindert und er nach Eingang eines vom Gericht eingeholten Gutachtens, das ihm die Verantwortung zuweist, die rückständige Miete bezahlt (LG Krefeld DWW 2013, 58). Nach einer Entscheidung des LG Berlin (WuM 2017, 83) hat ein zur fristlosen Kündigung nach § 543 Abs. 2 Nr. 3 BGB ausreichender Rückstand nicht ohne weiteres zur Folge, dass auch die auf § 573 Abs. 2 Nr. 1 BGB gestützte ordentliche Kündigung wirksam ist. Vielmehr kommt es darauf an, ob der Zahlungsverzug als „nicht unerhebliche" Pflichtverletzung zu bewerten ist. Dies ist unter Berücksichtigung der Umstände des Einzelfalls im Wege einer Interessenabwägung zu festzustellen. Im Rahmen dieser Abwägung spielen die beanstandungsfreie Dauer des bisherigen Verlaufs der Vertragsbeziehungen, das Gewicht und die Auswirkungen der Vertragsverletzung, eine mögliche Wiederholungsgefahr, der Grad des Verschuldens, sowie die besonderen persönlichen Verhältnisse des Mieters ein Rolle.

29a Hat der Vermieter neben der fristlosen Kündigung hilfsweise ordentlich gekündigt und wird der Rechtsstreit nach Zahlung des Mietrückstands von den Parteien übereinstimmend für erledigt erklärt, so stellt sich die Frage, ob der Vermieter den Räumungsanspruch weiterhin auf die ordentliche Kündigung stützen kann. Die Frage ist zu verneinen, weil durch die **Erledigungserklärung** der Räumungsprozess insgesamt beendet wird, ohne dass es darauf ankommt, auf welche Rechtsnorm der Räumungsanspruch gestützt wurde. Eine erneute – auf die ordentliche Kündigung gestützte – Klage ist rechtsmissbräuchlich (AG Stuttgart WuM 2016, 40), weil sie auf Gründe gestützt wird, die bereits Gegenstand des Vorprozesses waren (s. § 542 Rdn. 111).

30 Zur Frage, ob die Regelung des § 569 Abs. 3 Nr. 2 BGB **(Nachholrecht)** bei der ordentlichen Kündigung **analog** anzuwenden ist s. § 569 BGB Rdn. 75.

31 Hat der Mieter die Räume einem Dritten überlassen ohne hierzu berechtigt zu sein **(Untermiete)** oder hat er einen Dritten ohne Erlaubnis des Vermieters in die Wohnung aufgenommen, so ist der Vermieter regelmäßig zur Kündigung nach § 573 Abs. 2 Nr. 1 BGB berechtigt (BayObLG RE 26.4.1995 NJW-RR 1995, 969 = WuM 1995, 378 = ZMR 1995, 301). Etwas anderes gilt dann, wenn der Mieter einen Anspruch auf Erteilung der Untermieterlaubnis nach § 553 BGB

geltend machen kann. In den übrigen Fällen ist im Einzelfall zu prüfen, ob der Vertragsverstoß schwer genug wiegt, um die Kündigung zu rechtfertigen. In der Praxis wird es dabei maßgeblich darauf ankommen, welche persönlichen und wirtschaftlichen Gründe der Mieter für die Aufnahme des Dritten geltend machen kann. Eine bewusste Missachtung des Vermieterwillens spricht hier für die Erheblichkeit der Vertragsverletzung; ein – wenn auch verschuldeter – Rechtsirrtum spricht dagegen.

Bei einer **Benutzung der Wohnung zu beruflichen, freiberuflichen oder gewerblichen Zwecken,** ist zu unterscheiden: Eine berufliche Tätigkeit ohne Außenwirkung fällt unter den Begriff des „Wohnens" (z. B.: Unterrichtsvorbereitung eines Lehrers; Telearbeit eines Angestellten, schriftstellerische Tätigkeit eines Autors). Eine solche Tätigkeit ist ohne weiteres zulässig; einer Erlaubnis durch den Vermieter bedarf es nicht (BGH NJW 2009, 3157 = WuM 2009, 517 = NZM 2009, 658). Dagegen sind geschäftliche Aktivitäten freiberuflicher oder gewerblicher Art, die nach außen in Erscheinung treten, erlaubnispflichtig. Für die **Abgrenzung** kommt es maßgeblich auf die Außenwirkung an. Von einer Außenwirkung kann nach der Ansicht des BGH ausgegangen werden, wenn der Mieter die Wohnung als seine Geschäftsadresse angibt, wenn er in der Wohnung Kunden empfängt oder wenn er dort Mitarbeiter beschäftigt. Die Angabe der Wohnanschrift als Geschäftsadresse bei der Rechtsanwaltskammer durch einen Rechtsanwalt dürfte für sich allein allerdings keine Kündigung rechtfertigen, wenn weder Mandantenverkehr stattfindet noch ein Schild auf eine Anwaltskanzlei hinweist (so zutreffend LG Berlin GE 2016, 526; abwägend AG Dortmund ZMR 2019, 284). Der Mieter kann im Einzelfall nach Treu und Glauben einen **Anspruch auf Erteilung der Erlaubnis** haben, wenn er keine Mitarbeiter beschäftigt und der Kundenverkehr nicht ins Gewicht fällt. 32

cc) Zahlungsunpünktlichkeit. In den Fällen der Zahlungsunpünktlichkeit kann der Vermieter wahlweise nach § 543 Abs. 1 BGB (dazu § 543 Rdn. 11ff) oder nach § 573 BGB kündigen (BGH NZM 2006, 338; ZMR 2006, 425 unter Ziff II 1). Ebenso kann der Vermieter in erster Linie fristlos und hilfsweise ordentlich kündigen. Die beiden Kündigungstatbestände unterscheiden sich in formeller und materieller Hinsicht. Der Kündigung nach § 543 BGB muss zwingend eine Abmahnung vorausgehen; für die ordentliche Kündigung ist eine Abmahnung nicht zwingend vorgeschrieben. Es ist allerdings zu bedenken, dass der Tatbestand des § 573 Abs. 2 Nr. 1 BGB eine nicht unerhebliche Pflichtverletzung voraussetzt. Daran kann es fehlen, wenn der Vermieter die Zahlungsunpünktlichkeit zunächst hingenommen hat und er dann das Mietverhältnis ohne Abmahnung kündigt (LG Berlin WuM 2016, 490). In materieller Hinsicht genügen für die ordentliche Kündigung Pflichtverstöße von geringerem Gewicht als dies nach § 543 BGB erforderlich ist. Insbesondere ist es nicht erforderlich, dass dem Vermieter die Fortsetzung des Mietverhältnisses bis zum Ablauf der Kündigungsfrist unzumutbar ist (BGH a.a.O.). Maßgeblich ist vielmehr, „ob das Zahlungsverhalten …(des Mieters) nach dem Zugang der Abmahnung geeignet ist, das Vertrauen …(des Vermieters) in eine pünktliche Zahlungsweise … wiederherzustellen (BGH NJW 2010, 2879 = WuM 2010, 495 = NZM 2010, 661). 33

dd) Belästigungen. In den Fällen der **Hausfriedensstörungen** und bei allen anderen Vertragsverletzungen, die von **§§ 543 Abs. 1, 569 Abs. 2 BGB** erfasst werden, kann der Vermieter wahlweise nach dieser Vorschrift oder nach § 573 Abs. 2 Nr. 1 BGB kündigen. Auf die Erläuterungen zu §§ 543 Abs. 1, 569 Abs. 2 34

BGB kann deshalb verwiesen werden. Daneben kommen nach der Vorstellung des Gesetzgebers auch Vertragsverstöße von geringerem Gewicht in Betracht.

34a **ee) Beschädigung der Mietsache.** Ist der Mieter wegen einer erheblichen und schuldhaften Verletzung seiner vertraglichen (Neben-)Pflicht zur Obhut der Mietsache rechtskräftig verurteilt worden, kann in dem beharrlichen Leugnen der Pflichtverletzung jedenfalls dann ein berechtigter Grund zur ordentlichen Kündigung nach § 573 Abs. 2 Nr. 1 BGB liegen, wenn Umstände festgestellt werden können, die die Besorgnis des Vermieters begründen, der Mieter setze seine Obhutspflichtverletzung auch nach der rechtskräftigen Verurteilung fort (BGH NZM 2016, 65 betr. Feuchtigkeitsschäden infolge unzureichendem Heizen und Lüften).

35 **ff) Unerlaubte Untervermietung/Gebrauchsüberlassung.** Nach § 540 Abs. 1 BGB ist der Mieter ohne Erlaubnis des Vermieters nicht berechtigt, die Sache weiter zu vermieten. Die Aufnahme des Untermieters ohne Erlaubnis ist als Pflichtverletzung zu bewerten. Dies gilt nach der Rechtsprechung des BGH auch dann, wenn der Mieter einen Anspruch auf Erteilung der Erlaubnis hat (BGH NJW 2011, 1065 = WuM 2011, 169 = NZM 2011, 275 m. Anm. Blank LMK 2011, 315715). Allerdings rechtfertigt nicht jede Pflichtverletzung die ordentliche Kündigung des Mietvertrags. Erforderlich ist vielmehr dass der Mieter seine Pflichten „nicht unerheblich" verletzt hat. Dieses Tatbestandmerkmal ist unter Abwägung der Umstände des Einzelfalls auszufüllen (BGH a.a.O.; s. dazu auch § 543 Rdn. 74). An diesem Tatbestandsmerkmal wird es i. d. R. fehlen, wenn der Mieter einen Anspruch auf Erteilung der Untermieterlaubnis hat (vgl. LG Berlin GE 2003, 880; Kraemer NZM 2001, 553, 560; V. Emmerich in: Staudinger § 543 BGB Rdn. 41; Lammel § 543 BGB Rdn. 84; Sternel Mietrecht aktuell Rdn. XII 114; Kandelhard in Herrlein/Kandelhard Mietrecht § 543 Rdn. 50; Bieber in: MünchKomm § 543 BGB Rdn. 41; Kinne in: Kinne/Schach/Bieber Miet- und Mietprozessrecht § 543 BGB Rdn. 52; Kandelhard in: Herrlein/Kandelhard § 543 BGB Rdn. 44; Lützenkirchen in Lützenkirchen Mietrecht § 573 Rdn. 166). In der formell unerlaubten Untervermietung kann nämlich schwerlich eine erhebliche Rechtsverletzung liegen. Der BGH hat diese Frage in dem Urteil vom 2.2.2011 (BGH a. a. O.) offengelassen. Nach dem dort zur Entscheidung stehenden Sachverhalt hatte der Vermieter keine Erlaubnis erteilt, obwohl er hierzu nach dem Mietvertrag verpflichtet gewesen wäre. Die Verweigerung der Erlaubnis war mithin vertragswidrig. In einem solchen Fall ist es einem Vermieter „wegen des Verbots des rechtsmissbräuchlichen Verhaltens (§ 242 BGB) verwehrt, sich … auf das Fehlen einer Erlaubnis zu berufen" (BGH a. a. O.). Nach dieser Rechtsansicht gilt, dass eine Untervermietung ohne Erlaubnis jedenfalls dann nicht zur Kündigung berechtigt, wenn der Mieter um eine Erlaubnis nachgesucht hat und der Vermieter hierauf nicht reagiert oder diese vertragswidrig nicht erteilt hat (ebenso: Hinz in: Klein-Blenkers/Heinemann/Ring, Miete/WEG/Nachbarschaft § 573 Rdn. 28).

36 **f) Darlegungs- und Beweislast.** Für die Darlegungs- und Beweislast gelten dieselben Grundsätze wie bei den vergleichbaren Tatbeständen der außerordentlichen fristlosen Kündigung. Auf die Ausführungen zu § 543 BGB Rdn. 68 ff wird deshalb verwiesen.

37 **2. Eigenbedarf. a) Allgemeines.** Der Kündigungstatbestand setzt voraus, dass der Vermieter die Räume als Wohnung für sich, die zu seinem Haushalt gehörenden Personen oder seine Familienangehörigen benötigt. Der Begriff „benötigt" setzt nach allgemeiner Ansicht nicht voraus, dass der Vermieter dringend („nötig") auf die Wohnung angewiesen ist. Andererseits kommt durch den vom Gesetzgeber gewählten Begriff („benötigt" statt „nutzen will") aber doch zum Ausdruck, dass der bloße Wille des Vermieters zur Eigennutzung für die Kündigung nicht ausreicht. Die instanzgerichtliche Rechtsprechung hat in früherer Zeit teilweise strenge Anforderungen an den Kündigungstatbestand gestellt. Durch die Rechtsprechung des BVerfG (s. Rdn. 43) und die neue Rechtsprechung des BGH (s. insbes. Rdn. 146) wurden die Anforderungen an das Erlangungsinteresse jedoch dem bloßen Erlangungswillen angenähert. Diese Rechtsprechung beruht letztlich auf der Annahme, dass die Regelungen des § 573 Abs. 2 Nr. 2 BGB im Hinblick auf angeblich übergeordnete Grundrechte der Immobilieneigentümer eng auszulegen sind, eine These, die mit dem Wortlaut des Kündigungstatbestandes und den ursprünglichen Intensionen des Gesetzgebers nicht im Einklang steht. Nach dem gegenwärtigen Stand der Rechtsentwicklung genügt es, wenn der Vermieter die ernsthafte Absicht hat, die Räume selbst als Wohnung zu nutzen oder diese einem Angehörigen zu überlassen (Nutzungs-/Überlassungswille) und wenn diese Absicht auf vernünftigen Erwägungen beruht (Nutzungs-/Überlassungsinteresse). Folgt man der **Rechtsprechung des BGH** hat das **(Miet-)Gericht** letztlich lediglich **zu prüfen (1)** ob der Vermieter tatsächlich die ernsthafte Absicht hat, die Wohnung selbst zu nutzen oder diese einem Angehörigen zu überlassen; **(2)** ob der Nutzungswille von vernünftigen und nachvollziehbaren Erwägungen getragen ist; **(3)** ob durch die Inanspruchnahme der gekündigten Wohnung der Bedarf des Vermieters tatsächlich gedeckt wird; **(4)** ob der Bedarf des Vermieters durch eine andere frei werdende Wohnung gedeckt werden kann und **(5)** ob der Wohnbedarf „weit überhöht" ist (BGH NJW 2015, 3368 unter Rz. 15). Die Prüfung des Eigenbedarfs wird damit faktisch auf eine Missbrauchskontrolle beschränkt. Die Interessen des Mieters am Erhalt der Wohnung sind nach der obergerichtlichen Rechtsprechung nicht im Rahmen des § 573 BGB sondern ausschließlich auf dessen Widerspruch gegen die Kündigung nach § 574 BGB zu berücksichtigen (BGH RE 20.1.1988 NJW 1988, 904 = WuM 1988, 47 = ZMR 1988, 130; Fleindl, WuM 2016, 289, 292). – **Kritik:** Die Ansicht des BGH ist zweifelhaft. Sieht man im Mietbesitz – wie das BVerfG, s. nachfolgend Rdn. 38 – ebenfalls Eigentum i. S. d. Art. 14, spricht das eher für eine Abwägung der jeweiligen durch Art. 14 geschützten Interessen. Davon abgesehen ist in § 574 BGB keineswegs geregelt, dass „entgegenstehende Interessen des Mieters" (so aber BGH NJW 1988, 904) nur im Wege des Kündigungswiderspruchs Berücksichtigung finden. Die Vorschrift regelt nur die Berücksichtigung von „Härte"(gründen). Härtegründe sind etwas anderes als „Interessen". Ob das „berechtigte Interesse" des Vermieters i. S. des § 573 BGB hinreichend gewichtig ist um eine Vertragsbeendigung zu rechtfertigen kann letztlich nur durch Abwägung mit den Mieterinteressen festgestellt werden.

b) Verfassungsrechtliche Vorgaben. Die Gerichte müssen die Entscheidung 38 des Eigentümers über seinen Wohnbedarf grundsätzlich respektieren; sie dürfen ihm nicht fremde Vorstellungen über angemessenes Wohnen und seine weitere Lebensplanung aufdrängen (BVerfG WuM 1989, 114; GE 1999, 834; WuM 2002, 21, 22). Das Besitzrecht des Mieters an der Wohnung steht ebenfalls unter dem Schutz des Grundgesetzes (BVerfG WuM 1993, 377). Der grundrechtlich geschützten Besitzposition des Mieters muss dadurch Rechnung getragen werden, dass das Gericht den Einwänden des Mieters „in einer Weise nachgeht, die der Bedeutung und Tragweite seines Bestandsinteresses gerecht wird, also beispielsweise nachprüft, ob der Selbstnutzungswunsch ernsthaft verfolgt wird ..., ob der geltend gemachte Wohnbedarf weit überhöht ist, ob er zwar vorhanden ist, jedoch die Möglichkeit in Betracht kommt, ihn ohne Inanspruchnahme der gekündigten Wohnung zu befriedigen, etwa weil eine andere im Eigentum des Vermieters stehende Wohnung frei ist, in der der geltend gemachte Wohnbedarf ohne wesentliche Abstriche befriedigt werden könnte ... Darüber hinaus kann der Mieter verlangen, dass das Gericht bei der Anwendung der Sozialklausel des § 574 BGB und der Auslegung der dort enthaltenen unbestimmten Rechtsbegriffe namentlich des Begriffs der „Härte", Bedeutung und Tragweite seines Bestandsinteresses hinreichend erfasst und berücksichtigt" (BVerfG WuM 1993, 377). Es ist Sache des Eigentümers, seinen Nutzungswunsch darzulegen; der Mieter muss seinerseits konkrete Einwände gegen den Nutzungswunsch vorbringen. Fehlt es an solchen Einwänden, so ist es aus verfassungsrechtlichen Gründen nicht erforderlich, dass sich das Gericht von sich aus mit dem Eigenbedarf auseinandersetzt (BVerfG NZM 2001, 706 = WuM 2001, 330). Bestreitet der Mieter die Nutzungsabsicht, so muss darüber grundsätzlich Beweis erhoben werden; dies gilt auch dann, wenn das Bestreiten auf einer bloßen Vermutung beruht (BVerfG WuM 1990, 536; WuM 1991, 146; WuM 1993, 381). Bei der Prüfung der Frage, ob der Vermieter vernünftige und billigenswerte Gründe i. S. d. Rechtsprechung des Bundesgerichtshofs geltend macht, ist den Absichten, den Motiven und der Lebensplanung des Vermieters gebührend Rechnung zu tragen; die Instanzgerichte sind nicht befugt, die Vorstellungen des Vermieters durch eigene Meinungen zu ersetzen (BVerfG WuM 1989, 114 BGH NZM 2005, 943; 2015, 378; 2018, 983; 2019, 518; 2020, 276). Dem Vermieter darf der Nutzungswunsch nicht „ausgeredet" werden. Eine Mangelsituation ist nicht erforderlich. Ein zeitlich begrenzter Bedarf genügt. Deshalb kann der Vermieter auch dann wegen Eigenbedarfs kündigen, wenn er die Räume lediglich als Zweitwohnung nutzen will (BVerfG NJW 2014, 2417).

39 **c) Der privilegierte Personenkreis. aa) Eigennutzung.** Eigennutzung ist gegeben, wenn der **Vermieter selbst** die Räume als Wohnung für sich benötigt. Der Umstand, dass der Vermieter weitere Personen in die Wohnung aufnehmen will, die nicht zu seinen Angehörigen zählen, ist unbeachtlich.

40 Bei **mehreren Vermietern** genügt es, wenn die Räume von einem der Vermieter genutzt werden sollen (LG Berlin GE 1992, 207; GE 1992, 549; Rolfs in: Staudinger § 573 BGB Rdn. 75).

41 Der **Erwerber** einer Wohnung kann unmittelbar nach seiner Eintragung ins Grundbuch kündigen (s. § 542 Rdn. 43; § 566 Rdn. 71). Eine Wartefrist besteht nur dort, wo dies durch Gesetz ausdrücklich bestimmt ist, nämlich in den Fällen des § 577a BGB (s. dort).

42 **Juristische Personen** (GmbH, AG) oder **Vereine** haben kein Kündigungsrecht nach Nr. 2, weil die Räumlichkeiten von einer juristischen Person oder von einem Verein nicht als „Wohnung" genutzt werden können (BGH Urteil vom 14.12.2016 – VIII ZR 232/15, Rdn. 17 m.w.N. WuM 2017, 94 m.krit.Anm. Derleder; Rolfs in: Staudinger § 573 BGB Rdn. 77; Fleindl in: Bub/Treier Kap IV Rdn. 121; Franke in: WoBauR § 573 BGB Anm. 16.5; Herrlein in: Herrlein/Kandelhard § 573 BGB Rdn. 25; Haug in: Emmerich/Sonnenschein §§ 573 Rdn. 38). Es genügt nicht, wenn ein Gesellschafter, ein gesetzlicher Vertreter (LG Wuppertal WuM 1994, 686 für Geschäftsführer) oder ein Angestellter der juristischen Person die Räume nutzen will; der Nutzungswillige gehört in diesen Fällen nicht zum privilegierten Personenkreis, weil er weder Vermieter noch Angehöriger ist (LG Karlsruhe WuM 1985, 148; AG Bergheim WuM 1985, 147). Für Alleingesellschafter, die über die Mietsache wirtschaftlich verfügen können, gilt nichts anderes. In Ausnahmefällen kann ein Kündigungsgrund aus § 573 Abs. 1 BGB hergeleitet werden, wenn die Nutzung einer bestimmten Wohnung durch den Geschäftsführer aus betrieblichen Gründen dringend erforderlich ist (Betriebsbedarf, vgl. BGH WuM 2007, 457 = NZM 2007, 639; LG Berlin GE 1999, 506).

Personengesellschaften (GBR, OHG, KG) Die Gesellschaft als solche kann **43** keinen Wohnbedarf haben. Aus diesem Grunde ist eine Kündigung nach § 573 Abs. 2 Nr. 2 BGB wegen des Bedarfs der Gesellschaft ausgeschlossen (BGH WuM 2007, 457 = NZM 2007, 639 für Kommanditgesellschaft).

Hiervon ist die Frage zu unterscheiden, ob eine Personengesellschaft wegen **44** **Eigenbedarfs für einen Gesellschafter** kündigen kann. Hierzu werden folgende **Ansichten** vertreten: **(1)** Eine Eigenbedarfskündigung ist ausgeschlossen, weil der Kündigungstatbestand voraussetzt, dass die Wohnung vom „Vermieter" benötigt wird. „Vermieter" in diesem Sinne ist derjenige, dem die Rechte und Pflichten aus dem Mietvertrag zustehen. Ist eine Wohnung durch eine GbR vermietet, so stehen die Rechte und Pflichten nicht den Gesellschaftern, sondern der rechtlich selbständigen Gesellschaft zu (Blank in: Schmidt-Futterer § 573 BGB Rdn. 49). **(2)** Eine Eigenbedarfskündigung ist nur dann möglich, wenn alle Gesellschafter Eigenbedarf haben. In diesem Fall sei es möglich, die Gesellschafter wie eine Vermietermehrheit zu behandeln (Harke ZMR 2002, 405, 407). **(3)** Eine GbR ist wie eine Vermietermehrheit zu behandeln, wenn der Gesellschafterbestand überschaubar und dem Mieter namentlich bekannt ist (Häublein in: MünchKomm § 573 BGB Rdn. 84). **(4)** Eine GbR ist generell wie eine Vermietermehrheit zu behandeln. Auf die Zahl der Gesellschafter kommt es nicht an. Es spielt auch keine Rolle, ob der Mieter die Gesellschafter kennt (Palandt/Weidenkaff § 573 BGB Rdn. 26). Zum Streitstand s. weiter Rolfs NZM 2018, 781.

Nach der **Rechtsprechung des BGH** scheidet eine unmittelbare Anwendung **45** des § 573 Abs. 2 Nr. 2 BGB aus. Jedoch sei die Vorschrift entsprechend anzuwenden (BGH Urteil vom 14.12.2016 – VIII ZR 232/15 m.krit.Anm. Dubovitskaya/Weitemeyer NZM 2017, 201 und zustimmender Anm. Singbartl/Zimtl NZM 2017, 111; BGH NZM 2009, 613; NJW 2007, 2845; NJW 2009, 2738; NJW-RR 2012, 237). Die entsprechende (analoge) Anwendung eines Gesetzes setzt nach allgemeiner Ansicht eine planwidrige Gesetzeslücke voraus. Der BGH führt dazu aus, dass die GbR bis zum Jahre 2000 als (gewöhnliche) Vermietermehrheit behandelt worden sei. Entsprechend dieser Rechtsauffassung sei jedes Mitglied der Gesellschaft als Partei des Mietverhältnisses zur Kündigung wegen Eigenbedarfs berechtigt gewesen. Erst seit der Grundsatzentscheidung des BGH vom 29.1.2001 NJW 2001, 1056) sei anerkannt, dass die (Außen-)Gesellschaft bürgerlichen Rechts Rechtsfähigkeit besitzt, soweit sie durch Teilnahme am Rechtsverkehr eigene Rechte und Pflichten begründet. Damit treten als Vermieter nicht mehr die einzelnen Mitglieder der Gesellschaft sondern die Gesellschaft als solche in Erscheinung. Die Möglichkeit der unmittelbaren Anwendung des § 573 Abs. 2 Nr. 2 BGB zum Zwecke der Kündigung wegen des Wohnbedarfs einzelner Gesellschafter sei damit entfallen. Auf diese Weise sei eine vom Gesetzgeber nicht geplante Lücke entstanden, die durch eine entsprechende Anwendung des § 573 Abs. 2 Nr. 2 BGB zu schließen sei.

Fraglich kann sein,, welche Rechtsfolge gilt, wenn nach Abschluss des Mietvertrags ein **Gesellschafterwechsel** erfolgt. Ein solcher Vorgang hat nämlich keinen **46**

Einfluss auf den Fortbestand des mit der Gesellschaft abgeschlossenen Mietvertrags. Dies hätte zur Folge, dass sich die GbR – im Unterschied zur einfachen Vermietermehrheit – auf den Eigenbedarf neu eintretender Gesellschafter berufen könnte. In dem Urteil vom 27.6.2007 hat der BGH die Ansicht vertreten, dass die Gesellschaft nur dann wegen des Eigenbedarfs eines Gesellschafters kündigen kann, sofern dieser bereits bei Abschluss des Mietvertrags Gesellschafter war (BGH NJW 2007, 2845 = WuM = NZM 2007, 679). In dem Urteil vom 23.11.2011 hat der BGH (NZM 2012, 150) jedoch ausgeführt, dass er an dieser Einschränkung nicht festhalte. Deshalb kann sich eine GbR auf einen in der Person eines Gesellschafters bestehenden Eigenbedarf auch dann berufen, wenn dieser der Gesellschaft bei Abschluss des Mietvertrags oder bei Eintritt der Gesellschaft in einem bestehenden Mietvertrag noch nicht angehörte. Wird ein Gebäude mit Mietwohnungen durch eine GbR erworben, so kann die Gesellschaft als Vermieterin auch dann wegen Eigenbedarfs eines ihrer Gesellschafter nach § 573 Abs. 2 Nr. 2 BGB kündigen, wenn in der Folgezeit Wohnungseigentum begründet werden soll. Die Regelung des § 577a BGB ist nach der Rechtsprechung des BGH auf diesen Fall weder unmittelbar noch analog anwendbar (BGH NJW 2009, 2738 = NZM 2009, 613; vgl. dazu auch BGH WuM 2012, 31 = NZM 2012, 150).

47 Bei einer **Personenhandelsgesellschaft** ist die Kündigung zugunsten eines Gesellschafters nach der Rechtsprechung des BGH ausgeschlossen (BGH WuM 2011, 113 m. Anmerkung Wiek WuM 2011, 146 und Anm. Eisenschmid LMK 2011, 316147; BGH NZM 2017, 111 Rdn. 52). Die Gründung einer KG oder einer OHG setze regelmäßig „eine umfangreiche organisatorische und rechtsgeschäftliche Tätigkeit bis hin zur Eintragung in das Handelsregister voraus". Der Entschluss hierzu beruhe regelmäßig „auf einer bewussten Entscheidung aufgrund wirtschaftlicher, steuerrechtlicher und/oder haftungsrechtlicher Überlegungen. Dies rechtfertige eine unterschiedliche Behandlung. Nach anderer Ansicht soll eine Personenhandelsgesellschaft zur Eigenbedarfskündigung berechtigt sein, wenn in der Satzung oder im Gesellschaftsvertrag geregelt ist, dass der Gesellschaftszweck auch die Versorgung der Gesellschafter mit Wohnraum gehört (Beuthien ZMR 2017, 624).

48 Ist die Wohnung vom Eigentümer **einem Dritten zur Vermietung überlassen** worden, so kann der Vermieter (Dritte) nicht wegen des **Bedarfs des Eigentümers** kündigen (Rolfs in: Staudinger § 573 BGB Rdn. 74). Gleiches gilt, wenn eine im Eigentum mehrerer Personen stehende Wohnung nur von einem der Eigentümer vermietet worden ist; auch hier kann nicht zugunsten des anderen Eigentümers gekündigt werden (Fleindl in: Bub/Treier Kap IV Rdn. 120). Ein Rückgriff auf § 573 Abs. 1 BGB ist regelmäßig ausgeschlossen, weil der Gesetzgeber durch die Wortfassung des § 573 Abs. 2 Nr. 2 BGB zum Ausdruck gebracht hat, dass lediglich das Nutzungsinteresse der dort genannten Personen Vorrang haben soll gegenüber dem Erhaltungsinteresse des Mieters; bei besonderen Notlagen sind Ausnahmen denkbar. Eine Kündigung wegen des Bedarfs des Vermieters ist möglich, wenn es sich dabei um eine natürliche Person handelt; außerdem muss in diesem Fall gewährleistet sein, dass der Vermieter auf Grund seiner Rechtsbeziehungen zum (anderen) Eigentümer die Räume selbst bewohnen darf.

49 bb) Haushaltsangehörige. Zu den Haushaltsangehörigen gehören alle Familienmitglieder und sonstigen Personen (Ehefrau, Lebensgefährte, Eltern, Kinder, Stiefkinder, Pflegekinder, Enkel, Schwiegertochter, Hausgehilfin, Pflegerin, Arbeitnehmer, „Wahlverwandte" usw.) die seit längerer Zeit auf Dauer (also nicht nur vorübergehend) mit dem Vermieter in Hausgemeinschaft zusammenleben. Eine eigenständige Bedeutung kommt diesem Tatbestandsmerkmal nur zu, als diese Personen nicht ohnehin zu den privilegierten Verwandten des Vermieters zählen.

Soweit der Vermieter einen **zusätzlichen Raumbedarf** deshalb hat, weil er 50 eine bisher nicht in seinem Haus lebende Person als Hausgehilfin, Pflegerin oder Hausmeister in seinen eigenen Haushalt aufnehmen und deshalb eine größere Wohnung beziehen will, so ist ein Fall der Eigennutzung gegeben. Soll diesen Personen eine eigene Wohnung außerhalb der Vermieterwohnung überlassen werden, so wird dieser Fall vom Wortlaut des § 573 Abs. 2 Nr. 2 BGB nur gedeckt, wenn der Berechtigte bisher im Haushalt des Vermieters untergebracht war.

Will der Vermieter dagegen Personen mit **eigenem Wohnraum** versorgen, die 51 bisher nicht zu seinem Haushalt gehört haben, so ist kein Fall des Abs. 2 Nr. 2 gegeben; hier kann jedoch nach Abs. 1 gekündigt werden, wenn für die Beschäftigung solcher Hilfspersonen ein Bedürfnis vorliegt und ihre Unterbringung im Haus oder in der Nähe der Vermieterwohnung aus persönlichen, wirtschaftlichen oder sonstigen Gründen geboten ist (LG Bielefeld WuM 1972, 178; AG Lübeck WuM 1972, 193, LG Hamburg MDR 1980, 315; Rolfs in: Staudinger § 573 BGB Rdn. 90). Bei der Prüfung dieser Frage ist ein großzügiger Maßstab anzulegen; es ist allein Sache des Vermieters darüber zu befinden, welche Personen er zu seiner eigenen Pflege und der Pflege seines Anwesens in das Haus aufnehmen will. Ein berechtigtes Interesse an der Aufnahme einer Pflegeperson setzt nicht voraus, dass die Pflegebedürftigkeit bereits eingetreten ist; es genügt, wenn aufgrund äußerer Umstände mit einiger Sicherheit damit gerechnet werden muss, dass der Vermieter die Dienste in naher Zukunft für seine Lebensführung benötigt (BayObLG RE 2.3.1982 NJW 1982, 1159, betr. einen 82 Jahre alten Vermieter). Dies gilt insbesondere dann, wenn der Vermieter eine lange Kündigungsfrist einzuhalten hat. Es ist auch nicht erforderlich, dass die Pflegeperson bereits namentlich feststeht. Vielmehr reicht es aus, wenn der Vermieter den ernsthaften Willen hat, eine Pflegeperson aufzunehmen und wenn mit einiger Sicherheit damit zu rechnen ist, dass der Vermieter in naher Zukunft eine Pflegeperson benötigt (OLG Hamm RE 24.7.1986 WuM 1986, 269 = NJW-RR 1986, 1212).

cc) Familienangehörige. Die h. M. unterscheidet zwischen den engen Fami- 52 lienangehörigen und denjenigen, die mit dem Vermieter nur weitläufig verwandt oder verschwägert sind. Bei den engen Familienangehörigen genügt die Tatsache der Verwandtschaft; bezüglich der entfernten Angehörigen wird gefordert, dass der Vermieter gegenüber dem Angehörigen rechtlich oder moralisch zur Unterhaltsgewährung oder sonstiger Fürsorge verpflichtet ist (BGH NJW 2003, 2624 = WuM 2003, 463 = ZMR 2003, 663; Rolfs in: Staudinger § 573 BGB Rdn. 81 ff.). Nach **Ansicht des BGH** bieten die Regelungen über das Zeugnisverweigerungsrecht aus persönlichen Gründen (§§ 383 ZPO, 52 StPO) einen „Anknüpfungspunkt" dafür, wie weit der Kreis der privilegierten Familienangehörigen zu ziehen ist (BGH NJW 2010, 1290 = WuM 2010, 163 = NZM 2010, 271). Danach zählen zu den Personen, die das Zeugnis verweigern dürfen, nicht nur die Verwandten und Verschwägerten sondern auch die ehemaligen Verschwägerten (§ 383 Abs. 1 Nr. 3 ZPO), der Verlobte (§ 383 Abs. 1 Nr. 1 ZPO), der geschiedene Ehegatte (§ 383 Abs. 1 Nr. 2 ZPO) und der frühere Lebenspartner des Vermieters (§ 383 Abs. 1 Nr. 2a ZPO). Die Gerichte haben zunächst zu prüfen, ob die begünstigte Person zum Kreis der Familienangehörigen zählt; ist dies (wie bei den Verlobten, dem geschiedenen Ehegatten, dem früheren Lebensgefährten oder ehemaligen Schwager)

§ 573 BGB Untertitel 2. Mietverhältnisse über Wohnraum

zu verneinen, so rechtfertigt ein Wohnbedarf dieser Personen keine Kündigung nach § 573 Abs. 2 Nr. 2 BGB. Es kommt insoweit nicht darauf an, ob zwischen den genannten Personen und dem Vermieter (noch) eine enge persönliche Bindung besteht. Zählt die Bedarfsperson dagegen zu den Familienangehörigen, so ist es entsprechend den vom BGH gegebenen Hinweisen naheliegend, die Privilegierung anhand des § 383 Abs. 1 Nr. 3 ZPO zu bestimmen. Danach zählen zu den **privilegierten Angehörigen** der Ehegatte, die Verwandten und Verschwägerten in gerader Linie (Eltern, LG Berlin GE 1991, 1205; Großeltern, Kinder, Enkel, AG München WuM 1990, 511, Urenkel etc.), die Verwandten in der Seitenlinie bis zum 3. Grad (Geschwister, BGH NJW 2003, 2624 = WuM 2003, 464; BayObLG RE 24.11.1983, WuM 1984, 14 = ZMR 1984, 89; LG Wiesbaden WuM 1991, 491, Nichten und Neffen. BGH NJW 2010, 1290 = WuM 2010, 163 = NZM 2010, 271 und die Verschwägerten in der Seitenlinie bis zum 2. Grad (Schwiegereltern, Schwager)).

53 Durch den Wunsch zum **Getrenntleben** wird die Familienzugehörigkeit nicht aufgehoben (LG Frankfurt NJW-RR 1996, 396). Deshalb kann der Vermieter kündigen, wenn er eine weitere Wohnung benötigt, damit er von seinem Ehegatten getrennt leben kann. Bis zur Scheidung ist der getrenntlebende Ehegatte als Familienangehöriger anzusehen (LG Frankfurt NJW-RR 1996, 396). Die Familienzugehörigkeit endet mit der Scheidung Fleindl NZM 2016, 289, 297).

54 Die **Rechtsprechung** hat darüber hinaus folgende Personen **als enge Familienangehörige anerkannt:** Stiefsohn (LG München I WuM 1990, 23 [LS], s. aber auch unten AG Oldenburg); Stieftochter (LG Hamburg WuM 1997, 177); Schwager (LG Freiburg WuM 1993, 126, s. aber auch unten OLG Oldenburg); Schwiegermutter (LG Köln WuM 1994, 541); Schwiegervater (LG Berlin MM 1991, 331); Schwiegereltern (LG Mainz WuM 1991, 554); Nichten und Neffen (AG Ludwigsburg WuM 1990, 391; s. aber auch unten LG Wiesbaden und LG Berlin).

55 In folgenden Fällen wurde die **enge Familienzugehörigkeit verneint:** Schwager des Vermieters (OLG Oldenburg a. a. O.; LG Mainz WuM 1991, 554 und AG Springe WuM 1991, 554); Schwägerin des Vermieters (AG Solingen WuM 1994, 685; AG Langenfeld ZMR 2000, 767); Cousine (Tochter einer Schwester der Mutter des Vermieters (OLG Braunschweig WuM 1993, 731 und LG Ravensburg WuM 1993, 51); aus anderer Verbindung stammende Tochter der Schwiegertochter des Vermieters (LG Weiden WuM 2003, 210); Cousin (LG Berlin MM 1993, 251); Neffe (LG Münster WuM 1991, 107, AG München WuM 1990, 511; AG Frankfurt/M NJWE-MietR 1997, 52); AG Nürtingen WuM 2007, 578); Nichte (LG Wiesbaden WuM 1991, 491); Nichten und Neffen (LG Berlin MM 1992, 356); Großnichte (AG Warstein WuM 1996, 547); Tante des Ehemanns der Vermieterin (AG Frankfurt/M WuM 1991, 108); Stiefsohn (LG Aschaffenburg DWW 1989, 364, LG München I WuM 1990, 23 und AG Oldenburg WuM 1990, 512); Großnichte bei türkischer Großfamilie (LG Wiesbaden NJW RR 1995, 782); Großneffe (AG Fürstenfeldbruck WuM 2020, 35; Tochter des Cousins des Vermieters (AG Waiblingen WuM 1094, 542); Onkel des Vermieters (AG Dortmund WuM 1993, 615).

56 Ein **besonderes persönliches Verhältnis** zwischen dem Vermieter und dem Angehörigen wurde **bejaht:** wenn ein in Deutschland lebender Vermieter mit seiner in Polen lebender Cousine bereits seit längerer Zeit persönlichen Kontakt unterhalten und diese mit Geld und Sachleistungen unterstützt hat (LG Braunschweig WuM 1994, 210).

Dagegen wurde ein solches **besonderes Verhältnis verneint:** bei gemein- 57
samen Freizeitaktivitäten mit der Tochter eines Cousins (AG Waiblingen WuM
1994, 542); wenn der Vermieter von seiner Nichte etwa 10 mal im Jahr besucht
wird und wenn die Verwandten vor mehreren Jahren einen gemeinsamen Urlaub
verbracht haben (LG Wiesbaden WuM 1991, 491).

dd) sonstige Personen. Ein Bedarf für andere als die in § 573 Abs. 2 Nr. 2 58
BGB genannten Personengruppen rechtfertigt die Kündigung grundsätzlich nicht.
Deshalb kann der Vermieter nicht mit der Begründung kündigen, er benötige die
Wohnung für einen Bekannten, einen engen Freund, oder seinen Verlobten
(Fleindl NZM 2016, 289, 297) oder Lebensgefährten (Herrlein in: Herrlein/Kandelhard § 573 BGB Rdn. 26; **a. A.** Wolter, Mietrechtlicher Bestandsschutz, S. 257
für Lebensgefährten). Ebenfalls gehören nicht zu den Familienangehörigen: ein Patenkind (AG Waiblingen WuM 1994, 542); die Tochter der Lebensgefährtin des
Vermieters (AG Winsen WuM 1994, 432); die „Nebenfrau" eines ausländischen
Vermieters (LG Aachen WuM 1989, 633). Denkbar ist allerdings, dass in besonders
gelagerten Ausnahmefällen nach Abs. 1 gekündigt werden kann, etwa für ein Patenkind des Vermieters mit dringendem Wohnraumbedarf oder für einen mit dem
Vermieter befreundeten Aussiedler, der in einem Lager untergebracht ist (ebenso
Barthelmess, § 564b BGB Rdn. 79; ähnlich Vogel JZ 1975, 73, 75 [FN 15]; vgl.
auch LG Stuttgart WuM 1993, 352, wonach das Kind der Schwiegertochter des
Vermieters zu dem durch Abs. 2 Nr. 2 privilegierten Personenkreis zählen soll, falls
ein besonderer sozialer Kontakt zum Vermieter besteht). Außerdem ist zu bedenken, dass ein Kündigungsgrund nach Abs. 2 Nr. 2 dann vorliegen kann, wenn der
Vermieter selbst oder ein Familienangehöriger des Vermieters mit einem Angehörigen dieses Personenkreises in die Wohnung einziehen will (OLG Karlsruhe RE
14.1.1982 NJW 1982, 889 für Bedarf zugunsten des Sohnes des Vermieters, der
die Wohnung zusammen mit seiner Lebensgefährtin nutzen möchte). Gleiches gilt,
wenn der Vermieter eine Wohnung zugunsten der Mutter seiner nichtehelichen
Kinder kündigt, damit für die Kinder eine Wohnung zur Verfügung steht; dieser
Fall ist einer Kündigung zugunsten eines Angehörigen gleichzustellen (LG Berlin
GE 1992, 101).

Problematisch ist, ob der Vermieter nach Abs. 2 Nr. 2 kündigen kann, wenn er 59
für seinen **geschiedenen Ehegatten** eine eigene Wohnung benötigt. Dies ist nur
dann zweifelsfrei zu bejahen, wenn der Vermieter die gemeinsame Wohnung verlassen will und zu diesem Zweck eine von ihm vermietete Wohnung kündigt; in
diesem Fall ist ein Fall der Eigennutzung gegeben. Soll die gekündigte Wohnung
aber dem Nicht-Vermieter-Ehegatten überlassen werden, so liegt der Tatbestand
des Abs. 2 Nr. 2 BGB nicht vor, weil der ehemalige Ehegatte nach der Scheidung
nicht mehr zur Familie des Vermieters gehört (Rolfs in: Staudinger § 573 BGB
Rdn. 86). Allerdings wird man hier auf Abs. 1 zurückgreifen müssen, weil es aus
der Sicht des Mieters keinen Unterschied bedeutet, ob dessen Wohnung von seinem Vermieter oder dessen geschiedener Ehefrau genutzt werden soll; maßgeblich kann hier allein sein, dass die Kündigung erfolgt, um die Trennung zu ermöglichen. Anders ist es dagegen, wenn die Trennung bereits vollzogen ist und der
frühere Ehegatte eine andere Wohnung beziehen will. Hier ist sowohl die Kündigung nach Abs. 1, als auch die Kündigung nach Abs. 2 Nr. 2 ausgeschlossen (AG
Hamburg WuM 1996, 39; Fleindl NZM 2016, 289, 297)). Auch hier ist allerdings
zu bedenken, dass eine Ausnahme dann gilt, wenn in der Wohnung der geschiedenen Ehefrau die gemeinsamen Kinder erzogen werden sollen; dieser Fall ist einer

Kündigung zugunsten eines Angehörigen gleichzustellen (LG Aachen WuM 1992, 613). Für die Kündigung zugunsten von **Arbeitnehmern,** die für den Betrieb oder das Unternehmen des Vermieters benötigt werden kann u. U. auf § 573 Abs. 1 BGB zurückgegriffen werden.

60   **d) Nutzung als Wohnung.** Die Regelung des § 573 Abs. 2 Nr. 2 BGB setzt voraus, dass der Vermieter die Räume als „Wohnung" benötigt. Es ist nicht erforderlich, dass der Vermieter sämtliche Räume zu Wohnzwecken nutzen will. Auch die Absicht, einen untergeordneten Teil der Räume anderweitig zu nutzen, hindert die Kündigung nicht (LG Berlin GE 1991, 683 betr. Nutzung eines Zimmers als Behandlungsraum; Rolfs in: Staudinger § 573 BGB Rdn. 96). Die Wohnnutzung durch den Vermieter muss allerdings im Vordergrund stehen. Will der Vermieter nur einen geringen Teil der Räume selbst nutzen und den übrigen Teil an Dritte überlassen oder gewerblich nutzen (s. dazu aber auch Rdn. 190–194), so liegt in Wirklichkeit keine Wohnraumnutzung vor. Eine Kündigung nach Abs. 2 Nr. 2 ist dann nicht gerechtfertigt. Der Umstand, dass der Vermieter bei der Aufnahme des oder der Dritten nicht in der Absicht der Gewinnerzielung, sondern aus anderen Motiven handelt, ändert an dieser Bewertung nichts (AG Köln WuM 1994, 211 betr. Überlassung von Räumen an Mitglieder einer Glaubensgemeinschaft).

61   Nach der Ansicht des BGH soll eine Kündigung nach **§ 573 Abs. 1 Satz 1 BGB** in Betracht kommen, wenn der Vermieter die Räume nur **teilweise zu Wohnzwecken, überwiegend aber zu gewerblichen Zwecken** nutzen will (BGH NZM 2005, 943 = WuM 2005, 779). Diese Ansicht beruht auf der Erwägung, dass das Interesses eines Eigentümers an der Nutzung der Räume zu gewerblichen Zwecken im Hinblick auf die durch Art 12 Abs. 1 GG geschützte Berufsfreiheit nicht geringer zu bewerten ist als der Bedarf zu Wohnzwecken. Dieser Ansicht ist allerdings nicht zuzustimmen (ebenso Rolfs in: Staudinger § 573 BGB Rdn. 95). Nach der Entscheidung des Gesetzgebers kann der Vermieter nur im Falle des eigenen Wohnbedarfs kündigen. Diese Wertentscheidung kann nicht durch Rückgriff auf den Auffangtatbestand des Abs. 1 umgangen werden; anderenfalls hätte es nahe gelegen auf das Tatbestandsmerkmal „als Wohnung" zu verzichten (s. weiter Rdn. 190–194).

62   **e) Der Nutzungswille. aa) Ernsthaftigkeit und Realisierbarkeit der Nutzungs- oder Überlassungsabsicht.** Das Tatbestandsmerkmal „benötigt" in Abs. 2 Nr. 2 setzt begrifflich zunächst voraus, dass der Vermieter die ernsthafte Absicht hat, die Räume selbst als Wohnung zu nutzen oder diese einem Hausstands- oder Familienangehörigen zu überlassen (BGH NJW 2010, 1068 = WuM 2010, 165 = NZM 2010, 273 unter Rz. 14; BGH NJW 2015, 3368 unter Rdn. 22). Fehlt in den Fällen der behaupteten Eigennutzungsabsicht ein ernsthafter Nutzungswille, so ist die Kündigung bereits aus diesem Grunde unwirksam.

63   Soll die Wohnung einem Angehörigen überlassen werden, so ist nicht der Nutzungswille des Angehörigen, sondern der **Überlassungswille des Vermieters** maßgebend. Bei einem fehlenden Nutzungswillen des Angehörigen fehlt es aber ebenfalls am Tatbestand des Abs. 2 Nr. 2, weil der Vermieter die Räume auch in diesem Fall nicht „benötigt" (BVerfG WuM 1993, 381). Gleiches gilt, wenn der Angehörige die Wohnung gar nicht oder kaum nutzen kann, etwa weil er sich überwiegend an anderen Orten aufhält. Eine bevorstehende Einberufung zum Wehrdienst schließt aber grundsätzlich weder den Nutzungswillen noch die Nutzungsmöglichkeit aus (AG Nürtingen WuM 1993, 676).

aaa) Vorgetäuschter Nutzungs-/Überlassungswille. An der Ernsthaftigkeit 64
des Nutzungs-/Überlassungswillens fehlt es, wenn der Vermieter lediglich behauptet, dass er die Wohnung selbst nutzen oder einem Angehörigen überlassen will, in Wirklichkeit aber andere Absichten verfolgt. Gleiches gilt, wenn der Vermieter die Räume des Mieters in anderer Weise nutzen will, wie im Kündigungsschreiben behauptet (LG Karlsruhe DWW 1995, 144). In diesem Fall spricht man von einem **„vorgetäuschten Eigenbedarf"** (besser: vorgetäuschter Nutzungs-/Überlassungswille). Eine solche Kündigung ist nicht nur unwirksam, sondern auch vertragswidrig. Nach der Rechtsprechung des BGH kann eine Kündigung wegen Eigenbedarfs auch dann vorgeschoben sein, „wenn ein Vermieter seit längerem Verkaufsabsichten hegt und der von ihm benannten Eigenbedarfsperson den Wohnraum in der – dieser möglicherweise nicht offenbarten – Erwartung zur Miete überlässt, diese im Falle eines doch noch gelingenden gewinnbringenden Verkaufs ohne Schwierigkeiten zum Auszug bewegen zu können (BGH Urteil vom 10.5.2016 – VIII ZR 214/15, WuM 2016, 426). Weitere **Indizien** für eine vorgetäuschte Kündigung sind: wenn der begünstigte Familienangehörige gar nicht weiß, dass er die Wohnung bekommen soll (AG Münster WuM 1991, 111); wenn der Angehörige die Wohnung überhaupt nicht kennt (LG Mosbach WuM 1992, 18; AG Tempelhof-Kreuzberg WuM 2017, 660 und AG Rheinberg WuM 1990, 434); wenn der Erwerber einer Wohnung zunächst versucht, den Mieter zum Abschluss eines neuen Mietvertrags zu bewegen und nach dem Scheitern dieses Versuchs eine Eigenbedarfskündigung ausspricht (AG Wiesbaden WuM 1991, 490); wenn nach einem Eigentümerwechsel über die Mieter des Hauses eine Flut von Mieterhöhungs- und/oder Räumungsklagen hereinbricht (LG Hannover WuM 1989, 418); wenn der Kündigung ein erfolgloser Mieterhöhungsversuch oder andere Streitigkeiten vorausgegangen sind (LG Köln WuM 1995, 109 und LG Osnabrück WuM 1990, 21); wenn der Vermieter in kürzerer Zeit mehrere Kündigungen ausspricht und diese mit unterschiedlichen Verwendungsabsichten begründet (AG Bonn WuM 1992, 613); wenn der Vermieter bereits in früherer Zeit einen Nutzungs-/Überlassungswillen vorgetäuscht hat (LG Karlsruhe ZMR 1989, 427); wenn sich aus dem Prozessvortrag oder den Äußerungen des Vermieters im Prozess ergibt, dass dieser in erster Linie einen unliebsamen Mieter loswerden will (LG Lübeck WuM 1989, 516: „Dieser Querulant muss raus"). In Fällen dieser Art ist es zwar nicht ausgeschlossen, dass der Vermieter gleichwohl einen ernsthaften Nutzungs-/Überlassungswillen hat (LG Lüneburg WuM 1991, 490 betr. zeitweilige Verkaufsabsichten). Jedoch sind hier besonders strenge Anforderungen an die Überzeugungsbildung zu stellen (LG Osnabrück WuM 1990, 21; ähnlich: LG Lübeck WuM 1989, 516; AG Stuttgart WuM 1989, 248; LG Hannover WuM 1989, 418; LG Karlsruhe ZMR 1989, 427).

bbb) Ungewisser Nutzungs-/Überlassungswille. An der Ernsthaftigkeit 65
des Nutzungs-/Überlassungswillens fehlt es weiterhin, wenn sich der Vermieter **noch nicht sicher** ist, ob er die Nutzungs-/Überlassungsabsicht verwirklichen kann (AG Tempelhof-Kreuzberg WuM 2017, 660). Auch in diesem Fall ist die Kündigung unwirksam und vertragswidrig (BGH NJW 2015, 3368 unter Rdn. 22; BGH NZM 2017, 23; LG Mannheim WuM 1991, 693; LG Essen WuM 1991, 494; LG Berlin GE 1990, 1041; LG Aachen WuM 1990, 301; AG Memmingen NJW-RR 1995, 1227 = ZMR 1995, 318). Der Schadensersatzanspruch des Mieters setzt in einem solchen Fall voraus, dass die Unsicherheit hinsichtlich der beabsichtigten Nutzung auf **Fahrlässigkeit** beruht. Der Vermieter muss vor der Kündigung klä-

ren, ob seine Angehörigen umzugsbereit sind. Kündigt ein Vermieter zugunsten eines ausländischen Angehörigen, so muss mit hinreichender Sicherheit feststehen, dass der **Ausländer** ein nicht nur vorübergehendes Aufenthaltsrecht erhält (LG Hamburg WuM 1994, 210). Hat der Vermieter die Absicht, die gekündigten Räume vor der Eigennutzung oder Überlassung an einen Angehörigen umzubauen und ist hierzu eine **Bau- oder Abrissgenehmigung** erforderlich, so muss der Vermieter mit seiner Kündigung zwar nicht zuwarten, bis die Genehmigungen erteilt sind (OLG Frankfurt RE 25.6.1992 WuM 1992, 421); andererseits darf er aber erst kündigen, wenn seine Planung ein Stadium erreicht hat, in dem beurteilt werden kann, ob die Verwirklichung des Plans eine Kündigung rechtfertigt (LG München WuM 1992, 612). Dies muss anhand der konkreten Umstände des Einzelfalls beurteilt werden (OLG Frankfurt a.a.O.; BayObLG ZMR 1993, 560). Eine öffentlich-geförderte Wohnung muss die Bedarfsperson über einen **Wohnberechtigungsschein** verfügen (AG Tempelhof-Kreuzberg WuM 2019, 661).

66 Von der Ungewissheit des Nutzungs-/Überlassungswillens muss auch dann ausgegangen werden, wenn unklar ist, ob die Wohnung des Mieter auf längere Dauer benötigt wird. Kündigt der Vermieter mehrere Wohnungen, weil er diese zu einer einzigen Wohnung umbauen und anschließend selbst nutzen will, so setzt die Verwirklichung des Nutzungswunsches voraus, dass alle Kündigungen wirksam sind und die hieraus folgenden Räumungsansprüche durchgesetzt werden können. Scheitert der Vermieter mit einer Kündigung, so hat dies die Unwirksamkeit aller Kündigungen zur Folge (BVerfG WuM 1999, 381).

66a Eine Kündigung bei ungewissem Nutzungswillen ist als **Pflichtverletzung** zu bewerten, die den Vermieter zum Schadensersatz verpflichtet (BGH Beschluss vom 11.10.2016 – VIII ZR 300/15). Im Allgemeinen muss der zum Schadensersatz Berechtigte die für den Ersatzanspruch maßgeblichen Tatsachen darlegen und beweisen. In Fällen der vorliegenden Art ist allerdings zu bedenken, dass der Mieter in die für den Eigenbedarf geltend gemachten Tatsachen regelmäßig keinen Einblick hat und ohne nähere Darlegung seitens des Vermieters nicht beurteilen kann, ob dessen Kündigung wegen Eigenbedarfs berechtigt war. Deshalb gilt zugunsten des Mieters eine **Beweiserleichterung**, wenn der Vermieter den behaupteten Selbstnutzungswillen nach dem Auszug des Mieters nicht in die Tat umsetzt. Dann hat der Vermieter „substantiiert und plausibel [„stimmig"]... darzulegen, aus welchem Grund der mit der Kündigung vorgebrachte Eigenbedarf nachträglich entfallen sein soll; insoweit sind strenge Anforderungen zu stellen. Erst wenn der Vortrag des Vermieters diesem Maßstab genügt, obliegt dem Mieter der Beweis, dass ein Selbstnutzungswille des Vermieters schon vorher nicht bestand" (BGH a.a.O.).

67 ccc) **Zeitferner Nutzungs-/Überlassungswille.** Die Absicht zur Selbstnutzung oder Überlassung muss in einem zeitlich engen Zusammenhang mit der Kündigung stehen. Sog. „**Vorratskündigungen**" sind unzulässig (BVerfG NJW 1990, 3259 = ZMR 1990, 448; WuM 2002, 21, 22; BGH NZM 2017, 23; NJW 2015, 3368 unter Rdn. 22; BGH NZM 2005, 580 = NJW 2005, 2395 = WuM 2005, 521 = ZMR 2005, 702; Rolfs in: Staudinger § 573 BGB Rdn. 66; Häublein in: MünchKomm § 573 BGB Rdn. 91). Es ist zwar nicht erforderlich, dass sich die Eigennutzung/Überlassung zeitlich unmittelbar an das Ende des Mietverhältnisses anschließt. Andererseits darf der Vermieter aber auch nicht kündigen, wenn er die Wohnung erst in einigen Jahren beziehen oder überlassen will. Eine feste zeitliche Grenze gibt es nicht. Ebenso ist keine Vorratskündigung gegeben, wenn der Vermieter vor dem Bezug der Wohnung Sanierungs-, Umbau oder Renovierungsarbeiten durchführt. Es kommt dabei nicht darauf an, ob sich die Arbeiten über einen wesentlich längeren als den üblichen Zeitraum erstrecken (BGH NZM 2005, 580 = NJW 2005, 2395 = WuM 2005, 521 = ZMR 2005, 702). In der Rechtsprechung werden die Fälle der Kündigung bei ungewissen Nutzungswillen und die Fälle der Vorratskündigung gleich behandelt (s. z. B. BGH NZM 2017, 23). S. deshalb auch Rdn. 65–66a.

ddd) Mehrdeutiger Nutzungs-/Überlassungswille. Der Nutzungs-/Überlassungswille muss **eindeutig** sein und sich auf eine bestimmte Verwendungsart und eine bestimmte Wohnung beziehen. Deshalb ist eine Kündigung unwirksam, wenn unklar bleibt, ob der Vermieter wegen anderer wirtschaftlicher Verwertung oder wegen Eigenbedarfs kündigt (AG Charlottenburg GE 1994, 999). **Alternativkündigungen** sind ebenfalls unwirksam. Der Vermieter muss sich beim Ausspruch der Kündigung festlegen, welcher Person er die Wohnung überlassen will (LG München I WuM 1991, 490; a. A. LG Neuruppin GE 2000, 894). An der Eindeutigkeit des Nutzungs-/Überlassungswillens fehlt es auch dann, wenn der Vermieter **mehrere Mietverhältnisse kündigt**, obwohl er nur eine einzige Wohnung benötigt (LG Köln WuM 1991, 590). Hiervon sind jene Fälle zu unterscheiden, in denen ein Vermieter für seine Familienangehörigen mehrere Wohnungen benötigt. Hier genügt es, wenn feststeht, dass alle Familienangehörigen zu dem privilegierten Personenkreis gehören und dass für jeden Angehörigen ein Bedarf besteht. Es ist nicht erforderlich, dass zum Zeitpunkt des Kündigungsausspruchs bereits ein konkreter Belegungsplan besteht. Aus diesem Grunde spielt es für die Wirksamkeit der Kündigung keine Rolle, wenn der Vermieter seinen ursprünglichen Belegungsplan aufgibt und die Wohnungen zwischen seinen Familienangehörigen anders als zunächst geplant, aufteilt (OLG Köln ZMR 2004, 33). 68

eee) Rechtliche Nutzungs-/Überlassungshindernisse. Dem fehlenden Nutzungs-/Überlassungswillen sind diejenigen Fälle gleichzustellen, in denen die **Absicht** des Vermieters **aus rechtlichen Gründen nicht verwirklicht werden kann.** Hierzu zählen folgende Fälle: **(1)** Will der Vermieter eine **öffentlich geförderte Wohnung** selbst nutzen, so bedarf er hierzu der Genehmigung der zuständigen Stelle (§ 6 Abs. 1 WoBindG). Die Genehmigung muss zum Zeitpunkt der Kündigungserklärung noch nicht erteilt sein (**a. A.** LG Essen WuM 1993, 676). Es genügt, wenn die Behörde dem Vermieter bescheinigt hat, dass eine solche Genehmigung auf Grund der geltenden Bestimmungen ausgesprochen werde (Rankenhorn WuM 1993, 656). Ist eine solche Bescheinigung noch nicht erteilt, so ist die Kündigung unwirksam. **(2)** Dürfen die Räume nach den **Bestimmungen des Bauordnungsrechts** nicht zu Wohnzwecken benutzt werden, so scheidet eine Eigenbedarfskündigung ebenfalls aus (LG Hamburg WuM 1994, 432). Dies gilt auch dann, wenn die Behörde das Bewohnen der Räume durch den bisherigen Mieter duldet. **(3)** Hat der Vermieter die Wohnung seinerseits nur angemietet, so setzt eine **Kündigung des Untermietverhältnisses** wegen beabsichtigter Eigennutzung voraus, dass der Vermieter die Räume auf Grund seiner Rechtsbeziehungen zum Eigentümer in der beabsichtigten Art und Weise nutzen darf. **(4)** Hat der Vermieter **nach einer Eigenbedarfskündigung das Anwesen veräußert** und dem Erwerber die wirtschaftliche Nutzung übertragen, so darf er die Rechte aus der Kündigung mangels eines Rechts zur Eigennutzung nicht weiterverfolgen, es sei denn, dass der Erwerber mit der Nutzung durch den Veräußerer einverstanden ist (AG Frankfurt WuM 1991, 591). Hat der Vermieter zugunsten eines Familienangehörigen gekündigt und wird die Wohnung in der Folgezeit an den Angehörigen veräußert, so bleibt die Kündigung wirk- 69 sam, weil Nutzungswille und Nutzungsinteresse fortbestehen. Dies gilt auch dann, wenn der Angehörige als Erwerber an der Kündigung gehindert wäre, weil zu seinen Lasten die Kündigungssperre des § 577a BGB wirkt (OLG Hamm RE 21.7.1992 WuM 1992, 460; LG Karlsruhe WuM 1990, 352).

70 **fff) Unvernünftiger Nutzungs-/Überlassungswille.** Im Allgemeinen darf das Gericht nicht überprüfen, ob es zur Nutzungsabsicht des Vermieters bessere oder sinnvollere Alternativen gibt. Der Eigentümer ist aus verfassungsrechtlichen Gründen befugt, selbst über die Nutzung seines Eigentums zu bestimmen. Eine Ausnahme gilt, wenn die Nutzungsabsicht des Eigentümers auf unrealistischen Vorstellungen beruht und die Nutzungswünsche des Eigentümers durch die Kündigung überhaupt nicht befriedigt werden können (BVerfG WuM 1989, 114).

71 **ggg) Wille zur Nutzung eines Teils der Mietsache.** Grundsätzlich muss sich der Nutzungs-/Überlassungswille auf die gesamte Mietsache beziehen. **Teilkündigungen** sind – von der Ausnahme des § 573b BGB abgesehen – unwirksam. Wegen der Einzelheiten s. § 542 BGB Rdn. 96. Hiervon ist die Frage zu unterscheiden, ob der Vermieter ein **Mischraummietverhältnis, dessen Schwerpunkt auf der Wohnraumnutzung** liegt, kündigen kann, wenn er lediglich Bedarf an den Wohnräumen hat. Dies wird vom BGH bejaht (BGH NJW 2015, 2727). Die Entscheidung beruht auf der zutreffenden Erwägung, dass Gewerberäume keinen Kündigungsbeschränkungen unterliegen. Es wäre deshalb verfehlt, wenn der Bedarf auf die gewerblich genutzten Teile erstreckt würde.

72 **bb) Darlegungs- und Beweislast.** Bei dem Nutzungs-/Überlassungswillen handelt es sich um eine innere Tatsache, die der Vermieter im Kündigungsschreiben mitteilen und im Prozess darlegen muss. Bestreitet der Mieter den Nutzungswillen, so muss der Vermieter hierfür Beweis anbieten, anderenfalls ist die Klage abzuweisen. Legt der Vermieter ein prozessordnungsgemäßes Beweisangebot vor, so muss über den Nutzungs-/Überlassungswillen Beweis erhoben werden. Wird ohne Beweiserhebung entschieden, so liegt ein Verstoß gegen das Gebot zur Gewährung von rechtlichem Gehör vor (Art 103 Abs. 1 GG).

73 Wesentlich ist, dass der Mieter i. d. R. keine konkreten Tatsachen benennen muss, aus denen sich ergibt, dass der Vermieter die Räume nicht nutzen will; vielmehr genügt es, wenn er sich diesbezüglich auf bloßes Bestreiten gem. § 138 Abs. 4 ZPO beschränkt (BVerfG WuM 1993, 381; WuM 1995, 140 = ZMR 1995, 150; unzutreffend: AG Potsdam GE 2001, 929). Beweispflichtig ist der Vermieter (LG Mannheim WuM 1991, 692; LG Osnabrück WuM 1990, 21).

Darüber hinaus muss das Gericht aber auch den vom Mieter vorgetragenen Tatsachen nachgehen, wenn sich hieraus Zweifel an der Ernsthaftigkeit der Nutzungsabsicht ergeben (BVerfG WuM 1991, 146). Der Vortrag des Mieters hat auf die Beweislast keinen Einfluss.

74 **cc) Wegfall des Nutzungs-/Überlassungswillens.** Der Nutzungs-Überlassungswille muss zum Zeitpunkt des Kündigungsausspruchs bereits vorhanden sein. Entfällt der Nutzungs-/Überlassungswille vor dem Ausspruch der Kündigung, so ist diese unwirksam. Ein nachträglicher Wegfall des Nutzungs-Überlassungswillens lässt die Wirksamkeit der Kündigung unberührt; es ist allerdings rechtsmissbräuchlich, wenn der Vermieter den aus der Vertragsbeendigung folgenden Räumungsanspruch weiterverfolgt (BGH NZM 2019, 527; NJW 2006, 220; LG Berlin GE 2019, 255; OLG Karlsruhe RE 7.10.1981 WuM 1982, 11 = ZMR 1982, 50 = NJW 1982, 54). Ebenso liegt Rechtsmissbrauch vor, wenn der Vermieter in

Folge eines nach Kündigungsausspruchs erlittenen schweren Unfalls auf unabsehbare Zeit an der Nutzung der gekündigten Wohnung gehindert ist (LG Berlin GE 2019, 255). Hat der Vermieter Eigenbedarf zu seinen Gunsten geltend gemacht und verstirbt er nach dem Ausspruch der Kündigung, so darf auch der Gesamtrechtsnachfolger die Kündigung nicht weiterverfolgen (OLG Karlsruhe WuM 1993, 405 = NJW-RR 1994, 80). Der Vermieter (oder dessen Rechtsnachfolger) ist vielmehr aus dem Gesichtspunkt von Treu und Glauben verpflichtet, dem Mieter einen Vertrag über die Aufhebung der Kündigungswirkungen anzubieten (OLG Karlsruhe a.a.O.). Dieses Angebot kann der Mieter (auch stillschweigend durch die Fortsetzung des Mietverhältnisses) annehmen. Kommt der Vertrag zustande, so gilt der Eintritt der Kündigungswirkung als nicht erfolgt (vgl. BGH BB 1974, 578). Das Mietverhältnis ist in diesem Fall als ungekündigtes Mietverhältnis zu behandeln. Der Mieter ist zur Annahme eines solchen Vertragsangebots allerdings nicht verpflichtet; lehnt er es ab (was wiederum stillschweigend geschehen kann) so bleibt das Mietverhältnis beendet.

In Rechtsprechung und Literatur ist streitig, bis zu welchem **Zeitpunkt** der Wegfall des Nutzungs- oder Überlassungswillens zu berücksichtigen ist. Nach der **Rechtsprechung des BGH und der h. M.** kommt es auf den **Ablauf der Kündigungsfrist** an. Eine Veränderung der tatsächlichen Verhältnisse nach diesem Zeitpunkt spielt nach dieser Ansicht keine Rolle (BGH NZM 2019, 527; WuM 2005, 782 = NJW 2006, 220 = NZM 2006, 50; NJW 2007, 2845 = NZM 2007, 679 = WuM 2007, 515; OLG Düsseldorf NJW-RR 1992, 1489; OLG Karlsruhe NJW 1982, 54; LG Berlin GE 2004, 1527; Rolfs in: Staudinger § 573 BGB Rdn. 124; Hannappel in: Bamberger/Roth § 573 BGB Rdn. 58; Palandt/Weidenkaff § 573 BGB Rdn. 29; Häublein in: MünchKomm § 573 BGB Rdn. 99; von Stebut NJW 1985, 289, 295). Nach **anderer Ansicht** ist der Wegfall des Eigenbedarfs bis zum Schluss der mündlichen Verhandlung über den Räumungsanspruch zu berücksichtigen (OLG Karlsruhe WuM 1993, 405 = ZMR 1993, 335 = NJW-RR 1994, 80). Nach einer weiteren Meinung kommt es auf den Zeitpunkt an, zu dem eine gerichtlich gewährte Räumungsfrist abläuft (Lammel Wohnraummietrecht § 573 BGB Rdn. 100; Timme NZM 2006, 2006, 249). Das BVerfG hat entschieden, dass die Ansicht der h. M. keinen verfassungsrechtlichen Bedenken begegnet (BVerfG NZM 2006, 459). 75

Entfällt der Nutzungs-/Überlassungswille nach dem Ausspruch der Kündigung, so kann der Vermieter den Räumungsanspruch auch dann nicht weiterverfolgen, wenn er in der Folgezeit einen **erneuten Nutzungs-/Überlassungswillen fasst.** In einem solchen Fall muss der Vermieter wegen des erneut gefassten Nutzungs-/Überlassungswillens eine erneute Kündigung aussprechen. Etwas anderes kann nach h. M. gelten, wenn ein ursprünglich vorhandener Kündigungsgrund entfällt und stattdessen ein anderer Kündigungsgrund entsteht. 76

dd) Vertragswidrige Kündigung und erschlichener Mietaufhebungsvertrag (dazu: A. Siegmund WuM 2017, 613). Kündigt der Vermieter das Mietverhältnis schuldhaft (vorsätzlich oder fahrlässig) ohne materiellen Grund, so verletzt er seine vertraglichen (Neben-)Pflichten und ist verpflichtet, dem Mieter den Schaden aus der unberechtigten Kündigung zu ersetzen (§§ 280 Abs. 1 241 Abs. 2 BGB). Nach § 280 Abs. 1 Satz 2 BGB wird das Verschulden vermutet, wenn die Pflichtverletzung feststeht. Daneben kommen Schadensersatzansprüche aus unerlaubter Handlung (§ 823 Abs. 1 BGB) bei bewusst wahrheitswidriger Vorspiegelung des Kündigungsgrundes auch ein Anspruch aus § 826 BGB wegen Erschleichens und sittenwidriger Ausnutzung eines Titels in Betracht. Nach der hier vertretenen An- 77 sicht ist § 573 BGB als Schutzgesetz i. S. d. § 823 Abs. 2 BGB anzusehen. Dies folgt aus der Erwägung, dass dem Besitzrecht des Mieters ein hoher, verfassungsrechtlich geschützter (s. Rdn. 38) Stellenwert zukommt (A. Siegmund a.a.O.).

77a   **aaa) Vertragsverletzung.** Kündigt der Vermieter mit einem vorgetäuschten Nutzungs-/Überlassungswillen, so ist dies als **vorsätzliche Pflichtverletzung** zu bewerten. Hiervon ist auszugehen, wenn ein mit der Kündigung geltend gemachter Eigenbedarf in Wirklichkeit nicht besteht (BGH NZM 2005, 580 = NJW 2005, 2395). Gleiches gilt, wenn der Nutzungs-/Überlassungswille nach dem Kündigungsausspruch wegfällt und der Vermieter gleichwohl seinen Räumungsanspruch weiterverfolgt (BGH NJW 2006, 220 = NZM 2006, 50; GuT 2012, 384; OLG Karlsruhe RE 7.10.1981 NJW 1982, 54). Nach dem Ablauf der Kündigungsfrist ist der Wegfall des Nutzungs-/Überlassungswillens nach h. M. allerdings nicht mehr zu berücksichtigen. Ein weiterer Fall der Pflichtverletzung ist gegeben, wenn der Vermieter nach dem Freiwerden einer Alternativwohnung seine Anbietpflicht verletzt).

78   Kündigt der Vermieter mit der Absicht, die Wohnung selbst zu nutzen oder diese einem Angehörigen zu überlassen, obwohl nicht sicher feststeht, dass die Nutzungsabsicht verwirklicht werden kann, so ist eine **fahrlässige Pflichtverletzung** gegeben.

79   Nach der Rechtsprechung ist eine fahrlässige Pflichtverletzung auch dann anzunehmen, wenn der Vermieter zwar die Beendigungstatsachen zutreffend mitteilt, aber infolge eines **vermeidbaren Rechtsirrtums** verkennt, dass die geltend gemachten Gründe keine Vertragsbeendigung rechtfertigen (so: BGHZ 89, 296 = NJW 1984, 1028; NJW 1988, 1268; NZM 1998, 718).

80   Eine Pflichtverletzung liegt auch dann vor, wenn der **Vermieter** zwar keine Kündigung ausspricht, aber gegenüber dem Mieter **vorsätzlich oder fahrlässig den Eindruck erweckt, dass er Beendigungsgründe geltend machen könne** (LG Saarbrücken NZM 1998, 304). Es genügt allerdings nicht, wenn der Vermieter den Mieter lediglich befragt, ob dieser ohnehin mit der Absicht zur Aufgabe der Wohnung habe und bei dieser Gelegenheit ein Eigennutzungsinteresse bekundet (LG Saarbrücken a.a.O.). Erforderlich ist vielmehr, dass der Vermieter hinreichend deutlich zum Ausdruck bringt, dass er in die Wohnung des Mieters einziehen wolle. Die Darlegungs- und Beweislast für die Pflichtverletzung des Vermieters trägt der Mieter (A. Siegmund NZM 2017, 613, 614).

80a   Die **Beachtung der formellen Anforderungen** an das Kündigungsschreiben zählt nicht als „Pflicht" i. S. des § 280 BGB, sondern ist als bloße „Obliegenheit" zu bewerten. Die Verletzung einer vertraglichen oder gesetzlichen Pflicht führt zum Schadensersatz. Wird demgegenüber eine Obliegenheit verletzt, so ist dies zwar mit Rechtsnachteilen – i. d. R. mit der Unwirksamkeit einer Erklärung – verbunden; der Vertragspartner kann hieraus aber keine eigenen Ansprüche herleiten. Formelle Mängel des Kündigungsschreibens begründen deshalb keine Schadensersatzpflicht (BGH NZM 2011, 119; Harsch MietRB 2016, 81).

81   **bbb) Kausalität.** Zwischen der Pflichtverletzung des Vermieters und dem Auszug des Mieters muss **Kausalität** bestehen. Hiervon ist auszugehen, wenn der Mieter auf Grund der Angaben des Vermieters zur Räumung verurteilt wird oder wenn er freiwillig auszieht, weil er auf die Angaben des Vermieters vertraut hat (LG Saarbrücken a.a.O.). Dabei spielt es keine Rolle, ob die Kündigung formell wirksam oder unwirksam ist (LG Bochum NJWE-MietR 1997, 50), oder ob der freiwillige Auszug vor oder nach dem Ausspruch der Kündigung erfolgt. Unerheblich ist auch, ob der Mieter die Wohnung faktisch aufgibt, ob eine außergerichtliche Räumungsvereinbarung (Mietaufhebungsvertrag) oder ein gerichtlicher Räumungsvergleich geschlossen wird (OLG Karlsruhe RE 7.10.1981 NJW 1982, 54; BayObLG RE 25.5.1982 NJW 1982, 2003). Es kommt auch nicht darauf an, ob dem Mieter die Kündigungsgründe schriftlich oder nur mündlich bekannt gegeben worden sind, weil der Mieter auch auf mündlich dargelegte Gründe vertrauen darf (LG Mannheim WuM 1995, 710). Solange der Mieter davon überzeugt ist, dass der Vermieter tatsächlich einen begründeten Eigenbedarf hat, kann die Kausalität zwischen der Vertragsverletzung und dem Schaden nicht zweifelhaft sein (LG Berlin ZMR 1984, 18).

Nach der **Rechtsprechung des BGH** steht dem Mieter gem. § 280 Abs. 1 BGB ein Schadensersatzanspruch zu, wenn der Vermieter schuldhaft wegen eines in Wirklichkeit nicht bestehenden Eigenbedarfs kündigt. Gleiches gilt, wenn der Mieter nach Ausspruch einer vorgetäuschten Kündigung mit dem Vermieter einen Mietaufhebungsvertrag oder Räumungsvergleich abschließt, weil er von der Richtigkeit der Angaben des Vermieters zum Kündigungsgrund überzeugt ist. Es spielt keine Rolle ob das Kündigungsschreiben formell wirksam ist. Maßgeblich ist allein, dass der Mieter das Räumungsverlangen materiell für gerechtfertigt ansieht. Hat sich der Mieter durch Vergleich zur Räumung verpflichtet, so kann der Schadenersatzanspruch zwar nicht darauf gestützt werden, dass die Kündigung aus Rechtsgründen unwirksam war. Jedoch kann der Mieter geltend machen, dass die vom Vermieter behauptete Bedarfssituation in Wahrheit nicht vorgelegen hat (BGH NZM 2017, 521). Anders ist die Rechtslage, wenn der Abschluss des Aufhebungsvertrags „auf der freien Willensentscheidung" des Mieters beruht. Ein solcher Fall ist anzunehmen, wenn der Mieter auf jeden Fall – ohne Rücksicht auf das Bestehen des Eigenbedarfs – ausziehen will (grundlegend: BGH NJW 2009, 2059). Ist dieser Punkt – wie in den meisten Fällen – im Mietaufhebungsvertrag oder Räumungsvergleich nicht eindeutig geregelt, so ist das von den Parteien gewollte unter Berücksichtigung der Umstände des Einzelfalls im Wege der Auslegung zu ermitteln (BGH WuM 2011, 634; NJW 2015, 2324 unter Rdn. 15; im Ergebnis ebenso: OLG Frankfurt RE 6.9.1994 WuM 1994, 600). An den Willen des Mieters zum Verzicht auf eventuelle Schadensersatzansprüche sind strenge Anforderungen zu stellen sind. Der Verzichtswille muss „unmissverständlich" sein (BGH NJW 2015, 2324 unter Rdn. 19; WuM 2016, 426; BGH NZM 2017, 521). Es ist Aufgabe der Instanzgerichte, diejenigen Umstände festzustellen, aus denen sich der Verzichtswille herleiten lässt. Ein Indiz hierfür kann darin gesehen werden, dass sich der Vermieter zu einer substantiellen Gegenleistung verpflichtet, z.B. eine Abstandszahlung leistet oder auf Schönheitsreparaturen verzichtet (BGH a.a.O.). Die Gegenleistung muss allerdings ein nicht unerhebliches Gewicht haben. Bei einer Geldzahlung ist darauf abzustellen, welche Beträge für die Aufgabe des Mietbesitzes in der Gemeinde üblicherweise bezahlt werden. Nach einer Entscheidung des AG Tempelhof-Kreuzberg stellt in Berlin eine Ausgleichszahlung von 5000,– € als Gegenleistung für die Aufgabe der Wohnung keine so namhafte Summe dar, dass aus ihr auf einen stillschweigenden Verzicht des Mieters auf Schadensersatz geschlossen werden kann. In Berlin seien seit einigen Jahren Abstandszahlungen in fünfstelliger Höhe üblich geworden (AG Tempelhof-Kreuzberg WuM 2017, 660).

An der Kausalität kann es fehlen, wenn der **Mieter unabhängig von der Kündigung** des Vermieters **ausgezogen** ist. Dies ist der Fall, wenn der Mieter das Mietverhältnis seinerseits gekündigt hat (AG Sinzig DWW 1991, 25 betr. Kün-

§ 573 BGB Untertitel 2. Mietverhältnisse über Wohnraum

digung wegen des gespannten Vertragsverhältnisses). Gleiches gilt, wenn der **Vermieter auch aus anderen Gründen gekündigt** hat und wenn der Mieter auf Grund dieser Kündigung zur Räumung verpflichtet gewesen wäre (LG Gießen WuM 1995, 163 betr. Kündigung wegen Zahlungsverzugs).

84   ccc) **Schadensberechnung.** Zur Schadensberechnung s. zunächst § 542 BGB Rdn. 129 ff. Neben den dort aufgeführten Schadenspositionen gehören zum Schaden:
(1) die **Kosten des vorangegangenen Räumungsrechtsstreits** Fraglich kann sein, on der Mieter die Prozesskosten des Räumungsverfahrens im Wege des Schadensersatzanspruchs verlangen kann, wenn er sich zuvor im Vergleichsweg zur Kostentragung verpflichtet hat. Dies wird vom BGH bejaht (BGH Urt. v. 29.4.2017 – VIII ZR 44/16). Wurden diese Kosten von der Rechtsschutzversicherung des Mieters getragen, so ist zu unterscheiden: Ist die Leistung der Rechtsschutzversicherung vor Rechtshängigkeit des Schadensersatzprozesses erfolgt, so muss der Mieter den Erstattungsanspruch an die Versicherung abtreten oder sich eine Einziehungsermächtigung erteilen lassen; anderenfalls fehlt dem Mieter die Aktivlegitimation. Hat der Versicherer nach Rechtshängigkeit des Schadensersatzprozesses geleistet, so ist eine gesetzliche Prozesslandschaft nach § 265 ZPO gegeben, mit der Folge, dass der Mieter lediglich Zahlung an die Rechtsschutzversicherung verlangen kann.
(2) die **Detektivkosten** (AG Hamburg WuM 1997, 220; vgl. auch LG Köln WuM 2000, 616: danach gehören diese Kosten zu den Prozesskosten).

85   ddd) **Mitverschulden des Mieters.** Der Mieter muss sich auch dann ein **Mitverschulden** anrechnen lassen, wenn er auf eine nahe liegende Rechtsverteidigung gegen die Kündigung verzichtet hat. Der Umstand, dass die **Kündigung formell unwirksam** war (etwa, weil die Beendigungstatsachen nicht vollständig mitgeteilt sind), spielt hier allerdings keine Rolle: zum einen darf der Mieter auch auf die Richtigkeit der mündlich mitgeteilten Gründe vertrauen (OLG Karlsruhe RE 7.10.1981 NJW 1982, 54; BayObLG RE 25.5.1982 NJW 1982, 2003 = WuM 1982, 203; ZMR 1982, 277 Eisenschmid PiG 90 (2011) S. 192, 195). Zum anderen gewinnt der Mieter im Ergebnis nichts, wenn er (lediglich) die formelle Unwirksamkeit der Kündigung rügt. Im günstigsten Fall kann er seine Räumungsverpflichtung verzögern, weil eine formell unwirksame Kündigung jederzeit wiederholt werden kann (LG Saarbrücken WuM 1995, 173; LG Mannheim WuM 1995, 711; a. A. AG Saarlouis WuM 1995, 173). Bestehen allerdings **konkrete Verdachtsmomente** gegen die Ernsthaftigkeit des Nutzungs-/Überlassungswillens, muss sich der Mieter gegen die Kündigung zur Wehr setzen. Erst recht gilt diese Obliegenheit, wenn der Vermieter unter Angabe der zutreffenden Gründe kündigt, diese aber die Vertragsbeendigung – auch für den Laien erkennbar – nicht rechtfertigen (LG Mannheim WuM 1995, 711).

86   eee) **Darlegungs- und Beweislast.** Nach allgemeinen Grundsätzen muss der Mieter die tatsächlichen Voraussetzungen seines Schadensersatzanspruchs beweisen. Dieser Grundsatz gilt auch in den Fällen des vorgetäuschten Eigenbedarfs. Nach der **Rechtsprechung des BGH** findet **keine Umkehr der Beweislast** statt (BGH NZM 2005, 580 = NJW 2005, 2395 = WuM 2005, 521 = ZMR 2005, 702;. Zugunsten des Mieters gilt jedoch eine **Beweiserleichterung,** wenn der Vermieter den behaupteten Selbstnutzungswillen nach dem Auszug des Mieters nicht in die Tat umsetzt. Dann hat der Vermieter „substantiiert und plausibel [„stimmig"]…

darzulegen, aus welchem Grund der mit der Kündigung vorgebrachte Eigenbedarf nachträglich entfallen sein soll; insoweit sind strenge Anforderungen zu stellen. Erst wenn der Vortrag des Vermieters diesem Maßstab genügt, obliegt dem Mieter der Beweis, dass ein Selbstnutzungswille des Vermieters schon vorher nicht bestand" (BGH NZM 2017, 23 Rdn. 25; BGH NZM 2017, 521).

Für die **praktische Umsetzung** gilt folgendes: Wird die Wohnung entgegen der Angaben im Kündigungsschreiben vom Vermieter nicht bezogen, sondern anderweitig vermietet, so muss der Vermieter „substantiiert und plausibel" darlegen aus welchem Grund der mit der Kündigung vorgebrachte Eigenbedarf nachträglich entfallen sein soll. Wenn der Vortrag des Vermieters dem genügt, obliegt dem Mieter der Beweis, dass ein Selbstnutzungswille schon von vorneherein nicht bestanden hat (BGH a. a. O. AG Münster WuM 2014, 274). 87

Teilweise wird in diesem Zusammenhang die Ansicht vertreten, dass der **Mieter** in einem solchen Fall einen **Auskunftsanspruch** geltend machen kann, wenn von der Auskunft die Erfolgsaussicht eines Schadensersatzanspruchs abhängt (AG Wuppertal WuM 1995, 185; Eisenschmid PiG 90 (2011) S. 192, 194). 88

Einzelheiten zur Beweislast. Ist streitig, ob der Vermieter den Mieter vor seinem Auszug von dem Wegfall des Nutzungs-/Überlassungswillens informiert hat, so trifft die Beweislast den Vermieter. Gleiches gilt, wenn die Erfüllung der Anbietpflicht in Frage steht. Zieht der Mieter freiwillig aus, weil er auf mündliche Erklärungen des Vermieters über einen angeblichen Nutzungs-/Überlassungswillen vertraut hat und ist streitig, was der Vermieter erklärt hat, so trifft die Beweislast den Vermieter (LG Mannheim WuM 1995, 710). Dies folgt aus der Erwägung, dass die schriftliche Mitteilung der Kündigungsgründe zu den Pflichten des Vermieters gehört (§ 573 Abs. 3 BGB); deshalb muss der Vermieter das Risiko tragen, wenn der Inhalt des mündlich erklärten nicht ermittelt werden kann. Die Kausalität zwischen der Pflichtverletzung des Vermieters und dem Auszug des Mieters ist vom Mieter zu beweisen. An diesen Beweis sind allerdings keine strengen Anforderungen zu stellen; er gilt als geführt, wenn feststeht, dass zwischen der Pflichtverletzung des Vermieters und dem Auszug ein zeitlicher Zusammenhang besteht. Die Höhe des Schadens muss der Mieter beweisen; für das Mitverschulden ist der Vermieter beweispflichtig. 89

ee) Schadensersatzanspruch/Anspruch auf Wiedereinräumung des Besitzes. Hat der Mieter die Wohnung geräumt und an den Vermieter zurückgegeben, so hat er im Falle einer unwirksamen Kündigung sowohl Schadensersatzansprüche als auch einen Anspruch auf Wiedereinräumung des Besitzes (Ostermann WuM 1992, 342, 346). Gleiches gilt, wenn die Kündigung wirksam war und der Bedarf nach dem Ausspruch der Kündigung entfallen ist. Der Wegfall des Bedarfs nach dem Ablauf der Kündigungsfrist ist nach h. M. allerdings unbeachtlich (s. Rdn. 124). 90

(1) Schadensersatzanspruch. Wird ein Mietverhältnis wegen eines Eigenbedarfs gekündigt, der in Wirklichkeit nicht besteht, so hat der Mieter gem. § 280 Abs. 1 BGB Anspruch auf Schadensersatz, wenn die Kündigung schuldhaft, d. h. vorsätzlich oder fahrlässig ausgesprochen wird. Grundsätzlich hat der Vermieter denjenigen Zustand herzustellen, der bestehen würde, wenn der zum Ersatz verpflichtende Umstand nicht eingetreten wäre (§ 249 Abs. 1 BGB; „Naturalrestitution"). Der Mieter kann also verlangen, dass ihm die Wohnung wieder überlassen wird. Ist dies ausnahmsweise nicht möglich, weil die Räume anderweitig vermietet oder an einen Dritten veräußert wurden, hat der Vermieter den Mieter in Geld zu 91 entschädigen (§ 251 Abs. 1 BGB). Den Ausnahmefall hat der Vermieter darzulegen. Ist die Unmöglichkeit der Naturalrestitution streitig, so muss das Gericht hierüber Beweis erheben. Beweispflichtig ist der Vermieter (BGH NJW 2010, 1068 = WuM 2010, 165 = NZM 2010, 273).

(2) Ersatzfähige Schadenspositionen können sein (dazu A. Siegmund WuM 2017, 613, 618): die Kosten im Zusammenhang mit dem erforderlichen Umzug im weitesten Sinne (Kosten der Wohnungssuche wie Fahrkosten, Maklerkosten oder Kosten für Inserate; Kosten für ein Umzugsunternehmen und freiwillige Umzugshelfer, Umzugsservice der Telekom, Ummeldekosten), nutzlos gewordene Aufwendungen für die bisherige Wohnung (nicht mehr verwendbare Einrichtungsgegenstände, Renovierungskosten, nicht abgewohnte Investitionen), Aufwendungen für die neue Wohnung, Detektivkosten, Rechtsberatungskosten, die Prozesskosten des vorangegangenen Räumungsrechtsstreits (auch dann, wenn dieser durch einen Räumungsvergleich beendet wurde, ohne Schadensersatzansprüche wegen vorgetäuschten Bedarfs abzugelten), erhöhte Fahrtkosten zwischen Arbeitsort und neuer Wohnung und vor allem: die Differenz zwischen der bisherigen und der neuen Miete für eine vergleichbare Wohnung. **Nicht erstattungsfähig** sind die Kosten für den Erwerb einer Eigentumswohnung; die haftungsausfüllende Kausalität, das heißt der haftungsrechtliche Zurechnungszusammenhang zwischen dem Haftungsgrund (der Rechtsgutsverletzung) und dem Schaden unter Berücksichtigung des Schutzzwecks der haftungsbegründenden Norm ist im Fall des Erwerbs von Wohneigentum anstelle der Miete einer anderen Wohnung nicht mehr gegeben (A. Siegmund a. a. O.). Eine zeitliche Begrenzung der Ersatzpflicht hinsichtlich des Mietdifferenzschadens besteht nicht (s. § 542 Rdn. 131). Ein **Schmerzensgeld** ist nicht ausgeschlossen, aber nur in besonders schwerwiegenden Fällen angezeigt (A. Siegmund WuM 2017, 613, 620). Dem Mieter kann ein **Mitverschulden** treffen, wenn er auf eine nahe liegende Rechtsverteidigung verzichtet. Der Mieter muss zumindest prüfen, ob die Gründe für die Kündigung plausibel und – auch für den Laien erkennbar – eine solche zu tragen überhaupt geeignet sind.

(3) Erfüllungsanspruch. Durch eine vorgetäuschte Eigenbedarfskündigung wird das Mietverhältnis nicht beendet. Der Mieter hat deshalb gegen den Vermieter nicht nur einen Schadensersatzanspruch, sondern auch einen aus § 535 Abs. 1 BGB folgenden Erfüllungsanspruch (Eisenschmid PiG 90 (2011) S. 192, 196; **a. A.** Harsch MietRB 2016, 8186: nur Schadensersatzanspruch in Form der Naturalherstellung). Der Vermieter kann die Erfüllung nach § 275 Abs. 1 BGB im Falle der Unmöglichkeit allerdings verweigern. Zu § 275 Abs. 1 BGB a. F. wurde die Ansicht vertreten, dass die Unmöglichkeit nur dann zum Ausschluss der Leistungspflicht führt, wenn diese vom Schuldner nicht zu vertreten ist. Seit der Neufassung der Vorschrift durch das Schuldrechtsmodernisierungsgesetz ist jedoch fraglich, ob es weiterhin auf dieses Kriterium ankommt. Dies wird überwiegend verneint (Palandt/Grüneberg § 275 BGB Rdn. 5; Unberath in: Bamberger/Roth § 275 Rdn. 51; Schur NJW 2002, 2518; A. Siegmund WuM 2017, 613, 616, 617). Nach dieser Ansicht ist also auch nach § 275 Abs. 1 BGB eine Beweiserhebung erforderlich, wenn die Unmöglichkeit streitig ist. Unmöglichkeit kann nicht bereits angenommen werden, wenn die Wohnung inzwischen anderweitig vermietet oder verkauft ist, sondern erst dann, wenn der Vermieter beweist, dass er die Verfügungsmacht über die Wohnung nicht mehr erlangen kann, sei es durch Kündigung, eine Abstandszahlung oder einen Rückerwerb (A. Siegmund WuM 2017, 613, 617).

Der Anspruch auf Wiedereinräumung des Besitzes kann durch ein im Wege der 93
einstweiligen Verfügung zu erlassendes Verbot der Weitervermietung gesichert
werden (A. Siegmund WuM 2017, 613, 616). Hat der Vermieter Verkaufsabsichten,
so kommt ein einstweiliges Veräußerungsverbot in Betracht (LG Bonn WuM 1988,
402; Ostermann a. a. O.; Börstinghaus in: Enders/Börstinghaus, Einstweiliger
Rechtsschutz (2003) Rdn. 890; **a. A.** Schuschke in: Schuschke/Walker, Vollstreckung und Vorläufiger Rechtsschutz 3. Aufl. 2005 Vorbem. zu § 935 BGB
Rdn. 40). Der Anspruch auf Wiedereinräumung des Besitzes kann mit der Schadensersatz- oder mit der Erfüllungsklage geltend gemacht werden.

(4) Besonderheiten bei Rechtsnachfolge. Wird die Wohnung nach Rechts- 94
hängigkeit der Klage des Anspruchs auf Wiedereinräumung des Besitzes veräußert,
so kommt es zunächst darauf an, ob die Mietsache im Zeitpunkt der Veräußerung
(maßgeblich: die Eintragung des Erwerbers ins Grundbuch) noch im Besitz des
Mieters war. In diesem Fall tritt der Erwerber gem. § 566 BGB in das Mietverhältnis
ein. Hier bestimmt § 325 Abs. 1 ZPO, dass ein gegen den Veräußerer ergehendes
rechtskräftiges Urteil gegen diejenigen Personen wirkt, die nach dem Eintritt der
Rechtshängigkeit der Klage (d. h. nach der Zustellung der Klagschrift an den Veräußerer) Rechtsnachfolger des Klägers im Mietverhältnis werden. Wird der Veräußerer zur Wiedereinräumung des Besitzes verurteilt, so trifft dieselbe Verpflichtung den Erwerber. Hatte der Mieter dagegen den Besitz vor der Veräußerung
bereits aufgegeben, so ist § 566 BGB unanwendbar, weil diese Vorschrift voraussetzt, dass der Wohnraum „nach der Überlassung an den Mieter" veräußert wird.
Eine Rechtsnachfolge im Mietverhältnis tritt nicht ein; deshalb wirkt das Urteil
auch nicht gegen den Erwerber.

f) Das Nutzungs-/Überlassungsinteresse. aa) Allgemeines. Der Kündi- 95
gungstatbestand des § 573 Abs. 2 Nr. 2 setzt voraus, dass der Vermieter die Räume
„**benötigt**". Hieraus ergibt sich, dass zur Kündigung neben dem Nutzungs-/oder
Überlassungswillen ein besonderes Nutzungs-/Überlassungsinteresse hinzutreten
muss. An dem Tatbestandsmerkmal „benötigt" fehlt es, wenn dem Vermieter eine
andere freistehende Wohnung zur Verfügung steht, durch die sein Bedarf gedeckt
werden kann. Ebenfalls fehlt es an dem genannten Tatbestandsmerkmal, wenn das
Nutzungs-/oder Überlassungsinteresse kein hinreichendes Gewicht hat, etwa weil
die Wohnung nur für kurze Zeit benötigt wird oder weil die Kündigung vernunftwidrig oder willkürlich ist oder weil der Vermieter einen übermäßigen Bedarf geltend macht. Nach dem Wortlaut des § 573 Abs. 2 Nr. 2 BGB setzt die Eigenbedarfskündigung voraus, dass der Vermieter die Räume benötigt. Hieraus wird von einem
Teil der Rechtsprechung und Literatur abgeleitet, dass es hinsichtlich des Nutzungswillens und des Nutzungsinteresses ausschließlich auf den Willen des Vermieters
und nicht auf das Interesse des Angehörigen ankommt, dem die Wohnung überlassen werden soll (so z. B. BayObLG WuM 1986, 271; OLG Hamburg WuM 1986,
51; Rolfs in: Staudinger § 573 BGB Rdn. 102). Der BGH teilt diese Ansicht nicht.
Bei der Kündigung zugunsten eines Angehörigen mache sich der Vermieter „regelmäßig die Bedarfssituation des Angehörigen und damit dessen Nutzungsvorstellungen zu eigen" (BGH NJW 2015, 1590). Deshalb ist beispielsweise zu berücksichtigen, wenn die Bedarfsperson die Räume zusammen mit einen Lebensgefährten
oder einer sonstigen befreundete Person nutzen will. Ob für die Begründung einer
reinen Zweckgemeinschaft, z. B. einer studentischen Wohngemeinschaft etwas anderes gilt, hat der BGH offengelassen. Die Interessen des Mieters an der Aufrechterhaltung des Mietverhältnisses können erst auf seinen Kündigungswiderspruch

nach § 574 BGB berücksichtigt werden (BGH RE 20.1.1988 NJW 1988, 904 = WuM 1988, 47).

96 Grundlegend für die Bestimmung des Nutzungs-/Überlassungsinteresses ist der **Rechtsentscheid des BGH** vom 20.1.1988 (a.a.O.; ebenso: BVerfG WuM 2002, 21, 22). Danach genügt es, wenn der Vermieter „**vernünftige, nachvollziehbare Gründe für die Inanspruchnahme des Wohnraums für sich oder eine begünstigte Person hat**". Es ist nach der Auffassung des BGH nicht erforderlich, dass der Vermieter unzureichend untergebracht ist. Zur Illustration des so verstandenen Nutzungs-/Überlassungsinteresses nennt der BGH drei Fälle, in denen der Vermieter zur Kündigung berechtigt sein soll:(1) wenn er sich eine Wohnung gekauft hat, um dort seinen Altersruhesitz zu haben. (2) wenn Eltern ihrem Kind eine eigene Wohnung zur Verfügung stellen wollen, um zu verhindern, dass es sich vom Elternhaus löst; in diesem Fall soll es nicht darauf ankommen, ob das Kind im Elternhaus ausreichend untergebracht ist. (3) wenn der Vermieter im eigenen Haus wohnen will, um die Heizung zu warten und das Haus verwalten zu können. Diese Beispielsfälle zeigen, dass an das Nutzungs-/Überlassungsinteresse nach der Auffassung des BGH nur geringe Anforderungen zu stellen sind. Generell gilt, dass der Wunsch des Vermieters, die bislang vermietete Wohnung künftig selbst zu nutzen, nicht allein nach objektiven Kriterien zu beurteilen ist. Vielmehr sind auch die subjektiven Bedürfnisse und persönlichen Vorstellungen des Vermieters zu berücksichtigen (BGH NZM 2018, 988).

97 **bb) Einzelne Nutzungsinteressen.** Die instanzgerichtliche Rechtsprechung zu den Nutzungsinteressen ist unübersehbar. Die vor dem Rechtsentscheid des BGH vom 20.1.1988 (s. Rdn. 96) ergangene Rechtsprechung ist nur mit Einschränkungen zu verwerten, weil diese Entscheidungen z. T. auf einer engeren Tatbestandsauslegung beruhen.

98 Der Vermieter kann kündigen, wenn er bisher **keine eigene Wohnung** hatte und vernünftige Gründe für die Begründung eines Hausstands sprechen, etwa wenn der Vermieter nicht mehr mit seinen Eltern in einer Wohnung zusammenleben möchte (LG Düsseldorf WuM 1989, 414); wenn der Vermieter bisher in der Wohnung seiner Schwiegermutter gelebt hat (AG Ludwigsburg WuM 1989, 417); wenn eine 59 jährige Reiseleiterin eine feste Wohnung benötigt, weil ihre Entlassung bevorsteht OLG Düsseldorf ZMR 1992, 386 = WuM 1993, 49).

99 Ebenso ist die Kündigung berechtigt, wenn der Vermieter seine **bisherige Wohnung verloren** hat. Unerheblich ist es, ob der Vermieter seinen Wohnbedarf selbst verschuldet hat. Dem Vermieter ist es auch nicht zuzumuten, mit dem Vermieter seiner bisherigen Mietwohnung einen Rechtsstreit über die Wirksamkeit der Kündigung zu führen (BayObLG RE 14.7.1981 WuM 1981, 200 = NJW 1981, 2197).

100 Ähnliche Gesichtspunkte gelten für den **Erwerber** eines Mietshauses oder einer Eigentumswohnung. Insbesondere ist die Kündigung nicht deshalb ausgeschlossen, weil der Vermieter die Wohnung in vermietetem Zustand erworben hat (BGH NZM 2020, 276; NJW 2019, 2765; BGHZ 103, 91, 100; BayObLG RE 14.7.1981 WuM 1981, 200). Denn eine Gesetzesauslegung, die dem Eigentümer das Kündigungsrecht allein deshalb versagt, weil er den Bedarfsgrund willentlich herbeigeführt hat, würde die durch Art. 14 Abs. 1 GG garantierte Befugnis des Eigentümers missachten, sein Leben unter Nutzung seines Eigentums nach seinen Vorstellungen einzurichten (BVerfGE 79, 292, 305; 81, 29, 34). Wer finanzielle Mittel – oft nach längerer Ansparung und/oder unter Aufnahme von Krediten –

dazu verwendet, eine Eigentumswohnung zu erwerben, um in dieser selbst zu wohnen, gestaltet sein Leben selbst dann vernünftig und nachvollziehbar, wenn er sich hierzu allein deswegen entschließt, um schlichtweg „Herr seiner eigenen vier Wände" zu sein (BVerfG, NJW 1994, 309, 310; BGH NZM 2020, 276). Will der Erwerber die Wohnung vor dem Selbstbezug grundlegend sanieren oder modernisieren und ist hierzu eine Baugenehmigung erforderlich, so setzt die Wirksamkeit der Kündigung nicht voraus, dass die Genehmigung bereits erteilt ist (OLG Frankfurt RE 25.6.1992 WuM 1992, 421 = ZMR 1992, 383 = DWW 1992, 335). Anderseits muss die Eigennutzungsabsicht aber in angemessener Zeit verwirklicht werden. Der Vermieter darf die beabsichtigten Umbaumaßnahmen insbesondere nicht jahrelang hinausschieben und die Wohnung in der Zwischenzeit leerstehen lassen (vgl. BVerfG WuM 2002, 21, 22). Hat der Erwerber bislang zur Miete gewohnt, so sind nach der Auffassung des BVerfG an das Nutzungsinteresse keine hohen Anforderungen zu stellen (vgl. BVerfG NJW 1994, 310 = ZMR 1994, 59: „Wer ... bislang selbst zur Miete wohnt und finanzielle Mittel – oft nach längerer Ansparung und/oder unter Aufnahme von Krediten – dazu verwendet, ein Haus zu Eigentum zu erwerben, um selbst darin zu wohnen und nicht mehr den Abhängigkeiten eines Mietverhältnisses und der damit – nicht nur in finanzieller Hinsicht – verbundenen Fremdbestimmung zu unterliegen, nimmt sein von der Eigentumsgarantie mitverbürgtes Recht in Anspruch, sein Leben unter Gebrauch seines Eigentums so einzurichten, wie er es für richtig hält"). Nach der Meinung des BVerfG (NJW 1993, 309 = WuM 1993, 729 = ZMR 1994, 208) soll es bereits ausreichen, wenn der Erwerber einer Eigentumswohnung mit der Begründung kündigt, dass er künftig in seinen eigenen vier Wänden wohnen will um den Misslichkeiten seines bisherigen Mietverhältnisses zu entgehen. Die Fachgerichte seien nicht befugt, den Eigentümer gegen seinen Willen in die Rolle des Kapitalanlegers zu drängen (BVerfG a.a. O.; dem folgend: LG Mainz NJWE-MietR 1996, 152; LG München I NZM 2015, 933; differenzierend LG Potsdam GE 1998, 431).

Ebenso kann der Vermieter kündigen, wenn er eine **größere Wohnung** bewohnen will. Das **BVerfG** betont in diesem Zusammenhang, dass die Gerichte die Entscheidung des Eigentümers über seinen Wohnbedarf grundsätzlich respektieren müssen und ihm nicht fremde Vorstellungen über angemessenes Wohnen und seine weitere Lebensplanung aufdrängen dürfen (BVerfG WuM 1989, 114). Dem Vermieter darf der Nutzungswunsch nicht „ausgeredet" werden. So ist es nicht zu beanstanden, wenn ein Eigentümer eine 72 qm große Wohnung kündigt, um diese mit seiner derzeit genutzten 65 qm großen Wohnung zusammenzulegen umso für sich und seine künftige Ehefrau eine angemessen große Wohnung zu schaffen (BVerfG ZMR 1993, 315 = WuM 1994, 131). Wer in einer 100 m² großen Wohnung lebt, kann eine weitere 100 m² große Wohnung kündigen, wenn er in den Räumen eine Puppensammlung (!) unterbringen, sowie zwei Arbeitszimmer und ein Zimmer für ein Kindermädchen einrichten will (BVerfG NJW 1994, 994 = WuM 1994, 183 = ZMR 1994, 147). Eine andere Beurteilung kann geboten sein, wenn der Eigentümer ein vermietetes Haus mit zahlreichen Zimmern kündigt, obwohl er nur einen Bruchteil der Räumlichkeiten selbst nutzen will (BVerfG GE 1993, 1327). 101

Die **instanzgerichtliche Rechtsprechung** hat ein **Nutzungsinteresse** in folgenden Fällen **bejaht:** wenn der Vermieter eine größere Wohnung haben will, damit er jedem seiner Kinder ein eigenes Zimmer zur Verfügung stellen kann (LG Hamburg WuM 1991, 38); wenn der Vermieter mit seiner insgesamt 4 köpfigen Familie von einer 3 Zimmer Wohnung in eine 4 Zimmer Wohnung umziehen will 102

§ 573 BGB Untertitel 2. Mietverhältnisse über Wohnraum

(AG Stuttgart WuM 1989, 414); wenn der Vermieter mit seiner 4-köpfigen Familie von einer 80 m² großen 2-Zimmer-Wohnung in eine 110 m² große 4-Zimmer-Wohnung umziehen will (LG Hannover WuM 1989, 302); wenn eine Vermieterin aus einer 49 m² großen 2-Zimmer-Wohnung in eine ca. 75 m² große 3-Zimmer-Wohnung umziehen möchte, damit sie dort länger dauernden Besuch von Familienangehörigen empfangen kann (LG Hamburg WuM 1994, 683). Das Nutzungsinteresse an einer größeren Wohnung entfällt nicht, wenn der Vermieter durch eine geschicktere Möblierung seiner bisherigen Wohnung zusätzlichen Raum schaffen könnte (LG Mannheim DWW 1995, 113).

103 Dagegen wurde ein **Nutzungsinteresse verneint:** wenn eine Lehrerin mit der Begründung kündigt, dass sie die Wohnung als Arbeitszimmer benötige (AG Aachen WuM 1991, 590); dies ist zweifelhaft, weil die Nutzung eines Arbeitszimmers als Wohnungsnutzung zu bewerten ist; wenn der Vermieter eine 100 m² große Wohnung kündigt, obwohl ihm bereits ein 50 m² großes Apartment zur Verfügung steht (LG Münster WuM 1992, 372).

104 Ebenso kann ein Nutzungsinteresse gegeben sein, wenn der Vermieter in eine kleinere Wohnung umziehen möchte, weil ihm die **bisherige Wohnung zu groß** geworden ist. Grundsätzlich spielt es keine Rolle ob der Vermieter den Bedarf durch vorangegangene Fehlplanungen selbst verursacht hat (BVerfG WuM 1993, 231, betr.: beabsichtigter Umzug aus finanziellen Gründen von einer 265 m² großen Wohnung, in eine kleinere Wohnung, wenn die bisherige große Wohnung 2 Jahre vor der Kündigung durch Zusammenlegung zweier Einzelwohnungen geschaffen worden ist). Etwas anderes kann gelten, wenn der Umbau in Kenntnis oder Erwartung der künftigen Eigenbedarfssituation durchgeführt worden ist.

105 In der **instanzgerichtlichen Rechtsprechung** wurde ein **Nutzungsinteresse bejaht:** wenn eine im höheren Lebensalter stehende kranke Vermieterin aus einer 132 m² großen Wohnung in eine Kleinwohnung mit 47 m² umziehen möchte (LG Wuppertal WuM 1989, 386); wenn ein Vermieter umziehen will, weil die Kleinwohnung einfacher zu bewirtschaften ist und die Gartenpflege entfällt (LG Hamburg WuM 1989, 387); wenn eine Vermieterin, die bisher mit ihrem Mann ein 200 m² großes Haus bewohnt hat, dieses nach dem Tod des Ehemannes verkaufen und in eine 100 m² große Wohnung einziehen will (LG Münster WuM 1990, 304).

106 Ist die bisherige **Wohnung zu teuer** kann ebenfalls ein **Nutzungsinteresse bejaht** werden: wenn der Vermieter auf die Mieteinnahmen aus seiner bisher genutzten größeren Wohnung angewiesen ist, um das Haus erhalten zu können (BVerfG WuM 1991, 661 = DWW 1991, 363 = ZMR 1992, 10); wenn ein Vermieter mit einem Monatseinkommen von 1400.– DM umziehen will, weil er hierdurch einen finanziellen Vorteil von 210 DM/mtl. erlangt (AG Bad Schwartau WuM 1989, 514); wenn ein Umzug mit einer Ersparnis von 242.– DM/mtl. verbunden ist (LG Berlin MM 1994, 325); wenn ein kinderloses Ehepaar aus einer 130 m² großen Wohnung aus Kostenersparnisgründen in eine kleinere Wohnung umziehen möchte (LG Frankfurt WuM 1990, 347). wenn der alleinstehende Angehörige des Vermieters aus einer teuren 165 qm großen Mietwohnung in eine dem Vermieter gehörende 60 qm große Wohnung umziehen will um Kosten zu sparen. Dies gilt jedenfalls dann, wenn der Angehörige mittellos ist und vom Vermieter unterhalten wird (AG Tiergarten GE 2011, 617).

107 Ein **Nutzungsinteresse** wurde **verneint:** wenn ein Vermieter in ausreichenden Einkommensverhältnissen durch den Umzug DM 67.–/mtl. sparen würde (LG Hamburg WuM 1990, 27); wenn ein Vermieter kündigt, weil er in seiner jetzigen Wohnung eine Fehlbelegerabgabe zahlen muss (LG Wiesbaden WuM 1997, 48).

Eine **günstigere Verbindung zum Arbeitsplatz** kann für die Kündigung **108** ebenfalls ausreichen. Hier wurde ein **Nutzungsinteresse bejaht:** wenn der Vermieter bisher 4 km mit der Straßenbahn fahren musste, während die gekündigte Wohnung 400 m vom Arbeitsplatz entfernt liegt (LG Stuttgart WuM 1991, 106). Ein **Nutzungsinteresse** wurde **verneint:** wenn der Vermieter an seinem Arbeitsplatz eine Zweitwohnung einrichten will und der bisherige Wohnsitz 37 km entfernt liegt und in 30 Minuten mit dem Zug oder dem Auto zu erreichen ist (LG Hamburg ZMR 1992, 503 = DWW 1992, 342 m. abl. Anm. Mutter ZMR 1992, 505); wenn die Wohnung des Vermieters 20 Autobahnkilometer vom Arbeitsplatz entfernt liegt und die vermietete Wohnung lediglich gelegentlich zu Übernachtungen benutzt werden soll (LG Regensburg WuM 1992, 192).

Auch **sonstige vernünftige Wünsche** des Vermieters können die Kündigung **109** rechtfertigen: wenn der Vermieter seinen Lebensabend in seinem früheren Elternhaus verbringen möchte (LG Berlin GE 1993, 479); wenn ein Vermieter in das eigene Haus einziehen will, weil er in diesem Fall seine ebenfalls dort lebenden Eltern besser pflegen kann (AG Neuss WuM 1990, 350); wenn der Vermieter von einer Wohnung im Obergeschoß in eine gleich große vermietete Erdgeschoss-Wohnung umziehen will, weil ihm dort eine Terrasse, ein Wintergarten und ein Garten zur Verfügung steht; wenn ein Vermieter von seiner Ehefrau getrennt leben möchte und eine hinreichende Gewissheit besteht, dass die Wohnung des Mieters auf Dauer oder doch auf längere Zeit benötigt wird (AG Lüdenscheid DWW 1996, 374).

Es ist nicht erforderlich, dass der Vermieter die Wohnung auf Dauer nutzen will; **110** ein **Nutzungsinteresse für eine vorübergehende Zeit** kann genügen (BGH NJW 2015, 1590). Eine zeitlich begrenzte Nutzungsabsicht ist zwar bei der Gesamtwürdigung des Erlangungsinteresses zu berücksichtigen, schließt für sich allein aber die Kündigung nicht aus. Maßgeblich sind die Umstände des Einzelfalls. Eine feste zeitliche Grenze lasse sich nicht ziehen (BGH a. a. O.). Beispielhaft führt der BGH aus, im Hinblick „auf die Mobilität in der heutigen Gesellschaft" könne bereits ein Eigenbedarfswunsch für die Dauer eines Jahres die Kündigung rechtfertigen. In der Literatur wird vertreten, dass in Fällen des zeitlich begrenzten Bedarfs eine Abwägung zwischen dem Erlangungsinteresse des Vermieter und dem Bestandsinteresse des Mieters angezeigt (Fleindl NZM 2016, 289, 293). Nach dem Rechtsentscheid des BayObLG vom 23.3.1993 – WuM 1993, 252 können für das Nutzungsinteresse folgende Umstände sprechen: wenn die Dauer der Nutzungszeit noch nicht hinreichend sicher feststeht; wenn der Vermieter einen besonders dringenden Wohnbedarf hat, etwa weil ihm seine bisherige Wohnung nicht mehr zur Verfügung steht; wenn er ein besonders gewichtiges Interesse an der vorübergehenden Nutzung hat, etwa weil sein Arbeitsplatz in unmittelbarer Nähe der Wohnung liegt und der Vermieter seinen Arbeitsplatz schnell erreichen muss; wenn die vorübergehende Nutzung aus finanziellen Gründen geboten ist, etwa weil der Vermieter für eine andere (Miet-)Wohnung erheblich größere Aufwendungen tätigen müsste. Gegen ein Nutzungsinteresse kann sprechen, wenn die Nutzung – falls der Vermieter die Räume angemietet hätte – als Mietverhältnis „zu nur vorübergehendem Gebrauch" im Sinne von § 549 Abs. 2 Nr. 1 BGB zu bewerten wäre. In der instanzgerichtlichen Rechtsprechung wurde ein **Nutzungsinteresse bejaht:** wenn ein Eigentümer sein bisher bewohntes Haus umbauen will und für die Umbauzeit von 18 Monaten eine Ersatzwohnung benötigt (AG Neumarkt WuM 1990, 510). Ein **Nutzungsinteresse** wurde **verneint:** wenn der Vermieter die Wohnung nur für eine Übergangszeit von wenigen Monaten bis zur Fertigstellung eines Neubaus benötigt (LG Nürnberg-Fürth WuM 1991, 40); bei einem Nutzungsinteresse von lediglich 2 Jahren (AG Köln WuM 1992, 250 und LG München I a.a.O.).

111 Nach der Rechtsprechung des BGH kann der Vermieter ein Wohnraummietverhältnis auch dann kündigen, wenn er die Räume aus vernünftigen und nachvollziehbaren Gründen als **Zweitwohnung** nutzen will. Hinsichtlich des Erlangungsinteresses kommt es maßgeblich auf die Würdigung der Umstände des Einzelfalls an. Allgemeinverbindliche Aussagen – etwa über eine konkrete „Mindestnutzungsdauer" der Zweitwohnung – seien nicht möglich (BGH NZM 2017, 846; 2018, 983; 2018, 988). Diese Auslegung des § 573 Abs. 2 Nr. 2 wird vom BVerfG gebilligt (BVerfG NJW 2014, 2417 s. Rdn. 43). Aus der Rechtsprechung des BGH ist nicht abzuleiten, dass der Kündigungstatbestand bereits dann vorliegt, wenn der Eigentümer eine entsprechende Nutzungsabsicht hat; vielmehr ist auch danach erforderlich, dass dem Nutzungswunsch ein gewisses Gewicht beizumessen ist (ebenso: AG Neustadt a.d. Aisch WuM 2017, 196; H. Schmidt NZM 2014, 609, 619). Dies ist vom Vermieter vorzutragen und vom Instanzgericht unter Berücksichtigung der Umstände des Einzelfalls festzustellen. Deshalb muss der Vermieter vortragen an wie vielen Tagen im Monat und auf welche Zeitdauer insgesamt er die beanspruchte Wohnung zu nutzen gedenkt (AG Köln WuM 2012, 328). Ein ausländischer Vermieter, der sich auf Grund ausländerrechtlicher Vorschriften lediglich 180 Tage im Jahr in der BRD aufhalten darf, muss aus diesem Grunde darlegen, wie lange er sich tatsächlich in Deutschland aufhalten will (insoweit zutreffend: AG Wolfratshausen NZM 2013, 758). In der Rechtsprechung wurde ein **Kündigungsinteresse bejaht:** wenn der Vermieter die Räumlichkeiten als Zweitwohnung benötigt, um sich regelmäßig, gegebenenfalls auch kurzfristig in familiärer bzw. häuslicher Atmosphäre mit seiner aus einer früheren Beziehung stammenden inzwischen dreizehnjährigen Tochter treffen zu können (LG Berlin WuM 2013, 741); wenn ein in München ansässiger Vermieter eine in Hamburg gelegene Wohnung berufsbedingt an etwa acht bis zehn Arbeitstagen im Monat nutzen will (LG Hamburg WuM 1994, 431); wenn sich eine ausländische Vermieterin immer wieder für längere Zeit in Deutschland aufhält und bei dieser Gelegenheit die Wohnung benötigt (LG Hamburg WuM 1991, 491). Ein **Kündigungsinteresse** wurde **verneint:** wenn der Vermieter eine 4½-Zimmer-Wohnung mit 132 m² kündigt um dort ca. 1x wöchentlich zu übernachten (LG Berlin NJW-RR 1997, 74); wenn der Vermieter die Wohnung nur zu gelegentlichen Übernachtungen nutzen will (AG Köpenick WuM 2013, 678); wenn der Vermieter ein auf Dauer vermietetes Haus nur als Wochenendwohnung nutzen will (AG Wegberg WuM 1972, 109; **a. A.** AG Hanau MDR 1980, 849); wenn die Wohnung nur drei Monate im Jahr genutzt werden soll (AG Bad Schwartau WuM 1981, U 20); wenn eine in Berlin gelegene Wohnung von einem in Westdeutschland lebenden Vermieter ca. 10 Tage im Monat genutzt werden soll (LG Berlin WuM 1990, 23); wenn die Wohnung bei der beabsichtigten Nutzung mehr als 6 Monate im Jahr leerstehen würde (AG München WuM 1989, 299).

112 **cc) Einzelne Überlassungsinteressen.** Der Vermieter kann zugunsten eines Angehörigen kündigen, wenn diesem **keine eigene Wohnung** zur Verfügung steht, sei es, weil der Angehörige bislang noch im elterlichen Haushalt wohnt, sei es, weil er seine bisherige Wohnung verloren hat. Der Grund des Wohnungsverlustes ist unerheblich; insbesondere ist eine Kündigung auch dann möglich, wenn der Angehörige (oder der Vermieter) den Verlust der bisherigen Wohnung selbst verschuldet hat. Etwas anderes kann gelten, wenn der Angehörige in Absprache mit dem Vermieter seine bisherige Wohnung allein deshalb aufgibt, damit der Vermieter den Mieter aus der Wohnung drängen kann.

Für die Kündigung genügt es, wenn der Vermieter dem **Angehörigen eine** 113 **Wohnung zur Verfügung stellen will, die gegenüber der bisherigen Wohnung Vorteile bietet.** Hiervon ist auszugehen, wenn der Angehörige bislang unzureichend untergebracht war (LG Gießen NJW-RR 1994, 1290 = WuM 1994, 684). Erforderlich ist dies allerdings nicht. Auch hier gilt der Grundsatz, dass der Vermieter zu bestimmen hat, welchen Raumbedarf er für seine Angehörigen als angemessen ansieht. Ebenfalls liegt ein berechtigtes Interesse i. S. des § 573 BGB vor, wenn Eltern ihrem Kind eine Wohnung überlassen wollen, um die **Selbständigkeit des Kindes zu fördern** (BGH NJW 2010, 3775 = WuM 2010, 757 = NZM 2011, 30 Rz 12). Die instanzgerichtliche Rechtsprechung hat ein **Überlassungsinteresse bejaht:** Wenn der Vermieter seinem Sohn und dessen Familie statt der bisher genutzten 64 m^2 großen Wohnung eine Wohnung mit 93 m^2 zur Verfügung stellen will, die näher am Arbeitsplatz des Sohnes liegt (LG Siegen WuM 1989, 389); wenn der 18-jährige Sohn des Vermieters mit seiner Freundin eine 4-Zimmer-Wohnung erhalten soll (LG Hannover WuM 1989, 416); wenn der 23-jährige, alleinstehende Sohn des Vermieters in eine 80 m^2 große Wohnung einziehen möchte (LG Kassel WuM 1989, 417). Unerheblich ist es, ob außer dem Angehörigen weitere Personen in die Wohnung einziehen sollen (OLG Karlsruhe RE 14.1.1982 WuM 1982, 151). Ein **Überlassungsinteresse** wurde **verneint:** wenn eine 74 m^2 große 2-Zimmer-Wohnung zugunsten des Sohnes des Vermieters gekündigt wird, obwohl dem Sohn eine 100 m^2 große 4-Zimmer-Wohnung zur Verfügung steht (LG Frankfurt WuM 1989, 246) wenn der Vermieter seinem Enkel ein 90 m^2 großes Haus überlassen will, damit dieser selbständiger wird (LG Stade WuM 1990, 239); wenn der alleinstehende Sohn des Vermieters ohne eigene Einkünfte ein gut vermietetes Einfamilienhaus nutzen soll (LG Köln WuM 1990, 119); wenn der Vermieter seiner Tochter ein geräumiges Einfamilienhaus mit Garten überlassen will, obwohl diese als Studienanfängerin über kein eigenes Einkommen verfügt (AG Bonn WuM 1990, 214); wenn der Vermieter für seinen in der Berufsausbildung befindlichen Sohn eine 4-Zimmer-Wohnung zum Mietwert von 1800.– DM/mtl. beansprucht (LG München I WuM 1990, 352).

Ein Überlassungsinteresse ist anzunehmen, wenn der Vermieter seiner Tochter 114 eine Wohnung von ca. 150 m^2 zum Zwecke der **Familiengründung** überlassen will (BVerfG NJW 1995, 1480 = WuM 1995, 260 = ZMR 1995, 198 = DWW 1995, 185). Wird die Kündigung u. a. auch mit Kinderwünschen begründet, so ist es nicht erforderlich, dass sich dieser Wunsch bereits in Form einer Schwangerschaft konkretisiert hat (BVerfG a. a. O.).

Selbstverständlich ist ein Überlassungsinteresse auch dann zu bejahen, wenn die 115 **Aufnahme des Angehörigen im eigenen Interessen des Vermieters liegt,** etwa wenn sich die Mutter des Vermieters um dessen Kleinkind kümmern soll (LG Berlin ZMR 1989, 425) oder wenn der Vermieter eine **Pflegeperson** aufnehmen will (LG Potsdam WuM 2006, 44; AG Miesbach WuM 1993, 615). Es ist insoweit nicht erforderlich, dass die Person namentlich feststeht. Vielmehr genügt es, wenn auf Grund konkreter Tatsachen zu erwarten ist, dass der Vermieter die Dienste in naher Zukunft benötigt (BayObLG RE 2.3.1982 WuM 1982, 125; OLG Hamm RE 24.7.1986 WuM 1986, 269). In der Regel ist zu verlangen, dass der Vermieter konkrete Maßnahmen zur Suche und Auswahl der Pflegeperson getroffen hat (LG Kiel WuM 1990, 2).

116 **dd) Auswahlrecht des Vermieters.** Hat der Vermieter einen ernsthaften Nutzungs-/Überlassungswillen und liegt außerdem ein Nutzungsinteresse vor, so kann er die von ihm gewünschte Wohnung grundsätzlich nach Belieben auswählen. Der Vermieter ist nicht verpflichtet, demjenigen Mieter zu kündigen, der von der Vertragsbeendigung am wenigsten getroffen wird (BGH RE 6.7.1994 BGHZ 126, 357 = NJW 1994, 2542 unter Ziff III 2 c-cc; BayObLG RE 2.3.1982 [obiter dictum unter II 2a der Entscheidungsgründe] NJW 1982, 1159 = WuM 1982, 125 = ZMR 1982, 368; Rolfs in: Staudinger § 573 BGB Rdn. 140; Hinz in: Klein-Blenkers/Heinemann/Ring, Miete/WEG/Nachbarschaft § 573 BGB Rdn. 51; **a. A.** LG Hannover WuM 1990, 305). Das **AGG** hat auf das Auswahlermessen keinen Einfluss (s. § 535 Rdn. 49 ff).

117 **g) Unzulässige Kündigungen. aa) Kündigung bei freistehender (freiwerdender) Alternativwohnung/Anbietpflicht** (dazu Flatow NZM 2017, 825). An dem Tatbestandsmerkmal „benötigt" fehlt es, wenn dem Vermieter eine andere freistehende Wohnung zur Verfügung steht, durch die sein Bedarf gedeckt werden kann. Gleiches gilt, wenn eine Wohnung alsbald frei wird, sei es, dass ein Mieter freiwillig auszieht, sei es, dass er ausziehen muss, weil der Vermieter bereits einen Räumungstitel hat (LG Berlin NJW RR 1992, 336) oder einen solchen Titel alsbald erhalten wird. Ein Kündigungsverbot besteht, „wenn der vom Eigentümer bestimmte Wohnbedarf in den Alternativobjekten ohne wesentliche Abstriche befriedigt werden kann" (BVerfG NJW 1989, 970). Bei der Prüfung dieser Frage muss das Gericht die Vorstellungen des Eigentümers akzeptieren; die Planung des Eigentümers darf nicht durch eine abweichende Planung ersetzt werden.

118 Wird an der vermieteten Wohnung ein Bedarf zugunsten des Vermieters geltend gemacht, so muss der Vermieter **nicht auf die freistehende Wohnung zurückgreifen,** wenn er diese einem privilegierten Angehörigen i. S. des § 573 Abs. 2 Nr. 2 BGB überlassen will. Nach der Auffassung des BVerfG kommt es in einem solchen Fall nicht darauf an, ob der Angehörige ein Nutzungsinteresse i. S. von § 573 Abs. 2 Nr. 2 BGB hat (BVerfG NJW 1994, 435 = WuM 1994, 13 = ZMR 1994, 61). Entsprechendes gilt, wenn an der vermieteten Wohnung ein Bedarf zugunsten eines Angehörigen geltend gemacht wird und der Vermieter die freistehende Wohnung selbst nutzen oder einem anderen privilegierten Angehörigen überlassen möchte. Der Vermieter ist deshalb lediglich daran gehindert, die freistehenden Räume an einen Dritten zu Wohnzwecken weiterzuvermieten. An der Verwirklichung anderer Verwendungsabsichten (Eigennutzung, Nutzung durch einen Miteigentümer (BVerfG NZM 2001, 706 = WuM 2001, 330), Überlassung an privilegierte Angehörige; Eigennutzung zu gewerblichen Zwecken; Vermietung als Gewerberaum; Verkauf) ist der Vermieter nicht gehindert (vgl. dazu auch BVerfG NJW 1994, 435 = DWW 1994, 44 = ZMR 1994, 61). Der Umstand, dass der Vermieter die freistehende Wohnung nur befristet vermieten will, weil er sie nach Ablauf der vereinbarten Mietzeit einem Angehörigen überlassen möchte, spielt für die Anbietpflicht allerdings keine Rolle. Es ist Sache des Mieters zu entscheiden, ob der Abschluss eines **Zeitmietvertrags** seinen Bedürfnissen entspricht (AG Köln WuM 2016, 42; s. Rdn. 130).

119 Kündigt der Vermieter, obwohl **beim Ausspruch der Kündigung** eine Alternativwohnung freisteht und eine Verpflichtung zum Zugriff auf diese Wohnung besteht, so ist die Kündigung unwirksam. Dieselbe Rechtsfolge tritt ein, wenn **vor dem Ausspruch der Kündigung** eine freistehende Wohnung zur Verfügung stand und der Vermieter diese pflichtwidrig nicht zur Deckung seines Bedarfs ge-

nutzt, sondern weitervermietet hat (BVerfG WuM 1990, 535; WuM 1991, 247; BGH NZM 2017, 111 Rdn. 59; AG Hamburg-Altona WuM 1994, 383).

Wird **nach dem Ausspruch der Kündigung** eine zur Bedarfsdeckung geeignete Alternativwohnung frei, so darf der Vermieter die Rechte aus der Kündigung nicht weiterverfolgen (BGH NJW 2003, 2604 = NZM 2003, 681; NJW 2010, 3775 = NZM 2011, 30). Vielmehr ist er verpflichtet, dem Mieter unverzüglich ein Angebot zur Aufhebung der Kündigungswirkungen zu unterbreiten. Im Einzelfall könne die Anbietpflicht auch entfallen, so insbesondere, wenn dem Mieter ein Fehlverhalten zur Last falle (BGH NJW 2003, 2604 = NZM 2003, 681; NJW 2010, 3775 = NZM 2011, 30). 120

Wird nach dem Ausspruch einer Eigenbedarfskündigung eine Wohnung frei, die zwar nicht für die Zwecke des Vermieters, wohl aber für die **Zwecke des Mieters geeignet** ist, so muss der Vermieter die freiwerdende Wohnung dem Mieter anbieten (BGH NJW 2003, 2604; WuM 2003, 463; NJW 2010, 3775; NZM 2017, 111 Rdn. 55). Der BGH rechtfertigt die **Anbietpflicht** mit der Erwägung, dass der Vermieter gehalten sei, den durch die Kündigung bewirkten Eingriff in die Lebensführung eines Mieters „abzumildern". Nach der bisherigen Rechtsprechung des BGH war die Berufung des Vermieters auf die den Vertrag beendende Wirkung der Kündigung bei Verletzung der Anbietpflicht rechtsmissbräuchlich. Dies hatte im Ergebnis zur Folge, dass der Mieter nicht zur Räumung und Herausgabe verpflichtet war (BGH NJW 2010, 3775 Rdn. 14; NJW 2009, 1141 Rdn. 11 f.; NJW 2003, 2604 unter II 2, 3). Diese Rechtsprechung hat der BGH in dem Urteil vom 14.12.2016 (NZM 2017, 111 Rdn. 56 ff aufgegeben (ablehnend Dubovitskaya/ Weitemeyer NZM 2017, 201, 208; zustimmend: Singbartl/Zintl NZM 2017, 119; Selk NJW 2017, 521, 524; Flatow NZM 2017, 825). Nach dieser Entscheidung bleibt die Wirksamkeit der Kündigung trotz Verletzung der Anbietpflicht wirksam. Der Mieter ist zur Räumung und Herausgabe verpflichtet. Ihm stehen **lediglich Schadensersatzansprüche in Geld** zu, wenn er infolge der Pflichtverletzung des Vermieters einen Vermögensnachteil erlitten hat (§ 280 BGB). **Art und Umfang des erstattungsfähigen Schadens** ist obergerichtlich noch nicht geklärt. Nach einer in der Literatur vertretenen Ansicht sind erstattungsfähig: Maklerkosten, Umzugs-Mehrkosten, Renovierungskosten, wenn die Alternativwohnung renoviert gewesen wäre, die neu angemietete Wohnung aber nicht. Hinsichtlich der Mehrkosten für die neue Wohnung sei zu ermitteln zu welcher Miete die freie Wohnung des Vermieters hätte angeboten werden müssen. Dann sei die Differenz zu der jetzt vom Mieter zu zahlenden Miete zu bilden. Es müsse außerdem eine Zeitgrenze geben. Diese könne auf 3 Jahre festgelegt werden (Flatow NZM 2017, 825, 831 f; s. dazu auch § 542 Rdn. 112 ff). **Kritik:** An der Rechtsprechung des BGH trifft zu, dass die Anbietpflicht aus § 241 Abs. 2 BGB abzuleiten ist und dass dem Mieter bei Verletzung dieser Pflicht ein Schadensersatzanspruch zusteht. Die Beschränkung des Ersatzanspruchs auf eine Entschädigung in Geld ist nach der hier vertretenen Ansicht nicht angezeigt. Vielmehr kann der Anspruch auch in Form der Naturalrestitution geltend gemacht werden. Solange die Überlassung der Alternativwohnung noch möglich ist, kann der Mieter verlangen dass ihm diese Wohnung zur Anmietung angeboten wird. Ist dies nicht mehr möglich, weil diese Wohnung einem Dritten vermietet wurde, kann der Mieter Naturalrestitution in Form der Überlassung einer gleichwertigen Wohnung verlangen. Steht eine solche Wohnung nicht zu Verfügung kann der Mieter verlangen, dass ihm der Besitz an der gekündigten Wohnung verbleibt (so zutreffend Selk NJW 2017, 521, 524; **a. A.** Flatow NZM 2017, 825, 831). Mit einem Ersatzanspruch in Geld ist dem Mieter i. d. R. nicht ge- 121 dient. Zum einen kann der Verlust der vertrauten Umgebung nicht mit Geld kompensiert werden (so zutreffend Dubovitskaya/Weitemeyer NZM 2017, 201, 208). Zum anderen ist die Realisierung dieses Anspruchs mit einem erheblichen Risiko verbunden (Selk a.a.O.).

122 Nach Ansicht des BGH (a. a. O.) besteht die Anbietpflicht nur, wenn sich die freiwerdende **Wohnung im selben Haus** oder in derselben Wohnanlage befindet. Die Anbietpflicht diene nicht dem Ziel, dem Mieter die Suche nach einer Ersatzwohnung abzunehmen. Vielmehr soll der Mieter die Möglichkeit erhalten, eine Wohnung in seiner vertrauten häuslichen Umgebung zu beziehen. Dies überzeugt nicht: Die Anbietpflicht soll dem Mieter u. a. auch die Mühe der Wohnungssuche ersparen (so zutreffend Flatow NZM 2017, 825, 827). Deshalb ist es angemessen, die räumliche Abgrenzung auf das Gemeindegebiet festzulegen, jedenfalls ist dem Mieter „Quartiersschutz" zu gewähren (Flatow a.a.O.; Selk NJW 2017, 521, 522).

123 Die Anbietpflicht besteht, wenn die **Wohnung im Zeitpunkt des Kündigungsausspruchs freisteht.** Gleiches gilt, wenn sie nach dem Ausspruch der Kündigung frei wird. In diesem Fall muss der Vermieter dem Mieter unverzüglich ein Mietangebot hinsichtlich dieser Wohnung unterbreiten. Hat der Vermieter einen Wohnungsvermittler eingeschaltet, so muss dieser entsprechend informiert werden.[1] Da die Anbietpflicht nicht nur eine Obliegenheit, sondern eine echte nachvertragliche Pflicht darstellt, kann der Mieter den Anspruch auf die Anmietung der Wohnung auch klagweise geltend machen. Dies gilt allerdings nur so lange, als die Wohnung noch nicht weitervermietet worden ist.[2] Eine Verletzung der Anbietpflicht kann Schadensersatzansprüche zur Folge haben (s. Rdn. 77, 121). Unklar ist, welche Rechtsfolge gilt, wenn die Alternativwohnung vor dem Ablauf der Kündigungsfrist für die gekündigte Wohnung freiwerden soll (weil der Mieter dieser Wohnung zu diesem Zeitpunkt gekündigt hat) aber nicht frei wird (weil der Mieter der Alternativwohnung vertragswidrig nicht räumt). Nach der hier vertretenen Ansicht besteht die Anbietpflicht, wenn der Vermieter auf Grund der Rechtslage davon ausgehen darf, dass die Alternativwohnung vor oder zum Ablauf der Kündigungsfrist für die gekündigte Wohnung frei wird (ebenso Flatow NZM 2017, 825, 828).

124 Nach der **obergerichtlichen Rechtsprechung** (BGH a. a. O.) besteht die **Anbietpflicht nur bis zum Ablauf der Kündigungsfrist.** Dies gilt auch dann, wenn mit hinreichender Sicherheit feststeht, dass die Alternativwohnung alsbald nach Ablauf der Kündigungsfrist frei wird (BGH NJW 2009, 1141 = NZM 2008, 642 = WuM 2008, 497). In der Literatur wird z. T. die Meinung vertreten, dass diese Beschränkung nur gilt, wenn der Mieter seine Pflicht zur Herausgabe der Mietsache schuldhaft verletzt hat. Anders soll es sein, wenn es am Verschulden fehlt, z. B., weil der Mieter Härtegründe nach § 574 BGB geltend machen konnte (Flatow NZM 2017, 825, 828 oder weil er die Räume auf Grund einer einvernehmlich gewährten Räumungsfrist nutzt (Fleindl NZM 2016, 289, 299), oder weil er den Bedarf mit Recht bezweifelt hat (Häublein NZM 2003, 970). Das Verschulden an der Pflichtverletzung werde nach dem Gesetz unterstellt (Arg. § 280 BGB). Von dem Vorwurf des Verschuldens müsse sich der Mieter entlasten (Flatow NZM 2017, 825, 828). Nach der hier vertretenen Ansicht ergibt sich aus § 241 Abs. 2 BGB eine nachvertragliche Pflicht zur Rücksichtnahme. Dies spricht

---

[1] LG Köln ZMR 2001,897.
[2] LG München II WuM 1991,577 betr. einstweilige Verfügung.

dafür, die Anbietpflicht grundsätzlich bis zur Rückgabe auszudehnen (Blank WuM 2004, 243, 245). Jedenfalls ist die Anbietpflicht zu bejahen, wenn der Vermieter auf Grund der Sach- und Rechtslage davon ausgehen darf, dass die Alternativwohnung vor oder zum Ablauf der Kündigungsfrist für die gekündigte Wohnung frei wird.

Nach der Rechtsprechung muss das **Angebot vom Vermieter ausgehen**. 125 (BGH NJW 2010, 3775 = WuM 2010, 757 = NZM 2011, 30). Dessen Verpflichtung entfällt nicht, weil der Mieter von der freistehenden Wohnung Kenntnis hat und dennoch nichts unternimmt um die Wohnung zu erhalten. (BGH a. a. O.). Vielmehr hat der Vermieter die Initiative zu ergreifen. Der Vermieter muss dem Mieter die Anmietung anbieten und ihn hierbei über die Größe, die Ausstattung und die Mietkonditionen (Miete/Nebenkosten) informieren. Vor Erhalt dieser Informationen muss der Mieter keine rechtsverbindliche Erklärung über die Anmietung abgeben (BGH a. a. O.). Steht die Alternativwohnung zum Zeitpunkt der Kündigung bereits frei, so muss das Mietangebot nicht im Kündigungsschreiben enthalten sein; eine Kündigung ohne Mietangebot ist wirksam, wenn die übrigen Voraussetzungen des § 573 Abs. 3 BGB vorliegen. Das Angebot muss zu angemessenen Bedingungen erfolgen. Dies gilt insbesondere für die Höhe der Miete. Angemessen ist die ortsübliche Miete, die bisher verlangte Miete, die hausübliche Miete oder die Marktmiete (die bei einer Neuvermietung erzielbare Miete, LG Mannheim ZMR 1996, 34) bis zur Grenze des § 5 WiStG. Die Anbietpflicht ist auch dann erfüllt, wenn der für die Ersatzwohnung verlangte Mietzins über der ortsüblichen Vergleichsmiete liegt (LG Berlin WuM 2015, 40). Wird jedoch der höchstzulässige Mietpreis überschritten, so hat der Vermieter die Anbietpflicht nicht erfüllt.

Fälle, in denen keine Anbietpflicht besteht. Eine Anbietpflicht besteht 126 nicht, wenn Umstände vorliegen, die die **Neubegründung eines Mietverhältnisses** mit diesem Mieter als **unzumutbar** erscheinen lassen. Dies ist dann der Fall, wenn dem Mieter ein Fehlverhalten zur Last fällt, das den Vermieter zur ordentlichen oder außerordentlichen Kündigung berechtigen würde. Spannungen unterhalb dieser Schwelle genügen nicht (LG Mannheim WuM 1996, 475). Ist keiner der jeweiligen Kündigungstatbestände erfüllt, so steht damit zugleich fest, dass dem Vermieter die Fortsetzung des Mietverhältnisses mit dem betreffenden Mieter zuzumuten ist.

Ebenfalls besteht keine Anbietpflicht, wenn der Vermieter nicht die Absicht 127 hat, die Wohnung an einen Dritten zu vermieten. Der Vermieter ist nicht verpflichtet, eine freistehende Wohnung dem allgemeinen Wohnungsmarkt zuzuführen (BVerfG NJW 1994, 435 = WuM 1994, 13). An der **Verwirklichung anderer Verwendungsabsichten** (Eigennutzung, Überlassung an privilegierte Angehörige; Eigennutzung zu gewerblichen Zwecken; Vermietung als Gewerberaum; Verwendung als Hausmeisterwohnung (AG Hamburg WuM 1992, 373); Verkauf ist der Vermieter nicht gehindert. Die Ausführungen zu Rdn. 115 gelten auch hier.

Nach der Ansicht des BGH besteht keine Anbietpflicht hinsichtlich solcher 128 **Räume, die bislang als Geschäftsraum vermietet** waren (BGH WuM 2012, 160 = NZM 2012, 231 unter Rz. 25). Richtig ist es, wenn ein derartiges Mietobjekt nur dann von der Anbietpflicht ausgenommen wird, wenn der Vermieter eine Weitervermietung als Geschäftsraum plant. Sollen die Räume dagegen künftig als Wohnung vermietet werden, so ist es sachgerecht, wenn dem bisherigen Mieter der Vorrang eingeräumt wird.

§ 573 BGB Untertitel 2. Mietverhältnisse über Wohnraum

129 Will der Vermieter eine einfach ausgestattete und deshalb preiswerte Wohnung modernisieren um sie sodann zu einem höheren Preis weiterzuvermieten, so muss er die modernisierte Wohnung dem Mieter anbieten. Der Mieter hat allerdings keinen Anspruch darauf, dass ihm die nicht modernisierte Wohnung zu dem dafür angemessenen niedrigen Preis angeboten wird (**a. A.** wohl LG Hamburg WuM 2001, 554).

130 Außerdem besteht keine Anbietpflicht, wenn die **Wohnung für den betreffenden Mieter objektiv ungeeignet ist.** Dies gilt zunächst dann, wenn konkrete, sachlich begründete Zweifel an der Zahlungsfähigkeit des Mieters bestehen; in diesem Fall obliegt es dem Mieter, diese Zweifel auszuräumen. Gleiches gilt, wenn bereits die aktuelle Miete von der Gemeinde oder dem Jobcenter gezahlt wird und die neue Miete erheblich teurer wäre, mit der weiteren Folge, dass die Gemeinde oder das Jobcenter die Übernahme der Mietkosten verweigert (Flatow NZM 2017, 825, 830). Ebenso entfällt die Anbietpflicht, wenn die Wohnung für den Mieter und dessen Familie zu klein oder aus anderen Gründen ungeeignet ist. Dies muss allerdings anhand objektiver Kriterien festgestellt werden. Ebenso wie der Vermieter seinen Bedarf selbst bestimmen kann, steht es auch dem Mieter frei, über seinen Bedarf selbst zu entscheiden. (BVerfG WuM 1992, 180; BGH NJW 2010, 3775 = WuM 2010, 757 = NZM 2011, 30; LG Berlin ZMR 2010, 38 betr. Alternativwohnung im 1. OG für Mieter mit gehbehindertem Angehörigen; AG Mainz WuM 2007, 74). Die Anbietpflicht entfällt nur, wenn eine Vergleichbarkeit der freistehenden mit der gekündigten Wohnung von vornherein ausscheidet (BGH a. a. O.). Eine Überbelegung muss der Vermieter allerdings nicht hinnehmen.

130a Schließlich besteht keine Anbietpflicht, wenn mit hinreichender Sicherheit feststeht, dass der Mieter die Alternativwohnung ohnehin nicht angemietet hätte (LG Berlin ZMR 2017, 243). Dies ist insbesondere dann der Fall der Mieter vor oder nach Ausspruch der Kündigung gegenüber dem Vermieter zum Ausdruck gebracht hat, dass er an der Anmietung der Alternativwohnung kein Interesse habe (**a. A.** wohl LG Berlin DWW 2015, 187 = GE 2015, 731).

130b Hat der Vermieter ein Wohnraummietverhältnis gekündigt, weil er seine bisherige Wohnung aufgeben und statt dessen die Wohnung des Mieters nutzen will, so ist er nicht verpflichtet, dem Mieter die bisher von ihm selbst bewohnte Wohnung anzubieten, weil diese Wohnung erst dann frei wird, wenn der Vermieter nach dem Auszug des Mieters in die gekündigte Wohnung eingezogen ist. Auf einen „fliegenden Wohnungswechsel" muss sich der Vermieter nicht einlassen (BGH NZM 2017, 763 Rz 4). Eine Ausnahme kann gelten, wenn der sich der Mieter bereit erklärt für die Übergangszeit ein Ausweichquartier zu nutzen und die Möbel einzulagern (Flatow NZM 2017, 825, 828).

131 **Einzelfälle zur Anbietpflicht. (1)** Der Vermieter kündigt und bietet zugleich die Wohnung zu angemessenen Bedingungen an. Der Mieter lehnt das Angebot ab, weil er von der Unwirksamkeit der Kündigung ausgeht. – In diesem Fall kann der Vermieter die Wohnung anderweitig vermieten und Räumungsklage erheben.

132 (2) Der Vermieter bietet die Wohnung zu angemessenen Bedingungen an. Der Mieter erklärt, er wolle das Angebot annehmen, allerdings nur dann, wenn die Berechtigung zur Kündigung gerichtlich geklärt sei. – Auch in diesem Fall besteht keine Vorhaltepflicht.

133 (3) Der Vermieter bietet die Wohnung zu unangemessenen Bedingungen, insbesondere zu einem überhöhten Mietzins an. – Die Anbietpflicht ist nicht erfüllt. Dabei ist allerdings zu berücksichtigen, dass der Vermieter nicht auf die ortsübliche Miete beschränkt ist (LG Berlin MDR 2015, 148); er kann durchaus die Marktmiete (die für

Neuvermietungen übliche Miete) verlangen. Verstößt der verlangte Mietpreis aber gegen § 5 WiStG, so ist die Anbietpflicht nicht erfüllt. Ein objektiver Verstoß gegen § 5 WiStG genügt. Eine Ausnahme ist denkbar, wenn sich ergibt, dass der Mieter die Wohnung auch dann nicht angemietet hätte, wenn sie ihm zu angemessenen Bedingungen angeboten worden wäre. Diese Einschränkung beruht auf der Erwägung, dass ein Angebot entbehrlich ist, wenn der Mieter auf die Wohnung keinen Wert legt.

(4) Der Vermieter bietet die Wohnung zu unangemessenen Bedingungen an, bringt aber zugleich zum Ausdruck, dass er verhandlungsbereit sei. – Der Mieter darf solche Verhandlungen nicht ablehnen; er muss Gegenvorschläge machen. Lehnt der Mieter die Aufnahme von Verhandlungen ab, so kann die Wohnung anderweitig vermietet werden. Gleiches gilt, wenn der Mieter die Verhandlungen ohne hinreichenden Grund abbricht. Ist das Scheitern der Verhandlungen vom Vermieter zu vertreten, so ist die Anbietpflicht nicht erfüllt. **134**

(5) Im Zeitpunkt der Kündigung stehen mehrere Wohnungen frei. Der Vermieter bietet nur eine oder einen Teil der Wohnungen an. Andere Wohnungen bietet er nicht an, obwohl auch diese zur Vermietung bestimmt sind. – Die Anbietpflicht ist nicht erfüllt. Aus dem Gebot der Rücksichtnahme (§ 241 Abs. 2 BGB folgt, dass der Vermieter grundsätzlich alle zur Vermietung bestimmten und für den Mieter geeigneten Wohnungen anbieten muss. **135**

(6) Der Mieter hat eine Alternativwohnung abgelehnt. Im Lauf der Kündigungsfrist werden weitere Alternativwohnungen frei. – Aus den oben (5) genannten Gründen muss der Vermieter auch diese Wohnungen anbieten. **136**

(7) Die Wohnung wird im Verlauf des Räumungsrechtsstreits frei. Nach der obergerichtlichen Rechtsprechung endet die Anbietpflicht mit dem Ablauf der Kündigungsfrist (BGH NJW 2003, 2624). Der Vermieter kann die Wohnung an einen Dritten weitervermieten. **137**

Anbietpflicht bei mehreren Vermietern. Die hier dargelegten Grundsätze gelten auch dann, wenn auf der Vermieterseite mehrere Personen stehen. Allerdings besteht keine Anbietpflicht, wenn die freigewordene Wohnung zur Nutzung durch einen der Vermieter oder zur Vermietung an einen privilegierten Angehörigen eines Vermieters bestimmt ist. Gleiches gilt, wenn die freigewordenen Räume nicht mehr als Wohnung vermietet werden sollen. **138**

Darlegungs- und Beweislast. Der Mieter muss darlegen und beweisen, dass eine freistehende Alternativwohnung vorhanden ist. Zu diesem Zweck gesteht ihm die Rechtsprechung einen Auskunftsanspruch gegen den Vermieter zu, der auch im Wege einer selbständigen Klage geltend gemacht werden kann (LG Berlin NJW RR 1994, 859 = WuM 1994, 75). Außerdem wird dem Mieter ein berechtigtes Interesse i. S. des § 12 GBO an einer Grundbucheinsicht (erste Abteilung und das dort in Bezug genommene Bestandsverzeichnis) zugebilligt, damit er sich über den Wohnungsbestand des Vermieters informieren kann (LG Mannheim WuM 1992, 130). Einen Anspruch auf Erteilung einer Grundbuchauskunft (§ 45 Abs. 3 S. 1 GBVfg) hat der Mieter nicht (LG Hamburg WuM 1993, 136). Die Erfüllung der Anbietpflicht muss der Vermieter darlegen und beweisen. Ebenso muss der Vermieter beweisen, dass der Mieter das Angebot ausgeschlagen hat. **139**

bb) Die treuwidrige Kündigung. aaa) Vorhandener oder absehbarer Bedarf bei Vertragsschluss. Das **BVerfG** hatte sich in der Grundsatzentscheidung vom 14.2.1989 NJW 1989, 970 mit der Frage zu befassen, ob der Vermieter ein Mietverhältnis nach nur kurzer Mietdauer wegen Eigenbedarfs kündigen kann, **140**

wenn er bereits beim Abschluss des Mietvertrags weiß, dass er die Wohnung alsbald selbst für sich oder einen Angehörigen benötigt. Das BVerfG hat in dem genannten Beschluss ausgeführt, dass dem Eigentümer „nicht eine Lebensplanung abverlangt werden (darf), die er im Zeitpunkt der Vermietung seines Eigentums noch nicht vorzunehmen brauchte." Dieser Grundsatz schließe es aber nicht aus, den Eigentümer mit solchen Bedarfsgründen auszuschließen, die bereits beim Abschluss des Mietvertrags vorlagen „weil das Gericht damit nicht in unzulässiger Weise bei der Lebensplanung des Vermieters mitbestimmt, sondern ihn lediglich an der Durchsetzung seines Selbstnutzungswunsches aus Gründen hindert, die er in zurechenbarer Weise selbst gesetzt hat" (BVerfG NJW-RR 1993, 1357. Der **BGH** hat diese Rechtsgrundsätze übernommen (BGH NJW 2009, 1139; NJW 2013, 1596; WuM 2010, 512; NJW 2015, 1087). Nach der Rechtsprechung des BGH ist der Vermieter allerdings nur dann mit einer späteren Eigenbedarfskündigung ausgeschlossen, wenn er eine solche Kündigung bereits beim Abschluss des Mietvertrags beabsichtigt oder dies ernsthaft in Erwägung zieht. Nach dieser Rechtsansicht ist eine alsbald nach Vertragsschluss erklärte Kündigung nicht rechtsmissbräuchlich, „wenn das künftige Entstehen des Eigenbedarfs zwar im Rahmen einer „Bedarfsvorschau" zum Zeitpunkt des Vertragsabschlusses erkennbar gewesen wäre, der Vermieter aber zu diesem Zeitpunkt weder entschlossen war, alsbald Eigenbedarf geltend zu machen, noch ein solches Vorgehen erwogen, also ernsthaft in Betracht gezogen hat" (BGH NJW 2015, 1087 Rz. 27). Fraglich ist, ob der Vermieter verpflichtet ist, den Mieter von sich aus über eine mögliche Eigenbedarfssituation zu informieren. Dies wird vom BGH verneint (BGH a. a. O. Rz. 43). Unbeschadet hiervon ist der Vermieter aber gehalten, konkrete Fragen des Mieters nach einer eventuellen Bedarfssituation wahrheitsgemäß zu beantworten. Bei einer vorsätzlichen Falschauskunft ist eine gleichwohl erklärte Kündigung als rechtsmissbräuchlich einzustufen. Fahrlässige Falschangaben rechtfertigen den Ausschluss der Eigenbedarfskündigung nach der Ansicht des BGH dagegen nicht (BGH a. a. O. Rz. 38; zustimmend: Wietz WuM 2016, 323, 330f).

140a Ob die tatsächlichen Voraussetzungen des Rechtsmissbrauchs vorliegen ist auf Grund der Gesamtumstände zu entscheiden. (BGH NJW 2015, 1087 Rz. 48). Wird die Kündigung alsbald nach Vertragsschluss erklärt, so kann hierin ein Indiz dafür liegen, dass diese bereits bei Vertragsschluss geplant war. Umgekehrt kann eine längere Zeit zwischen Vertragsschluss und Kündigung gegen eine Kündigungsabsicht sprechen (BGH a. a. O. Rz. 49).

140b In den Fällen der Neubegründung **(Novation)** eines bereits bestehenden Mietverhältnisse besteht nach der Rechtsprechung des BGH keine Hinweispflicht (BGH NJW 2009, 1139). Dies beruht auf der zutreffenden Erwägung, dass der Mieter durch die Hinweispflicht vor den Nachteilen und Risiken geschützt werden soll, die mit einem Mietverhältnis von nur kurzer Dauer verbunden sind. Bei der Neubegründung eines seit langer Zeit bestehenden Mietverhältnisses spielt diese Erwägung keine Rolle.

140c Nach der hier vertretenen Ansicht besteht die Hinweispflicht immer dann, wenn bei Vertragsschluss hinreichend konkrete Anhaltspunkte dafür vorliegen, dass das Mietverhältnis nur von kurzer Dauer sein wird; die bloße Möglichkeit, dass später ein solcher Bedarf auftreten könnte, genügt zwar nicht. Andererseits ist es aber nicht erforderlich, dass der Vermieter den künftigen Bedarf genau kennt; es genügt, wenn der Vermieter den künftigen Bedarf bei vorausschauender Planung hätte in Erwägung ziehen müssen (ebenso: LG Berlin NZM 1998, 433; LG Lüneburg ZMR 2012, 357). Außerdem ist zu beachten, dass es auf die Vorhersehbarkeit des Bedarfs nur dann ankommt, wenn die Kündigung vor Ablauf von 5 Jahren nach Vertragsschluss ausgesprochen wird (BVerfG WuM 1989, 114; LG Wuppertal WuM 1991, 691; LG Paderborn WuM 1994, 331; LG Gießen WuM 1996, 416; AG Darmstadt WuM 2001, 512).

Wird die Wohnung nach Abschluss des Mietvertrags veräußert so kann der Erwerber ohne Rücksicht auf die Dauer des Mietverhältnisses kündigen. Der Erwerber muss sich eventuelle Pflichtverletzungen seines Rechtsvorgängers nicht zurechnen lassen (AG Steinfurt WuM 2006, 43). Anders ist es in den Fällen der Gesamtrechtsnachfolge. **141**

bbb) Hinweispflicht des Vermieters. Das Kündigungsverbot besteht nicht, **142** wenn der Mieter auf den möglicherweise bald entstehenden Bedarf hingewiesen wird. Die Hinweispflicht kann dadurch erfüllt werden, dass dem Mieter ein Zeitmietvertrag i. S. v. § 575 Abs. 1 Satz 1 Nr. 1 BGB angeboten wird (BVerfG ZMR 1993, 505 = WuM 1994, 132). Ein Hinweis auf den alsbald entstehenden Bedarf ist entbehrlich, wenn der Mieter beim Vertragsschluss positive Kenntnis von den Plänen des Vermieters hat. Es reicht allerdings nicht aus, wenn der Mieter die familiäre oder gesundheitliche (bei späterer Kündigung zugunsten einer Pflegeperson) Situation des Vermieters kennt. Es ist auch nicht Sache des Mieters, sich nach den Plänen des Vermieters zu erkundigen. Teilt der Vermieter trotz heranwachsender Kinder oder beengter Wohnverhältnisse oder einem hohem Lebensalter oder einer sichtbaren Krankheit dem Mieter nicht mit, dass das Mietverhältnis nur über wenige Jahre Bestand haben soll, so braucht der Mieter nicht in Erwägung zu ziehen, dass in den nächsten Jahren Eigenbedarf entstehen könnte.

ccc) Darlegungs- und Beweislast. Nach allgemeinen Grundsätzen muss der **143** Mieter darlegen und beweisen, dass eine vorvertragliche Hinweispflicht bestanden hat und dass diese vom Vermieter nicht erfüllt worden ist. Demgemäß müsste der Mieter darlegen und beweisen, **(1)** dass zwischen Vertragsschluss und Kündigung weniger als 5 Jahre liegen, **(2)** dass der Bedarf bereits bei Vertragsschluss gegeben war oder absehbar gewesen ist und **(3)** dass der Vermieter keinen Hinweis auf die kurzzeitige Dauer des Mietverhältnisses gegeben hat. Da die unter (2) und (3) aufgeführten Umstände aber durchweg in der Sphäre des Vermieters liegen, muss insoweit eine Umkehr der Darlegungs- und Beweislast stattfinden: Macht der Mieter geltend, dass der Bedarf bereits bei Vertragsschluss gegeben war, so muss der Vermieter substantiiert darlegen und beweisen, wann und auf Grund welcher Umstände der Bedarf eingetreten ist. Steht fest, dass der Bedarf bereits bei Vertragsschluss vorhanden gewesen ist, so muss der Vermieter substantiiert darlegen, wann und auf welche Weise er die Hinweispflicht erfüllt hat.

ddd) Verzicht auf Eigenbedarf bei Vertragsschluss. Die Parteien können **144** bei Vertragsschluss den Ausschluss der Eigenbedarfskündigung für eine bestimmte Zeit oder auf Dauer vereinbaren. Soll die Ausschlussvereinbarung für längere Zeit als ein Jahr gelten, so ist hierfür Schriftform erforderlich (§ 550 BGB; BGH NZM 2007, 399). Sind an einem Mietverhältnis auf der Mieterseite mehrere Personen beteiligt, so ist die Schriftform nur gewahrt, wenn die Vereinbarung von allen Mietern unterzeichnet wird. Ein Mieter kann sich zwar bei der Unterschriftsleistung durch einen anderen vertreten lassen. In diesem Fall muss sich allerdings aus einem Zusatz zur Unterschrift ergeben, dass der unterzeichnende Mieter nicht nur für sich, sondern auch für den Vertretenen handeln will (s. § 550 Rdn. 65). Wird die Schriftform nicht beachtet, so ist das Mietverhältnis ohne Beachtung der Kündigungsbeschränkung jederzeit kündbar (s. § 550 Rdn. 74 ff). Grundsätzlich handelt der Vermieter auch nicht rechtsmissbräuchlich, wenn er sich auf den Formmangel beruft. Härtefälle, die auftreten können, wenn ein Mieter im Vertrauen auf die Zusage besonders hohe Aufwendungen getätigt hat, müssen über § 574 BGB gelöst werden. Wenn der Mieter „sehenden Auges" (so die Formulierung des BGH NZM 2013, 419) das Risiko eingegangen ist, dass sich seine finanziellen Investitionen nicht armotisieren, findet keine Berücksichtigung bei der Interessenabwägung statt.

145 **cc) Überhöhter Bedarf.** Nach der **Rechtsprechung des BVerfG** ist eine Kündigung missbräuchlich, wenn ein „weit überhöhter Wohnbedarf" geltend gemacht wird (BVerfG WuM 1989, 114). Dabei ist im Grundsatz davon auszugehen, dass die Gerichte die Entscheidung des Vermieters über seinen Bedarf zu achten haben (BVerfG a.a.O.; NJW 1994, 2605 = WuM 1994, 450 = ZMR 1994, 453). Maßgeblich ist nicht, welchen Bedarf die Gerichte für angemessen halten; vielmehr kommt es darauf an, welchen Bedarf der Eigentümer nach seinen persönlichen Vorstellungen und Bedürfnissen für angemessen ansieht. Der **BGH** hat die Rechtsprechung des BVerfG übernommen und präzisiert BGH NJW 2015, 1590; NJW 2015, 2727). Danach ist ein „weit überhöhter" Wohnbedarf ist erst dann anzunehmen, wenn der Zugriff auf die Wohnung als „missbräuchlich" anzusehen ist. Dem Vermieter steht ein weiter Ermessensspielraum zu. Dem Gericht ist es verwehrt, die Wünsche und Vorstellungen des Eigentümers daraufhin zu überprüfen, ob diese angemessen sind. Die Annahme von Rechtsmissbrauch muss auf Ausnahmefälle beschränkt sein. Eine feste Grenze besteht nicht, insbesondere ist es nicht zulässig, den Bedarf formelhaft durch eine starre personenbezogene Flächenzuweisung zu bestimmen. Maßgeblich sind die Gesamtumstände des Einzelfalls, die anhand objektiver Kriterien unter Abwägung der beiderseitigen Interessen festzustellen sind. Nach der Auffassung des Gerichts können bei der Festlegung der Missbrauchsgrenze beispielhaft folgende Umstände berücksichtigt werden: die Wohnfläche, die Anzahl der Zimmer, der Zuschnitt und die Ausstattung der Wohnung, die Bedürfnisse der Bedarfsperson, dessen Lebensentwurf und Lebensplanung, deren persönlichen und wirtschaftlichen Verhältnisse, die Lage auf dem Wohnungsmarkt, die Höhe der zu zahlenden oder vom Vermieter erlassenen Miete, ferner ob die Wohnung auf Dauer oder nur sporadisch genutzt werden soll und schließlich ob der Mieter für die eigene Nutzung einen großzügigen Maßstab anlegt. Der Mieter kann den Einwand des „weit überhöhten" Bedarfs nicht erheben, wenn die Zahl der Personen, denen die Wohnung überlassen werden soll, nicht kleiner oder sogar größer als die Zahl der bisherigen Wohnungsnutzer ist. Dies gilt unabhängig von der Größe der Wohnung (BGH NJW 2015, 2727 unter Rdn. 13). Die vor den genannten Urteilen des BGH vom 4.3.2015 und 1.7.2015 ergangene instanzgerichtliche Rechtsprechung ist zum Teil überholt.

146 **3. Anderweitige wirtschaftliche Verwertung (Abs. 2 Nr. 3). a) Allgemeines.** Ein Kündigungsgrund liegt auch dann vor, wenn der Vermieter durch die Fortsetzung des Mietverhältnisses an einer angemessenen wirtschaftlichen Verwertung des Grundstücks gehindert und dadurch erhebliche Nachteile erleiden würde. Der **Tatbestand** des Abs. 2 Nr. 3 besteht aus **vier Elementen.** **(1)** Der Vermieter muss die Absicht haben, die Mietsache anderweitig zu verwerten. **(2)** Die Verwertung muss nach den Gesamtumständen angemessen sein. **(3)** Der Bestand des Mietverhältnisses muss der Verwertung entgegenstehen. **(4)** Im Falle der Hinderung der Verwertung müssen erhebliche Nachteile eintreten. Die einzelnen Tatbestandselemente müssen kumulativ vorliegen. Fehlt ein Tatbestandsmerkmal, so ist die Kündigung unwirksam. Wegen des komplexen Kündigungstatbestandes und dessen restriktiver Handhabung durch die Instanzgerichte hat die Vorschrift in der Praxis keine allzu große Bedeutung.

Von einem Teil der Literatur wird allerdings die Ansicht vertreten, dass dieser **146a** Handhabung ein fehlerhaftes Verständnis der Vorschrift zugrunde liegt (J. Emmerich WuM 2015, 259, 268; s. Rdn. 1 a). Nach dieser Ansicht folgt für die Verwertungskündigung dass eine wirtschaftliche Verwertung angemessen ist, wenn sie im Einklang mit der Rechtsordnung steht und von vernünftigen und nachvollziehbaren Gründen getragen wird. Nicht angemessen ist eine Verwertungsabsicht, die gegen öffentlich-rechtliche Vorschriften verstößt. Keine vernünftigen Gründe liegen vor, wenn die Verwertung zu einer geringeren Rendite führt oder in den Fällen des Rechtsmissbrauchs. Unerhebliche Nachteile sind zu vernachlässigen. Sie liegen bei der Verwertungskündigung vor, wenn bei einer Veräußerung mit dem bestehenden Mietverhältnis ein Mindererlös von 5–10% zu erwarten ist.

Der Kündigungstatbestand gilt auch für **Mietverhältnisse in den neuen Bun-** **147** **desländern.** Die bislang bestehende Kündigungssperre für Mietverhältnisse, die vor dem 2.10.1990 begründet worden sind (Art. 232 § 2 Abs. 2 EGBGB) ist durch das Gesetz vom 31.3.2004 (BGBl I S. 478) aufgehoben worden. Die bisherige Streitfrage, ob ein Mietverhältnis auch dann gekündigt werden kann, wenn das Gebäude abgerissen werden soll ist damit gegenstandslos). Bei besonderen Härtefällen ist § 574 BGB anzuwenden (s. dort).

b) Verfassungsrechtliche Vorgaben. Durch Abs. 2 Nr. 3 soll den Belangen **148** des Eigentümers an der freien wirtschaftlichen Verfügbarkeit Rechnung getragen werden. Dies bedeutet allerdings nicht, dass dieser Gesichtspunkt bei der Auslegung des Kündigungstatbestandes im Vordergrund steht. Die Interessen des Mieters am Erhalt der Wohnung sind gleichrangig zu berücksichtigen, weil das Eigentum an einer Wohnung in besonderem Maße dem Gemeinwohl verpflichtet ist. Insbesondere wird durch Art 14 GG nicht gewährleistet, dass der Eigentümer durch die Verwertung vermieteter Wohnungen stets den maximalen Gewinn erzielen kann. Daraus ergibt sich ein wichtiger **Unterschied zur Eigenbedarfskündigung:** Wo zu entscheiden ist, ob der Mieter oder der Eigentümer die Wohnung nutzen soll, wird dem Eigentümer der Vorrang eingeräumt, weil ihm die Räume als Eigentum zugeordnet sind (BVerfG WuM 1989, 607). Bei der Abwägung zwischen dem Nutzungsinteresse des Mieters und den Renditeinteressen des Eigentümers ist als zusätzliche Komponente das Gemeinwohl zu berücksichtigen. Hieraus kann sich ergeben, dass die Renditeinteressen des Eigentümers hinter dem Nutzungsinteresse des Mieters zurücktreten müssen. Andererseits darf der Kündigungstatbestand des Abs. 2 Nr. 3 aber nicht auf die Fälle beschränkt werden, in denen bei Hinderung der geplanten Verwertung die wirtschaftliche Existenz des Vermieters gefährdet wäre (BVerfG WuM 1992, 46 = ZMR 1992, 17). Es genügt, wenn der Eigentümer verkaufen will und der Verkauf der vermieteten Wohnung „ wirtschaftlich sinnlos" ist (BVerfG, a.a.O betr. einen Verlust von 43 000.– DM bei einem Verkehrswert von 135 000.– DM) oder wenn die Einbußen des Vermieters einen Umfang annehmen, „welcher die Nachteile weit übersteigt, die dem Mieter im Falle des Verlustes der Wohnung erwachsen" (BVerfG WuM 1989, 118 betr. einen Verlust von 250 000.– DM bei einem Verkehrswert des Grundstücks von 500 000.– DM). Insgesamt können aus der Rechtsprechung des BVerfG drei **verfassungsrechtliche Leitlinien**

hergeleitet werden: **(1)** § 573 Abs. 2 Nr. 3 BGB dient nicht dazu dem Vermieter einen möglichst hohen Gewinn zu verschaffen. **(2)** Der Eigentümer muss auch Verluste in Kauf nehmen; diese Verluste müssen sich aber in Grenzen halten, wobei als Grenze nicht die Existenzvernichtung angesehen werden darf. **(3)** Die Interessensituation des Vermieters ist nicht schematisch, sondern einzelfallbezogen zu bewerten.

149 c) **Die Tatbestandsvoraussetzungen (Abs. 2 Nr. 3 HS. 1). aa) Absicht zur anderweitigen Verwertung.** Der Vermieter muss die **Absicht** haben, die Mietsache anderweitig zu verwerten. Die Verwertungsabsicht in Abs. 2 Nr. 3 entspricht der Nutzungs-/Überlassungsabsicht in Abs. 2 Nr. 2. Hier wie dort muss es sich um eine **ernsthafte Absicht** handeln, die Absicht darf nicht vorgetäuscht werden, sie muss mit hinreichender Sicherheit feststehen und eindeutig sein, es dürfen keine rechtlichen oder tatsächlichen Verwertungshindernisse bestehen. Soll das Haus abgerissen werden und besteht in der Gemeinde ein Zweckentfremdungsverbot, so muss beachtet werden, dass die Kündigung nur wirksam ist, wenn für den Abriss eine Zweckentfremdungsgenehmigung erteilt ist Häublein NZM 2011, 668). Streitig ist, ob dieser Umstand in dem Kündigungsschreiben erwähnt werden muss. In der älteren Rechtsprechung wird dies bejaht (OLG Hamburg RE 25.3.1981 WuM 1981, 155; LG Berlin ZMR 1991, 346; LG München II WuM 1997, 115). Jedoch ist zu bedenken, dass der BGH an die Begründung der Kündigung nur geringe Anforderungen stellt (Rdn. 214 ff; so auch Häublein NZM 2011, 668). Die Zweckentfremdungsgenehmigung muss dem Kündigungsschreiben jedenfalls nicht beigefügt werden. Für die Baugenehmigung/Abrissgenehmigung gilt etwas anderes. Während die Zweckentfremdungsgenehmigung nach ihrer Zielsetzung mieterschützenden Charakter hat, soll durch die Baugenehmigung lediglich sichergestellt werden, dass das Bauvorhaben den öffentlich-rechtlichen Baunormen entspricht. Dies hat zur Folge, dass die Wirksamkeit der Kündigung nicht davon abhängt, ob die Baugenehmigung bereits erteilt ist (OLG Frankfurt RE 25.6.1992 WuM 1992, 421; BayObLG RE 31.8.1993 WuM 1993, 660 = ZMR 1993, 560).

150 Nach Abs. 2 Nr. 3 können grundsätzlich alle **Verwertungsabsichten** berücksichtigt werden, mit Ausnahme derer, die nach Abs. 2 Nr. 3 HS. 2–4 ausdrücklich ausgeschlossen sind. Beispiele: der Verkauf des Hauses oder der Wohnung (BVerfG DWW 1989, 77; OLG Koblenz RE 1.3.1989 WuM 1989, 164); der Abriss des Hauses um das Grundstück anderweitig zu verwerten (BGH BGHZ 179, 289; NJW 2011, 1135; Urteil vom 27.9.2017 – VIII ZR 243/16; LG Mannheim NZM 2004, 256 = WuM 2004, 99; AG Düsseldorf WuM 1991, 640); grundlegende Modernisierungs- und/oder Sanierungsmaßnahmen (BayObLG RE 17.11.1983 WuM 1984, 16; LG Karlsruhe WuM 1991, 168). Dies gilt auch dann, wenn die Räume nach der Modernisierung zu einem höheren Mietzins als Wohnung weitervermietet werden sollen (AG Köln WuM 1991, 170); die Zusammenlegung zweier Kleinwohnungen zu einer Großwohnung (LG Berlin GE 1989, 311), die Aufteilung einer Großwohnung in mehrere Kleinwohnungen (LG Hamburg WuM 1989, 393). Ob dieser Kündigungstatbestand vorliegt, wenn dem Vermieter bei Fortbestehen des Wohnraummietverhältnisses die Möglichkeit genommen ist, die Mietwohnung zu besseren Konditionen an Gewerbetreibende, an Freiberufler oder an eine Behörde zu vermieten (so Rolfs in: Staudinger § 573 BGB Rdn. 147; Häublein in: MünchKomm § 573 Rdn. 117) ist zweifelhaft. Die besseren Gründen sprechen dafür, diese Fälle nach § 573 Abs. 1 BGB zu beurteilen. Der BGH hat diese Frage bislang noch nicht entschieden (vgl. zuletzt: BGH NZM

2017, 405 Rz. 12; 2017, 559 Rz. 24) offengelassen (Rdn. 12). Eine Kündigung zum Zwecke der gewerblichen Eigennutzung ist nach § 573 Abs. 1 BGB zu prüfen (BGH NZM 2017, 405 Rdn. 18 ff; s. Rdn. 190 ff).

Der **Abriss eines Gebäudes** als solcher **ohne anschließende anderweitige** 151 **Verwertung** fällt nicht unter Abs. 2 Nr. 3. Ist der Abriss erforderlich um Leerstandskosten zu vermeiden, so kann eine solche Maßnahme unter § 573 Abs. 1 BGB fallen (BGH NJW 2004, 1736 = NZM 2004, 377 mit Anm. Hinz ZMR 2004, 428; LG Gera WuM 2003, 467 = NZM 2003, 640 = ZMR 2003, 680; AG Jena WuM 2003, 211 = NZM 2003, 351]; AG Leipzig WuM 2003, 276; AG Hoyerswerda GE 2003, 889; Sternel WuM 2003, 243, 245; Schultz PiG 62, 247, 257; **a. A.** LG Berlin ZMR 2003, 837; Taubenek ZMR 2003, 633: § 573 Abs. 2 Nr. 3 BGB oder Wegfall der Geschäftsgrundlage).

Keine „Verwertung" ist gegeben, wenn der Vermieter deshalb kündigt, weil er 152 bei Fortsetzung des Mietverhältnisses umfangreiche Instandsetzungsmaßnahmen durchführen müsste (**a. A.** LG Aachen WuM 1991, 167).

bb) Angemessenheit der Verwertung. Die geplante Art der Verwertung 153 muss nach den Gesamtumständen angemessen sein. Nach der **Rechtsprechung des BGH** ist eine Verwertung angemessen, wenn sie von vernünftigen, nachvollziehbaren Erwägungen getragen wird (BGH NJW 2011, 1135 = NZM 2011, 239; 2017, 756. Maßgeblich sind die Gesamtumstände der Verwertung. Dazu gehört die Wert-/Preisrelation (im Falle des Verkaufs) ebenso wie alle sonstigen Umstände, etwa das Verwertungsmotiv, der Verwertungszweck oder die Gründe, die den Vermieter zu einem Verkauf im bezugsfreien Zustand bewogen haben. Das Kriterium der Angemessenheit entspricht dem bei der Eigenbedarfskündigung maßgebenden Nutzungsinteresse. Das Tatbestandsmerkmal erlaubt es, die Kündigung bis zu einem gewissen Grad auf ihre Nachvollziehbarkeit und Vernünftigkeit zu überprüfen. Wie bei der Eigenbedarfskündigung ist es dem Gericht aber verwehrt, die wirtschaftlichen Planungen des Eigentümers durch eigene, vermeintlich vernünftigere Entscheidungen zu ersetzen. Ebenso ist zu beachten, dass der Eigentümer über die Verwendung des Verkaufserlöses frei verfügen kann; auch hier kommen dem Gericht (bis zur Grenze des Missbrauchs) keine Kontrollbefugnisse zu (Rolfs in: Staudinger § 573 BGB Rdn. 151; Häublein in: MünchKomm § 573 BGB Rdn. 120).

Soll das **Haus oder eine Eigentumswohnung verkauft** werden, so reicht 154 hierzu jeder billigenswerte, vernünftige Grund aus, z. B.: Verkauf der vermieteten Wohnung um eine größere Wohnung zur Deckung des Familienbedarfs zu kaufen (LG München II DWW 1988, 45); Verkauf eines vermieteten Objekts, weil der Vermieter den Kaufpreis zur Finanzierung eines Wohnhauses benötigt (LG Trier WuM 1991, 273; LG Düsseldorf NJW-RR 1991, 1166); Verkauf der Mietwohnung, um die eigene selbstgenutzte Wohnung zu finanzieren (LG Frankenthal WuM 1991, 181); Verkauf einer Eigentumswohnung anlässlich der Ehescheidung (AG Bayreuth WuM 1991, 180); Verkauf zur Finanzierung einer Arztpraxis (AG Bad Homburg WuM 1989, 303); Verkauf zur Deckung geschäftlicher Verbindlichkeiten (LG Mannheim ZMR 1995, 315); Grundstückstausch, wenn dies aus betrieblichen Gründen erforderlich ist (AG Duisburg DWW 1989, 229). Es ist nicht erforderlich, dass der Verkauf „zwingend" erforderlich ist (**a. A.** LG Duisburg WuM 1991, 497). Vielmehr ist die Dispositionsfreiheit des Vermieters über sein Eigentum grundsätzlich zu achten (BVerfG WuM 1989, 118; WuM 1992, 46).

155 Nach dem Rechtsentscheid des OLG Koblenz v. 1.3.1989 (OLG Koblenz RE 1.3.1989 WuM 1989, 164) soll das Tatbestandsmerkmal nicht schon deshalb entfallen, weil der Vermieter das **Mietobjekt selbst in vermietetem Zustand erworben** hat. Dem ist in dieser Allgemeinheit nicht zuzustimmen, weil Spekulationsgeschäfte (Kauf einer Wohnung in vermietetem Zustand zu niedrigem Preis in der Absicht, die freistehende Wohnung [gegebenenfalls nach Sanierung und Umbau] zu höherem Preis weiterzuverkaufen), die Kündigung nicht rechtfertigen können (so zutr. LG Osnabrück WuM 1990, 81; LG Hamburg WuM 1991, 185; AG Hamburg WuM 1991, 497; vgl. auch LG Freiburg WuM 1991, 183, wonach dieser Umstand jedenfalls bei der Prüfung der Angemessenheit gebührend zu berücksichtigen ist; im Ergebnis ebenso: Sternel Mietrecht Aktuell Rdn XI 213; Fleindl in: Bub/Treier Kap IV Rdn. 170; Häublein in: MünchKomm § 573 BGB Rdn. 121; **a. A.** Reuter GS Sonnenschein 2003, S. 336). Der Fall unterscheidet sich von dem einer Eigenbedarfskündigung hinsichtlich einer vermietet erworbenen Wohnung (BGH NZM 2020, 276; NJW 2019, 2765; BGHZ 103, 91, 100).

156 Bei **Risikogeschäften** ist die Kündigung ebenfalls nicht angemessen: Hat der Erwerber einer Eigentumswohnung seine Finanzierung dergestalt kalkuliert, dass die Unrentabilität und die damit verbundene Notwendigkeit einer alsbaldigen Weiterveräußerung bereits beim Erwerb in Erwägung zu ziehen ist, so ist die Kündigung zum Zwecke des Verkaufs ausgeschlossen.

157 Gleiches gilt in den Fällen der **Fehlkalkulation:** Die Folgen einer fehlerhaften Kalkulation sollen nicht zu Lasten des Mieters gehen. Hat der Vermieter eine vermietete Eigentumswohnung zu einem überhöhten Preis erworben, so kann er nicht mit der Begründung kündigen, dass er das Objekt leerstehend verkaufen müsse um den Einkaufspreis zu erzielen (AG Hamburg WuM 1991, 696 betr. Erwerb einer Wohnung im Verkehrswert von 65000.– DM zum Preis von 165000.– DM). Jedoch hat der Vermieter hat einen unwirtschaftlichen Kauf oder eine unwirtschaftliche Finanzierung dann nicht zu vertreten, wenn er zur Zeit des Kaufs oder der Kreditaufnahme ein hohes Einkommen hatte, später aber arbeitslos geworden ist (LG Krefeld WuM 2010, 302).

158 In der instanzgerichtlichen Rechtsprechung wird es als unangemessen angesehen, wenn eine **Hypothekenbank** die vermietete Eigentumswohnung oder das vermietete Einfamilienhaus eines zahlungsunfähigen Hypothekenschuldners ersteigert und sodann mit der Begründung kündigt, man müsse das Mietobjekt möglichst gewinnbringend verkaufen (LG Hannover WuM 1991, 189; LG Dortmund WuM 1992, 23; LG Wiesbaden WuM 1993, 54; AG Bonn WuM 1991, 696; AG Münster WuM 1991, 194). Der BGH lässt offen, ob diese Ansicht im Allgemeinen zutrifft. Sie ist jedenfalls dann nicht anzuwenden, wenn der Mietvertrag wegen **Gläubigerbenachteiligung** angefochten werden könnte. Es ist nicht erforderlich, dass der Mietvertrag angefochten wird; es genügt, wenn der Anfechtungstatbestand nach § 3 des Anfechtungsgesetzes vorliegt (BGH WuM 2008, 233 = NZM 2008, 281). Nach § 3 Abs. 1 Satz 1 AnfG ist eine Rechtshandlung anfechtbar, „die der Schuldner in den letzten 10 Jahren vor der Anfechtung mit dem Vorsatz, seine Gläubiger zu benachteiligen vorgenommen hat, wenn der andere Teil zur Zeit der Handlung den Vorsatz des Schuldners kannte". Nach § 3 Abs. 1 Satz 2 AnfG wird die Kenntnis „vermutet, wenn der andere Teil wusste, dass die Zahlungsunfähigkeit des Schuldners drohte und dass die Handlung die Gläubiger benachteiligte". Der Tatbestand des § 3 Abs. 1 AnfG setzt mithin voraus, dass **(1)** die Gläubiger des Vermieters durch den Abschluss des Mietvertrags benachteiligt werden, **(2)** dass der Vermieter mit dem Vorsatz der Gläubigerbenachteiligung handelt und **(3)** dass der

Mieter den Vorsatz des Vermieters kennt. Das unter Ziff (1) beschriebene Tatbestandsmerkmal liegt vor, wenn die Zugriffsmöglichkeit der Gläubiger auf das Vermögen des Vermieters erschwert wird. Hiervon kann regelmäßig ausgegangen werden, wenn der Vermieter die Immobilie langfristig zu besonders günstigen Konditionen vermietet. Das unter Ziff (2) beschriebene Merkmal ist anzunehmen, wenn der Vermieter dem Mieter eine inkongruente Deckung verschafft. Dies ist der Fall, wenn der Mieter keinen Anspruch auf den Mietvertrag hat. Das unter Ziff (3) beschriebene Tatbestandsmerkmal wird vermutet. Es genügt, wenn der Mieter im Allgemeinen von dem Vorsatz der Gläubigerbenachteiligung Kenntnis hat; die Kenntnis von Einzelheiten ist nicht erforderlich.

Die **Absicht zur gewerblichen Nutzung** fällt nicht unter § 573 Abs. 2 Nr. 3 **159** BGB, sondern ist nach § 573 Abs. 1 BGB zu prüfen (BGH NZM 2017, 405 Rdn. 18 ff; s. Rdn. 190 ff).

Sanierungs- und Modernisierungsmaßnahmen sind i. d. R. angemessen, **160** wenn hierdurch Wohnverhältnisse geschaffen werden sollen, wie sie allgemein üblich sind. Soweit die Maßnahmen unter § 555b BGB fallen, sind sie vom Mieter nach § 555d BGB zu dulden. Eine Kündigung kommt dann nicht in Betracht. Für umfangreiche Umbaumaßnahmen kann sich eine Duldungspflicht aus § 242 BGB ergeben (s. § 555b Rdn. 34a).

Der **Umbau einer Großwohnung in mehrere Kleinwohnungen** kann eine **161** Form der angemessenen Verwertung sein, wenn die bisherige Nutzung der Räumlichkeiten unrentabel ist. Das setzt allerdings voraus, dass durch die gegenwärtige Vermietung Verluste erzielt werden und dass diese Verluste bei der Vermietung der Kleinwohnungen vermieden werden können.

Der **Abriss eines Gebäudes** ist als wirtschaftliche Verwertung im Sinne des **162** § 573 Abs. 2 Nr. 3 BGB anzusehen, wenn das bisherige Gebäude durch einen Neubau ersetzt wird. Eine solche Maßnahme ist angemessen, wenn sie „von vernünftigen, nachvollziehbaren Erwägungen getragen wird" (BGH NZM 2017, 756). Hiervon ist auszugehen, wenn ein Erhalt des bestehenden Gebäudes unrentabel ist und einem Neubau keine Gründe des Denkmalschutzes oder sonstige bauordnungsrechtliche Hindernisse entgegenstehen (BGH NJW 2009, 1200 = NZM 2009, 234 = WuM 2009, 182; NJW 2011, 1135 = WuM 2011, 171 = NZM 2011, 239; LG München I ZMR 2013, 198: wenn der Vermieter das Gebäude abreißen und das Grundstück anschließend mit 2 Doppelhaushälften bebauen will, wenn der gegenwärtige Ertragswert 320.000.– € beträgt und sich der Ertragswert des Neubaus auf 1.130.000.– € beläuft). Der Vermieter muss im Kündigungsschreiben darlegen aus welchen Gründen er die vorhandene Bausubstanz nicht für erhaltenswert hält und welche baulichen Maßnahmen er stattdessen plant (BGH a. a. O.; LG Berlin GE 2009, 1497). Für die formelle Wirksamkeit der Kündigungserklärung genügt es, wenn die Baumängel pauschal beschrieben und die Sanierungs- und Neubaukosten in Form pauschaler Quadratmeterpreise dargelegt werden (LG Berlin GE 2011, 1553 = ZMR 2012, 15). Müssen zum Erhalt eines Gebäudes erhebliche Sanierungsmaßnahmen durchgeführt werden und entscheidet sich der Eigentümer/Vermieter für den Abriss der Immobilie und die Errichtung eines Neubaus, so ist diese Entscheidung vom Mieter hinzunehmen. Auch das Gericht ist nicht befugt, dem Eigentümer den Erhalt des bestehenden Gebäudes vorzuschreiben. Voraussetzung ist lediglich, dass die Entscheidung des Eigentümers für den Abriss nachvollziehbar ist und auf vernünftigen Erwägungen beruht (AG Hamburg-St. Georg ZMR 2015, 385 wenn für eine Sanierung Kosten zwischen 800.– €/qm und 1.100.– €/qm entstehen, während der Abriss mit anschließendem

Neubau ca. 2.930.– €/qm kostet). Anders kann es sein, wenn eine Sanierung wirtschaftlich vernünftig ist und sich der Eigentümer/Vermieter wegen des erwarteten hohen Gewinns gleichwohl für den Abriss und der Errichtung eines Neubaus entscheidet. Dies gilt zumindest dann, wenn die Geschäftstätigkeit des Vermieters „vornehmlich auf eine aus Preis- und Wertveränderungen der erworbenen Grundstücke resultierende Gewinnerzielung gerichtet ist" (LG Berlin Urteil vom 28.7.2015 – 63 S 217/14).

163 **cc) Hinderung der Verwertung.** Der Bestand des Mietverhältnisses muss die geplante Verwertung hindern. Eine Erschwerung der Verwertung genügt nicht (arg.e § 575 Abs. 1 Satz 1 Nr. 2 BGB). Bei einem geplanten **Haus- oder Wohnungsverkauf** liegt dieses Tatbestandsmerkmal vor, wenn der Vermieter das Haus oder die Wohnung in vermietetem Zustand entweder überhaupt nicht oder nur zu wirtschaftlich unzumutbaren Bedingungen verkaufen könnte (BVerfGE 79, 283, 290f; WuM 1992, 46, 47; BGH NZM 2008, 281 = WuM 2008, 233 unter ZiffII 1b). Welcher Preisabschlag als wesentlich bezeichnet werden kann, ist nach den unten dd) dargelegten Kriterien zu entscheiden.

164 **dd) Erheblicher Nachteil.** Der Vermieter muss im Falle des Fortbestands des Mietverhältnisses erhebliche Nachteile zu erwarten haben. Für den Begriff des erheblichen Nachteils genügt es nicht, dass der Vermieter die geplante Verwertungsmaßnahme nicht umsetzen kann. Es müssen weitere Umstände hinzutreten, aus denen sich ergibt dass der Nachteil erheblich ist (LG Heidelberg WuM 2018, 38). Dabei kommen in erster Linie wirtschaftliche Nachteile in Betracht. Aber auch sonstige (persönliche) Nachteile sind zu berücksichtigen. Maßgeblich ist allein die Interessenlage des Vermieters und nicht, inwieweit bei Fortsetzung des Mietverhältnisses Belange Dritter berührt werden. Dies gilt auch wenn zwischen dem Vermieter und dem Dritten enge persönliche und wirtschaftliche Beziehungen bestehen (BGH NZM 2017, 756). Das BVerfG hat entschieden, dass sich aus dem Grundgesetz kein Anspruch des Grundeigentümers auf die höchstmögliche Rendite ergibt (BVerfG NJW 1992, 361 unter ZiffII 1). Anderenfalls dürfen die Einbußen des Eigentümers aber „keinen Umfang annehmen, welcher die Nachteile weit übersteigt, die dem Mieter im Falle des Verlustes der Wohnung erwachsen (BVerfG NJW 1989, 972 unter ZiffI 1). Diese verfassungsrechtliche Bewertung trifft auch auf die Auslegung des einfachen Rechts zu (BGH NJW 2011, 1065 = WuM 2011, 169 = NZM 2011, 275; WuM 2011, 426 = NZM 2011, 773; BGH NZM 2017, 756). Ein allgemein gültiges Kriterium zur Auslegung des Begriffs des erheblichen Nachteils existiert allerdings nicht. Vielmehr ist insoweit auf die Umstände des Einzelfalls abzustellen. Nach der Rechtsprechung des BGH ist über die Kündigung auf Grund einer „Abwägung zwischen dem Verwertungsinteresse des Eigentümers und dem Bestandsinteresse des Mieters" zu entscheiden. Hierbei haben die Instanzgerichte einen Ermessensspielraum, der in der Revision nur eingeschränkt nachprüfbar ist. Das Revisionsgericht habe zu prüfen, „ob das Berufungsgericht die Wertungsgrenzen erkannt, die tatsächliche Wertungsgrundlage ausgeschöpft und die Denk- und Erfahrungssätze beachtet hat" (st.Rspr des BGH zuletzt: NZM 2017, 405; 2017, 756; 2017, 559).

165 In den **Veräußerungsfällen** reicht es aus, wenn das Haus oder die Wohnung nur mit einem erheblichen Abschlag von dem sonst erzielbaren Preis verkauft werden könnte. (BGH WuM 2011, 426 = NZM 2011, 773). Es ist nicht erforderlich, dass der Eigentümer in Existenznot gerät (BVerfG DWW 1989, 77). Ein Kündigungsgrund liegt nicht nur dann vor, wenn Umstände vorliegen die den „Verkauf

Ordentliche Kündigung des Vermieters **BGB § 573**

als zwingend erscheinen lassen". Vielmehr muss eine Kündigungsbefugnis aus verfassungsrechtlichen Gründen bejaht werden, wenn der Verkauf im vermieteten Zustand „wirtschaftlich sinnlos" ist (BVerfG WuM 1992, 46 = ZMR 1992, 17) oder wenn die Einbußen des Vermieters einen Umfang annehmen, welcher die Nachteile weit übersteigt, die dem Mieter im Falle des Verlustes der Wohnung erwachsen (BVerfG DWW 1989, 77). Der Umstand, dass für eine mietfreie Wohnung ein höherer Verkaufspreis erzielt werden kann als für ein vermietetes Objekt dürfte i. d. R. offenkundig sein; dieser Umstand kann für sich allein keine Kündigung rechtfertigen, weil andererseits die Tatbestandsmerkmale des § 573 Abs. 2 Nr. 3, also die Angemessenheit der Verwertung und die Erheblichkeit des Nachteils, für die Verkaufsfälle bedeutungslos wären. Es gilt der Grundsatz, dass die reine Gewinnoptimierung hinter dem durch den Kündigungstatbestand bezweckten Schutz des Mieters am Erhalt der Wohnung nachrangig ist (LG Berlin WuM 2016, 178). Die jeweilige Erheblichkeitsgrenze ist im Einzelfall durch einen Vergleich des möglichen Verkaufserlöses im vermieteten und im freistehenden Zustand zu ermitteln (LG Stuttgart ZMR 1995, 259 = DWW 1995, 142; LG Freiburg WuM 1991, 592; LG Duisburg WuM 1991, 497). Grundsätzlich gilt dass die Kündigung des Erwerbers eines Anwesens nicht anders zu beurteilen ist, als wenn der ursprüngliche Vermieter gekündigt hätte (BGH NJW 2009, 1200; Rolfs in: Staudinger § 573 Rdn. 162). Gleichwohl ist der Einkaufspreis bei der Bewertung des Nachteils zu berücksichtigen. Hat der Eigentümer das Mietobjekt mit einem bestehenden Mietverhältnis erworben, so ist der Einkaufspreis mit dem Verkaufspreis (jeweils im vermieteten Zustand) zu vergleichen (LG München I WuM 1992, 374; LG Lübeck WuM 1993, 616; LG Berlin GE 1994, 1055; NJW-RR 1995, 332; NJW-RR 1997, 10; LG Mannheim ZMR 1994, 568; LG Gießen WuM 1994, 688; LG Köln WuM 1996, 39 [für Erwerb im Erbgang]). Kann der Vermieter hiernach einen Gewinn erzielen, so liegt auch dann kein Nachteil vor, wenn er für die freistehende Wohnung einen weitaus höheren Preis erzielen könnte. In diesem Fall ist das Grundstück von Anfang an mit dem durch die Vermietung bedingten Minderwert behaftet (BGH WuM 2008, 233 = NZM 2008, 281 unter Ziff II 1c; Häublein in MünchKomm § 573 BGB Rdn. 124). Jedoch gilt dieser Grundsatz nicht, wenn der Mieter den Mietbesitz unter Umständen erworben hat, die den Tatbestand des § 3 AnfG erfüllen (s. Rdn. 158; BGH a. a. O.). Vergleichbare Kriterien gelten, wenn der Eigentümer die Wohnung im Erbgang erworben hat. Hier kommt es nicht darauf an, ob für die mietfreie Immobilie ein höherer Preis erzielt werden kann. Ein Nachteil liegt nur dann vor, wenn der Eigentümer den für vermietete Immobilien üblichen Preis nicht erzielen kann (OLG Stuttgart ZMR 2006, 42, 44; s. auch LG Berlin WuM 2014, 288: Ein erheblicher Nachteil liegt nicht vor, wenn eine vermietete Wohnung deren Verkehrswert ohne Mietverhältnis 150.000.– € beträgt für 115.000.– € an den Mieter verkauft werden könnte und der Erlös 4 Mitgliedern einer Erbengemeinschaft zugutekommt). Diese Methode ist grundsätzlich auch verfassungsrechtlich nicht zu beanstanden (BVerfG WuM 1991, 663 = DWW 1991, 13 = ZMR 1992, 50). Allerdings darf sich die Prüfung nicht auf diesen Gesichtspunkt beschränken. Die Gerichte müssen auch zu allen weiteren Gesichtspunkten Stellung nehmen, mit denen der Eigentümer seinen Nachteil begründet (BVerfG WuM 1992, 669). So kann ein Nachteil auch darin zu sehen sein, dass die Fortsetzung des Mietverhältnisses für die Erben einer vermieteten Wohnung unrentabel ist, weil mit der Verwaltung des Mietobjekts und der Aufteilung des Erlöses auf die einzelnen Mitglieder der Erbengemeinschaft ein relativ hoher Aufwand verbunden ist (**a. A.** OLG Stuttgart ZMR 2006, 42, 44). Allerdings reicht dieser Umstand in der

Regel nicht aus. Die Erben müssen zunächst versuchen, die Wohnung mit dem bestehenden Mietverhältnis zu verkaufen. Dann kommt es darauf an, ob der Verkauf zu wirtschaftlich zumutbaren Bedingungen nicht möglich war (OLG Stuttgart a. a. O).

166 *Einstweilen nicht besetzt.*

167 Bei den **Abriss und Modernisierungsfällen** ist das Tatbestandsmerkmal des erheblichen Nachteils fallbezogen auf Grund einer Abwägung zwischen dem Bestandsinteresse des Mieters und dem Verwertungsinteresse des Eigentümers zu konkretisieren (BGH NJW 2011, 1135 = WuM 2011, 171 = NZM 2011, 239). Einerseits ist hierbei die Sozialpflichtigkeit des Eigentums zu beachten. Hieraus folgt, dass der Eigentümer keinen Anspruch auf die Erzielung einer maximalen Rendite hat. Andererseits ist der Eigentümer aber auch nicht gehalten, die dem Mieter günstigste Lösung zu wählen (BGH a. a. O.). Will der Vermieter ein Gebäude durch einen Neubau ersetzen und kommt eine Sanierung und Modernisierung des Gebäudes als Alternative zum Abriss in Betracht, so müssen die Kosten einer Sanierung den Kosten des Abrisses und des Neubaus gegenübergestellt werden (LG Stuttgart NZM 2015, 165, 166). I.d.R. wird es an einem erheblichen Nachteil fehlen, wenn die Mieteinnahmen zwar ohne einen vom Vermieter geplanten Umbau etwas geringer sind, der Vermieter aber gleichwohl eine angemessene Rendite erzielen kann (LG Heidelberg WuM 2018, 38). Unbeschadet hiervon kann über die Kündigung nur unter Berücksichtigung aller Umstände entschieden werden. Den Instanzgerichten steht bei der Abwägung und Bewertung der wechselseitigen Interessen ein erheblicher Beurteilungsspielraum zu, weil der BGH als Revisionsgericht die instanzgerichtliche Entscheidung nur auf die Beachtung und Einhaltung der Denk- und Erfahrungssätze überprüfen kann.

168 Diese Grundsätze gelten auch dann, wenn ein Unternehmen ein **altes, unrentables Mietshaus** aufkauft um es abzureißen und auf dem Grundstück einen Neubau zu errichten. Anders ist es, wenn der Vermieter ein rentabel zu bewirtschaftendes Gebäude mit intakter Bausubstanz erwirbt um es abzureißen, das Grundstück mit Eigentumswohnungen zu bebauen und diese mit einem erheblichen Gewinn (12,7 Mio. €) zu verkaufen (LG Berlin ZMR 2015, 23). Der Abriss ist also nur dann als angemessene Art der Verwertung zu beurteilen, wenn eine solche Maßnahme dem Gebot wirtschaftlicher Vernunft entspricht (BGH NJW 2009, 1200 = NZM 2009, 234 = WuM 2009, 182). Spekulative Maßnahmen rechtfertigen die Kündigung nicht (LG Berlin ZMR 2015, 23). Der Nachteil ist aus der Sicht des Erwerbers und neuen Vermieters zu beurteilen (BGH a. a. O.). Allerdings wird in der Rechtsprechung die Ansicht vertreten, dass eine Kündigung ausgeschlossen sei, wenn der Erwerber „das Grundstück in Kenntnis der Unwirtschaftlichkeit zum Zwecke der sofortigen Verwertung durch Abriss und Neubebauung erworben hat" (so offenbar KG GE 2002, 395). Hierbei wird verkannt, dass es nach § 573 Abs. 2 Nr. 3 BGB keine Rolle spielen kann, ob die Beendigung einer unrentablen Situation vom Veräußerer oder vom Erwerber erfolgt. Der Mieter wird nur vor solchen Verwertungen geschützt, die unabhängig von der Person des Verwerters als unangemessen zu bewerten sind. Ist eine Verwertung aber angemessen, so muss die Person des Verwerters letztlich gleichgültig sein. Die Vorschrift dient weder dem Erhalt veralteter Mietwohnungen noch will sie verhindern, dass unwirtschaftliche Objekte veräußert werden. Soweit also der Veräußerer eine Kündigung zum Zwecke des Abrisses durchsetzen könnte, muss dies auch dem Erwerber möglich sein (so zutreffend: Beuermann GE 2002, 365).

d) Unzulässige Kündigung. Hat der Eigentümer die Wohnung zu einem **169** Zeitpunkt vermietet, zu dem die **Notwendigkeit einer anderweitigen Verwertung bereits absehbar** gewesen ist, so ist die Kündigung zum Zwecke der Verwirklichung der Verwertung ausgeschlossen (Franke in: WoBauR § 573 BGB Anm. 26). Es gelten die zur Eigenbedarfskündigung dargelegten Grundsätze, zumal das Verwertungsinteresse einen geringeren verfassungsrechtlichen Stellenwert hat, als das Eigennutzungsinteresse des Vermieters.

e) Kündigung zum Zwecke der Erzielung einer höheren Miete (Abs. 2 **170** **Nr. 3 HS. 2).** Nach Abs. 2 Nr. 3 HS. 2 kann der Vermieter nicht kündigen, wenn er die Räume anderweitig als Wohnraum vermieten will, um auf diese Weise einen höheren Mietzins zu erzielen. Die Vorschrift ergänzt § 573 Abs. 1 Satz 2 BGB (Verbot der Änderungskündigung) und stellt auf diese Weise sicher, dass Mietsteigerungen nur im Wege freiwilliger Vereinbarungen oder nach Maßgabe der §§ 557 ff BGB durchgesetzt werden können.

Eine **Vorratskündigung** ist unzulässig BGH (NZM 2017, 23). Hiervon ist aus- **170a** zugehen, wenn der Vermieter sowohl den Verkauf an den Mieter als auch den Verkauf der leerstehenden Räume an einen Dritten in Erwägung zieht. Unterbreitet der Vermieter deshalb dem Mieter ein Kaufangebot und erklärt er für den Fall der Ablehnung „hilfsweise" die ordentliche Kündigung, so ist die Kündigung unwirksam (LG Berlin ZMR 2014, 730). Es gelten die unter Rdn. 67 dargestellten Grundsätze.

f) Umwandlung von Miet- in Eigentumswohnungen (Abs. 2 Nr. 3 **171** **HS. 3).** Bei der Umwandlung einer Miet- in eine Eigentumswohnung gelten Sonderregelungen. Der Vermieter kann nicht deshalb kündigen, weil er die Mietwohnung in eine Eigentumswohnung umwandeln und verkaufen will; gleiches gilt, wenn die Kündigung nach der Umwandlung zum Zwecke des Verkaufs ausgesprochen wird (Nr. 3 HS. 3). Dieser Kündigungsausschluss ist unbefristet.

g) Darlegungs- und Beweislast. Die Darlegungs- und Beweislast für das **172** Vorliegen der Kündigungsvoraussetzungen trägt der Vermieter. Erforderlich ist, dass diejenigen Tatsachen, aus denen sich die einzelnen Tatbestandsmerkmale ergeben, substantiiert dargelegt werden. An die Substantiierungspflicht werden hohe Anforderungen gestellt, die sich insbesondere nach dem Beendigungsinteresse richten.

4. Sonstige Kündigungsgründe (Abs. 1 Satz 1). Aus dem Wortlaut des **173** § 573 Abs. 2 BGB („insbesondere") folgt, dass die möglichen Kündigungsgründe in Abs. 2 nicht abschließend aufgezählt werden. Vielmehr stellt das Gesetz mit § 573 Abs. 1 BGB einen generalklauselartigen Kündigungstatbestand zur Verfügung, der den in § 573 Abs. 2 BGB beispielhaft genannten Kündigungsgründen nach allgemeiner Meinung gleichgewichtig ist (BVerfG NJW 1992, 105 unter Ziff II 3b zu § 564b BGB a.F m.w. N.; st.Rspr des BGH zuletzt: NZM 2017, 405; 2017, 559).

Die Regelung in Abs. 1 ist mithin als Auffangtatbestand für weitere Beendigungsinteressen zu verstehen (Zur Abgrenzung s. Rdn. 9a).

Die speziellen Kündigungstatbestände des § 573 Abs. 2 BGB sind stets vorrangig **173a** zu prüfen. Ein Rückgriff auf § 573 Abs. 1 kommt nur in Betracht, wenn keiner der speziellen Kündigungssachverhalte gegeben ist. Fehlt eines oder mehrere Tatbestandselemente des § 573 Abs. 2 Nr. 1–3, so kann die Kündigung nicht ohne weiteres auf den allgemeinen Kündigungstatbestand gestützt werden. Die speziellen Kündigungstatbestände beschreiben nicht nur die Voraussetzungen für die Kündigung in den dort genannten Fällen der Vertragsverletzung, des Eigenbedarfs und der wirtschaftlichen Verwertung sondern haben auch Sperrwirkung für diejenigen Fälle, in denen ein Tatbestandsmerkmal fehlt. Eine Kündigung nach § 573 Abs. 1 kommt lediglich dann in Betracht, wenn besondere Umstände vorliegen, die eine Gleichbehandlung mit den speziellen Kündigungstatbeständen rechtfertigen (H. Schmidt NZM 2014, 609, 617).

174 **a) Das berechtigte Interesse.** Nach § 573 Abs. 1 Satz 1 BGB kann der Vermieter kündigen, wenn er ein **„berechtigtes Interesse"** an der Beendigung des Mietverhältnisses hat. Eine allgemeingültige **Definition** dieses Begriffs ist nicht möglich.

175 **b) Einzelne Beendigungsgründe nach Abs. 1.** In der Rechtspraxis wird Abs. 1 auf folgende Sachverhalte angewandt:

176 **aa) Betriebsbedarf.** Ein Mietverhältnis über eine Werkwohnung kann gekündigt werden, wenn der Mieter aus dem Arbeits- oder Dienstverhältnis ausscheidet und der Wohnraum für Betriebsangehörige benötigt wird (LG Regensburg WuM 1998, 160 (Hauswart); LG Berlin GE 1999, 506 (GmbH-Gesellschafter); LG Berlin WuM 2001, 241 (Bundesbediensteter); Franke in: WoBauR § 573 BGB Anm. 37; Rolfs in: Staudinger § 573 BGB Rdn. 178; Haug in: Emmerich/Sonnenschein § 573 BGB Rdn. 75; Lammel § 573 BGB Rdn. 25; Häublein in: MünchKomm § 573 BGB Rdn. 43). Steht dem Unternehmen ein **Belegungs- oder Mieterbenennungsrecht** zu, so kann der Vermieter dieser Wohnung kündigen, wenn das Unternehmen die Kündigung verlangt und darüber hinaus ein Betriebsbedarf besteht (LG Darmstadt WuM 1991, 268; Sternel Rdn. IV 165). Dies folgt aus der Erwägung, dass die Belange des Dienstberechtigten nach § 576a Abs. 1 BGB unabhängig davon zu berücksichtigen sind, ob die Wohnung im Eigentum des Dienstberechtigten oder eines Dritten steht. Der Kündigungsgrund des Betriebsbedarfs gilt auch in den neuen Ländern (KrsG Cottbus WuM 1994, 68).

177 Der **Kündigungstatbestand** setzt voraus. **(1)** dass das Arbeitsverhältnis beendet ist oder dass dessen Beendigung kurz bevorsteht; **(2)** dass der Vermieter die Absicht hat, die Wohnung einem anderen Arbeitnehmer oder einem künftigen Arbeitnehmer zu überlassen und **(3)** dass hierfür vernünftige, nachvollziehbare Gründe vorliegen. Dabei kommt es maßgeblich auf das Interesse des Unternehmens an der Unterbringung des Mitarbeiters an. Auf das Interesse des Mitarbeiters ist nicht abzustellen (LG Frankfurt/Oder ZMR 2011, 877). Ein dringlicher Bedarf ist nicht erforderlich (Fleindl in: Bub/Treier Kap IV Rdn. 185). Es genügt, wenn sich Betriebsangehörige um eine freiwerdende Werkwohnung beworben haben (Wartelisten) und aus dem Kreis der Bewerber zumindest einer bereit ist, in die gekündigten Räume einzuziehen. An einem vernünftigen Überlassungsgrund fehlt es auch dann nicht, wenn dem Bewerber in unmittelbarer Nähe des Arbeitsplatzes eine preisgünstige Wohnung zur Verfügung steht (**a. A.** AG Witzenhausen WuM 1983, 23). Grundsätzlich gilt, dass den Betriebsangehörigen gegenüber dem ausgeschiedenen Arbeitnehmer der Vorrang gebührt. Hieraus folgt auch, dass der Vermieter nicht kündigen kann, wenn er die Wohnung einem betriebsfremden Mietinteressenten überlassen will.

178 Da die Kündigung wegen Betriebsbedarfs eine besondere Form der Eigenbedarfskündigung darstellt, gelten die dort dargestellten Besonderheiten entsprechend.

Ordentliche Kündigung des Vermieters **BGB § 573**

Zu beachten ist weiterhin, dass die Kündigung einer Werkmietwohnung dem **179**
Mitbestimmungsrecht des Betriebsrats unterliegt (§ 87 Abs. 1 Nr. 9 BetrVG.
Die Ausübung des Mitbestimmungsrechts ist ein echtes Wirksamkeitserfordernis,
das im Kündigungsschreiben erwähnt werden muss; anderenfalls ist die Kündigung
unwirksam. Allerdings gilt dies nur bis zur wirksamen Auflösung des Arbeitsverhältnisses (OLG Frankfurt RE vom 14.8.1992 WuM 1992, 525 = ZMR 1992, 443).
Für Werkdienstwohnungen, die nicht auf Grund eines Mietvertrags, sondern auf
Grund des Arbeitsvertrags überlassen werden, besteht kein Mitbestimmungsrecht
(BAG WuM 1993, 353).

Nach h.M gelten die Grundsätze über die Kündigung wegen eines Betriebs- **180**
bedarfs auch dann, wenn eine bisher nicht zweckgebundene Wohnung in eine
Werkswohnung umgewandelt werden soll (sog. **„unechte Werkswohnung"**).
Danach kann sich „ein berechtigtes Interesse des Vermieters an der Beendigung des
Mietverhältnisses ... daraus ergeben, dass einem Mitarbeiter seines Unternehmens
aus betrieblichen Gründen eine an einen Betriebsfremden vermietete Wohnung
zur Verfügung gestellt werden soll, sofern der Vermieter vernünftige Gründe für
die Inanspruchnahme der Wohnung hat, die den Nutzungswunsch nachvollziehbar
erscheinen lassen" (BGH WuM 2007, 457 = NZM 2007, 639 = NJW-RR 2007,
1460; Rolfs in Staudinger § 573 BGB Rdn. 181; Hannappel in: Bamberger/Roth
§ 573 BGB Rdn. 107; Lützenkirchen in Lützenkirchen Mietrecht § 573 Rdn. 46).
Voraussetzung ist, dass „betriebliche Gründe die Nutzung gerade der gekündigten
Wohnung notwendig machen. Die Wohnung muss deshalb für die betrieblichen
Abläufe nach den Aufgaben der Bedarfsperson von wesentlicher Bedeutung sein"
(BGH NZM 2017, 521 Rdn. 33). Diese Voraussetzungen sind nach der Ansicht
des BGH gegeben, wenn eine die Wohnung einem Hausmeister überlassen werden soll, der mehrere Objekte des Vermieters betreut und ohnehin bereits in der
Nähe eines der Objekte wohnt (BGH a.a.O.; ähnlich Häublein in: MünchKomm
§ 573 BGB Rdn. 44; Lammel Wohnraummietrecht § 573 BGB Rdn. 28; Hinz
in: Klein-Blenkers/Heinemann/Ring, Miete/WEG/Nachbarschaft § 573 BGB
Rdn. 92; Herrlein in: Herrlein/Kandelhard § 573 BGB Rdn. 12: wenn nach dem
Abschluss des Mietvertrags ein „qualifizierter" Bedarf, etwa für die Unterbringung
einer „Schlüsselkraft" entsteht).

In der Literatur wird vertreten, dass Betriebsbedarf auch dann vorliegen kann, **180a**
wenn eine juristische Person oder eine Personengesellschaft einem **Gesellschafter**
überlassen will und die Nutzung der Räume aus betriebsbezogenen Gründen erforderlich ist (H. Schmidt NZM 2014, 609, 620). Diese Ansicht trifft zu, weil es keinen Unterschied bedeuten kann, ob die Wohnung durch einen angestellten oder
einen Gesellschafter genutzt wird. Nach einer Entscheidung des LG Stuttgart ist
der Kündigungsgrund des Betriebsbedarf in Erwägung zu ziehen, wenn eine Religionsgemeinschaft die Wohnung benötigt, um dort einen **Geistlichen** unterzubringen. Ob eine solche Interessensituation die Kündigung rechtfertigt, ist im
Wege einer Abwägung zwischen den Interessen der Religionsgemeinschaft und
den Interessen des Mieters am Erhalt der Wohnung festzustellen (LG Stuttgart
WuM 2018, 97: kein Erlangungsinteresse wenn ein Geistlicher der Religionsgemeinschaft der Sikhs lediglich eine Wohnung in der Nähe des Tempels beziehen
will umso den täglichen Weg zum Arbeitsplatz zu verkürzen).

bb) Fehlbelegte Sozialwohnung. Der Vermieter einer Sozialwohnung kann **181**
kündigen, wenn er die Wohnung einem Mieter überlassen hat, der nicht zum Kreis
der Wohnberechtigten nach §§ 4ff. WoBindG, 25 des II. WoBauG gehört, die Be-

§ 573 BGB Untertitel 2. Mietverhältnisse über Wohnraum

hörde deshalb die Kündigung des Mietverhältnisses verlangt und dem Vermieter bei Fortsetzung des Mietverhältnisses Nachteile nach §§ 25, 26 WoBindG drohen (OLG Hamm RE 14.7.1982 WuM 1982, 244; vgl. auch BayObLG WuM 1985, 283). Gleiches gilt für den Rechtsnachfolger dieses Vermieters (BVerwG NJW-RR 1990, 14). Die Kündigung des Mietverhältnisses setzt nicht voraus, dass die Behörde die Kündigung der öffentlichen Mittel androht (OLG Hamm a.a. O). Auch die Androhung der Nachteile gehört nicht zu den Kündigungsvoraussetzungen. Es genügt, wenn diese Nachteile tatsächlich eintreten können (BayObLG a.a.O.; BVerwG a.a.O.). Da der Kündigungsgrund im öffentlichen Interesse besteht, kommt es nicht darauf an, ob der Vermieter von der fehlenden Wohnberechtigung des Mieters Kenntnis gehabt hat (LG Berlin GE 1990, 541; kritisch: Sternel Rdn. IV 159, 160). Hat der Vermieter die Wohnung in Kenntnis der fehlenden Berechtigung vermietet, so kann er sich allerdings gegenüber dem Mieter schadensersatzpflichtig machen, wenn dieser die Wohnung infolge der fehlenden Berechtigung verliert (Lammel § 573 BGB Rdn. 31; Häublein in: MünchKomm § 573 BGB Rdn. 48).

182 Die bloße Fehlbelegung allein ist allerdings kein Kündigungsgrund (LG Berlin GE 1991, 881; MM 1993, 393). Es genügt auch nicht, wenn die Behörde den Mieter zur Räumung auffordert (LG Berlin GE 1994, 1059). Vielmehr muss die Behörde die Beseitigung der Fehlbelegung vom Vermieter verlangen (LG Berlin GE 1994, 1059). Gegen die Kündigungsaufforderung steht dem Mieter kein Rechtsmittel zu (BVerwG NJW 1995, 2866 = ZMR 1995, 559).

183 **Entfällt die Wohnberechtigung** des Mieters **nach der Überlassung,** so besteht kein Kündigungsrecht (Rolfs in: Staudinger § 573 BGB Rdn. 193; Häublein in: MünchKomm § 573 BGB Rdn. 48).

184 Für **Steuerbegünstigte und freifinanzierte Wohnungen,** die einer öffentlich-rechtlichen Belegungsbindung unterliegen (§§ 87a, 88 des II. WoBauG) gelten die hier dargelegten Rechtsgrundsätze ebenfalls.

185 cc) **Überbelegung:** Nach dem Rechtsentscheid des OLG Hamm vom 6.10.1982 (WuM 1982, 323 = NJW 1983, 48 = ZMR 1983, 66 s. auch AG Stuttgart WuM 2012, 150) kann eine Kündigung auch im Falle einer (nichtverschuldeten) Überbelegung der Wohnung gerechtfertigt sein. Von einer nichtverschuldeten Überbelegung ist auszugehen, wenn sich die Familie des Mieters im Lauf der Zeit durch Kinderzuwachs vergrößert. Wann eine Überbelegung vorliegt, richtet sich nach den Umständen des Einzelfalls (s. § 540 Rdn. 34).

186 dd) **Unterbelegung.** Nach dem Rechtsentscheid des OLG Stuttgart vom 11.6.1991 (WuM 1991, 379 = ZMR 1991, 297) soll eine Wohnungsgenossenschaft ein berechtigtes Interesse an der Beendigung eines Mietverhältnisses haben, wenn eine erheblich unterbelegte Genossenschaftswohnung an eine größere Familie mit entsprechendem Wohnbedarf überlassen werden soll (ähnlich: LG München I WuM 1992, 16: wenn der Mieter die Wohnung nur als Stadtwohnung benutzt; LG Nürnberg-Fürth WuM 1993, 280: wenn die Wohnung nur noch sporadisch genutzt wird; AG Dresden ZMR 1994, 518: wenn der Mieter noch eine weitere Wohnung zur Verfügung hat; zustimmend: Lützenkirchen WuM 1994, 5; Hannappel in: Bamberger/Roth § 573 BGB Rdn. 118; Hinz in: Klein-Blenkers/Heinemann/Ring, Miete/WEG/Nachbarschaft § 573 Rdn. 101; **a. A.** Fleindl in: Bub/Treier Kap IV Rdn. 188; Rolfs in: Staudinger § 573 BGB Rdn. 188). Nach einer vermittelten Ansicht ist die Kündigung einer unterbelegten Wohnung möglich, wenn dem Mieter zugleich eine kleinere Wohnung angeboten wird (Lammel

Wohnraummietrecht § 573 BGB Rdn. 33). Nach einer weiteren Meinung setzt eine Kündigung wegen einer Unter- oder Fehlbelegung voraus, dass klare genossenschaftliche Regelungen zur Belegung der jeweiligen Wohnungen bestehen. Es genügt nicht, wenn die Nutzer durch den Vorstand der Genossenschaft ausgewählt werden und sich dieser hierbei an bestimmten Kriterien, wie z. B. der Größe der Wohnung oder der Zahl der Familienmitglieder orientiert. Erforderlich ist ein eindeutiges Belegungskonzept ohne wesentlichen Entscheidungsspielraum und eine Belegungspraxis nach der die Vergabe der Wohnungen unter strikter Beachtung der maßgeblichen Richtlinien erfolgt (vgl. LG Heidelberg DWW 2014, 63 das allerdings offen lässt, ob eine Wohnungsgenossenschaft wegen einer Unterbelegung kündigen kann).

ee) Öffentliches Interesse. Nach dem Rechtsentscheid des BayObLG vom 21.11.1980 (NJW 1981, 580) kann eine Kündigung auch dann gerechtfertigt sein, wenn der Wohnraum zur Erfüllung öffentlicher Aufgaben benötigt wird. Dem ist die instanzgerichtliche Rechtsprechung gefolgt, so z. B. bei der Kündigung einer Gemeinde um Wohnraum zur Obdachlosenunterbringung zu erhalten (AG Göppingen WuM 1979, 122) bei der Kündigung zum Zwecke der Unterbringung von Aussiedlern und Asylbewerbern (LG Kiel WuM 1992, 129) bei der Kündigung zur Unterbringung von Asylbewerbern und Obdachlosen (AG Göttingen NJW 1992, 3044), wenn die Räume für parlamentarische Arbeit und Regierungstätigkeit verwendet werden sollen (LG Berlin MM 1991, 161), wenn ein Gebäude als Botschaft genutzt werden soll (LG Berlin ZMR 1999, 333), bei der Kündigung zur Unterbringung von Verwaltungsdienststellen (LG Bad Kreuznach WuM 1990, 298); bei der Kündigung zum Zwecke der Durchführung von Sanierungsmaßnahmen, wenn diese im öffentlichen Interesse geboten sind und der Vermieter mit dem Sanierungsträger identisch ist (LG Kiel WuM 1984, 222, 223); wenn eine Gemeinde auf Grund bundesgesetzlicher Regelung einen Kindergarten errichten muss (AG Neustadt/Rbge NJW-RR 1996, 397), wenn im Rahmen der gemeindlichen Daseinsvorsorge bezahlbarer Wohnraum in altengerechter Ausstattung stadtnah und mit Anbindung an das danebengelegene städtische Altenheim geschaffen werden soll (LG Flensburg ZMR 2001, 711 mit Anmerkung J. Pfannkuch). Allerdings wird die Kündigung nicht durch jedes beliebige öffentliche Interesse gerechtfertigt. Vielmehr muss das öffentliche Interesse ein solches Gewicht haben, dass es gegenüber dem allgemeinen Interesse des Mieters am Fortbestand des Mietverhältnisses überwiegt (OLG Frankfurt RE 6.3.1981 NJW 1981, 1277 = WuM 1981, 126).

187

Nach der **Rechtsprechung des BGH** (NZM 2017, 559) kann auch ein vom Vermieter verfolgtes **„gemeinnütziges, vornehmlich ein karitatives Nutzungsinteresse"** eine Kündigung nach § 573 Abs. 1 BGB rechtfertigen. Ein solches Interesse kann im Einzelfall ein Gewicht erreichen, das es rechtfertigt, trotz der hiermit für den Mieter verbundenen Nachteile dem Erlangungsinteresse des Vermieters den Vorzug zu geben (BGH a. a. O. Rdn. 42). Das nach § 573 Abs. 1 erforderliche Erlangungsinteresse des Vermieters ist zwischen den Tatbeständen der Verwertungskündigung und der Eigenbedarfskündigung anzusiedeln. Maßgeblich ist, ob das Erlangungsinteresse dem Eigenbedarfsinteresse oder dem Verwertungsinteresse nahesteht. Im erstgenannten Fall sind an das Erlangungsinteresse geringere, im letztgenannten Fall aber höhere Anforderungen zu stellen. Die Entscheidung ist dabei im Wege einer Interessenabwägung zu treffen. Das Erlangungsinteresse des Vermieters ist gegen das Bestandsinteresse des Mieters im Wege einer umfassenden

187a

Würdigung der Umstände des Einzelfalls gegen einander abzuwägen (BGH NZM 2017, 504 Rdn. 15, 25, 45). Diese von den Instanzgerichten vorzunehmende Abwägung kann vom Revisionsgericht nur eingeschränkt darauf überprüft werden, ob sie auf einer rechtsfehlerfrei gewonnenen Tatsachengrundlage beruht, alle maßgeblichen Gesichtspunkte berücksichtigt worden sind und der Tatrichter den zutreffenden rechtlichen Maßstab angewandt hat (BGH a. a. O.).

187b In der Literatur wird vertreten, dass bei Kündigungen im öffentlichen Interesse durch eine öffentlich-rechtliche Körperschaft stets der **Grundsatz der Verhältnismäßigkeit** zu beachten ist (Streyl/Wietz WuM 2015, 651 betr. Kündigung zu Gunsten von Flüchtlingen; Willems NZM 2016, 153). Diese Ansicht trifft zu. Sie beruht auf der Erwägung, dass öffentlich-rechtliche Körperschaften in weiterem Umfang als private Vermieter an Recht und Gesetz gebunden sind; hierzu gehört auch, dass Eingriffe in die Rechtsgüter Dritter nur rechtmäßig sind, wenn der genannte Grundsatz beachtet wird. Regelmäßig ist die Kündigung eines Mieters zugunsten eines anderen Mieters oder Wohnungsnutzer nicht verhältnismäßig, weil auf diese Weise der Wohnbedarf einer Person zu Lasten des Bedarfs einer anderen Person befriedigt wird. Es gilt der Grundsatz, dass das öffentliche Interesse an der Unterbringung von Flüchtlingen gegenüber dem Interesse des Mieters am Erhalt der Wohnung nachrangig ist (Willems NZM 2016, 153, 157f). Etwas anderes kann gelten, wenn der besitzende Mieter als Fehlbeleger anzusehen ist oder wenn er an der von ihm genutzten Wohnraum keinen echten Bedarf hat, etwa weil es sich um eine Zweitwohnung handelt. Ist die Wohnung übermäßig groß, so kann eine Kündigung in Betracht kommen, wenn eine kleinere Ersatzwohnung zur Verfügung steht (Streyl/Wietz a. a. O.).

188 Teilweise wird vertreten, dass im Rahmen des § 573 Abs. 1 BGB nur solche öffentlich-rechtlichen Aufgaben zu berücksichtigen sind, zu deren Erfüllung die öffentlich-rechtliche Körperschaft verpflichtet ist (LG Kiel WuM 1992, 129: Keine Kündigung zum Zwecke der Unterbringung von Aussiedlern/Übersiedlern bzw. Asylanten in Wohnungen des Bundes). Der BGH teilt diese Ansicht nicht. Nach seiner Meinung genügt es, „wenn eine öffentlich-rechtliche Körperschaft ... die von ihr vermietete Wohnung zur Umsetzung von Aufgaben benötigt, an deren Erfüllung ein gewichtiges öffentliches Interesse besteht" (BGH NJW 2012, 2342 = WuM 2012, 388 = NZM 2012, 501 betr. Kündigung durch eine Evangelische Kirchengemeinde zum Zwecke er Einrichtung einer Beratungsstelle für Erziehungs- Ehe- und Lebensfragen).

189 Die Frage, ob und unter welchen Voraussetzungen sich ein **privater Vermieter** auf ein überwiegendes öffentliches oder gar gemeinnütziges Interesse berufen kann, hat der BGH bisher nicht entschieden (NZM 2017, 559). Eine solche Konstellation wäre beispielsweise gegeben, wenn ein privater Vermieter ein Wohnraummietverhältnis mit der Begründung kündigt, er wolle die Räume der Kommune oder einer Kirchengemeinde zur Einrichtung einer Kindertagesstätte vermieten. An derartigen Einrichtungen besteht zwar – ein derzeit aktuelles – öffentliches Interesse. Nach der hier vertretenen Ansicht ist die Berufung auf öffentliche Interessen aber nur möglich, wenn der Vermieter eine öffentlich-rechtliche Körperschaft ist, zu deren Aufgaben die Durchsetzung der mit der Kündigung verfolgten Ziele gehört (Blank LMK 2012, 334939) oder wenn eine Behörde den Vermieter im öffentlichen Interesse auffordert eine ihm obliegende Pflicht zu erfüllen, z. B. ein einsturzgefährdetes Gebäude abzureisen (LG Freiburg WuM 1991, 172) oder sonstige Maßnahmen zum Schutz der Bewohner oder der Allgemeinheit zu ergreifen (Rolfs in: Staudinger § 573 BGB Rdn. 196).

Für **private Vereine** müssen dieselben Grundsätze gelten. In der instanzgerichtlichen Rechtsprechung wird allerdings die Ansicht vertreten, dass ein Kündigungsgrund nach § 573 Abs. 1 vorliegen kann, wenn „ein gemeinnütziger eingetragener Verein die vermieteten Räume benötigt, um diese einer Verwendung zuzuführen, die unmittelbar der Umsetzung seiner satzungsmäßigen, gemeinnützigen Ziele dient". Hierin sei ein dem Eigenbedarf „artverwandtes" Interesse zu sehen (AG Hamburg-Blankenese ZMR 2016, 208 betr. Unterbringung von Kindern und Jugendlichen aus Problemfamilien auf Veranlassung des Jugendamts). Diese Ansicht verkennt, dass die Fürsorge für gefährdete Kinder und Jugendliche nicht privaten Personen oder Vereinigungen zugewiesen ist, sondern zu den staatlichen Aufgabe zählt. Deshalb können Private hieraus kein Interesse im Sinne des § 573 Abs. 1 ableiten. **189a**

ff) Berufs-/Gewerbebedarf. In der Literatur ist streitig, ob der Vermieter ein Wohnraummietverhältnis kündigen kann, wenn er die Räume zu beruflichen oder gewerblichen Zwecken benötigt. Hierzu werden im Wesentlichen drei Ansichten vertreten: **(1)** Nach einer Meinung berechtigt ein Berufs- oder Gewerbebedarf ohne weiteres zur Kündigung nach § 573 Abs. 1 Satz 1 BGB, weil das dort enthaltene Tatbestandsmerkmal des berechtigten Interesses nicht auf die Wohnungsnutzung beschränkt ist (Herrlein in Herrlein/Kandelhard Mietrecht 573 BGB Rdn. 8; Hinz in: Klein-Blenkers/Heinemann/Ring, Miete/WEG/Nachbarschaft §573 BGB Rdn. 94). **(2)** Nach der Gegenansicht folgt aus dem Umkehrschluss aus § 573 Abs. 2 Nr. 2 BGB, dass lediglich der Wohnraumbedarf des Vermieters eine Kündigung rechtfertigt; eine Kündigung zur Befriedigung anderer Interessen ist nach dieser Ansicht generell ausgeschlossen; unbeschadet hiervon schadet es nicht, wenn der Vermieter untergeordnete Teile der Wohnung gewerblich nutzen will (Rolfs in Staudinger § 573 BGB Rdn. 95, 96). **(3)** Nach einer vermittelnden Ansicht setzt die Kündigung eines Wohnraummietverhältnisses zwar grundsätzlich voraus, dass der Vermieter oder seine Angehörigen die Räume als Wohnung benötigen. Unter engen Voraussetzungen soll jedoch auch eine Kündigung wegen eines Berufs- oder Gewerbebedarfs möglich sein, so z. B. wenn anderenfalls die Existenz des Vermieters gefährdet wäre (Lützenkirchen in Erman § 573 BGB Rdn. 11) oder wenn der Vermieter einen besonders dringenden Bedarf an den Räumen hat und ihm bei Versagung der Kündigungsbefugnis erhebliche Nachteile drohen (Wiek WuM 2005, 779;). Die Kündigungsbefugnis wird in diesen Fällen teils aus § 573 Abs. 1 Satz 1 (Lützenkirchen a.a.O.), teils aus § 573 Abs. 2 Nr. 3 BGB abgeleitet (Wiek a.a.O.; WuM 2013, 271). **190**

Nach der **Grundsatzentscheidung des BGH** vom 29.3.2017 (NZM 2017, 405) ist die Kündigung wegen eines Gewerbebedarfs nach § 573 Abs. 1 BGB zu prüfen. Dieser Kündigungstatbestand ist den speziellen Kündigungstatbeständen des Eigenbedarfs (§ 573 Abs. 2 Nr. 2) und der wirtschaftlichen Verwertung (§ 573 Abs. 2 Nr. 3) gleichrangig. In der genannten Grundsatzentscheidung hat der BGH ausgeführt, dass es in den Fällen des § 573 Abs. 1 – anders als bei der Eigenbedarfskündigung – nicht genügt, dass der Vermieter einen ernsthaften Willen zur Eigennutzung oder Eigenverwertung hat. Anders als bei der Verwertungskündigung setzt § 573 Abs. 1 aber nicht voraus, dass dem Vermieter im Falle des Fortbestand des Mietverhältnisses „erhebliche" Nachteile drohen. Vielmehr ist das nach § 573 Abs. 1 erforderliche Erlangungsinteresse des Vermieters zwischen den Tatbeständen der Verwertungskündigung und der Eigenbedarfskündigung anzusiedeln. Maßgeblich ist, ob das Erlangungsinteresse dem Eigenbedarfsinteresse oder dem Verwertungsinteresse nahesteht. Im erstgenannten Fall sind an das Erlangungsinteresse ge- **191**

§ 573 BGB   Untertitel 2. Mietverhältnisse über Wohnraum

ringere, im letztgenannten Fall aber höhere Anforderungen zu stellen. Die Entscheidung ist dabei im Wege einer Interessenabwägung zu treffen. Das Erlangungsinteresse des Vermieters ist gegen das allgemeine Bestandsinteresse des Mieters im Wege einer umfassenden Würdigung der Umstände des Einzelfalls gegen einander abzuwägen (BGH NZM 2017, 405 Rdn. 15, 25, 45). Diese von den Instanzgerichten vorzunehmende Abwägung kann vom Revisionsgericht nur eingeschränkt darauf überprüft werden, ob sie auf einer rechtsfehlerfrei gewonnenen Tatsachengrundlage beruht, alle maßgeblichen Gesichtspunkte berücksichtigt worden sind und der Tatrichter den zutreffenden rechtlichen Maßstab angewandt hat (BGH a. a. O.). Die besonderen einer Kündigung entgegenstehenden Härtegründe des Mieters sind (nur) im Rahmen des § 574 BGB, also auf Widerspruch des Mieters zu berücksichtigen.

192 Zur Orientierung im Rahmen der Interessenabwägung und -bewertung schlägt der BGH für die Kündigung zur Deckung eines gewerblichen oder freiberuflichen Eigenbedarfs folgende „grobe Leitlinien" (Rdn. 43 ff) vor. **(1)** Im Falle einer untergeordneten geschäftlichen Mitbenutzung „dürfte bereits der Tatbestand des § 573 Abs. 2 Nr. 2 BGB greifen"; s. oben Rdn. 9 a. **(2)** Will der Vermieter die Mietwohnung nicht nur zu Wohnzwecken beziehen, sondern dort zugleich überwiegend einer freiberuflichen oder gewerblichen Tätigkeit nachgehen, so weist dieses Erlangungsinteresse eine größere Nähe zum Tatbestand des § 573 Abs. 2 Nr. 2 BGB als zum Tatbestand der Verwertungskündigung nach § 573 Abs. 2 Nr. 3 BGB auf. In einem solchen Fall ist zusätzlich zu den für eine Eigenbedarfskündigung genügenden Voraussetzungen ein weiterer Gesichtspunkt zu fordern, der für das Erlangungsinteresse des Vermieters spricht. Es genügt, dass dem Vermieter im Falle des Fortbestands des Mietverhältnisses ein „beachtenswerter" Nachteil entsteht. Dem Erlangungsinteresse des Vermieters ist in solchen Fällen regelmäßig der Vorzug vor dem Bestandsinteresse des Mieters zu geben, wenn der ernsthaft verfolgte Nutzungswunsch von vernünftigen und nachvollziehbaren Gründen getragen ist (BGH NZM 2017, 405 Rdn. 45). **(3)** Den unter Ziff. (2) behandelten Fällen vergleichbar sind die Fälle, in denen eine gemischte Nutzung überwiegend zur Ausübung einer geschäftlichen Tätigkeit und daneben auch zu Wohnzwecken nicht durch den Vermieter selbst, sondern durch seinen Ehegatten oder seinen Lebenspartner erfolgen soll (BGH a. a. O. Rdn. 46). **(4)** Soll die Wohnung ausschließlich zu freiberuflichen oder gewerblichen Zwecken genutzt werden, so weist das Erlangungsinteresse eine größere Nähe zu dem Tatbestand der Verwertungskündigung auf. Hier müssen weitere Umstände hinzutreten um den Vermieterinteressen den Vorzug einzuräumen. Der Fortbestand des Wohnraummietverhältnisses muss für den Vermieter einen Nachteil von einigem Gewicht darstellen, der allerdings nicht unbedingt den Grad von erheblichen Beeinträchtigungen im Sinne von § 573 Abs. 2 Nr. 3 BGB erreichen muss. Solche Nachteile können vorliegen, wenn die anderweitige Anmietung von Geschäftsräumen nicht rentabel ist oder wenn besondere Umstände für die Nähe von Wohnung und Arbeitsplatz sprechen, etwa eine Krankheit, die Betreuung von Kindern oder die Pflege von Angehörigen (BGH a. a. O. Rdn. 48).

193 Die in früheren Entscheidungen vertretene Ansicht, wonach bei der Kündigung auch die Grundrechte der Berufsfreiheit (Art. 12 Abs. 1 GG), der allgemeinen Handlungsfreiheit (Art. 2 Abs. 1 GG) und des Grundrechts auf Schutz von Ehe und Familie (Art. 6 Abs. 1 GG) zu berücksichtigen sind hat der BGH in dem Grundsatzurteil vom 29. 3. 2017 aufgegeben (BGH NZM 2017, 405 Rdn. 28 ff, 33 ff).

194 *zurzeit nicht belegt*

gg) Kündigung eines Untermietverhältnisses. Der Untervermieter kann das mit dem Untermieter bestehende Mietverhältnis nicht allein deshalb kündigen, weil er die Wohnung aufgeben will (LG Berlin GE 1996, 739). Eine Ausnahme kann gelten, wenn die Aufrechterhaltung des Hauptmietverhältnisses mit gewichtigen wirtschaftlichen oder sonstigen Nachteilen verbunden wäre. 195

Streitig ist, ob es bei der Wohnraummiete für die Kündigung des Untermieters ausreicht, wenn das Hauptmietverhältnis gekündigt worden ist (LG Kiel WuM 1982, 194; **a. A.** BGH NJW 1996, 1886 = WuM 1996, 413; LG Tübingen WuM 1991, 488; LG München I WuM 1992, 246; LG Osnabrück WuM 1994, 24; LG Köln WuM 1995, 709; Nassall ZMR 1983, 338). 196

hh) Kündigung zur Erlangung von Steuervorteilen. Das BayObLG hat durch Rechtsentscheid vom 17.10.1983 (WuM 1984, 15) entschieden, dass der Vermieter auch dann nach Abs. 1 kündigen kann, wenn er im Falle einer Selbstnutzung Steuervorteile (Befreiung von der Grunderwerbsteuer) erlangt. 197

ii) Sonstige Gründe. An sonstigen Kündigungsgründen sind anerkannt: 198
Die Kündigung eines **geschäftsunfähigen Mieters,** wenn dieser den Hausfrieden erheblich stört, wobei die Zumutbarkeitsgrenze sehr hoch anzusetzen ist (LG Kaiserslautern WuM 1983, 263; AG Freiburg WuM 1993, 125; AG Hamburg WuM 1989, 628; Sternel Rdn. IV 174; Fleindl in: Bub/Treier, Kap IV Rdn. 112; Schindler WuM 2018, 255, 259).

Die Kündigung eines Zimmers, das dem Mieter im Rahmen eines **Ausbildungsverhältnisses** überlassen worden ist (LG Mönchengladbach ZMR 1993, 571 betr. ein Lehrkrankenhaus mit Personalwohnheim). Die Kündigung eines **Heimplatzes,** wenn die Voraussetzungen für das weitere Verbleiben im Heim nicht mehr gegeben sind (BT-Drucks. 7/2638, 3; Fleindl in: Bub/Treier Kap IV Rdn. 187; Sternel, Rdn. IV, 168). 199

Nach der Rechtsprechung des BGH kann eine **Genossenschaftswohnung** nach § 573 Abs. 1 BGB gekündigt werden, wenn zwei Voraussetzungen gegeben sind: **(1)** Zum einen muss die Mitgliedschaft in der Genossenschaft durch freiwilligen Austritt oder durch Ausschluss nach § 68 GenG beendet sein. **(2)** Zum anderen ist erforderlich, dass die Wohnung für die Versorgung eines anderen Mitglieds benötigt wird BGH NZM 2003, 691; ebenso: Fleindl in: Bub/Treier Kap IV Rdn. 188; kritisch Roth NZM 2004, 25: danach kann die Genossenschaft immer dann kündigen, wenn die Mitgliedschaft des Mieters beendet ist; auf einen Bedarf der Genossenschaft an der Wohnung soll es nicht ankommen). Insoweit genügt es, wenn Wartelisten geführt werden (LG Berlin GE 2003, 395). Ebenso liegt ein Kündigungsgrund vor, wenn dem Rechtsnachfolger des Mieters nach § 563 BGB die Mitgliedschaft vergeblich angeboten worden ist und die Genossenschaft durch die Vermietung an ein Nichtmitglied steuerliche oder sonstige Nachteile entstehen (Lützenkirchen WuM 1994, 5). Es kommt letztlich auf die Umstände des Einzelfalls an (ähnlich: Sternel Rdn. IV 163). 200

c) Fehlendes Kündigungsinteresse. Kein Kündigungsgrund nach § 573 Abs. 1 BGB liegt vor, wenn der Mieter wegen Geistesschwäche entmündigt wird und dies bei der Anmietung nicht offenbart hat (BVerfG NJW 1991, 2411); wenn der Mieter als „Stasi-Mitarbeiter" tätig war und sich hierbei an Willkürmaßnahmen gegen die Familie des Vermieters beteiligt hat (AG Meißen WuM 1993, 664); wenn der Vermieter eine Wohnung vermietet hat, die aus baurechtlichen Gründen nicht zum Wohnen geeignet ist (LG Aachen WuM 1991, 166; LG Stuttgart WuM 1992, 201

§ 573 BGB Untertitel 2. Mietverhältnisse über Wohnraum

487; LG Berlin MM 1992, 135; LG Hamburg WuM 1992, 129); wenn eine Eigentumswohnung unter Verstoß gegen ein in der Teilungserklärung vereinbartes Vermietungsverbot vermietet worden ist (Sternel Rdn. IV 163).

202 Hat der **Verwalter einen Mietvertrag im eigenen Namen** abgeschlossen, so wird teilweise vertreten, dass ein Kündigungsgrund im Sinne von § 573 Abs. 1 BGB gegeben ist, wenn der Eigentümer berechtigte Interessen an der Vertragsbeendigung i. S. von Abs. 2 Nr. 2 oder 3 geltend machen kann (Rolfs in: Staudinger § 573 BGB Rdn. 199. Dem ist entgegenzuhalten, dass nach dem Wortlaut des Abs. 2 auf ein „Interesse des Vermieters" abgestellt wird. Die Interessen Dritter sind deshalb nicht zu berücksichtigen.

IV. Die Begründung der Kündigungserklärung (Abs. 3)

1. Allgemeines

203 § 573 Abs. 3 BGB regelt die Anforderungen an die Begründung der ordentlichen befristeten Kündigung. Ebenso gilt die Vorschrift für die außerordentliche befristete Kündigung (§ 575a Abs. 1 BGB). Bei der außerordentlichen fristlosen Kündigung ist § 569 Abs. 4 BGB zu beachten. Die Anforderungen an den sonstigen Inhalt und die Wirksamkeit einer Kündigung werden durch §§ 116ff, 164ff, 542, 568 BGB geregelt.

204 Die Angabe der Gründe ist nach § 573 Abs. 3 Satz 1 BGB Wirksamkeitsvoraussetzung für die ordentliche Kündigung. Eine Kündigung ohne Angabe der Gründe ist unwirksam. Nach der Ansicht des BGH hat es mit dieser Rechtsfolge sein Bewenden. Danach ist das **Begründungserfordernis** in § 573 Abs. 3 BGB nicht als „Pflicht" i. S. des § 280 BGB, sondern als **bloße „Obliegenheit"** zu bewerten (BGH NJW 2011, 914 = WuM 2011, 33 = NZM 2011, 119; **a. A.** Eisenschmid PiG 90 (2011) S. 192; Sternel NZM 2011, 688). Dies hat zur weiteren Folge, dass dem Mieter keine Schadensersatzansprüche zustehen, wenn der Vermieter ohne Angabe von Gründen kündigt. Die Ansicht des BGH ist zweifelhaft. Richtig ist nur, dass die Angabe der Kündigungsgründe im Kündigungsschreiben bis zum 31.8.2001 lediglich als eine vom Vermieter zu beachtende Obliegenheit zu bewerten war. Jedoch hat sich die Rechtslage mit dem Inkrafttreten der Mietrechtsreform maßgeblich geändert: Anstelle der §§ 564a Abs. 1 Satz 2, 564b Abs. 3 BGB a. F. heißt es nunmehr in § 573 Abs. 3 BGB apodiktisch: „Die Gründe für ein berechtigtes Interesse des Vermieters sind in dem Kündigungsschreiben anzugeben. Andere Gründe werden nur berücksichtigt, soweit sie nachträglich entstanden sind." Die Regelung beruht auf dem sog. „Vereinfachungsentwurf", dort § 575 Abs. 3). Zur Begründung des Paradigmenwechsels ist ausgeführt, es solle klargestellt werden, „dass der Vermieter von Wohnraum eine ordentliche Kündigung begründen muss." Die Möglichkeit des (unbegrenzten) Nachschiebens von Gründen wurde zwar diskutiert, aber verworfen: „Wenn der Vermieter nicht gezwungen ist, seine Gründe für die Kündigung vollständig zu offenbaren, wird dies die Zahl und die Dauer von Räumungsprozessen erhöhen" (Begründung zum Vereinfachungsentwurf, abgedruckt in Börstinghaus/Eisenschmid: Arbeitskommentar Neues Mietrecht S. 496). In den Begründungen zum Referenten- und Kabinettsentwurf wurde ergänzend darauf hingewiesen, der Mieter solle in die Lage versetzt werden, „sich frühzeitig Klarheit über seine Rechtsstellung zu verschaffen (Börstinghaus/Eisenschmid a. a. O. S. 498, 499). Dem Wortlaut des Gesetzes („sind ... anzugeben") und dem durch die Gesetzesmaterialien dokumentierten Gesetzeszweck ist zu entnehmen, dass § 573 Abs. 3 eine echte Informationspflicht enthält. Davon abgesehen beinhaltet jede Kündigung zugleich eine Aufforderung an den Mieter, die Mietsache zurückzugeben. Ist das Mietverhältnis aber nicht beendet, so liegt in einer solchen Kündigung eine Pflichtverletzung des Vermieters, weil dieser dem Mieter den Besitz streitig macht, ohne dass die gesetzlichen Voraussetzungen hierfür gegeben sind (Sternel a.a.O.). Kündigt der Vermieter ohne Angabe der Gründe und entstehen im Zuge der Überprüfung einer solchen Kündigung Rechtsanwaltskosten, so ist zu fragen, ob diese Kosten (allein) durch die Verletzung der Informationspflicht entstanden sind. Das wird allerdings in vielen Fällen zweifelhaft sein (**a. A.** Sternel NZM 2011, 688: danach ist ein bloß hypothetischer Geschehensverlauf bei der Bewertung des Schadens nicht zu berücksichtigen).

2. Der Inhalt der Begründungspflicht

a) Zweck. Nach den Vorstellungen des Gesetzgebers soll durch Abs. 3 erreicht **205** werden, dass „der Mieter zum frühestmöglichen Zeitpunkt Klarheit über seine Rechtsposition erlangt, und so in die Lage versetzt wird, rechtzeitig alles Erforderliche zur Wahrung seiner Interessen zu veranlassen". Außerdem soll die Vorschrift den Vermieter zwingen, sich selbst über die Rechtslage und die Aussichten der Kündigung klar zu werden (BT-Drucks. VI 1549 S. 6). Schließlich wird durch Abs. 3 bestimmt, welche Gründe dem Gericht zur Berücksichtigung und Würdigung unterbreitet werden (BayObLG a.a.O.). Deshalb sind die Gründe für das Kündigungsinteresse in dem Kündigungsschreiben grundsätzlich auch dann nochmals anzugeben, „wenn sie dem Mieter bereits zuvor mündlich oder schriftlich mitgeteilt oder in einem Vorprozess geltend gemacht worden waren." (BayObLG a. a. O.). Das BVerfG hat diese Ansicht dahingehend relativiert, dass die **Bezugnahme auf ein früheres, dem Mieter zugegangenes Schreiben** genügt (BVerfG WuM 1993, 233). Auf diesen verfassungsrechtlichen Grundsätzen beruht das Urteil des BGH vom 2.2.2011 (NJW 2011, 1065 = WuM 2011, 169 = NZM 2011, 275); dort ist unter Rz 14 ausgeführt, dass der Vermieter zur Begründung einer Kündigung auf die in einem früheren, dem Mieter zugegangen Schreiben dargelegten Kündigungsgründe Bezug nehmen kann. Diese Rechtsprechung steht sowohl mit dem Zweck des § 573 Abs. 3 Satz 2 BGB als auch mit dem Schriftformerfordernis des § 568 Abs. 1 BGB im Einklang, weil durch eine ausdrückliche Bezugnahme auf ein anderes Schriftstück klargestellt wird, dass die in Bezug genommenen Textstellen Teil der Erklärung sein sollen. Nach dem Urteil des BGH vom 6.7.2011 (WuM 2011, 518 = NZM 2011, 706) soll die Angabe solcher Umstände entbehrlich sein, die dem Mieter „**bereits zuvor (mündlich) mitgeteilt** wurden oder ihm **sonst bekannt** sind." Nach der genannten Entscheidung bleibt allerdings unklar, ob bei der Prüfung eines Kündigungsschreibens, das nach isolierter Betrachtung formell unwirksam ist, mündlich bekannt gegebene Gründe oder eine sonstige Kenntnis des Mieters zu berücksichtigen sind. Nach der hier vertretenen Ansicht ist dies wegen §§ 568 Abs. 1, 573 Abs. 3 Satz 2 BGB zu verneinen.

b) Begriff der „Gründe". Unter den Gründen im Sinne dieser Vorschrift sind **206** die Tatsachen, Sachverhalte und Lebensvorgänge zu verstehen, aus denen sich die Kündigungstatbestände ergeben. Hieraus folgt zunächst, dass es für die Begründung einer Kündigung nicht genügt, wenn im Kündigungsschreiben lediglich der Gesetzeswortlaut oder das Kündigungsinteresse („wegen Eigenbedarfs") mitgeteilt

§ 573 BGB Untertitel 2. Mietverhältnisse über Wohnraum

wird (BVerG NJW 1992, 1379 = WuM 1992, 178 = ZMR 1992, 232 = DWW 1992, 173).

207   **c) Kerntatsachen und Ergänzungstatsachen.** Für die Frage, in welcher Ausführlichkeit die Gründe anzugeben sind, ist der Rechtsentscheid des BayObLG vom 14.7.1981 (WuM 1981, 200) von Bedeutung. Das BayOblG unterscheidet zwischen den „Kerntatsachen" und den „Ergänzungstatsachen"; (ebenso: BGH NJW 2007, 2845 = NZM 2007, 679 = WuM 2007, 515; BGH NJW 2015, 3368 = WuM 2015, 677 Rdn. 11, 12). Bei der Eigenbedarfskündigung gehören zu den „Kerntatsachen" Angaben wie: „ Fehlende anderweitige Unterbringung am Ort", „bisherige Wohnung wurde vom Vermieter gekündigt", „bisherige Wohnung zu klein oder zu groß", „gesundheitliche oder Altersgründe", „berufliche oder schulische Gründe". Zu den Ergänzungstatsachen gehören nach dieser Ansicht Angaben über die bisherigen Wohnverhältnisse, Einzelheiten über die Größe der bisherigen Wohnung, konkrete Darlegungen zum Gesundheitszustand, usw. Für die Begründung des Kündigungsschreibens genügt die Angabe der Kerntatsachen. Der **BGH** hat diese Rechtsansicht für die Auslegung des § 573 Abs. 3 BGB übernommen (BGH WuM 2007, 579 unter Rz. 23; WuM 2008, 233 unter Rz. 24; WuM 2010, 301 unter Rz. 8; WuM 2011, 518 betr. Eigenbedarf; WuM 2011, 171 betr. wirtschaftliche Verwertung).

208   **Unrichtige oder dramatisierende Angaben** sind für die formelle Wirksamkeit der Kündigungserklärung nur von Bedeutung, wenn nach dem richtigen Sachverhalt kein Kündigungsgrund besteht. Im Einzelfall kann hierin auch ein Indiz gegen die Ernsthaftigkeit des Eigennutzungswunsches liegen (BGH WuM 2010, 301). Geringfügige Abweichungen zwischen den realen Gegebenheiten und den Angaben im Kündigungsschreiben führen nicht zur Unwirksamkeit der Kündigung. Gleiches gilt, wenn sich der Lebenssachverhalt zwischen dem Ausspruch der Kündigung und der gerichtlichen Entscheidung über den Räumungsantrag geringfügig ändert. Das BVerfG hat hierzu in der Entscheidung vom 9.2.2000 (WuM 2000, 232) wörtlich ausgeführt: „Von dem Vermieter kann ... nur verlangt werden, dass er den Lebenssachverhalt so wiedergibt, wie er sich nach sorgfältiger Prüfung zum Zeitpunkt der Kündigungserklärung darstellt. Ändert sich der zugrunde liegende Lebenssachverhalt nachträglich geringfügig oder stellt sich eine Tatsachenprognose später in einem für die rechtliche Beurteilung nicht wesentlichen Punkt als unzutreffend heraus, dann führt es zu einer unzumutbaren Erschwerung der Rechtsverfolgung, wenn dem Vermieter allein deswegen die Berufung auf den Kündigungsgrund versagt wird."

209   **d) Zu den einzelnen Kündigungstatbeständen. aa) Vertragsverletzungen (Abs. 2 Nr. 1).** Bei einer Kündigung wegen einer Vertragsverletzung muss der Vermieter das Verhalten des Mieters hinreichend genau beschreiben und die Zeit, den Ort und die näheren Umstände des Vorfalls **(„wann, wo, was, wie")** mitteilen (Hannappel in: Bamberger/Roth § 573 BGB Rdn. 127; Krenek in: Spielbauer/Schneider (Hrsg) Mietrecht § 573 Rdn. 98; Fleindl in: Bub/Treier Kap IV Rdn. 195; Sternel Rdn. IV 103; ders. Mietrecht Aktuell Rdn X 59, 60; **a. A.** Häublein in: MünchKomm § 573 BGB Rdn. 134: danach genügen pauschale Angaben, z. B. „wiederholter ruhestörender Lärm"; ebenso: Rolfs in: Staudinger § 573 BGB Rdn. 206; Hinz in: Klein-Blenkers/Heinemann/Ring, Miete/WEG/Nachbarschaft § 573 BGB Rdn. 115; Haug in: Emmerich/Sonnenschein §§ 573 Rdn. 86). Ist der Kündigung eine Abmahnung vorausgegangen, so muss sich aus dem Kündigungsschreiben ergeben, dass der Mieter nach dem Zugang der Abmahnung eine weitere, gleiche oder gleichartige Vertragsverletzung begangen hat (Sternel Mietrecht Aktuell Rdn X 62). Es genügt nicht, wenn der Vermieter zur Begründung lediglich auf die im Abmahnschreiben aufgeführten Beanstandungen Bezug nimmt, weil der Kündigungstatbestand eine Fortsetzung des beanstandeten Verhaltens nach der Abmahnung voraussetzt (LG Bonn WuM 1992, 18). Wird die Kündigung auf eine Vertragsverletzung des Mieters gestützt und ergibt sich, dass das beanstandete Verhalten nicht diesem, sondern einem Familienangehörigen zur Last fällt, so ist eine „Korrektur" der Kündigungserklärung im Räumungsprozess als unzulässiges Auswechseln von Kündigungsgründen zu bewerten (AG Köln WuM 2015, 623). Die Kündigung kann allerdings unter Angabe des richtigen Sachverhalts wiederholt werden.

bb) Eigenbedarf (Abs. 2 Nr. 2). aaa) Eine Eigenbedarfskündigung ist hinreichend begründet, wenn sich aus dem Kündigungsschreiben ergibt, dass der Vermieter die Räume selbst bewohnen oder diese einer begünstigten Person überlassen will und dass hierfür vernünftige Gründe vorliegen (BGHZ 103, 91, 96; NJW 2010, 3775 = WuM 2010, 757 = NZM 2011, 30 unter Rz 11; WuM 2011, 518 = NZM 2011, 706; BGH NJW 2015, 3368 unter Rdn. 11, 12). **Die ältere instanzgerichtliche Rechtsprechung** ist durch die Entscheidungen des BGH z. Teil überholt: **Bedarf für Familienangehörige:** Die Angabe des Vermieters, „er benötige die Räume für seinen Sohn R." genügt nicht (LG Freiburg WuM 1990, 300; ebenso: LG Göttingen WuM 1990, 351; LG Koblenz WuM 1990, 509; **a. A.** AG Ahaus DWW 1990, 367, überholt: s. BGH NJW 2010, 3775 = WuM 2010, 757 = NZM 2011, 30 unter Rz 11). Im Kündigungsschreiben müssen die bisherigen Wohnverhältnisse des Angehörigen offengelegt werden (LG Bochum WuM 1993, 540; LG Frankfurt WuM 2000, 606, überholt: s. BGH NJW 2010, 3775 = WuM 2010, 757 = NZM 2011, 30 unter Rz 11; = NZM 2011, 707). Es ist nicht erforderlich, dass das Kündigungsschreiben Angaben zu den bisherigen Wohnverhältnissen enthält (BGH NJW 2010, 3775 = WuM 2010, 757 = NZM 2011, 30 unter Rz 11). Im Falle der Überlassung an einen **Familienangehörigen** muss der Vermieter den Grad der Verwandtschaft (Sohn, Nichte, Vetter, usw.) mitteilen (LG Bochum WuM 1993, 540; LG Frankfurt WuM 2000, 606). Auch der **Haushaltsangehörige** muss unverwechselbar bezeichnet werden, etwa durch die Angabe des Namens oder der Funktionsbezeichnung. Einzelheiten zu den familiären Bindungen muss das Kündigungsschreiben nicht enthalten. Hiervon sind jene Fälle zu unterscheiden, in denen ein Vermieter für seine Familienangehörigen mehrere Wohnungen benötigt. Hier genügt es, wenn sich aus dem Kündigungsschreiben ergibt, dass alle Familienangehörigen zu den privilegierten Personenkreis gehören und dass für jeden Angehörigen ein Bedarf besteht. Es ist nicht erforderlich, dass zum Zeitpunkt des Kündigungsausspruchs bereits ein konkreter Belegungsplan besteht oder mitgeteilt wird. Aus diesem Grunde spielt es für die Wirksamkeit der Kündigung auch keine Rolle, wenn der Vermieter seinen ursprünglichen Belegungsplan aufgibt und die Wohnungen zwischen seinen Familienangehörigen anders als zunächst geplant, aufteilt (OLG Köln ZMR 2004, 33).

bbb) Der Vermieter muss außerdem diejenigen Tatsachen mitteilen, aus denen sich das **Nutzungs- oder Überlassungsinteresse** ergibt (s. Rdn. 95 ff). Die Angabe „wegen Eigenbedarfs" oder „... weil ich die Wohnung für eigene Zwecke benötige" reicht niemals aus (LG Detmold WuM 1990, 301; LG Karlsruhe WuM 1989, 384; LG Hamburg WuM 1989, 385; LG Mannheim ZMR 1990, 19).

210

211

§ 573 BGB Untertitel 2. Mietverhältnisse über Wohnraum

Ebenso wenig genügt es, wenn der Vermieter das Nutzungsinteresse mit irgendwelchen Leerformeln umschreibt (LG Köln WuM 1992, 155: „Die Gründe ... sind in den derzeitigen Lebensverhältnissen und Lebensvorstellungen unserer Mandantschaft zu sehen"). Vielmehr muss der Mieter auf Grund der im Kündigungsschreiben mitgeteilten Gründe in der Lage sein, die Erfolgsaussicht der Kündigung überschlägig zu überprüfen. Soweit es zur Information des Mieters erforderlich ist, muss der Vermieter auch persönliche Daten offenbaren (BVerfG NJW 1992, 1379 = WuM 1992, 178; LG Berlin GE 1995, 313). Kündigt der Vermieter, weil seine bisherige Wohnung zu klein oder zu groß ist, muss er konkrete Angaben über seine Wohnverhältnisse machen. Es genügt nicht, wenn der Vermieter lediglich mitteilt, seine Wohnung sei „zu klein" oder „wesentlicher kleiner" als die Wohnung des Mieters oder „zu groß". Hierbei handelt es sich um Werturteile, auf Grund derer keine Überprüfung der wirklichen Wohnverhältnisse möglich ist. Erforderlich ist, dass der Vermieter konkrete Angaben über die Größe der Wohnungen macht (Zahl der Zimmer, Angabe der qm, LG Mannheim WuM 1996, 707). Es genügt allerdings ein Hinweis auf die Anzahl der Zimmer und die Größe der Familie; es ist nicht erforderlich, dass die Größe der Zimmer mitgeteilt wird (BVerfG NZM 2003, 592 = WuM 2003, 435). Wird wegen des Bedarfs an einer **Zweitwohnung** gekündigt, so muss der Vermieter mitteilen, wie er seinen gewöhnlichen und regelmäßigen Wohnbedarf deckt (BVerfG NJW 1992, 1379 = WuM 1992, 178). Erforderlich ist die Angabe auch zum Grund und der Dauer der Nutzung als Zweitwohnung. Die schlichte Mitteilung, die Wohnung für „notwendige Aufenthalte als Zweitwohnung" nutzen zu wollen, reicht nicht aus (LG Berlin DWW 2020, 98). Die Angabe im Kündigungsschreiben, dass dem Vermieter die bisher genutzte Wohnung „nicht mehr zumutbar" sei, ist unzureichend. Der Vermieter muss in einem solchen Fall die konkreten Gründe angeben, aus denen sich die Unzumutbarkeit ergibt (LG Oldenburg ZMR 2015, 857). Soll die Wohnung einem Angehörigen überlassen werden, so muss das Kündigungsschreiben Ausführungen zum Grund der Überlassung enthalten. Wird mit der Begründung gekündigt, dass der Angehörige derzeit nicht angemessen untergebracht sei, so müssen die Wohnverhältnisse des Berechtigten offengelegt werden (LG Frankfurt WuM 2000, 606). Anders ist es, wenn die Kündigung erfolgt, damit der Familienangehörige in der Nähe des Vermieters wohnen und diesen unterstützen kann; hier sind Ausführungen erforderlich, warum diese Unterstützung erforderlich ist. Gleiches gilt, wenn der Vermieter eine Wohnung beziehen will, die in der Nachbarschaft eines pflegebedürftigen Angehörige liegt. Auch hier müssen die Umstände mitgeteilt werden, aus denen sich die Notwendigkeit für den Bezug der gekündigten Wohnung ergibt (AG Recklinghausen WuM 2016, 368). Soll die Wohnung einem Familienangehörigen überlassen werden, der heiraten oder mit seinem Partner zusammenziehen will, so muss dargelegt werden, wie beide Personen gegenwärtig untergebracht sind; anders kann der Bedarf an der Wohnung nicht beurteilt werden (**a. A.** LG Oldenburg NJW-RR 1996, 653: danach sind Ausführungen zur Wohnsituation des Verlobten/des Partners entbehrlich). Der Name des Verlobten/des Partners und dessen Anschrift müssen nicht mitgeteilt werden (BGH NJW 2014, 2102). Entsprechendes gilt, wenn der Vermieter die gekündigte Wohnung zusammen mit seinem Lebensgefährten nutzen will. Auch hier muss der Name des Lebensgefährten in dem Kündigungsschreiben nicht genannt werden (BVerfG NZM 2003, 592 = WuM 2003, 435). Der Vermieter kann den Wunsch nach einer größeren Wohnung damit begründen, dass er sich Kinder wünsche. Auch dieser Wunsch muss nicht konkretisiert werden. Insbesondere ist es nicht erforderlich, dass eine Geburt absehbar ist.[3] Wird der Eigenbedarf damit begründet, dass der Vermieter wegen einer Erkrankung aus einer bisher genutzten Dachwohnung in eine Erdgeschosswohnung umziehen will, so genügt es, wenn im Kündigungsschreiben erwähnt wird, dass der Umzug wegen der „Erkrankung" oder krankheitsbedingt angezeigt ist. Weitere Ausführungen zu der Art der Erkrankung sind nicht erforderlich (BGH NJW 2007, 2845 = NZM 2007, 679 = WuM 2007, 515).

ccc) Teilweise wird die Ansicht vertreten, dass der Vermieter bereits im Kündigungsschreiben seinen weiteren Grundbesitz offenlegen und darlegen muss, ob anderweitige **freistehende Alternativobjekte** zur Verfügung stehen (LG Berlin MM 1992, 388; LG Bielefeld WuM 1993, 539: falls der Vermieter Eigentümer mehrerer Häuser ist; AG Hamburg WuM 1995, 109: Der Vermieter muss zwar keinen „Status über sein Immobilieneigentum" vorlegen, aber mitteilen, ob ihm weitere Wohnungen gehören, die für den Mieter geeignet sein könnten; ähnlich LG Bielefeld WuM 1993, 539; AG Waiblingen WuM 1995, 589: der Vermieter muss darlegen, dass keine anderen Wohnungen zur Deckung seines Bedarfs in Betracht kommen). Diese Ansicht ist zwar verfassungsrechtlich nicht zu beanstanden (vgl. BVerfG NJW 1992, 1379 = WuM 1992, 178 = ZMR 1992, 232 = DWW 1992, 173: Danach muss z. B. ein Vermieter, der eine in München gelegene Wohnung kündigt, Angaben über ein in 75 km entferntes eigenes Haus und dessen Nutzung machen). Aus einfachrechtlicher Sicht ist diese Ansicht aber abzulehnen, weil der Vermieter zwar die Gründe der Kündigung, aber nicht die gegen die Kündigung sprechenden Umstände angeben muss (ebenso: LG München I WuM 1996, 38; Lammel Wohnraummietrecht § 573 BGB Rdn. 134). Den Interessen des Mieters wird dadurch Rechnung getragen, dass ihm ein Auskunftsanspruch gegen den Vermieter zusteht; außerdem kann der Mieter in das Grundbuch Einsicht nehmen. 212

ddd) **Alternative Begründungen** sind unzulässig. Hiervon ist auszugehen, wenn der Vermieter in dem Kündigungsschreiben mitteilt, er benötige die Wohnung entweder für Herrn X oder Herrn Y (AG Frankfurt WuM 1991, 39) oder wenn in dem Kündigungsschreiben ausgeführt wird, der Vermieter wolle die Wohnung einer seiner drei Töchter überlassen (LG München I WuM 1991, 490). Zum einen muss der Verwendungszweck bereits im Zeitpunkt des Ausspruchs der Kündigung feststehen. Zum anderen ist es dem Mieter nicht zumutbar, mehrere Alternativsituationen zu beurteilen. 213

cc) wirtschaftliche Verwertung (Abs. 2 Nr. 3). Die Tatbestandsvoraussetzungen des § 573 Abs. 2 Nr. 3 BGB sind vielschichtig und relativ kompliziert. Deshalb ist es in vielen Fällen kaum möglich, dass die Kündigungsvoraussetzungen bereits in der Kündigungserklärung umfassend dargelegt werden. Aus diesem Grunde ist es sachgerecht, wenn an das Kündigungsschreiben etwas geringere Anforderungen als in den Fällen des Abs. 2 Nr. 1 und 2 gestellt werden (im Erg. ebenso: Häublein in: MünchKomm § 573 BGB Rdn. 136). Dies ist auch aus verfassungsrechtlichen Gründen geboten, weil dem Vermieter der Zugang zur gerichtlichen Sachprüfung ohne allzu große Schwierigkeiten möglich sein muss (s. Rdn. 148). Gleichwohl genügt es auch bei einer Kündigung nach Abs. 2 Nr. 3 nicht, wenn das Kündigungsschreiben lediglich eine Rechtsbehauptung enthält oder den Gesetzestext wiedergibt. Erforderlich ist auch hier die hinreichend genaue Angabe von Tat- 214

---

[3] BVerfG NZM 2003,592 = WuM 2003,435.

sachen, aus denen sich der Kündigungsgrund herleiten lässt (Rolfs in: Staudinger § 573 BGB Rdn. 212, 213; Haug in: Emmerich/Sonnenschein §§ 573 Rdn. 88).

215 aaa) Will der Vermieter sein **Haus oder seine Wohnung in leerstehendem Zustand verkaufen,** so genügt es nicht, wenn sich aus der Kündigungserklärung lediglich ergibt, dass die Wohnung in vermietetem Zustand nur mit einem erheblichen Abschlag zu verkaufen sei (LG Berlin WuM 2016, 178). Vielmehr muss der Vermieter im Kündigungsschreiben mitteilen, **(1)** dass er diese Absicht hat (anderweitige Verwertung), **(2)** dass ein Verkauf im vermieteten Zustand unmöglich oder nur mit Verlusten möglich ist (Erforderlichkeit der Kündigung), **(3)** aus welchen Gründen der Verkauf erfolgt (Angemessenheit der Verwertung) und **(4)** welche konkreten Nachteile beim Unterlassen des Verkaufs oder beim Verkauf im vermieteten Zustand eintreten werden (LG Berlin a. a. O.).

216–217 *zurzeit nicht belegt*

218 ccc) Soll das Gebäude abgerissen und durch einen Neubau ersetzt werden, so genügt es, wenn dem Mieter mitgeteilt wird, aus welchen Gründen der Vermieter die vorhandene Bausubstanz nicht für erhaltenswert hält und welche baulichen Maßnahmen er stattdessen plant (BGH NJW 2011, 1135 = WuM 2011, 171 = NZM 2011, 239). Die Frage, ob dem Vermieter eine alternative Sanierungsmöglichkeit zur Verfügung steht und ob er im Interesse des Mieters hierauf zurückgreifen muss, betrifft nicht die formelle, sondern die materielle Wirksamkeit der Kündigung. Deshalb muss dem Kündigungsschreiben keine Wirtschaftlichkeitsberechnung beigefügt werden, aus der sich ergibt, dass zu dem Abriss keine „Sanierungsalternative" besteht (BGH a. a. O.). Die hiervon abweichende Rechtsprechung einiger Instanzgerichte (z. B. LG Berlin, GE 2007, 659; AG Regensburg WuM 1991, 177) ist überholt. Es genügt allerdings nicht, wenn in dem Kündigungsschreiben lediglich ausgeführt wird, das Haus sei verwahrlost und müsse abgerissen werden, damit ein neues Wohngebäude erstellt werden kann (LG Kempten WuM 1994, 687) oder wenn der Vermieter ganz allgemein auf drohende wirtschaftliche Nachteile hinweist (LG Berlin WuM 1996, 770). Aus den Ausführungen des Vermieters muss sich vielmehr ergeben, dass der Abriss in erheblichem Maße wirtschaftlicher ist, als die Aufrechterhaltung des bestehenden Zustands.

219 Besteht in der Gemeinde ein Zweckentfremdungsverbot, so muss beachtet werden, dass die Kündigung nur wirksam ist, wenn für den Abriss eine **Zweckentfremdungsgenehmigung** erteilt ist und dieser Umstand im Kündigungsschreiben erwähnt wird (OLG Hamburg RE 25.3.1981 WuM 1981, 155; LG Berlin ZMR 1991, 346). Die Zweckentfremdungsgenehmigung muss dem Kündigungsschreiben nicht beigefügt werden. Die Erteilung der **Baugenehmigung/Abrissgenehmigung** ist keine Kündigungsvoraussetzung. Es genügt, wenn die Planung des Vermieters ein Stadium erreicht hat, in dem beurteilt werden kann, ob die Verwirklichung des Plans eine Kündigung rechtfertigt.

220 ddd) Bei einer geplanten **Sanierung/Modernisierung** muss zunächst der Umfang der Maßnahme hinreichend genau beschrieben werden. Allgemein gehaltene Formulierungen reichen nicht aus. Der Mieter muss in der Lage sein zu beurteilen, ob wegen des Umfangs der Maßnahmen eine Beendigung des Mietverhältnisses erforderlich ist. Außerdem muss das Kündigungsschreiben Angaben zur Angemessenheit und zum Nachteil enthalten (LG Bonn ZMR 1992, 114). Vergleichende Wirtschaftlichkeitsberechnungen sind entbehrlich, wenn der derzeitige Zustand des Gebäudes und der Wohnungen eine Sanierung/Modernisierung nahelegt: die Steigerung des Grundstückswerts durch Erhaltung und Verbesserung der Bausubstanz entspricht in diesen Fällen dem Gebot wirtschaftlicher Vernunft; in der Unterlassung solcher notwendigen Maßnahmen liegt deshalb zugleich ein wirtschaftlicher Nachteil.

dd) sonstige Kündigungsgründe (Abs. 1). aaa) Bei einer **Kündigung wegen Betriebsbedarfs** muss sich aus dem Kündigungsschreiben ergeben, **(1)** dass das Arbeitsverhältnis beendet ist oder dass dessen Beendigung kurz bevor steht; **(2)** dass der Vermieter die Absicht hat, die Wohnung einem anderen Arbeitnehmer oder einem künftigen Arbeitnehmer zu überlassen und **(3)** dass hierfür vernünftige, nachvollziehbare Gründe vorliegen; **(4)** dass der Betriebsrat der Kündigung zugestimmt hat. 221

Bei der Kündigung einer sog. **„unechten Werkwohnung"** muss in dem Kündigungsschreiben ausgeführt werden, dass der Vermieter die Absicht hat, die Wohnung einem Arbeitnehmer oder einem künftigen Arbeitnehmer zu überlassen. Außerdem müssen die hierfür maßgebenden Gründe offengelegt werden. 222

bbb) Soll eine **fehlbelegte Sozialwohnung** gekündigt werden, so muss sich aus dem Kündigungsschreiben ergeben, dass die zuständige Behörde vom Vermieter die Beseitigung der Fehlbelegung verlangt hat. Die behördliche Verfügung muss dem Kündigungsschreiben nicht beigefügt werden. Jedoch muss in dem Kündigungsschreiben mitgeteilt werden, welche Behörde tätig geworden ist, so dass der Mieter dort weitere Auskünfte einholen kann. 223

ccc) Bei einer **Kündigung wegen Überbelegung** muss der Vermieter mitteilen, in welchem Umstand die Überbelegung gesehen wird. Dies setzt regelmäßig voraus, dass der Vermieter in dem Kündigungsschreiben die Personen benennt, die nach seiner Auffassung in der Wohnung leben. Die Personen müssen zwar nicht namentlich, aber identifizierbar benannt werden. Auf diese Weise kann der Mieter überprüfen, ob der Vermieter von zutreffenden Voraussetzungen ausgeht oder ob er fälschlicherweise auch Besucher oder ehemalige Bewohner berücksichtigt hat. Die Angabe einer Personenzahl genügt regelmäßig nicht, weil eine solche Angabe dem Kontrollbedürfnis des Mieters nicht gerecht wird. Da die Überbelegung als solche für die Kündigung alleine nicht ausreicht, muss der Vermieter auch die tatsächlichen Umstände darlegen, aus denen sich ergibt, dass seine Interessen gefährdet werden (übermäßige Abnutzung oder Beschädigung der Wohnung, Hausfriedensstörungen etc.). 224

ddd) Bejaht man ein Recht zur **Kündigung wegen Unterbelegung** (s. Rdn. 186) so muss in dem Kündigungsschreiben ausgeführt werden, aus welchen Umständen der Vermieter seinen Anspruch auf eine bessere Ausnutzung der Wohnung herleitet. Aus dem Kündigungsschreiben muss sich weiter ergeben, dass Wohnungsbewerber mit größerer Familie vorhanden sind und dass die Räume einem solchen Bewerber überlassen werden sollen. Der Bewerber muss nicht namentlich benannt werden; jedoch muss aus dem Kündigungsschreiben ersichtlich sein, aus wie vielen Personen die Familie des Bewerbers besteht. 225

eee) Wird zugunsten öffentlicher Interessen gekündigt, so muss sich aus dem Kündigungsschreiben ergeben, auf Grund welcher Umstände der Vermieter zur Wahrnehmung öffentlicher Interessen befugt ist. Der Kündigungszweck muss hinreichend genau beschrieben werden. Dazu sind Ausführungen erforderlich, welchen Zwecken die Räume zugeführt werden sollen und welche Erwägungen für die beabsichtigte Nutzung maßgeblich gewesen sind. Der bloße Hinweis auf die von einem öffentlichen Organ getroffene Entscheidung genügt i. d. R. nicht. 226

fff) Bei einer **Kündigung zur gewerblichen Nutzung** ist zu unterscheiden, ob das Erlangungsinteresse dem Eigenbedarfsinteresse oder dem Verwertungsinter- 227 esse nahesteht. Im erstgenannten Fall richten sich die Anforderungen an das Kündigungsschreiben nach den für die Eigenbedarfskündigung maßgeblichen Regeln; zusätzlich muss der Vermieter die Umstände mitteilen, aus denen er den gewerblichen Bedarf herleitet. Dieser muss zwar nicht dringend sein, aber doch ein gewisses Gewicht aufweisen. Die berufliche oder freiberufliche Tätigkeit des Vermieter muss durch den Zugriff auf die Mietwohnung zumindest nicht nur unerheblich erleichtert werden. Liegt der Schwerpunkt in dem Verwertungsinteresse müssen in dem Kündigungsschreiben die Umstände offengelegt werden aus denen sich die in Rdn. 192 Ziff. (4) beschriebenen Nachteile ergeben. Soweit eine Zweckentfremdungsgenehmigung erforderlich ist, muss deren Vorliegen außerdem im Kündigungsschreiben erwähnt werden. Die Genehmigung muss dem Kündigungsschreiben aber nicht beigefügt werden.

228 ggg) Soll ein **Untermietverhältnis** gekündigt werden, damit der Hauptmieter die ihm gegenüber dem Eigentümer obliegende Herausgabepflicht erfüllen kann, so muss sich nach der hier vertretenen Auffassung aus dem Kündigungsschreiben ergeben, dass das Hauptmietverhältnis gekündigt worden ist. Außerdem muss der Hauptmieter im Kündigungsschreiben darlegen, dass der Eigentümer ein berechtigtes Interesse nach § 573 Abs. 1 oder Abs. 2 BGB an der Beendigung des Untermietverhältnisses hat oder dass der Untermieter den Anlass für die Beendigung des Hauptmietverhältnisses gegeben hat. Hierfür gelten dieselben Grundsätze wie für die Kündigung nach Abs. 2 Nr. 1–3.

229 hhh) Hält man die **Kündigung zur Erlangung von Steuervorteilen** für zulässig (s. Rdn. 197) so muss im Kündigungsschreiben die steuerliche Situation in Form einer vergleichenden nachvollziehbaren Berechnung dargestellt werden.

230 **e) Bezugnahme auf mündliche Erklärungen/andere Schreiben/anderweitige Schriftsätze.** Grundsätzlich müssen die Kündigungsgründe im Kündigungsschreiben mitgeteilt werden. Dies gilt auch dann, wenn der Vermieter dem Mieter die Kündigungsgründe vor Ausspruch der Kündigung mündlich oder schriftlich bekannt gegeben oder wenn er diese Gründe bereits in einem vorangegangen Prozess geltend gemacht hat (BayObLG RE 14.7.1981 WuM 1981, 200; LG Berlin MM 1990, 289). Nichts anderes kommt in Betracht, wenn der Mieter die Kündigungsgründe aus eigenem Wissen kennt (LG Gießen WuM 1990, 301). Hat der Vermieter die zur Substantiierung eines Kündigungsgrundes erforderlichen Kerntatsachen nicht ausreichend vorgetragen, so bleibt dieser Grund auch dann außer Betracht, wenn er dem Mieter vor oder nach Ausspruch der Kündigung mündlich erläutert worden ist (AG Kenzingen WuM 1990, 433). Dies beruht auf der Erwägung, dass die Angabe der Gründe im Kündigungsschreiben nicht nur zur Information des Mieters dient; zugleich wird hierdurch bestimmt, welche Gründe dem Gericht zur Berücksichtigung und Würdigung unterbreitet werden (BayObLG a. a. O.).

231 Eine **Bezugnahme** auf **mündlich bekannt gegebene Gründe** genügt nicht, weil die Begründung nach §§ 568 Abs. 1, 573 Abs. 3 schriftlich erfolgen muss; das Schriftformerfordernis gilt für alle Teile der Kündigung, einschließlich der Begründung.

231a Eine **Bezugnahme** auf anderweitige **schriftliche Erklärungen** reicht hingegen aus (BVerfG NJW 1992, 1877 = ZMR 1992, 288 = WuM 1993, 233; BVerfG ZMR 1992, 430 = WuM 1993, 234; krit. hierzu: Sternel Mietrecht aktuell, Rdn. X 63). Deshalb kann der Vermieter auf vorangegangene Kündigungen, auf Abmahnschreiben oder auf Schriftsätze Bezug nehmen. Voraussetzung ist allerdings, dass die genannten Urkunden dem Mieter zugegangen sind und dass die Bezugnahme klar und eindeutig ist (LG Hamburg WuM 1993, 48). Dieses Erfordernis ist nicht gewahrt, wenn der Vermieter pauschal auf seinen schriftsätzlichen Vortrag in einem vorangegangen Gerichtsverfahren Bezug nimmt (LG Mannheim ZMR 1994, 67). Es ist nicht Aufgabe des Mieters, sich die Kündigungsgründe selbst zusammenzusuchen (Sternel a. a. O.).

3. Berücksichtigung nachträglich entstandener Gründe (Abs. 3 Satz 2)

a) Neben den im Kündigungsschreiben angegeben Gründen können nach dem ausdrücklichen Wortlaut des Abs. 3 Satz 2 auch nachträglich entstandene Kündigungsgründe berücksichtigt werden. Folgende Fallgestaltungen sind in Betracht zu ziehen: 232

(1) Die ursprüngliche Kündigungserklärung war mangels Angabe ausreichender Gründe unwirksam; nach Ausspruch der Kündigung entstehen neue Gründe, auf Grund derer eine Vertragsbeendigung gerechtfertigt wäre. 233

(2) Die ursprüngliche Kündigungserklärung war wirksam. Nach Ausspruch der Kündigung entfallen diese Gründe. Etwas später entstehen neue Gründe, die aber von anderer Art als die ursprünglichen Gründe sind (z. B. Vertragsverletzungen statt Eigenbedarf). 234

(3) Die ursprüngliche Kündigungserklärung war wirksam. Nach Ausspruch der Kündigung entfallen diese Gründe. Etwas später entstehen neue Gründe, die von gleicher oder ähnlicher Art wie die ursprünglichen Gründe sind (z. B. Eigenbedarf für die Tochter, statt für den Sohn). 235

(4) Die ursprüngliche Kündigungserklärung war wirksam. Nach Ausspruch der Kündigung entfallen diese Gründe. Zugleich entstehen neue Gründe, die aber von anderer Art als die ursprünglichen Gründe sind (z. B. Vertragsverletzungen statt Eigenbedarf). 236

(5) Die ursprüngliche Kündigungserklärung war wirksam. Nach Ausspruch der Kündigung entfallen diese Gründe. Zugleich entstehen neue Gründe, die von gleicher oder ähnlicher Art wie die ursprünglichen Gründe sind (z. B. Eigenbedarf für die Tochter, statt für den Sohn). 237

(6) Die ursprüngliche Kündigungserklärung war wirksam. Nach Ausspruch der Kündigung entstehen weitere Gründe. Sodann entfallen die ursprünglichen Gründe, während die später entstandenen fortbestehen. 238

(7) Die ursprüngliche Kündigungserklärung war wirksam. Nach Ausspruch der Kündigung entstehen weitere Gründe. 239

zu Fall (1): Eine ursprünglich unwirksame Kündigung führt auch dann nicht zur Vertragsbeendigung, wenn nach Kündigungsausspruch neue Gründe entstehen (OLG Zweibrücken WuM 1981, 177; LG Düsseldorf WuM 1990, 505; Rolfs in: Staudinger § 573 BGB Rdn. 222; Häublein in: MünchKomm § 573 BGB Rdn. 132; Franke in: WoBauR § 573 BGB Anm. 46; Fleindl in: Bub/Treier Kap IV Rdn. 191; Hinz in: Klein-Blenkers/Heinemann/Ring, Miete/WEG/Nachbarschaft § 573 BGB Rdn. 123; Lammel Wohnraummietrecht § 573 BGB Rdn. 141; Haug in: Emmerich/Sonnenschein §§ 573 Rdn. 90. Wegen dieser Gründe muss der Vermieter eine neue Kündigung aussprechen. 240

zu Fall (2)–(3): Der Wegfall der ursprünglichen Gründe hat auf die Wirksamkeit der Kündigung keinen Einfluss. Bei der Eigenbedarfskündigung und anderen Kündigungen, die einen Fortbestand des Kündigungsinteresses voraussetzen, hat 241 der Wegfall der Gründe allerdings zur Folge, dass der Vermieter verpflichtet ist, dem Mieter unverzüglich einen Vertrag über die Aufhebung der Kündigungswirkung anzubieten. Bei vertragsgemäßem Verhalten des Vermieters führt dies dazu, dass die Wirkungen der ursprünglichen Kündigung entfallen. Hieraus folgt, dass der Vermieter wegen der später entstehenden Gründe erneut kündigen muss.

242 **zu Fall (4)–(5):** Der Wegfall der ursprünglichen Gründe hat auf die Wirksamkeit der Kündigung keinen Einfluss. Der Vermieter muss dem Mieter allerdings einen Vertrag über die Aufhebung der Kündigungswirkungen anbieten, wenn eine Vertragsbeendigung durch die neuen Gründe nicht gerechtfertigt ist. Reichen hingegen die nachträglichen Gründe für eine Vertragsbeendigung aus, so besteht keine Verpflichtung zum Abschluss eines Vertrags über die Aufhebung der Kündigungswirkungen, weil das Räumungsinteresse immer noch besteht. Es ergibt sich zwar nicht mehr aus den im Kündigungsschreiben angegeben, wohl aber aus den neuen, nachträglich entstandenen Gründen.

243 **zu Fall 6:** Die wirksame Kündigung wird durch die nachträglich entstandenen Gründe verstärkt. Wird die Räumungsklage vor dem Wegfall der ursprünglichen Gründe erhoben, so sind alle Gründe zu berücksichtigen. Wird sie nach dem Wegfall der ursprünglichen Gründe erhoben, so kommt es nur noch darauf an, ob sich aus den nachträglichen Gründen ein hinreichendes Beendigungsinteresse ergibt. Ist dies zu verneinen, so muss der Vermieter dem Mieter einen Vertrag über die Aufhebung der Kündigungswirkungen anbieten. Im anderen Fall führen die nachträglichen Gründe zur Vertragsbeendigung.

244 **zu Fall 7:** Die wirksame Kündigung wird durch die nachträglich entstandenen Gründe verstärkt. Im gerichtlichen Verfahren sind alle Gründe zu berücksichtigen.

245 **b)** Maßgeblicher **Zeitpunkt** für die Bewertung eines Grundes als „nachträglich entstanden" ist der Ausspruch der Kündigung. Entscheidend ist, wann das Kündigungsschreiben vom Vermieter aus der Hand gegeben wird; der Zugang beim Mieter ist unerheblich. Nachträglich entstanden sind mithin alle Gründe, die beim Ausspruch der Kündigung noch nicht vorhanden waren.

246 Ein **Kündigungsgrund ist entstanden,** wenn der Vorgang abgeschlossen ist, aus dem der Vermieter das Kündigungsrecht herleitet (Rolfs in: Staudinger § 573 BGB Rdn. 224). Bei einer Kündigung wegen einer Vertragsverletzung kommt es nicht darauf an, zu welchem Zeitpunkt die Verletzungshandlung beendet ist; maßgeblich ist der Eintritt der hieraus resultierenden Folgen. Bei einem aus der Sphäre des Vermieters stammenden Kündigungsgrund (Abs. 2 Nr. 2 und 3) ist das Vorliegen des objektiven Bedarfsgrunds entscheidend; unerheblich ist, wann der Vermieter den Entschluss gefasst hat, das Mietverhältnis auch aus diesem Grund zu beenden (Rolfs in: Staudinger § 573 BGB Rdn. 224).

247 Ob ein Kündigungsgrund nachträglich entstanden ist, richtet sich nach **objektiven Gegebenheiten.** Maßgeblich ist, ob der Kündigung zum **Zeitpunkt der Abgabe der Kündigungserklärung** vorgelegen hat (Rolfs in: Staudinger § 573 BGB Rdn. 224). Es kommt nicht darauf an, ob der Vermieter hiervon Kenntnis gehabt hat (Hannappel in: Bamberger/Roth § 573 BGB Rdn. 134; Sternel Rdn. IV 105; **a. A.** Franke in: WoBauR § 573 BGB Anm. 46). Der Wortlaut der Vorschrift ist eindeutig.

248 **Beweispflichtig** für das nachträgliche Entstehen der Gründe ist der Vermieter.

V. Ausschluss der Änderungskündigung (Abs. 1 Satz 2)

1. Zweck der Vorschrift

Durch § 573 Abs. 1 Satz 2 BGB wird die Änderungskündigung ausgeschlossen. 249
Die Regelung hat zur Folge, dass der Vermieter nicht kündigen kann, um mit demselben Mieter einen neuen Mietvertrag mit höherem Mietzins abzuschließen. Die Vorschrift wird durch § 573 Abs. 2 Nr. 3 HS. 2 BGB ergänzt. Danach kann der Vermieter nicht kündigen, wenn er die Räume anderweitig als Wohnraum vermieten will, um auf diese Weise einen höheren Mietzins zu erzielen. Aus beiden Vorschriften ergibt sich, dass die Absicht zur Erzielung einer höheren Miete keinen Kündigungsgrund darstellt, unabhängig davon, ob das Anschlussmietverhältnis mit dem bisherigen oder mit einem anderen Mieter beabsichtigt ist.

2. Begriff der Mieterhöhung

Eine Mieterhöhung i. S. von § 573 Abs. 1 Satz 2 BGB liegt immer dann vor, 250
wenn das vom Mieter zu zahlende Entgelt erhöht werden soll. Es kommt nicht darauf an, aus welchen Gründen der Mieter in Anspruch genommen wird. Die Ausschlussregelung gilt nicht nur für die Erhöhung der Grundmiete nach §§ 558, 559 BGB sondern auch für die Erhöhung der Betriebskosten nach § 560 BGB.

Der Begriff der Mieterhöhung ist weit auszulegen; es genügt, wenn der Vermie- 251
ter durch die Änderung der vom Mieter zu erbringenden Gegenleistung irgendeinen Vorteil erlangt. Deshalb liegt eine Mieterhöhung auch dann vor, wenn der Vermieter im Wege der Änderungskündigung lediglich höhere Betriebskostenvorauszahlungen durchsetzen will, oder wenn es ihm darauf ankommt, weitere geldwerte Verpflichtungen auf den Mieter zu übertragen, etwa die Verpflichtung zur Durchführung von Schönheitsreparaturen

3. Begriff der Kündigung

Für den Begriff der Kündigung s. zunächst. § 542 BGB Rdn. 11 ff. Für die bis 252
zum 31.8.2001 möglichen einfachen befristeten Mietverträge ist folgendes zu beachten: Soll ein befristetes Mietverhältnis vereinbarungsgemäß enden, wenn der Vermieter der Verlängerung nicht widerspricht, so ist die Ablehnung der Vertragsverlängerung durch den Vermieter als echte Kündigungserklärung zu bewerten; dies folgt aus der weiterhin anwendbaren (Art 229 § 3 Abs. 3 EGBGB) Vorschrift des § 565a Abs. 1 BGB a. F. Hat der Mieter bei einem nach § 564c Abs. 1 BGB a. F. befristeten Mietverhältnis die Vertragsverlängerung verlangt, so gilt die Ablehnungserklärung des Vermieters ebenfalls als Kündigung; dies folgt aus der weiterhin anwendbaren (Art 229 § 3 Abs. 3 EGBGB) Vorschrift des § 564c Abs. 1 Satz 2 BGB a. F. Die genannten Ablehnungserklärungen fallen unter § 573 Abs. 1 Satz 2 BGB; sie können deshalb nicht mit einem Angebot zur Vertragsfortsetzung zu höherem Mietzins verbunden werden. Endet dagegen ein befristetes Mietverhältnis ohne Zutun der Parteien, so steht einem Neuabschluss mit dem bisherigen Mieter zu einem höheren Mietzins nichts entgegen. Ein solcher Fall kann eintreten, wenn ein befristetes Mietverhältnis mangels Fortsetzungsverlangens des Mieters endet. Die Vorschrift des § 573 Abs. 1 Satz 2 BGB ist in diesem Fall unanwendbar, weil

die Beendigung nicht durch Kündigung oder Ablehnung der Vertragsfortsetzung, sondern durch schlichten Zeitablauf erfolgt.

4. Kündigung zum Zwecke der Mieterhöhung

253 Kündigt der Vermieter ein dem Kündigungsschutz unterliegendes Mietverhältnis ausdrücklich zum Zwecke der Mieterhöhung, so ist die Kündigung unwirksam. Ein mit der Kündigung verbundenes Mieterhöhungsverlangen ist ebenfalls unwirksam (§ 139 BGB), weil Kündigung und Mieterhöhungsverlangen ein einheitliches Rechtsgeschäft darstellen. Die Regelung des § 573 Abs. 1 Satz 2 BGB hat hier keine eigenständige Bedeutung. Gleiches gilt, wenn der Vermieter ein solches Mietverhältnis ohne Angabe von Gründen kündigt und dabei zum Ausdruck bringt, dass er ein neues Mietverhältnis zu einem höheren Mietzins abschließen wolle. Schließlich ist eine Kündigung mangels Kündigungstatbestand unwirksam, wenn der Kündigungsgrund nur vorgetäuscht ist und der Vermieter in Wirklichkeit nur einen höheren Mietzins erzielen will.

254 Bedeutsam ist die Vorschrift des § 573 Abs. 1 Satz 2 BGB in jenen Fällen, in denen der Vermieter kündigen kann, ohne dass die Voraussetzungen des § 573 Abs. 1 Satz 1 oder 2 BGB vorliegen müssen. Dies gilt insbesondere für Wohnungen in **Ein- und Zweifamilienhäusern i. S. von § 573a Abs. 1 BGB.** Hier ist die Kündigung nach dieser Vorschrift gem. § 573 Abs. 1 Satz 2 BGB ausgeschlossen, wenn sie zum Zwecke der Mieterhöhung erfolgt. Für die Annahme der Unwirksamkeit ist nicht erforderlich, dass der Vermieter eine Änderungskündigung ausspricht. Es genügt, dass mit der Kündigung tatsächlich ein derartiger Zweck verfolgt wird. Kündigt der Vermieter, weil der Mieter zuvor eine Mieterhöhung abgelehnt hat, so ist § 573 Abs. 1 Satz 2 BGB unanwendbar, wenn der Vermieter nicht die Absicht hat, mit dem Mieter einen neuen Mietvertrag abzuschließen. Es besteht auch keine Vermutung dafür, dass der Vermieter eine Änderungskündigung zum Zwecke der Mieterhöhung aussprechen will.

255 Der Mieter ist **darlegungs- und beweispflichtig,** dass die Kündigung zum Zwecke der Mieterhöhung ausgesprochen worden ist (Palandt/Weidenkaff § 573 BGB Rdn. 9); ein solcher Beweis wird allerdings selten gelingen.

256 Für Mietverhältnisse, für die die §§ 557 bis 561 BGB nicht gelten (s. § 549 Abs. 2 und 3 BGB) ist die Änderungskündigung möglich.

VI. Abweichende Vereinbarungen (Abs. 4)

257 Nach § 573 Abs. 4 BGB ist eine von den gesetzlichen Kündigungsvoraussetzungen zum Nachteil des Mieters abweichende Vereinbarung unwirksam. Die Regelung des § 573 BGB kann **weder ersatzlos abbedungen** werden, noch ist eine Vereinbarung wirksam, durch die ein dem Kündigungsschutz unterliegendes **Mietverhältnis dem Anwendungsbereich des § 573 BGB entzogen** werden soll. Eine vertragliche Regelung, wonach der Wohnraum zu nur vorübergehendem Gebrauch vermietet wird (§ 549 Abs. 2 Nr. 1 BGB) oder als Wohnraum in einem Studentenwohnheim (Jugendwohnheim) gelten soll (§ 549 Abs. 3 BGB) oder wonach die Voraussetzungen des § 549 Abs. 2 Nr. 2 oder Nr. 3 BGB als „vereinbart" gelten, ist deshalb im Ergebnis bedeutungslos (OLG Frankfurt RE 19.11.1990 NJW-RR 1990, 268 = WuM 1991, 17 = ZMR 1991, 63 betr. vorübergehenden Gebrauch). Entspricht das Mietverhältnis in Wirklichkeit nicht der

fraglichen Wohnungskategorie, so ist die Vereinbarung unwirksam. Im anderen Fall folgt der Ausschluss des Kündigungsschutzes nicht aus der Vereinbarung, sondern unmittelbar aus dem Gesetz. Eine entsprechende Regelung hat deshalb nur deklaratorischen Charakter.

Dieselben Grundsätze gelten bei **Mischräumen**. Für die Einordnung dieser Räume als Wohn- oder Geschäftsraum ist zwar in erster Linie der Parteiwille maßgebend. Allerdings kommt es auch insoweit nicht darauf an, wie die Parteien das Mietverhältnis bezeichnen; maßgeblich ist allein, welcher Vertragszweck tatsächlich verfolgt wird. Überwiegt der Wohnzweck, so finden die Kündigungsschutzvorschriften auch dann Anwendung, wenn im Mietvertrag „vereinbart" ist, dass das gesamte Mietverhältnis als Geschäftsraummietverhältnis anzusehen sei (LG Hamburg WuM 1988, 406). Überwiegt der Geschäftszweck, gelten die Kündigungsschutzvorschriften nicht. Eine Ausnahme kann allerdings dann gelten, wenn vertraglich die **Anwendung von Wohnraummietrecht vereinbart** worden ist. Eine solche Vereinbarung verstößt nicht gegen § 573 Abs. 4 BGB, weil sie den Mieter besserstellt als dieser nach der gesetzlichen Regelung stehen würde. **258**

Unwirksam sind schließlich solche Vereinbarungen, nach denen der Vermieter **unter erleichterten Voraussetzungen zur Kündigung berechtigt** sein soll. Die Vereinbarung besonderer in § 573 Abs. 2 BGB nicht aufgezählter Kündigungsgründe ist im Ergebnis bedeutungslos. Soweit es sich um Kündigungstatbestände handelt, die nach der gesetzlichen Regelung keine Vertragsbeendigung rechtfertigen, ist die Vereinbarung unwirksam. Erweisen sich die vertraglich „vereinbarten" Kündigungstatbestände lediglich als Konkretisierungen von §§ 573 Abs. 1, 543 oder 569 BGB, so hat die betreffende Regelung keine eigenständige Bedeutung, weil die Kündigungsbefugnis dann nicht aus dem Vertrag, sondern aus der Gesetzesbestimmung folgt. **259**

Wirksam sind solche Vereinbarungen, welche die Kündigungsvoraussetzungen **zugunsten des Mieters erschweren** (z. B. Kündigung nur bei vorsätzlicher Pflichtverletzung) oder bestimmte Kündigungsgründe völlig ausschließen (z. B. keine Kündigung wegen Eigenbedarfs). Nach obergerichtlicher Rechtsprechung bedarf der **Ausschluss einzelner Kündigungsgründe** der **Schriftform** (BGH WuM 2007, 272 = NZM 2007, 399 = NJW 2007, 1742; ebenso: LG Berlin WuM 1991, 498; LG Hamburg ZMR 2001, 895; Sonnenschein NZM 2000, 1, 8). **260**

Ein **Kündigungsausschluss** kann auch **durch Formularklausel** vereinbart werden (LG Aschaffenburg WuM 2018, 83 für ein vom Vermieter verwendetes Formular). Die Klausel „Die Vertragspartner streben ein längerfristiges Mietverhältnis an, deshalb sind Eigenbedarfs- und Verwertungskündigungen des Vermieters für – Jahre ausgeschlossen" ist nicht eindeutig. Sie kann dahingehend ausgelegt werden, dass wegen des Fehlens einer Zeitbestimmung, kein Kündigungsausschluss vereinbart ist. Denkbar ist aber auch, dass der Ausschluss unbefristet – also auf Dauer – gilt. Es gilt die Unklarheitenregel des § 305 c Abs. 2 BGB, wonach die Klausel zu Lasten des Vermieters auszulegen ist (LG Berlin WuM 2018, 23). **260a**

Durch die in einem sogenannten „**Dauernutzungsvertrag**" über eine Wohnung zwischen einer Wohnungsbaugenossenschaft und ihrem Mitglied getroffene Vereinbarung, wonach das ordentliche Kündigungsrecht der Genossenschaft nur dann bestehen soll, wenn wichtige, berechtigte Interessen der Genossenschaft eine Beendigung des Mietverhältnisses notwendig machen, wird der Mieter besser gestellt als nach der gesetzlichen Regelung. Wird die Genossenschaftswohnung ver- **261** äußert, so geht die Kündigungsbeschränkung auch dann auf den Erwerber über, wenn dieser nicht zum Kreis der gemeinnützigen Vermieter gehört. Auf Eigenbedarf kann die Kündigung nur dann gestützt werden, wenn die dafür geltend gemachten Gründe ausnahmsweise die verschärften Voraussetzungen eines wichtigen, berechtigten Interesses erfüllen, das die Beendigung des Mietverhältnisses notwendig macht (BGH WuM 2013, 739; BGH NZM 2013, 824 unter Rz 15; OLG Karlsruhe WuM 1985, 77; LG Berlin GE 2015, 1405). Ist die **Wohnung zweckbestimmt** zur Unterbringung von Beamten oder Bediensteten einer Behörde und wird diese an einen privaten Erwerber verkauft, so tritt dieser gem. § 566 BGB in eine im Mietvertrag vereinbarte Kündigungsbeschränkung ein. Ist nach dem Mietvertrag eine Kündigung wegen Eigenbedarfs ausgeschlossen, so ist auch der Erwerber an einer solchen Kündigung gehindert (AG Bremen WuM 2015, 171).

262 Eine Vereinbarung, wonach das Mietverhältnis beim **Eintritt einer bestimmten Bedingung** enden soll, ist nach § 572 Abs. 2 BGB zu beurteilen (s. dort).

263 Auf **Mietaufhebungsverträge** ist § 573 Abs. 4 BGB unanwendbar (Palandt/Weidenkaff § 573 BGB Rdn. 3; Herrlein in: Herrlein/Kandelhard, Mietrecht § 573 BGB Rdn. 5).

264 Vom Mietaufhebungsvertrag sind solche Vereinbarungen zu unterscheiden, in denen sich der Mieter bereits beim **Abschluss des Mietvertrags** bereit erklärt, bei Eintritt bestimmter Voraussetzungen einen Mietaufhebungsvertrag abzuschließen. Solche Vereinbarungen sind regelmäßig dahingehend auszulegen, dass das Mietverhältnis bis zum Eintritt der vereinbarten Voraussetzung unkündbar ist und dass danach eine Beendigung durch Vertrag – also außerhalb des § 564b BGB – eintreten soll. Damit ist eine solche Vereinbarung für den Mieter teils günstiger, teils ungünstiger als die gesetzliche Regelung. Da Vereinbarungen der fraglichen Art eine strukturelle Ähnlichkeit mit den auflösend bedingten Mietverhältnissen haben, erscheint es sachgerecht, hierauf § 572 Abs. 2 BGB entsprechend anzuwenden.

265 **Kettenmietverträge** sind unwirksam (s. § 575 BGB Rdn. 78).

§ 573a Erleichterte Kündigung des Vermieters

(1) ¹**Ein Mietverhältnis über eine Wohnung in einem vom Vermieter selbst bewohnten Gebäude mit nicht mehr als zwei Wohnungen kann der Vermieter auch kündigen, ohne dass er eines berechtigten Interesses im Sinne des § 573 bedarf.** ²**Die Kündigungsfrist verlängert sich in diesem Fall um drei Monate.**

(2) **Absatz 1 gilt entsprechend für Wohnraum innerhalb der vom Vermieter selbst bewohnten Wohnung, sofern der Wohnraum nicht nach § 549 Abs. 2 Nr. 2 vom Mieterschutz ausgenommen ist.**

(3) **In dem Kündigungsschreiben ist anzugeben, dass die Kündigung auf die Voraussetzungen des Absatzes 1 oder 2 gestützt wird.**

(4) **Eine zum Nachteil des Mieters abweichende Vereinbarung ist unwirksam.**

Übersicht

	Rdn.
I. Zweck	1
II. Anwendungsbereich	4
III. Die Kündigungstatbestände	9
1. Abs. 1 Satz 1	9
a) Gebäude	9
b) Vom Vermieter selbst bewohnt	13
c) Nicht mehr als zwei Wohnungen	19
2. Abs. 2	28
IV. Die Kündigungsfrist (Abs. 1 Satz 2)	30
V. Die Kündigungserklärung (Abs. 3)	31
VI. Darlegungs- und Beweislast/Abweichende Vereinbarungen (Abs. 4)	40

I. Zweck

Die Vorschrift begründet ein Sonderkündigungsrecht zugunsten des Vermieters, **1** wenn sich die Wohnung in einem vom Vermieter selbst bewohnten Gebäude befindet und das Gebäude aus **nicht mehr als zwei Wohnungen** besteht. Die Regelung beruht auf der Erwägung, dass das enge Zusammenleben von Vermieter und Mieter in einem Haus oder einer Wohnung ein Mindestmaß an Harmonie voraussetzt; fehlt es hieran, so soll der Vermieter berechtigt sein, das Mietverhältnis ohne Angabe von Gründen zu beenden. Diese Kündigungsmöglichkeit wird als „Sonderkündigungsrecht für Einliegerwohnungen" bezeichnet. Der Begriff „Einliegerwohnung" ist allerdings ungenau und für die Gesetzesauslegung nicht geeignet. Das der Regelung des § 573a BGB zugrundeliegende gesetzgeberische Motiv der Zerrüttung für die Auflösung des Mietverhältnisses gehört nicht zu den Kündigungsvoraussetzungen. Deshalb ist es bei einer Kündigung nach § 573a BGB nicht erforderlich, dass Spannungen bestehen oder dass das Mietverhältnis zerrüttet ist. Ebenso wenig kommt es darauf an, welche der Parteien die Zerrüttung verursacht oder verschuldet hat (LG Stuttgart ZMR 1979, 274; Franke in: WoBauR § 573a BGB Anm. 5).

Die Vorschrift des § 573a BGB ist als **Ausnahmevorschrift zu § 573 BGB zu** **2** **bewerten** (Haas Das neue Mietrecht § 573a BGB Rdn. 2) **und deshalb eng auszulegen.** Deshalb steht dem Vermieter die Möglichkeit der erleichterten Kündigung nicht zur Verfügung, wenn er seine eigene Wohnung aufgeben will, um das Gebäude abzureißen (LG Mannheim WuM 2004, 99 = NZM 2004, 256) oder um das geräumte Haus besser verkaufen zu können (LG Duisburg NZM 2005, 216; LG Stuttgart WuM 2007, 75; Häublein in: MünchKomm § 573a BGB Rdn. 7; Sonnenschein NZM 2000, 1, 4). Kündigungsinteressen dieser Art können nur nach § 573 Abs. 2 Nr. 3 BGB berücksichtigt werden. Eine **analoge Anwendung** des § 573a BGB auf Mietverhältnisse in Mehrfamilienhäusern ist auch dann ausgeschlossen, wenn der Vermieter selbst im Haus wohnt und das persönliche Verhältnis zwischen den Vertragsparteien zerrüttet ist (Häublein in: MünchKomm § 573a BGB Rdn. 3).

Der Mieter kann **Kündigungswiderspruch** nach §§ 574ff BGB erheben **3** (Lammel Wohnraummietrecht § 573a BGB Rdn. 27; Häublein in: MünchKomm § 573a BGB Rdn. 17; Rolfs in: Staudinger § 573a BGB Rdn. 26; Herrlein in: Herrlein/Kandelhard § 573a BGB Rdn. 1; Lützenkirchen in: Lützenkirchen, Mietrecht § 573a Rdn. 36). Dies folgt aus der systematischen Stellung des § 573a BGB

§ 573a BGB Untertitel 2. Mietverhältnisse über Wohnraum

und des § 574 BGB in dem gemeinsamen Abschnitt „Mietverhältnisse auf unbestimmte Zeit". § 568 Abs. 2 BGB ist zu beachten.

II. Anwendungsbereich

4   Die Vorschrift gilt nur für die Wohnungsmiete. Auf Mietverhältnisse im Sinne von § 549 Abs. 2 Nr. 1–3 BGB (s. dort) und § 549 Abs. 3 BGB (s. dort) ist die Vorschrift unanwendbar.

5   § 573a BGB ist anwendbar auf unbefristete Mietverhältnisse, die im Wege der ordentlichen befristeten Kündigung beendet werden können. Bestehende Kündigungsausschlüsse oder -verbote bleiben unberührt. Deshalb kann ein **befristetes Mietverhältnis** i. S. von § 575 Abs. 1 Satz 1 BGB bis zum Ablauf der Befristung nicht nach § 573a BGB gekündigt werden (allgem. Ansicht). Gleiches gilt für einfache befristete Mietverhältnisse i. S. von § 564c Abs. 1 BGB a. F., wie sie bis zum 31.8.2001 wirksam begründet werden konnten. Endet die Befristung, so gilt das Sonderkündigungsrecht aber auch gegenüber dem Fortsetzungsverlangen des Mieters nach § 564c Abs. 1 BGB a. F. Durch einen **vertraglichen Ausschluss der ordentlichen Kündigung** wird zugleich das Kündigungsrecht nach § 573a BGB ausgeschlossen (s. Rdn. 42). Ist – wie in den Mietverträgen der gemeinnützigen Wohnungsunternehmen – vereinbart, dass der Vermieter „nur in besonderen Ausnahmefällen unter Einhaltung der gesetzlichen Fristen kündigen kann, wenn wichtige berechtigte Interessen des Vermieters eine Beendigung des Mietverhältnisses notwendig machen", so wird hierdurch auch die Kündigung nach § 573a ausgeschlossen (BGH WuM 2013, 739 = NZM 2013, 824 unter Rz 12) Eine **Kündigung zum Zwecke der Mieterhöhung** (§ 573 Abs. 1 Satz 2 BGB) ist auch dann ausgeschlossen, wenn sie auf § 573a BGB gestützt wird (Häublein in: MünchKomm § 573a BGB Rdn. 3; Hinz in: Klein-Blenkers/Heinemann/Ring, Miete/WEG/Nachbarschaft § 573a BGB Rdn. 4; Hannappel in: Bamberger/Roth § 573a BGB Rdn. 27; Fleindl in: Bub/Treier Kap IV Rdn. 208).

6   **Weitere Kündigungsverbote** können sich im Ausnahmefall aus §§ 134, 138 Abs. 1, 242 BGB ergeben, etwa wenn der Vermieter die Kündigung als **Druckmittel** zur Erzwingung von nicht geschuldeten Mieterleistungen einsetzt. Wird die Kündigung nicht als Druckmittel zur Durchsetzung, sondern als **Sanktion** für die Weigerung des Mieters zur Erfüllung bestimmter Ansprüche erklärt, so ist die Kündigung unwirksam, wenn die Voraussetzungen des § 226 BGB (sog. „**Schikaneverbot**") gegeben sind. Diese Vorschrift wird indes nur ausnahmsweise eingreifen, weil sie voraussetzt, dass die Schadenszufügung der einzige Zweck der Kündigung ist. Hiervon kann nicht ausgegangen werden, wenn der Vermieter kündigt, weil es infolge der Weigerung des Mieters zu Spannungen und Differenzen gekommen ist (LG Stuttgart ZMR 1979, 274 m. Anm. Buchholz-Duffner, a.a.O.; AG Dortmund DWW 1993, 238; Fleindl in: Bub/Treier Kap IV Rdn. 208).

7   **Beweispflichtig** für das Vorliegen der §§ 573 Abs. 1 Satz 2, 134, 138 Abs. 1, 226, 242 BGB ist der Mieter. Die Grundsätze über den Anscheinsbeweis sind nicht anwendbar, weil die Kündigungsmotive sehr unterschiedlich sein können; es fehlt mithin an einem für den Anscheinsbeweis erforderlichen typischen Geschehensablauf.

8   Für Mietverhältnisse, die auf **gerichtlicher Gestaltung** beruhen (z. B. nach §§ 574, 1568a, 1361b BGB, 200 FamFG,) gilt das Sonderkündigungsrecht nicht.

III. Die Kündigungstatbestände

1. Abs. 1 Satz 1

a) Gebäude. Das Sonderkündigungsrecht gilt nur, wenn sich die Wohnungen 9
des Mieters und des Vermieters in **einem** „Gebäude" befinden. Hiervon kann nicht
ausgegangen werden, wenn eine Hälfte eines **Doppelhauses** vom Vermieter genutzt wird, während die andere vermietet ist. Dieselbe Situation besteht bei Wohnungen, die voneinander völlig unabhängig sind, wie etwa übereinanderliegende
Terrassenwohnungen ohne gemeinsamen Eingang und ohne sonstige Berührungspunkte (ähnlich: LG Kleve WuM 1992, 437 für Wohnungen in verschiedenen
Gebäudeteilen mit jeweils eigenem Eingang; AG Dortmund WuM 1990, 355 für
Zechensiedlungshäuser; LG Hannover WuM 1979, 78 für zwei ebenerdig nebeneinander gelegene Bungalows; ebenso Sternel Mietrecht Aktuell Rdn XI 394;
Franke in: WoBauR § 573a BGB Anm. 8; Lammel § 573a BGB Rdn. 5; Rolfs in:
Staudinger § 573a BGB Rdn. 10; Hannappel in: Bamberger/Roth § 573a BGB
Rdn. 12; Hinz in: Klein-Blenkers/Heinemann/Ring, Miete/WEG/Nachbarschaft
§ 573 BGB Rdn. 7; Herrlein in: Herrlein/Kandelhard § 573a BGB Rdn. 3; Häublein in: MünchKomm § 573a BGB Rdn. 9). Maßgeblich ist, ob die beiden Wohnungen so verbunden sind, dass nach der Verkehrsauffassung von einem einzigen
Gebäude gesprochen wird. Auf die Ausweisung im Grundbuch als einheitliches
Gebäude kommt es nicht an. Maßgeblich ist vielmehr die Verkehrsanschauung
(LG Köln WuM 2015, 680). Ist ein Reihenhaus mit zwei Wohnungen Teil eines
aus mehreren Reihenhäusern bestehenden Blocks, so ist unter dem Begriff des
„Gebäudes" das einzelne Reihenhaus und nicht der Reihenhausblock zu verstehen
(BGH NJW 2010, 3571 = WuM 2010, 513 = NZM 2010, 821). Ob die Häuser
real oder ideell geteilt sind, ist unerheblich (LG Berlin GE 2011, 823).

Nach dem Wortlaut des § 573a BGB kommt es nicht darauf an, ob die **Parteien** 10
innerhalb des Gebäudes zusammentreffen können. Ein Teil der instanzgerichtlichen Rechtsprechung (zu § 564b Abs. 4 BGB a. F.) hat allerdings aus dem
Gesetzeszweck gefolgert, dass das Sonderkündigungsrecht nur gegeben ist, wenn
die beiden Wohnungen einen gemeinsamen Eingang haben oder das Gebäude so
beschaffen ist, dass die Parteien in den gemeinsamen Hausteilen (Treppenhaus, Keller, Waschküche, Hof, etc.) eine Gelegenheit zum Zusammentreffen haben (LG
Hannover WuM 1979, 78; LG Hamburg WuM 1981, 42; WuM 1983, 23; LG Bochum WuM 1987, 158, LG Wuppertal WuM 1990, 156; LG Köln WuM 2003,
278; AG Dortmund WuM 1990, 355; ebenso Franke in: WoBauR § 573a BGB
Anm. 8). Das OLG Saarbrücken ist dieser Ansicht in dem Rechtsentscheid vom
2.7.1992 (WuM 1992, 520 = ZMR 1992, 492 = DWW 1992, 310) mit beachtlichen Argumenten entgegengetreten. Danach gilt das Sonderkündigungsrecht
auch dann, „wenn Vermieter und Mieter in dem gemeinsam bewohnten Wohngebäude keine Gelegenheit zum Zusammentreffen haben, wenn es insbesondere
an einem gemeinsamen Treppenhaus und einem gemeinsamen Hauseingang fehlt
und wenn auch keine sonstigen gemeinschaftlich zu nutzenden Räume oder
Flächen vorhanden sind" (ebenso: Hinz in: Klein-Blenkers/Heinemann/Ring,
Miete/WEG/Nachbarschaft § 573a Rdn. 8; Rolfs in: Staudinger § 573a BGB
Rdn. 15; Lützenkirchen in Lützenkirchen Mietrecht § 573a Rdn. 23; Fleindl in:
Bub/Treier Kap IV Rdn. 205; Sternel Mietrecht Aktuell Rdn XI 393). Für diese
Ansicht spricht, dass die gesetzgeberische Intention in dem Wortlaut des Gesetzes-

§ 573a BGB Untertitel 2. Mietverhältnisse über Wohnraum

textes keinen Niederschlag gefunden hat (s. aber auch Krenek in: Spielbauer/Schneider (Hrsg) Mietrecht § 573 a Rdn. 8: danach ist § 573a auf Grund teleologischer Reduktion nicht anzuwenden, wenn die Parteien in dem Gebäude nicht zusammentreffen können).

11   Unter den **Begriff** des Gebäudes fallen zunächst alle Häuser die **ausschließlich zu Wohnzwecken** genutzt werden. Auf die Eigentumsverhältnisse kommt es nicht an. Maßgeblich ist nur, dass Vermieter und Mieter im selben Gebäude wohnen und der Mieter sein Besitzrecht vom Vermieter herleitet. Ein Gebäude, bestehend aus zwei Eigentumswohnungen ist ebenfalls als „Gebäude" i. S. von § 573a BGB zu bewerten. Auch hier kommt es nicht darauf an, ob der Vermieter Eigentümer der jeweiligen Wohnungen ist.

12   Das Sonderkündigungsrecht besteht auch bei einem **gemischt genutzten Gebäude**, in dem sich außer der Wohnung des Vermieters noch Gewerberäume befinden. Es kommt nicht darauf an, ob die Gewerberäume vom Vermieter selbst genutzt werden (Begründung des Regierungsentwurfs zu § 573a BGB, BT-Drucks. 14/4553). Die früher zu § 564b BGB a. F. vertretene abweichende Meinung ist infolge der Gesetzesänderung gegenstandslos.

13   b) **Vom Vermieter selbst bewohnt.** Das Sonderkündigungsrecht besteht nur, wenn der **Vermieter** selbst in dem Gebäude **wohnt.** Der Vermieter muss einen Teil der Räumlichkeiten zu Wohnzwecken nutzen. Dabei muss es sich nicht um eine Wohnung handeln. Es genügt, wenn das Gebäude im Wesentlichen vom Mieter genutzt wird und der Vermieter lediglich ein Zimmer bewohnt (Häublein in: MünchKomm § 573a BGB Rdn. 4). Bei einer Nutzung zu gewerblichen Zwecken besteht kein Sonderkündigungsrecht. Dies gilt auch dann, wenn ein Teil der Gewerberäume so eingerichtet ist, dass der Vermieter dort wohnen könnte. Gelegentliche Übernachtungen in den Gewerberäumen machen diese nicht zur Wohnung.

14   Der Vermieter muss **selbst** in dem Gebäude wohnen. Bei einer Vermietermehrheit muss mindestens ein Vermieter in dem Gebäude wohnen. Es genügt nicht, wenn die Wohnung durch einen Ehegatten oder Verwandten des Vermieters bewohnt wird. Bei Vermietung durch eine juristische Person ist das Sonderkündigungsrecht ausgeschlossen (Allgem. Ansicht). Ist der Vermieter nicht der Eigentümer, so besteht kein Sonderkündigungsrecht, wenn zwar der Eigentümer, nicht aber der Vermieter im Haus wohnt (LG Karlsruhe WuM 1989, 241). Umgekehrt kann ein Nichteigentümer nach § 573a BGB kündigen, wenn er im Haus wohnt und Vermieter der anderen Wohnung ist (Häublein in: MünchKomm § 573a BGB Rdn. 6). Das Sonderkündigungsrecht gilt nämlich auch im Verhältnis vom Mieter zum **Untermieter.** Ein solcher Fall kann etwa dann vorliegen, wenn der Vermieter in dem von ihm angemieteten Haus eine Wohnung selber nutzt und die andere durch Untermietvertrag einem Mieter überlassen hat.

15   Es ist erforderlich, dass die Wohnung von dem Vermieter **tatsächlich genutzt** wird. Eine freistehende Wohnung gibt dem Vermieter auch dann kein Sonderkündigungsrecht, wenn er dort polizeilich gemeldet ist oder die Absicht hat, in Bälde dort einzuziehen. Teilweise wird vertreten, dass der Vermieter in einer der Wohnungen seinen **Lebensmittelpunkt** haben muss (LG Berlin NJW-RR 1991, 1227; LG Wuppertal WuM 1990, 156; AG Walsrode WuM 1992, 616; Rolfs in: Staudinger § 573a BGB Rdn. 10; Sternel Rdn. IV 241; Haug in: Emmerich/Sonnenschein § 573a BGB Rdn. 5; Kossmann § 114 Rdn. 10; **a. A.** LG Hamburg WuM 1983, 23; Hinz in: Klein-Blenkers/Heinemann/Ring, Miete/WEG/Nachbarschaft § 573a Rdn. 11; Lammel § 573a BGB Rdn. 13; Franke in: WoBauR

§ 573a BGB Anm. 13; Lützenkirchen in: Lützenkirchen, Mietrecht § 573a BGB Rdn. 22; Häublein in: MünchKomm § 573a BGB Rdn. 5). Nach dieser Meinung besteht kein Kündigungsrecht, wenn die Räume nur als **Zweitwohnung** genutzt werden. Nach der hier vertretenen Ansicht kommt es darauf an, ob das Interesse des Vermieters an einer ungestörten Alleinnutzung höher zu bewerten ist, als das Bestandsinteresse des Mieters. Bei einer Nutzung als Wochenendwohnung ist dies zu verneinen (**a. A.** AG Halle-Saalkreis WuM 1995, 43). Gleiches gilt, wenn der Vermieter die Wohnung lediglich zum Abstellen von Möbeln oder anlässlich gelegentlicher Verwandtenbesuche nutzt (LG Limburg/Lahn WuM 1991, 111). Bei zeitlich umfangreicher Nutzung ist das Sonderkündigungsrecht gegeben (ebenso: AG Hamburg-Blankenese WuM 1992, 112 für fünfmonatige Nutzung im Jahr). Die hier maßgebliche Abgrenzung ist nach denselben Kriterien zu entscheiden wie die Frage des Kündigungsinteresses nach § 573 Abs. 2 Nr. 2 BGB, wenn der Vermieter Bedarf an einer Zweitwohnung geltend macht (s. § 573 Rdn. 111). Die melderechtliche Bezeichnung als „Erst- oder Zweitwohnsitz" ist unerheblich.

Für die Kündigungsvoraussetzungen kommt es darauf an, ob der Vermieter im **16** **Zeitpunkt des Ausspruchs der Kündigung** eine Wohnung nutzt. Hat der Vermieter nach § 573a BGB gekündigt und entschließt er sich nach dem Ausspruch der Kündigung zur Aufgabe der bisherigen Wohnung, so bleibt die Kündigung wirksam. Wird dieser Entschluss aber vor Ablauf der Kündigungsfrist gefasst, so muss er hierüber den Mieter informieren und diesem den Abschluss eines Vertrags über die Aufhebung der Kündigungswirkungen anbieten (AG Bergheim WuM 2015, 39). Umgekehrt besteht das Sonderkündigungsrecht auch dann, wenn der Vermieter erst nach Abschluss des Mietvertrags in das Haus einzieht (zum früheren Recht: OLG Koblenz RE 25.5.1981 WuM 1981, 204 = ZMR 1981, 371; BayObLG RE 31.1.1991 NJW RR 1991, 1036 = WuM 1991, 249; OLG Karlsruhe RE 25.11.1991 WuM 1992, 49 = DWW 1992, 49; zum neuen Recht: Haas Das neue Mietrecht, § 573a BGB Rdn. 5; Häublein in: MünchKomm § 573a BGB Rdn. 3). Ein **Vertrauensschutz** zugunsten des Mieters besteht in einem solchen Fall nur ausnahmsweise, etwa wenn der Vermieter durch sein Verhalten einen besonderen Vertrauenstatbestand des Inhalts geschaffen hat, das betreffende Haus selbst nie zu beziehen (OLG Karlsruhe a.a.O.). Der Umstand, dass der Mieter die Möglichkeit einer Eigennutzung durch den Vermieter nicht in Erwägung gezogen hat, reicht für die Annahme eines solchen Vertrauenstatbestandes keinesfalls aus. Weiter besteht das Sonderkündigungsrecht, wenn der Mieter einer der beiden Wohnungen das gesamte Gebäude erwirbt; in diesem Fall kann er nach seiner Eintragung ins Grundbuch die andere Wohnung nach § 573a BGB kündigen. Sind in einem Zweifamilienhaus sämtliche Wohnungen vermietet, so kann der bisher nicht im Haus wohnende Vermieter (oder Erwerber) unter Umständen das eine Mietverhältnis wegen Eigenbedarfs und das andere nach § 573a BGB kündigen. Die Kündigung nach § 573a BGB kann allerdings nicht zusammen mit der Eigenbedarfskündigung erklärt werden. Vielmehr ist diese Kündigung erst möglich, wenn der Vermieter eine der Wohnung bezogen hat.

Der bei der Kündigung nach § 573 Abs. 2 Nr. 2 BGB anerkannte Grundsatz, dass **17** das **Kündigungsinteresse bis zum Ablauf der Kündigungsfrist fortbestehen muss,** gilt auch bei der Kündigung nach § 573a BGB (OLG Karlsruhe RE 22.4.1993 NJW-RR 1994, 80 = WuM 1993, 405 = ZMR 1993, 335; Häublein in: MünchKomm § 573a BGB Rdn. 7). Deshalb ist eine Kündigung nach § 573a BGB unwirksam, wenn der Vermieter in der Absicht kündigt, nach dem Auszug des Mieters auch die eigene Wohnung aufzugeben, um das Haus sodann freistehend verkaufen zu können (LG Stuttgart WuM 2007, 75; Sonnenschein NZM 2000, 1, 4). Aus einer unwirksamen Kündigung kann auch der Erwerber keine Rechte herleiten (unzutreffend AG Aschaffenburg WuM 2007, 460 m. abl. Anm. Blank). Hat der Vermieter nach § 573a BGB gekündigt und fasst er sodann den Entschluss zur Veräußerung des Gebäudes, so bleibt die Kündigung wirksam. Der Erwerber kann den Mieter auf Räumung und Herausgabe in Anspruch nehmen, wenn er selbst die Hauptwohnung bezogen hat; maßgeblich ist der Schluss der mündlichen Verhandlung. Hat der Erwerber die Hauptwohnung nicht bezogen, so kann er aus der vom Veräußerer ausgesprochenen Kündigung keine Rechte herleiten. Er ist in diesem Fall verpflichtet, dem Mieter einen Vertrag über die Fortsetzung des Mietverhältnisses anzubieten (LG Duisburg NZM 2005, 216).

18   **Stirbt der Vermieter nach Kündigungsausspruch,** so kann der Rechtsnachfolger des Vermieters die Kündigung nicht weiterverfolgen (OLG Karlsruhe a.a.O.; LG Karlsruhe WuM 1989, 256). Eine Ausnahme gilt, wenn der verstorbene Vermieter und sein Rechtsnachfolger die Wohnung zusammen genutzt haben und der Rechtsnachfolger die Wohnung auch in Zukunft weiter nutzen will, weil dann ein „deckungsgleicher" Kündigungssachverhalt gegeben ist. Ein nicht im Haus wohnender Rechtsnachfolger ist auf die Kündigung nach § 573 Abs. 1 und 2 beschränkt.

19   **c) Nicht mehr als zwei Wohnungen.** Der **Begriff der Wohnung** richtet sich nach der **Verkehrsanschauung.** Danach wird unter einer Wohnung „ein selbständiger, räumlich und wirtschaftlich abgegrenzter Bereich verstanden, der eine eigenständige Haushaltsführung ermöglicht" (BGH WuM 2011, 34 = NZM 2011, 71; BGH NZM 2015, 452; LG Hamburg WuM 1994, 215; LG Aachen WuM 1993, 616, 617; LG Bochum WuM 1984, 133; Sternel Mietrecht aktuell Rdn. XI 397). Die **DIN 283** definiert die Wohnung als „die Summe der Räume, welche die Führung eines Haushalts ermöglichen, darunter stets eine Küche oder ein Raum mit Kochgelegenheit. Zu einer Wohnung gehören außerdem Wasserversorgung, Ausguss und Abort" (LG Bochum WuM 1984, 133; LG Berlin GE 1992, 1151; LG Lübeck WuM 1992, 616; LG Bonn WuM 1992, 24; LG Aachen WuM 1993, 616; LG Hamburg WuM 1994, 215; LG Kempten WuM 1994, 254; Häublein in: MünchKomm § 573a BGB Rdn. 11; Rolfs in: Staudinger § 573a BGB Rdn. 6; Hinz in: Klein-Blenkers/Heinemann/Ring, Miete/WEG/Nachbarschaft § 573a BGB Rdn. 14). Es ist nicht erforderlich, dass die Küche eingerichtet ist; es müssen lediglich diejenigen Versorgungsanschlüsse (Wasser, Abwasser, Strom) vorhanden sein, die zur Einrichtung einer Küche nötig sind. Außerdem muss der Mieter nach den vertraglichen Vereinbarungen berechtigt sein, den Raum als Küche einzurichten und zu nutzen. Vergleichbar ist der **steuerrechtliche Wohnungsbegriff i. S. des § 5 Abs. 2 GrStG.** Nach der Rechtsprechung des BFH (DWW 2015, 195) ist unter einer Wohnung „die Zusammenfassung einer Mehrheit von Räumen zu verstehen, die in ihrer Gesamtheit so beschaffen sein müssen, dass sie die Führung eines selbständigen Haushalts auf Dauer ermöglichen". Dies ist der Fall, wenn die Einheit mindestens 20 qm aufweist und mit einer Küche oder einem Raum mit Kochgelegenheit, einem Bad oder einer Dusche sowie einer Toilette ausgestattet ist. Außerdem muss die Einheit von anderen Einheiten getrennt sein und über einen eigenen Zugang verfügen. Der Umstand, dass in den Räumlichkeiten eine Kochplatte aufgestellt werden kann, macht den Raum nicht zu einer Wohnung (LG Kempten a.a.O.; LG Hamburg a.a.O.; AG Siegburg WuM 1979, 218 mit abl. Anm. Holtschoppen WuM 1979, 219; Häublein in: MünchKomm § 573a BGB Rdn. 11;

Erleichterte Kündigung des Vermieters **BGB § 573a**

a. A. LG Braunschweig WuM 1985, 64; LG Essen WuM 1993, 54; LG Lübeck WuM 1992, 616; LG Bonn WuM 1992, 24). Dieses Kriterium ist für den Wohnungsbegriff völlig ungeeignet, weil es kaum einen Raum geben wird, in dem keine Kochplatte aufgestellt und an eine Steckdose angeschlossen werden könnte (Häublein a. a. O.).

Abgeschlossene Wohnungen sind nach der DIN 283 solche, „die baulich 20 vollkommen von fremden Wohnungen und Räumen abgeschlossen sind, z. B. durch Wände und Decken, die den Anforderungen der Bauaufsichtsbehörden (Baupolizei) an Wohnungstrennwände und Wohnungstrenndecken entsprechen und einen eigenen abschließbaren Zugang unmittelbar vom Freien, von einem Treppenhaus oder einem Vorraum haben. Zu abgeschlossenen Wohnungen können zusätzliche Räume außerhalb des Wohnungsabschlusses gehören. Auch Wasserversorgung, Ausguss und Abort können außerhalb der Wohnung liegen". Ebenso schadet es nichts, wenn diese Einrichtungen von mehreren Wohnparteien benutzt werden. Anders ist es, wenn der Mieter Räume und Einrichtungen einer anderen Wohnung in Anspruch nehmen muss (LG Köln WuM 1985, 63; Lammel Wohnraummietrecht § 573a BGB Rdn. 7). Ein **Bad** ist nicht wesentlicher Bestandteil einer Wohnung (Sonnenschein a. a. O; Hinz in: Klein-Blenkers/Heinemann/Ring, Miete/WEG/Nachbarschaft § 573a BGB Rdn. 14; **a. A.** LG Berlin GE 1999, 507).

Nicht abgeschlossene Wohnungen sind solche, die diesen Anforderungen 21 nicht genügen. Zu den Wohnungen i. S. von § 573a BGB gehören sowohl abgeschlossene als auch nicht abgeschlossene Wohnungen (LG Essen WuM 1977, 206; AG Rostock DWW 1993, 142). Der Umstand, dass der Vermieter durch die Errichtung der Räumlichkeiten gegen formelles oder materielles öffentliches Baurecht verstoßen hat, spielt keine Rolle (LG Bochum WuM 1984, 133; LG Köln WuM 1985, 64; LG Aachen WuM 1993, 616; LG Hamburg WuM 1994, 215). Unerheblich ist auch, ob das Haus steuerrechtlich als Zwei- oder Dreifamilienhaus bewertet wird (LG Hildesheim NJW-RR 1993, 585).

Die Frage, ob Räumlichkeiten **zur Führung eines Haushaltes geeignet** sind, 22 richtet sich nach der Verkehrsanschauung (LG Hamburg WuM 1994, 215). Indizien hierfür sind das Vorhandensein einer Klingel im Hauseingangsbereich, eines Briefkastens, eines separaten Strom- und/oder Wasserzählers, sowie der Umstand, dass die Räume gegenwärtig oder früher von einer Einzelperson oder einer Familie als Wohnung genutzt worden sind. Eine Wohnung kann aber auch dann anzunehmen sein, wenn diese Einrichtungen nicht vorhanden sind. Der Umstand, dass mehrere Mieter bestimmte Räume gemeinsam benutzen, steht der Bewertung der Mieträume als „Wohnung" nicht entgegen (AG Heidelberg WuM 1983, 144).

Für den **Wohnungsbegriff** sind grundsätzlich die **objektiven Gegebenheiten** 23 im **Zeitpunkt der Kündigung** maßgebend (Rolfs in: Staudinger § 573a BGB Rdn. 16. Deshalb ist es unerheblich, ob ein Dachgeschoß zu einer Wohnung ausgebaut werden könnte oder ob ein Vermieter solche Ausbauabsichten hat (LG Mannheim WuM 1981, 234; LG Wiesbaden WuM 1981, 162). Umgekehrt kommt es nicht darauf an, ob vorhandene Räume als Wohnung genutzt werden, sondern darauf, ob sie als Wohnung geeignet sind (AG Hamburg-Bergedorf ZMR 2012, 451). Deshalb ist das Sonderkündigungsrecht auch dann ausgeschlossen, wenn die Räume leerstehen (LG Köln WuM 1985, 64; LG Essen a.a.O.) oder wenn sie vom Vermieter nicht zur Vermietung an Dritte vorgesehen sind. Unbeschadet hiervon ist der Vermieter aber nicht gehindert, eine Wohnung, die bereits beim Vertragsschluss zu gewerblichen Zwecken genutzt wurde oder die zu solchen Zwecken ver-

§ 573a BGB Untertitel 2. Mietverhältnisse über Wohnraum

mietet war, auch weiterhin gewerblich zu nutzen. In diesem Fall bleibt das Gebäude ein Haus mit zwei Wohnungen, so dass das Sonderkündigungsrecht besteht. Wurde hingegen eine Wohnung bei Vertragsschluss gewerblich genutzt und hat der Vermieter diese Art der Nutzung in der Folgezeit aufgegeben, so sind die Räumlichkeiten entsprechend ihrer Eignung als Wohnräume zu bewerten (LG Essen a.a.O.). In diesem Fall ist das Sonderkündigungsrecht ausgeschlossen. Waren umgekehrt **bei Vertragsschluss drei Wohnungen vorhanden** und hat der Vermieter in der Folgezeit die der Wohnungen zu gewerblichen Zwecken genutzt oder vermietet, so ist eine aus dem **Vertrauensgrundsatz** abzuleitende Ausnahme zu beachten. Hier ist das Sonderkündigungsrecht ausgeschlossen, weil der Mieter darauf vertrauen darf, dass ein bei Vertragsschluss bestehender Kündigungsschutz nicht durch eine vom Vermieter vorgenommene Zweckänderung tangiert wird (BGH NZM 2015, 452).

24 Dieselben Grundsätze gelten, wenn das **Gebäude nach dem Vertragsschluss baulich verändert** wird. Bestand das Haus im Zeitpunkt des Vertragsschlusses aus 2 Wohnungen und wurde in der Folgezeit durch Ausbau oder Teilung eine dritte Wohnung geschaffen, so ist das Sonderkündigungsrecht ausgeschlossen. Hat umgekehrt der Mieter einer in einem Dreifamilienhaus gelegenen Wohnung nach Vertragsschluss eine weitere Wohnung hinzugemietet und diese mit der Ursprungswohnung verbunden, so entsteht für den im Haus wohnenden Vermieter ein Sonderkündigungsrecht, weil nach dem Umbau nur noch zwei Wohnungen vorhanden sind (OLG Karlsruhe RE 10.6.1983 NJW 1984, 2953 = WuM 1983, 253). Dies gilt auch dann, wenn der Umbau jederzeit wieder rückgängig gemacht werden könnte (OLG Karlsruhe a.a.O.). Nach der hier vertretenen Ansicht kommt es nicht darauf an, ob die beiden Wohnungen nach den baulichen Gegebenheiten als einheitliche abgeschlossene Wohnung anzusehen sind. Maßgeblich ist vielmehr, ob der Mieter die beiden Wohnungen im Rahmen seiner Haushaltsführung nutzt. Deshalb besteht das Sonderkündigungsrecht auch dann, wenn der Mieter nach Vertragsschluss eine weitere Wohnung anmietet und beide Wohnungen ohne Umbaumaßnahmen zur Haushaltsführung genutzt werden. Werden die Umbauarbeiten auf Veranlassung oder im Interesse des Vermieters vorgenommen, so ist allerdings eine aus dem **Vertrauensgrundsatz** abzuleitende Ausnahme zu beachten: Das Sonderkündigungsrecht gilt nicht, wenn das Haus beim Vertragsschluss aus drei Wohnungen bestand und der Vermieter in der Folgezeit zwei der Wohnungen zu einer einzigen zusammengelegt hat (OLG Hamburg RE 7.4.1982 WuM 1982, 151 = ZMR 1982, 282 = NJW 1983, 182; Herrlein in: Herrlein/Kandelhard § 573a BGB Rdn. 5) oder wenn er beide Wohnungen ohne Umbaumaßnahme im Rahmen seiner Haushaltsführung nutzt. Für die Anwendung des Vertrauensgrundsatzes besteht allerdings kein Raum, wenn der Vermieter den Mieter vor Vertragsschluss über seine Umbaupläne informiert hat (LG Memmingen NJW-RR 1992, 523).

25 Eine weitere, aus dem Vertrauensgrundsatz abzuleitende Ausnahme gilt, wenn der Mieter eine **Wohnung in einem noch nicht fertig gestellten Haus** gemietet hat. Hier kommt es darauf an, ob das Haus als Zwei- oder Mehrfamilienhaus konzipiert ist. War beim Vertragsschluss die dritte Wohnung bereits geplant aber noch nicht fertig gestellt, so besteht kein Sonderkündigungsrecht, wenn der Vermieter vor der Bezugsfertigkeit der dritten Wohnung kündigt (AG Marl WuM 1998, 221). Dies gilt auch dann, wenn der Plan zur Fertigstellung der dritten Wohnung nach Abschluss des Mietvertrags endgültig aufgegeben wird.

26 Befinden sich in einem Gebäude mehr als zwei Wohnungen, so ist § 573a Abs. 1 BGB unanwendbar. Dies gilt auch dann, wenn der Vermieter eine dritte Wohnung

als Teil seiner eigenen Wohnung nutzt, z. B. als Arbeits-, Gäste-, Kinder- oder Schlafzimmer (BGH WuM 2011, 34 = NZM 2011, 71). Anders ist es, wenn die Räumlichkeiten auf Grund ihrer baulichen Beschaffenheit als Teil der Vermieterwohnung anzusehen sind. Dies ist aber nur dann der Fall, wenn die betreffenden Räumlichkeiten mit der Wohnung des Vermieters eine bauliche Einheit bilden; hiervon kann beispielsweise bei einer Verbindung mit Innentreppen ausgegangen werden (LG Memmingen NJW-RR 1992, 523). Dieselben Grundsätze gelten, wenn das Gebäude aus drei Wohnungen besteht und zwei der Wohnungen vom Mieter genutzt werden. Die in der Vorauflage vertretene abweichende Ansicht wird nicht aufrechterhalten.

Die **Anzahl der jeweiligen Wohnungsnutzer** ist unerheblich. Deshalb gilt das Sonderkündigungsrecht auch dann, wenn der Vermieter oder der Mieter einzelne Räume seiner Wohnung an einen oder mehrere **Untermieter** vermietet hat (Fleindl in: Bub/Treier Kap IV Rdn. 205). 27

2. Abs. 2:

Das Sonderkündigungsrecht besteht ebenfalls für **Wohnraum innerhalb der vom Vermieter selbst bewohnten Wohnung.** Diese Vorschrift hat dann praktische Bedeutung, wenn die Räume unmöbliert vermietet werden, oder wenn sie zum dauernden Gebrauch für eine Familie bestimmt sind. Gleiches gilt, wenn sich die Räume in einem Mehrfamilienhaus befinden (KG NJW 1981, 2470 = WuM 1981, 154 = ZMR 1981, 243). Solche Räume unterliegen an sich dem Kündigungsschutz (§ 549 Abs. 2 Nr. 2 BGB); der Vermieter kann diese Räume allerdings auch dann kündigen, wenn er kein berechtigtes Interesse an der Beendigung des Mietverhältnisses hat. 28

Die Vorschrift gilt auch im Verhältnis des Mieters zum Untermieter. Deshalb kann ein Mieter, der einzelne Zimmer seiner Wohnung weitervermietet hat, von dem Sonderkündigungsrecht Gebrauch machen. Eine solche Situation besteht auch bei einer **Wohngemeinschaft,** wenn nicht alle Wohnungsnutzer Partei des Hauptmietvertrags sind. Hier können die Hauptmieter den Untermietern nach § 573a BGB kündigen. 29

IV. Die Kündigungsfrist (Abs. 1 Satz 2)

Macht der Vermieter von dem Sonderkündigungsrecht nach § 573a BGB Gebrauch, so verlängert sich die Kündigungsfrist um drei Monate. Die gesetzliche Kündigungsfrist beträgt deshalb je nach Dauer des Mietverhältnisses mindestens sechs, höchstens 12 Monate. In den Fällen der außerordentlichen befristeten Kündigung beträgt die Kündigungsfrist einheitlich 3 Monate (§ 573d Abs. 2 Satz 2 BGB). 30

V. Die Kündigungserklärung (Abs. 3)

Nach § 573a Abs. 3 BGB ist in dem Kündigungsschreiben „anzugeben, dass die Kündigung auf die Voraussetzungen des Absatzes 1 oder 2 gestützt wird". Es handelt sich um eine Wirksamkeitsvoraussetzung der Kündigung. 31

§ 573a BGB Untertitel 2. Mietverhältnisse über Wohnraum

32 Die Angabe muss **im Kündigungsschreiben** erfolgen; sie ist auch dann nicht entbehrlich, wenn der Mieter auf Grund mündlicher Erklärungen oder vorangegangener Korrespondenz weiß, dass der Vermieter von seinem Sonderkündigungsrecht Gebrauch machen will (**a. A.** Rolfs in: Staudinger § 573a BGB Rdn. 22. Eine unterlassene Angabe kann nicht nachgeholt werden. Jedoch kann der Vermieter erneut kündigen. Eine nachträgliche Mitteilung des Vermieters, dass die Kündigung auf die Voraussetzungen des Absatzes 1 oder 2 gestützt wird, kann aus Gründen der Rechtsklarheit nicht in eine erneute Kündigung nach § 573a BGB umgedeutet werden.

33 Durch die **Einhaltung** einer dem Sonderkündigungsrecht entsprechenden **verlängerten Kündigungsfrist** wird die Angabe nicht ersetzt (Sternel Mietrecht Aktuell Rdn XI 405; Hannappel in: Bamberger/Roth § 573a BGB Rdn. 25). Der Umstand, dass ein **Kündigungsschreiben keine Gründe** enthält, macht die Angabe ebenfalls nicht entbehrlich (Fleindl in: Bub/Treier Kap IV Rdn. 210; Hannappel a.a.O.; **a. A.** Löwe NJW 1975, 9). Dies gilt schon deshalb, weil in diesem Fall auch eine (unwirksame) Kündigung nach § 573 BGB vorliegen kann.

34 Die Vorschrift dient der Unterrichtung des Mieters; deshalb muss der Hinweis für den Kündigungsempfänger verständlich sein. Dieser muss aus dem **Inhalt des Kündigungsschreibens** erkennen können, dass der Vermieter von seinem Sonderkündigungsrecht nach § 573a BGB Gebrauch macht. Wird gegenüber einem rechtskundigen Mieter oder gegenüber dem rechtskundigen Bevollmächtigten eines Mieters gekündigt, so reicht ein Hinweis auf die Gesetzesbestimmung (… kündige ich nach § 573a BGB …) oder eine Formulierung wie: „… mache ich von meinem Sonderkündigungsrecht für Einliegerwohnungen Gebrauch" in der Regel aus. Gleiches gilt, wenn der Mieter weiß, dass der Vermieter eine Einliegerwohnung ohne berechtigtes Interesse kündigen kann (LG Kiel WuM 1994, 543 betr. Kenntnis auf Grund einer vorangegangenen Kündigung). Wird die Kündigung gegenüber einem rechtsunkundigen Mieter erklärt, so genügt die Wiedergabe von Gesetzesbezeichnungen im allgemeinen nicht (LG Osnabrück WuM 1990, 307; **a. A.** AG Karlsruhe, DWW 1992, 212; dazu: Sonnenschein NZM 2000, 1, 7) Hier muss – z. B. durch die Wiederholung des Gesetzestextes deutlich gemacht werden, dass eine vom Vorliegen von Gründen unabhängige Kündigung ausgesprochen wird. Fehlt es hieran, so ist die Kündigung unwirksam. Der Mieter muss allerdings nicht belehrt werden. Deshalb muss der Vermieter in dem Kündigungsschreiben weder mitteilen, dass die Voraussetzungen des § 573a BGB vorliegen, noch muss er die sich daraus ergebende Rechtsfolge erläutern.

35 Die **Angabe von Gründen** schadet nicht. Es muss nur deutlich werden, dass die Kündigung nicht hierauf gestützt wird. Die Angabe von Gründen im Kündigungsschreiben ist allerdings nicht erforderlich, wenn der Vermieter ausschließlich nach § 573a BGB kündigen will. Dies gilt auch, wenn der Mieter der Kündigung nach § 574 BGB widerspricht. Bei der **Anwendung der Sozialklausel** können zugunsten des Vermieters auch solche Gründe berücksichtigt werden, die nicht im Kündigungsschreiben genannt sind. Anders als nach früherem Recht (OLG Hamm RE 16.3.1992 WuM 1992, 230 = ZMR 1992, 243 zum früheren § 564b Abs. 4 BGB a. F. ist § 574 Abs. 3 BGB auf Kündigungen nach § 573a BGB nämlich nicht anwendbar (Gesetzentwurf der Bundesregierung, Begründung zu § 574 BGB, BT-Drucks 14/4553; Lammel Wohnraummietrecht § 573a BGB Rdn. 27; Häublein in: MünchKomm § 573a BGB Rdn. 16; Rolfs in: Staudinger § 573a BGB Rdn. 23; Hinz in: Klein-Blenkers/Heinemann/Ring, Miete/WEG/Nachbarschaft § 573a BGB Rdn. 22).

Liegen berechtigte Interessen an der Beendigung des Mietverhältnisses vor, so 36
kann der Vermieter **wahlweise** nach § 573 BGB oder nach § 573a BGB kündigen
(Rolfs in: Staudinger § 573a BGB Rdn. 24. Der Vermieter kann allerdings nicht
beide Kündigungen gleichrangig geltend machen. Vielmehr muss die Kündigungserklärung erkennen lassen, in welcher Weise das Wahlrecht ausgeübt wird (LG Köln
WuM 1997, 221). Der Vermieter darf die Ausübung des Wahlrechts nicht dem
Mieter oder dem Gericht überlassen, etwa dergestalt, dass von dem für den Mieter
rechtlich günstigsten Kündigungsgrund ausgegangen wird (LG Landau WuM 1986,
144).

Nach dem Rechtsentscheid des OLG Hamburg vom 7.4.1982 (NJW 1983, 182 37
= WuM 1982, 151 = ZMR 1982, 282) kann der Vermieter die Kündigung nach
§ 573 BGB und diejenige nach § 573a BGB dergestalt miteinander kombinieren,
dass er die erste oder die zweite in erster Linie und die jeweils andere **hilfsweise** geltend macht (ebenso: LG Berlin GE 1983, 713; LG Kiel DWW 1992, 85; Häublein
in: MünchKomm § 573a BGB Rdn. 14). Auch im Räumungsprozess kann der Vermieter beide Kündigungen in dieser Weise geltend machen.

Hat der Mieter einer Kündigung des Vermieters nach § 573 BGB widerspro- 38
chen, so darf der Vermieter nach dem Rechtsentscheid des OLG Karlsruhe vom
2.11.1981 (NJW 1982, 391; WuM 1982, 14 = DWW 1982, 54) erneut noch innerhalb der laufenden Kündigungsfrist nach § 573a BGB kündigen, wenn er in
dem Kündigungsschreiben zweifelsfrei zum Ausdruck bringt, dass er nunmehr von
seinem Sonderkündigungsrecht Gebrauch macht (dagegen zu Recht: Sternel
Rdn. IV 245 FN 33; anders aber Sternel Mietrecht Aktuell Rdn XI 406: praktikable
Lösung).

Ist auf Grund der Kündigungserklärung nicht zu ermitteln, in welcher Weise der 39
Vermieter von seinem Wahlrecht Gebrauch gemacht hat (z. B. bei einer Kündigung
unter Angabe von Gründen mit der verlängerten Frist des § 573a Abs. 1 Satz 2
BGB), so ist die Kündigung nur wirksam, wenn sie den Anforderungen des § 573
BGB entspricht (Sternel Rdn. IV 247).

VI. Darlegungs- und Beweislast/Abweichende Vereinbarungen (Abs. 4)

Der Vermieter muss darlegen und beweisen, dass die Voraussetzungen des § 573a 40
BGB gegeben sind. Der Mieter muss beweisen, dass die Kündigung gegen §§ 573
Abs. 1 Satz 2, 134, 138, 226, 242 BGB verstößt.

Nach § 573a Abs. 4 BGB ist eine zum Nachteil des Mieters abweichende Verein- 41
barung unwirksam. Eine vertragliche Regelung, wonach die Wohnung als „Einliegerwohnung" gelten soll ist im Ergebnis bedeutungslos. Entspricht das Mietverhältnis in Wirklichkeit nicht der fraglichen Wohnungskategorie, so ist die Vereinbarung
unwirksam. Im anderen Fall folgt das Sonderkündigungsrecht nicht aus der Vereinbarung, sondern unmittelbar aus dem Gesetz. Eine entsprechende Regelung hat
deshalb nur deklaratorischen Charakter.

Die Regelung des § 573a BGB kann **ersatzlos abbedungen** werden, weil eine 42
solche Vereinbarung zum Vorteil des Mieters wirkt. Der Ausschluss des § 573a ist
auch durch Formularvertrag möglich (LG Aschaffenburg WuM 2018, 83 für ein
vom Vermieter verwendetes Formular). Eine Vereinbarung über den Ausschluss
der Eigenbedarfskündigung ist i. d. R. dahingehend auszulegen, dass zugleich das
Kündigungsrecht nach § 573a entfällt (LG Heidelberg WuM 2015, 173).

§ 573b Teilkündigung des Vermieters

(1) Der Vermieter kann nicht zum Wohnen bestimmte Nebenräume oder Teile eines Grundstücks ohne ein berechtigtes Interesse im Sinne des § 573 kündigen, wenn er die Kündigung auf diese Räume oder Grundstücksteile beschränkt und sie dazu verwenden will,
1. Wohnraum zum Zwecke der Vermietung zu schaffen oder
2. den neu zu schaffenden und den vorhandenen Wohnraum mit Nebenräumen oder Grundstücksteilen auszustatten.

(2) Die Kündigung ist spätestens am dritten Werktag eines Kalendermonats zum Ablauf des übernächsten Monats zulässig.

(3) Verzögert sich der Beginn der Bauarbeiten, so kann der Mieter eine Verlängerung des Mietverhältnisses um einen entsprechenden Zeitraum verlangen.

(4) Der Mieter kann eine angemessene Senkung der Miete verlangen.

(5) Eine zum Nachteil des Mieters abweichende Vereinbarung ist unwirksam.

Übersicht

	Rdn.
I. Anwendungsbereich und Zweck	1
II. Tatbestandsvoraussetzungen	4
III. Teilbedarf	26
IV. Darlegungs- und Beweislast/Abweichende Vereinbarungen (Abs. 5)	27

I. Anwendungsbereich und Zweck

1 Die Vorschrift gilt nur für die **Wohnraummiete**. Erfasst werden alle Mietverhältnisse, einschließlich derer, die in § 549 Abs. 2 und 3 BGB genannt sind. Die Vorschrift gilt auch in den neuen Ländern. Für Mietverhältnisse über **Gewerberäume** gilt § 573b BGB nicht (Häublein in: MünchKomm § 573b BGB Rdn. 4). Dies folgt aus § 578 BGB, weil diese Vorschrift nicht auf § 573b BGB verweist. Es wird allerdings auch die Ansicht vertreten, dass die Regelung im Wege der teleologischen Extension auch für die Gewerbemiete gilt (Rolfs in: Staudinger § 573b BGB Rdn. 8). Die Gesetzessystematik ist allerdings eindeutig.

2 Die Vorschrift bestimmt, dass der Vermieter auch zur Teilkündigung von Nebenräumen (insbesondere zur Kündigung von Speicherräumen) oder sonstiger mitvermieteter Grundstücksteile (Kfz-Abstellplätze, Gärten usw.) berechtigt ist, wenn er diese Räume oder Grundstücksflächen zur Schaffung neuer Mietwohnungen verwenden will. Auf diese Weise will der Gesetzgeber sicherstellen, dass der wohnungsbaupolitisch wünschenswerte Ausbau von Dachgeschoßen, die Aufstockung, der Ausbau oder die Schließung von Baulücken nicht am Widerstand der Mieter scheitern. Für den Mieter besteht keine Möglichkeit zur Teilkündigung.

3 Der Mieter kann **Kündigungswiderspruch** nach **§ 574 ff BGB** erheben (Rolfs in: Staudinger § 573b BGB Rdn. 19; Lammel Wohnraummietrecht § 573b BGB Rdn. 16). Dies folgt aus der systematischen Stellung des § 573b BGB und des § 574 BGB im Unterkapitel „Mietverhältnisse auf unbestimmte Zeit".

II. Tatbestandsvoraussetzungen

1. Die Vorschrift setzt zunächst voraus, dass das Mietverhältnis generell im Wege 4
der ordentlichen Kündigung beendet werden kann. Bei einem **befristeten Mietverhältnis** nach § 575 Abs. 1 Satz 1 BGB ist die Teilkündigung während der Befristung ausgeschlossen (Kossmann/Meyer-Abich Handbuch der Wohnraummiete § 119 Rdn. 3). Dies folgt aus der systematischen Stellung der Vorschrift im Unterkapitel „Mietverhältnisse auf bestimmte Zeit". Ist ein **Kündigungsverzicht** vereinbart, so kommt es darauf an, ob die Verzichtsvereinbarung auch die Teilkündigung umfasst. Dies ist durch Auslegung der Vereinbarung zu ermitteln. Ist vereinbart, dass das Recht zur „ordentlichen Kündigung" ausgeschlossen ist, so ist mit diesem Begriff lediglich die Kündigung nach § 573 BGB angesprochen.

Die Teilkündigung besteht für „nicht zum Wohnen bestimmte Nebenräume 5
oder Teile eines Grundstücks". Die **Nebenräume** müssen außerhalb der Wohnung des Mieters liegen. Ob sie innerhalb oder außerhalb des Gebäudes oder des Grundstücks liegen, ist unerheblich (Schilling, Neues Mietrecht 1993, S. 71). Sie dürfen nach den Vereinbarungen des Mietvertrags nicht zum Wohnen bestimmt sein. Es muss sich um **Zubehörräume** handeln; in Betracht kommen: Keller, Waschküche, Abstellräume außerhalb der Wohnung, Dachboden, Trockenräume, Schuppen, Garagen und ähnliche Räume (vgl. § 2 Abs. 3 Nr. 1 WoFlV). Unerheblich ist es, ob der Mieter die Räume vertragswidrig zu Wohnzwecken nutzt. Eine vertragsgemäße Wohnnutzung schließt die Teilkündigung aus, auch wenn die Räume bauordnungsrechtlich nicht zum Wohnen geeignet sind. Eine ursprünglich vertragswidrige Nutzung kann im Einzelfall durch stillschweigende, langjährige Duldung vertragsgemäß werden.

Zu den **Grundstücksteilen** gehören insbesondere mitvermietete Kfz-Abstell- 6
plätze oder mitvermietete Gärten. Es ist unerheblich, ob der Mieter diese Flächen alleine nutzt oder ob ihm hieran nur ein Mitbenutzungsrecht zusteht. Ist dem Mieter die Benutzung oder Mitbenutzung lediglich gestattet, so genügt es, wenn der Vermieter die Gestattung widerruft.

Eine Teilkündigung ist nur möglich, wenn die Nebenräume oder Grundstücks- 7
teile im Rahmen eines Mietverhältnisses über **Wohnraum** überlassen worden sind. Für Mietverhältnisse über Gewerberäume gilt Abs. 2 Nr. 4 nicht. Eine analoge Anwendung ist weder möglich, noch erforderlich, weil der Vermieter von Gewerberaum eine Änderungskündigung aussprechen kann.

2. Die Teilkündigung setzt voraus, dass der Vermieter die Nebenräume oder 8
Grundstücksteile zu einem **bestimmten Zweck** verwenden will.

Ein zulässiger Verwendungszweck ist gegeben, wenn der Vermieter **Wohnraum** 9
zum Zwecke der Vermietung errichtet **(Abs. 1 Nr. 1).** Hierunter fällt nicht nur der Ausbau von bestehenden, bisher nicht als Wohnraum benutzen Räumen, sondern auch die Neuschaffung von Wohnraum durch Aufstockung oder Anbau und dergleichen. **Sonstige Modernisierungsmaßnahmen** rechtfertigen die Teilkündigung nicht (AG München WuM 1995, 112 betr. Einbau eines Aufzugs; **a. A.** Rolfs in: Staudinger § 573b BGB Rdn. 13; Sternel Mietrecht Aktuell Rdn X 101 wonach ein Aufzugsschacht als „Nebenraum" i. S. v. Nr. 2 bewertet werden kann).

Es ist nicht erforderlich, dass der neu geschaffene Wohnraum eine **abgeschlos-** 10
sene Einheit darstellt, die selbständig vermietet werden kann. Die **Vergrößerung einer vorhandenen Mietwohnung** rechtfertigt die Teilkündigung ebenfalls (Rolfs in: Staudinger § 573b BGB Rdn. 13; Fleindl in: Bub/Treier Kap IV

§ 573b BGB Untertitel 2. Mietverhältnisse über Wohnraum

Rdn. 217; Lützenkirchen in: Lützenkirchen, Mietrecht § 573b BGB Rdn. 22; Häublein in: MünchKomm § 573b BGB Rdn. 6; Hinz in: Klein-Blenkers/Heinemann/Ring, Miete/WEG/Nachbarschaft § 573b Rdn. 7; Hannappel in: Bamberger/Roth § 573b BGB Rdn. 15; Schilling ZMR 1990, 281, 283; **a. A.** Lammel Wohnraummietrecht § 573b BGB Rdn. 8). Dies folgt aus dem Gesetzeszweck, weil durch eine Erweiterungsmaßnahme ebenfalls das Wohnungsangebot erhöht wird.

11 Ebenso ist die Teilkündigung ausgeschlossen, wenn der Vermieter **Gewerberaum** errichten will. Dagegen ist es unschädlich, wenn der Vermieter den Wohnraum nicht selbst vermietet, sondern diesen im Wege eines (gewerblichen) Mietverhältnisses einem Zwischenvermieter zum Zwecke der Vermietung als Wohnraum überlässt (Krenek in: Spielbauer/Schneider (Hrsg) Mietrecht § 573b Rdn. 7).

12 Der Ausbau muss **bauordnungsrechtlich zulässig** sein (LG Berlin NZM 1998, 328, 329; Häublein in: MünchKomm § 573b BGB Rdn. 3, 8; Rolfs in: Staudinger § 573b BGB Rdn. 12; Herrlein in: Herrlein/Kandelhard § 573b BGB Rdn. 5; Hannappel in: Bamberger/Roth § 573b BGB Rdn. 18). Die Baugenehmigungen müssen zum Zeitpunkt der Kündigungserklärung allerdings noch nicht vorliegen. Erforderlich ist jedoch, dass der Vermieter mit der alsbaldigen Erteilung der Genehmigungen rechnen kann. Hiervon ist auszugehen, wenn eine hinreichende Wahrscheinlichkeit dafür besteht, dass sie bis zum Ablauf der Kündigungsfrist erteilt werden. Sind diese Voraussetzungen nicht gegeben, so ist die Kündigung unwirksam mit der Folge, dass das Mietverhältnis in der ursprünglichen Form fortbesteht.

13 Der vom Vermieter zu schaffende Wohnraum muss **zur Vermietung bestimmt** sein. Die Absicht zur Errichtung von Eigentumswohnungen genügt nicht (LG Berlin NZM 1998, 328; Rolfs in: Staudinger § 573b BGB Rdn. 12); dies gilt auch dann, wenn die Wohnungseigentumsanlage für Kapitalanleger konzipiert und zu erwarten ist, dass die künftigen Erwerber die Wohnungen vermieten. Eine Teilkündigung zum Zwecke der Vergrößerung der vom Vermieter selbst genutzten Wohnung ist ebenfalls ausgeschlossen. Gleiches gilt, wenn der Vermieter bisher nicht im Haus gewohnt hat und sich nunmehr durch den Ausbau der Nebenräume eine eigene Wohnung schaffen will. Ebenso genügt es nicht, wenn der neu zu schaffende Wohnraum zur kostenfreien Benutzung durch die Angehörigen des Vermieters bestimmt ist. Die Absicht zur Vermietung an Angehörige reicht aber aus.

14 Streitig ist, ob die Vorschrift entsprechend anzuwenden ist, wenn der **Vermieter die neu geschaffenen Räume selbst beziehen** und seine bisher genutzte Wohnung vermieten will (so LG Marburg DWW 1992, 116 = ZMR 1992, 304; Krenek in: Spielbauer/Schneider (Hrsg) Mietrecht § 573b Rdn. 6; Lammel Wohnraummietrecht § 573b BGB Rdn. 8; Kossmann Handbuch der Wohnraummiete § 119 Rdn. 4; **a. A.** LG Stuttgart WuM 1992, 24; LG Duisburg ZMR 1996, 664; Rolfs in: Staudinger § 573b BGB Rdn. 15; Häublein in: MünchKomm § 573b BGB Rdn. 10; Lützenkirchen in Lützenkirchen Mietrecht § § 573b Rdn. 28; Sternel Mietrecht Aktuell Rdn X 100). Nach der hier vertreten Ansicht scheidet eine analoge Anwendung des § 573b BGB mangels einer planwidrigen Gesetzeslücke aus (ebenso Rolfs a.a.O.; Häublein a.a.O.). Eine Kündigung nach § 573 Abs. 2 Nr. 2 ist ebenfalls nicht möglich, weil danach nur das gesamte Mietverhältnis gekündigt werden kann (**a. A.** Häublein a.a.O.).

15 In der Beschlussempfehlung des Rechtsausschusses (BT-Drucks. 12/5110, S. 19) wird ausgeführt, die Ausschussmehrheit habe es als „nicht sinnvoll" erachtet, die Möglichkeit der Teilkündigung ausdrücklich darauf zu beschränken, dass der Ver-

Teilkündigung des Vermieters **BGB § 573b**

mieter die Schaffung „**zusätzlichen**" **Wohnraums** beabsichtigt. Man wird hieraus folgern müssen, dass die Möglichkeit der Teilkündigung hiervon nicht abhängen soll. Deshalb kann der Vermieter beispielsweise eine freiwerdende Wohnung als Geschäftsraum weitervermieten und unter Einsatz der Teilkündigung Dachgeschossräume zu einer Wohnung ausbauen (Blank WuM 1993, 573, 576; Rolfs in: Staudinger § 573b BGB Rdn. 13

Außerdem liegt ein zulässiger Verwendungszweck vor, wenn der Vermieter **den** 16 **neu zu schaffenden und den vorhandenen Wohnraum mit Nebenräumen oder Grundstücksteilen ausstatten** möchte (**Abs. 1 Nr. 2**). Ein solcher Fall wird beispielsweise vorliegen, wenn der Vermieter durch Aufstockung, Anbau oder Dachgeschossausbau neue Wohnungen schaffen und den Mietern dieser Wohnungen vorhandene, aber anderweitig vermietete Keller- räume oder Kfz-Abstellplätze zur Verfügung stellen will. Gleiches gilt, wenn durch die Aufteilung in mehrere Kleinwohnungen zusätzlicher Nebenraum benötigt wird oder wenn den bisherigen Mietern anstelle der gekündigten Nebenräume Ersatzraum zur Verfügung gestellt werden soll. Der Vermieter kann die Kündigung auch auf einen Teil des Nebenraums beschränken, beispielsweise wenn ein großer Keller aufgeteilt und die Kleinkeller den neugeschaffenen Wohnungen zugeordnet werden sollen. Eine Neuordnung bestehender Vertragsbeziehungen außerhalb der anstehenden Baumaßnahmen ist nicht möglich. Teilweise wird vertreten, dass ein Fall des Abs. 1 Nr. 2 auch dann gegeben ist, wenn der Vermieter das **Gebäude modernisieren** will (z. B. Einbau eines Aufzugs) und hierzu einen Nebenraum benötigt (Rolfs in: Staudinger § 573b BGB Rdn. 16; Sternel Mietrecht Aktuell Rdn X 101 wonach ein Aufzugsschacht als „Nebenraum" i. S. v. Nr. 2 bewertet werden kann). Derartige Maßnahmen werden vom Wortlaut der Vorschrift allerdings nicht umfasst (AG München WuM 1995, 112).

Die in Betracht kommenden Maßnahmen müssen vom Vermieter ausgeführt 17 werden. Eine **Teilkündigung zugunsten eines Dritten** ist nicht möglich. Hiervon ist z. B. auszugehen, wenn der Vermieter einer Eigentumswohnung kündigt, damit ein anderer Eigentümer die in § 573b BGB genannten Maßnahmen durchführen kann.

3. Formalien: Der Vermieter kann nicht die gesamte Wohnung, sondern nur 18 die Nebenräume kündigen. Diese Beschränkung muss in der Kündigungserklärung zum Ausdruck kommen. Dies folgt aus dem Wortlaut des § 573b Abs. 1 BGB („wenn er die Kündigung ... beschränkt"). Die Kündigung muss **schriftlich** erklärt werden (§ 568 Abs. 1 BGB). Ebenso gilt § 568 Abs. 2 BGB. In der Kündigungserklärung müssen die **Gründe der Kündigung** mitgeteilt werden (Häublein in: MünchKomm § 573b BGB Rdn. 14; Hannappel in: Bamberger/Roth § 573b BGB Rdn. 22; Beuermann/Blümmel, Das Neue Mietrecht 2001, S. 207; Haas, Das neue Mietrecht, § 573b BGB Rdn. 2; Lammel Wohnraummietrecht § 573b BGB Rdn. 12; **a. A.** s. insbes. Hinz in: Klein-Blenkers/Heinemann/Ring, Miete/WEG/Nachbarschaft § 573b BGB Rdn. 12; Palandt/Weidenkaff § 573b BGB Rdn. 7; Lützenkirchen in: Lützenkirchen, Mietrecht § 573b Rdn. 42; Rips/Eisenschmid, Neues Mietrecht S. 132;). Aus der Begründung muss sich ergeben, dass die Voraussetzungen des § 573b BGB vorliegen. Insbesondere muss der Vermieter die konkrete Bauabsicht, die baurechtliche Zulässigkeit und die Absicht darlegen, dass die Wohnungen zum Zwecke der Vermietung errichtet werden (LG Berlin NZM 1998, 328). Nach der **Gegenansicht** genügt es, wenn die von der Kündigung betroffenen Teile der Mietsache identifizierbar bezeichnet sind und der Verwendungszweck durch Beschreibung der Baumaßnahme und die Mitteilung der künftigen

§ 573b BGB

Vermietungsabsicht ersichtlich ist (Hinz a.a.O.; Rolfs in: Staudinger § 573b BGB Rdn. 24; Kossmann/Meyer-Abich § 119 Rdn. 8; Lützenkirchen a. a. O.; Lammel Wohnraummietrecht § 573b BGB Rdn. 12; Kinne ZMR 2001, 599, 602). Die praktischen Unterschiede zwischen den dargelegten Rechtsmeinungen sind demnach gering.). **Mehrere Vermieter** müssen gemeinsam kündigen; dies gilt auch dann, wenn ein Vermieter Sondereigentümer des Nebenraums und ein anderer Sondereigentümer der Wohnung ist (OLG Celle NJWE-MietR 1996, 27).

19   4. **Kündigungsfrist:** Es gilt eine von der Dauer des Mietverhältnisses unabhängige, einheitliche Kündigungsfrist: Die Kündigung kann zum dritten Werktag eines Kalendermonats zum Ablauf des übernächsten Monats erklärt werden **(§ 573b Abs. 2 BGB).** Vorratskündigungen sind auch hier ausgeschlossen; dies bedeutet, dass der Vermieter unmittelbar nach Ablauf der Kündigungsfrist mit der Durchführung der Arbeiten beginnen muss.

20   5. **Verzögerter Baubeginn.** Verzögert sich der Beginn der Bauarbeiten, so bleibt die Kündigung wirksam. Jedoch kann der Mieter eine „Verlängerung des Mietverhältnisses" um einen entsprechenden Zeitraum verlangen **(§ 573b Abs. 3 BGB).** Hinsichtlich der Nebenräume entsteht ein Mietverhältnis auf bestimmte Zeit, das mit Ablauf der Verlängerungszeit endet. Eine erneute Kündigung nach Ablauf der Verlängerungszeit ist nicht erforderlich (Gramlich NJW 1990, 2611, 2912). Der Mieter muss den Verlängerungsanspruch vor Ablauf der Kündigungsfrist geltend machen, weil ein beendetes Mietverhältnis nicht verlängert werden kann. Wird der Verlängerungsanspruch nicht geltend gemacht, so bleibt das Mietverhältnis hinsichtlich der Nebenräume beendet.

21   In § 573b Abs. 3 BGB ist nicht geregelt, welche Rechtsfolge gilt, wenn der Vermieter sein **Vorhaben endgültig aufgibt.** Teilweise wird dem Mieter in diesem Fall analog § 575 Abs. 3 Satz 2 BGB ein Anspruch auf Verlängerung auf unbestimmte Zeit zugebilligt (Rolfs in: Staudinger § 573b BGB Rdn. 20). Ein solcher Anspruch müsste vor Ablauf der Kündigungsfrist oder der Verlängerungszeit geltend gemacht werden, weil beendetes Mietverhältnis nicht „verlängert" werden kann. Das erscheint jedenfalls dann nicht sachgerecht, wenn der Vermieter seine Absicht erst nach Beendigung des Mietverhältnisses über die Nebenräume aufgibt. Besser ist es dem Mieter einen Anspruch auf „Neuabschluss des Mietvertrags" zuzubilligen (Häublein in: MünchKomm § 573b BGB Rdn. 9)

22   6. **Herabsetzung der Miete.** Da dem Mieter nach der Rückgabe der Mieträume nicht mehr das gesamte Mietobjekt zur Verfügung steht, kann er eine angemessene Herabsetzung der Miete verlangen **(§ 573b Abs. 4 BGB).** Anders als bei der Minderung tritt die Herabsetzung nicht kraft Gesetzes ein; der Vermieter ist nach dem klaren Wortlaut des Gesetzes auch nicht von sich aus zur Reduzierung der Miete verpflichtet. Vielmehr muss der Mieter die Herabsetzung „verlangen" (Gather DWW 1990, 190; Rolfs in: Staudinger § 573b BGB Rdn. 21; Franke in: WoBauR § 573b BGB Anm. 6; Fleindl in: Bub/Treier Kap IV Rdn. 223; Sternel Mietrecht Aktuell Rdn X 102). Das Herabsetzungsverlangen ist als Angebot des Mieters zur Änderung der Mietzinsvereinbarung zu bewerten. Der Vermieter ist zur Annahme des Angebots verpflichtet, wenn die tatbestandsmäßigen Voraussetzungen für die Mietzinsreduzierung vorliegen (Rolfs in: Staudinger § 573b BGB Rdn. 21).

23   Die **Höhe der Mietzinsreduzierung** richtet sich nach den Grundsätzen, die für die Minderung der Miete bei mangelhafter Mietsache gelten (**a. A.** Lammel Wohnraummietrecht § 573b BGB Rdn. 19). Ist für den Nebenraum oder die Grundstücksfläche ein konkretes Entgelt ausgewiesen (z. B. für einen Kfz-Stell-

platz), so reduziert sich die Miete um diesen Betrag. Im Übrigen ist das Verhältnis des Nutzwertes der Nebenräume zum Nutzwert der gesamten Mietsache zu ermitteln. Kann ein Teil der Betriebskosten den Nebenräumen zugeordnet werden, so ist auch dies zu berücksichtigen (Johann NJW 1991, 1100). In einem solchen Fall kann der Mieter eine Anpassung der Betriebskostenpauschale oder der -vorauszahlungen, gegebenenfalls auch eine Änderung des Umlageschlüssels verlangen.

Maßgeblich für das **Inkrafttreten der Mietherabsetzung** ist der Inhalt der Änderungsvereinbarung. Wird das Herabsetzungsverlangen nach Zugang der Kündigung oder alsbald nach der Rückgabe geltend gemacht, so hat der Mieter Anspruch darauf, dass die Änderung ab dem Zeitpunkt der Rückgabe eintritt (Häublein in: MünchKomm § 573b BGB Rdn. 17, 18; Rolfs in: Staudinger § 573b BGB Rdn. 21). Soweit sich aus dem Änderungsvertrag nichts anderes ergibt, ist dieser Zeitpunkt maßgeblich. Die Parteien können aber auch einen früheren oder späteren Zeitpunkt vereinbaren. Dies gilt auch dann, wenn die konkret getroffene Änderungsvereinbarung zum Nachteil des Mieters von der gesetzlichen Regelung abweicht. Die Vorschrift des § 573b Abs. 5 BGB ist nicht einschlägig, weil der Mieter von der gesetzlichen Möglichkeit der Mietsenkung keinen Gebrauch machen muss. Wird die Änderungsvereinbarung längere Zeit nach der Rückgabe der Teilräume getroffen, so hat der Mieter lediglich Anspruch darauf, dass die Miete ab Vertragsschluss herabgesetzt wird. Die Parteien können auch hier Rückwirkung vereinbaren. In diesem Fall steht dem Mieter ein Bereicherungsanspruch zu (Häublein a.a.O.; Rolfs a.a.O.). 24

7. Veräußerung der Mietsache. Wird die Mietsache nach dem Ausspruch der Kündigung veräußert, so tritt der Erwerber in das umgestaltete Mietverhältnis ein. Falls der Erwerber die mit der Kündigung verfolgten Maßnahmen durchführen will, bleibt die Kündigung wirksam (Fleindl in: Bub/Treier Kap IV Rdn. 224; Rolfs in: Staudinger § 573a BGB Rdn. 12); eine erneute Kündigung ist nicht erforderlich. Anderenfalls kann der Mieter verlangen, dass das Mietverhältnis hinsichtlich der Nebenräume auf unbestimmte Zeit fortgesetzt wird. 25

III. Teilbedarf

Von der Teilkündigung ist die Kündigung zum Zwecke eines Teilbedarfs zu unterscheiden. Hiervon spricht man, wenn der Vermieter lediglich einen Teil der vermieteten Sache für eigene Zwecke benötigt. In einem solchen Fall kann der Vermieter grundsätzlich auch dann nicht kündigen, wenn hinsichtlich des Teils die Voraussetzungen des § 573 BGB gegeben sind (BVerfG NJW 1994, 308 = WuM 1994, 127 = ZMR 1994, 207). Der Bedarf i. S. von § 573 Abs. 2 Nr. 2 BGB muss sich auf das gesamte Mietverhältnis beziehen. Eine Kündigung wegen eines Teilbedarfs ist in § 573 BGB nicht vorgesehen (BVerfG a.a.O.). Eine Ausnahme gilt, wenn der nicht benötigte Teil im Verhältnis zum Ganzen von völlig untergeordneter Bedeutung ist (z. B. bei Kündigung einer Wohnung mit Garage wegen eines Bedarfs an der Wohnung). In diesem Fall ist die Kündigung des gesamten Mietverhältnisses zulässig. Im anderen Fall ist die Kündigung unzulässig. Dies gilt auch dann, wenn der Vermieter dem Mieter den Abschluss eines Mietvertrags über den nicht benötigten Teil anbietet. Eine **Teilkündigung** ist nach allgemeinen Grundsätzen in jedem Fall ausgeschlossen. Eine entsprechende Anwendung des § 573b BGB auf diese Fälle ist nicht möglich (s. BVerfG NJW 1994, 308 = WuM 1994, 127 = ZMR 1994, 207). Hiervon abweichend wird aber auch die Meinung vertreten, dass eine 26

§ 573c BGB Untertitel 2. Mietverhältnisse über Wohnraum

Teilkündigung nach § 573 Abs. 1 BGB anzuerkennen sei, wenn die Voraussetzungen des § 573 BGB gegeben sind und die Teilkündigung „einerseits den Belangen des Kündigenden genügt, andererseits die Interessen des Vertragsgegners nicht oder jedenfalls nicht zumutbar beeinträchtigt werden" (OLG Karlsruhe RE 3.3.1997 WuM 1997, 202: wenn sich der Wohnbedarf des Mieters, etwa infolge des Weggangs der früher in der Wohnung lebenden Kinder, verringert hat und der vom Vermieter beanspruchte Teil von der Wohnung des Mieters abgetrennt werden kann; LG Duisburg NJW-RR 1996, 718 = ZMR 1996, 664: wenn der Vermieter einen parzellierten Teil eines großen mitvermieteten Gartens kündigt, um dort ein Einfamilienhaus zu errichten). Diese Ansicht trifft jedoch nicht zu.

IV. Darlegungs- und Beweislast/Abweichende Vereinbarungen (Abs. 5)

27 Der Vermieter muss darlegen und beweisen, dass die Voraussetzungen des § 573b Abs. 1 BGB gegeben sind. Die Voraussetzungen des § 573b Abs. 3 BGB muss der Mieter darlegen und beweisen. Da der Mieter über die Dauer der Verzögerung nichts wissen kann, ist ihm insoweit ein Auskunftsanspruch gegen den Vermieter zuzubilligen. Im Rahmen des § 573b Abs. 4 BGB muss der Mieter die Tatsachen vortragen aus denen sich der Anspruch auf die Senkung der Miete ergibt.

28 Nach § 573b Abs. 5 BGB ist eine zum Nachteil des Mieters abweichende Vereinbarung unwirksam. Daraus folgt, dass die Regelungen in § 573b Abs. 2 und 3 BGB nicht abbedungen werden können. Auf das Recht zur Teilkündigung kann der Vermieter dagegen verzichten.

§ 573c Fristen der ordentlichen Kündigung

(1) ¹**Die Kündigung ist spätestens am dritten Werktag eines Kalendermonats zum Ablauf des übernächsten Monats zulässig.** ²**Die Kündigungsfrist für den Vermieter verlängert sich nach fünf und acht Jahren seit der Überlassung des Wohnraums um jeweils drei Monate.**

(2) **Bei Wohnraum, der nur zum vorübergehenden Gebrauch vermietet worden ist, kann eine kürzere Kündigungsfrist vereinbart werden.**

(3) **Bei Wohnraum nach § 549 Abs. 2 Nr. 2 ist die Kündigung spätestens am Fünfzehnten eines Monats zum Ablauf dieses Monats zulässig.**

(4) **Eine zum Nachteil des Mieters von den Absätzen 1 oder 3 abweichende Vereinbarung ist unwirksam.**

Übersicht

	Rdn.
I. Anwendungsbereich	1
II. Fristberechnung	3
III. Allgemeine Kündigungsfrist (Abs. 1)	5
IV. Kündigungsfrist bei Wohnraum zu vorübergehendem Gebrauch (Abs. 2)	14
V. Kündigungsfrist bei möbliertem Wohnraum (Abs. 3)	15
VI. Abweichende Vereinbarungen (Abs. 4)	17
1. Vertragsschluss nach dem 31.8.2001:	17

I. Anwendungsbereich

Die Vorschrift gilt nur für die Wohnraummiete. Sie ist für alle Kündigungen maßgeblich, die dem Kündigungsempfänger **nach dem 31.8.2001** zugehen (Art 229 § 3 Abs. 1 Nr. 1 EGBGB). Auf den Zeitpunkt des Abschlusses des Mietvertrags kommt es nicht an (Arg.e Art 229 § 3 Abs. 1 Nr. 1 EGBG; BGH WuM 2003, 505; Wiek WuM 2007, 52). Etwas anderes kann gelten, wenn die Parteien in einem vor dem 1.9.2001 abgeschlossenen Mietvertrag andere Kündigungsfristen vereinbart haben (dazu Rdn. 24ff).

Für den **Begriff des Wohnraums,** für die Abgrenzung des Wohnraums zum Geschäftsraum und zur Grundstücksmiete sowie für die rechtliche Behandlung von Mischräumen wird auf die Ausführungen vor § 535 BGB Rdn. 13ff verwiesen. Für Werkmietwohnungen gelten besondere Kündigungsfristen (§ 576 BGB; s. dort). Die Kündigungsfristen für die Geschäftsraummiete und für bewegliche Sachen sind in § 580a BGB geregelt.

II. Fristberechnung

Für die Fristberechnung gelten die §§ 187ff BGB. Es ist nützlich, wenn zwischen folgenden **Begriffen** unterschieden wird:

„**Kündigung**" ist die Erklärung einer Vertragspartei, dass das Mietverhältnis enden soll. Unter dem „**Kündigungstag**" ist derjenige Tag zu verstehen, zu dessen Ablauf die Kündigung spätestens zugehen muss. Ist das Mietverhältnis noch nicht vollzogen, so kann der Kündigungstag auch vor der Übergabe liegen (BGHZ 73, 350 = NJW 1979, 1288). Der „**Kündigungstermin**" bezeichnet den Zeitpunkt, zu dem das Mietverhältnis endet; an diesem Tag muss die Mietsache zurückgegeben werden (§ 546 Abs. 1 BGB). Die „**Kündigungsfrist**" ist der Zeitraum, der zwischen dem Kündigungstag und dem Kündigungstermin liegt. Bei der Kündigung eines noch nicht in Vollzug gesetzten Mietverhältnisses gilt insoweit keine Ausnahme. Auch hier läuft die Kündigungsfrist grundsätzlich ab dem Zugang der Kündigung und nicht erst ab dem Vollzug des Mietverhältnisses (grundlegend: BGHZ 73, 350 = NJW 1979, 1288). Etwas anderes kann gelten, wenn sich aus den Umständen etwas anderes ergibt oder wenn die Parteien eine entsprechende Abrede getroffen haben (BGH a.a.O.).

III. Allgemeine Kündigungsfrist (Abs. 1)

1. Kündigungstag. Kündigungstag ist der dritte **Werktag** eines Monats; die drei ersten Werktage bilden die Karenzfrist. Nach der Rechtsprechung des BGH ist **§ 193 BGB** bei der Berechnung der Karenzfrist **nicht anwendbar** (BGH WuM 2005, 247 = NZM 2005, 391 = NJW 2005, 1354). Die Entscheidung ist nicht zur Kündigung eines Mietverhältnisses, sondern zur Kündigung eines „Sponsoringvertrags" ergangen. Die Ansicht des BGH beruht auf der Erwägung, dass § 193 BGB zum einen für solche Erklärungen gilt, die weder früher noch später als an dem bestimmten Tag abzugeben sind. Zum anderen ist § 193 BGB dort anzuwenden, wo die Frist an einem bestimmten Tag beginnt und an einem anderen bestimmten Tag endet. Die Kündigungserklärung gehört zu keiner dieser beiden

§ 573c BGB   Untertitel 2. Mietverhältnisse über Wohnraum

Gruppen. Eine analoge Anwendung des § 193 BGB auf Kündigungen scheidet aus, weil die Kündigungsfrist ausschließlich dem Schutz des Gekündigten dient. Eine solche Frist kann nicht durch die Anwendung des § 193 BGB verkürzt werden, weil vom Zweck dieser Vorschrift ausschließlich eine Fristverlängerung aber keine Fristverkürzung erfasst wird.

6 Im Wohnraummietrecht ist der **Samstag** jedenfalls dann als **Werktag** zu behandeln, wenn der **erste oder zweite Tag der Karenzfrist** auf einen Samstag fällt (BGH WuM 2005, 465 = NZM 2005, 532 = NJW 2005, 2154; Rolfs in: Staudinger § 573c BGB Rdn. 12; Lammel Wohnraummietrecht § 573c BGB Rdn. 19; Haug in: Emmerich/Sonnenschein §§ 573c Rdn. 4).

7 Für die Wohnraummiete ist nach wie vor streitig ob sich die Karenzzeit nach § 193 BGB verlängert, wenn die **Karenzfrist an einem Samstag endet.** Der VIII. Senat hat diese Frage in dem Urteil vom 27.4.2005 nicht entschieden, sondern offengelassen (BGH WuM 2005, 465 = NZM 2005, 532 = NJW 2005, 2154 unter Ziff II 3a). Demgegenüber hat der III. Senat (BGHZ 162, 175 = NJW 2005, 1354 = NZM 2005, 391) die Anwendung des § 193 BGB auf die Kündigung eines Vertrages über Trikotwerbung ausdrücklich abgelehnt, da es gar nicht um einen Fristablauf gehe. Das ist wichtig, weil der Begriff des „Werktags" in § 573c Abs. 1 BGB nach allgemeinem Sprachgebrauch auch den Samstag umfasst (wie hier: Fleindl in: Bub/Treier Kap IV Rdn. 69; Kandelhard in: Herrlein/Kandelhard § 573c BGB Rdn. 4; **a. A.** insbes.: LG Berlin WuM 2017, 215; LG Aachen WuM 2004, 32; AG Düsseldorf ZMR 2008, 538; Häublein in: MünchKomm § 573c BGB Rdn. 10 – 14; Rolfs in: Staudinger § 573c BGB Rdn. 12; Lammel Wohnraummietrecht § 573c BGB Rdn. 20; Haug in: Emmerich/Sonnenschein §§ 573c Rdn. 4; Hinz in: Klein-Blenkers/Heinemann/Ring, Miete/WEG/Nachbarschaft § 573c BGB Rdn. 5). Fällt der Monatserste auf einen Donnerstag, so muss spätestens am Samstag gekündigt werden.

8 **2. Allgemeiner Kündigungstermin (Abs. 1 Satz 1).** Kündigungstermin ist grundsätzlich der Ablauf des auf die Kündigung folgenden übernächsten Monats. Dies gilt für alle Kündigungen durch den Mieter. Für die Kündigung durch den Vermieter gilt Abs. 1 Satz 1, wenn die Räume dem Mieter vor weniger als fünf Jahren überlassen worden sind. Eine am 3 Werktag des Monats Januar erklärte Kündigung beendet das Mietverhältnis also am 31. März um 0 Uhr. Dies gilt auch dann, wenn der letzte Tag des Monats auf einen Samstag, Sonntag oder Feiertag fällt. Die Pflicht zur Rückgabe der Mietsache entsteht in einem solchen Fall aber erst am nächsten Werktag (§ 193 BGB). Hat der Vermieter unter Beachtung der gesetzlichen Frist gekündigt, so hat der Mieter grundsätzlich auch dann keinen Anspruch auf vorzeitige Vertragsentlassung, wenn er bereits eine Ersatzwohnung gefunden hat (s. § 542 Rdn. 225).

9 **3. Kündigungstermin bei länger dauerndem Mietverhältnis (Abs. 1 Satz 2).** Die Kündigungsfrist für den Vermieter verlängert sich nach fünf und acht Jahren seit der Überlassung des Wohnraums um jeweils drei Monate. Die gestaffelten Kündigungsfristen dienen ausschließlich dem Schutz des Mieters. Für die Kündigung eines Untermietverhältnisses gelten keine Besonderheiten. Der Mieter (Untermieter) kann immer mit der kurzen Frist des Abs. 1 Satz 1 kündigen. Die Kündigungsfrist beträgt somit für den Vermieter bei fünf bis siebenjähriger Dauer des Mietvertrags 6 Monate und ab achtjähriger Dauer 9 Monate jeweils abzüglich der Karenzzeit. Für die Berechnung der Überlassungszeit kommt es auf den Zugang der Kündigung, nicht auf den Ablauf der Kündigungsfrist an (LG Berlin GE 1986, 41; Fleindl in: Bub/Treier Kap IV Rdn. 98; Rolfs in: Staudinger § 573c BGB Rdn. 32; Lützenkirchen in: Lützenkirchen, Mietrecht § 573c Rdn. 29; Palandt/Weidenkaff § 573c BGB Rdn. 11).

BGB § 573c

Für die Berechnung der Kündigungsfrist ist der Zeitpunkt der tatsächlichen **10 Überlassung,** nicht der Abschluss des Mietvertrags maßgebend (LG Kaiserslautern ZMR 1967, 301; LG Zwickau WuM 1998, 158; AG Kassel ZMR 1966, 48; AG Weimar WM 1969, 36; Lammel Wohnraummietrecht § 573c BGB Rdn. 24; Vielitz in: Hannemann/Wiegner, MAH Wohnraummietrecht § 42 Rdn. 8; Kandelhard in: Herrlein/Kandelhard § 573c BGB Rdn. 6; Palandt/Weidenkaff § 573c BGB Rdn. 11). Es kommt allerdings nicht darauf an, wann der Mieter die Räume bezogen hat (Franke in: WoBauR § 573c BGB Anm. 8; Rolfs in: Staudinger § 573c BGB Rdn. 20; Häublein in: MünchKomm § 573c BGB Rdn. 7). Maßgeblich ist vielmehr derjenige Zeitpunkt, zu dem der Besitz vom Vermieter auf den Mieter übertragen worden ist. Auf welchem Rechtsgrund die Überlassung beruhte, ist unerheblich; entscheidend ist allein, dass der Mieter den Besitz mit Zustimmung des Vermieters erlangt hat und dass zum Zeitpunkt der Kündigung ein Mietverhältnis besteht. Nach der **Rechtsprechung des BGH** bleibt bei der Bemessung der Kündigungsfrist die Zeit unberücksichtigt, in der der spätere Mieter zunächst als Familienangehöriger des Vermieters in dessen Wohnung gelebt hat. Ein derartiges unentgeltliches Nutzungsverhältnis, das keinen Kündigungsschutz genießt und vom „Vermieter" jederzeit beendet werden kann, begründe keinen Vertrauenstatbestand, der Grundlage für eine Berücksichtigung dieses Überlassungszeitraums im Wege analoger Anwendung des § 573c Abs. 1 Satz 2 BGB sein könnte (BGH NJW 2014, 2568 unter Rz. 23. – Dies ist im Ergebnis zutreffend, was sich bereits aus dem Wortlaut des § 573c Abs. 1 Satz 2 BGB ergibt, weil die Vorschrift hinsichtlich der Fristberechnung auf den Zeitpunkt der „Überlassung des Wohnraums" abstellt. Unter der „Überlassung" ist die Übertragung des Besitzes vom Vermieter (Eigentümer) auf den Mieter (Nutzer) zu verstehen. An einer solchen Besitzübertragung fehlt es in den Fällen der fraglichen Art. Die weitere Begründung überzeugt nicht; der Regelung des § 573c ist nicht zu entnehmen, dass bei der Anwendung des § 573c Abs. 1 Satz 2 BGB nur solche Rechtsverhältnisse zu berücksichtigen sind, nach denen der Nutzer „Kündigungsschutz" genießt. Unerheblich ist auch, wenn Vermieter und Mieter nach Ablauf bestimmter Zeitabschnitte **jeweils neue Mietverträge** schließen (LG Düsseldorf WuM 1973, 189; AG Oberhausen WuM 1965, 186 = ZMR 1965, 248) oder wenn später zusätzliche Räume hinzugemietet werden (Weimar WuM 1969, 36) bzw. die Wohnung verkleinert wird. Auch ein **Eigentümerwechsel** hat keinen Einfluss auf die Berechnung der Kündigungsfrist, was sich bereits aus § 566 Abs. 1 BGB ergibt. Dies gilt auch dann, wenn der Mieter mit dem Erwerber einen neuen Mietvertrag abschließt (LG Stade DWW 1987, 233). Gleiches gilt für einen **Vermieterwechsel,** etwa nach Beendigung eines Zwischenmietverhältnisses i. S. von § 565 BGB. Ein **Personenwechsel auf Seiten des Mieters** ist dann unbeachtlich, wenn die Identität des Mietverhältnisses gewahrt bleibt; so z. B. beim gesetzlichen Eintritt eines Familienangehörigen oder des Ehegatten nach §§ 563 BGB. Dem Erben (§ 564 BGB) kommt die Mietzeit des Erblassers dagegen nur zugute, wenn er selbst in den Räumen gewohnt hat. Beim **Mieterwechsel nach § 1568a BGB** kommt dem neuen Mieter die tatsächliche Wohnzeit zugute. Generell gilt, dass bei der Berechnung der Kündigungsfrist diejenige Zeit berücksichtigt wird, in der der jetzige Mieter aufgrund eines Mietverhältnisses seines früheren Ehegatten die Wohnung berechtigt bewohnt hat (OLG Stuttgart RE 30.12.1983 NJW 1984, 875 = WuM 1984, 45 = ZMR 1984, 136). Gründet sich das **Besitzrecht auf öffentlich-rechtliche Vorschriften** (z. B. Einweisung Obdachloser durch die Behörde), so liegt darin keine „Überlassung" i. S. des § 573c BGB; bei der Kündigung eines später abgeschlossenen Mietvertrags bleibt

§ 573c BGB Untertitel 2. Mietverhältnisse über Wohnraum

die Einweisungszeit und die vorangegangene Mietdauer deshalb unberücksichtigt (Fleindl in: Bub/Treier Kap IV Rdn. 98; Rolfs in: Staudinger § 573c BGB Rdn. 21; Hannappel in: Bamberger/Roth § 573c BGB Rdn. 15; **a. A.** Sternel Rdn. IV 54).

11   Ebenso wenig kann dem Mieter die Zeit angerechnet werden, während der er vor Begründung des Hauptmietvertrages als **Untermieter** in einem Teil der Wohnräume gelebt hat (LG Bielefeld ZMR 1965, 274; AG Hannover ZMR 1967, 18; Palandt/Weidenkaff § 573c BGB Rdn. 11; Kossmann/Meyer-Abich Handbuch der Wohnraummiete § 89 Rdn. 8; Hannappel in: Bamberger/Roth § 573c BGB Rdn. 15; Lützenkirchen in Lützenkirchen Mietrecht § 573c Rdn. 32b; **a. A.** Rolfs in: Staudinger § 573c Rdn. 28, 29; Krenek in: Spielbauer/Schneider (Hrsg) Mietrecht § 573c Rdn. 17; Häublein in: MünchKomm § 573c Rdn. 8; Fleindl in: Bub/Treier Kap IV Rdn. 99; Sternel Mietrecht Aktuell Rdn X 84).

12   Umstritten ist die Frage, ob ein **Wohnungswechsel innerhalb desselben Hauses** für die Berechnung der Kündigungsfrist von Bedeutung ist. **(1)** Teilweise wird dies mit der Begründung bejaht, dass es nach Wortlaut und Zweck des § 573c BGB ausschließlich darauf ankommt, wie lange der Mieter die zur Zeit der Kündigung innegehabte Wohnung bewohnt hat, so dass die Besitzzeit der früheren Wohnung für die Berechnung der Kündigungsfrist außer Betracht bleibt (LG Düsseldorf ZMR 1969, 310; LG Düsseldorf ZMR 1969, 243; AG Düsseldorf ZMR 1968, 846 = GE 1968, 726; AG Dortmund MDR 1964, 923; AG Hamburg ZMR 1970, 53 = MDR 1970, 240; Michaelis ZMR 1966, 198; Lutz BlGBW 1967, 116; Häublein in: MünchKomm § 573c BGB Rdn. 8; Fleindl in: Bub/Treier Kap IV Rdn. 101; Franke in: WoBauR § 573c BGB Anm. 8.3; Palandt/Weidenkaff § 573c BGB Rdn. 11). **(2)** Die Gegenansicht will die gesamte Wohnzeit des Mieters im Hause des Vermieters berücksichtigen (LG Kaiserslautern WuM 1970, 135 = ZMR 1970, 184; LG Bonn WuM 1987, 322; LG Mannheim WuM 1976, 207; AG Bremen WuM 1965, 203; AG Oberhausen ZMR 1965, 248 = WuM 1965, 186; AG Bochum WuM 1987, 56; Bodie ZMR 1966, 294 und WuM 1969,137; Rolfs in: Staudinger § 573c BGB Rdn. 31 **(3)** Nach einer vermittelnden Meinung ist die gesamte Wohnzeit nur dann zu berücksichtigen, wenn der Auszug im Interesse des Vermieters bzw. auf dessen Wunsch erfolgt ist (LG Aachen WuM 1971, 60 = ZMR 1970, 216, AG Kassel ZMR 1966, 48; AG Köln WuM 1970, 119; AG Offenbach WuM 1987, 322; AG Kerpen WuM 1994, 77; Kossmann/Meyer-Abich Handbuch der Wohnraummiete, § 89 Rdn. 10; Lammel Wohnraummietrecht § 573c BGB Rdn. 32; Hinz in: Klein-Blenkers/Heinemann/Ring, Miete/WEG/Nachbarschaft § 573c BGB Rdn. 10).

13   Die hier dargelegten Grundsätze gelten nur dann, wenn die mehreren in Betracht kommenden Wohnungen demselben Vermieter gehören. Ist mit dem Wohnungswechsel zugleich ein Vermieterwechsel verbunden, (z. B. beim **Umzug innerhalb einer Wohnungseigentums-Anlage**) so findet keine Addition der jeweiligen Wohnzeiten statt.

IV. Kündigungsfrist bei Wohnraum zu vorübergehendem Gebrauch (Abs. 2)

14   Mietverhältnisse zu nur vorübergehendem Gebrauch sind i. d. R. befristet, so dass § 573c BGB ohnehin unanwendbar ist. In anderen Fällen wird sich die Kündigungsfrist häufig aus den Umständen oder der Verkehrssitte (z. B. tägliche Kündigung bei der Hotelmiete) ergeben. Für die verbleibenden Mietverhältnisse gelten die gesetzlichen Fristen (einschließlich der in Abs. 1 Satz 2 enthaltenen Staffelung!). Diese Fristen können allerdings vertraglich nach Belieben verkürzt werden. Die Regelung entspricht im Ergebnis dem bis 31.8.2001 geltenden § 565 Abs. 2 Satz 3 BGB a. F.

V. Kündigungsfrist bei möbliertem Wohnraum (Abs. 3)

Bei möbliertem Wohnraum den der Vermieter ganz oder überwiegend mit Einrichtungsgegenständen auszustatten hat, der Teil der vom Vermieter selbst bewohnten Wohnung ist und der nicht zum dauernden Gebrauch für eine Familie bestimmt ist, ist die Kündigung spätestens am Fünfzehnten eines Monats zum Ablauf dieses Monats zulässig. Kündigungstag ist der 15. eines Monats. Die Vorschrift des § 193 BGB ist hier unanwendbar, so dass die Kündigung auch dann spätestens am 15. des Monats zugehen muss, wenn dieser Tag auf einen Samstag, Sonntag oder Feiertag fällt. Eine unmittelbare Anwendung des § 193 BGB scheidet aus, weil es sich bei dem gesetzlichen Kündigungstag nicht um den Ablauf einer Frist handelt. Eine analoge Anwendung des § 193 BGB kommt nicht in Betracht, weil die hierdurch bewirkte Verkürzung einer Kündigungsfrist vom Zweck der Vorschrift nicht erfasst wird (vgl. dazu auch BGHZ 59, 265 = NJW 1972, 2083). 15

Nach dem bis 31.8.2001 geltenden Recht waren für diese Mietverhältnis bei der Vereinbarung eines Tages- oder Wochenmietzinses kürzere Kündigungsfristen vorgesehen. Die Vereinbarung einer Tages- oder Wochenmiete war in der Praxis ohne Bedeutung. Die Regelung ist deshalb ersatzlos entfallen. 16

VI. Abweichende Vereinbarungen (Abs. 4)

1. Vertragsschluss nach dem 31.8.2001:

Eine zum Nachteil des Mieters von § 573c Abs. 1 bis 3 BGB abweichende Vereinbarung ist unwirksam. 17

Eine zum Nachteil des **Mieters** von § 573c Abs. 1 BGB abweichende Vereinbarung liegt vor, wenn vereinbart ist, dass er im Falle einer Kündigung **längere** als die in Abs. 1 Satz 1 bestimmten **Fristen** beachten muss. Eine Verkürzung dieser Frist ist möglich. 18

Unwirksam ist eine Vereinbarung, wonach der **Vermieter** mit **kürzeren Fristen** kündigen kann, als sie in § 573c Abs. 1 Satz 1 und 2 BGB vorgesehen ist. Die Vereinbarung längerer Fristen für die Mieterkündigung ist möglich. 19

Eine Vereinbarung, wonach für **beide Teile kürzere als die gesetzlichen Fristen** gelten sollen, wird überwiegend als teilunwirksam erachtet: für den Mieter gelten in einem solchen Fall die für ihn günstigen vertraglichen Fristen, während der Vermieter an die gesetzlichen Fristen gebunden bleibt (OLG Zweibrücken WuM 1990, 8 = ZMR 1990, 106; LG Hannover WuM 1980, 138; LG München I NZM 1998, 153; AG Oberndorf/Neckar WuM 1991, 44; Lammel Wohnraummietrecht § 573c BGB Rdn. 37; Rolfs in: Staudinger § 573c BGB Rdn. 57 für Formularklauseln; **a. A.** LG Köln WuM 1988, 404) 20

Für eine Vereinbarung, wonach für **beide Teile eine längere als die gesetzliche Kündigungsfrist** gelten soll, gilt dasselbe (BGH NJW 2008, 1661 = WuM 21

§ 573c BGB Untertitel 2. Mietverhältnisse über Wohnraum

2008, 290 = NZM 2008, 362; Vielitz in: Hannemann/Wiegner, MAH Wohnraummietrecht § 42 Rdn. 18; Lammel Wohnraummietrecht § 573c BGB Rdn. 38).

22 Unwirksam ist die Vereinbarung **abweichender Kündigungstage** und **Kündigungstermine** (Lammel Wohnraummietrecht § 573c BGB Rdn. 39). Deshalb kann nicht vereinbart werden, dass die **Kündigung nur zum Schluss bestimmter Kalendermonate** zulässig sein soll (Lützenkirchen, Neue Mietrechtspraxis, Rdn. 776). Ebenso verstößt die in der Praxis häufige Vereinbarung, wonach sich ein Mietverhältnis jeweils um ein weiteres Jahr verlängert, falls es nicht gekündigt wird, gegen § 573c Abs. 4 BGB. Nach der Vertragsregelung kann – abweichend von der gesetzlichen Regelung – nämlich nicht zu jedem beliebigen Termin, sondern nur zu den Terminen gekündigt werden, die dem Vertragsbeginn entsprechen.

23 Ein zeitlich befristeter Kündigungsausschluss ist wirksam (s. § 575 BGB Rdn. 83, 87 ff).

24 **2. Altmietverträge (Vertragsschluss vor dem 1.9.2001): a) Mietverhältnisse in den neuen Ländern.** Für Mietverhältnisse in den neuen Ländern gilt folgendes: Nach § 120 Abs. 2 ZGB konnte der Mieter das Mietverhältnis jederzeit mit einer Frist von 2 Wochen kündigen. Diese Vorschrift ist entfallen, so dass beide Teile seit dem 3.10.1990 die Kündigungsfristen des § 565 BGB a. F. einhalten mussten. Seit dem 1.9.2001 gilt für beide Teile die Frist des § 573c Abs. 1 Satz 1 BGB. Ist im Mietvertrag allerdings eine Klausel enthalten, die der Regelung des § 120 Abs. 2 ZGB inhaltlich entspricht, so gilt das ursprüngliche Gesetzesrecht als Vertragsrecht fort. Bei dieser Vertragsgestaltung kann der Mieter weiterhin mit einer Frist von 2 Wochen kündigen, während der Vermieter an die längeren Fristen des § 573c BGB gebunden ist (KG RE 22.1.1998 WuM 1998, 149; LG Mühlhausen WuM 1994, 146; BezG. Cottbus WuM 1994, 146; LG Potsdam WuM 1995, 268; LG Chemnitz WuM 1996, 475; LG Berlin GE 1996, 1113; NJWE-MietR 1997, 3; LG Zwickau WuM 1996, 40; AG Berlin-Lichtenberg MM 1994, 283; AG Berlin-Pankow/Weißensee DWW 1997, 76; Sonnenschein, PiG 38, S. 23, 44; Rolfs/Barg NZM 2006, 83; **a. A.** AG Köpenick GE 1995, 1087; Kinne WuM 1992, 403, 406; Beuermann GE 1993, 1298).

25 **b) sonstige Mietverhältnisse:** Für Mietverträge, die vor dem Inkrafttreten der Mietrechtsreform am 1.9.2001 abgeschlossen wurden gilt die **Übergangsregelung des Art. 229 § 3 Abs. 10 EGBGB**. Dort ist folgendes geregelt:

> „*§ 573c Abs. 4 des Bürgerlichen Gesetzbuchs ist nicht anzuwenden, wenn die Kündigungsfristen vor dem 1. September 2001 durch Vertrag vereinbart worden sind. Für Kündigungen, die ab dem 1. Juni 2005 zugehen, gilt dies nicht, wenn die Kündigungsfristen des § 565 Abs. 2 Satz 1 und 2 des Bürgerlichen Gesetzbuches in der bis zum 1. September 2001 geltenden Fassung durch Allgemeine Geschäftsbedingungen vereinbart worden sind.*"

26 **(aa)** Die Regelung betrifft nur solche Mietverträge, die den Text des früher maßgeblichen § 565 Abs. 2 Sätze 1 und 2 BGB a. F. – also die gestaffelten Kündigungsfristen – im Wortlaut oder sinngemäß wiedergeben (Börstinghaus NJW 2005, 1900, 1901; Gellwitzki WuM 2005, 436, 438; **a. A.** Rolfs/Barg a. a. O.: danach sind alle Formularvereinbarungen unwirksam, die zum Nachteil des Mieters von § 573c Abs. 1 BGB abweichen).

27 Die Regelung gilt nicht für eine Formularklausel, die auf „gesetzliche Kündigungsfristen" und auf eine formularmäßige Fußnote verweist, in der den dort aufgeführten Kündigungsfristen der Zusatz vorangestellt ist: „Die gesetzlich vorgesehenen Kündigungsfristen für Wohnraum betragen z.Zt ..." (BGH NJW 2006,

1867 = NZM 2006, 460 = WuM 2006, 258). Eine solche Klausel gibt lediglich einen informatorischen Hinweis auf die im Zeitpunkt des Vertragsschlusses geltende Kündigungsfrist. Dies folgt aus der Verwendung des Kürzels „z. Z." (zurzeit). Die Fußnote ist deshalb so zu lesen, dass die kündigende Vertragspartei, die im Zeitpunkt der Kündigung maßgebliche gesetzliche Frist einzuhalten hat.

Ist vereinbart: 28

> „Nach fünf, acht und zehn Jahren seit der Überlassung des Wohnraums verlängert sich die Kündigungsfrist um jeweils drei Monate"

so ist der Vermieter weiterhin an die vertraglich vereinbarte Kündigungsfrist gebunden, während der Mieter unabhängig von der Dauer des Mietverhältnisses mit der Dreimonatsfrist des § 573c Abs. 1 Satz 1 kündigen kann (BGH NJW 2008, 1661 = WuM 2008, 290 = NZM 2008, 362 unter Rz 23). Dies beruht auf der Erwägung, dass eine von § 573c Abs. 1 BGB abweichende Vereinbarung nur „zum Nachteil des Mieters" unwirksam ist und dass eine für beide Seiten geltende Fristenregelung nicht insgesamt, sondern nur insoweit unwirksam ist, als sie sich zum Nachteil des Mieters auswirkt.

Gelegentlich findet man Altmietverträge, in denen eine **längere als die gesetz-** 29 **liche Frist** vereinbart ist, z. B.:

> „Das Mietverhältnis beginnt am ... und läuft von da an auf die Dauer von 1 Jahr. Es verlängert sich danach, soweit es nicht 6 Monate vor Ablauf schriftlich gekündigt wird auf unbestimmte Zeit. Die Kündigungsfrist beträgt dann 6 Monate".

Eine vertragliche Verlängerung der Kündigungsfrist war nach früherem Recht möglich; seit dem 1.9.2001 ist eine Vereinbarung, wonach der Mieter eine längere als die gesetzliche Frist einzuhalten hat, unwirksam. In Altverträgen bleibt die Vereinbarung einer längeren Frist aber wirksam.

Wirksam bleibt demnach auch die in Altmietverträgen häufiger anzutreffende 30 Klausel

> „Das Mietverhältnis wird für die Dauer eines Jahres abgeschlossen. Es verlängert sich sodann um jeweils ein weiteres Jahr, wenn es nicht gekündigt wird."

Die Klausel hat zur Folge, dass die Kündigungsfrist für beide Teile ein Jahr beträgt. Nach früherem Recht konnte eine Fristverlängerung wirksam vereinbart werden. Nach nunmehrigem Recht wäre eine solche Vereinbarung unwirksam. Für Altmietverträge gilt Art. 229 § 3 Abs. 3 und Abs. 10 Satz 1 EGBBGB. Die Vereinbarung bleibt also wirksam (BGH WuM 2007, 463). Art 229 § 3 Abs. 10 Satz 2 EGBBGB ist nicht anwendbar, weil dort nur der Fall geregelt ist, dass die gestaffelten Kündigungsfristen vereinbart sind.

(bb) Ist die gestaffelte Kündigungsfrist durch **Individualvertrag** vereinbart 31 oder ist die Klausel ausgehandelt, so gilt 229 § 3 Abs. 10 Satz 1 EGBBGB. Die Vereinbarung bleibt also wirksam. Wohnraummietverträge mit solchen Vereinbarungen dürfte es in der Praxis aber nicht geben.

(cc) Die Neuregelung in 229 § 3 Abs. 10 Satz 2 EGBBGB gilt nur für **Kündi-** 32 **gungen, die ab dem 1.6.2005** zugehen. Für Kündigungen, die vor diesem Zeitpunkt zugegangen sind, gilt lediglich Art 229 § 3 Abs. 10 Satz 1 EGBBGB; die Rechtsprechung des BGH ist bei diesen Kündigungen weiter zu beachten. Der Mieter kann aber nach dem 31.5.2005 erneut kündigen und auf diese Weise eine Fristverkürzung erreichen.

(dd) Fraglich kann sein, welche Rechtsfolge gilt, wenn ein vor dem 1.9.2001 33 geschlossener Mietvertrag nach dem 31.8.2001 um **eine weitere Mietpartei er-**

weitert wird. Theoretisch kommen drei Möglichkeiten in Betracht: **(1)** Der Beitritt hat lediglich zur Folge, dass sich die Zahl der Mieter ändert; alle weiteren Vereinbarungen bleiben unberührt. **(2)** Der Beitritt eines weiteren Mieters ist wie der Neuabschluss eines Mietvertrags zu bewerten; die Regelung des Ursprungsvertrags bleiben nur insoweit erhalten, als sie mit dem neuen Recht in Einklang stehen. **(3)** Durch den Beitritt werden die Vertragsbeziehungen des ursprünglichen Mieters zum Vermieter nicht berührt; für den beigetretenen Mieter gilt dagegen das neue Recht (so Wiek WuM 2007, 227, 229). Der BGH erachtet die unter (1) dargestellte Lösung für zutreffend (BGH NZM 2007, 327 = WuM 2007, 202). Diese entspreche in der Regel dem Parteiwillen. „Tritt jemand einem vor der Rechtsänderung geschlossenen Vertrag bei, so ist auch für ihn das ursprünglich geltende Recht maßgeblich", es sei denn, dass „die Änderung den Vertrag in seinem sachlichen Kern zu einem neuen Geschäft macht."

34 **(ee) Tritt ein Mieter anstelle eines anderen in einen Mietvertrag ein,** der vor dem 1.9.2001 abgeschlossen worden ist, so gelten hinsichtlich der Kündigungsfristen die neuen Vorschriften. Das gilt auch dann, wenn in dem Altvertrag die gestaffelten Fristen des § 565 Abs. 2 BGB a. F. vereinbart worden sind. Dabei kommt es nicht darauf an, in welcher Weise der Mieterwechsel erfolgt. Das durch den Eintritt des Mieters entstandene Mietverhältnis fällt nach dem Gesetzeszweck der Überleitungsvorschrift nicht unter Art 229 § 3 Abs. 10 EGBG (Wiek Informationsservice Mietrecht 2003, 46: ablehnende Anmerkung zu LG Itzehoe WuM 2003, 329).

§ 573d Außerordentliche Kündigung mit gesetzlicher Frist

(1) **Kann ein Mietverhältnis außerordentlich mit der gesetzlichen Frist gekündigt werden, so gelten mit Ausnahme der Kündigung gegenüber Erben des Mieters nach § 564 die §§ 573 und 573a entsprechend.**

(2) ¹**Die Kündigung ist spätestens am dritten Werktag eines Kalendermonats zum Ablauf des übernächsten Monats zulässig, bei Wohnraum nach § 549 Abs. 2 Nr. 2 spätestens am Fünfzehnten* eines Monats zum Ablauf dieses Monats (gesetzliche Frist).** ²**§ 573a Abs. 1 Satz 2 findet keine Anwendung.**

(3) **Eine zum Nachteil des Mieters abweichende Vereinbarung ist unwirksam.**

I. Anwendungsbereich

1 Die Regelung ist bei der **außerordentlichen Kündigung mit gesetzlicher Frist** zu beachten. Sie gilt für alle Kündigungen, die dem Empfänger nach dem 31.8.2001 zugehen. Wann ein Mietverhältnis „mit der gesetzlichen Frist" vom Vermieter oder Mieter vorzeitig gekündigt werden kann, ist den jeweiligen Vorschriften zu entnehmen, die eine entsprechende Beendigungsbefugnis gewähren.

2 Die Vorschrift gilt nur für die Wohnraummiete und nur für solche Mietverträge die auf unbestimmte Zeit abgeschlossen worden sind (unbefristete Mietverträge). Sie regelt die Voraussetzungen und die Fristen der außerordentlichen befristeten Kündigung.

Außerordentliche Kündigung mit gesetzlicher Frist **BGB § 573 d**

Für Mietverhältnisse im Sinne von § 549 Abs. 2 Nr. 1–3 (s. dort) und § 549 3
Abs. 3 (s. dort) ist § 573 d Abs. 1 BGB unanwendbar; die Regelungen des § 573 d
Abs. 2 und 3 BGB gelten aber auch für diese Mietverhältnisse. Dies entspricht im
Wesentlichen der bis 31.8.2001 geltenden Rechtslage. Anders als nach früherem
Recht ist § 573 d Abs. 1 BGB aber anwendbar auf Mietverhältnisse über Wohnraum
in Ferienwohnungen in Ferienhausgebieten i. S. von §§ 564 b Abs. 7 Nr. 4 BGB a. F.

Für Wohnraummietverhältnisse auf bestimmte Zeit (Zeitmietverträge) gilt 4
§ 575 a BGB.

Für die Geschäftsraummiete und die Miete beweglicher Sachen gilt § 580 a 5
Abs. 4 BGB.

II. Kündigungsschutz (Abs. 1)

§ 573 d Abs. 1 BGB bestimmt, dass das Recht zur außerordentlichen Kündigung 6
mit gesetzlicher Frist durch den Vermieter nur ausgeübt werden kann, wenn **Kündigungsgründe i. S. von § 573 BGB** gegeben sind oder wenn die Voraussetzungen der erleichterten Kündigung bei Einliegerwohnungen i. S. von § 573 a BGB
vorliegen.

Selbstverständlich müssen auch die dort geregelten **Formalien der Kündigung** 7
hinsichtlich der Kündigungserklärung eingehalten werden. Dies gilt auch für die
Kündigung einer Wohnung i. S. des § 573 a BGB. Die Vorschrift dient der Klarstellung, weil sich die Geltung der speziellen Kündigungsschutzvorschriften bereits aus
der systematischen Stellung der §§ 573 und 573 a BGB im Abschnitt „Mietverhältnisse über Wohnraum" ergibt. Dies entspricht auch der bis 31.8.2002 geltenden
Rechtslage.

Auf die Vorschriften der **§§ 574 bis 574 c BGB (Kündigungswiderspruch** 8
nach der Sozialklausel) nimmt § 573 d Abs. 1 BGB nicht Bezug. Gleichwohl sind
auch diese Vorschriften bei der Wohnraummiete zu beachten, wenn die außerordentliche befristete Kündigung durch den Vermieter ausgesprochen wird (Rolfs in:
Staudinger § 573 d BGB Rdn. 9; Häublein in: MünchKomm § 573 d BGB Rdn. 7;
Hinz in: Klein-Blenkers/Heinemann/Ring, Miete/WEG/Nachbarschaft § 573 d
BGB Rdn. 7; Lützenkirchen in: Lützenkirchen, Mietrecht § 573 d Rdn. 14; Haug
in: Emmerich/Sonnenschein § 573 d Rdn. 5; Hannappel in: Bamberger/Roth
§ 573 d BGB Rdn. 13). Dies war bereits unter dem bis 31.8.2001 geltenden Recht
anerkannt und folgt nunmehr aus der systematischen Stellung der §§ 574 bis 574 c
BGB im Abschnitt „Mietverhältnisse über Wohnraum" (Begründung des Gesetzentwurfs der Bundesregierung in: Bundestag, BT-Drucks. 14/4553). Für die Richtigkeit dieser Ansicht spricht darüber hinaus auch der Vergleich mit § 575 a Abs. 2 BGB.

Eine Besonderheit gilt – abweichend von dem bis 31.8.2001 geltenden Recht – 9
für die **Kündigung des Vermieters gegenüber dem Erben** des verstorbenen
Mieters nach § 564 (s. dort. Rdn. 32 ff) Für diese Kündigung benötigt der Vermieter
keine Kündigungsgründe (die zum früheren Recht ergangene Entscheidung des
BGH NJW 1997, 1695 ist gegenstandslos). Jedoch kann der Mieter Kündigungswiderspruch erheben (Rolfs in: Staudinger § 573 d BGB Rdn. 10; Hannappel in:
Bamberger/Roth § 573 d BGB Rdn. 13; Haug in: Emmerich/Sonnenschein
§ 573 d Rdn. 6; **a. A.** Lammel Wohnraummietrecht § 564 BGB Rdn. 27). Die Regelung des § 573 d Abs. 1 BGB ist unanwendbar, wenn der Erbe nicht nach den
§§ 564 Satz 1, 1922 Abs. 1 BGB, sondern nach den §§ 563, 563 a BGB Rechtsnachfolger hinsichtlich der Wohnung geworden ist.

III. Kündigungstag/Kündigungsfristen (Abs. 2)

10 Kündigungstag ist der dritte Werktag des Monats. Wird die Kündigung spätestens zum dritten Werktag erklärt, so endet das Mietverhältnis zum Ablauf des übernächsten Monats. Diese Regelung entspricht dem bis 31.8.2001 geltenden Recht. Die gestaffelten Kündigungsfristen des § 573c BGB gelten nicht.

11 Kürzere Fristen gelten für möblierte Wohnräume innerhalb der Vermieterwohnung i. S. v. § 549 Abs. 2 Nr. 2 BGB. Diese Mietverhältnisse können spätestens am fünfzehnten eines Monats zum Ablauf des Monats gekündigt werden. Auch diese Regelung entspricht dem bis 31.8.2001 geltenden Recht.

12 § 573d Abs. 2 Satz 2 BGB bestimmt, dass sich die in Abs. 2 Satz 1 geregelten Kündigungsfristen auch dann nicht verlängern, wenn der Vermieter nach § 573a BGB kündigt (Kündigung von Einliegerwohnungen in einem vom Vermieter selbst bewohnten Gebäude). Die Vorschrift dient der Klarstellung und entspricht dem bis 31.8.2001 geltenden Recht.

IV. Abweichende Vereinbarungen

13 Nach § 573c Abs. 3 BGB sind nachteilige Vereinbarungen zum Nachteil des Mieters unwirksam.

14 Die Regelung des § 573d Abs. 1 BGB kann nicht abbedungen werden. Zulässig ist es jedoch zu vereinbaren, dass der Erbe des Mieters Kündigungsschutz haben soll.

15 Eine zum Nachteil des **Mieters** von § 573d Abs. 2 BGB abweichende Vereinbarung liegt vor, wenn vereinbart ist, dass er im Falle einer Kündigung (z. B. nach §§ 563a Abs. 2, 564 BGB **längere** als die in § 573d Abs. 2 BGB bestimmten **Fristen** beachten muss. Eine Verkürzung dieser Frist ist möglich.

16 Unwirksam ist eine Vereinbarung, wonach der **Vermieter** mit **kürzeren Fristen** kündigen kann, als sie in § 573d Abs. 2 BGB vorgesehen sind. Die Vereinbarung längerer Fristen für die Vermieterkündigung ist möglich.

17 Eine Vereinbarung, wonach **für beide Teile kürzere als die gesetzlichen Fristen** gelten sollen, wird überwiegend als teilunwirksam erachtet: für den Mieter gelten in einem solchen Fall die für ihn günstigen vertraglichen Fristen, während der Vermieter an die gesetzlichen Fristen gebunden bleibt (OLG Zweibrücken WuM 1990, 8 = ZMR 1990, 106; LG Hannover WuM 1980, 138; LG München I NZM 1998, 153; AG Oberndorf/Neckar WuM 1991, 44; Lammel Wohnraummietrecht § 573c BGB Rdn. 37; **a. A.** LG Köln WuM 1988, 404).

18 Für eine Vereinbarung, wonach **für beide Teile eine längere als die gesetzliche Kündigungsfrist** gelten soll, gilt dasselbe. Der Mieter kann stets mit Dreimonatsfrist kündigen. Der Vermieter ist an die längere vertragliche Frist gebunden (Lammel Wohnraummietrecht § 573c BGB Rdn. 38).

19 Unwirksam ist die Vereinbarung abweichender Kündigungstage.

§ 574 Widerspruch des Mieters gegen die Kündigung

(1) ¹Der Mieter kann der Kündigung des Vermieters widersprechen und von ihm die Fortsetzung des Mietverhältnisses verlangen, wenn die Beendigung des Mietverhältnisses für den Mieter, seine Familie oder einen anderen Angehörigen seines Haushalts eine Härte bedeuten würde, die auch unter Würdigung der berechtigten Interessen des Vermieters nicht zu rechtfertigen ist. ²Dies gilt nicht, wenn ein Grund vorliegt, der den Vermieter zur außerordentlichen fristlosen Kündigung berechtigt.

(2) Eine Härte liegt auch vor, wenn angemessener Ersatzwohnraum zu zumutbaren Bedingungen nicht beschafft werden kann.

(3) Bei der Würdigung der berechtigten Interessen des Vermieters werden nur die in dem Kündigungsschreiben nach § 573 Abs. 3 angegebenen Gründe berücksichtigt, außer wenn die Gründe nachträglich entstanden sind.

(4) Eine zum Nachteil des Mieters abweichende Vereinbarung ist unwirksam.

Übersicht

	Rdn.
I. Bedeutung der Vorschrift	1
II. Anwendungsbereich	2
1. Sachlich	2
2. Ausschlusstatbestand nach Abs. 1 Satz 2	10
III. Tatbestandvoraussetzungen (Abs. 1 Satz 1)	13
1. Beendigung durch Kündigung	13
2. Voraussetzungen des Kündigungswiderspruchs	19a
a) Allgemeines Bestandsinteresse des Mieters	19a
b) Besondere Härtegründe des Mieters	20
3. Einzelne Härtegründe des Mieters	29
a) Fehlender Ersatzraum (Abs. 2)	29
b) Hohes Alter	40
c) Krankheit, Behinderung	42
d) Schwangerschaft	46
e) Zusage einer langen Mietzeit/Aufwendungen für die Wohnung	47
f) Berufliche, Schulische Schwierigkeiten	48
g) Zwischenumzug	50
h) sonstige Gründe	51
4. Interessen des Vermieters an der Vertragsbeendigung (Abs. 3)	57
5. Interessenabwägung	
IV. Beweislast	59
V. Abweichende Vereinbarungen (Abs. 4)	60

I. Bedeutung der Vorschrift

Die Vorschrift gibt dem Mieter von Wohnraum das Recht, einer ordentlichen befristeten Kündigung oder einer außerordentlichen Kündigung mit gesetzlicher Frist des Vermieters zu widersprechen und die Fortsetzung des Mietverhältnisses zu

§ 574 BGB Untertitel 2. Mietverhältnisse über Wohnraum

verlangen, wenn die vertragsgemäße Beendigung eine besondere Härte bedeuten würde. Zum Verhältnis der Vorschrift zu § 573 BGB s. dort Rdn. 9g.

II. Anwendungsbereich

1. Sachlich

2   Die Vorschrift gilt nur bei Mietverhältnissen über Wohnraum. Hierzu gehören sowohl Mietverhältnisse über freifinanzierte Wohnungen als auch die Mietverhältnisse über preisgebundenen und sonstigen **öffentlich geförderten Wohnraum,** die **Nutzungsverträge** der Wohnungsgenossenschaften und der (ehemaligen) gemeinnützigen Wohnungsunternehmen. Auf Mietverhältnisse über **Werkwohnungen** und werkgeförderte Wohnungen ist die Sozialklausel ebenfalls anwendbar; jedoch sind hier die besonderen Ausschlusstatbestände des § 576a Abs. 2 BGB zu beachten.

3   Die Vorschrift gilt auch für Mietverhältnisse über **Wohnungen in Ein- oder Zweifamilienhäusern,** und für Mietverhältnisse über Wohnraum, der Teil eines **Studenten- oder Jugendwohnheims** ist

4   Auf **Mischmietverhältnisse** ist § 574 BGB anwendbar, wenn das Mietverhältnis seinen Schwerpunkt in der Wohnraummiete hat. Liegt der Schwerpunkt in der Gewerbemiete, so ist § 574 BGB auch dann unanwendbar, wenn der Wohnraum einerseits und der Gewerberaum andererseits räumlich getrennt werden könnten (z. B. bei der Vermietung einer Gaststätte mit Wirtewohnung). Im Ausnahmefall kann der Mieter jedoch für die Wohnung eine Räumungsfrist nach § 721 ZPO erhalten, wenn die getrennte Rückgabe von Wohnung und Gewerberaum möglich und dem Vermieter zumutbar ist. Mietverhältnisse auf Dauer über **Ferienhäuser** und **-wohnungen** fallen ebenso unter die für Wohnraum geltenden Bestimmungen wie Mietverhältnisse über **Zweitwohnungen.** Der Umstand, dass der Mieter mehrere Monate im Jahr ortsabwesend ist, steht der Anwendung der Sozialklausel ebenfalls nicht entgegen (LG Düsseldorf WuM 1991, 36).

5   Für die Anwendung des § 574 BGB kommt es nicht darauf an, ob der Vermieter zugleich Eigentümer der Mietsache ist. Deshalb ist die Vorschrift auch bei der **Untermiete** anwendbar.

6   Hat der Mieter nur **einen Teil der Wohnräume** untervermietet, so gilt § 574 BGB im Verhältnis zwischen dem Hauptvermieter und dem Mieter. Der Mieter kann allerdings nur eigene Härtegründe, nicht solche des Untermieters geltend machen. Macht der Vermieter gegenüber dem Untermieter den Herausgabeanspruch aus § 546 Abs. 2 BGB geltend, so ist § 574 BGB unanwendbar, weil zwischen dem Hauptvermieter und dem Untermieter kein Vertragsverhältnis besteht. Kündigt der Mieter gegenüber dem Untermieter, so kann sich der Untermieter gegenüber dem Mieter auf § 574 BGB berufen.

7   Ist der **Wohnraum als Ganzes** durch einen **gewerblichen Zwischenvermieter** untervermietet, so gilt bei einer Beendigung des Untermietverhältnisses auf Grund einer Kündigung des Zwischenvermieters § 574 BGB. Wird das Hauptmietverhältnis beendet, so tritt der Hauptvermieter in das Untermietverhältnis ein; gegenüber einer Kündigung des Hauptvermieters kann sich der Untermieter auf § 574 BGB berufen. Im Verhältnis des Hauptvermieters zum Zwischenvermieter ist § 574 BGB stets unanwendbar, weil das Hauptmietverhältnis kein Wohnraummietverhältnis darstellt.

Bei einer Vermietung durch einen **nicht gewerblichen Zwischenvermieter** 8
ist nach der hier vertretenen Ansicht § 565 BGB entsprechend anzuwenden (s.
§ 565 Rdn. 9).

Für Mietverhältnisse im Sinne von § 549 Abs. 2 Nr. 1–3 BGB (s. dort) ist die 9
Vorschrift unanwendbar. Anders als nach dem bis 31.8.2001 geltenden Recht ist
§ 574 BGB aber anwendbar auf Mietverhältnisse über Wohnraum in Ferienwohnungen in Ferienhausgebieten i. S. von §§ 564b Abs. 7 Nr. 4 BGB a. F.

2. Ausschlusstatbestand nach Abs. 1 Satz 2

Nach § 574 Abs. 1 Satz 2 BGB ist die Vorschrift unanwendbar, wenn ein Grund 10
vorliegt, der den Vermieter zur außerordentlichen fristlosen Kündigung berechtigt.
Dieser Ausschlusstatbestand beruht auf der Erwägung, dass der Mieter in diesem
Fall keinen Schutz verdient. Der Ausschlusstatbestand ist auch dann zu beachten,
wenn sich der Mieter auf den Härtegrund des fehlenden Ersatzraums beruft. Zwar
wird dieser in § 574 Abs. 2 BGB geregelte Härtegrund von dem in § 574 Abs. 1
BGB geregelten Ausschlusstatbestand bei systematischer Auslegung des § 574
BGB nicht erfasst. Ein sachlicher Grund für diese Auslegung ist nicht ersichtlich; es ist
vielmehr davon auszugehen, dass der Gesetzgeber die möglichen Auswirkungen
seiner Systematik nicht hinreichend bedacht hat.

Der Kündigungswiderspruch wird nur durch solche Kündigungstatbestände aus- 11
geschlossen, die an eine Vertragsverletzung des Mieters anknüpfen. Hierzu zählen
die §§ 543 Abs. 1, Abs. 2 Nr. 2 und 3 sowie § 569 Abs. 2 BGB. Die übergesetzliche
Kündigung wegen Wegfalls der Geschäftsgrundlage nach § 313 BGB scheidet aus,
weil das Beendigungsinteresse hier aus der Sphäre des Vermieters stammt. Der Ausschlusstatbestand greift nach seinem Wortlaut auch dann, wenn der Vermieter
einem geschäftsunfähigen Mieter gekündigt hat. Dies ist problematisch, weil der
Gedanke der mangelnden Schutzwürdigkeit auf den geschäftsunfähigen Mieter
nicht passt. Außerdem ist diese Mietergruppe oftmals besonders schutzbedürftig.
Deshalb ist eine einschränkende Auslegung des § 574 Abs. 1 Satz 2 BGB geboten.

Der Ausschlusstatbestand gilt auch dann, wenn der Vermieter wegen der Ver- 12
tragsverletzung des Mieters eine ordentliche befristete Kündigung ausspricht, obwohl er zur fristlosen Kündigung berechtigt wäre (Haas Das neue Mietrecht, § 574
BGB Rdn. 1; Herrlein in: Herrlein/Kandelhard Mietrecht § 574 BGB Rdn. 18).
Ebenso genügt es, wenn der Mieter eine zur fristlosen Kündigung berechtigende
Vertragsverletzung begeht, der Vermieter seine Kündigung aber auf einen anderen
Beendigungsgrund stützt (Rolfs in: Staudinger § 574 BGB Rdn. 20; Lammel
Wohnraummietrecht § 574 BGB Rdn. 51). Die Vertragsverletzung muss aber in
einem engen zeitlichen Zusammenhang zur Kündigung stehen. Bei älteren Vertragsverletzungen gilt § 314 Abs. 3 BGB, wenn der Vermieter hierauf längere Zeit
nicht reagiert. Vertragsverletzungen nach Zugang der Kündigung reichen ebenfalls
aus, unabhängig davon, ob der Vermieter den Vorfall zum Anlass für eine erneute
Kündigung nimmt (Rolfs in: Staudinger § 574 BGB Rdn. 20; Fleindl in: Bub/
Treier Kap IV Rdn. 238; **a. A.** Sternel, Rdn. IV, 186). Nur der vertragstreue Mieter
kann eine Fortsetzung des Mietverhältnisses verlangen.

III. Tatbestandvoraussetzungen (Abs. 1 Satz 1)

1. Beendigung durch Kündigung

13   Die Vorschrift gilt nur für solche Mietverhältnisse, die durch Kündigung beendet werden können. Für die Beendigung befristeter Mietverhältnisse durch bloßen Zeitablauf (Zeitmietverträge i. S. von § 575 Abs. 1 Satz 1 BGB) gilt § 574 BGB nur im Falle der außerordentlichen Kündigung mit gesetzlicher Frist; in diesem Fall ist § 575a Abs. 2 BGB zu beachten (s. dort).

14   Die Anwendung des § 574 BGB setzt voraus, dass der **Vermieter** eine **ordentliche Kündigung** i. S. von § 573c BGB oder eine **außerordentliche Kündigung mit gesetzlicher Frist** i. S. von § 575a BGB ausgesprochen hat. Nach dem bis 31.8.2001 geltendem Recht war die Anwendung der Sozialklausel im Falle der außerordentlichen Kündigung mit gesetzlicher Frist streitig, weil nach dem Wortlaut des § 556a BGB a. F. eine „vertragsmäßige Beendigung" vorausgesetzt wurde. Der Begriff „vertragsmäßig" findet sich in der Neufassung nicht mehr. Dadurch kommt zum Ausdruck, dass § 574 BGB auch bei der außerordentlichen Kündigung mit gesetzlicher Frist zu beachten ist (Begründung des Regierungsentwurfs zu § 574 BGB, BT-Drucks. 14/4553; ebenso zum früheren Recht: BGH RE 21.4.1982 BGHZ 84, 90 = NJW 1982, 1696). Dies gilt auch für eine Kündigung des Vermieters gegenüber dem Erben des Mieters. Der Erbe genießt zwar keinen Kündigungsschutz (§ 573d Abs. 1 BGB). Die Vorschrift des § 574 BGB ist aber anwendbar. Es sind allerdings kaum Fälle denkbar, in denen die Tatbestandsvoraussetzungen der Vorschrift vorliegen könnten.

15   Der Kündigungsgrund ist gleichgültig. Bei einer ordentlichen befristeten Kündigung wegen einer Vertragsverletzung ist aber § 574 Abs. 1 Satz 2 BGB zu beachten (s. Rdn. 10). Für **fristlose Kündigungen** gilt die Sozialklausel nicht (§ 574 Abs. 1 Satz 2 BGB). Hat der **Mieter gekündigt,** so ist ein Widerspruch ebenfalls ausgeschlossen. Dies folgt ohne weiteres aus dem Umstand, dass § 574 BGB nach seinem Wortlaut eine „Kündigung des Vermieters" voraussetzt (Begründung des Regierungsentwurfs zu § 574 BGB, BT-Drucks. 14/4553). Gleiches gilt, wenn das Mietverhältnis durch **Mietaufhebungsvertrag** beendet worden ist.

16   Die Kündigung des Vermieters muss **wirksam** sein und die Beendigung des Mietverhältnisses zur Folge haben. Durch eine unwirksame Kündigung wird das Mietverhältnis nicht beendet; ein solches Mietverhältnis kann deshalb auch nicht nach § 574 BGB fortgesetzt werden. Gleiches gilt für Mietverhältnisse, die nach wirksamer Kündigung gem. § 545 BGB verlängert worden sind. Wird das Mietverhältnis nach § 574a BGB durch gerichtliche Entscheidung fortgesetzt, so kann die Wirksamkeit der Kündigung keinesfalls offenbleiben, weil die Beendigung des Mietverhältnisses durch Kündigung zu den zwingenden Tatbestandsvoraussetzungen des § 574 BGB gehört (LG München WuM 2001, 561).

17   Die Vorschrift ist auch dann zu beachten, wenn das Mietverhältnis **zwischen Vertragsschluss und Mietbeginn** gekündigt werden soll. In diesem Fall hat der Mieter zwar noch keinen Mietbesitz. Gleichwohl wird er i. d. R. schutzbedürftig sein, so z. B., wenn er in Erwartung des alsbaldigen Bezugs der Wohnung seine bisherige Mietwohnung aufgegeben oder wenn er bereits Aufwendungen für die angemietete Wohnung getätigt hat.

18   Eine Vereinbarung, wonach der Vermieter berechtigt sein soll, nach der Überlassung der Mietsache vom Vertrag zurückzutreten, ist unwirksam. Wird der **Rück-**

tritt vor der Überlassung erklärt, ist § 574 BGB unanwendbar, weil die Vorschrift eine Beendigung durch Kündigung voraussetzt. Auf die Schutzbedürftigkeit des Mieters kommt es deshalb nicht an.

Wird das Mietverhältnis durch eine **Anfechtung** des Vermieters beendet, so liegt ebenfalls keine Kündigung vor; § 574 BGB ist unanwendbar (Rolfs in: Staudinger § 574 BGB Rdn. 16; Hannappel in: Bamberger/Roth § 574 BGB Rdn. 8). Eine analoge Anwendung kommt nicht in Betracht, weil sich die Anfechtungstatbestände von denen der Kündigung in wesentlichen Punkten unterscheiden (Rolfs in: Staudinger a. a. O.). Für eine analoge Anwendung besteht auch kein praktisches Bedürfnis. Eine Anfechtung wegen Irrtums nach § 119 BGB wird im Mietverhältnis so gut wie nicht in Betracht kommen. Im Übrigen kann der Mieter hier seinen Vertrauensschaden nach § 122 BGB ersetzt verlangen. Bei einer auf § 123 BGB gestützten Anfechtung wird i. d. R. ein Sachverhalt vorliegen, der den Vermieter auch zur fristlosen Kündigung berechtigt; hier verbietet sich eine entsprechende Anwendung des § 574 BGB (§ 574 Abs. 1 Satz 2 BGB). Bei einer Anfechtung durch den Mieter scheitert eine entsprechende Anwendung an dem Umstand, dass § 574 BGB nur gilt, wenn die Beendigung vom Vermieter gewünscht wird. 19

2. Voraussetzungen des Kündigungswiderspruchs

a) Allgemeines Bestandsinteresse des Mieters. Nach § 574 BGB ist erforderlich, dass die Beendigung des Mietverhältnisses als „Härte" für den Mieter zu bewerten ist. Hierbei ist zwischen dem allgemeinen Bestandsinteresse des Mieters und den besonderen Härtegründen zu unterscheiden: Das generell bestehende Interesse des Mieters am Erhalt der Wohnung (Allgemeines Bestandsinteresse) ist Bestandteil der Abwägung im Rahmen der jeweiligen Kündigungstatbestände. Bei der Eigenbedarfskündigung reicht es aus, wenn der Vermieter einen ernsthaften Nutzungswunsch hat. Das allgemeine Bestandsinteresse des Mieters spielt hier keine Rolle. Gleiches gilt für solche Fälle, in denen der Wohnnutzung im Vordergrund steht und daneben eine untergeordnete geschäftliche oder berufliche Mitbenutzung geplant ist. Dagegen genügt es für die Verwertungskündigung nicht, wenn der Vermieter einen ernsthaften Willen zur anderweitigen Verwertung hat. Erforderlich ist vielmehr, dass dem Vermieter im Falle der Hinderung der Verwertung „erhebliche Nachteile" entstehen. Hier ist das Erlangungsinteresse des Vermieters gegen das allgemeine Bestandsinteresse des Mieters bei der Prüfung des Kündigungstatbestandes gegen einander abzuwägen. Macht der Vermieter einen Bedarf für berufliche oder gewerbliche Zwecke geltend, so kommt es im Einzelfall darauf an, ob dieses Interesse dem Eigenbedarf (dann genügt der Nutzungswunsch) oder der wirtschaftlichen Verwertung nahesteht (dann ist das Erlangungsinteresses gegen das allgemeine Bestandsinteresse des Mieters abzuwägen) (Grundlegend: BGHZ 214, 269 = NJW 2017, 2018). 19a

b) Besondere Härtegründe des Mieters. Die besonderen einer Kündigung entgegenstehenden Härtegründe des Mieters sind (nur) im Rahmen des § 574 BGB, also auf Widerspruch des Mieters zu berücksichtigen (BGHZ 214, 269 = NJW 2017, 2018). 20

Unter einer „**Härte**" i. S. des § 574 BGB sind alle Nachteile wirtschaftlicher, finanzieller, gesundheitlicher, familiärer oder persönlicher Art zu verstehen, die infolge der Vertragsbeendigung auftreten können (LG Berlin GE 2015, 859). Hierzu zählen auch Eingriffe in die beruflichen Verhältnisse (OLG Köln RE 28.6.1968 20a

NJW 1968, 1834 = WuM 1968, 179 = ZMR 1969, 17; LG Berlin MM 1993, 182). Sportliche Ambitionen sind dagegen im Allgemeinen nicht zu berücksichtigen (LG Bonn WuM 1992, 610; LG Mannheim DWW 1993, 140). Gleiches gilt für politische (LG Hamburg WuM 1990, 118), kirchliche, künstlerische (a. A. von Mutius ZMR 2003, 621) oder gesellschaftliche Interessen. Der Eintritt der Nachteile muss nicht mit absoluter Sicherheit feststehen. Es genügt, wenn solche Nachteile mit einiger Wahrscheinlichkeit zu erwarten sind (LG Lübeck WuM 2015, 97; LG Berlin GE 2015, 859). Die lediglich theoretische Möglichkeit des Eintritts von Nachteilen reicht aber nicht aus. Ob die Härtegründe nur vorübergehend oder bleibend sind, spielt nur für die Dauer der Vertragsfortsetzung eine Rolle. Keinesfalls darf die Anwendbarkeit des § 574 BGB mit der Begründung versagt werden, dass der Mieter wegen seiner finanziellen Lage oder auf Grund bestimmter persönlicher Eigenschaften ohnehin keine Ersatzwohnung finde: Die Anwendung des § 574 BGB liegt im Gegenteil umso näher, je hilfsbedürftiger der Mieter ist.

20b Es kommt nicht darauf an, ob **die Härtegründe des Mieters bereits beim Vertragsschluss vorgelegen haben** (LG Bochum ZMR 2007, 452, 454 betreffend die Kündigung durch einen Erwerber). Nach **anderer Ansicht** kann der Mieter grundsätzlich nur solche Härtegründe geltend machen, die nach dem Vertragsschluss eingetreten sind. Lagen die Härtegründe bereits bei Vertragsschluss vor, so sind sie nur dann zu berücksichtigen, wenn sie der Mieter offenbart hat oder wenn sie dem Vermieter bekannt gewesen sind oder wenn er sie hätte erkennen können (Lammel Wohnraummietrecht § 574 BGB Rdn. 15).

21 Berücksichtigt werden Nachteile für den „**Mieter, seine Familie oder einen anderen Angehörigen seines Haushalts**". Bei **mehreren Mietern** genügt es, wenn die Härtegründe in der Person eines Mieters vorliegen. (LG Bochum ZMR 2007, 452, 454; Rolfs in: Staudinger § 574 BGB Rdn. 27; Häublein in: Münch-Komm § 574 BGB Rdn. 9; Lammel Wohnraummietrecht § 574 BGB Rdn. 17; Hinz in: Klein-Blenkers/Heinemann/Ring, Miete/WEG/Nachbarschaft § 574 BGB Rdn. 21; Schach in: Kinne/Schach/Bieber Miet- und Mietprozessrecht § 574 BGB Rdn. 3) Dann kann jeder Mieter Widerspruch erheben. Die Erhebung durch einen Mieter genügt (**a. A.** Sternel Mietrecht Aktuell Rdn XI 313). Das Mietverhältnis wird in jedem Fall stets mit allen Mietern fortgesetzt. Familienmitglieder, die nicht zugleich Mieter sind, haben kein eigenes Widerspruchsrecht; nur der Mieter kann Härtegründe von Familienmitgliedern geltend machen. Zur **Familie** gehören der Ehegatte, die Kinder und alle sonstigen Personen, die mit dem Mieter verwandt oder verschwägert sind. Weiter gehören dazu die Stiefkinder und die Pflegekinder. Auf einen bestimmten Verwandtschaftsgrad ist nicht abzustellen (Rolfs in: Staudinger § 574 BGB Rdn. 25; Lützenkirchen in Lützenkirchen Mietrecht § 574 Rdn. 18; Fleindl in: Bub/Treier Kap IV Rdn. 239; Krenek in: Spielbauer/Schneider (Hrsg) Mietrecht § 574 BGB Rdn. 19; Palandt/Weidenkaff § 574 BGB Rdn. 8). Es wird allerdings auch die Ansicht vertreten, dass – wie bei § 573 Abs. 2 Nr. 2 BGB – zwischen den engen und den entfernten Angehörigen zu unterscheiden sei; nur die engen Angehörigen seien zur Familie zu zählen (Häublein in: MünchKomm § 574 BGB Rdn. 23; Hinz in: Klein-Blenkers/Heinemann/Ring, Miete/WEG/Nachbarschaft § 574 BGB Rdn. 21). Diese Abgrenzung wird dem Schutzzweck des § 574 BGB nicht gerecht. Vielmehr ist der allgemeine Familienbegriff teils in einem engeren, teils in einem weiteren Sinne zu verstehen.

22 Zum einen kann es nur auf die Belange derjenigen Personen ankommen, die mit dem **Mieter in der Wohnung zusammenleben** (Rolfs in: Staudinger § 574 BGB Rdn. 25; Hinz in: Klein-Blenkers/Heinemann/Ring, Miete/WEG/Nachbarschaft

§ 574 BGB Rdn. 21). Ein gemeinsamer Hausstand ist nicht erforderlich. Der betreffende Familienangehörige muss sich nicht ständig in der Wohnung aufhalten; es genügt, wenn er in der Mieterwohnung einen Zweitwohnsitz unterhält. Die Interessen der vorübergehend abwesenden Familienangehörigen (z. B. eines Wehr- oder Ersatzdienstleistenden) sind ebenfalls zu berücksichtigen. Ist ein Mieter deshalb auf die Wohnung angewiesen, weil er in der Nähe wohnende Familienangehörige zu betreuen hat, so ist dieser Umstand als eigenes Interesse des Mieters am Erhalt der Wohnung zu bewerten.

Zu den **„anderen Angehörigen"** des Mieters zählen solche Personen die mit dem Mieter eine **Lebens- und Wirtschaftsgemeinschaft** bilden. Diese durch das Mietrechtsreformgesetz geschaffene Erweiterung betrifft insbesondere die **eheähnlichen Gemeinschaften** und die **gleichgeschlechtlichen Partnerschaften** aber auch das **Zusammenleben ohne sexuellen Bezug** (Geschwister, ältere Menschen). Ein Zusammenleben in diesem Sinn setzt eine Lebensgemeinschaft voraus, die auf Dauer angelegt ist, daneben keine weitere Lebensgemeinschaft gleicher Art zulässt und sich durch innere Bindungen auszeichnet, die ein gegenseitiges Einstehen der Partner füreinander begründen, also über die Beziehungen einer reinen Haushalts- und Wirtschaftsgemeinschaft hinausgeht (a. A. Hinz in: Klein-Blenkers/Heinemann/Ring, Miete/WEG/Nachbarschaft § 574 BGB Rdn. 22: danach genügt eine Haushalts- oder Wirtschaftsgemeinschaft ohne innere Bindung). Ob diese Voraussetzungen gegeben sind, muss anhand von Indizien festgestellt werden, wobei vor allem die lange Dauer des Zusammenlebens, die Versorgung von Kindern und Angehörigen im gemeinsamen Haushalt und die Befugnis über Einkommen und Vermögensgegenstände des Partners zu verfügen von Bedeutung sind (vgl. BGH RE 13. 1. 1993 BGHZ 121, 116 = NJW 1993, 999 = WuM 1993, 254 = ZMR 1993, 261 zu § 569a BGB a. F.). Der Mieter muss die für die Annahme einer Gemeinschaft erforderlichen Tatsachen darlegen und beweisen. Nachforschungen, die die Intimsphäre berühren, sind dabei allerdings nicht veranlasst. 23

Die **Dauerhaftigkeit der Beziehung** kann problemlos unterstellt werden, wenn die Partner bereits längere Zeit zusammengelebt haben. Allerdings ist ein längeres Zusammenleben nicht zwingend erforderlich. Maßgeblich ist vielmehr, ob die Beziehung auf Dauer angelegt ist. Dies kann nur an Hand der Umstände des Einzelfalls beurteilt werden. Der Umstand, dass die Partner nur einen einzigen gemeinsamen Hausstand führen, stellt dabei bereits ein Indiz für eine auf Dauer angelegte Beziehung dar. 24

Die Belange anderer als der hier genannten Personengruppen können nicht berücksichtigt werden (LG Freiburg WuM 1990, 152 betr. Mitglieder einer Wohngemeinschaft). 25

Hat der Mieter einen Familien- oder einen anderen Angehörigen **vertragswidrig in die Wohnung aufgenommen,** so sind die Härtegründe dieser Personen nicht zu berücksichtigen (Lammel Wohnraummietrecht § 574 BGB Rdn. 18). Dies folgt aus dem allgemein geltenden Grundsatz, dass ein Mieter aus einem vertragswidrigen Verhalten keine Rechte herleiten kann. Es kommt nach der hier vertretenen Auffassung darauf an, ob dem Mieter nach materiellem Recht ein Anspruch auf Erteilung einer Erlaubnis zur Aufnahme des Dritten zustand; die fehlende Erlaubnis allein schließt die Geltendmachung von Härtegründen nicht aus. 26

Die Nachteile müssen dergestalt sein, dass sie **„nicht zu rechtfertigen"** sind. Die kündigungstypischen Belastungen (Mühe und Kosten der Wohnungssuche, des Umzugs, der Herrichtung der neuen Wohnung, usw.) muss ein in durchschnitt- 27

§ 574 BGB Untertitel 2. Mietverhältnisse über Wohnraum

lichen Verhältnissen lebender Mieter hinnehmen (BGH NZM 2013, 419 Rdn. 15; Rolfs in: Staudinger § 574 BGB Rdn. 23; Franke ZMR 1993, 93, 95; Häublein in: MünchKomm § 574 BGB Rdn. 9, 10; Lammel Wohnraummietrecht § 574 BGB Rdn. 19; Lützenkirchen in Lützenkirchen Mietrecht § 574 Rdn. 23; Krenek in Spielbauer/Schneider Mietrecht § 574 Rdn. 17; Sternel Mietrecht Aktuell Rdn XI 321; Hinz in Klein-Blenkers/Heinemann/Ring, Miete/WEG/Nachbarschaft § 574 Rdn. 7; Palandt/Weidenkaff § 573 BGB Rdn. 10; Wetekamp DWW 1990, 102, 104). Andererseits muss keine sittenwidrige Härte vorliegen. Erforderlich ist, dass die Nachteile von einigem Gewicht sind. Maßgeblich ist eine Gesamtbewertung aller in der Person des Mieters liegenden Härtegründe. In diese Bewertung sind auch diejenigen Gründe einzubeziehen, die bei isolierter Betrachtung keine Härte darstellen (LG Lübeck NJW RR 1993, 1359 = WuM 1993, 613). Davon abgesehen, kann der Begriff der nicht zu rechtfertigenden Härte nicht allgemein formuliert werden, weil er sich erst aus einem Vergleich der wechselseitigen Interessen ergibt. Erforderlich ist eine auf den Einzelfall bezogene **Interessenbewertung**, die unter Berücksichtigung der persönlichen Verhältnisse der Vertragsparteien vorzunehmen ist.

28   **Maßgeblicher Beurteilungszeitpunkt** ist bei einer gerichtlichen Vertragsfortsetzung der Zeitpunkt der letzten mündlichen Verhandlung (BGH NZM 2020, 276; NZM 2019, 527). Ist ein bis zu diesem Zeitpunkt vorhandener Härtegrund entfallen, so kann er nicht mehr berücksichtigt werden (BGH NZM 2020, 276). Gleiches gilt, wenn mit hinreichender Sicherheit feststeht, dass der Härtegrund in Kürze entfällt. Dagegen spielt es keine Rolle, ob der Härtegrund bereits beim Abschluss des Mietverhältnisses vorgelegen hat.

3. Einzelne Härtegründe des Mieters

29   **a) Fehlender Ersatzraum (Abs. 2).** Die Regelung in § 574 Abs. 2 BGB setzt voraus, dass „angemessener Ersatzwohnraum zu zumutbaren Bedingungen nicht beschafft werden kann". Nach der obergerichtlichen Rechtsprechung entfällt dieser Tatbestand nicht bereits dann, wenn die Räumungsschwierigkeiten des Mieters durch die Gewährung einer Räumungsfrist nach § 721 ZPO beseitigt werden könnten (OLG Stuttgart RE 11.11.1968 NJW 1969, 240 = WuM 1969, 25 = ZMR 1969, 57 = DWW 1969, 34; OLG Oldenburg RE 23.6.1970 ZMR 1970, 329 = WuM 1970, 132; OLG Karlsruhe RE 3.7.1970 NJW 1970, 1749; LG Berlin Urt. v. 17.2.2020 – 64 S 160/19 – juris). Auch in der Literatur wird überwiegend die Ansicht vertreten, dass die Möglichkeit einer Räumungsfristgewährung in einem solchen Fall außer Betracht zu bleiben hat (grundlegend: Sternel Rdn. IV 207; Rolfs in: Staudinger § 574 BGB Rdn. 34; Häublein in: MünchKomm § 574 BGB Rdn. 10; Fleindl in: Bub/Treier Kap IV Rdn. 239; Palandt/Weidenkaff § 574 BGB Rdn. 12; Schach in: Kinne/Schach/Bieber, Miet- und Mietprozessrecht § 574 Rdn. 5; Eisenhardt in: Lützenkirchen AHB-Mietrecht J Rdn. 359; Gramlich Mietrecht § 574 BGB Anm. 1; **a. A.** AG Neuss DWW 1990, 311; AG Hamburg Urteil vom 5.10.2007 – 46 C 24/07 m.abl. Anmerkung Blank jurisPR-MietR 26/2007 Anm. 1; Lammel Wohnraummietrecht § 574 BGB Rdn. 45).

Für die Annahme eines Härtegrundes nach § 574 BGB reicht es allerdings nicht aus, dass in der Gemeinde eine Wohnungsmangellage besteht (BGH NZM 2019, 518). Erforderlich ist vielmehr **(„nicht beschafft werden kann"),** dass der konkrete Mieter außerstande ist, sich bis zum Ablauf der Kündigungsfrist eine Ersatzwohnung zu beschaffen. Dem Mieter obliegt es, alle erforderlichen und zumutbaren Maßnahmen zur Erlangung einer Ersatzwohnung zu ergreifen. Eine festgestellte und/oder in Verordnungen zugrunde gelegte angespannte Wohnlage kann allenfalls ein gewisses Indiz für das Vorliegen eines Härtegrunds nach § 574 Abs. 2 BGB darstellen (BGH NZM 2020, 276), das in Verbindung mit substantiiertem (unstreitigem oder nachgewiesenem) Parteivortrag zu konkret ergriffenen Maßnahmen zu der tatrichterlichen Überzeugung führen kann, dass angemessener Wohnraum zu zumutbaren Bedingungen für den Mieter (und seine Familien- oder Haushaltsangehörigen) nicht zu erlangen ist (**„Ersatzraumbeschaffungspflicht"**, BGH NZM 2019, 518 = NJW 2019, 2765 Rz. 49 ff). Der Härtegrund des zu zumutbaren Bedingungen nicht zu beschaffenden Ersatzwohnraums setzt konkrete tatrichterliche Feststellungen voraus, welcher Ersatzwohnraum für den Mieter nach seinen finanziellen und persönlichen Verhältnissen angemessen ist, welche Bemühungen von dem Mieter nach diesen Verhältnissen anzustellen sind und ob er diesen Anstrengungen genügt hat (BGH NZM 2020, 76).

Die **Obliegenheit zur Suche nach Ersatzraum beginnt** nach herrschender 30 Meinung grundsätzlich **mit dem Zugang der Kündigung** (LG Karlsruhe DWW 1990, 238; LG München I WuM 1990, 153; Rolfs in: Staudinger § 574 BGB Rdn. 52; Hannappel in: Bamberger/Roth § 574 BGB Rdn. 12; Lammel § 574 BGB Rdn. 38; Häublein in: MünchKomm § 574 BGB Rdn. 14; Herrlein in: Herrlein/Kandelhard § 574 BGB Rdn. 6). Es ist allerdings anerkannt, dass der Grundsatz der Pflicht zur sofortigen Ersatzraumsuche nicht uneingeschränkt gilt. Hinsichtlich der Annahme eines **Ausnahmetatbestands** werden allerdings unterschiedliche Meinungen vertreten. Nach der hier vertretenen Ansicht entfällt die Pflicht zur Ersatzraumsuche, wenn der Mieter auf Grund konkreter Umstände auf die Unwirksamkeit der Kündigung oder auf den Erfolg seines (auf andere Gründe gestützten) Widerspruchs vertrauen darf (ebenso: Rolfs in: Staudinger § 574 BGB Rdn. 52; Häublein in: MünchKomm § 574 BGB Rdn. 15; Fleindl in: Bub/Treier Kap IV Rdn. 241). Im Zweifelsfall muss der Mieter den Rat eines Rechtskundigen einholen.

Nach der Rechtsprechung des BGH besteht die Obliegenheit des Mieters darin, 31 sich mit Hilfe von Verwandten und Bekannten, oder öffentlichen und privaten Stellen sowie unter Inanspruchnahme geeigneter Medien (bspw. Zeitungsannoncen, Internet) ernsthaft und nachhaltig um eine angemessene Ersatzwohnung zu bemühen (BGH NZM 2019, 518 = NJW 2019, 2765). Der genau Umfang seiner Verpflichtung richtet sich danach, was ihm unter seinen persönlichen und wirtschaftlichen Verhältnissen zuzumuten ist (BGH NZM 2019, 518 = NJW 2019, 2765; Häublein in: MünchKomm § 574 BGB Rdn. 13; Rolfs in: Staudinger § 574 BGB Rdn. 52 mwN). Hierfür reicht es regelmäßig nicht aus, wenn der Mieter nur gelegentliche Versuche unternimmt, anderen Wohnraum zu finden (BGH NZM 2019, 518 = NJW 2019, 2765). Soweit angemessener Wohnraum zu zumutbaren Bedingungen angeboten wird, muss er mit dem betreffenden Vermieter Verbindung aufnehmen und sich um die Anmietung bemühen. Soweit es die finanziellen Verhältnisse des Mieters zulassen, kann er verpflichtet sein, einen Makler zu beauftragen (LG Karlsruhe DWW 1990, 238). Ist der Mieter beruflich stark belastet, so wird diese Maßnahme bereits genügen. Ist der Mieter auf Grund seines Alters oder seiner Einkommensverhältnisse auf dem Wohnungsmarkt besonders benachteiligt, kann es ausreichen, wenn er die städtischen Wohnungsbehörden aufsucht.

Ziel der Suche ist die Anmietung von **angemessenem Ersatzwohnraum.** Der 32 Begriff hat eine objektive und eine subjektive Komponente. In objektiver Hinsicht

§ 574 BGB   Untertitel 2. Mietverhältnisse über Wohnraum

ist zu fordern, dass in den Räumen ein menschenwürdiges Wohnen möglich ist. Dies gilt auch dann, wenn der Mieter bislang in einer sehr schlecht ausgestatteten Wohnung gelebt hat. Gewisse Mindeststandards (Strom, Wasser in der Wohnung) müssen stets gegeben sein. Eine Obdachlosenunterkunft ist keine Ersatzwohnung (LG Hagen WuM 1967, 15 = ZMR 1967, 189). Darüber hinaus ist eine Ersatzwohnung dann angemessen, wenn sie im Vergleich zu der bisherigen Wohnung den Bedürfnissen des Mieters entspricht und sie finanziell für ihn tragbar ist (Rolfs in: Staudinger/Rolfs § 574 Rdn. 49). Dabei sind die Lebensführung des Mieters und seine persönlichen und finanziellen Lebensverhältnisse maßgebend (Häublein in: MünchKomm § 574 BGB Rdn. 11). Die Wohnung muss allerdings dem bisherigen Wohnraum weder hinsichtlich ihrer Größe, ihres Zuschnitts oder ihrer Qualität noch nach ihrem Preis vollständig entsprechen (BGH NZM 2019, 518 = NJW 2019, 2765). Gewisse Abstriche sind dem Mieter vielmehr zuzumuten. Leben im Haushalt des Mieters Angehörige mit eigenem Einkommen, ist die Suche nach angemessenem Ersatzwohnraum grundsätzlich auch auf solche Wohnungen zu erstrecken, die mit dem Haushaltseinkommen finanziert werden können (BGH NZM 2019, 518 = NJW 2019, 2765; LG Stuttgart, WuM 1990, 20, 21; Rolfs in: Staudinger § 574 BGB Rdn. 49). Ein Mieter im hohen Lebensalter muss sich nicht auf die Möglichkeit der Unterbringung in einem Altersheim verweisen lassen (OLG Karlsruhe RE 3.7.1970 NJW 1970, 1746). Etwas anderes kann gelten, wenn der Mieter auf Grund seiner physischen oder psychischen Verfassung nicht mehr alleine in einer Wohnung leben kann (BVerfG WuM 1994, 255; LG Kempten WuM 1994, 254); an diese Annahme sind strenge Anforderungen zu stellen. Den Bedürfnissen des Mieters ist im Rahmen des Angemessenen Rechnung zu tragen (z. B. Anspruch auf Trennung von Wohn- und Schlafraum; Möglichkeit zur Aufnahme einer Pflegeperson beim älteren Mieter (OLG Karlsruhe RE 3.7.1970 NJW 1970, 1746 = ZMR 1970, 309 = DWW 1970, 307). Ein gehbehinderter Mieter, der bislang in einer Erdgeschoßwohnung oder in einem Haus mit Aufzug gewohnt hat, kann sich eine Wohnung suchen, die seiner Behinderung Rechnung trägt. Ebenso kann der Gehbehinderte die Kündigung zum Anlass nehmen, seine Wohnverhältnisse zu verbessern, wenn mit einer Verschlimmerung seiner Leiden zu rechnen ist. Wer bislang mit seiner Familie in zu kleinen Räumlichkeiten gewohnt hat, kann eine Ersatzwohnung suchen, die seinen objektiven Bedürfnissen angemessen ist. Hat aber umgekehrt eine Einzelperson in einer großen Wohnung gelebt, so kann dieser Mieter durchaus gehalten sein, auch kleinere Wohnungen in seine Suche einzubeziehen. Überhaupt muss der Mieter bestimmte Lebensgewohnheiten aufgeben, wenn er über längere Zeit keine diesen Gewohnheiten entsprechende Wohnung gefunden hat (LG Hamburg WuM 1990, 11 falls hierdurch sein „sozialer Status" nicht berührt wird). Wer als Mieter bislang einzelne Räume seiner Wohnung an Dritte untervermieten konnte, darf seine Ersatzwohnsuche nicht auf solche Wohnungen beschränken, bei denen dieselbe Möglichkeit besteht (LG Freiburg WuM 1990, 152 betr. eine Wohngemeinschaft). Ebenso stellt es keine Härte dar, wenn der Mieter in seiner bisherigen Wohnung ein Hobby ausüben konnte, auf das er in den meisten anderen Wohnungen verzichten muss (OLG Karlsruhe RE 31.3.1971 NJW 1971, 1182 = WuM 1971, 96 = ZMR 1971, 376 = DWW 1971, 264).

33   Die Ersatzraumsuche muss sich grundsätzlich auf das **gesamte Gemeindegebiet** erstrecken. Auch hiervon gelten Ausnahmen. Ein Mieter in höherem Lebensalter, der lange Zeit in einem bestimmten Wohnviertel gelebt hat und hierin „verwurzelt" ist, kann seine Suche auf Wohnungen in diesem Viertel beschränken (OLG Karlsruhe RE vom 3.7.1970, NJW 1970, 1746 = ZMR 1970, 309 = DWW

1970, 307). Gleiches gilt, wenn ein Mieter in der Nähe seiner Angehörigen leben muss, etwa weil er diese zu betreuen hat oder weil er selbst auf die Betreuung durch diese Personen oder auf deren Mithilfe bei der Haushaltsführung oder Kinderbetreuung angewiesen ist (LG München I WuM 1989, 296 betr. Betreuung eines behinderten Kindes durch Familienangehörige). Hier ist im Einzelfall zu prüfen, ob der Kontakt zwischen dem Mieter und seinen Angehörigen durch eine größere räumliche Entfernung wesentlich erschwert wird. Dies hängt von der Mobilität des Mieters und von den Verkehrsverhältnissen ab. Die Notwendigkeit eines Schulwechsels, das Interesse am Erhalt eines Kindergartenplatzes (AG Neumünster WuM 1989, 298), ein politisches Mandat (LG Hamburg WuM 1990, 118), die Mitgliedschaft des Mieters in einem bestimmten Verein (LG Mannheim DWW 1993, 140), die Nähe zu Freunden und Bekannten oder ähnliche Interessenlagen rechtfertigen grundsätzlich keine Beschränkung der Ersatzraumsuche (AG Neumünster WuM 1989, 298: Zusage eines Kindergartenplatzes; LG Siegen WuM 1989, 389: Schulwechsel).

Der Mieter muss nur solche Wohnungen anmieten, die **„zu zumutbaren Bedingungen"** angeboten werden. Unter den „ Bedingungen" im Sinne dieser Vorschrift sind die Mietbedingungen zu verstehen. Hierzu gehört in erster Linie die **Höhe der Miete.** Ein Mietpreis ist zumutbar, wenn er dem Wert der Wohnung entspricht und der Mieter auf Grund seiner finanziellen Verhältnisse in der Lage ist, den geforderten Preis zu bezahlen. Für die Angemessenheit des Verhältnisses zwischen dem Mietpreis und dem Wert der Wohnung ist die Höhe der ortsüblichen Miete ein wichtiger Anhaltspunkt. Jedoch ist zu bedenken, dass der Neuvermietungspreis (die Marktmiete) regelmäßig etwas höher ist, als die ortsübliche Miete. Den üblichen Neuvermietungspreis muss der Mieter akzeptieren. Überhöhte Angebote kann der Mieter ablehnen. Dies gilt insbesondere für Mietangebote, die gegen § 5 WiStG verstoßen; der Mieter muss sich nicht auf die Teilunwirksamkeit der Mietpreisvereinbarung verweisen lassen. Für die Angemessenheit des Verhältnisses zwischen dem Mietpreis und der finanziellen Leistungsfähigkeit des Mieters ist zu berücksichtigen, ob der Mieter einen Anspruch auf öffentliche Hilfe hat; diesen Anspruch muss der Mieter geltend machen (LG Itzehoe WuM 1967, 65; WuM 1968, 34; LG Münster ZMR 1968, 49). Die Einkünfte der im Haushalt lebenden Familienmitglieder sind ebenfalls zu berücksichtigen. Auf bescheidene Vermögenswerte muss der Mieter nicht zurückgreifen. Er ist auch nicht verpflichtet, seine finanzielle Leistungsfähigkeit bis zur äußersten Grenze auszuschöpfen (**a. A.** OLG Celle WuM 1987, 63); vielmehr darf er nach einer Wohnung suchen, die er auch bei geringfügig sinkenden Einnahmen weiterhin bezahlen kann. Bezieht ein Mieter Sozialhilfe, so kommt es darauf an, ob und welcher Höhe das Sozialamt für die Wohnkosten aufkommt. Nach der Rechtsprechung des BGH ist der Mieter auch dann verpflichtet, Sozialhilfe in Anspruch zu nehmen, wenn er bislang den Mietzins aus eigener Kraft aufgebracht hat (BGH NZM 2019, 518 = NJW 2019, 2765 Rz. 50). 34

Auch die **sonstigen Mietbedingungen** können bei der Frage der Zumutbarkeit eine Rolle spielen. So ist ein Mieter i. d. R. nicht zum Abschluss eines Mietvertrags mit nur kurzer Laufzeit verpflichtet, weil er in diesem Fall mehrfach mit den Kosten des Wohnungswechsels belastet wird. Ebenso muss der Mieter keinen Mietvertrag akzeptieren, der ihn zu Nebenleistungen verpflichtet, die er auf Grund seines Alters, seines Gesundheitszustands oder seiner beruflichen Belastung nicht erbringen kann. 35

Der Mieter muss den Umfang seiner Ersatzraumbemühungen **darlegen und beweisen.** Hierzu muss der Mieter substantiiert vortragen, was er im Einzelnen ge- 36 tan hat, um eine Ersatzwohnung zu erhalten. Erforderlich ist insoweit die Angabe konkreter nachprüfbarer Tatsachen. Allgemein gehaltene Hinweise auf nicht näher bezeichnete Aktivitäten (LG Bonn WuM 1992, 16), auf das knappe Wohnungsangebot (LG Düsseldorf ZMR 1990, 380; DWW 1991, 178; AG Dortmund, DWW 1990, 366), auf Behördenauskünfte (LG Berlin GE 1990, 543) oder auf Presseberichte über das unzureichende Wohnungsangebot (LG Berlin GE 1990, 491) genügen – wie allgemein – nicht. Hat der Mieter mit einem Vermieter Kontakt aufgenommen oder sogar Vertragsverhandlungen geführt oder eine konkrete Wohnung besichtigt, so muss er auch darlegen, warum es nicht zur Anmietung der Wohnung gekommen ist (LG Berlin GE 1993, 1219).

37   Von einem Teil der Rechtsprechung wird auf die **Ersatzraumsuche verzichtet,** wenn eine allgemeine Wohnungsmangellage besteht und der Mieter z. B. in schlechten finanziellen Verhältnissen lebt oder es sich um eine kinderreiche Familie handelt (**a. A.** BGH NJW 2020, 1215). In diesem Fall wird unterstellt, dass eine konkrete Suche ohnehin keinen Erfolg hätte (LG Darmstadt MM 1991, 131 betr. alleinerziehende Frau mit sechs Kindern und geringem Einkommen; AG Freiburg WuM 1991, 686 betr. alleinstehende Musiklehrerin mit einem Nettoeinkommen zwischen 1000.– und 1500.– DM mtl.; AG Schöneberg GE 1990, 499; MM 1990, 131 betr. einen Mieter, der auf eine Wohnung in Berlin angewiesen ist, aber keinen höheren Mietpreis als 7,25 DM/m^2 aufbringen kann; AG Charlottenburg MM 1991, 194 betr. sechsköpfige Familie in Berlin; AG Hannover WuM 1991, 553 betr. Sozialhilfeempfängerin mit drei Kindern) oder angenommen, dass es genügt, wenn sich der Mieter mit der Wohnungsbehörde in Verbindung setzt (LG Mannheim ZMR 1993, 79; WuM 1993, 62). Diese Rechtsprechung trifft zu, weil **offensichtlich aussichtslose Bemühungen** nicht Gegenstand einer Obliegenheit sein können (**a. A.** BGH NJW 2020, 1215; LG Karlsruhe DWW 1990, 238 betr. Rentner mit einem Monatseinkommen von 911.– DM; LG Berlin MM 1994, 325 betr. „Problemgruppen" in Berlin; Lammel Wohnraummietrecht § 574 BGB Rdn. 38; Hannappel in: Bamberger/Roth § 574 BGB Rdn. 11). Eine andere Frage ist es, ob in einem solchen Fall das Mietverhältnis fortgesetzt werden kann. Dies ist zu bejahen, wenn zu erwarten ist, dass sich die Wohnungslage oder die Lage des Mieters verbessert. Eine Fortsetzung des Mietverhältnisses auf unbestimmte Zeit kommt auch bei einer dauerhaften Aussichtslosigkeit der Anmietung einer Ersatzwohnung nicht in Betracht.

38   Im Ausnahmefall ist denkbar, dass die **Beschaffung von Ersatzraum zu den Obliegenheiten des Vermieters** gehört. Ein solcher Fall kann insbesondere dann vorliegen, wenn die Kündigung auf Umstände gestützt wird, die vom Mieter nicht zu vertreten sind, sondern im Interesse des Vermieters liegen und der Vermieter über einen hinreichend großen Wohnungsbestand verfügt. Hier kann es nach Treu und Glauben (§ 242 BGB) geboten sein, dass der Großvermieter dem Mieter eine Ersatzwohnung anbietet. Dieser Gesichtspunkt ist insbesondere dann von Bedeutung, wenn ein Vermieter wegen Unterbelegung kündigt; hier entspricht es Treu und Glauben, dass dem Mieter eine kleinere Ersatzwohnung angeboten wird (vgl. OLG Stuttgart RE 11.6.1991 WuM 1991, 379 = ZMR 1991, 297).

39   Eine **vom Vermieter angebotene Ersatzwohnung** darf der Mieter nicht ablehnen, wenn die Räume angemessen und die Mietbedingungen zumutbar sind (LG Waldshut-Tiengen WuM 1993, 349; AG Köln WuM 1989, 250). Dies gilt auch dann, wenn zwischen den Parteien Spannungen bestehen (OLG Karlsruhe RE 3.7.1970 NJW 1970, 1746 = ZMR 1970, 309 = DWW 1970, 307).

b) Hohes Alter. In Rechtsprechung und Schrifttum ist umstritten, ob bereits 40
das hohe Alter des Mieters für sich allein als Härtegrund im Sinne des § 574 BGB
zu bewerten ist. Nach wohl h. M. ist das hohe Lebensalter eines Mieters zwar ein
wichtiges Kriterium, das bei der nach § 574 BGB erforderlichen Interessenabwägung zu dessen Gunsten zu berücksichtigen ist. Allerdings reicht ein hohes Lebensalter für sich allein grundsätzlich nicht aus, um eine Härte zu begründen (BGH
NZM 2019, 518 = NJW 2019, 2765 Rz. 30). Erforderlich ist vielmehr, dass dem
Mieter auf Grund seines hohen Lebensalters und der damit verbundenen Belastungen, Beschwerden und Behinderungen ein Wohnungswechsel nicht mehr zuzumuten ist (vgl. BGH NZM 2019, 518 = NJW 2019, 2765; KG DWW 2004, 189;
OLG Köln ZMR 2004, 33; Rolfs in: Staudinger § 574 BGB Rdn. 37 m.w.N.).
Diese Umstände sind vom Mieter vorzutragen und vom Gericht festzustellen.
Nach anderer Meinung stellt ein erzwungener Umzug für einen hochbetagten
Mieter unabhängig von etwaigen Gesundheits- oder sonstigen Beschwerden stets
eine Härte i. S. von § 574 BGB dar, die eine Fortsetzung des Mietverhältnisses auf
unbestimmte Zeit rechtfertigt (s. insbesondere LG Berlin WuM 2019, 209 für 84-
jährige und 87-jährige Mieter m.w.N.) Diese Ansicht verkennt, dass die nach
§ 574 BGB erforderliche Interessenabwägung nicht schematisch, sondern einzelfallbezogen zu erfolgen hat (Beuermann GE 2019, 586). Ein rüstiger Mieter mit ausreichendem Einkommen wird auch im höheren Lebensalter eine Wohnung finden.
Ebensowenig kann ein Mietverhältnis allein wegen der langen Wohndauer des
Mieters fortgesetzt werden (BGH NZM 2019, 518 = NJW 2019, 2765; LG Berlin
MM 1999, 351). In vielen Fällen sind Mieter in hohem Lebensalter nach langer
Wohndauer aber mit ihrer Wohnung, dem Wohnhaus, oder dem Wohnviertel in
besonders starkem Maße verwurzelt. Dieser Umstand führt in Verbindung mit den
alterstypischen Formen der Asthenie, mit Veränderungsphobien oder sonstigen
Krankheiten häufig zur **Räumungsunfähigkeit** (LG Hamburg DWW 1991,
189). Von einer Räumungsunfähigkeit ist dabei auszugehen, wenn der Gesundheitszustand oder die allgemeine Lebenssituation des Mieters durch den Umzug erheblich verschlechtert würden. Das Mietverhältnis ist dann auf unbestimmte Zeit
fortzusetzen (LG Hamburg WuM 1995, 439: 74-jährige Mieterin mit 33-jähriger
Wohnzeit, angegriffener Gesundheit und starker Verwurzelung im Wohnviertel;
LG Berlin MM 1990, 21: 69-jährige Mieterin mit 18-jähriger Wohnzeit und erheblichen Krankheiten; LG Berlin GE 1990, 493: Hohes Alter, 34-jährige Wohnzeit, Krankheit und Körperbehinderung von 80%; LG Berlin GE 1992, 153: 75-
jährige Mieterin mit 17-jähriger Wohnzeit, geringem Einkommen und angegriffener Gesundheit; LG Berlin MM 1994, 101: 90-jähriger Mieter mit 43-jähriger
Mietzeit und latenter Suizidalität; LG Bonn NJW RR 1990, 973 = WuM 1990,
151: 89-jähriger, kranker Mieter mit 50-jähriger Mietzeit und dadurch bedingter
Verwurzelung; LG Düsseldorf WuM 1991, 36: 80/82-jähriges herzkrankes Mieterehepaar mit 54-jähriger Wohnzeit; LG Koblenz WuM 1990, 20: 83-jährige Mieterin mit 17-jähriger Wohnzeit und verschiedenen Krankheiten; LG Oldenburg
WuM 1991, 346: 69-jähriger krebskranker und suizidgefährdeter Mieter mit 15-
jähriger Mietzeit; LG Stuttgart WuM 1993, 46: 82-jähriger Mieter mit psychischen
und physischen Erkrankungen bei 20-jähriger Mietzeit; LG Gera WuM 2000, 35:
75-jähriger Mieter bei 60-jähriger Wohnzeit; LG Essen WuM 2000, 357: 89-jährige Mieterin mit 20-jähriger Wohnzeit; AG Landau NJW 1993, 2249: 79-jähriger,
schwer herzkranker und gehbehinderter Mieter mit 35-jähriger Wohnzeit; AG
Forchheim DWW 1991, 115: 81-jähriger Mieter mit Behinderung und Verwurzelung im Wohnviertel; LG Zwickau WuM 1998, 159: 84-jährige kranke und ge-

brechliche Mieterin mit 25-jähriger Wohnzeit; LG Bochum ZMR 2007, 452, 454 betr. lange Mietzeit, Verwurzelung und Blindheit)

41 Liegt keine Räumungsunfähigkeit vor, kann gleichwohl eine Härte bejaht werden, wenn der Mieter wegen seines hohen Lebensalters **besondere Schwierigkeiten bei der Ersatzraumsuche** hat. Zum einen ist dem älteren Mieter zuzubilligen, dass er die Ersatzraumsuche auf sein bisheriges Wohnviertel beschränkt. Auf einen Umzug in einen anderen Stadtteil (LG Hamburg DWW 1991, 189: 77-jähriger Mieter mit 40-jähriger Mietzeit und hierdurch bedingter Verwurzelung) oder gar in eine andere Gemeinde (AG Forchheim DWW 1991, 115: 81-jähriger körperbehinderter Mieter mit Verwurzelung im Wohnviertel) muss sich der Mieter nicht verweisen lassen. Ebenso darf der Mieter seine Suche auf altengerechte Wohnungen beschränken. Schließlich ist zu bedenken, dass der dem älteren Mieter zustehende Schutz zugleich zur Folge hat, dass dieser als Wohnungssuchender benachteiligt ist. In Fällen dieser Art ist unter Berücksichtigung der Rückerlangungsinteressen des Vermieters zu prüfen, ob das Mietverhältnis auf bestimmte Zeit fortzusetzen ist (LG Lübeck WuM 1994, 22: Vertragsfortsetzung auf 2 Jahre bei einem 81-jährigen Mieter mit 17-jähriger Mietzeit). Ist nicht zu erwarten, dass der Mieter trotz Ersatzraumsuche eine Wohnung findet, so kommt auch hier eine Fortsetzung des Mietverhältnisses auf unbestimmte Zeit in Betracht (LG Hannover WuM 1989, 298: 96-jährige Mieterin).

42 **c) Krankheit, Behinderung.** Ist ein Mieter wegen einer **Krankheit** an der Räumung gehindert, so stellt auch dieser Umstand einen Härtegrund dar. Dies gilt sowohl für körperliche als auch für geistige oder seelische Erkrankungen (Schindler WuM 2018, 255, 261). Wie im Falle des alten Mieters liegt auch hier ein Fall der Räumungsunfähigkeit vor, wenn der Mieter auf Grund seines körperlichen oder geistigen Zustands nicht in der Lage ist, eine Ersatzwohnung zu finden und dorthin umzuziehen oder wenn der Gesundheitszustand oder die allgemeine Lebenssituation des Mieters durch den Umzug erheblich verschlechtert würden (BVerfG NJW RR 1993, 463 = WuM 1993, 172 = ZMR 1993, 211 = DWW 1993, 134 bei schweren Gesundheitsschäden; LG Berlin MM 1994, 327 und LG Oldenburg WuM 1991, 346 betr. psychische Störung mit der Gefahr eines Suizids; (LG Berlin GE 2015, 859 bei Suizidgefährdung). Es ist nicht erforderlich, dass die Beeinträchtigung der Gesundheit mit Sicherheit eintritt. Vielmehr kann „bereits die ernsthafte Gefahr einer erheblichen gesundheitlichen Verschlechterung die Annahme einer unzumutbaren Härte rechtfertigen". (BGH WuM 2013, 739 = NZM 2013, 824 Rz 20). Beruft sich der Mieter auf eine schwere Erkrankung als Härtegrund, hat sich das Gericht „regelmäßig mittels sachverständiger Hilfe ein genaues und nicht nur an der Oberfläche haftendes Bild davon zu verschaffen, welche gesundheitlichen Folgen im Einzelnen mit einem Umzug verbunden sind. Ein solches Gutachten kann auch von Amts wegen eingeholt werden. Der Mieter hat seine Darlegungspflicht erfüllt, wenn er ein aussagekräftiges ärztliches Attest vorlegt (BGH NZM 2019, 518 = NJW 2019, 2765 Rz. 41 ff).

43 Bei krankheitsbedingten **Räumungshindernissen, die** ihrer Natur nach **vorübergehend sind,** ist das Mietverhältnis auf bestimmte Zeit fortzusetzen. Eine Vertragsfortsetzung auf unbestimmte Zeit kommt in Betracht, wenn das Ende der Beeinträchtigung noch nicht abgeschätzt werden kann (§ 574a Abs. 2 Satz 2 BGB, AG Friedberg WuM 1993, 675 betr. Beeinträchtigung nach Herzinfarkt und Bypassoperation **a. A.** BGH NZM 2019, 518: Regelfall Befristung). Dem Mieter obliegt es, an der Beseitigung des Räumungshindernisses mitzuwirken (BVerfG

a.a.O.). Diese Grundsätze gelten auch, wenn der **Mieter suizidgefährdet** ist (LG Berlin GE 2015, 859; dazu Schindler WuM 2018, 255). Hier ist allerdings zu unterscheiden: Wird die Suizidgefahr bereits durch den Erlass eines Räumungsurteils geschaffen, so ist dies nach § 574 zu berücksichtigen. Verwirklicht sich die Suizidgefahr dagegen erst im Falle der Vollstreckung, so liegt möglicherweise ein künftiges Vollstreckungshindernis vor; der Erlass eines Räumungsurteils ist in diesem Fall möglich. Dies folgt aus der Erwägung, dass die Frage der Vollstreckbarkeit generell im Erkenntnisverfahren keine Rolle spielt. Dies ist sachgerecht, weil der Gläubiger auch dann Anspruch auf einen Titel hat, wenn er aus diesem zwar nicht sofort, möglicherweise aber später vollstrecken kann. Das Gericht muss die Wahrscheinlichkeit der Suizidgefahr genau untersuchen und prüfen, ob und gegebenenfalls welche Möglichkeiten zur Abwendung der Gefahr bestehen. Im Regelfall ist im Rahmen der Sachverhaltsaufklärung ein medizinisches Gutachten einzuholen (LG Berlin GE 2015, 859). Der Mieter ist gehalten, das ihm Zumutbare zu tun um die Gefährdung abzuwenden. So muss er ärztliche Hilfe in Anspruch nehmen, gegebenenfalls muss er sich in eine Klinik begeben (LG Aurich WuM 1992, 609 betr. Behandlung einer Umzugsdepression; LG Bonn ZMR 2000, 27; NZM 2000, 331 betr. Suizidgefahr). Dasselbe gilt für einen Angehörigen des Mieters. Das Gericht kann derartige **Mitwirkungspflichten nicht anordnen,** nur anregen und auf die Folgen der Verweigerung der Mitwirkung hinweisen. Eine Verletzung dieser Obliegenheit hat allerdings nicht zwingend zur Folge, dass der Räumungsschutz zu versagen wäre. Vielmehr ist dieser Umstand bei der Entscheidung über das ob und die Dauer der Vertragsfortsetzung mit zu berücksichtigen. Dabei wird es maßgeblich darauf ankommen, aus welchen Gründen der Mieter seine Mitwirkung verweigert hat. Ebenso ist im Falle der weiteren Fortsetzung des Mietverhältnisses gem. § 574c BGB zu prüfen, ob der Mieter die Mitwirkungspflicht erfüllt hat.

Das Mietverhältnis eines Mieters, dem auf Grund einer **körperlichen oder geistigen Behinderung** ein Umzug nicht zugemutet werden kann, ist auf unbestimmte Zeit fortzusetzen, wenn nicht der Vermieter besonders gewichtige Interessen an der Räumung hat. Zu denken ist insbesondere an den blinden Mieter, der sich an eine bestimmte Umgebung gewöhnt hat und sich nur dort zurechtfinden kann. Gleiches gilt, für Familienangehörige des Mieters. Deshalb liegt ein Härtegrund vor, wenn ein Wohnungswechsel für den 15-jährigen Sohn der Mieterin mit einer erheblichen Gesundheitsbeeinträchtigung verbunden ist, weil dieser wegen einer schweren geistigen Behinderung außerstande ist sich an eine veränderte Umgebung anzupassen (LG Lübeck WuM 2015, 97). Ein Mieter der auf Grund seiner Behinderung zur Ersatzraumsuche außerstande ist, muss ebenfalls als räumungsunfähig angesehen werden. In diesem Fall ist u. U. eine Betreuung erforderlich, die vom Familiengericht angeordnet werden kann (vgl. dazu BayObLG WuM 1996, 275). Aufgabe des Betreuers ist es, für den Mieter eine Ersatzwohnung zu finden. 44

In bestimmten Fällen hat der behinderte Mieter auch größere Schwierigkeiten bei der Ersatzraumsuche als ein Nichtbehinderter. Querschnittsgelähmte Mieter können ihre Suche auf rollstuhlgerechte Wohnungen beschränken; gehbehinderte Mieter können Wohnungen in höheren Stockwerken, die nicht mit einem Aufzug zu erreichen sind, ablehnen. 45

d) Schwangerschaft. Steht eine Mieterin oder die Familienangehörige eines Mieters kurz vor der Niederkunft, so ist dieser Umstand wegen den damit verbundenen Erschwernissen bei der Ersatzraumsuche sowie den allgemeinen physischen und psychischen Belastungen als besondere Härte anzusehen. Gleiches gilt für die 46

Zeit unmittelbar nach der Niederkunft. Grundsätzlich ist das Mietverhältnis solange fortzusetzen bis die mit der Geburt verbundenen Hindernisse beseitigt sind (LG Stuttgart WuM 1991, 347: 10 Wochen nach der Entbindung; AG Herford MDR 1964, 1007; AG Aachen MDR 1966, 55). Dabei kommt es maßgeblich darauf an, wann der Mieter/die Mieterin mit der Ersatzraumsuche beginnen kann und welche Zeit voraussichtlich benötigt wird bis eine Ersatzwohnung gefunden ist.

47 **e) Zusage einer langen Mietzeit/Aufwendungen für die Wohnung.** Mietverträge, die über eine längere Zeit als ein Jahr abgeschlossen werden, bedürfen zu ihrer Wirksamkeit der Schriftform (§ 550 BGB). Wird die Schriftform nicht beachtet, so kann das Mietverhältnis zum Ablauf des ersten Vertragsjahres gekündigt werden. Der Umstand, dass der Mieter auf die Wirksamkeit einer mündlichen Zusage betreffend eine lange Vertragsdauer vertraut hat, stellt keine Härte i. S. von § 574 BGB dar (OLG Karlsruhe RE 31.3.1971 NJW 1971, 1182). Etwas anderes kommt in Betracht, wenn der Mieter mit dem ausdrücklichen oder stillschweigenden Einverständnis des Vermieters in Erwartung einer langen, vom Vermieter zugesicherten Mietzeit wirtschaftliche Aufwendungen für die Erhaltung und Verbesserung der Mietsache gemacht hat, zu denen er vertraglich nicht verpflichtet war. In einem solchen Fall kann die frühzeitige Beendigung des Mietverhältnisses eine nicht zu rechtfertigende Härte bedeuten, wenn der Mieter mit einer frühen Kündigung nicht zu rechnen hatte, die Aufwendungen erheblich sind, für einen erheblichen Teil davon beim Auszug kein Ersatz verlangt werden kann und die Aufwendungen durch die Mietzeit noch nicht abgewohnt sind, so dass es im Ergebnis zu einem wesentlichen Verlust des Mieters kommen würde (OLG Karlsruhe a.a.O.; OLG Frankfurt RE 23.6.1971 WuM 1971, 168). Es kommt insoweit nicht darauf an, ob die Verwendungen notwendig, nützlich, oder überflüssig waren. Entscheidend ist vielmehr, ob der Vermieter durch sein Verhalten einen Vertrauenstatbestand geschaffen hat (OLG Frankfurt a.a.O.). Sind diese Voraussetzungen gegeben, so kann das Mietverhältnis solange fortgesetzt werden, bis die Aufwendungen „abgewohnt" sind. Zur Bemessung der Abwohnzeit kommt ein Rückgriff auf die Wertentscheidungen des „Gesetzes ... über die Rückerstattung von Baukostenzuschüssen" vom 21.7.1961 (BGBl. I S. 1041) in Betracht. Nach § 2 dieses Gesetzes gilt ein Betrag in Höhe einer Jahresmiete durch eine Mietdauer von vier Jahren von der Leistung an als getilgt. Eine gleichlautende Regelung findet sich in § 19 Abs. 2 des Ersten Bundesmietengesetzes vom 27.7.1955 (BGBl. I S. 458). Nach dem Rechtsentscheid des OLG Frankfurt (a.a.O.) soll der dort enthaltene Bewertungsmaßstab aber nur bei notwendigen Verwendungen anwendbar sein. Für diese Einschränkung gibt es allerdings keinen Grund, weil nach § 19 Abs. 2 des Ersten Bundesmietengesetzes die im Einvernehmen mit dem Vermieter gemachten Aufwendungen (vereinbarte Zuschüsse, Modernisierungs- und Instandsetzungsbeiträge, usw.) den notwendigen Verwendungen gleichgestellt sind. Haben die Parteien im Hinblick auf die Mieterleistungen einen besonders niedrigen Mietzins vereinbart, so ist unter Berücksichtigung aller Umstände zu ermitteln, inwieweit die Verwendungen des Mieters schon durch die bisherige Mietersparnis abgewohnt sind (insoweit zutr. OLG Frankfurt a.a.O.). Wesentliches Kriterium für die Bewertung der Miethöhe ist die ortsübliche Miete.

48 **f) Berufliche, Schulische Schwierigkeiten.** Eine andauernde starke berufliche Belastung des Mieters stellt für sich alleine keinen Härtegrund dar. Dieser Umstand ist lediglich in Verbindung mit fehlendem Ersatzraum zu berücksichtigen, weil sich der berufsbedingte Zeitmangel auf die Ersatzraumsuche auswirken kann.

Anders ist es, wenn der Mieter gerade zum Zeitpunkt der vertragsgemäßen Beendigung des Mietverhältnisses außergewöhnlich stark belastet ist (OLG Köln RE 28.6.1968 NJW 1968, 1834 = WuM 1968, 179 = ZMR 1969, 17). In diesem Fall kann das Mietverhältnis auf bestimmte Zeit verlängert werden. Dabei kommt es maßgeblich darauf an, wann die außergewöhnliche Belastung endet und welche Zeit im Anschluss hieran voraussichtlich benötigt wird bis eine Ersatzwohnung gefunden ist.

Dieselben Grundsätze gelten für einen Studenten vor dem Examen (LG Aachen NJW RR 1986, 313; AG Tübingen ZMR 1986, 60), für einen Referendar am Ende der Ausbildung (AG Lübeck WuM 1989, 413) für einen Arzt vor Abschluss der Promotion (AG Tübingen WuM 1989, 240) oder dann, wenn den Kindern des Mieters durch den Wohnungswechsel ernsthafte Umschulungs- oder Prüfungsschwierigkeiten entstehen (LG Wuppertal MDR 1970, 332). Im Allgemeinen gilt, dass Mieter mit schulpflichtigen Kindern nicht außerhalb der Schulferien umziehen müssen. **49**

g) Zwischenumzug. Steht dem Mieter bereits eine Ersatzwohnung zur Verfügung, in die er zwar nicht im Zeitpunkt der vertragsmäßigen Beendigung des Mietverhältnisses, wohl aber in absehbarer Zeit einziehen kann, so ist der in solchen Fällen erforderliche Zwischenumzug wegen der damit verbundenen persönlichen und finanziellen Belastung als besondere Härte zu bewerten (LG Mannheim NJW 1964, 2307). Der Umstand, dass ein Zwischenumzug auch durch die Gewährung einer Räumungsfrist nach § 721 ZPO vermieden werden kann, ist unbeachtlich (OLG Oldenburg RE 23.6.1970 ZMR 1970, 329 = WuM 1970, 132); als materiellrechtlicher Anspruch hat § 574 BGB Vorrang vor der in das Ermessen des Gerichts gestellten Räumungsfrist. Deshalb muss das Mietverhältnis auf bestimmte Zeit fortgesetzt werden (LG Stuttgart WuM 1991, 589: wenn der Mieter in 6 Monaten in eine Eigentumswohnung einziehen kann; LG Wiesbaden WuM 1989, 240 für 2 Monate). Dies gilt allerdings nur dann, wenn der Umzugszeitpunkt feststeht (AG Waldshut NJW 1990, 1051). Der Mieter muss kein genaues Umzugsdatum nennen. Er muss allerdings den Monat angeben können, zu dem der Umzug möglich sein wird. Der Gesichtspunkt des Zwischenumzugs ist ausnahmsweise nicht als besondere Härte zu bewerten, wenn der Mieter auf Grund seiner Berufstätigkeit ohnehin ständig die Wohnung wechselt. **50**

h) sonstige Gründe. Der Umstand, dass der Mieter aus der **teilweisen Untervermietung** der Wohnung sein wesentliches Einkommen bezieht, stellt keine Härte dar (BayObLG RE 21.7.1970 NJW 1970, 1748 = ZMR 1970, 308 = DWW 1970, 309). Das Interesse des Mieters am Erhalt der mit dem Besitz der Wohnung verbundenen Einkommensmöglichkeiten wird durch § 574 BGB nicht geschützt (Lammel Wohnraummietrecht § 574 BGB Rdn. 20). Etwas anderes gilt für solche Mieter, die in der Wohnung berechtigterweise ihren Beruf ausüben (z. B. Musiklehrer, Freiberufler, Künstler, etc.). Die berufsbedingten Belange sind – insbesondere bei der Beurteilung der Möglichkeit zur Ersatzraumbeschaffung zu berücksichtigen (OLG Köln RE 28.6.1968 NJW 1968, 1834 = WuM 1968, 179 = ZMR 1969, 17). **51**

Wird ein Mietverhältnis nach nur **kurzer Mietzeit** gekündigt, so ist zunächst zu prüfen, ob die Kündigung deshalb ausgeschlossen ist, weil die Kündigungsgründe im Zeitpunkt der Begründung des Mietverhältnisses bereits vorgelegen haben. Ist dies zu verneinen, so stellt der Umstand, dass der Mieter innerhalb kurzer Zeit zweimal mit Umzugskosten belastet wird und dass er Aufwendungen für die Wohnung gemacht hat, die er infolge der Beendigung der Mietzeit nicht ausnutzen **52** kann, grundsätzlich keine besondere Härte dar (AG Dortmund, DWW 1991, 28 betr. Einbauküche zum Preis von 10.000.– DM). Schließt der Mieter einen unbefristeten Mietvertrag, so muss er das Risiko einer Kündigung tragen. Bei der Anmietung einer Einliegerwohnung in einem Einfamilienhaus gilt nichts anderes. Insbesondere ergibt sich aus § 574 BGB nicht, dass der Vermieter einer Einliegerwohnung erst nach dem Ablauf von zwei Jahren seit Mietbeginn kündigen kann (so aber AG Bergisch Gladbach WuM 1994, 22).

53 Die dauerhaft schlechten **Vermögens- und Einkommensverhältnisse** eines Mieters sind in Verbindung mit fehlendem Ersatzraum zu berücksichtigen. Hier ist zu prüfen, welchen Betrag seines Einkommens der Mieter für die Wohnung aufwenden muss und welche Aufwendungen für die Ersatzraumsuche angemessen sind. Das **Einkommen von Angehörigen,** die mit dem Mieter in häuslicher Gemeinschaft zusammenleben, ist zu berücksichtigen. Es kommt nicht darauf an, ob der Mieter gegenüber dem Angehörigen Unterhaltsansprüche hat (**a. A.** Rolfs in: Staudinger § 574 BGB Rdn. 44). Es entspricht üblicher Gepflogenheit, dass sich die Wohnungsnutzer in angemessener Weise an der Miete beteiligen.

54 Reicht die Kündigungsfrist nicht aus, um Ersatzraum zu zumutbaren Bedingungen zu finden, so muss das Mietverhältnis auf bestimmte Zeit fortgesetzt werden. Eine Vertragsfortsetzung auf unbestimmte Zeit kommt grundsätzlich nicht in Betracht. Dies gilt auch dann, wenn der Mieter in einer außergewöhnlich billigen Wohnung lebt, aus eigener Kraft keine höhere Miete bezahlen kann und Wohnungen der betreffenden Art auf dem Markt nicht angeboten werden. In einem solchen Fall müssen öffentliche Stellen Hilfe gewähren, weil die Notlage einzelner Mieter durch die Allgemeinheit und nicht auf Kosten des privaten Vermieters zu beseitigen ist. Die vom Mieter gewählte Lebensform hat das Gericht hinzunehmen. Das Gericht kann dem Mieter auch dann keine Aufnahme oder Erweiterung einer Berufstätigkeit ansinnen, wenn auf diese Weise das Wohnungsproblem des Mieters gelöst werden könnte.

55 Ein Mieter mit **kinderreicher Familie** hat häufig besondere Schwierigkeiten bei der Ersatzraumsuche. Dies gilt insbesondere dann, wenn die Einkommensverhältnisse der Familie – gemessen an der Zahl der Kinder – nicht allzu gut sind. Zum einen ist ein solcher Mieter auf eine relativ große und dennoch preisgünstige Wohnung angewiesen. Zum andern sind Familien mit Kindern nicht überall willkommen. Deshalb wird die bei fehlendem Ersatzraum vorliegende Härte durch Kinderreichtum verstärkt (**a. A.** Lammel Wohnraummietrecht § 574 BGB Rdn. 30; Hinz in: Klein-Blenkers/Heinemann/Ring, Miete/WEG/Nachbarschaft § 574 BGB Rdn. 15: danach müssen die Probleme kinderreicher Familien durch „soziale Unterstützungsmaßnahmen" gelöst werden; Bedenken auch bei BGH NJW 2020, 1215). Reicht die Kündigungsfrist zur Ersatzraumsuche nicht aus, so muss das Mietverhältnis auf bestimmte Zeit fortgesetzt werden.

56 In der Rechtsprechung wird angenommen, dass auch **alleinerziehende Elternteile,** die berufstätig sind oder einem Studium nachgehen, besondere Schwierigkeiten bei der Ersatzraumsuche haben (LG Hannover WuM 1994, 430: Verlängerung des Mietverhältnisses um 17 Monate bei studierender Mutter mit zwei schulpflichtigen Kindern und einem Einkommen von 2846.– DM). Gelegentlich wird in solchen Fällen sogar eine Fortsetzung des Mietverhältnisses auf unbestimmte Zeit angeordnet (so LG Freiburg WuM 1993, 402, wenn die Familie anderenfalls der Sozialhilfe zur Last fiele; AG Lübeck WuM 1993, 674, bei Sozialhilfeempfängerin mit Kind).

4. Interessen des Vermieters an der Vertragsbeendigung (Abs. 3)

Ob die Härtegründe des Mieters zu einer Vertragsfortsetzung führen, ist „unter 57 Würdigung der berechtigten Interessen des Vermieters" zu beurteilen. **Zugunsten des Vermieters** dürfen lediglich die im Kündigungsschreiben angegebenen Gründe bewertet werden; andere Gründe sind nur dann zu berücksichtigen, wenn sie nachträglich (d. h.: nach der Absendung des Kündigungsschreibens) entstanden sind (Abs. 3). Dies gilt aber nur für solche Kündigungen, die begründet werden müssen. Hängt die Wirksamkeit der Kündigungserklärung selbst nicht von der Angabe von Gründen ab, wie in den Fällen des § 573a BGB **(Einliegerwohnungen)** und des § 549 BGB **(Wohnraum, der Teil eines Studenten- oder Jugendwohnheims ist)**, so ist § 574 Abs. 3 BGB unanwendbar. Gleiches gilt für die Kündigung gegenüber dem Erben des Mieters nach § 573d Abs. 1 BGB). Dies folgt aus der Erwägung, dass in § 574 Abs. 3 BGB nur auf § 573 Abs. 3 BGB Bezug genommen wird. Die zu § 556a BGB a. F. ergangene gegenteilige Rechtsprechung (OLG Hamm RE 16.3.1992 NJW 1992, 1969 = WuM 1992, 230 = ZMR 1992, 243 = DWW 1992, 208 betr. Kündigung nach § 564b Abs. 4 S. 1 Ziff. 1 BGB a. F. = § 573a BGB n. F.) ist durch die Neufassung gegenstandslos (ebenso: Haas Das neue Mietrecht § 574 BGB Rdn. 4; Palandt/Weidenkaff § 574 BGB Rdn. 14).

Unter den **Gründen im Sinne des § 574 Abs. 3 BGB** sind die Tatsachen, 58 Sachverhalte und Lebensvorgänge zu verstehen, aus denen sich das Interesse des Vermieters an der Vertragsbeendigung ergibt. Das sind in erster Linie die Kündigungsgründe. Daneben kommen aber auch solche Gründe in Betracht, auf die Kündigung nicht gestützt ist oder die auf die Wirksamkeit der Kündigung keinen Einfluss haben. Wesentlich ist nur, dass die Gründe im Kündigungsschreiben mitgeteilt werden. Dabei kommt es maßgeblich darauf an, welche **„Kerntatsachen"** angegeben sind. Diese Kerntatsachen kann der Vermieter im gerichtlichen Verfahren durch die Mitteilung von **„Ergänzungstatsachen"** präzisieren. (Einzelheiten s. § 573 BGB Rdn. 207). Das rechtlich nicht bindende Versprechen des Vermieters gegenüber einem Dritten, diesem demnächst die gekündigte Wohnung zur Verfügung zu stellen, begründet kein zusätzliches Interesse (OLG Karlsruhe RE 3.7.1970 NJW 1970, 1746 = ZMR 1970, 309). Die Interessen der Familienangehörigen des Vermieters sind nur insoweit zu berücksichtigen als es sich dabei zugleich um Interessen des Vermieters handelt.

5. Interessenabwägung

Bei der Interessenabwägung sind die Bestandsinteressen des Mieters mit den Erlangungsinteressen des Vermieters in Beziehung zu setzen. Es ist zu fragen, welche Auswirkungen eine Vertragsbeendigung für den Mieter haben würde und wie sich eine Vertragsfortsetzung auf den Vermieter auswirkt. Dem Erwerber einer Wohnung darf dabei nicht entgegengehalten werden, dass er die Wohnung schon mit dem Ziel einer Eigenbedarfskündigung in vermietetem Zustand gekauft und bereits zum Zeitpunkt des Wohnungserwerbs mit Schwierigkeiten, nämlich dem Bestehen von Härtegründen für den Fall größeren Raumbedarfs infolge Familienzuwachses, habe rechnen müssen (BGH NZM 2019, 518 = NJW 2019, 2765). Die Wertentscheidungen des Grundgesetzes sind zu berücksichtigen (BVerfG NZM 1999, 659 betr. Eigentumsgrundrecht des Vermieters). Eine Fortsetzung des Mietverhältnisses setzt nicht voraus, dass die auf Seiten des Mieters bestehende Härte die Interessen des Vermieters deutlich überwiegt. Maßgebend ist allein, ob sich ein Übergewicht

II. Rechtswirkungen von Widerspruch und Fortsetzungsverlangen

1. Widerspruch und Fortsetzungsverlangen

2 Ergibt die Interessenabwägung nach § 574 BGB, dass das Bestandsinteresse des Mieters höher zu bewerten ist, als das Erlangungsinteresse des Vermieters, so kann der Mieter der Kündigung widersprechen und verlangen, dass das Mietverhältnis so lange fortgesetzt wird, wie dies unter Berücksichtigung aller Umstände angemessen ist. Trotz des missverständlichen Wortlauts des § 574 BGB („... widersprechen und ...verlangen"), sind Widerspruch und Fortsetzungsverlangen nicht zwei verschiedene Erklärungen, sondern **„ein und dasselbe"** (Sternel Rdn. IV 188; Häublein in: MünchKomm § 574a BGB Rdn. 3). Durch den Widerspruch erklärt der Mieter, dass er von dem Recht aus § 574 BGB Gebrauch machen will. Es handelt sich um eine einseitige, form- und empfangsbedürftige, bedingungsfeindliche Willenserklärung, die fristabhängig ist. Der Widerspruch hat das Fortsetzungsverlangen zum Gegenstand. Der Widerspruch muss gegenüber dem Vermieter abgegeben werden. Das dort enthaltene Fortsetzungsverlangen muss nicht so konkretisiert sein, dass der Vermieter das Angebot sofort und ohne Änderung annehmen kann. Aus § 574a BGB folgt vielmehr, dass die Parteien die **Einzelheiten aushandeln** sollen. Deshalb muss der Mieter auch dann keine bestimmte Fortsetzungsdauer angeben, wenn er eine befristete Vertragsfortsetzung will.

3 Die **rechtsdogmatische Einordnung des Widerspruchs** ist streitig. Nach einer Ansicht ist hierin ein Angebot zum Abschluss eines neuen Mietvertrags zu sehen (Mohnen, Festschrift für Nipperdey, S. 616). Nach anderer Meinung handelt es sich um ein Angebot zum Abschluss eines Vertrags über die Fortsetzung (Verlängerung) des Mietverhältnisses (Häublein in: MünchKomm § 574a BGB Rdn. 3; Rolfs in: Staudinger § 574 BGB Rdn. 4; Lammel Wohnraummietrecht § 574a BGB Rdn. 6; Hannappel in: Bamberger/Roth § 574a BGB Rdn. 7). Nach der hier vertretenen Auffassung ist das Angebot des Mieters zum Abschluss eines **Vertrages über die Modifikation der Kündigungswirkungen** anzusehen (ebenso: Hinz in: Klein-Blenkers/Heinemann/Ring, Miete/WEG/Nachbarschaft § 574a BGB Rdn. 4). Dies ist in mehrfacher Hinsicht von Bedeutung, wenn es zur Verlängerung kommt: Dann kommt es für die Frage, ob ein die Garantiehaftung des Vermieters begründender ursprünglicher Mangel i. S. von § 536a Abs. 1 BGB vorgelegen hat, auf den Beginn des Mietverhältnisses an. Für die Bemessung der Kündigungsfrist nach § 573c BGB ist die gesamte Mietzeit maßgeblich. Wer den Widerspruch als Angebot zum Abschluss eines Vertrags über die Fortsetzung (Verlängerung) des Mietverhältnisses bewertet, wird zum selben Ergebnis gelangen, weil auch danach der Vertrag in der bisherigen Form fortgesetzt wird (so Häublein in: MünchKomm § 574a BGB Rdn. 3).

4 Je nach der Art des Härtegrundes kommen zwei **Vertragsvarianten** in Betracht, nämlich **(1)** ein Vertrag, wonach die Kündigungswirkungen abweichend vom Kündigungsschreiben erst zu einem späteren Zeitpunkt eintreten sollen (Fortsetzung auf bestimmte Dauer) und **(2)** ein Vertrag über den Wegfall der Kündigungswirkungen (Fortsetzung auf unbestimmte Zeit).

5 Kommt die unter **(1) beschriebene Vertragsvariante** zustande, so treten die Kündigungswirkungen zu einem späteren als dem ursprünglichen Zeitpunkt ein: das ursprüngliche Mietverhältnis wird bis zu diesem Zeitpunkt verlängert. Bei einer

Fortsetzung auf längere Zeit als 1 Jahr ist § 550 BGB zu beachten (Sternel Rdn. IV 220; Rolfs in: Staudinger § 574a BGB Rdn. 9; Fleindl in: Bub/Treier Kap IV Rdn. 252; Lützenkirchen in: Lützenkirchen, Mietrecht § 574a BGB Rdn. 14; Lammel § 574a BGB Rdn. 7; Häublein in: MünchKomm § 574a BGB Rdn. 6; Hannappel in: Bamberger/Roth § 574a BGB Rdn. 8; **a. A.** Franke in: WoBauR § 574a BGB Anm. 4; Franke ZMR 1993, 93; Hoffmann WuM 1964, 49). Es wird zwar kein Mietvertrag für längere Zeit als ein Jahr abgeschlossen; vielmehr wird vereinbart, dass die Kündigungswirkungen erst später eintreten sollen. Gleichwohl ist § 550 BGB einschlägig, weil das fortgesetzte Mietverhältnis vor Ablauf der Verlängerungszeit nicht gekündigt werden kann.

Es ist unerheblich, ob der Vertrag vor oder nach Ablauf der Kündigungsfrist abgeschlossen wird. Zwar kann ein beendetes Mietverhältnis nach der Rechtslogik nicht mehr „fortgesetzt" werden. Jedoch können die Parteien auf Grund der Vertragsfreiheit auch nach Ablauf der Kündigungsfrist vereinbaren, dass die Rechtsfolgen der Kündigung später eintreten sollen. In diesem Fall wirkt die Rechtsfolge der Verlängerung zurück, so dass in keinem Fall ein vertragsloser Zustand bestehen kann (im Ergebnis ebenso: Häublein in: MünchKomm § 574a BGB Rdn. 4. 6

Auf die **Wirksamkeit der Kündigung** hat die Vertragsfortsetzung keinen Einfluss. Das Mietverhältnis bleibt beendet. Eine erneute Kündigung während der Verlängerungszeit ist ausgeschlossen. Nach Ablauf der Verlängerungszeit kann der Vermieter das Herausgabeverlangen geltend machen und – bei Nichterfüllung – Räumungsklage erheben. Einer erneuten Kündigung bedarf es nicht (LG Lübeck WuM 1996, 705). Trotz der Verlängerungsvereinbarung besteht nach wie vor ein Mietverhältnis auf unbestimmte Zeit, weil der Verlängerungsvertrag lediglich die Kündigungswirkungen hinausschiebt. 7

Nach der **unter (2) beschriebenen Vertragsvariante** werden die Kündigungswirkungen dagegen beseitigt. Die Kündigung wird nicht „unwirksam". Vielmehr werden deren Wirkungen durch Vertrag – also auf Grund des übereinstimmenden Parteiwillens – aufgehoben. Das Mietverhältnis wird auf unbestimmte Zeit fortgesetzt. Es kann vom Vermieter erneut gekündigt werden. Für diese Kündigung müssen Gründe i. S. von § 573 BGB vorliegen (Hannappel in: Bamberger/Roth § 574a BGB Rdn. 16). 8

Aus dem Wortlaut des Abs. 2 („Kommt keine Einigung zustande …") folgt, dass die Fortsetzung des Mietverhältnisses in erster Linie auf Grund eines Vertrages vereinbart werden soll. Eine gerichtliche Entscheidung kommt erst beim Scheitern der Verhandlungen in Betracht. Die gerichtliche Entscheidung ergeht in Form eines Gestaltungsurteils. 9

In der **Zeit zwischen dem Ablauf der Kündigungsfrist und der Einigung** über die Vertragsfortsetzung (oder der gerichtlichen Entscheidung hierüber) bleibt die Kündigung wirksam. Ob die Rechte aus der Kündigung durchgesetzt werden können bleibt offen; insoweit entsteht ein **Schwebezustand** (Rolfs in: Staudinger § 574a BGB Rdn. 4; Häublein in: MünchKomm § 574a BGB Rdn. 4; Fleindl in: Bub/Treier Kap IV Rdn. 251). Nach anderer Meinung soll „die Kündigung schwebend unwirksam sein" (OLG Karlsruhe RE 16.2.1973 NJW 1973, 1001). Die letztgenannte Ansicht ist ungenau, weil die Wirksamkeit der Kündigung auch im Falle der Vertragsfortsetzung unberührt bleibt. Der Zugang des Widerspruchs bewirkt, dass das Mietverhältnis zunächst als fortbestehend anzusehen ist. Der Mieter schuldet keine Nutzungsentschädigung nach § 546a Abs. 1 BGB, sondern Miete, die nach §§ 558ff BGB (oder den vertraglichen Vereinbarungen) erhöht werden kann. Kommt es nicht zur Vertragsfortsetzung, so entfällt der Schwebezustand; das 10

§ 574a BGB Untertitel 2. Mietverhältnisse über Wohnraum

Mietverhältnis wird dann rückwirkend auf den Ablauf der Kündigungsfrist beendet. In diesem Fall kann der Vermieter die Ansprüche aus § 546a BGB geltend machen. Kommt es zur Vertragsfortsetzung, so treten die Kündigungswirkungen entweder zu einem späteren Zeitpunkt (bei befristeter Fortsetzung) oder gar nicht (bei Fortsetzung auf unbestimmte Zeit) ein. Ansprüche nach § 546a BGB sind dann ausgeschlossen.

2. Fortsetzung auf bestimmte oder unbestimmte Zeit

11 Nach der gesetzlichen Regelung ist das Mietverhältnis grundsätzlich auf **bestimmte Zeit** fortzusetzen (§ 574a Abs. 1 Satz 1 BGB). Maßgeblich ist, wann das Räumungshindernis voraussichtlich entfällt. Dies muss auf Grund einer Prognose festgestellt werden. Eine an Sicherheit grenzende Wahrscheinlichkeit über den Zeitpunkt des Wegfalls des Räumungshindernisses ist nicht erforderlich. Es genügt eine überwiegende Wahrscheinlichkeit, dass das Räumungshindernis binnen der Fortsetzungszeit entfällt. Tritt diese Erwartung nicht ein, so kommt eine weitere Vertragsfortsetzung nach § 574c Abs. 1 BGB in Betracht. Für die Dauer der Fortsetzung eines Mietverhältnisses auf bestimmte Zeit gibt es weder eine Unter- noch eine Obergrenze. Sind die Voraussetzungen des § 574 BGB gegeben, so ist das Mietverhältnis gegebenenfalls auch auf kurze Zeit fortzusetzen (AG Freiburg WuM 1991, 102: 3 Monate bei fehlendem Ersatzraum; LG Stuttgart WuM 1991, 589: 6 Monate zur Vermeidung eines Zwischenumzugs; LG Wiesbaden WuM 1989, 240 für 2 Monate).

12 Nach § 574a Abs. 2 Satz 2 BGB ist das Mietverhältnis auf **unbestimmte Zeit** fortzusetzen, wenn ungewiss ist, „wann voraussichtlich die Umstände wegfallen, auf Grund deren die Beendigung des Mietverhältnisses ... eine Härte bedeutet". Trotz der systematischen Stellung gilt die Vorschrift nicht nur für die gerichtliche Vertragsfortsetzung, sondern auch für den Anspruch aus Abs. 1. Die Ungewissheit bezieht sich trotz der missverständlichen Formulierung auch nicht auf den (völligen) Wegfall der Härtegründe. Vielmehr kann es nach dem Sinn der Vorschrift nur auf den Zeitpunkt ankommen, zu dem die räumungsbedingten Nachteile so weit reduziert sind, dass der Mieter räumen kann. Für die Annahme der Ungewissheit genügt es, wenn **keine konkreten Anhaltspunkte für** einen künftigen **Wegfall** des Räumungshindernisses gegeben sind. Gleiches gilt, wenn zwar der künftige Wegfall gewiss, der Zeitpunkt aber ungewiss ist. Nach **anderer Ansicht** kommt eine Fortsetzung auf unbestimmte Zeit nur in Betracht, wenn bei Schluss der mündlichen Verhandlung **konkrete Anhaltspunkte für den Fortbestand** des Härtegrunds vorliegen (Hinz in: Klein-Blenkers/Heinemann/Ring, Miete/WEG/Nachbarschaft § 574a BGB Rdn. 10), so z. B., wenn mit hinreichender Sicherheit feststeht, dass ein lebenslanges Räumungshindernis besteht (AG Bergheim WuM 1996, 415 betr. 83-jährige Mieterin mit 35-jähriger Wohnzeit). Eine **Fortsetzung des Mietverhältnisses auf Lebenszeit** ist im Gesetz nicht vorgesehen und deshalb auch nicht zulässig (OLG Stuttgart RE 6.3.1969 NJW 1969, 1070 =ZMR 1969, 242; LG Lübeck WuM 1994, 22; Rolfs in: Staudinger § 574a BGB Rdn. 22; Fleindl in: Bub/Treier Kap IV Rdn. 253; Lützenkirchen in: Lützenkirchen, Mietrecht § 574a BGB Rdn. 19; Palandt/Weidenkaff § 574a BGB Rdn. 2; Sternel Rdn. IV, 222; Herrlein in: Herrlein/Kandelhard § 574a BGB Rdn. 2; **a. A.** LG Essen WuM 1971, 24; Häublein in: MünchKomm § 574a BGB Rdn. 11; Lammel Wohnraummietrecht § 574a BGB Rdn. 15).

3. Fortsetzung zu geänderten Bedingungen

Grundsätzlich ist das Mietverhältnis zu den bisherigen Bedingungen fortzuset- 13
zen. Eine Änderung der Bedingungen ist nur im Interesse des Vermieters möglich
(§ 574a Abs. 1 Satz 2 BGB). Sie setzt voraus, dass dem Vermieter eine Vertragsfortsetzung zu den bisher geltenden Vertragsbedingungen nicht zuzumuten ist. Zugunsten des Mieters können die Mietbedingungen nicht geändert werden. Dies
gilt auch bei einer gerichtlichen Vertragsverlängerung. Der Wortlaut des Abs. 2
spricht zwar lediglich davon, dass durch Urteil über die „Bedingungen" der Vertragsfortsetzung entschieden werden kann. Da sich der Begriff der „Bedingungen"
aber nur auf die in Abs. 1 genannten „Vertragsbedingungen" beziehen kann, muss
auch bei der gerichtlichen Vertragsfortsetzung die in Abs. 1 enthaltene Beschränkung auf das Vermieterinteresse beachtet werden.

Der **Begriff der Vertragsbedingungen** ist umfassend zu verstehen (Sternel 14
Rdn. IV 223; Fleindl in: Bub/Treier Kap IV Rdn. 254; Hinz in: Klein-Blenkers/
Heinemann/Ring, Miete/WEG/Nachbarschaft § 574a BGB Rdn. 7; Hannappel
in: Bamberger/Roth § 574a BGB Rdn. 14; **a. A.** Roquette § 556a BGB a. F.
Rdn. 41 ff: nur Miethöhe). Insbesondere gehören hierzu: die Vereinbarungen über
die Miethöhe einschließlich der Umlage von Betriebskosten, Regelungen über die
Fälligkeit der Mietzahlung, über Instandhaltungs- und Hausreinigungspflichten,
über die Verpflichtung zur Duldung von Erhaltungs- oder Verbesserungsmaßnahmen, Regelungen über Untermiet-, Tierhaltungs- oder sonstige Erlaubnisse, Kautionsvereinbarungen, usw. Von einer **Unzumutbarkeit der Bedingungen** kann
ausgegangen werden, wenn die Vertragsbedingungen von den **in der Gemeinde
üblichen Mietbedingungen** zum Nachteil des Vermieters abweichen. Für die außergerichtliche Vertragsfortsetzung ist in Abs. 1 bestimmt, dass der zur Vertragsverlängerung verpflichtete Vermieter Anspruch auf eine angemessene Änderung der
Bedingungen hat. Derselbe Maßstab gilt bei der gerichtlichen Vertragsverlängerung.
Angemessen sind solche Bedingungen, wie sie bei vergleichbaren Mietverhältnissen
in der Gemeinde üblich sind (vgl. LG Hagen WuM 1991, 103 betr. Anordnung
einer höheren Miete, Übernahme von Betriebskosten nebst Vorauszahlungen,
Übernahme der Schönheitsreparaturen). Nach **anderer Ansicht** ist grundsätzlich
an den ursprünglichen Vertragsbedingungen festzuhalten. Eine Änderung kommt
nach dieser Ansicht nur in Betracht, wenn der Vermieter durch die Vertragsfortsetzung zu den bisherigen Bedingungen **unzumutbar belastet** würde (so insbes.
Hannappel in: Bamberger/Roth § 574a BGB Rdn. 14; Häublein in: MünchKomm
§ 574a BGB Rdn. 8)

Die **zwingenden gesetzlichen Schutzvorschriften** zugunsten des Mieters 15
können von den Parteien nicht abweichend geregelt werden. Wegen der Gleichheit
des Begriffs „Vertragsbedingungen" in Abs. 1 und des Begriffs der „Bedingungen"
in Abs. 2 ist dieser Grundsatz auch bei der gerichtlichen Vertragsfortsetzung zu beachten. Da Mietverhältnisse üblicherweise unter Verwendung von Formularverträgen abgeschlossen werden, müssen auch die Vorschriften der §§ 305 ff BGB beachtet werden. Eine hiergegen verstoßende Vertragsgestaltung stellt keine angemessene
Änderung dar.

Liegt die bisherige Miete unterhalb der ortsüblichen Miete, so ist eine **Miet-** 16
anhebung bis zur ortsüblichen Miete angemessen. Eine Mietanhebung durch
gerichtliche Entscheidung ist dabei auch dann möglich, wenn der Vermieter selbst
zur Mieterhöhung nach § 558 BGB in der Lage wäre (**a. A.** AG Heidenheim WuM
1992, 436; Sternel Rdn. IV 223). Bei der Festsetzung der Miethöhe müssen weder

§ 574a BGB   Untertitel 2. Mietverhältnisse über Wohnraum

die **Kappungsgrenzen** noch die Fristen noch die **Formalien des § 558a BGB** beachtet werden. Im Falle der Änderung durch Parteivereinbarung gilt dies aus Gründen des § 557 Abs. 1 BGB. Für die gerichtliche Entscheidung gilt nichts anderes, weil die gerichtliche Festsetzung anstelle der Parteivereinbarung erfolgt und materiellrechtlich denselben Regeln folgt (im Erg. ebenso: Rolfs in: Staudinger § 574a BGB Rdn. 27; Fleindl in: Bub/Treier Kap IV Rdn. 254; Häublein in: MünchKomm § 574a BGB Rdn. 7; Lützenkirchen in: Lützenkirchen, Mietrecht § 574a BGB Rdn. 27; Schach in: Kinne/Schach/Bieber Miet- und Mietprozessrecht § 574a BGB Rdn. 4; Herrlein in: Herrlein/Kandelhard § 574a BGB Rdn. 3; Kossmann/Meyer-Abich Handbuch der Wohnraummiete § 133 Rdn. 6; Palandt/Weidenkaff § 573a BGB Rdn. 3; **a. A.** Sternel, Rdn. IV, 223 Lammel Wohnraummietrecht § 574a BGB Rdn. 17; Franke ZMR 1993, 93: danach sind lediglich die Formalien entbehrlich, die materiellen Voraussetzungen des § 558 BGB sind zu berücksichtigen.

17   Zu den Vertragsbedingungen gehört auch der **Vertragsgegenstand.** Deshalb kann der Vermieter unter Umständen verlangen, dass das Mietverhältnis in verkleinertem Umfang fortgesetzt wird, wenn ihm die Fortsetzung insgesamt nicht zugemutet werden kann (Rolfs in: Staudinger § 574a BGB Rdn. 29; **a. A.** Roquette § 556a BGB a. F. Rdn. 43). Zu denken ist insbesondere an die sofortige Herausgabe von mitvermieteten Nebenräumen (LG Hamburg WuM 1987, 223 betr. Bodenräume) oder (bei Mischmietverhältnissen deren Schwerpunkt im Wohnungsbereich liegt) die Herausgabe der Geschäftsräume oder einer Garage. Dem Mieter muss aber eine abgeschlossene Wohnung verbleiben, wenn er eine solche gemietet hat (Rolfs in: Staudinger § 574a BGB Rdn. 29).

18   Soweit sich aus dem Tenor oder den Entscheidungsgründen nicht anderes ergibt, gelten die vom Gericht festgesetzten Mietbedingungen ab dem **Zeitpunkt** der Beendigung des ursprünglichen Mietverhältnisses. Dies folgt aus der Erwägung, dass die Entscheidung über die Vertragsmodalitäten ebenso mit Rückwirkung ergeht, wie die Entscheidung über die Vertragsfortsetzung als solche (**a. A.** LG Heidelberg WuM 1994, 682). Das Gericht kann die Mietbedingungen aber auch ab einem anderen zukünftigen oder vergangenen Zeitpunkt ändern. In die während der Mietzeit maßgeblichen Mietbedingungen kann das Gericht nicht rückwirkend eingreifen.

19   Eine Änderung der Vertragsbedingungen durch das Gericht scheidet aus, wenn der Mieter erklärt, dass er lediglich an einer Fortsetzung des Mietverhältnisses zu den bisherigen Bedingungen interessiert sei. Dies folgt aus Abs. 1 S. 2 („... kann der Mieter nur verlangen ...") und aus dem Schutzzweck des § 574 BGB: die Vorschrift will dem Mieter keine Vertragsverlängerung zu nicht gewünschten Bedingungen aufzwingen. Sind die Voraussetzungen des Abs. 1 S. 2 gegeben und hält der Mieter an seinem Verlangen auf Fortsetzung zu den bisherigen Bedingungen fest, so kommt keine Vertragsfortsetzung nach § 574 BGB in Betracht.

4. Gerichtliches Verfahren

20   Erhebt der **Vermieter Räumungsklage,** so kann der Mieter den Anspruch auf Vertragsfortsetzung durch Einrede geltend machen. Über die Vertragsfortsetzung ist durch Urteil zu entscheiden (Abs. 2 S. 1). Die Erhebung einer **Widerklage** auf Fortsetzung des Mietverhältnisses ist ebenso entbehrlich wie ein **Fortsetzungsantrag** (§ 308a ZPO). Gleichwohl ist eine Widerklage ebenso zulässig wie ein Fortsetzungsantrag. Das Rechtsschutzbedürfnis hierfür wird durch § 308a ZPO

nicht tangiert. Aus § 308a ZPO folgt nur, dass ein Antrag entbehrlich ist; gegen die Zulässigkeit des Antrags und der Widerklage lässt sich hieraus nichts herleiten (Häublein in: MünchKomm § 574a BGB Rdn. 9; Hinz in: Klein-Blenkers/Heinemann/Ring, Miete/WEG/Nachbarschaft § 574a BGB Rdn. 12; Lützenkirchen in: Lützenkirchen, Mietrecht § 574a BGB Rdn. 12; Sternel Mietrecht Aktuell Rdn XI 360; **a. A.** Rolfs in: Staudinger § 574a BGB Rdn. 10; Hannappel in: Bamberger/Roth § 574a BGB Rdn. 17). Will der Mieter mit der Widerklage sowohl die Wirksamkeit der Kündigung angreifen als auch seine Rechte aus § 574 BGB geltend machen, so muss der Antrag auf Feststellung, dass das Mietverhältnis durch die Kündigung nicht beendet worden ist, in der Hauptsache und der Antrag auf Fortsetzung des Mietverhältnisses hilfsweise geltend gemacht werden.

Hat der **Mieter Klage** auf Feststellung des Fortbestands des Mietverhältnisses 21 oder auf Fortsetzung des Mietverhältnisses erhoben, so kann der Vermieter Widerklage auf Räumung erheben. Das Rechtsschutzbedürfnis der vom Mieter erhobenen Klage wird hierdurch nicht tangiert (Rolfs in: Staudinger § 574a BGB Rdn. 10).

Der **Streitwert** für Klage und Widerklage richtet sich in jedem Fall nach dem 22 Wert der Klage. Eine Zusammenrechnung findet nicht statt, weil die beiden Klaggegenstände wirtschaftlich identisch sind (BGH WuM 1994, 705 = ZMR 1995, 17; OLG München, JurBüro 1989, 852). Dies gilt sowohl für die Rechtsmittelbeschwer als auch für den Gebührenstreitwert.

Entscheidung: Ist die **Kündigung unwirksam,** so wird die Räumungsklage 23 aus diesem Grunde abgewiesen. Die Verfahrenskosten fallen dem Vermieter zur Last.

Ist die **Kündigung wirksam** und sind die Voraussetzungen des **§ 574 BGB** 24 **nicht gegeben,** so ergeht ein Räumungsurteil. In diesem Fall muss der Mieter die Verfahrenskosten tragen (§ 91 ZPO; Ausnahme: § 93b Abs. 1 ZPO).

Ist die **Kündigung wirksam** und hat der Mieter einen **Anspruch aus § 574** 25 **BGB,** so wird die Klage abgewiesen und entschieden, dass das Mietverhältnis fortgesetzt wird. Es handelt sich nicht um ein Leistungsurteil, sondern um ein **Gestaltungsurteil** (BVerfG NZM 2015, 161, 162; LG Lübeck WuM 1996, 705; Sternel Rdn. IV 232; Fleindl in: Bub/Treier Kap IV Rdn. 252; Lützenkirchen in: Lützenkirchen, Mietrecht § 574a BGB Rdn. 11; Rolfs in: Staudinger § 574a BGB Rdn. 11; Häublein in: MünchKomm § 574a BGB Rdn. 9; Lammel Wohnraummietrecht § 574a BGB Rdn. 11; Hinz in: Klein-Blenkers/Heinemann/Ring, Miete/WEG/Nachbarschaft § 574a BGB Rdn. 8; Palandt/Weidenkaff § 574a BGB Rdn. 8). Bei einer Fortsetzung auf bestimmte Zeit muss sich aus dem Tenor das Ende der Mietzeit ergeben. Es ist ratsam, den Beendigungszeitpunkt kalendermäßig zu bestimmen; die Angabe der Fortsetzungszeit (z. B. 2 Jahre, etc.) ist nicht empfehlenswert, weil bei der Ermittlung des Vertragsendes Unklarheiten auftreten können (im Zweifel ist das Vertragsende vom Zeitpunkt der Verkündung des Urteils aus zu rechnen). Die **Bezugnahme auf unbestimmte Umstände** (Beisp. bis zur Anmietung einer Ersatzwohnung; bis zur Fertigstellung des Neubaus) ist unzulässig. Bei einer Fortsetzung „auf unbestimmte Zeit" ist in den Tenor dieser Begriff aufzunehmen. Werden die Mietbedingungen geändert, so sollte auf einen vollstreckungsfähigen Inhalt geachtet werden. Deshalb ist es unzulässig, wenn das Mietverhältnis gegen „Zahlung der ortsüblichen Miete" fortgesetzt wird. Da ein Urteil mit rechtsgestaltender Wirkung erlassen wird, ist die Angabe eines genauen Betrages erforderlich (**a. A.** LG Heidelberg WuM 1994, 682). Die Kosten des Verfahrens sind (infolge der Klagabweisung) dem Vermieter aufzuerlegen (§ 91 ZPO; Ausnahme: § 93b Abs. 2 ZPO).

§ 574b BGB Untertitel 2. Mietverhältnisse über Wohnraum

26   Eine gerichtliche Entscheidung, wonach über die Wirksamkeit einer Kündigung nicht entschieden wird und wonach das Mietverhältnis gem. § 574 BGB fortgesetzt wird, ist unzulässig. Eine Vertragsfortsetzung nach § 574 BGB kann nur dann erfolgen, wenn die Wirksamkeit der Kündigung feststeht (LG München WuM 2001, 561; Sternel Rdn. IV 232).

27   **Rechtsmittel:** Ist die Klage im Hinblick auf die Unwirksamkeit der Kündigung abgewiesen worden, so kann der Vermieter Berufung einlegen.

28   Hat das Gericht der Klage stattgegeben, so kann der Mieter Berufung einlegen. Er kann die Berufung auf die Ablehnung der Vertragsfortsetzung nach § 574 BGB beschränken (§ 308 Abs. 2 ZPO).

29   Hat das Gericht die Kündigung für wirksam erachtet und die Klage im Hinblick auf § 574 BGB abgewiesen, so können beide Parteien Berufung einlegen. Der Vermieter muss die Berufung auf den Ausspruch über die Vertragsfortsetzung beschränken (§ 308a Abs. 2 ZPO). Gleiches gilt, wenn er eine kürzere Fortsetzungszeit oder günstigere Fortsetzungsbedingungen erreichen will. Der Mieter kann Berufung einlegen, wenn er erreichen will, dass die Klage wegen der Unwirksamkeit der Kündigung abgewiesen wird. Legt lediglich der Vermieter Berufung gegen die Fortsetzung des Mietverhältnisses ein, so erwächst der übrige Teil der amtsgerichtlichen Entscheidung in Rechtskraft.

30   Ein **Auswechseln der Entscheidungsgründe** in den Fällen des § 308a ZPO (Klagabweisung wegen unwirksamer Kündigung durch das Berufungsgericht anstelle der erstinstanzlichen Klagabweisung wegen überwiegender Interessen des Mieters an der Fortsetzung des Mietverhältnisses) wird durch das **Verschlechterungsverbot (§ 528 ZPO)** ausgeschlossen, weil der Vermieter durch eine solche Entscheidung stärker belastet wird als durch eine befristete Fortsetzung des Mietverhältnisses (Rimmelspacher in: MünchKomm § 528 ZPO Rdn. 54). Wird die Klagabweisung auf eine unwirksame Kündigung gestützt, muss der Vermieter erneut kündigen. Bei der Klagabweisung auf Grund einer befristeten Vertragsfortsetzung endet das Mietverhältnis dagegen ohne weiteres nach Ablauf der Verlängerungszeit.

III. Abweichende Vereinbarungen

31   Das in § 574a BGB geregelte Verfahren kann nicht zum Nachteil des Mieters abweichend geregelt werden. Es gelten die Ausführungen zu § 574 BGB

§ 574b Form und Frist des Widerspruchs

(1) ¹**Der Widerspruch des Mieters gegen die Kündigung ist schriftlich zu erklären.** ²**Auf Verlangen des Vermieters soll der Mieter über die Gründe des Widerspruchs unverzüglich Auskunft erteilen.**

(2) ¹**Der Vermieter kann die Fortsetzung des Mietverhältnisses ablehnen, wenn der Mieter ihm den Widerspruch nicht spätestens zwei Monate vor der Beendigung des Mietverhältnisses erklärt hat.** ²**Hat der Vermieter nicht rechtzeitig vor Ablauf der Widerspruchsfrist auf die Möglichkeit des Widerspruchs sowie auf dessen Form und Frist hingewiesen, so kann der Mieter den Widerspruch noch im ersten Termin des Räumungsrechtsstreits erklären.**

(3) **Eine zum Nachteil des Mieters abweichende Vereinbarung ist unwirksam.**

I. Zweck und Anwendungsbereich

Die Vorschrift regelt Form und Frist des Kündigungswiderspruchs. Wegen des Anwendungsbereichs s. § 574 BGB Rdn. 2. **1**

II. Schriftform (Abs. 1 Satz 1)

Der Widerspruch bedarf nach Abs. 1 Satz 1 der Schriftform. Das Schriftformerfordernis dient einem doppelten **Zweck.** Zum einen soll der Mieter dazu angehalten werden, den Kündigungswiderspruch nur dann einzulegen, wenn tatsächlich Härtegrunde vorliegen. Zum anderen sollen Beweisschwierigkeit über die Einlegung des Widerspruchs und den Inhalt der Erklärungen vermieden werden. **2**

An den **Inhalt der Erklärung** sind keine besonderen Anforderungen zu stellen. Die in § 574 BGB gebrauchten Begriffe „Widerspruch" und „Fortsetzung des Mietverhältnisses" muss der Mieter nicht verwenden. Es genügt, wenn er zum Ausdruck bringt, dass er von der Möglichkeit des § 574 BGB Gebrauch machen will (Rolfs in: Staudinger § 574b BGB Rdn. 6; Häublein in: MünchKomm § 574a BGB Rdn. 2; Sternel Rdn. IV 190; Fleindl in: Bub/Treier Kap IV Rdn. 250). Zweifel gehen zu Lasten des Mieters, weil er den Zugang des Widerspruchs beweisen muss. Dies ist insbesondere dann von Bedeutung, wenn unklar bleibt, ob der Mieter Widerspruch einlegen oder lediglich eine vorgerichtliche Räumungsfrist haben will. **3**

Der Mieter muss den Widerspruch **eigenhändig unterschreiben.** Bei einem Mietverhältnis mit **mehreren Mietern** müssen alle unterschreiben, wenn nicht eine Erklärungsvollmacht vorliegt. Formularmäßige Bevollmächtigung reicht aus. Die fehlende Unterschrift eines von mehreren Mietern hat nicht die Unwirksamkeit der gesamten Erklärung zur Folge. Vielmehr führt dieser Umstand dazu, dass lediglich der unterschreibende Mieter Härtegründe geltend machen kann. In der Praxis ist dies i. d. R. von untergeordneter Bedeutung, weil der andere Mieter häufig als Familienangehöriger oder Lebensgefährte mitberücksichtigt wird. Die Einlegung eines Widerspruchs durch **Telegramm** ist nicht möglich (OLG Karlsruhe RE 16.2.1973 NJW 1973, 1001 = WuM 1973, 240 = ZMR 1973, 146 = DWW 1974, 158). Bei der Einlegung des Widerspruchs durch **Telefax** ist die Schriftform ebenfalls nicht gewahrt (Häublein in: MünchKomm § 574b BGB Rdn. 2; Fleindl in: Bub/Treier Kap IV Rdn. 248). Die Erklärung des Widerspruchs zu **Protokoll des Gerichts** reicht gleichfalls nicht aus, es sei denn, der Widerspruch ist Teil eines gerichtlichen Vergleichs (§ 127a BGB, Rolfs in: Staudinger § 574b BGB Rdn. 9; Sternel Rdn. IV 192; Hinz in: Klein-Blenkers/Heinemann/Ring, Miete/WEG/ Nachbarschaft § 574b BGB Rdn. 3; **a. A.** Häublein in: MünchKomm § 574b BGB Rdn. 2; Fleindl in: Bub/Treier Kap IV Rdn. 249; Lammel Wohnraummietrecht § 574b BGB Rdn. 7; Franke ZMR 1993, 93). Wird der Widerspruch durch einen **Bevollmächtigten** erklärt, so ist § 174 BGB zu beachten. Danach kann der Widerspruch zurückgewiesen werden, wenn keine Vollmachtsurkunde beigefügt ist. Der Widerspruch muss gegenüber dem Vermieter erklärt werden und diesem zugehen. Bei mehreren Vermietern muss der Widerspruch allen Vermietern zugehen, wenn keine Empfangsvollmacht vorliegt. **4**

III. Gründe des Widerspruchs (Abs. 1 Satz 2)

5   Die Widerspruchserklärung bedarf keiner Begründung. Gleichwohl kann eine Begründung sinnvoll sein, weil der Mieter mit der Angabe der Gründe in bestimmten Fällen Kostenvorteile erlangen kann (§ 93b Abs. 1 und Abs. 3 ZPO). In Abs. 1 Satz 2 ist darüber hinaus bestimmt, dass der Mieter auf Verlangen des Vermieters über die Gründe des Widerspruchs unverzüglich Auskunft erteilen soll. Ein Auskunftsanspruch wird hierdurch nicht begründet. Eine Verletzung der **Obliegenheit zur Erteilung der Auskunft** kann aber zu Kostennachteilen führen (§ 93b Abs. 2 ZPO). Weitere Rechtsnachteile sind hiermit nicht verbunden. Das Auskunftsverlangen des Vermieters kann erst nach Zugang des Kündigungswiderspruchs geltend gemacht werden. Es bedarf keiner besonderen Form. Da der Vermieter den Zugang beweisen muss, ist Schrift- oder Textform empfehlenswert. Unter den **Gründen des Widerspruchs im Sinne des Abs. 1 Satz 2** sind die Tatsachen, Sachverhalte und Lebensvorgänge zu verstehen, aus denen sich das Interesse des Mieters an der Vertragsfortsetzung ergibt. Dabei kommt es maßgeblich darauf an, welche „Kerntatsachen" der Mieter angegeben hat. Diese Kerntatsachen kann der Mieter durch die spätere (z. B. im Prozess) Mitteilung von „Ergänzungstatsachen" präzisieren (Einzelheiten s. § 573 Rdn. 207). Die Auskunftspflicht muss „unverzüglich" (ohne schuldhaftes Zögern) erfüllt werden. Eine Zeit von etwa 2 Wochen ist im Allgemeinen angemessen.

IV. Widerspruchsfrist (Abs. 2)

1. § 574b Abs. 2 Satz 1 BGB

6   Der Widerspruch muss grundsätzlich spätestens 2 Monate vor der Beendigung des Mietverhältnisses dem Vermieter gegenüber erklärt werden (Abs. 2 S. 1). Maßgeblich ist der Zugang. Ein nach diesem Zeitpunkt eingehender Widerspruch ist verspätet. Der Zeitpunkt der Beendigung richtet sich nach der Kündigungserklärung. Eine Ausnahme gilt, wenn der Vermieter mit einer zu kurzen Frist gekündigt hat; in diesem Fall endet das Mietverhältnis nach Ablauf der gesetzlichen Fristen. Für die **Fristberechnung** gelten die §§ 186–193 BGB. Fällt der letzte Tag der Frist auf einen Sonntag, Feiertag oder Samstag, so tritt an die Stelle dieses Tages der nächste Werktag (§ 193 BGB). Ein fristgemäßer Widerspruch ist auch dann nicht entbehrlich, wenn der Mieter bereits Klage auf Feststellung der Unwirksamkeit der Kündigung erhoben hat. Anders ist es, wenn der Mieter (zugleich oder ausschließlich) eine Klage auf Fortsetzung des Mietverhältnisses erhoben hat; in diesem Fall ist in der Klagerhebung zugleich ein Kündigungswiderspruch zu sehen. Eine vorfristige Widerspruchserklärung ist rechtlich unbedenklich, aber wegen § 259 ZPO nicht zu empfehlen. Der Mieter ist zur Abgabe einer vorfristigen Erklärung nicht verpflichtet. Das Auskunftsverlangen nach Abs. 1 Satz 2 kann erst nach Zugang des Widerspruchs beim Vermieter geltend gemacht werden.

7   Bei **mehreren Kündigungen** ist es zweckmäßig, dass der Mieter gegen jede Kündigung Widerspruch einlegt. Die Frist beginnt mit jeder Kündigung neu zu laufen. In den meisten Fällen ist eine erneute Einlegung des Widerspruchs allerdings nicht zwingend erforderlich. Hat der Mieter beispielsweise gegen eine formell unwirksame Kündigung Widerspruch eingelegt und wird die Kündigung anschlie-

ßend formell wirksam wiederholt, so wirkt der ursprüngliche Widerspruch weiter, wenn für den Vermieter hinreichend klar erkennbar ist, dass die Härtegründe fortbestehen (LG Darmstadt MM 1991, 131).

2. § 574b Abs. 2 Satz 2 BGB

In § 568 Abs. 2 BGB ist geregelt, dass der Vermieter den Mieter rechtzeitig auf **8** die Möglichkeit, die Form und die Frist des Widerspruchs hinweisen soll. Wird diese Obliegenheit nicht beachtet, so kann der Mieter den Widerspruch noch im ersten Termin des Räumungsrechtsstreits erklären (Abs. 2 S. 2). Mit dieser Regelung soll erreicht werden, dass die Einlegung des Kündigungswiderspruchs nicht an der Unwissenheit des Mieters scheitert. Das Gesetz geht dabei davon aus, dass der Mieter spätestens vom Richter über die Möglichkeit des Kündigungswiderspruchs informiert wird. Gleichwohl kann der Mieter den Widerspruch nicht zu Protokoll erklären, weil in diesem Fall die Schriftform nicht gewahrt ist.

Fehlt der Hinweis oder entspricht er nicht den gesetzlichen Anforderungen, so **9** genügt es für die Rechtzeitigkeit des Widerspruchs, wenn er spätestens vor der Beendigung des **ersten Termins des Räumungsrechtsstreits** erklärt wird. Hierunter ist die **Güteverhandlung** zu verstehen (Häublein in: MünchKomm § 574b BGB Rdn. 8; **a. A.** Rolfs in: Staudinger § 574b BGB Rdn. 13; Sternel Mietrecht Aktuell Rdn XI 314: Haupttermin bzw. früher erster Termin zu verstehen). Der Streit hat keine praktische Bedeutung, weil das Gericht beim Scheitern der Güteverhandlung in die mündliche Verhandlung überleitet (so auch Hinz in: Klein-Blenkers/Heinemann/Ring, Miete/WEG/Nachbarschaft § 574b BGB Rdn. 10). Ist dem Termin ein schriftliches Vorverfahren vorausgegangen und hat das Gericht in diesem Verfahren ein Versäumnisurteil erlassen, so muss über den Widerspruch mündlich verhandelt werden (Franke ZMR 1993, 93). Hier kann der Widerspruch noch im Termin zur Verhandlung über den Einspruch erklärt werden (LG Düsseldorf WuM 1992, 371; Rolfs in: Staudinger § 574b BGB Rdn. 14; Franke ZMR 1993, 93; **a. A.** Fleindl in: Bub/Treier Kap IV Rdn. 249). Wird im laufenden Gerichtsverfahren ohne Hinweis gekündigt, so ist der erste Termin derjenige, in dem über diese Kündigung verhandelt wird. Dies gilt auch, wenn der Rechtsstreit in der Berufungsinstanz anhängig ist.

Nach der gesetzlichen Regelung ist der Widerspruch im Termin zu erklären. **10** Selbstverständlich kann der Mieter den Widerspruch aber auch außerhalb des Termins übermitteln. Die Widerspruchsfrist endet aber in den Fällen des Abs. 2 S. 2 in jedem Fall mit der Beendigung des ersten Termins. Ein nach diesem Termin erklärter Widerspruch ist verspätet. Dies gilt auch dann, wenn der Richter keinen Hinweis auf die Möglichkeit des Kündigungswiderspruchs gegeben hat. Das Gesetz geht zwar davon aus, dass der Mieter vom Richter informiert werden soll; ein unterbliebener Hinweis ist gleichwohl folgenlos. Erscheint der Mieter nicht, so gilt der Termin als versäumt. Ein rechtzeitiger Widerspruch nach diesem versäumten Termin ist nicht möglich, es sei denn, dass der Mieter nicht ordnungsgemäß zum Termin geladen worden ist oder dass das Amtsgericht vertagt hat. Auch bei schuldloser Säumnis kann keine Wiedereinsetzung gewährt werden (Sternel Rdn. IV 194). Eine dem § 721 Abs. 2 S. 2 ZPO vergleichbare Vorschrift enthält § 574b BGB nicht.

§ 574c BGB

3. Verspäteter Widerspruch

11 Die Widerspruchsfrist ist keine Ausschlussfrist. Vielmehr muss die Verspätung des Widerspruchs mit einer **Einrede** (vergleichbar der Verjährungseinrede) gerügt werden (allgem. Ansicht). Dies folgt aus dem Wortlaut des Abs. 2 S. 1 („... kann ... ablehnen"). Wird die Einrede nicht erhoben, so ist jeder Widerspruch zu beachten, der bis zum Schluss der mündlichen Verhandlung erklärt und in das Verfahren eingeführt wird. Auch die in Abs. 2 S. 2 bezeichnete Frist (erster Termin des Räumungsrechtsstreits) ist keine Ausschlussfrist; die Überschreitung dieser Frist ist deshalb ebenfalls nur zu beachten, wenn der Vermieter die Verspätungseinrede erhoben hat.

12 Im Gesetz ist nicht geregelt, welche Rechtsfolge gilt, wenn die **Härtegründe erst nach Ablauf der Fristen** des § 574b BGB eintreten. Es handelt sich um eine planwidrige Gesetzeslücke, die durch **entsprechende Anwendung** des in § 574 Abs. 3 BGB enthaltenen Rechtsgedankens zu schließen ist. Wegen der nachträglichen Gründe kann der Mieter den Widerspruch bis zum Schluss der mündlichen Verhandlung einlegen (ebenso: Herrlein in: Herrlein/Kandelhard § 574b BGB Rdn. 4; Sternel Mietrecht Aktuell Rdn XI 317; **a. A.** Rolfs in: Staudinger § 574b BGB Rdn. 15; Häublein in: MünchKomm § 574b BGB Rdn. 7; Hinz in: Klein-Blenkers/Heinemann/Ring, Miete/WEG/Nachbarschaft § 574 BGB Rdn. 11). Im Hinblick auf die ungeklärte Rechtslage ist ein vorsorglicher Widerspruch zu empfehlen (Sternel Mietrecht Aktuell a. a. O.; Fleindl in: Bub/Treier Kap IV Rdn. 249).

V. Abweichende Vereinbarungen (Abs. 3)

13 Es gelten die Ausführungen zu § 574 BGB

§ 574c Weitere Fortsetzung des Mietverhältnisses bei unvorhergesehenen Umständen

(1) Ist aufgrund der §§ 574 bis 574b durch Einigung oder Urteil bestimmt worden, dass das Mietverhältnis auf bestimmte Zeit fortgesetzt wird, so kann der Mieter dessen weitere Fortsetzung nur verlangen, wenn dies durch eine wesentliche Änderung der Umstände gerechtfertigt ist oder wenn Umstände nicht eingetreten sind, deren vorgesehener Eintritt für die Zeitdauer der Fortsetzung bestimmend gewesen war.

(2) ¹Kündigt der Vermieter ein Mietverhältnis, dessen Fortsetzung auf unbestimmte Zeit durch Urteil bestimmt worden ist, so kann der Mieter der Kündigung widersprechen und vom Vermieter verlangen, das Mietverhältnis auf unbestimmte Zeit fortzusetzen. ²Haben sich die Umstände verändert, die für die Fortsetzung bestimmend gewesen waren, so kann der Mieter eine Fortsetzung des Mietverhältnisses nur nach § 574 verlangen; unerhebliche Veränderungen bleiben außer Betracht.

(3) Eine zum Nachteil des Mieters abweichende Vereinbarung ist unwirksam.

Übersicht

	Rdn.
I. Zweck und Anwendungsbereich	1
II. Anwendungsbereich des Abs. 1	2
1. Ablauf der Verlängerungszeit	2
2. Rückgabepflicht	3
3. Fortsetzungsinteresse	4
4. Fortsetzungsanspruch, materielle Voraussetzungen	9
5. Fortsetzungsanspruch, formelle Voraussetzungen	10
6. Wiederholte Vertragsfortsetzung	11
7. Das gerichtliche Verfahren	12
8. Darlegungs- und Beweislast	13
III. Anwendungsbereich des Abs. 2	14
1. Fortsetzung auf unbestimmte Zeit durch Urteil	14
2. Kündigung	15
3. Fortsetzungsanspruch (Abs. 2 Satz 1)	17
4. Das gerichtliche Verfahren	18
5. Fortsetzungsanspruch bei Veränderung der Sachlage (Abs. 2 Satz 2)	19
6. Darlegungs- und Beweislast	22
IV. Abweichende Vereinbarungen	23

I. Zweck und Anwendungsbereich

Die Vorschrift regelt, wann das Mietverhältnis nach einer Fortsetzung gem. §§ 574, 574a BGB erneut fortgesetzt werden kann. Der Anwendungsbereich ist derselbe, wie bei § 574 BGB dargestellt. Die praktische Bedeutung der Vorschrift ist gering. **1**

II. Anwendungsbereich des Abs. 1

1. Ablauf der Verlängerungszeit

Die Regelung in Abs. 1 ist anwendbar, wenn die Vertragszeit endet, nachdem das Mietverhältnis nach §§ 574, 574a BGB durch Einigung oder Urteil **auf bestimmte Zeit** fortgesetzt worden ist. Eine vorangegangene Vertragsfortsetzung aus anderen Gründen (z. B. nach § 545 BGB oder auf Grund vertraglicher Vereinbarung außerhalb der §§ 574, 574a BGB) führt nicht zur Anwendung des § 574c BGB; vielmehr sind in einem solchen Fall §§ 574, 574a BGB unmittelbar anwendbar. Es genügt auch nicht, dass das Mietverhältnis irgendwann in zurückliegender Zeit nach §§ 574, 574a BGB fortgesetzt worden ist. Erforderlich ist vielmehr, dass ein nach diesen Bestimmungen fortgesetztes Mietverhältnis endet. **2**

2. Rückgabepflicht

Der Ablauf der Fortsetzungszeit hat in diesem Fall zur Folge, dass der Mieter die Mietsache herausgeben muss. Eine Kündigung durch den Vermieter ist nicht erforderlich, weil das Mietverhältnis mit dem Ablauf der Fortsetzungszeit ohne weiteres endet. § 545 BGB ist allerdings zu beachten. Gibt der Mieter die Sache nicht zurück, so kann der Vermieter ohne Weiteres Räumungsklage erheben (LG Hamburg ZMR 2017, 563). **3**

§ 574c BGB Untertitel 2. Mietverhältnisse über Wohnraum

3. Fortsetzungsinteresse

4   Liegen jedoch in der Person des Mieters Härtegründe i. S. von § 574 BGB vor, so kann er eine weitere Vertragsfortsetzung nach § 574 BGB verlangen, falls das **besondere Fortsetzungsinteresse** des Abs. 1 gegeben ist.

5   Ein solches Fortsetzungsinteresse ist zunächst dann anzunehmen, wenn eine weitere Fortsetzung durch eine **wesentliche Änderung der Umstände** gerechtfertigt ist. An das Kriterium der **Wesentlichkeit** sind keine allzu hohen Anforderungen zu stellen. Es genügt, wenn auf Grund der neuen Sachlage ein Überdenken des bisherigen Abwägungsergebnisses angezeigt erscheint. Eine **Änderung** liegt vor, wenn in der Verlängerungszeit neue Härtegründe auftreten, die ursprünglich nicht vorhanden gewesen sind oder wenn sich ein ursprünglich vorhandener Härtegrund (z. B. eine Krankheit) in der Verlängerungszeit wesentlich verschärft oder zum Nachteil des Mieters anders entwickelt als dies erwartet wurde. Ebenso ist ein Fortsetzungsinteresse hinsichtlich solcher Härtegründe gegeben, die zwar bei der ursprünglichen Fortsetzung bereits vorhanden waren aber nicht geltend gemacht oder nicht berücksichtigt worden sind (Rolfs in: Staudinger § 574c BGB Rdn. 9; Häublein in: MünchKomm § 574c BGB Rdn. 5; Hannappel in: Bamberger/Roth § 574c BGB Rdn. 6; **a. A.** Hinz in: Klein-Blenkers/Heinemann/Ring, Miete/WEG/Nachbarschaft § 574c BGB Rdn. 4; Lützenkirchen in Lützenkirchen Mietrecht § 575c Rdn. 20; Lammel § 574c BGB Rdn. 16; Herrlein in: Herrlein/Kandelhard § 574c BGB Rdn. 2). Schließlich kann ein Fortsetzungsinteresse bejaht werden, wenn auf Seiten des Mieters ursprünglich vorhandene Härtegründe entfallen und zugleich neue Härtegründe eingetreten sind. Das Bedürfnis zur Korrektur einer früher getroffenen fehlerhaften Entscheidung kann nicht als Fortsetzungsinteresse bewertet werden (Fleindl in: Bub/Treier Kap IV Rdn. 256). Unerheblich ist es auch, wenn sich Umstände verändern, die mit den Gründen der ursprünglichen Vertragsfortsetzung nichts zu tun haben (LG Siegen NJW-RR 1991, 1113 betr. die Eheschließung und Aufnahme des Ehegatten in die gekündigte Wohnung, wenn das Mietverhältnis wegen fehlendem Ersatzraum fortgesetzt worden ist).

6   Außerdem liegt ein Fortsetzungsinteresse vor, wenn **Umstände nicht eingetreten** sind, deren vorhergesehener Eintritt für die Zeitdauer der Fortsetzung bestimmend gewesen ist. Ein solcher Fall kann beispielsweise vorliegen, wenn der Mieter trotz Erfüllung der Ersatzraumbeschaffungspflicht in der Fortsetzungszeit keine Ersatzwohnung gefunden hat, oder wenn sich ein als hinreichend sicher angesehener Umzug in ein Eigenheim aus Gründen, die der Mieter nicht zu vertreten hat, weiter verzögert.

7   Ist der **Eintritt bestimmter Umstände** von einer Partei **wider Treu und Glauben verhindert oder herbeigeführt** worden, so kann sich die treuwidrig handelnde Partei nicht darauf berufen (Rechtsgedanke des **§ 162 BGB,** Bericht des Rechtsausschusses BT-Drucks. V/2317 S. 4; Rolfs in: Staudinger § 574c BGB Rdn. 32; Fleindl in: Bub/Treier Kap IV Rdn. 257; Franke in: WoBauR § 574c BGB Anm. 2.1; Häublein in: MünchKomm § 574c BGB Rdn. 6; Lützenkirchen in: Lützenkirchen, Mietrecht § 574c BGB Rdn. 21; Hannappel in: Bamberger/Roth § 574c BGB Rdn. 8; Hinz in: Klein-Blenkers/Heinemann/Ring, Miete/WEG/Nachbarschaft § 574c BGB Rdn. 7). Hierzu sind auch diejenigen Fälle zu zählen, in denen der **Mieter nichts unternimmt** um einen Härtegrund zu beseitigen. Hiervon ist beispielsweise dann auszugehen, wenn der Mieter keine Ersatzraumbemühungen unternimmt oder – bei krankheitsbedingtem Räumungshindernis – keine Heilbehandlung in die Wege leitet.

Liegt kein besonderes Fortsetzungsinteresse vor, so kann der Mieter auch dann **8** keine weitere Vertragsfortsetzung nach § 574c verlangen, wenn das **bisherige Beendigungsinteresse des Vermieters weggefallen** ist (insoweit zutreffend: LG München I WuM 1996, 94; **a. A.** Rolfs in: Staudinger § 574c BGB Rdn. 10; Häublein in: MünchKomm § 574c BGB Rdn. 5; Franke in: WoBauR § 574c BGB Anm. 2.2.; Lammel Wohnraummietrecht § 574c BGB Rdn. 14; Herrlein in: Herrlein/Kandelhard § 574c BGB Rdn. 2). Der Wegfall bestimmter Kündigungsgründe (z. B. Eigenbedarf) kann nach der Rechtsprechung nur bis zum Ablauf der Kündigungsfrist berücksichtigt werden (s. § 573 Rdn. 123, 124).

4. Fortsetzungsanspruch, materielle Voraussetzungen

Der Fortsetzungsanspruch richtet sich nach § 574 BGB, wenn das ursprüngliche **9** Mietverhältnis nach dieser Vorschrift fortgesetzt worden ist. Auch bei § 574c Abs. 1 ist eine Fortsetzung auf bestimmte oder unbestimmte Zeit möglich. Über die Fortsetzung ist auf Grund einer **erneuten Interessenabwägung** zu entscheiden. Zugunsten des Mieters sind die schon früher gegebenen und noch vorhandenen Härtegründe und das spezielle Fortsetzungsinteresse zu berücksichtigen. Zugunsten des Vermieters ist auch zu berücksichtigen, ob zu dem ursprünglich gegebenen Erlangungsinteresse weitere Interessen hinzugetreten sind, die für eine endgültige Abwicklung des Mietverhältnisses sprechen. Maßgeblich ist die Interessenlage zum Zeitpunkt der Entscheidung über die Vertragsfortsetzung. Die Abwägung kann ergeben, dass das Mietverhältnis nicht weiter fortgesetzt werden darf, obwohl die formellen Voraussetzungen des § 574c gegeben sind. Die in § 574 Abs. 1 Satz BGB und § 549 Abs. 2 BGB enthaltenen Ausschlusstatbestände gelten auch für die weitere Vertragsfortsetzung nach § 574c BGB.

5. Fortsetzungsanspruch, formelle Voraussetzungen

In §§ 556c Abs. 1 BGB a. F. war ausdrücklich geregelt, dass das Fortsetzungsverlangen **10** nach den Vorschriften der §§ 556a, 556b BGB a. F. – also unter Beachtung der in § 556b BGB a. F. bestimmten **Formen und Fristen** – geltend zu machen war. Überwiegend wird die Ansicht vertreten, dass diese Rechtslage nach der Neufassung der Vorschriften über die Vertragsfortsetzung durch das Mietrechtsreformgesetz unverändert fortgilt (Franke in: WoBauR § 574c BGB Anm. 2.3; Rolfs in: Staudinger § 574c BGB Rdn. 18; Hannappel in: Bamberger/Roth § 574c BGB Rdn. 10; Häublein in: MünchKomm § 574c BGB Rdn. 7; Hinz in: Klein-Blenkers/Heinemann/Ring, Miete/WEG/Nachbarschaft § 574c BGB Rdn. 6; Lammel § 574c BGB Rdn. 21; Schach in: Kinne/Schach/Bieber Miet- und Mietprozessrecht § 574c BGB Rdn. 5). Dabei wird verkannt, dass § 574c Abs. 1 BGB nicht mehr auf die in § 574b BGB geregelten Formen und Fristen des Fortsetzungsverlangens Bezug nimmt. Daraus ist zu folgern, dass das Verlangen nach weiterer Fortsetzung des Mietverhältnisses formlos gestellt werden kann und dass hierfür keine Fristen gelten (Lützenkirchen in: Lützenkirchen, Mietrecht § 574c Rdn. 12; Herrlein in: Herrlein/Kandelhard § 574 BGB Rdn. 7; Palandt/Weidenkaff § 574c BGB Rdn. 10). Aus dem systematischen Zusammenhang der §§ 574 bis § 574c BGB kann das Formerfordernis nicht abgeleitet werden (so aber Rolfs in: Staudinger § 574c BGB Rdn. 28); der Gesichtspunkt der Rechtsklarheit erfordert, dass die Wirksamkeit einer Erklärung nur dann von der Beachtung bestimmter Form oder Fristen abhängen darf, wenn dies im Gesetz hinreichend klar bestimmt ist.

6. Wiederholte Vertragsfortsetzung

11 Endet eine nach § 574c Abs. 1 BGB angeordnete Vertragsfortsetzung, so kann der Mieter wiederum eine Fortsetzung nach § 574c BGB verlangen, wenn die Voraussetzungen dieser Vorschrift gegeben sind. Für die weitere Vertragsfortsetzung ist ein Fortsetzungsinteresse erforderlich. In früherer Zeit wurde zu § 556a BGB a. F. zum Teil die Ansicht vertreten, dass die Vorschrift nur einmal angewendet werden könne (Roquette § 556c BGB Rdn. 3). Diese Ansicht konnte sich auf den Wortlaut der früheren Gesetzesfassung („Ist ... bereits einmal ... die Fortsetzung des Mietverhältnisses bestimmt worden,...") stützen. Heute ist diese Ansicht überholt. Aus der gegenwärtigen Gesetzesfassung lässt sich keine Beschränkung der Anzahl der Vertragsfortsetzungen ableiten (LG Mannheim WuM 1975, 213, 214; Rolfs in: Staudinger § 574c BGB Rdn. 20; Franke in: WoBauR § 574c BGB Anm. 5; Häublein in: MünchKomm § 574c BGB Rdn. 6; Palandt/Weidenkaff § 574c BGB Rdn. 1).

7. Das gerichtliche Verfahren

12 Für das **gerichtliche Verfahren** gelten die Ausführungen zu § 574a BGB Rdn. 20 ff). Wie bei § 574 BGB genügt es, wenn der Mieter den Fortsetzungsanspruch durch Einrede geltend macht. Auch im Rahmen des § 574c Abs. 1 kann der Vermieter beim Vorliegen der Voraussetzungen des § 574a Abs. 1 Satz 2 BGB verlangen, dass die Bedingungen der Vertragsfortsetzung geändert werden.

8. Darlegungs- und Beweislast

13 Der Vermieter muss darlegen und beweisen, dass das Mietverhältnis nach §§ 574, 574a BGB und nicht nach anderen Rechtsgrundsätzen fortgesetzt wurde. Dies kann insbesondere dann zu Problemen führen, wenn die ursprüngliche Fortsetzung nicht durch das Gericht, sondern durch Einigung der Vertragsparteien erfolgt ist. Der Mieter muss darlegen und beweisen, dass ein besonderes Fortsetzungsinteresse gegeben ist (LG Hamburg ZMR 2017, 563).

III. Anwendungsbereich des Abs. 2

1. Fortsetzung auf unbestimmte Zeit durch Urteil

14 Die Regelung in Abs. 2 ist anwendbar, wenn das Mietverhältnis durch Urteil gem. §§ 574, 574a BGB auf unbestimmte Zeit verlängert worden ist und der Vermieter in der Folgezeit erneut kündigt. Bei einer Vertragsfortsetzung durch **Einigung** (außerhalb eines gerichtlichen Verfahrens oder durch **Prozessvergleich**) gilt Abs. 2 nicht; hier richtet sich der Fortsetzungsanspruch nach § 574 BGB (Rolfs in: Staudinger § 574c BGB Rdn. 21; Fleindl in: Bub/Treier Kap IV Rdn. 260; Palandt/Weidenkaff § 574c BGB Rdn. 7). Der Grund für diese unterschiedliche Handhabung ist darin zu sehen, dass die Anwendung des § 574 BGB für den Vermieter günstiger ist, als die Anwendung des § 574c Abs. 2 BGB. Im erstgenannten Fall muss der Mieter unter Beachtung der nach § 574 BGB maßgeblichen Formen und Fristen darlegen und beweisen, dass ein Härtegrund besteht. Der Fortsetzungsanspruch nach § 574c Abs. 2 ist dagegen weder an formelle noch an materiellrechtliche Voraussetzungen gebunden. Die Privilegierung des Vermieters für den Fall der Vertragsfortsetzung durch Einigung ist sachgerecht, weil dieser bei freiwilliger Vertragsfortsetzung nach § 574 BGB nicht schlechter gestellt werden soll als bei einer vereinbarten Vertragsfortsetzung außerhalb dieser Bestimmungen.

2. Kündigung

§ 574c Abs. 2 BGB gilt nur bei einer Vertragsbeendigung durch Kündigung des 15 Vermieters. Bei einer Vertragsbeendigung durch **Kündigung des Mieters** ist Abs. 2 unanwendbar; eine Verlängerung nach § 574 BGB kommt nicht in Betracht. Ebenso ist Abs. 2 nicht anwendbar, wenn das Mietverhältnis durch Aufhebungsvertrag beendet worden ist.

Die Regelung gilt nur bei einer wirksamen ordentlichen oder außerordentlichen 16 Kündigung mit gesetzlicher Frist. Liegt kein Kündigungsgrund vor, so ist eine Anwendung des § 574c Abs. 2 ausgeschlossen; hierfür besteht auch kein Bedürfnis, weil das Mietverhältnis durch eine unwirksame Kündigung nicht beendet wird. Bei fristlosen Kündigungen ist Abs. 2 unanwendbar. Es genügt aber – im Unterschied zu § 574 Abs. 1 Satz 2 BGB – nicht, wenn lediglich ein Grund zur fristlosen Kündigung vorliegt und der Vermieter gleichwohl eine ordentliche Kündigung ausspricht.

3. Fortsetzungsanspruch (Abs. 2 Satz 1)

Der Mieter kann der Kündigung widersprechen und vom Vermieter verlangen, 17 das Mietverhältnis auf unbestimmte Zeit fortzusetzen. Ein **Fortsetzungsinteresse** ist – anders als bei Abs. 1 – **nicht erforderlich.** Der Mieter muss auch nicht darlegen, dass die ursprünglich gegebenen Härtegründe weiterhin vorhanden sind. Der Widerspruch und das Fortsetzungsverlangen sind wie bei § 574 BGB ein und dasselbe. Der Mieter muss das **Fortsetzungsverlangen** gegenüber dem Vermieter geltend machen. Es ist nicht erforderlich, dass hierbei die Gesetzesbegriffe verwendet werden. Der Mieter muss nur (schriftlich oder mündlich) klarstellen, dass er eine weitere Vertragsfortsetzung will. Die Regelung in Abs. 2 S. 1 verweist nicht auf § 574b BGB; deshalb bedarf das Fortsetzungsverlangen weder der **Schriftform,** noch sind **Fristen** zu beachten (Bericht des Rechtsausschusses BT-Drucks. V/2317 S. 3; Lammel Wohnraummietrecht § 574c BGB Rdn. 30; Lützenkirchen in: Lützenkirchen, Mietrecht § § 574c BGB Rdn. 26; Palandt/Weidenkaff § 574c BGB Rdn. 10; **a. A.** Rolfs in: Staudinger § 574c BGB Rdn. 28; Sternel Rdn. IV 230). Es genügt, wenn das Fortsetzungsverlangen im letzten Termin zur mündlichen Verhandlung über den Räumungsanspruch erklärt wird. Im Klagabweisungsantrag liegt i. d. R. zugleich ein Fortsetzungsverlangen nach Abs. 2. Der Gesetzgeber hat dem Mieter bewusst eine sehr starke Stellung eingeräumt um zu verhindern, dass dieser nach der Vertragsfortsetzung durch das Gericht durch Kündigungen im Mietgebrauch gestört wird. Ein durch Urteil auf unbestimmte Zeit fortgesetztes Mietverhältnis ist praktisch unkündbar.

4. Das gerichtliche Verfahren

Für das **gerichtliche Verfahren** gelten die Ausführungen zu § 574a BGB 18 Rdn. 20 ff). Es genügt, wenn der Mieter den Fortsetzungsanspruch durch Einrede geltend macht. Das Gericht muss das Mietverhältnis wiederum auf unbestimmte Zeit fortsetzen. Eine Vertragsfortsetzung zu geänderten Bedingungen ist – anders als bei Abs. 1 – im Falle des Abs. 2 Satz 1 nicht möglich.

5. Fortsetzungsanspruch bei Veränderung der Sachlage (Abs. 2 Satz 2)

19 Haben sich Umstände, die für die Fortsetzung des Mietverhältnisses bestimmend gewesen waren, verändert, so kann der Mieter eine Fortsetzung des Mietverhältnisses nur nach § 574 BGB verlangen. Diese Vorschrift beruht auf der Erwägung, dass die wechselseitigen Interessen bei einer wesentlichen Änderung der Sachlage neu bewertet und abgewogen werden sollen. Zu Klarstellung ist in Abs. 2 Satz 2 HS 2 bestimmt, dass eine unerhebliche Veränderung außer Betracht bleibt. Von einer **wesentlichen Veränderung der Sachlage** ist auszugehen, wenn ursprünglich vorhandene Härtegründe auf Seiten des Mieters ganz oder überwiegend entfallen oder nur noch in wesentlich abgeschwächter Form weiterbestehen. Gleiches gilt, wenn auf Seiten des Vermieters neue Interessen an der Vertragsbeendigung gegeben sind oder ursprüngliche Beendigungsinteressen stärker in Erscheinung treten. Dagegen ist Abs. 2 Satz 2 unanwendbar, wenn sich die beim Mieter gegebenen Härtegründe verstärken oder wenn die Interessen des Vermieters an Gewicht verloren haben. Dies folgt zwar nicht aus dem Wortlaut, wohl aber aus dem Sinn und Zweck des Abs. 2 Satz 2.

20 Der Grundsatz des § 162 BGB, wonach sich keine Partei auf Umstände berufen kann, die sie **wider Treu und Glauben herbeigeführt** oder deren **Eintritt** sie wider Treu und Glauben **vereitelt** hat, gilt auch im Rahmen des Abs. 2 Satz 2 (Bericht des Rechtsausschusses BT-Drucks. V/2317 S. 4; Rolfs in: Staudinger § 574c BGB Rdn. 32). Deshalb ist eine Neubewertung der Interessen angezeigt, wenn ein krankheitsbedingtes Räumungshindernis nur deshalb fortbesteht, weil der Mieter eine zumutbare ärztliche Behandlung unterlassen oder abgebrochen hat. Umgekehrt kann sich ein Vermieter nicht auf eine geänderte Sachlage berufen, wenn er seinen Wohnbedarf durch die freiwillige Aufgabe seiner bisherigen Wohnung dringlicher gestaltet, als dies zum Zeitpunkt der ursprünglichen Vertragsfortsetzung der Fall gewesen ist.

21 Ob sich die für die frühere Vertragsfortsetzung maßgebenden Umstände geändert haben, muss sich grundsätzlich aus dem **Kündigungsschreiben** ergeben, § 574 Abs. 3 BGB). In diesem Fall muss der Mieter das Fortsetzungsverlangen unter Beachtung der in § 574b bestimmten Formalien (Schriftform, 2-Monatsfrist) geltend machen. Die Vorschrift des § 574b Abs. 2 Satz 2 BGB gilt auch hier. Werden die für die Anwendung des Abs. 2 Satz 2 maßgeblichen Gründe in dem Kündigungsschreiben nicht mitgeteilt, so ist für eine Anwendung dieser Vorschrift wegen § 574 Abs. 3 BGB kein Raum.

6. Darlegungs- und Beweislast

22 Der Vermieter muss beweisen, dass die für ihn günstigen Voraussetzungen des Abs. 2 Satz 2 gegeben sind, insbesondere, dass sich die Umstände die für die ursprüngliche Entscheidung maßgebend waren, geändert haben. Der Mieter muss darlegen und beweisen, dass die Beendigung des Mietverhältnisses für ihn oder seine Familie nach wie vor eine Härte darstellen (Bericht des Rechtsausschusses BT-Drucks. V/2317 S. 3; Rolfs in: Staudinger § 574c BGB Rdn. 30).

IV. Abweichende Vereinbarungen

23 Es gelten die Ausführungen zu § 574 BGB.

Unterkapitel 3. Mietverhältnisse auf bestimmte Zeit

§ 575 Zeitmietvertrag

(1) ¹Ein Mietverhältnis kann auf bestimmte Zeit eingegangen werden, wenn der Vermieter nach Ablauf der Mietzeit
1. die Räume als Wohnung für sich, seine Familienangehörigen oder Angehörige seines Haushalts nutzen will,
2. in zulässiger Weise die Räume beseitigen oder so wesentlich verändern oder instandsetzen will, dass die Maßnahmen durch eine Fortsetzung des Mietverhältnisses erheblich erschwert würden, oder
3. die Räume an einen zur Dienstleistung Verpflichteten vermieten will

und er dem Mieter den Grund der Befristung bei Vertragsschluss schriftlich mitteilt. ²Anderenfalls gilt das Mietverhältnis als auf unbestimmte Zeit abgeschlossen.

(2) ¹Der Mieter kann vom Vermieter frühestens vier Monate vor Ablauf der Befristung verlangen, dass dieser ihm binnen eines Monats mitteilt, ob der Befristungsgrund noch besteht. ²Erfolgt die Mitteilung später, so kann der Mieter eine Verlängerung des Mietverhältnisses um den Zeitraum der Verspätung verlangen.

(3) ¹Tritt der Grund der Befristung erst später ein, so kann der Mieter eine Verlängerung des Mietverhältnisses um einen entsprechenden Zeitraum verlangen. ²Entfällt der Grund, so kann der Mieter eine Verlängerung auf unbestimmte Zeit verlangen. ³Die Beweislast für den Eintritt des Befristungsgrundes und die Dauer der Verzögerung trifft den Vermieter.

(4) Eine zum Nachteil des Mieters abweichende Vereinbarung ist unwirksam.

Übersicht

	Rdn.
I. Entstehungsgeschichte, Zweck	1
II. Anwendungsbereich	3
III. Der Zeitmietvertrag (Befristeter Mietvertrag mit Befristungsinteresse)	5
1. Voraussetzungen (Abs. 1 Satz 1):	5
a) Befristungsinteresse	6
b) Mitteilung des Befristungsinteresses bei Vertragsschluss	21
2. Fehlerhafte Zeitmietverträge (Abs. 1 Satz 2)	30
3. Auskunftsanspruch des Mieters/Informationspflicht (Mitteilungspflicht) des Vermieters (Abs. 2)	32
a) Auskunftsanspruch	33
b) Informationspflicht (Mitteilungspflicht) des Vermieters	39
4. Verlängerungsanspruch des Mieters (Abs. 3)	50
a) Verzögerung und Wegfall des Befristungsgrundes	51
b) Verlängerungsanspruch des Mieters	54
5. Verlängerung des Mietverhältnisses	61
a) Vertragliche Einigung	61
b) Dissens	64
c) Gerichtliches Verfahren	65
6. Beendigung des Mietverhältnisses	68
7. Veräußerung der Mietsache	69

§ 575 BGB Untertitel 2. Mietverhältnisse über Wohnraum

BGB Rdn. 5). Die angegebenen Verwendungszwecke müssen der Wahrheit entsprechen und realitätsgerecht sein. Bei einer angekündigten Sanierungsabsicht muss ein künftiger Sanierungsbedarf tatsächlich vorliegen. Ein Mietverhältnis in einem neuwertigen Gebäude kann grundsätzlich nicht unter Hinweis auf Abrisspläne befristet werden. Werden alternative Befristungsinteressen genannt, die nicht zueinander passen (Eigennutzung oder Abriss), so liegt hierin ein Indiz dafür, dass die angegebenen Verwendungsabsichten in Wirklichkeit nicht bestanden haben (weitergehend: Lammel § 575 BGB Rdn. 29: danach schließen sich solche Befristungsinteressen per se aus mit der Folge, dass ein unbefristetes Mietverhältnis vorliegt).

8 Die **Befristungsinteressen** sind im Gesetz **abschließend aufgezählt;** eine Erweiterung der Anwendung auf ähnliche Sachverhalte ist ausgeschlossen (Derleder NZM 2001, 649, 656; Rolfs in: Staudinger § 575 BGB Rdn. 18; Haug in: Emmerich/Sonnenschein § 575 BGB Rdn. 8; Häublein in: MünchKomm § 575 BGB Rdn. 17; Lützenkirchen in: Lützenkirchen, Mietrecht § 575 Rdn. 40; Palandt/Weidenkaff § 575 BGB Rdn. 5). Die Verwendung der Räume als Geschäftsräume rechtfertigt deshalb die Befristung nicht. Gleiches gilt, wenn der Vermieter die Absicht hat, die Wohnung zu verkaufen (LG Lübeck WuM 1988, 277) oder die Räume zunächst über längere Zeit leer stehen zu lassen. Zugunsten eines späteren Erwerbers der Wohnung kann ebenfalls keine Befristung vereinbart werden, es sei denn, es handle sich um einen privilegierten Angehörigen.

9 **aa) Eigennutzungstatbestand (Nr. 1).** Der Eigennutzungstatbestand liegt vor, wenn der Vermieter die Räume als Wohnung für sich, seine Familienangehörigen oder Angehörige seines Haushalts nutzen will. Der Eigennutzungstatbestand unterscheidet sich vom Eigenbedarfstatbestand des § 573 Abs. 2 Nr. 2 BGB in einem wesentlichen Punkt. Anders als bei der Kündigung reicht es für die Befristung nämlich aus, dass der Vermieter die Räume selbst nutzen oder den durch Nr. 1 privilegierten Personen überlassen will; ein nachvollziehbares Interesse an der Nutzung ist nicht erforderlich. Bei **mehreren Vermietern** genügt es, wenn einer von ihnen die Wohnung selbst nutzen möchte. Zur Sicherung eines künftigen **Berufs- oder Gewerbebedarfs** ist keine Befristung möglich, weil die berechtigten Interessen i. S. des § 573 Abs. 1 in § 575 Abs. 1 BGB nicht genannt sind.

10 Der **Nutzungs-/Überlassungswille genügt.** Hiervon ist auszugehen, wenn der Vermieter die **ernsthafte Absicht** hat, die Räume selbst als Wohnung zu nutzen oder einem Familienangehörigen oder Angehörigen seines Haushalts zu überlassen. Soll die Wohnung einem Angehörigen überlassen werden, so ist nicht der Nutzungswille des Angehörigen, sondern der Überlassungswille des Vermieters maßgebend. Bei einem von Anfang an fehlenden Nutzungswillen des Angehörigen ist der Eigennutzungstatbestand aber ebenfalls nicht erfüllt, weil der Vermieter in diesem Fall seine Absicht nicht verwirklichen kann. Gleiches gilt, wenn feststeht, dass der Angehörige die Wohnung nach Ablauf der Vertragszeit gar nicht nutzen kann, etwa weil er sich an anderen Orten aufhält. Zu beachten ist allerdings, dass die Nutzungsmöglichkeit nicht mit Sicherheit feststehen muss (Häublein in: MünchKomm § 575 BGB Rdn. 18; Hannappel in: Bamberger/Roth § 575 BGB Rdn. 9; Rolfs in: Staudinger § 575 BGB Rdn. 19). Es genügt, wenn der Vermieter in Erwägung zieht, dass nach Ablauf der Vertragszeit ein Nutzungswille vorliegen könnte. An der Ernsthaftigkeit des Nutzungs-/Überlassungswillens fehlt es dagegen, wenn der Vermieter lediglich behauptet, dass er die Wohnung selbst nutzen oder einem Angehörigen überlassen will, in Wirklichkeit aber andere Absichten verfolgt. Gleiches gilt, wenn der Vermieter die Räume des Mieters in anderer Weise nutzen will, wie beim Vertragsabschluss behauptet. In diesen Fällen kommt kein befristetes Mietverhältnis zustande.

Ein bestimmtes **Nutzungsinteresse** ist **nicht erforderlich.** Auf das Ausmaß 11 der beabsichtigten Nutzung kommt es ebenfalls nicht an. Deshalb reicht es für den Eigennutzungstatbestand grundsätzlich aus, wenn der Vermieter die Räume nur als **Wochenend- oder Zweitwohnung** nutzen will (Gather DWW 1991, 69, 74; Rolfs in: Staudinger § 575 BGB Rdn. 22; Lützenkirchen in: Lützenkirchen, Mietrecht § 575 Rdn. 44; Haug in: Emmerich/Sonnenschein § 575 BGB Rdn. 11; Kandelhard in: Herrlein/Kandelhard § 575 BGB Rdn. 13; Hinz in: Klein-Blenkers/Heinemann/Ring, Miete/WEG/Nachbarschaft § 575 BGB Rdn. 8; Kandelhard in: Herrlein/Kandelhard § 575 Rdn. 9; **a. A.** Derleder NZM 2001, 649, 656). Eine **Ausnahme** muss gelten, wenn die Nutzungsabsicht des Eigentümers auf ganz und gar unrealistischen Vorstellungen beruht und die Nutzungswünsche des Eigentümers durch die Befristung überhaupt nicht befriedigt werden können. Die gleichen Grundsätze gelten, wenn der Nutzungs-/Überlassungswille auf Erwägungen beruht, die auch unter Zugrundelegung eines großzügigen Maßstabs nicht mehr nachvollzogen werden können.

Die übrigen Elemente des Eigennutzungstatbestands sind mit denjenigen des 12 Eigenbedarfstatbestands identisch. Für den **Begriff der Wohnung,** sowie den **Begriff des Familienangehörigen** und des **Haushaltsangehörigen** gelten demnach dieselben Grundsätze wie im Rahmen des § 573 Abs. 2 Nr. 2 BGB. Ebenso wie beim Eigenbedarfstatbestand ist es nicht erforderlich, dass der Wohnungsanwärter bereits zum Haushalt gehört; es genügt, wenn ein bislang Außenstehender durch die Überlassung der Wohnung Haushaltsangehöriger wird. Der privilegierte Personenkreis wird in § 575 Abs. 1 Satz 1 Nr. 1 BGB abschließend aufgezählt. Eine Ausdehnung des Eigennutzungstatbestands auf andere Personen ist ausgeschlossen.

bb) Modernisierungstatbestand (Nr. 2). Der Modernisierungstatbestand ist 13 gegeben, wenn der Vermieter in zulässiger Weise die Räume beseitigen oder so wesentlich verändern oder instandsetzen will, dass die Maßnahmen durch eine Fortsetzung des Mietverhältnisses erheblich erschwert würden. Es genügt der bloße Veränderungs- und Instandsetzungswille; anders als bei § 573 Abs. 2 Nr. 3 BGB ist nicht erforderlich, dass der Vermieter ein besonderes Interesse an der Durchführung der Maßnahmen hat oder dass diese wirtschaftlich geboten oder sinnvoll sind. Sog. „Luxusmodernisierungen" sind ebenso wenig ausgeschlossen, wie eine Modernisierung mit dem Ziel der Nutzungsänderung (Fleindl in: Bub/Treier Kap IV Rdn. 497; Hinz in: Klein-Blenkers/Heinemann/Ring, Miete/WEG/Nachbarschaft § 575 BGB Rdn. 11). Deshalb ist eine Befristung auch dann möglich, wenn der Vermieter die Räume nach Fristablauf zu Geschäftszwecken umbauen will (Barthelmess § 564c BGB a. F. Rdn. 60).

Durch den **Begriff „in zulässiger Weise"** bringt das Gesetz zum Ausdruck, 14 dass nur solche Maßnahmen eine Befristung rechtfertigen, die mit der Rechtsordnung, insbesondere mit den Bestimmungen des öffentlichen Bau- und Planungsrechts im Einklang stehen. Es ist zwar nicht erforderlich, dass die für die Maßnahme notwendigen Genehmigungen (Abriss-, Bau-, Zweckentfremdungsgenehmigung) zum Zeitpunkt des Vertragsschlusses bereits vorliegen. Die Maßnahme muss aber generell genehmigungsfähig sein (Rolfs in: Staudinger § 575 BGB Rdn. 31; Fleindl in: Bub/Treier Kap IV Rdn. 497; Häublein in: MünchKomm § 575 BGB Rdn. 21; Hinz in: Klein-Blenkers/Heinemann/Ring, Miete/WEG/Nachbarschaft § 575 BGB Rdn. 16; Sternel Mietrecht Aktuell Rdn X 129; **a. A.** Lützenkirchen in: Lützenkirchen, Mietrecht § 575 Rdn. 54, 55: danach genügt es, wenn die Maßnahme bei Vertragsende genehmigt wird).

15 Zu den **Maßnahmen, die eine Befristung rechtfertigen** gehören die Beseitigung, die wesentliche Veränderung oder die wesentliche Instandsetzung. Unter dem Begriff der **Beseitigung** ist nicht nur der völlige Abriss des Gebäudes zu verstehen. Eine Mietsache wird vielmehr immer dann beseitigt, wenn sie nach der Durchführung der Maßnahme nicht mehr in ihrer räumlichen Gestalt vorhanden ist. Dies ist auch dann der Fall, wenn beispielsweise eine große Wohnung in mehrere kleine Appartements aufgeteilt wird oder umgekehrt. **Veränderungsmaßnahmen** sind demgegenüber solche, durch die die Mietsache verbessert oder umgestaltet wird. Auch bei der Umgestaltung muss indes die Sachsubstanz erhalten bleiben, weil die Maßnahme sonst zu den Beseitigungsmaßnahmen gehört. **Instandsetzung** ist die Behebung von baulichen Mängeln, insbesondere von Mängeln, die infolge Abnutzung, Alterung, Witterungseinflüssen oder Einwirkungen Dritter entstanden sind, durch Maßnahmen, die in den Wohnungen den zum bestimmungsgemäßen Gebrauch geeigneten Zustand wieder herstellen (so die Legaldefinition in dem mittlerweile aufgehobenen § 3 Abs. 4 ModEnG vom 12.7.1978 BGBl. I S. 993/994).

16 Stets ist Voraussetzung, dass die Maßnahmen so weitreichend sind, dass sie „durch eine Fortsetzung des Mietverhältnisses **erheblich erschwert** würden". Aus dieser Formulierung ergibt sich zunächst, dass die Auflösung der Mietverhältnisse keine unabdingbare Voraussetzung für die Durchführung der Maßnahme sein muss. Es ist also nicht notwendig, dass die Durchführung bei Aufrechterhaltung des Mietverhältnisses unmöglich wäre. Es genügt, wenn sie erheblich erschwert wird. Aus dem Erheblichkeitskriterium muss andererseits gefolgert werden, dass nicht jede Erschwerung ausreicht; vielmehr kommen nur Maßnahmen von einigem Gewicht in Betracht. Schönheitsreparaturen und solche Instandsetzungsarbeiten, die ohne weiteres bei bestehendem Mietverhältnis durchgeführt werden können, scheiden von vorne herein aus (Häublein in: MünchKomm § 575 BGB Rdn.; Hannappel in: Bamberger/Roth § 575 BGB Rdn. 12).

17 Für eine Befristung kommen zunächst diejenigen Maßnahmen in Betracht, die der Mieter nach **§ 554 Abs. 2 BGB** nicht zu dulden braucht; solche Maßnahmen könnte der Vermieter gegen den Willen des Mieters nicht durchführen. Es genügt, wenn an der **Duldungspflicht** begründete Zweifel bestehen (Häublein in: MünchKomm § 575 BGB Rdn. 23; Hannappel in: Bamberger/Roth § 575 BGB Rdn. 13). Umgekehrt wird durch den Umstand, dass der Mieter zur Duldung verpflichtet wäre, die Befristung nicht in jedem Fall ausgeschlossen, weil sich die Erschwernis auch aus einer besonders großen finanziellen Belastung des Vermieters ergeben kann. Die Duldungspflicht ist aber andererseits ein wichtiger Orientierungsmaßstab für die Zulässigkeit des Zeitmietvertrags (Sternel MDR 1983, 265, 272). Dies gilt allerdings mit der Einschränkung, dass subjektive Faktoren, von denen die Duldungspflicht ebenfalls abhängt, wie zum Beispiel der Gesundheitszustand oder das Alter des Mieters im Rahmen des § 575 BGB unberücksichtigt bleiben müssen; ob solche Umstände vorliegen, steht bei Vertragsschluss nämlich regelmäßig nicht fest. Vielmehr ist hier allein auf die Art der vorzunehmenden Arbeiten, die baulichen Folgen und die zu erwartende Mieterhöhung abzustellen. Maßnahmen, bei denen die Duldungspflicht zweifelhaft ist, werden demnach die Befristung rechtfertigen (Beispiel: Austausch schadhafter Fußböden, weil hierbei in der Regel eine vorübergehende Räumung erforderlich ist; Veränderung des Zuschnitts der Wohnung, weil dies in der Regel nicht zu dulden ist).

Kleinere Modernisierungsmaßnahmen, bei denen offensichtlich ist, dass sie **18** vom Mieter geduldet werden müssen, rechtfertigen die Befristung nicht (Beispiel: Einbau einer Sammelheizung, Austausch alter Fenster gegen Isolierfenster). Der Einbau eines Badezimmers gehört ebenfalls zu den duldungspflichtigen Maßnahmen; da die Durchsetzung einer solchen Maßnahme regelmäßig auch keine sonstigen Erschwernisse mit sich bringt, rechtfertigt sie allein die Befristung nicht. Der Umstand, dass der Mieter trotz bestehender Duldungspflicht duldungsunwillig ist, spielt keine Rolle. Dem Vermieter ist es zuzumuten, die Duldung gerichtlich durchzusetzen.

cc) Betriebsbedarf (Nr. 3). Dieser Befristungsgrund liegt vor, „wenn der Ver- **19** mieter nach Ablauf der Mietzeit ... die Räume an einen zur Dienstleistung Verpflichteten vermieten will". Der Befristungsgrund gilt für die sog. „**echten Werkwohnungen**" (eine schon bisher als Werkwohnung genutzte Räumlichkeit soll nach Ablauf einer bestimmten Zeit einem anderen Betriebsangehörigen zur Verfügung gestellt werden) und für die sog. „**unechten Werkwohnungen**" (eine bisher an einen Betriebsfremden vermietete Wohnung soll nach Ablauf einer bestimmten Zeit als Werkwohnung genutzt werden).

Die vom Gesetzgeber gewählte Wortfassung: „**vermieten will**" entspricht sach- **20** lich der in Nr. 1 verwendeten Formulierung „nutzen will". In beiden Fällen kommt zum Ausdruck, dass es für die Befristung genügt, wenn der Vermieter einen entsprechenden Willen hat. Auf ein besonderes Nutzungsinteresse kommt es also nicht an.

dd) Verträge über die Anmietung von Räumen durch eine juristische Person **20a** des öffentlichen Rechts oder einen anerkannten privaten Träger der Wohlfahrtspflege, die geschlossen werden, um die Räume Personen mit dringendem Wohnungsbedarf zum Wohnen zu überlassen

Auch diese Verträge können befristet werden (s. dazu § 578 Rdn. 18

b) Mitteilung des Befristungsinteresses bei Vertragsschluss. Die Befris- **21** tung ist nur wirksam, wenn der Vermieter dem Mieter die Befristungsabsicht bei Vertragsschluss schriftlich mitgeteilt hat.

aa) Form, Frist. Für die Form der Mitteilung gilt **§ 126 BGB** (Rolfs in: Stau- **22** dinger § 575 BGB Rdn. 44; Palandt/Weidenkaff § 575 BGB Rdn. 9; Lammel § 575 BGB Rdn. 47; Hannappel in: Bamberger/Roth § 575 BGB Rdn. 17; Häublein in: MünchKomm § 575 BGB Rdn. 26; Lützenkirchen in: Lützenkirchen, Mietrecht § 575 Rdn. 71; Hinz in: Klein-Blenkers/Heinemann/Ring, Miete/WEG/Nachbarschaft § 575 BGB Rdn. 19). Wesentlich ist, dass das **Befristungsinteresse** in vollem Umfang **schriftlich mitgeteilt** wird. So genügt es beispielsweise nicht, wenn der Vermieter schriftlich mitteilt, dass er das Gebäude nach Ablauf der Mietzeit sanieren wolle und dem Mieter die Einzelheiten der Sanierung mündlich erläutert (AG Freiburg WuM 1992, 193). Die Mitteilung ist eine Rechtshandlung, für die die Grundsätze der einseitigen empfangsbedürftigen Willenserklärung entsprechend gelten. Die Mitteilung wird deshalb nur dann wirksam, wenn sie **spätestens bei Vertragsschluss** dem Mieter zugegangen ist. Daraus folgt zum einen, dass die bloße Kenntnis des Mieters vom Befristungsinteresse unerheblich ist. Zum anderen gilt, dass die Erklärung über das Befristungsinteresse nicht Vertragsbestandteil werden muss. Die Regelung des **§ 550 BGB** bleibt allerdings unberührt. Hat der Zeitmietvertrag eine **längere Laufzeit als ein Jahr,** so muss sich das Befristungsinteresse aus der schriftlichen Vertragsurkunde ergeben (Häublein in: MünchKomm § 575 BGB Rdn. 26; Hinz in: Klein-Blenkers/Heinemann/Ring, Miete/WEG/

§ 575 BGB Untertitel 2. Mietverhältnisse über Wohnraum

Nachbarschaft § 575 BGB Rdn. 19). Andernfalls ist das Mietverhältnis zum Ablauf des ersten Jahres nach der Überlassung von beiden Seiten kündbar (§ 550 BGB). Diese Rechtsfolge ergibt sich aus dem Zweck des § 550 BGB, weil der Erwerber in die Befristung eintritt (§ 566 BGB). Aus diesem Grunde müssen sich die Voraussetzungen der Wirksamkeit der Befristung – zu denen auch die Mitteilung des Befristungsinteresses beim Vertragsschluss gehört – aus der Vertragsurkunde ergeben.

23 Eine mündliche Mitteilung des Vermieters genügt in keinem Fall. Gleiches gilt für eine schriftliche Mitteilung, die erst nach Vertragsschluss dem Mieter zugeht. Grundsätzlich ist es unzureichend, wenn sich der Befristungsgrund aus einer Vorkorrespondenz ergibt. Der Mieter ist nicht gehalten, die Vorstellungen des Vermieters zu ergründen (Kandelhard in: Herrlein/Kandelhard § 575 BGB Rdn. 18). Haben die Parteien einen mündlichen Mietvertrag abgeschlossen und eine schriftliche Beurkundung lediglich zu Beweiszwecken vereinbart, so ist die in der Vertragsurkunde enthaltene Befristung verspätet.

24 **bb) Inhalt.** Der Vermieter muss **wahrheitsgemäße Angaben** machen. Eine Verletzung dieser Verpflichtung führt zur Unwirksamkeit der Befristung und – ebenso wie die Angabe unzutreffender Gründe bei der Kündigung – zu Schadensersatzansprüchen des Mieters.

25 Das **Befristungsinteresse muss so genau umschrieben werden,** dass es von anderen Interessen unterschieden werden kann (LG Stuttgart WuM 1994, 690; LG Hamburg ZMR 1992, 505; LG Berlin GE 1990, 1037). Schlagworte („wegen Eigenbedarfs") oder allgemein gehaltene Formulierungen wie „Das Mietverhältnis ist ein Zeitmietvertrag im Sinne von § 575 BGB" genügen deshalb in keinem Fall. Eine Wiederholung des Gesetzestextes ist nur dann ausreichend, wenn mitgeteilt wird, dass der Vermieter „die Räume als Wohnung für sich nutzen will" oder wenn der Vermieter erklärt, dass er die Räume nach Ablauf der Mietzeit „einem Arbeitnehmer" überlassen möchte. In diesen beiden Fällen steht zweifelsfrei fest, dass ein vom Gesetz anerkanntes Befristungsinteresse vorliegt. In den meisten anderen Fällen genügt die Wiedergabe des Gesetzestextes nicht.

26 Erfolgt die Befristung im Hinblick auf eine **künftige Eigennutzung,** so muss der Vermieter sein Verwandtschaftsverhältnis zu dem zukünftigen Bewohner so bezeichnen, dass der Mieter erkennen kann, ob die benannte Person zu der in Abs. 1 Nr. 1 genannten Gruppe gehört. Eine Namensnennung ist nicht erforderlich. (Rolfs in: Staudinger § 575 BGB Rdn. 38; Häublein in: MünchKomm § 575 BGB Rdn. 27; Hannappel in: Bamberger/Roth § 575 BGB Rdn. 18; Lammel § 575 BGB Rdn. 52; Haug in: Emmerich/Sonnenschein § 575 BGB Rdn. 20; Kandelhard in: Herrlein/Kandelhard § 575 BGB Rdn. 20). Es reicht aus, wenn der Vermieter mitteilt, dass er die Wohnung „seinem Sohn" oder „dem ältesten Sohn" oder „einem seiner Kinder" überlassen will. Die Formulierung, dass die Wohnung „für Angehörige" benötigt wird, genügt nicht, weil dadurch die Person des Nutzungsberechtigten nicht hinreichend konkretisiert wird; insbesondere kann der Mieter nicht erkennen, ob der Angehörige zu dem privilegierten Personenkreis gehört (ebenso LG München I WuM 1994, 543; LG Berlin MM 1992, 356; Sternel Mietrecht Aktuell Rdn X 132). Wegen der Möglichkeit einer alternativen Verwendung reicht es aber aus, wenn der Vermieter mitteilt, dass die Wohnung „einem der Kinder" überlassen werden soll (Fleindl in: Bub/Treier Kap IV Rdn. 500). Wird lediglich der Name des zukünftigen Bewohners mitgeteilt, so genügt dies nur dann, wenn der Mieter die verwandtschaftlichen Beziehungen dieser Person zum Vermieter kennt.

Soll die Befristung im Hinblick auf eine **beabsichtigte Modernisierung** erfol- 27
gen, so genügt die Wiedergabe des Gesetzestextes nur dann, wenn der Vermieter
„die **Räume beseitigen** ... will". Diese Formulierung ist eindeutig. Zwar kann
eine Beseitigung sowohl in der Form des Abbruchs als auch in der Form des völligen Umbaus vorgenommen werden. Im Ergebnis spielt dies aber keine Rolle,
weil beide Formen die Befristung rechtfertigen. Es ist nicht erforderlich, dass der
genaue Zeitpunkt des Abrisses angegeben wird (BGH NJW 2007, 2177 = NZM
2007, 439 = WuM 2007, 319). Anders ist es bei dem Begriff „**wesentlich verändern**" und bei dem Begriff „**wesentlich instandsetzen**". Diese Maßnahmen
können eine Befristung nur rechtfertigen, wenn sie so umfassend sind, dass dadurch
eine Fortsetzung des Mietverhältnisses „erheblich erschwert" würde. Diese Tatbestandsvoraussetzung kann der Mieter nur überprüfen, wenn ihm konkrete Informationen vorliegen (LG Hamburg ZMR 1992, 505; WuM 1992, 375; LG Berlin
MM 1991, 129; Hannemann in: Hannemann/Wiegner, MAH Wohnraummietrecht §.44 Rdn. 53). Es ist deshalb sachgerecht, wenn an den Inhalt der Information
im wesentlichen dieselben Anforderungen gestellt werden, wie an die Mitteilung,
die nach der Regelung des § 555b BGB im Rahmen der Modernisierung erforderlich ist (AG Pankow/Weißensee GE 2016, 657).

Bei einer Befristung wegen eines **künftigen Betriebsbedarfs** genügt es, wenn 28
der Vermieter mitteilt, dass er die Räume nach Ablauf der Vertragszeit „einem Arbeitnehmer" überlassen möchte. Die Person des Arbeitnehmers muss nicht namentlich bezeichnet werden. Dies gilt schon deshalb, weil der betreffende Arbeitnehmer
zum Zeitpunkt des Vertragsschlusses noch nicht feststehen muss und i. d. R. auch
nicht feststeht. Eine namentliche Bezeichnung ist aber auch dann nicht erforderlich,
wenn der künftige Wohnungsnutzer beim Vertragsschluss bereits bekannt ist.

Über die mit der Befristung verbundenen **Rechtsfolgen** braucht der Vermieter 29
nicht aufzuklären. Es kommt insoweit auch nicht darauf an, ob der Mieter von den
weitreichenden Rechtsfolgen des § 575 Kenntnis hatte.

2. Fehlerhafte Zeitmietverträge (Abs. 1 Satz 2)

Sind die unter Rdn. 5 ff dargelegten Voraussetzungen nicht gegeben, so gilt das 30
Mietverhältnis als auf unbestimmte Zeit abgeschlossen (§ 575 Abs. 1 Satz 2
BGB). Ein solches Mietverhältnis kann von beiden Parteien unter Beachtung der
§§ 573 ff BGB im Wege der ordentlichen Kündigung beendet werden.

Dies führt zu der Frage, ob an die Stelle der unwirksamen Befristung eine wirk- 31
same Kündigungsausschlussvereinbarung tritt. Nach der **Rechtsprechung des
BGH** kommt es darauf an, ob infolge des Wegfalls der Regelung über die Mietzeit
eine **planwidrige Vertragslücke** entstanden ist. Diese Lücke sei im Wege der ergänzenden Vertragsauslegung dahingehend zu schließen, „dass an die Stelle der unwirksamen Befristung ein beiderseitiger Kündigungsverzicht in der Weise tritt, dass
eine Kündigung frühestens zum Ablauf der vereinbarten Mietzeit (beziehungsweise
bei Ausübung der Option zum Ablauf des entsprechenden zusätzlichen Zeitraums)
möglich ist" (BGH NJW 2013, 2820 unter Rz. 16 mit Anmerkung Hinz ZMR
2014, 179; BGH NZM 2014, 235 unter Rz. 10f). Nach der hier vertretenen Ansicht kann eine unwirksame Befristung in einen beiderseitigen **Verzicht auf die
ordentliche Kündigung umgedeutet** werden. Ein Kündigungsverzicht ist anzunehmen, wenn die Interessenbewertung ergibt, dass sich die Parteien für eine gewisse Zeit an den Vertrag binden wollten (LG Fulda ZMR 2016, 203; eine solche
Auslegung kommt beispielsweise in Betracht, wenn die Parteien nach dem

31.8.2001 – in Unkenntnis der Rechtslage – einen einfachen befristeten Mietvertrag abgeschlossen haben). Haben die Parteien dagegen aufgrund konkreter Interessen des Vermieters einen Zeitmietvertrag nach § 575 Abs. 1 Satz 1 BGB schließen wollen und ist dies nicht gelungen, weil die materiellen oder formellen Voraussetzungen dieser Vorschrift nicht beachtet worden sind, so ist eine Umdeutung ausgeschlossen. Das Mietverhältnis gilt dann als auf unbestimmte Zeit geschlossen (vgl. dazu: BGH a. a. O.; LG Berlin ZMR 2012, 274; Derleder NZM 2001, 649, 653; Blank ZMR 2002, 797, 802; Hinz WuM 2004, 126, 129; ZMR 2014, 179, 182; Gellwitzki WuM 2004, 575, 577).

3. Auskunftsanspruch des Mieters/Informationspflicht (Mitteilungspflicht) des Vermieters (Abs. 2)

32 Der Mieter kann vom Vermieter frühestens vier Monate vor Ablauf der Befristung verlangen, dass dieser ihm binnen eines Monats mitteilt, ob der Befristungsgrund noch besteht **(Abs. 2 Satz 1).**

33 **a) Auskunftsanspruch.** Der Auskunftsanspruch kann frühestens **vier Monate vor Ablauf der Befristung** geltend gemacht werden. Fraglich ist, ob ein Auskunftsanspruch bereits vor diesem Zeitpunkt besteht, wenn der Mieter konkrete Anhaltspunkte für den Wegfall des Befristungsinteresses hat. Dies wird teilweise mit der Erwägung bejaht, dass sich das Mietverhältnis nach dem Wegfall des Befristungsgrundes in ein Mietverhältnis auf unbestimmte Zeit umwandle. Der Mieter habe deshalb ein berechtigtes Interesse an der Erteilung einer Auskunft, damit er entsprechend disponieren könne (Kandelhard in: Herrlein/Kandelhard § 575 BGB Rdn. 24). Aus der Regelung in § 575 Abs. 2 Satz 1 BGB kann ein solcher Anspruch nicht abgeleitet werden. Aus allgemeinen Grundsätzen ergibt sich ebenfalls keine Offenbarungspflicht. Zwar besteht eine allgemeine vertragliche Nebenpflicht zur Offenlegung solcher Tatsachen, die für den weiteren Verlauf des Mietverhältnisses von Bedeutung sind. Dem insoweit eindeutigen Wortlaut des § 575 Abs. 2 BGB ist aber zu entnehmen, dass der Vermieter den Wegfall des Befristungsgrundes nur offenbaren muss, wenn der Mieter dies verlangt. Dieses Verlangen kann erst vier Monate vor Vertragsende gestellt werden (im Ergebnis ebenso: Rolfs in: Staudinger § 575 BGB Rdn. 53; Hinz in: Klein-Blenkers/Heinemann/Ring, Miete/WEG/Nachbarschaft § 575 BGB Rdn. 28, 29; Haug in: Emmerich/Sonnenschein §§ 575 Rdn. 27). Der Gesetzgeber hat diese Regelung bewusst getroffen (Begründung des Kabinettsentwurfs, abgedruckt in: Börstinghaus/Eisenschmid, Arbeitskommentar Neues Mietrecht S. 568); die Entscheidung des Gesetzgebers ist zu respektieren.

34 Ein **verfrühtes Auskunftsverlangen** kann in ein Auskunftsersuchen zum zulässigen Termin umgedeutet werden (Haug in: Emmerich/Sonnenschein §§ 575 Rdn. 29; Lützenkirchen in: Lützenkirchen, Mietrecht § 575 Rdn. 96). Voraussetzung ist, dass ein zeitlicher Zusammenhang zum vereinbarten Vertragsende gewahrt ist. Die Monatsfrist für die Informationspflicht beginnt dann vier Monate vor Vertragsende (im Ergebnis ebenso: Lützenkirchen, Neue Mietrechtspraxis Rdn. 409; Häublein in: MünchKomm § 575 BGB Rdn. 29). Der Auskunftsanspruch bedarf keiner besonderen Form. Der Mieter muss beweisen, dass er das Auskunftsverlangen gestellt hat und dass dieses dem Vermieter zugegangen ist.

35 Eine **Ausschlussfrist** für das Auskunftsverlangen ist dem Gesetz nicht zu entnehmen. Aus rechtslogischen Gründen muss das Auskunftsverlangen aber **vor dem Ablauf der Befristung** geltend gemacht werden. Die zum Teil vertretene

Ansicht, dass der Mieter keinen Verlängerungsanspruch habe, wenn er das Auskunftsverlangen nicht geltend mache (Hinz/Ormanschick/Rieke/Scheff, Das neue Mietrecht § 9 Rdn. 8), trifft allerdings nicht zu. Vielmehr besteht der **Verlängerungsanspruch unabhängig vom Auskunftsanspruch** (Lützenkirchen in: Lützenkirchen, Mietrecht § 575 Rdn. 105). Weiß der Mieter, dass der Befristungsgrund entfallen ist, so ist die Geltendmachung des Auskunftsanspruchs entbehrlich; der Mieter kann in diesem Fall (frühestens vier Monate vor Vertragsende, § 575 Abs. 2 Satz 1 BGB analog) die Verlängerung verlangen. Wird bis zum Ablauf der Befristung aber weder ein Auskunftsverlangen noch ein Verlängerungsanspruch geltend gemacht, so wird das Mietverhältnis beendet (§ 542 Abs. 2 BGB; wohl ebenso: Schach in: Kinne/Schach/Bieber Miet- und Mietprozessrecht § 574 BGB Rdn. 4). Nach der Beendigung des Mietverhältnisses ist der Vermieter nicht mehr zur Auskunft verpflichtet. Ebenso ist der Vermieter nicht verpflichtet, den Mieter von sich aus auf die bevorstehende Beendigung des Mietverhältnisses oder den Fortbestand des Befristungsgrundes hinzuweisen. Ohne Auskunfts- und Verlängerungsverlangen endet das Mietverhältnis auch dann zum vereinbarten Zeitpunkt, wenn sich der Eintritt des Befristungsgrundes verzögert. Hieraus folgt, dass der Mieter vor dem Ablauf der Mietzeit aktiv werden muss, wenn er eine Vertragsfortsetzung oder Verlängerung erreichen will. Mit den Bedürfnissen eines effektiven Mieterschutzes steht diese Rechtsfolge nicht im Einklang; eine Korrektur des Gesetzes ist gleichwohl nicht möglich.

Die Regelung des **§ 545 BGB** bleibt unberührt. Das Mietverhältnis wird nach Ablauf der vereinbarten Vertragszeit **auf unbestimmte Zeit verlängert,** wenn der Mieter den Mietgebrauch fortsetzt und keine der Parteien gegenüber dem anderen Teil seinen entgegenstehenden Willen binnen einer Frist von zwei Wochen erklärt (Häublein in: MünchKomm § 575 BGB Rdn. 40; Rolfs in: Staudinger § 575 BGB Rdn. 67). 36

Ist § 545 BGB nicht anwendbar, weil der **Vermieter der Vertragsverlängerung widersprochen** hat, so endet das Mietverhältnis mit der Befristung, wenn der Mieter zuvor keine Fortsetzung verlangt hat. 37

Ist § 545 BGB vertraglich abbedungen und wird das Mietverhältnis über die vereinbarte Vertragszeit hinaus fortgesetzt, so kann der Vermieter aus dem Gesichtspunkt der Verwirkung mit dem Räumungsanspruch ausgeschlossen sein (vgl. OLG Hamm WuM 1981, 257). Der Mieter darf nämlich angemessene Zeit nach dem Ablauf der Befristung darauf vertrauen, dass der Vermieter von dem nach Vertragsablauf entstandenen Herausgabeanspruch keinen Gebrauch machen werde; eine generalisierende, allgemeingültige Aussage über den Beginn des Vertrauensschutzes ist allerdings nicht möglich. 38

b) Informationspflicht (Mitteilungspflicht) des Vermieters. Hat der Mieter vor Ablauf der Vertragszeit das Auskunftsverlangen gestellt, so muss der Vermieter mitteilen, ob der Befristungsgrund noch besteht. 39

Form, Frist. Die Erklärung des Vermieters über das Befristungsinteresse ist keine Willenserklärung, sondern eine Wissenserklärung. Sie bedarf keiner besonderen Form. 40

Die Mitteilung muss dem Mieter binnen eines Monats zugehen. Die Frist beginnt mit dem Zugang des Auskunftsverlangens beim Vermieter. Es handelt sich um eine Schutzfrist zugunsten des Mieters, so dass **§ 193 BGB** nicht gilt. Ein früherer Zugang schadet nicht, jedoch muss die Mitteilung noch in einem zeitlichen Zusammenhang mit dem Vertragsende stehen. 41

42 Im Fall einer verspäteten Mitteilung kann der Mieter eine Verlängerung des Mietverhältnisses um den Zeitraum der Verspätung verlangen (§ 575 Abs. 2 Satz 2 BGB). Dies gilt auch dann, wenn das Auskunftsersuchen rechtzeitig beim Vermieter eingeht, die Mitteilung aber erst unmittelbar vor Ablauf der Befristung oder nach deren Ablauf erfolgt. In dem letztgenannten Fall wirkt der Verlängerungsanspruch zurück, so dass das Mietverhältnis nicht mit der Befristung, sondern erst zu dem in Abs. 2 Satz 2 genannten Zeitpunkt endet.

43 Die Rechtsfolge des **§ 545 BGB** bleibt auch hier unberührt. Wird der Mietgebrauch vom Mieter über den vereinbarten Beendigungszeitraum hinaus fortgesetzt und hat der Vermieter binnen einer Frist von zwei Wochen nach dem vereinbarten Vertragsende weder eine Information nach § 575 Abs. 2 Satz 1 BGB erteilt, noch eine Erklärung nach § 545 BGB abgegeben, so wird das Mietverhältnis auf unbestimmte Zeit verlängert. Ist § 545 BGB vertraglich abbedungen, so gelten die Ausführungen oben Rdn. 38.

44 Inhalt. Für die Erfüllung der Informationspflicht genügt es, wenn der Vermieter auf die beim Vertragsabschluss abgegebene Erklärung Bezug nimmt und zum Ausdruck bringt, dass die dort beschriebene Verwendungsabsicht noch besteht. Dies gilt allerdings nur dann, wenn in der beim Vertragsschluss abgegebenen Erklärung das Befristungsinteresse unverwechselbar und substantiiert dargelegt worden ist. Hat der Vermieter beim Vertragsschluss mehrere Verwendungsabsichten alternativ angegeben, so muss er in der Mitteilung nach Abs. 2 Satz 1 erklären, in welcher Weise er von seiner Wahlmöglichkeit Gebrauch machen will (LG Hamburg WuM 1992, 375 [li. Sp.]). In keinem Fall reicht es aus, wenn der Vermieter lediglich mitteilt, dass die Verlängerung des Mietverhältnisses ablehne (LG Berlin MM 1988 Nr. 6, S. 30). Die Information muss der Wahrheit entsprechen. Bei schuldhaft falscher Information kann der Mieter Schadensersatzansprüche geltend machen, wenn er im Vertrauen auf die Richtigkeit der Beendigungserklärung auszieht und einen Schaden erleidet.

45 Ein **Auswechseln des Befristungsinteresses** ist zulässig, wenn das ursprüngliche und das neue Befristungsinteresse an sich gleichwertig sind, so z. B., wenn die Wohnung einem anderen als den ursprünglich genannten Familienangehörigen überlassen werden soll, oder wenn anstelle des ursprünglich geplanten Abbruchs nunmehr eine grundlegende Instandsetzung beabsichtigt ist (Begründung zum Kabinettsentwurf, abgedruckt bei Börstinghaus/Eisenschmid, Arbeitskommentar Neues Mietrecht S. 568; Lützenkirchen in Lützenkirchen Mietrecht § 575 Rdn. 66; **a. A.** Eisenschmid in: Rips/Eisenschmid, Neues Mietrecht S. 142 und Börstinghaus/ Eisenschmid, Arbeitskommentar Neues Mietrecht S. 560; Hinz in: Klein-Blenkers/ Heinemann/Ring, Miete/WEG/Nachbarschaft § 575 Rdn. 30).

46 Ein **Wechsel zwischen den Befristungsgründen** (z. B. Eigennutzung statt Abriss) ist nicht möglich (Begründung zum Kabinettsentwurf a.a.O.; Hinz a. a. O.; Lützenkirchen in Lützenkirchen Mietrecht § 575 Rdn. 65; Hannemann in: Hannemann/Wiegner, MAH Wohnraummietrecht § 44 Rdn. 36; Hinz/Ormanschick/ Rieke/Scheff, Das neue Mietrecht § 9 Rdn. 7; Kossmann/Meyer-Abich § 82 Rdn. 43).

47 Aus dem **Inhalt der Mitteilung** muss sich weiter ergeben, zu welchem **Zeitpunkt** die Räume beseitigt, modernisiert oder weitervermietet werden sollen. Diese Angabe ist deshalb erforderlich, damit der Mieter erkennen kann, ob er den Fortsetzungsanspruch nach § 575 Abs. 3 BGB geltend machen kann. Sind für die Maßnahme **öffentlich-rechtliche Genehmigungen** erforderlich, so gilt dasselbe wie bei der Kündigung. Soll das Haus abgerissen werden und besteht in der Gemeinde ein Zweckentfremdungsverbot, so kann der Vermieter nur dann die Herausgabe zum vertraglich vereinbarten Zeitpunkt verlangen, wenn für den Abriss eine Zweckentfremdungsgenehmigung erteilt ist und dieser Umstand in der Mitteilung erwähnt wird (vgl. für die Kündigung: OLG Hamburg RE 25.3.1981 WuM 1981, 155; LG Berlin ZMR 1991, 346). Die Planung muss ein Stadium erreicht haben, in dem beurteilt werden kann, ob die Verwirklichung des Plans eine Vertragsbeendigung zum vereinbarten Zeitpunkt rechtfertigt. Dies muss anhand der konkreten Umstände des Einzelfalls festgestellt werden. Gegebenenfalls kann der Mieter eine Verlängerung nach Abs. 3 verlangen.

Ist die **Information inhaltlich unzureichend,** so kann der Mieter eine Verlängerung des Mietverhältnisses auf unbestimmte Zeit verlangen (§ 575 Abs. 3 Satz 2 BGB analog). Der Vermieter kann die Mitteilung ergänzen. Geht dem Mieter die Ergänzung nach Ablauf der in Abs. 2 Satz 1 bestimmten Monatsfrist zu, so kann der Mieter eine Verlängerung des Mietverhältnisses um den Zeitraum der Verspätung verlangen (575 Abs. 2 Satz 2 BGB). 48

Erteilt der Vermieter **keine Information,** so ist ebenfalls § 575 Abs. 3 Satz 2 BGB analog anzuwenden. Der Mieter kann die Verlängerung des Mietverhältnisses auf unbestimmte Zeit verlangen (Lammel Wohnraummietrecht § 575 BGB Rdn. 58). Der Vermieter kann die Information nachholen. Geht dem Mieter die Mitteilung nach Ablauf der in Abs. 2 Satz 1 bestimmten Monatsfrist zu, so kann der Mieter eine Verlängerung des Mietverhältnisses um den Zeitraum der Verspätung verlangen (575 Abs. 2 Satz 2 BGB). Wird die Information erst längere Zeit nach dem vereinbarten Vertragsende erteilt, so kann sich aus § 242 BGB ergeben, dass der Herausgabeanspruch verwirkt ist. 49

4. Verlängerungsanspruch des Mieters (Abs. 3)

Tritt der Grund der Befristung erst später ein, so kann der Mieter eine Verlängerung des Mietverhältnisses um einen entsprechenden Zeitraum verlangen (§ 575 Abs. 3 Satz 1 BGB). Ist das Befristungsinteresse weggefallen, so kann der Mieter eine Verlängerung auf unbestimmte Zeit verlangen (§ 575 Abs. 3 Satz 2 BGB). 50

a) Verzögerung und Wegfall des Befristungsgrundes. Im Unterschied zu dem bis 1.9.2001 geltendem Recht spielt es keine Rolle, ob die Verzögerung vom Vermieter verschuldet ist. Die Dauer der Verzögerung ist ebenfalls unerheblich. 51

Der Wegfall des Befristungsgrundes muss dem Mieter erst in der nach § 575 Abs. 2 Satz 1 BGB geforderten Information mitgeteilt werden. Streitig ist, ob der Vermieter darüber hinaus nach **§ 241 Abs. 2 BGB** verpflichtet ist, den Mieter von sich aus über den vorzeitigen Wegfall des Befristungsgrundes zu informieren (Rolfs in: Staudinger § 575 BGB Rdn. 53 und 73; Häublein in: MünchKomm § 575 BGB Rdn. 34; Haug in: Emmerich/Sonnenschein §§ 573 Rdn. 41; Kandelhard in: Herrlein/Kandelhard § 575 BGB Rdn. 30; **a. A.** Lammel Wohnraummietrecht § 575 BGB Rdn. 64). Nach der hier vertretenen Ansicht besteht keine Mitteilungspflicht, wenn der Befristungsgrund bereits während der Vertragszeit entfällt. Zum einen kann der Vermieter in einem solchen Fall möglicherweise ein anderes Befristungsinteresse geltend machen. Zum anderen hat der Gesetzgeber die wechselseitigen Auskunftspflichten und -rechte in Abs. 2 abschließend geregelt. Weitergehende als die in Abs. 2 Satz 1 normierten Hinweispflichten sind dem Vermieter nicht auferlegt. 52

Beweislast: Der Vermieter muss den Eintritt des Befristungsgrundes und die Dauer der Verzögerung beweisen (§ 575 Abs. 3 Satz 3 BGB). 53

§ 575 BGB Untertitel 2. Mietverhältnisse über Wohnraum

54 **b) Verlängerungsanspruch des Mieters.** Wird die Mietsache erst zu einem späteren als dem vertraglich vereinbarten Beendigungszeitpunkt benötigt, so kann der Mieter verlangen, dass das Mietverhältnis um den Zeitraum der Verzögerung verlängert wird. Ist das Befristungsinteresse entfallen, so kann der Mieter eine Verlängerung auf unbestimmte Zeit verlangen (BGH NJW 2007, 2117 = WuM 2007, 319 = NZM 2007, 439); ein Anspruch auf Verlängerung um einen bestimmten Zeitraum ist in diesem Fall ausgeschlossen. In beiden Fällen sind für den Verlängerungsanspruch **keine Gründe** und keine besonderen Interessen des Mieters erforderlich. Es kommt auch nicht darauf an, ob sich die Interessenlage seit dem Vertragsschluss verändert hat. Will der Mieter die Wohnung trotz Wegfall des Befristungsgrundes zurückgeben, so ist er daran nicht gehindert. Will der Mieter nicht sofort, sondern zu einem späteren Zeitpunkt räumen, so muss er – beim Wegfall des Befristungsgrundes – eine Verlängerung auf unbestimmte Zeit verlangen und in der Folgezeit eine ordentliche Kündigung aussprechen. Der Vermieter hat keinen Anspruch auf Verlängerung des Mietverhältnisses.

55 **Rechtsnatur.** Der Verlängerungsanspruch ist als **Angebot des Mieters zum Abschluss eines Verlängerungsvertrages** auf bestimmte oder unbestimmte Zeit anzusehen (Lützenkirchen in Lützenkirchen Mietrecht § 575 Rdn. 116; Hannemann in: Hannemann/Wiegner, MAH Wohnraummietrecht § 44 Rdn. 64; Hinz in: Klein-Blenkers/Heinemann/Ring, Miete/WEG/Nachbarschaft § 575 BGB Rdn. 34; Palandt/Weidenkaff § 575 BGB Rdn. 17; Rolfs in: Staudinger § 575 BGB Rdn. 64; Häublein in: MünchKomm § 575 BGB Rdn. 36; Hannappel in: Bamberger/Roth § 575 BGB Rdn. 32). Das Angebot muss von allen Mietern gegenüber allen Vermietern abgegeben werden. Die Grundsätze über die Bevollmächtigung bleiben unberührt. Der Verlängerungsvertrag kann nur zustande kommen, wenn der Mieter das Verlängerungsangebot abgibt. Das Fortsetzungsverlangen ist deshalb auch dann nicht entbehrlich, wenn der Vermieter eine Fortsetzung von vorneherein endgültig und bestimmt abgelehnt hat (LG Karlsruhe DWW 1990, 178; Lützenkirchen, Neue Mietrechtspraxis, Rdn. 414). Nach anderer Ansicht übt der Mieter mit der Geltendmachung des Fortsetzungsverlangens ein Gestaltungsrecht aus. Die Ausübung des Rechts hat die Wirkung, dass das Mietverhältnis fortgesetzt wird, wenn die materiellrechtlichen Voraussetzungen hierfür vorliegen (Lammel Wohnraummietrecht § 575 BGB Rdn. 69; ähnlich auch Kandelhard in: Herrlein/Kandelhard, Mietrecht § 575 BGB Rdn. 32: „Option zur Verlängerung").

56 **Form, Frist.** Nach der gesetzlichen Regelung bedarf der Verlängerungsanspruch keiner besonderen Form. Er kann also auch mündlich geltend gemacht werden. Es ist allerdings darauf zu achten, dass der Verlängerungsvertrag als solcher in den meisten Fällen formbedürftig ist.

57 Der Verlängerungsanspruch nach § 575 BGB bedarf keiner Begründung. Er ist **bedingungsfeindlich.** Insbesondere hat der Mieter keinen Anspruch, dass die Mietbedingungen abgeändert werden. Eine solche Erklärung kann möglicherweise als Angebot (§ 145 BGB) zum Abschluss eines Fortsetzungsvertrages außerhalb des § 575 BGB gewertet werden.

58 Eine ausdrücklich geregelte **Frist** zur Geltendmachung des Verlängerungsanspruchs besteht nicht. Der Gesetzessystematik kann allerdings entnommen werden, dass der Anspruch in einem zeitlichen Zusammenhang mit der Information des Vermieters über den Fortbestand des Befristungsgrundes nach § 575 Abs. 2 Satz 1 BGB stehen muss. In der Regel kann der Vermieter erwarten, dass der Mieter seinen Verlängerungsanspruch binnen eines Monats nach Zugang der Information geltend macht (§ 575 Abs. 2 Satz 1 BGB analog).

Inhalt. Das Angebot des Mieters zur Vertragsverlängerung muss erkennen lassen, **59** was der Mieter will. Die gesetzlichen Begriffe müssen nicht verwendet werden. Es genügt, wenn der Mieter erklärt, dass er mit der Vertragsbeendigung zum vereinbarten Zeitpunkt nicht einverstanden sei oder dass er nicht räumen könne oder wolle (ebenso: Rolfs in: Staudinger § 575 BGB Rdn. 64; Häublein in: MünchKomm § 575 BGB Rdn. 36). Gleiches gilt, wenn der Mieter über den vereinbarten Beendigungszeitpunkt hinaus wohnen bleibt und gegenüber dem Vermieter zum Ausdruck bringt, dass er die Angaben in der Mitteilung über den Fortbestand des Befristungsgrundes für unzutreffend halte. In diesem Fall ist in der Erklärung des Mieters ein Angebot zur Vertragsverlängerung auf unbestimmte Zeit zu sehen. Es ist allerdings wesentlich, dass der Wunsch nach einer Vertragsverlängerung auf bestimmte oder unbestimmte Zeit hinreichend klar zum Ausdruck kommt. Es genügt nicht, dass der Mieter den Mietgebrauch fortsetzt (**a. A.** Kossmann/Meyer-Abich § 82 Rdn. 33: Hierin könne ein Fortsetzungsverlangen durch konkludente Handlung liegen). Verlangt der Mieter lediglich eine befristete Vertragsfortsetzung, so kann hierin eine Erklärung nach § 575 Abs. 3 Satz 1 BGB, ein Angebot zum Abschluss eines Fortsetzungsvertrages nach § 145 BGB oder ein Antrag auf Gewährung einer Räumungsfrist liegen. Zweifel gehen – wie allgemein – zu Lasten des Erklärenden, also des Mieters (Häublein in: MünchKomm § 575 BGB Rdn. 36). Der Mieter ist auch darlegungs- und beweispflichtig dafür, dass ein wirksames Fortsetzungsverlangen vorliegt.

Steht der Zeitpunkt des Eintritts des Bedarfs zum Zeitpunkt der Geltend- **60** machung des Verlängerungsanspruchs noch nicht mit Sicherheit fest, so kann der Mieter eine Verlängerung bis zum Eintritt des Bedarfs verlangen. Ein Mietverhältnis mit diesem Inhalt ist nicht als Mietvertrag unter einer auflösenden Bedingung, sondern als befristeter Mietvertrag anzusehen.

5. Verlängerung des Mietverhältnisses

a) Vertragliche Einigung. Nimmt der Vermieter das Angebot des Mieters an, **61** so kommt ein Verlängerungsvertrag zustande. Das Mietverhältnis wird dann – je nach dem Inhalt der übereinstimmenden Erklärungen der Parteien – auf bestimmte oder unbestimmte Zeit verlängert.

Bei einer **Verlängerung auf bestimmte Zeit** ist **§ 550 BGB** zu beachten **62** **(Schriftform)**, wenn das Vertragsverhältnis insgesamt länger als 1 Jahr dauern soll. Die Parteien können eine Verlängerung zu geänderten Bedingungen vereinbaren; ein Anspruch auf Änderung der Vertragsbedingungen besteht allerdings nicht. Einigen sich die Parteien lediglich über den Verlängerungszeitraum, so wird das Mietverhältnis zu den bisherigen Bedingungen fortgesetzt. Ein auf bestimmte Zeit fortgesetztes Mietverhältnis kann vor dem Ablauf der vereinbarten Zeit nicht im Wege der ordentlichen Kündigung beendet werden. Beim Ablauf der fortgesetzten Mietdauer kann der Mieter erneut die Ansprüche aus § 575 Abs. 2 und 3 BGB geltend machen.

Wird das **Mietverhältnis auf unbestimmte Zeit fortgesetzt**, so kann es von **63** beiden Parteien gekündigt werden. Für die Kündigung des Vermieters sind Kündigungsgründe i. S. des § 573 BGB erforderlich. Für die Bemessung der Kündigungsfrist bei der Kündigung durch den Vermieter nach § 573c Abs. 1 BGB ist die gesamte Mietzeit maßgeblich. Der Mieter hat die Möglichkeit des Kündigungswiderspruchs nach § 574 BGB. Für die Frage, ob ein die Garantiehaftung des Vermieters begründender ursprünglicher Mangel i. S. von § 536b Abs. 1 BGB vorgelegen hat, kommt es auf den Beginn des Mietverhältnisses an.

64 **b) Dissens.** Können sich die Parteien über die Verlängerung, die Dauer der Verlängerung oder über die Modalitäten der Fortsetzung nicht einigen, so kommt kein Verlängerungsvertrag zustande. Nach allgemeinen Grundsätzen hätte dies zur Folge, dass das Mietverhältnis zu dem vertraglich vereinbarten Zeitpunkt beendet wird. Diese Rechtsfolge stünde mit dem Schutzzweck der §§ 575 Abs. 2 und 3 BGB nicht im Einklang. Dieser Schutzzweck kann nur verwirklicht werden, wenn man davon ausgeht, dass die ursprüngliche Vereinbarung über das Vertragsende durch die Geltendmachung des Verlängerungsanspruchs in einen **Schwebezustand** gerät (anders Lammel Wohnraummietrecht § 575 BGB Rdn. 68 f.: Danach hat das Verlängerungsverlangen rechtsgestaltende Wirkung). Mit der gerichtlichen Entscheidung über den Anspruch des Mieters auf befristete oder unbefristete Vertragsverlängerung wird der Schwebezustand beendet. Kommt es nicht zum gerichtlichen Verfahren, so richtet sich das Ende des Schwebezustands nach allgemeinen Grundsätzen. Insbesondere ist zu prüfen, ob durch die Fortsetzung des Mietgebrauchs durch den Mieter und die Entgegennahme der Miete durch den Vermieter eine Vertragsfortsetzung durch konkludente Handlung zustande gekommen ist (LG Berlin MM 1992, 209; AG Regensburg WuM 1990, 514).

65 **c) Gerichtliches Verfahren.** Der Mieter kann den Anspruch auf Vertragsverlängerung im Wege der **Leistungsklage** (nicht Feststellungsklage) geltend machen. Erhebt der Vermieter Räumungsklage, so kann der Mieter **Widerklage** auf Vertragsverlängerung erheben. Dies ist unstreitig. Dagegen ist umstritten, ob es genügt, wenn der Mieter gegen den vom Vermieter erhobenen Räumungsanspruch lediglich einwendet, dass die Voraussetzungen des § 575 Abs. 3 BGB gegeben sind. Dies ist zu verneinen: die Regelung des § 575 Abs. 3 hat nicht die Vertragsfortsetzung zur Folge, sondern gibt dem Mieter lediglich einen Anspruch hierauf. Dieser Anspruch muss im Wege der **Klage oder Widerklage** geltend gemacht werden, weil eine dem § 308a ZPO entsprechende Regelung fehlt (LG Regensburg WuM 1992, 194; LG Berlin WuM 1986, 340 = ZMR 1986, 442; AG Wuppertal WuM 1994, 534; AG Münster WuM 1988, 364; Rolfs in: Staudinger § 575 BGB Rdn. 80; Fleindl in: Bub/Treier Kap IV Rdn. 505; Sternel Mietrecht Aktuell Rdn X 141; Hannappel in: Bamberger/Roth § 575 BGB Rdn. 40; Häublein in: MünchKomm § 575 BGB Rdn. 39; Palandt/Weidenkaff § 575 BGB Rdn. 22; **a. A.** LG Berlin GE 1996, 127; AG Uelzen WuM 1989, 23 mit zust. Anm. Hinkelmann; AG Ebersberg WuM 1988, 23; Derleder NZM 2001, 649, 657; Lammel § 575 BGB Rdn. 72; Sternel Rdn. IV 296; Franke in: WoBauR § 564c BGB Anm. 10). Dies bedeutet nicht, dass das Gericht der Räumungsklage ohne weiteres stattgeben könnte, wenn die Widerklage nicht erhoben wird. Vielmehr muss das Gericht auf das Erfordernis der Erhebung einer Widerklage hinweisen und sodann über die Begründetheit des Verlängerungsverlangens entscheiden.

66 Hat der **Mieter Klage** auf Fortsetzung des Mietverhältnisses erhoben, so kann der Vermieter den Räumungsanspruch mit der Widerklage geltend machen.

67 Der **Streitwert** für Klage und Widerklage richtet sich in jedem Fall nach dem Wert der Klage. Eine Zusammenrechnung findet nicht statt, weil die beiden Klaggegenstände wirtschaftlich identisch sind (BGH WuM 1994, 705 = ZMR 1995, 17; OLG München JurBüro 1989, 852). Dies gilt sowohl für die Rechtsmittelbeschwer als auch für den Gebührenstreitwert.

Zeitmietvertrag **BGB § 575**

6. Beendigung des Mietverhältnisses

Sind die formellen oder materiellen Voraussetzungen für eine Verlängerung 68
nicht gegeben, so endet das Mietverhältnis zum vereinbarten Zeitpunkt. Die Anwendung der **Sozialklausel (§ 574 BGB)** ist **ausgeschlossen.** Dem Mieter kann auch **keine gerichtliche Räumungsfrist nach §§ 721, 794a ZPO** gewährt werden. Dies gilt auch dann, wenn der Vermieter keine besonderen Interessen an der pünktlichen Rückgabe hat. Eine **Ausnahme** gilt, wenn das Mietverhältnis nicht durch Zeitablauf, sondern durch außerordentliche Kündigung mit gesetzlicher Frist endet. Eine solche Kündigung ist möglich (§ 575a BGB). In diesem Fall ist sowohl § 573 als auch § 574 anwendbar (§ 575a Abs. 1 und 2). Für die außerordentliche Kündigung mit gesetzlicher Frist müssen neben dem jeweiligen Sonderkündigungstatbestands die Voraussetzungen des § 573 BGB oder des 573a BGB vorliegen. Der Mieter kann die Fortsetzung des Mietverhältnisses nach § 574 BGB verlangen, allerdings nur bis zum vertraglich bestimmten Zeitpunkt der Beendigung (§ 575a Abs. 2 BGB). Eine Räumungsfrist kann ebenfalls höchstens bis zum vertraglich bestimmten Zeitpunkt der Beendigung gewährt werden (§ 721 ZPO in der Fassung des Art 3 Nr. 5 und 6 des Mietrechtsreformgesetzes). In besonderen Härtefällen kann der Mieter **Vollstreckungsschutz nach § 765a ZPO** erhalten. Die Vorschrift des **§ 545 BGB** bleibt unberührt. In der Mitteilung über den Fortbestand des Befristungsinteresses vor Vertragsende liegt allerdings regelmäßig zugleich eine Erklärung nach § 545 BGB (Häublein in: MünchKomm § 575 BGB Rdn. 40; Horst ZAP Fach 4 S. 366.)

7. Veräußerung der Mietsache

Wird die Wohnung veräußert, so tritt der Erwerber in das Mietverhältnis ein 69
(§ 566 BGB). An der Befristung des Mietvertrags ändert sich durch den Eigentümerwechsel nichts. Vereinzelt wird allerdings die Ansicht vertreten, dass sich das Mietverhältnis in einem solchen Fall „automatisch analog § 575 Abs. 1 Satz 2 in ein unbefristetes" Mietverhältnis umwandle (Kandelhard in: Herrlein/Kandelhard, Mietrecht § 575 BGB Rdn. 27). Diese Ansicht trifft nicht zu. Eine Verlängerung ist nur möglich, wenn der Mieter dies nach § 575 Abs. 3 BGB verlangt. Dies beruht auf der Erwägung, dass der Mieter ein Interesse am Bestand der Befristungsregelung haben kann; folgerichtig muss es ihm überlassen bleiben, ob er auf die Befristung verzichtet.

Streitig ist, ob der Erwerber das ursprüngliche Befristungsinteresse geltend 70
machen darf. Teilweise wird die Ansicht vertreten, dass mit der Veräußerung jedes Befristungsinteresse verloren geht (Kandelhard in: Herrlein/Kandelhard § 575 BGB Rdn. 27). Nach der hier vertretenen Auffassung kann der Erwerber das Befristungsinteresse nur geltend machen, wenn dieses objektgebunden ist (ebenso: Rolfs in: Staudinger § 575 BGB Rdn. 61; Hinz in: Klein-Blenkers/Heinemann/Ring, Miete/WEG/Nachbarschaft § 575 BGB Rdn. 37; Lammel § 575 BGB Rdn. 24, 25; Häublein in: MünchKomm § 575 BGB Rdn. 35; Haug in: Emmerich/Sonnenschein §§ 575 Rdn. 32; Hannappel in: Bamberger/Roth § 575 BGB Rdn. 38; ähnlich: Franke in: WoBauR § 564c BGB Anm. 16). Hierzu gehört das Befristungsinteresse nach Abs. 1 Nr. 2 (Beseitigung, wesentliche Veränderung, Instandsetzung). Ein personengebundenes Befristungsinteresse kann der Erwerber nicht geltend machen (**a. A.** Lützenkirchen in: Lützenkirchen, Mietrecht § 575 Rdn. 68). Hierzu zählt die Eigennutzungsabsicht (Abs. 1 Nr. 1). Eine Ausnahme gilt, wenn

§ 575 BGB Untertitel 2. Mietverhältnisse über Wohnraum

die Befristung zulässigerweise zugunsten des (familienangehörigen) Erwerbers erfolgt ist (Beispiel: Vermieter veräußert die Wohnung an seinen Sohn). Der Befristungsgrund des Abs. 1 Nr. 3 (Überlassung an Betriebsangehörige) kann vom Erwerber geltend gemacht werden, wenn dieser seinerseits Arbeitnehmer beschäftigt und die Wohnungen zur Unterbringung dieses Personenkreises verwenden will.

71 Kann das Befristungsinteresse vom Erwerber nicht durchgesetzt werden, so hat der Mieter den Verlängerungsanspruch nach § 575 Abs. 3 Satz 2 BGB. Diesen Anspruch muss der Mieter geltend machen; anderenfalls bleibt das Mietverhältnis befristet mit der weiteren Folge, dass es zum vereinbarten Zeitpunkt endet. Der Erwerber ist nicht verpflichtet, von sich aus auf den Wegfall der Befristung hinzuweisen.

8. Vermieterwechsel durch Gesamtrechtsnachfolge

72 Verstirbt der Vermieter, so wird das Mietverhältnis mit dem Erben fortgesetzt (§ 1922 BGB). Der Gesamtrechtsnachfolger übernimmt das Mietverhältnis unverändert. Er kann deshalb alle im Mietvertrag aufgeführten Verwendungsabsichten verwirklichen (Rolfs in: Staudinger § 575 BGB Rdn. 60; Hinz in: Klein-Blenkers/Heinemann/Ring, Miete/WEG/Nachbarschaft § 575 BGB Rdn. 36). Dies gilt auch dann, wenn die Wohnung nach dem Mietvertrag einer Person überlassen werden soll, die zwar mit dem Erblasser, nicht aber mit dem Erben verwandt ist (**a. A.** Hinz a. a. O.). Ein Auswechseln des künftigen Wohnungsnutzers ist aber ausgeschlossen. Soll die Wohnung nach dem Mietvertrag beispielsweise „einem der Kinder des Vermieters" überlassen werden, so treten an deren Stelle nicht die Kinder des Erben (Rolfs in: Staudinger § 575 BGB Rdn. 60). An einer Überlassung an die Kinder des Erblassers ist der Erbe nicht gehindert. Will der Erbe die Überlassungsabsichten seines Rechtsvorgängers nicht verwirklichen, so besteht keine Besonderheit. Nach der hier vertretenen Ansicht ist der Erbe nicht verpflichtet, den Mieter von sich aus über die veränderte Situation zu unterrichten. Vielmehr ist es Sache des Mieters, den Fortsetzungsanspruch nach § 575 Abs. 3 BGB geltend zu machen.

IV. Abweichende Vereinbarungen (Abs. 4)

1. Unwirksame Vereinbarungen

73 Nach § 575 Abs. 4 BGB sind Vereinbarungen, die zum Nachteil des Mieters von § 575 Abs. 1 bis 3 BGB abweichen, unwirksam. Hierzu zählen:

74 **a) Befristete Mietverhältnisse ohne Befristungsgrund.** Beispiel: „Das Mietverhältnis beginnt am 1.7.2005 und endet am 30.6.2010". Oder: „Das Mietverhältnis wird auf die Dauer von 5 Jahren abgeschlossen".

75 Ein solches Mietverhältnis endet nach dem Vertragswortlaut ohne Kündigung mit dem Ablauf der Vertragszeit. Hier greift die Rechtsfolge des § 575 Abs. 1 Satz 2 BGB. Ein solches Mietverhältnis gilt als auf unbestimmte Zeit abgeschlossen. Möglicherweise kann für die Zeit der Befristung ein Kündigungsausschluss gelten.

76 **b) Befristete Mietverträge, die eine einmalige Verlängerung auf bestimmte Zeit vorsehen.** Beispiel: „Das Mietverhältnis wird für die Dauer von

fünf Jahren abgeschlossen. Es verlängert sich um weitere fünf Jahre, falls es nicht gekündigt wird".

Solche Mietverhältnisse können im Wege der Kündigung zum Zeitpunkt des Ablaufs der ersten Befristung beendet werden. Wird das Mietverhältnis zum Ablauf der Befristung aber nicht gekündigt, so entsteht ein befristetes Mietverhältnis, das nach dem Vertragswortlaut mit dem Ablauf der weiteren Befristung ohne weiteres endet. Aus diesem Grunde gilt die Rechtsfolge des § 575 Abs. 1 Satz 2 von Anfang an. Möglicherweise kann für die Zeit der ersten und der weiteren Befristung ein Kündigungsausschluss gelten. 77

c) **Kettenmietverträge.** Von Kettenmietverträgen spricht man, wenn ein Vermieter immer nur kurzfristige Mietverträge anbietet, wobei dem ersten Mietvertrag ein zweiter, dem zweiten ein dritter usw. folgen soll. Der erste Vertrag der „Kette" endet nach dem Vertragswortlaut durch Zeitablauf. Deshalb gilt bereits der erste Vertrag der Kette auf als unbestimmte Zeit abgeschlossen. Alle weiteren geplanten Verträge der Kette werden gegenstandslos (im Ergebnis ebenso: Lammel Wohnraummietrecht § 575 BGB Rdn. 9). 78

d) **Mietverträge mit Befristung und jeweiliger Verlängerung auf kurze Zeit.** Beispiel: Das Mietverhältnis wird für die Dauer eines Jahres abgeschlossen. Es verlängert sich jeweils um ein weiteres Jahr, falls es nicht gekündigt wird. 79

Ein solches Mietverhältnis kann nur durch Kündigung beendet werden. § 575 Abs. 1 Satz 2 BGB greift nicht. Die Vereinbarung verstößt aber gegen § 573 c Abs. 4 BGB, weil der Kündigungstermin abweichend vom Gesetz geregelt wird (Lammel Wohnraummietrecht § 573 c BGB Rdn. 39). Nach der Vertragsregelung kann – abweichend von der gesetzlichen Regelung – nicht zu jedem beliebigen Termin, sondern nur zu den Terminen gekündigt werden, die dem Vertragsbeginn entsprechen. Der BGH vertritt die Ansicht, dass Klauseln der fraglichen Art in Altmietverträgen (Vertragsschluss vor dem 1.9.2001) weiterhin wirksam sind (BGH WuM 2005, 342 m. Anm. Gellwitzki NZM 2005, 417). Der BGH begründet dies mit der Erwägung, dass auf solche Regelungen gem. Art 229 § 3 Abs. 10 EGBGB das frühere Recht anzuwenden ist. Nach richtiger Ansicht ist Art 229 § 3 Abs. 10 EGBGB aber nicht einschlägig. Die Vorschrift setzt nach ihrem Wortlaut voraus, dass „Kündigungsfristen ... durch Vertrag vereinbart worden sind". Die fragliche Klausel regelt aber nicht die Kündigungsfrist, sondern den Kündigungstermin. Für Regelungen betreffend den Kündigungstermin gibt es keine spezielle Übergangsvorschrift. Vielmehr gilt hierfür Art 229 § 5 Satz 2 EGBGB (Blank NZM 2005, 441; vgl. dazu auch Wiek WuM 2007, 228). 80

e) **Mietverhältnisse unter einer auflösenden Bedingung.** Beispiel: Das Mietverhältnis über die Werkwohnung endet, wenn der Mieter aus dem Betrieb ausscheidet. 81

2. Wirksame Vereinbarungen (Individualvertrag)

Folgende Vertragsgestaltungen sind wirksam (für Formularklauseln s. Rdn. 87 ff): 82

a) **Der zeitlich befristete Kündigungsausschluss.** Er liegt vor, wenn die Parteien vereinbaren, dass die ordentliche befristete Kündigung für eine bestimmte Zeit ausgeschlossen sein soll. Wird vereinbart: *„Die Parteien verzichten bis zum [Datum] auf den Ausspruch einer ordentlichen Kündigung. Das Mietverhältnis kann also erstmals nach Ablauf des [Datum] gekündigt werden."* so ist eine Kündigungserklärung erstmals 83 nach Ablauf der vereinbarten Zeit möglich. Wird dagegen vereinbart: „*Die Parteien verzichten bis zum [Datum] auf eine ordentliche Kündigung. Das Mietverhältnis kann also erstmals zum [Datum] gekündigt werden.*" so ist eine Kündigung möglich, nach der das Mietverhältnis zu dem vereinbarten Datum endet (ebenso AG Dortmund NZM 2010, 863 für die Vereinbarung: „Der Mieter verzichtet für 12 Monate auf sein Kündigungsrecht"). Solche Regelungen sind – unabhängig von der Dauer des Kündigungsausschlusses – uneingeschränkt wirksam (BGH NZM 2004, 216 = WuM 2004, 157 für die Dauer von 5 Jahren; NJW 2011, 59 = WuM 2010, 752 = NZM 2011, 28 unter Rz. 25 für 10-jährigen Kündigungsausschluss; BGH Beschluss vom 8.5.2018 – VIII ZR 200/17 Rdn. 16: dauerhaft). Schranken ergeben sich möglicherweise aus § 138 BGB. Ein solcher Fall kann vorliegen, wenn der Vermieter die Zwangslage des Mieters ausgenutzt hat oder beim Vorliegen sonstiger Umstände, die der Vereinbarung das Gepräge eines sittenwidrigen Rechtsgeschäfts geben (BGH Beschluss vom 8.5.2018 – VIII ZR 200/17 Rdn. 16). Ist die Kündigung des Vermieters für längere Zeit als ein Jahr ausgeschlossen, so bedarf die Vereinbarung der Schriftform (§ 550 BGB, vgl. BGH WuM 2007, 272 = NZM 2007, 399 = NJW 2007, 1742). Nach Ablauf der im Vertrag bestimmten Zeit kann das Mietverhältnis gekündigt werden. Der Schutzzweck des Abs. 1 Satz 2 wird nicht tangiert, weil das Mietverhältnis nicht durch Zeitablauf endet. Zu dieser Gruppe gehören auch solche Mietverträge, für die eine Mindestlaufzeit bestimmt ist. Eine Besonderheit gilt, wenn der **Kündigungsausschluss im Zusammenhang mit** einer **Staffelmiete** vereinbart wird. In diesem Fall kann das Kündigungsrecht des Mieters für höchstens vier Jahre ausgeschlossen werden (§ 557a Abs. 3 BGB). Für die Berechnung der Vier-Jahresfrist kommt es weder auf den Beginn des Mietverhältnisses, noch auf die erste Mieterhöhung, sondern auf den Zeitpunkt an, zu dem die Staffelmiete vereinbart worden ist. Dies gilt auch dann, wenn der Mietvertrag nicht am Monatsersten, sondern während eines Monats abgeschlossen wird (BGH WuM 2006, 385 = NZM 2006, 579). Ist der **Kündigungsausschluss individualvertraglich vereinbart**, so hat ein längerer als der gesetzlich zulässige Kündigungsausschluss nicht zur Folge, dass die gesamte Ausschlussvereinbarung entfällt. Vielmehr bleibt die Vereinbarung in dem gesetzlich zulässigen Umfang – also für die Dauer von vier Jahren – erhalten (BGH WuM 2006, 445 = NZM 2006, 653 = NJW 2006, 2696). Ein **formularvertraglich vereinbarter Kündigungsausschluss** ist dagegen insgesamt unwirksam.

84 **b) Befristete Mietverträge mit Verlängerungsklausel auf unbestimmte Zeit.** Beispiel: „Das Mietverhältnis wird auf fünf Jahre abgeschlossen. Es verlängert sich auf unbestimmte Zeit, wenn es nicht gekündigt wird".

Ein solches Mietverhältnis kann nach dem Wortlaut des Vertrags nur im Wege der Kündigung beendet werden. § 575 Abs. 1 Satz 2 BGB greift nicht (LG Hildesheim ZMR 2017, 46; **a. A.** Gellwitzki WuM 2004, 575: Danach sind befristete Mietverhältnisse mit Verlängerungsklauseln aufzuspalten in einen Zeitmietvertrag einerseits und einen sich daran anschließenden Mietvertrag auf unbestimmte Zeit). Die Befristung hat zur Folge, dass die ordentlich befristete Kündigung während der Dauer der vertraglich bestimmten Zeit ausgeschlossen ist (vgl. BGH NJW 2015, 3780). Dies gilt auch für die Kündigung durch den Mieter. Es gelten die Grundsätze über den befristeten Kündigungsausschluss (s. Rdn. 81; **a. A.** LG Hildesheim ZMR 2017, 46. Wird die Vereinbarung durch **Formularvertrag** getroffen, so darf die Dauer der Befristung die Zeit von vier Jahren nicht überschreiten (BGH NZM 2005, 419). Eine Kündigung des Mieters muss zum Ablauf der Vierjahresfrist möglich sein. Deshalb kann in einem Formularvertrag nicht wirksam vereinbart werden, dass der Mietvertrag zunächst eine Laufzeit von vier Jahren haben soll; in diesem Fall wäre die Kündigung erstmals nach Ablauf von vier Jahren möglich (BGH NZM 2011, 150). Ein Verstoß gegen die Höchstdauer der Bindung führt zur Gesamtunwirksamkeit der Klausel; die Klausel bleibt also nicht mit der zulässigen Vertragsbindung aufrechterhalten.

c) Mietverhältnisse auf Lebenszeit des Mieters. Solche Mietverhältnisse 85 werden zumeist zugunsten eines bereits älteren Mieters begründet. Sie sollen sicherstellen, dass dem Mieter für die restliche Zeit seines Lebens eine (häufig kostengünstige) Wohnung zur Verfügung steht. Ein Mietverhältnis auf Lebenszeit des Mieters ist als befristetes Mietverhältnis zu bewerten (§ 542 BGB Rdn. 185). Ein solches Mietverhältnis endet mit dem Tod des Mieters; der Erbe tritt lediglich in das Abwicklungsschuldverhältnis ein. Deshalb wäre an sich § 575 Abs. 1 Satz 2 BGB anwendbar. Allerdings ist nicht zu verkennen, dass die Mietverhältnisse auf Lebenszeit des Mieters vom Zweck dieser Vorschrift (Schutz des Mieters vor dem Verlust der Wohnung) nicht erfasst werden. Es ist zu vermuten, dass der Gesetzgeber an diese Mietverhältnisse bei der Schaffung des § 575 BGB nicht gedacht hat. Die Vorschrift des § 575 Abs. 1 Satz 2 BGB ist deshalb restriktiv dahingehend auszulegen, dass sie auf Mietverhältnisse auf Lebenszeit des Mieters keine Anwendung findet (im Ergebnis ebenso aber mit anderer Begründung: Streyl in: Schmidt-Futterer § 563 BGB Rdn. 12; Fleindl in: Bub/Treier Kap IV Rdn. 490; Lammel in: Schmidt-Futterer § 544 BGB Rdn. 4; ders. Wohnraummietrecht § 575 BGB Rdn. 8; **a. A.** Hinz in: Klein-Blenkers/Heinemann/Ring, Miete/WEG/Nachbarschaft § 575 BGB Rdn. 64 und NZM 2003, 659, 662; Rolfs in: Staudinger § 575 BGB Rdn. 8; Häublein in: MünchKomm § 574 BGB Rdn. 12; Hannappel in: Bamberger/Roth § 575 BGB Rdn. 6). Den Belangen derjenigen Personen, die mit dem Mieter in der Wohnung als Ehegatte, Lebenspartner, Angehöriger und dergleichen einen gemeinsamen Haushalt geführt haben, muss durch eine entsprechende Anwendung der §§ 563 ff BGB Rechnung getragen werden.

3. Insbesondere: Kündigungsausschlussvereinbarungen (Formularvertrag)

Nach der Rechtsprechung des BGH kann ein Kündigungsausschluss auch durch 86 Formularvertrag vereinbart werden (BGH NJW 2005, 1574 = NZM 2005, 419 = WuM 2005, 346; NJW 2006, 1056 = NZM 2006, 256 = WuM 2006, 97; NZM 2006, 579 = WuM 2006, 385). Dies gilt auch für den preisgebundenen Wohnraum (LG Berlin GE 2010, 1421). Dabei ist jedoch folgendes zu beachten:

a) Kein Ausschluss der außerordentlichen Kündigung. Es darf nur das 87 Recht zur ordentlichen Kündigung ausgeschlossen werden. Eine Vereinbarung, wonach „das Kündigungsrecht" insgesamt ausgeschlossen wird, umfasst nach ihrem Wortlaut auch das Recht des Mieters zur außerordentlichen Kündigung in den Fällen des § 543 Abs. 1 (Vertragsverletzungen des Vermieters); § 543 Abs. 2 Nr. 1 (Mängel der Mietsache); § 569 Abs. 1 (Gesundheitsgefährdung) und § 569 Abs. 2 (Hausfriedensstörung). Der Ausschluss dieser Kündigungsbefugnisse verstößt gegen § 569 Abs. 5 BGB. Er hat zur Folge, dass die gesamte Ausschlussvereinbarung unwirksam ist (Fischer WuM 2004, 123, 125; Hinz WuM 2004, 126, 128; Brock/Lattka NZM 2004, 729, 731; Blank ZMR 2002, 797, 799, 801). Der BGH hat allerdings die Klausel „Das Kündigungsrecht des Mieters ist für vier Jahre seit Abschluss der Staffelmietvereinbarung ausgeschlossen", dahingehend ausgelegt, dass hiervon das Recht zur außerordentlichen Kündigung unberührt bleibt. Zur Begründung ist ausgeführt, die Klausel werde „aus der Sicht eines verständigen, juristisch nicht vorgebildeten Mieters" dahingehend verstanden, dass mit dem Begriff „Kündigungsrecht" nur das Recht zur ordentlichen Kündigung gemeint sei. Dieses Verständnis entspreche auch dem Sprachgebrauch des Gesetzes in § 557a Abs. 3 BGB. Dort ist bestimmt, dass das „Kündigungsrecht des Mieters" beim Abschluss einer Staffelmietvereinbarung für höchstens vier Jahre ausgeschlossen werden kann. Unter dem „Kündigungsrecht" sei zweifelsfrei nur die ordentliche Kündigung zu verstehen (BGH NJW 2006, 1056 = NZM 2006, 256 = WuM 2006, 97; ebenso BGH NJW 2005, 1574 = NZM 2005, 419 = WuM 2005, 346 WuM 2012, 99 m. Anm. Wiek).

88 **b) Schriftform bei langfristigen Verträgen.** Die Kündigungsausschlussvereinbarung muss – falls sie über eine längere Zeit als 1 Jahr gelten soll – schriftlich getroffen werden (§ 550 BGB). Wird der Kündigungsausschluss auf einer gesonderten Urkunde getroffen, so muss diese grundsätzlich fest mit dem Mietvertrag verbunden werden.

89 **c) Überraschende Klausel/unangemessene Benachteiligung.** Eine Klausel kann gegen **§ 305c Abs. 1 BGB** verstoßen, wenn sie in der Vertragsurkunde an ungewöhnlicher oder systematisch unpassender Stelle steht (Häublein ZMR 2004, 252, 254). Ausnahmsweise können die besonderen Umstände des Einzelfalls einen Verstoß gegen **§ 307 Abs. 1 BGB** begründen. Dies wurde von der Rechtsprechung in einem Fall angenommen, in dem der Vermieter bereits im Zeitpunkt des Vertragsschlusses umfangreiche Baumaßnahmen plant, die zu massiven Belästigungen der Bewohner führen. (LG Kiel ZMR 2015, 30) Hier hat die Ausschlussvereinbarung zur Folge, dass der Mieter weder wegen der Belästigungen noch bei einer planwidrigen Verzögerung der Baumaßnahmen kündigen kann, was den Tatbestand des § 307 Abs. 1 BGB erfüllt.

90 **d) Einseitiger Kündigungsausschluss.** Ein Verstoß gegen **§ 307 BGB** kann vorliegen, wenn **Grundsätze der fairen Vertragsgestaltung** verletzt sind. Hiervon ist zum einen dann auszugehen, wenn lediglich das Kündigungsrecht des Mieters ausgeschlossen ist (LG Duisburg NZM 2003, 353; Häublein ZMR 2004, 252, 254; Kandelhard WuM 2004, 129; Hinz WuM 2004, 126, 128; Wiek Mietrecht express Nr. 3/2004 S. 17; vgl. dazu auch BGH WuM 2004, 543: danach ist ein befristeter Mietvertrag mit Verlängerungsklausel jedenfalls dann wirksam, wenn der Kündigungsausschluss für beide Parteien gilt). Eine Vereinbarung, wonach lediglich das Kündigungsrecht des Vermieters ausgeschlossen wird, ist dagegen unproblematisch; eine solche Vereinbarung kann sich nicht zum Nachteil des Mieters auswirken. Etwas anderes gilt, wenn das Vertragsformular vom Mieter ausgewählt wird und dieser als Verwender anzusehen ist (AG Hamburg-Altona ZMR 2010, 535). In diesem Fall verstößt eine Klausel, wonach der (Privat-)Vermieter auf die Eigenbedarfskündigung auf unbestimmte Zeit verzichtet, gegen § 307 Abs. 1, Abs. 2 Nr. 1 BGB, weil die Möglichkeit der Beendigung eines Mietverhältnisses zum Zwecke der Eigennutzung zu den wesentlichen Grundgedanken des Gesetzes zählt (AG Hamburg-Altona ZMR 2010, 535 betr. das Vertragsmuster des DMB). Ist der Vermieter Verwender, so darf die Dauer des Kündigungsausschlusses für den Mieter nicht länger sein als für den Vermieter (Wiek a. a. O.). Die umgekehrte Vertragsgestaltung (längere Vertragsbindung des Vermieters, kürzere des Mieters) ist möglich. Hiervon **abweichend** vertritt der **BGH** die Meinung, dass ein einseitiger (nur für den Mieter geltender) Kündigungsausschluss wirksam ist, wenn er im Zusammenhang mit einer Staffelmiete vereinbart wird. (AG Dortmund WuM 2010, 431, 433 ff; Artz in: MünchKomm § 557a Rdn. 16; J. Emmerich in: Staudinger § 557a BGB Rdn. 20; Ehlert in: Bamberger/Roth § 557a Rdn. 26). Die Regelung des § 557a Abs. 3 Satz 1 BGB setze den einseitigen Kündigungsausschluss voraus (BGH WuM 2006, 97 = NJW 2006, 1056 = NZM 2006, 256; ebenso: AG Schopfheim WuM 2007, 449 m. Anm. Harsch).

e) Kein Ausschluss vorzeitiger Mietaufhebung im Härtefall. Die Möglichkeiten des Mieters, sich in bestimmten **Härtefällen** durch Mietaufhebungsvertrag vom Vertrag zu lösen und das Recht zur Untervermietung der gesamten Wohnung darf nicht ausgeschlossen werden. Es ist nicht erforderlich, dass die Ausschlussklausel die genannten Möglichkeiten erwähnt. Es muss nur möglich sein, dass der Mieter von den gesetzlichen Möglichkeiten der Mietaufhebung und der Untervermietung Gebrauch machen kann. 91

f) Maximale Dauer der Ausschlussvereinbarung. Nach der gesetzlichen Regelung in § 544 BGB sind Mietverträge jedenfalls nach Ablauf von 30 Jahren kündbar. Eine solch lange Bindung kann allerdings nicht durch Formularvertrag vereinbart werden. Nach der Rechtsprechung des BGH ist ein **vierjähriger Kündigungsausschluss** möglich (BGH WuM 2005, 346 = NZM 2005, 419 = NJW 2005, 1547; BGH Beschluss vom 23.8.2016 – VIII ZR 23/16, NZM 2017, 71). Der BGH orientiert sich dabei an der Regelung des § 557a Abs. 3 Satz 1 BGB. Danach kann bei der Vereinbarung einer Staffelmiete das Kündigungsrecht für die Dauer von höchstens 4 Jahren ausgeschlossen werden. Der BGH sieht hierin einen Hinweis, wo nach Auffassung des Gesetzgebers allgemein die zeitliche Grenze eines Kündigungsverzichts des Mieters zu ziehen ist. Wird diese Grenze überschritten, so führt dies wegen des Verbots der geltungserhaltenden Reduktion zur Unwirksamkeit der Ausschlussvereinbarung; der Kündigungsverzicht bleibt also nicht mit der höchstzulässigen Laufzeit von 4 Jahren erhalten. Dies gilt auch, wenn die Ausschlussvereinbarung im Zusammenhang mit einer Staffelmiete vereinbart wird (BGH WuM 2005, 346 = NZM 2005, 419 = NJW 2005, 1547; BGH WuM 2006, 385 = NZM 579). Die zu § 10 Abs. 2 Satz 6 MHG vertretene gegenteilige Rechtsauffassung (BGH WuM 2005, 519) kann nicht auf § 557a Abs. 3 BGB übertragen werden, weil die jeweiligen Vorschriften in diesem Punkt voneinander abweichen (BGH WuM 2005, 346 = NZM 2005, 419 = NJW 2005, 1547). 92

Die Höchstdauer der **Bindung** gilt nicht ausnahmslos, sondern **nur „in der Regel."** Unter „besonderen Umständen" kann etwas anderes gelten (BGH WuM 2005, 346 = NZM 2005, 419 = NJW 2005, 1574). So sind Fälle denkbar, in denen aufgrund besonderer Umstände eine längere als eine vierjährige Bindung angezeigt ist. Ein solcher Fall kann beispielsweise vorliegen, wenn ein Vermieter Neubauwohnungen errichtet und dabei den Mietern weitreichenden Einfluss auf die Ausstattung der Mietobjekte einräumt. Nach einer Entscheidung des AG Hamburg verstößt eine Kündigungsausschlussvereinbarung in einem Mietvertrag über ein möbliertes Zimmer innerhalb der Vermieterwohnung gegen 307 Abs. 2 BGB, weil der Mieter bei dieser Vertragsregelung u. U. für längere Zeit an einem konfliktbelastenden Mietverhältnis festhalten muss (AG Hamburg, Urteil vom 1.9.2006, Az.: 46 C 95/06 m. Anm. Blank WuM 2006, 668). 93

In der Rechtsprechung und Literatur wird teilweise vertreten, dass die 4-jährige Obergrenze auch für **Altverträge** (Vertragsschluss vor dem 1.9.2001) gilt, wenn 94 der Kündigungsausschluss durch Formularvertrag vereinbart wird (AG Gießen WuM 2006, 196; Sternel Mietrecht Aktuell Rdn. X 8). Der BGH teilt diese Ansicht nicht (BGH NJW 2010, 3431 = WuM 2010, 508 = NZM 2010, 693 m. Anm. Blank LMK 2010, 30 96). Danach ist in einem Altvertrag folgende Klausel wirksam: *„Wird das Mietverhältnis nicht auf den als Endtermin vorgesehenen Tag unter Einhaltung der gesetzlichen Kündigungsfrist gekündigt, so verlängert es sich jedes Mal um 5 Jahre".* Die Entscheidung beruht auf der Erwägung, dass der Gesetzgeber die Möglichkeit der Befristung von Mietverträgen erst im Mietrechtsreformgesetz stark eingeschränkt habe um das Interesse des Mieters an „Mobilität und Flexibilität" zu stärken und dass diese Zielsetzung im früheren Recht keine Rolle gespielt habe. Nach dieser Ansicht ist in einem Altvertrag auch ein längerer als ein vierjähriger Kündigungsausschluss möglich. Zu der Maximaldauer einer solchen Regelung hat sich der BGH nicht geäußert. Nach der hier vertretenen Ansicht wird in dem genannten Urteil verkannt, dass auch in Altverträgen ein Bedürfnis nach einer Maximalfrist besteht, weil eine überlange Bindung des Mieters mit den Grundsätzen von Treu und Glauben nicht zu vereinbaren ist.

95   **g) Kündigung zum Ablauf der Ausschlusszeit.** Nach der Regelung in § 557a Abs. 3 BGB kann der Mieter zum Ablauf des vierten Vertragsjahres kündigen. Der Mieter ist also vier Jahre an den Vertrag gebunden. Liegt der Mietbeginn zeitlich nach dem Vertragsschluss, so beginnt die Frist nicht mit dem Mietbeginn, sondern mit dem Abschluss des Mietvertrags. Eine Kündigung des Mieters muss zum Ablauf der Vierjahresfrist möglich sein (Wiek WuM 2010, 405, 407). In einem Formularvertrag kann nicht wirksam vereinbart werden, dass die Kündigung erstmals nach Ablauf von vier Jahren möglich ist (BGH NJW 2011, 597 = WuM 2011, 35 = NZM 2011, 150; WuM 2011, 294; BGH Beschluss vom 23.8.2016 – VIII ZR 23/16 NZM 2017, 71; Wiek WuM 2010, 405, 407; **a. A.** LG Krefeld WuM 2010, 305). Liegt der Vertragsschluss vor dem Mietbeginn, so ist eine Klausel unwirksam nach der die vierjährige Bindung erst ab Beginn des Mietverhältnisses zu rechnen ist (BGH NJW 2011, 597 = WuM 2011, 35 = NZM 2009, 150; Wiek WuM 2010, 405, 407; **a. A.** LG Krefeld WuM 2010, 305). Bei einer kürzeren Vertragsbindung sind solche Regelungen möglich, vorausgesetzt, dass die gesamte Dauer der Vertragsbindung die 4-Jahres-Grenze nicht überschreitet. Unklare Vereinbarungen sind bei der Klauselkontrolle nach der Unklarheitenregel (§ 305c Abs. 2 BGB) zu Lasten des Mieters auszulegen. Ein Verstoß gegen die Höchstdauer der Bindung führt zur Gesamtunwirksamkeit der Klausel; die Klausel bleibt also nicht mit der zulässigen Vertragsbindung aufrechterhalten.

96   **h) Muster einer Ausschlussvereinbarung.** Eine **wirksame Ausschlussvereinbarung** könnte demnach folgenden **Wortlaut** haben:

97   *„Beide Parteien verzichten auf das Recht zur ordentlichen Kündigung für die Dauer von vier Jahren ab Vertragsschluss. Eine ordentliche Kündigung kann frühestens zum Ablauf dieser Zeit erklärt werden. Dabei sind die gesetzlichen Kündigungsfristen einzuhalten. Das Recht beider Parteien zur außerordentlichen Kündigung bleibt unberührt. Der Mieter kann seine vorzeitige Entlassung aus dem Mietverhältnis verlangen, wenn er die Wohnung aus wichtigen persönlichen Gründen aufgeben muss. Der Vermieter ist auch während der Zeit des Kündigungsausschlusses zur Mieterhöhung berechtigt."*

98   **i) Sonderfall: Besonderes Mobilitätsinteresse.** Eine formularvertragliche Kündigungsausschlussvereinbarung ist nicht ausnahmslos, sondern nur in der Regel

wirksam. Bestimmten Personengruppen, insbesondere den Studierenden der Fach- und Hochschulen ist ein besonderes Bedürfnis nach Mobilität zuzubilligen um auf Unwägbarkeiten des Studienverlaufs und ausbildungsbedingte Erfordernisse eines Ortswechsels angemessen reagieren zu können. Das Interesse eines Vermieters an einer Mindestmietzeit fällt demgegenüber nicht ins Gewicht. In einem solchen Fall wird eine Kündigungsausschlussvereinbarung regelmäßig gegen § 307 Abs. 1 BGB verstoßen (BGH NJW 2009, 3506 = WuM 2009, 587 = NZM 2009, 779; AG Saarbrücken WuM 2016, 415 betr. zweijährigen Kündigungsausschluss für Mietverhältnis mit einem Studenten).

§ 575a Außerordentliche Kündigung mit gesetzlicher Frist

(1) **Kann ein Mietverhältnis, das auf bestimmte Zeit eingegangen ist, außerordentlich mit der gesetzlichen Frist gekündigt werden, so gelten mit Ausnahme der Kündigung gegenüber Erben des Mieters nach § 564 die §§ 573 und 573a entsprechend.**

(2) **Die §§ 574 bis 574c gelten entsprechend mit der Maßgabe, dass die Fortsetzung des Mietverhältnisses höchstens bis zum vertraglich bestimmten Zeitpunkt der Beendigung verlangt werden kann.**

(3) **¹Die Kündigung ist spätestens am dritten Werktag eines Kalendermonats zum Ablauf des übernächsten Monats zulässig, bei Wohnraum nach § 549 Abs. 2 Nr. 2 spätestens am Fünfzehnten* eines Monats zum Ablauf dieses Monats (gesetzliche Frist). ²§ 573a Abs. 1 Satz 2 findet keine Anwendung.**

(4) **Eine zum Nachteil des Mieters abweichende Vereinbarung ist unwirksam.**

I. Zweck und Anwendungsbereich

Die Vorschrift ist als Ergänzung zu § 575 BGB zu verstehen. Der Anwendungsbereich ist derselbe wie unter § 575 Rdn. 3 ff dargelegt. Sie gilt ausschließlich für Zeitmietverträge i. S. von § 575 Abs. 1 Satz 1 BGB, die nach dem 31.8.2001 begründet worden sind. Solche Mietverträge können vor Ablauf der Vertragszeit beendet werden, wenn die Voraussetzungen für eine außerordentliche Kündigung mit gesetzlicher Frist gegeben sind. Dies ist den jeweiligen Vorschriften zu entnehmen, die eine entsprechende Beendigungsbefugnis gewähren. 1

II. Kündigungsschutz (Abs. 1)

§ 575a Abs. 1 BGB bestimmt, dass das Recht zur außerordentlichen Kündigung mit gesetzlicher Frist durch den Vermieter nur ausgeübt werden kann, wenn **Kündigungsgründe i. S. von § 573 BGB** gegeben sind oder wenn die Voraussetzungen der erleichterten Kündigung bei Einliegerwohnungen i. S. von § 573a BGB vorliegen. 2

Selbstverständlich müssen auch die dort geregelten **Formalien der Kündigung** hinsichtlich der Kündigungserklärung vorliegen. Dies gilt auch für die Kündigung einer Wohnung i. S. des § 573a BGB. Die Vorschrift dient der Klarstellung, weil 3 sich die Geltung der speziellen Kündigungsschutzvorschriften bereits aus der systematischen Stellung der §§ 573 und 573a BGB im Abschnitt „Mietverhältnisse über Wohnraum" ergibt.

4   Eine Besonderheit gilt für die Kündigung des Vermieters gegenüber dem Erben des verstorbenen Mieters nach § 564 Für diese Kündigung benötigt der Vermieter keine Kündigungsgründe (die zum früheren Recht ergangene Entscheidung des BGH NJW 1997, 1695 ist gegenstandslos). Jedoch kann der Mieter Kündigungswiderspruch erheben. Die Regelung des § 575a Abs. 1 BGB ist unanwendbar, wenn der Erbe nicht nach den §§ 564 Satz 1, 1922 Abs. 1 BGB, sondern nach den §§ 563, 563a BGB Rechtsnachfolger hinsichtlich der Wohnung geworden ist.

III. Anwendung der Sozialklausel (Abs. 2)

5   § 575a Abs. 2 BGB enthält eine Modifikation bei der Anwendung der §§ 574 bis § 574c (Kündigungswiderspruch, Sozialklausel). Die genannten Vorschriften sind zwar anwendbar, jedoch kann das Mietverhältnis höchstens bis zu dem vereinbarten Beendigungstermin fortgesetzt werden. Die Vorschrift gilt nach ihrem Wortlaut auch für den Erben des Mieters, der nicht in den Räumen gewohnt hat und nach § 564 BGB keinen Kündigungsschutz genießt. Allerdings ist kaum ein Fall denkbar, in dem die tatsächlichen Voraussetzungen des § 574 BGB vorliegen werden.

6   Auch eine **Räumungsfrist nach § 721 BGB** kann höchstens bis zum vertraglich bestimmten Zeitpunkt der Beendigung gewährt werden (§ 721 ZPO in der Fassung des Art 3 Nr. 5 und 6 des Mietrechtsreformgesetzes).

IV. Kündigungsfristen/Kündigungstag (Abs. 3)

7   Kündigungstag ist der dritte Werktag des Monats. Wird die Kündigung spätestens zum dritten Werktag erklärt, so endet das Mietverhältnis zum Ablauf des übernächsten Monats. Die gestaffelten Kündigungsfristen des § 573c BGB gelten nicht.

8   Kürzere Fristen gelten für möblierte Wohnräume innerhalb der Vermieterwohnung i. S. v. § 549 Abs. 2 Nr. 2 BGB. Diese Mietverhältnisse können spätestens am fünfzehnten eines Monats zum Ablauf des Monats gekündigt werden.

9   **§ 575a Abs. 3 Satz 2 BGB** bestimmt, dass sich die in Abs. 2 Satz 1 geregelten Kündigungsfristen auch dann nicht verlängern, wenn der Vermieter nach § 573a BGB kündigt (Kündigung von Einliegerwohnungen in einem vom Vermieter selbst bewohnten Gebäude).

V. Abweichende Vereinbarungen

10   Nach § 575a Abs. 4 BGB sind abweichende Vereinbarungen zum Nachteil des Mieters unwirksam.

11   Die Regelung des § 575a Abs. 1 BGB kann nicht abbedungen werden. Zulässig ist es jedoch zu vereinbaren, dass der Erbe des Mieters Kündigungsschutz haben soll.

12   Eine zum Nachteil des Mieters abweichende Vereinbarung liegt vor, wenn vereinbart ist, dass dieser im Falle einer Kündigung (z. B. nach §§ 563a Abs. 2, 564 BGB) längere als die in § 575a Abs. 3 BGB bestimmten Fristen beachten muss. Eine Verkürzung dieser Frist ist möglich.

Außerordentliche Kündigung **BGB § 575a**

Unwirksam ist eine Vereinbarung, wonach der Vermieter mit kürzeren Fristen 13
kündigen kann, als sie in § 575 a Abs. 3 BGB vorgesehen sind. Die Vereinbarung
längerer Fristen für die Vermieterkündigung ist möglich.

Eine Vereinbarung, wonach für **beide Teile kürzere als die gesetzlichen** 14
Fristen gelten sollen, wird überwiegend als teilunwirksam erachtet: für den Mieter
gelten in einem solchen Fall die für ihn günstigen vertraglichen Fristen, während
der Vermieter an die gesetzlichen Fristen gebunden bleibt (BGH NJW 2008, 1661;
OLG Zweibrücken WuM 1990, 8 = ZMR 1990, 106; LG Hannover WuM 1980,
138; LG München I NZM 1998, 153; AG Oberndorf/Neckar WuM 1991, 44;
Lammel Wohnraummietrecht § 573c BGB Rdn. 37; abweichend Rolfs in: Staudinger § 573c BGB Rdn. 56: danach sind Individualvereinbarungen insgesamt unwirksam, während bei Formularklauseln Teilunwirksamkeit eintritt; **a. A.** LG Köln
WuM 1988, 404).

Für eine Vereinbarung, wonach für **beide Teile eine längere als die gesetz-** 15
liche Kündigungsfrist gelten soll, gilt dasselbe (BGH NJW 2008, 1661; Börstinghaus, NJW 2005, 1900, 190; Vielitz in: Hannemann/Wiegner, MAH Wohnraummietrecht § 42 Rdn. 18; Lützenkirchen in Lützenkirchen Mietrecht § 573c
Rdn. 10; Palandt/Weidenkaff § 573c Rdn. 3; Lammel Wohnraummietrecht,
§ 573c Rdn. 38).

Unwirksam ist die **Vereinbarung abweichender Kündigungstage.** 16

Zugunsten des Vermieters können **keine zusätzlichen Kündigungstatbe-** 17
stände vereinbart werden, wohl aber zugunsten des Mieters (z. B. für den Fall des
beruflich bedingten Ortswechsels). Für die Form der Kündigung gilt in diesen Fällen § 568 Abs. 1 BGB. Die **Vereinbarung zusätzlicher Formalien** ist möglich. Ist
vereinbart, dass der Mieter die Kündigung begründen muss, so gilt § 569 Abs. 4
BGB. Muss der Mieter die Kündigungsvoraussetzungen glaubhaft machen, so muss
er spätestens in der Kündigungserklärung nachvollziehbar darlegen, dass der Kündigungstatbestand vorliegt. Diese Darlegungen müssen so detailliert sein, dass der Vermieter die Wirksamkeit der Kündigung beurteilen kann. Wesentlich ist, dass die
Darlegung der Kündigungsgründe zu den Wirksamkeitsvoraussetzungen der Kündigung gehört. Dies hat zur Folge, dass die Kündigung unwirksam ist, wenn der
Mieter den Kündigungstatbestand vor dem Ausspruch der Kündigung nicht oder
nicht ausreichend erläutert (vgl. dazu BGH NZM 2003, 62).

VI. Altverträge (Vertragsschluss vor dem 1.9.2001)

Für solche Mietverträge gilt die Übergangsvorschrift des **Art. 229 § 3 Abs. 3** 18
BGB. Danach gilt: Befristete Altmietverträge können vor Ablauf der Vertragszeit
im Wege der außerordentlichen Kündigung mit gesetzlicher Frist in den vom Gesetz vorgesehenen Fällen beendet werden. Außerdem steht dem Mieter das Sonderkündigungsrecht nach § 570 BGB a. F. (Kündigungsrecht von Beamten und ähnlichen Berufsgruppen im Falle der Versetzung), zu, weil § 570 BGB a. F. für
befristete Altmietverträge weiter gilt (Art 229 § 3 Abs. 3 EGBGB).

Unterkapitel 4. Werkwohnungen

§ 576 Fristen der ordentlichen Kündigung bei Werkmietwohnungen

(1) Ist Wohnraum mit Rücksicht auf das Bestehen eines Dienstverhältnisses vermietet, so kann der Vermieter nach Beendigung des Dienstverhältnisses abweichend von § 573 c Abs. 1 Satz 2 mit folgenden Fristen kündigen:
1. Bei Wohnraum, der dem Mieter weniger als zehn Jahre überlassen war, spätestens am dritten Werktag eines Kalendermonats zum Ablauf des übernächsten Monats, wenn der Wohnraum für einen anderen zur Dienstleistung Verpflichteten benötigt wird;
2. spätestens am dritten Werktag eines Kalendermonats zum Ablauf dieses Monats, wenn das Dienstverhältnis seiner Art nach die Überlassung von Wohnraum erfordert hat, der in unmittelbarer Beziehung oder Nähe zur Arbeitsstätte steht, und der Wohnraum aus dem gleichen Grund für einen anderen zur Dienstleistung Verpflichteten benötigt wird.

(2) Eine zum Nachteil des Mieters abweichende Vereinbarung ist unwirksam.

I. Anwendungsbereich und Zweck

1 Die Vorschrift gilt für die Beendigung von Werkmietwohnungen (zum Begriff s. Vorbemerkung zu §§ 576 bis 576b BGB Rdn. 2ff). Sie gibt dem Vermieter (nicht dem Mieter) ein **Recht zur ordentlichen Kündigung mit verkürzten Fristen**, wenn das Dienstverhältnis beendet ist. Es handelt sich weder um ein außerordentliches Kündigungsrecht noch um ein Recht zur vorzeitigen Kündigung. Deshalb können befristete Mietverhältnisse und Mietverhältnisse mit vereinbartem Ausschluss der ordentlichen befristeten Kündigung während der Laufzeit des Vertrags oder der Dauer des Kündigungsausschlusses nicht nach § 576 BGB gekündigt werden. Die Regelung enthält auch keinen eigenständigen Kündigungsgrund. Deshalb kann der Vermieter das Mietverhältnis trotz der Beendigung des Dienstverhältnisses nur kündigen, wenn der Tatbestand des § 573 BGB vorliegt (Einzelheiten s. dort). Der Zweck der Vorschrift erschöpft sich also in der Verkürzung der Kündigungsfrist.

2 Während der Dauer des Dienstverhältnisses kann die Wohnung unter Beachtung der allgemeinen Kündigungsfristen gekündigt werden (LG Kassel NJW 1971, 2031). Ein **Kündigungsausschluss** muss vertraglich vereinbart werden. Ein stillschweigender, sich aus besonderen Umständen ergebender Kündigungsausschluss ist möglich, so z.B., wenn die Wohnung unter der auflösenden Bedingung der Beendigung des Dienstverhältnisses vermietet worden ist (Hinz in: Dauner-Lieb u.a. Anwaltskommentar § 576 BGB Rdn. 8). Allein das Bestehen des Dienstverhältnisses hindert den Vermieter nicht an der Kündigung des Mietvertrags (Fleindl in: Bub/Treier Kap IV Rdn. 267; Rolfs in: Staudinger § 576 BGB Rdn. 18; Knops in: Herrlein/Kandelhard § 576 BGB Rdn. 13; Buch NZM 2000, 167, 168; Hinz in: Klein-Blenkers/Heinemann/Ring, Miete/WEG/Nachbarschaft Rdn. 9; **a.A.** Burkhardt WuM 1965, 89; Weimar ZMR 1965, 162; WuM 1967, 73; Sternel Rdn. IV 260.). Das Recht zur fristlosen Kündigung wird durch § 575 BGB nicht berührt.

II. Voraussetzungen der Kündigung mit verkürzter Frist

1. Mietverhältnis auf unbestimmte Zeit

Die Vorschrift gilt nur für Mietverhältnisse auf unbestimmte Zeit. Hierunter sind 3 solche Mietverhältnisse zu verstehen, die weder durch Zeitablauf noch beim Eintritt eines bestimmten Ereignisses, sondern durch Kündigung enden. Für die befristeten Mietverhältnisse gelten die allgemeinen Vorschriften (§§ 542 Abs. 2, 575 BGB; s. dort). Eine Vereinbarung, wonach das Mietverhältnis vom Bestand des Dienstverhältnisses abhängig sein soll (z. B. Das Mietverhältnis endet mit dem Arbeitsverhältnis) ist unwirksam.

2. Beendigung des Dienstverhältnisses

Das Dienstverhältnis muss beendet sein. Dies bedeutet: Die Kündigung darf dem 4 Mieter erst zugehen, wenn das Dienstverhältnis beendet ist. Der Umstand, dass der Vermieter den Dienstvertrag bereits gekündigt hat, reicht nicht aus. Auf den Zeitpunkt der tatsächlichen Beendigung (Aufgabe der Arbeit) kommt es ebenfalls nicht an; maßgeblich ist vielmehr, wann das Dienstverhältnis rechtlich wirksam aufgelöst worden ist (Rolfs in: Staudinger § 576 BGB Rdn. 29, 30; Artz in: MünchKomm § 576 BGB Rdn. 8; **a. A.** LG Essen ZMR 1966, 148). Bei einer ordentlichen Kündigung des Dienstverhältnisses kommt es auf den Ablauf der Kündigungsfrist an. Ist über die Beendigung des Dienstverhältnisses ein arbeitsgerichtliches Verfahren anhängig, so muss der Räumungsrechtsstreit bis zur Entscheidung des Arbeitsgerichts ausgesetzt werden (§ 148 ZPO). Teilweise wird die Ansicht vertreten, dass es genügt, wenn das Dienstverhältnis mit dem Zugang der ordentlichen Kündigung über die Wohnung endet (Knops in: Herrlein/Kandelhard § 576 BGB Rdn. 12). Eine solche Situation kann eintreten, wenn das Dienstverhältnis fristlos und die Wohnung unter Beachtung einer Kündigungsfrist gekündigt wird und beide Erklärungen dem Mieter im selben Zeitpunkt zugehen. Diese Ansicht steht mit dem Gesetzeswortlaut nicht im Einklang. Geht die Kündigungserklärung dem Mieter vor Beendigung des Dienstverhältnisses zu, so ist sie allerdings nicht unwirksam (so aber Knops in: Herrlein/Kandelhard § 576 BGB Rdn. 15), vielmehr endet das Mietverhältnis zum nächst zulässigen Termin, also nach Ablauf der allgemeinen Fristen (§ 573c BGB, Rolfs in: Staudinger § 576 BGB Rdn. 32; Artz in: MünchKomm § 576 BGB Rdn. 8; Hannappel in: Bamberger/Roth § 576 BGB Rdn. 13; Krenek in: Spielbauer/Schneider (Hrsg) Mietrecht § 576 BGB Rdn. 22; Lammel § 576 BGB Rdn. 32; Palandt/Weidenkaff § 576 BGB Rdn. 3).

Besteht das **Mietverhältnis mit mehreren Mietern,** so kommt es darauf an, 5 ob beide Mieter Betriebsangehörige sind. In diesem Fall ist § 576 BGB nur anwendbar, wenn das Dienstverhältnis mit beiden Mietern beendet ist. Ist nur einer der Mieter Betriebsangehöriger, so kann das Mietverhältnis bei Beendigung des Dienstverhältnisses gegenüber beiden Mietern nach § 576 BGB beendet werden (Haug in: Emmerich/Sonnenschein § 576 Rdn. 11).

Bei den **Bergarbeiterwohnungen** i. S. des Gesetzes zur Förderung des Berg- 6 arbeiterwohnungsbaus im Kohlenbergbau vom 25.7.1997 (BGBl I S. 1942) ist eine Besonderheit zu beachten. Diese Wohnung gehören zwar ebenfalls zu den Werkmietwohnungen, mit der Folge, dass § 576 BGB anwendbar ist. Sie sind allerdings nicht betriebsgebunden; vielmehr kommt es hier auf die Zugehörigkeit des Mieters

§ 576 BGB — Untertitel 2. Mietverhältnisse über Wohnraum

zum Bergbau an (§ 5). Deshalb ist hier § 576 BGB erst dann anwendbar, wenn der Mieter aus dem Bergbau ausscheidet.

7   Teilweise wird die Ansicht vertreten, dass die Kündigung mit verkürzter Frist **alsbald nach der Beendigung des Dienstvertrags** ausgesprochen werden muss (LG Berlin GE 1993, 1335: ein Abwarten von 7 Monaten sei zu lang; MM 1990, 97; LG Bochum WuM 1992, 438; LG Aachen WuM 1985, 149; Knops in: Herrlein/Kandelhard § 576 BGB Rdn. 15; Sternel Rdn. IV 263). Aus dem Wortlaut der Vorschrift lässt sich diese Einschränkung allerdings nicht herleiten. Auch der Sinn und Zweck der Regelung rechtfertigt die Einschränkung nicht, weil die durch § 576 Abs. 1 Nr. 2 BGB geregelte besondere Situation (Bedarf an der Wohnung aus betrieblichen Gründen) nicht mit dem Ende des Dienstverhältnisses zusammenfallen muss. Entscheidend ist, dass sich am besonderen Charakter der Wohnung als Werkmietwohnung nichts ändert, wenn das Dienstverhältnis beendet ist; folgerichtig müssen auch die für die Werkmietwohnung geltenden Kündigungsprivilegien fortbestehen (wie hier: LG Stuttgart DWW 1991, 112; Sonnenschein NJW 1986, 2731; Rolfs in: Staudinger § 576 BGB Rdn. 40; Lützenkirchen in: Lützenkirchen, Mietrecht § 576 Rdn. 24; Hannappel in: Bamberger/Roth § 576 BGB Rdn. 14; Artz in: MünchKomm § 576 BGB Rdn. 13; Fleindl in: Bub/Treier Kap IV Rdn. 270; Palandt/Weidenkaff § § 576 BGB Rdn. 3).

3. Wahlrecht des Vermieters

8   Der Vermieter hat ein Wahlrecht, ob er mit den allgemeinen oder mit den verkürzten Fristen kündigt (LG Kassel NJW 1971, 2031; Lützenkirchen in: Lützenkirchen, Mietrecht § 576 Rdn. 32). Aus diesem Grunde ist es bei der Kündigung nach § 576 BGB erforderlich, dass sich die kurze Frist aus dem Kündigungsschreiben ergibt (Hinz in: Klein-Blenkers/Heinemann/Ring, Miete/WEG/Nachbarschaft § 576 BGB Rdn. 15; Rolfs in: Staudinger § 576 BGB Rdn. 45; Lützenkirchen in Lützenkirchen Mietrecht § 576 Rdn. 32). Es genügt, wenn der Mieter – etwa durch die Bezugnahme auf die Gesetzesbestimmung – erkennen kann, dass der Vermieter mit der verkürzten Frist des § 576 BGB kündigen will. Eine Kündigung ohne Angabe einer Frist ist als Kündigung nach § 573c BGB zu bewerten. Gleiches gilt, wenn der Vermieter eine Frist wählt, die weder mit § 573c BGB, noch mit § 576 BGB übereinstimmt. Wird mit verkürzter Frist gekündigt, obwohl die Voraussetzungen des § 576 BGB nicht gegeben sind, so wirkt die Kündigung zum nächstzulässigen Termin (insoweit zutr. LG Aachen WuM 1985, 149).

III. Die Kündigungsfristen

9   Die Vorschrift unterscheidet zwischen den ungebundenen und den funktionsgebundenen Werkmietwohnungen.

1. Ungebundene („gewöhnliche") Werkmietwohnungen (Abs. 1 Nr. 1)

10   Hierunter versteht man solche Wohnungen, die ausschließlich oder in erster Linie der Versorgung des Dienstverpflichteten mit Wohnraum dienen, ohne dass eine betriebliche Notwendigkeit zum Bezug gerade dieser Wohnung besteht.

Für Wohnraum, der dem Mieter **weniger als 10 Jahren überlassen** war (zur 11
Berechnung der Überlassungszeit s. § 573c BGB Rdn. 3), gelten – je nach der Intensität des Betriebsbedarfs – zwei Kündigungsfristen:

Der Vermieter kann spätestens zum dritten Werktag eines Kalendermonats für 12
den Ablauf des übernächsten Monats kündigen (für Einzelheiten der Berechnung
s. § 573c BGB Rdn. 3), wenn der Wohnraum für einen anderen zur Dienstleistung
Verpflichteten benötigt wird (**gewöhnlicher Betriebsbedarf**). Für den gewöhnlichen Betriebsbedarf genügt es, wenn sich Betriebsangehörige um eine freiwerdende Werkwohnung beworben haben (Wartelisten) und aus dem Kreis der Bewerber zumindest einer bereit ist, in die gekündigten Räume einzuziehen. Hieran fehlt
es auch dann nicht, wenn dem Bewerber in unmittelbarer Nähe des Arbeitsplatzes
eine preisgünstige Wohnung zur Verfügung steht (**a. A.** AG Witzenhausen WuM
1983, 23). Grundsätzlich gilt, dass den Betriebsangehörigen gegenüber dem ausgeschiedenen Arbeitnehmer der Vorrang gebührt.

Hat der Vermieter **keinen Betriebsbedarf,** so gelten die allgemeinen Kündi- 13
gungsfristen des § 573c BGB. Sie richten sich nach der Dauer des Mietverhältnisses.

Ab zehnjähriger Überlassungsdauer gilt die allgemeine Kündigungsfrist des 14
§ 573c BGB: Das Mietverhältnis wird in Ansehung der Kündigungsfristen kraft Gesetzes vom Dienstverhältnis unabhängig. Der Vermieter kann zum dritten Werktag
eines Kalendermonats zum Ablauf des 9. Monats kündigen. Diese lange Kündigungsfrist ist auch dann zu beachten, wenn ein dringender Betriebsbedarf vorliegt.

2. Funktionsgebundene Werkmietwohnungen (Abs. 1 Nr. 2)

Eine funktionsgebundene Werkmietwohnung liegt vor, wenn zwischen der Ver- 15
mietung der Wohnung und den betrieblichen Erfordernissen eine unmittelbare
räumliche oder sonstige Beziehung besteht. Wesentlich ist, dass die Wohnung
einem bestimmten Kreis von betrieblichen Funktionsträgern vorbehalten ist und
dass diese Zweckbestimmung auch nach dem Ausscheiden des Mieters aus dem
Dienstverhältnis weiter besteht. Typisch hierfür sind die Wohnungen der Hauswarte
(LG Berlin GE 1994, 287: auch wenn der Hausmeister die Tätigkeit nur im Nebenberuf ausübt), der Pförtner und der Angehörigen von Not- oder Bereitschaftsdiensten, die in der Nähe der Betriebsstätte wohnen müssen, um schnell erreichbar zu
sein. Für solche Mietverhältnisse gilt mit Rücksicht auf das überragende Betriebsinteresse eine besonders kurze Kündigungsfrist: Der Vermieter kann spätestens am
3. Werktag eines Monats für den Ablauf dieses Monats kündigen, wenn er die Wohnung für einen anderen Mieter benötigt. Der andere Mieter muss zwar nicht dieselbe Funktion ausüben, wie der bisherige (**a. A.** Franke in: WoBauR § 565c BGB
Anm. 6). Erforderlich ist aber auch hier, dass der neue Mieter zum Kreis der Funktionsträger gehört, für den die Wohnung nach ihrer Lage und Ausstattung bestimmt
ist (Hinz in: Dauner-Lieb u. a. Anwaltskommentar § 574 BGB Rdn. 12). Die Dauer
des bisherigen Mietverhältnisses spielt bei der funktionsgebundenen Werkmietwohnung keine Rolle.

3. Darlegungs- und Beweislast

für das Vorliegen des Betriebsbedarfs, für die Dringlichkeit des Bedarfs und für 16
die Funktionsbindung der Werkmietwohnung ist der Vermieter.

IV. Neue Bundesländer

17 Die hier dargestellte Rechtslage gilt seit dem 3.10.1990 auch in den neuen Bundesländern. Die in dem früher geltenden § 130 Abs. 3 ZGB enthaltene Regelung, wonach es für die Kündigung des Vermieters genügte, dass das Arbeitsverhältnis beendet war, ist mit dem Beitritt gegenstandslos geworden. Klauseln im Mietvertrag, die der früheren Gesetzeslage entsprechen, sind unwirksam, weil sie von dem nunmehr geltenden zwingenden Gesetzesrecht zum Nachteil des Mieters abweichen. Gleiches gilt für eine vertragliche Regelung, wonach beim Tod des Arbeitnehmers der Betrieb darüber zu entscheiden hatte, ob das Mietverhältnis mit den im Haushalt lebenden Familienangehörigen fortzusetzen ist. Diese – der früheren Gesetzeslage (§ 130 Abs. 3 Satz 2 ZGB) nachgebildete – Klausel steht mit §§ 563, 563a BGB nicht im Einklang. Deshalb ist auch insoweit die gesetzliche Regelung maßgebend.

V. Abweichende Vereinbarungen

18 Es gelten die Ausführungen zu § 573c BGB Rdn. 17.

§ 576a Besonderheiten des Widerspruchsrechts bei Werkmietwohnungen

(1) **Bei der Anwendung der §§ 574 bis 574c auf Werkmietwohnungen sind auch die Belange des Dienstberechtigten zu berücksichtigen.**

(2) **Die §§ 574 bis 574c gelten nicht, wenn**
1. **der Vermieter nach § 576 Abs. 1 Nr. 2 gekündigt hat;**
2. **der Mieter das Dienstverhältnis gelöst hat, ohne dass ihm von dem Dienstberechtigten gesetzlich begründeter Anlass dazu gegeben war, oder der Mieter durch sein Verhalten dem Dienstberechtigten gesetzlich begründeten Anlass zur Auflösung des Dienstverhältnisses gegeben hat.**

(3) **Eine zum Nachteil des Mieters abweichende Vereinbarung ist unwirksam.**

I. Zweck

1 Hat der Vermieter eine Werkmietwohnung nach Beendigung des Dienstverhältnisses gekündigt, so kann der Mieter nach § 574 BGB der Kündigung widersprechen und die Fortsetzung des Mietverhältnisses verlangen, wenn besondere Härtegründe vorliegen. Durch § 576a BGB wird bestimmt, dass bei der Entscheidung über die Fortsetzung eines Mietverhältnisses über eine Werkmietwohnung zugunsten des Vermieters einige Besonderheiten zu beachten sind.

II. Berücksichtigung der Belange des Dienstberechtigten (Abs. 1)

Nach § 574 BGB setzt die Vertragsfortsetzung voraus, dass die Vertragsbeendigung für den Mieter eine Härte bedeutet, „die auch unter Würdigung der berechtigten Interessen des Vermieters" nicht zu rechtfertigen ist. Die Vorschrift des § 576a BGB stellt klar, dass bei der Interessenabwägung auch die betriebsbezogenen Belange zu berücksichtigen sind. Dies gilt auch dann, wenn es sich nicht um eigene Belange des Vermieters handelt, wie bei der betriebsfremden Werkmietwohnung. Die Vorschrift gilt für alle ordentlichen Kündigungen, auch wenn kein Fall des § 576 BGB vorliegt oder wenn der Vermieter unter Beachtung der Fristen des § 573c BGB gekündigt hat. Wesentlich ist, dass durch Abs. 1 lediglich die Vorschrift des § 574 Abs. 1 Satz 1 BGB erweitert wird. Alle anderen Bestimmungen der §§ 574, 574a BGB bleiben unberührt. Dies gilt auch für § 574 Abs. 3 BGB: deshalb können die Belange des Dienstberechtigten nur berücksichtigt werden, wenn sie im Kündigungsschreiben angegeben sind. 2

Für das Fortsetzungsverlangen nach Beendigung eines befristeten Mietverhältnisses gelten dieselben Grundsätze. 3

III. Ausschluss der Vertragsfortsetzung bei funktionsgebundener Werkwohnung (Abs. 2 Nr. 1)

Bei der Kündigung eines Mietverhältnisses über eine funktionsgebundene Werkmietwohnung i. S. von § 576 Abs. 1 Nr. 2 BGB ist der Kündigungswiderspruch kraft Gesetzes ausgeschlossen. Der Ausschluss beruht auf dem Vorrang der Vermieterinteressen: das betriebliche Interesse an der bestimmungsgemäßen Verwendung dieser Wohnungen hat hier absoluten Vorrang gegenüber eventuellen Härtegründen des Mieters. Nach dem eindeutigen Wortlaut der Regelung gilt dies aber nur, wenn die Voraussetzungen des § 576 Abs. 1 Nr. 2 BGB gegeben sind und der Vermieter mit den dort genannten Fristen gekündigt hat (Fleindl in: Bub/Treier Kap IV Rdn. 274; Rolfs in: Staudinger § 576a BGB Rdn. 7; Lammel § 576a BGB Rdn. 6). 4

IV. Weitere Ausschlussgründe (Abs. 2 Nr. 2)

Nach § 574 BGB ist der Kündigungswiderspruch ausgeschlossen, wenn der **Mieter** das Mietverhältnis **gekündigt** hat oder wenn ein Grund vorliegt, aus dem der **Vermieter zur Kündigung ohne Einhaltung einer Kündigungsfrist berechtigt** ist. Diese Ausschlüsse beruhen auf der mangelnden Schutzbedürftigkeit oder -würdigkeit des Mieters. Durch § 576a Abs. 2 Nr. 2 BGB werden die Ausschlüsse um zwei Anwendungsfälle erweitert. 5

Der Kündigungswiderspruch ist zum einen auch dann ausgeschlossen, wenn der Mieter das Dienstverhältnis gelöst hat, ohne dass ihm von dem Dienstberechtigten gesetzlich begründeter Anlass gegeben war. Nach dem Wortlaut und dem Zweck der Vorschrift ist es nicht erforderlich, dass der Mieter kündigt. Der Abschluss eines **Aufhebungsvertrages** genügt, wenn er auf Wunsch des Mieters abgeschlossen 6

§ 576a BGB Untertitel 2. Mietverhältnisse über Wohnraum

worden ist (Fleindl in: Bub/Treier Kap IV Rdn. 274; Rolfs in: Staudinger § 576a BGB Rdn. 9; Artz in: MünchKomm § 576a BGB Rdn. 8; Knops in: Herrlein/Kandelhard § 576a BGB Rdn. 7; Lammel § 576a BGB Rdn. 21). Ebenso genügt es, wenn der Dienstvertrag auf Grund einer vom Mieter erklärten **Anfechtung** beendet worden ist.

7 Zum anderen entfällt das Widerspruchsrecht, wenn der Mieter durch sein Verhalten dem Dienstberechtigten gesetzlich begründeten **Anlass zur Auflösung des Dienstverhältnisses** gegeben hat. Hiervon ist auszugehen, wenn der Dienstberechtigte aufgrund eines schuldhaften, rechtswidrigen Verhaltens des Arbeitnehmers einen gesetzlichen oder wichtigen Kündigungsgrund hatte und darin die Ursache für die Auflösung des Dienstverhältnisses lag. Ein wichtiger Grund zur fristlosen Kündigung wird nicht vorausgesetzt. Es genügt, dass die Kündigung des Dienstverhältnisses durch schwerwiegende Gründe im Verhalten des Dienstverpflichteten bedingt war und sie somit nicht zu den sozial ungerechtfertigten unwirksamen Kündigungen i. S. von § 1 Abs. 1 KSchG zählt (Artz in: MünchKomm § 576a BGB Rdn. 9; Rolfs in: Staudinger § 576a BGB Rdn. 15; Hannappel in: Bamberger/Roth § 576a BGB Rdn. 8; Lammel § 576a BGB Rdn. 23; Hinz in: Klein-Blenkers/Heinemann/Ring, Miete/WEG/Nachbarschaft § 576a Rdn. 7; Knops in: Herrlein/Kandelhard § 576a BGB Rdn. 8; Haug in: Emmerich/Sonnenschein §§ 576 bis 576b Rdn. 27). Erhebliche Pflichtverletzungen des Dienstverpflichteten reichen aus. Es ist nicht erforderlich, dass der Dienstberechtigte kündigt. Ein **Mietaufhebungsvertrag** schließt den Widerspruch ebenfalls aus, wenn die Aufhebung des Dienstverhältnisses anstelle der ebenfalls möglichen Kündigung vereinbart wird. Ist die Kündigung des Dienstverhältnisses lediglich durch dringende betriebliche Erfordernisse i. S. des § 1 Abs. 2 KSchG gerechtfertigt, wird das Widerspruchsrecht des Mieters nicht ausgeschlossen. Gleiches gilt, wenn das Dienstverhältnis während der Probezeit wegen fehlender Eignung gekündigt worden ist (OLG Celle WuM 1985, 142 = DWW 1985, 232).

8 In der Regel wird der Ausschlusstatbestand der § 576a Abs. 2 Nr. 2 BGB nur für die Kündigung von Werkmietwohnungen der im § 576 Abs. 1 Nr. 1 BGB genannten Art von Bedeutung sein, weil bei den funktionsgebundenen Werkmietwohnungen ohnehin der Ausschlusstatbestand der Nr. 1 eingreift. Dennoch schließen sich die beiden Ausschlusstatbestände nicht aus, sondern sind nebeneinander anwendbar.

V. Darlegungs- und Beweislast

9 Der Vermieter muss darlegen und beweisen, dass die für ihn günstigen Umstände für den Ausschluss der §§ 574 bis 574c BGB vorliegen.

VI. Abweichende Vereinbarungen (Abs. 3)

10 Die Vorschrift stellt eine Sonderregelung zu § 574 BGB dar; deshalb kann hiervon nicht zum Nachteil des Mieters abgewichen werden (§ 576a Abs. 3 BGB).

§ 576b Entsprechende Geltung des Mietrechts bei Werkdienstwohnungen

(1) Ist Wohnraum im Rahmen eines Dienstverhältnisses überlassen, so gelten für die Beendigung des Rechtsverhältnisses hinsichtlich des Wohnraums die Vorschriften über Mietverhältnisse entsprechend, wenn der zur Dienstleistung Verpflichtete den Wohnraum überwiegend mit Einrichtungsgegenständen ausgestattet hat oder in dem Wohnraum mit seiner Familie oder Personen lebt, mit denen er einen auf Dauer angelegten gemeinsamen Haushalt führt.

(2) Eine zum Nachteil des Mieters abweichende Vereinbarung ist unwirksam.

I. Zweck und Anwendungsbereich

Ist der Wohnraum „im Rahmen eines Dienstverhältnisses" überlassen, so spricht man von einer „Werkdienstwohnung". Rechtsgrund für die Überlassung der Wohnung ist kein Mietvertrag, sondern der Dienstvertrag. Endet dieses Vertragsverhältnis, so muss der Wohnungsnutzer die Räumlichkeiten an den Dienstherrn zurückgeben. Eine Kündigung der Wohnungsnutzung ist nicht erforderlich. Diese Rechtsfolge gilt uneingeschränkt, wenn einem Alleinstehenden eine möblierte Werkdienstwohnung überlassen worden ist. Hat dagegen der Wohnungsnutzer die Werkdienstwohnung ganz oder überwiegend mit Einrichtungsgegenständen ausgestattet oder führt er mit seiner Familie in der Wohnung einen eigenen Hausstand, so bestimmt § 576b BGB, dass für die Beendigung des Rechtsverhältnisses über die Wohnungsnutzung die Vorschriften über Mietverhältnisse entsprechend anzuwenden sind. Die Vorschrift dient also dem Schutz des Wohnungsnutzers. Sie gilt nach ihrem Wortlaut aber auch dann, wenn der Verpflichtete das Rechtsverhältnis über die Wohnung kündigt.

II. Begriff der Werkdienstwohnung

1. Wohnraum

Nach § 576b BGB muss dem zur Dienstleistung Verpflichteten „Wohnraum" überlassen werden. Die Innenbereiche beweglicher Sachen (Wohnwagen, Container, Schiffe) gehören nicht zu den Räumen, wohl aber eine auf Dauer erstellte Baracke, auch wenn sie im Unterschied zu einem herkömmlichen Gebäude relativ einfach demontiert oder abgerissen werden kann.

Wohnraum liegt vor, wenn die Räume dem Nutzungsberechtigten vertragsgemäß zur Befriedigung seiner eigenen Wohnbedürfnisse und/oder der Wohnbedürfnisse seiner Familie dienen sollen. Die Wohnraumeigenschaft hängt allerdings nicht davon ab, dass der jeweilige Bewohner, einen umfassenden Wohngebrauch ausüben kann. Wohnraum liegt auch dann vor, wenn vereinbart ist, dass die Räume nur in eingeschränkten Umfang benutzt oder mitbenutzt werden dürfen. Erforderlich ist lediglich, dass die Räumlichkeiten dem Nutzungsberechtigten nach den übereinstimmenden Vorstellungen der Vertragsparteien als Lebensmittelpunkt dienen sollen. Der Umstand, dass der Nutzungsberechtigte neben der Dienstwohnung noch eine andere Wohnung innehat, spielt für die Einordnung als Wohnraum keine Rolle. Etwas anderes gilt nach dem Schutzzweck des § 576b BGB, wenn sich der Lebensmittelpunkt des Nutzungsberechtigten nicht in der Dienstwohnung, sondern in der anderen Wohnung befindet.

4 Unerheblich ist, ob der Nutzungsberechtigte die geschuldete Dienstleistung in den Wohnräumen oder außerhalb erbringen muss.

2. Dienstverhältnis

5 Der Wohnraum muss im Rahmen eines Dienstverhältnisses überlassen werden. Ein Dienstverhältnis in diesem Sinne liegt vor, wenn zwischen den Vertragsparteien ein (privatrechtlicher) Dienstvertrag i. S. von §§ 611ff BGB besteht. Hierzu gehören insbesondere die Arbeitsverträge mit Arbeitern und Angestellten, die Ausbildungsverträge mit Lehrlingen, Praktikanten, Volontären und dergleichen und die Dienstverträge mit Hausangestellten. Die Dienstverträge mit den Organen juristischer Personen, die i. d. R. auf eine Geschäftsbesorgung gerichtet sind, fallen i. d. R. nicht unter § 576b BGB, weil es an der Weisungsgebundenheit der Tätigkeit fehlt. Für die Dienstwohnungen der Beamten gilt § 576b BGB nicht, weil hier die Überlassung der Wohnung auf öffentlichem Recht beruht. Ebenso ist § 576b BGB unanwendbar, wenn die Dienstleistung als solche nicht auf Grund eines privaten Vertrages, sondern auf Grund öffentlich-rechtlicher Vorschriften (z. B. Wehrersatzdienst) oder anderer Rechtsgrundlage (z. B. Dienste von Ordensangehörigen) erbracht wird.

6 Unerheblich ist es, ob der Dienstvertrag auf Dauer oder befristet abgeschlossen worden ist. Es ist auch nicht erforderlich, dass der zur Dienstleistung Verpflichtete seine gesamte oder den überwiegenden Teil seiner Arbeitskraft zur Verfügung stellen muss. Auch einem Hauswart, der nur für wenige Stunden am Tag tätig wird, kann eine Dienstwohnung überlassen werden.

7 Beim **Betriebsübergang** tritt der Übernehmer in die Rechte aus dem Dienstverhältnis ein. Dies gilt auch hinsichtlich der Rechte und Pflichten aus der Wohnraumüberlassung (ArbG Nürnberg WuM 2013, 239).

3. Rechtsgrund der Überlassung

8 Das Dienstverhältnis muss zugleich Rechtsgrund für die Überlassung der Wohnung sein. Das Gesetz verwendet die unscharfe (und in der Gesetzessprache unübliche) Formulierung „im Rahmen". Damit ist gemeint, dass neben dem Dienstverhältnis kein weiteres selbständiges Vertragsverhältnis über die Wohnungsnutzung, d. h. kein Mietvertrag bestehen darf. Die **Abgrenzung der Werkdienstwohnung zur Werkmietwohnung** ist oft schwierig. Die in einem schriftlichen Vertrag verwendeten Bezeichnungen geben oft einen wichtigen Anhaltspunkt; letztlich gilt aber auch hier das in Wirklichkeit Gewollte (§ 133 BGB). Typisch für die Werkdienstwohnung i. S. von § 576b BGB ist die mit dem Dienstverpflichteten vereinbarte Benutzungspflicht; erforderlich ist dies aber nicht. Häufig werden Werkdienstwohnungen kostenfrei überlassen; es ist aber auch denkbar, dass der Wert der Wohnung bei der Bemessung der Vergütung berücksichtigt wird. Ist vereinbart, dass der Verpflichtete für die Überlassung der Wohnung ein Entgelt bezahlen muss, so liegt i. d. R. ein Mietvertrag vor; der Umstand, dass der Mietzins vom Arbeitsentgelt einbehalten wird, ist von untergeordneter Bedeutung.

III. Rechtsverhältnis während des Dienstverhältnisses

Zur Regelung des Rechtsverhältnisses über eine Werkdienstwohnung gibt es keine gesetzlichen Vorschriften. In den Wohnungsnutzungsverträgen wird deshalb häufig auf die entsprechenden mietrechtlichen Bestimmungen verwiesen. In diesem Fall gelten die mietrechtlichen Vorschriften kraft Vereinbarung. Die Parteien können von den mietrechtlichen Vorschriften abweichen. Dies gilt grundsätzlich auch bezüglich derjenigen Regelungen, die bei der Wohnraummiete zwingend sind. Die Gestaltungsfreiheit wird allerdings durch § 242 BGB und – bei Formularverträgen – durch die §§ 305 ff BGB beschränkt. Insoweit ist zu berücksichtigen, dass der Grundsatz von Treu und Glauben durch die zwingenden Vorschriften des Wohnungsmietrechts konkretisiert wird. **9**

Haben die Parteien über die Wohnungsnutzung keine – oder keine vollständigen – Vereinbarungen getroffen, so ist der Vertrag im Wege der **ergänzenden Auslegung** auszufüllen. Auch hierbei kann auf die Vorschriften des Wohnungsmietrechts zurückgegriffen werden. Die Vorschriften zur Regelung der Miethöhe (§§ 557–561 BGB) sind allerdings unanwendbar (BAG WuM 1993, 353), weil die Preisbildung bei den Dienstwohnungen nach anderen Kriterien erfolgt als bei der Wohnungsmiete (**a. A.** Gaßner AcP 186, 323, 346 ff). **10**

IV. Beendigung des Rechtsverhältnisses hinsichtlich des Wohnraums

Soll das Rechtsverhältnis hinsichtlich des Wohnraums beendet werden, so müssen in bestimmten Fällen die Vorschriften über Mietverhältnisse entsprechend angewendet werden. Diese Rechtsfolge gilt unabhängig vom Bestand des Dienstverhältnisses. Aus diesem Grunde sind die mietrechtlichen Vorschriften auch dann zu beachten, wenn das Wohnungsverhältnis bei bestehendem Dienstverhältnis gekündigt wird. Eine Teilkündigung ist allerdings unwirksam. Die Vorschrift gilt nach ihrem Wortlaut sowohl für die Kündigung durch den Dienstberechtigten als auch für die Kündigung durch den Verpflichteten. **11**

1. Voraussetzungen der Anwendung mietrechtlicher Vorschriften

a) Ausstattung mit Einrichtungsgegenständen durch den Verpflichteten. Die mietrechtlichen Vorschriften sind zum einen dann anwendbar, wenn der zur Dienstleistung Verpflichtete den Wohnraum ganz oder überwiegend mit Einrichtungsgegenständen ausgestattet hat. Zur Konkretisierung dieses Tatbestandsmerkmals kann auf die Rechtsprechung zu § 549 Abs. 2 Nr. 2 BGB zurückgegriffen werden (s. dort). Von einer **überwiegenden Ausstattung** kann ausgegangen werden, wenn der Verpflichtete mehr als die Hälfte der für eine Haushaltsführung erforderlichen Einrichtungsgegenstände gestellt hat (Rolfs in: Staudinger § 576b BGB Rdn. 10; Hannappel in: Bamberger/Roth § 576b BGB Rdn. 7; Knops in: Herrlein/Kandelhard § 576b BGB Rdn. 7; Hinz in: Klein-Blenkers/Heinemann/Ring, Miete/WEG/Nachbarschaft § 576b BGB Rdn. 7; Lützenkirchen in: Lützenkirchen, Mietrecht § 576b Rdn. 27; Krenek in: Spielbauer/Schneider (Hrsg) Mietrecht § 576b Rdn. 16; teilweise **abweichend** Sternel Rdn. III 508: danach muss der Verpflichtete mindestens Bett, Tisch, 2 Stühle, Schrank, Koch- und Waschgelegen- **12**

§ 576b BGB   Untertitel 2. Mietverhältnisse über Wohnraum

heit, Vorhang und Gardinen stellen). Es kommt auf die funktionale Bedeutung, nicht auf den Wert der Gegenstände an (Hannappel in: Bamberger/Roth § 576b BGB Rdn. 7; Hinz a.a.O.; Kinne in: Kinne/Schach/Bieber Miet- und Mietprozessrecht § 576b BGB Rdn. 4; **a. A.** Rolfs in: Staudinger § 576b BGB Rdn. 9; Kossmann/Meyer-Abich § 126 Rdn. 3 danach ist auf die wirtschaftliche Bedeutung abzustellen). Unter den **Einrichtungsgegenständen** versteht man Möbel, Öfen, Beleuchtungskörper, Gardinen, Vorhänge, Teppiche, Betten, Bett- und Tischwäsche, nicht aber Geschirr und sonstigen Hausrat. Ist diese Voraussetzung gegeben, so kommt es nicht darauf an, ob und in welchem Umfang der Verpflichtete weitere Einrichtungsgegenstände in die Wohnung eingebracht hat. Die Einrichtungsgegenstände müssen nicht dem Dienstverpflichteten gehören.

13 Maßgeblich ist nicht, ob der Verpflichtete zur Ausstattung der Räume verpflichtet gewesen ist, sondern ob er sie tatsächlich ausgestattet hat (Rolfs in: Staudinger § 576b BGB Rdn. 10; Kossmann/Meyer-Abich § 126 Rdn. 3; Artz in: MünchKomm § 576b BGB Rdn. 5). Entscheidend sind die Verhältnisse beim Ende des Vertragsverhältnisses.

14 **b) Führen eines eigenen Haushalts.** Zum anderen sind die mietrechtlichen Vorschriften anwendbar, wenn der zur Dienstleistung Verpflichtete mit seiner Familie oder mit sonstigen Personen in den Räumen einen auf Dauer angelegten gemeinsamen eigenen Haushalt führt. Zur Konkretisierung dieses Tatbestandsmerkmals kann ebenfalls auf die Rechtsprechung zu § 549 Abs. 2 Nr. 2 BGB zurückgegriffen werden. Der **Begriff der Familie** richtet sich nach den Bestimmungen des BGB. Hierzu gehören alle durch Ehe oder Verwandtschaft verbundenen Personen. Weiter gehören dazu die Stiefkinder und die Pflegekinder. Auf einen bestimmten Verwandtschaftsgrad ist nicht abzustellen. Zu den „**Personen**" i. S. des § 576b BGB zählen die Angehörigen des Mieters die mit ihm eine **Lebens- und Wirtschaftsgemeinschaft** bilden. Darunter fallen insbesondere die eheähnlichen Gemeinschaften und die gleichgeschlechtlichen Partnerschaften aber auch das Zusammenleben ohne sexuellen Bezug (Geschwister, ältere Menschen). Maßgeblich sind grundsätzlich die **wirklichen Verhältnisse bei Vertragsende**. Im Übrigen kommt es nicht darauf an, ob dem Dienstberechtigten die Familienverhältnisse bekannt sind.

15 Der vom Gesetzgeber gewählte **Begriff des „Haushalts"** ist derselbe wie bei § 563 BGB.

2. Rechtsfolgen

16 **a) Vertragsbeendigung.** Die entsprechende Anwendung des Wohnungsmietrechts gilt zunächst **für die Beendigung,** also für die Kündigung. Daraus folgt, dass das Rechtsverhältnis über die Wohnung unter Beachtung der §§ 549 ff, 568 ff BGB gekündigt werden muss. In der Kündigung des Dienstverhältnisses liegt nicht zugleich eine Kündigung des Rechtsverhältnisses über die Wohnung. Jedoch können beide Kündigungen zur selben Zeit erklärt und in einer Erklärung verbunden werden. Eine isolierte Kündigung der Werkdienstwohnung oder des Dienstvertrages ist als unzulässige Teilkündigung zu bewerten (BAG WuM 1990, 284). Die Kündigung unterliegt nicht dem Mitbestimmungsrecht des Betriebsrats (BAG WuM 1993, 353).

17 Die Kündigung muss **schriftlich** erklärt werden (§ 568 Abs. 1 BGB). Dies gilt für die Kündigung beider Parteien. Für die Kündigung des Dienstberechtigten (des

Arbeitgebers) müssen **Kündigungsgründe** i. S. von § 573 BGB gegeben sein. Diese Kündigungsgründe müssen im Kündigungsschreiben angegeben werden (§ 573 Abs. 3 BGB). Die **Kündigungsfristen** können sich entweder nach § 573c BGB oder nach § 576 BGB richten. Der Verpflichtete kann **Kündigungswiderspruch** nach §§ 574, 574a BGB einlegen. Soweit ein entsprechendes Mietverhältnis von den speziellen Mieterschutzvorschriften ausgenommen ist, gilt dies bei vergleichbarer Sachlage auch für das Rechtsverhältnis über die Werkdienstwohnung. Der Kündigungswiderspruch nach § 574 BGB ist ausgeschlossen, wenn ein Fall des §§ 574 Abs. 1 Satz 2, 576a Abs. 2 BGB vorliegt. Setzt der Verpflichtete den Mietgebrauch fort, so ist § 545 BGB zu beachten.

b) Vorenthaltung. Gibt der Verpflichtete die Werkdienstwohnung zum Kündigungstermin gegen den Willen des Berechtigten nicht zurück, so ist eine Vorenthaltung gegeben. Dem Gesetzestext ist nicht eindeutig zu entnehmen, ob sich der Begriff „Beendigung" in § 576b BGB auch auf das Abwicklungsverhältnis bezieht. Eine solche Interpretation ist aber möglich und vom Zweck der Vorschrift geboten, weil die insoweit bestehende Interessensituation mit der Vorenthaltung der Werkmietwohnung vergleichbar ist. Der Verpflichtete schuldet also für die Zeit der Vorenthaltung einen Betrag in Höhe des für die Überlassung der Dienstwohnung geschuldeten Entgelts (LG Hamburg WuM 1991, 550). Auf Verlangen des Berechtigten muss der Verpflichtete ein Entgelt in Höhe der ortsüblichen Miete für Wohnraum vergleichbarer Art bezahlen (§ 546a Abs. 1 BGB, insoweit **a. A.** LG Hamburg a.a.O.). Auch § 571 BGB ist anwendbar. 18

V. Rechtsverhältnis bei Fortsetzung der Wohnungsnutzung

In § 576b BGB ist nicht geregelt, welche Rechtsfolge gelten soll, wenn zwar das Dienstverhältnis endet, aber das Rechtsverhältnis über die Dienstwohnung fortgesetzt wird. Ein solcher Fall kann eintreten, wenn der Berechtigte keine Kündigung ausspricht oder wenn das Rechtsverhältnis über die Dienstwohnung aus Rechtsgründen nicht beendet werden ist (z. B. bei unwirksamer Kündigung) oder nicht beendet werden kann (z. B. bei fehlendem Kündigungsgrund). Die Vorschriften des Eigentümer-Besitzer-Verhältnisses (§§ 985ff BGB) sind unanwendbar, weil der Wohnungsinhaber ein Recht zum Besitz hat (Rolfs in: Staudinger § 576b BGB Rdn. 17). Aus dem gleichen Grunde scheidet der Rückgriff auf das Bereicherungsrecht (§ 812 BGB) aus (Rolfs a. a. O.; Roquette, § 565e BGB a. F. Rdn. 17). Nach der hier vertretenen Ansicht entsteht ein **gesetzliches Schuldverhältnis**, dessen Inhalt nach § 242 BGB zu bestimmen ist (**ähnlich** Sternel Rdn. IV 269: „verselbständigtes Mietverhältnis"; Kinne in: Kinne/Schach/Bieber Miet- und Mietprozessrecht § 576b BGB Rdn. 8: „Mietverhältnis"; **a. A.** Rolfs in: Staudinger § 576b BGB Rdn. 17; Artz in: MünchKomm § 576b BGB Rdn. 8: Abwicklungsschuldverhältnis). Da der Verpflichtete die Wohnung weiterhin wie ein Mieter nutzen kann, muss er hierfür ein Entgelt bezahlen. Das Entgelt bestimmt sich nicht nach den während der Dienstverpflichtung bestehenden Vereinbarungen, weil der Dienstvertrag nicht mehr besteht. Vielmehr schuldet der Verpflichtete ein **Entgelt entsprechend der ortsüblichen Miete** für vergleichbaren Wohnraum. Die Höhe dieses Entgelts kann der frühere Dienstberechtigte beim Ende des Dienstverhältnisses nach §§ 315, 316 BGB bestimmen; später gelten die Vorschriften über die Miethöhe nach §§ 556ff BGB (Kinne in: Kinne/Schach/Bieber Miet- und Mietprozess- 19 recht § 576 b BGB Rdn. 8; Gaßner AcP 186 (1986) 325, 346; **a. A.** Rolfs in: Staudinger § 576 b BGB Rdn. 18; Artz in: MünchKomm § 576 b BGB Rdn. 8). Ebenso muss der Verpflichtete die sonstigen **üblichen Mieterpflichten** übernehmen. Im Gegenzug hat er Anspruch darauf, wie ein Mieter behandelt zu werden. Bestehen aus dem nachwirkenden Dienstverhältnis spezielle Regelungen für die Wohnungsnutzung (etwa über die Durchführung von Schönheitsreparaturen, über Tierhaltung, etc.) so gelten diese fort. Im Übrigen sind die im Mietverhältnis geltenden Vorschriften über § 242 BGB auch auf die Dienstwohnung anwendbar (BAG WuM 1993, 353, 355 für MHG). Dies gilt auch für § 566 BGB. Zwar handelt es sich dabei um eine Ausnahmevorschrift, die nur ausnahmsweise entsprechend angewendet werden darf (BGH NJW 1989, 2053). Ein derartiger Ausnahmefall ist hier aber gegeben, weil die Ähnlichkeit zur Veräußerung einer Werkmietwohnung – bei der § 566 BGB zweifelsfrei gilt – auf der Hand liegt. In beiden Fällen tritt eine Änderung der dinglichen Rechtszuständigkeit ein und in beiden Fällen befindet sich der Wohnungsnutzer in derselben schutzbedürftigen Situation.

VI. Abweichende Vereinbarungen (Abs. 2)

20 Die Regelung in § 576 b Abs. 2 BGB stellt klar, dass die Vorschrift nicht zum Nachteil des Mieters abbedungen werden kann.

Kapitel 6. Besonderheiten bei der Bildung von Wohnungseigentum an vermieteten Wohnungen

§ 577 Vorkaufsrecht des Mieters

(1) ¹Werden vermietete Wohnräume, an denen nach der Überlassung an den Mieter Wohnungseigentum begründet worden ist oder begründet werden soll, an einen Dritten verkauft, so ist der Mieter zum Vorkauf berechtigt. ²Dies gilt nicht, wenn der Vermieter die Wohnräume an einen Familienangehörigen oder an einen Angehörigen seines Haushalts verkauft. ³Soweit sich nicht aus den nachfolgenden Absätzen etwas anderes ergibt, finden auf das Vorkaufsrecht die Vorschriften über den Vorkauf Anwendung.

(2) Die Mitteilung des Verkäufers oder des Dritten über den Inhalt des Kaufvertrags ist mit einer Unterrichtung des Mieters über sein Vorkaufsrecht zu verbinden.

(3) Die Ausübung des Vorkaufsrechts erfolgt durch schriftliche Erklärung des Mieters gegenüber dem Verkäufer.

(4) Stirbt der Mieter, so geht das Vorkaufsrecht auf diejenigen über, die in das Mietverhältnis nach § 563 Abs. 1 oder 2 eintreten.

(5) Eine zum Nachteil des Mieters abweichende Vereinbarung ist unwirksam.

Übersicht

	Rdn.
I. Zweck der Vorschrift	1
II. Anwendungsbereich	3
1. Zeitlich	3
2. Sachlich	4
III. Voraussetzungen	6
1. Vermietung und Überlassung	6
2. Begründung von Wohnungseigentum	13
a) Die bereits umgewandelte Eigentumswohnung	13
b) Die noch umzuwandelnde Mietwohnung	15
c) Sonstige „Erwerbermodelle"	19
d) Teilung ohne Verkauf	21
e) Vermietung von Teilen einer Eigentumswohnung	21a
3. Der Eintritt des Vorkaufsfalls	22
a) Der Verkauf an beliebige Dritte	22
b) Der Verkauf an Familien- oder Haushaltsangehörige	26
c) Kaufähnliche Verträge	27a
d) Schenkung	27d
4. Der Vorkaufsberechtigte	28
a) der Mieter	28
b) Der Rechtsnachfolger des Mieters (Abs. 4)	33
c) Untermiete (540 BGB)	36
d) Gewerbliche Zwischenvermietung (§ 565 BGB)	39
IV. Die Mitteilungspflicht des Vermieters (Verkäufers)	41
V. Die Ausübung des Vorkaufsrechts (Abs. 3)	50
1. Erklärung gegenüber dem Verkäufer	51

§ 577 BGB Untertitel 2. Mietverhältnisse über Wohnraum

	Rdn.
2. Frist	64
VI. Der Auflassungsanspruch	69
VII. Abweichende Vereinbarungen (Abs. 5)	75
VIII. Prozessuales	83
IX. Analoge Anwendung bei Realteilung eines Grundstücks	85

I. Zweck der Vorschrift

1 Nach § 577 BGB hat der Mieter ein gesetzliches, schuldrechtliches Vorkaufsrecht für den Fall der Veräußerung einer umgewandelten Eigentumswohnung. Soweit in § 577 BGB keine Sonderregelungen enthalten sind, werden die weiteren Einzelheiten durch die §§ 463 ff BGB geregelt; dies wird in § 577 Abs. 1 Satz 3 BGB klargestellt.

2 Nach der Begründung des Bundesratsentwurfs soll die Regelung die Tendenz verstärken, dass ein verkaufsbereiter Vermieter die Eigentumswohnung in erster Linie dem Mieter anbietet. Der Mieter soll in die Lage versetzt werden, „vor der Entscheidung über den Kauf der Wohnung abzuwarten, ob der Vermieter einen anderen Käufer findet und ob dieser gegebenenfalls nur aus Gründen der Kapitalanlage erwerben will, so dass eine Kündigung des Mietverhältnisses nicht zu besorgen ist (BT-Drucks. 12/3254)".

II. Anwendungsbereich

1. Zeitlich

3 Das Vorkaufsrecht gilt nach der Übergangsvorschrift in Art. 6 Abs. 4 des Vierten Mietrechtsänderungsgesetzes für alle Verkaufsfälle, die nach dem 31.8.1993 protokolliert werden. Die Protokollierung ist auch dann maßgeblich, wenn zu diesem Zeitpunkt noch Genehmigungen ausstehen. Auf den Zeitpunkt der Umwandlung kommt es nicht an (Langhein DNotZ 1993, 654; Derleder PiG 49, 169, 175). Ebenso ist unerheblich, wann das Mietverhältnis begründet worden ist.

2. Sachlich

4 Für den öffentlichen geförderten Wohnraum galt früher die vergleichbare Regelung des § 2b WoBindG. Nach der Aufhebung dieser Vorschrift durch das Gesetz zur Reform des Wohnungsbaurechts – WoFG vom 13.9.2001 (BGBl. I S. 2376) gilt § 577 BGB sowohl für öffentliche geförderte als auch für freifinanzierte Wohnungen. Bei Mischräumen kommt es darauf an, wo das Schwergewicht des Vertrages liegt. Ist eine Wohnung mit Garage auf Grund eines einheitlichen Mietvertrags vermietet, so erstreckt sich das Vorkaufsrecht auf Wohnung und Garage. Bestehen dagegen zwei getrennte Mietverträge, so kann das Vorkaufsrecht nur hinsichtlich der Wohnung ausgeübt werden (Brambring ZAP 1993, 995, 996).

5 Für Mietverhältnisse im Sinne von § 549 Abs. 2 Nr. 1–3 und § 549 Abs. 3 ist die Vorschrift unanwendbar.

III. Voraussetzungen

1. Vermietung und Überlassung

Das Vorkaufsrecht besteht für vermietete Wohnräume, die dem Mieter überlassen 6
worden sind. Für die **Überlassung** kommt es darauf an, ob dem Mieter der **Besitz
an der Mietsache** eingeräumt wurde (Dickersbach in: Lützenkirchen, Mietrecht
§ 577 Rdn. 15; Lammel Wohnraummietrecht § 577 BGB Rdn. 13). Es ist nicht
erforderlich, dass der Mieter die Wohnung bereits bezogen hat (Hinz in: Klein-Blenkers/Heinemann/Ring, Miete/WEG/Nachbarschaft § 577 BGB Rdn. 8). Unerheblich ist auch, ob er sie im Zeitpunkt der Umwandlung nutzt (Kandelhard in: Herrlein/Kandelhard § 577 BGB Rdn. 6).

a) Die zeitliche Reihenfolge von Vermietung, Überlassung und Um- 7
wandlung: Das Vorkaufsrecht gilt zunächst für solche Wohnungen, die nach dem
Abschluss des Mietvertrags und Überlassung an den Mieter in eine Eigentumswohnung umgewandelt worden sind. Es ist nicht erforderlich, dass die **Absicht zur
Umwandlung** erst nach der Überlassung gefasst wird. Das Vorkaufsrecht besteht
auch, wenn die Wohnungen von Anfang an als Eigentumswohnungen geplant
wurden und wenn der **Mieter vom Umwandlungsplan des Eigentümers
Kenntnis** hatte (BGH Urteil vom 6.4.2016 – VIII ZR 143/15 NZM 2016, 540
Rdn. 27 m. Anm. Klühs NZM 2016, 812; AG Frankfurt NJW 1995, 1034; Rolfs
in: Staudinger § 577 BGB Rdn. 25a; Häublein in: MünchKomm § 577 BGB
Rdn. 8; Dickersbach in: Lützenkirchen, Mietrecht § 577 BGB Rdn. 18; Kandelhard in:
Herrlein/Kandelhard § 577 BGB Rdn. 7; Palandt-Weidenkaff § 577 Rdn. 3; Schilling/Meyer ZMR 1994, 497, 503). Teilweise wird allerdings die Ansicht vertreten,
dass dem Mieter kein Vorkaufsrecht zusteht, wenn der Vermieter die Absicht zur
Umwandlung bereits vor der Überlassung gefasst hat und der Mieter wusste, dass
der Vermieter Wohnungseigentum begründen will (Langhein DNotZ 1994, 650,
656; Commichau NJW 1995, 1010; ähnlich Wirth NZM 1998, 391: wenn im
Zeitpunkt der Überlassung bereits die Teilungserklärung beurkundet ist und der
Mieter davon Kenntnis hatte; dem folgend: Palandt/Weidenkaff § 577 BGB
Rdn. 3). Nach der hier vertretenen Ansicht lassen sich diese Einschränkungen aus
dem Gesetz nicht ableiten.

b) Bei der chronologischen Abfolge: **Vermietung – Umwandlung – Über-** 8
lassung – hat der Mieter kein Vorkaufsrecht. Aus dem Wortlaut der Vorschrift
folgt, dass es für das Vorkaufsrecht maßgeblich darauf ankommt, ob die Umwandlung nach der Überlassung der Wohnung an den Mieter erfolgt ist. Denn die Präposition „nach" bezieht sich nur auf die Überlassung und nicht auf die Vermietung.
Dies bedeutet zunächst: Der Eigentümer eines Neubaus, der die Errichtung von Eigentumswohnungen plant, kann ohne spätere Rechtsnachteile die Wohnungen zunächst vermieten, wenn er die Mietverträge vor der Überlassung und Teilung abschließt.

c) Die chronologische Abfolge **Überlassung – Umwandlung – Vermietung** 9
liegt in jenen Fällen vor, in denen der Mieter bereits vor der Umwandlung in die
Wohnung einzieht, der Mietvertrag aber erst nach der Umwandlung geschlossen
wird. Bei einer Wortlautinterpretation könnte man die Ansicht vertreten, dass kein
Vorkaufsrecht besteht. Denn die Regelung setzt voraus, dass „vermietete Wohnräume" umgewandelt werden. Nach dieser engen Wortlautinterpretation kommt
es also nicht entscheidend darauf an, dass die Räume bewohnt sind, sondern dass

§ 577 BGB Untertitel 2. Mietverhältnisse über Wohnraum

sie aufgrund eines Mietvertrags bewohnt werden. Es fragt sich aber, ob die Regelung in diesem Sinne verstanden werden kann. Durch die vom Gesetzgeber gewählte Formulierung sollen nämlich andere Sachverhalte geregelt werden. Die hier fragliche Formulierung („vermietete Wohnräume") soll klarstellen, dass das Vorkaufsrecht nicht in jenen Fällen gilt, in denen die Überlassung auf einem anderen Rechtsgrund als der Miete, etwa einer Leihe oder einem dinglichen Wohnrecht beruht. Die Formulierung „nach der Überlassung" soll bewirken, dass das Vorkaufsrecht nicht entsteht, wenn der Mieter erst nach der Umwandlung in die Wohnung eingezogen ist. Ein Vorkaufsrecht besteht also immer dann, wenn der Bewohner aufgrund eines Mietvertrags besitzt und die Wohnung nach der Besitzerlangung umgewandelt worden ist. Auf die zeitliche Reihenfolge von Vertragsschluss und Besitzüberlassung kann es dagegen nach dem Sinn und Zweck der Vorschrift nicht ankommen.

10   d) **Wohnräume.** Das Vorkaufsrecht gilt nur für Wohnräume. Bei **Mischräumen** kommt es darauf an, in welchem Bereich der Schwerpunkt des Vertragsverhältnisses liegt. Liegt der Schwerpunkt auf der Wohnraumnutzung so besteht das Vorkaufsrecht (Wirth NZM 1998, 390). Maßgeblich ist der Inhalt des Mietvertrags; es kommt nicht darauf an, ob die Räume in der Teilungserklärung als Wohnungseigentum, oder (gewerblich zu nutzendes) Teileigentum bezeichnet sind (Wirth a.a.O.; Heintz Vorkaufsrecht des Mieters, München 1998 Rdn. 71).

11   e) **Zubehör.** Das Vorkaufsrecht gilt für die Wohnung und für die Zubehörräume und -flächen (Garage, Stellplatz, Keller, Abstellräume außerhalb der Wohnung und ähnliche Räume). Maßgeblich ist stets, welche Räume und Flächen nach dem Mietvertrag zum Mietgegenstand gehören; unerheblich ist, ob die betreffenden Räume oder Flächen in der Teilungserklärung als Sondereigentum ausgewiesen sind oder ob hieran nur Sondernutzungsrechte begründet werden. Hieraus ergeben sich Probleme, wenn die Aufteilung des Hausgrundstücks abweichend von den Mietverträgen erfolgt und beispielsweise an der Wohnung und an der mitvermieteten Garage jeweils rechtlich gesonderte Eigentume gebildet werden. Hier erstreckt sich das Vorkaufsrecht auch dann auf die Wohnung und das Zubehör, wenn lediglich die Wohnung veräußert wird (Rolfs in: Staudinger § 577 BGB Rdn. 30; Hinz in: Klein-Blenkers/Heinemann/Ring, Miete/WEG/Nachbarschaft § 577 BGB Rdn. 17; im Ergebnis trotz dogmatischer Bedenken ebenso: Wirth NZM 1998, 390, 391; **a. A.** Baer NotBZ 2015, 121, 127). Die Korrektur muss gem. § 242 BGB über eine Anpassung des Kaufpreises erfolgen.

12   Umgekehrt gilt dasselbe: Ist lediglich eine Wohnung vermietet und wird an der Wohnung und an einer nicht mitvermieteten Garage ein einheitliches Sondereigentum begründet, so erstreckt sich das Vorkaufsrecht grundsätzlich nur auf die Wohnung. Die Korrektur muss auch hier über eine Anpassung des Kaufpreises erfolgen. Eine Ausnahme kann nach § 467 Satz 2 BGB gelten, wenn dem Vermieter ohne die Erstreckung des Vorkaufsrechts auf die Garage ein unverhältnismäßiger Nachteil entstünde (Wirth NZM 1998, 390, 391; **a. A.** Brambring ZAP 1993, 965, 968).

2. Begründung von Wohnungseigentum

13   a) **Die bereits umgewandelte Eigentumswohnung:** Das Vorkaufsrecht bezieht sich zunächst auf „vermietete Wohnräume, an denen nach der Überlassung an den Mieter Wohnungseigentum begründet worden ist". Das Wohnungseigentum kann entweder nach § 3 WEG oder nach § 8 WEG begründet werden (§ 2

WEG). **Der Begriff „begründet"** in § 577 BGB ist im Sinne von § 2 WEG – also umfassend – zu verstehen. Wird Wohnungseigentum durch die Einräumung von Sondereigentum nach § 3 WEG begründet, so kommt es im Rahmen des § 577 BGB maßgeblich darauf an, wann die Rechtsänderung ins Grundbuch eingetragen wird (§ 4 Abs. 1 WEG). Erfolgt die Begründung durch Teilung nach § 8 WEG, so ist der Zeitpunkt maßgebend, zu dem die Wohnungsgrundbücher angelegt sind (§ 8 Abs. 2 WEG; BGH Urteil vom 6.4.2016 – VIII ZR 143/15, NZM 2016, 540 Rdn. 26 m. Anm. Klühs NZM 2016, 812). Der wirtschaftliche Anlass, der zur Begründung von Wohnungseigentum geführt hat, ist rechtlich ebenso unerheblich wie die Person dessen, der die Teilungserklärung abgegeben hat.

Bei der Begründung eines **Wohnungserbbaurechts** nach § 30 WEG ist die Vorschrift entsprechend anzuwenden, weil Sinn und Zweck des Gesetzes auch diese Gestaltungsform umfassen (Blank WuM 1993, 573, 577; Brambring ZAP 1993, 965, 966; Maciejewski MM 1994, 137, 138; Sternel Mietrecht aktuell Rdn. A 49; **a. A.** Rolfs in: Staudinger § 577 BGB Rdn. 27). 14

b) Die noch umzuwandelnde Mietwohnung: Weiter gilt das Vorkaufsrecht für „vermietete Wohnräume, an denen nach der Überlassung an den Mieter Wohnungseigentum begründet werden soll". Dieses Tatbestandsmerkmal ist der Vorschrift des § 2b Abs. 1 Satz 1 WoBindG nachgebildet. Damit wird klargestellt, dass das Vorkaufsrecht auch in solchen Fällen entsteht, in denen die Mietwohnung als noch umzuwandelnde Eigentumswohnung verkauft wird. 15

Streitig ist, welche Rechtsfolge gilt, wenn – wie vorliegend – der Erwerber ein mit einem Mehrfamilienhaus bebautes Grundstück in der Absicht erwirbt, dieses in Wohnungseigentum aufzuteilen (sog. **„Erwerbermodell"**). Hierzu werden im Wesentlichen drei Ansichten vertreten: **(1)** Nach einer Meinung setzt der Tatbestand des § 577 Abs. 1 Satz 1 Alt. 2 voraus, dass der Veräußerer eine Umwandlungsabsicht hat. Auf die Absichten des Erwerbers kommt es nicht an. Dies folgt aus der Erwägung, dass lediglich der Veräußerer, nicht aber der Erwerber der Vorkaufslast unterliegt (Lammel Wohnraummietrecht (3. A.) § 577 Rdn. 19; im Ergebnis ebenso: Hannapel in Bamberger/Roth (2. A.) § 577 Rdn. 8) **(2)** Nach wohl h. M. entsteht das Vorkaufsrecht nur, wenn Gegenstand des Kaufvertrags die einzelnen (vom Veräußerer oder Erwerber noch umzuwandelnden) Wohnungen sind. Wird dagegen das Gebäude als Ganzes verkauft, so entsteht kein Vorkaufsrecht (Lützenkirchen in: Lützenkirchen, Mietrecht § 577 Rdn. 18; Rolfs in: Staudinger § 577 BGB Rdn. 23; Häublein in: MünchKomm § 577 Rdn. 11; Krenek in Spielbauer/Schneider Mietrecht § 577 Rdn. 19 ff). **(3)** Die Gegenansicht versteht § 577 BGB in erster Linie als Mieterschutzvorschrift. Diese sei so auszulegen, dass eine Umgehung des Vorkaufsrechts weitgehend ausgeschlossen ist. Danach genügt es für das Entstehen des Vorkaufsrechts, wenn die Absicht zur Umwandlung im Zeitpunkt des Abschlusses des Kaufvertrags bereits feststeht. Insoweit reicht es aus, dass der Erwerber eine Umwandlungsabsicht hat. Hierfür müssen allerdings eindeutige Anhaltspunkte vorliegen. Ein Indiz hierfür ist, wenn bereits ein Aufteilungsplan erstellt und eine Abgeschlossenheitsbescheinigung beantragt oder gar – wie vorliegend – bereits erteilt wurde (Drasdo in: Bub/Treier Kap VII Rdn. 307; ähnlich Derleder PiG 49 (1996) S. 169, 176: danach reicht „jede eindeutige Äußerung der Umwandlungsabsicht" aus; Kandelhard in: Herrlein/Kandelhard Mietrecht § 577 Rdn. 8, 9: danach können bereits formlose Absprachen zwischen den Parteien des Kaufvertrags für die Annahme einer Umwandlungsabsicht ausreichen. 16

§ 577 BGB Untertitel 2. Mietverhältnisse über Wohnraum

17   Der **BGH** (Urteil vom 22.11.2013 – V ZR 96/12, WuM 2014, 98 = NZM 2014, 133; Urteil vom 6.4.2016 – VIII ZR 143/15 m. Anm. Klühs NZM 2016, 812; Urteil vom 7.12.2016 – VIII ZR 70/16) verknüpft im Ergebnis die unter der Ziff (1) und (2) dargestellten Ansichten. Er begründet dies mit „systematischen Überlegungen:" Mit der Ausübung des Vorkaufsrechts entsteht zwischen dem Veräußerer und dem Mieter ein neuer Kaufvertrag, der – bis auf die Person des Käufers – mit dem Ursprungsvertrag identisch ist. Der Erwerb der vom Mieter bewohnten Wohnung setzt mithin zweierlei voraus: **(1)** Zum einen muss der Mieter einen Rechtsanspruch auf den Erwerb des Sondereigentums (verbunden mit einem entsprechenden Miteigentumsanteil am Gemeinschaftseigentum) haben; dies ist nur der Fall, wenn der Veräußerer nach dem Kaufvertrag zur Aufteilung verpflichtet ist. Es genügt nicht, wenn diese Verpflichtung dem Erwerber obliegt, weil der Mieter keine vertraglichen Ansprüche gegenüber dem Erwerber hat. **(2)** Zum anderen muss die Wohnung als solche Gegenstand des Kaufvertrags sein; dies ist nur der Fall, wenn das Wohnungseigentum hinreichend bestimmt oder bestimmbar ist (vgl. auch BGH Urteil vom 27.4.2016 – VIII ZR 61/15 Rdn. 58 m. Anm. Klühs NZM 2016, 812). **(3)** Drittens ist erforderlich, dass die Absicht zur Begründung von Wohnungseigentum zeitlich nach der Überlassung der Wohnung an den Mieter gefasst wird. Wird die Absicht zur Begründung von Wohnungseigentum bereits vor der Überlassung an den Mieter gefasst, entsteht kein Vorkaufsrecht. Für die Begründungsabsicht reicht eine rein innerlich bestehende Absicht nicht aus; erforderlich ist vielmehr, dass sich die Absicht nach außen manifestiert. Hiervon ist jedenfalls dann auszugehen, wenn die Teilungserklärung notariell beurkundet wird (BGH Urteil vom 6.4.2016 – VIII ZR 143/15 Rdn. 33 m. Anm. Klühs NZM 2016, 812; Urteil vom 7.12.2016 – VIII ZR 70/16).

18   Derzeit nicht besetzt

19   **c) Sonstige „Erwerbermodelle":** Außerdem ist diese Tatbestandsvariante auf diejenigen „Erwerbermodelle" anzuwenden, für die das OLG Karlsruhe in dem Rechtsentscheid vom 10.7.1992 (WuM 1992, 519) entschieden hat, dass hierfür die Kündigungssperre gilt. Für sonstige Erwerbermodelle, bei denen keine bestimmte Wohnung und auch kein Miteigentumsanteil an einem Gebäude verbunden mit der vertraglichen Zuweisung einer bestimmten Wohnung, verkauft wird (vgl. OLG Karlsruhe WuM 1990, 330) ist § 577 BGB unanwendbar.

20   Das sog. „**Kellermodell**" wird vom Wortlaut des Tatbestandes ebenfalls nicht umfasst: Nach diesem Vermarktungsmodell wird lediglich an den jeweiligen Kellerräumen Sondereigentum begründet. Die jeweiligen Wohnungen bleiben Gemeinschaftseigentum, jedoch ist in der Teilungserklärung bestimmt, dass mit dem Eigentum am jeweiligen Keller ein Sondernutzungsrecht an einer bestimmten Wohnung verbunden sein soll. Wird das Kellereigentum in der Folgezeit veräußert, so erwirbt der jeweilige Erwerber zwar mit dem Eigentum am Keller das Recht, die dazu gehörende Wohnung zu nutzen. Eigentümer der Wohnung ist aber nicht er, sondern die Gemeinschaft der Kellereigentümer. Auf dieses „Modell" muss § 577 BGB entsprechend angewendet werden, weil es keinen wesentlichen Unterschied bedeutet, ob eine „Wohnung mit Keller" oder ein „Keller mit Wohnung" verkauft wird (Rolfs in: Staudinger § 577 BGB Rdn. 32).

21   **d) Teilung ohne Verkauf:** Die Kündigungssperrfrist tritt immer dann ein, wenn die Wohnung „veräußert" wird; das Vorkaufsrecht gilt im Gegensatz hierzu nur im Falle des Verkaufs. Hieraus folgt, dass das Vorkaufsrecht ausgeschlossen ist, wenn ein im gemeinschaftlichen Eigentum stehendes Grundstück gem § 8 WEG

in Wohnungseigentum aufgeteilt und das Wohnungseigentum sodann den einzelnen Mitglieder der Gemeinschaft übertragen wird; in diesem Fall wird die Wohnung nicht verkauft (Blank WuM 1993, 573, 578; Maciejewski MM 1994, 137; Sternel Mietrecht aktuell Rdn. A 53; Lammel § 577 BGB Rdn. 25; Rolfs in: Staudinger § 577 BGB Rdn. 33). Das Vorkaufsrecht kann allerdings geltend gemacht werden, wenn die Wohnungen von den Eigentümern weiterverkauft werden. Dieselbe Rechtsfolge gilt, wenn ein Grundstück als Ganzes an eine Bruchteilsgemeinschaft veräußert wird, die sodann nach § 3 WEG Sondereigentum begründet; auch hier entsteht das Vorkaufsrecht erst im Fall des Weiterverkaufs.

e) Vermietung von Teilen einer Eigentumswohnung. Wird eine große Eigentumswohnung baulich in mehrere Kleinwohnungen unterteilt, so steht den jeweiligen Mietern dieser Kleinwohnungen grundsätzlich kein Vorkaufsrecht zu, wenn das Wohnungseigentum an einen Dritten veräußert wird. Nach der Ansicht des KG gelten die vom BGH (Rdn. 17) entwickelten Grundsätze entsprechend, wenn der Veräußerer nach dem Kaufvertrag verpflichtet ist, an den jeweiligen Kleinwohnungen Wohnungseigentum zu begründen und die Kleinwohnungen als solche Gegenstand des Kaufvertrags sind (KG Beschluss vom 5.2.2017 – 5 W 18/17, DWW 2018, 134 m. Anm. K-P. Breiholdt). 21a

3. Der Eintritt des Vorkaufsfalls

a) Der Verkauf an beliebige Dritte: Dritter ist jeder, der nicht zu dem privilegierten Personenkreis (unten Rdn. 26) gehört. Der Verkauf an eine Person, die bereits Mitglied der Wohnungseigentümergemeinschaft ist, bildet hiervon keine Ausnahme (Wirth NZM 1998, 390, 393). Wird ein im Eigentum einer juristischen Person stehende Wohnung an einen Gesellschafter verkauft, so ist der Erwerber „Dritter". Dies gilt auch im Verhältnis einer GmbH zu deren Alleingesellschafter. 22

Der Vorkaufsfall tritt ein, wenn der **Kaufvertrag** wirksam zustande gekommen ist (§ 463 BGB). Dies ist der Fall, wenn alle für die Wirksamkeit des Vertrags erforderlichen Genehmigungen vorliegen. Bis zu diesem Zeitpunkt können Verkäufer und Käufer den Kaufvertrag willkürlich aufheben; der Vorkaufsberechtigte hat keinen Anspruch auf den Eintritt des Vorkaufsfalls. Liegt jedoch ein wirksamer Kaufvertrag vor, so kann das Vorkaufsrecht ausgeübt werden. Dies gilt auch dann, wenn ein wirksamer Kaufvertrag vor Ausübung des Vorkaufsrechts aufgehoben wird (BGH WuM 2010, 710). Kaufgegenstand muss die Wohnung als solche sein. Steht das Eigentum an der Wohnung mehreren gemeinsam zu und wird der Bruchteil eines Miteigentümers nach einem anderen Mitberechtigten übertragen, so ist kein Vorkaufsfall gegeben (Wirth NZM 1998, 390, 393). 23

Verkäufer ist in der Regel der Vermieter; allerdings tritt der Vorkaufsfall auch dann ein, wenn der Verkauf durch einen Eigentümer erfolgt, der nicht zugleich Vermieter ist (Commichau NJW 1995, 1010). Ist der Verkauf von einer **Zustimmung des Verwalters** (oder anderer Wohnungseigentümer) abhängig, so kann das Vorkaufsrecht erst ausgeübt werden, wenn der Verwalter (oder der/die Wohnungseigentümer) dem Kaufvertrag zugestimmt haben (Schmidt DWW 1994, 65, 66). Spätere Veränderungen lassen das Vorkaufsrecht grundsätzlich unberührt (BGH WuM 2010, 710). Dem Vermieter ist es zwar unbenommen mit dem Käufer ein **Rücktrittsrecht** (etwa für den Fall der Ausübung des Vorkaufsrechts) zu vereinbaren. Das Vorkaufsrecht bleibt aber auch dann bestehen, wenn eine der Kaufvertragsparteien von dem Rücktrittsrecht Gebrauch macht (BGHZ 67, 395, 397). 24

Gleiches gilt, wenn die Kaufvertragsparteien den Kaufvertrag wieder aufheben; der Aufhebungsvertrag wirkt nur zwischen den Kaufvertragsparteien, nicht gegenüber dem Mieter (BGH WuM 2010, 710). Bei der **Anfechtung** ist zu unterscheiden: Wird die Anfechtung vom Käufer erklärt, so bleibt das Vorkaufsrecht entgegen § 142 BGB unberührt, weil die Annahme der rückwirkenden Vernichtung des Kaufvertrags im Hinblick auf die Belange des Vorkaufsberechtigten einerseits und des Verkäufers andererseits nicht geboten (Rolfs in: Staudinger § 577 BGB Rdn. 35). Anders ist es, wenn der Verkäufer zur Anfechtung berechtigt ist: in diesem Fall wird seine Bindung an den Kaufvertrag – und damit das Vorkaufsrecht des Mieters – beseitigt. Beim Erwerb in der **Zwangsversteigerung** (AG Frankfurt NJW 1995, 1034 m. Anm. Langhein Rpfl. 1995, 351) oder beim Verkauf durch den **Insolvenzverwalter** kommt das Vorkaufsrecht nicht zum Zuge (§ 471 BGB). Gleiches gilt gem § 470 BGB für **Erbteilskäufe** zwischen künftigen gesetzlichen Erben (Blank WuM 1993, 573, 579; **a. A.** Sternel Mietrecht aktuell Rdn. A 51; Rolfs in: Staudinger § 577 BGB Rdn. 34; Hinz in: Klein-Blenkers/Heinemann/Ring, Miete/WEG/Nachbarschaft § 577 BGB Rdn. 14a) und für den **Tausch** oder die **Schenkung.**

25 Die Vorschrift des § 577 BGB ist aber entsprechend anzuwenden, wenn die Parteien des Veräußerungsvertrags nur deshalb eine bestimmte Vertragsgestaltung wählen (z. B.: Tausch statt Verkauf; Einbringung des Grundstücks in eine Gesellschaft), um das Vorkaufsrecht zu umgehen (OLG Nürnberg NJW-RR 1992, 461; Rolfs in: Staudinger § 577 BGB Rdn. 34).

26 **b) Der Verkauf an Familien- oder Haushaltsangehörige:** Nach § 577 Abs. 1 Satz 2 BGB ist das Vorkaufsrecht ausgeschlossen, „wenn der Vermieter die Wohnräume an einen Familienangehörigen oder an einen Angehörigen seines Haushalts verkauft". Gleiches gilt, wenn der Verkauf durch einen Eigentümer erfolgt, der nicht zugleich der Vermieter ist; hier muss der Verkauf an einen Familien- oder Haushaltsangehörigen des Eigentümers erfolgen. Das Begriffspaar der Familien- oder Haushaltsangehörigen ist der Regelung in § 573 Abs. 2 Nr. 2 Satz 1 BGB nachgebildet. Dieser Umstand spricht dafür, dass die Begriffe in beiden Vorschriften gleich auszulegen sind.

27 Der Ausschluss des Vorkaufsrechts setzt nicht voraus, dass die jeweiligen Käufer einen Eigennutzungswillen oder einen Wohnbedarf haben (Bub NJW 1993, 2897, 2902; Wirth NZM 1998, 390, 394; Landwehr in: Bub/Treier Kap II Rdn. 2747; Rolfs in: Staudinger § 577 BGB Rdn. 50; Hannappel in: Bamberger/Roth § 577 BGB Rdn. 15; Hinz in: Klein-Blenkers/Heinemann/Ring, Miete/WEG/Nachbarschaft § 577 BGB Rdn. 21; Kandelhard in: Herrlein/Kandelhard § 577 BGB Rdn. 11; Häublein in: MünchKomm § 577 BGB Rdn. 22; Dickersbach in: Lützenkirchen, Mietrecht § 577 BGB Rdn. 29; Lammel § 577 BGB Rdn. 29; Palandt/Weidenkaff § 577 BGB, Rdn. 5). Die gesetzliche Regelung ist in diesem Punkt eindeutig (**a. A.** Franke, in: Fischer-Dieskau u. a., Wohnungsbaurecht, § 570b BGB, Anm. 3).

27a **c) Kaufähnliche Verträge.** Fraglich ist, ob § 577 analog auf einen Auseinandersetzungsvertrag zwischen den Gesellschaftern einer Personengesellschaft angewandt werden kann. Die Frage stellt sich dann, wenn ein im Eigentum der Gesellschaft stehendes Gebäude gem. § 8 WEG aufgeteilt wird und die Gesellschafter im Anschluss hieran einen notariellen Vertrag schließen, durch den die jeweiligen Wohnungen den einzelnen Gesellschaftern zugewiesen werden. Hier ergibt sich das Problem, ob dem Mieter ein Vorkaufsrecht zusteht, wenn der Mietvertrag vor der Aufteilung abgeschlossen wurde. Eine unmittelbare Anwendung der Vorschrift scheidet aus, weil die Auseinandersetzung des Gesellschaftsvermögens nicht in der Form von Kaufverträgen, sondern nach §§ 731 ff BGB erfolgt. Eine analoge Anwendung kommt in Betracht, wenn der Zweck des § 577 diese nahelegt und hinsichtlich des hier fraglichen Sachverhalts eine Regelungslücke besteht. Zweck des § 577 ist es den Mieter vor den Folgen der Umwandlung von Miet- in Eigentumswohnungen, insbesondere vor der im Verkaufsfall häufigen Kündigung nach § 573 Abs. 2 Nr. 2 BGB durch den Erwerber zu schützen (s. Rdn. 2).

Nach der Rechtsprechung des BGH ist hinsichtlich der Kündigungsgefahr zwischen der GbR und der Personenhandelsgesellschaft zu unterscheiden. Eine GbR ist generell wie eine Vermietermehrheit zu behandeln (BGH NJW 2007, 2845; NJW 2009, 2738). Daraus folgt, dass sich die Kündigungsgefahr durch die Auseinandersetzung nicht erhöht. Vor der Auseinandersetzung hätte die Gesellschaft wegen des Bedarfs eines Gesellschafters kündigen können; nach der Auseinandersetzung steht das Recht dem früheren Gesellschafter und jetzigem Alleineigentümer zu. Für eine Personenhandelsgesellschaft gilt nach Auffassung des BGH etwas anderes. Hier ist die Kündigung zugunsten eines Gesellschafters ausgeschlossen (BGH NJW 2011, 993 m. Anmerkung Wiek WuM 2011, 146 und Anm. Eisenschmid LMK 2011, 316147). Daraus folgt, dass die Kündigungsgefahr bei der Auseinandersetzung einer Personenhandelsgesellschaft wächst. Vor der Auseinandersetzung ist die Kündigung wegen eines Gesellschafterbedarfs nicht möglich. Nach der Auseinandersetzung könnte der frühere Gesellschafter und jetzigem Alleineigentümer kündigen. **27b**

Gleichwohl scheidet eine entsprechende Anwendung des § 577 aus, weil das Vorkaufsrecht voraussetzt, dass sich das Entgelt aus dem Veräußerungsvertrag ergibt; das ist bei den Auseinandersetzungsverträgen regelmäßig nicht der Fall. Anders ist es, wenn die Aufteilung in kaufähnlicher Form erfolgt. Hiervon ist auszugehen, wenn die Gesellschafter wechselseitige Ausgleichszahlungen auf der Basis der jeweiligen Verkehrswerte vereinbaren (s. dazu AG München WuM 2013, 680 m. Anm. Bühler). **27c**

d) Schenkung. Auf den Eigentumsübergang im Wege der Schenkung ist § 577 Abs. 1 Satz 2 weder unmittelbar noch analog anwendbar. Bei der betreffenden Vorschrift handelt es sich um eine eng auszulegende Ausnahmeregelung; eine planwidrige Regelungslücke besteht nicht (BGH NJW 2015, 1516 Rz 17). Gleiches gilt für eine Veräußerung an einen Angehörigen zu einem lediglich symbolischen Kaufpreis. Wird die Wohnung in der Folgezeit vom Beschenkten an einen Dritten weiterveräußert, so steht dem Mieter das Vorkaufsrecht zu (BGH a. a. O. Rz. 18). **27d**

4. Der Vorkaufsberechtigte

a) der Mieter: Vorkaufsberechtigt ist derjenige, der vor der Umwandlung Mieter war und im Zeitpunkt des Verkaufs noch Mieter ist. **28**

Maßgeblich für den **Zeitpunkt der Umwandlung** ist die Anlegung des Wohnungsgrundbuchs (AG Frankfurt NJW 1995, 1034; Rolfs in: Staudinger § 577 BGB Rdn. 19; Lammel § 577 BGB Rdn. 15; Dickersbach in: Lützenkirchen, Mietrecht § 577 Rdn. 16; Drasdo in: Bub/Treier Kap VII Rdn. 290; **a. A.** Commichau NJW 1995, 1010 und Heintz Rdn. 126 ff, wonach das Vorkaufsrecht nicht besteht, wenn die Wohnung dem Mieter nach der notariellen Bekundung der Teilungserklärung und vor Anlegung der Wohnungsgrundbücher überlassen wird). **29**

Maßgeblich für den **Zeitpunkt des Verkaufs** ist die Protokollierung des Kaufvertrags. Wer die Wohnung erst nach der Umwandlung, d. h. nach der Anlegung **30** des Wohnungsgrundbuchs gemietet hat, besitzt kein Vorkaufsrecht. Umgekehrt ist das Vorkaufsrecht nicht deshalb ausgeschlossen, weil der Mieter beim Abschluss des Mietvertrags und vor der Überlassung der Wohnung von der Umwandlungsabsicht Kenntnis gehabt hat (AG Frankfurt NJW 1995, 1034; a. A. Commichau NJW 1995, 1010).

31 Die **Mieterstellung zum Zeitpunkt des Verkaufs** setzt voraus, dass beim Abschluss des Kaufvertrags ein Mietvertrag besteht. Es ist nicht erforderlich, dass der Mieter bereits im Besitz der Wohnung ist oder dass er diese noch in Besitz hat (LG Köln NJW-RR 1995, 1354 betr. getrennt lebenden Mieter). Beim **gekündigten Mietverhältnis** endet der Mietvertrag mit dem Ablauf der Kündigungsfrist. Ein **befristeter Mietvertrag** endet mit dem Ablauf der Mietzeit. Ein Mietvertrag besteht auch dann, wenn das Mietverhältnis nach wirksamer Kündigung vom Gericht nach **§§ 574, 574a BGB** fortgesetzt worden ist; das Gericht kann in einem solchen Fall auch nicht nach § 574a Abs. 1 Satz 2 BGB bestimmen, dass die Ausübung des Vorkaufsrechts während der Verlängerungszeit ausgeschlossen sein soll, weil es sich bei § 577 BGB um zwingendes Recht handelt. Mieter ist auch derjenige, dessen Mietverhältnis nach **§ 545 BGB** verlängert worden ist. Dabei spielt es keine Rolle, ob die Verlängerung nach § 545 BGB während der hier maßgeblichen Zeitpunkte (Anlegung des Wohnungsgrundbuches/Abschluss des Kaufvertrags) bereits eingetreten war. Maßgeblich ist nur, dass das Mietverhältnis in der Folgezeit verlängert wird. Dies folgt aus der Erwägung, dass beim Vorliegen der in § 545 BGB bestimmten Voraussetzungen eine Verlängerung des Mietverhältnisses eintritt; in diesem Fall ist der Vorkaufsberechtigte unbeschadet des zwischenzeitlichen Ablaufs der Mietzeit als „Mieter" anzusehen. Kein Vorkaufsrecht erwirbt dagegen der Nutzungsberechtigte, der die Räume aufgrund einer Räumungsfrist (§§ 721, 794a ZPO) oder aufgrund der Gewährung von Vollstreckungsschutz (§ 765a ZPO) in Besitz hat.

32 Diese Grundsätze gelten unabhängig davon, ob die Kündigung vom Vermieter oder vom Mieter ausgesprochen wurde oder ob die Beendigung auf Grund eines Mietaufhebungsvertrags eingetreten ist. Maßgeblich ist immer nur, dass zum Zeitpunkt des Verkaufs das Mietverhältnis noch nicht beendet ist (Rolfs in: Staudinger § 577 BGB Rdn. 39; Wirth NZM 1998, 390, 391). Demgegenüber wird allerdings auch vertreten, dass bei der Kündigung durch den Mieter zu differenzieren sei: Kündigt der Mieter in Kenntnis der bevorstehenden oder erfolgten Umwandlung, so soll das Vorkaufsrecht nicht zur Entstehung gelangen; anderes soll es sein, wenn der Mieter die Kündigung in Unkenntnis seiner Rechte aus § 570b BGB gekündigt hat (so Commichau NJW 1995, 1010).

33 **b) Der Rechtsnachfolger des Mieters (Abs. 4):** Nach § 472 BGB ist das Vorkaufsrecht nicht übertragbar; der Mieter kann das Vorkaufsrecht deshalb nur selbst ausüben und auch nur Eigentumsübertragung auf sich selbst verlangen. An einer Weiterveräußerung der Wohnung ist der Mieter allerdings nicht gehindert. In § 473 BGB ist weiter geregelt, dass das Vorkaufsrecht nicht vererblich ist. Nach § 577 Abs. 4 BGB geht das Vorkaufsrecht beim Tod des Mieters allerdings „auf diejenigen über, die in das Mietverhältnis nach § 563 Abs. 1 oder 2 eintreten."

34 Dies hat folgende **Konsequenzen: (1) Stirbt der Mieter vor der Begründung von Wohnungseigentum,** so kann derjenige Rechtsnachfolger das Vorkaufsrecht geltend machen, der im Zeitpunkt der Umwandlung Mieter gewesen ist. Es kommt in diesem Fall nicht darauf an, ob der Betreffende die Mieterstellung nach §§ 563, 563a BGB oder durch Erbfolge erworben hat.

Stirbt der Mieter nach der Begründung von Wohnungseigentum, so tre- 35
ten entweder die Sonderrechtsnachfolger nach § 563 Abs. 1 und 2 BGB oder der
Erbe in ein Mietverhältnis über eine Eigentumswohnung ein. Der Erbe kann das
Vorkaufsrecht nicht geltend machen, weil der Verstorbene zwar den Mietbesitz,
nicht aber sein Recht aus § 577 BGB vererben kann (Rolfs in: Staudinger § 577
BGB Rdn. 74). Der Erbe als Rechtsnachfolger wird in diesem Fall nicht anders behandelt, als hätte er selbst eine Eigentumswohnung gemietet. Die Sonderrechtsnachfolger nach § 563 Abs. 1 und 2 BGB können dagegen aufgrund der Regelung
in § 577 Abs. 4 BGB das Vorkaufsrecht geltend machen (Rolfs a.a.O.). Gleiches gilt
im Falle des § 563a BGB, wenn der Überlebende bereits im Zeitpunkt der Umwandlung Mieter gewesen ist.

c) Untermiete (540 BGB). Bei gewöhnlichen Untermietverhältnissen steht 36
das Vorkaufsrecht dem Hauptmieter zu, wenn das zwischen ihm und dem Vermieter bestehende Vertragsverhältnis als Wohnraummietverhältnis zu bewerten ist. Dies
ist dann der Fall, wenn der Hauptmieter die Räume zur Deckung seines eigenen
Wohnbedarfs angemietet hat. Maßgeblich hierfür ist der vereinbarte Vertragszweck.
An dieser Bewertung ändert sich nichts, wenn der Hauptmieter nicht mehr in den
Räumen wohnt oder wenn er – vertragswidrig – die Räume zu keinem Zeitpunkt
selbst bewohnt hat.

Besteht der Vertragszweck des Hauptmietverhältnisses dagegen in der Weiterver- 37
mietung, so liegt im Verhältnis des Vermieters zum Hauptmieter ein gewerbliches
Mietverhältnis vor. Aus diesem Grunde hat der Hauptmieter kein Vorkaufsrecht.
Der Untermieter kann das Vorkaufsrecht ebenfalls nicht ausüben, weil dieser im
Verhältnis zum Hauptvermieter nicht „Mieter", sondern „Dritter" ist (vgl. §§ 540,
546 Abs. 2 BGB).

Wird die Wohnung vom Hauptvermieter (Eigentümer) an den Untermieter 38
veräußert, so hat dies auf den zwischen dem Hauptmieter und dem Untermieter
(und nunmehrigem Eigentümer) bestehenden Mietvertrag keinen Einfluss. Der
Untermieter kann das Mietverhältnis allerdings kündigen, wobei als Kündigungsgrund i. d. R. der Wegfall der Geschäftsgrundlage in Betracht kommt. Dies folgt
aus der Erwägung, dass die Parteien des Untermietverhältnisses bei vernünftiger
und redlicher Vertragsgestaltung eine Auflösung des Mietverhältnisses für den Fall
des vorhergesehenen Wechsels der Eigentumsverhältnisse vereinbart hätten.

d) Gewerbliche Zwischenvermietung (§ 565 BGB). Die gewerbliche Wei- 39
tervermietung i. S. von § 565 BGB ist ebenfalls als Untermiete zu bewerten, deren
Besonderheit darin besteht, dass der Untermieter in ähnlicher Weise wie ein
Hauptmieter geschützt ist. Wegen dieses besonderen Schutzzwecks ist es gerechtfertigt, wenn der Untermieter (Wohnungsnutzer) auch im Falle der Veräußerung der
Eigentumswohnung einem Hauptmieter gleichgestellt wird. Deshalb ist der Untermieter, der die Wohnung selbst nutzt, hier wie ein Hauptmieter zu behandeln, mit
der Folge, dass ihm das Vorkaufsrecht zusteht (ebenso: Landwehr in: Bub/Treier
Kap II Rdn. 2765; Häublein in: MünchKomm § 577 BGB Rdn. 4; Rolfs in: Staudinger § 577 BGB Rdn. 12; **a. A.** Dickersbach in: Lützenkirchen, Mietrecht § 577
Rdn. 31; Hinz in: Klein-Blenkers/Heinemann/Ring, Miete/WEG/Nachbarschaft
§ 577 BGB Rdn. 7).

Wird das Vorkaufsrecht ausgeübt, so entsteht zwischen dem gewerblichen Zwi- 40
schenvermieter und dem Wohnungsnutzer das unter Rdn. 69 beschriebene Vertragsverhältnis, das durch Kündigung wegen Wegfalls der Geschäftsgrundlage gelöst
werden kann (Rolfs in: Staudinger § 577 BGB Rdn. 15).

IV. Die Mitteilungspflicht des Vermieters (Verkäufers)

41 Für das vertragliche Vorkaufsrecht ist in 469 Abs. 1 BGB bestimmt, dass der Verkäufer verpflichtet ist, dem Vorkaufsberechtigten den Inhalt des Kaufvertrags mitzuteilen; die **Mitteilung** des Verkäufers wird durch die Mitteilung des Dritten (des Käufers) ersetzt. Eine Verpflichtung zur Mitteilung obliegt lediglich dem Vermieter; dessen Verpflichtung gilt als erfüllt, wenn der Käufer den Mieter über den Inhalt des Kaufvertrags informiert. Es genügt nicht, wenn dem Mieter lediglich die Tatsache des Kaufs und der Kaufpreis mitgeteilt wird. Vielmehr muss der Mieter über den gesamten Inhalt des Kaufvertrags in Kenntnis gesetzt werden; dies erfordert regelmäßig die Übersendung einer Abschrift des Kaufvertrags. Die Mitteilung ist keine Willens- sondern eine Wissenserklärung. Sie ist formlos möglich (BGH, LM § 510 BGB Nr. 3) und an keine Frist gebunden.

42 In § 577 Abs. 2 BGB ist außerdem geregelt, dass die jeweilige Mitteilung „mit einer **Unterrichtung** des Mieters über sein Vorkaufsrecht **zu verbinden**" ist. Aus dem Begriff „zu verbinden" kann nicht entnommen werden, dass die Mitteilung und die Belehrung in einem einzigen Schreiben erfolgen müsste. Es genügt, wenn ein zeitlicher Zusammenhang gewahrt ist (Rolfs in: Staudinger § 577 BGB Rdn. 59; Hinz in: Klein-Blenkers/Heinemann/Ring, Miete/WEG/Nachbarschaft § 577 BGB Rdn. 29); die Frist beginnt dann, wenn dem Mieter sowohl die Mitteilung als auch die Unterrichtung vorliegen.

43 Die Unterrichtungspflicht **(Belehrungspflicht)** über das Vorkaufsrecht obliegt dem jeweiligen Informanten. Der bloße Hinweis auf die Gesetzesbestimmung des § 577 BGB genügt nicht (Heintz Rdn. 393; Hinz in: Klein-Blenkers/Heinemann/Ring, Miete/WEG/Nachbarschaft § 577 BGB Rdn. 28; Häublein in: MünchKomm § 577 BGB Rdn. 29; Rolfs in: Staudinger § 577 BGB Rdn. 59; **a. A.** Langhein DNotZ 1993, 650, 657; Lammel § 577 BGB Rdn. 37). Der Mieter muss aufgrund der Mitteilung erkennen können, dass er ein Vorkaufsrecht hat und wie er es ausüben kann. In der Erklärung muss zumindest der **Adressat** der Ausübungserklärung und die hierfür maßgebliche **Frist** ersichtlich sein. Ist im Grundbuch eine **Veräußerungsbeschränkung** eingetragen, so hängt das Zustandekommen des Kaufvertrags nach der hier vertretenen Auffassung davon ab, dass der Verwalter hierzu seine Zustimmung erteilt; folgerichtig soll der Mieter auch auf diesen Gesichtspunkt hingewiesen werden (ebenso: Schmidt DWW 1994, 65). Teilweise wird die Ansicht vertreten, dass der Mieter auch über die **Rechtsfolgen** der Ausübung des Vorkaufsrechts belehrt werden müsse; danach muss die Mitteilung den Hinweis enthalten, dass durch die Ausübung des Vorkaufsrechts ein Kaufvertrag über die Wohnung zustande kommt (Schilling, Neues Mietrecht S. 94; **a. A.** zu Recht Schmidt DWW 1994, 69; Häublein in: MünchKomm § 577 BGB Rdn. 29).

44 Entspricht die Mitteilung nicht den Anforderungen des § 577 BGB, so beginnt die Ausübungsfrist nicht zu laufen. Eine Ausnahme gilt, wenn lediglich die Information über das Erfordernis der Verwalterzustimmung fehlt, weil zwar die Wirksamkeit des Kaufvertrags, nicht aber die Wirksamkeit der Ausübung des Vorkaufsrechts vom Vorliegen der Zustimmung abhängt.

45 Wird der Kaufvertrag in der Folgezeit abgeändert, so muss dem Mieter der Inhalt des geänderten Kaufvertrags mitgeteilt werden (OLG Karlsruhe WuM 1996, 325); außerdem ist er erneut über sein Vorkaufsrecht zu unterrichten. Die Frist zur Ausübung des Vorkaufsrechts beginnt mit dem Zugang dieser Mitteilung.

Bei **mehreren Vorkaufsberechtigten** muss die Mitteilung allen Berechtigten **46** gegenüber erfolgen und zugehen (Schmidt DWW 1994, 65, 69; Rolfs in: Staudinger § 577 BGB Rdn. 55; Lammel § 577 BGB Rdn. 39; Kossmann/Meyer-Abich § 120 Rdn. 16; Palandt/Weidenkaff § 577 BGB Rdn. 6). Die Mitteilung kann erst erfolgen, wenn der Kaufvertrag rechtswirksam zustande gekommen ist. Erfolgt die Mitteilung vor diesem Zeitpunkt (etwa, weil die Verwalterzustimmung erst später erteilt worden ist), so muss die Mitteilung wiederholt werden; anderenfalls beginnt die Frist für die Ausübung des Vorkaufsrechts nicht zu laufen (Schmidt DWW 1994, 65, 67).

Ergänzend zu § 577 BGB bestimmt **§ 20 BeurkundungsG,** dass der Notar auf **47** das gesetzliche Vorkaufsrecht hinweisen soll, wenn er davon Kenntnis hat, dass eine umgewandelte oder umzuwandelnde Eigentumswohnung verkauft wird. Man wird diese Bestimmung ergänzend dahingehend auslegen müssen, dass sich der Hinweis auch auf die Notwendigkeit der Unterrichtung des Mieters erstrecken soll. Eine Mitteilungspflicht besteht nicht, wenn kein Vorkaufsfall gegeben ist, etwa weil die Wohnung an einen Angehörigen verkauft worden ist.

In manchen Fällen wird der Mieter sein Vorkaufsrecht nur dann ausüben wollen, **48** wenn der Käufer eine Eigennutzungsabsicht besitzt. Nach der gesetzlichen Regelung hat der Mieter allerdings **keinen Anspruch auf Auskünfte über den Erwerbszweck.**

Die Nichterfüllung oder die **unvollständige Erfüllung der Mitteilungs-** **49** **pflicht** stellt eine Pflichtverletzung dar, die den Mieter zum Schadensersatz berechtigt. Für eine Verletzung der Informationspflicht durch den Notar hat der Vermieter einzustehen (§ 278 BGB, BGH WuM 2003, 281 = ZMR 2003, 409). Ein Schaden ist insbesondere dann zu bejahen, wenn der Vermieter den Kaufvertrag gegenüber dem Käufer erfüllt und dieser das Mietverhältnis kündigt. Der Mieter muss – wie allgemein – die Kausalität zwischen dem schädigenden Ereignis (der Nichterfüllung der Mitteilungspflicht) und dem Schaden (den durch den Verlust der Wohnung eingetretenen Vermögensnachteil) beweisen. Hierzu gehört der Nachweis, dass der Mieter bei ordnungsgemäßer Erfüllung der Mitteilungspflicht von seinem Vorkaufsrecht Gebrauch gemacht hätte. Hieran sind keine strengen Anforderungen zu stellen. Es spricht eine Vermutung für „aufklärungsrichtiges" Verhalten (BGH NJW 2015, 1516 Rz 32 m.w. N.; Fervers ZMR 2015, 609). Kann der Mieter nachweisen, dass er ein ernsthaftes Interesse am Erwerb der Wohnung hatte und dass er hierzu auf Grund seiner finanziellen Situation auch in der Lage gewesen wäre, so spricht der Anschein für den Mieter. Es ist dann Sache des Vermieters, diesen Anschein zu widerlegen. Wird die Wohnung an einen Kapitalanleger ohne Eigennutzungs- oder Verwertungsabsicht veräußert, so entsteht dem Mieter im Allgemeinen kein Vermögensnachteil. Ist zwischen den Parteien des Kaufvertrags ein besonders niedriger Kaufpreis vereinbart worden, so kann der Mieter insbesondere nicht geltend machen, dass er die Wohnung zu einem höheren Preis hätte weiterverkaufen können, weil der Verlust eines Veräußerungsgewinns vom Schutzzweck des § 577 BGB nicht gedeckt wird (AG Hamburg WuM 1996, 477).

Hinsichtlich der **Schadensberechnung** gilt folgendes: **(1)** Die Frist für die Aus- **49a** übung des Vorkaufsrechts beginnt erst mit der Mitteilung des Inhalts des mit dem Dritten abgeschlossenen Kaufvertrags; sie beträgt 2 Monate ab diesem Zeitpunkt. Wird das Vorkaufsrecht ausgeübt, so kommt zwischen dem Mieter und dem Vermieter ein zweiter Kaufvertrag zustande. Erfüllt der Vermieter diesen Vertrag, so entsteht dem Mieter kein Schaden. **(2)** Kann der Vermieter den Vertrag mit dem Mieter nicht erfüllen, so steht dem Mieter ein Schadensersatzanspruch zu. Ein Fall der Nichterfüllung wegen anfänglicher subjektiver Unmöglichkeit liegt in der Regel vor, wenn der Vermieter dem Dritten bereits das Eigentum übertragen hat; eine Ausnahme gilt, wenn der Vermieter geltend macht, dass er gleichwohl zur Erfüllung in der Lage ist. Für die Höhe des Anspruchs ist maßgeblich, in welchem Umfang das Vermögen des Mieters infolge der Vereitelung des Vorkaufsrechts gemindert wurde. Bei diesem Vermögensvergleich ist zum einen die Differenz zwischen dem (höheren) Verkehrswert der Wohnung und dem vom Mieter zu zahlenden (niedrigeren) Kaufpreis zu ermitteln. Zum anderen sind alle Nebenkosten zu berücksichtigen, die der Mieter im Falle der Ausübung des Vorkaufsrechts hätte aufbringen müssen. Hierzu zählen die Notarkosten, die im Kaufvertrag geregelten Maklerkosten, die Grundbuchgebühren, die Grunderwerbsteuer sowie die Finanzierungskosten (BGH NJW 2015, 1516 Rdn. 29f; NZM 2016, 540 Rdn. 19, 21; Beschluss vom 4.10.2016 – VIII ZR 281/15). Der Umstand, dass die Mietzahlung im Falle eines geglückten Eigentumserwerbs entfällt, spielt bei der Schadensberechnung keine Rolle, weil die jedem Eigentum innewohnende Möglichkeit, die Sache selbst oder durch Vermietung nutzen zu können, in ihrem Verkehrswert bereits enthalten ist; sie kann deshalb nicht zusätzlich neben dem Verkehrswert der Sache als Schadensposition angesetzt werden (BGH Beschluss vom 4.10.2016 – VIII ZR 281/15) **(3)** Der Vermieter hat die Wahl ob er den Vertrag mit dem Mieter oder den Vertrag mit dem Dritten erfüllt. Will der Vermieter den Vertrag mit dem Dritten erfüllen, so stehen dem Mieter die unter (2) dargestellten Ansprüche zu. **(4)** Steht fest, dass der Vermieter einen mit dem Mieter geschlossenen Kaufvertrag nicht erfüllen kann oder nicht erfüllen will, so ist der Mieter nicht gehalten ein Vorkaufsrecht auszuüben. Stattdessen kann er den unter (2) dargelegten Anspruch geltend machen (BGH NJW 2015, 1516 Rz 21ff; **a. A.** Fervers ZMR 2015, 609). **(5)** Am Ursachenzusammenhang zwischen der Pflichtverletzung des Vermieters und dem Schaden des Mieters kann es fehlen, wenn der Mieter auf Grund seiner finanziellen Verhältnisse nicht in der Lage gewesen wäre, die für den Erwerb der Wohnung erforderlichen Mittel aufzubringen oder zu finanzieren.

49b **Kritik:** Die dem **Urteil des BGH vom 21.1.2015** (NJW 2015, 1516 Rz 21ff (s. oben Rdn. 49a unter Ziff (4)) vertretene Auffassung beruht ersichtlich auf der Erwägung, dass dem Vermieter die Erfüllung des Kaufvertrags mit dem Mieter nach der Übereignung der Wohnung an den Dritten nicht mehr möglich ist. Diese Annahme ist allerdings zweifelhaft, weil Unmöglichkeit erst dann eintritt, wenn feststeht, dass der Dritte zur Rückübertragung des Eigentums an den Vermieter nicht bereit ist (so zutreffend Fervers ZMR 2015, 610). Die Rechtsansicht des BGH hat im Übrigen zur Folge, dass dem Mieter unabhängig von einem tatsächlichen Erwerbsinteresse ein Anspruch auf entgangenen Gewinn (das ist die Differenz zwischen dem Verkehrswert der Wohnung und dem mit dem Dritten vereinbarten Kaufpreis) zusteht; dies ist vom Schutzzweck des § 577 BGB nicht gedeckt. Nach der von Fervers (a.a.O.) entwickelten Lösung gilt: Übt der Mieter das Vorkaufsrecht aus und kann der Vermieter dem Mieter das Eigentum verschaffen, so hat der Mieter erhalten, was ihm von Rechts wegen zusteht. Der Mieter muss das Risiko tragen, dass er das Eigentum an der Wohnung erhält, obwohl er dies möglicherweise nicht will. Ist die Eigentumsverschaffung nicht möglich, so steht dem Mieter ein Anspruch auf den entgangenen Gewinn nur zu, wenn die Voraussetzungen der §§ 280 Abs. 1, Abs. 3, 283 BGB gegeben sind, also wenn die Unmöglichkeit der Eigentumsverschaffung endgültig feststeht. Dies muss der Mieter darlegen und gegebenenfalls beweisen. Verzichtet der Mieter dagegen auf die Ausübung des Vorkaufsrechts, so entfällt das Risiko eines ungewollten Eigentumserwerbs. Ein entgangener Gewinn steht dem Mieter nur im Ausnahmefall zu, nämlich dann, wenn die Voraussetzungen des § 251 Abs. 1 BGB vorliegen; dies muss der Mieter darlegen und beweisen.

V. Die Ausübung des Vorkaufsrechts (Abs. 3)

Nach § 577 Abs. 3 BGB erfolgt die Ausübung des Vorkaufsrechts durch schrift- 50
liche Erklärung des Mieters gegenüber dem Verkäufer.

1. Erklärung gegenüber dem Verkäufer

Das Vorkaufsrecht wird durch einseitige, empfangsbedürftige, bedingungsfeind- 51
liche Willenserklärung gegenüber dem Vorkaufsverpflichteten ausgeübt. Dies ist der Verkäufer, i. d. R. also (aber nicht notwendigerweise) der Vermieter. Bei **mehreren Verkäufern** muss die Erklärung allen Verkäufern zugehen, falls keine Empfangsvollmachten bestehen. Bei **mehreren Mietern** gilt § 472 BGB: die Mieter müssen das Vorkaufsrecht zusammen ausüben; übt ein Mieter sein Recht nicht aus, so können es die übrigen Mieter alleine ausüben. Gleiches gilt, wenn das Recht eines Mieters erloschen oder verwirkt ist. Von einer Verwirkung ist insbesondere dann auszugehen, wenn einer von mehreren Mietern schon vor längerer Zeit aus der Wohnung ausgezogen ist (OLG München NZM 1999, 797, 798). Damit ist sichergestellt, dass das Vorkaufsrecht nicht durch das Verhalten einzelner Mieter vereitelt wird. Allerdings müssen die das Vorkaufsrecht ausübenden Mieter klar und eindeutig zum Ausdruck bringen, dass sie das Recht ohne die anderen Berechtigten ausüben. Fehlt es hieran, so ist das Vorkaufsrecht nicht wirksam ausgeübt; der Kaufvertrag kommt also auch nicht mit denjenigen Mietern zustande, die das Recht ausgeübt haben (Schmidt DWW 1994, 65, 67). Ein **minderjähriger Mieter** benötigt zum Erwerb die Genehmigung des Familiengerichts (§ 1821 Abs. 1 Nr. 5 BGB; eventuell gem § 1822 Nr. 10 BGB, wenn er neben anderen Berechtigten als Gesamtschuldner auf den Kaufpreis haftet).

Die Ausübungserklärung bedarf nicht der für den Kaufvertrag bestimmten 52
Form (§ 464 Abs. 1 Satz 2 BGB). Nach § 577 Abs. 3 BGB ist **Schriftform** erforderlich, aber auch genügend (Begründung des Regierungsentwurfs zu § 577 BGB, BT-Drucks. 14/4553). Einer notariellen Beurkundung bedarf es nicht (BGHZ 144, 357; NZM 2005, 779 = WuM 2005, 660).

Nach h. M. besteht das **Vorkaufsrecht nur für den ersten Verkaufsfall** nach 53
der Umwandlung (BGH NJW 1999, 2044 = WuM 1999, 400; NJW 2006, 1869 = WuM 2006, 505 = WuM 2006, 260; NJW 2007, 2699 = NZM 2007, 640 = WuM 2007, 464; LG Oldenburg WuM 1997, 436; AG Frankfurt NJW 1995, 1034; Lammel Wohnraummietrecht § 577 BGB Rdn. 5; Rolfs in: Emmerich/Sonnenschein § 577 Rdn. 16 und 31; Häublein in: MünchKomm § 577 BGB Rdn. 21; Landwehr in: Bub/Treier Kap II Rdn. 2748; Hinz in: Klein-Blenkers/Heinemann/Ring, Miete/WEG/Nachbarschaft § 577 BGB Rdn. 20; Kossmann/Meyer-Abich § 120 Rdn. 14; Dickersbach in: Lützenkirchen, Mietrecht § 577 BGB Rdn. 25; Hannappel in: Bamberger/Roth § 577 BGB Rdn. 18; Sternel, Mietrecht aktuell Rdn. A 57; Palandt/Weidenkaff § 577 BGB Rdn. 1). Diese Ansicht beruht im Wesentlichen auf dem Zweck des § 577 BGB (Schutz des Mieters vor den Folgen einer spekulativen Umwandlung von Wohnungen in Eigentumswohnungen). Das Spekulations-

§ 577 BGB Untertitel 2. Mietverhältnisse über Wohnraum

interesse des Umwandlers wird nach der Vorstellung des Gesetzgebers i. d. R. nur durch den ersten Verkauf der Wohnung verwirklicht. Auf nachfolgende Verkäufe erstreckt sich das Vorkaufsrecht auch dann nicht, wenn die Möglichkeit zur Ausübung des Rechts bei dem ersten Verkauf nicht bestand, weil die Wohnung an einen Familien- oder Haushaltsangehörigen verkauft wurde (§ 577 Abs. 1 Satz 2 BGB), oder wenn – im Falle eines Verkaufs „en bloc" die Ermittlung des anteiligen Preises, der für die dem Vorkaufsrecht unterfallende Eigentumswohnung zu zahlen ist, für den Mieter schwierig gewesen wäre (BGH NJW 2007, 2699 = NZM 2007, 640 = WuM 2007, 464).

54   Nach § 471 BGB ist das Vorkaufsrecht ausgeschlossen, wenn der **Verkauf im Wege der Zwangsvollstreckung** oder durch den **Insolvenzverwalter** erfolgt. In einem solchen Fall stellt sich die weitere Frage, ob der Mieter das Vorkaufsrecht bei der ersten rechtsgeschäftlichen Veräußerung geltend machen kann. Dies wird vom BGH verneint (BGH GE 1999, 768 = NJW 1999, 2044 = WuM 1999, 400 = ZMR 1999, 607; **a. A.** AG Frankfurt NJW 1995, 1034).

55   Eine vorangegangene Schenkung oder ein Tausch hindert die Ausübung des Vorkaufsrechts nicht (s. Rdn. 27 c).

56   Hat der Mieter im Falle eines Verkaufs sein Vorkaufsrecht nicht ausgeübt, so lebt es auch dann nicht wieder auf, wenn der Verkauf – aus irgendeinem Grund – nicht zu einem Eigentümerwechsel geführt hat.

57   Vereinzelt wird die Annahme vertreten, dass der Mieter ausnahmsweise ein Vorkaufsrecht haben soll, wenn der Erstverkauf vor dem Inkrafttreten des § 570 b BGB a. F. (1. 9. 1993) stattgefunden hat und nach diesem Zeitpunkt ein weiterer Verkauf stattfindet (Sternel Mietrecht aktuell, Rdn. A 57; Heintz Rdn. 30). Dieser Ansicht steht allerdings Art 6 Abs. 4 des 4. MietRÄndG entgegen, weil danach § 570b BGB a. F. generell unanwendbar ist, wenn der Verkauf vor dem 1. 9. 1993 erfolgt ist (wie hier: Langhein DNotZ 1993, 650, 662).

58   Werden **mehrere Eigentumswohnungen** in einem Kaufvertrag verkauft, so ist der Mieter hinsichtlich seiner Wohnung zum Vorkauf berechtigt. Es spielt keine Rolle, ob Gegenstand des Kaufvertrags mehrere Eigentumswohnungen sind oder ob ein gesamtes in Wohnungseigentum aufgeteiltes oder noch aufzuteilendes Gebäude veräußert wird. Bei Ausübung des Vorkaufsrechts muss der Mieter einen auf die Wohnung entfallenden verhältnismäßigen Teil des Gesamtpreises entrichten (§ 467 BGB). Hat ein Eigentümer mehrere Eigentumswohnungen zu einem **Gesamtpreis** verkauft und mit dem Käufer einen besonders **hohen Teilpreis** für eine bestimmte Wohnung vereinbart, um einen bestimmten Mieter von der Ausübung seines Vorkaufsrechts abzuhalten, so wirkt die Vereinbarung des Teilpreises nicht gegenüber dem Vorkaufsberechtigten (BGH NZM 2005, 779 = WuM 2005, 660). Der Mieter muss in einem solchen Fall nicht den vereinbarten Teilpreis, sondern nur den niedrigeren anteiligen Preis bezahlen. Gleiches gilt, wenn die Kaufvertragsparteien hohe Einzelpreise für die einzelnen Wohnungen vereinbaren und zugleich einen relativ niedrigen Gesamtpreis für das „Wohnungspaket" festlegen (OLG Düsseldorf WuM 1998, 668). Will der Mieter sein Vorkaufsrecht ausüben, so muss er nicht den (hohen) Einzelpreis, sondern einen (nach § 467 BGB zu bemessenden) Teil des Gesamtpreises bezahlen, der dem Wert seiner Wohnung entspricht. Der anteilige Preis wird entsprechend dem Verhältnis der Gesamtfläche aller verkauften Wohnungen zur Fläche der Wohnung des Mieters bestimmt (BGH NZM 2005, 779 = WuM 2005, 660). Das OLG Karlsruhe (WuM 1996, 325) stellt in diesem Zusammenhang klar, dass ein dergestalt ausgeübtes Vorkaufsrecht wirksam ist, weil die Beschränkung auf den angemessenen Preis keine (unzulässige) Bedingung im Rechtssinne darstellt.

Die **Unwirksamkeit der Preisvereinbarung** führt nach § 139 BGB zur Gesamtnichtigkeit des Kaufvertrags, wenn nicht anzunehmen ist, dass der Vertrag auch ohne den nichtigen Teil geschlossen worden wäre. Hierfür ist nach allgemeinen Grundsätzen derjenige beweispflichtig, der das teilnichtige Geschäft aufrechterhalten will. Etwas anderes gilt, wenn der Kaufvertrag eine salvatorische Erhaltens- und Ersetzungsklausel enthält. Nach der Rechtsprechung des BGH (BGH NJW 2003, 347; NZM 2005, 779 = WuM 2005, 660) führt die Klausel zu einer Umkehr der Beweislast. Beweispflichtig für die Gesamtnichtigkeit ist derjenige, der das Geschäft verwerfen will. **59**

Hat der Eigentümer die Wohnung in einem solchen Fall trotz der wirksamen Ausübung des Vorkaufsrechts dem Erwerber übereignet, so ergibt sich der **Schadensersatzanspruch des Mieters** aus § 281 BGB. Die Höhe des Anspruchs richtet sich nach einem Gesamtvermögensvergleich. Der tatsächlichen Vermögensentwicklung ist die Vermögenssituation bei ordnungsgemäßer Erfüllung gegenüberzustellen. Regelmäßig besteht der Vermögensschaden in der Differenz zwischen dem anteiligen Kaufpreis der Wohnung und dem Verkehrswert (BGH NZM 2005, 779 = WuM 2005, 660). **60**

Ist im Grundbuch eine **Veräußerungsbeschränkung** eingetragen, so ist § 12 WEG zu beachten: Danach kann als Inhalt des Sondereigentums vereinbart werden, dass ein Wohnungseigentümer zur Veräußerung seines Wohnungseigentums der Zustimmung anderer Wohnungseigentümer oder eines Dritten bedarf (§ 12 Abs. 1 WEG). Ist eine solche Vereinbarung getroffen, so ist ein Veräußerungsvertrag unwirksam, solange nicht die erforderliche Zustimmung erteilt ist (§ 12 Abs. 3 Satz 1 WEG). Das Zustimmungserfordernis soll die Eigentümergemeinschaft vor ungeeigneten Erwerbern schützen; deshalb darf die Zustimmung nur versagt werden, wenn ein wichtiger Grund in diesem Sinne vorliegt (§ 12 Abs. 2 Satz 1 WEG). Das Zustimmungserfordernis gilt auch bei Erwerbsvorgängen, die auf gesetzlicher Grundlage beruhen (§ 12 Abs. 3 Satz 2 BGB); es gilt ebenso bei der Ausübung des Vorkaufsrechts nach § 577 BGB. Hat der Verwalter den ursprünglichen Kaufvertrag genehmigt, so stellt sich die Frage, ob die Genehmigung ohne weiteres für den Zweitvertrag gilt. Dies ist entsprechend dem Schutzzweck des § 12 WEG (Schutz der Gemeinschaft vor ungeeigneten Erwerbern) zu verneinen. Aus diesem Grunde muss der Zweitvertrag erneut genehmigt werden (ebenso: Schmidt DWW 1994, 65, 68); die Genehmigung muss allerdings weder im Zeitpunkt der Ausübung des Vorkaufsrechts noch bis zum Ablauf der Ausübungsfrist vorliegen. Wird die Genehmigung nach der Ausübung des Vorkaufsrechts erteilt, so kommt der Kaufvertrag zustande. Wird die Zustimmung verweigert, so kann der Mieter lediglich den Vermieter auf Erfüllung des Kaufvertrags in Anspruch nehmen; dieser muss sodann entscheiden, ob er gegenüber dem Verwalter (im Verfahren nach dem WEG) den Zustimmungsanspruch geltend macht. Der Mieter hat gegenüber dem Verwalter keinen Anspruch auf Erteilung der Zustimmung. Diese Grundsätze gelten sinngemäß, wenn die Zustimmung nach dem Inhalt der Teilungserklärung von der Wohnungseigentümergemeinschaft, oder von anderen Wohnungseigentümern zu erteilen ist. **61**

Die im ursprünglichen Vertrag enthaltenen Regelungen gelten auch für den Zweitvertrag. Eine Ausnahme gilt hinsichtlich solcher Bestimmungen, die wesensgemäß nicht zum Kaufvertrag gehören und sich darin als Fremdkörper darstellen (OLG Düsseldorf MDR 1999, 80). Ist im Ursprungsvertrag eine **Stundung des Kaufpreises** vereinbart, so gilt § 468 Abs. 2 BGB: die Stundung wirkt zugunsten des Mieters, wenn dieser Sicherheit leistet oder wenn die Bestellung einer Hypo- **62**

§ 577 BGB Untertitel 2. Mietverhältnisse über Wohnraum

thek vereinbart wird. Die **Kosten des Kaufvertrags** sind vom Mieter zu tragen, wenn nach den Vereinbarungen im Kaufvertrag der Käufer zur Tragung der Kosten verpflichtet ist. Hat der Käufer die Kosten bereits bezahlt, so hat er einen Erstattungsanspruch aus § 812 BGB gegen den Mieter, wenn dieser das Vorkaufsrecht ausübt (BGH MDR 1960, 1004). Hat sich der Käufer im Kaufvertrag zur Zahlung der Maklerprovision verpflichtet, so gilt dieselbe Verpflichtung für den Mieter (OLG Düsseldorf MDR 1999, 800). Nach der Rechtsprechung des BGH gehören Bestimmungen in Kaufverträgen über die Verteilung der Maklerkosten, die sich nicht im üblichen Rahmen halten, wesensgemäß nicht zum Kaufvertrag und verpflichten daher den Vorkaufsberechtigten nicht (BGH NZM 2007, 256; GE 2016, 1150). Eine Reduzierung der Maklerprovision auf die Höhe des üblichen Entgelts analog § 655 BGB kommt nicht in Betracht kommt. Dies hat zur weiteren Folge, dass der Vorkaufsberechtigte nicht verpflichtet ist, in einem solchen Fall eine auf die übliche Höhe reduzierte Maklerprovision zu zahlen (BGH GE 2016, 1150).

62a Ist der Käufer nach den vertraglichen Vereinbarungen mit dem Verkäufer berechtigt, die Wohnung zum Zwecke der Finanzierung des Kaufpreises mit einem Grundpfandrecht zu belasten, so steht dasselbe Recht dem Mieter zu, wenn dieser von seinem Vorkaufsrecht Gebrauch macht. Fehlt eine solche Vereinbarung so trifft den Verkäufer eine aus dem Mietvertrag ableitbare Nebenpflicht zur Bewilligung einer derartigen Belastung, da die Fremdfinanzierung einer Immobilie allgemein üblich ist. Dies gilt auch, wenn der Erstkäufer auf eine **Belastungsvollmacht** verzichtet hat. Der Mieter muss den Anspruch auf die Belastungsvollmacht allerdings so zeitig gegenüber dem Verkäufer geltend machen, dass dieser die Berechtigung des Verlangens prüfen kann (LG Berlin GE 2016, 533: danach ist die Geltendmachung des Anspruchs verspätet, wenn das Verlangen dem Verkäufer erst 2 Tage vor Ablauf der Ausübungsfrist zugeht).

63 Die Erklärung des Mieters über die Ausübung des Vorkaufsrechts ist unwirksam, wenn dieser offensichtlich seine Verpflichtungen aus dem Kaufvertrag nicht erfüllen kann (Wienicke WuM 1980, 97). Da der Vermieter an der Klärung dieser Frage ein gewichtiges Interesse hat, wird man ihm einen **Auskunftsanspruch** gegen den Mieter aus § 242 BGB zubilligen müssen (**a. A.** Rolfs in: Staudinger § 577 BGB Rdn. 67), den dieser durch Vorlage eines **Kapitalnachweises** zu erfüllen hat.

2. Frist

64 Nach § 469 Abs. 2 BGB kann das Vorkaufsrecht nur bis zum Ablauf von zwei Monaten nach dem Empfang der Mitteilung ausgeübt werden. Diese Frist soll nach dem ausdrücklichen Hinweis in den Beschlussempfehlungen des Rechtsausschusses (BT-Drucks. 12/5110 S. 19) auch im Rahmen des § 577 BGB gelten. Die Frist beginnt mit dem Zugang der Mitteilung. Dies gilt allerdings nur dann, wenn die Mitteilung zugleich die Unterrichtung über das Vorkaufsrecht enthält. Bei getrennter Information beginnt die Frist, wenn dem Mieter sowohl die Mitteilung als auch die Unterrichtung zugegangen ist. Die Mitteilung und die Unterrichtung müssen den gesetzlichen Vorschriften entsprechen; andernfalls beginnt die Frist nicht zu laufen (Rolfs in: Staudinger § 577 BGB Rdn. 64; Franke/Geldmacher ZMR 1993, 548, 555). Gleiches gilt, wenn – bei mehreren Mietern – die Information nur einem Teil der Mieter zugegangen ist (**a. A.** Schmidt DWW 1994, 65, 69).

65 Die Frist erscheint insbesondere dann zu knapp, wenn der Mieter von der Umwandlung und/oder der Möglichkeit des Vorkaufs keine Kenntnis hatte. In diesem Fall muss der Mieter innerhalb von zwei Monaten nicht nur die Angemessenheit

des Kaufpreises prüfen, sondern auch die Finanzierung überdenken und planen. Einen Anspruch auf **Verlängerung der Frist** hat der Mieter nicht.

Die **Frist endet** zwei Monate nach Zugang der Mitteilung. Zu diesem Zeitpunkt muss die Erklärung über die Ausübung des Vorkaufsrechts dem Verkäufer (bei mehreren Personen: den Verkäufern) zugegangen sein. Auf den Zeitpunkt der Abgabe der Erklärung kommt es – wie allgemein nicht an. Der Mieter kann die Erklärung auch früher abgeben, auch vor dem Zugang der Mitteilung. 66

Endet die Ausübungsfrist **nach dem Ende des Mietverhältnisses,** so kann der Mieter das Vorkaufsrecht auch nach dem Ablauf der Mietzeit ausüben (Bellinger in: WoBauR § 2b WoBindG Anm. 3.4; Häublein in: MünchKomm § 577 BGB Rdn. 31; **a. A.** Schilling, Neues Mietrecht 1993, S. 94; Rolfs in: Staudinger § 577 BGB Rdn. 40). Wird das Vorkaufsrecht innerhalb der Zwei-Monats-Frist geltend gemacht, so wird der Kauf wirksam, wenn das Mietverhältnis in der Folgezeit nach § 545 BGB verlängert wird. Dies folgt aus der Erwägung, dass beim Vorliegen der in § 545 BGB bestimmten Voraussetzungen eine Verlängerung des Mietverhältnisses eintritt; in diesem Fall ist der Vorkaufsberechtigte unbeschadet des Ablaufs der Mietzeit als „Mieter" anzusehen. Tritt hingegen keine Verlängerung des Mietverhältnisses nach § 545 BGB ein (weil eine der Parteien der Gebrauchsfortsetzung widerspricht), so ist eine nach Ablauf der Mietzeit erklärte Ausübung des Vorkaufsrechts unwirksam, weil in diesem Fall der Berechtigte nicht als „Mieter" tätig geworden ist. Beginnt die Ausübungsfrist nach Beendigung der Mietzeit, so kann der Mieter das Vorkaufsrecht bereits vor Ablauf der in § 545 BGB bestimmten Widerspruchsfrist wirksam ausüben. Der Kauf kommt in diesem Fall zustande, wenn das Mietverhältnis nach § 545 BGB verlängert wird. 67

Die Frist für die Ausübung des Vorkaufsrechts wird erneut in Lauf gesetzt wird, wenn die Parteien den **Kaufvertrag ändern** (OLG Karlsruhe WuM 1996, 325 m. Anm. Blank). Dies kann dann von Bedeutung sein, wenn die Kaufvertragsparteien zunächst einen hohen Kaufpreis vereinbaren, um den Mieter von der Ausübung des Vorkaufsrechts abzuhalten und sodann nach Ablauf der Zwei-Monats-Frist den Kaufpreis reduzieren. Hier muss dem Mieter der Inhalt des geänderten Kaufvertrags mitgeteilt werden; außerdem ist er erneut über sein Vorkaufsrecht zu unterrichten. Die Frist zur Ausübung des Vorkaufsrechts beginnt mit dem Zugang dieser Mitteilung. 68

VI. Der Auflassungsanspruch

Mit der wirksamen Ausübung des Vorkaufsrechts kommt ein Kaufvertrag zwischen dem Verkäufer und dem Mieter zu den Bedingungen des Erstvertrags zustande. Einer **notariellen Beurkundung** dieses Vertrags bedarf es nicht (Rolfs in: Staudinger § 577 BGB Rdn. 67). Der Erstvertrag bleibt wirksam; eventuelle Ansprüche des Erstkäufers richten sich nach diesem Vertrag und den allgemeinen Vorschriften über die Nichterfüllung. Da die Parteien des Kaufvertrags i. d. R. nicht wissen, ob der Mieter sein Vorkaufsrecht ausübt, empfiehlt es sich für den Verkäufer auf einen vereinbarten Rücktrittsvorbehalt für den Fall der Ausübung des Rechts hinzuwirken. 69

Aus dem Kaufvertrag kann der Mieter auf **Übertragung des Eigentums** klagen, wenn der Vermieter die Auflassung nicht erklärt (Klage auf Abgabe der zur Auflassung erforderlichen Willenserklärung). Da das Vorkaufsrecht nach § 577 BGB keine dingliche, sondern lediglich schuldrechtliche Wirkung hat, kann dieser 70

§ 577 BGB   Untertitel 2. Mietverhältnisse über Wohnraum

Anspruch allerdings nicht gegen den Willen des Dritten durchgesetzt werden, wenn der Dritte bereits im Grundbuch eingetragen ist oder wenn eine **Auflassungsvormerkung zugunsten des Dritten** besteht. In diesem Fall kann der Mieter den Vermieter lediglich auf **Schadensersatz** in Anspruch nehmen. Die Berechnung des Schadens richtet sich – wie stets – nach den Umständen des Einzelfalls. Maßgeblich ist ein Gesamtvermögensvergleich. Der tatsächlichen Vermögensentwicklung ist die Vermögenssituation bei ordnungsgemäßer Erfüllung gegenüberzustellen (BGH NZM 2005, 779 = WuM 2005, 660). Kündigt der Erwerber wegen Eigenbedarfs, so können beispielsweise die umzugsbedingten Aufwendungen Gegenstand eines Ersatzanspruchs sein. Nach einer Entscheidung des OLG München (NZM 1999, 797) soll allerdings eine Ausnahme gelten, wenn die Parteien des Kaufvertrags in einer gegen die guten Sitten verstoßenden Weise (§ 826 BGB) zusammenwirken, um das Vorkaufsrecht des Mieters zu vereiteln. In diesem Fall soll der Mieter die Möglichkeit haben, den Parteien des Kaufvertrags durch einstweilige Verfügung zu verbieten, Schritte zur Eintragung des Erwerbers ins Grundbuch zu unternehmen.

71 Zur **Sicherung seines Eigentumsverschaffungsanspruchs** kann der Mieter im Wege der einstweiligen Verfügung die Eintragung einer **Auflassungsvormerkung** zu seinen Gunsten erwirken (§ 883 Abs. 1 BGB); eine Gefährdung des zu sichernden Anspruchs muss hierbei nur glaubhaft gemacht werden (§ 885 Abs. 1 Satz 2 BGB). Eine bereits zuvor eingetragene Vormerkung zugunsten des Dritten hindert die Eintragung nicht, weil nicht feststeht, ob der Eigentumsübergang zugunsten des Dritten erfolgt (AG Frankfurt NJW 1995, 1034). Allerdings ist die Eintragung zugunsten des Erwerbers vorrangig (§ 883 Abs. 2 BGB).

72 Eine Besonderheit kann gelten, wenn der Veräußerer mit dem Erwerber vereinbart hat, dass dieser verpflichtet sein soll, dem Mieter Gelegenheit zur Ausübung des Vorkaufsrechts zu geben. Hierin kann ein Vertrag zugunsten eines Dritten (des Mieters) zu sehen sein. In einem solchen Fall kann der Mieter gegenüber dem Erwerber den Anspruch auf Übertragung des Eigentums geltend machen; eine Sicherung dieses Anspruchs durch eine Vormerkung ist möglich (LG Köln NJW-RR 1995, 1354; **a. A.** OLG München NZM 1999, 797, 798).

73 Nach allgemeinen Grundsätzen ist die **Eintragung einer Vormerkung** zugunsten des Mieters erst möglich, wenn dieser das Vorkaufsrecht ausgeübt hat. Da dieser Zeitpunkt immer nach Abschluss des Kaufvertrags liegt, kann die Durchsetzung des gesetzlichen Vorkaufsrechts durch die Eintragung einer Vormerkung zugunsten des Käufers vereitelt werden. Aus diesem Grunde wird teilweise vorgeschlagen, dass die Eintragung der Vormerkung zugunsten des Mieters bereits „bei Verdichtung der Umwandlungsabsicht" möglich sein soll (Derleder PiG 49, 170, 187; **a. A.** Langheim Rpfleger 1995, 350; Rolfs in: Staudinger § 577 BGB Rdn. 52). Hierfür fehlt es allerdings an einer gesetzlichen Grundlage: Die Vormerkung setzt einen zu sichernden Anspruch voraus; dieser entsteht erst mit der Ausübung des Vorkaufsrechts.

74 Wird der **Mieter als Eigentümer im Grundbuch eingetragen,** obwohl zugunsten des Dritten eine vorrangige Auflassungsvormerkung besteht, so kann der Dritte den Veräußerer auf Auflassung und den Mieter auf Zustimmung zur Löschung seiner Eintragung als Eigentümer in Anspruch nehmen (§§ 433 Abs. 1, 883 Abs. 2, 888 BGB). Auf das Verhältnis des Dritten zum Mieter sind die Regelungen der §§ 987 ff BGB entsprechend anzuwenden (BGHZ 87, 296, 301). Der Dritte hat gegen den Mieter einen Anspruch auf Ersatz der Nutzungen in Höhe des Mietzinses. Hat der Mieter während seiner Zeit als Eigentümer Verwendungen auf die Mietsache gemacht, so kann er vom Dritten nach §§ 347 Abs. 2, 994 Abs. 2 BGB Ersatz verlangen (vgl. BGH GE 2000, 1470).

Steht das Mietobjekt unter **Zwangsverwaltung**, richtet sich der Anspruch des Mieters auf Verschaffung des Eigentums gegen den Vermieter und nicht gegen den Zwangsverwalter. Dem Mieter steht gegenüber dem Anspruch des Zwangsverwalters auf Zahlung der Miete kein Zurückbehaltungsrecht wegen des Eigentumsverschaffungsanspruchs zu (Drasdo NZM 2018, 6, 13). **74a**

VII. Abweichende Vereinbarungen (Abs. 5)

Nach § 577 Abs. 5 BGB ist eine „zum Nachteil des Mieters abweichende Vereinbarung ... unwirksam". Dies bedeutet, dass das Vorkaufsrecht mietvertraglich nicht ausgeschlossen oder zum Nachteil des Mieters beschränkt werden kann. Die Modalitäten der Ausübung des Vorkaufsrechts, wie sie in §§ 463–473 BGB geregelt sind, können ebenfalls nicht zum Nachteil des Mieters abweichend geregelt werden. Dies folgt unmittelbar aus § 577 Abs. 1 Satz 3 BGB. Deshalb ist es beispielsweise unwirksam, wenn die Fristen für die Ausübung des Vorkaufsrechts verkürzt werden oder wenn vereinbart wird, dass die Ausübung des Vorkaufsrechts der notariellen Form bedarf. Dagegen ist es wirksam, wenn Regelungen getroffen werden, die dem Mieter vorteilhaft sind (z. B. längere Ausübungsfristen, Vererbbarkeit des Vorkaufsrechts). **75**

Ein **Verzichtsvertrag** zwischen dem Mieter und dem Vermieter, der **vor Abschluss des Kaufvertrags** geschlossen wird, ist unwirksam (Wirth NZM 1998, 390, 394; Lammel § 577 BGB Rdn. 54; Rolfs in: Staudinger § 577 BGB Rdn. 88; Hinz in: Klein-Blenkers/Heinemann/Ring, Miete/WEG/Nachbarschaft § 577 BGB Rdn. 48; **a. A.** Wienicke a. a. O. S. 97 für § 2b WoBindG). In einem solchen Vertrag liegt eine abweichende Vereinbarung zum Nachteil des Mieters, weil dieser die Folgen seines Verzichts erst wahrnehmen kann, wenn er den Inhalt des Kaufvertrags kennt. Ein einseitiger Verzicht des Mieters hat wegen § 397 BGB keine Rechtsfolgen. Jedoch kann die spätere Ausübung des Vorkaufsrechts trotz vorher erklärtem Verzicht u. U. gegen § 242 BGB verstoßen (Wirth NZM 1998, 390, 395). **76**

Fraglich ist, ob der Mieter einen **Verzichtsvertrag mit dem Kaufinteressenten** abschließen kann. Dies hängt zunächst davon ab, ob sich die Verbotsnorm nur auf die Vertragsparteien bezieht, oder ob unter dem Begriff der „ Vereinbarung ,, auch ein Vertrag zwischen dem Mieter und dem Dritten zu verstehen ist. Insoweit ist festzustellen, dass sich aus § 577 Abs. 2 BGB eindeutig eine Verpflichtung des Dritten zur Unterrichtung des Mieters über das Vorkaufsrecht ergibt, wenn der Dritte den Inhalt des Kaufvertrags mitteilt. Dies rechtfertigt die Annahme, dass der Dritte auch das Verbot des § 577 Abs. 5 BGB zu beachten hat. **77**

Nach Abschluss des Kaufvertrags und dessen Mitteilung an den Mieter unter Beachtung der in § 577 Abs. 2 BGB vorgeschriebenen Unterrichtung kann allerdings ein **Verzichtsvertrag** sowohl mit dem Vermieter als auch mit dem Dritten geschlossen werden (Sonnenschein NJW 1980, 2055, 2058; Schilling/Meyer ZMR 1994, 504; Heintz Rdn. 451; Rolfs in: Staudinger § 577 BGB Rdn. 88; Häublein in: MünchKomm § 577 BGB Rdn. 3; Lammel § 577 BGB Rdn. 54; Hinz in: Klein-Blenkers/Heinemann/Ring, Miete/WEG/Nachbarschaft § 577 BGB Rdn. 48). Der Einwand Wirths (NZM 1998, 390, 395) wonach ein Erlassvertrag nur zwischen den Beteiligten des Schuldverhältnisses möglich sei, verkennt, dass der Vertrag mit dem Dritten über den Verzicht auf das Vorkaufsrecht nach den Grundsätzen der Vertragsfreiheit ohne weiteres als Vertrag besonderer Art bewertet werden kann. **78**

§ 577 BGB Untertitel 2. Mietverhältnisse über Wohnraum

79 Kennt der Mieter den Inhalt des Kaufvertrags und weiß er um sein Vorkaufsrecht, so kann er sich frei darüber entscheiden, ob er es ausüben will; ein weitergehendes Schutzbedürfnis besteht in einem solchen Fall nicht (enger Bellinger, a.a.O, Anm. 6 für die Fälle des § 2b WoBindG: der Mieter könne nicht auf die Überlegungsfrist zur Ausübung des Vorkaufsrechts verzichten).

80 Nach demselben Kriterium ist die Wirksamkeit eines **Mietaufhebungsvertrags** zu beurteilen, der im zeitlichen Zusammenhang mit dem Verkauf der Wohnung abgeschlossen wird, damit dem Käufer eine freistehende Wohnung übergeben werden kann. Erfolgt der **Vertragsschluss vor Abschluss des Kaufvertrags** oder dessen Mitteilung an den Mieter, so hat die vereinbarte Mietaufhebung zugleich einen unwirksamen Verzicht auf das Vorkaufsrecht zur Folge. Dabei spielt es keine Rolle, ob das Mietverhältnis bereits vor dem Abschluss des Kaufvertrags oder erst danach enden soll (**a. A.** Rolfs in: Staudinger § 577 BGB Rdn. 86: danach sind nur solche Aufhebungsverträge unwirksam, bei denen das Mietverhältnis nach Abschluss des Kaufvertrags endet). Nach dem Gesetzeszweck kann allein maßgeblich sein, dass die Aufhebung des Mietverhältnisses im Hinblick auf einen beabsichtigten Verkauf erfolgt. Die Unwirksamkeit des ausdrücklich oder stillschweigend vereinbarten Verzichts auf das Vorkaufsrecht führt zur Unwirksamkeit des gesamten Rechtsgeschäfts, also auch des Aufhebungsvertrags einschließlich der dort enthaltenen Abfindungsabreden (Rolfs a. a. O.). Zieht der Mieter allerdings aus, nachdem er von dem Kaufvertrag und dem Vorkaufsrecht Kenntnis erlangt hat, so kann hierin ein erneuter Aufhebungsvertrag gesehen werden (§ 141 BGB).

81 Wird der Aufhebungsvertrag dagegen **nach Abschluss des Kaufvertrags** und nach der Unterrichtung des Mieters hierüber vereinbart, so ist sowohl der darin liegende Verzicht auf das Vorkaufsrecht als auch der Aufhebungsvertrag wirksam (Hinz in: Klein-Blenkers/Heinemann/Ring, Miete/WEG/Nachbarschaft § 577 BGB Rdn. 49). Gleiches gilt, wenn die Aufhebung auf Betreiben des Mieters erfolgt oder wenn die Aufhebung zu einem Zeitpunkt vereinbart wird, zu dem der Verkauf der Wohnung noch nicht beabsichtigt ist.

82 In der Praxis wird für Wohnungen mit einem bestehenden Mietverhältnis regelmäßig ein niedrigerer Mietpreis bezahlt als für eine Wohnung ohne mietvertragliche Bindungen. Da der Mietvertrag mit dem Eigentumserwerb des Mieters erlischt, könnte dieser die Wohnung zu günstigeren Bedingungen als der Erstkäufer erwerben. Dies zeigt sich insbesondere dann, wenn der Mieter die Wohnung nach dem Eigentumserwerb freistehend (zu einem höheren Preis) weiterveräußert. Die damit verbundenen Vermögensvorteile sind vom Schutzzweck des § 577 BGB nicht gedeckt. Deshalb ist § 577 Abs. 5 BGB nicht verletzt, wenn die Parteien des Kaufvertrags eine **differenzierte Preisabrede** treffen (Derleder PiG 49, 169, 176 ff; NJW 1996, 2817, 2819; **a. A.** Rolfs in: Staudinger § 577 BGB Rdn. 82). Bei dieser Form der Preisabrede werden zwei Kaufpreise bestimmt, nämlich ein niedriger Preis für die Wohnung mit mietvertraglichen Bindungen und (alternativ hierzu) ein höherer Preis für die Wohnung ohne mietvertragliche Bindungen. Der niedrigere Preis gilt, wenn der Mieter das Vorkaufsrecht nicht ausübt. Übt der Mieter das Vorkaufrecht aus, so gilt der höhere Preis. Eine solche Preisgestaltung ist wirksam, wenn die Preisdifferenz den Marktgegebenheiten entspricht.

VIII. Prozessuales

Für Streitigkeiten über die Ausübung des gesetzlichen Vorkaufsrechts sind nach **83** § 29a ZPO die Amtsgerichte zuständig. Dies gilt auch dann, wenn der Rechtsstreit zwischen dem Mieter und dem noch nicht im Grundbuch eingetragenen Erwerber geführt wird. In diesem Fall besteht zwischen den Parteien des Rechtsstreits zwar kein Mietverhältnis; gleichwohl ist § 29a ZPO einschlägig, weil der Anspruch des Mieters seine Grundlage im Mietverhältnis hat.

Teilt der Vermieter dem Mieter entgegen § 577 Abs. 2 den Inhalt des Kaufvertrags nicht mit, so kann der Mieter **Auskunftsklage** erheben. Einen eventuellen **84** Schadensersatzanspruch wegen Vereitelung des Vorkaufsrechts (s. Rdn. 49) kann der Mieter mit der **Leistungsklage** verfolgen. Fraglich ist, ob der Mieter den Auskunftsanspruch und den Schadensersatzanspruch im Wege der **Stufenklage** geltend machen kann. Das Problem ergibt sich aus § 254 ZPO, weil die Stufenklage grundsätzlich voraussetzt, dass der Kläger mit der Auskunftsklage die für die Erhebung der Leistungsklage erforderlichen Informationen erhält. Dies ist in Fällen der vorliegenden Art nicht der Fall, weil der Mieter durch die Auskunft über den Inhalt des Kaufvertrags zwar den Verkaufspreis der Wohnung, nicht aber deren Verkehrswert erfährt. Nach der Ansicht des BGH steht dies der Zulässigkeit der Stufenklage nicht entgegen: Für die Erhebung einer Stufenklage nach § 254 ZPO ist es „nicht erforderlich, dass durch die in der ersten Stufe geltend gemachte Auskunft alle Informationen zu erlangen sind, die für die Bezifferung des in einer weiteren Stufe verfolgten Leistungsanspruchs notwendig sind" (BGH Urteil vom 6.4.2016 – VIII ZR 143/15 Rdn. 14 m. Anm. Klühs NZM 2016, 812).

IX. Analoge Anwendung bei Realteilung eines Grundstücks

Die Regelungen der §§ 577, 577a BGB setzen voraus, dass an vermieteten **85** Wohnräumen Wohnungseigentum begründet und dieses veräußert wird. Soll ein mit mehreren vermieteten Einfamilienhäusern bebautes einheitliches Grundstück in selbständige Grundstücke aufgeteilt und die einzelnen Häuser sodann verkauft werden, so scheidet eine unmittelbare Anwendung der § 577, 577a BGB aus. Nach der Ansicht des BGH sind diese Regelungen im Fall der Realteilung eines Grundstücks aber entsprechend anzuwenden (BGH NJW 2008, 2257 = NZM 2008, 569 = WuM 2008, 415; NJW 2010, 3571; BGH Urteil vom 27.4.2016 – VIII ZR 61/15 Rdn. 19 m. Anm. Klühs NZM 2016, 812). Hier steht dem Mieter des Einfamilienhauses das Vorkaufsrecht zu, wenn die Realteilung nach der Überlassung der Mietsache an den Mieter erfolgt und das Einfamilienhaus sodann veräußert wird (§ 577 Abs. 1 Satz 1 Alt. 1 analog). Ebenso besteht das Vorkaufsrecht, wenn das ungeteilte Grundstück veräußert wird und sich der Veräußerer in dem Kaufvertrag zur Aufteilung verpflichtet hat (§ 577 Abs. 1 Satz 1 Alt. 2 analog). Die letztgenannte Alternative setzt zum einen voraus, dass der Veräußerer gegenüber dem Erwerber vertraglich zur Teilung des Grundstücks verpflichtet ist. Die Entscheidung über die Teilung darf also nicht dem Erwerber überlassen werden. Zum anderen muss die vom Vorkaufsrecht erfasste künftige Wohneinheit in dem Vertrag hinreichend bestimmt oder bestimmbar sein. Für die Bestimmbarkeit der Teilflächen genügt es nach der Auffassung des BGH, wenn diese „nach ihrer ungefähren Größe, ihrer Beschaffenheit (mit Wohnhaus, Schuppen oder Garage bebaut)

§ 577a BGB   Untertitel 2. Mietverhältnisse über Wohnraum

und nach ihrer Lage auf dem Gesamtgrundstück ... ausreichend bestimmt beschrieben und bezeichnet" werden (BGH Urteil vom 27.4.2016 – VIII ZR 61/15 Rdn. 58 m. Anm. Klühs NZM 2016, 812). § 577 BGB ist unanwendbar, wenn der Eigentümer eines mit mehreren Reihenhäusern bebauten Grundstücks an mehrere Erwerber veräußert und eine eventuell zu erfolgende Realteilung den Erwerbern überlassen bleibt (LG Berlin GE 2017, 891). Sind der Gegenstand des Mietvertrags und die von den Parteien des Kaufvertrags beabsichtigte Aufteilung des Gesamtgrundstücks in Einzelgrundstücke nicht völlig identisch, so ist § 467 Satz 2 BGB anzuwenden. Danach kann der Verpflichtete (also der Veräußerer) verlangen, dass der Vorkauf auf alle Sachen erstreckt wird, die nicht ohne Nachteil für ihn getrennt werden können. Diese Regelung gilt für das gesetzliche Vorkaufsrecht entsprechend. Das Vorkaufsrecht kann deshalb auch solche Grundstücksteile erfassen, die nicht Gegenstand des Kaufvertrags sind: „Damit bestimmt das Vorkaufsrecht und nicht der den Vorkaufsfall auslösende Kaufvertrag, welche Gegenstände der Vorkaufsberechtigte in Ausübung seines Rechts erwerben kann" (BGH Urteil vom 27.4.2016 – VIII ZR 61/15 Rdn. 63 m. Anm. Klühs NZM 2016, 812) Der Veräußerer kann gem. § 467 Satz 2 BGB auch verlangen, dass der Mieter den gesamten auf ihn entfallenden Grundstücksteil erwirbt, wenn der ansonsten verbleibende Rest nicht sinnvoll zu verwerten ist). Die analoge Anwendung der §§ 577, 577a BGB im Wege der richterlichen Rechtsfortbildung auf den Fall der Realteilung eines Grundstücks ist verfassungsrechtlich nicht zu beanstanden (BVerfG WuM 2011, 355 = NZM 2011, 479). Im Falle der Kündigung durch den Erwerber gilt die Kündigungssperre gem. § 577a BGB.

§ 577a Kündigungsbeschränkung bei Wohnungsumwandlung

(1) Ist an vermieteten Wohnräumen nach der Überlassung an den Mieter Wohnungseigentum begründet und das Wohnungseigentum veräußert worden, so kann sich ein Erwerber auf berechtigte Interessen im Sinne des § 573 Abs. 2 Nr. 2 oder 3 erst nach Ablauf von drei Jahren seit der Veräußerung berufen.

(1a) Die Kündigungsbeschränkung nach Abs. 1 gilt entsprechend, wenn vermieteter Wohnraum nach der Überlassung an den Mieter
1. an eine Personengesellschaft oder an mehrere Erwerber veräußert worden ist oder
2. zu Gunsten einer Personengesellschaft oder mehrerer Erwerber mit einem Recht belastet worden ist, durch dessen Ausübung dem Mieter der vertragsgemäße Gebrauch entzogen wird.

Satz 1 ist nicht anzuwenden, wenn die Gesellschafter oder Erwerber derselben Familie oder demselben Haushalt angehören oder vor Überlassung des Wohnraums an den Mieter Wohnungseigentum begründet worden ist

(2) ¹Die Frist nach Absatz 1 oder nach Absatz 1a beträgt bis zu zehn Jahre, wenn die ausreichende Versorgung der Bevölkerung mit Mietwohnungen zu angemessenen Bedingungen in einer Gemeinde oder einem Teil einer Gemeinde besonders gefährdet ist und diese Gebiete nach Satz 2 bestimmt sind. ²Die Landesregierungen werden ermächtigt, diese Gebiete und die Frist nach Satz 1 durch Rechtsverordnung für die Dauer von jeweils höchstens zehn Jahren zu bestimmen.

(2a) Wird nach einer Veräußerung oder Belastung im Sinne des Absatzes 1a Wohnungseigentum begründet, so beginnt die Frist, innerhalb der eine Kündigung nach § 573 Abs. 2 Nummer 2 oder 3 ausgeschlossen ist, bereits mit der Veräußerung oder Belastung nach Absatz 1a.
(3) Eine zum Nachteil des Mieters abweichende Vereinbarung ist unwirksam.

Übersicht

	Rdn.
I. Anwendungsbereich und Zweck	1
II. Tatbestandsvoraussetzungen des Abs. 1	4
1. Überlassung an den Mieter und Begründung von Wohnungseigentum	4
2. Die Veräußerung	5
3. Der Erwerber	8
4. Die Fristberechnung	9
5. Kündigung zum Zwecke der Eigennutzung	13
III. Kündigungssperre bei Veräußerung des Gebäudes an Personengesellschaft oder an mehrere Erwerber (§ 577a Abs. 1a)	14
1. Gesetzeszweck	14
2. Anwendungsbereich Nr. 1	15
3. Anwendungsbereich Nr. 2	16
4. Veräußerung an Familien- oder Haushaltsangehörige	17
4a. Sonderfall: Personenhandelsgesellschaften	17a
5. Keine Anwendung bei Erwerb durch juristische Person	18
6. Veräußerung eines Bruchteils	19
IV. Verlängerte Fristen nach Abs. 2	20
V. Fristbeginn bei Veräußerung der umgewandelten Eigentumswohnung an Personengesellschaft oder an mehrere Erwerber (§ 577a Abs. 2a)	25
VI. Abweichende Vereinbarungen (Abs. 3)	26
VII. Analoge Anwendung bei Realteilung eines Grundstücks	29

I. Anwendungsbereich und Zweck

Die Vorschrift gilt nur für die Wohnraummiete und regelt die Kündigungsbeschränkungen bei der Umwandlung von Miet- in Eigentumswohnungen. Für Mietverhältnisse im Sinne von § 549 Abs. 2 Nr. 1–3 BGB und § 549 Abs. 3 BGB, ist die Vorschrift unanwendbar. 1

Die Regelung des § 577a Abs. 1 BGB begründet zugunsten des Mieters einen Ausschluss der Kündigung des Erwerbers einer umgewandelten Eigentumswohnung wegen Eigenbedarfs oder anderweitiger wirtschaftlicher Verwertung für die Dauer von drei Jahren, gerechnet ab dem Zeitpunkt des Eigentumsübergangs. Eine vor Ablauf der Kündigungssperrfrist ausgesprochene Kündigung ist unwirksam (AG Bad Cannstatt WuM 2017, 475). Wird die Wohnung vom Ersterwerber an einen Zweiterwerber weiterveräußert, so beginnt die Frist nicht neu zu laufen. Vielmehr tritt der Zweiterwerber in eine laufende Frist ein. Ist die Frist zum Zeitpunkt des Zweiterwerbs bereits abgelaufen, so kann der Zweiterwerber ohne Beachtung einer Sperrfrist kündigen. 2

§ 577a BGB Untertitel 2. Mietverhältnisse über Wohnraum

3   Die besondere Kündigungssperre des § 577a BGB verfolgt den Zweck, die Mieter gegen die (wohnungspolitisch unerwünschte) Umwandlung von Miet- in Eigentumswohnungen besonders zu schützen. Die 3-jährige Sperrfrist gilt nur dann, wenn der Kaufvertrag nach dem 31.7.1990 abgeschlossen worden ist. Hinsichtlich des Ausschlusses der Eigenbedarfskündigung ist die Vorschrift mit dem bis 31.8.2001 geltenden Recht identisch. Hinsichtlich der Verwertungskündigung weicht die Neuregelung vom bisherigen Recht ab. Nach dem bis 31.8.2001 geltenden Recht war die Verwertungskündigung in den Umwandlungsfällen generell ausgeschlossen; eine zeitliche Befristung bestand nicht. Nunmehr kann der Erwerber nach Ablauf von drei Jahren nach seiner Eintragung ins Grundbuch nach § 573 Nr. 3 BGB kündigen.

3a Die Regelung in Abs. 1a wurde durch das Mietrechtsänderungsgesetz vom 11.3.2013 (BGBl. I S. 434) mit Wirkung vom 1.5.2013 eingefügt. Die Regelung ist nicht anzuwenden auf Kündigungen die dem Mieter bereits vor dem Inkrafttreten dieser Vorschrift am 1.5.2013 zugegangen sind. Dies gilt auch dann, wenn die Kündigungsfrist erst nach dem 1.5.2013 abläuft (LG Berlin WuM 2015, 40). Dagegen spielt der Zeitpunkt der Veräußerung keine Rolle. Deshalb ist die verlängerte Kündigungsfrist auch dann zu beachten, wenn der Eigentumsübergang vor Inkrafttreten der Verordnung stattgefunden hat (AG Berlin-Mitte GE 2016, 462). Nach anderer Ansicht ist die rückwirkende Anwendung als unzulässige „echte Rückwirkung" zu bewerten (Krenek in: Spielbauer/Schneider (Hrsg) Mietrecht § 577a Rdn. 67; Klein-Blenkers in: Klein-Blenkers/Heinemann/Ring, Miete/WEG/Nachbarschaft § 577a Rdn. 31; Dickersbach in Lützenkirchen Mietrecht § 577a Rdn. 45a). Dabei wird verkannt, dass es ein schützenswertes Vertrauen auf den Fortbestand von Kündigungsfristen und – möglichkeiten nicht gibt. Vielmehr muss jede Mietvertragspartei damit rechnen, dass der Gesetzgeber das Recht den sich ändernden Verhältnissen anpasst mit der weiteren Folge, dass die geänderten Regeln – falls Übergangsvorschriften fehlen – für alle bestehenden Mietverhältnisse gelten.

II. Tatbestandsvoraussetzungen des Abs. 1

1. Überlassung an den Mieter und Begründung von Wohnungseigentum

4   Ist an vermieteten Wohnräumen nach der Überlassung an den Mieter Wohnungseigentum begründet und das Wohnungseigentum veräußert worden, so kann sich ein Erwerber auf berechtigte Interessen im Sinne des § 573 Abs. 2 Nr. 2 oder 3 erst nach Ablauf von drei Jahren seit der Veräußerung berufen. Eine vor Ablauf der Sperrfrist erklärte Kündigung ist unwirksam. Entsteht dem Mieter hierdurch ein Schaden, so ist der Vermieter zum Ersatzverpflichtet (**a. A.** LG Köln ZMR 2012, 445 m.abl.Anm. Lützenkirchen). Für den **Begriff der Überlassung** gelten die Ausführungen zu § 577 BGB Rdn. 6. Der **Begriff der Begründung von Wohnungseigentum** ist derselbe wie in § 577 Rdn. 13ff).

2. Die Veräußerung

5   Eine Veräußerung im Sinne von § 577a BGB liegt in allen Fällen vor, in denen der **Eigentümerwechsel auf Rechtsgeschäft** beruht, insbesondere also beim

Verkauf und bei der Schenkung. Ebenso ist eine Veräußerung anzunehmen, wenn der **Erwerber in der Zwangsvollstreckung** erwirbt (AG Münster WuM 2018, 41). In diesem Fall gilt die Sperrfrist auch dann, wenn der Erwerber von dem Sonderkündigungsrecht nach **§ 57a ZVG** Gebrauch macht (BGH NJW 1999, 2044 = NZM 1999, 629 = WuM 1999, 400; BayObLG RE 10.6.1992 WuM 1992, 424).

Wird ein Gebäude von den Bruchteilseigentümern die zugleich Vermieter sind gem. **§ 3 WEG** in **Wohnungseigentum** aufgeteilt und für jeden Miteigentümer Sondereigentum an einer Wohnung begründet, so ist dies nach der Rechtsprechung des BGH nicht als Veräußerung zu bewerten (BGH RE vom 6.7.1994 BGHZ 126, 357 = NJW 1994, 2542). Zwar trete in einem solchen Fall eine Rechtsänderung auf der Vermieterseite ein. Dies geschehe aber nicht „durch Eintritt des Sondereigentümers in die Rechte und Pflichten aus dem Mietverhältnis über die betreffende Wohnung, sondern in der Weise, dass er als alleiniger Vermieter übrig bleibt". Auf diese Rechtsfolge sei § 571 BGB a. F. (= § 566 BGB n. F.) weder unmittelbar noch entsprechend anzuwenden. 6

Anders ist es, wenn eine GbR ein Gebäude mit vermieteten Wohnungen erwirbt und hieran nach § 3 WEG Wohnungseigentum begründet. Wird die Gesellschaft im Anschluss hieran aufgelöst, so führt die „Auseinandersetzung der Gesellschaft ... unter Bildung von Wohnungseigentum und Eintragung der bisherigen Gesellschafter als Eigentümer der jeweils zugewiesenen Wohnung ... zu einem Wechsel der Rechtsträgerschaft von der Gesellschaft auf die einzelnen Wohnungseigentümer" (BGH WuM 2012, 31 = NZM 2012, 150). Dieser Vorgang ist als Veräußerung i. S. des § 566 BGB zu bewerten. Folgerichtig ist § 577a BGB anzuwenden, wenn der Sondereigentümer wegen Eigenbedarfs kündigt. Der **BGH** sieht dies anders (BGH a. a. O.). Er ist der Auffassung, dass die Kündigungssperrfrist nur in solchen Fällen gilt, in denen durch die Veräußerung eine zuvor nicht bestehende Eigenbedarfssituation entsteht. Dies sei in Fällen der vorliegenden Art nicht der Fall. Der BGH stützt sich dabei auf seine Rechtsprechung zu § 573 BGB. Danach ist eine GbR generell wie eine Vermietermehrheit zu behandeln (BGH NJW 2007, 2845 = WuM 2007, 515 = NZM 2007, 679; NJW 2009, 2738 = WuM 2009, 519 = NZM 2009, 613) mit der weiteren Folge, dass die Gesellschaft wegen Eigenbedarfs für einen Gesellschafter kündigen kann. 7

3. Der Erwerber

Erwerber ist derjenige, der anstelle des bisherigen Vermieters in das Mietverhältnis auf der Vermieterseite eintritt. Die Kündigungssperre gilt dabei nicht nur für denjenigen, der unmittelbar vom Umwandler erwirbt, sondern auch für den **Zweiterwerber** und jeden weiteren Erwerber. Für die **Fristberechnung** gilt hier der Rechtsentscheid des BayObLG vom 24.11.1981 (NJW 1982, 451 = WuM 1982, 46 = ZMR 1982, 88 = DWW 1982, 119). Das BayObLG geht davon aus, dass die Dreijahresfrist mit der Vollendung des Ersterwerbs beginnt und dass der Zweiterwerber in die im Zeitpunkt seines Erwerbs noch laufende Frist eintritt (ebenso: Rolfs in: Staudinger § 577a BGB Rdn. 19; Hinz in: Klein-Blenkers/Heinemann/Ring, Miete/WEG/Nachbarschaft § 577a BGB Rdn. 14; Lammel Wohnraummietrecht § 577a BGB Rdn. 10; Hannappel in: Bamberger/Roth § 577a BGB Rdn. 16). Ist die Frist zum Zeitpunkt des Zweiterwerbs bereits abgelaufen, so ist § 577a BGB unanwendbar (Herrlein in: Herrlein/Kandelhard § 577a BGB Rdn. 4; Palandt/Weidenkaff § 577a BGB Rdn. 4). Diese Rechtsfolge 8

§ 577a BGB Untertitel 2. Mietverhältnisse über Wohnraum

gilt auch dann, wenn die Wohnungen nach der Umwandlung zunächst „en bloc" an eine **juristische Person** veräußert werden und dieser Erwerber die Wohnungen sodann an natürliche Personen weiterverkauft (Rolfs in: Staudinger § 577a BGB Rdn. 20; **a. A.** AG München WuM 1993, 740).

4. Die Fristberechnung

9   Die Frist beginnt mit der Eintragung des Ersterwerbers im Grundbuch. Maßgeblich ist die Vollendung des ersten Eigentumserwerbs (§ 925 BGB). Auf den Zeitpunkt des Abschlusses des Kaufvertrags kommt es nicht an (AG Stuttgart WuM 1999, 462). Auch der Zeitpunkt der Auflassung ist nicht maßgebend. Beim Erwerb in der Zwangsversteigerung beginnt die Frist mit der Erteilung des Zuschlags (AG Münster WuM 2018, 41).

10   Dies gilt auch bei einem **befristeten Mietverhältnis i. S. v. § 564c Abs. 1 BGB a. F.** und bei solchen Verträgen, die einen **einseitigen Kündigungsausschluss** zu Lasten des Vermieters enthalten. In Fällen dieser Art tritt der Erwerber in die bestehenden vertraglichen Bindungen ein (§ 566 BGB). Solange das Mietverhältnis wegen der vertraglichen Vereinbarung unkündbar ist, kann es bereits aus diesem Grund nicht beendet werden. Endet die vertragliche Kündigungsbeschränkung vor Ablauf der gesetzlichen Kündigungssperre, so kann der Mieter eine Vertragsfortsetzung verlangen (§ 564c Abs. 1 BGB a. F.); in diesem Fall entsteht ein unbefristetes Mietverhältnis, das nach Ablauf der gesetzlichen Kündigungssperre gekündigt werden kann. Eine **Kumulation von vertraglichem Kündigungsausschluss und gesetzlicher Kündigungssperre** findet nicht statt, weil § 577a BGB gerade keine besondere (zusätzliche) „Räumungsfrist" darstellt, sondern einen gesetzlichen Kündigungsausschluss beinhaltet. Verlangt der Mieter keine Vertragsfortsetzung, so endet das Mietverhältnis ungeachtet der gesetzlichen Kündigungssperre zu dem vertraglich vereinbarten Zeitpunkt. Bei einem **Zeitmietvertrag i. S. von § 575 Abs. 1 Satz 1 BGB** kommt es maßgeblich darauf an, ob das Befristungsinteresse nach der Veräußerung fortbesteht. In diesem Fall kann sich grundsätzlich auch der Erwerber auf die Befristung berufen. Das Mietverhältnis endet in diesem Fall auch dann nach Maßgabe des § 575 BGB, wenn die gesetzliche Kündigungssperre noch nicht abgelaufen ist. Anderenfalls ist der Zeitmietvertrag nach der Veräußerung wie ein gewöhnliches befristetes Mietverhältnis zu behandeln.

11   Ist der **Mieter nach der Vermietung und Überlassung verstorben** und wurde das Mietverhältnis durch einen Rechtsnachfolger im Sinne von § 563 Abs. 1 und 2 BGB fortgesetzt, so gilt die Kündigungssperre auch gegenüber dem nunmehrigen Mieter. Dieser rückt auch bezüglich der Wartefrist, die der Vermieter für eine Kündigung wegen Eigenbedarfs zu beachten hat, in die Rechtsposition des verstorbenen Mieters ein (BGH WuM 2003, 569 = NJW 2003, 3265 = NZM 2003, 847 = ZMR 2003, 819).

12   Da das Kündigungsrecht des Vermieters für die dreijährige Wartezeit ausgeschlossen ist, kann die **Kündigung erst nach Fristablauf** ausgesprochen und mit dem Ablauf der jeweiligen Kündigungsfrist des § 573c BGB wirksam werden. Eine vorherige Kündigung zum Ende der Wartezeit ist nicht zulässig (OLG Hamm RE 3.12.1980 NJW 19981, 584 = WuM 1981, 35 = ZMR 1981, 115; **a. A.** LG München WuM 1979, 124, mit ablehnender Anmerkung Pütz). Auch insoweit ist die Rechtslage bei dem gesetzlichen Kündigungsausschluss keine andere als in den Fällen, in denen ein vertraglicher Kündigungsausschluss vereinbart worden ist. Es

entspricht dem Sinn und Zweck beider Kündigungssperren, dass der Mieter nicht nur in den Genuss der Sperrfrist, sondern auch in den Genuss der gestaffelten Kündigungsfrist kommen soll. Eine **vor Ablauf der Sperrfrist erklärte Kündigung** kann aus Gründen der Rechtsklarheit auch nicht als Kündigung zum nächstzulässigen Termin behandelt werden; vielmehr ist eine solche Kündigung unwirksam (OLG Hamm a. a. O.; **a. A.** Schmidt WuM 1982, 34). Für das Fristende gilt § 188 Abs. 2 BGB. Eine Verkürzung der gesetzlichen Wartefrist ist auch beim Vorliegen persönlicher Härtegründe auf Seiten des Vermieters (z. B. schwere Erkrankung, fortgeschrittenes Alter) nicht möglich (AG Wuppertal MDR 1972, 425 = WuM 1972, 44; AG Wuppertal WuM 1972, 93).

5. Kündigung zum Zwecke der Eigennutzung

Die Frage, ob die Kündigungssperre auch solche Kündigungen erfasst, die zum 13 Zwecke der Eigennutzung ausgesprochen, aber nicht mit Eigenbedarf begründet werden (z. B.: Betriebsbedarf; Kündigung zur Vermeidung von Steuernachteilen wird vom BGH verneint (BGH NJW 2009, 1808 = WuM 2009, 294; ebenso: Häublein in: MünchKomm § 577a BGB Rdn. 25; Rolfs in: Staudinger § 577a BGB Rdn. 41, 42; Soergel/Heintzmann BGB § 577a BGB Rdn. 2; Franke in WoBauR § 577a BGB Anm. 5.1; Sternel Mietrecht (1988) Rdn. IV 146; Lammel Wohnraummietrecht § 577a BGB Rdn. 12; Herrlein in: Herrlein/Kandelhard Mietrecht 3. A. § 577a Rdn. 5; Hinz in Klein-Blenkers/Heinemann/Ring, Miete/WEG/Nachbarschaft § 577a Rdn. 17; Haug in: Emmerich/Sonnenschein, Miete § 577a BGB Rdn. 11; Krenek in: Spielbauer/Schneider, Mietrecht § 577a Rdn. 43). Dies ist für alle Fälle von Bedeutung, in denen die Wohnung nach der Umwandlung und Veräußerung zugunsten eines Arbeitnehmers des Erwerbers gekündigt werden soll (s. BGH a.a.O. betr. Kündigung zum Zwecke der Unterbringung eines Au-pair-Mädchens). Ebenso ist § 577a BGB unanwendbar, wenn der Erwerber nach § 573a BGB kündigt (BGH NJW 2010, 3571 = WuM 2010, 513 = NZM 2010, 821).

III. Kündigungssperre bei Veräußerung des Gebäudes an Personengesellschaft oder an mehrere Erwerber (§ 577a Abs. 1a)

1. Gesetzeszweck

Die Kündigungsbeschränkung nach Abs. 1 setzt voraus, dass die Kündigung nach 14 der Begründung von Wohnungseigentum ausgesprochen wird. Werden die Mietverhältnisse dagegen vor der Umwandlung gekündigt, so ist Abs. 1 nach der Rechtsprechung des BGH nicht anwendbar; hierauf beruht das sog. „Münchener Modell" (s. BGH NJW 2009, 2738 = WuM 2009, 519 = NZM 2009, 613). Die hierdurch entstehende Lücke im Kündigungsschutz soll durch Abs. 1a geschlossen werden. Die Regelung des Abs. 1a ist am 1.5.2013 in Kraft getreten (MietRÄndG v. 11.3.2013 (BGBl. I 434). Auf eine vor diesem Zeitpunkt erklärte Kündigung, ist die Vorschrift nicht anzuwenden. Dies gilt auch dann, wenn die Kündigungsfrist erst nach dem 1.5.2013 abläuft (LG Berlin MDR 2015, 148).

2. Anwendungsbereich Nr. 1

15 Die Regelung in Nummer 1 gilt, wenn das Gebäude in dem sich die Mietwohnung befindet, an eine Personengesellschaft (GbR, KG, OHG) oder an mehrere Personen veräußert wird. In diesem Fall tritt die Gesellschaft bzw. treten die mehreren Erwerber in die bestehenden Mietverhältnisse ein. Mit der Kündigung nach § 573 Abs. 2 Nr. 2 oder 3 sind die Erwerber für die Dauer von drei Jahren ausgeschlossen. Nach allgemeiner Ansicht tritt die Kündigungssperrfrist in den Fällen des § 577a Abs. 1a auch dann ein, wenn die erwerbende Gesellschaft oder die mehreren Erwerber nicht die Absicht haben, an den einzelnen Wohnungen Wohnungseigentum zu begründen. Dies folgt ohne weiteres aus dem Wortlaut des Abs. 1a, weil dort die Umwandlungsabsicht nicht erwähnt wird (BGH NZM 2018, 388 mit Anmerkung Rolfs NZM 2018, 780; Rolfs in: Staudinger § 577a BGB Rdn. 23; Hinz in: Klein-Blenkers/Heinemann/Ring, Miete/WEG/Nachbarschaft § 577a Rdn. 20; Lützenkirchen in: Erman § 577a Rdn. 6c; Palandt/Weidenkaff § 577a Rdn. 3a.; Fleindl NZM 2012, 57, 62f). Aus der amtlichen Überschrift der Vorschrift („Kündigungsbeschränkung bei Wohnungsumwandlung"), folgt nichts anderes; nach der Ansicht des BGH (a. a. O.) wird dort die zu regelnde Materie lediglich schlagwortartig bezeichnet. In einem weiteren Teil der Entscheidung führt der BGH aus, dass die Regelung weder gegen das Eigentumsgrundrecht (Art. 14 GG) noch gegen das Gleichbehandlungsgebot (Art. 3 Abs. 1 GG) verstoße. Mit der Veräußerung eines Hauses an eine Personengesellschaft erhöhe sich für den Mieter die Kündigungsgefahr, weil jeder Gesellschafter Eigenbedarf geltend machen kann. Hiergegen soll der Mieter geschützt werden. Der Gesetzgeber habe hinsichtlich der Ausgestaltung des Kündigungsschutzes einen weiten Gestaltungsspielraum, der im Fall des § 577a Abs. 1a nicht überschritten werde.

3. Anwendungsbereich Nr. 2

16 Die Regelung in Nummer 2 gilt in jenen Fällen, in denen der Gebäudeeigentümer einer Personengesellschaft oder mehrerer Erwerber ein eigentumsähnliches Recht einräumt, aufgrund dessen der oder die Berechtigten ein Kündigungsrecht ausüben könnten. In Betracht kommt insbesondere die Bestellung eines Erbbaurechts oder eines Nießbrauchs. Auch in diesem Fall sind die Berechtigten mit der Eigenbedarfs- und Verwertungskündigung für die Dauer von drei Jahren ausgeschlossen.

4. Veräußerung an Familien- oder Haushaltsangehörige

17 Die Neuregelung gilt nicht, wenn die Gesellschafter oder Erwerber derselben Familie oder demselben Haushalt angehören. Dies betrifft insbesondere den in der Praxis häufigen Fall des Erwerbs eines Gebäudes mit vermieteten Wohnungen durch ein Ehepaar. Hier können die Erwerber sofort kündigen. Anders ist es, wenn die Eheleute eine umgewandelte Eigentumswohnung erwerben. In diesem Fall gilt die Regelung in Abs. 1.

5. Sonderfall: Personenhandelsgesellschaften

17a Zu den Personengesellschaften im Sinne des § 577a Abs. 1a zählen auch die Personenhandelsgesellschaften (OHG, KG). Nach der Rechtsprechung des BGH ist die Kündigung eines Wohnraummietverhältnisses durch die Gesellschaft wegen eines Eigenbedarfs der Gesellschafter aber ausgeschlossen (s. § 573 Rdn. 47). Eine Kündigung wegen wirtschaftlicher Verwertung durch eine Personenhandelsgesellschaft ist aber möglich, mit der Folge, dass die Sperrfrist zu beachten ist. Ein überzeugender Grund hierfür ist nicht ersichtlich.

6. Keine Anwendung bei Erwerb durch juristische Person

Die Neuregelung gilt nur für den Erwerb durch Personengesellschaften oder mehrere (natürliche) Personen, nicht für den Erwerb durch eine **juristische Person**. Dies ist vermutlich damit zu erklären, dass eine juristische Person nicht wegen Eigenbedarfs kündigen kann. Eine Verwertungskündigung ist aber möglich. Dies führt zu dem Ergebnis, dass eine Personengesellschaft (z. B. eine OHG oder KG) mit der Verwertungskündigung für die Dauer von drei Jahren ausgeschlossen ist, während eine juristische Person (z. B. eine GmbH) eine solche Kündigung aussprechen könnte. Ein sachlich überzeugender Grund für diese unterschiedliche Behandlung ist nicht erkennbar.

18

7. Veräußerung eines Bruchteils

Veräußert der Eigentümer eins Wohnhauses einen Bruchteil seines Grundstücks, so tritt der Erwerber neben dem Veräußerer in die bestehenden Mietverhältnisse ein. Will der Veräußerer eine der vermieteten Wohnungen selbst nutzen und liegen die übrigen Voraussetzungen des § 573 Abs. 2 Nr. 2 BGB vor, so können die Vermieter das Mietverhältnis über diese Wohnung wegen Eigenbedarfs kündigen. Für diese Kündigung gilt keine Sperrfrist. Anders ist es, wenn an den Wohnungen nach erfolgter Kündigung plangemäß Wohnungseigentum begründet wird. Zwar ist die Regelung des § 577a Abs. 1 BGB nicht einschlägig, weil die Kündigung vor der Umwandlung ausgesprochen wurde. Die Regelung des Abs. 1a ist nach ihrem Wortlaut ebenfalls unanwendbar, weil die Veräußerung nicht an eine Personengesellschaft oder eine Mehrheit von Personen erfolgt. Jedoch ist hier eine entsprechende Anwendung des Abs. 1a möglich. Es liegt eine Gesetzeslücke vor. Aus der Ergänzung des § 577a durch das MietRÄndG 2013 folgt, dass der Gesetzgeber den Mieter umfassend gegen alle Varianten der Wohnungsumwandlung schützen wollte. Hierzu zählt auch die Umwandlung nach vorangegangener Veräußerung von Bruchteilseigentum an einen einzelnen oder mehrere einzelne Erwerber. Der Mieter ist für die Umwandlungsabsicht darlegungs- und beweispflichtig. Da er die Absichten der Parteien des Veräußerungsgeschäfts i. d. R. weder kennt noch kennen muss, genügt es, wenn er im Zuge seiner Rechtsverteidigung gegen die Kündigung die Umwandlungsabsicht behauptet. Es ist dann Sache des Vermieters, hierzu substantiiert Stellung zu nehmen. Besteht eine Umwandlungsabsicht, so ist die Sperrfrist zu beachten, anderenfalls ist die Kündigung wirksam. Wird die Umwandlungsabsicht wahrheitswidrig geleugnet, so ist die Kündigung unwirksam. Dem Mieter stehen dann Erfüllungs- und Schadensersatzansprüche zu. Es gelten dieselben Rechtsfolgen wie bei der Kündigung mit vorgetäuschtem Eigenbedarf (s. § 573 Rdn. 90).

19

IV. Verlängerte Fristen nach Abs. 2

20 § 577a Abs. 2 BGB enthält Sonderregelungen für Gebiete mit unzureichender Wohnraumversorgung. In diesen Gebieten können die Landesregierungen durch Rechtsverordnung eine Kündigungssperre bis zur Dauer von zehn Jahren anordnen.

20a Voraussetzung ist zunächst, dass „die ausreichende Versorgung der Bevölkerung mit Mietwohnungen zu angemessenen Bedingungen in einer Gemeinde oder in einem Teil einer Gemeinde besonders gefährdet ist". Unter dem **Begriff „ausreichende Versorgung"** ist „ein annäherndes Gleichgewicht von Angebot und Nachfrage an Wohnungen, wie sie dem allgemein für Wohnungen der entsprechenden Gegend anzutreffenden Standard entsprechen, zu verstehen" (BGH NJW 2016, 476 Rdn. 71 zu der rechtsähnlichen Regelung in § 558 Abs. 3 Satz 2 BGB). Die Regelung setzt nicht voraus, dass das rechnerische Angebot an freistehenden Wohnungen geringer ist als die Zahl der Wohnungssuchenden. Vielmehr kann auch dann eine Unterversorgung vorliegen, wenn Angebot und Nachfrage ausgeglichen sind oder bereits „ein leichtes Übergewicht des Angebots" vorliegt. Wesentlich ist hierbei, dass die einer Rechtsverordnung zugrunde liegenden tatsächlichen Voraussetzungen für die Annahme einer Unterversorgung vom Gericht nur daraufhin zu überprüfen sind, ob der Verordnungsgeber die von der Verfassung vorgegeben Grenzen beachtet hat. Dem (demokratisch legitimierten) Verordnungsgeber (also der Landesregierung) steht „ein politischer Beurteilungs- und Gestaltungsspielraum zu" (BGH a. a. O. Rdn. 63), der von den Gerichten zu respektieren ist. Dabei hat der Verordnungsgeber eine Prognoseentscheidung über einen Zeitraum zu treffen, welcher der Laufzeit der Verordnung entspricht (BGH a. a. O. Rdn. 74).

20b Mit dem **Begriff der „angemessenen Bedingungen"** ist die Miethöhe gemeint. Maßgeblich ist, welcher Teil des Einkommens in der Gemeinde oder der Region für die Miete eingesetzt werden muss. Ein Indiz für die Unangemessenheit der Mietbelastung liegt vor, wenn die durchschnittliche Mietbelastung der Haushalte in einer Gemeinde oder Region den bundesweiten Durchschnitt deutlich übersteigt (vgl. § 556d Abs. 2 Satz 3 Nr. 2 BGB).

21 **Indizien für eine Mangelsituation** sind: wenn die Nachfragen Wohnungssuchender beim Wohnungsamt stark ansteigen oder wenn die Marktmiete – also die übliche Miete bei Neuvermietungen – um ca. 15% höher ist als die ortsübliche Miete. Weitere Indizien für eine Mangelsituation sind: statistische Daten, registrierte Wohnungslosenfälle, behördliche Bedarfsprognosen, Regierungsprogramme zur Förderung des Wohnungsbaus oder zunehmende Wohnungsmodernisierungen mit der Folge, dass sich das Angebot an Billigwohnungen verringert. Hat sich das ortsübliche Mietpreisniveau in der Gemeinde in den letzten Jahren stärker entwickelt, als die allgemeinen Lebenshaltungskosten, so spricht dies ebenfalls für eine Mangelsituation.

22 **Indizien für einen ausgeglichenen Markt** sind ebenfalls denkbar. Hierzu gehören: ein größerer Wohnungsleerstand; Mietsenkungen bei der Neuvermietung und vergebliche Zeitungsinserate.

23 Die Landesregierungen können Rechtsverordnungen erlassen, in denen Gebiete (Gemeinden oder Gemeindeteile) ausgewiesen sind, in denen eine Mangellage besteht. Die Verordnung muss auf einer hinreichend gesicherten Tatsachengrundlage beruhen. Die in Rdn. 21/22 aufgeführten Indizien können lediglich Anlass für eine derartige (aufwendige) Tatsachenermittlung sein; sie können eine solche Ermittlung aber nicht ersetzen.

Nach dem Wortlaut des § 558 Abs. 3 Satz 3 BGB muss die Mangellage „in einer **Gemeinde oder einem Teil einer Gemeinde**" vorliegen. Diese Regelung kann unterschiedlich ausgelegt werden. (1) Denkbar ist zum einen, dass der Verordnungsgeber verpflichtet ist, den Wohnungsmarkt möglichst kleinräumig zu untersuchen und nur solche Gemeindeteile (Quartiere) in der Verordnung auszuweisen, in denen eine nachweisbare Mangellage besteht. (2) Denkbar ist aber auch, dass der Verordnungsgeber die abgesenkte Kappungsgrenze auf das gesamte Gemeindegebiet erstrecken muss, wenn in einem Teil der Gemeinde eine Mangellage besteht. (3) Schließlich ist eine (vermittelnde) Auslegung möglich, wonach der räumliche Geltungsbereich der Verordnung im Ermessen des Verordnungsgebers steht. Der BGH vertritt mit überzeugender Begründung die letztgenannte Ansicht (BGH NJW 2016, 476 Rdn. 71 zu der rechtsähnlichen Regelung in § 558 Abs. 3 Satz 2 BGB Rdn. 77–98). Maßgeblich hierfür ist vor allem die Erwägung, dass es kaum möglich ist für einzelne Gemeindeteile aussagekräftige Daten zu gewinnen. Unbeschadet hiervon könnte im Ausnahmefall durchaus eine Reduktion des Ermessens auf „Null" angenommen werden, wenn zweifelsfrei feststeht, dass für einem abgrenzbaren Gemeindeteil kein Regelungsbedürfnis besteht. **24**

Für die Vereinbarkeit von landesrechtlichen Rechtsverordnungen mit dem förmlichen Gesetz oder dem Grundgesetz gilt Art 100 Abs. 1 GG nicht. Hier kommt den Zivilgerichten nicht nur eine Prüfungs- sondern auch eine Verwerfungskompetenz zu (BGH NJW 2016, 476 Rdn. 22 zu der rechtsähnlichen Regelung in § 558 Abs. 3 Satz 2 BGB im Anschluss an die Entscheidung des BVerfG vom 24.6.2015 – 1 BvR 1360/15, WuM 2015, 475) **24a**

Durch Rechtsverordnung kann angeordnet werden, dass für die Kündigung umgewandelter Eigentumswohnungen längere Sperrfristen als nach § 577a Abs. 2 BGB gelten sollen. Die in der Verordnung festgelegte Frist muss länger als 3 Jahre sein; zu einer Verkürzung der in Abs. 1 festgelegten Frist sind die Landesregierungen nicht ermächtigt. Die Frist darf höchstens zehn Jahre betragen. Die Geltungsdauer der Verordnung kann befristet werden, notwendig ist dies nicht. Auch beim Erlass einer unbefristeten Verordnung sind die Landesregierungen verpflichtet, zu gegebener Zeit zu prüfen, ob die Mangellage fortbesteht. Ist dies nicht der Fall, so muss die betreffende Gemeinde aus dem Geltungsbereich der Verordnung herausgenommen werden. Ist die zeitliche Geltungsdauer der Verordnung befristet, so kann sie nach Ablauf der Befristung verlängert werden, wenn die Mangellage fortbesteht. In jedem Fall muss sichergestellt sein, dass der Erwerber einer Eigentumswohnung spätestens nach Ablauf von 10 Jahren seit dem Eigentumserwerb kündigen kann. **24b**

Fraglich ist, ob eine nach dem Inkrafttreten des Mietrechtsreformgesetzes (1.9.2001) erlassene Rechtsverordnung auf Veräußerungsfälle angewendet werden kann, die bereits vor dem Inkrafttreten des Mietrechtsreformgesetzes abgeschlossen waren. Hiervon ist immer dann auszugehen, wenn sich aus der Verordnung nichts Gegenteiliges ergibt. Maßgeblich ist diejenige Frist, die im Zeitpunkt des Zugangs der Kündigungserklärung gilt. Wurde die Frist zwischen dem Eigentumserwerb (Eintrag des Erwerbers ins Grundbuch) und der Kündigung verlängert, so gilt die längere Frist; ein Vertrauensschutz auf die Fortgeltung der kürzeren Frist besteht nicht (LG Berlin GE 2017, 355; AG Bad Cannstatt WuM 2017, 475). Umgekehrt gilt dasselbe: Wurde die Frist verkürzt, so ist die im Zeitpunkt der Kündigung geltende Frist anzuwenden. **24c**

V. Fristbeginn bei Veräußerung der umgewandelten Eigentumswohnung an Personengesellschaft oder an mehrere Erwerber (§ 577a Abs. 2a)

25   Wird ein Gebäude an eine Personengesellschaft oder mehrere Erwerber veräußert und sodann Wohnungseigentum an dem Gebäude begründet und an einen der Erwerber oder Gesellschafter veräußert, so stellt sich die Frage, ob die Sperrfrist bereits mit dem Erwerb des Gebäudes durch die Gesellschaft oder erst mit der Veräußerung der umgewandelten Wohnung an den Gesellschafter bzw. einen der mehreren Erwerber beginnt. Die Regelung des § 577a Abs. 2a beantwortet diese Frage im erstgenannten Sinn.

VI. Abweichende Vereinbarungen (Abs. 3)

26   Nach § 577a Abs. 3 BGB ist eine „zum Nachteil des Mieters abweichende Vereinbarung ... unwirksam". Dies bedeutet, dass die Dauer der Kündigungssperre mietvertraglich nicht verkürzt werden kann. Eine Verlängerung wäre möglich.
27   Ein zwischen dem Erwerber und dem Mieter abgeschlossener Aufhebungsvertrag ist wirksam. Ist der Erwerber noch nicht im Grundbuch eingetragen, so muss der Veräußerer an dem Aufhebungsvertrag mitwirken. Bis zur Eintragung des Erwerbers im Grundbuch stehen die Rechte aus dem Vertrag dem Veräußerer zu; nach seiner Eintragung kann der Erwerber diese Rechte geltend machen. Die Rechtsposition des Mieters richtet sich nach den Vereinbarungen; ist dort geregelt, dass das Mietverhältnis mit sofortiger Wirkung beendet sein soll, so kann der Mieter sofort ausziehen, ohne dass es auf die Eigentumsverhältnisse ankommt. Ein ohne Mitwirkung des Veräußerers geschlossener Mietaufhebungsvertrag ist als Vertrag zu Lasten Dritter unwirksam, wenn die Wirkungen des Vertrags, insbesondere die Vertragsbeendigung, bereits vor der Eintragung des Erwerbers ins Grundbuch eintreten sollen oder wenn die Rechte des Veräußerers in anderer Weise tangiert werden; anderenfalls bestehen gegen die Wirksamkeit eines solchen Vertrags keine Bedenken.
28   Fraglich ist, ob der Mieter gegenüber dem Veräußerer auf die Rechte aus § 577a Abs. 1 BGB verzichten kann. Nach der hier vertretenen Ansicht ist dies dann möglich, wenn statt der Verzichtsvereinbarung ein Aufhebungsvertrag geschlossen werden könnte.

VII. Analoge Anwendung bei Realteilung eines Grundstücks

29   Siehe dazu § 577 BGB Rdn. 84.

Untertitel 3. Mietverhältnisse über andere Sachen

§ 578 Mietverhältnisse über Grundstücke und Räume

(1) Auf Mietverhältnisse über Grundstücke sind die Vorschriften der §§ 550, 554, 562 bis 562d, 566 bis 567b sowie 570 entsprechend anzuwenden.

(2) ¹Auf Mietverhältnisse über Räume, die keine Wohnräume sind, sind die in Absatz 1 genannten Vorschriften sowie § 552 Abs. 1, §§ 555a Absatz 1 bis 3, 555b, 555c Absatz 1 bis 4, 555d Absatz 1 bis 6, 555e Absatz 1 und 2, 555f und § 569 Abs. 2 entsprechend anzuwenden. ²§ 556c Absatz 1 und 2 sowie die auf Grund des § 556c Absatz 3 erlassene Rechtsverordnung sind entsprechend anzuwenden, abweichende Vereinbarungen sind zulässig. ³Sind die Räume zum Aufenthalt von Menschen bestimmt, so gilt außerdem § 569 Abs. 1 entsprechend.

(3) ¹Auf Verträge über die Anmietung von Räumen durch eine juristische Person des öffentlichen Rechts oder einen anerkannten privaten Träger der Wohlfahrtspflege, die geschlossen werden, um die Räume Personen mit dringendem Wohnungsbedarf zum Wohnen zu überlassen, sind die in den Absätzen 1 und 2 genannten Vorschriften sowie die §§ 557, 557a Absatz 1 bis 3 und 5, § 557b Absatz 1 bis 3 und 5, die §§ 558 bis 559d, 561, 568 Absatz 1, § 569 Absatz 3 bis 5, die §§ 573 bis 573d, 575, 575a Absatz 1, 3 und 4, die §§ 577 und 577a entsprechend anzuwenden. ²Solche Verträge können zusätzlich zu den in § 575 Absatz 1 Satz 1 genannten Gründen auch dann auf bestimmte Zeit geschlossen werden, wenn der Vermieter die Räume nach Ablauf der Mietzeit für ihm obliegende oder ihm übertragene öffentliche Aufgaben nutzen will.

I. Zweck und Anwendungsbereich

Die Regelung enthält die zentrale Vorschrift für Grundstücke (Abs. 1), für Geschäftsräume (Abs. 2) sowie für Räume, die durch eine juristische Person des öffentlichen Rechts oder einen anerkannten privaten Träger der Wohlfahrtspflege, geschlossen werden, um sie Personen mit dringendem Wohnungsbedarf zum Wohnen zu überlassen. Für diese Mietverhältnisse gelten erstens die „Allgemeinen Vorschriften über Mietverhältnisse" (§§ 535–548), zweitens bestimmte Vorschriften der „Mietverhältnisse über Wohnraum" und drittens einige in den §§ 579 bis 580a enthaltene Sonderregelungen.

II. Begriffe

1. Mietverhältnisse über Grundstücke (Abs. 1)

Unter einem Grundstück ist ein abgegrenzter Teil der Erdoberfläche zu verstehen, der im Bestandsverzeichnis des Grundbuchs unter einer bestimmten Lagebuchnummer eingetragen ist. Zum Grundstück gehört alles, was sich auf der Erdoberfläche befindet und fest mit ihr verbunden ist, etwa Pflanzen oder Gebäude.

Außerdem gehört zum Grundstück der Luftraum über der Erdoberfläche und das Erdreich unter ihr (§ 905 BGB) sowie die im Erdreich liegenden Baulichkeiten, wie Keller oder Tiefbunker.

3 **Grundstücksmiete** ist der Sammelbegriff für die Miete von unbebauten und bebauten Grundstücken sowie von Grundstücksteilen, z. B. der Miete einer Hauswand zu Reklamezwecken, der Miete von Gebäudeteilen zur Anbringung von Automaten oder die Miete einer Dachfläche (OLG München NJW 1972, 1995; Raisch BB 1968, 526, 532; V. Emmerich in: Staudinger § 578 BGB Rdn. 2; Artz in: MünchKomm § 578 BGB Rdn. 3; Mittelstein S. 19).

4 Für die Annahme eines Mietvertrags ist wesentlich, dass dem Mieter der Gebrauch an dem Grundstück oder dem Grundstücksteil eingeräumt wird. Hiervon sind diejenigen Verträge zu unterscheiden, nach denen der Berechtigte befugt ist, auf einem Grundstück oder einem Grundstücksteil der bestimmten Gelegenheiten Waren anzubieten oder zu bewerben (z. B. Bandenwerbung im Sportstadion, Recht zum Verkauf von Getränken etc.). Hierbei handelt es sich nicht um Miete, sondern um **Verträge sui generis**, weil dabei nicht die Nutzung des Grundstücks, sondern das Verkaufs- oder Werberecht im Vordergrund steht.

5 Für diese Mietverhältnisse gelten die „Allgemeinen Vorschriften über Mietverhältnisse" (§§ 535–548 BGB), die §§ 550 BGB (Schriftform bei Mietverträgen von längerer Dauer als ein Jahr), 562–562 d BGB (Vermieterpfandrecht), 566–567b BGB (Kauf bricht nicht Miete einschließlich der dazugehörenden Sondervorschriften über den Übergang der Kaution, der Wirkung von Verfügungen gegenüber dem Erwerber etc.) und 570 BGB (Kein Zurückbehaltungsrecht des Mieters gegen den Rückgabeanspruch des Vermieters). Abweichende Vereinbarungen sind möglich.

2. Mietverhältnisse über Räume, die keine Wohnräume sind (Abs. 2)

6 Hierzu zählen alle Räume die nicht zu Wohnzwecken vermietet sind.

7 Unter einem **Raum** ist ein allseits mit Wänden, Fußboden und Decke abgeschlossener Gebäudeteil zu verstehen. Es ist allerdings weder erforderlich, dass der Gebäudeteil vollständig abgeschlossen ist (auch eine nach zwei Seiten offene Halle ist ein Raum), noch wird vorausgesetzt, dass der Mieter den gesamten Raum nutzen darf. Raummiete liegt auch dann vor, wenn lediglich Teile des Raumes vermietet werden, etwa ein Stellplatz in einer Sammelgarage. Die Innenbereiche beweglicher Sachen (Schiffe, Wohnwagen, Container) gehören nicht zu den Räumen, wohl aber eine auf Dauer erstellte Baracke, auch wenn sie im Unterschied zu einem herkömmlichen Gebäude relativ einfach demontiert oder abgerissen werden kann.

8 Der Raum muss eine **bestimmte Größe** haben. In der Regel wird als Mindestgröße gefordert, dass sich ein Mensch in dem Raum aufhalten kann (Mittelstein S. 21; V. Emmerich in: Staudinger § 578 BGB Rdn. 5; Artz in: MünchKomm § 578 BGB Rdn. 4). Deshalb gehören beispielsweise Schließfächer für die Aufbewahrung von Gepäckstücken oder Wertgegenständen nicht zu den Räumen.

9 Naturgebilde wie **Höhlen, Felskammern** und dergleichen zählen im Allgemeinen nicht zu den Räumen (Artz in: MünchKomm § 578 BGB Rdn. 4). Etwas anderes gilt, wenn das Naturgebilde durch bauliche Maßnahmen oder die Einbringung von Einrichtungen zum Zwecke einer bestimmten Nutzung verändert worden ist (Weinkeller, Lagerräumen für Waren (Roquette § 580 BGB a. F. Rdn. 4).

Wesentlich ist auch hier, dass dem Mieter der **Gebrauch an dem Raum** ein- 10
geräumt wird. Hiervon sind diejenigen Verträge zu unterscheiden, nach denen der
Berechtigte befugt ist, in dem Raum Waren anzubieten oder zu bewerben oder
Dienstleistungen zu erbringen (z. B. Aufstellung einer Werbetafel in einer Hotelhalle, Recht zum Verkauf von Getränken etc.). Hierbei handelt es sich nicht um
Miete, sondern um Verträge sui generis, weil dabei nicht die Nutzung des Raumes,
sondern das Verkaufs- oder Werberecht im Vordergrund steht.

Wichtigster Anwendungsfall der Miete sonstiger Räume ist die **Geschäfts-** 11
raummiete. Hierzu gehört die Miete von Ladenräumen, Lagerräumen, Büros,
Arztpraxen, Kanzleien, Fabrikationsräumen, Garagen, usw. Maßgeblich ist auch
hier nicht die tatsächliche Nutzung, sondern der vereinbarte Zweck. Dabei kommt
es nicht darauf an, ob die Räume zu Gewerbezwecken benutzt werden dürfen oder
ob dem das Verbot der Zweckentfremdung entgegensteht. Ein Verstoß gegen ein
öffentlich-rechtliches Zweckentfremdungsverbot führt nicht zur Unwirksamkeit
des Mietvertrags (BGH NJW 1994, 320), sondern ist gegebenenfalls als Mangel zu
bewerten, wenn die weiteren Voraussetzungen des § 537 BGB gegeben sind. Gleiches gilt, wenn die Räume auf Grund ihrer Beschaffenheit nicht zu dem vereinbarten Zweck benutzt werden können. Der Zweck ergibt sich in vielen Fällen bereits
aus der Art des Raumes (z. B. bei der Anmietung einer Garage). Sind Räume sowohl als Geschäftsräume als auch als Wohnräume nutzbar, so kommt es für die Bestimmung des Vertragszwecks auf die übereinstimmenden Vorstellungen der Parteien über die Art der Raumnutzung an.

Zu den Geschäftsräumen zählen auch diejenigen Räume, die nach dem Ver- 12
tragszweck zur **Weitervermietung oder zur anderweitigen Überlassung an**
Dritte bestimmt sind. Dabei kommt es nicht darauf an, ob der Mieter aus der Weitervermietung einen Gewinn erzielt (z. B. bei der gewerblichen Zwischenvermietung) oder die Überlassung an den Dritten aus altruistischen oder sonstigen Gründen kostengünstig oder unentgeltlich erfolgt. Maßgeblich ist allein, dass statt des
Mieters oder seiner Familie ein Dritter Räumlichkeiten als Wohnung nutzen soll.

Für diese Mietverhältnisse gelten die „Allgemeinen Vorschriften über Mietver- 13
hältnisse" (§§ 535–548 BGB), die in § 578 Abs. 1 BGB genannten Vorschriften sowie die §§ 552 Abs. 1 BGB (Befugnis des Vermieters zur Abwendung des Wegnahmerechts), §§ 555a Absatz 1 bis 3, 555b, 555c Absatz 1 bis 4, 555d Absatz 1 bis
6, 555e Absatz 1 und 2, 555f BGB (Duldungspflicht des Mieters von Instandhaltungs- und Modernisierungsmaßnahmen mit Ausnahme der Vorschrift über die
Unabdingbarkeit der genannten Regelungen) und 569 Abs. 2 BGB (Kündigungsrecht beider Teile bei Störungen des Hausfriedens). Abweichende Vereinbarungen
sind möglich. Dies gilt auch für die Kündigung nach § 569 Abs. 2 BGB, die nach
dem bis 31.8.2001 geltenden Recht auch bei der Geschäftsraummiete nicht abbedungen werden konnte (§ 554a Satz 2 BGB a. F.).

3. Räume, die zum Aufenthalt von Menschen bestimmt sind (Abs. 2 Satz 2)

Die Regelung des § 578 Abs. 2 Satz 1 BGB gilt für Räume, die keine Wohn- 14
räume sind, gleichwohl aber zum Aufenthalt von Menschen dienen. Für diese
Mietverhältnisse gelten die „Allgemeinen Vorschriften über Mietverhältnisse"
(§§ 535–548 BGB), die in § 578 Abs. 1 und 2 BGB genannten Vorschriften und außerdem § 569 Abs. 1 BGB (Kündigungsrecht des Mieters bei gesundheitsgefährdender Beschaffenheit der Räume).

§ 578 BGB Untertitel 3. Mietverhältnisse über andere Sachen

15 Der Aufenthalt in den Räumen muss dem bestimmungsgemäßen Gebrauch der Mietsache entsprechen. Hierzu gehören Büroräume, Ladenräume, Fabrikationsräume, Gaststättenräume, Hotelzimmer und dergleichen. Gleiches gilt für Lagerräume, Kellerräume, Abstellräume, Räume die der Tierhaltung dienen usw., wenn sich dort Menschen aufhalten (OLG Koblenz NJW-RR 1992, 1228 betr. Hühnerhallen; LG Berlin GE 1988, 733 betr. Kellerraum eines Ladengeschäftes). Ein stundenweises Verweilen genügt; dagegen sind die Räumlichkeiten nicht „ zum Aufenthalt" bestimmt, wenn sie nur kurzzeitig betreten werden (Roquette § 544 BGB Rdn. 2). Es ist nicht erforderlich, dass sich in den Räumen ständig Menschen aufhalten. Es genügt, wenn der zeitweilige Aufenthalt eine Gesundheitsgefährdung bewirkt. Der gelegentliche kurzfristige Aufenthalt, z. B. zur Durchführung von Wartungsarbeiten und dergleichen genügt nicht. Ist nur ein Teil der Räume gesundheitsgefährdet, so kommt es darauf an, ob hierdurch die Benutzbarkeit der Mietsache als Ganzes in Frage gestellt ist (Fleindl in: Bub/Treier Kap IV Rdn. 340). Hiervon ist auszugehen, wenn die Tauglichkeit einzelner Haupträume für einen längeren Aufenthalt ausgeschlossen oder wesentlich beeinträchtigt wird. Ist nur ein unwesentlicher Teil der Mietsache betroffen, so besteht kein Kündigungsrecht. Eine Teilkündigung scheidet in jedem Fall aus.

4. Verträge über die Anmietung von Räumen durch eine juristische Person des öffentlichen Rechts oder einen anerkannten privaten Träger der Wohlfahrtspflege, die geschlossen werden, um die Räume Personen mit dringendem Wohnungsbedarf zum Wohnen zu überlassen (Abs. 3)

16 **a) Die Regelung in § 549 Abs. 2 Nr. 3 BGB (Vertragsschluss bis 31. 12. 2019).** Die Regelung des Abs. 3 wurde durch Art 1 Nr. 7 MietAnpG in das BGB eingefügt. Die Vorschrift gilt gem. Art. 229 § 49 Abs. 3 EGBGB nur für Mietverhältnisse, die nach dem 31. 12. 2018 abgeschlossen wurden. Sie ist als Ergänzung zu der Regelung in § 549 Abs. 2 Nr. 3 BGB (s. dazu dort Rdn. 16 ff) zu verstehen. Nach dieser Vorschrift sind die Regelungen über die Miethöhe bei Mietbeginn in Gebieten mit angespannten Wohnungsmärkten (§§ 556d bis 556g), über die Mieterhöhung (§§ 557 bis 561) und über den Mieterschutz bei Beendigung des Mietverhältnisses sowie bei der Begründung von Wohnungseigentum (§ 568 Abs. 2, §§ 573, 573a, 573d Abs. 1, §§ 574 bis 575, 575a Abs. 1 und §§ 577, 577a) nicht anwendbar, wenn der Mieter bei Vertragsschluss auf die Zweckbestimmung des Wohnraums und die Ausnahme von den genannten Vorschriften hingewiesen wurde. Auf Grund dieser Regelung ist der Hauptmieter ist in der Lage, das Mietverhältnis mit den Untermietern jederzeit zu beenden.

17 **b) Die Neuregelung (Vertragsschluss nach 31.12.2019).** Der Vertrag zwischen der juristischen Person/dem Träger der Wohlfahrtspflege (Hauptmieter) und dem Wohnungsnutzer (Untermieter) ist als Wohnraummietverhältnis zu bewerten, mit der Besonderheit, dass für die Untermietverträge die vor dem 1.1.2019 abgeschlossen wurden, die für den Mieter von Wohnraum maßgeblichen Schutzvorschriften auf Grund des § 549 Abs. 2 Nr. 3 nicht gelten. Die Regelung in § 578 Abs. 3 beruht auf der Erwägung, dass der (Unter-)Mieter einer solchen Wohnung ebenso schutzwürdig ist, wie ein Mieter der die Räume auf Grund eines Vertrags mit dem Eigentümer nutzt. Deshalb bestimmt § 549 Abs. 3, dass die §§ 557, 557a Absatz 1 bis 3 und 5, § 557b Absatz 1 bis 3 und 5, die §§ 558 bis 559d, 561, 568

Absatz 1, § 569 Absatz 3 bis 5, die §§ 573 bis 573d, 575, 575a Absatz 1, 3 und 4, die §§ 577 und 577a auf das Untermietverhältnis entsprechend anzuwenden sind. Damit gilt für diese Gruppe der Mietverhältnisse im Ergebnis das für Wohnraummietverhältnisse maßgebliche Recht.

Weiterhin enthält die Vorschrift eine Ergänzung zu § 575 Abs. 1 Satz 1 BGB. **18** Dort ist geregelt, in welchen Fällen ein Mietverhältnis befristet werden kann, nämlich, im Falle der künftig geplanten Eigennutzung durch den Vermieter; im Falle eines geplanten Abrisses oder einer weitreichenden Modernisierung sowie bei künftigem Betriebsbedarf (Einzelheiten s. § 575). Diese Aufzählung wird durch Abs. 3 Satz 2 ergänzt. Danach kann das Untermietverhältnis befristet werden, wenn der Hauptvermieter die Räume nach Ablauf der Mietzeit für ihm obliegende oder ihm übertragene öffentliche Aufgaben nutzen will. Ein Befristungsgrund liegt insbesondere auch dann vor, wenn der Vermieter plant, die Räume nach Ablauf der vereinbarten Mietzeit einem anderen Mieter zu überlassen will. Voraussetzung ist dabei, dass der Mieter zum Kreis der Personen mit dringendem Wohnungsbedarf zählt. Auch die in Abs. 3 Satz 2 genannte Befristung ist nur wirksam, wenn der Vermieter dem Untermieter die Befristungsabsicht bei Vertragsschluss schriftlich mitgeteilt hat (s. § 575 Rdn. 18ff).

c) Was gilt für den Hauptmietvertrag?. Das Mietverhältnis zwischen dem **19** Eigentümer und dem Hauptmieter ist als Geschäftsraummietverhältnis anzusehen, so dass die besonderen Mieterschutzvorschriften bereits aus diesem Grund nicht gelten. Das ist für **Hauptmietverträge die vor dem 1.1.2019 abgeschlossen wurden,** zweifelsfrei.

Fraglich kann sein, ob für **Hauptmietverträge, die nach dem 31.12.2019** **20** **abgeschlossen werden,** die §§ 557, 557a Absatz 1 bis 3 und 5, § 557b bis 3 und 5, die §§ 558 bis 559d, 561, 568 Absatz 1, § 569 Absatz 3 bis 5, die §§ 573 bis 573d, 575, 575a Absatz 1, 3 und 4, die §§ 577 und 577a entsprechend gelten. Nach dem Gesetzeszweck wäre die zu verneinen, weil der Hauptmieter nicht schutzbedürftig ist. Der Wortlaut des § 578 Abs. 3 ist aber eindeutig („Auf Verträge ... sind ... anzuwenden"). Deshalb gelten auch für den Hauptvertrag die in Abs. 3 aufgezählten Schutzvorschriften.

§ 578a Mietverhältnisse über eingetragene Schiffe

(1) **Die Vorschriften der §§ 566, 566a, 566e bis 567b gelten im Fall der Veräußerung oder Belastung eines im Schiffsregister eingetragenen Schiffs entsprechend.**

(2) ¹**Eine Verfügung, die der Vermieter vor dem Übergang des Eigentums über die Miete getroffen hat, die auf die Zeit der Berechtigung des Erwerbers entfällt, ist dem Erwerber gegenüber wirksam.** ²**Das Gleiche gilt für ein Rechtsgeschäft, das zwischen dem Mieter und dem Vermieter über die Mietforderung vorgenommen wird, insbesondere die Entrichtung der Miete; ein Rechtsgeschäft, das nach dem Übergang des Eigentums vorgenommen wird, ist jedoch unwirksam, wenn der Mieter bei der Vornahme des Rechtsgeschäfts von dem Übergang des Eigentums Kenntnis hat.** ³**§ 566d gilt entsprechend.**

I. Zweck der Vorschrift

1 Die Vorschrift enthält eine Sonderregelung für die Miete eines im Binnenschiffs- oder Seeschiffsregister eingetragenen Schiffs. Hierbei handelt es sich um die Miete einer beweglichen Sache. Wird das vermietete Schiff veräußert oder belastet, so bewirkt § 578a BGB, dass bestimmte für die Veräußerung und Belastung eines Grundstücks maßgebliche Vorschriften sinngemäß gelten. Der Grund hierfür ist darin zu sehen, dass die im Schiffsregister eingetragenen Schiffe nach dem Gesetz über Rechte an eingetragenen Schiffen und Schiffsbauwerken vom 15.11.1940 (RGBl. I S. 1499) (SchiffsRG) in mancher Hinsicht wie Grundstücke behandelt werden. So setzt die Übertragung des Eigentums an einem Binnenschiff nicht nur die Einigung des Eigentümers und des Erwerbers über den Eigentumsübergang, sondern auch die Eintragung in das Binnenschiffsregister voraus (§ 3 SchiffsRG). Bei der Übertragung des Eigentums an einem Seeschiff ist die Einigung über den Eigentumsübergang ausreichend (§ 2 SchiffsRG). Hier begründet die Eintragung aber eine gesetzliche Eigentumsvermutung zugunsten des Eingetragenen (§ 15 SchiffsRG). Außerdem kann an einem eingetragenen Schiff eine Schiffshypothek (§ 8 SchiffsRG) und unter den weiteren Voraussetzungen des § 9 SchiffsRG auch ein Nießbrauch bestellt werden. Dieser Rechtslage entspricht es, wenn im Falle der Veräußerung und Belastung eines vermieteten Schiffs die für Grundstücke maßgeblichen Rechte Anwendung finden.

II. Anwendungsbereich

1. Schiffe

2 Die Vorschrift setzt voraus, dass ein Schiff entweder im Seeschiffsregister oder im Binnenschiffsregister **eingetragen** ist. Außerdem muss das Schiff **vermietet** sein. Insoweit ist erforderlich, dass das gesamte Schiff Mietgegenstand ist; es genügt nicht, wenn lediglich einzelne Räume des Schiffes vermietet sind. Die sog. Charterverträge sind keine Miet- sondern Frachtverträge (V. Emmerich in: Staudinger § 578a BGB Rdn. 1). Schließlich ist Voraussetzung, dass das Schiff nach der Überlassung an den Mieter an einen Dritten **veräußert** oder dass es **mit einem Nießbrauch belastet** wird.

2. Flugzeuge, Luftfahrzeuge

3 Nach § 1 des Gesetzes über Rechte an Luftfahrzeugen vom 26.2.1959 (BGBl. I S. 57) (LuftfzG) kann ein in der Luftfahrzeugrolle eingetragenes Luftfahrzeug mit einem Registerpfandrecht belastet werden. In § 98 Abs. 1 LuftfzG ist geregelt, dass für Luftfahrzeuge die für bewegliche Sachen geltenden Vorschriften maßgeblich sind. Dies gilt auch für die Miete eines Luftfahrzeugs. Eine Ausnahme gilt, wenn ein vermietetes Luftfahrzeug veräußert wird. Für diesen Fall ist in **§ 98 Abs. 2 LuftfzG** geregelt, dass § 578a BGB sinngemäß mit der Maßgabe anzuwenden ist, dass an die Stelle des eingetragenen Schiffs, das in der Luftfahrzeugrolle eingetragene Luftfahrzeug tritt.

III. Rechtsfolgen bei Veräußerung und Belastung

1. Anwendung des § 566 BGB

Der Begriff der Veräußerung ist derselbe wie in § 566 BGB (s. dort Rdn. 27). **4**
Die Veräußerung hat zur Folge, dass der Erwerber an die Stelle des Veräußerers **5** in die sich während der Dauer seines Eigentums ergebenden Rechte und Verpflichtungen eintritt. Vereinfacht ausgedrückt: zwischen dem Erwerber und dem Mieter kommt zum Zeitpunkt der Vollendung des Eigentumserwerbs (beim Seeschiff die Einigung über den Eigentumsübergang, beim Binnenschiff die Eintragung ins Binnenschiffsregister) ein neues Mietverhältnis zustande, das denselben Inhalt wie das bisherige Mietverhältnis hat.

Der Erwerber tritt nur in solche Rechte und Pflichten ein, die in dem Mietver- **6** trag zwischen dem Mieter und dem Veräußerer ihre Grundlage haben. Hierzu gehört alles, was mit der Nutzung des Schiffs im Zusammenhang steht (Beispiele: Vereinbarungen über die Miete, die Mietzeit, über Instandhaltungsregelungen und dergleichen). Sondervereinbarungen gehen nicht auf den Erwerber über, auch wenn sie mit der Vermietung in wirtschaftlichem Zusammenhang stehen oder zusammen mit den mietvertraglichen Bestimmungen in einer einzigen Vertragsurkunde geregelt worden sind.

Mit dem Eigentumsübergang findet in dem Mietverhältnis eine Zäsur statt. Alle **7** Ansprüche des Veräußerers gegen den Mieter, die im Zeitpunkt des Eigentumsübergangs bereits fällig sind, verbleiben beim Veräußerer. Entsprechendes gilt für die Ansprüche des Mieters gegen den Veräußerer: soweit diese Ansprüche fällig sind, kann der Mieter nur den Veräußerer in Anspruch nehmen; soweit sie nicht fällig sind gehen sie auf den Erwerber über. Weitere Einzelheiten bei § 566 BGB.

2. Anwendung des § 566a BGB

Hat der Mieter des Schiffs eine Sicherheit geleistet, so gilt nach §§ 578a, 566a **8** BGB folgendes: Kann der Veräußerer bei Eigentumsübergang fällige Ansprüche gegen den Mieter geltend machen, so ist er berechtigt, sich deswegen aus der Kaution zu befriedigen. Der Erwerber kann in diesem Fall vom Mieter aus vertraglichem Recht die Wiederauffüllung der Kaution verlangen. Hat der Veräußerer dagegen keinen Anspruch gegen den Mieter, so tritt der Erwerber in die durch die Sicherheit begründeten Rechte und Pflichten ein. Bei einer Sicherungsbürgschaft erwirbt er die Ansprüche aus §§ 765 ff BGB. Ist eine Sache sicherungsübereignet, so wird der Erwerber Eigentümer der Gegenstände. Hat der Mieter eine Barkaution bezahlt, so erwirbt der Erwerber einen Anspruch gegen den Veräußerer auf Herausgabe. Daneben kann auch der Mieter vom Veräußerer verlangen, dass dieser die Kaution auf den Erwerber überträgt. Weitere Einzelheiten s. § 566a BGB

3. Anwendung des § 566e BGB

Die Vorschrift schützt in Anlehnung an § 409 BGB das Vertrauen des Mieters **9** hinsichtlich der Richtigkeit eines vom Vermieter angezeigten Eigentümerwechsels. Dies hat dann praktische Bedeutung, wenn der Eigentümerwechsel in Wirklichkeit nicht stattgefunden hat. In einem solchen Fall leistet der Mieter durch Zahlung an den vermeintlichen Erwerber zwar an einen Nichtberechtigten; gleichwohl wird er

§ 578a BGB Untertitel 3. Mietverhältnisse über andere Sachen

durch die Zahlung auch gegenüber dem Berechtigten (dem Vermieter) frei. Der Ausgleich muss hier im Verhältnis zwischen dem Vermieter und dem vermeintlichen Erwerber erfolgen.

10 Der Vermieter kann die Anzeige durch Erklärung gegenüber dem Mieter zurücknehmen. Allerdings ist hierzu die Zustimmung dessen erforderlich, der als neuer Eigentümer bezeichnet worden ist (§ 566e Abs. 2 BGB). Hat der Vermieter die Anzeige vor der Zahlung des Mieters widerrufen, so hat der Mieter gegenüber dem Vermieter ein Leistungsverweigerungsrecht bis ihm die Zustimmung des vermeintlichen Erwerbers nachgewiesen wird. Das Zurückbehaltungsrecht entfällt, wenn mit Sicherheit feststeht, dass der vermeintliche Erwerber keinen Anspruch auf den Mietzins erheben wird.

4. Anwendung des § 567 BGB

11 Die Vorschrift ist von Bedeutung, wenn an dem vermieteten Schiff nach der Überlassung an den Mieter ein **Nießbrauch** bestellt wird. Die Bestellung des Nießbrauches hat zur Folge, dass der Nießbraucher an Stelle des bisherigen Vermieters in das Mietverhältnis eintritt (§§ 566, 567, 578a BGB). Erlischt der Nießbrauch, so werden die ursprünglichen Vertragsverhältnisse wiederhergestellt (§ 1056 BGB). Wird das Schiff unter gleichzeitiger Bestellung eines Nießbrauchs zugunsten des bisherigen Vermieters veräußert, so bleiben die Vertragsverhältnisse unberührt.

5. Anwendung der § 567a BGB

12 Die Vorschriften der §§ 566, 567 BGB setzen voraus, dass das Schiff nach der Überlassung an den Mieter veräußert oder mit einem Nießbrauch belastet wird. Werden diese Rechtsgeschäfte vor der Überlassung der Mietsache vorgenommen, so ist der Grundsatz „Kauf bricht nicht Miete" unanwendbar. Der Erwerber tritt nicht in das Mietverhältnis ein. Der Veräußerer haftet dem Mieter jedoch nach §§ 283, 323, 326 BGB. Diese Rechtsfolge kann vermieden werden, wenn der Erwerber dem Vermieter gegenüber die Erfüllung der sich aus dem Mietverhältnis ergebenden Pflichten übernommen hat. Die Übernahme der Pflichten bewirkt, dass die §§ 566, 567 BGB Anwendung finden.

6. Anwendung des § 567b BGB

13 Die Vorschrift regelt den Fall der mehrfachen Veräußerung oder Belastung der vermieteten Sache. Hier bestimmt § 567b BGB zur Klarstellung, dass jeder Erwerber gem. § 566 BGB in das Mietverhältnis eintritt.

7. Verfügungen über die Miete (Abs. 2 Satz 1)

14 Bei der Grundstücksmiete schützen § 566b, 578 Abs. 1 BGB den Erwerber in einem beschränkten Umfang gegen Verfügungen des Veräußerers bezüglich des Mietzinses (Einzelheiten s. dort). Diese Vorschrift ist bei der Schiffs- und Flugzeugmiete nicht entsprechend anwendbar. Vielmehr bestimmt hier § 578a Abs. 2 Satz 1, dass alle Verfügungen des Veräußerers bezüglich der Miete gegenüber dem Erwerber wirksam sind. Eine zeitliche Beschränkung besteht nicht.

8. Rechtsgeschäfte zwischen dem Vermieter und dem Mieter über die Mietforderung (Abs. 2 Satz 2)

Bei der Grundstücksmiete schützen §§ 566c, 578 Abs. 1 BGB den Mieter in beschränktem Umfang vor einer Inanspruchnahme durch den Erwerber auf Zahlung der bereits an den Veräußerer gezahlten Miete (Einzelheiten s. dort). Diese Vorschrift ist bei der Schiffs- und Flugzeugmiete nicht entsprechend anwendbar. Vielmehr bestimmt hier § 578a Abs. 2 Satz 2, dass grundsätzlich alle Rechtsgeschäfte zwischen dem Vermieter und dem Mieter über die Mietzinsforderung gegenüber dem Erwerber wirksam sind. Eine Ausnahme gilt hinsichtlich solcher Rechtsgeschäfte, die nach dem Übergang des Eigentums vorgenommen werden, wenn der Mieter bei der Vornahme des Rechtsgeschäfts vom Eigentumsübergang Kenntnis hatte. Erforderlich ist positive Kenntnis. 15

9. Aufrechnung gegenüber dem Erwerber (Abs. 2 Satz 3)

Bei der Grundstücksmiete regeln §§ 566d, 578 Abs. 1 BGB die Frage, unter welchen Voraussetzungen der Mieter eine Forderung, die ihm gegen den Vermieter zusteht, gegen die Mietzinsforderung des Erwerbers aufrechnen kann (Einzelheiten s. dort). Bei der Schiffs- und Flugzeugmiete bestimmt § 578a Abs. 2 Satz 3 BGB, dass die genannte Vorschrift sinngemäß gilt. 16

§ 579 Fälligkeit der Miete

(1) ¹Die Miete für ein Grundstück und für bewegliche Sachen ist am Ende der Mietzeit zu entrichten. ²Ist die Miete nach Zeitabschnitten bemessen, so ist sie nach Ablauf der einzelnen Zeitabschnitte zu entrichten. ³Die Miete für ein Grundstück ist, sofern sie nicht nach kürzeren Zeitabschnitten bemessen ist, jeweils nach Ablauf eines Kalendervierteljahres am ersten Werktag des folgenden Monats zu entrichten.

(2) **Für Mietverhältnisse über Räume gilt § 556b Abs. 1 entsprechend.**

I. Anwendungsbereich

Die Vorschrift gilt für die Grundstücksmiete, für die Miete beweglicher Sachen und für die Miete von Räumen, die keine Wohnräume sind. Abs. 1 regelt die Fälligkeit der Miete bei der Grundstücksmiete und für die Miete beweglicher Sachen. 1

II. Grundstücksmiete, Schiffsmiete, Miete beweglicher Sachen (Abs. 1)

1. Einmalmiete (Satz 1)

Nach § 579 Abs. 1 Satz 1 ist die Miete am Ende der Mietzeit, also „post numerando" zu entrichten. Der Vermieter ist vorleistungspflichtig. Die Vorschrift gilt für die Grundstücksmiete, die Schiffsmiete und für die Miete beweglicher Sachen allerdings nur dann, wenn eine sog. „Einmalmiete" vereinbart ist, der Mietzins also vereinbarungsgemäß in einer Summe gezahlt werden muss. Unter dem **Begriff der** 2

§ 579 BGB   Untertitel 3. Mietverhältnisse über andere Sachen

Miete ist das gesamte Entgelt zu verstehen, das der Mieter für die Überlassung der Mietsache schuldet. Aus dem Wortlaut des Gesetzes („**am Ende der Mietzeit**") ergibt sich, dass die Miete am letzten Tag der Mietzeit – und nicht erst am folgenden Tag – zu entrichten ist (Roquette § 551 BGB a. F. Rdn. 5). Beträgt die Mietzeit weniger als einen Tag, so ist die Miete unmittelbar vor der Rückgabe fällig. Wird die Mietsache über die Vertragszeit hinaus vorenthalten, so schuldet der Mieter die Miete zum gesetzlichen Fälligkeitszeitpunkt. Für die Fälligkeit der **Nutzungsentschädigung** nach § 546a Abs. 1 BGB besteht keine gesetzliche Regelung. Das Ende der Vorenthaltung scheidet als Fälligkeitstermin aus, weil der Zeitpunkt der Rückgabe ungewiss ist. Hier wird es sachgerecht sein, die Fälligkeit der Nutzungsentschädigung nach den bei einer Vermietung auf unbestimmte Zeit üblichen Zahlungsterminen zu bestimmen.

2. Periodisch wiederkehrende Zahlungspflicht (Satz 2)

3   Die Vorschrift des § 579 Abs. 1 Satz 2 BGB gilt ebenfalls für die Grundstücksmiete, die Schiffsmiete und für die Miete beweglicher Sachen. Sie regelt den Fall, dass die Miete nach Zeitabschnitten bemessen ist: hier ist die Miete nach dem Ablauf der jeweiligen Zeitabschnitte zu entrichten. Aus dem Gesetzeswortlaut („**nach dem Ablauf**") folgt hier, dass die Miete am ersten Werktag (§ 193 BGB) zu zahlen ist, der auf den Zeitabschnitt folgt. Hierin unterscheidet sich die Regelung in Satz 2 von derjenigen in Satz 1. Zu den **Werktagen** zählen die Tage von Montag bis Samstag (s. § 556b BGB Rdn. 5), mit Ausnahme der gesetzlichen Feiertage. Bei der Vereinbarung einer **Monatsmiete** ist die Miete nach Ablauf des ersten Mietmonats – nicht am Monatsende – zu bezahlen (Mittelstein, S. 407; Roquette, § 551 BGB a.F Rdn. 4). Ist als Mietbeginn beispielsweise der 15.3. vereinbart, so endet der Mietmonat am 14.4. (§ 188 Abs. 2 Alt. 2 BGB), so dass die Miete am Folgetag, nämlich dem 15.4. fällig wird. Auch in den folgenden Monaten ist die Miete in diesem Fall immer am 15. zu bezahlen. Bei der **Wochenmiete** gilt entsprechendes: die Miete wird jeweils am 8. Miettag fällig. Bei der **Tagesmiete** wird die Auslegung i. d. R. ergeben, dass die Miete täglich – jeweils für den vorangegangenen Miettag – und zwar auch an Sonn- und Feiertagen zu entrichten ist. Im Falle der **Vorenthaltung** richtet sich die Fälligkeit der Nutzungsentschädigung nach der Fälligkeit der Miete (BGH NJW 1974, 556 = MDR 1974, 484).

3. Grundstücksmiete (Satz 3)

4   Die Vorschrift gilt nur für die Miete von Grundstücken. Sie regelt den Fall, dass die Miete nach Vierteljahren oder längeren Zeiträumen (z. B.: Jahresmiete) bemessen ist: hier ist die Miete nach dem Ablauf je eines Kalendervierteljahrs am ersten Werktag des folgenden Monats zu entrichten. Der Wortlaut stellt hier nicht auf ein Mietquartal, sondern auf das Kalenderquartal ab. Ist beispielsweise ein Grundstück zu einer Jahresmiete von 12.000.– Euro am 15. Februar gemietet worden, so wird die erste Mietzahlung in Höhe von 1500.– Euro am ersten Werktag des April, die folgenden Zahlungen werden jeweils am ersten Werktag des Juli, des Oktober, des Januar, usw. in Höhe von 3000.– Euro fällig. Erfolgt die Räumung zwischen den Quartalen, so wird die Schlusszahlung gem. § 579 Abs. 1 Satz 1 BGB am letzten Tag der Mietzeit fällig. Im Falle der Vorenthaltung gilt für die Fälligkeit der Nutzungsentschädigung der für die Miete maßgebliche Zahlungszeitpunkt.

III. Mietverhältnisse über Räume (Abs. 2)

Für Mietverhältnisse über Geschäftsräume gilt die Regelung über die Wohn- 5
raummiete (§ 556b Abs. 1 BGB) entsprechend. Die Miete ist also zu Beginn, spätestens am 3. Werktag der einzelnen Zeitabschnitte zu entrichten nach denen sie bemessen ist (Einzelheiten s. dort).

IV. Abweichende Vereinbarungen

1. Vorfälligkeitsklausel

In den meisten Formularmietverträgen ist vereinbart, dass die Miete „monatlich 6
im Voraus, spätestens am dritten Werktag des Monats" zu bezahlen ist. Die Klausel regelt zwei Sachverhalte: Zum einen wird bestimmt, dass der Mieter vorleistungspflichtig sein soll („monatlich im Voraus"). Zum anderen wird der Fälligkeitstermin auf den dritten Werktag eines jeden Monats festgelegt („spätestens am dritten Werktag"). Eine solche Vereinbarung ist wirksam.

2. Rechtzeitigkeitsklausel

Nach der gesetzlichen Regelung ist bezüglich der Rechtzeitigkeit der Leistung 7
zu unterscheiden zwischen der Vornahme der Leistungshandlung und dem Zeitpunkt des Eintritts des Leistungserfolgs (Erfüllung). Für die Rechtzeitigkeit der Leistung kommt es nach der **gesetzlichen Regelung** auf den Zeitpunkt der Leistungshandlung, nicht auf den des Eintritts des Leistungserfolgs an (Einzelheiten § 556b BGB Rdn. 11 ff). Die gesetzliche Regelung wird in Formularmietverträgen häufig durch eine **Vereinbarung** modifiziert, wonach es „für die Rechtzeitigkeit der Zahlung nicht auf die Absendung, sondern auf den Eingang des Geldes" ankommt. Zu dieser Klausel s. § 556b BGB Rdn. 19).

3. Zahlungsmodalitäten

(Einzugsermächtigungsverfahren s. § 556b Rdn. 29; Abbuchungsermächtigung 8
s. § 556b Rdn. 38; Tilgungsfolge s. § 556b Rdn. 22; Zahlung unter Vorbehalt s. § 556b Rdn. 25).

§ 580 Außerordentliche Kündigung bei Tod des Mieters

Stirbt der Mieter, so ist sowohl der Erbe als auch der Vermieter berechtigt, das Mietverhältnis innerhalb eines Monats, nachdem sie vom Tod des Mieters Kenntnis erlangt haben, außerordentlich mit der gesetzlichen Frist zu kündigen.

Übersicht

	Rdn.
I. Anwendungsbereich und Zweck	1
II. Tod des Mieters	3
III. Eintritt des Erben	12

§ 580 BGB   Untertitel 3. Mietverhältnisse über andere Sachen

	Rdn.
IV. Die Kündigung	15
1. Außerordentliche Kündigung	15
2. Kündigungsberechtigung	17
3. Kündigungstag	26
4. Kündigungstermin	33
V. Abweichende Vereinbarungen	34

I. Anwendungsbereich und Zweck

1   Die Vorschrift gilt für Mietverhältnisse über bewegliche Sachen, für die Miete von Grundstücken und Grundstücksteilen, für die Geschäftsraummiete, für die Miete eingetragener Schiffe und für Leasingverträge (LG Gießen NJW 1986, 2116; von Westphalen EWiR 1986, 1087). Bei der Pacht besteht nur das Kündigungsrecht der Erben des Pächters; der Verpächter ist mit der Kündigung ausgeschlossen (§ 596 Abs. 2 BGB; OLG Hamm WuM 1981, 263 = ZMR 1981, 211). Für die Landpacht gilt der Ausschluss nicht (§ 594d BGB). Für die Wohnraummiete gilt § 564 Satz 2 BGB (s. dort).

2   Der Grund des Sonderkündigungsrechts liegt in dem Umstand, dass die meisten Mietverhältnisse einen starken persönlichen Bezug haben (Prot. II 220, Mot. II 416) und auf die Bedürfnisse der Parteien zugeschnitten sind. Deshalb soll dem Vermieter das Recht zustehen, sich im Falle des Todes des Mieters vorzeitig aus dem Vertrag zu lösen. Dem Erben wird das Kündigungsrecht zugebilligt, weil dieser für die Mietsache häufig keine Verwendung hat. Beim Tod des Vermieters besteht kein Kündigungsrecht.

II. Tod des Mieters

3   Die Vorschrift ist anwendbar, wenn der Mieter stirbt. Auf die Todesursache kommt es nicht an; nach allgemeiner Ansicht gilt § 580 BGB auch bei der Selbsttötung (BGH NJW-RR 1991, 75). Die Todeserklärung nach dem Verschollenheitsgesetz begründet eine Todesvermutung (§ 9 Abs. 1 VerschG) und führt demgemäß zur Anwendung des § 580 BGB. Ist der Verschollene nicht für tot erklärt, so gilt die Lebensvermutung.

4   Die Vorschrift gilt nur beim Tod einer natürlichen Person. Die **Auflösung einer juristischen Person** ist dem Tod nicht gleichzusetzen. Dies gilt auch bei der Ein-Mann-GmbH. Zum einen tritt hier keine gesetzliche Rechtsnachfolge ein; zum anderen fehlt solchen Mietverhältnissen die Personenbezogenheit. Vereinzelt wird die Ansicht vertreten, dass in den Fällen der Umwandlung nach dem UmwG oder der Verschmelzung von Kapitalgesellschaften die Regelung des § 580 BGB entsprechend anzuwenden sei (Roquette § 569 BGB a. F. Rdn. 6). Daran ist richtig, dass es in diesen Fällen zu einem Vermögensübergang kommt. Gleichwohl besteht wegen der fehlenden persönlichen Beziehung zwischen den Vertragsparteien kein Bedürfnis für die Anwendung des § 580 BGB (Rolfs in: Staudinger § 580 BGB Rdn. 7; Sternel Rdn. IV 538; Fleindl in: Bub/Treier Kap IV Rdn. 449; Lammel Wohnraummietrecht § 569 BGB Rdn. 8).

5   Streitig ist, ob die Vorschrift gilt, wenn die Mietsache an eine **Personenhandelsgesellschaft** (KG, OHG) vermietet ist und ein haftender Gesellschafter stirbt. Dies ist zu verneinen, weil der Mietvertrag hier mit der Gesellschaft besteht (Fleindl in:

Bub/Treier Kap IV Rdn. 449; Rolfs in: Staudinger § 580 BGB Rdn. 7; Kern in: Spielbauer/Schneider (Hrsg) Mietrecht § 580 Rdn. 5; Wolf/Eckert/Ball Rdn. 962). Der Tod eines Gesellschafters ändert an den Vertragsbeziehungen nichts.

Ebenso ist § 580 BGB unanwendbar, wenn eine **Außen-GbR** Partei des Mietvertrags ist und einer der Gesellschafter stirbt (OLG Brandenburg ZMR 2008, 781). Auch hier ist die Gesellschaft Partei des Mietvertrags. **6**

Ebenso ist streitig, welche Rechtsfolge eintritt, wenn die Sache an **mehrere Personen** vermietet ist und einer der Mieter stirbt (vgl. dazu OLG Naumburg ZMR 2001, 538). Die Vorschrift des § 563a BGB gilt nur für die Wohnraummiete Alle anderen Fälle sind nicht gesetzlich geregelt. **7**

Hierzu ist festzustellen, dass das Mietverhältnis zwischen dem Vermieter einerseits sowie dem überlebenden Mieter und dem Erben des verstorbenen Mieters andererseits fortgesetzt wird. Nach allgemeinen Grundsätzen können weder der überlebende Mieter noch der Erbe für ihre Person (allein) kündigen. Ebenso wenig kann der Vermieter das Mietverhältnis gegenüber dem Erben (allein) kündigen und so erreichen, dass die Vertragsbeziehungen allein zum überlebenden Mieter fortbestehen. Dies folgt aus dem Grundsatz der Unteilbarkeit des Mietverhältnisses, der kraft Gesetzes nur bei der Wohnungsmiete aus sozialpolitischen Gründen durchbrochen wird. Hieraus wird geschlossen, dass das Kündigungsrecht für beide Seiten ausgeschlossen ist, wenn nur ein Mieter stirbt (Fleindl in: Bub/Treier Kap IV Rdn. 449; Wolf/Eckert/Ball Rdn. 958; Fritz Gewerberaummietrecht Rdn. 402). **8**

Nach der hier vertretenen Ansicht rechtfertigt es der Zweck des § 580 BGB, dem Vermieter ein Kündigungsrecht (gegenüber allen Mietern) zuzubilligen, weil er nur auf diese Weise verhindern kann, dass ihm ein persönlich unerwünschter Mieter aufgedrängt wird. Dies wird insbesondere dann deutlich, wenn die ursprünglichen Mieter sukzessive versterben, so dass der Vermieter irgendwann völlig andere Vertragspartner als die ursprünglichen hätte. Im Übrigen ist es auch sonst anerkannt, dass der Vermieter zur Kündigung berechtigt ist, wenn der Kündigungsgrund (z. B. Vertragsverletzungen) nur in der Person eines von mehreren Mietern vorliegt (wie hier Lammel Wohnraummietrecht § 564 BGB Rdn. 14). **9**

Steht das Kündigungsrecht kraft Gesetzes dem Vermieter zu, so kann es den Mietern nicht versagt werden. Allerdings können diese das Kündigungsrecht nur gemeinsam ausüben (ebenso: Lammel Wohnraummietrecht § 564 BGB Rdn. 13). Eine Verpflichtung zum Ausspruch einer Kündigung kann sich dabei aus dem zwischen den Mietern bestehenden Innenverhältnis, gegebenenfalls aus der Interessenlage ergeben. Darüber hinaus kann im Mietvertrag vereinbart werden, dass der Erbe oder der überlebende Mieter berechtigt sein sollen, das Mietverhältnis mit Wirkung für den jeweils anderen Mieter zu kündigen. **10**

Hat der überlebende Mieter den Verstorbenen beerbt, so wird das Mietverhältnis zwischen dem Vermieter und dem überlebenden Mieter fortgesetzt. Für diesen Sonderfall besteht für die Anwendung des § 580 BGB kein Anlass, weil sich an den Vertragsverhältnissen nichts ändert. Das gilt sowohl für den Mieter als auch für den Vermieter. **11**

III. Eintritt des Erben

Weiter setzt die Vorschrift voraus, dass ein Erbe in das Mietverhältnis eintritt. Der Erbe kann die Erbschaft ausschlagen (§ 1942 Abs. 1 BGB). In diesem Fall gilt der Eintritt in das Mietverhältnis als nicht erfolgt (§ 1953 Abs. 1 BGB). Die Frist für die **12**

Ausschlagung der Erbschaft beträgt 6 Wochen (§ 1944 Abs. 1 BGB). Die Frist beginnt grundsätzlich mit dem Zeitpunkt zu dem der Betreffende erfährt, dass er Erbe geworden ist, beim Testamentserben nicht vor der Testamentseröffnung. Eine Ausnahme gilt für Erben mit Aufenthaltsort im Ausland: Hier beträgt die Ausschlagungsfrist 6 Monate. Die Ausschlagung erfolgt durch Erklärung gegenüber dem Nachlassgericht. Hat der Erbe die Erbschaft angenommen, so ist die Ausschlagung ausgeschlossen.

13   Die Ausschlagung hat zur Folge, dass die Erbschaft bei derjenigen Person anfällt, die in der Erbfolge als nächster kommt. Schlägt auch diese Person aus, so wird wiederum der nächst berufene Erbe, usw. Schlagen alle natürlichen Personen aus, so wird der Fiskus Erbe (§ 1936 BGB). Gleiches gilt, wenn keine natürliche Person als Erbe vorhanden ist. Der Fiskus kann die Erbschaft nicht ausschlagen (§ 1942 Abs. 2 BGB). Er hat aber vereinfachte Möglichkeiten zur Haftungsbegrenzung, die zur Folge haben, dass der Fiskus nur mit dem Nachlass haftet (§§ 2011 BGB, 780 Abs. 2 ZPO).

14   § 580 BGB ist unanwendbar, wenn das **Mietverhältnis mit dem Tode des Mieters endet.** Dies ist der Fall, wenn das Mietverhältnis auf Lebenszeit des Mieters abgeschlossen wurde. Gleiches gilt, wenn die Parteien vertraglich vereinbart haben, dass das Mietverhältnis spätestens mit dem Tod des Mieters enden soll. In einem solchen Fall tritt der Erbe nur in das Abwicklungsschuldverhältnis ein. Er haftet also für die bereits bestehenden Verbindlichkeiten. Hierzu gehört insbesondere der rückständige Mietzins, der Anspruch auf die Nutzungsentschädigung, die Verpflichtung zur Durchführung von Schönheitsreparaturen, zur Zahlung von Schadensersatz bei einer Beschädigung der Mietsache, sowie die Räumung und Herausgabe der Wohnung.

IV. Die Kündigung

1. Außerordentliche Kündigung

15   Das Kündigungsrecht steht dem Vermieter und dem Erben zu. Es handelt sich um ein außerordentliches Kündigungsrecht mit gesetzlicher Frist. Dies hat zur Folge, dass auch solche Mietverhältnisse nach § 580 BGB gekündigt werden können, bei denen die ordentliche Kündigung ausgeschlossen ist (befristete Mietverhältnisse, Mietverhältnisse unter einer auflösenden Bedingung). Hierin liegt die praktische Bedeutung der Vorschrift. Bei Mietverhältnissen mit vereinbartem Kündigungsausschluss ist zu fragen, ob lediglich das Recht zur ordentlichen Kündigung oder auch die außerordentlichen Kündigungsrechte ausgeschlossen sind. Die Vermutung spricht für die erste Annahme. Für einen Kündigungsausschluss zugunsten des Erben müssen stets konkrete Anhaltspunkte vorliegen.

16   Wegen der allgemeinen Kündigungsvoraussetzungen wird auf § 542 BGB verwiesen.

2. Kündigungsberechtigung

17   Kündigungsberechtigt sind der Vermieter und der Erbe. Kündigt der Erbe, so handelt es sich nicht nur um eine Verwaltungsmaßnahme (so BGH NJW 1952, 111), sondern um eine Verfügung über den Nachlassgegenstand (Sternel Rdn. IV 539). Der Vermächtnisnehmer ist weder kündigungsberechtigt, noch kann ihm ge-

Außerordentliche Kündigung bei Tod des Mieters — BGB § 580

genüber wirksam gekündigt werden (Häublein in: MünchKomm § 564 BGB Rdn. 10).

Hat der Mieter **mehrere Erben**, so muss die Kündigung durch alle Erben erklärt werden. Dies gilt auch dann, wenn die Räume nicht durch alle Erben genutzt werden. Das folgt bereits aus allgemeinen Grundsätzen, weil die Erben gemeinschaftliche Mieter werden und eine Kündigung von allen Mietern ausgesprochen werden muss. Eine Einigung der Erben untereinander über die Aufteilung der Erbschaft ändert daran nichts. Rechtsgeschäfte der Mieter untereinander haben auf das Verhältnis zum Vermieter keinen Einfluss. Nur durch Vertrag mit dem Vermieter kann dies anders geregelt werden. Umgekehrt muss der Vermieter stets gegenüber allen Erben kündigen. Aus der Sicht des Erbrechts gilt nichts anderes, weil die Erben gem. § 2040 Abs. 1 BGB nur gemeinsam über einen Nachlassgegenstand verfügen können. **18**

Der Erbe muss sich gegenüber dem Vermieter nicht durch **Vorlage eines Erbscheins** oder auf ähnliche Weise legitimieren, wenn er die Kündigung ausspricht (Rolfs in: Staudinger § 564 BGB Rdn. 10; Lammel Wohnraummietrecht § 564 BGB Rdn. 20; Kinne in: Kinne/Schach/Bieber Miet- und Mietprozessrecht § 564 BGB Rdn. 4; Palandt/Weidenkaff § 564 BGB Rdn. 7; Fleindl in: Bub/Treier Kap IV Rdn. 450; Sternel Rdn. IV 539) Maßgeblich ist allein, dass der Kündigende tatsächlich Erbe geworden ist. **19**

Ebenso kommt es für die Kündigungsberechtigung nicht darauf an, ob der Erbe die Erbschaft angenommen hat. Dies gilt sowohl für die Kündigung durch den **vorläufigen Erben** als auch für die Kündigung durch den Vermieter gegenüber dem vorläufigen Erben (Fleindl in: Bub/Treier Kap IV Rdn. 451). **20**

Eine Kündigung der Erben bleibt grundsätzlich wirksam, wenn die **Erbschaft später ausgeschlagen** wird (§ 1959 Abs. 2 BGB). Gleiches gilt für die Kündigung des Vermieters, die gegenüber dem Erben zu einem Zeitpunkt erklärt wird, zu dem der Erbe die Erbschaft noch nicht ausgeschlagen hat. **21**

Die Kündigung durch einen Nicht-Erben ist unwirksam. Eine Ausnahme gilt, wenn der Kündigende zu Unrecht in einem Erbschein als Erbe bezeichnet ist (§§ 2366, 2367 BGB). Hier ist sowohl die Kündigung durch den **Erbscheins-Erben** als auch die Kündigung des Vermieters gegenüber dem Erbscheins-Erben wirksam. Der Vermieter darf sich auf die Richtigkeit des Erbscheins verlassen, es sei denn, er kennt dessen Unrichtigkeit oder weiß, dass das Nachlassgericht die Rückgabe des Erbscheins wegen Unrichtigkeit verlangt hat. **22**

Ist **Nachlasspflegschaft** (§§ 1960, 1915 Abs. 1, 1897, 1793 BGB; s. § 535 Rdn. 223) oder **Nachlassverwaltung** (§ 1975 BGB) angeordnet oder ein **Testamentsvollstrecker** ernannt (§ 2197, 2200 BGB), so ist der Erbe nicht zur Verfügung über den Nachlass berechtigt (§§ 1793, 1984 Abs. 1, 2211 BGB). Hier können der Nachlasspfleger, der Nachlassverwalter oder der Testamentsvollstrecker kündigen (Rolfs in: Staudinger § 564 BGB Rdn. 11; Lammel Wohnraummietrecht § 564 BGB Rdn. 21; Häublein in: MünchKomm § 564 BGB Rdn. 10; Hinz in: Dauner-Lieb u. a. Anwaltskommentar § 564 BGB Rdn. 10; Kinne in: Kinne/Schach/Bieber Miet- und Mietprozessrecht § 564 BGB Rdn. 4). Die Kündigung durch den Nachlasspfleger bedarf nach § 1812 Abs. 1 BGB der Genehmigung durch das Familiengericht (LG Berlin GE 1993, 39; Lammel Wohnraummietrecht § 564 BGB Rdn. 21). Der Vermieter kann gegenüber diesen Personen, aber auch gegenüber dem Erben kündigen. Der Erbe ist an der Entgegennahme der Kündigung nicht gehindert, weil dies – im Gegensatz zum Ausspruch einer Kündigung – keine Verfügung über den Nachlass darstellt. **23**

§ 580 BGB   Untertitel 3. Mietverhältnisse über andere Sachen

24 Zu beachten ist weiter, dass die Verfügungsbeschränkung des Erben bei der Nachlassverwaltung erst mit deren Anordnung in Kraft tritt (§ 1984 Abs. 1 Satz 1 BGB). Vor diesem Zeitpunkt kann die Kündigung durch den Erben erklärt werden.

25 Das Amt des Testamentsvollstreckers beginnt mit der Annahme des Amtes (§ 2202 Abs. 1 BGB). Da der Erbe hier aber bereits ab dem Erbfall nicht über den Nachlass verfügen kann (BGHZ 25, 275, 282), ist die Kündigung durch den Erben immer unwirksam.

3. Kündigungstag

26 Das Kündigungsrecht muss innerhalb eines Monats nach der Kenntnis vom Tod des Mieters ausgeübt werden.

27 Für den **Fristbeginn** kommt es bei der Kündigung durch den Erben maßgeblich darauf an, wann der Erbe eine hinreichend sichere Kenntnis von seiner Erbenstellung erlangt hat (OLG Düsseldorf WuM 1994, 79 = ZMR 1993, 114 = DWW 1994, 48). Kommen mehrere Personen als Erben in Betracht, so beginnt die Frist erst, wenn sämtliche Erben bekannt sind. Außerdem muss der Erbe den Namen und die Anschrift des Vermieters wissen (**a. A.** Fritz, Gewerberaummietrecht Rdn. 402). Für die Kündigung des Vermieters ist maßgeblich, wann der Vermieter von der Person des oder der Erben Kenntnis erlangt hat (LG Berlin, GE 1988, 143; GE 1994, 1267; LG Köln MDR 1973, 409). Auch hier beginnt die Frist erst, wenn der Vermieter alle Erben kennt. Der Vermieter darf dabei nicht untätig bleiben; vielmehr ist er gehalten, sich Gewissheit über die Erben zu verschaffen. Anderenfalls verliert er das Kündigungsrecht (OLG Hamm WuM 1981, 263 = ZMR 1981, 211). Insbesondere wird der Vermieter verpflichtet sein, Auskünfte beim Nachlassgericht einzuholen. In jedem Fall wird man sowohl dem Erben, als auch dem Vermieter eine kurze Überlegungszeit (von etwa 2 Wochen) zubilligen müssen (LG Berlin WuM 1985, 292). Zusammenfassend gilt, dass unter dem ersten zulässigen Termin derjenige Zeitpunkt zu verstehen ist, zu dem die Kündigung ohne Verschulden des Berechtigten bei Fristwahrung hätte ausgesprochen werden können (RGZ 103, 274; Fleindl in: Bub/Treier Kap IV Rdn. 451).

28 Eine Besonderheit gilt bei der **Testamentsvollstreckung.** Das Amt des Testamentsvollstreckers beginnt mit der Annahme des Amtes (§ 2202 Abs. 1 BGB). Vor diesem Zeitpunkt kann auch der Erbe nicht kündigen, weil dieser bereits ab dem Erbfall nicht über den Nachlass verfügen kann (BGHZ 25, 275, 282). Folgerichtig beginnt die Frist für die Kündigung durch den Testamentsvollstrecker erst mit der Annahme des Amtes (Rolfs in: Staudinger § 564 BGB Rdn. 20; Häublein in: MünchKomm § 564 BGB Rdn. 11; Kinne in: Kinne/Schach/Bieber Miet- und Mietprozessrecht § 564 BGB Rdn. 4).

29 Beim Nachlasspfleger und -Verwalter gelten keine Besonderheiten, weil hier keine Lücke in der Verfügungsbefugnis eintritt. Vor der Anordnung kann der Erbe kündigen, nach diesem Zeitpunkt der Verwalter.

30 Für die Kündigung durch den Vermieter verbleibt es bei der allgemeinen Regelung, weil der Vermieter vor Beginn der Testamentsvollstreckung oder Nachlassverwaltung gegenüber dem Erben kündigen kann.

31 Stirbt der Mieter **vor Vollzug** des Mietverhältnisses (zwischen dem Abschluss des Mietvertrags und der Überlassung), so beginnt die Frist nicht erst mit dem Mietbeginn (dem Zeitpunkt, zu dem die Mietsache vereinbarungsgemäß überlassen werden soll). Vielmehr kommt es auch hier auf den unter Rdn. 27 dargestellten Zeitpunkt an (Rolfs in: Staudinger § 564 BGB Rdn. 21).

Wird die Kündigung nicht innerhalb der Monatsfrist erklärt, so wird das Mietverhältnis mit dem Erben fortgesetzt. Die nach dem Tod des Mieters fällig werdenden Forderungen des Vermieters sind keine Nachlassverbindlichkeiten, sondern Eigenverbindlichkeiten des Mieters. Dies gilt nicht nur dann, wenn der Mieter die Sache in Besitz nimmt oder hiervon Gebrauch macht, sondern auch, wenn er die Kündigung unterlässt. Das hat zur Folge, dass der Erbe nicht die Einrede der Dürftigkeit des Nachlasses erheben kann. Dies gilt auch dann, wenn die Kündigung bewusst unterbleibt um den Nachlass abzuwickeln (**a. A.** LG Wuppertal MDR 1997, 34). 32

4. Kündigungstermin

Die Vorschrift gehört zu den Kündigungsrechten nach denen ein Mietverhältnis „unter Einhaltung der gesetzlichen Frist" gekündigt werden kann. Die Kündigungsfrist bestimmt sich demnach einheitlich nach § 580a BGB (s. dort). Für die Geschäftsraummiete folgt hieraus, dass das Mietverhältnis nur zum Ablauf des nächsten Kalendervierteljahres möglich ist. 33

V. Abweichende Vereinbarungen

Die Vorschrift des § 580 BGB ist nicht zwingend (BGH NJW 1997, 1695). Das Kündigungsrecht des Vermieters kann ausgeschlossen werden. Hierfür besteht ein praktisches Bedürfnis, wenn der Mieter in den gemieteten Räumen ein Erwerbsgeschäft betreibt und sichergestellt werden soll, dass das Geschäft nach dem Tod des Mieters von seinen Erben fortgeführt werden kann. Der Ausschluss des Kündigungsrechts des Erben ist ebenfalls möglich. Auch hierfür besteht ein praktisches Bedürfnis, z. B. bei Mietverhältnissen, die zum Zwecke der Altersversorgung des Vermieters geschlossen werden oder beim Finanzierungsleasing (von Westphalen EWiR 1986, 1087). Gegen den Ausschluss des Kündigungsrechts des Erben wird vereinzelt eingewandt, dass das Kündigungsrecht erst in der Person des Erben entsteht; deshalb könne es nicht durch Vereinbarung zwischen den Vertragsparteien ausgeschlossen werden (Roquette § 569 BGB Rdn. 19). Dem ist entgegenzuhalten, dass das Kündigungsrecht nur dann entsteht, wenn es nicht vertraglich ausgeschlossen ist. Den Ausschluss können die Parteien mangels entgegenstehender gesetzlicher Regelung wirksam vereinbaren. 34

Ebenso ist es möglich, den Kündigungstag und den Kündigungstermin abweichend von § 569 Abs. 1 BGB zu regeln. 35

Wird vereinbart, dass § 569 BGB nicht gelten soll, so ist das Kündigungsrecht für beide Seiten ausgeschlossen. 36

Der Ausschluss oder die Beschränkung des Kündigungsrechts ist grundsätzlich auch durch **Formularvertrag** möglich, weil § 564 BGB nicht zum Leitbild der Miete gehört (Streyl in: Schmidt-Futterer § 580 BGB Rdn. 14; Lammel Wohnraummietrecht § 564 BGB Rdn. 6; Herrmann in: Bamberger/Roth § 564 BGB Rdn. 8; **a. A.** Sternel ZMR 2004, 713, 722; Butenberg ZMR 2015, 189, 197; Rolfs in: Staudinger § 564 BGB Rdn. 25; Hinz in: Klein-Blenkers/Heinemann/Ring, Miete/WEG/Nachbarschaft § 564 BGB Rdn. 19; Kandelhard in: Herrlein/Kandelhard § 564 Rdn. 5; Kern in: Spielbauer/Schneider (Hrsg) Mietrecht § 580 Rdn. 2; Palandt/Weidenkaff § 564 BGB Rdn. 3; Kinne in: Kinne/Schach/Bieber Miet- und Mietprozessrecht § 564 BGB Rdn. 6). Dabei sind allerdings **zwei Einschränkungen** zu machen. Zum einen muss der Ausschluss oder die Beschränkung 37

§ 580a BGB — Untertitel 3. Mietverhältnisse über andere Sachen

der Kündigung für beide Teile gelten (Lammel a.a.O.; Fritz Gewerberaummietrecht Rdn. 169b), weil anderenfalls das Prinzip fairer Vertragsgestaltung nicht gewahrt ist. Zum anderen darf bei langfristigen Mietverträgen das Recht zur Untervermietung nicht vertraglich ausgeschlossen sein. Anderenfalls würden die Rechtsnachfolger von Mietern mit langfristigen Verträgen übermäßig beschwert, wenn sie für die Mietsache keine eigene Verwendung haben.

38 Soll der Eintritt des Erben verhindert werden, so muss das Mietverhältnis so ausgestaltet werden, dass es mit dem Tod des Mieters endet. Eine solche Vereinbarung ist auch formularmäßig möglich (**a. A.** wohl LG Frankfurt WuM 1990, 82: Verstoß gegen § 307 BGB)

§ 580a Kündigungsfristen

(1) **Bei einem Mietverhältnis über Grundstücke, über Räume, die keine Geschäftsräume sind, oder über im Schiffsregister eingetragene Schiffe ist die ordentliche Kündigung zulässig,**
1. **wenn die Miete nach Tagen bemessen ist, an jedem Tag zum Ablauf des folgenden Tages;**
2. **wenn die Miete nach Wochen bemessen ist, spätestens am ersten Werktag einer Woche zum Ablauf des folgenden Sonnabends;**
3. **wenn die Miete nach Monaten oder längeren Zeitabschnitten bemessen ist, spätestens am dritten Werktag eines Kalendermonats zum Ablauf des übernächsten Monats, bei einem Mietverhältnis über gewerblich genutzte unbebaute Grundstücke oder im Schiffsregister eingetragene Schiffe jedoch nur zum Ablauf eines Kalendervierteljahres.**

(2) **Bei einem Mietverhältnis über Geschäftsräume ist die ordentliche Kündigung spätestens am dritten Werktag eines Kalendervierteljahres zum Ablauf des nächsten Kalendervierteljahres zulässig.**

(3) **Bei einem Mietverhältnis über bewegliche Sachen ist die ordentliche Kündigung zulässig,**
1. **wenn die Miete nach Tagen bemessen ist, an jedem Tag zum Ablauf des folgenden Tages;**
2. **wenn die Miete nach längeren Zeitabschnitten bemessen ist, spätestens am dritten Tag vor dem Tag, mit dessen Ablauf das Mietverhältnis enden soll.**

(4) **Absatz 1 Nr. 3, Absatz 2 und 3 Nr. 2 sind auch anzuwenden, wenn ein Mietverhältnis außerordentlich mit der gesetzlichen Frist gekündigt werden kann.**

Übersicht

	Rdn.
I. Anwendungsbereich und Zweck	1
II. Kündigungsfristen für Grundstücke, Räume, die keine Geschäftsräume sind, oder im Schiffsregister eingetragene Schiffe (Abs. 1)	2
1. Begriffe	2
2. Kündigungsfristen	6
III. Kündigungsfristen für Geschäftsräume (Abs. 2)	15
1. Begriff	15
2. Frist	16

	Rdn.
IV. Kündigungsfristen bei der Miete beweglicher Sachen (Abs. 3)	19
V. Außerordentliche Kündigung mit gesetzlicher Frist (Abs. 4)	20
VI. Abweichende Vereinbarungen	22

I. Anwendungsbereich und Zweck

Die Regelung gilt für die Grundstücksmiete, für die Miete von Räumen, die 1
keine Geschäftsräume sind, für die Schiffsmiete, für die Geschäftsraummiete und
für die Miete beweglicher Sachen. Für die Wohnraummiete gilt § 573c BGB.

II. Kündigungsfristen für Grundstücke, Räume, die keine Geschäftsräume sind, oder im Schiffsregister eingetragene Schiffe (Abs. 1)

1. Begriffe

Die Vorschrift des § 580a Abs. 1 BGB gilt für Grundstücke und Räume. Ein 2
Grundstück i. S. von Abs. 1 ist eine Bodenfläche, die im Grundbuch als selbständiges Grundstück eingetragen ist. Grundstücksmiete ist der Sammelbegriff für die Miete von Grundstücken sowie von Grundstücksteilen, z. B. der Miete einer Hauswand für Reklamezwecke oder die Anbringung eines Automaten oder die Miete einer Dachfläche. Die Regelung des Abs. 1 gilt nach ihrem Wortlaut für alle bebauten und unbebauten Grundstücke. Jedoch ist für die Geschäftsraummiete die Sondervorschrift des § 580a Abs. 2 BGB zu beachten, so dass Abs. 1 nur für solche Grundstücke von Bedeutung ist, die nicht mit einem Geschäftshaus bebaut sind (Gartenflächen, Waldstücke, Fischteiche etc., Abstell- und Lagerplätze). Außerdem regelt Abs. 1 die Kündigungsfristen bei vermieteten Gebäudeteilen (Wandflächen zu Reklamezwecken).

Dient ein solches Grundstück den Erwerbszwecken des Mieters, so liegt ein **ge-** 3
werblich genutztes unbebautes Grundstück i. S. von Abs. 1 Nr. 3 vor (Lagerplätze, Abstellplätze für Kfz, Wandflächen für Reklamezwecke usw.). Befindet sich auf dem Grundstück ein mitvermietetes Gebäude, so ist Abs. 1 Nr. 3 nicht anwendbar. Die Existenz sonstiger Bauwerke (Mauern, Brunnen, Behelfsbauten) schließt die Anwendung des Abs. 1 Nr. 3 nicht aus. Gleiches gilt, wenn der Mieter lediglich den unbebauten Teil eines bebauten Grundstückes gemietet hat. Sind die Gebäude mitvermietet, so ist Raummiete anzunehmen. In diesem Fall gilt Abs. 2, wenn es sich um Geschäftsräume handelt; im anderen Fall richtet sich die Kündigungsfrist nach Abs. 1.

Die im Schiffs- oder Binnenschiffsregister eingetragenen **Schiffe** sind – wie auch 4
in anderen Fällen, § 578a BGB – den unbebauten gewerblich genutzten Grundstücken gleichgestellt.

Unter einem **Raum** i. S. von Abs. 1 ist ein allseits mit Wänden, Fußboden und 5
Decke abgeschlossener Gebäudeteil zu verstehen, der nicht zu Wohnzwecken vermietet ist. Es ist weder erforderlich, dass der Gebäudeteil vollständig abgeschlossen ist (auch eine nach zwei Seiten offene Halle ist ein Raum) noch wird vorausgesetzt, dass der Mieter den gesamten Raum nutzen darf. Raummiete liegt auch dann vor, wenn lediglich Teile des Raumes vermietet werden, etwa ein Stellplatz in einer

§ 580a BGB Untertitel 3. Mietverhältnisse über andere Sachen

Sammelgarage oder ein Messestand. Die Innenbereiche beweglicher Sachen (Wohnwagen, Container) gehören nicht zu den Räumen, wohl aber eine auf Dauer erstellte Baracke, auch wenn sie im Unterschied zu einem herkömmlichen Gebäude relativ einfach demontiert oder abgerissen werden kann.

2. Kündigungsfristen

6   Für die Fristberechnung gelten die §§ 187 ff BGB. Einzelheiten s. § 573 c BGB Rdn. 3 ff).

7   **a)** Für **Grundstücke, Räume (außer Geschäftsräume) und eingetragene Schiffe** richtet sich die Kündigungsfrist nach der Bemessung der Miete. Maßgeblich ist nicht, in welchen Abständen die Miete bezahlt wird, sondern ob der vereinbarte Betrag eine Tages- Wochen- oder Monatsmiete ist (allgemeine Ansicht). Ist beispielsweise für die Überlassung eines Kfz-Stellplatzes ein Tagesmietzins vereinbart, so gilt auch dann die Frist des Abs. 1 Nr. 1, wenn der Mietzins üblicherweise in wöchentlichen oder monatlichen Abständen gezahlt wird. Im Einzelnen gilt folgendes:

8   **aa) Tagesmiete (Abs. 1 Nr. 1).** Es kann an jedem Tag für den Ablauf des folgenden Tages gekündigt werden. Die Kündigung kann auch an einem Samstag, einem Sonntag oder einem Feiertag erfolgen. Sie wirkt immer für den Ablauf des folgenden Tages, ebenfalls unabhängig davon, ob es sich hierbei um einen Samstag, Sonntag oder Feiertag handelt. Bei einer am Freitag um 10 Uhr ausgesprochenen Kündigung endet die Mietzeit am Samstag um 24 Uhr; zu diesem Zeitpunkt muss die Mietsache herausgegeben werden. Die Vorschrift des § 193 BGB – wonach die Leistung erst am nächsten Werktag zu bewirken ist, wenn der letzte Tag der Frist auf einen Samstag, Sonntag oder Feiertag fällt –, setzt voraus, dass die Frist aus mehreren Tagen besteht; bei den kurzen Fristen des Abs. 1 Nr. 1 ist die genannte Regelung nicht anwendbar.

9   **bb) Wochenmiete (Abs. 1 Nr. 2).** Die Kündigung kann spätestens am ersten Werktag einer Woche für den Ablauf des folgenden Sonnabends gekündigt werden. Unter dem Begriff der Woche ist die Kalenderwoche zu verstehen. Kündigungstag ist i. d. R. der Montag; falls es sich hierbei um einen Feiertag handelt, tritt an dessen Stelle der nächste darauffolgende Werktag. Der Kündigungstermin wird hierdurch nicht beeinflusst; Kündigungstermin ist stets der Ablauf des Sonnabends. Wird der Kündigungstag versäumt – etwa bei einer Kündigung am zweiten Werktag der Woche –, so ist die Mietsache am Sonnabend der darauffolgenden Woche herauszugeben. Die Vorschrift des § 193 BGB ist auch hier unanwendbar; dies gilt schon deshalb, weil in Abs. 1 Nr. 2 der Sonnabend ausdrücklich als Kündigungstermin genannt ist (Rolfs in: Staudinger § 580a BGB Rdn. 24; Artz in: MünchKomm § 580a BGB Rdn. 4).

10   **cc) Monatsmiete (Abs. 1 Nr. 3).** Es kann spätestens am dritten Werktag eines Kalendermonats für den Ablauf des übernächsten Monats gekündigt werden.

11   Der Kündigungstag ist der dritte Werktag eines Monats. Dabei ist streitig, wie die **Karenzfrist** zu berechnen ist, wenn einer der Karenztage auf einen **Samstag** fällt. S. dazu § 573 c Rdn. 6, 7).

12   **Kündigungstermin** ist grundsätzlich der Ablauf des auf die Kündigung folgenden übernächsten Monats. Eine am 3. Werktag des Monats Januar erklärte Kündigung beendet das Mietverhältnis also am 31. März um 0 Uhr. Dies gilt auch dann, wenn der letzte Tag des Monats auf einen Samstag, Sonntag oder Feiertag fällt. Die Pflicht zur Rückgabe der Mietsache entsteht in einem solchen Fall aber erst am nächsten Werktag (§ 193 BGB), sofern sich nicht aus der Natur des Mietverhältnisses etwas anderes ergibt (z. B. bei der Miete einer Ferienwohnung, eines Hotelzimmers).

Kündigungsfristen **BGB § 580a**

Ein besonderer Kündigungstermin gilt für **gewerblich genutzte unbebaute** 13
Grundstücke und für im Register eingetragene **Schiffe**. Hier ist die Kündigung nur zum Ablauf eines Kalendervierteljahrs möglich (sog **„Quartalsregelung"**). Hieraus ergeben sich folgende Kündigungstage und -termine:

Kündigungstag Die Kündigung muss dem Empfänger spätestens zugehen am:	Kündigungstermin Das Mietverhältnis endet mit dem Ablauf des
3. Werktag Januar	31. März
3. Werktag April	30. Juni
3. Werktag Juli	30. September
3. Werktag Oktober	31. Dezember

14

III. Kündigungsfristen für Geschäftsräume (Abs. 2)

1. Begriff

Ein Geschäftsraum ist anzunehmen, wenn der Raum den Erwerbszwecken des 15
Mieters dient (Lagerhalle, Werkstatt, Büro, etc.). **Garagen** sind Geschäftsräume i. S. von Abs. 2, wenn sie der Mieter angemietet hat, um dort gewerblich genutzte Fahrzeuge oder Waren unterzustellen oder wenn die Garagen zum Zwecke der Gewinnerzielung weitervermietet werden. Privat genutzte Garagen fallen unter Abs. 1 (AG Wuppertal WuM 1996, 548). Gleiches gilt für privat genutzte Lagerräume (z. B. für die Unterbringung von Möbeln) oder für die durch einen Verein angemietete Sporthalle. Werden **Wohnungen zum Zwecke der gewerblichen Weitervermietung** angemietet, so gilt Abs. 2. Erfolgt die Weitervermietung nicht zu gewerblichen Zwecken, so ist Abs. 1 anwendbar.

2. Frist

Für Geschäftsräume i. S. von Abs. 2 gilt unabhängig von der Dauer des Mietver- 16
hältnisses und von der Bemessung des Mietzinses eine einheitliche Kündigungsfrist. **Kündigungstag** ist der dritte Werktag eines Kalendervierteljahres. **Kündigungstermin** ist der Ablauf des nächsten Kalendervierteljahres. Die Kündigungsfrist beträgt damit 6 Monate, abzüglich der Karenztage. Hieraus ergeben sich folgende Kündigungstage und -termine:

Kündigungstag Die Kündigung muss dem Empfänger spätestens zugehen am:	Kündigungstermin Das Mietverhältnis endet mit dem Ablauf des
3. Werktag Januar	30. Juni
3. Werktag April	30. September
3. Werktag Juli	31. Dezember
3. Werktag Oktober	31. März

17

§ 580a BGB   Untertitel 3. Mietverhältnisse über andere Sachen

18   Obwohl die relativ lange Kündigungsfrist ausschließlich den Interessen des Mieters dienen soll, ist sie auch dann zu beachten, wenn der Mieter kündigt (Palandt/Weidenkaff § 580a BGB Rdn. 13).

IV. Kündigungsfristen bei der Miete beweglicher Sachen (Abs. 3)

19   Maßgeblich für die Kündigungsfrist ist die Bemessung der Miete. Bei der **Tagesmiete** gilt dasselbe wie nach Abs. 1 Nr. 1. In allen anderen Fällen beträgt die Kündigungsfrist drei Kalendertage; wegen der Kürze dieser Frist ist § 193 BGB unanwendbar. Soll das Mietverhältnis am 31. Tag eines Monats enden, so muss es die Kündigung spätestens am 28. Tag des Monats zugehen.

V. Außerordentliche Kündigung mit gesetzlicher Frist (Abs. 4)

20   Die Regelung in Abs. 4 gilt für die außerordentliche befristete Kündigung. Wann ein Mietverhältnis „außerordentlich mit der gesetzlichen Frist" vom Vermieter oder Mieter vorzeitig gekündigt werden kann, ist den jeweiligen Vorschriften zu entnehmen, die eine entsprechende Beendigungsbefugnis gewähren.

21   Für alle Mietverhältnisse über **Grundstücke, Räume, (die keine Geschäftsräume sind) und eingetragene Schiffe mit Monatsmiete gilt** die Kündigungsfrist nach Abs. 1 Nr. 3. Geschäftsräume i. S. von Abs. 2 können mit der in Abs. 2 bestimmten Frist gekündigt werden. Die frühere Streitfrage, ob Geschäftsräume im Fall der außerordentlichen Kündigung mit der Dreimonatsfrist gekündigt werden können, ist gegenstandslos.

VI. Abweichende Vereinbarungen

22   Abweichende Vereinbarungen sind möglich.

Register

Fette Zahlen bezeichnen die Paragraphen des BGB,
magere Zahlen bezeichnen die Randnummern

Abbruch der Vertragsverhandlungen
535 42
Abbuchung 558b 9
Abbuchungsermächtigung 556b 38
Abflussprinzip 556 131, 263
Abflussreinigung 556 26
Abgasanlage 556 28
Abgeltungsklausel 535 497
Abhilfefrist 543 188
Ablehnung Mieterhöhungsverlangen
558b 3
Ablösezahlung 535 646
Abmahnung 541 4ff.; **543** 185ff.; **569** 33; **573** 13
Abnutzung der Mietsache 538 1ff.
Abrechnungseinheit 556 167
Abrechnungsfrist 556 193, 284
Abrechnungsmaßstab für Betriebskosten s. Umlagemaßstab
Abrechnungszeitraum 556 137, 282
Abriss des Gebäudes 573 151, 162, 218
Abrissgenehmigung 573 219
Abschlussoption 542 200
Abschreibung 535 673
Absender Mieterhöhungserklärung
Vorbem 557 21
Abstandszahlung 535 645
Abstellplätze 536 100; **543** 133; **550** 36; **556** 75
Abtretung
– der Miete **535** 719; **562** 6
– des Kündigungsrechts **542** 40
– von Gehaltsansprüchen **551** 36
Abwägungskriterien Mieterhöhung
559 25
Abwasserkosten 556 25
Abwesenheitspfleger 535 223
Abwicklungsschuldverhältnis 563 18
Abwohnbarer Baukostenzuschuss s. Baukostenzuschuss
Adressat Mieterhöhungserklärung
Vorbem 557 22
Aktiengesellschaft 535 148
Alleingesellschafter 566 40
Allgemein üblicher Zustand 559 36

Allgemeine Geschäftsbedingungen
535 94ff.
Allgemeines Gleichbehandlungsgesetz
535 49ff.
Altbau 535 292, 542
Alternativkündigung 573 68
Alternativwohnung 573 117, 212
Altvertrag 556b 72
Amateurfunker 535 539
Anbietpflicht 573 117ff.
Änderung
– des Umlagemaßstabs **556a** 26, 45
– des Vertragszwecks **535** 510
Änderungskündigung 542 19; **573** 249
Änderungsvertrag 550 52, 81
Anerkannte Pauschalwerte 559b 14
Anerkannte wissenschaftliche Grundsätze, Mietspiegelerstellung 558d 4
Anerkennung, qualifizierter Mietspiegel
558d 11
Anfechtung 542 251; **566** 56; **574** 19; **577** 24
Angespannter Wohnungsmarkt 556d 12; **566** 56; **574** 19; **577** 24
Ankündigung
– von Erhaltungsmaßnahmen **555a** 13
– von Modernisierungsmaßnahmen
  555c 1ff.; **555d** 28
Ankündigungsklausel 543 178
Anlagencontracting 555b 10b
Anliegerkosten 559 8
Annahme der Erbschaft 564 20
Anpassung der Betriebskostenvorauszahlungen 560 18ff.; **569** 80
Anrechnung von Drittmitteln 558 49; **559a** 1
Antenne 535 522
Anweisungsfälle 535 722
Anwendungsbereich, Miethöhevorschriften Vorbem 557 5
Anzeigepflicht bei Mängeln 536c 2ff.; **543** 114
Anzurechnende Kosten, Modernisierungsmieterhöhung 559 15
Aperiodische Kosten 556 174

Register
Magere Zahlen bezeichnen die Randnummern des BGB

Architektenhonorar 559 16
Art der Wohnung 558 21
Aufhebungsvertrag 550 55
Aufklärungspflicht 536b 17; 542 255; 543 48
Auflassung 577 69
Auflassungsvormerkung 577 70
Auflockerungsrechtsprechung 550 50
Auflösende Bedingung 572 10
Aufnahme
– des Ehegatten 540 28
– des Lebenspartners 540 28
– von Hausangestellten 540 29
– von Lebensgefährten 540 37
– von Pflegepersonen 540 29
– von Verwandten 540 28
Aufrechnung 543 177; 566d 1 ff.; 569 73
Aufwendungen für die Wohnung als Härtegrund 574 49
Aufwendungsdarlehen 558 58; 559a 10
Aufwendungsersatz 536a 39; 539 1 ff.; 555a 23; 555 f. 17; 563 29; 566 58; 559 16
Aufwendungsersatzansprüche, Verjährung 548 28, 37
Aufwendungszuschüsse 558 57; 559a 9
Aufzug 536 18a; 555b 37; 556 58
Aufzugsignalanlage 556 80
Aufzugsversicherung 556 81
Auskunft aus Mietdatenbank 558e 7
Auskunftsanspruch, Begrenzung der Wiedervermietungsmiete 556g 12
Ausländerzuschlag 535 629, 665
Ausreißermieten 558 46
Ausschlagung der Erbschaft 564 14, 20; 580 12
Ausschluss Modernisierungsmieterhöhung 559 24
Ausschlussfrist 556 201, 285; 569 71
Ausschlussvereinbarungen, Mieterhöhungen 557 15
Außen-GbR 550 66; 580 6
Außerordentliche Kündigung 542 141 ff.; 573d 1 ff.; 574 14; 575a 1 ff.; 580 1 ff.; 580a 1 ff., 20
Ausstattung der Wohnung 558 26
Austauschpfändung 562 21
Auszugspauschale 535 651; 555 11

Bagatellmaßnahmen 555c 26
– Modernisierungsmieterhöhung 559 2
Barkaution 551 6; 566a 6
Barrierefreiheit 536 19; 554 7 ff.
Barrierereduzierung 554 7 ff
Baualter 558 31
Baugenehmigung 573 219

Bauherr 559a 3
– Begriff 559 7
Baukostenzuschuss 535 203, 643; 547 6; 550 23; 558 59; 559a 11; 566 59; 566b 6; 566c 7
Bauliche Änderung 535 519; 543 54, 110; 546 35; 555b 2
Bauliche Veränderung 559 11
Baumängel 536 21
Baumaßnahmen 536 25
Baunebenkosten 559 16
Bauordnungsbestimmungen 536 25
beA 568 17
Befreiender Schuldnerwechsel 535 283
Befristungsinteresse 575 6, 21
Begründung
– der Kündigungserklärung 542 67; 569 86 ff.; 573 203 ff.; 573a 31; 573b 17; 573d 6
– der Widerspruchserklärung 574b 5
– Mieterhöhung 558a 8
– von Wohnungseigentum 566 32
Begründungsmittel, sonstige 558a 56
Behinderung 554 11
– als Härtegrund 574 44
Behördliche Beanstandungen 536 28
Behördliches Benutzungsverbot 536a 20
Begrenzung der Wiedervermietungsmiete 556d 1
– Auskunftsanspruch 556g 12
– Ausnahmen 556f 1
– Landeverordnung 556d 22
– Modernisierungen 556e 23
– Neubauwohnung 556f 2
– Rechtsfolgen 556g 1
– Rügepflicht 556g 12
– umfassende Modernisierung 556f 9
– Vormiete 556e 1
Beifügung Mietspiegel 558a 14
Belästigungen 536 32; 573 34
Belastungsvollmacht 577 62a
Belege 559b 10
Belegeinsicht 556 184, 243, 273
Belegkopien 556 188
Beleidigung 543 28
Beleuchtung 556 76
Benutzungsverbot 543 86
Berechnung, Modernisierungsmieterhöhung 559 20; 559b 6
Bereicherungsanspruch 539 9, 30; 566 60
– Verjährung 548 30, 51, 65
Bergarbeitwohnung 576 6
Berliner Räumung 546 119
Berufliche Nutzung 535 583; 573 32
Berufliche Schwierigkeiten als Härtegrund 574 50

Fette Zahlen bezeichnen die Paragraphen des BGB **Register**

Berufsbedarf s. **Gewerbebedarf**
Beschädigung der Mietsache 538 3;
563 38
- Kündigung **543** 54
- Verjährung **548** 25
Beschaffenheit der Wohnung 558 29
Beschränkter Vollstreckungsauftrag
546 109
Besichtigung, Vergleichswohnungen
558a 53
Besichtigungsrecht des Vermieters
535 339
Besitzdiener 540 45
Besitznahmerecht 562b 6
Besitzübergabe 566 24
Bestätigungsklausel 550 96
Bestätigungsschreiben 550 31
Bestellung von Grundpfandrechten
567 3
Besucher 538 20; **540** 38
Betretungsrecht 555 f. 24
Betreuer 535 181, 262
Betriebsbedarf 573 179, 221; **575** 19, 28;
576 12
Betriebsführungscontracting 555b 10b;
556c 21
Betriebskosten 535 676; **556** 1 ff.; **563** 31
- der Eigentumswohnung **556** 262 ff.
- des Geschäftsraums **556** 275 ff.
- Verjährung **548** 45; **556** 234
Betriebskostenabrechnung 556 131 ff.,
282; **556a** 1 ff; **565** 27
Betriebskostenerhöhung 560 5; **569** 80
Betriebskostenermäßigung 560 14
Betriebskostenpauschale; 546a 38;
556 119, 225; **560** 2 ff.; **569** 80
Betriebskostenspiegel 556 155
Betriebskostenvorauszahlung 556 123,
173, 289; **560** 2; **560** 18
Betriebspflicht 535 319
Betriebsübergang 576b 7
Beurkundungsabrede 550 93
Bewachungskosten 556 98
Beweisaufnahme
- Vermutungswirkung **558d** 18
- Zustimmungsprozess **558b** 29
Beweislast, Begrenzung der Wieder-
vermietungsmiete 556d 39
Beweissicherungsverfahren 543 193
BGB-Gesellschaft 535 149, 254; **566** 34,
41, 52
Blumenkästen 535 519, 549
Bodenabbauvertrag 544 2
Bordell 536 36; **543** 53
Breitbandnetz 535 526; **555b** 41; **556** 93
Brennstoffversorgungsanlage 556 44

Briefkasten 536 37
Briefwechsel 550 31
Bruchteilsgemeinschaft 535 171
Bürgschaft 551 9 ff., 113; **566** 94; **566a** 12
- auf erstes Anfordern **551** 28 ff.

CB-Funker 535 539
Centermanagement 556 277
Chance of control Klausel 540 86
Contracting 555b
COVID-19 Pandemie 535 725 ff.
Cut-Off Termin 556b 18, 74

Dachrinnenreinigung 556 99
Darlehen 559a 4, 5, 6
Datenauswertung, Mietspiegel 558d 9
Datenerhebung, Mietspiegelerstellung
558d 7
Datenschutz 535 109a; **542** 255
Dauernutzungsrecht 567 11
Dauernutzungsvertrag 573 261
Dauerwohnrecht 567 11
Degressive Förderung 559b 15
Deklaratorisches Schuldanerkenntnis
538 10; **556** 228
Diebstahl 543 47
Dienstverhältnis 576 4; **576b** 5
Dingliches Wohnrecht 535 179; **567** 11
Direktabrechnung 556a 48
Dokumentation, Mietspiegelerstellung
558d 10
Doppelte Schriftformklausel 550 100
Doppelvermietung 535 288; **536** 38;
536a 3
Drittmittel 558 49; **559a** 1
Drohungen 543 54
Dübellöcher 538 28; **546** 39
Duldung einer Modernisierung 559 2
Duldungspflicht
- für Erhaltungsmaßnahmen **555a** 10, 35
- für Modernisierung **555c** 29; **555d** 1 ff.,
35
Dürftigkeitseinrede 564 25
Duschen 535 561

E-Mobilität 554 13 ff
Effizienzverbesserung 556c 15
Eheähnliche Gemeinschaft s. **nichtehe-**
liche Gemeinschaft
Eheleute als Mieter 535 228
Ehescheidung 535 241
Ehewohnung 566 16
Eichkosten 556 22
Eigenbedarf 566 71; **573** 37
Eigenkapitalkosten 535 671
Eigenmächtige Räumung 546 134

1847

Register Magere Zahlen bezeichnen die Randnummern des BGB

Eigennutzungstatbestand **575** 9, 26
Eigentümer **535** 145
Eigentümergemeinschaft **535** 173
Eigentümerwechsel **542** 103; **550** 29; **556** 249; **562** 5; **566** 1 ff.; **566a** 1; **573c** 10
Eigentumsübergang **566** 13, 29; **566e** 1 ff.
Eigentumswohnung **535** 206, 323, 330, 372, 537, 582, 597; **536** 216; **536a** 71; **540** 27; **546** 24; **548** 43; **554** 39; **555a** 12, 44; **555d** 44; **556** 13, 209, 262; **556a** 32, 53; **556c** 4; **566** 104; **567** 4
Eilmaßnahmen **536a** 62
Einbruchsschutz **554** 18 ff
Einfamilienhaus **546** 42a
Einheitlichkeit der Vertragsurkunde **550** 47
Einheitstheorie **566** 31
Einkaufszentrum **535** 312; **536** 41
Einliegerwohnung **573a** 1; **574** 59
Einmalmiete **535** 9, 204; **547** 5; **566c** 8; **579** 2
Einrichtungen **535** 515; **539** 19 ff.; **554** 8, 12, 28; **566** 62
Eintrittsrecht bei Tod des Mieters **563** 1 ff.
Einwendungsausschluss **556** 217, 287, 293
Einwurfeinschreiben **542** 84
Einzelöfen **556c** 11
Einziehungsermächtigung **558b** 9
Einzugsermächtigung **556b** 29
Einzugspauschale **535** 651; **555** 11
Elektroanlage **536** 42
Elektro-Check **556** 99
Elektronische Form **568** 17 ff.
Elektromobilität **554** 13 ff
E-Mail **550** 119; **568** 11
Endenergie **555b** 4
Endrenovierungsklausel **535** 489
Energetische Modernisierung
– Begriff **555b** 3
– Minderungsausschluss **536** 195; **543** 95
Energetischer Zustand **558** 32
Energieausweis **535** 45
Energiepass **536** 43
Energiesparverordnung **536** 44
Energieversorgung **555b** 41
EnEV **535** 300
Entschädigung für Vorenthaltung **546a** 41
Entwässerung **556** 25
Entzug des Mietgebrauchs **543** 73, 83; **555a** 33; **555d** 32
Erbbaurecht **535** 176; **567** 11; **577** 14
Erbe des Mieters **563** 58; **564** 1 ff.; **573d** 9
Erbengemeinschaft **535** 163; **550** 66

Erbfallschulden **564** 19
Erblasserschulden **564** 19
Erbschein **564** 35; **580** 19
Erbteilskauf **577** 24
Erdbebenversicherung **556** 82
Erfüllungsgehilfe **538** 19
Erfüllungsverweigerung **536a** 13
Ergänzungstatsachen **573** 207; **574** 60
Ergänzungsvertrag **550** 52, 81
Erhaltungsmaßnahmen **555a** 1 ff.
Erhöhung von Betriebskostenvorauszahlungen **560** 18 ff.
Erhöhungsvorbehalt s. Mehrbelastungsabrede
Erlaubnis **554** 37
Erläuterung, Modernisierungsmieterhöhung **559b** 11
Erlöschen des Vermieterpfandrechts **562a** 1 ff.; **562b** 25
Ermächtigung zur Kündigung **542** 41; **568** 14
Erneuerbare Energien **536** 45
Erneuerungsmaßnahmen **555a** 5
Ersatzansprüche des Vermieter, Verjährung **548** 4
Ersatzmieter **542** 226
Ersatzraumbeschaffungspflicht **574** 32
Ersatzraumsuche **574** 33
Ersatzwohnung **574** 41
Erschließungskosten **559** 8
Erschütterungen **536** 46
Ersetzungsbefugnis **546a** 39
Erster Förderweg Vorbem **557** 7
Erwerbermodell **577** 25
Essentialia negotii **535** 31
Etagenheizung **556** 48; **556c** 8
Existenzgefährdung **550** 86

Fachhandwerkerklausel **535** 457
Fahrräder **535** 591
Fahrstuhl s. Aufzug
Fälligkeit der Miete **556b** 1 ff.; **579** 1 ff.
Fälligkeitsprinzip **556** 133
Familienangehörige **573** 52; **577** 26; **577a** 17
Farbwahlklausel **535** 453
Fehlbelegte Sozialwohnung **573** 181, 223
Fehlbelegungsabgabe, Kappungsgrenze **558** 78
Fehlender Ersatzraum als Härtegrund **574** 30
Feldbesetzung, Mietspiegel **558d** 8
Felskammer **578** 9
Ferienhaus **549** 53; **573** 4
Ferienhausgebiet **549** 53
Ferienwohnung **549** 53; **573** 4

1848

Fette Zahlen bezeichnen die Paragraphen des BGB **Register**

Fernabsatz, Mieterhöhung 558b 11
Fernsehantenne 535 522
Fernwärme 555b 10; **556** 45
Feuchtigkeit 536 47
Feuchtigkeitsschäden 538 43ff.; **543** 99
Feuerlöscher 556 99
Feuerschutzeinrichtung 556 99
Feuerversicherung 538 24
Finanzierungskosten 559 16
Flächenabweichung 536 235
Fogging 536 50
Fördermittel 559 21
Förderung, öffentliche Vorbem 557 7
Formularmietvertrag 535 94ff.
Fortschreibung
 − Mietspiegel **558c** 18
 − qualifizierter Mietspiegel **558d** 14
Fortsetzung des Mietverhältnisses 574a 1ff.
 − bei Tod des Mieters **563a** 1ff.
Fortsetzungsverlangen 574a 1
Frankfurter Räumung 546 118
Freistellungsklausel 548 62
Freizeichnungsklausel 535 431
Fremdkapitalkosten 535 672
Fristenplan für Schönheitsreparaturen 535 444
Fristlose Kündigung 543 1ff.; **569** 1ff.; **574** 15
Frustrierte Aufwendungen 536a 40
Fullcontracting 556 46; **556c** 29
Funkablesung 555b 40
Funkantenne 535 539
Fürsorgepflicht des Vermieters 535 383

Garage 536 52; **543** 133
Garantiehaftung 536a 17
Garantieversprechen 551 32
Gartenpflege 535 414**556** 24, 69
Gaseinzelfeuerstätte 556 50
Gebäudehaftpflicht 556 81
Gebäudelüftung 555b 17
Gebäudereinigung 556 64
Gebäudeversicherung 538 24
Gebrauchsbeeinträchtigungen 536 53
Gebrauchsfortsetzung 545 10
Gebrauchsgewährung 535 325ff.
Gebrauchsüberlassung an Dritte
 s. Untermiete
Gebrauchswert 559 19
Gebrauchswerterhöhende Maßnahmen 555b 28
Gefährdung der Mietsache 543 100, 202
Gefälligkeit 540 21
Gefälligkeitsmiete 535 10
Gegensprechanlage 556 80, 99

Geltungserhaltende Reduktion 535 116
Gemeinsamer Haushalt 563 4
Gemeinschaftsantenne 535 522; **556** 91
Gemeinschaftseinrichtung 536 55
Gemeinschaftsstrom 556 76
Generalquittung 538 11
Genossenschaftswohnung 573 200
Geruchsbelästigung 536 55; **543** 56
Geschäftserweiterung 535 511
Geschäftsgrundlage 535 754; **543** 222
Geschäftsraum, Kündigungsfristen 580a 15
Geschäftsraummiete 535 19, 415, 506, 624, 644, 702; **536** 227; **536a** 6, 35; **536b** 11; **538** 62; **540** 7, 26, 61; **542** 12, 68, 74, 154, 221; **545** 31, 130; **551** 129; **552** 11; **555** 15; **560** 60; **569** 109; **578** 11
Geschichte des Miethöherechts Vorbem 557 2
Gesellschafterwechsel 566 35; **573** 45
Gesetzlicher Umlagemaßstab 556a 32
Gestaffelte Kündigung 542 18
Gestattung 540 21
Gestattungsvertrag 535 5
Gesundheitsgefährdung 536 61; **569** 1ff., 96
Gewerbebedarf 573 159, 166, 190, 216, 227; **575** 9
Gewerbezuschlag 535 626, 664
Gewerbliche Nutzung 535 583; **543** 56; **573** 32
Gewerbliche Weitervermietung 536 5; **540** 17; **556** 210; **562** 14; **565** 1ff.; **573** 7; **574** 7; **577** 39; **578** 12
Gewerbliche Zwischenmiete s. gewerbliche Weitervermietung
Gleitklausel 535 612; **536b** 27
GmbH 535 148
Grillen 535 560
Größe der Wohnung 558 22
Grundmiete, Begriff 535 605
Grundsanierung 535 436
Grundschuld 567 3
Grundsteuer 556 10; **560** 13
Grundsteuererhöhung 560 13
Grundstücksbenutzungsvertrag 544 2
Grundstücksmiete 535 30; **550** 8; **578** 3; **579** 4; **580a** 2
Gütergemeinschaft 535 166

Haftpflichtversicherung 556 78
Hamburger Räumung 546 129
Handwerker 538 21
Härtegründe
 − bei Modernisierung **555d** 15
 − bei Vertragsbeendigung **574** 20

1849

Register Magere Zahlen bezeichnen die Randnummern des BGB

Härteeinwand, Form und Frist 559 38
Hausfrieden 535 552; 573 34
Hausfriedensbruch 543 28
Hausfriedensstörungen 569 17; 573 34
Haushaltsangehörige 573 49; 577 26;
 577a 17
Haushaltsgeräte 535 540
Haushaltsnahe Leistungen 556 257
Hausmeister s. Hauswart
Hausmeisterservice 556 88
Hausordnung 543 57
Hausratsversicherung 538 31; 556 82
Hausrecht 535 287; 540 41
Haustürgeschäfte 535 131
Hausverwalter 535 186; 566 44; 573 202
Hausverwaltervollmacht 542 52
Hauswart 556 84
Heizkessel 555b 58
Heizkosten 556 28
Heizkostenabrechnung 556a 20
Heizkostenpauschale 556 121
Heizkostenverteiler 556 37
HeizkostenVO 535 299
Heizung 536 62
Hemmung der Verjährung 548 70
Herabgesetzte Kappungsgrenze
 558 72a
Herabsetzung der Miete 550 54; 573b 21
Hinterlegung 543 147
Höhere Gewalt 538 23, 44
Hohes Alter als Härtegrund 574 42
Höhlen 578 9
Hundehaltung 535 565
Hypothek 567 3

Identifizierbarkeit von Vergleichs-
 wohnungen 558a 49
Indexklausel 535 607
Indexmiete 546a 27; 557b 1
Individualvereinbarung 535 103
Inklusivmiete s. Pauschalmiete
− Mietspiegel 558a 22
Innentemperaturen 536 88
Insolvenz des Mieters 542 152; 546 57;
 546a 66; 551 127; 556 255; 562 31;
 569 61
Insolvenz des Vermieters 542 173;
 551 73, 124; 556 254; 566a 28; 566b 9;
 566c 12; 566d 10
Insolvenzverwalter 535 216, 267; 546 14;
 562 34; 566 45
Instandhaltung 535 347 ff., 408 ff.; 536 92;
 559 13
Instandhaltungskosten 535 677; 556 224
Instandsetzung 535 369 ff.; 536 92; 555a 4;
 559 13

Instandsetzungskosten 556 5; 559 17
− Schätzung 559 18
Interessenverband, Mietspiegel-
 erstellung 558c 12
Inventarverzeichnis 564 26
Irrtumsanfechtung 542 254

Jahresmiete 543 158
Jahresnutzungsgrad 555b 8
Jahressperrfrist 558 7
− Indexmiete 557b 9
− Rechtsfolgen 558 18
− Untermietzuschlag 558 13
Jobcenter 543 139
Jugendwohnheim 549 38; 551 82
Juristische Person 535 148, 260; 550 68;
 566 34; 573 42; 577a 18; 580 4

Kabelweitersendung 556 92
Kanalgebühr 556 25
Kanalverstopfung 538 28
Kappungsgrenze 558 67
− herabgesetzte 558 77
− Wegfall Fehlbelegungsabgabe 558 73
Karenzfrist 573c 6
Katzenhaltung 535 565
Kauf 566 27
Kauf bricht nicht Miete 566 1 ff.
Kaution 551 1 ff.; 554 27; 541 33; 565 48;
 566 65; 566a 1 ff.
− Kündigung bei Verzug 543 22;
 569 37 ff.
− Verfallklausel 555 13
− Verjährung 548 60; 551 41, 60, 116
Kellermodell 577 20
Kellerräume 536 73
Kenntnis des Mieters vom Mangel
 536b 1 ff.
Kerntatsachen 573 207; 574 60
Kettenmietvertrag 575 78
KG 535 147
Kiesausbeutungsvertrag 544 2
Kinder 546 78
Kinderlärm 536 76; 569 26
Kinderreichtum als Härtegrund 574 57
Kinderwagen 535 591
Klagefrist 558b 26
Kläranlage 556 27
Kleinreparaturen, Zuschlag zum
 Mietspiegel 558a 23
Kleinreparaturklausel 535 410
Kleintiere 535 564
Klimaschützende Maßnahmen 555b 26
Knebelungsvertrag 535 714
Konkludente Zustimmung zur
 Mieterhöhung 558b 9

Fette Zahlen bezeichnen die Paragraphen des BGB   **Register**

Konkurrenzschutz 535 308; 536 74; 566 66
Kosten
- der Kündigung 542 108
- der Räumung 546 85

Kostenmiete Vorbem 557 6, 13
Kostenmietklausel 557 15
Kostenneutralität 556c 18
Krankheit als Härtegrund 574 44
Kundenfeindliche Auslegung 535 115
Kündigung
- Abriss des Gebäudes 573 151, 162, 218
- anstößiger Lebenswandel 543 46
- Begriff 542 9
- Begründung 542 67; 569 86 ff.; 573 203 ff.; 573a 31; 573b 17; 573d 6
- bei Beendigung des Nießbrauchs 542 145
- bei Erlöschen des Erbbaurechts 542 151
- bei Insolvenz des Mieters 542 152
- bei Insolvenz des Vermieters 542 173
- bei Nacherbfolge 542 150
- bei provozierten Vertragsverletzungen 569 31
- Belästigungen 573 34
- Beleidigung 543 28
- Betriebsbedarf 573 176, 221; 576 12
- der Mitgliedschaft 542 170
- Diebstahl 543 47
- durch Betreuer 542 64
- durch Bevollmächtigte 542 50; 568 12
- durch Einschreiben 542 75
- durch Schriftsatz 568 15
- Eigenbedarf 573 37, 210
- Entzug des Mietgebrauchs 543 73, 83; 555a 33; 555d 32
- Ermächtigung 542 41; 568 14
- Fehlbelegte Sozialwohnung 573 181, 223
- fristlose 543 1 ff.; 574 15
- Gefährdung der Mietsache 543 100, 202
- gegenüber Erben des Mieters 564 32; 573d 9
- gegenüber geisteskrankem Mieter 543 56; 573 16, 198
- gegenüber Geschäftsunfähigen 542 36, 88
- gegenüber Rechtsnachfolger des Mieters 563 62
- Gesellschafterbedarf 573 44
- Gesundheitsgefährdung 569 1 ff., 96
- Gewerbebedarf 573 159, 166, 190, 216, 227;
- Hausfriedensbruch 543 28
- Hausfriedensstörungen 569 17; 573 34
- in Schriftsatz 542 22
- Kosten 542 108
- Mangel der Mietsache 543 91; 569 96
- Mieterhöhung 573 170, 249
- Modernisierungsmaßnahme 573 160, 167, 220
- nach Erwerb in der Zwangsversteigerung 542 175
- nach Mieterhöhung 561 1
- Nichtbeachtung der Schriftform 550 74
- Nötigung 543 28
- öffentliches Interesse 573 187, 226
- Pflichtverletzung 573 9, 209
- Rechtsmittel 542 106
- Rücknahme 542 98
- Sanierungsmaßnahme 573 160, 167, 220
- Schaffung neuen Wohnraums 573b 1 ff.
- Schriftform 542 74; 568 1 ff.; 569 15
- Steuervorteile 573 197, 229
- Strafanzeige 543 41
- Tätlichkeiten 543 28
- Tierhaltung 543 64
- Überbelegung 543 64, 113; 573 185, 224
- Übergabe einer mangelhaften Sache 543 79; 569 96
- üble Nachrede 543 28
- Umdeutung 542 28, 219
- Umwandlung in Wohnungseigentum 573 171; 577a 1 ff.
- unerlaubte Gebrauchsüberlassung 543 117, 207
- unerlaubte Gewerbebenutzung 573 32
- unter Bedingung 542 15, 20
- Untermiete 573 32, 35
- unpünktliche Mietzahlung 543 11; 569 93; 573 33
- unseriöses Prozessverhalten 543 45
- Unterbelegung 573 186, 225
- Verkauf der Wohnung 573 154, 163, 215
- Verletzung von Aufklärungspflichten 543 48
- Verletzung von Vertragspflichten 573 9, 209
- Verleumdung 543 28
- vertragswidriger Gebrauch 573 19
- Verzögerung der Übergabe 543 74
- Verzug mit Betriebskosten 543 26
- Verzug mit Kaution 543 22; 569 37 ff.; 573 26
- Verzug mit Zahlung von Prozesskosten 543 27; 573 27
- Wegfall der Geschäftsgrundlage 535 754 543 222
- wichtiger Grund 543 6
- Widerruf 542 98
- wirtschaftliche Verwertung 573 146 ff., 214
- Zahlungsverzug 543 122, 211; 551 22; 560 27; 569 48, 92; 573 22

1851

Register

Magere Zahlen bezeichnen die Randnummern des BGB

- Zerrüttung der Vertragsgrundlage **543** 9; **569** 29
- zu Protokoll **568** 16
- Zugang **542** 77

Kündigungsausschluss, Staffelmiete 557a 18
Kündigungsausschlussvereinbarung 542 188; **550** 16; **555f.** 16, 26; **566** 68; **575** 83, 87ff.; **577a** 10
Kündigungsberechtigter 542 39
Kündigungsbeschränkung bei Wohnungsumwandlung 577a 1ff.
Kündigungsempfänger 542 31
Kündigungsfolgeschaden 542 112ff.
Kündigungsfrist 542 25; **563** 34; **566** 69; **573a** 30; **573b** 18; **573c** 1ff.; **573d** 1ff.; **575a** 1ff.; **576** 1ff.; **580a** 1ff.; **561** 13
- für Geschäftsraum **580a** 15

Kündigungsrecht 558b 14
- Abtretung **542** 40
- Ausschluss **550** 84, 104
- bei Eigentümerwechsel **566** 67, 70
- bei Verweigerung der Untermieterlaubnis **540** 69ff.; **543** 88
- des Erben **564** 32
- Indexmiete **557b** 16
- Staffelmiete **557a** 16

Kündigungsschutz nach Mieterhöhung 569 76
Kündigungstag 573c 4; **573d** 10; **575a** 7
Kündigungstermin 573c 4; **580a** 12
Kündigungswiderspruch 564 45; **568** 20; **573d** 8; **574** 1ff.; **574a** 1ff.; **575** 68; **575a** 5
- bei Werkwohnung **576a** 1ff.

Kürzungsbeträge 558 49; **559b** 15
Kürzungsmittel 559a 1
KWK-Anlage 555b 10

Lage der Wohnung 558 36
Landesverordnung, Begrenzung der Wiedervermietungsmiete 556d 22
Lärm 535 553; **536** 75; **543** 58, 111
Lasten der Mietsache 535 601ff.
Lastenaufzug s. Aufzug
Lastschriftverfahren 556b 37; **543** 167, **558b** 9
Laufende Aufwendungen 535 669
Lebenshaltungskostenindex 557b 7
Lebenspartner 540 28; **563** 42
Leerstand 556 177; **556a** 11, 27
Leihe 540 22; **566** 8
Leistungsprinzip 556 131
Leistungsvorbehalt 535 609; **536b** 28
Leitungswasserversicherung 538 24
Lieferanten 538 21

Lösungsklausel 542 168
Luxusmodernisierung 555b 31; **575** 13; **559** 12

Mahnbescheid 548 74
Mahnschreiben 555 12
Makulaturklausel 535 494
Mangel 536 1ff.; **546a** 29; **556** 226
- Kündigung **543** 91; **569** 96
- Schadensersatzansprüche **536a** 1ff.; **555a** 32; **555d** 31; **555f.** 14

Mängel, Mieterhöhung 558 30
Mangelanzeigepflicht 536c 1ff.; **543** 114
Mangelbeseitigung 548 67; **563** 35; **566** 74
Mangelkenntnis des Mieters 536b 1ff.; **543** 97
Marktmiete 546a 36
Massengeschäfte 535 54
Mehrbelastungsabrede 555c 17; **556** 115, 281; **560** 4
Mehrwertsteuer s. Umsatzsteuer
Mietabänderungsvereinbarung 557 2
- Form **557** 3
- Grenzen **557** 11
- Inhalt **557** 8
- Zeitpunkt **557** 7

Mietanpassungsvereinbarung 557b 1
Mietaufhebungsvertrag 542 211; **566** 15; **573** 263; **577** 80
Mietausfall 538 41; **542** 116; **546a** 46, 58; **548** 7, 23
Mietausfallversicherung 556 82
Mietausfallwagnis 535 680
Mietdatenbank 558a 30; **558e** 1
Miete
- vom Nichtberechtigten **536** 215
- von Räumen **535** 12

Mietendeckel Anhang zu § 559d BGB
Mieterbenennungsrecht 573 176
Mieterdarlehen 547 9; **566** 75; **559a** 5
Mietereinkommen 559 29
Mieterhöhung 566 76
- Ausschlussvereinbarungen **557** 15
- Begründung **558a** 8
- bei Modernisierung **559** 1
- bei Untermiete **553** 22
- Erklärung **559b** 1
- Formalien **Vorbem 557** 19
- Kostenmietklausel **557** 15
- Kündigungsrecht **561** 1
- mit Vergleichswohnungen **558a** 40
- ortsübliche Vergleichsmiete **558** 1
- Prozess **558b** 20
- Reaktion Mieter **558b** 2
- Rechtsfolgen der Zustimmung **558b** 15
- Sachverständigengutachten **558a** 32

1852

Fette Zahlen bezeichnen die Paragraphen des BGB **Register**

- Teilzustimmung **558** 15
- Werkmietwohnungen **557** 16
- Wohnungsgröße **557** 18
- Zeitmietvertrag **557** 17
- Zustimmung des Mieters **558b** 4

Mieterhöhungserklärung
- Absender **Vorbem 557** 21
- Adressat **Vorbem 557** 22
- bei Drittmitteln **558** 59
- Form **Vorbem 557** 23
- Indexmiete **557b** 10
- Indexmiete **557b** 8
- Zeitpunkt **559b** 17
- Zugang **Vorbem 557** 27

Mieterhöhungsverlangen 558a 2
- Inhalt **558a** 5
- Nachbesserung **558b** 36
- während des Prozesses **558a** 4

Mietermodernisierung 535 519; **554** 3
Mieterselbstauskunft 542 255
Mieterwechsel 535 280; **550** 27; **556** 252; **573c** 10, 34
Mieterselbstauskunft 542 255
Mietgarantieklausel 536 233
Miethöhebeschränkungen, Vorbem 557 15
Miethöherecht
- Geschichte **Vorbem 557** 2
- verfassungsrechtliche Vorgaben **Vorbem 557** 2

Mietkaution s. Kaution
Mietminderung 535 747; **536** 1 ff.; **555a** 31; **555d** 30; **555f**. 12; **566** 81
Mietpreisbegrenzung 566 78
Mietpreisbremse 556d 1
Mietpreisüberhöhung 535 653 ff.; **546a** 32; **548** 52; **551** 48; **557** 11; **559** 22
- Indexmiete **557b** 24
- Staffelmiete **557a** 22

Mietpreisübersicht des Finanzamtes 558c 7
Mietrückstände, Verjährung 548 44; **551** 26
Mietschuldenfreiheitsbescheinigung 535 720
Mietsicherheit s. Kaution
Mietspiegel 546a 37; **558a** 13; **558c** 1
- Anerkennung **558d** 11
- Datenauswertung **558d** 9
- einfacher **558c** 15
- Feldbesetzung **558d** 8
- Fortschreibung **558c** 18
- Orientierungshilfen **558d** 23
- qualifizierter **558a** 59; **558b** 32; **558d** 1
- rechtliche Qualifikation **558c** 4
- vergleichbare Gemeinde **558a** 19

- Vermutungswirkung **558d** 18
- Zuschläge **558a** 21

Mietspiegelaufstellung 558c 6
Mietspiegelerstellung
- anerkannte wissenschaftliche Grundsätze **558d** 4
- Dokumentation **558d** 10

Mietspiegelgültigkeit 558c 16, 17
Mietverhältnis
- auf bestimmte Zeit s. Zeitmietvertrag
- auf Lebenszeit **542** 185; **544** 15, 26; **550** 21; **563** 19; **572** 11; **574a** 12; **575** 86
- über Grundstücke **578** 1 ff.; **580a** 2
- über Räume **578** 1 ff.; **580a** 5
- über Wohnraum **535** 12
- unter auflösender Bedingung **542** 186; **550** 21; **572** 9 ff.; **575** 81
- unter Befristung **542** 187

Mietverlustversicherung 556 82
Mietvertrag zugunsten Dritter 535 277
Mietvertragsabschluss, Begrenzung der Wiedervermietungsmiete 556d 9
Mietvorauszahlung 535 642; **547** 3
Mietvorvertrag 550 11; **566** 8
Mietwucher 535 715
Mietzins 535 604; **566** 79
Mietzinsreduzierung 573b 22
Mietzuschlag 535 625
Minderung der Miete s. Mietminderung
Minderungsausschluss 536 177 ff., 195 ff.
Minderungsquote 536 164 ff.
Mischraummiete 535 23; **555** 2; **565** 21; **573** 3; **574** 4; **577** 10
Mischungsverhältnis, ortsübliche Vergleichsmiete 558 48
Mitbestimmungsrecht des Betriebsrats 573 179
Mithaftung des Veräußerers 566 93
Mobilitätsinteresse 575 99
Möblierter Wohnraum 549 10; **573c** 15
- Mieterhöhung **558a** 25

Möblierungszuschlag 535 628, 663; **558a** 28
Modernisierende Instandsetzung 555a 4
Modernisierung 536 93; **537** 24; **555b** 1 ff.
- Begrenzung der Wiedervermietungsmiete **556e** 23
- Kappungsgrenze **558** 76
- umfassende **556f** 9

Modernisierungsmaßnahme 559 14
Modernisierungsmieterhöhung
- Abwägung **559** 25
- Berechnung **559** 20
- Instandsetzungskosten **559b** 15
- Rechtsnachfolge **559b** 5
- Umfang **559** 15

1853

Register   Magere Zahlen bezeichnen die Randnummern des BGB

- Verhältnis zu § 554 **559** 2
- Verhältnis zu § 558 **559** 3
- Wirkung **559b** 20

Modernisierungsmieterhöhungserklärung 559b 1
Modernisierungstatbestand 575 13, 27
Monatsmiete 580a 10; **543** 157
Müllbeseitigung 556 59
Müllmengenerfassungsanlage 556 63
Musikausübung 535 554

Nachbargemeinde, Mietspiegel 558a 19
Nachbesserung Mieterhöhungsverlangen 558b 36
Nachhaltigkeit 555b 21
Nachholklausel 550 89, 106
Nachholrecht 569 52, 75
Nachlasserbenschulden 564 19
Nachlassinsolvenzverfahren 564 23
Nachlasspfleger 535 223
Nachlasspflegschaft 564 39, 48; **580** 23
Nachlassverbindlichkeiten 564 19
Nachlassverwalter 535 226
Nachlassverwaltung 564 22, 39, 48; **580** 23
Nachmieter 542 226
Nachmieterklausel 542 237
Nachträglich entstandene Kündigungsgründe 573 232 ff.
Nachtspeichergerät 535 544
Name 550 61; **568** 7
Nebenkosten, Begriff 535 623
Negatives Schuldanerkenntnis 538 11
Neu für Alt 538 38
Neubau 536 94
Neubauwohnung, Begrenzung der Wiedervermietungsmiete 556f 2
Neubeginn der Verjährung 548 85
Nicht zu vertretende Umstände 559 37
Nichteheliche Gemeinschaften 535 242; **540** 37; **546** 80; **553** 26; **562** 14; **563** 49
Niederschlagswasser 556 25
Niesbrauch 535 177; **566** 33; **567** 6 ff.
Notarielle Beurkundung 550 73
Notarielle Form 535 41
Nötigung 543 28
Notmaßnahmen 536a 61
Novation 535 48; **550** 57; **555a** 28
Nutzenergie 555b 5
Nutzfläche 536 95
Nutzungsentschädigung 543 134; **546a** 1 ff., 66; **566** 82
- Verjährung **548** 33

Nutzungserweiterung, Jahressperrfrist 558 13
Nutzungsvertrag 535 5

Obdachloseneinweisung 546a 17
Obhutspflicht 535 546; **543** 60
Öffentliche Lasten 556 10
OHG 535 147
Öltankversicherung 556 81
Opfergrenze 535 374; **536a** 56
Optionsrecht 542 200 ff.; **566** 83
Optische Beeinträchtigungen 536 99
Ordentliche Kündigung 573 1 ff.
Orientierungshilfe, Mietspiegel 558d 23
Ortsübliche Miete 546a 33
Ortsübliche Vergleichsmiete
- Begriff **558** 18
- Mischungsverhältnis **558** 48

Parabolantenne 535 523 ff.; **543** 61
Parkettboden 538 61
Parkplätze 536 100
Patronatserklärung 551 37
Pauschalmiete 546a 38; **556** 225; **560** 2, 59
Pauschalwerte 555c 23; **559b** 14
Personenaufzug s. Aufzug
Personengesellschaft 535 147; **573** 43; **577a** 14; **577a** 27
Personenhandelsgesellschaft 550 66; **564** 7; **566** 35; **573** 47; **580** 5
Pfandrecht s. Vermieterpfandrecht
Pfändung von Wertpapieren 562 13
Pfändungspfandrecht 562 28
Pfandverkauf 562 37
Pfandverwertung 562 37
Pflichtverletzung 573 9
Photovoltaik 555b 13
Plakate 535 593
Planabweichungen 536 102
Potestativbedingung 542 15
Praxisschild 535 294
Preisbindung, Ende Vorbem 557 19
Preisgebundene Mieten 558 42
Preisgebundener Wohnungsbau, Staffelmiete 557a 3
Primärenergie 555b 22
Primärenergiefaktor 555b 24
Pro-rata-temporis-Regelung 535 497
Prozesskosten, Kündigung bei Zahlungsverzug 543 27; **551** 22; **573** 27

Qualifizierte Abmahnung 543 186
Qualifizierter Mietspiegel 558d 1
- Fortschreibung **558d** 14
- Mieterhöhungsverlangen **558a** 59, **558b** 32

Quartalsmiete 543 158
Quartalsregelung 580a 13
Quittung 535 720
Quotenhaftungsklausel 535 497

Fette Zahlen bezeichnen die Paragraphen des BGB **Register**

Ratsbeschluss Mietspiegelerstellung **558c** 10
Rauchen **535** 548
Rauchverbot **536** 104
Rauchwarnmelder **555b** 55; **556** 100
Raummiete **578** 6; **579** 5; **580a** 5
Raumsicherungsübereignungsvertrag **562** 15, 33
Räumung **546** 30
Räumungsaufforderung **536** 103
Räumungsfrist **546a** 9, 50; **571** 6; **575a** 6
Räumungsunfähigkeit **574** 42
Räumungsverfügung **546** 130
Räumungsvollstreckung **546** 76; **562** 40
Rauschgift **543** 62
RDM-Immobilienpreisspiegel **558c** 7
Realteilung **577** 84
Rechnungseingangsprinzip **556** 133
Rechtsbedingung **542** 16
Rechtsfolgen, Zustimmung Mieterhöhung **558b** 15
Rechtsirrtum **543** 143; **560** 28, 36; **573** 15, 28
Rechtsmangel **536** 211 ff.; **536a** 23; **536b** 6
Rechtsschutzversicherung **556** 82
Rechtzeitigkeitsklausel **556b** 19; **569** 53; **579** 7
Regelungsverfügung **546** 131
Regressanspruch des Versicherers **538** 24 ff.
Regressionsmethode **558d** 9
Regressverzicht des Versicherers **538** 25 ff.
Reinigungspflicht **535** 486, 546
Renovierungsklausel **535** 432
Renovierungskosten **542** 124
Renovierungsmaßnahme **537** 24; **539** 16; s. auch Schönheitsreparaturen
Rentenschuld **567** 3
Reparaturversicherung **556** 82
Reugeld **555** 8
Rollstuhl **535** 591
Rotationsprinzip **549** 39
Rückbau **555b** 19
Rückbaupflicht **546** 35, 92; **546a** 20; **554** 28
– Verjährung **548** 4, 24
Rückerlangungswille **546a** 19
Rückforderung, Begrenzung der Wiedervermietungsmiete **556d** 35
Rückgabeanspruch **548** 56
Rückgabeklausel **535** 489
Rückgabepflicht **546** 1 ff.; **546a** 7; **566** 84; **570** 1 ff.; **571** 1 ff.
– bei Untermiete **546** 9, 59, 81
Rückgabeprotokoll **538** 9

Rücknahme der Kündigung **542** 98
Rücktritt **572** 1 ff.; **574** 18; **577** 24
Rügepflicht, Begrenzung der Wiedervermietungsmiete **556g** 12
Ruhezeiten **535** 555
Rundfunkantenne **535** 522

Sachentscheidungsvoraussetzung, Zustimmungsklage **558a** 1
Sachmangel **536** 3; **543** 91
Sachversicherung **538** 24; **556** 78
Sachverständigengutachten, vorprozessual **558a** 32
Sachverständiger, Anforderungen an Person **558a** 33
Saldoklage **543** 181
Salvatorische Ergänzungsklausel **535** 108
Salvatorische Erhaltungsklausel **535** 107
Salvatorische Klausel **535** 41; **550** 88, 105
Sammelversicherung **556** 83
Sanierungsmaßnahme **537** 24
Sanitäre Einrichtungen **536** 109
Schadensersatzansprüche bei Eigentümerwechsel **566** 85
Schadenspauschalierung **555** 7
Schadensversicherung **538** 32
Schallschutz **535** 304; **536** 110
Schätzung **559** 18
Schenkung **566** 27; **577** 24
Schiedsvertrag **566** 89
Schimmel s. Feuchtigkeitsschäden
Schimmelbildung **536** 111
Schließanlage **546** 23
Schlüssel **536** 112; **546** 21; **546a** 12
Schmutz **536** 113
Schonfrist **569** 52
Schönheitsreparaturen **535** 416 ff.; **538** 60; **543** 63, 112; **563** 39; **566** 90
– Rechtsfolgen bei unwirksamer Klausel **535** 417 ff.
– Verjährung **548** 7, 22, 30, 67
– Zuschlag zum Mietspiegel **558a** 22
Schornsteinreinigung **556** 77
Schriftform **535** 38; **542** 74, **550** 1 ff., 30
– der Kündigung **568** 1 ff.; **569** 15
– Indexmiete **557b** 4
– Staffelmiete **557a** 4
Schriftformabrede **550** 101
Schriftformklausel **535** 104; **550** 100
Schuldanerkenntnis **538** 10, 11; **556** 228
Schuldbeitritt **551** 33
Schuldmitübernahme **551** 33; **569** 65
Schulprobleme als Härtegrund **574** 50
Schutzbereich des Mietvertrags **536a** 38
Schwangerschaft als Härtegrund **574** 48

1855

Register
Magere Zahlen bezeichnen die Randnummern des BGB

Selbständiges Strafversprechen 555 5
Selbstauskunft des Mieters 542 255
Selbstbeseitigungsrecht des Mieters 536a 54ff.; 555f. 15
Selbsthilferecht 562b 1ff.
SEPA-Lastschrift 556b 37
Sicherheit 536 114
Sicherheitsleistung 562c 1ff.
Sicherungsabtretung 551 8; 566a 12
Sicherungseigentum 562 15, 36
Sicherungsverfügung 546 130
Sickergruben 556 27
Signaturgesetz 568 18
Sonderkündigungsrecht 558b 13; 561 1
– bei Modernisierung 555e 1ff.
– bei Tod des Mieters 563a 9
Sondernutzungsrecht 567 4
Sonnenkollektor 555b 14
Sonnenschutz 536 115
Sonstige Betriebskosten 556 97, 103, 116
Sortimentsbindung 535 319a
Sozialamt 543 139
Sozialklausel s. Kündigungswiderspruch
Spaltungstheorie 566 31
Spanne
– Mietspiegel 558a 17; 558d 23
– ortsübliche Vergleichsmiete 558 47
Spannungsklausel 535 608
Sparbuch 551 7, 112; 566a 11
Sperrecht 562a 5; 562b 5
Sperrfrist für Kündigung 577a 1ff.
Sperrmüll 543 63; 556 61
Spielplätze 556 74
Staffelmiete 546a 27; 557a 1
– Anwendungsbereich 557a 2
– Begrenzung der Wiedervermietungsmiete 556d 3
– Form 557a 4
– Inhalt der Vereinbarung 557a 8
– preisgebundener Wohnungsbau 557a 3
– Wegfall der Geschäftsgrundlage 557a 23
– Wirkung 557a 14
Starre Fristen 535 448
Stellvertretung, offene Vorbem 557 21, 26
Stichprobe, Mietspiegelerstellung 558d 7
Stichtagsdifferenz 558b 34
Stillschweigende Verlängerung des Mietvertrags 545 1ff.
Störung des Hausfriedens 569 19; 573 34
Straßenbaubeiträge 559 8
Straßenreinigung 556 59

Stromsparende Maßnahme 555b 18
Studentenwohnheim 549 37; 551 82
Stundung des Herausgabeanspruchs 546a 50
Stundungsvereinbarung 543 146; 548 84
Subjektiver Mangelbegriff 536 3
Suizidgefahr 569 27; 574 45
Synopse, MHG Vorschriften Vorbem 557 1

Tabellenmethode 558d 9
Tagesmiete 580a 8
Tankreinigung 556 35
Tapetenklausel 535 494
Tätlichkeiten 543 28
Tatsachenirrtum 543 143; 573 15
Tauben 543 64
Taubenplage 536 116
Tausch 566 27
Technische Anlagen 555b 12
Technische Normen 535 302; 536 3
Teilabrechnung 556 211
Teilbedarf 573b 25
Teilgewerbliche Nutzung, Mieterhöhung 558a 26
Teilinklusivmiete 556 120a; 560 2
Teilkündigung 542 96; 573 71; 573b 1ff.; 573b 25
Teilpauschalmiete 556 120a
Teilräumung 546 48; 546a 13
Teilrückgabe 546 47; 546a 13, 31
– Verjährung 548 17
Teilvermietung 553 10
Teilzerstörung der Mietsache 536a 10
Teilzustimmung 558b 12
– Mieterhöhung 558 15
Telefax 542 86; 550 121; 568 11
Teppichboden 535 518
– Grundreinigung 535 437
Teppichbodenabnutzung 538 28
Terrorversicherung 556 79
Testamentsvollstrecker 535 227; 564 39, 47; 580 23, 28
Textform 550 115ff.; Vorbem 557 23
Tierhaltung 535 564ff.; 543 64
Tilgungsbestimmung 543 126, 154
Tod des Mieters 563 1ff.; 564 5; 577 34; 577a 11; 580 17
Transparenzgebot 535 111
Treppenhaus 536 118
Treuhandkonto 551 62; 566a 10, 24
Treupflichtverletzung 550 86
Treuwidrige Kündigung 573 140
Trinkwasser 536 120
Trinkwasserverordnung 535 301; 556 21

Fette Zahlen bezeichnen die Paragraphen des BGB **Register**

Überbelegung 540 33; 543 65, 113; 573 185
Übergabe der Mietsache 535 288
Übergabe einer mangelhaften Sache 543 79
Übergabeprotokoll 538 7
Überhöhter Eigenbedarf 573 145
Überlassung 535 287; 566 18
Überlegungsfrist 558b 18
– Kündigung 561 13
Überraschende Klausel 535 113
Üble Nachrede 543 28
Üblichkeit der Miete 558 45
Umbaumaßnahme 537 24; 539 16
Umdeutung der Kündigung 542 28, 219
Umdeutung einer Befristung 575 31
Umfeldmängel 536 125
Umlage nach Wirtschaftseinheiten 556a 18
Umlagemaßstab
– bei Gewerbemiete 556a 23, 56
– bei Mischnutzung 556a 22
– für Betriebskosten 556a 1 ff.
– für Heizkosten 556a 8, 12
– für preisgebundenen Wohnraum 556a 38
– Modernisierungsmieterhöhung 559 19
Umlageschlüssel, Modernisierungsmieterhöhung 559 19
Umlagevereinbarung 556 101
Umsatzeinbußen 536 127
Umsatzmiete 535 604; 536 176
Umsatzsteuer 535 631 ff.; 546a 47; 566 91
Umsatzzusagen 536 126
Umstellung der Heizungsart 555b 43
Umstellungsankündigung 556c 23
Umwandlung von Miet- in Eigentumswohnungen 573 171; 577 1 ff.; 577a 1 ff.
Umwelteinflüsse 536 9
Umweltgifte 536 130; 536a 31
Umweltveränderungen 535 378
Unbekannter Erbe 564 31
Unechte Werkswohnung 573 180, 222; 575 19
Unerlaubte Gebrauchsüberlassung 543 117, 207
Ungeziefer 536 137
Ungezieferbekämpfung 556 68
Unklarheitenregel 535 114
Unpfändbare Gegenstände 562 18
Unpünktliche Mietzahlung 543 11; 569 93; 573 33
Unterbelegung 573 186, 225
Untergang der Mietsache 536a 4, 9
Unterlassungsklage bei vertragswidrigem Gebrauch 541 1 ff.

Untermiete 535 681; 536 214; 538 22; 540 1 ff. 546 81; 546a 8, 24; 550 59; 553 1 ff.; 555d 44; 562 14; 565 16; 573 7; 573c 11; 577 36
Untermieterlaubnis 540 46; 553 1 ff.
Untermietzuschlag 535 625; 540 66; 553 22; 558 13
Unternehmer 535 125
Unterschrift 550 60; 568 8
Unter-Unter-Miete 540 52
Untervermietung, Mieterhöhung 558a 27
Unwirksame Vereinbarungen 557 21, 557a 24, 557b 25; 558 78; 558a 59, 558b 41, 559 44; 559a 14, 559b 25, 561 21
Urkundenprozess 536 219 ff.
Ursprünglicher Mangel 536a 16
Ursprungsvertrag 550 32

Vandalismusschadensversicherung 556 80
VDM-Preisspiegel 558c 7
Veränderung von Betriebskosten 560 1 ff.
Veränderungsmaßstab, Indexmiete 557b 3
Veräußerung
– beweglicher Sachen 566 3
– des Mietobjekts 566 1 ff., 27; 573b 24; 575 69
– eines Bruchteils 577a 19
– von Eigentumswohnungen 566 104
Veräußerungskette 566 39
Verbraucher 535 126
Verbraucherpreisindex 535 617
Verbrauchervertrag 535 124
Verdachtskündigung 573 10
Vereinbarung
– über Kündigungsfristen 573c 17 ff.; 573d 13; 575a 10; 580 34
– über Wohnungsgröße 557 19, 558 25
– über Erhaltungs- und Modernisierungsmaßnahmen 555f. 1 ff.
– unwirksame 557 21, 557a 24, 557b 25; 558 82; 558a 63; 558b 41, 559 44; 559a 14, 559b 25, 561 21
Verfallklausel 555 6
Verfolgungsanspruch 562b 15
Verfolgungsklage 562b 19
Vergleichswohnungen 558a 43
Verjährung 548 1 ff.
Verkauf der Wohnung 573 154, 163, 215
Verkehrssicherungspflicht 535 348, 385; 536a 30
Verlängerung der Verjährung 548 86

1857

Register

Magere Zahlen bezeichnen die Randnummern des BGB

Verlängerungsanspruch bei Zeitmietvertrag 575 50
Verlängerungsklausel 542 183, 193; 575 76
Verlängerungsoption 542 202
Verlängerungsvertrag 550 51, 83; **551** 16
Verleumdung 543 28
Verlorener Baukostenzuschuss s. Baukostenzuschuss
Verlust der Vertragsurkunde 550 90
Vermietermehrheit 543 148
Vermieterpfandrecht 546 90; 546a 20; 562 1 ff.; 562a 1 ff.; 566 92
Vermieterwechsel 535 285; 542 103; 552 8; 562 5; 575 72
Vermietung vom Reißbrett 535 36, 288, 307; 536a 12; 550 37
Vermutungswirkung von Mietspiegeln 558d 18
Veröffentlichung eines Mietspiegels 558c 14
Verpfändung von Wertpapieren 551 35; 566a 11
Verpflichtungserklärung öffentlicher Stellen 569 64
Versicherungskosten 556 78
Versorgungssperre 535 327 ff.
Verspätete Rückgabe 546a 1 ff.
Verspäteter Widerspruch 574b 11
Verteilerschlüssel 556 166
Vertragliche Schriftform 550 92
Vertragsabschlussgebühr 535 650
Vertragsänderung 535 48; 550 57; 555a 28
Vertragsgemäßer Zustand 535 290; 536 8 ff.
Vertragsschluss 550 71
Vertragsstrafe 555 1 ff.
Vertragsübertragungsklausel 535 286
Vertragsunterzeichnung 550 72
Vertragswidriger Gebrauch 573 19
 – Unterlassungsklage **541** 1 ff.
Vertragszeit 550 14
Vertragszweck, Änderung 535 510
Vertrauensgrundsatz 535 122
Verwaltungskosten 535 674; 556 5, 224, 277
Verweisungseinrede 562a 15
Verwirkung 536 194; 536b 30; 545 35; 546 20; 548 90; 556 234; 569 45
 – Modernisierungsmieterhöhung 559b 19
Verzicht auf Verjährungseinrede 548 88
Verzichtsvertrag 577 76
Verzögerung der Übergabe 543 74
Verzug mit der Rückgabe 546a 44
Verzug mit Mangelbeseitigung 536a 32, 57

Videokamera 535 595
Vollmachtsklausel 542 65
Vollstreckungsschutz 546a 9, 50
Vollstreckungsverzicht 546a 50
Vollwartungsverträge 556 176
Vorausverfügung über die Miete 566b 1 ff.
Vorbehaltseigentum 562 16
Vorenthaltung der Mietsache 537 26; 546a 10; 571 4; 576b 18
Vorfälligkeitsklausel 547 4; 556b 72; 579 6
Vorgetäuschter Eigenbedarf 573 64
Vorkaufsrecht 535 41; 550 107; 577 1 ff., 50 ff.
Vormiete
 – Begrenzung der Wiedervermietungsmiete **556e** 1
 – mangelhafte Mietsache **556e** 14
Vormietrecht 550 12
Vorratskündigung 573 67
Vorschuss für Mangelbeseitigung 536a 68
Vorsorgemaßnahmen 556 6
Vorteilsausgleich 538 38
Vorwegabzug 556 171
Vorzeitige Rückgabe 546 18

Wärmebedarfsberechnung 559b 13
Wärmecontracting 555b 10a; 556 46; 556c 1 ff.
Wärmedämmung 555b 11; 555c 24
Wärmenetz 556c 17
Wärmepumpe 555b 16
Wärmezähler 556 37
Warmwasser 536 138; 556 51
Warmwassergeräte 556 55
Wartungsklausel 535 411
Wartungsvertrag 556 58, 99, 176
Wascheinrichtung 556 24
Wasseraufbereitungsanlage 556 23
Wasserkosten 556 17
Wasserschaden 536 139
Wassersparende Maßnahmen 555b 27
Wasserversorgung 555b 42; 556 17
Wasserzähler 556 52
Wegfall
 – des Eigenbedarfs 573 74
 – der Geschäftsgrundlage 535 754; 537 6; 557a 23
Wegnahmerecht
 – des Mieters 539 23; 552 1 ff.; 562 39; 563 40
 – Verjährung 548 32, 39
Werbegemeinschaft 556 280
Werbetafel 535 7
Werkdienstwohnung 576b 1 ff.

Fette Zahlen bezeichnen die Paragraphen des BGB **Register**

Werkmietwohnung s. Werkwohnung
Werkmietwohnungen 557 16
Werktag 556b 5; **573c** 6
Werkwohnung 575 19; **576** 1 ff.
Wertsicherungsklausel 535 607 ff.; **536b** 26; **546a** 27; **557b** 1
Wettbewerbsverbot 535 316
Widerruf der Kündigung 542 98
Widerspruch gegen Gebrauchsfortsetzung 545 14
Widerspruchserklärung 574b 1 ff.
Widerspruchsfrist 574b 6
Widerspruchsklausel 542 195
Wiedereinsetzung in den vorigen Stand 558b 26
Windenergieanlage 555b 15
Winterdienst 535 356, 387
Wirkung
– der Kündigung **561** 18
– Modernisierungsmieterhöhung **559b** 20
Wirkungszeitpunkt Mieterhöhung 559b 21
Wirtschaftliche Verwertung 573 146 ff., 214
Wirtschaftlichkeitsgrundsatz 556 140 ff., 283; **560** 57
Wirtschaftseinheit 556 167; **556a** 18
Wochenmiete 580a 9
Wohnfläche 536 140
Wohngemeinschaft 535 153, 253; **540** 19; **549** 9; **562** 14; **563** 51; **563a** 3
Wohnheim 549 37
Wohnraum zu vorübergehendem Gebrauch 549 4; **569** 50; **573c** 14
Wohnung, Begriff 535 18
Wohnungsbauförderungsgesetz Vorbem 557 12
Wohnungsfürsorgemittel Vorbem 557 9
Wohnungsgenossenschaft 542 170; **543** 4
Wohnungsgröße 557 18–19; **558** 22
Wohnungstausch 540 23; **577** 24
Wohnungswechsel 555f. 25; **573c** 12
Wohnwertmerkmale 558 19
– unerhebliche **558** 36

Zahlung als Zustimmung 558b 9
Zahlungstermin 543 156
Zahlungsverzug 543 27, 122, 211; **546a** 63; **551** 22; **560** 27; **569** 48, 92; **573** 22
Zeitmietvertrag 542 183 ff.; **557** 17; **575** 1 ff.; **577a** 10
– Umdeutung in Kündigungsausschluss **575** 31
Zentralheizung 556 28
Zimmerlautstärke 535 556
Zinsvergünstigungen 559a 4, 6
Zölibatsklausel 553 28
Zubehör 546 43; **577** 11
Zufall 538 23
Zugang Vorbem 557 27
– Mieterhöhungserklärung **Vorbem 557** 27
Zugesicherte Eigenschaft 536 207 ff.
Zugluft 536 157
Zurückbehaltungsrecht 536 187 ff.; **543** 140; **546a** 7; **555a** 4; **570** 1 ff.
– Mieterhöhung **558b** 14
Zurückweisung
– der Kündigung **542** 54
– Vertreterklärung **Vorbem 557** 26
Zuschlag, Mietspiegel 558a 21 ff.
Zuschlagsbeschluss 546 128
Zuschüsse zur Modernisierung 559a 2
Zustimmung 558b 4
– Form **558b** 8
– konkludent **558b** 9
Zustimmungsfrist 558b 17, 24
Zustimmungsprozess 558b 19, 28
– Klagefrist **558b** 25
Zwangsräumung 540 36
Zwangsversteigerung 542 175; **551** 126; **566** 108; **566a** 31; **566b** 10; **566c** 13; **566d** 11; **577** 24
Zwangsverwaltung 535 198; **551** 118; **556** 216, 253; **566** 46; **566a** 23; **566b** 7; **566c** 9; **566d** 8;
Zweckentfremdungsgenehmigung 573 217
Zweifamilienhaus 556c 10; **573a** 19
Zweitwohnung 535 16; **573** 4; **573** 111; **573a** 15; **574** 4; **575** 11
Zwischenablesung 556 41
Zwischenumzug als Härtegrund 574 52
Zwischenvermietung s. gewerbliche Weitervermietung
Zwischenwasserzähler 556 182; **556a** 40